masculin	m	
mathématique	Math	mathematics
médecine	Med, Méd	medicine
météorologie	Met, Mét	meteorology
métallurgie	Metal, Métal	metallurgy
masculin et féminin	mf	masculine and feminine
militaire	Mil	military
mines	Min	mining
minéralogie	Miner, Minér	mineralogy
masculin pluriel	mpl	masculine plural
musique	Mus	music
mythologie	Myth	mythology
nom	n	noun
nord de l'Angleterre	N Angl	North of England
nautique	Naut	nautical, naval
négatif	neg, nég	negative
nord de l'Angleterre	N Engl	North of England
nom féminin	nf	feminine noun
nom masculin	nm	masculine noun
nom masculin et féminin	nmf, nm,f	masculine and feminine noun
physique nucléaire	Nucl Phys	nuclear physics
numéral	num	numerical
objet	obj	object
opposé	opp	opposite
optique	Opt	optics
informatique	Ordin	computing
ornithologie	Orn	ornithology
	o.s.	oneself
parlement	Parl	parliament
passif	pass	passive
péjoratif	pej, péj	pejorative
personnel	pers	personal
pharmacie	Pharm	pharmacy
philatélie	Philat	philately
philosophie	Philos	philosophy
phonétique	Phon	phonetics
photographie	Phot	photography
	phr vb elem	phrasal verb element
physique	Phys	physics
physiologie	Physiol	physiology
pluriel	pl	plural
politique	Pol	politics
possessif	poss	possessive
préfixe	pref, préf	prefix
préposition	prep, prép	preposition
prétérit	pret, prét	preterite
pronom	pron	pronoun
proverbe	Prov	proverb
participe présent	prp	present participle
psychiatrie, psychologie	Psych	psychology, psychiatry
participe passé	ptp	past participle
quelque chose	qch	
quelqu'un	qn	
marque déposée	®	registered trademark
radio	Rad	radio
chemin de fer	Rail	rail(ways)
relatif	rel	relative
religion	Rel	religion
	sb	somebody, someone
sciences	Sci	science
école	Scol	school
écossais, Écosse	Scot	Scottish, Scotland
sculpture	Sculp	sculpture
séparable	sep	separable
singulier	sg	singular
ski	Ski	skiing
argot	sl	slang
sociologie	Soc, Sociol	sociology, social work
Bourse	St Ex	Stock Exchange
	sth	something
subjonctif	subj	subjunctive
suffixe	suf	suffix
superlatif	superl	superlative
chirurgie	Surg	surgery
arpentage	Surv	surveying
terme de spécialiste	T	specialist's term
technique	Tech	technical
télécommunication	Telec, Téléc	telecommunications
industrie textile	Tex	textiles
théâtre	Theat, Théât	theatre
télévision	TV	television
typographie	Typ	typography
non comptable	U	uncountable
université	Univ	university
américain, États-Unis	US	American, United States
voir	V	see
verbe	vb	verb
médecine vétérinaire	Vet, Vét	veterinary medicine
verbe intransitif	vi	intransitive verb
verbe pronominal	vpr	pronominal verb
verbe transitif	vt	transitive verb
verbe transitif et intransitif	vti	transitive and intransitive verb
verbe transitif indirect	vt indir	
zoologie	Zool	zoology
voir page xx	*	see page xx
voir page xx	†	see page xx

DICTIONNAIRE
FRANÇAIS~ANGLAIS
ANGLAIS~FRANÇAIS
FRENCH~ENGLISH
ENGLISH~FRENCH
DICTIONARY

COLLINS·ROBERT FRENCH~ENGLISH ENGLISH~FRENCH DICTIONARY

by
Beryl T. Atkins
Alain Duval   Rosemary C. Milne
and
Pierre-Henri Cousin
Hélène M. A. Lewis   Lorna A. Sinclair
Renée O. Birks   Marie-Noëlle Lamy

SECOND EDITION

Collins
London, Glasgow & Toronto

ROBERT·COLLINS DICTIONNAIRE FRANÇAIS~ANGLAIS ANGLAIS~FRANÇAIS

par
Beryl T. Atkins
Alain Duval   Rosemary C. Milne
et
Pierre-Henri Cousin
Hélène M. A. Lewis   Lorna A. Sinclair
Renée O. Birks   Marie-Noëlle Lamy

NOUVELLE ÉDITION

Dictionnaires LE ROBERT
Paris

© Copyright 1978, 1987 William Collins Sons & Co. Ltd and
Dictionnaires Le Robert

first edition/première édition 1978

reprinted/réimpressions en
1979
1981
1983
1984
1985
1986

second edition/nouvelle édition 1987

reprinted/réimprimé
1987 (twice)
1988 (twice)

Dictionnaires Le Robert
107, avenue Parmentier — 75011 Paris
ISBN 2-85036-088-0

Collins Publishers
P.O. Box, Glasgow G4 0NB, Great Britain
100, Lesmill Road, Don Mills, Ontario M3B 2T5, Canada
ISBN 0 00 433451-5
with thumb index 0 00 433452-3

Printed by William Collins Sons & Co. Ltd, Glasgow, Great Britain

NOUVELLE ÉDITION/SECOND EDITION

dirigée par/by

Beryl T. Atkins
Alain Duval   Rosemary C. Milne   Hélène M.A. Lewis
Lorna Sinclair   Renée Birks

Autres collaborateurs/other contributors

Guy Jean Forgue (*Américanismes/American language*)
Charles Lynn Clark   Susan Lochrie   Geneviève Lebaut
Joëlle Sampy   Ann Goodman
Renée Gillot-Gautier   Florence Millar

Autres collaborateurs   *Other contributors*
de la première édition   *to the first edition*
John Scullard   Edwin Carpenter   Margaret Curtin
Kenneth Gibson   Gerry Kilroy   Michael Janes
Anthony Linforth   Trevor Peach   Elise Thomson

avec/with
Comité de lecture/Readers' panel

Paul Robert
Martine Bercot   Gilberte Gagnon   Maryline Hira
Lucette Jourdan   Denis Keen   Jean Mambrino
Jacques Mengin   Robert Mengin   Marie Christine de Montoussé
Alain Rey   Josette Rey-Debove
Colette Thompson   Elaine Williamson

Administration, secrétariat   *Administrative*
et correction   *staff*

William T. McLeod   Richard Thomas   Barbara Christie   Carol Purdon
Elspeth Anderson   Catherine E. Love   Anne Marie Banks

Remerciements: première édition

Les auteurs tiennent à exprimer leurs remerciements à tous ceux qui ont apporté leur collaboration tout au long de la rédaction de cet ouvrage, et en particulier à Tom McArthur, dont les travaux sur les verbes anglais à particule ont été d'une aide précieuse; à Richard Wakely, qui a bien voulu les faire bénéficier de son concours pour le traitement des auxiliaires de mode anglais; à Colin Smith, qui leur a montré la voie; à Duncan McMillan pour ses conseils et sa collaboration à un stade avancé de la rédaction; à Guy Rondeau pour son concours lors de la compilation des emplois du français du Canada; enfin à tous ceux dont l'aide a concouru au parachèvement du texte.

Il faut aussi signaler et remercier les nombreux auxiliaires de rédaction, les correcteurs et les dactylographes qui ont permis de transformer en ouvrage imprimé un manuscrit volumineux — tout particulièrement Michèle Rodger, qui a dactylographié la majeure partie du dictionnaire.

Les auteurs tiennent enfin à exprimer leur gratitude à Geneviève McMillan pour sa longue et précieuse collaboration.

Acknowledgements: First edition

The Editors are indebted to the following:

Tom McArthur for his original approach to English phrasal verbs; Richard Wakely for help with modal verbs in English; Colin Smith, Editor of Collins Spanish Dictionary, for his inspiring example; Duncan McMillan for advice and help in the later stages of the book; Guy Rondeau for help with French Canadian usage; the many other individuals and organizations who helped on specific translation points.

Our thanks go also to the numerous copy editors and proofreaders who assisted in the conversion of our handwritten manuscript to the printed page, and especially to Michèle Rodger who typed most of the dictionary.

Finally we would like to express our gratitude to Geneviève McMillan for all that she contributed to this dictionary over a period of many years.

Remerciements: nouvelle édition

Nous tenons à exprimer ici nos remerciements, une fois encore, à ceux et celles qui nous ont apporté leur concours lors du travail de révision de notre dictionnaire. Nous aimerions mentionner tout particulièrement:

J.-P. de Chezet   J. Clear   C. Cornilleau
T.H. & D. Elkins   J. de Goiffon   E. Hérault
P. Peronne   J.S. Tassie

Il convient aussi de signaler et de remercier les traducteurs, en particulier Jean-François Allain, à qui nous avons soumis, à intervalles réguliers — et fréquents! — les problèmes les plus épineux, dans de nombreux domaines spécialisés:

Acknowledgements: Second edition

We are again indebted to a number of people for their valuable contributions to this second edition:

And our thanks also go to our panel of professional translators, in particular Jean-François Allain, for solving some of our knottiest problems:

J.-F. Allain   P. Collet   D. Denby
C. Gordon   G. Kilroy   J.F. Lee
D. Marx   J.B. Newsham   A.-M. Noël
P. Reynes   R. Schwartz   B. Tulett

Les auteurs/The Editors

TABLE DES MATIÈRES

CONTENTS

PRÉFACE

EXTRAIT DE LA PRÉFACE DE LA PREMIÈRE ÉDITION

VOICI une œuvre faite en commun dans les deux vieux pays pour aider à la communication entre les anglophones et les francophones de l'ancien et du nouveau monde.

L'amour passionné que j'ai toujours porté au français n'a point nui à celui que j'éprouve pour l'anglais. Alors que je travaillais à mon *Dictionnaire alphabétique et analogique de la langue française*, je rêvais de faire, ou de contribuer à faire, le même effort pour la langue anglaise. Par mes ancêtres acadiens, je suis moi-même l'enfant de deux continents. Le génie des deux langues et celui des deux nations qui les ont répandues dans l'univers, sont pour moi cordialement liés; je veux dire liés par le cœur autant que par l'esprit. Or ce dictionnaire se veut moyen de transmission autant pour le cœur que pour l'esprit. Nous avons souhaité qu'il se distinguât des autres par la facilité qu'il donnerait aux usagers de transposer, en les maintenant vivants, les sentiments et de traduire, derrière les pensées, les arrière-pensées, les intentions, et même les passions.

Voici cette tâche terminée. Cependant, il faudra la poursuivre, dans les années qui viennent. Car nos deux langues vivent, et il faut vivre avec elles.

PAUL ROBERT

PRÉFACE DE LA NOUVELLE ÉDITION

La tâche se poursuit. Voici une nouvelle étape. Au cours des années qui viennent de s'écouler, le monde a connu des bouleversements profonds dans les mentalités, dans les techniques. Et cette vitalité du monde a trouvé son reflet dans nos deux langues.

Pour rendre compte avec passion de ce dynamisme, nous avons été sans cesse poussés par les lettres de nos lecteurs, aidés de leurs remarques, guidés de leurs conseils, soutenus de leurs encouragements.

Le texte entier a été relu ligne à ligne. 200 pages ont été ajoutées pour contenir près de 20.000 unités de traduction nouvelles. Nous avons, avec l'aide de spécialistes, constitué une base de données informatisée afin de faire une place plus importante encore à l'anglais américain dans les deux parties de l'ouvrage, au vocabulaire de l'informatique, de l'économie, du droit, de la médecine, du sport, de la politique, de la linguistique, des arts, des média et de bien d'autres domaines.

Le nombre des abréviations et des sigles, insérés maintenant dans le corps du texte, a été considérablement augmenté, ainsi que le nombre des noms propres et des expressions figurées, pour ne citer que quelques exemples.

Une importante section de structures syntaxiques: «Grammaire active de l'anglais et du français» permettant de s'exprimer dans la langue étrangère a été ajoutée au dictionnaire, en fin de volume.

Mais d'autres mentalités vont naître, d'autres techniques sont en train d'apparaître. La langue va continuer à vivre, et notre tâche sera poursuivie.

Les auteurs

PREFACE

EXTRACT FROM THE FIRST EDITION PREFACE

THIS book embodies a fresh approach to bilingual lexicography, with its emphasis on the current, living language of everyday communication.

A team of British and French lexicographers has planned, worked, and polished over a period of 15 years to fashion this Dictionary into as perfect a tool as possible to promote accurate and easy communication between the speakers of two great world languages. We have tried to define and meet the needs of a wide range of users, from those with an academic or professional commitment — teachers at all levels, translators, students of French or English, as the case may be — through business people whose affairs demand an ability to conduct discussion or correspondence in both languages, to the large numbers of people of each nationality who are interested in the language, literature and culture of the other and know that only the best possible dictionary is a good enough tool.

We offer this new Dictionary in the confident hope that this basic strength, and the many other features described in the pages that follow, will establish it in the appreciation of all who use it.

JAN COLLINS

PREFACE TO THE SECOND EDITION

Language never stands still, and the dictionary which holds a mirror to that language must also move on. The years that have passed since the first edition of this book have brought great changes to many aspects of our daily lives: new fields of knowledge have developed new vocabularies, and these in turn have filtered through into the language we use every day. French and English, and particularly American English, have continued their vigorous growth, adapting established expressions and creating new ones as new needs arise. Our readers, like us, are aware of these changes, and the suggestions, criticisms and comments contained in their many letters have been a source of help and encouragement to the editorial team.

The original text has been reread, line by line, and considerably enlarged, with the addition of up to 20,000 new items. A computerised database was created for this purpose by the editorial team, in consultation with experts in the various fields. New terms and meanings include a substantial number of American expressions, items of general vocabulary, proper names, abbreviations and acronyms — now contained in the main text, together with numerous items from the fields of computing, law, medicine, sport, politics and economics, linguistics, arts and the media, and many other subjects.

An innovation in this new edition is a self-contained section — 'Language in use: a grammar of communication in French and English' — aimed at smoothing the path of self-expression in the foreign language. This section, which follows the main dictionary text, adds a new dimension to bilingual lexicography in bringing together vocabulary and structures required for various specific tasks and functions, and we hope it will prove its worth in the multifarious tasks for which the dictionary is used.

The Editors

INTRODUCTION

LE DICTIONNAIRE ROBERT–COLLINS est avant tout un outil qui cherche à répondre à un besoin pratique: permettre la communication entre le français et l'anglais de façon simple, rapide et sûre. Ses caractéristiques principales, notamment l'étendue et la nature du vocabulaire traité et l'agencement des indications servant à guider le lecteur, découlent directement de cette conception fonctionnelle d'un dictionnaire bilingue.

Étendue et nature du vocabulaire

L'accent est mis résolument sur la langue contemporaine. Le corpus très étendu (plus de 110.000 mots et composés, plus de 110.000 exemples et expressions idiomatiques) s'attache à présenter au lecteur une image fidèle de la langue telle qu'elle est pratiquée quotidiennement, lue dans les journaux et les revues, parlée en société, entendue dans la rue.

Pour éviter un ouvrage trop long et peu maniable, il a fallu opérer un certain choix. Les mots trop rares, les sens trop spécialisés ont donc été écartés au profit d'emplois nouveaux et de nombreux néologismes absents des dictionnaires bilingues et parfois monolingues existants, mais qui sont indispensables si l'on veut rendre compte de la pratique courante de la langue actuelle.

Une place non négligeable a été également réservée à la langue littéraire, au vocabulaire scientifique et aux domaines marquants de notre époque, tels que la sociologie, l'électronique, l'éducation, les voyages et la politique.

Une autre préoccupation fondamentale a été de faire un dictionnaire qui s'adresse aussi bien au lecteur de langue française qu'à celui de langue anglaise. Suivant une politique rigoureuse, chaque mot français a été écrit et vérifié par des rédacteurs de langue française et chaque mot anglais par des rédacteurs de langue anglaise, travaillant en étroite collaboration pour s'assurer de la justesse de leurs traductions. Les utilisateurs de l'une ou l'autre langue peuvent donc se servir de ce dictionnaire avec une confiance égale: les auteurs ont veillé à ce que chacune des deux parties soit également valable dans le sens thème et dans le sens version, ce qui est d'une importance capitale.

La langue décrite ne se limite pas au français de France, à l'anglais de Grande-Bretagne: les emplois courants de l'anglais d'Amérique, ainsi que les termes les plus répandus du français du Canada sont également traités.

Indications servant à guider le lecteur

Un dictionnaire, si riche soit-il, perd une grande partie de sa valeur lorsque l'utilisateur ne peut pas trouver rapidement et sans incertitude ce qu'il cherche. Sachant combien il est facile, surtout pour un dictionnaire bilingue, de tomber dans cette ornière, les auteurs du présent ouvrage ont soigneusement étudié cet aspect fondamental, et consacré une part importante de la place précieuse dont ils disposaient à l'établissement d'un système très complet d'indications qui guident le lecteur.

Tout article complexe est clairement divisé en catégories sémantiques introduites par une indication qui en fait ressortir le sens général. De plus, les variations de sens à l'intérieur de ces catégories sont soigneusement mises en évidence à l'aide de renseignements supplémentaires précisant chaque nuance. L'utilisation cohérente de ce système d'indications, sous forme de synonymes, de définitions partielles ou de compléments à valeur typique, est l'une des caractéristiques essentielles de ce dictionnaire. Les auteurs espèrent combler ainsi une lacune majeure de beaucoup d'ouvrages de ce type.

Les complexités et les subtilités de registre tendent à celui qui étudie une langue étrangère des pièges sournois. Les expressions qu'il utilise peuvent se trouver tout à fait déplacées — et parfois de façon grotesque — dans la situation du moment. Il est difficile d'acquérir une maîtrise parfaite des niveaux de langue à partir d'une page de dictionnaire, mais les auteurs ont tenté de créer un code très précis qui renseigne le lecteur, et indique pour chaque mot et expression, tant dans la langue de départ que dans la langue d'arrivée, les restrictions stylistiques qui s'imposent.

Les mots et expressions dont le niveau de style n'est pas précisé seront considérés comme neutres et pourront s'utiliser normalement dans les situations courantes. Chaque fois qu'il n'en est pas ainsi, une précision est apportée sur la nature de la restriction: par exemple langue soutenue ou littéraire, emploi américain, argot militaire, connotation humoristique ou péjorative.

Les auteurs se sont en particulier attachés à élaborer un système aussi efficace que possible qui indique les différents degrés dans la familiarité, depuis les expressions légèrement familières jusqu'à celles qui sont ressenties comme très vulgaires. Un, deux ou trois astérisques avertissent le lecteur étranger. De même une croix ou une double croix indique que le mot est vieilli ou archaïque.

Ce système d'indications offre à l'utilisateur une amélioration importante par rapport aux dictionnaires bilingues existants.

Un autre écueil des ouvrages traditionnels est constitué par le manque de renseignements d'ordre grammatical, ce qui ne permet généralement pas au lecteur étranger d'insérer correctement la traduction dans une structure plus complexe. Les auteurs ont donc tenu ici à indiquer soigneusement les exigences syntaxiques des deux langues en apportant toujours les précisions nécessaires (telles que la notation des constructions verbales ou des prépositions liées aux noms ou aux adjectifs). De nombreux exemples viennent en outre enrichir le contenu des articles, et montrent que le mot n'a pas d'existence en dehors de la phrase, et que les traductions ne sont pas fixes, mais peuvent changer suivant le contexte. Mettre le mot en situation permet de plus d'introduire les expressions idiomatiques nécessaires pour s'exprimer dans une langue authentique et éviter les erreurs d'usage.

Les pages qui suivent décrivent avec plus de détails les caractéristiques principales du dictionnaire.

INTRODUCTION

THE COLLINS–ROBERT FRENCH DICTIONARY is first and foremost a practical tool designed for a specific function: to facilitate easy, rapid, and reliable communication between French and English. Its major characteristics spring directly from this concept of the function of a bilingual dictionary. In particular, this has shaped two fundamental aspects: the scope and nature of the language treated; and the arrangement of the information presented and helps provided.

The scope and nature of the language treated

The emphasis is firmly placed on contemporary language. The range is wide: over 110,000 headwords and compounds, over 110,000 phrases and idioms have been selected and arranged to present the user with the authentic language he will meet daily in newspapers, journals, books, in society and in the street.

The desire to avoid an unduly lengthy and unwieldy volume has involved a certain choice. Hence uncommon words, specialized terms and meanings have been omitted in favour of numerous recent coinages and new meanings, not found in existing bilingual dictionaries and even absent from some monolingual volumes, but essential if the Dictionary is truly to reflect current, living language as it is spoken and written today.

Space has been found, too, for a considerable representation of the vocabulary of literature and science, and especially of those areas which have contributed notably to the modern consciousness — sociology, electronics, education, travel, politics, and so on.

One of our primary concerns has been to make the Dictionary equally valid for French-speaking and English-speaking users. Our rigorous policy that every French word in the Dictionary has been created and vetted by *French* lexicographers and every English word by *English* lexicographers, with constant discussion between them, means that French-speaking and English-speaking users can approach this Dictionary with equal confidence. In addition, we have taken care that each side of the Dictionary is equally helpful for translation from and into the foreign language, a point of fundamental concern to all users.

The spread of language treated is not confined to British English or metropolitan French: American English and Canadian French are given due attention.

Arrangement and helps

However well-chosen the content of a dictionary may be, much of its value is instantly lost if the user cannot easily and quickly find his way to the meaning that meets his needs. Conscious of how easy it is for a dictionary, especially a bilingual dictionary, to fall short of the ideal in this respect, the editors and compilers of the present work have devoted much time and thought — and not a little of their precious space — to devising and implementing a comprehensive system of indicating material.

Not only are all entries of any complexity clearly divided into separate areas of meaning, but the sense of each area is signposted by 'indicators' which immediately highlight the group of meanings in that category. In addition, variations of meaning within each category are precisely pinpointed by further indicating material attached to each sense. The *systematic* and consistent use throughout the Dictionary of indicating material, which may take the form of field labels, synonyms, typical subjects or objects of verbs, and so on, is a feature of the Dictionary to which we attach the greatest importance, as it completely supplies a want that has for long disfigured bilingual dictionaries.

One of the most insidious linguistic traps that besets the student of any foreign language is to use words or expressions inappropriate — occasionally grotesquely so — to the context of the moment. The complexities and subtleties of register, especially of social overtones, are hardly to be acquired from the printed page, but we have created for this Dictionary a range of 'style labels' that accurately characterize the stylistic restrictions that should be placed on any word or expression in the text — both in source language and in target language.

Words and expressions that are unmarked for style or register in source or target language are to be taken as standard language appropriate to any normal context or situation. Wherever this is not the case the nature of the restriction is indicated: formal, literary, US, military slang, humorous, pejorative, and so on.

In particular we gave much thought to how best to indicate the degrees of colloquialism ranging from expressions that are slightly informal through slang to those that are widely regarded as taboo. The foreign user of each language is warned by a label of one, two, or three asterisks of the degrees of care he must exercise in the use of expressions so marked. Similarly, a dagger and double dagger indicate words that are old-fashioned and obsolete.

We believe that in this system of marking language we offer the user a significant improvement on existing bilingual dictionaries.

Another feature of this Dictionary is the wealth of phrases provided within many entries. These examples greatly expand the validity of the information provided by showing how translation and sometimes structure change in different contexts and by giving examples of the idioms and set expressions relating to the headword.

The pages that follow describe these and other features of the Dictionary in greater detail.

division claire en
catégories sémantiques

composés

champ sémantique

nombreux exemples

verbes pronominaux

renvoi au tableau de
conjugaisons

anglais de Grande-Bretagne
et des U.S.A.

français du Canada

indications syntaxiques

apparat [apaʀa] *nm* **(a)** (*pompe*) pomp. d'∼ *dîner, habit, discours* ceremonial; *V* **grand. (b)** (*Littérat*) ∼ **critique** critical apparatus.

apparatchik [apaʀatʃik] *nm* apparatchik.

appareil [apaʀɛj] **1** *nm* **(a)** (*machine, instrument*) (*gén*) piece of apparatus, device; (*électrique, ménager*) appliance; (*Rad, TV: poste*) set; (*Phot*) camera; (*téléphone*) (tele)phone. **qui est à l'∼?** who's speaking?; **Paul à l'∼** Paul speaking.

(b) (*Aviat*) (acro)plane, aircraft (*inv*), craft (*inv*) (*US*).

(c) (*Méd*) appliance; (*dentier*) brace; (*pour fracture*) splint.

(d) (*Anat*) apparatus, system. ∼ **digestif/urogénital** digestive/ urogenital system *ou* apparatus; ∼ **phonateur** vocal apparatus *ou* organs (*pl*).

(e) (*structure administrative*) machinery. **l'∼ policier** the police machinery; **l'∼ du parti** the party apparatus *ou* machinery; **l'∼ des lois** the machinery of the law.

(f) (*littér*) (*dehors fastueux*) air of pomp; (*cérémonie fastueuse*) ceremony. **l'∼ magnifique de la royauté** the trappings *ou* splendour of royalty; *V* **simple.**

(g) (*Archit: agencement des pierres*) bond.

2: appareil critique critical apparatus; **appareil de levage** lifting appliance; **appareil de mesure** measuring device; **appareil orthopédique** orthopaedic appliance; **appareil-photo** *nm, pl* **appareils-photos, appareil photographique** camera; **appareil à sous** (*distributeur*) slot machine; (*jeu*) fruit machine, one-armed bandit.

appareillage [apaʀɛjaʒ] *nm* **(a)** (*Naut*) (*départ*) casting off, getting under way; (*manœuvres*) preparations for casting off *ou* getting under way. **(b)** (*équipement*) equipment.

appareiller [apaʀɛje] **(1)** **1** *vi* (*Naut*) to cast off, get under way. **2** *vt* **(a)** (*Naut*) *navire* to rig, fit out. **(b)** (*Archit: tailler*) *pierre* to dress. **(c)** (*coupler*) to pair; (*assortir*) to match up; (*accoupler*) to mate (*avec* with).

apparemment [apaʀamã] *adv* apparently.

apparence [apaʀãs] *nf* **(a)** (*aspect*) [*maison, personne*] appearance, aspect. **ce bâtiment a (une) belle** ∼ it's a fine-looking building; **il a une** ∼ **négligée** he is shabby-looking, he has a shabby *ou* uncared-for look about him.

(b) (*fig: extérieur*) appearance. **sous cette** ∼ **souriante** under that smiling exterior; **sous l'∼ de la générosité** under this (outward) show *ou* apparent display of generosity; **ce n'est qu'une (fausse)** ∼ it's a mere façade; **il ne faut pas prendre les** ∼**s pour la réalité** one mustn't mistake appearance(s) for reality; **se fier aux/sauver les** ∼**s** to trust/keep up appearances.

(c) (*semblant, vestige*) semblance. **il n'a plus une** ∼ **de respect pour** he no longer has the least semblance of respect for.

(d) (*Philos*) appearance.

(e) (*loc*) **malgré l'∼ ou les** ∼**s** in spite of appearances; **contre toute** ∼ against all expectations; **selon toute** ∼ in all probability; **en** ∼ apparently, seemingly, on the face of it; **des propos en** ∼ **si contradictoires/si anodins** words apparently so contradictory/ harmless; **ce n'est qu'en** ∼ **qu'il est heureux** it's only on the surface *ou* outwardly that he's happy.

apparent, e [apaʀã, ãt] *adj* **(a)** (*visible*) *appréhension, gêne* obvious, noticeable; *ruse* obvious. **de façon** ∼**e** visibly, conspicuously; **sans raison/cause** ∼**e** without apparent *ou* obvious reason/ cause; **plafond avec poutres** ∼**es** ceiling with visible beams *ou* beams showing; **coutures** ∼**es** topstitched seams.

(b) (*superficiel*) *solidité, causes* apparent (*épith*). **ces contradictions ne sont qu'∼es** these are only outward *ou* surface discrepancies.

apparentement [apaʀãtmã] *nm* (*Pol*) grouping of electoral lists (*in proportional representation system*).

apparenter (s') [apaʀãte] **(1)** *vpr:* **s'∼ à** (*Pol*) to ally o.s. with (*in elections*); (*par mariage*) to marry into; (*ressembler à*) to be similar to, have certain similarities to; **un député apparenté Libéral** an MP who is allied with the Liberals *ou* who has the backing of the Liberals.

appariement [apaʀimã] *nm* (*V* **apparier**) matching; pairing; mating.

apparier [apaʀje] **(7)** *vt* (*littér*) (*assortir*) to match; (*coupler*) to pair; (*accoupler*) to mate.

appariteur [apaʀitœʀ] *nm* (*Univ*) ≃ porter (*Brit*), ≃ campus policeman (*US*). (*hum*) ∼ **musclé** strong-arm attendant (*hired at times of student unrest*).

apparition [apaʀisjɔ̃] *nf* **(a)** (*manifestation*) [*étoile, symptôme, signe*] appearance; [*personne*] appearance, arrival; [*boutons, fièvre*] outbreak. **faire son** ∼ [*personne*] to make one's appearance, turn up, appear; [*symptômes*] to appear; [*fièvre*] to break out; **il n'a fait qu'une** ∼ (*à une réunion*) he only put in a brief appearance; (*dans un film*) he only made a brief appearance, he only appeared briefly.

(b) (*vision*) apparition; (*fantôme*) apparition, spectre. **avoir des** ∼**s** to see *ou* have visions.

apparoir [apaʀwaʀ] *vb impers* (*frm, hum*) **il appert (de ces résultats) que** it appears *ou* is evident (from these results) that.

appartement [apaʀtəmã] *nm* **(a)** flat (*Brit*), apartment (*US*); [*hôtel*] suite; *V* **chien, plante. (b)** (*Can*) room.

appartenance [apaʀtənãs] *nf* **(a)** [*race, famille*] belonging (*à* to), membership (*à* of); [*parti*] adherence (*à* to), membership (*à* of). (*Math*) ∼ **à un ensemble** membership of a set. **(b)** (*Jur*) ∼**s** appurtenances.

clear division into
semantic categories

compound words

field labels

extensive illustrative
phrases

pronominal verbs

all French verbs referred
to verb tables

British and American
English

French Canadian usage

grammatical constructions

Bob [bɒb] *n* (*dim of* **Robert**) Bob *m*. (*Brit*) ∼'s your uncle!* ce n'est pas plus difficile que cela!, c'est simple comme bonjour!

bob¹ [bɒb] **1** *vi* (**a**) to ∼ (**up and down**) (*in the air*) pendiller; (*in water*) danser sur l'eau; to ∼ **for apples** essayer d'attraper avec les dents des pommes flottant sur l'eau.
　(**b**) (*curtsy*) faire une (petite) révérence.
　2 *n* (**a**) (*curtsy*) (petite) révérence *f*; (*nod*) (bref) salut *m* de tête; (*jerky movement*) petite secousse, petit coup.
　(**b**) (*weight*) [*pendulum*] poids *m*; [*plumbline*] plomb *m*; (*float*) bouchon *m*; (*bait*) paquet *m* de vers.
　3 *vi* (*Fishing*) pêcher à la ligne flottante.

◆**bob down** *vi* (**a**) (*duck*) baisser la tête; (*straight*) se baisser subitement.
　(**b**) (‡: *be quiet*) la fermer‡.
◆**bob up** *vi* remonter brusquement.

bob²*† [bɒb] *n, pl inv* (*Brit*) shilling *m*.

bob³ [bɒb] **1** *n* (*curl*) boucle *f*, mèche courte; (*haircut*) coiffure courte; (*straight*) coiffure à la Jeanne d'Arc; (*horse's tail*) queue écourtée.
　2 *vt* hair couper court; horse's tail écourter.
　3 *cpd*: (*US*) **bobcat** lynx *m*; **bobtail** (*tail*) queue écourtée (*V* **rag¹**); (*horse/dog*) cheval/chien écourté; **bobtailed** à (la) queue écourtée.
bob⁴ [bɒb] *n* (*sleigh: also* ∼**sled**, ∼**sleigh**) bobsleigh *m*, bob *m*; (*runner*) patin *m*.
bobbin ['bɒbɪn] *n* [*thread, wire*] bobine *f*; [*sewing machine*] bobine *f*; [*lace*] fuseau *m*. ∼ **lace** dentelle *f* aux fuseaux.
bobble [bɒbl] **1** *n* (**a**) (*pompom*) pompon *m*. (**b**) (*US*: *mistake etc*) cafouillage* *m*. **2** *vt* (*US*: *handle ineptly*) cafouiller*.
bobby* ['bɒbɪ] *n* (*policeman*) flic* *m*.

bobby pin ['bɒbɪpɪn] *n* (*esp US*) pince *f* à cheveux.
bobbysocks* ['bɒbɪsɒks] *npl* (*US*) socquettes *fpl* (*de filles*).
bobbysoxer* ['bɒbɪsɒksəʳ] *n* (*US*) minette* *f* (*des années 40*).
Boche* [bɒʃ] (*pej*) **1** *n* Boche* *m* (*pej*). **2** *adj* Boche* (*pej*).
bock [bɒk] *n* (*US*: ∼ **beer**) (**a**) (*U*) bière *f* bock. (**b**) (*glass of beer*) bock *m*.

bod‡ [bɒd] *n* (*Brit*) type* *m*; (*US*) physique *m*, corps *m*; *V* **odd**.
bode [bəʊd] **1** *vi*: to ∼ **well** être de bon augure (*for* pour); it ∼s **ill** (**for**) cela est de mauvais augure (pour), cela ne présage rien de bon (pour). **2** *vt* présager, annoncer, augurer.
bodega [bəʊ'di:gə] *n* (*US*) épicerie portoricaine.
bodge* [bɒdʒ] = **botch**.
bodice ['bɒdɪs] *n* (**a**) [*dress*] corsage *m*; [*peasant's dress*] corselet *m*.

　(**b**) (*undergarment*) cache-corset *m*.
-bodied ['bɒdɪd] *adj ending in cpds* [*V* **able**, **full** *etc*].

bodily ['bɒdɪlɪ] **1** *adv* lift, carry à bras-le-corps; carry dans ses (*etc*) bras.
　2 *adj* need, comfort matériel; pain physique. ∼ **illness** troubles *mpl* physiques; ∼ **harm** blessure *f*; *V* **grievous**.

bodkin ['bɒdkɪn] *n* (*big darning needle*) aiguille *f* à repriser; (*for threading tape*) passe-lacet *m*; (*for leather*) alène *f*; (††: *hairpin*) épingle *f* à cheveux.
body ['bɒdɪ] **1** *n* (**a**) [*man, animal*] corps *m*. **just enough to keep ∼ and soul together** juste assez pour subsister; **to belong to sb ∼ and soul** appartenir à qn corps et âme; *V* **sound²**.
　(**b**) (*corpse*) cadavre *m*, corps *m*.

　(**c**) (*main part of structure*) [*dress*] corsage *m*, corps *m* (de robe); [*car*] carrosserie *f*; [*plane*] fuselage *m*; [*ship*] coque *f*; [*church*] nef *f*; [*camera*] boîtier *m*; [*speech, document*] fond *m*, corps. **in the ∼ of the hall** au centre de la salle.

　(**d**) (*group, mass*) masse *f*, ensemble *m*, corps *m*. ∼ **of troops** corps de troupes; **the main ∼ of the army** le gros de l'armée; **the great ∼ of readers** la masse des lecteurs; **a large ∼ of people** une masse de gens, une foule nombreuse; **in a ∼** en masse; **taken in a ∼** pris ensemble, dans leur ensemble; **the ∼ politic** le corps politique; **legislative ∼** corps législatif; **a large ∼ of water** une grande masse d'eau; **a strong ∼ of evidence** une forte accumulation de preuves; **a strong ∼ of opinion was against it** une grande partie de l'opinion était contre.
　(**e**) (*) (*man*) bonhomme* *m*; (*woman*) bonne femme*. **an inquisitive old ∼** une vieille fouine; **a pleasant little ∼** une gentille petite dame.
　(**f**) (*Phys etc*: *piece of matter*) corps *m*. **heavenly ∼** corps céleste; *V* **foreign**.

　(**g**) (*U*) [*wine, paper*] corps *m*. **this wine has not enough ∼** ce vin n'a pas assez de corps; **to give one's hair ∼** donner du volume à ses cheveux.
　2 *cpd*: **bodybuilder** (*Aut*) carrossier *m*; (*food*) aliment *m* énergétique; (*person*) culturiste *m*; (*apparatus*) extenseur *m*; **body building** culturisme *m*; **body-building exercises** exercices *mpl* de culturisme *or* de musculation; (*Jur*) **body corporate** personne morale; **body count**: (*US*) **to do a body count** compter le nombre des personnes; (*after battle*) compter le nombre des morts; **bodyguard** (*person*) garde *m* du corps; (*group*) gardes *mpl* du corps; **body language** langage *m* du corps; **body lotion** lait *m* pour le corps; **body mike** micro *m* (*porté autour du cou*); (*Aut*) **body repairs** travaux *mpl* de carrosserie; **body scanner** scanner *m*, scanographe *m*; **body (repair) shop** atelier *m* de carrosserie; (*Hist*) **body snatcher** déterreur *m* de cadavres; **body stocking** body *m*; **body warmer** gilet matelassé; (*Space*) **body-waste disposal** évacuation *f* des matières organiques; (*Aut*) **bodywork** carrosserie *f*.

Right margin:
proper names

explanation when no equivalent

phrasal verbs

superior numbers mark homographs

clear division into grammatical categories

American English

asterisks mark informal usage

cross references

phonetics in IPA

daggers mark older usage

detailed indicating words pinpoint meaning

French genders marked

uncountable uses marked

compound words

1.1 Ordre des mots Le principe général est l'ordre alphabétique. Les variantes orthographiques qui ne se suivent pas immédiatement dans l'ordre alphabétique figurent à leur place dans la nomenclature avec un renvoi à la forme qui est traitée.

1.1 Word Order Alphabetical order is followed throughout. If two variant spellings are not alphabetically adjacent each is treated as a separate headword and there is a cross-reference to the form treated in depth.

> **khalife** ... *nm* = **calife.**
> **callipers** ... *npl* = **calipers.**

1.2 Les variantes orthographiques américaines sont traitées de la même manière.

1.2 American variations in spelling are treated in the same fashion.

> **honor** ... *n (US)* = **honour.**

1.3 Les noms propres figurent à leur place dans l'ordre alphabétique général.

1.3 Proper names will be found in their alphabetical place in the word list.

1.4 Les termes français que l'anglais a adoptés tels quels, sans changement de sens (ex.: savoir-faire), ne figurent pas en principe à la nomenclature anglais. Ils sont traités lorsqu'il s'est produit un glissement sémantique (ex.: table d'hôte).

1.4 French words which have been adopted in English (eg savoir-faire) are not normally included in the English word list if their meaning and usage are the same in both languages. Where these differ however (eg table d'hôte) the word is treated in full.

1.5 Les homographes sont suivis d'un chiffre qui permet de les distinguer, ex.: **raie**[1], **raie**[2]; **blow**[1], **blow**[2].

1.5 Superior numbers are used to separate words of like spelling, eg **raie**[1], **raie**[2]; **blow**[1], **blow**[2].

2.1 Les composés Pour les besoins de ce dictionnaire, le terme 'composé' regroupe non seulement les mots formés de termes reliés par un trait d'union (ex.: camion-citerne, arrière-pensée, body-building), mais également les expressions anglaises formées à l'aide de noms adjectivés (ex.: boat train, freedom fighter) ou d'autres collocations similaires figées par la langue (ex.: grand ensemble, modèle déposé, air traffic control, ear nose and throat specialist). Ils sont rassemblés et traités dans une catégorie à part suivant un ordre strictement alphabétique.

2.1 Compounds and set phrases For the purposes of this dictionary the term 'compound' is taken to cover not only solid and hyphenated compounds (eg camion-citerne, arrière-pensée, body-building), but also attributive uses of English nouns (eg boat train, freedom fighter), and other collocations which function in a similar way (eg grand ensemble, modèle déposé, air traffic control, ear nose and throat specialist). All of the above are normally treated in the compound section of the entry in alphabetical order.

2.2 Les composés français formés de termes soudés sont considérés comme mots à part entière et traités selon l'ordre alphabétique général (ex.: portemanteau, portefeuille). Les composés anglais formés de termes soudés figurent dans la catégorie des composés et ne font pas l'objet d'articles séparés (ex.: bodyguard); toutefois les vocables formés avec un suffixe (ex.: childhood, friendship) sont traités dans la nomenclature à leur place alphabétique normale.

2.2 Solid compounds in French (eg portefeuille, portemanteau) are treated as headwords. Solid compounds in English (eg bodyguard) are normally treated in the compound section. However English words of the pattern *full word + suffix* (eg childhood, friendship) are not considered to be compounds: these are treated as headwords.

2.3 Les composés français formés à l'aide de préfixes d'origine verbale sont en général regroupés sous le verbe
> **lave-** ... *préf V* **laver.**

et à l'article laver
> **laver** ... **3: lave-glace**

2.3 French compounds of the pattern *verb root + noun* generally occur under the verb.
> **lave-** ... *préf V* **laver.**

and in the entry for laver
> **laver** ... **3: lave-glace**

2.4 Dans la nomenclature anglaise, la catégorie

2.4 In English parts of speech are indicated for

grammaticale des composés est donnée lorsqu'elle n'est pas évidente ou que la forme composée appartient à plusieurs catégories grammaticales.

compounds in cases where the user might otherwise be confused.

daredevil (*n*) casse-cou *m inv* ...; (*adj*) *behaviour* de casse-cou; *adventure* fou (*f* folle) ...

Pour le français, la catégorie grammaticale et s'il y a lieu le genre des composés avec trait d'union sont donnés; ils sont aussi indiqués lorsqu'il y a risque d'erreur ou lorsque la terme traité appartient à plusieurs catégories grammaticales.

In French the part of speech, and if appropriate the gender, is given for all hyphenated compounds. It will also be given of course when the compound has several grammatical categories or if there is any risk of confusion.

2.5 Lorsque, pour des raisons pratiques, un composé anglais a été traité comme mot à part entière et doit être cherché à sa place dans la liste alphabétique générale, un renvoi prévient le lecteur.

2.5 When for practical reasons an English compound is treated as a headword in its alphabetical place, a cross-reference always makes this plain.

house ... **2** *cpd* ... **housewife** *V* **housewife;**

2.6 Les composés sont placés sous le premier élément, 'grand ensemble' sous grand, 'pont d'envol' sous pont, 'freedom fighter' sous freedom, 'general post office' sous general. Lorsque pour des raisons pratiques ce principe n'a pas été appliqué, un renvoi prévient le lecteur.

2.6 Compounds are placed under the first element, 'grand ensemble' under grand, 'pont d'envol' under pont, 'freedom fighter' under freedom, 'general post office' under general. Where for practical reasons an exception has been made to this rule a cross-reference alerts the user.

2.7 Les formules figées et les expressions idiomatiques figurent sous le premier terme qui reste inchangé, quelles que soient les modifications que l'on apporte à l'expression en question.
   'Monter sur ses grands chevaux' et 'monter un bateau à quelqu'un' sont traités sous **monter**. 'Savoir quelque chose sur le bout du doigt' est placé sous **bout** parce que l'on peut dire également 'connaître quelque chose sur le bout du doigt'. Lorsque ce principe a été abandonné, un renvoi prévient l'utilisateur.

2.7 Set phrases and idiomatic expressions are also placed under the first element or the first word in the phrase which remains constant despite minor variations in the phrase itself.
   'To break somebody's heart' and 'to break a record' are both included under **break**. 'To lend somebody a hand' is however under **hand** because it is equally possible to say 'to give somebody a hand'.
Where this 'first element' principle has been abandoned a cross-reference alerts the user.

2.8 Un certain nombre de verbes français et anglais servent à former un très grand nombre de locutions verbales.

2.8 Certain very common French and English verbs form the basis of a very large number of phrases.

faire honneur à, faire du ski, faire la tête, etc.
to make sense of something, to make an appointment, to make a mistake, etc.

En pareil cas l'expression figurera sous le second élément: 'faire la tête' sous **tête**, 'to make sense of something' sous **sense**.
La liste qui suit indique les verbes que nous avons considérés comme 'vides' à cet égard:
en français: avoir, être, faire, donner, mettre, passer, porter, prendre, remettre, reprendre, tenir, tirer.
en anglais: be, become, come, do, get, give, go, have, lay, make, put, set, take.

We have considered such verbs to have a diminished meaning and in such cases the set phrases will be found under the second element, eg 'faire la tête' under **tête**, 'to make sense of something' under **sense.**
The following is a list of the verbs which we consider to have a diminished meaning content:
French—avoir, être, faire, donner, mettre, passer, porter, prendre, remettre, reprendre, tenir, tirer.
English—be, become, come, do, get, give, go, have, lay, make, put, set, take.

3.1 Répétition du mot dans l'article Par souci d'économie de place, le mot est remplacé par le signe ~ lorsqu'il est répété dans le corps de l'article sans subir de modification orthographique.

3.1 Repetition of the headword within the entry To save space, where the headword occurs in its full form within the entry it is replaced by ~.

> **age** ... **she stayed for ~s**
> **carry** ... **to ~ the can** ... *but* **he carried his audience with him**

3.2 Les verbes conjugués français sont repris en toutes lettres (ex.: porter ... il porte ... ils porteront), ainsi que les composés dans les deux langues et que les verbes anglais à particule.

3.2 Inflected forms of French verbs are shown in full (eg porter ... il porte ... ils porteront), as are compounds in both languages and phrasal verbs in English.

4.1 Pluriel Les formes plurielles qui présentent des difficultés sont données dans la langue de départ.

4.1 Plurals Irregular plural forms of English words are given in the English-French side, those of French words and compounds in the French-English side.

4.2 En français, les pluriels autres que ceux qui se forment par le simple ajout du -s sont indiqués ex.: cheval, -aux; celui des composés avec trait d'union est toujours donné.

4.2 In French, all plurals which do not consist of *headword + s* are shown, eg cheval, -aux. The plural form of hyphenated compounds is always given.

4.3 En anglais, les pluriels formés régulièrement ne sont pas donnés.
4.3.1 La plupart des noms prennent -s au pluriel: *bed-s, site-s.*
4.3.2 Les noms se terminant par -s, -x, -z, -sh et -ch [tʃ] prennent -es au pluriel: *boss-es, box-es, dish-es, patch-es.*
4.3.3 Les noms se terminant par -y non précédé d'une voyelle changent au pluriel le -y en -ies: *lady-ladies, berry-berries* (mais *tray-s, key-s*).

4.3 In English a knowledge of the basic rules is assumed.
4.3.1 Most English nouns take -s in the plural: *bed-s, site-s.*
4.3.2 Nouns that end in -s, -x, -z, -sh and some in -ch [tʃ] take -es in the plural: *boss-es, box-es, dish-es, patch-es.*
4.3.3 Nouns that end in -y not preceded by a vowel change the -y to -ies in the plural: *lady-ladies, berry-berries* (but *tray-s, key-s*).

4.4 Quand le pluriel d'un mot est très différent du singulier, il figure à sa place dans la nomenclature générale avec un renvoi; il est répété sous le singulier.

4.4 Plural forms of the headword which differ substantially from the singular form are listed in their alphabetical place in the word list with a cross-reference, and repeated under the singular form.

> **yeux** ... *nmpl de* **œil.**
> **œil**, *pl* **yeux** ... *nm*
> **children** ... *npl of* **child.**
> **child**, *pl* **children** ... *n*

4.5 Dans la partie anglais-français, seul le pluriel invariable des mots français est indiqué.

4.5 French invariable plurals are marked on the English-French side for ease of reference.

5.1 Genre Les formes féminines des mots français qui ne suivent pas directement le masculin dans l'ordre alphabétique sont données à leur place normale dans la nomenclature, avec un renvoi au masculin; elles sont répétées sous celui-ci.

5.1 Genders Feminine forms in French which are separated alphabetically from the masculine form in the word list are shown as separate headwords with a cross-reference to the masculine form.

> **belle** ... *V* **beau.**

5.2 Un mot féminin exigeant une traduction différente du masculin fait l'objet soit d'un article séparé

5.2 A feminine headword requiring a different translation from its masculine form is given either a separate entry

chien ... *nm* ... dog.
chienne ... *nf* bitch.
coiffeur ... *nm [dames]* hairdresser; *[hommes]* hairdresser, barber.
coiffeuse ... *nf* (*personne*) hairdresser; (*meuble*) ...

soit d'une catégorie bien individualisée dans le cas d'articles complexes.

or a separate category in the case of complex entries.

cadet, -ette ... **1** *adj* ... **2** *nm* ... **3 cadette** *nf*

5.3 Dans la partie anglais-français, le féminin des adjectifs français se construisant régulièrement n'est pas indiqué. Sont considérées comme régulières les formes suivantes:

5.3 In the English-French side of the dictionary the feminine forms of French adjectives are given only where these are not regular. The following are considered regular adjective inflections:

-, e; -ef, -ève; -eil, -eille; -er, -ère; -et, -ette; -eur, -euse; -eux, -euse; -ien, -ienne; -ier, -ière; -if, -ive; -il, -ille; -on, -onne; -ot, -otte.

Par contre quand un nom anglais peut recevoir une traduction au masculin ou au féminin, selon le sexe, la forme du féminin est toujours mentionnée.

When the translation of an English noun could be either masculine or feminine, according to sex, the feminine form of the French noun translation is always given.

singer ... *n* chanteur *m*, -euse *f*.

5.4 Dans la partie anglais-français, le genre d'un nom français n'est pas spécifié quand l'adjectif ou l'article qui accompagne celui-ci le rend évident.

5.4 In the English-French side of the dictionary the gender of a French noun is not specified where this is made clear by an accompanying adjective or definite or indefinite article.

airline ligne aérienne
empty threats menaces vaines

6.1 Les indications guidant le lecteur sont imprimées en italiques et prennent les formes suivantes.

6.1 General indicating material in the dictionary is printed in italics and takes the following forms.

6.2 Entre parenthèses ( )

6.2 In parentheses ( )

6.2.1 Les synonymes et définitions partielles.

6.2.1 Synonyms and partial definitions.

décent, e ... *adj* (*bienséant*) decent, proper; (*discret, digne*) proper; (*acceptable*) reasonable, decent.
dyke ... *n* (*channel*) fosse *m*; (*wall, barrier*) digue *f*, (*causeway*) levée *f*, chaussée *f*, ...

6.2.2 Les autres précisions et explications susceptibles de guider l'usager.

6.2.2 Other information and hints which guide the user.

décaper ... *vt* (*gén*) to clean, cleanse; (*à l'abrasif*) to scour; ... (*à la brosse*) to scrub;...
employment ... *n* ... (*a job*) emploi *m*, travail *m*; (*modest*) place *f*, (*important*) situation *f*.

6.2.3 Les indications d'ordre grammatical permettant au lecteur étranger d'utiliser le mot correctement. Elles sont données après la traduction.

6.2.3 Syntactical information to allow the non-native speaker to use the word correctly. This is given after the translation.

différer ... *vi* ... to differ, be different (*de* from, *en, par* in).
dissimuler ... *vt* ... to conceal, hide (*à qn* from sb).
order ... *vt* ... ordonner (*sb to do* à qn de faire, *that* que + *subj*).

6.3 Entre crochets [ ]

6.3 In square brackets [ ]

6.3.1 Dans un article traitant un verbe, les noms sujets éclairant le sens.

6.3.1 Within verb entries, typical noun subjects of the headword.

> **décroître** ... *vi [nombre, population]* to decrease, diminish, decline; ... *[eaux, fièvre]* to subside, go down; *[popularité]* to decline, drop; ...
> **fade** ... *vi [flower]* se faner, se flétrir; *[light]* baisser, diminuer, s'affaiblir; *[colour]* passer, perdre son éclat; *[material]* passer, se décolorer; ...

6.3.2 Dans un article traitant un nom, les noms compléments.

6.3.2 Within noun entries, typical noun complements of the headword.

> **défiguration** ... *nf [vérité]* distortion; *[texte, tableau]* mutilation; *[visage]* disfigurement.
> **branch** ... *n* ... *[tree, candelabra]* branche *f*, ... *[mountain chain]* ramification *f*, ... *[subject, science etc]* branche.

[vérité] doit se lire 'de la vérité'.

In such instances *[tree]* should be read as 'of tree'.

6.4 Sans parenthèses

6.4 Unbracketed indicating material.

6.4.1 Les compléments d'objet des verbes transitifs.

6.4.1 Typical objects of transitive verbs.

> **défaire** ... *vt* ... *couture, tricot* to undo, unpick (*Brit*); *écheveau* to undo, unravel, unwind; *corde, nœud, ruban* to undo, untie; ... *valise* to unpack.
> **impair** ... *vt abilities, faculties* détériorer, diminuer; *negotiations, relations* porter atteinte à; *health* abîmer, détériorer; *sight, hearing* abîmer, affaiblir; ...

6.4.2 Les noms que peut qualifier l'adjectif.

6.4.2 Typical noun complements of adjectives.

> **élancé, e** ... *adj clocher, colonne, taille* slender.
> **distinct** ... *adj landmark, voice, memory* distinct, clair, net; *promise, offer* précis, formel; *preference, likeness* marqué, net; ...

6.4.3 Les verbes ou adjectifs modifiés par l'adverbe.

6.4.3 Typical verb or adjective complements of adverbs.

> **bien** ... *adv* ... (*de façon satisfaisante*) *jouer, dormir, travailler* well; *conseiller, choisir* well, wisely; *fonctionner* properly, well.
> **briskly** ... *adv move* vivement; *walk* d'un bon pas; *speak* brusquement; *act* sans tarder.

6.5 Le symbole *U* signifie 'non comptable'. Il est utilisé pour indiquer qu'un nom ne s'emploie pas normalement au pluriel et ne se construit pas, en règle générale, avec l'article indéfini ou un numéral. Ce symbole a pour but d'avertir de lecteur étranger dans les cas où celui-ci risquerait d'employer le mot de manière incorrecte; mais notre propos n'est nullement de donner une liste exhaustive de ces mots en anglais. Ce symbole est parfois utilisé comme indication dans la langue de départ, lorsque c'est le seul moyen de distinguer emplois 'non comptables' et 'comptables'.

6.5 The symbol *U* stands for 'uncountable' and serves to mark nouns which are not normally used in the plural or with the indefinite article or with numerals. The symbol occurs only as a warning device in cases where a non-native speaker might otherwise use the word wrongly. There has been no attempt to give an exhaustive account of 'uncountability' in English. The symbol has also been used as an indicator to distinguish meanings in the source language.

> **astuce** ... *nf* **(a)** (*U*) shrewdness, astuteness. ... **(b)** (*moyen, truc*) (clever) way, trick.
> **clignement** ... *nm* ... blinking (*U*).
> **bracken** ... *n* (*U*) fougère *f*.
> **implement** ... *n* ... ~**s** équipement *m* (*U*), matériel *m*.

6.6 Le symbole *T* signifie 'terme de spécialiste'.

6.6 The symbol *T* stands for 'technical term'.

> **tympan** ... *nm* eardrum, tympanum (*T*).

Cela veut dire que le mot anglais d'usage courant est 'eardrum' et que 'tympanum' ne se rencontre que dans le vocabulaire des spécialistes.

This indicates that the common English word is 'eardrum' and that 'tympanum' is restricted to the vocabulary of specialists.

6.7 ≃ introduit une équivalence culturelle, lorsque ce que représente le terme de la langue de départ n'existe pas ou n'a pas d'équivalent exact dans la langue d'arrivée, et n'est donc pas à proprement parler traduisible.

6.7 ≃ is used when the source language headword or phrase has no equivalent in the target language and is therefore untranslatable. In such cases the nearest cultural equivalent is given.

> **borne** ... *nf* ... (*kilométrique*) kilometre-marker, ≃ milestone.
> **the Health Service** ≃ la Sécurité sociale.

Une glose explicative accompagne généralement l'équivalent culturel choisi; elle peut être donnée seule lorsqu'il n'existe pas d'équivalent culturel assez proche dans la langue d'arrivée.

Sometimes it is accompanied by an explanatory gloss (in italics). Such a gloss may be given alone in cases where there is no cultural equivalent in the target language.

> **image d'Épinal** (*lit*) *popular 18th or 19th century print depicting traditional scenes of French life.*
> **Yorkshire pudding** *pâte à crêpe cuite qui accompagne un rôti de bœuf.*

6.8 On a eu recours aux petites majuscules pour indiquer, dans certaines expressions anglaises, l'accent d'insistance qui rend, ou requiert, une nuance particulière du français.

6.8 Small capitals are used to indicate the spoken stress in certain English expressions.

> **mais enfin! je viens de te le dire!** but I've just TOLD you!
> **I know HER but I've never seen HIM** je la connais, elle, mais lui je ne l'ai jamais vu.

7.1 Les champs sémantiques sont mentionnés dans les cas suivants:

7.1 Field labels occur in such cases as the following:

7.1.1 Pour indiquer les différents sens d'un terme et introduire les traductions appropriées.

7.1.1 To differentiate various meanings of the headword.

> **cuirasse** ... *nf* (*Hist*) [*chevalier*] breastplate; (*Naut*) armour(-plate *ou* -plating); (*Zool*) cuirass.
> **eagle** ... *n* (*Orn*) aigle *mf* (*gen m*); (*Rel: lectern*) aigle *m*; (*Her, Hist, Mil*) aigle *f*, (*Golf*) eagle *m*.

7.1.2 Quand la terme de la langue de départ n'est pas ambigu, mais que la traduction peut l'être.

7.1.2 When the meaning in the departure language is clear but may be ambiguous in the target language.

> **comprimé** ... *nm* (*Pharm*) tablet.
> **parabola** ... *n* parabole *f* (*Math*).

7.2 La liste des champs sémantiques apparaissant sous forme abrégée figure sur les pages de garde.

7.2 A full list of the abbreviated field labels is given on the endpapers.

8.1 Niveaux de langue Les mots et expressions qui ne sont pas stylistiquement neutres ont été indiqués suivant deux registres.
   (i) de la langue soutenue à la langue familière
   (ii) style littéraire, langue vieillie ou archaïque
Ces indications sont données aussi bien dans la

8.1 Style labels All words and phrases which are not standard language have been labelled according to two separate registers.
   (i) formal and informal usage
   (ii) old-fashioned and literary usage
This labelling is given for both source and target

langue de départ que dans la langue d'arrivée, et constituent avant tout un avertissement au lecteur utilisant la langue étrangère.

languages and serves primarily to provide a warning to the non-native speaker.

8.2 Langue soutenue et langue familière.

8.2 Formal and informal usage.

8.2.1 *frm* indique le style administratif, les formules officielles, la langue soignée.

8.2.1 *frm* denotes formal language such as that used on official forms, in pronouncements and other formal communications.

> **agréer** ... (*frm*) **1** *vt* (*accepter*) demande, excuses to accept.
> (*frm*) **heretofore** jusque-là, jusqu'ici, ci-devant.

8.2.2 * marque la majeure partie des expressions familières et les incorrections de langage employées dans la langue de tous les jours. Ce signe conseille au lecteur d'être prudent.

8.2.2 * indicates that the expression, while not forming part of standard language, is used by all educated speakers in a relaxed situation but would not be used in a formal essay or letter, or on an occasion when the speaker wishes to impress.

> **charabia*** ... *nm* gibberish, gobbledygook*.
> **c'est du gâteau*** it's a piece of cake* (*Brit*) *ou* a doddle* (*Brit*), it's a walkover*.
> **to make a bolt for it*** filer* *or* se sauver à toutes jambes.
> **he's pretty hot* at football** il est très calé en football.

8.2.3 ⁑ marque les expressions très familières qui sont à employer avec la plus grande prudence par le lecteur étranger, qui devra posséder une grande maîtrise de la langue et savoir dans quel contexte elles peuvent être utilisées.

8.2.3 ⁑ indicates that the expression is used by some but not all educated speakers in a very relaxed situation. Such words should be handled with extreme care by the non-native speaker unless he is very fluent in the language and is very sure of his company.

> **se faire pigeonner** ⁑ to be done⁑, be taken for a ride⁑, be had⁑.
> **bigwig** ⁑ grosse légume⁑, huile⁑ *f.*

8.2.4 ⁑* marque le petit nombre d'expressions courantes que le lecteur étranger doit pouvoir reconnaître, mais dont l'emploi risque d'être ressenti comme fortement indécent ou injurieux.

8.2.4 ⁑* means 'Danger!' Such words are liable to offend in any situation, and therefore are to be avoided by the non-native speaker.

> **baiser** ... *vt* ... **(b)**(⁑*) to screw⁑*, lay⁑*, fuck⁑*.
> **you bloody fool!** espèce de con!⁑*

8.3 Style littéraire et langue vieillie ou archaïque

8.3 Old-fashioned and literary usage

8.3.1 † marque les termes ou expressions démodés, qui ont quitté l'usage courant mais que l'étranger peut encore rencontrer au cours de ses lectures.

8.3.1 † denotes old-fashioned terms which are no longer in wide current use but which the foreign user will certainly find in reading.

> **indéfrisable**† ... *nf* perm, permanent (*US*).
> **beau**† ... *n* (*dandy*) élégant *m*, dandy *m.*

8.3.2 †† marque les termes ou expressions archaïques, que le lecteur ne rencontrera en principe que dans les œuvres classiques.

8.3.2 †† denotes obsolete words which the user will normally find only in classical literature.

> **gageure** ... *nf* ... **(b)** (††: *pari*) wager.
> **burthen**†† ... = **burden.**

On évitera de confondre ces signes avec l'indication *Hist*, qui ne marque pas le niveau de langue du mot lui-même (*signifiant*) mais souligne que l'objet

The use of † and †† should not be confused with the label *Hist*. *Hist* does not apply to the expression itself (*signifiant*) but denotes the historical désigné (*signifié*) ne se rencontre que dans un contexte historiquement daté.

context of the object so named (*signifié*).

ordalie ... *nf* (*Hist*) ordeal.

8.3.3 *littér, liter* marquent les expressions de style poétique ou littéraire.

8.3.3 *liter, littér* denote an expression which belongs to literary or poetic language.

ostentatoire ... *adj* (*littér*) ostentatious.
beseech ... *vt* (*liter*) **(a)** (*ask for*) ... **(b)** (*entreat*) ...

Le lecteur veillera à ne pas confondre ces indications avec (*lit*) d'une part (sens propre, emploi littéral) et *Littérat, Literat* de l'autre (domaine de la littérature).

The user should not confuse the style labels *liter, littér* with the field labels *Literat, Littérat* which indicate that the expression belongs to the field of literature. Similarly the user should note that the abbreviation *lit* indicates the literal, as opposed to the figurative, meaning of a word.

8.4 Les indications *arg* (argot) et *sl* (slang) désignent les termes appartenant au vocabulaire de groupes restreints (tels que les écoliers, les militaires) et l'indication du champ sémantique approprié leur est adjoint dans la langue de départ.

8.4 For the purpose of this dictionary the indicators *sl* (slang) and *arg* (argot) mark specific areas of vocabulary restricted to clearly defined groups of speakers (eg schoolchildren, soldiers, etc) and for this reason a field label is added to the label *sl* or *arg* marking the departure language expression.

(*arg Drogue*) **se camer** to be on drugs.
(*Mil sl*) **glasshouse** trou *m* (*sl*)

8.5 Les indications de niveau de langue peuvent soit s'attacher à un terme ou à une expression isolés, soit marquer une catégorie entière ou même un article complet.

8.5 The labels and symbols above are used to mark either an individual word or phrase, or a whole category, or even a complete entry.

9.1 Ponctuation Une virgule sépare les traductions qui sont considérées comme étant pratiquement équivalentes, alors qu'un point-virgule indique un changement notable de sens.

9.1 Punctuation In a list of equivalents in the target language a comma is used to separate translations which have very similar senses, whereas a semi-colon indicates a distinct shift in meaning.

gamin, e ... *adj* (*espiègle*) mischievous, playful; (*puéril*) childish.
bidder ... *n* (*at sale*) enchérisseur *m*, offrant *m*; (*Fin*) soumissionnaire *m*.

9.2 Dans la traduction d'expressions, les variantes correspondant à l'expression entière sont séparées par une virgule; celles qui ne correspondent qu'à une partie de l'expression à traduire peuvent suivre ou précéder un tronc commun, et sont alors séparées par *ou* ou par *or*.

9.2 In the translation of phrases a comma separates two possible translations of the whole phrase, an alternative translation of only part of the phrase being preceded by the word *or* or *ou*.

se tenir à distance to keep one's distance, stand aloof
il n'a pas dit un mot he hasn't said *ou* spoken *ou* uttered a (single) word
from an early age dès l'enfance, de bonne heure
in his early youth dans sa première *or* prime jeunesse

9.3 Le trait oblique / permet de regrouper des expressions de sens différent ayant un élément en commun, lorsque cette structure est reflétée dans la langue d'arrivée.

9.3 An oblique / indicates alternatives in the departure language which are reflected exactly in the target language.

to run in/out/past entrer/sortir/passer en courant

9.4 Les parenthèses figurant à l'intérieur des expressions ou de leur traduction indiquent que les mots qu'elles contiennent sont facultatifs.

9.4 Parentheses within illustrative phrases or their translations indicate that the material so contained is optional.

> **dans les limites de mes moyens** within (the limits of) my means
> **at an early hour (of the morning)** à une heure matinale

Ces parenthèses peuvent figurer en corrélation.

Such parentheses may be given for phrases in both source and target language.

> **faire ses achats (de Noël)** to do one's (Christmas) shopping

10.1 **Les renvois** sont utilisés dans les cas suivants:

10.1 **Cross-references** are used in the following instances:

10.1.1 Pour éviter d'avoir à répéter un ensemble d'indications, lorsqu'un mot a été traité en profondeur et que ses dérivés ont des divisions de sens correspondantes. Ceci se produit notamment pour les adverbes dérivés d'adjectifs et les nominalisations (voir aussi 11.3).

10.1.1 To avoid repeating indicating material where one word has been treated in depth and derivatives of that word have corresponding semantic divisions, eg adverbs which are cross-referred to adjectives, nouns which are cross-referred to verbs (see also para 11.3).

> **diffuser** ... *vt lumière, chaleur* to diffuse; *bruit, idée* to spread (abroad), circulate, diffuse; *livres* to distribute; (*Jur*) *document* to circulate; *émission* to broadcast.
> **diffusion** ... *nf* (*V* **diffuser**) diffusion; spreading; circulation; distribution; broadcasting.

10.1.2 Pour renvoyer le lecteur à l'article dans lequel est traitée une certaine expression, où figure un certain composé.

10.1.2 To refer the user to the headword under which a certain compound or idiom has been treated (see para 2 above).

10.1.3 Pour attirer l'attention de l'usager sur certains mots-clés qui ont été traités en profondeur: pour les numéraux, six, sixième et soixante; pour les jours de la semaine, samedi; pour les mois de l'année, septembre. Dans la nomenclature anglaise, ce seront les mots six, sixth, sixty, Saturday, September.

10.1.3 To draw the user's attention to the full treatment of such words as numerals, days of the week, and months of the year under certain key words. The key words which have been treated in depth are: French - six, sixième, soixante, samedi, septembre. English - six, sixth, sixty, Saturday, September.

> **Friday** ... *for other phrases V* **Saturday.**
> **vendredi** ... *pour autres loc V* **samedi.**

11.1 **Verbes** Les tables de conjugaison des verbes français et anglais sont données en annexe, aux pages 835 et 850. Dans la nomenclature française, chaque verbe est suivi d'un numéro entre parenthèses qui renvoie le lecteur à ces tables. Les formes passées des verbes forts anglais sont données après le verbe dans le corps de l'article.

11.1 **Verbs** Tables of French and English verbs are included in the supplements on pages 835 and 850. At each verb headword in the French-English side of the dictionary, a number in parentheses refers the user to these verb tables. Parts of English strong verbs are given at the main verb entry.

11.2 Dans la partie français-anglais, les emplois véritablement pronominaux. des verbes sont traités dans une catégorie à part.

11.2 In the French-English part of the dictionary verbs which are true pronominals are treated in a separate grammatical category.

> **baisser** ... **3 se baisser** *vpr* (*pour ramasser qch*) to bend down, stoop; (*pour éviter qch*) to duck.

Les emplois pronominaux à valeur réciproque, réfléchie ou passive, ne figurent que lorsque la traduction l'exige. En pareil cas, ils peuvent être simplement donnés dans la catégorie appropriée du verbe transitif, à titre d'exemple.

Pronominal uses which indicate a reciprocal, reflexive or passive sense are shown only if the translation requires it. In such cases they may be given within the transitive category of the verb as an illustrative phrase.

grandir ... *vt* ... (*faire paraître grand*) ... **ces chaussures te grandissent** those shoes make you (look) taller; **il se grandit en se mettant sur la pointe des pieds** he made himself taller by standing on tiptoe.

11.3 Les nominalisations des verbes français (mots en *-age, -ation, -ement* etc) reçoivent souvent des traductions qui ne sont données qu'à titre indicatif; ces traductions doivent être utilisées avec prudence, l'usager étant supposé savoir que dans de nombreux cas une construction verbale est plus courante en anglais.

11.3 French nouns formed from the *verb root +* *-ation* or *-age* or *-ement* etc are sometimes given only token translations. These translations must be treated with care by the user, who is assumed to know that in many cases a verbal construction is more common in English.

11.4 Si la traduction d'un participe passé ne peut se déduire directement à partir du verbe, ou si le participe a pris une valeur adjective, il est traité comme mot à part entière et figure à sa place alphabétique dans la nomenclature.

11.4 If the translation of a past participle cannot be reached directly from the verb entry or if the past participle has adjectival value then the past participle is treated as a headword.

étendu, e ... (*ptp de* **étendre**) **1** *adj* **(a)** (*vaste*) ... **(b)** (*allongé*) ...
broken ... **1** *ptp of* **break**. **2** *adj* **(a)** (*lit*) cassé, brisé; ... **(b)** (*uneven*) ...; **(c)** (*interrupted*) ...; **(d)** (*spoilt, ruined*) ...

11.5 Les verbes anglais à particule sont divisés en trois catégories: l'une pour les verbes intransitifs, les deux autres pour les verbes à fonction transitive.

11.5 Phrasal verbs in English have been treated in three grammatical categories: one intransitive and two transitive.

11.5.1 Verbes à fonction intransitive: *vi*

11.5.1 Intransitive: *vi*

◆ **boil over** *vi* **(a)** [*water*] déborder; [*milk*] se sauver, déborder. **the kettle boiled over** (l'eau dans) la bouilloire a débordé. **(b)** (*: with rage*) bouillir (*with* de).

11.5.2 Verbes à fonction transitive: *vt sep*

11.5.2 Transitive: *vt sep*

◆ **block up** *vt sep gangway* encombrer; *pipe* bloquer, obstruer; *window, entrance* murer, condamner; *hole* boucher, bloquer.

vt sep (= séparable) indique que le complément d'objet s'il s'agit d'un nom peut s'insérer entre le verbe et sa particule, ceci étant la place obligatoire d'un pronom objet: 'the rubbish *blocked* the pipe *up*', 'the rubbish *blocked up* the pipe', 'the rubbish *blocked* it *up*', mais jamais 'the rubbish *blocked up* it'.

vt sep (= separable) shows that the object of the verb, if a noun, may be inserted between the two parts of the phrasal verb: 'the rubbish *blocked* the pipe *up*', 'the rubbish *blocked up* the pipe'. On the other hand if the object is a pronoun it must be placed between the two parts of the phrasal verb: 'the rubbish *blocked* it *up*', never 'the rubbish *blocked up* it'.

11.5.3 Verbes à fonction transitive: *vt fus*

11.5.3 Transitive: *vt fus*

◆ **break into** *vt fus* **(a)** (*enter illegally*) *house* entrer par effraction dans ... **(b)** (*use part of*) *savings* entamer ... **(c)** (*Comm*) ... **(d)** (*begin suddenly*) commencer à, se mettre à ...

vt fus (= fusionné) indique que le complément d'objet, qu'il soit nom ou pronom, suit obligatoirement la particule: 'he *broke into* the safe easily', 'he *broke into* it easily', mais jamais 'he *broke* it *into* easily'. Quelques *vt fus* sont composés de trois éléments: 'to *come up with* a good idea' etc.

vt fus (= fused) shows that the object of the verb, whether noun or pronoun, must follow the second element of the phrasal verb: 'he *broke into* the safe easily', 'he *broke into* it easily', never 'he *broke* it *into* easily'. Some *vt fus* phrasal verbs have three elements: 'to *come up with* a good idea' etc.

11.5.4 Lorsqu'un verbe à particule s'utilise exactement comme le verbe simple, dans un sens donné, il figure normalement dans la catégorie appropriée du verbe simple.

11.5.4 Where the phrasal verb form in all its usages is identical in meaning to one category of the main verb it is normally included in the main verb.

> **bandage** ... **2** *vt* (*also* ~ **up**) *broken limb* bander; *wound* mettre un pansement sur; *person* mettre un pansement *or* un bandage à.

11.5.5 Lorsque le verbe présente un certain nombre de formes à particule du type *verbe + adverbe de direction*, celles-ci ne sont pas traitées dans un article indépendant mais figurent en général sous la catégorie *vt* ou *vi* du verbe simple.

11.5.5 When the phrasal verb consists simply of *verb + adverb of direction* it will normally be treated under the main headword in the *vi* or *vt* category.

> **dash** ... *vi* **(a)** (*rush*) se précipiter, filer*. **to** ~ **away/back/up** *etc* s'en aller/revenir/monter *etc* à toute allure *or* en coup de vent ...

Comme il est possible de former de nombreux verbes de cette façon, ces formes composées ne sont pas toutes données.

This layout must be taken to mean that other directional phrasal verbs may be formed in similar fashion, eg 'to dash across', 'to dash round', 'to dash through' etc.

PRONUNCIATION OF FRENCH

1.1 Transcription The symbols used to record the pronunciation of French are those of the International Phonetic Association. The variety of French transcribed is that shown in *Le Robert*, i.e. standard Parisian speech. Within this variety of French, variant pronunciations are to be observed. In particular, there is a marked tendency among speakers today to make no appreciable distinction between: [a] and [ɑ], *patte* [pat] and *pâte* [pɑt] both tending towards the pronunciation [pat]; [ɛ̃] and [œ̃], *brin* [bʀɛ̃] and *brun* [bʀœ̃] both tending towards the pronunciation [bʀɛ̃]. The distinction between these sounds is maintained in the transcription.

1.2 Headwords Each headword is transcribed with its pronunciation between square brackets. In the case of words having a variant pronunciation (e.g. *tandis* [tɑ̃di], [tɑ̃dis]), the one pronunciation given is that regarded by the editorial team as preferable, often on grounds of frequency.

1.3 Morphological variations of headwords are shown phonetically where necessary, without repetition of the root (e.g. *journal*, pl *-aux* [ʒuʀnal, o]).

1.4 Compound words derived from headwords and shown within an entry are given without phonetic transcription (e.g. *passer* [pɑse], but *passe-lacet, passe-montagne*). The pronunciation of compounds is usually predictable, being that of the citation form of each element, associated with the final syllable stress characteristic of the language (see following paragraph).

1.5 Syllable stress In normal, unemphatic speech, the final syllable of a word, or the final syllable of a sense group, carries a moderate degree of stress. The syllable stressed is given extra prominence by greater length and intensity. The exception to this rule is a final syllable containing a mute *e*, which is never stressed. In view of this simple rule, it has not been considered necessary to indicate the position of a stressed syllable of a word by a stress mark in the phonetic transcription.

1.6 Vowel length As vowel length is not a discriminating factor in French, the length mark (ː) has not been used in transcription.

1.7 Closing of [ɛ] Under the influence of stressed [y], [i], or [e] vowels, an [ɛ] in an open syllable tends towards a closer [e] sound, even in careful speech. In such cases, the change has been indicated: *aimant* [ɛmɑ̃], but *aimer* [eme]; *bête* [bɛt], but *bêtise* [betiz].

1.8 Opening of [e] As the result of the dropping of an [ə] within a word, an [e] may occur in a closed syllable. If so, it tends towards [ɛ], as the transcription shows (e.g. *événement* [evɛnmɑ̃]; *élevage* [ɛlvaʒ]).

1.9 Mute e [ə] Within isolated words, a mute *e* [ə] preceded by a single pronounced consonant is regularly dropped (e.g. *follement* [fɔlmɑ̃]; *samedi* [samdi]). In connected speech, the possible retention or omission of mute *e* is shown by (ə): e.g. *table* [tabl(ə)]; *fenêtre* [f(ə)nɛtʀ(ə)].

1.10 Aspirate h Initial *h* in the spelling of a French word does not imply strong expulsion of breath, except in the case of certain interjections. Initial *h* is called 'aspirate' when it is incompatible with liaison (*dès haricots* [de'aʀiko]) or elision (*le haricot* [lə'aʀiko]). Aspirate *h* is shown in transcriptions by an apostrophe placed just before the word (e.g. *hibou* ['ibu]).

1.11 Consonants and assimilation Within a word and in normal speech, a voiceless consonant may be voiced when followed by a voiced consonant (e.g. example [ɛgzɑ̃pl(ə)]), and a voiced consonant may be devoiced when followed by a voiceless consonant (e.g. *absolument* [apsɔlymɑ̃]). When this phenomenon is regular in a word, it is shown in transcription (e.g. *abside* [apsid]). In speech, its frequency varies from speaker to speaker. Thus, while the citation form of *tasse* is [tɑs], the group *une tasse de thé* may be heard pronounced [yntɑsdəte] or [yntɑzdəte].

1.12 Sentence stress Unlike the stress pattern of English associated with meaning, sentence stress in French is associated with rhythm. The stress falls on the final syllable of the sense groups of which the sentence is formed (see 1.5). In the following example: *quand il m'a vu, il a traversé la rue en courant pour me dire un mot*, composed of three sense groups, the syllables *vu*, *-rant* and *mot* carry the stress, being slightly lengthened.

1.13 French intonation is less mobile than English, and is closely associated with sentence stress. It occurs normally on the final syllable of sense groups. Thus, in the sentence given above (1.12), the syllables *vu* and *-rant* are spoken with a slight rise (indicating continuity), while the syllable *mot* is accompanied by a fall in the voice (indicating finality). In the case of a question, the final syllable will normally also be spoken with rising voice.

Phonetic Transcription of French
Phonetic alphabet used

Vowels

[i] il, vie, lyre
[e] blé, jouer
[ɛ] lait, jouet, merci
[a] plat, patte
[ɑ] bas, pâte
[ɔ] mort, donner
[o] mot, dôme, eau, gauche
[u] genou, roue
[y] rue, vêtu
[ø] peu, deux
[œ] peur, meuble
[ə] le, premier
[ɛ̃] matin, plein
[ɑ̃] sans, vent
[ɔ̃] bon, ombre
[œ̃] lundi, brun

Semi-consonants

[j] yeux, paille, pied
[w] oui, nouer
[ɥ] huile, lui

Consonants

[p] père, soupe
[t] terre, vite
[k] cou, qui, sac, képi
[b] bon, robe
[d] dans, aide
[g] gare, bague
[f] feu, neuf, photo
[s] sale, celui, ça, dessous, tasse, nation
[ʃ] chat, tache
[v] vous, rêve
[z] zéro, maison, rose
[ʒ] je, gilet, geôle
[l] lent, sol
[ʀ] rue, venir
[m] main, femme
[n] nous, tonne, animal
[ɲ] agneau, vigne
[h] hop! (exclamative)
['] haricot (no liaison)
[ŋ] words borrowed from English: camping
[x] words borrowed from Spanish or Arabic: jota

PRONONCIATION DE L'ANGLAIS

1.1 La notation adoptée est celle de l'Association Phonétique Internationale. L'ouvrage de base qui nous a servi constamment d'outil de référence est l'*English Pronouncing Dictionary* de Daniel Jones, qui, mis à jour par le Professeur A. C. Gimson, continue de faire autorité en France et partout ailleurs où l'on apprend l'anglais britannique.

1.2 La transcription correspond à la *Received Pronunciation (R.P.)*, variété de l'anglais britannique la plus généralement étudiée dans le monde d'aujourd'hui. Elle correspond également, à quelques exceptions près, à celle de la 14e édition de l'*English Pronouncing Dictionary (EPD)* (Dent, 1977). Ce système de transcription présente, par rapport à celui de l'édition précédente, l'avantage d'utiliser des signes qui indiquent clairement la distinction à la fois quantitative et qualitative qui existe entre les voyelles tendues et relâchées (par exemple: 13e édition: [iː], [i]; [əː], [ə]; 14e édition: [iː], [ɪ]; [ɜː], [ə].

1.3 Pour des raisons d'économie de place, une seule prononciation est donnée pour chaque mot, à l'exclusion des variantes éventuelles et connues. La prononciation ainsi transcrite est celle la plus fréquemment entendue selon l'*EPD*, ou, dans le cas de néologismes et de mots nouveaux, selon les membres de l'équipe Collins-Le Robert.

1.4 Il a été jugé inutile de compliquer la tâche de l'utilisateur en indiquant au moyen de symboles appropriés la prononciation de mots sortant du cadre du vocabulaire britannique. Ainsi, *aluminium*, *aluminum* sont transcrits: [ˌæljʊˈmɪnɪəm], [əˈluːmɪnəm], bien que la seconde forme, exclusivement américaine, ne s'entende normalement qu'avec un accent américain. Il s'agit, dans de tels cas, d'une approximation qui ne met pas en cause la compréhension du mot employé.

1.5 Les formes réduites Certains mots monosyllabiques, en nombre limité, ayant une fonction plus structurale que lexicale, sont sujets, surtout à l'intérieur d'un énoncé, à une réduction vocalique plus ou moins importante. Le mot *and*, isolé, se prononce [ænd]; mais, dans la chaîne parlée, il se prononcera, à moins d'être accentué, [ənd, ən, n] selon le débit du locuteur et selon le contexte. Les mots qui sont le plus souvent touchés par cette réduction vocalique sont les suivants: a, an, and, as, at, but, for, from, of, some, than, that, the, them, to, us, am, is, are, was, were, must, will, would, shall, should, have, has, had, do, does, can, could.

1.6 L'accent tonique Tout mot anglais, isolé, de deux syllabes ou plus, porte un accent tonique. Cet accent est noté au moyen du signe (ˈ) placé devant la syllabe intéressée; par exemple: *composer* [kəmˈpəʊzəʳ]. Le Français doit veiller à bien placer l'accent tonique sous peine de poser de sérieux problèmes de compréhension à ses interlocuteurs. Le tableau suivant indique un certain nombre de suffixes qui permettent de prévoir la place de l'accent tonique sur de nombreux mots. Ce tableau est donné à titre indicatif et ne cherche pas à être exhaustif.

Tableau des suffixes déterminant la position de l'accent tonique

Suffixe	Exemple	Exceptions	Remarques
1. Accent sur syllabe finale			
-ee	refuˈgee	ˈcoffee, ˈtoffee, comˈmittee, ˈpedigree	
-eer	engiˈneer		
-ese	Japanese		
-esque	pictuˈresque		
-ette	quarˈtette	ˈetiquette, ˈomelette	
-ate	creˈate		*Verbes de 2 syllabes*
-fy	deˈfy		*Verbes de 2 syllabes*
-ise, ize	adˈvise		*Verbes de 2 syllabes*

Suffixe	Exemple	Exceptions	Remarques

2. Accent sur pénultième

-ial	com'mercial		
-ian	I'talian		
-ic, -ics	eco'nomics	'Arabic, a'rithmetic, ('Catholic) 'heretic, 'lunatic, 'politics	*Les suffixes* -ical, -ically *ne modifient pas la place de l'accent tonique, et n'admettent pas d'exceptions. Par exemple:* po'litical, po'litically, arith'metical.
-ion	infor'mation	'dandelion, ('television)	
-ish	di'minish	im'poverish	*Verbes en* -ish
-itis	appendi'citis		
-osis	diag'nosis	(meta'morphosis)	

3. Accent sur antépénultième

-ety	so'ciety		
-ity	sin'cerity		
-itive	com'petitive		
-itude	'attitude		
-grapher	pho'tographer		
-graphy	pho'tography		
-logy	bi'ology		
-ate	ap'preciate		
-fy	'pacify		*Pour les verbes de 2 syllabes, voir plus haut*
-ise, ize	'advertise	'characterize, 'regularize, ('liberalize, 'nationalize)	*Pour les verbes de 2 syllabes, voir plus haut*

N.B. *Les mots placés entre parenthèses ont aussi une accentuation conforme au modèle.*

1.7 L'accent secondaire Dans un mot, toute syllabe accentuée en plus de celle qui porte l'accent tonique porte un accent secondaire, c'est-à-dire un accent ayant moins d'intensité que l'accent tonique. L'accent secondaire est noté au moyen du signe (ˌ) devant la syllabe intéressée: Par exemple: *composition* [ˌkɒmpəˈzɪʃən] (accent secondaire sur [ˌkɒm]; accent tonique sur [ˈzɪʃ]).

1.8 Les composés La prononciation des mots ou groupes de mots rassemblés dans la catégorie *cpd* d'un article n'est pas indiquée, car elle correspond à celle du mot-souche suivie de celle du mot ou des mots formant le reste du composé mais avec une restriction importante: pour des raisons pratiques, on considérera que la grande majorité des composés à deux éléments ne sont accentués que sur le premier élément, cette accentuation s'accompagnant d'une chute de la voix. Exemple: 'foodstuffs, 'food prices.

1.9 L'accent de phrase À la différence du français dont l'accent de phrase (syllabe allongée) tombe normalement sur la dernière syllabe des groupes de souffle, l'anglais met en relief la syllabe accentuée de chaque mot apportant un nouvel élément d'information. Dans la pratique cela veut dire que les mots lexicaux reçoivent un accent de

phrase, tandis que les mots grammaticaux n'en reçoivent pas (voir 1.5). Il est logique, dans un tel système, que même les mots lexicaux ne soient pas accentués s'ils n'apportent pas de nouveaux éléments d'information; c'est le cas, notamment, de mots ou de concepts répétés dans une même séquence; ils sont accentués une première fois, mais ils perdent leur accent par la suite. De même, lorsqu'une idée est répétée dans une même séquence, les mots qui l'expriment ne sont plus mis en relief lors de sa réapparition. Par contre, les éléments contrastifs de la phrase anglaise sont toujours fortement accentués.
Exemple: *John's recently bought himself a car, and Peter's got a new one too.*
Accents sur: *John, recently, bought, car, Peter, too.*
Accents contrastifs sur: *John* (facultatif) et *Peter.*
Absence d'accent sur: *'s got a new one,* qui n'apporte aucun nouvel élément d'information et pourrait être supprimé: (*and Peter, too.*)

1.10 L'intonation en anglais, beaucoup plus qu'en français, révèle le sentiment du locuteur vis-à-vis des propos qu'il tient. Dans les deux langues, l'intonation est liée à l'accent de phrase. L'intonation française, tout comme l'accent de phrase, se manifeste sur la dernière syllabe des groupes de souffle: légère montée de la voix à l'intérieur de la phrase, avec une chute ou une montée sur la syllabe finale, selon qu'il s'agit d'une déclarative ou d'une interrogative. En anglais, l'intonation est liée au sens, et se manifeste sur toutes les syllabes accentuées de la phrase (voir 1.9). La phrase anglaise type présente une intonation commençant relativement haut, et descendant vers le grave progressivement sur les syllabes accentuées. Sur la dernière syllabe accentuée de la phrase, la voix marque soit une chute, soit une montée, plus importante qu'en français, selon le type de phrase: une chute, s'il s'agit d'une indication de finalité (déclaratives, impératives, etc.); une montée s'il s'agit d'une invitation au dialogue (interrogatives, requêtes polies, etc.). Plus le discours est animé et plus l'écart entre l'aigu et le grave se creuse. Des mots ayant un sens affectif intense tendent à faire monter la voix beaucoup plus haut que n'exigent les habitudes du discours français.

Transcription phonétique de l'anglais
Alphabet phonétique et valeur des signes

Voyelles et diphtongues

[iː]	bead, see		[f]	fine, raffle
[ɑː]	bard, calm		[v]	vine, river
[ɔː]	born, cork		[s]	pots, sit, rice
[uː]	boon, fool		[z]	pods, buzz
[ɜː]	burn, fern, work		[θ]	thin, maths
[ɪ]	sit, pity		[ð]	this, other
[e]	set, less		[ʃ]	ship, sugar
[æ]	sat, apple		[ʒ]	measure
[ʌ]	fun, come		[tʃ]	chance
[ɒ]	fond, wash		[dʒ]	just, edge
[ʊ]	full, soot		[l]	little, place
[ə]	composer, above		[r]	ran, stirring
[eɪ]	bay, fate		[m]	ram, mummy
[aɪ]	buy, lie		[n]	ran, nut
[ɔɪ]	boy, voice		[ŋ]	rang, bank
[əʊ]	no, ago		[h]	hat, reheat
[aʊ]	now, plough		[j]	yet, million
[ɪə]	tier, beer		[w]	wet, bewail
[ɛə]	tare, fair		[x]	loch
[ʊə]	tour			

Consonnes

[p]	pat, pope
[b]	bat, baby
[t]	tab, strut
[d]	dab, mended
[k]	cot, kiss, chord
[g]	got, agog

Divers

Un caractère en italique représente un son qui peut ne pas être prononcé.

[ʳ] représente un [r] entendu s'il forme une liaison avec la voyelle du mot suivant

['] accent tonique

[ˌ] accent secondaire

A

A, a [ɑ] *nm* (*lettre*) A, a. **de A (jusqu')à Z** from A to Z; **prouver qch par a plus b** to prove sth conclusively.

à [a] *prép* (*contraction avec le, les*: **au, aux**) **(a)** (*copule introduisant compléments après vb, loc verbale, adj, n*) **obéir/pardonner ∼ qn** to obey/forgive sb; **rêver ∼ qch** to dream of *ou* about sth; **se mettre ∼ faire** to begin to do, set about *ou* start doing; **se décider ∼ faire** to make up one's mind to do, decide (up)on doing; **s'habituer ∼ faire** to get *ou* become *ou* grow used to doing; **prendre plaisir ∼ faire** to take pleasure in doing, derive pleasure from doing; **c'est facile/difficile ∼ faire** it's easy/difficult to do; **il est lent ∼ s'habiller** he takes a long time dressing, he's slow at dressing (himself); **son aptitude ∼ faire/au travail** his aptitude for doing/for work; **son empressement ∼ aider** his eagerness *ou* willingness to help; **depuis son accession au trône/admission au club** since his accession to the throne/admission to the club; **je consens ∼ ce que vous partiez** I consent *ou* agree to your leaving *ou* to your departure; *V vb, n, adj appropriés*.

(b) (*déplacement, direction*) (*vers*) to; (*dans*) into. **aller *ou* se rendre ∼ Paris/∼ Bornéo/au Canada/aux Açores** to go to Paris/Borneo/Canada/the Azores; **le train de Paris ∼ Reims** the train from Paris to Rheims; **aller ∼ l'école/∼ l'église/au marché/au théâtre** to go to school/church/(the) market/the theatre; **aller ∼ la chasse/pêche** to go hunting/fishing; **aller *ou* partir ∼ la recherche de qch** to go looking *ou* go and look for sth; **raconte ton voyage ∼ Londres** tell us about your trip to London; **entrez donc au salon** (do) come into the lounge; **mets-toi ∼ l'ombre** get into *ou* in the shade; **au lit/travail les enfants!** time for bed/work children!, off to bed/work children!

(c) (*position, localisation*) at; (*à l'intérieur de*) in; (*à la surface de*) on. **habiter ∼ Carpentras/∼ Paris/au Canada/aux Açores** to live at *ou* in Carpentras/in Paris/in Canada/in the Azores; **elle habite au 4e (étage)** she lives on the 4th floor; **être ∼ l'école/∼ la maison/au bureau/au théâtre** to be at school/home/the office/the theatre; **travailler ∼ l'étranger/∼ domicile** to work abroad/at home; **il faisait très chaud ∼ l'église/au théâtre** it was very hot in church/the theatre; **Paris est ∼ 400 km de Londres** Paris is 400 km from London; **il est seul au monde** he is (all) alone in the world; **c'est ∼ 3 km/5 minutes (d'ici)** it's 3 km/5 minutes away (from here); **2e rue ∼ droite/gauche** 2nd street on the right/left; **elle était assise ∼ la fenêtre** she was sitting at *ou* by the window; **le magasin au coin de la rue** the shop *ou* store (*US*) on *ou* at the corner, the corner shop (*Brit*); **debout le dos au feu** standing with one's back to the fire; **j'ai froid aux jambes/aux mains** my legs/hands are cold, I've got cold legs/hands; **prendre qn au cou/∼ la gorge** to take sb by the neck/throat; **il a été blessé ∼ l'épaule/au genou** he was injured in the shoulder/knee; **il entra le sourire aux lèvres** he came in with a smile on his face; **il a de l'eau (jusqu')aux genoux** the water comes up to his knees, he's knee-deep in water; **regardez ∼ la page 4** look at *ou* up page 4; **∼ la télévision/radio** on television/the radio; *V à-côté, bord, bout etc.*

(d) (*temps*) (*moment précis*) at; (*jour, date*) on; (*époque*) at, during; (*jusqu'à*) to, till, until. **∼ quelle heure vient-il? — ∼ 6 heures** what time is he coming? — at 6 *ou* (at) 6 o'clock; **je n'étais pas là ∼ leur arrivée** I wasn't there when they arrived; **ils partirent au matin/le 3 au soir** they left in the morning/on the evening of the 3rd; **au printemps** in spring; **∼ l'automne** in autumn; **la poésie au 19e siècle** poetry in the 19th century, 19th-century poetry; **aux grandes vacances** in *ou* during the summer holidays; **je vous verrai aux vacances/∼ Noël/au retour** I'll see you in the holidays/at Christmas/when we come back; **∼ demain/l'an prochain/dans un mois/samedi** see you tomorrow/next year/in a month's time/on Saturday; **le docteur reçoit de 2 ∼ 4** the doctor has his surgery (*Brit*) *ou* sees patients from 2 to *ou* till 4; **remettre ∼ huitaine** to postpone *ou* defer for a week *ou* until the next *ou* following week.

(e) (*condition, situation*) in, on, at. **être/rester au chaud/au froid/au vent/∼ l'humidité** to be/stay in the warm/cold/wind/damp; **être ∼ genoux/quatre pattes** to be on one's knees/on all fours; **il est ∼ ménager/plaindre** he is to be handled carefully/pitied; **ils en sont ∼ leurs derniers sous** they're down to their last few pence (*Brit*) *ou* cents (*US*); **elle n'est pas femme ∼ faire cela** she is not the sort (of woman) to do that; **ce n'est pas le genre de docteur ∼ oublier** he's not the sort of doctor to forget *ou* who would forget; **être/rester ∼ travailler** to be/stay working *ou* at one's work; **il est toujours (là)** ∼ **se plaindre** he's forever complaining; **il a été le premier ∼ le dire, mais ils sont plusieurs ∼ le penser** he was the first to say so, but there are quite a few who

think like him *ou* the same; **ils sont 2 ∼ l'avoir fait** there were 2 of them that did it; *V à-coup, bout, cran etc.*

(f) (*rapport, évaluation, distribution etc*) by, per; (*approximation*) to. **faire du 50 ∼ l'heure** to do 50 km an *ou* per hour; **consommer 9 litres aux 100 km** to use 9 litres an *ou* per 100 km, do 100 km to 9 litres; **être payé ∼ la semaine/l'heure** to be paid by the week/the hour; **vendre au détail/poids/mètre/kilo** to sell retail/by weight/by the metre/by the kilo; **il leur faut 4 ∼ 5 heures/kilos** they need 4 to 5 hours/kilos; **entrer un ∼ un/deux ∼ deux** to come in one by one/two by two, come in one/two at a time; **gagner par 2 ∼ zéro** to win by 2 goals to nil, win 2 nil; **∼ chaque coup** every *ou* each time; **∼ chaque pas** at each *ou* every step; **∼ chaque page** on each *ou* every page; *V bout, heure etc.*

(g) (*appartenance*) to, of. **être *ou* appartenir ∼ qn/qch** to belong to sb/sth; **ce livre est ∼ Pierre** this book belongs to Peter *ou* is Peter's; **le sac est ∼ moi/∼ elle** the bag is mine/hers; **c'est une amie ∼ lui/eux** she is a friend of his/theirs; **ils n'ont pas de maison ∼ eux** they haven't a house of their own; **le couteau ∼ Jean*** John's knife; **c'est ∼ lui de protester** (*sa responsabilité*) it's up to him *ou* it's his job to protest; (*son tour*) it's his turn to protest; **l'ananas a un goût bien ∼ lui** pineapple has a flavour all (of) its own *ou* a distinctive flavour; **ce n'est pas ∼ moi de le dire** it's not for me to say, it's not up to me to say; **c'est très gentil *ou* aimable ∼ vous** that's very kind of you.

(h) (*avec vt à double complément*) (*attribution etc*) to (*souvent omis*); (*provenance*) from, out of; (*comparaison, préférence*) to. **donner/prêter/enseigner qch ∼ qn** to give/lend/teach sb sth, give/lend/teach sth to sb; **prendre de l'eau au puits/∼ la rivière/au seau** to take water from the well/from the river/out of *ou* from the bucket; **il préfère le vin ∼ la bière** he prefers wine to beer; *V aider, conseiller[1], emprunter, offrir etc.*

(i) (*moyen*) on, by, with. **faire qch ∼ la machine/∼ la main** to do sth by machine/hand; **fait ∼ la machine/main** machine-/handmade; **la cuisinière marche au gaz/au charbon/∼ l'électricité** the cooker runs on *ou* uses gas/coal/electricity; **aller ∼ bicyclette/∼ pied/∼ cheval** to cycle/walk/ride, go by bicycle/on foot/on horseback; **examiner qch au microscope/∼ la loupe/∼ l'œil nu** to examine sth under *ou* with a microscope/with a magnifying glass/with the naked eye; **il nous a joué l'air au piano/violon** he played us the tune on the piano/violin.

(j) (*manière: souvent traduit par adv*) at, in. **il est parti ∼ toute allure/au galop** he rushed/galloped off, he left at full tilt*/at a gallop; **vivre ∼ l'américaine** to live like an American *ou* in the American style; **une histoire ∼ la (manière de) Tolstoï** a story in the style of Tolstoy *ou* à la Tolstoy; **elle fait la cuisine ∼ l'huile/au beurre** she cooks with oil/butter; (*Culin*) **canard aux petits pois/aux pruneaux** duck with peas/prunes; **il l'a fait ∼ sa manière** he did it in his own way; **il l'a fait ∼ lui tout seul** he did it (all) on his own *ou* (all) by himself *ou* single-handed; **ils couchent ∼ 3 dans la même chambre** they sleep 3 to a room; **ils ont fait le travail ∼ 3/∼ eux tous** they did the work between the 3 of them/between them (all).

(k) (*caractérisation: avec n*) with (*souvent omis*). **pompe ∼ eau/essence** water/petrol (*Brit*) *ou* gasoline (*US*) pump; **bête ∼ plumes/∼ fourrure** feathered/furry creature; **enfant aux yeux bleus/aux cheveux longs** blue-eyed/long-haired child, child with blue eyes/long hair; **robe ∼ manches** dress with sleeves; **robe ∼ manches courtes** short-sleeved dress; **canne ∼ bout ferré** metal-tipped stick, stick with a metal tip; **bons ∼ 10 ans** 10-year bonds; **la dame au chapeau vert** the lady in *ou* with the green hat; **le client au budget modeste** the customer on a tight *ou* small budget.

(l) (*destination*) (*avec n*) for (*souvent omis*); (*avec vb*) to; (*dédicace*) to, for. **tasse ∼ thé** teacup; **pot ∼ lait** milk jug; **∼ mon épouse regrettée** in memory of my dear departed wife; **j'ai une maison ∼ vendre/louer** I have a house to sell *ou* for sale/to let *ou* for letting; **donner une robe ∼ nettoyer** to take a dress to be cleaned, take a dress in for cleaning; **il a un bouton ∼ recoudre** he's got a button to sew on *ou* that needs sewing on; **je n'ai rien ∼ lire/faire** I have nothing to read/do; **avez-vous ∼ manger/boire?** have you anything to eat/drink?; **je peux vous donner ∼ déjeuner/dîner** I can give you (some) lunch/dinner.

(m) (+ *infin: au point de*) **s'ennuyer ∼ mourir** to be bored to death; **laid ∼ faire peur** as ugly as sin; **ce bruit est ∼ vous rendre fou** this noise is enough to drive you mad; **c'est ∼ se demander si** it makes you wonder if.

(n) (+ *infin: valeur de gérondif: cause, hypothèse etc*) **∼ le voir si maigre, j'ai eu pitié** (on) seeing him *ou* when I saw him so thin I took pity on him; **vous le buterez** ~ **le punir ainsi** you'll antagonize him if you punish him like that; **je me fatigue** ~ **répéter** I'm wearing myself out repeating; **il nous fait peur** ~ **conduire si vite** he frightens us (by) driving *ou* when he drives so fast; ~ **bien considérer la chose,** ~ **bien réfléchir** if you think about it; **s'ennuyer** ~ **ne rien faire** to get bored doing nothing; *V* **force.**

(o) (*conséquence, résultat*) to; (*cause*) at; (*d'après*) according to, from. ~ **sa consternation** to his dismay; ~ **leur grande surprise** much to their surprise, to their great surprise; ~ **la demande de certains** at the request of certain people; ~ **sa pâleur, on devinait son trouble** one could see *ou* tell by his paleness that he was distressed; ~ **la nouvelle, il y eut des protestations** the news was greeted with protests; ~ **ce qu'il prétend** according to what he says; ~ **ce que j'ai compris** from what I understood; **c'est aux résultats qu'on le jugera** he will be judged on his results, it'll be on his results that he's judged.

(p) (*loc*) ~ **ta** *ou* **votre santé!,** ~ **la tienne!** *ou* **la vôtre!** cheers!, your (good) health!; **aux absents!** to absent friends!; ~ **la porte!** (get) out!; ~ **la poubelle!** (it's) rubbish!, (let's) throw it out!; **au voleur!** stop thief!; **au feu!** fire!; *V* **abordage, boire, souhait.**

(q) (*Prov*) ~ **bon chat bon rat** tit for tat (*Prov*); ~ **bon entendeur, salut** a word to the wise is enough; ~ **chacun sa chacune*** every Jack has his Jill; ~ **chacun selon son mérite** to each according to his merits; ~ **chacun son métier** every man to his own trade; ~ **chaque jour suffit sa peine** sufficient unto the day is the evil thereof (*Prov*); ~ **cœur vaillant rien d'impossible** nothing is impossible to a willing heart (*Prov*); **aux grands maux les grands remèdes** desperate ills demand desperate measures; ~ **l'impossible nul n'est tenu** no one is bound to do the impossible; ~ **père avare, enfant prodigue** a miser will father a spendthrift son; ~ **quelque chose malheur est bon** every cloud has a silver lining (*Prov*); **au royaume des aveugles les borgnes sont rois** in the kingdom of the blind the one-eyed man is king (*Prov*); ~ **la Sainte Luce, les jours croissent du saut d'une puce** Lucy light, the shortest day and the longest night (*Prov*); ~ **tout seigneur tout honneur** honour to whom honour is due.

Aaron [aʀɔ̃] *nm* Aaron.

Abadan [abadã] *n* Abadan.

abaissant, e [abɛsã, ãt] *adj* degrading.

abaisse [abɛs] *nf* rolled-out pastry.

abaisse-langue [abɛslãg] *nm inv* spatula (*Brit*), tongue depressor.

abaissement [abɛsmã] *nm* (a) (*action d'abaisser*) pulling down; pushing down; lowering; bringing down; reduction (*de* in); carrying; dropping; humiliation; debasing; humbling.

(b) (*fait de s'abaisser*) [*température, valeur, taux*] fall, drop (*de* in); [*terrain*] downward slope. **l'~ de la moralité** the decline in morals.

(c) (*conduite obséquieuse*) subservience, self-abasement; (*conduite choquante*) degradation.

abaisser [abese] (1) **1** *vt* (a) *levier* (*tirer*) to pull down; (*pousser*) to push down; *store* to lower, pull down. (*littér*) ~ **les yeux sur qn** to deign to look upon sb; **cette vitre s'abaisse-t-elle?** does this window go down?

(b) *température, valeur, taux* to lower, reduce, bring down; *niveau, mur* to lower.

(c) *chiffre* to bring down, carry; *perpendiculaire* to drop.

(d) (*rabaisser*) [*personne*] to humiliate; [*vice*] to debase; (*Rel*) to humble. ~ **la puissance des nobles** to reduce the power of the nobles.

(e) (*Culin*) *pâte* to roll out.

2 s'abaisser *vpr* (a) (*diminuer*) [*température, valeur, taux*] to fall, drop, go down; [*terrain*] to slope down; (*Théât*) [*rideau*] to fall (*sur* on).

(b) (*s'humilier*) to humble o.s. **s'~ à** to stoop *ou* descend to.

abaisseur [abesœʀ] *adj m, inv*: (*muscle*) ~ depressor.

abandon [abãdɔ̃] *nm* (a) (*délaissement*) [*personne, lieu*] desertion, abandonment. ~ **de poste** desertion of one's post.

(b) [*idée, privilège, fonction*] giving up; [*droit*] giving up, relinquishment, renunciation; [*course*] withdrawal (*de* from). **faire ~ de ses biens à qn** to make over one's property to sb; **faire ~ de ses droits sur** to relinquish *ou* renounce one's right(s) to; (*fig*) ~ **de soi-même** self-abnegation.

(c) (*manque de soin*) neglected state, neglect. **l'~ dans lequel se trouvait la ferme** the neglected state (that) the farm was in; **jardin à l'~** neglected garden, garden run wild *ou* in a state of neglect; **laisser qch à l'~** to neglect sth.

(d) (*confiance*) lack of constraint. **parler avec** ~ to talk freely *ou* without constraint; **dans ses moments d'~** in his moments of abandon *ou* his more expansive moments.

(e) (*nonchalance*) [*style*] easy flow. **étendu sur le sofa avec** ~ stretched out luxuriously on the sofa; **l'~ de son attitude/ses manières** his relaxed *ou* easy-going attitude/manners.

(f) (*Ordin*) abort.

abandonné, e [abãdɔne] (*ptp de* **abandonner**) *adj* (a) *attitude, position* relaxed; (*avec volupté*) abandoned. (b) *route, usine, jardin* disused.

abandonner [abãdɔne] (1) **1** *vt* (a) (*délaisser*) *lieu* to desert, abandon; *personne* (*gén*) to leave, abandon; (*intentionnellement*) to desert, abandon, forsake (*littér*); *technique, appareil* to abandon, give up. **vieille maison abandonnée** deserted old house; **son courage l'abandonna** his courage failed *ou* deserted *ou* forsook (*littér*) him; **ses forces l'abandonnèrent** his strength failed *ou* deserted him; **l'ennemi a abandonné ses positions** the enemy abandoned their positions; (*Mil*) ~ **son poste** to desert one's post; ~ **le terrain** (*lit, Mil*) to take flight; (*fig*) to give up.

(b) (*se retirer de*) *fonction* to give up, relinquish; *études, recher-*

ches to give up, abandon; *matière d'examen* to drop, give up; *droit, privilèges* to give up, relinquish, renounce; *course* to give up, withdraw *ou* retire from; *projet, hypothèse, espoir* to give up, abandon. ~ **le pouvoir** to retire from *ou* give up *ou* leave office; (*lit, fig*) ~ **la lutte** *ou* **la partie** to give up the fight *ou* struggle; **j'abandonne!** I give up!

(c) (*donner ou laisser*) ~ **à** (*gén*) to give *ou* leave to; ~ **ses biens à une bonne œuvre** to leave *ou* donate *ou* give one's wealth to a good cause; **elle lui abandonna sa main** she let him take her hand; ~ **à qn le soin de faire qch** to leave it up to sb to do sth; ~ **qn à son sort** to leave *ou* abandon (*littér*) sb to his fate; (*lit, fig*) ~ **au pillage/à la destruction/à la mort** to leave to be pillaged/to be destroyed/to die; ~ **son corps au bien-être** to give o.s. up *ou* abandon o.s. to a sense of well-being.

2 s'abandonner *vpr* (a) (*se relâcher, se confier*) to let o.s. go. **il s'abandonna, me confia ses problèmes** he let himself go *ou* opened up and told me his problems; **elle s'abandonna dans mes bras** she sank into my arms.

(b) (*se laisser aller*) **s'~ à** *passion, joie, débauche* to give o.s. up to; *paresse, désespoir* to give way to; **s'~ à la rêverie/au bien-être** to indulge in *ou* give o.s. up to daydreaming/a sense of well-being; **il s'abandonna au sommeil** he let sleep overcome him, he let himself sink into sleep.

(c) (*s'en remettre à*) **s'~ à** to commit o.s. to, put o.s. in the hands of.

(d) (†: *se donner sexuellement*) to give o.s. (*à* to).

abaque [abak] *nm* abacus.

abasourdir [abazuʀdiʀ] (2) *vt* (a) (*étonner*) to stun, bewilder, dumbfound. **être abasourdi** to be stunned *ou* dumbfounded *ou* staggered*. (b) (*étourdir*) [*bruit*] to stun, daze.

abasourdissement [abazuʀdismã] *nm* bewilderment, stupefaction.

abat- [aba] *préf V* **abattre.**

abâtardir [abɑtaʀdiʀ] (2) **1** *vt* *race, vertu* to cause to degenerate; *qualité* to debase. **2 s'abâtardir** *vpr* [*race, vertu*] to degenerate; [*qualité*] to become debased.

abâtardissement [abɑtaʀdismã] *nm* (*V* **abâtardir**) degeneration; debasement.

abats [aba] *nmpl* [*volaille*] giblets; [*bœuf, porc*] offal.

abattage [abataʒ] *nm* (a) [*animal*] slaughter, slaughtering; [*arbre*] felling, cutting (down); (*Min*) extracting. (b) (*) **avoir de l'~** (*entrain*) to be dynamic, have plenty of go*; (*force*) **il a de l'~** he's a strapping fellow.

abattant [abatã] *nm* flap, leaf (*of table, desk*).

abattement [abatmã] *nm* (a) (*dépression*) dejection, despondency. **être dans un extrême** ~ to be in very low spirits. (b) (*fatigue*) exhaustion; (*faiblesse*) enfeeblement. (c) (*Fin*) (*rabais*) reduction; (*fiscal*) (tax) allowance. ~ **sur le prélèvement** abatement of the levy.

abattis [abati] **1** *nmpl* [*volaille*] giblets; (*: *bras et jambes*) limbs; *V* **numéroter. 2** *nm* (*Can: terrain déboisé*) brushwood. **faire un** ~ to clear fell (*Brit*) *ou* clear cut (*US*) land.

abattoir [abatwaʀ] *nm* slaughterhouse, abattoir. (*fig*) **envoyer des hommes à l'~*** to send men to be slaughtered *ou* massacred.

abattre [abatʀ(ə)] (41) **1** *vt* (a) (*faire tomber*) *maison, mur* to pull *ou* knock down; *arbre* to cut down, fell; *adversaire* to fell, floor, knock down; *roche, minerai* to break away, hew; *quilles* to knock down; *avion* to bring *ou* shoot down. **le vent a abattu la cheminée** the wind blew the chimney down; **la pluie abat la poussière** the rain settles the dust; **il abattit son bâton sur ma tête** he brought his stick down on my head.

(b) (*tuer*) *personne, oiseau* to shoot down; *fauve* to shoot, kill; *animal domestique* to destroy, put down; *animal de boucherie* to slaughter.

(c) (*fig: ébranler*) [*fièvre, maladie*] to weaken, drain (of energy); [*mauvaise nouvelle, échec*] to demoralize, shatter*; [*efforts*] to tire out, wear out. **la maladie l'a abattu** (the) illness left him prostrate *ou* very weak, (the) illness drained him of energy; **être abattu par la fatigue/la chaleur** to be overcome by tiredness/the heat; **se laisser** ~ **par des échecs** to be demoralized by failures, let failures get one down; **ne te laisse pas** ~ keep your spirits up, don't let things get you down.

(d) (*fig: affaiblir*) *courage* to weaken; *forces* to drain, sap; *fierté* to humble.

(e) *carte* to lay down. (*lit, fig*) ~ **son jeu** *ou* **ses cartes** to lay *ou* put one's cards on the table, show one's hand *ou* cards.

(f) ~ **du travail** to get through a lot of work.

2 s'abattre *vpr* (a) (*tomber*) [*personne*] to fall (down), collapse; [*cheminée*] to fall *ou* crash down. **le mât s'abattit** the mast came *ou* went crashing down.

(b) **s'~ sur** [*pluie*] to beat down on(to); [*ennemi*] to swoop down on, fall on; [*oiseau de proie*] to swoop down on; [*moineaux*] to sweep down on(to); (*fig*) [*coups, injures*] to rain on.

3: **abat-jour** *nm inv* [*lampe*] lampshade; (*Archit*) splay; **abat-son** *nm inv* louver ou luffer-boarding (*to deflect sound downwards*); **abat-vent** *nm inv* [*cheminée*] chimney cowl; [*fenêtre, ouverture*] louver boarding; (*Agr*) wind screen.

abattu, e [abaty] (*ptp de* **abattre**) *adj* (*fatigué*) worn out, exhausted; (*faible*) *malade* very weak, feeble, prostrate; (*déprimé*) downcast, demoralized, despondent; *V* **bride.**

abbatial, e, mpl -aux [abasjal, o] **1** *adj* abbey (*épith*). **2 abbatiale** *nf* abbey-church.

abbaye [abei] *nf* abbey.

abbé [abe] *nm* [*abbaye*] abbot; (*prêtre*) priest. ~ **mitré** mitred abbot; *V* **monsieur.**

abbesse [abɛs] *nf* abbess.

abc [abese] *nm* (*livre*) ΛBC *ou* alphabet book; (*rudiments*) ABC, fundamentals (*pl*), rudiments (*pl*). c'est l'~ du métier it's the most elementary *ou* the first requirement of the job.

abcès [apsɛ] *nm* (*Méd*) abscess; [*gencive*] gumboil, abscess. (*fig*) il faut vider l'~! we must root out the evil!; (*fig*) ~ de fixation focal point for grievances.

Abdias [abdjas] *nm* Obadiah.

abdication [abdikɑsjɔ̃] *nf* (*lit*, *fig*) abdication. (*fig*) l'~ des parents devant leurs enfants parents' abdication of authority over their children.

abdiquer [abdike] (1) **1** *vi* [*roi*] to abdicate. la justice abdique devant le terrorisme justice gives way in the face of *ou* before terrorism; dans ces conditions j'abdique* in that case I give up.
2 *vt*: ~ la couronne to abdicate the throne; ~ ses croyances/son autorité to give up *ou* renounce one's beliefs/one's authority.

abdomen [abdɔmɛn] *nm* abdomen.

abdominal, e, *mpl* **-aux** [abdɔminal, o] **1** *adj* abdominal. **2** *nmpl*: ~aux stomach *ou* abdominal muscles; (*Sport*) faire des ~aux to do exercises for *ou* exercise the stomach muscles.

abécédaire [abesedɛʀ] *nm* alphabet primer.

abeille [abɛj] *nf* bee. ~ maçonne mason bee; *V* nid, reine.

Abel [abɛl] *nm* Abel.

aber [abɛʀ] *nm* aber (*deep estuary*).

aberrant, e [abeʀɑ̃, ɑ̃t] *adj* (a) (*insensé*) *conduite* aberrant; *histoire* absurd, nonsensical. il est ~ qu'il parte it is absolutely absurd *ou* it is sheer nonsense for him to go *ou* that he should go. (b) (*Bio*) aberrant, abnormal, deviant; (*Ling*) irregular.

aberration [abeʀɑsjɔ̃] *nf* (*gén*) (mental) aberration; (*Astron, Phys*) aberration. dans un moment *ou* instant d'~ in a moment of aberration; par quelle ~ a-t-il accepté? whatever possessed him to accept?

abêtir *vt*, **s'abêtir** *vpr* [abetiʀ] (2) to turn into a moron *ou* half-wit.

abêtissant, e [abetisɑ̃, ɑ̃t] *adj travail* stupefying.

abêtissement [abetismɑ̃] *nm* (*état*) stupidity, mindlessness. (*action*) l'~ des masses par la télévision the stupefying effect of television on the masses.

abhorrer [abɔʀe] (1) *vt* (*littér*) to abhor, loathe.

abîme [abim] *nm* (a) abyss, gulf, chasm. (*fig*) l'~ qui nous sépare the gulf *ou* chasm between us.
(b) (*loc*) au bord de l'~ *pays, banquier* on the brink *ou* verge of ruin; *personne* on the brink *ou* verge of despair; être au fond de l'~ [*personne*] to be in the depths of despair *ou* at one's lowest ebb; [*pays*] to have reached rock-bottom; (*littér*) les ~s de l'enfer/de la nuit/du temps the depths of hell/night/time; être plongé dans un ~ de perplexité to be utterly *ou* deeply perplexed; c'est un ~ de bêtise he's abysmally *ou* incredibly stupid.

abîmer [abime] (1) **1** *vt* (a) (*endommager*) to damage, spoil. la pluie a complètement abîmé mon chapeau the rain has ruined my hat.
(b) (‡: *frapper*) ~ qn to beat sb up; ~ le portrait à qn to smash* *ou* bash* sb's face in.
2 s'abîmer *vpr* (a) [*objet*] to get spoilt *ou* damaged; [*fruits*] to go bad, spoil. s'~ les yeux to ruin *ou* strain one's eyes, spoil one's eyesight.
(b) (*littér*) [*navire*] to sink, founder. [*personne*] s'~ dans *réflexion* to be deep *ou* sunk *ou* plunged in; *douleur* to lose o.s. in.

abject, e [abʒɛkt] *adj* despicable, contemptible, abject. être ~ envers qn to treat sb in a despicable manner, behave despicably towards sb.

abjectement [abʒɛktmɑ̃] *adv* abjectly.

abjection [abʒɛksjɔ̃] *nf* abjection, abjectness.

abjuration [abʒyʀɑsjɔ̃] *nf* abjuration, renunciation, recantation (*de* of). faire ~ de to abjure.

abjurer [abʒyʀe] (1) *vt* to abjure, renounce, recant.

ablatif [ablatif] *nm* ablative. ~ absolu ablative absolute.

ablation [ablɑsjɔ̃] *nf* (*Méd*) removal, ablation (*T*); (*Géol*) ablation.

ablette [ablɛt] *nf* bleak.

ablutions [ablysjɔ̃] *nfpl* (*gén*) ablutions. faire ses ~ to perform one's ablutions.

abnégation [abnegɑsjɔ̃] *nf* (self-)abnegation, self-denial, self-sacrifice. avec ~ selflessly.

aboiement [abwamɑ̃] *nm* (a) [*chien*] bark. ~s barking (*U*). (b) (*péj*) (*cri*) cry. (*critiques, exhortations*) ~s rantings, snarlings.

abois [abwa] *nmpl* baying. (*lit, fig*) aux ~ at bay.

abolir [abɔliʀ] (2) *vt coutume, loi* to abolish, do away with.

abolition [abɔlisjɔ̃] *nf* abolition.

abolitionnisme [abɔlisjɔnism(ə)] *nm* abolitionism.

abolitionniste [abɔlisjɔnist(ə)] *adj, nmf* abolitionist.

abominable [abɔminabl(ə)] *adj* abominable, horrible; (*sens affaibli*) awful, frightful, terrible. l'~ homme des neiges the abominable snowman.

abominablement [abɔminabləmɑ̃] *adv* s'*habiller* abominably. ~ cher frightfully (*Brit*) *ou* terribly expensive; ~ laid frightfully (*Brit*) *ou* horribly ugly.

abomination [abɔminɑsjɔ̃] *nf* (a) (*horreur, crime*) abomination. (b) (*loc*) avoir qn/qch en ~ to loathe *ou* abominate (*rare*) sb/sth; c'est une ~! it's abominable!; l'~ de la désolation the abomination of desolation; dire des ~s to say abominable things.

abominer [abɔmine] (1) *vt* (*littér: exécrer*) to loathe, abominate (*rare*).

abondamment [abɔ̃damɑ̃] *adv* abundantly, plentifully; *écrire* prolifically; *manger, boire* copiously. prouver ~ qch to provide ample proof *ou* evidence of sth.

abondance [abɔ̃dɑ̃s] *nf* (a) (*profusion*) abundance. des fruits en ~ plenty of *ou* an abundance of fruit, fruit in abundance *ou* in plenty; larmes qui coulent en ~ tears falling in profusion *ou* profusely; il y a (une) ~ de there are plenty of, there is an abundance of; année d'~ year of plenty; (*Prov*) ~ de biens ne nuit pas an abundance of goods does no harm; *V* corne.

(b) (*richesses*) wealth, prosperity, affluence. vivre dans l'~ to live in affluence; ~ d'idées wealth of ideas.

(c) parler d'~ (*improviser*) to improvise, extemporize; (*parler beaucoup*) to speak at length.

abondant, e [abɔ̃dɑ̃, ɑ̃t] *adj récolte* good; *réserves* plentiful; *végétation* lush, luxuriant; *chevelure* thick, abundant (*frm*); *larmes* profuse, copious; *repas* copious, hearty (*épith*); *style* rich. il me fit d'~es recommandations he gave me copious advice, he lavished advice on me; illustré d'~es photographies illustrated with numerous photographs, richly *ou* lavishly illustrated with photographs; la récolte est ~e cette année there is a rich *ou* good *ou* fine harvest this year; les pêches sont ~es sur le marché peaches are in plentiful *ou* good *ou* generous supply (on the market); il lui faut une nourriture ~e he must have plenty to eat *ou* plenty of food.

abonder [abɔ̃de] (1) *vi* (a) to abound, be plentiful. les légumes abondent cette année there are plenty of vegetables this year, vegetables are plentiful *ou* in good supply this year.

(b) ~ en to be full of, abound in; les forêts/rivières abondent en gibier/poissons the forests/rivers are full of *ou* teeming with game/fish; son œuvre abonde en images his work is rich in *ou* is full of images.

(c) il abonda dans notre sens he was in complete *ou* thorough *ou* full agreement with us.

abonné, e [abɔne] (*ptp de* **abonner**) **1** *adj*: être ~ à un journal to subscribe to a paper; être ~ au téléphone to be on the phone (*Brit*), have a phone; être ~ au gaz to have gas, be a gas consumer; (*fig*) il y est ~!* he's making (quite) a habit of it!
2 *nm, f* (*Presse, Téléc*) subscriber; (*Élec, Gaz*) consumer; (*Rail, Sport, Théât*) season-ticket holder. (*Téléc*) se mettre aux ~s absents to put one's phone on to the holiday answering service.

abonnement [abɔnmɑ̃] *nm* (*Presse*) subscription; (*Téléc*) rental; (*Rail, Sport, Théât*) season ticket. prendre un ~ à un journal to subscribe to *ou* take out a subscription to a paper.

abonner [abɔne] (1) **1** *vt*: ~ qn (à qch) (*Presse*) to take out a subscription (to sth) for sb; (*Sport, Théât*) to buy sb a season ticket (for sth).
2 s'abonner *vpr* (*Presse*) to subscribe, take out a subscription (*à* to); (*Sport, Théât*) to buy a season ticket (*à* for).

abord [abɔʀ] *nm* (a) (*environs*) ~s (*gén*) surroundings; [*ville, village*] outskirts, surroundings; aux ~s de in the area around *ou* surrounding; dans ce quartier et aux ~s in this area and round about (*Brit*) *ou* and the area around it.

(b) (*manière d'accueillir*) manner. être d'un ~ *ou* avoir l'~ rude/rébarbatif to have a rough/an off-putting manner; être d'un ~ facile/difficile to be approachable/unapproachable.

(c) (*accès*) access, approach. lieu d'un ~ difficile place with difficult means of access, place that is difficult to get to; lecture d'un ~ difficile reading matter which is difficult to get into *ou* difficult to get to grips with.

(d) (*loc*) d'~: (*en premier lieu*) allons d'~ chez le boucher let's go to the butcher's first; (*au commencement*) il fut (tout) d'~ poli, puis il devint grossier he was polite at first *ou* initially, and then became rude; (*introduisant une restriction*) d'~, il n'a même pas 18 ans for a start *ou* in the first place, he's not even 18; dès l'~ from the outset, from the very beginning; au premier ~ at first sight, initially; *V* prime, tout.

abordable [abɔʀdabl(ə)] *adj prix* reasonable; *marchandise* reasonable, reasonably priced; *personne* approachable; *lieu* accessible.

abordage [abɔʀdaʒ] *nm* (a) (*assaut*) attacking. à l'~! up lads and at 'em!, away boarders! (b) (*accident*) collision; *V* sabre.

aborder [abɔʀde] (1) **1** *vt* (a) (*arriver à*) *rivage* to reach; *contrée* to arrive in *ou* at, reach; *tournant, montée* to reach. les coureurs abordent la ligne droite the runners are entering the home straight; (*fig*) ~ la vieillesse avec inquiétude to approach old age with misgivings.

(b) (*approcher*) *personne* to approach, go *ou* come up to, accost. il m'a abordé avec un sourire he came up to me *ou* approached me with a smile.

(c) (*entreprendre*) *sujet* to start on, take up, tackle; *problème* to tackle. il n'a abordé le roman que vers la quarantaine he didn't take up writing novels until he was nearly forty; c'est le genre de question qu'il ne faut jamais ~ avec lui that's the sort of question you should never get on to *ou* touch on with him.

(d) (*Naut*) (*attaquer*) to board; (*heurter*) to collide with.
2 *vi* (*Naut*) to land, touch *ou* reach land. ~ dans *ou* sur une île to land on an island.

aborigène [abɔʀiʒɛn] (*indigène*) **1** *adj* (*gén*) aboriginal; (*relatif aux peuplades australiennes*) Aboriginal. **2** *nmf* aborigine. ~ d'Australie Aboriginal, Australian Aborigine.

abortif, -ive [abɔʀtif, iv] (*Méd*) **1** *adj* abortive. **2** *nm* abortifacient (*T*).

abouchement [abuʃmɑ̃] *nm* (*Tech*) joining up end to end.

aboucher [abuʃe] (1) *vt* (*Tech*) to join up (end to end). (*fig*) ~ qn avec to put sb in contact *ou* in touch with. **2 s'aboucher** *vpr*: s'~ avec qn to get in touch with sb, make contact with sb.

Abou Dhabî [abudabi] *n* Abu Dhabi.

abouler‡ [abule] (1) **1** *vt* (*donner*) to hand over. aboule! hand over!*, give it here!*, let's have it!* **2 s'abouler** *vpr* (*venir*) to come. aboule-toi! come (over) here!

aboulie [abuli] *nf* ab(o)ulia.

aboulique [abulik] **1** *adj* ab(o)ulic (*T*). **2** *nmf* (*Méd*) person suffering from ab(o)ulia. (*fig*) son mari est un ~ her husband is utterly apathetic *ou* (totally) lacking in will power.

Abou Simbel [abusimbɛl] *n* Abu Simbel.

about [abu] *nm* (*Tech*) butt.

aboutement [abutmɑ̃] *nm* (*action*) joining (end to end); (*état*) join.
abouter [abute] (1) *vt* to join (up) (end to end).
aboutir [abutiʀ] (2) *vi* (**a**) (*réussir*) *[démarche]* to succeed, come off*; *[personne]* to succeed. **ses efforts/tentatives n'ont pas abouti** his efforts/attempts have had no effect *ou* have failed *ou* didn't come off*; **faire ~ des négociations/un projet** to bring negotiations/a project to a successful conclusion.
   (**b**) (*arriver à, déboucher sur*) **~ à** *ou* **dans** to end (up) in *ou* at; **la route aboutit à un cul-de-sac** the road ends in a cul-de-sac; **une telle philosophie aboutit au désespoir** such a philosophy results in *ou* leads to despair; **~ en prison** to end up in prison; **les négociations n'ont abouti à rien** the negotiations have come to nothing, nothing has come of the negotiations; **en additionnant le tout, j'aboutis à 12 F** adding it all up I get 12 francs *ou* I get it to come to 12 francs; **il n'aboutira jamais à rien dans la vie** he'll never get anywhere in life.
   (**c**) (*Méd*) *[abcès]* to come to a head.
aboutissants [abutisɑ̃] *nmpl* V **tenant.**
aboutissement [abutismɑ̃] *nm* (*résultat*) *[efforts, opération]* outcome, result; (*succès*) *[plan]* success.
aboyer [abwaje] (8) *vi* to bark; (*péj: crier*) to shout, yell. **~ après** *ou* **contre qn** to bark *ou* yell at sb; V **chien.**
aboyeur† [abwajœʀ] *nm* (*Théât*) barker†.
abracadabra [abʀakadabʀa] *nm* abracadabra.
abracadabrant, e [abʀakadabʀɑ̃, ɑ̃t] *adj* incredible, fantastic, preposterous.
Abraham [abʀaam] *nm* Abraham.
abraser [abʀaze] (1) *vt* to abrade.
abrasif, -ive [abʀazif, iv] *adj, nm* abrasive.
abrasion [abʀazjɔ̃] *nf* (*gén, Géog*) abrasion.
abrégé [abʀeʒe] *nm* *[livre, discours]* summary, synopsis; *[texte]* summary, précis. **faire un ~ de** to summarize, précis; **en ~** (*en miniature*) in miniature; (*en bref*) in brief, in a nutshell; **répéter qch en ~** to repeat sth in a few words; **mot/phrase en ~** word/sentence in a shortened *ou* an abbreviated form; **voilà, en ~, de quoi il s'agissait** briefly *ou* to cut (*Brit*) *ou* make (*US*) a long story short, this is what it was all about.
abrégement [abʀeʒmɑ̃] *nm* *[durée]* cutting short, shortening; *[texte]* abridgement.
abréger [abʀeʒe] (3 *et* 6) *vt* *vie* to shorten; *souffrances* to cut short; *durée, visite* to cut short, shorten; *texte* to shorten, abridge; *mot* to abbreviate, shorten. **pour ~ les longues soirées d'hiver** to while away the long winter evenings, to make the long winter evenings pass more quickly; **abrège!*** come *ou* get to the point!
abreuver [abʀœve] (1) **1** *vt* (**a**) *animal* to water.
   (**b**) (*fig*) **~ qn de** to overwhelm *ou* shower sb with; **~ qn d'injures** to heap *ou* shower insults on sb; **le public est abreuvé de films d'horreur** (*inondé*) the public is swamped with horror films; (*saturé*) the public has had its fill of *ou* has had enough of horror films.
   (**c**) (*imbiber*) (*gén*) to soak, drench (*de* with); (*Tech*) to prime. **terre abreuvée d'eau** sodden *ou* waterlogged ground.
  2 s'abreuver *vpr* *[animal]* to drink; (*) *[personne]* to quench one's thirst, wet one's whistle*.
abreuvoir [abʀœvwaʀ] *nm* (*mare*) watering place; (*récipient*) drinking trough.
abréviation [abʀevjasjɔ̃] *nf* abbreviation.
abri [abʀi] *nm* (**a**) (*refuge, cabane*) shelter. **~ à vélos** bicycle shed; (*Mil*) **~ souterrain/antiatomique** air-raid/(atomic) fallout shelter; (*hum*) **tous aux ~s!** take cover!, run for cover!; **construire un ~ pour sa voiture** to build a carport.
   (**b**) (*fig: protection*) refuge (*contre* from), protection (*contre* against).
   (**c**) (*loc*) **à l'~**: **être/mettre à l'~** (*des intempéries*) to be/put under cover; (*du vol, de la curiosité*) to be/put in a safe place; **se mettre à l'~** to shelter, take cover; **être à l'~ de** (*protégé de*) *pluie, vent, soleil* to be shielded from; *danger, soupçons* to be safe *ou* shielded from; *regards* to be hidden from; (*protégé par*) *mur, feuillage* to be sheltered *ou* shielded by; **je ne suis pas à l'~ d'une erreur** I'm not beyond making a mistake; **elle est à l'~ du besoin** she is free from financial worries; **se mettre à l'~ de** *pluie, vent, soleil* to take shelter from; *regards* to shield o.s. from; **se mettre à l'~ du mur/du feuillage** to take cover *ou* shelter by the wall/under the trees; **mettre qch à l'~ de** *intempéries* to shelter sth from; *regards* to hide sth from; **mettre qch à l'~ d'un mur** to put sth in the shelter of a wall.
  2 s'abriter *vpr* to (take) shelter (*de* from), take cover. (*fig*) **s'~ derrière la tradition** to hide behind tradition, use tradition as a shield; (*fig*) **s'~ derrière son chef/le règlement** to take cover behind one's boss/the rules.
abribus [abʀibys] *nm* bus shelter.
abricot [abʀiko] **1** *nm* (*Bot*) apricot; V **pêche¹. 2** *adj inv* apricot (-coloured).
abricoté, e [abʀikɔte] *adj gâteau* apricot (*épith*); V **pêche¹.**
abricotier [abʀikɔtje] *nm* apricot tree.
abriter [abʀite] (1) **1** *vt* (*de la pluie, du vent*) to shelter (*de* from); (*du soleil*) to shelter, shade (*de* from); (*de radiations*) to screen (*de* from). **le bâtiment peut ~ 20 personnes** the building can accommodate 20 people; **abritant ses yeux de sa main** shading his eyes with his hand; **le côté abrité** (*de la pluie*) the sheltered side; (*du soleil*) the shady side; **maison abritée** house in a sheltered spot, sheltered house.
abrogation [abʀɔgasjɔ̃] *nf* repeal, abrogation.
abrogeable [abʀɔʒabl(ə)] *adj* repealable.
abroger [abʀɔʒe] (3) *vt* to repeal, abrogate.
abrupt, e [abʀypt, pt(ə)] **1** *adj pente* abrupt, steep; *falaise* sheer; *personne* abrupt; *manières* abrupt, brusque. **2** *nm* steep slope.

abruptement [abʀyptəmɑ̃] *adv descendre* steeply, abruptly; *annoncer* abruptly.
abruti, e [abʀyti] (*ptp de* **abrutir**) **1** *adj* (**a**) (*hébété*) stunned, dazed (*de* with). **~ par l'alcool** besotted *ou* stupefied with drink. (**b**) (*: bête*) idiotic*, moronic‡. **2** *nm, f* (‡) idiot*, moron‡.
abrutir [abʀytiʀ] (2) *vt* (**a**) (*fatiguer*) to exhaust. **la chaleur m'abrutit** the heat makes me feel quite stupid; **~ qn de travail** to work sb silly *ou* stupid; **ces discussions m'ont abruti** these discussions have left me quite dazed; **s'~ à travailler** to work o.s. silly; **leur professeur les abrutit de travail** their teacher drives them stupid with work; **tu vas t'~ à force de lire** you'll overtax *ou* exhaust yourself reading so much.
   (**b**) (*abêtir*) **~ qn** to deaden sb's mind; **l'alcool l'avait abruti** he was stupefied with drink; **s'~ à regarder la télévision** to become quite moronic *ou* mindless through watching (too much) television.
abrutissant, e [abʀytisɑ̃, ɑ̃t] *adj bruit* stunning, thought-destroying; *travail* mind-destroying. **ce bruit est ~** this noise drives you silly *ou* stupid *ou* wears you down.
abrutissement [abʀytismɑ̃] *nm* (*fatigue extrême*) (mental) exhaustion; (*abêtissement*) mindless *ou* moronic state. **l'~ des masses par la télévision** the stupefying effect of television on the masses.
abscisse [apsis] *nf* abscissa.
abscons, e [apskɔ̃, ɔ̃s] *adj* abstruse, recondite.
absence [apsɑ̃s] *nf* (**a**) (*gén, Jur*) *[personne]* absence. **son ~ à la réunion** his absence *ou* non-attendance at the meeting; (*Admin, Scol*) **3 ~s successives** 3 absences in succession; **cet élève/employé accumule les ~s** this pupil/employee is persistently absent.
   (**b**) (*manque*) absence, lack (*de* of). **~ de goût** lack of taste; **l'~ de rideaux** the absence of curtains; **il constata l'~ de sa valise** he noticed that his case was missing.
   (**c**) (*défaillance*) **~ (de mémoire)** mental blank; **il a des ~s** at times his mind goes blank.
   (**d**) **en l'~ de** in the absence of; **en l'~ de sa mère, c'est Anne qui fait la cuisine** in her mother's absence *ou* while her mother's away, Anne is *ou* it's Anne who is doing the cooking; **en l'~ de preuves** in the absence of proof.
absent, e [apsɑ̃, ɑ̃t] **1** *adj* (**a**) *personne* (*gén*) away (*de* from); (*pour maladie*) absent (*de* from), off*. **être ~ de son travail** to be absent from work, be off work*; **il est ~ de Paris/de son bureau en ce moment** he's out of *ou* away from Paris/his office at the moment; **conférence internationale dont la France était ~e** international conference from which France was absent.
   (**b**) *sentiment* lacking; *objet* missing. **discours d'où toute émotion était ~e** speech in which there was no trace of emotion; **il constata que sa valise était ~e** he noticed that his case was missing.
   (**c**) (*distrait*) *air* vacant.
   (**d**) (*Jur*) missing.
  2 *nm, f* (*Scol Admin*) absentee; (*littér: mort, en voyage*) absent one (*littér*); (*disparu*) missing person. **le ministre/le champion a été le grand ~ de la réunion** the minister/the champion was the most notable absentee at the meeting; (*Prov*) **les ~s ont toujours tort** the absent are always in the wrong.
absentéisme [apsɑ̃teism(ə)] *nm* (*Agr, Écon, Ind*) absenteeism; (*Scol*) truancy.
absentéiste [apsɑ̃teist(ə)] *nmf* (*Agr*) absentee. (*gén*) **c'est un ~, il est du genre ~** he is always *ou* regularly absent *ou* off*; **propriétaire ~** absentee landlord; **élève ~** truant.
absenter (s') [apsɑ̃te] (1) *vpr* (*gén*) to go out, leave; (*Mil*) to go absent. **s'~ de pièce** to go out of, leave; *ville* to leave; **s'~ quelques instants** to go out for a few moments; **je m'étais absenté de Paris** I was away from *ou* out of Paris; **elle s'absente souvent de son travail** she is frequently off work* *ou* away from work; **élève qui s'absente trop souvent** pupil who is too often absent *ou* away (from school) *ou* off school.
abside [apsid] *nf* apse.
absidial, e, *mpl* **-iaux** [apsidjal, jo] *adj* apsidal.
absidiole [apsidjɔl] *nf* apsidiole.
absinthe [apsɛ̃t] *nf* (*liqueur*) absinth(e); (*Bot*) wormwood, absinth(e).
absolu, e [apsɔly] **1** *adj* (**a**) (*total*) absolute. **en cas d'~e nécessité** if absolutely essential; **être dans l'impossibilité ~e de faire qch** to find it absolutely impossible to do sth; **c'est une règle ~e** it's an absolutely unbreakable rule, it's a hard-and-fast rule; **j'ai la preuve ~e de sa trahison** I have absolute *ou* positive proof of his betrayal; V **alcool.**
   (**b**) (*entier*) *ton* peremptory; *jugement, caractère* rigid, uncompromising.
   (**c**) (*opposé à relatif*) *valeur, température* absolute. **considérer qch de manière ~e** to consider sth absolutely *ou* in absolute terms.
   (**d**) (*Hist, Pol*) *majorité, roi, pouvoir* absolute.
   (**e**) (*Ling*) *construction* absolute. **verbe employé de manière ~e** verb used absolutely *ou* in the absolute; **génitif/ablatif ~** genitive/ablative absolute; V **superlatif.**
  2 *nm*: **l'~** the absolute; **juger dans l'~** to judge out of context *ou* in the absolute.
absolument [apsɔlymɑ̃] *adv* (**a**) (*entièrement*) absolutely. **avoir ~ tort** to be quite *ou* absolutely *ou* entirely wrong; **s'opposer ~ à qch** to be entirely *ou* absolutely opposed to sth, be completely *ou* dead* against sth; **il a tort! — ~!** he's wrong! — absolutely!; **vous êtes sûr? — ~!** are you sure? — positive! *ou* absolutely!; **~ pas!** certainly not!; **~ rien** absolutely nothing!, nothing whatever.
   (**b**) (*à tout prix*) absolutely, positively. **vous devez ~** you

absolutely *ou* positively *ou* simply must; **il veut ~ revenir** he (absolutely) insists upon returning.
　(c) (*Ling*) absolutely.
absolution [apsɔlysjɔ̃] *nf* **(a)** (*Rel*) absolution (*de* from). **donner l'~ à qn** to give sb absolution. **(b)** (*Jur*) dismissal (*of case, when defendant is considered to have no case to answer*).
absolutisme [apsɔlytism(ə)] *nm* absolutism.
absolutiste [apsɔlytist(ə)] **1** *adj* absolutistic. **2** *nmf* absolutist.
absorbable [apsɔrbabl(ə)] *adj* absorbable.
absorbant, e [apsɔrbɑ̃, ɑ̃t] **1** *adj matière* absorbent; *tâche* absorbing, engrossing; (*Bot, Zool*) *fonction, racines* absorptive. **société ~e** surviving company. **2** *nm* absorbent.
absorbé, e [apsɔrbe] (*ptp de* **absorber**) *adj*: **avoir un air ~** to look engrossed *ou* absorbed (in one's thoughts *etc*).
absorber [apsɔrbe] (1) **1** *vt* **(a)** (*avaler*) *médicament, aliment* to take; (*fig*) *parti* to absorb; *firme* to take over, absorb.
　(b) (*résorber*) (*gén*) to absorb; *liquide* to absorb, soak up; *tache* to remove, lift; (*Fin*) *dette* to absorb; *bruit* to deaden, absorb. **le noir absorbe la lumière** black absorbs light; **cet achat a absorbé presque toutes mes économies** I used up *ou* spent nearly all my savings on that purchase.
　(c) (*accaparer*) *attention, temps* to occupy, take up. **mon travail m'absorbe beaucoup, je suis très absorbé par mon travail** my work takes up *ou* claims a lot of my time; **absorbé par son travail il ne m'entendit pas** he was engrossed in *ou* absorbed in his work and he didn't hear me; **cette pensée absorbait mon esprit, j'avais l'esprit absorbé par cette pensée** my mind was completely taken up with this thought.
　2 s'absorber *vpr* (*se plonger*) **s'~/être absorbé dans une lecture** to become/be absorbed *ou* engrossed in reading; **s'~/être absorbé dans une profonde méditation** to become lost in/be plunged deep in thought.
absorption [apsɔrpsjɔ̃] *nf* **(a)** (*V absorber*) taking; absorption; takeover; removal. **(b)** (*méditation*) absorption.
absoudre [apsudr(ə)] (51) *vt* (*Rel*) to absolve (*de* from); (*littér*) to absolve (*de* from), pardon (*de* for); (*Jur*) to dismiss.
absoute [apsut] *nf* [*office des morts*] absolution; [*jeudi saint*] general absolution.
abstenir (s') [apstənir] (22) *vpr* **(a) s'~ de qch** to refrain *ou* abstain from sth; **s'~ de faire** to refrain from doing; **s'~ de vin, s'~ de boire du vin** to abstain from wine, refrain from drinking wine; **s'~ de tout commentaire, s'~ de faire des commentaires** to refrain from (making) any comment, refrain from commenting; **dans ces conditions je préfère m'~** in that case I'd rather not; *V* **doute**.
　(b) (*Pol*) to abstain (*de voter* from voting).
abstention [apstɑ̃sjɔ̃] *nf* abstention; (*non-intervention*) non-participation.
abstentionnisme [apstɑ̃sjɔnism(ə)] *nm* abstaining, non-voting.
abstentionniste [apstɑ̃sjɔnist(ə)] *adj, nmf* non-voter, abstainer.
abstinence [apstinɑ̃s] *nf* abstinence. (*Rel*) **faire ~** to refrain from eating meat.
abstinent, e [apstinɑ̃, ɑ̃t] *adj* temperate, abstinent.
abstraction [apstraksjɔ̃] *nf* (*fait d'abstraire*) abstraction; (*idée abstraite*) abstraction, abstract idea. **faire ~ de** to set *ou* leave aside, disregard; **en faisant ~ ou ~ faite des difficultés** setting aside *ou* leaving aside *ou* disregarding the difficulties.
abstraire [apstrɛr] (50) **1** *vt* (*isoler*) to abstract (*de* from), isolate (*de* from); (*conceptualiser*) to abstract. **2 s'abstraire** *vpr* to cut o.s. off (*de* from).
abstrait, e [apstrɛ, ɛt] **1** *adj* abstract. **2** *nm* **(a)** (*artiste*) abstract painter. (*genre*) **l'~** abstract art. **(b)** (*Philos*) **l'~** the abstract; **dans l'~** in the abstract.
abstraitement [apstrɛtmɑ̃] *adv* abstractly, in the abstract.
abstrus, e [apstry, yz] *adj* abstruse, recondite.
absurde [apsyrd(ə)] **1** *adj* (*Philos*) absurd; (*illogique*) absurd, preposterous; (*ridicule*) absurd, ridiculous, ludicrous. **ne sois pas ~!** don't talk such nonsense!, don't be ridiculous! *ou* absurd!
　2 *nm* (*Littérat, Philos*) **l'~** the absurd; *V* **prouver**.
absurdement [apsyrdəmɑ̃] *adv* (*V absurde*) absurdly; preposterously; ridiculously; ludicrously.
absurdité [apsyrdite] *nf* **(a)** (*V absurde*) absurdity; preposterousness; ridiculousness; ludicrousness.
　(b) (*parole, acte*) absurdity. **il vient de dire une ~** he has just said something (quite) absurd *ou* ridiculous; **dire des ~s** to talk nonsense.
Abû Dhabî [abudabi] *n* = **Abou Dhabî**.
abus [aby] **1** *nm* **(a)** (*excès*) [*médicaments, alcool*] abuse; [*force, autorité*] abuse, misuse. **faire ~ de** *sa force, son pouvoir* to abuse; **faire ~ de cigarettes** to smoke excessively; **l'~ (qu'il fait) d'aspirine** (his) excessive use *ou* (his) overuse of aspirin; **~ de boisson** excessive drinking, drinking to excess; **nous avons fait des ~ quelques ~ hier soir** we overdid it *ou* things *ou* we overindulged last night; **il y a de l'~!*** that's going a bit too far!*, that's a bit steep!*** (*Brit*) *ou* pushing a bit!*** (*US*).
　(b) (*injustice*) abuse, social injustice.
　2: abus d'autorité abuse *ou* misuse of authority; **abus de confiance** abuse of confidence, breach of trust; (*escroquerie*) confidence trick; **abus de pouvoir** abuse *ou* misuse of power.
abuser [abyze] (1) **1 abuser de** *vt indir* **(a)** (*exploiter*) *situation, crédulité* to exploit, take advantage of; *autorité, puissance* to abuse, misuse; *hospitalité, amabilité, confiance* to abuse; *ami, victime* to take advantage of. **~ de sa force** to misuse one's strength; **je ne veux pas ~ de votre temps** I don't want to encroach on *ou* take up *ou* waste your time; **je ne voudrais pas ~ (de votre gentillesse)** I don't want to impose (upon your kindness); (*euph*) **~ d'une femme** to take advantage of a woman (*euph*); **alors là, tu abuses!** now

you're going too far! *ou* overstepping the mark!; **je suis compréhensif, mais il ne faudrait pas ~** I'm an understanding sort of person but don't try taking advantage *ou* don't push me too far; **elle abuse de la situation** she's trying it on a bit*.
　(b) (*user avec excès*) *médicaments, citations* to overuse. **~ de l'alcool** to drink too much *ou* excessively, drink to excess; **~ de ses forces** to overexert o.s., overtax one's strength; **il ne faut pas ~ des bonnes choses** one mustn't overindulge in good things, enough is as good as a feast (*Prov*); **il use et (il) abuse de métaphores** he's too fond *ou* overfond of metaphors.
　2 *vt* [*escroc*] to deceive; [*ressemblance*] to mislead. **se laisser ~ par de belles paroles** to be taken in *ou* misled by fine *ou* fair words.
　3 s'abuser *vpr* (*frm*) (*se tromper*) to be mistaken, make a mistake; (*se faire des illusions*) to delude o.s. **si je ne m'abuse** if I'm not mistaken.
abusif, -ive [abyzif, iv] *adj pratique* improper; *mère, père* overpossessive; *prix* exorbitant, excessive; *punition* excessive. **usage ~ de son autorité** improper use *ou* misuse of one's authority; **usage ~ d'un mot** misuse *ou* improper use *ou* wrong use of a word; **c'est peut-être ~ de dire cela** it's perhaps putting it a bit strongly to say that.
Abû Simbel [abusimbɛl] *n* = **Abou Simbel**.
abusivement [abyzivmɑ̃] *adv* (*Ling: improprement*) wrongly, improperly; (*excessivement*) excessively, to excess. **il s'est servi ~ de** lui he took unfair advantage of him.
abysse [abis] *nm* (*Géog*) abyssal zone.
abyssin, e [abisɛ̃, in] = **abyssinien**.
Abyssinie [abisini] *nf* Abyssinia.
abyssinien, -ienne [abisinjɛ̃, jɛn] **1** *adj* Abyssinian. **2** *nm, f*: **A~(ne)** Abyssinian.
AC [ase] *n* (*abrév de* **appellation contrôlée**) appellation contrôlée *label guaranteeing district of origin of a wine*.
acabit [akabi] *nm* (*péj*) **être du même ~** to be cast in the same mould; **ils sont tous du même ~** they're all much of a muchness; **fréquenter des gens de cet ~** to mix with people of that type *ou* like that.
acacia [akasja] *nm* (*gén: faux acacia,*) locust tree, false acacia; (*Bot: mimosacée*) acacia.
académicien, -ienne [akademisjɛ̃, jɛn] *nm, f* (*gén*) academician; [*Académie française*] member of the French Academy, Academician; (*Antiq*) academic.
académie [akademi] *nf* **(a)** (*société savante*) learned society; (*Antiq*) academy. **l'A~ royale** de the Royal Academy of; **l'A~ des Sciences** the Academy of Science; **l'A~ (française)** the (French) Academy.
　(b) (*école*) academy. **~ de dessin/danse** art/dancing school, academy of art/dancing.
　(c) (*Univ*) ≃ regional (education) authority (*Brit*), school district (*US*).
　(d) (*Art: nu*) nude; (*: anatomie*) anatomy (*hum*).
académique [akademik] *adj* (*péj, Art, littér*) academic; [*Académie française*] of the French Academy; (*Scol*) of the académie. (*Belgique, Can, Suisse*) **année ~** academic year; *V* **inspection, palme**.
académisme [akademism(ə)] *nm* (*péj*) academicism.
Acadie [akadi] *nf* (*Hist*) Acadia. (*Géog*) **l'~** the Maritime Provinces.
acadien, -ienne [akadjɛ̃, jɛn] **1** *adj* Acadian; (*de Louisiane*) Cajun. **2** *nm* (*Ling*) Acadian. **3** *nm, f*: **A~(ne)** Acadian; (*de Louisiane*) Cajun.
acajou [akaʒu] **1** *nm* (*à bois rouge*) mahogany; (*anacardier*) cashew. **2** *adj inv* mahogany (*épith*).
acanthe [akɑ̃t] *nf* (*Bot*) acanthus. (*Archit*) (**feuille d'**)**~** acanthus.
acariâtre [akarjɑtr(ə)] *adj caractère* sour, cantankerous; *femme* shrewish. **d'humeur ~** sour-tempered.
accablant, e [akablɑ̃, ɑ̃t] *adj chaleur* exhausting, oppressive; *témoignage* overwhelming, damning; *responsabilité* overwhelming; *douleur* excruciating; *travail* exhausting.
accablement [akabləmɑ̃] *nm* (*abattement*) despondency, depression; (*oppression*) exhaustion. **être dans l'~ du désespoir** to be in the depths of despair; **être dans l'~ de la douleur** to be prostrate with grief.
accabler [akable] (1) *vt* **(a)** [*chaleur, fatigue*] to overwhelm, overcome; (*littér*) [*fardeau*] to weigh down. **accablé de chagrin** prostrate *ou* overwhelmed with grief; **les troupes, accablées sous le nombre** the troops, overwhelmed *ou* overpowered by numbers.
　(b) [*témoignage*] to condemn, damn. **sa déposition m'accable** his evidence is overwhelmingly against me.
　(c) (*faire subir*) **~ qn d'injures** to heap *ou* shower abuse on sb; **~ qn de reproches/critiques** to heap reproaches/criticism on sb; **il m'accabla de son mépris** he poured contempt upon me; **~ qn d'impôts** to overburden sb with taxes; **~ qn de travail** to overburden sb with work, pile work on sb; **~ qn de questions** to overwhelm *ou* shower sb with questions; (*iro*) **il nous accablait de conseils** he overwhelmed us with advice.
accalmie [akalmi] *nf* (*gén*) lull; [*vent, tempête*] lull (*de* in); [*fièvre*] respite (*dans* in), remission (*dans* of); (*Comm*) [*affaires, transactions*] slack period; [*combat*] lull, break; [*crise politique ou morale*] period of calm, lull, calm spell (*de* in). **profiter d'une ~ pour sortir** to take advantage of a calm spell *ou* of a lull (in the wind) to go out; **nous n'avons pas eu un seul moment d'~ pendant la journée** we didn't have a single quiet moment during the whole day, there was no lull (in the activity) throughout the entire day.
accaparant, e [akaparɑ̃, ɑ̃t] *adj métier* demanding, all-absorbing, exacting; *enfant* demanding.
accaparement [akaparmɑ̃] *nm* (*V accaparer*) [*pouvoir, production*] monopolizing; [*médecin etc*] involvement (*par* in).
accaparer [akapare] (1) *vt* **(a)** (*monopoliser*) *production, pouvoir,*

conversation, hôte to monopolize. **les enfants l'ont tout de suite accaparée** the children claimed all her attention straight away; **ces élèves brillants qui accaparent les prix** those bright pupils who carry off all the prizes.
(b) (*absorber*) *[soucis, travail]* to take up the time and energy of. **accaparé par sa profession/les soucis** completely absorbed in *ou* wrapped up in his job/worries; **les enfants l'accaparent** the children take up all her time (and energy).

accapareur, -euse [akaparœʀ, øz] **1** *adj* monopolistic, grabbing* (*épith*). **2** *nm,f* (*péj*) monopolizer, grabber*.

accéder [aksede] **accéder à** *let indir* **(a)** (*atteindre*) *lieu, sommet* to reach, get to; *honneur, indépendance* to attain; *grade* to rise to; *responsabilité* to accede to. **~ directement à** to have direct access to; **on accède au château par le jardin** you (can) get to the castle through the garden, (the) access to the castle is through the garden; **~ au trône** to accede to the throne.
(b) (*frm: exaucer*) *requête, prière* to grant, accede to (*frm*); *vœux* to meet, comply with; *demande* to accommodate, comply with.

accélérateur, -trice [akseleʀatœʀ, tʀis] **1** *adj* accelerating. **2** *nm* (*Aut, Phot, Phys*) accelerator.

accélération [akseleʀasjɔ̃] *nf* (*Aut, Tech*) acceleration; *[travail]* speeding up; *[pouls]* quickening. **l'~ de l'histoire** the speeding-up of the historical process.

accéléré [akseleʀe] *nm* (*Ciné*) speeded-up motion. **film en ~** speeded-up film.

accélérer [akseleʀe] (6) **1** *vt rythme* to speed up, accelerate; *travail* to speed up; *vitesse* to increase. **~ le pas** to quicken *ou* speed up one's pace; (*fig*) **~ le mouvement** to get things moving, hurry *ou* speed things up; **son pouls s'accéléra** his pulse quickened.
2 *vi* (*Aut, fig*) to accelerate, speed up. **accélère!*** hurry up!, get a move on!*

accent [aksɑ̃] **1** *nm* **(a)** (*prononciation*) accent. **avoir l'~ paysan/du Midi** to have a country/southern (French) accent; **parler sans ~** to speak without an accent.
(b) (*Orthographe*) accent. **e ~ grave/aigu** e grave/acute; **~ circonflexe** circumflex (accent).
(c) (*Phonétique*) accent, stress; (*fig*) stress. **mettre l'~ sur** (*lit*) to stress, put the stress *ou* accent on; (*fig*) to stress, emphasize; **l'~ est mis sur la production** (the) emphasis *ou* accent is (placed *ou* put) on production.
(d) (*inflexion*) tone (of voice). **~ suppliant/plaintif** beseeching/plaintive tone; **~ de sincérité/de détresse** note of sincerity/of distress; **récit qui a l'~ de la sincérité** story which has a ring of sincerity; **avec des ~s de rage** in accents of rage; **les ~s de cette musique** the strains of this music; **les ~s de l'espoir/de l'amour** the accents of hope/love; **les ~s déchirants de ce poète** the heartrending accents of this poet.
2: accent de hauteur pitch; **accent d'intensité** tonic *ou* main stress; **accent de mot** word stress; **accent nasillard** nasal twang; **accent de phrase** sentence stress; **accent tonique = accent d'intensité**; **accent traînant** drawl.

accenteur [aksɑ̃tœʀ] *nm*: **~ mouchet** dunnock, hedge sparrow.

accentuable [aksɑ̃tɥabl(ə)] *adj lettre* that can take an accent; *syllabe* that can be stressed *ou* accented.

accentuation [aksɑ̃tɥasjɔ̃] *nf* (*V* **accentuer**) accentuation; stressing, emphasizing; intensification; marked increase. (*Phonétique*) **les règles de l'~** the rules of stress.

accentué, e [aksɑ̃tɥe] (*ptp de* **accentuer**) *adj* (*marqué*) marked, pronounced; (*croissant*) increased.

accentuel, -elle [aksɑ̃tɥɛl] *adj* (*Ling*) stressed, accented. **système ~ d'une langue** stress *ou* accentual system of a language.

accentuer [aksɑ̃tɥe] (1) **1** *vt* **(a)** *lettre* to accent; *syllabe* to stress, accent. **syllabe (non) accentuée** (un)stressed *ou* (un)accented syllable.
(b) *silhouette, contraste* to emphasize, accentuate; *goût* to bring out; *effort, poussée* to increase, intensify.
2 s'accentuer *vpr [tendance, hausse]* to become more marked *ou* pronounced, increase; *[contraste, traits]* to become more marked *ou* pronounced. **l'inflation s'accentue** inflation is becoming more pronounced *ou* acute; **le froid s'accentue** it's becoming noticeably colder.

acceptabilité [aksɛptabilite] *nf* (*Ling*) acceptability.

acceptable [aksɛptabl(ə)] *adj* **(a)** (*passable*) *résultats, travail* satisfactory, fair. **ce café/vin est ~** this coffee/wine is reasonable *ou* quite decent* *ou* quite acceptable. **(b)** (*recevable*) *condition* acceptable. **(c)** (*Ling*) acceptable.

acceptation [aksɛptasjɔ̃] *nf* (*gén*) acceptance. **~ bancaire** bank acceptance.

accepter [aksɛpte] (1) *vt* **(a)** (*gén, Comm*) to accept; *proposition, condition* to agree to, accept; *pari* to take on, accept. **elle accepte tout de sa fille** she puts up with *ou* takes anything from her daughter; (*littér, hum*) **j'en accepte l'augure** I'd like to believe it; **~ le combat** *ou* **le défi** to take up *ou* accept the challenge; **il n'accepte pas que la vie soit une routine** he won't accept that life should be a routine; **~ la compétence des tribunaux californiens** to defer to California jurisdiction.
(b) (*être d'accord*) to agree (*de faire* to do). **je n'accepterai pas que tu partes** I shall not agree to your leaving, I won't let you leave.

acception [aksɛpsjɔ̃] *nf* (*Ling*) meaning, sense, acceptation. **dans toute l'~ du mot** *ou* **terme** in every sense *ou* in the full meaning of the word, using the word in its fullest sense; **sans ~ de** without distinction of.

accès [aksɛ] *nm* **(a)** (*possibilité d'approche*) access (*U*). **une grande porte interdisait l'~ du jardin** a big gate barred entry *ou* prevented access to the garden; **~ interdit à toute personne étrangère aux travaux** no entry *ou* no admittance to unauthorized per-

sons; **d'~ facile** *lieu, port* (easily) accessible; *personne* approachable; *traité, manuel* easily understood; *style* accessible; **d'~ difficile** hard to get to, difficult of access; unapproachable; not easily understood.
(b) (*voie*) **les ~ de la ville** the approaches *ou* means of access to the town; **les ~ de l'immeuble** the entrances to the building; **'~ aux quais'** 'to the trains'.
(c) (*loc*) **avoir ~ à qch** to have access to sth; **avoir ~ auprès de qn** to be able *ou* in a position to approach sb, have access to sb; **donner ~ à** *lieu* to give access to, (*en montant*) to lead up to; *carrière* to open the door *ou* way to.
(d) (*crise*) *[colère, folie]* fit; *[fièvre]* attack, bout; *[enthousiasme]* burst. **~ de toux** fit *ou* bout of coughing; **être pris d'un ~ de mélancolie/de tristesse** to be overcome by melancholy/sadness.
(e) (*Ordin*) **port** *m***/temps** *m* **d'accès** access port/time.

accessibilité [aksesibilite] *nf* accessibility (*à* to).

accessible [aksesibl(ə)] *adj lieu* accessible (*à* to), get-at-able*; *personne* approachable; *but* attainable. **parc ~ au public** gardens open to the public; **elle n'est ~ qu'à ses amies** only her friends are able *ou* allowed to see her; **ces études sont ~s à tous** (*sans distinction*) this course is open to everyone; (*financièrement*) this course is within everyone's pocket; (*intellectuellement*) this course is within the reach of everyone; **être ~ à la pitié** to be capable of pity.

accession [aksesjɔ̃] *nf*: **~ à** *pouvoir, fonction* accession to; *indépendance* attainment of; *rang* rise to; (*frm*) *requête, désir* granting of, compliance with; **mouvement d'~ à la propriété** trend towards home ownership.

accessit [aksesit] *nm* (*Scol*) ≃ certificate of merit.

accessoire [akseswaʀ] **1** *adj idée* of secondary importance; *clause* secondary. **l'un des avantages ~s de ce projet** one of the added *ou* incidental advantages of this plan; **c'est d'un intérêt tout ~** this is only of minor *ou* incidental interest; **frais ~s** (*gén*) incidental expenses; (*Fin, Comm*) ancillary costs; (*Jur*) **dommages-intérêts** *mpl* **~s** incidental damages.
2 *nm* **(a)** (*Théât*) prop; (*Aut, Habillement*) accessory. **~s de toilette** toilet requisites; *V* **magasin**.
(b) (*Philos*) **l'~** the unessential, unessentials.

accessoirement [akseswaʀmɑ̃] *adv* (*secondairement*) secondarily, incidentally; (*si besoin est*) if need be, if necessary.

accessoiriste [akseswaʀist(ə)] **1** *nm* property man *ou* master. **2** *nf* property girl *ou* mistress.

accident [aksidɑ̃] **1** *nm* **(a)** (*gén*) accident; (*Aut, Rail*) accident, crash; (*Aviat*) crash. (*Admin*) **il n'y a pas eu d'~ de personnes** there were no casualties, no one was injured; **il y a eu plusieurs ~s mortels sur la route** there have been several road deaths *ou* several fatalities on the roads.
(b) (*mésaventure*) **les ~s de sa carrière** the setbacks in his career; **les ~s de la vie** life's ups and downs, life's trials; **les ~s qui ont entravé la réalisation du projet** the setbacks *ou* hitches which held up the realization of the plan; **c'est un simple ~, il ne l'a pas fait exprès** it was just an accident, he didn't do it on purpose; **elle a eu un petit ~ de santé** she's had a little trouble with her health.
(c) (*Méd*) illness, trouble. **~ secondaire** minor complication.
(d) (*Philos*) accident.
(e) (*littér*) (*hasard*) (pure) accident; (*fait mineur*) minor event. **par ~** by chance, by accident; **si par ~ tu** ... if by chance you ..., if you happen to ... .
(f) (*Mus*) accidental.
2: accident d'avion air *ou* plane crash; **accident de la circulation** road accident; **accidents domestiques** accidents in the home; **accident de montagne** mountaineering *ou* climbing accident; **accident de parcours** chance mishap; **accident de la route = accident de la circulation**; **accident de terrain** accident (*T*), undulation; **les accidents de terrain** the unevenness of the ground; **accident du travail** industrial injury; **accident de voiture** car accident *ou* crash.

accidenté, e [aksidɑ̃te] (*ptp de* **accidenter**) **1** *adj* **(a)** *région* undulating, hilly; *terrain* uneven, bumpy; *vie, carrière* chequered, eventful. **(b)** *véhicule* damaged; *avion* crippled. **2** *nm,f* casualty, injured person.

accidentel, -elle [aksidɑ̃tɛl] *adj* (*fortuit*) *événement* accidental, fortuitous; (*par accident*) *mort* accidental.

accidentellement [aksidɑ̃tɛlmɑ̃] *adv* **(a)** (*par hasard*) accidentally, by accident *ou* chance. **il était là ~** he just happened to be there. **(b)** *mourir* in an accident.

accidenter [aksidɑ̃te] (1) *vt personne* to injure, hurt; *véhicule* to damage.

acclamation [aklamasjɔ̃] *nf*: **~s** cheers, cheering; **élire qn par ~** to elect sb by acclamation.

acclamer [aklame] (1) *vt* to cheer, acclaim. **on l'acclama roi** they acclaimed him king.

acclimatable [aklimatabl(ə)] *adj* acclimatizable, acclimatable (*US*).

acclimatation [aklimatasjɔ̃] *nf* acclimatization, acclimation (*US*); *V* **jardin**.

acclimatement [aklimatmɑ̃] *nm* acclimatization, acclimation (*US*).

acclimater [aklimate] (1) **1** *vt* (*Bot, Zool*) to acclimatize, acclimate (*US*); (*fig*) *idée, usage* to introduce.
2 s'acclimater *vpr* (*personne, animal, plante*) to become acclimatized, adapt (*o.s. ou* itself) (*à* to); (*fig*) *[usage, idée]* to become established *ou* accepted.

accointances [akwɛ̃tɑ̃s] *nfpl* contacts, links. **avoir des ~** to have contacts (*avec* with, *dans* in, among).

accolade [akɔlad] *nf* **(a)** (*embrassade*) embrace (*on formal occasion*); (*Hist: coup d'épée*) accolade. **donner/recevoir l'~** to embrace/be embraced.

(b) (*Typ*) brace. **mots (mis) en ~** words bracketed together.
(c) (*Archit, Mus*) accolade.

accoler [akɔle] (1) *vt* (*gén*) to place side by side; (*Typ*) to bracket together. **~ une chose à une autre** to place a thing beside *ou* next to another; **il avait accolé à son nom celui de sa mère** he had joined *ou* added his mother's maiden name to his surname.

accommodant, e [akɔmɔdã, ãt] *adj* accommodating.

accommodation [akɔmɔdasjɔ̃] *nf* (*Opt*) accommodation; (*adaptation*) adaptation.

accommodement [akɔmɔdmã] *nm* (*littér: arrangement*) compromise, accommodation (*littér*). **trouver des ~s** (*hum*) **avec le ciel/avec sa conscience** to come to an arrangement with the powers on high (*hum*)/with one's conscience.

accommoder [akɔmɔde] (1) **1** *vt* (a) (*Culin*) *plat* to prepare (*à* in, with). **savoir ~ les restes** to be good at making the most of *ou* using up the left-overs.
(b) (*concilier*) **~ le travail avec le plaisir** to combine business with pleasure; **~ ses principes aux circonstances** to adapt *ou* alter one's principles to suit the circumstances.
(c) (††) (*arranger*) *affaire* to arrange; *querelle* to put right; (*réconcilier*) *ennemis* to reconcile, bring together; (*malmener*) to give harsh treatment to. (*installer confortablement*) **~ qn** to make sb comfortable.
2 *vi* (*Opt*) to focus (*sur* on).
3 s'accommoder *vpr* (a) (†: *s'adapter à*) **s'~ à** to adapt to.
(b) (*supporter*) **s'~ de** to put up with; **il lui a bien fallu s'en ~** he just had to put up with it *ou* accept it, he just had to make the best of a bad job; **je m'accommode de peu** I'm content *ou* I can make do with little; **elle s'accommode de tout** she can make do with anything.
(c) (††: *s'arranger avec*) **s'~ avec qn** to come to an agreement *ou* arrangement with sb (*sur* about).

accompagnateur, -trice [akɔ̃paɲatœʀ, tʀis] *nm,f* (*Mus*) accompanist; (*guide*) guide; (*Scol*) accompanying adult; (*voyage organisé*) courier.

accompagnement [akɔ̃paɲmã] *nm* (a) (*Mus*) accompaniment. **sans ~** unaccompanied.
(b) (*Culin*) accompanying vegetables, trimmings*.
(c) (*escorte*) escort; (*fig*) accompaniment; (*conséquence*) result, consequence; *V* **tir**.

accompagner [akɔ̃paɲe] (1) *vt* (a) (*escorter*) to accompany, go with, come with. **~ un enfant à l'école** to take a child to school; **~ qn chez lui/à la gare** to go home/to the station with sb, see sb home/to the station; **il s'était fait ~ de sa mère** he had got his mother to go with him *ou* to accompany him; **être accompagné de** *ou* **par qn** to be accompanied by sb; **est-ce que vous êtes accompagné?** is there anybody with you?; **tous nos vœux vous accompagnent** all our good wishes go with you; **~ qn de ses huées** to accompany sb with cat calls.
(b) (*assortir*) to accompany, go (together) with. **il accompagna ce mot d'une mimique expressive** he gestured expressively as he said the word; **une lettre accompagnait les fleurs** a letter came with the flowers; **crise de nerfs accompagnée de sanglots** hysteria accompanied by sobbing; **l'agitation qui accompagna son arrivée** the stir *ou* fuss that accompanied his arrival; **la guerre s'accompagne toujours de privations** war is always accompanied by *ou* always brings hardship.
(c) (*Mus*) to accompany (*à* on). **il s'accompagna (lui-même) à la guitare** he accompanied himself on the guitar.
(d) (*Culin*) **du chou accompagnait le rôti** cabbage was served with the roast; **le poisson s'accompagne d'un vin blanc sec** fish is served with a dry white wine; **le beaujolais est ce qui accompagne le mieux cette viande** a Beaujolais goes best with this meat, Beaujolais is the best wine to serve with this meat.

accompli, e [akɔ̃pli] (*ptp de* **accomplir**) *adj* (a) (*parfait, expérimenté*) accomplished. (b) (*révolu*) **avoir 60 ans ~s** to be over *ou* turned 60; *V* **fait**.

accomplir [akɔ̃pliʀ] (2) *vt* (a) (*réaliser*) *devoir, promesse* to fulfil, carry out; *mauvaise action* to commit; *tâche, mission* to perform, carry out, accomplish; *exploit* to perform, achieve. **~ des merveilles** to work wonders, perform miracles; **il a enfin pu ~ ce qu'il avait décidé de faire** at last he managed to achieve *ou* accomplish what he had decided to do; **la volonté de Dieu s'est accomplie** God's will was done.
(b) *apprentissage, service militaire* (*faire*) to do; (*terminer*) to complete, finish.

accomplissement [akɔ̃plismã] *nm* (*V* **accomplir**) fulfilment; accomplishment; committing; completion.

accord [akɔʀ] *nm* (a) (*entente*) agreement; (*concorde*) harmony. **l'~ fut général sur ce point** there was general agreement on this point; **le bon ~ régna pendant 10 ans** harmony reigned for 10 years; *V* **commun**.
(b) (*traité*) agreement. **passer un ~ avec qn** to make an agreement with sb; **~ à l'amiable** informal *ou* amicable agreement; **~-cadre** outline *ou* framework agreement; **~ de principe** agreement in principle; (*Jur*) **~ complémentaire** additional agreement; **~s de crédit** credit arrangements; **~ salarial** wage settlement; **~ de sûreté** security agreement.
(c) (*permission*) consent, agreement.
(d) (*harmonie*) [*couleurs*] harmony.
(e) (*Gram*) [*adjectif, participe*] agreement; (*Ling*) concord. **~ en genre/nombre** agreement in gender/number.
(f) (*Mus*) (*notes*) chord, concord; (*réglage*) tuning. **~ parfait** triad; **~ de tierce** third; **~ de quarte** fourth.
(g) (*loc*) **en ~ avec le paysage** in harmony *ou* in keeping with the landscape; **en ~ avec vos instructions** in accordance *ou* in line with your instructions; **en ~ avec le directeur** in agreement with

the director; **être d'~** to agree; **se mettre** *ou* **tomber d'~ avec qn** to agree *ou* come to an agreement with sb; **être d'~ pour faire** to agree *ou* be in agreement to do; **essayer de mettre 2 personnes d'~** to try to make 2 people come to *ou* reach an agreement *ou* agree with each other, try to make 2 people see eye to eye; **je les ai mis d'~ en leur donnant tort à tous les deux** I ended their disagreement by pointing out that they were both wrong; **c'est d'~** (we're) agreed, all right; **c'est d'~ pour demain** it's agreed for tomorrow, O.K. for tomorrow*; **d'~!** O.K.!*, (all) right!, right ho!* (*Brit*); **alors là, (je ne suis) pas d'~!** I don't agree on that point! *ou* about that!, I don't go along with you on this!; *V* **commun**.

accordable [akɔʀdabl(ə)] *adj* (*Mus*) tunable; *faveur* which can be granted.

accordage [akɔʀdaʒ] *nm*, **accordement** [akɔʀdmã] *nm* tuning.

accordéon [akɔʀdeɔ̃] *nm* accordion. **~ à clavier** piano-accordion; **en ~*** *voiture* crumpled up; *pantalon, chaussette* wrinkled (up).

accordéoniste [akɔʀdeɔnist(ə)] *nmf* accordionist.

accorder [akɔʀde] (1) **1** *vt* (a) (*donner*) *faveur, permission, demande* to grant; *allocation, pension* to give, award (*à* to). **on lui a accordé un congé exceptionnel** he's been given *ou* granted special leave; **il ne s'accorde jamais de répit** he never gives himself a rest, he never lets up*; **elle accorde à ses enfants tout ce qu'ils demandent** she lets her children have *ou* she gives her children anything they ask for; *V* **main**.
(b) (*admettre*) **~ à qn que** to admit (to sb) that; **vous m'accorderez que j'avais raison** you'll admit *ou* concede I was right; **je vous l'accorde, j'avais tort** I admit *ou* accept *ou* concede that I was wrong, I was wrong I'll grant you that.
(c) (*attribuer*) **~ de l'importance à qch** to attach importance to sth; **~ de la valeur à qch** to attach value to sth, value sth.
(d) (*Mus*) *instrument* to tune. (*fig*) **ils devraient ~ leurs violons** they ought to agree on the line to take.
(e) (*Gram*) (*faire*) **~ un verbe/un adjectif** to make a verb/an adjective agree (*avec* with).
(f) (*mettre en harmonie*) *personnes* to bring together. **~ ses actions avec ses opinions** to match one's actions to one's opinions, act in accordance with one's opinions; **~ la couleur du tapis avec celle des rideaux** to match the colour of the carpet with (that of) the curtains, make the carpet match the curtains in colour.
2 s'accorder *vpr* (a) (*être d'accord*) to agree, be agreed; (*se mettre d'accord*) to agree. **ils s'accordent pour dire que le film est mauvais** they agree that it's a poor film; **ils se sont accordés pour le faire élire** they agreed to get him elected.
(b) (*s'entendre*) [*personnes*] to get on together. (**bien/mal**) **s'~ avec qn** to get on (well/badly) with sb.
(c) (*être en harmonie*) [*couleurs*] to match, go together; [*opinions*] to agree; [*sentiments, caractères*] to be in harmony. **s'~ avec** [*opinion*] to agree with; [*sentiments*] to be in harmony *ou* in keeping with; [*couleur*] to match, go with; **il faut que nos actions s'accordent avec nos opinions** one's actions must be in keeping with one's opinions, one must act in accordance with one's opinions.
(d) (*Ling*) to agree (*avec* with). **s'~ en nombre/genre** to agree in number/gender.

accordeur [akɔʀdœʀ] *nm* (*Mus*) tuner.

accordoir [akɔʀdwaʀ] *nm* tuning hammer *ou* wrench.

accorte [akɔʀt(ə)] *adj f* (*hum*) winsome, comely.

accostable [akɔstabl(ə)] *adj*: **le rivage n'est pas ~** you can't get near the shore.

accostage [akɔstaʒ] *nm* (*Naut*) coming alongside; [*personne*] accosting.

accoster [akɔste] (1) *vt* (a) (*gén, péj*) *personne* to accost. (b) (*Naut*) *quai, navire* to come *ou* draw alongside; (*emploi absolu*) to berth.

accotement [akɔtmã] *nm* (*Aut*) shoulder, verge (*Brit*), berm (*US*); (*Rail*) shoulder. **~ non stabilisé** soft verge (*Brit*) *ou* shoulder (*US*); **~ stabilisé** hard shoulder.

accoter [akɔte] (1) **1** *vt* to lean, rest (*contre* against, *sur* on). **2 s'accoter** *vpr*: **s'~ à** *ou* **contre** to lean against.

accotoir [akɔtwaʀ] *nm* [*bras*] armrest; [*tête*] headrest.

accouchée [akuʃe] *nf* (new) mother.

accouchement [akuʃmã] *nm* (child)birth, delivery; (*travail*) labour, confinement. **~ dirigé** induced delivery; **~ à terme** delivery at full term, full-term delivery; **~ avant terme** early delivery, delivery before full term; **~ naturel** natural childbirth; **~ prématuré** premature birth; **~ sans douleur** painless childbirth; **pendant l'~** during the delivery.

accoucher [akuʃe] (1) **1** *vt*: **~ qn** to deliver sb's baby, deliver sb.
2 *vi* (a) (*être en travail*) to be in labour; (*donner naissance*) to have a baby, give birth. **où avez-vous accouché?** where did you have your baby?; **elle accouchera en octobre** her baby is due in October; **~ avant terme** to have one's baby prematurely *ou* early *ou* before it is due; **~ d'un garçon** to give birth to a boy, have a (baby) boy.
(b) (*fig hum*) **~ de roman** to bring forth (*hum*), produce (*with difficulty*); **accouche!‡** spit it out!*‡*, out with it!*

accoucheur, -euse [akuʃœʀ, øz] **1** *nm,f*: (*médecin*) **~** obstetrician. **2 accoucheuse** *nf* (*sage-femme*) midwife.

accouder (s') [akude] (1) *vpr* to lean (*on* one's elbows). **s'~ sur** *ou* **à** to lean (one's elbows) on, rest one's elbows on; **accoudé à la fenêtre** leaning (on one's elbows) at the window.

accoudoir [akudwaʀ] *nm* armrest.

accouplement [akupləmã] *nm* (*V* **accoupler**) yoking; coupling (up); hitching (up); joining (up); connecting (up); bringing together; mating; coupling.

accoupler [akuple] (1) **1** *vt* (a) (*ensemble*) *animaux de trait* to yoke; *roues* to couple (up); *wagons* to couple (up), hitch (up); *générateurs*

to connect (up); *tuyaux* to join (up), connect (up); *moteurs* to couple, connect (up); (*fig*) *mots*, *images* to bring together, link. **ils sont bizarrement accouplés*** they make a strange couple, they're an odd match.
 (**b**) ~ **une remorque/un cheval à** to hitch a trailer/horse (up) to; ~ **un moteur/un tuyau à** to connect an engine/a pipe to.
 (**c**) (*faire copuler*) to mate (*à, avec, et* with).
 2 s'accoupler *vpr* [animaux] to mate, couple; (*hum péj*) [humains] to mate.

accourir [akuRiR] (11) *vi* (*lit*) to rush up, run up (*à, vers* to); (*fig*) to hurry, hasten, rush (*à, vers* to). **à mon appel il accourut immédiatement** (*du salon*) at my call he ran up *ou* rushed up immediately; (*de province*) when I called on him he rushed *ou* hastened to see me immediately; **ils sont accourus (pour) le féliciter** they rushed up *ou* hurried to congratulate him.

accoutrement [akutRəmã] *nm* (*péj*) getup*, rig-out* (*Brit*).

accoutrer [akutRe] (1) (*péj*) **1** *vt* (*habiller*) to get up*, rig out* (*Brit*) (*de* in).
 2 s'accoutrer *vpr* to get o.s. up*, rig o.s. out* (*Brit*) (*de* in). **il était bizarrement accoutré** he was strangely rigged out* (*Brit*) *ou* got up*, he was wearing the oddest rig-out* (*Brit*).

accoutumance [akutymãs] *nf* (*habitude*) habituation (*à* to); (*besoin*) addiction (*à* to).

accoutumé, e [akutyme] (*ptp de* **accoutumer**) *adj* usual. **comme à l'~e** as usual.

accoutumer [akutyme] (1) **1** *vt*: ~ **qn à qch/à faire qch** to accustom sb *ou* get sb used to sth/to doing sth; **on l'a accoutumé à** *ou* **il a été accoutumé à se lever tôt** he has been used *ou* accustomed to getting up early.
 2 s'accoutumer *vpr*: **s'~ à qch/à faire qch** to get used *ou* accustomed to sth/to doing sth; **il s'est lentement accoutumé** he gradually got used *ou* accustomed to it.

accréditer [akRedite] (1) **1** *vt rumeur* to substantiate, give substance to; *personne* to accredit (*auprès de* to). **2 s'accréditer** *vpr* [rumeur] to gain ground.

accro [akRo] *adj* (*arg Drogue*) **être** ~ to have a habit (*arg*).

accroc [akRo] *nm* (**a**) (*déchirure*) tear. **faire un** ~ **à** to make a tear in, tear. (**b**) (*fig*) [réputation] blot (*à* on); [règle] breach, infringement (*à* of). **faire un** ~ **à** *règle* to twist, bend; *réputation* to blot. (**c**) (*anicroche*) hitch, snag. **sans** ~**s** without a hitch, smoothly.

accrochage [akRoʃaʒ] *nm* (**a**) (*Aut: collision*) collision, bump*, fender-bender* (*US*); (*Mil: combat*) encounter, engagement; (*Boxe*) clinch; (*fig: dispute*) clash, brush.
 (**b**) (*action*) [tableau] hanging; [wagons] coupling, hitching(up) (*à* to).

accroche-cœur, *pl* **accroche-cœurs** [akRoʃkœR] *nm* kiss curl.

accrocher [akRoʃe] (1) **1** *vt* (**a**) (*suspendre*) *chapeau, tableau* to hang (up) (*à* on); (*attacher*) *wagons* to couple, hitch together. ~ **un wagon/une remorque à** to hitch *ou* couple a carriage/a trailer (up) to; ~ **un ver à l'hameçon** to fasten *ou* put a worm on the hook; V **cœur**.
 (**b**) (*accidentellement*) *jupe, collant* to catch (*à* on); *aile de voiture* to catch (*à* on), bump (*à* against); *voiture* to bump into; *piéton* to hit; *pile de livres, meuble* to catch (on). **rester accroché aux barbelés** to be caught on (the) barbed wire.
 (**c**) (*attirer*) ~ **le regard** to catch the eye; **vitrine qui accroche les clients** window which attracts customers; **film qui accroche le public** picture that draws (in) *ou* pulls in the public.
 (**d**) (*: *saisir*) *occasion* to get; *personne* to get hold of; *mots, fragments de conversation* to catch.
 (**e**) (*Mil*) to engage; (*Boxe*) to clinch.
 (**f**) (*arg Drogue*) **être accroché** to have a habit (*arg*).
 2 *vi* (**a**) [fermeture éclair] to stick, jam; (*fig*) [pourparlers] to come up against a hitch *ou* snag. (*fig*) **cette traduction accroche par endroits** this translation is a bit rough in places, there are one or two places where this translation does not run smoothly; **cette planche accroche quand on l'essuie** this board catches on the cloth when you wipe it.
 (**b**) (*plaire*) *disque, slogan* to catch on. **ça accroche entre eux** they hit it off together*.
 3 s'accrocher *vpr* (**a**) (*se cramponner*) to hang on. **s'~ à** (*lit*) *branche* to cling to, hang on to; (*fig*) *espoir, personne* to cling to; **accroche-toi bien!** hold on tight!; **les vignes s'accrochent au flanc du coteau** the vineyards cling to the hillside.
 (**b**) (*: *être tenace*) [malade] to cling on, hang on; [étudiant] to stick at it, stick in*; [importun] to cling.
 (**c**) (*entrer en collision*) [voitures] to bump (each other), touch *ou* clip each other, have a bump; (*Boxe*) to go *ou* get into a clinch; (*Mil*) to engage; (*fig: se disputer*) to have a clash *ou* a brush (*avec* with). **ils s'accrochent tout le temps** they are always at loggerheads *ou* always quarrelling *ou* always getting across one another.
 (**d**) (*: *en faire son deuil*) **se l'~**: **tu peux te l'~** you can kiss it goodbye*, you've got a hope* (*iro*).

accrocheur, -euse [akRoʃœR, øz] *adj* (**a**) *joueur, concurrent* tenacious; *vendeur, représentant* persistent, aggressive. **c'est un** ~ he's a sticker* *ou* fighter.
 (**b**) *affiche, titre* eye-catching; *méthode* calculated to appeal; *slogan* catchy; *prix* very attractive; *film* which (really) pulls the crowds *ou* pulls them in*.

accroire [akRwaR] *vt* (*frm, hum*) **faire** *ou* **laisser** ~ **à qn qch/que** to delude sb into believing sth/that; **et tu veux me faire** ~ **que ...** and you want me to believe that ...; **il veut nous en faire** ~ he's trying to deceive us *ou* take us in, he's having us on* (*Brit*); **il ne s'en est pas laissé** ~ he didn't let himself be taken in.

accroissement [akRwasmã] *nm* (*gén*) increase (*de* in); [nombre, production] growth (*de* in), increase (*de* in). ~ **démographique nul** zero population growth.

accroître [akRwatR(ə)] (55) **1** *vt somme, plaisir, confusion etc* to increase, add to; *réputation* to enhance, add to; *gloire* to increase, heighten. ~ **son avance sur qn** to widen *ou* increase one's lead over sb.
 2 s'accroître *vpr* to increase, grow. **sa part s'accrut de celle de son frère** his share was increased by the addition of (what had been) his brother's.

accroupi, e [akRupi] (*ptp de* **s'accroupir**) *adj* squatting *ou* crouching (down).

accroupir (s') [akRupiR] (2) *vpr* to squat *ou* crouch (down).

accroupissement [akRupismã] *nm* squatting, crouching.

accu* [aky] *nm* (*abrév de* **accumulateur**) (*Aut etc*) battery. (*fig*) **recharger ses** ~**s** to recharge one's batteries.

accueil [akœj] *nm* (*gén: réception*) welcome, reception; [sinistrés, idée] reception. (*bureau*) **adressez-vous à l'**~ ask at reception; **rien n'a été prévu pour l'**~ **des touristes** no plans have *ou* no provision has been made for accommodating the tourists *ou* putting up the tourists; **quel** ~ **a-t-on fait à ses idées?** what sort of reception did his ideas get?, how were his ideas received?; **faire bon** ~ **à** *idée, proposition* to welcome; **faire bon** ~ **à qn** to welcome sb, make sb welcome; **faire mauvais** ~ **à** *idée, suggestion* to receive badly; **faire mauvais** ~ **à qn** to make sb feel unwelcome, give sb a bad reception; **d'**~ *centre, organisation* reception (*épith*); *paroles, cérémonie* welcoming, of welcome; V **terre**.

accueillant, e [akœjã, ãt] *adj* welcoming, friendly.

accueillir [akœjiR] (12) *vt* (**a**) (*aller chercher*) to meet, collect; (*recevoir*) to welcome, greet; (*donner l'hospitalité à*) to welcome, take in; (*pouvoir héberger*) to accommodate. **j'ai été l'**~ **à la gare** I went to meet *ou* collect him *ou* pick him up at the station; **il m'a bien accueilli** he made me very welcome, he gave me a warm welcome *ou* reception; **il m'a mal accueilli** he gave me a bad reception *ou* a poor welcome; **pendant la guerre il m'a accueilli sous son toit/dans sa famille** during the war he welcomed me into his house/his family; **cet hôtel peut** ~ **80 touristes** this hotel can accommodate 80 tourists; **ils se sont fait** ~ **par des coups de feu/des huées, des coups de feu/des huées les ont accueillis** they were greeted with shots/jeers *ou* cat calls.
 (**b**) *idée, demande, nouvelle* to receive. **il accueillit ma suggestion avec un sourire** he greeted *ou* received my suggestion with a smile; **cette décision a été très mal accueillie (par l'opinion)** this decision was badly received (by the public), this decision met with a very bad reception (from the public).

acculer [akyle] *vt*: ~ **qn à mur** to drive sb back against; (*fig*) *ruine, désespoir* to drive sb to the brink of; (*fig*) *choix, aveu* to force sb into; **acculé à la mer** driven back to the edge of the sea; ~ **qn contre** to drive sb back to *ou* against; ~ **qn dans** *impasse, pièce* to corner sb in; (*lit, fig*) **nous sommes acculés — nous devons céder** we're cornered, we must give in.

acculturation [akyltyRasjõ] *nf* cultural integration.

accumulateur [akymylatœR] *nm* accumulator, (storage) battery.

accumulation [akymylasjõ] *nf* (**a**) (*action, processus*: V **accumuler**) accumulation; amassing; building up; piling up; stockpiling; accruing; (*tas*) heap, accumulation. (*résultat*) **une** ~ **de stocks** a build-up in stocks.
 (**b**) (*Élec*) storage. **à** ~ (*nocturne*) (night-)storage (*épith*).

accumuler [akymyle] (1) **1** *vt documents, richesses, preuves, erreurs* to accumulate, amass; *marchandises* to accumulate, build up (a stock of), stockpile; *énergie* to store. (*Fin*) **les intérêts accumulés pendant un an** the interest accrued over a year.
 2 s'accumuler *vpr* to accumulate, pile up; (*Fin*) to accrue.

accusateur, -trice [akyzatœR, tRis] **1** *adj doigt, regard* accusing; *documents, preuves* accusatory, incriminating. **2** *nm,f* accuser. (*Hist*) ~ **public** public prosecutor (*during the French Revolution*).

accusatif, -ive [akyzatif, iv] **1** *nm* accusative case. **2** *adj* accusative.

accusation [akyzasjõ] *nf* (*gén*) accusation; (*Jur*) charge, indictment. (*le procureur etc*) **l'**~ the prosecution; **porter** *ou* **lancer une** ~ **contre** to make an accusation against; **mettre en** ~ to indict; **mise en** ~ indictment; **une terrible** ~ **contre notre société** a terrible indictment of our society; (*Jur*) **abandonner l'**~ to drop the charge; V **acte, chambre**.

accusatoire [akyzatwaR] *adj* (*Jur*) accusatory.

accusé, e [akyze] (*ptp de* **accuser**) **1** *adj* (*marqué*) marked, pronounced. **2** *nm,f* accused; [procès] defendant. ~ **levez-vous!** ≃ the defendant will rise; V **banc. 3**: **accusé de réception** acknowledgement of receipt.

accuser [akyze] (1) **1** *vt* (**a**) *personne* to accuse (*de* of). (*Jur*) ~ **de** to accuse of, charge with, indict for; ~ **qn d'ingratitude** to tax sb with *ou* accuse sb of ingratitude; ~ **qn d'avoir volé de l'argent** to accuse sb of stealing *ou* having stolen money; **tout l'accuse** everything points to his guilt *ou* his being guilty.
 (**b**) (*rendre responsable*) *pratique, malchance, personne* (*de* for). **accusant son mari de ne pas s'être réveillé à temps** blaming her husband for not waking up in time; **accusant le médecin d'incompétence pour avoir causé la mort de l'enfant** blaming the doctor's incompetence for having caused the child's death, blaming the child's death on the doctor's incompetence.
 (**c**) (*souligner*) *effet, contraste* to emphasize, accentuate, bring out. **robe qui accuse la sveltesse du corps** dress which accentuates *ou* emphasizes the slimness of the body.
 (**d**) (*montrer*) to show. **la balance accusait 80 kg** the scales registered *ou* read 80 kg; ~ **la quarantaine** to show (all of) one's forty years; (*lit, fig*) ~ **le coup** to stagger under the blow, show that the blow has struck home; **elle accuse la fatigue de ces derniers mois** she's showing the strain of these last few months; ~ **réception** to acknowledge receipt (*de* of).
 2 s'accuser *vpr* (**a**) **s'~ de qch/d'avoir fait** (*se déclarer*

coupable) to admit to sth/to having done; (*se rendre responsable de*) to blame o.s. for sth/for having done; (*Rel*) **mon père, je m'accuse (d'avoir péché)** Father, I have sinned; **en protestant, il s'accuse** by objecting, he is pointing to *ou* admitting his guilt.

    (**b**) (*s'accentuer*) *[tendance]* to become more marked *ou* pronounced.

ace [ɛs] *nm* (*Tennis*) ace.

acerbe [asɛʀb(ə)] *adj* caustic, acid. **d'une manière** ~ caustically, acidly.

acéré, e [asere] *adj griffe, pointe* sharp; *lame* sharp, keen; *raillerie, réplique* scathing, biting, cutting. (*fig*) **critique à la plume** ~**e** critic with a scathing pen.

acétate [asetat] *nm* acetate.

acétique [asetik] *adj* acetic.

acétone [asetɔn] *nf* acetone.

acétylène [asetilɛn] *nm* acetylene; V **lampe.**

achalandé, e [aʃalɑ̃de] *adj*: **bien** ~ (*bien fourni*) well-stocked; (†: *très fréquenté*) well-patronized.

acharné, e [aʃaʀne] (*ptp de* **s'acharner**) *adj combat, concurrence, adversaire* fierce, bitter; *travail, efforts* relentless, unremitting, strenuous; *poursuivant, poursuite* relentless; *joueur, travailleur* relentless, determined. ~ **à faire** set *ou* bent *ou* intent on doing, determined to do; ~ **contre** set against; ~ **à sa destruction** set *ou* bent on destroying him, set *ou* bent on his destruction.

acharnement [aʃaʀnəmɑ̃] *nm [combattant, résistant]* fierceness, fury; *[poursuivant]* relentlessness; *[travailleur]* determination, unremitting effort. **son** ~ **au travail** the determination with which he tackles his work; **avec** ~ *poursuivre* relentlessly; *travailler* relentlessly, furiously; *combattre* bitterly, fiercely; *résister* fiercely; **se battant avec** ~ fighting tooth and nail.

acharner (s') [aʃaʀne] (1) *vpr*: **s'**~ **sur** *victime, proie* to go at fiercely and unrelentingly; **s'**~ **contre qn** *[malchance]* to dog sb; *[adversaire]* to set o.s. against sb, have got one's knife into sb; **elle s'acharne après cet enfant** she's always hounding this child; **il s'acharne à prouver que c'est vrai** he is trying desperately to prove that it is true; **il s'acharne à son tableau** he is working furiously away at *ou* on his painting; **je m'acharne à le leur faire comprendre** I'm desperately trying to explain it to them, I'm straining every nerve to get them to understand; **il s'acharne inutilement, il n'y arrivera jamais** he's wasting his efforts, he'll never make it.

achat [aʃa] *nm* (**a**) (*action*) purchase, purchasing, buying; (*chose achetée*) purchase. **faire l'**~ **de qch** to purchase *ou* buy sth; **faire un** ~ to make a purchase; **il est allé faire quelques** ~**s** he has gone out to buy a few things *ou* to do some shopping; **faire des** ~**s** to shop, go shopping; **faire ses** ~**s** (**de Noël**) to do one's (Christmas) shopping; **c'est cher à l'**~ **mais c'est de bonne qualité** it's expensive (to buy) but it's good quality; **il a fait un** ~ **judicieux** he made a wise buy *ou* purchase.

    (**b**) (*Bourse, Comm*) buying. **la livre vaut 11 F à l'**~ the buying rate for sterling is 11 francs.

acheminement [aʃminmɑ̃] *nm* (V **acheminer**) forwarding, dispatch; conveying, transporting; routing; sending. (*Comm*) ~ **de marchandises** carriage of goods; **l'**~ **du courrier est rendu difficile par les récentes chutes de neige** the distribution *ou* transport of mail has been made difficult by the recent snowfalls.

acheminer [aʃmine] (1) **1** *vt courrier, colis* to forward, dispatch (*vers* to); *troupes* to convey, transport (*vers* to). ~ **des trains sur** *ou* **vers** to route trains to; ~ **un train supplémentaire sur Dijon** to put on *ou* send an extra train to Dijon; (*fig*) ~ **le pays vers la ruine** to lead the country to ruin.

    2 s'acheminer *vpr*: **s'**~ **vers** *endroit* to make one's way towards, head for; *conclusion, solution* to move towards; *destruction, ruine* to head for.

acheter [aʃte] (5) *vt* (**a**) to buy, purchase. ~ **qch à qn** (*à un vendeur*) to buy *ou* purchase sth from sb; (*pour un ami*) to buy sth for sb, buy sb sth; **je lui ai acheté une robe pour son anniversaire** I bought her a dress for her birthday; ~ **qch d'occasion** to buy sth secondhand; ~ **en grosses quantités** to bulk-buy (*Brit*); (**s'**)~ **une conduite** to turn over a new leaf, mend one's ways; V **comptant, crédit, détail** *etc.*

    (**b**) (*corrompre*) *témoin* to buy; *électeur, juge* to bribe, buy. **se laisser** ~ to let o.s. be bribed *ou* bought.

acheteur, -euse [aʃtœʀ, øz] *nm, f* buyer, purchaser; (*Jur*) vendee; (*Comm: professionnel*) buyer. **il est** ~ he wants to buy it; **il n'a pas encore trouvé d'**~ **pour sa voiture** he hasn't yet found anyone to buy his car *ou* a buyer for his car; **article qui ne trouve pas d'**~ item which does not sell *ou* which finds no takers; **la foule des** ~**s** the crowd of shoppers.

achevé, e [aʃve] (*ptp de* **achever**) *adj canaille* downright, out-and-out, thorough; *artiste* accomplished; *art, grâce* perfect. **d'un ridicule** ~ perfectly ridiculous; **tableau d'un mauvais goût** ~ picture in thoroughly bad taste.

achèvement [aʃɛvmɑ̃] *nm [travaux]* completion; (*littér: perfection*) culmination; V **voie.**

achever [aʃve] (5) **1** *vt* (**a**) (*terminer*) *discours, repas* to finish, end; *livre* to finish, reach the end of; (*parachever*) *tâche, tableau* to complete, finish. ~ **ses jours à la campagne** to end one's days in the country; (*littér*) **le soleil achève sa course** the sun completes its course; ~ (**de parler**) to finish (speaking); **il partit sans** ~ (**sa phrase**) he left in mid sentence *ou* without finishing his sentence; ~ **de se raser/de se préparer** to finish shaving/getting ready; **le pays achevait de se reconstruire** the country was just finishing its *ou* coming to the end of its rebuilding.

    (**b**) (*porter à son comble*) ~ **de: cette remarque acheva de l'exaspérer** this remark really brought his irritation to a head, this last remark really did make him cross; **cette révélation acheva de**

nous plonger dans la confusion this revelation was all we needed to complete our confusion.

    (**c**) (*tuer*) *blessé* to finish off; *cheval* to destroy; (*fatiguer, décourager*) to finish (off). **cette mauvaise nouvelle acheva son père malade** this bad news finished his sick father *ou* dealt the final blow to his sick father; **cette longue promenade m'a achevé!** that long walk was the end of me! *ou* finished me!

    2 s'achever *vpr* (*se terminer*) to end (*par, sur* with); (*littér*) *[jour, vie]* to come to an end, draw to a close. (*TV*) **ainsi s'achèvent nos émissions de la journée** that brings to an end our programmes for the day.

achigan [aʃigɑ̃] *nm* (*Can*) (black) bass. ~ **à grande bouche** large-mouth bass; ~ **à petite bouche** small-mouth bass; ~ **de roche** rock bass.

Achille [aʃil] *nm* Achilles.

achoppement [aʃɔpmɑ̃] *nm* V **pierre.**

achopper [aʃɔpe] (1) *vi*: ~ **sur** *difficulté* to stumble over; (*littér*) *pierre* to stumble against *ou* over.

achromatique [akʀɔmatik] *adj* achromatic.

acide [asid] **1** *adj* (*lit, fig*) acid, sharp, tart; (*Chim*) acid. **2** *nm* acid; (*arg Drogue*) acid. ~ **aminé** amino-acid.

acidificateur [asidifikatœʀ] *nm* acidifying agent, acidifier.

acidification [asidifikasjɔ̃] *nf* acidification.

acidifier *vt*, **s'acidifier** *vpr* [asidifje] (7) to acidify.

acidité [asidite] *nf* (*lit, fig*) acidity, sharpness, tartness; (*Chim*) acidity.

acidulé, e [asidyle] *adj goût* slightly acid; V **bonbon.**

acier [asje] *nm* steel. ~ **inoxydable/trempé** stainless/tempered steel; ~ **rapide** high-speed steel; **d'**~ *poutre, colonne* steel (*épith*), of steel; (*fig*) *regard* steely; (*fig*) **muscles d'**~ muscles of steel; V **gris.**

aciérie [asjeʀi] *nf* steelworks.

aciériste [asjeʀist] *nm* steelmaker.

acmé [akme] *nf* (*littér: apogée*) acme, summit; (*Méd*) crisis.

acné [akne] *nf* acne. ~ **juvénile** teenage acne.

acolyte [akɔlit] *nm* (*péj: associé*) confederate, associate; (*Rel*) acolyte, server.

acompte [akɔ̃t] *nm* (*arrhes*) deposit; (*sur somme due*) down payment; (*versement régulier*) instalment; (*sur salaire*) advance; (*à entrepreneur*) progress payment. (*sur somme due*) **un** ~ **de 10 F** 10 francs on account, a down payment of 10 francs; (*sur somme due*) **recevoir un** ~ to receive something on account, receive a down payment; (*fig*) **ce week-end à la mer, c'était un petit** ~ **sur nos vacances** this weekend at the seaside was like snatching a bit of our holidays in advance *ou* was like a little foretaste of our holidays.

acoquiner (s') [akɔkine] (1) *vpr* (*péj*) to get together, team up (*avec* with).

Açores [asɔʀ] *nfpl*: **les** ~ the Azores.

à-côté, pl à-côtés [akote] *nm [problème]* side issue; *[situation]* side aspect; (*gain, dépense secondaire*) extra. **avec ce boulot, il se fait des petits** ~**s*** with this job, he makes a bit extra *ou* on the side*.

à-coup, pl à-coups [aku] *nm [moteur]* hiccough; *[machine]* jolt, jerk; *[économie, organisation]* jolt. **travailler par** ~**s** to work by *ou* in fits and starts; **avancer par** ~**s** to move forward in *ou* by fits and starts, jerk *ou* jolt forward *ou* along; **sans** ~**s** smoothly; **le moteur eut quelques** ~**s** the engine gave a few (hic)coughs *ou* hiccoughed a bit.

acoustique [akustik] **1** *adj* acoustic. (*Phon*) **trait distinctif** ~ acoustic feature; V **cornet. 2** *nf* (*science*) acoustics (*sg*); (*sonorité*) acoustics (*pl*). **il y a une mauvaise** ~ the acoustics are bad.

acquéreur [akeʀœʀ] *nm* buyer, purchaser. **j'ai trouvé/je n'ai pas trouvé** ~ **pour mon appartement** I have/I haven't found a purchaser *ou* buyer for my flat, I've found someone/I haven't found anyone to buy my flat; **cet objet n'a pas encore trouvé** ~ this object has not yet found a purchaser *ou* buyer *ou* taker; **se porter** ~ (**de qch**) to announce one's intention of buying *ou* purchasing (sth); **se rendre** ~ **de qch** to purchase *ou* buy sth.

acquérir [akeʀiʀ] (21) *vt* (**a**) *propriété, meuble* to acquire, purchase, buy. ~ **qch par succession** to come into sth, inherit sth; V **bien.**

    (**b**) (*obtenir*) *faveur, célébrité* to win, gain; *habileté, autorité, habitude* to acquire; *importance, valeur, expérience* to acquire, gain. ~ **la certitude de** to become certain of; **c'est une chose qui s'acquiert facilement** it's something that's easy to pick up; ~ **la preuve de** to gain *ou* obtain (the) proof of; **les certitudes que nous avions acquises** the facts we had clearly established.

    (**c**) (*valoir, procurer*) to win, gain. **ceci lui acquit une excellente réputation** this won *ou* gained him an excellent reputation; **il s'est acquis l'estime/l'appui de ses chefs** he won *ou* gained his superiors' esteem/support.

acquêt [akɛ] *nm* acquest; V **communauté.**

acquiescement [akjɛsmɑ̃] *nm* (**a**) (*approbation*) approval, agreement. **il leva la main en signe d'**~ he raised his hand in (a sign of) approval *ou* agreement.

    (**b**) (*consentement*) acquiescence, assent. **donner son** ~ **à qch** to give one's assent to sth.

acquiescer [akjɛse] (3) *vi* (**a**) (*approuver*) to approve, agree. **il acquiesça d'un signe de tête** he nodded his approval *ou* agreement. (**b**) (*consentir*) to acquiesce, assent. ~ **à une demande** to acquiesce to *ou* in a request, assent to a request.

acquis, e [aki, iz] (*ptp de* **acquérir**) **1** *adj* (**a**) *fortune, qualité, droit* acquired. (*Bio*) *caractères* ~ acquired characteristics; V **vitesse.**

    (**b**) *fait* established, accepted. **tenir qch pour** ~ (*comme allant de soi*) to take sth for granted; (*comme décidé*) to take sth as settled *ou* agreed; **il est maintenant** ~ **que** it has now been established that, it is now accepted that.

(c) être ~ à qn: ce droit nous est ~ we have now established this right as ours; ses faveurs nous sont ~es we can count on *ou* be sure of his favour; être ~ à un projet/qn to be in complete support of *ou* completely behind a plan/sb.

2 *nm* (*savoir*) experience. avoir de l'~ to have experience; grâce à l'~ qu'il a obtenu en travaillant chez un patron thanks to the experience he got *ou* the knowledge he acquired working for an employer; la connaissance qu'il a de l'anglais représente pour lui un ~ précieux his knowledge of English is a valuable acquisition.

acquisition [akizisjɔ̃] *nf* (*action, processus*) acquisition, acquiring; (*objet*) acquisition; (*par achat*) purchase. faire l'~ de qch to acquire sth; (*par achat*) to purchase sth; l'~ du langage language acquisition; (*bibliothèque*) nouvelle ~ accession.

acquit [aki] *nm* **(a)** (*Comm: décharge*) receipt. 'pour ~' 'received'. **(b)** par ~ de conscience to set one's mind at rest, to be quite sure. **(c)** ~-à-caution bond note.

acquittement [akitmɑ̃] *nm* (*V* acquitter) acquittal; payment; discharge; settlement; fulfilment. (*Jur*) verdict d'~ verdict of not guilty.

acquitter [akite] (1) **1** *vt* **(a)** *accusé* to acquit. **(b)** *droit, impôt* to pay; *dette* to pay (off), settle, discharge; *facture* (*gén*) to pay, settle; (*Comm*) to receipt. **(c)** ~ qn de *dette, obligation* to release sb from. **2** s'acquitter *vpr*: s'~ de *dette* to pay (off), discharge, settle; *dette morale, devoir* to discharge; *promesse* to fulfil, carry out; *obligation* to fulfil, discharge; *fonction, tâche* to fulfil, carry out, perform; comment m'~ (envers vous)? how can I ever repay you? (*de* for).

acre [akʀ(ə)] **1** *nf* (*Hist*) ≃ acre. **2** *nm* (*Can*) acre (*4.046,86m²*).

âcre [akʀ(ə)] *adj odeur, saveur* acrid, pungent; (*fig littér*) acrid.

âcreté [akʀəte] *nf* [*odeur, saveur*] acridness, acridity, pungency; (*fig littér*) acridness, acridity.

acrimonie [akʀimɔni] *nf* acrimony, acrimoniousness.

acrimonieux, -euse [akʀimɔnjø, øz] *adj* acrimonious.

acrobate [akʀɔbat] *nmf* (*lit, fig*) acrobat.

acrobatie [akʀɔbasi] *nf* (*tour*) acrobatic feat; (*art, fig*) acrobatics (*sg*). ~ aérienne aerobatics; (*lit, fig*) faire des ~s to perform acrobatics; (*fig*) mon emploi du temps tient de l'~* I have to tie myself in knots* to cope with my timetable.

acrobatique [akʀɔbatik] *adj* (*lit, fig*) acrobatic.

acronyme [akʀɔnim] *nm* acronym.

Acropole [akʀɔpɔl] *nf*: l'~ the Acropolis.

acrostiche [akʀɔstiʃ] *nm* acrostic.

acrylique [akʀilik] *adj, nm* acrylic.

actant [aktɑ̃] *nm* (*Ling*) agent.

acte [akt(ə)] **1** *nm* **(a)** (*action*) action, act. ~ instinctif/réflexe instinctive/reflex action; moins de paroles — des ~s (let's have) less talk and more action; plusieurs ~s de terrorisme ont été commis several acts of terrorism have been committed; ~ de bravoure/de lâcheté/de cruauté act of bravery/cowardice/cruelty, brave/cowardly/cruel act *ou* action *ou* deed; ce crime est un ~ de folie/l'~ d'un fou this crime is an act of madness/the act *ou* deed of a madman; après avoir menacé en paroles il passa aux ~s having uttered verbal threats he proceeded to carry them out *ou* to put them into action; (*Philos*) en ~ in actuality. **(b)** (*Jur*) [*notaire*] deed; [*état civil*] certificate. **(c)** (*Théât, fig*) act. comédie/pièce en un ~ one-act comedy/play; le dernier ~ du conflit se joua en Orient the final act of the struggle was played out in the East. **(d)** [*congrès etc*] ~s proceedings. **(e)** (*loc*) demander ~ de que/de qch to ask for formal acknowledgement that/of sth; prendre ~ de to note; donner ~ que/de qch to acknowledge formally that/sth; faire ~ de citoyen/d'honnête homme to act *ou* behave as a citizen/an honest man; faire ~ d'autorité/d'énergie to make a show of authority/energy; faire ~ de candidature to apply, submit an application; faire ~ de présence to put in a token appearance; il a au moins fait ~ de bonne volonté he has at least shown *ou* made a gesture of goodwill *ou* willingness; prendre ~ que to record formally that; nous prenons ~ de votre promesse/proposition we have noted *ou* taken note of your promise/proposal.

2: acte d'accusation charge (*Brit*), bill of indictment; acte d'amnistie amnesty (*act*); les Actes des Apôtres the Acts of the Apostles; acte d'association partnership agreement *ou* deed, articles of partnership; acte authentique = acte notarié; acte de banditisme criminal act; acte de baptême baptismal certificate; acte de charité act of charity; acte de commerce commercial act *ou* deed; (*société*) acte constitutif charter; acte de contrition act of contrition; acte de décès death certificate; acte d'espérance act of hope; acte de l'état civil *birth, marriage or death certificate*; acte de foi act of faith; acte gratuit acte gratuit, gratuitous act; acte de guerre act of war; (*Jur*) acte judiciaire judicial document; signifier *ou* notifier un acte judiciaire to serve legal process (à on); acte de mariage marriage certificate; acte médical (medical) consultation, medical treatment (*U*); acte de naissance birth certificate; acte notarié notarial deed, deed executed by notary; (*Jur*) acte officiel instrument; acte sous seing privé private agreement (*document, not legally certified*); acte de succession attestation of inheritance; acte de vente bill of sale.

acteur [aktœʀ] *nm* (*Théât, fig*) actor; *V* actrice.

actif, -ive [aktif, iv] **1** *adj personne, participation* active; *poison, médicament* active, potent; (*au travail*) *population* working; (*Bourse*) marché buoyant; (*Phys*) *substance* activated, active; (*Ling*) active. prendre une part ~ive à qch to take an active part in sth; dans la vie ~ive in his (one's *etc*) working life; *V* armée², charbon *etc*.

2 *nm* **(a)** (*Ling*) active (voice). à l'~ in the active voice. **(b)** (*Fin*) assets; [*succession*] credits. ~ réalisable et disponible current asset; porter une somme à l'~ to put a sum on the assets side; (*fig*) sa gentillesse est à mettre à son ~ his kindness is a point in his favour, on the credit *ou* positive *ou* plus* side there is his kindness (to consider); (*fig*) il a plusieurs crimes à son ~ he has several crimes to his name; il a plusieurs records à son ~ he has several records to his credit *ou* name. **(c)** (*qui travaille*) person in active *ou* working life. les ~s people who work, the working population. **3** active *nf* (*Mil*) l'~/ive the regular army.

actinium [atinjɔm] *nm* actinium.

action [aksjɔ̃] **1** *nf* **(a)** (*acte*) action, act. faire une bonne ~ to do a good deed; ~ audacieuse act *ou* deed of daring, bold deed *ou* action; vous avez commis là une mauvaise ~ you've done something (very) wrong, you've behaved badly. **(b)** (*activité*) action. être en ~ to be at work; passer à l'~ to take action; le moment est venu de passer à l'~ the time has come for action; (*Mil*) passer à l'~, engager l'~ to go into battle *ou* action; entrer en ~ [*troupes, canon*] to go into action; mettre un plan en ~ to put a plan into action; le dispositif de sécurité se mit en ~ the security device went off *ou* was set in action; *V* champ, feu¹, homme. **(c)** (*effet*) [*éléments naturels, loi, machine*] action; [*médicament*] action, effect. ce médicament est sans ~ this medicine is ineffective *ou* has no effect; sous l'~ du gel under the action of frost, through the agency of frost; machine à double ~ double-acting machine *ou* engine. **(d)** (*initiative*) action. engager une ~ commune to take concerted action; recourir à l'~ directe to resort to *ou* have recourse to direct action; politique d'~ régionale regional development policy. **(e)** [*pièce, film*] (*mouvement, péripéties*) action; (*intrigue*) plot. l'~ se passe en Grèce the action takes place in Greece; film d'~ action film; roman d'~ action-packed novel. **(f)** (*Jur*) action (at law), lawsuit. ~ juridique/civile legal/civil action; *V* intenter. **(g)** (*Fin*) share. ~s shares, (*corporate*) stocks; ~ ordinaire ordinary share; ~s nominatives/au porteur registered/bearer shares; société par ~s (joint) stock company; ~ de chasse hunting rights (*pl*); (*fig*) ses ~s sont en hausse/baisse things are looking up/are not looking so good for him. **(h)** (*Mus*) [*piano*] action.

2: (*Jur*) action en diffamation libel action; action d'éclat dazzling *ou* brilliant feat *ou* deed; action de grâce(s) thanksgiving; action revendicative [*ouvriers*] industrial action (*U*); [*ménagères, étudiants*] protest (*U*); service d'~ sanitaire et sociale health and social services departments.

actionnaire [aksjɔnɛʀ] *nmf* shareholder.

actionnariat [aksjɔnaʀja] *nm* shareholding.

actionnement [aksjɔnmɑ̃] *nm* activating, activation.

actionner [aksjɔne] (1) *vt* **(a)** *mécanisme* to activate; *machine* to drive, work. moteur actionné par la vapeur steam-powered *ou* -driven engine; ~ la sonnette to ring the bell. **(b)** (*Jur*) to sue, bring an action against. ~ qn en dommages et intérêts to sue sb for damages.

activation [aktivasjɔ̃] *nf* (*Chim, Phys*) activation; (*Bio*) initiation of development.

activement [aktivmɑ̃] *adv* actively. participer ~ à qch to take an active part *ou* be actively involved in sth.

activer [aktive] (1) **1** *vt* **(a)** (*accélérer*) *processus, travaux* to speed up; (*aviver*) *feu* to stoke, pep up*. **(b)** (*Chim*) to activate. **2** *vi* (*: se dépêcher*) to get a move on*, get moving*. **3** s'activer *vpr* (*s'affairer*) to bustle about. s'~ à faire to be busy doing; active-toi!* get a move on!*

activisme [aktivism(ə)] *nm* activism.

activiste [aktivist(ə)] *adj, nmf* activist.

activité [aktivite] *nf* (*gén*) activity; (*emploi*) occupation. (*Scol*) ~s d'éveil discovery; (*Scol*) ~s dirigées class project work; les rues sont pleines d'~ the streets are bustling with activity *ou* are very busy; l'~ de la rue du bustle of the street; le passage de l'~ à la retraite passing from active *ou* working life into retirement; (*Mil*) transfer from the active to the retired list; avoir une ~ salariée to be in paid employment; être en ~ [*usine*] to function, be in operation; [*volcan*] to be active; [*fonctionnaire*] to be in active life; être en pleine ~ [*usine, bureau*] to be operating at full strength, be in full operation; [*club*] to be running full-time; [*personne*] to be fully active; (*hum*) to be hard at it*.

actrice [aktʀis] *nf* (*Théât, fig*) actress.

actuaire [aktɥɛʀ] *nmf* actuary.

actualisation [aktɥalizasjɔ̃] *nf* (*V* actualiser) actualization; updating.

actualiser [aktɥalize] (1) *vt* (*Ling, Philos*) to actualize; (*mettre à jour*) to update, bring up to date.

actualité [aktɥalite] *nf* **(a)** [*livre, sujet*] topicality. livre d'~ topical book. **(b)** (*événements*) l'~ current events; l'~ sportive the sporting *ou* sports news. **(c)** (*Ciné, Presse*) les ~s the news; les ~s télévisées (the) television news. **(d)** (*Philos*) actuality.

actuariel, -elle [aktɥaʀjɛl] *adj* actuarial.

actuel, -elle [aktɥɛl] *adj* **(a)** (*présent*) present, current. à l'heure ~le at the present time; à l'époque ~le nowadays, in this day and age; le monde ~ the world today, the presentday world. **(b)** (*d'actualité*) *livre, problème* topical.

(c) (*Philos, Rel*) actual.
actuellement [aktyɛlmɑ̃] *adv* at the moment, at present.
acuité [akɥite] *nf [son]* shrillness; *[douleur]* acuteness, intensity; *[sens]* sharpness, acuteness; *[crise politique]* acuteness.
acuponcteur, acupuncteur [akypɔ̃ktœR] *nm* acupuncturist.
acuponcture, acupuncture [akypɔ̃ktyR] *nf* acupuncture.
adage [adaʒ] *nm* adage, saying.
Adam [adɑ̃] *nm* Adam; *V* **pomme.**
adamantin, e [adamɑ̃tɛ̃, in] *adj* (*littér*) adamantine.
adaptable [adaptabl(ə)] *adj* adaptable.
adaptateur, -trice [adaptatœR, tRis] **1** *nm, f* (*Ciné, Théât*) adapter. **2** *nm* (*Tech*) adapter.
adaptation [adaptɑsjɔ̃] *nf* (*gén, Ciné, Théât*) adaptation. **faire un effort d'~** to try to adapt.
adapter [adapte] (1) **1** *vt* **(a)** (*appliquer*) ~ **une prise/un mécanisme à** to fit a plug/a mechanism to; **ces mesures sont-elles bien adaptées à la situation?** are these measures really suited to the situation?; ~ **la musique aux paroles** to fit the music to the words.
(b) (*modifier*) *conduite, méthode, organisation* to adapt (*à* to); *roman, pièce* to adapt (*pour* for).
2 s'adapter *vpr* **(a)** (*s'habituer*) to adapt (*à* to) (o.s.) (*à* to).
(b) (*s'appliquer*) *[objet, prise]* **s'~ à** to fit.
addenda [adɛ̃da] *nm inv* addenda.
Addis-Ababa [adisababa], **Addis Abeba** [adisabəba] *n* Addis Ababa.
additif, -ive [aditif, iv] **1** *adj* (*Math*) additive. **2** *nm* (*note, clause*) additional clause, rider; (*substance*) additive.
addition [adisjɔ̃] *nf* (*gén*) addition; (*problème*) addition, sum; (*facture*) bill, check (*US*). **par ~ de** by adding, by the addition of.
additionnel, -elle [adisjɔnɛl] *adj* additional; *V* **centime.**
additionner [adisjɔne] (1) **1** *vt* (*lit, fig*) to add up. ~ **qch à** to add sth to; ~ **le vin de sucre** to add sugar to the wine, mix sugar with the wine; (*sur étiquette*) **additionné d'alcool** with alcohol added.
2 s'additionner *vpr* to add up.
additionneur [adisjɔnœR] *nm* adder (*machine*).
adducteur [adyktœR] *adj m, nm:* (**canal**) ~ feeder (canal); (**muscle**) ~ adductor.
adduction [adyksjɔ̃] *nf* (*Anat*) adduction. (*Tech*) ~ **d'eau** water conveyance; **travaux d'~ d'eau** laying on water.
Adelaïde [adelaid] *nf* Adelaide.
Aden [adɛn] *n* Aden.
adepte [adɛpt(ə)] *nmf* follower. **faire des ~s** to win over *ou* gain followers.
adéquat, e [adekwa, at] *adj* (*gén*) appropriate, suitable, fitting; (*Gram*) adequate. **utiliser le vocabulaire ~** to use the appropriate vocabulary; **ces installations ne sont pas ~es** these facilities are not suitable.
adéquation [adekwɑsjɔ̃] *nf* appropriateness; *[grammaire]* adequacy.
adhérence [adeRɑ̃s] *nf* (*gén*) adhesion (*à* to); *[pneus, semelles]* grip (*à* on), adhesion (*à* to). *[voiture]* ~ (**à la route**) roadholding.
adhérent, e [adeRɑ̃, ɑ̃t] **1** *adj:* ~ **à** which sticks *ou* adheres to. **2** *nm, f* member, adherent.
adhérer [adeRe] (6) **adhérer à** *vt indir* **(a)** (*coller*) to stick to, adhere to. ~ **à la route** *[pneu]* to grip the road; *[voiture]* to hold *ou* grip the road; **ça adhère bien** it sticks *ou* adheres well; it grips the road well.
(b) (*se rallier à*) *point de vue* to support, adhere to (*frm*); *idéal* to adhere to.
(c) (*devenir membre de*) to join; (*être membre de*) to be a member of, belong to.
adhésif, -ive [adezif, iv] **1** *adj* adhesive, sticky. **2** *nm* adhesive.
adhésion [adezjɔ̃] *nf* **(a)** (*accord*) support (*à* for), adherence (*frm*) (*à* to).
(b) (*inscription*) joining; (*fait d'être membre*) membership (*à* of). **son ~ au club** his joining the club; **bulletin/campagne d'~** membership form/drive; **il y a 3 nouvelles ~s cette semaine** 3 new members joined this week, there have been 3 new memberships this week.
ad hoc [adɔk] *adj inv* appropriate, tailor-made.
adieu, pl ~x [adjø] **1** *nm* **(a)** (*salut*) farewell, goodbye. (*lit, fig*) **dire ~ à** to say goodbye *ou* farewell to; **baiser d'~** farewell kiss.
(b) (*séparation*) **~x** farewells; **faire ses ~x (à qn)** to say one's farewells (to sb).
2 *excl* (*au revoir*) goodbye, cheerio* (*Brit*), farewell (††), adieu (††); (*dial: bonjour*) hullo, hi*. (*fig*) ~ **la tranquillité/les vacances** goodbye to (our) peace and quiet/our holidays.
à-Dieu-va(t) [adjøva(t)] *excl* it's all in God's hands!
adipeux, -euse [adipø, øz] *adj* (*Anat*) adipose; *visage* fleshy.
adiposité [adipozite] *nf* adiposity.
adjacent, e [adʒasɑ̃, ɑ̃t] *adj* adjacent, adjoining. ~ **à** adjacent to, adjoining; *V* **angle.**
adjectif, -ive [adʒɛktif, iv] **1** *adj* adjectival, adjective (*épith*). **2** *nm* adjective. ~ **substantivé/qualificatif** nominalized/qualifying adjective.
adjectival, e, mpl -aux [adʒɛktival, o] *adj* adjectival.
adjectivé, e [adʒɛktive] *adj* used as an adjective.
adjectivement [adʒɛktivmɑ̃] *adv* adjectivally, as an adjective.
adjoindre [adʒwɛ̃dR(ə)] (49) *vt* **(a)** (*associer*) ~ **un collaborateur à qn** to appoint sb as an assistant to sb; ~ **qn à un comité** to appoint sb to a committee; **s'~ un collaborateur** to take on *ou* appoint an assistant.
(b) (*ajouter*) ~ **une pièce/un dispositif à qch** to attach *ou* affix a part/device to sth; ~ **un chapitre à un ouvrage** to add a chapter to a book; (*à la fin*) to append a chapter to a book.
adjoint, e [adʒwɛ̃, wɛ̃t] (*ptp de* **adjoindre**) **1** *adj:* **commissaire** *etc*

~ assistant commissioner *etc*; *V* **professeur. 2** *nm, f* assistant. ~ **au maire** deputy mayor; ~ **d'enseignement** non-certificated teacher. **3** *nm* (*Ling*) adjunct.
adjonction [adʒɔ̃ksjɔ̃] *nf* **(a)** (*action*) *[collaborateur]* addition; *[article, chapitre]* addition, (*à la fin*) appending (*à* to); *[dispositif]* attaching, affixing (*à* to). **l'~ de 2 secrétaires à l'équipe** the addition of 2 secretaries to the team, the appointment of 2 extra *ou* additional secretaries to the team.
(b) (*chose ajoutée*) addition.
adjudant [adʒydɑ̃] *nm* (*gén*) warrant officer; (*USAF*) senior master sergeant. ~ **chef** warrant officer 1st class (*Brit*), chief warrant officer (*US*).
adjudicataire [adʒydikatɛR] *nmf* (*aux enchères*) purchaser; (*soumissionnaire*) successful bidder.
adjudicateur, -trice [adʒydikatœR, tRis] *nm, f [enchères]* seller; *[contrat]* awarder.
adjudication [adʒydikɑsjɔ̃] *nf* (*vente aux enchères*) sale by auction; (*marché administratif*) invitation to tender, putting up for tender; (*contrat*) contract. **par (voie d')~** by auction; by tender; **mettre en vente par ~** to put up for sale by auction; **offrir par ~** to put up for tender.
(b) (*attribution*) *[contrat]* awarding (*à* to); *[meuble, tableau]* auctioning (*à* to).
adjuger [adʒyʒe] (3) **1** *vt* **(a)** (*aux enchères*) to knock down, auction (*à* to). **une fois, deux fois, trois fois, adjugé, (vendu)!** going, going, gone!; **ceci fut adjugé pour 30 F** this went for *ou* was sold for 30 francs.
(b) (*attribuer*) *contrat, avantage, récompense* to award; (*: *donner*) *place, objet* to give.
2 s'adjuger *vpr* (*obtenir*) *contrat, récompense* to win; (*s'approprier*) to take for o.s. **il s'est adjugé la meilleure place** he has taken the best seat for himself, he has given himself the best seat.
adjuration [adʒyRɑsjɔ̃] *nf* entreaty, plea.
adjurer [adʒyRe] (1) *vt:* ~ **qn de faire** to implore *ou* beg sb to do.
adjuvant [adʒyvɑ̃] *nm* (*médicament*) adjuvant; (*additif*) additive; (*stimulant*) stimulant; (*Ling*) adjunct.
ad lib(itum) [adlib(itɔm)] *adv* ad lib.
admettre [admɛtR(ə)] (56) *vt* **(a)** (*laisser entrer*) *visiteur, démarcheur* to admit, let in. **la salle ne pouvait ~ que 50 personnes** the room could only accommodate *ou* seat *ou* admit 50 people; **les chiens ne sont pas admis dans le magasin** dogs are not allowed in the shop; (*sur écriteau*) **no dogs (allowed)**; **il fut admis dans une grande pièce** he was ushered *ou* shown *ou* admitted into a large room; (*Tech*) **l'air/le liquide est admis dans le cylindre** the air/the liquid is allowed to pass into the cylinder.
(b) (*recevoir*) *hôte* to receive; *nouveau membre* to admit. ~ **qn à sa table** to receive sb at one's table; **il a été admis chez le ministre** he was received by the minister, he was admitted to see the minister; **se faire ~ dans un club** to gain admittance to *ou* be admitted to a club.
(c) (*Scol, Univ*) (*à un examen*) to pass; (*dans une classe*) to admit, accept. **ils ont admis 30 candidats** they passed 30 of the candidates; **il a été admis au concours** he passed *ou* got through the exam; **il a été admis dans un bon rang au concours** he came out well in *ou* got a good place in the exam; **il a/il n'a pas été admis en classe supérieure** he will move up into *ou* he will be admitted to/he didn't get into *ou* won't be admitted to the next class; **lire la liste des admis au concours** to read the list of successful candidates in *ou* of those who passed the (competitive) exam.
(d) (*convenir de*) *défaite, erreur* to admit, acknowledge. **il n'admet jamais ses torts** he never accepts *ou* admits he's in the wrong; **je suis prêt à ~ que vous aviez raison** I'm ready to accept *ou* admit *ou* concede *ou* acknowledge that you were right; **il est admis que, c'est chose admise** it's an accepted *ou* acknowledged fact that, it's generally admitted that.
(e) (*accepter*) *excuses, raisons* to accept; (*Jur*) *pourvoi* to accept.
(f) (*supposer*) to suppose, assume. **en admettant que** supposing *ou* assuming that.
(g) (*tolérer*) *ton, attitude, indiscipline* to allow, accept. **je n'admets pas qu'il se conduise ainsi** I won't allow *ou* permit him to behave like that, I won't stand for *ou* accept such behaviour (from him); (*Admin*) ~ **qn à séjer** to admit sb (*as a new member*); (*Admin*) **admis à faire valoir ses droits à la retraite** entitled to retire.
(h) (*laisser place à*) to admit of. **ton qui n'admet pas de réplique** a tone which brooks no reply; **règle qui n'admet aucune exception** rule which allows of *ou* admits of no exception; **règle qui admet plusieurs exceptions** rule which allows for several exceptions.
administrateur, -trice [administratœR, tRis] *nm, f* (*gén*) administrator; *[banque, entreprise]* director; *[fondation]* trustee. (*Jur*) ~/~**trice d'un bien** administrator/administratrix of an estate; ~ **judiciaire** receiver.
administratif, -ive [administratif, iv] *adj* administrative.
administration [administrɑsjɔ̃] *nf* **(a)** (*gérance: V* **administrer**) management; running; administration; government. **je laisse l'~ de mes affaires à mon notaire** I leave my lawyer to deal with my affairs, I leave my affairs in the hands of my lawyer, I leave the handling of my affairs to my lawyer; ~ **légale** guardianship (*parental*); *[société]* **être placé sous ~ judiciaire** to go into receivership; *V* **conseil.**
(b) *[médicament, sacrement]* administering, administration.
(c) (*service public*) (sector of the public services). **l'A~** ≃ the Civil Service (*Brit*); **l'~ locale** local government; **être** *ou* **travailler dans l'~** to work in the public services; **l'~ des Douanes** ≃ the Customs and Excise (*Brit*); **l'~ des Eaux et forêts** ≃ the Forestry

Commission (*Brit*); **l'~ des Impôts** the tax department, ≈ the Inland Revenue (*Brit*), the Internal Revenue (*US*); (*Police*) **l'~ centrale** (the) police headquarters; **l'~ pénitentiaire** the prison authorities.

administrativement [administRativmɑ̃] *adv* administratively. **interné ~** formally committed (to mental hospital).

administré, e [administRe] *nm,f* ≈ citizen.

administrer [administRe] (1) *vt* (a) (*gérer*) *affaires, entreprise* to manage, run; *fondation* to administer; *pays* to run, govern; *commune* to run.

(b) (*dispenser*) *justice, remède, sacrement* to administer; *coup, gifle* to deal, administer; (*Jur*) *preuve* to produce.

admirable [admiRabl(ə)] *adj* admirable, wonderful. **être ~ de courage** to show admirable *ou* wonderful courage; **portrait ~ de vérité** portrait showing a wonderful likeness.

admirablement [admiRabləmɑ̃] *adv* admirably, wonderfully.

admirateur, -trice [admiRatœR, tRis] *nm,f* admirer.

admiratif, -ive [admiRatif, iv] *adj* admiring.

admiration [admiRasjɔ̃] *nf* admiration. **faire l'~ de qn, remplir qn d'~** to fill sb with admiration; **tomber/être en ~ devant qch/qn** to be filled with/lost in admiration for sth/sb.

admirativement [admiRativmɑ̃] *adv* admiringly.

admirer [admiRe] (1) *vt* to admire; (*iro*) to admire, marvel at.

admissibilité [admisibilite] *nf [postulant]* eligibility (*à* for); (*Scol, Univ*) eligibility to sit the oral part of an exam.

admissible [admisibl(ə)] **1** *adj* (a) *procédé* admissible, acceptable; *excuse* acceptable. **ce comportement n'est pas ~** this behaviour is quite inadmissible *ou* unacceptable. (b) *postulant* eligible (*à* for); (*Scol, Univ*) having passed the written part of an exam. **2** *nmf* eligible candidate.

admission [admisjɔ̃] *nf* (a) (*dans un lieu, club*) admission, admittance, entry (*à* to). (*Univ*) **~ à un concours** gaining a place in an exam, passing an exam; (*Scol, Univ*) **~ à une école** (gaining) acceptance *ou* entrance to a school; **son ~ (au club) a été obtenue non sans mal** he had some difficulty in gaining admission *ou* entry (to the club); **faire une demande d'~ à un club** to apply to join *ou* make application to join a club, apply for membership of a club; (*Douane*) **~ temporaire d'un véhicule** temporary importation of a vehicle; (*Univ*) **le nombre des ~s au concours a augmenté** the number of successful candidates in this exam has gone up.

(b) (*Tech: introduction*) intake; (*Aut*) induction; *V* **soupape**.

admonestation [admɔnɛstasjɔ̃] *nf* (*littér*) admonition, admonishment.

admonester [admɔnɛste] (1) *vt* (*gén, Jur*) to admonish.

admonition [admɔnisjɔ̃] *nf* (*littér, Jur*) admonition, admonishment.

ADN [adeɛn] *nm* (*abrév de* **acide désoxyribonucléique**) DNA.

adnominal, e, *mpl* **-aux** [adnɔminal, o] *adj* (*Ling*) adnominal.

adolescence [adɔlesɑ̃s] *nf* adolescence. **ses années d'~** his adolescent *ou* teenage years.

adolescent, e [adɔlesɑ̃, ɑ̃t] **1** *adj* (*littér*) adolescent (*épith*). **2** *nm,f* adolescent, teenager; (*Méd, Psych*) adolescent.

Adonis [adɔnis] *nm* (*Myth, fig*) Adonis.

adonner (s') [adɔne] (1) *vpr*: **s'~ à** *art, études* to devote o.s. to; *sport, hobby* to devote o.s. to, go in for; *boisson, vice* to give o.s. over to, take to; **adonné au jeu** addicted to gambling.

adopter [adɔpte] (1) *vt* (a) *enfant* to adopt; (*fig: accueillir*) to adopt.

(b) *attitude, religion, nom, mesure* to adopt; *cause* to take up, adopt.

(c) *loi* to pass; *motion* to pass, adopt.

adoptif, -ive [adɔptif, iv] *adj* *enfant, patrie* adopted; *parent* adoptive.

adoption [adɔpsjɔ̃] *nf* (*V* **adopter**) adoption; passing. **pays d'~** country of adoption; **un Londonien d'~** a Londoner by adoption.

adorable [adɔRabl(ə)] *adj* *personne* adorable, delightful; *robe, village* lovely, delightful.

adorablement [adɔRabləmɑ̃] *adv* delightfully, adorably.

adorateur, -trice [adɔRatœR, tRis] *nm,f* (*Rel, fig*) worshipper.

adoration [adɔRasjɔ̃] *nf* adoration, worship. **être en ~ devant** to dote on, worship, idolize.

adorer [adɔRe] (1) *vt* *personne, dieu etc* to adore, worship; *chose* to adore; *V* **brûler**.

adosser [adose] (1) **1** *vt*: **~ à** *ou* **contre qch** *meuble* to stand against sth; *échelle* to stand *ou* lean against sth; *bâtiment* to build against *ou* onto sth; **il était adossé au pilier** he was leaning with his back against the pillar.

2 s'adosser *vpr*: **s'~ à** *ou* **contre qch** *[personne]* to lean with one's back against sth; *[bâtiment]* to be built against *ou* onto sth, back onto sth.

adoubement [adubmɑ̃] *nm* (*Hist*) dubbing.

adouber [adube] (1) *vt* (*Hist*) to dub; (*Dames, Échecs*) to adjust.

adoucir [adusiR] (2) **1** *vt* (a) *saveur, acidité* to make milder *ou* smoother; (*avec sucre*) to sweeten; *rudesse, voix, peau* to soften; *couleur, contraste* to soften, tone down; *aspérités, surface* to smooth out; *caractère, personne* to mellow; *chagrin* to soothe, allay, ease; *conditions pénibles, épreuve* to ease; *dureté, remarque* to mitigate, soften. **pour ~ ses vieux jours** to comfort (him in) his old age; **pour ~ sa solitude** to ease his loneliness; **le vent du Midi a adouci la température** the south wind has made the weather warmer *ou* milder *ou* raised the temperature; **~ la condamnation de qn** to reduce sb's sentence; *V* **musique**.

(b) (*Tech*) *eau* to soften.

2 s'adoucir *vpr [saveur, acidité]* to become milder *ou* smoother; (*avec sucre*) to become sweeter; *[voix, couleur, peau]* to soften; *[caractère, personne]* to mellow. **la température s'est adoucie** the weather has got milder; **vers le haut la pente s'adoucit** towards the top the slope became gentler *ou* less steep.

adoucissement [adusismɑ̃] *nm* (*V* **adoucir**) sweetening; soften-

ing; toning-down; smoothing-out; mellowing; soothing; allaying; alleviation. **on espère un ~ de la température** we are hoping for milder weather *ou* a slight rise in the temperature; **apporter des ~s aux conditions de vie des prisonniers** to make the living conditions of the prisoners easier *ou* less harsh.

adoucisseur [adusisœR] *nm*: **~ (d'eau)** water softener.

ad patres* [adpatRɛs] *adv* (*hum*) **expédier** *ou* **envoyer qn ~** to send sb to kingdom come*.

adrénaline [adRenalin] *nf* adrenalin.

adressage [adRɛsaʒ] *nm* mailing; (*Ordin*) addressing.

adresse¹ [adRɛs] *nf* (a) (*domicile*) address. **partir sans laisser d'~** to leave without giving a forwarding address; **à Paris je connais quelques bonnes ~s de restaurants** in Paris I know (the names *ou* addresses of) some good restaurants; *V* **carnet**.

(b) (*frm: message*) address. **à l'~ de** for the benefit of.

(c) (*Lexicographie*) headword; (*Ordin, Ling*) address.

adresse² [adRɛs] *nf* (a) (*habileté*) deftness, dexterity, skill; (*subtilité, finesse*) shrewdness, skill, cleverness; (*tact*) adroitness. **jeu/exercice d'~** game/exercise of skill; **il eut l'~ de ne rien révéler** he was adroit enough *ou* shrewd enough not to say anything; *V* **tour**.

adresser [adRese] (1) **1** *vt* (a) **~ une lettre/un colis à** (*envoyer*) to send a letter/parcel to; (*écrire l'adresse*) to address a letter/parcel to; **la lettre m'était personnellement adressée** the letter was addressed to me personally; **mon médecin m'a adressé à un spécialiste** my doctor sent *ou* referred me to a specialist; **machine à ~** (*le courrier*) Addressograph ®.

(b) **~ une remarque/une requête à** to address a remark/a request to; **~ une accusation/un reproche à** to level an accusation/a reproach at *ou* against, aim an accusation/a reproach at; **~ une allusion/un coup à** to aim a remark/a blow at; **~ un compliment/ses respects à** to pay a compliment/one's respects to; **~ une prière à** to address a prayer to; (*à Dieu*) to offer (up) a prayer to; **~ un regard furieux à qn** to direct an angry look at sb; **il m'adressa un signe de tête/un geste de la main** he nodded/waved at me; **~ un sourire à qn** to give sb a smile, smile at sb; **~ la parole à qn** to speak to *ou* address sb; **il m'adressa une critique acerbe** he criticized me harshly.

2 s'adresser *vpr* (a) (*adresser la parole à*) **s'~ à qn** to speak to sb, address sb; (*fig*) **il s'adresse à un public féminin** *[discours, magazine]* it is intended for *ou* aimed at a female audience; *[auteur]* he writes for *ou* is addressing a female audience; (*fig*) **ce livre s'adresse à notre générosité** this book is directed at *ou* appeals to our generosity.

(b) (*aller trouver*) **s'~ à** *personne* to go and see; (*Admin*) *personne, bureau* to apply to; **adressez-vous au concierge** go and see (*ou* ask, tell *etc*) the concierge; **adressez-vous au secrétariat** enquire at the office, go and ask at the office.

adret [adRɛ] *nm* (*Géog*) south-facing slope.

Adriatique [adRijatik] *adj f, nf*: (**mer**) **~** Adriatic (Sea).

adroit, e [adRwa, wat] *adj* (*habile*) skilful, dext(e)rous, deft; (*subtil*) shrewd, skilled, clever; (*plein de tact*) adroit. **~ de ses mains** clever with one's hands, dext(e)rous.

adroitement [adRwatmɑ̃] *adv* (*V* **adroit**) skilfully; deftly; dext(e)rously; shrewdly; cleverly; adroitly.

adulateur, -trice [adylatœR, tRis] *nm,f* (*littér*) (*admirateur*) adulator; (*flatteur*) sycophant.

adulation [adylasjɔ̃] *nf* (*littér*) (*admiration*) adulation; (*flatterie*) sycophancy.

aduler [adyle] (1) *vt* (*littér*) (*admirer*) to adulate; (*flatter*) to flatter.

adulte [adylt(ə)] **1** *adj* *personne* adult (*épith*); *animal, plante* fully-grown, mature; *V* **âge**. **2** *nmf* adult, grown-up.

adultère [adyltɛR] **1** *adj* *relations, désir* adulterous. **femme ~** adulteress; **homme ~** adulterer. **2** *nm* (*acte*) adultery; *V* **constat**.

adultérin, e [adylteRɛ̃, in] *adj* (*Jur*) *enfant* born of adultery.

advenir [advəniR] (22) **1** *vb impers* (a) (*survenir*) **~ que** to happen that, come to pass that (*littér*); **~ à** to happen to, befall (*littér*); **qu'est-il advenu au prisonnier?** what has happened to the prisoner?; **il m'advient de faire** I sometimes happen to do; **advienne que pourra** come what may; **quoi qu'il advienne** whatever happens *ou* may happen.

(b) (*devenir, résulter de*) **~ de** to become of; **qu'est-il advenu du prisonnier/du projet?** what has become of the prisoner/the project?; **on ne sait pas ce qu'il en adviendra** nobody knows what will come of it *ou* how it will turn out.

2 *vi* (*arriver*) to happen.

adventice [advɑ̃tis] *adj* (*Bot*) self-propagating; (*Philos, littér: accessoire*) adventitious.

adventiste [advɑ̃tist(ə)] *nmf* (*Rel*) Adventist.

adverbe [advɛRb(ə)] *nm* adverb.

adverbial, e, *mpl* **-aux** [advɛRbjal, o] *adj* adverbial.

adverbialement [advɛRbjalmɑ̃] *adv* adverbially.

adversaire [advɛRsɛR] *nmf* (*gén*) opponent, adversary; (*Mil*) adversary, enemy; (*théorie*) opponent.

adversatif, -ive [advɛRsatif, iv] *adj* adversative.

adverse [advɛRs(ə)] *adj* *partie, forces, bloc* opposing. (*littér*) **la fortune ~** adverse fortune.

adversité [advɛRsite] *nf* adversity.

ad vitam æternam* [advitametɛRnam] *loc adv* till kingdom come.

aède [aɛd] *nm* (Greek) bard.

aérage [aeRaʒ] *nm* ventilation.

aérateur [aeRatœR] *nm* ventilator.

aération [aeRasjɔ̃] *nf* (*pièce, literie*) airing; *[terre, racine]* aeration; (*circulation d'air*) ventilation; *V* **conduit**.

aéré, e [aeRe] (*ptp de* **aérer**) *adj* *pièce* airy, well-ventilated; *page* well spaced out; *V* **centre**.

aérer [aeRe] (6) **1** *vt* *pièce, literie* to air; *terre, racine* to aerate; (*fig*:

alléger) *exposé, présentation* to lighten. **2 s'aérer** *vpr [personne]* to get some fresh air. **s'~ les idées** to clear one's mind.

aérien, -ienne [aerjɛ̃, jɛn] **1** *adj* (a) *(Aviat)* espace, droit air *(épith)*; navigation, photographie aerial *(épith)*; attaque aerial *(épith)*, air *(épith)*. **base ~ne** air base; *V* compagnie, ligne, métro.
　(b) *(léger)* silhouette sylphlike; démarche light, floating; musique, poésie ethereal.
　(c) *(Bot)* racine aerial; *(Téléc)* circuit, câble overhead *(épith)*; *(Géog)* courant, mouvement air *(épith)*.
　2 *nm (Rad: antenne)* aerial.

aérium [aerjɔm] *nm* sanatorium, sanitarium *(US)*.
aérobie [aerɔbi] *adj* aerobic.
aérobique [aerɔbik] *nf* aerobics *(sg)*.
aéro-club [aerɔklœb] *nm* flying club.
aérodrome [aerɔdrom] *nm* aerodrome *(Brit)*, airfield.
aérodynamique [aerɔdinamik] **1** *adj* soufflerie, expérience aerodynamics *(épith)*; ligne, véhicule streamlined, aerodynamic. **2** *nf* aerodynamics *(sg)*.
aérofrein [aerɔfrɛ̃] *nm* air brake.
aérogare [aerɔgar] *nf [aéroport]* airport (buildings); *(en ville)* air terminal.
aéroglisseur [aerɔglisœr] *nm* hovercraft.
aérogramme [aerɔgram] *nm* airmail letter.
aérographe [aerɔgraf] *nm* airbrush.
aérolit(h)e [aerɔlit] *nm* aerolite, aerolith.
aéromodélisme [aerɔmɔdelism(ə)] *nm* model aircraft making.
aéronaute [aerɔnot] *nmf* aeronaut.
aéronautique [aerɔnotik] **1** *adj* aeronautical. **2** *nf* aeronautics *(sg)*.
aéronaval, e, *pl* **~s** [aerɔnaval] *adj* forces air and sea *(épith)*. **l'A~e** ≃ the Fleet Air Arm *(Brit)*.
aéronef [aerɔnɛf] *nm (Admin)* aircraft.
aérophagie [aerɔfaʒi] *nf*: **il a** *ou* **fait de l'~** he suffers from abdominal wind.
aéroplane† [aerɔplan] *nm* aeroplane *(Brit)*, airplane *(US)*.
aéroport [aerɔpɔr] *nm* airport.
aéroporté, e [aerɔpɔrte] *adj* troupes airborne *(Brit)*, airmobile *(US)*; matériel airlifted, brought *ou* ferried by air *(attrib)*.
aéropostal, e, *mpl* **-aux** [aerɔpɔstal, o] *adj* airmail *(épith)*. *(Hist)* **l'A~e** the (French) airmail service.
aérosol [aerɔsɔl] *nm* aerosol. **déodorant en ~** deodorant spray, spray-on *ou* aerosol deodorant.
aérospatial, e, *mpl* **-aux** [aerɔspasjal, o] **1** *adj* aerospace *(épith)*. **2 aérospatiale** *nf* aerospace science.
aérostat [aerɔsta] *nm* aerostat.
aérostatique [aerɔstatik] **1** *adj* aerostatic. **2** *nf* aerostatics *(sg)*.
aérotrain [aerɔtrɛ̃] *nm* ® hovertrain.
AF¹ [aɛf] *nmpl (abrév de* **anciens francs)** old francs.
AF² [aɛf] *nf (abrév de allocations familiales)* state allowance paid to families with dependent children ≃ child benefit *(Brit)*.
affabilité [afabilite] *nf* affability.
affable [afabl(ə)] *adj* affable.
affablement [afabləmã] *adv* affably.
affabulateur, -trice [afabylatœr, tris] *nm,f* inveterate liar, storyteller, romancer.
affabulation [afabylɑsjɔ̃] *nf* (a) *(mensonges)* **c'est de l'~, ce sont des ~s** it's all made up, it's pure fabrication. (b) *[roman]* (construction of the) plot.
affabuler [afabyle] (1) *vi* to invent *ou* make up stories.
affacturage [afaktyraʒ] *nm (Jur)* factoring.
affactureur [afaktyrœr] *nm (Jur)* factor.
affadir [afadir] (2) **1** *vt* aliment to make tasteless *ou* insipid; couleur, style to make dull *ou* uninteresting *ou* colourless.
　2 s'affadir *vpr [couleur, style]* to become dull, pall; *[aliment]* to lose (its) flavour, become tasteless *ou* insipid.
affadissement [afadismã] *nm [aliment]* loss of flavour *(de* in, from); *[saveur, style]* weakening *(de* of); *[couleurs, sensations]* dulling *(de* of).
affaiblir [afeblir] (2) **1** *vt (gén)* to weaken.
　2 s'affaiblir *vpr [personne, autorité, résolution, facultés]* to weaken, grow *ou* become weaker; *[vue]* to grow *ou* get dim *ou* weaker; *[son]* to fade (away), grow fainter; *[intérêt]* to wane; *[vent, tempête]* to abate, die down. **le sens de ce mot s'est affaibli** the meaning of this word has got weaker.
affaiblissement [afeblismã] *nm (gén)* weakening; *[bruit]* fading (away).
affaire [afɛr] **1** *nf* (a) *(problème)* matter, business. **j'ai à régler deux ou trois ~s urgentes** I've got two or three urgent matters to settle; **ce n'est pas une petite** *ou* **une mince ~** it's no small matter; **il faut tirer cette ~ au clair** we must get to the bottom of this business, we must sort out this business; **il m'a tiré d'~** he helped me out, he got me out of a spot*; **il est assez grand pour se tirer d'~ tout seul** he's big enough to manage on his own *ou* to sort it out by himself; **c'est une ~ d'hommes** it's men's business; **c'est mon ~, non la tienne** it's my business *ou* affair, not yours; **ce n'est pas ton ~** it's none of your business; **j'en fais mon ~** I'll deal with that; **c'était une ~ bâclée en cinq minutes** it was a botched and hurried job.
　(b) *(ce qui convient)* **j'ai là votre ~** I've got (just) what you want; **cet employé fera/ne fait pas l'~** this employee will do nicely/won't do (for the job); **ça fait mon ~** that's (just) what I want *ou* need; **cela fera bien l'~ de quelqu'un** that will (certainly) come in handy *ou* do nicely for somebody.
　(c) *(scandale)* business, affair, matter. **on a voulu étouffer l'~** they wanted to hush the business *ou* matter up; **il a essayé d'arranger l'~** he tried to straighten out *ou* settle the matter; **c'est une sale ~** it's a nasty business; **l'~ Dreyfus** the Dreyfus affair; **l'~ de**

Suez the Suez crisis; **une grave ~ de corruption/d'espionnage** a serious affair of corruption/espionage, a serious corruption/spy case; **c'est une ~ de gros sous** there's big money involved; **c'est une ~ à suivre** it's something *ou* a matter worth watching *ou* keeping an eye on.
　(d) *(Jur, Police)* case. **l'~ X** the X case; **être sur une ~** to be on a case; **une ~ de vol** a case of theft; **son ~ est claire** it's an open and shut case.
　(e) *(transaction)* deal, bargain, transaction. **une (bonne) ~** a good deal, a (good) bargain; **une mauvaise ~** a bad deal *ou* bargain; **faire ~ avec qn** to make a bargain with sb, conclude *ou* clinch a deal with sb; **ils font des ~s (d'or)** they're making money hand over fist, they're raking it in*; **ils font beaucoup d'~s** they do a lot of business; **l'~ est faite!** *ou* **conclue!** that's the deal settled!; **l'~ est dans le sac*** it's in the bag*.
　(f) *(firme)* business, concern. **c'est une ~ qui marche/en or** it's a going concern/a gold mine; **il a repris l'~ de son père** he has taken on *ou* over his father's business.
　(g) *(intérêts publics et privés)* **~s** affairs; **les ~s culturelles/de la municipalité/étrangères/publiques** cultural/municipal/ foreign/public affairs; *(Can)* **A~s extérieures** External Affairs *(Can)*; *(Québec)* **A~s intergouvernementales** Intergovernmental Affairs *(Can)*, Foreign Affairs; **mettre de l'ordre dans ses ~s** to put one's affairs in order; **occupe-toi de tes ~s** mind your own business; **se mêler des ~s des autres** to interfere in other people's business *ou* affairs; **il raconte ses ~s à tout le monde** he tells everyone about his affairs.
　(h) *(activités commerciales)* **les ~s** business; **être dans les ~s** to be in business; **parler (d')~s** to talk *ou* discuss business; **il est venu pour ~s** he came on business; **il est dur en ~s** he's a tough businessman; **les ~s sont les ~s** business is business; **d'~s** déjeuner, rendez-vous etc business *(épith)*; *V* cabinet, carré, chiffre.
　(i) **~s** *(habits)* clothes, things; *(objets personnels)* things, belongings; **range tes ~s!** put away *ou* tidy up your things!
　(j) *(loc)* **avoir ~ à cas, problème** to be faced with, have to deal with; personne *(s'occuper de)* to be dealing with; *(être servi ou examiné par)* to be dealt with by; *(ton menaçant)* **tu auras ~ à moi/lui** you'll be hearing from me/him; **nous avons ~ à un dangereux criminel** we are dealing with a dangerous criminal; **être à son ~** to be in one's element; **il n'est pas à son ~** he doesn't feel at ease, he is self-conscious; **faire son ~ à qn*** to do sb in*; **cela ne fait rien à l'~** that's got nothing to do with it; **en voilà une ~!** what a (complicated) business!; **ce n'est pas une ~!** it's nothing to get worked up about!; **c'est toute une ~ (que d'aller à Glasgow)** it's quite a business (getting to Glasgow); **il en a fait toute une ~** he made a dreadful fuss about it, he made a great song and dance about it; **c'est une tout autre ~** that's quite another matter *ou* quite another kettle of fish; **toutes ~s cessantes** forthwith; **c'est (une) ~ de goût/de mode** it's a matter of taste/fashion; **c'est l'~ de quelques minutes/quelques clous** it's a matter of a few minutes/a few nails; *V* beau, connaître.
　2: affaire de cœur love affair; *(Pol)* **affaire d'État** affair of state; **il en a fait une affaire d'état*** he made a song and dance about it *ou* a great issue of it; **affaire d'honneur** affair of honour; **affaire de mœurs** *(gén)* sex scandal; *(Jur)* sex case.
affairé, e [afere] *adj* busy.
affairement [afɛrmã] *nm* bustling activity.
affairer (s') [afere] (1) *vpr* to busy o.s., bustle about. **s'~ auprès** *ou* **autour de qn** to fuss around sb; **s'~ à faire** to busy o.s. doing, bustle about doing.
affairisme [aferism(ə)] *nm* (political) racketeering.
affairiste [aferist(ə)] *nm (péj)* racketeer, wheeler-dealer*. **sous ce régime il n'y a pas de place pour l'~** there is no place under this government for political racketeering *ou* for those who want to use politics to line their purse.
affaissement [afɛsmã] *nm (V affaisser)* subsidence; sagging; sinking. **~ de terrain** subsidence *(U)*.
affaisser [afese] (1) **1 s'affaisser** *vpr* (a) *(fléchir)* [route, sol] to subside, sink; [corps, poutre] to sag; [plancher] to cave in, give way; *(fig)* [forces, volonté] to sink. **le sol était affaissé par endroits** the ground had subsided *ou* sunk in places.
　(b) *(s'écrouler)* [personne] to collapse. **il s'était affaissé sur le sol** he had collapsed *ou* crumpled in a heap on the ground; **il était affaissé dans un fauteuil/sur le sol** he was slumped in an armchair/on the ground.
　2 *vt* route, sol to cause to subside.
affaler (s') [afale] (1) *vpr (tomber)* to collapse, fall; *(se laisser tomber)* to collapse, flop, slump. **affalé dans un fauteuil** slumped in an armchair; *(Naut)* **s'~ le long d'un cordage** to slide down a rope.
affamé, e [afame] *(ptp de affamer)* adj starving, famished, ravenous. *(fig)* **~ de gloire** hungry *ou* greedy for fame; *V* ventre.
affamer [afame] (1) *vt* personne, ville to starve.
affameur, -euse [afamœr, øz] *nm,f (péj)* tight-fisted employer *(who pays starvation wages)*.
affectation [afɛktɑsjɔ̃] *nf* (a) *[immeuble, somme]* allocation, allotment, assignment *(à* to, for). **l'~ du signe + à un nombre** the addition of the plus sign to a number, the modification of a number by the plus sign.
　(b) *(nomination)* (à un poste) appointment; (à une région, un pays) posting. **rejoindre son ~** to take up one's appointment; to take up one's posting.
　(c) *(manque de naturel)* affectation, affectedness. **avec ~** affectedly, with affectation *ou* affectedness.
　(d) *(simulation)* affectation, show. **avec une ~ de** with an affectation *ou* show of.

affecté, e [afɛkte] (*ptp de* **affecter**) *adj* (*feint*) affected, feigned, assumed; (*manière*) affected.

affecter [afɛkte] (1) *vt* (a) (*feindre*) to affect, feign. ~ **de faire qch** to pretend to do sth; ~ **le bonheur/un grand chagrin** to affect *ou* feign happiness/great sorrow, put on a show of happiness/great sorrow; (*littér*) ~ **un langage poétique** to affect *ou* favour a poetic style of language; **il affecta de ne pas s'y intéresser** he affected *ou* pretended not to be interested in it; ~ **une forme** to take on *ou* assume a shape.

(b) (*destiner*) to allocate, allot, assign (*à* to, for). ~ **des crédits à la recherche** to earmark funds for research, allocate *ou* allot *ou* assign funds to *ou* for research.

(c) (*nommer*) (*à une fonction, un bureau*) to appoint; (*à une région, un pays*) to post (*à* to).

(d) (*émouvoir*) to affect, move, touch; (*concerner*) to affect. **il a été très affecté par leur mort** he was deeply affected *ou* moved by their deaths.

(e) (*Math*) to modify. **nombre affecté du coefficient 2/du signe** + number modified by *ou* bearing the coefficient 2/a plus sign.

affectif, -ive [afɛktif, iv] *adj* (*gén*) *vie* emotional; *terme, nuance* affective, emotional; (*sens, Psych*) affective.

affection [afɛksjɔ̃] *nf* (a) (*tendresse*) affection. **avoir de l'~ pour** to feel affection for, be fond of; **prendre en** ~ to become fond of *ou* attached to. (b) (*Méd*) ailment, affection. (c) (*Psych*) affection.

affectionné, e [afɛksjɔne] (*ptp de* **affectionner**) *adj* (*frm*) **votre fils** ~/**fille** ~**e** your loving *ou* devoted son/daughter; **votre** ~ yours affectionately.

affectionner [afɛksjɔne] (1) *vt chose* to have a liking for, be fond of; *personne* to have affection *ou* an attachment for.

affectivité [afɛktivite] *nf* affectivity.

affectueusement [afɛktɥøzmɑ̃] *adv* affectionately, fondly.

affectueux, -euse [afɛktɥø, øz] *adj personne* affectionate; *pensée, regard* affectionate, fond.

afférent, e [afeʀɑ̃, ɑ̃t] *adj* (a) (*Admin*) ~ **à fonction** pertaining to, relating to; **questions** ~**es** related questions; (*Jur*) **part** ~**e à** portion accruing to. (b) (*Méd*) afferent.

affermage [afɛʀmaʒ] *nm* (*V* **affermer**) leasing; renting.

affermer [afɛʀme] (1) *vt* [*propriétaire*] to lease, let out on lease; [*fermier*] to rent, take on lease.

affermir [afɛʀmiʀ] (2) *vt pouvoir, position* to consolidate, strengthen; *muscles, chairs* to tone up; *prise, charge, coiffure* to make firm *ou* firmer; *arrimage* to tighten, make firm *ou* firmer. ~ **sa voix** to steady one's voice; **cela l'affermit dans sa résolution** that strengthened him in his resolution; **après cet événement son autorité s'est affermie** his authority was strengthened after that event.

affermissement [afɛʀmismɑ̃] *nm* strengthening.

affété, e [afete] *adj* (*littér*) precious, affected, mannered.

afféterie [afetʀi] *nf* (*littér*) preciosity, affectation (*U*).

affichage [afiʃaʒ] *nm* (a) (*V* **afficher**) putting *ou* posting *ou* sticking up; billing. **l'~** billposting, billposting; ~ **interdit** (stick *ou* post) no bills; **interdit à l'~ magazine** not for public display; *V* **panneau, tableau**. (b) (*Ordin*) display.

affiche [afiʃ] *nf* (a) (*officielle*) public notice; (*Admin, Théât*) bill; (*publicité, Art*) poster; (*électorale etc*) poster. **la vente a été annoncée par voie d'~** the sale was advertised on the public noticeboards; ~ **de théâtre** (play)bill; **par voie d'~** by (means of) public notices.

(b) (*Théât*) **mettre à l'~** to bill; **quitter l'~** to come off, close; **tenir longtemps l'~** to have a long run; **la pièce a tenu l'~ pendant 6 mois** the play ran for 6 months *ou* had a 6-month run; *V* **tête**.

afficher [afiʃe] (1) **1** *vt* (a) *affiche, résultat* to put *ou* post *ou* stick up; (*Théât*) to bill; (*Ordin*) to display. **défense d'~** (stick *ou* post) no bills.

(b) (*péj*) *émotion, mépris* to exhibit, display; *qualité, vice* to flaunt, parade, display.

2 s'afficher *vpr* [*personne*] to flaunt o.s. **s'~ avec sa secrétaire** to carry on openly in public with one's secretary; **l'hypocrisie qui s'affiche sur tous les visages** the hypocrisy which is plain to see *ou* flaunted *ou* displayed on everybody's face.

affichette [afiʃɛt] *nf* (*V* **affiche**) small public notice; small bill; small poster.

afficheur [afiʃœʀ] *nm* billsticker, billposter.

affichiste [afiʃist(ə)] *nmf* poster designer *ou* artist.

affidé, e [afide] *nm,f* (*péj*) confederate, accomplice, henchman.

affilage [afilaʒ] *nm* (*V* **affiler**) sharpening; whetting; honing.

affilé, e¹ [afile] (*ptp de* **affiler**) *adj outil, couteau* sharp; *intelligence* keen; *V* **langue**.

affilée² **[afile] *nf*: **d'~ at a stretch, running. **8 heures d'~** 8 hours at a stretch *ou* on end *ou* solid *ou* running; **boire plusieurs verres d'~** to drink several glasses in a row *ou* in succession *ou* one after the other.

affiler [afile] (1) *vt couteau, outil* to sharpen, whet; *rasoir* to sharpen, hone.

affiliation [afiljasjɔ̃] *nf* affiliation.

affilié, e [afilje] (*ptp de* **affilier**) *nm,f* affiliated member.

affilier [afilje] (7) **1** *vt* to affiliate (*à* to). **2 s'affilier** *vpr* to become affiliated, affiliate o.s. (*ou itself*) (*à* to).

affiloir [afilwaʀ] *nm* (*outil*) sharpener; (*pierre*) whetstone; (*pour couteau*) steel.

affinage [afinaʒ] *nm* [*métal*] refining; [*verre*] fining; [*fromage*] maturing.

affinement [afinmɑ̃] *nm* [*goût, manières, style*] refinement.

affiner [afine] (1) *vt* (a) *métal* to refine; *verre* to fine; *fromage* to complete the maturing (process) of. (b) *esprit, mœurs* to refine; *style* to polish, refine; *sens* to make keener, sharpen. **son goût s'est**

affiné his taste has become more refined.

affineur, -euse [afinœʀ, øz] *nm,f* [*métal*] refiner; [*verre*] finer; [*fromage*] person in charge of the last stages of the maturing process.

affinité [afinite] *nf* (*gén*) affinity.

affirmatif, -ive [afiʀmatif, iv] **1** *adj réponse, proposition* affirmative; *personne, ton* assertive, affirmative; (*Ling*) affirmative, positive. **il a été ~ à ce sujet** he was quite positive on that score *ou* about that; *V* **signe**. **2** *nm* (*Ling*) affirmative, positive. **à l'~** in the affirmative, in the positive.

3 *affirmative nf* affirmative. **répondre par l'~ive** to answer yes *ou* in the affirmative; **dans l'~ive** in the event of the answer being yes *ou* of an affirmative reply (*frm*); **nous espérons que vous viendrez: dans l'~ive, faites-le-nous savoir** we hope you'll come and if you can please let us know.

affirmation [afiʀmasjɔ̃] *nf* (a) (*allégation*) assertion. (b) (*Gram*) assertion. (c) (*manifestation*) [*talent, autorité*] assertion, affirmation.

affirmativement [afiʀmativmɑ̃] *adv* in the affirmative, affirmatively.

affirmer [afiʀme] (1) *vt* (a) (*soutenir*) to maintain, assert. **tu affirmes toujours tout sans savoir** you always assert everything *ou* you are always positive about everything without really knowing; **il affirme l'avoir vu s'enfuir** he maintains *ou* asserts that *ou* claims that he saw him run off; **il affirme que c'est de votre faute** he contends *ou* maintains *ou* asserts that it is your fault; **pouvez-vous l'~?** can you swear to it?, can you be positive about it?; **on ne peut rien ~ encore** we can't say anything positive *ou* for sure yet, we can't affirm anything yet; ~ **qch sur l'honneur** to maintain *ou* affirm sth on one's word of honour; ~ **sur l'honneur que** to give one's word of honour that, maintain *ou* affirm on one's word of honour that.

(b) (*manifester*) *originalité, autorité, position* to assert. **talent/personnalité qui s'affirme** talent/personality which is asserting itself; **il s'affirme comme l'un de nos meilleurs romanciers** he is asserting himself *ou* establishing himself as one of our best novelists.

(c) (*frm: proclamer*) to affirm, assert. **le président a affirmé sa volonté de régler cette affaire** the president affirmed *ou* asserted his wish to settle this matter.

affixe [afiks(ə)] *nm* affix.

affleurement [aflœʀmɑ̃] *nm* (*Géol*) outcrop; (*fig*) emergence; (*Tech*) flushing.

affleurer [aflœʀe] (1) **1** *vi* [*rocs, récifs*] to show on the surface; [*filon, couche*] to show on *ou* through the surface, outcrop (*T*); (*fig*) [*sentiment, sensualité*] to show through the surface, come *ou* rise to the surface. **quelques récifs affleuraient (à la surface de l'eau)** a few reefs showed on the surface (of the water).

2 *vt* (*Tech*) to make flush, flush.

afflictif, -ive [afliktif, iv] *adj* (*Jur*) corporal.

affliction [afliksjɔ̃] *nf* (*littér*) affliction. **être dans l'~** to be in (a state of) affliction.

affligé, e [afliʒe] (*ptp de* **affliger**) *adj*: **être ~ de maladie** to be afflicted with; (*fig*) **il était ~ d'une femme acariâtre** he was afflicted *ou* cursed with a cantankerous wife; (*littér*) **les ~s** the afflicted.

affligeant, e [afliʒɑ̃, ɑ̃t] *adj* distressing; (*iro*) pathetic (*iro*).

affliger [afliʒe] (3) *vt* (*attrister*) to distress, grieve; (*littér: accabler*) to smite (*littér*) (*de* with). **s'~ de qch** to be grieved *ou* distressed about sth; (*hum*) **la nature l'avait affligé d'un nez crochu** nature had afflicted *ou* cursed him with a hooked nose.

affluence [aflyɑ̃s] *nf* [*gens*] crowds (*pl*), throng (*littér*); *V* **heure**.

affluent [aflyɑ̃] *nm* tributary, affluent (*T*).

affluer [aflye] (1) *vi* [*fluide, sang*] to rush, flow (*à, vers* to); [*foule*] to flock. **les dons affluaient de partout** the donations were flooding in *ou* rolling in from all parts; **les télégrammes affluaient sur sa table** telegrams were pouring onto his table; **l'argent afflue dans les caisses de la banque** money is flowing *ou* flooding into the coffers of the bank.

afflux [afly] *nm* [*fluide*] inrush, inflow; [*argent, foule*] inrush, influx, flood; (*Élec*) flow.

affolant, e [afɔlɑ̃, ɑ̃t] *adj* (*effrayant*) frightening; (*littér: troublant*) *situation, nouvelle* distressing, disturbing. **c'est ~!*** it's alarming!*; **à une vitesse ~e** at an alarming speed.

affolé, e [afɔle] (*ptp de* **affoler**) *adj* (*effrayé*) panic- *ou* terror-stricken; (*littér: troublé*) driven wild *ou* crazy. **je suis ~ de voir ça*** I'm appalled *ou* horrified at that; **air ~** look of panic, panic-stricken look.

(b) *boussole* wildly fluctuating.

affolement [afɔlmɑ̃] *nm* (a) (*effroi*) panic; (*littér: trouble*) (wild) turmoil. **pas d'~!*** no panic!, don't panic! (b) [*boussole*] wild fluctuations.

affoler [afɔle] (1) **1** *vt* (*effrayer*) to throw into a panic, terrify; (*littér: troubler*) to drive wild, throw into a turmoil.

2 s'affoler *vpr* to lose one's head. **ne nous affolons pas*** don't let's panic *ou* get in a panic*, let's keep our heads.

affouillement [afujmɑ̃] *nm* undermining (*by water*).

affouiller [afuje] (1) *vt* to undermine.

affranchi, e [afʀɑ̃ʃi] (*ptp de* **affranchir**) *nm,f* (*esclave*) emancipated *ou* freed slave; (*libertin*) emancipated man (*ou* woman).

affranchir [afʀɑ̃ʃiʀ] (2) *vt* (a) (*avec des timbres*) to put a stamp *ou* stamps on, stamp; (*à la machine*) to frank. **lettre affranchie/non affranchie** stamped/unstamped letter; franked/unfranked letter; **j'ai reçu une lettre insuffisamment affranchie** I received a letter with insufficient postage on it.

(b) *esclave* to enfranchise, emancipate, (set) free; *peuple, pays* to free; (*fig*) *esprit, personne* to free, emancipate. (*fig*) ~ **qn de contrainte** to free sb from, set sb free from; **s'~ d'une domination**

étrangère/des convenances to free o.s. from foreign domination/from convention.
　(c) *(arg Crime: mettre au courant)* ~ qn to give sb the low-down‡, put sb in the picture*.
　(d) *(Cartes)* to clear.

affranchissement [afʀɑ̃ʃismɑ̃] *nm* **(a)** *(U: V affranchir)* stamping; franking; emancipation; enfranchisement; freeing. **(b)** *(Poste: prix payé)* postage.

affres [afʀ(ə)] *nfpl (littér)* **les** ~ **de** the pangs *ou* the torments of; **être dans les** ~ **de la mort** to be in the throes of death.

affrètement [afʀɛtmɑ̃] *nm (V affréter)* chartering; hiring.

affréter [afʀete] (6) *vt (Aviat, Naut)* to charter; *(Aut)* to hire, charter.

affréteur [afʀetœʀ] *nm (Aviat, Naut)* charterer; *(Aut)* hirer.

affreusement [afʀøzmɑ̃] *adv souffrir, blesser* horribly. ~ **laid** hideously ugly; **pâlir** ~ to turn ghastly pale; **ce plat est** ~ **mauvais** this dish is really horrible *ou* horrid; **on est** ~ **mal assis/en retard** we're dreadfully *ou* awfully badly seated/late.

affreux, -euse [afʀø, øz] **1** *adj (très laid)* hideous, horrible, horrid, ghastly; *(effroyable, abominable)* dreadful, awful, horrible. **quel temps** ~! what ghastly *ou* dreadful *ou* horrible weather!; **j'ai un mal de tête** ~ I've got a splitting *ou* a dreadful *ou* an awful *ou* a horrible headache.
　2 *nm (arg Mil)* (white) mercenary *(gen serving in Africa)*.

affriander [afʀijɑ̃de] (1) *vt (littér)* to attract, allure, entice.

affriolant, e [afʀijɔlɑ̃, ɑ̃t] *adj perspective, programme* enticing, appealing, tempting, exciting; *femme* enticing, inviting; *habit féminin* titillating, alluring.

affrioler [afʀijɔle] (1) *vt* to tempt, excite, arouse.

affriqué, e [afʀike] **1** *adj* affricative. **2** affriquée *nf* affricate.

affront [afʀɔ̃] *nm (frm: insulte)* affront. **faire (un)** ~ **à** to affront.

affrontement [afʀɔ̃tmɑ̃] *nm (Mil, Pol)* confrontation.

affronter [afʀɔ̃te] (1) **1** *vt adversaire, danger* to confront, face, meet. ~ **la mort** to face *ou* brave death; ~ **le mauvais temps** to brave the bad weather.
　2 s'affronter *vpr [adversaires]* to confront each other, be in confrontation. **ces deux théories s'affrontent** these two theories clash *ou* are in direct opposition.

affublement [afybləmɑ̃] *nm (péj)* attire, rig-out* *(Brit)*.

affubler [afyble] (1) *vt*: ~ **qn de vêtement** to rig* *(Brit) ou* deck sb out in; ~ **qn d'un sobriquet** to attach a nickname to sb; **il s'affubla d'un vieux manteau** he rigged* himself out *(Brit) ou* got* himself up in an old coat; **affublé d'un vieux chapeau** wearing an old hat.

affût [afy] *nm* **(a)** ~ **(de canon)** (gun) carriage. **(b)** *(Chasse)* hide. **chasser à l'**~ to lie in wait for game, hunt game from a hide; **être à l'**~ to be (lying) in wait; **se mettre à l'**~ to be in wait, hide out; *(fig)* **être à l'**~ **de qch** to be on the look-out for sth.

affûtage [afytaʒ] *nm* sharpening, grinding.

affûter [afyte] (1) *vt* to sharpen, grind.

affûteur [afytœʀ] *nm (personne)* grinder.

affûteuse [afytøz] *nf (machine)* grinder, sharpener.

affûtiaux [afytjo] *nmpl* (††, *hum*) garments, raiment††† (U).

afghan, e [afgɑ̃, an] **1** *adj* Afghan. **2** *(Ling)* Afghan. **3** *nm, f*: **A~(e)** Afghan.

Afghanistan [afganistɑ̃] *nm* Afghanistan.

afin [afɛ̃] *prép*: ~ **de** to, in order to, so as to; ~ **que** + *subj* so that, in order that.

AFNOR [afnɔʀ] *nf (abrév de Association française de normalisation) French Industrial Standards Authority.*

afocal, e, -aux [afɔkal, o] *adj* afocal.

a fortiori [afɔʀsjɔʀi] *loc adv* a fortiori, all the more.

AFP [aɛfpe] *nf (abrév de Agence France-Presse)* French Press Agency.

africain, e [afʀikɛ̃, ɛn] **1** *adj* African. **2** *nm, f*: **A~(e)** African.

africanisation [afʀikanizasjɔ̃] *nf* Africanization.

africaniste [afʀikanist(ə)] *nmf* Africanist.

afrikaans [afʀikɑ̃s] *nm, adj inv* Afrikaans.

afrikaner [afʀikanɛʀ] *nm* Afrikaner.

Afrique [afʀik] *nf* Africa. **l'**~ **australe/du Nord/du Sud-Ouest** Southern/North/South-West Africa; **la République d'**~ **du Sud** the Republic of South Africa; **l'**~-**Équatoriale/-Occidentale** French Equatorial/West Africa.

afro- [afʀo] *préf* afro.

afro-asiatique [afʀoazjatik] **1** *adj* Afro-Asian. **2** *nmf*: **A~** Afro-Asian.

AG [aʒe] *abrév de* **Assemblée Générale.**

agaçant, e [agasɑ̃, ɑ̃t] *adj* irritating, aggravating*, annoying.

agacement [agasmɑ̃] *nm* irritation, annoyance.

agacer [agase] (3) *vt* **(a)** ~ **qn** *(énerver)* to get on sb's nerves, irritate *ou* aggravate* sb; *(taquiner)* to tease sb; ~ **les dents de qn** to set sb's teeth on edge; ~ **les nerfs de qn** to get on sb's nerves; **ça m'agace!** it's getting on my nerves!; **agacé par le bruit** irritated *ou* annoyed by the noise; **agacé de l'entendre** irritated at hearing him.
　(b) *(littér: aguicher)* to excite, lead on.

agaceries [agasʀi] *nfpl* coquetries, provocative gestures.

Agamemnon [agamɛmnɔ̃] *nm* Agamemnon.

agapes [agap] *nfpl (hum)* banquet, feast.

agate [agat] *nf* agate.

agave [agav] *nm* agave.

âge [aʒ] **1** *nm* **(a)** *(gén)* age. **quel** ~ **avez-vous?** how old are you?, what age are you?; **à l'**~ **de 8 ans** at the age of 8; **j'ai votre** ~ I'm your age, I'm the same age as you; **ils sont du même** ~ they're the same age; *(hum)* **il est d'un** ~ **canonique** he's a venerable age *(hum)*; **elle est d'un** ~ **avancé** she is getting on in age *ou* years, she is quite elderly; **d'**~ **moyen** middle-aged; **il ne paraît pas son** ~ he doesn't look his age; **elle porte bien son** ~ she looks well for her

age, she carries her years well; **il fait plus vieux que son** ~ he looks older than he is *ou* than his years; **sans** ~, **qui n'a pas d'**~ ageless; **il a vieilli avant l'**~ he has got *ou* is old before his time; **il a pris de l'**~ he has aged; **amusez-vous, c'est de votre** ~ enjoy yourself — you should (do) at your age; **j'ai passé l'**~ **de le faire** I've passed the age for doing it, I'm too old to do it; **avec l'**~ **il se calmera** as he grows *ou* gets older he'll settle down; **des gens de tout** ~ people of all ages; **être en** ~ **de se marier** to be of marriageable age, be old enough to get married; **être en** ~ **de combattre** to be old enough to fight; *V* **bas, moyen** *etc*.
　(b) *(ère)* age. **l'**~ **de (la) pierre/du bronze/du fer** the Stone/Bronze/Iron Age.
　2: l'âge adulte *(gén)* adulthood; *(homme)* manhood; *(femme)* womanhood; **l'âge critique** the change of life; **l'âge d'homme** manhood; **l'âge ingrat** the awkward *ou* difficult age; **l'âge légal** the legal age; **avoir l'âge légal** to be of age; **il n'a pas encore l'âge légal** he's under age; **l'âge mûr** maturity, middle age; **l'âge d'or** the golden age; **l'âge de la pierre polie** the neolithic age; **l'âge de la pierre taillée** the palaeolithic age; **l'âge de raison** the age of reason; **l'âge de la retraite** retiring age; **l'âge tendre** the tender years *ou* age; **l'âge viril = l'âge d'homme.**

âgé, e [aʒe] *adj*: **être** ~ to be old, be elderly *(euph)*; **être** ~ **de 9 ans** to be 9 (years old), be 9 years of age; **enfant** ~ **de 4 ans** a 4-year-old child; **dame** ~**e** elderly lady; **les personnes** ~**es** the elderly, old people.

agence [aʒɑ̃s] *nf (succursale)* branch (office); *(bureaux)* offices (*pl*); *(organisme)* agency, bureau, office. ~ **immobilière** estate agent's (office); ~ **matrimoniale** marriage bureau; ~ **de placement** employment agency *ou* bureau; ~ **de presse** news *ou* press agency, news service *(US)*; ~ **de publicité** advertising *ou* publicity agency; ~ **de renseignements** information bureau *ou* office; ~ **de voyages** travel agency.

agencé, e [aʒɑ̃se] *(ptp de agencer) adj*: **local bien/mal** ~ *(conçu)* well-/badly-laid-out *ou* -arranged premises; *(meublé)* well-/badly-equipped premises; **phrase bien** ~**e** well-put-together *ou* well-constructed sentence; **éléments bien** ~**s** well-organized elements.

agencement [aʒɑ̃smɑ̃] *nm [éléments]* organization, ordering; *[phrase, roman]* construction, organization; *[couleurs]* harmonization; *[local] (disposition)* arrangement, lay-out; *(équipement)* equipment. **muni d'**~**s modernes** provided with modern fittings, fitted with modern equipment.

agencer [aʒɑ̃se] (3) *vt éléments* to put together, organize, order; *couleurs* to harmonize; *phrase, roman* to put together, construct; *local (disposer)* to lay out, arrange; *(équiper)* to equip.

agenda [aʒɛ̃da] *nm* diary.

agenouillement [aʒnujmɑ̃] *nm (littér)* kneeling.

agenouiller (s') [aʒnuje] (1) *vpr* to kneel (down). **être agenouillé** to be kneeling; *(fig)* **s'**~ **devant l'autorité** to bow before authority.

agenouilloir [aʒnujwaʀ] *nm (escabeau)* hassock, kneeling stool; *(planche)* kneeling plank.

agent [aʒɑ̃] *nm* **(a)** ~ **(de police)** policeman, (police) constable *(Brit)*, patrolman *(US)*. ~ **de la circulation** ≃ policeman on traffic duty, traffic policeman; **pardon monsieur l'**~ excuse me, officer *ou* constable *(Brit)*.
　(b) *(Chim, Gram, Sci)* agent; *V* **complément.**
　(c) *(Comm, Pol: représentant)* agent; *(Admin)* officer, official. **les** ~**s du lycée/de l'hôpital** the ancillary staff of the school/hospital; **arrêter un** ~ **ennemi** to arrest an enemy agent; ~ **consulaire/de publicité** *etc* consular/publicity *ou* advertising *etc* agent; ~ **en franchise** franchised dealer.
　2: agent d'assurances insurance agent; **agent de change** stockbroker; **agent commercial** (sales) representative; **agent comptable** accountant; **agent double** double agent; **agent électoral** campaign organizer *ou* aide; **agent de la force publique** member of the police force; **agent du gouvernement** government official; **agent immobilier** estate agent *(Brit)*, real estate agent *(US)*; *(Mil)* **agent de liaison** liaison officer; **agent de maîtrise** supervisor; **agent maritime** shipping agent; **agent provocateur** agent provocateur; **agent de renseignements** intelligence agent; **agent secret** secret agent; **agent technique** technician; *(Mil)* **agent de transmission** despatch rider, messenger; **agent voyer** ≃ borough surveyor.

agentif [aʒɑ̃tif] *nm (Ling)* agentive.

aggloméré [aglɔmeʀa] *nm (Géol: volcanique)* agglomerate; *(Ling)* cluster.

agglomération [aglɔmeʀasjɔ̃] *nf* **(a)** *(Admin) (ville)* town; *(Aut)* built-up area. **l'**~ **parisienne** Paris and its suburbs, the urban area of Paris. **(b)** *[nations, idées]* conglomeration; *[matériaux]* conglomeration, agglomeration.

aggloméré [aglɔmeʀe] *nm (charbon)* briquette; *(bois)* chipboard, Masonite® *(US)*; *(pierre)* conglomerate.

agglomérer [aglɔmeʀe] (6) **1** *vt (amonceler)* to pile up; *(Tech) charbon* to briquette; *bois, pierre* to compress.
　2 s'agglomérer *vpr (Tech)* to agglomerate; *(s'amonceler)* to pile up; *(se rassembler)* to conglomerate, gather. *(Admin)* **population agglomérée** dense population.

agglutinant, e [aglytinɑ̃, ɑ̃t] **1** *adj (gén)* agglutinating; *(Ling)* agglutinative. **2** *nm* agglutinant.

agglutination [aglytinasjɔ̃] *nf (Bio, Ling)* agglutination.

agglutiner [aglytine] (1) *vt* to stick together; *(Bio)* to agglutinate. *(fig)* **les passants s'agglutinent devant la vitrine** the passers-by congregate in front of the window.

agglutinogène [aglytinɔʒɛn] *nm* agglutinogen.

aggravante [agʀavɑ̃t] *adj f V* **circonstance.**

aggravation [agʀavasjɔ̃] *nf [mal, situation]* worsening, aggravation; *[impôt, chômage]* increase.

aggraver [agʀave] (1) **1** *vt (faire empirer)* to make worse, worsen, aggravate; (*renforcer*) to increase. **2 s'aggraver** *vpr* (*empirer*) to get worse; (*se renforcer*) to increase.

agile [aʒil] *adj* (*physiquement, mentalement*) agile, nimble. **être ~ de ses mains** to be nimble with one's hands; **d'un geste ~** with an agile *ou* a nimble *ou* quick gesture; **~ comme un singe** as nimble as a goat.

agilement [aʒilmɑ̃] *adv* nimbly, agilely.

agilité [aʒilite] *nf* agility, nimbleness.

agio [aʒjo] *nm* (*frais*) *bank* charges; (*différence de cours*) Exchange premium.

agiotage [aʒjɔtaʒ] *nm* (*Hist*) speculation on exchange business.

agioteur [aʒjɔtœR] *nm* (*Hist*) speculator on exchange business.

agir [aʒiR] (2) **1** *vi* (a) (*gén*) to act; (*se comporter*) to behave, act. **il faut ~ tout de suite** we must act *ou* do something at once, we must take action at once; **il a agi de son plein gré/en toute liberté** he acted quite willingly/freely; **il agit comme un enfant** he acts *ou* behaves like a child; **il a bien/mal agi envers sa mère** he behaved well/badly towards his mother; **il a sagement agi** he did the right thing, he acted wisely; **le syndicat a décidé d'~** the union has decided to take action *ou* to act; **~ en ami** to behave *ou* act like a friend; **~ au nom de** to act on behalf of; *V* **façon, manière**.

(**b**) (*exercer une influence*) **~ sur qch** to act on sth; **~ sur qn** to bring pressure to bear on sb; (*Bourse*) **~ sur le marché** to influence the market; **~ auprès de qn** to use one's influence with sb.

(**c**) **faire ~: la loi** to put *ou* set the law in motion; **il a fait ~ son syndicat/ses amis** he got his union/friends to act *ou* take action; **je ne sais pas ce qui le fait ~ ainsi** I don't know what prompts him to *ou* makes him act like that.

(**d**) (*opérer*) [*médicament*] to act, work; [*influence*] to have an effect (*sur* on). **le remède agit lentement** the medicine is slow to take effect, the medicine acts *ou* works slowly; **laisser ~ la nature** to let nature take its course; **la lumière agit sur les plantes** light acts on *ou* has an effect on plants.

2 s'agir *vb impers* (a) (*il est question de*) **il s'agit de** it is a matter *ou* question of; **dans ce film il s'agit de 3 bandits** this film is about 3 gangsters; **décide-toi, il s'agit de ton avenir** make up your mind, it's your future that's at stake; **les livres dont il s'agit** the books in question; **quand il s'agit de manger, il est toujours là** when it's a matter of eating, he's always there; **quand il s'agit de travailler, il n'est jamais là** when there's any work to be done, he's never there *ou* around; **on a trouvé des colonnes: il s'agirait/il s'agit d'un temple grec** some columns have been found: it would appear to be/it is a Greek temple; **de quoi s'agit-il?** what is it?, what's it (all) about?, what's the matter?; **voilà ce dont il s'agit** that's what it's (all) about; **il ne s'agit pas d'argent** it's not a question *ou* matter of money; **il ne s'agit pas de ça!** that's not it! *ou* the point!; (*iro*) **il s'agit bien de ça!** that's hardly the problem!

(**b**) (*il est nécessaire de faire*) **il s'agit de faire: il s'agit de faire vite** we must act quickly, the thing (to do) is to act quickly; **il s'agit pour lui de réussir** what he has to do is succeed; **maintenant, il ne s'agit pas de plaisanter** this is no time for joking; **avec ça, il ne s'agit pas de plaisanter** that's no joking matter; **maintenant il s'agit de garder notre avance** now it's a matter *ou* question of maintaining our lead, now what we have to do *ou* must do is maintain our lead; **il s'agit de s'entendre: tu viens ou tu ne viens pas?** let's get one thing clear *ou* straight — are you coming or aren't you?; **il s'agit de savoir ce qu'il va faire** it's a question of knowing what he's going to do, what we have to establish is what he's going to do.

(**c**) (†*loc*) **s'agissant de qn/qch** as regards sb/sth; **s'agissant de sommes aussi importantes, il faut être prudent** when such large amounts are involved, one must be careful.

agissant, e [aʒisɑ̃, ɑ̃t] *adj* (*actif*) active; (*efficace*) efficacious, effective. **minorité ~e** active *ou* influential minority.

agissements [aʒismɑ̃] *nmpl* (*péj*) schemes, intrigues. **surveiller les ~ de qn** to keep an eye on what sb is up to*.

agitateur, -trice [aʒitatœR, tRis] **1** *nm,f* (*Pol*) agitator. **2** *nm* (*Chim*) stirring rod.

agitation [aʒitɑsjɔ̃] *nf* (a) [*mer*] roughness, choppiness; [*air*] turbulence; [*personne*] (*ayant la bougeotte*) restlessness, fidgetiness; (*affairé*) bustle; (*troublé*) agitation, nervousness; [*lieu, rue etc*] bustle, stir.

(**b**) (*Pol*) unrest, agitation.

agité, e [aʒite] (*ptp de* **agiter**) *adj* (a) *personne* (*ayant la bougeotte*) restless, fidgety; (*affairé*) bustling (*épith*); (*troublé*) agitated, troubled, perturbed. (*Psych*) **les ~s** manic persons.

(**b**) *mer* rough, choppy; *vie* hectic; *époque* troubled; *nuit* restless. **avoir le sommeil ~** to toss about in one's sleep, have broken sleep; **être ~ par la fièvre** to be restless with fever.

agiter [aʒite] (1) **1** *vt* (a) (*secouer*) *bras, mouchoir* to wave; *ailes* to flap, flutter; *queue* to wag; *bouteille, liquide* to shake; (*fig*) *menace* to brandish. **~ avant l'emploi** shake (well) before use *ou* using; **~ l'air de ses bras** to fan the air with one's arms; **le vent agite doucement les branches** the wind stirs *ou* sways the branches (gently); **le vent agite violemment les branches** the wind shakes the branches; **les feuilles, agitées par le vent** the leaves, quivering *ou* fluttering in the wind; **bateau agité par les vagues** boat tossed *ou* rocked by the waves.

(**b**) (*inquiéter*) to trouble, perturb, agitate.

(**c**) (*débattre*) *question, problème* to discuss, debate, air.

2 s'agiter *vpr* [*employé, serveur*] to bustle about; [*malade*] to move about *ou* toss restlessly; [*enfant, élève*] to fidget; [*foule, mer*] to stir. **s'~ dans son sommeil** to toss and turn in one's sleep; **les pensées qui s'agitent dans ma tête** the thoughts that are stirring *ou* dancing about in my head; **le peuple s'agite** the masses are stirring *ou* getting restless; **s'~ sur sa chaise** to wriggle about on one's chair.

agneau, *pl* **~x** [aɲo] *nm* lamb; (*fourrure*) lambskin. (*fig*) **son mari est un véritable ~** her husband is as meek as a lamb; (*iro*) **mes ~x** my dears (*iro*); (*Rel*) **~ pascal** paschal lamb; (*Rel*) **l'~ sans tache** the lamb without stain; **l'~ du sacrifice** the sacrificial lamb; *V* **doux, innocent**.

agnelage [aɲlaʒ] *nm* (*mise bas*) lambing; (*époque*) lambing season.

agneler [aɲle] (5) *vt* to lamb.

agnelet [aɲlɛ] *nm* small lamb, lambkin†.

agneline [aɲlin] *nf* lamb's wool.

agnelle [aɲɛl] *nf* (she) lamb.

Agnès [aɲɛs] *nf* Agnes.

agnosticisme [agnɔstisism(ə)] *nm* agnosticism.

agnostique [agnɔstik] *adj, nmf* agnostic.

agonie [agɔni] *nf* (*Méd*) death pangs *pl*. **entrer en ~** to begin to suffer the agony *ou* pangs of death, begin one's mortal agony (*frm*); **être à l'~** to be at death's door *ou* at the point of death; **longue ~** slow death; **son ~ fut longue** he died a slow death, he suffered the long agony of death (*frm*); (*fig*) **l'~ d'un régime** the death throes of a régime.

agonir [agɔniR] (2) *vt* to revile. **~ qn d'injures** to hurl insults *ou* abuse at sb, heap insults *ou* abuse on sb.

agonisant, e [agɔnizɑ̃, ɑ̃t] *adj* (*littér, fig*) dying. **la prière des ~s** prayers for the dying, last rites (*pl*).

agoniser [agɔnize] (1) *vi* (*littér, fig*) to be dying. **un blessé agonisait dans un fossé** a wounded man lay dying in a ditch.

agoraphobie [agɔRafɔbi] *nf* agoraphobia.

agrafage [agRafaʒ] *nm* [*vêtement*] hooking (up), fastening (up); [*papiers*] stapling; (*Méd*) putting in of clips.

agrafe [agRaf] *nf* [*vêtement*] hook, fastener; [*papiers*] staple; (*Méd*) clip.

agrafer [agRafe] (1) *vt vêtement* to hook (up), fasten (up); *papiers* to staple; (⁑: *arrêter*) to nab⁑, grab*, bust⁑ (*US*).

agrafeuse [agRaføz] *nf* stapler.

agraire [agRɛR] *adj politique, lois* agrarian; *mesure, surface* land (*épith*); *V* **réforme**.

agrammatical, e, *mpl* **-aux** [agramatikal, o] *adj* agrammatical.

agrandir [agRɑ̃diR] (2) **1** *vt* (a) (*rendre plus grand*) *passage* to widen; *trou* to make bigger, enlarge; *usine, domaine* to enlarge, extend; *écart* to increase; *photographie, dessin* to enlarge, blow up*; (*à la loupe*) to magnify. **ce miroir agrandit la pièce** this mirror makes the room look bigger *ou* larger; (*faire*) **~ sa maison** to extend one's house.

(**b**) (*développer*) to extend, expand. **pour ~ le cercle de ses activités** to widen *ou* extend *ou* expand the scope of one's activities.

(**c**) (*ennoblir*) *âme* to uplift, elevate, ennoble.

2 s'agrandir *vpr* [*ville, famille*] to grow, expand; [*écart*] to widen, grow, get bigger; [*passage*] to get wider; [*trou*] to get bigger. **il nous a fallu nous ~** we had to expand, we had to find a bigger place; **ses yeux s'agrandirent sous le coup de la surprise** his eyes widened *ou* grew wide with surprise.

agrandissement [agRɑ̃dismɑ̃] *nm* [*local*] extension; [*puissance, ville*] expansion; (*Phot*) (*action*) enlargement; (*photo*) enlargement, blow-up*.

agrandisseur [agRɑ̃disœR] *nm* enlarger.

agraphie [agRafi] *nf* agraphia.

agrarien, -ienne [agRaRjɛ̃, jɛn] *adj, nm* (*Hist, Pol*) agrarian.

agréable [agReabl(ə)] *adj* pleasant, agreeable. **~ à voir** nice to see; **~ à l'œil** pleasing to the eye; **~ à vivre** *personne* easy *ou* pleasant to live with; *lieu* pleasant to live in; **il est toujours ~ de** it is always pleasant *ou* nice *ou* agreeable to; **ce que j'ai à dire n'est pas ~** what I have to say isn't (very) pleasant; **si ça peut lui être ~** if that will please him; **il me serait ~ de** it would be a pleasure for me to, I should be pleased to; **être ~ de sa personne†** to be pleasant-looking *ou* personable†; **l'~ de la chose** the pleasant *ou* nice thing about it; *V* **joindre**.

agréablement [agReabləmɑ̃] *adv* pleasantly, agreeably. **nous avons ~ passé la soirée** we spent a pleasant *ou* an agreeable *ou* a nice evening, we spent the evening pleasantly *ou* agreeably; **~ surpris** pleasantly surprised.

agréé [agRee] *nm* attorney, solicitor (*appearing for parties before a 'tribunal de commerce'*).

agréer [agRee] (1) (*frm*) **1** *vt* (*accepter*) *demande, excuses* to accept. **veuillez ~, Monsieur** (*ou* **Madame**), **l'expression de mes sentiments distingués** yours faithfully (*Brit*) *ou* sincerely (*US*); **veuillez ~ mes meilleures** *ou* **sincères salutations** yours sincerely; **fournisseur agréé** authorized *ou* registered dealer.

2 agréer à *vt indir personne* to please, suit. **si cela vous agrée** if it suits *ou* pleases you, if you are agreeable.

agrès [agRɛ] *nm* (*arg Univ*) abrév *de* **agrégation**.

agrégat [agRega] *nm* (*Constr, Écon, Géol*) aggregate; (*péj*) [*idées*] medley.

agrégatif, -ive [agRegatif, iv] *nm,f* candidate for the *agrégation*.

agrégation [agRegɑsjɔ̃] *nf* (a) (*Univ*) agrégation, *highest competitive examination for teachers in France*. (b) [*particules*] aggregation.

agrégé, e [agReʒe] (*ptp de* **agréger**) *nm,f* agrégé, *qualified secondary ou high school teacher* (*holder of the agrégation*); *V* **professeur**.

agréger [agReʒe] (3 *et* 6) *vt particules* to aggregate. (*fig*) **~ qn à un groupe** to incorporate sb into a group; **s'~ à un groupe** to incorporate o.s. into a group.

agrément [agRemɑ̃] *nm* (a) (*littér: charme*) [*personne*] charm; [*visage*] attractiveness, charm; [*conversation*] charm, pleasantness, agreeableness; [*lieu, climat*] pleasantness, agreeableness, amenity (*littér*). **sa compagnie est pleine d'~** his company is very enjoyable *ou* pleasant *ou* agreeable; **ville/maison sans ~**

unattractive town/house, town/house with no agreeable *ou* attractive features; **les ~s de la vie** the pleasures of life, the pleasant things in life; **faire un voyage d'~** to go on *ou* make a pleasure trip; V **art, jardin.**
 (b) (*frm: consentement*) consent, approval; (*Jur*) assent.
 (c) (*Mus*) (**note d'**)**~** grace note.

agrémenter [agRemɑ̃te] (1) *vt*: **~ qch de** (*décorer*) to embellish *ou* adorn sth with; (*varier, relever*) to accompany sth with; **agrémenté de broderies** trimmed *ou* embellished *ou* adorned with embroidery; **conférence agrémentée de projections** lecture supplemented with *ou* accompanied by slides; **il agrémentait son récit d'anecdotes** he peppered *ou* enlivened his story with anecdotes; (*iro*) **dispute agrémentée de coups** argument enlivened with blows.

agrès [agRɛ] *nmpl* (*Aviat, Naut*) tackle; (*Sport*) (gymnastics) apparatus. **exercices aux ~** exercises on the apparatus, apparatus work.

agresser [agRese] (1) *vt* to attack. **se sentir agressé** to feel o.s. under attack; **agressé par la vie moderne** feeling the strains *ou* stresses of modern life.

agresseur [agRescœR] *nm* attacker, assailant, aggressor. **(pays) ~** aggressor.

agressif, -ive [agResif, iv] *adj* (*gén*) aggressive.

agression [agResjɔ̃] *nf* (*contre une personne*) attack; (*contre un pays*) aggression; (*dans la rue*) mugging; (*Psych*) aggression. **~ nocturne** attack *ou* assault at night; **être victime d'une ~** to be mugged; **les agressions de la vie moderne** the brutal stresses *ou* strains of modern living *ou* life.

agressivement [agResivmɑ̃] *adv* aggressively.

agressivité [agResivite] *nf* aggressiveness.

agreste [agRɛst(ə)] *adj* (*littér*) rustic.

agricole [agRikɔl] *adj ressources, enseignement* agricultural; *produits, travaux* farm (*épith*), agricultural; *population, peuple* farming (*épith*), agricultural. **ouvrier ~** farm *ou* field hand; V **comice, exploitation.**

agriculteur [agRikyltœR] *nm* farmer.

agriculture [agRikyltyR] *nf* agriculture, farming.

agripper [agRipe] (1) **1** *vt* (*se retenir à*) to grab *ou* clutch hold of; (*arracher*) to snatch, grab. **2 s'agripper** *vpr*: **s'~ à qch** to cling on to sth, clutch *ou* grip sth; **ne t'agrippe pas à moi** don't cling on to *ou* hang on to me.

agro-alimentaire [agRɔalimɑ̃tɛR] **1** *adj industrie* farm-produce. **2** *nm*: **l'~** the farm-produce industry.

agronome [agRɔnɔm] *nm* agronomist. **ingénieur ~** agricultural engineer.

agronomie [agRɔnɔmi] *nf* agronomy, agronomics (*sg*).

agronomique [agRɔnɔmik] *adj* agronomic(al).

agrumes [agRym] *nmpl* citrus fruits.

aguerrir [ageRiR] (2) *vt* to harden. **~ qn contre** to harden sb to *ou* against, inure sb to; **des troupes aguerries** (*au combat*) seasoned troops; (*à l'effort*) trained troops; **s'~** to become hardened; **s'~ contre** to become hardened to *ou* against, inure o.s. to.

aguets [agɛ] *nmpl*: **aux ~** on the look-out, on the watch.

aguichant, e [agiʃɑ̃, ɑ̃t] *adj* enticing, tantalizing.

aguicher [agiʃe] (1) *vt* to entice, lead on, tantalize.

aguicheur, -euse [agiʃœR, øz] *adj* enticing, tantalizing. **2** *nm* (*rare: enjôleur*) seducer. **3 aguicheuse** *nf* (*allumeuse*) teaser, vamp.

ah [ɑ] **1** *excl* **(a)** (*réponse, réaction exclamative*) ah!, oh!, ooh! (*question*) **~? bon?, ~ oui?** really?, is that so?; (*résignation*) **~ bon** oh *ou* ah well; (*insistance*) **~ oui** oh yes, yes indeed; (*insistance*) **~ non** oh no, certainly *ou* definitely not.
 (b) (*intensif*) **~ j'allais oublier** oh! *ou* ah! I nearly forgot; **~, ~!** **je t'y prends aha!** *ou* oho! I've caught you at it; **~, qu'il est lent!** oh how slow he is!
 2 *nm*: **pousser un ~ de soulagement** to sigh with relief, give a sigh of relief; **des ~s d'allégresse** oohs and ahs of joy.

ahan†† ** [aɑ̃] *nm* V **grand.

ahaner [aane] (1) *vi* (††, *littér*) to labour, make great efforts. **ahanant sous le fardeau** labouring under the burden.

ahuri, e [ayRi] (*ptp de* **ahurir**) **1** *adj* (*stupéfait*) stunned, flabbergasted; (*hébété, stupide*) stupefied, vacant. **avoir l'air ~** to have a stupefied look. **2** *nm, f* (*péj*) blockhead*, nitwit*.

ahurir [ayRiR] (2) *vt* to dumbfound, astound, stun.

ahurissant, e [ayRisɑ̃, ɑ̃t] *adj* stupefying, astounding; (*sens affaibli*) staggering.

ahurissement [ayRismɑ̃] *nm* stupefaction.

aï [ai] *nm* (*Zool*) ai.

aiche [ɛʃ] *nf* = **èche.**

aide [ɛd] **1** *nf* **(a)** (*assistance*) help, assistance. **apporter son ~ à qn** to bring help *ou* assistance to sb; **son ~ nous a été précieuse** he was a great help *ou* of great help *ou* assistance to us, his help was invaluable to us; **appeler/crier à l'~** to call/shout for help; **appeler qn à son ~** to call for help from sb, call to sb for help; **venir/aller à l'~ de qn** to come/go to sb's aid *ou* assistance, come/go to help sb; **venir en ~ à qn** to help sb, come to sb's assistance *ou* aid; **à l'~!** help!; **sans l'~ de personne** without (any) help *ou* assistance, (completely) unassisted *ou* unaided, single-handed.
 (b) (*secours financier*) aid.
 (c) **à l'~ de** with the help *ou* aid of.
 (d) (*Équitation*) **~s** aids.
 2 *nm, f* assistant. **~-chimiste/-chirurgien** assistant chemist/surgeon.
 3: aide de camp *nm* aide-de-camp; **aide-comptable** *nm, pl* **aides-comptables** accountant's assistant; **aide de cuisine** *nm* kitchen hand; **aide-électricien** *nm, pl* **aides-électriciens** electrician's mate (*Brit*) *ou* helper (*US*); **aide familiale** mother's help, home help; **aide-jardinier** *nm, pl* **aides-jardiniers** gardener's

help *ou* mate (*Brit*), under-gardener; **aide de laboratoire** *nmf* laboratory assistant; (*Écon*) **aide libérale** concessionary aid; **aide-maçon** *nm, pl* **aides-maçons** builder's mate (*Brit*) *ou* labourer; **aide maternelle** = **aide familiale**; **aide médicale (gratuite)** (free) medical aid; (*Ciné*) **aide-opérateur** *nm, pl* **aides-opérateurs** assistant cameraman; **aide sociale** ≃ social security, welfare; **recevoir l'aide sociale** ≃ to be on state aid *ou* social security (*Brit*); **aide soignante** state enrolled nurse (*Brit*), nursing auxiliary (*Brit*), nurse's aide (*US*).

aide-mémoire [ɛdmemwaR] *nm inv* crib (*Scol*), memorandum.

aider [ede] (1) **1** *vt* to help. **~ qn (à faire qch)** to help sb (to do sth); **~ qn à monter/à descendre/à traverser** to help sb up/down/across *ou* over; **il l'a aidé à sortir de la voiture** he helped him out of the car; **~ qn de ses conseils** to help *ou* assist sb with one's advice; **~ qn financièrement** to help sb (out) *ou* assist sb financially, give sb financial help *ou* aid; **il m'aide beaucoup** he helps me a lot, he's a great help to me; **je me suis fait ~ par** *ou* **de mon frère** I got my brother to help *ou* assist me *ou* to give me a hand*; **elle ne se déplace qu'aidée de sa canne** she can only get about with the help *ou* aid of her walking stick.
 2 *vi* to help. **elle est venue pour ~** she came to help (out) *ou* to give *ou* lend a hand; **~ à la cuisine** to help (out) in *ou* give a hand in the kitchen; **le débat aiderait à la compréhension du problème** discussion would help (towards) *ou* contribute towards an understanding of the problem, discussion would help (one) to understand the problem; **ça aide à passer le temps** it helps to pass (the) time; **l'alcool aidant, il se mit à parler** helped on by the alcohol *ou* with the help of alcohol, he began to speak; V **dieu.**
 3 s'aider *vpr* **(a)** **s'~ de** to use, make use of. **atteindre le placard en s'aidant d'un escabeau** to reach the cupboard by using a stool *ou* with the aid of a stool; **en s'aidant de ses bras** using his arms to help him.
 (b) (*loc*) **entre voisins il faut s'~** we neighbours should help each other (out); (*Prov*) **aide-toi, le Ciel t'aidera** God helps those who help themselves (*Prov*).

aïe [aj] *excl* (*douleur*) ouch!, ow! **~ ~ ~!**, **ça se présente mal** dear oh dear, things don't look too good!

aïeul [ajœl] *nm* (*littér*) grandfather. **les ~s** the grandparents.

aïeule [ajœl] *nf* (*littér*) grandmother.

aïeux [ajø] *nmpl* (*littér*) forefathers, forbears, ancestors. **mes ~!*** my godfathers!* (†, *hum*), by jingo!*

aigle [ɛgl(ə)] **1** *nm* (*Zool, lutrin*) eagle. **~ royal** golden eagle; **~ d'Amérique** American eagle; **~ de mer** (*oiseau*) sea eagle; (*poisson*) eagle ray; (*fig*) **regard d'~** eagle look; **ce n'est pas un ~*** he's no genius. **2** *nf* (*Mil, Zool*) eagle.

aiglefin [ɛglǝfɛ̃] *nm* haddock.

aiglon, -onne [ɛglɔ̃, ɔn] *nm, f* eaglet. (*Hist*) **l'A~** Napoleon II.

aigre [ɛgR(ə)] **1** *adj* **(a)** *fruit* sour, sharp; *vin* vinegary, sour, acid; *goût, odeur, lait* sour.
 (b) *son* shrill, piercing, sharp; *voix* sharp, cutting (*épith*).
 (c) *froid, vent* bitter, keen, cutting (*épith*).
 (d) *propos, critique* cutting (*épith*), harsh, acrid; V **tourner.**
 2: aigre-doux, aigre-douce, *mpl* **aigres-doux** *adj sauce* sweet and sour; *fruit* bitter-sweet; (*fig*) *propos* bitter-sweet.

aigrefin [ɛgRǝfɛ̃] *nm* swindler, crook.

aigrelet, -ette [ɛgRǝlɛ, ɛt] *adj petit-lait, pomme* sourish; *vin* vinegarish; *voix, son* shrillish.

aigrement [ɛgRǝmɑ̃] *adv répondre, dire* sourly.

aigrette [ɛgRɛt] *nf* (*plume*) feather; (*oiseau*) egret.

aigreur [ɛgRœR] *nf* **(a)** (*acidité*) [*petit-lait*] sourness; [*vin*] sourness, acidity; [*pomme*] sourness, sharpness. **(b)** **~s: avoir des ~s d'estomac** to have heartburn. **(c)** (*acrimonie*) sharpness, harshness.

aigri, e [egRi] (*ptp de* **aigrir**) *adj* embittered, bitter.

aigrir [egRiR] (2) **1** *vt personne* to embitter; *caractère* to sour. **2 s'aigrir** *vpr* [*aliment*] to turn sour; [*caractère*] to sour. **il s'est aigri** he has become embittered.

aigu, -uë [egy] **1** *adj* **(a)** *son, voix* high-pitched, shrill; *note* high-pitched, high. **(b)** *crise, phase* acute; *douleur* acute, sharp; *intelligence* keen, acute, sharp. **(c)** (*pointu*) sharp, pointed; V **accent, angle. 2** *nm* (*Mus*) (*sur bouton de réglage*) treble. **les ~s** the high notes; **passer du grave à l'~** to go from low to high pitch.

aigue-marine, *pl* **aigues-marines** [ɛgmaRin] *nf* aquamarine.

aiguière [ɛgjɛR] *nf* ewer.

aiguillage [eguijaʒ] *nm* (*Rail*) (*action*) shunting (*Brit*), switching (*US*); (*instrument*) points (*pl*) (*Brit*), switch (*US*). **le déraillement est dû à une erreur d'~** the derailment was due to faulty shunting (*Brit*) *ou* switching (*US*); (*fig*) **il y a eu une erreur d'~** there was a mix-up (in communication *etc*); V **cabine.**

aiguille [eguij] **1** *nf* **(a)** (*Bot, Couture, Méd*) needle. **~ à coudre/à tricoter/à repriser** sewing/knitting/darning needle; **travail à l'~** needlework; V **chercher, fil, tirer.**
 (b) [*compteur, boussole, gramophone*] needle; [*horloge*] hand; [*balance*] pointer, needle; [*cadran solaire*] pointer, index; [*clocher*] spire; (*Rail*) point (*Brit*), switch (*US*); (*Géog*) (*pointe*) needle; (*cime*) peak. **en forme d'aiguille** needle-shaped; **la petite/grande ~** the hour/minute hand, the little/big hand.
 2: aiguille de glace icicle; **aiguille de pin** pine needle.

aiguillée [eguije] *nf* length of thread (*for use with needle at any one time*).

aiguiller [eguije] (1) *vt* **(a)** (*orienter*) to direct. **~ un enfant vers le technique** to direct *ou* orientate *ou* steer a child towards technical studies; (*Scol*) **on l'a mal aiguillé** he was orientated *ou* steered in the wrong direction, he was misdirected; **~ la conversation sur un autre sujet** to direct *ou* steer the conversation onto another subject; **~ la police sur une mauvaise piste** to direct *ou* put the police onto the wrong track.

(b) (*Rail*) to shunt (*Brit*), switch (*US*).

aiguillette [eguijɛt] *nf [pourpoint]* aglet; (*Culin, Mil*) aiguillette.

aiguilleur [eguijœʀ] *nm* (*Rail*) pointsman (*Brit*), switchman. (*Aviat*) ～ du ciel air-traffic controller.

aiguillon [eguijɔ̃] *nm [insecte]* sting; *[bouvier]* goad; (*Bot*) thorn; (*fig*) spur, stimulus.

aiguillonner [eguijɔne] (1) *vt bœuf* to goad; (*fig*) to spur *ou* goad on.

aiguisage [egiza3] *nm* (*V* aiguiser) sharpening; grinding.

aiguiser [egize] (1) *vt* (a) *couteau, outil* to sharpen, grind; *rasoir* to sharpen. **(b)** (*fig*) *appétit* to whet, stimulate; *sens* to excite, stimulate; *esprit* to sharpen; *style* to polish.

aiguiseur [egizœʀ] *nm* (*ouvrier*) sharpener, grinder.

aiguisoir [egizwaʀ] *nm* sharpener, sharpening tool.

ail, pl ～s, **aulx** [aj, o] *nm* garlic; *V* gousse, saucisson, tête.

aile [ɛl] *nf* (a) (*gén*) wing; *[moulin]* sail; *[hélice, ventilateur]* blade, vane; *[nez]* wing; *[voiture]* wing (*Brit*), fender (*US*). ～ marchante (*Mil*) wheeling flank; (*fig*) *[groupe]* active element; ～ volante hang-glider.
(b) (*loc*) l'oiseau disparut d'un coup d'～ the bird disappeared with a flap of its wings; d'un coup d'～ nous avons gagné Orly we reached Orly in the twinkling of an eye *ou* in a trice; l'espoir lui donnait des ～s hope lent *ou* gave him wings; prendre sous son ～ (protectrice) to take under one's wing; sous l'～ maternelle under one's mother's *ou* the maternal wing; *V* peur, plomb, tire-d'aile(s) *etc*.

ailé, e [ele] *adj* (*fig littér*) winged.

aileron [ɛlʀɔ̃] *nm [poisson]* fin; *[oiseau]* pinion; (*avion*) aileron; (*Aut: de stabilisation*) aerofoil; (*Archit*) console.

ailette [ɛlɛt] *nf [missile, radiateur]* fin; *[turbine, ventilateur]* blade. (*Aut*) ～ de refroidissement cooling fan.

ailier [elje] *nm* (*gén*) winger; (*Rugby*) flanker, wing-forward.

aillade [ajad] *nf* garlic dressing *ou* sauce.

ailler [aje] (1) *vt* to flavour with garlic.

ailleurs [ajœʀ] *adv* (a) somewhere else, elsewhere. **nulle part** ～ nowhere else; **partout** ～ everywhere else; **il est** ～, **il a l'esprit** ～ his thoughts are *ou* his mind is elsewhere, he's miles away (*fig*); **ils viennent d'**～ they come from somewhere else; **j'ai gagné là ce que j'ai perdu (par)** ～ I gained on this what I lost elsewhere; **nous sommes passés (par)** ～ we went another way; **je l'ai su par** ～ I heard of it from another source.
(b) **par** ～ (*autrement*) otherwise, in other respects; (*en outre*) moreover, furthermore; **d'**～ besides, moreover; **d'**～ **il faut avouer que** ... anyway *ou* besides *ou* moreover we have to confess that ...; **ce vin, d'**～ **très bon, n'est** ... this wine, which I may add is very good *ou* which is very good by the way, is not ...; **lui non plus d'**～ neither does (*ou* is, has *etc*) he, for that matter.

ailloli [ajɔli] *nm* garlic mayonnaise.

aimable [ɛmabl(ə)] *adj* (a) (*gentil*) *parole* kind, nice; *personne* kind, nice, amiable (*frm*). **c'est un homme** ～ he's a (very) nice man; **tu es bien** ～ **de m'avoir attendu** it was very nice *ou* kind of you to wait for me; **c'est très** ～ **à vous** it's most kind of you; (*frm*) **soyez assez** ～ **pour** be so kind *ou* good as to (*frm*); ～ **comme une porte de prison** like a bear with a sore head.
(b) (†: *agréable*) *endroit, moment* pleasant.
(c) (††: *digne d'amour*) lovable, amiable††.

aimablement [ɛmabləmã] *adv agir* kindly, nicely; *répondre, recevoir* amiably, nicely; *refuser* politely. **il m'a offert** ～ **à boire** he kindly offered me a drink.

aimant¹ [ɛmã] *nm* magnet. ～ (**naturel**) magnetite (*U*), lodestone.

aimant², e [ɛmã, ãt] *adj* loving, affectionate.

aimantation [ɛmãtasjɔ̃] *nf* magnetization.

aimanté, e [ɛmãte] (*ptp de* aimanter) *adj aiguille, champs* magnetic.

aimanter [ɛmãte] (1) *vt* to magnetize.

aimer [eme] (1) **1** *vt* (a) (*d'amour*) to love, be in love with; (*d'amitié, attachement, goût*) to like, be fond of. ～ **beaucoup** *personne* to like very much *ou* a lot, be very fond of; *animaux, choses* to like very much *ou* a lot, be very keen on *ou* fond of, love; ～ **bien** to like, be fond of; **il l'aime d'amour** he loves her; **il l'aime à la folie** he adores her, he's crazy about her*; **j'aime une bonne tasse de café après déjeuner** I like *ou* enjoy *ou* love a good cup of coffee after lunch; **les hortensias aiment l'ombre** hydrangeas like shade; **tous ces trucs-là, tu aimes, toi?*** do you go in for all that kind of stuff?*; **je n'aime pas beaucoup cet acteur** I don't care for *ou* I don't like that actor very much, I'm not very keen on (*Brit*) that actor, I don't go much for that actor*; **elle n'aime pas le tennis** she doesn't like tennis *ou* care for tennis, she's not keen on (*Brit*) tennis; **les enfants aiment qu'on s'occupe d'eux** children like *ou* love attention; **elle n'aime pas qu'il sorte le soir** she doesn't like him going out *ou* him to go out at night; ～ **faire**, (*littér*) ～ **à faire** to like doing *ou* to do; (*frm, hum*) **j'aime à penser** *ou* **à croire que** ... I like to think that ...; *V* qui.
(b) (*avec assez, autant, mieux*) ～ **autant:** **j'aime autant vous dire que je n'irai pas!** I may as well tell you that I won't go!; **il aime** *ou* **aimerait autant ne pas sortir aujourd'hui** he'd just as soon not go out today, he'd be just as happy not going out today; **j'aimerais autant que ce soit elle qui m'écrive** I'd rather it was she who wrote to me; **j'aime autant qu'elle ne soit pas venue** I'm just as happy *ou* it's (probably) just as well she didn't come; **j'aime autant ça!*** (*menace*) I'm pleased to hear it!; **that sounds more like it!***; (*soulagement*) what a relief!; ～ **mieux:** **on lui apporte des fleurs, elle aimerait mieux des livres** they bring her flowers and she would rather *ou* sooner have *ou* she would prefer books; **il aurait mieux aimé se reposer que d'aller au cinéma** he would rather have rested *ou* he would have preferred to rest than go to the cinema; ～ **assez: elle aime assez** *ou* **bien bavarder avec les commerçants** she quite *ou* rather likes chatting with the tradesmen.

(c) (*au conditionnel = vouloir*) **aimeriez-vous une tasse de thé?** would you like a cup of tea?, would you care for a cup of tea?; **elle aimerait bien aller se promener** she would like to go for a walk; **j'aimerais vraiment venir** I'd really like to come, I'd love to come; **je n'aimerais pas être dehors par ce temps** I wouldn't want *ou* like to be out in this (sort of) weather; **j'aimerais assez/je n'aimerais pas ce genre de manteau** I would rather like/wouldn't like a coat like that.

2 s'aimer *vpr* (a) **ils s'aiment** they are in love, they love each other; **aimez-vous les uns les autres** love one another; **ces deux collègues ne s'aiment guère** there's no love lost between those two colleagues; **se faire** ～ **de quelqu'un de riche** *etc* to get somebody rich *etc* to fall in love with one; **essayer de se faire** ～ **de qn** to try to win the love *ou* affection of sb; **je ne m'aime pas avec ce chapeau** I don't like myself in that hat.
(b) (*faire l'amour*) to make love.

aine [ɛn] *nf* groin (*Anat*).

aîné, e [ene] **1** *adj* (*plus âgé*) older (*que* than), elder; (*le plus âgé*) eldest, oldest.
2 *nm* (a) *[famille]* l'～ (*des garçons*) the eldest boy; **mon (frère)** ～ (*plus âgé*) my older *ou* elder brother; (*le plus âgé*) my oldest *ou* eldest brother; l'～ **des mes frères** my eldest *ou* oldest brother; **le père était fier de son** ～ the father was proud of his oldest *ou* eldest boy *ou* son.
(b) (*relation d'âges*) **il est mon** ～ he's older than me; **il est mon** ～ **de 2 ans** he's 2 years older than me, he's 2 years my senior; (*littér*) **respectez vos** ～**s** respect your elders.
3 aînée *nf* (a) l'～**e** (*des filles*) the oldest *ou* eldest girl *ou* daughter; **ma sœur** ～**e, mon** ～**e** (*plus âgée*) my older *ou* elder sister; (*la plus âgée*) my oldest *ou* eldest sister.
(b) **elle est mon** ～**e** she's older than me; **elle est mon** ～**e de 2 ans** she's 2 years older than me, she's 2 years my senior.

aînesse [ɛnɛs] *nf V* droit.

ainsi [ɛ̃si] *adv* (a) (*de cette façon*) in this way *ou* manner. **je préfère agir** ～ I prefer to act in this way *ou* manner *ou* to act thus; **il faut procéder** ～ you have to proceed as follows *ou* thus *ou* in this manner; **c'est** ～ **que ça s'est passé** that's the way *ou* how it happened; **est-ce** ～ **que tu me traites?** is this the way *ou* is this how you treat me?, **pourquoi me traites-tu** ～? why do you treat me thus?†, why do you treat me like this? *ou* in this way?; ～ **finit son grand amour** thus ended his great love; **il n'en est pas** ～ **pour tout le monde** it's not so *ou* the case for everyone; **s'il en est** ～ *ou* **puisque c'est** ～, **je m'en vais** if *ou* since this is the way things are *ou* how things are, I am leaving, if *ou* since this is the case, I am leaving; **s'il en était** ～ if this were the case; **il en sera** ～ **et pas autrement** this is how *ou* the way it *ou* things will be and no other way.
(b) (*littér: en conséquence*) thus; (*donc*) so. **ils ont perdu le procès,** ～ **ils sont ruinés** they lost the case and so they are ruined; ～ **tu vas partir!** so, you're going to leave!
(c) (*littér: de même*) so, in the same way. **comme le berger mène ses moutons,** ～ **le pasteur guide ses ouailles** just as the shepherd leads his sheep, so *ou* in the same way does the minister guide his flock (*littér*).
(d) ～ **que** (*just*) as; (*littér*) ～ **qu'il vous plaira** (just) as it pleases you; ～ **que nous avons dit hier** just as we said yesterday; **la jalousie,** ～ **qu'un poison subtil, s'insinuait en lui** jealousy, (just) like a subtle poison, was slowly worming its way into him; **sa beauté** ～ **que sa candeur me frappèrent** I was struck by her beauty as well as her innocence.
(e) (*loc*) **pour** ～ **dire** so to speak, as it were; **ils sont pour** ～ **dire ruinés** they are ruined, so to speak *ou* as it were, you might say they are ruined; ～ **soit-il** (*gén*) so be it; (*Rel*) amen; **et** ～ **de suite** and so on (and so forth); ～ **va le monde** that's the way of the world.

air¹ [ɛʀ] **1** *nm* (a) (*gaz*) air; (*brise*) air, (light) breeze; (*courant d'air*) draught (*Brit*), draft (*US*). l'～ **de la campagne** *ou* **de la mer** country/sea air; l'～ **de la ville ne lui convient pas** town air *ou* the air of the town doesn't suit him; **une pièce sans** ～ a stuffy room; **on manque d'**～ **ici** there's no air (in) here, it's stuffy (in) here; **donnez-nous un peu d'**～ give us some (fresh) air; **sortir à l'**～ **libre** to come out into the open air; **jouer à l'**～ to play in the open air *ou* outdoors; **mettre la literie à l'**～ to put the bedclothes (out) to air *ou* out for an airing, air the bedclothes; **sortir prendre l'**～ to go out for some *ou* a breath of (fresh) air; (*Naut*) **il y a des** ～**s** there is a wind (up); **il y a un peu d'**～ **aujourd'hui** there's a light *ou* slight breeze today; **on sent de l'**～ **qui vient de la porte** you can feel a draught (*Brit*) *ou* draft (*US*) from the door; *V* bol, chambre, courant *etc*.
(b) (*espace*) air. **s'élever dans l'**～ *ou* **dans les** ～**s** to rise (up) into the skies *ou* the air; **regarder en l'**～ to look up; **avoir le nez en l'**～ to gaze vacantly about one; **jeter qch en l'**～ to throw sth (up) into the air; **transports par** ～ air transport, transport by air; **l'avion a pris l'**～ the plane has taken off; **de l'**～ **hôtesse, ministère** air (*épith*); *V* armée, école, mal.
(c) (*fig: atmosphère, ambiance*) atmosphere. **dans l'**～: **ces idées étaient dans l'**～ **à cette époque** those ideas were in the air at that time; **il y a de la bagarre dans l'**～ there's a quarrel in the wind *ou* brewing; **il y a de l'orage dans l'**～ there's a storm brewing; **la grippe est dans l'**～ there's flu about (*Brit*) *ou* going around; **il est allé prendre l'**～ **du bureau** he has gone to see how things look *ou* what things look like at the office; **tout le monde se dispute, l'**～ **de la maison est irrespirable** everyone's quarrelling and the atmosphere in the house is unbearable; **il a besoin de l'**～ **de la ville** he needs the atmosphere of the town.
(d) (*loc*) **en l'**～ *paroles, promesses* idle, empty; *agir* rashly; **ce ne sont encore que des projets en l'**～ these plans are still very much in the air; **en l'**～ (*en désordre*) upside down, in a mess; **flanquer*** *ou*

ficher* *ou* foutre‡ tout en l'~ (*jeter*) to chuck‡ *ou* sling* (*Brit*) it all away *ou* out; (*abandonner*) to chuck it all up‡ (*Brit*) *ou* in‡; **ce contretemps a fichu en l'~ mes vacances*** this hitch has (completely) messed up my holidays*; **en courant, il a flanqué le vase en l'~*** as he was running he knocked over the vase; **vivre** *ou* **se nourrir de l'air du temps** to live on air *ou* on nothing at all; *V* **parler**.

  2: **air comprimé** compressed air; **air conditionné** air conditioning; **air liquide** liquid air; (*Mil*) **air-sol** *adj inv* air-to-ground.

air² [ɛʀ] *nm* (a) (*apparence, manière*) air. **d'un ~ décidé** in a resolute manner; **sous son ~ calme c'est un homme énergique** beneath his calm appearance he is a forceful man; **un garçon à l'~ éveillé** a lively-looking boy; **ils ont un ~ de famille** there's a family likeness between them; **ça lui donne l'~ d'un clochard** it makes him look like a tramp; *V* **faux, grand**.

  (b) (*expression*) look, air. **d'un ~ perplexe** with a look *ou* an air of perplexity, with a perplexed air *ou* look; **je lui trouve un drôle d'~** I think he looks funny *ou* very odd; **prendre un ~ éploré** to put on *ou* adopt a tearful expression; **elle a pris son petit ~ futé pour me dire** she told me in her sly little manner, she put on that rather sly look she has *ou* of hers to tell me; **prendre un ~ entendu** to put on a knowing air.

  (c) (*loc*) **avoir l'~**: **elle a l'~ d'une enfant** she looks like a child; **ça m'a l'~ d'un mensonge** it looks to me *ou* sounds to me like a lie; **ça m'a l'~ d'être assez facile** it strikes me as being fairly easy, it looks fairly easy to me; **elle a l'~ intelligente** she looks *ou* seems intelligent, she has an intelligent look; **il a eu l'~ de ne pas comprendre** he looked as if *ou* as though he didn't understand, he didn't seem to understand; (*faire semblant*) he pretended not to understand; **elle n'avait pas l'~ de vouloir travailler** she didn't look as if *ou* as though she wanted to work; **il est très ambitieux sans en avoir l'~** he might not look it but he's very ambitious, he's very ambitious although he might not *ou* doesn't really look it; **ça (m')a tout l'~ d'être une fausse alerte** it looks (to me) as if it's a false alarm; **il a l'~ de vouloir neiger** it looks like snow; **de quoi j'ai l'~ maintenant!*, j'ai l'~ fin maintenant!*** I really look like (a bit of) a fool (*Brit*) *ou* like a fine one (*Brit*) *ou* like an idiot now*; **il n'a l'~ de rien, mais il sait ce qu'il fait** you wouldn't think it to look at him but he knows what he's doing; **cette plante n'a l'~ de rien, pourtant elle donne de très jolies fleurs** this plant doesn't look much but it has very pretty flowers; **sans avoir l'~ de rien, filons discrètement** let's just behave naturally and slip away unnoticed.

air³ [ɛʀ] *nm* [*opéra*] aria; (*mélodie*) tune, air. **l'~ d'une chanson** the tune of a song; **~ d'opéra** operatic aria; **~ de danse** dance tune; (*lit, fig*) **~ connu** familiar tune; **chanter des slogans sur l'~ des lampions** to chant slogans.

airain [ɛʀɛ̃] *nm* (*littér*) bronze.

aire [ɛʀ] *nf* (*zone*) area, zone; (*Math*) area; [*aigle*] eyrie. **~ d'atterrissage** landing strip; (*pour hélicoptère*) landing pad; (*Agr*) **~ de battage** threshing floor; (*Géol*) **~s continentales** continental shields; **~ d'embarquement** boarding area; (*Bio*) **~ embryonnaire** germinal area; **~ de jeu** adventure playground; **~ de lancement** launching site; (*sur autoroute*) **~ de repos** rest area (*on motorway etc*); **~ de service** motorway services, service station; **~ de stationnement** parking area; (*Naut*) **~ de vent** rhumb; **suivant l'~ de vent** following the rhumb-line route, taking a rhumb-line course.

airelle [ɛʀɛl] *nf* (*myrtille*) bilberry, whortleberry, blueberry. **~ (rouge)** (type of) cranberry.

ais†† [ɛ] *nm* (*planche*) plank, board.

aisance [ɛzɑ̃s] *nf* (a) (*facilité*) ease. **s'exprimer avec une rare *ou* parfaite ~** to have great facility *ou* ease of expression, express o.s. with great ease *ou* facility; **il patinait avec une rare *ou* parfaite ~** he skated with the greatest of ease *ou* with great ease; **il y a beaucoup d'~ dans son style** he has an easy *ou* a flowing style *ou* a very fluent style.

  (b) (*richesse*) affluence. **vivre dans l'~** to be comfortably off *ou* well-off, live comfortably.

  (c) (*Couture*) **redonner de l'~ sous les bras** to give more freedom of movement *ou* more fullness under the arms; *V* **pli**.

  (d) *V* **fosse, lieu**.

aise [ɛz] **1** *nf* (a) (*littér*) joy, pleasure, satisfaction. **j'ai tant d'~ à vous voir** I'm overjoyed to see you, it gives me such joy *ou* pleasure *ou* satisfaction to see you; **sourire d'~** to smile with pleasure; **tous ces compliments la comblaient d'~** all these compliments made her overjoyed *ou* filled her with great joy *ou* satisfaction.

  (b) (*loc*) **être à l'~, être à son ~** (*dans une situation*) to be *ou* feel at ease; (*dans un vêtement, fauteuil*) to feel *ou* be comfortable; (*être riche*) to be comfortably off *ou* comfortable; **être mal à l'~, être mal à son ~** (*dans une situation*) to be *ou* feel ill at ease; (*dans un vêtement, fauteuil*) to feel *ou* be uncomfortable; **mettez-vous à l'~** *ou* **à votre ~** make yourself comfortable, make yourself at home; **leur hôtesse les mit tout de suite à l'~** their hostess immediately put them at (their) ease *ou* made them feel immediately at home; **en prendre à son ~ avec qch** to make free with sth, do exactly as one likes with sth; **vous en prenez à votre ~!** you're taking things nice and easy!; **tu en parles à ton ~!** it's easy (enough) *ou* it's all right for you to talk!; **à votre ~!** please yourself, just as you like!; **on tient à l'~ à 4 l'~ dans cette voiture** this car holds 4 (quite) comfortably, 4 can get in this car (quite) comfortably.

  (c) **~s**: **aimer ses ~s** to like *ou* be fond of one's creature comforts *ou* one's comforts; (*iro*) **tu prends tes ~s!** you're making yourself comfortable all right! (*iro*).

  2 *adj* (*littér*) **être bien ~ d'avoir fini son travail** to be delighted *ou* most pleased to have finished one's work.

aisé, e [eze] *adj* (a) (*facile*) easy. (b) (*dégagé*) **démarche** easy,

graceful; *style* flowing, fluent. (c) (*riche*) well-to-do, comfortably off (*attrib*), well-off.

aisément [ezemɑ̃] *adv* (*sans peine*) easily; (*sans réserves*) readily; (*dans la richesse*) comfortably.

aisselle [ɛsɛl] *nf* (*Anat*) armpit, axilla (*T*); (*Bot*) axil.

Aix [ɛks] *n*: **~-la-Chapelle** Aachen.

Ajaccio [aʒaksjo] *n* Ajaccio.

Ajax [aʒaks] *nm* Ajax.

ajonc [aʒɔ̃] *nm* gorse (*U*), furze (*U*).

ajour [aʒuʀ] *nm* (*gén pl*) [*broderie, sculpture*] openwork (*U*).

ajouré, e [aʒuʀe] (*ptp de* **ajourer**) *adj* **mouchoir** openwork (*épith*), hemstitched; **bijou, sculpture** which has an openwork design.

ajourer [aʒuʀe] (1) *vt* **sculpture** to ornament with openwork; **mouchoir** to hemstitch.

ajournement [aʒuʀnəmɑ̃] *nm* (*V* **ajourner**) adjournment; deferment; postponement; referring; summons.

ajourner [aʒuʀne] (1) **1** *vt*; **assemblée** to adjourn; **réunion, élection, décision** to defer, postpone, adjourn; **date** to postpone, put off, delay; **candidat** to refer; **conscrit** to defer; (*Jur: convoquer*) to summon. **réunion ajournée d'une semaine/au lundi suivant** meeting adjourned *ou* delayed for a week/until the following Monday.

  2 s'ajourner *vpr* (*Pol*) to adjourn.

ajout [aʒu] *nm* [*texte*] addition.

ajouter [aʒute] (1) **1** *vt* (a) to add. **ajoute un peu de sel** put in *ou* add a bit more salt; **je dois ~ que** I should add that; **sans ~ un mot** without (saying *ou* adding) another word; **ajoutez à cela qu'il pleuvait** on top of that *ou* in addition to that *ou* what's more, it was raining; **ajoutez à cela sa maladresse naturelle** add to that his natural clumsiness.

  (b) **~ foi aux dires de qn** to lend *ou* give credence to sb's statements, believe sb's statements.

  2 ajouter à *vt indir* (*littér*) to add to, increase; **ton arrivée ajoute à mon bonheur** your arrival adds to *ou* increases my happiness.

  3 s'ajouter *vpr*: **s'~ à** to add to; **ces malheurs venant s'~ à leur pauvreté** these misfortunes adding further to their poverty; **ceci, venant s'~ à ses difficultés** this coming on top of *ou* to add further to his difficulties; **à ces dépenses viennent s'~ les impôts** on top of *ou* in addition to these expenses there are taxes.

ajustage [aʒystaʒ] *nm* (*Tech*) fitting.

ajustement [aʒystəmɑ̃] *nm* [*statistique, prix*] adjustment; (*Tech*) fit.

ajuster [aʒyste] (1) **1** *vt* (a) (*régler*) **ceinture, salaires** to adjust; **vêtement** to alter; **pièce réglable** to adjust, regulate. **robe ajustée** close-fitting dress; **il leur est difficile d'~ leurs vues** it is difficult for them to make their views agree *ou* to reconcile their views.

  (b) (*adapter*) **~ qch à** to fit sth to; **~ un tuyau à** qch to fit a hose onto sth; **~ son style à un sujet** to fit *ou* adapt one's style to a subject.

  (c) *tir* to aim. **~ son coup** to aim one's shot; **~ qn** to aim at sb.

  (d) (†) **coiffure** to tidy, arrange; **tenue** to arrange.

  2 s'ajuster *vpr* (a) (*Tech*) (*s'emboîter*) to fit (together); (*s'adapter*) to be adjustable. **s'~ à** to fit.

  (b) (†: *se rajuster*) to adjust *ou* tidy one's dress†.

ajusteur [aʒystœʀ] *nm* metal worker.

Alabama [alabama] *nm* Alabama.

alacrité [alakʀite] *nf* (*littér*) alacrity.

Aladin [aladɛ̃] *nm* Aladdin.

Alain [alɛ̃] *nm* Alan.

alaise [alɛz] *nf* undersheet, drawsheet.

alambic [alɑ̃bik] *nm* still (*Chim*).

alambiqué, e [alɑ̃bike] *adj* (*péj*) **style, discours** convoluted (*péj*), involved; **personne, esprit** over-subtle (*péj*).

alangui, e [alɑ̃gi] (*ptp de* **alanguir**) *adj* **attitude, geste** languid; **rythme, style** languid, lifeless.

alanguir [alɑ̃giʀ] (2) **1** *vt* (a) [*fièvre*] to make feeble *ou* languid, enfeeble; [*chaleur*] to make listless *ou* languid; [*plaisirs, vie paresseuse*] to make indolent *ou* languid. **être tout alangui par la chaleur** to feel listless *ou* languid with the heat.

  (b) *récit* to make nerveless *ou* lifeless.

  2 s'alanguir *vpr* to grow languid *ou* weak, languish.

alanguissement [alɑ̃gismɑ̃] *nm* languidness, languor.

alarmant, e [alarmɑ̃, ɑ̃t] *adj* alarming.

alarme [alarm(ə)] *nf* (a) (*signal de danger*) alarm, alert. **donner** *ou* **sonner l'~** to give *ou* sound *ou* raise the alarm, give the alert; *V* **signal, sirène, sonnette**.

  (b) (*inquiétude*) alarm. **jeter l'~** to cause alarm; **à la première ~** at the first sign of danger.

alarmer [alarme] (1) **1** *vt* to alarm. **2 s'alarmer** *vpr* to become alarmed (*de, pour* about, at). **il n'a aucune raison de s'~** he has *ou* there is no cause for alarm.

alarmiste [alarmist(ə)] *adj, nmf* alarmist.

Alaska [alaska] *nm* Alaska. **la route de l'~** the Alaska Highway; **la chaîne de l'~** the Alaska Range.

albanais, e [albanɛ, ɛz] **1** *adj* Albanian. **2** *nm* (*Ling*) Albanian. **3** *nm,f*: **A~(e)** Albanian.

Albanie [albani] *nf* Albania.

albâtre [albɑtʀ(ə)] *nm* alabaster.

albatros [albatʀos] *nm* (*oiseau*) albatross; (*Golf*) albatross (*Brit*), double eagle (*US*).

Albert [albɛʀ] *nm* Albert.

Alberta [albɛʀta] *nm* Alberta.

albigeois, e [albiʒwa, waz] **1** *adj* (a) (*Géog*) of *ou* from Albi. (b) (*Hist*) Albigensian. **2** *nm,f*: **A~(e)** inhabitant *ou* native of Albi. **3** *nmpl* (*Hist*) **les ~** the Albigenses, the Albigensians; *V* **croisade**.

albinisme [albinism(ə)] *nm* albinism.

albinos [albinos] *nmf, adj inv* albino.

Albion [albjɔ̃] *nf*: (la perfide) ~ (perfidious) Albion.
album [albɔm] *nm* album. ~ **de timbres** stamp album; ~ **à colorier** colouring *ou* painting book.
albumen [albymɛn] *nm* albumen.
albumine [albymin] *nf* albumin.
albumineux, -euse [albyminø, øz] *adj* albuminous.
albuminurie [albyminyʀi] *nf* albuminuria.
albuminurique [albyminyʀik] *adj* albuminuric.
alcade [alkad] *nm* alcalde.
alcaïque [alkaik] *adj* Alcaic. **vers** ~s Alcaics.
alcali [alkali] *nm* alkali. ~ **volatil** ammonia.
alcalin, e [alkalɛ̃, in] *adj* alkaline.
alcalinité [alkalinite] *nf* alkalinity.
alcaloïde [alkalɔid] *nm* alkaloid.
Alceste [alsɛst] *nm* Alcestis.
alchimie [alʃimi] *nf* alchemy.
alchimique [alʃimik] *adj* alchemical, of alchemy.
alchimiste [alʃimist(ə)] *nm* alchemist.
alcool [alkɔl] *nm* **(a)** (*Chim*) alcohol. ~ **absolu** pure alcohol; ~ **à brûler** methylated spirits; ~ **camphré** camphorated alcohol; ~ **à 90°** surgical spirit; **lampe à** ~ spirit lamp.
   (b) (*boisson*) alcohol (*U*). **boire de l'**~ (*gén*) to drink alcohol; (*eau de vie*) to drink spirits; **il ne prend jamais d'**~ he never drinks *ou* he never touches alcohol; **le cognac est un** ~ cognac is a brandy *ou* spirit; **vous prendrez bien un petit** ~ you won't say no to a little brandy *ou* liqueur; ~ **de prune/poire** plum/pear brandy; ~ **de menthe** medicinal mint spirit.
alcoolémie [alkɔlemi] *nf*: **taux d'**~ alcohol level (in the blood).
alcoolique [alkɔlik] *adj, nmf* alcoholic.
alcooliser [alkɔlize] (1) **1** *vt* to alcoholize. **boissons alcoolisées** alcoholic drinks. **2 s'alcooliser** *vpr* to become an alcoholic; (*hum: s'enivrer*) to get drunk.
alcoolisme [alkɔlism(ə)] *nm* alcoholism.
alcootest [alkɔtɛst] *nm* (*objet*) Breathalyser; (*épreuve*) breath test. **faire subir un** ~ **à qn** to breathalyse sb, give sb a breath test, to breath test sb.
alcoomètre [alkɔmɛtʀ(ə)] *nm* alcoholometer.
alcôve [alkov] *nf* alcove, recess (*in a bedroom*). (*fig*) **d'**~ bedroom (*épith*), intimate; *V* **secret**.
alcyon [alsjɔ̃] *nm* (*Myth*) Halcyon.
aléa [alea] *nm* hazard. **en comptant avec tous les** ~s taking all the risks *ou* the unknown factors into account; **les** ~s **de l'examen** the hazards of the exam; **après bien des** ~s after many ups and downs *ou* many hazards.
aléatoire [aleatwaʀ] *adj* gains, succès uncertain; *marché* chancy, risky, uncertain; (*Ordin*) *nombre, accès* random; (*Mus*) aleatoric; *V* **contrat**.
alémanique [alemanik] *adj, nm* (*Ling*) Alemannic; *V* **suisse**.
alène [alɛn] *nf* awl.
alentour [alɑ̃tuʀ] *adv* around, round about. **tout** ~ *ou* **à l'entour**†† all around; ~ **de qch** (a)round sth; **les villages d'**~ the villages around *ou* round about, the neighbouring *ou* surrounding villages.
alentours [alɑ̃tuʀ] *nmpl* **(a)** (*environs*) [*ville*] surroundings, neighbourhood. **les** ~ **sont très pittoresques** the surroundings *ou* environs are very picturesque; **dans les** ~ in the vicinity *ou* neighbourhood; **aux** ~ **de Dijon** in the vicinity *ou* neighbourhood of Dijon; (*fig*) **étudier les** ~ **d'un problème** to study the side issues of a problem; **il gagne aux** ~ **de 1.000 F** he earns (something) in the region *ou* neighbourhood of 1,000 francs, he earns round about (*Brit*) 1,000 francs; **aux** ~ **de 8 heures** round about 8 (o'clock), some time around 8 (o'clock).
   (b) (*Art*) [*tapisserie*] border.
Aléoutiennes *adj fpl, nfpl*: **les (îles)** ~ the Aleutian Islands, the Aleutians.
Alep [alɛp] *nm* Aleppo.
alerte [alɛʀt(ə)] **1** *adj personne, geste* agile, nimble; *esprit* alert, agile, nimble; *vieillard* spry, agile; *style* brisk, lively.
   2 *nf* **(a)** (*signal de danger, durée du danger*) alert, alarm. **donner l'**~ to give the alert *ou* alarm; **donner l'**~ **à qn** to alert sb; ~ **aérienne** air raid warning; ~ **à la bombe** bomb scare; **système d'**~ alarm system; (*guerre atomique*) early warning system; **les nuits d'**~ nights on alert *ou* with an alert; *V* **état, fausse**.
   (b) (*fig*) (*avertissement*) warning sign; (*inquiétude*) alarm. **à la première** ~ at the first warning sign; **l'**~ **a été chaude** *ou* **vive** there was intense *ou* considerable alarm.
   3 *excl*: ~! watch out.
alertement [alɛʀt(ə)mɑ̃] *adv* (*V* **alerte**) agilely; nimbly; alertly; spryly; briskly.
alerter [alɛʀte] (1) *vt* (*donner l'alarme*) to alert; (*informer*) to inform, notify; (*prévenir*) to warn. **les pouvoirs publics ont été alertés** the authorities have been informed *ou* notified, it has been brought to the attention of the authorities.
alésage [aleza3] *nm* (*action*) reaming; (*diamètre*) bore.
alèse [alɛz] *nf* = **alaise**.
aléser [aleze] (6) *vt* to ream.
alevin [alvɛ̃] *nm* alevin, young fish (*bred artificially*).
alevinage [alvina3] *nm* (*action*) stocking with alevins *ou* young fish; (*pisciculture*) fish farming.
aleviner [alvine] (1) **1** *vt* (*empoissonner*) to stock with alevins *ou* young fish. **2** *vi* (*pondre*) to spawn.
Alexandre [alɛksɑ̃dʀ(ə)] *nm* Alexander.
Alexandrie [alɛksɑ̃dʀi] *n* Alexandria.
alexandrin, e [alɛksɑ̃dʀɛ̃, in] **1** *adj art, poésie*, (*Hist*) Alexandrian; *prosodie* alexandrine. **2** *nm* alexandrine.
alezan, e [alzɑ̃, an] *adj, nm, f* chestnut (*horse*). ~ **clair** sorrel.
alfa [alfa] *nm* (*herbe*) Esparto (grass); (*papier*) Esparto paper.
Alfred [alfʀɛd] *nm* Alfred.

algarade [algaʀad] *nf* (*gronderie*) angry outburst; (*dispute*) row (*Brit*), spat*, run-in; (*Hist: attaque*) incursion.
algèbre [alʒɛbʀ(ə)] *nf* (*Math*) algebra. **par l'**~ algebraically; **c'est de l'**~* it's (all) Greek to me*.
algébrique [alʒebʀik] *adj* algebraic.
algébriquement [alʒebʀikmɑ̃] *adv* algebraically.
algébriste [alʒebʀist(ə)] *nmf* algebraist.
Alger [alʒe] *n* Algiers.
Algérie [alʒeʀi] *nf* Algeria.
algérien, -ienne [alʒeʀjɛ̃, jɛn] **1** *adj* Algerian. **2** *nm, f*: **A~(ne)** Algerian.
algérois, e [alʒeʀwa, waz] **1** *adj of ou* from Algiers. **2** *nm, f*: **A~(e)** inhabitant *ou* native of Algiers. **3** *nm* (*région*) **l'A~** the Algiers region.
ALGOL [algɔl] *nm* ALGOL.
algonkin, algonquin [algɔ̃kɛ̃] **1** *nm, adj m* (*Ling*) Algonquian. **2** *nmpl*: **A~s** Algonquians.
algorithme [algɔʀitm(ə)] *nm* algorithm.
algorithmique [algɔʀitmik] *adj* algorithmic.
alguazil [algwazil] *nm* (*Hist*) alguazil; (*hum péj*) cop*.
algue [alg(ə)] *nf* (*gén*) seaweed (*U*); (*Bot*) alga. ~s (*gén*) seaweed; (*Bot*) algae.
Alhambra [alɑ̃bʀa] *nm*: **l'**~ the Alhambra.
alias [aljɑs] *adv* alias.
Ali Baba [alibaba] *nm*: ~ **et les quarante voleurs** Ali Baba and the Forty Thieves.
alibi [alibi] *nm* alibi.
Alice [alis] *nf* Alice. ~ **au pays des merveilles** Alice in Wonderland.
aliénabilité [aljenabilite] *nf* alienability.
aliénable [aljenabl(ə)] *adj* alienable.
aliénant, e [aljenɑ̃, ɑ̃t] *adj* alienating.
aliénataire [aljenatɛʀ] *nmf* alienee.
aliénateur, -trice [aljenatœʀ, tʀis] *nm, f* (*Jur*) alienator.
aliénation [aljenasjɔ̃] *nf* (*gén*) alienation. (*Méd*) ~ **(mentale)** (mental) derangement, insanity.
aliéné, e [aljene] (*ptp de* **aliéner**) *nm, f* insane person, lunatic (*péj*); *V* **asile**.
aliéner [aljene] (6) *vt* **(a)** (*Jur: céder*) to alienate; *droits, liberté* to give up. (*Jur*) ~ **un bien** to dispose of property; ~ **sa liberté entre les mains de qn** to give (up) one's freedom into the hands of sb; **un traité qui aliène leur liberté** a treaty which alienates their freedom.
   (b) (*rendre hostile*) *partisans, opinion publique* to alienate (*à qn* from sb). **cette mesure (lui) a aliéné les esprits** this measure alienated people (from him); **s'**~ **ses partisans/l'opinion publique** to alienate one's supporters/public opinion; **s'**~ **un ami** to alienate *ou* estrange a friend; **s'**~ **l'affection de qn** to alienate sb's affections, estrange sb.
   (c) (*Philos, Sociol*) ~ **qn** to alienate sb.
aliéniste [aljenist(ə)] *nmf* psychiatrist.
alignement [aliɲmɑ̃] *nm* **(a)** (*action*) aligning, lining up, bringing into alignment; (*rangée*) alignment, line. **les** ~s **de Carnac** the Carnac menhirs *ou* alignments (*T*).
   (b) (*Mil*) **être à l'**~ to be in line; **se mettre à l'**~ to fall into line, line up; **sortir de l'**~ to step out of line (*lit*); **à droite/gauche,** ~! right/left, dress!
   (c) [*rue*] building line; (*Pol*) alignment; (*Fin*) alignment. ~ **monétaire** monetary alignment *ou* adjustment; **maison frappée d'**~ house hit by the road widening scheme; *V* **non**.
aligner [aliɲe] (1) **1** *vt* **(a)** *objets* to align, line up, bring into alignment (*sur* with); (*fig*) *chiffres* to string together, string up a line of; (*fig*) *arguments* to reel off; (*Mil*) *troupes* to form into lines, draw up in lines. **il alignait des cubes/allumettes sur la table** he was lining up *ou* making lines of building blocks/matches on the table; **des peupliers étaient alignés le long de la route** poplars stood in a straight line along the roadside; (*payer*) **pour acheter cette voiture, il va falloir les** ~‡ you'll have to lay out* *ou* cough up‡ a lot to buy this car.
   (b) *rue* to modify the (statutory) building line of; (*Fin, Pol*) to bring into alignment (*sur* with). (*fig*) ~ **sa conduite sur** to bring one's behaviour into line with, modify one's behaviour to conform with.
   2 s'aligner *vpr* [*soldats*] to fall into line, line up. (*Pol*) **s'**~ **sur** *politique* to conform to the line of; *pays, parti* to align o.s. with; **tu peux toujours t'aligner!**‡ just try and match *ou* beat that!*
aliment [alimɑ̃] *nm* **(a)** (*nourriture*) food. **c'est un** ~ **riche** it's a rich food; **un** ~ **pauvre** a food with low nutritional value; **bien mâcher les** ~s to chew one's food well; **le pain est un** ~ bread is (a) food *ou* a type of food; **le pain et le lait sont des** ~s bread and milk are foods *ou* (kinds of) food; **comment conserver vos** ~s how to keep (your) food *ou* foodstuffs fresh; ~ **complet/liquide** whole/ liquid food; (*Agr*) ~s **industriels** factory feedstuffs; ~s **organiques** wholefoods (*Brit*); (*fig*) **fournir un** ~ **à la curiosité de qn** to feed sb's curiosity, give sb's curiosity something to feed on; **ça a fourni un** ~ **à la conversation** it gave us something to talk about.
   (b) (*Jur*) ~s maintenance.
alimentaire [alimɑ̃tɛʀ] *adj* **(a)** *besoins* food (*épith*). **produits** *ou* **denrées** ~s foodstuffs; *V* **bol, pâte, pension**.
   (b) (*péj*) *besogne, littérature* done to earn a living *ou* some cash. **c'est de la littérature** ~ this sort of book is written as a potboiler *ou* as a money-spinner *ou* is written to earn a living.
alimentation [alimɑ̃tasjɔ̃] *nf* **(a)** (*action*) [*personne, chaudière*] feeding; [*moteur, circuit*] supplying, feeding. **l'**~ **en eau du moteur/des grandes villes** supplying water to *ou* the supply of water to the engine/large towns; *V* **tuyau**.
   (b) (*régime*) diet. ~ **de base** staple diet; **il lui faut une** ~ **lactée**

he must have milky food(s) *ou* a milk diet.

   (c) (*Comm*) food trade; (*enseigne*) [*magasin*] grocery (store), groceries; [*rayon*] groceries.

alimenter [alimɑ̃te] (1) *vt personne, animal, chaudière* to feed; *conversation* to sustain, keep going, nourish; *curiosité* to feed, sustain; *moteur, circuit* to supply, feed. **le réservoir alimente le moteur en essence** the tank supplies the engine with petrol (*Brit*) *ou* gasoline (*US*) *ou* feeds *ou* supplies petrol *etc* to the engine; ~ **une ville en gaz/électricité** to supply a town with gas/electricity; **le malade recommence à s'**~ the patient is starting to eat again *ou* to take food again.

alinéa [alinea] *nm* (*passage*) paragraph; (*ligne*) indented line (*at the beginning of a paragraph*). **nouvel** ~ new line.

alitement [alitmɑ̃] *nm* confinement to (one's) bed.

aliter [alite] (1) **1** *vt* to confine to (one's) bed. **rester alité** to remain confined to (one's) bed, remain bedridden; **infirme alité** bedridden invalid. **2 s'aliter** *vpr* to take to one's bed.

alizé [alize] *adj m, nm*: (**vent**) ~ trade wind.

Allah [ala] *nm* Allah.

allaitement [alɛtmɑ̃] *nm* (**a**) (*action: V* **allaiter**) feeding; suckling; nursing. ~ **maternel** breast-feeding; ~ **mixte** mixed feeding; ~ **au biberon** bottle-feeding. (**b**) (*période*) breast-feeding.

allaiter [alete] (1) *vt* [*femme*] to (breast-)feed, give the breast to, suckle†, nurse; [*animal*] to suckle. ~ **au biberon** to bottle-feed; **elle allaite encore** she's still (breast-)feeding (the baby).

allant, e [alɑ̃, ɑ̃t] **1** *adj* (*littér: alerte*) sprightly, active. **musique** ~**e** lively music. **2** *nm* (*dynamisme*) drive, energy. **avoir de l'**~ to have plenty of drive *ou* energy; **avec** ~ energetically.

alléchant, e [aleʃɑ̃, ɑ̃t] *adj* (*V* **allécher**) mouth-watering; enticing; tempting; alluring.

allécher [aleʃe] (6) *vt* [*odeur*] to make one's mouth water, tempt; (*fig*) [*proposition*] to entice, tempt, lure. **alléché par l'odeur** one's mouth watering at the smell, tempted by the smell.

allée [ale] *nf* (**a**) [*forêt*] lane, path; [*ville*] avenue; [*jardin*] path; [*parc*] path, walk, (*plus large*) avenue; (*menant à une maison*) drive, driveway; [*cinéma, autobus*] aisle. ~ **cavalière** bridle path; (*fig*) **les** ~**s du pouvoir** the corridors of power.

   (b) ~**s et venues** comings and goings; **que signifient ces** ~**s et venues dans le couloir?** what is the meaning of these comings and goings in the corridor?; **ceci l'oblige à de constantes** ~**s et venues (entre Paris et la province)** this forces him to go constantly back and forth *ou* backwards and forwards *ou* he is forced to be constantly coming and going (between Paris and the provinces); **j'ai perdu mon temps en** ~**s et venues pour avoir ce renseignement** I've wasted my time going back and forth *ou* to-ing and fro-ing to get this information; **le malade l'obligeait à de constantes** ~**s et venues** the patient kept her constantly on the run *ou* running about (for him).

allégation [alegasjɔ̃] *nf* allegation.

allégeance [aleʒɑ̃s] *nf* allegiance.

allégement [aleʒmɑ̃] *nm* (*V* **alléger**) lightening; unweighting; alleviation; reduction; mitigation; trimming. ~ **fiscal** tax relief.

alléger [aleʒe] (6 *et* 3) *vt poids, impôts* to lighten; *bagages, véhicule* to make lighter; *skis* to unweight; *douleur* to alleviate, relieve, soothe. ~ **les programmes scolaires** to lighten *ou* trim the school syllabus.

allégorie [alegɔri] *nf* allegory.

allégorique [alegɔrik] *adj* allegorical.

allégoriquement [alegɔrikmɑ̃] *adv* allegorically.

allègre [alɛgʀ(ə)] *adj personne, humeur* gay, cheerful, light-hearted; *démarche* lively, jaunty; *musique* lively, merry. **il descendait la rue d'un pas** ~ he was walking gaily *ou* cheerfully *ou* briskly down the street.

allégrement, allègrement [alegʀəmɑ̃] *adv* (*V* **allègre**) gaily, cheerfully; light-heartedly; jauntily; merrily; (******hum*) blithely, cheerfully.

allégresse [alegʀɛs] *nf* elation, exhilaration. **ce fut l'**~ **générale** there was general rejoicing *ou* jubilation.

alléguer [alege] (6) *vt* (**a**) *fait* to put forward (as proof *ou* as an excuse *ou* as a pretext); *excuse, prétexte, raison, preuve* to put forward. **il allégua comme prétexte que ...** he put forward as a pretext that ...; **ils refusèrent de m'écouter, alléguant (comme raison) que ...** they refused to listen to me, arguing that ... *ou* alleging that ... .

   (b) (*littér: citer*) to cite, quote.

alléluia [aleluja] *nm, excl* (*Rel*) alleluia, hallelujah.

Allemagne [alman] *nf* Germany. **l'**~ **fédérale** *ou* **de l'Ouest** the Federal German Republic; ~ **de l'Ouest/de l'Est** West/East Germany; **la République Fédérale d'**~ the Federal German Republic.

allemand, e [almɑ̃, ɑ̃d] **1** *adj* German. **la République démocratique** ~**e** the German Democratic Republic. **2** *nm* (*Ling*) German; *V* **bas, haut. 3** *nm,f*: **A**~(**e**) German. **4 allemande** *nf* (*Danse, Mus*) allemande.

aller [ale] (9) **1** *vi* (**a**) (*se déplacer*) to go. ~ **à grands pas** to stride along; ~ **deux par deux** to go *ou* walk in twos *ou* pairs; **il va sans but par les rues** he wanders (aimlessly) through the streets; **il allait trop vite quand il a eu son accident (d'auto)** he was driving *ou* going too fast when he had his (car) accident; **en ville, on va plus vite à pied qu'en voiture** in town it is quicker to walk than to go by car, in town it is quicker to get around on foot than in a car; ~ **et venir** to come and go.

   (b) (*se rendre à*) ~ **à/vers** to go to/towards; ~ **loin** to go a long way, go far (afield); ~ **à Paris/en Allemagne/à la campagne/chez le boucher** to go to Paris/to Germany/to the country/to the butcher's; **penses-tu y** ~? do you think you'll be going (there)?; ~ **au lit/à l'église/à l'école** to go to bed/to church/to school; ~ **à la chasse/à la pêche** to go hunting/fishing; ~ **aux champignons** to

go mushroom-picking, go collecting mushrooms; ~ **à Paris en voiture/à** *ou* **en bicyclette/en avion** to drive/cycle/fly to Paris; **vas-tu à pied?** will you walk? *ou* go on foot?; ~ **sur Paris** to go in the direction of Paris, go towards Paris; ~ **aux renseignements/aux nouvelles** to go and inquire/and find out the news; (*fig*) **j'irai jusqu'au ministre** I'll take it to the minister; **il ira loin** he'll go far; **il est allé trop loin** he went too far; **on va à la catastrophe** we're heading for disaster; **il est allé jusqu'à dire** he went as *ou* so far as to say; ~ **sur ses 30 ans** to be getting on for (*Brit*) *ou* going on (*US*) 30; **où allons-nous?** what are things coming to?; **on ne va pas loin avec 100 F** you won't get far on 100 francs; **ce travail lui déplaît mais il ira jusqu'au bout** he doesn't like this job but he'll see it through.

   (c) (*mener, s'étendre*) to go (*à* to). **cette route doit** ~ **quelque part** this road must go somewhere; **son champ va jusqu'à la forêt** his field goes *ou* stretches as far as the forest; **l'affaire pourrait** ~ **loin** this matter could turn out to be very serious.

   (d) (*état de santé*) **comment allez-vous?** how are you?; (*comment*) **ça va?*** *ou* **comment va la santé?*** — **ça va*** how's things?* *ou* how are you keeping?* — **fine** *ou* not so bad*; **ça va mieux maintenant** I'm feeling better now; **comment va ton frère?** — **il va bien/mal** how's your brother? — he's well *ou* fine*/he isn't well *ou* he's unwell *ou* he's ill; **ça va?*** — **faudra bien que ça aille*** you all right?* — I'll have to be*.

   (e) (*situation*) (*comment*) **ça va?*** — **ça va*** how's life?* *ou* how are you getting on?* — **fine*** *ou* not so bad*; **ça va, la réparation?*** — **faudra bien que ça aille*** is the repair all right? — it'll have to be*; **comment vont les affaires?** — **elles vont bien** how's business? — (it's) fine/not too good; **ça va mal en Asie/à la maison** things aren't going too well *ou* things aren't looking so good in Asia/at home; **ça va mieux pour lui maintenant** things are looking better for him now, things are looking more hopeful for him now; **ça ne va pas mieux!** **il refuse d'obéir** whatever next! he's refusing to obey; **ça va mal** ~ **si tu continues** if you carry on, there's going to be trouble; **est-ce que ta pendule va bien?** *ou* **juste?** is your clock right?; **ça ne va pas sans difficulté** it's no easy job, there are problems; *V* **chemin, cœur, main.** -

   (f) (*convenir*) ~ **à qn** [*forme, mesure*] to fit sb; [*style, genre*] to suit sb; ~ (**bien**) **avec** to go (well) with; ~ **bien ensemble** to go well together; **ce tableau va bien/mal sur ce mur** this picture goes well/doesn't go well on this wall; **la clef ne va pas dans la serrure** the key won't go in *ou* doesn't fit the lock; **cette robe lui va bien** (*couleur, style*) this dress suits her; (*pour la taille*) this dress fits her; **vos projets me vont parfaitement** your plans suit me fine; **rendez-vous demain 4 heures?** — **ça me va*** see you tomorrow at 4? — (it) suits me* *ou* it's all right by me; **ce climat ne leur va pas** this climate doesn't suit them *ou* agree with them; **les ciseaux ne vont pas pour couper du carton** scissors won't do *ou* are no good for cutting cardboard; **ça ne va pas ne va pas** your plan won't do *ou* work; **ça lui va mal** *ou* (*hum*) **bien de critiquer les autres*** he's got a nerve* criticizing other people, he's a fine one* to criticize other people.

   (g) ~ **aux cabinets** to go to the toilet; ~ (**à la selle**) to have a bowel movement; **le malade est-il allé à la selle?** have the patient's bowels moved?; **cela fait** ~* it keeps the bowels open, it clears you out* (*hum*).

   (h) (*avec participe présent: pour exprimer la progression*) ~ **en augmentant** to keep increasing, increase more and more; ~ **en empirant** to get worse and worse; **le bruit va croissant** the noise is getting louder and louder.

   (i) (*excl*) (*stimulation*) **allons!, allez!** go on!, come on!; (*incrédulité*) **allons donc!** really?, come on now!, come off it!*; (*agacement*) **allons bon! qu'est-ce qui t'est encore arrivé?** NOW what's happened!; (*impatience*) **allons, cesse de m'ennuyer!** will you just stop bothering me!; (*encouragement*) **allons, allons, il ne faut pas pleurer** come on now *ou* come, come, you mustn't cry; **ça va, ça va!*** all right, that's enough!, O.K., O.K.*, don't go on!*; **allez, au revoir!** cheerio then! (*Brit*), 'bye then!, so long!*; ~ **de soi** to be self-evident, be obvious; **cela va de soi** it's obvious *ou* self-evident, it stands to reason, it goes without saying; **cela va sans dire** it goes without saying; **il va sans dire qu'il accepta** needless to say *ou* it goes without saying, he accepted; **va pour une nouvelle voiture!*** all right we'll HAVE a new car!; **va donc, eh minable!‡** get lost, you twit‡; **allez, allez, circulez!** come on now, move along.

   (j) (*avec en*) **il en va de:** **il en va de même pour tous les autres** the same applies to all the others; **il en va de cette affaire comme de la précédente** the same goes for this matter as for the previous one.

   (k) (*avec y*) **on y va?*** shall we go?, are we off then?*; **allons-y!** let's go!; **allez-y, c'est votre tour** go on *ou* on you go, it's your turn; **allez-y, vous ne risquez rien** go ahead *ou* go on *ou* on you go, you've nothing to lose; **comme vous y allez!** you're going a bit far!*; **tu y vas mal!*** *ou* **un peu fort!*** you're going a bit far*; **vas-y doucement*** *ou* **mollo‡** gently does it, go gently; (*impers*) **il y** ~ **de:** **il y va de votre vie/de votre santé** your life/your health is at stake *ou* depends on it; **il y allé de sa petite chanson*** he gave us his little song; **elle y va toujours de son porte-monnaie** she's always the one who forks out‡; **il y est allé de sa petite larme*** he had a little cry.

   2 *vb aux* (+ *infin*) (**a**) (*futur immédiat*) to be going to. **tu vas être en retard** you are going to be late, you'll be late; **il va descendre dans une minute** he'll be (coming) down in a minute; **ils allaient commencer** they were going to start, they were on the point of starting, they were about to start; **ça va prendre un quart d'heure** that'll take *ou* it's going to take a quarter of an hour.

   (b) (*lit*) ~ **faire qch** to go and do sth; **il est allé me chercher mes lunettes** he went *ou* has gone to fetch (*Brit*) *ou* get my glasses; ~

voir qn à l'hôpital to go and visit sb in hospital; **je suis allé en courant chercher le docteur** I ran to fetch (*Brit*) *ou* get the doctor; **~ faire le** *ou* **son marché** to go to the market.

(**c**) (*intensif*) **~ se faire du souci inutilement** to go and worry for no reason at all; **allez donc voir si c'est vrai!** (well) you can believe it if you like!, you'll never know if it's true!; **n'allez pas vous imaginer que** don't you go imagining that; **pourvu qu'il n'aille pas penser que** as long as he doesn't go and think that.

3 s'en aller *vpr* (**a**) (*partir*) to go (away); (*déménager*) to move, leave. **s'en ~ subrepticement** to steal *ou* sneak away; **elle s'en va en vacances demain** she goes *ou* is going away on holiday tomorrow; **ils s'en vont à Paris** they are going *ou* off to Paris; **il s'en est allé furieux, il s'est en allé furieux*** he went away *ou* off in a huff, he left in a huff; **bon, je m'en vais right,** I'm off *ou* I'll be going; **ils s'en vont du quartier** they are leaving the district, they are moving away from the district.

(**b**) (*mourir*) to die. **il s'en va** he's sinking *ou* going; **il s'en est allé paisiblement** he passed away peacefully.

(**c**) (*prendre sa retraite*) to retire. **il s'en va cette année** he's retiring *ou* leaving this year.

(**d**) (*disparaître*) [*tache*] to come off; [*temps, années*] to pass, go by. **ça s'en ira au lavage** it'll wash off, it'll come off in the wash; **tous nos projets s'en vont en fumée** all our plans are going up in smoke; **tout son argent s'en va en disques** all his money goes on records.

(**e**) (*loc*) **je m'en vais leur montrer de quoi je suis capable** I'll show them what I'm made of!; **va-t'en voir si c'est vrai!*** you can believe it if you like!, you'll never know if it's true!

4 *nm* (*trajet*) outward journey; (*billet*) single (ticket) (*Brit*), one-way ticket (*US*). **l'~ s'est bien passé** the (outward) journey *ou* the journey there went off well; **j'irai vous voir à l'~** I'll come and see you on the *ou* my way there; **je ne fais que l'~-retour** I'm just going there and back; **3~s (simples) pour Tours** 3 singles (*Brit*) *ou* one-way tickets (*US*) to Tours; **prendre un ~-retour** to buy a return (ticket) (*Brit*) *ou* round-trip ticket (*US*).

allergie [alɛRʒi] *nf* allergy.

allergique [alɛRʒik] *adj* (*lit, fig*) allergic (*à* to).

allergologie [alɛRgɔlɔʒi] *nf* study of allergies.

allergologiste [alɛRgɔlɔʒist(ə)] *nmf*, **allergologue** [alɛRgɔlɔg] *nmf* allergist.

alliacé, e [aljase] *adj* alliaceous.

alliage [aljaʒ] *nm* alloy. (*fig péj*) **un ~ disparate de doctrines** a hotchpotch of doctrines; **roues en ~ léger** alloy wheels.

alliance [aljɑ̃s] **1** *nf* (**a**) (*pacte*) (*Pol*) alliance; (*entente*) union; (*Bible*) covenant. **faire** *ou* **conclure une ~ avec un pays** to enter into an alliance with a country; **il a fait ~ avec nos ennemis** he allied himself with our enemies; **une étroite ~ s'était établie entre le vieillard et les enfants** a close bond had established itself between the old man and the children; **l'~ de la musique et de la poésie dans cet opéra** the union of music and poetry in this opera; **V saint, triple.**

(**b**) (*frm: mariage*) union, marriage. **neveu/oncle par ~** nephew/uncle by marriage; **entrer par ~ dans une famille, faire ~ avec une famille** to marry into a family, become united by marriage with a family.

(**c**) (*bague*) (wedding) ring.

(**d**) (*fig: mélange*) combination.

2: (*Littérat*) **alliance de mots** bold juxtaposition (of words), oxymoron.

allié, e [alje] (*ptp de allier*) **1** *adj pays* allied. **famille ~e** family *ou* relations by marriage. **2** *nm,f* (*pays*) ally; (*fig: ami, soutien*) ally; (*parent*) relative by marriage. (*Pol*) **les A~s** the Allies.

allier [alje] (7) **1** *vt efforts* to combine, unite; *couleurs* to match; *familles* to ally, unite by marriage; (*Tech*) to alloy. **elle allie l'élégance à la simplicité** she combines elegance with simplicity; **ils sont alliés à une puissante famille** they are allied to *ou* related by marriage to a powerful family.

2 s'allier *vpr* [*efforts*] to combine, unite; [*couleurs*] to match; (*frm*) [*familles*] to become united by marriage, become allied; (*Pol*) to become allies *ou* allied; (*Tech*) to alloy. **s'~ à une famille riche** to become allied to *ou* with a wealthy family, marry into a wealthy family; **la France s'allia à l'Angleterre** France became allied to *ou* with England *ou* allied itself to *ou* with England.

alligator [aligatɔR] *nm* alligator.

allitération [aliteRasjɔ̃] *nf* alliteration.

allô [alo] *excl* (*Téléc*) hello!, hullo! (*Brit*).

allocataire [alɔkatɛR] *nmf* beneficiary.

allocation [alɔkasjɔ̃] **1** *nf* (**a**) (*V allouer*) allocation; granting; allotment. (**b**) (*somme*) allowance. **toucher les ~s*** to draw *ou* get family allowance(s). **2: allocation de chômage** unemployment benefit (*U*), dole (money)* (*U*); **allocations familiales** (*argent*) family allowance(s), child benefits; (*bureau*) social security office, ≃ DHSS (*Brit*); **allocation de logement** rent allowance *ou* subsidy; **allocation de maternité** maternity allowance *ou* benefit.

allocutaire [alɔkytɛR] *nmf* addressee.

allocution [alɔkysjɔ̃] *nf* short speech. **~ télévisée** short televised speech.

allogène [alɔʒɛn] *adj population* non-native; (*fig*) *éléments* foreign. **ces gens forment un groupe ~ en Grande-Bretagne** these people form a non-native racial group in Britain.

allonge [alɔ̃ʒ] *nf* (*Tech*) extension; [*table*] leaf; [*boucherie*] hook; (*Boxe*) reach. **avoir une bonne ~** to have a long reach.

allongé, e [alɔ̃ʒe] (*ptp de allonger*) *adj* (**a**) (*étendu*) **être ~** to be stretched out, be lying; **rester ~** [*blessé, malade*] to stay lying down, be lying down *ou* flat; (*se reposer*) to be lying down, have one's feet up, be resting; **~ sur son lit** lying on one's bed; **~ sur le dos** stretched out *ou* lying on one's back, supine (*littér*); **les**

(*malades*) **~s** the recumbent patients; (*Art*) **une figure ~e** a recumbent figure.

(**b**) (*long*) long; (*étiré*) elongated; (*oblong*) oblong. **faire une mine ~e** to pull *ou* make a long face.

allongement [alɔ̃ʒmɑ̃] *nm* (**a**) (*Métal*) elongation; (*Ling*) lengthening; (*Aviat*) aspect ratio.

(**b**) (*V allonger*) [*distance, vêtement*] lengthening; [*route, voie ferrée, congés, vie*] lengthening, extension. **l'~ des jours** the lengthening of the days, the longer days.

allonger [alɔ̃ʒe] (3) **1** *vt* (**a**) (*rendre plus long*) to lengthen, make longer, extend (*de* by). **~ le pas** to hasten one's step(s); (*fig*) **cette coiffure lui allonge le visage** this hair style makes her face look longer *ou* long.

(**b**) (*étendre*) *bras, jambe* to stretch (out); *malade* to lay *ou* stretch out. **~ le cou (pour apercevoir qch)** to crane *ou* stretch one's neck (to see sth); **la jambe allongée sur une chaise** with one leg up *ou* stretched out on a chair.

(**c**) (‡: *donner*) *somme* to dish out*, hand out; *coup, gifle* to deal, land*. **~ qn** to knock sb flat; **il va falloir les ~** we'll (*ou* you'll *etc*) have to lay out a lot* *ou* cough up‡.

(**d**) *sauce* to thin (down). (*fig*) **~ la sauce*** to spin it out.

2 *vi*: **les jours allongent** the days are growing longer *ou* drawing out.

3 s'allonger *vpr* (**a**) (*devenir ou paraître plus long*) [*ombres, jours*] to get longer, lengthen; [*enfant*] to grow taller; [*discours, visite*] to drag on. (*fig*) **son visage s'allongea à ces mots** at these words he pulled *ou* made a long face *ou* his face fell; **la route s'allongeait devant eux** the road stretched away before them.

(**b**) (*s'étendre*) to lie down (*full length*), stretch (o.s.) out. **s'~ dans l'herbe** to lie down on the grass, stretch (o.s.) out on the grass; (*pour dormir*) **je vais m'~ quelques minutes** I'm going to lie down for a few minutes.

allopathe [alɔpat] **1** *adj* allopathic. **2** *nmf* allopath, allopathist.

allopathie [alɔpati] *nf* allopathy.

allopathique [alɔpatik] *adj* allopathic.

allophone [alɔfɔn] *nm* allophone.

allotropie [alɔtRɔpi] *nf* allotropy.

allotropique [alɔtRɔpik] *adj* allotropic.

allouer [alwe] (1) *vt argent* to allocate; *indemnité* to grant; (*Fin*) *actions* to allot; *temps* to allot, allow, allocate. **pendant le temps alloué** during the allotted *ou* allowed time, during the time allowed *ou* allotted *ou* allocated.

allumage [alymaʒ] *nm* (**a**) (*action*) [*feu*] lighting, kindling; [*poêle*] lighting; [*électricité*] putting *ou* switching *ou* turning on; [*gaz*] lighting, putting *ou* turning on.

(**b**) (*Aut*) ignition. **avance/retard à l'~** ignition advance/retard; **régler l'~** to adjust the timing; *V* **auto-allumage.**

allume-cigare [alymsigaR] *nm inv* cigar lighter.

allume-gaz [alymgaz] *nm inv* gas lighter (*for cooker*).

allumer [alyme] (1) **1** *vt* (**a**) *feu* to light, kindle; *bougie, poêle* to light; *cigare, pipe* to light (up); *incendie* to start, light. **il alluma sa cigarette à celle de son voisin** he lit (up) his cigarette from his neighbour's, he got a light from his neighbour's cigarette; **le feu était allumé** the fire was lit *ou* alight, the fire was going; **laisse le poêle allumé** leave the stove on *ou* lit.

(**b**) *électricité, lampe, radio* to put *ou* switch *ou* turn on; *gaz* to light, put *ou* turn on. **laisse la lumière allumée** leave the light on; **allume dans la cuisine** put *ou* switch *ou* turn the kitchen light(s) on, put *ou* switch *ou* turn the lights on in the kitchen; **le bouton n'allume pas, ça n'allume pas** the light doesn't come on *ou* work; **où est-ce qu'on allume?** where is the switch?

(**c**) **~ une pièce** to put *ou* switch *ou* turn the light(s) on in a room; **sa fenêtre était allumée** there was a light (on) at his window, his window was lit (up); **laisse le salon allumé** leave the light(s) on in the sitting-room, leave the sitting room light(s) on.

(**d**) *colère, envie, haine* to arouse, stir up, kindle; *guerre* to stir up; *amour* to kindle. **elle sait ~ les hommes** she knows how to excite men *ou* to turn men on*.

2 s'allumer *vpr* [*incendie*] to blaze, flare up; [*lumière*] to come *ou* go on; [*radiateur*] to switch (itself) on; [*sentiment*] to be aroused; [*guerre*] to break out. **ça s'allume comment?** how do you switch it on?; **le désir s'alluma dans ses yeux** his eyes lit up with desire; **ses yeux s'allumèrent/son regard s'alluma** his eyes/face lit up; **ce bois s'allume bien** this wood catches fire *ou* burns easily; **la pièce s'alluma** the light(s) came *ou* went on in the room; **sa fenêtre s'alluma** a light came *ou* went on at his window.

allumette [alymɛt] *nf* (**a**) match; (*morceau de bois*) match(stick). **~ de sûreté** *ou* **suédoise** safety match; **~ tison** fuse. (**b**) (*Culin*) flaky pastry finger. **~ au fromage** cheese straw.

allumeur [alymœR] *nm* (*Aut*) distributor; (*Tech*) igniter. (*Hist*) **~ de réverbères** lamplighter.

allumeuse [alymøz] *nf* (*péj*) teaser, tease, vamp.

allure [alyR] *nf* (**a**) (*vitesse*) [*véhicule*] speed; [*piéton*] pace. **rouler** *ou* **aller à grande/faible ~** to drive *ou* go at (a) great/slow speed; **à toute ~** at top *ou* full speed, at full tilt.

(**b**) (*démarche*) walk, gait (*littér*); (*prestance*) bearing; (*attitude*) air, look; (*: *aspect*) [*objet, individu*] look, appearance. **avoir de l'~** to have style, have a certain elegance; **avoir fière** *ou* **grande/piètre ~** to cut a fine/shabby figure; **avoir une drôle d'~/bonne ~** to look odd *ou* funny/fine; **d'~ louche/bizarre** fishy-/odd-looking; **les choses prennent une drôle d'~** things are taking a funny *ou* an odd turn.

(**c**) (*comportement*) **~s** ways; **choquer par sa liberté d'~s** to shock people with *ou* by one's free *ou* unconventional behaviour; **il a des ~s de voyou** he behaves *ou* carries on* like a hooligan.

(**d**) (*Équitation*) gait; (*Naut*) trim.

allusif, -ive [alyzif, iv] *adj* allusive.

allusion [alyzjɔ̃] *nf* (*référence*) allusion (*à* to); (*avec sous-entendu*) hint (*à* at). ~ **malveillante** innuendo; **faire ~ à** to allude *ou* refer to, hint at, make allusions to; **par ~** allusively.

alluvial, e, *mpl* -aux [alyvjal, o] *adj* alluvial.

alluvionnement [alyvjɔnmɑ̃] *nm* alluviation.

alluvions [alyvjɔ̃] *nfpl* alluvial deposits, alluvium (*sg*).

almanach [almana] *nm* almanac.

almée [alme] *nf* Egyptian dancing girl, almah.

aloès [alɔɛs] *nm* aloe.

aloi [alwa] *nm*: **de bon ~** *plaisanterie, gaieté* honest, respectable; *individu* worthy, of sterling *ou* genuine worth; *produit* sound, worthy, of sterling *ou* genuine quality *ou* worth; **de mauvais ~** *plaisanterie, gaieté* unsavoury, unwholesome; *individu* of little worth, of doubtful reputation; *produit* of doubtful quality.

alors [alɔʀ] *adv* (a) (*à cette époque*) then, in those days, at that time. **il était ~ étudiant** he was a student then *ou* at that time *ou* in those days; **les femmes d'~** portaient la crinoline the women in *ou* of those days *ou* at *ou* of that time wore crinolines; **le ministre d'~ M Dupont** the then minister Mr Dupont, the minister at that time, Mr Dupont; *V* **jusque**.

(b) (*en conséquence*) then, in that case, so. **vous ne voulez pas de mon aide? ~ je vous laisse** you don't want my help? then *ou* in that case *ou* so I'll leave you *ou* I'll leave you then; **il ne connaissait pas l'affaire, ~ on l'a mis au courant** he wasn't familiar with the matter so they put him in the picture; **~ qu'est-ce qu'on va faire?** what are we going to do then?, so what are we going to do?

(c) **~ que** (*simultanéité*) while, when; (*opposition*) whereas; **~ même que** (*même si*) even if, even though; (*au moment où*) while, just when; **on a sonné ~ que j'étais dans mon bain** the bell rang while *ou* when I was in my bath; **elle est sortie ~ que le médecin le lui avait interdit** she went out although *ou* even though the doctor had told her not to; **il est parti travailler à Paris ~ que son frère est resté au village** he went to work in Paris whereas *ou* while his brother stayed behind in the village; **~ même qu'il me supplierait** even if he begged me, even if *ou* though he were to beg me.

(d) (*) **~ tu viens (oui ou non)?** well (then), are you coming (or not)?, are you coming then (or not)?; **~ là je ne peux pas vous répondre** well that I really can't tell you; **~ là je vous arrête** well I must stop you there; **et (puis) ~?** and then what (happened)?; **il pleut — et ~?** it's raining — so (what)?; *V* **non**.

alose [aloz] *nf* shad.

alouette [alwɛt] *nf* lark. **~ (des champs)** skylark; **attendre que les ~s vous tombent toutes rôties dans la bouche** to wait for things to fall into one's lap; *V* **miroir**.

alourdir [aluʀdiʀ] (2) **1** *vt véhicule* to weigh *ou* load down, make heavy; *phrase* to make heavy *ou* cumbersome; *démarche, traits* to make heavy; *impôts* to increase; *esprit* to dull. **avoir la tête alourdie par le sommeil** to be heavy with sleep *ou* heavy-eyed; **vêtements alourdis par la pluie** clothes heavy with rain; **les odeurs d'essence alourdissaient l'air** petrol fumes hung heavy on the air, the air was heavy with petrol fumes.

2 s'alourdir *vpr* to become *ou* grow heavy. **sa taille/elle s'est alourdie** her waist/she has thickened out; **ses paupières s'alourdissaient** his eyes were growing *ou* becoming heavy.

alourdissement [aluʀdismɑ̃] *nm* [*véhicule, objet*] increased weight, heaviness; [*phrase, style, pas*] heaviness; [*impôts*] increase (*de* in); [*esprit*] dullness, dulling; [*taille*] thickening.

aloyau [alwajo] *nm* sirloin.

alpaga [alpaga] *nm* (*Tex, Zool*) alpaca.

alpage [alpaʒ] *nm* (*pré*) high mountain pasture; (*époque*) season spent by sheep etc in mountain pasture.

alpaguer‡ [alpage] (1) *vt* to nab*. **se faire ~** to get nabbed*.

alpe [alp(ə)] *nf* (a) **les A~s** the Alps. (b) (*pré*) alpine pasture.

alpestre [alpɛstʀ(ə)] *adj* alpine.

alpha [alfa] *nm* alpha. (*Rel, fig*) **l'~ et l'oméga** the alpha and omega.

alphabet [alfabɛ] *nm* (*système*) alphabet; (*livre*) alphabet *ou* ABC book. **~ morse** Morse code; **~ phonétique international** International Phonetic Alphabet.

alphabétique [alfabetik] *adj* alphabetic(al). **par ordre ~** in alphabetical order, alphabetically.

alphabétiquement [alfabetikmɑ̃] *adv* alphabetically.

alphabétisation [alfabetizasjɔ̃] *nf* elimination of illiteracy (*de* in). **l'~ d'une population** teaching a population to read and write; **campagne d'~** literacy campaign.

alphabétiser [alfabetize] (1) *vt pays* to eliminate illiteracy in; *population* to teach how to read and write.

alphanumérique [alfanymeʀik] *adj* alphanumeric.

Alphonse [alfɔ̃s] *nm* Alphonse, Alphonso.

alpin, e [alpɛ̃, in] *adj* alpine.

alpinisme [alpinism(ə)] *nm* mountaineering, climbing.

alpiniste [alpinist(ə)] *nmf* mountaineer, climber.

Alsace [alzas] *nf* Alsace.

alsacien, -ienne [alzasjɛ̃, jɛn] **1** *adj* Alsatian. **2** *nm* (*Ling*) Alsatian. **3** *nm,f*: **A~(ne)** Alsatian.

altérabilité [alteʀabilite] *nf* alterability.

altérable [alteʀabl(ə)] *adj* **~ à l'air** liable to oxidization.

altérant, e [alteʀɑ̃, ɑ̃t] *adj* thirst-making.

altération [alteʀasjɔ̃] *nf* (a) (*action*: *V* **altérer**) distortion, falsification; alteration; adulteration; debasement; change; modification.

(b) (*V* **s'altérer**) debasement; alteration; distortion; impairment. **l'~ de sa santé** the change for the worse in *ou* the deterioration of *ou* in his health. **l'~ de son visage/de sa voix** his distorted features/broken voice.

(c) (*Mus*) accidental; (*Géol*) weathering.

altercation [alteʀkasjɔ̃] *nf* altercation, dispute.

altérer [alteʀe] (6) **1** *vt* (a) (*assoiffer*) to make thirsty. (*littér*) **altéré d'honneurs** thirsty *ou* thirsting for honours; **fauve altéré de sang** wild animal thirsting for blood; **il était altéré** his thirst was great, his throat was parched.

(b) (*fausser*) *texte, faits, vérité* to distort, falsify, alter, tamper with; *monnaie* to falsify; (*Comm*) *vin, aliments, qualité* to adulterate.

(c) (*abîmer*) *vin, aliments, qualité* to spoil, debase; *matière* to alter, debase; *sentiments* to alter, spoil; *couleur* to alter; *visage, voix* to distort; *santé, relations* to impair, affect. **la chaleur altère la viande** heat makes meat go off (*Brit*) *ou* spoils meat.

(d) (*modifier*) to alter, change, modify. **ceci n'a pas altéré mon amour pour elle** this has not altered my love for her.

2 s'altérer *vpr* [*vin*] to become spoiled; [*viande*] to go off (*Brit*), spoil (*US*); [*matière*] to become altered *ou* debased; [*couleur*] to become altered; [*visage*] to change, become distorted; [*sentiments*] to alter, be spoilt; [*santé, relations*] to deteriorate. **sa santé s'altère de plus en plus** his health is deteriorating further *ou* is getting progressively worse; **sa voix s'altéra sous le coup de la douleur** grief made his voice break, grief distorted his voice.

altérité [alteʀite] *nf* otherness.

alternance [alteʀnɑ̃s] *nf* (*gén*) alternation; (*Pol*) changeover of political power between parties. **en ~: cette émission reprendra en ~ avec d'autres programmes** this broadcast will alternate with other programmes; **ils présentèrent le spectacle en ~** they took turns to present the show, they presented the show alternately; **il n'y avait pas eu d'~ (politique) en France depuis 23 ans** (political) power had not changed hands *ou* there had been no change in the (political) party in power in France for 23 years.

alternant, e [alteʀnɑ̃, ɑ̃t] *adj* alternating. **pouls ~** pulsus alternans.

alternateur [alteʀnatœʀ] *nm* alternator.

alternatif, -ive¹ [alteʀnatif, iv] *adj* (*périodique*) alternate; (*Philos*) alternative; (*Élec*) alternating.

alternative² [alteʀnativ] *nf* (*dilemme*) alternative; (*: possibilité*) alternative, option; (*Philos*) alternative. **être dans une ~** to have to choose between two alternatives; **passer par des ~s de douleur et de joie** to alternate between pleasure and pain.

alternativement [alteʀnativmɑ̃] *adv* alternately, in turn.

alterne [alteʀn(ə)] *adj* (*Bot, Math*) alternate.

alterné, e [alteʀne] (*ptp de* **alterner**) *adj* **rimes alternate**.

alterner [alteʀne] (1) **1** *vt choses* to alternate; *cultures* to rotate, alternate. **2** *vi* to alternate (*avec* with). **ils alternèrent à la présidence** they took (it in) turns to be chairman *ou* to chair.

altesse [altɛs] *nf* (*titre*) **Son A~ Sérénissime** (*prince*) His Serene Highness; (*princesse*) Her Serene Highness; **son A~ royale** His (*ou* Her) Royal Highness; **j'en ai vu entrer des ~s!** I saw lots of princes and princesses go in.

altier, -ière [altje, jɛʀ] *adj caractère* haughty. (*littér*) **cimes ~ières** lofty peaks (*littér*).

altimètre [altimɛtʀ(ə)] *nm* altimeter.

altimétrie [altimetʀi] *nf* altimetry.

altiste [altist(ə)] *nmf* viola player, violist.

altitude [altityd] *nf* (a) (*par rapport à la mer*) altitude, height above sea level; (*par rapport au sol*) height. (*fig*) **~s** heights; **être à 500 mètres d'~** to be at a height *ou* an altitude of 500 metres, be 500 metres above sea level; **en ~** at high altitude, high up; **l'air des ~s** the mountain air.

(b) (*Aviat*) **perdre de l'~** to lose altitude *ou* height; **prendre de l'~** to gain altitude; **il volait à basse/haute ~** he was flying at low/high altitude.

alto [alto] **1** *nm* (*instrument*) viola. **2** *nf* = **contralto**. **3** *adj*: **saxo(phone)/flute ~** alto sax(ophone)/flute.

altruisme [altʀɥism(ə)] *nm* altruism.

altruiste [altʀɥist(ə)] **1** *adj* altruistic. **2** *nmf* altruist.

alu [aly] *nm abrév de* **aluminium**.

aluminate [alyminat] *nm* aluminate.

alumine [alymin] *nf* alumina.

aluminium [alyminjɔm] *nm* aluminium (*Brit*), aluminum (*US*).

alun [alœ̃] *nm* alum.

alunir [alyniʀ] (2) *vi* to land on the moon.

alunissage [alynisaʒ] *nm* (moon) landing.

alvéolaire [alveɔlɛʀ] *adj* alveolar.

alvéole [alveɔl] *nf ou* (*rare*) *nm* [*ruche*] alveolus, cell (*of a honeycomb*); (*Géol*) cavity. (*Méd*) **~ dentaire** tooth socket, alveolus (*T*); **~s dentaires** alveolar ridge, teeth ridge, alveoli (*T*); **~ pulmonaire** air cell, alveolus (*T*).

alvéolé, e [alveɔle] *adj* honeycombed, alveolate (*T*).

AM [aɛm] (*abrév de* **assurance maladie**) *health insurance*.

amabilité [amabilite] *nf* kindness. **ayez l'~ de** be so kind *ou* good as to; **plein d'~ envers moi** extremely kind *ou* polite to me; **faire des ~s à qn** to show politeness *ou* courtesy to sb.

amadou [amadu] *nm* touchwood, tinder.

amadouer [amadwe] (1) *vt* (*enjôler*) to coax, cajole; (*adoucir*) to mollify, soothe. **~ qn pour qu'il fasse qch** to coax *ou* wheedle *ou* cajole sb into doing sth.

amaigrir [amegʀiʀ] (2) **1** *vt* (a) to make thin *ou* thinner. **joues amaigries par l'âge** cheeks wasted with age; **je l'ai trouvé très amaigri** I found him much thinner, I thought he looked much thinner; **10 années de prison l'ont beaucoup amaigri** 10 years in prison have left him very much thinner.

(b) (*Tech*) to thin down, reduce.

2 s'amaigrir *vpr* to get *ou* become thin *ou* thinner.

amaigrissant, e [amegʀisɑ̃, ɑ̃t] *adj régime* slimming (*Brit*), reducing (*US*).

amaigrissement [amegʀismɑ̃] *nm* (a) (*pathologique*) [*corps*] loss of weight; [*visage, membres*] thinness. (b) (*volontaire*) slimming.

un ~ de 3 kg a loss (in weight) of 3 kg.
amalgamation [amalgamɑsjɔ̃] *nf* (*Métal*) amalgamation.
amalgame [amalgam] *nm* (*péj: mélange*) (strange) mixture *ou* blend; (*Métal*) amalgam. un ~ d'idées a hotchpotch *ou* (strange) mixture of ideas.
amalgamer [amalgame] (1) 1 *vt* (*fig: mélanger*) to combine; (*Métal*) to amalgamate. 2 s'**amalgamer** *vpr* (*fig: s'unir*) to combine; (*Métal*) to be amalgamated.
amande [amɑ̃d] *nf* (a) (*fruit*) almond. en ~ almond-shaped, almond (*épith*); *V* pâte. (b) [*noyau*] kernel.
amandier [amɑ̃dje] *nm* almond (tree).
amanite [amanit] *nf any mushroom of the genus Amanita.* ~ phalloïde death cap; ~ tue-mouches fly agaric.
amant [amɑ̃] *nm* lover. ~ de passage casual lover; les deux ~s the two lovers.
amante†† [amɑ̃t] *nf* (*fiancée*) betrothed††, mistress††.
amarante [amaʀɑ̃t] 1 *nf* amaranth. 2 *adj inv* amaranthine.
amariner [amaʀine] (1) *vt* (a) *navire ennemi* to take over and man. (b) *matelot* to accustom to life at sea. elle n'est pas *ou* ne s'est pas encore amarinée she has not got used to the sea *ou* not found her sea legs yet.
amarrage [amaʀaʒ] *nm* (*Naut*) mooring. être à l'~ to be moored.
amarre [amaʀ] *nf* (*Naut: cordage*) rope *ou* line *ou* cable (for mooring). les ~s the moorings; *V* larguer, rompre.
amarrer [amaʀe] (1) *vt navire* to moor, make fast; *cordage* to make fast, belay; (*fig*) *paquet, valise* to tie down, make fast.
amaryllis [amaʀi(l)lis] *nf* amaryllis.
amas [amɑ] *nm* (a) (*lit: tas*) heap, pile, mass; (*fig*) [*souvenirs, idées*] mass. tout un ~ de a whole heap *ou* pile *ou* mass of. (b) (*Astron*) star cluster. (c) (*Min*) mass.
amasser [amase] (1) 1 *vt* (a) (*amonceler*) *choses* to pile *ou* store up, amass, accumulate; *fortune* to amass, accumulate. il ne pense qu'à ~ (de l'argent) all he thinks of is amassing *ou* accumulating wealth.
  (b) (*rassembler*) *preuves, données* to amass, gather (together); *V* pierre.
  2 s'**amasser** *vpr* [*choses, preuves*] to pile up, accumulate; [*foule*] to gather, mass, muster. les preuves s'amassent contre lui the evidence is building up *ou* piling up against him.
amateur [amatœʀ] *nm* (a) (*non-professionnel*) amateur. équipe ~ amateur team; talent d'~ amateur talent; c'est un peintre/musicien ~ he's an amateur painter/musician; faire de la peinture en ~ to do a bit of painting (as a hobby); photographe ~ amateur photographer, photo hobbyist (*US*).
  (b) (*connaisseur*) ~ de lover of; ~ d'art/de musique art/music lover; être ~ de films/de concerts to be a keen (*Brit*) *ou* avid film-/concert-goer, be keen on (*Brit*) films/concerts; elle est très ~ de framboises she is very fond of *ou* she loves raspberries.
  (c) (*: disposé à acheter etc*) taker; (*disposé à faire*) volunteer (*V* trouver.
  (d) (*péj*) dilettante, mere amateur. travail/talent d'~ amateurish work/talent; faire qch en ~ to do sth amateurishly *ou* as a mere amateur.
amateurisme [amatœʀism(ə)] *nm* (*Sport*) amateurism; (*péj*) amateurishness. c'est de l'~! it's amateurish!
Amazone [amazon] *nf* (*Géog*) Amazon; (*Myth*) Amazon; (*fig*) amazon.
amazone [amazon] *nf* (a) (*écuyère*) horsewoman. tenue d'~ woman's riding habit; monter en ~ to ride sidesaddle. (b) (*jupe*) long riding skirt.
Amazonie [amazoni] *nf* Amazonia.
amazonien, -ienne [amazɔnjɛ̃, jɛn] *adj* Amazonian.
ambages [ɑ̃baʒ] *nfpl*: sans ~ without beating about the bush, in plain language.
ambassade [ɑ̃basad] *nf* (a) (*institution, bâtiment*) embassy; (*charge*) ambassadorship, embassy; (*personnel*) embassy staff (*pl*) *ou* officials (*pl*), embassy. l'~ de France the French Embassy. (b) (*fig: mission*) mission. être envoyé en ~ auprès de qn to be sent on a mission to sb.
ambassadeur [ɑ̃basadœʀ] *nm* (*Pol, fig*) ambassador. ~ extraordinaire ambassador extraordinary (*auprès de* to); l'~ de la pensée française the representative *ou* ambassador of French thought.
ambassadrice [ɑ̃basadʀis] *nf* (*diplomate*) ambassador (*auprès de* to); (*femme de diplomate*) ambassador's wife, ambassadress; (*fig*) ambassador, ambassadress.
ambiance [ɑ̃bjɑ̃s] *nf* (*climat, atmosphère*) atmosphere; (*environnement*) surroundings (*pl*); [*famille, équipe*] atmosphere. l'~ de la salle the atmosphere in the house, the mood of the audience; il vit dans une ~ calme he lives in calm *ou* peaceful surroundings; il y a de l'~!* there's a great atmosphere here!*
ambiant, e [ɑ̃bjɑ̃, ɑ̃t] *adj air* surrounding, ambient; *température* ambient. (*fig*) déprimé par l'atmosphère ~e depressed by the atmosphere around him *ou* the pervading atmosphere.
ambidextre [ɑ̃bidɛkstʀ(ə)] *adj* ambidextrous.
ambigu, -uë [ɑ̃bigy] *adj* ambiguous.
ambiguïté [ɑ̃biguite] *nf* (a) (*U*) ambiguousness, ambiguity. une réponse sans ~ an unequivocal *ou* unambiguous reply; parler/répondre sans ~ to speak/reply unambiguously *ou* without ambiguity. (b) (*Ling*) ambiguity. (c) (*terme*) ambiguity.
ambitieusement [ɑ̃bisjøzmɑ̃] *adv* ambitiously.
ambitieux, -euse [ɑ̃bisjø, øz] *adj* ambitious. c'est un ~ he's an ambitious man; (*littér*) ~ de plaire anxious to please, desirous of pleasing (*littér*).
ambition [ɑ̃bisjɔ̃] *nf* ambition. il met toute son ~ à faire he makes it his sole aim to do.
ambitionner [ɑ̃bisjone] (1) *vt* to seek *ou* strive after. il ambitionne

d'escalader l'Everest it's his ambition to *ou* his ambition is to climb Everest.
ambivalence [ɑ̃bivalɑ̃s] *nf* ambivalence.
ambivalent, e [ɑ̃bivalɑ̃, ɑ̃t] *adj* ambivalent.
amble [ɑ̃bl(ə)] *nm* [*cheval*] amble. aller l'~ to amble.
ambler [ɑ̃ble] (1) *vi* [*cheval*] to amble.
amblyope [ɑ̃blijɔp] 1 *adj*: il est ~ he has a lazy eye, he is amblyopic (*T*). 2 *nmf* person with a lazy eye *ou* amblyopia (*T*).
amblyopie [ɑ̃blijɔpi] *nf* lazy eye, amblyopia (*T*).
ambre [ɑ̃bʀ(ə)] *nm*: ~ (jaune) amber; ~ gris ambergris; couleur d'~ amber(-coloured).
ambré, e [ɑ̃bʀe] *adj couleur* amber; *parfum* perfumed with ambergris.
Ambroise [ɑ̃bʀwaz] *nm* Ambrose.
ambroisie [ɑ̃bʀwazi] *nf* (*Myth*) ambrosia; (*Bot*) ambrosia, ragweed. (*fig*) c'est de l'~! this is food fit for the gods!
ambrosiaque [ɑ̃bʀozjak] *adj* ambrosial.
ambulance [ɑ̃bylɑ̃s] *nf* ambulance.
ambulancier, -ière [ɑ̃bylɑ̃sje, jɛʀ] *nm* (*conducteur*) ambulance driver; (*infirmier*) ambulance man (*ou* woman).
ambulant, e [ɑ̃bylɑ̃, ɑ̃t] *adj comédien, musicien* itinerant, strolling, travelling. (*fig*) c'est un squelette/dictionnaire ~* he's a walking skeleton/dictionary; *V* marchand.
ambulatoire [ɑ̃bylatwaʀ] *adj* (*Méd*) ambulatory.
âme [ɑm] *nf* (a) (*gén, Philos, Rel*) soul. (que) Dieu ait son ~ (may) God rest his soul; (*fig*) avoir l'~ chevillée au corps to hang on to life, have nine lives (*fig*); sur mon ~†† upon my soul†; *V* recommander, rendre.
  (b) (*centre de qualités intellectuelles et morales*) heart, soul, mind. avoir *ou* être une ~ généreuse to have great generosity of spirit; avoir *ou* être une ~ basse *ou* vile to have an evil heart *ou* mind, be evil-hearted *ou* evil-minded; grandeur *ou* (*frm*) noblesse d'~ high- *ou* noble-mindedness; en mon ~ et conscience in all conscience *ou* honesty; (*littér*) de toute mon ~ with all my soul; il y a mis toute son ~ he put his heart and soul into it.
  (c) (*centre psychique et émotif*) soul. faire qch avec ~ to do sth with feeling; ému jusqu'au fond de l'~ profoundly moved; c'est un corps sans ~ he has no soul; il est musicien dans l'~ he's a musician to the core; il a la technique mais son jeu est sans ~ his technique is good but he plays without feeling *ou* his playing is soulless.
  (d) (*personne*) soul. (*frm*) un village de 600 ~s a village of 600 souls; on ne voyait ~ qui vive you couldn't see a (living *ou* mortal) soul, there wasn't a (living *ou* mortal) soul to be seen; bonne ~* kind soul; est-ce qu'il n'y aura pas une bonne ~ pour m'aider? won't some kind soul give me a hand?; (*iro*) il y a toujours de bonnes ~s pour critiquer there's always some kind soul ready to criticize (*iro*); (*gén péj*) ~ charitable kind(ly) *ou* well-meaning soul (*iro*); il est là/il erre comme une ~ en peine he looks like/he is wandering about like a lost soul; être l'~ damnée de qn to be sb's henchman *ou* tool; il a trouvé l'~ sœur he has found a soul mate.
  (e) (*principe qui anime*) soul, spirit. l'~ d'un peuple the soul *ou* spirit of a nation; l'~ d'un complot the moving spirit in a plot; être l'~ d'un parti to be the soul *ou* leading light of a party; elle a une ~ de sœur de charité she is the very soul *ou* spirit of charity; elle a une ~ de chef she has the soul of a leader.
  (f) (*Tech*) [*canon*] bore; [*aimant*] core; [*violon*] soundpost; *V* charge, état, fendre *etc*.
Amélie [ameli] *nf* Amelia.
améliorable [ameljɔʀabl(ə)] *adj* improvable.
améliorant, e [ameljɔʀɑ̃, ɑ̃t] *adj* (*Agr*) soil-improving.
amélioration [ameljɔʀɑsjɔ̃] *nf* (a) (*U: V améliorer*) improvement; betterment; amelioration. l'~ de son état de santé the improvement of *ou* in *ou* the change for the better in his health.
  (b) improvement. faire des ~s dans, apporter des ~s à to make *ou* carry out improvements in *ou* to; (*Écon*) une ~ de la conjoncture an economic upturn, an improvement in the state of the economy.
améliorer [ameljɔʀe] (1) 1 *vt* (*gén*) to improve; *situation, sort, statut* to improve, better, ameliorate (*frm*); *domaine, immeuble* to improve. ~ sa situation to better *ou* improve o.s. *ou* one's situation. 2 s'**améliorer** *vpr* to improve.
amen [amɛn] *adv* (*Rel*) amen. dire ~ à qch/à tout to say amen to sth/everything, agree religiously to sth/everything.
aménageable [amenaʒabl(ə)] *adj horaire* flexible; *grenier* which can be converted (*en* into).
aménagement [amenaʒmɑ̃] *nm* (*V aménager*) fitting-out; laying-out; converting, conversion; fixing-up; developing; planning; working out; adjusting; making, building; fitting up (*Brit*), putting in. l'~ du territoire national and regional development, ≃ town and country planning (*Brit*); les nouveaux ~s d'un quartier/d'un centre hospitalier the new developments in *ou* improvements to *ou* in a neighbourhood/hospital; demander des ~s financiers/d'horaire to request certain financial adjustments/adjustments to one's timetable.
aménager [amenaʒe] (3) *vt* (a) (*équiper*) *local* to fit out; *parc* to lay out; *mansarde*, to convert; *territoire* to develop; *horaire* (*gén*) to plan, work out; (*modifier*) to adjust. ~ une chambre en bureau to convert a bedroom into a study, fit out a bedroom as a study. (b) (*créer*) *route* to make, build; *gradins, placard* to fit up (*Brit*), put in. ~ un bureau dans une chambre to fit up (*Brit*) *ou* fix up a study in a bedroom.
amendable [amɑ̃dabl(ə)] *adj* (*Pol*) amendable; (*Agr*) which can be enriched.
amende [amɑ̃d] *nf* fine. mettre à l'~ to penalize; il a eu 50 F d'~ he got a 50-franc fine, he was fined 50 francs; défense d'entrer sous

peine d'~ trespassers will be prosecuted *ou* fined; **faire ~ honorable** to make amends.

amendement [amɑ̃dmɑ̃] *nm* (*Pol*) amendment; (*Agr*) (*opération*) enrichment; (*substance*) enriching agent.

amender [amɑ̃de] (1) **1** *vt* (*Pol*) to amend; (*Agr*) to enrich; *conduite* to improve, amend. **2 s'amender** *vpr* to mend one's ways, amend.

amène [amɛn] *adj* (*littér: aimable*) propos, visage affable; *personne, caractère* amiable, affable. **des propos peu ~s** unkind words.

amener [amne] (5) **1** *vt* **(a)** (*faire venir*) personne, objet to bring (along); (*acheminer*) cargaison to bring, convey. **on nous amène les enfants tous les matins** they bring the children (along) to us every morning, the children are brought (along) to us every morning; **amène-la à la maison** bring her round (*Brit*) *ou* around (*US*) *ou* along (to the house), bring her home; **le sable est amené à Paris par péniche** sand is brought *ou* conveyed to Paris by barges; **qu'est-ce qui vous amène ici?** what brings you here?; *V* **bon¹, mandat.**

(b) (*provoquer*) to bring about, cause. **~ la disette** to bring about *ou* cause a shortage; **~ le typhus** to cause typhus.

(c) (*inciter*) **~ qn à faire qch** [*circonstances*] to induce *ou* lead *ou* bring sb to do sth; [*personne*] to bring sb round to doing sth, get sb to do sth; (*par un discours persuasif*) to talk sb into doing sth; **la crise pourrait ~ le gouvernement à agir** the crisis might induce *ou* lead *ou* bring the government to take action; **elle a été finalement amenée à renoncer à son voyage** she was finally induced *ou* driven to give up her trip; **je suis amené à croire que** I am led to believe *ou* think that; **c'est ce qui m'a amené à cette conclusion** that is what led *ou* brought me to that conclusion.

(d) (*diriger*) to bring. **~ qn à ses propres idées/à une autre opinion** to bring sb round to one's own ideas/another way of thinking; **~ la conversation sur un sujet** to bring the conversation round to a subject, lead the conversation on to a subject; **système amené à un haut degré de complexité** system brought to a high degree of complexity.

(e) *transition, conclusion, dénouement* to present, introduce. **exemple bien amené** well-introduced example.

(f) (*Pêche*) poisson to draw in; (*Naut*) voile, pavillon to strike. (*Mil*) **~ les couleurs** to strike colours.

(g) (*Dés*) paire, brelan to throw.

2 s'amener* *vpr* (*venir*) to come along. **allez-vous vous ~?** are you going to get a move on?*, come along!; **il s'est amené avec toute sa bande** he came along *ou* turned up *ou* showed up* with the whole gang.

aménité [amenite] *nf* (*amabilité*) [*propos*] affability; [*personne, caractère*] amiability, affability. **sans ~** unkindly; (*iro*) **se dire des ~s** to exchange uncomplimentary remarks.

aménorrhée [amenɔʁe] *nf* amenorrhoea.

amenuisement [amənɥizmɑ̃] *nm* [*valeur, avance, espoir*] dwindling; [*chances*] lessening; [*ressources*] diminishing, dwindling.

amenuiser [amənɥize] (1) **1 s'amenuiser** *vpr* [*valeur, avance, espoir*] to dwindle; [*chances*] to grow slimmer, lessen; [*provisions, ressources*] to run low, diminish, dwindle; [*temps*] to run out; [*planche*] to get thinner. **2** *vt* objet to thin down; (*fig*) to reduce.

amer¹ [amɛʁ] *nm* (*Naut*) seamark.

amer², -ère [amɛʁ] *adj* (*lit, fig*) bitter. **~ comme chicotin*** as bitter as wormwood; **avoir la bouche ~ère** to have a bitter taste in one's mouth.

amérasien,-ienne [ameʁazjɛ̃, jɛn] **1** *adj* Amerasian. **2** *nm, f:* **A~(ne)** Amerasian.

amèrement [amɛʁmɑ̃] *adv* bitterly.

américain, e [ameʁikɛ̃, ɛn] **1** *adj* American. **à l'~e** (*gén*) in the American style; (*Culin*) **à l'Américaine;** *V* **œil. 2** *nm* (*Ling*) American (English). **3** *nm, f:* **A~(e)** American. **4 américaine** *nf* (*automobile*) American car.

américanisation [ameʁikanizasjɔ̃] *nf* americanization.

américaniser [ameʁikanize] (1) **1** *vt* to americanize. **2 s'américaniser** *vpr* to become americanized.

américanisme [ameʁikanism(ə)] *nm* americanism.

américaniste [ameʁikanist(ə)] *nmf* Americanist, American specialist.

américium [ameʁisjɔm] *nm* americium.

amérindien, -ienne [ameʁɛ̃djɛ̃, jɛn] *adj, nm, f* Amerindian, American Indian.

Amérique [ameʁik] *nf* America. **~ centrale/latine/du Nord/du Sud** Central/Latin/North/South America.

Amerloque‡ [amɛʁlɔk] *nmf*, **Amerlo(t)‡** [amɛʁlo] *nm* Yankee*, Yank*.

amerrir [ameʁiʁ] (2) *vi* (*Aviat*) to land (on the sea), make a sea-landing; (*Espace*) to splash down.

amerrissage [ameʁisaʒ] *nm* (*Aviat*) (sea) landing; (*Espace*) splashdown.

amertume [amɛʁtym] *nf* (*lit, fig*) bitterness. **plein d'~** full of bitterness, very bitter.

améthyste [ametist(ə)] *nf, adj inv* amethyst.

ameublement [amœbləmɑ̃] *nm* (*meubles*) furniture; (*action*) furnishing. **articles d'~** furnishings; **commerce d'~** furniture trade.

ameublir [amœbliʁ] (2) *vt* (*Agr*) to loosen, break down.

ameuter [amøte] (1) **1** *vt* **(a)** (*attrouper*) curieux, passants to bring *ou* draw a crowd of; voisins to bring out; (*soulever*) foule to rouse, stir up, incite (*contre* against). **ses cris ameutèrent les passants** his shouts brought *ou* drew a crowd of passers-by; **tais-toi, tu vas ~ toute la rue!*** be quiet, you'll have the whole street out!

(b) chiens to form into a pack.

2 s'ameuter *vpr* (*s'attrouper*) [*passants*] to gather, mass; [*voisins*] to come out; (*se soulever*) to band together, gather into a

mob. **des passants s'ameutèrent** a crowd of passers-by gathered (angrily).

ami, e [ami] **1** *nm, f* **(a)** friend. **c'est un vieil ~ de la famille** *ou* **de la maison** he's an old friend of the family; **c'est un/mon ~ d'enfance** he's a/my childhood friend; **~ intime** (very) close *ou* intimate friend, bosom friend; **il m'a présenté son ~e** he introduced his girlfriend to me; **elle est sortie avec ses ~es** she's out with her (girl)friends; **se faire un ~ de qn** to make *ou* become friends with sb, become a friend of sb; **faire ~ avec qn*** to make friends with sb; **nous sommes entre ~s** (*2 personnes*) we're friends; (*plus de 2*) we're all friends; **je vous dis ça en ~** I'm telling you this as a friend; **~s des bêtes/de la nature** animal/nature lovers; **société** *ou* **club des ~s de Balzac** Balzac club *ou* society; **un célibataire/professeur de mes ~s** a bachelor/teacher friend of mine; **être sans ~s** to be friendless, have no friends; **parents et ~s** friends and relations *ou* relatives; **~ des arts** patron of the arts; **l'~ de l'homme** man's best friend.

(b) (*euph*) (*amant*) boyfriend (*euph*); (*maîtresse*) girlfriend (*euph*). **l'~e de l'assassin** the murderer's lady-friend (*euph*); *V* **bon¹, petit.**

(c) (*interpellation*) **mes chers ~s** gentlemen; (*auditoire mixte*) ladies and gentlemen; **mon cher ~** my dear fellow *ou* chap (*Brit*); **ça, mon (petit) ~** now look here; **ben mon ~!*** (*Brit*) *ou* **crikey!*** (*Brit*) if I had known that; (*entre époux*) **oui mon ~!** yes my dear.

2 *adj* visage, pays friendly; *regard* kindly, friendly. **tendre à qn une main ~e** to lend *ou* give sb a friendly *ou* helping hand; **être très ~ avec qn** to be very friendly *ou* (very) great *ou* good friends with sb; **nous sommes très ~s** we're very close *ou* good friends, we're very friendly; **être ~ de l'ordre** to be a lover of order.

amiable [amjabl(ə)] *adj* (*Jur*) amicable. **à l'~:** vente à l'~ private sale, sale by private agreement; **partage à l'~** private *ou* amicable partition; **accord** *ou* **règlement à l'~** friendly *ou* amicable agreement *ou* arrangement; **régler** *ou* **liquider une affaire à l'~** to settle a difference out of court.

amiante [amjɑ̃t] *nm* asbestos. **plaque/fils d'~** asbestos sheet *ou* plate/thread.

amibe [amib] *nf* amoeba.

amibiase [amibjaz] *nf* amoebiasis.

amibien, -ienne [amibjɛ̃, jɛn] **1** *adj* maladie amoebic. **2** *nmpl:* **~s** Amoebae.

amical, e, *mpl* **-aux** [amikal, o] **1** *adj* friendly. **peu ~** unfriendly. **2 amicale** *nf* association, club (*of people having the same interest*). **~e des anciens élèves** old boys' association (*Brit*), alumni association (*US*).

amicalement [amikalmɑ̃] *adv* in a friendly way. **il m'a salué ~** he gave me a friendly wave; (*formule épistolaire*) **(bien) ~** kind regards, best wishes, yours (ever).

amidon [amidɔ̃] *nm* starch.

amidonnage [amidɔnaʒ] *nm* starching.

amidonner [amidɔne] (1) *vt* to starch.

amincir [amɛ̃siʁ] (2) **1** *vt* to thin (down). **cette robe l'amincit** this dress makes her look slim(mer) *ou* thin(ner); **visage aminci par la tension** face drawn with tension *ou* hollow with anxiety. **2 s'amincir** *vpr* [*couche de glace, épaisseur de tissu*] to get thinner.

amincissement [amɛ̃sismɑ̃] *nm* thinning (down). **l'~ de la couche de glace a causé l'accident** the ice had got thinner and it was this which caused the accident; **cure d'~** slimming (*Brit*) *ou* reducing (*US*) treatment (*U*).

aminé, e [amine] *adj* *V* **acide.**

amiral, e, *mpl* **-aux** [amiʁal, o] **1** *adj:* vaisseau *ou* bateau **~** flagship. **2** *nm* admiral; *V* **contre, vice-. 3 amirale** *nf* admiral's wife.

amirauté [amiʁote] *nf* admiralty.

amitié [amitje] *nf* **(a)** (*sentiment*) friendship. **prendre qn en ~, se prendre d'~ pour qn** to take a liking to sb, befriend sb; **se lier d'~ avec qn** to make friends with sb; (*littér*) **nouer une ~ avec qn** to strike up a friendship with sb; **avoir de l'~ pour qn** to be fond of sb, have a liking for sb; **faites-moi l'~ de venir** do me the kindness *ou* favour of coming; **l'~ franco-britannique** Anglo-French *ou* Franco-British friendship; **~ particulière** (*entre hommes*) homosexual relationship; (*entre femmes*) lesbian relationship.

(b) (*formule épistolaire*) **~s** all the very best, very best wishes *ou* regards; (*affectueuses*) **~s, Paul** love (from) Paul; **~s, Paul** kind regards, Paul, yours, Paul; **elle vous fait** *ou* **transmet toutes ses ~s** she sends her best wishes *ou* regards.

(c) (†: *civilités*) **faire mille ~s à qn** to give sb a warm and friendly welcome.

Amman [aman] *n* Amman.

ammoniac, -aque [amɔnjak] **1** *adj* ammoniac. **sel ~** sal ammoniac; **gomme ammoniaque** gum ammoniac. **2** *nm* (*gaz*) ammonia. **3 ammoniaque** *nf* ammonia (water).

ammoniacal, e, *mpl* **-aux** [amɔnjakal, o] *adj* ammoniacal.

ammonite [amɔnit] *nf* (*Zool*) ammonite.

ammonium [amɔnjɔm] *nm* ammonium.

amnésie [amnezi] *nf* amnesia.

amnésique [amnezik] **1** *adj* amnesic. **2** *nmf* amnesiac, amnesic.

amnios [amnjɔs] *nm* amnion.

amniotique [amnjɔtik] *adj* amniotic. **cavité/liquide ~** amniotic cavity/liquid.

amnistie [amnisti] *nf* amnesty. **loi d'~** law of amnesty.

amnistier [amnistje] (7) *vt* to amnesty, grant an amnesty to. **les amnistiés** the amnestied prisoners.

amocher* [amɔʃe] (1) *vt* objet, personne to mess up*, make a mess of*; *véhicule* to bash up*. **tu l'as drôlement amoché** you've made a terrible mess of him*, you've messed him up something terrible*; **se faire ~ dans un accident/une bagarre** to get messed up* in an accident/a fight; **il/la voiture était drôlement amoché(e)** he/the car was a terrible mess*; **il s'est drôlement amoché en tombant** he gave himself a terrible bash* (*Brit*) *ou* he pretty well smashed himself up (*US*) when he fell.

amoindrir [amwɛ̃dRiR] (2) **1** *vt autorité* to lessen, weaken, diminish; *forces* to weaken; *fortune, quantité* to diminish, reduce; *personne* (*physiquement*) to make weaker, weaken; (*moralement, mentalement*) to diminish. **~ qn** (**aux yeux des autres**) to diminish *ou* belittle sb (in the eyes of others).

2 s'amoindrir *vpr [autorité, facultés]* to grow weaker, weaken, diminish; *[forces]* to weaken, grow weaker; *[quantité, fortune]* to diminish, grow less.

amoindrissement [amwɛ̃dRismɑ̃] *nm* (*V* amoindrir) lessening; weakening; diminishing; reduction.

amollir [amɔliR] (2) **1** *vt chose* to soften, make soft; *personne* (*moralement*) to soften; (*physiquement*) to weaken, make weak; *volonté, forces, résolution* to weaken. **cette chaleur vous amollit** this heat makes one feel (quite) limp *ou* weak.

2 s'amollir *vpr [chose]* to go soft; (*s'affaiblir*) *[courage, énergie]* to weaken; *[jambes]* to go weak; *[personne]* (*perdre courage, énergie*) to grow soft, weaken; (*s'attendrir*) to soften, relent.

amollissant, e [amɔlisɑ̃, ɑ̃t] *adj climat, plaisirs* enervating.

amollissement [amɔlismɑ̃] *nm* (*V* amollir) softening; weakening. **l'~ général est dû à** ... the general weakening of purpose is due to ... .

amonceler [amɔ̃sle] (4) **1** *vt choses* to pile *ou* heap up; *richesses* to amass, accumulate; *difficultés* to accumulate; *documents, preuves* to pile up, accumulate, amass.

2 s'amonceler *vpr [choses]* to pile *ou* heap up; *[courrier, demandes]* to pile up, accumulate; *[nuages]* to bank up; *[neige]* to drift into banks, bank up. **les preuves s'amoncellent contre lui** the evidence is building up *ou* piling up against him.

amoncellement [amɔ̃sɛlmɑ̃] *nm* (**a**) (*V* amonceler) piling up; heaping up; banking up; amassing; accumulating. (**b**) *[choses]* pile, heap, mass; *[idées]* accumulation.

amont [amɔ̃] *nm [cours d'eau]* upstream water; *[pente]* uphill slope. **en ~** upstream, upriver; uphill; **en ~ de** upstream *ou* upriver from; uphill from, above; **les rapides/l'écluse d'~** the upstream rapids/lock; **l'~ était coupé de rapides** the river upstream was a succession of rapids; **le skieur/le ski ~** the uphill skier/ski.

amoral, e, *mpl* **-aux** [amɔRal, o] *adj* amoral.

amoralisme [amɔRalism(ə)] *nm* amorality.

amorçage [amɔRsaʒ] *nm* (**a**) (*action*: *V* amorcer) baiting; ground baiting; priming; energizing. (**b**) (*dispositif*) priming cap, primer.

amorce [amɔRs(ə)] *nf* (**a**) (*Pêche*) *[hameçon]* bait; *[emplacement]* ground bait.
(**b**) (*explosif*) *[cartouche]* cap, primer, priming; *[obus]* percussion cap; *[mine]* priming; *[pistolet d'enfant]* cap.
(**c**) (*début*) *[route]* initial section; *[trou]* start; *[pellicule, film]* trailer; *[conversations, négociations]* beginning; *[idée, projet]* beginning, germ. **l'~ d'une réforme/d'un changement** the beginnings (*pl*) of a reform/change.
(**d**) (*Ordin*) (*programme*) **~** bootstrap.

amorcer [amɔRse] (3) *vt* (**a**) *hameçon, ligne* to bait. **il amorce au ver de vase** (*ligne*) he baits his line with worms; (*emplacement*) he uses worms as ground bait.
(**b**) *dynamo* to energize; *syphon, obus, pompe* to prime.
(**c**) *route, tunnel, travaux* to start *ou* begin building, make a start on; *trou* to begin *ou* start to bore. **la construction est amorcée depuis 2 mois** work has been in progress *ou* been under way for 2 months.
(**d**) (*commencer*) *réformes, évolution* to initiate, begin; *virage* to begin. **il amorça un geste pour prendre la tasse** he made as if to take the cup; **~ la rentrée dans l'atmosphère** to initiate re-entry into the earth's atmosphere; **une descente s'amorce après le virage** after the bend the road starts to go down.
(**e**) (*Pol: entamer*) *conversations* to start (up); *négociations* to start, begin. **une détente est amorcée** *ou* **s'amorce** there are signs of (the beginnings of) a détente.
(**f**) (†: *attirer*) *client* to allure, entice.

amorphe [amɔRf(ə)] *adj* (**a**) (*apathique*) *personne* passive, lifeless, spiritless; *esprit, caractère, attitude* passive. (**b**) (*Minér*) amorphous.

amorti [amɔRti] (*ptp de* amortir) *nm* (*Tennis*) drop shot. (*Ftbl*) **faire un ~** to trap the ball.

amortir [amɔRtiR] (2) *vt* (**a**) *choc* to absorb, cushion; *coup, chute* to cushion, soften; *bruit* to deaden, muffle; *passions, douleur* to deaden, dull. (**b**) (*Fin*) *dette* to pay off, amortize (*T*); *titre* to redeem; *matériel* to write off, depreciate (*T*). (*gén*) **il utilise sa voiture le plus souvent possible pour l'~** he uses his car as often as possible to make it pay *ou* to recoup the cost to himself; **maintenant, notre équipement est amorti** now we have written off the (capital) cost of the equipment.
(**c**) (*Archit*) to put an amortizement *ou* amortization on.

amortissable [amɔRtisabl(ə)] *adj* (*Fin*) redeemable.

amortissement [amɔRtismɑ̃] *nm* (**a**) (*Fin*) *[dette]* paying off; *titre* redemption; (*provision comptable*) reserve *ou* provision for depreciation. **l'~ de ce matériel se fait en 3 ans** it takes 3 years to recoup *ou* to write off the cost of this equipment; (*Fin*) **~s admis par le fisc** capital tax allowances.
(**b**) (*diminution*: *V* amortir) absorption; cushioning; softening; deadening; muffling; dulling; (*Phys*) damping.
(**c**) (*Archit*) amortizement, amortization.

amortisseur [amɔRtisœR] *nm* shock absorber.

amour [amuR] **1** *nm* (**a**) (*sentiment*) love. **parler d'~** to speak of love; **se nourrir** *ou* **vivre d'~ et d'eau fraîche*** to live on love alone; **~ platonique** platonic love; **lettre/mariage/roman d'~**

love letter/match/story; **fou d'~** madly *ou* wildly in love; **~ fou** wild love *ou* passion, mad love; **ce n'est plus de l'~, c'est de la rage*** it's not love, it's raving madness!*; *V* filer, saison.
(**b**) (*acte*) love-making (*U*). **pendant l'~, elle murmurait des mots tendres** while they were making love *ou* during their love-making, she murmured tender words; **l'~ libre** free love; **l'~ physique** physical love; **faire l'~** to make love (*avec* to, with).
(**c**) (*personne*) love; (*aventure*) love affair. **premier ~** (*personne*) first love; (*aventure*) first love (affair); **ses ~s de jeunesse** (*aventures*) the love affairs *ou* loves of his youth; (*personnes*) the loves *ou* lovers of his youth; **c'est un ~ de jeunesse** she's one of his old loves *ou* flames*†; **des ~s de rencontre** casual love affairs; (*hum*) **à tes ~s!*** (*quand on trinque*) here's to you!; (*quand on éternue*) bless you!; (*hum*) **comment vont tes ~s?*** how's your love life?* (*hum*).
(**d**) (*terme d'affection*) **mon ~** my love, my sweet; **cet enfant est un ~** that child's a real darling; **passe-moi l'eau, tu seras un ~** be a darling *ou* dear (*Brit*) and pass me the water, pass me the water, there's a darling *ou* a dear (*Brit*); **un ~ de bébé/de petite robe** a lovely *ou* sweet little baby/dress.
(**e**) (*Art*) cupid. (*Myth*) (**le dieu**) **A~** Eros, Cupid.
(**f**) (*loc*) **pour l'~ de Dieu** for God's sake, for the love of God; **pour l'~ de votre mère** for your mother's sake; **faire qch pour l'~ de l'art*** to do sth for the love of it *ou* for love*; **avoir l'~ du travail** bien fait to have a great love for work well done, love to see work well done; **faire qch avec ~** to do sth with loving care.
2 *nfpl* (*littér*) **~s** (*personnes*) loves; (*aventures*) love affairs; (*hum*) **~s** ancillaires amorous adventures with the servants.
3: amour-propre *nm* self-esteem, pride; **blessure d'amour-propre** wound to one's self-esteem *ou* pride.

amouracher (s') [amuRaʃe] (1) *vpr* (*péj*) **s'~ de** to become infatuated with (*péj*).

amourette [amuRɛt] *nf* passing fancy, passing love affair.

amoureusement [amuRøzmɑ̃] *adv* lovingly, amorously.

amoureux, -euse [amuRø, øz] **1** *adj* (**a**) (*épris*) personne in love (*de* with). **être ~ de la musique/la nature** to be a music-/nature-lover, be passionately fond of music/nature; (*fig hum*) **il est ~ de sa voiture** he's in love with his car (*hum*); *V* tomber.
(**b**) (*d'amour*) *aventures* amorous, love (*épith*). **déboires ~** disappointments in love; **vie ~euse** love life.
(**c**) (*ardent*) *tempérament, personne* amorous; *regard* (*tendre*) loving; (*voluptueux*) amorous.
2 *nm, f* (*gén*) lover; (†: *soupirant*) love, sweetheart. (*fig*) **~ de** lover of; **un ~ de la nature** a nature lover, a lover of nature; **~ transi** bashful lover; **partir en vacances en ~** to go off on holiday like a pair of lovers.

amovibilité [amɔvibilite] *nf* (*Jur*) removability.

amovible [amɔvibl(ə)] *adj doublure, housse, panneau* removable, detachable; (*Jur*) removable.

ampère [ɑ̃pɛR] *nm* ampere, amp.

ampèremètre [ɑ̃pɛRmɛtR(ə)] *nm* ammeter.

amphétamine [ɑ̃fetamin] *nf* amphetamine.

amphi [ɑ̃fi] *nm* (*arg Univ*) abrév de **amphithéâtre**.

amphibie [ɑ̃fibi] **1** *adj* amphibious. **2** *nm* amphibian.

amphibiens [ɑ̃fibjɛ̃] *nm pl* amphibia, amphibians.

amphigouri [ɑ̃figuRi] *nm* amphigory.

amphithéâtre [ɑ̃fiteatR(ə)] *nm* (*Archit*) amphitheatre; (*Univ*) lecture hall *ou* theatre; (*Théât*) (upper) gallery. (*Géol*) **~ morainique** morainic cirque *ou* amphitheatre.

amphitryon [ɑ̃fitRijɔ̃] *nm* (*hum, littér: hôte*) host.

amphore [ɑ̃fɔR] *nf* amphora.

ample [ɑ̃pl(ə)] *adj manteau* roomy, ample; *jupe, manche* full, ample; *geste* wide, sweeping; *voix* sonorous; *style* rich, grand; *projet* vast; *vues, sujet* wide-ranging, extensive. **faire ~(s) provision(s) de** to gather a bountiful *ou* liberal *ou* plentiful supply of; **donner ~ matériel à discussion** to give ample material for discussion; (*frm*) **jusqu'à plus ~ informé** until fuller *ou* further information is available; **pour plus ~ informé je tenais à vous dire** ... for your further information I should tell you ... ; **veuillez m'envoyer de plus ~s renseignements sur** ... please send me further details of ... *ou* further information about ... .

amplement [ɑ̃pləmɑ̃] *adv expliquer, mériter* fully, amply. **il a fait ~ ce qu'on lui demandait** he has more than done what was asked of him; **gagner ~ sa vie** to earn a very good *ou* ample living; **ça suffit ~, c'est ~ suffisant** that's more than enough, that's ample.

ampleur [ɑ̃plœR] *nf* (**a**) *[vêtement, voix]* fullness; *[geste]* liberalness; *[style, récit]* opulence; *[vues, sujet, problème]* extent, range; *[projet]* vastness, scope. **donner de l'~ à une robe** to give fullness to a dress.
(**b**) (*importance*) *[crise]* scale, extent; *[dégâts]* extent. **devant l'~ de la catastrophe** in the face of the sheer scale *ou* extent of the catastrophe; **vu l'~ des dégâts** ... in view of the scale *ou* the extent of the damage ...; **l'~ des moyens mis en œuvre** the sheer size *ou* the massive scale of the measures implemented; **sans grande ~ of** limited scope, small-scale (*épith*); **ces manifestations prennent de l'~** these demonstrations are growing *ou* increasing in scale *ou* extent *ou* are becoming more extensive.

ampli [ɑ̃pli] *nm abrév de* **amplificateur**.

ampliation [ɑ̃plijasjɔ̃] *nf [duplicat]* certified copy; (*développement*) amplification. **~ des offres de preuves** amplification of previous evidence.

amplificateur [ɑ̃plifikatœR] *nm* (*Phys, Rad*) amplifier; (*Phot*) enlarger (*permitting only fixed enlarging*).

amplification [ɑ̃plifikasjɔ̃] *nf* (*V* amplifier) development; expansion; increase; amplification; magnification; (*Phot*) enlarging; (*Opt*) magnifying.

amplifier [ɑ̃plifje] (7) **1** *vt* (**a**) (*accentuer, développer*) *tendance* to develop, accentuate; *mouvement, échanges, coopération* to expand, increase, develop; *pensée* to expand, develop, amplify; (*péj*) *incident* to magnify, exaggerate.

   (**b**) (*Tech*) *son, courant* to amplify; *image* to magnify.

   2 s'amplifier *vpr [mouvement, tendance, échange]* to grow, increase; *[pensée]* to expand, develop.

amplitude [ɑ̃plityd] *nf* (**a**) (*Astron, Phys*) amplitude. (*Géom*) l'~ d'un arc the length of the chord subtending an arc. (**b**) *[températures]* range. (**c**) (*fig: importance*) l'~ de la catastrophe the magnitude of the catastrophe.

ampoule [ɑ̃pul] *nf* (*Élec*) bulb; (*Pharm*) phial, vial; (*Méd*) *[main, pied]* blister, ampulla (*T*).

ampoulé, e [ɑ̃pule] *adj style* turgid, pompous, bombastic.

amputation [ɑ̃pytasjɔ̃] *nf* (*Anat*) amputation; (*fig*) *[texte, roman, fortune]* drastic cut *ou* reduction (*de* in); *[budget]* drastic cutback *ou* reduction (*de* in).

amputer [ɑ̃pyte] (1) *vt* (**a**) (*Anat*) to amputate. **il est amputé d'une jambe** he has had a leg amputated; **c'est un amputé** he has lost an arm (*ou* a leg), he has had an arm (*ou* a leg) off* (*Brit*). (**b**) (*fig*) *texte, roman, fortune* to cut *ou* reduce drastically; *budget* to cut back *ou* reduce drastically (*de* by). ~ **un pays d'une partie de son territoire** to sever a country of a part of its territory.

amuir (s') [amɥiʀ] (2) *vpr* (*Phonétique*) to become mute, be dropped (*in pronunciation*).

amuïssement [amɥismɑ̃] *nm* (*Phonétique*) *dropping of a phoneme in pronunciation.*

amulette [amylɛt] *nf* amulet.

amure [amyʀ] *nf* (*Naut*) tack. **aller bâbord/tribord** ~s to go on the port/starboard tack.

amurer [amyʀe] (1) *vt voile* to haul aboard the tack of, tack.

amusant, e [amyzɑ̃, ɑ̃t] *adj* (*distrayant*) *jeu* amusing, entertaining; (*drôle*) *film, remarque, convive* amusing, funny. **c'est (très)** ~ (*distrayant*) it's (great) fun *ou* (very) entertaining; (*surprenant*) it's (very) amusing *ou* funny; **l'~ de l'histoire c'est que** the funny part of the story is that, the amusing part about it all is that.

amuse-gueule [amyzgœl] *nm inv* appetizer, snack. ·

amusement [amyzmɑ̃] *nm* (**a**) (*divertissement*) amusement (*U*). **pour l'~ des enfants** for the children's amusement *ou* entertainment, to amuse *ou* entertain the children; **prendre de l'~ à faire qch** to get enjoyment out of doing sth. (**b**) (*jeu*) game; (*activité*) diversion, pastime. (**c**) (*hilarité*) amusement (*U*).

amuser [amyze] (1) **1** *vt* (**a**) (*divertir*) to amuse, entertain; (*non intentionnellement*) to amuse. (**b**) (*faire rire*) *histoire, drôle* to amuse. **ces remarques ne m'amusent pas du tout** I don't find these remarks in the least bit funny *ou* amusing, I'm not in the least amused by such remarks; **toi tu m'amuses avec tes grandes théories** you make me laugh *ou* you amuse me with your great theories; **faire le pitre pour** ~ **la galerie** to clown about and play to the crowd, clown about to amuse the crowd. (**c**) (*plaire*) **ça ne m'amuse pas de devoir aller leur rendre visite** I don't enjoy having to go and visit them; **si vous croyez que ces réunions m'amusent** if you think I enjoy these meetings. (**d**) (*détourner l'attention de*) *ennemi, caissier* to distract (the attention of), divert the attention of. **pendant que tu l'amuses, je prends l'argent** while you keep him busy *ou* distract his attention, I'll take the money. (**e**) (*tromper: par promesses etc*) to delude, beguile.

   2 s'amuser *vpr* (**a**) (*jouer*) *[enfants]* to play. **s'**~ **avec** *jouet, personne, chien* to play with; *stylo, ficelle* to play *ou* fiddle *ou* toy with; **s'**~ **à un jeu** to play a game; **s'**~ **à faire** to amuse o.s. doing, play at doing; **pour s'**~ **ils allumèrent un grand feu de joie** they lit a big bonfire for a lark; (*fig*) **ne t'amuse pas à recommencer, sinon!** don't you do *ou* start that again, or else! (**b**) (*se divertir*) to have fun *ou* a good time, enjoy o.s.; (*rire*) to have a good laugh. **s'** ~ **à faire** to have fun doing, enjoy o.s. doing; **nous nous sommes amusés comme des fous à écouter ses histoires** we laughed ourselves silly listening to his jokes; **nous nous sommes bien amusés** we had great fun *ou* a great time*; **qu'est-ce qu'on s'amuse!** this is great fun!; **j'aime autant te dire qu'on ne s'est pas amusés** it wasn't much fun, I can tell you; **on ne va pas s'**~ **à cette réunion** we're not going to have much fun *ou* enjoy it much at this meeting; **on ne faisait rien de mal, c'était juste pour s'**~ we weren't doing any harm, it was just for fun *ou* for a laugh. (**c**) (*batifoler*) to mess about* *ou* around*. **il ne faut pas qu'on s'amuse** (*il faut se dépêcher*) we mustn't dawdle; (*il faut travailler dur*) we mustn't idle. (**d**) (*littér: se jouer de*) **s'**~ **de qn** to make a fool of sb.

amusette [amyzɛt] *nf* diversion. **elle n'a été pour lui qu'une** ~ she was mere sport to him, she was just a passing fancy for him; **au lieu de perdre ton temps à des** ~s **tu ferais mieux de travailler** instead of frittering your time away on idle pleasures you'd do better to work.

amuseur, -euse [amyzœʀ, øz] *nm, f* entertainer. (*péj*) **ce n'est qu'un** ~ he's just a clown.

amygdale [amidal] *nf* tonsil.

amygdalite [amidalit] *nf* tonsillitis.

amylacé, e [amilase] *adj* starchy.

amylase [amilaz] *nf* amylase.

an [ɑ̃] *nm* (**a**) (*durée*) year. **après 5** ~s **de prison** after 5 years in prison; **dans 3** ~s in 3 years, in 3 years' time; **une amitié de 20** ~s a friendship of 20 years' standing. (**b**) (*âge*) year. **un enfant de six** ~s a six-year-old child, a six-year-old; **il a 22** ~s he is 22 (years old); **il n'a pas encore 10** ~s he's not yet 10. (**c**) (*point dans le temps*) year. **4 fois par** ~ 4 times a year; **il**

reçoit tant par ~ he gets so much a year *ou* annually *ou* per annum; **le jour** *ou* **le premier de l'**~, **le nouvel** ~ New Year's Day; **en l'**~ **300 de Rome** in the Roman year 300; **en l'**~ **300 de notre ère/avant Jésus-Christ** in (the year) 300 A.D./B.C.; (*frm, hum*) **en l'**~ **de grâce** ... in the year of grace ...; **je m'en moque** *ou* **je m'en soucie comme de l'**~ **quarante** I couldn't care less (about it); *V* **bon¹**. (**d**) (*littér*) ~s: **les** ~s **l'ont courbé** he has become bowed *ou* hunched with age; **l'outrage des** ~s the ravages of time; **courbé sous le poids des** ~s bent under the weight of years *ou* age.

ana [ana] *nm* ana.

anabaptisme [anabatism(ə)] *nm* anabaptism.

anabaptiste [anabatist(ə)] *adj, nmf* anabaptist.

anabolisme [anabɔlism(ə)] *nm* anabolism.

anacarde [anakaʀd(ə)] *nm* cashew (nut).

anacardier [anakaʀdje] *nm* cashew (tree).

anachorète [anakɔʀɛt] *nm* anchorite.

anachronique [anakʀɔnik] *adj* anachronistic, anachronous.

anachronisme [anakʀɔnism(ə)] *nm* anachronism.

anacoluthe [anakɔlyt] *nf* anacoluthon.

anaconda [anakɔ̃da] *nm* anaconda.

Anacréon [anakʀeɔ̃] *nm* Anacreon.

anacréontique [anakʀeɔ̃tik] *adj* anacreontic.

anaérobie [anaeʀɔbi] **1** *adj* anaerobic. **2** *nm* anaerobe.

anaglyphe [anaglif] *nm* anaglyph.

anagrammatique [anagʀamatik] *adj* anagrammatical.

anagramme [anagʀam] *nf* anagram.

anal, e, *mpl* -aux [anal, o] *adj* anal.

analgésie [analʒezi] *nf* analgesia.

analgésique [analʒezik] *adj, nm* analgesic.

analogie [analɔʒi] *nf* analogy. **par** ~ **avec** by analogy with.

analogique [analɔʒik] *adj* analogical.

analogiquement [analɔʒikmɑ̃] *adv* analogically.

analogue [analɔg] **1** *adj* analogous, similar (*à* to). **2** *nm* analogue.

analphabète [analfabɛt] **1** *adj* illiterate. **2** *nmf* illiterate.

analphabétisme [analfabetism(ə)] *nm* illiteracy.

analysable [analizabl(ə)] *adj* analysable (*Brit*), analyzable (*US*).

analyse [analiz] **1** *nf* (**a**) (*gén: examen*) analysis. **faire l'**~ **de** to analyse (*Brit*), analyze (*US*); **ce qu'il soutient ne résiste pas à l'**~ what he maintains doesn't stand up to analysis; **avoir l'esprit d'**~ to have an analytic(al) mind. (**b**) (*Méd*) test. ~ **de sang/d'urine** blood/urine test; **se faire faire des** ~s to have some tests (done); *V* **laboratoire**. (**c**) (*Psych*) psychoanalysis, analysis. **il poursuit une** ~ he's undergoing *ou* having psychoanalysis *ou* analysis. (**d**) (*Math*) (*discipline*) calculus; (*exercice*) analysis.

   2: **analyse combinatoire** combinatorial analysis; ~ **en constituants immédiats** constituent analysis; **analyse grammaticale** parsing; **faire l'**~ **grammaticale de** to parse; **analyse logique** sentence analysis (*Brit*), diagramming (*US*); **analyse de marché** market analysis *ou* survey; **analyse spectrale** spectrum analysis; ~ **transactionnelle** transactional analysis; **analyse du travail** job analysis.

analyser [analize] (1) *vt* (*gén*) to analyse; (*Méd*) *sang, urine* to test; (*analyse grammaticale*) to parse.

analyste [analist(ə)] *nmf* (*gén, Math*) analyst; (*psychanalyste*) psychoanalyst, analyst. ~-**programmeur** systems analyst.

analytique [analitik] **1** *adj* analytic(al). **2** *nf* analytics (*sg*).

analytiquement [analitikmɑ̃] *adv* analytically.

anamorphose [anamɔʀfoz] *nf* anamorphosis.

ananas [anana(s)] *nm* (*fruit, plante*) pineapple.

anapeste [anapɛst(ə)] *nm* anapaest.

anaphore [anafɔʀ] *nf* anaphora.

anaphorique [anafɔʀik] *adj* anaphoric.

anar* [anaʀ] *nmf abrév de* **anarchiste**.

anarchie [anaʀʃi] *nf* (*Pol, fig*) anarchy.

anarchique [anaʀʃik] *adj* anarchic(al).

anarchiquement [anaʀʃikmɑ̃] *adv* anarchically.

anarchisant, e [anaʀʃizɑ̃, ɑ̃t] *adj* anarchistic.

anarchisme [anaʀʃism(ə)] *nm* anarchism.

anarchiste [anaʀʃist(ə)] **1** *adj* anarchistic. **2** *nmf* anarchist.

anaroho-syndicalisme [anaʀʃɔsɛ̃dikalism(ə)] *nm* anarcho-syndicalism.

anarcho-syndicaliste, *pl* anarcho-syndicalistes [anaʀʃɔsɛ̃dikalist(ə)] *nmf* anarcho-syndicalist.

anastigmat(e) [anastigma(t)] *adj m, nm*: (*objectif*) ~ anastigmat, anastigmatic lens.

anastigmatique [anastigmatik] *adj* anastigmatic.

anastrophe [anastʀɔf] *nf* anastrophe.

anathématiser [anatematize] (1) *vt* (*lit, fig*) to anathematize.

anathème [anatɛm] *nm* (*excommunication, excommunié*) anathema. (*fig*) **jeter l'**~ **sur** to anathematize, curse; (*Rel*) **prononcer un** ~ **contre qn, frapper qn d'un** ~ to excommunicate sb, anathematize sb.

Anatolie [anatɔli] *nf* Anatolia.

anatolien, -ienne [anatɔljɛ̃, jɛn] *adj* Anatolian.

anatomie [anatɔmi] *nf* (**a**) (*science*) anatomy. (**b**) (*corps*) anatomy. **elle a une belle** ~* she has a smashing figure*. (**c**) († *dissection*) (*Méd*) anatomy; (*fig*) analysis. **faire l'**~ **de** to dissect (*fig*), analyse; **pièce d'**~ anatomical subject.

anatomique [anatɔmik] *adj* anatomical, anatomic.

anatomiquement [anatɔmikmɑ̃] *adv* anatomically.

anatomiste [anatɔmist(ə)] *nmf* anatomist.

ancestral, e, *mpl* -aux [ɑ̃sɛstʀal, o] *adj* ancestral.

ancêtre [ɑ̃sɛtʀ] *nmf* (**a**) (*aïeul*) ancestor; (*: vieillard*) old man (*ou* woman). **nos** ~s **du moyen âge** our ancestors *ou* forefathers *ou* forbears of the Middle Ages.

 (**b**) (*fig: précurseur*) *[personne, objet]* ancestor, forerunner, precursor. **c'est l'~ de la littérature moderne** he's the father of modern literature.

anche [ãʃ] *nf* (*Mus*) reed.

anchois [ãʃwa] *nm* anchovy.

ancien, -ienne [ãsjɛ̃, jɛn] **1** *adj* (**a**) (*vieux*) (*gén*) old; *coutume, château, loi* ancient; *objet d'art* antique. **dans l'~ temps** in olden days, in times gone by; **il est plus ~ que moi dans la maison** he has been with *ou* in the firm longer than me; **une ~ne amitié** an old friendship, a friendship of long standing; *V* **testament.**
 (**b**) (*avant n: précédent*) former, old. **son ~ne femme** his ex-wife, his former *ou* previous wife; **c'est mon ~ quartier/~ne école** it's my old neighbourhood/school, that's where I used to live/go to school.
 (**c**) (*antique*) *langue, civilisation* ancient. **dans les temps ~s** in ancient times; **la Grèce/l'Égypte ~ne** ancient Greece/Egypt.
 2 *nm* (*mobilier ancien*) **l'~** antiques (*pl*).
 3 *nm, f* (*personne*) (**a**) (*, †: par l'âge*) elder, old man (*ou* woman). (*hum*) **et le respect pour les ~s?** and where's your respect for your elders?; **les ~s du village** the village elders.
 (**b**) (*par l'expérience*) senior *ou* experienced person; (*Mil*) old soldier. **c'est un ~ dans la maison** he has been with *ou* in the firm a long time.
 (**c**) (*Hist*) **les ~s** the Ancients; (*Littérat*) **les ~s et les modernes** the Ancients and the Moderns.
 4: **ancien combattant** war veteran, ex-serviceman; **ancien** (**élève**) old boy (*Brit*), alumnus (*US*), former pupil; **ancienne** (**élève**) old girl (*Brit*), alumna (*US*), former pupil; **l'A~ Régime** the Ancien Régime.

anciennement [ãsjɛnmã] *adv* (*autrefois*) formerly.

ancienneté [ãsjɛnte] *nf* (**a**) (*durée de service*) (length of) service; (*privilèges obtenus*) seniority. **à l'~** by seniority; **il a 10 ans d'~ dans la maison** he has been with *ou* in the firm (for) 10 years.
 (**b**) *[maison]* oldness, (great) age, ancientness; *[statue, famille, objet d'art]* age, antiquity; *[loi, tradition]* ancientness. **de toute ~** from time immemorial.

ancillaire [ãsilɛʀ] *adj V* **amour.**

ancrage [ãkʀaʒ] *nm* (**a**) (*Naut*) *[grand bateau]* anchorage; *[petit bateau]* moorage, moorings (*pl*). (**b**) (*attache*) *[poteau, câble]* anchoring; *[mur]* cramping.

ancre [ãkʀ(ə)] *nf* (**a**) (*Naut*) **~** (**de marine**) anchor; **~ de miséricorde** *ou* **de salut** sheet anchor; **être à l'~** to be *ou* lie *ou* ride at anchor; **jeter/lever l'~** to cast *ou* drop/weigh anchor. (**b**) (*Constr*) cramp(-iron), anchor; (*Horlogerie*) anchor escapement, recoil escapement.

ancrer [ãkʀe] (1) **1** *vt* **a** (*Naut*) to anchor.
 (**b**) (*Tech*) *poteau, câble* to anchor; *mur* to cramp.
 (**c**) (*fig*) to root. **~ qch dans la tête de qn** to fix sth firmly in sb's mind, get sth (to sink) into sb's head; **il a cette idée ancrée dans la tête** he's got this idea firmly fixed *ou* rooted in his head.
 2 s'ancrer *vpr* (**a**) (*Naut*) to anchor, cast *ou* drop anchor.
 (**b**) (*fig: s'incruster*) **il a l'habitude de s'~ chez les gens** when he visits people he usually stays for ages *ou* settles in for a good long while; **quand une idée s'ancre dans l'esprit des gens** when an idea takes root *ou* becomes fixed in people's minds; **il s'est ancré dans la tête que ...** he got it into *ou* fixed in his head that ... .

andain [ãdɛ̃] *nm* swath.

andalou, -ouse [ãdalu, uz] **1** *adj* Andalusian. **2** *nm, f*: **A~(se)** Andalusian.

Andalousie [ãdaluzi] *nf* Andalusia, Andalucia.

Andes [ãd] *nfpl*: **les ~** the Andes.

andin, e [ãdɛ̃, in] *adj* Andean.

andorran, e [ãdɔʀã, ʀan] **1** *adj* Andorran. **2** *nm, f*: **A~(e)** Andorran.

Andorre [ãdɔʀ] *nf* Andorra.

andouille [ãduj] *nf* (**a**) (*Culin*) andouille (*sausage made of chitterlings*). (**b**) (‡: *imbécile*) clot* (*Brit*), dummy*, fool. **faire l'~** to act the fool; **espèce d'~!, triple ~!** you (stupid) clot!* (*Brit*), you dummy!*

andouiller [ãduje] *nm* tine, (branch of) antler.

andouillette [ãdujɛt] *nf* andouillette (*small sausage made of chitterlings*).

André [ãdʀe] *nm* Andrew.

androgène [ãdʀɔʒɛn] *nm* androgen.

androgyne [ãdʀɔʒin] **1** *adj* androgynous. **2** *nm* androgyne.

Andromaque [ãdʀɔmak] *nf* Andromache.

andropause [ãdʀɔpoz] *nf* male menopause.

âne [an] *nm* (**a**) (*Zool*) donkey, ass. **être comme l'~ de Buridan** to be unable to decide between two alternatives; (*hum*) **il y a plus d'un ~ qui s'appelle Martin** a lot of people are called that, that's a very common name; *V* **dos.**
 (**b**) (*fig*) ass, fool. **faire l'~ pour avoir du son** to act *ou* play dumb to find out what one wants to know, act the daft laddie (*ou* lassie)*; **~ bâté†** stupid ass; *V* **bonnet, pont.**

anéantir [aneãtiʀ] (2) **1** *vt* (**a**) (*détruire*) *ville, armée* to annihilate, wipe out; *efforts* to wreck, ruin, destroy; *espoirs* to dash, ruin, destroy; *sentiment* to obliterate, destroy.
 (**b**) (*déprimer, gén pass*) *[chaleur]* to overwhelm, overcome; *[fatigue]* to exhaust, wear out; *[chagrin]* to crush, prostrate; *[mauvaise nouvelle]* to overwhelm, crush.
 2 s'anéantir *vpr* to vanish utterly; *[espoir]* to fade, die.

anéantissement [aneãtismã] *nm* (**a**) (*destruction: V* **anéantir**) annihilation, wiping out; wrecking; ruin; destruction; dashing; obliteration. **c'est l'~ de tous mes espoirs** this is the end of *ou* that has wrecked all my hopes; **ce régime vise à l'~ de l'individu** this

régime aims at the complete suppression *ou* annihilation of the individual('s rights).
 (**b**) (*fatigue*) state of exhaustion, exhaustion; (*abattement*) state of dejection, dejection.

anecdote [anɛkdɔt] *nf* (*gén, littér*) anecdote. **l'~** trivial detail *ou* details; (*péj*) **cet historien ne s'élève pas au-dessus de l'~** this historian doesn't rise above the anecdotal.

anecdotique [anɛkdɔtik] *adj* *histoire, description* anecdotal; *peinture* exclusively concerned with detail (*attrib*).

anémie [anemi] *nf* (*Méd*) anaemia; (*fig*) deficiency. **~ pernicieuse** pernicious anaemia.

anémié, e [anemje] (*ptp de* **anémier**) *adj* (*Méd*) anaemic; (*fig*) weakened, enfeebled.

anémier [anemje] (7) **1** *vt* (*Méd*) to make anaemic; (*fig*) to weaken. **2 s'anémier** *vpr* (*Méd*) to become anaemic.

anémique [anemik] *adj* (*Méd, fig*) anaemic.

anémomètre [anemɔmɛtʀ(ə)] *nm* *[fluide]* anemometer; *[vent]* anemometer, wind gauge.

anémone [anemɔn] *nf* anemone. **~ de mer** sea anemone.

ânerie [anʀi] *nf* (**a**) (*U*) stupidity. **il est d'une ~!** he's a real ass!*
 (**b**) (*parole*) stupid *ou* idiotic remark; (*action*) stupid mistake, blunder. **arrête de dire des ~s!** stop talking rubbish! (*Brit*) *ou* nonsense!; **faire une ~** to make a blunder, do something silly.

anéroïde [aneʀɔid] *adj V* **baromètre.**

ânesse [anɛs] *nf* she-ass.

anesthésie [anɛstezi] *nf* (*état d'insensibilité, technique*) anaesthesia; (*opération*) anaesthetic. **sous ~** under the anaesthetic, under anaesthesia; **je vais vous faire une ~** I'm going to give you an anaesthetic.

anesthésier [anɛstezje] (7) *vt* (*Méd*) *organe* to anaesthetize; *personne* to give an anaesthetic to, anaesthetize; (*fig*) to deaden, benumb, anaesthetize.

anesthésique [anɛstezik] *adj, nm* anaesthetic.

anesthésiste [anɛstezist(ə)] *nmf* anaesthetist.

anévrisme [anevʀism(ə)] *nm* aneurism.

anfractuosité [ãfʀaktɥozite] *nf* *[falaise, mur, sol]* crevice.

ange [ãʒ] **1** *nm* (**a**) (*Rel*) angel. **bon/mauvais ~** good/bad angel; (*fig*) **être le bon ~ de qn** to be sb's good *ou* guardian angel; (*fig*) **être le mauvais ~ de qn** to be an evil influence over *ou* on sb.
 (**b**) (*personne*) angel. **oui mon ~** yes, darling; **va me chercher mes lunettes tu seras un ~** be an angel *ou* a darling and get me my glasses, go and look for my glasses, there's an angel *ou* a dear; **il est sage comme un ~** he's an absolute angel, he's as good as gold; **il est beau comme un ~** he's as pretty as a picture *ou* an angel, he looks quite angelic; **avoir une patience d'~** to have the patience of a saint; **c'est un ~ de douceur/de bonté** he's the soul of meekness/goodness.
 (**c**) (*Zool*) angel fish.
 (**d**) (*loc*) **un ~ passa** there was an awkward pause *ou* silence (in the conversation); **être aux ~s** to be in (the) seventh heaven.
 2: (*Rel*) **ange déchu** fallen angel; (*Rel*) **l'ange exterminateur** the exterminating angel; **ange gardien** (*Rel, fig*) guardian angel; (*fig: garde du corps*) bodyguard; *V* **cheveux, faiseur, rire.**

angélique¹ [ãʒelik] *adj* (*Rel, fig*) angelic(al).

angélique² [ãʒelik] *nf* (*Bot, Culin*) angelica.

angéliquement [ãʒelikmã] *adv* angelically, like an angel.

angélisme [ãʒelism(ə)] *nm* (*Rel*) angelism; (*fig péj*) otherworldliness.

angelot [ãʒlo] *nm* (*Art*) cherub.

angélus [ãʒelys] *nm* angelus.

angevin, e [ãʒvɛ̃, in] **1** *adj* Angevin (*épith*), of *ou* from Anjou. **2** *nm, f*: **A~(e)** *[province]* inhabitant *ou* native of Anjou; *[ville]* inhabitant *ou* native of Angers.

angine [ãʒin] *nf* (*amygdalite*) tonsillitis; (*pharyngite*) pharyngitis. **avoir une ~** to have a sore throat; **~ de poitrine** angina (pectoris); **~ couenneuse, ~ diphtérique** diphtheria.

angineux, -euse [ãʒinø, øz] *adj* anginal.

anglais, e [ãglɛ, ɛz] **1** *adj* English; *V* **assiette, broderie, crème.**
 2 *nm* (**a**) **A~** Englishman; **les A~** (*en général*) English people, the English; (*Britanniques*) British people, the British; (*hommes*) Englishmen.
 (**b**) (*Ling*) English. **~ canadien** Canadian English.
 3 anglaise *nf* (**a**) **A~e** Englishwoman.
 (**b**) (*Coiffure*) **~es** ringlets.
 (**c**) (*Écriture*) ≃ modern English handwriting.
 (**d**) **à l'~e** *légumes* boiled; *V* **filer, jardin.**
 4 *adv*: **parler ~** to speak English.

angle [ãgl(ə)] **1** *nm* (**a**) *[meuble, rue]* corner. **à l'~ de ces deux rues** at *ou* on the corner of these two streets; **le magasin qui fait l'~** the shop on the corner; **la maison est en ~** the house forms the corner *ou* stands directly on the corner; **faire un ~ droit** to be at right angles (*avec* to).
 (**b**) (*Math*) angle. **~ saillant/rentrant** salient/re-entrant angle; **~ aigu/obtus** acute/obtuse angle; **~s alternes externes/internes** exterior/interior alternate angles.
 (**c**) (*aspect*) angle, point of view. **vu sous cet ~** seen from *ou* looked at from that angle *ou* point of view.
 (**d**) (*fig*) *[caractère, personne]* rough edge; *V* **arrondir.**
 2: **angles adjacents** adjacent angles; **angle de braquage** lock; (*Aut*) **angle de chasse** castor angle; (*Phot*) **angle de couverture** lens field; **angle dièdre** dihedral angle; **angle droit** right angle; **angle facial** facial angle; **angle d'incidence** angle of incidence; **angle d'inclinaison** angle of inclination; **angle inscrit** (à un cercle) inscribed angle (of a circle); **angle de marche = angle de route;** **angle mort** dead angle; **angle optique** optic angle; **angle de réfraction** angle of refraction; (*Mil*) **angle de route** bearing, direction of march; **angle de tir** firing angle; **angle visuel** visual angle; *V* **grand.**

Angleterre [ãglətɛʀ] *nf* England; (*Grande Bretagne*) Britain.
anglican, e [ãglikã, an] *adj, nm, f* Anglican.
anglicanisme [ãglikanism(ə)] *nm* Anglicanism.
anglicisant, e [ãglisizã, ãt] *nm,f* (*étudiant*) student of English (*language and civilization*); (*spécialiste*) anglicist, English specialist.
angliciser [ãglisize] (1) **1** *vt* to anglicize. **2 s'angliciser** *vpr* to become anglicized.
anglicisme [ãglisism(ə)] *nm* anglicism.
angliciste [ãglisist(ə)] *nmf* (*étudiant*) student of English (*language and civilization*); (*spécialiste*) anglicist, English specialist.
anglo- [ãglɔ] *préf* anglo-.
anglo-américain [ãglɔamerikɛ̃] *nm* (*Ling*) American English.
anglo-arabe [ãglɔarab] *adj, nmf* (*cheval*) Anglo-Arab.
anglo-canadien, -ienne [ãglɔkanadjɛ̃, jɛn] **1** *adj* Anglo-Canadian. **2** *nm* (*Ling*) Canadian English. **3** *nm, f*: A~(ne) English Canadian.
anglomane [ãglɔman] *nmf* anglomaniac.
anglomanie [ãglɔmani] *nf* anglomania.
anglo-normand, e [ãglɔnɔrmã, ãd] **1** *adj* Anglo-Norman; V **île. 2** *nm* (*Ling*) Anglo-Norman, Norman French. **3** *nm, f* (*cheval*) Anglo-Norman (horse).
anglophile [ãglɔfil] **1** *adj* anglophilic. **2** *nmf* anglophile.
anglophilie [ãglɔfili] *nf* anglophilia.
anglophobe [ãglɔfɔb] **1** *adj* anglophobic. **2** *nmf* anglophobe.
anglophobie [ãglɔfɔbi] *nf* anglophobia.
anglophone [ãglɔfɔn] **1** *adj* English-speaking. **2** *nmf* English-speaker, Anglophone (*Can*).
anglo-saxon, -onne [ãglɔsaksɔ̃, ɔn] **1** *adj* Anglo-Saxon. **les pays ~s** Anglo-Saxon countries. **2** *nm* (*Ling*) Anglo-Saxon. **3** *nm, f*: A~(ne) Anglo-Saxon.
angoissant, e [ãgwasã, ãt] *adj situation, silence* harrowing, agonizing. **nous avons vécu des jours ~s** we went through *ou* suffered days of anguish *ou* agony.
angoisse [ãgwas] *nf* **(a)** (*U*) (*gén, Psych*) anguish, distress. (*Philos*) **l'~ métaphysique** metaphysical anguish, Angst; **une étrange ~ le saisit** a strange feeling of anguish gripped him; **l'~ de la mort** the anguish of death; **il vivait dans l'~/dans l'~ d'un accident** he lived in anguish/in fear and dread of an accident; **ils ont vécu des jours d'~** they went through *ou* suffered days of anguish *ou* agony. **(b)** (*peur*) dread (*U*), fear. (*rare: sensation d'étouffement*) **avoir des ~s** to have feelings of suffocation.
angoissé, e [ãgwase] (*ptp de* **angoisser**) *adj geste, visage, voix* anguished; *question, silence* agonized. **regard/cri ~** look/cry of anguish; **être ~** (*inquiet*) to be distressed *ou* in anguish; (*oppressé*) to feel suffocated.
angoisser [ãgwase] (1) *vt* (*inquiéter*) to harrow, cause anguish *ou* distress to; (*oppresser*) to choke.
Angola [ãgɔla] *nm* Angola.
angolais,e [ãgɔlɛ, ɛz] **1** *adj* Angolan. **2** *nm, f* A~(e) Angolan.
angora [ãgɔra] *adj, nm* angora.
angstrœm [ãŋstrœm] *nm* angstrom (unit).
anguille [ãgij] *nf* (*Culin, Zool*) eel. **~ de mer** sea eel; **~ de sable** sand eel; **~ de roche** conger eel; **il m'a filé entre les doigts comme une ~** he slipped right through my fingers, he wriggled out of my clutches; **il y a ~ sous roche** there's something in the wind.
angulaire [ãgylɛr] *adj* angular; V **grand, pierre.**
anguleux, -euse [ãgylø, øz] *adj menton, visage* angular, bony; *coude* bony.
anharmonique [anarmɔnik] *adj* anharmonic.
anhydre [anidr(ə)] *adj* anhydrous.
anhydride [anidrid] *nm* anhydride.
anicroche* [anikrɔʃ] *nf* hitch, snag. **sans ~s** smoothly, without a hitch.
ânier, -ière [ɑnje, jɛr] *nm, f* donkey-driver.
aniline [anilin] *nf* aniline.
animal, e, mpl -aux [animal, o] **1** *adj* (*Bio, fig*) animal (*épith*). (*péj: bestial*) **ses instincts ~aux** his animal instincts; **sa confiance était aveugle, ~e** his confidence was blind, instinctive; V **esprit. 2** *nm* (*Bio, fig*) animal. **quel ~!*** what a lout!
animalcule [animalkyl] *nm* animalcule.
animalier [animalje] **1** *adj m peintre, sculpteur* animal (*épith*). **2** *nm* painter (*ou* sculptor) of animals, animal painter (*ou* sculptor).
animalité [animalite] *nf* animality.
animateur, -trice [animatœr, tris] *nm, f* **(a)** (*personne dynamique*) **c'est un ~ né** he's a born organiser; **l'~ de cette entreprise** the driving force behind *ou* the prime mover in this undertaking. **(b)** (*professionnel*) (*Music Hall, TV*) compère; *[club]* leader, sponsor (*US*); *[camp de vacances]* ≃ redcoat* (*Brit*), camp counselor (*US*). **(c)** (*Ciné: technicien*) animator.
animation [animasjɔ̃] *nf* **(a)** (*vie*) *[quartier, regard, personne]* life, liveliness; *[discussion]* animation, liveliness; (*affairement*) *[rue, quartier, bureau]* (hustle and) bustle. **son arrivée provoqua une grande ~** his arrival caused a great deal of excitement *ou* a great commotion; **parler avec ~** to speak with great animation; **mettre de l'~ dans** *ou* **donner de l'~ à** **une réunion** to put some life into a meeting, liven a meeting up; **chargé de l'~ culturelle** in charge of cultural activities. **(b)** (*Ciné*) animation; V **cinéma. (c)** V **dessin.**
animé, e [anime] (*ptp de* **animer**) *adj* **(a)** *rue, quartier* (*affairé*) busy; (*plein de vie*) lively; *regard, visage* lively; *discussion* animated, lively, spirited; (*Comm*) *enchères, marché* brisk. **(b)** (*Ling, Philos*) animate. **(c)** V **dessin.**
animer [anime] (1) **1** *vt* **(a)** (*être l'élément dynamique de, mener*) *débat, discussion, groupe* to lead; *réunion* to conduct; *entreprise* to lead, be prime mover in, mastermind; (*Rad, TV*) *spectacle* to compère. **~ une course** to set the pace in a race.
(b) (*pousser*) *[haine]* to drive, impel; *[foi]* to impel; *[espoir]* to nourish, sustain. **animé seulement par le** *ou* **du désir de vous être utile** prompted only by the desire to be of service to you.
(c) (*stimuler*) *soldat* to rouse; *coureur* to urge on *ou* cheer *ou* egg* on; *courage* to arouse. **la foi qui animait son regard** the faith which shone in his eyes.
(d) (*mouvoir*) to drive. **la fusée animée d'un mouvement ascendant** the rocket propelled *ou* driven by an upward thrust; **le balancier était animé d'un mouvement régulier** the pendulum was moving in a steady rhythm *ou* swinging steadily.
(e) (*donner de la vie à*) *ville, soirée, conversation* to liven up; *yeux* to put a sparkle into; *regard, visage* to put life into, light up; (*Art*) *peinture, statue* to bring to life; (*Philos*) *nature, matière* to animate.
2 s'animer *vpr* *[personne, rue]* to come to life, liven up; *[conversation]* to become animated, liven up; *[foule, objet inanimé]* to come to life; *[yeux, traits]* to light up.
animisme [animism(ə)] *nm* animism.
animiste [animist(ə)] **1** *adj théorie* animist(ic); *philosophe* animist. **2** *nmf* animist.
animosité [animozite] *nf* (*hostilité*) animosity (*contre* towards, against).
anion [anjɔ̃] *nm* anion.
anis [ani(s)] *nm* (*plante*) anise; (*Culin*) aniseed; (*bonbon*) aniseed ball. **à l'~** aniseed (*épith*).
aniser [anize] (1) *vt* to flavour with aniseed. **goût anisé** taste of aniseed.
anisette [anizɛt] *nf* anisette.
ankylose [ãkiloz] *nf* ankylosis.
ankyloser [ãkiloze] (1) **1** *vt* to stiffen, ankylose (*T*); (*fig*) to benumb. **être tout ankylosé** to be stiff all over; **mon bras ankylosé** my stiff arm. **2 s'ankyloser** *vpr* to stiffen up, ankylose (*T*); (*fig*) to become numb.
annales [anal] *nfpl* annals. **ça restera dans les ~*** that'll go down in history (*hum*).
annamite† [anamit] **1** *adj* Annamese, Annamite. **2** *nmf*: A~ Annamese, Annamite.
Annapûrnã [anapœrna] *nm* Annapurna.
Anne [an] *nf* Ann, Anne.
anneau, pl ~x [ano] **1** *nm* **(a)** (*gén: cercle*) ring; (*bague*) ring; *[serpent]* coil; *[chaîne]* link. **~ de rideau/de porte-clefs** curtain/key ring.
(b) (*Algèbre*) ring; (*Géom*) ring, annulus; *[colonne]* annulet; *[champignon]* annulus; *[ver]* segment, metamere.
(c) (*Sport*) **les ~x** the rings; **exercices aux ~x** ring exercises.
2: (*Opt*) **anneaux colorés** Newton's rings; **anneau épiscopal** bishop's ring; **anneau nuptial** wedding ring; (*Opt*) **anneau oculaire** eye ring; **anneau de Saturne** Saturn's ring; (*Géom*) **anneau sphérique** (spherical) annulus *ou* ring; (*Aut*) **anneau de vitesse** race track.
année [ane] **1** *nf* **(a)** (*durée*) year. **il y a bien des ~s qu'il est parti** he has been gone for many years, it's many years since he left; **la récolte d'une ~** a *ou* one year's harvest; **tout au long de l'~** the whole year (round), throughout the whole year; **payé à l'~** paid annually; **l'~ universitaire/scolaire** the academic/school year; **~ sabbatique** sabbatical year.
(b) (*âge, grade*) year. **il est dans sa vingtième ~** he is in his twentieth year; (*Scol*) **de première/deuxième ~** first-/second-year (*épith*).
(c) (*point dans le temps*) year. **les ~s de guerre** the war years; **~ de naissance** year of birth; (*Fin, Jur*) **~ de référence** relevant year; (*Statistiques*) **l'~ de référence 1984** the 1984 benchmark; **les ~s 20/30** the 20s/30s; **d'une ~ à l'autre** from one year to the next; **d'~ en ~** from year to year; (*littér*) **en l'~ 700 de notre ère/avant Jésus-Christ** in (the year) 700 A.D./B.C.; V **bon¹, souhaiter.**
2: année bissextile leap year; **année civile** calendar year; **année-lumière** *nf, pl* **années-lumières** light year; (*Scol*) **année (de stage) de CPR** induction year.
annelé, e [anle] *adj* ringed; (*Bot, Zool*) annulate; (*Archit*) annulated.
annexe [anɛks(ə)] **1** *adj* **(a)** (*secondaire*) *dépenses, tâches* subsidiary; *faits, considérations* related. **effets ~s** side effects. **(b)** (*attaché*) *document* annexed, appended. **les bâtiments ~s** the annexes. **2** *nf* (*Constr*) annex(e); *[document]* annex; *[contrat]* schedule (*de, à* to).
annexer [anɛkse] (1) **1** *vt territoire* to annex; *document* to append, annex (*à* to). **2 s'annexer*** *vpr personne, privilège* to hog*, monopolize.
annexion [anɛksjɔ̃] *nf* (*Pol*) annexation.
annexionnisme [anɛksjɔnism(ə)] *nm* annexationism.
annexionniste [anɛksjɔnist(ə)] *adj, nmf* annexationist.
Annibal [anibal] *nm* Hannibal.
annihilation [aniilasjɔ̃] *nf* **(a)** (*V annihiler*) annihilation; wrecking; ruin; destruction; dashing; crushing. **(b)** (*Phys*) annihilation.
annihiler [aniile] (1) *vt efforts* to wreck, ruin, destroy; *espoirs* to dash, ruin, destroy, wreck; *résistance* to wipe out, destroy, annihilate; *personne, esprit* to crush. **le chef, par sa forte personnalité, annihile complètement ses collaborateurs** because of his strong personality, the boss completely overwhelms *ou* overshadows his colleagues.
anniversaire [anivɛrsɛr] **1** *adj* anniversary (*épith*). **le jour ~ de leur mariage** on the anniversary of their marriage. **2** *nm* (*naissance*) birthday; *[événement, mariage, mort]* anniversary. **cadeau/carte d'~** birthday present/card.
annonce [anɔ̃s] *nf* **(a)** announcement; (*publicité*) (newspaper) ad-

vertisement; (*Bridge*) declaration. **petites ~s** classified advertisements *ou* **ads***, small **ads*** (*Brit*), want **ads*** (*US*); **~ personnelle** personal message; **~ judiciaire** *ou* **légale** legal notice.

(**b**) (*fig: indice*) sign, indication. **ce chômage grandissant est l'~ d'une crise économique** this growing unemployment heralds *ou* foreshadows an economic crisis.

annoncer [anɔ̃se] (3) **1** *vt* (**a**) (*informer de*) *fait, décision, nouvelle* to announce (*à* to). **~ à qn que** to announce to sb that, tell sb that; **on m'a annoncé par lettre que** I was informed *ou* advised by letter that; **je lui ai annoncé la nouvelle** (*gén*) I announced the news to her, I told her the news; (*mauvaise nouvelle*) I broke the news to her; **on annonce l'ouverture d'un nouveau magasin** they're advertising the opening of a new shop; **on annonce la sortie prochaine de ce film** the forthcoming release of this film has been announced; **les journaux ont annoncé leur mariage** their marriage has been announced in the papers; **on annonce un grave incendie** a serious fire is reported to have broken out.

(**b**) (*prédire*) *pluie, chômage* to forecast. **on annonce un ralentissement économique dans les mois à venir** a slowing-down in the economy is forecast *ou* predicted for the coming months.

(**c**) (*signaler*) [*présage*] to foreshadow, foretell; [*signe avant-coureur*] to herald; [*sonnerie, pas*] to announce, herald. **les nuages qui annoncent une tempête** the clouds that herald a storm; **ça n'annonce rien de bon** it bodes no good; **ce radoucissement annonce la pluie/le printemps** this warmer weather means that *ou* is a sign that rain/spring is on the way, this warmer weather is a sign of rain/spring; **la cloche qui annonce la fin des cours** the bell announcing *ou* signalling the end of classes; **il s'annonçait toujours en frappant 3 fois** he always announced himself by knocking 3 times.

(**d**) (*dénoter*) to bespeak, indicate, point to.

(**e**) (*introduire*) *personne* to announce. **il entra sans se faire ~** he went in without being announced *ou* without announcing himself; **annoncez-vous au concierge en arrivant** make yourself known *ou* say who you are to the concierge when you arrive; **qui dois-je ~?** what name shall I say?, whom shall I announce?

(**f**) (*Cartes*) to declare. (*fig*) **~ la couleur** to lay one's cards on the table, say where one stands.

2 s'annoncer *vpr* (**a**) (*se présenter*) [*situation*] to shape up. **comment est-ce que ça s'annonce?** how is it shaping up? *ou* looking?; **le temps s'annonce orageux** the weather looks (like being) stormy; **ça s'annonce bien** that looks promising, that looks like a promising *ou* good start.

(**b**) (*arriver*) to approach. **la révolution qui s'annonçait** the signs of the coming revolution; **l'hiver s'annonçait** winter was on its way.

annonceur [anɔ̃sœʀ] *nm* (*publicité*) advertiser; (*Rad, TV: speaker*) announcer.

annonciateur, -trice [anɔ̃sjatœʀ, tʀis] **1** *adj*: **~ de événement favorable** heralding; *événement défavorable* foreboding, forewarning; **signe ~ de** portent of. **2** *nm, f* herald, harbinger (*littér*).

Annonciation [anɔ̃sjasjɔ̃] *nf*: **l'~** (*événement*) the Annunciation; (*jour*) Annunciation Day, Lady Day.

annotateur, -trice [anɔtatœʀ, tʀis] *nm, f* annotator.

annotation [anɔtasjɔ̃] *nf* annotation.

annoter [anɔte] (1) *vt* to annotate.

annuaire [anɥɛʀ] *nm* yearbook, annual; [*téléphone*] (telephone) directory, phone book*.

annualité [anɥalite] *nf* (*gén*) yearly recurrence. **l'~ du budget/de l'impôt** yearly budgeting/taxation.

annuel, -elle [anɥɛl] *adj* annual, yearly; V **plante¹**.

annuellement [anɥɛlmɑ̃] *adv* annually, once a year, yearly.

annuité [anɥite] *nf* (*gén*) annual instalment (*Brit*) *ou* installment (*US*), annual payment; [*dette*] annual repayment. [*pension*] **avoir toutes ses ~s** to have (made) all one's years' contributions.

annulable [anylabl(ə)] *adj* annullable, liable to annulment (*attrib*).

annulaire [anylɛʀ] **1** *adj* annular, ring-shaped. **2** *nm* ring finger, third finger.

annulation [anylasjɔ̃] *nf* (*V* annuler) invalidation; nullification; quashing; cancellation; annulment.

annuler [anyle] (1) **1** *vt contrat* to invalidate, void, nullify; *jugement, décision* to quash; *engagement* to cancel, call off; *élection, acte, examen* to nullify, declare void; *mariage* to annul; *commande* to cancel, withdraw.

2 s'annuler *vpr* [*poussées, efforts*] to cancel each other out, nullify each other.

anoblir [anɔbliʀ] (2) *vt* to ennoble, confer a title of nobility on.

anoblissement [anɔblismɑ̃] *nm* ennoblement.

anode [anɔd] *nf* anode.

anodin, e [anɔdɛ̃, in] *adj personne* insignificant; *détail* trivial, trifling, insignificant; *critique* unimportant; *blessure* harmless; *propos* harmless, innocuous; (†† *Méd*) anodyne; *remède* ineffectual.

anodique [anɔdik] *adj* anodic.

anodiser [anɔdize] *vt* to anodize.

anomal, e, mpl -aux [anɔmal, o] *adj* (*Gram*) anomalous.

anomalie [anɔmali] *nf* (*gén, Astron, Gram*) anomaly; (*Bio*) abnormality; (*Tech*) (technical) fault.

anomie [anɔmi] *nf* anomie.

ânon [anɔ̃] *nm* (*petit de l'âne*) ass's foal; (*petit âne*) little ass *ou* donkey.

anone [anɔn] *nf* annona.

ânonnement [anɔnmɑ̃] *nm* (*V* ânonner) drone; faltering *ou* mumbling (speech).

ânonner [anɔne] (1) *vti* (*de manière inexpressive*) to read *ou* recite in a drone; (*en hésitant*) to read *ou* recite in a fumbling manner. **~ sa leçon** to mumble (one's way) through one's lesson.

anonymat [anɔnima] *nm* anonymity. **sous le couvert de l'~**

anonymously; **garder l'~** to remain anonymous, preserve one's anonymity.

anonyme [anɔnim] *adj* (*sans nom*) anonymous; (*impersonnel*) *décor, meubles* impersonal.

anonymement [anɔnimmɑ̃] *adv* anonymously.

anophèle [anɔfɛl] *nm* anopheles.

anorak [anɔrak] *nm* anorak.

anorexie [anɔʀɛksi] *nf* anorexia. **~ mentale** anorexia nervosa.

anorexique [anɔʀɛksik] *adj, nmf* anorexic.

anormal, e, mpl -aux [anɔʀmal, o] **1** *adj* (*gén, Sci*) abnormal; (*insolite*) unusual, abnormal; (*injuste*) abnormal. **il est ~ qu'il n'ait pas les mêmes droits** it isn't normal *ou* it's abnormal for him not to have the same rights.

2 *nm, f* (*Méd*) abnormal person.

anormalement [anɔʀmalmɑ̃] *adv se développer* abnormally; *se conduire, agir* unusually, abnormally. **~ chaud/grand** unusually *ou* abnormally hot/tall.

anoxie [anɔksi] *nf* anoxia.

anoxique [anɔksik] *adj* anoxic.

ANPE [aɛnpe] *nf* (*abrév de* Agence nationale pour l'emploi) *national employment agency*.

anse [ɑ̃s] *nf* [*panier, tasse*] handle; (*Géog*) cove; (*Anat*) loop, flexura (*T*). (*Archit*) **~ (de panier)** basket-handle arch; (*hum*) **faire danser** *ou* **valser l'~ du panier** to make a bit out of the shopping money*.

antagonique [ɑ̃tagɔnik] *adj* antagonistic.

antagonisme [ɑ̃tagɔnism(ə)] *nm* antagonism.

antagoniste [ɑ̃tagɔnist(ə)] **1** *adj forces, propositions* antagonistic; (*Anat*) *muscles* antagonist. **2** *nmf* antagonist.

antan [ɑ̃tɑ̃] *nm* (*littér*) **d'~** of yesteryear, of long ago; **ma jeunesse d'~** my long-lost youth, my youth of long ago; **ma force d'~** my strength of former days *ou* of days gone by *ou* of yesteryear; **mes plaisirs d'~** my erstwhile pleasures.

Antarctide [ɑ̃taʀktid] *nf*: **l'~** Antarctica.

antarctique [ɑ̃taʀktik] **1** *adj* antarctic. **2** *nm*: **l'A~** the Antarctic, Antarctica.

antécédence [ɑ̃tesedɑ̃s] *nf* antecedence.

antécédent, e [ɑ̃tesedɑ̃, ɑ̃t] **1** *adj* antecedent.

2 *nm* (**a**) (*Gram, Math, Philos*) antecedent; (*Méd*) past *ou* previous history.

(**b**) **~s** [*personne*] past *ou* previous history, antecedents; [*affaire*] past *ou* previous history; **avoir de bons/mauvais ~s** to have a good/bad previous history.

antéchrist [ɑ̃tekʀist] *nm* Antichrist.

antécime [ɑ̃tesim] *nf* [*montagne*] foresummit, subsidiary summit.

antédiluvien, -ienne [ɑ̃tedilyvjɛ̃, jɛn] *adj* (*lit, fig*) antediluvian.

antenne [ɑ̃tɛn] *nf* (**a**) (*Zool*) antenna, feeler. (*fig*) **avoir des ~s** to have a sixth sense; (*fig*) **avoir des ~s dans un ministère** to have contacts in a ministry.

(**b**) (*pour capter*) (*Rad*) aerial, antenna; (*TV*) aerial; [*radar*] antenna.

(**c**) (*Rad, TV: écoute*) **être sur l'~** to be on the air; **passer à l'~** to go *ou* be on the air; **gardez l'~** stay tuned in; **je donne l'~ à Paris** we'll go over to Paris now; **je rends l'~ au studio** I'll return you to the studio; **vous avez droit à 2 heures d'~** you are entitled to 2 hours' broadcasting *ou* air time *ou* to 2 hours on the air; **hors ~, le ministre a déclaré que** off the air, the minister declared that; **sur notre ~** on our station.

(**d**) (*Naut: vergue*) lateen yard.

(**e**) (*petite succursale*) sub-branch, agency; (*de renseignements*) information service; (*Mil: poste avancé*) outpost. **~ chirurgicale** (*Mil*) advanced surgical unit; (*Aut*) emergency unit.

antépénultième [ɑ̃tepenyltjɛm] **1** *adj* antepenultimate. **2** *nf* antepenultimate syllable, antepenult.

antéposé, e [ɑ̃tepoze] *adj* (*Gram*) placed *ou* put in front of the word (*attrib*).

antérieur, e [ɑ̃teʀjœʀ] *adj* (**a**) (*dans le temps*) *époque, situation* previous, earlier. **c'est ~ à la guerre** it was prior to the war; **cette décision était ~e à son départ** that decision was prior *ou* previous to his departure, that decision preceded his departure; **nous ne voulons pas revenir à la situation ~e** we don't want to return to the former *ou* previous situation; **dans une vie ~e** in a former life.

(**b**) (*dans l'espace*) *partie* front (*épith*). **membre ~** forelimb; **patte ~e** forefoot.

(**c**) (*Ling*) *voyelle* front (*épith*); V **futur, passé**.

antérieurement [ɑ̃teʀjœʀmɑ̃] *adv* earlier. **~ à** prior *ou* previous to.

antériorité [ɑ̃teʀjɔʀite] *nf* [*événement, phénomène*] precedence; (*Gram*) anteriority.

anthologie [ɑ̃tɔlɔʒi] *nf* anthology.

anthozoaires [ɑ̃tɔzɔɛʀ] *nmpl*: **les ~** the Anthozoa.

anthracite [ɑ̃tʀasit] **1** *nm* anthracite. **2** *adj inv* dark grey (*Brit*) *ou* gray (*US*), charcoal grey.

anthrax [ɑ̃tʀaks] *nm inv* (*tumeur*) carbuncle.

anthropocentrique [ɑ̃tʀɔpɔsɑ̃tʀik] *adj* anthropocentric.

anthropocentrisme [ɑ̃tʀɔpɔsɑ̃tʀism(ə)] *nm* anthropocentrism.

anthropoïde [ɑ̃tʀɔpɔid] **1** *adj* anthropoid. **2** *nm* anthropoid (ape).

anthropologie [ɑ̃tʀɔpɔlɔʒi] *nf* anthropology.

anthropologique [ɑ̃tʀɔpɔlɔʒik] *adj* anthropological.

anthropologiste [ɑ̃tʀɔpɔlɔʒist(ə)] *nmf*, **anthropologue** [ɑ̃tʀɔpɔlɔg] *nmf* anthropologist.

anthropométrie [ɑ̃tʀɔpɔmetʀi] *nf* anthropometry.

anthropométrique [ɑ̃tʀɔpɔmetʀik] *adj* anthropometric(al).

anthropomorphique [ɑ̃tʀɔpɔmɔʀfik] *adj* anthropomorphic.

anthropomorphisme [ɑ̃tʀɔpɔmɔʀfism(ə)] *nm* anthropomorphism.

anthropomorphiste [ɑ̃tʀɔpɔmɔʀfist(ə)] **1** *adj* anthropomorphist,

anthropomorphic. **2** *nmf* anthropomorphist.
anthroponymie [ɑ̃tʀɔpɔnimi] *nf* (*Ling*) anthroponomy.
anthropophage [ɑ̃tʀɔpɔfaʒ] **1** *adj* cannibalistic, cannibal (*épith*), anthropophagous (*T*). **2** *nm* cannibal, anthropophagite (*T*).
anthropophagie [ɑ̃tʀɔpɔfaʒi] *nf* cannibalism, anthropophagy (*T*).
anthropopithèque [ɑ̃tʀɔpɔpitɛk] *nm* anthropopithecus.
anti [ɑ̃ti] **1** *préf* anti(-) (**a**) (*rapport d'hostilité, d'opposition*) anti-; (*contraire à l'esprit de*) un-. **partis ~démocratiques** anti-democratic parties; **mesures ~grève** anti-strike laws; **ambiance/mesure ~démocratique** undemocratic atmosphere/measure; **campagne ~voitures/pollution** anti-car/-pollution campaign; **campagne ~bruit** noise abatement *ou* anti-noise campaign; **propagande ~tabac** anti-smoking propaganda.
  (**b**) (*négation, contraire, inversion*) **style ~scientifique/poétique/érotique** unscientific/unpoetic/unerotic style; **démarche ~rationnelle** counter-rational approach; **l'~-art/-théâtre** anti-art/-theatre; **une ~-école** an alternative school.
  (**c**) (*protection*) anti-. (*Aut*) **dispositif ~-blocage** anti-lock device; (*Aut*) **traitement ~corrosion** rustproofing; (*Aut*) **bombe ~crevaison** (instant) puncture sealant; **mesures ~inflationnistes** anti- *ou* counter-inflationary measures; **mesures ~natalistes** birth-rate control measures; **dispositif ~friction/halo** anti-friction/-halo device; **dispositif ~radiations** radiation protection device; **crème ~(-)moustiques** anti-mosquito cream; (**médicament**) **~dépresseur** antidepressant (drug); **~éblouissant/transpirant** anti-dazzle/-perspirant; **produits/traitement ~cellulite** fat-reducing products/treatment.
  2 *nm* (*hum*) **le parti des ~s** those who are anti *ou* against, the anti crowd*.
antiaérien, -ienne [ɑ̃tiaeʀjɛ̃, jɛn] *adj batterie, canon, missile* anti-aircraft; *abri* air-raid (*épith*).
antialcoolique [ɑ̃tialkɔlik] *adj*: **campagne ~** campaign against alcohol; **ligue ~** temperance league.
antiatomique [ɑ̃tiatɔmik] *adj* anti-radiation. **abri ~** fallout shelter.
anti-aveuglant, e [ɑ̃tiavœglɑ̃, ɑ̃t] *adj* (*Aut*) anti-dazzle.
antibalistique [ɑ̃tibalistik] *adj missile* antiballistic.
antibiotique [ɑ̃tibjɔtik] *adj, nm* antibiotic.
antibois [ɑ̃tibwa] *nm* chair-rail.
antibrouillard [ɑ̃tibʀujaʀ] *adj, nm* (*Aut*) (**phare**) **~** fog lamp (*Brit*), fog light (*US*).
antibuée [ɑ̃tibɥe] *adj inv*: **dispositif ~** demister; **bombe/liquide ~** anti-mist spray/liquid.
anticancéreux, -euse [ɑ̃tikɑ̃seʀø, øz] *adj* cancer (*épith*). **centre ~** (*laboratoire*) cancer research centre; (*hôpital*) cancer hospital.
anticasseur [ɑ̃tikasœʀ] *adj*: **loi ~(s)** anti-riot law.
antichambre [ɑ̃tiʃɑ̃bʀ(ə)] *nf* antechamber, anteroom. **faire ~†** to wait humbly *ou* patiently (for an audience with sb).
antichar [ɑ̃tiʃaʀ] *adj* anti-tank.
antichoc [ɑ̃tiʃɔk] *adj montre etc* shockproof.
anticipation [ɑ̃tisipasjɔ̃] *nf* (**a**) (*Fin*) **~ de paiement, paiement par ~** payment in advance *ou* anticipation, advance payment. (**b**) (*Littérat*) **littérature d'~** science fiction; **roman d'~** science fiction novel.
anticipé, e [ɑ̃tisipe] (*ptp de* **anticiper**) *adj retour* early (*épith*). **remboursement ~** repayment before due date; **recevez mes remerciements ~s** thanking you in advance *ou* anticipation.
anticiper [ɑ̃tisipe] (1) **1** *vi* (**a**) (*prévoir, calculer*) to anticipate; (*en imaginant*) to look *ou* think ahead, anticipate what will happen; (*en racontant*) to jump ahead. **n'anticipons pas!** don't let's look *ou* think too far ahead, don't let's anticipate.
  (**b**) **~ sur** *récit, rapport* to anticipate; **~ sur l'avenir** to anticipate the *ou* look into the future; **sans vouloir ~ sur ce que je dirai tout à l'heure** without wishing to go into *ou* launch into what I shall say later.
  2 *vt* (*Comm*) *paiement* to anticipate, pay before due; (*littér*) *avenir, événement* to anticipate, foresee.
anticlérical, e, *mpl* **-aux** [ɑ̃tikleʀikal, o] **1** *adj* anticlerical. **2** *nm, f* anticleric(al).
anticléricalisme [ɑ̃tikleʀikalism(ə)] *nm* anticlericalism.
anticlinal, o, *mpl* **-aux** [ɑ̃tiklinal, o] *adj, nm* anticlinal.
anticoagulant, e [ɑ̃tikoagylɑ̃, ɑ̃t] *adj, nm* anticoagulant.
anticolonialisme [ɑ̃tikɔlɔnjalism(ə)] *nm* anticolonialism.
anticolonialiste [ɑ̃tikɔlɔnjalist(ə)] *adj, nmf* anticolonialist.
anticommunisme [ɑ̃tikɔmynism(ə)] *nm* anticommunism.
anticommuniste [ɑ̃tikɔmynist(ə)] *adj, nmf* anticommunist.
anticonceptionnel, -elle [ɑ̃tikɔ̃sɛpsjɔnɛl] *adj* contraceptive. **propagande ~le** birth-control propaganda; **moyens ~s** contraceptive methods, methods of birth control.
anticonformisme [ɑ̃tikɔ̃fɔʀmism(ə)] *nm* nonconformism.
anticonformiste [ɑ̃tikɔ̃fɔʀmist(ə)] *adj, nmf* nonconformist.
anticonstitutionnel, -elle [ɑ̃tikɔ̃stitysjɔnɛl] *adj* unconstitutional.
anticonstitutionnellement [ɑ̃tikɔ̃stitysjɔnɛlmɑ̃] *adv* unconstitutionally.
anticorps [ɑ̃tikɔʀ] *nm* antibody.
anticyclone [ɑ̃tisiklon] *nm* anticyclone.
antidater [ɑ̃tidate] (1) *vt* to backdate, predate, antedate.
antidémocratique [ɑ̃tidemɔkratik] *adj* (*opposé à la démocratie*) antidemocratic; (*peu démocratique*) undemocratic.
antidépresseur [ɑ̃tidepʀesœʀ] *adj m, nm* antidepressant.
antidérapant, e [ɑ̃tideʀapɑ̃, ɑ̃t] *adj* (*Aut*) non-skid; (*Ski*) non-slip.
antidétonant, e [ɑ̃tidetɔnɑ̃, ɑ̃t] *adj, nm* anti-knock.
antidiphtérique [ɑ̃tidifteʀik] *adj sérum* diphtheria (*épith*).
antidoping [ɑ̃tidɔpiŋ] *adj*, **antidopage** [ɑ̃tidɔpaʒ] *adj loi, test* anti-doping (*épith*); *contrôle* dope (*épith*).
antidote [ɑ̃tidɔt] *nm* (*lit, fig*) antidote (*contre, de* for, against).

antiéconomique [ɑ̃tiekɔnɔmik] *adj* uneconomical.
antiengin [ɑ̃tiɑ̃ʒɛ̃] *adj* antimissile.
antienne [ɑ̃tjɛn] *nf* (*Rel*) antiphony; (*fig littér*) chant, refrain.
antiesclavagisme [ɑ̃tiɛsklavaʒism(ə)] *nm* abolition (of slavery); (*US Hist*) abolitionism.
antiesclavagiste [ɑ̃tiɛsklavaʒist(ə)] **1** *adj* antislavery, opposed to slavery (*attrib*); (*US Hist*) abolitionist. **2** *nmf* opponent of slavery; abolitionist.
antifasciste [ɑ̃tifaʃist(ə)] *adj, nmf* antifascist.
anti-g [ɑ̃tiʒe] *adj inv*: **combinaison ~** G-suit.
antigang [ɑ̃tigɑ̃g] *adj inv*: **brigade ~** (police) commando squad.
antigel [ɑ̃tiʒɛl] *adj, nm* antifreeze.
antigène [ɑ̃tiʒɛn] *nm* antigen.
Antigone [ɑ̃tigɔn] *nf* Antigone.
antigouvernemental, e, *mpl* **-aux** [ɑ̃tiguvɛʀnəmɑ̃tal, o] *adj* antigovernment(al).
antihausse [ɑ̃tios] *adj mesures* aimed at curbing price rises, anti-inflation (*épith*).
antihéros [ɑ̃tieʀo] *nm* anti-hero.
antihistaminique [ɑ̃tiistaminik] *adj, nm* antihistamine.
antihygiénique [ɑ̃tiiʒjenik] *adj* unhygienic.
antillais, e [ɑ̃tijɛ, ɛz] **1** *adj* West Indian. **2** *nm, f*: **A~(e)** West Indian.
Antilles [ɑ̃tij] *nfpl*: **les ~** the West Indies. **les Grandes/Petites ~** the Greater/Lesser Antilles.
antilope [ɑ̃tilɔp] *nf* antelope.
antimatière [ɑ̃timatjɛʀ] *nf* antimatter.
antimilitarisme [ɑ̃timilitaʀism(ə)] *nm* antimilitarism.
antimilitariste [ɑ̃timilitaʀist(ə)] *adj, nmf* antimilitarist.
antimissile [ɑ̃timisil] *adj* antimissile.
antimite [ɑ̃timit] **1** *adj* (anti-)moth (*épith*). **2** *nm* mothproofing agent, moth repellent; (*boules de naphtaline*) mothballs.
antimoine [ɑ̃timwan] *nm* antimony.
antimonarchique [ɑ̃timɔnaʀʃik] *adj* antimonarchist, antimonarchic(al).
antimonarchiste [ɑ̃timɔnaʀʃist(ə)] *nmf* antimonarchist.
antinational, e, *mpl* **-aux** [ɑ̃tinasjɔnal, o] *adj* antinational.
antinomie [ɑ̃tinɔmi] *nf* antinomy.
antinomique [ɑ̃tinɔmik] *adj* antinomic(al).
Antioche [ɑ̃tjɔʃ] *n* Antioch.
antipape [ɑ̃tipap] *nm* antipope.
antiparasitage [ɑ̃tipaʀazitaʒ] *nm* fitting of a suppressor to.
antiparasite [ɑ̃tipaʀazit] *adj* anti-interference. **dispositif ~** suppressor.
antiparasiter [ɑ̃tipaʀazite] (1) *vt* to fit a suppressor to.
antiparlementaire [ɑ̃tipaʀləmɑ̃tɛʀ] *adj* antiparliamentary.
antiparlementarisme [ɑ̃tipaʀləmɑ̃taʀism(ə)] *nm* antiparliamentarianism.
antipathie [ɑ̃tipati] *nf* antipathy. **l'~ entre ces deux communautés** the hostility *ou* antipathy between these two communities; **avoir de l'~ pour qn** to dislike sb.
antipathique [ɑ̃tipatik] *adj personne* disagreeable, unpleasant; *endroit* unpleasant. **il m'est ~** I don't like him, I find him disagreeable.
antipatriotique [ɑ̃tipatʀijɔtik] *adj* antipatriotic; (*peu patriote*) unpatriotic.
antipatriotisme [ɑ̃tipatʀijɔtism(ə)] *nm* antipatriotism.
antipelliculaire [ɑ̃tipelikylɛʀ] *adj* anti-dandruff.
antipersonnel [ɑ̃tipɛʀsɔnɛl] *adj inv* antipersonnel.
antiphrase [ɑ̃tifʀaz] *nf* antiphrasis. **par ~** ironically.
antipode [ɑ̃tipɔd] *nm* (*Géog*) **les ~s** the antipodes; (*Géog*) **être à l'~ ou aux ~s** to be on the other side of the world (*de* from, to); (*fig*) **votre théorie est aux ~s de la mienne** our theories are poles apart, your theory is the opposite extreme of mine.
antipoétique [ɑ̃tipoetik] *adj* unpoetic.
antipoliomyélitique [ɑ̃tipɔljɔmjelitik] *adj* polio (*épith*).
antiprotectionniste [ɑ̃tipʀɔtɛksjɔnist(ə)] **1** *adj* free-trade (*épith*). **2** *nmf* free trader.
antipsychiatrie [ɑ̃tipsikjatʀi] *nf* anti-psychiatry.
antipyrétique [ɑ̃tipiʀetik] *adj* antipyretic.
antipyrine [ɑ̃tipiʀin] *nf* antipyrine.
antiquaille [ɑ̃tikaj] *nf* (*péj*) piece of old junk.
antiquaire [ɑ̃tikɛʀ] *nmf* antique dealer.
antique [ɑ̃tik] *adj* (*de l'antiquité*) *vase, objet* antique, ancient; *style* ancient; (*littér: très ancien*) *coutume, objet* ancient; (*péj*) *véhicule, chapeau* antiquated, ancient. **style imitant l'~** mock-antique style; **il aime l'~** he is a lover of the art and style of antiquity.
antiquité [ɑ̃tikite] *nf* (**a**) (*période*) **l'~** antiquity. (**b**) (*ancienneté*) antiquity, (great) age. **de toute ~** from the beginning of time, from time immemorial. (**c**) **~s** (*œuvres de l'antiquité*) antiquities; (*meubles anciens etc*) antiques; **marchand d'~s** antique dealer.
antirachitique [ɑ̃tiʀaʃitik] *adj* antirachitic.
antiraciste [ɑ̃tiʀasist(ə)] *adj* antiracist, antiracialist.
antireflet [ɑ̃tiʀ(ə)flɛ] *adj inv surface* non-reflecting; (*Phot*) antiflare.
antireligieux, -euse [ɑ̃tiʀliʒjø, øz] *adj* antireligious.
antirépublicain, e [ɑ̃tiʀepyblikɛ̃, ɛn] *adj* antirepublican.
antirévolutionnaire [ɑ̃tiʀevɔlysjɔnɛʀ] *adj* antirevolutionary.
antirides [ɑ̃tiʀid] *adj inv* anti-wrinkle.
antirouille [ɑ̃tiʀuj] *adj inv* anti-rust.
anti-roulis [ɑ̃tiʀuli] *adj inv* anti-roll (*épith*).
antiscorbutique [ɑ̃tiskɔʀbytik] *adj* antiscorbutic.
antisèche [ɑ̃tisɛʃ] *nf* (*Arg Scol*) crib.
antiségrégationniste [ɑ̃tisegʀegasjɔnist(ə)] *adj* antisegregationist.
antisémite [ɑ̃tisemit] **1** *adj* anti-semitic. **2** *nmf* anti-semite.

antisémitisme [ɑ̃tisemitism(ə)] *nm* anti-semitism.
antisepsie [ɑ̃tisɛpsi] *nf* antisepsis.
antiseptique [ɑ̃tisɛptik] *adj, nm* antiseptic.
antisocial, e, *mpl* **-aux** [ɑ̃tisɔsjal, o] *adj* (*Pol*) antisocial.
anti-sous-marin, e [ɑ̃tisumaʀɛ̃, in] *adj* anti-submarine.
antispasmodique [ɑ̃tispasmɔdik] *adj, nm* antispasmodic.
antisportif, -ive [ɑ̃tispɔʀtif, iv] *adj* (*opposé au sport*) anti-sport; (*peu élégant*) unsporting, unsportsmanlike.
antistrophe [ɑ̃tistʀɔf] *nf* antistrophe.
anti-subversif, -ive [ɑ̃tisybvɛʀsif, iv] *adj* counter-subversive.
antiterroriste [ɑ̃titɛʀɔʀist(ə)] *adj* antiterrorist.
antitétanique [ɑ̃titetanik] *adj* sérum etc (anti-)tetanus (*épith*).
antithèse [ɑ̃titɛz] *nf* (*gén*) antithesis. (*fig: le contraire*) **c'est l'~ de** it is the opposite of.
antithétique [ɑ̃titetik] *adj* antithetic(al).
antitoxine [ɑ̃titɔksin] *nf* antitoxin.
antitoxique [ɑ̃titɔksik] *adj* antitoxic.
antitrust [ɑ̃titʀœst] *adj inv* loi, mesures anti-monopoly (*Brit*), antitrust (*US*).
antituberculeux, -euse [ɑ̃titybɛʀkylø, øz] *adj* sérum tuberculosis (*épith*).
antitussif [ɑ̃titysif] *adj, nm:* (sirop) ~ cough mixture.
antivénéneux, -euse [ɑ̃tivenenø, øz] *adj* antidotal.
antivenimeux, -euse [ɑ̃tivənimø, øz] *adj:* sérum ~, substance ~euse antivenom, antivenin.
antivol [ɑ̃tivɔl] *nm, adj inv:* (dispositif) ~ anti-theft device.
Antoine [ɑ̃twan] *nm* Ant(h)ony, Tony.
antonomase [ɑ̃tɔnɔmɑz] *nf* antonomasia.
antonyme [ɑ̃tɔnim] *nm* antonym.
antonymie [ɑ̃tɔnimi] *nf* antonymy.
antre [ɑ̃tʀ(ə)] *nm* (*littér: caverne*) cave; [*animal*] den, lair; (*fig*) den; (*Anat*) antrum.
anus [anys] *nm* anus.
Anvers [ɑ̃vɛʀ] *n* Antwerp.
anxiété [ɑ̃ksjete] *nf* (*inquiétude, Méd*) anxiety. **avec** ~ with anxiety *ou* great concern; **être dans l'~** to be very anxious *ou* worried.
anxieusement [ɑ̃ksjøzmɑ̃] *adv* anxiously.
anxieux, -euse [ɑ̃ksjø, øz] **1** *adj* personne, regard anxious, worried; *attente* anxious. (*Méd*) **crises ~euses** crises of anxiety; ~ **de** anxious to. **2** *nm, f* worrier.
AOC [aose] *nf abrév de* **Appellation d'origine controlée:** V appellation.
aoriste [aɔʀist(ə)] *nm* aorist.
aorte [aɔʀt(ə)] *nf* aorta.
aortique [aɔʀtik] *adj* aortic.
Aoste [aɔst(ə)] *n* Aosta.
août [u] *nm* August; *pour loc* V **septembre** *et* **quinze.**
aoûtat [auta] *nm* harvest tick *ou* mite.
aoûtien, -ienne* [ausjɛ̃, jɛn] *nm, f* August holiday-maker.
AP [ape] *nf abrév de* **Assistance publique:** V **assistance.**
apache [apaʃ] *nm* (a) (*indien*) **A~** Apache. (b) (†: *voyou*) ruffian, tough. **il a une allure** ~ he has a tough *ou* vicious look about him.
apaisant, e [apɛzɑ̃, ɑ̃t] *adj* (*chassant la tristesse, les soucis*) soothing; (*calmant les esprits*) calming, pacifying.
apaisement [apɛzmɑ̃] *nm* (V **s'apaiser**) calming *ou* quietening down; cooling *ou* calming down; subsiding; abating; going *ou* dying down; appeasement; allaying. **donner des ~s à qn** to give assurances to sb, reassure sb; **cela lui procura un certain** ~ this brought him some relief.
apaiser [apeze] (1) **1** *vt* (a) *personne, foule* to calm (down), pacify, placate.
   (b) (*adoucir*) (*gén*) to assuage; *désir, faim* to appease; *soif* to slake; *passion, excitation* to calm, quell, soothe; *conscience* to salve, soothe; *scrupules* to allay; *douleur* to soothe.
   2 s'apaiser *vpr* (a) *personne, malade* to calm *ou* quieten down; *[coléreux]* to cool *ou* calm down.
   (b) *[vacarme, excitation, tempête]* to die down, subside; *[vagues, douleur]* to die down; *[passion, désir, soif, faim]* to be assuaged *ou* appeased; *[scrupules]* to be allayed.
apalachien, -ienne [apalaʃjɛ̃, jɛn] *adj* Appalachian.
apanage [apanaʒ] *nm* (*privilège*) **être l'~ de qn/qch** to be the privilege *ou* prerogative of sb/sth; **le pessimisme est le triste ~ des savants** it's the scholar's sorry privilege to be pessimistic; **avoir l'~ de qch** to have the sole *ou* exclusive right to sth, possess sth exclusively; **il croit avoir l'~ du bon sens** he thinks he's the only one with any common sense.
aparté [apaʀte] *nm* (*entretien*) private conversation (*in a group*); (*Théât, fig: remarque*) aside. **en** ~ in an aside, in a stage whisper; (*Théât*) in an aside.
apartheid [apaʀtɛd] *nm* apartheid.
apathie [apati] *nf* apathy.
apathique [apatik] *adj* apathetic.
apathiquement [apatikmɑ̃] *adv* apathetically.
apatride [apatʀid] *nmf* stateless person.
Apennins [apenɛ̃] *nmpl:* **les** ~ the Apennines.
aperception [apɛʀsɛpsjɔ̃] *nf* apperception.
apercevoir [apɛʀsəvwaʀ] (28) **1** *vt* (a) (*voir*) to see; (*brièvement*) to catch sight of *ou* a glimpse of; (*remarquer*) to notice, see. **on apercevait au loin un clocher** a church tower could be seen in the distance; **ça s'aperçoit à peine, c'est très bien réparé** it's hardly noticeable *ou* you can hardly see it, it's very well repaired.
   (b) (*se rendre compte de*) *danger, contradictions* to see, perceive; *difficultés* to see, foresee. **si on fait cela, j'aperçois des problèmes** if we do that, I (can) see problems ahead *ou* I (can) foresee problems.
   2 s'apercevoir *vpr:* **s'~ de** *erreur, omission* to notice; *présence, méfiance* to notice, become aware of; *dessein, manège* to notice, see

through, become aware of; **s'~ que** to notice *ou* realize that; **sans s'en** ~ without realizing, inadvertently.
aperçu [apɛʀsy] *nm* (a) (*idée générale*) general survey. ~ **sommaire** brief survey; **cela vous donnera un bon** ~ **de ce que vous allez visiter** that will give you a good idea *ou* a general idea *ou* picture of what you are about to visit.
   (b) (*point de vue personnel*) insight (*sur* into).
apéritif, -ive [apeʀitif, iv] **1** *adj* (*littér*) *boisson* that stimulates the appetite. **ils firent une promenade ~ive** they took a walk to get up an appetite. **2** *nm* aperitif, aperitive, (pre-dinner *etc*) drink. **prendre l'~** to have an aperitif *ou* aperitive; **venez prendre l'~** come for drinks.
apéro* [apeʀo] *nm* (*abrév de* **apéritif**) aperitif, aperitive.
aperture [apɛʀtyʀ] *nf* (*Ling*) aperture.
apesanteur [apəzɑ̃tœʀ] *nf* weightlessness.
à-peu-près [apøpʀɛ] *nm inv* vague approximation; V **près.**
apeuré, e [apœʀe] *adj* frightened, scared.
apex [apɛks] *nm* (*Astron, Bot, Sci*) apex; (*Ling*) [*langue*] apex, tip; (*accent latin*) macron.
aphasie [afazi] *nf* aphasia.
aphasique [afazik] *adj, nmf* aphasic.
aphérèse [afeʀɛz] *nf* aphaeresis.
aphone [afɔn] *adj* voiceless, aphonic (*T*). **je suis presque ~ d'avoir trop crié** I've nearly lost my voice *ou* I'm hoarse from so much shouting.
aphonie [afɔni] *nf* aphonia.
aphorisme [afɔʀism(ə)] *nm* aphorism.
aphrodisiaque [afʀɔdizjak] *adj, nm* aphrodisiac.
Aphrodite [afʀɔdit] *nf* Aphrodite.
aphte [aft(ə)] *nm* mouth ulcer, aphtha (*T*).
aphteux, -euse [aftø, øz] *adj* aphthous; V **fièvre.**
api [api] V **pomme.**
à-pic [apik] *nm* cliff.
apical, e, *mpl* **-aux** [apikal, o] *adj* apical. **r** ~ trilled r.
apico-alvéolaire [apikoalveɔlɛʀ] *adj, nf* apico-alveolar.
apico-dental, e, *mpl* **-aux** [apikodɑ̃tal, o] **1** *adj* apico-dental. **2 apico-dentale** *nf* apico-dental.
apicole [apikɔl] *adj* beekeeping (*épith*), apiarian (*T*).
apiculteur, -trice [apikyltœʀ, tʀis] *nm, f* beekeeper, apiarist (*T*).
apiculture [apikyltyʀ] *nf* beekeeping, apiculture (*T*).
apitoiement [apitwamɑ̃] *nm* (*pitié*) pity, compassion.
apitoyer [apitwaje] (8) **1** *vt* to move to pity. ~ **qn sur le sort de qn** to move sb to pity for *ou* make sb feel sorry for sb's lot; **n'essaie pas de m'~** don't try and make me feel sorry for you, don't try to get round me (*Brit*).
   2 s'apitoyer *vpr:* **s'~ sur** (qn/le sort de qn) to feel pity *ou* compassion for (sb/sb's lot); **s'~ sur son propre sort** to feel sorry for o.s.
aplanir [aplaniʀ] (2) **1** *vt* terrain to level; *difficultés* to smooth away *ou* out, iron out; *obstacles* to smooth away. ~ **le chemin devant qn** to smooth sb's path *ou* way.
   2 s'aplanir *vpr* [*terrain*] to become level. **les difficultés se sont aplanies** the difficulties smoothed themselves out *ou* were ironed out.
aplanissement [aplanismɑ̃] *nm* (V **aplanir**) levelling; smoothing away; ironing out.
aplati, e [aplati] (*ptp de* **aplatir**) *adj* forme, objet, nez flat. **c'est ~ sur le dessus/à son extrémité** it's flat on top/at one end.
aplatir [aplatiʀ] (2) **1** *vt* objet to flatten; *couture* to press flat; *cheveux* to smooth down, flatten; *pli* to smooth (out); *surface* to flatten (out). ~ **qch à coups de marteau** to hammer sth flat; ~ **qn‡** to flatten sb*; (*Rugby*) ~ **le ballon** *ou* **un essai** to score a try.
   2 s'aplatir *vpr* (a) [*personne*] **s'~ contre un mur** to flatten o.s. against a wall; **s'~ par terre** (*s'étendre*) to lie flat on the ground; (*: tomber*) to fall flat on one's face; (*fig: s'humilier*) **s'~ devant qn** to crawl to sb, grovel before sb.
   (b) [*choses*] (*devenir plus plat*) to become flatter; (*être écrasé*) to be flattened *ou* squashed. (*s'écraser*) **s'~ contre*** to smash against.
aplatissement [aplatismɑ̃] *nm* (*gén*) flattening; (*fig: humiliation*) grovelling. **l'~ de la terre aux pôles** the flattening-out *ou* -off of the earth at the poles.
aplomb [aplɔ̃] *nm* (a) (*assurance*) composure, (self-)assurance; (*péj: insolence*) nerve, audacity, cheek*. **garder son** ~ to keep one's composure, remain composed; **perdre son** ~ to lose one's composure, get flustered.
   (b) (*équilibre*) balance, equilibrium; (*verticalité*) perpendicular, plumb. [*personne*] **perdre l'~** *ou* **son** ~ to lose one's balance; **à l'~ du mur** at the base of the wall.
   (c) (*Équitation*) ~s stand.
   (d) **d'~** *corps* steady, balanced; *bâtiment, mur* plumb; **se tenir d'~ (sur ses jambes)** to be steady on one's feet; **être (posé) d'~** to be balanced *ou* level; **tu n'as pas l'air d'~*** you look off-colour* (*Brit*) *ou* out of sorts; **se remettre d'~ après une maladie*** to pick up *ou* get back on one's feet again after an illness; **ça va te remettre d'~*** that'll put you right *ou* on your feet again; **le soleil tombait d'~** the sun was beating straight down.
apocalypse [apɔkalips(ə)] *nf* (*Rel*) apocalypse. (*livre*) **l'A~** (the Book of) Revelation, the Apocalypse; **atmosphère d'~** doom-laden *ou* end-of-the-world atmosphere; **paysage/vision d'~** landscape/vision of doom.
apocalyptique [apɔkaliptik] *adj* (*Rel*) apocalyptic; (*fig*) *paysage* of doom; *vision* apocalyptic, of doom.
apocope [apɔkɔp] *nf* apocope.
apocryphe [apɔkʀif] **1** *adj* apocryphal, of doubtful authenticity; (*Rel*) Apocryphal. **2** *nm* apocryphal book. **les ~s** the Apocrypha.
apodictique [apɔdiktik] *adj* apodictic.
apogée [apɔʒe] *nm* (*Astron*) apogee; (*fig*) peak, apogee.

apolitique [apɔlitik] *adj* (*indifférent*) apolitical, unpolitical; (*indépendant*) non-political.

apolitisme [apɔlitism(ə)] *nm* (*V* apolitique) [*personne*] apolitical *ou* unpolitical attitude; non-political stand; [*organisme*] non-political character.

Apollon [apɔlɔ̃] *nm* (*Myth*) Apollo; (*fig*) Apollo, Greek god.

apologétique [apɔlɔʒetik] **1** *adj* (*Philos, Rel*) apologetic. **2** *nf* apologetics (*sg*).

apologie [apɔlɔʒi] *nf* apology. **faire l'~ de** (*gén*) to praise; (*Jur*) to vindicate.

apologiste [apɔlɔʒist(ə)] *nmf* apologist.

apologue [apɔlɔg] *nm* apologue.

apophyse [apofiz] *nf* apophysis.

apoplectique [apɔplɛktik] *adj* apoplectic.

apoplexie [apɔplɛksi] *nf* apoplexy.

apostasie [apɔstazi] *nf* apostasy.

apostasier [apɔstazje] (7) *vi* to apostatize, renounce the faith.

apostat, e [apɔsta, at] *adj, nm, f* apostate, renegade.

a posteriori [apɔsteʀjɔʀi] *loc adv, adj* (*Philos*) a posteriori; (*gén*) after the event. **il est facile, ~, de dire que ...** it is easy enough, after the event *ou* with hindsight, to say that ... .

apostille [apɔstij] *nf* apostil.

apostiller [apɔstije] (1) *vt* to add an apostil to.

apostolat [apɔstɔla] *nm* (*Bible*) apostolate, discipleship; (*prosélytisme*) proselytism, preaching, evangelism. (*fig*) **ce métier est un ~** this job requires total devotion *ou* has to be a vocation.

apostolique [apɔstɔlik] *adj* apostolic; *V* nonce.

apostrophe [apɔstʀɔf] *nf* (*Gram, Rhétorique*) apostrophe; (*interpellation*) rude remark (*shouted at sb*). **mot mis en ~** word used in apostrophe; **lancer des ~s à qn** to shout rude remarks at sb.

apostropher [apɔstʀɔfe] (1) *vt* (*interpeller*) to shout at, address sharply.

apothème [apɔtɛm] *nm* apothem.

apothéose [apɔteoz] *nf* (**a**) (*consécration*) apotheosis. **cette nomination est pour lui une ~** this appointment is a supreme honour for him; **les tragédies de Racine sont l'~ de l'art classique** Racine's tragedies are the apotheosis *ou* pinnacle of classical art. (**b**) (*Théât, gén: bouquet*) grand finale. **finir dans une ~** to end in a blaze of glory. (**c**) (*Antiq: déification*) apotheosis.

apothicaire†† [apotikɛʀ] *nm* apothecary††.

apôtre [apotʀ(ə)] *nm* (*Hist, Rel, fig*) apostle, disciple. **faire le bon ~** to play the saint; **se faire l'~ de** to make o.s. the spokesman *ou* advocate for.

Appalaches [apalaʃ] *nmpl*: **les (monts) ~** the Appalachian Mountains, the Appalachians.

appalachien, -ienne [apalaʃjɛ̃, jɛn] *adj* Appalachian.

apparaître [apaʀɛtʀ(ə)] (57) *vi* (**a**) (*se montrer*) [*jour, personne, fantôme*] to appear (*à* to); [*difficulté, vérité*] to appear, come to light; [*signes, obstacles*] to appear; [*fièvre, boutons*] to break out. **la vérité lui apparut soudain** the truth suddenly dawned on him; **la silhouette qui apparaît/les problèmes qui apparaissent à l'horizon** the figure/the problems looming up on the horizon. (**b**) (*sembler*) to seem, appear (*à* to). **ces remarques m'apparaissent fort judicieuses** these seem *ou* sound very judicious remarks to me; **je dois t'~ comme un monstre** I must seem like *ou* appear a monster to you; **ça m'apparaît comme suspect** it seems slightly suspicious *ou* odd to me; **il apparaît que** it appears *ou* turns out that.

apparat [apaʀa] *nm* (**a**) (*pompe*) pomp. **d'~** *dîner, habit, discours* ceremonial; *V* grand. (**b**) (*Littérat*) **~ critique** critical apparatus.

apparatchik [apaʀatʃik] *nm* apparatchik.

appareil [apaʀɛj] **1** *nm* (**a**) (*machine, instrument*) (*gén*) piece of apparatus, device; (*électrique, ménager*) appliance; (*Rad, TV: poste*) set; (*Phot*) camera; (*téléphone*) (tele)phone. **qui est à l'~?** who's speaking?; **Paul à l'~** Paul speaking.
(**b**) (*Aviat*) (aero)plane, aircraft (*inv*), craft (*inv*) (*US*).
(**c**) (*Méd*) appliance; (*dentier*) brace; (*pour fracture*) splint.
(**d**) (*Anat*) apparatus, system. **~ digestif/urogénital** digestive/urogenital system *ou* apparatus; **~ phonateur** vocal apparatus *ou* organs (*pl*).
(**e**) (*structure administrative*) machinery. **l'~ policier** the police machinery; **l'~ du parti** the party apparatus *ou* machinery; **l'~ des lois** the machinery of the law.
(**f**) (*littér*) (*dehors fastueux*) air of pomp; (*cérémonie fastueuse*) ceremony. **l'~ magnifique de la royauté** the trappings *ou* splendour of royalty; *V* simple.
(**g**) (*Archit: agencement des pierres*) bond.
2: **appareil critique** critical apparatus; **appareil de levage** lifting appliance; **appareil de mesure** measuring device; **appareil orthopédique** orthopaedic appliance; **appareil-photo** *nm*, *pl* **appareils-photos**, **appareil photographique** camera; **appareil à sous** (*distributeur*) slot machine; (*jeu*) fruit machine, one-armed bandit.

appareillage [apaʀɛjaʒ] *nm* (**a**) (*Naut: départ*) casting off, getting under way; (*manœuvres*) preparations for casting off *ou* getting under way. (**b**) (*équipement*) equipment.

appareiller [apaʀeje] (1) **1** *vi* (*Naut*) to cast off, get under way. **2** *vt* (**a**) (*Naut*) *navire* to rig, fit out. (**b**) (*Archit: tailler*) *pierre* to dress. (**c**) (*coupler*) to pair; (*assortir*) to match up; (*accoupler*) to mate (*avec* with).

apparemment [apaʀamɑ̃] *adv* apparently.

apparence [apaʀɑ̃s] *nf* (**a**) (*aspect*) [*maison, personne*] appearance, aspect. **ce bâtiment a (une) belle ~** it's a fine-looking building; **il a une ~ négligée** he is shabby-looking, he has a shabby *ou* uncared-for look about him.

(**b**) (*fig: extérieur*) appearance. **sous cette ~ souriante** under that smiling exterior; **sous l'~ de la générosité** under this (outward) show *ou* apparent display of generosity; **ce n'est qu'une (fausse) ~** it's a mere façade; **il ne faut pas prendre les ~s pour la réalité** one mustn't mistake appearance(s) for reality; **se fier aux/sauver les ~s** to trust/keep up appearances.
(**c**) (*semblant, vestige*) semblance. **il n'a plus une ~ de respect pour** he no longer has the least semblance of respect for.
(**d**) (*Philos*) appearance.
(**e**) (*loc*) **malgré l'~ ou les ~s** in spite of appearances; **contre toute ~** against all expectations; **selon toute ~** in all probability; **en ~** apparently, seemingly, on the face of it; **des propos en ~ si contradictoires/si anodins** words apparently so contradictory/harmless; **ce n'est qu'en ~ qu'il est heureux** it's only on the surface *ou* outwardly that he's happy.

apparent, e [apaʀɑ̃, ɑ̃t] *adj* (**a**) (*visible*) *appréhension, gêne* obvious, noticeable; *ruse* obvious. **de façon ~e** visibly, conspicuously; **sans raison/cause ~e** without apparent *ou* obvious reason/cause; **plafond avec poutres ~es** ceiling with visible beams *ou* beams showing; **coutures ~es** topstitched seams.
(**b**) (*superficiel*) *solidité, causes* apparent (*épith*). **ces contradictions ne sont qu'~es** these are only outward *ou* surface discrepancies.

apparentement [apaʀɑ̃tmɑ̃] *nm* (*Pol*) grouping of electoral lists (*in proportional representation system*).

apparenter (**s'**) [apaʀɑ̃te] (1) *vpr*: **s'~ à** (*Pol*) to ally o.s. with (*in elections*); (*par mariage*) to marry into; (*ressembler à*) to be similar to, have certain similarities to; **un député apparenté Libéral** an MP who is allied with the Liberals *ou* who has the backing of the Liberals.

appariement [apaʀimɑ̃] *nm* (*V* apparier) matching; pairing; mating.

apparier [apaʀje] (7) *vt* (*littér*) (*assortir*) to match; (*coupler*) to pair; (*accoupler*) to mate.

appariteur [apaʀitœʀ] *nm* (*Univ*) ≃ porter (*Brit*), ≃ campus policeman (*US*). (*hum*) **~ musclé** strong-arm attendant (*hired at times of student unrest*).

apparition [apaʀisjɔ̃] *nf* (**a**) (*manifestation*) [*étoile, symptôme, signe*] appearance; [*personne*] appearance, arrival; [*boutons, fièvre*] outbreak. **faire son ~** [*personne*] to make one's appearance, turn up, appear; [*symptômes*] to appear; [*fièvre*] to break out; **il n'a fait qu'une ~** (*à une réunion*) he only put in a brief appearance; (*dans un film*) he only made a brief appearance, he only appeared briefly.
(**b**) (*vision*) apparition; (*fantôme*) apparition, spectre. **avoir des ~s** to see *ou* have visions.

apparoir [apaʀwaʀ] *vb impers* (*frm, hum*) **il appert (de ces résultats) que** it appears *ou* is evident (from these results) that.

appartement [apaʀtəmɑ̃] *nm* (**a**) flat (*Brit*), apartment (*US*); [*hôtel*] suite; *V* chien, plante. (**b**) (*Can*) room.

appartenance [apaʀtənɑ̃s] *nf* (**a**) (*race, famille*) belonging (*à* to), membership (*à* of); [*parti*] adherence (*à* to), membership (*à* of). (*Math*) **~ à un ensemble** membership of a set. (**b**) (*Jur*) **~s** appurtenances.

appartenir [apaʀtəniʀ] (22) **1 appartenir à** *vt. indir* (**a**) (*être la possession de*) to belong to. **ceci m'appartient** this is mine, this belongs to me; (*fig*) **pour des raisons qui m'appartiennent** for reasons of my own *ou* which concern me (alone); **un médecin ne s'appartient pas** a doctor's time *ou* life is not his own.
(**b**) (*faire partie de*) *famille, race, parti* to belong to, be a member of.
2 *vb impers*: **il appartient/n'appartient pas au comité de décider si ...** it is for *ou* up to/not for *ou* not up to the committee to decide if ...; **c'est/ce n'est pas au comité de décider si ...** it is/is not the committee's business to decide if ... .

appas [apɑ] *nmpl* (*littér*) charms.

appât [apɑ] *nm* (*Pêche*) bait; (*fig*) lure, bait. **mettre un ~ à l'hameçon** to bait one's hook; **mordre à l'~** (*fig*) to rise to the bait, bite; (*Pêche*) to bite; **l'~ du gain/d'une récompense** the lure of gain/a reward.

appâter [apate] (1) *vt* (**a**) (*pour attraper*) *poissons, gibier* to lure, entice; *piège, hameçon* to bait; (*fig*) *personne* to lure, entice. (**b**) (*engraisser*) *petits oiseaux* to feed (up); *volailles* to fatten (up).

appauvrir [apovʀiʀ] (2) **1** *vt personne, sol, langue* to impoverish; *sang* to make thin, weaken. **2 s'appauvrir** *vpr* [*personne, sol, langue*] to grow poorer, become (more) impoverished; [*sang*] to become thin *ou* weak; [*race*] to degenerate.

appauvrissement [apovʀismɑ̃] *nm* (*V* appauvrir, s'appauvrir) impoverishment; thinning; degeneration.

appeau, pl ~x [apo] *nm* (*instrument*) bird call; (*oiseau, fig*) decoy. **servir d'~ à qn** to act as a decoy *ou* a stool pigeon for sb.

appel [apɛl] **1** *nm* (**a**) (*cri*) call; (*demande pressante*) appeal. **accourir à l'~ de qn** to run in answer to sb's call; **~ à l'aide ou au secours** call for help; **elle a entendu des ~s ou des cris d'~** she heard someone calling out, she heard cries; **à son ~, elle se retourna** she turned round when he called; **~ à l'insurrection/aux armes/aux urnes** call to insurrection/to arms/to vote; **~ au calme** appeal *ou* call for calm; **il m'a lancé un ~ du regard** he gave me a meaningful glance; **il a fait un ~ du pied au chef de l'autre parti** he made covert advances to the leader of the other party; **à l'~ des syndicats ...** in response to the call of the trade unions ...; **manifestation à l'~ d'une organisation** demonstration called by an organization; **faire l'~ nominal des candidats** to call out the candidates' names; **faire un ~ de phares** to flash one's headlights (*Brit*), flash the high beams (*US*).
(**b**) **faire ~ à** (*invoquer*) to appeal to; (*avoir recours à*) to call on, resort to; (*fig: nécessiter*) to require; **faire ~ au bon sens/à la générosité de qn** to appeal to sb's common sense/generosity; **faire ~ à ses souvenirs** to call up one's memories; **il a dû faire ~ à tout**

son courage he had to summon up *ou* muster all his courage; faire ~ à l'armée to call out the army; on a dû faire ~ aux pompiers they had to call on (the help of) the firemen; ils ont fait ~ au président pour que ... they appealed to *ou* called on the president to ...; ce problème fait ~ à des connaissances qu'il n'a pas this problem calls for *ou* requires knowledge he hasn't got.

(c) (*fig: voix*) call. l'~ du devoir/de la religion the call of duty/ of religion; l'~ de la raison/de sa conscience the voice of reason/ of one's conscience.

(d) (*vérification de présence*) roll call, register (*Scol*), registration (*Scol*). faire l'~ (*Scol*) to call the register; (*Mil*) to call the roll; absent/présent à l'~ (*Scol*) absent/present (for the register *ou* at registration); (*Mil*) absent/present at roll call; (*Jur*) l'~ des causes reading of the roll of cases (*to be heard*); V manquer, numéro.

(e) (*Jur: recours*) appeal (*contre* against, from). faire ~ d'un jugement to appeal against a judgment; faire ~ to appeal, lodge an appeal; juger en ~/sans ~ to judge on appeal/without appeal; (*fig*) sans ~ (*adj*) final; (*adv*) irrevocably; V cour.

(f) (*Mil: mobilisation*) ~ de la classe 1967 1967 call-up, call-up of the class of 1967; V devancer.

(g) (*Cartes*) signal (*à* for). faire un ~ à pique to signal for a spade.

(h) (*Athlétisme: élan*) take-off. pied d'~ take-off foot.

(i) (*Ordin*) call.

2: appel d'air in-draught (*Brit*), in-draft (*US*), intake of air; appel de fonds call for capital; faire un appel de fonds to call up capital; appel à maxima *appeal by prosecution against the harshness of a sentence*; appel à minima *appeal by prosecution against the leniency of a sentence*; (*Comm*) appel d'offres invitation to tender; appel au peuple appeal *ou* call to the people; appel téléphonique (tele)phone call.

appelé [aple] *nm* (*Mil*) conscript, draftee (*US*), selectee (*US*). (*Rel, fig*) il y a beaucoup d'~s et peu d'élus many are called but few are chosen.

appeler [aple] (4) 1 *vt* (a) (*interpeller*) *personne, chien* to call; (*téléphoner à*) *personne* to ring (up), call (up); *numéro* to dial, call, phone. ~ le nom de qn to call out sb's name; (*Jur*) ~ une cause to call (out) a case; en attendant que notre cause soit appelée waiting for our case to come up *ou* be called; ~ qn à l'aide *ou* au secours to call to sb for help; ~ qn (d'un geste) de la main to beckon (to) sb; je vais ~ vos noms I'm going to call (out) your names.

(b) (*faire venir: gén*) to summon; *médecin, taxi, police* to call, send for; *ascenseur* to call. ~ les fidèles à la prière to summon the faithful to prayer; ~ le peuple aux armes to call *ou* summon the people to arms; (*Jur*) ~ qn en justice to summon sb before the court; (*Jur*) ~ qn à comparaître comme témoin to summon sb as a witness; (*Mil*) ~ une classe (sous les drapeaux) to call up a class (of recruits); (*frm, hum*) Dieu/la République vous appelle God/ the Republic is calling you; les pompiers ont été appelés plusieurs fois dans la nuit the firemen were called out several times during the night; le patron l'a fait ~ the boss sent for him; il a été appelé auprès de sa mère malade he was called *ou* summoned to his sick mother's side; ~ la colère du ciel sur qn to call down the wrath of heaven upon sb; ~ la bénédiction de Dieu sur qn to confer God's blessing upon sb.

(c) (*nommer*) to call. ~ qn un imbécile to call sb an imbecile; j'appelle ceci une table/du bon travail I call this a table/good work; ~ qn par son prénom to call *ou* address sb by his first name; nous nous appelons par nos prénoms we are on first-name terms, we call each other by our first names; ~ qn Monsieur/Madame to call sb Sir/Madam; ~ les choses par leur nom to call things by their rightful name; ~ un chat un chat to call a spade a spade; voilà ce que j'appelle écrire! that's what I call writing!

(d) (*désigner*) ~ qn à *poste* to appoint *ou* assign sb to; être appelé à de hautes/nouvelles fonctions to be assigned important/ new duties; sa nouvelle fonction l'appelle à jouer un rôle important his new function will require him to play an important part; être appelé à un brillant avenir to be destined for a brilliant future; la méthode est appelée à se généraliser the method looks likely *ou* set to become general.

(e) (*réclamer*) [*situation, conduite*] to call for, demand. j'appelle votre attention sur ce problème I call your attention to this problem; les affaires l'appellent à Lyon business calls him to Lyons.

(f) (*entraîner*) une lâcheté en appelle une autre one act of cowardice leads to *ou* begets another.

2 *vi* (a) (*crier*) ~ à l'aide *ou* au secours to call for help; elle appelait, personne ne venait she called (out) but nobody came.

(b) en ~ à to appeal to; en ~ de to appeal against; j'en appelle à votre bon sens I appeal to your common sense.

3 s'appeler *vpr* (*être nommé*) to be called. il s'appelle Paul his name is Paul, he's called Paul; comment s'appelle cet oiseau? what's the name of this bird?, what's this bird called?; comment cela s'appelle-t-il en français? what's that (called) in French?; voilà ce qui s'appelle une gaffe/être à l'heure! that's what's called a blunder/being on time!

appellatif [apelatif] *adj m, nm* (*Ling*) (*nom*) ~ appellative.

appellation [apelɑsjɔ̃] *nf* designation, appellation; (*littér: mot*) term, name. (*Jur*) ~ d'origine label of origin; ~ (d'origine) contrôlée appellation contrôlée (*label guaranteeing the quality of wine*).

appendice [apɛ̃dis] *nm* [*livre*] appendix; (*Anat*) (*gén*) appendage, appendix. [*intestin*] l'~ the appendix; (*hum: nez*) ~ nasal proboscis (*hum*).

appendicite [apɛ̃disit] *nf* appendicitis. faire de l'~ chronique to have a grumbling appendix.

appentis [apɑ̃ti] *nm* (*petit bâtiment*) lean-to; (*toit en auvent*) penthouse (roof), sloping roof.

appert [apɛʀ] V apparoir.

appesantir [apəzɑ̃tiʀ] (2) 1 *vt tête, paupières* to weigh down; *objet* to make heavier; *gestes, pas* to slow (down); *esprit* to dull. (*fig*) ~ son bras *ou* autorité sur to strengthen one's authority over.

2 s'appesantir *vpr* [*tête*] to grow heavier; [*gestes, pas*] to become slower; [*esprit*] to grow duller; [*autorité*] to grow stronger. s'~ sur un sujet/des détails to dwell at length on a subject/on details; leur autorité s'est appesantie sur le peuple opprimé their control over the oppressed nation has been strengthened.

appesantissement [apəzɑ̃tismɑ̃] *nm* [*démarche*] heaviness; [*esprit*] dullness; [*autorité*] strengthening.

appétence [apetɑ̃s] *nf* appetence. avoir de l'~ pour to have a partiality for, be partial to.

appétissant, e [apetisɑ̃, ɑ̃t] *adj nourriture* appetizing, mouthwatering; *femme* delectable. peu ~ unappetizing.

appétit [apeti] *nm* (a) (*pour la nourriture*) appetite. avoir de l'~, avoir bon ~ to have a good *ou* hearty appetite; perdre l'~ to lose one's appetite, go off one's food* (*Brit*); il n'a pas d'~ he's got no appetite; donner de l'~ à qn to give sb an appetite; (*lit*) mettre qn en ~ to give sb an appetite; (*fig*) ce premier essai m'a mis en ~ this first attempt gave me an appetite *ou* a taste for it; avoir un ~ d'oiseau to eat like a bird; manger avec ~ to eat heartily; avoir un ~ de loup *ou* d'ogre to eat like a horse; l'~ vient en mangeant (*lit*) eating whets the appetite; (*fig*) the more you have the more you want; V bon¹, rester.

(b) (*désir naturel*) appetite; [*bonheur, connaissances*] appetite, thirst (*de* for).

applaudimètre [aplodimɛtʀ(ə)] *nm* clapometer (*Brit*), applause meter.

applaudir [aplodiʀ] (2) 1 *vt* to applaud, clap. (*fig littér: approuver*) to applaud, commend. applaudissons notre sympathique gagnant let's give the winner a big hand.

2 *vi* to applaud, clap. ~ à tout rompre to bring the house down.

3 applaudir à *vt indir* (*littér: approuver*) *initiative* to applaud, commend. ~ des deux mains à qch to approve heartily of sth, commend sth warmly.

4 s'applaudir *vpr* (*se réjouir de*) je m'applaudis de n'y être pas allé! I'm congratulating myself *ou* patting myself on the back for not having gone!

applaudissement [aplodismɑ̃] *nm* (a) (*acclamations*) ~s applause (*U*), clapping (*U*); des ~s nourris éclatèrent loud applause *ou* clapping broke out; un tonnerre d'~s thunderous applause.

(b) (*littér: approbation*) approbation, commendation.

applicabilité [aplikabilite] *nf* applicability.

applicable [aplikabl(ə)] *adj* applicable. *loi etc* être ~ à to apply to, be applicable to.

applicateur [aplikatœʀ] 1 *adj m* applicator (*épith*). 2 *nm* (*dispositif*) applicator.

application [aplikɑsjɔ̃] *nf* (a) (V appliquer) application; use; enforcement; implementation; administration. mettre en ~ décision to put into practice, implement; *loi* to enforce, apply; mise en ~ [*décision*] implementation; [*loi*] enforcement, application; mesures prises en ~ de la loi measures taken to enforce *ou* apply the law.

(b) ~s [*théorie, méthode*] applications; les ~s de cette théorie sont très nombreuses the (possible) applications of this theory are numerous.

(c) (*attention*) application, industry. ~ à qch application to sth; travailler avec ~ to work hard, apply o.s. well; son ~ à faire qch the application *ou* zeal with which he does sth.

(d) (*Couture*) appliqué (work). ~ de dentelles appliqué lace; ~ de velours velvet appliqué.

(e) (*Math*) mapping.

applique [aplik] *nf* (*lampe*) wall lamp; (*Couture*) appliqué.

appliqué, e [aplike] (*ptp de* appliquer) *adj personne* industrious, assiduous; *écriture* careful. bien ~ *baiser* firm; *coup* well-aimed; linguistique ~e applied linguistics etc.

appliquer [aplike] (1) 1 *vt* (a) (*poser*) *peinture, revêtement, cataplasme* to apply (*sur* to). (*Géom*) ~ une figure sur une autre to apply one figure on another; ~ une échelle sur *ou* contre un mur to put *ou* lean a ladder against a wall; ~ son oreille sur *ou* à une porte to put one's ear to a door.

(b) (*mettre en pratique*) (*gén*) to apply; *peine* to enforce; *règlement, décision* to implement, put into practice; *loi* to enforce, apply; *remède* to administer; *recette* to use. ~ un traitement à une maladie to apply a treatment to an illness.

(c) (*consacrer*) ~ son esprit à l'étude to apply one's mind to study; ~ toutes ses forces à faire qch to put all one's strength into doing sth.

(d) (*donner*) *gifle, châtiment* to give; *épithète, qualificatif* to apply. ~ un baiser/sobriquet à qn to give sb a kiss/nickname; je lui ai appliqué ma main sur la figure I struck *ou* slapped him across the face, I struck *ou* slapped his face; il s'est toujours appliqué cette maxime he has always applied this maxim to himself.

2 s'appliquer *vpr* (a) (*coïncider avec*) s'~ sur to fit over; le calque s'applique exactement sur son modèle the tracing fits exactly on top of *ou* over its model.

(b) (*correspondre à*) s'~ à to apply to; cette remarque ne s'applique pas à vous this remark doesn't apply to you.

(c) (*se consacrer à*) s'~ à to apply o.s. to; s'~ à cultiver son esprit to apply o.s. to improving one's mind; s'~ à l'étude de to apply o.s. to the study of; s'~ à paraître à la mode to take pains to appear fashionable; élève qui s'applique pupil who applies himself.

appoggiature [apɔʒjatyʀ] *nf* appoggiatura.
appoint [apwɛ̃] *nm* (a) (*monnaie*) l'~ the right *ou* exact money *ou* change; **faire l'~** to give the right *ou* exact money *ou* change.
 (b) (*ressource, aide complémentaire*) (extra) contribution, (extra) help. **salaire d'~** secondary *ou* extra income; **radiateur d'~** back-up *ou* extra heater.
appointements [apwɛ̃tmɑ̃] *nmpl* salary.
appointer [apwɛ̃te] (1) *vt* to pay a salary to. **être appointé à l'an- née/au mois** to be paid yearly/monthly.
appontage [apɔ̃taʒ] *nm* landing (*on an aircraft carrier*).
appontement [apɔ̃tmɑ̃] *nm* landing stage, wharf.
apponter [apɔ̃te] (1) *vi* to land (*on an aircraft carrier*).
apport [apɔʀ] *nm* (a) (*approvisionnement*) *[capitaux]* contribution, supply; (*Tech*) *[chaleur, air frais, eau potable]* supply. **le tourisme grâce à son ~ de devises** tourism, thanks to the currency it brings in; **leur ~ financier/intellectuel** their financial/intellectual contribution; (*Fin*) ~ **personnel** personal capital contribution; **terrain rendu plus fertile par l'~ d'alluvions d'une rivière** land made more fertile by the alluvia brought *ou* carried down by a river; **l'~ de *ou* en vitamines d'un aliment** the vitamins provided by a food.
 (b) (*contribution*) contribution. **l'~ de notre civilisation à l'humanité** our civilization's contribution to humanity.
 (c) (*Jur*) ~**s** property; ~**s en communauté** *goods contributed by man and wife to the joint estate*; (*Fin*) ~**s en société** capital inves- ted.
apporter [apɔʀte] (1) *vt* (a) *objet* to bring. **apporte-le-moi** bring it to me, bring me it; **apporte-le-lui** take it to him; **apporte-le en montant** bring it up with you, bring it up when you come; **appor- te-le en venant** bring it with you (when you come), bring it along; **qui a apporté toute cette boue?** who brought in all this mud?; **le vent d'ouest nous apporte toutes les fumées d'usine** the west wind blows *ou* sends *ou* carries all the factory fumes our way; **vent qui apporte la pluie** wind that brings rain.
 (b) *satisfaction, repos, soulagement* to bring, give; *ennuis, ar- gent, nouvelles* to bring; *modification* to bring about; *preuve, solution* to supply, provide, give. ~ **sa contribution à qch** to make one's contribution to sth; ~ **des modifications à qch** *[ingénieur]* to make *ou* introduce changes in sth, bring changes to sth; *[progrès]* to bring about changes in sth; ~ **du soin à qch/à faire qch** to exercise care in sth/in doing sth; ~ **de l'attention à qch/à faire qch** to bring one's attention to bear on sth/on doing sth; **elle y a apporté toute son énergie** she put all her energy into it; **son livre n'apporte rien de nouveau** his book contributes *ou* says nothing new, his book has nothing new to contribute *ou* say.
apposer [apoze] (1) *vt* (*frm*) *sceau, timbre, plaque* to affix; *signature* to append (*frm*); (*Jur*) *clause* to insert. (*Jur*) ~ **les scellés** to affix the seals (*to prevent unlawful entry*).
apposition [apozisjɔ̃] *nf* (a) (*Gram*) apposition. **en ~ in ap- position**. (b) (*V* **apposer**) affixing; appending; insertion.
appréciable [apʀesjabl(ə)] *adj* (*évaluable*) appreciable, noticeable; (*assez important*) appreciable. **un nombre ~ de gens** a good many *ou* a good few people, an appreciable number of people.
appréciateur, -trice [apʀesjatœʀ, tʀis] *nm,f* judge, appreciator.
appréciatif, -ive [apʀesjatif, iv] *adj* (*estimatif*) appraising, evaluative; (*admiratif*) appreciative; *V* **état**.
appréciation [apʀesjasjɔ̃] *nf* (*V* **apprécier**) valuation; assessment; appraisal; estimation. **je le laisse à votre ~** I leave it to your judgment *ou* assessment; **les ~s du professeur sur un élève** the teacher's assessment of a pupil; (*sur livret*) '~ **du professeur**' 'teacher's comments *ou* remarks'.
apprécier [apʀesje] (7) *vt* (a) (*évaluer*) *distance, importance* to estimate, assess, appraise; (*expertiser*) *objet* to value, assess the value of.
 (b) (*discerner*) *nuance* to perceive, appreciate.
 (c) (*goûter*) *qualité, repas* to appreciate. ~ **qn** (*le trouver sym- pathique*) to have a liking for sb; (*reconnaître ses qualités*) to appreciate sb; **un mets très apprécié** a much appreciated dish, a highly-rated dish; **son discours n'a pas été apprécié par la droite** his speech was not appreciated by the right wing; **je l'ai pas apprécié!*** he didn't appreciate that!, he didn't much care for that!
appréhender [apʀeɑ̃de] (1) *vt* (a) (*arrêter*) to apprehend. (b) (*redouter*) to dread. ~ **de faire) qch** to dread (doing) sth; ~ **que to** fear that. (c) (*Philos*) to apprehend.
appréhensif, -ive [apʀeɑ̃sif, iv] *adj* apprehensive, fearful (of).
appréhension [apʀeɑ̃sjɔ̃] *nf* (a) (*crainte*) apprehension, anxiety. **envisager qch avec ~** to be apprehensive *ou* anxious about sth, dread sth; **avoir de l'~/un peu d'~** to be apprehensive *ou* a little apprehensive; **son ~ de l'examen/d'un malheur** his apprehen- sion about the exam/of a disaster.
 (b) (*littér, Philos*) apprehension.
apprendre [apʀɑ̃dʀ(ə)] (58) *vt* (a) *leçon, métier* to learn. ~ **que/à lire/à nager** to learn that/to read/to swim; ~ **à** how to swim; ~ **à se servir de** to learn (how) to use; ~ **à connaître** to get to know; **l'espagnol s'apprend facilement** Spanish is easy to learn; **ce jeu s'apprend vite** this game is quickly learnt; *V* **cœur**.
 (b) *nouvelle* to hear, learn; *événement, fait* to hear of, learn of; *secret* to learn (of) (*de qn* from sb). **j'ai appris hier que ...** I heard *ou* learnt *ou* it came to my knowledge (*frm*) yesterday that ...; **j'ai appris son arrivée par des amis/par la radio** I heard of *ou* learnt of his arrival through friends/on the radio; **apprenez que je ne me laisserai pas faire!** be warned that *ou* let me make it quite clear that I won't be trifled with!
 (c) (*annoncer*) ~ **qch à qn** to tell sb (of) sth; **il m'a appris la nouvelle** he told me the news; **il m'apprend à l'instant son départ/qu'il va partir** he has just told me of his departure/that he's going to leave; **vous ne m'apprenez rien!** you're not telling me

anything new! *ou* anything I don't know already!, that's no news to me!
 (d) (*enseigner*) ~ **qch à qn** to teach sb sth, teach sth to sb; ~ **à qn à faire** to teach sb (how) to do; **il a appris à son chien à obéir/qu'il doit obéir** he taught his dog to obey/that he must obey; (*iro*) **je vais lui ~ à répondre de cette façon** I'll teach him to answer back like that; (*iro*) **je vais lui ~ à vivre** I'll teach him a thing or two, I'll sort (*Brit*) *ou* straighten him out; (*iro*) **ça lui apprendra (à vivre)!** that'll teach him (a lesson)!; **on n'apprend pas à un vieux singe à faire des grimaces** you can't teach an old dog new tricks.
apprenti, e [apʀɑ̃ti] *nm,f [métier]* apprentice; (*débutant*) novice, beginner. ~ **mécanicien** apprentice *ou* trainee mechanic, mechanic's apprentice; (*péj*) ~ **philosophe** novice philosopher; ~ **sorcier** sorcerer's apprentice.
apprentissage [apʀɑ̃tisaʒ] *nm* (*lit*) apprenticeship. **l'~ de la lan- gue** language learning; **l'~ de l'anglais** learning English; **l'~ de l'amour** learning about love; **l'~ de la patience** learning to be patient, learning patience; **mettre qn en ~** to apprentice sb (*chez* to); **être en ~** to be apprenticed *ou* an apprentice (*chez* to); **faire son ~** to serve one's apprenticeship, do one's training (*chez* with); **faire son ~ de mécanicien** to train as a mechanic; **école** *ou* **centre d'~** training school; **faire l'~ de** (*lit*) *métier* to serve one's appren- ticeship to; (*fig*) *douleur etc* to have one's first experience of, be initiated into; *V* **contrat**.
apprêt [apʀɛ] *nm* (a) (*Tech: opération*) *[cuir, tissu]* dressing; *[papier]* finishing; (*Peinture*) sizing. (*fig*) **sans ~** unaffectedly.
 (b) (*Tech: substance*) *[cuir, tissu]* dressing; (*Peinture*) size.
 (c) (*préparatifs*) ~**s** *[voyage etc]* preparations (*de* for).
apprêtage [apʀetaʒ] *nm* (*V* **apprêt**) dressing; finishing; sizing.
apprêté, e [apʀete] (*ptp de* **apprêter**) *adj* (*affecté*) *manière, style* affected.
apprêter [apʀete] (1) **1** *vt* (a) *nourriture* to prepare, get ready. (*habiller*) ~ **un enfant/une mariée** to get a child/bride ready, dress a child/bride.
 (b) (*Tech*) *peau, papier, tissu* to dress, finish; (*Peinture*) to size.
 2 s'apprêter *vpr* (a) **s'~ à qch/à faire qch** to get ready for sth/to do sth, prepare (o.s.) for sth/to do sth; **nous nous apprêtions à partir** we were getting ready *ou* preparing to leave.
 (b) (*faire sa toilette*) to dress o.s., prepare o.s.
apprivoisable [apʀivwazabl(ə)] *adj* tameable.
apprivoisé, e [apʀivwaze] (*ptp de* **apprivoiser**) *adj* tame, tamed.
apprivoisement [apʀivwazmɑ̃] *nm* (*action*) taming; (*état*) tame- ness.
apprivoiser [apʀivwaze] (1) *vt* to tame. **le renard finit par s'~** the fox was finally tamed *ou* finally became tame.
approbateur, -trice [apʀɔbatœʀ, tʀis] **1** *adj* approving. **signe de tête** ~ nod of approval, approving nod. **2** *nm,f* (*littér*) approver.
approbatif, -ive [apʀɔbatif, iv] *adj* = **approbateur**.
approbation [apʀɔbasjɔ̃] *nf* (*jugement favorable*) approval, approbation; (*acceptation*) approval. **donner son ~ à un projet** to give one's approval to a project; **ce livre a rencontré l'~ du grand public** this book has been well received by the public; **conduite/ travail digne d'~** commendable behaviour/work.
approbativement [apʀɔbativmɑ̃] *adv* approvingly.
approchable [apʀɔʃabl(ə)] *adj* *chose* accessible; *personne* approachable. **il n'est pas ~ aujourd'hui, il est de mauvaise humeur** don't go near him today, he's in a bad mood; **le ministre est difficilement ~** the minister is rather inaccessible *ou* is not very accessible.
approchant, e [apʀɔʃɑ̃, ɑ̃t] *adj* *style, genre* similar (*de* to); *résultat* close (*de* to). **quelque chose d'~** something like that, something similar; **rien d'~** nothing like that.
approche [apʀɔʃ] *nf* (a) (*arrivée*) *[personne, véhicule, événement]* approach. **à mon ~ il sourit** he smiled as I drew nearer *ou* approached; **à l'~ de l'hiver/de la date prévue** at the approach of winter/the arranged date, as winter/the arranged date drew near *ou* approached; **pour empêcher l'~ de l'ennemi** to prevent the enemy's approaching *ou* the enemy from approaching; **s'enfuir à l'~ du danger** to flee at the approach of danger; **à l'~** *ou* **aux ~s de la cinquantaine** as he neared *ou* approached fifty, as fifty drew nearer.
 (b) (*abord*) **être d'~ difficile/aisée** *[personne]* to be unapproachable/approachable, be difficult/easy to approach; *[lieu]* to be inaccessible/(easily) accessible, be difficult/easy of access; *[musique, auteur]* to be difficult/easy to understand; **manœuvres** *ou* **travaux d'~** (*Mil*) approaches, saps; (*fig*) manoeuvres, manoeuvrings.
 (c) (*parages*) **les ~s de** *ville, côte, région* the surrounding area of, the area (immediately) surrounding; **aux ~s de la ville il y avait** ... as we (*ou* he *etc*) neared *ou* approached the town there was ... .
 (d) (*façon d'aborder*) approach. **l'~ de ce problème** the approach to this problem; **ce n'est qu'une ~ sommaire de la question** this is only a brief introduction to *ou* a cursory glance at the question.
 (e) (*Typ*) (*espace*) spacing; (*faute*) spacing error; (*signe*) close-up mark; *V* **lunette**.
 (f) (*Aviat*) **nous sommes maintenant en ~ finale et nous allons atterrir dans quelques minutes** we are now on our final aproach and shall be landing in a few minutes.
approché, e [apʀɔʃe] (*ptp de* **approcher**) *adj* *résultat, idée* approximate.
approcher [apʀɔʃe] (1) *vt* (a) *objet* to put near, move near. ~ **un fauteuil/une table de la fenêtre** to move an armchair/a table near to the window; **approche ta chaise** draw *ou* bring up your chair, bring your chair nearer *ou* closer; **il approcha les 2 chaises l'une de l'autre** he moved the 2 chairs close together; **il approcha le verre de ses lèvres** he lifted *ou* raised the glass to his lips; **elle**

approcha son visage du sien she moved her face near to his.

(b) *personne* (*lit*) to go near, come near, approach; (*fig*) to approach. **ne l'approchez pas!** don't go near him!, keep away from him!, give him a wide berth!; (*fig*) **il approche tous les jours les plus hautes personnalités** he is in contact *ou* he has dealings every day with the top people; (*fig*) **essaie de l'~ ce soir pour lui parler de notre plan** try to approach him tonight about our plan.

2 *vi* **(a)** *[date, saison]* to approach, draw near; *[personne, orage]* to approach, come nearer; *[nuit, jour]* to approach, draw on. **le jour approche** où the day is near when; **approche que je t'examine** come here and let me look at you.

(b) **~ de qch: ~ d'un lieu** to near a place, get *ou* draw near to a place; **~ du but/du résultat** to draw near to *ou* to near the goal/result; **~ de la perfection** to come close to perfection, approach perfection; **il approche de la cinquantaine** he's getting on for (*Brit*) *ou* going on (*US*) *ou* approaching fifty; **devoir qui approche de la moyenne** exercise that is just below a pass mark; **l'aiguille du compteur approchait du 80** the needle on the speedometer was approaching *ou* nearing 80.

3 s'approcher *vpr* (*venir*) to come near, approach; (*aller*) to go near, approach. **un homme s'est approché pour me parler** a man came up to speak to me; **l'enfant s'approcha de moi** the child came up to me *ou* came close to *ou* near me; **ne t'approche pas de moi** don't come near me; **s'~ du micro** (*venir*) to come up to the mike; (*se rapprocher*) to get closer *ou* nearer to the mike; **approche-toi!** come here!; **approchez-vous du feu** come near (to) the fire; **à aucun moment ce roman ne s'approche de la réalité** at no time does this novel come anywhere near to *ou* approach reality; **il s'approcha du lit à pas de loup** he crept up to the bed.

approfondi, e [apʀɔfɔ̃di] (*ptp de* **approfondir**) *adj connaissances, étude* thorough, detailed.

approfondir [apʀɔfɔ̃diʀ] (2) *vt canal, puits* to deepen, make deeper; (*fig*) *question, étude* to go (deeper) into; *connaissances* to deepen, increase. **la rivière s'est approfondie** the river has become deeper *ou* has deepened; **il vaut mieux ne pas ~ le sujet** it's better not to go into the matter too closely; **sans ~** superficially.

approfondissement [apʀɔfɔ̃dismɑ̃] *nm [canal, puits]* deepening (*U*); *[connaissances]* deepening (*U*), increasing (*U*). **l'~ de la question/de cette étude serait souhaitable** it would be a good idea to go deeper into the question/this study.

appropriation [apʀɔpʀijasjɔ̃] *nf* **(a)** (*Jur*) appropriation. **l'~ des terres par les conquérants** the appropriation of territory by the conquerors. **(b)** (*adaptation*) suitability, appropriateness.

approprié, e [apʀɔpʀije] (*ptp de* **approprier**) *adj réponse, méthode, remède* appropriate, suitable; *place* proper, right, appropriate. **il faut des remèdes ~s au mal** we need remedies that are suited *ou* appropriate to the evil; **fournir une réponse ~e à la question** to provide an apt *ou* a suitable *ou* an appropriate reply to the question.

approprier [apʀɔpʀije] (7) **1** *vt* (*adapter*) to suit, fit, adapt (*à* to). **~ son style à l'auditoire** to suit one's style to the audience, adapt one's style to (suit) the audience.

2 s'approprier *vpr* **(a)** (*s'adjuger*) *bien* to appropriate; *pouvoir, droit, propriété* to take over, appropriate. **s'~ l'idée/la découverte de quelqu'un d'autre** to appropriate *ou* take over somebody else's idea/discovery.

(b) (*s'adapter à*) **s'~ à** to be appropriate to, fit, suit; **cette musique s'approprie à ma mélancolie** this music is in keeping with *ou* suits *ou* fits my melancholy mood.

approuver [apʀuve] (1) *vt* **(a)** (*être d'accord avec*) to approve of. **il a démissionné et je l'approuve** he resigned, and I agree with him *ou* approve (of his doing so); **on a besoin de se sentir approuvé** one needs to feel the approval of others; **nous n'approuvons pas ce genre d'attitude** we do not approve of that kind of behaviour; **je n'approuve pas qu'il parte maintenant** I don't approve of his leaving now.

(b) (*formellement*) (*en votant*) *projet de loi* to approve, pass; (*par décret*) *méthode, médicament* to approve; (*en signant*) *contrat* to ratify; *procès-verbal, nomination* to approve; **V lire¹**.

approvisionnement [apʀɔvizjɔnmɑ̃] *nm* (*action*) supplying (*en, de* of). (*réserves*) **~s** supplies, provisions, stock; **l'~ en légumes de la ville** supplying the town with vegetables, (the) supply(ing) of vegetables to the town; **il avait tout un ~ d'alcool** he was well stocked with spirits, he had a large stock of spirits; (*Écon*) **~s sauvages** panic buying.

approvisionner [apʀɔvizjɔne] (1) **1** *vt magasin, commerçant* to supply (*en, de* with); (*Fin*) *compte* to pay funds into; *fusil* to load. **commerçant bien approvisionné en fruits** tradesman well supplied *ou* stocked with fruit.

2 s'approvisionner *vpr* to stock up (*en* with), lay in supplies (*en* of). **s'~ en bois chez le grossiste** to stock up with wood *ou* get supplies of wood at the wholesaler's; **s'~ au supermarché le plus proche** to shop at the nearest supermarket.

approvisionneur, -euse [apʀɔvizjɔnœʀ, øz] *nm,f* supplier.

approximatif, -ive [apʀɔksimatif, iv] *adj calcul, évaluation* rough; *nombre* approximate; *termes* vague.

approximation [apʀɔksimasjɔ̃] *nf* (*gén*) approximation, (rough) estimate; (*Math*) approximation.

approximativement [apʀɔksimativmɑ̃] *adv* (*V* **approximatif**) roughly; approximately; vaguely.

appt *abrév de* **appartement**.

appui [apɥi] **1** *nm* **(a)** (*lit, fig*) support; (*Alpinisme*) press hold. **prendre ~ sur** *[personne]* to lean on; *[objet]* to rest on; **son pied trouva un ~** he found a foothold; **avoir besoin d'~** to need (some) support; **trouver un ~** to find (some) support; **avoir l'~ de qn** to have sb's support *ou* backing; **il a des ~s au ministère** he has connections in the ministry; **V barre, point¹**.

(b) (*Mus*) *[voix]* placing. (*Poésie*) **consonne d'~** supporting consonant; **voyelle d'~** support vowel.

(c) **à l'~** in support of this, to back this up; **il me dit comment tapisser une pièce avec démonstration à l'~** he told me how to wallpaper a room and backed this up with a demonstration; **à l'~ de son témoignage il présenta cet écrit** he presented this document in support of his evidence *ou* to back up his evidence.

2: (*Mil*) **appui aérien** air support; **appui-bras** *nm, pl* **appuis-bras**, **appuie-bras** *nm inv* armrest; **appui de fenêtre** windowsill, window ledge; **appui-main** *nm, pl* **appuis-main**, **appuie-main** *nm inv* maulstick; (*Mil*) **appui tactique** tactical support; **appui-tête** *nm, pl* **appuis-tête**, **appuie-tête** *nm inv [voiture, fauteuil de dentiste]* headrest, head restraint; *[fauteuil]* antimacassar.

appuie- [apɥi] *préf V* **appui**.

appuyé, e [apɥije] (*ptp de* **appuyer**) *adj* (*insistant*) *regard* fixed, intent; *geste* emphatic; (*excessif*) *politesse* overdone; *compliment* laboured, overdone.

appuyer [apɥije] (8) **1** *vt* **(a)** (*poser*) **~ qch contre qch** to lean *ou* rest sth against sth; **~ une échelle contre un mur** to lean *ou* rest *ou* stand a ladder against a wall, prop a ladder up against a wall; **~ les coudes sur la table/son front contre la vitre** to rest *ou* lean one's elbows on the table/one's forehead against the window; **~ sa main sur l'épaule/la tête de qn** to rest one's hand on sb's shoulder/head.

(b) (*presser*) to press. **~ le pied sur l'accélérateur** to press *ou* put one's foot down on the accelerator; **il dut ~ son genou sur la valise pour la fermer** he had to press *ou* push the case down with his knee *ou* he had to kneel hard on the case to close it; **appuie ton doigt sur le pansement** put *ou* press your finger on the dressing; (*fig*) **~ son regard sur qn** to stare intently at sb.

(c) (*étayer*) **~ un mur par qch** to support *ou* prop up a wall with sth.

(d) (*fig: soutenir*) *personne, candidature, politique* to support, back (up). **il a appuyé sa thèse de documents convaincants** he backed up *ou* substantiated his thesis with convincing documents; **~ la demande de qn** to support sb's request.

(e) (*Mil*) *attaque* to back up. **l'offensive sera appuyée par l'aviation** the offensive will be backed up from the air *ou* given air support.

2 *vi* **(a)** (*presser sur*) **~ sur** *sonnette, bouton* to press, push; *frein* to press on, press down; *levier* to press (down *etc*); (*Aut*) **~ sur le champignon*** to step on it*, put one's foot down (*Brit*).

(b) (*reposer sur*) **~ sur** to rest on; **la voûte appuie sur des colonnes** the vault rests on columns *ou* is supported by columns.

(c) **~ sur** (*insister sur*) *mot, argument* to stress, emphasize; (*accentuer*) *syllabe* to stress, emphasize, accentuate; (*Mus*) *note* to accentuate, accent; **n'appuyez pas trop** don't press the point; **~ sur la chanterelle** to harp on.

(d) (*se diriger*) **~ sur la droite** *ou* **à droite** to bear (to the) right.

3 s'appuyer *vpr* **(a)** (*s'accoter sur*) **s'~ sur/contre** to lean on/against; **appuie-toi sur mon épaule/à mon bras** lean on my shoulder/arm.

(b) (*fig: compter sur*) **s'~ sur qn/l'amitié de qn** to lean on sb/on sb's friendship; (*Pol*) **il s'appuie sur les groupements de gauche** he relies on the support of the groups of the left; **s'~ sur l'autorité de qn** to lean on sb's authority; **s'~ sur des découvertes récentes pour démontrer ...** to use recent discoveries to demonstrate ..., rely on recent discoveries in order to demonstrate ... .

(c) (‡: *faire, subir*) *importun, discours ennuyeux* to put up with*; *corvée* to take on. **qui va s'~ le ménage?** who'll take on the housework?; **chaque fois c'est nous qui nous appuyons toutes les corvées** it's always us who get stuck* *ou* landed* with all the chores; **il s'est appuyé le voyage de nuit** he had to put up with travelling at night, he jolly well (*Brit*) had to travel by night*.

âpre [ɑpʀ(ə)] *adj* **(a)** *goût, vin* pungent, acrid; *hiver, vent* bitter, harsh; *temps* raw; *son, voix, ton* harsh.

(b) (*dur*) *vie* harsh; *combat, discussion* bitter, grim; *détermination, résolution* grim; *concurrence, critique* fierce.

(c) **~ au gain** grasping, greedy.

âprement [ɑpʀəmɑ̃] *adv lutter* bitterly, grimly; *critiquer* fiercely.

après [apʀɛ] **1** *prép* **(a)** (*temps*) after. **il est entré ~ le début/~ elle** he came in after it started *ou* after the start/after her; **ne venez pas ~ 8 heures** don't come after 8; **cela s'est passé bien/peu ~ la guerre** this took place long *ou* a good while/shortly *ou* soon *ou* a short time after the war; **~ beaucoup d'hésitations il a accepté** after much hesitation he accepted; **on l'a servie ~ moi** she was served after me; **~ cela il ne peut plus refuser** after that he can no longer refuse; (*hum*) **~ nous le déluge!** *ou* **la fin du monde!** after us the heavens can fall!; **~ coup** after the event, afterwards; **il n'a compris qu'~ coup** he did not understand until after the event *ou* afterwards; **elle l'a grondé, ~ quoi** il a été sage she gave him a scolding after which *ou* and afterwards he behaved himself; **nuit ~ nuit les bombes tombaient** bombs fell night after night; **page ~ page** page after page, page upon page; **~ tout** after all; **~ tout, il peut bien attendre** after all, he can wait; **~ tout, ce n'est qu'un enfant** after all *ou* when all is said and done he is only a child; **V Jésus**.

(b) (*espace*) (*plus loin que*) after, past; (*derrière*) behind, after. **j'étais ~ elle dans la queue** I was behind *ou* after her in the queue; **sa maison est (juste) ~ la mairie** his house is (just) past *ou* beyond the town hall; **elle traîne toujours ~ elle 2 petits chiens** she always trails 2 little dogs along behind her.

(c) (*espace: sur*) on. **c'est resté collé ~ le mur** it has stayed stuck on the wall; **grimper ~ un arbre** to climb (up) a tree; **sa jupe s'accrochait ~ les ronces** her skirt kept catching on *ou* in the brambles; **son chapeau est ~ le porte-manteau** his hat is on the peg.

(d) (*ordre d'importance*) after. **sa famille passe ~ ses malades** he puts his family after his patients; **~ le capitaine vient le lieutenant** after captain comes lieutenant; **~ vous, je vous prie** after you.
(e) (*poursuite*) after; (*aggressivité*) at. **courir ~ un ballon** to run after a ball; **aboyer/crier ~ qn** to bark/shout at sb; **il est furieux ~ ses enfants** he is furious with *ou* at* his children; **~ qui en a-t-il?** who is he after?, who has he got it in for?*; **elle est toujours ~ lui** she's always (going) on at* (*Brit*) *ou* nagging (at) him, she keeps on at him all the time*; *V* **courir, demander**.
(f) ~ + *infin* after; **~ que** + *indic* after; **~ manger** after meals *ou* food; **~ s'être reposé il reprit la route** after resting *ou* after he had rested *ou* (after) having rested he went on his way; **une heure ~ que je l'eus quittée elle me téléphona** an hour after I had left her she phoned me; **venez me voir ~ que vous lui aurez parlé** come and see me after *ou* when you have spoken to him.
(g) d'~ **lui/elle** according to him/her, in his/her opinion; **d'~ moi** in my opinion; **(à en juger) d'~ son regard/ce qu'il a dit** (to judge) from the look he gave/what he said; **ne jugez pas d'~ les apparences/ce qu'il dit** don't go by *ou* on appearances/what he says, don't judge by appearances/what he says; **d'~ le baromètre/les journaux** according to the barometer/the papers; **d'~ ma montre** by my watch, according to my watch; **portrait peint d'~ nature** portrait painted from life; **dessin d'~ Ingres** drawing after Ingres, drawing in the style *ou* manner of Ingres; **d'~ Balzac** adapted from Balzac.
2 *adv* **(a)** (*temps*) (*ensuite*) afterwards, after, next; (*plus tard*) later. **venez me voir ~** come and see me afterwards; **aussitôt/longtemps ~** immediately *ou* straight/long *ou* a long time after(wards); **2 jours/semaines ~** 2 days/weeks later.
(b) (*ordre d'importance, poursuite, espace*) **il pense surtout à ses malades, sa famille passe ~** he thinks of his patients first, his family comes second *ou* afterwards; **~ nous avons des articles moins chers** otherwise we have cheaper things; **l'autobus démarra et il courut ~** as the bus started he ran after it; **va chercher le cintre, ton manteau est ~** fetch the coat hanger, your coat is on it; **laisse ta sœur tranquille, tu cries tout le temps ~** leave your sister alone, you're always (going) on at her* (*Brit*) *ou* nagging (at) her; **qu'est-ce qui vient ~?** what comes next?, what's to follow?; **et (puis) ~?** (*lit*) and then what?; (*fig*) so what?*, what of it?; **~ tu iras dire que ...** next you'll be saying that ...; **la semaine/le mois d'~** the following *ou* next week/month, the week/month after; **qu'allons-nous faire ~?** what are we going to do next? *ou* afterwards?; **la page d'~** the next *ou* following page; **le train d'~ est plus rapide** the next train is faster.
3: **après-demain** *adv* the day after tomorrow; **après-gaullisme** *nm* post-Gaullism; **après-guerre** *nm, pl* **après-guerres** post-war years; **d'après-guerre** *adj* post-war; **après-midi** *nm ou nf inv* afternoon; **après-rasage** *nm inv* after-shave; **lotion d'après-rasage** after-shave lotion; **après-ski** *nm inv* (*soulier*) snow boot; (*loisirs*) **l'après-ski** the après-ski; **après-vente** *adj V* **service**.
âpreté [ɑpʀəte] *nf* (*V* **âpre**) pungency; bitterness; rawness; harshness, grimness; fierceness.
a priori [apʀijɔʀi] **1** *loc adv, adj* a priori. **2** *nm* apriorism.
apriorisme [apʀijɔʀism(ə)] *nm* apriorism.
aprioriste [apʀijɔʀist(ə)] **1** *adj* aprioristic, apriorist (*épith*). **2** *nmf* a priori reasoner, apriorist.
à-propos [apʀopo] *nm* [*remarque, acte*] aptness. **avec beaucoup d'~ le gouvernement a annoncé ...** with consummate timing the government has announced ...; **répondre avec ~** to make an apt *ou* a suitable reply; **avoir beaucoup d'~** (*dans ses réponses*) to have the knack of saying the right thing *ou* of making an apt reply; (*dans ses actes*) to have the knack of doing the right thing; **en cette circonstance imprévue, il a fait preuve d'~** in this unforeseen situation he showed great presence of mind; **il a manqué d'~ devant cette question** he seemed at (a bit of) a loss when faced with this question; **il n'a pas su répondre avec ~ devant cette question** he was unable to make an apt *ou* a suitable reply to this question; **son manque d'~ lui nuit** his inability to say *ou* do the right thing is doing him harm; *V* **esprit**.
apte [apt(ə)] *adj* **(a)** **~ à qch** capable of sth; **~ à faire** capable of doing, able to do; **~ à exercer une profession** (suitably) qualified for a job; **je ne suis pas ~ à juger** I'm not able to judge *ou* capable of judging, I'm no fit judge; (*Mil*) **~ (au service)** fit for service. **(b)** (*Jur*) **~ à** fit to *ou* for.
aptéryx [apteʀiks] *nm* apteryx, kiwi (*bird*).
aptitude [aptityd] *nf* **(a)** (*disposition, faculté*) aptitude, ability. **test d'~** aptitude test; **son ~ à étudier** *ou* **à** *ou* **pour l'étude** his aptitude for study *ou* studying, his ability to study; **avoir des ~s variées** to have varied gifts *ou* talents; **avoir de grandes ~s** to be very gifted *ou* talented. **(b)** (*Jur*) fitness.
apurement [apyʀmɑ̃] *nm* balancing.
apurer [apyʀe] (1) *vt* to balance.
aquaculture [akwakyltyʀ] *nf* sea fish farming, aquafarming.
aquaplanage [akwaplanaʒ] *nm* aquaplaning.
aquaplane [akwaplan] *nm* aquaplane.
aquaplaning [akwaplaniŋ] *nm* = **aquaplanage**.
aquarelle [akwaʀɛl] *nf* (*technique*) watercolours; (*tableau*) watercolour.
aquarelliste [akwaʀelist(ə)] *nmf* painter in watercolours.
aquarium [akwaʀjɔm] *nm* aquarium, fish tank.
aquatique [akwatik] *adj* plante, animal aquatic. **oiseau ~** water bird, aquatic bird; **paysage ~** (*sous l'eau*) underwater landscape; (*marécageux*) watery landscape.
aqueduc [akdyk] *nm* aqueduct; (*Anat*) duct.
aqueux, -euse [akø, øz] *adj* aqueous; *V* **humeur**.
à quia [akɥija] *loc adv* (*littér*) **mettre qn ~** to nonplus sb; **être ~** to be at a loss for a reply.

aquiculture [akɥikyltyʀ] *nf* = **aquaculture**.
aquifère [akɥifɛʀ] *adj* aquiferous.
aquilin, e [akilɛ̃, in] *adj* aquiline.
aquilon [akilɔ̃] *nm* (*Poésie*) north wind.
Aquitaine [akitɛn] *nf*: **l'~** the Aquitaine.
A.R. *abrév de* **Altesse royale**; *V* **altesse**.
ara [aʀa] *nm* macaw.
arabe [aʀab] **1** *adj* désert Arabian; *nation, peuple* Arab; *art, langue, littérature* Arabic, Arab. (*cheval*) **~** Arab (horse); *V* **république**. **2** *nm* (*Ling*) Arabic. **l'~ littéral** written Arabic. **3** *nm*: **A~** Arab. **un jeune A~** an Arab boy. **4** *nf*: **A~** Arab woman (*ou* girl).
arabesque [aʀabɛsk(ə)] *nf* arabesque. **~ de style** stylistic ornament, ornament of style.
Arabie [aʀabi] *nf* Arabia. **~ Saoudite, ~ Séoudite** Saudi Arabia; **le désert d'~** the Arabian desert.
arabique [aʀabik] *adj V* **gomme**.
arabisant, e [aʀabizɑ̃, ɑ̃t] *nm, f* Arabist, Arabic scholar.
arabisation [aʀabizasjɔ̃] *nf* arabization.
arabiser [aʀabize] (1) *vt* to arabize.
arable [aʀabl(ə)] *adj* arable.
arac [aʀak] *nm* = **arack**.
arachide [aʀaʃid] *nf* (*plante*) groundnut (plant); (*graine*) peanut, monkey nut (*Brit*), groundnut. **huile d'~** groundnut *ou* peanut oil; (*Can*) **beurre d'~** peanut butter.
arachnéen, -enne [aʀaknéẽ, ɛn] *adj* (*littér: léger*) gossamer (*épith*), of gossamer, gossamery; (*Zool*) arachnidan.
arachnoïde [aʀaknɔid] *nf* arachnoid (membrane).
arachnoïdien, -ienne [aʀaknɔidjɛ̃, jɛn] *adj* arachnoid.
arack [aʀak] *nm* arrack.
araignée [aʀɛɲe] *nf* **(a)** (*animal*) spider. **~ de mer** spider crab; **il a une ~ dans le plafond*** *ou* **au plafond*** he's got a screw loose*; *V* **toile**. **(b)** (*crochet*) grapnel.
araire [aʀɛʀ] *nm* swing plough.
araméen, -enne [aʀameẽ, ɛn] **1** *adj* Aram(a)ean, Aramaic. **2** *nm* (*Ling*) Aramaic, Aram(a)ean. **3** *nm, f*: **A~(ne)** Aram(a)ean.
arasement [aʀazmɑ̃] *nm* (*V* **araser**) levelling; planing(-down); erosion.
araser [aʀaze] (1) *vt* mur to level; (*en rabotant*) to plane (down); (*en sciant*) to saw; (*Géol*) relief to erode (away).
aratoire [aʀatwaʀ] *adj* ploughing (*épith*). **travaux ~s** ploughing; **instrument ~** ploughing implement.
araucaria [aʀokaʀja] *nm* monkey puzzle (tree), araucaria.
arbalète [aʀbalɛt] *nf* crossbow.
arbalétrier [aʀbaletʀije] *nm* crossbowman.
arbitrage [aʀbitʀaʒ] *nm* **(a)** (*Comm, Pol: action*) arbitration; (*Bourse*) arbitrage; (*sentence*) arbitrament. **~ obligatoire** compulsory arbitration; **recourir à l'~** to go to arbitration. **(b)** (*Sport: V* **arbitre**) refereeing; umpiring. **erreur d'~** refereeing *ou* referee's error; umpiring *ou* umpire's error.
arbitraire [aʀbitʀɛʀ] **1** *adj* (*despotique, contingent*) arbitrary. **2** *nm*: **l'~**: **le règne de l'~** the reign of the arbitrary; **l'~ du signe linguistique/d'une décision** the arbitrary nature *ou* the arbitrariness of the linguistic sign/of a decision.
arbitrairement [aʀbitʀɛʀmɑ̃] *adv* arbitrarily.
arbitral, e, mpl -aux [aʀbitʀal, o] *adj* (*a*) arbitral. **(b)** (*Sport: V* **arbitre**) referee's (*épith*); umpire's (*épith*). **décision ~e** referee's decision *ou* ruling.
arbitralement [aʀbitʀalmɑ̃] *adv* (*Jur*) by arbitrators; (*Sport: V* **arbitre**) by the referee; by the umpire.
arbitre [aʀbitʀ(ə)] *nm* **(a)** (*Boxe, Ftbl, Rugby*) referee, ref*; (*Cricket, Hockey, Tennis*) umpire; *V* **libre**. **(b)** (*conciliateur*) arbiter; (*Jur*) arbitrator. **servir d'~ dans un conflit social** to act as an arbiter in a social conflict.
arbitrer [aʀbitʀe] (1) *vt* **(a)** *conflit, litige* to arbitrate; *personnes* to arbitrate between. **(b)** (*Boxe, Ftbl, Rugby*) to referee, ref*; (*Cricket, Hockey, Tennis*) to umpire.
arborer [aʀbɔʀe] (1) *vt* *vêtement* to sport; *sourire* to wear; *air* to display; *décoration, médaille* to sport, display; *drapeau* to bear, display; *bannière* to bear. **le journal arbore un gros titre** the paper is carrying a big headline; (*fig*) **l'étendard de la révolte** to bear the standard of revolt.
arborescence [aʀbɔʀesɑ̃s] *nf* (*Agr*) arborescence; (*Ling*) branching.
arborescent, e [aʀbɔʀesɑ̃, ɑ̃t] *adj* arborescent, treelike. **fougère ~e** tree fern.
arborétum [aʀbɔʀetɔm] *nm* arboretum.
arboricole [aʀbɔʀikɔl] *adj* *technique etc* arboricultural; *animal* arboreal.
arboriculteur, -trice [aʀbɔʀikyltœʀ, tʀis] *nm, f* tree grower, arboriculturist (*T*).
arboriculture [aʀbɔʀikyltyʀ] *nf* tree cultivation, arboriculture (*T*).
arborisé, e [aʀbɔʀize] *adj* arborized.
arbouse [aʀbuz] *nf* arbutus berry.
arbousier [aʀbuzje] *nm* arbutus, strawberry tree.
arbre [aʀbʀ(ə)] **1** *nm* **(a)** (*Bot, Ling*) tree. **~ fruitier/d'agrément** fruit/ornamental tree; (*fig*) **les ~s vous cachent la forêt** you can't see the wood (*Brit*) *ou* forest (*US*) for the trees; (*Prov*) **entre l'~ et l'écorce il ne faut pas mettre le doigt** do not meddle in other people's family affairs.
(b) (*Tech*) shaft.
2: arbre à cames camshaft; **avec arbre à cames en tête** with overhead camshaft; **arbre de couche** driving shaft; **arbre d'entraînement** drive shaft; **arbre généalogique** family tree; **arbre d'hélice** propeller shaft; **arbre de mai** may tree; **arbre-manivelle** *nm, pl* **arbres-manivelles** crankshaft; **arbre moteur** driving shaft; **arbre de Noël** (*décoration, aussi Tech*) Christmas

tree; **arbre à pain** breadfruit tree; **arbre de transmission** propeller shaft; **arbre de vie** (*Anat*) arbor vitae, tree of life; (*Bible*) tree of life.

arbrisseau, *pl* ~x [aʀbʀiso] *nm* shrub.

arbuste [aʀbyst(ə)] *nm* small shrub, bush.

arc [aʀk] **1** *nm* (*arme*) bow; (*Géom*) arc; (*Anat, Archit*) arch. **l'~ de ses sourcils** the arch *ou* curve of her eyebrows; **la côte formait un** ~ the coastline formed an arc; V **corde, lampe, soudure, tir**.

2: **arc brisé** gothic arch; (*Géom*) **arc de cercle** arc of a circle; (*gén*) **ça forme un arc de cercle** it forms an arc; **en arc de cercle** in a circular arc; **arc-en-ciel** *nm*, *pl* **arcs-en-ciel** rainbow; **arc électrique** electric arc; **arc outrepassé** Moorish arc; **arc en plein cintre** Roman arch; **arc-rampant** *nm*, *pl* **arcs-rampants** rampant arch; **arc de triomphe** triumphal arch; **arc voltaïque** = **arc électrique**.

arcade [aʀkad] *nf* (*Archit*) arch, archway. ~s arcade, arches; **les** ~s **d'un cloître/d'un pont** the arches *ou* arcade of a cloister/of a bridge; **se promener sous les** ~s to walk through the arcade *ou* underneath the arches; ~ **dentaire** dental arch; ~ **sourcilière** arch of the eyebrows.

Arcadie [aʀkadi] *nf* Arcadia.

arcadien, -ienne [aʀkadjɛ̃, jɛn] *adj* Arcadian.

arcane [aʀkan] *nm* (**a**) (*fig gén pl: mystère*) mystery. (**b**) (*Alchimie*) arcanum.

arcature [aʀkatyʀ] *nf* arcature.

arc-boutant, *pl* **arcs-boutants** [aʀkbutɑ̃] *nm* (*Archit*) flying buttress.

arc-bouter [aʀkbute] (1) **1** *vt* (*Archit*) to buttress. **2 s'arc-bouter** *vpr* to lean, press (*à, contre* (up) against, *sur* on). **arc-bouté contre le mur, il essayait de pousser la table** pressing (up) *ou* bracing himself against the wall, he tried to push the table.

arceau, *pl* ~x [aʀso] *nm* (*Archit*) arch; (*Croquet*) hoop; (*Méd*) cradle. (*Aut*) ~ **de sécurité** roll-over bar; ~ **de protection** roll bar.

archaïque [aʀkaik] *adj* archaic.

archaïsant, e [aʀkaizɑ̃, ɑ̃t] **1** *adj* archaistic. **2** *nm, f* archaist.

archaïsme [aʀkaism(ə)] *nm* archaism.

archange [aʀkɑ̃ʒ] *nm* archangel.

arche [aʀʃ] *nf* (**a**) (*Archit*) arch. (**b**) (*Rel*) ark. **l'~ de Noé** Noah's Ark; **l'~ d'alliance** the Ark of the Covenant.

archéologie [aʀkeɔlɔʒi] *nf* archaeology.

archéologique [aʀkeɔlɔʒik] *adj* archaeological.

archéologue [aʀkeɔlɔg] *nmf* archaeologist.

archer [aʀʃe] *nm* archer, bowman.

archet [aʀʃɛ] *nm* (*Mus, gén*) bow.

archétype [aʀketip] **1** *nm* (*gén*) archetype; (*Bio*) prototype. **2** *adj* (*gén*) archetypal; (*Bio*) prototypal, prototypic.

archevêché [aʀʃəveʃe] *nm* (*territoire*) archdiocese, archbishopric; (*charge*) archbishopric; (*palais*) archbishop's palace.

archevêque [aʀʃəvɛk] *nm* archbishop.

archi... [aʀʃi] *préf* (**a**) (*: extrêmement*) tremendously, enormously. ~**bondé**, ~**comble**, ~**plein** chock-a-block*, full to the gunwales; ~**connu** tremendously *ou* enormously well-known; ~**difficile** tremendously *ou* enormously difficult; ~**millionnaire** millionaire several times over.

(**b**) (*dans un titre*) arch .... ~**diacre** archdeacon; ~**duc** archduke.

archidiaconat [aʀʃidjakɔna] *nm* archdeaconry.

archidiaconé [aʀʃidjakɔne] *nm* archdeaconry.

archidiacre [aʀʃidjakʀ(ə)] *nm* archdeacon.

archidiocèse [aʀʃidjɔsɛz] *nm* archdiocese.

archiduc [aʀʃidyk] *nm* archduke.

archiduchesse [aʀʃidyʃɛs] *nf* archduchess.

archiépiscopal, e, *mpl* **-aux** [aʀʃiepiskɔpal, o] *adj* archiepiscopal.

archiépiscopat [aʀʃiepiskɔpa] *nm* archbishopric (*office*), archiepiscopate.

archimandrite [aʀʃimɑ̃dʀit] *nm* archimandrite.

Archimède [aʀʃimɛd] *nm* Archimedes; V **principe, vis¹**.

archipel [aʀʃipɛl] *nm* archipelago. **l'~ malais** the Malay Archipelago.

archiphonème [aʀʃifɔnɛm] *nm* archiphoneme.

archiprêtre [aʀʃipʀɛtʀ(ə)] *nm* archpriest.

architecte [aʀʃitɛkt(ə)] *nm* (*lit, fig*) architect. ~ **d'intérieur** interior designer.

architectonique [aʀʃitɛktɔnik] **1** *adj* architectonic. **2** *nf* architectonics (*sg*).

architectural, e, *mpl* **-aux** [aʀʃitɛktyʀal, o] *adj* architectural.

architecture [aʀʃitɛktyʀ] *nf* (*lit, Ordin*) architecture; (*fig*) structure.

architrave [aʀʃitʀav] *nf* architrave.

archives [aʀʃiv] *nfpl* archives, records. **les A~ Nationales** the National Archives, ≃ the Public Record Office (*Brit*); **ça restera dans les** ~!* that will go down in history!; **je vais chercher dans mes** ~ I'll look through my files *ou* records.

archiviste [aʀʃivist(ə)] *nmf* archivist.

archivolte [aʀʃivɔlt(ə)] *nf* archivolt.

arçon [aʀsɔ̃] *nm* (*Équitation*) tree; V **cheval, pistolet, vider**.

arctique [aʀktik] **1** *adj* (*Géog*) arctic. **2** *nm*: **l'~** the Arctic.

ardemment [aʀdamɑ̃] *adv* ardently, fervently.

ardent, e [aʀdɑ̃, ɑ̃t] *adj* (**a**) (*brûlant*) (*gén*) burning; *tison* glowing; *flambeau, feu, chaleur, soleil* blazing; *yeux* fiery (*de* with); *couleur* flaming, fiery; *chaleur, soleil* scorching; *fièvre* raging; *soif* raging; V **buisson, chapelle, charbon**.

(**b**) (*vif*) *conviction, foi* burning, fervent, passionate; *colère* burning, raging; *passion, désir* burning, ardent; *piété, haine, prière* fervent, ardent; *lutte* ardent, passionate; *discours* impassioned, inflamed.

(**c**) (*bouillant*) *amant* ardent, hot-blooded; *jeunesse, caractère* fiery, passionate; *joueur* keen; *partisan* ardent, keen; *cheval* mettlesome, fiery. **être** ~ **au travail/au combat** to be a zealous worker/an ardent fighter.

ardeur [aʀdœʀ] *nf* (*V ardent*) (*gén*) ardour; [*partisan, joueur*] keenness; [*caractère*] fieriness; [*foi, prière*] fervour. (*littér*) **les** ~s **de l'amour/de la haine** the ardour of love/hatred; (*littér, hum*) **modérez vos** ~s! control yourself!; **défendre une cause avec** ~ to defend a cause ardently *ou* fervently; **son** ~ **au travail** *ou* à **travailler** his zeal *ou* enthusiasm for work; **l'~ du soleil** the heat of the sun; (*littér*) **les** ~s **de l'été** the heat of summer.

ardillon [aʀdijɔ̃] *nm* [*boucle*] tongue.

ardoise [aʀdwaz] **1** *nf* (*roche, plaque, tablette*) slate; (†: *dette*) unpaid bill. **toit d'~s** slate roof; **couvrir un toit d'~(s)** to slate a roof; (*fig*) **avoir une** ~ **de 30F chez l'épicier** to owe a bill of 30 francs at the grocer's. **2** *adj inv* (*couleur*) slate-grey.

ardoisé, e [aʀdwaze] *adj* slate-grey.

ardoisier, -ière¹ [aʀdwazje, jɛʀ] **1** *adj gisement* slaty; *industrie* slate (*épith*). **2** *nm* (*ouvrier*) slate-quarry worker; (*propriétaire*) slate-quarry owner.

ardoisière² [aʀdwazjɛʀ] *nf* slate quarry.

ardu, e [aʀdy] *adj travail* arduous, laborious; *problème* difficult; *pente* steep.

are [aʀ] *nm* are, one hundred square metres.

areligieux, -euse [aʀəliʒjø, øz] *adj* areligious.

aréna [aʀena] *nf* (*Can Sport*) arena, (skating) rink.

arène [aʀɛn] *nf* (*piste*) arena; (*Géol*) sand, arenite (*T*). (*Archit*) ~s amphitheatre; (*fig*) **l'~ politique** the political arena; (*Géol*) ~ **granitique** granitic sand; V **descendre**.

arénicole [aʀenikɔl] *nm* sandworm.

aréole [aʀeɔl] *nf* areola.

aréomètre [aʀeɔmɛtʀ(ə)] *nm* hydrometer.

aréométrie [aʀeɔmetʀi] *nf* hydrometry.

aréopage [aʀeɔpaʒ] *nm* (*fig*) learned assembly. (*Hist*) **l'A~** the Areopagus.

arête [aʀɛt] *nf* (**a**) (*Zool*) (fish)bone. ~ **centrale** backbone, spine; **c'est plein d'~s** it's full of bones, it's very bony; **enlever les** ~s **d'un poisson** to bone a fish.

(**b**) (*bord*) [*cube, pierre, ski etc*] edge; [*toit*] arris; [*voûte*] groin; [*montagne*] ridge, crest; [*nez*] bridge.

(**c**) (*Bot*) [*seigle, orge*] beard. ~s beard.

argent [aʀʒɑ̃] *nm* (**a**) (*métal*) silver. **en** ~, **d'~** silver; V **noce, parole, vif¹**.

(**b**) (*couleur*) silver. **cheveux/reflets (d')**~ silvery hair/glints; **des souliers** ~ silver *ou* silvery shoes.

(**c**) (*Fin*) money (*U*). **il a de l'~** he's got money, he's well off; ~ **liquide** ready money, (ready) cash, spot cash; ~ **bon marché** cheap money; ~ **de poche** pocket money; **il l'a fait pour de l'~** he did it for money; **il se fait un** ~ **fou*** he makes lots *ou* loads* of money; **les puissances d'~** the controllers of wealth *ou* capital; **payer** ~ **comptant** to pay cash; V **couleur, manger**.

(**d**) (*loc*) **l'~ leur fond dans les mains** they spend money like water; **j'en ai/j'en veux pour mon** ~ I've got/I want (to get) my money's worth; **on en a pour son** ~ we get good value (for money), it's worth every penny; **faire** ~ **de tout** to turn everything into cash, make money out of anything; **jeter** *ou* **flanquer* l'~ par la fenêtre** to throw *ou* chuck* money away, throw money down the drain; **prendre qch/les paroles de qn pour** ~ **comptant** to take sth/what sb says at (its) face value; (*Prov*) **l'~ n'a pas d'odeur** money has no smell; (*Prov*) **l'~ ne fait pas le bonheur** money can't buy happiness; (*Prov*) **point d'~, point de Suisse** nothing for nothing.

(**e**) (*Hér*) argent.

argenté, e [aʀʒɑ̃te] (*ptp de argenter*) *adj couleur, reflets, cheveux* silver, silvery; *couverts, objet* silver-plated, silvered. **je ne suis pas très** ~ **en ce moment*** I'm (rather) broke at the moment*, I'm not too well-off just now; **ils ne sont pas très** ~s* ,they're not very well-off; V **renard**.

argenter [aʀʒɑ̃te] (1) *vt miroir* to silver; *couverts* to silver(-plate); (*fig littér*) to give a silvery sheen to, silver (*littér*).

argenterie [aʀʒɑ̃tʀi] *nf* silverware; (*de métal argenté*) silver plate.

argenteur [aʀʒɑ̃tœʀ] *nm* silverer.

argentier [aʀʒɑ̃tje] *nm* (*hum: ministre*) Minister of Finance; (*Hist*) Superintendent of Finance; (*meuble*) silver cabinet.

argentifère [aʀʒɑ̃tifɛʀ] *adj* silver-bearing, argentiferous (*T*).

argentin, e¹ [aʀʒɑ̃tɛ̃, in] *adj* silvery.

argentin, e² [aʀʒɑ̃tɛ̃, in] **1** *adj* Argentinian, Argentine (*épith*). **2** *nm, f*: **A~(e)** Argentinian, Argentine.

Argentine [aʀʒɑ̃tin] *nf*: **l'~** Argentina, the Argentine.

argenture [aʀʒɑ̃tyʀ] *nf* [*miroir*] silvering; [*couverts*] silver-plating, silvering.

argien, -ienne [aʀʒjɛ̃, jɛn] **1** *adj* Argos (*épith*), of Argos. **2** *nm, f*: **A~(ne)** inhabitant *ou* native of Argos.

argile [aʀʒil] *nf clay*. ~ **à silex** clay-with-flints; V **colosse**.

argileux, -euse [aʀʒilø, øz] *adj* clayey.

argon [aʀgɔ̃] *nm* argon.

argonaute [aʀgɔnot] *nm* (*Myth*) Argonaut; (*Zool*) argonaut, paper nautilus.

Argos [aʀgɔs] *nm* Argos.

argot [aʀgo] *nm* slang. ~ **de métier** trade slang.

argotique [aʀgɔtik] *adj* (*de l'argot*) slang; (*très familier*) slangy.

argotisme [aʀgɔtism(ə)] *nm* slang term.

argousin†† [aʀguzɛ̃] *nm* (*péj hum: agent de police*) rozzer† (*péj*), bluebottle† (*péj*).

arguer [aʀgɥe] (1) (**a**) (*littér*) ~ (*de*) (*déduire*) to deduce. **il ne peut rien** ~ **de ces faits** he can draw no conclusion from these facts.

(**b**) (*prétexter*) ~ **que** to put forward the reason that; **il argua**

qu'il n'avait rien entendu he protested that he had heard nothing.
　2 arguer de *vt indir*: **il refusa, arguant de leur manque de ressources** he refused, putting forward their lack of resources as an excuse *ou* as a reason.
argument [aʀgymɑ̃] *nm* (*raison, preuve, Littérat, Math*) argument. **tirer ~ de** to use as an argument *ou* excuse; **~ frappant** strong *ou* convincing argument; (*hum: coup*) blow; **~ massue** sledgehammer argument.
argumentaire [aʀgymɑ̃tɛʀ] *nm* sales leaflet *ou* blurb.
argumentateur, -trice [aʀgymɑ̃tatœʀ, tʀis] *adj* argumentative.
argumentation [aʀgymɑ̃tasjɔ̃] *nf* argumentation.
argumenter [aʀgymɑ̃te] (1) *vi* to argue (*sur* about). **discours bien argumenté** well-argued speech.
argus [aʀgys] *nm*: **l'~** ≃ Glass's directory (*Brit*) (*guide to second-hand car prices*).
argutie [aʀgysi] *nf* (*littér: gén péj*) quibble. **~s** pettifoggery, quibbles, quibbling.
aria[1] [aʀja] *nm* (†, *dial*) bother (*U*), nuisance (*U*).
aria[2] [aʀja] *nf* (*Mus*) aria.
Ariane [aʀjan] *nf* Ariadne; *V* **fil**.
arianisme [aʀjanism(ə)] *nm* Arianism.
aride [aʀid] *adj* (*lit, fig*) arid; *vent* dry. **un travail ~** a thankless task; **cœur ~** heart of stone.
aridité [aʀidite] *nf* (*V* **aride**) aridity; dryness; thanklessness. **~ du cœur** stony-heartedness.
ariette [aʀjɛt] *nf* arietta, ariette.
Arioste [aʀjɔst] *nm*: **l'~** Ariosto.
aristo‡ [aʀisto] *nmf* (*abrév péj de* **aristocrate**) toff*† (*Brit*), nob*†.
aristocrate [aʀistɔkʀat] *nmf* aristocrat.
aristocratie [aʀistɔkʀasi] *nf* aristocracy.
aristocratique [aʀistɔkʀatik] *adj* aristocratic.
aristocratiquement [aʀistɔkʀatikmɑ̃] *adv* aristocratically.
Aristophane [aʀistɔfan] *nm* Aristophanes.
Aristote [aʀistɔt] *nm* Aristotle.
aristotélicien, -ienne [aʀistɔtelisjɛ̃, jɛn] *adj, nm, f* Aristotelian.
aristotélisme [aʀistɔtelism(ə)] *nm* Aristotelianism.
aristotipe [aʀistɔtip] *adj, nm*: **(papier) ~** aristo paper.
arithméticien, -ienne [aʀitmetisjɛ̃, jɛn] *nm, f* arithmetician.
arithmétique [aʀitmetik] **1** *nf* (*science*) arithmetic; (*livre*) arithmetic book. **2** *adj* arithmetical.
arithmétiquement [aʀitmetikmɑ̃] *adv* arithmetically.
Arizona [aʀizɔna] *nm*: **l'~** Arizona.
Arkansas [aʀkɑ̃sas] *nm*: **l'~** Arkansas.
arlequin [aʀləkɛ̃] *nm* (*Théât*) Harlequin. **bas (d')~** harlequin stockings; *V* **habit**.
arlequinade [aʀləkinad] *nf* (*fig*) buffoonery; (*Théât*) harlequinade.
armagnac [aʀmaɲak] *nm* armagnac.
armateur [aʀmatœʀ] *nm* (*propriétaire*) shipowner; (*exploitant*) ship's manager.
armature [aʀmatyʀ] *nf* (a) (*gén: carcasse*) [*tente, montage, parapluie*] frame; (*Constr*) framework, armature (*T*); (*fig: infrastructure*) framework. **~ de corset** corset bones *ou* stays; **soutien-gorge à ~** underwired bra.
　(b) (*Mus*) key signature.
　(c) (*Phys*) [*condensateur*] electrode; [*aimant*] armature.
arme [aʀm(ə)] *nf* (a) (*instrument*) (*gén*) weapon, arm; (*fusil, revolver*) gun. **fabrique d'~s** arms factory; **on a retrouvé l'~ du crime** the weapon used in the crime has been found; **il braqua son ~ vers** *ou* **contre moi** he aimed *ou* pointed his gun at me; **des policiers sans ~(s)** unarmed police; **se battre à l'~ blanche** to fight with knives; **~ atomique/biologique/chimique** atomic/biological/chemical weapon; **~ à feu** firearm; **~s de jet** projectiles; **l'~ absolue** the ultimate weapon; *V* **bretelle, maniement, port[2]**.
　(b) (*élément d'une armée*) arm. **l'~ de l'infanterie** the infantry arm; **dans quelle ~ sert-il?** which section is he in?; **les 3 ~s** the 3 services.
　(c) (*Mil*) **la carrière** *ou* **le métier des ~s** soldiering; (*littér*) **le succès de nos ~s** the success of our armies; **être sous les ~s** to be a soldier; **appeler un régiment sous les ~s** to call up a regiment; **soldats en ~s** soldiers at arms; **un peuple en ~s** a nation in arms; **aux ~s!** to arms!; **compagnon** *ou* **frère d'~s** comrade-in-arms; *V* **homme, place, prise**.
　(d) (*fig: moyen d'action*) weapon. **donner** *ou* **fournir des ~s à qn** to give sb weapons (*contre* against); **le silence peut être une ~ puissante** silence can be a powerful weapon; **une ~ à double tranchant** a double-edged blade *ou* weapon; **il est sans ~ contre ce genre d'accusation** he's defenceless (*Brit*) *ou* defenseless (*US*) against that sort of accusation.
　(e) (*Escrime*) **les ~s** fencing; **faire des ~s** to fence, do fencing; *V* **maître, passe[1], salle**.
　(f) (*Hér*) **~s** arms, coat of arms; **aux ~s de** bearing the arms of; *V* **héraut**.
　(g) (*loc*) **à ~s égales** on equal terms; **déposer** *ou* **mettre bas les ~s** to lay down (one's) arms; **rendre les ~s** to lay down one's arms, surrender; **faire ses premières ~s** to make one's début (*dans* in); **passer qn par les ~s** to shoot sb by firing squad; **partir avec ~s et bagages** to pack up and go; **passer l'~ à gauche‡** to kick the bucket*; **prendre le pouvoir/régler un différend par les ~s** to take power/settle a dispute by force; **porter les ~s** to be a soldier; **prendre les ~s** (*se soulever*) to rise up in arms; (*pour défendre son pays etc*) to take up arms, go to arms; **au bras** *ou* **le bras en arms; ~ à la bretelle!** ≃ slope arms!; **~ sur l'épaule!** shoulder arms!; **~ au pied!** attention! (*with rifle on ground*); **portez ~!** shoulder arms!; **présentez ~!** present arms!; **reposez ~!** order arms!; *V* **appel, fait[1], gens[1], pris, suspension**.

armé, e[1] [aʀme] (*ptp de* **armer**) **1** *adj personne, forces, conflit* armed. **~ jusqu'aux dents** armed to the teeth; **bien ~ contre le froid** well-armed *ou* -equipped against the cold; **attention, il est ~!** careful, he's armed!; **~ d'un bâton/d'un dictionnaire** armed with a stick/a dictionary; **être bien ~ pour passer un examen** to be well-equipped to take an examination; (*fig*) **il est bien ~ pour se défendre** he is well-equipped for life; **il est bien ~ contre leurs arguments** he's well-armed against their arguments; **cactus ~ de piquants** cactus armed with spikes; **canne ~e d'un bout ferré** stick fitted with an iron tip, stick tipped with iron; *V* **béton, ciment, force, main**.
　2 *nm* (*position*) cock.
armée[2] [aʀme] **1** *nf* army. **~ de mercenaires/d'occupation/régulière** mercenary/occupying/regular army; **être dans l'~** to be in the army; **les ~s alliées** the allied armies; (*fig*) **une ~ de domestiques/rats** an army of servants/rats; (*péj*) **regarde-moi cette ~ (d'incapables)** just look at this (hopeless) bunch* *ou* crew*; *V* **corps, grand, zone**.
　2: **armée active** regular army; **l'armée de l'air** the Air Force; **l'armée de mer** the Navy; **armée de réserve** reserve; **l'Armée rouge** the Red Army; **l'armée du Salut** the Salvation Army; **l'armée de terre** the Army.
armement [aʀməmɑ̃] *nm* (a) (*action*) [*pays, armée*] armament; [*personne*] arming; [*fusil*] cocking; [*appareil-photo*] winding-on; [*navire*] fitting-out, equipping.
　(b) (*armes*) [*soldat*] arms, weapons; [*pays, troupe, avion, navire*] arms, armament(s). **usine d'~** arms factory; **la limitation des ~s** arms limitation; **dépenses d'~s de la France** France's expenditure on arms *ou* weapons, France's arms *ou* weapons expenditure; **vendre des ~s aux rebelles** to sell weapons *ou* arms to the rebels; *V* **course**.
Arménie [aʀmeni] *nf* Armenia; *V* **papier**.
arménien, -ienne [aʀmenjɛ̃, jɛn] **1** *adj* Armenian. **2** *nm* (*Ling*) Armenian. **3** *nm, f*: **A~(ne)** Armenian.
armer [aʀme] (1) **1** *vt* (a) *pays, forteresse, personne* to arm (*de* with). **~ des rebelles contre un gouvernement** to arm rebels against a government; (*fig*) **~ le gouvernement de pouvoirs exceptionnels** to arm *ou* equip the government with exceptional powers; (*fig*) **~ qn contre les difficultés de la vie** to arm sb against life's difficulties, arm *ou* equip sb to deal with the difficulties of life.
　(b) (*Hist*) **~ qn chevalier** to dub sb knight.
　(c) (*Naut*) *navire* to fit out, equip.
　(d) *fusil* to cock; *appareil-photo* to wind on.
　(e) (*renforcer*) *béton, poutre* to reinforce (*de* with). **~ qch de** to fit sth with; **~ un bâton d'une pointe d'acier** to fit a stick with a steel tip, fit a steel tip on(to) a stick.
　2 s'armer *vpr* (*s'équiper*) to arm o.s. (*de* with, *contre* against). **s'~ d'un fusil/d'un dictionnaire** to arm o.s. with a gun/a dictionary; (*fig*) **s'~ de courage/de patience** to arm o.s. with courage/patience.
armistice [aʀmistis] *nm* armistice.
armoire [aʀmwaʀ] *nf* (*gén*) (tall) cupboard; (*penderie*) wardrobe. **~ à pharmacie** medicine chest *ou* cabinet; **~ frigorifique** cold room *ou* store; **~ à linge** linen cupboard (*Brit*) *ou* closet (*US*); **~ normande** large wardrobe; **~ à glace** (*lit*) wardrobe with a mirror; (*fig: costaud*) great hulking brute*.
armoiries [aʀmwaʀi] *nfpl* coat of arms, armorial bearings.
armorial, e, mpl -aux [aʀmɔʀjal, o] *adj, nm* armorial.
armoricain, e [aʀmɔʀikɛ̃, ɛn] **1** *adj* Armorican. **2** *nm, f* (*Hist*) **A~(e)** Armorican.
armorier [aʀmɔʀje] (7) *vt* to emblazon.
armure [aʀmyʀ] *nf* (*Mil, Zool*) armour; (*fig*) defence; (*Phys*) armature; (*Tex*) weave.
armurerie [aʀmyʀʀi] *nf* (*V* **armurier**) (*fabrique*) arms factory; (*magasin*) gunsmith's; armourer's; (*profession*) arms trade.
armurier [aʀmyʀje] *nm* (*fabricant, marchand*) [*armes à feu*] gunsmith; [*armes blanches*] armourer; (*Mil*) armourer.
arnaque‡ [aʀnak] *nm* swindling. **c'est de l'~** it's a rip-off*, it's daylight robbery.
arnaquer‡ [aʀnake] (1) *vt* (*escroquer*) to do‡ (*Brit*), diddle* (*Brit*), swindle*; (*arrêter*) to nab*. **on s'est fait ~ dans ce restaurant** we were done‡ *ou* diddled* in that restaurant; **il leur a arnaqué des millions** he swindled *ou* did‡ them out of millions.
arnaqueur, -euse‡ [aʀnakœʀ, øz] *nm, f* swindler, cheat.
arnica [aʀnika] *nf* arnica.
Arno [aʀno] *nm*: **l'~** the Arno.
aromate [aʀɔmat] *nm* (*thym etc*) herb; (*poivre etc*) spice. **~s** seasoning (*U*); **ajoutez quelques ~s** add (some) seasoning *ou* a few herbs (*ou* spices).
aromatique [aʀɔmatik] *adj* (*gén, Chim*) aromatic.
aromatiser [aʀɔmatize] (1) *vt* to flavour.
arôme, arome [aʀom] *nm* [*plat*] aroma; [*café, vin*] aroma, fragrance; [*fleur*] fragrance; [*goût*] flavour. **crème ~ chocolat** chocolate-flavoured cream dessert.
aronde†† [aʀɔd] *nf* swallow; *V* **queue**.
arpège [aʀpɛʒ] *nm* arpeggio.
arpéger [aʀpeʒe] (6 *et* 3) *vt passage* to play in arpeggios; *accord* to play as an arpeggio, spread.
arpent [aʀpɑ̃] *nm* (*Hist*) arpent (*about an acre*). (*fig*) **il a quelques ~s de terre en province** he's got a few acres in the country.
arpentage [aʀpɑ̃taʒ] *nm* (*technique*) (land) surveying; (*mesure*) measuring, surveying.
arpenter [aʀpɑ̃te] (1) *vt* to pace (up and down); (*Tech*) *terrain* to measure, survey.
arpenteur [aʀpɑ̃tœʀ] *nm* (land) surveyor; *V* **chaîne**.
arpète* [aʀpɛt] *nmf* apprentice.
arpion‡ [aʀpjɔ̃] *nm* hoof‡, foot.

arqué, e [aʀke] (*ptp de* **arquer**) *adj forme, objet* curved, arched; *sourcils* arched, curved; *jambes* bow (*épith*), bandy. **avoir le dos ~ to be humpbacked** *ou* hunchbacked; **le dos ~ sous l'effort** his back arched under the strain; **il a les jambes ~es** he's bandy (-legged) *ou* bow-legged; **nez ~** hooknose, hooked nose.

arquebuse [aʀkəbyz] *nf* (h)arquebus.

arquebusier [aʀkəbyzje] *nm* (*soldat*) (h)arquebusier.

arquer [aʀke] (1) **1** *vt objet, tige* to curve; *dos* to arch. **2** *vi [objet]* to bend, curve; *[poutre]* to sag. **il ne peut plus ~** he can't walk any more. **3 s'arquer** *vpr* to curve.

arrachage [aʀaʃaʒ] *nm* (*V* **arracher**) lifting; pulling up; uprooting; extraction; pulling; pulling out. **~ des mauvaises herbes** weeding.

arrache- [aʀaʃ] *préf* **V arracher**.

arraché [aʀaʃe] *nm* (*Sport*) snatch. (*fig*) **obtenir la victoire à l'~** to snatch victory; **ils ont eu le contrat à l'~** they just managed to snatch the contract.

arrachement [aʀaʃmã] *nm* (a) (*chagrin*) wrench. **quel ~ de le voir partir!** it was a terrible wrench to see him leave! (b) (*V* **arracher**) pulling out; tearing off.

arracher [aʀaʃe] (1) **1** *vt* (a) (*extraire*) *légume* to lift; *souche, plante* to pull up, uproot; *mauvaises herbes* to pull up; *dent* to take out, extract, pull (*US*); *poil, clou* to pull out. **il est parti ~ les mauvaises herbes** he's out weeding; **je vais me faire ~ une dent** I'm going to have a tooth out *ou* extracted *ou* pulled (*US*).

(b) (*déchirer*) *chemise, affiche, membre* to tear off; *cheveux* to tear *ou* pull out; *feuille, page* to tear *ou* pull out (*de of*). (*fig*) **je vais lui ~ les yeux** I'll scratch *ou* claw his eyes out; (*fig*) **j'ai arraché son voile** *ou* **masque** I have torn down his mask, I've unmasked him; (*fig*) **ce spectacle lui arracha le cœur** the sight of it broke his heart, it was a heartrending sight for him.

(c) (*enlever*) **~ à qn** *portefeuille, arme* to snatch *ou* grab from sb; (*fig*) *argent* to extract from sb, get out of sb; *applaudissements, larmes* to wring from sb; *victoire* to wrest from sb; **il lui arracha son sac à main** he snatched *ou* grabbed her handbag from her; **je lui ai arraché cette promesse/ces aveux/la vérité** I dragged this promise/confession/the truth out of him, I wrung *ou* wrested this promise/this confession/the truth out of *ou* from him.

(d) (*soustraire*) **~ qn à** *famille, pays* to tear *ou* drag sb away from; *passion, vice, soucis* to rescue sb from; *sommeil, rêve* to drag *ou* snatch sb out of *ou* from; *sort, mort* to snatch sb from; *habitudes, méditation* to force sb out of; **~ qn des mains d'un ennemi** to snatch sb from (out of) the hands of an enemy; **la mort nous l'a arraché** death has snatched *ou* torn him from us; **il m'a arraché du lit à 6 heures** he got *ou* dragged me out of bed at 6 o'clock.

2 s'arracher *vpr* (a) (*se déchirer*) **tu t'es encore arraché (les vêtements)** après le grillage you've torn your clothes on the fence again; **s'~ les cheveux** (*lit*) to tear *ou* pull out one's hair; (*fig*) to tear one's hair; (*fig*) **s'~ les yeux** to scratch each other's eyes out.

(b) **s'~ qn/qch** to fight over sb/sth; (*hum*) **on se m'arrache** they're all fighting over me* (*hum*).

(c) **s'~ de** *ou* **à** *pays, famille* to tear o.s. away from; *habitude, méditation, passion* to force o.s. out of; *lit* to drag o.s. from, force o.s. out of.

3: arrache-clou *nm, fig* **arrache-clous** nail wrench; **arrache-pied: d'arrache-pied** *adv* relentlessly.

arracheur [aʀaʃœʀ] *nm* **V mentir**.

arracheuse [aʀaʃøz] *nf* (*Agr*) lifter, grubber.

arraisonnement [aʀɛzɔnmã] *nm* (*Naut*) inspection.

arraisonner [aʀɛzɔne] (1) *vt* (*Naut*) to inspect.

arrangeant, e [aʀãʒã, ãt] *adj* accommodating, obliging.

arrangement [aʀãʒmã] *nm* (a) (*action*) *[fleurs, coiffure, voyage]* arrangement.

(b) (*agencement*) *[mobilier, maison]* layout, arrangement; *[fiches]* order, arrangement; *[mots]* order. **l'~ de sa coiffure** the way her hair is done *ou* arranged; **l'~ de sa toilette** the way she is dressed.

(c) (*accord*) agreement, settlement, arrangement. **arriver** *ou* **parvenir à un ~** to reach an agreement *ou* a settlement, come to an arrangement; (*Jur*) **~ de famille** family settlement (*in financial matters*).

(d) (*Mus*) arrangement. **~ pour guitare** arrangement for guitar.

(e) (*Math*) arrangement.

(f) (*préparatifs*) **~s** arrangements.

arranger [aʀãʒe] (3) **1** *vt* (a) (*disposer*) (*gén*) to arrange; *coiffure* to tidy up. **~ sa cravate/sa jupe** to straighten (up) one's tie/skirt, set one's tie/skirt straight.

(b) (*organiser*) *voyage, réunion* to arrange, organize; *rencontre, entrevue* to arrange, fix (up). **~ sa vie/ses affaires** to organize one's life/one's affairs; **il a tout arrangé pour ce soir** he has seen to *ou* he has arranged everything for tonight; **ce combat de catch était arrangé à l'avance** this wrestling match was fixed (in advance) *ou* was a put-up job*.

(c) (*régler*) *différend* to settle. **je vais essayer d'~ les choses** I'll try to sort things out; **tout est arrangé, le malentendu est dissipé** everything is settled *ou* sorted out, the disagreement is over; **et ce qui n'arrange rien, il est en retard!** and he's late, which doesn't help matters!; **ce contretemps n'arrange pas nos affaires** this setback doesn't help our affairs.

(d) (*contenter*) to suit, be convenient for. **ça ne m'arrange pas tellement** that doesn't really suit me; **cela m'arrange bien** that suits me nicely *ou* fine; **à 6 heures si ça vous arrange** at 6 o'clock if that suits you *ou* if that's convenient (for you); **tu le crois parce que ça t'arrange** you believe him because it suits you (to do so).

(e) (*réparer*) *voiture, montre* to fix, put right; *robe* (*recoudre*) to fix, mend; (*modifier*) to alter. **il faudrait ~ votre devoir, il est confus** you'll have to sort out your exercise as it's rather muddled.

(f) (*: *malmener*) to sort out‡ (*Brit*). **il s'est drôlement fait ~** he got a real working over*, they really sorted him out‡ (*Brit*); **te voilà bien arrangé!** what a state *ou* mess you've got yourself in!*

(g) (*Littérat, Mus*) to arrange.

2 s'arranger *vpr* (a) (*se mettre d'accord*) to come to an agreement *ou* arrangement. **arrangez-vous avec le patron** you'll have to come to an agreement *ou* arrangement with the boss *ou* sort it out with the boss; **s'~ à l'amiable** to come to a friendly *ou* an amicable agreement.

(b) (*s'améliorer*) *[querelle]* to be settled; *[situation]* to work out, sort itself out (*Brit*); *[santé]* to get better. **le temps n'a pas l'air de s'~** it doesn't look as though the weather is improving *ou* getting any better; **tout va s'~** everything will work out (all right) *ou* sort itself out (*Brit*), it'll all work out (all right) *ou* sort itself out (*Brit*); **les choses s'arrangèrent d'elles-mêmes** things sorted (*Brit*) *ou* worked themselves out unaided; **ça ne s'arrange pas***, il est plus brouillon que jamais things are no better, he's more muddled than ever; **alors, ça s'arrange entre eux?** are things getting (any) better between them?

(c) (*se débrouiller*) **arrangez-vous comme vous voudrez mais je les veux demain** I don't mind how you do it but I want them for tomorrow; (*iro*) **tu t'arranges toujours pour avoir des taches!** you always manage to get grubby! (*iro*); **je ne sais pas comment tu t'arranges, mais tu as toujours des taches** I don't know how you manage (it), but you're always grubby; **il va s'~ pour finir le travail avant demain** he'll see to it that *ou* he'll make sure (that) he finishes the job before tomorrow; **il s'est arrangé pour avoir des places gratuites** he has seen to it that he has got *ou* he has managed to get some free seats; **arrangez-vous pour venir me chercher à la gare** arrange it so that you can come and meet me at the station.

(d) **s'~ de** to make do with, put up with; **il s'est arrangé du fauteuil pour dormir** he made do with the armchair to sleep in; **il faudra bien s'en ~** we'll just have to put up with it.

(e) (*se classer*) to be arranged. **ses arguments s'arrangent logiquement** his arguments are logically arranged.

(f) (*se rajuster*) to tidy o.s. up. **elle s'arrange les cheveux** she's tidying her hair.

(g) (*: *se faire mal*) **tu t'es bien arrangé!** you've got yourself in a fine state!, you DO look a mess!*

arrangeur [aʀãʒœʀ] *nm* (*Mus*) arranger.

arrérages [aʀeʀaʒ] *nmpl* arrears.

arrestation [aʀɛstasjɔ̃] **1** *nf* arrest. **procéder à l'~ de qn** to arrest sb, take sb into custody; **être en état d'~** to be under arrest; **mettre en état d'~** to place *ou* put under arrest, take into custody; **mise en ~** arrest; **ils ont procédé à une douzaine d'~s** they made a dozen arrests.

2: arrestation préventive ≃ arrest; **arrestation provisoire** taking into preventive custody.

arrêt [aʀɛ] **1** *nm* (a) *[machine, véhicule]* stopping; *[développement, croissance]* stopping, checking, arrest; *[hémorragie]* stopping, arrest. **attendez l'~ complet (du train/de l'avion)** wait until the train/aircraft has come to a complete stop *ou* standstill; **5 minutes d'~** 5 minutes' stop, a 5-minute stop; **véhicule à l'~** stationary vehicle; **faire un ~** *[train]* to stop, make a stop; *[gardien de but]* to make a save; **le train fit un ~ brusque** the train came to a sudden stop *ou* standstill; **nous avons fait plusieurs ~s** we made several stops *ou* halts; **V chien**.

(b) (*lieu*) stop. **~ d'autobus** bus stop; **~ fixe/facultatif** compulsory/request stop; **ne descendez pas, ce n'est pas l'~** don't get out, this isn't the stop.

(c) (*Mil*) **~** arrest; **~s simples/de rigueur** open/close arrest; **~s de forteresse** confinement (*in military prison*); **mettre qn aux ~s** to put sb under arrest; **V maison, mandat**.

(d) (*Jur: décision, jugement*) judgment, decision, ruling; (†, *littér*) **les ~s du destin** the decrees of destiny (*littér*).

(e) (*Couture*) **faire un ~** to fasten off the thread; **V point²**.

(f) (*Tech*) *[machine]* stop mechanism; *[serrure]* ward; *[fusil]* safety catch. **appuyez sur l'~** press the stop button.

(g) (*Ski*) stop.

(h) (*loc*) (*Jur*) **faire ~ sur les appointements** to issue a writ of attachment (on debtor's salary); **rester** *ou* **tomber en ~** (*Chasse*) to point; (*fig*) to stop short; **marquer un ~ avant de continuer à parler** to pause *ou* make a pause before speaking again; **sans ~** (*sans interruption*) travailler, pleuvoir without stopping, non-stop; (*très fréquemment*) se produire, se détraquer continually, constantly; (*Rail*) 'sans ~ jusqu'à Perpignan' 'non-stop to Perpignan', 'through train to Perpignan'; **ce train est sans ~ jusqu'à Lyon** this train is non-stop to Lyons, this is the through train to Lyons.

2: arrêt du cœur cardiac arrest; **l'arrêt des hostilités** the cessation of hostilities; (*Sport*) **arrêt de jeu** stoppage; **jouer les arrêts de jeu** to play injury time; **arrêt de mort** sentence of death, death sentence; **arrêt de travail** (*grève*) stoppage (of work); (*congé de maladie*) sick leave; (*certificat*) doctor's *ou* medical certificate; (*Rugby*) **faire un arrêt de volée** to make a mark.

arrêté, e [aʀete] (*ptp de* **arrêter**) **1** *adj* décision, volonté firm, immutable; *idée, opinion* fixed, firm. **c'est une chose ~e** the matter *ou* it is settled.

2 *nm* (*décision administrative*) order, decree (*frm*). **~ ministériel** departmental *ou* ministerial order; **~ municipal** ≃ by(e)-law; **~ préfectoral** order of the prefect; **~ de compte** (*fermeture*) settlement of account; (*relevé*) statement of account (*to date*).

arrêter [aʀete] (1) **1** *vt* (a) (*immobiliser*) *personne, machine, montre* to stop; *cheval* to stop, pull up; *moteur* to switch off, stop. **arrêtez-moi près de la poste** drop me by the post office; **il m'a arrêté dans le couloir pour me parler** he stopped me in the corridor to speak to me; (*dans la conversation*) **ici, je vous arrête!** I must stop ou interrupt you there!; **arrête ton char‡** (*parler*) shut up!*, belt up!‡ (*Brit*); (*se vanter*) stop swanking!* (*Brit*) *ou* showing off!

　(b) (*entraver*) *développement, croissance* to stop, check, arrest; *foule, ennemi* to stop, halt; *hémorragie* to stop, arrest. **le trafic ferroviaire est arrêté à cause de la grève** rail traffic is at a standstill *ou* all the trains have been cancelled *ou* halted because of the strike; **rien n'arrête la marche de l'histoire** nothing can stop *ou* check *ou* halt the march of history; (*hum*) **on n'arrête pas le progrès** there's no stopping progress; **nous avons été arrêtés par un embouteillage** we were held up *ou* stopped by a traffic jam; **seul le prix l'arrête** it's only the price that stops him; **rien ne l'arrête** there's nothing to stop him.

　(c) (*abandonner*) *études* to give up; (*Sport*) *compétition* to give up; (*Théât*) *représentations* to cancel. **~ ses études/le tennis** to give up one's studies/tennis, stop studying/playing tennis; **~ la fabrication d'un produit** to discontinue (the manufacture of) a product; **on a dû ~ les travaux à cause de la neige** we had to stop work *ou* call a halt to the work because of the snow.

　(d) (*faire prisonnier*) to arrest. **il s'est fait ~ hier** he got himself arrested yesterday.

　(e) (*Fin*) *compte* (*fermer*) to settle; (*relever*) to make up. **les comptes sont arrêtés chaque fin de mois** statements (of account) are made up at the end of every month.

　(f) (*Couture*) *point* to fasten off.

　(g) (*fixer*) *jour, lieu* to appoint, decide on; *plan* to decide on; *derniers détails* to finalize. **~ son attention/ses regards sur** to fix one's attention/gaze on; **~ un marché** to make a deal; **il a arrêté son choix** he has made his choice; **ma décision est arrêtée** my mind is made up; (*Admin*) **~ que** to rule that; (*Jur*) **~ les dispositions d'application** to adopt provisions to implement.

2 *vi* to stop. **il n'arrête pas** he's never still, he's always on the go; **il n'arrête pas de critiquer tout le monde** he never stops criticizing everyone; **arrête de parler!** stop talking!; **il a arrêté de fumer après sa maladie** he gave up *ou* stopped smoking after his illness.

3 s'arrêter *vpr* **(a)** (*s'immobiliser*) *[personne, machine, montre]* to stop; *[train, voiture]* to stop, come to a stop *ou* a halt *ou* a standstill. **nous nous arrêtâmes sur le bas-côté/dans un village** we pulled up *ou* stopped by the roadside/at a village; **s'~ court** *ou* **net** *[personne]* to stop dead *ou* short; *[bruit]* to stop suddenly; **nous nous sommes arrêtés 10 jours à Lyon** we stayed *ou* stopped* 10 days in Lyons.

　(b) (*s'interrompre*) to stop, break off. **s'~ de travailler/de parler** to stop working/speaking; **s'~ pour se reposer/pour manger** to break off *ou* stop for a rest/to eat; **arrête-toi un peu, tu vas t'épuiser** stop for a while *ou* take a break or you'll wear yourself out; **les ouvriers se sont arrêtés à 17 heures** (*grève*) the workmen downed tools (*Brit*) *ou* stopped work at 5 o'clock; (*heure de fermeture*) the workmen finished (work) *ou* stopped work at 5 o'clock; **sans s'~** without stopping, without a break.

　(c) (*cesser*) *[développement, croissance]* to stop, come to a halt, come to a standstill; *[hémorragie]* to stop. **le travail s'est arrêté dans l'usine en grève** work has stopped in the striking factory, the striking factory is at a standstill; **s'~ de manger/marcher** to stop eating/walking; **s'~ de fumer/boire** to give up *ou* stop smoking/drinking.

　(d) **s'~ sur** *[choix, regard]* to fall on; **il ne faut pas s'~ aux apparences** one must always look beneath appearances; **s'~ à des détails** to pay too much attention to details; **s'~ à un projet** to settle on a plan.

arrhes [aʀ] *nfpl* deposit.

arrière [aʀjɛʀ] **1** *nm* **(a)** *[voiture]* back; *[bateau]* stern; *[train]* rear. (*Naut*) **à l'~** aft, at the stern; **à l'~ de** at the stern of, abaft; **se balancer d'avant en ~** to rock backwards and forwards; **avec le moteur à l'~** with the engine at the back; (*en temps de guerre*) **l'~** (*du pays*) the home front, the civilian zone; **l'~ tient bon** morale on the home front *ou* behind the lines is high.

　(b) (*Sport: joueur*) (*gén*) fullback; (*Volleyball*) back-line player. **~ gauche/droit** (*Ftbl*) left/right back; (*Basketball*) left/right guard; (*Ftbl*) **~ central** centre back; **~ volant** sweeper.

　(c) (*Mil*) **les ~s** the rear; **attaquer les ~s de l'ennemi** to attack the enemy in the rear; **assurer** *ou* **protéger ses ~s** (*lit*) to protect the rear; (*fig*) to leave o.s. a way out.

　(d) **en ~** (*derrière*) behind; (*vers l'arrière*) backwards; **être/rester en ~** to be/lag *ou* drop behind; **regarder en ~** to look back *ou* behind; **faire un pas en ~** to step back(wards), take a step back; **aller/marcher en ~** to go/walk backwards; **se pencher en ~** to lean back(wards); (*Naut*) **en ~ toute!** full astern!; **100 ans en ~** 100 years ago *ou* back; **il faut remonter loin en ~ pour trouver une telle sécheresse** we have to go a long way back (in time) to find a similar drought; **revenir en ~** *[marcheur]* to go back, retrace one's steps; *[orateur]* to go back over what has been said; *[civilisation]* to regress; (*avec magnétophone*) to rewind; (*avec ses souvenirs*) to go back in time (*fig*), look back; **renverser la tête en ~** to tilt one's head back(wards); **le chapeau en ~** his hat tilted back(wards); **être peigné** *ou* **avoir les cheveux en ~** to have *ou* wear one's hair brushed *ou* combed back(wards).

　(e) (*lit, fig*) **en ~ de** behind; **rester** *ou* **se tenir en ~ de qch** to stay behind sth; **il est très en ~ des autres élèves** he's a long way behind the other pupils.

2 *adj inv*: **roue/feu ~** rear wheel/light; **siège ~** back seat; *[moto]* **pillion**; *V* **machine³, marche¹, vent.**

3 *excl*: **en ~!** vous gênez stand *ou* get back! you're in the way; **~, misérable!†** hinder me, wretch!†

4: **arrière-ban** *nm, pl* **arrière-bans** *V* **ban**; **arrière-bouche** *nf, pl* **arrière-bouches** back of the mouth; **arrière-boutique** *nf, pl* **arrière-boutiques** back shop; **arrière-cour** *nf, pl* **arrière-cours** backyard; **arrière-cuisine** *nf, pl* **arrière-cuisines** scullery;

arrière-garde *nf, pl* **arrière-gardes** rearguard; **arrière-gorge** *nf, pl* **arrière-gorges** back of the throat; (*lit, fig*) **arrière-goût** *nm, pl* **arrière-goûts** aftertaste; **arrière-grand-mère** *nf, pl* **arrière-grand-mères** great-grandmother; **arrière-grand-oncle** *nm, pl* **arrière-grands-oncles** great-great-uncle; **arrière-grands-parents** *nmpl* great-grandparents; **arrière-grand-père** *nm, pl* **arrière-grands-pères** great-grandfather; **arrière-grand-tante** *nf, pl* **arrière-grands-tantes** great-great-aunt; **arrière-pays** *nm inv* hinterland; **arrière-pensée** *nf, pl* **arrière-pensées** (*raison intéressée*) ulterior motive; (*réserves, doute*) mental reservation; **arrière-petit-cousin** *nm, pl* **arrière-petits-cousins** cousin three times removed, distant cousin; **arrière-petits-enfants** *nmpl* great-grandchildren; **arrière-petite-fille** *nf, pl* **arrière-petites-filles** great-granddaughter; **arrière-petit-fils** *nm, pl* **arrière-petits-fils** great-grandson; **arrière-plan** *nm, pl* **arrière-plans** background; (*lit, fig*) **à l'arrière-plan** in the background; **arrière-saison** *nf, pl* **arrière-saisons** end of autumn, late autumn; **arrière-salle** *nf, pl* **arrière-salles** back room, inner room (*esp of restaurant*); **arrière-train** *nm, pl* **arrière-trains** *[animal]*, (*hum*) *[personne]* hindquarters.

arriéré, e [aʀjeʀe] **1** *adj* **(a)** (*Comm*) *paiement* overdue, in arrears (*attrib*); *dette* outstanding.

　(b) (*Psych*) *enfant, personne* backward, retarded; (*Scol*) educationally subnormal; *région, pays* backward, behind the times (*attrib*); *croyances, méthodes, personne* out-of-date, behind the times (*attrib*).

2 *nm* (*choses à faire, travail*) backlog; (*paiement*) arrears (*pl*). **il voulait régler l'~ de sa dette** he wanted to settle the arrears on his debt.

arriérer [aʀjeʀe] (6) (*Fin*) **1** *vt paiement* to defer. **2 s'arriérer** *vpr* to fall into arrears, fall behind with payments.

arrimage [aʀima ʒ] *nm* (*Naut*) stowage, stowing.

arrimer [aʀime] (1) *vt* (*Naut*) *cargaison* to stow; (*gén*) *colis* to lash down, secure.

arrimeur [aʀimœʀ] *nm* stevedore.

arrivage [aʀiva ʒ] *nm [marchandises]* consignment, delivery, load; (*fig hum*) *[touristes]* fresh load (*hum*) *ou* influx.

arrivant, e [aʀivɑ̃, ɑ̃t] *nm, f* newcomer. **nouvel ~** newcomer, new arrival; **combien d'~s y avait-il hier?** how many new arrivals were there yesterday?, how many newcomers *ou* people arrived yesterday?; **les premiers ~s de la saison** the first arrivals of the season.

arrivée [aʀive] *nf* **(a)** *[personne, train, courrier]* arrival; *[printemps, neige, hirondelles]* arrival, coming; *[course, skieur]* finish. **à mon ~, je ...** when I arrived *ou* upon my arrival, I ...; **à son ~ chez lui** on (his) arrival *ou* arriving home, when he arrived home; **attendant l'~ du courrier** waiting for the post *ou* mail to come *ou* arrive, waiting for the arrival of the post *ou* mail; **c'est l'~ des abricots sur le marché** apricots are beginning to arrive in *ou* are coming into the shops; *V* **gare¹, juge, ligne¹.**

　(b) (*Tech*) **~ d'air/d'eau/de gaz** (*robinet*) air/water/gas inlet; (*processus*) inflow of air/water/gas.

arriver [aʀive] (1) **1** *vi* **(a)** (*au terme d'un voyage*) *[train, personne]* to arrive. **~ à ville** to arrive at, get to, reach; **~ de ville, pays** to arrive from; **~ en France** to reach France; **~ chez des amis** to arrive at friends'; **~ chez soi** to arrive *ou* get *ou* reach home; **~ à destination** to arrive at one's *ou* its destination; **~ à bon port** to arrive safe and sound; **nous sommes arrivés** we've arrived; **le train doit ~ à 6 heures** the train is due (to arrive) *ou* scheduled to arrive *ou* is due in at 6 o'clock; **il est arrivé par le train/en voiture** he arrived by train/by car *ou* in a car; **nous sommes presque arrivés, nous arrivons** we're almost there, we've almost arrived; **cette lettre m'est arrivée hier** this letter reached me yesterday; **~ le premier** (*course*) to come in first; (*soirée, réception*) to be the first to arrive, arrive first; **les premiers arrivés** the first to arrive, the first arrivals; (*fig*) **~ comme mars en carême** to come as sure as night follows day.

　(b) (*approcher*) *[saison, nuit, personne, véhicule]* to come. **~ à grands pas/en courant** to stride up/run up; **j'arrive!** (I'm) coming!, just coming!; **le train arrive en gare** the train is pulling *ou* coming into the station; **la voici qui arrive** here she comes (now); **allez, arrive, je suis pressé!** hurry up *ou* come on, I'm in a hurry!; **ton tour arrivera bientôt** it'll soon be your turn, your turn won't be long (in) coming; **on va commencer à manger, ça va peut-être faire ~ ton père** we'll start eating, perhaps that will make your father come; **pour faire ~ l'eau jusqu'à la maison ...** to lay the water on for (*Brit*) *ou* to bring the water (up) to the house ...; **l'air/l'eau arrive par ce trou** the air/water comes in through this hole; **pour qu'arrive plus vite le moment où il la reverrait** to hasten *ou* to bring nearer the moment when *ou* to bring the moment closer when he would see her again; *V* **chien.**

　(c) (*atteindre*) **~ à** *niveau, lieu* to reach, get to, arrive at; *personne, âge* to reach, get to; *poste, rang* to attain, reach; *résultat, but, conclusion* to reach, arrive at; **la nouvelle est arrivée jusqu'à nous** the news has reached us *ou* got to us; **le bruit arrivait jusqu'à nous** the noise reached us; **je n'ai pas pu ~ jusqu'au chef** I wasn't able to get right to the boss; **comment arrive-t-on chez eux?** how do you get to their house?; **le lierre arrive jusqu'au 1er étage** the ivy goes up *ou* goes up as far as the 1st floor; **l'eau lui arrivait (jusqu')aux genoux** the water came up to his knees, he was knee-deep in water; **et le problème des salaires?** — **j'y arrive** and what about the wages problem? — I'm just coming to that; (*fig*) **il ne t'arrive pas à la cheville** he's not a patch on you (*Brit*), he can't hold a candle to you; **~ au pouvoir** to come to power.

　(d) (*réussir à*) **~ à faire qch** to succeed in doing sth, manage to do sth; **pour ~ à lui faire comprendre qu'il a tort** to get him to *ou* to succeed in making him understand he's wrong; **il n'arrive pas à**

le comprendre he just doesn't understand it; **je n'arrive pas à comprendre son attitude** I just don't *ou* can't understand *ou* I fail to understand his attitude; **je n'arrive pas à faire ce devoir** I (just) can't manage (to do) this exercise; **tu y arrives?** — **je n'y arrive pas** can you do it? *ou* can you manage (to do) it? — I can't (manage it); ~ **à ses fins** to get one's way, achieve one's ends; **il n'arrivera jamais à rien** he'll never get anywhere, he'll never achieve anything; **on n'arrivera jamais à rien avec lui** it's impossible to get anywhere with him.

(e) (*réussir socialement*) to succeed (in life), get on (in life). **il veut** ~ he wants to get on *ou* succeed (in life); **il se croit arrivé** he thinks he has made it* *ou* he has arrived.

(f) (*se produire*) to happen. **c'est arrivé hier** it happened *ou* occurred yesterday; **ce genre d'accident n'arrive qu'à lui!** that sort of accident only (ever) happens to him!; **ce sont des choses qui arrivent** these things (will) happen; **cela peut** ~ **à n'importe qui** it could *ou* can happen to anyone; **cela ne m'arrivera plus!** I won't let it happen again!; **il croit que c'est arrivé*** he thinks he has made it*; **cela devait lui** ~ he had it coming to him*; **faire** ~ **un accident** to bring about an accident; **tu vas nous faire** ~ **des ennuis** you'll get us into trouble *ou* bring trouble upon our heads.

(g) (*finir par*) **en** ~ **à** to come to; **on n'en est pas encore arrivé là!** (*résultat négatif*) we've not come to *ou* reached that (stage) yet!; (*résultat positif*) we've not got that far yet!; **on en arrive à se demander si ...** we're beginning to wonder whether ...; **il faudra bien en** ~ **là!** it'll have to come to that (eventually); **c'est triste d'en** ~ **là** it's sad to be reduced to that.

2 *vb impers* **(a) il est arrivé un accident** there has been an accident; **il (lui) est arrivé un malheur** something dreadful has happened (to him); **il lui est arrivé un accident/un malheur** he has had an accident/a misfortune, he has met with an accident/a misfortune; **il est arrivé un télégramme** a telegram has come *ou* arrived; **il lui arrivera des ennuis** he'll get (himself) into trouble; **il m'arrive toujours des aventures incroyables** incredible things are always happening to me, I'm always getting involved in incredible adventures; **quoiqu'il arrive** whatever happens; **elle est parfois arrogante comme il arrive souvent aux timides** she is sometimes arrogant as often happens *ou* as is often the case with shy people.

(b) il arrive que + *subj.* **il arrive de: il m'arrive d'oublier, il arrive que j'oublie** I sometimes forget; **il peut** ~ **qu'elle se trompe, il peut lui** ~ **de se tromper** she does occasionally make a mistake, it occasionally happens that she makes a mistake; **il peut** ~ **qu'elle se trompe mais ce n'est pas une raison pour la critiquer** she may (indeed) make mistakes but that's not a reason for criticizing her; **il pourrait** ~ **qu'ils soient sortis** it could be that they've gone out, they might have gone out; **s'il lui arrive** *ou* **arrivait de faire une erreur, prévenez-moi** if she should happen *ou* if she happens to make a mistake, let me know; **il m'est arrivé plusieurs fois de le voir/faire** I have seen him/done it several times; **il ne lui arrive pas souvent de mentir** it is not often that he lies, he does not often lie.

arrivisme [aʀivism(ə)] *nm* ambitiousness, pushfulness.

arriviste [aʀivist(ə)] *nmf* go-getter*.

arrogamment [aʀɔgamɑ̃] *adv* arrogantly.

arrogance [aʀɔgɑ̃s] *nf* arrogance.

arrogant, e [aʀɔgɑ̃, ɑ̃t] *adj* arrogant.

arroger (s') [aʀɔʒe] (3) *vpr pouvoirs, privilèges* to assume (without right); *titre* to claim (falsely), claim (without right), assume. **s'~ le droit de ...** to assume the right to ..., take it upon o.s. to ... .

arroi [aʀwa] *nm* (*littér*) array. (*fig*) **être en mauvais** ~ to be in a sorry state.

arrondi, e [aʀɔ̃di] (*ptp de* **arrondir**) **1** *adj objet, forme, relief* round, rounded; *visage* round; *voyelle* rounded. **2** *nm* (*gén: contour*) roundness; (*Aviat*) flare-out, flared landing; (*Couture*) hemline (*of skirt*).

arrondir [aʀɔ̃diʀ] (2) **1** *vt* **(a)** *objet, contour* to round, make round; *rebord, angle* to round off; *phrases* to polish, round out; *gestes* to make smoother; *caractère* to make more agreeable, smooth the rough edges off; *voyelle* to round, make rounded; *taille* to level; *visage, taille, ventre* to fill out, round out. (*fig*) **essayer d'~ les angles** to try to smooth things over.

(b) (*accroître*) *fortune* to swell; *domaine* to increase, enlarge. ~ **ses fins de mois** to supplement one's income.

(c) (*simplifier*) *somme, nombre* to round off. ~ **au franc supérieur** to round up to the nearest franc; ~ **au franc inférieur** to round down to the nearest franc.

2 s'arrondir *vpr* [*relief*] to become round(ed); [*taille, joues, ventre*] to fill out, round out; [*fortune*] to swell.

arrondissement [aʀɔ̃dismɑ̃] *nm* **(a)** (*Admin*) ≃ district. **(b)** [*voyelle*] rounding; [*fortune*] swelling; [*taille, ventre*] rounding, filling out.

arrosage [aʀɔzaʒ] *nm* [*pelouse*] watering; [*voie publique*] spraying; *V* **lance, tuyau**.

arroser [aʀɔze] (1) *vt* **(a)** [*personne*] *plante, terre* (*gén*) to water; (*avec un tuyau*) to hose, water, spray; (*légèrement*) to sprinkle; *rôti* to baste. ~ **qch d'essence** to pour petrol over sth.

(b) [*pluie*] *terre* to water; *personne* (*légèrement*) to make wet; (*fortement*) to drench, soak. **Rouen est la ville la plus arrosée de France** Rouen is the wettest city *ou* the city with the highest rainfall in France; **se faire** ~ to get drenched *ou* soaked.

(c) (*Géog*) [*fleuve*] to water.

(d) (*Mil*) (*avec fusil, balles*) to spray (*de* with); (*avec canon*) to bombard (*de* with). **leurs mitrailleuses/projectiles arrosèrent notre patrouille** they sprayed *ou* peppered our patrol with machine-gun fire/bullets.

(e) (*) *événement, succès* to drink to; *repas* to wash down (with

wine)*; *café* to lace (with a spirit). **après un repas bien arrosé** after a meal washed down with plenty of wine; **tu as gagné, ça s'arrose!** you've won — that deserves a drink! *ou* we must drink to that!

(f) (*: *soudoyer*) to grease *ou* oil the palm of.

(g) (*littér*) [*sang*] to soak. **visage arrosé de larmes** face bathed in *ou* awash with (*littér*) tears; ~ **de ses larmes une photographie** to bathe a photograph in tears, let one's tears fall upon a photograph; **terre arrosée de sang** blood-soaked earth.

arroseur [aʀozœʀ] *nm* **(a)** [*jardin*] waterer; [*rue*] water cartman.

(b) (*tourniquet*) sprinkler.

arroseuse [aʀozøz] *nf* [*rue*] water cart.

arrosoir [aʀozwaʀ] *nm* watering can.

arrt *abrév de* **arrondissement**.

arsenal, pl -aux [aʀsənal, o] *nm* (*stock, manufacture d'armes*) arsenal; (*: *attirail*) gear* (*U*), paraphernalia (*U*). **l'~ du pêcheur/du photographe** the gear *ou* paraphernalia of the fisherman/ photographer; **tout un** ~ **de vieux outils** a huge collection *ou* assortment of old tools; (*Naut*) ~ (**de la marine** *ou* **maritime**) naval dockyard.

arsenic [aʀsənik] *nm* arsenic. **empoisonnement à l'~** arsenic poisoning.

arsenical, e, mpl -aux [aʀsənikal, o] *adj substance* arsenical.

arsénieux [aʀsenjø] *adj m* arsenic (*épith*). **oxyde** *ou* **anhydride** ~ arsenic trioxide, arsenic.

arsouille† [aʀsuj] *nm ou nf* (*voyou*) ruffian. **il a un air** ~ he looks like a ruffian.

art [aʀ] **1** *nm* **(a)** (*esthétique*) art. **l'~ espagnol/populaire/nègre** Spanish/popular/black art; **les ~s plastiques** the visual arts, the fine arts; **l'~ pour l'~** art for art's sake; **livre/critique d'~** art book/critic; **aimer/protéger les ~s** to love/protect the arts; (*hum*) **c'est du grand ~!** and they call that (great) art! (*hum*); *V* **amateur, beau, huitième** *etc*.

(b) (*technique*) art. ~ **culinaire/militaire/oratoire** the art of cooking/of warfare/of public speaking; **il est passé maître dans l'~ de faire rire** he's a past master in the art of making people laugh; **un homme/les gens de l'~** a man/the people in the profession; **demandons à un homme de l'~!** let's ask a professional!; *V* **règle**.

(c) (*adresse*) [*artisan*] skill, artistry; [*poète*] skill, art, artistry. **faire qch avec un** ~ **consommé** to do sth with consummate skill; **il faut tout un** ~ **pour faire cela** doing that is quite an art, there's quite an art (involved) in doing that; **il a l'~ et la manière** he's got the know-how and he does it in style, he has both (great) skill and (great) style in what he does.

(d) **l'~ de faire qch** the art of doing sth, a talent *ou* flair for doing sth, the knack of doing sth*; **il a l'~ de me mettre en colère** he has a flair *ou* a talent for *ou* a knack of making me angry; **ce style a l'~ de me plaire** this style appeals to me; (*iro*) **ça a l'~ de m'endormir** it has the knack of sending me to sleep; **il y a un** ~ **de faire ceci** there's quite an art in doing this; **réapprendre l'~ de marcher** to re-learn the art of walking.

2: arts d'agrément accomplishments; **art déco** art deco; **arts décoratifs** decorative arts; **l'art dramatique** dramatic art; **les arts du feu** ceramics; **les arts libéraux** the (seven) liberal arts; **arts martiaux** martial arts; **arts mécaniques** mechanical arts; **arts ménagers** (*technique*) home economics, homecraft (*U*), domestic science; **les Arts Ménagers** (*salon*) ≃ the Ideal Home Exhibition; **arts et métiers** applied *ou* industrial arts and crafts; **art nouveau** art nouveau; **art poétique** (*technique*) poetic art; (*doctrine*) ars poetica, poetics (*sg*); **les arts de la scène** the performing arts; **art de vivre** art of living.

Artémis [aʀtemis] *nf* Artemis.

artère [aʀtɛʀ] *nf* (*Anat*) artery. (*Aut*) (**grande**) ~ (**en ville**) main road, thoroughfare; (*entre villes*) main (trunk) road.

artériel, -ielle [aʀteʀjɛl] *adj* (*Anat*) arterial; *V* **tension**.

artériole [aʀteʀjɔl] *nf* arteriole.

artériosclérose [aʀteʀjɔskleʀoz] *nf* arteriosclerosis.

artérite [aʀteʀit] *nf* arteritis.

artésien, -ienne [aʀtezjɛ̃, jɛn] *adj* Artois (*épith*), of *ou* from Artois; *V* **puits**.

arthrite [aʀtʀit] *nf* arthritis. **avoir de l'~** to have arthritis.

arthritique [aʀtʀitik] *adj, nmf* arthritic.

arthritisme [aʀtʀitism(ə)] *nm* arthritism.

arthrodie [aʀtʀɔdi] *nf* gliding joint.

arthrose [aʀtʀoz] *nf* (*degenerative*) osteoarthritis.

Arthur [aʀtyʀ] *nm* Arthur.

artichaut [aʀtiʃo] *nm* artichoke; *V* **cœur**.

article [aʀtikl(ə)] **1** *nm* **(a)** (*Comm*) item, article. **baisse sur tous nos ~s** all (our) stock *ou* all items reduced, reduction on all items; ~ **d'importation** imported product; **nous ne faisons plus cet** ~ we don't stock that item *ou* product any more; **faire l'~** (*lit*) to sing the praises of a product, give the sales patter; (*fig*) to praise sb *ou* sth up.

(b) (*Presse*) [*revue, journal*] article; [*dictionnaire*] entry.

(c) (*chapitre*) point; [*loi, traité*] article. **les 2 derniers ~s de cette lettre** the last 2 points in this letter; **pour** *ou* **sur cet** ~ on this point; **sur l'~ de** in the matter of, in matters of.

(d) (*Gram*) article. ~ **contracté/défini/élidé/indéfini/partitif** contracted/definite/elided/indefinite/partitive article.

(e) (*Ordin*) record, item.

(f) **à l'~ de la mort** at the point of death.

2: article d'appel loss leader; **articles de bureau** office accessories; **article de foi** article of faith; **il prend ces recommandations pour articles de foi** for him these recommendations are articles of faith; (*Presse*) **article de fond** feature article; **articles de luxe** luxury goods; **articles de mode** fashion accessories; **articles de Paris** fancy goods; **article réclame** special offer; **articles de toilette** toiletries, toilet requisites *ou* articles; **articles de voyage** travel goods *ou* requisites; *V* **pilote.**

articulaire [aʀtikylɛʀ] *adj* articular; *V* **rhumatisme.**

articulation [aʀtikylɑsjɔ̃] *nf* (a) (*Anat*) joint; (*Tech*) articulation. **~s des doigts** knuckles, joints of the fingers; **~ du genou/de la hanche/de l'épaule** *etc* knee/hip/shoulder *etc* joint; **~ en selle** saddle joint.
  (b) (*fig*) [*discours, raisonnement*] linking sentence. **la bonne ~ des parties de son discours** the sound structuring of his speech.
  (c) (*Ling*) articulation. **point d'~** point of articulation.
  (d) (*Jur*) enumeration, setting forth.

articulatoire [aʀtikylatwaʀ] *adj* articulatory.

articulé, e [aʀtikyle] (*ptp de* **articuler**) **1** *adj langage* articulate(d); *membre* jointed, articulated; *objet* jointed; *poupée* with movable joints (*épith*). **2** *nmpl* (*Zool*) **les ~s** the Arthropoda.

articuler [aʀtikyle] (1) *vt* (a) *mot* (*prononcer clairement*) to articulate, pronounce clearly; (*dire*) to pronounce, utter. **il articule bien/mal ses phrases** he articulates *ou* speaks/doesn't articulate *ou* speak clearly; **il articule mal** he doesn't articulate (his words) *ou* speak clearly; **articule!** speak clearly!
  (b) (*joindre*) *mécanismes, os* to articulate, joint; *idées* to link (up *ou* together). **élément/os qui s'articule sur un autre** element/bone that is articulated with *ou* is jointed to another; **~ un discours sur deux thèmes principaux** to structure a speech round *ou* on two main themes; **toute sa défense s'articule autour de cet élément** his entire defence hinges *ou* turns on this factor; **les parties de son discours s'articulent bien** the different sections of his speech are well linked *ou* hang together well.
  (c) (*Jur*) *faits, griefs* to enumerate, set out.

artifice [aʀtifis] *nm* (artful *ou* clever *ou* ingenious) device, trick; (*péj*) trick, artifice. **~ de calcul** (clever) trick of arithmetic; **~ de style** stylistic device *ou* trick; **les femmes usent d'~s pour paraître belles** women use artful *ou* ingenious devices *ou* tricks to make themselves look beautiful; **l'~ est une nécessité de l'art** art cannot exist without (some) artifice; *V* **feu¹.**

artificiel, -ielle [aʀtifisjɛl] *adj* (*gén*) artificial; *fibre* man-made; *soie* artificial; *colorant* artificial, synthetic; *dent* false; *bijou, fleur* artificial, imitation; *raisonnement, style* artificial, contrived; *vie, besoins* artificial; *gaieté* forced, unnatural.

artificiellement [aʀtifisjɛlmɑ̃] *adv* artificially. **fabriqué ~** man-made, synthetically made.

artificier [aʀtifisje] *nm* (*fabricant*) pyrotechnist; (*désamorçage*) bomb disposal expert.

artificieusement [aʀtifisjøzmɑ̃] *adv* (*littér*) guilefully, deceitfully.

artificieux, -ieuse [aʀtifisjø, jøz] *adj* (*littér*) guileful, deceitful.

artillerie [aʀtijʀi] *nf* artillery, ordnance. **~ de campagne** field artillery; **~ de marine** naval guns; **pièce d'~** piece of artillery, ordnance (*U*); **tir d'~** artillery fire.

artilleur [aʀtijœʀ] *nm* artilleryman, gunner.

artimon [aʀtimɔ̃] *nm* (*voile*) mizzen; (*mât*) mizzen(mast); *V* **mât.**

artisan [aʀtizɑ̃] *nm* (self-employed) craftsman, artisan. **~ de la paix** peacemaker; **être l'~ de la victoire** to be the architect of victory; **il est l'~ de sa propre ruine** he has brought about *ou* he is the author of his own ruin.

artisanal, e, *mpl* **-aux** [aʀtizanal, o] *adj*: **profession ~e** craft, craft industry; **retraite ~e** pension for self-employed craftsmen; **la fabrication se fait encore de manière ~e** the style of production is still very much that of a cottage industry; **bombe de fabrication ~e** home-made bomb.

artisanalement [aʀtizanalmɑ̃] *adv* by craftsmen.

artisanat [aʀtizana] *nm* (*métier*) craft industry; (*classe sociale*) artisans, artisan class.

artiste [aʀtist(ə)] **1** *nmf* (a) (*gén: musicien, cantatrice, sculpteur etc*) artist. **~ peintre** artist, painter; (*hum*) **~ capillaire** hair artiste; **les ~s quittèrent la salle de concert** the performers *ou* artists left the concert hall.
  (b) (*Ciné, Théât*) (*acteur*) actor (*ou* actress); (*chanteur*) singer; (*fantaisiste*) entertainer; [*music-hall, cirque*] artiste, entertainer. **~ dramatique/de cinéma** stage/film actor; **les ~s saluèrent the** performers took a bow; *V* **entrée.**
  (c) (*péj: bohème*) bohemian.
  2 *adj personne, style* artistic. (*péj*) **il est du genre ~** he's the artistic *ou* bohemian type.

artistement [aʀtistəmɑ̃] *adv* artistically.

artistique [aʀtistik] *adj* artistic.

artistiquement [aʀtistikmɑ̃] *adv* artistically.

arum [aʀɔm] *nm* arum lily.

aryen, -yenne [aʀjɛ̃, jɛn] **1** *adj* Aryan. **2** *nm,f*: **A~(ne)** Aryan.

arythmie [aʀitmi] *nf* arrhythmia.

AS [aɛs] **1** *nfpl abrév de* **assurances sociales;** *V* **assurance. 2** *nf abrév de* **association sportive;** *V* **association.**

as [as] *nm* (a) (*carte, dé*) ace. (*Hippisme*) **l'~** number one.
  (b) (*fig: champion*) ace*. **un ~ de la route/du ciel** a crack driver/pilot; **l'~ de l'école** the school's star pupil.
  (c) (*Tennis*) ace. **réussir** *ou* **servir un ~** to serve an ace.
  (d) (*loc*) **être ficelé** *ou* **fagoté comme un ~ de pique*** to be dressed (all) anyhow*; **être (plein) aux ~⁎** to be loaded*, be rolling in it*; **passer à l'~⁎** (*au restaurant*) **les apéritifs sont passés à l'~** we got away without paying for the drinks, we got the drinks for free*; **avec toutes les dépenses qu'on a faites, les vacances sont passées à l'~** with all the expense we'd had the holidays had to go by the board *ou* the holidays were completely written off*; **cet appareil ne marche pas, voilà 2000 F passés à l'~** this camera doesn't work so that's 2000 francs written off* *ou* 2000 francs down the drain*.

asbeste [asbɛst(ə)] *nm* asbestos.

asbestose [asbɛstoz] *nf* asbestosis.

ascendance [asɑ̃dɑ̃s] *nf* (a) (*généalogique*) ancestry. **son ~ paternelle** his paternal ancestry; **être d'~ bourgeoise** to be of middle-class descent. (b) (*Astron*) rising, ascent. (*Phys*) **~ thermique** thermal.

ascendant, e [asɑ̃dɑ̃, ɑ̃t] **1** *adj astre* rising, ascending; *mouvement, direction* upward; *progression* ascending; *trait* rising, mounting; (*Généalogie*) *ligne* ancestral. **mouvement ~ du piston** upstroke of the piston.
  2 *nm* (a) (*influence*) (powerful) influence, ascendancy (*sur* over). **subir l'~ de qn** to be under sb's influence.
  (b) (*Admin*) **~s** ascendants.
  (c) (*Astron*) rising star; (*Astrol*) ascendant.

ascenseur [asɑ̃sœʀ] *nm* lift (*Brit*), elevator (*US*).

ascension [asɑ̃sjɔ̃] *nf* (a) [*ballon*] ascent, rising; [*fusée*] ascent; [*homme politique*] rise; (*sociale*) rise. (*Rel*) **l'A~** the Ascension; (*jour férié*) Ascension (Day); **l'île de l'A~** Ascension Island; (*Astron*) **~ droite** right ascension.
  (b) [*montagne*] ascent. **faire l'~ d'une montagne** to climb a mountain, make the ascent of a mountain; **la première ~ de l'Everest** the first ascent of Everest; **c'est une ~ difficile** it's a difficult climb; **faire des ~s** to go (mountain) climbing.

ascensionnel, -elle [asɑ̃sjɔnɛl] *adj mouvement* upward; *force* upward, elevatory. **vitesse ~le** climbing speed.

ascensionniste [asɑ̃sjɔnist(ə)] *nmf* ascensionist.

ascèse [asɛz] *nf* asceticism.

ascète [asɛt] *nmf* ascetic.

ascétique [asetik] *adj* ascetic.

ascétisme [asetism(ə)] *nm* asceticism.

ascorbique [askɔʀbik] *adj* **acide** ascorbic.

asémantique [asemɑ̃tik] *adj* asemantic.

asepsie [asɛpsi] *nf* asepsis.

aseptique [asɛptik] *adj* aseptic.

aseptisation [asɛptizasjɔ̃] *nf* (*V* **aseptiser**) fumigation; sterilization; disinfection.

aseptiser [asɛptize] (1) *vt pièce* to fumigate; *pansement, ustensile* to sterilize; *plaie* to disinfect.

asexué, e [asɛksɥe] *adj* (*Bio*) asexual; *personne* sexless, asexual.

Asiate [azjat] *nmf* Asian, Asiatic.

asiatique [azjatik] **1** *adj* Asian, Asiatic. **2** *nmf*: **A~** Asian, Asiatic. **la grippe ~** Asian flu.

Asie [azi] *nf* Asia. **~ Mineure** Asia Minor; **~ centrale** Central Asia.

asile [azil] *nm* (a) (*institution*) **~ (de vieillards)** old people's home, retirement home; **~ (d'aliénés)** (lunatic) asylum; **~ de nuit** night shelter, hostel, doss house* (*Brit*).
  (b) (*lit, fig: refuge*) refuge, sanctuary; (*Pol*) asylum. **sans ~** homeless; **droit d'~** (*Hist*) right of sanctuary; (*Pol*) right of asylum; **~ de paix** haven of peace, peaceful retreat; **demander/donner ~** to seek/provide sanctuary (*Hist*) *ou* asylum (*Pol*) *ou* refuge (*gén*).

asocial, e, *mpl* **-aux** [asɔsjal, o] **1** *adj comportement* antisocial. **2** *nm,f* social misfit, socially maladjusted person.

asparagus [aspaʀagys] *nm* asparagus fern.

aspect [aspɛ] *nm* (a) (*allure*) [*personne*] look, appearance; [*objet, paysage*] appearance, look. **homme d'~ sinistre** sinister-looking man, man of sinister appearance; **l'intérieur de cette grotte a l'~ d'une église** the inside of this cave resembles *ou* looks like a church; **les nuages prenaient l'~ de montagnes** the clouds took on the appearance of mountains; **ce château a un ~ mystérieux** this castle has a look *ou* an air of mystery (about it).
  (b) (*angle*) [*question*] aspect, side. **vu sous cet ~** seen from that angle *ou* side, seen in that light; **sous tous ses ~s** in all its aspects, from all its sides.
  (c) (*Astrol, Ling*) aspect.
  (d) (*littér: vue*) sight. **à l'~ de** at the sight of.

asperge [aspɛʀʒ(ə)] *nf* (a) asparagus; *V* **pointe.** (b) (*: personne*) (**grande**) **~** beanpole*, string bean* (*US*).

asperger [aspɛʀʒe] (3) *vt surface* to spray, (*légèrement*) to sprinkle; *personne* to splash (*de* with). **s'~ le visage d'eau** to splash one's face with water; **le bus nous a aspergés au passage*** the bus splashed us *ou* sprayed water over us as it went past; **se faire ~*** (*par une voiture*) to get splashed.

aspérité [aspeʀite] *nf* (a) (*partie saillante*) bump. **les ~s de la table** the bumps on the table, the rough patches on the surface of the table. (b) (*littér*) [*caractère, remarques, voix*] harshness.

aspersion [aspɛʀsjɔ̃] *nf* spraying, sprinkling; (*Rel*) sprinkling of holy water, aspersion.

asphaltage [asfaltaʒ] *nm* asphalting.

asphalte [asfalt(ə)] *nm* asphalt.

asphalter [asfalte] (1) *vt* to asphalt.

asphodèle [asfɔdɛl] *nm* asphodel.

asphyxiant, e [asfiksjɑ̃, ɑ̃t] *adj fumée* suffocating, asphyxiating; *atmosphère* stifling, suffocating; *V* **gaz.**

asphyxie [asfiksi] *nf* (*gén*) suffocation, asphyxiation; (*Méd*) asphyxia; [*plante*] asphyxiation; (*fig*) [*personne*] suffocation; [*industrie*] stifling.

asphyxier [asfiksje] (7) **1** *vt* (*lit*) to suffocate, asphyxiate; (*fig*) *industrie, esprit* to stifle. **mourir asphyxié** to die of suffocation *ou* asphyxiation.
  2 s'asphyxier *vpr* (*accident*) to suffocate, asphyxiate, be asphyxiated; (*suicide*) to suffocate o.s.; (*fig*) to suffocate. **il s'est asphyxié au gaz** he gassed himself.

aspic [aspik] *nm* (*Zool*) asp; (*Bot*) aspic; (*Culin*) meat (*ou* fish *etc*) in aspic. **~ de volaille** chicken in aspic.

aspirant, e [aspiʀɑ̃, ɑ̃t] **1** *adj* suction (*épith*), vacuum (*épith*); *V* **pompe¹. 2** *nm,f* (*candidat*) candidate (*à* for). **3** *nm* (*Mil*) officer cadet; (*Naut*) midshipman, middie* (*US*).

aspirateur, -trice [aspiratœr, tris] **1** *adj* aspiratory.
2 *nm* (*domestique*) vacuum cleaner, hoover ® (*Brit*); (*Constr, Méd etc*) aspirator. **passer les tapis à l'~** to vacuum *ou* hoover the carpets, run the vacuum cleaner *ou* hoover over the carpets.

aspiration [aspirasjɔ̃] *nf* (**a**) (*en inspirant*) inhaling (*U*), inhalation, breathing in (*U*); (*Ling*) aspiration. **de longues ~s** long deep breaths.
(**b**) [*liquide*] (*avec une paille*) sucking (up); (*gén, Tech: avec une pompe etc*) sucking up, drawing up, suction; (*technique d'avortement*) vacuum extraction.
(**c**) (*ambition*) aspiration (*vers, à* for, after); (*souhait*) desire, longing (*vers, à* for).

aspiré, e [aspire] (*ptp de* **aspirer**) **1** *adj* (*Ling*) aspirated. **h ~** aspirate h. **2** **aspirée** *nf* aspirate.

aspirer [aspire] (1) **1** *vt* (**a**) *air, odeur* to inhale, breathe in; *liquide* (*avec une paille*) to suck (up); (*Tech: avec une pompe etc*) to suck *ou* draw up. **~ et refouler** to pump in and out.
(**b**) (*Ling*) to aspirate.
2 aspirer à *vt indir honneur, titre* to aspire to; *genre de vie, tranquillité* to desire, long for. **aspirant à quitter cette vie surexcitée** longing to leave this hectic life; **~ à la main de qn†** to be sb's suitor†, aspire to sb's hand†.

aspirine [aspirin] *nf* aspirin. (**comprimé** *ou* **cachet d'**) **~** aspirin; **prenez 2 ~s** take 2 aspirins; *V* **blanc**.

assagir [asaʒir] (2) **1** *vt* (**a**) (*calmer*) *personne* to quieten (*Brit*) *ou* quiet (*US*) down, settle down; *passion* to subdue, temper, quieten (*Brit*), quiet (*US*). **n'arrivant pas à ~ ses cheveux rebelles** not managing to tame her rebellious hair.
(**b**) (*littér: rendre plus sage*) to make wiser.
2 s'assagir *vpr* [*personne*] to quieten (*Brit*) *ou* quiet (*US*) down, settle down; [*style, passions*] to become subdued.

assagissement [asaʒismɑ̃] *nm* [*personne*] quietening (*Brit*) *ou* quieting (*US*) down, settling down; [*passions*] subduing.

assaillant, e [asajɑ̃, ɑ̃t] *nm, f* assailant, attacker.

assaillir [asajir] (13) *vt* (*lit*) to assail, attack; (*fig*) to assail (*de* with). **il fut assailli de questions** he was assailed *ou* bombarded with questions.

assainir [asenir] (2) *vt quartier, logement* to clean up, improve the living conditions in; *marécage* to drain; *air, eau* to purify, decontaminate; *finances, marché* to stabilize; *monnaie* to rehabilitate, re-establish. **la situation s'est assainie** the situation has become healthier; (*fig*) **~ l'atmosphère** to clear the air.

assainissement [asenismɑ̃] *nm* (*V* **assainir**) cleaning up; draining; purification; decontamination; stabilization. **~ monétaire** rehabilitation *ou* re-establishment of the currency.

assaisonnement [asɛzɔnmɑ̃] *nm* (*méthode*) [*salade*] dressing, seasoning; [*plat*] seasoning; (*ingrédient*) seasoning.

assaisonner [asɛzɔne] (1) *vt* (*Culin*) to season, add seasoning to; *salade* to dress, season; (*fig*) *conversation etc* to spice, give zest to. **le citron assaisonne bien la salade** lemon is a good dressing for *ou* on a salad; **~ qn‡** (*physiquement*) to knock sb about*, give sb a thumping*; (*verbalement*) to give sb a telling off*, tell sb off*, bawl sb out*; (*financièrement*) to clobber sb‡, sting sb‡.

assassin, e [asasɛ̃, in] **1** *adj œillade* provocative. **2** *nm* (*gén*) murderer; (*Pol*) assassin; (*Presse etc*) killer*, murderer. **l'~ court toujours** the killer* *ou* murderer is still at large; **à l'~!** murder!

assassinat [asasina] *nm* murder; (*Pol*) assassination.

assassiner [asasine] (1) *vt* to murder; (*Pol*) to assassinate. **mes créanciers m'assassinent!*** my creditors are bleeding me white!*

assaut [aso] *nm* (*Mil*) assault, attack (*de* on); (*Boxe, Escrime*) bout; (*Alpinisme*) assault. **donner l'~ à** to storm, attack, launch an attack on; **ils donnent l'~** they're attacking; **résister aux ~s de l'ennemi** to resist the enemy's attacks *ou* onslaughts; **partir à l'~ de** (*lit*) to attack, charge; (*fig*) **de petites firmes qui sont parties à l'~ d'un marché international** small firms who have set out to take the international market by storm *ou* to capture the international market; **prendre d'~** to take by storm, assault; (*fig*) **prendre une place d'~** to grab a seat; **les librairies étaient prises d'~** the bookshops were stormed by the public; **ils faisaient ~ de politesse** they were vying with each other *ou* rivalling each other in politeness; *V* **char**.

assèchement [aseʃmɑ̃] *nm* (*V* **assécher**) draining; drainage, emptying; drying (out); drying (up).

assécher [aseʃe] (6) *vt terrain* to drain; *réservoir* to drain, empty; [*vent, évaporation*] *terrain* to dry (out); *réservoir* to dry (up).

ASSEDIC [asedik] *nfpl abrév de* **associations pour l'emploi dans l'industrie et le commerce** (*organization managing unemployment insurance payments*).

assemblage [asɑ̃blaʒ] *nm* (**a**) (*action*) [*éléments, parties*] assembling, putting together; (*Menuiserie*) assembling, jointing; [*meuble, maquette, machine*] assembling, assembly; (*Ordin*) assembly; (*Typ*) [*feuilles*] gathering; (*Couture*) [*pièces*] sewing together; [*robe, pullover*] sewing together *ou* up, making up. **~ de pièces par soudure/collage** soldering/glueing together of parts.
(**b**) (*Menuiserie: jointure*) joint. **~ à vis/par rivets/à onglet** screwed/rivet(ed)/mitre joint.
(**c**) (*structure*) **une charpente est un ~ de poutres** the framework of a roof is an assembly of beams; **toit fait d'~ métalliques** roof made of metal structures.
(**d**) (*réunion*) [*couleurs, choses, personnes*] collection.
(**e**) (*Art: tableau etc*) assemblage.

assemble [asɑ̃ble] *nm* (*Danse*) assemblé.

assemblée [asɑ̃ble] *nf* (*gén: réunion, foule*) gathering; (*réunion convoquée*) meeting; (*Pol*) assembly; (*Rel*) **l'~ des fidèles** the congregation; **~ mensuelle/extraordinaire** monthly/extraordinary meeting; **réunis en ~** gathered *ou* assembled for a meeting; **à la grande joie de l'~** to the great joy of the assembled company *ou*

of those present; **l'A~ nationale** the French National Assembly; (*Pol*) **~ délibérante** deliberating assembly.

assembler [asɑ̃ble] (1) **1** *vt* (**a**) (*réunir*) *données, matériaux* to gather (together), collect (together); (*Pol*) *comité* to convene, assemble; (†) *personnes* to assemble, gather (together); (*Typ*) *feuilles* to gather. (*Pol*) **les chambres assemblées** ont voté la loi the assembled chambers passed the law; (*Danse*) **~ les pieds** to take up third position; **l'amour les assemble†** love unites them (together) *ou* binds them together.
(**b**) (*joindre*) *idées, meuble, machine, puzzle* to assemble, put together; *pull, robe* to sew together *ou* up, make up; (*Menuiserie*) to assemble, joint; *couleurs, sons* to put together. **~ par soudure/collage** to solder/glue together.
2 s'assembler *vpr* [*foule*] to gather, collect; [*participants, conseil, groupe*] to assemble, gather; (*fig*) [*nuages*] to gather; *V* **qui**.

assembleur, -euse [asɑ̃blœr, øz] **1** *nm, f* (*ouvrier*) (*gén*) assembler, fitter; (*Typ*) gatherer. **2** *nm* (*Ordin*) assembler. **3 assembleuse** *nf* (*Typ: machine*) gathering machine.

assener, asséner [asene] (5) *vt coup* to strike; (*fig*) *argument* to thrust forward; *propagande* to deal out; *réplique* to thrust *ou* fling back. **~ un coup à qn** to deal sb a blow.

assentiment [asɑ̃timɑ̃] *nm* (*consentement*) assent, consent; (*approbation*) approval. **donner son ~ à** to give one's assent *ou* consent *ou* approval to.

asseoir [aswar] (26) **1** *vt* (**a**) **~ qn** (*personne debout*) to sit sb down; (*personne couchée*) to sit sb up; **~ qn sur une chaise/dans un fauteuil** to sit *ou* put sb on a chair/in an armchair, seat sb on a chair/in an armchair; **~ un enfant sur ses genoux** to sit *ou* take a child on one's knee; (*fig*) **~ un prince sur le trône** to put *ou* set a prince on the throne.
(**b**) **faire ~ qn** to ask sb to sit down; **faire ~ ses invités** to ask one's guests to sit down *ou* to take a seat; **je leur ai parlé après les avoir fait ~** I talked to them after asking them to sit down; **fais-la ~, elle est fatiguée** get her to sit down, she is tired.
(**c**) **être assis** to be sitting *ou* seated; **reste assis!** (*ne bouge pas*) sit still!; (*ne te lève pas*) don't get up!; **nous sommes restés assis pendant des heures** we sat *ou* remained seated for hours; **ils restèrent assis quand on a joué l'hymne national** they remained seated when the national anthem was played; **nous étions très bien/mal assis** (*sur des chaises*) we had very comfortable/uncomfortable seats; (*par terre*) we were very comfortably/uncomfortably seated, we were sitting very comfortably/uncomfortably; **assis en tailleur** sitting cross-legged; **assis à califourchon sur** sitting astride, straddling; (*fig*) **être assis entre deux chaises** to be in an awkward position, be in a predicament.
(**d**) (*frm*) (*affermir*) *réputation* to establish, assure; *autorité, théorie* to establish. **~ une maison sur du granit** to build a house on granite; **~ les fondations sur** to lay *ou* build the foundations on; **~ sa réputation sur qch** to build one's reputation on sth; **pour ~ son autorité/sa réputation** to establish one's authority/reputation; **~ une théorie sur des faits** to base a theory on facts; **~ son jugement sur des témoignages dignes de foi** to base one's judgment on reliable evidence.
(**e**) (*: stupéfier*) to stagger, stun. **son inconscience m'assoit** his foolishness staggers me, I'm stunned by his foolishness; **j'en suis *ou* reste assis de voir que** I'm staggered *ou* stunned *ou* flabbergasted* to see that.
(**f**) (*Fin*) **~ un impôt** to base a tax, fix a tax.
2 s'asseoir *vpr* to sit (o.s.) down; [*personne couchée*] to sit up. **asseyez-vous donc** do sit down, do have *ou* take a seat; **asseyez-vous par terre** sit (down) on the floor; **il n'y a rien pour s'~** there is nothing to sit on; **le règlement, je m'assieds dessus!‡** you know what you can do with the rule!‡; **s'~ à califourchon (sur qch)** to sit (down) astride (sth); **s'~ en tailleur** to sit (down) cross-legged.

assermenté, e [asɛrmɑ̃te] *adj témoin, expert* on oath (*attrib*).

assertif, -ive [asɛrtif, iv] *adj phrase etc* declarative.

assertion [asɛrsjɔ̃] *nf* assertion.

asservi, e [asɛrvi] (*ptp de* **asservir**) *adj peuple* enslaved; *presse* subservient. **moteur ~** servomotor.

asservir [asɛrvir] (2) *vt* (*assujettir*) *personne* to enslave; *pays* to reduce to slavery, subjugate; (*littér: maîtriser*) *passions, nature* to overcome, master. **être asservi à** to be a slave to.

asservissement [asɛrvismɑ̃] *nm* (*action*) enslavement; (*lit, fig: état*) slavery, subservience (*à* to); (*Elec*) servo-control (*U*) (*à* by).

assesseur [asesœr] *nm* assessor.

assez [ase] *adv* (**a**) (*suffisamment, avec vb*) enough; (*devant adj, adv*) enough, sufficiently. **bien ~** quite enough, plenty; **tu as (bien) ~ mangé** you've had *ou* eaten (quite) enough, you've had (quite) enough *ou* plenty to eat; **c'est bien ~ grand** it's quite big enough; **plus qu'~** more than enough; **je n'ai pas ~ travaillé** I haven't worked (hard) enough, I haven't worked sufficiently (hard); **la maison est grande mais elle ne l'est pas ~ pour nous** the house is big but it is not big enough for us; **il ne vérifie pas ~ souvent** he does not check often enough; **tu travailles depuis ~ longtemps** you've been working (for) long enough; **ça a ~ duré!** it has gone on long enough!; **combien voulez-vous? est-ce que 5 F c'est ~?** — c'est bien ~ how much do you want? is 5 francs enough? *ou* will 5 francs do? — that will be plenty *ou* ample *ou* that will be quite *ou* easily enough; **il a juste ~ pour s'acheter ce livre** he has just enough to buy himself that book; *V* **peu**.
(**b**) **~ de** (*quantité, nombre*) enough; **avez-vous acheté ~ de pain/d'oranges?** have you bought enough *ou* sufficient bread/enough oranges?; **il n'y a pas ~ de viande pour tout le monde** there is not enough meat to go round for everyone; **c'est ~ de lui à me critiquer sans que tu t'en mêles** it's quite enough his criticizing me without your joining in (too), **ils sont ~ de deux pour ce travail** the two of them are enough *ou* will do* for this job;

j'en ai ~ de 3 3 will be enough for me *ou* will do (for) me*; **n'apportez pas de pain/verres, il y en a ~** don't bring any bread/glasses, there is/are enough *ou* we have enough.

(c) (*en corrélation avec pour*) enough. **as-tu trouvé une boîte ~ grande pour tout mettre?** have you found a big enough box *ou* a box big enough to put it all in?; **le village est ~ près pour qu'elle puisse y aller à pied** the village is near enough for her to walk there; **je n'ai pas ~ d'argent pour m'offrir cette voiture** I can't afford (to buy myself) this car, I haven't enough money to buy myself this car; **il est ~ idiot pour refuser!** he's stupid enough to refuse!; **il n'est pas ~ sot pour le croire** he is not so stupid as to believe him.

(d) (*intensif*) rather, quite, fairly, pretty*. **la situation est ~ inquiétante** the situation is rather *ou* somewhat *ou* pretty* disturbing; **ce serait ~ agréable d'avoir un jour de congé** it would be rather *ou* quite nice to have a day off; **il était ~ tard quand ils sont partis** it was quite *ou* fairly *ou* pretty* late when they left; **j'ai oublié son adresse, est-ce ~ bête!** how stupid (of me), I've forgotten his address!; **je l'ai ~ vu!** I have seen (more than) enough of him!; **elle était déjà ~ malade il y a 2 ans** she was already quite ill 2 years ago.

(e) (*loc*) **en voilà ~!, c'est ~!, c'en est ~!** I've had enough!, enough is enough!; **~!** that will do!, that's (quite) enough!; **~ parlé** *ou* **de discours, des actes!** enough talk *ou* enough said, let's have some action!; (en) **avoir ~ de qch/qn** to have (had) enough *ou* be sick* of sth/sb, be fed up with sth/sb*; **j'en ai ~ de toi et de tes jérémiades*** I've had enough of *ou* I'm sick (and tired) of* *ou* I'm fed up with* you and your moaning.

assidu, e [asidy] *adj* (a) (*ponctuel*) *présence* regular. **c'est un élève ~** he's a regular (and attentive) pupil; **ouvrier ~** workman who is regular in his work.

(b) (*appliqué*) *soin, effort* assiduous, unremitting; *travail* assiduous, constant; *painstaking*; *personne* assiduous, painstaking.

(c) (*empressé*) *personne* assiduous *ou* unremitting in one's attention (*auprès de* to). **faire une cour ~e à qn** to be assiduous in one's attentions to sb, woo sb assiduously.

assiduité [asidyite] *nf* (*ponctualité*) regularity; (*empressement*) attentiveness, assiduity (*à* to). **son ~ au cours** his regular attendance at classes; **fréquenter le bistrot avec ~** to be a regular at the pub (*Brit*) *ou* bar (*US*); (*frm, hum*) **poursuivre une femme de ses ~s** to pester a woman with one's assiduous attentions (*hum*).

assidûment [asidymã] *adv* *fréquenter* faithfully, assiduously; *travailler* assiduously.

assiégeant, e [asjeʒɑ̃, ɑ̃t] *nm,f* besieger. **les troupes ~es** the besieging troops.

assiéger [asjeʒe] (3 *et* 6) *vt* (*Mil*) *ville* to besiege, lay siege to; *armée* to besiege; (*fig*) (*entourer*) *guichet, porte, personne* to mob, besiege; (*harceler*) to beset. **la garnison assiégée** the beleaguered *ou* besieged garrison; **assiégé par l'eau/les flammes** hemmed in by water/flames; **à Noël les magasins étaient assiégés** the shops (*Brit*) *ou* stores (*US*) were mobbed at Christmas; **ces pensées/tentations qui m'assiègent** these thoughts/temptations that beset *ou* assail me.

assiette [asjɛt] **1** *nf* (a) (*vaisselle, quantité*) plate. **le nez dans son ~** with his head bowed over his plate.

(b) (*équilibre*) [*cavalier*] seat; [*navire*] trim; [*colonne*] seating. (*Équitation*) **perdre son ~** to lose one's seat, be unseated; (*Équitation*) **avoir une bonne ~** to have a good seat, sit one's horse well; (*fig*) **il n'est pas dans son ~ aujourd'hui** he's not feeling (quite) himself today, he's (feeling) a bit off-colour (*Brit*) today.

(c) [*hypothèque*] property *ou* estate on which a mortgage is secured. **~ de l'impôt** tax base; **~ de la TVA** basis upon which VAT is assessed.

2: assiette anglaise assorted cold roast meats; **assiette au beurre** (*manège*) rotor; (*fig*) **c'est l'assiette au beurre** it's a cushy job; **assiette de charcuterie** assorted cold meats; **assiette creuse** (soup) dish, soup plate; **assiette à dessert** dessert plate, side plate; **assiette plate** (dinner) plate; **assiette à soupe = assiette creuse**.

assiettée [asjete] *nf* (*gén*) plate(ful); [*soupe*] plate(ful), dish.

assignable [asiɲabl(ə)] *adj* (*attribuable*) *cause, origine* ascribable, attributable (*à* to).

assignat [asiɲa] *nm* bank note used during the French Revolution.

assignation [asiɲasjɔ̃] *nf* (*Jur*) [*parts*] assignation, allocation. **~ (à comparaître)** [*prévenu*] summons; [*témoin*] subpoena; **~ en justice** ≃ writ of summons; subpoena; **~ à résidence** house arrest.

assigner [asiɲe] (1) *vt* (a) (*attribuer*) *part, place, rôle* to assign, allocate, allot; *valeur, importance* to attach, ascribe, allot; *cause, origine* to ascribe, attribute (*à* to).

(b) (*affecter*) *somme, crédit* to allot, allocate (*à* to), earmark (*à* for).

(c) (*fixer*) *limite, terme* to set, fix (*à* to). **~ un objectif à qn** to set sb a goal.

(d) (*Jur*) **~ (à comparaître)** *prévenu* to summons; *témoin* to subpoena, summon; **~ qn en justice** to issue a writ against sb, serve a writ on sb; **~ qn à résidence** to put sb under house arrest.

assimilable [asimilabl(ə)] *adj* (a) *immigrant* easily assimilated; *connaissances* easily assimilated *ou* absorbed; *nourriture* assimilable, easily assimilated. **ces connaissances ne sont pas ~s par un enfant** this knowledge could not be assimilated by a child, a child could not assimilate *ou* take in this knowledge.

(b) (*comparable à*) **~ à** comparable to; **ce poste est ~ à celui de contremaître** this job is comparable to *ou* may be considered like that of a foreman.

assimilateur, -trice [asimilatœʀ, tʀis] *adj* assimilative, assimilating. **c'est un admirable ~** he has fine powers of assimilation.

assimilation [asimilasjɔ̃] *nf* (a) (*absorption: gén, fig*) assimilation. **~ chlorophyllienne** photosynthesis.

(b) (*comparaison*) **l'~ de ce bandit à un héros/à Napoléon est un scandale** it's a scandal making this criminal out to be a hero/to liken *ou* compare this criminal to Napoleon; **l'~ des techniciens supérieurs aux ingénieurs** the classification of top-ranking technicians as engineers, the inclusion of top-ranking technicians in the same category as engineers.

assimilé, e [asimile] (*ptp de* **assimiler**) **1** *adj* (*similaire*) comparable; similar. **ce procédé et les autres méthodes ~es** this process and the other comparable methods; (*Écon*) **produits ~s** allied products.

2 *nm* (*Mil*) non-combatant ranking with the combatants. **les fonctionnaires et ~s** civil servants and comparable categories.

assimiler [asimile] (1) **1** *vt* (a) (*absorber*) (*gén*) to assimilate; *connaissances* to take in. **un élève qui assimile bien** a pupil who assimilates *ou* takes things in easily; **ses idées sont du Nietzsche mal assimilé** his ideas are just a few ill-digested notions (taken) from Nietzsche.

(b) **~ qn/qch à** (*comparer à*) to liken *ou* compare sb/sth to; (*classer comme*) to class sb/sth as, put sb/sth into the category of; (*faire ressembler à*) to make sb/sth similar to; **il s'assimila, dans son discours, aux plus grands savants** in his speech, he likened himself to *ou* classed himself alongside the greatest scientists; **les jardinières d'enfants demandent à être assimilées à des institutrices** kindergarten teachers are asking to be classed as *ou* given the same status as primary school teachers.

2 s'assimiler *vpr* (*être absorbé, s'intégrer*) to assimilate, be assimilated (*à* into, by).

assis, e¹ [asi, iz] (*ptp de* **asseoir**) *adj* (a) *personne* sitting (down), seated. **position ~e** sitting position; **demeurer** *ou* **rester ~** to remain seated; **restez ~** (please) don't get up; **être ~** *V* **asseoir**; *V* **magistrature, place**.

(b) (*fig*) *situation* stable, firm; *personne* stable; *autorité* (well-)established.

assise² [asiz] *nf* (*Constr*) course; (*Bio, Géol*) stratum; (*fig*) basis, foundation.

Assise [asiz] *n* Assisi.

assises [asiz] *nfpl* (*Jur*) assizes; (*fig*) meeting; [*parti politique*] conference. **tenir ses ~** to hold one's meeting; **ce parti tient ses ~ à Nancy** this party holds its annual meeting *ou* conference at Nancy; *V* **cour**.

assistanat [asistana] *nm* assistantship.

assistance [asistɑ̃s] **1** *nf* (a) (*assemblée*) [*conférence*] audience; [*débat*] audience, house; [*meeting*] house; [*cérémonie*] gathering, audience; [*messe*] congregation.

(b) (*aide*) assistance. **donner/prêter ~ à qn** to give/lend sb assistance; **~ aux anciens détenus** prisoner after-care.

(c) (*présence*) attendance.

2: assistance judiciaire legal aid; **assistance médicale** (gratuite) (free) medical care; **les services de l'Assistance publique** ≃ the health and social security services; **être à l'Assistance publique** to be in (state *ou* public) care; **enfant de l'Assistance (publique)** child in care; **les hôpitaux de l'Assistance publique** state- *ou* publicly-owned hospitals; **assistance sociale** (*aide*) social aid; (*métier*) social work; **assistance technique** technical aid.

assistant, e [asistɑ̃, ɑ̃t] **1** *nm,f* (*gén, Scol*) assistant; (*Univ*) ≃ assistant lecturer (*Brit*), teaching assistant (*US*). **~e sociale** social worker; (*Scol*) school counsellor, school social worker; **l'~ du professeur** the teacher's aide; *V* **maître**. **2** *nmpl*: **les ~s** those present.

assisté, e [asiste] (*ptp de* **assister**) *adj* (*Jur, Méd, Sociol*) receiving (State) aid; *freins* servo-assisted. **enfant ~** child in care; *V* **direction**.

assister [asiste] (1) **1 assister à** *vt indir* (*être présent à*) *cérémonie, conférence, messe* to be (present) at, attend; *match, spectacle* to be at; *événement* to be present at, witness.

2 *vt* (*aider*) to assist. (*frm*) **~ qn dans ses derniers moments** to succour (*frm*) *ou* comfort sb in his last hour; **~ les pauvres†** to minister to† *ou* assist the poor.

associatif, -ive [asosjatif, iv] *adj* associative. (*Math*) **opération ~ive** associative operation; **la vie ~ive** community life.

association [asosjasjɔ̃] *nf* (a) (*gén: société*) association, society, (*Comm, Écon*) partnership. (*Jur*) **~ de malfaiteurs** criminal conspiracy; **~ sportive** sports association; **~ syndicale** property owners' syndicate.

(b) [*idées, images*] association; [*couleurs, intérêts*] combination.

(c) (*participation*) association, partnership. **l'~ de ces deux écrivains a été fructueuse** these two writers have had a very fruitful partnership; **son ~ à nos travaux dépendra de ...** his joining us in our undertaking will depend on ... .

associationnisme [asosjasjɔnism(ə)] *nm* (*Philos*) associationism.

associationniste [asosjasjɔnist(ə)] *adj, nmf* associationist.

associé, e [asosje] (*ptp de* **associer**) *nm,f* (*gén*) associate; (*Comm, Fin*) partner, associate. **~ principal** senior partner; *V* **membre**.

associer [asosje] (7) **1** *vt* (a) (*faire participer à*) **~ qn à profits** to give sb a share of; *affaire* to make sb a partner in; **~ qn à son triomphe** to include sb else in one's triumph.

(b) **~ qch à** (*rendre solidaire de*) to associate *ou* link sth with; (*allier à*) to combine sth with; **il associe la paresse à la malhonnêteté** he combines laziness with dishonesty.

(c) (*grouper*) *idées, images, mots* to associate; *couleurs, intérêts* to combine (*à* with).

2 s'associer *vpr* (a) (*s'unir*) [*firmes*] to join together, form an association; [*personnes*] (*gén*) to join forces, join together; (*Comm*) to form a partnership; [*pays*] to form an alliance. **s'~ à** *ou* **avec**

firme to join with, form an association with; *personne* (*gén*) to join (forces) with; (*Comm*) to go into partnership with; *pays* to form an alliance with; *bandits* to fall in with.

(b) (*participer à*) il s'est associé à nos projets he joined us in our projects; **il finit par s'~ à notre point de vue** he finally came round to *ou* came to share our point of view; **s'~ à la douleur/aux difficultés de qn** to share in sb's grief/difficulties, feel for sb in his grief/difficulties; **je m'associe aux compliments que l'on vous fait** I should like to join with those who have complimented you.

(c) (*s'allier*) *[couleurs, qualités]* to be combined (*à* with). **ces 2 couleurs s'associent à merveille** these 2 colours go together beautifully.

(d) (*s'adjoindre*) **s'~ qn** to take sb on as a partner.

assoiffant, e [aswafã, ãt] *adj chaleur, travail* thirsty (*épith*), thirst-giving.

assoiffé, e [aswafe] *adj* (*fig*) **~ de** thirsting for *ou* after (*littér*); (*littér, hum*) **monstre ~ de sang** bloodthirsty monster.

assoiffer [aswafe] (1) *vt [temps, course]* to make thirsty.

assolement [asɔlmã] *nm* (systematic) rotation (of crops).

assoler [asɔle] (1) *vt champ* to rotate crops on.

assombri, e [asɔ̃bʀi] (*ptp de* **assombrir**) *adj ciel* darkened, sombre; *visage, regard* gloomy, sombre. **les couleurs ~es du crépuscule** the sombre shades of dusk.

assombrir [asɔ̃bʀiʀ] (2) **1** *vt* **(a)** (*obscurcir*) (*gén*) to darken; *pièce* to make dark *ou* dull *ou* gloomy; *couleur* to make dark *ou* sombre.

(b) (*attrister*) *personne* to fill with gloom; *assistance* to cast a gloom over; *visage, vie, voyage* to cast a shadow over. **les malheurs ont assombri son caractère** misfortune has given him a gloomy *ou* sombre outlook on life *ou* has made him a gloomier person.

2 s'assombrir *vpr* **(a)** *[ciel, pièce]* to darken, grow dark; *[couleur]* to grow sombre, darken.

(b) *[personne, caractère]* to become gloomy *ou* morose; *[visage, regard]* to cloud over. **la situation politique s'est assombrie** the political situation has become gloomier.

assombrissement [asɔ̃bʀismã] *nm [ciel, pièce]* darkening. **ses amis s'inquiètent de l'~ progressif de son caractère** his friends are worried at the increasing gloominess of his attitude to life.

assommant, e* [asɔmã, ãt] *adj* (*ennuyeux*) deadly (boring)*, deadly (dull)*. **il est ~** he's a deadly* *ou* an excruciating bore, he's deadly (dull *ou* boring)*.

assommer [asɔme] (1) *vt* (*lit*) (*tuer*) to batter to death; (*étourdir*) *animal* to knock out, stun; *personne* to knock out, knock senseless, stun; (**fig: ennuyer*) to bore stiff*, bore to tears* *ou* to death*. **être assommé par le bruit/la chaleur** to be overwhelmed by the noise/ overcome by the heat; **si je lui mets la main dessus je l'assomme*** if I can lay my hands on him I'll beat his brains out.

assommoir†† [asɔmwaʀ] *nm* (*massue*) club; (*café*) grogshop† (*Brit*), bar.

Assomption [asɔ̃psjɔ̃] *nf*: **(la fête de) l'~** (the feast of) the Assumption.

assonance [asɔnãs] *nf* assonance.

assonant, e [asɔnã, ãt] *adj* assonant, assonantal.

assorti, e [asɔʀti] (*ptp de* **assortir**) *adj* **(a)** (*en harmonie*) **des époux bien/mal ~s** a well/badly-matched *ou* suited couple, a good/ bad match; **nos amis sont mal ~s** our friends are a mixed bunch; **être ~ à** *couleur* to match.

(b) *bonbons* assorted. **'hors-d'œuvre/fromages ~s'** 'assortment of hors d'œuvres/cheeses'; **magasin bien/mal ~** well/poorly-stocked shop.

(c) être ~ de *conditions, conseils* to be accompanied with.

assortiment [asɔʀtimã] *nm* **(a)** (*gamme, série*) *[bonbons, hors-d'œuvre]* assortment; *[livres]* collection; *[vaisselle]* set. **je vous fais un ~?** shall I give you an assortment?; **il y avait tout un ~ d'outils** there was a whole set *ou* collection of tools.

(b) (*association, harmonie*) *[couleurs, formes]* arrangement, ensemble.

(c) (*Comm: lot, stock*) stock, selection.

assortir [asɔʀtiʀ] (2) **1** *vt* **(a)** (*accorder*) *couleurs, motifs* to match (*à, avec*, with). **elle assortit la couleur de son écharpe à celle de ses yeux** she chose the colour of her scarf to match her eyes, she matched the colour of her scarf to her eyes; **elle avait su ~ ses invités** she had mixed *ou* matched her guests cleverly.

(b) (*accompagner de*) **~ qch de** *conseils, commentaires* to accompany sth with; **ce livre s'assortit de notes** this book has accompanying notes *ou* has notes with it.

(c) (*Comm: approvisionner*) *commerçant* to supply; *magasin* to stock (*de* with).

2 s'assortir *vpr [couleurs, motifs]* to match, go (well) together; *[caractères]* to go together, be well matched. **le papier s'assortit aux rideaux** the wallpaper matches *ou* goes (well) with the curtains.

assoupi, e [asupi] (*ptp de* **assoupir**) *adj personne* dozing; *sens, intérêt, douleur* dulled; *haine* lulled.

assoupir [asupiʀ] (2) **1** *vt personne* to make drowsy; *sens, intérêt, douleur* to dull; *passion* to lull.

2 s'assoupir *vpr [personne]* to doze off; (*fig*) to be dulled; to be lulled. **il est assoupi** he is dozing.

assoupissement [asupismã] *nm* **(a)** (*sommeil*) doze; (*fig: somnolence*) drowsiness. **être au bord de l'~** to be about to doze off.

(b) (*action*) *[sens]* numbing; *[facultés, intérêt]* dulling; *[douleur]* deadening; *[chagrin]* lulling.

assouplir [asupliʀ] (2) **1** *vt cuir* to soften, make supple, make pliable; *membres, corps* to make supple; *règlements, mesures* to relax; *principes* to make more flexible, relax. **~ le caractère de qn** to make sb more manageable.

2 s'assouplir *vpr* to soften; to become supple; to become

pliable; to relax; to become more flexible. **son caractère s'est assoupli** he has become more manageable.

assouplissant, e [asuplisã, ãt] **1** *adj produit, formule* softening. **2** *nm*: **~** (textile) (fabric) softener.

assouplissement [asuplismã] *nm* (*V* **assouplir**) softening; suppling up; relaxing. **faire des exercices d'~** to limber up, do (some) limbering up exercises; (*Écon*) **mesures d'~ du crédit** easing of credit restrictions; **mesures d'~ des formalités administratives** measures to relax administrative regulations.

assouplisseur [asuplisœʀ] *nm* (fabric) softener.

assourdir [asuʀdiʀ] (2) **1** *vt* **(a)** (*rendre sourd*) *personne* to deafen.

(b) (*amortir*) *bruit* to deaden, muffle. **2 s'assourdir** *vpr* (*Ling*) to become voiceless, become unvoiced.

assourdissant, e [asuʀdisã, ãt] *adj* deafening.

assourdissement [asuʀdismã] *nm* **(a)** *[personne]* (*état*) (temporary) deafness; (*action*) deafening. **(b)** *[bruit]* deadening, muffling. **(c)** (*Ling*) devoicing.

assouvir [asuviʀ] (2) *vt faim, passion* to assuage, satisfy, appease.

assouvissement [asuvismã] *nm* assuaging, satisfaction, satisfying, appeasement.

assujetti, e [asyʒeti] (*ptp de* **assujettir**) *adj peuple* subject, subjugated. **~ à** *règle* subject to; *taxe* liable *ou* subject to; (*Admin*) **les personnes ~es à l'impôt** persons liable to tax *ou* affected by tax.

assujettir [asyʒetiʀ] (2) **1** *vt* (*contraindre*) *peuple* to subjugate, bring into subjection; (*fixer*) *planches, tableau* to secure, make fast. **~ qn à une règle** to subject sb to a rule. **2 s'assujettir** *vpr* (*à une règle*) to submit (*à* to).

assujettissant, e [asyʒetisã, ãt] *adj travail, emploi* demanding, exacting.

assujettissement [asyʒetismã] *nm* (*contrainte*) constraint; (*dépendance*) subjection. **~ à l'impôt** tax liability.

assumer [asyme] (1) **1** *vt* **(a)** (*prendre*) (*gén*) to assume; *responsabilité, tâche, rôle* to take on; *commandement* to take over; *poste* to take up. **j'assume la responsabilité de faire ...** I'll take it upon myself to do ... ; **~ les frais de qch** to meet the cost *ou* expense of sth.

(b) (*remplir*) *poste* to hold; *rôle* to fulfil. **après avoir assumé ce poste pendant 2 ans** having held this post for 2 years.

(c) (*accepter*) *conséquence, situation,* (*Philos*) *condition* to accept; *douleur* to accept, shoulder.

2 s'assumer *vpr* to come to terms with o.s.

assurable [asyʀabl(ə)] *adj* insurable.

assurage [asyʀaʒ] *nm* (*Alpinisme*) belaying.

assurance [asyʀãs] **1** *nf* **(a)** (*confiance en soi*) self-confidence, (self-)assurance. **avoir de l'~** to be self-confident *ou* (self-)assured; **prendre de l'~** to gain (self-)confidence *ou* (self-)assurance; **parler avec ~** to speak with assurance *ou* confidence.

(b) (*garantie*) assurance, undertaking (*Brit*). **donner à qn l'~ formelle que** to give sb a formal assurance *ou* undertaking that; (*formule épistolaire*) **veuillez agréer l'~ de ma considération distinguée** *ou* **de mes sentiments dévoués** ≃ yours faithfully *ou* truly.

(c) (*contrat*) insurance (policy); (*firme*) insurance company. **contracter** *ou* **prendre une ~ contre** to take out insurance *ou* an insurance policy against; **il est dans les ~s** he's in insurance, he's in the insurance business; **V police², prime¹**.

(d) (*Alpinisme*) **=** **assurage**. **longueur bénéficiant d'une bonne ~** well-protected pitch.

2: assurance-automobile *nf, pl* **assurances-automobile** car insurance; **assurance-bagages** luggage insurance; (*Can*) **assurance-chômage** *nf, pl* **assurances-chômage** unemployment insurance; **assurance-incendie** *nf, pl* **assurances-incendie** fire insurance; **assurance invalidité-vieillesse** disablement insurance; **assurance maladie** health insurance; **assurance maritime** marine insurance; **assurance personnelle** personal insurance; **assurance responsabilité-civile = assurance au tiers; assurances sociales** ≃ National Insurance (*Brit*), ≃ Welfare (*US*), **il est (inscrit) aux assurances sociales** he's in the state health scheme, **he pays National Insurance; assurance au tiers** third-party insurance; **assurance multirisque** general insurance; (*Aut*) **assurance tous risques** comprehensive insurance; **assurance-vie** *nf, pl* **assurances-vie, assurance sur la vie** life assurance *ou* insurance; **assurance-vieillesse** *nf, pl* **assurances-vieillesse** state pension scheme; **assurance contre le vol** insurance against theft; **assurance-voyage** travel insurance.

assuré, e [asyʀe] (*ptp de* **assurer**) **1** *adj* **(a)** *réussite, échec* certain, sure; *situation, fortune* assured. **son avenir est ~** maintenant his future is certain *ou* assured now; **entreprise ~e du succès** undertaking which is sure *ou* assured of success.

(b) *air, voix, démarche* assured, (self-)confident; *main, pas* steady. **mal ~** *voix, pas* uncertain, unsteady; **il est mal ~ sur ses jambes** he's unsteady on his legs.

(c) (*loc*) **tenir pour ~ que** to be confident that, take it as certain that; **il se dit ~ de** he says he is confident of; **tenez pour ~ que** rest assured that.

2 *nm,f* (*Assurance*) *[assurance-vie]* assured person; *[autres assurances]* insured person, policyholder. **l'~** the assured, the policyholder; **~ social** ≃ contributor to the National Insurance scheme (*Brit*) *ou* Social Security (*US*), person on Welfare (*US*).

assurément [asyʀemã] *adv* (*frm*) assuredly, most certainly. **~, ceci présente des difficultés** this does indeed present difficulties; **(oui) ~** yes indeed, (yes) most certainly; **~ il viendra** assuredly he'll come, he will most (certainly) come.

assurer [asyʀe] (1) **1** *vt* **(a)** (*certifier*) **~ à qn que** to assure sb that; **~ que** to affirm *ou* contend *ou* assert that; **cela vaut la peine, je vous assure** it's worth it, I assure you.

(b) (*confirmer*) **~ qn de** *amitié, bonne foi* to assure sb of; **sa**

participation nous est assurée we have been assured of his participation, we're guaranteed that he'll take part.

(c) (*Fin: par contrat*) *maison, bijoux* to insure (*contre* against); *personne* to assure. **~ qn sur la vie** to give sb (a) life assurance *ou* insurance, assure sb's life; **faire ~ qch** to insure sth, have *ou* get sth insured; **être assuré** to be insured.

(d) (*fournir*) *fonctionnement, permanence etc* to maintain; *surveillance* to ensure, provide, maintain; *service* to operate, provide. **pendant la grève, les mineurs n'assureront que les travaux d'entretien** during the strike the miners will carry out *ou* undertake maintenance work only; **on utilise des appareils électroniques pour ~ la surveillance des locaux** electronic apparatus is used to guard the premises *ou* to ensure that the premises are guarded; **l'avion qui assure la liaison entre Genève et Aberdeen** the plane that operates between Geneva and Aberdeen; **l'armée a dû ~ le ravitaillement des sinistrés** the army has had (to be moved in) to ensure *ou* provide supplies for the victims; (*Jur*) **~ sa propre défense** to conduct one's own defence; **~ la direction d'un service** to head up a department, be in charge of a department; **~ le remplacement de pièces défectueuses** to guarantee the replacement of faulty parts *ou* to replace faulty parts.

(e) (*procurer, garantir*) **~ une situation à son fils** to secure a position for one's son; **cela devrait leur ~ une vie aisée** that should ensure that they lead a comfortable life *ou* ensure a comfortable life for them; **ça lui a assuré la victoire** that ensured his victory ou made his victory certain.

(f) (*rendre sûr*) *bonheur, succès, paix* to ensure; *fortune* to secure; *avenir* to make certain. (*Mil*) **~ les frontières contre** to make the frontiers secure from; (*fig*) **~ ses arrières** to ensure one has something to fall back on; **cela m'assure un toit pour les vacances** that makes sure I'll have a roof over my head *ou* that ensures me a roof over my head for the holidays.

(g) (*affermir*) *pas, prise, échelle* to steady; (*fixer*) *échelle, volet* to secure; (*Alpinisme*) to belay. **il assura ses lunettes sur son nez** he fixed his glasses firmly on his nose.

2 s'assurer *vpr* **(a)** (*vérifier*) **s'~ que/de qch** to make sure that/of sth, check that/sth, ascertain that/sth; **assure-toi qu'on n'a rien volé** make sure *ou* check *ou* ascertain that nothing has been stolen; **assure-toi si le robinet est fermé** check if *ou* make sure the tap (*Brit*) *ou* faucet (*US*) is off; **je vais m'en ~** I'll make sure *ou* check.

(b) (*contracter une assurance*) to insure o.s. (*contre* against). (*se prémunir*) **s'~ contre attaque, éventualité** to insure (o.s.) against; **s'~ sur la vie** to insure one's life, take out (a) life assurance *ou* insurance.

(c) (*se procurer*) **~ l'aide de qn/la victoire** to secure *ou* ensure sb's help/victory; **il s'est ainsi assuré un revenu** in this way he made sure of an income for himself, he thus ensured *ou* secured himself an income; **s'~ l'accès de** to secure access to.

(d) (*s'affermir*) to steady o.s. (*sur* on); (*Alpinisme*) to belay o.s. **s'~ sur sa selle/ses jambes** to steady o.s. in one's saddle/on one's legs.

(e) (*littér: arrêter*) **s'~ d'un voleur** to apprehend a thief.

assureur [asyRœR] *nm* (*agent*) insurance agent; (*société*) insurance company; (*Jur: partie*) insurers (*pl*); (*entreprise*) underwriters.

Assyrie [asiRi] *nf* Assyria.

assyrien, -ienne [asiRjɛ̃, jɛn] **1** *adj* Assyrian. **2** *nm, f*: **A~(ne)** Assyrian.

aster [astɛR] *nm* aster.

astérisque [asteRisk(ə)] *nm* asterisk. **marqué d'un ~** asterisked.

astéroïde [asteRɔid] *nm* asteroid.

asthénie [asteni] *nf* asthenia.

asthénique [astenik] *adj, nmf* asthenic.

asthmatique [asmatik] *adj, nmf* asthmatic.

asthme [asm(ə)] *nm* asthma.

asticot [astiko] *nm* (*appât*) maggot; (*pour la pêche*) gentle; (**: type*) bloke* (*Brit*), guy (*US*).

asticoter* [astikɔte] (1) *vt* to needle, get at* **cesse donc d'~ ta sœur!** stop getting at* (*Brit*) *ou* plaguing (*Brit*) *ou* needling *ou* bugging‡ your sister!

astigmate [astigmat] **1** *adj* astigmatic. **2** *nmf* astigmat(ic).

astigmatisme [astigmatism(ə)] *nm* astigmatism.

astiquage [astika3] *nm* polishing.

astiquer [astike] (1) *vt arme, meuble, parquet* to polish; *bottes, métal* to polish, shine, rub up (*Brit*).

astragale [astRagal] *nm* (*Anat*) talus, astragalus; (*Bot*) astragalus; (*Archit*) astragal.

astrakan [astRakɑ̃] *nm* astrakhan.

astral, e, *mpl* **-aux** [astRal, o] *adj* astral.

astre [astR(ə)] *nm* star. (*littér*) **l'~ du jour/de la nuit** the day/night star (*littér*).

astreignant, e [astRɛɲɑ̃, ɑ̃t] *adj travail* exacting, demanding.

astreindre [astRɛ̃dR(ə)] (49) **1** *vt*: **~ qn à faire** to compel *ou* oblige *ou* force sb to do; **~ qn à un travail pénible/une discipline sévère** to force a trying task/a strict code of discipline upon sb.

2 s'astreindre *vpr*: **s'~ à faire** to force *ou* compel o.s. to do; **elle s'astreignait à un régime sévère** she forced herself to keep to a strict diet; **astreignez-vous à une vérification rigoureuse** apply yourself to a thorough check (*frm*), make yourself carry out a thorough check.

astreinte [astRɛ̃t] *nf* (*littér: obligation*) constraint, obligation; (*Jur*) penalty (*imposed on daily basis for non-completion of contract*).

astringence [astRɛ̃3ɑ̃s] *nf* astringency.

astringent, e [astRɛ̃3ɑ̃, ɑ̃t] *adj, nm* astringent.

astrolabe [astRɔlab] *nm* astrolabe.

astrologie [astRɔlɔ3i] *nf* astrology.

astrologique [astRɔlɔ3ik] *adj* astrologic(al).

astrologue [astRɔlɔg] *nm* astrologer.

astronaute [astRɔnot] *nmf* astronaut.

astronautique [astRɔnotik] *nf* astronautics (*sg*).

astronef† [astRɔnɛf] *nm* spaceship, spacecraft.

astronome [astRɔnɔm] *nm* astronomer.

astronomie [astRɔnɔmi] *nf* astronomy.

astronomique [astRɔnɔmik] *adj* (*lit, fig*) astronomical, astronomic.

astronomiquement [astRɔnɔmikmɑ̃] *adv* astronomically.

astrophysicien, -ienne [astRɔfizisjɛ̃, jɛn] *nm, f* astrophysicist.

astrophysique [astRɔfizik] **1** *adj* astrophysical. **2** *nf* astrophysics (*sg*).

astuce [astys] *nf* **(a)** (*U*) shrewdness, astuteness. **il a beaucoup d'~** he is very shrewd *ou* astute.

(b) (*moyen, truc*) (clever) way, trick. **là, l'~ c'est d'utiliser de l'eau au lieu de pétrole** now the trick *ou* the clever bit (*Brit*) here is to use water instead of oil; **les ~s du métier** the tricks of the trade; **c'est ça l'~!** that's the trick! *ou* the clever bit!

(c) (*) (*jeu de mot*) pun; (*plaisanterie*) wisecrack*. **faire des ~s** to make wisecracks*; **~ vaseuse** lousy* pun.

astucieusement [astysjøzmɑ̃] *adv* shrewdly, cleverly, astutely.

astucieux, -ieuse [astysjø, jøz] *adj personne, réponse, raisonnement* shrewd, astute; *visage* shrewd, astute-looking; *moyen, solution* shrewd, clever.

Asturies [atyRi] *nfpl*: **les ~** the Asturias.

asymétrie [asimetRi] *nf* asymmetry.

asymétrique [asimetRik] *adj* asymmetric(al).

asymptote [asɛ̃ptɔt] **1** *adj* asymptotic. **2** *nf* asymptote.

asymptotique [asɛ̃ptɔtik] *adj* asymptotic.

asynchrone [asɛ̃kRɔn] *adj* asynchronous.

asyndète [asɛ̃dɛt] *nf* asyndeton.

atavique [atavik] *adj* atavistic.

atavisme [atavism(ə)] *nm* atavism. **c'est de l'~!** it's heredity coming out!, it's an atavistic trait!

atèle [atɛl] *nm* spider monkey.

atelier [atəlje] *nm* **(a)** (*local*) [*artisan*] workshop; [*artiste*] studio; [*couturières*] workroom; [*haute couture*] atelier. **~ de fabrication** workshop.

(b) (*groupe*) (*Art*) studio; (*Scol*) work-group; (*dans un colloque*) discussion group, workshop. (*Scol*) **les enfants travaillent en ~s** the children work in small groups.

(c) (*Ind*) [*usine*] shop, workshop; *V chef¹*.

atemporel, -elle [atɑ̃pɔRɛl] *adj vérité* timeless.

atermoiement [atɛRmwamɑ̃] *nm* prevarication, procrastination (*U*).

atermoyer [atɛRmwaje] (8) *vi* (*tergiverser*) to procrastinate, temporize.

Athalie [atali] *nf* Athalia.

athée [ate] **1** *adj* atheistic. **2** *nmf* atheist.

athéisme [ateism(ə)] *nm* atheism.

Athéna [atena] *nf* Athena, (Pallas) Athene.

Athènes [atɛn] *n* Athens.

athénien, -ienne [atenjɛ̃, jɛn] **1** *adj* Athenian. **2** *nm, f*: **A~(ne)** Athenian.

athlète [atlɛt] *nmf* athlete. **corps d'~** athletic body; (*hum*) **regarde l'~!, quel ~!** just look at muscleman! (*hum*).

athlétique [atletik] *adj* athletic.

athlétisme [atletism(ə)] *nm* athletics (*U*). **~ sur piste** track athletics.

Atlantide [atlɑ̃tid] *nf*: **l'~** Atlantis.

atlantique [atlɑ̃tik] **1** *adj* Atlantic. (*Can*) **les Provinces ~** the Atlantic Provinces; *V* **heure. 2** *nm*: **l'A~** the Atlantic (Ocean).

atlantisme [atlɑ̃tism(ə)] *nm* Atlanticism.

atlantiste [atlɑ̃tist(ə)] **1** *adj, politique etc* Atlanticist, which promotes the Atlantic Alliance. **2** *nmf* Atlanticist.

atlas [atlɑs] *nm* (*livre, Anat*) atlas. (*Myth*) **A~** Atlas; (*Géog*) **l'A~** the Atlas Mountains.

atmosphère [atmɔsfɛR] *nf* (*lit, fig*) atmosphere.

atmosphérique [atmɔsfeRik] *adj* atmospheric; *V* **courant, perturbation.**

atoca* [atɔka] *nm* (*Can: canneberge*) cranberry.

atoll [atɔl] *nm* atoll.

atome [atom] *nm* atom. **il n'a pas un ~ de bon sens** he hasn't an iota *ou* atom of common sense; (*fig*) **avoir des ~s crochus avec qn** to have things in common with sb, hit it off with sb*.

atomique [atɔmik] *adj* (*Chim, Phys*) atomic; (*Mil, Pol*) atomic, nuclear; *V* **bombe.**

atomiser [atɔmize] (1) *vt* (*gén*) to atomize; (*Mil*) to destroy by atomic *ou* nuclear weapons. **les atomisés d'Hiroshima** the victims of the Hiroshima atom bomb.

atomiseur [atɔmizœR] *nm* (*gén*) spray; [*parfum*] atomizer.

atomiste [atɔmist(ə)] *nmf* (*aussi savant, ingénieur etc* **~**) atomic scientist.

atomistique [atɔmistik] *adj, nf*: (*théorie*) **~** atomic theory.

atonal, e, *mpl* **~s** [atɔnal] *adj* atonal.

atonalité [atɔnalite] *nf* atonality.

atone [atɔn] *adj* **(a)** (*sans vitalité*) *être* lifeless; (*sans expression*) *regard* expressionless; (*Méd*) atonic. **(b)** (*Ling*) unstressed, unaccented, atonic.

atonie [atɔni] *nf* (*Ling, Méd*) atony; (*manque de vitalité*) lifelessness.

atours [atuR] *nmpl* (†, *hum*) attire, finery. **dans ses plus beaux ~** in her loveliest attire (†, *hum*), in all her finery (*hum*).

atout [atu] *nm* **(a)** (*Cartes*) trump. **jouer ~** to play a trump; (*en commençant*) to lead trumps; **on jouait ~ cœur** hearts were trumps; **~ maître** master trump; **3 sans ~** 3 no trumps.

(b) (*fig*) (*avantage*) asset; (*carte maîtresse*) trump card. l'avoir dans l'équipe est un ~ it's a great advantage having him in the team, he is an asset to our team; avoir tous les ~s (dans son jeu) to hold all the trumps *ou* winning cards; avoir plus d'un ~ dans sa manche to have more than one ace up one's sleeve.

atoxique [atɔksik] *adj* non-poisonous.

atrabilaire [atRabilɛR] *adj* (††, *hum*) bilious, atrabilious.

âtre [atR(ə)] *nm* (*littér*) hearth.

Atrée [atRe] *nm* Atreus.

Atrides [atRid] *nmpl:* les ~ the Atridae.

atroce [atRɔs] *adj* **(a)** *crime* atrocious, heinous, foul; *douleur* excruciating; *spectacle* atrocious, ghastly, horrifying; *mort, sort, vengeance* dreadful, terrible.
(b) (*sens affaibli*) *goût, odeur, temps* ghastly, atrocious, foul; *livre, acteur* atrocious, dreadful; *laideur, bêtise* dreadful.

atrocement [atRɔsmã] *adv* **(a)** *souffrir* atrociously, horribly; *défigurer* horribly. il s'est vengé ~ he wreaked a terrible *ou* dreadful revenge; elle avait ~ peur she was terror-stricken.
(b) (*sens affaibli*) *laid* atrociously, dreadfully; *bête* dreadfully; *mauvais, ennuyeux* excruciatingly, dreadfully. loucher ~ to have a dreadful squint.

atrocité [atRɔsite] *nf* **(a)** (*qualité*) [*crime, action*] atrocity, atrociousness; [*spectacle*] ghastliness.
(b) (*acte*) atrocity, outrage. dire des ~s sur qn to say wicked *ou* atrocious things about sb; cette nouvelle tour est une ~ this new tower is an atrocity *ou* an eyesore.

atrophie [atRɔfi] *nf* (*Méd*) atrophy; (*fig*) degeneration, atrophy.

atrophier [atRɔfje] (7) **1** *vt* (*Méd*) to atrophy; (*fig*) to atrophy, cause the degeneration of. **2** s'atrophier *vpr* [*membres, muscle*] to waste away, atrophy; (*fig*) to atrophy, degenerate.

attabler (s') [atable] (1) *vpr* (*pour manger*) to sit down at (the) table. s'~ autour d'une bonne bouteille (avec des amis) to sit (down) at the table *ou* settle down round (*Brit*) *ou* around (*US*) the table for a drink (with friends); il retourna s'~ à la terrasse du café he went back to sit at a table outside the café; il traversa la salle et vint s'~ avec eux he crossed the room and came to sit at their table; les clients attablés the seated customers.

attachant, e [ataʃã, ãt] *adj* (*gén*) engaging, captivating.

attache [ataʃ] *nf* **(a)** (*en ficelle*) (piece of) string; (*en métal*) clip, fastener; (*courroie*) strap.
(b) (*Anat*) ~s (*épaules*) shoulders; (*aines*) groins; (*poignets et chevilles*) wrists and ankles.
(c) (*fig*) (*lien*) tie. (*connaissances*) ~s ties, connections; avoir des ~s dans une région to have family ties *ou* connections in a region.
(d) (*Bot*) tendril.
(e) (*loc*) être à l'~ [*animal*] to be tied up; (*fig*) [*personne*] to be tied; [*bateau*] to be moored; voir point¹, port¹.

attaché, e [ataʃe] (*ptp de* **attacher**) **1** *adj* **(a)** (*tenir à*) être ~ à (*gén*) to be attached to; *habitude* to be tied to; ~ à la vie attached to life.
(b) (*frm: être affecté à*) être ~ au service de qn to be in sb's personal service; les avantages ~s à ce poste the benefits connected with *ou* attached to this position; son nom restera ~ à cette découverte his name will always be linked *ou* connected with this discovery.
2 *nm* attaché. ~ d'ambassade/de presse/militaire embassy/press/military attaché; ~ d'administration administrative assistant.
3: attaché-case [...kɛz] *nm inv* attaché case.

attachement [ataʃmã] *nm* **(a)** (*à une personne*) affection (à for), attachment (à to); (*à un lieu, à une doctrine, à la vie*) attachment (à to). **(b)** (*Constr*) daily statement (*of work done and expenses incurred*).

attacher [ataʃe] (1) **1** *vt* **(a)** *animal, plante* to tie up; (*avec une chaîne*) to chain up; *volets* to fasten, secure. ~ une étiquette à un arbre/à une valise to tie a label to a tree/on(to) a case; attachez donc votre chien please tie up your dog *ou* get your dog tied up; il attacha sa victime sur une chaise he tied his victim to a chair; il a attaché son nom à cette découverte he has linked *ou* put his name to this discovery; s'~ à une corde to tie o.s. with a rope; s'~ à son siège to fasten o.s. to one's seat.
(b) *paquet, colis* to tie up; *prisonnier* to tie up, bind; *plusieurs choses ensemble* to tie together, bind together. ~ les mains d'un prisonnier to tie a prisoner's hands together, bind a prisoner's hands (together); la ficelle qui attachait le paquet the string that was round the parcel; est-ce bien attaché? is it well *ou* securely tied (up)?; il ne les attache pas avec des saucisses* he's a bit tight-fisted.
(c) *ceinture* to do up, fasten; *robe* (à boutons) to do up, button up, fasten; (à fermeture éclair) to do up, zip up; *lacets* to do up, tie up; *fermeture, bouton* to do up. attache tes chaussures do up *ou* tie up your shoes; (*Aviat*) veuillez ~ votre ceinture (please) fasten your seatbelts.
(d) *papiers* (*épingler*) to pin together, attach; (*agrafer*) to staple together, attach. ~ à to pin to; to staple onto; ~ une affiche au mur avec du scotch to stick a notice up on the wall with sellotape (*Brit*) *ou* Scotch tape, sellotape (*Brit*) *ou* Scotch-tape a notice to the wall.
(e) (*fig: lier à*) des souvenirs l'attachent à ce village (*qu'il a quitté*) he still feels attached to the village because of his memories; (*qu'il habite*) his memories keep him here in this village; il a su s'~ ses étudiants he has won the loyalty of his students; plus rien ne l'attachait à la vie nothing held her to life any more.
(f) (*attribuer*) ~ de l'importance à qch to attach importance to sth; ~ de la valeur ou du prix à qch to attach great value to sth, set great store by sth; ~ un certain sens à to attach *ou* attribute a certain meaning to.

(g) (*frm: adjoindre*) ~ des gardes à qn to give sb a personal guard; ~ qn à son service to engage sb, take sb into one's service.
(h) (*fixer*) ~ son regard *ou* ses yeux sur to fix one's eyes upon.
2 *vi* (*Culin*) to stick. les pommes de terre ont attaché the potatoes have stuck; une poêle qui n'attache pas a non-stick frying pan.
3 s'attacher *vpr* **(a)** (*gén*) to do up, fasten (up) (*avec, par* with); [*robe*] (à boutons) to button up, do up; (à fermeture éclair) to zip up, do up; [*fermeture, bouton*] to do up. ça s'attache derrière it does up (at) the back, it fastens (up) at the back.
(b) (*se prendre d'affection pour*) s'~ à to become attached to; cet enfant s'attache vite this child soon becomes attached to people.
(c) (*accompagner*) s'~ aux pas de qn to follow sb closely, dog sb's footsteps; les souvenirs qui s'attachent à cette maison the memories attached to *ou* associated with that house.

attaquable [atakabl(ə)] *adj* (*Mil*) open to attack; *testament* contestable.

attaquant, e [atakã, ãt] *nm,f* (*Mil, Sport*) attacker; (*Ftbl*) striker, forward. l'avantage est à l'~ the advantage is on the attacking side.

attaque [atak] **1** *nf* **(a)** (*Mil, Police, Sport, fig*) attack; (*Alpinisme*) start. aller à l'~ to go into the attack; commettre des ~s nocturnes to carry out night-time attacks *ou* assaults; passer à l'~ to move into the attack; une ~ virulente contre le gouvernement a virulent attack *ou* onslaught on the Government; ~ d'artillerie *etc* artillery *etc* attack; ~ à la bombe bomb attack, bombing.
(b) (*Méd*) (*gén*) attack; [*épilepsie*] fit, attack (*de* of). avoir une ~ (*cardiaque*) to have a heart attack; (*apoplexie*) to have a stroke, have a seizure.
(c) (*Mus*) striking up.
(d) (**loc*) d'~ on form, in top form; il est particulièrement d'~ ce soir he is in particularly fine form tonight; il n'est pas d'~ ce matin he's a bit off form this morning; se sentir *ou* être assez d'~ pour faire to feel up to doing.
2: attaque aérienne air raid, air attack; **attaque d'apoplexie** apoplectic attack *ou* seizure; **attaque cardiaque** heart attack; **attaque à main armée** hold-up, armed attack; **attaque de nerfs** fit of hysterics, attack of nerves.

attaquer [atake] (1) **1** *vt* **(a)** (*assaillir*) *pays* to attack, make *ou* launch an attack upon; *passant, jeune fille* to attack, assault, set upon; (*fig*) *abus, réputation, personne* to attack. l'armée prussienne/l'équipe adverse attaqua the Prussian army/the opposing team attacked *ou* went into the attack; ~ de front/par derrière to attack from the front/from behind *ou* from the rear; ~ (qn) par surprise to make a surprise attack ((up)on sb); ~ violemment qn pour avoir dit... to attack sb violently *ou* give sb a blasting* for saying....
(b) (*endommager*) [*rouille, acide*] to attack; (*Méd*) [*infection*] to affect, attack. l'humidité a attaqué les peintures damp has attacked *ou* damaged the paintings; la pollution attaque notre environnement pollution is having a damaging effect on *ou* is damaging our environment; l'acide attaque le fer acid attacks *ou* eats into iron.
(c) (*aborder*) *difficulté, obstacle* to tackle, attack; *chapitre* to tackle; *discours* to launch upon; *travail* to set about, buckle down to, get down to; (*Mus*) *morceau* to strike up, launch into; *note* to attack; (*Alpinisme*) to start. il attaqua les hors-d'œuvre* he tucked into* *ou* got going on* the hors d'œuvres.
(d) (*Jur*) *jugement, testament* to contest; *mesure* to challenge. ~ qn en justice to bring an action against sb.
2 s'attaquer *vpr:* s'~ à *personne, abus, mal* to attack; *problème* to tackle, attack, take on; s'~ à plus fort que soi to take on more than one's match.

attardé, e [atarde] **1** *adj* **(a)** (*Psych*) *enfant* backward. **(b)** (*en retard*) *promeneur* late, belated (*littér*). **(c)** (*démodé*) *personne, goût* old-fashioned, behind the times (*attrib*). **2** *nm,f:* ~ (mental) backward *ou* mentally retarded child; (*US Scol*) exceptional child.

attarder [atarde] (1) **1** *vt* to make late.
2 s'attarder *vpr* **(a)** (*se mettre en retard*) to linger (behind). s'~ chez des amis to stay on at friends'; s'~ à boire to linger over drinks *ou* a drink; il s'est attardé au bureau pour finir un rapport he has stayed late *ou* on at the office to finish a report; s'~ au café to linger at the café; s'~ pour cueillir des fleurs to stay behind to pick flowers; elle s'est attardée en route she dawdled *ou* lingered *ou* tarried (*littér*) on the way; s'~ derrière les autres to lag behind the others; ne nous attardons pas ici let's not linger *ou* hang about* here.
(b) (*fig*) s'~ sur une description to linger over a description; s'~ à des détails to linger over *ou* dwell (up)on details.

atteindre [atɛ̃dR(ə)] (49) **1** *vt* **(a)** (*parvenir à*) *lieu, limite* to reach; *objet haut placé* to reach, get at; *objectif* to reach, arrive at, attain. ~ son but [*personne*] to reach one's goal, achieve one's aim; [*mesure*] to be effective; [*missile*] to hit its target, reach its objective; il ne m'atteint pas l'épaule he doesn't come up to *ou* reach my shoulder; la Seine a atteint la cote d'alerte the Seine has risen to *ou* reached danger level; cette tour atteint 30 mètres this tower is 30 metres high; les peupliers peuvent ~ une très grande hauteur poplars can grow to *ou* reach a very great height; il a atteint son but but he has reached his goal, he has achieved his aim *ou* end; V bave.
(b) (*contacter*) *personne* to get in touch with, contact, reach.
(c) (*toucher*) [*pierre, balle, tireur*] to hit (à in); [*événement, maladie, reproches*] to affect. il a eu l'œil atteint par un éclat d'obus he was hit in the eye by a bit of shrapnel; la maladie a atteint ses facultés mentales the illness has affected *ou* impaired his mental faculties; les reproches ne l'atteignent pas reproaches don't affect him, he is unaffected by reproaches; le

malheur qui vient de l'~ the misfortune which has just struck him; **il a été atteint dans son amour-propre/ses sentiments** his pride has/his feelings have been hurt *ou* wounded.
2 atteindre à *vt indir* (*littér: parvenir à*) *but* to reach, achieve. ~ **à la perfection** to attain (to) *ou* achieve perfection.
atteint, e¹ [atɛ̃, ɛ̃t] *adj* **(a)** (*malade*) **être ~ de** (*maladie*) to be suffering from; **il a été atteint de surdité** he became *ou* went deaf; **le poumon** *etc* **est gravement/légèrement ~** the lung *etc* is badly/slightly affected; **il est gravement/légèrement ~** he is seriously/only slightly ill, he is a serious/mild case; **les malades les plus ~s** the worst cases, the worst affected.
(b) (*: *fou*) touched*, cracked*.
atteinte² [atɛ̃t] *nf* **(a)** (*préjudice*) attack (*à* on). (*Jur*) ~ **à l'ordre public** breach of the peace; **porter ~ à** to strike a blow at, undermine.
(b) (*Méd: crise*) attack (*de* of). **les premières ~s du mal** the first effects of the illness; **V hors.**
attelage [atlaʒ] *nm* **(a)** (*V atteler*) harnessing; hitching up; yoking; coupling.
(b) (*harnachement, chaînes*) [*chevaux*] harness; [*bœuf*] yoke; [*remorque*] coupling, attachment; (*Rail*) coupling.
(c) (*équipage*) [*chevaux*] team; [*bœufs*] team, [*deux bœufs*] yoke.
atteler [atle] **(4) 1** *vt cheval* to harness, hitch up; *bœuf* to yoke, hitch up; *charrette, remorque* to hitch up; (*Rail*) *wagon* to couple on; *wagons* to couple. **le cocher était en train d'~** the coachman was in the process of getting the horses harnessed *ou* of harnessing up; (*fig*) ~ **qn à un travail** to put sb on a job.
2 s'atteler *vpr*: **s'~ à** *travail, tâche* to get *ou* buckle down to; *problème* to get down to; **il est attelé à ce travail depuis ce matin** he has been working away at this job since this morning.
attelle [atɛl] *nf* [*cheval*] hame; (*Méd*) splint.
attenant, e [atnɑ̃, ɑ̃t] *adj* (*contigu*) adjoining. **jardin ~ à la maison** garden adjoining the house.
attendre [atɑ̃dʀ(ə)] **(41) 1** *vt* **(a)** [*personne*] *personne, événement* to wait for, await (*littér*). **maintenant, nous attendons qu'il vienne/de savoir** we are now waiting for him to come/waiting to find out; **attendez qu'il vienne/de savoir pour partir** wait until he comes/you know before you leave, wait for him to come/wait and find out before you leave; ~ **la fin du film** to wait until the film is over *ou* until the end of the film; (*aller/venir*) ~ **un train/qn au train** to meet a train/sb off the train; **j'attends le** *ou* **mon train** I'm waiting for the *ou* my train; ~ **le moment favorable** to bide one's time, wait for the right moment; ~ **les vacances avec impatience** to look forward eagerly to the holidays, long for the holidays; **nous n'attendons plus que lui pour commencer** we're only waiting for him to start, there's only him to come and then we can start; **il faut ~ un autre jour/moment pour lui parler** we'll have to wait till another day/time to speak to him; **je n'attends qu'une chose, c'est qu'elle s'en aille** I (just) can't wait for her to go; **il n'attendait que ça!** that's just what he was waiting for!; **qu'attendez-vous pour réclamer?** what are you waiting for? why don't you (go ahead and) complain?
(b) [*voiture*] to be waiting for; [*maison*] to be ready for; [*mauvaise surprise*] to be in store for, await, wait for; [*gloire*] to be in store for, await. **il ne sait pas encore le sort qui l'attend!** he doesn't know yet what's in store for him! *ou* awaiting him!, he does not yet know what fate awaits him!; **une brillante carrière l'attend** he has a brilliant career in store (for him) *ou* ahead of him; **le dîner vous attend** dinner's ready (when you are).
(c) (*sans objet*) [*personne, chose*] to wait; [*chose*] (*se conserver*) to keep. **attendez un instant** wait a moment, hang on a minute*; **j'ai attendu 2 heures** I waited (for) 2 hours; **attendez voir*** let me *ou* let's see *ou* think*; **attendez un peu** let's see, wait a second; (*menace*) just (you) wait!; (*iro*) **tu peux toujours ~!** you've got a hope! (*Brit*), you haven't a prayer! (*US*), you'll be lucky!; **ce travail attendra/peut ~** this work will wait/can wait; **ces fruits ne peuvent pas ~** (*à demain*) this fruit won't keep (until tomorrow).
(d) **faire ~ qn** to keep sb waiting; **se faire ~** to keep people waiting, be a long time coming; **le conférencier se fait ~** the speaker is late *ou* is a long time coming; **il aime se faire ~** he likes to keep you *ou* people waiting; **excusez-moi de m'être fait ~** sorry to have kept you (waiting); **la paix se fait ~** peace is a long time coming; **la riposte ne se fit pas ~** the retort was not long in coming *ou* was quick to follow.
(e) (*escompter, prévoir*) *personne, chose* to expect. ~ **qch de qn/qch** to expect sth from sb/sth; **il n'attendait pas un tel accueil** he wasn't expecting such a welcome; **elle est arrivée alors qu'on ne l'attendait plus** she came when she was no longer expected *ou* when they had given her up; **on attendait beaucoup de ces pourparlers** they had great hopes *ou* they expected great things* of these negotiations; **j'attendais mieux de cet élève** I expected better of this child, I expected this child to do better.
(f) (*loc*) ~ **de pied ferme** to wait resolutely; ~ **son tour** to wait one's turn; ~ **un enfant** to be expecting a baby, be expecting*; **il attend son heure!** he's biding his time; **il m'attendait au tournant*** he waited for the chance to catch me out; **attendez-moi sous l'orme!†** you can wait for me till the cows come home!; **en attendant** (*pendant ce temps*) meanwhile, in the meantime; (*jusque-là*) all the same, be that as it may; **en attendant, j'ai le temps de finir le ménage** meanwhile *ou* in the meantime I have time to finish the housework; **en attendant, il est (quand même) très courageux** all the same *ou* be that as it may, he's (nonetheless) very brave; **il a pris froid en attendant** he caught cold while (he was) waiting; **en attendant l'heure de partir, il jouait aux cartes** he played cards (while he waited) until it was time to go; **on ne peut rien faire en attendant de recevoir sa lettre** we can't do anything until we get his letter; **en attendant qu'il vienne, je vais vite faire**

une course while I'm waiting for him to come I'm going to pop down* to the shop.
2 attendre après* *vt indir chose* to be in a hurry for, be anxious for; *personne* to be waiting for, hang about waiting for*. **ne vous pressez pas de me rendre cet argent, je n'attends pas après** there's no rush to pay me the money, I'm in no hurry for it; **je n'attends pas après lui/son aide!** I can get along without him/his help!
3 s'attendre *vpr* (*escompter, prévoir*) **s'~ à qch** to expect sth (*de* from); **il ne s'attendait pas à gagner** he wasn't expecting to win; **est-ce que tu t'attends vraiment à ce qu'il écrive?** do you really expect him to write?; **on ne s'attendait pas à cela de lui** we didn't expect that of him; **comme il fallait s'y ~ ...** as one would expect..., predictably enough ... .
attendri [atɑ̃dʀi] (*ptp de* **attendrir**) *adj air, regard* melting (*épith*), tender.
attendrir [atɑ̃dʀiʀ] **(2) 1** *vt viande* to tenderize; (*fig*) *personne* to move (to pity); *cœur* to soften, melt. **il se laissa ~ par ses prières** her pleadings made him relent *ou* yield.
2 s'attendrir *vpr* to be moved *ou* touched (*sur* by), get emotional (*sur* over). **s'~ sur (le sort de) qn** to feel (sorry *ou* pity *ou* sympathy) for sb; **s'~ sur soi-même** to feel sorry for o.s.
attendrissant, e [atɑ̃dʀisɑ̃, ɑ̃t] *adj* moving, touching.
attendrissement [atɑ̃dʀismɑ̃] *nm* (*tendre*) emotion, tender feelings; (*apitoyé*) pity. **ce fut l'~ général** everybody got emotional; **pas d'~!** no soft-heartedness!, no displays of emotion!
attendrisseur [atɑ̃dʀisœʀ] *nm* (*Boucherie*) tenderizer. **viande passée à l'~** tenderized meat.
attendu, e [atɑ̃dy] (*ptp de* **attendre**) **1** *adj personne, événement, jour* long-awaited; (*prévu*) expected.
2 *prép* (*étant donné*) given, considering. ~ **que** seeing that, since, given *ou* considering that; (*Jur*) whereas.
3 *nm* (*Jur*) ~**s** du jugement reasons adduced for a judgment.
attentat [atɑ̃ta] *nm* (*gén: contre une personne*) murder attempt; (*Pol*) assassination attempt; (*contre un bâtiment*) attack (*contre* on). ~ **à la bombe** bomb attack, (terrorist) bombing; **un ~ a été perpétré contre M. Dupont** an attempt has been made on the life of M. Dupont, there has been an assassination attempt on M. Dupont; ~ **aux droits/à la liberté** violation of rights/of liberty; ~ **contre la sûreté de l'État** conspiracy against the security of the State; (*Jur*) ~ **aux mœurs** offence against public decency; (*Jur*) ~ **à la pudeur** indecent assault, indecent exposure.
attentatoire [atɑ̃tatwaʀ] *adj* prejudicial (*à* to), detrimental (*à* to).
attente [atɑ̃t] *nf* **(a)** wait, waiting (*U*). **cette ~ fut très pénible il** was a trying wait; **l'~ est ce qu'il y a de plus pénible** it's the waiting which is hardest to bear; **l'~ des résultats devenait insupportable** waiting for the results was becoming unbearable; **l'~ se prolongeait** the wait was growing longer and longer; **vivre dans l'~ d'une nouvelle** to spend one's time waiting for (a piece of) news; **dans l'~ de vos nouvelles** looking forward to hearing *ou* hoping to hear from you; **le projet est en ~** the plan is in abeyance *ou* is hanging fire; **laisser un dossier en ~** to leave a file pending; **V salle.**
(b) (*espoir*) expectation. **répondre à l'~ de qn** to come up to sb's expectations; **contre toute ~** contrary to (all) expectation(s).
attenter [atɑ̃te] **(1)** *vi* **(a)** ~ **à la vie de qn** to make an attempt on sb's life; ~ **à ses jours** to attempt suicide, make an attempt on one's life; ~ **à la sûreté de l'État** to conspire against the security of the State. (*fig: violer*) ~ **à liberté, droits** to violate.
attentif, -ive [atɑ̃tif, iv] *adj* **(a)** (*vigilant*) *personne, air* attentive. **regarder qn d'un œil ~** to look at sb attentively; **écouter d'une oreille ~ive** to listen attentively; **être ~ à tout ce qui se passe** to pay attention to all that goes on, heed all that goes on; **sois donc ~** pay attention!
(b) (*scrupuleux*) *examen* careful, close, searching; *travail* careful; *soin* scrupulous. ~ **à son travail** careful *ou* painstaking in one's work; ~ **à ses devoirs** heedful *ou* mindful of one's duties; ~ **à ne blesser personne** careful *ou* cautious not to hurt anyone.
(c) (*prévenant*) *soins* thoughtful; *prévenance* watchful. ~ **à plaire** anxious to please; ~ **à ce que tout se passe bien** keeping a close watch to see that all goes (off) well.
attention [atɑ̃sjɔ̃] *nf* **(a)** (*concentration*) attention; (*soin*) care. **avec ~** *écouter* carefully, attentively; *examiner* carefully, closely; **attirer/détourner l'~ de qn** to attract/divert *ou* distract sb's attention; **ce cas/projet mérite toute notre ~** this case/project deserves our undivided attention; **'à l'~ de M. Dupont'** 'for the attention of M. Dupont'; **je demande toute votre ~** can I have your full attention?; **V signaler.**
(b) **faire** *ou* **prêter ~ à** to pay attention *ou* heed to; **as-tu fait ~ à ce qu'il a dit?** did you pay attention to *ou* attend *ou* listen carefully to what he said?; **il n'a même pas fait ~ à moi/au changement** he didn't (even) take any notice of me/the change; **tu vas faire ~ quand il entrera et tu verras look** carefully *ou* have a good look when he comes in and you'll see what I mean; **ne faites pas ~ à lui** pay no attention to him, take no notice of him, never mind him.
(c) **faire ~** (*prendre garde*) to be careful, take care; (**fais**) ~ **à ta ligne** watch *ou* mind (*Brit*) your waistline; **fais ~ à ne pas trop manger** mind *ou* be careful you don't eat too much; **fais ~ (à ce) que la porte soit fermée** be sure *ou* mind the door's shut.
(d) (*loc*) ~! **tu vas tomber** watch! *ou* mind (out)! *ou* careful!, *ou* watch your step! you're going to fall! *ou* you'll fall!; ~ **chien méchant** beware of the dog; ~ **travaux** caution, work in progress; ~ **à la marche** mind the step; ~! **je n'ai pas dit cela** careful! *ou* watch it!*, I didn't say that; ~ **à la peinture** (caution) wet paint; (*sur colis*) ~, **fragile** 'attention' *ou* 'caution, handle with care'.
(e) (*prévenance*) attention, thoughtfulness (*U*). **être plein d'~s**

pour qn to be very thoughtful *ou* attentive towards sb; **ses ~s me touchaient** I was touched by his attentions *ou* thoughtfulness; **quelle charmante ~!** how very thoughtful!, what a lovely thought!

attentionné, e [atɑ̃sjɔne] *adj* (*prévenant*) thoughtful, considerate (*pour, auprès de* towards).

attentisme [atɑ̃tism(ə)] *nm* wait-and-see policy, waiting-game.

attentiste [atɑ̃tist(ə)] **1** *nmf* partisan of a wait-and-see policy. **2** *adj politique* wait-and-see (*épith*).

attentivement [atɑ̃tivmɑ̃] *adv lire, écouter* attentively, carefully; *examiner* carefully, closely.

atténuantes [atenɥɑ̃t] *adj fpl* V **circonstance**.

atténuation [atenɥɑsjɔ̃] *nf* (a) (V **atténuer**) alleviation, easing; mollifying, appeasement; toning down; lightening; watering down; subduing; dimming; softening; toning down; (*Jur*) [*peine*] mitigation.
(b) (V **s'atténuer**) dying down; easing; subsiding, abatement; softening.

atténuer [atenɥe] (1) **1** *vt* (a) *douleur* to alleviate, ease; *rancœur* to mollify, appease; *propos, reproches* to tone down; *faute* to mitigate; *responsabilité* to lighten; *punition* to lighten, mitigate; *coup* to soften; *faits* to water down; (*Fin*) *pertes* to cushion.
(b) *lumière* to subdue, dim; *couleur, son* to soften, tone down.
2 s'atténuer *vpr* (a) *[douleur]* to ease, die down; *[sensation]* to die down; *[violence, crise]* to subside, abate.
(b) *[bruit]* to die down; *[couleur]* to soften. **leurs cris s'atténuèrent** their cries grew quieter *ou* died down.

atterrer [atere] (1) *vt* to dismay, appal (*Brit*), appall (*US*), shatter. **il était atterré par cette nouvelle** he was aghast *ou* shattered at this piece of news; **sa bêtise m'atterre** his stupidity appals me, I am appalled by *ou* aghast at his stupidity; **on devinait à son air atterré que ...** we could tell by his look of utter dismay that ... .

atterrir [aterir] (2) *vi* (*Aviat*) to land, touch down. **~ sur le ventre** *[personne]* to land (up) flat on one's face; *[avion]* to make a belly landing; (*fig*) **~ en prison/dans un village perdu/*** to land up* (*Brit*) *ou* land* (*US*) in prison/in a village in the middle of nowhere.

atterrissage [aterisaʒ] *nm* (*Aviat*) landing. **au moment de l'~** at the moment of landing, at touchdown; **~ en catastrophe/sur le ventre/sans visibilité** crash/belly/blind landing; **~ forcé** emergency *ou* forced landing; V **piste, terrain, train**.

attestation [atɛstasjɔ̃] *nf* (a) *[fait]* attestation. (b) (*document*) certificate; *[diplôme]* certificate of accreditation *ou* of attestation. **~ médicale** doctor's certificate.

attester [atɛste] (1) *vt* (a) (*certifier*) *fait* to testify to, vouch for. **~ que** to testify that, vouch for the fact that, attest that; *[témoin]* to attest that; **~ (de) l'innocence de qn** to testify to *ou* vouch for sb's innocence; **ce fait est attesté par tous les témoins** this fact is borne out *ou* is attested by all the witnesses.
(b) (*démontrer*) *[preuve, chose]* to attest, testify to. **cette attitude atteste son intelligence** *ou* **atteste qu'il est intelligent** his intelligence is evidenced by this attitude, this attitude testifies to his intelligence; (*Ling*) **forme attestée** attested form.
(c) (*littér: prendre à témoin*) **j'atteste les dieux que ...** I call the gods to witness that ... .

attiédir [atjedir] (2) **1** *vt* (*littér*) *eau* to make lukewarm; *climat* to make more temperate, temper; *désir, ardeur* to cool.
2 s'attiédir *vpr [eau]* to become lukewarm; *[climat]* to become more temperate; (*littér*) *[désir, ardeur]* to cool down, wane. **l'eau s'est attiédie** (*plus chaude*) the water has got warmer *ou* has warmed up; (*moins chaude*) the water has got cooler *ou* has cooled down.

attiédissement [atjedismɑ̃] *nm [climat]* tempering; (*littér*) *[désir]* cooling, waning.

attifer* [atife] (1) **1** *vt* (*habiller*) *femme* to get up*, doll up*; *homme* to get up* (*de* in). **regardez comme elle est attifée!** look at her get-up!*
2 s'attifer *vpr [femme]* to get *ou* doll o.s. up*; *[homme]* to get o.s. up* (*de* in).

attiger‡ [atiʒe] (3) *vi* to go a bit far*, overstep the mark.

Attila [atila] *nm* Attila.

attique¹ [atik] **1** *adj* (*Antiq*) Attic. **finesse/sel ~** Attic wit/salt. **2** *nf:* **l'A~** Attica.

attique² [atik] *nm* (*Constr*) attic (storey).

attirail* [atiraj] *nm* gear*, paraphernalia. **~ de pêche** fishing tackle; **~ de bricoleur/cambrioleur** handyman's/burglar's tools *ou* tool kit.

attirance [atirɑ̃s] *nf* attraction (*pour, envers* for). **éprouver de l'~ pour qch/qn** to be *ou* feel drawn towards sth/sb, be attracted to sth/sb; **l'~ du vide** the lure *ou* tug of the abyss.

attirant, e [atirɑ̃, ɑ̃t] *adj* attractive, appealing. **une femme très ~e** an alluring *ou* a very attractive woman.

attirer [atire] (1) *vt* (a) (*gén, Phys*) to attract; (*en appâtant*) to lure, entice. **il m'attrapa et m'attira dans un coin** he caught hold of me and drew me into a corner; **~ qn dans un piège/par des promesses** to lure *ou* entice sb into a trap/with promises; **spectacle fait pour ~ la foule** show guaranteed to bring in *ou* draw *ou* attract the crowds; **être attiré par une doctrine/qn** to be attracted *ou* drawn to a doctrine/sb; **~ l'attention de qn sur qch** to draw sb's attention to sth; **il essaya d'~ son attention** he tried to attract *ou* catch his attention; **robe qui attire les regards** eye-catching dress; **elle/son charme attire les hommes** she/her charm appeals to *ou* attracts men.
(b) (*causer*) **~ des ennuis à qn** to cause *ou* bring sb difficulties; **cela va lui ~ des ennuis** that's going to cause *ou* give him problems; **cela a attiré sur lui toute la colère de la ville** this brought the anger of the entire town down on him; **ses discours lui ont attiré des sympathies** his speeches won *ou* gained *ou* earned

him sympathy; **s'~ des critiques/la colère de qn** to incur criticism/sb's anger; **bring criticism on/sb's anger down on o.s.; **s'~ des ennemis** to make enemies for o.s.; **tu vas t'~ des ennuis** you're going to cause trouble for yourself *ou* bring trouble upon yourself; **je me suis attiré sa gratitude** I won *ou* earned his gratitude.

attiser [atize] (1) *vt feu* to poke (up), stir up; *désir, querelle* to stir up, fan the flame of. **pour ~ la flamme** to make the fire burn up.

attitré, e [atitre] *adj* (*habituel*) *marchand* regular, usual; (*agréé*) *marchand* accredited, appointed, registered; *journaliste* accredited. **fournisseur ~ d'un chef d'état** purveyors by appointment to a head of state.

attitude [atityd] *nf* (*maintien*) bearing; (*comportement*) attitude; (*point de vue*) standpoint; (*affectation*) attitude, façade. **prendre des ~s gracieuses** to adopt graceful poses; **avoir une ~ décidée** to have an air of firmness; **prendre une ~ ferme** to adopt a firm standpoint *ou* attitude; **le socialisme chez lui ce n'est qu'une ~** his socialism is only a façade.

attouchement [atuʃmɑ̃] *nm* touch, touching (*U*); (*Méd*) palpation. **se livrer à des ~s sur qn** (*gén*) to fondle *ou* stroke sb; (*Jur*) to interfere with sb.

attractif, -ive [atraktif, iv] *adj* (*Phys*) phénomène attractive.

attraction [atraksjɔ̃] *nf* (a) (*gén: attirance, Ling, Phys*) attraction.
(b) (*centre d'intérêt*) attraction; (*partie d'un spectacle*) attraction; (*numéro d'un artiste*) number. **il est l'~ numéro un au programme** he is the star attraction on the programme; (*boîte de nuit*) **quand passent les ~s?** when is the cabaret (*Brit*) *ou* floorshow on?; (*cirque etc*) **ils ont renouvelé leurs ~s** they have changed their programme (of attractions *ou* entertainments), they have taken on some new acts; *V parc.*

attrait [atrɛ] *nm* (a) (*séduction*) *[femme, paysage, doctrine, plaisirs]* appeal, attraction; *[danger, aventure]* appeal. **ses romans ont pour moi beaucoup d'~** I find his novels very appealing *ou* attractive, his novels appeal to me very much; **éprouver un ~ ou de l'~ pour qch** to be attracted to sth, find sth attractive *ou* appealing.
(b) (*charmes*) **~s** attractions.

attrapade* [atrapad] *nf* row*, telling off*.

attrape [atrap] *nf* (*farce*) trick; *V* **farce¹**.

attrape- [atrap] *préf V* **attraper**.

attraper [atrape] (1) **1** *vt* (a) *ballon* to catch; (**fig*) *train* to catch, get, hop* (*US*); *contravention, gifle* to get; *journal, crayon* to pick up.
(b) *personne, voleur* to catch. **si je t'attrape!** if I catch you!; **~ qn à faire qch** to catch sb doing sth; **que je t'y attrape!*** don't let me catch you doing that!, if I catch you doing that!
(c) *maladie* to catch, get. **tu vas ~ froid** *ou* **du mal** you'll catch cold; **j'ai attrapé un rhume/son rhume** I've caught a cold/a cold from him *ou* his cold; **j'ai attrapé mal à la gorge** I've got a sore throat; **tu vas ~ la mort** you'll catch your death (of cold); **la grippe s'attrape facilement** flu is very catching.
(d) (*intercepter*) *mots* to pick up.
(e) (*acquérir*) *style, accent* to pick up.
(f) (*gronder*) to tell off*. **se faire ~ (par qn)** to be told off (by sb)*, get a telling off (from sb)*; **mes parents vont m'~** I'll get it‡ from my parents, my parents will give me a telling off*; **ils se sont attrapés pendant une heure** they went at each other for a whole hour*.
(g) (*tromper*) to take in. **se laisser ~** to be had* *ou* taken in; **tu as été bien attrapé** (*trompé*) you were had all right*; (*surpris*) you were caught out there all right!
2: attrape-mouche *nm, pl* **attrape-mouche(s)** (*Bot*) fly trap; (*Orn*) flycatcher; (*piège*) flypaper; **attrape-nigaud*** *nm, pl* **attrape-nigaud(s)** con*, con game* (*US*).

attrayant, e [atrɛjɑ̃, ɑ̃t] *adj* (*agréable, beau*) attractive; (*séduisant*) *idée* appealing, attractive. **c'est une lecture ~e** it makes *ou* it's pleasant reading; **peu ~ travail** unappealing; *paysage* unattractive; *proposition* unattractive, unappealing.

attribuable [atribɥabl(ə)] *adj* attributable (*à* to).

attribuer [atribɥe] (1) *vt* (a) (*allouer*) *prix* to award; *avantages, privilèges* to grant, accord; *place, rôle* to allocate, assign; *biens, part* to allocate (*à* to). **s'~ le meilleur rôle/la meilleure part** to give o.s. the best role/the biggest share, claim the best role/the biggest share for o.s.
(b) (*imputer*) *faute* to attribute, impute; *pensée, intention* to attribute, ascribe (*à* to). **à quoi attribuez-vous cet échec/accident?** what do you put this failure/accident down to?, what do you attribute *ou* ascribe this failure/accident to?
(c) (*accorder*) *invention, mérite* to attribute (*à* to). **on lui attribue l'invention de l'imprimerie** the invention of printing has been attributed to him, he has been credited with the invention of printing; **la critique n'attribue que peu d'intérêt à son livre** the critics find little of interest in his book *ou* consider his book of little interest; **~ de l'importance à qch** to attach importance to sth; **s'~ tout le mérite** to claim all the merit for o.s.

attribut [atriby] *nm* (*caractéristique, symbole*) attribute; (*Gram*) complement. **adjectif ~** predicative adjective; **nom ~** noun complement.

attribution [atribysjɔ̃] *nf* (a) *[prix]* awarding; *[place, rôle, part]* allocation; *[œuvre, invention]* attribution. (b) (*prérogatives, pouvoirs*) **~s** attributions.

attristant, e [atristɑ̃, ɑ̃t] *adj nouvelle, spectacle* saddening.

attrister [atriste] (1) **1** *vt* to sadden. **cette nouvelle nous a profondément attristés** we were greatly saddened by *ou* grieved at this news.
2 s'attrister *vpr* to be saddened (*de* by), become sad (*de qch* at sth, *de voir que* at seeing that).

attroupement [atrupmɑ̃] *nm [foule]* gathering; (*groupe*) crowd, mob (*péj*).

attrouper (s') [atʀupe] (1) *vpr* to gather (together), flock together, form a crowd.

au [o] *V* **à**.

aubade [obad] *nf* dawn serenade. **donner une ~ à qn** to serenade sb at dawn.

aubaine [obɛn] *nf* godsend; (*financière*) windfall. **profiter de l'~** to make the most of one's good fortune *ou* of the opportunity.

aube¹ [ob] *nf* (a) dawn, daybreak, first light. **à l'~** at dawn *ou* daybreak *ou* first light; **avant l'~** before dawn *ou* daybreak. (b) (*fig*) dawn, beginning. **à l'~ de** at the dawn of.

aube² [ob] *nf* (*Rel*) alb.

aube³ [ob] *nf* (*Tech*) [*bateau*] paddle, blade; [*moulin*] vane; [*ventilateur*] blade, vane. **roue à ~s** paddle wheel.

aubépine [obepin] *nf* hawthorn. **fleurs d'~** may (blossom), hawthorn blossom.

auberge [obɛʀʒ(ə)] *nf* inn. **il prend la maison pour une ~!*, il se croit à l'~!*** he uses this place as a hotel!; **~ de (la) jeunesse** youth hostel; *V* **sortir**.

aubergine [obɛʀʒin] **1** *nf* (a) (*légume*) aubergine (*Brit*), eggplant. (b) (*: contractuelle*) traffic warden (*Brit*), meter maid* (*US*). **2** *adj inv* aubergine(-coloured).

aubergiste [obɛʀʒist(ə)] *nmf* [*hôtel*] hotel-keeper; [*auberge*] innkeeper, landlord. [*auberge de jeunesse*] **père ~, mère ~** (youth-hostel) warden.

aubette [obɛt] *nf* (*gén Belgique*) bus shelter.

aubier [obje] *nm* sapwood.

auburn [obœʀn] *adj inv* auburn.

aucun, e [okœ̃, yn] **1** *adj* (a) (*nég*) no, not any. **~ commerçant ne le connaît** no tradesman (*Brit*) *ou* merchant knows him; **il n'a ~e preuve** he has no proof, he hasn't any proof; **sans faire ~ bruit** without making a noise *ou* any noise; **sans ~ doute** without (any) doubt, undoubtedly; **en ~e façon** in no way; **ils ne prennent ~ soin de leurs vêtements** they don't take care of their clothes (at all); **ils n'ont eu ~ mal à trouver le chemin** they had no trouble finding the way, they found the way without any trouble.
(b) (*positif*) any. **il lit plus qu'~ autre enfant** he reads more than any other child; **croyez-vous qu'~ auditeur aurait osé le contredire?** do you think that any listener would have dared to contradict him?
2 *pron* (a) (*nég*) **il n'aime ~ de ces films** he doesn't like any of these films; **~ de ses enfants ne lui ressemble** none of his children are like him; **je ne pense pas qu'~ d'entre nous puisse y aller** I don't think any of us can go; **combien de réponses avez-vous eues? — ~e** how many answers did you get? — not one *ou* none.
(b) (*positif*) any, any one. **il aime ses chiens plus qu'~ de ses enfants** he is fonder of his dogs than of any (one) of his children; **pensez-vous qu'~ ait compris?** do you think anyone *ou* anybody understood?
(c) (*littér*) **d'~s** some; **d'~s aiment raconter que ... there are some who like to say that ....

aucunement [okynmɑ̃] *adv* in no way, not in the least, not in the slightest. **il n'est ~ à blâmer** he's not in the slightest *ou* least to blame, he's in no way *ou* not in any way to blame; **accepterez-vous? — ~** are you going to accept? — indeed no *ou* (most) certainly not.

audace [odas] *nf* (a) (*U*) (*témérité*) boldness, daring, audacity; (*Art: originalité*) daring; (*effronterie*) audacity, effrontery. **avoir l'~ de** to have the audacity to, dare to.
(b) (*geste osé*) daring gesture; (*innovation*) daring idea *ou* touch. **elle lui en voulait de ses ~s** she held his boldness *ou* his bold behaviour against him; **une ~ de génie** a daring touch of genius; **~s de style** daring innovations of style; **les ~s de la mode** the daring inventions *ou* creations of high fashion.

audacieusement [odasjøzmɑ̃] *adv* (*V* **audacieux**) daringly; boldly; audaciously.

audacieux, -ieuse [odasjø, jøz] *adj* **soldat, action** daring, bold; **artiste, projet** daring; **geste** audacious, bold; *V* **fortune**.

au-deçà, au-dedans, au-dehors *V* **deçà, dedans, dehors**.

au-delà [odla] **1** *loc adv V* **delà**. **2** *nm*: **l'~** the beyond.

au-dessous, au-dessus *V* **dessous, dessus**.

au-devant [od(ə)vɑ̃] **1** *loc prép*: **~ de** ahead of; **aller ~ de qn** to go and meet sb; **aller ~ des désirs de qn** to anticipate sb's wishes. **2** *loc adv* ahead.

audibilité [odibilite] *nf* audibility.

audible [odibl(ə)] *adj* audible.

audience [odjɑ̃s] *nf* (a) (*frm: entretien*) interview, audience. **donner ~ à qn** to give audience to sb.
(b) (*Jur: séance*) hearing.
(c) (*attention*) (interested) attention. **ce projet eut beaucoup d'~** this project aroused much interest; **cet écrivain a trouvé ~ auprès des étudiants** this author has had a favourable reception from students.
(d) (*spectateurs, auditeurs*) audience.

audio- [odjo] *préf* audio.

audioconférence [odjokɔ̃feʀɑ̃s] *nf* conference call.

audio-électronique [odjoelɛktʀɔnik] *adj* audiotronic.

audiofréquence [odjofʀekɑ̃s] *nf* audio frequency.

audiomètre [odjɔmɛtʀ(ə)] *nm* audiometer.

audio-oral, e, *mpl* **-aux** [odjoɔʀal, o] *adj* **exercices, méthode** audio (*épith*).

audiotypie [odjotipi] *nf* audiotyping.

audiotypiste [odjotipist(ə)] *nmf* audiotypist.

audioprothésiste [odjopʀotezist(ə)] *nmf* hearing aid specialist.

audio-visuel, -elle [odjovizɥɛl] **1** *adj* audio-visual. **2** *nm* (*équipement*) audio-visual aids; (*méthodes*) audio-visual techniques *ou* methods.

audit [odit] *nm* audit.

auditeur, -trice [oditœʀ, tʀis] *nm,f* (*gén, Rad*) listener; (*Ling*) hearer; (*Fin*) auditor. **le conférencier avait charmé ses ~s** the lecturer had captivated his audience; (*Univ*) **~ libre** unregistered student (*who is allowed to attend lectures*) (*Brit*), auditor (*US*); (*Admin*) **~ à la Cour des comptes** junior official (*at the Cour des Comptes*).

auditif, -ive [oditif, iv] *adj* auditory. **appareil ~ de correction** hearing aid; **c'est un ~** he remembers things when he hears them.

audition [odisjɔ̃] *nf* (a) (*Mus, Théât*) (*essai*) audition; (*récital*) recital; (*concert d'élèves*) concert (*de* by).
(b) (*Jur*) **procéder à l'~ d'un témoin** to examine a witness.
(c) (*écoute*) [*musique, disque*] hearing. **salle conçue pour l'~ de la musique** room designed for listening to music; **avec l'orage l'~ est très mauvaise** with the storm the sound is very bad.
(d) (*ouïe*) hearing.

auditionner [odisjone] (1) **1** *vt* to audition, give an audition to. **2** *vi* to be auditioned, audition.

auditoire [oditwaʀ] **1** *nm* audience. **2** *adj* (*Ling*) auditory.

auditorium [oditɔʀjɔm] *nm* (*Rad*) public studio.

auge [oʒ] *nf* (*Agr, Constr*) trough. (*Géog*) **vallée en ~** U-shaped valley, trough; (*hum*) **passe ton ~!*** give us your plate!*

augmentatif, -ive [ɔgmɑ̃tatif, iv] *adj* (*Gram*) augmentative.

augmentation [ɔgmɑ̃tasjɔ̃] *nf* (*accroissement*) (*gén*) increase; [*prix, population, production*] increase, rise, growth (*de* in). **~ de salaire/prix** pay/price rise, salary/price increase, increase in salary/price; (*Fin*) **~ de capital** increase in capital; **l'~ des salaires par la direction** the management's raising of salaries; **l'~ des prix par les commerçants** the raising *ou* putting up of prices by shopkeepers (*Brit*) *ou* storekeepers (*US*).

augmenter [ɔgmɑ̃te] (1) **1** *vt* (a) **salaire, prix, impôts** to increase, raise, put up; **nombre** to increase, raise, augment; **production, quantité, dose** to increase, step up, raise; **durée** to increase; **difficulté, inquiétude** to add to, increase; **intérêt** to heighten. **~ les prix de 10%** to increase *ou* raise *ou* put up prices by 10%; **il augmente ses revenus en faisant des heures supplémentaires** he augments *ou* supplements his income by working overtime; **sa collection s'est augmentée d'un nouveau tableau** he has extended *ou* enlarged his collection with a new painting, he has added a new painting to his collection; (*Tricot*) **~ (de 5 mailles)** to increase (5 stitches); (*Mus*) **tierce augmentée** augmented third; **ceci ne fit qu'augmenter sa colère** this only added to his anger; *V* **édition**.
(b) **~ qn (de 50 F)** to increase sb's salary (by 50 francs), give sb a (50-franc) rise (*Brit*) *ou* raise (*US*); **il n'a pas été augmenté depuis 2 ans** he has not had *ou* has not been given a rise (*Brit*) *ou* raise (*US*) *ou* a salary increase for 2 years.
2 *vi* (*grandir*) [*salaire, prix, impôts*] to increase, rise, go up; [*marchandises*] to go up; [*poids, quantité*] to increase; [*population, production*] to grow, increase, rise; [*douleur*] to grow *ou* get worse, increase; [*difficulté, inquiétude*] to grow, increase. **~ de poids/volume** to increase in weight/volume; *V* **vie**.

augure [ogyʀ] *nm* (a) (*devin*) (*Hist*) augur; (*fig hum*) soothsayer, oracle. **consulter les ~s** to consult the oracle.
(b) (*présage*) omen; (*Hist*) augury. **être de bon ~** to be of good omen, augur well; **être de mauvais ~** to be ominous *ou* of ill omen, augur ill; **cela me paraît de bon/mauvais ~** that's a good/bad sign, that augurs well/badly; *V* **accepter, oiseau**.

augurer [ogyʀe] (1) *vt*: **que faut-il ~ de son silence?** what must we gather *ou* understand from his silence?; **je n'augure rien de bon de cela** I don't foresee *ou* see any good coming from *ou* out of it; **cela augure bien/mal de la suite** that augurs well/ill (for what is to follow).

Auguste [ogyst(ə)] *nm* Augustus. (*Antiq*) **le siècle d'~** the Augustan age.

auguste [ogyst(ə)] **1** *adj* **personnage, assemblée** august; **geste** noble, majestic. **2** *nm*: **A~** ≃ Coco the clown.

augustin, e [ogystɛ̃, in] **1** *nm*: **A ~** Augustine. **2** *nm,f* (*Rel*) Augustinian.

augustinien, -ienne [ogystinjɛ̃, jɛn] *adj* Augustinian.

aujourd'hui [oʒuʀdɥi] *adv* (a) (*ce jour-ci*) today. **~ en huit** a week today (*Brit*), today week (*Brit*), a week from today; **il y a 10 jours que** it's 10 days ago today that; **c'est tout pour ~** that's all *ou* that's it for today; **à dater** *ou* **à partir d'~** (as) from today, from today onwards; **~ après-midi** this afternoon; **je le ferai dès ~** I'll do it this very day; *V* **jour**.
(b) (*de nos jours*) today, nowadays, these days. **ça ne date pas d'~** [*objet*] it's not exactly new; [*situation, attitude*] it's nothing new; **les jeunes d'~** young people nowadays, (the) young people of today.

aulne [on] *nm* alder.

aulx [o] *nmpl V* **ail**.

aumône [omon] *nf* (*don*) charity (*U*), alms; (*action de donner*) almsgiving. **vivre d'~(s)** to live on charity; **demander l'~** (*lit*) to ask *ou* beg for charity *ou* alms; (*fig*) to beg (for money *etc*); **faire l'~ à** to give alms (*à* to); **cinquante francs! c'est une ~** fifty francs, that's a beggarly sum (from him)!; (*fig*) **faire** *ou* **accorder l'~ d'un sourire à qn** to favour sb with a smile, spare sb a smile.

aumônerie [omonʀi] *nf* chaplaincy.

aumônier [omonje] *nm* chaplain.

aumônière [omonjɛʀ] *nf* (*Hist, Rel*) purse.

aune¹ [on] *nm* = **aulne**.

aune² [on] *nf* ≃ ell. (*fig*) **il fit un nez long d'une ~, son visage s'allongea d'une ~** he pulled a long face *ou* a face as long as a fiddle (*Brit*).

auparavant [opaʀavɑ̃] *adv* (*d'abord*) before(hand), first. (*avant*) **2 mois ~** 2 months before/earlier *ou* previously.

auprès [opʀɛ] **1** *prép*: **~ de** (a) (*près de, à côté de*) next to, close to, by; (*au chevet de, aux côtés de*) with. **rester ~ d'un malade** to stay

with an invalid; s'asseoir ~ de la fenêtre/de qn to sit down by *ou* close to the window/by *ou* next to *ou* close to sb.
 (b) (*comparé à*) compared with, in comparison with, next to. **notre revenu est élevé ~ du leur** our income is high compared with *ou* in comparison with *ou* next to theirs.
 (c) (*s'adressant à*) with, to. **faire une demande ~ des autorités** to apply to the authorities, lodge a request with the authorities; **faire une démarche ~ du ministre** to approach the minister, apply to the minister; **déposer une plainte ~ des tribunaux** to instigate legal proceedings; **avoir accès ~ de qn** to have access to sb; **ambassadeur ~ du Vatican** ambassador to the Vatican.
 (d) (*dans l'opinion de*) in the view of, in the opinion of. **il passe pour un incompétent ~ de ses collègues** he is incompetent in the view *ou* opinion of his colleagues; **jouir ~ de qn de beaucoup d'influence** to have *ou* carry a lot of influence with sb.
 2 *adv* (*littér*) nearby.
auquel [okɛl] *V* lequel.
aura [ɔʀa] *nf* aura.
auréole [ɔʀeɔl] *nf* **(a)** (*Art, Astron*) halo, aureole. (*fig*) **entouré de l'~ du succès** surrounded by a glow of success; (*fig*) **paré de l'~ du martyre** wearing a martyr's crown *ou* the crown of martyrdom; **parer qn d'une ~** to glorify sb.
 (b) (*tache*) ring.
auréoler [ɔʀeɔle] **1** *vt* (*gén ptp*) (*glorifier*) to glorify; (*Art*) to encircle with a halo. **tête auréolée de cheveux blancs** head with a halo of white hair; **être auréolé de gloire** to be wreathed in *ou* crowned with glory; **être auréolé de prestige** to have an aura of prestige.
 2 s'auréoler *vpr*: **s'~ de** to take on an aura of.
auréomycine [ɔʀeɔmisin] *nf* aureomycin (*Brit*), Aureomycin ® (*US*).
auriculaire [ɔʀikylɛʀ] **1** *nm* little finger. **2** *adj* auricular; *V* témoin.
aurifère [ɔʀifɛʀ] *adj* gold-bearing.
aurification [ɔʀifikasjɔ̃] *nf [dent]* filling with gold.
aurifier [ɔʀifje] (7) *vt dent* to fill with gold.
Aurigny [ɔʀiɲi] *nf* Alderney.
aurochs [ɔʀɔk(s)] *nm* aurochs.
aurore [ɔʀɔʀ] *nf* **(a)** dawn, daybreak, first light. **à l'~** at dawn *ou* first light *ou* daybreak; **avant l'~** before dawn *ou* daybreak; **~ australe** aurora australis; **~ boréale** northern lights, aurora borealis; **~ polaire** polar lights.
 (b) (*fig*) dawn, beginning. **à l'~ de** at the dawn of.
auscultation [ɔskyltasjɔ̃] *nf* auscultation.
ausculter [ɔskylte] (1) *vt* to sound (the chest of), auscultate (*T*).
auspices [ɔspis] *nmpl* **(a)** (*Antiq*) auspices. **(b) sous de bons/ mauvais ~s** under favourable/unfavourable auspices; **sous les ~s de qn** under the patronage *ou* auspices of sb.
aussi [osi] **1** *adv* **(a)** (*également*) too, also. **je suis fatigué et lui/eux ~** I'm tired and so is he/are they, I'm tired and he is/they are too; **il travaille bien et moi ~** he works well and so do I; **il parle ~ l'anglais** he also speaks ENGLISH, he speaks ENGLISH as well, he speaks ENGLISH too; **lui ~ parle l'anglais** HE speaks English too *ou* as well, he too speaks English; **il parle l'italien et ~ l'anglais** he speaks Italian and English too *ou* as well, he speaks Italian and also English; **il a la grippe — lui ~?** he's got flu — him too?* *ou* him as well?, he has flu — he too? (*frm*); **c'est ~ mon avis** I think so too *ou* as well, that's my view too *ou* as well; **faites bon voyage — vous ~** have a good journey — you too *ou* (the) same to you; **il ne suffit pas d'être doué, il faut ~ travailler** it's not enough to be talented, you also have to work; **toi ~, tu as peur?** so you too are afraid?, so you are afraid too? *ou* as well?
 (b) (*comparaison*) **~ grand** *etc* **que** as tall *etc* as; **il est ~ bête que méchant** *ou* **qu'il est méchant** he's as stupid as he is ill-natured; **viens ~ souvent que tu voudras** come as often as you like; **s'il pleut ~ peu que l'an dernier** if it rains as little as last year; **il devint ~ riche qu'il l'avait rêvé** he became as rich as he had dreamt he would; **pas ~ riche qu'on le dit** not as rich as he's said to be; **la piqûre m'a fait ~ mal que la blessure** the injection hurt me as much as the injury (did); **~ vite que possible** as quickly as possible; **d'~ loin qu'il nous vit il cria** far away though he was he shouted as soon as he saw us.
 (c) (*si, tellement*) so. **je ne te savais pas ~ bête** I didn't think you were so *ou* that* stupid; **comment peut-on laisser passer une ~ bonne occasion?** how can one let slip such a good opportunity? *ou* so good an opportunity?; **je ne savais pas que cela se faisait ~ facilement (que ça)** I didn't know that could be done as easily (as that) *ou* so easily *ou* that easily*; **~ léger qu'il fût** light though he was; **~ idiot que ça puisse paraître** silly though *ou* as it may seem.
 (d) (*tout autant*) **~ bien** just as well, just as easily; **tu peux ~ bien dire non** you can just as easily *ou* well say no; (*littér*) **puisqu'~ bien tout est fini** since, moreover, everything is finished; **mon tableau peut ~ bien représenter une montagne qu'un animal** my picture could just as well *ou* easily represent a mountain as an animal; **~ sec*** on the spot*, quick as a flash.
 2 *conj* (*en conséquence*) therefore, consequently; (*d'ailleurs*) well, moreover. **je suis faible, ~ ai-je besoin d'aide** I'm weak, therefore *ou* consequently I need help; **tu n'as pas compris, ~ c'est ta faute**: tu n'écoutais pas you haven't understood, well, it's your own fault — you weren't listening.
aussitôt [osito] **1** *adv* straight away, immediately. **~ arrivé/ descendu il s'attabla** as soon as he arrived/came down he sat down at table; **~ le train arrêté, elle descendit** as soon as *ou* immediately (*Brit*) the train stopped she got out; **~ dit, ~ fait** no sooner said than done; **~ après son retour** straight *ou* directly *ou* immediately after his return; **il est parti ~ après** he left straight *ou* directly *ou* immediately after; **~ que** as soon as; **~ que je le vis as** soon as *ou* the moment I saw him.

2 *prép*: **~ mon arrivée, je lui ai téléphoné** immediately (up)on my arrival I phoned him, immediately (*Brit*) I arrived I phoned him.
austère [ɔstɛʀ] *adj* personne, vie, style, monument austere; livre, lecture dry. **coupe ~ d'un manteau** severe cut of a coat.
austèrement [ɔstɛʀmɑ̃] *adv* austerely.
austérité [ɔsteʀite] *nf* (*V* austère) austerity; dryness. (*Rel*) **~s austerities**; (*Pol*) **mesures d'~** austerity measures.
austral, e, *mpl* **~s** [ɔstʀal] *adj* southern, austral (*T*). **pôle ~** south pole; *V* aurore.
Australasie [ɔstʀalazi] *nf* Australasia. **produit, habitant d'~** Australasian.
Australie [ɔstʀali] *nf* Australia. (*Pol*) **l'~** the commonwealth of Australia; **~-Méridionale/-Occidentale** South/Western Australia.
australien, -ienne [ɔstʀaljɛ̃, jɛn] **1** *adj* Australian. **2** *nm, f*: **A~(ne)** Australian.
australopithèque [ɔstʀalɔpitɛk] *nm* Australopithecus.
autant [otɑ̃] *adv* **(a)** **~ de** (*quantité*) as much (*que* as); (*nombre*) as many (*que* as); **il y a ~ de place ici (que là-bas)** there's (just) as much room here (as over there); **il n'y a pas ~ de neige que l'année dernière** there isn't as much *ou* there's not so much snow as last year; **nous employons ~ d'hommes qu'eux** we employ as many men as they do *ou* as them; **nous sommes ~ qu'eux** we are as many as they are *ou* as them, there are as many of us as of them; **il nous prêtera ~ de livres qu'il pourra** he'll lend us as many books as he can; **ils ont ~ de mérite l'un que l'autre** they have equal merit; **ils ont ~ de talents l'un que l'autre** they are both equally talented; **elle mange deux fois ~ que lui** she eats twice as much as him *ou* as he does; **tous ces enfants sont ~ de petits menteurs** all these children are so many little liars; **tous ~ que vous êtes** the whole lot of you.
 (b) (*intensité*) as much (*que* as). **il travaille toujours ~** he works as hard as ever, he's still working as hard; **pourquoi travaille-t-il ~?** why does he work so much? *ou* so hard?; **rien ne lui plaît ~ que de regarder les autres travailler** there is nothing he likes so much as *ou* likes better than watching others work; **intelligent, il l'est ~ que vous** he's quite as clever as you are; **il peut crier ~ qu'il veut** he can scream as much as he likes; **cet avertissement vaut pour vous ~ que pour lui** this warning applies to you as much as to him; **courageux ~ que compétent** courageous as well as competent, as courageous as he is competent; **~ prévenir la police** it would be as well to tell the police; *V* aimer.
 (c) (*tant*) (*quantité*) so much, such; (*nombre*) so many, such a lot of. **elle ne pensait pas qu'il aurait ~ de succès/qu'il mangerait ~** she never thought that he would have so much *ou* such success/ that he would eat so much *ou* such a lot; **vous invitez toujours ~ de gens?** do you always invite so many people? *ou* such a lot of people?; **j'ai rarement vu ~ de monde** I've seldom seen such a crowd *ou* so many people.
 (d) (*avec en: la même chose*) the same. **je ne peux pas en dire ~** I can't say the same (for myself); **je ne peux pas en faire ~** I can't do as much *ou* the same.
 (e) (*avec de: exprimant une proportion*) **d'~**: **ce sera augmenté d'~** it will be increased accordingly *ou* in proportion; **d'~ que, d'~ plus que** all the more so since *ou* because; **c'est d'~ plus dangereux qu'il n'y a pas de parapet** it's all the more dangerous since *ou* because there is no parapet; **écrivez-lui, d'~ que d'~ plus que je ne suis pas sûr qu'il vienne demain** you'd better write to him especially since I'm not sure if he's coming tomorrow; **cela se gardera d'~ mieux (que ...)** it will keep even better *ou* all the better (since ...); **nous le voyons d'~ moins qu'il habite très loin maintenant** we see him even less *ou* all the less now that he lives a long way away.
 (f) (*loc*) **~ il est généreux, ~ elle est avare** he is as generous as she is miserly; **~ il aime les chiens, ~ il déteste les chats** he likes dogs as much as he hates cats; **~ que possible** as much *ou* as far as possible; **il voudrait, ~ que possible, éviter les grandes routes** he would like to avoid the major roads as much *ou* as far as possible; (*Prov*) **~ d'hommes, ~ d'avis** every man to his own opinion; **(pour) ~ que je (ou qu'il etc) sache** as far as I know (*ou* he *etc* knows), to the best of my (*ou* his *etc*) knowledge; **c'est ~ de gagné** *ou* **de pris** at least that's something; **c'est ~ de fait** that's that done at least; **~ dire qu'il ne sait rien/qu'il est fou** you *ou* one might as well say that he doesn't know anything/that he's mad; **pour ~** for all that; **vous l'avez aidé mais il ne vous remerciera pas pour ~** you helped him but for all that you won't get any thanks from him; **il ne le fera qu'~ qu'il saura que vous êtes d'accord** he'll only do it in so far as he knows you agree.
autarcie [otaʀsi] *nf* autarky.
autarcique [otaʀsik] *adj* autarkical.
autel [otɛl] *nm* **(a)** (*Rel*) altar. **le trône et l'~** the Church and the Crown; (*fig*) **conduire** *ou* **mener sa fille à l'~** to give one's daughter away (in marriage). **(b)** (*fig littér*) altar. **dresser un ~ ou des ~s à qn** to worship sb, put sb on a pedestal; **sacrifier qch sur l'~ de** to sacrifice sth on the altar of.
auteur [otœʀ] *nm* **(a)** [*invention, plan, crime*] author; [*texte, roman*] author, writer; [*opéra, concerto*] composer; [*procédé*] originator, author. **il/elle en est l'~** (*invention*) he/she invented it; (*texte*) he/ she wrote it, he's/she's the author (of it); **l'~ de cette plaisanterie** the author of this prank, the person who played this prank; **l'~ de l'accident s'est enfui** the person who caused the accident ran off; **l'~ de ce tableau** the painter of this picture, the artist who painted this picture; **qui est l'~ de cette affiche?** who designed this poster?; (*musée*) **~ inconnu** 'anonymous', 'artist unknown'; **il fut l'~ de sa propre ruine** he was the author of his own ruin; **Prévert est l'~ des paroles, Kosma de la musique** Prévert wrote the words *ou*

lyrics and Kosma composed the music; (†, *hum*) **l'∼ de mes jours** my noble progenitor (†, *hum*); (*Mus*) **∼-compositeur** composer-songwriter; *V* **droit³**.
   (b) (*écrivain*) author. (*femme*) **c'est un ∼ connu** she is a well-known author *ou* authoress; *V* **femme**.
authenticité [ɔtãtisite] *nf* (*V* **authentique**) authenticity; genuineness.
authentifier [ɔtãtifje] (7) *vt* to authenticate.
authentique [ɔtãtik] *adj œuvre d'art, récit* authentic, genuine; *signature, document* authentic; *sentiment* genuine; *V* **acte**.
authentiquement [ɔtãtikmã] *adv* genuinely, authentically; *rapporter* faithfully.
autisme [ɔtism(ə)] *nm* autism.
autistique [ɔtistik] *adj* autistic.
auto [ɔto] **1** *nf* (*voiture*) car, automobile (*US*). **∼s tamponneuses** dodgems (*Brit*), bumper cars; *V* **salon**, **train**.
   2 *adj inv:* **assurance ∼** car *ou* motor (*Brit*) *ou* automobile (*US*) insurance; **frais ∼** running costs (*of a car*).
auto ... [ɔto] *préf* (a) (*fait sur soi*) self-. (*Alpinisme*) **∼-assurance** self-belay, self-belaying system; **∼(-) censure/mutilation** self-censorship/-mutilation; **∼discipline** self-discipline; **s'∼gérer/ financer** to be self-managing *ou* -running/self-financing; **organisme ∼géré** self-managed *ou* -run body; **tendances ∼destructrices** self-destructive tendencies.
   (b) (*qui se fait tout seul*) self-. **∼(-)contrôle** automatic control; **∼(-)régulation** self-regulating system; **∼(-)nettoyant/adhésif** self-cleaning/adhesive.
   (c) (*se rapportant à l'automobile*) **train ∼-couchettes** car sleeper train; **∼(-)radio** car radio.
auto-allumage [ɔtoalymaʒ] *nm* pre-ignition.
autoberge [ɔtobɛʀʒ(ə)] *nm* riverside *ou* embankment expressway.
autobiographie [ɔtobjɔgʀafi] *nf* autobiography.
autobiographique [ɔtobjɔgʀafik] *adj* autobiographic(al).
autobus [ɔtobys] *nm* bus. (*Hist*) **∼ à impériale** open-topped bus.
autocar [ɔtokaʀ] *nm* coach (*Brit*), bus (*US*); (*de campagne*) country bus.
autocaravane [ɔtokaʀavan] *nf* motorhome (*US*), camper (*US*).
autochenille [ɔtoʃnij] *nf* half-track.
autochtone [ɔtɔktɔn] **1** *adj* native, autochthonous (*T*); (*Géol*) autochthonous. **2** *nmf* native, autochton (*T*).
autoclave [ɔtoklav] *adj, nm* (*Méd, Tech*) (**appareil** *m ou* **marmite** *f*) **∼** autoclave.
autocoat [ɔtokot] *nm* car-coat.
autocollant, e [ɔtokɔlã, ãt] **1** *adj étiquette* self-adhesive, self-sticking; *papier* self-adhesive; *enveloppe* self-seal, self-adhesive. **2** *nm* sticker.
autocrate [ɔtokʀat] *nm* autocrat.
autocratie [ɔtokʀasi] *nf* autocracy.
autocratique [ɔtokʀatik] *adj* autocratic.
autocratiquement [ɔtokʀatikmã] *adv* autocratically.
autocritique [ɔtokʀitik] *nf* self-criticism. **faire son ∼** to criticize oneself.
autocuiseur [ɔtokɥizœʀ] *nm* pressure cooker.
autodafé [ɔtodafe] *nm* auto-da-fé.
autodéfense [ɔtodefãs] *nf* self-defence. **groupe d'∼** vigilante group *ou* committee.
autodestruction [ɔtodɛstʀyksjɔ̃] *nf* self-destruction.
autodétermination [ɔtodetɛʀminasjɔ̃] *nf* self-determination.
autodidacte [ɔtodidakt(ə)] *adj* self-taught. **c'est un ∼** he is self-taught, he is a self-taught man.
autodrome [ɔtodʀom] *nm* motor-racing track, autodrome.
auto-école [ɔtoekɔl] *nf* driving school. **moniteur d'∼** driving instructor.
auto-érotique [ɔtoeʀotik] *adj* auto-erotic.
auto-érotisme [ɔtoeʀotism(ə)] *nm* auto-eroticism, auto-erotism.
autofécondation [ɔtofekɔ̃dasjɔ̃] *nf* (*Bio*) self-fertilization.
autofinancement [ɔtofinãsmã] *nm* self-financing.
autofinancer (s') [ɔtofinãse] (1) *vpr* [*entreprise*] to be *ou* become self-financing. **programme de recherches autofinancé** self-supporting *ou* self-financed research programme.
autogène [ɔtoʒɛn] *adj V* **soudure**.
autogérer (s') [ɔtoʒeʀe] (1) *vpr* to be self-managing.
autogestion [ɔtoʒɛstjɔ̃] *nf* joint worker-management control.
autogire [ɔtoʒiʀ] *nm* autogiro, autogyro.
autographe [ɔtogʀaf] *adj, nm* autograph.
autoguidage [ɔtogidaʒ] *nm* self-steering.
autoguidé, e [ɔtogide] *adj* self-guided.
auto-induction [ɔtoɛ̃dyksjɔ̃] *nf* (*Phys*) self-induction.
auto-intoxication [ɔtoɛ̃tɔksikasjɔ̃] *nf* auto-intoxication.
automate [ɔtomat] *nm* (*lit, fig*) automaton. **marcher comme un ∼** to walk like a robot.
automation [ɔtomasjɔ̃] *nf* automation.
automatique [ɔtomatik] **1** *adj* automatic. **2** *nm* (*Téléc*) ≃ subscriber trunk dialling (*Brit*), STD (*Brit*), direct dialing (*US*); (*revolver*) automatic; *V* **distributeur**.
automatiquement [ɔtomatikmã] *adv* automatically.
automatisation [ɔtomatizasjɔ̃] *nf* automation.
automatiser [ɔtomatize] (1) *vt* to automate.
automatisme [ɔtomatism(ə)] *nm* automatism; [*machine*] automatic functioning, automatism.
automédon [ɔtomedɔ̃] *nm* (†, *hum*) coachman.
automitrailleuse [ɔtomitʀajøz] *nf* armoured car.
automnal, e [ɔtɔmnal, o] *adj* autumnal.
automne [ɔtɔn] *nm* autumn, fall (*US*). (*fig*) **c'est l'∼ de ses jours** he's in the autumn of his life.
automobile [ɔtomɔbil] **1** *adj véhicule* self-propelled, motor (*épith*); *course, sport* motor (*épith*); *assurance, industrie*

motor, car, automobile (*US*); *V* **canot**.
   2 *nf* (*voiture*) motor car (*Brit*), automobile (*US*). (*industrie*) **l'∼** the car *ou* motor industry, the automobile industry (*US*); (*Sport, conduite*) **l'∼** motoring; **termes d'∼** motoring terms; **être passionné d'∼** to be a car fanatic; **aimer les courses d'∼s** to like motor racing.
automobiliste [ɔtomɔbilist(ə)] *nmf* motorist.
automoteur, -trice [ɔtomɔtœʀ, tʀis] **1** *adj* self-propelled, motorized, motor (*épith*), automotive. **2 automotrice** *nf* electric railcar.
autoneige [ɔtonɛʒ] *nf* (*Can*) snowmobile (*US, Can*), snowcat.
autonome [ɔtonɔm] *adj* (a) *port* independent, autonomous; *territoire* autonomous, self-governing. **groupuscule ∼** group of political extremists. (b) *personne* self-sufficient; (*Philos*) *volonté* autonomous; (*Ordin*) off-line; *V* **scaphandre**.
autonomie [ɔtonɔmi] *nf* (*Admin, Fin, Philos, Pol*) autonomy; (*Aut, Aviat*) range. **certaines Corses/Bretons veulent l'∼** some Corsicans/Bretons want home rule *ou* autonomy *ou* self-government.
autonomiste [ɔtonɔmist(ə)] *nmf, adj* (*Pol*) separatist.
autonyme [ɔtonim] *adj* autonymous.
autopont [ɔtopɔ̃] *nm* flyover (*Brit*), overpass (*US*).
autoportrait [ɔtopɔʀtʀɛ] *nm* self-portrait.
autopropulsé, e [ɔtopʀopylse] *adj* self-propelled.
autopropulsion [ɔtopʀopylsjɔ̃] *nf* self-propulsion.
autopsie [ɔtopsi] *nf* autopsy, post-mortem (examination); (*fig*) dissection.
autopsier [ɔtopsje] (7) *vt* to carry out an autopsy *ou* a post-mortem (examination) on.
autopunition [ɔtopynisjɔ̃] *nf* self-punishment.
autorail [ɔtoʀaj] *nm* railcar.
autorisation [ɔtoʀizasjɔ̃] *nf* (*permission*) permission, authorization (*de qch* for sth, *de faire* to do); (*permis*) permit. **nous avions l'∼ du professeur** we had the teacher's permission; **avoir l'∼ de faire qch** to have permission *ou* be allowed to do sth; (*Admin*) to be authorized to do sth; **le projet doit recevoir l'∼ du comité** the project must be authorized *ou* passed by the committee.
autorisé, e [ɔtoʀize] (*ptp de* **autoriser**) *adj agent, version* authorized; *opinion* authoritative. **dans les milieux ∼s** in official circles; **nous apprenons de source ∼e que ...** we have learnt from official sources that ... .
autoriser [ɔtoʀize] (1) **1** *vt* (a) **∼ qn à faire** (*donner la permission de*) to give *ou* grant sb permission to do, authorize sb to do; (*habiliter à*) [*personne, décret*] to give sb authority to do, authorize sb to do; **il nous a autorisés à sortir** he has given *ou* granted us permission to go out, we have his permission to go out; **sa faute ne t'autorise pas à le condamner** his mistake does not entitle you *ou* give you the right to pass judgment on him; **tout nous autorise à croire que ...** everything leads us to believe that ...; **se croire autorisé à dire que ...** to feel one is entitled *ou* think one has the right to say that ... .
   (b) (*permettre*) [*personne*] *manifestation, sortie* to authorize, give permission for; *projet* to pass, authorize.
   (c) (*rendre possible*) [*chose*] to admit of, allow (of), sanction. **l'imprécision de cette loi autorise les abus** the imprecisions in this law admit of *ou* allow of *ou* appear to sanction abuses; **expression autorisée par l'usage** expression sanctioned *ou* made acceptable by use.
   (d) (*littér: justifier*) to justify.
   2 s'autoriser *vpr:* **s'∼ de qch pour faire** (*idée de prétexte*) to use sth as an excuse to do; (*invoquer*) **je m'autorise de notre amitié pour** in view of our friendship I permit myself to.
autoritaire [ɔtoʀitɛʀ] *adj, nmf* authoritarian.
autoritairement [ɔtoʀitɛʀmã] *adv* in an authoritarian way.
autoritarisme [ɔtoʀitaʀism(ə)] *nm* authoritarianism.
autorité [ɔtoʀite] *nf* (a) (*pouvoir*) authority (*sur* over). **l'∼ que lui confère son expérience/âge** the authority conferred upon him by experience/age; **avoir de l'∼ sur qn** to have authority over sb; **être sous l'∼ de qn** to be under sb's authority; **avoir ∼ pour faire** to have authority to do; **ton/air d'∼** authoritative tone/air, tone/air of authority.
   (b) (*expert, ouvrage*) authority. **c'est l'une des grandes ∼s en la matière** he *ou* it is one of the great authorities on the subject.
   (c) (*Admin*) **l'∼** those in authority, the powers that be (*gén iro*); **les ∼s** the authorities; **l'∼ militaire/législative** *etc* the military/legislative *etc* authorities; **les ∼s civiles et religieuses/locales** the civil and religious/local authorities; **agent *ou* représentant de l'∼** representative of authority; **adressez-vous à l'∼ *ou* aux ∼s compétente(s)** apply to the proper authorities.
   (d) (*Jur*) **l'∼ de la loi** the authority *ou* power of the law; **l'∼ de la chose jugée** res judicata; **être déchu de son ∼ paternelle** to lose one's parental rights; **fermé/vendu par ∼ de justice** closed/sold by order of the court.
   (e) (*loc*) **d'∼** (*de façon impérative*) on one's own authority; (*sans réflexion*) out of hand, straight off, unhesitatingly; **de sa propre ∼** on one's own authority; **faire ∼** [*livre, expert*] to be accepted as an authority, be authoritative.
autoroute [ɔtoʀut] *nf* motorway (*Brit*), highway (*US*), freeway (*US*). **∼ de dégagement** toll-free stretch of motorway leading out of a big city; **∼ de liaison** intercity motorway (*Brit*), highway (*US*), freeway (*US*); **∼ urbaine** urban *ou* inner-city motorway (*Brit*), throughway (*US*), expressway (*US*); **∼ à péage** toll motorway (*Brit*), turnpike (*US*).
autoroutier, -ière [ɔtoʀutje, jɛʀ] *adj* motorway (*Brit*) (*épith*), freeway (*US*) (*épith*).
autosatisfaction [ɔtosatisfaksjɔ̃] *nf* self-satisfaction.
auto-stop [ɔtostɔp] *nm* hitch-hiking, hitching*. **l'∼ est dangereux** hitch-hiking *ou* hitching* is dangerous; **pour rentrer, il a fait de**

l'~ (*long voyage*) he hitched* *ou* hitch-hiked home; (*courte distance*) he thumbed *ou* hitched* a lift home; **il a fait le tour du monde en ~** he hitch-hiked round the world, he hitched* his way round the world; **j'ai pris quelqu'un en ~** I picked up a *ou* gave a lift to a hitch-hiker *ou* hitcher*; **il nous a pris en ~** he picked us up, he gave us a lift.

auto-stoppeur, -euse [ɔtɔstɔpœʀ, øz] *nm,f* hitch-hiker, hitcher*. **prendre un ~** to pick up a hitch-hiker *ou* hitcher*.

autostrade† [ɔtɔstʀad] *nf* motorway (*Brit*), freeway (*US*), highway (*US*).

autosuggestion [ɔtɔsygʒɛstjɔ̃] *nf* autosuggestion.

autour¹ [otuʀ] **1** *adv* around. **tout ~** all around; **une maison avec un jardin ~** a house surrounded by a garden, a house with a garden around *ou* round (*Brit*) it.

2 *prép:* **~ de** *lieu* around, round (*Brit*); *temps, somme* about, around, round about (*Brit*); **il regarder ~ de lui** he looked around him *ou* about him, he looked around; *V* **tourner**.

autour² [otuʀ] *nm* (*Orn*) goshawk.

autovaccin [ɔtɔvaksɛ̃] *nm* auto(genous) vaccine.

autre [otʀ(ə)] **1** *adj indéf* **(a)** (*différent*) other, different. **ils ont un (tout) ~ mode de vie/point de vue** they have a (completely) different way of life/point of view; **chercher un ~ mode de vie** to try to find an alternative lifestyle, *ou* a different way of living; **c'est une ~ question/un ~ problème** that's another *ou* a different question/problem; **c'est (tout) ~ chose** that's a different *ou* another matter (altogether); **parlons d'~ chose** let's talk about something else *ou* different; **revenez une ~ fois/un ~ jour** come back some *ou* another time/another *ou* some other day; **je fais cela d'une ~ façon** I do it a different way *ou* another way *ou* differently; **il n'y a pas d'~ moyen d'entrer que de forcer la porte** there's no other way *ou* there isn't any other way of getting in but to force open the door; **vous ne le reconnaîtrez pas, il est (devenu) tout ~** you won't know him, he's completely different *ou* he is a changed man; **après ce bain je me sens un ~ homme** after that swim, I feel a new man; (*Prov*) **~s temps ~s mœurs** customs change with the times, autres temps autres mœurs; *V* **part**.

(b) (*supplémentaire*) other. **elle a 2 ~s enfants** she has 2 other *ou* 2 more children; **donnez-moi un ~ kilo/une ~ tasse de thé** give me another kilo/cup of tea; **il y a beaucoup d'~s solutions** there are many other *ou* many more solutions; **c'est un ~ Versailles** it's another Versailles; **c'est un ~ moi-même** he's my alter ego; **des couteaux, des verres et ~s objets indispensables** knives, glasses and other necessary items.

(c) (*de deux: marque une opposition*) other. **il habite de l'~ côté de la rue/dans l'~ sens** he lives on the other *ou* opposite side of the street/in the other *ou* opposite direction; **mets l'~ manteau** put on the other coat; **mets ton ~ manteau** put on your other coat.

(d) (*loc*) **l'~ jour** the other day; **nous/vous ~s*: faut pas nous raconter des histoires, à nous ~s!*** there's no point telling fibs to us!; **nous ~s*, on est prudents** WE are *ou* WE'RE cautious; **taisez-vous, vous ~s*** be quiet, you lot* (*Brit*) *ou* you people *ou* the rest of you; **et vous ~s qu'en pensez-vous?** what do you people *ou* you lot* (*Brit*) think?; **nous ~ Français, nous aimons la bonne cuisine** we Frenchmen like good cooking; **j'aimerais bien entendre un ~ son de cloche** I'd like to have a second opinion; **c'est un ~ son de cloche** that's quite another story; **j'ai d'~s chats à fouetter** I've other fish to fry; **vous êtes de l'~ côté de la barrière** you see it from the other side; **c'est cela et pas ~ chose** it's that *ou* nothing; **~ chose, Madame?** anything *ou* something else, madam?; **ce n'est pas ~ chose que de la jalousie** that's just jealousy, that's nothing but jealousy; **une chose est de rédiger un rapport, ~ chose est d'écrire un livre** it's one thing to draw up a report, but quite another thing *ou* but another thing altogether to write a book; **~ part** somewhere else; **d'~ part** on the other hand; (*de plus*) moreover; **c'est une ~ paire de manches*** that's another kettle of fish, that's another story; (*Rel*) **l'~ monde** the next world.

2 *pron indéf* **(a)** (*qui est différent*) another (one). **d'~s** others; **aucun ~, nul ~, personne d'~** no one else, nobody else; **prendre qn pour un ~/une chose pour une ~** to take sb for sb else/sth for sth else; **envoyez-moi bien ce livre je n'en veux pas d'~** make sure you send me this book, I don't want any other (one) *ou* I want no other; **à d'~s!*** (go and) tell that to the marines!*, (that's) a likely story!; **il n'en fait jamais d'~s!** that's just typical of him!, that's just what he always does!; **un ~ que moi/lui aurait refusé** anyone else (but me/him) would have refused; **il en a vu d'~s!** he's seen worse!; **les deux ~s** the other two, the two others; **vous en êtes un ~!*†** you're a fool!; **X, Y, Z, et ~s** X, Y, Z and others *ou* etc; **d'~s diraient que ... others** would say that ...; *V* **entre, rien**.

(b) (*qui vient en plus*) **deux enfants, c'est assez, je n'en veux pas d'~/d'~s** two children are enough, I don't want another (one)/(any) more; **donnez m'en un ~** give me another (one) *ou* one more; **qui/quoi d'~?** who/what else?; **rien/personne d'~** nothing/nobody else.

(c) (*marque une opposition*) **l'~** the other (one); **les ~s** (*choses*) the others, the other ones; (*personnes*) the others; **les ~s ne veulent pas venir** the others don't want to come; **penser du mal des ~s** to think ill of others *ou* of other people; **avec toi, c'est toujours les ~s qui ont tort** with you, it's always the others who are *ou* the other person who is in the wrong; **d'une minute/semaine à l'~** (*bientôt*) any minute/week (now); **d'une minute à l'~** (*n'importe quand*) any moment *ou* minute *ou* time; (*soudain*) from one minute *ou* moment to the next; *V* **côté, ni**.

3 *nm* (*Philos*) **l'~** the other.

autrefois [otʀəfwa] *adv* in the past, in bygone days (*littér*). **d'~** of the past, of old, past; **~ ils s'éclairaient à la bougie** in the past *ou* in bygone days they used candles for lighting; **je préférais le vin (in the past)** I used to prefer wine.

autrement [otʀəmɑ̃] *adv* **(a)** (*d'une manière différente*) differently. **il faut s'y prendre (tout) ~** we'll have to go about it in (quite) another way *ou* (quite) differently; **avec ce climat il ne peut en être ~** with this climate it can't be any other way *ou* how else could it be!; **cela ne peut s'être passé ~** it can't have happened any other way; **agir ~ que d'habitude** to act differently from usual; **comment aller à Londres ~ que par le train?** how can we get to London other than by train?; **~ appelé** otherwise known as.

(b) **faire ~: il n'y a pas moyen de faire ~**, on ne peut pas faire ~ it's impossible to do otherwise *ou* to do anything else; **il n'a pas pu faire ~ que de me voir** he couldn't help seeing me *ou* help but see me; **quand il voit une pâtisserie il ne peut pas faire ~ que d'y entrer** whenever he sees a cake shop he can't help going in *ou* he just HAS to go in; **elle a fait ~ que je lui avais dit** she did something different from *ou* other than what I told her.

(c) (*sinon*) otherwise; (*idée de menace*) otherwise, or else. **travaille bien, ~ tu auras de mes nouvelles!** work hard, otherwise *ou* or else you'll be hearing a few things from me!

(d) (**: à part cela*) otherwise, apart *ou* aside from that. **la viande était bonne, ~ le repas était quelconque** the meat was good but apart *ou* aside from that *ou* but otherwise the meal was pretty nondescript.

(e) (**: comparatif*) far (more). **il est ~ intelligent** he is far more intelligent, he is more intelligent by far; **c'est ~ meilleur** it's far better, it's better by far (*que* than).

(f) **pas ~** (**: pas spécialement*) not particularly *ou* especially; **cela ne m'a pas ~ surpris** that didn't particularly surprise me.

(g) **~ dit** (*en d'autres mots*) in other words; (*c'est-à-dire*) that is.

Autriche [otʀiʃ] *nf* Austria.

autrichien, -ienne [otʀiʃjɛ̃, jɛn] **1** *adj* Austrian. **2** *nm,f:* **A~(ne)** Austrian.

autruche [otʀyʃ] *nf* ostrich. (*fig*) **faire l'~** to bury one's head in the sand; *V* **estomac, politique**.

autrui [otʀɥi] *pron* (*littér*) others. **respecter le bien d'~** to respect the property of others *ou* other people's property.

auvent [ovɑ̃] *nm* [*maison*] canopy; [*tente*] awning, canopy.

auvergnat, e [ovɛʀɲa, at] **1** *adj of ou* from (the) Auvergne. **2** *nm* (*Ling*) Auvergne dialect. **3** *nm,f:* **A~(e)** inhabitant *ou* native of (the) Auvergne.

Auvergne [ovɛʀɲ] *nf:* **l'~** (the) Auvergne.

aux [o] *V* **à**.

auxiliaire [ɔksiljɛʀ] **1** *adj* (*Ling, Mil, gén*) auxiliary (*épith*); *cause, raison* secondary, subsidiary; (*Scol*) assistant (*épith*). **bureau ~** sub-office.

2 *nmf* (*assistant*) assistant, helper. (*Jur*) **~ de la justice** representative of the law; **~ médical** medical auxiliary.

3 *nm* (*Gram, Mil*) auxiliary.

auxiliairement [ɔksiljɛʀmɑ̃] *adv* (*Ling*) as an auxiliary; (*fig: secondairement*) secondarily, less importantly.

av *abrév de* **avenue**.

avachi, e [avaʃi] (*ptp de* **avachir**) *adj* **(a)** *cuir, feutre* limp; *chaussure, vêtement* misshapen, out of shape. **un pantalon ~** baggy trousers.

(b) *personne* (*par la chaleur*) limp; (*moralement*) flabby, sloppy. **~ sur son pupitre** slumped on his desk.

avachir [avaʃiʀ] (**2**) **1** *vt* **(a)** *cuir, feutre* to make limp; *chaussure, vêtement* to make shapeless, put out of shape.

(b) (*état*) *personne* (*physiquement*) to make limp; (*moralement*) to make flabby *ou* sloppy.

2 s'avachir *vpr* **(a)** [*cuir*] to become limp; [*vêtement*] to go out of shape, become shapeless.

(b) [*personne*] (*physiquement*) to become limp; (*moralement*) to become flabby *ou* sloppy.

avachissement [avaʃismɑ̃] *nm* **(a)** [*vêtement, cuir*] loss of shape. [*personne*] **leur ~ faisait peine à voir** it was a shame to see them becoming so sloppy *ou* to see them letting themselves go like this.

(b) (*état*) [*personne*] (*physiquement*) limpness; (*moralement*) sloppiness, flabbiness.

aval¹ [aval] *nm* [*cours d'eau*] downstream water; [*pente*] downhill slope. **en ~** below, downstream, down-river; downhill; **en ~ de** below, downstream *ou* down-river from; downhill from; **les rapides/l'écluse d'~** the downstream rapids/lock; **l'~ était coupé de rapides** the river downstream was a succession of rapids; **le skieur/ski ~** the downhill skier/ski.

aval², pl ~s [aval] *nm* (*fig: soutien*) backing, support; (*Comm, Jur*) guarantee (*de* for). **donner son ~ à qn** to give sb one's support, back sb; **donner son ~ à une traite** to guarantee *ou* endorse a draft.

avalanche [avalɑ̃ʃ] *nf* (*Géog*) avalanche; [*coups*] shower; [*compliments*] flood, torrent; [*réclamations, prospectus*] avalanche; *V* **couloir**.

avalancheux, -euse [avalɑ̃ʃø, øz] *adj* *zone, pente* avalanche-prone.

avaler [avale] (**1**) *vt* **(a)** *nourriture* to swallow (down); *repas* to swallow; *boisson* to swallow (down), drink (down); (*fig*) *roman* to devour; (*Alpinisme*) *mou, corde* to take in. [*fumeur*] **~ la fumée** to inhale (the smoke); **~ qch d'un trait** *ou* **d'un seul coup** to swallow sth in one gulp, down sth in one*; **~ son café à petites gorgées** to sip one's coffee; **~ sa salive** to swallow; (*fig*) **j'ai eu du mal à ~ ma salive** I gulped; **il a avalé de travers** it went down the wrong way; **il n'a rien avalé depuis 2 jours*** he hasn't eaten a thing *ou* had a thing to eat for 2 days.

(b) *mensonge, histoire* to swallow; *affront* to swallow, take; *mauvaise nouvelle* to accept. **on lui ferait ~ n'importe quoi** hc would swallow anything; (*fig*) **~ la pilule** to take one's medicine, bite the bullet; **~ des couleuvres** (*affront*) to swallow an affront;

(mensonge) to swallow a lie, be taken in; **j'ai cru qu'il allait m'~ tout cru** I thought he was going to eat me alive; **c'est un ambitieux qui veut tout ~** he's an ambitious man who thinks he can take on anything; **~ ses mots** to mumble; *(Sport)* **~ l'obstacle** to make short work of the obstacle, take the obstacle in one's stride.

(c) *(loc fig)* **tu as avalé ta langue?** have you lost your tongue?; **on dirait qu'il a avalé son parapluie** he's so (stiff and) starchy; *(hum)* **~ son bulletin de naissance** to kick the bucket*, snuff it*.

avaleur, -euse [avalœr, øz] *nm, f:* **~ de sabres** sword swallower.

avaliser [avalize] (1) *vt plan, entreprise* to back, support; *(Comm, Jur)* to endorse, guarantee.

avance [avɑ̃s] *nf* (a) *(marche, progression)* advance. **accélérer/ ralentir son ~** to speed up/slow down one's advance.

(b) *(sur un concurrent etc)* lead. **avoir/prendre de l'~ sur qn** to have/take the lead over sb; **10 minutes/km d'~** a 10-minute/km lead; **l'~ des Russes dans le domaine scientifique** the Russians' lead in the world of science; **perdre son ~** to lose one's *ou* the lead; **cet élève est tombé malade et a perdu son ~** this pupil fell ill and lost the lead he had (on the rest of the class).

(c) *(sur un horaire)* **avoir/prendre de l'~** to be/get ahead of schedule; **avoir beaucoup d'~/une ~ de 2 ans** to be well/2 years ahead of schedule; **avoir/prendre de l'~ dans son travail** to be/get ahead in *ou* with one's work; **le train a 10 minutes d'~** the train is 10 minutes early; **le train a pris de l'~/10 minutes d'~** the train has got ahead/has got 10 minutes ahead of schedule; **le train a perdu son ~** the train has lost the time it had gained; *(Aut, Tech)* **~ à l'allumage** ignition advance; **ma montre a 10 minutes d'~** my watch is 10 minutes fast; **ma montre prend de l'~** my watch is gaining *ou* gains; **ma montre prend beaucoup d'~** my watch gains a lot; **arriver avec 5 minutes d'~** to arrive 5 minutes early *ou* 5 minutes ahead of time; **avec 5 minutes d'~ sur les autres** 5 minutes earlier than the others.

(d) *(Comm, Fin: acompte)* advance. **~ de fonds** advance; **faire une ~ de 100 F à qn** to advance sb 100 francs, make sb an advance of 100 francs; **donner à qn une ~ sur son salaire** to give sb an advance on his salary.

(e) *(ouvertures)* **~s** overtures, *(galantes)* advances; **faire des ~s à qn** to make overtures *ou* advances to sb.

(f) **en ~** *(sur l'heure fixée)* early; *(sur l'horaire etc)* ahead of schedule; **être en ~ sur qn** to be ahead of sb; **être en ~ d'une heure** *(sur l'heure fixée)* to be an hour early; *(sur l'horaire)* to be an hour ahead of schedule; **dépêche-toi, tu n'es pas en ~!** hurry up, you've not got much time! *ou* you're running out of time!; **les crocus sont en ~ cette année** the crocuses are early this year; **leur fils est très en ~ dans ses études/sur les autres enfants** their son is well ahead in his studies/of the other children; **il est en ~ pour son âge** he is advanced for his age, he is ahead of his age-group; **leur pays est en ~ dans le domaine scientifique** their country leads *ou* is ahead in the field of science; **ses idées étaient/ il était très en ~ sur son temps** *ou* **son époque** his ideas were/he was well ahead of *ou* in advance of his time.

(g) *(loc)* **à l'~** in advance, beforehand; **réserver une place un mois à l'~** to book a seat one month ahead *ou* in advance; **prévenir qn 2 heures à l'~** to give sb 2 hours' notice, notify *ou* warn sb 2 hours beforehand *ou* in advance; **je vous remercie à l'~** *ou* **d'~** thanking you in advance *ou* in anticipation; **merci d'~** thanks (in advance); **d'~ in advance; d'~ je peux vous dire que ...** I can tell you in advance *ou* right now that ...; **d'~ il pouvait deviner** already *ou* even then he could guess; **il faut payer d'~** one must pay in advance; **ça a été arrangé d'~** it was prearranged, it was arranged beforehand *ou* in advance; **par ~** in advance.

avancé, e[1] [avɑ̃se] *(ptp de **avancer**) adj* (a) *élève, civilisation, technique* advanced. **la saison/journée était ~e** it was late in the season/day; **la nuit était ~e** it was well into the night; **il est très ~ dans son travail** he is well on with his work; **à une heure ~e de la nuit** well on into the night; **son roman est déjà assez ~** he's already quite a long way on *ou* quite far ahead with his novel; **les pays les moins ~s** the least developed countries; **cet enfant n'est vraiment pas ~ pour son âge** this child is rather backward *ou* is not at all advanced for his age; **être d'un âge ~** to be advanced in years *ou* well on in years; **dans un état ~ de ...** in an advanced state of ...; **après toutes ses démarches, il n'en est pas plus ~** after all the steps he has taken, he's no further on than he was; *(iro)* **nous voilà bien ~s!** a long way that's got us! *(iro)*, a (fat) lot of good that's done us!* *(iro)*; V **heure**.

(b) *(d'avant-garde)* opinion, idée progressive, advanced.

(c) *(qui se gâte)* fruit, fromage overripe. **ce poisson est ~** this fish is going off *(Brit) ou* is bad.

(d) *(Mil)* poste advanced.

avancée[2] [avɑ̃se] *nf* overhang.

avancement [avɑ̃smɑ̃] *nm* (a) *(promotion)* promotion. **avoir** *ou* **prendre de l'~** to be promoted, get promotion; **possibilités d'~** career prospects, prospects *ou* chances of promotion.

(b) *(progrès)* *[travaux]* progress; *[sciences, techniques]* advancement.

(c) *(mouvement)* forward movement.

(d) *(Jur)* **~ d'hoirie** advancement.

avancer [avɑ̃se] (3) **1** *vt* (a) *(porter en avant)* objet to move *ou* bring forward; *tête* to move forward; *main* to hold out, put out *(vers to)*; *pion* to move forward. **~ le cou** to crane one's neck; **~ un siège à qn** to draw up *ou* bring forward a seat for sb; **le blessé avança les lèvres pour boire** the injured man put his lips forward to drink; (†, *hum)* **la voiture de Madame est avancée** Madam's carriage awaits (†, *hum*); **~ (les aiguilles d')une pendule** to put (the hands of) a clock forward *ou* on *(Brit)*.

(b) *(fig)* opinion, hypothèse to put forward, advance. **ce qu'il**

avance paraît vraisemblable what he is putting forward *ou* suggesting seems quite plausible.

(c) *date, départ* to bring forward. **il a dû ~ son retour** he had to bring forward the date of his return.

(d) *(faire progresser)* travail to speed up. **est-ce que cela vous avancera si je vous aide?** will it speed things up (for you) *ou* will you get on more quickly if I lend you a hand?; **ça n'avance pas nos affaires** that doesn't improve matters for us; **cela t'avancera à quoi de courir?** what good will it do you to run?; **cela ne t'avancera à rien de crier*** shouting won't get you anywhere, you won't get anywhere by shouting.

(e) *somme d'argent, fonds* to advance; *(*: prêter)* to lend.

2 *vi* (a) *(progresser)* to advance, move forward; *[bateau]* to make headway. **l'armée avance sur Paris** the army is advancing on Paris; **il avança d'un pas** he took *ou* moved a step forward; **il avança d'un mètre** he moved three feet forward, he came three feet nearer; **mais avance donc!** move on *ou* forward *ou* up, will you!; **le paysan essayait de faire ~ son âne** the peasant tried to get his donkey to move (on) *ou* to make his donkey move (on).

(b) *(fig)* to make progress. **la nuit avance** night is wearing on; **faire ~** travail to speed up; *élève* to bring on, help to make progress; *science* to further; **~ vite/lentement dans son travail** to make good/slow progress in one's work; **~ péniblement dans son travail** to plod on slowly with *ou* make halting progress in one's work; **~ en âge** to be getting on (in years); **~ en grade** to be promoted, get promotion; **son livre n'avance guère** he's not making much headway *ou* progress with his book; **tout cela n'avance à rien** that doesn't get us any further *ou* anywhere; **je travaille mais il me semble que je n'avance pas** I'm working but I don't seem to be getting anywhere.

(c) *[montre, horloge]* to gain. **~ de 10 minutes par jour** to gain 10 minutes a day; **ma montre avance** *ou* **j'avance (de 10 minutes)** my watch is *ou* I'm (10 minutes) fast.

(d) *[cap, promontoire]* to project, jut out *(dans into)*; *[lèvre, menton]* to protrude. **un balcon qui avance (de 3 mètres) sur la rue** a balcony that juts out *ou* projects (3 metres) over the street.

3 s'avancer *vpr* (a) *(aller en avant)* to move forward; *(progresser)* to advance. **il s'avança vers nous** he came towards us; **la procession s'avançait lentement** the procession advanced slowly *ou* moved slowly forward.

(b) *(fig: s'engager)* to commit o.s. **il n'aime pas beaucoup s'~** he does not like to commit himself *ou* stick his neck out*; **je ne peux pas m'~ sans connaître la question** I don't know enough about it to venture *ou* hazard an opinion, I can't commit myself without knowing more about it.

avanie [avani] *nf:* **subir une ~** to be snubbed; **faire** *ou* **infliger des ~s à qn** to snub sb; **les ~s qu'il avait subies** the snubs he had received.

avant [avɑ̃] **1** *prép* (a) *(temps, lieu)* before; *(avec limite de temps)* by, before. **il est parti ~ la pluie/la fin** he left before the rain started/ the end; **il est parti ~ nous** he left before us; **cela s'est passé bien/peu ~ son mariage** this took place long *ou* a good while/ shortly *ou* a short time before he was *ou* got married *ou* before his marriage; **ne venez pas ~ 10 heures** don't come until *ou* before 10; **il n'arrivera pas ~ une demi-heure** he won't be here for another half hour (yet) *ou* for half an hour (yet); **~ cela il était très gai** before that *ou* (up) until then he had been very cheerful; **j'étais ~ lui dans la queue** *mais* **on l'a servi ~ moi** I was in front of him *ou* before him in the queue *(Brit) ou* line *(US)* but he was served before me *ou* before I was; **il me le faut ~ demain/minuit** I must have it by *ou* before tomorrow/midnight; **il me le faut ~ une semaine/un mois** I must have it within a week/a month; **~ peu** shortly; **sa maison est (juste) ~ la mairie** his house is (just) before *ou* this side of the town hall; **X, ce féministe (bien) ~ la lettre** X, a feminist (long) before the term existed *ou* had been coined; V **Jésus**.

(b) *(priorité)* before, in front of, above. **~ tout** above all, first and foremost; **le travail passe ~ tout** work comes before everything; **~ tout, il faut éviter la guerre** above all (things) war must be avoided; **il faut ~ tout vérifier l'état du toit** first and foremost *ou* above all else we must see what state the roof is in; **en classe, elle est ~ sa sœur** at school she is ahead of her sister; **il met sa santé ~ sa carrière** he puts his health before *ou* above his career, he values his health above his career; **le capitaine est ~ le lieutenant** captain comes before lieutenant.

(c) **~ de + infin** before; **~ que + subj** before; **à prendre ~ (de) manger** to be taken before food *ou* meals; **dînez donc ~ de partir** do have a meal before you go; **consultez-moi ~ de prendre une décision** consult me before making your decision *ou* before you decide; **je veux lire sa lettre ~ qu'elle (ne) l'envoie** I want to read her letter before she sends it (off); **n'envoyez pas cette lettre ~ que je (ne) l'aie lue** don't send this letter before *ou* until I have read it; **la poste est juste ~ d'arriver à la gare** the post office is just before you come to the station.

2 *adv* (a) *(temps)* before, beforehand. **le voyage sera long, mangez ~** it's going to be a long journey so have something to eat beforehand *ou* before you go; **quelques semaines/mois ~** a few *ou* some weeks/months before(hand) *ou* previously *ou* earlier; **peu de temps/longtemps ~** shortly/well *ou* long before(hand); **la semaine/le mois d'~** the week/month before, the previous week/ month; **peu ~ dans la nuit** far *ou* well into the night; **les gens d'~** étaient plus aimables the previous people were nicer, the people (who were there) before were nicer; **réfléchis ~, tu parleras après** think before you speak, think first then (you can) speak; **le train d'~ était plein** the earlier *ou* previous train was full; **~ je préférais le bateau au train** (before) I used to prefer the boat to the train; **venez me parler ~** come and talk to me first *ou* beforehand.

(b) *(lieu: fig)* before; *(avec mouvement)* forward, ahead. **tu vois la**

gare? il habite juste ∼ (you) see the station? he lives just this side (of it) *ou* before it; **n'avancez pas trop** *ou* **plus** ∼, **c'est dangereux** don't go any further (forward), it's dangerous; **il s'était engagé trop** ∼ **dans le bois** he had gone too far *ou* too deep into the wood; *(fig)* **il s'est engagé trop** ∼ he has got* *ou* become too involved, he has committed himself too deeply; **n'hésitez pas à aller plus** ∼ don't hesitate to go further *ou* on; **ils sont assez** ∼ **dans leurs recherches** they are well into *ou* well advanced in *ou* far ahead in their research.

  (c) en ∼ *(mouvement)* forward; *(temps, position)* in front, ahead *(de* of); **en** ∼, **marche!** forward march!; *(Naut)* **en** ∼ **toute!** full steam ahead!; **la voiture fit un bond en** ∼ the car lurched forward; **être en** ∼ *(d'un groupe de personnes)* to be (out) in front; **marcher en** ∼ **de la procession** to walk in front of the procession; **les enfants sont partis en** ∼ the children have gone on ahead *ou* in front; **partez en** ∼, **on vous rejoindra** you go on (ahead *ou* in front), we'll catch up with you; *(fig)* **regarder en** ∼ to look ahead; *(fig)* **mettre qch en** ∼ to put sth forward, advance sth; *(fig)* **mettre qn en** ∼ *(pour se couvrir)* to use sb as a front; *(pour aider qn)* to push sb forward *ou* to the front; *(fig)* **il aime se mettre en** ∼ he likes to push himself forward, he likes to be in the forefront.

  3 *nm* **(a)** *[voiture, train]* front; *[navire]* bow(s), stem. **voyager à l'**∼ **du train** to travel in the front of the train; **dans cette voiture on est mieux à l'**∼ it's more comfortable in the front of this car; *(fig)* **aller de l'**∼ to forge ahead.

  (b) *(Sport: joueur)* *(gén)* forward; *(Volleyball)* frontline player. **la ligne des** ∼s the forward line.

  (c) *(Mil)* front.

  4 *adj inv* **roue** front; **marche** forward. **traction** ∼ front-wheel drive; **la partie** ∼ the front part.

  5: avant-bras *nm inv* forearm; **avant-centre** *nm, pl* **avant-centres** centre-forward; **avant-coureur** *(nm)* harbinger; *(adj inv)* precursory, premonitory; **signe avant-coureur** forerunner, harbinger *(littér)*; **avant-dernier** *(f* -ière), *mpl* **avant-derniers** *nm(f)*, *adj* next to last, last but one *(Brit)*, *(sg seulement)* penultimate; **avant-garde** *nf, pl* **avant-gardes** *(Mil)* vanguard; *(Art, Pol)* avant-garde; **art/poésie/idées d'avant-garde** avant-garde art/poetry/ideas; **avant-goût** *nm* foretaste; **avant-guerre** *nm* pre-war years; **d'avant-guerre** *adj* pre-war; **avant-hier** *adv* the day before yesterday; *(Belgique, Can)* **avant-midi*** *nm ou nf inv* morning; **avant-port** *nm, pl* **avant-ports** outer harbour; **avant-poste** *nm, pl* **avant-postes** outpost; **avant-première** *nf, pl* **avant-premières** preview; **avant-projet** *nm, pl* **avant-projets** pilot study; **avant-propos** *nm inv* foreword; *(Théât)* **avant-scène** *nf, pl* **avant-scènes** *(scène)* apron, proscenium; *(loge)* box *(at the front of the house)*; **avant-train** *nm, pl* **avant-trains** *[animal]* foreparts, forequarters; *[véhicule]* front axle assembly *ou* unit; **avant-veille** *nf*: **l'avant-veille** two days before *ou* previously; **c'était l'avant-veille de Noël** it was the day before Christmas Eve *ou* two days before Christmas.

avantage [avɑ̃taʒ] *nm* **(a)** *(intérêt)* advantage. **cette solution a l'**∼ **de ne léser personne** this solution has the advantage of not hurting anyone; **il a** ∼ **à y aller** it will be to his advantage to go, it will be worth his while to go; **j'ai** ∼ **à acheter en gros** it's worth my while to *ou* it's worth it for me to buy in bulk; **tirer** ∼ **de la situation** to take advantage of the situation, turn the situation to one's advantage; **tu aurais** ∼ **à te tenir tranquille*** you'd be *ou* do better to keep quiet*, you'd do well to keep quiet.

  (b) *(supériorité)* advantage. **avoir un** ∼ **sur qn** to have an advantage over sb; **j'ai sur vous l'**∼ **de l'expérience** I have the advantage of experience over you; **ils ont l'**∼ **du nombre sur leurs adversaires** they have the advantage of numbers over their enemies.

  (c) *(Fin: gain)* benefit. ∼s **accessoires** additional benefits; ∼s **en nature** fringe benefits, payment in kind; **gros** ∼s **matériels d'un métier** overall material benefits of a job; ∼ **pécuniaire** financial benefit; ∼s **sociaux** welfare benefits.

  (d) *(Mil, Sport, fig)* advantage; *(Tennis)* vantage *(Brit)*, advantage. **avoir l'**∼ to have the advantage, have the upper hand, be one up*; *(Tennis)* ∼ **service/dehors** van(tage) in/out *(Brit)*, ad in/out* *(US)*, advantage in/out; ∼ **détruit** deuce *(again)*.

  (e) *(frm: plaisir)* **j'ai (l'honneur et) l'**∼ **de vous présenter M X** I have the (honour and) privilege of introducing Mr X *(frm)*; **que me vaut l'**∼ **de votre visite?** to what do I owe the pleasure *ou* honour of your visit? *(frm)*.

  (f) *(loc)* **être à son** ∼ *(sur une photo)* to look one's best; *(dans une conversation)* to be at one's best; **elle est à son** ∼ **avec cette coiffure** she looks her best with that hair style, that hair style flatters her; **il s'est montré à son** ∼ he was seen in a favourable light *ou* to advantage; **c'est (tout) à ton** ∼ it's (entirely) to your advantage; **changer à son** ∼ to change for the better.

avantager [avɑ̃taʒe] (3) *vt* **(a)** *(donner un avantage à)* to favour, give an advantage to. **elle a été avantagée par la nature** she was favoured by nature; **il a été avantagé par rapport à ses frères** he has been given an advantage over his brothers; *(dans la vie)* **être avantagé dès le départ** to have a head start *(par rapport à* on).

  (b) *(mettre en valeur)* to flatter. **ce chapeau l'avantage** that hat flatters her, she looks good in that hat.

avantageusement [avɑ̃taʒøzmɑ̃] *adv* **vendre** at a good price; **décrire** favourably, flatteringly. **la situation se présente** ∼ the situation looks favourable; **une robe qui découvrait** ∼ **ses épaules magnifiques** a dress which showed off her lovely shoulders to great advantage.

avantageux, -euse [avɑ̃taʒø, øz] *adj* **(a)** *(profitable)* **affaire** worthwhile, profitable; **prix** attractive. **ce serait plus** ∼ **de faire comme cela** it would be more profitable *ou* worthwhile to do it this way; **c'est une occasion** ∼euse it's an attractive *ou* a good bargain.

  (b) *(présomptueux)* **air, personne** conceited.

  (c) *(qui flatte)* **portrait, chapeau** flattering.

avare [avaʀ] **1** *adj* **(a)** *personne* miserly, avaricious, tight-fisted*. **il est** ∼ **de paroles** he's sparing of words; **il est** ∼ **de compliments** he's sparing with his compliments *ou* sparing of compliments; *V* **à**.

  (b) *(littér: peu abondant)* *terre* meagre. **une lumière** ∼ **pénétrait dans la pièce** a dim *ou* weak light filtered into the room.

  2 *nmf* miser.

avarice [avaʀis] *nf* miserliness, avarice.

avaricieux, -ieuse [avaʀisjø, jøz] *(littér)* **1** *adj* miserly, niggardly, stingy. **2** *nm* miser, niggard, skinflint.

avarie [avaʀi] *nf* *[navire, véhicule]* damage *(U)*; *(Tech)* *[cargaison, changement]* damage *(U)* (in transit), average *(T)*.

avarié, e [avaʀje] *(ptp de* **avarier**) *adj* **aliment** rotting; **navire** damaged. **une cargaison de viande** ∼e a cargo of rotting meat; **cette viande est** ∼e this meat has gone off *(Brit)* *ou* gone bad.

avarier [avaʀje] (7) **1** *vt* to spoil, damage. **2 s'avarier** *vpr [fruits, viande]* to go bad, rot.

avatar [avataʀ] *nm (Rel)* avatar; *(fig)* metamorphosis. *(péripéties)* ∼s* misadventures.

Avé [ave] *nm inv (prière: aussi* ∼ **Maria**) Hail Mary, Ave Maria.

avec [avɛk] **1** *prép* **(a)** *(accompagnement, accord)* with. **elle est sortie** ∼ **les enfants** she is out *ou* has gone out with the children; **son mariage** ∼ **X a duré 8 ans** her marriage to X lasted (for) 8 years; **ils ont les syndicats** ∼ **eux** they've got the unions on their side *ou* behind them.

  (b) *(comportement: envers)* to, towards, with. **comment se comportent-ils** ∼ **vous?** how do they behave towards *ou* with you?; **il est très doux** ∼ **les animaux** he is very gentle with animals; **il a été très gentil** ∼ **nous** he was very kind to us.

  (c) *(moyen, manière)* with; *(ingrédient)* with, from, out of. **vous prenez votre thé** ∼ **du lait ou du citron?** do you have *ou* take your tea with milk *ou* (with) lemon?, do you have *ou* take milk *ou* lemon in your tea?; **boire** ∼ **une paille** to drink with a straw; **une maison** ∼ **jardin** a house with a garden; **faire qch** ∼ **(grande) facilité** to do sth with (great) ease *ou* (very) easily; **parler** ∼ **colère/bonté/lenteur** to speak angrily *ou* with anger/kindly/slowly; **chambre** ∼ **salle de bain** room with a bathroom *ou* its own bathroom; **couteau** ∼ **(un) manche en bois** knife with a wooden handle, wooden-handled knife; **gâteau fait** ∼ **du beurre** cake made with butter; **ragoût fait** ∼ **des restes** stew made out of *ou* from (the) left-overs; **c'est fait (entièrement)** ∼ **du plomb** it's made (entirely) of lead; **voyageant** ∼ **un passeport qui...** travelling on a passport which....

  (d) *(cause, simultanéité, contraste etc)* with. **on oublie tout** ∼ **le temps** one forgets everything in time *ou* in the course of time *ou* with the passing of time; ∼ **les élections, on ne parle plus que politique** with the elections (on) no one talks anything but politics; ∼ **l'inflation et le prix de l'essence, les voitures se vendent mal** what with inflation and the price of petrol, cars aren't selling very well; **il est difficile de marcher** ∼ **ce vent** it is difficult to walk in *ou* with this wind; ∼ **un peu de travail, il aurait gagné le prix** with a little work *ou* if (only) he had done a little work he would have won the prize; ∼ **toute ma bonne volonté, je ne suis pas parvenu à l'aider** with the best will in the world *ou* for all my goodwill I did not manage to help him; **se lever** ∼ **le jour** to get up *ou* rise with the sun *ou* dawn, get up at daybreak; **ils sont partis** ∼ **la pluie** they left in the rain.

  (e) *(opposition)* with. **rivaliser/combattre** ∼ **qn** to vie/fight with sb; **elle s'est fâchée** ∼ **tous leurs amis** she has fallen out with all their friends.

  (f) d'∼: **séparer/distinguer qch d'**∼ **qch d'autre** to separate/distinguish sth from sth else; **divorcer d'**∼ **qn** to divorce sb; **se séparer d'**∼ **qn** to leave sb, part from sb *(littér)*; **elle s'est séparée d'**∼ **X** she has separated from X.

  (g) ∼ **cela*:** *(dans un magasin)* **et** ∼ **ça, madame?** anything else?; **il conduit mal et** ∼ **ça il conduit trop vite** he drives badly and what's more *ou* on top of that he drives too fast; ∼ **cela que tu ne le savais pas!** what do you mean you didn't know!, as if you didn't know!; *(iro)* **et** ∼ **ça qu'il est complaisant!** and it's not as if he were helpful (either *ou* at that)!, and he's not exactly *ou* even helpful either! *ou* at that!; ∼ **tout ça j'ai oublié le pain** in the midst of all this I forgot about the bread.

  2 *adv* **(*)** **tiens mes gants, je ne peux pas conduire** ∼ hold my gloves, I can't drive with them on; **rends-moi mon stylo, tu allais partir** ∼! give me back my pen, you were going to walk off with it!

aveline [avlin] *nf (noix)* filbert.

avelinier [avlinje] *nm (arbre)* filbert.

aven [aven] *nm* swallow hole *(Brit)*, sinkhole, pothole.

avenant, e [avnɑ̃, ɑ̃t] **1** *adj* **personne** pleasant, welcoming; **manières** pleasant, pleasing; **maison** of pleasing appearance.

  2 *nm* **(a) à l'**∼ in keeping *(de* with); **la maison était luxueuse, et le mobilier était à l'**∼ the house was luxurious, and the furniture was in keeping (with it).

  (b) *(Jur)* *[police d'assurance]* endorsement; *[contract]* amendment *(à* to). **faire un** ∼ **à** to endorse; to amend.

avènement [avɛnmɑ̃] *nm [roi]* accession, succession *(à* to); *[régime, politique, idée]* advent; *[Messie]* Advent, Coming.

avenir¹ [avniʀ] *nm* **(a)** *(futur)* future; *(postérité)* future generations. **avoir des projets d'**∼ to have plans for the future, have future plans; **dans un proche** ∼ in the near future.

  (b) *(bien-être)* future *(well-being)*. **assurer l'**∼ **de ses enfants** to take care of *ou* ensure one's children's future.

  (c) *(carrière)* future, prospects. **il a de l'**∼, **c'est un homme d'**∼ he's a man with a future *ou* with good prospects, he's an up-and-coming man; **métier d'**∼ job with a future *ou* with prospects; **il n'y a aucun** ∼ **dans ce métier** there's no future in this job, this is a dead-end job; **projet sans ~** project without prospects of success *ou* without a future.

(d) *(dorénavant)* **à l'~** from now on, in future.

avenir² [avniʀ] *nm (Jur)* writ of summons *(from one counsel to another)*.

Avent [avɑ̃] *nm*: **l'~** Advent.

aventure [avɑ̃tyʀ] *nf* (a) *(péripétie, incident)* adventure; *(entreprise)* venture; *(liaison amoureuse)* affair. **fâcheuse ~** unfortunate experience; **une ~ effrayante** a terrifying experience; **film/roman d'~s** adventure film/story; **une ~ sentimentale** a love affair; **avoir une ~ (galante) avec qn** to have an affair with sb.

(b) **l'~** adventure; **esprit d'~** spirit of adventure; *V* **dire, diseuse.**

(c) *(loc)* **marcher à l'~** to walk aimlessly; *(littér)* **si, par ~ ou d'~** if by any chance; **quand, par ~ ou d'~** when by chance.

aventuré, e [avɑ̃tyʀe] *(ptp de* **aventurer)** *adj* **entreprise** risky, chancy; *hypothèse* risky, venturesome.

aventurer [avɑ̃tyʀe] (1) **1** *vt* **somme, réputation, vie** to risk, put at stake, chance; *remarque, opinion* to venture.

2 s'aventurer *vpr* to venture *(dans* into, *sur* onto). **s'~ à faire qch** to venture to do sth; *(fig)* **s'~ en terrain** *ou* **sur un chemin glissant** to tread on dangerous ground, skate on thin ice.

aventureusement [avɑ̃tyʀøzmɑ̃] *adv (gén)* adventurously; *(dangereusement)* riskily.

aventureux, -euse [avɑ̃tyʀø, øz] *adj* **personne, esprit** adventurous, enterprising, venturesome; *imagination* bold; *projet, entreprise* risky, rash, chancy; *vie* adventurous.

aventurier [avɑ̃tyʀje] *nm* adventurer.

aventurière [avɑ̃tyʀjɛʀ] *nf* adventuress.

aventurisme [avɑ̃tyʀism(ə)] *nm (Pol)* adventurism.

aventuriste [avɑ̃tyʀist(ə)] *adj (Pol)* adventurist.

avenu, e¹ [avny] *adj V* **nul.**

avenue² [avny] *nf (ville) (boulevard)* avenue; *(parc) (allée)* drive, avenue. *(littér)* **les ~s du pouvoir** the avenues of *ou* to power.

avéré, e [aveʀe] *(ptp de* **s'avérer)** *adj* **fait** known, recognized. **il est ~ que** it is a known *ou* recognized fact that.

avérer (s') [aveʀe] (6) *vpr*: **il s'avère que** it turns out that; **ce remède s'avéra inefficace** this remedy proved (to be) *ou* turned out to be ineffective; **il s'est avéré un employé consciencieux** he proved (to be) *ou* turned out to be *ou* showed himself to be a conscientious employee.

avers [avɛʀ] *nm* obverse *(of coin, medal)*.

averse [avɛʀs(ə)] *nf (pluie)* shower (of rain); *(fig) (insultes, pierres)* shower. **forte ~** heavy shower, downpour; **~ orageuse** thundery shower; **être pris par** *ou* **recevoir une ~** to be caught in a shower.

aversion [avɛʀsjɔ̃] *nf* aversion *(pour* to), loathing *(pour* for). **avoir en ~, avoir de l'~ pour** to have an aversion to, have a loathing for *ou* a strong dislike of, loathe; **prendre en ~** to take a (violent) dislike to.

averti, e [avɛʀti] *(ptp de* **avertir)** *adj* **public** informed, mature; *connaisseur, expert* well-informed. **c'est un film réservé à des spectateurs ~s** it's a film suitable for a mature *ou* an informed audience; **~ de problèmes etc** aware of; **être très ~ des travaux cinématographiques contemporains** to be very well up on *ou* well informed about the contemporary film scene; *V* **homme.**

avertir [avɛʀtiʀ] (2) *vt (mettre en garde)* to warn *(de qch* of sth); *(renseigner)* to inform *(de qch* of sth). **avertissez-le de ne pas recommencer** warn him not to do it again; **tenez-vous pour averti** be warned, don't say you haven't been warned; **avertissez-moi dès que possible** let me know as soon as possible.

avertissement [avɛʀtismɑ̃] *nm (avis)* warning; *(présage)* warning, warning sign; *(réprimande) (Sport)* warning, caution; *(Scol)* warning. **recevoir un ~** to receive a warning, be admonished; *(préface)* **~ (au lecteur)** foreword; **~ sans frais** *(Jur)* notice of assessment; *(fig)* clear warning *(à* to).

avertisseur, -euse [avɛʀtisœʀ, øz] **1** *adj* warning. **2** *nm (Aut)* horn, hooter *(Brit)*. **~ (d'incendie)** (fire) alarm.

aveu, pl ~x [avø] *nm* (a) *[crime, amour]* confession, avowal *(littér)*; *[fait, faiblesse]* acknowledgement, admission, confession. **c'est l'~ (déguisé) d'un échec de la part du gouvernement** it's a (tacit) admission of defeat on the part of the government; **c'est un ~ d'impuissance** it's a confession *ou* an admission of helplessness *ou* powerlessness; **faire l'~ d'un crime** to confess to a crime; **faire des ~x complets** to make a full confession; **passer aux ~x** to make a confession.

(b) *(frm: selon)* **de l'~ de qn** according to sb; **de l'~ même du témoin** on the witness's own testimony.

(c) *(frm)* **sans ~ homme, politicien** disreputable.

(d) *(littér: assentiment)* consent. **sans l'~ de qn** without sb's authorization *ou* consent.

aveuglant, e [avœglɑ̃, ɑ̃t] *adj* **lumière** blinding, dazzling; *vérité* blinding *(épith)*, glaring *(épith)*, overwhelming.

aveugle [avœgl(ə)] **1** *adj* **personne** blind, sightless *(épith)*; *(fig)* **passion, dévouement, obéissance** blind; *fenêtre* blind. **devenir ~** to go blind; **~ d'un œil** blind in one eye; **il est ~ de naissance** he was born blind, he has been blind from birth; **son amour le rend ~** love is blinding him, he is blinded by love; **avoir une confiance ~ en qn** to trust sb blindly *ou* implicitly; **une confiance ~ dans la parole de qn** an implicit trust *ou* faith in sb's word; **être ~ aux défauts de qn** to be blind to sb's faults; **l'~ instrument du destin** the blind *ou* unwitting instrument of fate.

2 *nmf* blind man (*ou* woman). **les ~s** the blind; **faire qch en ~** to do sth blindly; *V* **à.**

aveuglement [avœglømɑ̃] *nm (littér: égarement)* blindness.

aveuglément [avœglemɑ̃] *adv (fidèlement)* blindly; *(inconsidérément)* blindly, blindfold.

aveugler [avœgle] (1) **1** *vt* (a) *(lit, fig) (rendre aveugle)* to blind; *(éblouir)* to dazzle, blind. (b) *fenêtre* to block *ou* brick up; *voie d'eau* to stop up. **2 s'aveugler** *vpr*: **s'~ sur qn** to be blind to *ou* shut one's eyes to sb's defects.

aveuglette [avœglɛt] *nf*: **avancer à l'~** to grope (one's way) along, feel one's way along; **descendre à l'~** to grope one's way down; **prendre des décisions à l'~** to take decisions in the dark *ou* blindly.

aveulir [avøliʀ] (2) **1** *vt* to enfeeble, enervate. **2 s'aveulir** *vpr* to lose one's will (power), degenerate.

aveulissement [avølismɑ̃] *nm* enfeeblement, enervation; loss of will (power).

aviateur [avjatœʀ] *nm* airman, aviator, pilot.

aviation [avjɑsjɔ̃] **1** *nf (Mil) (corps d'armée)* air force; *(avions)* aircraft, air force. **l'~** *(sport, métier de pilote)* flying; *(secteur commercial)* aviation; *(moyen de tranport)* air travel; **coupe/meeting d'~** flying cup/meeting; **usine d'~** aircraft factory; **services/base d'~** air services/base; *V* **champ, ligne¹, terrain.**

2: aviation de chasse fighter force; **aviation navale** fleet air arm *(Brit)*, naval air force *(US)*.

aviatrice [avjatʀis] *nf* woman pilot, aviator.

avicole [avikɔl] *adj (V* **aviculture)** *élevage* poultry *(épith)*; *bird (épith)*; *établissement* bird-breeding; poultry farming *ou* breeding; *ferme* poultry.

aviculteur, -trice [avikyltœʀ, tʀis] *nm, f (V* **aviculture)** poultry farmer *ou* breeder; aviculturist *(T)*, bird breeder, bird fancier.

aviculture [avikyltyʀ] *nf (volailles)* poultry farming *ou* breeding; *(oiseaux)* aviculture *(T)*, bird breeding, bird fancying.

avide [avid] *adj (par intensité)* eager; *(par cupidité)* greedy, grasping; *lecteur* avid, eager. **~ de plaisir, sensation** eager *ou* avid for; **argent, nourriture** greedy for; *pouvoir, honneurs* greedy *ou* avid for; **~ de faire qch** eager to do sth; **~ de sang** *ou* **de carnage** bloodthirsty *(épith)*, thirsting for blood *(attrib)*.

avidement [avidmɑ̃] *adv (V* **avide)** eagerly; greedily; avidly.

avidité [avidite] *nf (V* **avide)** eagerness; greed; avidity *(de* for). **manger avec ~** to eat greedily.

avilir [aviliʀ] (2) **1** *vt personne* to degrade, debase, demean; *monnaie* to debase; *marchandise* to depreciate. **2 s'avilir** *vpr [personne]* to degrade o.s., debase o.s., demean o.s.; *[monnaie, marchandise]* to depreciate.

avilissant, e [avilisɑ̃, ɑ̃t] *adj* **spectacle** degrading, shameful, shaming *(épith)*; *conduite, situation, travail* degrading, demeaning.

avilissement [avilismɑ̃] *nm (V* **avilir)** degradation; debasement; depreciation.

aviné, e [avine] *adj (littér)* **personne** inebriated, intoxicated; *voix* drunken. **il a l'haleine ~e** his breath smells of alcohol.

avion [avjɔ̃] **1** *nm (appareil)* aeroplane *(Brit)*, plane, airplane *(US)*, aircraft *(pl inv)*. *(sport)* **l'~** flying; **défense/batterie contre ~s** anti-aircraft defence/battery; **il est allé à Paris en ~** he went to Paris by air *ou* by plane, he flew to Paris; **par ~** by air(mail).

2: avion de bombardement bomber; **avion-cargo** *nm, pl* **avions-cargos** (air) freighter, cargo aircraft; **avion de chasse** interceptor, fighter; **avion-cible** *nm, pl* **avions-cibles** target aircraft; **avion-citerne** *nm, pl* **avions-citernes** air tanker; **avion commercial** commercial aircraft; **avion-fusée** *nm, pl* **avions-fusées** rocket-propelled plane; **avion de ligne** airliner; **avion en papier** paper aeroplane; **avion postal** mail plane; **avion à réaction** jet (plane); **avion de reconnaissance** reconnaissance aircraft; **avion-suicide** *nm, pl* **avions-suicide** suicide plane; **avion-taxi** *nm, pl* **avions-taxis** taxiplane *(US)*; **avion de transport** transport aircraft.

aviron [aviʀɔ̃] *nm* (a) *(rame)* oar; *(sport)* rowing. **faire de l'~** to row. (b) *(Can)* paddle.

avironner [aviʀɔne] (1) *vt (Can)* to paddle.

avis [avi] **1** *nm* (a) *(opinion)* opinion. **donner son ~** to give one's opinion *ou* views *(sur* on, about); **les ~ sont partagés** opinion is divided; **être du même ~ que qn, être de l'~ de qn** to be of the same opinion *ou* of the same mind as sb, share the view of sb; **je ne suis pas de votre ~** I'm not of your opinion *ou* view; **à mon ~, c'est ... in my opinion** *ou* to my mind it is ...; **si tu veux mon ~, il est ...** if you ask me *ou* if you want my opinion he is ...; *(iro)* **à mon humble ~** in my humble opinion; **de l'~ de tous, il ne sera pas élu** the unanimous view *ou* the general opinion is that he won't be elected; *V* **changer, deux.**

(b) *(conseil)* advice *(U)*. **un ~ amical** a friendly piece of advice, a piece of friendly advice, some friendly advice; **suivre l'~ ou les ~ de qn** to take *ou* follow sb's advice; **sur l'~ de qn** on sb's advice; **suivant l'~ donné** following the advice given.

(c) *(notification)* notice; *(Fin)* advice. **lettre d'~** letter of advice; **~ de crédit/de débit** credit/debit advice; **~ d'~) d'appel d'offres** invitation to tender *ou* to bid; **sans ~ préalable** without prior notice; **jusqu'à nouvel ~** until further notice; **sauf ~ contraire** unless otherwise informed, unless one hears to the contrary; *(sur étiquette, dans préface etc)* unless otherwise indicated; **donner ~ de/que†** to give notice of/that.

(d) *(Admin: consultation officielle)* opinion. **les membres ont émis un ~** the members put forward an opinion; **on a pris l'~ du conseil** they took the opinion of the council.

(e) *(loc)* **être d'~ que/de:** il était d'~ de partir *ou* qu'on parte immédiatement he thought we should leave immediately, he was of the opinion that we should leave at once, he was for leaving at once*; **je suis d'~ qu'il vaut mieux attendre** I think *ou* I am of the opinion that it is better to wait; *(†, hum)* **m'est ~ que** methinks *(†, hum)*.

2: avis de décès announcement of death, death notice*; *(Comm)* **avis d'expédition** advice of dispatch; **avis au lecteur** foreword*; **avis de mobilisation** mobilization notice; **avis au public** public

notice; (*en-tête*) notice to the public; **avis de recherche** *[criminel]* wanted notice; *[disparu]* missing person notice.
avisé, e [avize] (*ptp de* aviser) *adj* sensible, wise. **bien** ~ well-advised; **mal** ~ rash, ill-advised.
aviser [avize] (1) **1** *vt* (a) (*frm, littér: avertir*) to advise, inform (*de* of), notify (*de* of, about). **il ne m'en a pas avisé** he didn't notify me of *ou* about it.
 (b) (*littér: apercevoir*) to catch sight of, notice.
 2 *vi:* **cela fait, nous aviserons** once that's done, we'll see where we stand *ou* we'll take stock *ou* we'll review the situation; **sur place, nous aviserons** once (we're) there, we'll try and sort (*Brit*) *ou* work something out *ou* we'll assess the situation; **il va falloir** ~ well, we'll have to think about it *ou* give it some thought; ~ **à qch** to see to sth; **nous aviserons au nécessaire** we shall see to the necessary *ou* do what is necessary.
 3 s'aviser *vpr* (a) (*remarquer*) **s'~ de qch** to become suddenly aware of sth, realize sth suddenly; **il s'avisa que ...** he suddenly realized that ... .
 (b) (*s'aventurer à*) **s'~ de faire qch** to dare to do sth, take it into one's head to do sth; **et ne t'avise pas d'aller lui dire** and don't you dare go and tell him, and don't you take it into your head to go and tell him.
avitaminose [avitaminoz] *nf* vitamin deficiency, avitaminosis (*T*).
aviver [avive] (1) **1** *vt* (a) *douleur physique, appétit* to sharpen; *regrets, chagrin* to deepen; *intérêt, désir* to kindle, arouse; *colère* to stir up; *souvenirs* to stir up, revive; *querelle* to stir up, add fuel to; *passion* to arouse, excite, stir up; *regard* to brighten; *couleur* to revive, brighten (up); *feu* to revive, stir up. **l'air frais leur avait avivé le teint** the fresh air had given them some colour *ou* put colour into their cheeks.
 (b) (*Méd*) *plaie* to open up; (*Tech*) *bronze* to burnish; *poutre* to square off.
 2 s'aviver *vpr* (*V* aviver) to sharpen; to deepen; to be kindled; to be aroused; to be stirred up; to be excited; to brighten; to revive, be revived; to brighten up.
avocaillon [avɔkajõ] *nm* (*péj*) pettifogging lawyer, small-town lawyer.
avocasserie [avɔkasʀi] *nf* (*péj*) pettifoggery, chicanery.
avocassier, -ière [avɔkasje, jɛʀ] *adj* (*péj*) pettifogging, chicaning.
avocat¹, e [avɔka, at] **1** *nm, f* (a) (*Jur: personne inscrite au barreau*) barrister, advocate (*Écos*), attorney(-at-law) (*US*). **consulter son** ~ to consult one's lawyer; **l'accusé et son** ~ the accused and his counsel.
 (b) (*fig: défenseur*) advocate, champion. **se faire l'~ d'une cause** to advocate *ou* champion *ou* plead a cause; **fais-toi mon** ~ **auprès de lui** plead with him on my behalf.
 2: avocat d'affaires business lawyer; **avocat-conseil** *nm, pl* **avocats-conseils** ≃ consulting barrister (*Brit*), ≃ counsel-in-chambers (*Brit*), ≃ attorney (*US*); **l'avocat de la défense** the counsel for the defence *ou* defendant, the defending counsel (*Brit*), the defense counsel (*US*); (*Rel, fig*) **l'avocat du diable** the devil's advocate; **avocat d'entreprise** company lawyer (*Brit*), corporation lawyer (*US*); **avocat général** counsel for the prosecution, assistant procurator fiscal (*Écos*), prosecuting attorney (*US*); **l'avocat de la partie civile** the counsel for the plaintiff; **avocat plaidant** court lawyer (*Brit*), trial attorney (*US*); **avocat sans cause** briefless barrister (*Brit*) *ou* attorney (*US*).
avocat² [avɔka] *nm* avocado (pear).
avocatier [avɔkatje] *nm* avocado (tree), avocado pear tree.
avocette [avɔsɛt] *nf* avocet.
avoine [avwan] *nf* farine, flocon, fou.
avoir [avwaʀ] (34) **1** *vt* (a) (*posséder, disposer de*) *maison, patron, frère* to have. **il n'a pas d'argent** he has no money, he hasn't got any money; **on ne peut pas tout** ~ you can't have everything; **avez-vous du feu?** have you got a light?; **j'ai (tout) le temps de le faire** I have *ou* have got (plenty of) time to do it; ~ **qn pour ami** to have sb as a friend; **pour tout mobilier ils ont deux chaises et une table** the only furniture they have is two chairs and a table.
 (b) (*obtenir, attraper*) *renseignement, prix, train* to get. **j'ai eu un coup de téléphone de Richard** I had *ou* got a phone call from Richard; **il a eu sa licence en 1939** he graduated in 1939, he got his degree in 1939; **nous avons très bien la BBC** we (can) get the BBC very clearly; **pouvez-vous nous** ~ **ce livre?** can you get this book for us?, can you get us this book?; **elle a eu 3 pommes pour un franc** she got 3 apples for one franc; **j'avais Jean au téléphone quand on nous a coupés** I was on the phone to John when we were cut off; **essayez de m'~ Paris** (*au téléphone*) could you put me through to Paris *ou* get me Paris; **je n'arrive pas à** ~ **Paris** I can't get through to Paris.
 (c) (*souffrir de*) *rhume, maladie* to have. ~ **de la fièvre** to have *ou* run a high temperature; **il a la rougeole** he's got measles; **il a eu la rougeole à 10 ans** he had *ou* got measles at the age of 10.
 (d) (*porter*) *vêtements* to have on, wear. **la femme qui a le chapeau bleu et une canne** the woman with the blue hat and a stick.
 (e) *caractéristiques physiques ou morales* to have. **il a les yeux bleus** he has *ou* has got blue eyes; **il a du courage/de l'ambition/du toupet** he has (got) courage/ambition/cheek, he is courageous/ambitious/cheeky; **son regard a quelque chose de méchant**, **il a quelque chose de méchant dans le regard** he's got a nasty look in his eye; ~ **la tête qui tourne** to feel giddy; **j'ai le cœur qui bat** my heart is thumping; **regardez, il a les mains qui tremblent** look, his hands are shaking.
 (f) *âge* to be. **quel âge avez-vous?** how old are you?; **il a dix ans** he is ten (years old); **ils ont le même âge** they are the same age.
 (g) *formes, dimensions, couleur* to be. ~ **3 mètres de haut/4 mètres de long** to be 3 metres high/4 metres long; **cette armoire a**

une jolie ligne this cupboard is a nice shape; **qu'est-ce qu'elle a comme tour de taille?** what's her waist measurement?, what waist is she? (*Brit*); **la maison a 5 étages** the house has 5 floors; **la voiture qui a cette couleur** the car which is that colour.
 (h) (*éprouver*) *joie, chagrin* to feel; *intérêt* to show. ~ **faim/froid/honte** to be *ou* feel hungry/cold/ashamed; ~ **le sentiment/l'impression que** to have the feeling/the impression that; **qu'est-ce qu'il a?** what's the matter with him?, what's wrong with him?; **il a sûrement quelque chose** there's certainly something the matter with him, there's certainly something wrong with him; **il a qu'il est furieux** he's furious, that's what's wrong *ou* the matter with him; **qu'est-ce qu'il a à pleurer?** what's he crying for?; *V* **besoin, envie, mal** *etc*.
 (i) *idées, raisons* to have; *opinion* to hold, have. **cela n'a aucun intérêt pour eux** it is of no interest to them; **la danse n'a aucun charme pour moi** dancing doesn't appeal to me at all; *V* **raison, tort**.
 (j) *geste* to make; *rire* to give; *cri* to utter. **elle eut un sourire malin** she gave a knowing smile, she smiled knowingly; **il eut une grimace de douleur** he winced; **ils ont eu des remarques malheureuses** they made *ou* passed (*Brit*) some unfortunate remarks; *V* **mot**.
 (k) (*recevoir*) *visites, amis* to have. **il aime** ~ **des amis** he likes to have friends round (*Brit*) *ou* over (*US*), he likes to entertain friends; ~ **des amis à dîner** to have friends to dinner.
 (l) *obligation, activité, conversation* to have. **ils ont des soirées 2 ou 3 fois par semaine** they have parties 2 or 3 times a week; **je n'ai rien ce soir** I've nothing on this evening, I'm not doing anything this evening; (*Scol*) **j'ai le français à 10 heures** I've got French at 10.
 (m) (*: vaincre*) **on les aura!** we'll have *ou* get them!*; **ils ont fini par** ~ **le coupable** they got the culprit in the end; **je t'aurai!** I'll get you!*; **dans la fusillade, ils ont eu le chef de la bande** in the shoot-out they got the gang leader*.
 (n) (*: duper*) *personne* to take in, con‡. **je les ai eus** I took them in, I conned them‡; **ils m'ont eu** I've been had*; **se faire** ~ to be had*, to be taken in.
 (o) (*loc*) **en** ~ **après* qn** to be mad at sb*; **elle en a toujours après moi** she's always on at me; **qu'est-ce que tu as contre lui?** what have you got against him?; **après qui en as-tu?*** who have you got a grudge against?; **en** ~ **pour son argent** to have *ou* get one's money's worth; **j'en ai pour 100 F** it will cost me *ou* set me back* 100 francs; **il en a pour 2 heures** it will take him 2 hours; **il en a pour 2 secondes** it'll take him 2 seconds; **tu en as pour combien de temps?** how long are you going to be?, how long will it take you?; **en** ~ **assez* ou par-dessus la tête* ou plein le dos*** to be fed up*, be cheesed off* *ou* browned off* (*Brit*) (*de qch* with sth); **on en a encore pour 20 km de cette mauvaise route** there's another 20 km of this awful road; **quand il se met à pleuvoir, on en a pour 3 jours** once it starts raining, it goes on *ou* sets in for 3 days; *V* **estime, horreur**.
 2 *vb aux* (a) (*avec ptp*) **j'étais pressé, j'ai couru** I was in a hurry so I ran; **il a déjà couru 10 km** I've already run 10 km; **quand il eut ou a eu parlé** when he had spoken; **il n'est pas bien, il a dû trop manger** he is not well, he must have eaten too much; **nous aurons terminé demain** we shall have finished tomorrow; **si je l'avais vu** if I had seen him; **il a été tué hier** he was killed yesterday; **il a été renvoyé deux fois** he has been dismissed twice; **il aura été retardé par la pluie** he must *ou* will have been held up by the rain; *V* **vouloir**.
 (b) (+ *infin: devoir*) ~ **qch à faire** to have sth to do; **j'ai des lettres à écrire** I've (got) some letters to write; **j'ai à travailler** I have to work, I must work; **il n'a pas à se plaindre** he can't complain; **vous aurez à parler** you will have to speak; **vous n'avez pas à vous en soucier** you mustn't *ou* needn't worry about it; *V* **maille, rien, voir**.
 (c) **n'~ qu'à:** **tu n'as qu'à me téléphoner demain** just give me a ring tomorrow, why don't you ring me up tomorrow?; **tu n'as qu'à appuyer sur le bouton, et ça se met en marche** (you) just press the knob, and it starts working; **il n'a qu'un mot à dire pour nous sauver** he need only say the word, and we're saved; **c'est simple, vous n'avez qu'à lui écrire** it's simple, just write to him *ou* you need only write to him *ou* you've only (got) to write to him; **tu n'avais qu'à ne pas y aller** you shouldn't have gone (in the first place); **tu n'as qu'à faire attention/te débrouiller** you'll just have to take care/sort (*Brit*) *ou* work it out for yourself; **s'il n'est pas content, il n'a qu'à partir** if he doesn't like it, he can just go.
 (d) **ils ont eu leurs carreaux cassés par la grêle** they had their windows broken by the hail; **vous aurez votre robe nettoyée gratuitement** your dress will be cleaned free of charge.
 3 *vb impers* (a) **il y a** (*avec sg*) there is; (*avec pl*) there are; **il y a eu 3 blessés** 3 people were injured, there 3 injured; **il n'y avait que moi** I was the only one; **il y avait une fois ... once upon a time, there was ...**; **il y en a pour dire ou qui disent** there are some *ou* those who say, some say; **il y a enfant et enfant** there are children and children!; **il y en a, je vous jure*** some people, honestly!*, really, some people!*; **il n'y a pas de quoi** mention it; **qu'y a-t-il?, qu'est-ce qu'il y a?** what is it?, what's the matter?, what's up?*; **il y a que nous sommes mécontents*** we're annoyed, that's what*; **il n'y a que lui pour faire cela!** only he would do that!, trust him to do that!, it takes him to do that!; **il n'y a pas que nous à le dire** we're not the only ones who say *ou* to say that; **il n'y a pas à dire*, il est très intelligent** there's no denying he's very intelligent; **il doit/peut y** ~ **une raison** there must/may be a reason; **il n'y a qu'à les laisser partir** just let them go; **qu'à protester we shall just have to protest**, why don't we protest; **quand il n'y en a plus, il y en a encore!** there's plenty more where

that came from!*; **il n'y a pas que toi** you're not the only one!; **il n'y en a que pour mon petit frère, à la maison** my little brother gets all the attention at home.

(b) (*pour exprimer le temps écoulé*) **il y a 10 ans que je le connais** I have known him (for) 10 years; **il y aura 10 ans demain que je ne l'ai vu** it will be 10 years tomorrow since I last saw him; **il y avait longtemps qu'elle désirait ce livre** she had wanted this book for a long time; **il y a 10 ans, nous étions à Paris** 10 years ago we were in Paris; **il y a 10 jours que nous sommes rentrés, nous sommes rentrés il y a 10 jours** we got back 10 days ago, we have been back 10 days.

(c) (*pour exprimer la distance*) **il y a 10 km d'ici à Paris** it is 10 km from here to Paris; **combien y a-t-il d'ici à Paris?** how far is it from here to Paris?

4 *nm* **(a)** (*bien*) assets, resources. **son ~ était bien peu de chose** what he had wasn't much.

(b) (*Comm*) (*actif*) credit (side); (*billet de crédit*) credit note. (*Fin*) **~ fiscal** tax credit; *V* **doit.**

(c) **~s** holdings, assets; **~s à l'étranger** foreign assets *ou* holdings; **~s en caisse** *ou* **en numéraire** cash holdings.

avoirdupoids [avwaʀdypwa] *nm* avoirdupois.

avoisinant, e [avwazinã, ãt] *adj* région, pays neighbouring; *rue, ferme* nearby, neighbouring. **dans les rues ~es** in the nearby streets, in the streets close by *ou* nearby.

avoisiner [avwazine] (1) *vt lieu* to be near *ou* close to, border on; (*fig*) to border *ou* verge on *ou* upon.

avortement [avɔʀtəmã] *nm* (*Méd*) abortion. (*fig*) **~ de** failure of; **campagne contre l'~** anti-abortion campaign.

avorter [avɔʀte] (1) *vi* **(a)** (*Méd*) to have an abortion, abort. **faire ~ qn** (*personne*) to give sb an abortion, abort sb; (*remède etc*) to make sb abort; **se faire ~** to have an abortion.

(b) (*fig*) to fail, come to nothing. **faire ~ un projet** to frustrate *ou* wreck a plan; **projet avorté** abortive plan.

avorteur, -euse [avɔʀtœʀ, øz] *nm,f* abortionist.

avorton [avɔʀtɔ̃] *nm* (*péj: personne*) little runt (*péj*); (*arbre, plante*) puny *ou* stunted specimen; (*animal*) puny specimen.

avouable [avwabl(ə)] *adj* blameless, worthy (*épith*), respectable. **il a utilisé des procédés peu ~s** he used fairly disreputable methods *ou* methods which don't bear mentioning.

avoué, e [avwe] (*ptp de* **avouer**) **1** *adj* ennemi, revenu, but avowed. **2** *nm* ≃ solicitor, attorney-at-law (*US*).

avouer [avwe] (1) **1** *vt amour* to confess, avow (*littér*); *crime* to confess (to), own up to; *fait* to acknowledge, admit; *faiblesse, vice* to admit to, confess to. **~ avoir menti** to admit *ou* confess that one has lied, admit *ou* own up to lying; **~ que** to admit *ou* confess that; **elle est douée, je l'avoue** she is gifted, I must admit; *V* **faute.**

2 *vi* **(a)** (*se confesser*) (*coupable*) to confess, own up.

(b) (*admettre*) to admit, confess. **tu avoueras, c'est un peu fort!** you must admit *ou* confess, it is a bit much!

3 **s'avouer** *vpr*: **s'~ coupable** to admit *ou* confess one's guilt; **s'~ vaincu** to admit *ou* acknowledge defeat; **s'~ déçu** to admit to being disappointed, confess o.s. disappointed.

avril [avʀil] *nm* April. (*Prov*) **en ~ ne te découvre pas d'un fil** ≃ never cast a clout till May is out (*Prov*); *pour autres loc V* **septembre** *et* **poisson, premier.**

avunculaire [avɔ̃kylɛʀ] *adj* avuncular.

axe [aks(ə)] *nm* **(a)** (*Tech*) axle; (*Anat, Astron, Bot, Math*) axis.

(b) (*route*) trunk road (*Brit*), main highway (*US*). **les grands ~s** (*routiers*) the major trunk roads (*Brit*), the main roads; **l'~ Paris-Marseille** the main Paris-Marseilles road, the main road between Paris and Marseilles.

(c) (*fig*) [*débat, théorie, politique*] main line.

(d) (*Hist*) **l'A~** the Axis.

(e) (*dans le prolongement*) **dans l'~: cette rue est dans l'~ de l'église** this street is directly in line with the church; **mets-toi bien dans l'~** (*de la cible*) line up on the target, get directly in line with the target.

axer [akse] (1) *vt*: **~ qch sur/autour de** to centre sth on/round.

axial, e, *mpl* **-iaux** [aksjal, jo] *adj* axial. **éclairage ~** central overhead lighting.

axillaire [aksilɛʀ] *adj* axillary.

axiomatique [aksjɔmatik] **1** *adj* axiomatic. **2** *nf* axiomatics (*sg*).

axiome [aksjom] *nm* axiom.

axis [aksis] *nm* axis (vertebra).

ayant cause, *pl* **ayants cause** [ɛjɑ̃koz] *nm* (*Jur*) legal successor, successor in title. **les ayants cause du défunt** the beneficiaries of the deceased.

ayant droit, *pl* **ayants droit** [ɛjɑ̃dʀwa] *nm* **(a)** (*Jur*) = **ayant cause. (b)** [*prestation, pension*] eligible party. **~ à** party entitled to *ou* eligible for.

ayatollah [ajatɔla] *nm* ayatollah.

azalée [azale] *nf* azalea.

azimut [azimyt] *nm* azimuth. **chercher qn dans tous les ~s*** to look all over the place for sb*; (*fig*) **offensive tous ~s contre les fraudeurs du fisc** all-out attack on tax-evaders.

azimutal, e, *mpl* **-aux** [azimytal, o] *adj* azimuthal.

Azincourt [azɛ̃kuʀ] *n* Agincourt.

azote [azɔt] *nf* nitrogen.

azoté, e [azɔte] *adj* nitrogenous; *V* **engrais.**

aztèque [aztɛk] **1** *adj* Aztec. **2** *nmf*: **A~** Aztec.

azur [azyʀ] *nm* (*littér*) (*couleur*) azure, sky blue; (*ciel*) skies, sky; *V* **côte.**

azuré, e [azyʀe] (*ptp de* **azurer**) *adj* azure.

azurer [azyʀe] (1) *vt linge* to blue; (*littér*) to azure, tinge with blue.

azyme [azim] *adj* unleavened; *V* **pain.**

B

B, b [be] *nm* (*lettre*) B, b. **B comme Berthe** ≃ B for Baker.

B. A. [bea] *nf* (*abrév de* **bonne action**) good deed.

baba¹ [baba] *nm* (*Culin*) baba. **~ au rhum** rum baba.

baba² [baba] **1** *nm*: **il l'a eu dans le ~*** it was one in the eye for him*. **2** *adj inv* (*) **en être** *ou* **en rester ~** to be flabbergasted* *ou* dumbfounded; **j'en suis resté ~** you could have knocked me down with a feather*.

B.A.-BA [beaba] *nm sg* A.B.C.-stage.

Babel [babɛl] *n V* **tour¹.**

Babette [babɛt] *nf* Betty, Bess.

babeurre [babœʀ] *nm* buttermilk.

babil [babi(l)] *nm* (*littér*) (*V* **babillard**) babble; prattle; twitter; chatter.

babillage [babijaʒ] *nm* (*V* **babillard**) babble, babbling; prattling; twitter(ing); chatter(ing).

babillard, e [babijaʀ, aʀd(ə)] **1** *adj* (*littér*) personne prattling, chattering; *bébé* babbling; *oiseau* twittering; *ruisseau* babbling, chattering. **2** *nm,f* chatterbox. **3** **babillarde*** *nf* (*lettre*) letter, note.

babiller [babije] (1) *vi* (*V* **babillard**) to prattle; to chatter; to babble; to twitter.

babines [babin] *nfpl* (*lit, fig*) chops; *V* **lécher.**

babiole [babjɔl] *nf* (*bibelot*) trinket, knick-knack; (*fig: vétille*) trifle, triviality. (*cadeau sans importance*) **offrir une ~** to give a small token *ou* a little something.

bâbord [babɔʀ] *nm* (*Naut*) port (side). **par** *ou* **à ~** on the port side, to port.

babouche [babuʃ] *nf* babouche, Turkish *ou* oriental slipper.

babouin [babwɛ̃] *nm* baboon.

baby-foot [babifut] *nm* table football.

Babylone [babilɔn] *n* Babylon.

babylonien, -ienne [babilɔnjɛ̃, jɛn] **1** *adj* Babylonian. **2** *nm,f*: **B~(ne)** inhabitant *ou* native of Babylon.

baby-sitter [babisitœʀ] *nmf* baby-sitter.

baby-sitting [babisitiŋ] *nm* baby-sitting. **faire du ~** to baby-sit.

bac¹* [bak] *nm* (*Scol*) *abrév de* **baccalauréat.**

bac² [bak] *nm* **(a)** (*bateau*) ferry, ferryboat. **~ à voitures** car-ferry.

(b) (*récipient*) tub; (*abreuvoir*) trough; (*Ind*) tank, vat; (*Peinture, Phot*) tray; [*évier*] sink. **évier avec deux ~s** double sink unit; **~ à glace** ice-tray; **~ à laver** washtub, (deep) sink; **~ à légumes** vegetable compartment *ou* tray.

baccalauréat [bakalɔʀea] *nm Secondary School examination giving university entrance qualification* ≃ G.C.E. A-levels (*Brit*); ≃ high school diploma (*US*). (*Jur*) **~ en droit** diploma in law.

baccara [bakaʀa] *nm* baccara(t).

baccarat [bakaʀa] *nm*: (**cristal de**) **~** Baccarat crystal.

bacchanale [bakanal] *nf* **(a)** (*danse*) bacchanalian *ou* drunken dance; (†: *orgie*) orgy, drunken revel. **(b)** (*Antiq*) **~s** Bacchanalia.

bacchante [bakɑ̃t] *nf* **(a)** (*Antiq*) bacchante. **(b)** **~s*** moustache, whiskers (*hum*).

Bacchus [bakys] *nm* Bacchus.

Bach [bak] *nm* Bach.

bâchage [baʃaʒ] *nm* covering, sheeting over.

bâche [baʃ] *nf* canvas cover *ou* sheet. **~ goudronnée** tarpaulin.

bachelier, -ière [baʃəlje, jɛʀ] *nm,f* person who has passed the baccalauréat. (*Jur*) **~ en droit** holder of a diploma in law.

bâcher [baʃe] (1) *vt* to cover (with a canvas sheet *ou* a tarpaulin), put a canvas sheet *ou* a tarpaulin over. **camion bâché** covered lorry (*Brit*) *ou* truck.

bachique [baʃik] *adj (Antiq, fig)* Bacchic. **chanson** ~ drinking song.

bachot¹* [baʃo] *nm (Scol)* = **baccalauréat**; *V* **boîte**.

bachot² [baʃo] *nm* (small) boat, skiff.

bachotage [baʃɔtaʒ] *nm (Scol)* cramming. **faire du** ~ to cram (for an exam).

bachoter [baʃɔte] (1) *vi (Scol)* to cram (for an exam).

bacillaire [basilɛʀ] *adj maladie* bacillary; *malade* tubercular. **les** ~**s** tubercular cases *ou* patients.

bacille [basil] *nm (gén)* germ, bacillus (*T*).

bacillose [basiloz] *nf (gén)* bacillus infection; *(tuberculose)* tuberculosis.

bâclage [bɑklaʒ] *nm* botching, scamping.

bâcler [bɑkle] (1) *vt travail, devoir* to botch (up), scamp *(Brit)*; *ouvrage* to throw together; *cérémonie* to skip through, hurry over. ~ **sa toilette** to have a quick wash, give o.s. a lick and a promise; **c'est du travail bâclé** it's slapdash work.

bacon [bekɔn] *nm (lard)* bacon; *(jambon fumé)* smoked loin of pork.

baconien, -ienne [bakɔnjɛ̃, jɛn] *adj* Baconian.

bactéricide [bakteʀisid] *adj* bactericidal.

bactérie [bakteʀi] *nf* bacterium.

bactérien, -ienne [bakteʀjɛ̃, jɛn] *adj* bacterial.

bactériologie [bakteʀjɔlɔʒi] *nf* bacteriology.

bactériologique [bakteʀjɔlɔʒik] *adj* bacteriological.

bactériologiste [bakteʀjɔlɔʒist(ə)] *nmf* bacteriologist.

bactériophage [bakteʀjɔfaʒ] *nm* bacteriophage.

badaboum [badabum] *excl* crash, bang, wallop!

badaud, e [bado, od] **1** *adj*: **les Parisiens sont très** ~**s** Parisians love to stop and stare *ou* are full of idle curiosity. **2** *nm,f (qui regarde)* curious *ou* gaping *(péj)* *ou* gawking *(péj)* onlooker; *(qui se promène)* stroller.

badauder [badode] (1) *vi (se promener)* to stroll *(dans* about); *(regarder)* to gawk *(devant* at).

badauderie [badodʀi] *nf* (idle) curiosity.

baderne [badɛʀn(ə)] *nf (péj)* **(vieille)** ~ old fogey*.

badge [badʒ(ə)] *nm* badge.

badigeon [badiʒɔ̃] *nm (V badigeonner)* distemper; whitewash; colourwash *(Brit)*. **donner un coup de** ~ to give a coat of distemper *ou* whitewash.

badigeonnage [badiʒɔnaʒ] *nm (V badigeonner)* distempering; whitewashing; colourwashing; painting.

badigeonner [badiʒɔne] (1) *vt* **(a)** *mur intérieur* to distemper; *mur extérieur* to whitewash *(en couleur)* to colourwash *(Brit)*, give a colourwash *(Brit)* to; *(barbouiller)* visage, surface to smear, daub, cover *(de* with). **(b)** *(Méd) plaie* to paint *(à, avec* with). **se** ~ **la gorge** to paint one's throat *(à* with). **(c)** *(Culin)* to brush *(de* with).

badigeonneur [badiʒɔnœʀ] *nm (péj)* dauber *(péj)*; *(Tech)* painter.

badin¹, e¹† [badɛ̃, in] *adj (gai)* light-hearted, jocular; *(taquin)* playful. **sur un** *ou* **d'un ton** ~ light-heartedly, jocularly; playfully.

badin² [badɛ̃] *nm (Aviat)* airspeed indicator.

badinage [badinaʒ] *nm (propos légers)* banter *(U)*, jesting talk *(U)*. **sur un ton de** ~ in a jesting *ou* bantering *ou* light-hearted tone.

badine² [badin] *nf* switch.

badiner [badine] (1) *vi* **(a)** *(†: plaisanter)* to exchange banter, jest†. **pour** ~ for a jest†, in jest. **(b) c'est quelqu'un qui ne badine pas** he's a man who really means what he says; **il ne badine pas sur la discipline** he's a stickler for discipline, he has strict ideas about discipline; **il ne faut pas** ~ **avec ce genre de maladie** this sort of illness is not to be treated lightly, an illness of this sort should be taken seriously; **et je ne badine pas!** I'm in no mood for joking!, I'm not joking!

badinerie† [badinʀi] *nf* jest†.

baffe* [baf] *nf* slap, clout*. **tu veux une** ~**?** do you want your face slapped? *ou* want a clip on the ear?*

Baffin [bafin] *nm*: **mer** *ou* **baie de** ~ Baffin Bay; **terre de** ~ Baffin Island.

baffle [bafl(ə)] *nm* baffle.

bafouer [bafwe] (1) *vt* to hold up to ridicule.

bafouillage [bafujaʒ] *nm (bredouillage)* spluttering, stammering; *(propos stupides)* gibberish *(U)*, babble *(U)*.

bafouille* [bafuj] *nf (lettre)* letter, note.

bafouiller [bafuje] (1) **1** *vi (personne) (bredouiller)* to splutter, stammer; *(tenir des propos stupides)* to talk gibberish, babble; *[moteur]* to splutter, misfire. **2** *vt* to splutter (out), stammer (out). **qu'est-ce qu'il bafouille?** what's he babbling *ou* jabbering on about?*

bafouilleur, -euse [bafujœʀ, øz] *nm,f* splutterer, stammerer.

bâfrer‡ [bɑfʀe] (1) **1** *vi* to guzzle*, gobble, wolf*. **2** *vt* to guzzle (down)*, gobble (down), bolt (down), wolf (down)*.

bâfreur, -euse‡ [bɑfʀœʀ, øz] *nm,f* greedy guts* *(Brit)*, guzzler*.

bagage [bagaʒ] *nm* **(a)** *(gén pl: valises)* luggage *(U)*, baggage *(U)*. **faire/défaire ses** ~**s** to pack/unpack (one's luggage), do one's packing/unpacking; **envoyer qch en** ~**s accompagnés** to send sth as registered luggage; ~**s à main** hand luggage, carry-on bags. **(b)** *(valise)* bag, piece of luggage; *(Mil)* kit. **il avait pour tout** ~ **une serviette** his only luggage was a briefcase. **(c)** *(fig) (connaissances)* stock of knowledge; *(diplômes)* qualifications. **son** ~ **intellectuel/littéraire** his stock *ou* store of general/literary knowledge.

bagagiste [bagaʒist(ə)] *nm* porter, luggage *ou* baggage handler.

bagarre [bagaʀ] *nf* **(a)** *(U)* fighting. **il veut** *ou* **cherche la** ~ he wants *ou* is looking for a fight; **il aime la** ~ he loves fighting *ou* a fight. **(b)** *(rixe)* fight, scuffle, brawl; *(fig: entre deux orateurs)* set-to,

clash, barney* *(Brit)*; *(Sport)* fight, battle *(fig)*. ~ **générale** free-for-all; **violentes** ~**s** rioting.

bagarrer* [bagaʀe] (1) **1** *vi (se disputer)* to argue, wrangle; *(lutter)* to fight. **2 se bagarrer** *vpr (se disputer)* to fight, scuffle, scrap*; *(se disputer)* to have a set-to *ou* a barney* *(Brit)*. **ça s'est bagarré (dur) dans les rues** there was (heavy *ou* violent) rioting in the streets.

bagarreur, -euse* [bagaʀœʀ, øz] **1** *adj caractère* aggressive, fighting *(épith)*. **il est** ~ he loves a fight. **2** *nm,f (pour arriver dans la vie)* fighter; *(Sport)* battler.

bagatelle [bagatɛl] *nf* **(a)** *(chose de peu de prix)* small thing, trinket; *(†: bibelot)* knick-knack, trinket. **(b)** *(petite somme)* small *ou* paltry sum, trifle. **je l'ai eu pour une** ~ I got it for next to nothing; *(iro)* **un accident qui m'a coûté la** ~ **de 3.000 F** an accident which cost me the paltry sum of 3,000 francs *ou* a mere 3,000 francs *(iro)*. **(c)** *(fig: vétille)* trifle. **s'amuser à** *ou* **perdre son temps à des** ~**s** to fritter away one's time. **(d)** *(† ou hum: amour)* philandering. **être porté sur la** ~ *[homme]* to be a bit of a philanderer *ou* womanizer; *[femme]* to be a bit of a lass. **(e)** *(††)* ~**s!** fiddlesticks!†

bagnard [baɲaʀ] *nm* convict.

bagne [baɲ] *nm (Hist) (prison)* penal colony; *(peine)* penal servitude, hard labour. **être condamné au** ~ to be sentenced to hard labour; *(fig)* **quel** ~**!***, **c'est un vrai** ~**!*** it's a hard grind!, it's sheer slavery!

bagnole* [baɲɔl] *nf* motorcar *(Brit)*, automobile *(US)*, buggy‡. **vieille** ~ old banger* *(Brit)*, jalopy*.

bagou(t)* [bagu] *nm* volubility, glibness *(péj)*. **avoir du** ~ to have the gift of the gab, have a glib tongue *(péj)*.

baguage [bagaʒ] *nm [oiseau, arbre]* ringing.

bague [bag] *nf (bijou)* ring; *[cigare]* band; *[oiseau]* ring; *[boîte de bière]* pull-tab, ring-pull; *(Tech)* collar. **elle lui a mis la** ~ **au doigt*** she has hooked him*; ~ **de serrage** jubilee clip; *(Phot)* ~ **intermédiaire/de réglage** adapter/setting ring; ~ **allonge** extension tube.

baguenaude* [bagnod] *nf*: **être en** ~ to be gallivanting about.

baguenauder (se)* [bagnode] (1) *vpr (faire un tour)* to go for a stroll, go for a jaunt; *(traîner)* to mooch about* *(Brit)*, trail around.

baguer [bage] (1) *vt* (a) *oiseau, arbre* to ring; *(Tech)* to collar. **elle avait les mains baguées** she had rings on her fingers; **cigare bagué** cigar with a band round it. **(b)** *(Couture)* to baste, tack.

baguette [bagɛt] *nf* (a) *(bâton)* switch, stick. *(pour manger)* ~**s** chopsticks; ~ **de chef d'orchestre** (conductor's) baton; **sous la** ~ **de X** conducted by X, with X conducting; *(fig)* **mener** *ou* **faire marcher qn à la** ~ to rule sb with an iron hand, keep a strong hand on sb. **(b)** *(pain)* loaf *ou* stick of French bread. **(c)** *(Constr)* beading, strip of wood; *(Élec: cache-fils)* wood casing *ou* strip. **(d)** *(dessin de chaussette)* clock. **2: baguette de coudrier** hazel stick *ou* switch, divining rod; **baguette de fée** magic wand; **baguette de fusil** ramrod; **baguette magique** = **baguette de fée**; *(Aut)* **baguette de protection** side trim; **baguette de sourcier** divining rod; **baguette de tambour** drumstick; **cheveux en baguettes de tambour** dead *(Brit)* *ou* perfectly straight hair.

bah [ba] *excl (indifférence)* pooh!; *(doute)* well ...!, really!

Bahamas [baamas] *nfpl*: **les** ~ the Bahamas.

bahamien, ienne [baamjɛ̃, ɛn] **1** *adj* Bahamian. **2** *nm,f*: **B**~**(ne)** Bahamian.

Bahrein [baʀɛn] *nm* Bahrain. **à** ~ in Bahrain.

Bahreinite [baʀɛnit] **1** *adj* Bahraini. **2** *nmf*: **B**~ Bahraini.

bahut [bay] *nm* **(a)** *(coffre)* chest; *(buffet)* sideboard. **(b)** *(arg Scol)* school.

bai, e¹ [bɛ] *adj cheval* bay.

baie² [bɛ] *nf* **(a)** *(Géog)* bay. **la** ~ **d'Hudson/de la Table** Hudson/Table Bay. **(b)** *(Archit)* opening. *(fenêtre)* ~ **(vitrée)** picture window.

baie³ [bɛ] *nf (Bot)* berry.

baignade [bɛɲad] *nf (action)* bathing *(Brit)*, swimming; *(bain)* bathe, swim; *(lieu)* bathing *(Brit)* *ou* swimming place. ~ **interdite** no bathing *ou* swimming; **c'est l'heure de la** ~ it's time for a bathe *ou* a swim.

baigner [beɲe] (1) **1** *vt* (a) *bébé, chien* to bath; *pieds, visage, yeux* to bathe. **des larmes baignaient ses joues** his face was bathed in tears. **(b) baigné de** bathed in; *(trempé de)* soaked with; **visage baigné de larmes/sueur** face bathed in tears/sweat; **chemise baignée de sang/sueur** shirt soaked with blood/sweat, blood-/sweat-soaked shirt; **forêt baignée de lumière** forest bathed in *ou* flooded with light. **(c)** *[mer, rivière]* to wash, bathe; *[lumière]* to bathe, flood. **2** *vi* (a) *(tremper dans l'eau) [linge]* to soak, lie soaking *(dans* in); *(tremper dans l'alcool) [fruits]* to steep, soak *(dans* in). **la viande baignait dans la graisse** the meat was swimming in fat *ou* lay in a pool of fat; **la victime baignant dans son sang** the victim lying in a pool of blood; *(fig)* **la ville baigne dans la brume** the town is shrouded *ou* wrapped in mist; *(fig)* **tout baigne dans l'huile*** everything's hunky-dory*, everything's looking great*. **(b)** *(fig: être plongé dans)* **il baigne dans la joie** his joy knows no bounds, he is bursting with joy; ~ **dans le mystère** *[affaire]* to be shrouded *ou* wrapped *ou* steeped in mystery; *[personne]* to be completely mystified *ou* baffled. **3 se baigner** *vpr (dans la mer, une rivière)* to go bathing *(Brit)* *ou* swimming, have a bathe *ou* a swim; *(dans une piscine)* to go swimming, have a swim; *(dans une baignoire)* to have a bath.

baigneur, -euse [bɛɲœʀ, øz] **1** nm,f bather (Brit), swimmer. **2** nm (jouet) dolly, baby doll.

baignoire [bɛɲwaʀ] nf **(a)** bath(tub). **~ sabot** ≃ hip-bath. **(b)** (Théât) ground floor box, baignoire. **(c)** [sous-marin] conning tower.

Baïkal [bajkal] nm V lac.

bail [baj], pl **baux** [bo] **1** nm **(a)** (Jur) lease. **prendre à ~** to lease, take out a lease on; **donner à ~** to lease (out); **faire/passer un ~** to draw up/enter into a lease.
(b) (fig) **ça fait un ~ que je ne l'ai pas vu!** it's ages* since I (last) saw him!
2: bail commercial commercial lease; **bail à ferme** farming lease; **bail à loyer** (house-)letting lease (Brit), rental lease (US).

baille [baj] nf (Naut) (wooden) bucket. **à la ~!*** into the drink (with him)!*

bâillement [bajmɑ̃] nm **(a)** [personne] yawn. **(b)** [col] gaping ou loose fit.

bailler [baje] (1) vt (†† ou hum) to give (fig). **vous me la baillez belle!** ou **bonne!** that's a tall tale!

bâiller [baje] (1) vi **(a)** [personne] to yawn. **~ d'ennui** to yawn with ou from boredom; **~ à s'en décrocher la mâchoire** to yawn one's head off.
(b) (être trop large) [col, décolleté] to hang ou sit loose, gape; [soulier] to gape.
(c) (être entr'ouvert) [couture, boutonnage] to gape; [porte] to be ajar ou half-open; [soulier] to gape, be split open.

bailleur, bailleresse [bajœʀ, bajʀɛs] nm,f lessor. **~ de fonds** backer, sponsor; **~ de licence** licensor, licenser.

bailli [baji] nm bailiff.

bailliage [bajaʒ] nm bailiwick.

bâillon [bajɔ̃] nm (lit, fig) gag. **mettre un ~ à qn** to gag sb.

bâillonnement [bajɔnmɑ̃] nm (V bâillonner) gagging; stifling.

bâillonner [bajɔne] (1) vt personne to gag; (fig) presse, opposition, opinion to gag, stifle.

bain [bɛ̃] **1** nm **(a)** (dans une baignoire) bath; (dans une piscine) swim; (dans la mer) bathe (Brit), swim. **~ de boue/sang** mud/blood bath; (fig) **ce séjour à la campagne fut pour elle un ~ de fraîcheur** that stay in the country put new life into her ou revitalized her; **prendre un ~** (dans une baignoire) to have a bath; (dans la mer, une rivière) to have a swim ou bathe; (dans une piscine) to have a swim.
(b) (liquide) bath(water); (Chim, Phot) bath. **fais chauffer mon ~** heat my bath ou bathwater; **fais couler mon ~** run my bath (for me); (Phot) **~ de fixateur/de révélateur** fixing/developing bath.
(c) (récipient) (baignoire) bath(tub); [teinturier] vat.
(d) (piscine) petit/grand ~ shallow/deep end; (lieu) ~s baths; **~s publics/romains** public/Roman baths.
(e) (*loc) **mettre qn dans le ~** (informer) to put sb in the picture; (compromettre) to incriminate sb, implicate sb; **en avouant, il nous a tous mis dans le ~** by owning up, he has involved us all (in it); **nous sommes tous dans le même ~** we're all in the same boat, we're in this together; **tu seras vite dans le ~** you'll soon pick it up ou get the hang of it* ou find your feet (Brit).
2: bains douches municipaux public baths (with showers); **bain de foule** walkabout; **prendre un bain de foule** to mingle with the crowd, go on a walkabout; **j'ai pris un bain de jouvence** it was a rejuvenating experience, it made me feel years younger; **bain-marie** nm, pl **bains-marie** (hot water in) double boiler, bain-marie; **faire chauffer au bain-marie** sauce to heat in a bain-marie ou a double boiler; **boîte de conserve** to immerse in boiling water; **bains de mer** sea bathing (Brit) ou swimming; **bain moussant** ou de mousse bubble ou foam bath; **bain de pieds** (récipient) foot-bath; (baignade) paddle; **bain de siège** sitzbath; **prendre un bain de siège** to have a sitzbath; (hum) to sit at the edge of the water; **prendre un bain de soleil** to sunbathe; **les bains de soleil lui sont déconseillés** he has been advised against sunbathing; **bain turc** Turkish bath; **bain de vapeur** steam bath.

baïonnette [bajɔnɛt] nf (Élec, Mil) bayonet. **charge à la ~** bayonet charge; **charger ~ au canon** to charge with fixed bayonets.

baisemain [bɛzmɛ̃] nm: **il lui fit le ~** he kissed her hand; **le ~ ne se pratique plus** it is no longer the custom to kiss a woman's hand.

baisement [bɛzmɑ̃] nm: **~ de main** kissing of hands.

baise-en-ville* [bɛzɑ̃vil] nm overnight bag.

baiser [beze] **1** nm kiss. **gros ~** smacking kiss*, smacker*; **~ rapide** quick kiss, peck; (fin de lettre) **bons ~s** love (and kisses); **~ de paix** kiss of peace.
2 (1) vt **(a)** (frm) main, visage to kiss.
(b) (**) to screw**, lay**, fuck**.
(c) (‡: avoir, l'emporter sur) to outdo, have‡. **il a été baisé, il s'est fait ~** he was really had‡.
3 vi (**) to screw**, fuck**. **elle baise bien** she's a good fuck**.

baiseur, -euse [bɛzœʀ, øz] nm,f: **c'est un sacré ~** he's always at it‡.

baisse [bɛs] nf [température, prix, provisions] fall, drop; [baromètre] fall; (Bourse) fall; [pre-ssion, régime d'un moteur] drop; [niveau] fall, drop, lowering; [eaux] drop, fall; [popularité] decline, drop, lessening (de in). **être en ~** to be falling; to be dropping; to be sinking; to be declining ou lessening; **~ de l'activité économique** downturn ou downswing in the economy; **~ sur les légumes** (par surproduction) vegetables down in price; (en réclame) special offer on vegetables.

baisser [bese] (1) **1** vt **(a)** objet to lower; store to lower, pull down; vitre to lower, let down; (à l'aide d'une manivelle) to wind down; col to turn down; (Théât) rideau to lower, ring down. **baisse la branche pour que je puisse l'attraper** pull the branch down so (that) I can reach it; **~ pavillon** (Naut) to lower ou strike the flag; (fig) to show the white flag, give in; (Théât) **une fois le**

rideau baissé once the curtain was down.
(b) main, bras to lower. **~ la tête** to lower ou bend one's head; (de chagrin, honte) to hang ou bow one's head (de in); (*) [plantes] to wilt, droop; **~ les yeux** to look down, lower one's eyes; **elle entra, les yeux baissés** she came in with downcast eyes; **faire ~ les yeux à qn** to outstare sb, stare sb out of countenance; **~ le nez*** (de honte) to hang one's head; **~ le nez dans son livre*** to bury one's nose in one's book; **~ le nez dans son assiette*** to bend over one's plate; (fig) **~ les bras** to give up, throw in the sponge*.
(c) chauffage, lampe, radio to turn down, turn low; voix, ton to lower. (Aut) **~ ses phares** to dip (Brit) ou dim one's headlights; **~ le ton** (lit) to modify one's tone; (fig) to climb down; **baisse un peu le ton!*** pipe down!*
(d) prix to lower, bring down, reduce.
(e) mur to lower.
2 vi **(a)** [température] to fall, drop, go down; [baromètre] to fall; [pression] to drop, fall; [marée] to go out, ebb; [eaux] to subside, go down, sink; [réserves, provisions] to run ou get low; [prix] to come down, go down, drop, fall; (Bourse) to fall, drop; [popularité] to decline, lessen, drop; [soleil] to go down, sink. **il a baissé dans mon estime** he has sunk ou gone down ou dropped in my estimation.
(b) [vue, mémoire, forces, santé] to fail, dwindle; [talent] to decline, drop, fall off. **le jour baisse** the light is failing ou dwindling, it is getting dark; **il a beaucoup baissé ces derniers temps** (physiquement) he has got a lot weaker recently; (mentalement) his mind has got a lot weaker recently.
3 se baisser vpr (pour ramasser qch) to bend down, stoop; (pour éviter qch) to duck. **il n'y a qu'à se ~ pour les ramasser*** there are loads* of them, they are lying thick on the ground.

baissier [besje] nm (Bourse) bear.

bajoues [baʒu] nfpl [animal] chops; [personne] jowls, heavy cheeks.

Bakélite [bakelit] nf ® Bakelite ®.

bal, pl **~s** [bal] **1** nm (réunion) dance; (habillé) ball; (lieu) dance hall. **aller au ~** to go dancing; **~ champêtre** open-air dance; **~ costumé/masqué** fancy dress/masked ball; **~ populaire** dance, hop*. **2: bal musette** popular dance (to the accordion); **bal travesti** costume ball.

balade* [balad] nf (à pied) walk, stroll; (en auto) drive run; (à vélo) ride, run. **être en ~** to be out for a walk (ou a drive); **faire une ~, aller en ~** to go for a walk (ou a drive).

balader* [balade] (1) **1** vt **(a)** (traîner) chose to trail round, carry about; personne to trail round.
(b) (promener) personne, animal to take for a walk. (fig) **leur équipe a baladé la nôtre** their team was all over ours*.
2 se balader vpr (à pied) to go for a walk ou a stroll ou a saunter; (en auto) to go for a drive ou run; (à vélo) to go for a ride ou a run; (traîner) to traipse round. **pendant qu'ils se baladaient** while they were out on a walk (ou drive etc); **aller se ~ en Afrique** to go touring ou gallivanting round Africa; **la lettre s'est baladée de bureau en bureau** the letter has been pushed round ou sent around from one office to another.

baladeur, -euse [baladœʀ, øz] **1** adj wandering, roving. **avoir la main ~euse** ou **les mains ~euses** to have wandering ou roving hands. **2** nm (magnétophone) walkman, personal stereo. **3 baladeuse** nf (lampe) inspection lamp.

baladin† [baladɛ̃] nm wandering entertainer ou actor, strolling player.

balafre [balafʀ(ə)] nf (blessure) gash; (intentionnelle) slash; (cicatrice) scar.

balafrer [balafʀe] (1) vt (V balafre) to gash; to slash; to scar. **il s'est balafré** he gashed his face.

balai [balɛ] **1** nm (gén) broom, brush; [bruyère, genêt] besom, broom; (Élec) brush; (Aut) [essuie-glace] blade. **passer le ~** to sweep the floor, give the floor a sweep; **donner un coup de ~** (lit) to give the floor a (quick) sweep; (fig) to make a clean sweep.
2: balai-brosse nm, pl **balai-brosses** (long-handled) scrubbing brush; **balai de crin** horsehair brush; **balai éponge** squeezy (Brit) ou sponge (US) mop; **balai mécanique** carpet sweeper.

balaise‡ [balɛz] adj = **balèze‡**.

balance [balɑ̃s] **1** nf **(a)** (instrument) pair of scales; (à bascule) weighing machine; (pour salle de bains) (bathroom) scales (pl); (pour cuisine) (kitchen) scales (pl); (Chim, Phys) balance.
(b) (loc) (main) **tenir la ~ égale entre 2 rivaux** to hold the scales even between 2 rivals; **être en ~** [proposition] to hang in the balance; [candidat] to be under consideration; **être en ~ entre 2 idées** to be wavering between 2 ideas; **mettre dans la** ou **en ~ le pour et le contre** to weigh up the pros and cons; **il a mis ou jeté toute son autorité dans la ~** he used his authority to tip the scales; **si on met dans la ~ son ancienneté** if you take his seniority into account, if you include his seniority in his favour.
(c) (Comm, Écon, Élec, Pol) balance. **~ de l'actif et du passif** balance of assets and liabilities.
(d) (Astron) **la B~** Libra, the Balance. **être de la B~** to be Libra ou a Libran.
(e) (Pêche) drop-net.
2: balance automatique shop scales (pl); **balance à bascule** (à marchandises) weighbridge; (à personnes) weighing machine; **balance du commerce** ou **commerciale** balance of trade; **balance des comptes** balance of payments; **balance des forces** balance of power; **balance de ménage** kitchen scales (pl); **balance des paiements** = **balance des comptes**; **balance des pouvoirs** balance of power; **balance de précision** precision balance; **balance de Roberval** (Roberval's) balance; **balance romaine** steelyard.

balancé, e [balɑ̃se] (ptp de **balancer**) adj: **phrase bien/harmonieusement ~e** well-turned/nicely balanced phrase; [personne] **être bien ~*** to be well-built; **elle est bien ~e*** she's got a smashing (*Brit*) *ou* stunning figure*, she's got what it takes*.

balancelle [balɑ̃sɛl] *nf* (*dans un jardin*) couch hammock (*Brit*), glider (*US*).

balancement [balɑ̃smɑ̃] *nm* **(a)** (*mouvement*) [*corps*] sway; [*bras*] swing(ing); [*bateau*] rocking, motion; [*hanches, branches*] swaying. **(b)** (*Littérat, Mus*) balance.

balancer [balɑ̃se] (3) **1** *vt* **(a)** *chose, bras, jambe* to swing; *bateau, bébé* to rock; (*sur une balançoire*) to swing, push, give a push to. **veux-tu que je te balance?** do you want me to push you? *ou* **give you a push?**; **le vent balance les branches** the wind rocks the branches *ou* sets the branches swaying.
(b) (‡: *lancer*) to fling, chuck*. **balance-moi mon crayon** fling *ou* chuck* me over my pencil (*Brit*), toss me my pencil; ~ **qch à la tête de qn** to fling *ou* chuck* sth at sb's head; (*fig*) **qu'est-ce qu'il leur a balancé!** he didn't half give them a telling-off!*, he didn't half bawl them out!‡
(c) (‡: *se débarrasser de*) *vieux meubles* to chuck out* *ou* away*, toss out. ~ **qn** to give sb the push‡ (*Brit*), give sb the boot‡, chuck sb out*; **balance-ça à la poubelle** chuck it in the dustbin*; **il s'est fait** ~ **du lycée** he got kicked out* *ou* chucked out* of school; **j'ai envie de tout** ~ (*métier, travail*) I feel like chucking it all up‡; (*vieux objets*) I feel like chucking the whole lot out* *ou* away*.
(d) (*équilibrer*) *compte, phrases, paquets* to balance. ~ **le pour et le contre†** to weigh (up) the pros and cons; **tout bien balancé** everything considered.
(e) (*arg crime: dénoncer*) to finger (*arg*).
2 *vi* **(a)** (†: *hésiter*) to waver, hesitate, dither. (*hum*) **entre les deux mon cœur balance** I can't bring myself to choose (between them).
(b) (*osciller*) [*objet*] to swing.
3 se balancer *vpr* **(a)** (*osciller*) [*bras, jambes*] to swing; [*bateau*] to rock; [*branches*] to sway; [*personne*] (*sur une balançoire*) to swing, have a swing; (*sur une bascule*) to seesaw, play on a seesaw. **se** ~ **sur ses jambes** *ou* **sur un pied** to sway about, sway from side to side; **ne te balance pas sur ta chaise!** don't tip back on your chair!; (*Naut*) **se** ~ **sur ses ancres** to ride at anchor.
(b) (*: *se ficher de*) **se** ~ **de** not to give a darn about*; **je m'en balance** I don't give a darn* (about it), I couldn't care a hoot* *ou* less (about it).

balancier [balɑ̃sje] *nm* [*pendule*] pendulum; [*montre*] balance wheel; [*équilibriste*] (*balancing*) pole.

balançoire [balɑ̃swaʀ] *nf* (*suspendue*) swing; (*sur pivot*) seesaw. **faire de la** ~ to have (a go on) a swing *ou* a seesaw.

balayage [balɛjaʒ] *nm* sweeping; (*Élec, Rad*) scanning.

balayer [balɛje] (8) *vt* **(a)** (*ramasser*) *poussière, feuilles mortes* to sweep up, brush up.
(b) (*nettoyer*) *pièce* to sweep (out); *trottoir* to sweep. (*fig*) **le vent balaie la plaine** the wind sweeps across *ou* scours the plain.
(c) (*chasser*) *feuilles* to sweep away; *soucis, obstacles* to brush aside, sweep away, get rid of; *personnel* to sack* (*Brit*), fire*; *objections* to brush aside. **l'armée balayant tout sur son passage** the army sweeping aside all that lies (*ou* lay) in its path; **le gouvernement a été balayé par ce nouveau scandale** the government was swept out of office by this new scandal.
(d) (*Tech*) [*phares*] to sweep (across); [*vague*] to sweep over; (*Élec, Rad*) *radar* to scan; [*tir*] to sweep (across).

balayette [balɛjɛt] *nf* small (hand)brush.

balayeur, -euse [balɛjœʀ, øz] **1** *nm,f* roadsweeper (*Brit*), street-sweeper (*US*). **2 balayeuse** *nf* roadsweeping (*Brit*) *ou* streetsweeping (*US*) machine, roadsweeper (*Brit*), streetsweeper (*US*).

balayures [balɛjyʀ] *nfpl* sweepings.

balbutiement [balbysimɑ̃] *nm* (*paroles confuses*) stammering, mumbling; [*bébé*] babbling. **les premiers** ~**s de l'enfant** the child's first faltering attempts at speech; (*fig: débuts*) ~**s** beginnings; **cette science en est à ses premiers** ~**s** this science is still in its infancy.

balbutier [balbysje] (7) **1** *vi* (*bredouiller*) to stammer, mumble. **2** *vt* to stammer (out), falter out, mumble.

balbuzard [balbyzaʀ] *nm*: ~ (*pêcheur*) osprey.

balcon [balkɔ̃] *nm* (*Constr*) balcony. (*Théât*) (*premier*) ~ dress circle; **deuxième** ~ upper circle; **loge/fauteuil de** ~ box/seat in the dress circle.

balconnet [balkɔnɛ] *nm* half-cup bra.

baldaquin [baldakɛ̃] *nm* (*dais*) baldaquin, canopy; [*lit*] tester, canopy.

Bâle [bɑl] *n* Basle, Basel.

Baléares [baleaʀ] *nfpl*: **les** (*îles*) ~ the Balearic Islands, the Baleares; **en vacances aux** ~ ≃ on holiday in Majorca.

baleine [balɛn] *nf* **(a)** whale. ~ **blanche/bleue/franche** white/blue/right whale; ~ **à bosse** humpback whale. **(b)** (*fanon*) (*piece of*) whalebone, baleen; (*pour renforcer*) stiffener. ~ **de corset** (corset-)stay; ~ **de parapluie** umbrella rib.

baleiné, e [balene] *adj* *col* stiffened; *gaine, soutien-gorge* boned.

baleineau, pl ~**x** [baleno] *nm* whale calf.

baleinier, -ière [balenje, jɛʀ] **1** *adj* whaling. **2** *nm* (*pêcheur, bateau*) whaler. **3 baleinière** *nf* whale *ou* whaling boat.

balèze‡ [balɛz] *adj* (*musclé*) brawny, hefty*; (*doué*) terrific*, great* (*en* at).

balisage [balizaʒ] *nm* (*V balise*) **(a)** (*action*) beaconing; marking-out. **(b)** (*signaux*) beacons, buoys; runway lights; (*road*)signs; markers.

balise [baliz] *nf* (*Naut*) beacon, (marker) buoy; (*Aviat*) beacon, runway light; (*Aut*) (road)sign; [*piste de ski*] marker.

baliser [balize] (1) *vt* (*V balise*) to mark out with beacons *ou* buoys *ou* lights, to signpost, put signs (up) on; to mark out.

baliseur [balizœʀ] *nm* (*personne*) ≃ (Trinity House) buoy-keeper; (*bateau*) ≃ Trinity House boat.

balistique [balistik] **1** *adj* ballistic. **2** *nf* ballistics (*sg*).

baliverne [balivɛʀn] *nf*: ~**s** twaddle, nonsense; **dire des** ~**s** to talk nonsense *ou* twaddle; **s'amuser à des** ~**s** to fool around; ~**s!†** nonsense!, balderdash!†, fiddlesticks!†

balkanique [balkanik] *adj* Balkan. **les États** ~**s** the Balkan States.

balkanisation [balkanizɑsjɔ̃] *nf* balkanization.

Balkans [balkɑ̃] *nmpl*: **les** ~ the Balkans.

ballade [balad] *nf* (*poème court, Mus*) ballade; (*poème long*) ballad.

ballant, e [balɑ̃, ɑ̃t] **1** *adj*: **les bras** ~**s** with arms dangling, with swinging arms; **les jambes** ~**es** with dangling legs; **ne reste pas là, les bras** ~**s*** don't stand there looking helpless *ou* with your arms dangling at your sides.
2 *nm* (*mou*) [*câble*] slack, play; [*chargement*] sway, roll. **avoir du** ~ [*câble*] to be slack; [*chargement*] to be slack *ou* loose; **donner du** ~ (*à une corde*) to give some slack *ou* play (to a rope).

ballast [balast] *nm* (*Rail*) ballast, roadbed (*US*); (*Naut*) ballast tank.

balle¹ [bal] *nf* **(a)** (*projectile*) bullet. ~ **dum-dum/explosive/** **traçante** dum-dum/explosive/tracer bullet; ~ **en caoutchouc/de plastique** rubber/plastic bullet; ~ **perdue** stray bullet; **percé** *ou* **criblé de** ~**s** *chose* full of *ou* riddled with bullet holes; *personne* riddled with bullet holes *ou* bullets; **prendre une** ~ **dans la peau*** to get shot *ou* plugged‡; **finir avec douze** ~**s dans la peau*** to end up in front of a firing squad; (*fig*) **saisir la** ~ **au bond** to jump at the opportunity.
(b) (*Sport*) ball. ~ **de golf/de ping-pong** golf/table tennis ball; **jouer à la** ~ to play (with a) ball; **à toi la** ~! catch!
(c) (*Sport*) shot, ball. **c'est une** ~ **bien placée** *ou* **une belle** ~ that's a nice ball, that's a well placed *ou* good shot; **faire des** *ou* **quelques** ~**s** to have a knock-up (*Brit*), knock the ball around a bit; (*Tennis*) ~ **de jeu/match/set** game/match/set point; ~ **let** let ball.
(d) ~**s*** francs.

balle² [bal] *nf* (*Agr, Bot*) husk, chaff.

balle³ [bal] *nf* [*coton, laine*] bale.

balle⁴* [bal] *nf* chubby face. **il a une bonne** ~ he has a jolly face.

baller [bale] (1) *vi* [*bras, jambes*] to dangle, hang loosely; [*tête*] to hang; [*chargement*] to be slack *ou* loose.

ballerine [balʀin] *nf* (*danseuse*) ballerina, ballet dancer; (*soulier*) ballet shoe, ballerina.

ballet [balɛ] *nm* (*danse, spectacle*) ballet; (*musique*) ballet music. (*compagnie*) **les B**~**s russes** the Russian Ballet.

ballon [balɔ̃] **1** *nm* **(a)** (*Sport*) ball. ~ **de football** football (*Brit*), soccer ball (*US*); ~ **de rugby** rugby ball; (*fig*) **le** ~ **rond** soccer; **le** ~ **ovale** rugger (*Brit*), football (*US*).
(b) ~ (**en baudruche**) (child's toy) balloon.
(c) (*Aviat*) balloon. **monter en** ~ to go up in a balloon; **voyager en** ~ to travel by balloon.
(d) (*Géog*) round-topped mountain.
(e) (*verre*) wineglass, brandy glass; (*contenu*) glass (of wine).
(f) **avoir le** ~***‡** to be expecting*, be in the family way*.
2: ballon de barrage barrage balloon; **ballon captif** captive balloon; **ballon dirigeable** airship; **ballon d'eau chaude** hot-water tank; **ballon d'essai** (*Mét*) pilot balloon; (*fig*) test of public opinion, feeler, trial balloon (*US*); **lancer un ballon d'essai** to fly a kite; **ballon d'oxygène** oxygen bottle; **ballon-sonde** *nm, pl* **ballons-sondes** sounding balloon.

ballonnement [balɔnmɑ̃] *nm* feeling of distension, flatulence; (*Vét*) bloat.

ballonner [balɔne] (1) *vt ventre* to distend; *personne* to blow out; (*Vét*) *animal* to cause bloat in. **j'ai le ventre ballonné, je me sens ballonné, je suis ballonné** I feel bloated, my stomach feels distended.

ballonnet [balɔnɛ] *nm* (*gén, Aviat, Mét*) (small) balloon.

ballot [balo] *nm* **(a)** (*paquet*) bundle, package. **(b)** (*: *nigaud*) nitwit‡, silly ass‡. **tu es/c'est** ~ **de l'avoir oublié** you're/it's a bit daft (*Brit*) *ou* crazy (*US*) to have forgotten it*.

ballottage [balɔtaʒ] *nm* (*Pol*) **il y a** ~ there will have to be a second ballot, people will have to vote again; **M Dupont est en** ~ M Dupont has to stand again at (*Brit*) *ou* run again on (*US*) the second ballot.

ballottement [balɔtmɑ̃] *nm* (*V ballotter*) banging about; rolling; lolling; bouncing; tossing, bobbing; shaking.

ballotter [balɔte] (1) **1** *vi* [*objet*] to roll around, bang about; [*tête, membres*] to loll; [*poitrine*] to bounce; [*bateau*] to toss, bob about. **2** *vt* (*gén pass*) *personne* to shake about, jolt; *bateau* to toss (about). **on est ballotté dans ce train** you get shaken about *ou* thrown about in this train; (*fig*) **être ballotté entre 2 sentiments contraires** to be torn between 2 conflicting feelings; **cet enfant a été ballotté entre plusieurs écoles** this child has been shifted around *ou* shunted around* from school to school.

ballottine [balɔtin] *nf* (*Culin*) ≃ meat loaf (*made with poultry*).

ball-trap [baltʀap] *nm* (*lieu*) shooting ground; (*Sport*) clay-pigeon shooting, trap-shooting, skeet-shooting; (*machine*) trap.

balluchon [balyʃɔ̃] *nm* (†) bundle (*of clothes*); (*) belongings. **faire son** ~* to pack up one's traps.

balnéaire [balneɛʀ] *adj* bathing (*Brit*), swimming; *V station*.

balourd, e [baluʀ, uʀd(ə)] **1** *nm,f* (*: *lourdaud*) dolt, fathead*, clumsy oaf*. **qu'il est** ~! what a dolt he is! **2** *nm* (*Tech*) unbalance.

balourdise [baluʀdiz] *nf* **(a)** (*maladresse manuelle*) clumsiness; (*manque de finesse*) fatheadedness*, doltishness. **(b)** (*gaffe*) blunder, boob*.

balsa [balza] *nm* balsa (wood).

balsamier [balzamje] *nm* balsam tree.

balsamine [balzamin] *nf* balsam.

balsamique [balzamik] *adj* balsamic.

balte [balt] *adj pays, peuple* Baltic. **le pays** ~**s** the Baltic States.

balthazar [baltazaʀ] *nm* **(a)** (*Antiq, Rel*) **B**~ Belshazzar. **(b)**

(†: *banquet*) feast, banquet. **(c)** (*bouteille*) balthazar.

baltique [baltik] **1** *adj mer, région* Baltic. **2** *nf*: **la (mer) B~** the Baltic (Sea).

baluchon [balyʃɔ̃] *nm* = **balluchon**.

balustrade [balystrad] *nf* (*Archit*) balustrade; (*garde-fou*) railing, handrail.

balustre [balystr(ə)] *nm* (*Archit*) baluster; [*siège*] spoke.

balzacien, -ienne [balzasjɛ̃, jɛn] *adj* of Balzac, typical of Balzac.

balzan, e [balzɑ̃, an] **1** *adj cheval* with white stockings. **2 balzane** *nf* white stocking.

bambin [bɑ̃bɛ̃] *nm* small child, little lad* (*Brit*) *ou* guy* (*US*).

bambochard, e [bɑ̃boʃar, ard(ə)] = **bambocheur**.

bambocher* [bɑ̃boʃe] (1) *vi* (*faire la noce*) to live it up*, have a wild time.

bambocheur, -euse [bɑ̃boʃœr, øz] **1** *adj tempérament* revelling. **2** *nm, f* (*: noceur*) reveller, fast liver.

bambou [bɑ̃bu] *nm* bamboo; (*canne*) bamboo (walking) stick; *V* pousse.

bamboula* [bɑ̃bula] *nf*: **faire la ~** to live it up*, have a wild time.

ban [bɑ̃] *nm* **(a)** [*mariage*] ~**s** banns. **(b)** [*applaudissements*] round of applause, cheer; [*tambour*] drum roll; [*clairon*] bugle call, fanfare. **un ~ à qn** to applaud *ou* cheer sb; **un ~ pour X!, ouvrez le ~!** (let's have) a big hand for* *ou* a round of applause for X!, ≃ three cheers for X! **(c)** (*Hist*) proclamation. **(d)** (*loc*) (*Hist*) **être/mettre au ~ de l'Empire** to be banished/banish from the Empire; (*fig*) **être/mettre au ~ de la société** to be outlawed/outlaw from society; (*Hist*) **le ~ et l'arrière-~** the barons and vassals; **le ~ et l'arrière-~ de sa famille/de ses amis** every last one of *ou* the entire collection of his relatives/his friends.

banal, e¹, *mpl* ~**s** [banal] *adj* (*ordinaire*) *roman, conversation* banal, trite; *idée* banal, trite, well-worn; *vie* humdrum, banal; *personne* run-of-the-mill, ordinary; *nouvelle, incident* (*courant*) commonplace, everyday (*épith*); (*insignifiant*) trivial. **il n'y a rien là que de très ~** there is nothing at all unusual *ou* out of the ordinary about that; **une grippe ~e** a common *ou* garden case of flu; **un personnage peu ~** an unusual character; **haïr le ~** to hate what is banal *ou* what is trite.

banal, e², *mpl* **-aux** [banal, o] *adj* (*Hist*) **four/moulin ~** communal *ou* village oven/mill.

banalement [banalmɑ̃] *adv* (*V* banal¹) tritely; in a humdrum way. **tout ~** quite simply; **c'est arrivé très ~** it happened in the most ordinary way.

banalisation [banalizasjɔ̃] *nf* [*campus*] opening to the police. **la ~ de la violence** the way in which violence has become an everyday fact *ou* feature of life.

banaliser [banalize] (1) *vt* **(a)** *expression* to make commonplace *ou* trite; *vie* to rob of its originality. **ce qui banalise la vie quotidienne** what makes life humdrum *ou* robs life of its excitement. **(b)** *voiture de police* to disguise; *campus* to open to the police. (*Police*) **voiture banalisée** unmarked police car.

banalité [banalite] *nf* (*V* banal¹) **(a)** (*caractère*) banality; triteness; ordinariness; triviality. **(b)** (*propos*) truism, platitude, trite remark.

banane [banan] *nf* **(a)** (*fruit*) banana. **(b)** (*Aut*) overrider. **(c)** (*Coiffure*) quiff* (*Brit*), pompadour (*US*). **(d)** (*arg Mil*) medal, decoration, gong*. **(e)** (*arg Aviat*) twin-rotor helicopter, chopper*. **(f)** [*skieur*] waist-bag, bum-bag.

bananeraie [bananrɛ] *nf* banana plantation.

bananier [bananje] *nm* (*arbre*) banana tree; (*bateau*) banana boat.

banc [bɑ̃] **1** *nm* **(a)** (*siège*) seat, bench. **~ (d'école)** (desk) seat; **nous nous sommes connus sur les ~s de l'école** we've known each other since we were at school together. **(b)** (*Géol*) (*couche*) layer, bed; [*coraux*] reef. **~ de sable/vase** sand/mudbank; (*Can*) **~ de neige** snowdrift, snowbank. **(c)** [*poissons*] shoal (*Brit*), school (*US*). **(d)** (*Tech*) (work)bench. **(e)** (*Mét*) bank, patch. **2** (*Jur*) **banc des accusés** dock, bar; (*Jur*) **banc des avocats** bar; **banc d'église** pew; **banc d'essai** (*Tech*) test bed; (*fig*) testing ground; **émission qui sert de banc d'essai pour jeunes chanteurs** programme that gives young singers a chance to show their talents; (*Parl*) **banc des ministres** ≃ government front bench (*Brit*); (*Rel*) **banc d'œuvre** ≃ churchwardens' pew; (*Jur*) **banc des témoins** witness box (*Brit*), witness stand (*US*).

bancable [bɑ̃kabl(ə)] *adj* bankable.

bancaire [bɑ̃kɛr] *adj système etc* banking. **chèque ~** (bank) cheque (*Brit*) *ou* check (*US*).

bancal, e, *mpl* ~**s** [bɑ̃kal] *adj* **(a)** *personne* (*boiteux*) lame; (*aux jambes arquées*) bandy-legged. **(b)** *table, chaise* wobbly, rickety. **(c)** *idée, raisonnement* shaky, unsound.

banco [bɑ̃ko] *nm* banco. **faire ~** to go banco.

bandage [bɑ̃daʒ] *nm* **(a)** (*objet*) [*blessé*] bandage; [*roue*] (*en métal*) band, hoop; (*en caoutchouc*) tyre. **~ herniaire** surgical appliance, truss. **(b)** (*action*) [*blessé*] bandaging; [*ressort*] stretching; [*arc*] bending.

bande¹ [bɑ̃d] **1** *nf* **(a)** (*ruban*) (*en tissu, métal*) band, strip; (*en papier*) strip; (*de sable*) strip, tongue; (*Ciné*) film; [*magnétophone*] tape; (*Presse*) wrapper; (*Méd*) bandage. (*Mil*) **~ (de mitrailleuse)** (ammunition) belt; **journal sous ~** mailed newspaper. **(b)** (*dessin, motif*) stripe; [*chaussée*] line; [*assiette*] band; (*Hér*) bend. **(c)** (*Billard*) cushion. **jouer la ~** to play (the ball) off the cushion; (*fig*) **faire/obtenir qch par la ~** to do/get sth by devious means *ou* in a roundabout way; **apprendre qch par la ~** to hear of sth indirectly *ou* through the grapevine*. **(d)** (*Naut*) **donner de la ~** to list.

2: (*Phys*) **bande d'absorption** absorption band; (*Ciné*) **bande-annonce** trailer; **bande dessinée** comic strip, strip cartoon (*Brit*); (*Phot*) **bande d'essai** test strip; (*Phot*) **bande étalon** reference strip, test gauge; (*Rad*) **bande de fréquence** waveband, frequency band; (*Phot*) **bande gaufrée** apron; **bande illustrée** = **bande dessinée**; **bande magnétique** magnetic tape; (*Ordin*) **bande de manœuvre** scratch tape; **bande molletière** puttee; **bande perforée** punched *ou* perforated *ou* paper tape; (*Phot*) **bande protectrice** duplex paper; **bande de roulement** [*pneu*] tread; (*Ciné*) **bande sonore** sound track; **bande de terre** strip *ou* tongue of land; (*Méd*) **bande Velpeau** ® crêpe bandage (*Brit*), Ace ® bandage (*US*).

bande² [bɑ̃d] *nf* **(a)** (*groupe*) [*gens*] band, group, gang*; [*oiseaux*] flock. **~ de loups/chiens** pack of wolves/dogs; **~ de lions** troop *ou* pride (*littér*) of lions; **~ de singes** troop of monkeys; **ils sont partis en ~** they set off in a group, they all went off together. **(b)** (*groupe constitué*) set, gang; [*pirates*] band; [*voleurs*] gang, band. **~ armée** armed band *ou* gang; **il ne fait pas partie de leur ~** he's not in their crowd *ou* set *ou* gang; **ils sont toute une ~ d'amis** they make up a whole crowd *ou* group of friends; (*Pol*) **la ~ des Quatre** the Gang of Four; **faire ~ à part** [*groupe*] to make a separate group; [*personne*] to keep to o.s.; (*fig: faire exception*) to be an exception; **venez avec nous, ne faites pas ~ à part** come with us, don't stay on your own. **(c)** (*: groupe de*) **~ de** bunch of*, pack of*; **~ d'imbéciles!** pack of idiots!*, bunch of fools!*; **c'est une ~ de paresseux** they're a lazy lot (*Brit*) *ou* bunch* *ou* crowd*.

bandeau, *pl* ~**x** [bɑ̃do] *nm* **(a)** (*ruban*) headband, bandeau; (*pansement*) head bandage; (*pour les yeux*) blindfold. **mettre un ~ à qn** to blindfold sb; **avoir un ~ sur l'œil** to wear an eye patch; (*fig*) **avoir un ~ sur les yeux** to be blind. **(b)** (*Coiffure*) **porter les cheveux en ~** to wear one's hair coiled round one's head.

bandelette [bɑ̃dlɛt] *nf* strip of cloth, (narrow) bandage; [*momie*] wrapping, bandage.

bander [bɑ̃de] (1) **1** *vt* **(a)** (*entourer*) *genou, plaie* to bandage. **~ les yeux à qn** to blindfold sb; **les yeux bandés** blindfold(ed). **(b)** (*tendre*) *corde* to strain, tauten; *arc* to bend; *ressort* to stretch, tauten; *muscles* to tense. **2** *vi* (*⁂*) to have an erection, have a hard-on⁂.

banderille [bɑ̃drij] *nf* banderilla.

banderole [bɑ̃drɔl] *nf* (*drapeau*) banderole. **~ publicitaire** advertizing streamer.

bandit [bɑ̃di] *nm* (*voleur*) gangster, thief; (*assassin*) gangster; (*brigand*) bandit; (*fig: escroc*) crook, shark*; (*: enfant*) rascal. **~ armé** gunman, armed gangster, hitman*; **~ de grand chemin** highwayman.

banditisme [bɑ̃ditism(ə)] *nm* (*actions criminelles*) crime. **le grand ~** organized crime; (*fig*) **300 F pour cette réparation, c'est du ~!** 300 francs for this repair job — it's daylight robbery!

bandoulière [bɑ̃duljɛr] *nf* (*gén*) shoulder strap; (*Mil*) bandoleer, bandolier. **en ~** slung across the shoulder.

bang [bɑ̃] **1** *nm inv*: **~ (supersonique)** supersonic bang, sonic boom. **2** *excl* bang!, crash!

Bangkok [bɑ̃kɔk] *n* Bangkok.

Bangladesh [bɑ̃gladɛʃ] *nm* Bangladesh. **économie, population du ~** Bangladeshi; **un habitant du ~** a Bangladeshi.

banjo [bɑ̃ʒo] *nm* banjo.

banlieue [bɑ̃ljø] *nf* suburbs, outskirts. **proche/moyenne/grande ~** inner *ou* immediate/inner *ou* near/outer suburbs; **Paris et sa (grande) ~** greater Paris; **la grande ~ de Paris** the outer suburbs of Paris, the commuter belt of Paris; **la ~ rouge** the Communist-controlled suburbs of Paris; **habiter en ~** to live in the suburbs; **de ~** *maison, ligne de chemin de fer* suburban (*épith*); *train* commuter (*épith*).

banlieusard, e [bɑ̃ljøzar, ard(ə)] *nm, f* suburbanite, (suburban) commuter.

banni, e [bani] (*ptp de* bannir) *nm, f* exile.

bannière [banjɛr] *nf* **(a)** banner. (*fig*) **se battre** *ou* **se ranger sous la ~ de qn** to fight on sb's side *ou* under sb's banner. **(b)** (*: pan de chemise*) shirttail. **il se promène toujours en ~** he's always walking round with his shirttail hanging out

bannir [banir] (2) *vt citoyen* to banish; *pensée* to banish, dismiss; *mot, sujet, aliment* to banish, exclude (*de* from); *usage* to prohibit, put a ban on. (*frm*) **je l'ai banni de ma maison** I forbade him to darken my door (*frm*), I told him never to set foot in my house again.

bannissement [banismɑ̃] *nm* banishment.

banque [bɑ̃k] **1** *nf* **(a)** (*établissement*) bank; (*ensemble*) banks. **il a 3 millions en** *ou* **à la ~** he's got 3 million in the bank; **mettre** *ou* **porter des chèques à la ~** to bank cheques; **la grande ~ appuie sa candidature** the big banks are backing his candidature. **(b)** (*activité, métier*) banking. **(c)** (*Jeux*) bank. **tenir la ~** to be (the) banker. **2**: **banque d'acceptation** merchant bank, acceptance house; **banque d'affaires** commercial *ou* mercantile bank; **banque agréée** authorized bank; **banque de dépôt** deposit bank; **banque de développement** development bank; **banque de données** data bank; **banque d'émission** bank of issue; **banque d'escompte** discount bank; **banque d'information(s), banque de l'informatique** = **banque de données**; **banque notificatrice** advising bank; (*Méd*) **banque d'organes/du sang/des yeux** organ/blood/eye bank.

banqueroute [bɑ̃krut] *nf* (*Fin*) (*frauduleux*) bankruptcy; (*Pol*) bankruptcy; (*fig littér*) failure. **faire ~** to go bankrupt.

banqueroutier, -ière [bɑ̃krutje, jɛr] *nm, f* (fraudulent) bankrupt.

banquet [bɑ̃kɛ] *nm* dinner; (*d'apparat*) banquet.

banqueter [bɑ̃kte] (4) *vi* (*lit*) to banquet; (*festoyer*) to feast.

banquette [bɑ̃kɛt] *nf* (a) [*train*] seat; [*auto*] (bench) seat; [*restaurant*] (wall) seat; [*piano*] (duet) stool. (b) (*Archit*) window seat. (c) (*Mil*) ~ de tir banquette, fire-step.

banquier [bɑ̃kje] *nm* (*Fin, Jeux*) banker.

banquise [bɑ̃kiz] *nf* ice field; (*flottante*) ice floe.

baobab [baɔbab] *nm* baobab.

baptême [batɛm] **1** *nm* (a) (*sacrement*) baptism; (*cérémonie*) christening, baptism. donner le ~ à to baptize, christen; recevoir le ~ to be baptized *ou* christened.
(b) [*cloche*] blessing, dedication; [*navire*] naming, christening. **2**: baptême de l'air first flight; baptême du feu baptism of fire; (*Naut*) baptême de la ligne (first) crossing of the line.

baptiser [batize] (1) *vt* (a) (*Rel*) to baptize, christen.
(b) *cloche* to bless, dedicate; *navire* to name, christen.
(c) (*appeler*) to call, christen, name. on le baptisa Paul he was christened Paul; on le baptisa la rue du nom du maire the street was named *ou* called after the mayor.
(d) (*: surnommer*) to christen, dub. (*hum*) la pièce qu'il baptisait pompeusement salon the room which he pompously dubbed the drawing room, the room to which he gave the pompous title of drawing room.
(e) (*fig*) *vin, lait* to water down.

baptismal, e, *mpl* **-aux** [batismal , o] *adj* baptismal.

baptisme [batism(ə)] *nm* baptism.

baptiste [batist(ə)] *adj, nmf* Baptist.

baptistère [batistɛʀ] *nm* baptistry.

baquet [bakɛ] *nm* tub; *V* siège¹.

bar¹ [baʀ] *nm* (*établissement, comptoir*) bar.

bar² [baʀ] *nm* (*poisson*) bass.

bar³ [baʀ] *nm* (*Phys*) bar.

Barabbas [baʀabas] *nm* Barabbas.

barachois [baʀaʃwa] *nm* (*Can*) lagoon.

baragouin* [baʀagwɛ̃] *nm* gibberish, double Dutch.

baragouinage* [baʀagwinaʒ] *nm* (*façon de parler*) gibbering; (*propos*) gibberish, double Dutch.

baragouiner* [baʀagwine] (1) **1** *vi* to gibber, talk gibberish *ou* double Dutch.
2 *vt langue* to speak badly; *discours, paroles* to jabber out, gabble. il baragouine un peu l'espagnol he can speak a bit of Spanish *ou* say a few words of Spanish; (*péj*) qu'est-ce qu'il baragouine? what's he jabbering on about?*

baragouineur, -euse* [baʀagwinœʀ, øz] *nm,f* jabberer.

baraka‡ [baʀaka] *nf* luck. avoir la ~ to be lucky.

baraque [baʀak] *nf* (a) (*abri en planches*) shed, hut; (*servant de boutique*) stand, stall. ~ foraine fairground stall.
(b) (*: maison*) place*, shack*; (*appartement*) pad‡, place*; (*péj: maison, entreprise etc*) dump*, hole‡. une belle ~ a smart place*; quand je suis rentré à la ~ when I got back to my place* *ou* shack‡ *ou* pad‡; quelle (sale) ~! what a lousy dump!‡, what a hole!‡

baraqué, e* [baʀake] *adj*: bien ~ *homme* hefty, well-built; *femme* well-built.

baraquement [baʀakmɑ̃] *nm*: ~(s) group of huts; (*Mil*) camp.

baratin* [baʀatɛ̃] *nm* (*boniment*) sweet talk*, smooth talk*; (*verbiage*) chatter, hot air‡; (*Comm*) patter*, sales talk, pitch (*US*). assez de ~! cut the chat!* (*Brit*) *ou* the chatter *ou* the cackle!* (*Brit*); (*gén*) faire son *ou* du ~ à qn to sweet-talk sb‡, chat sb up* (*Brit*), hand sb a line* (*US*); (*Comm*) faire son *ou* le ~ à un client to give a customer the sales talk *ou* patter*; avoir du ~ to have all the patter*, be a smooth talker.

baratiner* [baʀatine] (1) **1** *vt*: ~ qn (*amadouer par un boniment*) to chat sb up* (*Brit*), sweet-talk* sb; (*draguer*) to chat sb up* (*Brit*), hand sb a line *(US*); (*Comm*) ~ (le client) to give a customer the sales talk *ou* spiel* *ou* patter*. **2** *vi* (*bavarder*) to natter* (*Brit*), chatter.

baratineur, -euse* [baʀatinœʀ, øz] **1** *nm,f* (*beau parleur, menteur*) smooth talker; (*bavard*) gasbag‡, windbag‡. **2** *nm* (*dragueur*) smooth talker.

baratte [baʀat] *nf* [*beurre*] churn.

baratter [baʀate] (1) *vt* to churn.

Barbade [baʀbad] *nf*: la ~ Barbados.

barbadien,-ienne [baʀbadjɛ̃,ɛn] **1** *adj* Barbadian. **2** *nm,f*: B~(ne) Barbadian.

barbant, e* [baʀbɑ̃, ɑ̃t] *adj* (*ennuyeux*) boring, deadly dull. qu'il est/que c'est ~! what a bore he/it is!, he's/it's deadly boring!*

barbaque‡ [baʀbak] *nf* (*péj*) meat.

barbare [baʀbaʀ] **1** *adj* *invasion, peuple* barbarian, barbaric; *mœurs, musique, crime* barbarous, barbaric. **2** *nm* (*Hist, fig*) barbarian.

barbarement [baʀbaʀmɑ̃] *adv* barbarously, barbarically.

barbaresque [baʀbaʀɛsk(ə)] *adj* (*Hist: d'Afrique du Nord*) *régions, peuples, pirate* Barbary Coast (*épith*). les États ~s the Barbary coast.

barbarie [baʀbaʀi] *nf* (*manque de civilisation*) barbarism; (*cruauté*) barbarity, barbarousness.

Barbarie [baʀbaʀi] *nf*: la ~ the Barbary Coast.

barbarisme [baʀbaʀism(ə)] *nm* (*Gram*) barbarism.

barbe¹ [baʀb(ə)] **1** *nf* (a) (*Anat*) beard. une ~ de 3 mois 3 months' (growth of) beard; il a une ~ de 3 jours he has got 3 days' stubble on his chin; sans ~ *adulte* clean-shaven, beardless; *adolescent* (*imberbe*) beardless; il a de la ~ (au menton) [*adulte*] he needs a shave; [*adolescent*] he has already a few hairs on his chin; avoir une ~, porter la *ou* une ~ to have a beard, be bearded; faire la ~ à qn to trim sb's beard; (*fig hum*) il n'a pas encore de ~ au menton et il croit tout savoir he's still in short pants *ou* he's still wet behind the ears* and he thinks he knows it all.
(b) [*chèvre, singe, oiseau*] beard.

(c) [*plume*] barb; [*poisson*] barbel, wattle; [*orge*] beard (*U*). ~s whiskers.
(d) (*aspérités*) ~s [*papier*] ragged edge; [*métal*] jagged edge.
(e) (*loc*) à la ~ de qn under sb's nose; dérober qch à la ~ de qn to swipe* sth from under sb's nose; vieille ~* old stick-in-the-mud*, old fogey*; marmonner dans sa ~ to mumble *ou* mutter into one's beard; rire dans sa ~ to laugh up one's sleeve; la ~!* damn (it)!‡, blast!*; il faut que j'y retourne, quelle ~!* I've got to go back — what a drag!*; oh toi, la ~!* oh shut up, you!*, shut your mouth, you!‡
2: Barbe-bleue *nm* Bluebeard; barbe de capucin wild chicory; barbe à papa candy-floss (*Brit*), cotton candy (*US*).

barbe² [baʀb(ə)] *nm* (*Zool*) (*cheval*) ~ barb.

barbeau, *pl* ~x [baʀbo] *nm* (*Zool*) barbel; (*Bot*) cornflower; (‡: souteneur) pimp, ponce.

barbecue [baʀbəkju] *nm* (*repas, cuisine*) barbecue; (*matériel*) barbecue set.

barbelé, e [baʀbəle] *adj, nm*: (fil de fer) ~ barbed wire (*U*); les ~s the barbed wire fence *ou* fencing; s'égratigner après les ~s to get scratched on the barbed wire; derrière les ~s in a P.O.W. camp.

barber* [baʀbe] (1) **1** *vt* to bore stiff*, bore to tears*. **2** se barber *vpr* to be bored stiff*, be bored to tears* (*à faire qch* doing sth).

Barberousse [baʀbəʀus] *nm* Barbarossa.

barbet [baʀbɛ] *nm*: (*chien*) ~ water spaniel.

barbiche [baʀbiʃ] *nf* goatee (beard).

barbichette* [baʀbiʃɛt] *nf* (small) goatee (beard).

barbier [baʀbje] *nm* (††) barber; (*Can*) (men's) hairdresser.

barbillon [baʀbijɔ̃] *nm* (a) [*plume, hameçon*] barb; [*poisson*] barbel. [*bœuf, cheval*] ~s barbs. (b) (*Zool: petit barbeau*) (small) barbel.

barbiturique [baʀbityʀik] **1** *adj* barbituric. **2** *nm* barbiturate.

barbon [baʀbɔ̃] *nm* (†† *ou péj*) (*vieux*) ~ greybeard, old fogey*.

barbotage [baʀbotaʒ] *nm* (*V barboter*) pinching* (*Brit*); filching*; paddling, splashing about, squelching around (*Brit*); bubbling.

barboter [baʀbote] (1) **1** *vt* (*: voler*) to pinch* (*Brit*), filch* (à from, off*). elle lui a barboté son briquet she has filched* his lighter.
2 *vi* (a) (*patauger*) [*canard*] to dabble; [*enfant*] to paddle; (*en éclaboussant*) to splash about. ~ dans la boue to squelch around in (*Brit*) *ou* paddle through the mud.
(b) [*gaz*] to bubble.

barboteur, -euse¹ [baʀbotœʀ, øz] **1** *adj* (*) il est (du genre) ~, c'est un ~ he's a bit light-fingered (*Brit*) *ou* sticky-fingered (*US*). **2** *nm* (*Chim*) bubble chamber.

barboteuse² [baʀbotøz] *nf* (*vêtement*) rompers.

barbouillage [baʀbujaʒ] *nm* (a) (*peinture*) daub; (*écriture*) scribble, scrawl. (b) (*action*) daubing; scribbling, scrawling.

barbouille* [baʀbuj] *nf* (*péj*) painting. (*hum*) il fait de la ~ he does a bit of painting.

barbouiller [baʀbuje] (1) *vt* (a) (*couvrir, salir*) to smear, daub (*de* with), cover (*de* with, in). il a le visage tout barbouillé de chocolat he's got chocolate (smeared) all over his face, he's got his face covered in chocolate.
(b) (*péj: peindre*) *mur* to daub *ou* slap paint on. il barbouille (des toiles) de temps en temps he does an odd bit of painting from time to time; il barbouille des toiles en amateur he messes about with paints and canvas, he does a bit of painting on the side.
(c) (*péj: écrire, dessiner*) to scribble (*sur* on). ~ une feuille de dessins to scribble *ou* scrawl drawings on a piece of paper; ~ du papier to cover a piece of paper with scrawls, scrawl all over a piece of paper; ~ un slogan sur un mur to daub a slogan on a wall.
(d) (*) ~ l'estomac to upset the stomach; être barbouillé, avoir l'estomac *ou* le cœur barbouillé to feel queasy *ou* sick.

barbouilleur, -euse [baʀbujœʀ, øz] *nm,f* (a) (*péj: artiste*) dauber; (*péj: peintre en bâtiment*) bad *ou* slapdash painter. (b) ~ de papier hack (writer).

barbouillis [baʀbuji] *nm* (*écriture*) scribble, scrawl; (*peinture*) daub.

barbouze* [baʀbuz] *nf* (a) beard. (b) (*policier*) secret (government) police agent; (*garde du corps*) bodyguard.

barbu, e [baʀby] **1** *adj* bearded. un ~ a bearded man, a man with a beard. **2** barbue *nf* (*Zool*) brill.

barcarolle [baʀkaʀol] *nf* barcarolle.

barcasse [baʀkas] *nf* boat.

Barcelone [baʀsəlon] *n* Barcelona.

barda* [baʀda] *nm* gear*; (*Mil*) kit. il a tout un ~ dans la voiture he's got a whole load* of stuff in the car.

barde¹ [baʀd(ə)] *nm* (*poète*) bard.

barde² [baʀd(ə)] *nf* (*Culin, Mil*) bard.

bardeau¹, *pl* ~x [baʀdo] *nm* [*toit*] shingle.

bardeau², *pl* ~x [baʀdo] *nm* = bardot.

barder [baʀde] (1) **1** *vt* (a) (*Culin*) to bard.
(b) (*Mil*) *cheval* to bard. bardé de fer *cheval* barded; *soldat* armour-clad; *porte* with iron bars; discours bardé de citations speech packed *ou* larded with quotations; poitrine bardée de décorations chest covered with medals.
(c) (*fig*) être bardé (contre) to be immune (to).
2 *vb impers* (*) ~ things are going to get hot, all hell is going to break loose; ça a bardé! (*dans une réunion*) the sparks really flew!; (*dans les rues*) things got hot!

bardot [baʀdo] *nm* hinny.

barème [baʀɛm] *nm* (*table de référence*) table, list; (*tarif*) (*Comm*) scale of charges, price list; (*Rail*) fare schedule. ~ des salaires salary scale; ~ des impôts tax scale; ~ de correction scale of marking (*Brit*) *ou* grading (*US*).

barge [baʀ(ʒ)] *nf* (*Naut*) barge.

barguigner [baʀgiɲe] (1) *vi* (*littér, hum*) sans ~ without humming and hawing (*Brit*) *ou* hemming and hawing (*US*), without shilly-shallying.

baril [baRi(l)] *nm* [*pétrole*] barrel; [*vin*] barrel, cask; [*poudre*] keg, cask; [*harengs*] barrel. ~ **de lessive** drum of detergent.

barillet [baRijɛ] *nm* **(a)** (*petit baril*) small barrel *ou* cask. **(b)** (*Tech*) [*serrure, revolver*] cylinder; [*pendule*] barrel. **serrure à** ~ Yale ® lock.

bariolage [baRjɔlaʒ] *nm* (*résultat*) riot *ou* medley of colours; (*action*) daubing.

bariolé, e [baRjɔle] (*ptp de* **barioler**) *adj* vêtement many-coloured, rainbow-coloured, gaudy (*péj*); *groupe* colourfully dressed, gaily-coloured.

barioler [baRjɔle] (1) *vt* to splash *ou* daub bright colours on, streak with bright colours.

bariolure [baRjɔlyR] *nf* gay *ou* gaudy (*péj*) colours.

barjo(t) [baRʒo] *adj* nuts*, crazy*, barmy*.

baromètre [baRɔmɛtR(ə)] *nm* (*lit, fig*) barometer; (*lit*) glass. **le** ~ **baisse** the glass *ou* barometer is falling; **le** ~ **est au beau fixe/à la pluie** the barometer is set at fair/is pointing to rain; (*fig*) **le** ~ **est au beau (fixe)*** things are looking good*; ~ **enregistreur/anéroïde** recording/aneroid barometer.

barométrique [baRɔmetRik] *adj* barometric(al).

baron [baRɔ̃] *nm* **(a)** (*titre*) baron; *V* **monsieur. (b)** (*fig: magnat*) baron, lord. **les** ~**s de la presse** the press lords *ou* barons.

baronnage [baRɔnaʒ] *nm* (*titre*) barony; (*corps des barons*) baronage.

baronne [baRɔn] *nf* baroness; *V* **madame.**

baronnet [baRɔnɛ] *nm* baronet.

baronnie [baRɔni] *nf* barony.

baroque [baRɔk] **1** *adj* idée weird, strange, wild; (*Archit, Art*) baroque. **2** *nm* baroque.

baroud [baRud] *nm* (*arg Mil*) fighting. ~ **d'honneur** last-ditch struggle, gallant last stand.

baroudeur [baRudœR] *nm* (*arg Mil*) firebrand, fighter.

barouf(le) [baRuf(lə)] *nm* (*vacarme*) row*, din*, racket*. **faire du** ~ to kick up a din*, make a row*; (*protester*) to kick up a fuss* *ou* stink*.

barque [baRk(ə)] *nf* small boat, small craft. ~ **à moteur** (small) motorboat; ~ **de pêche** small fishing boat.

barquette [baRkɛt] *nf* (*Culin*) pastry boat, small tart.

barracuda [baRakuda] *nm* barracuda.

barrage [baRaʒ] *nm* **(a)** [*rivière, lac*] dam, barrage; (*à fleur d'eau*) weir.

(b) (*barrière*) barrier; (*d'artillerie, de questions*) barrage; ~ **de police** (*gén*) (police) roadblock; (*cordon d'agents*) police cordon; (*chevaux de frise*) (police) barricade; **faire** ~ **à** to hinder, stand in the way of; **le** ~ **de la rue** the blocking of the street; (*avec barricades*) the barricading of the street.

(c) (*Cartes*) pre-emptive bid, pre-empt.

barre [baR] **1** *nf* **(a)** (*gén, Hér: tige, morceau*) bar; (*de fer*) rod, bar; (*de bois*) piece, rod. (*Ftbl, Rugby*) ~ (*transversale*) crossbar; ~ **de chocolat** bar of chocolate; ~ **de savon** cake *ou* bar of soap.

(b) (*Danse*) barre. **exercices à la** ~ exercises at the barre, barre exercises.

(c) (*Naut*) helm; [*petit bateau*] tiller. (*lit, fig*) **être à la** *ou* **tenir la** ~ to be at the helm; (*lit, fig*) **prendre la** ~ to take the helm.

(d) (*Jur*) ~ **du tribunal** bar; (*des témoins*) witness box (*Brit*), witness stand (*US*); **être appelé à la** ~ to be called as a witness; **comparaître à la** ~ to appear as a witness.

(e) (*Géog: houle*) (*gén*) race; (*à l'estuaire*) bore; (*banc de sable*) (sand) bar; (*crête de montagne*) ridge.

(f) (*trait*) line, dash, stroke; (*du t, f*) stroke. **faire** *ou* **tirer des** ~**s** to draw lines (on a page); **mets une** ~ **à ton t** cross your t; (*Math*) ~ **de fraction/d'addition** *etc* fraction/addition *etc* line.

(g) (*niveau*) mark. **dépasser la** ~ **des 10%** to pass the 10% mark; (*Scol*) **placer la** ~ **à 10** to set the pass mark at 10.

(h) (†: *jeu*) ~**s** ≃ prisoners' base; (*frm*) **avoir** ~(**s**) **sur qn** (*avantage*) to have an advantage over sb; (*pouvoir*) to have power over *ou* a hold on sb.

(i) (*Zool*) [*cheval*] bar.

2: (*Aut*) **barre d'accouplement** tie-rod; (*Aut*) **barre anti-roulis** anti-roll bar; **barre d'appui** (window) rail; (*Sport*) **barres asymétriques** asymmetric bars; (*Sport*) **barre à disques** barbell; (*Sport*) **barre fixe** horizontal *ou* chinning bar; (*Mus*) **barre de mesure** bar line; (*Tech*) **barre à mine** crowbar; (*Sport*) **barres parallèles** parallel bars; (*Aut*) **barre de remorquage** tow bar; (*Mus*) **barre de reprise** repeat mark(s) *ou* sign; (*Aut*) **barre de torsion** torsion bar.

barreau, *pl* ~**x** [baRo] *nm* **(a)** [*échelle*] rung; [*cage, fenêtre*] bar. **être derrière les** ~**x** [*prisonnier*] to be behind bars; ~ **de chaise** (*lit*) (chair) rung *ou* crossbar; (*: cigare*) fat cigar. **(b)** (*Jur*) bar. **entrer** *ou* **être admis** *ou* **reçu au** ~ to be called to the bar.

barrement [baRmɑ̃] *nm* [*chèque*] crossing.

barrer [baRe] (1) **1** *vt* **(a)** (*obstruer*) porte to bar; fenêtre to bar up; chemin, route (*par accident*) to block; (*pour travaux, par la police*) to close (off), shut off; (*par barricades*) to barricade. ~ **le passage** *ou* **la route à qn** (*lit*) to stand in sb's way, block *ou* bar sb's way, stop sb getting past; (*fig*) to stand in sb's way; **des rochers nous barraient la route** rocks blocked *ou* barred our way.

(b) (*rayer*) mot, phrase to cross out, score out; surface, feuille to cross. ~ **un chèque** to cross a cheque; **chèque barré/non barré** crossed/open *ou* uncrossed cheque; **les rides qui barraient son front** the wrinkles which lined his forehead.

(c) (*Naut*) to steer. (*Sport*) **quatre barré** coxed four.

2 *vi* (*Naut*) to steer, take the helm.

3 se barrer *vpr* (*s'enfuir*) to clear off*, clear out*. **barre-toi!** clear off!*, beat it!*, scram!*, hop it!* (*Brit*).

barrette [baRɛt] *nf* **(a)** (*pour cheveux*) (hair) slide (*Brit*), barrette (*US*); (*bijou*) brooch; (*médaille*) bar. **(b)** (*Rel*) biretta. **recevoir la** ~ to receive the red hat, become a cardinal.

barreur, -euse [baRœR, øz] *nm,f* (*gén*) helmsman, coxswain; (*Aviron*) cox(swain). **quatre avec/sans** ~ coxed/coxless four.

barricade [baRikad] *nf* barricade; *V* **côté.**

barricader [baRikade] (1) **1** *vt* porte, fenêtre, rue to barricade. **2 se barricader** *vpr*: **se** ~ **dans/derrière** to barricade o.s. in/behind; (*fig*) **se** ~ **chez soi** to lock *ou* shut o.s. in.

barrière [baRjɛR] **1** *nf* (*clôture*) fence; (*porte*) gate; (*lit, fig: obstacle*) barrier; (*Hist: octroi*) tollgate.

2: barrière de dégel roadsign *warning of dangerous road conditions for heavy vehicles during a thaw*; **barrière douanière** trade *ou* tariff barrier; **barrière naturelle** natural barrier; **barrière (de passage à niveau**) level (*Brit*) *ou* grade (*US*) crossing gate.

barrique [baRik] *nf* barrel, cask; *V* **plein.**

barrir [baRiR] (2) *vi* to trumpet.

barrissement [baRismɑ̃] *nm* trumpeting.

bartavelle [baRtavɛl] *nf* rock partridge.

Barthélemy [baRtelemi] *nm* Bartholomew.

baryton [baRitɔ̃] *adj, nm* baritone. ~-**basse** base-baritone.

baryum [baRjɔm] *nm* barium.

bas[1], **basse** [bɑ, bɑs] **1** *adj* **(a)** *siège, colline, voix,* (*Mus*) *note* low; *maison* low-roofed; *terrain* low-lying. **le soleil est** ~ **sur l'horizon** the sun is low on the horizon; **pièce basse de plafond** room with a low ceiling; **le feu est** ~ the fire is low; **les basses branches** *ou* **les branches basses d'un arbre** the lower *ou* bottom branches of a tree; **les branches de cet arbre sont basses** the branches of this tree hang low; ~ **sur pattes** short-legged, stumpy-legged; **il parle sur un ton trop** ~ he speaks too softly; *V* **main, messe, oreille** *etc.*

(b) *prix, baromètre, altitude, chiffre* low; (*Élec*) *fréquence* low. **je l'ai eu à** ~ **prix** I got it cheap *ou* for a small sum.

(c) *marée, fleuve* low. **c'est la basse mer, c'est (la) marée basse** the tide is low *ou* out, it's low tide; **à marée basse at low tide** *ou* water; **pendant les basses eaux** when the waters are low, when the water level is low.

(d) (*humble*) *condition, naissance* low, lowly; (*subalterne*) *menial*; (*mesquin*) *jalousie, vengeance* base, petty; (*abject*) *action* base, mean, low. **basses besognes** (*humbles*) menial tasks; (*désagréables*) dirty work.

(e) (*Hist, Ling*) **le B**~ **Empire** the late Empire; **le** ~ **latin** low Latin; **le** ~ **allemand** Low German, plattdeutsch (*T*).

(f) (*Géog*) **la Basse Seine** the Lower Seine; **le B**~ **Languedoc** Lower Languedoc; **les B**~ **Bretons** the inhabitants of Lower Britanny; (*Hist Can*) **le B**~ **Canada** Lower Canada.

(g) (*loc*) **être au plus** ~ [*personne*] to be very low, be at a very low ebb; [*prix*] to have reached rock bottom, be at their lowest; **au** ~ **mot** at the very least, at the lowest estimate; **en ce** ~ **monde** here below; **de** ~ **étage** (*humble*) lowborn; (*médiocre*) poor, second-rate; **un enfant en** ~ **âge** a young *ou* small child.

2 *adv* **(a)** *très/trop etc* ~ very/too *etc* low; **mettez vos livres plus** ~ put your books lower down; **comme l'auteur le dit plus** ~ as the author says further on *ou* says below; **voir plus** ~ see below.

(b) *parler, dire* softly, in a low voice. **mettez la radio/le chauffage plus** ~ turn the radio/heating down; **mets la radio tout** ~ put the radio on very low; **parler tout** ~ to speak in a whisper *ou* in a very low voice.

(c) (*fig*) **mettre** *ou* **traiter qn plus** ~ **que terre** to treat sb like dirt; **son moral est (tombé) très** ~ his morale is very low *ou* is at a low ebb, he's in very low spirits; (*dans l'abjection*) **tomber bien** ~ to sink really low; **le malade est bien** ~ the patient is very weak *ou* low; **les prix n'ont jamais été** *ou* **ne sont jamais tombés aussi** ~ prices have reached a new low *ou* an all-time low, prices have never fallen so low.

(d) (*loc*) (*Vét*) **mettre** ~ to give birth, drop; **mettre** ~ **les armes** (*Mil*) to lay down one's arms; (*fig*) to throw in the sponge; **mettre** ~ **qch†** to lay sth down; ~ **les mains*** *ou* **les pattes!** hands off!*, (keep your) paws off!*; (*à un chien*) ~ **les pattes!** down!; **à** ~ **le fascisme!** down with fascism!; *V* **chapeau, jeter.**

3 *nm* **(a)** [*page, escalier, colline*] foot, bottom; [*visage*] lower part; [*mur*] foot; [*pantalon*] bottom; [*jupe*] hem, bottom. **dans le** ~ **at the** bottom; **au** ~ **de la page** at the foot *ou* bottom of the page; **l'étagère/le tiroir du** ~ the bottom shelf/drawer; **les appartements du** ~ the downstairs flats, the flats downstairs *ou* down below; **au** ~ **de l'échelle sociale** at the bottom of the social ladder; **compter/lire de** ~ **en haut** to count/read starting at the bottom *ou* from the bottom up.

(b) **en** ~: **il habite en** ~ he lives downstairs *ou* down below; **marcher la tête en** ~ to walk on one's hands; **le bruit vient d'en** ~ the noise is coming from downstairs *ou* from down below; **les voleurs sont passés par en** ~ the thieves got in downstairs; **en** ~ **de la côte** at the bottom *ou* foot of the hill; *V* **haut.**

4 **basse** *nf* (*Mus*) (*chanteur*) bass; (*voix*) bass (voice); (*instrument*) (double) bass. **basse continue** (basso) continuo; **basse contrainte** ground bass; **flûte/trombone basse** bass flute/trombone.

5: (*Typ*) **bas de casse** nm lower case; (*Rel*) **le bas clergé** the lower clergy; **bas-côté** nm, pl **bas-côtés** [*route*] verge; [*église*] (side) aisle; (*Can*) penthouse, lean-to extension; **basse-cour** nf, pl **basses-cours** (*lieu*) farmyard; (*volaille*) poultry (*U*); (*Naut*) **basfond** nm, pl **bas-fonds** shallow, shoal; **les bas-fonds de la société** the lowest depths *ou* the dregs of society; **les bas-fonds de la ville** the seediest *ou* slummiest parts of the town; **basse-fosse** nf, pl **basses-fosses** *V* **cul**; (*Boucherie*) **les bas morceaux** the cheap cuts; **le bas peuple** the lower classes; **les bas quartiers de la ville** the seedy *ou* poor parts of the town; **bas-relief** nm, pl **bas-reliefs** bas relief, low relief; (*Tourisme*) **basse saison** low season, off season;

(*Mus*) **basse-taille** *nf, pl* **basses-tailles** bass baritone; **bas-ventre** *nm, pl* **bas-ventres** stomach, guts.

bas² [bɑ] *nm* stocking; (*de footballeur*) sock; (*de bandit masqué*) stocking mask. ~ **fins** sheer stockings; ~ **de nylon** nylon stockings, nylons; ~ **sans couture** seamless stockings; ~ **à varices** support stockings (*Brit*) *ou* hose; ~ **de laine** (*lit*) woollen stockings; (*fig*) savings, nest egg (*fig*); (*péj*) ~**-bleu** bluestocking.

basal, e, *mpl* **-aux** [bazal, o] *adj* basal.

basalte [bazalt(ə)] *nm* basalt.

basaltique [bazaltik] *adj* basalt(ic).

basané, e [bazane] *adj* teint, visage [*vacancier*] (sun)tanned, sunburnt (*Brit*); [*marin*] tanned, weather-beaten; [*indigène*] swarthy.

basculant, e [baskylɑ̃, ɑ̃t] *adj* V **benne**.

bascule [baskyl] *nf* **(a)** (*balance*) [*marchandises*] weighing machine. [*personne*] ~ (*automatique*) scales (*pl*); V **pont**.
(b) (*balançoire*) (jeu de) ~ seesaw; **cheval/fauteuil à** ~ rocking horse/chair; **faire tomber qn/qch par un mouvement de** ~ to topple sb/sth over; **pratiquer une politique de** ~ to have a policy of maintaining the balance of power.
(c) (*mécanisme*) bascule. (*Ordin*) ~ (**bistable**) flip-flop.
(d) (*Lutte*) lift-over.

basculer [baskyle] (1) **1** *vi* [*personne*] to topple *ou* fall over, overbalance; [*objet*] to fall *ou* tip over; [*benne, planche, wagon*] to tip up; [*tas*] to topple (over). **il bascula dans le vide** he toppled over the edge; (*fig, Pol*) ~ **dans l'opposition** to swing *ou* go over to the opposition.
2 *vt* (*plus gén* **faire** ~) **benne** to tip up; *contenu* to tip out; *personne* to knock off balance, topple over.

basculeur [baskylœʀ] *nm* **(a)** (*Élec*) rocker switch. **(b)** (*benne*) tipper.

base [bɑz] **1** *nf* **(a)** [*bâtiment, colonne, triangle*] base; [*montagne*] base, foot; (*Anat, Chim, Math*) base; (*Ling: racine*) root. (*Ordin*) ~ **2/10** base 2/10.
(b) (*Mil etc: lieu*) base. ~ **navale/aérienne** naval/air base; **rentrer à sa** *ou* **la** ~ to return to base.
(c) (*Pol*) **la** ~ the rank and file, the grass roots.
(d) (*principe fondamental*) basis. ~**s** basis, foundations; ~**s** **d'un traité/accord** basis of a treaty/an agreement; **raisonnement fondé sur des** ~**s solides** solidly-based argument; **il a des** ~**s solides en anglais** he has a good grounding in English *ou* a sound basic knowledge of English; **saper/renverser les** ~**s de**... to undermine/destroy the foundations of...; **établir** *ou* **jeter** *ou* **poser les** ~**s de**... to lay the foundations of... .
(e) (*loc*) **à** ~ **de:** **un produit à** ~ **de soude** a soda-based product; **être à la** ~ **de** to be at the root of; **sur la** ~ **de ces renseignements** on the basis of this information; **de** ~ **prix, modèle, règles** basic; **le français de** ~ basic French; (*Ling*) **forme de** ~ base form; **camp de** ~ base camp.
2: (*fig*) **base de départ** starting point (*fig*); **base de données** database; **base d'imposition** taxable amount; **base de lancement** launching site; **base de maquillage** make-up base; **base d'opération** base of operations, operations base; **base de ravitaillement** supply base; (*Ordin*) **base de temps** clock.

base-ball [bɛzbol] *nm* baseball.

baser [bɑze] (1) *vt* opinion, théorie to base (*sur* on). (*Mil*) **être basé à/dans/sur** to be based at/in/on; **sur quoi vous basez-vous pour le dire?** (*preuves*) what basis *ou* grounds have you for saying that?; (*données*) what are you basing your argument on?, what is the basis of your argument?; **économie basée sur le pétrole** oil-based economy.

BASIC [bazik] *nm* BASIC.

basilic [bazilik] *nm* (*Bot*) basil; (*Zool*) basilisk.

basilique [bazilik] *nf* basilica.

basique [bazik] *adj* (*Chim*) basic.

basket* [basket] *nm* basketball. ~**s** basketball boots (*Brit*), trainers (*Brit*), sneakers, tennis shoes (*US*).

basket-ball [basketbol] *nm* basketball.

basketteur, -euse [basketœʀ, øz] *nm,f* basketball player.

basquaise [baskɛz] **1** *adj f* (*Culin*) poulet/sauce ~ basquaise chicken/sauce. **2** *nf:* **B**~ Basque (woman).

basque¹ [bask(ə)] **1** *adj* Basque. **le Pays** ~ the Basque Country. **2** *nm* (*Ling*) Basque. **3** *nmf:* **B**~ Basque.

basque² [bask(ə)] *nf* [*habit*] skirt(s); [*robe*] basque; V **pendu**.

basse [bɑs] V **bas¹**.

bassement [basmɑ̃] *adv* basely, meanly, despicably.

bassesse [basɛs] *nf* **(a)** (*U*) (*servilité*) servility; (*mesquinerie*) meanness, baseness, lowness; (*vulgarité*) vulgarity, vileness.
(b) (*acte servile*) servile act; (*acte mesquin*) low *ou* mean *ou* base *ou* despicable act. **faire des** ~**s à qn pour obtenir** to kowtow to sb *ou* grovel in order to get; **faire des** ~**s à un ennemi** to play underhand tricks on an enemy.

basset [basɛ] *nm* (*Zool*) basset (hound).

bassin [basɛ̃] *nm* **(a)** (*pièce d'eau*) ornamental lake, pond; [*piscine*] pool; [*fontaine*] basin. **(b)** (*cuvette*) bowl; (*Méd*) bedpan. **(c)** (*Géog*) basin. ~ **houiller/minier** coal/mineral field *ou* basin. **(d)** (*Anat*) pelvis. **(e)** (*Naut*) dock. ~ **de radoub** dry dock.

bassine [basin] *nf* **(a)** (*cuvette*) bowl, basin. ~ **à confiture** preserving pan. **(b)** (*contenu*) bowl(ful).

bassiner [basine] (1) *vt* **(a)** *plaie* to bathe; (*Agr*) to sprinkle *ou* spray (water on). **(b)** *lit* to warm (with a warming pan). **(c)** (*: ennuyer*) to bore. **elle nous bassine** she's a pain in the neck*.

bassinet [basinɛ] *nm* V **cracher**.

bassinoire [basinwaʀ] *nf* (*Hist*) warming pan; (*: *) bore, pain in the neck*.

bassiste [basist(ə)] *nmf* (double) bass player.

basson [basɔ̃] *nm* (*instrument*) bassoon; (*musicien*) bassoonist.

bassoniste [basɔnist(ə)] *nmf* bassoonist.

baste†† [bast] *excl* (*indifférence*) never mind!, who cares?; (*dédain*) pooh!

bastide [bastid] *nf* **(a)** (country) house (*in Provence*). **(b)** (*Hist*) walled town (*in S.W. France*).

bastille [bastij] *nf* fortress, castle. (*Hist*) **la B**~ the Bastille.

bastingage [bastɛ̃gaʒ] *nm* (*Naut*) (ship's) rail; (*Hist*) bulwark.

bastion [bastjɔ̃] *nm* bastion; (*fig*) bastion, stronghold.

bastonnade†† [bastɔnad] *nf* drubbing, beating.

bastringue* [bastʀɛ̃g] *nm* **(a)** (*objets*) junk*, clobber‡ (*Brit*). **et tout le** ~ the whole caboodle (*Brit*) *ou* kit and caboodle (*US*). **(b)** (*bruit*) racket*, din*. **(c)** (*bal*) (local) dance hall; (*orchestre*) band.

Basutoland [basytɔlɑ̃d] *nm* Basutoland.

bat *abrév de* **bâtiment**.

bât [bɑ] *nm* packsaddle. (*fig*) **c'est là où le** ~ **blesse** that's where the shoe pinches.

bataclan* [bataklɑ̃] *nm* junk*, clobber‡ (*Brit*). ...**et tout le** ~ ...**and** everything else, ...the whole kit and caboodle (*US*), ...and what have you*.

bataille [bataj] **1** *nf* **(a)** (*Mil*) battle; (*rixe*) fight; (*fig*) fight, struggle; (*controverse*) fight, dispute. ~ **de rue** street fight *ou* battle; **la vie est une dure** ~ life is a hard fight *ou* struggle.
(b) (*Cartes*) beggar-my-neighbour.
(c) (*loc*) **en** ~ (*Mil, Naut*) in battle order *ou* formation; **il a les cheveux en** ~ his hair's all dishevelled *ou* tousled; **le chapeau en** ~ with his hat on askew; **être garé en** ~ to be parked at an angle to the kerb.
2: bataille aérienne air battle; **bataille de boules de neige** snowball fight; **bataille électorale** election; **bataille navale** naval battle; **bataille rangée** pitched battle.

batailler [bataje] (1) *vi* (*fig: lutter*) to fight, battle.

batailleur, -euse [batajœʀ, øz] **1** *adj* pugnacious, aggressive. **il est** ~ he loves a fight. **2** *nm,f* fighter (*fig*).

bataillon [batajɔ̃] *nm* (*Mil*) battalion; (*fig*) crowd, herd.

bâtard, e [bɑtaʀ, aʀd(e)] **1** *adj* enfant illegitimate, bastard† (*péj, épith*); (*fig*) œuvre, solution hybrid (*épith*). **chien** ~ mongrel. **2** *nm,f* (*personne*) illegitimate child, bastard† (*péj*); (*chien*) mongrel. **3** *nm* (*Boulangerie*) ≃ Vienna roll. **4 bâtarde** *nf* (*Typ: aussi* **écriture** ~**e**) slanting round-hand.

bâtardise [bɑtaʀdiz] *nf* bastardy† (*péj*), illegitimacy.

batavia [batavja] *nf* Webb lettuce.

bateau, *pl* ~x [bato] **1** *nm* **(a)** (*gén*) boat; (*grand*) ship. ~ **à moteur/à rames/à voiles** motor/rowing/sailing boat; **prendre le** ~ (*embarquer*) to embark, take the boat (*à at*); (*voyager*) to go by boat, sail; **aller en** ~ to go by boat, sail; **faire du** ~ (*à voiles*) to go sailing; (*à rames etc*) to go boating.
(b) [*trottoir*] driveway entrance (*depression in kerb*).
2 *adj inv* (‡: *banal*) hackneyed. **c'est (un sujet** *ou* **thème)** ~ it's the same old theme* *ou* the favourite topic (that crops up every time).
3: bateau amiral flagship; **bateau-citerne** *nm, pl* **bateaux-citernes** tanker (*Naut*); **bateau de commerce** merchant ship *ou* vessel; **bateau-école** *nm, pl* **bateaux-écoles** training ship; **bateau-feu** *nm, pl* **bateaux-feux** lightship; **bateau de guerre** warship, battleship; **bateau-lavoir** *nm, pl* **bateaux-lavoirs** wash-shed (on river); (*péj*) capitaine *ou* amiral **de bateau-lavoir** freshwater sailor; **bateau-mouche** *nm, pl* **bateaux-mouches** pleasure steamer, river boat (*on the Seine*); **bateau de pêche** fishing boat; **bateau-phare** *nm, pl* **bateaux-phares** lightship; **bateau-pilote** *nm, pl* **bateaux-pilotes** pilot boat; **bateau de plaisance** yacht; **bateau-pompe** *nm, pl* **bateaux-pompes** fireboat; **bateau de sauvetage** lifeboat; **bateau à vapeur** steamer, steamship.

bateleur, -euse [batlœʀ, øz] *nm,f* (†) tumbler; (*péj*) buffoon.

batelier [batəlje] *nm* boatman, waterman; [*bac*] ferryman.

batelière [batəljɛʀ] *nf* boatwoman; [*bac*] ferrywoman.

batellerie [batɛlʀi] *nf* **(a)** (*transport*) inland water transport *ou* navigation, canal transport. **(b)** (*bateaux*) river and canal craft.

bâter [bɑte] (1) *vt* to put a packsaddle on.

bat-flanc [baflɑ̃] *nm inv* (*lit de cellule etc*) boards.

bath* [bat] *adj inv* personne, chose super*, great*, smashing*.

bathymètre [batimɛtʀ(ə)] *nm* bathometer, bathymeter.

bathymétrie [batimetʀi] *nf* bathometry, bathymetry.

bathymétrique [batimetʀik] *adj* bathymetric.

bathyscaphe [batiskaf] *nm* bathyscaphe.

bathysphère [batisfɛʀ] *nf* bathysphere.

bâti, e [bɑti] (*ptp de* **bâtir**) **1** *adj* **(a)** **être bien/mal** ~ [*personne*] to be well-built/of clumsy build; [*dissertation*] to be well/badly constructed. **(b)** **terrain** ~/**non** ~ developed/undeveloped site.
2 *nm* **(a)** (*Couture*) tacking (*U*). **point de** ~ tacking stitch.
(b) (*Constr*) [*porte*] frame; [*machine*] stand, support, frame.

batifolage [batifɔlaʒ] *nm* (V **batifoler**) frolicking about; larking about (*Brit*); dallying, flirting.

batifoler [batifɔle] (1) *vi* (†, *hum*) **(a)** (*folâtrer*) to lark (*Brit*) *ou* frolic about; (*péj: perdre son temps*) to dally†, lark about. **(b)** (*flirter*) to dally, flirt (*avec* with).

bâtiment [bɑtimɑ̃] *nm* **(a)** (*édifice*) building. (*Agr*) ~**s d'élevage** livestock buildings; ~**s d'habitation** living quarters; ~**s d'exploitation** farm buildings *ou* sheds. **(b)** (*industrie*) **le** ~ the building industry *ou* trade; **être dans le** ~ to be in the building trade, be a builder. **(c)** (*Naut*) ship, vessel.

bâtir [bɑtiʀ] (2) *vt* **(a)** (*Constr*) to build. **(se) faire** ~ **une maison** to have a house built; **se** ~ **une maison** to build o.s. a house; **la maison s'est bâtie en 3 jours** the house was built *ou* put up in 3 days; ~ **sur le roc/sable** to build on rock/sand; **terrain/pierre à** ~ building land/stone.
(b) (*fig*) hypothèse to build (up); phrase to construct, build; fortune to amass, build up; réputation to build up, make (*sur* on); plan to draw up.

(c) *(Couture)* to tack *(Brit)*, baste. **fil/coton à ~** tacking *ou* basting thread/cotton.

bâtisse [bɑtis] *nf* (a) *(maison)* building; *(péj)* great pile *ou* edifice. (b) *(Tech)* masonry.

bâtisseur, -euse [bɑtisœʀ, øz] *nm, f* builder.

batiste [batist(ə)] *nf* batiste, cambric, lawn.

bâton [bɑtɔ̃] **1** *nm* (a) *(canne)* stick, staff *(littér)*; *(Rel: insigne)* staff; *(trique)* club, cudgel; *(à deux mains)* staff.
(b) *(morceau) [craie etc]* stick. **~ de rouge (à lèvres)** lipstick.
(c) *(trait)* vertical line *ou* stroke. *(Scol)* **faire des ~s** to draw vertical lines *(when learning to write)*.
(d) *(loc)* **il m'a mis des ~s dans les roues** he put a spoke in my wheel, he put a spanner *(Brit) ou* wrench *(US)* in the works (for me); **parler à ~s rompus** to talk about this and that; *(fig hum)* **il est mon ~ de vieillesse** he is the prop *ou* staff of my old age *(hum)*.
2: bâton de berger shepherd's crook; **bâton blanc†** *(d'agent de police)* policeman's baton; **bâton de chaise** chair rung; **bâton de chef d'orchestre** conductor's baton; *(lit)* **bâton de maréchal** marshal's baton; *(fig)* **ce poste, c'est son bâton de maréchal** that's the highest post he'll ever hold; *(Rel)* **bâton de pèlerin** pilgrim's staff; *(fig)* **prendre son bâton de pèlerin** to set out on a peace mission; **bâton de ski** ski pole.

bâtonner†† [bɑtɔne] (1) *vt* to beat with a stick, cudgel.

bâtonnet [bɑtɔnɛ] *nm* short stick *ou* rod; *(Opt)* rod.

bâtonnier [bɑtɔnje] *nm* ≃ president of the Bar.

batracien [batʀasjɛ̃] *nm* batrachian.

battage [bataʒ] *nm* (a) *[tapis, or]* beating; *[céréales]* threshing. (b) *(*: *publicité)* publicity campaign. **faire du ~ autour de qch/qn** to give sth/sb a plug*, sell sth/sb hard*, give sth/sb the hype*.

battant, e [batɑ̃, ɑ̃t] **1** *adj* V **battre, pluie, tambour**.
2 *nm* (a) *[cloche]* clapper, tongue. **~ (de porte)** left-hand *ou* right-hand flap *ou* door *(of a double door)*; **~ (de fenêtre)** (left-hand *ou* right-hand) window; *[volet]* shutter, flap; **porte à double ~** double door; **ouvrir une porte à deux ~s** to open both sides *ou* doors *(of a double door)*.
(b) *(personne)* fighter *(fig)*.

batte [bat] *nf* (a) *(outil)* *(à beurre)* dasher; *[blanchisseuse]* washboard; *(Sport)* bat; *(sabre de bois)* wooden sword. (b) *(battage)* beating.

battement [batmɑ̃] *nm* (a) *(claquement) [porte, volet]* banging *(U)*; *[marteau]* banging *(U)*, thud; *[pluie]* beating *(U)*, (pitter-)patter *(U)*; *[tambour]* beating *(U)*, rattle *(U)*; *[voile, toile]* flapping *(U)*.
(b) *(mouvement) [ailes]* flapping *(U)*, flutter *(U)*, beating *(U)*; *[cils]* fluttering *(U)*; *[rames]* plash *(U)*, splash *(U)*. **~ de paupières** blinking of eyelids *(U)*; **~s de jambes** leg movement; **accueillir qn avec des ~s de mains** to greet sb with clapping *ou* applause.
(c) *(Méd) [cœur]* beat, beating *(U)*; *[pouls]* beat, throbbing *(U)*, beating *(U)*; *(irrégulier)* fluttering *(U)*; *[tempes]* throbbing *(U)*. **avoir des ~s de cœur** to get *ou* have palpitations; **cela m'a donné des ~s de cœur** it set my heart beating, it gave me palpitations, it set me all of a flutter*.
(d) *(intervalle)* interval. **2 minutes de ~** *(pause)* a 2-minute break; *(attente)* 2 minutes' wait; *(temps libre)* 2 minutes to spare; **j'ai une heure de ~ de 10 à 11** I'm free for an hour *ou* I've got an hour to spare between 10 and 11.
(e) *(Rad)* beat; *(Phon)* flap.

batterie [batʀi] *nf* (a) *(Mil)* battery. **mettre des canons en ~** to unlimber guns; **~ de canons** battery of artillery; **~ antichars/de D.C.A** anti-tank/anti-aircraft battery; **~ côtière** coastal battery; *(fig)* **changer/dresser ses ~s** to change/lay *ou* make one's plans; *(fig)* **démasquer ou dévoiler ses ~s** to unmask one's guns.
(b) *(Mus: percussion)* percussion (instruments); *(Jazz: instruments)* drum kit. **X à la ~** X on drums *ou* percussion; **on entend mal la ~** you can hardly hear the drums.
(c) *(Aut, Elec)* battery.
(d) *(groupe) [tests, chaudières]* battery. **~ de projecteurs** bank of spotlights; **~ de satellites** array of satellites.
(e) **~ de cuisine** *(Culin)* pots and pans, kitchen utensils; *(*: *décorations)* gongs‡, ironmongery*; **toute la ~ de cuisine*** everything but the kitchen sink, the whole caboodle*.

batteur [batœʀ] *nm* (a) *(Culin)* whisk, beater. (b) *(Mus)* drummer, percussionist. (c) *(métier) (Agr)* thresher; *(Métal)* beater; *(Cricket)* batsman; *(Baseball)* batter.

batteuse [batøz] *nf* (a) *(Agr)* threshing machine; V **moissonneuse**. (b) *(Métal)* beater.

battle-dress [batəldʀɛs] *nm inv* battle-dress.

battoir [batwaʀ] *nm* (a) *[laveuse]* beetle, battledore; *(à tapis)* (carpet) beater. (b) *(grandes mains)* **~s*** (great) mitts‡ *ou* paws‡.

battre [batʀ(ə)] (41) **1** *vt* (a) *personne* to beat, strike, hit. **elle ne bat jamais ses enfants** she never hits *ou* smacks her children; **~ qn comme plâtre*** to beat the living daylights out of sb*, thrash *ou* beat sb soundly; **~ qn à mort** to batter *ou* beat sb to death; **regard de chien battu** cowering look.
(b) *(vaincre) adversaire, équipe* to beat, defeat; *record* to beat. **se faire ~** to be beaten *ou* defeated; **il ne se tient pas pour battu** he doesn't consider himself beaten *ou* defeated; *(Sport)* **~ qn (par) 6 à 3** to beat sb 6-3; **~ qn à plate(s) couture(s)** to beat sb hollow *(Brit)*, beat the pants off sb*, beat sb hands down.
(c) *(frapper) tapis, linge, fer, or* to beat; *blé* to thresh. *(Prov)* **~ le fer pendant qu'il est chaud** to strike while the iron is hot *(Prov)*; **il battit l'air/l'eau des bras** his arms thrashed the air/water; **~ le fer à froid** to cold hammer iron; **son manteau lui bat les talons** his coat is flapping round his ankles; **~ le briquet†** to strike a flint.
(d) *(agiter) beurre* to churn; *blanc d'œuf* to beat (up), whip, whisk; *crème* to whip; *cartes* to shuffle. **œufs battus en neige** stiff egg whites, stiffly-beaten egg whites.
(e) *(parcourir) région* to scour, comb. **~ le pays** to scour the

countryside; *(Chasse)* **~ les buissons/les taillis** to beat the bushes/undergrowth (for game); **hors des sentiers battus** off the beaten track; *(fig)* **~ la campagne** to wander in one's mind; **~ le pavé** to wander aimlessly about *ou* around.
(f) *(heurter) [pluie]* to beat *ou* lash against; *[mer]* to beat *ou* dash against; *(Mil) positions, ennemis* to batter. **littoral battu par les tempêtes** storm-lashed coast.
(g) *(Mus)* **~ la mesure** to beat time; *(Mil)* **~ le tambour** *(lit)* to beat the drum; *(fig)* to shout from the housetops; **~ le rappel** to call to arms; *(fig)* **~ le rappel de ses souvenirs** to summon up one's old memories; **~ le rappel de ses amis** to rally one's friends; *(Mil)* **~ la retraite** to sound the retreat.
(h) *(loc)* **~ la breloque†** *[appareil]* to be on the blink*, be erratic; *[cœur]* to be giving out; **son cœur battait la chamade** his heart was pounding *ou* beating wildly; **~ en brèche une théorie** to demolish a theory; **~ froid à qn** to cold-shoulder sb, give sb the cold shoulder; **~ son plein** *[saison touristique]* to be at its height; *[fête]* to be going full swing; **~ la semelle** to stamp one's feet (to keep warm); *(Naut)* **~ pavillon britannique** to fly the British flag, sail under the British flag; *(Fin)* **~ monnaie** to strike *ou* mint coins; *(Rel)* **~ sa coulpe** to beat one's breast *(fig)*.
2 *vi* (a) *[cœur, pouls]* to beat; *[montre, métronome]* to tick; *[pluie]* to beat, lash *(contre* against); *[porte, volets]* to bang, rattle; *[voile, drapeau]* to flap; *[tambour]* to beat. *(fig hum)* **son cœur bat pour lui** he is her heart-throb; **son cœur battait d'émotion** his heart was beating wildly *ou* pounding *ou* thudding with emotion; **le cœur battant** with beating heart.
(b) **~ en retraite** to beat a retreat, fall back.
3 battre de *vt indir*: **~ des mains** to clap one's hands; *(fig)* to dance for joy, exult; **~ du tambour** to beat the drum; **l'oiseau bat des ailes** the bird is beating *ou* flapping its wings; *(fig)* **~ de l'aile** to be in a bad *ou* in a dicky* *(Brit) ou* shaky state.
4 se battre *vpr* (a) *(dans une guerre, un combat)* to fight *(avec* with, *contre* against); *(se disputer)* to fall out; *(fig)* to fight, battle, struggle *(contre* against). **se ~ comme des chiffonniers** to fight like cat and dog; **se ~ au couteau/à la baïonnette** to fight with knives/bayonets; **nos troupes se sont bien battues** our troops fought well *ou* put up a good fight; **se ~ en duel** to fight a duel; *(fig)* **se ~ contre les préjugés** to battle *ou* fight *ou* struggle against prejudice; **se ~ contre des moulins à vent** to tilt at windmills; **il faut se ~ pour arriver à obtenir quelque chose** you have to fight to get what you want; **voilà une heure qu'il se bat avec ce problème** he's been struggling *ou* battling with that problem for an hour now.
(b) **se ~ la poitrine** to beat one's breast; *(fig)* **se ~ les flancs** to rack one's brains.
(c) **je m'en bats l'œil‡** I don't care a fig* *ou* a damn‡.

battu, e¹ [baty] *(ptp de* battre*) adj* V **battre, jeté, œil, pas¹, terre**.

battue² [baty] *nf (Chasse)* battue, beat.

batture [batyʀ] *nf (Can)* sand bar, strand.

bau, *pl* **~x** [bo] *nm (Naut)* beam.

baud [bod] *nm (Ordin)* baud.

baudelairien, -ienne [bodlɛʀjɛ̃, jɛn] *adj* of Baudelaire, Baudelairean.

baudet [bodɛ] *nm* (a) *(Zool)* donkey, ass. (b) *(Menuiserie)* trestle, sawhorse.

baudrier [bodʀije] *nm [épée]* baldric; *[drapeau]* shoulder-belt; *(Alpinisme)* harness; *(pour matériel)* gear sling.

baudroie [bodʀwa] *nf* angler (fish).

baudruche [bodʀyʃ] *nf (personne)* windbag*; *(théorie)* empty theory, humbug*; V **ballon**.

bauge [boʒ] *nf [sanglier, porc]* wallow.

baume [bom] *nm (lit)* balm, balsam; *(fig)* balm. **ça lui a mis du ~ dans le cœur** it heartened him.

Baumé [bome] *nm* V **degré**.

baux [bo] *nmpl de* **bail, bau**.

bauxite [boksit] *nf* bauxite.

bavard, e [bavaʀ, aʀd(ə)] **1** *adj personne* talkative, garrulous; *discours, récit* long-winded, wordy. **2** *nm, f* chatterbox*, talkative person, prattler; *(péj)* gossip, blabbermouth*.

bavardage [bavaʀdaʒ] *nm (V* bavarder*)* chatting, talking; chattering, prattling; gossiping. **j'entendais leur ~ *ou* leurs ~s** I could hear their talking *ou* chattering.

bavarder [bavaʀde] (1) *vi (gen: parler)* to chat, talk; *(jacasser)* to chatter, prattle; *(commérer)* to gossip; *(divulguer un secret)* to blab*, give the game away, talk. *(Scol)* **arrêtez de ~** stop talking *ou* chattering.

bavarois, e [bavaʀwa, waz] **1** *adj* Bavarian. **2** *nm, f*: **B~(e)** Bavarian. **3 bavaroise** *nf (Culin)* ≃ mousse.

bavasser* [bavase] (1) *vi (bavarder)* to natter* *(Brit)*, gas‡.

bave [bav] *nf [personne]* dribble; *[animal]* slaver, slobber; *[chien enragé]* foam, froth; *[escargot]* slime; *[crapaud]* spittle; *(fig)* venom, malicious words. **la ~ du crapaud n'atteint pas la blanche colombe!** your spiteful words can't touch me!

baver [bave] (1) **1** *vi* (a) *[personne]* to dribble; *(beaucoup)* to slobber, drool; *[animal]* to slaver, slobber; *[chien enragé]* to foam *ou* froth at the mouth; *[stylo]* to leak; *[pinceau]* to drip; *[liquide]* to run.
(b) *(loc)* **en ~ d'admiration*** to gasp in admiration; **en ~‡** to have a rough *ou* hard time of it*; **il m'en a fait ~‡** he really made me sweat*, he really gave me a rough *ou* hard time*.
(c) *(littér)* **~ sur la réputation de qn** to besmear *ou* besmirch sb's reputation.
2 *vt*: **il en a bavé des ronds de chapeau‡** his eyes nearly popped out of his head*.

bavette [bavɛt] *nf [tablier, enfant]* bib; *(Aut: garde-boue)* mudguard, mud flap. (b) *(Culin)* undercut; V **tailler**.

baveux, -euse [bavø, øz] *adj bouche* dribbling, slobbery; *enfant*

dribbling. **omelette** ~**euse** runny omelette; (*Typ*) **lettre** ~**euse** blurred *ou* smeared letter.
Bavière [bavjɛʀ] *nf* Bavaria.
bavoir [bavwaʀ] *nm* bib.
bavure [bavyʀ] *nf* (*tache*) smudge, smear; (*Tech*) burr; (*fig*) hitch, flaw; (*Admin euph*) unfortunate mistake (*euph*). (*fig*) **sans** ~ (*adj*) flawless, faultless; (*adv*) flawlessly, faultlessly.
bayadère [bajadɛʀ] **1** *nf* bayadère. **2** *adj tissu* colourfully striped.
bayer [baje] (1) *vi*: ~ **aux corneilles** to stand gaping, stand and gape.
bazar [bazaʀ] *nm* (**a**) (*magasin*) general store; (*oriental*) bazaar.
 (**b**) (*: effets personnels*) junk* (*U*), gear‡ (*U*), things*.
 (**c**) (*: désordre*) clutter, jumble, shambles (*U*). **quel** ~**!** what a shambles!*; **et tout le** ~ and all the rest, and what have you*, the whole caboodle*, the whole kit and caboodle (*US*).
bazarder* [bazaʀde] (1) *vt* (*jeter*) to get rid of, chuck out*, ditch*; (*vendre*) to flog‡, get rid of, sell off.
bazooka [bazuka] *nm* bazooka.
B.C.B.G. [besebeʒe] *abrév de* **bon chic bon genre**; *V* **bon**.
B.C.G. [beseʒe] (*abrév de* **vaccin Bilié Calmette et Guérin**) BCG.
bd. *abrév de* **boulevard**.
B.D. [bede] *nf abrév de* **bande dessinée**; **la** ~ strip cartoons; **une** ~ a strip cartoon; **auteur de** ~ strip cartoonist.
bê [be] *excl* baa!
beagle [bigl(ə)] *nm* beagle.
béant, e [beɑ̃, ɑ̃t] *adj blessure* gaping, open; *bouche* gaping, wide open; *yeux* wide open; *gouffre* gaping, yawning; *personne* wide-eyed, open-mouthed (*de* with, in), gaping (*de* in).
béarnais, e [beaʀnɛ, ɛz] **1** *adj personne* from the Béarn. (*Culin*) (**sauce** *f*) ~**e** Béarnaise sauce. **2** *nm, f*: **B~(e)** inhabitant *ou* native of the Béarn.
béat, e [bea, at] *adj* (*hum*) *personne* blissfully happy; (*content de soi*) smug, self-satisfied, complacent; *sourire, air* (*niaisement heureux*) beatific, blissful. **optimisme** ~ smug optimism; **admiration** ~**e** blind *ou* dumb admiration; **être** ~ **d'admiration** to be struck dumb with admiration; **regarder qn d'un air** ~ to look at sb in open-eyed wonder *ou* with dumb admiration.
béatement [beatmɑ̃] *adv* (*V* **béat**) smugly; complacently; beatifically, blissfully.
béatification [beatifikɑsjɔ̃] *nf* beatification.
béatifier [beatifje] (7) *vt* to beatify.
béatitude [beatityd] *nf* (*Rel*) beatitude; (*bonheur*) bliss. **les B~s** the Beatitudes.
beatnik [bitnik] *nmf* beatnik. **la génération** ~ *ou* **des** ~**s** the beat generation.
Béatrice [beatʀis] *nf* Beatrice.
beau [bo], **bel** *devant n commençant par voyelle ou h muet*, **belle** [bɛl] *f, mpl* **beaux** [bo] **1** *adj* (**a**) (*qui plaît au regard, à l'oreille*) *objet, paysage* beautiful, lovely; *femme* beautiful, fine-looking, lovely; *homme* handsome, good-looking. **les belles dames et les beaux messieurs** the smart ladies and gentlemen; **les beaux quartiers** the smart *ou* posh* districts; **il est** ~ **comme le jour** *ou* **comme un dieu** he's like a Greek god; **mettre ses beaux habits** to put on one's best clothes; **il est** ~ **garçon** he's good-looking, he's a good-looking lad* (*Brit*) *ou* **guy*** (*US*). **il est** ~ **gosse*** he's a good looker*.
 (**b**) (*qui plaît à l'esprit, digne d'admiration*) *discours, match* fine; *poème, roman* fine, beautiful. **il a un** ~ **talent** he has a fine gift, he's very talented *ou* gifted; **une belle mort** a fine death; **une belle âme** a fine *ou* noble nature; **un** ~ **geste** a noble act, a fine gesture; **toutes ces belles paroles/tous ces beaux discours n'ont convaincu personne** all these fine(-sounding) words/all these grand speeches failed to convince anybody.
 (**c**) (*agréable*) *temps* fine, beautiful; *voyage* lovely. **aux beaux jours in** (the) summertime; (*fig*) **il y a encore de beaux jours pour les escrocs** there are good times ahead *ou* there's a bright future for crooks; **par une belle soirée d'été** on a beautiful *ou* fine summer's evening; **il fait (très)** ~ **(temps)** the weather's very good, it's beautiful weather, it's very fine; **la mer était belle** the sea was calm; **c'est le bel âge** those are the best years of life; **c'est la belle vie!** this is the (good) life!; (*Hist*) **la Belle Époque** the Belle Époque, the Edwardian era.
 (**d**) (*: intensif*) *revenu, profit* handsome, tidy*; *résultat, occasion* excellent, fine. **il a une belle situation** he has an excellent position; **cela fait une belle somme!** that's a tidy* sum of money!; **il en reste un** ~ **morceau** there's still a good bit (of it) left; **95 ans, c'est un bel âge** it's a good age, 95; **un** ~ **jour** (*passé*) one (fine) day; (*futur*) one of these (fine) days, one (fine) day; **il est arrivé un** ~ **matin/jour** he came one morning/day.
 (**e**) (*iro: déplaisant*) **il a attrapé une belle bronchite** he's got a nasty attack *ou* a bad bout of bronchitis; **une belle gifle** a good slap; **une belle brûlure/peur** a nasty burn/fright; **ton frère est un** ~ **menteur** your brother is a terrible *ou* the most awful liar; **un** ~ **désordre** *ou* **gâchis** a fine mess; **un** ~ **vacarme** a terrible din; **la belle affaire!** big deal!*, so what?*; **en faire de belles** to get up to mischief; **embarquez tout ce** ~ **monde!** cart this fine crew* *ou* bunch* away!; (*iro*) **en apprendre/dire de belles sur qn*** to hear/say some nice things about sb (*iro*); **être dans un** ~ **pétrin** *ou* **dans de beaux draps** to be in a fine old mess*.
 (**f**) (*loc*) **ce n'est pas** ~ **de mentir** it isn't nice to tell lies; **ça me fait une belle jambe!*** a fat lot of good it does me!*; (*iro*) **c'est du** ~ **travail!** well done! (*iro*); **de plus belle** all the more, more than ever, even more; **crier de plus belle** to shout louder than ever *ou* all the louder *ou* even louder; **recommencer de plus belle** to start off *ou* up again, start up even worse than before *ou* ever; **dormir** *ou* **coucher à la belle étoile** to sleep out in the open; **il y a belle lurette de cela** that was ages ago *ou* donkey's years* (*Brit*) ago; **il y a belle lurette que** it is ages *ou* donkey's years* (*Brit*) since; **il l'a eu(e)**

belle de s'échapper they made it easy *ou* child's play for him to escape; **faire qch pour les beaux yeux de qn** to do sth just for sb *ou* just to please sb; **tout** ~, **tout** ~!*† steady on!, easy does it!; **le plus** ~ **de l'histoire, c'est que...** the best bit of it *ou* part about it is that ...; **c'est trop** ~ **pour être vrai** it's too good to be true; **ce serait trop** ~**!** that would be too much to hope for!; **avoir** ~ **jeu de** to have every opportunity to; **avoir le** ~ **rôle** to show o.s. in a good light, come off best (in a situation); **se faire** ~ to get spruced up *ou* dressed up; **se faire belle** to get dressed up; **se mettre** ~ to get dressed up; (*littér*) **porter** ~ to look dapper; **avoir** ~: **on a** ~ **faire/dire ils n'apprennent rien** whatever you do/say they don't learn anything, try as you may they don't learn anything; **on a** ~ **protester, personne n'écoute** however much you protest no one listens; **on a** ~ **dire, il n'est pas bête** say what you like, he is not stupid; **il eut** ~ **essayer** however much *ou* whatever he tried, try as he might; **il ferait** ~ **voir qu'il mente!** he'd better not be lying!; **bel et bien** well and truly; **ils sont bel et bien entrés par la fenêtre** they really did get in through the window, they got in through the window all right *ou* no doubt about it *ou* no doubt about that; **il s'est bel et bien trompé** he got it well and truly wrong; *V* **bailler**, **échapper**.
 2 *nm* (**a**) **le** ~ the beautiful; **le culte du** ~ the cult of beauty; **elle n'aime que le** ~ she only likes what is beautiful; **elle n'achète que le** ~ she only buys the best quality.
 (**b**) (*loc*) **faire le** ~ *[chien]* to sit up and beg; (*péj*) *[personne]* to curry favour (*devant* with); *[temps]* **être au** ~ to be fine, be set fair; *[baromètre]* **être au** ~ **(fixe)** to be set fair, be settled; (*fig*) (*relations, atmosphère*) **être au** ~ to be looking rosy; **c'est du** ~**!** (*reproche*) that was a fine thing to do! (*iro*); (*consternation*) this is a fine business! (*iro*) *ou* a fine mess! (*iro*).
 3 belle *nf* (**a**) beauty, belle; (*compagne*) lady friend. **ma belle!*** my girl!; **la Belle au bois dormant** Sleeping Beauty; **la Belle et la Bête** Beauty and the Beast.
 (**b**) (*Jeux, Sport*) decider, deciding match.
 4: **les beaux-arts** *nmpl* (*Art*) fine art; (*école*) the Art School; **bel esprit** wit; **faire le bel esprit** to show off one's wit; **belle-famille** *nf, pl* **belles-familles** *[homme]* wife's family, in-laws*; *[femme]* husband's family, in-laws*; **belle-fille** *nf, pl* **belles-filles** (*bru*) daughter-in-law; (*remariage*) stepdaughter; **beau-fils** *nm, pl* **beaux-fils** (*gendre*) son-in-law; (*remariage*) stepson; **beau-frère** *nm, pl* **beaux-frères** brother-in-law; **belle-de-jour** *nf, pl* **belles-de-jour** (*Bot*) convolvulus, morning glory; (*: prostituée*) prostitute; **belles-lettres** *nfpl* great literature; **belle-maman*** *nf, pl* **belles-mamans** mother-in-law, mum-in-law* (*Brit*); **belle-mère** *nf, pl* **belles-mères** mother-in-law; (*nouvelle épouse du père*) stepmother; **le beau monde** high society; **fréquenter du beau monde** to move in high society; **belle-de-nuit** *nf, pl* **belles-de-nuit** (*Bot*) marvel of Peru; (*: prostituée*) prostitute; **beau-papa*** *nm, pl* **beaux-papas** father-in-law, dad-in-law* (*Brit*); **beaux-parents** *nmpl* *[homme]* wife's parents, in-laws*; *[femme]* husband's parents, in-laws*; **beau parleur** smooth *ou* glib talker; **beau-père** *nm, pl* **beaux-pères** father-in-law; (*nouveau mari de la mère*) stepfather; **le beau sexe** the fair sex; **belle-sœur** *nf, pl* **belles-sœurs** sister-in-law; (*hum*) **beau ténébreux** dashing young man with a sombre air.
beauceron, -onne [bosʀɔ̃, ɔn] **1** *adj* of *ou* from the Beauce. **2** *nm, f*: **B~(ne)** inhabitant *ou* native of the Beauce.
beaucoup [boku] *adv* (**a**) a lot, (very) much, a great deal. **il mange** ~ he eats a lot; **elle lit** ~ she reads a great deal *ou* a lot; **elle ne lit pas** ~ she doesn't read much *ou* a great deal *ou* a lot; **la pièce ne m'a pas** ~ **plu** I didn't like the play very much, I didn't greatly like the play; **il s'intéresse** ~ **à la peinture** he is very *ou* greatly interested in painting, he takes a lot *ou* a great deal of interest in painting; **il y a** ~ **à faire/voir** there's a lot to do/see; **il a** ~ **voyagé/lu** he has travelled/read a lot *ou* extensively *ou* a great deal.
 (**b**) ~ **de** (*quantité*) a great deal of, a lot of, much; (*nombre*) many, a lot of, a good many; ~ **de monde** a lot of people, a great *ou* good many people; **avec** ~ **de soin/plaisir** with great care/pleasure; **il ne reste pas** ~ **de pain** there isn't a lot of *ou* isn't (very) much bread left; **j'ai** ~ **(de choses) à faire** I have a lot (of things) to do; **pour ce qui est de l'argent/du lait, il en reste** ~/**il n'en reste pas** ~ as for money/milk, there is a lot left/there isn't a lot *ou* much left; **vous attendiez des touristes, y en a-t-il eu** ~? — **oui (il y en a eu)** ~ you were expecting tourists and were there many *ou* a lot (of them)? — yes there were (a good many *ou* a lot of them); **j'en connais** ~ **qui pensent que** I know a great many (people) *ou* a lot of people who think that; **il a** ~ **d'influence** he has a great deal *ou* a lot of influence, he is very influential; **il a eu** ~ **de chance** he's been very lucky.
 (**c**) (*employé seul: personnes*) many. **ils sont** ~ **à croire que ...,** ~ **croient que ...** many *ou* a lot of people think that...; ~ **d'entre eux sont partis** a lot *ou* many of them have left.
 (**d**) (*modifiant adv trop, plus, moins, mieux et adj*) much, far, a good deal; (*nombre*) a lot. ~ **plus rapide** much *ou* a good deal *ou* a lot quicker; **elle travaille** ~ **trop** she works far too much; **elle travaille** ~ **trop lentement** she works much *ou* far too slowly; **se sentir** ~ **mieux** to feel much *ou* miles* better; ~ **plus d'eau** much *ou* a lot *ou* far more water; ~ **moins de gens** many *ou* a lot *ou* far fewer people; **il est susceptible, il l'est même** ~ he's touchy, in fact very much so.
 (**e**) ~ **par** far, by a long way, by a long chalk* (*Brit*); **elle est de** ~ **la meilleure élève** she is by far *ou* is far and away the best pupil, she's the best pupil by far *ou* by a long chalk* (*Brit*); **il l'a battu de** ~ he beat him by miles* *ou* by a long way; **il est de** ~ **ton aîné** he is very much *ou* is a great deal older than you; **il est de** ~ **supérieur** he is greatly *ou* far superior; **il préférerait de** ~ **s'en aller** he'd much *ou* far rather go; **il s'en faut de** ~ **qu'il soit au niveau** he is far from being up to standard, he's nowhere near the

standard, he isn't anything like up to standard.
(f) *(loc)* c'est déjà ~ de l'avoir fait *ou* qu'il l'ait fait it was quite something *ou* quite an achievement to have done it at all; à ~ près far from it; c'est ~ dire that's an exaggeration *ou* an overstatement, that's saying a lot; être pour ~ dans une décision/une nomination to be largely responsible for a decision/an appointment, have a big hand in making a decision/an appointment; il y est pour ~ he's largely responsible for it, he's had a lot to do with it, he had a big hand in it.

beauf‡ [bof] *nm* brother-in-law.

beaupré [bopʀe] *nm* bowsprit.

beauté [bote] *nf* (a) *(gén)* beauty; *[femme]* beauty, loveliness; *[homme]* handsomeness. de toute ~ very beautiful, magnificent; se (re)faire une ~ to powder one's nose, do one's face*; finir *ou* terminer qch en ~ to complete sth brilliantly, finish sth with a flourish; finir en ~ to end with a flourish, finish brilliantly; la ~ du diable youthful beauty *ou* bloom.
(b) *(belle femme)* beauty.
(c) ~s beauties; les ~s de Rome the beauties *ou* sights of Rome.

bébé [bebe] *nm* *(enfant, animal)* baby; *(poupée)* dolly. faire le ~ to behave *ou* act like a baby; c'est un vrai ~ he's a real baby; il est resté très ~ he has stayed very babyish; ~ éléphant/girafe baby elephant/giraffe; ~-éprouvette test-tube baby.

bébête* [bebɛt] **1** *adj* silly. **2** *nf:* une petite ~ a little insect, a creepy crawly* *(Brit)*.

bec [bɛk] **1** *nm* (a) *(Orn)* beak, bill. oiseau qui se fait le ~ (contre) bird that sharpens its beak (on); (nez en) ~ d'aigle aquiline *ou* hook nose.
(b) *(pointe)* *[plume]* nib; *[carafe, casserole]* lip; *[théière]* spout; *[flûte, trompette]* mouthpiece; *[Géog]* bill, headland.
(c) (*: *bouche)* mouth. ouvre ton ~! open your mouth!, mouth open!*; ferme ton ~! just shut up!*; il n'a pas ouvert le ~ he never opened his mouth, he didn't say a word; la pipe au ~ with his pipe stuck* in his mouth; clore *ou* clouer le ~ à qn to reduce sb to silence, shut sb up*; *V* prise.
(d) *(loc)* tomber sur un ~* to be stymied*, come unstuck*; être *ou* rester le ~ dans l'eau* to be left in the lurch, be left high and dry.
2: bec Auer Welsbach burner; bec Bunsen Bunsen burner; bec-de-cane *nm, pl* becs-de-cane *(poignée)* doorhandle; *(serrure)* catch; bec-croisé *nm, pl* becs-croisés crossbill; bec fin* gourmet; bec de gaz lamppost, gaslamp; *(Méd)* bec-de-lièvre *nm, pl* becs-de-lièvre harelip; bec verseur pourer, pouring lip.

bécane* [bekan] *nf (vélo)* bike*; *(machine)* machine.

bécarre [bekaʀ] *nm (Mus)* natural. sol ~ G natural.

bécasse [bekas] *nf (Zool)* woodcock; (*: *sotte)* (silly) goose*.

bécasseau, *pl* ~x [bekaso] *nm* sandpiper; *(petit de la bécasse)* young woodcock.

bécassine [bekasin] *nf* snipe.

béchage [beʃaʒ] *nm* digging, turning over.

béchamel [beʃamɛl] *nf:* (sauce) ~ béchamel (sauce), white sauce.

bêche [bɛʃ] *nf* spade.

bêcher [beʃe] (1) *vt (Agr)* to dig, turn over; (*: *crâner)* to be stuck-up *ou* toffee-nosed* *(Brit)*.

bêcheur, -euse* [beʃœʀ, øz] **1** *adj* stuck-up*, toffee-nosed* *(Brit)*. **2** *nm, f* stuck-up person*, toffee-nosed person* *(Brit)*.

bécot* [beko] *nm* kiss, peck. gros ~ smacker*.

bécoter* [bekɔte] (1) **1** *vt* to kiss. **2** se bécoter *vpr* to smooch.

becquée [beke] *nf* beakful. donner la ~ à to feed.

becquet [bekɛ] *nm (Alpinisme)* (rocky) spike. *(Aut)* ~ (arrière) spoiler.

becquetance‡ [bɛktɑ̃s] *nf* grub‡.

becqueter [bɛkte] (4) *vt (Orn)* to peck (at); (‡: to eat. qu'y a-t-il à ~ ce soir? what's for grub tonight?‡, what's tonight's nosh?‡ *(Brit)* *ou* grub?‡

bectance = **becquetance.**

becter = **becqueter.**

bedaine* [bədɛn] *nf* paunch, corporation *(Brit)*, potbelly‡.

bedeau, *pl* ~x [bədo] *nm* verger, beadle†.

bedon* [bədɔ̃] *nm* paunch, corporation *(Brit)*, potbelly‡.

bedonnant, e* [bədɔnɑ̃, ɑ̃t] *adj* potbellied‡, paunchy, portly.

bedonner* [bədɔne] (1) *vi* to get a paunch *ou* corporation *(Brit)*, get potbellied‡.

bédouin, e [bedwɛ̃, in] **1** *adj* Bedouin. **2** *nm, f:* B~(e) Bedouin.

bée [be] *adj:* être *ou* rester bouche ~ *(lit)* to stand open-mouthed *ou* gaping; *(d'admiration)* to be lost in wonder; *(de surprise)* to be flabbergasted* *(devant at)*; il en est resté bouche ~ his jaw dropped, he was flabbergasted*.

béer [bee] (1) *vi* (a) to be (wide) open. (b) ~ d'admiration/ d'étonnement to gape in admiration/amazement, stand gaping in admiration/amazement.

beethovénien, -ienne [betɔvenjɛ̃, jɛn] *adj* Beethovenian, of Beethoven.

beffroi [befʀwa] *nm* belfry.

bégaiement, bégayement [begemɑ̃] *nm (lit)* stammering, stuttering. *(fig: débuts)* ~s faltering *ou* hesitant beginnings.

bégayer [begeje] (8) **1** *vi* to stammer, stutter, have a stammer. **2** *vt* to stammer (out), falter (out).

bégonia [begɔnja] *nm* begonia.

bègue [bɛg] **1** *nmf* stammerer, stutterer. **2** *adj:* être ~ to stammer, have a stammer.

bégueule [begœl] **1** *nf* prude. **2** *adj* prudish.

bégueulerie [begœlʀi] *nf* prudishness, prudery.

béguin [begɛ̃] *nm* (a) (*: *toquade)* avoir le ~ pour qn to have a crush on sb*, be sweet on sb*; elle a eu le ~ pour cette petite ferme she took a great fancy to that little farmhouse. (b) *(bonnet)* bonnet.

béguinage [beginaʒ] *nm (Rel)* Beguine convent.

béguine [begin] *nf (Rel)* Beguine.

behaviorisme [biavjɔʀism(ə)] *nm* behaviourism.

behavioriste [beavjɔʀist(ə)] *adj, nmf* behavio(u)rist.

Behring = Béring.

beige [bɛʒ] *adj, nm* beige.

beigne¹‡ [bɛɲ] *nf* slap, clout*. donner une ~ à qn to clout sb *, give sb a clout*.

beigne² [bɛɲ] *nm (Can)* doughnut.

beignet [bɛɲɛ] *nm [fruits, légumes]* fritter; *(pâte frite)* doughnut. ~ aux pommes apple doughnut *ou* fritter.

bel [bɛl] *adj V* beau.

bêlement [bɛlmɑ̃] *nm (Zool, fig)* bleat(ing).

bêler [bele] (1) *vi (Zool, fig)* to bleat.

belette [bəlɛt] *nf* weasel.

belge [bɛlʒ(ə)] **1** *adj* Belgian. **2** *nmf:* B~ Belgian.

belgicisme [bɛlʒisism(ə)] *nm* Belgian-French word *(ou* phrase).

Belgique [bɛlʒik] *nf* Belgium.

Belgrade [bɛlgʀad] *n* Belgrade.

bélier [belje] *nm (Zool)* ram; *(Tech)* ram, pile driver; *(Mil)* (battering) ram. ~ hydraulique hydraulic ram; *(Astron)* le B~ Aries, the Ram; être (du) B~ to be Aries *ou* an Arian.

bélître†† [belitʀ(ə)] *nm* rascal, knave†.

Bélize [beliz] *nm* Belize.

bélizien, -ienne [belizjɛ̃, jɛn] **1** *adj* Belizean. **2** *nm, f:* B~(ne) Belizean.

belladone [beladɔn] *nf (Bot)* deadly nightshade, belladonna; *(Méd)* belladonna.

bellâtre [bɛlɑtʀ(ə)] *nm* buck, swell*.

belle [bɛl] *V* beau.

belle-doche‡ [bɛldɔʃ] *nf (péj)* mother-in-law.

bellement [bɛlmɑ̃] *adv (bel et bien)* well and truly; (†: *avec art)* nicely, gently.

bellicisme [belisism(ə)] *nm* bellicosity, warmongering.

belliciste [belisist(ə)] **1** *adj* warmongering, bellicose. **2** *nmf* warmonger.

belligérance [beliʒeʀɑ̃s] *nf* belligerence, belligerency.

belligérant, e [beliʒeʀɑ̃, ɑ̃t] *adj, nm, f* belligerent.

belliqueux, -euse [belikø, øz] *adj humeur, personne* quarrelsome, aggressive; *politique, peuple* warlike, bellicose, aggressive.

bellot, -otte*† [bɛlo, ɔt] *adj enfant* pretty, bonny *(Brit)*.

belon [bəlɔ̃] *nm ou nf* Belon oyster.

belote [bəlɔt] *nf* belote.

belvédère [bɛlvedɛʀ] *nm (terrasse)* panoramic viewpoint, belvedere; *(édifice)* belvedere.

bémol [bemɔl] *nm (Mus)* flat. en si ~ in B flat.

bénédicité [benedisite] *nm* grace, blessing. dire le ~ to say grace *ou* the blessing.

bénédictin, e [benediktɛ̃, in] **1** *adj* Benedictine. **2** *nm, f* Benedictine; *V* travail¹. **3** *nf:* Bénédictine *(liqueur)* Benedictine.

bénédiction [benediksjɔ̃] *nf* (a) *(Rel: consécration)* benediction, blessing; *[église]* consecration; *[drapeau, bateau]* blessing. recevoir la ~ to be given a blessing; donner la ~ à to bless; ~ nuptiale marriage blessing; la ~ nuptiale leur sera donnée ... the marriage ceremony will take place ... .
(b) *(assentiment, faveur)* blessing. donner sa ~ à to give one's blessing to.
(c) (*: *aubaine)* blessing, godsend. c'est une ~ (du ciel)! it's a blessing! *ou* a godsend!

bénéf‡ [benɛf] *nm (abrév de bénéfice)* profit.

bénéfice [benefis] **1** *nm* (a) *(Comm)* profit. vendre à ~ to sell at a profit; réaliser de gros ~s to make a big profit *ou* big profits; faire du ~ to make *ou* turn a profit.
(b) *(avantage)* advantage, benefit. *(Jur)* il a obtenu un divorce à son ~ he obtained a divorce in his favour; il perd tout le ~ de sa bonne conduite he loses all the benefits he has gained from his good behaviour; concert donné au ~ des aveugles concert given to raise funds for *ou* in aid of the blind; conclure une affaire à son ~ to complete a deal to one's advantage; il a tiré un ~ certain de ses efforts his efforts certainly paid off; quel ~ as-tu à le nier? what's the point of (your) denying it?, what good is there in (your) denying it?; laissons lui le ~ du doute let us give him the benefit of the doubt; *(Jur)* au ~ de l'âge by prerogative of age.
(c) *(Rel)* benefice, living.
2: *(Jur)* bénéfice des circonstances atténuantes benefit of mitigating circumstances; *(Fin)* bénéfice d'exploitation operating profit; sous bénéfice d'inventaire *(Fin)* without liability to debts beyond assets descended; *(Fin)* bénéfice net par action price earning ratio; *(fig: jusqu'à preuve du contraire)* until there is evidence to the contrary; *(Fin)* bénéfices non distribués (accumulated) retained earnings.

bénéficiaire [benefisjɛʀ] **1** *adj opération* profit-making, profitable; *V* marge. **2** *nmf (gén)* beneficiary; *[testament]* beneficiary; *[chèque]* payee. être le ~ d'une nouvelle mesure to benefit by a new measure.

bénéficier [benefisje] (7) bénéficier de *vt indir (jouir de)* to have, enjoy; *(obtenir)* to get, have; *(tirer profit de)* to benefit by *ou* from, gain by. ~ de certains avantages to have *ou* enjoy certain advantages; ~ d'une remise to get a reduction *ou* discount; ~ d'un préjugé favorable to be favourably considered; ~ d'une mesure/ d'une situation to benefit by *ou* gain by a measure/situation; *(Jur)* ~ d'un non-lieu to be (unconditionally) discharged; *(Jur)* ~ de circonstances atténuantes to be granted mitigating circumstances; faire ~ qn de certains avantages to enable sb to enjoy certain advantages; faire ~ qn d'une remise to give *ou* allow sb a discount.

bénéfique [benefik] *adj* beneficial.

Bénélux [benelyks] *nm:* le ~ the Benelux countries.
benêt [bəne] **1** *nm* simpleton, silly. **grand** ~ big ninny*, stupid lump‡; **faire le** ~ to act stupid *ou* daft‡ (*Brit*). **2** *adj m* simple, simple(-minded), silly.
bénévolat [benevɔla] *nm* voluntary help.
bénévole [benevɔl] **1** *adj* aide, travail, personne voluntary, unpaid. **2** *nmf* volunteer, voluntary helper *ou* worker.
bénévolement [benevɔlmɑ̃] *adv* travailler voluntarily, for nothing.
Bengale [bẽgal] *nm* Bengal; *V* feu[1].
bengali [bẽgali] **1** *adj* Bengali, Bengalese. **2** *nm* (*Ling*) Bengali; (*oiseau*) waxbill. **3** *nmf:* B~ Bengali, Bengalese.
bénigne [benin] *adj f V* bénin.
bénignement [beninmɑ̃] *adv* (*litter*) benignly, in a kindly way.
bénignité [beninite] *nf [maladie]* mildness; (*litter*) [*personne*] benignancy, kindness.
Bénin [benẽ] *nm* Benin. **Republique populaire du** ~ people's Republic of Benin.
bénin, -igne [benẽ, iɲ] *adj* (**a**) accident slight, minor; punition mild; *maladie, remède* mild, harmless; *tumeur* benign. (**b**) (*litter*) humeur, critique benign, kindly.
béninois, e [beninwa,waz] **1** *adj* Beninese. **2** *nm,f:* B~(e) Beninese.
béni-oui-oui* [beniwiwi] *nmf inv* (*péj*) yes man* (*péj*).
bénir [beniʀ] (2) *vt* (**a**) (*Rel*) fidèle, objet to bless; mariage to bless, solemnize; *V* dieu. (**b**) (remercier) to be eternally grateful to, thank God for. **il bénissait l'arrivée providentielle de ses amis** he thanked God for *ou* was eternally grateful for the providential arrival of his friends; **soyez béni!** bless you!; (*iro*) ah, toi, je te bénis! oh curse you! *ou* damn you!‡; ~ **le ciel de qch** to thank God for sth; **béni soit le jour où** ... thank God for the day (when) ...; **je bénis cette coïncidence** (I) thank God for this coincidence.
bénit, e [beni, it] *adj* pain, cierge consecrated; eau holy.
bénitier [benitje] *nm* (*Rel*) stoup, font; *V* diable, grenouille.
Benjamin [bɑ̃ʒamẽ] *nm* Benjamin.
benjamin [bẽʒamẽ] *nm* youngest son, youngest child.
benjamine [bẽʒamin] *nf* youngest daughter, youngest child.
benjoin [bẽʒwẽ] *nm* benzoin.
benne [ben] *nf* (**a**) (*Min*) skip (*Brit*), truck, tub. (**b**) [*camion*] (*basculante*) tipper (lorry) (*Brit*), dump truck; (*amovible*) skip; [*grue*] scoop, bucket; [*téléphérique*] (cable-)car.
Benoist, Benoît [bənwa] *nm* Benedict.
benoît, e [bənwa, wat] *adj* (*litter*) bland, ingratiating.
benoîtement [bənwatmɑ̃] *adv* (*litter*) blandly, ingratiatingly.
benzène [bẽzen] *nm* benzene.
benzine [bẽzin] *nf* benzine.
benzol [bẽzɔl] *nm* benzol.
Béotie [beɔsi] *nf* Boeotia.
béotien, -ienne [beɔsjẽ, jen] **1** *adj* Boeotian. **2** *nm* (*péj*) philistine. **3** *nm,f:* B~(ne) Boeotian.
B.E.P.C [beepese] *nm abrév de* **Brevet d'études du premier cycle**; *V* brevet.
béquet *nm* = **becquet.**
béqueter *vt* = **becqueter.**
béquille [bekij] *nf* (**a**) [*infirme*] crutch. **marcher avec des** ~**s** to walk *ou* be on crutches. (**b**) [*motocyclette, mitrailleuse*] stand; (*Aviat*) tail skid; (*Naut*) shore, prop. **mettre une** ~ **sous qch** to prop *ou* shore it up. (**c**) [*serrure*] handle.
béquiller [bekije] (1) **1** *vt* (*Naut*) to shore up. **2** *vi* (*) to walk with *ou* on crutches.
ber [beʀ] *nm* (*Can: berceau*) cradle.
berbère [beʀbeʀ] **1** *adj* Berber. **2** *nm* (*Ling*) Berber. **3** *nmf:* B~ Berber.
bercail [beʀkaj] *nm* (*Rel, fig*) fold. **rentrer au** ~* to return to the fold.
berçante [beʀsɑ̃t] *nf* (*Can*: aussi **chaise** ~) rocking chair.
berceau, pl ~**x** [beʀso] *nm* (**a**) (*lit*) cradle, crib; (*lieu d'origine*) birthplace. **dès le** ~ from birth, from the cradle; **il les prend au** ~!* he snatches them straight from the cradle!, he's a baby *ou* cradle snatcher! (**b**) (*Archit*) barrel vault; (*charmille*) bower, arbour; (*Naut*) cradle.
bercelonnette [beʀsəlɔnet] *nf* rocking cradle, cradle on rockers.
bercement [beʀsəmɑ̃] *nm* rocking (movement).
bercer [beʀse] (3) **1** *vt* (**a**) bébé to rock; (dans ses bras) to rock, cradle; navire to rock. **il a été bercé au son du canon** he was reared with the sound of battle in his ears.
(**b**) (apaiser) douleur to lull, soothe.
(**c**) (tromper) ~ **de** to delude with.
2 se bercer *vpr:* **se** ~ **de** to delude o.s. with; **se** ~ **d'illusions** to harbour illusions, delude o.s.
berceur, -euse [beʀsœʀ, øz] **1** *adj* rythme lulling, soothing. **2 berceuse** *nf* (**a**) (chanson) lullaby, cradlesong; (*Mus*) berceuse. (**b**) (*fauteuil*) rocking chair.
Bérénice [beʀenis] *nf* Ber(e)nice.
béret [beʀe] *nm* beret.
bergamasque [beʀgamask(ə)] *nf* bergamask.
bergamote [beʀgamɔt] *nf* bergamot orange.
bergamotier [beʀgamɔtje] *nm* bergamot.
berge [beʀʒ(ə)] *nf [rivière]* bank. (‡: année) **il a 50** ~**s** he's 50 (years old).
berger [beʀʒe] *nm* (lit, Rel) shepherd. (chien de) ~ sheepdog; ~ **allemand** alsatian (*Brit*), German sheepdog *ou* shepherd; *V* loup.
bergère [beʀʒeʀ] *nf* (**a**) (personne) shepherdess. (**b**) (fauteuil) wing chair.
bergerie [beʀʒəʀi] *nf* (**a**) sheepfold; *V* loup. (**b**) (*Littérat*) ~**s** pastorals.

bergeronnette [beʀʒəʀɔnet] *nf* wagtail. ~ **flavéole/des ruisseaux** yellow/grey wagtail.
béribéri [beʀibeʀi] *nm* beriberi.
Béring [beʀiŋ] *nm:* **le détroit de** ~ the Bering Strait; **mer de** ~ Bering Sea.
berk* [beʀk] *excl* yuk‡.
berkélium [beʀkeljɔm] *nm* berkelium.
berlander* [beʀlɑ̃de] (1) *vi* (*Can*) to prevaricate, equivocate.
Berlin [beʀlẽ] *n* Berlin. ~**-Est/-Ouest** East/West Berlin.
berline [beʀlin] *nf* (**a**) (*Aut*) saloon (car) (*Brit*), sedan (*US*); (††: à chevaux) berlin. (**b**) (*Min*) truck.
berlingot [beʀlẽgo] *nm* (**a**) (bonbon) boiled sweet, humbug (*Brit*). (**b**) (emballage) (pyramid-shaped) carton; (pour shampooing) sachet.
berlinois, e [beʀlinwa, waz] **1** *adj* of *ou* from Berlin. **2** *nm, f:* B~(e) Berliner.
berlot [beʀlo] *nm* (*Can*) sleigh.
berlue [beʀly] *nf:* **j'ai la** ~ I must be seeing things.
berme [beʀm(ə)] *nf [canal]* path; [fossé] verge.
bermuda(s) [beʀmyda] *nm* bermuda shorts, bermudas.
Bermudes [beʀmyd] *nfpl* Bermuda; *V* triangle.
bernache [beʀnaʃ] *nf:* ~ (nonnette) barnacle goose; ~ **cravant** brent goose.
bernacle [beʀnakl(ə)] *nf* barnacle goose.
Bernard [beʀnaʀ] *nm* Bernard.
bernardin, e [beʀnaʀdẽ, in] *nm, f* Bernardine, Cistercian.
bernard-l'(h)ermite [beʀnaʀleʀmit] *nm inv* hermit crab.
berne [beʀn(ə)] *nf:* **en** ~ ≃ at half-mast; **mettre en** ~ ≃ to half-mast.
Berne [beʀn(ə)] *n* Bern.
berner [beʀne] (1) *vt* (litter: tromper) to fool, hoax; (*Hist*) personne to toss in a blanket.
Bernin [beʀnẽ] *nm:* **le** ~ Bernini.
bernique[1] [beʀnik] *nf* limpet.
bernique[2]* [beʀnik] *excl* (rien à faire) nothing doing!*, not a chance! *ou* hope!
bernois, e [beʀnwa, waz] **1** *adj* Bernese. **2** *nm, f:* B~(e) Bernese.
berrichon, -onne [beʀiʃɔ̃, ɔn] **1** *adj* of *ou* from the Berry. **2** *nm, f:* B~(ne) inhabitant *ou* native of the Berry.
Berthe [beʀt(ə)] *nf* Bertha.
Bertrand [beʀtʀɑ̃] *nm* Bertrand, Bertram.
béryl [beʀil] *nm* beryl.
besace [bəzas] *nf* beggar's bag *ou* pouch.
bésef‡ [bezef] *adv:* **il n'y en a pas** ~ (quantité) there's not much (of it) *ou* a lot (of it); (nombre) there aren't many (of them) *ou* a lot (of them).
besicles [bezikl(ə)] *nfpl* (*Hist*) spectacles; (hum) glasses, specs*.
bésigue [bezig] *nm* bezique.
besogne [bəzɔɲ] *nf* (travail) work (*U*), job. **se mettre à la** ~ to set to work; **c'est de la belle** ~ (lit) it's nice work; (iro) it's a nice mess; **une sale** ~ a nasty job.
besogner [bəzɔɲe] (1) *vi* to toil (away), drudge.
besogneux, -euse [bəzɔɲø, øz] *adj* (†: miséreux) needy, poor; (travailleur) industrious, hard-working.
besoin [bəzwẽ] *nm* (**a**) (exigence) need (de for). ~**s essentiels** basic needs; **subvenir** *ou* **pourvoir aux** ~**s de qn** to provide for sb's needs; **il a grand/petits** ~**s** his needs are great/small; **éprouver le** ~ **de faire qch** to feel the need to do sth; **mentir est devenu un** ~ **chez lui** lying has become compulsive *ou* a need with him.
(**b**) (pauvreté) **le** ~ need, want; **être dans le** ~ to be in need *ou* want; **cela les met à l'abri du** ~ that will keep the wolf from their door; **une famille dans le** ~ a needy family; **pour ceux qui sont dans le** ~ for the needy, for those in straitened circumstances.
(**c**) (euph) ~**s naturels** nature's needs; **faire ses** ~**s** [personne] to relieve o.s., spend a penny* (*Brit*), go to the john* (*US*); [animal domestique] to do its business; **satisfaire un** ~ **pressant** to relieve o.s.
(**d**) (avec avoir) **avoir** ~ **de qch** to need sth, be in need of sth, want sth; **avoir** ~ **de faire qch** to need to do sth; **il n'a pas** ~ **de venir** he doesn't need *ou* have to come, there's no need for him to come; **il a** ~ **que vous l'aidiez** he needs your help *ou* you to help him; **pas** ~ **de dire qu'il ne m'a pas cru** it goes without saying *ou* needless to say he didn't believe me; **je n'ai pas** ~ **de vous rappeler que** ... there's no need (for me) to remind you that ...; **ce tapis a** ~ **d'être nettoyé** this carpet needs *ou* wants (*Brit*) cleaning; **vous pouvez jouer mais il n'y a pas** ~ **de faire autant de bruit** you can play but you don't have *ou* need to be so noisy; **il a grand** ~ **d'aide** he needs help badly, he's badly in need of help; (iro) **il avait bien** ~ **de ça!** that's just what he needed! (iro); **est-ce que tu avais** ~ **d'y aller?*** why on earth did you go?, did you really have to go?, what did you want to go for anyway!*
(**e**) (avec être: litter) **si** ~ **est**, **s'il en est** ~ if need(s) be, if necessary; **il n'est pas** ~ **de mentionner que** ... there is no need to mention that ... .
(**f**) (loc) **au** ~ if necessary, if need(s) be; **si le** ~ **s'en fait sentir** if the need arises, if it's felt to be necessary; **en cas de** ~ if the need arises, in case of necessity; **pour les** ~**s de la cause** for the purpose in hand.
Bessarabie [besaʀabi] *nf* Bessarabia.
bestiaire [bestjeʀ] *nm* (**a**) (livre) bestiary. (**b**) (gladiateur) gladiator.
bestial, e, mpl -aux [bestjal, o] *adj* bestial, brutish.
bestialement [bestjalmɑ̃] *adv* bestially, brutishly.
bestialité [bestjalite] *nf* (sauvagerie) bestiality, brutishness; (perversion) bestiality.
bestiaux [bestjo] *nmpl* (gén) livestock; (bovins) cattle.
bestiole [bestjɔl] *nf* (tiny) creature, creepy crawly* (*Brit*).

bêta¹, -asse* [bɛta, as] **1** adj silly, stupid. **2** nm,f goose*, silly billy*. **gros ~!** big ninny!*, silly goose!*

bêta² [beta] nm (Ling, Phys) beta. (Méd) ~-**bloquant** beta-blocking.

bétail [betaj] nm (gén) livestock; (bovins, fig) cattle. **gros ~** cattle; **le ~ humain qu'on entasse dans les camps** the people who are crammed like cattle into the camps.

bétaillère [betajɛR] nf livestock truck.

bête [bɛt] **1** nf (a) (animal) animal; (insecte) insect, bug*, creature. **~ (sauvage)** (wild) beast; **nos amies les ~s** our friends the animals, our four-legged friends; **aller soigner les ~s** to go and see to the animals; **gladiateur livré aux ~s** gladiator flung to the beasts; **pauvre petite ~** poor little thing* ou creature; **ce chien est une belle ~** this dog is a fine animal ou beast; **tu as une petite ~ sur ta manche** there's an insect ou a creepy crawly* (Brit) on your sleeve; **ces sales ~s ont mangé mes salades** those wretched creatures have been eating my lettuces.

(b) (personne) (bestial) beast; (†: stupide) fool. **c'est une méchante ~** he is a wicked creature; **quelle sale ~!** (enfant) what a wretched pest!; (adulte) what a horrible creature!, what a beast!; (hum) **c'est une brave ou une bonne ~!** he is a good-natured sort ou soul; (terme d'affection) **grande ou grosse ~!*** you big silly!*; **faire la ~** to act stupid ou daft*, play the fool.

2 adj (a) (stupide) personne, idée, sourire stupid, silly, foolish, idiotic. **ce qu'il peut être ~!** what a fool he is!; **il est plus ~ que méchant** he may be stupid but he's not malicious, he's stupid rather than really nasty; **il est loin d'être ~** he's far from stupid, he's no fool, he's quite the reverse of stupid; **être ~ comme ses pieds*** to be stupid for words, be an absolute fool, be as thick as a brick*; **lui, pas si ~, est parti à temps** knowing better ou being no fool, he left in time; **ce film est ~ à pleurer** this film is too stupid for words; **c'est ~, on n'a pas ce qu'il faut pour faire des crêpes** it's a shame ou it's stupid we haven't got what we need for making pancakes; **que je suis ~!** how silly ou stupid of me!, what a fool I am!; **ce n'est pas ~** that's not a bad idea.

(b) (*: très simple) **c'est tout ~** it's quite ou dead* (Brit) simple; **~ comme chou** simplicity itself, as easy as pie* ou as winking*.

3: **bête à bon dieu** ladybird; **bête à cornes** horned animal; (hum) snail; (iro) **bête curieuse** queer ou strange animal; **regarder qn comme une bête curieuse** to stand and stare at sb; **bête fauve** big cat, wild beast; **bête féroce** wild animal ou beast; **bête noire: c'est ma bête noire** [chose] that's my pet hate ou bête noire ou pet peeve* (US); [personne] I just can't stand him; **bête de race** pedigree animal; **bête sauvage = bête féroce**; **bête de somme** beast of burden; **bête de trait** draught animal.

bétel [betɛl] nm betel.

bêtement [bɛtmɑ̃] adv stupidly, foolishly, idiotically. **tout ~** quite simply.

Béthanie [betani] n Bethany.

Bethléem [bɛtleɛm] n Bethlehem.

Bethsabée [bɛtsabe] nf Bathsheba.

bêtifiant, e [betifjɑ̃, ɑ̃t] adj livre, film idiotic.

bêtifier [betifje] (7) vi to prattle stupidly, talk twaddle.

bêtise [betiz] nf (a) (U: stupidité) stupidity, foolishness, folly. **être d'une ~ crasse** to be incredibly stupid; **j'ai eu la ~ d'accepter** I was foolish enough to accept; **c'était de la ~ d'accepter** it was folly to accept.

(b) (action stupide) silly ou stupid thing; (erreur) blunder; (fras-que) stupid prank. **ne dis pas de ~s** don't talk nonsense ou rubbish (Brit); **ne faites pas de ~s, les enfants** don't do anything silly children, don't get into ou up to mischief children; **faire une ~** (action stupide, frasque) to do something stupid; (erreur) to make a blunder, boob*.

(c) (bagatelle) trifle, triviality. **dépenser son argent en ~s** to spend ou squander one's money on rubbish (Brit) ou trash (US).

(d) **~ de Cambrai** ≈ mint humbug (Brit), hard mint candy (US).

(e) (Can) **~s** insults, rude remarks.

béton [betɔ̃] nm concrete. **~ armé** reinforced concrete; (fig) **accord en ~** armé ironclad agreement; (Ftbl) **faire ou jouer le ~** to play defensively.

bétonnage [betɔnaʒ] nm (V bétonner) concreting; defensive play.

bétonner [betɔne] (1) **1** vt (Constr) to concrete. **2** vi (Ftbl) to play defensively.

bétonnière [betɔnjɛR] nf cement mixer.

bette [bɛt] nf: **~s** Chinese cabbage ou leaves.

betterave [bɛtRav] nf: **~ fourragère** mangel-wurzel, beet; **~ (rouge)** beetroot (Brit), beet (US); **~ sucrière** sugar beet.

betteravier, -ière [bɛtRavje, jɛR] **1** adj beetroot (épith), of beetroots (Brit) ou beets (US). **2** nm beet grower.

beuglant* [bøglɑ̃] nm honky-tonk*.

beuglante* [bøglɑ̃t] nf (cri) yell, holler*; (chanson) song. **pousser une ~** to yell, give a yell ou holler*.

beuglement [bøgləmɑ̃] nm (V beugler) lowing (U), mooing (U); bellowing (U); bawling (U), hollering* (U); blaring (U). **pousser des ~s** to bawl, bellow.

beugler [bøgle] (1) **1** vi (a) [vache] to low, moo; [taureau] to bellow. (b) (*) [personne] to bawl, bellow, holler*; [radio] to blare. **faire ~ sa télé** to have one's TV on (at) full blast*. **2** vt (péj) chanson to bellow out, belt out*.

beurk* excl = berk*.

beurre [bœR] **1** nm (a) (laitier) butter. **~ salé/demi-sel** salted/ slightly salted butter; **au ~** plat (cooked) in butter; pâtisserie made with butter; **faire la cuisine au ~** to cook with butter; **~ fondu** melted butter (Brit), drawn butter (US); V **inventer, motte, œil** etc.

(b) (Culin) paste. **~ d'anchois/d'écrevisses** anchovy/shrimp paste; (substance végétale) **~ de cacao/de cacahuètes** cocoa/ peanut butter.

(c) (*loc) **entrer comme dans du ~** to go ou get in with the greatest (of) ease; **le couteau entre dans cette viande comme dans du ~** this meat is like butter to cut; **cette viande, c'est du ~!** this is very tender meat; **ça va mettre du ~ dans les épinards** that will add a little to the kitty; **faire son ~** to make a packet* ou one's pile*, feather one's nest; V **compter.**

2: **beurre-frais** adj inv (couleur) buttercup yellow; **beurre laitier** dairy butter; (Culin) **beurre noir** brown (butter) sauce; **beurre persillé ou d'escargots** garlic and parsley butter; **beurre roux** roux.

beurré, e [bœRe] (ptp de **beurrer**) **1** adj (‡: ivre) canned‡, plastered‡. **2** nm butter-pear, beurré. **3** **beurrée** nf (Can†) slice of bread and butter.

beurrer [bœRe] (1) **1** vt (a) to butter. **tartine beurrée** slice of bread and butter. (b) (Can†) to smear. **2 se beurrer‡** vpr to get canned‡ ou plastered‡.

beurrier, -ière [bœRje, jɛR] **1** adj industrie, production butter (épith). région **~ière** butter-producing region. **2** nm butter dish.

beuverie [bœvRi] nf drinking bout ou session, binge*.

bévue [bevy] nf blunder.

bey [bɛ] nm bey.

Beyrouth [bɛRut] n Beirut.

bézef‡ [bezɛf] adv = **bésef‡.**

Bhoutan, Bhutân [butɑ̃] nm Bhutan.

bi... [bi] préf bi....

biacide [biasid] adj, nm diacid.

Biafra [bjafRa] nm Biafra.

biafrais, e [bjafRɛ, ɛz] **1** adj Biafran. **2** nm,f: **B~(e)** Biafran.

biais [bjɛ] nm (a) (détour, artifice) device, expedient, dodge*. **chercher un ~ pour obtenir qch** to find some means of getting sth ou expedient for getting sth; **il a trouvé le ou un ~ (pour se faire exempter)** he found a dodge* (to get himself exempted); **par quel ~ vais-je m'en tirer?** what means can I use to get out of it?, how on earth am I going to get out of it?; **par le ~ de** by means of, using the expedient of.

(b) (aspect) angle, way. **c'est par ce ~ qu'il faut aborder le problème** the problem should be approached from this angle ou in this way.

(c) (Tex) (sens) bias; (bande) piece of cloth cut on the bias ou cross. **coupé ou taillé dans le ~** cut on the bias ou the cross.

(d) (ligne oblique) slant.

(e) (loc) **en ~, de ~** slantwise, at an angle; **une allée traverse le jardin en ~** a path cuts diagonally across the garden; **regarder qn de ~** to give sb a sidelong glance; **prendre une question de ~** to tackle a question indirectly ou in a roundabout way.

biaiser [bjeze] (1) vi (a) (louvoyer) to sidestep the issue, prevaricate. (b) (obliquer) to change direction.

bibelot [biblo] nm (objet sans valeur) trinket, knick-knack; (de valeur) bibelot, curio.

biberon [bibRɔ̃] nm feeding bottle, baby's bottle. **élevé au ~** bottle-fed; **l'heure du ~** (baby's) feeding time; **élever ou nourrir au ~** to bottle-feed.

biberonner‡ [bibRɔne] (1) vi to tipple*, booze‡.

bibi¹* [bibi] nm woman's hat.

bibi²‡ [bibi] pron me, yours truly (hum).

bibine* [bibin] nf (weak) beer, dishwater (hum). **une infâme ~** a loathsome brew.

bible [bibl(ə)] nf (livre, fig) bible. **la B~** the Bible.

bibliobus [biblijɔbys] nm mobile library.

bibliographe [biblijɔgRaf] nmf bibliographer.

bibliographie [biblijɔgRafi] nf bibliography.

bibliographique [biblijɔgRafik] adj bibliographic(al).

bibliomane [biblijɔman] nmf booklover.

bibliomanie [biblijɔmani] nf bibliomania.

bibliophile [biblijɔfil] nmf bibliophile, booklover.

bibliophilie [biblijɔfili] nf bibliophilism, love of books.

bibliothécaire [biblijɔtekɛR] nmf librarian.

bibliothéconomie [biblijɔtekɔnɔmi] nf library science.

bibliothèque [biblijɔtɛk] nf (édifice, pièce) library; (meuble) bookcase; (collection) library, collection (of books). **~ de gare** station bookstall (Brit) ou newsstand (US); **~ de prêt** lending library.

biblique [biblik] adj biblical.

bicaméral, e, mpl **-aux** [bikameRal, o] adj bicameral, two-chamber (épith).

bicaméralisme [bikameRalism(ə)] nm, **bicamérisme** [bikameRism(ə)] nm bicameral ou two-chamber system.

bicarbonate [bikaRbɔnat] nm bicarbonate. **~ de soude** bicarbonate of soda, sodium bicarbonate, baking soda.

bicarré, e [bikaRe] adj (Math) biquadratic.

bicentenaire [bisɑ̃tnɛR] adj bicentenary, bicentennial.

bicéphale [bisefal] adj two-headed, bicephalous (T).

biceps [bisɛps] nm biceps. **avoir des ou du ~*** to have a strong ou good pair of arms.

biche [biʃ] nf hind, doe. **un regard ou des yeux de ~ aux abois** frightened doe-like eyes; (fig) **ma ~** darling, pet.

bicher* [biʃe] (1) vi (a) [personnes] to be pleased with o.s. (b) **ça biche?** how's things?*, things O.K. with you?*

bichlorure [biklɔRyR] nm bichloride.

bichon, -onne [biʃɔ̃, ɔn] nm,f (chien) toy dog. **mon ~*** pet, love.

bichonnage [biʃɔnaʒ] nm titivation.

bichonner [biʃɔne] (1) vt (a) (pomponner) to dress up, doll up*. (péj) **elle est en train de se ~ dans sa chambre** she's sprucing herself up ou she's titivating (herself) ou getting dolled up* in her room. (b) (prendre soin de) **~ qn** to wait on sb hand and foot, cosset sb.

bichromate [bikRɔmat] nm bichromate.

bichromie [bikRɔmi] nf two-colour process.

bicolore [bikɔlɔR] adj bicolour(ed), two-colour(ed), two-tone; (Cartes) two-suited.

biconcave [bikɔ̃kav] *adj* biconcave.
biconvexe [bikɔ̃veks] *adj* biconvex.
bicoque [bikɔk] *nf* (*péj*) shack*, dump*; (*: *maison*) shack*, place*.
bicorne [bikɔrn(ə)] **1** *nm* cocked hat. **2** *adj* two-horned.
bicot [biko] *nm* (*péj*) wog (*péj*), North African Arab.
bicycle [bisikl(ə)] *nm* (*Can*) bicycle.
bicyclette [bisiklɛt] *nf* (a) bicycle, bike*. aller à la ville à *ou* en ~ to go to town by bicycle, cycle to town; **faire de la ~** to go cycling, cycle; **sais-tu faire de la ~?** can you cycle?, can you ride a bike?* (b) (*Sport*) cycling.
bidasse* [bidas] *nm* (*conscrit*) soldier, swaddy (*arg Mil*).
bide [bid] *nm* (a) (*: *ventre*) belly‡. (b) (*arg Théât*) **être** *ou* **faire un ~** to be a flop *ou* a washout.
bidet [bidɛ] *nm* (a) bidet. (b) (*cheval*) (old) nag.
bidirectionnel, -elle [bidirɛksjɔnɛl] *adj* bi-directional.
bidoche‡ [bidɔʃ] *nf* meat.
bidon [bidɔ̃] **1** *nm* (a) (*gén*) can, tin; (*à huile*) can; (*à peinture*) tin; [*campeur, soldat*] water bottle, flask. ~ **à lait** milk-churn.
(b) (*: *ventre*) belly‡.
(c) (*: *bluff*) **c'est du ~** that's a load of codswallop‡ (*Brit*) *ou* hot air; **ce n'est pas du ~** I'm (*ou* he's *etc*) not kidding!‡, that's the God's honest truth*.
2 *adj inv* (*: *simulé*) attentat, attaque mock. **une société ~ a** ghost company.
bidonnant, e‡ [bidɔnɑ̃, ɑ̃t] *adj* hilarious. **c'était ~** it was a hell‡ of a laugh, it had us (*ou* them *etc*) doubled up.
bidonner (se)‡ [bidɔne] (1) *vpr* to split one's sides laughing*, be doubled up with laughter, crease up‡.
bidonville [bidɔ̃vil] *nm* shanty town.
bidous [bidu] *nmpl* (*Can*) money.
bidule* [bidyl] *nm* (*machin*) thingummy* (*Brit*), thingumabob*, contraption, (*petit*) gadget.
bief [bjɛf] *nm* (a) [*canal*] reach. (b) [*moulin*] ~ **d'amont** mill race; ~ **d'aval** tail race *ou* water.
bielle [bjɛl] *nf* (*locomotive*) connecting rod; (*voiture*) track rod.
biellette [bjɛlɛt] *nf* (*Aut*) stub axle.
bien [bjɛ̃] **1** *adv* (a) (*de façon satisfaisante*) jouer, dormir, travailler well; conseiller, choisir well, wisely; fonctionner properly, well. **aller** *ou* **se porter ~, être ~ portant** to be well, be in good health; **il a ~ réussi** he's done well (for himself); **cette porte ferme ~** this door shuts properly *ou* well; **la télé* ne marche pas ~** the TV isn't working properly *ou* right; **il s'habille ~** he dresses well *ou* smartly; **il parle ~ l'anglais** he speaks good English, he speaks English well; **elle est ~ coiffée aujourd'hui** her hair looks nice *ou* is nicely done today; **nous sommes ~ nourris à l'hôtel** we get good food *ou* we are well fed at the hotel; **il a ~ pris ce que je lui ai dit** he took what I had to say in good part *ou* quite well; **il s'y est ~ pris (pour le faire)** he went about it the right way; **si je me rappelle ~** if I remember right *ou* correctly; **ils vivent très ~ avec son salaire** they live very comfortably *ou* get along very well on his salary.
(b) (*selon les convenances, la morale, la raison*) se conduire, agir well, decently. **il pensait ~ faire** he thought he was doing the right thing; **vous avez ~ fait** you did the right thing, you did right; **se tenir ~** à table to behave properly *ou* well at table; **il faut te tenir particulièrement ~ aujourd'hui** you must behave especially well *ou* be especially good today, you must be on your best behaviour today; **pour ~ faire, il faudrait ...** (in order) to do it *ou* to do things properly one should ...; **faire ~ les choses** to do things properly *ou* in style; **vous faites ~ de me le dire!** you've done well to tell me!, it's a good thing you've told me!; **vous feriez ~ de partir tôt** you'd do well *ou* you'd be well advised to leave early.
(c) (*sans difficulté*) supporter well; se rappeler well, clearly. **on comprend ~/très ~ pourquoi** one can quite/very easily understand *ou* see why; **il peut très ~ le faire** he can quite easily do it.
(d) (*exprimant le degré*) (*très*) very, really, awfully*; (*beaucoup*) very much, thoroughly; (*trop*) rather, jolly* (*Brit*), pretty*. ~ **mieux** much better; ~ **souvent** quite often; **nous sommes ~ contents de vous voir** we're very glad *ou* awfully* pleased to see you; ~ **plus heureux/cher far** *ou* much happier/more expensive; **c'est un ~ beau pays** it's a really *ou* truly beautiful country; **nous avons ~ ri** we had a good laugh; **les enfants se sont ~ amusés** the children thoroughly enjoyed themselves *ou* had great fun; **vos œufs sont ~ frais?** are your eggs really *ou* quite fresh?; **question ~ délicate** highly sensitive question; ~ **trop bête** far too stupid; **tout cela est ~ joli mais** that's all very well but; **elle est ~ jeune (pour se marier)** she is very *ou* rather young (to be getting married); **nous avons ~ travaillé aujourd'hui** we've done some good work today; **c'est ~ moderne pour mes goûts** it's rather too modern for my taste; **il me paraît ~ sûr de lui** he seems to me to be rather *ou* jolly* (*Brit*) *ou* pretty* sure of himself.
(e) (*effectivement*) indeed, definitely; (*interrog: réellement*) really. **nous savons ~ où il se cache** we know perfectly well *ou* quite well where he's hiding; **j'avais ~ dit que je ne viendrais pas** I DID say *ou* I certainly did say that I wouldn't come; **je trouve ~ que c'est un peu cher mais tant pis** I DO think it's rather expensive *ou* I agree it's rather expensive but too bad; **je sais ~ mais ...** I know (full well) but ..., I agree but ...; **c'est ~ une erreur** it's definitely *ou* certainly a mistake; **c'est ~ à ton frère que je pensais** it was indeed your brother I was thinking of; **ce n'est pas lui mais ~ son frère qui est docteur** it's not he but his brother who is a doctor, it's his brother not he who is a doctor; **dis-lui ~ que** be sure to *ou* tell him that, make sure you tell him that; **je vous avais ~ averti** I gave you due *ou* ample warning; **est-ce ~ mon manteau?** is it really my coat?; **était-ce ~ une erreur?** was it really *ou* in fact a mistake?
(f) (*exclamatif: vraiment, justement*) **il s'agit ~ de cela!** as if that's the point!; **voilà ~ les femmes!** how like women!, that's just

like women!, that's women all over!; **c'est ~ ma veine!*** (it's) just my luck!; **c'était ~ la peine!** after all that trouble!, it wasn't worth the trouble!; **c'est ~ cela, on t'invite et tu te décommandes!** that's right *ou* that's just like it! — you're invited and you call off!
(g) (*intensif*) **ferme ~ la porte** shut the door properly, make sure you shut the door; **tourne ~ ton volant à droite** turn your wheel hard to the right; **écoute-moi ~** listen to me carefully; **regardez ~ ce qu'il va faire** watch what he does carefully; **mets-toi ~ en face** stand right *ou* straight opposite; **percer un trou ~ au milieu** to knock a hole right *ou* bang* (*Brit*) in the centre; **tiens-toi ~ droit** stand quite straight; **ça m'est ~ égal** it's all one *ou* the same to me; **il est mort et ~ mort** he is dead and buried *ou* gone; **c'est ~ compris?** is that clearly *ou* quite understood?; **c'est ~ promis?** is that a firm promise?; **il arrivera ~ à se débrouiller** he'll manage to cope all right; **ça finira ~ par s'arranger** it's bound to work out all right in the end; **j'espère ~!** I should hope so (too)!; **on verra ~** we'll see, time will tell; **où peut-il ~ être?** where on earth can he be?, where CAN he be?; **il se pourrait ~ qu'il pleuve** it could well rain.
(h) (*malgré tout*) **il fallait ~ que ça se fasse** it had to be done; **il fallait ~ que ça arrive** it was bound to happen; **j'étais ~ obligé d'accepter** I was more *ou* less *ou* pretty well* obliged *ou* bound to accept; **il faut ~ le supporter** one just has to put up with it; **il pourrait ~ venir nous voir de temps en temps!** he could at least come and see us now and then!
(i) (*volontiers*) **je mangerais ~ un morceau** I could do with a bite to eat, I wouldn't mind something to eat; **il partirait ~ en vacances mais il a trop de travail** he would gladly go *ou* he'd be only too glad to go on holiday but he has too much work to do; **j'irais ~ mais ...** I'd willingly *ou* happily *ou* gladly go but ...; **je voudrais ~ t'y voir!** I wouldn't half‡ like (*Brit*) *ou* I'd sure* like (*US*) to see you do it!; **je verrais très ~ un vase sur la cheminée** I think a vase on the mantelpiece might look very nice.
(j) (*au moins*) at least. **il y a ~ 3 jours que je ne l'ai vu** I haven't seen him for at least 3 days; **cela vaut ~ ce prix là** it's well worth the price *ou* that much, it's worth at least that price.
(k) ~ **des ...** a good many ..., many a ...; ~ **du,~de la** a great deal of; **je connais ~ des gens qui auraient protesté** I know a good many *ou* quite a few who would have protested; **ils ont eu ~ de la chance** they were really very lucky; **elle a eu ~ du mal** *ou* **de la peine à le trouver** she had a good *ou* great deal of difficulty in *ou* no end of trouble in finding it; **ça fait ~ du monde** that makes an awful lot of people.
(l) ~ **que** although, though; ~ **que je ne puisse pas venir** although *ou* though I can't come.
(m) (*loc*) **ah ~ (ça) alors!** (*surprise*) well, well!, just fancy!; (*indignation*) well really!; **ah ~ oui** well of course; ~ **entendu,** ~ **sûr,** ~ **évidemment** of course; (*dans une lettre*) **à vous** yours; **ni ~ ni mal** so-so*; ~ **lui en a pris** it was just as well he did it; **c'est ~ fait (pour lui)** it serves him right.
2 *adj inv* (a) (*satisfaisant*) personne good; film, tableau, livre good, fine. **elle est très ~ comme secrétaire** she's a very good *ou* competent secretary; **donnez-lui quelque chose de ~** give him something really good; **ce serait ~ s'il venait** it would be good if he were to come; (*approbation*) ~! good!, fine!; (*exaspération*) ~! ~!, **c'est ~!** all right!, all right!, O.K.!, O.K.!*
(b) (*en bonne forme*) well, in good form *ou* health *ou* shape. **il n'était pas très ~ ce matin** he was out of sorts *ou* off colour* (*Brit*) *ou* he wasn't in very good form this morning.
(c) (*beau*) personne good-looking, nice-looking; chose nice. **elle était très ~ quand elle était jeune** she was very attractive *ou* good-looking when she was young; **il est ~ de sa personne** he's a good-looking man *ou* a fine figure of a man; **ils ont une maison tout ce qu'il y a de ~*** they've got a smashing* (*Brit*) *ou* really lovely *ou* nice house; **le bouquet fait ~ sur la cheminée** the flowers look nice on the mantelpiece.
(d) (*à l'aise*) **il est ~ partout** he *ou* feels at home anywhere; **on est ~ à l'ombre** it's pleasant *ou* nice in the shade; **on est ~ ici** it's nice here, we like it here; **je suis ~ dans ce fauteuil** I'm very comfortable in this chair; **elle se trouve ~ dans son nouveau poste** she's very happy in her new job; **laisse-le, il est ~ où il est!** leave him alone — he's quite all right where he is *ou* he's fine where he is; (*iro*) **vous voilà ~!** now you've done it!, you're in a fine mess now!
(e) (*moralement, socialement acceptable*) nice. **c'est pas ~ de dire ça** it's not nice to say that; **ce n'est pas ~ de faire ça** it's not nice to do that, it's wrong to do that; **c'est ~ ce qu'il a fait là** it was very good *ou* decent *ou* nice of him to do that; **c'est ~ à vous de les aider** it's good *ou* nice of you to help them; **c'est un type ~*** he's a decent *ou* nice fellow; **trouves-tu ~ qu'il ait fait cela?** do you think it was very nice of him to do that?; **c'est une femme ~** she's a very nice woman; **des gens ~** very nice *ou* decent people.
(f) (*en bons termes*) **être ~ avec qn** to be on good terms *ou* get on well with sb; **ils sont ~ ensemble** they're on the best of terms; **se mettre ~ avec qn** to get on the good *ou* right side of sb, get into sb's good books*.
3 *nm* (a) (*ce qui est avantageux, agréable*) good. **le ~ public** the public good; **pour le ~ de l'humanité** for the good of humanity; **c'est pour ton ~!** it's for your own good!; **pour son (plus grand) ~** for his (greater) benefit; **finalement cet échec temporaire a été un ~** in the end this setback was a good thing; **je trouve qu'il a changé en ~** I find he has changed for the better *ou* he has improved; **faire du ~ à qch/qn** to do sth/sb good; **ses paroles m'ont fait du ~** his words did me good, I took comfort from his words; **dire du ~ de** to speak well of; **parler en ~ de qn** to speak favourably *ou* well of sb; **vouloir du ~ à qn** to wish sb well; (*iro*) **un ami qui vous veut du ~** a well-wisher; **on a dit le plus grand ~ de ce**

livre/de cet acteur this book/this actor has been highly praised, **people spoke very highly** *ou* favourably of this book/this actor; **on dit beaucoup de ~ de ce restaurant** this restaurant has got a very good name, people speak very highly of this restaurant; **grand ~ vous fasse!** much good may it do you!, you're welcome to it!; (*littér*) **être du dernier ~ avec qn** to be on the closest terms possible *ou* on intimate terms with sb.

(b) (*ce qui a une valeur morale*) **savoir discerner le ~ du mal** to be able to tell good from evil *ou* right from wrong; **faire le ~** to do good; **rendre le ~ pour le mal** to return good for evil.

(c) (*gén: possession*) possession, property (*U*); (*argent*) fortune; (*terres*) estate. **~s** goods, possessions, property; **cette bibliothèque est son ~ le plus cher** this bookcase is his most treasured possession; **la tranquillité est le seul ~ qu'il désire** peace of mind is all he asks for; **il considère tout comme son ~** he regards everything as being his property *ou* his own; **il est très attaché aux ~s de ce monde** he lays great store by worldly goods *ou* possessions; (*Prov*) **~ mal acquis ne profite jamais** ill gotten ill spent, ill-gotten goods *ou* gains seldom prosper; **il a dépensé tout son ~** he has gone through all his fortune; **avoir du ~ (au soleil)** to have property; **laisser tous ses ~s à ...** to leave all one's (worldly) goods *ou* possessions to ... .

4: bien-aimé(e) *adj, nm(f), pl* **bien-aimé(e)s** beloved; **biens de consommation** consumer goods; **biens durables** consumer durables; **biens d'équipement** capital equipment *ou* goods; (*Ind*) plant; **biens d'équipement ménager** household goods; **bien-être** *nm* (*physique*) well-being; (*matériel*) comfort, material well-being; **bien de famille** family estate; **biens fonciers** = **biens immeubles**; **bien-fondé** *nm* [*opinion, assertion*] validity; (*Jur*) [*plainte*] cogency; **biens immeubles, biens immobiliers** real estate *ou* property (*Brit*), landed property; **biens immédiatement disponibles** off-the-shelf goods; (*Admin*) **biens intermédiaires** intermediate goods; **bien marchand** commodity; **biens meubles, biens mobiliers** personal property *ou* estate, movables; **bien pensant** *adj* (*Rel*) God-fearing; (*Pol, gén*) right-thinking; (*péj*) **les bien-pensants** right-thinking people; **biens privés** private property; **biens publics** public property.

bienfaisance [bjɛ̃fəzɑ̃s] *nf* charity. **association** *ou* **œuvre de ~** charitable organization; **l'argent sera donné à des œuvres de ~** the money will be given to charity.

bienfaisant, e [bjɛ̃fəzɑ̃, ɑ̃t] *adj* **(a)** *climat, cure, influence* salutary, beneficial; *pluie* refreshing, beneficial. **(b)** *personne* beneficent, kind, kindly.

bienfait [bjɛ̃fɛ] *nm* kindness. **c'est un ~ du ciel!** it's a godsend! *ou* a blessing!; **les ~s de la science** the benefits of science; **les ~s d'un traitement** the beneficial action *ou* effects of a treatment; **il commence à ressentir les ~s de son séjour à la campagne** he is beginning to feel the beneficial effects *ou* the benefit of his stay in the country *ou* the good his stay in the country has done him.

bienfaiteur [bjɛ̃fɛtœʀ] *nm* benefactor.

bienfaitrice [bjɛ̃fɛtʀis] *nf* benefactress.

bienheureux, -euse [bjɛ̃nœʀø, øz] *adj* **(a)** (*Rel*) blessed, blest. **les ~** the blessed, the blest. **(b)** happy.

biennal, e, mpl -aux [bjenal, o] **1** *adj* biennial. **2 biennale** *nf* biennial event.

bienpensant, e [bjɛ̃pɑ̃sɑ̃, ɑ̃t] *adj* V **bien**.

bienséance [bjɛ̃seɑ̃s] *nf* propriety, decorum. **les ~s** the proprieties, the rules of etiquette.

bienséant, e [bjɛ̃seɑ̃, ɑ̃t] *adj* *action, conduite* proper, seemly, becoming. **il n'est pas ~ de bâiller** it is unbecoming *ou* unseemly to yawn, it isn't the done thing to yawn.

bientôt [bjɛ̃to] *adv* soon. **à ~** see you soon!, 'bye for now!*; **c'est ~ dit** it's easier said than done, it's easy to say; **on est ~ arrivé** we'll soon be there, we'll be there shortly; **on ne pourra ~ plus circuler dans Paris** before long it will be impossible to drive in Paris; **c'est pour ~?** is it due soon?, any chance of its being ready soon?; (*naissance*) is the baby expected *ou* due soon?; **il est ~ minuit** it's nearly midnight; **il aura ~ 30 ans** he'll soon be 30, it will soon be his 30th birthday; **il eut ~ fait de finir son travail†** he finished his work in no time, he lost no time in finishing his work.

bienveillance [bjɛ̃vɛjɑ̃s] *nf* benevolence, kindness (*envers* to). **par ~ out** of kindness; **examiner un cas avec ~** to give favourable consideration to a case; (*Admin*) **je sollicite de votre haute ~ ... I** beg (leave) to request ... .

bienveillant, e [bjɛ̃vɛjɑ̃, ɑ̃t] *adj* benevolent, kindly.

bienvenu, e [bjɛ̃vny] **1** *adj*: **remarque ~e** apposite *ou* well-chosen remark.

2 *nm,f*: **vous êtes le ~, soyez le ~** you are very welcome, pleased to see you*; **une tasse de café serait la ~e** a cup of coffee would be (most) welcome.

3 bienvenue *nf* welcome. **souhaiter la ~e à qn** to welcome sb; **~e à vous!** welcome (to you)!, you are most welcome!; **allocution de ~e** welcoming speech; (*Can*) **~e!** you're welcome!

bière¹ [bjɛʀ] *nf* beer. **garçon, 2 ~s!** waiter, 2 beers!; **~ blonde** lager, ≃ light ale (*Brit*); **~ brune** brown ale, stout; **~ (à la) pression** draught beer; V **petit**.

bière² [bjɛʀ] *nf* coffin (*Brit*), casket (*US*). **mettre qn en ~** to put *ou* place sb in his coffin; **la mise en ~ a eu lieu ce matin** the body was placed in the coffin this morning.

biffage [bifaʒ] *nm* crossing out.

biffer [bife] (1) *vt* to cross out, strike out. **~ à l'encre/au crayon** to ink/pencil out.

biffure [bifyʀ] *nf* crossing out.

bifocal, e, mpl -aux [bifɔkal, o] *adj* bifocal. **lunettes ~es** bifocals.

bifteck [biftɛk] *nm* steak. **~ de cheval** horsemeat steak; **deux ~s** two steaks, two pieces of steak.

bifurcation [bifyʀkasjɔ̃] *nf* [*route*] fork, junction; (*Rail*) fork;

[*artère, tige*] branching; (*fig: changement*) change.

bifurquer [bifyʀke] (1) *vi* **(a)** [*route, voie ferrée*] to fork, branch off. **(b)** [*véhicule*] to turn off (*vers, sur* for, towards); (*fig*) [*personne*] to branch off (*vers* into). **~ sur la droite** to bear *ou* turn right.

bigame [bigam] **1** *adj* bigamous. **2** *nmf* bigamist.

bigamie [bigami] *nf* bigamy.

bigarré, e [bigaʀe] (*ptp de* **bigarrer**) *adj* **(a)** (*bariolé*) *vêtement* many-coloured *ou* -hued, rainbow-coloured; *groupe* colourfully dressed, gaily coloured. **(b)** (*fig*) *foule* motley (*épith*); *société, peuple* heterogeneous, mixed.

bigarreau, *pl* **~x** [bigaʀo] *nm* bigarreau, bigaroon (cherry).

bigarrer [bigaʀe] (1) *vt* to colour in many hues.

bigarrure [bigaʀyʀ] *nf* coloured pattern. **la ~ ou les ~s d'un tissu** the medley of colours in a piece of cloth, the gaily-coloured pattern of a piece of cloth.

big-bang [bigbɑ̃g] *nm* big-bang theory.

bigle† [bigl(ə)] *adj* (*hum*) squint(-eyed), cross-eyed.

bigler‡ [bigle] (1) **1** *vt femme* to eye up* (*Brit*), eye (*US*); *objet* to take a squint at*. **2** *vi* (*loucher*) to squint, have a squint. **arrête de ~ sur ou dans mon jeu** stop squinting at my cards*, take your beady eyes off my cards*.

bigleux, -euse* [biglø, øz] *adj* (*myope*) short-sighted. **quel ~ tu fais!** you need glasses!

bigophone* [bigɔfɔn] *nm* phone, blower‡, horn* (*US*). **passer un coup de ~ à qn** to get sb on the blower‡ *ou* horn, give sb a ring.

bigorneau, *pl* **~x** [bigɔʀno] *nm* winkle.

bigorner‡ [bigɔʀne] (1) **1** *vt voiture* to smash up. **2 se bigorner** *vpr* (*se battre*) to come to blows, scrap* (*avec with*); (*se disputer*) to have a brush *ou* an argument *ou* a barney‡ (*Brit*) (*avec with*).

bigot, e [bigo, ɔt] (*péj*) **1** *adj* over-pious, sanctimonious, holier-than-thou. **2** *nm,f* (*religious*) bigot.

bigoterie [bigɔtʀi] *nf* (*péj*) (religious) bigotry, pietism.

bigoudi [bigudi] *nm* (hair-)curler *ou* roller. **une femme en ~s** a woman (with her hair) in curlers *ou* rollers.

bigre [bigʀ(ə)] *excl* (*hum*) gosh!*, holy smoke!*

bigrement [bigʀəmɑ̃] *adv chaud, bon* dashed*, jolly* (*Brit*); *changer* a heck of a lot*. **on a ~ bien mangé** we had a jolly good meal*.

Bihâr [biaʀ] *nm:* **le ~** the Bihar State.

bihebdomadaire [biɛbdɔmadɛʀ] *adj* twice-weekly.

bijou, *pl* **~x** [biʒu] *nm* jewel; (*chef d'œuvre*) gem. **un ~ de précision** a marvel of precision; (*terme d'affection*) **mon ~** my love, pet; **les ~x d'une femme** a woman's jewels *ou* jewellery.

bijouterie [biʒutʀi] *nf* (*boutique*) jeweller's (shop); (*commerce*) jewellery business *ou* trade; (*art*) jewellery-making; (*bijoux*) jewellery.

bijoutier, -ière [biʒutje, jɛʀ] *nm,f* jeweller.

bikini [bikini] *nm* bikini.

bilabial, e, mpl -aux [bilabjal, o] (*Ling*) **1** *adj* bilabial. **2 bilabiale** *nf* bilabial.

bilame [bilam] *nm* (*Phys*) bimetallic strip.

bilan [bilɑ̃] *nm* **(a)** (*évaluation*) appraisal, assessment; (*résultats*) results; (*conséquences*) consequences. **le ~ d'une catastrophe** the final toll of a disaster; **faire le ~ d'une situation** to take stock of *ou* assess a situation; **'camion fou sur l'autoroute, ~: 3 morts'** 'runaway lorry on motorway: 3 dead'; (*Méd*) **~ de santé** (medical) checkup; **se faire faire un ~ de santé** to go for *ou* have a checkup.

(b) (*Fin*) balance sheet, statement of accounts. **dresser** *ou* **établir son ~** to draw up the balance sheet; **~ de liquidation** statement of affairs (*in a bankruptcy petition*).

bilatéral, e, mpl -aux [bilateʀal, o] *adj* bilateral. **stationnement ~** parking on both sides (of the road).

bilboquet [bilbɔkɛ] *nm* ≃ cup-and-ball game.

bile [bil] *nf* (*Anat, fig: amertume*) bile. (*fig*) **se faire de la ~ (pour)** to get worried (about), worry o.s. sick (about)*.

biler (se)* [bile] (1) *vpr* (*gén nég*) to worry o.s. sick* (*pour* about). **ne vous bilez pas!** don't get all worked up!* *ou* het up!*, don't get yourself all worried!; **il ne se bile pas** he takes it nice and easy*.

bileux, -euse* [bilø, øz] *adj* easily upset *ou* worried. **il n'est pas ~!, ce n'est pas un ~!** he's not one to worry *ou* to let things bother him, he doesn't let things bother him; **quel ~ tu fais!** what a fretter* *ou* worrier you are!

biliaire [biljɛʀ] *adj* biliary; V **calcul, vésicule**.

bilieux, -ieuse [biljø, jøz] *adj* teint bilious, yellowish; *personne, tempérament* irritable, testy, irascible.

bilingue [bilɛ̃g] *adj* bilingual.

bilinguisme [bilɛ̃gɥism(ə)] *nm* bilingualism.

billard [bijaʀ] *nm* **(a)** (*jeu*) billiards (*sg*); (*table*) billiard table; (*salle*) billiard room. **boule de ~** billiard ball; **faire un ~** to play a game of billiards; **~ japonais** (*partie*) (game of) pinball; (*table*) pin table; **~ électrique** pinball machine.

(b) (*loc*) **passer sur le ~** to be operated on, have an operation; **c'est du ~** it's quite *ou* dead* (*Brit*) easy, it's a piece of cake* (*Brit*) *ou* a cinch*; **cette route est un vrai ~** this road is like a billiard table.

bille [bij] *nf* **(a)** (*boule*) [*enfant*] marble; [*billard*] (billiard) ball. **jouer aux ~s** to play marbles, have a game of marbles; **déodorant à ~** roll-on deodorant.

(b) **~ de bois** billet, block of wood.

(c) (*: visage*) mug‡, face. **il a fait une drôle de ~!** you should have seen his face!; **~ de clown** funny face; **il a une bonne ~** he's got a jolly face.

billet [bijɛ] **1** *nm* **(a)** ticket. **~ de quai/train/loterie** platform/train/lottery ticket; **~ circulaire/collectif** round-trip/group ticket; **est-ce que tu as ton ~ de retour?** have you got your return (*Brit*) *ou* round trip (*US*) ticket?; **prendre un ~ aller/aller-retour** to take a single (*Brit*) *ou* one-way (*US*)/return (*Brit*) *ou* round-trip (*US*) ticket.

(b) (*argent*) note, bill (*US*). ~ **de 10 francs** 10-franc note; **ça coute 50** ~**s*** it costs 500 francs; *V* **faux²**.
(c) (*littér ou* †: *lettre*) note, short letter.
(d) (*loc*) **je te fiche** *ou* **flanque mon** ~ **qu'il ne viendra pas!**‡ I bet you my bottom dollar* *ou* a pound to a penny* (*Brit*) *ou* a dollar to a doughnut* (*US*) he won't come.
2: billet de banque banknote; **billet de commerce** promissory note; **billet doux** billet doux, love letter; **billet de faveur** complimentary ticket; (*Mil*) **billet de logement** billet; **billet à ordre** promissory note, bill of exchange; **billet de parterre***‡: **prendre** *ou* **ramasser un billet de parterre** to come a cropper*, fall flat on one's face; **billet au porteur** bearer order; **billet de retard** (*Scol*) late slip (*Brit*), tardy slip (*US*); (*Admin*) note *from public transport authorities attesting late running of train etc*.
billetterie [bijɛtʀi] *nf* (*Banque*) cash dispenser.
billevesées [bijvəze] *nfpl* (*littér: sornettes*) nonsense (*U*).
billion [biljɔ̃] *nm* (*million de millions*) billion (*Brit*), trillion (*US*), (†: *milliard*) thousand million, milliard (*Brit*), billion (*US*).
billot [bijo] *nm* [*boucher, bourreau, cordonnier*] block; (*Can*) log (of wood). (*fig*) **j'en mettrais ma tête sur le** ~ I'd stake my life on it.
bilobé, e [bilɔbe] *adj* bilobed.
bimbeloterie [bɛ̃blɔtʀi] *nf* (*objets*) knick-knacks, fancy goods (*Brit*); (*commerce*) knick-knack *ou* fancy goods (*Brit*) business.
bimbelotier, -ière [bɛ̃blɔtje, jɛʀ] *nm,f* (*fabricant*) fancy goods manufacturer (*Brit*); (*marchand*) fancy goods dealer (*Brit*).
bimensuel, -elle [bimɑ̃sɥɛl] **1** *adj* fortnightly (*Brit*), twice monthly, bimonthly. **2** *nm* (*revue*) fortnightly review (*Brit*), semimonthly (*US*).
bimensuellement [bimɑ̃sɥɛlmɑ̃] *adv* fortnightly (*Brit*), twice a month.
bimestriel, -elle [bimɛstʀijɛl] *adj*: **revue** ~**le** bimonthly review, review which appears six times a year.
bimétallique [bimetalik] *adj* bimetallic.
bimétallisme [bimetalism(ə)] *nm* bimetallism.
bimoteur [bimɔtœʀ] **1** *adj* twin-engined. **2** *nm* twin-engined plane.
binage [binaʒ] *nm* hoeing, harrowing.
binaire [binɛʀ] *adj* binary.
biner [bine] (1) *vt* to hoe, harrow.
binette [binɛt] *nf* **(a)** (*Agr*) hoe. **(b)** (*: visage*) face, dial‡.
bing [biŋ] *excl* smack!, thwack!
biniou [binju] *nm* (*Mus*) (Breton) bagpipes; (*: téléphone*) phone, blower‡ (*Brit*), horn* (*US*).
binoclard, e* [binɔklaʀ, aʀd(ə)] *adj, nm,f*: **il est** ~, **c'est un** ~ he wears specs*.
binocle [binɔkl(ə)] *nm* pince-nez.
binoculaire [binɔkylɛʀ] *adj* binocular.
binôme [binom] *nm* binomial.
biochimie [bjɔʃimi] *nf* biochemistry.
biochimique [bjɔʃimik] *adj* biochemical.
biochimiste [bjɔʃimist(ə)] *nmf* biochemist.
biodégradable [bjɔdegʀadabl(ə)] *adj* biodegradable.
biographe [bjɔgʀaf] *nmf* biographer.
biographie [bjɔgʀafi] *nf* biography. ~ **romancée** biographical novel.
biographique [bjɔgʀafik] *adj* biographical.
biologie [bjɔlɔʒi] *nf* biology.
biologique [bjɔlɔʒik] *adj* biological; **produits, aliments** natural, organic.
biologiste [bjɔlɔʒist(ə)] *nmf* biologist.
biophysique [bjɔfizik] *nf* biophysics (*sg*).
biopsie [bjɔpsi] *nf* biopsy.
biosphère [bjɔsfɛʀ] *nf* biosphere.
bioxyde [bjɔksid] *nm* dioxide.
bipale [bipal] *adj* twin-bladed.
biparti, e [bipaʀti] *adj*, **bipartite** [bipaʀtit] *adj* (*Bot*) bipartite; (*Pol*) two-party, bipartite.
bipède [bipɛd] *adj, nm* biped.
biphasé, e [bifaze] *adj* diphase, two-phase.
biplace [biplas] *adj, nm* two-seater.
biplan [biplɑ̃] **1** *adj*: **avion** ~ biplane. **2** *nm* biplane.
bipolaire [bipɔlɛʀ] *adj* bipolar.
bipolarité [bipɔlaʀite] *nf* bipolarity.
bique [bik] *nf* nanny-goat. (*péj*) **vieille** ~ old hag, old trout* (*Brit*), old witch*.
biquet, -ette [bikɛ, ɛt] *nm,f* (*Zool*) kid. (*terme d'affection*) **mon** ~ love, ducky* (*Brit*).
biquotidien, -ienne [bikɔtidjɛ̃, jɛn] *adj* twice-daily.
birbe [biʀb(ə)] *nm* (*péj*) **vieux** ~ old fuddy-duddy‡, old fogey*.
biréacteur [biʀeaktœʀ] *nm* twin-engined jet.
biréfringence [biʀefʀɛ̃ʒɑ̃s] *nf* birefringence.
biréfringent, e [biʀefʀɛ̃ʒɑ̃, ɑ̃t] *adj* birefringent.
birème [biʀɛm] *nf* (*Antiq*) bireme.
birman, e [biʀmɑ̃, an] **1** *adj* Burmese. **2** *nm* (*Ling*) Burmese. **3** *nm,f*: **B**~**(e)** Burmese.
Birmanie [biʀmani] *nf* Burma.
bis¹ [bis] **1** *adv* (*Mus: sur partition*) repeat, twice. ~**!** (*Théât*) encore!; (*numéro*) **12** ~ 12a. **2** *nm* (*Théât*) encore.
bis², e [bi, biz] *adj* greyish-brown, brownish-grey; *V* **pain**.
bisaïeul [bizajœl] *nm* great-grandfather.
bisaïeule [bizajœl] *nf* great-grandmother.
bisannuel, -elle [bizanɥɛl] *adj* biennial.
bisbille [bisbij] *nf* squabble, tiff. **être en** ~ **avec qn** to be at loggerheads *ou* at odds with sb.
biscornu, e [biskɔʀny] *adj forme* irregular, crooked; *idée, esprit* cranky, peculiar; *raisonnement* tortuous, cranky. **un chapeau** ~ a shapeless hat.

biscoteaux* [biskoto] *nmpl* biceps. **avoir des** ~ to have a good pair of biceps.
biscotte [biskɔt] *nf* rusk (*Brit*), melba toast (*US*).
biscuit [biskɥi] **1** *nm* **(a)** (*Culin*) sponge cake. ~ **(sec)** biscuit (*Brit*), cookie (*US*). ~ **salé** cheese biscuit (*Brit*), cracker (*US*). **(b)** (*céramique*) biscuit, bisque. **2: biscuit de chien** dog biscuit; **biscuit à la cuiller** sponge finger (*Brit*), lady finger (*US*); **biscuit de Savoie** sponge cake.
biscuiterie [biskɥitʀi] *nf* (*usine*) biscuit (*Brit*) *ou* cookie (*US*) factory; (*commerce*) biscuit (*Brit*) *ou* cookie (*US*) trade.
bise¹ [biz] *nf* North wind.
bise² [biz] *nf* kiss. **faire une** ~ à qn to kiss sb, give sb a kiss; **il lui a fait une petite** ~ **rapide** he gave her a quick peck* *ou* kiss.
biseau, pl ~**x** [bizo] *nm* (*bord*) [*glace, vitre*] bevel, bevelled edge; (*Menuiserie*) chamfer, chamfered edge; (*outil*) bevel. **en** ~ bevelled, with a bevelled edge; chamfered, with a chamfered edge.
biseautage [bizota3] *nm* (*V* **biseau**) bevelling; chamfering.
biseauter [bizote] (1) *vt glace, vitre* to bevel; (*Menuiserie*) to chamfer; *cartes* to mark.
bisexué, e [bisɛksɥe] *adj* bisexual.
bisexuel, elle [bisɛksɥɛl] **1** *adj* bisexual. **2** *nm,f* bisexual.
bismuth [bismyt] *nm* bismuth.
bison [bizɔ̃] *nm* bison, American buffalo.
bisque [bisk(ə)] *nf* (*Culin*) bisk, bisque. ~ **de homard** lobster soup, bisque of lobster.
bisquer* [biske] (1) *vi* to be riled* *ou* nettled. **faire** ~ qn to rile* *ou* nettle sb.
bissac†† [bisak] *nm* shoulder bag.
bissecteur, -trice [bisɛktœʀ, tʀis] **1** *adj* bisecting. **2 bissectrice** *nf* bisector, bisecting line.
bisser [bise] (1) *vt* (*faire rejouer*) *acteur, chanson* to encore; (*rejouer*) *morceau* to play again, sing again.
bissextile [bisɛkstil] *adj f V* **année**.
bissexué, e [bisɛksɥe] *adj* = **bisexué**.
bissexuel, elle [bisɛksɥɛl] *adj, nm,f* = **bisexuel, elle**.
bistable [bistabl(ə)] *adj* (*Ordin*) bistable.
bistouri [bisturi] *nm* lancet, (surgeon's) knife, bistoury (*T*).
bistre, e [bistʀ(ə)] **1** *adj couleur* blackish-brown, bistre; *objet* bistre-coloured, blackish-brown; *peau, teint* swarthy. **2** *nm* bistre.
bistré, e [bistʀe] *adj* (*ptp de* **bistrer**) *adj teint* tanned, swarthy.
bistrer [bistʀe] (1) *vt objet* to colour with bistre; *peau* to tan.
bistro(t) [bistʀo] *nm* **(a)** (*: café*) ≈ pub (*Brit*), bar (*US*), café. **(b)** (†: *cafetier*) ≈ publican (*Brit*), bartender (*US*), café owner.
bit [bit] *nm* (*Ordin*) bit.
B.I.T. [beite] *nm* (*abrév de* **Bureau international du travail**) ILO.
bitos* [bitos] *nm* hat.
bitte [bit] *nf* **(a)** [*navire*] bitt. ~ **(d'amarrage)** [*quai*] mooring post, bollard. **(b)** (*‡‡*) prick‡‡, cock*‡, tool*‡.
bitterois, e [bitɛʀwa, waz] **1** *adj* of *ou* from Béziers. **2** *nm,f*: **B**~**(e)** inhabitant *ou* native of Béziers.
bitture‡ [bityʀ] *nf* = **biture**‡.
bitumage [bityma3] *nm* asphalting.
bitume [bitym] *nm* (*Chim, Min*) bitumen; (*revêtement*) asphalt, tarmac ®.
bitumé, e [bityme] *adj* (*ptp de* **bitumer**) *adj route* asphalted, asphalt, tarmac (*épith*); *carton* bitumized.
bitum(in)er [bitym(in)e] (1) *vt* to asphalt, tarmac.
bitum(in)eux, -euse [bitym(in)ø, øz] *adj* bituminous.
biture‡ [bityʀ] *nf*: **prendre une** ~ to get drunk *ou* canned‡ *ou* plastered‡; **il tient une de ces** ~**s** he's plastered‡, he's blind drunk*.
biturer (se)‡ [bityʀe] (1) *vpr* to get drunk *ou* canned‡ *ou* plastered‡.
biunivoque [biynivɔk] *adj* (*fig*) one-to-one; (*Math*) *V* **correspondance**.
bivalent, e [bivalɑ̃, ɑ̃t] *adj* bivalent.
bivalve [bivalv(ə)] *adj, nm* bivalve.
bivouac [bivwak] *nm* bivouac.
bivouaquer [bivwake] (1) *vi* to bivouac.
bizarre [bizaʀ] **1** *adj personne, conduite* strange, odd, peculiar, freaky*; *idée, raisonnement, temps* odd, queer, strange, funny*; *vêtement* strange *ou* funny(-looking). **tiens, c'est** ~ that's odd *ou* queer *ou* funny*.
2 *nm*: **le** ~ **the bizarre**; **le** ~ **dans tout cela ...** what is strange *ou* odd *ou* queer *ou* peculiar about all that ..., the strange *ou* odd part about it all ... .
bizarrement [bizaʀmɑ̃] *adv* strangely, oddly, peculiarly, queerly.
bizarrerie [bizaʀʀi] *nf* [*personne*] odd *ou* strange *ou* peculiar ways; [*idée*] strangeness, oddness, queerness; [*situation, humeur*] queer *ou* strange *ou* odd nature. ~**s** [*langue, règlement*] peculiarities, oddities, vagaries.
bizarroïde [bizaʀɔid] *adj* odd.
bizut(h) [bizy] *nm* (*arg Scol*) fresher (*arg*), freshman, first-year student *ou* scholar.
bizutage [bizyta3] *nm* (*arg Scol*) ragging (*Brit*), hazing (*US*) (*of new student etc*).
bizuter [bizyte] (1) *vt* (*arg Scol*) to rag (*Brit*), haze (*US*) (*new student etc*).
blablabla* [blablabla] *nm* blah*, claptrap*, waffle*.
blackboulage [blakbula3] *nm* blackballing.
blackbouler [blakbule] (1) *vt* (à une élection) to blackball; (*: à un examen*) to fail.
black-out [blakawt] *nm* (*Élec, Mil*) blackout.
blafard, e [blafaʀ, aʀd(ə)] *adj teint* pale, pallid, wan; *couleur, lumière, soleil* wan, pale. **l'aube** ~**e** the pale light of dawn.
blague [blag] *nf* **(a)** (*: histoire, plaisanterie*) joke; (*farce*) practical joke, trick. **faire une** ~ à qn to play a trick *ou* a joke on sb; **sans** ~**?** really?, you're kidding!‡, you don't say!*; **sans** ~, ~ à

part seriously, joking apart, kidding aside* (*US*); **il prend tout à la ∼** he can never take anything seriously; **ne me raconte pas de ∼s!** stop having (*Brit*) *ou* putting (*US*) me on!* *ou* kidding me!‡, pull the other one!‡; **attention, pas de ∼s!** be careful, no messing about!*
   (**b**) (*: *erreur*) silly thing, blunder, stupid mistake. **faire une ∼** to make a blunder *ou* a stupid mistake; **faire des ∼s** to do silly *ou* stupid things.
   (**c**) **∼ (à tabac**) (tobacco) pouch.

blaguer* [blage] (1) **1** *vi* to be joking *ou* kidding‡. **j'ai dit cela pour ∼** I said it for a lark* (*Brit*) *ou* joke (*US*). **2** *vt* to tease, make fun of, kid‡, take the mickey out of‡ (*Brit*).

blagueur, -euse [blagœʀ, øz] **1** *adj* sourire, air ironical, teasing. **2** *nm,f* joker, comedian.

blair‡ [blɛʀ] *nm* nose, hooter‡ (*Brit*), beak‡.

blaireau, pl ∼x [blɛʀo] *nm* (**a**) (*Zool*) badger. (**b**) (*pour barbe*) shaving brush.

blairer‡ [blɛʀe] (1) *vt*: **je ne peux pas le ∼** he gives me the creeps‡, I can't stand *ou* bear him.

blâmable [blɑmabl(ə)] *adj* blameful.

blâme [blɑm] *nm* (**a**) (*désapprobation*) blame; (*réprimande*) reprimand, rebuke. (**b**) (*punition: Admin, Sport*) reprimand. **donner un ∼ à qn** to reprimand sb; **recevoir un ∼** to be reprimanded, incur a reprimand.

blâmer [blɑme] (1) *vt* (*désavouer*) to blame; (*réprimander*) to reprimand, rebuke. **je ne te blâme pas de *ou* pour l'avoir fait I** don't blame you for having done it.

blanc, blanche [blɑ̃, blɑ̃ʃ] **1** *adj* (**a**) (*de couleur blanche*) white. **il était ∼ à 30 ans** he had white hair at 30; **ils sont rentrés de vacances ∼s** comme ils sont partis they came back from holiday as pale as when they left; **elle avait honte de ses jambes blanches** she was ashamed of her lily-white (*hum*) *ou* pale legs; **∼ de colère/ de peur** white with anger/fear; **∼ comme neige** (as) white as snow, snow-white; **∼ comme un cachet d'aspirine** white as a sheet; **il devint ∼ comme un linge** he went *ou* turned as white as a sheet; *V* **arme, bois, bonnet** *etc*.
   (**b**) *page, bulletin de vote* blank; *papier non quadrillé* unlined, plain. (*Scol*) **il a rendu copie blanche *ou* sa feuille blanche** he handed in a blank paper; **prenez une feuille blanche** take a clean *ou* blank piece of paper; *V* **carte, examen** *etc*.
   (**c**) (*innocent*) pure, innocent. **∼ comme neige *ou* comme la blanche hermine** as pure as the driven snow.
   (**d**) (*de la race blanche*) domination, justice white. **l'Afrique blanche** white Africa.
   2 *nm* (**a**) (*couleur*) white. **peindre qch en ∼** to paint sth white; **le ∼ de sa robe tranchait sur sa peau brune** her white dress *ou* the white of her dress contrasted sharply with her dark skin; *V* **but**.
   (**b**) (*linge*) **laver séparément le ∼ et la couleur** to wash whites and coloureds separately; **vente de ∼** white sale, sale of household linen; **magasin de ∼** linen shop; **la quinzaine du ∼** (annual) white sale of household linen, (annual) white sale.
   (**c**) (*cosmétique*) **elle se met du ∼** she wears white powder.
   (**d**) (*espace non écrit*) blank, space; [*bande magnétique*] blank; [*domino*] blank. **laisser un ∼** to leave a blank *ou* space; **il faut laisser le nom en ∼** the name must be left blank *ou* must not be filled in; *V* **chèque, signer**.
   (**e**) (*vin*) white wine.
   (**f**) (*Culin*) **∼ (d'œuf**) (egg) white; **∼ (de poulet**) (meat), breast of chicken; **elle n'aime pas le ∼** she doesn't like the white (meat) *ou* the breast.
   (**g**) **le ∼ (de l'œil**) the white (of the eye); *V* **regarder, rougir**.
   (**h**) (*homme blanc*) **un B∼** a White, a white man; **les B∼s** the Whites, white men.
   (**i**) (*loc*) **à ∼** charger with blanks; **tirer à ∼** to fire blanks; **cartouche à ∼** blank (cartridge); *V* **chauffer, saigner**.
   3 blanche *nf* (**a**) (*femme*) **une Blanche** a white woman.
   (**b**) (*Mus*) minim (*Brit*), half-note (*US*).
   (**c**) (*Billard*) white (ball).
   (**d**) (*Arg Drogue*) horse (*arg*), smack (*arg*).
   4: **blanc de baleine** spermaceti; **blanc bec*** greenhorn*, tenderfoot*; **blanc de blanc(s**) blanc de blanc(s); **blanc cassé** off white; **blanc-cassis** *nm, pl* **blancs-cassis** (apéritif of) white wine and blackcurrant liqueur; **blanc de céruse** white lead; **blanc de chaux** whitewash; **blanc d'Espagne** whiting, whitening; (*Culin*) **blanc-manger** *nm, pl* **blancs-mangers** blancmange; **Blanche-Neige (et les sept nains**) Snow White (and the Seven Dwarfs); (*lit*) **blanc seing** signature to a blank document; (*fig*) **donner un blanc seing à qn** to give sb a free rein *ou* free hand; **blanc de zinc** zinc oxide.

blanchâtre [blɑ̃ʃɑtʀ(ə)] *adj* whitish, off-white.

blanche [blɑ̃ʃ] *V* **blanc**.

blancheur [blɑ̃ʃœʀ] *nf* whiteness.

blanchiment [blɑ̃ʃimɑ̃] *nm* (*décoloration*) bleaching; (*badigeonnage*) whitewashing.

blanchir [blɑ̃ʃiʀ] (2) **1** *vt* (**a**) (*gén*) to whiten, lighten; *mur* to whitewash; *cheveux* to turn grey *ou* white; *toile* to bleach. **le soleil blanchit l'horizon** the sun is lighting up the horizon; **la neige blanchit les collines** the snow is turning the hills white; **∼ à la chaux** to whitewash.
   (**b**) (*nettoyer*) linge, (*fig*) argent to launder. **il est logé, nourri et blanchi** he gets bed and board and his washing *ou* his laundry is done for him.
   (**c**) (*disculper*) personne to exonerate, absolve, clear; *réputation* to clear. **il en est sorti blanchi** he cleared his name.
   (**d**) (*faire*) **∼** (*Culin*) légume to blanch; (*Agr*) to blanch.
   2 *vi* [*personne, cheveux*] to turn *ou* go grey *ou* white; [*couleur, horizon*] to become lighter. **son teint a blanchi** he's looking *ou* got paler, he has lost colour; **∼ de peur** to blanch *ou* blench *ou* go white with fear.

3 se blanchir *vpr* to exonerate o.s. (*de* from), clear one's name.

blanchissage [blɑ̃ʃisaʒ] *nm* [*linge*] laundering; [*sucre*] refining. **donner du linge au ∼** to send linen to the laundry; **note de ∼** laundry bill.

blanchissement [blɑ̃ʃismɑ̃] *nm* whitening. **ce shampooing retarde le ∼ des cheveux** this shampoo stops your hair going grey *ou* white.

blanchisserie [blɑ̃ʃisʀi] *nf* laundry.

blanchisseur [blɑ̃ʃisœʀ] *nm* launderer.

blanchisseuse [blɑ̃ʃisøz] *nf* laundress.

blanquette [blɑ̃kɛt] *nf* (**a**) (*Culin*) **∼ de veau/d'agneau** blanquette of veal/of lamb, veal/lamb in white sauce. (**b**) (*vin*) sparkling white wine.

blasé, e [blaze] (*ptp de* **blaser**) **1** *adj* blasé. **2** *nm,f* blasé person. **faire le ∼** to affect a blasé indifference to everything.

blaser [blaze] (1) **1** *vt* to make blasé *ou* indifferent. **être blasé de** to be bored with *ou* tired of. **2 se blaser** *vpr* to become bored (*de* with), become tired (*de* of), become blasé *ou* bored (*de* about).

blason [blazɔ̃] *nm* (**a**) (*armoiries*) coat of arms, blazon. (**b**) (*science*) heraldry. (**c**) (*Littérat: poème*) blazon.

blasphémateur, -trice [blasfematœʀ, tʀis] **1** *adj* personne blaspheming, blasphemous. **2** *nm,f* blasphemer.

blasphématoire [blasfematwaʀ] *adj* parole blasphemous.

blasphème [blasfɛm] *nm* blasphemy.

blasphémer [blasfeme] (6) *vti* to blaspheme.

blatte [blat] *nf* cockroach.

blé [ble] *nm* wheat, corn (*Brit*); (‡: *argent*) dough‡, lolly‡. **le ∼ en herbe** (*Agr*) corn on the blade; (*fig*) young shoots, young bloods; **∼ dur** hard wheat, durum wheat; **∼ noir** buckwheat; (*Can*) **∼ d'Inde*** maize, (Indian) corn (*US, Can*).

bled [blɛd] *nm* (**a**) (*): *village*; (*péj*) hole*, godforsaken place*, dump‡. **c'est un ∼ perdu** *ou* **paumé** it's a godforsaken place* *ou* hole* (in the middle of nowhere).
   (**b**) (*Afrique du Nord*) **le ∼** the interior (of North Africa). (*fig*) **habiter dans le ∼*** to live in the middle of nowhere *ou* at the back of beyond.

blême [blɛm] *adj teint* pallid, deathly pale, wan; *lumière* pale, wan. **∼ de rage/de colère** livid *ou* white with rage/anger.

blêmir [blemiʀ] (2) *vi* [*personne*] to turn *ou* go pale, pale; [*lumière*] to grow pale. **∼ de colère** to go livid *ou* white with anger.

blêmissement [blemismɑ̃] *nm* [*teint, lumière*] paling.

blende [blɛd] *nf* blende.

blennie [bleni] *nf* (*Bio*) blenny.

blennorragie [blenɔʀaʒi] *nf* blennorrhoea, gonorrhoea.

blèsement [blɛzmɑ̃] *nm* lisping.

bléser [bleze] (6) *vi* to lisp.

blessant, e [blɛsɑ̃, ɑ̃t] *adj* (*offensant*) cutting, biting, hurtful.

blessé, e [blese] (*ptp de* **blesser**) **1** *adj* (*V* **blesser**) hurt, injured; wounded; (*offensé*) hurt, upset. **être ∼ à la tête/au bras** to have a head/arm injury *ou* wound.
   2 *nm* wounded *ou* injured man, casualty; (*Mil*) wounded soldier, casualty. **les ∼s** (*gén*) the injured; (*Mil*) the wounded; **l'accident a fait 10 ∼s** 10 people were injured *ou* hurt in the accident.
   3 blessée *nf* wounded *ou* injured woman, casualty.
   4: **grand blessé, blessé grave** seriously *ou* severely injured *ou* wounded person; **blessé de guerre** person who was wounded in the war; **les blessés de guerre** the war wounded; **blessé léger** slightly injured person; **blessés de la route** road casualties, people *ou* persons injured in road accidents.

blesser [blese] (1) *vt* (**a**) (*gén*) to hurt, injure; (*Mil, dans une aggression*) to wound. **il a été blessé d'un coup de couteau** he received a knife wound, he was stabbed (with a knife); **être blessé dans un accident de voiture** to be injured in a car accident; **il s'est blessé en tombant** he fell and injured himself; **il s'est blessé (à) la jambe** he has injured *ou* hurt his leg.
   (**b**) (*faire mal*) (*lit*) to hurt, make sore; (*fig*) to offend. **ses souliers lui blessent le talon** his shoes hurt his heel *ou* make his heel sore; **sons qui blessent l'oreille** sounds which offend the ear *ou* grate on the ear; **couleurs qui blessent la vue** colours which offend *ou* shock the eye.
   (**c**) (*offenser*) to hurt (the feelings of), upset, wound. **∼ qn au vif** to cut sb to the quick; **il s'est senti blessé dans son orgueil** his pride was hurt, he felt wounded in his pride; **des paroles qui blessent** cutting words, wounding *ou* cutting remarks; **il se blesse pour un rien** he's easily hurt *ou* offended, he's quick to take offence.
   (**d**) (*littér: porter préjudice à*) règles, convenances to offend against; intérêts to go against, harm. **cela blesse son sens de la justice** that offends his sense of justice.

blessure [blesyʀ] *nf* (*V* **blesser**) injury; wound; (*fig*) wound. **cela a été pour lui une ∼ d'amour-propre** his pride was hurt *ou* wounded.

blet, blette¹ [blɛ, blɛt] *adj fruit* overripe, soft.

blette² [blɛt] *nf* = **bette**.

blettir [bletiʀ] (2) *vi* to become overripe *ou* soft.

blettissement [bletismɑ̃] *nm* overripeness.

bleu, e [blø] **1** *adj couleur* blue; *steak* very rare, underdone. **∼ de froid** blue with cold; **∼ de colère** to be livid *ou* purple with rage; *V* **enfant, fleur, peur** *etc*.
   2 *nm* (**a**) (*couleur*) blue. **il n'y a vu que du ∼** he didn't twig* (*Brit*), he didn't smell a rat*; **regarde le ∼ de ce ciel** look at the blueness of that sky, look how blue the sky is.
   (**b**) **∼ (de lessive**) (dolly) blue; **passer le linge au ∼** to blue the laundry.
   (**c**) (*marque sur la peau*) bruise. **être couvert de ∼s** to be covered in bruises, be black and blue*.

(d) (*vêtement*) ~(s) (*de travail*) dungarees, overalls; ~ (de chauffe) boiler suit (*Brit*), overalls.
(e) (*arg Mil: recrue*) rookie (*arg*), new *ou* raw recruit; (*gén: débutant*) beginner, greenhorn*. **tu me prends pour un ~?** do you think I was born yesterday?*
(f) (*fromage*) blue(-veined) cheese.
(g) (*Culin*) **truite au ~** trout au bleu.
(h) (*Can*) **les B~s** the Conservatives.
3: bleu ardoise slaty *ou* slate-blue; **bleu canard** peacock blue; **bleu ciel** sky blue; **bleu de cobalt** cobalt blue; **bleu horizon** skyblue; **bleu lavande** lavender blue; **bleu marine** navy blue; (*Méd*) **bleu de méthylène** methylene blue; **bleu noir** blue-black; **bleu nuit** midnight blue; **bleu outremer** ultramarine; **bleu pétrole** airforce blue; **bleu de Prusse** Prussian blue; **bleu roi** royal blue; **bleu vert** blue-green.
bleuâtre [bløɑtʀ(ə)] *adj* bluish.
bleuet [bløɛ] *nm* cornflower; (*Can*) blueberry.
bleuir [bløiʀ] (2) *vti* to turn blue.
bleuissement [bløismɑ̃] *nm* turning blue.
bleuté, e [bløte] *adj reflet* bluish; *verre* blue-tinted.
bleuetière [bløɛtjeʀ] *nf* (*Can*) blueberry grove.
blindage [blɛ̃daʒ] *nm* (*V* **blinder**) armour plating; screening; timbering, shoring up.
blindé, e [blɛ̃de] (*ptp de* **blinder**) **1** *adj* **(a)** (*Mil*) *division* armoured; *engin, train* armoured, armour-plated; *abri* bombproof; *porte* reinforced.
(b) (*: endurci*) immune, hardened (*contre* to). **il a essayé de me faire peur mais je suis ~** he tried to frighten me but I'm too thick-skinned*.
(c) (‡: *ivre*) stewed‡, canned‡, plastered‡
2 *nm* (*Mil*) armoured car, tank. ~ **léger de campagne** combat car; ~ **de transport de troupes** armoured personnel carrier; **les ~s** the armour.
blinder [blɛ̃de] (1) *vt* **(a)** (*Mil*) to armour, put armour plating on; (*Élec*) to screen; (*Constr*) to shore up, timber. **(b)** (*: endurcir*) to harden, make immune (*contre* to). **(c)** (‡: *soûler*) to make *ou* get drunk *ou* plastered‡ *ou* canned‡.
blinis [blinis] *nm* blinis.
blizzard [blizaʀ] *nm* blizzard.
bloc [blɔk] **1** *nm* **(a)** [*pierre, marbre, bois*] block. **table faite d'un seul ~** table made from one piece.
(b) (*papeterie*) pad. ~ **de bureau** office notepad, desk pad; ~ **de papier à lettres** writing pad.
(c) (*système d'éléments*) unit; (*Ordin*) block. **ces éléments forment un ~** these elements make up a unit.
(d) (*groupe, union*) group; (*Pol*) bloc. **ces entreprises forment un ~** these companies make up a group; (*Pol*) **le ~ communiste** / **des pays capitalistes** the communist/capitalist bloc; (*Pol*) **pays divisé en deux ~s adverses** country split into two opposing blocks *ou* factions; (*Fin*) ~ **monétaire** monetary bloc.
(e) (‡: *prison*) **mettre qn au ~** to clap sb in clink‡ *ou* jug‡; **j'ai eu 10 jours de ~** I got 10 days in clink‡ *ou* jug‡.
(f) (*loc*) **faire ~ avec qn** to join sides *ou* unite with sb; **faire ~ contre qn** to unite against sb; **à ~: serrer** *ou* **visser qch à ~** to screw sth up as tight as possible *ou* as far as it will go; **fermer un robinet à ~** to turn a tap right *ou* hard off; **en ~: acheter/vendre qch en ~** to buy/sell sth as a whole; **il refuse en ~ tous mes arguments** he rejects all my arguments out of hand *ou* outright; **les pays du Marché commun ont condamné en ~ l'attitude des USA** the Common Market countries were united *ou* unanimous in their condemnation of the US attitude; **se retourner tout d'un ~** to swivel round; *V* **freiner, gonflé**.
2: bloc-calendrier *nm, pl* **blocs-calendriers** tear-off calendar; **bloc-cuisine** *nm, pl* **blocs-cuisines** kitchen unit; **bloc de culasse** breech-block; (*Aut*) **bloc-cylindres** *nm, pl* **blocs-cylindres** cylinder block; (*Sport*) **bloc de départ** starting-block; (*Géog*) **bloc-diagramme** *nm, pl* **blocs-diagrammes** block diagram; **bloc-évier** *nm, pl* **blocs-éviers** sink unit; (*Aut*) **bloc-moteur** *nm, pl* **blocs-moteurs** engine block; **bloc-notes** *nm, pl* **blocs-notes** (*cahier*) desk pad, scratch pad; (*avec pince*) clipboard; (*Méd*) **bloc opératoire** operating theatre suite; (*Aut*) **bloc optique** headlamp assembly; (*Ciné*) **bloc sonore** sound unit; (*Rail*) **bloc-système** *nm,pl* **blocs-systèmes** block system.
blocage [blɔkaʒ] *nm* **(a)** [*prix, salaires*] freeze, freezing; [*compte bancaire*] freezing. **(b)** (*Constr*) rubble. **(c)** (*Psych*) block. **(d)** [*frein, roues*] locking; [*écrou*] overtightening.
blockhaus [blɔkos] *nm* (*Mil*) blockhouse, pillbox.
blocus [blɔkys] *nm* blockade. **le ~ continental** the Continental System; **lever/forcer le ~** to raise/run the blockade; **faire le ~ de** to blockade.
blond, e [blɔ̃, ɔ̃d] **1** *adj cheveux* fair, blond; *personne* fair, fair-haired, blond; *blé, sable* golden. ~ **cendré** ash-blond; ~ **roux** sandy, light auburn; *tabac* ~ mild *ou* light *ou* Virginia tobacco; **bière ~e** lager, ≃ light ale (*Brit*).
2 *nm* (*couleur*) blond, light gold; (*homme*) fair-haired man.
3 blonde *nf* (*bière*) lager, ≃ light ale (*Brit*); (*cigarette*) Virginia cigarette; (*femme*) blonde; (*Can**) girl friend, sweetheart; ~**e** incendiaire blond bombshell (*hum*); ~ **oxygénée** peroxide blonde.
blondasse [blɔ̃das] *adj* (*péj*) tow-coloured.
blondeur [blɔ̃dœʀ] *nf* (*littér*) [*cheveux*] fairness; [*blés*] gold.
blondin [blɔ̃dɛ̃] *nm* fair-haired child *ou* young man; (††: *élégant*) dandy.
blondine [blɔ̃din] *nf* fair-haired child *ou* young girl.
blondinet [blɔ̃dinɛ] *nm* light-haired boy.
blondinette [blɔ̃dinɛt] *nf* light-haired girl.
blondir [blɔ̃diʀ] (2) *vi* [*cheveux*] to go fairer; (*littér*) [*blés*] to turn golden.

bloquer [blɔke] (1) **1** *vt* **(a)** (*grouper*) to lump together, put *ou* group together, combine. ~ **ses jours de congé** to lump one's days off together; ~ **les notes en fin de volume** to put *ou* group all the notes together at the end of the book; (*Scol*) **des cours bloqués sur six semaines** a six-week modular course.
(b) (*immobiliser*) *machine* to jam; *écrou* to overtighten; *roue* (*accidentellement*) to lock; (*exprès*) to put a block under, chock; *porte* to jam, wedge. ~ **les freins** to jam on the brakes; ~ **qn contre un mur** to pin sb against a wall; **être bloqué par les glaces** to be stuck in the ice, be icebound; **être bloqué par un accident/la foule** to be held up by an accident/the crowd; **je suis bloqué chez moi** I'm stuck at home; **les négociations sont bloquées** the talks are blocked *ou* are at a standstill.
(c) (*obstruer*) to block (up); (*Mil*) to blockade. **route bloquée par la glace/la neige** icebound/snowbound road, road blocked by ice/snow; **un camion bloque la route** a truck is blocking the road, the road is blocked by a truck; **des travaux bloquent la route** there are road works in *ou* blocking the way; **les enfants bloquent le passage** the children are standing in *ou* blocking the way, the children are stopping me (*ou* us *etc*) getting past.
(d) (*Sport*) *ballon* to block; (*Billard*) *bille* to jam, wedge.
(e) *marchandises* to stop, hold up; *crédit, salaires* to freeze; *compte en banque* to stop, freeze.
2 se bloquer *vpr* [*porte*] to jam, get stuck, stick; [*machine*] to jam; [*roue*] to lock; [*frein*] to jam, lock on.
bloqueur [blɔkœʀ] *nm* (*Can Ftbl*) lineman.
blottir (se) [blɔtiʀ] (2) *vpr* to curl up, snuggle up, huddle up. **se ~ contre qn** to snuggle up to sb; **se ~ dans les bras de qn** to snuggle up in sb's arms; **blottis les uns contre les autres** curled up *ou* huddled up (close) against one another; **blotti parmi les arbres** nestling *ou* huddling among the trees.
blousant, e [bluzɑ̃, ɑ̃t] *adj robe* loose-fitting.
blouse [bluz] *nf* (*tablier*) overall; (*chemisier*) blouse, smock; [*médecin*] (white) coat; [*paysan*] smock; (*Billard*) pocket.
blouser¹ [bluze] (1) *vi* [*robe*] to be loose-fitting.
blouser²‡ [bluze] (1) **1** *vt* to con‡, trick, pull a fast one on‡. **se faire ~** to be had* *ou* conned‡. **2 se blouser** *vpr* to make a mistake *ou* a blunder.
blouser³ [bluze] *vt* (*Billard*) to pot, pocket.
blouson [bluzɔ̃] *nm* windjammer, blouson-style jacket. ~ **de laine** lumber jacket; ~ **d'aviateur** bomber *ou* pilot jacket; **les ~s dorés**† rich delinquents; ~ **noir**‡ ≃ teddy-boy, hell's angel (*US*).
blue-jean, pl blue-jeans [bludʒin] *nm* (pair of) jeans.
blues [bluz] *nm inv* (*Mus*) blues. **aimer le ~** to like the blues.
bluet [blyɛ] *nm* (*Can*) blueberry.
bluff* [blœf] *nm* bluff. **c'est du ~!** he's just bluffing!, he's just trying it on!‡ (*Brit*).
bluffer* [blœfe] (1) **1** *vi* to bluff, try it on‡ (*Brit*); (*Cartes*) to bluff. **2** *vt* to fool, have (*Brit*) *ou* put on‡; (*Cartes*) to bluff.
bluffeur, -euse* [blœfœʀ, øz] *nm,f* bluffer.
blutage [blytaʒ] *nm* bolting (*of flour*).
boa [bɔa] *nm* (*Habillement, Zool*) boa. ~ **constricteur** boa constrictor.
Boadicée [bɔadise] *nf* Boadicea.
boat-people [botpipɔl] *nmpl* boat people.
bob [bɔb] *nm* (*Ski*) bob.
bobard* [bɔbaʀ] *nm* (*mensonge*) lie, fib*; (*histoire*) tall story, yarn.
bobèche [bɔbɛʃ] *nf* **(a)** candle-ring. **(b)** (*) [*personne*] head, nut*, noddle‡.
bobinage [bɔbinaʒ] *nm* (*gén: action*) winding; (*Élec: ensemble*) coil(s).
bobine [bɔbin] *nf* **(a)** [*fil*] reel, bobbin; [*métier à tisser*] bobbin, spool; [*machine à écrire, à coudre*] spool; (*Phot*) spool, reel; (*Élec*) coil. (*Aut*) ~ **(d'allumage)** coil; (*Phot*) ~ **de pellicule** roll of film. **(b)** (*: visage*) face, dial‡. **il a fait une drôle de ~!** what a face he pulled!; **tu en fais une drôle de ~!** you look a bit put out!*
bobiner [bɔbine] (1) *vt* to wind.
bobinette†† [bɔbinɛt] *nf* (wooden) latch.
bobineuse [bɔbinøz] *nf* winding machine.
bobinoir [bɔbinwaʀ] *nm* winding machine.
bob(sleigh) [bɔb(slɛg)] *nm* bobsleigh.
bobo [bobo] *nm* (*langage enfantin*) (*plaie*) sore; (*coupure*) cut. **avoir ~** to be hurt, have a pain; **avoir ~ à la gorge** to have a sore throat; **ça (te) fait ~?** does it hurt?, is it sore?
bobonne*† [bɔbɔn] *nf*: **il est sorti avec (sa) ~** he's gone out with his old woman‡ *ou* his missus*; (*hum*) **oui ~** yes love* *ou* dearie*.
bocage [bɔkaʒ] *nm* **(a)** (*Géog*) bocage, *farmland criss-crossed by hedges and trees*. **(b)** (*littér: bois*) grove, copse.
bocager, -ère [bɔkaʒe, ɛʀ] *adj* (*littér: boisé*) wooded. (*Géog*) **paysage ~** bocage landscape.
bocal, pl -aux [bɔkal, o] *nm* jar. ~ **à poissons rouges** goldfish bowl; **mettre en ~aux** *fruits* to preserve, bottle.
Boccace [bɔkas] *nm* Boccaccio.
boche [bɔʃ] (*péj*) **1** *adj* Boche. **2** *nm*: **B~** Jerry, Boche, Hun, Kraut‡.
bock [bɔk] *nm* (*verre*) beer glass; (*bière*) glass of beer.
Boers [buʀ] *nmpl*: **les ~** the Boers.
bœuf [bœf, *pl* ~s [bø]] **1** *nm* **(a)** (*bête*) ox; (*de boucherie*) bullock, steer; (*viande*) beef. ~**s de boucherie** beef cattle; ~**-mode** stewed beef with carrots; ~ **en daube** bœuf en daube, beef stew; *V* **charrue, fort, qui** *etc*. **(b)** (*arg Mus*) jam session. **2** *adj inv*: **effet/succès ~*** tremendous* *ou* fantastic* effect/success.
bof! [bɔf] *excl* so what!
bogee, bogey [bɔgi] *nm* (*Golf*) bogy, bogey, bogie.
bog(g)ie [bɔʒi] *nm* (*Rail*) bogie.
Bohème, Bohème [bɔɛm] *nf* Bohemia.
bohème [bɔɛm] **1** *adj* bohemian. **2** *nmf* bohemian. **mener une vie de ~** to lead a bohemian life. **3** *nf* (*milieu*) **la B~** Bohemia.

bohémien, -ienne [bɔemjɛ̃, jɛn] **1** *adj* Bohemian. **2** *nm* (*Ling*) bohemian. **3** *nm,f* (*gitan*) gipsy. (*de Bohême*) B~(ne) Bohemian.
boire [bwaʀ] (53) **1** *vt* **(a)** to drink. ~ **un verre**, ~ **un coup*** to have a drink; **aller** ~ **un coup*** to go for a drink; ~ **qch à longs traits** to take great gulps of sth, gulp sth down; **offrir/donner à** ~ **à qn** to get sb/give sb sth to drink *ou* a drink; ~ **à la santé/au succès de qn** to drink sb's health/to sb's success; ~ **en Suisse** to drink on one's own; **on a bu une bouteille à nous deux** we drank a (whole) bottle between the two of us; **ce vin se boit bien** this wine goes down nicely*, **this wine is very drinkable**.
(b) faire ~ **un enfant** to give a child something to drink; **faire** ~ **un cheval** to water a horse.
(c) (*gén emploi absolu: boire trop*) to drink. ~ **comme un trou*** to drink like a fish; ~ **sans soif** to drink heavily; **c'est un homme qui boit** (*sec*) he's a (heavy) drinker; **il s'est mis à** ~ he has taken to drink, he has started drinking; **il a bu, c'est évident** he has obviously been drinking.
(d) (*absorber*) to soak up, absorb. **ce papier boit l'encre** the ink soaks into this paper; **ce buvard boit bien l'encre** this blotter soaks up the ink well; **la plante a déjà tout bu** the plant has already soaked up all the water.
(e) (*loc*) ~ **les paroles de qn** to drink in sb's words, lap up what sb says*; ~ **le calice jusqu'à la lie** to drain one's cup to the (last) dregs *ou* last drop; ~ **un bouillon*** (*revers de fortune*) to make a big loss, be ruined; (*en baignant*) to swallow *ou* get a mouthful; ~ **la tasse*** to swallow *ou* get a mouthful; ~ **du** (**petit**) **lait** to lap it up*; **il y a à** ~ **et à manger là-dedans** (*dans une boisson*) there are bits floating about in it; (*fig*) (*qualités et défauts*) it's got its good points and its bad; (*vérités et mensonges*) you have to pick and choose what to believe.
2 *nm*: **le boire et le manger** food and drink.
bois [bwa] **1** *nm* **(a)** (*forêt, matériau*) wood. **c'est en** ~ it's made of wood; **chaise de** *ou* **en** ~ wooden chair; **ramasser du petit** ~ to collect sticks *ou* kindling; (*fig*) **son visage était de** ~ his face was impassive, he was poker-faced; (*fig*) **je ne suis pas de** ~ I'm only human; (*fig*) **chèque en** ~ cheque that bounces (*Brit*), rubber check* (*US*).
(b) (*objet en bois*) (*gravure*) woodcut; (*manche*) shaft, handle; (*Golf*) wood.
(c) (*Zool*) antler.
(d) (*Mus*) **les** ~ the woodwind (instruments *ou* section *etc*).
(e) (*loc*) (*Tennis*) **faire un** ~ to hit the ball off the wood; **je ne suis pas du** ~ **dont on fait les flûtes** I'm not going to let myself be pushed around, I'm not just anyone's fool; **il va voir de quel** ~ **je me chauffe!** I'll show him (what I'm made of)!, just let me get my hands on him!; **il fait feu** *ou* **flèche de tout** ~ all's grist that comes to his mill, he'll use any means available to him.
2: bois blanc whitewood, deal; (*Can †*) **bois-brûlé, e** *nm,f, mpl* **bois-brûlés** half-breed Indian, bois-brûlé (*Can*); **bois à brûler** firewood; **bois de charpente** timber; **bois de chauffage** firewood; (*Can*) **bois debout** standing timber; **bois d'ébène** (*Hist péj: esclaves*) black gold; **bois exotique**, **bois des îles** exotic wood; **bois de justice** the guillotine; **bois de lit** bedstead; **bois de menuiserie** timber; **bois mort** deadwood; (*Can*) **bois rond** unhewn timber; **bois de rose** rosewood; **bois vert** green wood; (*Menuiserie*) unseasoned *ou* green timber.
boisage [bwazaʒ] *nm* (*action*) timbering; (*matière*) timber work.
boisé, e [bwaze] (*ptp de boiser*) *adj* wooded, woody. **pays** ~ woodland(s), wooded *ou* woody countryside.
boisement [bwazmɑ̃] *nm* afforestation.
boiser [bwaze] (1) *vt* **région** to afforest, plant with trees; **galerie** to timber.
boiserie [bwazʀi] *nf*: ~(**s**) panelling, wainscot(t)ing.
boisseau, pl ~x [bwaso] *nm* (*††*) ≃ bushel; (*Can*) bushel (*36,36 litres*). **il est embêtant comme un** ~ **de puces!*** he's a menace!* *ou* a pest!*; **garder** *ou* **laisser** *ou* **mettre qch sous le** ~ to keep sth dark *ou* in the dark.
boisson [bwasɔ̃] *nf* drink; (*Can**) hard liquor, spirits. **ils apportent la** ~ they are bringing the drinks; **usé par la** ~ worn out with drinking; (*littér*) **être pris de** ~ to be drunk, be under the influence; ~ **alooolisée** alcoholic beverage (*frm*) *ou* drink; ~ **non alcoolisée** soft drink.
boîte [bwat] **1** *nf* **(a)** (*récipient*) (*en carton, bois*) box; (*en métal*) box, tin; (*conserves*) tin (*Brit*), can (*US*). **mettre des haricots en** ~ to can beans; **des tomates en** ~ tinned (*Brit*) *ou* canned (*US*) tomatoes; (*fig*) **mettre qn en** ~* to pull sb's leg*, take the mickey out of sb* (*Brit*); **il a mangé toute la** ~ **de caramels** he ate the whole box of toffees.
(b) (*: *cabaret*) night club; (*: *lieu de travail*) (*firme*) firm, company; (*bureau*) office; (*école*) school. **quelle** (**sale**)~! what a joint!* *ou* dump!*, what a crummy hole!*; **je veux changer de** ~ (*usine*) I want to change my job; (*lycée*) I want to change schools; **il s'est fait renvoyer de la** ~ he got chucked out*.
2: boîte d'allumettes box of matches; (*péj*) **boîte à bachot** cramming school; **boîte à bijoux** jewel box; **boîte de conserve** tin (*Brit*) *ou* can (*US*) of food; **boîte de couleurs** box of paints, paintbox; (*Anat*) **boîte crânienne** cranium, brainpan; (*Orgue*) **boîte expressive** swell box; (*Aut*) **boîte à gants** glove locker (*Brit*) *ou* compartment; **boîte à** *ou* **aux lettres** (*publique*) pillar box (*Brit*), mailbox (*US*), letterbox; (*privée*) letterbox; (*fig: personne*) go-between; **boîte à musique** musical box; (*Aviat*) **boîte noire** flight recorder, black box; **boîte de nuit** night club; **boîte à ordures** dustbin (*Brit*), garbage *ou* trash can (*US*); **boîte à outils** toolbox; **boîte à ouvrage** *ou* **à couture** sewing box, workbox; **boîte de Pandore** Pandora's box; **boîte postale 150** P.O. Box 150; (*Aut*) **boîte de vitesses** gearbox.
boitement [bwatmɑ̃] *nm* limping.

boiter [bwate] (1) *vi* [*personne*] to limp, walk with a limp *ou* gimp; [*meuble*] to wobble; [*raisonnement*] to be unsound *ou* shaky. ~ **bas** to limp badly; ~ **de la jambe gauche** to limp with one's left leg.
boiteux, -euse [bwatø, øz] **1** *adj* **personne** lame, who limps; **meuble** wobbly, rickety; **paix, projet** shaky; **union** ill-assorted; **raisonnement** unsound, shaky; **explication** lame, clumsy, weak; **vers** faulty; **phrase** (*incorrecte*) grammatically wrong, (*mal équilibrée*) unbalanced, clumsy.
2 *nm,f* lame person, gimp‡.
boîtier [bwatje] *nm* case; (*pour appareil-photo*) body. (*Aut*) ~ **de différentiel** differential housing; ~ **électrique** electric torch (*Brit*), flashlight (*US*); ~ **de montre** watchcase.
boitillement [bwatijmɑ̃] *nm* slight limp, hobble.
boitiller [bwatije] (1) *vi* to limp slightly, have a slight limp, hobble.
bol [bɔl] *nm* **(a)** (*récipient*) bowl; (*contenu*) bowl, bowlful. (*fig*) **prendre un** (**bon**) ~ **d'air** to get a good breath of fresh air. **(b)** (*Pharm*) bolus. (*Méd*) ~ **alimentaire** bolus. **(c)** (‡*loc*) **avoir du** ~ to be lucky; **pas de** ~! no luck! **(d)** (*Can**) = **bolle***.
bolchevique [bɔlʃəvik] *adj, nmf* Bolshevik, Bolshevist.
bolchevisme [bɔlʃəvism(ə)] *nm* Bolchevism.
bolcheviste [bɔlʃəvist(ə)] = **bolchevique**.
bolée [bɔle] *nf* bowl(ful).
boléro [bɔleʀo] *nm* (*Habillement, Mus*) bolero.
bolet [bɔlɛ] *nm* mushroom, boletus (*T*).
bolide [bɔlid] *nm* (*Astron*) meteor, bolide (*T*); (*voiture*) (high-powered) racing car. **comme un** ~ **arriver, passer** at top speed; **s'éloigner** like a rocket.
Bolivie [bɔlivi] *nf* Bolivia.
bolivien, -ienne [bɔlivjɛ̃, jɛn] **1** *adj* Bolivian. **2** *nm,f*: B~(ne) Bolivian.
bollard [bɔlaʀ] *nm* (*Naut*) bollard.
bolle* [bɔl] *nf* (*Can*) head. **j'ai mal à la** ~ I have a headache.
Bologne [bɔlɔɲ] *n* Bologna.
bolognais, e [bɔlɔɲɛ, ɛz] **1** *adj* Bolognese; (*Culin*) bolognese. **2** *nm,f*: B~(e) Bolognese.
bombance*† [bɔ̃bɑ̃s] *nf* feast, revel, beanfeast* (*Brit*). **faire** ~ to revel, have a beanfeast* (*Brit*).
bombarde [bɔ̃baʀd(ə)] *nf* (*Mil*) bombard.
bombardement [bɔ̃baʀdəmɑ̃] *nm* (*V* **bombarder**) (*Mil*) bombardment; bombing; shelling; (*fig*) pelting; showering; bombarding; (*Phys*) bombardment. ~ **aérien** air raid, aerial bombing (*U*); ~ **atomique** (*Mil*) atom-bomb attack, atomic attack; (*Phys*) atomic bombardment.
bombarder [bɔ̃baʀde] (1) *vt* (*Mil*) to bombard; (*avec bombes*) to bomb; (*par obus*) to shell; (*Phys*) to bombard. (*fig*) ~ **de cailloux, tomates** to pelt with; **questions** to bombard with; **lettres** to shower with, inundate with; **on l'a bombardé directeur*** he was suddenly thrust into *ou* pitchforked into the position of manager.
bombardier [bɔ̃baʀdje] *nm* (*avion*) bomber; (*aviateur*) bomb-aimer, bombardier.
Bombay [bɔ̃bɛ] *n* Bombay.
bombe [bɔ̃b] **1** *nf* **(a)** (*Mil*) bomb. **attentat à la** ~ bombing, bomb *ou* bombing attack; (*fig*) **comme une** ~ unexpectedly, (like a bolt) out of the blue; **la nouvelle a éclaté comme une** ~ the news came as a bombshell *ou* was like a bolt out of the blue.
(b) (*atomiseur*) spray.
(c) (*Équitation*) riding cap *ou* hat.
(d) (*loc*) **faire la** ~* to go on a spree *ou* a binge*.
2: (*Aut*) **bombe antigel** de-icing spray; **bombe anti-crevaison** instant puncture sealant; **bombe atomique** atom(ic) bomb; **lancer une bombe atomique sur** to make an atomic *ou* nuclear attack on; **la Bombe atomique** the Bomb; (*Méd*) **bombe au cobalt** cobalt therapy unit, telecobalt machine; **bombe déodorante** deodorant spray; (*Culin*) **bombe glacée** bombe glacée, ice pudding; **bombe à fragmentation** cluster bomb; **bombe H** H-bomb; **bombe à hydrogène** hydrogen bomb; **bombe incendiaire** incendiary *ou* fire bomb; **bombe insecticide** fly spray; **bombe lacrymogène** teargas grenade; **bombe de laque** hair spray; **bombe de peinture** (can of) paint spray; **bombe à retardement** time bomb; (*Géol*) **bombe volcanique** volcanic bomb.
bombé, e [bɔ̃be] (*ptp de bomber*) *adj* **forme** rounded, convex; **cuiller** heaped, rounded; **poitrine** thrown out; **front** domed; **mur** bulging; **dos** humped, hunched; **route** steeply cambered. **verre** ~ balloon-shaped glass.
bombement [bɔ̃bmɑ̃] *nm* (*forme*) convexity; (*route*) camber; (*front*) bulge.
bomber [bɔ̃be] (1) **1** *vt* **(a)** ~ **le torse** *ou* **la poitrine** (*lit*) to stick out *ou* throw out one's chest; (*fig*) to puff out one's chest, swagger about. **(b)** (*Peinture*) to spray(-paint). **2** *vi* [*route*] to camber; [*mur*] to bulge; (*Menuiserie*) to warp; (*: *rouler vite*) to belt along*.
bombonne [bɔ̃bɔn] *nf* = **bonbonne**.
bombyx [bɔ̃biks] *nm* bombyx.
bôme [bom] *nf* (*Voile*) boom.
bon¹, bonne¹ [bɔ̃, bɔn] **1** *adj* **(a)** (*de qualité*) (*gén*) good; **fauteuil, lit** good, comfortable. **il a une bonne vue** *ou* **de** ~**s yeux** he has good eyesight, his eyesight is good; **il a de bonnes jambes** he has a good *ou* strong pair of legs; **il a fait du** ~ **travail** he has done a good job of work; **marchandises/outils de bonne qualité** good quality goods/tools; **si j'ai bonne mémoire, si ma mémoire est bonne** if my memory is correct *ou* serves me well.
(b) (*compétent*) **docteur, élève, employé** good; (*efficace*) **instrument, système, remède** good, reliable; (*sage*) **conseil** good, sound; (*valable*) **excuse, raison** good, valid, sound; (*sain, sûr*) **placement, monnaie, entreprise** sound. **être** ~ **en anglais** to be good at English; **une personne de** ~ **conseil** a man of sound judgment; **pour le** ~ **fonctionnement du moteur** for the efficient working of the motor, for the motor to work efficiently *ou* properly; **quand on veut**

réussir tous les moyens sont ~s anything goes when one wants to succeed; tout lui est ~ pour me discréditer he'll stop at nothing to discredit me.

(c) *(agréable) odeur, vacances, surprise, repas* good, pleasant, nice. un ~ petit vin a nice (little) wine; elle aime les bonnes choses she likes the good things in life; nous avons passé une bonne soirée we had a pleasant *ou* nice evening; c'était vraiment ~ *(à manger, à boire)* it was *ou* tasted really good *ou* nice; l'eau est bonne the water is warm *ou* fine *ou* nice; il a la bonne vie he's got it easy*, life's a bed of roses for him; être en bonne compagnie to be in good company *ou* with pleasant companions; *(littér)* être de bonne compagnie to be pleasant *ou* good company.

(d) *(moralement ou socialement irréprochable) lectures, fréquentations, pensées, famille* good. il est ~ père et ~ fils he's a good father and a good son; libéré pour bonne conduite released for good conduct; de bonne renommée of good repute; d'un ~ milieu social from a good social background; dans la bonne société in polite society.

(e) *(charitable) personne* good, kind(-hearted), kindly; *action* good, kind, kindly; *parole* kind, comforting, kindly. la bonne action *ou* la b.a. quotidienne de l'éclaireur the scout's good deed for the day; il a eu un ~ mouvement he made a nice gesture; être ~ pour les animaux to be kind to animals; avoir ~ cœur to have a good *ou* kind heart, be kind- *ou* good-hearted; vous êtes bien *ou* trop ~ you are really too kind, it's really too kind *ou* good of you; il est ~ comme du ~ pain he has a heart of gold; elle est bonne fille she's a nice *ou* good-hearted girl, she's a good sort*; une bonne âme a good soul; *(iro)* vous êtes ~, vous, avec vos idées impossibles!* you're a great help with your wild ideas!; *(péj)* c'est un ~ pigeon *ou* une bonne poire he is a bit of a sucker‡ *ou* mug‡ *(Brit)* *ou* dope*.

(f) *(valable, utilisable) billet, passeport, timbre* valid. médicament/yaourt ~ jusqu'au 5 mai medicine/yoghurt to be consumed *ou* used before 5th May; est-ce que la soupe va être encore bonne avec cette chaleur? will the soup have kept *ou* will the soup still be all right in this heat?; ce joint de caoutchouc n'est plus ~ this rubber washer is perished *(Brit)* *ou* is no longer any good; est-ce que ce pneu/ce vernis est encore ~? is this tyre/varnish still fit to be used? *ou* still usable?

(g) *(favorable) opinion, rapport* good, favourable; *(Scol) bulletin, note* good. dans le ~ sens du terme in the favourable sense of the word.

(h) *(recommandé) alimentation* good. ~ pour la santé/pour le mal de tête good for one's health/for headaches; ces champignons ne sont pas ~s (à manger) these mushrooms aren't safe (to eat); est-ce que cette eau est bonne? is this water fit *ou* all right to drink?, is this water drinkable?; est-ce bien ~ de fumer tant? is it a good thing *ou* very wise to smoke so much?; ce serait une bonne chose s'il restait là-bas it would be a good thing if he stayed there; il serait ~ que vous les préveniez you would do well *ou* it would be a good idea *ou* thing to let them know; il est ~ de louer de bonne heure it's as well *ou* it's advisable to book early; croire *ou* juger *ou* trouver ~ de faire to think *ou* see fit to do; il semblerait ~ de it would seem sensible *ou* a good idea to; trouvez-vous ~ qu'il y aille? do you think it's a good thing for him to go?; quand/comme vous le jugerez ~ when/as you see fit; quand/comme ~ vous semble when/as you think best; allez-y si ~ vous semble go ahead if you think it best.

(i) ~ pour: *(Mil)* ~ pour le service fit for service; il est ~ pour la casse* *[objet détérioré]* it's only fit for the dustbin *(Brit)* *ou* garbage *(US)* *ou* the scrap heap; *[personne]* he's on his last legs*, he's ready for the scrap heap; le voilà ~ pour une contravention* he's let himself in for a fine; le voilà ~ pour recommencer now he'll have to start all over again; la télévision, c'est ~ pour ceux qui n'ont rien à faire television is all right *ou* fine for people who have nothing to do; cette solution, c'est ~ pour toi, mais pas pour moi that may be a solution for you but it won't do for me.

(j) ~ à: cet enfant n'est ~ à rien this child is no good *ou* use at anything; cet appareil n'est ~ à rien/n'est pas ~ à grand-chose this instrument is useless/isn't much good *ou* use for anything; c'est ~ à jeter it's fit for the dustbin, it might as well be thrown out; c'est (tout juste) ~ à nous créer des ennuis it will only create problems for us, all it will do is (to) create problems for us; ce drap est (tout juste) ~ à faire des torchons this sheet is (just) about good enough for *ou* is only fit for dusters *(Brit)* *ou* dustcloths *(US)*; c'est ~ à savoir *ou* c'est ~ à savoir that, that's worth knowing; c'est toujours ~ à prendre there's no reason to turn it down, it's better than nothing; tout n'est pas ~ à dire some things are better left unsaid; puis-je vous être ~ à quelque chose? can I be of any use *ou* help to you?, can I do anything for you?

(k) *(correct) solution, méthode, réponse, calcul* right, correct. au ~ moment at the right *ou* proper time; le ~ numéro/cheval the right number/horse; sur le ~ côté de la route on the right *ou* proper side of the road; le ~ côté du couteau the cutting *ou* sharp edge of the knife; le ~ usage correct usage (of language); *(fig)* ils sont sur la bonne route they're on the right track; *(Prov)* les ~s comptes font les ~s amis short debts make bad friends.

(l) *(intensif de quantité)* good. un ~ kilomètre a good kilometre; une bonne livre/semaine/heure a good pound/week/hour; une bonne raclée* a thorough *ou* sound hiding; un ~ savon* a thorough *ou* sound telling-off*; il a reçu une bonne paire de claques he got a smart clip on the ear* *(Brit)* *ou* a good slap in the face; la voiture en a pris un ~ coup* the car has got *ou* had a real bash*; ça fait un ~ bout de chemin! that's quite a good way! *ou* a step!, that's quite some way!; il est tombé une bonne averse/couche de neige there has been a heavy shower/fall of snow;

après un ~ moment after quite some time *ou* a good while; laissez une bonne marge leave a good *ou* wide margin; il faudrait une bonne gelée pour tuer la vermine what is needed is a hard frost to kill off the vermin; ça aurait besoin d'une bonne couche de peinture/d'un ~ coup de balai it needs *ou* would need a good coat of paint/a good sweep-out; ça fait un ~ poids à traîner! that's quite a *ou* some load to drag round!; d'un ~ pas at a good pace *ou* speed; faire ~ poids/bonne mesure to give good weight/measure; il faudrait qu'il pleuve une bonne fois what's needed is a good downpour; je te le dis une bonne fois (pour toutes) I'm telling you once and for all, I'll tell you one last time; (un) ~ nombre de a good many; arriver ~ premier to come in an easy first, come in well ahead of everyone else; arriver ~ dernier to finish last by a long way, come in a long way *ou* well behind the others; une bonne moitié fully half.

(m) *(intensif de qualité)* une bonne paire de souliers a good (strong) pair of shoes; une bonne robe de laine a nice warm woollen dress; une bonne tasse de thé a nice (hot) cup of tea; un ~ bain chaud a nice hot bath; le ~ vieux temps the good old days; c'était le ~ temps! those were the days!

(n) mon ~ monsieur my good man; ma bonne dame my good woman; les bonnes gens good *ou* honest people; mon ~ ami my dear *ou* good friend; une bonne dame m'a fait entrer some good woman let me in.

(o) *(souhaits)* bonne (et heureuse) année! happy New Year!; ~ anniversaire! happy birthday!; ~ appétit! have a nice meal!, enjoy your meal!; bonne chance! good luck!, all the best!; ~ courage! good luck!; ~ dimanche! have a good time on Sunday!, have a nice Sunday!; bonne fin de semaine! enjoy the rest of the week!, have a good weekend!; bonne nuit! good night!; bonne rentrée! I hope you get back all right! *ou* safely!, safe return!; *(Scol)* I hope the new term starts well!; ~ retour! safe journey back!, safe return!; bonne route! safe journey!; bonne santé! (I) hope you keep well!; bonnes vacances! have a good holiday! *(Brit)* *ou* vacation! *(US)*; ~ voyage! safe journey!, have a good journey!; au revoir et bonne continuation goodbye and I hope all goes well (for you) *ou* and all the best!

(p) *(amical) ambiance* good, pleasant, nice; *regard, sourire* warm, pleasant. relations de ~ voisinage good neighbourly relations; un ~ (gros) rire a hearty *ou* cheery laugh; c'est un ~ camarade he's a good friend.

(q) *(loc)* ~! right!, O.K.!*; ~! ~! all right! all right!; c'est ~! je le ferai moi-même (all) right then I'll do it myself; ~ Dieu!*, ~ sang (de bonsoir)! damn and blast it!‡, hells bells!‡; à ~ droit with good reason, legitimately; ~s baisers much love, love and kisses; ~ débarras! good riddance!; ~ vent! good riddance!, go to blazes!*; ~ an mal an taking one year with another, on average; ~ gré mal gré whether you (*ou* they *etc*) like it or not, willy-nilly; à bonne fin to a successful conclusion; être en bonnes mains to be in good hands; (à) ~ marché *acheter* cheap; de ~ cœur *manger, rire* heartily; *faire, accepter* willingly, readily; être de bonne composition to be biddable, easy to deal with; à ~ compte *obtenir* (on the) cheap, for very little, for a song; s'en tirer à ~ compte to get off lightly; à la bonne franquette* *recevoir, agir* informally; on a dîné à la bonne franquette* we took pot luck together; de bonne heure early; à la bonne heure! that's fine!; *(iro)* that's a fine idea! *(iro)*; manger de ~ appétit to eat heartily; de ~ matin early; une bonne pâte an easy-going fellow, a good sort; avoir ~ pied ~ œil to be as fit as a fiddle, be hale and hearty; cette fois-ci, on est ~!* this time we've had it!*; c'est de bonne guerre that's fair enough; *(iro)* elle est bien bonne celle-là that's a good one!; *(littér)* faire bonne chère to eat well, have a good meal; *(littér)* faire ~ visage à qn to put on a pleasant face for sb; faire ~ apôtre to have a holier-than-thou attitude; tenir le ~ bout* to be getting near the end of one's work, be past the worst; garder qch pour la bonne bouche to save sth till the end *ou* till last; *(hum)* pour la bonne cause† with honourable motives *ou* intentions; voilà une bonne chose de faite that's one good job got out of the way *ou* done; *(Prov)* ~ chien chasse de race like father like son *(Prov)*; *(Prov)* bonne renommée vaut mieux que ceinture dorée a good name is better than riches; *(Prov)* ~ sang ne saurait mentir what's bred in the bone will (come) out in the flesh *(Prov)*; prendre du ~ temps to enjoy o.s., have a good time; *V* allure, vent.

2 *adv*: il fait ~ ici it's nice *ou* pleasant here; il fait ~ au soleil it's nice and warm in the sun; il fait ~ vivre à la campagne it's a nice life in the country; il fait ~ vivre it's good to be alive; il ne ferait pas ~ le contredire we (*ou* you *etc*) would be ill-advised to contradict him.

3 *nm* **(a)** *(personne)* good *ou* upright person, welldoer. les ~s et les méchants good people and wicked people, welldoers and evildoers; *(westerns)* the goodies and the baddies *(Brit)*, the good guys and the bad guys *(US)*.

(b) *(morceau, partie)* mange le ~ et laisse le mauvais eat what's good *ou* the good part and leave what's bad *ou* the bad part.

(c) *(loc)* avoir du ~: cette solution a du ~ this solution has its merits *ou* advantages *ou* its (good) points; il y a du ~: il y a du ~ dans ce qu'il dit there is some merit *ou* there are some good points in what he says; il y a du ~ et du mauvais it has its good and its bad points; il y a du ~ et du moins ~ parts of it are good and parts of it are not so good, some bits are better than others.

4 *nf*: en voilà une bonne! that's a good one!; *(iro)* tu en as de bonnes, toi!* you're kidding!‡, you must be joking!*; avoir qn à la bonne* to like sb, be in (solid) with sb *(US)*; il m'a à la bonne* I'm in his good books*.

5: *(hum)* bonne amie† girlfriend, sweetheart; bon chic bon genre* *jeune homme* well-groomed, preppy *(US)*; *costume* well-cut; le Bon Dieu God, the good *ou* dear Lord; bon enfant *adj inv* good-natured; **bonne étoile** lucky star; (*péj: femme*) **bonne femme** woman; (*péj: épouse*) **sa bonne femme** his old woman‡, his missus*; **bonne maman*** granny*, grandma; **bon marché** *adj inv* cheap, inexpensive; **bon mot** witty remark, witticism; **bonnes œuvres** charity; **bon papa*** grandpa, grandad*; (*Rel*) **la bonne parole** (*lit*) the word of God; (*fig*) the gospel (*fig*); (*Scol*) **bon point** star; (*fig*) **un bon point pour vous!** that's a point in your favour!; **bon public: être bon public** to be appreciative, be a good *ou* an appreciative audience; **bon à rien, bonne à rien** good-for-nothing, ne'er-do-well; (*Bible, fig*) **bon Samaritain** good Samaritan; **bon sens** common sense; **bonne sœur*** nun; **bon teint** *couleur* fast; (*fig*) *syndicaliste* staunch, dyed-in-the-wool (*fig*); **le bon ton** good form, good manners; **il est de bon ton de** it is good form *ou* good manners to; **bon vivant** (*adj*) jovial; (*nm*) jovial fellow.

bon² [bɔ̃] **1** *nm* (*formulaire*) slip, form; (*coupon d'échange*) coupon, voucher; (*Fin: titre*) bond.
2: bon de caisse cash voucher; **bon de commande** order form; **bon d'épargne** savings certificate; **bon d'essence** petrol (*Brit*) *ou* gas (*US*) coupon; **bon de garantie** guarantee (slip); **bon de livraison** delivery slip; **bon de réduction** reduction coupon *ou* voucher; (*Typ*) **bon à tirer** (*adj*) passed for press; (*nm*) final corrected proof; **donner le bon à tirer** to pass for press; **bon du Trésor** (Government) Treasury bill; **bon à vue** demand note.
Bonaparte [bɔnapaʀt] *nm* Bonaparte.
bonapartisme [bɔnapaʀtism(ə)] *nm* Bonapartism.
bonapartiste [bɔnapaʀtist(ə)] *adj, nmf* Bonapartist.
bonasse [bɔnas] *adj* meek (and mild), soft*, easy-going.
bonbon [bɔ̃bɔ̃] **1** *nm* sweet (*Brit*), sweetie* (*Brit*), candy (*US*). **2: bonbon acidulé** acid drop; **bonbon anglais** fruit drop; **un bonbon au chocolat** a chocolate; **bonbon fourré** sweet (*Brit*) *ou* candy (*US*) with soft centre; **bonbon à la menthe** mint, humbug (*Brit*); **bonbon au miel** honey drop.
bonbonne [bɔ̃bɔn] *nf* (*recouverte d'osier*) demijohn; (*à usage industriel*) carboy.
bonbonnière [bɔ̃bɔnjɛʀ] *nf* (*boîte*) sweet (*Brit*) *ou* candy (*US*) box, bonbonnière; (*fig: appartement*) bijou flat (*Brit*), exquisite apartment (*US*), bijou residence (*hum*).
bond [bɔ̃] *nm* (*personne, animal*) leap, bound, jump, spring; (*balle*) bounce. **faire des ~s** (*sauter*) to leap *ou* spring up *ou* into the air; (*gambader*) to leap *ou* jump about; **faire un ~ d'indignation** to leap *ou* jump up in indignation *ou* indignantly; **faire un ~ de surprise** to start with surprise; **franchir qch d'un ~** to clear sth at one jump *ou* bound; **se lever d'un ~** to leap *ou* jump *ou* spring up; **il ne fit qu'un ~ jusqu'à l'hôpital** he rushed *ou* dashed off to the hospital, he was at the hospital in a trice; **progresser par ~s** to progress by leaps and bounds; (*Mil*) to advance by successive dashes; **l'économie nationale a fait un ~ (en avant)** the country's economy has leapt forward, there has been a boom *ou* surge in the country's economy; **les prix ont fait un ~** prices have shot up *ou* soared; *V* **balle¹, faux²**.
bonde [bɔ̃d] *nf* (a) (*bouchon*) [*tonneau*] bung, stopper; [*évier, baignoire*] plug; [*étang*] sluice gate. (b) (*trou*) [*tonneau*] bunghole; [*évier, baignoire*] plughole.
bondé, e [bɔ̃de] *adj* packed(-full), cram-full, jam-packed*.
bondieuserie [bɔ̃djøzʀi] *nf* (*péj*) (*piété*) religiosity, devoutness; (*bibelot*) religious trinket *ou* bric-à-brac (*U*).
bondir [bɔ̃diʀ] (2) *vi* (a) (*sauter*) [*homme, animal*] to jump *ou* leap *ou* spring up; [*balle*] to bounce (up). **~ de joie** to jump *ou* leap for joy; **~ de colère** to fume with anger; (*fig*) **cela me fait ~*** it makes me hopping mad*, it makes my blood boil*; **il bondit d'indignation** he leapt up indignantly.
(b) (*gambader*) to jump *ou* leap about.
(c) (*sursauter*) to start. **~ de surprise/de frayeur** to start with surprise/fright.
(d) (*se précipiter*) **~ vers** *ou* **jusqu'à** to dash *ou* rush to; **~ sur sa proie** to pounce on one's prey.
bondissement [bɔ̃dismɑ̃] *nm* bound, leap. **regarder les ~s d'une chèvre** to watch a goat bounding *ou* leaping *ou* skipping about.
bongo [bɔ̃go] *nm* (*Mus*) bongo (drum).
bonheur [bɔnœʀ] **1** *nm* (a) (*U: félicité*) happiness, bliss.
(b) (*joie*) joy (*U*), source of happiness *ou* joy. **le ~ de vivre/d'aimer** the joy of living/of loving; **avoir le ~ de voir son fils réussir** to have the joy of seeing one's son succeed; **faire le ~ de qn** to make sb happy, bring happiness to sb; **si ce ruban peut faire ton ~, prends-le*** if this ribbon is what you're looking for *ou* can be any use to you take it; **des vacances! quel ~!** holidays! what bliss! *ou* what a delight!; **quel ~ de vous revoir!** what a pleasure it is to see you again!
(c) (*chance*) (good) luck, good fortune. **avoir le ~ de faire** to be lucky enough *ou* have the good fortune to do; **il ne connaît pas son ~!** he doesn't know *ou* realize (just) how lucky he is!, he doesn't know *ou* realize his luck!*; **il eut le rare ~ de gagner 3 fois** he had the unusual good fortune *ou* luck of winning *ou* to win 3 times; **porter ~ à qn** to bring sb luck; **par ~** fortunately, luckily; **par un ~ inespéré** by an unhoped-for stroke of luck *ou* good fortune.
(d) (*loc*) (*littér*) **avec ~** felicitously; **mêler avec ~ le tragique et le comique** to make a happy *ou* skilful blend of the tragic and the comic; **au petit ~ (la chance)*** haphazardly, any old how*.
2: bonheur-du-jour *nm, pl* **bonheurs-du-jour** escritoire, writing desk.
bonhomie [bɔnɔmi] *nf* good-naturedness, good-heartedness, bonhomie.
bonhomme [bɔnɔm], *pl* **bonshommes** [bɔ̃zɔm] **1** *nm* (*) (*homme*) chap* (*Brit*), fellow*, bloke* (*Brit*), guy*; (*mari*) old man‡; (‡*Can: père*) old man‡, father. **dessiner des bonshommes** to draw little men; **un petit ~ de 4 ans** a little chap* *ou* lad* *ou* fellow* of 4;

dis-moi, mon ~ tell me, sonny* *ou* little fellow*; (*fig*) **aller** *ou* **suivre son petit ~ de chemin** to carry on *ou* go on in one's own sweet way.
2 *adj inv*: **air/regard ~** good-natured expression/look.
3: bonhomme de neige snowman; **bonhomme de pain d'épice** gingerbread man.
boni† [bɔni] *nm* (*bénéfice*) profit. **100 F de ~** a 100-franc profit.
boniche [bɔniʃ] *nf* (*péj*) servant (maid), skivvy (*Brit*). **faire la ~** (**pour qn**) to skivvy for sb*.
bonification [bɔnifikasjɔ̃] *nf* (a) (*amélioration*) [*terre, vins*] improvement. (b) (*en compétition*) bonus (points); (*avantage*) advantage, start.
bonifier *vt*, **se bonifier** *vpr* [bɔnifje] (7) to improve.
boniment [bɔnimɑ̃] *nm* (*baratin*) sales talk (*U*), patter* (*U*); (*: *mensonge*) tall story, humbug (*U*). **faire le ~ à qn** to give sb the sales talk; **raconter des ~s*** to spin yarns *ou* tall stories.
bonimenter [bɔnimɑ̃te] (1) *vi* to give the sales talk.
bonimenteur [bɔnimɑ̃tœʀ] *nm* smooth talker.
bonjour [bɔ̃ʒuʀ] *nm* (a) (*gén*) hello, how d'you do?; (*matin*) (good) morning; (*après-midi*) (good) afternoon; (*au revoir*) good day (*frm*), good morning, good afternoon. **donnez-lui le ~ de ma part** give him my regards, remember me to him; **j'ai un ~ à vous donner de M X** Mr X asked me to give *ou* sends his regards.
Bonn [bɔn] *n* Bonn.
bonne² [bɔn] *nf* maid, domestic. **~ d'enfants** nanny (*Brit*), child's nurse (*US*); **~ à tout faire** general help, skivvy (*Brit*); (*hum*) maid of all work; *V aussi* **bon¹**.
bonnement [bɔnmɑ̃] *adv*: **tout ~** just, (quite) simply; **dire tout ~ que** to say (quite) frankly *ou* openly *ou* plainly that.
bonnet [bɔnɛ] **1** *nm* (a) (*coiffure*) bonnet, hat; [*bébé*] bonnet.
(b) [*soutien-gorge*] cup.
(c) (*Zool*) reticulum.
(d) (*loc*) **prendre qch sous son ~** to make sth one's concern *ou* responsibility, take it upon o.s. to do sth; **c'est ~ blanc et blanc ~** it's six of one and half a dozen of the other (*Brit*), it amounts to the same thing; *V* **jeter, tete**.
2: bonnet d'âne dunce's cap; **bonnet de bain** bathing cap; **bonnet de nuit** (*Habillement*) nightcap; (*fig) wet blanket*, killjoy, spoilsport; **bonnet phrygien** Phrygian cap; **bonnet à poils** bearskin; **bonnet de police** forage cap, garrison *ou* overseas cap (*US*).
bonneteau [bɔnto] *nm* three card trick.
bonneterie [bɔnɛtʀi] *nf* (*objets*) hosiery; (*magasin*) hosier's shop, hosiery; (*commerce*) hosiery trade.
bonnetier, -ière [bɔntje, jɛʀ] *nm,f* hosier.
bonnette [bɔnɛt] *nf* (*Phot*) supplementary lens; (*Naut*) studding sail, stuns'l; (*Mil*) [*fortification*] bonnet.
bonniche [bɔniʃ] *nf* = **boniche**.
bonsoir [bɔ̃swaʀ] *nm* (*en arrivant*) hello, good evening; (*en partant*) good evening, good night; (*en se couchant*) good night. **souhaiter le ~** to say good night; **~!*** (that's just) too bad!*; (*rien à faire*) nothing doing!*, not a chance!*, not on your life!*
bonté [bɔ̃te] *nf* (a) (*U*) kindness, goodness. **ayez la ~ de faire** would you be so kind *ou* good as to do?; **faire qch par pure ~ d'âme** to do sth out of the goodness of one's heart; **~ divine!** good heavens!*
(b) (act of) kindness. **merci de toutes vos ~s** thank you for all your kindnesses to me *ou* for all the kindness you've shown me.
bonus [bɔnys] *nm* (*Assurances*) no-claims bonus.
bonze [bɔ̃z] *nm* (*Rel*) bonze; (*: *personnage important*) bigwig*, **vieux ~‡** old fossil‡.
bonzerie [bɔ̃zʀi] *nf* Buddhist monastery.
bonzesse [bɔ̃zɛs] *nf* bonzess.
boogie-woogie [bugiwugi] *nm* boogie-woogie.
booléen, éenne [buleɛ̃, ɛɛn] *adj* (*Math, Ordin*) boolean.
boom [bum] *nm* (*expansion*) boom. **le baby ~** the baby boom.
boomerang [bumʀɑ̃g] *nm* (*lit, fig*) boomerang.
boots [buts] *nmpl* boots.
boqueteau, *pl* **~x** [bɔkto] *nm* copse.
borborygme [bɔʀbɔʀigm(ə)] *nm* rumble, rumbling noise (in one's stomach).
bord [bɔʀ] *nm* (a) [*route*] side, edge; [*rivière*] side, bank; [*lac*] edge, side, shore; [*cratère*] rim, lip; [*forêt, table*] edge; [*précipice*] edge, brink; [*verre, tasse*] brim, rim; [*assiette*] edge, rim; [*plate*] edge. **le ~ de la mer** the seashore; **~ du trottoir** edge of the pavement, kerb (*Brit*), curb (*US*); **une maison au ~ du lac** a house by the lake *ou* at the lakeside, a lakeside house; **se promener au ~ de la rivière** to go for a walk along the riverside *ou* the river bank *ou* by the river; **passer ses vacances au ~ de la mer** to spend one's holidays at the seaside *ou* by the sea, go to the seaside for one's holidays; **pique-niquer au ~ ou sur le ~ de la route** to (have a) picnic at *ou* by the roadside; **au ~ de l'eau** at the water's edge; **se promener au ~ de l'eau** to go for a walk by the lake *ou* river *ou* sea; **en été les ~s du lac sont envahis de touristes** in summer the shores of the lake are overrun by tourists; **il a regagné le ~ à la nage** (*dans la mer*) he swam ashore *ou* to the shore; (*dans une rivière*) he swam to the bank; **verre rempli jusqu'au ~ ou à ras ~** glass full *ou* filled to the brim.
(b) [*vêtement, mouchoir*] edge, border; [*chapeau*] brim. **chapeau à large(s) ~(s)** wide *ou* broad-brimmed hat; **le ~ ourlé** *ou* **roulotté d'un mouchoir** the rolled hem of a handkerchief; **veste ~ à ~** single-breasted jacket; **coller du papier ~ à ~** to hang wallpaper edge to edge.
(c) (*Naut*) side. **les hommes du ~** the crew; (*Aviat, Naut*) **à ~ on** board, aboard; **monter à ~** to go on board *ou* aboard; **prendre qn à son ~** to take sb aboard *ou* on board; **monter à ~ d'un navire** to board a ship, go on board *ou* aboard ship; **la marchandise a été expédiée à ~ du SS Wallisdown** the goods were shipped on SS

Wallisdown; (*Naut*) **passer/jeter par-dessus** ~ to hand/throw overboard; **M X**, **à** ~ **d'une voiture bleue** Mr X, driving *ou* in a blue car; **journal** *ou* **livre de** ~ log(book), ship's log.

(**d**) (*Naut: bordée*) tack. **tirer des** ~**s** to tack, make tacks; **tirer un** ~ to tack, make a tack.

(**e**) (*Can**) side. **de mon** ~ on my side; **prendre le** ~ to make off.

(**f**) (*loc*) **être au** ~ **de la ruine/du désespoir** to be on the verge *ou* brink of ruin/despair; **au** ~ **de la tombe** on the brink of death, at death's door; **au** ~ **des larmes**, **elle sortit** she went out, on the verge of tears *ou* almost in tears; **nous sommes du même** ~ we are on the same side, we are of the same opinion; (*socialement*) we are all of a kind; **à pleins** ~**s** abundantly, freely; **sur les** ~**s***: **il est un peu fantaisiste sur les** ~**s*** he's a shade eccentric *ou* a bit of an eccentric.

bordage [bɔʀdaʒ] *nm* (**a**) (*Couture*), edging, bordering. (**b**) (*Naut*) ~**s** (*en bois*) planks, planking; (*en fer*) plates, plating. (**c**) (*Can*) ~**s** inshore ice.

bordé [bɔʀde] *nm* (**a**) (*Couture*) braid, trimming. (**b**) (*Naut*) (*en bois*) planking; (*en fer*) plating.

bordeaux [bɔʀdo] **1** *nm* (**a**) (*ville*) **B~** Bordeaux. (**b**) (*vin*) Bordeaux (wine). ~ **rouge** claret. **2** *adj inv* maroon, burgundy.

bordée [bɔʀde] *nf* **1** (**a**) (*salve*) broadside. (*fig*) ~ **d'injures** torrent *ou* volley of abuse.

(**b**) (*Naut: quart*) watch.

(**c**) (*parcours*) tack. **tirer des** ~**s** to tack, make tacks; (*fig*) **tirer une** ~ to go on a spree* *ou* binge*.

2 (*Can**) **une bordée de neige** a heavy snowfall.

bordel‡ [bɔʀdɛl] *nm* (*hôtel*) brothel, whorehouse*; (*chaos*) mess, shambles (*sg*). **quel** ~**!** what a bloody (*Brit*) *ou* goddamned shambles!‡; **mettre le** ~ to create havoc (*dans* in); ~**!** bloody hell!‡ (*Brit*), hell!‡

bordelais, **e** [bɔʀdəlɛ, ɛz] **1** *adj* of *ou* from Bordeaux, Bordeaux (*épith*). **2** *nm,f*: **B~**(**e**) inhabitant *ou* native of Bordeaux. **3** *nm* (*région*) **le B~** the Bordeaux region.

bordélique‡ [bɔʀdelik] *adj* shambolic*.

border [bɔʀde] (**1**) *vt* (**a**) (*Couture*) (*entourer*) to edge, trim (*de* with); (*ourler*) to hem, put a hem on.

(**b**) *rue, rivière [arbres, immeubles, maisons]* to line; *[sentier]* to run alongside. **allée bordée de fleurs** path edged *ou* bordered with flowers; **rue bordée de maisons** road lined with houses; **rue bordée d'arbres** tree-lined road.

(**c**) *personne, couverture* to tuck in. ~ **un lit** to tuck the blankets in.

(**d**) (*Naut*) (*en bois*) to plank; (*en fer*) to plate.

(**e**) (*Naut*) *voile* to haul on, pull on; *avirons* to ship.

bordereau, *pl* ~**x** [bɔʀdəʀo] **1** *nm* (*formulaire*) note, slip; (*relevé*) statement, summary; (*facture*) invoice.

2: **bordereau d'achat** purchase note; **bordereau d'envoi** dispatch note; **bordereau de livraison** delivery slip *ou* note; **bordereau de salaire** salary advice; **bordereau de versement** pay(ing)-in slip.

bordure [bɔʀdyʀ] *nf* (*bord*) edge; (*cadre*) surround, frame; (*de gazon, fleurs*) border; (*d'arbres*) line; (*Couture*) border, edging, edge. ~ **de pavés** kerb (*Brit*), curb (*US*), kerbstones (*Brit*), curbstones (*US*); **en** ~ **de** (*le long de*) running along, alongside, along the edge of; (*à côté de*) next to, by; (*près de*) near (to); **papier à** ~ **noire** black-edged paper, paper with a black edge.

bore [bɔʀ] *nm* boron.

boréal, **e**, *mpl* **-aux** [bɔʀeal, o] *adj* boreal.

Borgia [bɔʀʒja] *n* Borgia.

borgne [bɔʀɲ(ə)] *adj* (**a**) *personne* one-eyed, blind in one eye. **fenêtre** ~ obstructed window. (**b**) (*fig: louche*) *hôtel, rue* shady.

borique [bɔʀik] *adj* boric.

bornage [bɔʀnaʒ] *nm [champ]* boundary marking, demarcation.

borne [bɔʀn(ə)] **1** *nf* (**a**) (*kilométrique*) kilometre-marker, ≃ milestone; *[terrain]* boundary stone *ou* marker; (*autour d'un monument etc*) stone post. **ne reste pas là planté comme une** ~**!*** don't just stand there like a statue!

(**b**) (*fig*) ~**s** limit(s), bounds; **il n'y a pas de** ~**s à la bêtise humaine** human folly knows no bounds; **franchir** *ou* **dépasser les** ~**s** to go too far, overdo it; **sans** ~**s** limitless, unlimited, boundless; **mettre des** ~**s à** to limit.

(**c**) (*) kilometre.

(**d**) (*Élec*) terminal.

2: (*Can*) **borne-fontaine** *nf*, *pl* **borne-fontaines** fire hydrant.

borné, **e** [bɔʀne] (*ptp de* **borner**) *adj personne* narrow-minded, short-sighted; *esprit, vie* narrow; *intelligence* limited.

Bornéo [bɔʀneo] *n* Borneo.

borner [bɔʀne] (**1**) **1** *vt* (**a**) *ambitions, besoins, enquête* to limit, restrict (*à faire* to doing, *à qch* to sth).

(**b**) *terrain* to mark out *ou* off, mark the boundary of. **arbres qui bornent un champ** trees which border a field; **immeubles qui bornent la vue** buildings which limit *ou* restrict one's view.

2 se borner *vpr* (*se contenter de*) **se** ~ **à faire** to content o.s. with doing, be content to do; **se** ~ **à qch** to content o.s. with sth; (*se limiter à*) **se** ~ **à faire/à qch** *[personne]* to restrict *ou* confine *ou* limit o.s. to doing/to sth; *[visite, exposé]* to be limited *ou* restricted *ou* confined to doing/to sth; **je me borne à vous faire remarquer que ...** I would just *ou* merely like to point out to you that ...; **il s'est borné à resserrer les vis** he merely tightened up the screws, he contented himself with tightening up the screws.

bosniaque [bɔznjak] **1** *adj* Bosnian. **2** *nmf*: **B~** Bosnian.

Bosnie [bɔsni] *nf* Bosnia.

bosnien, **-ienne** [bɔznjɛ̃, jɛn] **1** *adj* Bosnian. **2** *nm,f*: **B~**(**ne**) Bosnian.

Bosphore [bɔsfɔʀ] *nm*: **le** ~ the Bosphorus.

bosquet [bɔskɛ] *nm* copse, grove.

bossage [bɔsaʒ] *nm* (*Archit*) boss. ~**s** bosses, bossage.

bosse [bɔs] *nf* (**a**) *[chameau, bossu]* hump; (*en se cognant*) bump, lump; (*éminence*) bump; (*Ski*) mogul, bump. **se faire une** ~ **au front** to get a bump on one's forehead; **route pleine de** ~**s** (very) bumpy road.

(**b**) (*loc) **avoir la** ~ **des maths** to have a good head for maths, be good at maths; **avoir la** ~ **du théâtre** to have a flair for acting, be a born actor; **avoir la** ~ **du commerce** to be a born businessman (*ou* businesswoman).

bosselage [bɔslaʒ] *nm* embossment.

bosseler [bɔsle] (**4**) *vt* (*déformer*) to dent, bash about; (*marteler*) to emboss. **tout bosselé** *théière* battered, badly dented, all bashed* about *ou* in (*attrib*); *front* bruised, covered in bumps (*attrib*); *sol* bumpy.

bossellement [bɔsɛlmɑ̃] *nm* embossing.

bosselure [bɔslyʀ] *nf* (*défaut*) dent; (*relief*) embossment.

bosser* [bɔse] (**1**) **1** *vi* (*travailler*) to work; (*travailler dur*) (*intellectuellement*) to swot (*Brit*), work hard, slog away*; (*physiquement*) to slave away, work one's guts out‡.

2 *vt examen* to swot for (*Brit*), slog away for*. ~ **son anglais** to swot up *ou* slog away at* one's English.

bosseur, **-euse** [bɔsœʀ, øz] *nm,f* slogger*, hard worker.

bossoir [bɔswaʀ] *nm [bateau]* davit; *[ancre]* cathead.

bossu, **e** [bɔsy] **1** *adj personne* hunchbacked. **dos** ~ hunch(ed) back; **redresse-toi, tu es tout** ~ sit up, you're getting round-shouldered. **2** *nm,f* hunchback; *V* **rire**.

Boston [bɔstɔ̃] *n* Boston.

boston [bɔstɔ̃] *nm* (*danse, jeu*) boston.

Bostonien, **ienne** [bɔstɔnjɛ̃, jɛn] *nm,f* Bostonian.

bostonnais, **e** [bɔstɔnɛ, ɛz] *nm,f* (*Can Hist*) Bostonian, American.

bot, **e** [bo, ɔt] *adj*: **main** ~**e** club-hand; **pied** ~ club-foot.

botanique [bɔtanik] **1** *adj* botanical. **2** *nf* botany.

botaniste [bɔtanist(ə)] *nmf* botanist.

Botnie [bɔtni] *nf*: **le golfe de** ~ the Gulf of Bothnia.

Botswana [bɔtswana] *nm* Botswana.

botte¹ [bɔt] *nf* (high) boot. ~ **de caoutchouc** wellington (boot), gumboot, welly‡; ~ **de cheval**, ~ **de cavalier** riding boot; ~ **d'égoutier** wader; **être à la** ~ **de qn** to be sb's puppet; **être sous la** ~ **de l'ennemi** to be under the enemy's heel; *V* **lécher**.

botte² [bɔt] *nf [fleurs, légumes]* bunch; *[foin]* (*en gerbe*) bundle, sheaf; (*au carré*) bale.

botte³ [bɔt] *nf* (*Escrime*) thrust. **porter une** ~ **à** (*lit*) to make a thrust at; (*fig*) to hit out at; (*fig*) ~ **secrète** artful thrust.

botte⁴ [bɔt] *nf* (*arg Scol: École Polytechnique*) **sortir dans la** ~ to be among the top students in one's year.

botter [bɔte] (**1**) **1** *vt* (**a**) (*mettre des bottes à*) to put boots on; (*vendre des bottes à*) to sell boots to. **se** ~ to put one's boots on; **il se botte chez X** he buys his boots at X's; **botté de cuir** with leather boots on, wearing leather boots.

(**b**) ~ **les fesses** *ou* **le derrière de qn‡** to kick *ou* boot‡ sb in the behind*, give sb a kick up the backside‡ *ou* in the pants‡.

(**c**) **ça me botte‡** I fancy* (*Brit*) *ou* like *ou* dig‡ that; **ce film m'a botté*** I really liked *ou* went for* that film.

(**d**) (*Ftbl*) to kick.

2 *vi* (*Ftbl*) to kick the ball; (*Ski*) to ball up.

bottier [bɔtje] *nm [bottes]* bootmaker; *[chaussures]* shoemaker.

bottillon [bɔtijɔ̃] *nm* ankle boot; *[bébé]* bootee.

Bottin [bɔtɛ̃] *nm* ® directory, phonebook.

bottine [bɔtin] *nf* (ankle) boot, bootee. ~ **à boutons** button-boot.

bouc [buk] *nm* (*Zool*) (billy) goat; (*barbe*) goatee (beard). **sentir** *ou* **puer le** ~‡ to stink*, pong‡ (*Brit*); (*fig*) ~ **émissaire** scapegoat, fall guy.

boucan* [bukɑ̃] *nm* din*, racket*. **faire du** ~ (*bruit*) to kick up* a din* *ou* a racket*; (*protestation*) to kick up* a fuss *ou* a shindy*.

boucane‡ [bukan] *nf* (*Can*) smoke.

boucaner [bukane] (**1**) *vt viande* to smoke, cure; *peau* to tan.

boucanier [bukanje] *nm* (*pirate*) buccaneer.

bouchage [buʃaʒ] *nm* (*V* **boucher**) corking; filling up *ou* in; plugging; stopping; blocking (up); choking up.

bouche [buʃ] **1** *nf* (**a**) (*Anat*) mouth; *[volcan, fleuve, four]* mouth. **embrasser à pleine** ~ to kiss full on the lips; **parler la** ~ **pleine** to talk with one's mouth full; **avoir la** ~ **amère** to have a bitter taste in one's mouth; **j'ai la** ~ **sèche** my mouth feels *ou* is dry; **j'ai la** ~ **pâteuse** my tongue feels thick *ou* coated; (*fig*) **il a 5** ~**s à nourrir** he has 5 mouths to feed; **il faut se débarrasser des** ~**s inutiles** we must get rid of all the non-active *ou* unproductive population.

(**b**) (*organe de la communication*) mouth. **fermer la** ~ **à qn** to shut sb up; **garder la** ~ **close** to keep one's mouth shut; **dans sa** ~, **ce mot choque** coming from him *ou* when he says *ou* uses it, that word sounds offensive; **il a toujours l'injure à la** ~ he's always ready with an insult; **il n'a que ce mot-là à la** ~ that word is never off his lips; **de** ~ **à oreille** by word of mouth, confidentially; **ta** ~ (*bébé*)!‡ shut your mouth!‡ *ou* trap!‡; ~ **cousue*** don't breathe a word!, mum's the word!*; **l'histoire est dans toutes les** ~**s** the story is on everyone's lips, everyone's talking about it; **son nom est dans toutes les** ~**s** his name is a household word *ou* is on everyone's lips; **aller** *ou* **passer de** ~ **en** ~ to be rumoured about; **il a la** ~ **pleine de cet acteur** he can talk of nothing but this actor; **il en a plein la** ~ he can talk of nothing else; **nos sentiments s'expriment par sa** ~ our feelings are expressed by him *ou* by what he says.

(**c**) (*loc*) **s'embrasser à** ~ **que veux-tu** to kiss eagerly; **faire la fine** *ou* **petite** ~ to turn one's nose up (*fig*); **avoir la** ~ **en cœur** to simper; **avoir la** ~ **en cul-de-poule** to purse one's lips; *V* **bée**.

2: **bouche d'aération** air vent *ou* inlet; **bouche à bouche** *nm inv* kiss of life (*Brit*), mouth-to-mouth resuscitation (*Brit*) *ou* respiration (*US*); **faire du bouche à bouche à qn** to give sb the kiss of life *ou* mouth to mouth resuscitation; **bouche de chaleur** hot-air vent *ou* inlet; **bouche d'égout** manhole; (*Hist*) **bouche à feu** piece (of ordnance), gun; **bouche d'incendie** fire hydrant; **bouche de métro** metro entrance.

bouché, e¹ [buʃe] (*ptp de* **boucher**) *adj temps* cloudy, overcast; (‡*fig*) *personne* stupid, thick‡ (*Brit*). **~ à l'émeri** *flacon* with a ground glass stopper; (*) *personne* wood from the neck up*, thick as a brick‡ (*Brit*); **les mathématiques sont ~es** there is no future in maths.

bouchée² [buʃe] *nf* (a) mouthful. (*fig*) **pour une ~ de pain** for a song, for next to nothing; (*fig*) **mettre les ~s doubles** to get stuck in* (*Brit*), put on a spurt; **ne faire qu'une ~ d'un plat** to gobble up *ou* polish off a dish in next to no time; (*fig*) **ne faire qu'une ~ d'un adversaire** to make short work of an opponent.
(b) (*Culin*) **une ~** (**au chocolat**) a chocolate; **~ à la reine** chicken vol-au-vent.

boucher¹ [buʃe] (1) **1** *vt* (a) *bouteille* to cork, put the *ou* a cork in; *trou, fente* to fill up *ou* in; *fuite* to plug, stop; *fenêtre* to block (up); *lavabo* to block (up), choke (up). **sécrétions qui bouchent les pores** secretions which block up *ou* clog up the pores; **j'ai les oreilles bouchées** my ears are blocked (up); **j'ai le nez bouché** my nose is blocked (up) *ou* stuffed up *ou* bunged up*; **~ le passage** to be *ou* stand in the way; **~ le passage à qn** to be *ou* stand in sb's way, block sb's way; **~ la vue** to block the view; **tu me bouches le jour** you're in my *ou* the light.
(b) **ça/elle lui en a bouché un coin‡** it/she has left him floored*, that/she took the wind out of his sails.

2 se boucher *vpr* [*évier*] to get blocked *ou* choked *ou* clogged up; [*temps*] to get cloudy, become overcast. **se ~ le nez** to hold one's nose; **se ~ les oreilles** to put one's fingers in one's ears; **se ~ les yeux** to put one's hands over one's eyes, hide one's eyes.

boucher² [buʃe] *nm* (*lit, fig*) butcher.
bouchère [buʃɛR] *nf* (woman) butcher; (*épouse*) butcher's wife.
boucherie [buʃRi] *nf* (*magasin*) butcher's (shop); (*métier*) butchery (trade); (*fig*) slaughter. **~ chevaline** horse(meat) butcher's.
bouche-trou, *pl* **bouche-trous** [buʃtRu] *nm* (*personne*) fill-in, stopgap, stand-in; (*chose*) stopgap, pinch-hitter* (*U*).
bouchon [buʃɔ̃] *nm* (a) (*en liège*) cork; (*en verre*) stopper; (*en plastique*) stopper, top; (*en chiffon, papier*) plug, bung; [*bidon, réservoir*] cap; [*tube*] top; [*évier*] plug. (*Phot*) **~ d'objectif** lens cap; **~ anti-vol** locking petrol cap; **~ de vidange** drain plug; **vin qui sent le ~** corked wine; *V* **pousser**.
(b) (*Pêche*) float.
(c) **~** (**de paille**) wisp.
(d) (*Aut: embouteillage*) holdup, traffic jam.
bouchonnage [buʃɔnaʒ] *nm* [*cheval*] rubbing-down, wisping-down (*Brit*).
bouchonner [buʃɔne] (1) **1** *vt cheval* to rub down, wisp down (*Brit*); (*: caresser*) to cosset. **2** *vi* (*Aut*) **ça bouchonne sur l'autoroute** there's heavy congestion on the motorway.
bouchot [buʃo] *nm* mussel bed.
bouclage [bukla3] *nm* (*: mise sous clefs*) locking up *ou* away, imprisonment; (*encerclement*) surrounding, sealing off.
boucle [bukl(ə)] *nf* [*ceinture, soulier*] buckle; [*cheveux*] curl, lock; [*ruban, voie ferrée, rivière*] loop; (*Sport*) lap; (*Aviat*) loop; (*Ordinateurs*) loop. **fais une ~ à ton j** put a loop on your j; **fais une ~ à ton lacet** tie your shoelace in a bow; **B~s d'or** Goldilocks; **~ d'oreille** earring; **~ d'oreille à vis** (*ou* **à crochets**) pierced earring, earring for pierced ear.
bouclé, e [bukle] (*ptp de* **boucler**) *adj cheveux, fourrure* curly. **il avait la tête ~ e** his hair was curly *ou* all curls.
boucler [bukle] (1) **1** *vt* (a) (*fermer*) *ceinture* to buckle, fasten (up); (*: porte* to shut, close. **~ sa valise** (*lit*) to fasten one's suitcase; (*fig*) to pack one's bags; **tu vas la ~!‡** will you belt up!‡ (*Brit*), will you shut your trap!‡
(b) (*fig: terminer*) *affaire* to finish off, get through with, settle; *circuit* to complete, go round; *budget* to balance. **arriver à ~ ses fins de mois** to manage to stay in the black at the end of the month; (*Aviat*) **~ la boucle** to loop the loop; (*fig*) **on est revenu par l'Espagne pour ~ la boucle** we came back through Spain to make (it) a round trip; (*fig*) **nous revoilà dans ce village, on a bouclé la boucle** we're back in the village, so we've come full circle; **dans le cycle de production la boucle est bouclée** the cycle of production is now completed.
(c) (*: enfermer*) to shut up *ou* away, lock up, put inside*. **ils ont bouclé le coupable** they've locked up the criminal *ou* put the criminal under lock and key; **être bouclé chez soi** to be cooped up *ou* stuck* at home.
(d) (*Mil, Police: encercler*) to surround, seal off, cordon off. **la police a bouclé le quartier** the police surrounded the area *ou* sealed off the area.
2 *vi* to curl, be curly.
bouclette [buklɛt] *nf* small curl.
bouclier [buklije] *nm* (*Mil, fig*) shield; (*Police*) riot shield. **faire un ~ de son corps à qn** to shield sb with one's body; (*Espace*) **~ thermique** heat shield.
Bouddha [buda] *nm* Buddha. (*statuette*) **b~** Buddha.
bouddhique [budik] *adj* Buddhistic.
bouddhisme [budism(ə)] *nm* Buddhism. **~ zen** zen Buddhism.
bouddhiste [budist(ə)] *adj, nmf* Buddhist. **~ zen** zen Buddhist.
bouder [bude] (1) **1** *vi* to sulk, have a sulk *ou* the sulks*. **2** *vt personne* to refuse to talk to *ou* have anything to do with; *chose* to refuse to have anything to do with, keep away from. **~ la nourriture** to have no appetite; **spectacle boudé par le public** show that is ignored by the public; **ils se boudent** they're not on speaking terms.
bouderie [budRi] *nf* (*état*) sulkiness (*U*); (*action*) sulk.

boudeur, -euse [budœR, øz] *adj* sulky, sullen.
boudin [budɛ̃] *nm* (a) (*Culin*) **~** (**noir**) ≃ black pudding (*Brit*), blood pudding (*US*); **~ blanc** ≃ white pudding. (b) (*bourrelet*) roll; (*doigt*) podgy *ou* fat finger.
boudiné, e [budine] (*ptp de* **boudiner**) *adj* (a) *doigt* podgy. (b) (*serré*) **~ dans** squeezed into, bursting out of; **~ dans un corset** strapped into *ou* bulging out of a tight-fitting corset.
boudiner [budine] (1) **1** *vt* (*Tex*) to rove; *fil* to coil. **sa robe la boudine** her dress makes her look all bulges. **2 se boudiner** *vpr*: **se ~ dans ses vêtements** to squeeze o.s. into one's clothes, wear too tight-fitting clothes.
boudoir [budwaR] *nm* (*salon*) boudoir; (*biscuit*) sponge (*Brit*) *ou* lady (*US*) finger.
boue [bu] *nf* (*gén*) mud; [*mer, canal*] sludge, silt; (*dépôt*) sediment. (*Méd*) **~s activées** activated sludge; (*fig*) **traîner qn dans la ~** to drag sb in the mud; (*fig*) **couvrir qn de ~** to throw *ou* sling mud at sb.
bouée [bwe] *nf* buoy; [*baigneur*] rubber ring. **~ de sauvetage** (*lit*) lifebelt; (*fig*) lifeline; **~ sonore** radio buoy.
boueux, -euse [bwø, øz] **1** *adj* muddy; (*Typ*) blurred, smudged. **2** *nm* dustman (*Brit*), refuse collector (*Brit Admin*), garbage collector (*US*).
bouffant, e [bufɑ̃, ɑ̃t] *adj manche* puffed-out, full; *cheveux* bouffant. **pantalon ~** baggy breeches.
bouffarde [bufaʀd(ə)] *nf* pipe.
bouffe¹ [buf] *adj V* opéra.
bouffe²‡ [buf] *nf* grub‡. **il ne pense qu'à la ~** he only thinks of his stomach *ou* of his grub‡ *ou* nosh‡.
bouffée [bufe] *nf* [*parfum*] whiff; [*pipe, cigarette*] puff, drag*; [*colère*] outburst; [*orgueil*] fit. **~ d'air** *ou* **de vent** puff *ou* breath *ou* gust of wind; (*lit, fig*) **une ~ d'air pur** a breath of fresh air; **~ de chaleur** (*Méd*) hot flush (*Brit*) *ou* flash (*US*); (*gén*) gust *ou* blast of hot air; **par ~s** in gusts.
bouffer¹ [bufe] (1) *vi* [*jupe, manche*] to puff *ou* fill out; [*cheveux*] to be bouffant.
bouffer²‡ [bufe] (1) *vt* (a) *nourriture* to eat, gobble up*. **cette voiture bouffe de l'essence** this car drinks petrol (*Brit*) *ou* guzzles gas (*US*); **se ~ le nez** to have a go at one another*, scratch each other's eyes out*; **~ du curé** to be violently anti-church *ou* anticlerical. (b) (*emploi absolu*) to eat, nosh‡ (*Brit*). **on bouffe mal ici** the grub‡ here isn't up to much; **on a bien bouffé ici** the grub here was great here ‡.
bouffetance‡ [buftɑ̃s] *nf* = **bouffe²**.
bouffi, e [bufi] (*ptp de* **bouffir**) *adj visage* puffed up, bloated; *yeux* swollen, puffy; (*fig*) swollen, puffed up (*de* with).
bouffir [bufiʀ] (2) **1** *vt* to puff up. **2** *vi* to become bloated, puff up.
bouffissure [bufisyʀ] *nf* puffiness (*U*), bloatedness (*U*); puffy swelling.
bouffon, -onne [bufɔ̃, ɔn] **1** *adj* farcical, comical. **2** *nm* (*pitre*) buffoon, clown; (*Hist*) jester.
bouffonnerie [bufɔnʀi] *nf* (a) (*U*) [*personne*] clownishness; [*situation*] drollery. (b) **~s** (*comportement*) antics, foolery, buffoonery; (*paroles*) jesting; **faire des ~s** to clown about, play the fool.
bougainvillée [bugɛ̃vile] *nf*, **bougainvillier** [bugɛ̃vilje] *nm* bougainvillea.
bouge [buʒ] *nm* (*taudis*) hovel, dump*; (*bar louche*) low dive*.
bougeoir [buʒwaʀ] *nm* (*bas*) candle-holder; (*haut*) candlestick.
bougeotte‡ [buʒɔt] *nf* fidgets*. **avoir la ~** (*voyager*) to be always on the move; (*remuer*) to fidget (about), have the fidgets*, have ants in one's pants‡.
bouger [buʒe] (3) **1** *vi* (a) (*remuer*) to move, stir; [*se révolter*] to stir. **ne bouge pas** keep still, don't move *ou* budge; **il n'a pas bougé (de chez lui)** he stayed in *ou* at home, he didn't stir out.
(b) (*loc*) **ne pas ~** to stay the same, not to alter; **ce tissu ne bouge pas** (*gén*) this cloth wears *ou* will wear well; (*dimension*) this cloth is shrink-resistant; (*couleur*) this cloth will not fade; **ses idées n'ont pas bougé** his ideas haven't altered, he hasn't changed his ideas; **les prix n'ont pas bougé** prices have stayed put* *ou* the same.
2 *vt* (*) *objet* to move, shift*. **il n'a pas bougé le petit doigt** he didn't lift a finger (to help).
3 se bouger‡ *vpr* to move. **bouge-toi de là!** shift over!‡, shift out of the way!‡, scoot over!* (*US*); **il faut se ~ pour obtenir satisfaction** you have to push yourself out to get satisfaction.
bougie [buʒi] *nf* (a) (*chandelle*) candle; (*Aut*) spark(ing) plug, plug. **ampoule de 40 ~s** 40-watt bulb. (b) (‡: *visage*) face, dial‡. **faire une drôle de ~** to pull (*Brit*) *ou* make a (wry) face.
bougna(t)* [buɲa] *nm* (*charbonnier*) coalman; (*marchand de charbon*) coal merchant (*who also runs a small café*).
bougnoul(e) [buɲul] *nmf* (*péj*) wog‡ (*péj*).
bougon, -onne [bugɔ̃, ɔn] **1** *adj* grumpy, grouchy*. **2** *nm,f* grumbler, grouch*.
bougonnement [bugɔnmɑ̃] *nm* grumbling, grouching*.
bougonner [bugɔne] (1) *vi* to grouch* (away) (to o.s.), grumble.
bougran [bugʀɑ̃] *nm* buckram.
bougre* [bugʀ(ə)] **1** *nm* (*type*) guy*, chap* (*Brit*), fellow*, blighter* (*Brit*); (*enfant*) (little) rascal. **bon ~** good sort* *ou* chap*; **pauvre ~** poor devil* *ou* blighter*; **ce ~ d'homme** that confounded man; **~ d'idiot!** *ou* **d'animal!** stupid *ou* confounded idiot!*, silly blighter!* (*Brit*); **il le savait, le ~!** the so-and-so knew it!
2 *excl* good Lord!*, strewth!* (*Brit*), I'll be darned!* (*US*).
bougrement* [bugʀəmɑ̃] *adv* (*hum*) damn*, damned*.
bougresse‡ [bugʀɛs] *nf* woman; (*péj*) hussy, bitch‡.
boui-boui, *pl* **bouis-bouis** [bwibwi] *nm* (*café*) small (dingy) café *ou* restaurant.
bouif*† [bwif] *nm* cobbler.
bouillabaisse [bujabɛs] *nf* bouillabaisse, fish soup.
bouillant, e [bujɑ̃, ɑ̃t] *adj* (*brûlant*) *boisson* boiling (hot), scalding;

(*qui bout*) *eau, huile* boiling; (*fig*) *tempérament* fiery; *personne* fiery-natured, hotheaded. ~ **de colère** seething *ou* boiling with anger.

bouillasse* [bujas] *nf* (*gadoue*) muck.

bouille* [buj] *nf* (*visage*) face, mug‡ (*péj*). **avoir une bonne ~** to have a cheerful friendly face.

bouilleur [bujœʀ] *nm* (*distillateur*) distiller. ~ **de cru** home distiller; ~ **de cru clandestin** moonshiner.

bouillie [buji] *nf* [*bébé*] baby's cereal; [*vieillard*] gruel, porridge. **mettre en ~** to pulp, mash *ou* reduce to a pulp; (*fig*) **c'est de la ~ pour les chats** it's a (proper) dog's dinner*; **réduit en ~** (*lit*) *légumes* cooked to a pulp *ou* mush; (*fig*) *adversaire* crushed to a pulp.

bouillir [bujiʀ] (15) **1** *vi* (**a**) (*lit*) to boil, be boiling. **commencer à ~** to reach boiling point, be nearly boiling; **l'eau bout** the water is boiling; **l'eau ne bout plus** the water has stopped boiling, the water has gone *ou* is off the boil (*Brit*); **faire ~ de l'eau** to boil water, bring water to the boil; **faire ~ du linge/des poireaux** to boil clothes/leeks; **faire ~ un biberon** to sterilize a (baby's) bottle by boiling; ~ **à gros bouillons** to boil fast; (*fig*) **avoir de quoi faire ~ la marmite** to have enough to keep the pot boiling.

(**b**) (*fig*) to boil. **à voir ça, je bous!** seeing that makes my blood boil!, I boil at seeing that!; **faire ~ qn** to make sb's blood boil, make sb mad*; ~ **d'impatience** to seethe with impatience; ~ **de rage/de haine** to seethe *ou* boil with anger/hatred.

2 *vt eau, linge* to boil.

bouilloire [bujwaʀ] *nf* kettle.

bouillon [bujɔ̃] **1** *nm* (**a**) (*soupe*) broth, stock. ~ **de légumes/poulet** vegetable/chicken stock; **prendre** *ou* **boire un ~*** (*en nageant*) to swallow *ou* get a mouthful; (*Fin*) to take a tumble*, come a cropper* (*Brit*).

(**b**) (*bouillonnement*) bubble (in boiling liquid). **au premier ~** as soon as it boils *ou* comes to the boil; **couler à gros ~s** to gush out, come gushing out.

(**c**) (*arg Presse*) ~**s** unsold copies, returns.

(**d**) (*Couture*) puff.

2: bouillon cube stock cube; (*Bio*) **bouillon de culture** (culture) medium; **bouillon gras** meat stock; **bouillon de légumes** vegetable stock; **bouillon d'onze heures** poisoned drink, lethal potion.

bouillonnant, e [bujɔnɑ̃, ɑ̃t] *adj* (*V* **bouillonner**) bubbling; seething; foaming, frothing.

bouillonnement [bujɔnmɑ̃] *nm* (*V* **bouillonner**) bubbling; seething; foaming, frothing.

bouillonner [bujɔne] (1) *vi* [*liquide chaud*] to bubble, seethe; [*torrent*] to foam, froth; [*idées*] to bubble up; [*esprit*] to seethe. (*fig*) ~ **de colère** to seethe *ou* boil with anger; **il bouillonne d'idées** his mind is teeming with ideas, he's bubbling with ideas.

bouillotte [bujɔt] *nf* hot-water bottle.

boulange* [bulɑ̃ʒ] *nf* bakery trade. **être dans la ~** to be a baker (by trade).

boulanger [bulɑ̃ʒe] *nm* baker.

boulangère [bulɑ̃ʒɛʀ] *nf* (woman) baker; (*épouse*) baker's wife.

boulangerie [bulɑ̃ʒʀi] *nf* (*magasin*) baker's (shop), bakery; (*commerce*) bakery trade. ~ **pâtisserie** baker's and confectioner's (shop).

boule¹ [bul] *nf* **1** (**a**) (*Billard, Croquet*) ball; (*Boules*) bowl; (*Géol*) tor. **jouer aux ~s** to play bowls; (*Casino*) **jouer à la ~** to play (at) boule; **roulé en ~** *animal* curled up in a ball; *paquet* rolled up in a ball.

(**b**) (*loc*) (*fig*) **avoir une ~ dans la gorge** to have a lump in one's throat; **perdre la ~*** to go bonkers‡ (*Brit*) *ou* nuts*, go off one's rocker‡; **être en ~*** to be in a temper *ou* paddy* (*Brit*); **se mettre en ~*** to fly off the handle*; **cela me met en ~*** that makes me mad* *ou* gets my goat* *ou* gets me‡; **j'ai les ~s‡** (*anxieux*) I've got butterflies*; (*mécontent*) I'm hopping mad.

2: boule de billard billiard ball; **boule de cristal** crystal ball; **boule de gomme** (*Pharm*) throat pastille; (*bonbon*) fruit pastille *ou* gum, gumdrop; **boule de neige** snowball; **boule-de-neige** *nf, pl* **boules-de-neige** (*fleur*) guelder-rose; (*arbre*) snowball tree; (*fig*) **faire boule de neige** to snowball; ® **boule Quiès** earplug, ear stopper.

boule² [bul] *nm* (*Menuiserie*) boule, buhl. **commode ~** boule *ou* buhl chest of drawers.

bouleau, pl ~x [bulo] *nm* (silver) birch.

bouledogue [buldɔg] *nm* bulldog.

bouler [bule] (1) *vi* to roll along. **envoyer ~ qn*** to send sb packing*, send sb away with a flea in his ear*.

boulet [bulɛ] *nm* (**a**) [*forçat*] ball and chain. ~ **(de canon)** cannonball; (*fig*) **traîner un ~** to have a millstone round one's neck; **c'est un** (*véritable*) ~ **pour ses parents** he is a millstone round his parents' neck; **arriver comme un ~ de canon** to come bursting in *ou* crashing in; **tirer à ~s rouges sur qn** to lay into sb tooth and nail.

(**b**) [*charbon*] (coal) nut.

(**c**) (*Vét*) fetlock.

boulette [bulɛt] *nf* (**a**) [*papier*] pellet; (*Culin*) meat croquette, meatball; (*empoisonnée*) poison ball. (**b**) (*fig) blunder, bloomer*. **faire une ~** to make a blunder *ou* bloomer*, drop a brick* *ou* clanger* (*Brit*).

boulevard [bulvaʀ] *nm* boulevard. **les ~s extérieurs** the outer boulevards of Paris; **les grands ~s** the grand boulevards; **pièce** *ou* **comédie de ~** light comedy; *V* **théâtre**.

bouleversant, e [bulvɛʀsɑ̃, ɑ̃t] *adj spectacle, récit* deeply moving; *nouvelle* shattering, overwhelming.

bouleversement [bulvɛʀsəmɑ̃] *nm* [*habitudes, vie politique etc*] upheaval, disruption. **le ~ de son visage** the utter distress on his face, his distraught face.

bouleverser [bulvɛʀse] (1) *vt* (**a**) (*déranger*) to turn upside down. (**b**) (*modifier*) to disrupt, change completely *ou* drastically. (**c**) (*émouvoir*) to distress deeply; (*causer un choc*) to overwhelm, bowl over, shatter. **bouleversé par l'angoisse/la peur** distraught with anxiety/fear; **la nouvelle les a bouleversés** they were shattered *ou* deeply distressed by the news.

boulier [bulje] *nm* (*calcul*) abacus; (*Billard*) scoring board.

boulimie [bulimi] *nf* bulimia (*T*). **il fait de la ~*** he is a compulsive eater.

boulimique [bulimik] **1** *adj* bulimic (*T*). **2** *nmf* bulimiac (*T*), compulsive eater.

boulingrin [bulɛ̃grɛ̃] *nm* lawn.

bouliste [bulist(ə)] *nmf* bowls player.

boulle [bul] *nm* = **boule²**.

boulodrome [bulɔdʀom] *nm* bowling pitch.

boulon [bulɔ̃] *nm* bolt; (*avec son écrou*) nut and bolt.

boulonnage [bulɔnaʒ] *nm* (*V* **boulonner**) bolting (on); bolting (down).

boulonner [bulɔne] (1) **1** *vt* (*serrer à force*) to bolt (down); (*assembler*) to bolt (on). **2** *vi* (*) to work. ~ **(dur)** to slog* *ou* slave* away.

boulot¹, -otte [bulo, ɔt] *adj* plump, tubby*.

boulot²* [bulo] *nm* (*travail*) work (*U*); (*dur labeur*) grind* (*U*); (*emploi*) job, work (*U*); (*lieu de travail*) work (*U*), place of work. **elle a 4 enfants à élever, quel ~!** she has 4 children to bring up, what a job!; **il a trouvé du ~** *ou* **un ~** he's found work *ou* a job; **allons, au ~!** let's get cracking!*, let's get the show on the road!*

boulotter* [bulɔte] (1) **1** *vi* to eat, nosh‡ (*Brit*). **on a bien boulotté** we had a good meal *ou* nosh‡. **2** *vt* to eat.

boum [bum] **1** *excl* bang!, wallop! ~ **par terre!** whoops a daisy! **2** *nm* (*explosion*) bang. **on entendit un grand ~** there was an enormous bang *ou* thump; (*loc*) **être en plein ~‡** to be in full swing, be going full blast*. **3** *nf* (*: *fête*) party, rave-up‡, knees-up‡ (*Brit*).

boumer‡ [bume] (1) *vi*: **ça boume** everything's going fine *ou* swell* (*US*); **ça boume?** how's things?* *ou* tricks?*

bounioul [bunul] = **bougnoul(e)**.

bouquet¹ [bukɛ] *nm* (**a**) (*Bot*) ~ **(de fleurs)** bunch (of flowers); (*soigneusement composé*) (*grand*) bouquet, (*petit*) posy; ~ **d'arbres** clump of trees; **faire un ~** to make up a bouquet; **le ~ de mariée** the bride's bouquet; ~ **de persil/thym** bunch of parsley/thyme; (*Culin*) ~ **garni** bouquet garni, bunch of mixed herbs; (*Can‡*) ~**s** (garden *ou* cut) flowers; (house) plants.

(**b**) [*feu d'artifice*] finishing *ou* crowning piece (*in a firework display*). (*fig*) **c'est le ~!*** that takes the cake!* *ou* the biscuit!* (*Brit*), that's the last straw!

(**c**) [*vin*] bouquet. **vin qui a du ~** wine which has a good bouquet *ou* nose.

bouquet² [bukɛ] *nm* (*Zool: crevette*) prawn.

bouquetière [buktjɛʀ] *nf* flower seller, flower girl.

bouquetin [buktɛ̃] *nm* ibex.

bouquin* [bukɛ̃] *nm* book.

bouquiner* [bukine] (1) *vti* to read. **il passe son temps à ~** he always has his nose in a book.

bouquiniste [bukinist(ə)] *nmf* secondhand bookseller (*esp along the Seine in Paris*).

bourbe [buʀb(ə)] *nf* mire, mud.

bourbeux, -euse [buʀbø, øz] *adj* miry, muddy.

bourbier [buʀbje] *nm* (quag)mire; (*fig*) mess; (*entreprise*) unsavoury *ou* nasty business, quagmire.

Bourbon [buʀbɔ̃] *nm* **1** Bourbon. **2** *nm* (*whisky*) **b~** bourbon.

bourde* [buʀd(ə)] *nf* (*gaffe*) blunder, bloomer*, boob*; (*faute*) slip, mistake, bloomer*; howler* (*surtout Scol*). **faire une ~** (*gaffe*) to boob* (*Brit*), blunder, drop a clanger* (*Brit*); (*faute*) to make a (silly) mistake, goof up* (*US*).

bourdon¹ [buʀdɔ̃] *nm* (**a**) (*Zool*) bumblebee, humble-bee. **avoir le ~*** to have the blues*; *V* **faux²**. (**b**) (*Mus*) (*cloche*) great bell; [*cornemuse*] bourdon, drone; [*orgue*] bourdon; *V* **faux²**.

bourdon² [buʀdɔ̃] *nm* (*Typ*) omission, out.

bourdon³ [buʀdɔ̃] *nm* pilgrim's staff.

bourdonnement [buʀdɔnmɑ̃] *nm* [*insecte*] humming (*U*), buzzing (*U*), drone (*U*); [*voix*] buzz (*U*), hum (*U*); [*moteur*] hum (*U*), humming (*U*), drone (*U*); [*avion*] drone (*U*). **avoir un ~ dans les oreilles** *ou* **des ~s d'oreilles** to have a singing *ou* buzzing noise in one's ears.

bourdonner [buʀdɔne] (1) *vi* (*V* **bourdonnement**) to hum; to buzz; to drone; to sing.

bourg [buʀ] *nm* market town; (*petit*) village. **au ~, dans le ~** in town, in the village.

bourgade [buʀgad] *nf* village, (small) town.

bourgeois, e [buʀʒwa, waz] **1** *adj* (**a**) middle-class; *appartement* comfortable, snug. *quartier* ~ middle-class *ou* residential district.

(**b**) (*gén péj: conventionnel*) *culture, préjugé* bourgeois, middle-class; *valeurs, goûts* bourgeois, middle-class, conventional. **avoir l'esprit** (*petit*) ~ to have a conventional *ou* narrow outlook; **mener une petite vie ~e** to live a humdrum existence; *V* **petit**.

2 *nm,f* (**a**) bourgeois, middle-class person. **grand ~** upper middle-class person; (*péj*) **les ~** the wealthy (classes); **sortir en ~*†** to go out in mufti*† *ou* in civvies*; *V* **épater**.

(**b**) (*Hist*) (*citoyen*) burgess; (*riche roturier*) bourgeois.

3 *nm* (*Can*) head of household, master.

4 bourgeoise* *nf* (*hum: épouse*) **la** *ou* **ma ~e** the wife*, the missus*.

bourgeoisement [buʀʒwazmɑ̃] *adv penser, réagir* conventionally; *vivre* comfortably.

bourgeoisie [buʀʒwazi] *nf* (**a**) middle class(es), bourgeoisie. **petite/moyenne/haute ~** lower middle/middle/upper middle class. (**b**) (*Hist: citoyenneté*) bourgeoisie, burgesses.

bourgeon [buʀʒɔ̃] *nm* (*Bot*) bud; († *fig*) spot, pimple.

bourgeonnement [buRʒɔnmɑ̃] *nm* (*Bot*) budding; (*Méd*) granulation (*T*).

bourgeonner [buRʒɔne] (1) *vi* (*Bot*) to (come into) bud; (*Méd*) *[plaie]* to granulate (*T*). (*fig*) son visage bourgeonne he's getting spots *ou* pimples on his face.

bourgmestre [buRgmɛstR(ə)] *nm* burgomaster.

bourgogne [buRgɔɲ] **1** *nm* (*vin*) burgundy. **2** *nf* (*région*) la B~ Burgundy.

bourguignon, -onne [buRgiɲɔ̃, ɔn] **1** *adj* Burgundian. (*Culin*) un (bœuf) ~ bœuf bourguignon, beef stewed in red wine. **2** *nm,f*: B~(ne) Burgundian.

bourlinguer [buRlɛ̃ge] (1) *vi* (a) (*naviguer*) to sail; (*: voyager*) to get around a lot*, knock about a lot*. (b) (*Naut*) to labour.

bourrache [buRaʃ] *nf* borage.

bourrade [buRad] *nf* (*du coude*) thump; (*du coude*) dig, poke, prod.

bourrage [buRaʒ] *nm [coussin]* stuffing; *[poêle, pipe]* filling; *[fusil]* wadding. ~ **de crâne*** brainwashing; (*récits exagérés*) eyewash*; (*Scol*) cramming.

bourrasque [buRask(ə)] *nf* gust of wind, squall. ~ **de neige** flurry of snow; le vent souffle en ~ the wind is blowing in gusts.

bourrasser* [buRase] (1) *vt* (*Can*) to browbeat, bully.

bourratif, -ive [buRatif, iv] *adj* filling, stodgy.

bourre¹ [buR] *nf [coussin]* stuffing; (*en poils*) hair; (*en laine, coton*) wadding, flock; *[bourgeon]* down; *[fusil]* wad. à la ~* (*gén*) late; être à la ~ dans son travail‡ to be behind with one's work.

bourre²‡ [buR] *nm* (*policier*) cop*. les ~s the fuzz‡, the cops*.

bourré, e¹ [buRe] (*ptp de* **bourrer**) *adj* (a) (*plein à craquer*) salle, sac, compartiment packed, jam-packed*, crammed (*de* with). portefeuille ~ de billets wallet cram-full of *ou* stuffed with notes; devoir ~ de fautes exercise packed *ou* crammed with mistakes.
(b) (‡: *ivre*) tight*, canned‡, plastered‡.

bourreau, *pl* ~x [buRo] **1** *nm* (a) (*tortionnaire*) torturer.
(b) (*Hist*) (*guillotine*) executioner, headsman; *[pendaison]* executioner, hangman.
2: **bourreau des cœurs** ladykiller; **bourreau d'enfants** child-batterer, baby-batterer; **bourreau de travail** glutton for work*, workaholic*.

bourrée² [buRe] *nf* (*Mus*) bourrée.

bourreler [buRle] (4) *vt*: bourrelé de remords racked by remorse.

bourrelet [buRlɛ] *nm* (a) (*gén*) roll; *[porte, fenêtre]* draught excluder (*Brit*), weather strip (*US*). (b) ~ (**de chair**) fold *ou* roll of flesh; ~ **de graisse** roll of fat, spare tyre*.

bourrelier [buRəlje] *nm* saddler.

bourrellerie [buRɛlRi] *nf* saddlery.

bourrer [buRe] (1) *vt* (a) (*remplir*) coussin to stuff; pipe, poêle to fill; valise to stuff *ou* cram full; (*Mil, Min*) to ram home. ~ une dissertation de citations to cram an essay with quotations; ~ un sac de papiers to stuff *ou* cram papers into a bag.
(b) ~ qn de nourriture to stuff sb with food; ne te bourre pas de gâteaux don't stuff* yourself *ou* fill yourself up* with cakes; les frites, ça bourre! chips are very filling!
(c) (*loc*) ~ le crâne à qn* (*endoctriner*) to stuff* sb's head full of ideas, brainwash sb; (*en faire accroire*) to feed sb a lot of eyewash*; (*Scol*) to cram sb*; ~ qn de coups to pummel sb, beat sb up, hammer blows on sb; se faire ~ la gueule*‡* to get one's head bashed in‡; se ~ la gueule*‡* (*se battre*) to bash one another up‡; (*se soûler*) to get sloshed‡ *ou* plastered‡; V mou².

bourriche [buRiʃ] *nf [huîtres]* hamper, basket; (*Pêche*) keep-net.

bourrichon* [buRiʃɔ̃] *nm*: se monter le ~ to get a notion in one's head; monter le ~ à qn to put ideas into sb's head, stir sb up (*contre* against).

bourricot [buRiko] *nm* (small) donkey.

bourrin* [buRɛ̃] *nm* horse, nag*.

bourrique [buRik] *nf* (a) (*Zool*) (*âne*) donkey, ass; (*ânesse*) she-ass. (b) (**fig*) (*imbécile*) ass, blockhead*; (*têtu*) pigheaded* person. faire tourner qn en ~ to drive sb to distraction *ou* up the wall*; V têtu.

bourriquot [buRiko] *nm* = **bourricot**.

bourru, e [buRy] *adj* personne, air surly; voix gruff.

bourrure [buRyR] *nf* (*Can*) stuffing (*in saddle etc*).

bourse [buRs(ə)] **1** *nf* (a) (*porte-monnaie*) purse. la ~ ou la vie! your money or your life!, stand and deliver!; sans ~ délier without spending a penny; avoir la ~ dégarnie/bien garnie to have an empty/a well-lined purse; ils font ~ commune they share expenses, they pool their resources; ils font ~ à part they keep separate accounts, they keep their finances separate; il nous a ouvert sa ~ he lent us some money, he helped us out with a loan; devoir faire appel à la ~ de qn to have to ask sb for a loan; V cordon.
(b) (*Bourse*) la B~ (*activité*) the Stock Exchange (*Brit*) *ou* Market; (*bâtiment*) [*Paris*] the Bourse; [*Londres*] the (London) Stock Exchange; [*New York*] Wall Street; la B~ monte/descend share (*Brit*) *ou* stock (*US*) prices are going up/down, the market is going up/down; valoir tant en B~ to be worth so much on the Stock Exchange *ou* Market; jouer à la B~ to speculate *ou* gamble on the Stock Exchange *ou* Market.
(c) (*Univ*) ~ (d'études) (student) grant; (*obtenue par concours*) scholarship; ~ d'état/d'entretien state/maintenance grant.
(d) (*Anat*) bursa. ~s scrotum.
2: **bourse du commerce** *ou* **des marchandises** produce exchange, commodity market; (*Ind*) **Bourse du travail** (*lieu de réunion des syndicats*)≃trades union centre; **bourse des valeurs** Stock Market, Stock *ou* Securities Exchange.

boursicotage [buRsikɔtaʒ] *nm* (*Bourse*) speculation (on a small scale), dabbling on the Stock Exchange.

boursicoter [buRsikɔte] (1) *vi* (*Bourse*) to speculate in a small way, dabble on the Stock Exchange.

boursicotier, -ière [buRsikɔtje, jɛR] *nm,f*, **boursicoteur,**

-euse [buRsikɔtœR, øz] *nm,f* (*Bourse*) small-time speculator, small investor.

boursier, -ière [buRsje, jɛR] **1** *adj* (a) (*Univ*) étudiant ~ student receiving a grant, grant-holder, fellow (*US*); (*lauréat d'un concours*) scholarship-holder. (b) (*Bourse*) Stock Market (*épith*). **2** *nm,f* (*Univ*) grant-holder, fellow (*US*); scholarship-holder.

boursouflage [buRsuflaʒ] *nm [visage]* swelling, puffing-up; *[style]* turgidity.

boursouflé, e [buRsufle] (*ptp de* **boursoufler**) *adj* visage puffy, swollen, bloated; *surface peinte* blistered; (*fig*) style, discours bombastic, turgid.

boursouflement [buRsufləmɑ̃] *nm* = **boursouflage**.

boursoufler [buRsufle] (1) **1** *vt* to puff up, bloat. **2 se boursoufler** *vpr [peinture]* to blister.

boursouflure [buRsuflyR] *nf [visage]* puffiness; *[style]* turgidity, pomposity; (*cloque*) blister.

bouscaud, e [busko, od] *adj* (*Can*) thickset.

bouscueil [buskœj] *nm* (*Can*) break-up of ice (in rivers and lakes).

bousculade [buskylad] *nf* (*remous*) hustle, jostle, crush; (*hâte*) rush, scramble.

bousculer [buskyle] (1) **1** *vt* (a) *personne* (*pousser*) to jostle, shove; (*heurter*) to bump into *ou* against, knock into *ou* against; (*presser*) to rush, hurry (up); (*Mil*) to drive from the field. (*fig*) être (très) **bousculé** to be rushed off one's feet.
(b) *objet* (*heurter*) to knock *ou* bump into; (*faire tomber*) to knock over; (*déranger*) to knock about.
2 se bousculer *vpr* (*se heurter*) to jostle each other; (*: se dépêcher*) to get a move on*. (*bégayer*) ça se bouscule au portillon* he can't get his words out fast enough; (*s'enthousiasmer*) les gens ne se bousculent pas au ~* people aren't exactly queuing up*.

bouse [buz] *nf* (cow *ou* cattle) dung (*U*), cow pat.

bouseux‡ [buzø] *nm* (*péj*) bumpkin, yokel.

bousier [buzje] *nm* dung-beetle.

bousillage [buzijaʒ] *nm* (a) (*: V* **bousiller**) botching; bungling; wrecking; busting-up‡; smashing-up*; pranging* (*Brit*). (b) (*Constr*) cob.

bousiller* [buzije] (1) *vt* travail to botch, bungle, louse up‡; appareil, moteur to bust up‡, wreck; voiture, avion to smash up*, prang* (*Brit*), total* (*US*); personne to bump off‡, do in‡. se faire ~ to get done in‡ *ou* bumped off‡.

bousilleur, -euse* [buzijœR, øz] *nm,f* bungler, botcher.

boussole [busɔl] *nf* compass. (*fig*) perdre la ~* to go off one's head.

boustifaille‡ [bustifaj] *nf* grub‡, nosh‡ (*Brit*), chow‡.

bout [bu] **1** *nm* (a) (*extrémité*) *[ficelle, planche, perche]* end; *[nez, doigt, langue, oreille]* tip; *[table]* end; *[canne]* end, tip. ~ **du sein** nipple; à ~ rond/carré round-/square-ended; à ~ ferré canne with a steel *ou* metal tip, steel-tipped; souliers with a steel toecap; cigarette à ~ **de liège** cork-tipped cigarette; il écarta les feuilles mortes du ~ du pied he pushed aside the dead leaves with his toe; à ~ **de bras** at arm's length; (*fig*) du ~ **des lèvres** reluctantly, half-heartedly; (*fig*) avoir qch sur le ~ **de la langue** to have sth on the tip of one's tongue; il est artiste jusqu'au ~ **des ongles** he is an artist to his fingertips; savoir *ou* connaître qch sur le ~ du doigt to have sth at one's fingertips; regarder *ou* voir les choses par le petit ~ **de la lorgnette** to take a narrow view of things; il a mis le ~ **du nez** à *ou* passé le ~ **du nez** par la porte et il a disparu he popped his head round the door *ou* he just showed his face then disappeared; V manger, montrer, savoir.
(b) *[espace, durée]* end. au ~ **de la rue** at the end of the street; à l'autre ~ **de la pièce** at the far *ou* other end of the room; au ~ **du jardin** at the bottom *ou* end of the garden; au ~ **d'un mois** at the end of a month, after a month, a month later; au ~ **d'un moment** after a while; à l'autre ~ **de** at the other *ou* far end of; on n'en voit pas le ~ there doesn't seem to be any end to it; d'un ~ à l'autre de la ville from one end of the town to the other; d'un ~ à l'autre de ses œuvres throughout *ou* all through his works; d'un ~ de l'année à l'autre all the year round, from one year's end to the next; d'un ~ à l'autre du voyage from the beginning of the journey to the end, throughout *ou* right through the journey; (*fig*) ce n'est pas le ~ du monde! it's not the end of the world!; si tu as 5 F à payer c'est (tout) le ~ du monde* 5 francs is the very most it might cost you, at the (very) worst it might cost you 5 francs; commençons par un ~ et nous verrons let's get started *ou* make a start and then we'll see.
(c) (*morceau*) *[ficelle]* piece, bit; *[pain, papier]* piece, bit, scrap; (*Naut*) (length of) rope. on a fait un ~ **de chemin ensemble** we walked part of the way *ou* some of the way *ou* a bit of the way together; il m'a fait un ~ **de conduite** he went part of the way with me; jusqu'à Paris, cela fait un ~ it's some distance *ou* quite a long way to Paris; il est resté un (bon) ~ **de temps** he stayed a while *ou* quite some time; écrivez-moi un ~ **de lettre** drop me a line *ou* a note; avoir un ~ **de rôle** dans une pièce to have a small *ou* bit part in a play; un ~ **de terrain** a patch *ou* plot of land; un ~ **de pelouse** a patch of lawn; un ~ **de ciel bleu** a patch of blue sky; un petit ~ **d'homme*** a (mere) scrap of a man; un petit ~ **de femme** a slip of a woman; un petit ~ **de chou*** a little kid* *ou* nipper* (*Brit*); V connaître.
(d) à ~: être à ~ (*fatigué*) to be all in*, be at the end of one's ~; (*en colère*) to have had enough, be at the end of one's patience; ma patience est à ~ my patience is exhausted; être à ~ **de souffle** to be out of breath; être à ~ **de force(s)/ressources** to have no strength/money left; être à ~ **d'arguments** to have run out of arguments; être à ~ **de nerfs** to be at the end of one's tether, be just about at breaking *ou* screaming* point; mettre *ou* pousser qn à ~ to push sb to the limit (of his patience).
(e) (*loc*) au ~ **du compte** in the last analysis, all things considered; être au ~ **de son rouleau*** (*n'avoir plus rien à dire*) to

have run out of ideas; (*être sans ressources*) to be running short (of money); (*être épuisé*) to be at the end of one's tether; (*être près de la mort*) to have come to the end of the road; **il n'est pas au ~ de ses peines** he's not out of the wood (*Brit*) *ou* woods (*US*) yet, his troubles still aren't over; **je suis** *ou* **j'arrive au ~ de mes peines** I am out of the wood (*Brit*) *ou* woods (*US*), the worst of my troubles are over; **jusqu'au ~: nous sommes restés jusqu'au ~** we stayed right to the end; **ils ont combattu jusqu'au ~** they fought to the bitter end; **rebelle jusqu'au ~** rebel to the end *ou* the last; **il faut aller jusqu'au ~ de ce qu'on entreprend** if you take something on you must see it through (to the end); **aller jusqu'au ~ de ses idées** to follow one's ideas through to their logical conclusion; **~ à ~** end to end; **mettre des planches/cordes ~ à ~** to put planks/ropes end to end; **de ~ en ~: lire un livre de ~ en ~** to read a book from cover to cover *ou* right through *ou* from start to finish; **parcourir une rue de ~ en ~** to go from one end of a street to the other; **à ~ portant** point-blank, at point-blank range; **mettre les ~s‡** to hop it‡ (*Brit*), skedaddle*, scarper‡ (*Brit*); V **bon¹**, **brûler**, **joindre** *etc*.
  2: (*Rel*) **bout de l'an** memorial service (*held on the first anniversary of a person's death*); (*Naut*) **bout-dehors** *nm*, *pl* **bouts-dehors** boom; (*Ciné*) **bout d'essai** screen test, test film; **tourner un bout d'essai** to do a screen test; **bout filtre** *nm* filter tip; **cigarettes (à) bout filtre** filter tip cigarettes, tipped cigarettes; (*Littérat*) **bout-rimé** *nm*, *pl* **bouts-rimés** bouts rimés, poem in set rhymes.

boutade [butad] *nf* **(a)** (*plaisanterie*) jest, sally. **(b)** (*caprice*) whim. **par ~** as the whim takes him (*ou* her *etc*), by fits and starts.

boute-en-train [butɑ̃trɛ̃] *nm inv* live wire*. **c'était le ~ de la soirée** he was the life and soul of the party.

bouteille [butɛj] *nf* **(a)** (*récipient*) bottle; (*contenu*) bottle(ful). **~ d'air comprimé/de butane** cylinder of compressed air/of butane gas; ® **~ Thermos** Thermos ® flask (*Brit*) *ou* bottle (*US*); **~ d'un litre/de 2 litres** litre/2-litre bottle; **~ de vin** (*récipient*) wine bottle;(*contenu*) bottle of wine; **bière en ~** bottled beer; **mettre du vin en ~s** to bottle wine; **vin qui a 10 ans de ~** wine that has been in (the) bottle for 10 years.
  (b) (*loc*) **prendre de la ~*** to be getting on in years, be getting long in the tooth* (*hum*); (*dans son métier*) **il a de la ~*** he's been around a long time; **boire une (bonne) ~** to drink *ou* have a bottle of (good) wine; (*gén hum*) **aimer la ~** to be fond of drink *ou* the bottle, like one's tipple*; **c'est la ~ à l'encre** the whole business is about as clear as mud, you can't make head nor tail of it.

bouter†† [bute] (1) *vt* to drive, push (*hors de* out of).

boutique [butik] *nf* shop, store (*surtout US*); [*grand couturier*] boutique; (*‡fig*) dump‡. **~ en plein vent** open-air stall; **~ de produits diététiques** health food shop; **~ de gestion** business consultancy; **~ de droit law centre; quelle sale ~!** what a crummy‡ place! *ou* a dump!‡; V **fermer**.

boutiquier, -ière [butikje, jɛR] *nm,f* shopkeeper (*Brit*), storekeeper (*US*).

boutoir [butwaR] *nm* [*sanglier*] snout; V **coup**.

bouton [butɔ̃] **1** *nm* **(a)** (*Couture*) button.
  (b) (*mécanisme*) (*Elec*) switch; [*porte, radio*] knob; [*sonnette*] (push-)button.
  (c) (*Bot*) bud. **en ~** in bud; **~ de rose** rosebud.
  (d) (*Méd*) spot, pimple, zit* (*US*). **avoir des ~s** to have spots *ou* pimples, have a pimply face.
  2: **bouton de col** collar stud; **bouton de manchette** cufflink; **bouton-d'or** *nm*, *pl* **boutons-d'or** buttercup; **bouton-pression** *nm*, *pl* **boutons-pression** press stud (*Brit*), snap fastener.

boutonnage [butonaʒ] *nm* buttoning(-up).

boutonner [butone] **(1) 1** *vt* [*vêtement*] to button *ou* fasten (up).
  (b) (*Escrime*) to button. **2 se boutonner** *vpr* [*vêtement*] to button (up); [*personne*] to button (up) one's coat *ou* trousers *etc*.

boutonneux, -euse [butonø, øz] *adj* pimply, spotty.

boutonnière [butonjɛR] *nf* buttonhole. **avoir une fleur à la ~** to wear a flower in one's buttonhole, wear a buttonhole (*Brit*) *ou* boutonniere (*US*); **porter une décoration à la ~** to wear a decoration on one's lapel.

bouturage [butyraʒ] *nm* taking (of) cuttings, propagation (by cuttings).

bouture [butyR] *nf* cutting. **faire des ~s** to take cuttings.

bouturer [butyre] **(1) 1** *vt* to take a cutting from, propagate (by cuttings). **2** *vi* to put out suckers.

bouvet [buvɛ] *nm* (*Menuiserie*) rabbet plane.

bouvier [buvje] *nm* (*personne*) herdsman, cattleman; (*chien*) sheep dog.

bouvreuil [buvrœj] *nm* bullfinch.

bovidés [bovide] *nmpl* bovines, bovidae (*T*).

bovin, e [bovɛ̃, in] **1** *adj* (*lit, fig*) bovine. **2** *nmpl*: **~s** cattle.

bowling [boliŋ] *nm* (*jeu*) (tenpin) bowling; (*salle*) bowling alley.

box, pl boxes [boks] *nm* [*hôpital, dortoir*] cubicle; [*écurie*] loose-box; [*porcherie*] stall, pen; (*garage*) lock-up (garage). (*Jur*) **~ des accusés** dock.

box-calf [bokskalf] *nm* box calf.

boxe [boks(ə)] *nf* boxing. **match de ~** boxing match.

boxer¹ [bokse] **(1) 1** *vi* to box, be a boxer. **~ contre** to box against, fight. **2** *vt* (*Sport*) to box against, fight; (*‡: frapper*) to thump*, punch.

boxer² [bokser] *nm* boxer (dog).

boxeur [boksœr] *nm* boxer.

boxon‡ [boksɔ̃] *nm* brothel, whorehouse*†. **c'est le ~!** it's a shambolic mess!‡ (*Brit*), it's a shambles!

boy [bɔj] *nm* (native) servant boy, boy.

boyard [bɔjar] *nm* (*Hist*) boyar(d).

boyau, pl ~x [bwajo] *nm* **(a)** (*intestins*) **~x** [*animal*] guts, entrails; (*°*) [*homme*] insides*, guts*; **avoir le ~ de la rigolade*** to have the giggles; V **tripe**.

(b) (*corde*) **~ (de chat)** (cat)gut.
  (c) (*passage*) (narrow) passageway; (*tuyau*) narrow pipe; (*Mil*) communication trench, sap; (*Min*) (narrow) gallery.
  (d) [*bicyclette*] (racing) tyre, tubeless tyre .
  (e) (*pour saucisse*) casing.

boycott [bɔjkɔt] *nm*, **boycottage** [bɔjkɔtaʒ] *nm* boycotting (*U*), boycott.

boycotter [bɔjkɔte] **(1)** *vt* to boycott.

boy-scout [bɔjskut] *nm* (boy) scout. **avoir une mentalité de ~*** to have a (rather) naïve *ou* ingenuous outlook.

BP [bepe] *abrév de* boîte postale; V **boîte**.

BPF *abrév de* bon pour francs (*amount payable on a cheque*).

brabançon, -onne [brabɑ̃sɔ̃, ɔn] **1** *adj* of *ou* from Brabant. **2** *nm,f*: **B~(ne)** inhabitant *ou* native of Brabant. **3** *nf*: **la Brabançonne** the Belgian national anthem.

brabant [brabɑ̃] *nm* **(a)** (*Agr: aussi* **double ~**) swivel plough, turnwrest plow (*US*). **(b)** (*Géog*) **le B~** Brabant.

bracelet [braslɛ] **1** *nm* [*poignet*] bracelet; [*bras, cheville*] bangle; [*montre*] strap, bracelet. **2**: **bracelet de force** (leather) wristband; **bracelet-montre** *nm*, *pl* **bracelets-montres** wristwatch.

brachial, e, mpl -iaux [brakjal, jo] *adj* brachial.

brachiopode [brakjɔpɔd] *nm* brachiopod.

brachycéphale [brakisefal] **1** *adj* brachycephalic. **2** *nmf* brachycephalic person.

brachycéphalie [brakisefali] *nf* brachycephaly.

braconnage [brakɔnaʒ] *nm* poaching.

braconner [brakɔne] **(1)** *vi* to poach.

braconnier [brakɔnje] *nm* poacher.

brader [brade] **(1)** *vt* (*vendre à prix réduit*) to sell cut-price (*Brit*) *ou* cut-rate (*US*); (*vendre en solde*) to have a clearance sale of; (*lit, fig; se débarrasser de*) to sell off.

braderie [bradri] *nf* (*magasin*) discount centre; (*sur un marché*) stall selling cut-price (*Brit*) *ou* cut-rate (*US*) goods.

braguette [bragɛt] *nf* fly, flies (*of trousers*); (*Hist*) codpiece.

brahmane [braman] *nm* Brahmin, Brahman.

brahmanique [bramanik] *adj* Brahminical.

brahmanisme [bramanism(ə)] *nm* Brahminism, Brahmanism.

Brahmapoutre [bramaputr(ə)] *nm*, **Brahmaputra** [bramaputra] *nm* Brahmaputra.

brahmine [bramin] *nf* Brahmani, Brahmanee.

brai [brɛ] *nm* pitch, tar.

braies [brɛ] *nfpl* (*Hist*) breeches (*worn by Gauls*).

braillard, e [brajar, ard(ə)] (*V* **brailler**) **1** *adj* bawling (*épith*); yelling (*épith*); howling (*épith*); squalling (*épith*). **2** *nm,f* bawler.

braille [braj] *nm* Braille.

braillement [brajmɑ̃] *nm* (*V* **brailler**) bawling (*U*); yelling; howling (*U*); squalling (*U*). **les ~s de l'enfant** the bawling *ou* bawls of the child.

brailler [braje] **(1) 1** *vi* (*crier*) to bawl, yell; (*pleurer*) to bawl, howl, squall. **2** *vt chanson, slogan* to bawl out.

brailleur, -euse [brajœr, øz] = **braillard**.

braiment [brɛmɑ̃] *nm* bray(ing).

brain trust [brɛntrœst] *nm* brain trust, brains trust.

braire [brɛr] **(50)** *vi* (*lit, fig*) to bray. **faire ~ qn‡** to get on sb's wick‡.

braise [brɛz] *nf* **(a)** [*feu*] **la ~**, **les ~s** the (glowing) embers; (*charbon de bois*) live charcoal; (*fig*) **être sur la ~** to be on tenterhooks; **yeux de ~** fiery eyes, eyes like coals. **(b)** (*‡: argent*) cash*, dough‡, bread‡.

braiser [brɛze] **(1)** *vt* to braise.

bramement [bramɑ̃] *nm* (*V* **bramer**) bell, troat; wailing.

bramer [brame] **(1)** *vi* [*cerf*] to bell, troat; (*‡fig*) to wail.

bran [brɑ̃] *nm* bran. **~ de scie** sawdust.

brancard [brɑ̃kar] *nm* **(a)** (*bras*) [*charrette*] shaft; [*civière*] shaft, pole; V **ruer**. **(b)** (*civière*) stretcher.

brancardier, -ière [brɑ̃kardje, jɛr] *nm,f* stretcher-bearer.

branchage [brɑ̃ʃaʒ] *nm* branches, boughs. **~s** fallen *ou* lopped-off branches, lops.

branche [brɑ̃ʃ] *nf* **(a)** (*Bot*) branch, bough. **~ mère** main branch; **sauter de ~ en ~** to leap from branch to branch; **asperges en ~s** whole asparagus, asparagus spears; **céleri en ~s** (sticks of) celery; V **vieux**.
  (b) (*ramification*) [*nerfs, veines*] branch, ramification; [*rivière, canalisation, bois de cerf*] branch; [*lunettes*] side-piece; [*compas*] leg; [*ciseaux*] blade; [*fer à cheval*] half; [*famille*] branch. **la ~ aînée** the elder *ou* eldest branch of the family; **la ~ maternelle** the maternal branch of the family, the mother's side of the family; V **chandelier**.
  (c) (*secteur*) branch. **les ~s de la science moderne** the different branches of modern science; **notre fils s'orientera vers une ~ technique** our son will go in for the technical side.

branché,e* [brɑ̃ʃe] (*ptp de* **brancher**) *adj* (*dans le vent*) switched-on*. **il est ~** he's a swinger*, he's switched-on*.

branchement [brɑ̃ʃmɑ̃] *nm* (*action*: V **brancher**) plugging-in; connecting-up; linking-up; (*objet*) connection, installation; (*Rail*) branch line; (*Ordin*) branch; (*Gram*) branching.

brancher [brɑ̃ʃe] **(1)** *vt* **(a)** *appareil électrique* to plug in; (*installer*) to connect up; *appareil à gaz, tuyau* to connect up; *téléphone* to connect (up); *réseau* to link up (*sur* with). **~ qch sur qch** to plug sth into sth; to connect sth up with sth; **où est-ce que ça se branche?** where does that plug in?; **où est-ce que je peux me ~?** where can I plug it in?
  (b) (*fig*) **~ qn sur un sujet** to start sb off on a subject; **ce qui me branche*** what grabs* me *ou* makes me a buzz*; **quand on l'a branché** *ou* **quand il est branché là-dessus il est intarissable** when he's launched on that *ou* when somebody gets him started on that he can go on forever; **le journal est branché en direct sur ce qui se passe** the paper is in close touch with current

events *ou* switched on to the events of the day.
branchette [bʀɑ̃ʃɛt] *nf* small branch, twig.
branchial, e, *mpl* **-aux** [bʀɑ̃jal, o] *adj* branchial.
branchies [bʀɑ̃ʃi] *nfpl* (*Zool*) branchiae (*T*), gills.
branchiopode [bʀɑ̃ʃjɔpɔd] *nm* branchiopod.
branchu, e [bʀɑ̃ʃy] *adj* branchy.
brandade [bʀɑ̃dad] *nf*: ~ (**de morue**) brandade (*dish made with cod*).
brande [bʀɑ̃d] *nf* (*lande*) heath(land); (*plantes*) heath, heather, brush.
brandebourg [bʀɑ̃dbuʀ] *nm* (*Habillement*) frog. **à ~(s)** frogged.
brandebourgeois, e [bʀɑ̃dbuʀʒwa, waz] **1** *adj* Brandenburg (*épith*). **2** *nm,f*: **B~(e)** inhabitant *ou* native of Brandenburg.
brandir [bʀɑ̃diʀ] (2) *vt arme, document* to brandish, flourish, wave.
brandon [bʀɑ̃dɔ̃] *nm* firebrand. (*lit*). ~ **de discorde** bone of contention.
branlant, e [bʀɑ̃lɑ̃, ɑ̃t] *adj* *dent* loose; *mur* shaky; *escalier, meuble* rickety, shaky; *pas* unsteady, tottering, shaky; (*fig*) *régime* tottering, shaky; *raison* shaky.
branle [bʀɑ̃l] *nm* [*cloche*] swing. **mettre en ~ cloche** to swing, set swinging; (*fig*) *forces* to set in motion, set off, get moving; **donner le ~ à** to set in motion, set rolling; **se mettre en ~** to get going *ou* moving.
branle-bas [bʀɑ̃lbɑ] *nm inv* bustle, commotion, pandemonium. **dans le ~ du départ** in the confusion *ou* bustle of departure; **être en ~** to be in a state of commotion; **mettre qch en ~** to turn sth upside down, cause commotion in sth; (*Naut*) ~ **de combat** (*manœuvre*) preparations for action; (*ordre*) 'action stations!'; **sonner le ~ de combat** to sound action stations; **mettre en ~ de combat** to clear the decks (for action).
branlement [bʀɑ̃lmɑ̃] *nm* [*tête*] wagging, shaking.
branler [bʀɑ̃le] (1) **1** *vt* (a): ~ **la tête** *ou* (*hum*) **du chef** to shake *ou* wag one's head.
(b) (**‡‡**) **qu'est ce qu'ils branlent?** what the hell are they up to?‡
2 *vi* [*échafaudage*] to be shaky *ou* unsteady; [*meuble*] to be shaky *ou* rickety; [*dent*] to be loose. (*fig*) ~ **dans le manche** to be shaky *ou* precarious.
3 se branler‡‡ *vpr* to wank‡‡ (*Brit*), jerk off‡‡ (*US*). (*fig*) **je m'en branle** I don't give a fuck‡‡.
branleux, -euse‡ [bʀɑ̃lø, øz] *adj* (*Can*) equivocating, slow, shilly-shallying‡.
braquage [bʀakaʒ] *nm* (*Aut*) (steering) lock; (*arg Crime*) stickup (*arg*); *V* **angle, rayon**.
braque [bʀak] **1** *adj* (***) barmy* (*Brit*), crackers*. **2** *nm* (*Zool*) pointer.
braquer [bʀake] (1) **1** *vt* (a): ~ **une arme** *etc* **sur** to point *ou* aim *ou* level a weapon *etc* at; ~ **un télescope** *etc* **sur** to train a telescope *etc* on; ~ **son regard/attention** *etc* **sur** to turn one's gaze/attention *etc* towards, fix one's gaze/attention *etc* on; ~ **les yeux sur qch** to fix one's eyes on sth, stare hard at sth; ~ (**son arme sur**) **qn** to pull one's gun on sb*.
(b) (*Aut*) **roue** to swing.
(c) (**‡**: *attaquer*) *banque* to hold up, stick up‡.
(d) (*fig: buter*) ~ **qn** to put sb's back up*, make sb dig in his heels; ~ **qn contre qch** to turn sb against sth; **il est braqué** he's not to be budged, he's dug his heels in.
2 *vi* (*Aut*) to turn the (steering) wheel. [*voiture*] ~ **bien/mal** to have a good/bad lock; **braquez vers la gauche/la droite!** left hand/right hand hard down! (*Brit*), turn hard left/right.
3 se braquer *vpr* to dig one's heels in. **se ~ contre** to set one's face against.
braquet [bʀakɛ] *nm* [*bicyclette*] gear ratio.
braqueur‡ [bʀakœʀ] *nm* (*gangster*) hold-up man*.
bras [bʀɑ] **1** *nm* (a) arm. **une serviette sous le ~** with a briefcase under one's arm; **un panier au ~** with a basket on one's arm; **donner le ~ à qn** to give sb one's arm; **prendre le ~ de qn** to take sb's arm; **être au ~ de qn** to be on sb's arm; **se donner le ~** to link arms; ~ **dessus,** ~ **dessous** arm in arm; (*lit*) **les ~ croisés** with one's arms folded; (*fig*) **rester les ~ croisés** to sit idly by; **tendre** *ou* **allonger le ~ vers qch** to reach out for sth, stretch out one's hand *ou* arm for sth; *V* **arme, force, plein** *etc*.
(b) (*travailleur*) hand, worker. **manquer de ~** to be short-handed, be short of manpower *ou* labour; **c'est lui la tête, moi je suis le ~** he does the thinking and I do the (actual) work, he supplies the brain and I supply the brawn.
(c) (*pouvoir*) **le ~ de la justice** the arm of the law; (*Rel*) **le ~ séculier** the secular arm.
(d) [*manivelle, outil, pompe*] handle; [*fauteuil*] arm(rest); [*grue*] jib; [*sémaphore, ancre, électrophone, moulin*] arm; [*croix*] limb; [*aviron, brancard*] shaft; (*Naut*) [*vergue*] brace.
(e) [*fleuve*] branch.
(f) [*cheval*] shoulder; [*mollusque*] tentacle.
(g) (*loc*) **en ~ de chemise** in (one's) shirt sleeves; **saisir qn à ~ le corps** to seize sb round the waist, seize sb bodily; (*fig*) **avoir le ~ long** to have a long arm; (*lit, fig*) **à ~ ouverts, les ~ ouverts** with open arms (*lit, fig*); **à ~ tendus** with outstretched arms; **tomber sur qn à ~ raccourcis*** to set (up)on sb, pitch into sb*; **lever les ~ au ciel** to throw up one's arms; **les ~ m'en tombent** I'm flabbergasted* *ou* stunned; **avoir qch/qn** *ou* **se retrouver avec qch/qn sur les ~*** to have sth/sb on one's hands, be stuck* *ou* landed* with sth/sb; **il a une nombreuse famille sur les ~*** he's got a large family to look after; **avoir une sale histoire sur les ~*** to have a nasty business on one's hands; (*hum*) (**être**) **dans les ~ de Morphée** (to be) in the arms of Morpheus; **faire un ~ d'honneur à qn** ≃ put two fingers up at sb*, give sb the V-sign (*Brit*) *ou* the finger‡‡ (*US*); *V* **bout, couper, gros** *etc*.
2: (*fig*) **bras droit** right-hand man; (*Aut*) **bras d'essuie-glace**

wiper arm; (*Sport*) **bras de fer** Indian wrestling (*U*), arm-wrestling (*U*); **faire une partie de bras de fer avec qn** to arm-wrestle with sb; (*fig*) **la partie de bras de fer entre patronat et syndicats** the wrestling match between the bosses and the unions; **bras de levier** lever arm; **faire bras de levier** to act as a lever; **bras de mer** arm of the sea, sound; **bras mort** oxbow lake, cutoff.
brasage [bʀazaʒ] *nm* brazing.
braser [bʀaze] (1) *vt* to braze.
brasero [bʀazeʀo] *nm* brazier.
brasier [bʀazje] *nm* (*incendie*) (blazing) inferno, furnace; (*fig: foyer de guerre*) inferno. **son cœur/esprit était un ~** his heart/mind was on fire *ou* ablaze.
Brasilia [bʀazilja] *n* Brasilia.
brassage [bʀasaʒ] *nm* (a) [*bière*] brewing. (b) (*mélange*) mixing. ~ **de races** intermixing of races; (*Aut*) ~ **des gaz** mixing. (c) (*Naut*) bracing.
brassard [bʀasaʀ] *nm* armband. ~ **de deuil** black armband.
brasse [bʀas] *nf* (a) (*Sport*) breast-stroke. ~ **coulée** breast-stroke; ~ **papillon** butterfly(-stroke); **nager la ~** to swim breast-stroke. (b) (**††**: *mesure*) ≃ 6 feet; (*Naut*) fathom.
brassée [bʀase] *nf* armful. **par ~s** in armfuls; (*Can*‡) [*machine à laver etc*] load.
brasser [bʀase] (1) *vt* (a) (*remuer*) to stir (up); (*mélanger*) to mix; *pâte* to knead; *salade* to toss; *cartes* to shuffle; *argent* to handle a lot of. ~ **des affaires** to be in big business; (*fig*) ~ **du vent** to blow hot air*. (b) *bière* to brew. (c) (*Naut*) to brace.
brasserie [bʀasʀi] *nf* (a) (*café*) ≃ pub (*Brit*), bar (*US*), brasserie. (b) (*fabrique de bière*) brewery; (*industrie*) brewing industry.
brasseur, -euse [bʀasœʀ, øz] *nm,f* (a) [*bière*] brewer. (b) (*Comm*) ~ **d'affaires** big businessman.
brassière [bʀasjɛʀ] *nf* (a) [*bébé*] (baby's) vest (*Brit*) *ou* undershirt (*US*). ~ (**de sauvetage**) life jacket. (b) (*Can: soutien-gorge*) bra.
brasure [bʀazyʀ] *nf* (*procédé*) brazing; (*résultat*) brazed joint, braze; (*métal*) brazing metal.
bravache [bʀavaʃ] **1** *nm* braggart, blusterer. **faire le ~** to swagger about. **2** *adj* swaggering, blustering.
bravade [bʀavad] *nf* act of bravado. **par ~** out of bravado.
brave [bʀav] **1** *adj* (a) (*courageux*) *personne, action* brave, courageous, gallant (*littér*). **faire le ~** to act brave, put on a bold front.
(b) (*avant n: bon*) good, nice, fine; (*honnête*) decent, honest. **c'est une ~ fille** she's a nice girl; **c'est un ~ garçon** he's a good *ou* nice lad (*Brit*) *ou* fellow; **ce sont de ~s gens** they're good *ou* decent people *ou* souls; **il est bien ~** he's not a bad chap* (*Brit*) *ou* guy* (*US*), he's a nice enough fellow; **mon ~ (homme)** my good man *ou* fellow; **ma ~ dame** my good woman.
2 *nm* (*gén*) brave man; (*indien*) brave.
bravement [bʀavmɑ̃] *adv* (*courageusement*) bravely, courageously, gallantly (*littér*); (*résolument*) boldly, unhesitatingly.
braver [bʀave] (1) *vt* (*défier*) *autorité, parents* to stand up to, hold out against, defy; *règle* to defy, disobey; *danger, mort* to brave. ~ **l'opinion** to fly in the face of (public) opinion.
bravo [bʀavo] **1** *excl* (*félicitation*) well done!, bravo!, right on!*; (*approbation*) hear! hear! **2** *nm* cheer. **un grand ~ pour ...!** a big cheer for...!, let's hear it for...! (*US*).
bravoure [bʀavuʀ] *nf* bravery, braveness, gallantry; *V* **morceau**.
break [bʀɛk] *nm* (*Aut*) estate (car) (*Brit*), shooting brake† (*Brit*), station wagon (*US*).
brebis [bʀəbi] *nf* (*Zool*) ewe; (*Rel: pl*) flock. ~ **égarée** stray *ou* lost sheep; ~ **galeuse** black sheep; **à ~ tondue Dieu mesure le vent** the Lord tempers the wind to the shorn lamb.
brèche [bʀɛʃ] *nf* [*mur*] breach, opening, gap; (*Mil*) breach; [*lame*] notch, nick. (*Mil*) **faire** *ou* **ouvrir une ~ dans le front ennemi** to make a breach in *ou* breach the enemy line; (*fig*) **faire une ~ à sa fortune** to make a hole in one's fortune; (*fig*) **il est toujours sur la ~** he's still beavering away *ou* hard at it*; *V* **battre**.
brechtien, -ienne [bʀɛʃtjɛ̃, jɛn] *adj* Brechtian.
bredouillage [bʀəduʲaʒ] *nm* spluttering, mumbling.
bredouille [bʀəduj] *adj* (*gén*) empty-handed. (*Chasse, Pêche*) **rentrer ~** to go *ou* come home empty-handed *ou* with an empty bag.
bredouillement [bʀəduʲmɑ̃] *nm* = **bredouillage**.
bredouiller [bʀəduje] (1) **1** *vi* to stammer, mumble. **2** *vt* to mumble, stammer (out), falter out. ~ **une excuse** to splutter out *ou* falter out *ou* stammer an excuse.
bredouilleur, -euse [bʀəduʲœʀ, øz] **1** *adj* mumbling, stammering. **2** *nm,f* mumbler, stammerer.
bref, brève [bʀɛf, ɛv] **1** *adj* *rencontre, discours, lettre* brief, short; *voyelle, syllabe* short. **d'un ton ~** sharply, curtly; **soyez ~ et précis** be brief and to the point; **à ~ délai** shortly.
2 *adv*: (*enfin*) ~ (*pour résumer*) to cut a long story short, in short, in brief; (*passons*) let's not waste any more time; (*donc*) anyway; **en ~** in short, in brief.
3 *nm* (*Rel*) (papal) brief.
4 **brève** *nf* (*syllabe*) short syllable; (*voyelle*) short vowel.
breffage [bʀɛfaʒ] *nm* briefing.
bréhaigne [bʀeɛɲ] *adj* (*Zool*†) barren, sterile.
brelan [bʀəlɑ̃] *nm* (*Cartes*) three of a kind. ~ **d'as** three aces.
breloque [bʀəlɔk] *nf* (*bracelet*) charm; *V* **battre**.
brème [bʀɛm] *nf* (a) (*Zool*) bream. (b) (*arg Cartes*) card.
Brésil [bʀezil] *nm* Brazil.
brésil [bʀezil] *nm* brazil (wood).
brésilien, -ienne [bʀeziljɛ̃, jɛn] **1** *adj* Brazilian. **2** *nm,f*: **B~(ne)** Brazilian.
bressan, e [bʀesɑ̃, an] **1** *adj* of *ou* from Bresse. **2** *nm,f*: **B~(e)** inhabitant *ou* native of Bresse.
Bretagne [bʀətaɲ] *nf* Brittany; *V* **grand**.

bretèche [brətɛʃ] nf gatehouse, bartizan.

bretelle [brətɛl] nf (a) [sac] (shoulder) strap; [lingerie] strap; [fusil] sling. [pantalon] ~s braces (Brit), suspenders (US); porter l'arme ou le fusil à la ~ to carry one's weapon slung over one's shoulder. (b) (Rail) crossover; (Aut) link road (Brit); [autoroute] motorway link (road) (Brit). ~ de raccordement access road; ~ de contournement motorway (Brit) bypass.

breton, -onne [brətɔ̃, ɔn] 1 adj Breton. 2 nm (Ling) Breton. 3 nm,f: B~(ne) Breton.

bretonnant, e [brətɔnɑ̃, ɑ̃t] adj Breton-speaking. la Bretagne ~e Breton-speaking Brittany.

bretteur [brɛtœr] nm (††) swashbuckler; (duelliste) duellist.

bretteux, -euse [brɛtø, øz] adj (Can) idling, dawdling. un ~ an idler, a slowcoach (Brit), a slowpoke (US).

bretzel [brɛdzɛl] nm pretzel.

breuvage [brœvaʒ] nm drink, beverage; (magique) potion.

brève [brɛv] V **bref**.

brevet [brəvɛ] 1 nm (a) (diplôme) diploma, certificate; (Hist: note royale) royal warrant; (Scol) exam taken at end of 4th form ≃ (G.C.E.) 'O' level (Brit). (Scol) avoir son ~ ≃ to have (passed) one's 'O' levels (Brit).
(b) (Naut) certificate, ticket. ~ de capitaine master's certificate ou ticket; (Mil) ~ de commandant major's brevet.
(c) (Jur) ~ (d'invention) letters patent, patent.
(d) (fig: garantie) guarantee. donner à qn un ~ d'honnêteté to testify to ou guarantee sb's honesty; on peut lui décerner un ~ de persévérance you could give him a medal for perseverance.
2: brevet d'apprentissage ≃ certificate of apprenticeship; (Scol) brevet d'études du premier cycle exam taken at end of 4th form ≃ (G.C.E.) 'O' level; brevet de pilote pilot's licence; brevet de technicien vocational training certificate taken at age 16; brevet de technicien supérieur vocational training certificate taken at age 18.

brevetable [brəvtabl(ə)] adj patentable.

breveté, e [brəvte] (ptp de breveter) 1 adj (a) invention patented. (b) (diplômé) technicien qualified, certificated; (Mil) officier commissioned. 2 nm,f (Jur etc) patentee.

breveter [brəvte] (4) vt invention to patent. faire ~ qch to take out a patent for sth.

bréviaire [brevjɛr] nm (Rel) breviary; (fig) bible.

briard, e [brijar, ard(ə)] 1 adj of ou from Brie. 2 nm,f: B~(e) inhabitant ou native of Brie.

bribe [brib] nf (fragment) bit, scrap. ~s de conversation snatches of conversation; ~s de nourriture scraps of food; les ~s de sa fortune the remnants of his fortune; par ~s in snatches, piecemeal.

bric-à-brac [brikabrak] nm inv (a) (objets) bric-a-brac, odds and ends; (fig) bric-a-brac, trimmings. (b) (magasin) junk shop.

bric et de broc [brikedbrɔk] loc adv: de ~ (de manière disparate) in any old way*, any old how*; meublé de ~ furnished with bits and pieces ou with odds and ends.

brick [brik] nm (Naut) brig.

bricolage [brikɔlaʒ] nm (a) (passe-temps) tinkering about, do-it-yourself, D.I.Y.* (Brit); (travaux) odd jobs. j'ai du ~ à faire I've got a few (odd) jobs to do; rayon ~ do-it-yourself department. (b) (réparation) makeshift repair ou job.

bricole [brikɔl] nf (a) (*) (babiole) trifle; (cadeau) something small, token; (menu travail) easy job, small matter. il ne reste que des ~s there are only a few bits and pieces ou a few odds and ends left; ça coûte 10 F et des ~s it costs 10 francs odd*.
(b) [cheval] breast harness.
(c) (Can) ~s* braces (Brit), suspenders (US).

bricoler [brikɔle] (1) 1 vi (menus travaux) to do odd jobs, potter about (Brit); (réparations) to do odd repairs, do odd jobs; (passe-temps) to tinker about ou around.
2 vt (réparer) to fix (up), mend; (mal réparer) to tinker ou mess (about) with; (fabriquer) to knock up* (Brit), cobble up ou together.

bricoleur [brikɔlœr] nm handyman, D.I.Y. man* (Brit), do-it-yourselfer*. il est ~ he is good with his hands, he's very handy*; je ne suis pas très ~ I'm not much of a handyman.

bricoleuse [brikɔløz] nf handywoman, D.I.Y. woman* (Brit), do-it-yourselfer*.

bride [brid] nf (a) (Équitation) bridle. tenir un cheval en ~ to curb a horse; (fig) tenir ses passions/une personne en ~ to keep one's passions/a person in check, keep a tight hand ou rein on one's passions/a person; jeter ou laisser ou mettre la ~ sur le cou ou col à un cheval to give a horse the reins, give a horse his head; (fig) laisser la ~ sur le cou à qn to give ou leave sb a free hand; les jeunes ont maintenant la ~ sur le cou young people have free rein to do as they like nowadays; tenir la ~ haute à un cheval to rein in a horse; (fig) tenir la ~ haute à qn to keep a tight rein on sb; aller à ~ abattue ou à toute ~ to ride flat out*, ride hell for leather*; V lâcher, tourner.
(b) [bonnet] string; (en cuir) strap.
(c) (Couture) [boutonnière] bar; [bouton] loop; [dentelle] bride.
(d) (Tech) [bielle] strap; [tuyau] flange.

bridé, e [bride] (ptp de brider) adj: avoir les yeux ~s to have slanting ou slit eyes.

brider [bride] (1) vt (a) cheval to bridle; (fig) impulsion, colère to bridle, restrain, keep in check, quell; personne to keep in check, hold back. (fig) il est bridé dans son costume, son costume le bride his suit is too tight for him. (b) (Culin) to truss. (c) boutonnière to bind; tuyau to clamp, flange; (Naut) to lash together.

bridge [bridʒ(ə)] nm (Cartes) bridge; (prothèse dentaire) bridge. ~ contrat contract bridge; ~ aux enchères auction bridge; faire un ~ to play ou have a game of bridge.

bridger [bridʒe] (3) vi to play bridge.

bridgeur, -euse [bridʒœr, øz] nm,f bridge player.

bridon [bridɔ̃] nm snaffle.

brie [bri] nm Brie (cheese).

brièvement [brijɛvmɑ̃] adv briefly, concisely.

brièveté [brijɛvte] nf brevity, briefness.

brigade [brigad] nf (Mil) brigade; (Police) squad; (gén: équipe) gang, team. ~ criminelle crime ou murder squad; ~ des mineurs juvenile liaison police, juvenile bureau; ~ des mœurs, ~ mondaine vice squad; ~ de recherche dans l'intérêt des familles ≃ missing persons bureau; ~ des stupéfiants drug(s) squad; ~ volante flying squad; ~ anti-gang anti-terrorist squad; ~ anti-émeute riot police (U) ou squad; ~ de gendarmerie gendarmerie squad.

brigadier [brigadje] nm (Police) ≃ sergeant; (Mil) [artillerie] bombardier; [blindés, cavalerie, train] corporal. ~-chef ≃ lance sergeant.

brigand [brigɑ̃] nm (†: bandit) brigand, bandit; (péj: filou) twister (Brit), sharpie* (US), crook; (hum: enfant) rascal, imp.

brigandage [brigɑ̃daʒ] nm (armed) robbery, banditry; (†) brigandage. commettre des actes de ~ to engage in robbery with violence; (fig) c'est du ~! it's daylight robbery!

brigantine [brigɑ̃tin] nf (Naut) spanker.

Brigitte [briʒit] nf Bridget.

brigue [brig] nf (littér) intrigue. obtenir qch par ~ to get sth by intrigue.

briguer [brige] (1) vt emploi to covet, aspire to, bid for; honneur, faveur to aspire after, crave; amitié to court, solicit; suffrages to solicit, canvass (for).

brillamment [brijamɑ̃] adv brilliantly. réussir ~ un examen to pass an exam with flying colours.

brillance [brijɑ̃s] nf (Astron) brilliance.

brillant, e [brijɑ̃, ɑ̃t] 1 adj (a) (luisant) shiny, glossy; (étincelant) sparkling, bright; chaussures well-polished, shiny; couleur bright, brilliant. elle avait les yeux ~s de fièvre/d'impatience her eyes were bright with fever/impatience; il avait les yeux ~s de convoitise/colère his eyes glittered with envy/anger; V peinture, sou.
(b) (remarquable) brilliant, outstanding; situation excellent, brilliant; succès brilliant, dazzling, outstanding; avenir brilliant, bright; conversation brilliant, sparkling. avoir une intelligence ~e to be outstandingly intelligent, be brilliant; sa santé n'est pas ~e his health isn't too good; ce n'est pas ~ it's not up to much, it's not too good, it's not brilliant*.
2 nm (a) (U: éclat) (étincelant) sparkle, brightness; (luisant) shine, glossiness; [couleur] brightness, brilliance; [étoffe] sheen; (par usure) shine. (fig) le ~ de son esprit/style the brilliance of his mind/style; il a du ~ mais peu de connaissances réelles he has a certain brilliance but not much serious knowledge; donner du ~ à un cuir to polish up a piece of leather.
(b) (diamant) brilliant. taillé/monté en ~ cut/mounted as a brilliant.

brillantine [brijɑ̃tin] nf brilliantine.

briller [brije] (1) vi (a) (gén) [lumière, soleil] to shine; [diamant, eau] to sparkle, glitter; [étoile] to twinkle, shine (brightly); [métal] to glint, shine; [feu, braises] to glow (brightly); [flammes] to blaze; [éclair] to flash; [chaussures] to shine; [surface polie, humide] to shine, glisten. faire ~ les meubles/l'argenterie to polish the furniture/the silver; faire ~ ses chaussures to shine ou polish one's shoes; V tout.
(b) [yeux] to shine, sparkle; [nez] to be shiny; [larmes] to glisten. ses yeux brillaient de joie his eyes sparkled with joy; ses yeux brillaient de convoitise his eyes glinted greedily.
(c) [personne] to shine, stand out. ~ en société to be a success in society; ~ à un examen to come out (on top) in ou do brilliantly ou shine in an exam; ~ par son talent/éloquence to be outstandingly talented/eloquent; il ne brille pas par le courage/la modestie courage/modesty is not his strong point; ~ par son absence to be conspicuous by one's absence; le désir de ~ the longing to stand out (from the crowd), the desire to be the centre of attention; faire ~ les avantages de qch à qn to paint a glowing picture of sth to sb.

brimade [brimad] nf (vexation) vexation; (Mil, Scol: d'initiation) ragging (U) (Brit), hazing (US). faire subir des ~s à qn to harry sb, harass sb; (Mil, Scol) to rag sb (Brit), haze sb (US).

brimbalement [brɛ̃balmɑ̃] nm shaking (about); (bruit) rattle.

brimbaler [brɛ̃bale] (1) = **bringuebaler**.

brimborion [brɛ̃bɔrjɔ̃] nm (colifichet) bauble, trinket.

brimer [brime] (1) vt (soumettre à des vexations) to aggravate, bully; (Mil, Scol) nouveaux to rag (Brit), haze (US). se sentir brimé to feel one's being got at* ou being done down* (Brit); je suis brimé* I'm being got at* ou done down* (Brit).

brin [brɛ̃] nm (a) [blé, herbe] blade; [bruyère, mimosa, muguet] sprig; [osier] twig; [paille] wisp. (fig) un beau ~ de fille a fine-looking girl.
(b) [chanvre, lin] yarn, fibre; [corde, fil, laine] strand.
(c) (un peu) un ~ de a touch ou grain ou bit of; il n'a pas un ~ de bon sens he hasn't got an ounce ou a grain of common sense; avec un ~ de nostalgie with a touch ou hint of nostalgia; il y a un lui un ~ de folie/méchanceté there's a touch of madness/malice in him; faire un ~ de causette to have a bit of a chat* (Brit), have a little chat; faire un ~ de toilette to have a lick and a promise, have a quick wash; il n'y a pas un ~ de vent there isn't a breath of wind; un ~ + adj a shade ou bit ou little + adj; un ~ plus grand/ haut a bit ou a little ou a fraction ou a shade bigger/higher; je suis un ~ embêté* I'm a trifle ou a shade worried.
(d) (Rad) [antenne] wire.

brindille [brɛ̃dij] nf twig.

bringue¹* [brɛ̃g] nf: grande ~ beanpole*.

bringue²* [brɛ̃g] nf (beuverie) binge*; (débauche) spree. faire la ~ to go on a binge* ou a spree.

bringuebaler* [brɛ̃gbale] (1), **brinquebaler*** [brɛ̃kbale] (1) **1** vi [tête] to shake about, joggle; [voiture] to shake ou rock about, joggle; (avec bruit) to rattle. une vieille auto toute bringuebalante a ramshackle ou broken-down old car; il y a quelque chose qui bringuebale dans ce paquet something is rattling in this packet. **2** vt to cart (about).

brio [brijo] nm (virtuosité) brilliance; (Mus) brio. faire qch avec ~ to do sth brilliantly, carry sth off with great panache.

brioche [brijɔʃ] nf brioche (sort of bun). jambon en ~ ham in a pastry case; (fig) prendre de la ~* to develop a paunch ou a corporation (Brit), get a bit of a tummy*.

brioché, e [brijɔʃe] adj (baked) like a brioche; V pain.

brique [brik] **1** nf (a) (Constr) brick; [savon] bar, cake; [tourbe] block, slab. mur de ou en ~(s) brick wall; ~ pleine/creuse solid/hollow brick; (fig) bouffer des ~s‡ to have nothing to eat.
(b) (*) a million (old) francs.
(c) (Naut) ~ à pont holystone.
2 adj inv brick red.

briquer [brike] (1) vt (*) to polish up; (Naut) to holystone, scrub down.

briquet¹ [brikɛ] nm (cigarette) lighter. ~-tempête windproof lighter; V battre.

briquet² [brikɛ] nm (Zool) beagle.

briquetage [brikta3] nm (mur) brickwork; (enduit) imitation brickwork.

briquéter [brikte] (4) vt (a) (bâtir) to brick, build with bricks. (b) (peindre) to face with imitation brickwork.

briqueterie [brikt(ə)ri] nf brickyard, brickfield.

briqueteur [briktœr] nm bricklayer.

briquetier [briktje] nm (ouvrier) brickyard worker, brickmaker; (entrepreneur) brick merchant.

briquette [brikɛt] nf briquette. c'est de la ~* it's not up to much.

bris [bri] nm breaking. (Jur) ~ de clôture trespass, breaking-in; (Aut) ~ de glaces broken windows; (Jur) ~ de scellés breaking of seals.

brisant, e [brizɑ̃,ɑ̃t] **1** adj high-explosive (épith). obus ~ high-explosive shell. **2** nm (a) (vague) breaker. (b) (écueil) shoal, reef. (c) (brise-lames) groyne, breakwater.

Brisbane [brizban] n Brisbane.

briscard [briskar] nm (Hist Mil) veteran, old soldier.

brise [briz] nf breeze.

brise- [briz] préf V briser.

brisé, e [brize] (ptp de briser) adj: ~ (de fatigue) worn out, exhausted; ~ (de chagrin) overcome by sorrow, brokenhearted; V arc, ligne¹, pâte.

brisées [brize] nfpl: marcher sur les ~ de qn to poach on sb's preserves (fig).

briser [brize] (1) **1** vt (a) (casser) objet to break, smash; mottes de terre to break up; chaîne, fers to break. ~ qch en mille morceaux to smash sth to smithereens, break sth into little pieces ou bits, shatter sth (into little pieces); (lit, fig) ~ la glace to break the ice.
(b) (saper, détruire) carrière, vie to ruin, wreck; personne (épuiser) to tire out, exhaust; (abattre la volonté de) to break, crush; espérance to smash, shatter, crush; cœur, courage to break; traité, accord to break; amitié to break up, bring to an end. d'une voix brisée par l'émotion in a voice choked with emotion; ces épreuves l'ont brisé these trials and tribulations have left him a broken man; il en a eu le cœur brisé it broke his heart, he was heartbroken about it.
(c) (avoir raison de) volonté to break, crush; rebelle to crush, subdue; opposition, résistance to crush, break down; grève to break (up); révolte to crush, quell. il était décidé à ~ les menées de ces conspirateurs he was determined to put paid to (Brit) ou put a stop to the schemings of these conspirators.
(d) (†: mettre fin à) entretien to break off.
2 vi (littér) (a) (rompre) ~ avec qn to break with sb; brisons là!† enough said!
(b) (déferler) [vagues] to break.
3 se briser vpr (a) [vitre, verre] to break, shatter, smash; [bâton, canne] to break, snap.
(b) [vagues] to break (contre against).
(c) [résistance] to break down, snap; [assaut] to break up (sur on, contre against); [espoir] to be dashed. nos efforts se sont brisés sur cette difficulté our efforts were frustrated ou thwarted by this difficulty.
(d) [cœur] to break, be broken; [voix] to falter, break.
4: brise-bise nm inv half-curtain (on window); brise-fer nm inv (enfant) wrecker; brise-glace nm inv (navire) icebreaker; [pont] icebreaker, ice apron; brise-jet nm inv spout; brise-lames nm inv breakwater, mole; brise-mottes nm inv harrow; brise-tout nm inv = brise-fer; brise-vent nm inv windbreak.

briseur, -euse [brizœr, øz] nm,f breaker, wrecker. ~ de grève strikebreaker.

brisquard [briskar] nm = briscard.

bristol [bristol] nm (papier) Bristol board; (carte de visite) visiting card.

brisure [brizyr] nf (cassure) break, crack; [charnière] joint, break; (Hér) mark of cadency, brisure.

britannique [britanik] **1** adj British. **2** nmf: B~ Briton, British person, Britisher (US); c'est un B~ he's British ou a Britisher (US), he's a Brit*; les B~s the British (people), the Brits*.

broc [bro] nm pitcher, ewer.

brocante [brokɑ̃t] nf (commerce) secondhand (furniture) trade, secondhand market; (objets) secondhand goods (esp furniture). il est dans la ~ he deals in secondhand goods; acheter qch à la ~ to buy sth on the flea market.

brocanter [brokɑ̃te] (1) vi to deal in secondhand goods (esp furniture).

brocanteur, -euse [brokɑ̃tœr, øz] nm,f secondhand (furniture) dealer.

brocard¹ [brokar] nm (Zool) brocket.

brocard² [brokar] nm (littér, †) gibe, taunt.

brocarder [brokarde] (1) vt (littér, †) to gibe at, taunt.

brocart [brokar] nm brocade.

brochage [broʃa3] nm (V brocher) binding (with paper); brocading.

broche [broʃ] nf (a) (bijou) brooch. (b) (Culin) spit; (Tex) spindle; (Tech) drift, pin; (Élec) pin; (Méd) pin. (Alp) ~ (à glace) ice piton; (Culin) faire cuire à la ~ to spit-roast.

broché [broʃe] **1** nm (Tex) (procédé) brocading; (tissu) brocade. **2** adj m: livre ~ soft-cover book, book with paper binding.

brocher [broʃe] (1) vt (a) livre to bind (with paper), put a paper binding on. (b) (Tex) to brocade. tissu broché d'or gold brocade.

brochet [broʃɛ] nm (Zool) pike.

brochette [broʃɛt] nf (Culin: ustensile) skewer; (plat) kebab, brochette. (fig) ~ de décorations row of medals; (fig) ~ de personnalités bevy ou band of VIPs.

brocheur, -euse [broʃœr, øz] **1** nm,f (V brocher) book binder; brocade weaver. **2** nm brocade loom. **3** brocheuse nf binder, binding machine.

brochure [broʃyr] nf (a) (magazine) brochure, booklet, pamphlet. (b) [livre] (paper) binding. (c) (Tex) brocaded pattern ou figures.

brocoli [brokoli] nm broccoli.

brodequin [brodkɛ̃] nm (laced) boot; (Hist Théât) buskin, sock. (Hist: supplice) les ~s the boot.

broder [brode] (1) **1** vt tissu to embroider (de with); (fig) récit to embroider. **2** vi (exagérer) to embroider, embellish; (trop développer) to elaborate. ~ sur un sujet to elaborate on a subject.

broderie [brodri] nf (art) embroidery; (objet) piece of embroidery, embroidery (U); (industrie) embroidery trade. faire de la ~ to embroider, do embroidery; ~ anglaise broderie anglaise.

brodeur [brodœr] nm embroiderer.

brodeuse [brodøz] nf (ouvrière) embroideress; (machine) embroidery machine.

broiement [brwamɑ̃] nm = broyage.

bromate [bromat] nm bromate.

brome [brom] nm (Chim) bromine.

bromique [bromik] adj bromic.

bromure [bromyr] nm bromide. ~ d'argent/de potassium silver/potassium bromide.

bronche [brɔ̃ʃ] nf bronchus (T). les ~s the bronchial tubes; il est faible des ~s he has a weak chest.

broncher [brɔ̃ʃe] (1) vi [cheval] to stumble. personne n'osait ~* no one dared move a muscle ou say a word; le premier qui bronche ...!* the first person to budge ...!* ou make a move ...!; sans ~ (sans peur) without turning a hair, without flinching; (*: sans protester) uncomplainingly, meekly; (sans se tromper) faultlessly, without faltering.

bronchiole [brɔ̃ʃjol] nf (Anat) bronchiole.

bronchique [brɔ̃ʃik] adj bronchial.

bronchite [brɔ̃ʃit] nf bronchitis (U). avoir une bonne ~ to have (got) a bad bout ou attack of bronchitis.

bronchitique [brɔ̃ʃitik] adj bronchitic (T). il est ~ he suffers from bronchitis.

broncho-pneumonie, pl **broncho-pneumonies** [brɔ̃kopnœmɔni] nf bronchopneumonia (U).

brontosaure [brɔ̃tozɔr] nm brontosaurus.

bronzage [brɔ̃za3] nm (V bronzer) (sun)tan; bronzing.

bronze [brɔ̃z] nm (métal, objet) bronze.

bronzé, e [brɔ̃ze] (ptp de bronzer) adj (sun)tanned, sunburnt (Brit).

bronzer [brɔ̃ze] (1) **1** vt peau to tan; métal to bronze. **2** vi [peau, personne] to get a tan. les gens qui (se) bronzent sur la plage people who sunbathe on the beach.

bronzette* [brɔ̃zɛt] nf: faire de la ~ to do a bit of sunbathing.

bronzeur [brɔ̃zœr] nm (fondeur) bronze-smelter; (fabricant) bronze-smith.

broquette [brokɛt] nf (tin)tack.

brossage [brosa3] nm brushing.

brosse [bros] **1** nf (a) brush; [peintre] (paint)brush. (fig hum) l'art de manier la ~ à reluire the art of sucking up to people* ou buttering people up; donne un coup de ~ à ta veste give your jacket a brush; passer le tapis à la ~ to give the carpet a brush; passer le carrelage à la ~ to give the (stone) floor a scrub.
(b) (Coiffure) crew-cut. avoir les cheveux en ~ to have a crew-cut.
(c) (Can) prendre une ~‡ to get drunk ou smashed‡.
2: brosse à chaussures shoebrush; brosse à cheveux hairbrush; brosse en chiendent scrubbing brush; brosse à dents toothbrush; brosse à habits clothesbrush; brosse à ongles nailbrush; brosse métallique wire brush.

brosser [brose] (1) **1** vt (a) (nettoyer) to brush; cheval to brush down; plancher, carrelage to scrub. ~ qn to brush sb's clothes.
(b) (Art, fig) to paint.
(c) (Sport) to put spin on.
2 se brosser vpr (a) to brush one's clothes, give one's clothes a brush. se ~ les dents to brush ou clean one's teeth; se ~ les cheveux to brush one's hair.
(b) (‡) se ~ le ventre to go without food; tu peux (toujours) te ~! you'll have to do without!, nothing doing!‡, you can whistle for it!‡

brosserie [bʀɔsʀi] *nf* (*usine*) brush factory; (*commerce*) brush trade.

brossier [bʀɔsje] *nm* (*ouvrier*) brush maker; (*commerçant*) brush dealer.

brou [bʀu] *nm* (*écorce*) husk, shuck (*US*). ~ **de noix** (*Menuiserie*) walnut stain; (*liqueur*) walnut liqueur.

broue‡ [bʀu] *nf* (*Can*) [*bière*] froth; [*mer*] foam.

brouet [bʀuɛ] *nm* (††: *potage*) gruel; (*péj, hum*) brew.

brouette [bʀuɛt] *nf* wheelbarrow.

brouettée [bʀuete] *nf* (wheel)barrowful.

brouetter [bʀuete] (1) *vt* to (carry in a) wheelbarrow.

brouhaha [bʀuaa] *nm* (*tintamarre*) hubbub.

brouillage [bʀujaʒ] *nm* (*Rad*) (*intentionnel*) jamming; (*accidentel*) interference.

brouillard [bʀujaʀ] *nm* (a) (*dense*) fog; (*léger*) mist; (*mêlé de fumée*) smog. ~ **de chaleur** heat haze; ~ **givrant** freezing fog; ~ **à couper au couteau** thick *ou* dense fog, peasouper*; **il fait** *ou* **il y a du** ~ it's foggy; (*fig*) **être dans le** ~ to be lost, be all at sea.
   (b) (*Comm*) daybook.

brouillasser [bʀujase] (1) *vi* to drizzle.

brouille [bʀuj] *nf* disagreement, breach, quarrel. ~ **légère** tiff; **être en** ~ **avec qn** to have fallen out with sb, be on bad terms with sb.

brouillé, e [bʀuje] (*ptp de brouiller*) *adj* (a) (*fâché*) **être** ~ **avec qn** to have fallen out with sb, be on bad terms with sb; **être** ~ **avec les dates/l'orthographe/les maths*** to be hopeless *ou* useless* at dates/spelling/maths.
   (b) **avoir le teint** ~ to have a muddy complexion; *V* **œuf**.

brouiller [bʀuje] (1) **1** *vt* (a) (*troubler*) *contour, vue, yeux* to blur; *papiers, idées* to mix *ou* muddle up; *message, combinaison de coffre* to scramble. **la buée brouille les verres de mes lunettes** my glasses are misting up; **la pluie a brouillé l'adresse** the rain has smudged *ou* blurred the address; **son accident lui a brouillé la cervelle*** since he had that accident his mind has been a bit muddled *ou* confused; (*fig*) ~ **les pistes** *ou* **cartes** to confuse *ou* cloud the issue, draw a red herring across the trail.
   (b) (*fâcher*) to set at odds, put on bad terms. **cet incident l'a brouillé avec sa famille** this incident set him at odds with *ou* put him on bad terms with his family.
   (c) (*Rad*) *émission* (*avec intention*) to jam; (*par accident*) to cause interference to.
  2 se brouiller *vpr* (a) (*se troubler*) [*vue*] to become blurred; [*souvenirs, idées*] to get mixed *ou* muddled up, become confused; **tout se brouilla dans sa tête** everything became confused *ou* muddled in his mind.
   (b) (*se fâcher*) **se** ~ **avec qn** to fall out *ou* quarrel with sb; **depuis qu'ils se sont brouillés** since they fell out (with each other).
   (c) (*Mét*) [*ciel*] to cloud over. **le temps se brouille** it's going *ou* turning cloudy, the weather is breaking.

brouillerie [bʀujʀi] *nf* = **brouille**.

brouillon, -onne [bʀujɔ̃, ɔn] **1** *adj* (*qui manque de soin*) untidy; (*qui manque d'organisation*) unmethodical, unsystematic, muddleheaded. **élève** ~ careless pupil; **avoir l'esprit** ~ to be muddleheaded.
  2 *nm,f* muddler, muddlehead.
  3 *nm* [*lettre, devoir*] rough copy; (*ébauche*) (rough) draft; (*calculs, notes etc*) rough work. (*papier*) ~ rough paper; **prendre qch au** ~ to make a rough copy of sth; *V* **cahier**.

broum! [bʀum] *excl* brum, brum!

broussaille [bʀusaj] *nf*: ~s undergrowth, brushwood, scrub; **avoir les cheveux en** ~ to have unkempt *ou* untidy *ou* tousled hair.

broussailleux, -euse [bʀusajø, øz] *adj* *terrain, sous-bois* bushy, scrubby; *ronces* brambly; *jardin* overgrown; *sourcils, barbe* bushy; *cheveux* bushy, tousled.

brousse [bʀus] *nf*: **la** ~ the bush; (*fig*) **c'est en pleine** ~* it's at the back of beyond* (*Brit*), it's in the middle of nowhere.

broutement [bʀutmɑ̃] *nm*, **broutage** [bʀutaʒ] *nm* (*V* **brouter**) grazing; nibbling; browsing; chattering; grabbing; juddering.

brouter [bʀute] (1) **1** *vt herbe* to graze (on); [*lapin*] to nibble. (*fig*) **il nous le broute!**‡ he's a pain in the neck!‡, he's a bloody nuisance‡.
  2 *vi* (a) [*mouton*] to graze; [*vache, cerf*] to browse; [*lapin*] to nibble.
   (b) (*Tech*) [*rabot*] to chatter; (*Aut*) [*freins*] to grab; [*embrayage*] to judder.

broutille [bʀutij] *nf* (*bagatelle*) trifle. **c'est de la** ~* (*de mauvaise qualité*) it's cheap rubbish; (*sans importance*) it's not worth mentioning, it's nothing of any consequence.

broyage [bʀwajaʒ] *nm* (*V* **broyer**) grinding; crushing; braking.

broyer [bʀwaje] (8) *vt pierre, sucre, os* to grind (to powder), crush; *chanvre, lin* to brake; *poivre, blé* to grind; *aliments* to grind, break up; *couleurs* to grind; *doigt, main* to crush. (*fig*) ~ **du noir** to be in the doldrums *ou* down in the dumps*.

broyeur, -euse [bʀwajœʀ, øz] **1** *adj* crushing, grinding. **2** *nm* (*ouvrier*) grinder, crusher; (*machine*) grinder, crusher; [*chanvre, lin*] brake. ~ **de (de cailloux)** pebble grinder.

brrr! [bʀʀ] *excl* brr!

bru [bʀy] *nf* daughter-in-law.

bruant [bʀyɑ̃] *nm* bunting. ~ **jaune** yellowhammer; ~ **des roseaux** reed bunting.

brucelles [bʀysɛl] *nfpl* tweezers.

Bruges [bʀyʒ] *n* Bruges.

brugnon [bʀyɲɔ̃] *nm* nectarine.

brugnonier [bʀyɲɔnje] *nm* nectarine tree.

bruine [bʀɥin] *nf* (fine) drizzle, Scotch mist.

bruiner [bʀɥine] (1) *vi* to drizzle.

bruire [bʀɥiʀ] (2) *vi* [*feuilles, tissu, vent*] to rustle; [*ruisseau*] to murmur; [*insecte*] to buzz, hum.

bruissement [bʀɥismɑ̃] *nm* (*V* **bruire**) rustle, rustling; murmur; buzz(ing), humming.

bruit [bʀɥi] *nm* (a) (*gén*) sound, noise; (*avec idée d'intensité désagréable*) noise. **j'entends un** ~ I heard a noise; **un** ~ **de vaisselle** the clatter of dishes; **un** ~ **de moteur/voix** the sound of an engine/voices; **un** ~ **de verre brisé** the tinkle *ou* sound of broken glass; **un** ~ **de pas** (the sound of) footsteps; **le** ~ **d'un plongeon** (the sound of) a splash; **le** ~ **de la pluie contre les vitres** the sound *ou* patter of the rain against the windows; **le** ~ **des radios** the noise *ou* blare of radios; **les** ~s **de la rue** street noises; **un** ~ *ou* **des** ~s **de marteau** (the sound of) hammering; ~ **de fond** background noise; **le** ~ **familier des camions** the familiar rumble of the lorries; ~ **sourd** thud; ~ **strident** screech, shriek; **on n'entend aucun** ~ **d'ici** you can't hear a sound from here; **dans un** ~ **de tonnerre** with a thunderous roar.
   (b) (*opposé à silence*) **le** ~ noise; **on ne peut pas travailler dans le** ~ one cannot work against noise; **le** ~ **est insupportable ici** the noise is unbearable here; **cette machine fait un** ~ **infernal** this machine makes a dreadful noise *ou* racket*; **sans** ~ noiselessly, without a sound, silently.
   (c) **il y a trop de** ~ there's too much noise, it's too noisy; **s'il y a du** ~ **je ne peux pas travailler** if there's (a) noise I can't work; **les enfants font du** ~, **c'est normal** it's natural that children are noisy; **arrêtez de faire du** ~ stop making a noise *ou* being (so) noisy; **faites du** ~ **pour chasser les pigeons** make a *ou* some noise to scare the pigeons away; **j'entends du** ~ I heard a noise.
   (d) (*fig*) **beaucoup de** ~ **pour rien** much ado about nothing, a lot of fuss about nothing; **faire grand** ~ *ou* **beaucoup de** ~ **autour de qch** to make a great fuss *ou* to-do about sth; **il fait plus de** ~ **que de mal** his bark is worse than his bite.
   (e) (*nouvelle*) rumour. **le** ~ **de son départ** ... the rumour of his leaving ...; **le** ~ **court qu'il doit partir** there is a rumour going about *ou* rumour has it that he is to go; **c'est un** ~ **qui court** it's a rumour that's going round; **répandre de faux** ~s (**sur**) to spread false rumours *ou* tales (about); **les** ~s **de couloir à l'Assemblée nationale** parliamentary rumours; (††) **il n'est** ~ **dans la ville que de son arrivée** his arrival is the talk of the town, his arrival has set the town agog.
   (f) (*Téléc*) noise. (*Méd*) ~ **de souffle** murmur.

bruitage [bʀɥitaʒ] *nm* sound effects.

bruiteur [bʀɥitœʀ] *nm* sound-effects engineer.

brûlage [bʀylaʒ] *nm* [*cheveux*] singeing; [*café*] roasting; [*herbes*] burning. **faire un** ~ **à qn** to singe sb's hair.

brûlant, e [bʀylɑ̃, ɑ̃t] *adj* (a) (*chaud*) *objet* burning (hot), red-hot; *plat* piping hot; *liquide* boiling (hot), scalding; *soleil* scorching, blazing; *air* burning. **il a le front** ~ (**de fièvre**) his forehead is burning (with fever).
   (b) (*passionné*) *regard, pages* fiery, impassioned.
   (c) (*controversé*) *sujet* ticklish. **être sur un terrain** ~ to touch on a hotly debated issue; **c'est d'une actualité** ~e it's the burning question of the hour.

brûle- [bʀyl] *préf V* **brûler**.

brûlé, e [bʀyle] (*ptp de brûler*) **1** *adj* (*) **il est** ~ (*gén*) he's had* *ou* blown* it; [*espion*] his cover is blown*. *V* **crème, terre, tête. 2** *nm*
   (a) **ça sent le** ~ (*lit*) there's a smell of burning; (*fig*) trouble's brewing; **cela a un goût de** ~ it tastes burnt *ou* has a burnt taste.
   (b) (*personne*) **grand** ~ victim of third-degree burns, badly burnt person.

brûler [bʀyle] (1) **1** *vt* (a) (*détruire*) *objet, ordures, corps* to burn; *maison* to burn down. **être brûlé vif** (*accident*) to be burnt alive *ou* burnt to death; (*supplice*) to be burnt at the stake; (*fig*) **il a brûlé ses dernières cartouches** he has shot his bolt; (*fig*) ~ **ses vaisseaux** to burn one's boats (*Brit*); ~ **le pavé**† to ride *ou* run *etc* hell for leather*; (*Théât*) ~ **les planches** to give a spirited performance; ~ **ce qu'on a adoré** to burn one's old idols.
   (b) (*endommager*) [*flamme*] (*gén*) to burn; *cheveux* to singe; [*eau bouillante*] to scald; [*fer à repasser*] to singe, scorch; [*soleil*] *herbe* to scorch; *peau* to burn; [*gel*] *bourgeon* to nip, damage; [*acide*] *peau* to burn, sear; *métal* to burn, attack, corrode. **il a la peau brûlée par le soleil** (*bronzage*) his skin is sunburnt (*Brit*) *ou* tanned; (*lésion*) his skin *ou* he has been burnt by the sun; **le soleil nous brûle** the sun is scorching *ou* burning.
   (c) (*traiter*) *café* to roast; (*Méd*) to cauterize.
   (d) (*consommer*) *électricité, charbon* to burn, use; *cierge, chandelle* to burn. **ils ont brûlé tout leur bois** they've burnt up *ou* used up all their wood; ~ **la chandelle par les deux bouts** to burn the candle at both ends; ~ **de l'encens** to burn incense.
   (e) (*dépasser*) (*Aut*) ~ **un stop** to ignore a stop sign; ~ **un feu rouge** to go through a red light (without stopping), to run a red light (*US*); (*Rail*) ~ **un signal/une station** to go through *ou* past a signal/a station (without stopping); ~ **une étape** to cut out a stop; (*fig*) ~ **les étapes** (*réussir rapidement*) to shoot ahead; (*trop se précipiter*) to cut corners, take short cuts; ~ **la politesse à qn** to leave sb abruptly (without saying goodbye).
   (f) (*donner une sensation de brûlure*) to burn. **le radiateur me brûlait le dos** the radiator was burning my back; **j'ai les yeux qui me brûlent, les yeux me brûlent** my eyes are smarting *ou* stinging; **j'ai la figure qui (me) brûle** my face is burning; **la gorge lui brûle** he's got a burning sensation in his throat; (*fig*) **l'argent lui brûle les doigts** money burns a hole in his pocket.
   (g) (*fig: consumer*) **le désir de l'aventure le brûlait, il était brûlé du désir de l'aventure** he was burning *ou* longing for adventure.
  2 *vi* (a) [*charbon, feu*] to burn; [*maison, forêt*] to be on fire; (*Culin*) to burn. **on a laissé** ~ **l'électricité** *ou* **l'électricité a brûlé toute la journée** the lights have been left on *ou* have been burning away all day; **ce bois brûle très vite** this wood burns (up) very quickly; *V* **torchon**.

(b) *(être brûlant)* to be burning (hot) *ou* scalding. **son front brûle de fièvre** his forehead is burning; **ne touche pas, ça brûle** don't touch that, you'll burn yourself *ou* you'll get burnt; *(jeu, devinette)* **tu brûles!** you're getting hot!

(c) *(fig)* ~ **de faire qch** to be burning *ou* be dying to do sth; ~ **d'impatience** to seethe with impatience; († *ou hum*) ~ **(d'amour) pour qn** to be infatuated *ou* madly in love with sb; ~ **d'envie** *ou* **du désir de faire qch** to be dying *ou* longing to do sth.

3 se brûler *vpr* **(a)** to burn o.s.; *(se tuer)* to set o.s. on fire; *(s'ébouillanter)* to scald o.s. **se** ~ **les doigts** *(lit)* to burn one's fingers; *(fig)* to get one's fingers burnt *(fig)*; **le papillon s'est brûlé les ailes à la flamme** the butterfly burnt its wings in the flame; *(se compromettre)* **se** ~ **les ailes†** to burn one's fingers; **se** ~ **la cervelle** to blow one's brains out.

(b) *(*Can)* to exhaust o.s., wear o.s. out.

4: brûle-gueule *nm inv* short (clay) pipe; **brûle-parfum** *nm inv* perfume burner; **brûle-pourpoint** *adv*: **à brûle-pourpoint** point-blank; (†: *à bout portant*) at point-blank range.

brûlerie [bʀylʀi] *nf [café]* coffee-roasting plant *ou* shop; *[alcool]* (brandy) distillery.

brûleur [bʀylœʀ] *nm (dispositif)* burner.

brûloir [bʀylwaʀ] *nm* coffee roaster *(machine)*.

brûlot [bʀylo] *nm* **(a)** *(Hist Naut)* fire ship; *(personne)* fire-brand. *(fig)* **lancer un** ~ **contre** to launch a scathing attack on. **(b)** *(Can)* midge, gnat.

brûlure [bʀylyʀ] *nf (lésion)* burn; *(sensation)* burning sensation. ~ **(d'eau bouillante)** scald; ~ **de cigarette** cigarette burn; ~ **du premier degré** first-degree burn; ~**s d'estomac** heartburn.

brumaire [bʀymɛʀ] *nm* Brumaire *(second month of French Republican calendar)*.

brumasser [bʀymase] (1) *vb impers*: **il brumasse** it's a bit misty, there's a slight mist.

brume [bʀym] *nf (gén)* mist; *(dense)* fog; *(Mét)* mist; *(Naut)* fog. ~ **légère** haze; ~ **de chaleur** *ou* **de beau temps** heat haze; *V* **corne**.

brumeux, -euse [bʀymø, øz] *adj* misty, foggy; *(fig)* obscure, hazy.

brumisateur [bʀymizatœʀ] *nm* spray, atomiser.

brun, e [bʀœ̃, yn] **1** *adj yeux, couleur* brown; *cheveux* brown, dark; *peau* dusky, swarthy, dark; *(bronzé)* tanned, brown; *tabac* dark; *bière* brown. **il est** ~ *(cheveux)* he's dark-haired; *(bronzé)* he's tanned; **il est** ~ **(de peau)** he's dark-skinned; ~ **roux** (dark) auburn.

2 *nm (couleur)* brown; *(homme)* dark-haired man.

3 brune *nf* **(a)** *(bière)* brown ale, stout.

(b) *(femme)* brunette.

(c) *(littér)* **à la** ~ at twilight, at dusk.

brunante [bʀynɑ̃t] *nf (Can)* **à la** ~ at dusk, at nightfall.

brunâtre [bʀynɑtʀ(ə)] *adj* brownish.

brunette [bʀynɛt] *nf* brunette.

brunir [bʀyniʀ] (2) **1** *vi [personne, peau]* to get sunburnt *(Brit)*, get a tan; *[cheveux]* to go darker; *[caramel]* to brown. **2** *vt* **(a)** *peau* to tan; *cheveux* to darken. **(b)** *métal* to burnish, polish.

brunissage [bʀynisaʒ] *nm* burnishing.

brunissement [bʀynismɑ̃] *nm [peau]* tanning.

brunissure [bʀynisyʀ] *nf [métal]* burnish; *(Agr)* potato rot; *[vigne]* brown rust.

brushing [bʀœʃiŋ] *nm* blow-dry. **faire un** ~ **à qn** to blow-dry sb's hair.

brusque [bʀysk(ə)] *adj* **(a)** *(rude, sec)* personne, manières brusque, abrupt, blunt; *geste* brusque, abrupt, rough; *ton* curt, abrupt, blunt. **être** ~ **avec qn** to be curt *ou* abrupt with sb.

(b) *(soudain)* départ, changement abrupt, sudden; *virage* sharp; *envie* sudden.

brusquement [bʀyskəmɑ̃] *adj (V brusque)* brusquely; abruptly; bluntly; roughly; curtly; suddenly; sharply.

brusquer [bʀyske] (1) *vt* **(a)** *(précipiter)* to rush, hasten. **attaque brusquée** surprise attack; **il ne faut rien** ~ we mustn't rush things. **(b)** *personne* to rush, chivvy*.

brusquerie [bʀyskəʀi] *nf* brusqueness, abruptness.

brut, e¹ [bʀyt] **1** *adj* **(a)** *diamant* uncut, rough; *pétrole* crude; *minerai* crude, raw; *sucre* unrefined; *soie, métal* raw; *toile* unbleached; *laine* untreated; *champagne* brut, extra dry; *(fig)* fait crude; *idée* crude, raw. **à l'état** ~ *(lit)* matière untreated, in the rough; *(fig)* idées in the rough.

(b) *(Comm)* bénéfice, poids, traitement gross. **produire** ~ **un million** to gross a million; **ça fait 100 F/100 kg** ~**, ça fait** ~ **100 F/100 kg** that makes 100 francs/100 kg gross; *V* **produit**.

2 *nm* crude (oil). ~ **lourd** heavy crude.

brutal, e, mpl -aux [bʀytal, o] *adj* **(a)** *(violent)* personne, caractère rough, brutal, violent; *instinct* savage; *jeu* rough. **être** ~ **avec qn** to be rough with sb; **force** ~**e** brute force.

(b) *(choquant)* langage, franchise blunt; *vérité* plain, unvarnished; *réalité* stark. **il a été très** ~ **dans sa réponse** he was very outspoken in his answer, he gave a very blunt answer.

(c) *(soudain)* mort sudden; *choc, coup* brutal.

brutalement [bʀytalmɑ̃] *adv (V brutal)* roughly; brutally; violently; bluntly; plainly; suddenly.

brutaliser [bʀytalize] (1) *vt personne* to bully, knock about, handle roughly, manhandle; *machine* to ill-treat.

brutalité [bʀytalite] *nf (U: violence)* brutality, violence, roughness; *(acte brutal)* brutality; *(Sport)* rough play *(U)*; *(soudaineté)* suddenness. ~**s policières** police brutality.

brute² [bʀyt] *nf (homme brutal)* brute, animal; *(homme grossier)* boor, lout; *(littér: animal)* brute, beast. **taper sur qch comme une** ~* to bash* away at sth (savagely); **frapper qn comme une** ~ to hit out at sb brutishly; ~ **épaisse*** brutish lout; **tu es une grosse** ~**!** you're a big bully!

Brutus [bʀytys] *n* Brutus.

Bruxelles [bʀysɛl] *n* Brussels; *V* **chou¹**.

bruyamment [bʀɥijamɑ̃] *adv* rire, parler noisily, loudly; *protester* loudly.

bruyant, e [bʀɥijɑ̃, ɑ̃t] *adj* personne, réunion noisy, boisterous; *rue* noisy; *rire* loud; *succès* resounding *(épith)*. **ils ont accueilli la nouvelle avec une joie** ~**e** they greeted the news with whoops* *ou* with loud cries of joy.

bruyère [bʀɥijɛʀ] *nf (plante)* heather; *(terrain)* heath(land). **pipe en (racine de)** ~ briar pipe; *V* **coq¹**.

B.T. [bete] *abrév de* brevet de technicien; *V* **brevet**

B.T.S. [beteɛs] *abrév de* brevet de technicien supérieur; *V* **brevet**.

bu, e [by] *ptp de* **boire**.

buanderie [bɥɑ̃dʀi] *nf* wash house, laundry; *(Can: blanchisserie)* laundry.

bubon [bybɔ̃] *nm* bubo.

bubonique [bybɔnik] *adj* bubonic.

Bucarest [bykaʀɛst] *n* Bucharest.

buccal, e, mpl -aux [bykal, o] *adj* oral; *V* **voie**.

buccin [byksɛ̃] *nm* whelk.

bucco-dentaire [bykodɑ̃tɛʀ] *adj* hygiène oral.

bûche [byʃ] *nf* **(a)** *[bois]* log. *(Culin)* ~ **de Noël** Yule log. **(b)** (*: *lourdaud)* blockhead‡, clot‡ *(Brit)*, clod‡ *(US)*, lump*. **(c)** (*: chute)* fall, spill. **ramasser une** ~ to come a cropper* *(Brit)*, take a (headlong) spill *(US)*.

bûcher¹ [byʃe] *nm* **(a)** *(remise)* woodshed. **(b)** *(funéraire)* (funeral) pyre; *(supplice)* stake. **être condamné au** ~ to be condemned to (be burnt at) the stake.

bûcher²* [byʃe] (1) **1** *vt* to swot up*, slog away at*, bone up on*. **2** *vi* to swot*, slog away*.

bûcher³ [byʃe] (1) *(Can)* **1** *vt arbres* to fell, cut down, chop down. **2** *vi* to fell trees.

bûcheron [byʃʀɔ̃] *nm* woodcutter, lumberjack, lumberman *(US)*.

bûchette [byʃɛt] *nf* (dry) twig, stick (of wood); *(pour compter)* rod, stick.

bûcheur, -euse* [byʃœʀ, øz] **1** *adj* hard-working. **2** *nm, f* slogger*, grind* *(US)*.

bucolique [bykɔlik] **1** *adj* bucolic, pastoral. **2** *nf* bucolic, pastoral (poem).

Budapest [bydapɛst] *n* Budapest.

budget [bydʒɛ] *nm* budget. **le client au** ~ **modeste** the customer on a tight budget; **vacances pour pour petits** ~**s** *ou* ~**s modestes** low-cost *ou* budget holidays; *V* **boucler**.

budgétaire [bydʒetɛʀ] *adj* dépenses, crise budgetary. **prévisions** ~**s** budget forecasts; **année** ~ financial year.

budgétisation [bydʒetizasjɔ̃] *nf* inclusion in the budget.

budgétiser [bydʒetize] (1) *vt (Fin)* to include in the budget, budget for.

buée [bɥe] *nf [haleine]* condensation, steam; *[eau chaude]* steam; *(sur vitre)* mist, steam, condensation; *(sur miroir)* mist, blur. **couvert de** ~ misted up, steamed up; **faire de la** ~ to make steam.

Buenos Aires [bwenɔzɛʀ] *n* Buenos Aires.

buffet [byfɛ] *nm* **(a)** *(meuble) [salle à manger]* sideboard. ~ **de cuisine** kitchen dresser *ou* cabinet; *V* **danser**.

(b) *(réception) (table)* buffet; *(repas)* buffet (meal). ~ **(de gare)** station buffet, refreshment room.

(c) (‡fig: *ventre)* stomach, belly‡. **il n'a rien dans le** ~ he hasn't had anything to eat; *(manque de courage)* he has no guts*.

(d) ~ **(d'orgue)** (organ) case.

buffle [byfl(ə)] *nm* buffalo.

buggy [bygi] *nm (Aut)* buggy.

bugle¹ [bygl(ə)] *nm (Mus)* bugle.

bugle² [bygl(ə)] *nf (Bot)* bugle.

buire [bɥiʀ] *nf* ewer.

buis [bɥi] *nm (arbre)* box(wood) *(U)*, box tree; *(bois)* box(wood).

buisson [bɥisɔ̃] *nm (Bot)* bush. *(Culin)* ~ **de langoustines** scampi en buisson *ou* in a bush; *(Bible)* ~ **ardent** burning bush.

buissonneux, -euse [bɥisonø, øz] *adj* terrain bushy, full of bushes; *végétation* scrubby.

buissonnière [bɥisɔnjɛʀ] *adj f V* **école**.

bulbe [bylb(ə)] *nm (Bot)* bulb, corm; *(Archit)* onion-shaped dome. *(Anat)* ~ **pileux** hair bulb; ~ **rachidien** medulla.

bulbeux, -euse [bylbø, øz] *adj (Bot)* bulbous; *forme* bulbous, onion-shaped.

bulgare [bylgaʀ] **1** *adj* Bulgarian. **2** *nm (Ling)* Bulgarian. **3** *nmf*: **B**~ Bulgarian, Bulgar.

Bulgarie [bylgaʀi] *nf* Bulgaria.

bulldozer [buldozɛʀ] *nm* bulldozer.

bulle [byl] *nf* **(a)** *[air, savon, verre]* bubble; *(Méd)* blister; *[bande dessinée]* balloon. **faire des** ~**s** to blow bubbles. **(b)** *(Rel)* bull; *V* **coincer**.

buller* [byle] (1) *vi (paresser)* to laze around.

bulletin [byltɛ̃] *nm* **1** *nm (reportage, communiqué)* bulletin, report; *(magazine)* bulletin; *(formulaire)* form; *(certificat)* certificate; *(billet)* ticket; *(Scol)* report; *(Pol)* ballot paper.

2: bulletin de bagage luggage ticket, baggage check *(surtout US)*; *(Pol)* **bulletin blanc** blank vote; **bulletin de consigne** left-luggage ticket; *(Brit)* *ou* checkroom *(US)*; **bulletin d'état civil** identity document *(issued by local authorities)*; **bulletin d'information** news bulletin; **bulletin météorologique** weather forecast *ou* report *ou* check; **bulletin de naissance** birth certificate; *(Pol)* **bulletin nul** spoilt ballot paper; **bulletin-réponse** *nm, pl* **bulletins-réponses** *(dans un concours)* entry form; **bulletin de salaire** salary advice, pay-slip; **bulletin de santé** medical bulletin; *(Scol)* **bulletin scolaire** *ou* **de notes** report, report card; **bulletin trimestriel** end-of-term report; *(Pol)* **bulletin de vote** ballot paper, **bulletin de vote par correspondance** postal vote *(Brit)*, absentee ballot *(US)*.

bulot [bylo] *nm* whelk.
bungalow [bœ̃galo] *nm* (*en Inde*) bungalow; *[motel]* chalet.
bunker [bunkɛʀ] *nm* (*Golf*) bunker (*Brit*), sand trap (*US*).
buraliste [byralist(ə)] *nmf [bureau de tabac]* tobacconist (*Brit*), tobacco dealer (*US*); *[poste]* clerk.
bure [byʀ] *nf* (*étoffe*) frieze, homespun; (*vêtement*) *[moine]* frock, cowl. **porter la** ～ to be a monk.
bureau, *pl* ～**x** [byʀo] **1** *nm* (**a**) (*meuble*) desk.
　(**b**) (*cabinet de travail*) study.
　(**c**) (*lieu de travail: pièce, édifice*) office. **le** ～ **du directeur** the manager's office; **pendant les heures de** ～ during office hours; **nos** ～**x seront fermés** our premises *ou* the office will be closed; *V* **chef¹, deuxième, employé.**
　(**d**) (*section*) department; (*Mil*) branch, department.
　(**e**) (*comité*) committee; (*exécutif*) board. **aller à une réunion du** ～ to go to a committee meeting; *[syndicats]* **élire le** ～ to elect the officers (of the committee).
　2: bureau de bienfaisance welfare office; **bureau de change** (foreign) exchange office, bureau de change; **bureau des contributions** tax office; **bureau à cylindre** roll-top desk; **bureau de douane** customs house; **bureau d'études** research department *ou* unit; (*entreprise indépendante*) research consultancy, research organization; **bureau de location** booking *ou* box office; **bureau ministre** pedestal desk; **bureau des objets trouvés** lost property (*Brit*) *ou* lost and found (*US*) office; **bureau-paysage** landscaped office; **bureau de placement** employment agency; **bureau postal d'origine** dispatching (post) office; **bureau de poste** post office; **bureau de renseignements** information service; **bureau de tabac** tobacconist's (shop) (*Brit*), tobacco *ou* smoke shop (*US*); **bureau de tri** sorting office; **bureau de vote** polling station.
bureaucrate [byʀokʀat] *nmf* bureaucrat.
bureaucratie [byʀokʀasi] *nf* (*péj*) (*gén*) bureaucracy; (*employés*) officials, officialdom (*U*). **toute cette** ～ **m'agace** all this red tape gets on my nerves.
bureaucratique [byʀokʀatik] *adj* bureaucratic.
bureaucratisation [byʀokʀatizɑsjɔ̃] *nf* bureaucratization.
bureaucratiser [byʀokʀatize] (1) *vt* to bureaucratize.
bureautique [byʀotik] *nf* office automation.
burette [byʀɛt] *nf* (*Chim*) burette; (*Culin, Rel*) cruet; *[mécanicien]* oilcan.
burgrave [byʀgʀav] *nm* burgrave.
burin [byʀɛ̃] *nm* (*Art*) (*outil*) burin, graver; (*gravure*) engraving, print; (*Tech*) (cold) chisel.
buriné, e [byʀine] (*ptp de* **buriner**) *adj* (*fig*) *visage* seamed, craggy.
buriner [byʀine] (1) *vt* (*Art*) to engrave; (*Tech*) to chisel, chip.
burlesque [byʀlɛsk(ə)] *adj* (*Théât*) burlesque; (*comique*) comical, funny; (*ridicule*) ludicrous, ridiculous, absurd. **le** ～ the burlesque.
burlingue‡ [byʀlɛ̃g] *nm* (*lieu de travail*) office.
burnous [byʀnu(s)] *nm [Arabe]* burnous(e); *[bébé]* baby's cape; *V* **suer.**
Burundi [buʀundi] *nm* Burundi.
bus [bys] *nm* (*Aut, Ordin*) bus.
busard [byzaʀ] *nm* (*Orn*) harrier. ～ **Saint-Martin** hen harrier.
buse¹ [byz] *nf* (*Orn*) buzzard; (**: imbécile*) dolt*.
buse² [byz] *nf* (*tuyau*) (*gén*) pipe; (*Tech*) duct. ～ **d'aération** ventilation duct; ～ **de haut fourneau** blast nozzle; ～ **d'injection** injector (nozzle).
business‡ [biznɛs] *nm* (*truc, machin*) thingummy* (*Brit*), thingumajig, whatnot*; (*affaire louche*) piece of funny business*. **qu'est-ce que c'est que ce** ～? what's all this business about?
busqué, e [byske] *adj*: **avoir le nez** ～ to have a hooked *ou* a hook nose.
buste [byst(ə)] *nm* (*torse*) chest; (*seins*) bust; (*sculpture*) bust.
bustier [bystje] *nm* long-line (strapless) bra.
but [by] *nm* (**a**) (*destination*) goal. **prenons comme** ～ (**de promenade**) **le château** let's go (for a walk) as far as the castle, let's aim to walk as far as the castle; **leur** ～ **de promenade favori** their favourite walk; **aller** *ou* **errer sans** ～ to wander aimlessly about.
　(**b**) (*objectif*) aim, goal, objective. **il n'a aucun** ～ **dans la vie** he has no aim in life; **il a pour** ～ *ou* **il s'est donné pour** ～ **de faire** his aim is to do, he is aiming to do; **aller droit au** ～ to come *ou* go

straight to the point; **nous touchons au** ～ **the end** *ou* our goal is in sight; **être encore loin du** ～ to have a long way to go; **à** ～ **lucratif** profit-making, profit-seeking.
　(**c**) (*intention*) aim, purpose, object; (*raison*) reason. **dans le** ～ **de faire** with the intention *ou* aim of doing, in order to do; **je lui écris dans le** ～ **de** ... my aim in writing to him is to ...; **je fais ceci dans le seul** ～ **de** ... my sole aim in doing this is to ...; **c'est dans ce** ～ **que nous partons** it's with this aim in view that we're leaving; **faire qch dans un** ～ **déterminé** to do sth for a definite reason *ou* aim, do sth with one aim *ou* object in view; **c'était le** ～ **de l'opération** that was the object *ou* point of the operation; **qui va à l'encontre du** ～ **recherché** self-defeating.
　(**d**) [by(t)] (*Sport*) (*Ftbl etc*) goal; (*Tir*) target, mark; (*Pétanque: cochonnet*) jack. **gagner/perdre (par)** 3 ～**s à** 2 to win/lose by 3 goals to 2.
　(**e**) **de** ～ **en blanc** suddenly, point-blank, just like that*; **comment puis-je te répondre de** ～ **en blanc?** how can I possibly give you an answer on the spur of the moment? *ou* just like that?*; **il me demanda de** ～ **en blanc si** ... he asked me point-blank if ....
butane [bytan] *nm*: (*gaz*) ～ (*Camping, Ind*) butane; (*usage domestique*) calor gas ®.
buté, e¹ [byte] (*ptp de* **buter**) *adj personne, air* stubborn, obstinate, mulish.
butée² [byte] *nf* (**a**) (*Archit*) abutment. (**b**) (*Tech*) stop; *[piscine]* end wall; (*Ski*) toe-piece.
buter [byte] (1) **1** *vi* (**a**) to stumble, trip. ～ **contre qch** (*trébucher*) to stumble over sth, catch one's foot on sth; (*cogner*) to bump *ou* bang into *ou* against sth; (*s'appuyer*) to be supported by sth, rest against sth; (*fig*) ～ **contre une difficulté** to come up against a difficulty, hit a snag*; **nous butons sur ce problème depuis le début** it's a problem which has balked *ou* stymied* us from the start.
　(**b**) (*Ftbl*) to score a goal.
　2 *vt* (**a**) *personne* to antagonize. **cela l'a buté** it made him dig his heels in.
　(**b**) (*renforcer*) *mur, colonne* to prop up.
　(**c**) (‡: *tuer*) to bump off‡, do in‡.
　3 se buter *vpr* (**a**) (*s'entêter*) to dig one's heels in, get obstinate *ou* mulish.
　(**b**) (*se heurter*) **se** ～ **à une personne** to bump into a person; **se** ～ **à une difficulté** to come up against a difficulty, hit a snag*.
buteur [bytœʀ] *nm* (**a**) (*Ftbl*) striker. (**b**) (‡: *tueur*) killer.
butin [bytɛ̃] *nm* (**a**) *[armée]* spoils, booty, plunder; *[voleur]* loot; (*fig*) booty. ～ **de guerre** spoils of war. (**b**) (*Can) linen, calico; (*tissu*) material; (*vêtements*) clothes.
butiner [bytine] (1) **1** *vi [abeilles]* to gather nectar. **2** *vt [abeilles] nectar* to gather; (*fig*) to gather, glean, pick up.
butoir [bytwaʀ] *nm* (*Rail*) buffer; (*Tech*) stop. ～ **de porte** doorstop, door stopper.
butor [bytɔʀ] *nm* (*péj: malotru*) boor, lout, yob‡ (*Brit*); (*Orn*) bittern.
buttage [bytaʒ] *nm* earthing-up.
butte [byt] *nf* (*tertre*) mound, hillock. ～ **de tir** butts; ～**-témoin** outlier; (*fig*) **être en** ～ **à** to be exposed to.
butter [byte] (1) *vt* (**a**) (*Agr*) *plante* to earth up; *terre* to ridge. (**b**) (‡: *tuer*) to bump off‡, do in‡.
buvable [byvabl(ə)] *adj* drinkable, fit to drink. (*fig*) **c'est** ～!* it's not too bad!; (*Méd*) *ampoule* ～ phial to be taken orally.
buvard [byvaʀ] *nm* (*papier*) blotting paper; (*sous-main*) blotter.
buvette [byvɛt] *nf* (**a**) (*café*) refreshment room; (*en plein air*) refreshment stall. (**b**) *[ville d'eau]* pump room.
buveur, -euse [byvœʀ, øz] *nm,f* (**a**) (*ivrogne*) drinker. (**b**) (*consommateur*) drinker; *[café]* customer. ～ **de bière** beer drinker.
bypass [bajpas] *nm* (*Elec, Tech*) by-pass; (*Méd*) by-pass operation.
byronien, -ienne [biʀɔnjɛ̃, jɛn] *adj* Byronic.
Byzance [bizɑ̃s] *n* Byzantium.
byzantin, e [bizɑ̃tɛ̃, in] *adj* (*Hist*) Byzantine; (*fig*) protracted and trivial, wrangling.
byzantinisme [bizɑ̃tinism(ə)] *nm* argumentativeness, logic-chopping, (love of) hair-splitting.
byzantiniste [bizɑ̃tinist(ə)] *nmf* Byzantinist, specialist in Byzantine art.

C

C, c [se] nm (lettre) C, c.
c' [s] abrév de **ce**.
ça¹ [sa] nm (Psych: inconscient) id.
ça² [sa] pron dém (= cela mais plus courant et plus familier) **(a)** (gén) that, it; (*: pour désigner) (près) this; (plus loin) that. je veux ~, non pas ~, ~ là dans le coin I want that, no, not this, that over there in the corner; **qu'est-ce que ~ veut dire?** what does that ou it ou this mean?; **on ne s'attendait pas à ~** that was (quite) unexpected, we weren't expecting that; **~ n'est pas très facile** that's not very easy; **~ m'agace de l'entendre se plaindre** it gets on my nerves hearing him complain; **~ vaut la peine qu'il essaie** it's worth his having a go; **~ donne bien du souci, les enfants** children are a lot of worry; **faire des études, ~ ne le tentait guère** studying didn't really appeal to him.
(b) (péj: désignant qn) he, she, they. **et ~ va à l'église!** and to think he (ou she etc) goes to church!
(c) (renforçant qui, pourquoi, comment etc) **il ne veut pas venir — pourquoi ~?** he won't come — why not? ou why's that? ou why won't he?; **j'ai vu X — qui ~?/quand ~?/où ~?** I've seen X — who (do you mean)? ou who's that?/when was that?/where was that?
(d) ~ **fait 10 jours/longtemps qu'il est parti** it's 10 days/a long time since he left, he has been gone 10 days/a long time; **voilà, Madame, ~ (vous) fait 10 F** here you are, Madam, that will be 10 francs.
(e) (loc) **tu crois ~!** ou cela!, **on croit ~!** ou cela! that's what you think!; **~ ne fait rien** it doesn't matter; **on dit ~!** ou cela! that's what they (ou you etc) SAY!; **voyez-vous ~!** how do you like that!, did you ever hear of such a thing?; **~ va?** ou marche? etc how are things?*, how goes it?*; **oui ~ va, continuez comme ~** yes that's fine ou O.K.*, carry on like that; **(ah) ~ non!** most certainly not!; **(ah) ~ oui!** absolutely!, (yes) definitely!; (iro) **c'est ~, continue!** that's right, just you carry on!* (iro); **~ par exemple!** (indignation) well!, well really!; (surprise) well I never!; **~ alors!** you don't say!; **me faire ~ à moi!** fancy doing that to me (of all people)!
CA abrév de **chiffres d'affaires**; V **chiffre**.
çà [sa] adv **(a)** ~ **et là** here and there. **(b)** (††: ici) hither (†† ou hum).
cabale [kabal] nf **(a)** (complot, comploteurs) cabal. **(b)** (Hist) cab(b)ala, kab(b)ala.
cabalistique [kabalistik] adj (mystérieux) signe cabalistic, arcane; (Hist) cabalistic.
caban [kabɑ̃] nm (veste longue) car coat, three-quarter (length) coat; [marin] reefer jacket.
cabane [kaban] **1** nf **(a)** (en bois) hut, cabin; (en terre) hut; (pour rangements, animaux) shed.
(b) (péj: bicoque) shack.
(c) (*: prison) **en ~** in (the) clink‡, in the nick‡ (Brit), in jug‡; **3 ans de ~** 3 years in (the) clink‡ ou in the nick‡ (Brit) ou inside‡.
2: cabane à lapins (lit) rabbit hutch; (fig) box; **cabane à outils** toolshed; **cabane de rondins** log cabin; (Can) **cabane à sucre*** sap house (Can).
cabanon [kabanɔ̃] nm **(a)** (en Provence: maisonnette) [campagne] (country) cottage; [littoral] cabin, chalet. **(b)** (remise) shed, hut. **(c)** (cellule) [aliénés] padded cell. **il est bon pour le ~*†** he should be locked up, he's practically certifiable*.
cabaret [kabaʀɛ] nm **(a)** (boîte de nuit) night club, cabaret; (†: café) tavern, inn; V **danseuse**.
cabas [kabɑ] nm (sac) shopping bag.
cabestan [kabɛstɑ̃] nm capstan; V **virer**.
cabillaud [kabijo] nm (fresh) cod (pl inv).
cabine [kabin] **1** nf [navire, véhicule spatial] cabin; [avion] cockpit; [train, grue] cab; [piscine] cubicle; [laboratoire de langues] booth; (Can) motel room, cabin (US, Can). (Scol, Univ) **entraînement en ~s** language lab training ou practice.
2: cabine d'aiguillage signal box; **cabine d'ascenseur** lift (cage) (Brit), (elevator) car (US); **cabine de bain** (bathing ou beach) hut; **cabine d'essayage** fitting room; **cabine de pilotage** cockpit; **cabine de projection** projection room; **cabine de téléphérique** cablecar; **cabine téléphonique** call ou (tele)phone box, telephone booth ou kiosk, pay-phone.
cabinet [kabinɛ] nm **(a)** (toilettes) **~s** toilet, loo* (Brit), lav* (Brit), john* (US).
(b) (local professionnel) [dentiste] surgery (Brit), office (US); [médecin] surgery (Brit), office (US), consulting-room; [notaire] office; [avocat] chambers (pl); [agent immobilier] agency.
(c) (clientèle) [avocat, médecin] practice.
(d) (Pol) (gouvernement) cabinet; [ministre] advisers (pl); V **chef¹**.
(e) [exposition] exhibition room.
(f) (meuble) cabinet.
(g) (†) (bureau) study; (réduit) closet †.
2: cabinet d'affaires business consultancy; **cabinet d'aisances†** water closet† (Brit), lavatory; **cabinet-conseil** consulting firm;

cabinet de consultation surgery (Brit), consulting-room; **cabinet de débarras** boxroom (Brit), storage room (US), lumber room, glory hole* (Brit); **cabinet d'étude†** study; **cabinet de lecture†** reading room; **cabinet particulier** private dining room; **cabinet de toilette** ≃ bathroom; **cabinet de travail** study.
câblage [kablaʒ] nm **(a)** (V **câbler**) cabling; twisting together. **(b)** (Élec: ensemble de fils) wiring. **(c)** (TV) **le ~ du pays a commencé** cable television is being introduced into the country.
câble [kɑbl(ə)] **1** nm (gén) cable. **~ métallique** wire cable. **2: câble d'amarrage** mooring line; **câble coaxial** coaxial cable; (Aut) **câble de démarrage** jump lead; **câble électrique** (electric) cable; **câble de frein** brake cable; **câble de halage** towrope; (Élec) **câble hertzien** radio link (by hertzian waves); **câble remorquage** towrope; **câble de transmission** transmission cable.
câbler [kɑble] (1) vt **(a)** dépêche, message to cable. **(b)** (Tech) torons to twist together (into a cable). (TV) **~ un pays** to put cable television into a country; **quand l'Europe sera câblée** when Europe has cable television.
câblerie [kɑbləʀi] nf cable-manufacturing plant.
câblier [kɑblije] nm (navire) cable ship.
câblodistribution [kɑblodistʀibysjɔ̃] nf (Québec) cable television ou vision, community antenna television (US).
cabochard, e* [kabɔʃaʀ, aʀd(ə)] adj (têtu) pigheaded*, mulish. **c'est un ~** he's pigheaded*.
caboche [kabɔʃ] nf **(a)** (*: tête) noddle*, nut*, head. **mets-toi ça dans la ~** get that into your head ou noddle* ou thick skull*; **quand il a quelque chose dans la ~** when he has something in his head; **il a la ~ solide** he must have a thick skull; **quelle ~ il a!** he's so pigheaded!*
(b) (clou) hobnail.
cabochon [kabɔʃɔ̃] nm **(a)** (bouchon) [carafe] stopper; (brillant) cabochon. **(b)** (clou) stud.
cabosser [kabɔse] (1) vt (bosseler) to dent. **une casserole toute cabossée** a battered ou badly dented saucepan.
cabot [kabo] **1** nm **(a)** (péj: chien) dog, cur (péj), mutt. **(b)** (arg Mil: caporal) ≃ corp (arg Mil Brit). **2** adj, nm = **cabotin**.
cabotage [kabɔtaʒ] nm (Naut) coastal navigation. **petit/grand ~** inshore/seagoing navigation.
caboter [kabɔte] (1) vi (Naut) to coast, ply (along the coast). **~ le long des côtes d'Afrique** to ply along the African coast.
caboteur [kabɔtœʀ] nm (bateau) tramp, coaster.
cabotin, e [kabɔtɛ̃, in] **1** adj (péj) theatrical. **il est très ~** he likes to show off ou hold the centre of the stage. **2** nm,f (péj) (personne maniérée) show-off, poseur; (acteur) ham (actor).
cabotinage [kabɔtinaʒ] nm [personne, enfant] showing off, playacting; [acteur] ham ou third-rate acting.
cabotiner [kabɔtine] (1) vi [élève, m'as-tu-vu] to playact.
caboulot [kabulo] nm (péj: bistro) sleazy* ou seedy* dive* (péj) ou pub.
cabré, e [kɑbʀe] (ptp de **cabrer**) adj attitude unbending, obstinate.
cabrer [kɑbʀe] (1) **1** vt cheval to rear up; avion to nose up. **faire ~ son cheval** to make one's horse rear up; (fig) **~ qn** to put sb's back up; (fig) **~ qn contre qn** to turn ou set sb against sb.
2 se cabrer vpr [cheval] to rear up; [avion] to nose up; (fig) [personne, orgueil] to revolt, rebel. **se ~ contre qn** to turn ou rebel against sb; **se ~ à** ou **devant** to jib at.
cabri [kabʀi] nm (Zool) kid.
cabriole [kabʀijɔl] nf (bond) [enfant, chevreau] caper; (culbute) [clown, gymnaste] somersault; (Danse) cabriole; (Équitation) capriole, spring; (fig) [politicien] skilful manoeuvre, clever caper. **faire des ~s** [chevreau, enfant] to caper ou cavort (about); [cheval] to cavort.
cabrioler [kabʀijɔle] (1) vi (gambader) to caper ou cavort about.
cabriolet [kabʀijɔlɛ] nm (Hist) cabriolet; (voiture décapotable) convertible.
cabus [kaby] nm V **chou¹**.
caca [kaka] nm (langage enfantin) **faire ~** to do a pooh* (langage enfantin Brit) ou job (langage enfantin); **il a marché dans du ~ de chien** he stepped in some dog's dirt; (couleur) **~ d'oie** greenish-yellow.
cacah(o)uète, cacahouette [kakawɛt] nf peanut, monkey nut (Brit); V **beurre**.
cacao [kakao] nm (Culin) (poudre) cocoa (powder); (boisson) cocoa; (Bot) cocoa bean.
cacaoté, e [kakaɔte] adj farine cocoa- ou chocolate-flavoured.
cacaotier [kakaɔtje] nm, **cacaoyer** [kakaɔje] nm cacao (tree).
cacaoui [kakawi] nm (Can) old squaw (duck), cockawee (Can).
cacatoès [kakatɔɛs] nm (oiseau) cockatoo.
cacatois [kakatwa] nm (Naut) (voile) royal; (aussi **mât de ~**) royal mast. **grand/petit ~** main/fore royal.
cachalot [kaʃalo] nm sperm whale.
cache¹ [kaʃ] nm (Ciné, Phot) mask; (gén) card (for covering one eye, masking out a section of text).
cache² [kaʃ] nf (†: cachette) hiding place; (pour butin) cache.
cache- [kaʃ] préf V **cacher**.

caché, e [kaʃe] (*ptp de* **cacher**) *adj trésor* hidden; *asile* secluded, hidden; *sentiments* inner(most), secret; *sens* hidden, secret; *charmes, vertus* hidden. **je n'ai rien de ~ pour eux** I have no secrets from them; **mener une vie ~e** (*secrète*) to have a secret *ou* hidden life; (*retirée*) to lead a secluded life.

cachemire [kaʃmiʀ] *nm* (*laine*) cashmere. **motif** *ou* **impression** *ou* **dessin ~** paisley pattern; **écharpe en ~** cashmere scarf; **écharpe ~** paisley(-pattern) stole.

Cachemire [kaʃmiʀ] *nm* Kashmir.

Cachemirien,-ienne [kaʃmiʀjɛ̃, ɛn] *nm,f* Kashmiri.

cacher [kaʃe] (1) **1** *vt* (**a**) (*dissimuler volontairement*) *objet* to hide, conceal; *malfaiteur* to hide. **le chien est allé ~ son os** the dog has gone (away) to bury its bone; **~ ses cartes** *ou* **son jeu** (*lit*) to keep one's cards up, play a close game; (*fig*) to keep one's cards close to one's chest, hide one's game, hold out on sb.

(**b**) (*masquer*) *accident de terrain, trait de caractère* to hide, conceal. **les arbres nous cachent le fleuve** the trees hide *ou* conceal the river from our view *ou* from us; **tu me caches la lumière** you're in my light; **son silence cache quelque chose** he's hiding something by his silence; **les mauvaises herbes cachent les fleurs** you can't see the flowers for the weeds; **ces terrains cachent des trésors minéraux** mineral treasures lie hidden in this ground; *V* **arbre**.

(**c**) (*garder secret*) *fait, sentiment* to hide, conceal (*à qn* from sb). **~ son âge** to keep one's age a secret; **on ne peut plus lui ~ la nouvelle** you can't keep *ou* hide *ou* conceal the news from her any longer; **il ne m'a pas caché qu'il désire partir** he hasn't hidden *ou* concealed it from me that he wants to leave, he hasn't kept it (a secret) from me that he wants to leave; **il n'a pas caché que** he made no secret (of the fact) that.

2 se cacher *vpr* (**a**) (*volontairement*) *[personne, soleil]* to hide. **va te ~!** get out of my sight!, be gone!*; **se ~ de qn** to hide from sb; **il se cache pour fumer** he goes and hides to have a smoke; **il se cache d'elle pour boire** he drinks behind her back; (*littér*) **se ~ de ses sentiments** to hide *ou* conceal one's feelings; **je ne m'en cache pas** I am quite open about it, I make no secret of it, I do not hide *ou* conceal it.

(**b**) (*être caché*) *[personne]* to be hiding; *[malfaiteur, évadé]* to be in hiding; *[chose]* to be hiding *ou* hidden. **il se cache de peur d'être puni** he is keeping out of sight *ou* he's hiding for fear of being punished.

(**c**) (*être masqué*) *[accident de terrain, trait de caractère]* to be concealed. **la maison se cache derrière le rideau d'arbres** the house is concealed *ou* hidden behind the line of trees.

(**d**) **sans se ~**: **faire qch sans se ~** *ou* **s'en ~** to do sth openly, do sth without hiding *ou* concealing the fact, do sth and make no secret of it; **il l'a fait sans se ~ de nous** he did it without hiding *ou* concealing it from us.

3: cache-cache *nm inv* (*lit, fig*) hide-and-seek; **cache-col** *nm inv*, **cache-nez** *nm inv* scarf, muffler; **cache-pot** *nm inv* flowerpot holder; **cache-prise** *nm inv* socket cover; **cache-radiateur** *nm inv* radiator cover; **cache-sexe** *nm inv* G-string; **cache-tampon** *nm inv* hunt-the-thimble, hide-the-thimble.

cachet [kaʃɛ] *nm* (**a**) (*Pharm*) (*gén: comprimé*) tablet; (††: *enveloppe*) cachet. **un ~ d'aspirine** an aspirin (tablet); *V* **blanc**.

(**b**) (*timbre*) stamp; (*sceau*) seal. **~ (de la poste) postmark; sa lettre porte le ~ de Paris** his letter is postmarked from Paris *ou* has a Paris postmark; *V* **lettre**.

(**c**) (*fig: style, caractère*) style, character. **cette petite église avait du ~** there was something very characterful about that little church, that little church had (great) character *ou* style; **une robe qui a du ~** a stylish *ou* chic dress, a dress with some style about it; **ça porte le ~ de l'originalité/du génie** it bears the stamp of originality/genius, it has the mark of originality/genius on it.

(**d**) (*rétribution*) fee; *V* **courir**.

cachetage [kaʃtaʒ] *nm* sealing.

cacheter [kaʃte] (4) *vt* to seal; *V* **cire**.

cachette [kaʃɛt] *nf [objet]* hiding-place; *[personne]* hideout, hiding-place. **en ~** *agir, fumer* on the sly *ou* quiet; *rire* to oneself, up one's sleeve; *économiser* secretly; **en ~ de qn** (*action répréhensible*) behind sb's back; (*action non répréhensible*) unknown to sb.

cachot [kaʃo] *nm* (*cellule*) dungeon; (*punition*) solitary confinement.

cachotterie [kaʃɔtʀi] *nf* (*secret*) mystery. **c'est une nouvelle ~ de sa part** it's another of his (little) mysteries; **faire des ~s** to be secretive, act secretively, make mysteries about things; **faire des ~s à qn** to make a mystery of sth to sb, be secretive about sth to sb.

cachottier, -ière [kaʃɔtje, jɛʀ] *adj* secretive. **cet enfant est (un) ~** he's a secretive child.

cachou [kaʃu] *nm* (*bonbon*) cachou.

cacique [kasik] *nm* (*Ethnologie*) cacique. (*arg Scol*) **c'était le ~** he came first, he got first place.

cacochyme [kakɔʃim] *adj* († *ou hum*) **un vieillard ~** a doddery old man.

cacophonie [kakɔfɔni] *nf* cacophony.

cacophonique [kakɔfɔnik] *adj* cacophonous.

cactée [kakte] *nf*, **cactacée** [kaktase] *nf* cactacea.

cactus [kaktys] *nm inv* cactus.

c.à.d. *abrév de* **c'est-à-dire** i.e.

cadastral, e, *mpl* **-aux** [kadastʀal, o] *adj* cadastral.

cadastre [kadastʀ(ə)] *nm* (*registre*) cadastre; (*service*) cadastral survey.

cadastrer [kadastʀe] (1) *vt* to survey and register (*in the cadastre*).

cadavéreux, -euse [kadaveʀø, øz] *adj teint* deathly (pale), deadly pale; *pâleur* deathly. **les blessés au teint ~** the deathly-looking *ou* deathly pale injured.

cadavérique [kadaveʀik] *adj teint* deathly (pale), deadly pale; *pâleur* deathly; *V* **rigidité**.

cadavre [kadavʀ(ə)] *nm* (**a**) (*humain*) corpse, (dead) body; (*animal*) carcass, body. (*fig*) **c'est un ~ ambulant** he's a living corpse.

(**b**) (*: bouteille vide, de vin etc*) empty (bottle), dead man* (*Brit*), soldier*. **on avait rangé les ~s dans un coin** we had lined up the empties in a corner.

caddie [kadi] *nm* (**a**) (*Golf*) caddie. (**b**) ® (*chariot*) (supermarket) trolley.

cadeau, *pl* **~x** [kado] *nm* (**a**) present, gift (*de qn* from sb). **faire un ~ à qn** to give sb a present *ou* gift; **~ de mariage/de Noël** wedding/Christmas present; **~ publicitaire** free gift, giveaway* (*US*).

(**b**) (*loc*) **faire ~ de qch à qn** (*offrir*) to make sb a present of sth, give sb sth as a present; (*laisser*) to let sb keep sth, give sb sth; **il a décidé d'en faire ~** (à qn) he decided to give it away (to sb); **ils ne font pas de ~x** *[examinateurs etc]* they don't let you off lightly; **en ~** as a present; **garde la monnaie, je t'en fais ~** keep the change, I'm giving it to you; (*hum, iro*) **les petits ~x entretiennent l'amitié** there's nothing like a little present between friends (*iro*).

cadenas [kadna] *nm* padlock. **fermer au ~** to padlock.

cadenasser [kadnase] (1) *vt* to padlock.

cadence [kadɑ̃s] *nf* (**a**) (*rythme*) *[vers, chant, danse]* rhythm. **marquer la ~** to accentuate the rhythm.

(**b**) (*vitesse, taux*) rate, pace. **~ de tir/de production** rate of fire/of production; **à la ~ de 10 par jour** at the rate of 10 a day; **à une bonne ~** at a good pace *ou* rate; (*fig*) **forcer la ~** to force the pace.

(**c**) (*Mus*) *[succession d'accords]* cadence; *[concerto]* cadenza.

(**d**) (*loc*) **en ~** (*régulièrement*) rhythmically; (*ensemble, en mesure*) in time.

cadencé, e [kadɑ̃se] (*ptp de* **cadencer**) *adj* (*rythmé*) rhythmic(al); *V* **pas¹**.

cadencer [kadɑ̃se] (3) *vt débit, phrases, allure, marche* to put rhythm into, give rhythm to.

cadet, -ette [kadɛ, ɛt] **1** *adj* (*de deux*) younger; (*de plusieurs*) youngest.

2 *nm* (**a**) *[famille]* **le ~** the youngest child *ou* one; **le ~ des garçons** the youngest boy *ou* son; **mon (frère) ~** my younger brother; **le ~ de mes frères** my youngest brother; **le père avait un faible pour son ~** the father had a soft spot for his youngest boy.

(**b**) (*relation d'âges*) **il est mon ~** he's younger than me; **il est mon ~ de 2 ans** he's 2 years younger than me, he's 2 years my junior, he's my junior by 2 years; **c'est le ~ de mes soucis** it's the least of my worries.

(**c**) (*Sport*) 15-17 year-old player; (*Hist*) cadet (*gentleman who entered the army to acquire military skill and eventually a commission*).

3 cadette *nf* (**a**) **la ~te** the youngest child *ou* girl *ou* one; **la ~te des filles** the youngest girl *ou* daughter; **ma (sœur) ~te** my younger sister.

(**b**) **elle est ma ~te** she's younger than me.

(**c**) (*Sport*) 15-17 year-old player.

cadmium [kadmjɔm] *nm* cadmium.

cadogan [kadɔga] *nm* = **catogan**.

cadrage [kadʀaʒ] *nm* (*Phot*) centring (of image).

cadran [kadʀɑ̃] **1** *nm [téléphone, boussole, compteur]* dial; *[montre, horloge]* dial, face; *[baromètre]* face; *V* **tour²**. **2: cadran solaire** sundial.

cadre [kadʀ(ə)] *nm* (**a**) *[tableau, porte, bicyclette]* frame. **mettre un ~ à un tableau** to put a picture in a frame, frame a picture; **il roulait à bicyclette avec son copain sur le ~** he was riding along with his pal on the crossbar.

(**b**) (*caisse*) *[d'emballage ou de déménagement]* crate, packing case; **~-conteneur** *ou* **-container** container.

(**c**) (*sur formulaire*) space, box. **ne rien écrire dans ce ~** do not write in this space, leave this space blank.

(**d**) (*décor*) setting; (*entourage*) surroundings. **vivre dans un ~ luxueux** to live in luxurious surroundings; **son enfance s'écoula dans un ~ austère** he spent his childhood in austere surroundings; **une maison située dans un ~ de verdure** a house in a leafy setting; **sortir du ~ étroit de la vie quotidienne** to get out of the straitjacket *ou* the narrow confines of everyday life; **quel ~ magnifique!** what a magnificent setting!; **~ de vie** (living) environment.

(**e**) (*limites*) scope. **rester/être dans le ~ de** to remain/be *ou* fall within the scope of; **cette décision sort du ~ de notre accord** this decision is outside *ou* beyond the scope of our agreement; **il est sorti du ~ de ses fonctions** he went beyond the scope of *ou* overstepped the limits of his responsibilities; **respecter le ~ de la légalité** to remain within (the bounds of) the law; *V* **loi**.

(**f**) (*contexte*) **dans le ~ des réformes/des recherches** within the context of *ou* the framework of the reforms/research; **une manifestation qui aura lieu dans le ~ du festival** an event which will take place within the context *ou* framework of the festival *ou* as part of the festival.

(**g**) (*structure*) scope. **le ~ ou les ~s de la mémoire/de l'inconscient** the structures of the memory/the unconscious.

(**h**) (*chef, responsable*) executive, manager; (*Mil*) officer. **les ~s** the managerial staff; **elle est passée ~** she has been upgraded to a managerial position *ou* to the rank of manager, she's been made an executive; **jeune ~** junior manager *ou* executive; **~ supérieur** executive, senior manager; **~ moyen** middle executive, middle manager; **les ~ s moyens** middle management, middle-grade managers (*US*).

(**i**) (*Admin: liste du personnel*) **entrer dans/figurer sur les ~s** (**d'une compagnie**) to be (placed) on/be on the books (of a

company); **être rayé des ~s** (*licencié*) to be dismissed; (*libéré*) to be discharged; *V* **hors.**
   (j) */radio/* frame antenna.
   (k) (*Phot*) **~ de développement** processing rack; **viseur à ~** lumineuse collimator viewfinder.
cadrer [kadRe] (1) **1** *vi* (*coïncider*) to tally (*avec* with), conform (*avec* to, with). **2** *vt* (*Ciné, Phot*) to centre.
cadreur [kadRœR] *nm* (*Ciné*) cameraman.
caduc, caduque [kadyk] *adj* **(a)** (*Bot*) deciduous. **(b)** (*Jur*) null and void. **devenir ~** to lapse; **rendre ~** to render null and void, invalidate. **(c)** (*périmé*) *théorie* outmoded, obsolete. **(d)** (*Ling*) **e ~** mute e. **(e) âge ~** declining years.
caducée [kadyse] *nm* caduceus.
cæcum [sekɔm] *nm* caecum.
cæsium [sezjɔm] *nm* caesium.
cafard¹ [kafaR] *nm* **(a)** (*insecte*) cockroach. **(b)** (*: mélancolie*) un **accès de ~** a fit of depression *ou* of the blues*; **avoir le ~** to be down in the dumps*, be feeling gloomy *ou* blue* *ou* low*; **ça lui donne le ~** that depresses him, that gets him down*.
cafard², e [kafaR, aRd(ǝ)] *nm,f* (*péj*) (*rapporteur*) sneak, telltale, tattletale (*US*); (*rare: tartufe*) hypocrite.
cafardage* [kafaRda3] *nm* (*rapportage*) sneaking, taletelling.
cafarder* [kafaRde] (1) **1** *vt* (*rapporter*) to tell tales on, sneak on. **2** *vi* to tell tales, sneak.
cafardeur, -euse¹ [kafaRdœR, øz] *nm,f* (*péj*) sneak, telltale, tattletale (*US*).
cafardeux, -euse² [kafaRdø, øz] *adj* (*déprimé*) *personne* down in the dumps* (*attrib*), gloomy, feeling blue* (*attrib*); *tempérament* gloomy, melancholy.
café [kafe] **1** *nm* **(a)** (*plante, boisson, produit*) coffee.
   (b) (*moment du repas*) coffee. **au ~,** on parlait politique we talked politics over coffee; **il est arrivé au ~** he came in when we were having coffee.
   (c) (*lieu*) café, ≃ pub (*Brit*).
   2: café bar café (*serving spirits, coffee, snacks*); **café complet** ≃ continental breakfast; (*Hist*) **café-concert** *nm, pl* **cafés-concerts, caf'conc'** café *where singers etc entertain customers*; **café crème** white coffee (*Brit*), coffee with cream; **café express** espresso coffee; **café filtre** filter(ed) coffee; **café en grains** coffee beans; **café au lait** (*nm*) white coffee (*Brit*), coffee with milk; (*adj inv*) coffee-coloured; **café liégeois** coffee ice cream (*with whipped cream*); **café noir** *ou* nature black coffee; **café en poudre** instant coffee; **café-restaurant** *nm, pl* **cafés-restaurants** restaurant, *café serving meals*; **café soluble = café en poudre**; **café tabac** *tobacconist's* (*Brit*) *or tobacco shop* (*US*) *also serving coffee and spirits*; **café théâtre** theatre workshop; **café turc** Turkish coffee; **café vert** unroasted coffee.
caféier [kafeje] *nm* coffee tree.
caféière [kafejeR] *nf* coffee plantation.
caféine [kafein] *nf* caffeine.
cafetan [kaftã] *nm* caftan.
cafétéria [kafeteRja] *nf* cafeteria.
cafetier, -ière [kaftje, jeR] **1** *nm,f* café-owner. **2 cafetière** *nf* **(a)** (*pot*) coffeepot; (*percolateur*) coffee-maker. **(b)** (*: tête*) nut*, noddle* (*Brit*), noodle* (*US*).
cafouillage* [kafuja3] *nm* muddle, shambles (*sg*).
cafouiller* [kafuje] (1) *vi /organisation, administration, gouvernement/* to be in *ou* get into a (state of) shambles *ou* a mess; /*discussion*/ to turn into a shambles, fall apart; /*équipe*/ to get into a shambles, go to pieces; /*candidat*/ to flounder; /*moteur, appareil*/ to work in fits and starts. **dans cette affaire le gouvernement cafouille** the government's in a real shambles over this business; (*Sport*) **~** (*avec*) **le ballon** to fumble the ball.
cafouilleux, -euse* [kafujœR, øz], **cafouilleux, -euse*** [kafujø, øz] **1** *adj* organisation, discussion shambolic* (*Brit*), chaotic. **il est ~** he always gets (things) into a muddle, he's a bungler *ou* muddler.
   2 *nm,f* muddler, bungler.
cafouillis [kafuji] *nm* = **cafouillage.**
cafre [kafR(ǝ)] **1** *adj* kaf(f)ir. **2** *nmf*: **C~** Kaf(f)ir.
cage [ka3] **1** *nf* **(a)** /*animaux*/ cage. **mettre en ~** (*lit*) to put in a cage; (*fig*) *voleur* to lock up; **dans ce bureau, je me sens comme un animal en ~** in this office I feel caged up *ou* in.
   (b) (*Tech*) /*roulement à billes, pendule*/ casing; /*maison*/ shell; (*Sport*: *buts*) goal.
   2: cage d'ascenseur lift (*Brit*) *ou* elevator (*US*) shaft; **cage d'escalier** (*stair*)well; (*Min*) **cage d'extraction** cage; (*Élec*) **cage de Faraday** Faraday cage; **cage à lapins** (*lit*) (rabbit) hutch; (*fig péj: maison*) poky little hole*, box; **cage à poules** (*lit*) hen-coop; (*fig: pour enfants*) jungle-gym, climbing frame; (*fig péj: maison*) shack, poky little hole*, box; **cage thoracique** rib cage.
cageot [ka3o] *nm* /*légumes, fruits*/ crate.
cagibi* [ka3ibi] *nm* (*débarras*) boxroom (*Brit*), storage room (*US*), glory hole* (*Brit*); (*remise*) shed.
cagne [kaɲ] *nf* (*arg Scol*) *Arts class preparing entrance exam for the École normale supérieure.*
cagneux, -euse¹ [kaɲø, øz] *adj cheval, personne* knock-kneed; *jambes* crooked. **genoux ~** knock knees.
cagneux, -euse² [kaɲø, øz] (*arg Scol*) *pupil in the 'cagne'; V* **cagne.**
cagnotte [kaɲɔt] *nf* (*caisse commune*) kitty; (*: économies*) nest egg.
cagot, e [kago, ɔt] (†† *ou péj*) **1** *adj allure, air* sanctimonious. **2** *nm,f* sanctimonious *ou* canting hypocrite.
cagoule [kagul] *nf* (*moine*) cowl; /*pénitent*/ hood, cowl; /*bandit*/ hood, mask; (*passe-montagne*) balaclava.
cahier [kaje] **1** *nm* (*Scol*) notebook, exercise book; (*Typ*) gathering; (*revue littéraire*) **2: cahier de brouillon** roughbook (*Brit*), notebook (for rough drafts) (*US*); (*Jur*) **cahier des charges** schedule of conditions; **cahier de cours** notebook, exercise book; **cahier de devoirs** (home) exercise book, homework book; (*Hist*) **cahier de doléances** register of grievances; **cahier d'exercices** exercise book; **cahier de textes** homework notebook *ou* diary; **cahier de travaux pratiques** lab book.
cahin-caha* [kaẽkaa] *adv*: **aller ~** /*troupe, marcheur*/ to jog along; /*vie, affaires*/ to struggle along; /*santé*/ **alors ça va? — ~** how are you? — (I'm) so-so *ou* middling*, I'm struggling along.
cahot [kao] *nm* (*secousse*) jolt, bump. (*fig*) **~s** ups and downs.
cahotant, e [kaɔtã, ãt] *adj route* bumpy, rough; *véhicule* bumpy, jolting.
cahotement [kaɔtmã] *nm* bumping, jolting.
cahoter [kaɔte] (1) **1** *vt voyageurs* to jolt, bump about; *véhicule* to jolt; (*fig*) /*vicissitudes*/ to buffet about. **une famille cahotée par la guerre** a family buffeted *ou* tossed about by the war.
   2 *vi* /*véhicule*/ to jog *ou* trundle along. **le petit train cahotait le long du canal** the little train jogged *ou* trundled along by the canal.
cahoteux, -euse [kaɔtø, øz] *adj route* bumpy, rough.
cahute [kayt] *nf* (*cabane*) shack, hut; (*péj*) shack.
caïd [kaid] *nm* **(a)** (*meneur*) /*pègre*/ boss, big chief*, top man; (*)* /*classe, bureau*/ big shot*. (*as, crack*) **le ~ de l'équipe*** the star of the team, the team's top man; **en maths/en mécanique, c'est un ~*** he's an ace* at maths/at mechanics.
   (b) (*en Afrique du Nord: fonctionnaire*) kaid.
caillasse [kajas] *nf* (*pierraille*) loose stones. **pente couverte de ~** scree-covered slope, slope covered with loose stones; (*péj*) **ce n'est pas du sable ni de la terre, ce n'est que de la ~** it's neither sand nor soil, it's just like gravel *ou* it's just loose stones.
caille [kaj] *nf* (*oiseau*) quail. **chaud comme une ~** snug as a bug in a rug; **rond comme une ~** plump as a partridge.
caillé [kaje] *nm* curds.
caillebotis [kajbɔti] *nm* (*treillis*) grating; (*plancher*) duckboard.
caillement [kajmã] *nm* (*V* **cailler**) curdling; coagulating, clotting.
cailler [kaje] (1) **1** *vt* (*plus courant* **faire** *ou* **laisser ~**) *lait* to curdle.
   2 *vi*, **se cailler** *vpr* **(a)** /*lait*/ to curdle; /*sang*/ to coagulate, clot; *V* **lait.**
   (b) (*:*) (*avoir froid*) to be cold. (*faire froid*) **ça caille** it's freezing; **qu'est-ce qu'on (se) caille*** it's freezing cold *ou* perishing* (cold) (*Brit*).
caillette [kajet] *nf* (*Zool*) rennet stomach, abomasum (*T*).
caillot [kajo] *nm* (blood) clot.
caillou, pl ~x [kaju] *nm* (*gén*) stone; (*petit galet*) pebble; (*grosse pierre*) boulder; (*: tête, crâne*) head, nut*; (*: diamant etc*) stone. **des tas de ~x d'empierrement** heaps of road metal, heaps of chips for the road; **on ne peut rien faire pousser ici, c'est du ~** you can't get anything to grow here, it's nothing but stones; (*fig*) **il a un ~ à la place du cœur** he has a heart of stone; **il n'a pas un poil** *ou* **cheveu sur le ~*** he's as bald as a coot *ou* an egg.
cailloutage [kajuta3] *nm* (*action*) metalling; (*cailloux*) (road) metal.
caillouter [kajute] (1) *vt* (*empierrer*) to metal.
caillouteux, -euse [kajutø, øz] *adj route, terrain* stony; *plage* pebbly, shingly.
cailloutis [kajuti] *nm* (*gén*) gravel; /*route*/ (road) metal.
caïman [kaimã] *nm* cayman, caiman.
Caïmans [kaimã] *nfpl*: **les îles ~** the Cayman Islands.
Caïn [kaẽ] *nm* Cain.
Caire [keR] *n*: **le ~** Cairo.
cairn [keRn] *nm* **(a)** (*Alp*) cairn. **(b)** (*chien*) cairn (terrier).
caisse [kes] **1** *nf* **(a)** (*container*) box; /*fruits, légumes*/ crate; /*plantes*/ box. **mettre des arbres en ~** to plant trees in boxes *ou* tubs.
   (b) (*Tech*: *boîte, carcasse*) /*horloge*/ casing; /*orgue*/ case; /*véhicule*/ bodywork; /*tambour*/ cylinder.
   (c) (*contenant de l'argent*) (*tiroir*) till; (*machine*) cash register, till; (*portable*) cashbox. (*somme d'argent*) **petite ~** petty cash, float* (*US*); **avoir de l'argent en ~** to have ready cash; **ils n'ont plus un sou en ~** they haven't a penny *ou* a cent (*US*) left in the bank; **faire la ~** to count up the money in the till, do the till; **être à la ~** (*temporairement*) to be at *ou* on the cashdesk; (*être caissier*) to be the cashier; **tenir la ~** to be the cashier; (*fig hum*) to hold the purse strings; **les ~s** (*de l'état*) **sont vides** the coffers (of the state) are empty; **voler la ~,** **partir avec la ~** to steal *ou* make off with the contents of the till *ou* the takings; *V* **bon², livre¹.**
   (d) (*guichet*) /*boutique*/ cashdesk; /*banque*/ cashier's desk; /*supermarché*/ check-out. **passer à la ~** (*lit*) to go to the cashdesk *ou* cashier; (*être payé*) to collect one's money; (*être licencié*) to get paid off, get one's books (*Brit*) *ou* cards* (*Brit*); **on l'a prié de passer à la ~** he was asked to take his cards (*Brit*) and go *ou* collect his (last) wages and go.
   (e) (*établissement, bureau*) office; (*organisme*) fund. **~ de retraite/d'entraide** pension/mutual aid fund; **il travaille à la ~ de la Sécurité sociale** he works at the Social Security office.
   (f) (*Mus: tambour*) drum; *V* **gros.**
   (g) (*: poitrine*) chest. **il s'en va** *ou* **part de la ~** his lungs are giving out.
   2: (*Mus*) **caisse claire** *ou* **caisse** snare drum; **caisse comptable =** **caisse enregistreuse**; (*Naut, Rail*) **caisse à eau** water tank; **caisse d'emballage** packing case; **caisse enregistreuse** cash register; **caisse d'épargne** savings bank; **caisse noire** secret funds; **caisse à outils** toolbox; **caisse de résonance** resonance chamber; **caisse de retraite** superannuation *ou* pension fund; **caisse à savon** (*lit*) soapbox; (*péj: meuble*) old box; (*Scol*) **caisse de solidarité** school fund; **caisse du tympan** middle ear, tympanic cavity (*T*).
caissette [keset] *nf* (small) box.
caissier, -ière [kesje, jeR] *nm,f* /*banque*/ cashier; /*magasin*/

↑ se faire sauter le caisson 'to blow one's brains out'

assistant at the cashdesk, cashier; *[supermarché]* check-out assistant (*Brit*) *ou* clerk (*US*); *[cinéma]* cashier, box-office assistant (*Brit*).

caisson [kɛsɔ̃] *nm* **(a)** (*caisse*) box, case; *[bouteilles]* crate; (*coffrage*) casing; (*Mil: chariot*) caisson.
(b) (*Tech: immergé*) caisson. **le mal** *ou* **la maladie des ~s** caisson disease, the bends*.
(c) *[plafond]* caisson, coffer; *V* **plafond, sauter.**

cajoler [kaʒɔle] (1) *vt* (*câliner*) to pet, cuddle, make a fuss of; (†: *amadouer*) to wheedle, coax, cajole. **~ qn pour qu'il donne qch** to try to wheedle sb into giving sth; **~ qn pour obtenir qch** to try to wheedle sth out of sb, cajole sb to try and get sth from him.

cajolerie [kaʒɔlʀi] *nf* **(a)** (*caresses*) cuddle. **faire des ~s à qn** to make a fuss of sb, give sb a cuddle. **(b)** (†: *flatterie*) flattery, cajoling (*U*). **arracher une promesse à qn à force de ~s** to coax *ou* cajole a promise out of sb.

cajoleur, -euse [kaʒɔlœʀ, øz] **1** *adj* (*câlin*) *mère* loving, affectionate; (*flatteur*) *voix, personne* wheedling, coaxing. **2** *nm,f* (*flatteur*) wheedler, coaxer.

cajou [kaʒu] *nm* cashew nut.
cake [kɛk] *nm* (*Bot, Méd*) callus.
cal [kal] *nm* (*Bot, Méd*) callus.
Calabrais, e [kalabʀɛ, ɛz] **1** *adj* Calabrian. **2** *nm,f* **C~e** Calabrian.
Calabre [kalabʀ(ə)] *nf* Calabria.
calage [kalaʒ] *nm* (*V* **caler**) wedging; chocking; keying; locking.
calamar [kalamaʀ] *nm* = **calmar.**
calamine [kalamin] *nf* **(a)** (*Minér*) calamine. **(b)** (*Aut: résidu*) carbon deposits.
calaminer (se) [kalamine] (1) *vpr* *cylindre etc* to be caked with soot, coke up (*Brit*), get coked up (*Brit*).
calamistré, e [kalamistʀe] *adj* *cheveux* waved and brilliantined.
calamité [kalamite] *nf* (*malheur*) calamity. (*hum*) **ce type est une ~!*** this bloke* (*Brit*) *ou* guy* is a (walking) disaster; **quelle ~!*** what a disaster!
calamiteux, -euse [kalamitø, øz] *adj* calamitous.
calandre [kalɑ̃dʀ(ə)] *nf* *[automobile]* radiator grill; (*machine*) calender.
calanque [kalɑ̃k] *nf* (*crique: en Méditerranée*) rocky inlet.
calcaire [kalkɛʀ] **1** *adj* **(a)** (*qui contient de la chaux*) *sol, terrain* chalky, calcareous (*T*); *eau* hard.
(b) (*Géol*) *roche, plateau, relief* limestone (*épith*).
(c) (*Méd*) *dégénérescence* calcareous; (*Chim*) *sels* calcium (*épith*). **2** *nm* (*Géol*) limestone; *[bouilloire]* fur (*Brit*), sediment (*US*).
calcanéum [kalkaneɔm] *nm* calcaneum.
calcification [kalsifikasjɔ̃] *nf* (*Méd*) calcification.
calcination [kalsinasjɔ̃] *nf* calcination.
calciné, e [kalsine] (*ptp de* **calciner**) *adj* *débris, os* charred, burned to ashes (*attrib*); *rôti* charred, burned to a cinder (*attrib*). (*littér*) **la plaine ~e par le soleil** the plain scorched by the sun, the sun-scorched *ou* sun-baked plain.
calciner [kalsine] (1) *vt* (*Tech: brûler*) *pierre, bois, métal* to calcine (*T*); *rôti* to burn to a cinder. **2 se calciner** *vpr* *[rôti]* to burn to a cinder; *[débris]* to burn to ashes.
calcium [kalsjɔm] *nm* calcium.
calcul [kalkyl] **1** *nm* **(a)** (*opération*) calculation; (*exercice scolaire*) sum. **se tromper dans ses ~s, faire une erreur de ~** to miscalculate, make a miscalculation, make a mistake in one's calculations; *V* **règle.**
(b) (*discipline*) **le ~** arithmetic; **fort en ~** good at arithmetic *ou* sums; **le ~ différentiel/intégral** differential/integral calculus.
(c) (*estimation*) **~s** reckoning(s), calculations, computations. **tous ~s faits** with all factors reckoned up, having done all the reckonings *ou* calculations; **d'après mes ~s** by my reckoning, according to my calculations *ou* computations.
(d) (*plan*) calculation (*U*). **par ~** with an ulterior motive, out of (calculated) self-interest; **sans (aucun) ~** without any ulterior motive *ou* right; **faire un bon ~** to calculate correctly *ou* right; **faire un mauvais ~** to miscalculate, make a miscalculation; **c'est le ~ d'un arriviste** it's the calculated move of an ambitious man; **~s intéressés** self-interested motives.
(e) (*Méd*) stone, calculus (*T*).
2: calcul algébrique calculus; (*Méd*) **calcul biliaire** gallstone; **calcul mental** (*discipline*) mental arithmetic; (*opération*) mental calculation; **calcul des probabilités** probability theory; (*Méd*) **calcul rénal** stone in the kidney, renal calculus (*T*).
calculable [kalkylabl(ə)] *adj* calculable, which can be calculated *ou* worked out.
calculateur, -trice [kalkylatœʀ, tʀis] **1** *adj* (*intéressé*) calculating.
2 *nm* (*machine*) computer. **~ numérique/analogique** digital/analog computer.
3 calculatrice *nf* (*machine*) calculator. **~ de poche** hand-held *ou* pocket calculator, minicalculator.
4 *nm,f* (*personne*) calculator. **c'est un bon ~** he's good at counting *ou* at figures *ou* at calculations.
calculer [kalkyle] (1) **1** *vt* **(a)** *prix, quantité* to work out, calculate, reckon; *surface* to work out, calculate. **apprendre à ~** to learn to calculate; **il calcule vite** he calculates quickly, he's quick at figures *ou* at calculating; **~ (un prix) de tête** *ou* mentalement to work out *ou* reckon *ou* calculate (a price) in one's head; *V* **machine³, règle.**
(b) (*évaluer, estimer*) *chances, conséquences* to calculate, work out, weigh up. (*Sport*) **~ son élan** to judge one's run-up; **~ que** to work out *ou* calculate that; **tout bien calculé** everything *ou* all things considered; *V* **risque.**
(c) (*combiner*) *geste, attitude, effets* to plan, calculate; *plan, action* to plan. **elle calcule continuellement** she's always calculating; **~ son coup** to plan one's move (carefully); **ils avaient calculé leur coup** they had it all figured out*; **avec une**

gentillesse calculée with calculated kindness.
2 *vi* (*économiser, compter*) to budget carefully, count the pennies. (*péj*) **ces gens qui calculent** those (people) who are always counting their pennies *ou* who work out every penny (*péj*).
calculette [kalkylɛt] *nf* hand-held *ou* pocket calculator, minicalculator.
cale¹ [kal] *nf* **(a)** (*Naut: soute*) hold; *V* **fond. (b)** (*chantier, plan incliné*) slipway. **cale de chargement** *etc* slipway; **cale de radoub** graving dock; **cale sèche** dry dock.
cale² [kal] *nf* (*coin*) *[meuble, caisse]* wedge; (*Golf*) wedge; *[roue]* chock, wedge. **mettre une voiture sur ~s** to put a car on blocks.
calé, e* [kale] (*ptp de* **caler**) *adj* **(a)** (*savant*) *personne* bright. **être ~ en maths** to be a wizard* at maths; **c'est drôlement ~ ce qu'il a fait** what he did was terribly clever. **(b)** (*ardu*) *problème* tough.
calebasse [kalbas] *nf* (*récipient*) calabash, gourde.
calèche [kalɛʃ] *nf* barouche.
calecif* [kalsif] *nm* pants (*Brit*), shorts (*US*).
caleçon [kalsɔ̃] *nm* underpants (*Brit*), shorts (*US*). **3 ~s** 3 pairs of underpants; **où est ton ~?, où sont tes ~s?** where are your underpants?; **~(s) de bain** bathing trunks; **~(s) long(s)** long johns*.
calédonien, -ienne [kaledɔnjɛ̃, jɛn] *adj* Caledonian.
calembour [kalɑ̃buʀ] *nm* pun, play on words (*U*).
calembredaine [kalɑ̃bʀədɛn] *nf* (*plaisanterie*) silly joke. (*balivernes*) **~s** balderdash (*U*), nonsense.
calencher* [kalɑ̃ʃe] (1) *vi* to snuff it*, croak* (*US*).
calendes [kalɑ̃d] *nfpl* (*Antiq*) calends; *V* **renvoyer.**
calendrier [kalɑ̃dʀije] *nm* (*jours et mois*) calendar; (*programme*) timetable. **~ d'amortissement** repayment schedule; **~ à effeuiller/perpétuel** tear-off/everlasting calendar; **~ des examens** exam timetable; (*Ftbl*) **~ des rencontres** fixture(s) timetable *ou* list; **~ de travail** work schedule *ou* programme; *V* **bloc.**
cale-pied [kalpje] *nm inv* *[vélo]* toe clip.
calepin [kalpɛ̃] *nm* notebook.
caler [kale] (1) **1** *vt* **(a)** (*avec une cale, un coin*) *meuble* to put a wedge under, wedge; *fenêtre, porte* to wedge; *roue* to chock, wedge.
(b) (*avec une vis, une goupille*) *poulie* to key; *cheville, objet pivotant* to wedge, lock.
(c) (*avec des coussins etc*) *malade* to prop up. **~ sa tête sur l'oreiller** to prop *ou* rest one's head on the pillow; **des coussins lui calaient la tête, il avait la tête (bien) calée par des coussins** his head was (well) propped up on *ou* supported by cushions.
(d) (*appuyer*) *pile de livres, de linge* to prop up. **~ dans un coin/contre** to prop up in a corner/against.
(e) *moteur, véhicule* to stall.
(f) (*Naut: baisser*) *mât* to house.
(g) (*: bourrer*) **ça vous cale l'estomac** it fills you up; **je suis calé pour un bon moment** that's me full up for a while*.
2 *vi* **(a)** *[véhicule, moteur, conducteur]* to stall.
(b) (*: céder*) to give in; (*abandonner*) to give up. **il a calé avant le dessert** he gave up before the dessert; **il a calé sur le dessert** he couldn't finish his dessert.
(c) (*Naut*) **~ trop** to have too great a draught; **~ 8 mètres** to draw 8 metres of water.
3 se caler *vpr*: **se ~ dans un fauteuil** to plant o.s. firmly *ou* settle o.s. comfortably in an armchair; **se ~ les joues*** to have a good feed* *ou* tuck-in* (*Brit*).
caleter* *vi*, **se caleter*** *vpr* [kalte] (1) = **calter*.**
calfatage [kalfataʒ] *nm* ca(u)lking.
calfater [kalfate] (1) *vt* (*Naut*) to ca(u)lk.
calfeutrage [kalføtʀaʒ] *nm* (*V* **calfeutrer**) draughtproofing; filling, stopping-up.
calfeutrer [kalføtʀe] (1) **1** *vt* *pièce, porte* to (make) draughtproof; *fissure* to fill, stop up. **2 se calfeutrer** *vpr* (*s'enfermer*) to shut o.s. up *ou* away; (*pour être au chaud*) to hole (o.s.) up, make o.s. snug.
calibrage [kalibʀaʒ] *nm* (*V* **calibrer**) grading; gauging; measuring.
calibre [kalibʀ(ə)] *nm* **(a)** (*diamètre*) *[fusil, canon]* calibre, bore; *[conduite, tuyau]* bore, diameter; *[obus, balle]* calibre; *[cylindre, instrument de musique]* bore; *[câble]* diameter; *[œufs, fruits]* grade; *[boule]* size. **de gros ~** *pistolet* large-bore (*épith*); *obus* large-calibre (*épith*); **pistolet de ~ 7,35** 7.35 mm pistol.
(b) (*arg Crime: pistolet*) rod (*arg*), gat (*arg*).
(c) (*instrument*) (*gradué et ajustable*) gauge; (*réplique*) template.
(d) (*fig: envergure*) calibre. **son frère est d'un autre ~** his brother is of another calibre altogether; **c'est rare un égoïsme de ce ~** you don't often see selfishness on such a scale.
calibrer [kalibʀe] (1) *vt* **(a)** (*mesurer*) *œufs, fruits, charbon* to grade; *conduit, cylindre, fusil* to calibrate. **(b)** (*finir*) *pièce travaillée* to gauge.
calice [kalis] *nm* (*Rel*) chalice; (*Bot, Physiol*) calyx; *V* **boire.**
calicot [kaliko] *nm* **(a)** (*tissu*) calico; (*banderole*) banner. **(b)** (†: *vendeur*) draper's assistant (*Brit*), fabric clerk (*US*).
califat [kalifa] *nm* caliphate.
calife [kalif] *nm* caliph.
Californie [kalifɔʀni] *nf* California.
californien, -ienne [kalifɔʀnjɛ̃, jɛn] **1** *adj* Californian. **2** *nm,f*: **C~(ne)** Californian.
californium [kalifɔʀnjɔm] *nm* californium.
califourchon [kalifuʀʃɔ̃] *nm*: **à ~** astride; **s'asseoir à ~ sur qch** to straddle sth, sit astride sth; **être à ~ sur qch** to bestride sth, be astride sth; (*Équitation*) **monter à ~** to ride astride.
câlin, e [kɑlɛ̃, in] **1** *adj* (*qui aime les caresses*) *enfant, chat* cuddly, cuddlesome; (*qui câline*) *mère, ton, regard* tender, loving. **2** *nm* cuddle. **faire un (petit) ~ à qn** to give sb a cuddle.
câliner [kɑline] (1) *vt* (*cajoler*) to fondle, cuddle.
câlinerie [kɑlinʀi] *nf* (*tendresse*) tenderness. (*caresses, cajoleries*)

~s caresses; **faire des** ~s **à qn** to fondle *ou* cuddle sb.
calisson [kaliso] *nm* calisson (*lozenge-shaped sweet made of ground almonds*).
calleux, -euse [kalø, øz] *adj peau* horny, callous.
calligramme [kaligʀam] *nm* (*poème*) calligramme.
calligraphe [kaligʀaf] *nmf* calligrapher, calligraphist.
calligraphie [kaligʀafi] *nf* (*technique*) calligraphy, art of hand-writing. **c'est de la** ~ it's lovely handwriting, the (hand)writing is beautiful.
calligraphier [kaligʀafje] (7) *vt titre, phrase* to write artistically, calligraph (*T*).
calligraphique [kaligʀafik] *adj* calligraphic.
callosité [kalozite] *nf* callosity.
calmant, e [kalmɑ̃, ɑ̃t] **1** *adj* (**a**) (*Pharm*) (*tranquillisant*) tranquillizing (*épith*); (*contre la douleur*) painkilling (*épith*). (**b**) (*apaisant*) *paroles* soothing. **2** *nm* (*Pharm*) tranquillizer, sedative; painkiller.
calmar [kalmaʀ] *nm* squid.
calme [kalm(ə)] **1** *adj* (*gén*) quiet, calm; (*paisible*) peaceful; *nuit, air* still. **malgré leurs provocations il restait très** ~ he remained quite calm *ou* cool *ou* unruffled in spite of their taunts; **le malade a eu une nuit** ~ the invalid has had a quiet *ou* peaceful night.
  2 *nm* (**a**) quietness, calm, calmness; peacefulness; stillness, still (*littér*). **garder son** ~ to keep cool *ou* calm, keep one's cool* *ou* head; **perdre son** ~ to lose one's composure *ou* cool*; **avec un** ~ **incroyable** with incredible sangfroid *ou* coolness; **recouvrant son** ~ recovering his equanimity.
  (**b**) (*tranquillité*) **le** ~ quietness, peace (and quiet); **chercher le** ~ to look for (some) peace and quiet; **le** ~ **de la campagne** the peace (and quiet) of the countryside; **il me faut du** ~ **pour travailler** I need quietness *ou* peace to work; **du** ~! (*restez tranquille*) let's have some quiet!, quieten down! (*Brit*), quiet down! (*US*); (*pas de panique*) keep cool! *ou* calm!; [*malade*] **rester au** ~ to avoid excitement, take things quietly; **ramener le** ~ (*arranger les choses*) to calm things down; (*rétablir l'ordre*) to restore order; **le** ~ **avant la tempête** the lull before the storm.
  (**c**) (*Naut*) **calme plat** dead calm; (*fig*) **en août c'est le** ~ **plat dans les affaires** in August business is dead quiet *ou* at a standstill; (*fig*) **depuis que je lui ai envoyé cette lettre c'est le calme plat** since I sent him that letter I haven't heard a thing *ou* a squeak; **calmes équatoriaux** doldrums (*lit*).
calmement [kalməmɑ̃] *adv agir* calmly. **la journée s'est passée** ~ the day passed quietly.
calmer [kalme] (1) **1** *vt* (**a**) (*apaiser*) *personne* to calm (down), pacify; *querelle, discussion* to quieten down (*Brit*), quiet down (*US*); *sédition, révolte* to calm; (*littér*) *tempête, flots* to calm. ~ **les esprits** to calm people down, pacify people; **attends un peu, je vais te** ~!* just you wait, I'll (soon) quieten (*Brit*) *ou* quiet (*US*) you down!
  (**b**) (*réduire*) *douleur, inquiétude* to soothe, ease; *nerfs, agitation, crainte, colère* to calm, soothe; *fièvre* to bring down, reduce, soothe; *impatience* to curb; *faim* to appease; *soif* to quench; *désir, ardeur* to cool, subdue.
  2 se calmer *vpr* (**a**) [*personne*] (*s'apaiser*) to calm down, cool down; (*faire moins de bruit*) to quieten down (*Brit*), quiet down (*US*); (*se tranquilliser*) to calm down; [*discussion, querelle*] to quieten down (*Brit*), quiet down (*US*); [*tempête*] to calm down, die down; [*mer*] to calm down.
  (**b**) (*diminuer*) [*douleur*] to ease, subside; [*faim, soif, inquiétude*] to ease; [*crainte, impatience, fièvre*] to subside; [*colère, désir, ardeur*] to cool, subside.
calomel [kalɔmɛl] *nm* calomel.
calomniateur, -trice [kalɔmnjatœʀ, tʀis] (*V* **calomnier**) **1** *adj* slanderous; libellous. **2** *nm, f* slanderer; libeller.
calomnie [kalɔmni] *nf* slander, calumny; (*écrite*) libel; (*sens affaibli*) maligning (*U*). **cette** ~ **l'avait profondément blessé** he'd been deeply hurt by this slander *ou* calumny; **écrire une** ~/**des** ~s to write something libellous/libellous things; **dire une** ~/**des** ~s to say something slanderous/slanderous things.
calomnier [kalɔmnje] (7) *vt* (*diffamer*) to slander; (*par écrit*) to libel; (*sens affaibli: vilipender*) to malign.
calomnieux, -euse [kalɔmnjø, øz] *adj* (*V* **calomnier**) slanderous; libellous.
calorie [kalɔʀi] *nf* calorie. **aliment riche/pauvre en** ~s food with a high/low calorie content, high-/low-calorie food; **ça donne des** ~s* it warms you up; **tu aurais besoin de** ~s!* you need building up!
calorifère [kalɔʀifɛʀ] **1** *adj* heat-giving. **2** *nm* (†) stove.
calorifique [kalɔʀifik] *adj* calorific.
calorifuge [kalɔʀify3] **1** *adj* (heat-)insulating, heat-retaining. **2** *nm* insulating material.
calorifugeage [kalɔʀify3a3] *nm* lagging, insulation.
calorifuger [kalɔʀify3e] (3) *vt* to lag, insulate (against loss of heat).
calorimètre [kalɔʀimɛtʀ(ə)] *nm* calorimeter.
calorimétrie [kalɔʀimetʀi] *nf* calorimetry.
calorimétrique [kalɔʀimetʀik] *adj* calorimetric(al).
calot [kalo] *nm* (**a**) (*coiffure*) forage cap, overseas cap (*US*). (**b**) (*bille*) (large) marble.
calotin, e [kalɔt, in] (*péj*) **1** *adj* sanctimonious, churchy*. **2** *nm, f* (*bigot*) sanctimonious churchgoer.
calotte [kalɔt] **1** *nf* (**a**) (*bonnet*) skullcap.
  (**b**) (*péj*) **la** ~ (*le clergé*) the priests, the cloth; (*le parti dévot*) the church party.
  (**c**) (*partie supérieure*) [*chapeau*] crown; (*Archit*) [*voûte*] calotte.
  (**d**) (*: gifle*) slap. **il m'a donné une** ~ he gave me a slap in the face *ou* a box on the ears* (*Brit*).
  2: la calotte des cieux the dome *ou* vault of heaven; (*Anat*) **calotte crânienne** top of the skull; (*Géog*) **calotte glaciaire** icecap; **calotte sphérique** segment of a sphere.

calotter* [kalɔte] (1) *vt* (*gifler*) to cuff, box the ears of (*Brit*), clout*.
calquage [kalka3] *nm* tracing.
calque [kalk(ə)] *nm* (**a**) (*dessin*) tracing. **prendre un** ~ **d'un plan** to trace a plan.
  (**b**) (**papier-**)~ tracing paper.
  (**c**) (*fig: reproduction*) [*œuvre d'art*] exact copy; [*incident, événement*] carbon copy; [*personne*] spitting image.
  (**d**) (*Ling*) calque, loan translation.
calquer [kalke] (1) *vt* (*copier*) *plan, dessin* to trace; (*fig*) to copy exactly. (*Ling*) **calqué de l'anglais** translated literally from English; ~ **son comportement sur celui de son voisin** to model one's behaviour on that of one's neighbour, copy one's neighbour's behaviour exactly.
calter* *vi*, **se calter*** *vpr* [kalte] (1) (*décamper*) to scarper* (*Brit*), make o.s. scarce*, buzz off* (*Brit*).
calumet [kalyme] *nm* peace pipe. **fumer le** ~ **de la paix** (*lit*) to smoke the pipe of peace; (*fig*) to bury the hatchet.
calva* [kalva] *nm abrév de* **calvados**.
calvados [kalvados] *nm* (*eau-de-vie*) calvados.
calvaire [kalvɛʀ] *nm* (**a**) (*croix*) (*au bord de la route*) roadside cross *ou* crucifix, calvary; (*peinture*) Calvary, road *ou* way to the Cross.
  (**b**) (*épreuve*) suffering, martyrdom. **le** ~ **du Christ** Christ's martyrdom *ou* suffering on the cross; **sa vie fut un long** ~ his life was one long martyrdom *ou* agony *ou* tale of suffering; **un enfant comme ça, c'est un** ~ **pour la mère** a child like that must be a sore *ou* bitter trial *ou* sore burden to his mother.
  (**c**) (*Rel*) **Le C**~ Calvary.
Calvin [kalvɛ̃] *nm* Calvin.
calvinisme [kalvinism(ə)] *nm* Calvinism.
calviniste [kalvinist(ə)] **1** *adj* Calvinist, Calvinistic. **2** *nmf* Calvinist.
calvitie [kalvisi] *nf* baldness (*U*). ~ **précoce** premature baldness (*U*).
calypso [kalipso] *nm* calypso.
camaïeu [kamajø] *nm* (*peinture*) monochrome. **en** ~ *paysage, motif* monochrome (*épith*); **en** ~ **bleu** in blue monochrome; **peint en** ~ painted in monochrome.
camail [kamaj] *nm* (*Rel*) cappa magna.
camarade [kamaʀad] **1** *nmf* companion, friend, mate*, pal*. (*Pol*) **le** ~ **X** comrade X; **elle voyait en lui un bon** ~ she saw him as a good companion.
  2: camarade d'atelier workmate (*Brit*), shop buddy* (*US*); **camarade d'école** schoolmate, school friend; **camarade d'étude** fellow student; **camarade de jeu** playmate; **camarade de régiment** mate from one's army days, old army mate *ou* buddy*.
camaraderie [kamaʀadʀi] *nf* good-companionship, good-fellowship, camaraderie. **la** ~ **mène à l'amitié** good-companionship *ou* a sense of companionship leads to friendship.
camard, e [kamaʀ, aʀd(ə)] *adj nez* pug (*épith*); *personne* pug-nosed.
camarguais, e [kamaʀgɛ, ɛz] **1** *adj* of *ou* from the Camargue. **2** *nm, f*: **C**~(**e**) inhabitant *ou* native of the Camargue.
Camargue [kamaʀg] *nf*: **la** ~ the Camargue.
cambiste [kɑ̃bist(ə)] *nm* foreign exchange broker *ou* dealer; [*devises des touristes*] moneychanger.
Cambodge [kɑ̃bɔd3] *nm* Cambodia.
cambodgien, -ienne [kɑ̃bɔd3jɛ̃, jɛn] **1** *adj* Cambodian. **2** *nm,f*: **C**~(**ne**) Cambodian.
cambouis [kɑ̃bwi] *nm* dirty oil *ou* grease.
cambrage [kɑ̃bʀa3] *nm* (*Tech: V* **cambrer**) bending; curving; arching.
cambré, e [kɑ̃bʀe] (*ptp de* **cambrer**) *adj*: **avoir les reins** ~s to have an arched back; **avoir le pied très** ~ to have very high insteps *ou* arches; **chaussures** ~es shoes with a high instep.
cambrement [kɑ̃bʀəmɑ̃] *nm* = **cambrage**.
cambrer [kɑ̃bʀe] (1) **1** *vt* (**a**) *pied* to arch. ~ **la taille** *ou* **le corps** *ou* **les reins** to throw back one's shoulders, arch one's back.
  (**b**) (*Tech*) *pièce de bois* to bend; *métal* to curve; *tige, semelle* to arch.
  2 se cambrer *vpr* (*se redresser*) to throw back one's shoulders, arch one's back.
cambrien, -ienne [kɑ̃bʀijɛ̃, ijɛn] *adj, nm* Cambrian.
cambriolage [kɑ̃bʀijɔla3] *nm* (*activité, méthode*) burglary, housebreaking, breaking and entering (*Jur*); (*coup*) break-in, burglary.
cambrioler [kɑ̃bʀijɔle] (1) *vt* to break into, burgle (*Brit*), burglarize (*US*).
cambrioleur [kɑ̃bʀijɔlœʀ] *nm* burglar, housebreaker.
cambrouse* [kɑ̃bʀuz] *nf*, **cambrousse*** [kɑ̃bʀus] *nf* (*campagne*) country. **en pleine** ~ in the middle of nowhere, at the back of beyond (*Brit*); (*péj*) **frais arrivé de sa** ~ fresh from the backwoods *ou* the sticks.
cambrure [kɑ̃bʀyʀ] *nf* (**a**) (*courbe, forme*) [*poutre, taille, reins*] curve; [*semelle, pied*] arch; [*route*] camber. **sa** ~ **de militaire** his military bearing.
  (**b**) (*partie*) ~ **du pied** instep; ~ **des reins** small *ou* hollow of the back; **pieds qui ont une forte** ~ feet with high insteps; **reins qui ont une forte** ~ back which is very hollow *ou* arched.
cambuse [kɑ̃byz] *nf* (**a**) (*:*) (*pièce*) pad*; (*maison*) shack*, place; (*taudis*) hovel. (**b**) (*Naut*) storeroom.
came[1] [kam] *nf* (*Tech*) cam; **V arbre**.
came[2] [kam] *nf* (*arg Drogue*) (*gén*) junk (*arg*), stuff (*arg*); (*cocaïne*) snow (*arg*); (*: marchandise*) stuff*; (*péj: pacotille*) junk*, trash*.
camé, e[1] [kame] *nm, f* (*arg Drogue*) junkie (*arg*), druggy*.
camée[2] [kame] *nm* cameo.
caméléon [kameleõ] *nm* (*Zool*) chameleon; (*fig*) chameleon, turncoat.
camélia [kamelja] *nm* camellia.

camelot [kamlo] *nm* street pedlar *ou* vendor. (*Hist*) **les C~s du roi** militant royalist group in 1930s.

camelote* [kamlɔt] *nf* (a) (*pacotille*) **c'est de la ~** it's junk* *ou* trash* *ou* rubbish* (*Brit*) *ou* schlock‡ (*US*). (b) (*marchandise*) stuff*. **il vend de la belle ~** he sells nice stuff.

camembert [kamãbɛʀ] *nm* (*fromage*) Camembert (cheese); (*Ordin*) pie chart.

camer (se) [kame] *vpr* (*arg Drogue*) to be on drugs.

caméra [kameʀa] *nf* (*Ciné, TV*) camera; [*amateur*] cine-camera, movie camera (*US*). **devant les ~s de la télévision** in front of the television cameras, on TV.

cameraman [kameʀaman], *pl* **cameramen** [kameʀamɛn] *nm* cameraman.

camériste [kameʀist(ə)] *nf* (*femme de chambre*) chambermaid; (*Hist*) lady-in-waiting.

Cameroun [kamʀun] *nm* Cameroon; (*Hist*) Cameroons. **République unie du ~** United Republic of Cameroon.

camerounais, e [kamʀunɛ, ɛz] **1** *adj* Cameroonian. **2** *nm, f*: **C~(e)** Cameroonian.

camion [kamjɔ̃] **1** *nm* (a) (*véhicule*) (*ouvert*) lorry (*Brit*), truck (*US*); (*fermé*) van, truck (*US*).
(b) (*chariot*) wag(g)on, dray.
(c) [*peintre*] (*seau*) (paint-)pail.
2: camion-citerne *nm*, *pl* **camions-citernes** tanker (lorry) (*Brit*), tank truck (*US*); **camion de déménagement** removal (*Brit*) *ou* moving (*US*) van, pantechnicon (*Brit*); **camion (à) remorque** lorry (*Brit*) *ou* truck (*US*) with a trailer; **camion (à) semi-remorque** articulated lorry (*Brit*), trailer truck (*US*).

camionnage [kamjɔnaʒ] *nm* haulage, transport.

camionnette [kamjɔnɛt] *nf* (small) van; (*ouverte*) pick-up (truck).

camionneur [kamjɔnœʀ] *nm* (*chauffeur*) lorry (*Brit*) *ou* truck (*US*) driver; van driver; (*entrepreneur*) haulage contractor (*Brit*), road haulier (*Brit*).

camisole [kamizɔl] **1** *nf* (††) (*blouse*) camisole†; (*chemise de nuit*) nightshirt. **2: camisole de force** strait jacket.

camomille [kamɔmij] *nf* (*Bot*) camomile; (*tisane*) camomile tea.

camouflage [kamuflaʒ] *nm* (a) (*Mil*) (*action*) camouflaging; (*résultat*) camouflage. (b) (*sen*) [*argent*] concealing, hiding; [*erreur*] camouflaging, covering-up. **le ~ d'un crime en accident** disguising a crime as an accident.

camoufler [kamufle] (1) *vt* (*Mil*) to camouflage; (*fig*) (*cacher*) *argent* to conceal, hide; *erreur, embarras* to conceal, cover up; (*déguiser*) *défaite, intentions* to disguise. **~ un crime en accident** to disguise a crime as an accident, make a crime look like an accident.

camouflet [kamuflɛ] *nm* (*littér*) snub. **donner un ~ à qn** to snub sb.

camp [kɑ̃] **1** *nm* (a) (*Alp, Mil, Sport, emplacement*) camp. **~ de prisonniers/de réfugiés/de vacances** prison/refugee/holiday (*Brit*) camp; **rentrer au ~** to come *ou* go back to camp; *V* **aide, feu¹** etc.
(b) (*séjour*) **faire un ~ d'une semaine dans les Pyrénées** to go camping for a week *ou* go for a week's camping holiday (*Brit*) *ou* vacation (*US*) in the Pyrenees; **le ~ vous fait découvrir beaucoup de choses** camping lets you discover lots of things.
(c) (*parti, faction*) (*Jeu, Sport*) side; (*Pol*) camp. **changer de ~** [*joueur*] to change sides; [*soldat*] to go over to the other side; (*fig*) **à cette nouvelle la consternation/l'espoir changea de ~** on hearing this, it was the other side which began to feel dismay/hopeful; **dans le ~ opposé/victorieux** in the opposite/winning camp; **passer au ~ adverse** to go over to the opposite *ou* enemy camp.
2: camp de base base camp; **camp de concentration** concentration camp; **camp d'extermination** death camp; (*Mil*) **camp retranché** fortified camp; **camp de toile** campsite, camping site; **camp volant** camping tour *ou* trip; (*Mil*) temporary camp; (*fig*) **vivre** *ou* **être en camp volant** to live out of a suitcase.

campagnard, e [kɑ̃paɲaʀ, aʀd(ə)] **1** *adj vie, allure, manières* country (*épith*); (*péj*) rustic (*péj*); *V* **gentilhomme**. **2** *nm* countryman, country fellow; (*péj*) rustic (*péj*), hick (*péj*). **~s** countryfolk; (*péj*) rustics (*péj*). **3 campagnarde** *nf* countrywoman, country lass (*Brit*) *ou* girl.

campagne [kɑ̃paɲ] *nf* (a) (*gén: habitat*) country; (*paysage*) countryside; (*Agr: champs ouverts*) open country. **la ville et la ~** town and country; **la ~ anglaise** the English countryside; **dans la ~ environnante** in the surrounding countryside; **nous sommes tombés en panne en pleine ~** we broke down right in the middle of the country(side) *ou* away out in the country; **à la ~** in the country; **auberge/chemin de ~** country inn/lane; **les travaux de la ~ farm** *ou* agricultural work; *V* **battre, maison** etc.
(b) (*Mil*) campaign. **faire ~** to fight (a campaign); **les troupes en ~** the troops on campaign *ou* in the field; **entrer en ~** to embark on a campaign; **la ~ d'Italie/de Russie** the Italian/Russian campaign; **artillerie/pièce de ~** field artillery/gun; *V* **tenue**.
(c) (*Pol, Presse etc*) campaign (*pour* for, *contre* against). **~ électorale** election campaign; **~ commerciale** marketing *ou* sales campaign, sales drive; (*Pol*) **faire ~ pour un candidat** to campaign *ou* canvass for *ou* on behalf of a candidate; **partir en ~** to launch a campaign (*contre* against); **mener une ~ pour/contre** to campaign for/against, lead a campaign for/against; **tout le monde se mit en ~ pour lui trouver une maison** everybody set to work *ou* got busy to find him a house.

campagnol [kɑ̃paɲɔl] *nm* vole.

campanile [kɑ̃panil] *nm* (*église*) campanile; (*clocheton*) bell-tower.

campanule [kɑ̃panyl] *nf* bellflower, campanula.

campement [kɑ̃pmɑ̃] *nm* (*camp*) camp, encampment. **matériel de ~** camping equipment; **chercher un ~ pour la nuit** to look for somewhere to set up camp *ou* for a camping place for the night;

établir son ~ sur les bords d'un fleuve to set up one's camp on the bank of a river; **~ de nomades/d'Indiens** camp *ou* encampment of nomads/of Indians; (*Mil*) **revenir à son ~** to return to camp; (*hum*) **on était en ~ dans le salon** we were camping out in the lounge.

camper [kɑ̃pe] (1) **1** *vi* (*lit*) to camp. (*fig hum*) **on campait à l'hôtel/dans le salon** we were camping out at *ou* in a hotel/in the lounge.
2 *vt* (a) *troupes* to camp out. **campés pour 2 semaines près du village** camped (out) for 2 weeks by the village.
(b) (*fig: esquisser*) *caractère, personnage* to portray; *récit* to construct; *portrait* to fashion, shape. **personnage bien campé** vividly sketched *ou* portrayed character.
(c) (*fig: poser*) **~ sa casquette sur l'oreille** to pull *ou* clap one's cap on firmly over one ear; **se ~ des lunettes sur le nez** to plant* a pair of glasses on one's nose.
3 se camper *vpr*: **se ~ devant** to plant o.s. in front of; **se ~ sur ses jambes** to plant o.s. *ou* stand firmly on one's feet.

campeur, -euse [kɑ̃pœʀ, øz] *nm, f* camper.

camphre [kɑ̃fʀ(ə)] *nm* camphor.

camphré, e [kɑ̃fʀe] *adj* camphorated; *V* **alcool**.

camphrier [kɑ̃fʀije] *nm* camphor tree.

camping [kɑ̃piŋ] *nm* (a) (*activité*) **le ~** camping; **faire du ~** to go camping. (b) (*lieu*) campsite, camping site.(c) (*voiture*) **~-car** camper, motorhome (*US*).

campos† [kɑ̃po] *nm*: **demain on a ~** tomorrow is a day off, we've got tomorrow off *ou* free; **on a eu** *ou* **on nous a donné ~ à 4 heures** we were free *ou* told to go at 4 o'clock, we were free from 4 o'clock.

campus [kɑ̃pys] *nm* campus.

camus, e [kamy, yz] *adj nez* pug (*épith*); *personne* pug-nosed.

Canaan [kanaã] *nm* Canaan.

Canada [kanada] *nm* Canada.

Canadair [kanadɛʀ] *nm* ® fire-fighting aircraft, tanker plane (*US*).

canadianisme [kanadjanism(ə)] *nm* Canadianism.

canadien, -ienne [kanadjɛ̃, jɛn] **1** *adj* Canadian. **2** *nm, f*: **C~(ne)** Canadian; **C~(ne) français(e)** French Canadian. **3 canadienne** *nf* (*veste*) fur-lined jacket; (*canoë*) (Canadian) canoe; (*tente*) (ridge) tent.

canaille [kanaj] **1** *adj air, manières* low, cheap, coarse. **sous ses airs ~s, il est sérieux** despite his spiv-like (*Brit*) *ou* flashy appearance he is reliable.
2 *nf* (*péj*) (*salaud*) bastard‡ (*péj*); (*escroc*) scoundrel, crook, shyster (*US*), chiseler (*US*); (*hum: enfant*) rascal, rogue, (little) devil. (*péj:la populace*) **la ~†** the rabble (*péj*), the riffraff (*péj*).

canaillerie [kanajʀi] *nf* (a) [*allure, ton, manières*] lowness, cheapness, coarseness. (b) (*malhonnêteté*) [*procédés, personne*] crookedness. (c) (*action malhonnête*) dirty *ou* low trick.

canal, pl -aux [kanal, o] **1** *nm* (a) (*artificiel*) canal; (*détroit*) channel; (*tuyau, fossé*) conduit, duct; (*Anat*) canal, duct; (*TV, Ordin*) channel. **le C~ de Panama/Suez** the Panama/Suez Canal.
(b) (*intermédiaire*) **par le ~ d'un collègue** through *ou* via a colleague; **par le ~ de la presse** through the medium of the press; (*littér*) **par un ~ amical** through a friendly channel.
2: canal d'amenée feeder canal; (*Anat*) **canal biliaire** biliary canal, bile duct; **canal déférent** vas deferens; **canal de dérivation** diversion canal; **canal de fuite** tail-race; **canal d'irrigation** irrigation canal; **canal maritime** ship canal; (*Anat, Bot*) **canal médullaire** medullary cavity *ou* canal; **canal de navigation** ship canal.

canalisation [kanalizasjɔ̃] *nf* (a) (*tuyau*) (main) pipe. **~s** (*réseau*) pipes, piping, pipework; (*Élec*) cables. (b) (*aménagement*) [*cours d'eau*] canalization. (c) (*demandes, foule*) channelling, funnelling.

canaliser [kanalize] (1) *vt* (a) *foule, demandes, pensées* to channel, funnel. (b) *fleuve* to canalize; *région, plaine* to provide with a network of canals.

cananéen, -éenne [kananeɛ̃, ɛn] **1** *adj* Canaanite. **2** *nm* (*Ling*) Canaanite. **3** *nm, f*: **C~(ne)** Canaanite.

canapé [kanape] *nm* (a) (*meuble*) sofa, settee, couch. **~ transformable** *ou* **convertible, ~-lit** bed settee (*Brit*), day bed (*Brit*), sofa bed.
(b) (*Culin*) open sandwich; (*pour apéritif*) canapé. **crevettes sur ~** shrimp canapé, canapé of shrimps.

canard [kanaʀ] **1** *nm* (a) (*oiseau, Culin*) duck; (*mâle*) drake; *V* **froid, mare**.
(b) (*) (*journal*) rag*; (*fausse nouvelle*) false report, rumour, canard.
(c) (*Mus: couac*) false note. **faire un ~** to hit a false note.
(d) (*terme d'affection*) **mon (petit) ~** pet, poppet* (*Brit*).
(e) (*: *sucre arrosé*) sugar lump dipped in brandy or coffee. **tu veux (prendre) un ~?** would you like a sugar lump dipped in brandy?
2: canard de Barbarie Muscovy *ou* musk duck; **canard mandarin** mandarin duck; (*Culin*) **canard à l'orange** duck in orange sauce; **canard sauvage** wild duck; **canard siffleur** wigeon; **canard souchet** shoveler.

canardeau, pl ~x [kanaʀdo] *nm* duckling.

canarder* [kanaʀde] (1) *vt* (*au fusil*) to snipe at, take potshots at; (*avec des pierres etc*) to pelt (*avec* with). **~ qn avec des boules de neige** to pelt sb with snowballs; **ça canardait de tous les côtés** there was firing *ou* firing was going on on all sides.

canardière [kanaʀdjɛʀ] *nf* (*mare*) duck-pond; (*fusil*) punt gun.

canari [kanaʀi] *nm* canary. (**jaune**) **~** canary (yellow).

Canaries [kanaʀi] *nfpl*: **les (îles) ~** the Canary Islands, the Canaries.

canasson [kanasɔ̃] *nm* (*péj: cheval*) nag (*péj*).

canasta [kanasta] *nf* canasta.

Canberra [kɑ̃beʀa] *n* Canberra.

cancan [kɑ̃kɑ̃] **1** *nm* (a) (*racontar*) piece of gossip. **~s** gossip; **dire des ~s (sur qn)** to spread gossip *ou* stories (about sb), tittle-tattle (about sb). (b) (*danse*) cancan.

cancaner [kɑ̃kane] (1) vi (a) (bavarder) to gossip; (médire) to spread scandal ou gossip, tittle-tattle. (b) [canard] to quack.

cancanier, -ière [kɑ̃kanje, jɛʀ] 1 adj gossipy, scandalmongering (épith), tittle-tattling (épith). 2 nm,f gossip, scandalmonger, tittle-tattle.

cancer [kɑ̃sɛʀ] nm (a) (Méd, fig) cancer. avoir ~ du sein/du poumon to have breast/lung cancer, have cancer of the breast/lung; ~ du sang leukaemia. (b) (Astron) le C~ Cancer; être (du) C~ to be Cancer ou a Cancerian.

cancéreux, -euse [kɑ̃seʀø, øz] 1 adj tumeur cancerous; personne with cancer. 2 nm,f person with cancer; (à l'hôpital) cancer patient.

cancérigène [kɑ̃seʀiʒɛn] adj, **cancérogène** [kɑ̃seʀɔʒɛn] adj carcinogenic, cancer-producing.

cancérologie [kɑ̃seʀɔlɔʒi] nf cancerology.

cancérologue [kɑ̃seʀɔlɔɡ] nmf cancerologist.

cancre [kɑ̃kʀ(ə)] nm (*péj: élève) dunce.

cancrelat [kɑ̃kʀəla] nm cockroach.

candélabre [kɑ̃delabʀ(ə)] nm (chandelier) candelabra, candelabrum.

candeur [kɑ̃dœʀ] nf ingenuousness, guilelessness, naïvety.

candi [kɑ̃di] adj m V sucre.

candidat, e [kɑ̃dida, at] nm,f [examen élection] candidate (à at); [poste] applicant, candidate (à for). ~ sortant present ou outgoing incumbent; les ~s à l'examen the examination candidates; être ~ à la députation ≃ to stand for Parliament (Brit), ≃ run for congress (US); être ~ à un poste to be an applicant ou a candidate for a job, have applied for a job; se porter ~ à un poste to apply for a job, put o.s. forward for a job; (Pol) être ~ à la présidence to stand (Brit) ou run for president, run for the presidency.

candidature [kɑ̃didatyʀ] nf (Pol) candidature, candidacy (US); [poste] application (à for). poser sa ~ à poste to apply for, submit one's application for; élection to stand in ou at (Brit), put o.s. forward as a candidate in.

candide [kɑ̃did] adj ingenuous, guileless, naïve.

candidement [kɑ̃didmɑ̃] adv ingenuously, guilelessly, naïvely.

candir [kɑ̃diʀ] (2) vi: faire ~ to candy.

cane [kan] nf (female) duck.

caner‡ [kane] (1) vi (mourir) to kick the bucket‡, snuff it‡; (flancher) to chicken out‡, funk it‡ (devant in the face of).

caneton [kantɔ̃] nm duckling.

canette¹ [kanɛt] nf duckling.

canette² [kanɛt] nf [machine à coudre] spool; (bouteille) bottle (of beer).

canevas [kanva] nm (a) [livre, discours] framework, basic structure. (b) (Couture) (toile) canvas; (ouvrage) tapestry (work). (c) (Cartographie) network.

caniche [kaniʃ] nm poodle. ~ nain toy poodle.

caniculaire [kanikylɛʀ] adj chaleur, jour scorching. une journée ~ a scorcher*, a scorching (hot) day.

canicule [kanikyl] nf (forte chaleur) scorching heat. une ~ qui dure depuis 3 jours a heatwave which has been going on for 3 days; (spécialement juillet-août) la ~ the midsummer heat, the dog days; cette ~ précoce this early (summer) heatwave; aujourd'hui c'est la ~ today it is ou it's a scorcher*.

canif [kanif] nm penknife, pocket knife.

canin, e [kanɛ̃, in] 1 adj espèce canine; exposition dog (épith). 2 canine nf (dent) canine (tooth), eye tooth.

canisses [kanis] nfpl (type of) wattle fence.

caniveau, pl ~x [kanivo] nm gutter (in roadway etc).

canna [kana] nm (fleur) canna.

cannabis [kanabis] nm cannabis.

cannage [kanaʒ] nm (partie cannée) canework; (opération) caning.

canne [kan] nf (bâton) (walking) stick, cane; [souffleur de verre] rod; V sucre. 2: canne-épée nf, pl cannes-épées swordstick; canne à pêche fishing rod; canne à sucre sugar cane.

canné, e [kane] (ptp de canner) adj siège cane (épith).

cannelé, e [kanle] (ptp de canneler) adj colonne fluted.

canneler [kanle] (4) vt to flute.

cannelier [kanəlje] nm cinnamon tree.

cannelle [kanɛl] nf (Culin) cinnamon; (robinet) tap, spigot.

cannelure [kanlyʀ] nf [meuble, colonne] flute; [plante] striation. ~s [colonne] fluting; [neige] corrugation; (Géol) ~s glaciaires striae, striations.

canner [kane] (1) vt chaise to cane.

cannette [kanɛt] nf = canette².

canneur, -euse [kanœʀ, øz] nm,f cane worker, caner.

cannibale [kanibal] 1 adj tribu, animal cannibal (épith). 2 nmf cannibal, man-eater.

cannibalisme [kanibalism(ə)] nm cannibalism.

cannisses [kanis] nfpl = canisses.

canoë [kanɔe] nm canoe. faire du ~ to go canoeing, canoe.

canoéiste [kanɔeist(ə)] nmf canoeist.

canon¹ [kanɔ̃] 1 nm (a) (arme) gun; (Hist) cannon. ~ de 75/125 75/125-mm gun; V chair, coup.
(b) (tube) [fusil, revolver] barrel. fusil à ~ scié sawn-off (Brit) ou sawed-off (US) shotgun; à deux ~s double-barrelled; V baïonnette.
(c) (Tech) [clef, seringue] barrel; [arrosoir] spout.
(d) (Vét) [bœuf, cheval] cannonbone.
(e) (Hist Habillement) canion.
(f) (*: verre) glass (of wine).
2: canon à eau water cannon; (Mil) canon anti-aérien anti-aircraft ou A.A. gun; (Mil) canon anti-char anti-tank gun; canon anti-grêle anti-hail gun; (Phys) canon à électrons electron gun; canon lisse smooth ou unrifled bore; canon de marine naval gun; canon à neige snow-blower; canon rayé rifled bore.

canon² [kanɔ̃] nm (a) (norme, modèle) model, perfect example. (normes, code) ~s canons. (b) (Rel) (loi) canon; [messe, Nouveau Testament] canon; V droit³.

canon³ [kanɔ̃] nm (Mus) ~ à 2 voix canon for 2 voices; chanter en ~ to sing in a round ou in canon.

cañon [kaɲɔ̃] nm canyon, cañon.

canonique [kanɔnik] adj canonical; V âge.

canonisation [kanɔnizasjɔ̃] nf canonization.

canoniser [kanɔnize] (1) vt to canonize.

canonnade [kanɔnad] nf cannonade. le bruit d'une ~ the noise of a cannonade ou of (heavy) gunfire.

canonner [kanɔne] (1) vt to bombard, shell.

canonnier [kanɔnje] nm gunner.

canonnière [kanɔnjɛʀ] nf gunboat.

canot [kano] nm (barque) (small ou open) boat, ding(h)y; (Can) Canadian canoe. ~ automobile motorboat; ~ de pêche (open) fishing boat; ~ pneumatique rubber ou inflatable ding(h)y; ~ de sauvetage lifeboat.

canotage [kanɔtaʒ] nm boating, rowing; (Can) canoeing. faire du ~ to go boating ou rowing; (Can) to go canoeing.

canoter [kanɔte] (1) vi to go boating ou rowing ou (Can) canoeing.

canoteur [kanɔtœʀ] nm rower.

canotier [kanɔtje] nm (chapeau) boater.

cantaloup [kɑ̃talu] nm cantaloup, muskmelon.

cantabrique [kɑ̃tabʀik] adj: les monts ~s the Cantabrian Mountains, the Cantabrians.

cantate [kɑ̃tat] nf cantata.

cantatrice [kɑ̃tatʀis] nf [opéra] (opera) singer, prima donna; [chants classiques] (professional) singer.

cantilène [kɑ̃tilɛn] nf song, cantilena.

cantine [kɑ̃tin] nf (a) (réfectoire) [usine] canteen; [école] dining hall (Brit), cafeteria; (service) school meals ou dinners. manger à la ~ to eat in the canteen; to have school meals. (b) (malle) tin trunk.

cantinière [kɑ̃tinjɛʀ] nf (Hist Mil) canteen woman.

cantique [kɑ̃tik] nm (chant) hymn; [Bible] canticle. le ~ des ~s the Song of Songs, the Song of Solomon.

canton [kɑ̃tɔ̃] nm (a) (Pol) (en France) canton, ≃ district; (en Suisse) canton. (b) (section) [voie ferrée, route] section. (c) (†: région) district; (Can) township.

cantonade [kɑ̃tɔnad] nf: parler à la ~ to speak to no one in particular ou to everyone in general; ce n'est pas la peine de le crier à la ~ you don't need to tell the whole world ou to shout it from the housetops; (Théât) parler à la ~ to speak (an aside) to the audience.

cantonais, e [kɑ̃tɔnɛ, ɛz] 1 adj Cantonese. 2 nm (Ling) Cantonese. 3 nm,f: C~(e) Cantonese.

cantonal, e, mpl -aux [kɑ̃tɔnal, o] adj (en France) cantonal, ≃ district (épith); (en Suisse) cantonal. sur le plan ~ at (the) local level; at the level of the cantons.

cantonnement [kɑ̃tɔnmɑ̃] nm (V cantonner) (Mil) (action) stationing; billeting, quartering; (lieu) quarters (pl), billet; (camp) camp. établir un ~ en pleine nature to set up (a) camp in the wilds.

cantonner [kɑ̃tɔne] (1) 1 vt (Mil) to station; (chez l'habitant etc) to quarter, billet (chez, dans on). (fig) ~ qn dans un travail to confine sb to a job. 2 vi (Mil) [troupe] to be quartered ou billetted; be stationed (à, dans at). 3 se cantonner vpr: se ~ dans (s'isoler dans, se limiter à) to confine o.s. to.

cantonnier [kɑ̃tɔnje] nm (ouvrier) roadmender, roadman.

cantonnière [kɑ̃tɔnjɛʀ] nf (tenture) pelmet.

canular [kanylaʀ] nm (farce, mystification) hoax. monter un ~ to think up ou plan a hoax; faire un ~ à qn to hoax sb, play a hoax on sb.

canule [kanyl] nf cannula.

canuler‡ [kanyle] (1) vt (ennuyer) to bore; (agacer) to pester. qu'est-ce qu'il est canulant avec ses histoires what a pain (in the neck) he is‡ ou he really gets you down with his stories.

canut, -use [kany, yz] nm,f (f rare) silk worker (at Lyons).

Canut [kany] nm Canute, Knut.

caoutchouc [kautʃu] nm (a) (matière) rubber. en ~ rubber (épith); ® ~ mousse foam ou sponge rubber; une balle en ~ mousse a rubber ou sponge ball; V botte¹.
(b) (élastique) rubber ou elastic band.
(c) (†) (imperméable) waterproof. (chaussures) ~s overshoes, galoshes.
(d) (plante verte) rubber plant.

caoutchouter [kautʃute] (1) vt to rubberize, coat with rubber.

caoutchouteux, -euse [kautʃutø, øz] adj rubbery.

cap [kap] nm (a) (Géog) cape; (promontoire) point, headland. le ~ Canaveral Cape Canaveral; le ~ Horn Cape Horn; le ~ de Bonne Espérance the Cape of Good Hope les îles du C~ Vert the Cape Verde Islands; (Naut) passer ou doubler un ~ to round a cape; [malade etc] il a passé le ~ he's over the hump ou the worst, he's turned the corner; il a passé le ~ de l'examen he has got over the hurdle of the exam; dépasser ou franchir le ~ des 40 ans to turn 40; dépasser ou franchir le ~ des 50 millions to pass the 50-million mark.
(b) (direction) (lit, fig) changer de ~ to change course; (Naut) mettre le ~ au vent to head into the wind; mettre le ~ au large to stand out to sea; (Aut, Naut) mettre le ~ sur to head for, steer for; V pied.
(c) (ville) Le C~ Cape Town; la province du C~ the Cape Province.
2: cap-hornier nm, pl cap-horniers Cape Horner.

capable [kapabl(ə)] adj (a) (compétent) able, capable.
(b) (apte à) ~ de faire capable of doing; te sens-tu ~ de tout manger? do you feel you can eat it all?, do you feel up to eating it all?; tu n'en es pas ~ you're not up to it, you're not capable of it; viens te battre si tu en es ~ come and fight if you've got it in you

ou if you dare; **cette conférence est ~ d'intéresser beaucoup de gens** this lecture is liable to interest *ou* likely to interest a lot of people.

    (c) *(qui peut faire preuve de)* ~ **de** *dévouement, courage, éclat, incartade* capable of; **il est ~ du pire comme du meilleur** he's capable of (doing) the worst as well as the best; **il est ~ de tout** he'll stop at nothing, he's capable of anything.

    (d) (*) **il est ~ de l'avoir perdu/de réussir** he's quite likely to have lost it/to succeed, he's quite capable of having lost it/of succeeding; **il est bien ~ d'en réchapper** he may well get over it.

    (e) *(Jur)* competent.

capacité [kapasite] **1** *nf* (a) *(contenance, potentiel)* capacity; *(Élec) [accumulateur]* capacitance, capacity. *(Tourisme)* **la ~ d'accueil d'une ville** the total amount of tourist accommodation in a town.

    (b) *(aptitude)* ability. **(à to) d'une très grande ~** of very great ability; **~s intellectuelles** intellectual abilities *ou* capacities; **endehors de mes ~s** beyond my capabilities *ou* capacities; **sa ~ d'analyse/d'analyser les faits** his capacity for analysis/analysing facts.

    (c) *(Jur)* capacity. **avoir ~ pour** to be (legally) entitled to.

    2: *(Jur)* **capacité civile** civil capacity; **capacité contributive** ability to pay tax; **capacité en droit** *basic legal qualification*; **capacité électrostatique** capacitance; **capacité légale** legal capacity; *(Méd)* **capacité thoracique** vital capacity.

caparaçon [kaparasɔ̃] *nm (Hist)* caparison.

caparaçonner [kaparasɔne] (1) *vt (Hist) cheval* to caparison. *(fig hum)* **caparaçonné de cuir** all clad in leather.

cape [kap] *nf (Habillement) (courte)* cape; *(longue)* cloak. **roman/film de ~ et d'épée** cloak and dagger novel/film; *V* rire.

capeline [kaplin] *nf* wide-brimmed hat.

C.A.P.E.S. [kapes] *abrév de* certificat d'aptitude pédagogique à l'enseignement secondaire ≃ teaching diploma.

capésien, -ienne [kapesjɛ̃, jɛn] *nm,f* student preparing the C.A.P.E.S.; holder of the C.A.P.E.S. ≃ qualified graduate teacher.

capétien, -ienne [kapesjɛ̃, jɛn] *adj, nm,f* Capetian.

Capharnaüm [kafaRnaɔm] *n* Capernaum.

capharnaüm* [kafaRnaɔm] *nm (bric-à-brac, désordre)* shambles* (*U*), pigsty. **quel ~ dans le grenier** what a pigsty the attic is, what a shambles in the attic.

capillaire [kapilɛR] **1** *adj (Anat, Bot, Phys)* capillary; *soins, lotion* hair *(épith)*; *V* artiste, vaisseau. **2** *nm (Anat)* capillary; *(Bot: fougère)* maidenhair fern.

capillarité [kapilaRite] *nf* capillarity.

capilliculteur [kapilikyltœR] *nm* specialist in hair care.

capilotade [kapilɔtad] *nf*: **en ~ gâteau** in crumbs; *fruits, visage* in a pulp; *objet cassable* in smithereens; **mettre en ~** *(écraser) gâteau* to squash to bits; *fruits* to squash to a pulp; *adversaire* to beat to a pulp; *(casser)* to smash to smithereens; **il avait les reins/les jambes en ~** his back was/his legs were aching like hell‡ *ou* giving him hell‡.

capitaine [kapitɛn] **1** *nm (Mil) (armée de terre)* captain; *(armée de l'air)* flight lieutenant *(Brit)*, captain *(US)*; *(Naut) [grand bateau]* captain, master; *[bateau de pêche etc]* captain, skipper; *(Sport)* captain, skipper*; *(littér: chef militaire)* (military) leader; *V* instructeur, mon.

    2: **capitaine de corvette** lieutenant commander; **capitaine de frégate** commander; **capitaine de gendarmerie** ≃ captain of the gendarmerie; **capitaine d'industrie** captain of industry; **capitaine au long cours** master mariner; **capitaine de la marine marchande** captain in the merchant navy *(Brit)* *ou* in the marine *(US)*; **capitaine des pompiers** fire chief, firemaster *(Brit)*, marshall *(US)*; **capitaine de port** harbour master; **capitaine de vaisseau** captain.

capital, e, *mpl* **-aux** [kapital, o] **1** *adj* (a) *(fondamental) œuvre* major *(épith)*, main *(épith)*; *point, erreur, question* major *(épith)*, chief *(épith)*, fundamental; *rôle* cardinal, major *(épith)*, fundamental; *importance* cardinal *(épith)*, capital *(épith)*. **d'une importance ~e** of cardinal *ou* capital importance; **lettre ~e** *V* 3; *V* péché, sept.

    (b) *(principal)* major, main. **c'est l'œuvre ~e de X** it is X's major work; **son erreur ~e est d'avoir ...** his major *ou* chief mistake was to have ...

    (c) *(essentiel)* **c'est ~** it's essential; **il est ~ d'y aller** *ou* **que nous y allions** it is of paramount *ou* the utmost importance *ou* it is absolutely essential that we go there.

    (d) *(Jur)* capital; *V* peine.

    2 *nm* (a) *(Fin: avoirs)* capital. **50 millions de francs de ~** a 50-million-franc capital, a capital of 50 million francs; **au ~ de** with a capital of; *V* augmentation.

    (b) *(placements)* **~aux** money, capital; **investir des ~aux dans une affaire** to invest money *ou* capital in a business; **la circulation/fuite des ~aux** the circulation/flight of money *ou* capital.

    (c) *(possédants)* **le ~** capital; **le ~ et le travail** capital and labour; *V* grand.

    (d) *(fig: fonds, richesse)* stock, fund. **le ~ de connaissances acquis à l'école** the stock *ou* fund of knowledge acquired at school; **la connaissance d'une langue constitue un ~ appréciable** knowing a language is a significant *ou* major asset; **le ~ artistique du pays** the artistic wealth *ou* resources of the country; **accroître son ~-santé** to build up one's reserves of health.

    3 capitale *nf* (a) *(Typ)* **(lettre) ~e** capital (letter); **en grandes/petites ~es** in large/small capitals; **en ~es d'imprimerie** in block letters *ou* block capitals.

    (b) *(métropole)* capital (city). **Paris est la ~e de la France** Paris is the capital (city) of France; **le dimanche, les Parisiens quittent la ~e** on Sundays Parisians leave the capital; **grande/petite ~e**

régionale large/small regional capital; *(fig)* **la ~e du vin/de la soie** the capital of winegrowing/of the silk industry.

    4: **capital circulant** working capital, circulating capital; **capital constant** constant capital; **capital d'exploitation** working capital; **capital fixe** fixed (capital) assets; **capitaux flottants** *ou* **fébriles** hot money; **capital initial** *ou* **de lancement** seed *ou* start-up money; **capital-risques** venture capital; **capital social** authorized capital, share capital; **capitaux spéculatifs** = **capitaux fébriles**; **capital variable** variable capital.

capitalisable [kapitalizabl(ə)] *adj* capitalizable.

capitalisation [kapitalizasjɔ̃] *nf* capitalization.

capitaliser [kapitalize] (1) *vt* (a) *(amasser) somme* to amass; *(fig) expériences, connaissances* to build up, accumulate. **l'intérêt capitalisé pendant un an** interest accrued *ou* accumulated in a year. (b) *(Fin: ajouter au capital) intérêts* to capitalize. (c) *(calculer le capital de) rente* to capitalize. **2** *vi* to save, put money by.

capitalisme [kapitalism(ə)] *nm* capitalism.

capitaliste [kapitalist(ə)] *adj, nmf* capitalist.

capitation [kapitasjɔ̃] *nf (Hist)* poll tax, capitation.

capiteux, -euse [kapitø, øz] *adj vin, parfum* heady; *femme, beauté* intoxicating, alluring.

Capitole [kapitɔl] *nm* :**le ~** the Capitole.

capiton [kapitɔ̃] *nm (bourre)* padding.

capitonnage [kapitɔnaʒ] *nm* padding.

capitonner [kapitɔne] (1) *vt siège, porte* to pad *(de* with). *(fig)* **capitonné de** lined with; **nid capitonné de plumes** feather-lined nest.

capitulaire [kapitylɛR] *adj (Rel)* capitular. **salle ~** chapter house.

capitulard, e [kapitylaR, aRd(ə)] *(péj)* **1** *adj (Mil)* partisan of surrender; *(fig)* defeatist. **2** *nm,f (Mil)* advocate of surrender; *(fig)* defeatist.

capitulation [kapitylasjɔ̃] *nf (Mil) (reddition)* capitulation, surrender; *(traité)* capitulation (treaty); *(fig: défaite, abandon)* capitulation, surrender. **~ sans conditions** unconditional surrender.

capituler [kapityle] (1) *vi (Mil: se rendre)* to capitulate, surrender; *(fig: céder)* to surrender, give in, capitulate.

capon, -onne†† [kapɔ̃, ɔn] **1** *adj* cowardly. **2** *nm,f* coward.

caporal, *pl* **-aux** [kapɔRal, o] *nm* (a) *(Mil)* corporal. **~ d'ordinaire** *ou* **de cuisine** mess corporal; **~-chef** corporal. (b) *(tabac)* caporal.

caporalisme [kapɔRalism(ə)] *nm [personne, régime]* petty officiousness.

capot [kapo] **1** *nm* (a) *[véhicule, moteur]* bonnet *(Brit)*, hood *(US)*. **~ du coffre à bagages** lid of the boot *(Brit)*, decklid *(US)*. (b) *(Naut) (bâche de protection)* cover; *(trou d'homme)* companion hatch. **2** *adj inv (Cartes)* **être ~** to have lost all the tricks; **il nous a mis ~** he took all the tricks.

capotage [kapotaʒ] *nm [avion, véhicule]* overturning.

capote [kapɔt] *nf* (a) *[voiture]* hood *(Brit)*, top *(US)*. (b) *(gén Mil: manteau)* greatcoat. (c) (‡) **~ (anglaise)** French letter‡ *(Brit)*, rubber‡, safe‡ *(US)*. (d) (†: *chapeau)* bonnet.

capoter [kapɔte] (1) **1** *vi [véhicule]* to overturn. **faire ~** *véhicule* to overturn; *negociations* to scupper*, put paid to. **2** *vt (Aut) (garnir d'une capote)* to fit with a hood.

cappuccino [kaputʃino] *nm* cappuccino.

câpre [kɑpR(ə)] *nf (Culin)* caper.

Capri [kapRi] *nf* Capri.

caprice [kapRis] *nm* (a) *(lubie)* whim, caprice; *(toquade amoureuse)* passing fancy. **agir par ~** to act out of capriciousness; **ne lui cède pas, c'est seulement un ~** don't give in to him it's only a whim; **faire un ~** to throw a tantrum; **cet enfant fait des ~s** this child is being awkward *ou* temperamental; **cet arbre est un vrai ~ de la nature** this tree is a real freak of nature; **une récolte exceptionnelle due à quelque ~ de la nature** an exceptional crop due to some quirk *ou* trick of nature.

    (b) *(variations)* **~s** *(littér) [nuages, vent]* caprices, fickle play; *[chemin]* wanderings, windings; **les ~s de la mode** the vagaries *ou* whims of fashion; **les ~s du sort** *ou* **du hasard** the quirks of fate.

capricieusement [kapRisjøzmɑ̃] *adv* capriciously, whimsically.

capricieux, -ieuse [kapRisjø, jøz] *adj* (a) *(fantasque) (gén)* capricious, whimsical; *appareil* temperamental; *(littér)* **brise** capricious; *chemin* winding. (b) *(coléreux)* wayward. **cet enfant est (un) ~** this child is awkward *ou* temperamental, this child throws tantrums.

capricorne [kapRikɔRn(ə)] *nm* (a) *(Astron)* **le C~** Capricorn; **être (du) C~** to be (a) Capricorn; *V* tropique. (b) *(Zool)* capricorn beetle.

câprier [kɑpRije] *nm* caper bush *ou* shrub.

caprin, e [kapRɛ̃, in] *adj (Zool) espèce* goat *(épith)*, caprine *(T)*; *allure* goat-like.

capsulage [kapsylaʒ] *nm* capsuling.

capsule [kapsyl] *nf* (a) *(Anat, Bot, Pharm)* capsule. **~ spatiale** space capsule. (b) *[bouteille]* capsule, cap. (c) *[arme à feu]* (percussion) cap, primer; *[pistolet d'enfant]* cap; *V* pistolet.

capsuler [kapsyle] (1) *vt* to put a capsule *ou* cap on.

captage [kaptaʒ] *nm [cours d'eau]* harnessing; *[message, émission]* picking up.

captateur, -trice [kaptatœR, tRis] *nm,f (Jur)* **~ de testament** *ou* **de succession** legacy hunter.

captation [kaptasjɔ̃] *nf (Jur)* improper sollicitation of a legacy.

capter [kapte] (1) *vt* (a) *suffrages, attention* to win, capture; *confiance, faveur, bienveillance* to win, gain. (b) *(Téléc) message, émission* to pick up. (c) *source, cours d'eau* to harness. (d) *(Élec) courant* to tap.

capteur [kaptœR] *nm*: **~ solaire** solar captor.

captieusement [kapsjøzmɑ̃] *adv (littér)* speciously.

captieux, -euse [kapsjø, øz] *adj* specious.

captif, -ive [kaptif, iv] **1** *adj soldat, personne* captive; *(Géol) nappe d'eau* confined; *V* **ballon. 2** *nm, f (lit, fig)* captive, prisoner.

captivant, e [kaptivã, ãt] *adj film, lecture* gripping, enthralling, captivating; *personne* fascinating, captivating.

captiver [kaptive] (1) *vt personne* to fascinate, enthrall, captivate; *attention, esprit* to captivate.

captivité [kaptivite] *nf* captivity.

capture [kaptyʀ] *nf* **(a)** *(action: V* **capturer)** capture; catching. **(b)** *(animal)* catch; *(personne)* capture.

capturer [kaptyʀe] (1) *vt malfaiteur, animal* to catch, capture; *navire* to capture.

capuche [kapyʃ] *nf* hood.

capuchette [kapyʃɛt] *nf* rainhood.

capuchon [kapyʃɔ̃] *nm* **(a)** *(Couture)* hood; *(Rel)* cowl; *(pèlerine)* hooded raincoat. **(b)** *[stylo]* top, cap. **(c)** *[cheminée]* cowl.

capucin [kapysɛ̃] *nm (Rel)* Capuchin; *(Zool: singe)* capuchin; *V* **barbe¹.**

capucine [kapysin] *nf (Bot)* nasturtium; *(Rel)* Capuchin nun.

caque [kak] *nf* herring barrel. *(Prov)* **la ~ sent toujours le hareng** what's bred in the bone will (come) out in the flesh *(Prov)*.

caquelon [kaklɔ̃] *nm* earthenware fondue-dish.

caquet [kakɛ] *nm* (*) *[personne]* blether* *(Brit)*, gossip, prattle; *[poule]* cackle, cackling. **rabattre** *ou* **rabaisser le ~ de** *ou* **à qn*** to bring *ou* pull sb down a peg or two.

caquetage [kakta3] *nm (V* **caqueter)** cackle, cackling, blether* *(Brit)*.

caqueter [kakte] (4) *vi [personne]* to gossip, prattle, blether* *(Brit)*; *[poule]* to cackle.

car¹ [kaʀ] *nm* coach *(Brit)*, bus *(US)*. **~ de police** police van; **~ de (radio-)reportage** outside-broadcasting van; **~ (de ramassage) scolaire** school bus.

car² [kaʀ] *conj* because, for.

carabin [kaʀabɛ̃] *nm (arg Méd)* medical student, medic*.

carabine [kaʀabin] *nf* rifle, gun, carbine *(T)*; *[stand de tir]* rifle. **~ à air comprimé** air rifle *ou* gun.

carabiné, e* [kaʀabine] *adj fièvre, vent, orage* raging, violent; *cocktail, facture, punition* stiff. **amende ~e** heavy *ou* stiff fine; **rhume ~** stinking‡ *ou* shocking* cold; **mal de tête ~** splitting *ou* blinding headache; **mal de dents ~** raging *ou* screaming* *(Brit)* toothache.

carabinier [kaʀabinje] *nm (en Espagne)* carabinero, customs officer; *(en Italie)* carabinieri, police officer; *(Hist Mil)* carabineer.

carabosse [kaʀabɔs] *nf V* **fée.**

caraco† [kaʀako] *nm* (woman's) loose blouse.

caracoler [kaʀakɔle] (1) *vi [cheval]* to caracole, prance; *[cavalier]* to caracole; *(fig: gambader)* to gambol *ou* caper about.

caractère [kaʀaktɛʀ] *nm* **(a)** *(tempérament)* character, nature. **être d'un** *ou* **avoir un ~ ouvert/fermé** to have an outgoing/withdrawn nature; **être d'un** *ou* **avoir un ~ froid/passionné** to be a cold(-natured)/passionate(-natured) person; **avoir bon/mauvais ~** to be good-/ill-natured, be good-/bad-tempered; **il est très jeune de ~** *[adolescent]* he's very immature; *[adulte]* he has a very youthful outlook; **son ~ a changé** his character has changed; **les chats ont un ~ sournois** cats have a sly nature; **il a** *ou* **c'est un heureux ~** he has a happy nature; **ce n'est pas dans son ~ de faire, il n'a pas un ~ à faire** it is not in his nature to do, it is not like him to do; **le ~ méditerranéen/latin** the Mediterranean/ Latin character; **il a un sale ~*** he is a difficult *ou* pig-headed* customer; **il a un ~ de cochon*** he is an awkward *ou* a cussed* so-and-so*; **il a un ~ en or** or he's very good-natured, he has a delightful nature.

(b) *(nature, aspect)* nature. **sa présence confère à la réception un ~ officiel** his being here gives an official character *ou* flavour to the reception; **la situation n'a aucun ~ de gravité** the situation shows no sign *ou* evidence of seriousness; **le ~ difficile de cette mission est évident** the difficult nature of this mission is quite clear; **le récit a le ~ d'un plaidoyer** the story is (in the nature of) a passionate plea.

(c) *(fermeté)* character. **il a du ~** he has *ou* he's got* character; **il n'a pas de ~** he has no character *ou* spirit *ou* backbone; **un style sans ~** a characterless style.

(d) *(cachet, Individualité)* character. **la maison/cette vieille rue a du ~** the house/this old street has (got) character.

(e) *(littér: personne)* character. **ces ~s ne sont pas faciles à vivre** these characters are not easy to live with; *V* **comique.**

(f) *(gén pl: caractéristique)* characteristic, feature; *[personne]* trait. **~s nationaux/d'une race** national/racial characteristics *ou* features *ou* traits; **~ héréditaire/acquis** hereditary/acquired characteristic *ou* feature.

(g) *(Écriture, Typ)* character. **~ gras/maigre** heavy-/light-faced letter; *(Typ)* **~s gras** bold type *(T)*; **écrire en gros/petits ~s** to write in large/small characters; **écrivez en ~s d'imprimerie** write in block capitals; **les ~s de ce livre sont agréables à l'œil** the print of this book is easy on the eye.

caractériel, -elle [kaʀakteʀjɛl] **1** *adj* **(a)** *enfant* emotionally disturbed, maladjusted. **(b)** *traits* **~s** traits of character; **troubles ~s** emotional disturbance *ou* problems. **2** *nm, f* problem *ou* maladjusted child.

caractérisation [kaʀakteʀizasjɔ̃] *nf* characterization.

caractérisé, e [kaʀakteʀize] *(ptp de* **caractériser)** *adj erreur* blatant. **une rubéole ~e** a clear *ou* straightforward case of German measles; **c'est de l'insubordination ~e** it's sheer *ou* downright insubordination.

caractériser [kaʀakteʀize] (1) *vt (être typique de)* to characterize, be characteristic of; *(décrire)* to characterize. **avec l'enthousiasme qui le caractérise** with his characteristic enthusiasm; **ça se caractérise par** it is characterized *ou* distinguished by; **l'art de ~ un paysage** the knack of picking out the main features of a land-

scape; **ce qui caractérise ce paysage** the main *ou* characteristic features of this landscape.

caractéristique [kaʀakteʀistik] **1** *adj* characteristic *(de* of). **2** *nf* characteristic, (typical) feature. *(Admin)* **~s signalétiques** particulars, personal details; **~s techniques** design features.

caractérologie [kaʀakteʀɔlɔʒi] *nf* characterology.

carafe [kaʀaf] *nf* decanter; *[eau, vin ordinaire]* carafe; **(*: tête)** head, nut*; *V* **rester.**

carafon [kaʀafɔ̃] *nm (V* **carafe)** small decanter; small carafe; **(*: tête)** head, nut*.

caraïbe [kaʀaib] *adj* Caribbean. **les C~s** the Caribbean.

carambolage [kaʀãbɔlaʒ] *nm [autos]* multiple crash, pile-up; *(Billard)* cannon.

caramboler [kaʀãbɔle] (1) **1** *vt* to collide with, go *ou* cannon into. **5 voitures se sont carambolées** there was a pile-up of 5 cars, 5 cars ran into each other *ou* collided. **2** *vi (Billard)* to cannon, get *ou* make a cannon.

carambouillage [kaʀãbujaʒ] *nm*, **carambouille** [kaʀãbuj] *nf (Jur)* reselling of unlawfully owned goods.

caramel [kaʀamɛl] *nm (sucre fondu)* caramel; *(bonbon)* *(mou)* caramel, fudge, chewy toffee; *(dur)* toffee.

caramélisation [kaʀamelizasjɔ̃] *nf* caramelization.

caraméliser [kaʀamelize] (1) **1** *vt sucre* to caramelize; *moule, pâtisserie* to coat with caramel; *boisson, aliment* to flavour with caramel. **2** *vi,* **se caraméliser** *vpr [sucre]* to caramelize.

carapace [kaʀapas] *nf [crabe, tortue]* shell, carapace. **~ de boue** crust of mud; **sommet recouvert d'une ~ de glace** summit encased in a sheath of ice; **il est difficile de pénétrer sa ~ d'égoïsme** it's difficult to penetrate the armour of his egoism *ou* his thickskinned self-centredness.

carapater (se)* [kaʀapate] (1) *vpr* to skedaddle*, hop it*, take to one's heels, run off.

carat [kaʀa] *nm* carat. **or à 18 ~s** 18-carat gold.

Caravage [kaʀavaʒ] *nm:* **le ~** Caravaggio.

caravane [kaʀavan] *nf (convoi)* caravan; *(véhicule)* caravan, trailer *(US)*. **une ~ de voitures** a procession *ou* stream of cars; **une ~ de touristes** a stream of tourists; **la ~ du Tour de France** the whole retinue of the Tour de France; *V* **chien.**

caravanier, -ière [kaʀavanje, jɛʀ] **1** *adj itinéraire, chemin* caravan *(épith)*. **tourisme ~** caravanning. **2** *nm* **(a)** *(conducteur de caravane)* caravaner. **(b)** *(vacancier)* caravanner.

caravaning [kaʀavaniŋ] *nm (mode de déplacement)* caravanning; *(emplacement)* caravan site.

caravansérail [kaʀavãseʀaj] *nm (lit, fig)* caravanserai.

caravelle [kaʀavɛl] *nf (Hist Naut)* caravel. *(Aviat)* ® **C~** Caravelle.

carbochimie [kaʀbɔʃimi] *nf* organic chemistry.

carbonate [kaʀbɔnat] *nm* carbonate. **~ de soude** sodium carbonate, washing soda.

carbone [kaʀbɔn] *nm* carbon. **le ~ 14** carbon-14; *V* **papier.**

carbonifère [kaʀbɔnifɛʀ] **1** *adj (Minér)* carboniferous; *(Géol)* Carboniferous. **2** *nm* Carboniferous.

carbonique [kaʀbɔnik] *adj* carbonic; *V* **gaz, neige** *etc.*

carbonisation [kaʀbɔnizasjɔ̃] *nf* carbonization.

carbonisé, e [kaʀbɔnize] *(ptp de* **carboniser)** *adj arbre, restes* charred. **il est mort ~** he was burned to death.

carboniser [kaʀbɔnize] (1) *vt bois, substance* to carbonize; *forêt, maison* to burn to the ground, reduce to ashes; *rôti* to burn to a cinder.

carbon(n)ade [kaʀbɔnad] *nf (méthode)* grilling (of meat) on charcoal; *(mets)* meat grilled on charcoal.

carburant [kaʀbyʀã] **1** *adj m:* **mélange ~** mixture (of petrol *(Brit)* *ou* gas *(US)* and air) *(in internal combustion engine)*. **2** *nm* fuel.

carburateur [kaʀbyʀatœʀ] *nm* carburettor.

carburation [kaʀbyʀasjɔ̃] *nf [essence]* carburation; *[fer]* carburization.

carbure [kaʀbyʀ] *nm* carbide; *V* **lampe.**

carburé, e [kaʀbyʀe] *(ptp de* **carburer)** *adj air, mélange* carburetted; *métal* carburized.

carburer [kaʀbyʀe] (1) **1** *vi* **(a)** *[moteur]* **ça carbure bien/mal** it's well/badly tuned.

(b) (‡) *[santé, travail]* **~ bien/mal** to be doing fine/badly; **alors, ça carbure?** well, are things going O.K.?; **il carbure au rouge** red wine is his tipple; **ça carbure sec ici!** *(boisson)* they're really knocking it back in here!; *(travail)* they're working flat out*!; **~ à plein rendement** to be working at full capacity.

2 *vt air* to carburet; *métal* to carburize.

carburol [kaʀbyʀɔl] *nm* gasohol.

carcajou [kaʀkaʒu] *nm* wolverine.

carcan [kaʀkã] *nm (Hist)* iron collar; *(fig: contrainte)* yoke, shackles. **ce col est un vrai ~** this collar is like a vice.

carcasse [kaʀkas] *nf* **(a)** *[animal]*, (*) *[personne]* carcass. **je vais réchauffer ma ~ au soleil*** I'm going to toast myself in the sun*. **(b)** *[armature]* *[abat-jour]* frame; *[bateau]* skeleton; *[immeuble]* shell, skeleton. **pneu à ~ radiale/diagonale** radial/cross-ply tyre.

carcéral, e, mpl -aux [kaʀseʀal, o] *adj* prison *(épith)*. **régime ~** prison regime.

cardage [kaʀdaʒ] *nm* carding.

cardan [kaʀdã] *nm* universal joint; *V* **joint.**

carde [kaʀd(ə)] *nf (Tex)* card.

carder [kaʀde] (1) *vt* to card.

cardeur, -euse [kaʀdœʀ, øz] **1** *nm, f* carder. **2** **cardeuse** *nf (machine)* carding machine, carder.

cardiaque [kaʀdjak] **1** *adj (Anat)* cardiac. **malade ~** heart case *ou* patient; **être ~** to suffer from *ou* have a heart condition; *V* **crise. 2** *nmf* heart case *ou* patient.

cardinal, e, mpl -aux [kaʀdinal, o] **1** *adj nombre* cardinal; *(littér: capital)* cardinal; *V* **point¹.**

2 *nm* (a) (*Rel*) cardinal. ~-**évêque** cardinal bishop; ~-**prêtre** cardinal priest.
(b) (*nombre*) cardinal number.
(c) (*Orn*) cardinal (bird).
cardinalat [kaʀdinala] *nm* cardinalship.
cardinalice [kaʀdinalis] *adj* of a cardinal. **conférer à qn la dignité** ~ to make sb a cardinal, raise sb to the purple; *V* **pourpre**.
cardiogramme [kaʀdjɔgʀam] *nm* cardiogram.
cardiographe [kaʀdjɔgʀaf] *nm* cardiograph.
cardiographie [kaʀdjɔgʀafi] *nf* cardiography.
cardiologie [kaʀdjɔlɔʒi] *nf* cardiology.
cardiologue [kaʀdjɔlɔg] *nmf* cardiologist, heart specialist.
cardio-vasculaire [kaʀdjɔvaskylɛʀ] *adj* cardiovascular.
cardite [kaʀdit] *nf* (*Méd*) carditis.
cardon [kaʀdɔ̃] *nm* (*Culin*) cardoon.
carême [kaʀɛm] **1** *nm* (*jeûne*) fast. (*Rel: période*) **le C~** Lent; **sermon de** ~ Lent sermon; **faire** ~ to observe *ou* keep Lent, fast during Lent; **rompre le** ~ to break the Lent fast *ou* the fast of Lent; (*fig*) **le** ~ **qu'il s'est imposé** the fast he has undertaken.
2: carême-prenant†† Shrovetide††.
carénage [kaʀenaʒ] *nm* (a) (*Naut*) (*action*) careening; (*lieu*) careenage. (b) [*véhicule*] streamlining.
carence [kaʀɑ̃s] *nf* (a) (*Méd: manque*) deficiency. **maladie de** *ou* **par** ~ deficiency disease; ~ **vitaminique** *ou* **en vitamines** vitamin deficiency; (*fig*) **une grave** ~ **en personnel qualifié** a grave deficiency *ou* shortage of qualified staff.
(b) (*U: incompétence*) [*gouvernement*] shortcomings, incompetence; [*parents*] inadequacy.
(c) (*défauts*) **les** ~**s de** the inadequacies *ou* shortcomings of.
(d) (*Jur*) insolvency.
carène [kaʀɛn] *nf* (a) (*Naut*) (lower part of the) hull. **mettre en** ~ to careen. (b) (*Bot*) carina, keel.
caréner [kaʀene] (6) *vt* (a) (*Naut*) to careen. (b) (*Tech*) *véhicule* to streamline.
caressant, e [kaʀesɑ̃, ɑ̃t] *adj enfant, animal* affectionate; *regard, voix* caressing, tender; *brise* caressing.
caresse [kaʀɛs] *nf* (a) caress; (*à un animal*) stroke. **faire des** ~**s à personne** to caress, fondle; *animal* to stroke, fondle; (*littér*) **la** ~ **de la brise/des vagues** the caress of the breeze/of the waves.
(b) (††: *flatterie*) cajolery (*U*), flattery (*U*). **endormir la méfiance de qn par des** ~**s** to use cajolery to allay *ou* quieten sb's suspicions.
caresser [kaʀese] (1) *vt* (a) *personne* to caress, fondle, stroke; *animal* to stroke, fondle, pet; *objet* to stroke. **il lui caressait les jambes/les seins** he was stroking *ou* caressing her legs/fondling her breasts; **il caressait les touches du piano** he stroked *ou* caressed the keys of the piano; ~ **qn du regard** to give sb a fond *ou* caressing look, look lovingly *ou* fondly at sb; (*hum*) **je vais lui** ~ **les côtes*** I'm going to give him a drubbing.
(b) *projet, espoir* to entertain, toy with. ~ **le projet de faire qch** to toy with the idea of doing sth.
(c) (††: *flatter*) to flatter, fawn on.
cargaison [kaʀgɛzɔ̃] *nf* (a) (*Aviat, Naut*) cargo, freight. **une** ~ **de bananes** a cargo of bananas. (b) (*) load, stock. **des** ~**s de** *lettres, demandes* heaps *ou* piles of; **des** ~**s de touristes** busloads (*ou* shiploads) of tourists.
cargo [kaʀgo] *nm* cargo boat, freighter. ~ **mixte** cargo and passenger vessel.
cargue [kaʀg(ə)] *nf* (*Naut*) brail.
carguer [kaʀge] (1) *vt voiles* to brail, furl.
cari [kaʀi] *nm* = **curry**.
cariatide [kaʀjatid] *nf* caryatid.
caribou [kaʀibu] *nm* caribou.
caricatural, e, *mpl* **-aux** [kaʀikatyʀal, o] *adj* (*ridicule*) *aspect, traits* ridiculous, grotesque; (*exagéré*) *description, interprétation* caricatured.
caricature [kaʀikatyʀ] *nf* (a) (*dessin, description*) caricature; (*dessin à intention politique*) (satirical) cartoon. **faire la** ~ **de** to make a caricature of, caricature; **ce n'est qu'une** ~ **de procès** it's a mere mockery of a trial; **ce n'est qu'une** ~ **de la vérité** it's a caricature *ou* gross distortion of the truth.
(b) (*: *personne laide*) fright*.
caricaturer [kaʀikatyʀe] (1) *vt* to caricature.
caricaturiste [kaʀikatyʀist(ə)] *nmf* caricaturist; (*à intention politique*) (satirical) cartoonist.
carie [kaʀi] *nf* (a) (*Méd*) [*dents, os*] caries (*U*). **la** ~ **dentaire** tooth decay, (dental) caries; **j'ai une** ~ I've got a bad tooth *ou* a hole in my tooth. (b) (*Bot*) [*arbre*] blight; [*blé*] smut, bunt.
carier [kaʀje] (7) **1** *vt* to decay, cause to decay. **dent cariée** bad *ou* decayed tooth. **2 se carier** *vpr* to decay.
carillon [kaʀijɔ̃] *nm* (a) (*église*) [*cloches*] (peal *ou* set of) bells; (*air*) chimes. **on entendait le** ~ **de St Pierre/des** ~**s joyeux** we could hear the chimes of St Pierre/hear joyful chimes. (b) [*horloge*] (*système de sonnerie*) chime; (*air*) chimes. **une horloge à** ~, **un** ~ a chiming clock. (c) [*vestibule, entrée*] (door) chime.
carillonner [kaʀijɔne] (1) **1** *vi* (a) [*cloches*] to ring, chime; (*à toute volée*) to peal out.
(b) (*à la porte*) to ring very loudly. **ça ne sert à rien de** ~, **il n'y a personne** it's no use jangling *ou* ringing the doorbell like that — there's no one in.
2 *vt fête* to announce with a peal of bells; *heure* to chime, ring; (*fig*) *nouvelle* to broadcast.
carillonneur [kaʀijɔnœʀ] *nm* bell ringer.
cariste [kaʀist(ə)] *nm* fork-lift truck operator.
carlin [kaʀlɛ̃] *nm* pug (dog).
carlingue [kaʀlɛ̃g] *nf* (*Aviat*) cabin; (*Naut*) keelson.
carliste [kaʀlist(ə)] *adj, nmf* Carlist.
carmagnole [kaʀmaɲɔl] *nf* (*chanson, danse*) carmagnole; (*Hist:*

veste) short jacket (*worn during the French revolution*).
carme [kaʀm(ə)] *nm* Carmelite, White Friar.
carmel [kaʀmɛl] *nm* (*ordre*) **le C~** the Carmelite order; (*monastère*) [*carmes*] Carmelite monastery; [*carmélites*] Carmelite convent.
carmélite [kaʀmelit] *nf* Carmelite nun.
carmin [kaʀmɛ̃] **1** *nm* (*colorant*) cochineal; (*couleur*) carmine, crimson. **2** *adj inv* carmine, crimson.
carminé, e [kaʀmine] *adj* carmine, crimson.
carnage [kaʀnaʒ] *nm* (*lit, fig*) carnage, slaughter. **quel** ~! what a slaughter *ou* massacre; (*fig*) **je vais faire un** ~ I'm going to massacre someone.
carnassier, -ière [kaʀnasje, jɛʀ] **1** *adj animal* carnivorous, flesh-eating; *dent* carnassial. **2** *nm* carnivore. ~**s** carnivores, carnivora (*T*). **3 carnassière** *nf* (*dent*) carnassial; (*gibecière*) gamebag.
carnation [kaʀnasjɔ̃] *nf* (*teint*) complexion; (*Peinture*) ~**s** flesh tints.
carnaval, *pl* ~**s** [kaʀnaval] *nm* (*fête*) carnival; (*période*) carnival (time). (*mannequin*) (**Sa Majesté**) **C~** King Carnival; (*fig: excentrique*) **une espèce de** ~ a sort of gaudily-dressed person *ou* clown; **de** ~ *tenue, ambiance* carnival (*épith*).
carnavalesque [kaʀnavalɛsk(ə)] *adj* (*grotesque*) carnivalesque; (*relatif au carnaval*) of the carnival.
carne [kaʀn(ə)] *nf* (*péj*) (*: *viande*) tough *ou* leathery meat; (†: *cheval*) nag, hack. (*fig*) **quelle** ~!‡ (*homme*) what a swine!‡ *ou* bastard!‡‡; (*femme*) what a bitch!‡
carné, e [kaʀne] *adj* (a) *alimentation* meat (*épith*). (b) *fleur* flesh-coloured.
carnet [kaʀnɛ] **1** *nm* (*calepin*) notebook; (*liasse*) book.
2: carnet d'adresses address book; **carnet de bal** dance card; **carnet de billets** book of tickets; **carnet de chèques** cheque book; **carnet de commandes** order book; **nos carnets de commandes sont pleins** we have a full order book; (*Scol*) **carnet de notes** school report (*Brit*), report card; **avoir un bon carnet (de notes)** to have a good report; **carnet de santé** health record; **carnet à souches** counterfoil book; **carnet de timbres** book of stamps.
carnier [kaʀnje] *nm* gamebag.
carnivore [kaʀnivɔʀ] **1** *adj animal* carnivorous, flesh-eating; *insecte, plante* carnivorous. [*personne*] **il est** ~ he's a meat-lover. **2** *nm* carnivore. ~**s** carnivores, carnivora (*T*).
Caroline [kaʀɔlin] *nf*: ~ **du Nord** North Carolina; ~ **du Sud** South Carolina.
carolingien, -ienne [kaʀɔlɛ̃ʒjɛ̃, jɛn] **1** *adj* Carolingian. **2** *nm,f* **C~(ne)** Carolingian.
carotide [kaʀɔtid] *adj, nf* carotid.
carottage‡ [kaʀɔtaʒ] *nm* (*vol*) swiping‡, nicking‡ (*Brit*), pinching*.
carotte [kaʀɔt] **1** *nf* (a) (*Bot, Culin*) carrot. (*fig*) **les** ~**s sont cuites!*** they've (*ou* he's etc) had it!*, it's all up with* (*Brit*) *ou* over for them (*ou* us etc); *V* **poil**.
(b) (*: *promesse*) carrot.
(c) (*Tech*) core.
(d) [*tabac*] plug; (*enseigne*) tobacconist's (*Brit*) *ou* tobacco shop (*US*) sign.
2 *adj inv cheveux* red, carroty* (*péj*); *couleur* carroty. **objet** (*couleur*) ~ carrot-coloured object; **rouge** ~ carrot red.
carotter‡ [kaʀɔte] (1) **1** *vt* (*voler*) *objet* to swipe‡, nick‡ (*Brit*), pinch*; *client* to cheat, do* (*Brit*). ~ **qch à qn** to nick‡ sth from sb; **il m'a carotté (de) 5 F, je me suis fait** ~ **(de) 5 F** he did* *ou* diddled* me out of 5 francs.
2 *vi*: **il essaie toujours de** ~ he's always trying to fiddle a bit for himself; ~ **sur: elle carotte sur l'argent des commissions** she fiddles the housekeeping money.
carotteur, -euse‡ [kaʀɔtœʀ, øz] *nm,f* pincher*, diddler*.
caroube [kaʀub] *nf* carob (*fruit*).
caroubier [kaʀubje] *nm* carob (tree).
Carpates [kaʀpat] *nfpl*: **les** ~ the Carpathians.
carpe¹ [kaʀp(ə)] *nf* (*Zool*) carp; *V* **saut**.
carpe² [kaʀp(ə)] *nm* (*Anat*) carpus.
carpeau, *pl* ~**x** [kaʀpo] *nm* young carp.
carpette [kaʀpɛt] *nf* (*tapis*) rug; (*péj: personne servile*) fawning *ou* servile person, doormat (*fig*). **s'aplatir comme une** ~ **devant qn** to fawn on sb.
carpien, -ienne [kaʀpjɛ̃, jɛn] *adj* carpal.
carquois [kaʀkwa] *nm* quiver.
carrare [kaʀaʀ] *nm* (*marbre*) Carrara (marble).
carre [kaʀ] *nf* [*ski*] edge. (*Ski*) **faire mordre les** ~**s** to dig in the edges of one's skis; *V* **racine**.
carré, e [kaʀe] (*ptp de* **carrer**) **1** *adj* (a) *table, jardin, menton* square; *V* **partie²**.
(b) (*Math*) square. **mètre/kilomètre** ~ square metre/kilometre; **il n'y avait pas un centimètre** ~ **de place** there wasn't a square inch of room, there wasn't room *ou* there was no room to swing a cat (*Brit*); *V* **racine**.
(c) (*fig: franc*) *personne* forthright, straightforward; *réponse* straight, straightforward. **être** ~ **en affaires** to be aboveboard *ou* forthright in one's (business) dealings.
2 *nm* (a) (*gén*) square. **découper qch en petits** ~**s** to cut sth up into little squares; **un** ~ **de soie** a silk square; **un** ~ **de terre** a patch *ou* plot (of land); **un** ~ **de choux/de salades** a cabbage/ lettuce patch.
(b) (*Mil: disposition*) square; *V* **former**.
(c) (*Naut: mess, salon*) wardroom. **le** ~ **des officiers** the (officers') wardroom.
(d) (*Math*) square. **le** ~ **de 4** 4 squared, the square of 4; **3 au carré** 3 squared; **élever** *ou* **mettre** *ou* **porter un nombre au** ~ to square a number.
(e) (*Cartes*) **un** ~ **d'as** four aces.

(f) (*Culin*) ∼ de l'Est *soft, mild, fermented cheese*; (*Boucherie*) ∼ d'agneau loin of lamb.
(g) (*groupe*) le dernier ∼ the last handful.
3 carrée *nf* (♯: *chambre*) pad♯; (*Hist Mus*) breve.

carreau, *pl* ∼**x** [kaʀo] *nm* **(a)** (*par terre*) (floor) tile; (*au mur*) (wall) tile.
(b) (*carrelage, sol*) tiled floor.
(c) (*vitre*) (window) pane. **remplacer un** ∼ to replace a pane; **regarder au** ∼ to look out of the window; **des vandales ont cassé les** ∼**x** vandals have smashed the windows; (♯: *lunettes*) **enlève tes** ∼**x** take off your specs♯.
(d) (*sur un tissu*) check; (*sur du papier*) square. **à** ∼**x papier** squared; *mouchoir* check (*épith*), checked; **veste à grands/petits** ∼**x** jacket with a large/small check; (*Scol*) **laisser 3** ∼**x de marge** leave 3 squares' margin, leave a margin of 3 squares; (*Tech*) **mettre un plan au** ∼ to square a plan.
(e) (*Cartes*) diamond.
(f) [*mine*] bank. **le** ∼ **des Halles** the floor of les Halles.
(g) (*Hist: flèche*) bolt.
(h) (*♯loc*) **laisser qn sur le** ∼ (*bagarre*) to lay sb out cold♯; **rester sur le** ∼ (*bagarre*) to be laid out cold♯; (*examen*) **le candidat est resté sur le** ∼ the candidate didn't make the grade; **se tenir à** ∼ to lie low, keep one's nose clean♯, watch one's step.

carrefour [kaʀfuʀ] *nm* **(a)** [*routes, rues*] crossroads. (*fig*) **la Belgique,** ∼ **de l'Europe** Belgium, the crossroads of Europe; (*fig*) **Marseille,** ∼ **de la drogue** Marseilles, the crossroads of the drug traffic; (*fig*) **discipline au** ∼ **de plusieurs sciences** subject at the junction *ou* meeting point of many different sciences; (*fig*) **cette manifestation est un** ∼ **d'idées** this event is a forum for ideas.
(b) (*fig: tournant*) crossroads. **se trouver à un** ∼ (de sa vie/carrière) to be at a crossroads (in one's life/career).
(c) (*rencontre, forum*) forum, symposium.

carrelage [kaʀlaʒ] *nm* (*action*) tiling; (*carreaux*) tiles, tiling. **poser un** ∼ to lay a tiled floor; **laver le** ∼ to wash the floor.
carreler [kaʀle] (4) *vt mur, sol* to tile; *papier* to draw squares on.
carrelet [kaʀlɛ] *nm* **(a)** (*poisson*) plaice. **(b)** (*filet*) *square fishing net.* **(c)** (*Tech*) [*bourrelier*] half-moon needle; [*dessinateur*] square ruler.
carreleur [kaʀlœʀ] *nm* tiler.
carrément [kaʀemɑ̃] *adv* **(a)** (*franchement*) bluntly, straight out. **je lui ai dit** ∼ **ce que je pensais** I told him bluntly *ou* straight out what I thought.
(b) (*sans hésiter*) straight. **il a** ∼ **écrit au proviseur** he wrote straight to the headmaster; **vas-y** ∼ go right ahead; **j'ai pris** ∼ **à travers champs** I struck straight across the fields.
(c) (*intensif*) **il est** ∼ **timbré♯** he's definitely cracked♯; **cela nous fait gagner** ∼ **10 km/2 heures** it saves us 10 whole km *ou* a full 10 km/a whole 2 hours *ou* 2 full hours.
(d) (*rare: d'aplomb*) squarely, firmly.
carrer [kaʀe] (1) **1** *vt* (*Math, Tech*) to square. **2 se carrer** *vpr*: **se** ∼ **dans** to settle (o.s.) comfortably *ou* ensconce o.s. in.
carrier [kaʀje] *nm* (*ouvrier*) quarryman, quarrier; (*propriétaire*) quarry owner. **maître** ∼ quarry master.
carrière¹ [kaʀjɛʀ] *nf* [*sable*] (sand)pit; [*roches etc*] quarry.
carrière² [kaʀjɛʀ] *nf* **(a)** (*profession*) career. **en début/fin de** ∼ at the beginning/end of one's career; (*Pol*) **la** ∼ the diplomatic service; **embrasser la** ∼ **des armes†** to embark on a career of arms†; **faire** ∼ **dans l'enseignement** to make one's career in teaching; **il est entré dans l'industrie et y a fait (rapidement)** ∼ he went into industry and (quickly) made a career for himself (in it); *V* **militaire**.
(b) (*littér: cours*) **le jour achève sa** ∼ the day is drawing to a close *ou* has run its course; **donner (libre)** ∼ **à** to give free rein to, give scope for.
carriérisme [kaʀjeʀism(ə)] *nm* (*péj*) careerism.
carriériste [kaʀjeʀist(ə)] *nmf* (*péj*) careerist.
carriole [kaʀjɔl] *nf* **(a)** (*péj*) (ramshackle) cart. **(b)** (*Can*) sleigh, ca(r)riole (*US, Can*), carryall (*US, Can*).
carrossable [kaʀɔsabl(ə)] *adj route etc* suitable for (motor) vehicles.
carrosse [kaʀɔs] *nm* coach (horse-drawn). ∼ **d'apparat** state coach; *V* **rouler**.
carrosser [kaʀɔse] (1) *vt* (*Aut*) (*mettre une carrosserie à*) to fit a body to; (*dessiner la carrosserie de*) to design a body for *ou* the body of. **voiture bien carrossée** car with a well-designed body; [*personne*] **elle est bien carrossée♯** she's got curves in all the right places.
carrosserie [kaʀɔsʀi] *nf* (*Aut*) (*coque*) body, coachwork; (*métier*) coachbuilding (*Brit*). **atelier de** ∼ coachbuilder's workshop (*Brit*), body shop (*US*).
carrossier [kaʀɔsje] *nm* (*constructeur*) coachbuilder (*Brit*); (*dessinateur*) car designer. **ma voiture est chez le** ∼ my car is at the coachbuilder's (*Brit*) *ou* in the body shop (*US*).
carrousel [kaʀuzɛl] *nm* (*Équitation*) carrousel; (*fig: tourbillon*) merry-go-round. **un** ∼ **d'avions dans le ciel** planes weaving patterns *ou* circling in the sky.
carrure [kaʀyʀ] *nf* **(a)** (*largeur d'épaules*) [*personne*] build; [*vêtement*] breadth across the shoulders. **manteau un peu trop étroit de** ∼ coat which is a little tight across the shoulders; **une** ∼ **d'athlète** an athlete's build; **homme de belle/forte** ∼ well-built/burly man.
(b) [*mâchoire*] squareness; [*bâtiment*] square shape.
(c) (*fig: envergure*) calibre, stature.
carry [kaʀi] *nm* = **curry**.
cartable [kaʀtabl(ə)] *nm* (*écolier*) (à poignée) (school)bag; (à bretelles) satchel.
carte [kaʀt(ə)] **1** *nf* **(a)** (*gén*) card. ∼ **(postale)** (post)card; ∼ **de visite** visiting card, calling card (*US*). **(b)** (*Jeux*) ∼ **(à jouer)** (play-

ing) card; **battre** *ou* **brasser** *ou* **mêler les** ∼**s** to shuffle the cards; **donner les** ∼**s** to deal (the cards); **faire** *ou* **tirer les** ∼**s à qn** to read sb's cards; ∼ **maîtresse** (*lit*) master (card); (*fig*) trump card; (*lit*) ∼ **forcée** forced card; (*fig*) **c'est la** ∼ **forcée!** we've no choice!, it's Hobson's choice!; (*lit, fig*) ∼**s sur table** cards on the table; **jouer la** ∼ **de la concurrence** to play the competition card; *V* **brouiller, château** *etc*.
(c) (*Géog*) map; (*Astron, Mét, Naut*) chart. ∼ **du relief/géologique** relief/geological map; ∼ **routière** roadmap; ∼ **du ciel** sky chart; ∼ **de la lune** chart *ou* map of the moon.
(d) (*au restaurant*) menu. **on prend le menu ou la** ∼? shall we have the set menu or shall we eat à la carte?; **repas à la** ∼ à la carte meal; **une très bonne/très petite** ∼ a very good/very small menu *ou* choice of dishes; (*fig*) **programme à la** ∼ free-choice curriculum, curriculum allowing pupils a choice of subjects; (*fig*) **avoir un horaire à la** ∼ to have flexible working hours.
(e) (*loc*) **femme en** ∼: **fille** *ou* **femme en** ∼ registered prostitute.
2: **carte d'abonnement** (*train*) season ticket, pass; (*Théâtre*) season ticket; **carte d'alimentation = carte de rationnement**; **carte blanche: avoir carte blanche** to have carte blanche *ou* a free hand; **donner carte blanche à qn** to give sb carte blanche *ou* a free hand; (*Banque*) **Carte Bleue**® Visa Card®; **carte de chemin de fer** railway (*Brit*) *ou* train (*US*) season ticket; **carte de correspondance** (plain) postcard; **carte de crédit** credit card; **carte d'électeur** elector's card, voter registration card (*US*); **carte d'état-major** Ordnance Survey map (*Brit*), Geological Survey map (*US*); **carte d'étudiant** student card; **carte de fidélité** (regular customer's) discount card; **carte de famille nombreuse** *card issued to members of large families, allowing reduced fares etc*; **carte grise** ≃ (car) registration book (*Brit*) *ou* papers (*US*), logbook (*Brit*); **carte d'identité** identity *ou* I.D. card; **carte d'identité scolaire** pupil's identity card; (*Ski*) **carte journalière** day-pass, day-ticket; **carte de lecteur** reader's ticket (*Brit*), library ticket (*Brit*), library card; **carte-lettre** *nf, pl* **cartes-lettres** letter-card; **carte mécanographique = carte perforée**; **carte à mémoire** intelligent credit card, smart card (*US*); (*pour téléphone*) phone card; **carte de Noël** Christmas card; **carte orange** monthly (*ou* yearly) season ticket (*for all types of transport in Paris*); **carte perforée** punch card; **carte de rationnement** ration card; **carte de séjour** residence permit; **carte syndicale** union card; **carte vermeille** ≃ senior citizen's rail pass; (*Aut*) **carte verte** green card; **carte des vins** wine list; **carte de vœux** New Year greetings card.
cartel [kaʀtɛl] *nm* **(a)** (*Pol*) cartel, coalition; (*Écon*) cartel, combine. **(b)** (*pendule*) wall clock. **(c)** (*Hist: défi*) cartel.
cartellisation [kaʀtelizasjɔ̃] *nf* (*Écon*) formation of combines.
carter [kaʀtɛʀ] *nm* [*bicyclette*] chain guard; (*Aut*) [*huile*] sump, oilpan (*US*); [*boîte de vitesses*] (gearbox) casing; [*différentiel*] cage; [*moteur*] crankcase.
cartésianisme [kaʀtezjanism(ə)] *nm* Cartesianism.
cartésien, -ienne [kaʀtezjɛ̃, jɛn] *adj, nm, f* Cartesian.
Carthage [kaʀtaʒ] *n* Carthage.
carthaginois, e [kaʀtaʒinwa, waz] **1** *adj* Carthaginian. **2** *nm, f*: **C**∼**(e)** Carthaginian.
cartilage [kaʀtilaʒ] *nm* (*Anat*) cartilage; [*viande*] gristle.
cartilagineux, -euse [kaʀtilaʒinø, øz] *adj* (*Anat*) cartilaginous; *viande* gristly.
cartographe [kaʀtɔgʀaf] *nmf* cartographer.
cartographie [kaʀtɔgʀafi] *nf* cartography, map-making.
cartographique [kaʀtɔgʀafik] *adj* cartographic(al).
cartomancie [kaʀtɔmɑ̃si] *nf* fortune-telling (*with cards*), cartomancy.
cartomancien, -ienne [kaʀtɔmɑ̃sjɛ̃, jɛn] *nm, f* fortune-teller (*who uses cards*).
carton [kaʀtɔ̃] **1** *nm* **(a)** (*matière*) cardboard. **écrit/collé sur un** ∼ written/pasted on (a piece of) cardboard; **masque de** *ou* **en** ∼ cardboard mask.
(b) (*boîte*) (cardboard) box, carton (*US*); (*contenu*) boxful; (*cartable*) (school)bag, satchel. ∼ **de lait** (*boîte*) carton of milk; (*plusieurs boîtes*) pack of milk; (*fig*) **c'est quelque part dans mes** ∼**s** it's somewhere in my files; *V* **taper**.
(c) (*cible*) target. **faire un** ∼ (à la fête) to have a go at the rifle range; (♯: *sur l'ennemi*) to take a potshot♯ (*sur* at); **faire un bon** ∼ to make a good score, do a good shoot (*Brit*).
(d) (*Peinture*) sketch; (*Géog*) inset map; [*tapisserie, mosaïque*] cartoon.
(e) (*carte*) card. ∼ **d'invitation** invitation card.
2: **carton à chapeau** hatbox; **carton à chaussures** shoebox; **carton à dessin** portfolio; (*Ftbl*) **carton jaune** yellow card; **il a reçu un carton jaune** he got his name taken *ou* a yellow card; **carton pâte** pasteboard; **de carton pâte** décor, (*fig*) *personnages* cardboard (*épith*); (*Ftbl*) **carton rouge** red card.
cartonnage [kaʀtɔnaʒ] *nm* **(a)** (*industrie*) cardboard industry. **(b)** (*emballage*) cardboard (packing). **(c)** (*Reliure*) (*action*) boarding. (*couverture*) ∼ **pleine toile** cloth binding; ∼ **souple** limp cover.
cartonner [kaʀtɔne] (1) *vt* to bind in boards. **livre cartonné** hardback (book).
cartonnerie [kaʀtɔnʀi] *nf* (*industrie*) cardboard industry; (*usine*) cardboard factory.
cartonnier [kaʀtɔnje] *nm* **(a)** (*artiste*) tapestry *ou* mosaic designer. **(b)** (*meuble*) filing cabinet.
cartouche¹ [kaʀtuʃ] *nf* [*fusil, stylo, magnétophone, ordinateur*] cartridge; [*cigarettes*] carton.
cartouche² [kaʀtuʃ] *nm* (*Archéol, Archit*) cartouche.
cartoucherie [kaʀtuʃʀi] *nf* (*fabrique*) cartridge factory; (*dépôt*) cartridge depot.

cartouchière [kaʀtuʃjɛʀ] *nf* (*ceinture*) cartridge belt; (*sac*) cartridge pouch.

caryatide [kaʀjatid] *nf* = **cariatide**.

cas [kɑ] **1** *nm* (a) (*situation*) case, situation; (*événement*) occurrence. ~ **tragique/spécial** tragic/special case; **un** ~ **imprévu** an unforeseen case *ou* situation; ~ **urgent** urgent case, emergency; **comme c'est son** ~ as is the case with him; **il neige à Nice, et c'est un** ~ **très rare** it's snowing in Nice and it's a very rare occurrence; **exposez-lui votre** ~ state your case, explain your position; (*à un médecin*) describe your symptoms; **il s'est mis dans un mauvais** ~ he's got himself into a tricky situation *ou* position; **dans le premier** ~ in the first case *ou* instance.

(b) (*Jur*) case. ~ **d'homicide/de divorce** murder/divorce case; **l'adultère est un** ~ **de divorce** adultery is grounds for divorce; **soumettre un** ~ **au juge** to submit a case to the judge; (*hum*) **c'est un** ~ **pendable** he deserves to be shot (*hum*).

(c) (*Méd, Sociol*) case. **il y a plusieurs** ~ **de variole dans le pays** there are several cases of smallpox in the country; ~ **social** person with social problems, social misfit; (*fig*) **c'est vraiment un** ~**!** he's (*ou* she's) a real case!*

(d) (*Ling*) case.

(e) (*loc*) **faire** (**grand**) ~ **de/peu de** ~ **de** to attach great/little importance to, set great/little store by; **il ne fait jamais aucun** ~ **de nos observations** he never pays any attention to *ou* takes any notice of our comments; **c'est le** ~ **ou jamais** it's now or never; **c'est le** ~ **ou jamais de réclamer** if ever there was a case for complaint this is it; **... et no mistake about that!**; **au** ~ **ou dans le** ~ **où il pleuvrait, en** ~ **qu'il pleuve†** in case it rains, in case it should rain; **je prends un parapluie au** ~ **où*** *ou* **en** ~* I am taking an umbrella (just) in case; **dans ce** ~-**là** *ou* **en ce** ~ **téléphonez-nous** in that case give us a ring; **le** ~ **échéant** if the case arises, if need be; **en** ~ **de réclamation/d'absence** in case of *ou* in the event of complaint/absence; **en**~**de besoin nous pouvons vous loger** if need be we can put you up; **en** ~ **d'urgence** in an emergency, in emergencies; **en aucun** ~ **vous ne devez vous arrêter** on no account *ou* under no circumstances are you to stop; **en tout** ~, **en** *ou* **dans tous les** ~ anyway, in any case, at any rate; **mettre qn dans le** ~**d'avoir à faire** to put sb in the situation *ou* position of having to do; **il accepte ou il refuse selon les** ~ he accepts or refuses as the case may be.

2: cas de conscience matter *ou* case of conscience; **il a un cas de conscience** he's in a moral dilemma, he has a moral problem; **cas d'égalité des triangles** congruence of triangles; **cas d'espèce** individual case; **cas de force majeure** case of absolute necessity; **cas de légitime défense** case of legitimate self-defence; **c'était un cas de légitime défense** he acted in self-defence; **cas limite** borderline case.

casanier, -ière [kazanje, jɛʀ] **1** *adj personne, habitudes, vie* stay-at-home (*épith*). **2** *nm, f* stay-at-home, homebody (*US*).

casaque [kazak] *nf* [*jockey*] blouse; (†) [*femme*] overblouse; (*Hist*) [*mousquetaire*] tabard; *V* **tourner**.

casbah [kazba] *nf* kasbah.

cascade [kaskad] *nf* (*lit*) waterfall, cascade; (*fig*) [*mots, événements, chiffres*] stream, torrent, spate; [*rires*] peal. (*fig*) **des démissions en** ~ a chain *ou* spate of resignations; *V* **montage**.

cascader [kaskade] (1) *vi* (*littér*) to cascade.

cascadeur [kaskadœʀ] *nm* [*film*] stuntman; [*cirque*] acrobat.

cascadeuse [kaskadøz] *nf* [*film*] stuntgirl; [*cirque*] acrobat.

case [kɑz] *nf* (a) (*sur papier*) square, space; [*échiquier*] square. (*Jeux*) **la** ~ **départ** the start; (*fig*) **nous voilà revenus à la** ~ **départ** we're back to square one.

(b) [*pupitre*] compartment, shelf; [*courrier*] pigeonhole; [*boîte, tiroir*] compartment. ~ **postale** post-office box; (*Ordin*) ~ **de réception** card stacker; **il a une** ~ **vide***, **il lui manque une** ~* **he has a screw loose***.

(c) (*hutte*) hut. **la C**~ **de l'Oncle Tom** Uncle Tom's Cabin.

caséeux, -euse [kazeø, øz] *adj* caseous.

caséine [kazein] *nf* casein.

casemate [kazmat] *nf* blockhouse, pillbox.

caser* [kaze] (1) **1** *vt* (a) (*placer*) *objets* to shove*, stuff; (*loger*) *amis* to put up. **il a casé les chaussures dans une poche** he tucked *ou* stuffed the shoes into a pocket.

(b) (*marier*) *fille* to find a husband for; (*pourvoir d'une situation*) to find a job for. **il a casé son fils dans une grosse maison d'édition** he got his son a job *ou* got his son set up in a big publishing house; **ses enfants sont casés maintenant** (*emploi*) his children have got jobs now *ou* are fixed up now; (*mariage*) his children are (married and) off his hands now.

2 se caser *vpr* (*se marier*) to settle down; (*trouver un emploi*) to find a (steady) job; (*se loger*) to find a place to live).

caserne [kazɛʀn(ə)] *nf* (*Mil, fig*) barracks. ~ **de pompiers** fire station; **la** ~ **est à 5 minutes de la gare** the barracks is *ou* are 5 minutes from the station; **cet immeuble est une vraie** ~ this building looks like a barracks.

casernement [kazɛʀnəmɑ̃] *nm* (*Mil*) (*action*) quartering in barracks; (*bâtiments*) barrack buildings.

caserner [kazɛʀne] (1) *vt* (*Mil*) to barrack, quarter in barracks.

casernier [kazɛʀnje] *nm* barrack quartermaster.

cash* [kaʃ] *adv* (*comptant*) **payer** ~ to pay cash down; **il m'a donné 40.000 F** ~ he gave me 40,000 francs cash down *ou* on the nail* (*Brit*) *ou* on the barrel* (*US*).

cash-flow [kaʃflo] *nm* cash flow.

casier [kɑzje] **1** *nm* (a) (*compartiment*) compartment; (*tiroir*) drawer; (*fermant à clef*) locker; (*courrier*) pigeonhole. ~ **de consigne automatique** luggage locker.

(b) (*meuble*) set of compartments *ou* pigeonholes; (*à tiroirs*) filing cabinet.

(c) (*Pêche*) (lobster *etc*) pot. **poser des** ~**s** to put out lobster pots.

2: casier à bouteilles bottle rack; **casier à homards** lobster pot; **casier judiciaire** police *ou* criminal record; **avoir un casier judiciaire vierge** to have a clean (police) record; **avoir un casier judiciaire chargé** to have a long record; **casier à musique** music cabinet.

casino [kazino] *nm* casino.

casoar [kazɔaʀ] *nm* (*Orn*) cassowary; (*plumet*) plume.

casque [kask(ə)] **1** *nm* (a) (*qui protège*) [*soldat, alpiniste, ouvrier*] helmet; [*motocycliste etc*] crash helmet.

(b) (*pour sécher les cheveux*) (hair-)drier.

(c) [*radiotélégraphiste*] ~ (**à écouteurs**) headphones, headset, earphones.

(d) (*Zool*) casque.

(e) (*Bot*) helmet, galea.

2: les Casques bleus the U.N. peace-keeping force *ou* troops; **casque colonial** sun *ou* tropical helmet, topee; **casque à pointe** spiked helmet.

casqué, e [kaske] **1** *ptp de* **casquer***. **2** *adj* motocycliste, soldat wearing a helmet, helmeted. ~ **de cuir** wearing a leather helmet.

casquer* [kaske] (1) *vi* (*payer*) to cough up*, fork out*.

casquette [kaskɛt] *nf* cap. ~ **d'officier** officer's (peaked) cap.

cassable [kasabl(ə)] *adj* breakable.

cassage [kasaʒ] *nm* breaking. ~ **de gueule**‡ punch-up‡.

cassandre [kasɑ̃dʀ(ə)] *nf* (*Myth*) **C**~ Cassandra. (*fig*) **jouer les** ~ to be a prophet of doom.

cassant, e [kasɑ̃, ɑ̃t] *adj* (a) *glace, substance* brittle; *métal* short; *bois* easily broken *ou* snapped. (b) (*fig*) *ton* curt, abrupt, brusque; *attitude, manières* brusque, abrupt. (c) **ce n'est pas** ~* it's not exactly back-breaking *ou* tiring work.

cassate [kasat] *nf* cassata.

cassation [kasɑsjɔ̃] *nf* (a) (*Jur*) cassation; *V* **cour, pourvoir.** (b) (*Mil*) reduction to the ranks.

casse [kɑs] **1** *nf* (a) (*action*) breaking, breakage; (*objets cassés*) damage, breakages. **la** ~ **d'une assiette n'a sans importance** breaking a plate doesn't matter; **il y a eu beaucoup de** ~ **pendant le déménagement** there were a lot of things broken *ou* a lot of breakages during the move; **payer la** ~ to pay for the damage *ou* breakages; (*fig*) **il va y avoir de la** ~* there's going to be (some) rough stuff*; **pas de** ~**!** (*lit*) don't break anything!; (*fig) no rough stuff!*

(b) (*récupération*) **mettre à la** ~ to scrap; **vendre à la** ~ to sell for scrap; **bon pour la** ~ fit for scrap, ready for the scrap heap; **envoyer une voiture à la** ~ to send a car to the breakers.

(c) (*Typ*) **lettres du haut de/du bas de** ~ upper-case/lower-case letters.

(d) (*Bot*) cassia.

2 *nm* (*arg Crime: cambriolage*) break-in.

casse- [kɑs] *préf V* **casser.**

cassé, e [kase] (*ptp de* **casser**) *adj voix* broken, cracked; *vieillard* bent; *V* **blanc, col.**

cassement [kasmɑ̃] *nm* (a) ~ **de tête*** headache (*fig*), worry. (b) = **casse 2**.

casser [kase] (1) **1** *vt* (a) (*briser*) *objet* to break; *volonté, moral* to break; *noix* to crack; *latte, branche* to snap, break; *vin* to spoil the flavour of; (*) *appareil* to bust*. ~ **une dent/un bras à qn** to break sb's tooth/arm; ~ **qch en deux/en morceaux** to break sth in two/into pieces; ~ **un morceau de chocolat** to break off *ou* snap off a piece of chocolate; ~ **un carreau** (*volontairement*) to smash a pane; (*accidentellement*) to break a pane; **il s'est mis à tout** ~ **autour de lui** he started smashing *ou* breaking everything about him; **cette bonne casse tout** *ou* **beaucoup** this maid is always breaking things; **cette maladie lui a cassé la voix** this illness has ruined his voice.

(b) (*dégrader*) *personne* (*Mil*) to reduce to the ranks, break; (*Admin*) to demote.

(c) (*Admin, Jur: annuler*) *jugement* to quash; *mariage* to annul; *arrêt* to nullify, annul. **faire** ~ **un jugement pour vice de forme** to have a sentence quashed on a technicality.

(d) (*Comm*) ~ **les prix** to slash prices.

(e) (‡ *tuer*) ~ **du Viet/du Boche** to go Viet-/Jerry-smashing.

(f) (*loc*) (*Aviat*) ~ **du bois** to smash up one's plane; ~ **la croûte*** *ou* **la graine*** to have a bite *ou* something to eat; ~ **la figure*** *ou* **la gueule**‡ **à qn** to smash sb's face in‡, knock sb's block off‡; ~ **le morceau**‡ (*avouer*) to spill the beans, come clean; (*trahir*) to blow the gaff* (*Brit*), give the game away*; ~ **les pieds à qn*** (*fatiguer*) to wear sb out, bore sb stiff; (*irriter*) to get on sb's nerves; **il nous les casse**‡ he's a pain (in the neck)‡; ~ **sa pipe*** to kick the bucket‡, snuff it* (*Brit*); **ça/il ne casse rien, ça/il ne casse pas trois pattes à un canard** it's/he's nothing special, it's/he's nothing to shout about *ou* to get excited about; ~ **du sucre sur le dos de qn** to gossip *ou* talk about sb behind his back; **il nous casse la tête** *ou* **les oreilles*** **avec sa trompette** he deafens us with his trumpet; **il nous casse la tête avec ses histoires*** he bores us stiff with his stories; **à tout** ~* (*extraordinaire*) *film, repas* stupendous, fantastic; *succès* runaway (*épith*); (*tout au plus*) **tu en auras pour 100 F à tout** ~ that'll cost you at the outside *ou* at the most 100 francs; *V* **omelette.**

2 *vi* (*se briser*) [*objet*] to break; [*baguette, plaque*] to break, snap. **la corde a cassé** the rope has broken *ou* snapped; **ça casse facilement** it breaks easily; **ça casse comme du verre** it breaks like glass; **le pantalon doit** ~ **sur la chaussure** the trouser (leg) should rest on the shoe.

3 se casser *vpr* (a) (*se briser*) [*objet*] to break. **la tasse s'est cassée en tombant** the cup fell and broke; **l'anse s'est cassée** the handle came off *ou* broke (off); **se** ~ **net** to break clean off *ou* through.

(b) *[personne]* se ~ la jambe/une jambe/une dent to break one's leg/a leg/a tooth; *(fig)* se ~ le cou *ou* la figure* *ou* la gueule‡ *(tomber)* to come a cropper *(Brit)*, fall flat on one's face; *(d'une certaine hauteur)* to crash down; *(faire faillite)* to come a cropper *(Brit)*, go bankrupt; *(se tuer)* to smash o.s. up*; se ~ la figure contre to crash into; *(fig)* se ~ le nez *(trouver porte close)* to find no one in; *(échouer)* to come a cropper *(Brit)*, fail; *(fig)* il ne s'est pas cassé la tête* *ou* la nénette‡ he didn't overtax himself *ou* overdo it; *(fig)* cela fait 2 jours que je me casse la tête sur ce problème I've been racking my brains for 2 days over this problem.

(c) (*: *se fatiguer)* il ne s'est rien cassé *ou* il ne s'est pas cassé pour écrire cet article he didn't strain himself writing this article.

4: **casse-cou*** *nmf inv (sportif etc)* daredevil, reckless person; *(en affaires)* reckless person; il/elle est casse-cou he/she is reckless *ou* a daredevil; crier casse-cou à qn to warn sb; **casse-couilles*‡* *nmf inv* pain in the ass‡ *ou* butt‡; **casse-croûte** *nm inv* snack, lunch *(US)*; *(Can)* snack bar; prendre/emporter un petit casse-croûte to have/take along a bite to eat *ou* a snack; **casse-graine*** = **casse-croûte**; **casse-gueule‡** *(adj inv) sentier* dangerous, treacherous; *opération, entreprise* dicey* *(Brit)*, dangerous; *(nm inv) (opération, entreprise)* dicey* *(Brit)* business; *(endroit)* dangerous *ou* nasty spot; aller au casse-gueule*† to go to war (to be killed); **casse-Noisettes** *nm inv*, **casse-noix** *nm inv* nutcrackers *(Brit)*, nutcracker *(US)*; as-tu un casse-noisettes? have you got a pair of nutcrackers? *(Brit)* *ou* a nutcracker? *(US)*; le **casse-noisettes est sur la table** the nutcrackers *(Brit)* are *ou* the nutcracker *(US)* is on the table; *(Mus)* Casse-Noisette the Nutcracker; **casse-pattes*** *nm inv [escalier, côte]* c'est un vrai **casse-pattes*** it's a real slog*; **casse-pieds*** *nmf inv (importun)* nuisance, pain in the neck‡; *(ennuyeux)* bore ou qu'elle est casse-pieds*! *(importune)* she's a pain in the neck!‡; *(ennuyeuse)* what a bore *ou* drag* she is!; **casse-pipes*** *nm inv*: aller au casse-pipes to go to the front; **casse-tête** *nm inv (problème difficile)* headache *(fig)*; *(jeu)* puzzle, brain-teaser; *(Hist: massue)* club.

casserole [kasʀɔl] *nf* (a) *(Culin)* *(ustensile)* saucepan; *(contenu)* saucepan(ful). du veau à la *ou* en ~ braised veal.

(b) *(péj)* c'est une vraie ~ *[piano]* it's a tinny piano; *[voiture]* it's a tinny car.

(c) *(arg Ciné)* projector.

(d) (‡*loc)* passer à la ~ *fille* to screw‡‡, lay‡‡; *prisonnier (tuer)* to bump off‡‡; elle est passée à la ~ she got screwed‡‡ *ou* laid‡‡.

cassette [kasɛt] *nf* (a) *(coffret)* casket; *(trésor) [roi]* privy purse. *(hum)* il a pris l'argent sur sa ~ personnelle he took the money *ou* paid out of his own pocket. (b) *[magnétophone, ordinateur]* cassette; *V* magnétophone.

casseur [kasœʀ] *nm* (*: *bravache)* tough *ou* big guy*; *(Aut: ferrailleur)* scrap merchant *(Brit)* *ou* dealer; *(Pol: manifestant)* demonstrator who damages property, rioting demonstrator; (‡: *cambrioleur)* burglar. **jouer les ~s*** to come the rough stuff*; ~ de pierres stone breaker; *(Tech)* ~ de vitesse ramp, sleeping policeman *(Brit)*.

cassis [kasis] *nm* (a) *(fruit)* blackcurrant; *(arbuste)* blackcurrant bush; *(liqueur)* blackcurrant liqueur; *V* blanc. (b) (‡: *tête)* nut*, block*. (c) *[route]* bump, ridge.

cassonade [kasɔnad] *nf* brown sugar.

cassoulet [kasulɛ] *nm* cassoulet *(casserole dish of S.W. France)*.

cassure [kasyʀ] *nf* (a) *(lit, fig)* break; *[col]* fold. à la ~ du pantalon where the trousers rest on the shoe. (b) *(Géol)* *(gén)* break; *(fissure)* crack; *(faille)* fault.

castagnettes [kastaɲɛt] *nfpl* castanets. il avait les dents/les genoux qui jouaient des ~* he could feel his teeth chattering *ou* rattling/knees knocking, his teeth were chattering *ou* rattling/his knees were knocking.

caste [kast] *nf (lit, péj)* caste; *V* esprit.

castel [kastɛl] *nm* mansion, small castle.

castillan, e [kastijã, an] **1** *adj* Castilian. **2** *nm (Ling)* Castilian. **3** *nm,f*: **C~(e)** Castilian.

Castille [kastij] *nf* Castile.

castor [kastɔʀ] *nm (Zool, fourrure)* beaver.

castrat [kastʀa] *nm (chanteur)* castrato.

castrateur, -trice [kastʀatœʀ, tʀis] *adj (Psych)* castrating.

castration [kastʀasjõ] *nf (V* castrer) castration; spaying; gelding, doctoring.

castrer [kastʀe] (1) *vt (gén) homme, animal mâle* to castrate; *animal femelle* to castrate, spay; *cheval* to geld; *chat, chien* to doctor, fix *(US)*.

castrisme [kastʀism(ə)] *nm* Castroism.

castriste [kastʀist(ə)] **1** *adj* Castro *(épith)*, Castroist. **2** *nmf* supporter *ou* follower of Castro.

casuel, -elle [kazɥɛl] **1** *adj (Ling)* désinences ~les case endings; **système** ~ case system. (b) *(littér)* fortuitous. **2** *nm* (†) *(gain variable)* commission money; *[curé]* casual offerings *(pl)*.

casuiste [kazɥist(ə)] *nm (Rel, péj)* casuist.

casuistique [kazɥistik] *nf (Rel, péj)* casuistry.

catabolisme [katabɔlism(ə)] *nm* catabolism.

catachrèse [katakʀɛz] *nf* catachresis.

cataclysme [kataklism(ə)] *nm* cataclysm.

cataclysmique [kataklismik] *adj* cataclysmic, cataclysmal.

catacombes [katakõb(ə)] *nfpl* catacombs.

catadioptre [katadjɔptʀ(ə)] *nm (sur voiture)* reflector; *(sur chaussée)* cat's eye.

catafalque [katafalk(ə)] *nm* catafalque.

catalan, e [katalã] *adj* Catalan, Catalonian. **2** *nm (Ling)* Catalan. **3** *nm,f*: **C~(e)** Catalan.

catalepsie [katalɛpsi] *nf* catalepsy. **tomber en** ~ to have a cataleptic fit.

cataleptique [katalɛptik] *adj, nmf* cataleptic.

Catalogne [katalɔɲ] *nf* Catalonia.

catalogne [katalɔɲ] *nf (Can Artisanat) piece of cloth woven into drapes, covers and rugs.*

catalogue [katalɔg] *nm (gén)* catalogue; *(Ordin)* directory. **prix de** ~ list price; **faire le** ~ **de** to catalogue, list.

cataloguer [katalɔge] (1) *vt articles, objets* to catalogue, list; *bibliothèque, musée* to catalogue; (*) *personne* to categorize, label *(comme* as).

catalyse [kataliz] *nf* catalysis.

catalyser [katalize] (1) *vt (Chim, fig)* to catalyse.

catalyseur [katalizœʀ] *nm (Chim, fig)* catalyst.

catalytique [katalitik] *adj* catalytic.

catamaran [katamaʀã] *nm (voilier)* catamaran; *[hydravion]* floats.

cataphote [katafɔt] *nm* ® = **catadioptre**.

cataplasme [kataplasm(ə)] *nm (Méd)* poultice, cataplasm. ~ sinapisé mustard poultice *ou* plaster; *(fig)* cet entremets est un véritable ~ sur l'estomac the dessert lies like a lead weight *ou* lies heavily on the stomach.

catapultage [katapylta3] *nm (lit, fig)* catapulting; *(Aviat)* catapult launch.

catapulte [katapylt(ə)] *nf (Aviat, Hist)* catapult.

catapulter [katapylte] (1) *vt (lit)* to catapult. **il a été catapulté à ce poste** he was pitchforked into this job.

cataracte [kataʀakt(ə)] *nf* (a) *(chute d'eau)* cataract. *(fig)* des ~s de pluie torrents of rain. (b) *(Méd: U)* cataract. **il a été opéré de la** ~ he's had a cataract operation, he's been operated on for (a) cataract.

catarrhal, e, *mpl* **-aux** [kataʀal, o] *adj* catarrhal.

catarrhe [kataʀ] *nm* catarrh.

catarrheux, -euse [kataʀø, øz] *adj voix* catarrhal, thick. **vieillard** ~ wheezing old man.

catastase [katastaz] *nf (Phon)* on-glide.

catastrophe [katastʀɔf] *nf* disaster, catastrophe. ~ **aérienne** air crash *ou* disaster; ~! **le prof est arrivé!** panic stations! the teacher's here!; ~! **je l'ai perdu!** Hell's bells!* I've lost it!; **en** ~: atterrir **en** ~ to make a forced *ou* an emergency landing; **ils sont partis en** ~ they left in a terrible *ou* mad rush.

catastrophé, e* [katastʀɔfe] *adj personne, air* stunned. **être** ~ to be shattered* *ou* stunned.

catastropher* [katastʀɔfe] (1) *vt* to shatter*, stun.

catastrophique [katastʀɔfik] *adj* disastrous, catastrophic.

catch [katʃ] *nm* wrestling. **il fait du** ~ he's an all-in wrestler, he's a wrestler.

catcher [katʃe] (1) *vi* to wrestle.

catcheur, -euse [katʃœʀ, øz] *nm,f* wrestler.

catéchèse [kateʃɛz] *nf* catechetics *(pl)*, catechesis.

catéchisation [kateʃizasjõ] *nf* catechization.

catéchiser [kateʃize] (1) *vt (Rel)* to catechize; *(endoctriner)* to indoctrinate, catechize; *(sermonner)* to lecture.

catéchisme [kateʃism(ə)] *nm (enseignement, livre, fig)* catechism. **aller au** ~ to go to catechism (class), ≃ to go to Sunday school.

catéchiste [kateʃist(ə)] *nmf* catechist; *V* dame.

catéchumène [katekymɛn] *nmf (Rel)* catechumen; *(fig)* novice.

catégorie [kategɔʀi] *nf (gén, Philos)* category; *(Boxe, Hôtellerie)* class; *(Admin) [personnel]* grade. *(Boucherie)* **morceaux de première/deuxième** ~ prime/second cuts; **ranger par** ~ to categorize; **il est de la** ~ **de ceux qui ...** he comes in *ou* he belongs to the category of those who ....

catégoriel, -elle [kategɔʀjɛl] *adj* (a) *(Pol, Syndicats)* revendications ~les claims relating to one category of workers only. (b) *(Gram)* indice ~ category index.

catégorique [kategɔʀik] *adj* (a) *(net) ton, personne* categorical, dogmatic; *démenti, refus* flat *(épith)*, categorical. (b) *(Philos)* categorical.

catégoriquement [kategɔʀikmã] *adv (V* catégorique) categorically; dogmatically; flatly.

catégorisation [kategɔʀizasjõ] *nf* categorization.

catégoriser [kategɔʀize] (1) *vt* to categorize. **le risque de** ~ **à outrance** the risk of over-categorizing.

caténaire [katenɛʀ] *adj, nf (Rail)* catenary.

catgut [katgyt] *nm (Méd)* catgut.

cathare [kataʀ] **1** *adj* Cathar. **2** *nmf*: **C** ~ Cathar.

catharsis [kataʀsis] *nf (Littérat, Psych)* catharsis.

Cathay [katɛ] *nm* Cathay.

cathédrale [katedʀal] *nf* cathedral; *V* verre.

Catherine [katʀin] *nf* Catherine, Katherine. ~ **la Grande** Catherine the Great.

catherinette [katʀinɛt] *nf girl of 25 still unmarried by the Feast of St Catherine.*

cathéter [katetɛʀ] *nm* catheter.

cathétérisme [katetɛʀism(ə)] *nm* catheterization.

cathode [katɔd] *nf* cathode.

cathodique [katɔdik] *adj (Phys)* cathodic; *V* rayon.

catholicisme [katɔlisism(ə)] *nm (Roman)* Catholicism.

catholicité [katɔlisite] *nf (fidèles)* la ~ the (Roman) Catholic Church. (b) *(orthodoxie)* catholicity.

catholique [katɔlik] **1** *adj* (a) *(Rel) foi, dogme* (Roman) Catholic. (b) (*) pas (très) ~ fishy*, shady, a bit doubtful, not very kosher* *(US)*. **2** *nmf* (Roman) Catholic.

catimini [katimini] *adv*: **en** ~ on the sly *ou* quiet; **sortir en** ~ to steal *ou* sneak out; **il me l'a dit en** ~ he whispered it in my ear.

catin† [katɛ̃] *nf (prostituée)* trollop†, harlot††.

cation [katjõ] *nm* cation.

catogan [katɔgã] *nm bow tying hair on the neck.*

Caton [katõ] *nm* Cato.

Catulle [katyl] *nm* Catullus.

Caucase [kɔkaz] *nm*: **le** ~ the Caucasus.

caucasien, -ienne [kɔkɑzjɛ̃, jɛn] **1** adj Caucasian. **2** nm,f: C~(ne) Caucasian.

cauchemar [koʃmaʀ] nm nightmare. (fig) l'analyse grammaticale était son ~ parsing was a nightmare to him; vision de ~ nightmarish sight.

cauchemardesque [koʃmaʀdɛsk(ə)] adj impression, expérience nightmarish.

cauchemardeux, -euse [koʃmaʀdø, øz] adj (a) = cauchemardesque. (b) sommeil ~ sleep full of nightmares.

caudal, e, mpl **-aux** [kodal, o] adj caudal.

cauri [koʀi] nm cowrie ou cowry (shell).

causal, e [kozal] adj causal.

causalité [kozalite] nf causality.

causant, e [kozɑ̃, ɑ̃t] adj talkative, chatty. il n'est pas très ~ he doesn't say very much, he's not very forthcoming ou talkative.

causatif, -ve [kozatif, iv] adj (Gram) conjonction causal; construction, verbe causative.

cause [koz] nf (a) (motif, raison) cause. quelle est la ~ de l'accident? what caused the accident?, what was the cause of the accident?; on ne connaît pas la ~ de son absence the reason for ou the cause of his absence is not known; être (la) ~ de qch to be the cause of sth; la chaleur en est la ~ it is caused by the heat; la ~ en demeure inconnue the cause remains unknown, the reason for it remains unknown; les ~s qui l'ont poussé à agir the reasons that caused him to act; être ~ que†: cet accident est ~ que nous sommes en retard this accident is the cause of our being late; elle est ~ que nous sommes en retard she is responsible for our being late; V relation.

(b) (Jur) lawsuit, case; (à plaider) brief. ~ civile civil action; ~ criminelle criminal proceedings; la ~ est entendue (lit) the sides have been heard; (fig) there's no doubt in our minds; ~ célèbre cause célèbre, famous trial ou case; plaider sa ~ to plead one's case; un avocat sans ~(s) a briefless barrister; V connaissance.

(c) (ensemble d'intérêts) cause. une juste ~ a just cause; une ~ perdue a lost cause; faire ~ commune avec qn to make common cause with sb, side ou take sides with sb.

(d) (Philos) cause. ~ première/seconde/finale primary/secondary/final cause.

(e) (loc) à ~ de (en raison de) because of, owing to; (par égard pour) because of, for the sake of; à ~ de cet incident technique owing to ou because of this technical failure; c'est à ~ de lui que nous nous sommes perdus it's because of him we got lost, he is responsible for our getting lost; à ~ de son âge on account of ou because of his age; il est venu à ~ de vous he came for your sake ou because of you; (iro) c'est pas à ~ de lui que j'y suis arrivé! it's no thanks to him I managed to do it!; être en ~ [personne] to be involved ou concerned; [intérêts etc] to be at stake, be involved; son honnêteté n'est pas en ~ there is no question about his honesty, his honesty is not in question; mettre en ~ projet, nécessité to call into question; personne to implicate; remettre en ~ principe, tradition to question, challenge; sa démission remet tout en ~ his resignation re-opens the whole question, we're back to square one* (Brit) ou where we started from because of his resignation; mettre qn hors de ~ to clear ou exonerate sb; c'est hors de ~ it is out of the question; pour ~ de on account of; fermé pour ~ d'inventaire/de maladie closed for stocktaking/on account of illness; et pour ~! and for (a very) good reason!; non sans ~! not without (good) cause ou reason!; ils le regrettent — non sans ~! they are sorry — as well they might be! ou not without reason!

causer¹ [koze] (1) vt (provoquer) to cause; (entraîner) to bring about. ~ des ennuis à qn to get sb into trouble, bring trouble to sb; ~ de la peine à qn to hurt sb; ~ du plaisir à qn to give pleasure to sb.

causer² [koze] (1) vti (a) (s'entretenir) to chat, talk; (*: discourir) to speak, talk. ~ de qch to talk about sth; (propos futiles) to chat about sth; ~ politique/travail to talk politics/shop; elles causaient chiffons they were chatting ou discussing clothes; ~ à qn* to talk ou speak to sb; (iro) cause toujours, tu m'intéresses! keep going ou talking, I'm all ears ou I'm hanging on your every word (iro).

(b) (jaser) to talk, gossip (sur qn about sb).

(c) (‡: avouer) to talk. pour le faire ~ to loosen his tongue, to make him talk.

causerie [kozʀi] nf (conférence) talk; (conversation) chat.

causette [kozɛt] nf: faire la ~, faire un brin de ~ to have a chat* ou natter* (Brit) (avec with).

causeur, -euse [kozœʀ, øz] **1** adj (rare) talkative, chatty. **2** nm,f talker, conversationalist. **3** causeuse nf (siège) causeuse, love seat.

causse [kos] nm causse, limestone plateau (in south-central France).

causticité [kostisite] nf (lit, fig) causticity.

caustique [kostik] adj, nm (Sci, fig) caustic.

caustiquement [kostikmɑ̃] adv caustically.

cautèle [kotɛl] nf (littér) cunning, guile.

cauteleusement [kotløzmɑ̃] adv (littér) in a cunning way.

cauteleux, -euse [kotlø, øz] adj (littér) cunning.

cautère [kotɛʀ] nm cautery. c'est un ~ sur une jambe de bois it's as much use as a poultice on a wooden leg.

cautérisation [koteʀizasjɔ̃] nf cauterization.

cautériser [koteʀize] (1) vt to cauterize.

caution [kosjɔ̃] nf (a) (somme d'argent) (Fin) guarantee, security; (Jur) bail (bond). ~ de soumission bid bond; ~ solidaire joint and several guarantee; verser une ~ (de 1.000 F) to put ou lay down a security ou a guarantee (of 1,000 francs); mettre qn en liberté sous ~ to release ou free sb on bail; libéré sous ~ freed ou released ou out on bail; payer la ~ de qn to stand (Brit) ou go (US) bail for sb, bail sb out.

(b) (fig: garantie morale) guarantee. sa parole est ma ~ his word is my guarantee.

(c) (appui) backing, support. avoir la ~ d'un parti/de son chef to have the backing ou support of a party/one's boss.

(d) (personne, garant) se porter ~ pour qn to stand security (Brit) ou surety for sb; V sujet.

cautionnement [kosjɔnmɑ̃] nm (somme) guaranty, guarantee, security (Brit), surety; (contrat) security ou surety bond; (soutien) support, backing.

cautionner [kosjɔne] (1) vt (a) (répondre de) (moralement) to answer for, guarantee; (financièrement) to guarantee, stand surety ou guarantor for.

(b) politique, gouvernement to support, give one's support ou backing to.

cavaillon [kavajɔ̃] nm cavaillon melon.

cavalcade [kavalkad] nf (a) (course tumultueuse) stampede; (*: troupe désordonnée) stampede, stream. (b) [cavaliers] cavalcade. (c) (défilé, procession) cavalcade, procession.

cavalcader [kavalkade] (1) vi (gambader, courir) to stream, swarm, stampede; (†: chevaucher) to cavalcade, ride in a cavalcade.

cavale [kaval] nf (a) (littér) mare. (b) (arg Prison: évasion) être en ~ to be on the run.

cavaler‡ [kavale] (1) **1** vi (courir) to run. il fallait le voir ~! you should have seen him run!; j'ai dû ~ dans tout Londres pour le trouver I had to rush all round London to find it.

2 vt (ennuyer) to bore, annoy. il commence à nous ~ we're beginning to get cheesed off* (Brit) ou browned off* (Brit) ou teed off* (US) with him, he's beginning to get on our wick‡ (Brit).

3 se cavaler vpr (se sauver) to clear off‡, get the hell out of it‡. les animaux se sont cavalés the animals have done a bunk* (Brit); il s'est cavalé à la maison he bolted for the house.

cavalerie [kavalʀi] nf (Mil) cavalry; (cirque) horses. (Mil) ~ légère light cavalry ou horse; c'est de la grosse ~ (nourriture) it's heavy stuff; (objets) it's uninspiring stuff.

cavaleur‡ [kavalœʀ] nm wolf, womanizer. il est ~ he's always after the women, he chases anything in skirts.

cavaleuse‡ [kavaløz] nf hot piece‡. elle est ~ she's always after the men, she chases anything in trousers ou in pants*.

cavalier, -ière [kavalje, jɛʀ] **1** adj (a) (impertinent) casual, cavalier, offhand. je trouve que c'est un peu ~ de sa part (de faire cela) I think he's being a bit offhand (doing that).

(b) allée/piste ~ière riding/bridle path.

2 nm,f (a) (Équitation) rider. (fig) faire ~ seul to go it alone, be a loner*.

(b) (partenaire: au bal etc) partner.

3 nm (a) (Mil) trooper, cavalryman. une troupe de 20 ~s a troop of 20 horses.

(b) (accompagnateur) escort; (Can*) boyfriend, beau (US). être le ~ d'une dame to escort a lady.

(c) (Échecs) knight.

(d) (clou) staple; [balance] rider; [dossier] tab.

(e) (Hist Brit) cavalier.

(f) (††: gentilhomme) gentleman.

cavalièrement [kavaljɛʀmɑ̃] adv casually, in cavalier fashion, off-handedly.

cavatine [kavatin] nf (Mus) cavatina.

cave¹ [kav] nf (a) (pièce) cellar; (voûtée) vault; (cabaret) cellar nightclub. (b) (Vin) cellar. avoir une bonne ~ to have ou keep a fine cellar. (c) (coffret à liqueurs) liqueur cabinet. (d) (Can) [maison] basement.

cave² [kav] adj (creux) yeux, joues hollow, sunken; V veine.

cave³‡ [kav] nm (a) (straight (arg), someone who does not belong to the underworld.

(b) (imbécile) sucker‡. il est ~ he's a sucker‡.

caveau, pl **~x** [kavo] nm (sépulture) vault, tomb; (cabaret) nightclub; (cave) (small) cellar. ~ de famille family vault.

caverne [kavɛʀn(ə)] nf (a) (grotte) cave, cavern; V homme. (b) (Anat) cavity.

caverneux, -euse [kavɛʀnø, øz] adj (a) voix hollow, cavernous. (b) (Anat, Méd) respiration cavernous; poumon with cavitations, with a cavernous lesion; V corps. (c) (littér) montagne, tronc cavernous.

caviar [kavjaʀ] nm (a) (Culin) caviar(e). ~ rouge salmon roe. (b) (Presse) passer au ~ to blue-pencil, censor.

caviarder [kavjaʀde] (1) vt (Presse) to censor, blue-pencil.

caviste [kavist(ə)] nm cellarman.

cavité [kavite] nf cavity. ~ articulaire socket (of bone); ~ pulpaire (tooth) pulp cavity.

Cayenne [kajɛn] n Cayenne; V poivre.

C.B. [sibi] nf (abrév de citizen's band) la ~ CB radio.

ce [sə], **cet** [sɛt] devant voyelle ou h muet au masculin, **cette** [sɛt] f, **ces** [se] pl **1** adj dém (a) (proximité) this; (pl) these; (non-proximité) that; (pl) those. ce chapeau(-ci)/(-là) this/that hat; si seulement ce mal de tête s'en allait if only this headache would go away; un de ces films sans queue ni tête one of those films without beginning or end; ah ces promenades dans la campagne anglaise! (en se promenant) ah these walks in the English countryside!; (évocation) ah those walks in the English countryside!; je ne peux pas voir cet homme I can't stand (the sight of) that man; cet imbécile d'enfant a perdu ses lunettes this ou that stupid child has lost his glasses; et ce rhume/cette jambe, comment ça va?* and how's the cold/leg (doing)?

(b) (loc de temps) venez ce soir/cet après-midi come tonight ou this evening/this afternoon; cette nuit (qui vient) tonight; (passée) last night; ce mois(-ci) this month; ce mois-là that month; il faudra mieux travailler ce trimestre(-ci) you'll have to work harder this term; il a fait très beau ces jours(-ci) the weather's been very fine lately *ou* these last few days; **en ces temps troublés** (*de nos jours*) in these troubled days; (*dans le passé*) in those troubled days; **j'irai la voir un de ces jours** I'll call on her one of these days.

(c) (*intensif*) **comment peut-il raconter ces mensonges!** how can he tell such lies!; **aurait-il vraiment ce courage?** would he really have that sort of *ou* that much courage?; **cette idée!** what an idea!; **ce toupet!*** what (a) nerve!*, such cheek!*; **cette générosité me semble suspecte** such *ou* this generosity looks suspicious to me; **elle a de ces initiatives!** she gets hold of *ou* has some *ou* these wild ideas!; *V* **un**.

(d) (*frm*) **si ces dames veulent bien me suivre** if the ladies will be so kind as to follow me; **ces messieurs sont en réunion** the gentlemen are in a meeting.

(e) (*avec qui, que*) **cette amie chez qui elle habite est docteur** the friend she's living with is a doctor; **elle n'est pas de ces femmes qui se plaignent toujours** she's not one of those *ou* these women who are always complaining; **c'est un de ces livres que l'on lit en vacances** it's one of those books *ou* the sort of book you read on holiday; **il a cette manie qu'ont les jeunes de …** he has this *ou* that habit common to young people of … *ou* that young people have of ….

2 *pron dém* **(a) c'est, ce sont: qui est-ce?** *ou* **c'est?*** — **c'est un médecin/l'instituteur** (*en désignant*) who's he? *ou* who's that? — he's a doctor/the schoolteacher; (*au téléphone, à la porte*) who is it? — it's a doctor/the schoolteacher; **c'est la camionnette du boucher** it's *ou* that's the butcher's van; **ce sont des hôtesses de l'air/de bons souvenirs** they are air hostesses/happy memories; **c'est la plus intelligente de la classe** she is the most intelligent in the class; **c'est une voiture rapide** it's a fast car; **c'était le bon temps!** those were the days!; **je vais acheter des pêches, ce n'est pas cher en ce moment** I am going to buy some peaches — they're quite cheap just now; **qui est-ce qui a crié?** — **c'est lui** who shouted? — **HE** did *ou* it was him; **à qui est ce livre?** — **c'est à elle/à ma sœur** whose book is this? — it's hers/my sister's; **c'est impossible à faire** it's impossible to do; **c'est impossible de le faire*** it's impossible to do it.

(b) (*tournure emphatique*) **c'est le vent qui a emporté la toiture** it was the wind that blew the roof off; **c'est eux*** *ou* **ce sont eux** *ou* **c'étaient eux qui mentaient** they are the ones who *ou* it's they who were lying; **c'est vous qui devez décider, c'est à vous de décider** it's up to you to decide, it's you who must decide; **c'est toi qui le dis!** that's what YOU say!; **c'est avec plaisir que nous acceptons** we accept with pleasure; **c'est une bonne voiture que vous avez là** that's a good car you've got there; **un hôtel pas cher, c'est difficile à trouver** a cheap hotel isn't easy to find; **c'est à se demander s'il n'est pas fou** you really wonder *ou* it makes you wonder if he isn't mad.

(c) **ce qui, ce que** what; (*reprenant une proposition*) which; **tout ce que je sais** all (that) I know; **ce qui est important c'est … what** really matters is …; **elle fait ce qu'on lui dit** she does what she is told *ou* as she is told; **il ne sait pas ce que sont devenus ses amis** he doesn't know what has become of his friends; **il ne comprenait pas ce à quoi on faisait allusion/ce dont on l'accusait** he didn't understand what they were hinting at/what he was being accused of; **nous n'avons pas de jardin, ce qui est dommage** we haven't got a garden, which is a pity; **il faut être diplômé, ce qu'il n'est pas** you have to have qualifications, which he hasn't; **il a été reçu à son examen, ce à quoi il s'attendait fort peu** he passed his exam, which he wasn't expecting (to do); **voilà tout ce que je sais** that's all I know.

(d) **à ce que, de ce que: on ne s'attendait pas à ce qu'il parle** they were not expecting him *ou* he was not expected to speak; **il se plaint de ce qu'on ne l'ait pas prévenu** he is complaining that no one warned him.

(e) (*: *intensif*) **ce que** *ou* **qu'est-ce que ce film est lent!** how slow this film is!, what a slow film this is!; **ce qu'on peut s'amuser!** what fun (we are having)!; **ce qu'il parle bien!** what a good speaker he is!, how well he speaks!; **ce que c'est que le destin!** that's fate for you!; **voilà ce que c'est que de conduire trop vite** that's what comes of driving too fast.

(f) (*explication*) **c'est que: quand il écrit, c'est qu'il a besoin d'argent** when he writes, it means (that) *ou* it's because he needs money; **c'est qu'elle n'entend rien, la pauvre!** but the poor woman can't hear a thing!, but she can't hear, poor woman!; **ce n'est pas qu'elle soit bête, mais elle ne travaille pas** it's not that she's stupid, but she just doesn't work.

(g) (*loc*) **c'est (vous) dire s'il a eu peur** that shows you how frightened he was; **c'est tout dire** that (just) shows; **à ce qu'on dit/que j'ai appris** from what they say/what I've heard; **qu'est-ce à dire?†** what does that mean?; **ce faisant** in so doing, in the process; **ce disant** so saying, saying this; **pour ce faire** to this end, with this end in view; (*frm*) **et ce: il a refusé, et ce, après toutes nos prières** he refused, (and this) after all our entreaties.

C.E.A. [seəa] *nf* (*abrév de* **Commission à l'énergie atomique**) AEC.
céans†† [seã] *adv* here, in this house; *V* **maître**.
ceci [səsi] *pron dém* this. **ce cas a ~ de surprenant que …** this case is surprising in that …, there is one surprising thing about this case which is that …; **à ~ près que** except that, with the *ou* this exception that; **~ compense cela** one thing makes up for another.
Cécile [sesil] *nf* Cecilia.
cécité [sesite] *nf* blindness. (*Ski*) **~ des neiges** snow-blindness; **~ verbale** word blindness; **il a été frappé de ~ à l'âge de 5 ans** he was struck blind *ou* he went blind at the age of 5.
cédant, e [sedã, ãt] (*Jur*) **1** *adj* assigning. **2** *nm, f* assignor.
céder [sede] (6) **1** *vt* **(a)** (*donner*) *part, place, tour* to give up. **~ qch à qn** to let sb have sth, give sth up to sb; **je m'en vais, je vous cède**

ma place *ou* **je cède la place** I'm going so you can have my place *ou* I'll let you have my place; (*Rad*) **et maintenant je cède l'antenne à notre correspondant à Paris** now (I'll hand you) over to our Paris correspondent; (*Jur*) **~ ses biens** to make over *ou* transfer one's property.

(b) (*vendre*) *commerce* to sell, dispose of. **~ qch à qn** to let sb have sth, sell sth to sb; **le fermier m'a cédé un litre de lait** the farmer let me have a litre of milk; **~ à bail** to lease; **il a bien voulu ~ un bout de terrain** he agreed to part with a plot of ground.

(c) (*loc*) **~ le pas à qn/qch** to give precedence to sb/sth; **~ la place (à qn)** to let sb take one's place; (*lit*) **~ du terrain (à l'ennemi)** to lose *ou* yield ground (to the enemy), fall back (before the enemy); (*fig*) **ils finiront par ~ du terrain** in the end they'll make concessions; (*fig*) **l'épidémie cède du terrain devant les efforts des docteurs** the epidemic is receding before the doctors' efforts; (*fig*) **la livre a cédé du terrain** the pound went into retreat *ou* lost ground (*par rapport à* against); **le ~ à qn en qch: son courage ne le cède en rien à son intelligence** he's as brave as he is intelligent; **il ne le cède à personne en égoïsme** as far as selfishness is concerned he's second to none.

2 *vi* **(a)** (*capituler*) to give in. **~ par faiblesse/lassitude** to give in out of weakness/tiredness; **aucun ne veut ~** no one wants to give in *ou* give way.

(b) **~ à** (*succomber à*) to give way to, yield to; (*consentir*) to give in to; **~ à la force/tentation** to give way *ou* yield to force/temptation; **~ à qn** (*à ses raisons, ses avances*) to give in *ou* yield to sb; **~ aux caprices/prières de qn** to give in to sb's whims/entreaties; **il cède facilement à la colère** he gives way easily to anger.

(c) (*se rompre*) [*digue, chaise, branche*] to give way; (*fléchir, tomber*) [*fièvre, colère*] to subside. **la glace a cédé sous le poids** the ice gave (way) under the weight.

cédille [sedij] *nf* cedilla.
cédrat [sedRa] *nm* (*fruit*) citron; (*arbre*) citron (tree).
cèdre [sɛdR(ə)] *nm* (*arbre*) cedar (tree); (*Can: thuya*) cedar, arbor vitae; (*bois*) cedar (wood).
cédrière [sedRjɛR(ə)] *nf* (*Can*) cedar grove.
cédulaire [sedylɛR] *adj* (*Jur*) **impôts ~s** scheduled taxes.
cédule [sedyl] *nf* (*Impôts*) schedule.
cégétiste [seʒetist(ə)] **1** *adj* C.G.T. (*épith*). **2** *nmf* member of the C.G.T.
ceindre [sɛ̃dR(ə)] (52) *vt* (*littér*) **(a)** (*entourer*) **~ sa tête d'un bandeau** to put a band round one's head; **la tête ceinte d'un diadème** wearing a diadem; **~ une ville de murailles** to encircle a town with walls; (*Bible*) **se ~ les reins** to gird one's loins.

(b) (*mettre*) *armure, insigne d'autorité* to don, put on. **~ son épée** to buckle *ou* gird on one's sword; (*lit, fig*) **~ l'écharpe municipale ≃** to put on *ou* don the mayoral chain; (*lit, fig*) **~ la couronne** to assume the crown.

ceint, e [sɛ̃, ɛ̃t] *ptp de* **ceindre**.
ceinture [sɛ̃tyR] **1** *nf* **(a)** [*manteau, pantalon*] belt; [*pyjamas, robe de chambre*] cord; (*écharpe*) sash; (*gaine, corset*) girdle. **se mettre ou se serrer la ~*** to tighten *ou* pull in one's belt (*fig*).

(b) (*Couture: taille*) [*pantalon, jupe*] waistband.

(c) (*Anat*) **waist. nu jusqu'à la ~** stripped to the waist; **l'eau lui arrivait (jusqu')à la ~** the water came up to his waist, he was waist-deep in *ou* up to his waist in water.

(d) (*Sport*) (*prise*) waistlock. (*Judo*) **~ noire** *etc* black *etc* belt; (*Boxe, fig*) **coup au-dessous de la ~** blow below the belt.

(e) [*fortifications, murailles*] ring; [*arbres, montagnes*] belt.

(f) (*métro, bus*) circle line. **petite/grande ~** inner/outer circle.

2: ceinture de chasteté chastity belt; **ceinture de flanelle** flannel binder; (*Can*) **ceinture fléchée** arrow sash; **ceinture de grossesse** maternity girdle *ou* support; **ceinture herniaire** truss; **ceinture médicale = ceinture orthopédique; ceinture de natation** swimmer's float belt; **ceinture orthopédique** surgical corset; (*Anat*) **ceinture pelvienne** pelvic girdle; **ceinture de sauvetage** lifebelt; (*Anat*) **ceinture scapulaire** pectoral girdle; **ceinture de sécurité (à enrouleur)** (inertia reel) seat *ou* safety belt; **ceinture verte** green belt.

ceinturer [sɛ̃tyRe] (1) *vt personne* (*gén*) to grasp *ou* seize round the waist; (*Sport*) to tackle (round the waist); *ville* to surround, encircle.
ceinturon [sɛ̃tyRɔ̃] *nm* [*uniforme*] belt.
cela [s(ə)la] *pron dém* **(a)** (*gén, en opposition à ceci*) that; (*en sujet apparent*) it. **qu'est-ce que ~ veut dire?** what does that *ou* this mean?; **on ne s'attendait pas à ~** that was (quite) unexpected, we weren't expecting that; **~ n'est pas très facile** that's not very easy; **~ m'agace de l'entendre se plaindre** it annoys me to hear him complain; **~ vaut la peine qu'il essaie** it's worth his trying; **~ me donne du souci** *ou* that gives me a lot of worry; **faire des études, ~ ne le tentait guère** studying did not really appeal to him.

(b) (*renforce comment, où, pourquoi etc*) **il ne veut pas venir — pourquoi ~?** he won't come — why not? *ou* why won't he?; **j'ai vu X — qui ~?/quand ~?/où ~?** I've seen X — who (do you mean)? *ou* who is that?/when was that?/where was that?

(c) **~ fait 10 jours/longtemps qu'il est parti** it is 10 days/a long time since he left, he has been gone 10 days/a long time, he left 10 days/a long time ago.

(d) (*loc*) **voyez-vous ~!** did you ever hear of such a thing!; **~ ne fait rien** it *ou* that does not matter; **et en dehors de** *ou* **à part ~?** apart from that?; **à ~ près que** except that, with the exception that; **avec eux, il y a ~ à leur crédit …** there's one thing to their credit and that's that they …, I'll say this *ou* that for them, they ….
céladon [seladɔ̃] *nm, adj inv:* (*vert*) **~** celadon.
célébrant [selebRã] (*Rel*) **1** *adj* *m* officiating. **2** *nm* celebrant.
célébration [selebRasjɔ̃] *nf* celebration.
célèbre [selɛbR(ə)] *adj* famous, celebrated (*par* for). **cet escroc, tristement ~ par ses vols** this crook, notorious for his robberies

ou whose robberies have won him notoriety; **se rendre ~ par** to achieve celebrity for *ou* on account of.

célébrer [selebʀe] (6) *vt* (a) *anniversaire, fête* to celebrate; *cérémonie* to hold; *mariage* to celebrate, solemnize. **~ la messe** to celebrate mass; **~ les Jeux olympiques** to hold the Olympic Games.
　(b) (*glorifier*) to celebrate, extol. **~ les louanges de qn** to sing sb's praises.

célébrité [selebʀite] *nf* (*renommée*) fame, celebrity; (*personne*) celebrity. **parvenir à la ~** to rise to fame.

celer [s(ə)le] (5) *vt* († *ou littér*) to conceal (*à qn* from sb).

céleri [sɛlʀi] *nm:* **~ en branche(s)** celery; **~(-rave)** celeriac; **~ rémoulade** celeriac in remoulade (dressing); *V* **pied**.

célérité [seleʀite] *nf* promptness, speed, swiftness. **avec ~** promptly, swiftly.

célesta [selɛsta] *nm* celeste, celesta.

céleste [selɛst(ə)] *adj* (a) (*du ciel, divin*) celestial, heavenly. **colère/puissance ~** celestial anger/power, anger/power of heaven; **le C~ Empire** the Celestial Empire. (b) (*fig: merveilleux*) heavenly.

célibat [seliba] *nm* [*homme*] bachelorhood, celibacy; [*femme*] spinsterhood; (*par abstinence*) (period of) celibacy; [*prêtre*] celibacy. **vivre dans le ~** (*gén*) to live a single life, be unmarried; [*prêtre*] to be celibate.

célibataire [selibatɛʀ] **1** *adj* (*gén*) single, unmarried; *prêtre* celibate; (*Admin*) single. **mère ~** unmarried mother; **père** (*ou* **mère**) **~** single parent.
　2 *nm* (*homme*) bachelor; (*Admin*) single man. **la vie de ~** the life of a single man, the bachelor's life, (the) single life; **club pour ~s** singles club.
　3 *nf* (*femme jeune*) single girl, unmarried woman; (*moins jeune*) spinster; (*Admin*) single woman. **la vie de ~** (the) single life, the life of a single woman.

celle [sɛl] *pron dém V* **celui**.

cellier [selje] *nm* storeroom (*for wine and food*).

cellophane [selɔfan] *nf* ® cellophane ®.

cellulaire [selylɛʀ] *adj* (a) (*Bio*) cellular. (b) **régime ~** confinement; **voiture** *ou* **fourgon ~** prison van.

cellule [selyl] *nf* (*Bio, Bot, Jur, Mil, Phot, Pol*) cell; [*avion*] airframe; [*électrophone*] cartridge. (*Sociol*) **~ familiale** family unit; **réunir une ~ de crise** to convene an emergency committee; (*Mil*) **6 jours de ~** 6 days in the cells, 6 days' cells; **~ photo-électrique** electric eye.

cellulite [selylit] *nf* (*graisse*) cellulite; (*inflammation*) cellulitis. **avoir de la ~** to have cellulite (*T*).

celluloïd [selylɔid] *nm* celluloid.

cellulose [selyloz] *nf* cellulose. **~ végétale** dietary fibre.

cellulosique [selylɔzik] *adj* cellulose (*épith*).

celte [sɛlt(ə)] **1** *adj* Celtic. **2** *nmf:* **C~** Celt.

celtique [sɛltik] *adj, nm* Celtic.

celui [səlɥi], **celle** [sɛl], *mpl* **ceux** [sø], *fpl* **celles** [sɛl] *pron dém*
　(a) (*fonction démonstrative*) **celui-ci, celle-ci** this one; **ceux-ci, celles-ci** these (ones); **celui-là, celle-là** that one; **ceux-là, celles-là** those (ones); **j'hésite entre les deux chaises, celle-ci est plus élégante, mais on est mieux sur celle-là** I hesitate between the two chairs — this one's more elegant, but that one's more comfortable; **une autre citation, plus littéraire celle-là** another quotation, this time a more literary one *ou* this next one is more literary.
　(b) (*référence à un antécédent*) **j'ai rendu visite à mon frère et à mon oncle, celui-ci était malade** I visited my brother and my uncle and the latter was ill; **elle écrivit à son frère: celui-ci ne répondit pas** she wrote to her brother, who did not answer *ou* but he did not answer; **ceux-là, ils auront de mes nouvelles** that lot* *ou* as for them, I'll give them a piece of my mind; **il a vraiment de la chance, celui-là!** that chap* (*Brit*) *ou* guy* certainly has a lot of luck!; **elle est forte** *ou* **bien bonne, celle-là!** that's a bit much! *ou* steep!* *ou* stiff!*
　(c) (+ *de*) **celui de:** **je n'aime pas cette pièce, celle de X est meilleure** I don't like this play, X's is better; **c'est celui des 3 frères que je connais le mieux** of the 3 brothers he's the one I know (the) best, he's the one I know (the) best of the 3 brothers; **il n'a qu'un désir, celui de devenir ministre** he only wants one thing — (that's) to become a minister; **s'il cherche un local, celui d'en-dessous est libre** if he's looking for a place, the one below is free; **ce livre est pour celui d'entre vous que la peinture intéresse** this book is for whichever one of you who is interested in painting; **pour ceux d'entre vous qui ...** for those of *ou* among you who ... .
　(d) **celui qui/que/dont: ses romans sont ceux qui se vendent le mieux** his novels are the ones *ou* those that sell best; **c'est celle que l'on accuse** she is the one who is being accused; **donnez-lui le ballon jaune, c'est celui qu'il préfère** give him the yellow ball — it's *ou* that's the one he likes best; **celui dont je t'ai parlé** the one I told you about.
　(e) (*: avec adj, participe*) **cette marque est celle recommandée par X** this brand is the one recommended by X, this is the brand recommended by X; **celui proche de la fontaine** the one near the fountain; **tous ceux ayant le même âge** all those of the same age.

cément [semã] *nm* (*Métal*) cement; [*dents*] cementum, cement.

cénacle [senakl(ə)] *nm* (*réunion, cercle*) (literary) coterie *ou* set; (*Rel*) cenacle.

cendre [sãdʀ(ə)] *nf* (*gén: substance*) ash, ashes. [*charbon*] **~, ~s** ash, ashes, cinders; [*mort*] **~s** ashes; **~ de bois** wood ash; **des ~s** *ou* **de la ~** (*de cigarette*) (cigarette) ash; **réduire en ~s** to reduce to ashes; **couleur de ~** ashen, ash-coloured; **le jour des C~s, les C~s** Ash Wednesday; **cuire qch sous la ~** to cook sth in (the)

embers; (*Géol*) **~s volcaniques** volcanic ash; *V* **couver, renaître**.

cendré, e [sãdʀe] **1** *adj* (*couleur*) ashen. **gris/blond ~** ash grey/blond. **2 cendrée** *nf* (*piste*) cinder track. (*Chasse, Pêche*) **de la ~e** dust shot.

cendreux, -euse [sãdʀø, øz] *adj terrain, substance* ashy; *couleur* ash (*épith*), ashy; *teint* ashen.

cendrier [sãdʀije] *nm* [*fumeur*] ashtray; [*poêle*] ash pan. [*locomotive*] **~ de foyer** ash box.

cendrillon [sãdʀijõ] *nf* (†: *humble servante*) Cinderella. **C~** Cinderella.

cène [sɛn] *nf* (a) (*Peinture, Bible*) **la C~** the Last Supper. (b) (*communion protestante*) (Holy) Communion, Lord's Supper, Lord's Table.

cénesthésie [senɛstezi] *nf* coen(a)esthesia.

cénesthésique [senɛstezik] *adj* cenesthesic, cenesthetic.

cénobite [senɔbit] *nm* coenobite.

cénotaphe [senɔtaf] *nm* cenotaph.

cens [sãs] *nm* (*Hist*) (*quotité imposable*) taxable quota *ou* rating (*as an electoral qualification*); (*redevance féodale*) rent (*paid by tenant of a piece of land to feudal superior*); (*recensement*) census. **~ électoral** ≃ poll tax.

censé, e [sãse] *adj:* **être ~ faire qch** to be supposed to do sth; **je suis ~ travailler** I'm supposed to be *ou* I should be working; **nul n'est ~ ignorer la loi** ignorance of the law is no excuse.

censément [sãsemã] *adv* (*en principe*) supposedly; (*pratiquement*) virtually; (*pour ainsi dire*) to all intents and purposes.

censeur [sãsœʀ] *nm* (a) (*Ciné, Presse*) censor. (b) (*fig: critique*) critic. (c) (*Scol*) ≃ deputy *ou* assistant head (*Brit*), ≃ assistant *ou* vice-principal (*US*). **Madame le ~** the deputy headmistress (*Brit*), the assistant principle (*US*). (d) (*Hist*) censor.

censitaire [sãsitɛʀ] **1** *adj:* **suffrage** *ou* **système ~** voting system based on the poll tax. **2** *nm:* (*électeur*) **~** eligible voter (*through payment of the poll tax*).

censurable [sãsyʀabl(ə)] *adj* censurable.

censure [sãsyʀ] *nf* (a) (*Ciné, Presse*) (*examen*) censorship; (*censeurs*) (board of) censors; (*Psych*) censor. (b) († *critique*) censure (*U*); (*Jur, Pol: réprimande*) censure. **les ~s de l'Église** the censure of the Church; *V* **motion**.

censurer [sãsyʀe] (1) *vt* (a) (*Ciné, Presse*) *spectacle, journal* to censor. (b) (*critiquer: Jur, Pol, Rel*) to censure.

cent¹ [sã] **1** *adj* (a) (*cardinal: gén*) a hundred; (*100 exactement*) one hundred, a hundred. (*multiplié par un nombre*) **quatre ~s** four hundred; **quatre ~ un/treize** four hundred and one/thirteen; **~/deux ~s chaises** a hundred/two hundred chairs.
　(b) (*ordinal: inv*) **page ~** page one hundred *ou* a hundred; **numéro/page quatre ~** number/page four hundred; **en l'an treize ~** in the year thirteen hundred.
　(c) (*beaucoup de*) **il a eu ~ occasions de le faire** he has had hundreds of opportunities to do it; **je te l'ai dit ~ fois** I've told you a hundred times, if I've told you once I've told you a hundred times; **il a ~ fois raison** he's absolutely right; **~ fois mieux/pire** a hundred times better/worse; **je préférerais ~ fois faire votre travail** I'd far rather do your job, I'd rather do your job any day*; *V* **mot**.
　(d) (*loc*) **il est aux ~ coups** he is frantic, he doesn't know which way to turn; **faire les ~ pas** to pace up and down; (*Sport*) (*course de*) **quatre ~s mètres haies** 400 metres hurdles; **tu ne vas pas attendre ~ sept ans*** you can't wait for ever; (*Hist*) **les C~ jours** the Hundred Days; **je vous le donne en ~** I'll give you a hundred guesses, you'll never guess; **s'ennuyer** *ou* **s'emmerder‡ à ~ sous l'heure*** to be bored to tears*, be bored out of one's mind‡; *V* **quatre**.
　2 *nm* (a) (*nombre*) a hundred. **il habite au (numéro) ~ de la rue des Plantes**, **il habite ~ rue des Plantes** he lives at (number) 100 rue des Plantes; **il y a ~ contre un à parier que ...** it's a hundred to one that ...; *V* **gagner**.
　(b) **pour ~** per cent; **argent placé à 5 pour ~** money invested at 5 per cent; (*fig*) **être ~ pour ~ français, être français (à) ~ pour ~** to be a hundred per cent French, be French through and through; **je suis ~ pour ~ sûr** I'm a hundred per cent certain; **j'en suis à 90 pour ~ sûr** I'm ninety per cent certain of it.
　(c) (*Comm: centaine*) **un ~ a** *ou* **one hundred; un ~ de billes/d'œufs a** *ou* **one hundred marbles/eggs; c'est 12 F le ~** they're 12 francs a hundred; *pour autres loc V* **six**.

cent² [sɛnt], (*Can*) [sɛn] *nm* (*US, Can: monnaie*) cent. (*Can†*) **quinze-~** cheap store, dime store (*US, Can*), five-and-ten (*US, Can*).

centaine [sãtɛn] *nf* (a) (*environ cent*) **une ~ de** about a hundred, a hundred or so; **la ~ de spectateurs qui ...** the hundred or so spectators who ...; **plusieurs ~s (de)** several hundred; **des ~s de personnes** hundreds of people; **ils vinrent par ~s** they came in (their) hundreds.
　(b) (*cent unités*) hundred. **10 F la ~** 10 francs a hundred; **atteindre la ~** (*âge*) to live to be a hundred; (*collection etc*) to reach the (one) hundred mark; **il les vend à la ~** he sells them by the hundred; (*Math*) **la colonne des ~s** the hundreds column; *pour autres loc V* **soixantaine**.

centaure [sãtɔʀ] *nm* centaur.

centenaire [sãtnɛʀ] **1** *adj* hundred-year-old (*épith*). **cet arbre est ~** this tree is a hundred years old, this is a hundred-year-old tree. **2** *nmf* (*personne*) centenarian. **3** *nm* (*anniversaire*) centenary.

centenier [sãtənje] *nm* (*Hist*) centurion.

centésimal, e, *mpl* **-aux** [sãtezimal, o] *adj* centesimal.

centiare [sãtjaʀ] *nm* centiare.

centième [sãtjɛm] **1** *adj, nmf* hundredth; *pour loc V* **sixième**. **2** *nf* (*Théât*) hundredth performance.

centigrade [sãtigʀad] *adj* centigrade.

centigramme [sɑ̃tigʀam] *nm* centigramme.

centilitre [sɑ̃tilitʀ(ə)] *nm* centilitre.

centime [sɑ̃tim] *nm* centime. *(fig)* **je n'ai pas un ~** I haven't got a penny *(Brit)* *ou* a cent *(US)*; **~ additionnel** ≃ additional tax.

centimètre [sɑ̃timɛtʀ(ə)] *nm (mesure)* centimetre; *(ruban)* tape measure, measuring tape.

centrafricain, e [sɑ̃tʀafʀikɛ̃, ɛn] *adj* of the Central African Republic. **République ~e** Central African Republic.

centrage [sɑ̃tʀaʒ] *nm* centring.

central, e, *mpl* **-aux** [sɑ̃tʀal, o] **1** *adj* **(a)** *(du centre)* quartier central; *partie, point* centre *(épith)*, central. **mon bureau occupe une position très ~e** my office is very central; **Amérique/Asie ~e** Central America/Asia; *V* **chauffage.**

(b) *(le plus important)* problème, idée central; *bureau* central *(épith)*, head *(épith)*, main *(épith)*.

(c) *(Jur)* pouvoir, administration central.

2 *nm (Téléc)* **~ (téléphonique)** (telephone) exchange, central *(US†)*.

3 centrale *nf* **(a) ~e (électrique)** power station *ou* plant *(US)*.

(b) ~e syndicale *ou* **ouvrière** group of affiliated trade unions.

(c) *(prison)* prison, ≃ county jail *(US)*, ≃ (state) penitentiary *(US)*.

(d) *voyelle* centre.

(e) C~e = **École c~e des arts et manufactures.**

centralien, -ienne [sɑ̃tʀaljɛ̃, jɛn] *nm, f* student *(ou* former student) of the École centrale.

centralisateur, -trice [sɑ̃tʀalizatœʀ, tʀis] *adj* centralizing *(épith)*.

centralisation [sɑ̃tʀalizɑsjɔ̃] *nf* centralization.

centraliser [sɑ̃tʀalize] (1) *vt* to centralize.

centralisme [sɑ̃tʀalism(ə)] *nm* centralism.

centre [sɑ̃tʀ(ə)] **1** *nm* **(a)** *(gén, Géom)* centre; *(fig)* *[problème]* centre, heart. **le C~** (de la France) central France, the central region *ou* area of France; **il habite en plein ~ (de la ville)** he lives right in the centre (of town); **~-ville** town centre, city centre; **il se croit le ~ du monde** he thinks the universe revolves around him; **au ~ du débat** at the centre of the debate; **mot ~** key word; **une idée ~** a central idea.

(b) *(lieu d'activités)* centre; *(bureau)* office, centre; *(bâtiment, services)* centre. **les grands ~s urbains/industriels/universitaires** the great urban/industrial/academic centres.

(c) *(Pol)* centre. **~ gauche/droit** centre left/right; **député du ~** deputy of the centre.

(d) *(Ftbl)* *(†: joueur)* centre (half *ou* forward)†; *(passe)* centre pass; *V* **avant.**

2: centre d'accueil reception centre; **centre aéré** (school's) outdoor centre; **centre d'attraction** centre of attraction; **centre commercial** shopping centre *ou* arcade, shopping mall *(US)*; *(Espace)* **centre de contrôle** mission control; **centre culturel** arts centre; **centre de détention préventive** remand prison; **centre de documentation** resource centre, reference library; **centre d'éducation surveillée** community home with education *(Brit)*, reformatory *(US)*; *(Phys)* **centre de gravité** centre of gravity; **centre d' hébergement** lodging house, reception centre; **centre hospitalier** hospital complex; **centre d'influence** centre of influence; **centre d'intérêt** centre of interest; **centre médical** medical *ou* health centre; **le Centre national d'enseignement par correspondance** the national centre for learning by correspondence course, ≃ the Open University *(Brit)*; *(Physiol, fig)* **centres nerveux** nerve centres; *(Poste)* **centre de tri** sorting office; **centre de villégiature** (holiday) resort; **centres vitaux** *(Physiol)* vital organs, vitals; *(fig)* *[entreprise]* vital organs *(fig)*.

centrer [sɑ̃tʀe] (1) *vt (Sport, Tech)* to centre. *(fig)* **~ une pièce/une discussion sur** to focus a play/a discussion (up)on.

centrifugation [sɑ̃tʀifygɑsjɔ̃] *nf* centrifugation.

centrifuge [sɑ̃tʀify3] *adj* centrifugal.

centrifuger [sɑ̃tʀify3e] (3) *vt* to centrifuge.

centrifugeur [sɑ̃tʀify3œʀ] *nm*, **centrifugeuse** [sɑ̃tʀify3øz] *nf (Tech)* centrifuge; *(Culin)* juice extractor.

centripète [sɑ̃tʀipɛt] *adj* centripetal.

centrisme [sɑ̃tʀism(o)] *nm (Pol)* centrism, centrist policies.

centriste [sɑ̃tʀist(ə)] *adj, nmf* centrist.

centuple [sɑ̃typl(ə)] **1** *adj* a hundred times as large *(de* as). **mille est un nombre ~ de dix** a thousand is a hundred times ten.

2 *nm*: **le ~ de 10** a hundred times 10; **au ~** a hundredfold; **on lui a donné le ~ de ce qu'il mérite** he was given a hundred times more than he deserves.

centupler [sɑ̃typle] (1) *vti* to increase a hundred times *ou* a hundredfold. **~ un nombre** to multiply a number by a hundred.

centurie [sɑ̃tyʀi] *nf (Hist Mil)* century.

centurion [sɑ̃tyʀjɔ̃] *nm* centurion.

cep [sɛp] *nm* **(a) ~ (de vigne)** (vine) stock. **(b)** *[charrue]* stock.

cépage [sepa3] *nm* (type of) vine.

cèpe [sɛp] *nm (Culin)* cepe; *(Bot)* (edible) boletus.

cependant [s(ə)pɑ̃dɑ̃] *conj* **(a)** *(pourtant)* nevertheless, however, yet. **ce travail est dangereux, nous allons ~ essayer de le faire** this job is dangerous — however *ou* nevertheless *ou* still we shall try to do it; **c'est incroyable et ~ c'est vrai** it's incredible, yet *ou* but nevertheless it is true *ou* but it's true nevertheless.

(b) *(littér)* *(pendant ce temps)* meanwhile, in the meantime. *(tandis que)* **~ que** while.

céphalique [sefalik] *adj* cephalic.

céphalopode [sefalopɔd] *nm* cephalopod. **~s** cephalopods, Cephalopoda *(T)*.

céphalo-rachidien, -ienne [sefalɔʀaʃidjɛ̃, jɛn] *adj* cephalo-rachidian *(T)*, cerebrospinal.

céramique [seʀamik] **1** *adj* ceramic. **2** *nf (matière)* ceramic; *(objet)* ceramic *(ornament etc)*. *(art)* **la ~** ceramics, pottery; **vase en ~** ceramic *ou* pottery vase; **la ~ dentaire** dental ceramics.

céramiste [seʀamist(ə)] *nmf* ceramist.

cerbère [sɛʀbɛʀ] *nm (fig péj)* fierce doorkeeper *ou* doorman; *(hum: concierge)* janitor. *(Myth)* **C~** Cerberus.

cerceau, *pl* **~x** [sɛʀso] *nm* *[enfant, *tonneau, crinoline]* hoop; *[capote, tonnelle]* half-hoop. **jouer au ~** to bowl a hoop, play with a hoop.

cerclage [sɛʀkla3] *nm* hooping.

cercle [sɛʀkl(ə)] **1** *nm* **(a)** *(forme, figure)* circle, ring; *(Géog, Géom)* circle. **l'avion décrivait des ~s** the plane was circling (overhead); **itinéraire décrivant un ~** circular itinerary; **entourer d'un ~ le chiffre correct** to circle *ou* ring *ou* put a circle *ou* ring round the correct number; **faire ~ (autour de qn/qch)** to gather round (sb/ sth) in a circle *ou* ring, make a circle *ou* ring (round sb/sth); **~s imprimés sur la table par les (fonds de) verres** rings left on the table by the glasses; **un ~ de badauds/de chaises** a circle *ou* ring of onlookers/chairs; *V* **arc, quadrature.**

(b) *(fig: étendue)* scope, circle, range. **le ~ des connaissances humaines** the scope *ou* range of human knowledge; **étendre le ~ de ses relations/de ses amis** to widen the circle of one's acquaintances/one's circle of friends.

(c) *(groupe)* circle. **le ~ de famille** the family circle; **un ~ d'amis** a circle of friends.

(d) *(cerceau)* hoop, band. **~ de tonneau** barrel hoop *ou* band; **~ de roue** tyre *(made of metal)*.

(e) *(club)* society, club. **~ littéraire** literary circle *ou* society; **~ d'études philologiques** philological society *ou* circle; **aller dîner au ~** to go and dine at the club.

(f) *(instrument)* protractor.

2: cercle horaire horary circle; **cercle polaire** polar circle; **cercle polaire arctique** Arctic Circle; **cercle polaire austral** Antarctic Circle; *(fig)* **cercle vicieux** vicious circle.

cercler [sɛʀkle] (1) *vt (gén)* to ring; *tonneau* to hoop; *roue* to tyre *(de* with). **lunettes cerclées d'écaille** horn-rimmed spectacles.

cercueil [sɛʀkœj] *nm* coffin, casket *(US)*.

céréale [seʀeal] *nf* cereal *(Bot)*. **~s vivrières** *ou* **alimentaires** food grains.

céréalier, -ière [seʀealje, jɛʀ] **1** *adj* cereal *(épith)*. **2** *nm (producteur)* cereal grower. **(navire) ~** grain carrier *ou* ship.

cérébelleux, -euse [seʀebelø, øz] *adj* cerebellar.

cérébral, e, *mpl* **-aux** [seʀebʀal, o] *adj (Méd)* cerebral; *(intellectuel)* travail mental. **c'est un ~** he's a cerebral type.

cérébro-spinal, e, *mpl* **-aux** [seʀebʀɔspinal, o] *adj* cerebrospinal.

cérémonial, *pl* **~s** [seʀemɔnjal] *nm* ceremonial.

cérémonie [seʀemɔni] *nf* ceremony. **sans ~** manger informally; *proposer* without ceremony, unceremoniously; *réception* informal; **avec ~** ceremoniously; **faire des ~s** to stand on ceremony, make a to-do* *ou* fuss; **tenue** *ou* **habit de ~** formal dress *(U)*, ceremonial dress *(U)*; *(Mil)* **tenue de ~** dress uniform; *V* **maître.**

cérémonieusement [seʀemɔnjøzmɑ̃] *adv* ceremoniously, formally.

cérémonieux, -euse [seʀemɔnjø, øz] *adj* ton, accueil, personne ceremonious, formal. **il est très ~** he's very formal *ou* ceremonious in his manner.

cerf [sɛʀ(f)] *nm* stag, hart *(littér)*.

cerfeuil [sɛʀfœj] *nm* chervil.

cerf-volant, *pl* **cerfs-volants** [sɛʀvɔlɑ̃] *nm* **(a)** *(jouet)* kite. **jouer au ~** to fly a kite. **(b)** *(Zool)* stag beetle.

cerisaie [s(ə)ʀizɛ] *nf* cherry orchard.

cerise [s(ə)ʀiz] **1** *nf* cherry. **2** *adj inv* cherry(-red), cerise; *V* **rouge.**

cerisier [s(ə)ʀizje] *nm (arbre)* cherry (tree); *(bois)* cherry (wood).

cérium [seʀjɔm] *nm* cerium.

cerne [sɛʀn(ə)] *nm* *[yeux, lune]* ring; *(tache)* ring, mark. **les ~s de** *ou* **sous ses yeux** the (dark) rings *ou* shadows under his eyes.

cerné, e [sɛʀne] *adj:* **avoir les yeux ~s** to have (dark) shadows *ou* rings under one's eyes; **ses yeux ~s trahissaient sa fatigue** the dark shadows *ou* rings under his eyes revealed his tiredness.

cerneau, *pl* **~x** [sɛʀno] *nm* unripe walnut; *(Culin)* half-shelled walnut.

cerner [sɛʀne] (1) *vt* **(a)** *(entourer)* to encircle, surround; *(Peinture)* visage, silhouette to outline *(de* with, in). **ils étaient cernés de toute(s) part(s)** they were surrounded on all sides, they were completely surrounded *ou* encircled.

(b) *problème* to delimit, define, zero in on.

(c) *noix* to shell *(while unripe)*; *arbre* to ring.

certain, e [sɛʀtɛ̃, ɛn] **1** *adj* **(a)** *(après n: incontestable)* fait, succès, événement certain; *indice* sure; *preuve* positive, sure; *cause* undoubted, sure. **c'est la raison ~e de son départ** it's undoubtedly the reason for his going; **ils vont à une mort ~e** they're heading for certain death; **il a fait des progrès ~s** he has made definite *ou* undoubted progress; **la victoire est ~e** victory is assured *ou* certain; **c'est une chose ~e** it's absolutely certain; **c'est ~** there's no doubt about it *ou* that, that's quite certain, that's for sure*; **il est maintenant ~ qu'elle ne reviendra plus** it's now (quite) certain that she won't come back, she won't ever *ou* so certain not to come back now; **il est aujourd'hui ~ que la terre tourne autour du soleil** there is nowadays no doubt that *ou* these days we are certain that the earth revolves around the sun; **je te liens pour ~!** I'm certain *ou* sure of it!; **il est ~ que ce film ne convient guère à des enfants** this film is undoubtedly not suitable *ou* is certainly unsuitable for children.

(b) *(convaincu, sûr)* personne sure, certain *(de* qch of sth, *de faire* of doing), convinced *(de* qch of sth, *que* that). **es-tu ~ de rentrer ce soir?** are you sure *ou* certain you'll be back this evening? *ou* of being back this evening?; **il est ~ de leur honnêteté** he's certain *ou* convinced *ou* sure of their honesty; **on n'est jamais ~ du**

lendemain you can never be sure *ou* tell what tomorrow will bring; elle est ~e qu'ils viendront she's sure *ou* certain *ou* convinced (that) they'll come; *V* sûr.

(c) (*Comm: déterminé*) *date, prix* definite.

2 *adj indéf* (*avant n*) (a) (*plus ou moins défini*) un ~ a certain, some; elle a un ~ charme she's got a certain charm; dans une ~e mesure to some extent; il y a un ~ village où there is a certain *ou* some village where; dans un ~ sens, je le comprends in a way *ou* in a certain sense *ou* in some senses I can see his point; jusqu'à un ~ point up to a (certain) point; il a manifesté un ~ intérêt he showed a certain (amount of) *ou* some interest; un ~ nombre d'éléments font penser que ... a (certain) number of things lead one to think that ... .

(b) (*parfois péj: personne*) un ~ a (certain), one; un ~ M X vous a demandé a *ou* one Mr X asked for you; il y a un ~ Robert dans la classe there is a certain Robert in the class; un ~ ministre disait même que a certain minister even said that.

(c) (*intensif*) some. il a un ~ âge he is getting on; une personne d'un ~ âge an oldish person; c'est à une ~e distance d'ici it's quite a *ou* some distance from here; cela demande une ~e patience it takes a fair amount of patience; ça demande une ~e courage!* it takes some courage!*; au bout d'un ~ temps after a while *ou* some time.

(d) (*pl: quelques*) ~s some, certain; dans ~s cas in some *ou* certain cases; ~es personnes ne l'aiment pas some people don't like him; ~es fois, à ~s moments at (certain) times; sans ~es notions de base without some *ou* certain (of the) basic notions.

3 *pron indéf pl*: ~s (*personnes*) some (people); (*choses*) some; dans ~s de ces cas in certain *ou* some of these cases; parmi ses récits ~s sont amusants some of his stories are amusing; pour ~s for some (people); ~s disent que some say that; ~s d'entre vous some of you; il y en a ~s qui there are some (people) *ou* there are those who.

certainement [sɛʀtɛnmã] *adv* (*très probablement*) most probably, most likely, surely; (*sans conteste*) certainly; (*bien sûr*) certainly, of course. il va ~ venir ce soir he'll certainly *ou* most probably *ou* most likely come tonight; il est ~ le plus intelligent he's certainly *ou* without doubt the most intelligent; il y a ~ un moyen de s'en tirer there must certainly *ou* surely be some way out; puis-je emprunter votre stylo? — ~ can I borrow your pen? — certainly *ou* of course.

certes [sɛʀt(ə)] *adv* (a) (*de concession*) (*sans doute*) certainly, admittedly; (*bien sûr*) of course. il est ~ le plus fort, mais ... he is admittedly *ou* certainly the strongest, but ...; ~ je n'irai pas jusqu'à le renvoyer mais ... of course I shan't *ou* I certainly shan't go as far as dismissing him but ... .

(b) (*d'affirmation*) indeed, most certainly. l'avez-vous apprécié? — ~ did you like it? — I did indeed *ou* I most certainly did.

certificat [sɛʀtifika] **1** *nm* (*attestation*) certificate, attestation; (*diplôme*) certificate, diploma; (*recommandation*) [*domestique*] testimonial; (*fig*) guarantee.

2: **certificat d'aptitude pédagogique** teaching diploma; **certificat d'aptitude professionnelle** vocational training certificate, ≃ City and Guilds examination (*Brit*); **certificat de bonne vie et mœurs** character reference; **certificat d'études primaires** *primary leaving certificate*; (*Univ†*) **certificat de licence** *part of first degree;* **certificat médical** medical *ou* doctor's certificate; **certificat de navigabilité** (*Naut*) certificate of seaworthiness; (*Aviat*) certificate of airworthiness; (*Comm*) **certificat d'origine** certificate of origin; (*Admin*) **certificat de résidence** certificate of residence *ou* domicile; **certificat de scolarité** attestation of attendance at school *ou* university; **certificat de travail** attestation of employment.

certification [sɛʀtifikasjɔ̃] *nf* (*Jur: assurance*) attestation, witnessing. ~ de signature attestation of signature.

certifié, e [sɛʀtifje] (*ptp de certifier*) *nm, f* (qualified) secondary school *ou* high-school (*US*) teacher (*holder of C.A.P.E.S.*).

certifier [sɛʀtifje] (7) *vt* (a) (*assurer*) ~ qch à qn to assure sb of sth, guarantee sb sth *ou* sth to sb; je te certifie qu'ils vont avoir affaire à moi! I can assure you *ou* I'm telling you* they'll have ME to reckon with!

(b) (*Jur: authentifier*) *document* to certify, guarantee; *signature* to attest, witness; *caution* to counter-secure. copie certifiée conforme à l'original certified copy of the original.

certitude [sɛʀtityd] *nf* certainty, certitude (*rare*). c'est une ~/une ~ absolue it's certain *ou* a certainty/absolutely certain *ou* an absolute certainty; avoir la ~ de qch/de faire to be certain *ou* (quite) sure of sth/of doing; j'ai la ~ d'être le plus fort I am certain *ou* (quite) sure of being *ou* that I am the stronger, I am convinced that I am the stronger.

cérumen [seʀymɛn] *nm* (ear)wax, cerumen (*T*).

cérumineux, -euse [seʀyminø, øz] *adj* ceruminous.

céruse [seʀyz] *nf* ceruse.

Cervantes [sɛʀvãtɛs] *nm* Cervantes.

cerveau, pl ~**x** [sɛʀvo] **1** *nm* (a) (*Anat*) brain; (*fig: intelligence*) brain(s), mind; (*fig: centre de direction*) brain(s). avoir un ~ étroit/puissant to have limited mental powers/a powerful mind; ce bureau est le ~ de l'entreprise this department is the brain(s) of the company; avoir le ~ dérangé *ou* (*hum*) fêlé to be deranged *ou* (a bit) touched* *ou* cracked*; *V* rhume, transport.

(b) (*fig: personne*) brain, mind. c'est un (grand) ~ he has a great brain *ou* mind, he is a mastermind; c'était le ~ de l'affaire he masterminded the job, he was the brain(s) *ou* mind behind the job; c'est le ~ de la bande he's the brain(s) of the gang; la fuite *ou* l'exode des ~x the brain drain.

2: **cerveau antérieur** forebrain; **cerveau électronique** electronic

brain; **cerveau moyen** midbrain; **cerveau postérieur** hindbrain.

cervelas [sɛʀvəla] *nm* saveloy.

cervelet [sɛʀvəlɛ] *nm* cerebellum.

cervelle [sɛʀvɛl] *nf* (*Anat*) brain; (*Culin*) brains. (*Culin*) ~ d'agneau lamb's brains; se brûler *ou* se faire sauter la ~ to blow one's brains out; quand il a quelque chose dans la ~ when he gets something into his head; avoir une ~ d'oiseau to be feather-brained *ou* bird-brained; toutes ces ~s folles (all) these scatter-brains; *V* creuser, trotter.

cervical, e, mpl -aux [sɛʀvikal, o] *adj* cervical.

cervidé [sɛʀvide] *nm*: ~s cervidae (*T*); le daim est un ~ the deer is a member of *ou* is one of the cervidae family *ou* species.

cervier [sɛʀvje] *adj m V* loup.

Cervin [sɛʀvɛ̃] *nm*: le ~ the Matterhorn.

cervoise [sɛʀvwaz] *nf* barley beer.

ces [se] *pron dém V* ce.

César [sezaʀ] *nm* Caesar.

Césarée [sezaʀe] *nf* Caesarea.

césarien, -ienne [sezaʀjɛ̃, jɛn] **1** *adj* (*Hist*) Caesarean. **2 césarienne** *nf* (*Méd*) Caesarean (section). elle a eu *ou* on lui a fait une ~ne she had a Caesarean.

césium [sezjɔm] *nm* = **caesium**.

cessant, e [sesã, ãt] *adj V* affaire.

cessation [sesasjɔ̃] *nf* (*frm*) [*activité, pourparlers*] cessation; [*hostilités*] cessation, suspension; [*paiements*] suspension. (*Ind*) ~ de travail stoppage (*of work*).

cesse [sɛs] *nf* (a) sans ~ (*tout le temps*) continually, constantly, incessantly; (*sans interruption*) continuously, without ceasing, incessantly; elle est sans ~ après lui she's continually *ou* constantly nagging (at) him, she keeps *ou* is forever nagging (at) him; la pluie tombe sans ~ depuis hier it has been raining continuously *ou* non-stop since yesterday.

(b) il n'a de ~ que ... he will not rest until ...; il n'a eu de ~ qu'elle ne lui cède he gave her no peace *ou* rest until she gave in to him.

cesser [sese] (1) **1** *vt* (a) *bavardage, bruit, activité* to stop, cease (*frm ou †*); *relations* to (bring to an) end, break off. nous avons cessé la fabrication de cet article we have stopped making this item, this line has been discontinued; (*Admin*) ~ ses fonctions to relinquish *ou* give up (one's) office; (*Comm*) ~ tout commerce to cease trading; (*Fin*) ~ ses paiements to stop *ou* discontinue payment; (*Mil*) ~ le combat to stop (the) fighting; ~ le travail to stop work *ou* working.

(b) faire ~ *bruit* to put a stop to, stop; *scandale* to put an end *ou* a stop to; (*Jur*) pour faire ~ les poursuites in order to have the action *ou* proceedings dropped.

(c) ~ de faire qch to stop doing sth, cease doing sth; il a cessé de fumer he's given up *ou* stopped smoking; il a cessé de venir il y a un an he ceased *ou* gave up *ou* left off* coming a year ago; il n'a pas cessé de pleuvoir de toute la journée it hasn't stopped raining all day; la compagnie a cessé d'exister en 1943 the company ceased to exist *ou* ceased trading in 1943; quand cesseras-tu *ou* tu vas bientôt ~ de faire le clown? when are you going to give up *ou* leave off* *ou* stop acting the fool?; son effet n'a pas cessé de se faire sentir its effect is still making itself felt.

(d) (*frm: répétition fastidieuse*) ne ~ de: il ne cesse de m'importuner he's continually *ou* incessantly worrying me; il ne cesse de dire que ... he is constantly *ou* continually saying that ..., he keeps repeating (endlessly) that ... .

2 *vi* [*bavardage, bruit, activités, combat*] to stop, cease; [*relations, fonctions*] to come to an end; [*douleur*] to stop; [*fièvre*] to pass, die down. le vent a cessé the wind has stopped (blowing); tout travail a cessé all work has stopped *ou* come to a halt *ou* a standstill.

cessez-le-feu [seselfø] *nm inv* ceasefire.

cessible [sesibl(ə)] *adj* (*Jur*) transferable, assignable.

cession [sesjɔ̃] *nf* [*bail, biens, droit*] transfer. faire ~ de to transfer, assign; ~-bail lease-back.

cessionnaire [sesjɔnɛʀ] *nm* (*Jur*) [*bien, droit*] transferee, assignee.

c'est-à-dire [setadiʀ] *conj* (a) (*à savoir*) that is (to say), i.e. un lexicographe, ~ quelqu'un qui fait un dictionnaire a lexicographer, that is (to say), someone who compiles a dictionary.

(b) ~ que (*en conséquence*): l'usine a fermé, ~ que son frère est maintenant en chômage the factory has shut down which means that his brother is unemployed now; (*manière d'excuse*) viendras-tu dimanche? — ~ que j'ai arrangé un pique-nique avec mes amis will you come on Sunday? — well actually *ou* well the thing is *ou* I'm afraid I've arranged a picnic with my friends; (*rectification*) je suis fatigué — ~ que tu as trop bu hier I'm tired — you mean *ou* what you mean is you had too much to drink yesterday.

césure [sezyʀ] *nf* caesura.

cet [sɛt] *adj dém V* ce.

C.E.T. [seate] *nm abrév de* collège d'enseignement technique; *V* collège.

cétacé [setase] *nm* cetacean.

ceux [sø] *pron dém V* celui.

Cévennes [sevɛn] *nfpl*: les C~ the Cévennes.

cévenol, e [sevnɔl] **1** *adj* of *ou* from the Cévennes (region). **2** *nm, f*: C~(e) inhabitant *ou* native of the Cévennes (region).

Ceylan [selã] *nm* Ceylon.

C.F.A. [seefa] *abrév de* Communauté financière africaine; *V* franc.

C.G.T. [seʒete] *nf* (*abrév de* Confédération générale du travail) association of French trade unions.

chacal, pl ~**s** [ʃakal] *nm* jackal.

chaconne [ʃakɔn] *nf* chaconne.

chacun, e [ʃakœ̃, yn] *pron indéf* (a) (*d'un ensemble bien défini*) each (one). ∼ de each (one) *ou* every one of; ∼ d'entre eux each (one) of them, every one of them; ∼ des deux each *ou* both of them, each of the two; ils me donnèrent ∼ 10 F/leur chapeau they each (of them) gave me 10 francs/their hat, each (one) of them gave me 10 francs/their hat; il leur donna (à) ∼ 10 F, il leur donna 10 F (à) ∼ he gave them 10 francs each, he gave them each 10 francs, he gave each (one) of them 10 francs; il remit les livres ∼ à sa *ou* leur place he put back each of the books in its (own) place; nous sommes entrés ∼ à notre tour we each went in in turn, we went in each in turn.

(b) (*d'un ensemble indéfini: tout le monde*) everyone, everybody. comme ∼ le sait as everyone *ou* everybody *ou* each person knows; ∼ son tour! everyone in turn!, each in turn!; ∼ son goût *ou* ses goûts every man to his (own) taste; ∼ pour soi (et Dieu pour tous!) every man for himself (and God for us all!); *V* à, tout.

chafouin, e [ʃafwɛ̃, in] *adj visage* sly(-looking), foxy(-looking). à la mine ∼e sly- *ou* foxy-looking, with a sly expression.

chagrin¹, e [ʃagʀɛ̃, in] **1** *adj* (*littér*) (*triste*) *air, humeur, personne* despondent, woeful, dejected; (*bougon*) *personne* ill-humoured, morose. les esprits ∼s disent que ... disgruntled people say that ... .

2 *nm* (a) (*affliction*) grief, sorrow. un ∼ d'enfant a child's disappointment *ou* distress *ou* sorrow; (*à un enfant*) alors, on a un gros ∼! well, we do look sorry for ourselves! *ou* unhappy! *ou* woeful!; avoir un ∼ d'amour to have an unhappy love affair, be disappointed in love; plonger qn dans un profond ∼ to plunge sb deep in grief; faire du ∼ à qn to grieve *ou* distress sb, cause sb grief *ou* distress *ou* sorrow; avoir du ∼ to be grieved *ou* distressed; *V* noyer².

(b) (†: *mélancolie*) ill-humour.

chagrin² [ʃagʀɛ̃] *nm* (*cuir*) shagreen; *V* peau.

chagrinant, e [ʃagʀinɑ̃, ɑ̃t] *adj* distressing, grievous.

chagriner [ʃagʀine] (1) *vt* (*désoler*) to grieve, distress, upset; (*tracasser*) to worry, bother.

chah [ʃa] *nm* = shah.

chahut* [ʃay] *nm* (*tapage*) uproar, rumpus*, hullabaloo*; (*Scol*) uproar. faire du ∼ to kick up* *ou* make *ou* create a rumpus* *ou* a hullabaloo*; (*Scol*) to make *ou* create an uproar.

chahuter [ʃayte] (1) **1** *vi* (*Scol: faire du bruit*) to make *ou* create an uproar; (*faire les fous*) to kick up* *ou* create a rumpus*, make a commotion. (*fig*) il ne faut pas ∼ avec les médicaments you mustn't play around *ou* mess about with medicines.

2 *vt* (a) *professeur* to play up, rag, bait; (†) *fille*, to tease. un professeur chahuté a teacher who is baited *ou* ragged (by his pupils).

(b) (*: cahoter*) *objet* to knock about.

chahuteur, -euse [ʃaytœʀ, øz] **1** *adj* rowdy, unruly. **2** *nm,f* rowdy, ragger.

chai [ʃɛ] *nm* wine and spirit store(house).

chaîne [ʃɛn] **1** *nf* (a) (*de métal, ornementale*) chain. ∼ de bicyclette/ de montre bicycle/watch chain; attacher un chien à une ∼ to chain up a dog, put a dog on a chain; (*Aut*) ∼s (snow) chains.

(b) (*fig: esclavage*) ∼s chains, bonds, fetters, shackles; les travailleurs ont brisé leurs ∼s the workers have cast off their chains *ou* bonds *ou* shackles.

(c) (*suite, succession*) (*gén, Anat, Chim, Méd*) chain; (*Géog*) [*montagnes*] chain, range. la ∼ des Alpes the alpine range; (*fig*) faire la ∼ to form a (human) chain; *V* réaction.

(d) (*Ind*) ∼ (*de fabrication*) production line; produire qch à la ∼ to mass-produce sth, make sth on an assembly line *ou* a production line; (*fig*) il produit des romans à la ∼ he churns out one novel after another; *V* travail¹.

(e) (*TV: longueur d'onde*) channel. première/deuxième ∼ first/ second channel.

(f) (*Rad: appareil*) ∼ (hi-fi/stéréophonique) hi-fi/stereophonic system; ∼ compacte music centre.

(g) (*Comm*) [*journaux*] string; [*magasins*] chain, string.

(h) (*Tex*) warp.

(i) (*lettre*) chain letter.

2: (*Écologie*) **chaîne alimentaire** food chain; (*Tech*) **chaîne d'arpenteur** (surveyor's) chain, chain measure; (*Ind*) **chaîne de fabrication** production line; (*Ind*) **chaîne de montage** assembly line; (*Aut*) **chaîne à neige** snow chain; (*Ling*) **la chaîne parlée** connected speech; **chaîne de sûreté** (*gén*) safety chain; [*porte*] door *ou* safety chain.

chaînette [ʃɛnɛt] *nf* (small) chain. (*Math*) courbe *ou* arc en ∼ catenary curve; *V* point².

chaînon [ʃɛnɔ̃] *nm* (*lit, fig*) [*chaîne*] link; [*filet*] loop; (*Géog*) secondary range (of mountains). (*Ordin*) ∼ de données data link.

chair [ʃɛʀ] *nf* (a) [*homme, animal, fruit*] flesh. entrer dans les ∼s to penetrate the flesh; en ∼ et en os in the flesh, as large as life (*hum*); être ni ∼ ni poisson (*indécis*) to have an indecisive character; (*de caractère flou*) to be neither fish, fowl nor good red herring; collant (couleur) ∼ flesh-coloured tights; l'ogre aime la ∼ fraîche the ogre likes a diet of warm young flesh; (*hum*) il aime la ∼ fraîche (*des jeunes femmes*) he likes firm young flesh *ou* bodies; avoir/donner la ∼ de poule (*froid*) to have/give goosepimples *ou* gooseflesh; (*chose effrayante*) ça vous donne *ou* on en a la ∼ de poule it makes your flesh creep, it gives you gooseflesh; (*fig*) ∼ à canon cannon fodder; (*Culin*) ∼ (à saucisse) sausage meat; (*fig*) je vais en faire de la ∼ à pâté *ou* la transformer en ∼ à pâté I'm going to make mincemeat of him; bien en ∼ well-padded (*hum*), plump.

(b) (*littér, Rel: opposé à l'esprit*) flesh. souffrir dans/mortifier sa ∼ to suffer in/mortify the flesh; fils/parents selon la ∼ natural son/parents; sa propre ∼, la ∼ de sa ∼ his own flesh and blood; la ∼ est faible the flesh is weak.

(c) (*Peinture*) ∼s flesh tones *ou* tints.

chaire [ʃɛʀ] *nf* (a) (*estrade*) [*prédicateur*] pulpit; [*professeur*] rostrum. monter en ∼ to go up into the pulpit. (b) (*Univ: poste*) chair. créer une ∼ de français to create a chair of French. (c) la ∼ pontificale the papal throne.

chaise [ʃɛz] **1** *nf* chair. faire la ∼ (*pour porter un blessé*) to link arms to make a seat *ou* chair.

2: chaise de bébé highchair; chaise de cuisine kitchen chair; chaise électrique electric chair; chaise de jardin garden chair; chaise longue (*siège pliant*) deckchair; (*canapé*) chaise longue; faire de la chaise longue to lie back *ou* relax in a deckchair; (*se reposer*) to put one's feet up; chaise percée commode; chaise (à porteurs) sedan(-chair); chaise de poste poste chaise; chaise roulante wheelchair, bathchair† (*Brit*).

chaisière [ʃɛzjɛʀ] *nf* (female) chair attendant.

chaland¹ [ʃalɑ̃] *nm* (*Naut*) barge.

chaland², e† [ʃalɑ̃, ɑ̃d] *nm, f* (*client*) customer.

Chaldée [kalde] *nf* Chaldea.

chaldéen, -enne [kaldeɛ̃, ɛn] **1** *adj* Chaldean, Chaldee. **2** *nm* (*Ling*) Chaldean. **3** *nm, f*: C∼(ne) Chaldean, Chaldee.

châle [ʃal] *nm* shawl.

chalet [ʃalɛ] *nm* chalet; (*Can*) summer cottage. ∼ de nécessité†† public convenience.

chaleur [ʃalœʀ] *nf* (a) (*gén, Phys*) heat; (*modérée, agréable*) warmth. il fait une ∼ accablante the heat is oppressive, it is oppressively hot; il faisait une ∼ lourde the air was sultry, it was very close; les grandes ∼s (de l'été) the hot (summer) days *ou* weather; (*sur étiquette*) 'craint la ∼' 'keep *ou* to be kept in a cool place'; ∼ massique *ou* spécifique/latente specific/latent heat.

(b) (*fig*) [*discussion, passion*] heat; [*accueil, voix, couleur*] warmth; [*convictions*] fervour. prêcher avec ∼ to preach with fire *ou* fervour; défendre une cause/un ami avec ∼ to defend a cause/ a friend hotly *ou* heatedly *ou* fervently.

(c) (*Zool: excitation sexuelle*) la période des ∼s the heat; en ∼ on *ou* in heat.

(d) (†: *malaise*) flush. éprouver des ∼s to have hot flushes (*Brit*) *ou* flashes (*US*); *V* bouffée.

chaleureusement [ʃalœʀøzmɑ̃] *adv* warmly.

chaleureux, -euse [ʃalœʀø, øz] *adj accueil, applaudissements, remerciements* warm; *félicitations* hearty, warm. il parla de lui en termes ∼ he spoke of him most warmly.

châlit [ʃali] *nm* bedstead.

challenge [ʃalɑ̃ʒ] *nm* (*épreuve*) contest, tournament (*in which a trophy is at stake*); (*trophée*) trophy.

challengeur [ʃalɑ̃ʒœʀ], **challenger** [ʃalɑ̃ʒɛʀ] *nm* challenger.

chaloir [ʃalwaʀ] *vi V* chaut.

chaloupe [ʃalup] *nf* launch; (*Can*) rowing boat (*Brit*), rowboat (*US, Can*). ∼ de sauvetage lifeboat.

chaloupé, e [ʃalupe] *adj danse* swaying. démarche ∼e rolling gait.

chalumeau, *pl* ∼x [ʃalymo] *nm* (a) (*Tech*) blowlamp (*Brit*), blowtorch (*US*). ∼ oxyacétylénique oxyacetylene torch; ils ont découpé le coffre-fort au ∼ they used a blowlamp (*Brit*) *ou* blowtorch (*US*) to cut through the safe.

(b) (*Mus*) pipe.

(c) (†: *paille*) (drinking) straw.

(d) (*Can*) spout (fixed on the sugar maple tree) for collecting maple sap.

chalut [ʃaly] *nm* trawl (net). pêcher au ∼ to trawl.

chalutage [ʃalytaʒ] *nm* trawling.

chalutier [ʃalytje] *nm* (*bateau*) trawler; (*pêcheur*) trawlerman.

chamade [ʃamad] *nf V* battre.

chamaille [ʃamɑj] *nf* squabble, (petty) quarrel.

chamailler (se)* [ʃamaje] (1) *vpr* to squabble, bicker.

chamaillerie* [ʃamɑjʀi] *nf* (*gén pl*) squabble, (petty) quarrel. ∼s squabbling (*U*), bickering (*U*).

chamailleur, -euse [ʃamɑjœʀ, øz] *adj* quarrelsome. c'est un ∼ he's a quarrelsome one, he's a squabbler.

Chaman [ʃaman] *nm* Shaman.

Chamanisme [ʃamanismə] *nm* shamanism.

chamarré, e [ʃamaʀe] (*ptp de* chamarrer) *adj étoffe, rideaux* richly coloured *ou* brocaded. ∼ d'or/de pourpre bedecked with gold/purple; des généraux ∼s de décorations generals laden *ou* aglitter with medals.

chamarrer [ʃamaʀe] (1) *vt* (*littér: orner*) to bedeck, adorn.

chamarrure [ʃamaʀyʀ] *nf* (*gén pl*) [*étoffe*] rich *ou* flashy (*péj*) pattern; [*habit, uniforme*] rich trimming.

chambard* [ʃɑ̃baʀ] *nm* (*vacarme*) racket*, row*, rumpus*; (*protestation*) rumpus*, row*, shindy*; (*bagarre*) scuffle, brawl; (*désordre*) shambles* (*sg*), mess; (*bouleversement*) upheaval. faire du ∼ (*protester*) to kick up a rumpus* *ou* a row* *ou* a shindy*; ça va faire du ∼! there'll be a row* *ou* a rumpus* over that!

chambardement* [ʃɑ̃baʀdəmɑ̃] *nm* (*bouleversement*) upheaval; (*nettoyage*) clear-out.

chambarder* [ʃɑ̃baʀde] (1) *vt* (*bouleverser*) *objets* to turn upside down; *projets, habitudes* to turn upside down, upset; (*se débarrasser de*) to chuck out‡, throw out, get rid of. il a tout chambardé (*bouleverser*) he turned everything upside down; (*liquidé*) he chucked‡ *ou* threw the whole lot out, he got rid of the whole lot.

chambellan [ʃɑ̃belɑ̃] *nm* chamberlain.

chamboulement* [ʃɑ̃bulmɑ̃] *nm* (*désordre*) chaos, confusion; (*bouleversement*) upheaval.

chambouler* [ʃɑ̃bule] (1) *vt* (*bouleverser*) *objets* to turn upside down (*fig*); *projets* to mess up*, make a mess of*, cause chaos in. cela a chamboulé nos projets that caused chaos in *ou* messed up* our plans *ou* threw our plans right out*; il a tout chamboulé dans la maison he has turned the (whole) house upside down; pour bien

faire, il faudrait tout ~ to do things properly we should have to turn the whole thing ou everything upside down.

chambranle [ʃãbrãl] *nm [porte]* (door)frame, casing; *[fenêtre]* (window) frame, casing; *[cheminée]* mantelpiccc. **il s'appuya au** ~ he leant against the doorpost.

chambre [ʃãbʀ(ə)] **1** *nf* (a) (*pour dormir*) bedroom; (††: *pièce*) chamber††, room. ~ **à un lit/à deux lits** single-/twin-bedded room; ~ **pour deux personnes** double room; **va dans ta** ~! go to your (bed)room!; **faire** ~ **à part** to sleep apart ou in separate rooms; *V* **femme, robe.**

(b) (*Pol*) House, Chamber. **à la C**~ in the House; **système à deux** ~**s** two-house ou -chamber system; **C**~ **Haute/Basse** Upper/ Lower House ou Chamber.

(c) (*Jur: section judiciaire*) division; (*Admin: assemblée, groupement*) chamber. **première/deuxième** ~ upper/lower chamber.

(d) (*Tech*) *[fusil, mine, canon]* chamber.

(e) (*loc*) **en** ~: **travailler en** ~ to work at home, do outwork; **couturière en** ~ dressmaker working at home; (*iro*) **stratège/ alpiniste en** ~ armchair strategist/mountaineer; *V* **musique, orchestre.**

2: (*Jur*) **chambre d'accusation** court of criminal appeal; (*Aut*) **chambre à air** (inner) tube; **sans chambre à air** tubeless; **chambre d'amis** spare ou guest room; **chambre de bonne** maid's room; (*Naut*) **chambre des cartes** chart-house; **chambre à cartouches** (cartridge) chamber; (*Aut*) **chambre de combustion** combustion chamber; (*Comm*) **Chambre de commerce** Chamber of Commerce; (*Brit Pol*) **la Chambre des Communes** the House of Commons; (*Comm*) **chambre de compensation** clearing house; (*Jur*) **chambre correctionnelle** ≃ magistrates' ou district court; **chambre à coucher** (*pièce*) bedroom; (*mobilier*) bedroom suite; (*Jur*) **chambre criminelle** court of criminal appeal (*in the Cour de Cassation*); (*Pol*) **la Chambre des députés** the Chamber of Deputies; **chambre d'enfant** child's (bed)room, nursery; **chambre d'explosion** = **chambre de combustion**; **chambre forte** strongroom; **chambre froide** ou **frigorifique** cold room; **mettre qch en chambre froide** ou **frigorifique** to put sth into cold storage ou in the cold room; **chambre à gaz** gas chamber; (*Brit Pol*) **la Chambre des Lords** the House of Lords; (*Naut*) **chambre des machines** engine room; **chambre des métiers** guild chamber; **chambre meublée** furnished room, bed-sitter (*Brit*); (*Phot*) **chambre noire** darkroom; (*Anat*) **les chambres de l'œil** the aqueous chambers of the eye; (*Jur*) **chambre des requêtes** (preliminary) civil appeal court; **chambre syndicale** employers' federation.

chambrée [ʃãbʀe] *nf* (*pièce, occupants*) room; *[soldats]* barrack-room.

chambrer [ʃãbʀe] (1) *vt vin* to bring to room temperature, chambré; *personne* (*prendre à l'écart*) to corner, collar*; (*tenir enfermé*) to keep in, confine, keep cloistered. **les organisateurs ont chambré l'invité d'honneur** the organisers kept the V.I.P. guest out of circulation ou to themselves.

chambrette [ʃãbʀɛt] *nf* small bedroom.

chambrière [ʃãbʀijɛʀ] *nf* (*béquille de charrette*) cart-prop; (†: *servante*) chambermaid.

chameau, pl ~**x** [ʃamo] *nm* (a) (*Zool*) camel; *V* **poil.** (b) (*péj) beast*. **elle devient** ~ **avec l'âge** the older she gets the more beastly she becomes.

chamelier [ʃaməlje] *nm* camel driver.

chamelle [ʃamɛl] *nf* (*Zool*) she-camel; (*péj) beast*.

chamois [ʃamwa] **1** *nm* chamois; *V* **peau. 2** *adj inv* fawn, buff(-coloured).

chamoisine [ʃamwazin] *nf* shammy leather.

champ [ʃɑ̃] **1** *nm* (a) (*Agr*) field. ~ **de blé** wheatfield, field of corn (*Brit*) ou wheat; ~ **d'avoine/de trèfle** field of oats/clover; **travailler aux** ~**s** to work in the fields; **on s'est retrouvé en plein(s)** ~(**s**) we found ourselves in the middle of ou surrounded by fields.

(b) (*campagne*) ~**s** country(side); **la vie aux** ~**s** life in the country, country life; **fleurs des** ~**s** wild flowers, flowers of the countryside; *V* **clef, travers².**

(c) (*fig: domaine*) field, area. **il a dû élargir le** ~ **de ses recherches** he had to widen ou extend the field ou area of his research ou his investigations.

(d) (*Elec, Ling, Ordin, Phys*) field.

(e) (*Ciné, Phot*) **dans le** ~ in (the) shot ou the picture; **être dans le** ~ to be in shot; **sortir du** ~ to go out of shot; **pas assez de** ~ not enough depth of focus; *V* **profondeur.**

(f) (*Hér*) *[écu, médaille]* field.

(g) (*loc*) **avoir du** ~ to have elbowroom ou room to move; **laisser du** ~ **à qn** to leave sb room to manoeuvre; **laisser le** ~ **libre** to leave the field open ou clear; **vous avez le** ~ **libre** I'll (ou we'll *etc*) leave you to it, it's all clear for you; **laisser le** ~ **libre à qn** to leave sb a clear field; **prendre du** ~ (*lit*) to step back, draw back; (*fig*) to draw back; (*Mil*) **sonner aux** ~**s** to sound the general salute; *V* **sur¹, tout.**

2: champ d'action sphere of activity; (*Aviat*) **champ d'aviation** airfield; (*Mil, fig*) **champ de bataille** battlefield; **champ clos** combat area; (*fig*) **en champ clos** behind closed doors; **champ de courses** racecourse; **champ de foire** fairground; (*Mil*) **champ d'honneur** field of honour; **mourir** ou **tomber au champ d'honneur** to be killed in action; (*Phys*) **champ magnétique** magnetic field; (*Mil*) **champ de manœuvre** parade ground; **champ de Mars** ≃ military esplanade; **champ de mines** minefield; **champ de neige** snowfield; (*Méd*) **champ opératoire** operative field; (*Phys*) **champ optique** optical field; (*Agr*) **champ ouvert** open field; (*Ling*) **champ sémantique** semantic field; **champ de tir** (*terrain*) rifle ou shooting range, practice ground; (*angle de vue*) field of fire; **champ**

visuel ou **de vision** field of vision ou view, visual field.

champagne [ʃãpaɲ] **1** *nm* champagne. **2** *nf*: **la C**~ Champagne, the Champagne region; *V* **fine².**

champagnisation [ʃãpaɲizasjɔ̃] *nf [vin]* champagnization.

champagniser [ʃãpaɲize] (1) *vt vin* to champagnize.

champenois, e [ʃãpənwa, waz] **1** *adj* ou *nf* from Champagne. (*Vin*) **méthode** ~**e** champagne method; **vin** (**mousseux**) **méthode** ~**e** champagne-type ou sparkling wine. **2** *nm, f*: **C**~(**e**) inhabitant ou native of Champagne.

champêtre [ʃãpɛtʀ(ə)] *adj* (*rural*) (*gén*) rural; *vie* country (*épith*), rural; *odeur* country (*épith*); *bal, fête* village (*épith*); *V* **garde².**

champignon [ʃãpiɲɔ̃] *nm* (a) (*terme générique*) fungus; (*vénéneux*) toadstool, poisonous mushroom ou fungus; (*Méd*) fungus. ~ **comestible** (edible) mushroom, edible fungus; **certains** ~**s sont comestibles** some fungi are edible; ~ **de Paris** ou **de couche** cultivated mushroom; *V* **ville.**

(b) (*aussi* ~ **atomique**) mushroom cloud.

(c) (*Aut**) accelerator; *V* **appuyer.**

champignonnière [ʃãpiɲɔɲɛʀ] *nf* mushroom bed.

champion, -onne [ʃãpjɔ̃, ɔn] **1** *adj* (*) A1, first-rate. **c'est** ~! that's great! ou first-rate! ou top-class! (*Brit*).

2 *nm, f* (*Sport, défenseur*) champion. ~ **du monde de boxe** world boxing champion; **se faire le** ~ **d'une cause** to champion a cause; (*hum*) **c'est le** ~ **de la gaffe** there's no one to beat him for tactlessness.

championnat [ʃãpjɔna] *nm* championship. ~ **du monde/ d'Europe** world/European championship.

chançard, e* [ʃãsaʀ, aʀd(ə)] **1** *adj* lucky. **2** *nm, f* lucky devil*, lucky dog*.

chance [ʃãs] *nf* (a) (*bonne fortune*) (good) luck. **tu as de la** ~ **d'y aller** you're lucky ou fortunate to be going; **il a la** ~ **d'y aller** he's lucky ou fortunate enough to be going, he has the good luck ou good fortune to be going; **avec un peu de** ~ **with a bit of luck; quelle** ~! what a bit ou stroke of (good) luck!, how lucky!; **c'est une** ~ **que ...** it's lucky ou fortunate that ..., it's a bit of ou a stroke of luck that ...; **la** ~ **a voulu qu'il y eût un médecin sur place** by a stroke of luck ou luckily there was a doctor on the spot; **par** ~ luckily, fortunately; **pas de** ~! hard ou bad ou tough* luck!, hard lines!* (*Brit*); (*iro*) **c'est bien ma** ~ (that's) just my luck!; *V* **coup, porter.**

(b) (*hasard, fortune*) luck, chance. **courir** ou **tenter sa** ~ to try one's luck; **la** ~ **a tourné sa** (ou *her etc*) luck has changed; **la** ~ **lui sourit** luck favours him, (good) fortune smiles on him; **mettre la** ~ ou **toutes les** ~**s de son côté** to take no chances; **sa mauvaise** ~ **le poursuit** he is dogged by ill-luck, bad luck dogs his footsteps (*littér*); *V* **bon¹.**

(c) (*possibilité de succès*) chance. **donner sa** ~ ou **ses** ~**s à qn** to give sb his chance; **quelles sont ses** ~**s** (**de réussir** ou **de succès**)? what are his chances ou what chance has he got (of succeeding ou of success)?; **il a ses** ou **des** ~**s** (**de gagner**) he's got ou stands a ou some chance (of winning); **les** ~**s d'un accord...** the chances of a settlement...; **il n'a aucune** ~ he hasn't got ou doesn't stand a (dog's) chance; **il y a une** ~ **sur cent** (**pour**) **que ...** there's one chance in a hundred ou a one-in-a-hundred chance that ...; **il y a peu de** ~**s** (**pour**) **qu'il la voie** there's little chance (that) he'll see her, the chances of his seeing her are slim; **il a des** ~**s** ~**s que ...** there's every chance that ..., the chances are that ...; **ils ont des** ~**s égales** they have equal chances ou an equal chance; **elle a une** ~ **sur deux de s'en sortir** she's got a fifty-fifty chance of pulling through.

chancelant, e [ʃãslã, ãt] *adj démarche, pas* unsteady, faltering, tottering; *meuble, objet* wobbly, unsteady; *mémoire, santé* uncertain, shaky; *conviction, courage, résolution* wavering, faltering, shaky; *autorité* tottering, wavering, shaky. **dynasties** ~**es** tottering dynasties.

chanceler [ʃãsle] (4) *vi [personne]* to totter, stagger; *[ivrogne]* to reel; *[objet]* to wobble, totter; *[autorité]* to totter, falter; *[conviction, résolution, courage]* to waver, falter. **il s'avança en chancelant** he tottered ou staggered ou reeled forward; **une société qui chancelle sur ses bases** a society which is tottering upon its foundations; **il chancela dans sa résolution** he wavered in his resolve.

chancelier [ʃãsəlje] *nm [Allemagne, Autriche]* chancellor; *[ambassade]* secretary; (*Hist*) chancellor. **le C**~ **de l'Échiquier** the Chancellor of the Exchequer.

chancelière [ʃãsəljɛʀ] *nf* foot-muff (*Brit*).

chancellerie [ʃãsɛlʀi] *nf [ambassade, consulat]* chancellery, chancery; (*Hist*) chancery.

chanceux, -euse [ʃãsø, øz] *adj* lucky, fortunate; (††: *hasardeux*) hazardous.

chancre [ʃãkʀ(ə)] *nm* (*Bot, Méd, fig: abcès*) canker. ~ **syphilitique** chancre; ~ **mou** chancroid, soft chancre; **manger** ou **bouffer comme un** ~‡ to pig oneself‡ (*Brit*), stuff oneself like a pig*.

chandail [ʃãdaj] *nm* (thick) jumper (*Brit*), (thick) sweater.

chandelier [ʃãdəlje] *nm* (à une branche) candlestick; (à plusieurs branches) candelabra.

Chandeleur [ʃãdlœʀ] *nf*: **la** ~ Candlemas.

chandelle [ʃãdɛl] *nf* (a) (*bougie*) (tallow) candle. **dîner aux** ~**s** dinner by candlelight.

(b) (*fig*) (*Aviat*) chandelle; (*Rugby, Ftbl*) up-and-under; (*Tennis*) lob; (*Gym*) shoulder stand; (‡: *au nez*) trickle of snot*. (*fusée d'artifice*) ~ **romaine** roman candle.

(c) (*loc*) (*hum*) **tenir la** ~ to play gooseberry (*Brit*); (*Aviat*) **monter en** ~ to climb vertically; (*Golf*) **lancer en** ~ to loft; *V* **économie, jeu.**

chanfrein [ʃãfʀɛ̃] *nm* (a) (*Tech*) chamfer, bevelled edge. (b) *[cheval]* nose.

change [ʃãʒ] *nm* (a) (*Fin*) *[devises]* exchange. (*Banque*) **faire le** ~

to exchange money; **opération de** ~ (foreign) exchange transaction; V **agent, bureau** *etc.*

(b) (*Fin: taux d'échange*) exchange rate. **le** ~ **est avantageux** the exchange rate is favourable; **la cote des** ~**s** the (list of) exchange rates; **au cours actuel du** ~ at the current rate of exchange.

(c) (*loc*) **gagner/perdre au** ~ to gain/lose on the exchange *ou* deal; **donner le** ~ to allay suspicion; **donner le** ~ **à qn** to put sb off the scent *ou* off the track.

changeable [ʃãʒabl(ə)] *adj* (*transformable*) changeable, alterable.

changeant, e [ʃãʒã, ãt] *adj personne, fortune, humeur* changeable, fickle, changing (*épith*); *couleur, paysage* changing (*épith*); *temps* changeable, unsettled. **son humeur est** ~**e** he's a man of many moods *ou* of uneven temper.

changement [ʃãʒmã] *nm* **(a)** (*remplacement*) changing. **le** ~ **de la roue nous a coûté 100 F** the wheel change cost us 100 francs; **le** ~ **de la roue nous a pris une heure** changing the wheel *ou* the wheel change took us an hour, it took us an hour to change the wheel.

(b) (*fait de se transformer*) change (*de* in). **le** ~ **soudain de la température/de la direction du vent** the sudden change in temperature/(the) direction of the wind.

(c) (*transformation*) change, alteration. **il n'aime pas le(s)** ~**(s)** he doesn't like change(s); **elle a trouvé de grands** ~**s dans le village** she found great changes in the village, she found the village greatly changed *ou* altered; **la situation reste sans** ~ there has been no change in the situation, the situation remains unchanged *ou* unaltered; ~ **en bien** *ou* **en mieux** change for the better.

(d) (*V changer 2*) ~ **de change of;** ~ **d'adresse/d'air/de ministère** change of address/air/government; ~ **de programme** (*projet*) change of plan *ou* in the plan(s); (*spectacle etc*) change of programme *ou* in the programme; ~ **de direction** (*sens*) change of course *ou* direction; (*dirigeants*) change of management; (*sur un écriteau*) under new management; **il y a eu un** ~ **de propriétaire** it has changed hands, it has come under new ownership; (*Mus*) ~ **de ton** change of key; ~ **de décor** (*paysage*) change of scenery; (*Théât*) scene-change; (*Théât*) ~ **à vue** transformation (scene).

(e) (*Admin: mutation*) transfer. **demander son** ~ to apply for a transfer.

(f) (*Aut*) ~ **de vitesse** (*dispositif*) gears, gear stick *ou* lever (*Brit*), gear change; (*action*) change of gears, gear changing (*U*), gear change; (*bicyclette*) gear(s).

(g) (*Rail*) change. **il y a 2** ~**s pour aller de X à Y** you have to change twice *ou* make 2 changes to get from X to Y.

changer [ʃãʒe] (3) **1** *vt* **(a)** (*modifier*) *projets, personne* to change, alter. **on ne le changera pas** nothing will change him *ou* make him change, you'll never change him; **ce chapeau la change** this hat makes her look different; **cela change tout!** that makes all the difference!, that changes everything!; **une promenade lui changera les idées** a walk will take his mind off things; **il n'a pas changé une virgule au rapport** he hasn't changed *ou* altered a comma in the report; **il ne veut rien** ~ **à ses habitudes** he doesn't want to change *ou* alter his habits in any way; **cela ne change rien à l'affaire** it doesn't make the slightest difference, it doesn't alter things a bit; **cela ne change rien au fait que** it doesn't change *ou* alter the fact that.

(b) (*remplacer, échanger*) to change; (*Théât*) *décor* to change, shift; (*Fin*) *argent, billet* to change. ~ **100 F contre des livres** to change 100 francs into pounds, exchange 100 francs for pounds; ~ **les draps/une ampoule** to change the sheets/a bulb; **il a changé sa voiture contre une nouvelle** he changed his car for a new one; **ce manteau était trop petit, j'ai dû le** ~ that coat was too small — I had to change *ou* exchange it; **j'ai changé ma place contre la sienne** I changed *ou* swapped* places with him, I exchanged my place for his; **il a changé sa montre contre celle de son ami** he exchanged his watch for his friend's, he swapped* watches with his friend.

(c) (*déplacer*) ~ **qn de poste** to move sb to a different job; ~ **qn/qch de place** to move sb/sth to a different place, shift sb/sth; **ils ont changé tous les meubles de place** they've changed *ou* moved all the furniture round, they've shifted all the furniture (about); (*fig*) ~ **son fusil d'épaule** to have a change of heart.

(d) (*transformer*) ~ **qch/qn en** to change *ou* turn sth/sb into; **la citrouille fut changée en carrosse** the pumpkin was changed *ou* turned into a carriage.

(e) ~ **un enfant/malade** to change a child/patient; ~ **ses couches à un enfant** to change a child's nappies (*Brit*) *ou* diapers (*US*).

(f) (*procurer un changement à*) **cela nous a changés agréablement de ne plus entendre de bruit** it was a pleasant *ou* nice change for us not to hear any noise; **ils vont en Italie, cela les changera de leur pays pluvieux** they are going to Italy — it will be *ou* make a change for them from their rainy country.

2 changer de *vt indir* **(a)** (*remplacer*) to change; (*modifier*) change, alter. ~ **d'adresse/de nom/de voiture** to change one's address/name/car; ~ **de domicile** *ou* **d'appartement** to move (house); ~ **de peau** (*lit*) to shed one's skin; (*fig*) to become a different person; ~ **de vêtements** *ou* **de toilette** to change (one's clothes); **elle a changé de coiffure** she has changed *ou* altered her hairstyle; ~ **d'avis** *ou* **d'idée/de ton** to change one's mind/tune; **elle a changé de couleur quand elle m'a vu** she changed colour when she saw me; **la rivière a changé de cours** the river has altered *ou* shifted its course; **elle a changé de visage** her face has changed *ou* altered, (*d'émotion*) her expression changed *ou* altered; **change de disque!‡** put another record on!‡, don't keep (harping) on *ou* don't go on about it!*

(b) (*passer dans une autre situation*) to change. ~ **de train/compartiment/pays** to change trains/compartments/countries;

~ **de camp** [*victoire, soldat*] to change camps *ou* sides; (*Aut*) ~ **de vitesse** to change gear; **changeons de crémerie‡** *ou* **d'auberge‡** let's take our custom (*Brit*) *ou* business elsewhere; ~ **de position** to alter *ou* shift *ou* change one's position; ~ **de côté** (*gén*) to go over *ou* across to the other side, change sides; (*dans la rue*) to cross over (to the other side); ~ **de propriétaire** *ou* **de mains** to change hands; **changeons de sujet** let's change the subject; **il a changé de route pour m'éviter** he went a different way *ou* changed his route to avoid me; (*Naut*) ~ **de cap** to change *ou* alter course.

(c) (*échanger*) to exchange, change, swap* (*avec qn* with sb). ~ **de place avec qn** to change *ou* exchange *ou* swap* places with sb; **j'aime bien ton sac, tu changes avec moi?*** I like your bag — will you swap* (with me)? *ou* will you exchange *ou* do a swap* (with me)?

3 *vi* **(a)** (*se transformer*) to change, alter. ~ **en bien** *ou* **en mieux/ en mal** *ou* **en pire** to change for the better/the worse; **il n'a pas du tout changé** he hasn't changed *ou* altered at all *ou* a bit; **les temps ont bien changé!** *ou* **sont bien changés!** (how) times have changed!; **le vent a changé** the wind has changed (direction) *ou* has veered round.

(b) (*Aviat, Rail etc*) to change. **j'ai dû** ~ **à Rome** I had to change at Rome.

(c) (*lit, iro*) **pour** ~! (just) for a change!, by way of a change!; **et pour (pas)** ~ **c'est nous qui faisons le travail*** and as per usual* *ou* and just by way of a change (*iro*) we'll be doing the work.

(d) (*procurer un changement*) **ça change des films à l'eau de rose** it makes a change from these sugary *ou* sentimental films.

4 se changer *vpr* **(a)** (*mettre d'autres vêtements*) to change (one's clothes). **va te** ~ **avant de sortir** go and change (your clothes) before you go out.

(b) se ~ **en** to change *ou* turn into.

changeur [ʃãʒœr] *nm* **(a)** (*personne*) moneychanger. **(b)** (*machine*) ~ **(de disques)** record changer; ~ **de monnaie** change machine.

chanoine [ʃanwan] *nm* (*Rel*) canon (*person*); V **gras.**

chanoinesse [ʃanwanɛs] *nf* (*Rel*) canoness.

chanson [ʃãsɔ̃] **1** *nf* song. ~ **d'amour/à boire/de marche/ populaire** love/drinking/marching/popular song; ~ **enfantine/ d'étudiant** children's/student song; (*fig*) **c'est toujours la même** ~ it's always the same old story; ~**s que tout cela!†† fiddle-de-dee!†**, **poppycock!††**; **ça, c'est une autre** ~ that's quite a different matter *ou* quite another story; V **connaître.**

2: chanson folklorique folksong; (*Littérat*) **chanson de geste** chanson de geste; **chanson de marins** (sea) shanty; **chanson de Noël** (Christmas) carol; **la Chanson de Roland** the Chanson de Roland, the Song of Roland; (*Littérat*) **chanson de toile** chanson de toile, weaving song.

chansonnette [ʃãsɔnɛt] *nf* ditty, light-hearted song.

chansonnier [ʃãsɔnje] *nm* (*artiste*) chansonnier, cabaret singer (*specializing in political satire*); (*livre*) song-book.

chant¹ [ʃã] *nm* **(a)** (*sons*) [*personne*] singing, warbling; [*mélodie habituelle*] song; [*insecte*] chirp(ing); [*coq*] crow(ing); [*mer, vent, instrument*] song. **entendre des** ~**s mélodieux** to hear melodious singing; **au** ~ **du coq** at cockcrow; (*fig*) **le** ~ **du cygne d'un artiste** *etc* an artist's *etc* swan song.

(b) (*chanson*) song. ~ **patriotique/populaire** patriotic/popular song; ~ **de Noël** (Christmas) carol; ~ **religieux** *ou* **sacré** *ou* **d'Église** hymn; ~ **de guerre** battle song.

(c) (*action de chanter, art*) singing. **nous allons continuer par le** ~ **d'un cantique** we shall continue by singing a hymn; **cours/ professeur de** ~ singing lessons/teacher; **apprendre le** ~ to learn singing; **j'aime le** ~ **choral** I like choral *ou* choir singing; ~ **grégorien** Gregorian chant; ~ **à une/à plusieurs voix** song for one voice/several voices.

(d) (*mélodie*) melody.

(e) (*Poésie*) (*genre*) ode; (*division*) canto. ~ **funèbre** funeral lament; ~ **nuptial** nuptial song *ou* poem; **épopée en douze** ~**s** epic in twelve cantos; (*fig*) **le** ~ **désespéré de ce poète** the despairing song of this poet.

chant² [ʃã] *nm* edge. **de** *ou* **sur** ~ on edge, edgewise.

chantable [ʃãtabl(ə)] *adj* (*souvent nég*) singable. **je doute que cet air soit** ~ I doubt if this tune can be sung.

chantage [ʃãtaʒ] *nm* blackmail. **se livrer à un** *ou* **exercer un** ~ **sur qn** to blackmail sb; **faire du** ~ to use *ou* apply blackmail; **on lui a extorqué des millions à coup de** ~ they blackmailed him into parting with millions; **il (nous) a fait le** ~ **au suicide** he threatened suicide to blackmail us, he blackmailed us with the threat of *ou* by threatening suicide.

chantant, e [ʃãtã, ãt] *adj* **(a)** (*mélodieux*) *accent, voix* singsong, lilting. **(b)** (*qui se chante aisément*) *air, musique* tuneful, catchy.

chanter [ʃãte] (1) **1** *vt* **(a)** *chanson, opéra, messe* to sing. **l'oiseau chante ses trilles** the bird sings *ou* warbles *ou* chirrups its song; **chante-nous quelque chose!** sing us a song!, sing something for us!

(b) (*célébrer*) to sing of, sing. ~ **les exploits de qn** to sing (of) sb's exploits; ~ **l'amour** to sing of love; (*fig*) ~ **les louanges de qn** to sing sb's praises; V **victoire.**

(c) (*: raconter*) **qu'est-ce qu'il nous chante là?** what's this he's telling us?, what's he on about now?*; ~ **qch sur tous les tons** to harp on about sth, go on about sth*.

2 *vi* **(a)** [*personne*] to sing; (**fig: de douleur*) to yell (out), sing out*; [*oiseau*] to sing, warble; [*coq*] to crow; [*poule*] to cackle; [*insecte*] to chirp; [*ruisseau*] to babble; [*bouilloire*] to sing; [*eau qui bout*] to hiss, sing. ~ **juste/faux** to sing in tune/out of tune *ou* flat; ~ **pour endormir un enfant** to sing a child to sleep; **chantez donc plus fort!** sing up! (*Brit*) *ou* out! (*US*); **c'est comme si on chantait** it's like talking to a deaf man, it's a waste of breath; **il chante en**

parlant he's got a lilting *ou* singsong voice *ou* accent, he speaks with a lilt.
  (b) (*par chantage*) **faire ~ qn** to blackmail sb.
  (c) (*: *plaire*) **vas-y si le programme te chante** (you) go if the programme appeals to you *ou* if you fancy (*Brit*) the programme; **cela ne me chante guère de sortir ce soir** I don't really feel like *ou* fancy (*Brit*) going out *ou* I am not very keen (*Brit*) on going out tonight; **il vient quand** *ou* **si** *ou* **comme ça lui chante** he comes when *ou* if *ou* as the fancy takes him.

chanterelle [ʃɑ̃tʀɛl] *nf* (a) (*Bot*) chanterelle. (b) (*Mus*) E-string; V **appuyer.** (c) (*oiseau*) decoy (bird).

chanteur, -euse [ʃɑ̃tœʀ, øz] *nm, f* singer. **~ de charme** crooner; **~ de(s) rues** street singer, busker (*Brit*); V **maître, oiseau.**

chantier [ʃɑ̃tje] **1** *nm* (a) (*Constr*) building site; (*Can**†: *exploitation forestière*) logging *ou* lumbering industry (*US, Can*); (*Can*; ******Hist: habitation de bûcherons*) lumber camp (*US, Can*), shanty (*Can*). **le matin il est au ~** he's on the (building *etc*) site in the mornings; (*sur une route*) **il y a un ~** there are roadworks; (*écriteau*) **'~ interdit au public'** 'no entry *ou* admittance (to the public)'; (*écriteau*) **'fin de ~'** 'road clear', 'end of roadworks'.
  (b) (*entrepôt*) depot, yard.
  (c) (**fig: désordre*) shambles*. **quel ~ dans ta chambre!** what a shambles* *ou* mess in your room!
  (d) (*loc*) **en ~, sur le ~: il a 2 livres en ~** *ou* **sur le ~** he has 2 books in hand *ou* on the go, he's working on 2 books; **mettre un ouvrage en ~** *ou* **sur le ~** to put a piece of work in hand; **dans l'appartement, nous sommes en ~ depuis 2 mois** we've had work *ou* alterations going on in the flat for 2 months now.
  2: chantier de construction building site; **chantier de démolition** demolition site; **chantier d'exploitation forestière** tree-felling *ou* lumber (*US, Can*) site; (*Min*) **chantier d'exploitation** opencast working; **chantier naval** shipyard, shipbuilding yard; **chantier de réarmement** refit yard.

chantonnement [ʃɑ̃tɔnmɑ̃] *nm* (soft) singing, humming, crooning.

chantonner [ʃɑ̃tɔne] (1) **1** *vi* [*personne*] to sing to oneself, hum, croon; [*eau qui bout*] to hiss, sing. **~ pour endormir un bébé** to croon *ou* sing a baby to sleep.
  2 *vt* to sing, hum. **~ une mélodie** to sing *ou* hum a tune (to oneself); **~ une berceuse à** *ou* **pour un bébé** to croon *ou* sing a lullaby to a baby.

chantoung [ʃɑ̃tuŋ] *nm* Shantung (silk).

chantourner [ʃɑ̃tuʀne] (1) *vt* to jig-saw; V **scie.**

chantre [ʃɑ̃tʀ(ə)] *nm* (*Rel*) cantor; (*fig littér*) (*poète*) bard, minstrel; (*laudateur*) exalter, eulogist. (*littér*) **les ~s des bois** the songsters; V **grand.**

chanvre [ʃɑ̃vʀ(ə)] *nm* (*Bot, Tex*) hemp. **de ~** hemp (*épith*), hempen (*épith*); **~ du Bengale** jute; **~ indien** Indian hemp; **~ de Manille** Manila hemp, abaca; V **cravate.**

chanvrier, -ière [ʃɑ̃vʀije, ijɛʀ] **1** *adj* hemp (*épith*). **2** *nm, f* (*cultivateur*) hemp grower; (*ouvrier*) hemp dresser.

chaos [kao] *nm* (*lit, fig*) chaos. **dans le ~** in (a state of) chaos.

chaotique [kaotik] *adj* chaotic.

chapardage* [ʃapaʀdaʒ] *nm* petty theft, pilfering (*U*).

chaparder* [ʃapaʀde] (1) *vti* to pinch, pilfer (*à* from).

chapardeur, -euse* [ʃapaʀdœʀ, øz] **1** *adj* light-fingered. **2** *nm, f* pilferer, petty thief.

chape [ʃap] *nf* (a) (*Rel*) cope. (b) (*Tech*) [*pneu*] tread; [*bielle*] strap; [*poulie*] shell; [*voûte*] coating; (*sur béton*) screed.

chapeau, *pl* **~x** [ʃapo] *nm* **1** (a) (*coiffure*) hat. **saluer qn ~ bas** to doff one's hat to sb; **tirer son ~ à qn*** to take off one's hat to sb; **il a réussi? eh bien ~ !*** he managed it? hats off to him! *ou* you've got to hand it to him!; **~ , mon vieux!*** well done *ou* jolly good, old man!* (*Brit*); V **porter.**
  (b) (*Tech*) [*palier*] cap. (*Aut*) **~ de roue** hub cap; **démarrer sur les ~x de roues*** [*véhicule, personne*] to shoot off at top speed, take off like a shot; [*affaire, soirée*] to get off to a good start; **prendre un virage sur les ~x de roues** to screech round a corner.
  (c) (*Presse*) [*article*] introductory paragraph.
  (d) (*Bot*) [*champignon*] cap; (*Culin*) [*vol-au-vent*] lid, top.
  2: chapeau chinois (*Mus*) crescent, jingling Johnny; (*Biol*) limpet; **chapeau de brousse** safari hat; **chapeau cloche** cloche hat; **chapeau de gendarme** (*en papier*) (folded) paper hat; **chapeau haut-de-forme** top hat, topper*; **chapeau melon** bowler (hat); **chapeau mou** trilby (hat) (*Brit*), fedora (*US*); **chapeau de paille** straw hat; **chapeau de plage** *ou* **de soleil** sun hat; **chapeau tyrolien** Tyrolean hat.

chapeauté, e [ʃapote] **1** *ptp de* **chapeauter. 2** *adj* with a hat on, wearing a hat.

chapeauter [ʃapote] (1) *vt* (*Admin etc*) to head (up), oversee.

chapelain [ʃaplɛ̃] *nm* chaplain.

chapelet [ʃaplɛ] *nm* (a) (*objet*) rosary, beads; (*prières*) rosary. **réciter** *ou* **dire son ~** to say the rosary, tell *ou* say one's beads†; **le ~ a lieu à 5 heures** the rosary is at 5 o'clock; (*fig*) **dévider** *ou* **défiler son ~*** to recite one's grievances.
  (b) (*fig: succession, chaîne*) **~ d'oignons/d'injures/d'îles** string of onions/of insults/of islands; **~ de bombes** stick of bombs.

chapelier, -ière [ʃapəlje, jɛʀ] **1** *adj* (*épith*). **2** *nm, f* hatter.

chapelle [ʃapɛl] *nf* (a) (*Rel*) (*lieu*) chapel; (*Mus: chœur*) chapel. **~ absidiale/latérale** absidial/side chapel; **~ de la Sainte Vierge** Lady Chapel; **~ ardente** (*dans une église*) chapel of rest; **l'école a été transformée en ~ ardente** the school was turned into a temporary morgue; V **maître.**
  (b) (*coterie*) coterie, clique.

chapellerie [ʃapɛlʀi] *nf* (*magasin*) hat shop, hatter('s); (*commerce*) hat trade, hat industry.

chapelure [ʃaplyʀ] *nf* (*Culin*) (dried) bread-crumbs.

chaperon [ʃapʀɔ̃] *nm* (a) (*personne*) chaperon. (b) (*Constr*) [*mur*] coping. (c) (†: *capuchon*) hood. **le petit ~ rouge** Little Red Riding Hood.

chaperonner [ʃapʀɔne] (1) *vt* (a) *personne* to chaperon. (b) (*Constr*) *mur* to cope.

chapiteau, *pl* **~x** [ʃapito] *nm* (a) [*colonne*] capital. (b) [*cirque*] big top, marquee. **sous le ~** under the big top. (c) [*alambic*] head.

chapitre [ʃapitʀ(ə)] *nm* (a) [*livre, traité*] chapter; [*budget, statuts*] section, item. **inscrire un nouveau ~ au budget** to make out a new budget head; (*fig*) **c'était un nouveau ~ de sa vie qui commençait** a new chapter of *ou* in his life was beginning.
  (b) (*fig: sujet, rubrique*) subject, matter. **il est imbattable sur ce ~** he's unbeatable on that subject *ou* score; **il est très strict sur le ~ de la discipline** he's very strict in the matter of discipline *ou* about discipline; **au ~ des faits divers** under the heading of news in brief; **on pourrait dire sur ce ~ que ...** one might say on that score *ou* subject that ... .
  (c) (*Rel: assemblée*) chapter; V **salle, voix.**

chapitrer [ʃapitʀe] (1) *vt* (a) (*réprimande*) to admonish, reprimand; (*recommandation*) to lecture (*sur* on, about). (b) *texte* to divide into chapters; *budget* to divide into headings, itemize.

chapon [ʃapɔ̃] *nm* capon.

chapska [ʃapska] *nm* schapska.

chaptalisation [ʃaptalizasjɔ̃] *nf* [*vin*] chaptalization.

chaptaliser [ʃaptalize] (1) *vt vin* to chaptalize.

chaque [ʃak] *adj* (a) (*d'un ensemble bien défini*) every, each. **~ élève (de la classe)** every *ou* each pupil (in the class); **ils coûtent 10 F ~*** they're 10 francs each *ou* apiece.
  (b) (*d'un ensemble indéfini*) every. **~ homme naît libre** every man is born free; **il m'interrompt à ~ instant** he interrupts me every other second, he keeps interrupting me; **~ 10 minutes, il éternuait*** he sneezed every 10 minutes; **~ chose à sa place** everything in its place; V **à.**

char [ʃaʀ] **1** *nm* (a) (*Mil*) tank. **régiment de ~s** tank regiment.
  (b) [*carnaval*] (carnival) float. **le défilé des ~s fleuris** the procession of flower-decked floats.
  (c) (†: *charrette*) waggon, cart. **les ~s de foin rentraient** the hay waggons *ou* carts were returning.
  (d) (*Can‡*) car, automobile (*US*).
  (e) (*Antiq*) chariot. (*littér*) **le ~ de l'Aurore** the chariot of the dawn (*littér*); (*fig*) **le ~ de l'État** the ship of state; V **arrêter.**
  2: (*Mil*) **char d'assaut** tank; **char à banc** charabanc, char-à-banc; **char à bœufs** oxcart; (*Mil*) **char de combat** = **char d'assaut**; **char funèbre** hearse; **char à voile** sand yacht, land yacht; **faire du char à voile** to go sand-yachting.

charabia* [ʃaʀabja] *nm* gibberish, gobbledygook*.

charade [ʃaʀad] *nf* (*parlée*) riddle, word puzzle; (*mimée*) charade.

charançon [ʃaʀɑ̃sɔ̃] *nm* weevil.

charançonné, e [ʃaʀɑ̃sɔne] *adj* weevilly, weevilled.

charbon [ʃaʀbɔ̃] **1** *nm* (a) (*combustible*) coal (*U*). **faire cuire qch sur des ~s** to cook sth over a coal fire; **recevoir un ~ dans l'œil** to get a speck of soot *ou* a bit of grit in one's eye; (*fig*) **être sur des ~s ardents** to be like a cat on hot bricks (*Brit*) *ou* on a hot tin roof (*US*).
  (b) (*maladie*) [*blé*] smut, black rust; [*bête, homme*] anthrax.
  (c) (*Peinture*) (*instrument*) piece of charcoal; (*dessin*) charcoal drawing.
  (d) (*Pharm*) charcoal. **pastilles au ~** charcoal tablets.
  (e) (*Élec*) [*arc électrique*] carbon.
  2: charbon actif *ou* **activé** active *ou* activated carbon; **charbon animal** animal black; **charbon de bois** charcoal; **charbon de terre††** coal.

charbonnage [ʃaʀbɔnaʒ] *nm* (*gén pl: houillère*) colliery, coalmine. **les C~s (de France)** the French Coal Board.

charbonner [ʃaʀbɔne] (1) **1** *vt* (*noircir*) *inscription* to scrawl in charcoal. **~ un mur de dessins** to scrawl (charcoal) drawings on a wall; **avoir les yeux charbonnés** to have eyes heavily rimmed with black; **se ~ le visage** to blacken *ou* black one's face.
  2 *vi* [*lampe, poêle, rôti*] to char, go black; (*Naut*) to take on coal.

charbonneux, -euse [ʃaʀbɔnø, øz] *adj* (a) *apparence, texture* coal-like; (*littér*) *noirci, souillé* sooty. (b) (*Méd*) **tumeur ~euse** anthracoid *ou* anthrasic tumour; **mouche ~euse** anthrax-carrying fly.

charbonnier, -ière [ʃaʀbɔnje, jɛʀ] **1** *adj* coal (*épith*). **navire ~** collier, coaler; V **mésange.**
  2 *nm* (*personne*) coalman; (††: *fabriquant de charbon de bois*) charcoal burner. (*Prov*) **~ est maître dans sa maison** *ou* **chez soi** a man is master in his own home, an Englishman's home is his castle (*Brit*); V **foi.**

charcutage [ʃaʀkytaʒ] *nm* (*pej*) **~ électoral** gerrymandering.

charcuter* [ʃaʀkyte] (1) *vt personne* to hack about*, butcher*. (*hum*) **se ~** to dig holes in o.s.

charcuterie [ʃaʀkytʀi] *nf* (*magasin*) pork butcher's shop and delicatessen; (*produits*) cooked pork meats; (*commerce*) pork meat trade; delicatessen trade.

charcutier, -ière [ʃaʀkytje, jɛʀ] *nm, f* pork butcher; (*traiteur*) delicatessen dealer; (**fig: chirurgien*) butcher* (*fig*).

chardon [ʃaʀdɔ̃] *nm* (*Bot*) thistle. [*grille, mur*] **~s** spikes.

chardonneret [ʃaʀdɔnʀɛ] *nm* goldfinch.

charentais, e [ʃaʀɑ̃tɛ, ɛz] **1** *adj* of *ou* from Charente. **2** *nm, f*: **C~(e)** inhabitant *ou* native of Charente.

charge [ʃaʀʒ(ə)] **1** *nf* (a) (*lit, fig: fardeau*) burden; [*véhicule*] load; [*navire*] freight, cargo; (*Archit: poussée*) load. [*camion*] **~ maximale** maximum load; **fléchir** *ou* **plier sous la ~** to bend under the load *ou* burden; (*fig*) **l'éducation des enfants est une lourde ~ pour eux** educating the children is a heavy burden for them; (*fig*) **leur mère infirme est une ~ pour eux** their invalid mother is a burden to *ou* upon them.

(**b**) (*rôle, fonction*) responsibility; (*Admin*) office; (*Jur*) practice. ~ **publique/élective** public/elective office; **les hautes ~s qu'il occupe** the high office that he holds; **les devoirs de la ~** the duties of (the) office; **on lui a confié la ~ de (faire) l'enquête** he was given the responsibility of (carrying out) the inquiry; V **femme**.

(**c**) (*obligations financières*) ~**s** [*commerçant*] expenses, costs, outgoings; [*locataire*] maintenance *ou* service charges; **il a de grosses ~s familiales** his family expenses *ou* outgoings are high; **dans ce commerce, nous avons de lourdes ~s** we have heavy expenses *ou* costs *ou* our overheads are high in this trade; **les ~s de l'État** government expenditure; V **cahier**.

(**d**) (*Jur*) charge. **les ~s qui pèsent contre lui** the charges against him; V **témoin**.

(**e**) (*Mil: attaque*) charge. (*Sport*) ~ **irrégulière** illegal tackle; V **pas¹, revenir, sonner**.

(**f**) (*Tech*) [*fusil*] (*action*) loading, charging; (*explosifs*) charge; (*Élec*) charging; (*quantité*) charge. (*Élec*) **conducteur en ~** live conductor; (*Élec*) **mettre une batterie en ~** to charge a battery, put a battery on charge (*Brit*); **la batterie est en ~** the battery is being charged *ou* is on charge (*Brit*).

(**g**) (*caricature, satire*) caricature; V **portrait**.

(**h**) (*Naut: chargement*) loading.

(**i**) (*loc*) **être à la ~ de qn** [*frais, réparations*] to be chargeable to sb, be payable by sb; [*personne, enfant*] to be dependent upon sb, be a charge on sb, be supported by sb; **les frais sont à la ~ de l'entreprise** the costs will be borne by the firm, the firm will pay the expenses; **il a sa mère à (sa) ~** he has a dependent mother, he has his mother to support; **enfants à ~** dependent children; **les enfants confiés à sa ~** the children in his care; (*littér*) **être à ~ à qn** to be a burden to *ou* upon sb; **avoir la ~ de qn** to be responsible for sb, have charge of sb; **à ~ pour lui de payer** on condition that he meets the costs; **il a la ~ de faire, il a pour ~ de faire** the onus is upon him to do, he is responsible for doing; **j'accepte ton aide, à ~ de revanche** I accept your help on condition *ou* provided that you'll let me do the same for you one day *ou* for you in return; **prendre en ~ frais, remboursement** to take care of; *passager* to take on; **prendre un enfant en ~** (*gén*) to take charge of a child; [*Assistance publique*] to take a child into care; (*fig*) **l'adolescent doit se prendre en ~** the adolescent must take responsibility for himself; **prise en ~** [*taxi etc*] minimum (standard) charge; [*Sécurité sociale*] acceptance (of financial liability); **avoir ~ d'âmes** [*prêtre*] to be responsible for people's spiritual welfare, have the cure of souls; [*père, conducteur*] to be responsible for the welfare of children, passengers *etc*, have lives in one's care; V **pris**.

2: (*Chauffage*) **charge d'appoint** booster; (*Mil*) **charge creuse** hollow-charge; **charge d'explosifs** explosive charge; **charges de famille** dependents; **charges fiscales** tax burden; **charges locatives** maintenance *ou* service charges; **charges sociales** social security contributions; **charge utile** live load; **charge à vide** weight (when) empty, empty weight.

chargé, e [*ʃaʁʒe*] (*ptp de charger*) **1** *adj* (**a**) (*lit*) *personne, véhicule* loaded, laden (*de* with). **être ~ comme un mulet*** *ou* **une bourrique*** to be loaded *ou* laden (down) like a mule.

(**b**) (*responsable de*) **être ~ de** *travail, enfants* to be in charge of.

(**c**) (*fig: rempli de*) **un homme ~ d'honneurs** a man laden with honours; (*littér*) **~ d'ans** *ou* **d'années** weighed down by (the) years (*littér*), ancient in years (*littér*); *passage/mot* **~ de sens** passage/ word full of *ou* pregnant with meaning; **un regard ~ de menaces** a look full of threats; *nuage* **~ de neige** snow-laden cloud, cloud laden *ou* heavy with snow; *air* **~ de parfums** air heavy with fragrance (*littér*) , air heavy with sweet smells.

(**d**) (*occupé*) *emploi du temps, journée* full, heavy. **notre programme est très ~ en ce moment** we have a very busy schedule *ou* a very full programme *ou* we are very busy at the moment.

(**e**) (*fig: lourd*) *conscience* troubled; *ciel* overcast, heavy; *style* overelaborate, intricate. **j'ai la conscience ~e de** my conscience is burdened *ou* troubled with; **c'est un homme qui a un passé ~** he is a man with a past; V **hérédité**.

(**f**) (*Méd*) *estomac* overloaded. **avoir la langue ~e** to have a coated *ou* furred tongue.

(**g**) (*Tech*) *arme, appareil* loaded.

2: **chargé d'affaires** *nm* chargé d'affaires; **chargé de cours** *nm* ≃ (part-time) lecturer; **chargé de famille** *adj* with family responsibilities; **chargé de mission** *nm* (official) representative.

chargement [*ʃaʁʒǝmã*] *nm* (**a**) (*action*) loading. **le ~ d'un camion** the loading(-up) of a lorry; **le ~ des bagages** the loading of the luggage.

(**b**) (*gén: marchandises*) load; [*navire*] freight, cargo. **le ~ a basculé** the load toppled over.

(**c**) (*Comm*) (*remise*) registering; (*paquet*) registered parcel.

(**d**) (*arme, caméra*) loading; [*chaudière*] stoking.

charger [*ʃaʁʒe*] (3) **1** *vt* (**a**) (*lit, fig*) *animal, personne, véhicule* to load; *table, étagère* to load. **~ qn de paquets** to load sb up *ou* weigh sb down with parcels; **je vais ~ la voiture** I'll go and load the car (up); **on a trop chargé cette voiture** this car has been overloaded; **table chargée de mets appétissants** table laden *ou* loaded with mouth-watering dishes; **~ le peuple d'impôts** to burden the people with *ou* weigh the people down with taxes; **~ sa mémoire (de faits)/un texte de citations** to overload one's memory (with facts)/a text with quotations; **un plat qui charge l'estomac** a dish that lies heavy on *ou* overloads the stomach; **ne lui chargez pas l'estomac** don't overload his stomach.

(**b**) (*placer, prendre*) *objet, bagages* to load (*dans* into). **il a chargé le sac/le cageot sur son épaule** he loaded the sack/the crate onto his shoulder, he heaved the sack over/the crate onto his shoulder; [*taxi*] **~ un client** to pick up a passenger *ou* a fare.

(**c**) *fusil, caméra* to load; (*Élec*) *batterie* to charge; *chaudière* to stoke, fire; (*Couture*) *bobine, canette* to load *ou* fill with thread.

(**d**) (*donner une responsabilité*) **~ qn de qch** to put sb in charge of sth; **~ qn de faire** to give sb the responsibility *ou* job of doing, ask sb to do; **être chargé de faire** to be put in charge of doing, be made responsible for doing; **il m'a chargé d'un petit travail** he gave me a little job to do; **on l'a chargé d'une mission importante** he was assigned an important mission; **on l'a chargé de la surveillance des enfants** *ou* **de surveiller les enfants** he was put in charge of the children, he was given the job of looking after the children; **il m'a chargé de mettre une lettre à la poste** he asked me to post a letter; **on m'a chargé d'appliquer le règlement** I've been instructed to apply the rule; **il m'a chargé de m'occuper de la correspondance** he gave me the responsibility *ou* job of seeing to the correspondence; **il m'a chargé de ses amitiés pour vous** *ou* **de vous transmettre ses amitiés** he sends you his regards, he asked me to give you his regards *ou* to convey his regards.

(**e**) (*accuser*) *personne* to bring all possible evidence against. (*littér*) **~ qn de crime** to charge sb with.

(**f**) (*attaquer*) (*Mil*) to charge (at); (*Sport*) to charge, tackle. **chargez!** charge!; **il a chargé dans le tas*** he charged into them.

(**g**) (*caricaturer*) *portrait* to make a caricature of; *description* to overdo, exaggerate; (*Théât*) *rôle* to overact, ham (up)*. **il a tendance à ~** he has a tendency to overdo it *ou* to exaggerate.

2 se charger *vpr*: **se ~ de** *tâche* to see to, take care *ou* charge of, take on; *enfant, prisonnier, élève, (iro) ennemi* to see to, attend to, take care of; **se ~ de faire** to undertake to do, take it upon o.s. to do; **il s'est chargé des enfants** he is seeing to *ou* taking care *ou* charge of the children; **d'accord je m'en charge** O.K., I'll see to it *ou* I'll take care of that; **je me charge de m'occuper de lui** leave it to me to look after him, I'll undertake to look after him; **je me charge de le faire venir** I'll make sure *ou* I'll see to it that he comes, I'll make it my business to see that he comes.

chargeur [*ʃaʁʒœʁ*] *nm* (**a**) (*personne*) (*gén, Mil*) loader; (*Naut: négociant*) shipper. (**b**) (*dispositif*) [*arme à feu*] magazine, cartridge clip; (*Phot*) cartridge. **il vida son ~ sur les gendarmes** he emptied his magazine at the police; (*Élec*) **~ de batterie** (battery) charger.

chariot [*ʃaʁjo*] *nm* (*charrette*) waggon (*Brit*), wagon, (*plus petit*) truck, cart; (*table, panier à roulettes*) trolley (*Brit*), cart (*US*); (*appareil de manutention*) truck, float (*Brit*); (*Tech*) [*machine à écrire, machine-outil*] carriage; [*hôpital*] trolley. [*gare, aéroport*] **~ (à bagages)** (baggage *ou* luggage) trolley; (*Ciné*) **~ (de caméra)** dolly; **~ élévateur (à fourche)** fork-lift truck; (*Astron*) **le petit/ grand C~** the Little/Great Bear.

charitable [*ʃaʁitabl(ǝ)*] *adj* (*qui fait preuve de charité*) charitable (*envers* towards); (*gentil*) kind (*envers* to, towards). (*iro*) **... et c'est un conseil ~** ... that's just a friendly *ou* kindly bit of advice (*iro*); V **âme**.

charitablement [*ʃaʁitablǝmã*] *adv* (V **charitable**) charitably; kindly. (*iro*) **je vous avertis ~ que la prochaine fois** ... let me give you a friendly *ou* kindly warning that the next time ... .

Charites [*ʃaʁit*] *nfpl* (*Myth*) **les ~** the Charities.

charité [*ʃaʁite*] *nf* (**a**) (*gén: bonté, amour*) charity; (*gentillesse*) kindness; (*Rel*) charity, love. **il a eu la ~ de faire** he was kind enough to do; **faites-moi la ~ de, ayez la ~ de** have the kindness to, be so kind as to, be kind enough to; **ce serait une ~ à lui faire que de** it would be doing him a kindness *ou* a good turn to; V **dame, sœur**.

(**b**) (*aumône*) charity. **demander la ~** (*lit*) to ask *ou* beg for charity; (*fig*) to come begging; **faire la ~** to give to charity; **faire la ~ à** *mendiant, déshérités* to give (something) to; **je ne veux pas qu'on me fasse la ~** I don't want charity *ou* a handout; **la ~, ma bonne dame!** have you got a penny, kind lady?; **vivre de la ~ publique** to live on (public) charity; **vivre des ~s de ses voisins** to live on the charity of one's neighbours; (*Prov*) **~ bien ordonnée commence par soi-même** charity begins at home (*Prov*); **fête de ~** fête in aid of charity; V **vente**.

charivari [*ʃaʁivaʁi*] *nm* hullabaloo.

charlatan [*ʃaʁlatã*] *nm* (*péj*) (*médecin*) quack, charlatan; (*pharmacien, vendeur*) mountebank; (*politicien*) charlatan, trickster; V **remède**.

charlatanerie [*ʃaʁlatanʁi*] *nf* = **charlatanisme**.

charlatanesque [*ʃaʁlatanɛsk(ǝ)*] *adj* (*de guérisseur*) *remède, méthodes* quack (*épith*); (*de démagogue, d'escroc*) *méthodes* phoney, bogus.

charlatanisme [*ʃaʁlatanism(ǝ)*] *nm* [*guérisseur*] quackery, charlatanism; [*politicien etc*] charlatanism, trickery.

Charlemagne [*ʃaʁlǝmaɲ(ǝ)*] *nm* Charlemagne.

Charles [*ʃaʁl*] *nm* Charles. **~ le Téméraire** Charles the Bold; **~-Quint** Charles the Fifth (of Spain).

charleston [*ʃaʁlɛstɔn*] *nm* (*danse*) charleston.

Charlot [*ʃaʁlo*] *nm* (*Ciné*) Charlie Chaplin.

charlotte [*ʃaʁlɔt*] *nf* (*Culin*) charlotte; (*coiffure*) mobcap.

charmant, e [*ʃaʁmã, ãt*] *adj* (**a**) (*aimable*) *hôte, jeune fille, employé* charming; *enfant* sweet, delightful; *sourire, manières* charming, engaging. **il s'est montré ~ et nous a aidé du mieux qu'il a pu** he was charming and helped us as much as he could; **c'est un collaborateur ~** he is a charming *ou* delightful man to work with; V **prince**.

(**b**) (*très agréable*) *séjour, soirée* delightful, lovely. (*iro*) **eh bien c'est ~** charming! (*iro*); (*iro*) **~e soirée** delightful time! (*iro*).

(**c**) (*ravissant*) *robe, village, jeune fille, film, sourire* lovely, charming.

charme¹ [*ʃaʁm(ǝ)*] *nm* (*Bot*) hornbeam.

charme² [*ʃaʁm(ǝ)*] *nm* (**a**) (*attrait*) [*personne, musique, paysage*] charm. **le ~ de la nouveauté** the attraction(s) of novelty; **elle a**

beaucoup de ~ she has great charm; ça lui donne un certain ~ that gives him a certain charm *ou* appeal; cette vieille maison a son ~ this old house has its charm; c'est ce qui en fait (tout) le ~ that's where its attraction lies, that's what is so delightful about it; ça ne manque pas de ~ it's not without (a certain) charm, ça a peut-être du ~ pour vous, mais ... it may appeal to you but ...; *(hum, iro)* je suis assez peu sensible aux ~s d'une promenade sous la pluie a walk in the rain holds few attractions for me.

 (b) *(hum: attraits d'une femme)* ~s charms *(hum)*; *V* commerce.

 (c) *(envoûtement)* spell. subir le ~ de qn to be under sb's spell, be captivated by sb; exercer un ~ sur qn to have sb under one's spell; il est tombé sous son ~ he has fallen beneath her spell; être sous le ~ de to be held spellbound by, be under the spell of; tenir qn sous le ~ (de) to captivate sb (with), hold sb spellbound (with); le ~ est rompu the spell is broken; *V* chanteur.

 (d) *(loc)* faire du ~ to turn on the charm; faire du ~ à qn to make eyes at sb; aller *ou* se porter comme un ~ to be *ou* feel as fit as a fiddle.

charmé, e [ʃarme] *(ptp de charmer) adj*: être ~ de faire to be delighted to do.

charmer [ʃarme] **(1)** *vt public* to charm, enchant; *serpents* to charm; *(†, littér) peine, douleur* to charm away. elle a des manières qui charment she has charming *ou* delightful ways; spectacle qui charme l'oreille et le regard performance that charms *ou* enchants both the ear and the eye.

charmeur, -euse [ʃarmœr, øz] **1** *adj sourire, manières* winning, engaging. **2** *nm, f (séducteur)* charmer. ~ de serpent snake charmer.

charmille [ʃarmij] *nf* arbour; *(allée d'arbres)* tree-covered walk.

charnel, -elle [ʃarnɛl] *adj (frm)* passions, instincts carnal; *désirs* carnal, fleshly. l'acte ~, l'union ~le the carnal act *(frm)*; un être ~ an earthly creature, a creature of blood *ou* flesh; liens ~s blood ties.

charnellement [ʃarnɛlmã] *adv (frm, littér)* convoiter *ou* désirer qn ~ to desire sb sexually; connaître ~ to have carnal knowledge of *(littér)*; pécher ~ to commit the sin of the flesh *(littér)*.

charnier [ʃarnje] *nm [victimes]* mass grave; *(††: ossuaire)* charnel house.

charnière [ʃarnjɛr] *nf* **(a)** *[porte, fenêtre, coquille]* hinge; *[timbre de collection]* (stamp) hinge; *V* nom.

 (b) *(fig)* turning point; *(Mil)* pivot. à la ~ de deux époques at the turning point between two eras; une discipline-~ an interlinking field of study; un roman-~ a novel marking a turning point *ou* a transition; une époque-~ a transition period.

charnu, e [ʃarny] *adj lèvres* fleshy, thick; *fruit, bras* plump, fleshy. les parties ~es du corps the fleshy parts of the body; *(hum)* sur la partie ~e de son individu on the fleshy part of his person *(hum)*.

charognard [ʃarɔɲar] *nm (lit)* vulture, carrion crow; *(fig)* vulture.

charogne [ʃarɔɲ] *nf (cadavre)* carrion, decaying carcass; *(‡: salaud) (femme)* bitch‡; *(homme)* bastard‡, sod‡ *(Brit)*.

charolais, e [ʃarɔlɛ, ɛz] **1** *adj of ou* from the Charolais. **2** *nm*: le C~ the Charolais. **3** *nm, f (bétail)* Charolais.

charpente [ʃarpɑ̃t] *nf* **(a)** *[maison, bâtiment]* frame(work), skeleton; *V* bois.

 (b) *(fig: structure) [feuille]* skeleton; *[roman, pièce de théâtre]* structure, framework. le squelette est la ~ du corps the skeleton is the framework of the body.

 (c) *(carrure)* build, frame. quelle solide ~! what a solid build (he is)!, what a strong frame he has!; ~ fragile/forte/épaisse fragile/strong/stocky build.

charpenté, e [ʃarpɑ̃te] *adj*: bien/solidement/puissamment ~ *personne* well/solidly/powerfully built; *texte* well/solidly/powerfully structured *ou* constructed.

charpentier [ʃarpɑ̃tje] *nm (Constr)* carpenter; *(Naut)* shipwright.

charpie [ʃarpi] *nf* **(a)** *(Hist: pansement)* shredded linen *(used to dress wounds)*.

 (b) *(loc)* cette viande est trop cuite, c'est de la ~ this meat has been cooked to shreds; ces vêtements sont tombés en ~ these clothes are (all) in shreds *ou* ribbons, these clothes are falling to bits; mettre *ou* réduire en ~ *papier, vêtements (déchirer)* to tear to shreds; *viande (hacher menu)* to mince; je vais le mettre en ~! I'll tear him to shreds!, I'll make mincemeat of him!; il s'est fait mettre en ~ par le train he was mashed up* *ou* hacked to pieces by the train.

charretée [ʃarte] *nf (lit)* cartload *(de of)*. *(*fig: grande quantité de)* une ~ de, des ~s de loads* *ou* stacks* of.

charretier [ʃartje] *nm* carter. *(péj)* de ~ *langage, manières* coarse; *V* chemin, jurer.

charrette [ʃarɛt] *nf* cart. ~ à bras handcart, barrow. ~ des condamnés tumbrel; *(fig)* il a fait partie de la dernière ~ he went in the last round of redundancies.

charriage [ʃarjaʒ] *nm (a) (transport)* carriage, cartage. **(b)** *(Géol: déplacement)* overthrusting; *V* nappe.

charrier [ʃarje] **(7) 1** *vt* **(a)** *(transporter) [personne] (avec brouette etc)* to cart (along), trundle along, wheel (along); *(sur le dos)* to hump *(Brit) ou* lug along, heave (along), cart (along); *[camion etc]* to carry, cart. on a passé des heures à ~ du charbon we spent hours heaving *ou* carting coal.

 (b) *(entraîner) [fleuve]* to carry (along), wash along, sweep (along); *[coulée, avalanche]* to carry (along), sweep (along). *(littér)* le ciel *ou* le vent charriait de lourds nuages the sky *ou* the wind carried past *ou* along heavy clouds.

 (c) *(‡: se moquer de)* ~ qn to take sb for a ride, kid sb on* *(Brit)*, have sb on* *(Brit)*, put sb on* *(US)*; se faire ~ par ses amis to be kidded on* *ou* had on* *ou* put up* by one's friends.

 2 *vi (‡) (abuser)* to go too far, overstep the mark; *(plaisanter)* to be kidding* *(Brit)*, be joking*. vraiment il charrie he's really going

too far, he's really overstepping the mark; tu charries, elle n'est pas si vieille! you must be kidding* *ou* you must be joking — she's not that old!, pull the other one* *(Brit)* — she's not that old!; faudrait pas ~ ! you *(ou* he *etc)* must be kidding!*

charrieur, -euse‡ [ʃarjœr, øz] *nm, f*. c'est un ~ *(il abuse)* he's always going too far *ou* overstepping the mark; *(il plaisante)* he's always having *(Brit) ou* kidding *(Brit) ou* putting *(US)* people on‡; il est un peu ~ he's a bit of a joker*.

charroi†† [ʃarwa] *nm (transport)* cartage.

charron [ʃarɔ̃] *nm* cartwright, wheelwright.

charroyer [ʃarwaje] **(8)** *vt (littér) (transporter par charrette)* to cart; *(transporter laborieusement)* to cart (along), heave (along).

charrue [ʃary] *nf* plough *(Brit)*, plow *(US)*. *(fig)* mettre la ~ devant *ou* avant les bœufs to put the cart before the horse.

charte [ʃart(ə)] *nf (Hist, Pol: convention)* charter; *(Hist: titre, contrat)* title, deed. *(Hist)* accorder une ~ à to grant a charter to, charter; *(Pol)* la C~ des Nations Unies the Charter of the United Nations.

charter [tʃartœr, ʃarter] **1** *nm (vol)* charter flight; *(avion)* chartered plane. **2** *adj inv vol, billet, prix* charter *(épith)*. avion ~ chartered plane.

chartisme [ʃartism(ə)] *nm (Pol Brit)* Chartism.

chartiste [ʃartist(ə)] **1** *adj, nmf (Hist)* Chartist. **2** *nmf (élève)* student of the École des Chartes *(in Paris)*.

chartreuse [ʃartrøz] *nf (liqueur)* chartreuse; *(couvent)* Charterhouse, Carthusian monastery; *(religieuse)* Carthusian nun.

chartreux [ʃartrø] *nm (religieux)* Carthusian monk.

Charybde [karibd] *nm* Charybdis; *V* tomber.

chas [ʃa] *nm* eye *(of needle)*.

chasse¹ [ʃas] **1** *nf* **(a)** *(gén)* hunting; *(au fusil)* shooting, hunting. aller à la ~ to go hunting; aller à la ~ aux papillons to go butterfly hunting; air/habits de ~ hunting tune/clothes; ~ au faisan pheasant shooting; ~ au lapin rabbit shooting, rabbiting; ~ au renard/au chamois/au gros gibier fox/chamois/big game hunting; *V* chien, cor¹, fusil *etc*.

 (b) *(période)* hunting season, shooting season. la ~ est ouverte/fermée it is the open/close season *(Brit)*, it is open/closed season *(US)*.

 (c) *(gibier tué)* manger/partager la ~ to eat/share the game; faire (une) bonne ~ to get a good bag.

 (d) *(terrain, domaine)* shoot, hunting ground. louer une ~ to rent a shoot *ou* land to shoot *ou* hunt on; une ~ giboyeuse well-stocked shoot; ~ gardée *(lit)* private hunting (ground), private shoot(ing); *(fig)* private ground; c'est ~ gardée! no poaching on *ou* keep off our *(ou* their *etc)* preserve!, out of bounds!; *V* action.

 (e) *(chasseurs)* la ~ the hunt.

 (f) *(Aviat)* la ~ the fighters *(pl)*; *V* avion, pilote.

 (g) *(poursuite)* chase. une ~ effrénée dans les rues de la ville a frantic chase through the streets of the town.

 (h) *(loc)* faire la ~ aux souris/aux moustiques to hunt down *ou* chase mice/mosquitoes; faire la ~ aux abus/erreurs to hunt down *ou* track down abuses/errors; faire la ~ aux appartements/ occasions to be *ou* go flat- *(Brit) ou* apartment- *(US)*/bargain-hunting; faire la ~ au mari to be hunting for a husband, be on the hunt for a husband*; prendre en ~, donner la ~ à *fuyard, voiture* to give chase to, chase after; *avion, navire, ennemi* to give chase to; *(Aviat, Mil, Naut)* donner la ~ to give chase; se mettre en ~ pour trouver qch to go hunting for sth.

 2: chasse à l'affût hunting (from a hide); chasse au chevreuil deer hunting, deer-stalking; chasse à courre hunting; chasse au furet ferreting; chasse au fusil shooting; chasse à l'homme manhunt; *(Pol)* chasse aux sorcières witch hunt; chasse sous-marine harpooning, harpoon fishing.

chasse² [ʃas] *nf*: ~ (d'eau *ou* des cabinets) (toilet) flush; actionner *ou* tirer la ~ to pull the chain *(Brit)*, flush the toilet *ou* lavatory *(Brit)*.

châsse [ʃas] *nf (reliquaire)* reliquary, shrine.

chasse- [ʃas] *préf V* chasser.

chassé [ʃase] **1** *nm (danse)* chassé.

 2: chassé-croisé *nm, pl* chassés-croisés *(Danse)* chassé-croisé, set to partners; *(fig)* avec tous ces chassés-croisés nous ne nous sommes pas vus depuis 6 mois amid *ou* with all these to-ings and fro-ings we haven't seen each other for 6 months; *(fig)* par suite d'un chassé-croisé nous nous sommes manqués we missed each other because of a mix-up *ou* confusion about where to meet.

chasselas [ʃasla] *nm* chasselas grape.

chassepot [ʃaspo] *nm (Hist)* chassepot (rifle).

chasser [ʃase] **(1) 1** *vt* **(a)** *(gén)* to hunt; *(au fusil)* to shoot, hunt. ~ à l'affût/au filet to hunt from a hide/with a net; ~ le faisan/le cerf to go pheasant-shooting/deer hunting; ~ le lapin au furet to go ferreting; il chasse le lion en Afrique he is shooting lions *ou* lion-shooting in Africa; *(fig)* il est ministre, comme son père et son grand-père: il chasse de race he's a minister like his father and grandfather before him — it runs in the family *ou* he is carrying on the family tradition; *V* bon¹.

 (b) *(faire partir) importun, animal, ennemi* to drive *ou* chase out *ou* away; *domestique, fils indigne, manifestant* to send packing, turn out; *immigrant* to drive out, expel; *touristes, clients* to drive away, chase away. chassant de la main les insectes brushing away *ou* driving off (the) insects with his hand; il a chassé les gamins du jardin he chased *ou* drove the lads out of the garden; mon père m'a chassé de la maison my father has turned me out of the house *ou* has sent me packing; le brouillard nous a chassés de la plage we were driven away *ou* off the beach by the fog; ces touristes, ils vont finir par nous ~ de chez nous these tourists will end up driving us away from *ou* out of *ou* hounding us from our own homes; il a été chassé de son pays par le nazisme he was forced by Nazism to flee his country, Nazism drove him from his country; (*Prov*) **chassez le naturel, il revient au galop** what's bred in the bone comes out in the flesh (*Prov*); *V* **faim**.

(**c**) (*dissiper*) *odeur* to dispel, drive away; *idée* to dismiss, chase away; *souci, doute* to dispel, drive away, chase away. **essayant de ~ ces images obsédantes** trying to chase away *ou* dismiss these haunting images; **il faut ~ cette idée de ta tête** you must get that idea out of your head *ou* dismiss that idea from your mind; **le vent a chassé le brouillard** the wind dispelled *ou* blew away the fog.

(**d**) (*pousser*) *troupeau, nuages, pluie* to drive; (*Tech*) *clou* to drive in.

(**e**) (*éjecter*) *douille, eau d'un tuyau* to drive out; *V* **clou**.

2 *vi* (**a**) (*aller à la chasse*) (*gén*) to go hunting; (*au fusil*) to go shooting.

(**b**) (*déraper*) [*véhicule, roues*] to skid; [*ancre*] to drag.(*Naut*) ~ **sur ses ancres** to drag its anchors.

3: **chasse-clou** *nm, pl* **chasse-clous** nail punch; **chasse-mouches** *nm inv* flyswatter, fly whisk (*Brit*); **chasse-neige** *nm inv* (*instrument*) snowplough; (*position du skieur*) snowplough, wedge; **descendre une pente en chasse-neige** to snowplough down a slope; **chasse-neige à soufflerie** snow-blower; **chasse-pierres** *nm inv* cowcatcher.

chasseresse [ʃasʀɛs] *nf* (*littér*) huntress (*littér*); *V* **Diane**.

chasseur [ʃasœʀ] **1** *nm* (**a**) (*gén*) hunter; (*à courre*) hunter, huntsman. **c'est un très bon ~** (*gibier à poil*) he's a very good hunter; (*gibier à plume*) he's an excellent shot; **c'est un grand ~ de perdrix** he's a great one for partridge-shooting; **c'est un grand ~ de renards** he's a great one for foxhunting, he's a great foxhunter.

(**b**) (*Mil*) (*soldat*) chasseur. (*régiment*) **le 3e ~** the 3rd (regiment of) chasseurs.

(**c**) (*Mil*) (*avion*) fighter.

(**d**) (*garçon d'hôtel*) page (boy), messenger (boy), bellboy (*US*).

2: (*Mil*) **chasseur alpin** mountain infantryman; (*troupe*) **les chasseurs alpins** the mountain infantry, the alpine chasseurs; (*Aviat, Mil*) **chasseur-bombardier** *nm, pl* **chasseurs-bombardiers** fighter-bomber; (*Hist Mil*) **chasseur à cheval** cavalryman; (*troupe*) **les chasseurs à cheval** the cavalry; **chasseur d'images/de son** roving photographic/recording enthusiast; (*Hist Mil*) **chasseur à pied** infantryman; (*troupe*) **les chasseurs à pied** the infantry; (*Aviat*) **chasseur à réaction** jet fighter; **chasseur de sous-marins** submarine chaser; (*lit, fig*) **chasseur de têtes** headhunter.

chasseuse [ʃasøz] *nf* (*rare*) huntswoman, hunter, huntress (*littér*).

chassie [ʃasi] *nf* [*yeux*] sticky matter (*in eye*).

chassieux, -euse [ʃasjø, øz] *adj yeux* sticky, gummy; *personne, animal* gummy- *ou* sticky-eyed.

châssis [ʃasi] *nm* (**a**) [*véhicule*] chassis, subframe; [*machine*] subou under-frame.

(**b**) (*encadrement*) [*fenêtre*] frame; [*toile, tableau*] stretcher; (*Typ*) chase; (*Phot*) (printing) frame. ~ **mobile/dormant** opening/fixed frame.

(**c**) (‡) (*corps féminin*) body, figure, chassis‡ (*US*). **elle a un beau ~!** what a smashing figure she's got!*, she's a knockout!‡

(**d**) (*Agr*) cold frame.

chaste [ʃast(ə)] *adj personne, pensées, amour, baiser* chaste; *yeux, oreilles* innocent. **de ~s jeunes filles** chaste *ou* innocent young girls.

chastement [ʃastəmɑ̃] *adv* chastely, innocently.

chasteté [ʃastəte] *nf* chastity; *V* **ceinture**.

chasuble [ʃazybl(ə)] *nf* chasuble; *V* **robe**.

chat [ʃa] **1** *nm* (**a**) (*animal*) (*gén*) cat; (*mâle*) tomcat. ~ **persan/siamois** Persian/Siamese cat; **petit ~** kitten; (*terme d'affection*) **mon petit ~** (*à un enfant*) pet*, poppet* (*Brit*); (*à une femme*) sweetie*, lovie*.

(**b**) (*jeu*) tig (*Brit*), tag. **jouer à ~** to play tig (*Brit*) *ou* tag, have a game of tig (*Brit*) *ou* tag; (**c'est toi le**) ~! you're it! *ou* he!

(**c**) (*loc*) **il n'y avait pas un ~ dehors** there wasn't a soul outside; **avoir un ~ dans la gorge** to have a frog in one's throat; (*Prov*) ~ **échaudé craint l'eau froide** once bitten, twice shy (*Prov*); (*Prov*) **quand le ~ n'est pas là les souris dansent** when the cat's away the mice will play (*Prov*); *V* **appeler, chien, fouetter**.

2: **le Chat Botté** Puss in Boots; **chat de gouttière** ordinary cat, alley cat (*péj*); (*Zool*) **chat-huant** *nm, pl* **chats-huants** screech owl, barn owl; (*Hist Naut*) **chat à neuf queues** cat-o'-nine-tails; (*jeu*) **chat perché** 'off-ground' tag *ou* tig (*Brit*); **chat sauvage** wildcat; **chat-tigre** *nm, pl* **chats-tigres** tiger cat.

châtaigne [ʃatɛɲ] *nf* (**a**) (*fruit*) (sweet) chestnut. ~ **d'eau** water chestnut. (**b**) (‡: *coup de poing*) clout*, biff*. **flanquer une ~ à qn** to clout* *ou* biff* sb, give sb a clout* *ou* biff*. (**c**) (*: décharge électrique*) (electric) shock.

châtaigneraie [ʃatɛɲʀɛ] *nf* chestnut grove.

châtaignier [ʃatɛɲe] *nm* (*arbre*) (sweet) chestnut tree; (*bois*) chestnut.

châtain [ʃatɛ̃] **1** *nm* chestnut brown. **2** *adj inv cheveux* chestnut (brown); *personne* brown-haired. **elle est ~ clair/roux** she has light brown hair/auburn hair.

château, pl ~x [ʃato] **1** *nm* (*forteresse*) castle; (*résidence royale*) palace, castle; (*manoir, gentilhommière*) mansion, stately home; (*en France*) château. **les ~x de la Loire** the Loire châteaux; (*vignobles*) **les ~x du Bordelais** the châteaux of the Bordeaux region; (*fig*) **bâtir ou faire des ~x en Espagne** to build castles in the air in Spain; (*fig*) **il est un peu ~ branlant** he's a bit wobbly on his pins; *V* **vie**.

2: (*Naut*) **château d'arrière** aftercastle; (*Naut*) **château d'avant** forecastle, fo'c'sle; (*Cartes, fig*) **château de cartes** house of cards; **château d'eau** water tower; **château fort** stronghold, fortified castle; **Château-la-Pompe†** *nm inv* Adam's ale†; (*Naut*) **château de poupe** = **château d'arrière**; (*Naut*) **château de proue** = **château d'avant**.

chateaubriand, châteaubriant [ʃatobʀijɑ̃] *nm* (*Culin*) chateaubriand, chateaubriant.

châtelain [ʃatlɛ̃] *nm* (**a**) (*Hist: seigneur*) (feudal) lord. **le ~** the lord of the manor.

(**b**) (*propriétaire d'un manoir*) (*d'ancienne date*) squire; (*nouveau riche*) owner of a manor. **le ~ vint nous ouvrir** the owner of the manor *ou* the squire came to the door.

châtelaine [ʃatlɛn] *nf* (**a**) (*propriétaire d'un manoir*) owner of a manor. **la ~ vint nous recevoir** the lady of the manor came to greet us.

(**b**) (*épouse du châtelain*) lady (of the manor), chatelaine.

(**c**) (*ceinture*) chatelaine, châtelaine.

châtié, e [ʃatje] (*ptp de* **châtier**) *adj style* polished, refined; *langage* refined.

châtier [ʃatje] (7) *vt* (**a**) (*littér: punir*) *coupable* to chastise (*littér*), castigate (*littér*), punish; *faute* to punish; (*Rel*) *corps* to chasten, mortify. ~ **l'insolence de qn** to chastise *ou* punish sb for his insolence; *V* **qui**.

(**b**) (*soigner, corriger*) *style* to polish, refine, perfect; *langage* to refine.

chatière [ʃatjɛʀ] *nf* (*porte*) cat-flap; (*trou d'aération*) (air-)vent, ventilation hole; (*piège*) cat-trap.

châtiment [ʃatimɑ̃] *nm* (*littér*) chastisement (*littér*), castigation (*littér*), punishment. ~ **corporel** corporal punishment; **subir un ~** to receive *ou* undergo punishment.

chatoiement [ʃatwamɑ̃] *nm* (*V* **chatoyant**) glistening; shimmer(ing); sparkle.

chaton¹ [ʃatɔ̃] *nm* (**a**) (*Zool*) kitten. (**b**) (*Bot*) catkin. ~**s de saule** pussy willows; (*fig*) ~**s de poussière** balls of fluff.

chaton² [ʃatɔ̃] *nm* (*monture*) bezel, setting; (*pierre*) stone.

chatouille* [ʃatuj] *nf* tickle. **faire des ~s à qn** to tickle sb; **craindre les ~s ou la ~** to be ticklish.

chatouillement [ʃatujmɑ̃] *nm* (*gén*) tickling; (*dans le nez, la gorge*) tickle. **des ~s la faisaient se trémousser** a tickling sensation made her fidget.

chatouiller [ʃatuje] (1) *vt* (**a**) (*lit*) to tickle. **arrête, ça chatouille!** don't, that tickles! *ou* you're tickling! (**b**) (*fig*) *amour-propre, curiosité* to tickle, titillate; *palais, odorat* to titillate. (**c**) († *hum*) ~ **les côtes à qn** to tan sb's hide.

chatouilleux, -euse [ʃatujø, øz] *adj* (**a**) (*lit*) ticklish.

(**b**) (*fig: susceptible*) *personne, caractère* touchy, (over)sensitive. **individu à l'amour-propre ~** person who easily takes offence *ou* whose pride is sensitive; **être ~ sur l'honneur/l'étiquette** to be touchy *ou* sensitive on points of honour/etiquette.

chatouillis* [ʃatuji] *nm* (*sensation*) light tickling, gentle tickling. **faire des ~ à qn** to tickle sb lightly *ou* gently.

chatoyant, e [ʃatwajɑ̃, ɑ̃t] *adj vitraux* glistening; *reflet, étoffe* shimmering; *bijoux, plumage* glistening, shimmering; *couleurs, style* sparkling. **l'éclat ~ des pierreries** the glistening *ou* shimmering of the gems.

chatoyer [ʃatwaje] (8) *vi* (*V* **chatoyant**) to glisten; to shimmer; to sparkle.

châtré‡ [ʃatʀe] *nm* (*lit, fig*) eunuch. **voix de ~** squeaky little voice.

châtrer [ʃatʀe] (1) *vt taureau, cheval* to castrate, geld; *chat* to neuter, castrate, fix (*US*); *homme* to castrate, emasculate; (*fig littér*) *texte* to mutilate, bowdlerize.

chatte [ʃat] *nf* (*Zool*) (she-)cat; (**‡**: *vagin*) pussy**‡**. **elle est très ~** she's very kittenish; (*terme d'affection*) **ma (petite) ~** (my) pet*, sweetie-pie*.

chattemite [ʃatmit] *nf*: **faire la ~** to be a bit of a coaxer.

chatterie [ʃatʀi] *nf* (**a**) (*caresses*) ~**s** playful attentions *ou* caresses; (*minauderies*) kittenish ways; **faire des ~s à qn** to pet sb. (**b**) (*friandise*) titbit, dainty morsel. **aimer les ~s** to love a little delicacy *ou* a dainty morsel.

chatterton [ʃatɛʀtɔn] *nm* (*Élec*) (adhesive) insulating tape.

chaud, e [ʃo, od] **1** *adj* (**a**) *air, eau* warm; (*très chaud*) hot. **les climats ~s** warm climates; (*très chaud*) hot climates; **l'eau du lac n'est pas assez ~e pour se baigner** the water in the lake is not warm enough for bathing; **bois ton thé pendant qu'il est ~** drink your tea while it's hot; **tous les plats étaient servis très ~s** all the dishes were served up piping hot; **cela sort tout ~ du four** it's (piping) hot from the oven; (*fig*) **il a des nouvelles toutes ~es** he's got some news hot from the press (*fig*) *ou* some hot news; *V* **battre, main** *etc*.

(**b**) (*qui tient chaud*) *couverture, vêtement* warm, cosy.

(**c**) (*vif, passionné*) *félicitations* warm, hearty; (*littér*) *amitié* warm; *partisan* keen, ardent; *admirateur* warm, ardent; *discussion* heated. **la bataille a été ~e** it was a fierce battle, the battle was fast and furious; **être ~ (pour faire/pour qch)*** to be enthusiastic (about doing/about sth), be keen (on doing/on sth) (*Brit*); **il n'est pas très ~ pour conduire de nuit*** he doesn't much like driving at night, he is not very keen (*Brit*) on driving at night.

(**d**) (*dangereux*) **l'alerte a été ~e** it was a near *ou* close thing; **les points ~s du globe** the world's hot spots; **les journaux prévoient un été '~'** newspapers forecast a long hot summer (of violence).

(**e**) *voix, couleur* warm.

(**f**) (*: sensuel*) *personne, tempérament* hot.

2 *nm* (**a**) (*chaleur*) **le ~** (the) heat, the warmth; **elle souffre autant du ~ que du froid** she suffers as much from the heat as from the cold; **restez donc au ~** stay in the warmth, stay where it's warm; **garder qch au ~** to keep sth warm *ou* hot; **garder un enfant enrhumé au ~** to keep a child with a cold (indoors) in the warmth; **être bien au ~** to be nice and warm.

(**b**) **à ~** *opération* emergency; (*Tech*) **travailler** under heat; **reportage à ~** on-the-spot report; **il a été opéré à ~** he had an emergency operation; *V* **souder**.

3 *adv*: **avoir ~** to be warm, feel warm; (*très chaud*) to be hot, feel

hot; **avez-vous assez** ~? are you warm enough?; **on a trop** ~ **ici** it's too hot *ou* too warm in here; (*fig*) **ma voiture a dérapé, j'ai eu** ~!* my car skidded, I got a real fright *ou* it gave me a nasty fright; **il fait** ~ it is hot *ou* warm; (*iro*) **il fera** ~ **le jour où il voudra bien travailler*** that will be the day when he decides to work (*iro*); **ça ne me fait ni** ~ **ni froid** it makes no odds to me, I couldn't care less either way, it cuts no ice with me; **manger** ~ to have a hot meal, eat something hot; **boire** ~ to have *ou* take hot drinks; **il a fallu tellement attendre qu'on n'a pas pu manger** ~ we had to wait so long the food was no longer hot; '**servir** ~' 'serve hot'; **tenir** ~ **à qn** to keep sb warm; (*tenir trop chaud*) to make sb too hot; *V* **souffler.**
 4 chaude *nf* († *flambée*) blaze.
 5: (*Méd*) **chaud et froid** *nm, pl inv* chill; (*Culin*) **chaud-froid** *nm, pl* **chauds-froids** chaudfroid; **chaud lapin‡** randy (*Brit*) *ou* horny devil‡; **chaude-pisse‡** *nf inv* clap‡.
chaudement [ʃodmɑ̃] *adv* (*contre le froid*) *s'habiller* warmly; (*chaleureusement*) *féliciter, recommander* warmly, heartily; (*avec passion, acharnement*) *disputé* heatedly, hotly. ~ **disputé** hotly disputed; (*hum*) **comment ça va?** — ~! how are you? — (I'm) hot! (*hum*).
chaudière [ʃodjɛʀ] *nf* [*locomotive, chauffage central*] boiler.
chaudron [ʃodʀɔ̃] *nm* cauldron.
chaudronnerie [ʃodʀɔnʀi] *nf* (**a**) (*métier*) boilermaking, boiler-work; (*industrie*) boilermaking industry.
 (**b**) (*boutique*) coppersmith's workshop; (*usine*) boilerworks.
 (**c**) (*produits*) **grosse** ~ industrial boilers; **petite** ~ pots and pans, hollowware (*Brit*).
chaudronnier [ʃodʀɔnje] *nm* (*artisan*) coppersmith; (*ouvrier*) boilermaker.
chauffage [ʃofaʒ] *nm* (*action*) heating; (*appareils*) heating (system). **il y a le** ~? is there any heating?, is it heated?; **avoir un bon** ~ to have a good heating system; ~ **au charbon/au gaz/à l'électricité** solid fuel/gas/electric heating; ~ **central** central heating; ~ **par le sol** underfloor heating; ~ **urbain** urban *ou* district heating system; **mets le** ~ (*maison*) put on the heating; (*voiture*) put on the heater; *V* **bois.**
chauffagiste [ʃofaʒist(ə)] *nm* heating engineer *ou* specialist.
chauffant, e [ʃofɑ̃, ɑ̃t] *adj* *surface, élément* heating (*épith*); *V* **couverture, plaque.**
chauffard [ʃofaʀ] *nm* (*péj*) reckless driver. (**espèce de**) ~! road-hog!; **c'est un vrai** ~ he's a real menace *ou* maniac on the roads; **il a été renversé/tué par un** ~ he was run over/killed by a reckless driver; **on n'a pas retrouvé le** ~ **responsable de l'accident** the driver responsible for the accident has not yet been found; **il pourrait s'agir d'un** ~ the police are looking for a hit-and-run driver.
chauffe [ʃof] *nf* [*lieu*] fire-chamber; (*processus*) stoking. **surface de** ~ heating-surface, fire surface; (*Naut*) **chambre de** ~ stokehold; *V* **bleu.**
chauffe- [ʃof] *préf V* **chauffer.**
chauffer [ʃofe] (1) **1** *vt* (*plus gén*) *faire* ~, *mettre à* ~) *soupe* to warm up, heat up; *assiette* to warm, heat; *eau du bain* to heat (up); *eau du thé* to boil, heat up. ~ **qch au four** to heat sth up in the oven, put sth in the oven to heat up; **mets l'eau/les assiettes à** ~ put the water on/the plates in to heat up; (*hum: quand on casse qch*) **faites** ~ **la colle!** bring out the glue!
 (**b**) *appartement* to heat. **on va** ~ **un peu la pièce** we'll heat (up) the room a bit.
 (**c**) [*soleil*] to warm, make warm; [*soleil brûlant*] to heat, make hot.
 (**d**) (*Tech*) *métal, verre, liquide* to heat; *chaudière, locomotive* to stoke (up), fire. (*lit, fig*) ~ **qch à blanc** to make sth white-hot; (*fig*) ~ **qn à blanc** to galvanize sb into action.
 (**e**) (*: *préparer*) *candidat* to cram; *commando* to train up.
 (**f**) (*: *voler*) to pinch*, whip* (*Brit*), swipe*.
 2 *vi* (**a**) (*être sur le feu*) [*aliment, eau du bain*] to be heating up, be warming up; [*assiette*] to be heating (up), be warming (up); [*eau du thé*] to be heating up.
 (**b**) (*devenir chaud*) [*moteur, télévision*] to warm up; [*four*] to heat up; [*chaudière, locomotive*] to get up steam.
 (**c**) (*devenir trop chaud*) [*freins, appareil, moteur*] to overheat.
 (**d**) (*donner de la chaleur*) [*soleil*] to be hot; [*poêle*] to give out a good heat. **ils chauffent au charbon** they use coal for heating, their house is heated by coal; **le mazout chauffe bien** oil gives out a good heat.
 (**e**) (*loc) **ça chauffe dans le coin!** things are getting heated over there!, sparks are about to fly over there!; **ça va** ~! sparks will fly!; (*Sport*) **le but/l'essai chauffe** there must be a goal/try now!, they're on the brink of a goal/try; (*cache-tampon*) **tu chauffes!** you're getting warm(er)!
 3 se chauffer *vpr* (**a**) (*près du feu*) to warm o.s.; (*: *en faisant des exercices*) to warm o.s. up. **se** ~ **au soleil** to warm o.s. in the sun.
 (**b**) **se** ~ **au bois/charbon** to burn wood/coal, use wood/coal for heating; **se** ~ **à l'électricité** to have electric heating, use electricity for heating; *V* **bois.**
 4: chauffe-assiettes *nm inv* plate-warmer; **chauffe-bain** *nm, pl* **chauffe-bains** water-heater; **chauffe-biberon** *nm inv* bottle-warmer; **chauffe-eau** *nm inv* water-heater; (*à élément chauffant*) immersion heater, immerser; **chauffe-pieds** *nm inv* foot-warmer; **chauffe-plats** *nm inv* dish-warmer, chafing dish.
chaufferette [ʃofʀɛt] *nf* (*chauffe-pieds*) foot-warmer.
chaufferie [ʃofʀi] *nf* [*usine*] boiler room; [*navire*] stokehold.
chauffeur [ʃofœʀ] **1** *nm* (**a**) (*conducteur*) (*en privé*) chauffeur. ~ **d'autobus** bus driver; **voiture avec/sans** ~ chauffeur-driven/self-drive car.
 (**b**) [*chaudière*] fireman, stoker.
 2: chauffeur de camion lorry (*Brit*) *ou* truck (*US*) driver; (*hum*) **chauffeur du dimanche** Sunday driver, weekend motorist;

chauffeur de maître chauffeur; **chauffeur de taxi** taxi driver, cab driver.
chauffeuse [ʃoføz] *nf* low armless chair, unit chair.
chaulage [ʃolaʒ] *nm* (*V* **chauler**) liming; whitewashing.
chauler [ʃole] (1) *vt* *sol, arbre, raisins* to lime; *mur* to whitewash.
chaume [ʃom] *nm* (**a**) (*reste des tiges*) stubble. (*littér: champs*) **les** ~**s** the stubble fields. (**b**) (*couverture de toit*) thatch. **couvrir de** ~ to thatch; *V* **toit.** (**c**) (*rare: tige*) [*graminée, céréale*] culm.
chaumer [ʃome] (1) **1** *vt* to clear stubble from. **2** *vi* to clear the stubble.
chaumière [ʃomjɛʀ] *nf* (*littér, hum: maison*) (little) cottage; (*maison à toit de chaume*) thatched cottage. **on en parlera encore longtemps dans les** ~**s** it will be talked of in the countryside *ou* in the villages for a long time to come; **un feuilleton qui fait pleurer dans les** ~**s** a serial which will bring tears to the eyes of all simple folk.
chaumine [ʃomin] *nf* (*littér ou* †) little cottage (*often thatched*), cot (*Poésie*).
chaussant, e [ʃosɑ̃, ɑ̃t] *adj* (*confortable*) well-fitting, snug-fitting. **articles** ~**s** footwear (*U*); **ces souliers sont très** ~**s** these shoes are a very good fit *ou* fit very well.
chausse [ʃos] *nf V* **chausses.**
chausse- [ʃos] *préf V* **chausser.**
chaussée [ʃose] *nf* (**a**) (*route, rue*) road, roadway. **s'élancer sur la** ~ to rush out into the road *ou* onto the roadway; **traverser la** ~ to cross the road; **ne reste pas sur la** ~ don't stay in *ou* on the road *ou* on the roadway; **l'entretien de la** ~ the maintenance of the road-way, road maintenance; ~ **pavée** cobbled street; (*route*) cobbled *ou* flagged road; ~ **bombée** cambered road; '~ **glissante**' 'slippery road'; '~ **déformée**' 'uneven road surface'; *V* **pont.**
 (**b**) (*chemin surélevé*) causeway; (*digue*) embankment. **la** ~ **des Géants** the Giants' Causeway.
chausser [ʃose] (1) **1** *vt* (**a**) (*mettre des chaussures à*) *enfant* to put shoes on. **chausse les enfants pour sortir** put the children's shoes on (for them) *ou* help the children on with their shoes and we'll go out; **se** ~ to put one's shoes on; **se faire** ~ **par** to have one's shoes put on by; ~ **qn de bottes** to put boots on sb; **chaussé de bottes/ sandales** wearing boots/sandals, with boots/sandals on; *V* **cordon-nier.**
 (**b**) (*mettre*) *souliers, lunettes* to put on. ~ **du 40** to take size 40 in shoes, take a (size) 40 shoe; ~ **des bottes à un client** to put boots on a customer; (*Équitation*) ~ **les étriers** to put one's feet into the stirrups.
 (**c**) (*fournir en chaussures*) **ce marchand nous chausse depuis 10 ans** this shoemaker has been supplying us with shoes for 10 years; **se (faire)** ~ **chez ...** to buy *ou* get one's shoes at ...; **se (faire)** ~ **sur mesure** to have one's shoes made to measure.
 (**d**) [*chaussure*] to fit. **ces chaussures chaussent large** these shoes come in a wide fitting (*Brit*) *ou* size (*US*), these are wide-fitting shoes; **ces chaussures vous chaussent bien** those shoes fit you well *ou* are a good fit; **ces souliers chaussent bien (le pied)** these are well-fitting shoes.
 (**e**) (*Agr*) *arbre* to earth up.
 (**f**) (*Aut*) *voiture* to fit tyres on. **voiture bien chaussée** car with good tyres.
 2: chausse-pied *nm, pl* **chausse-pieds** shoehorn; (*lit, fig*) **chausse-trappe** *nf, pl* **chausse-trappes** trap; **tomber dans/éviter une chausse-trappe** to fall into/avoid a trap.
chausses [ʃos] *nfpl* (*Hist Habillement*) chausses; *V* **haut.**
chaussette [ʃosɛt] *nf* sock. **j'étais en** ~**s** I was in my socks; ~**s à clous‡** [*agent de police*] (policeman's) hobnailed boots; ~**s russes** foot-bindings.
chausseur [ʃosœʀ] *nm* (*fabricant*) shoemaker; (*fournisseur*) foot-wear specialist, shoemaker. **mon** ~ **m'a déconseillé cette marque** my shoemaker has advised me against that make.
chausson [ʃosɔ̃] *nm* (**a**) (*pantoufle*) slipper; [*bébé*] bootee; [*dan-seur*] ballet shoe *ou* pump; *V* **point². (b**) (*Culin*) turnover.
chaussure [ʃosyʀ] **1** *nf* (**a**) (*soulier*) shoe. **la** ~ **est une partie importante de l'habillement** footwear is an important part of one's dress; **rayon (des)** ~**s** shoe *ou* footwear depart-ment.
 (**b**) (*industrie*) shoe industry; (*commerce*) shoe trade (*Brit*) *ou* business.
 2: chaussures basses flat shoes; **chaussures cloutées** *ou* **à clous** hobnailed boots; **chaussures montantes** ankle boots; **chaussures de ski** ski boots.
chaut [ʃo] *vi* (†† *ou hum*) **peu me** ~ it matters little to me, it is of no import († *ou hum*) *ou* matter† to me.
chauve [ʃov] **1** *adj* *personne* bald(-headed); *crâne* bald; (*fig littér*) *colline, sommet* bare. ~ **comme un œuf*** *ou* **une bille*** *ou* **mon genou*** as bald as a coot. **2**: (*Zool*) **chauve-souris** *nf, pl* **chauves-souris** bat.
chauvin, e [ʃovɛ̃, in] **1** *adj* chauvinistic, jingoistic.
 2 *nm,f* chauvinist, jingoist.
chauvinisme [ʃovinism(ə)] *nm* chauvinism, jingoism.
chauviniste [ʃovinist(ə)] **1** *adj* chauvinistic, jingoistic.
 2 *nmf* chauvinist, jingoist.
chaux [ʃo] *nf* lime. ~ **vive/éteinte** quick/slaked lime; **blanchi** *ou* **passé à la** ~ whitewashed.
chavirer [ʃaviʀe] (1) **1** *vi* (**a**) [*bateau*] to capsize, keel over, over-turn; (*fig*) [*gouvernement*] to founder, crumble, sink. **faire** ~ **un bateau** to keel a boat over, capsize *ou* overturn a boat.
 (**b**) [*pile d'objets*] to keel over, overturn; [*charrette*] to overturn, tip over; (*fig*) [*yeux*] to roll; [*paysage, chambre*] to reel, spin; [*esprit*] to reel; [*cœur*] to turn over. (*fig*)
 2 *vt* (**a**) (*renverser*) *bateau* [*vagues*] to capsize, overturn; (*Tech: en cale sèche*) to keel over; *meubles* to overturn.

(b) (*bouleverser*) *personne* to bowl over. **j'en suis toute chavirée*** I'm completely shattered by it, it gave me a nasty fright *ou* turn*; **musique qui chavire l'âme** music that tugs at the heartstrings.

chéchia [ʃeʃja] *nf* tarboosh, fez.

check-up [(t)ʃɛkœp] *nm inv* check-up.

chef¹ [ʃɛf] **1** *nm* **(a)** (*patron, dirigeant*) head, boss*, top man*; *[tribu]* chief(tain), headman. **il a l'estime de ses ~s** he is highly thought of by his superiors *ou* bosses*.

(b) *[expédition, révolte, syndicat]* leader. (*: *as*) **tu es un ~** you're the greatest*, you're the tops*; **avoir une âme** *ou* **un tempérament de ~** to be a born leader.

(c) (*Mil: au sergent*) **oui, ~!** yes, Sarge!

(d) (*Culin*) **~** (**de cuisine** *ou* **cuisinier**) chef; **spécialité du ~** chef's speciality; **pâté du ~** chef's special pâté.

(e) en ~: commandant **en ~** commander-in-chief; **général en ~** general-in-chief; **ingénieur/rédacteur en ~** chief engineer/ editor; **le général commandait en ~ les troupes alliées** the general was the commander-in-chief of the allied troops.

2 *adj inv:* **gardien/médecin ~** chief warden/consultant.

3: chef d'atelier (shop) foreman; **chef de bande** gang leader; **chef de bataillon** major; **chef de bureau** head clerk; (*Admin*) **chef de cabinet** principal private secretary; **chef de chantier** (works (*Brit*) *ou* site) foreman; **chef des chœurs** choirmaster; **chef de classe** class prefect *ou* monitor (*Brit*), class president (*US*); **chef de clinique** ≃ senior registrar; **chef comptable** chief accountant; **chef de dépôt** shed *ou* yard master; (*Art, Littérat*) **chef d'école** leader of a school; **chef d'entreprise** company manager *ou* head; **chef d'équipe** foreman; **chef d'escadron** major; **chef d'État** head of state; **le chef de l'État** the Head of State; (*Mil*) **chef d'état-major** chief of staff; **chefs d'État-Major** Joint Chiefs of Staff; **chef de famille** head of the family *ou* household; (*Admin*) householder; **chef de file** leader; (*Pol*) party leader; (*Naut*) leading ship; (*Rail*) **chef de gare** station master; (*Jur*) **chef des jurés** foreman of the jury; (*Admin, Géog*) **chef-lieu** *nm, pl* **chef-lieux** ≃ county town; **chef mécanicien** chief mechanic; (*Rail*) head driver (*Brit*), chief engineer (*US*); **chef de musique** bandmaster; **chef de nage** stroke (oar); **chef-d'œuvre** *nm, pl* **chefs-d'œuvre** [ʃedœvʀ(ə)] masterpiece, chef-d'œuvre; (*Mus*) **chef d'orchestre** conductor (*Brit*), leader (*US*); **chef de patrouille** patrol leader; (*Mil*) **chef de pièce** captain of a gun; (*Admin*) **chef de projet** project manager; (*Comm*) **chef de rayon** department(al) supervisor, departmental manager; **chef de service** (*Admin*) section *ou* departmental head; (*Med*) ≃ consultant; (*Rail*) **chef de train** guard (*Brit*), conductor (*US*).

chef² [ʃɛf] *nm* **(a)** (†† *ou hum: tête*) head. (*Jur*) **~ d'accusation** charge, count (of indictment).

(b) (*loc*) (*Jur*) **du ~ de sa femme** in one's wife's right; (*frm*) **de son propre ~** on his own initiative, on his own authority; (*littér*) **au premier ~** greatly, exceedingly; (*littér*) **de ce ~** accordingly, hence.

cheftaine [ʃɛftɛn] *nf [louveteaux]* cubmistress (*Brit*), den mother (*US*); *[jeunes éclaireuses]* Brown Owl (*Brit*), den mother (*US*); *[éclaireuses]* (guide) captain.

cheik [ʃɛk] *nm* sheik.

chelem [ʃlɛm] *nm* (*Cartes*) slam. **petit/grand ~** small/grand slam.

chemin [ʃ(ə)mɛ̃] **1** *nm* **(a)** (*gén*) path; (*route*) lane; (*piste*) track; V **croisée², voleur** *etc*.

(b) (*parcours, trajet, direction*) way (*de, pour* to). **demander/ trouver le** *ou* **son ~** to ask/find the *ou* one's way; **montrer le ~ à qn** to show sb the way; **il y a bien une heure de ~** it takes a good hour to get there; **quel ~ a-t-elle pris?** which way did she go?; **de bon matin, ils prirent le ~ de X** they set out *ou* off for X early in the morning; **le ~ le plus court entre deux points** the shortest distance between two points; **ils ont fait tout le ~ à pied/en bicyclette** they walked/cycled all the way *ou* the whole way; **on a fait du ~ depuis une heure** we've come quite a (good) way in an hour; **se mettre en ~** to set out *ou* off; **poursuivre son ~** to carry on *ou* keep on one's way; (*littér*) **passez votre ~** go your way (*littér*), be on your way; **~ faisant, en ~** on the way; **pour venir, nous avons pris le ~ des écoliers** we came the long way round; (*fig*) **aller son ~** to go one's own sweet way; V **rebrousser**.

(c) (*fig*) path, way, road. **le ~ de l'honneur/de la gloire** the path *ou* way of honour/to glory; **le ~ de la ruine** the road to ruin; V **droit², tout**.

(d) (*loc*) **il a encore du ~ à faire** he's still got a long way to go, he's not there yet; (*iro*) there's still room for improvement; **faire son ~ dans la vie** to make one's way in life; **se mettre dans** *ou* **sur le ~ de qn** to stand *ou* get in sb's way, stand in sb's path; **il a fait du ~!** (*arriviste, jeune cadre*) he has come up in the world; (*savant, chercheur*) he has come a long way; **cette idée a fait du ~** this idea has gained ground; (*concession*) **faire la moitié du ~** to go half-way (to meet sb); **montrer le ~** to lead the way; **cela n'en prend pas le ~** it doesn't look likely; **il ne doit pas s'arrêter en si beau ~** he mustn't stop (now) when he's doing so well *ou* after such a good start; **il n'y arrivera pas par ce ~** he won't achieve anything this way, he won't get far if he goes about it this way; **être sur le bon ~** always on the road, be always gadding about; **trouver des difficultés sur son ~** to meet difficulties on one's path; **est-ce qu'il va réussir? — il n'en prend pas le ~** will he succeed? — he's not going the right way about it; (*Rel*) **le ~ de Damas** the road to Damascus; (*fig*) **trouver son ~ de Damas** to see the light (*fig*).

2: chemin charretier cart track; **chemin creux** sunken lane; (*Ordin*) **chemin critique** critical path; (*Rel*) **le chemin de (la) croix** the Way of the Cross; (*Rail*) **chemin de fer** railway (*Brit*), railroad (*US*); (*moyen de transport*) rail; **par chemin de fer** by rail; **chemin de halage** towpath; (*Archit*) **chemin de ronde** covered way; **chemin de table** table runner; **chemin de terre** dirt track;

chemin de traverse path across *ou* through the fields; **chemin vicinal** country road *ou* lane, minor road.

chemineau, *pl* **~x** [ʃ(ə)mino] *nm* (*littér ou* ††: *vagabond*) vagabond, tramp.

cheminée [ʃ(ə)mine] **1** *nf* **(a)** (*extérieure*) *[maison, usine]* chimney (stack); *[paquebot, locomotive]* funnel, smokestack.

(b) (*intérieure*) fireplace; (*foyer*) fireplace, hearth; (*encadrement*) mantelpiece, chimney piece. **un feu pétillait dans la ~ a fire was crackling in the hearth *ou* fireplace *ou* grate; V **feu¹**.

(c) (*Alpinisme*) chimney; *[lampe]* chimney.

2: cheminée d'aération ventilation shaft; **cheminée prussienne** (closed) stove; **cheminée d'usine** factory chimney.

cheminement [ʃ(ə)minmɑ̃] *nm* (*progression*) *[caravane, marcheurs]* progress, advance; (*Mil*) *[troupes]* advance (under cover); *[sentier, itinéraire, eau]* course, way; (*fig*) *[idées, pensée]* development, progression.

cheminer [ʃ(ə)mine] (1) *vi* (*littér*) **(a)** (*marcher, Mil: avancer à couvert*) to walk (along). **~ péniblement** to trudge (wearily) along; **après avoir longtemps cheminé** having plodded along for ages; **nous cheminions vers la ville** we wended (*littér*) *ou* made our way towards the town.

(b) (*progresser*) *[sentier]* to make its way (*dans* along); *[eau]* to make its way, follow its course (*dans* along); *[idées]* to follow their course. **sa pensée cheminait de façon tortueuse** his thoughts followed a tortuous course; **les eaux de la Durance cheminent pendant des kilomètres entre des falaises** the waters of the Durance flow for miles between cliffs *ou* make their way between cliffs for miles (and miles).

cheminot [ʃ(ə)mino] *nm* railwayman (*Brit*), railroad man (*US*).

chemisage [ʃ(ə)miza3] *nm* (*intérieur*) lining; (*extérieur*) jacketing.

chemise [ʃ(ə)miz] **1** *nf* **(a)** (*Habillement*) *[homme]* shirt; (††) *[femme]* chemise††, shift†; *[bébé]* vest. **~ de soirée/de sport** dress/ sports shirt; **être en manches** *ou* **bras de ~** to be in one's shirt sleeves; **col/manchette de ~** shirt collar/cuff; **je m'en moque** *ou* **m'en soucie comme de ma première ~** I don't care twopence (*Brit*) *ou* a fig.

(b) *[dossier]* folder; (*Tech*) (*revêtement intérieur*) lining; (*revêtement extérieur*) jacket. (*Aut*) **~ de cylindre** cylinder liner.

2: chemise (américaine) (woman's) vest (*Brit*) *ou* undershirt (*US*); (*Hist*) **chemises brunes** Brown Shirts; **chemise d'homme** man's shirt; **chemise de maçonnerie** facing; (*Hist*) **chemises noires** Blackshirts; **chemise de nuit** *[femme]* nightdress, nightgown, nightie*; *[homme]* nightshirt; (*Hist*) **chemises rouges** Redshirts.

chemiser [ʃ(ə)mize] (1) *vt intérieur* to line; *extérieur* to jacket.

chemiserie [ʃ(ə)mizʀi] *nf* (*magasin*) (gentlemen's) outfitters' (*Brit*), man's shop; (*rayon*) shirt department; (*commerce*) shirt(-making) trade (*Brit*) *ou* business.

chemisette [ʃ(ə)mizɛt] *nf [homme]* short-sleeved shirt; *[femme]* short-sleeved blouse.

chemisier [ʃ(ə)mizje] *nm* **(a)** (*marchand*) (gentlemen's) shirtmaker; (*fabricant*) shirtmaker.

(b) (*vêtement*) blouse; V **robe**.

chênaie [ʃɛnɛ] *nf* oak grove.

chenal, *pl* **-aux** [ʃənal, o] **1** *nm* (*canal*) channel, fairway; (*rigole*) channel; *[moulin]* millrace; *[forge, usine]* flume. **2:** (*Ind*) **chenal de coulée** gate, runner; (*Géol*) **chenal pro-glaciaire** glaciated valley.

chenapan [ʃ(ə)napɑ̃] *nm* (*hum: garnement*) scallywag (*hum*), rascal (*hum*); (*péj: vaurien*) scoundrel, rogue.

chêne [ʃɛn] **1** *nm* (*arbre*) oak (tree); (*bois*) oak. **2: chêne-liège** *nm, pl* **chênes-lièges** cork-oak; **chêne vert** holm oak, ilex.

chéneau, *pl* **~x** [ʃeno] *nm [toit]* gutter.

chenet [ʃ(ə)nɛ] *nm* firedog, andiron.

chènevis [ʃɛnvi] *nm* hempseed.

chenil [ʃ(ə)ni(l)] *nm* kennels. **mettre son chien dans un ~** to put one's dog in kennels.

chenille [ʃ(ə)nij] **1** *nf* **(a)** (*Aut, Zool*) caterpillar. **véhicule à ~s** tracked vehicle. **(b)** (*Tex*) chenille. **2: chenille du mûrier** silkworm; **chenille processionnaire** processionary caterpillar.

chenillé, e [ʃ(ə)nije] *adj véhicule* with caterpillar tracks, tracked.

chenillette [ʃ(ə)nijɛt] *nf* (*véhicule*) tracked vehicle.

chenu, e [ʃəny] *adj* (*littér*) *vieillard, tête* hoary; *arbre* leafless with age.

cheptel [ʃɛptɛl] **1** *nm* (*bétail*) livestock; (*Jur*) livestock (*leased*). **~ ovin/porcin d'une région** sheep/pig *ou* swine population of an area; V **bail**. **2:** (*Jur*) **cheptel mort** farm implements; (*Jur*) **cheptel vif** livestock.

chèque [ʃɛk] **1** *nm* **(a)** (*Banque*) cheque (*Brit*), check (*US*). **faire/ toucher un ~** to write/cash a cheque; **~ de 100 F** cheque for 100 francs (*Brit*) *ou* in the amount of 100 francs (*US*).

(b) (*bon*) voucher. **~-repas** *ou* **-restaurant** luncheon voucher; **~-cadeau** gift token; **~-essence** petrol (*Brit*) *ou* gasoline (*US*) coupon *ou* voucher.

2: chèque bancaire cheque; **chèque barré** crossed cheque (*Brit*); (*lit, fig*) **chèque en blanc** blank cheque; **chèque en bois*** dud* cheque; **chèque certifié** certified cheque; **chèque de dépannage** loose cheque (*supplied by bank when customer does not have his own chequebook*); **chèque à ordre** cheque to order, order cheque; **chèque au porteur** bearer cheque; **chèque postal** ≃ (Post Office) Girocheque (*Brit*); **chèque sans provision** bad *ou* dud* cheque; **chèque de voyage** traveller's cheque.

chéquier [ʃekje] *nm* cheque book (*Brit*) *ou* check (*US*) book.

cher, chère¹ [ʃɛʀ] **1** *adj* (*gén après n: aimé*) *personne, souvenir, vœu* dear (*à* to). **ceux qui nous sont ~s** our nearest and dearest, our dear ones; **des souvenirs ~s** fond memories; **des souvenirs ~s à mon cœur** memories dear to my heart; **les êtres ~s** the loved ones; **c'est mon vœu le plus ~** it's my fondest *ou* dearest wish;

mon désir le plus ~ ou mon plus ~ désir est de my greatest ou most cherished desire is to; l'honneur est le bien le plus ~ honour is one's most precious possession, one's honour is to be treasured above all else.

(b) (avant n) dear. (mes) ~s auditeurs dear listeners; (Rel) mes bien ~s frères my dear(est) brethren; Monsieur et ~ collègue dear colleague; ce ~ (vieux) Louis!* dear old Louis!*; (hum) le ~ homme n'y entendait pas malice the dear man didn't mean any harm to; retrouver ses ~s parents/chères pantoufles to find one's beloved parents/slippers again; retrouver ses chères habitudes to slip back into one's dear old habits; (sur lettre) ~s tous dear all.

(c) (coûteux: après n) marchandise expensive, dear (Brit), costly; boutique, commerçant expensive, dear (Brit). un petit restaurant pas ~ an inexpensive ou reasonably priced little restaurant; la vie est chère à Paris the cost of living is high in Paris, Paris is an expensive place to live; c'est moins ~ qu'en face it's cheaper than ou less expensive than in the shop opposite; cet épicier est trop ~ this grocer is too expensive ou too dear (Brit) ou charges too much; c'est trop ~ pour ce que c'est it's overpriced; V vie.

2 nm, f (frm, hum) mon ~, ma chère my dear; oui, très ~ yes, dearest.

3 adv valoir, coûter, payer a lot (of money), a great deal (of money). article qui vaut ou coûte ~ expensive item, item that costs a lot ou a great deal; as-tu payé ~ ton costume? did you pay much ou a lot for your suit?, was your suit (very) expensive? ou (very) dear (Brit)?; il se fait payer ~, il prend ~ he charges high rates, his rates are high, he's expensive; il vend ~ his prices are high, he charges high prices; ça s'est vendu ~ it went for ou fetched a high price ou a lot (of money), it cost a mint*; je ne l'ai pas acheté ~, je l'ai eu pour pas ~* I bought it very cheaply ou bought it cheap*, I got it dirt cheap*, I didn't pay much for it; (fig) garnement qui ne vaut pas ~ ne'er-do-well, good-for-nothing; (fig) tu ne vaux pas plus ~ que lui you're no better than him, you're just as bad as he is; (fig) son imprudence lui a coûté ~ his rashness cost him dear (Brit) ou a great deal (US); (fig) il a payé ~ son imprudence he paid dearly (Brit) ou heavily for his rashness.

chercher [ʃɛʀʃe] (1) 1 vt (a) (essayer de trouver) personne, chose égarée, emploi to look for, search for, try to find, hunt for; solution, moyen to look for, seek, try to find; ombre, lumière, tranquillité to seek; citation, heure de train to look up; nom, mot to try to find, try to think of; raison, excuse to cast about for, try to find, look for ~ qn du regard ou des yeux to look (around) for sb; ~ qch à tâtons to grope ou fumble for sth; attends, je cherche wait a minute, I'm trying to think; il n'a pas bien cherché he didn't look ou search very hard; ~ partout qch/qn to search ou hunt everywhere for sth/sb; ~ sa voie to look for ou seek a path in life; ~ ses mots to search for words; (à un chien) cherche! cherche! find it, boy!

(b) (viser à) gloire, succès to seek (after); (rechercher) alliance, faveur to seek. il ne cherche que son intérêt he is concerned only with his own interest.

(c) (provoquer) danger, mort to court. ~ la difficulté to look for difficulties; ~ la bagarre to be looking ou spoiling for a fight; tu l'auras cherché! you've been asking for it!; si on me cherche, on me trouve* if anyone asks for it, they'll get it*; ~ le contact avec l'ennemi to try to engage the enemy in combat.

(d) (prendre, acheter) aller ~ qch/qn to go for sth/sb, go and fetch (Brit) ou get sth/sb; il est venu ~ Paul he called ou came for Paul, he came to fetch (Brit) ou to get Paul; il est allé me ~ de la monnaie he has gone to get some change for me; va me ~ mon sac go and fetch (Brit) ou get me my bag; qu'est-ce que tu vas ~? je n'ai rien dit! whatever do you mean? ou whatever are you trying to read into it? I didn't say a thing!; où est-ce qu'il va ~ toutes ces idées idiotes! where does he get all those stupid ideas from!; monter/descendre ~ qch to go up/down for sth ou to get sth; aller ~ qch dans un tiroir to go and get sth out of a drawer; il est allé/venu le ~ à la gare he went/came to meet ou collect him at the station; aller ~ les enfants à l'école to go to fetch (Brit) ou get ou collect the children from school; envoyer (qn) ~ le médecin to send (sb) for the doctor; ça va ~ dans les 300 F it'll add up to ou come to something like 300 francs; ça va ~ dans les 5 ans de prison it will mean something like 5 years in prison; (amende) ça peut aller ~ loin it could mean a heavy fine.

(e) ~ à faire to try to do, attempt to do; ~ à comprendre to try to understand; faut pas ~ à comprendre* don't (even) try and understand; ~ à faire plaisir à qn to try ou endeavour to please sb; ~ à obtenir qch to try to obtain sth; ~ à savoir qch to try ou attempt to find out sth.

(f) (loc) ~ des crosses à qn* to try and pick a fight with sb; ~ fortune to seek one's fortune; ~ des histoires à qn to try to make trouble for sb; ~ midi à quatorze heures to complicate the issue, look for complications; ~ noise à qn to pick a quarrel with sb; ~ la petite bête to split hairs; ~ une aiguille dans une botte ou meule de foin to look for a needle in a haystack; ~ des poux dans la tête de qn to try and make trouble for sb; ~ querelle à qn to pick a quarrel with sb; ~ son salut dans la fuite to seek ou take refuge in flight; cherchez la femme! cherchez la femme!

2 se chercher vpr (chercher sa voie) to search for an identity.
chercheur, -euse [ʃɛʀʃœʀ, øz] 1 adj esprit inquiring; V tête.

2 nm (Tech) [télescope] finder; [détecteur à galène] cat's whisker. ~ de fuites gas-leak detector.

3 nm, f (personne qui étudie, cherche) researcher; (Univ: chargé de recherches) researcher, research worker. (personne qui cherche qch) ~ de seeker of; ~ d'aventure(s) adventure seeker, seeker after adventure; ~ d'or gold digger; ~ de trésors treasure hunter.
chère² [ʃɛʀ] nf (†† ou hum) food, fare. faire bonne ~ to eat well.
chèrement [ʃɛʀmã] adv (a) (avec affection) aimer dearly, fondly.

conserver ~ des lettres to keep letters lovingly, treasure letters; conserver ~ le souvenir de qn/qch to treasure ou cherish the memory of sb/sth.

(b) (non sans pertes, difficultés) ~ acquis ou payé avantage, victoire, succès dearly bought ou won; vendre ou faire payer ~ sa vie to sell one's life dearly.

(c) (†: au prix fort) vendre at a high price, dearly†.
chéri, e [ʃeʀi] (ptp de chérir) 1 adj (bien-aimé) beloved, darling, dear(est). quand il a revu son fils ~ when he saw his beloved son again; dis-moi, maman ~e tell me, mother dear ou mother darling; (sur tombe) à notre père ~ to our dearly loved ou beloved father.

2 nm, f (terme d'affection) darling. mon (grand) ~ (my) darling, my (little) darling; (hum) bonjour mes ~s hullo (my) darlings (hum).

(b) (péj: chouchou) c'est le ~ à sa maman he's mummy's little darling ou mummy's blue-eyed boy, his mother dotes on him; c'est le ~ de ses parents his parents dote on him, he's the apple of his parents' eye.
chérir [ʃeʀiʀ] (2) vt (littér) personne to cherish, love dearly; liberté, idée to cherish, hold dear; souvenir to cherish, treasure.
chérot* [ʃeʀo] adj m (coûteux) pricey* (Brit).
cherry [ʃeʀi] nm, cherry brandy [ʃeʀibʀãdi] nm cherry brandy.
cherté [ʃɛʀte] nf [article] high price, dearness (Brit); [époque, région] high prices (de in). la ~ de la vie the high cost of living, the cost of things*.
chérubin [ʃeʀybɛ̃] nm (lit, fig) cherub. ~s (Art) cherubs; (Rel) cherubim.
chétif, -ive [ʃetif, iv] adj (a) (malingre) enfant puny, sickly; adulte puny; arbuste, plante puny, weedy, stunted. enfant/végétaux à l'aspect ~ weedy-looking ou puny-looking child/plants.

(b) (minable) récolte meagre, poor; existence meagre, mean; repas skimpy, scanty; raisonnement paltry, feeble.
chétivement [ʃetivmã] adv pousser punily.
chevaine [ʃ(ə)vɛn] nm = chevesne.
cheval, -aux [ʃ(ə)val, o] 1 nm (a) (animal) horse. carosse à deux/ à six ~aux coach and pair;and six; (péj) c'est un grand ~, cette fille she's built like a carthorse (Brit péj), she's a great horse of a girl (péj); au travail, c'est un vrai ~ he works like a carthorse (Brit), he works like a Trojan; (fig) ce n'est pas le mauvais ~ he's not a bad sort ou soul.

(b) (Aut) horsepower (U). elle fait combien de ~aux? how many cc's is the engine?, what horsepower is it?; c'est une 6 ~aux it's a 6 horsepower car.

(c) (Drogue Arg) horse (arg), big H (arg).

(d) (loc) à ~ on horseback; se tenir bien à ~ to have a good seat, sit well on horseback; être à ~ sur une chaise to be (sitting) astride a chair, be straddling a chair; village à ~ sur deux départements village straddling two departments; à ~ sur deux mois overlapping two (different) months, running from one month into the next; être (très) à ~ sur le règlement/les principes to be a (real) stickler for the rules/for principles; de ~* remède drastic; fièvre raging.

2: cheval d'arçons pommel horse; cheval d'attelage plough horse; cheval à bascule rocking horse; (Mil) cheval de bataille battle horse, charger; (fig) il a ressorti son cheval de bataille he's back on his hobby-horse ou his favourite theme again; cheval de bois wooden horse; monter ou aller sur les chevaux de bois to go on the roundabout (Brit) ou merry-go-round; († ou hum) déjeuner ou dîner ou manger avec les chevaux de bois to miss a meal, go dinnerless; cheval de chasse hunter; cheval de cirque circus horse; cheval de course racehorse; cheval de fiacre carriage horse; cheval fiscal horsepower (for tax purposes); cheval de frise chevaux-de-frise; cheval de labour carthorse, plough horse; cheval de manège school horse; cheval marin ou de mer sea horse; cheval de poste ou de relais post horse; cheval de renfort remount; (vieux) cheval de retour recidivist, old lag* (Brit); cheval de selle saddle horse; cheval de trait draught horse (Brit), draft horse (US); (lit, fig) le cheval de Troie the Trojan horse, the Wooden Horse of Troy; cheval vapeur nm, pl chevaux vapeur horsepower.
chevalement [ʃ(ə)valmã] nm [mur] shoring; [galerie] (pit)head frame.
chevaler [ʃ(ə)vale] (1) vt mur to shore up.
chevaleresque [ʃ(ə)valʀɛsk(ə)] adj caractère, conduite chivalrous, gentlemanly. règles ~s rules of chivalry; l'honneur ~ the honour of a knight, knightly honour; V littérature.
chevalerie [ʃ(ə)valʀi] nf (Hist: institution) chivalry; (dignité, chevaliers) knighthood; V roman¹.
chevalet [ʃ(ə)vale] nm [peintre] easel; (Menuiserie) trestle, sawhorse (Brit), sawbuck (US); [violon etc] bridge; (Hist: torture) rack.
chevalier [ʃ(ə)valje] 1 nm (a) (Hist) knight. faire qn ~ to knight sb, dub sb knight; 'je te fais ~' 'I dub you knight'.

(b) (oiseau) sandpiper.

2: (Orn) chevalier aboyeur greenshank; chevalier errant knight-errant; (Orn) chevalier gambette redshank; chevalier d'industrie crook, swindler; chevalier de la Légion d'honneur chevalier of the Legion of Honour; chevalier servant (attentive) escort; chevalier de la Table ronde Knight of the Round Table; le chevalier de la Triste Figure the Knight of the Sorrowful Countenance.
chevalière [ʃ(ə)valjɛʀ] nf signet ring.
chevalin, e [ʃ(ə)valɛ̃, in] adj race of horses, equine; visage, œil horsy; V boucherie.
chevauchant, e [ʃ(ə)voʃã, ãt] adj pans, tuiles, dents overlapping.
chevauchée [ʃ(ə)voʃe] nf (course) ride; (cavaliers, cavalcade) cavalcade.

chevauchement [ʃ(ə)voʃmɑ̃] *nm* (*gén*) overlapping; (*Géol*) thrust fault.

chevaucher [ʃ(ə)voʃe] (1) **1** *vt* (a) (*être à cheval sur*) *cheval, âne* to be astride; *chaise* to sit astride, straddle, bestride. (*fig*) **de grosses lunettes lui chevauchaient le nez** a large pair of glasses sat on his nose; (*fig*) **le pont chevauche l'abîme** the bridge spans the abyss.
   (b) (*recouvrir partiellement*) *ardoise, pan* to overlap, lap over.
   2 se chevaucher *vpr* (*se recouvrir partiellement*) *[dents, tuiles, lettres]* to overlap (each other); (*Géol*) *[couches]* to overthrust, override.
   3 *vi* (a) († *ou littér: aller à cheval*) to ride (on horseback).
   (b) = **se chevaucher**.

chevau-léger, *pl* **chevau-légers** [ʃ(ə)voleʒe] *nm* (*Hist*) (*soldat*) member of the Household Cavalry. (*troupe*) **~s** Household Cavalry.

chevêche [ʃəvɛʃ] *nf* little owl.

chevelu, e [ʃəvly] *adj personne* (*gén*) with a good crop of *ou* long mane of hair, long-haired; (*péj*) hairy (*péj*), long-haired; *tête* hairy; (*fig*) *épi* tufted; *racine* bearded; *V* cuir.

chevelure [ʃəvlyʀ] *nf* (a) (*cheveux*) hair (*U*). **une ~ malade/terne** unhealthy/dull hair; **elle avait une ~ abondante/une flamboyante ~ rousse** she had thick hair *ou* a thick head of hair/a shock of flaming red hair; **sa ~ était magnifique** her hair was magnificent.
   (b) *[comète]* tail.

chevesne [ʃ(ə)vɛn] *nm* chub.

chevet [ʃ(ə)vɛ] *nm* (a) *[lit]* bed(head). **au ~ de qn** at sb's bedside; *V* lampe, livre¹, table. (b) (*Archit*) *[église]* chevet.

cheveu, *pl* ~**x** [ʃ(ə)vø] **1** *nm* (a) (*gén pl*) hair. (*chevelure*) ~**x** hair (*U*); (*collectif*) **il a le ~ rare** he is balding, his hair is going thin; **une femme aux ~x blonds/frisés** a fair-haired/curly-haired woman, a woman with fair/curly hair; **avoir les ~x en désordre** *ou* **en bataille** *ou* **hirsutes** to have untidy *ou* tousled hair, be dishevelled; **(les) ~x au vent** hair hanging loose; **elle s'est trouvé 2 ~x blancs** she has found 2 white hairs; **épingle/brosse/filet à ~x** hairpin/brush/net; **en ~x†** hatless†, bareheaded; **il n'a pas un ~ sur la tête*** *ou* **le caillou*** he hasn't a (single) hair on his head; *V* coupe².
   (b) (*loc*) **tenir à un ~:** **leur survie n'a tenu qu'à un ~** their survival hung by a thread, they survived but it was a very close thing; **son accord n'a tenu qu'à un ~** it was touch and go whether he would agree; **il s'en faut d'un ~ qu'il ne change d'avis** it's touch and go whether he'll change his mind; **il s'en est fallu d'un ~ qu'ils ne se tuent** they escaped death by the skin of their teeth *ou* by a hair's breadth, they were within an ace of being killed; **si vous osez toucher à un ~ de cet enfant** if you dare touch a hair of this child's head; **avoir un ~*** (sur la langue) to have a lisp; **se faire des ~x*** (blancs) to worry o.s. grey *ou* stiff*, worry o.s. to death; **comme un ~ sur la soupe*** **arriver** at the most awkward moment, just at the right time (*iro*); **ça arrive** *ou* **ça vient comme un ~ sur la soupe**, **ce que tu dis that remark is completely irrelevant** *ou* quite out of place; **tiré par les ~x** *histoire* far-fetched; **il y a un ~*** there's a hitch* *ou* snag*; **il va y trouver un ~*** he's not going to like it one bit; **se prendre aux ~x** to come to blows; *V* arracher, couper *etc*.
   2: **cheveux d'ange** (*vermicelle*) fine vermicelli; (*décoration*) silver floss (*Brit*), icicles (*US*) (*for Christmas tree*); **cheveux de Vénus** maidenhair (fern).

cheville [ʃ(ə)vij] *nf* (a) (*Anat*) ankle. **l'eau lui venait** *ou* **arrivait à la ~** *ou* **aux ~s** he was ankle-deep in water, the water came up to his ankles; (*fig*) **aucun ne lui arrive à la ~** he is head and shoulders above the others, there's no one to touch him, no one else can hold a candle to him.
   (b) (*fiche*) (*pour joindre*) dowel, peg, pin; (*pour y enfoncer un clou*) plug; (*Mus*) *[instrument à cordes]* peg; (*Boucherie: crochet*) hook. **~ ouvrière** (*Aut*) kingpin; (*fig*) kingpin, mainspring.
   (c) (*Littérat*) *[poème]* padding (*U*).
   (d) (*loc*) **être en ~ avec qn pour faire qch** to have an arrangement with sb to do sth.

cheviller [ʃ(ə)vije] (1) *vt* (*Menuiserie*) to peg; *V* âme.

chèvre [ʃɛvʀ(ə)] **1** *nf* (a) (*Zool*) (*gén*) goat; (*femelle*) she-goat, nanny-goat. (*fig*) **rendre** *ou* **faire devenir qn ~*** to drive sb up the wall*; *V* fromage *etc*.
   (b) (*Tech*) (*treuil*) hoist, gin; (*chevalet*) sawhorse (*Brit*), sawbuck (*US*), trestle.
   2 *nm* (*fromage*) goat cheese, goat's-milk cheese.

chevreau, *pl* ~**x** [ʃəvʀo] *nm* (*animal, peau*) kid. **bondir comme un ~** to frisk like a lamb.

chèvrefeuille [ʃɛvʀəfœj] *nm* honeysuckle.

chevrette [ʃəvʀɛt] *nf* (a) (*jeune chèvre*) kid, young she-goat. (b) (*chevreuil femelle*) roe, doe; (*fourrure*) goatskin. (c) (*trépied*) (metal) tripod.

chevreuil [ʃəvʀœj] *nm* (*Zool*) roe deer; (*mâle*) roebuck; (*Can*: cerf de Virginie*) deer; (*Culin*) venison.

chevrier [ʃəvʀije] *nm* (*berger*) goatherd; (*haricot*) (type of) kidney bean.

chevrière [ʃəvʀijɛʀ] *nf* (*rare*) goat-girl.

chevron [ʃəvʀɔ̃] *nm* (*poutre*) rafter; (*galon*) stripe, chevron; (*motif*) chevron, V(-shape). **~s** herringbone (pattern), chevron pattern; **à ~s** (*petits*) herringbone; (*grands*) chevron-patterned; *V* engrenage.

chevronné, e [ʃəvʀɔne] *adj alpiniste* practised, seasoned, experienced; *soldat* seasoned, veteran; *conducteur* experienced, practised. **un parlementaire ~** a seasoned parliamentarian, an old parliamentary hand.

chevrotant, e [ʃəvʀɔtɑ̃, ɑ̃t] *adj voix* quavering, shaking; *vieillard* with a quavering voice.

chevrotement [ʃəvʀɔtmɑ̃] *nm* *[voix]* quavering, shaking; *[vieillard]* quavering (voice).

chevroter [ʃəvʀɔte] (1) *vi* *[personne]* to quaver; *[voix]* to quaver, shake.

chevrotine [ʃəvʀɔtin] *nf* buckshot (*U*).

chewing-gum, *pl* **chewing-gums** [ʃwiŋɡɔm] *nm* chewing gum (*U*).

chez [ʃe] *prép* (a) (*à la maison*) **~ soi** at home; **être/rester ~ soi** to be/stay at home, be/stay in; **est-ce qu'elle sera ~ elle aujourd'hui?** will she be at home *ou* in today?; **nous rentrons ~ nous** we are going home; **j'ai des nouvelles de ~ moi** I have news from home; **faites comme ~ vous** make yourself at home; **on n'est plus ~ soi avec tous ces étrangers!** it doesn't feel like home any more with all these foreigners about!; **je l'ai accompagné ~ lui** I saw *ou* walked him home; **nous l'avons trouvée ~ elle** we found her at home; **avoir un ~ soi** to have a home to call one's own *ou* a home of one's own.
   (b) **~ qn** (*maison*) at sb's house *ou* place; (*appartement*) at sb's place *ou* flat (*Brit*) *ou* apartment (*US*); (*famille*) in sb's family *ou* home; (*sur une adresse*) c/o sb; **~ moi nous sommes 6** there are 6 of us in my *ou* our family; **près de/devant/de ~ qn** near/in front of/from sb's place *ou* house; **de/près de ~ nous** from/near (our) home *ou* our place *ou* our house; **~ Robert/le voisin** at Robert's (house)/the neighbour's (house); **~ moi/son frère, c'est tout petit** my/his brother's place is tiny; **je vais ~ lui/Robert** I'm going to his place/to Robert's (place); **il séjourne ~ moi** he is staying at my place *ou* with me; **la personne ~ qui je suis allé** the person to whose house I went; **passons par ~ eux/mon frère** let's drop in on them/my brother, let's drop by their place/my brother's place; (*enseigne de café*) **~ Rosalie** Rosalie's, chez Rosalie; **~ nous** (*pays*) in our country, at home, back home*; (*maison*) in our house, at home; **c'est une paysanne/coutume (bien) de ~ nous** she/it is one of our typical local country girls/customs; **~ eux/vous, il n'y a pas de parlement** in their/your country there's no parliament; **il a été élevé ~ les Jésuites** he was brought up in a Jesuit school *ou* by the Jesuits.
   (c) **~ l'épicier/le coiffeur/le docteur** at the grocer's/the hairdresser's/the doctor's; **je vais ~ le boucher** I'm going to the butcher's; **il va ~ le dentiste/le docteur** he's going to the dentist's/the doctor's).
   (d) (*avec peuple, groupe humain ou animal*) among. **~ les Français/les Sioux/les Romains** among the French/the Sioux/the Romans; **~ l'ennemi, les pertes ont été élevées** the enemy's losses were heavy; **~ les fourmis/le singe** among (the) ants/(the) monkeys; **on trouve cet instinct ~ les animaux** you find this instinct in animals; **~ les politiciens** among politicians.
   (e) (*avec personne, œuvre*) **~ Balzac/Picasso on trouve de tout** in Balzac/Picasso you find a bit of everything; **c'est rare ~ un enfant de cet âge** it's rare in a child of that age; **~ lui, c'est une habitude** it's a habit with him; **~ lui c'est le foie qui ne va pas** it's his liver that gives him trouble.

chiadé, e [ʃjade] (*ptp de* **chiader**) *adj* (*arg Scol*) (*difficile*) *problème* tough*, stiff*; (*approfondi*) *exposé, leçon* brainy*, powerful*; (*perfectionné*) *appareil* clever*, nifty*.

chiader [ʃjade] (1) **1** *vt* (*arg Scol*) *leçon* to swot up* (*Brit Scol*); *examen* to swot for* (*Brit*), cram for*; *exposé* to work on. **2** *vi* (*travailler*) to swot* (*Brit*), slog away*.

chiadeur, -euse* [ʃjadœʀ, øz] *nm,f* swot* (*Brit*), slogger*.

chialer‡ [ʃjale] (1) *vi* (*pleurer*) to blubber*.

chialeur, -euse* [ʃjalœʀ, øz] *nm,f* crybaby*, blubberer*.

chiant, e‡ [ʃjɑ̃, ɑ̃t] *adj* (*ennuyeux*) *personne, problème, difficulté* bloody (*Brit*) *ou* damn annoying‡. **ce roman est ~** this novel's a bloody (*Brit*) *ou* damn pain‡; **c'est ~, je vais être en retard** it's a bloody (*Brit*) *ou* damn nuisance‡ *ou* it's bloody (*Brit*) *ou* damn annoying *ou* sickening‡, I'm going to be late.

chiard‡ [ʃjaʀ] *nm* brat.

chiasme [kjasm(ə)] *nm* (*Littérat*) chiasmus; (*Anat*) chiasm, chiasma.

chiasse [ʃjas] *nf* (***‡**) (a) (*colique*) runs*, trots*, skitters‡ (*Brit*); **avoir/attraper la ~** (*lit*) to have/get the runs* *ou* the trots*; (*peur*) to have/get the willies*, be/get scared witless‡, be/get in a funk‡; **ça lui donne la ~** (*lit*) it gives him the runs*; (*peur*) it gets him scared witless‡.
   (b) (*poisse*) **c'est la ~, quelle ~** what a bloody (*Brit*) *ou* damn pain‡, what a bloody (*Brit*) *ou* damn drag‡.
   2: **chiasse(s) de mouche(s)** fly speck(s).

chic [ʃik] **1** *nm* (a) (*élégance*) *[toilette, chapeau]* stylishness *[personne]* style. **avoir du ~** *[toilette, chapeau]* to have style, be stylish; *[personne]* to have (great) style; **être habillé avec ~** to be stylishly dressed; *V* bon.
   (b) (*loc*) **avoir le ~ pour faire qch** to have the knack of doing sth; **de ~:** *peindre, dessiner* without a model, from memory; **traduire/écrire qch de ~** to translate/write sth off the cuff.
   2 *adj inv* (a) (*élégant*) *chapeau, toilette, personne* stylish, smart. (b) (*de la bonne société*) *dîner* smart, posh*. **2 messieurs ~** 2 well-to-do *ou* smart(-looking) gentlemen; **les gens ~ vont à l'opéra le vendredi** the smart set *ou* posh people go to the opera on Fridays; **elle travaille chez des gens ~** she's working for some posh* *ou* well-to-do people.
   (c) (***:** *gentil, généreux*) decent*, nice. **c'est une ~ fille** she's a decent sort* *ou* a nice girl; **c'est un ~ type** he's a decent sort* *ou* a nice bloke* (*Brit*) *ou* a nice guy*; **elle a été très ~ avec moi** she's been very nice *ou* decent to me; **c'est très ~ de sa part** that's very decent *ou* nice of him.
   3 *excl*: **~ (alors), on va au cinéma** terrific!* *ou* great!* we're going to the cinema.

chicane [ʃikan] *nf* (a) (*zigzag*) *[barrage routier]* ins and outs, twists and turns; *[circuit automobile]* chicane; *[gymkhana]* in and out, zigzag. **des camions stationnés en ~ gênaient la circulation** lorries parked at intervals on both sides of the street held up the traffic.

(b) († *Jur*) (*objection*) quibble; (*querelle*) squabble, petty quarrel. **aimer la ~** (*disputes*) to enjoy picking quarrels with people, enjoy bickering; (*procès*) to enjoy pettifogging *ou* bickering over points of procedure; **faire des ~s à qn** to pick petty quarrels with sb; **gens de ~** pettifoggers.

chicaner [ʃikane] (1) **1** *vt* **(a)** († *ou littér*) (*mesurer*) **~ qch à qn** to quibble *ou* haggle with sb over sth; (*contester*) **nul ne lui chicane son courage** no one disputes *ou* denies his courage *ou* calls his courage into question.

(b) († *ou littér: chercher querelle à*) **~ qn** (**sur** *ou* **au sujet de qch**) to quibble *ou* squabble with sb (over sth); **ils se chicanent continuellement** they wrangle constantly (with each other), they are constantly bickering.

2 *vi* **(a)** (*ergoter sur*) **~ sur** to quibble about, haggle over.
(b) († *Jur*) to pettifog†.

chicanerie [ʃikanʀi] *nf* († (*disputes*) wrangling, petty quarrelling (*U*); (*tendance à ergoter*) (constant) quibbling. **toutes ces ~s** all this quibbling *ou* haggling.

chicaneur, -euse [ʃikanœʀ, øz] (*ergoteur*) **1** *adj* argumentative, pettifogging. **2** *nm, f* quibbler.

chicanier, -ière [ʃikanje, jɛʀ] **1** *adj* quibbling. **2** *nm, f* quibbler.

Chicano [ʃikano] *nmf* Chicano.

chiche¹ [ʃiʃ] *adj* V **pois.**

chiche² [ʃiʃ] *adj* **(a)** (*mesquin*) *personne* niggardly, mean; *rétribution* niggardly, paltry, mean; *repas* scanty, meagre. **comme cadeau, c'est un peu ~** it's a rather mean *ou* paltry gift; **être ~ de paroles/compliments** to be sparing with one's words/ compliments.

(b) (*: capable de*) **être ~ de faire qch** to be able to do sth *ou* capable of doing sth; **tu n'es pas ~ (de le faire)** you couldn't (do that); **~ que je le fais!** I bet you I do it!*, (I) bet you I will!*; **~?** **— ~!** am I on?* *ou* are you game?* — you're on!*

chichement [ʃiʃmɑ̃] *adv récompenser, nourrir* meanly, meagrely; *vivre, se nourrir* (*pauvrement*) poorly; (*mesquinement*) meanly.

chichi* [ʃiʃi] *nm* **(a)** **~(s)** (*embarras*) fuss (*U*), carry-on* (*U*); (*manières*) fuss (*U*); **faire des ~s** *ou* **du ~** (*embarras*) to fuss, make a fuss; (*manières*) to make a fuss; **ce sont des gens à ~(s)** they're the sort of people who make a fuss; **on vous invite sans ~(s)** we're inviting you informally.

(b) (*beignet*) ≃ doughnut.

chichiteux, -euse* [ʃiʃitø, øz] *adj* (*péj*) (*faiseur d'embarras*) troublesome; (*manière*) affected, fussy.

chicorée [ʃikɔʀe] *nf* (*salade*) endive; (*à café*) chicory. **~ frisée** curly endive (lettuce).

chicot [ʃiko] *nm* (*dent*) stump; (*rare: souche*) (tree) stump. **elle souriait, découvrant des ~s jaunis par le tabac** she smiled, revealing the stumps of her nicotine-stained teeth.

chicotin [ʃikɔtɛ̃] *nm* V **amer².**

chié, e¹* [ʃje] *adj* (*réussi, calé*) bloody (*Brit*) *ou* damned good‡. (*iro*) **c'est ~ comme bled!** it's a bloody dump!*, (*Brit*) *ou* damned hole‡ (*US*); **il est ~ ce problème** it's a hell of a problem‡.

chiée²*‡ [ʃje] *nf*: **une ~ de, des ~s de** a hell of a lot of‡.

chien [ʃjɛ̃] **1** *nm* **(a)** (*animal*) dog. **petit ~** (*jeune*) pup, puppy; (*de petite taille*) small dog; **'(attention) ~ méchant'** 'beware of the dog'; **ne fais pas le ~ fou** calm down a bit.

(b) *[fusil]* hammer, cock.

(c) (††: *injure*) **~!** (you) cur!††.

(d) (*loc*) **coiffée à la ~** wearing a fringe; **en ~ de fusil** curled up; **quel ~ de temps!** *ou* **temps de ~!** what filthy *ou* foul weather!; **vie de ~** dog's life; **ce métier de ~** this rotten job; **comme un ~** *mourir, traiter* like a dog; **elle a du ~*** she has a certain something*, she's very attractive; **entre ~ et loup** in the twilight *ou* dusk; **c'est pas fait pour les ~s!*** it's there to be used; **être** *ou* **vivre** *ou* **s'entendre comme ~ et chat** to fight like cat and dog, always be at one another's throats; **arriver comme un ~ dans un jeu de quilles** to turn up when least needed *ou* wanted; **recevoir qn comme un ~ dans un jeu de quilles** to give sb a cold reception; (*Prov*) **un ~ regarde bien un évêque** a cat may look at a king; (*Prov*) **les ~s aboient, la caravane passe** let the world say what it will.

2 *adj inv* **(a)** (*avare*) mean, stingy*.

(b) (*méchant*) rotten. **elle n'a pas été ~ avec toi** she was quite decent to you.

3: chien d'appartement house dog; **chien d'arrêt** pointer; **chien assis** (*Constr*) ≃ dormer window (*Brit*), dormer (*US*); **chien d'aveugle** guide dog, blind dog; **chien de berger** sheepdog; **chien de chasse** retriever, gun dog; **chien couchant** setter; **faire le chien couchant** to kowtow, toady (*auprès de* to); **chien courant** hound; **chien de garde** guard dog, watchdog; **chien-loup** *nm, pl* **chiens-loups** wolfhound; **chien de manchon** lapdog; **chien de mer** dogfish; **chien polaire** = **chien de traîneau**; **chien policier** police dog, tracker dog; **chien de race** pedigree dog; **chien de salon** = **chien de manchon**; **chien savant** (*lit*) performing dog; (*fig*) know-all; **chien de traîneau** husky.

chien-chien [ʃjɛ̃ʃjɛ̃] *nm* (*langage enfantin*) doggy (*langage enfantin*). **oh le beau ~** nice doggy!, good doggy!

chiendent [ʃjɛ̃dɑ̃] *nm* **(a)** (*Bot*) couch grass, quitch (grass); V **brosse. (b)** (*†*: *l'ennui*) **le ~** the trouble *ou* rub (†, *hum*).

chienlit [ʃjɑ̃li] *nf* **(a)** (*pagaille*) havoc. **(b)** (†: *mascarade*) fancy-dress parade.

chienne [ʃjɛn] *nf* bitch. (††: *injure*) **~!** (you) trollop!††; **quelle ~ de vie!** what a dog's life!

chier*‡ [ʃje] (7) *vi* **(a)** to shit*‡, crap*‡. **~ un coup de** have a crap*‡ *ou* shit*‡.

(b) (*loc*) **faire ~ qn** *[personne]* (*ennuyer*) to give sb a pain in the butt‡ *ou* arse*‡ (*Brit*) *ou* ass*‡ (*US*), bore the pants off sb‡; (*tracasser, harceler*) to get up sb's nose‡ (*Brit*), bug sb‡; **ça me fait ~** it's a *ou* it gives me a pain in the arse*‡ *ou* butt‡; **envoyer ~ qn** to tell sb to piss off*‡ *ou* bugger off*‡ (*Brit*) *ou* fuck off*‡; **se faire ~**: **je me suis fait ~ pendant 3 heures à réparer la voiture** I sweated my guts out‡ for 3 hours repairing the car; **qu'est-ce qu'on se fait ~ à ses conférences** what a bloody‡ (*Brit*) *ou* fuck-ing*‡ bore his lectures are, his lectures bore the pants off you‡; **ça va ~** there'll be one hell of a (bloody) row!‡; **y a pas à ~, c'est lui le meilleur** say what you bloody *ou* damn well like*‡, he's the best!

chiffe [ʃif] *nf* **(a)** (*personne sans volonté*) spineless individual, wet*, drip*. **être une ~ (molle)** to be spineless *ou* wet*; **je suis comme une ~ (molle)** (*fatigué*) I feel like a wet rag; V **mou¹. (b)** (*rare: chiffon*) rag.

chiffon [ʃifɔ̃] **1** *nm* **(a)** (*tissu usagé*) (piece of) rag. **jeter de vieux ~s** to throw out old rags; (*fig*) **ce devoir est un vrai ~** this exercise is extremely messy *ou* a dreadful mess; **mettre ses vêtements en ~** to throw down one's clothes in a crumpled heap; **parler ~s*** to talk (about) clothes*.

(b) (*Papeterie*) **le ~** rag; **fait avec du ~** made from rags (*linen, cotton etc*); V **papier.**

2: chiffon à chaussures shoe cloth *ou* duster (*Brit*) *ou* rag; **chif-fon à meubles** = **chiffon à poussière; chiffon de papier: écrire qch sur un chiffon de papier** to write sth (down) on a (crumpled) scrap of paper; **ce traité n'est qu'un chiffon de papier** this treaty isn't worth the paper it's written on *ou* is no more than a useless scrap of paper; **chiffon à poussière** duster (*Brit*), dustcloth (*US*).

chiffonné, e [ʃifone] (*ptp de* **chiffonner**) *adj* **(a)** (*fatigué*) *visage* worn-looking.

(b) (*sympathique*) **un petit nez ~** a funny little face.

chiffonner [ʃifone] (1) **1** *vt* **(a)** (*lit*) *papier* to crumple; *habits* to crease, rumple, crumple; *étoffe* to crease, crumple. **ce tissu se chif-fonne facilement** this material creases *ou* crumples easily *ou* is easily creased.

(b) (*: contrarier*) **ça me chiffonne** it bothers *ou* worries me; **qu'est-ce qui te chiffonne?** what's the matter (with you)?, what's bothering *ou* worrying you?

chiffonnier [ʃifonje] *nm* **(a)** (*personne*) ragman, rag-and-bone man (*Brit*). **se battre** *ou* **se disputer comme des ~s** to fight/quarrel like fishwives. **(b)** (*meuble*) chiffonier.

chiffrable [ʃifʀabl(ə)] *adj*: **ce n'est pas ~** one can't put a figure to it; **c'est ~ à des millions** it runs into seven figures.

chiffrage [ʃifʀaʒ] *nm* (V **chiffrer**) (en)coding, ciphering; assessing; numbering; marking; figuring.

chiffre [ʃifʀ(ə)] *nm* **(a)** (*caractère*) figure, numeral, digit (*Math*). **~ arabe/romain** Arab/Roman numeral; **nombre** *ou* **numéro de 7 ~s** 7-figure *ou* 7-digit number; **inflation à deux/trois ~s** two/three figure *ou* double/triple digit inflation; **écrire un nombre en ~s** to write out a number in figures; **science des ~s** science of numbers; **employé qui aligne des ~s toute la journée** clerk who spends all day adding up columns of figures; **il aime les ~s** he likes working with figures.

(b) (*montant*) *[dépenses]* total, sum. **en ~s ronds** in round figures; **ça atteint des ~s astronomiques** it reaches an astronomical figure *ou* sum; **le ~ des ventes** the total *ou* number of sales; **le ~ de la natalité** the birth total; **le ~ des chômeurs** the unemploy-ment figures *ou* total, the total *ou* figure of those unemployed, the number of unemployed *ou* of those out of work.

(c) (*Comm*) **~ (d'affaires)** turnover; **il fait un ~ (d'affaires) de 3 millions** he has a turnover of 3 million francs; **~ net/brut** net/ gross figure *ou* sum; V **impôt.**

(d) (*code*) *[message]* code, cipher; *[coffre-fort]* combination. **écrire une lettre en ~s** to write a letter in code *ou* cipher; **on a trouvé leur ~** their code has been broken; **le (service du) ~** the cipher office.

(e) (*initiales*) (set of) initials, monogram. **mouchoir brodé à son ~** handkerchief embroidered with one's initials *ou* monogram.

(f) (*Mus: indice*) figure.

chiffrement [ʃifʀəmɑ̃] *nm* *[texte]* (en)coding, ciphering.

chiffrer [ʃifʀe] (1) **1** *vt* **(a)** (*coder*) *message* to (en)code, cipher; (*Informatique*) *données, télégramme* to encode; V **message.**

(b) (*évaluer*) *dépenses* to put a figure to, assess (the amount of).

(c) (*numéroter*) *pages* to number.

(d) (*marquer*) *effets personnels, linge* to mark (with one's initials).

(e) (*Mus*) *accord* to figure. **basse chiffrée** figured bass.

2 *vi*, **se chiffrer** *vpr*: **(se) ~ à** to add up to, amount to, come to; **ça (se) chiffre à combien?** what *ou* how much does that add up to? *ou* amount to? *ou* come to?; **ça (se) chiffre par millions** that adds up to *ou* amounts to *ou* comes to millions; **ça finit par ~*** it adds up to *ou* amounts to *ou* comes to quite a lot in the end.

chiffreur [ʃifʀœʀ] *nm* coder.

chignole [ʃiɲɔl] *nf* (*outil*) (*à main*) (hand) drill; (*électrique*) (electric) drill; (*: voiture*) jalopy* (*hum*).

chignon [ʃiɲɔ̃] *nm* bun, chignon. **cheveux tordus en ~** hair twisted into a bun *ou* chignon; V **crêper.**

chi'ite [ʃiit] *adj, nmf* Shiite.

Chili [ʃili] *nm* Chile.

chilien, -ienne [ʃiljɛ̃, jɛn] **1** *adj* Chilean. **2** *nm, f*: **C~(ne)** Chilean.

chimère [ʃimɛʀ] *nf* **(a)** (*utopie*) (wild) dream, chimera; (*illusion, rêve*) pipe dream, (idle) fancy. **le bonheur est une ~** happiness is a figment of the imagination *ou* is just a (wild) dream *ou* is a chimera; **c'est une ~ que de croire ...** it is fanciful *ou* unrealistic to believe ...; **ce projet de voyage est une ~ de plus** these travel plans are just another pipe dream *ou* (idle) fancy; **se repaître de ~s** to live on dreams *ou* in a fool's paradise; **se forger des ~s** to

fabricate wild *ou* impossible dreams; **tes grands projets, ~s (que tout cela)!** your grand plans are nothing but pipe dreams *ou* (idle) fancies; **un monde peuplé de vagues ~s** a world filled with vague imaginings.
  (b) (*Myth*) chim(a)era, Chim(a)era.

chimérique [ʃimeʀik] *adj* (a) (*utopique*) *esprit, projet, idée* fanciful; *rêve* wild (*épith*), idle (*épith*). **c'est un esprit ~** he's very fanciful, he's a great dreamer. (b) (*imaginaire*) *personnage* imaginary, chimerical.

chimie [ʃimi] *nf* chemistry. **~ organique/minérale** organic/ inorganic chemistry; **cours/expérience de ~** chemistry class/ experiment.

chimiothérapie [ʃimjoteʀapi] *nf* chemotherapy.

chimique [ʃimik] *adj* chemical; *V* **produit.**

chimiquement [ʃimikmɑ̃] *adv* chemically.

chimiste [ʃimist(ə)] *nmf* chemist (*scientist*); *V* **ingénieur.**

chimpanzé [ʃɛ̃pɑ̃ze] *nm* chimpanzee, chimp*.

chinchilla [ʃɛ̃ʃila] *nm* (*Zool, fourrure*) chinchilla.

Chine [ʃin] *nf* China. **~ populaire/nationaliste** red *ou* communist/ nationalist China; *V* **crêpe²**, **encre** etc.

chine [ʃin] *nm* (a) (*papier*) Chinese *ou* rice paper. (b) (*vase*) china vase; (*U:* porcelaine) china.

chiner [ʃine] (1) *vt* (a) (*Tex*) *étoffe* to dye the warp of. **manteau/ tissu chiné** chiné coat/fabric.
  (b) (*: *taquiner*) to kid , have on* (*Brit*), rag*. **tu ne vois pas qu'il te chine** don't you see he's kidding you *ou* ragging* you *ou* having you on* (*Brit*); **je n'aime pas qu'on me chine** I don't like being ragged*.

Chinetoque [ʃintɔk] *nmf* (*péj: Chinois*) Chink* (*péj*).

chinois, e [ʃinwa, waz] **1** *adj* (a) (*de Chine*) Chinese; *V* **ombre¹**.
  (b) (*péj: pointilleux*) *personne* pernickety (*péj*), fussy (*péj*); *règlement* hair-splitting (*péj*).
  2 *nm* (a) (*Ling*) Chinese. (*péj*) **c'est du ~*** it's double Dutch* (*Brit*), it's all Greek to me*.
  (b) **C~** Chinese, Chinese man, Chinaman (*hum*); **les C~** the Chinese.
  (c) (*péj: maniaque*) hair-splitter (*péj*).
  3 *nf:* **Chinoise** Chinese, Chinese woman.

chinoiser [ʃinwaze] (1) *vi* to split hairs. **~ sur** to quibble over.

chinoiserie [ʃinwazʀi] *nf* (a) (*subtilité excessive*) hair-splitting (*U*).
  (b) (*complications*) **~s** unnecessary complications *ou* fuss; **les ~s de l'administration** red tape; **tout ça, ce sont des ~s** that is all nothing but unnecessary complications.
  (c) (*Art*) (*décoration*) chinoiserie; (*objet*) Chinese ornament, Chinese curio.

chintz [ʃints] *nm* (*Tex*) chintz.

chiot [ʃjo] *nm* pup(py).

chiotte [ʃjot] *nf* (a) (*W.-C.*) **~s*/*** bog* (*Brit*), john* (*US*), can*; *V* **corvée**. (b) (*: *voiture*) jalopy* (*hum*).

chiourme [ʃjuʀm(ə)] *nf* *V* **garder.**

chiper [ʃipe] (1) *vt* (*voler*) *portefeuille, idée* to pinch*, filch*, make off with; *rhume* to catch.

chipeur, -euse* [ʃipœʀ, øz] *adj* *gamin* thieving.

chipie [ʃipi] *nf* vixen (*péj*).

chipolata [ʃipolata] *nf* chipolata.

chipotage* [ʃipotaʒ] *nm* (*marchandage*) haggling; (*ergotage*) quibbling; (*pour manger*) picking *ou* nibbling (at one's food).

chipoter* [ʃipote] (1) *vi* (*manger*) to be a fussy eater; (*ergoter*) to quibble (*sur over*); (*marchander*) to haggle (*sur over*). **~ sur la nourriture** to nibble *ou* pick at one's food.

chipoteur, -euse* [ʃipotœʀ, øz] **1** *adj* (*marchandeur*) haggling; (*ergoteur*) quibbling; (*en mangeant*) fussy. **2** *nm, f* (*marchandeur*) haggler; (*ergoteur*) quibbler; (*en mangeant*) fussy eater.

chips [ʃip(s)] *nmpl* (*Culin*) crisps (*Brit*), chips (*US*); *V* **pomme.**

chique [ʃik] *nf* (*tabac*) quid, chew; (*: *enflure*) (facial) swelling, lump (on the cheek); *V* **couper.**

chiqué [ʃike] *nm* (a) (*bluff*) pretence (*U*), bluffing (*U*). **il a fait ça au ~** he bluffed it out; **il prétend que cela le laisse froid mais c'est du ~** he pretends it leaves him cold but it's all put on* *ou* a great pretence.
  (b) (*factice*) sham (*U*). **ces combats de catch c'est du ~** these wrestling matches are all sham *ou* all put on* *ou* are faked; **combat sans ~** fight that's for real*; **~!, remboursez!** what a sham!, give us our money back!
  (c) (*manières*) putting on airs (*U*), airs and graces (*pl*). **faire du ~** to put on airs (and graces).

chiquement* [ʃikmɑ̃] *adv* *s'habiller* smartly, stylishly; *traiter, accueillir* kindly, decently.

chiquenaude [ʃiknod] *nf* (*pichenette*) flick, flip. **il l'écarta d'une ~** he flicked *ou* flipped it off; (*fig*) **une ~ suffirait à renverser le gouvernement** the government could be overturned by a flick *ou* snap of the fingers.

chiquer [ʃike] (1) **1** *vt* *tabac* to chew; *V* **tabac. 2** *vi* to chew tobacco.

chiqueur, -euse [ʃikœʀ, øz] *nm, f* tobacco-chewer.

chiromancie [kiʀomɑ̃si] *nf* palmistry, chiromancy (*T*).

chiromancien, -ienne [kiʀomɑ̃sjɛ̃, jɛn] *nm, f* palmist, chiromancer (*T*).

chiropracteur [kiʀopʀaktœʀ] *nm* chiropractor.

chiropractie [kiʀopʀakti] *nf*, **chiropraxie** [kiʀopʀaksi] *nf* chiropractic.

chirurgical, e, mpl -aux [ʃiʀyʀʒikal, o] *adj* surgical.

chirurgie [ʃiʀyʀʒi] *nf* surgery (*science*). **~ esthétique/dentaire** plastic/dental surgery.

chirurgien [ʃiʀyʀʒjɛ̃] *nm* surgeon. **~-dentiste** dental surgeon; (*Mil*) **~-major** army surgeon.

chiure [ʃjyʀ] *nf:* **~(s) de mouche(s)** fly speck(s).

chleuh [ʃlø] (*péj*) **1** *adj* Boche. **2** *nm:* **C~** Boche, Jerry†.

chlinguer [ʃlɛ̃ge] = **schlinguer.**

chlorate [klɔʀat] *nm* chlorate.

chlore [klɔʀ] *nm* chlorine.

chloré, e [klɔʀe] (*ptp de* **chlorer**) *adj* chlorinated.

chlorer [klɔʀe] (1) *vt* to chlorinate.

chlorhydrique [klɔʀidʀik] *adj* hydrochloric.

chlorique [klɔʀik] *adj* chloric.

chloroforme [klɔʀofɔʀm(ə)] *nm* chloroform.

chloroformer [klɔʀofɔʀme] (1) *vt* to chloroform.

chlorophylle [klɔʀofil] *nf* chlorophyll.

chlorophyllien, -ienne [klɔʀofiljɛ̃, jɛn] *adj* chlorophyllous.

chlorure [klɔʀyʀ] *nm* chloride. **~ de sodium** sodium chloride; **~ de chaux** chloride of lime.

chlorurer [klɔʀyʀe] (1) *vt* = **chlorer.**

choc [ʃɔk] **1** *nm* (a) (*heurt*) [*objets*] impact, shock; [*vagues*] crash, shock. **le ~ de billes d'acier qui se heurtent** the impact of steel balls as they collide; **cela se brise au moindre ~** it breaks at the slightest bump *ou* knock; **'résiste au(x) ~(s)'** 'shock-resistant'; **la résistance au ~ d'un matériau** a material's resistance to shock; **la carosserie se déforma sous le ~** the coachwork twisted with *ou* under the impact; **la corde se rompit sous le ~** the sudden wrench made the rope snap *ou* snapped the rope.
  (b) (*collision*) [*véhicules*] crash, smash; [*personnes*] blow; (*plus léger*) bump. **le ~ entre les véhicules fut très violent** the vehicles crashed together with a tremendous impact; **encore un ~ meurtrier sur la RN7** another fatal crash *ou* smash on the RN7; **il tituba sous le ~** the blow *ou* bump put *ou* sent him off balance.
  (c) (*bruit d'impact*) (*violent*) crash, smash; (*sourd*) thud, thump; (*métallique*) clang, clash; (*cristallin*) clink, chink; [*gouttes, grêlons*] drumming (*U*). **le ~ sourd des obus** the thud of shellfire; (*fig*) **j'entendais au loin le ~ des pesants marteaux d'acier** in the distance I could hear the clang *ou* clash of the heavy steel hammers.
  (d) (*affrontement*) [*troupes, émeutiers*] clash; (*fig*) [*intérêts, passions*] clash, collision. **il y a eu un ~ sanglant entre la police et les émeutiers** there has been a violent clash between police and rioters; **la petite armée ne put résister au ~** the little army could not stand up to the onslaught.
  (e) (*émotion brutale*) shock. **il ne s'est pas remis du ~** he hasn't got over the shock *ou* recovered from the shock; **ça m'a fait un drôle de ~ de le voir dans cet état** it gave me a nasty shock *ou* quite a turn* to see him in that state; **il est encore sous le ~** (*à l'annonce d'une nouvelle*) he's still in a state of shock; (*après un accident*) he's still in shock; *V* **état.**
  (f) **de ~** *troupe, unité* shock; *traitement, thérapeutique, tactique* shock; *enseignement* avant-garde, futuristic; *évêque, patron* high-powered, supercharged*.
  2 *adj inv* (*à sensation*) *argument/discours/formule(-)* ~ shock argument/speech/formula; *film/photo(-)* ~ shock film/photo; *mesures(-)* ~ shock measures; **'prix(-)~'** 'amazing *ou* drastic reductions'; **'notre prix-~: 99 F'** 'our special price: 99 francs'.
  3: choc culturel culture shock; **choc électrique** electric shock; **choc nerveux** (nervous) shock; **choc opératoire** post-operative shock; (*Écon*) **choc pétrolier** oil crisis; **choc en retour** (*Élec*) return shock; (*fig*) backlash; **un choc en retour se prépare chez les blancs** there will be a white backlash.

chocolat [ʃɔkɔla] **1** *nm* (a) (*substance*) chocolate; (*bonbon*) chocolate, choc* (*Brit*); (*boisson*) (drinking) chocolate. **'un ~ s'il vous plaît'** 'a cup of chocolate please'; **mousse/crème au ~** chocolate mousse/cream; **~ au lait/aux noisettes** milk/hazelnut chocolate; *V* **barre**, **plaque** etc.
  (b) (*couleur*) chocolate (brown), dark brown.
  (c) **être ~*†** to be thwarted *ou* foiled.
  2 *adj inv* chocolate(-coloured).
  3: chocolat blanc white chocolate; **chocolat chaud** hot chocolate; **chocolat à croquer** plain (eating) chocolate; **chocolat à cuire** cooking chocolate; **chocolat fondant** fondant chocolate; **chocolat liégeois** chocolate ice cream (*with whipped cream*); **chocolat de ménage** = **chocolat à cuire**; **chocolat en poudre** drinking chocolate.

chocolaté, e [ʃɔkɔlate] *adj* (*additionné de chocolat*) chocolate-flavoured, chocolate (*épith*); (*au goût de chocolat*) chocolate-flavoured, chocolat(e)y*.

chocolaterie [ʃɔkɔlatʀi] *nf* (*fabrique*) chocolate factory; (*magasin*) (quality) chocolate shop.

chocolatier, -ière [ʃɔkɔlatje, jɛʀ] **1** *adj:* **l'industrie ~ière** the chocolate industry. **2** *nm, f* (*fabricant*) chocolate maker; (*commerçant*) chocolate seller.

chocottes [ʃɔkɔt] *nfpl:* **avoir les ~** to have the jitters* *ou* heebie-jeebies* *ou* the willies*.

chœur [kœʀ] *nm* (a) (*chanteurs*) (*gén, Rel*) choir; [*opéra, oratorio* etc] chorus.
  (b) (*Théât: récitants*) chorus.
  (c) (*fig*) (*concert*) **un ~ de récriminations** a chorus of recriminations; (*groupe*) **le ~ des mécontents** the band of malcontents.
  (d) (*Archit*) choir, chancel; *V* **enfant.**
  (e) (*Mus: composition*) (*hymne*) chorale; (*Théât: texte*) chorus. **~ à 4 parties** (*opéra*) 4-part chorus; (*Rel*) 4-part chorale.
  (f) (*loc*) **en ~** (*Mus*) in chorus; (*fig: ensemble*) **chanter** in chorus; **répondre, crier** in chorus *ou* unison; (*fig hum*) **on s'ennuyait en ~** we were all getting bored (together); **tous en ~!** all together now!

choir [ʃwaʀ] *vi* (*littér ou †* *ou hum*) to fall. **faire ~** to cause to fall; **laisser ~ un objet** to drop an object; (*fig*) **laisser ~ ses amis** to let one's friends down; **se laisser ~ dans un fauteuil** to sink into an armchair.

choisi, e [ʃwazi] (*ptp de* **choisir**) *adj* (a) (*sélectionné*) *morceaux,* *passages* selected. (**b**) (*raffiné*) *langage, termes* carefully chosen; *clientèle, société* select.

choisir [ʃwaziʀ] (2) *vt* (**a**) (*gén*) to choose. **nous avons choisi ces articles pour nos clients** we have selected these items for our customers; **des 2 solutions, j'ai choisi la première** I chose *ou* picked the first of the 2 solutions, I opted *ou* plumped (*Brit*) for the first of the 2 solutions; **il faut savoir ~ ses amis** you must know how to pick *ou* choose your friends; **dans les soldes, il faut savoir ~** in the sales, you've got to know what to choose *ou* you've got to know how to be selective; **se ~ un mari** to choose a husband; **on l'a choisi parmi des douzaines de candidats** he was picked (out) *ou* selected *ou* chosen from among dozens of applicants.

(**b**) **~ de faire qch** to choose to do sth; **à toi de ~ si et quand tu veux partir** it's up to you to choose if and when you want to leave.

choix [ʃwa] *nm* (**a**) (*décision*) choice. **il a fait un bon/mauvais ~** he has made a good/bad choice, he has chosen well/badly; **je n'avais pas d'autre ~** I had no choice, I had no other option; **un aménagement de son ~** alterations of one's (own) choosing; **ce ~ de poèmes plaira aux plus exigeants** this selection of poems will appeal to the most demanding reader; **le ~ d'un cadeau est souvent difficile** choosing a gift *ou* the choice of a gift is often difficult; *V* **embarras**.

(**b**) (*variété*) choice, selection, variety. **ce magasin offre un grand ~** this shop has a wide *ou* large selection (of goods); **il y a du ~ there is a choice**; **il y a tout le ~ qu'on veut** there is plenty of choice, there are plenty to choose from; **il n'y a pas beaucoup de ~** there isn't a great deal of *ou* much choice, there isn't a great selection (to choose from).

(**c**) (*échantillonnage de*) **~ de** selection of; **il avait apporté un ~ de livres** he had brought a selection *ou* collection of books.

(**d**) (*qualité*) **de ~** choice, selected; **morceau de ~** (*viande*) prime cut; **de premier ~** *fruits* class *ou* grade one; *viande* top grade, highest quality; **de ~ courant** standard quality; **de second ~ fruits, viande** class *ou* grade two (*Brit*), market grade (*US*); **articles de second ~** seconds.

(**e**) (*loc*) **au ~**: **vous pouvez prendre, au ~, fruits ou fromages** you may have fruit or cheese, as you wish *ou* prefer, you have a choice between *ou* of fruit or cheese; **'dessert au ~'** 'choice of desserts'; **avancement au ~** promotion on merit *ou* by selection; **au ~ du client** as the customer chooses, according to the (customer's) preference; **faire son ~** to take *ou* make one's choice, take one's pick; **mon ~ est fait** my choice is made; **avoir le ~** to have a *ou* the choice; **je n'avais pas le ~** I had no option *ou* choice; (*frm*) **faire ~ de qch** to select sth; **laisser le ~ à qn (de faire)** to leave sb (free) to choose (to do); **donner le ~ à qn (de faire)** to give sb the choice (of doing); **arrêter** *ou* **fixer** *ou* **porter son ~ sur qch** to fix one's choice (up)on sth, settle on sth; **il lit sans (faire de) ~** he's an indiscriminate reader, he reads indiscriminately.

choléra [kɔlera] *nm* cholera.

cholérique [kɔlerik] **1** *adj* choleraic. **2** *nmf* cholera patient *ou* case.

cholestérol [kɔlɛsterɔl] *nm* cholesterol.

chômage [ʃomaʒ] **1** *nm* [*travailleurs*] unemployment; [*usine, industrie*] inactivity. **~ saisonnier/chronique** seasonal/chronic unemployment; **de ~ allocation, indemnité** unemployment (*épith*); **(être) en ou au ~** (to be) unemployed *ou* out of work; **être/s'inscrire au ~** to be/sign on the dole* (*Brit*), receive/apply for unemployment benefit; **mettre qn au ou en ~** to make sb redundant (*Brit*), put sb out of work *ou* a job, lay sb off*; **beaucoup ont été mis en ~** many have been made redundant *ou* have been put out of work *ou* a job, there have been many redundancies (*Brit*).

2: **chômage partiel** short-time working; **mettre qn en ou au chômage partiel** to put sb on short-time (working); **chômage structurel** structural unemployment; **chômage technique** lay-offs (*pl*); **mettre en chômage technique** to lay off; **le nombre de travailleurs en chômage technique** the number of workers laid off, the number of lay-offs.

chômé, e [ʃome] (*ptp de* **chômer**) *adj*: **jour ~, fête ~e** public holiday.

chômer [ʃome] (1) **1** *vi* (**a**) (*fig: être inactif*) [*capital, équipements*] to be unemployed, be idle, lie idle; [*esprit, imagination*] to be idle, be inactive. **son imagination ne chômait pas** his imagination was not idle *ou* inactive; **ses mains ne chômaient pas** his hands were not idle *ou* inactive; **j'aime autant te dire qu'on n'a pas chômé** I don't need to tell you that we didn't just sit around idly *ou* we weren't idle.

(**b**) (*être sans travail*) [*travailleur*] to be unemployed, be out of work *ou* a job; [*usine, installation*] to be *ou* stand idle, be at a standstill; [*industrie*] to be at a standstill.

(**c**) (†† *: être en congé*) to have a holiday, be on holiday. **2** *vt* (††) *jour férié* to keep.

chômeur, -euse [ʃomœʀ, øz] *nm, f* (*gén*) unemployed person *ou* worker; (*mis au chômage*) redundant worker (*Brit*). **les ~s (de longue durée)** the (long-term) unemployed; **le nombre des ~s** the number of unemployed, the number of people out of work; **un million de/3.000 ~s** a million/3,000 unemployed *ou* out of work; **un ~ n'a pas droit à ces prestations** an unemployed person is not entitled to these benefits.

chope [ʃɔp] *nf* (*récipient*) tankard, mug; (*contenu*) pint.

choper‡ [ʃɔpe] (1) *vt* (**a**) (*voler*) to pinch*, nick* (*Brit*). (**b**) (*attraper*) to catch. **se faire ~ par la police** to get nabbed* by the police.

chopine [ʃɔpin] *nf* (*: bouteille*) bottle (of wine); (††: *mesure*) half-litre, pint; (*Can: ½ pinte, 0,568 l*) pint. **on a été boire une ~*** we went for *ou* we had a drink (of wine).

choquant, e [ʃɔkɑ̃, ɑ̃t] *adj* (*qui heurte le goût*) shocking, appalling; (*qui heurte le sens de la justice*) outrageous, scandalous; (*qui heurte*

la pudeur) shocking, offensive. **le spectacle ~ de ces blessés** the harrowing *ou* horrifying sight of those injured people; **c'est un film ~**, **même pour les adultes** it's a film that shocks even adults.

choquer [ʃɔke] (1) **1** *vt* (**a**) (*scandaliser*) to shock, (*plus fort*) appal; (*heurter, blesser*) to offend, shock. **ça m'a choqué de le voir dans cet état** I was shocked *ou* appalled to see him in that state; **de tels films me choquent** I find such films shocking, I am shocked by films like that; **ce roman risque de ~** this novel may well be offensive *ou* shocking (to some people), people may find this novel offensive *ou* shocking; **j'ai été vraiment choqué par son indifférence** I was really shocked *ou* appalled by his indifference; **ne vous choquez pas de ma question** don't be shocked at *ou* by my question; **il a été très choqué de ne pas être invité** he was most offended *ou* very put out at not being invited *ou* not to be invited; **ce film/cette scène m'a beaucoup choqué** I was deeply shocked by that film/scene.

(**b**) (*aller à l'encontre de*) *délicatesse, pudeur, goût* to offend (against); *bon sens, raison* to offend against, go against; *vue* to offend; *oreilles [son, musique]* to jar on, offend; *[propos]* to shock, offend. **cette question a choqué sa susceptibilité** that question offended his sensibilities *ou* made him take umbrage.

(**c**) (*commotionner*) [*chute*] to shake (up); [*accident*] to shake (up), shock; [*deuil, maladie*] to shake. (*Méd*) **être choqué** to be in shock; **il sortit du véhicule, durement choqué** he climbed out of the vehicle badly shaken *ou* shocked; **la mort de sa mère l'a beaucoup choqué** the death of his mother has shaken him badly, he has been badly shaken by his mother's death.

(**d**) (*taper, heurter*) (*gén*) to knock (against); *verres* to clink. **il entendait les ancres se ~ dans le petit port** he could hear the anchors clanking against each other in the little harbour; **choquant son verre contre le mien** clinking his glass against mine.

2 se choquer *vpr* (*s'offusquer*) to be shocked. **il se choque facilement** he's easily shocked.

choral, e, mpl ~s [kɔral] **1** *adj* choral. **2** *nm* choral(e). **3 chorale** *nf* choral society, choir.

chorégraphe [kɔregraf] *nmf* choreographer.

chorégraphie [kɔregrafi] *nf* choreography.

chorégraphique [kɔregrafik] *adj* choreographic.

choreute [kɔrøt] *nm* chorist.

choriste [kɔrist(ə)] *nmf* [*église*] choir member, chorister; [*opéra, théâtre antique*] member of the chorus. **les ~s** the choir; the chorus.

chorus [kɔrys] *nm*: **faire ~** to chorus *ou* voice one's agreement *ou* approval; **faire ~ avec qn** to voice one's agreement with sb; **ils ont fait ~ avec lui pour condamner ces mesures** they joined with him in voicing their condemnation of the measures.

chose [ʃoz] **1** *nf* (**a**) thing. **on m'a raconté une ~ extraordinaire** I was told an extraordinary thing; **j'ai pensé (à) une ~** I thought of one thing; **il a un tas de ~s à faire à Paris** he has a lot of things *ou* lots to do in Paris; **il n'y a pas une seule ~ de vraie là-dedans** there isn't a (single) word of truth in it; **critiquer est une ~, faire le travail en est une autre** criticizing is one thing, doing the work is another (matter); **ce n'est pas ~ facile** *ou* **aisée de ...** it's not an easy thing *ou* easy to ...; **~ étrange** *ou* **curieuse, il a accepté** strangely *ou* curiously enough, he accepted, the strange *ou* curious thing is (that) he accepted; **c'est une ~ admise que ...** it's an accepted fact that ... .

(**b**) (*événements, activités etc*) **les ~s** things; **les ~s se sont passées ainsi** it (all) happened like this; **les ~s vont mal** things are going badly *ou* are in a bad way; **dans l'état actuel des ~s, au point où en sont les ~s** as things *ou* matters stand at present, the way things stand at present; **ce sont des ~s qui arrivent** it's one of those things, these things (just) happen; **regarder les ~s en face** to face up to things; **prendre les ~s à cœur/comme elles sont** to take things to heart/as they come; **mettons les ~s au point** let's get things clear *ou* straight; **en mettant les ~s au mieux/au pire** at best/worst; **parler/discuter de ~(s) et d'autre(s)** to talk about/discuss this and that *ou* one thing and another; *V* **force, leçon, ordre¹**.

(**c**) (*ce dont il s'agit*) **la ~: la ~ est d'importance** it's no trivial matter, it's a matter of some importance; **la ~ dont j'ai peur, c'est que** what *ou* the thing I'm afraid of is that; **il va vous expliquer la ~** he'll tell you all about it *ou* what it's all about; **la ~ en question** the matter in hand, the case in point, what we are discussing; **la ~ dont je parle** the thing I'm talking about; **il a très bien pris la ~** he took it all very well; **c'est la ~ à ne pas faire** that's the one thing *ou* the very thing not to do.

(**d**) (*réalités matérielles*) **les ~s** things; **les bonnes/belles ~s** good/beautiful things; **les ~s de ce monde** the things of this world; **chez eux, quand ils reçoivent, ils font bien les ~s** when they have guests they really go to town* *ou* do things in style; *V* **demi¹**.

(**e**) (*mot*) thing. **j'ai plusieurs ~s à vous dire** I've got several things to tell you; **vous lui direz bien des ~s de ma part** give him my regards.

(**f**) (*objet*) thing. [*personne*] **être la ~ de qn** to be sb's creature.

(**g**) (*Jur*) **la ~ jugée** the res judicata, the final decision; (*Pol*) **la ~ publique** the state *ou* nation; († *ou hum*) **la ~ imprimée** the printed word.

(**h**) (*loc*) **c'est (tout) autre ~** that's another *ou* a different matter (altogether); **c'est ~ faite** it's done; **c'est bien peu de ~** it's nothing really; (*très*) **peu de ~** nothing much, very little; **avant toute ~** above all (else); **de deux ~s l'une** it's got to be one thing or the other; (*Prov*) **~ promise, ~ due** promises are made to be kept; *V* **porté**.

2 nm (*) (**a**) (*truc, machin*) thing, contraption, thingumajig*. **qu'est-ce que c'est que ce ~?** what's this thing here?, what's this thingumajig?*

(b) (*personne*) what's-his-name*, thingumajig*. j'ai vu le petit ~ I saw young what's-his-name* *ou* what do you call him; **Monsieur C~** Mr what's-his-name* *ou* thingumajig*; eh! C~ hey, you.

3 *adj inv* (*) être/se sentir tout ~ (*bizarre*) to be/feel not quite oneself, feel a bit peculiar; (*malade*) to be/feel out of sorts *ou* under the weather; ça l'a rendu tout ~ d'apprendre cette nouvelle hearing that piece of news made him go all funny.

chosifier [ʃozifje] (7) *vt* to reify.

Chostakovitch [ʃostakovitʃ] *n* Shostakovich.

chou¹, *pl* ~x [ʃu] **1** *nm* **(a)** (*Bot*) cabbage.
   (b) (*ruban*) rosette.
   (c) (*gâteau*) puff; V **pâte**.
   (d) (*loc*) être dans les ~x [projet] to be up the spout* (*Brit*), be a write-off; (*Sport*) to be last in the field, be right out of the running; [candidat] to have had it; **faire ~ blanc** to draw a blank; **ils vont faire leurs ~x gras de ces vieux vêtements** they'll be only too glad to make use of these old clothes, they'll be as pleased as Punch with these old clothes.
   2: chou de Bruxelles Brussels sprout; **chou cabus** white cabbage; (*Culin*) **chou à la crème** cream puff; **chou-fleur** *nm, pl* **choux-fleurs** cauliflower; **chou frisé** kale; **chou-navet** *nm, pl* **choux-navets** swede (*Brit*), rutabaga (*US*); **chou-palmiste** *nm, pl* **choux-palmistes** cabbage tree; **chou-rave** *nm, pl* **choux-raves** kohlrabi; **chou rouge** red cabbage.

chou², -te* , *mpl* ~x [ʃu, ʃut, ʃu] **1** *nm, f* (*amour, trésor*) darling. c'est un ~ he's a darling *ou* a dear; oui ma ~te yes darling *ou* honey (*US*) *ou* poppet*.
   2 *adj inv* (*ravissant*) delightful, cute* (*surtout US*). ce que c'est ~, cet appartement what a delightful *ou* lovely little flat, what an absolute darling of a flat; ce qu'elle est ~ dans ce manteau doesn't she look just delightful *ou* adorable in this coat?

choucas [ʃuka] *nm* jackdaw.

chouchou, -te* [ʃuʃu, ut] *nm, f* pet, darling, blue-eyed boy (*ou* girl). le ~ du prof the teacher's pet.

chouchouter* [ʃuʃute] (1) *vt* to pamper, coddle, pet.

choucroute [ʃukrut] *nf* sauerkraut. ~ **garnie** *sauerkraut with meat*.

chouette¹* [ʃwɛt] *adj* **(a)** (*beau*) objet, personne smashing* (*Brit*), great*, cute* (*surtout US*). **(b)** (*gentil*) nice; (*sympathique*) smashing* (*Brit*), great*. sois ~, prête-moi **100 F** be a dear *ou* sport* and lend me 100 francs. **(c)** (*tant mieux*) ~ (alors)! smashing!* (*Brit*), great!*

chouette² [ʃwɛt] *nf* (*Zool*) owl. ~-effraie barn owl, screech owl; ~ hulotte tawny owl; (*fig péj*) quelle vieille ~! what an old harpy!

chouettement* [ʃwɛtmã] *adv* nicely.

chow-chow, *pl* **chows-chows** [ʃuʃu] *nm* chow (*dog*).

choyer [ʃwaje] (8) *vt* (*frm: dorloter*) to cherish; (*avec excès*) to pamper; (*fig*) idée to cherish.

chrême [krɛm] *nm* chrism, holy oil.

chrétien, -ienne [kretjɛ̃, jɛn] **1** *adj* Christian. **2** *nm, f*: ~(ne) Christian.

chrétiennement [kretjɛnmã] *adv* agir in a Christian way. mourir ~ to die as a Christian, die like a good Christian; être enseveli ~ to have a Christian burial.

chrétienté [kretjɛ̃te] *nf* Christendom.

christ [krist] *nm* **(a)** le C~ Christ. **(b)** (*Art*) crucifix, Christ (*on the cross*). un grand ~ en *ou* de bois a large wooden crucifix *ou* figure of Christ on the cross; peindre un ~ to paint a figure of Christ.

christiania [kristjanja] *nm* (*Ski*) (parallel) christie, christiania.

christianisation [kristjanizasjɔ̃] *nf* conversion to Christianity.

christianiser [kristjanize] (1) *vt* to convert to Christianity.

christianisme [kristjanism(ə)] *nm* Christianity.

christique [kristik] *adj* Christlike.

Christmas [kristmas] *n*: île ~ Christmas Island.

Christophe [kristɔf] *nm* Christopher.

chromage [kromaʒ] *nm* chromium-plating.

chromate [krɔmat] *nm* chromate.

chromatique [krɔmatik] *adj* **(a)** (*Mus, Peinture*) chromatic. **(b)** (*Bio*) chromosomal.

chromatisme [krɔmatism(ə)] *nm* (*Mus*) chromaticism; (*Peinture: aberration chromatique*) chromatism, chromatic aberration; (*coloration*) colourings.

chrome [krom] *nm* (*Chim*) chromium. (*Peinture*) jaune/vert de ~ chrome yellow/green; (*Aut*) faire les ~s* to polish the chrome.

chromer [krome] (1) *vt* to chromium-plate. métal chromé chromium-plated metal.

chromo [krɔmo] *nm* chromo.

chromosome [krɔmozom] *nm* chromosome.

chromosomique [krɔmozomik] *adj* chromosomal.

chronicité [krɔnisite] *nf* chronicity.

chronique [krɔnik] **1** *adj* chronic. **2** *nf* (*Littérat*) chronicle; (*Presse*) column, page. ~ **financière** financial column *ou* page *ou* news; ~ **locale** local news and gossip; (*Bible*) le livre des C~s the Book of Chronicles; V **défrayer**.

chroniquement [krɔnikmã] *adv* chronically.

chroniqueur [krɔnikœr] *nm* (*Littérat*) chronicler; (*Presse, gén*) columnist. ~ **parlementaire/sportif** parliamentary/sports editor; ~ **dramatique** drama critic.

chrono* [krɔno] *nm* (*abrév de* **chronomètre**) stopwatch. (*Aut*) faire du 80 (km/h) ~ *ou* au ~ to be timed *ou* clocked at 80; *temps chronométré* faire un bon ~ to do a good time.

chronologie [krɔnɔlɔʒi] *nf* chronology.

chronologique [krɔnɔlɔʒik] *adj* chronological.

chronologiquement [krɔnɔlɔʒikmã] *adv* chronologically.

chronométrage [krɔnometraʒ] *nm* (*Sport*) timing.

chronomètre [krɔnɔmɛtr(ə)] *nm* (*montre de précision*)

chronometer; (*Sport*) stopwatch. ~ **de marine** marine *ou* box chronometer.

chronométrer [krɔnometre] (6) *vt* to time.

chronométreur [krɔnometrœr] *nm* (*Sport*) timekeeper.

chronométrique [krɔnometrik] *adj* chronometric.

chrysalide [krizalid] *nf* chrysalis. (*fig*) sortir de sa ~ to blossom out, come out of one's shell.

chrysanthème [krizãtɛm] *nm* chrysanthemum.

chrysolithe [krizɔlit] *nf* chrysolite, olivine.

C.H.U. [seaʃy] *nm abrév de* **centre hospitalier universitaire**; V **centre**.

chu [ʃy] *ptp de* **choir**.

chuchotement [ʃyʃɔtmã] *nm* (V **chuchoter**) whisper, whispering (*U*); murmur.

chuchoter [ʃyʃɔte] (1) *vti* [personne, vent, feuilles] to whisper; [ruisseau] to murmur. ~ **qch à l'oreille de qn** to whisper *ou* murmur sth in sb's ear.

chuchoteur, -euse [ʃyʃɔtœr, øz] **1** *adj* whispering. **2** *nm, f* whisperer.

chuintant, e [ʃɥɛ̃tã, ãt] *adj, nf* (*Ling*) (consonne) ~e palato-alveolar fricative, hushing sound.

chuintement [ʃɥɛ̃tmã] *nm* (*Ling*) pronunciation of *s* sound as *sh*; (*bruit*) soft *ou* gentle hiss.

chuinter [ʃɥɛ̃te] (1) *vi* **(a)** (*Ling*) to pronounce *s* as *sh*. **(b)** [chouette] to hoot, screech. **(c)** (*siffler*) to hiss softly *ou* gently.

chut [ʃyt] *excl* sh!

chute [ʃyt] *nf* **(a)** [pierre etc] fall; (*Théât*) [rideau] fall. faire une ~ [personne] to (have a) fall; [chose] to fall; faire une ~ de 3 mètres to fall 3 metres; faire une ~ de cheval/de vélo to fall off *ou* tumble off *ou* come off a horse/bicycle; loi de la ~ des corps law of gravity; ~ **libre** free fall; faire du parachutisme en ~ **libre** to skydive, do skydiving; économie en ~ **libre** plummeting economy; [ventes] être en ~ **libre** to take a nose dive; attention, ~ de pierres danger, falling rocks; V **point¹**.
   (b) [cheveux] loss; [feuilles] fall(ing). lotion contre la ~ des cheveux lotion which prevents hair loss *ou* prevents hair from falling out.
   (c) (*fig: ruine*) [empire] fall, collapse; [commerce] collapse; [roi, ministère] (down)fall; [femme séduite] downfall; (*Mil*) [ville] fall; (*Fin*) [monnaie, cours] fall, drop (de in); (*Théât*) [pièce, auteur] failure. (*Rel*) la ~ the Fall; il a entraîné le régime dans sa ~ he dragged the régime down with him (in his fall); plus dure sera la ~ the harder the fall.
   (d) (*Géog*) fall. ~ d'eau waterfall; les ~s du Niagara/Zambèze the Niagara/Victoria Falls; (*Élec*) barrage de basse/moyenne/haute ~ dam with a low/medium/high head; de fortes ~s de pluie/neige heavy falls of rain/snow, heavy rainfalls/snowfalls.
   (e) (*baisse*) [température, pression] drop, fall (de in).
   (f) [déchet] [papier, tissu] clipping, scrap; [bois] off-cut.
   (g) [toit] pitch, slope; [vers] cadence. la ~ des reins the small of the back; ~ **du jour** nightfall.
   (h) (*Cartes*) faire 3 (plis) de ~ to be 3 (tricks) down.

chuter [ʃyte] (1) *vi* **(a)** (*) (tomber) to fall; (*fig: échouer*) to come a cropper* (*Brit*), fall on one's face; (*lit, fig*) faire ~ **qn** to bring sb down; **(b)** (*Théât*) to flop. **(c)** (*Cartes*) ~ **de deux (levées)** to go down two.

chyle [ʃil] *nm* (*Physiol*) chyle.

chyme [ʃim] *nm* (*Physiol*) chyme.

Chypre [ʃipr(ə)] *n* Cyprus. à ~ in Cyprus.

chypriote [ʃipriɔt] = **cypriote**.

ci [si] **1** *adv* **(a)** (*dans l'espace*) celui-~, celle-~ this one; ceux-~ these (ones); ce livre-~ this book; cette table-~ this table; cet enfant-~ this child; ces livres-/tables-~ these books/tables.
   (b) (*dans le temps*) à cette heure-~ (*à une heure déterminée*) at this time; (*à une heure indue*) at this hour of the day, at this time of night; (*à l'heure actuelle*) by now, at this moment; ces jours-~ (*avenir*) one of these days, in the next few days; (*passé*) these past few days, in the last few days; (*présent*) these days; ce dimanche-~/cet après-midi-~ je ne suis pas libre I'm not free this Sunday/this afternoon; non, je pars cette nuit-~ no, it's tonight I'm leaving.
   (c) de ~ de là here and there; V **comme**, par-ci par-là.
   2: ci-après (*gén*) below; (*Jur*) hereinafter; ci-contre opposite; ci-dessous below; ci-dessus above; ci-devant (*adv*) formerly; (*nmf*) (*Hist*) ci-devant (*aristocrat who lost his title in the French Revolution*); ci-gît here lies; ci-inclus une enveloppe envelope enclosed; l'enveloppe ci-incluse the enclosed envelope; ci-joint: vous trouverez ci-joint les papiers que vous avez demandés you will find enclosed the papers which you asked for; les papiers ci-joints the enclosed papers.

cibiche* [sibiʃ] *nf* (*cigarette*) fag* (*Brit*), ciggy*.

cibiste [sibist(ə)] *nmf* CB enthusiast.

cible [sibl(ə)] *nf* (*lit*) target. ~ **mouvante** moving target; (*lit, fig*) être la ~ de, servir de ~ à to be a target for, be the target of; (*lit, fig*) prendre pour ~ to take as one's target; V **langue**.

cibler [sible] (1) *vt* to target (*sur* at).

ciboire [sibwar] *nm* (*Rel*) ciborium (*vessel*).

ciboule [sibul] *nf* (*Bot*) (larger) chive; (*Culin*) chives (*pl*).

ciboulette [sibulɛt] *nf* (*Bot*) (smaller) chive; (*Culin*) chives (*pl*).

ciboulot‡ [sibulo] *nm* (*tête, cerveau*) head, nut*. il s'est mis dans le ~ de … he got it into his head *ou* nut* to … .

cicatrice [sikatris] *nf* (*lit, fig*) scar.

cicatriciel, -ielle [sikatrisjɛl] *adj* cicatricial (*T*), scar (*épith*); V **tissu¹**.

cicatrisant, e [sikatrizã, ãt] **1** *adj* healing. **2** *nm* healing substance.

cicatrisation [sikatrizasjɔ̃] *nf* [égratignure] healing; [plaie profonde] closing up, healing.

cicatriser [sikatʀize] (1) **1** *vt* (*lit, fig*) to heal (over). **sa jambe est cicatrisée** his leg has healed. **2 se cicatriser** *vpr* to heal (up), form a scar.

Cicéron [siseʀɔ̃] *nm* Cicero.

cicérone [siseʀɔn] *nm* (*hum*) guide, cicerone. **faire le ~** to act as a guide *ou* cicerone.

cicéronien, -ienne [siseʀɔnjɛ̃, jɛn] *adj éloquence, discours* Ciceronian.

cidre [sidʀ(ə)] *nm* cider. **~ bouché** *fine bottled cider.*

cidrerie [sidʀəʀi] *nf* (*industrie*) cider-making; (*usine*) cider factory.

ciel [sjɛl] **1** *nm* (a) (*espace: pl littér* **cieux**) sky, heavens (*pl, littér*). **il resta là, les bras tendus/les yeux tournés vers le ~** he remained there, (with) his arms stretched out/gazing towards the sky *ou* heavenwards (*littér*); **haut dans le ~** *ou* (*littér*) **dans les cieux** high (up) in the sky, high in the heavens; **suspendu entre ~ et terre** *personne, objet* suspended in mid-air; *village* suspended between sky and earth; **sous un ~ plus clément, sous des cieux plus cléments** (*littér: climat*) beneath more clement skies *ou* a more clement sky; (*fig hum: endroit moins dangereux*) in *ou* into healthier climes; **sous d'autres cieux** (*littér*) beneath other skies; (*hum*) in other climes; **sous le ~ de Paris/de Provence** beneath the Parisian/Provençal sky; (*fig*) **rien de nouveau sous le ~** nothing new under the sun; V **septième.**

(b) (*paysage, Peinture: pl* **ciels**) sky. **les ~s de Grèce** the skies of Greece; **les ~s de Turner** Turner's skies.

(c) (*séjour de puissances surnaturelles: pl* **cieux**) heaven. **il est au ~** he is in heaven; **le royaume des cieux** the kingdom of heaven; **notre Père qui es aux cieux** our Father which art in heaven.

(d) (*divinité, providence*) heaven. **le ~ a écouté leurs prières** heaven heard their prayers; **~!, juste ~!** good heavens!; **le ~ m'est témoin que ...** heaven knows that ...; **le ~ soit loué!** thank heavens!; **c'est le ~ qui vous envoie!** you're heaven-sent!

(e) **à ~ ouvert** *égout* open; *piscine* open-air; *mine* opencast (*Brit*), open cut (*US*).

2: ciel de carrière quarry ceiling; **ciel de lit** canopy, tester.

cierge [sjɛʀʒ(ə)] *nm* (*Rel*) candle; (*Bot*) cereus; V **brûler.**

cieux [sjø] *nmpl de* **ciel.**

cigale [sigal] *nf* cicada.

cigare [sigaʀ] *nm* (*lit*) cigar; (**fig: tête*) head, nut*.

cigarette [sigaʀɛt] *nf* cigarette. **~ (à) bout filtre** filter tip, (filter-)tipped cigarette; **la ~ du condamné** the condemned man's last smoke *ou* cigarette.

cigarillo [sigaʀijo] *nm* cigarillo.

cigogne [sigɔɲ] *nf* (*Orn*) stork; (*Tech*) crank brace.

ciguë [sigy] *nf* (*Bot, poison*) hemlock. **grande ~** giant hemlock.

cil [sil] *nm* (*Anat*) eyelash. (*Bio*) **~s vibratiles** cilia.

ciliaire [siljɛʀ] *adj* (*Anat*) ciliary.

cilice [silis] *nm* hair shirt.

cillement [sijmɑ̃] *nm* blinking.

ciller [sije] (1) *vi*: **~ (des yeux)** to blink (one's eyes); (*fig*) **personne n'ose ~ devant lui** nobody dares move a muscle in his presence.

cimaise [simɛz] *nf* (*Peinture*) picture rail, picture moulding; (*Archit*) cyma; V **honneur.**

cime [sim] *nf* [*montagne*] summit; (*pic*) peak; [*arbre*] top; (*fig*) [*gloire*] peak, height.

ciment [simɑ̃] *nm* cement. **~ armé** reinforced concrete; **~ (à prise) rapide** quick-setting cement.

cimenter [simɑ̃te] (1) *vt* (a) (*Constr*) *sol* to cement, cover with concrete; *bassin* to cement, line with cement; *piton, anneau, pierres* to cement.

(b) (*fig*) *amitié, accord, paix* to cement. **l'amour qui cimente leur union** the love which binds them together.

cimenterie [simɑ̃tʀi] *nf* cement works.

cimeterre [simtɛʀ] *nm* scimitar.

cimetière [simtjɛʀ] *nm* [*ville*] cemetery; [*église*] graveyard, churchyard. **~ de voitures** scrapyard.

cincle [sɛ̃kl(ə)] *nm* (*Orn*) **~ (plongeur)** dipper.

ciné [sine] **1** *nm* (*: *abrév de* **cinéma**) flicks*, pictures, movies (*US*). **2: ciné-club** *nm, pl* **ciné-clubs** film society *ou* club; (*Québec*) **ciné-parc** *nm, pl* **ciné-parcs** drive-in (cinema); **ciné-roman** *nm, pl* **ciné-romans** film story.

cinéaste [sineast(ə)] *nmf* film-maker, moviemaker (*US*).

cinéma [sinema] **1** *nm* (a) (*procédé, art, industrie*) cinema; (*salle*) cinema, picture house(†), movie theater (*US*). **roman adapté pour le ~** novel adapted for the cinema *ou* the screen; **faire du ~** to be a film actor (*ou* actress); **de ~** *technicien, producteur, studio, plateau* film (*épith*); *projecteur, écran* cinema (*épith*); **acteur/vedette de ~** film *ou* movie actor/star; **être dans le ~** to be in the film *ou* movie business *ou* in films *ou* movies; **aller au ~** to go to the cinema *ou* pictures *ou* movies.

(b) (**fig: frime*) **c'est du ~** it's all put on*, it's all an act; **arrête ton ~** cut out the acting*; **faire tout un ~** to put on a great act*.

(c) (*: *embarras, complication*) fuss. **c'est toujours le même ~** it's always the same old to-do*; **tu ne vas pas nous faire ton ~!** you're not going to make a fuss *ou* a great scene *ou* a song and dance* about it!

2: le cinéma d'animation the cartoon film; **cinéma d'art et d'essai** avant-garde *ou* experimental films *ou* cinema; (*salle*) arts cinema; **cinéma muet** silent films; **cinéma parlant** talking films, talkies*; **cinéma permanent** continuous performance; **cinéma-vérité** *nm* cinéma-vérité, ciné vérité.

cinémascope [sinemaskɔp] *nm* ® Cinemascope ®.

cinémathèque [sinematɛk] *nf* film archives *ou* library; (*salle*) film theatre, movie theater (*US*).

cinématique [sinematik] *nf* kinematics (*sg*).

cinématographe [sinematɔgʀaf] *nm* cinematograph.

cinématographie [sinematɔgʀafi] *nf* film- *ou* movie-making, cinematography.

cinématographier [sinematɔgʀafje] (7) *vt* to film.

cinématographique [sinematɔgʀafik] *adj* film (*épith*), cinema (*épith*).

cinéphile [sinefil] *nmf* film *ou* cinema enthusiast, film *ou* movie buff*.

cinéraire [sineʀɛʀ] **1** *adj vase* cinerary. **2** *nf* (*Bot*) cineraria.

cinérama [sineʀama] *nm* ® Cinerama ®.

cinétique [sinetik] **1** *adj* kinetic. **2** *nf* kinetics (*sg*).

cing(h)alais, e [sɛ̃galɛ, ɛz] **1** *adj* Sin(g)halese. **2** *nm* (*Ling*) Sin(g)halese. **3** *nm, f*: **C~(e)** Sin(g)halese.

cinglant, e [sɛ̃glɑ̃, ɑ̃t] *adj vent* biting, bitter; *pluie* lashing, driving; *propos, ironie* biting, scathing, cutting.

cinglé, e* [sɛ̃gle] (*ptp de* **cingler**) *adj* nutty*, screwy*, cracked*. **c'est un ~** he's a crackpot* *ou* a nut*.

cingler [sɛ̃gle] (1) (1) *vt* [*personne*] *corps, cheval* to lash; [*vent, pluie, branche*] *visage, jambe* to sting, whip (against); [*pluie*] *vitre* to lash (against); (*fig*) to lash, sting. **il cingla l'air de son fouet** he lashed the air with his whip.

2 *vi* (*Naut*) **~ vers** to make for.

cinoche* [sinɔʃ] *nm* flicks* *pl* (*Brit*), movies* *pl* (*US*).

cinoque‡ [sinɔk] *adj* = **sinoque‡.**

cinq [sɛ̃k] *adj, nm* five. **dire les ~ lettres** to use bad language; (*euph*) **je lui ai dit les ~ lettres** I told him where to go (*euph*); **en ~ sec*** in a flash, in two ticks* (*Brit*), before you could say Jack Robinson*; *pour autres loc V* **six.**

cinq-dix-quinze†‡ [sɛ̃diskɛ̃z] *nm* (*Can*) cheap store, dime store (*US, Can*), five-and-ten (*US, Can*).

cinquantaine [sɛ̃kɑ̃tɛn] *nf* (*âge, nombre*) about fifty; *pour loc V* **soixantaine.**

cinquante [sɛ̃kɑ̃t] *adj inv, nm inv* fifty; *pour loc V* **six.**

cinquantenaire [sɛ̃kɑ̃tnɛʀ] **1** *adj arbre etc* fifty-year-old (*épith*), fifty years old *ou* of age. **il est ~** it *ou* he is fifty years old. **2** *nm* (*anniversaire*) fiftieth anniversary, golden jubilee.

cinquantième [sɛ̃kɑ̃tjɛm] *adj, nmf* fiftieth; *pour loc V* **sixième.**

cinquantièmement [sɛ̃kɑ̃tjɛmmɑ̃] *adv* in the fiftieth place.

cinquième [sɛ̃kjɛm] **1** *adj, nmf* fifth. **je suis la ~ roue du carrosse*** I'm treated like a nonentity; **~ colonne** fifth column; *pour autres loc V* **sixième.** **2** *nf* (*Scol*) second form *ou* year (*Brit*), seventh grade (*US*).

cinquièmement [sɛ̃kjɛmmɑ̃] *adv* in the fifth place.

cintrage [sɛ̃tʀaʒ] *nm* [*tôle, bois*] bending.

cintre [sɛ̃tʀ(ə)] *nm* (a) (*Archit*) arch; V **voûte.** (b) (*porte-manteau*) coat hanger. (c) (*Théât*) **les ~s** the flies.

cintré, e [sɛ̃tʀe] (*ptp de* **cintrer**) *adj porte, fenêtre* arched; *galerie* vaulted, arched; *veste* waisted; (‡*fig: fou*) nuts*, crackers*. **chemise ~e** close- *ou* slim-fitting shirt.

cintrer [sɛ̃tʀe] (1) *vt* (*Archit*) *porte* to arch, make into an arch; *galerie* to vault, give a vaulted *ou* arched roof to; (*Tech*) to bend, curve; (*Habillement*) to take in at the waist.

cirage [siʀaʒ] *nm* (a) (*produit*) (shoe) polish.

(b) (*action*) [*souliers*] polishing; [*parquets*] polishing, waxing.

(c) (*fig*) **être dans le ~*** (*malaise*) to be dazed *ou* in a stupor; (*ne rien comprendre*) to be in a fog* *ou* all at sea*; (*arg Aviat*) to be flying blind; **quand il est sorti du ~*** when he came to *ou* round; V **noir.**

circoncire [siʀkɔ̃siʀ] (37) *vt* to circumcize.

circoncision [siʀkɔ̃sizjɔ̃] *nf* circumcision.

circonférence [siʀkɔ̃feʀɑ̃s] *nf* circumference.

circonflexe [siʀkɔ̃flɛks(ə)] *adj*: **accent ~** circumflex.

circonlocution [siʀkɔ̃lɔkysjɔ̃] *nf* circumlocution. **employer des ~s pour annoncer qch** to announce sth in a roundabout way.

circonscription [siʀkɔ̃skʀipsjɔ̃] *nf* (*Admin, Mil*) district, area. **~ (électorale)** [*député*] constituency (*Brit*), district (*US*); [*conseiller municipal*] district, ward.

circonscrire [siʀkɔ̃skʀiʀ] (39) *vt feu, épidémie* to contain, confine; *territoire* to mark out; *sujet* to define, delimit. (*Math*) **~ un cercle/carré à** to draw a circle/square round; **le débat s'est circonscrit à** *ou* **autour de cette seule question** the debate limited *ou* restricted itself to *ou* was centred round that one question; **les recherches sont circonscrites au village** the search is being limited *ou* confined to the village.

circonspect, e [siʀkɔ̃spɛ(kt), ɛkt(ə)] *adj personne* circumspect, cautious, wary; *silence, remarque* prudent, cautious.

circonspection [siʀkɔ̃spɛksjɔ̃] *nf* caution, wariness, circumspection.

circonstance [siʀkɔ̃stɑ̃s] *nf* (a) (*occasion*) occasion. **en la ~** in this case, on this occasion, given the present circumstances; **en pareille ~** in such a case, in such circumstances; **il a profité de la ~ pour me rencontrer** he took advantage of the occasion to meet me; V **concours.**

(b) (*situation*) **~s** circumstances; (*Écon*) **~s économiques** economic circumstances; **être à la hauteur des ~s** to be equal to the occasion; **du fait** *ou* **en raison des ~s** étant donné les **~s** in view of *ou* given the circumstances; **dans ces ~s** under *ou* in these circumstances; **dans les ~s présentes** *ou* **actuelles** in the present circumstances; **il a honteusement profité des ~s** he took shameful advantage of the situation.

(c) [*crime, accident*] circumstance. (*Jur*) **~s atténuantes** mitigating *ou* extenuating circumstances; **~ aggravante** aggravating circumstance, aggravation; **il y a une ~ troublante** there's one disturbing circumstance *ou* point; **dans des ~ encore mal définies** in circumstances which are still unclear.

(d) **de ~** *parole, mine, conseil* appropriate, apt, fitting; *œuvre, poésie* occasional (*épith*); *habit* appropriate, suitable.

circonstancié, e [siʀkɔ̃stɑ̃sje] *adj rapport* detailed.

circonstanciel, -ielle [siʀkɔ̃stɑ̃sjɛl] *adj* adverbial. **complément**

~ **de lieu/temps** adverbial phrase of place/time.
circonvenir [siʀkɔ̃vniʀ] (22) *vt (frm) personne* to circumvent *(frm)*, get round.
circonvoisin, e [siʀkɔ̃vwazɛ̃, in] *adj (littér)* surrounding, neighbouring.
circonvolution [siʀkɔ̃vɔlysjɔ̃] *nf (Anat)* convolution; *[rivière, itinéraire]* twist. **décrire des ~s** *[rivière]* to meander, twist and turn; *[route]* to twist and turn; ~ **cérébrale** cerebral convolution.
circuit [siʀkɥi] **1** *nm* (a) *(itinéraire touristique)* tour, (round) trip. ~ **d'autocar** coach *(Brit)* tour *ou* trip, bus trip; **on a fait un grand** ~ **à travers la Bourgogne** we did a grand tour of *ou* a great *(Brit) ou* long trip through Burgundy; **il y a un très joli** ~ **(à faire) à travers bois** there's a very nice trip *ou* run (one can go) through the woods; **faire le** ~ **(touristique) des volcans d'Auvergne** to tour *ou* go on a tour of the volcanoes in Auvergne.
(b) *(parcours compliqué)* roundabout *ou* circuitous route. **il faut emprunter un** ~ **assez compliqué pour y arriver** you have to take a rather circuitous *ou* roundabout route *ou* you have to go a rather complicated way to get there; **l'autre grille du parc était fermée et j'ai dû refaire tout le** ~ **en sens inverse** the other park gate was shut and I had to go right back round the way I'd come *ou* make the whole journey back the way I'd come.
(c) *(Sport)* circuit.
(d) *(Élec)* circuit. **couper/rétablir le** ~ to break/restore the circuit; **mettre qch en** ~ to connect sth up; *[machine]* **tous les ~s ont grillé** all the fuses have blown, there's been a burnout.
(e) *(Écon)* circulation.
(f) *(enceinte) [ville]* circumference.
(g) *(*loc)* **être dans le** ~ to be around; **est-ce qu'il est toujours dans le** ~? is he still around?, is he still on the go?* *(Brit)*; **mettre qch dans le** ~ to put sth into circulation, feed sth into the system.
2: *(Comm)* **circuit de distribution** distribution network *ou* channels; **circuit électrique** *(Élec)* electric(al) circuit; *[train miniature]* (electric) track; **circuit fermé** *(Élec, fig)* closed circuit; **vivre en circuit fermé** to live in a closed world; **ces publications circulent en circuit fermé** this literature has a limited *ou* restricted circulation; *(Aut)* **circuit hydraulique** hydraulic circuit; **circuit imprimé** printed circuit; **circuit intégré** integrated circuit; **circuit de refroidissement** cooling system.
circulaire [siʀkylɛʀ] *adj, nf (gén)* circular; *V* **billet**.
circulairement [siʀkylɛʀmɑ̃] *adv* in a circle.
circulation [siʀkylasjɔ̃] *nf [air, sang, argent]* circulation; *[marchandises]* movement; *[nouvelle]* spread; *[trains]* running; *(Aut)* traffic. **la** ~ **(du sang)** the circulation; **la libre** ~ **des travailleurs** the free movement of labour; *(Aut)* **pour rendre la** ~ **plus fluide** to improve traffic flow; **mettre en** ~ *argent* to put into circulation; *livre, journal, produit* to bring *ou* put out, put on the market; *voiture* to put on the market, bring *ou* put out; *fausse nouvelle* to circulate, spread (about); **mise en** ~ *[argent]* circulation; *[livre, produit, voiture]* marketing; *[fausse nouvelle]* spreading, circulation; ~ **aérienne** air traffic; *(Anat)* ~ **générale** systemic circulation; *(Fin)* ~ **monétaire** money *ou* currency circulation; *(Aut)* ~ **interdite** no vehicular traffic; *(fig)* **disparaître de la** ~ to drop out of sight, disappear from the scene; *V* **accident**, **agent**.
circulatoire [siʀkylatwaʀ] *adj* circulation *(épith)*, circulatory. **avoir des troubles ~s** to have trouble with one's circulation, have circulatory trouble.
circuler [siʀkyle] (1) *vi* (a) *[sang, air, marchandise, argent]* to circulate; *[rumeur]* to circulate, go round *ou* about, make *ou* go the rounds. **il circule bien des bruits à son propos** there's a lot of gossip going round about him, there's a lot being said about him; **faire ~** *air, sang* to circulate; *marchandises* to put into circulation; *argent, document* to circulate; **faire ~ des bruits au sujet de** to put rumours about concerning, spread rumours concerning.
(b) *[voiture]* to go, move; *[train]* to go, run; *[passant]* to walk; *[foule]* to move (along); *[plat, bonbons, lettre]* to be passed *ou* handed round. **circulez!** move along!; **faire ~** *voitures, piétons* to move on; *plat, bonbons, document, pétition* to hand *ou* pass round.
circumnavigation [siʀkɔmnavigasjɔ̃] *nf* circumnavigation.
circumpolaire [siʀkɔmpɔlɛʀ] *adj* circumpolar.
cire [siʀ] *nf (gén)* wax; *(pour meubles, parquets)* polish; *(Méd) [oreille]* (ear)wax. ~ **d'abeille** beeswax; ~ **à cacheter** sealing wax.
ciré [siʀe] *nm (Habillement)* oilskin.
cirer [siʀe] (1) *vt* to polish; *V* **toile**.
cireur, -euse [siʀœʀ, øz] **1** *nm, f (personne) [souliers]* shoe-shiner, bootblack†; *[planchers]* (floor) polisher. **2 cireuse** *nf (appareil)* floor polisher.
cireux, -euse [siʀø, øz] *adj matière* waxy; *teint* waxen.
ciron [siʀɔ̃] *nm (littér, Zool)* mite.
cirque [siʀk(ə)] *nm* (a) *(spectacle)* circus.
(b) *(Antiq: arène)* amphitheatre; *V* **jeu**.
(c) *(Géog)* cirque.
(d) *(*: complication, embarras)* **quel** ~ **il a fait quand il a appris la nouvelle** what a scene *ou* to-do he made when he heard the news; **quel** ~ **pour garer sa voiture ici!** what a carry-on* *(Brit) ou* performance* to get the car parked here!
(e) *(*: désordre)* chaos. **c'est un vrai** ~ **ici aujourd'hui** it's absolute chaos here today, this place is like a bear garden today *(Brit) ou* is a real circus today *(US)*.
cirrhose [siʀoz] *nf* cirrhosis. ~ **du foie** cirrhosis of the liver.
cirro-cumulus [siʀokymylys] *nm* cirrocumulus.
cirro-stratus [siʀɔstratys] *nm* cirrostratus.
cirrus [siʀys] *nm* cirrus.
cisaille *nf*, **cisailles** *nfpl* [sizaj] *[métal]* shears; *[fil métallique]* wire cutters; *[jardinier]* (gardening) shears.
cisaillement [sizajmɑ̃] *nm (V* **cisailler**) cutting, clipping, pruning; shearing off.

cisailler [sizaje] (1) *vt* (a) *(couper) métal* to cut; *arbuste* to clip, prune.
(b) *(user) rivet* to shear off.
(c) (*: *tailler maladroitement)* *tissu, planche, cheveux* to hack.
(d) (*: *empêcher la promotion) personne* to cripple the career of; *carrière* to cripple.
cisalpin, e [sizalpɛ̃, in] *adj* cisalpine.
ciseau, pl ~x [sizo] *nm* (a) **(paire** *f* **de)** ~**x** *(gén) [tissu, papier]* (pair of) scissors; *[métal, laine]* shears; *[fil métallique]* wire cutters; ~**x de brodeuse** embroidery scissors; ~**x de couturière** dressmaking shears *ou* scissors; ~**x à ongles** nail scissors.
(b) *(Sculp, Tech)* chisel. ~ **à froid** cold chisel.
(c) *(Sport: prise)* scissors (hold *ou* grip); *(Ski)* **montée en** ~**x** herringbone climb; *(Catch)* ~ **de jambes** leg scissors; *V* **sauter**.
ciselage [sizlaʒ] *nm* chiselling.
ciseler [sizle] (5) *vt [lit] pierre* to chisel, carve; *métal* to chase, chisel; *(fig) style* to polish. *(fig)* **les traits finement ciselés de son visage** his finely chiselled features.
ciseleur [sizlœʀ] *nm (V* **ciselure**) carver; engraver.
ciselure [sizlyʀ] *nf* (a) *[bois, marbre]* carving, chiselling; *[orfèvrerie]* engraving, chasing. (b) *(dessin) [bois]* carving; *[orfèvrerie]* engraved *ou* chased pattern *ou* design, engraving.
Cisjordanie [sisʒɔʀdani] *nf*: **la** ~ the West Bank (of Jordan).
cistercien, -ienne [sistɛʀsjɛ̃, jɛn] **1** *adj, nm* Cistercian. **2** *nm* Cistercian monk.
citadelle [sitadɛl] *nf (lit, fig)* citadel.
citadin, e [sitadɛ̃, in] **1** *adj (gén)* town *(épith)*, urban; *[grande ville]* city *(épith)*, urban. **2** *nm, f* city dweller, urbanite *(US)*.
citation [sitasjɔ̃] *nf [auteur]* quotation; *(Jur)* summons. *(Jur)* ~ **à comparaître** *(à accusé)* summons to appear; *(à témoin)* subpoena; *(Mil)* ~ **à l'ordre du jour** *ou* **de l'armée** mention in dispatches.
cité [site] **1** *nf (littér) (Antiq, grande ville)* city; *(petite ville)* town; **la** **C~** **du Vatican** the Vatican City; *V* **droit³**.
2: **cité-dortoir** *nf, pl* **cités-dortoirs** dormitory town; **cité-jardin** *nf, pl* **cités-jardins** garden city; **cité ouvrière** ≃ (workers') housing estate *(Brit) ou* development *(US)*; **cité universitaire** (student) halls of residence.
citer [site] (1) *vt* (a) *(rapporter) texte, exemples, faits* to quote, cite. ~ **(du) Shakespeare** to quote from Shakespeare; **il n'a pas pu** ~ **3 pièces de Sartre** he couldn't name *ou* quote 3 plays by Sartre.
(b) ~ **(en exemple)** *personne* to hold up as an example; **il a été cité (en exemple) pour son courage** he has been held up as an example for his courage; *(Mil)* ~ **un soldat (à l'ordre du jour** *ou* **de l'armée)** to mention a soldier in dispatches.
(c) *(Jur)* to summon. ~ **(à comparaître)** *accusé* to summon to appear; *témoin* to subpoena.
citerne [sitɛʀn(ə)] *nf* tank; *(à eau)* water tank; *V* **camion**.
cithare [sitaʀ] *nf* zither; *(Antiq)* cithara.
citoyen, -enne [sitwajɛ̃, ɛn] **1** *nm, f* citizen. ~ **d'honneur d'une ville** freeman of a city *ou* town. **2** *nm* (*: *type)* bloke* *(Brit)*, guy*. **drôle de** ~ queer customer *ou* fellow, oddbod*, oddball* *(US)*.
citoyenneté [sitwajɛnte] *nf* citizenship.
citrique [sitʀik] *adj* citric.
citron [sitʀɔ̃] **1** *nm (fruit)* lemon; (‡: *tête)* nut*. **un** *ou* **du** ~ **pressé** a (fresh) lemon juice; *V* **thé**. **2** *adj inv* lemon(-coloured).
citronnade [sitʀɔnad] *nf* lemon squash *(Brit)*, still lemonade *(Brit)*, lemonade *(US)*.
citronné, e [sitʀɔne] *adj goût, odeur* lemony; *gâteau* lemon(-flavoured); *liquide* with lemon juice added, lemon-flavoured; *eau de toilette* lemon-scented.
citronnelle [sitʀɔnɛl] *nf (Bot, huile)* citronella; *(liqueur)* lemon liqueur.
citronnier [sitʀɔnje] *nm* lemon tree.
citrouille [sitʀuj] *nf* pumpkin; (‡hum: *tête)* nut*.
cive [siv] *nf (Bot)* chive; *(Culin)* chives *(pl)*.
civet [sivɛ] *nm* stew. **un lièvre en** ~, **un** ~ **de lièvre** ≃ jugged hare.
civette¹ [sivɛt] *nf (Zool)* civet (cat); *(parfum)* civet.
civette² [sivɛt] *nf (Bot)* chive; *(Culin)* chives *(pl)*.
civière [sivjɛʀ] *nf* stretcher.
civil, e [sivil] **1** *adj* (a) *(entre citoyens, Jur) guerre, mariage* civil; *V* **code**, **partie²** etc.
(b) *(non militaire)* civilian.
(c) *(littér: poli)* civil, courteous.
2 *nm* (a) *(non militaire)* civilian. **se mettre en** ~ *[soldat]* to dress in civilian clothes, wear civvies*; *[policier]* to dress in plain clothes; **policier en** ~ plain-clothes policeman, policeman in plain clothes; **soldat en** ~ soldier in civvies* *ou* mufti *ou* in civilian clothes; **dans le** ~ in civilian life, in civvy street*.
(b) *(Jur)* **poursuivre qn au** ~ to take civil action against sb, sue sb in the civil courts.
civilement [sivilmɑ̃] *adv* (a) *(Jur)* **poursuivre qn** ~ to take civil action against sb, sue sb in the (civil) courts; **être** ~ **responsable** to be legally responsible; **se marier** ~ to have a civil wedding, ≃ get married in a registry office *(Brit) ou* be married by a judge *(US)*.
(b) *(littér)* civilly.
civilisable [sivilizabl(ə)] *adj* civilizable.
civilisateur, -trice [sivilizatœʀ, tʀis] **1** *adj* civilizing. **2** *nm, f* civilizer.
civilisation [sivilizasjɔ̃] *nf* civilization.
civiliser [sivilize] (1) **1** *vt peuple*, (*) *personne* to civilize. **2 se civiliser** *vpr [peuple]* to become civilized; (*) *[personne]* to become more civilized.
civilité [sivilite] *nf (politesse)* civility. *(frm: compliments)* ~**s** civilities; **faire** *ou* **présenter ses** ~**s à** to pay one's compliments to.
civique [sivik] *adj* civic. **avoir le sens** ~ to have a sense of civic responsibility; *V* **instruction**.
civisme [sivism(ə)] *nm* public-spiritedness. **cours de** ~ civics *(sg)*.

clabaudage [klabodaʒ] *nm* gossip; *[chien]* yapping.
clabauder [klabode] (1) *vi (médire)* to gossip; *[chien]* to yap. ~ contre qn to make denigrating remarks about sb.
clabauderie [klabodʀi] *nf* = **clabaudage**.
clabaudeur, -euse [klabodœʀ, øz] **1** *adj (médisant)* gossiping; *(aboyant)* yapping. **2** *nm,f (cancanier)* gossip.
clac [klak] *excl [porte]* slam!; *[élastique, stylo etc]* snap!; *[fouet]* crack!; *V* **clic**.
clafoutis [klafuti] *nm* clafoutis *(fruit, esp cherries, cooked in batter).*
claie [klɛ] *nf [fruit, fromage]* rack; *(crible)* riddle; *(clôture)* hurdle.
clair, e¹ [klɛʀ] **1** *adj (a) (lumineux)* pièce bright, light; *ciel* clear; *couleur, flamme* bright. **par temps ~ on** a clear day, in clear weather.
(b) *(pâle)* teint, couleur light; tissu, robe light-coloured. **bleu/vert ~** light blue/green.
(c) *(lit, fig: limpide)* eau, son, conscience, voyelle clear. **d'une voix ~e** in a clear voice; **des vitres propres et ~es** clean and sparkling *ou* clean bright windows.
(d) *(peu consistant)* sauce, soupe thin; *tissu usé* thin; *tissu peu serré* light, thin; *blés* sparse.
(e) *(sans ambiguïté)* exposé, pensée, position, attitude clear. **voilà qui est ~!** well, that's clear anyway!; **cette affaire n'est pas ~e** there's something slightly suspicious *ou* not quite clear about this affair; **avoir un esprit ~** to be a clear thinker.
(f) *(évident)* clear, obvious, plain. **le plus ~ de l'histoire** the most obvious thing in the story; **il est ~ qu'il se trompe** it is clear *ou* obvious *ou* plain that he's mistaken; **son affaire est ~e, il est coupable** it's quite clear *ou* obvious that he's guilty; **c'est ~ comme le jour** *ou* **comme de l'eau de roche** it's as clear as daylight, it's crystal-clear; **il passe le plus ~ de son temps à rêver** he spends most of his time daydreaming; **il dépense le plus ~ de son argent en cigarettes** he spends the better part of his money on cigarettes.
2 *adv parler, voir* clearly. **il fait ~** it is daylight; **il ne fait guère ~ dans cette pièce** it's not very light in this room; **il fait aussi ~ ou on voit aussi ~ qu'en plein jour** it's as bright as daylight.
3 *nm* **(a)** *(loc)* **tirer qch au ~** to clear sth up, clarify sth; **en ~** *(c'est-à-dire)* to put it plainly; *(non codé)* in clear; *V* **sabre**.
(b) *(partie usée d'une chaussette etc)* **~s** worn parts, thin patches.
(c) *(Art)* **~s** light *(U)*, light areas; **les ~s et les ombres** the light and shade.
4: clair de lune moonlight; **au clair de lune** in the moonlight; **promenade au clair de lune** moonlight saunter, stroll in the moonlight; **clair-obscur** *nm, pl* **clairs-obscurs** *(Art)* chiaroscuro; *(gén)* twilight; **claire-voie** *nf, pl* **claires-voies** *(clôture)* openwork fence; *[église]* clerestory; **à claire-voie** openwork *(épith).*
claire² [klɛʀ] *nf (parc)* oyster bed. **(huître de) ~** fattened oyster; *V* **fine²**.
Claire [klɛʀ] *nf* Cla(i)re.
clairement [klɛʀmã] *adv* clearly.
clairet, -ette [klɛʀɛ, ɛt] **1** *adj soupe* thin; *voix* high-pitched. **(vin) ~** light red wine. **2 clairette** *nf* light sparkling wine.
clairière [klɛʀjɛʀ] *nf* clearing, glade.
clairon [klɛʀɔ̃] *nm (instrument)* bugle; *(joueur)* bugler; *[orgue]* clarion (stop).
claironnant, e [klɛʀɔnɑ̃, ɑ̃t] *adj voix* strident, resonant, like a foghorn.
claironner [klɛʀɔne] (1) **1** *vt succès, nouvelle* to trumpet, shout from the rooftops. **2** *vi (parler fort)* to speak at the top of one's voice.
clairsemé, e [klɛʀsəme] *adj arbres, maisons, applaudissements, auditoire* scattered; *blés, gazon, cheveux* thin, sparse; *population* sparse, scattered.
clairvoyance [klɛʀvwajɑ̃s] *nf (discernement) [personne]* clearsightedness, perceptiveness; *[esprit]* perceptiveness.
clairvoyant, e [klɛʀvwajɑ̃, ɑ̃t] *adj (a) (perspicace)* personne clearsighted, perceptive; *œil, esprit* perceptive. **(b)** *(doué de vision)* **les aveugles et les ~s** the blind and the sighted.
clam [klam] *nm (Zool)* clam.
clamecer‡ [klamse] (3) *vi (mourir)* to kick the bucket‡, snuff it‡ *(Brit).*
clamer [klame] (1) *vt* to shout out, proclaim. **~ son innocence/son indignation** to proclaim one's innocence/one's indignation.
clameur [klamœʀ] *nf* clamour. **les ~s de la foule** the clamour of the crowd; *(fig)* **les ~s des mécontents** the protests of the discontented.
clamser‡ [klamse] (1) *vi* = **clamecer‡**.
clan [klɑ̃] *nm (lit, fig)* clan.
clandestin, e [klɑ̃dɛstɛ̃, in] *adj réunion* secret, clandestine; *revue, mouvement* underground *(épith)*; *commerce* clandestine, illicit. **(passager) ~** stowaway.
clandestinement [klɑ̃dɛstinmã] *adv (V* **clandestin***)* secretly; clandestinely; illicitly.
clandestinité [klɑ̃dɛstinite] *nf (a) [activité etc]* secret nature. **dans la ~** *(en secret)* travailler, imprimer in secret, clandestinely; *(en se cachant)* vivre underground; **entrer dans la ~** to go underground; **le journal interdit a continué de paraître dans la ~** the banned newspaper went on being published underground *ou* clandestinely.
(b) *(Hist: la Résistance)* **la ~** the Resistance.
clapet [klapɛ] *nm (a) (Tech)* valve; *(Élec)* rectifier. *(Aut)* **~ d'admission/d'échappement** induction/exhaust valve. **(‡:** *bouche)* **ferme ton ~** hold your tongue*, shut up*; **quel ~!** what a chatterbox! *ou* gasbag!*
clapier [klapje] *nm (a) (cabane à lapins)* hutch; *(péj: logement surpeuplé)* dump‡, hole*. **(b)** *(éboulis)* scree.

clapotement [klapɔtmã] *nm* lap(ping) *(U).*
clapoter [klapɔte] (1) *vi [eau]* to lap.
clapotis [klapɔti] *nm* lap(ping) *(U).*
clappement [klapmã] *nm* click(ing) *(U).*
clapper [klape] (1) *vi:* **~ de la langue** to click one's tongue.
claquage [klakaʒ] *nm (action)* pulling *ou* straining (of a muscle); *(blessure)* pulled *ou* strained muscle. **se faire un ~** to pull *ou* strain a muscle.
claquant, e* [klakɑ̃, ɑ̃t] *adj (fatigant)* killing*, exhausting.
claque¹ [klak] *nf (a) (gifle)* slap. **donner** *ou* **flanquer* une ~ à qn** to slap sb, give sb a slap *ou* clout*; *V* **tête**. **(b)** *(loc)* **il en a sa ~*** *(excédé)* he's fed up to the back teeth* *(Brit) ou* to the teeth* *(US)*; *(épuisé)* he's dead beat* *ou* all in*. **(c)** *(Théât)* claque.
claque² [klak] *adj, nm (chapeau)* ~ opera hat.
claqué, e* [klake] *(ptp de* **claquer***) adj (fatigué)* all in*, dead beat*, bushed*.
claquement [klakmã] *nm (bruit répété) [porte]* banging *(U)*, slamming *(U)*; *[fouet]* cracking *(U)*; *[langue]* clicking *(U)*; *[doigts]* snap(-ping) *(U)*; *[talons]* click(ing) *(U)*; *[drapeau]* flapping *(U)*; *(bruit isolé) [porte]* bang, slam; *[fouet]* crack; *[langue]* click. **la corde cassa avec un ~ sec** the rope broke with a sharp snap; **le ~ de deux morceaux de bois frappés l'un contre l'autre** the sound of two pieces of wood being rapped *ou* banged against one another.
claquemurer [klakmyʀe] (1) **1** *vt* to coop up. **il reste claquemuré dans son bureau toute la journée** he stays shut up *ou* shut away in his office all day. **2 se claquemurer** *vpr* to shut o.s. away *ou* up.
claquer [klake] (1) **1** *vi (a) [porte, volet]* to bang; *[drapeau]* to flap; *[fouet]* to crack; *[coup de feu]* to ring out. **faire ~ une porte** to bang *ou* slam a door; **faire ~ son fouet** to crack one's whip.
(b) **~ des doigts** to snap one's fingers; **~ des** *ou* **dans ses mains** to clap (one's hands); *(Mil)* **~ des talons** to click one's heels; *(fig)* **~ du bec‡** to be famished; **il claquait des dents** his teeth were chattering; **faire ~ ses doigts** to snap one's fingers; **faire ~ sa langue** to click one's tongue.
(c) *(‡: mourir)* to snuff it‡ *(Brit)*, kick the bucket‡; *(*: tomber hors d'usage) [télévision, moteur, lampe électrique]* to conk out‡, go phut* *(Brit)*, pack in*; *[ficelle, élastique]* to snap. **~ dans les mains de qn** *[malade]* to die on sb; *[élastique]* to snap in sb's hands; *[appareil]* to bust* *ou* go phut* *(Brit)* in sb's hands; *[entreprise, affaire]* to go bust on sb*; **il a claqué d'une crise cardiaque** a heart attack finished him off.
2 *vt (a) (gifler)* enfant to slap.
(b) *(refermer avec bruit)* livre to snap shut. *(lit, fig)* **~ la porte** to slam the door *(de* on); **il m'a claqué la porte au nez** *(lit)* he slammed the door in my face; *(fig)* he refused to listen to me.
(c) *(*: fatiguer) [travail]* to exhaust, tire out. **le voyage m'a claqué** I felt whacked* *(Brit) ou* dead tired after the journey; **~ son cheval** to wear out *ou* exhaust one's horse; **ne travaille pas tant, tu vas te ~** don't work so hard or you'll knock *ou* wear yourself out *ou* kill yourself.
(d) *(*: casser)* to bust*. *(Sport)* **se ~ un muscle** to pull *ou* strain a muscle.
(e) *(*: dépenser)* argent to blow*, blue* *(Brit).*
claquette [klakɛt] *nf (a) (danse)* **~s** tap-dancing; *V* **danseur**. **(b)** *(claquoir)* clapper; *(Ciné)* clapperboard.
claquoir [klakwaʀ] *nm* clapper.
clarification [klaʀifikasjɔ̃] *nf (lit, fig)* clarification.
clarifier *vt,* **se clarifier** *vpr* [klaʀifje] (7) *(lit, fig)* to clarify. **la situation se clarifie** the situation is clarifying itself *ou* is becoming clear(er).
clarine [klaʀin] *nf* cowbell.
clarinette [klaʀinɛt] *nf* clarinet.
clarinettiste [klaʀinetist(ə)] *nmf* clarinettist.
clarté [klaʀte] *nf (a) (gén: lumière)* light; *(lampe, crépuscule, astre)* light. **~ douce/vive/faible** soft/bright/weak light; **~ de la lune** light of the moon, moonlight; **à la ~ de la lampe** in the lamplight, in *ou* by the light of the lamp.
(b) *(transparence, luminosité) [flamme, pièce, jour, ciel]* brightness; *[eau, son, verre]* clearness; *[teint]* (pureté) clearness; *(pâleur)* lightness.
(c) *(fig: netteté) [explication, pensée, attitude, conférencier]* clarity. **~ d'esprit** clear thinking.
(d) *(fig: précisions)* **~s:** **avoir des ~s sur une question** to have some (further *ou* bright) ideas on a question; **cela projette quelques ~s sur la question** this throws some light on the subject.
classe [klɑs] *nf (a) (catégorie sociale)* class. *(Démographie)* **~s creuses** age groups deplete by war deaths *ou* low natality; **les ~s moyennes** the middle classes; **les basses/hautes ~s (sociales)** the lower/upper (social) classes; **la ~ laborieuse** *ou* **ouvrière** the working class; **la ~ politique** the political community; **selon sa ~ sociale** according to one's social status *ou* social class; **(société) sans ~** classless (society).
(b) *(gén, Sci: espèce)* class; *(Admin: rang)* grade. **cela s'adresse à toutes les ~s d'utilisateurs** it is aimed at every category of user; *(fig)* **il est vraiment à mettre dans une ~ à part** he's really in a class of his own *ou* a class apart; *(Admin)* **cadre de première/deuxième ~** first/second grade manager; *(Comm)* **hôtel de première ~** first class hotel; *(Gram)* **~ grammaticale** *ou* **de mots** grammatical category, part of speech; **~ d'âge** age group; **établissement de ~** high-class establishment; **de ~ internationale** of international standing.
(c) *(Aviat, Rail)* class. **compartiment/billet de 1ère/2e ~** 1st/2nd class compartment/ticket; **voyager en 1ère ~** to travel 1st class; *(Aviat)* **~ touriste** economy class.
(d) *(gén, Sport: valeur)* class. **liqueur/artiste de (grande) ~** liqueur/artist of great distinction; **de ~ internationale** of international class; **elle a de la ~** she's got class; **ils ne sont pas de la**

même ~, **ils n'ont pas la même** ~ they're not in the same class.
(e) (*Scol: ensemble d'élèves*) form (*Brit*), class; (*division administrative*) form; (*année d'études secondaires*) year. **les grandes** ~**s, les** ~**s supérieures** the senior school (*Brit*), the high school (*US*), the upper forms (*Brit*) *ou* classes (*US*); **les petites** ~**s** the junior school (*Brit*), grade school (*US*), the lower forms (*Brit*) *ou* classes (*US*); **il est en** ~ **de 6e** he is in the 1st year (*Brit*) *ou* 5th grade (*US*); **toutes les** ~**s de 1ère** all the 6th forms (*Brit*), all the 6th year; **monter de** ~ to go up a class; **il est (le) premier/(le) dernier de la** ~ he is top/bottom of the form (*Brit*) *ou* class; ~ **enfantine** playschool; **partir en** ~ **de neige/de mer** ≃ to go skiing/to the seaside with the school; *V* **redoubler.**
(f) (*Scol*) (*cours, leçon*) class. (*l'école*) **la** ~ school; **la** ~ **d'histoire/de français** the history/French class; **aller en** ~ to go to school; **pendant/après la** ~ *ou* **les heures de** ~ during/after school *ou* school hours; **à l'école primaire la** ~ **se termine** *ou* **les élèves sortent de** ~ **à 16 heures** school finishes *ou* classes finish at 4 o'clock in primary school; **il est en** ~ (*en cours*) [*professeur*] he is in class, he is teaching; [*élève*] he is in class *ou* at lessons; (*à l'école*) [*élève*] he is at school; **faire la** ~: **c'est M X qui leur fait la** ~ X is their (primary) school) teacher, Mr X takes them at (primary) school.
(g) (*Scol: salle*) classroom; (*d'une classe particulière*) form room (*Brit*), homeroom (*US*). **il est turbulent en** ~ he's disruptive in class *ou* in the classroom; **les élèves viennent d'entrer en** ~ the pupils have just gone into class.
(h) (*Mil*) (*rang*) **militaire** *ou* **soldat de 1ère** ~ (*armée de terre*) ≃ private (*Brit*), private first class (*US*); (*armée de l'air*) ≃ leading aircraftman (*Brit*), airman first class (*US*); **militaire** *ou* **soldat de 2e** ~ (*terre*) private (soldier); (*air*) aircraftman (*Brit*), airman basic (*US*); (*contingent*) **la** ~ **de 1987** the 1987 class, the class of '87; **ils sont de la même** ~ they were called up at the same time; **faire ses** ~**s** to do one's recruit training.
classé, e [klase] *adj bâtiment, monument etc* listed, with a preservation order on it; *vins* classified. **joueur** ~ ≃ (*Tennis*) officially graded player; (*Bridge*) graded *ou* master player.
classement [klasmã] *nm* **(a)** (*rangement*) [*papiers*] filing; [*livres*] classification; [*fruits*] grading. **faire un** ~ **par ordre de taille** to grade by size; **faire un** ~ **par sujet** to classify by subject matter; **j'ai fait du** ~ **toute la journée** I've spent all day filing *ou* classifying; ~ **alphabétique** alphabetical classification.
(b) (*classification*) [*fonctionnaire, élève*] grading; [*joueur*] grading, ranking; [*hôtel*] grading, classification. **on devrait supprimer le** ~ **des élèves** they ought to stop grading pupils.
(c) (*rang*) [*élève*] place (*Brit*) *ou* rank (*US*) (in class), position in class; [*coureur*] placing. **avoir un bon/mauvais** ~ [*élève*] to get a high/low place in class (*Brit*), be ranked high/low in class (*US*); [*coureur*] to be well/poorly placed; **le** ~ **des coureurs à l'arrivée** the placing of the runners at the finishing line.
(d) (*liste*) [*élèves*] class list (in order of merit); [*coureurs*] finishing list; [*équipes*] league table. **je vais vous lire le** ~ I'm going to read you your (final) placings (in class); (*Cyclisme*) ~ **général** overall placings; **premier au** ~ **général/au** ~ **de l'étape** first overall/for the stage.
(e) (*clôture*) [*affaire*] closing.
classer [klase] (1) **1** *vt* **(a)** (*ranger*) *papiers* to file; *livres* to classify; *documents* to file, classify. ~ **des livres par sujet** to classify books by *ou* according to subject (matter).
(b) (*Sci: classifier*) *animaux, plantes* to classify.
(c) (*hiérarchiser*) *employé, fruits* to grade; *élève, joueur, copie* to grade; *hôtel* to grade, classify. ~ **des copies de composition (par ordre de mérite)** to arrange *ou* grade exam papers in order of merit; **X, que l'on classe parmi les meilleurs violonistes** X, who ranks among the top violin players.
(d) (*clore*) *affaire, dossier* to close. **c'est une affaire classée maintenant** that matter is closed now.
(e) (*péj: cataloguer*) *personne* to size up*, categorize.
2 se classer *vpr:* **se** ~ **premier/parmi les premiers** to be *ou* come (*Brit*) *ou* come in (*US*) first/among the first; (*Courses*) **le favori s'est classé 3e** the favourite finished *ou* came (in) 3rd; **ce livre se classe au nombre des grands chefs-d'œuvre littéraires** this book ranks among the great works of literature.
classeur [klasœʀ] *nm* (*meuble*) filing cabinet; (*dossier*) (loose-leaf) file.
classicisme [klasisism(ə)] *nm* (*Art*) classicism; (*gén: conformisme*) conventionality.
classificateur, -trice [klasifikatœʀ, tʀis] **1** *adj procédé, méthode* classifying; (*fig: méthodique*) *esprit* methodical, orderly. **obsession** ~**trice** mania for categorizing *ou* classifying things. **2** *nm,f* classifier.
classification [klasifikasjɔ̃] *nf* classification.
classifier [klasifje] (7) *vt* to classify.
classique [klasik] **1** *adj* **(a)** (*Art*) *auteur, genre, musique* classical; (*Ling*) *langue* classical. **il préfère le** ~ he prefers classical music (*ou* literature, painting *etc*).
(b) (*sobre*) *coupe, vêtement, ameublement, décoration* classic, classical. **j'aime mieux le** ~ **que tous ces meubles modernes** I prefer a classic *ou* classical style of furniture to any of these modern styles.
(c) (*habituel*) *argument, réponse, méthode* standard, classic; *conséquence* usual; *symptôme* usual, classic. **c'est** ~**!** it's the usual *ou* classic situation!; **c'est le coup** ~**!** it's the usual thing; **c'est la question/la plaisanterie** ~ **dans ces cas-là** it's the classic question/joke on those occasions; **son mari buvait, alors elle l'a quitté, c'est** ~ her husband drank, so she left him — the usual *ou* classic situation; **le cambriolage s'est déroulé suivant le plan** ~ the burglary followed the standard *ou* recognized pattern.

(d) (*banal*) *situation, maladie* classic, standard. **grâce à une opération maintenant** ~, **on peut guérir cette infirmité** thanks to an operation which is now quite usual *ou* standard, this disability can be cured.
(e) (*Scol: littéraire*) **faire des études** ~**s** to do classical studies, study classics; **il est en section** ~ he's in the classics stream; *V* **lettre.**
2 *nm* **(a)** (*auteur*) (*Antiq*) classical author; (*classicisme français*) classic, classicist. (*grand écrivain*) (*auteur*) ~ classic (author); **bien qu'il soit encore vivant, cet écrivain est déjà un** ~ although he's still alive, this author is already a classic.
(b) (*ouvrage*) classic. **un** ~ **du cinéma** a classic of the cinema; **c'est un** ~ **du genre** it's a classic of its kind; (*hum*) **je connais mes** ~**s!** * I know my classics!
classiquement [klasikmã] *adv* classically.
claudication [klodikasjɔ̃] *nf* (*littér*) limp.
claudiquer [klodike] (1) *vi* (*littér*) to limp.
clause [kloz] *nf* (*Gram, Jur*) clause. ~ **pénale** penalty clause; ~ **de style** standard *ou* set clause.
claustral, e, *mpl* **-aux** [klostʀal, o] *adj* monastic.
claustration [klostʀasjɔ̃] *nf* confinement.
claustrer [klostʀe] (1) **1** *vt* (*enfermer*) to confine. **2 se claustrer** *vpr* to shut o.s. up *ou* away. (*fig*) **se** ~ **dans** to wrap *ou* enclose o.s. in.
claustrophobe [klostʀofɔb] *adj, nmf* claustrophobic.
claustrophobie [klostʀofɔbi] *nf* claustrophobia.
clausule [klozyl] *nf* clausula.
clavecin [klavsɛ̃] *nm* harpsichord. **le** ~ **bien tempéré** The Well-tempered Klavier.
claveciniste [klavsinist(ə)] *nmf* harpsichordist.
clavette [klavɛt] *nf* (*Tech*) [*boulon etc*] key, cotter pin.
clavicorde [klavikɔʀd(ə)] *nm* clavichord.
clavicule [klavikyl] *nf* collarbone, clavicle (*T*).
clavier [klavje] *nm* (*lit*) keyboard; (*fig: registre*) range. **à un/deux** ~**(s)** *orgue, clavecin* single-/double-manual (*épith*).
claviste [klavist(ə)] *nmf* keyboard operator.
clayette [klɛjɛt] *nf* (*étagère*) wicker *ou* wire rack; (*cageot à fruits*) tray; (*réfrigérateur*) shelf.
clayon [klɛjɔ̃] *nm* (*étagère*) rack; (*plateau*) tray.
clé [kle] = **clef.**
clébard* [klebaʀ] *nm*, **clebs*** [klɛps] *nm* (*péj: chien*) dog, hound (*hum*).
clef [kle] **1** *nf* **(a)** [*serrure, pendule, boîte de conserve*] key; [*poêle*] damper; [*fig*] [*mystère, réussite, code*] key (*de* to); (*position stratégique*) key. **la** ~ **de la porte d'entrée** the door key; **la** ~ **est sur la porte** the key is in the door; **Avignon,** ~ **de la Provence** Avignon, the key to Provence; *V* **fermer, tour².**
(b) (*Tech*) spanner (*Brit*), wrench. **un jeu de** ~**s** a set of spanners *ou* wrenches.
(c) (*Mus*) [*guitare, violon*] peg; [*clarinette*] key; [*gamme*] clef; [*accordeur*] key. ~ **de fa/de sol/d'ut** bass *ou* F/treble *ou* G/alto *ou* C clef; **il y a trois dièses à la** ~ the key signature has 3 sharps; **avec une altération à la** ~ with a change in the key signature.
(d) (*loc*) **personnage à** ~ real-life character disguised under a fictitious name; **roman** *ou* **livre à** ~**s** roman à clef, *novel in which actual persons appear as fictitious characters*; (*Comm*) **acheter un appartement** ~**s en main** to buy a flat ready for immediate occupation *ou* with immediate entry; **prix** ~**s en main** [*voiture*] price on the road, on-the-road price (*Brit*), sticker price (*US*); [*appartement*] price with immediate entry *ou* possession *ou* occupation; (*fig*) **à la** ~*: **il y a une récompense à la** ~ there's a reward at the end of it all *ou* at the end of my task; **je vais les mettre en retenue, avec un devoir à la** ~ I'll keep them behind, and give them an exercise into the bargain; **mettre sous** ~ (*à l'abri, en prison*) to put under lock and key; **mettre la** ~ **sous la porte** *ou* **le paillasson** (*faire faillite*) to shut up shop; (*s'enfuir*) to do a bunk‡ (*Brit*), clear out; **prendre la** ~ **des champs** (*criminel*) to take to the country, clear out; (*gén*) to run away *ou* off; **donner la** ~ **des champs à qn/un animal** to let sb/an animal go, give sb/an animal his/its freedom.
2 *adj inv* key (*épith*). **position-/industrie-**~ key position/industry; *V* **mot.**
3: clef anglaise − olof à molette; ((*Aut*) clef de contact ignition key; **clef dynamométrique** torque wrench; **clef forée** pipe key; **clef à molette** adjustable wrench *ou* spanner (*Brit*), monkey wrench; **clef à pipe** box spanner (*Brit*), box wrench (*US*); **clef plate** spanner (*Brit*), wrench (*US*); (*Archit, fig*) **clef de voûte** keystone; **clef en croix** wheel brace.
clématite [klematit] *nf* clematis.
clémence [klemɑ̃s] *nf* (*douceur*) [*temps*] mildness, clemency (*frm*); (*indulgence*) [*juge etc*] clemency, leniency.
clément, e [klemɑ̃, ɑ̃t] *adj* (*doux*) *temps* mild, clement (*frm*); (*indulgent*) *juge etc* lenient. (*hum, littér*) **sous un ciel plus** ~ in milder climes; **se montrer** ~ to show clemency.
clémentine [klemɑ̃tin] *nf* clementine.
clenche [klɑ̃ʃ] *nf* latch.
Cléopâtre [kleopɑtʀ] *nf* Cleopatra.
cleptomane [klɛptɔman] *nmf* = **kleptomane.**
cleptomanie [klɛptɔmani] *nf* = **kleptomanie.**
clerc [klɛʀ] *nm* **(a)** [*notaire etc*] clerk; *V* **pas¹.**
(b) (*Rel*) cleric.
(c) (††: *lettré*) (learned) scholar. **être (grand)** ~ **en la matière** to be an expert on the subject; **on n'a pas besoin d'être grand** ~ **pour deviner ce qui s'est passé!** you don't need to be a genius to guess what happened!
clergé [klɛʀʒe] *nm* clergy.
clérical, e, *mpl* **-aux** [kleʀikal, o] **1** *adj* (*Rel*) clerical. **2** *nm,f* clerical, supporter of the clergy.

cléricalisme [klerikalism(ə)] *nm* clericalism.
clic [klik] *nm* click. **le ~-clac des sabots de cheval** the clip(pety)-clop of the horses' hooves; **le ~-clac de talons sur le parquet** the tap *ou* the clickety-clack of heels on the wooden floor.
cliché [kliʃe] *nm* (*lieu commun*) cliché; (*Phot*) negative; (*Typ*) plate.
client, e [klijɑ̃, ɑ̃t] *m,f* (a) *[magasin, restaurant]* customer; *[coiffeur]* client, customer; *[avocat]* client; *[hôtel]* guest, patron; *[médecin]* patient; *[taxi]* fare. **être ~ d'un magasin** to patronize a shop, be a regular customer at a shop; **le boucher me sert bien parce que je suis (une) ~e** the butcher gives me good service as I'm a regular customer *ou* as I'm one of his regulars; (*Écon*) **la France est un gros ~ de l'Allemagne** France is a large trading customer of Germany.
  (b) (**péj*: individu*) bloke* (*Brit*), guy*. **c'est une drôle de ~** he's an odd customer *ou* bloke*; **pour le titre de champion du monde, X est un ~ sérieux** X is a hot contender for *ou* X is making a strong bid for the title of world champion.
  (c) (*Antiq: protégé*) client.
clientèle [klijɑ̃tɛl] *nf* (a) (*ensemble des clients*) *[restaurant, hôtel, coiffeur]* clientèle; *[magasin]* customers, clientèle; *[avocat, médecin]* practice; *[taxi]* fares. **le boucher a une nombreuse ~ the** butcher has a large clientèle *ou* has many customers; (*Pol, fig*) **le candidat a conservé sa ~ électorale au 2e tour** the candidate held on to his voters at the second round; **la ~ d'un parti politique** the supporters of a political party.
  (b) (*fait d'être client*) custom, business. **accorder sa ~ à qn** to give sb one's custom *ou* business, patronize sb; **retirer sa ~ à qn** to withdraw one's custom from sb, take one's business away from sb.
  (c) (*Antiq: protégés*) clients.
clignement [kliɲmɑ̃] *nm* blinking (*U*). **cela l'obligeait à des ~s d'yeux continuels** it made him blink continually; **un ~ d'œil** a wink.
cligner [kliɲe] (1) *vt, vt indir*: **~ les *ou* des yeux** (*clignoter*) to blink; (*fermer à moitié*) to screw up one's eyes; **~ de l'œil** to wink (*en direction de* at).
clignotant, e [kliɲɔtɑ̃, ɑ̃t] 1 *adj lumière* (*vacillant*) flickering; (*intermittent, pour signal*) flashing, winking.
  2 *nm* (*Aut*) indicator; (*Écon fig: indice de danger*) warning light (*fig*). (*Aut*) **mettre son ~ pour tourner** to indicate that one is about to turn; (*fig*) **tous les ~s sont allumés** all the warning signs *ou* danger signals are flashing.
clignotement [kliɲɔtmɑ̃] *nm* (*V clignoter*) blinking; twinkling; flickering; flashing, winking. **les ~s de la lampe** the flickering of the lamplight.
clignoter [kliɲɔte] (1) *vi [yeux]* to blink; *[étoile]* to twinkle; *[lumière]* (*vaciller*) to flicker; (*vu de loin*) to twinkle; (*pour signal*) to flash, wink. **~ des yeux** to blink.
climat [klima] *nm* (*lit, fig*) climate; (*littér: contrée*) clime (*littér*).
climatique [klimatik] *adj* climatic; *V* **station**.
climatisation [klimatizasjɔ̃] *nf* air conditioning.
climatiser [klimatize] (1) *vt pièce, atmosphère* to air-condition; (*Tech*) *appareil* to adapt for use in severe conditions.
climatiseur [klimatizœr] *nm* air conditioner.
climatologie [klimatɔlɔʒi] *nf* climatology.
climatologique [klimatɔlɔʒik] *adj* climatological.
clin [klɛ̃] *nm*: **~ d'œil** wink; **des ~s d'œil *ou* d'yeux** winks; **faire un ~ d'œil** to wink (*à* at); **en un ~ d'œil** in a flash, in the twinkling of an eye.
clinfoc [klɛ̃fɔk] *nm* flying jib.
clinicien [klinisjɛ̃] *nm* clinician.
clinique [klinik] 1 *adj* clinical. 2 *nf* (a) (*établissement*) nursing home, private hospital, private clinic; (*section d'hôpital*) clinic. **~ d'accouchement** maternity home; *V* **chef¹**. (b) (*enseignement*) clinic.
clinquant, e [klɛ̃kɑ̃, ɑ̃t] 1 *adj bijoux, décor, langage* flashy. 2 *nm* (*lamelles brillantes*) tinsel; (*faux bijoux*) imitation *ou* tawdry jewellery; (*fig*) *[opéra, style]* flashiness.
clip [klip] *nm* brooch.
clique [klik] *nf* (a) (*péj: bande*) clique, set. (b) (*Mil: orchestre*) band (of bugles and drums). (c) **prendre ses ~s et ses claques (et s'en aller)** to pack up (and go), pack one's bags (and leave).
cliquet [klikɛ] *nm* pawl.
cliqueter [klikte] (4) *vi [monnaie]* to jingle, clink, chink; *[dés]* to rattle; *[vaisselle]* to clatter; *[verres]* to clink, chink; *[chaînes]* to clank; *[ferraille]* to jangle; *[mécanisme]* to go clickety-clack; *[armes]* to clash; (*Aut*) *[moteur]* to pink, knock. **j'entends quelque chose qui cliquette** I (can) hear something clinking.
cliquetis [klikti] *nm [clefs]* jingle (*U*), clink (*U*), jingling (*U*), clinking (*U*); *[vaisselle]* clatter (*U*); *[verres]* clink (*U*), clinking (*U*); *[chaînes]* clank (*U*), clanking (*U*); *[ferraille]* jangle (*U*), jangling (*U*); *[mécanisme]* clickety-clack (*U*); *[armes]* clash (*U*); (*Aut*) *[moteur]* pinking *ou* knocking sound, pinking (*U*); *[machine à écrire]* rattle (*U*), clicking (*U*). **on entendait un ~ *ou* des ~ de vaisselle** we could hear the clatter of dishes; **des ~ se firent entendre** clinking noises could be heard; **un ~ de mots** a jingle of words.
clisse [klis] *nf* (a) *[fromage]* wicker tray. (b) *[bouteille]* wicker covering.
clisser [klise] (1) *vt bouteille* to cover with wicker(work).
clitoridien, -ienne [klitɔridjɛ̃, jɛn] *adj* clitoral.
clitoris [klitɔris] *nm* clitoris.
clivage [klivaʒ] *nm* (*Géol: fissure*) cleavage; (*Minér*) (*action*) cleaving; (*résultat*) cleavage; (*fig*) *[groupes]* cleavage, split, division; *[idées]* distinction, split (*de* in).
cliver *vt*, **se cliver** *vpr* [klive] (1) (*Minér*) to cleave.
cloaque [klɔak] *nm* (*fig: égout*) cesspool, cesspit; (*Zool*) cloaca.
clochard, e* [klɔʃar, ard(ə)] *nm,f* down-and-out, tramp.

cloche [klɔʃ] 1 *nf* (a) *[église etc]* bell. **en forme de ~** bell-shaped; **courbe en ~** bell-shaped curve; *V* **son²**.
  (b) (*couvercle*) *[plat]* dishcover, lid; *[plantes, légumes]* cloche.
  (c) (*) (*imbécile*) clot* (*Brit*), idiot; (*clochard*) tramp, down-and-out. **la ~** (*les clochards*) (the) down-and-outs; (*l'existence de clochard*) a tramp's life.
  (d) (*Chim*) bell jar.
  (e) (*chapeau*) cloche (hat).
  2 *adj* (a) (*évasé*) *jupe* bell-shaped. **chapeau ~** cloche hat.
  (b) (*: idiot*) idiotic, silly. **qu'il est ~ ce type!** what a (silly) clot* (*Brit*) *ou* idiot he is!
  3: **cloche à fromage** cheese cover; **cloche à plongeur** diving bell.
cloche-pied [klɔʃpje] *adv*: **à ~** hopping; **il partit (en sautant) à ~** he hopped away *ou* off.
clocher¹ [klɔʃe] *nm* (a) (*Archit*) (*en pointe*) steeple; (*quadrangulaire*) church tower. (b) (*fig: paroisse*) **revoir son ~** to see one's home town *ou* native heath (*Brit*) again; **de ~ mentalité** parochial, small-town (*épith*); *rivalités* local, parochial; *V* **esprit**.
clocher² [klɔʃe] (1) *vi* (a) (*: être défectueux*) *[raisonnement]* to be cockeyed*. **qu'est-ce qui cloche donc?** what's up (with you)?*; **pourvu que rien ne cloche** provided nothing goes wrong *ou* there are no hitches; **il y a quelque chose qui cloche (dans ce qu'il dit)** there's something which doesn't quite fit *ou* something not quite right in what he says; **il y a quelque chose qui cloche dans le moteur** there's something not quite right *ou* there's something up* with the engine.
  (b) (*rare: boiter*) to limp.
clocheton [klɔʃtɔ̃] *nm* (*Archit*) pinnacle.
clochette [klɔʃɛt] *nf* (small) bell; (*Bot*) (*partie de fleur*) bell; (*fleur*) bellflower.
cloison [klwazɔ̃] *nf* (a) (*Constr*) partition (wall).
  (b) (*Anat, Bot*) septum, partition.
  (c) (*Naut*) bulkhead. **~ étanche** (*lit*) watertight compartment; (*fig*) impenetrable barrier.
  (d) (*fig*) barrier. **les ~s entre les différentes classes sociales** the barriers between the different social classes.
cloisonnage [klwazɔnaʒ] *nm* partitioning.
cloisonné, e [klwazɔne] (*ptp de* **cloisonner**) *adj*: **être ~** *[sciences, services administratifs]* to be (highly) compartmentalized, be cut off from one another; **se sentir ~** to feel shut *ou* cut off; **nous vivons dans un monde ~** we live in a compartmentalized world.
cloisonnement [klwazɔnmɑ̃] *nm* (*V* **cloisonner**: *action, résultat*) dividing up; partitioning (off); compartmentalization.
cloisonner [klwazɔne] (1) *vt maison* to divide up, partition; *tiroir* to divide up; (*fig: compartimenter*) *activités, secteurs* to compartmentalize.
cloître [klwatr(ə)] *nm* cloister.
cloîtrer [klwatre] (1) 1 *vt* (*enfermer*) to shut away (*dans* in); (*Rel*) to cloister. **~ une jeune fille** (*lit*) to put a girl in a convent; (*fig*) to keep a girl shut away (from the rest of society); **couvent/religieux cloîtré** enclosed order/monk.
  2 **se cloîtrer** *vpr* (*s'enfermer*) to shut o.s. up *ou* away, cloister o.s. (*dans* in); (*Rel*) to enter a convent *ou* monastery. **il est resté cloîtré dans sa chambre pendant 2 jours** he stayed shut up *ou* away in his room for 2 days; **ils vivent cloîtrés chez eux sans jamais voir personne** they cut themselves off from the world *ou* they live cloistered lives and never see anyone.
clonage [klɔnaʒ] *nm* cloning.
clone [klɔn] *nm* clone.
cloner [klɔne] (1) *vt* to clone.
clope* [klɔp] *nm* fag* (*Brit*), cig*, smoke*.
clopin-clopant [klɔpɛ̃klɔpɑ̃] *adv* (a) (*en boitillant*) **marcher ~** to hobble along; **il vint vers nous ~** he hobbled towards us; **sortir/entrer ~** to hobble out/in.
  (b) (*fig*) **les affaires allaient ~** business was struggling along *ou* was just ticking over (*Brit*); **comment ça va? — ~** how are things? — so-so.
clopiner [klɔpine] (1) *vi* (*boitiller*) to hobble *ou* limp along. **~ vers** to hobble *ou* limp to(wards).
clopinettes* [klɔpinɛt] *nfpl*: **gagner des ~** to earn peanuts*, earn next to nothing; **(rien à faire) des ~!** nothing doing!
cloporte [klɔpɔrt(ə)] *nm* (*Zool*) woodlouse; (*fig péj*) creep*.
cloque [klɔk] *nf [peau, peinture]* blister; (*Bot*) peach leaf curl *ou* blister.
cloqué, e [klɔke] (*ptp de* **cloquer**) 1 *adj*: **étoffe ~e** seersucker (*U*). 2 *nm* (*Tex*) seersucker.
cloquer [klɔke] (1) 1 *vi [peau, peinture]* to blister. 2 *vt étoffe* to crinkle.
clore [klɔr] (45) *vt* (a) (*clôturer*) *liste, débat* to close; *livre, discours* to end, conclude; (*Fin*) *compte* to close. **la séance est close** the meeting is closed *ou* finished; **l'incident est clos** the matter is closed; **le débat s'est clos sur cette remarque** the discussion ended *ou* closed with that remark.
  (b) (*être à la fin de*) *spectacle, discours* to end, conclude; *livre* to end. **une description clôt le chapitre** the chapter closes *ou* ends *ou* concludes with a description.
  (c) († *ou littér: conclure*) *accord, marché* to conclude.
  (d) (*littér: entourer*) *terrain, ville* to enclose (*de* with).
  (e) (*littér: fermer*) *porte, volets* to close, shut; *lettre* to seal; *chemin, passage* to close off, seal off. (*fig*) **~ le bec* *ou* la bouche à qn** to shut sb up*, make sb be quiet.
clos, e [klo, oz] (*ptp de* **clore**) *adj système, ensemble* closed; *espace* enclosed. **les yeux ~ *ou* les paupières ~es, il … with his eyes closed *ou* shut, he … ; *V* **huis, maison** etc.
  2 *nm* (*pré*) (*enclosed*) field; (*vignoble*) **un ~ de pommiers** an apple orchard.

Clotilde [klɔtild(ə)] *nf* Clotilda.

clôture [klotyʀ] *nf* **(a)** *(enceinte)* *(en planches)* fence, paling; *(en fil de fer)* (wire) fence; *(haies, arbustes etc)* hedge; *(en ciment)* wall. **mur/grille de ~** outer *ou* surrounding wall/railing; *V* **bris.**

(b) *(fermeture)* *[débat, liste, compte]* closing, closure; *[bureaux, magasins]* closing. *(Ciné, Théât)* **~ annuelle** annual closure; **il faut y aller avant la ~** *(du festival)* we must go before it ends *ou* is over; *(d'une pièce)* we must go before it closes *ou* ends; *(du magasin)* we must go before it closes *ou* shuts; **séance/date de ~** closing session/date *etc;* **combien valait le dollar en ~?** what did the dollar close at?; **débat de ~** adjournment debate.

(c) *[monastère]* enclosure.

clôturer [klotyʀe] (1) *vt* **(a)** *jardin, champ* to enclose, fence. **(b)** *débats, liste, compte* to close; *inscriptions* to close (the list of).

clou [klu] **1** *nm* **(a)** *(gén)* nail; *(décoratif)* stud. **fixe-le avec un ~** nail it up *(ou* down *ou* on); **pendre son chapeau à un ~** to hang one's hat on a nail.

(b) *[chaussée]* stud. **traverser dans les ~s, prendre les ~s (pour traverser)** to cross at the pedestrian *ou* zebra *(Brit)* crossing *ou* at the crosswalk *(US).*

(c) *(Méd)* boil.

(d) *(attraction principale)* *[spectacle]* star attraction *ou* turn. **le ~ de la soirée** the highlight *ou* the star turn of the evening.

(e) *(*: mont-de-piété)* pawnshop. **mettre sa montre au ~** to pawn one's watch, put one's watch in hock*.

(f) *(*: vieil instrument)* ancient machine *ou* implement *etc.* **(vieux) ~** *(voiture)* old banger‡ *(Brit)* ou crock* *(Brit)* ou jalopy*; *(vélo)* old boneshaker* *(Brit).*

(g) *(arg Mil: prison)* clink *(arg)*, cooler *(arg)*. **mettre qn au ~** to put sb in (the) clink *ou* in the cooler.

(h) *(loc)* **des ~s!‡** no go!*, nothing doing!*, not on your nelly!‡ *(Brit)*; *(Prov)* **un ~ chasse l'autre** one man goes and another steps in *ou* another takes his place.

2: clou à crochet hook; *(Culin)* **clou de girofle** clove; **clou à souliers** tack; **clou de tapissier** (upholstery) tack; **clou sans tête** brad; **clou en U** staple.

clouage [klua3] *nm* *[planches]* nailing down; *[tapis]* tacking *ou* nailing down; *[tapisserie]* nailing up.

clouer [klue] (1) *vt* **(a)** *planches, couvercle, caisse* to nail down; *tapis* to tack *ou* nail down; *tapisserie* to nail up. **il l'a cloué au sol d'un coup d'épée** he pinned him to the ground with a thrust of his sword.

(b) *(fig: immobiliser)* *ennemi, armée* to pin down. *[étonnement, peur]* **~ qn sur place** to nail *ou* root *ou* glue sb to the spot; *[maladie]* **~ qn au lit** to keep sb stuck in bed* *ou* confined to bed; *(Echecs)* **~ une pièce** to pin a piece; **être** *ou* **rester cloué de stupeur** to be glued *ou* rooted to the spot with amazement; **~ le bec à qn*** to shut sb up*.

clouté, e [klute] *adj* *ceinture, porte etc* studded; *souliers* hobnailed; *V* **passage.**

clouterie [klutʀi] *nf* nail factory.

clovisse [klɔvis] *nf* clam.

clown [klun] *nm* clown. **faire le ~** to clown (about), play the fool; **c'est un vrai ~** he's a real comic.

clownerie [klunʀi] *nf* clowning *(U)*, silly trick. **faire des ~s** to clown (about), play the fool; **arrête tes ~s** stop your (silly) antics.

clownesque [klunɛsk(ə)] *adj* *comportement* clownish; *situation* farcical.

club [klœb] *nm* *(société, aussi Golf: crosse)* club; *V* **fauteuil.**

cluse [klyz] *nf* *(Géog)* transverse valley (in the Jura), cluse *(T).*

clystère†† [klistɛʀ] *nm* clyster††.

Clytemnestre [klitɛmnɛstʀ(ə)] *nf* Clytemnestra.

CNEC [seɛnese] *nm abrév de* **Centre national d'enseignement par correspondance;** *V* **centre.**

CNRS [seɛnɛʀɛs] *abrév de* **Centre national de la recherche scientifique** ≃ SRC *(Brit).*

coaccusé, e [kɔakyze] *nm,f* codefendant, co-accused.

coacquéreur [kɔakeʀœʀ] *nm* joint purchaser.

coadjuteur [kɔadʒytœʀ] *nm* coadjutor.

coadjutrice [kɔadʒytʀis] *nf* coadjutress.

coadministrateur [kɔadministʀatœʀ] *nm* *(Comm)* co-director; *(Jur)* co-trustee.

coagulable [kɔagylabl(ə)] *adj* which can coagulate.

coagulant, e [kɔagylɑ̃, ɑ̃t] **1** *adj* coagulative. **2** *nm* coagulant.

coagulateur, -trice [kɔagylatœʀ, tʀis] *adj* coagulative.

coagulation [kɔagylɑsjɔ̃] *nf* coagulation.

coaguler *vti,* **se coaguler** *vpr* [kɔagyle] (1) to coagulate; *[sang]* to coagulate *(T)*, clot, congeal; *[lait]* to curdle.

coalisé, e [kɔalize] *(ptp de* **coaliser)** *adj* *(allié)* *pays* allied; *(conjoint)* *efforts, sentiments* united. **les ~s** the members of the coalition.

coaliser [kɔalize] (1) **1** *vt* to unite (in a coalition).

2 se coaliser *vpr* *(se liguer)* *(gén)* to unite; *[pays]* to form a coalition, unite (in a coalition). **deux des commerçants se sont coalisés contre un troisième** two of the shopkeepers joined forces *ou* united against a third; *(fig)* **tout se coalise contre moi!** everything seems to be stacked against me!, everything is conspiring against me!

coalition [kɔalisjɔ̃] *nf* coalition. *(Pol)* **ministère de ~** coalition government.

coaltar [kɔltaʀ] *nm* *(lit)* coal tar. *(fig)* **être dans le ~*‡** to be in a daze *ou* stupor.

coassement [kɔasmɑ̃] *nm* croaking *(U).*

coasser [kɔase] (1) *vi* to croak.

coassocié, e [kɔasɔsje] *nm,f* copartner.

coassurance [kɔasyʀɑ̃s] *nf* mutual assurance.

coauteur [kɔotœʀ] *nm* **(a)** *(Littérat)* *(homme)* co-author, joint author; *(femme)* co-authoress, joint authoress. **(b)** *(Jur)* accomplice.

coaxial, e, mpl -aux [kɔaksjal, jo] *adj* coaxial.

cobalt [kɔbalt] *nm* cobalt.

cobaye [kɔbaj] *nm* *(lit, fig)* guinea-pig. **servir de ~ à** to act as *ou* be used as a guinea-pig for.

cobelligérant, e [kɔbeliʒeʀɑ̃, ɑ̃t] *adj* cobelligerent. **les ~s** the cobelligerent nations *ou* states *etc.*

Cobol [kɔbɔl] *nm* *(Ordin)* COBOL.

cobra [kɔbʀa] *nm* cobra.

coca [kɔka] **1** *nm* **(a)** *(*: abrév de* **Coca-Cola** ®) Coke ®. **(b)** *(aussi nf)* *(Bot: arbrisseau)* coca. **2** *nf* *(substance)* coca extract.

cocagne [kɔkaɲ] *nf V* **mât, pays[1].**

cocaïne [kɔkain] *nf* cocaine.

cocaïnomane [kɔkainɔman] *nmf* cocaine addict.

cocarde [kɔkaʀd(ə)] *nf* *(en tissu)* rosette; *(Hist: sur la coiffure)* cockade; *[avion]* roundel. *(sur voiture officielle etc)* **~ (tricolore)** ≃ official sticker; *(fig)* **changer de ~** to change sides.

cocardier, -ière [kɔkaʀdje, jɛʀ] **1** *adj* jingoist(ic), chauvinistic. **2** *nm, f* jingo(ist), chauvinist.

cocasse [kɔkas] *adj* comical, funny.

cocasserie [kɔkasʀi] *nf* comicalness, funniness; *(histoire)* comical *ou* funny story. **c'était d'une ~!** it was so funny! *ou* comical!

coccinelle [kɔksinɛl] *nf* ladybird.

coccyx [kɔksis] *nm* coccyx.

coche [kɔʃ] *nm* *(diligence)* (stage)coach. *(Hist)* **~ d'eau** horse-drawn barge; *V* **manquer, mouche.**

cochenille [kɔʃnij] *nf* cochineal.

cocher[1] [kɔʃe] (1) *vt* *(au crayon)* to tick (off) *(Brit)*, check off; *(d'une entaille)* to notch.

cocher[2] [kɔʃe] *nm* coachman, coach driver; *[fiacre]* cabman, cabby*.

cochère [kɔʃɛʀ] *adj f V* **porte.**

Cochinchine [kɔʃɛ̃ʃin] *nf* Cochin China.

cochon[1] [kɔʃɔ̃] *nm* **(a)** *(animal)* pig; *(*: viande)* pork *(U).* **~ d'Inde** guinea-pig; **~ de lait** *(gén)* piglet; *(Culin)* sucking-pig; *V* **manger.**

(b) *(loc)* *(hum)* **(et) ~ qui s'en dédit*** let's shake (hands) on it, cross my heart and hope to die*; **un ~ n'y retrouverait pas ses petits** it's like a pigsty in there, it's a real mess in there; **tout homme a dans son cœur un ~ qui sommeille** there's a bit of the animal in every man; *V* **confiture, copain** *etc.*

cochon[2], -onne [kɔʃɔ̃, ɔn] **1** *adj* **(a)** *(*: obscène)* *chanson, histoire* dirty, blue, smutty; *personne* dirty-minded.

(b) **c'est pas ~!‡** *(c'est bon)* it's not at all bad; *(il n'y en a pas beaucoup)* there's precious little there.

2 *nm, f* *(*: péj: personne)* **c'est un ~!** *(sale, vicieux)* he's a dirty pig‡ *ou* beast‡; *(salaud)* he's a bastard*‡* *ou* swine‡; **tu es une vraie petite ~ne, va te laver!** you're a dirty little pig‡, go and get washed!; **ce ~ de voisin/de commerçant** that swine‡ of a neighbour/shopkeeper; **quel ~ de temps!** *ou* **temps de ~!** what lousy *ou* filthy weather!*; *(*: terme amical)* **eh bien, mon ~, tu l'as échappé belle!** you had a narrow escape, you old devil!*

cochonnaille* [kɔʃɔnaj] *nf(charcuterie)* pork. **assiette de ~** selection of cold pork *ou* ham *etc.*

cochonner* [kɔʃɔne] (1) *vt* *(mal faire)* *travail etc* to botch (up), bungle; *vêtements etc* to mess up*, make filthy.

cochonnerie* [kɔʃɔnʀi] *nf* *(nourriture)* disgusting *ou* foul food, pigswill* *(U)*; *(marchandise)* rubbish *(U)*, trash *(U)*; *(plaisanterie)* smutty *ou* dirty joke; *(mot)* dirty *ou* low trick; *(saleté)* filth *(U)*, filthiness *(U).* **faire une ~ à qn** to play a dirty trick on sb; **ne fais pas de ~s dans la cuisine, elle est toute propre** don't make a mess in the kitchen, it's clean.

cochonnet [kɔʃɔnɛ] *nm* *(Zool)* piglet; *(Boules)* jack.

cocker [kɔkɛʀ] *nm* cocker spaniel.

cocktail [kɔktɛl] *nm* *(réunion)* cocktail party; *(boisson)* cocktail; *(fig)* mixture, potpourri. **~ Molotov** Molotov cocktail, petrol bomb.

coco[1] [koko] *nm* **(a)** *(langage enfantin: œuf)* eggie *(langage enfantin).*

(b) *(terme d'affection)* pet, darling, poppet* *(Brit).* **oui, mon ~** yes, darling.

(c) *(*péj: type)* bloke* *(Brit)*, guy*. **un drôle de ~** an odd bloke* *(Brit)* ou guy*, an oddbod* *(Brit)* ou oddball* *(US).*

(d) *(*: communiste)* commie*.

(e) *(*: estomac)* **n'avoir rien dans le ~** to have an empty belly‡.

(f) *(poudre de réglisse)* liquorice powder; *(boisson)* liquorice water.

(g) *(†: noix)* coconut. **beurre/lait de ~** coconut butter/milk; *V* **noix.**

coco[2] [koko] *nf (arg Drogue: cocaïne)* snow *(arg)*, coke *(arg).*

cocon [kɔkɔ̃] *nm* cocoon; *(fig)* shell.

cocorico [kɔkɔʀiko] *nm, excl* cock-a-doodle-do.

cocoter‡ [kɔkɔte] (4) *vi* *(sentir mauvais)* to pong‡ *(Brit)*, stink.

cocotier [kɔkɔtje] *nm* coconut palm *ou* tree.

cocotte [kɔkɔt] **1** *nf* **(a)** *(langage enfantin: poule)* hen, cluck-cluck *(langage enfantin).*

(b) *(*péj: femme)* tart*.

(c) *(à un cheval)* **allez ~!, hue ~!** gee up!

(d) *(terme d'affection)* **ma ~*** pet, sweetie*.

(e) *(marmite)* casserole. **faire un poulet à la ~** to casserole a chicken; **poulet/veau (à la) ~** casserole of chicken/veal.

2: cocotte minute ® pressure cooker; **cocotte en papier** paper shape.

cocu, e‡ [kɔky] **1** *adj* cuckold†. **elle l'a fait ~** she was unfaithful to him, she cuckolded him†. **2** *nm, f* cuckold†; *V* **veine.**

cocuage‡ [kɔkua3] *nm* cuckoldry.

cocufier‡ [kɔkyfje] (7) *vt* to cuckold†, be unfaithful to.

coda [kɔda] *nf* (*Mus*) coda.
codage [kɔdaʒ] *nm* coding, encoding.
code [kɔd] *nm* (**a**) (*Jur*) code. ~ civil civil code, ≃ common law; ~ pénal penal code; ~ maritime/de commerce maritime/commercial law; (*Aut*) C~ de la route highway code; (*Aut*) il a eu le ~, mais pas la conduite he passed on the highway code but not on the driving.
   (**b**) (*fig: règles*) code. ~ de la politesse/de l'honneur code of politeness/honour.
   (**c**) *[message]* (*gén, Sci*) code. ~ (secret) (secret) code; écrire qch en ~ to write sth in code; mettre qch en ~ to code *ou* encode sth, put sth in code.
   (**d**) (*Aut*) (**phares**) ~ dipped (head)lights (*Brit*), low beams (*US*); mettre ses ~s, se mettre en ~ to dip one's (head)lights (*Brit*), put on the low beams (*US*); rouler en ~ to drive on dipped (head)lights (*Brit*) *ou* low beams (*US*).
codébiteur, -trice [kɔdebitœʀ, tʀis] *nm,f* joint debtor.
codemandeur, -eresse [kɔdmɑ̃dœʀ, dʀɛs] *nm,f* joint plaintiff.
coder [kɔde] (1) *vt* to code.
codétenteur, -trice [kɔdetɑ̃tœʀ, tʀis] *nm,f* (*Jur, Sport*) joint holder.
codétenu, e [kɔdɛtny] *nm,f* prisoner, inmate. avec ses ~s with his fellow prisoners *ou* inmates.
codex [kɔdɛks] *nm*: C~ (officially approved) pharmacopoeia.
codicillaire [kɔdisilɛʀ] *adj* (*Jur*) codicillary.
codicille [kɔdisil] *nm* (*Jur*) codicil.
codificateur, -trice [kɔdifikatœʀ, tʀis] **1** *adj tendance, esprit* codifying. **2** *nm,f* codifier.
codification [kɔdifikasjɔ̃] *nf* codification.
codifier [kɔdifje] (7) *vt* (*Jur, systématiser*) to codify.
codirecteur, -trice [kɔdiʀɛktœʀ, tʀis] *nm,f* co-director, joint manager (*ou* manageress).
co-édition [kɔedisjɔ̃] *nf* co-edition.
coefficient [kɔefisjɑ̃] *nm* (*Math, Phys*) coefficient. ~ d'erreur margin of error; ~ de sécurité safety margin; ~ d'élasticité modulus of elasticity; ~ de dilatation coefficient of expansion; (*Aut*) ~ de pénétration dans l'air drag coefficient *ou* factor; (*Scol*) cette matière est affectée d'un ~ trois marks in this subject are weighted by a factor of three.
cœlacanthe [selakɑ̃t] *nm* cœlacanth.
cœlialgie [seljalʒi] *nf* coeliac disease.
cœlioscopie [seljɔskɔpi] *nf* coelioscopy.
cœnesthésie [senɛstezi] *nf* = **cénesthésie**.
coéquipier, -ière [kɔekipje, jɛʀ] *nm,f* team mate.
coercitif, -ive [kɔɛʀsitif, iv] *adj* coercive.
coercition [kɔɛʀsisjɔ̃] *nf* coercion.
cœur [kœʀ] *nm* (**a**) (*Anat*) heart. (*lit, hum*) c'est une chance que j'ai le ~ solide it's a good thing I haven't got a weak heart; il faut avoir le ~ bien accroché pour risquer ainsi sa vie you need guts* *ou* a strong stomach to risk your life like that; serrer *ou* presser qn contre *ou* sur son ~ to hold *ou* clasp *ou* press sb to one's heart *ou* breast; opération à ~ ouvert open-heart operation; on l'a opéré à ~ ouvert he had an open-heart operation; maladie de ~ heart complaint *ou* trouble; avoir le ~ malade to have a weak heart *ou* a heart condition; V battement, greffe¹.
   (**b**) (*fig: estomac*) avoir mal au ~ to feel sick; cela me soulève le ~ it nauseates me, it makes me (feel) sick; ça vous fait mal au ~ de penser que it is sickening to think that; une odeur/un spectacle qui soulève le ~ a nauseating *ou* sickening smell/sight; V haut.
   (**c**) (*siège des sentiments, de l'amour*) heart. (*forme d'adresse*) mon ~† dear heart†; (*à un enfant*) sweetheart; avoir un *ou* le ~ sensible to be sensitive *ou* tender-hearted; un dur au ~ tendre someone whose bark is worse than his bite; elle lui a donné son ~ she has lost her heart to him *ou* given him her heart; mon ~ se serre/se brise *ou* se fend à cette pensée my heart sinks/breaks at the thought; chagrin qui brise le ~ heartbreaking grief *ou* sorrow; un spectacle à vous fendre le ~ a heartrending *ou* heartbreaking sight; avoir le ~ gros *ou* serré to have a heavy heart; il avait la rage au ~ he was inwardly seething with anger; cela m'a réchauffé le ~ de les voir it did my heart good *ou* it was heart-warming to see them; ce geste lui est allé (droit) au ~ he was (deeply) moved *ou* touched by this gesture, this gesture went straight to his heart; V affaire, courrier *etc*.
   (**d**) (*bonté, générosité*) avoir bon ~ to be kind-hearted; avoir le ~ sur la main to be open-handed; manquer de ~ to be unfeeling *ou* heartless; il a du ~ he is a good-hearted man, his heart is in the right place; c'est un (homme) sans ~, il n'a pas de ~ he is a heartless man; il a *ou* c'est un ~ de pierre/d'or he has a heart of stone/gold; un homme/une femme de ~ a noble-hearted man/woman.
   (**e**) (*humeur*) avoir le ~ gai *ou* joyeux/léger/triste to feel happy/light-hearted/sad *ou* sad at heart; je n'ai pas le ~ à rire/à sortir I do not feel like laughing/going out, I am not in the mood for laughing/going out; il n'a plus le ~ à rien his heart isn't in anything any more; si le ~ vous en dit if you feel like it, if you are in the mood.
   (**f**) (*âme, pensées intimes*) c'est un ~ pur *ou* candide he is a candid soul; la noirceur de son ~ his blackness of heart; la noblesse de son ~ his noble-heartedness; connaître le fond du ~ de qn to know sb's innermost feelings; des paroles venues (du fond) du ~ words (coming) from the heart, heartfelt words; dévoiler son ~ à qn to open one's heart to sb; elle a vidé son ~ she poured out her heart; au fond de son ~ in his heart of hearts; il m'a parlé à ~ ouvert he had a heart-to-heart talk with me; V cri.
   (**g**) (*courage, ardeur*) heart, courage. le ~ lui manqua (pour faire) his heart *ou* courage failed him (when it came to doing);

mettre tout son ~ dans qch/à faire qch to put all one's heart into sth/into doing sth; comment peut-on avoir le ~ de refuser? how can one have *ou* find the heart to refuse?; donner du ~ au ventre à qn* to buck sb up*; avoir du ~ au ventre* to have guts*; avoir du ~ à l'ouvrage to put one's heart into one's work; il travaille mais le ~ n'y est pas he does the work but his heart isn't in it; cela m'a redonné du ~ that gave me new heart.
   (**h**) (*partie centrale*) *[chou]* heart; *[arbre, bois]* heart, core; *[fruit, pile atomique]* core; *[problème, ville]* heart. au ~ de région, ville, forêt in the heart of; aller au ~ du sujet to get to the heart of the matter; au ~ de l'été in the height of summer; au ~ de l'hiver in the depth *ou* heart of winter; fromage fait à ~ fully ripe cheese; ~ de palmier heart of palm; (*lit*) ~ d'artichaut artichoke heart; (*fig*) il a un ~ d'artichaut he falls in love with every girl he meets.
   (**i**) (*objet*) heart. en (forme de) ~ heart-shaped; volets percés de ~s shutters with heart-shaped holes; V bouche.
   (**j**) (*Cartes*) heart. valet/as de ~ knave/ace of hearts; avez-vous du ~? have you any hearts?; V atout, joli.
   (**k**) (*loc*) par ~ réciter, apprendre by heart; je la connais par ~ I know her inside out, I know her like the back of my hand; dîner/déjeuner par ~† to have to do without dinner/lunch; sur le ~: ce qu'il m'a dit, je l'ai sur le ~ *ou* ça m'est resté sur le ~ what he told me still rankles with me, I still feel sore about what he told me; je vais lui dire ce que j'ai sur le ~ I'm going to tell him what's on my mind; à ~ joie to one's heart's content; de tout mon ~ with all my heart; je vous souhaite de tout mon ~ de réussir I wish you success with all my heart *ou* from the bottom of my heart; être de tout ~ avec qn dans la joie/une épreuve to share (in) sb's happiness/sorrow; je suis de tout ~ avec vous I DO sympathize with you; ne pas porter qn dans son ~ to have no great liking for sb; je veux en avoir le ~ net I want to be clear in my own mind (about it); avoir à ~ de faire to want *ou* be keen to do; prendre les choses à ~ to take things to heart; prendre à ~ de faire to set one's heart on doing; ce voyage me tient à ~ I have set my heart on this journey; ce sujet me tient à ~ this subject is close to my heart; trouver un ami selon son ~ to find a friend after one's own heart; V donner.
coexistence [kɔɛgzistɑ̃s] *nf* coexistence. ~ pacifique peaceful coexistence.
coexister [kɔɛgziste] (1) *vi* to coexist.
coffrage [kɔfʀaʒ] *nm* (*pour protéger, cacher*) boxing (*U*); *[galerie, tranchée]* (*dispositif, action*) coffering (*U*); *[béton]* (*dispositif*) form, formwork (*U*), shuttering; (*action*) framing.
coffre [kɔfʀ(ə)] **1** *nm* (**a**) (*meuble*) chest. ~ à linge/à outils linen/tool chest.
   (**b**) (*Aut*) boot (*Brit*), trunk (*US*). ~ avant/arrière front/rear boot *ou* trunk.
   (**c**) (*coffrage*) (*gén*) case; *[piano]* case; *[radio etc]* cabinet.
   (**d**) (*Banque, hôtel*) safe; (*Hist, fig: cassette*) coffer. les ~s de l'État the coffers of the state; (*Banque*) la salle des ~s the strongroom.
   (**e**) (*: poitrine*) le ~ the chest; il a du ~ he's got a lot of puff* (*Brit*) *ou* blow*.
   2: coffre-fort *nm, pl* coffres-forts safe; coffre à jouets toybox; coffre de nuit night safe; coffre de voyage† trunk.
coffrer [kɔfʀe] (1) *vt* (**a**) (*: emprisonner*) to throw *ou* put inside*; se faire ~ to get put inside*. (**b**) (*Tech*) béton to place a frame *ou* form for; tranchée, galerie to coffer.
coffret [kɔfʀɛ] *nm* casket. ~ à bijoux jewel box, jewellery case; ~ de luxe, ~-cadeau presentation box.
cogérant [kɔʒeʀɑ̃] *nm* joint manager.
cogérante [kɔʒeʀɑ̃t] *nf* joint manageress.
cogestion [kɔʒɛstjɔ̃] *nf* co-management, joint management.
cogitation [kɔʒitasjɔ̃] *nf* (*hum*) cogitation.
cogiter [kɔʒite] (1) **1** *vi* (*hum: réfléchir*) to cogitate. **2** *vt*: qu'est-ce qu'il cogite? what's he thinking up?
cognac [kɔɲak] *nm* cognac, (French) brandy.
cognassier [kɔɲasje] *nm* quince (tree), japonica.
cogne‡ [kɔɲ] *nm* (*policier*) cop*. les ~s the cops*, the fuzz‡.
cognée [kɔɲe] *nf* felling axe; V jeter.
cognement [kɔɲmɑ̃] *nm* (V cogner) banging; knocking; rapping; (*Aut*) knocking.
cogner [kɔɲe] (1) **1** *vt* (**a**) (*heurter*) to knock. fais attention à ne pas ~ les verres mind you don't knock the glasses against anything; quelqu'un m'a cogné en passant somebody knocked (into) me as he went by.
   (**b**) (‡: *battre*) to beat up. ils se sont cognés they had a punch-up* (*Brit*) *ou* fist fight.
   2 *vi* (**a**) *[personne]* (*taper*) ~ sur clou, piquet to hammer; mur to bang *ou* knock on; (*fort*) to hammer *ou* rap on; ~ du poing sur la table to bang *ou* thump one's fist on the table; ~ à la porte/au plafond to knock at the door/on the ceiling; (*fort*) to bang *ou* rap at the door/on the ceiling.
   (**b**) *[volet, battant]* to bang (*contre* against). *[objet lancé, caillou]* ~ contre to hit, strike; un caillou est venu ~ contre le pare-brise a stone hit the windscreen; il y a un volet qui cogne (contre le mur) there's a shutter banging (against the wall); (*Aut*) le moteur cogne the engine's knocking.
   (**c**) (*) *[boxeur, bagarreur]* to hit out; (*fig*) *[soleil]* to beat down. ça va ~ à la manif* there's going to be some rough stuff at the demo*; ce boxeur-là, il cogne dur that boxer's a hard hitter, that boxer hits hard.
   3 se cogner *vpr*: se ~ contre un mur to bang o.s. on *ou* against a wall; se ~ la tête/le genou contre un poteau to bang one's head/knee on *ou* against a post; (*fig*) c'est à se ~ la tête contre les murs it's enough to drive you up the wall.
cogneur* [kɔɲœʀ] *nm* (*bagarreur, boxeur*) bruiser*.

cognitif, -ive [kɔgnitif, iv] *adj* cognitive.
cognition [kɔgnisjɔ̃] *nf* cognition.
cohabitation [kɔabitasjɔ̃] *nf* living together, living under the same roof. **le caractère de son mari rendait la ~ impossible** her husband's character made living together *ou* living under the same roof impossible.
cohabiter [kɔabite] (1) *vi* to live together, live under the same roof. **la crise du logement les oblige à ~ avec leurs grands-parents** the shortage of accommodation forces them to live with their grandparents.
cohérence [kɔerɑ̃s] *nf* (*V* **cohérent**) coherence; consistency. **la ~ de l'équipe laisse à désirer** the team is not as well-knit as one would like.
cohérent, e [kɔerɑ̃, ɑ̃t] *adj ensemble, arguments* coherent, consistent; *conduite, roman* consistent; *équipe* well-knit.
cohéritier [kɔeritje] *nm* joint heir, coheir.
cohéritière [kɔeritjɛr] *nf* joint heiress, coheiress.
cohésif, -ive [kɔezif, iv] *adj* cohesive.
cohésion [kɔezjɔ̃] *nf* cohesion.
cohorte [kɔɔrt(ə)] *nf* (*groupe*) troop; (*Hist Mil*) cohort.
cohue [kɔy] *nf* (*foule*) crowd; (*bousculade*) crush.
coi, coite [kwa, kwat] *adj*: **se tenir ~, rester ~** to remain silent; **en rester ~** to be rendered speechless.
coiffe [kwaf] *nf* (a) [*costume régional, religieuse*] headdress. (b) [*chapeau*] lining; (*Tech*) [*fusée*] cap; (*Anat*) [*nouveau-né*] caul.
coiffé, e [kwafe] (*ptp de* **coiffer**) *adj* (a) (*peigné*) **est-ce que tu es ~?** have you done your hair?; **il est toujours mal/bien ~** his hair always looks untidy/nice; **être ~ en brosse** to have a crew-cut; **être coiffé en chien fou** to have dishevelled hair; **il était ~ en arrière** he had his hair brushed *ou* combed back; *V* **né.**
  (b) (*couvert*) (**il était**) **~ d'un béret** (he was) wearing a beret; **le clown entra ~ d'une casserole** the clown came in with a saucepan on his head.
  (c) (*entiché*) **être ~ de** to be infatuated with.
coiffer [kwafe] (1) **1** *vt* (a) (*arranger les cheveux de*) **~ qn** to do sb's hair; **X coiffe bien** X is a good hairdresser; (**aller**) **se faire ~** to (go and) have one's hair done.
  (b) (*couvrir la tête de*) **~ (la tête d')un bébé d'un bonnet** to put a bonnet on a baby's head; **sa mère la coiffe de chapeaux ridicules** her mother makes her wear ridiculous hats; **ce chapeau la coiffe bien** that hat suits her; **le béret qui la coiffait** the beret she had on *ou* was wearing; **elle allait bientôt ~ Sainte Catherine** she would soon be 25 and still unmarried.
  (c) (*fournir en chapeaux*) **c'est Mme X qui la coiffe** Mme X makes her hats, her hats come from Mme X.
  (d) (*mettre*) *chapeau* to put on.
  (e) (*surmonter*) **de lourds nuages coiffaient le sommet** heavy clouds covered the summit, the summit was topped with heavy clouds; **pic coiffé de neige** snow-capped peak.
  (f) (*être à la tête de*) *organismes, services* to head up, have overall responsibility for.
  (g) (*: dépasser*) **se faire ~** to be overtaken; **~ qn à l'arrivée** to pip sb at the post* (*Brit*), nose sb out* (*US*).
  2 se coiffer *vpr* (a) (*arranger ses cheveux*) to do one's hair.
  (b) (*mettre comme coiffure*) **se ~ d'une casquette** to put on a cap; **d'habitude, elle se coiffe d'un chapeau de paille** she usually wears a straw hat.
  (c) (*se fournir en chapeaux*) **se ~ chez X** to buy one's hats from X.
  (d) (*péj: s'enticher de*) **se ~ de qn** to become infatuated with sb.
coiffeur [kwafœr] *nm* [*dames*] hairdresser; [*hommes*] hairdresser, barber.
coiffeuse [kwaføz] *nf* (*personne*) hairdresser; (*meuble*) dressing table.
coiffure [kwafyr] *nf* (*façon d'être peigné*) hairstyle, hairdo*; (*chapeau*) hat, headgear* (*U*). (*métier*) **la ~** hairdressing; *V* **salon.**
coin [kwɛ̃] *nm* (a) (*angle*) [*objet, chambre*] corner. **armoire/place de ~** corner cupboard/seat; (*Scol*) **va au ~!** go and stand in the corner!; (*Rail*) **~(-)fenêtre/(-)couloir** seat by the window/by the door, window/corridor seat.
  (b) [*rue*] corner. **au ~ (de la rue)** at *ou* on the corner (of the street); **la blanchisserie fait le ~** the laundry is right on the corner; **le magasin du ~** the corner shop; **le boucher du ~** the butcher('s) at *ou* round the corner; **à tous les ~s de rue** on every street corner.
  (c) [*yeux, bouche*] corner. **sourire en ~** half smile; **regard en ~** side glance; **regarder/surveiller qn du ~ de l'œil** to look at/watch sb out of the corner of one's eye.
  (d) (*espace restreint*) [*plage, village, maison*] corner. (*dans un journal, magasin*) **le ~ du bricoleur** the handyman's corner; **un ~ de terre/ciel bleu** a patch of land/blue sky; **dans un ~ de sa mémoire** in a corner of her memory; **dans quel ~ l'as-tu mis?** where on earth did you put it?; **je l'ai mis dans un ~, je ne sais plus où** I put it somewhere but I can't remember where; **j'ai cherché dans tous les ~s (et recoins)** I looked in every nook and cranny; **~-bureau/-cuisine/-repas** work/kitchen/dining area; *V* **petit.**
  (e) (*lieu de résidence*) area. **dans quel ~ habitez-vous?** whereabouts do you live?; **vous êtes du ~?** do you live locally? *ou* round here? *ou* in the area?; **l'épicier du ~** the local grocer; **un ~ perdu** *ou* **paumé*** a place miles from anywhere; **il y a beaucoup de pêche dans ce ~-là** there's a lot of fishing in that area; **on a trouvé un petit ~ pas cher/tranquille pour les vacances** we found somewhere nice and cheap/nice and quiet for the holidays, we found a nice inexpensive/quiet little spot for the holidays.
  (f) (*objet triangulaire*) [*reliure, cartable, sous-main*] corner (*pièce*); (*pour coincer, écarter*) wedge; (*pour graver*) die; (*poinçon*) hallmark. (*Typ*) **~ (de serrage)** quoin; (*fig*) **frappé** *ou* **marqué au**

~ du bon sens bearing the stamp of commonsense.
  (g) (*loc*) **je n'aimerais pas le rencontrer au ~ d'un bois** I wouldn't like to meet him on a dark night; **au ~ du feu** by the fireside, in the chimney corner; **causerie/rêverie au ~ du feu** fireside chat/daydream.
coinçage [kwɛ̃saʒ] *nm* wedging.
coincement [kwɛ̃smɑ̃] *nm* jamming (*U*).
coincer [kwɛ̃se] (3) **1** *vt* (a) (*bloquer*) (*intentionnellement*) to wedge; (*accidentellement*) *tiroir, fermeture éclair* to jam. **le tiroir est coincé** the drawer is stuck *ou* jammed; (**le corps de**) **l'enfant était coincé sous le camion** the child('s body) was pinned under the lorry; **il se trouva coincé contre un mur par la foule** he was pinned against a wall by the crowd; **il m'a coincé entre deux portes pour me dire ...** he cornered me to tell me ...; **nous étions coincés dans le couloir/dans l'ascenseur** we were stuck *ou* jammed in the corridor/in the lift; **ils ont coincé l'armoire en voulant la faire passer par la porte** they got the wardrobe jammed *ou* stuck trying to get it through the door.
  (b) (*fig: attraper*) *voleur* to pinch*, nab*; *faussaire, fraudeur* to catch up with. **je me suis fait ~** *ou* **ils m'ont coincé sur cette question** they got me on *ou* caught me out on that question, I was caught out on that question; **coincé entre son désir et la peur** caught between his desire and fear; **nous sommes coincés, nous ne pouvons rien faire** we are stuck *ou* cornered *ou* in a corner and we can't do anything.
  2 *vi* [*porte*] to stick. (*fig*) **ça coince au niveau de la direction** there are problems at management level.
  3 se coincer *vpr* to jam, stick, get jammed *ou* stuck.
coinceur [kwɛ̃sœr] *nm* (*Alpinisme*) nut.
coïncidence [kɔɛ̃sidɑ̃s] *nf* (*gén, Géom*) coincidence.
coïncident, e [kɔɛ̃sidɑ̃, ɑ̃t] *adj surfaces, faits* coincident.
coïncider [kɔɛ̃side] (1) *vi* [*surfaces, témoignages, dates*] to coincide (*avec* with). **faire ~ l'extrémité de deux conduits** to make the ends of two pipes meet exactly; **nous sommes arrivés à faire ~ nos dates de vacances** we've managed to get the dates of our holidays to coincide.
coin-coin [kwɛ̃kwɛ̃] *nm inv* [*canard*] quack. **~!** quack! quack!
coïnculpé, e [kɔɛ̃kylpe] *nm,f* co-defendant, co-accused.
coing [kwɛ̃] *nm* quince (*fruit*).
coït [kɔit] *nm* coitus, coition. **~ interrompu** coitus interruptus.
coite [kwat] *adj f* *V* **coi.**
coke [kɔk] *nm* coke.
cokéfaction [kɔkefaksjɔ̃] *nf* coking.
cokéfier [kɔkefje] (7) *vt* to coke.
cokerie [kɔkri] *nf* cokeworks, coking works.
col [kɔl] **1** *nm* (a) [*chemise, manteau*] collar. **ça bâille du ~** it gapes at the neck; **pull à ~ roulé/rond** polo-/round-neck pullover *ou* jumper (*Brit*); *V* **faux².**
  (b) (*Géog*) pass. **le ~ du Simplon** the Simplon pass.
  (c) (*partie étroite*) [*carafe, vase*] neck. **~ du fémur/de la vessie** neck of the thighbone/of the bladder; **elle s'est cassé le col du fémur** she has broken her hip; **~ de l'utérus** neck of the womb, cervix.
  (d) († *ou littér: encolure, cou*) neck. **un homme au ~ de taureau** a man with a neck like a bull, a bull-necked man.
  2: col blanc (*personne*) white-collar worker; **col bleu** (*ouvrier*) blue-collar worker; (*marin*) bluejacket; **col cassé** wing collar; **col-de-cygne** *nm, pl* **cols-de-cygne** [*plomberie*] swan neck; [*mobilier*] swan('s) neck; **col Mao** Mao collar; **col marin** sailor's collar; **col mou** soft collar; **col officier** mandarin collar; **col roulé** polo neck (*Brit*), turtleneck (*US*).
cola [kɔla] *nm* cola, kola.
colchique [kɔlʃik] *nm* autumn crocus, meadow saffron, colchicum (*T*).
colégataire [kɔlegatɛr] *nmf* joint legatee.
coléoptère [kɔleɔptɛr] *nm* coleopteron (*T*), coleopterous insect (*T*), beetle. **~s** coleoptera (*T*).
colère [kɔlɛr] **1** *nf* (a) (*irritation*) anger. **la ~ est mauvaise conseillère** anger is a bad counsellor; **être en ~** to be angry; **se mettre en ~** to get angry; **mettre qn en ~** to make sb angry; **passer sa ~ sur qn** to work off *ou* take out one's anger on sb; **en ~ contre moi-même** angry with myself, mad at myself*; **dit-il avec ~** he said angrily.
  (b) (*accès d'irritation*) (fit of) rage. **il fait des ~s terribles** he has terrible fits of rage *ou* rage; **il est entré dans une ~ noire** he flew into a white rage; **faire** *ou* **piquer une ~** to throw a tantrum.
  (c) (*littér*) wrath. **la ~ divine** divine wrath; **la ~ des flots/du vent** *etc* the rage *ou* wrath of the sea/of the wind *etc.*
  2 *adj inv* (†) (*coléreux*) irascible; (*en colère*) irate.
coléreux, -euse [kɔlerø, øz] *adj*, **colérique** [kɔlerik] *adj caractère* quick-tempered, irascible; *enfant* quick-tempered, easily angered; *vieillard* quick-tempered, peppery, irascible.
colibacille [kɔlibasil] *nm* colon bacillus.
colibacillose [kɔlibasiloz] *nf* colibacillosis.
colibri [kɔlibri] *nm* hummingbird.
colifichet [kɔlifiʃɛ] *nm* (*bijou fantaisie*) trinket, bauble; (*babiole*) knickknack.
colimaçon [kɔlimasɔ̃] *nm* (†) snail. (*fig*) **escalier en ~** spiral staircase.
colin [kɔlɛ̃] *nm* (*merlu*) hake; (*lieu noir*) saithe, coalfish, coley.
colineau, *pl* **~x** [kɔlino] *nm* = **colinot.**
colin-maillard [kɔlɛ̃majar] *nm* blind man's buff.
colinot [kɔlino] *nm* codling.
colique [kɔlik] *nf* (a) (*diarrhée*) diarrhoea. **avoir la ~** (*lit*) to have diarrhoea; (*fig: peur*) to be scared stiff; (*fig*) **il me donne la ~** he bores me out of my mind*.
  (b) (*douleur intestinale, gén pl*) stomach pain, colic pain, colic

(U). **être pris de violentes** ~**s** to have violent stomach pains; ~**s hépatiques/néphrétiques** biliary/renal colic; **quelle** ~**!**‡ *(personne)* what a pain in the neck!‡; *(chose)* what a drag!‡
colis [kɔli] *nm* parcel. **envoyer/recevoir un** ~ **postal** to send/ receive a parcel through the post *(Brit)* *ou* mail; **par** ~ **postal** by parcel post; ~ **piégé** parcel bomb *(Brit)*, mail bomb.
Colisée [kɔlize] *nm*: **le** ~ the Coliseum.
colistier [kɔlistje] *nm (Pol)* fellow candidate.
colite [kɔlit] *nf* colitis.
collaborateur, -trice [kɔlabɔʀatœʀ, tʀis] *nm,f [personne]* colleague; *[journal, revue]* contributor; *[livre, publication]* collaborator; *(Pol) [ennemi]* collaborator, collaborationist, quisling.
collaboration [kɔlabɔʀasjɔ̃] *nf (Pol, à un travail, un livre)* collaboration *(à* on); *(à un journal)* contribution *(à* to). **s'assurer la** ~ **de qn** to enlist the services of sb; **en** ~ **avec** in collaboration with.
collaborer [kɔlabɔʀe] (1) *vi* **(a)** ~ **avec qn** to collaborate *ou* work with sb; ~ **à travail, livre** to collaborate on; *journal* to contribute to. **(b)** *(Pol)* to collaborate.
collage [kɔlaʒ] *nm* **(a)** *(à la colle forte)* sticking, gluing; *(à la colle blanche)* pasting; *[étiquettes etc]* sticking. ~ **de papiers peints** paperhanging; ~ **d'affiches** billposting. **(b)** *(Art)* collage. **(c)** *(apprêt) [vin]* fining; *[papier]* sizing. **(d)** *(péj: concubinage)* affair. **c'est un** ~ they're having an affair.
collant, e [kɔlɑ̃, ɑ̃t] **1** *adj (ajusté)* vêtement skintight, tight-fitting, clinging; *(poisseux)* sticky. *(importun)* **être** ~* to cling, stick like a leech; *V* **papier**.
  2 *nm* **(a)** *(maillot) [femme]* body stocking; *[danseur, acrobate]* leotard.
  (b) *(bas)* *(gén)* tights *pl (Brit)*, pantyhose *(US)*; *[danseuse]* tights *pl.*
  3 collante *nf (arg Scol: convocation)* notification *(to attend an examination).*
collatéral, e, mpl -aux [kɔlateʀal, o] *adj* parent, artère collateral. **(nef)** ~**e** *(side)* aisle; **les** ~**aux** *(parents)* collaterals; *(Archit)* *(side)* aisles.
collation [kɔlasjɔ̃] *nf* **(a)** *(repas)* light meal, light refreshment, collation; *(goûter)* snack. **(b)** *(V* **collationner***)* collation; checking. **(c)** *(frm) [titre, grade]* conferment.
collationnement [kɔlasjɔnmɑ̃] *nm (V* **collationner***)* collation; checking.
collationner [kɔlasjɔne] (1) *vt (comparer)* manuscrits *etc* to collate *(avec* with); *(vérifier)* liste to check; *(Typ)* to collate.
colle [kɔl] *nf* **(a)** *(gén)* glue; *[papiers peints]* wallpaper paste; *(apprêt)* size. ~ **(blanche** *ou* **d'écolier** *ou* **de pâte)** paste; ~ **(forte)** (strong) glue, adhesive; ~ **(gomme)** gum *(Brit)*, rubber cement *(US)*; ~ **à bois** wood glue; ~ **de bureau** glue; ~ **de poisson** fish glue; *(fig)* **ce riz, c'est de la vraie** ~ **(de pâte)** this rice is like paste *ou* is a gluey *ou* sticky mass; *V* **chauffer, pot.**
  (b) *(*: question)* poser*, teaser. **poser une** ~ **à qn** to set sb a poser*; **là, vous me posez une** ~ you've stumped me there*.
  (c) *(arg Scol) (examen blanc)* mock oral exam; *(retenue)* detention. **mettre une** ~ **à qn** to give sb detention; **j'ai eu 3 heures de** ~ I was kept in for 3 hours.
  (d) *(*)* **vivre** *ou* **être à la** ~ to live together, shack up together‡.
collecte [kɔlɛkt(ə)] *nf (quête)* collection; *(Rel: prière)* collect.
collecter [kɔlɛkte] (1) *vt* to collect.
collecteur, -trice [kɔlɛktœʀ, tʀis] **1** *nm,f (personne)* collector. ~ **d'impôts** tax collector; ~ **de fonds** fund raiser. **2** *nm (Aut)* manifold; *(Élec)* commutator. *(Rad)* ~ **d'ondes** aerial; **(égout)** ~, **(grand)** ~ main sewer.
collectif, -ive [kɔlɛktif, iv] **1** *adj* travail, responsabilité, punition collective; *billet, réservation* group *(épith)*; *hystérie, licenciements* mass *(épith)*; *installations* public; *(Ling)* terme, sens collective. **faire une démarche**~**ive auprès de qn** to approach sb collectively *ou* as a group; **immeuble** ~ **(large)** block (of flats) *(Brit)*, apartment building *(US)*; *V* **convention, ferme**².
  2 *nm (Gram: mot)* collective noun. *(Fin)* ~ **budgétaire** mini-budget.
collection [kɔlɛksjɔ̃] *nf* **(a)** *[timbres, papillons etc]* collection; *(Comm) [échantillons]* line; *(hum: groupe)* collection. **faire (la)** ~ **de** to collect; *V* **pièce.**
  (b) *(Mode)* collection.
  (c) *(Presse: série)* series, collection. **notre** ~ **'jeunes auteurs'** our 'young authors' series *ou* collection; **il a toute la** ~ **des œuvres de X** he's got the complete collection *ou* set of X's works.
collectionner [kɔlɛksjɔne] (1) *vt (gén, hum)* to collect.
collectionneur, -euse [kɔlɛksjɔnœʀ, øz] *nm,f* collector.
collectivement [kɔlɛktivmɑ̃] *adv (gén)* collectively; *démissionner, protester* in a body, collectively.
collectivisation [kɔlɛktivizasjɔ̃] *nf* collectivization.
collectiviser [kɔlɛktivize] (1) *vt* to collectivize.
collectivisme [kɔlɛktivism(ə)] *nm* collectivism.
collectiviste [kɔlɛktivist(ə)] *adj, nmf* collectivist.
collectivité [kɔlɛktivite] *nf* **(a)** *(groupement)* group. *(le public, l'ensemble des citoyens)* **la** ~ the community; **la** ~ **nationale** the Nation (as a community); *(Admin)* **les** ~**s locales** ≃ the local communities; ~**s professionnelles** professional bodies *ou* organizations; **la** ~ **des habitants/des citoyens** the inhabitants/the citizens as a whole *ou* a body.
  (b) *(vie en communauté)* **la** ~ community life *ou* living; **vivre en** ~ to live in a community.
  (c) *(possession commune)* collective ownership.
collège [kɔlɛʒ] *nm* **(a)** *(école)* school; *(privé)* private school. ~ **(d'enseignement secondaire)** middle school, secondary school *(Brit)*, junior high school *(US)*; ~ **expérimental/technique**

experimental/technical school; *(Can)* **C**~ **d'enseignement général et professionnel** general and vocational college *(Can)*.
  (b) *(Pol, Rel: assemblée)* college. ~ **électoral** electoral college; *V* **sacré.**
collégial, e, mpl -iaux [kɔleʒjal, jo] *adj (Rel)* collegiate; *(Pol)* collegial, collegiate. **(église)** ~**e** collegiate church.
collégialité [kɔleʒjalite] *nf (Pol)* collegial administration; *(Rel)* collegiality.
collégien [kɔleʒjɛ̃] *nm* schoolboy. *(fig: novice)* **c'est un** ~ he's an innocent.
collégienne [kɔleʒjɛn] *nf* schoolgirl.
collègue [kɔlɛg] *nmf* colleague; *V* **Monsieur.**
coller [kɔle] (1) **1** *vt* **(a)** *(à la colle forte)* to stick, glue; *(à la colle blanche)* to paste; *étiquette, timbre* to stick; *affiche* to stick up *(à, sur* on); *enveloppe* to stick down; *papier peint* to hang; *film* to splice. **colle-la** *(étiquette)* stick it on; *(affiche)* stick it up; *(enveloppe)* stick it down; ~ **2 morceaux (ensemble)** to stick *ou* glue *ou* paste 2 pieces together; ~ **qch à** *ou* **sur qch** to stick sth on(to) sth; **les cheveux collés de sang** his hair stuck together *ou* matted with blood; **les yeux encore collés de sommeil** his eyes still half-shut with sleep.
  (b) *(appliquer)* ~ **son oreille à la porte/son nez contre la vitre** to press one's ear to *ou* against the door/one's nose against the window; **il colla l'armoire contre le mur** he stood the wardrobe right against the wall; **il se colla contre le mur pour les laisser passer** he pressed himself against the wall to let them pass; *(Mil)* **ils l'ont collé au mur** they stuck him up against the wall.
  (c) *(*: mettre)* to stick, shove*. **colle tes valises dans un coin** stick *ou* plonk* *ou* shove* *ou* dump* your bags in a corner; **il en colle des pages** he writes reams; **dans ses devoirs il colle n'importe quoi** he puts *ou* sticks *ou* shoves* any old thing (down) in his homework; **il se colla devant moi** he plonked* *ou* planted himself in front of me; **ils se collent devant la télé dès qu'ils rentrent** they're glued to the TV as soon as they come in, they plonk themselves* in front of the TV as soon as they come in; **se** ~ **un chapeau sur la tête** to stick *ou* shove a hat on one's head; **ils l'ont collé ministre** they've gone and made him a minister*; *V* **poing.**
  (d) *(*: donner)* **on m'a collé une fausse pièce** I've been palmed off with a dud coin; **il m'a collé une contravention/une punition/ une gifle** he gave me a fine/a punishment/a clout; **on lui a collé 3 ans de prison** they've stuck him in prison *ou* sent him down* for 3 years, they've given him 3 years; **on lui a collé la responsabilité/la belle-mère** he's got (himself) stuck* *ou* landed* *ou* lumbered‡ *(Brit)* with the responsibility/his mother-in-law.
  (e) *(arg Scol) (consigner)* to put in detention, keep in; *(recaler, ajourner)* to fail. **se faire** ~ *(en retenue)* to be put in detention, be given a detention; *(à l'examen)* to be failed, be flunked* *(US)*.
  (f) *(*: embarrasser par une question)* to catch out.
  (g) *(*: suivre)* personne to cling to. **la voiture qui nous suit nous colle de trop près** the car behind is sticking too close *ou* is sitting right on our tail*; **il m'a collé (après) toute la journée** he clung to me all day.
  (h) *(apprêter)* vin to fine; papier to size.
  2 *vi* **(a)** *(être poisseux)* to be sticky; *(adhérer)* to stick *(à* to).
  (b) *(fig)* to cling to. **pour ne pas être distancé, le cycliste collait au peloton de tête** so as not to be outdistanced, the cyclist clung *ou* stuck close to the leaders; **robe qui colle au corps** tight-fitting *ou* clinging dress; **ils nous collent au derrière*** they're right on our tail*; **voiture qui colle à la route** car that grips the road; **un rôle qui lui colle à la peau** a part tailor-made for him, a part which fits him like a glove; ~ **au sujet** to stick to the subject; **ce roman colle à la réalité** this novel sticks *ou* is faithful to reality; **mot qui colle à une idée** word which fits an idea closely.
  (c) *(*: bien marcher)* **ça colle? O.K.?*; **ça ne colle pas entre eux/nous** they/we aren't hitting it off* *ou* getting on together; **il y a quelque chose qui ne colle pas** there's something wrong *ou* not right here; **ça ne colle pas, je ne suis pas libre** that's no good *ou* that won't do, I am not free; **son histoire ne colle pas** his story doesn't hold together *ou* doesn't gibe *(US)*.
  3 se coller *vpr* **(a)** *(*: subir)* tâche, personne to be *ou* get stuck with*, be *ou* get landed with*, be *ou* get lumbered with‡ *(Brit)*. **il va falloir se** ~ **la belle-mère pendant 3 jours!** we'll have to put up with the mother-in-law for 3 days!
  (b) *(*: se mettre à)* **se** ~ **à (faire)** qch to get stuck into (doing) sth*, get down to (doing) sth, set about (doing) sth; *[jeux d'enfants]* **c'est à toi de t'y** ~ it's your turn to be it.
  (c) *(s'accrocher à)* **se** ~ **à qn** *[danseur]* to press o.s. against sb, cling to sb; *[importun]* to stick to sb like glue *ou* like a leech; **elle dansait collée à lui** she was dancing tightly pressed against him *ou* clinging tight to him; **ces deux-là sont toujours collés ensemble**‡ those two *ou* that pair always go around together *ou* are never apart.
  (d) *(*: se mettre en concubinage)* **se** ~ **ensemble** to live together, shack up together‡; **ils sont collés ensemble depuis 2 mois** they've been living together *ou* shacking up‡ together *ou* shacked up‡ together for 2 months.
collerette [kɔlʀɛt] *nf (col)* collaret; *(Hist: fraise)* ruff; *(Bot) [champignon]* ring, annulus; *(Tech) [tuyau]* flange.
collet [kɔlɛ] *nm (piège)* snare, noose; *(petite cape)* short cape; *(Méd) [dent]* neck; *(Boucherie)* neck; *(Tech)* collar, flange; *(Bot)* neck. **prendre** *ou* **saisir qn au** ~ to seize sb by the collar; *(fig)* **mettre la main au** ~ **de qn** to get hold of sb, collar sb; **elle est très** ~ **monté** she's very strait-laced *ou* stuffy.
colleter [kɔlte] (4) **1** *vt* adversaire to seize by the collar, grab by the throat. **il s'est fait** ~ **(par la police) en sortant du bar*** he was collared (by the police) as he came out of the bar.
  2 se colleter* *vpr (se battre)* to have a tussle, tussle *(lit, fig)* **se** ~ **avec** to wrestle *ou* grapple *ou* tussle with.

colleur, -euse [kɔlœʀ, øz] **1** *nm,f* (a) ~ **d'affiches** billsticker, billposter; ~ **de papiers peints** wallpaperer. (b) (*arg Scol*) *mock oral examiner.* **2 colleuse** *nf* (*Ciné*) splicer; (*Phot*) mounting press.

collier [kɔlje] *nm* (a) [*femme*] necklace; [*chevalier, maire*] chain; [*chien, cheval, chat*] (*courroie, pelage*) collar. ~ **de fleurs** garland, chain of flowers; ~ **de misère** yoke of misery; **reprendre le** ~* **to** get back into harness; *V* **coup, franc¹**.
(b) (*barbe*) ~ (**de barbe**) beard (*along the line of the jaw*).
(c) (*Tech*) ~ **de serrage** clamp collar.

collimateur [kɔlimatœʀ] *nm* (*lunette*) collimator. (*lit, fig*) **avoir qn/qch dans son** ~ to have sb/sth in one's sights.

colline [kɔlin] *nf* hill.

collision [kɔlizjɔ̃] *nf* [*véhicules, bateaux*] collision; (*fig*) [*intérêts, manifestants*] clash. **entrer en** ~ to collide (*avec* with) ; (*Aut*) ~ **en chaîne** pile-up.

collocation [kɔlɔkɑsjɔ̃] *nf* (*Jur*) *classification of creditors in order of priority*; (*Ling*) collocation.

collodion [kɔlɔdjɔ̃] *nm* collodion.

colloïdal, e, *mpl* **-aux** [kɔlɔidal, o] *adj* (*Chim*) colloidal.

colloïde [kɔlɔid] *nm* (*Chim*) colloid.

colloque [kɔlɔk] *nm* colloquium, symposium; (*hum*) confab*.

collusion [kɔlyzjɔ̃] *nf* (*complicité*) collusion.

collutoire [kɔlytwaʀ] *nm* (*Méd*) oral medication (*U*); (*en bombe*) throat spray.

collyre [kɔliʀ] *nm* eye lotion, collyrium (*T*).

colmatage [kɔlmataʒ] *nm* (*V* **colmater**) sealing(-off); plugging; filling-in; closing; warping.

colmater [kɔlmate] (1) *vt* (a) *fuite* to seal (off), plug; *fissure, trou* to fill in, plug. (*fig, Mil*) ~ **une brèche** to seal *ou* close a gap; **la fissure s'est colmatée toute seule** the crack has filled itself in *ou* sealed itself. (b) (*Agr*) *terrain* to warp.

colocataire [kɔlɔkatɛʀ] *nmf* [*locataire*] fellow tenant, co-tenant; [*logement*] tenant, co-tenant, joint tenant.

Cologne [kɔlɔɲ] *n* Cologne; *V* **eau**.

Colomb [kɔlɔ̃] *nm*: **Christophe** ~ Christopher Columbus.

colombage [kɔlɔ̃baʒ] *nm* half-timbering. **maison à** ~ half-timbered house.

colombe [kɔlɔ̃b] *nf* (*Orn, fig, Pol*) dove.

Colombie [kɔlɔ̃bi] *nf* Colombia. **C~ britannique** British Columbia.

colombien, -ienne [kɔlɔ̃bjɛ̃, jɛn] **1** *adj* Colombian. **2** *nm,f*: **C~(ne)** Colombian.

colombier [kɔlɔ̃bje] *nm* dovecote.

colombin‡ [kɔlɔ̃bɛ̃] *nm* (*étron*) turd*‡*.

colombophile [kɔlɔ̃bɔfil] **1** *adj* pigeon-fancying, pigeon-fanciers'. **2** *nmf* pigeon fancier.

colombophilie [kɔlɔ̃bɔfili] *nf* pigeon fancying.

colon [kɔlɔ̃] *nm* (a) (*pionnier*) settler, colonist. (b) (*enfant*) [*colonie*] child, boarder; [*pénitencier*] child, inmate. (c) (*arg Mil*) colonel. **eh bien, mon** ~!* heck!*, **blimey!*** (*Brit*).

côlon [kɔlɔ̃] *nm* (*Anat*) colon.

colonel [kɔlɔnɛl] *nm* (*armée de terre*) colonel; (*armée de l'air*) colonel (*US*), group captain (*Brit*).

colonelle [kɔlɔnɛl] *nf* (*V* **colonel**) colonel's wife; group captain's wife.

colonial, e, *mpl* **-aux** [kɔlɔnjal, o] **1** *adj* colonial; *V* **casque. 2** *nm* (*soldat*) soldier of the colonial troops; (*habitant*) colonial. **3** *nf*: **la coloniale** the (French) Colonial Army.

colonialisme [kɔlɔnjalism(ə)] *nm* colonialism.

colonialiste [kɔlɔnjalist(ə)] *adj, nmf* colonialist.

colonie [kɔlɔni] *nf* (*gén*) colony. ~ **de vacances** (children's) holiday camp (*Brit*), vacation camp (*US*) (*for children*), summer camp (*US*); ~ **pénitentiaire** penal settlement *ou* colony.

colonisateur, -trice [kɔlɔnizatœʀ, tʀis] **1** *adj* colonizing (*épith*). **2** *nm,f* colonizer.

colonisation [kɔlɔnizasjɔ̃] *nf* colonization, settlement.

coloniser [kɔlɔnize] (1) *vt* to colonize, settle. **les colonisés** the colonized peoples.

colonnade [kɔlɔnad] *nf* colonnade.

colonne [kɔlɔn] **1** *nf* (*gén*) column; (*Archit*) column, pillar. **en** ~ **par deux** in double file; **mettez-vous en** ~ **par huit** get into eights; *V* **cinquième.**
2: colonne d'air airstream; **colonne barométrique** barometric column; **colonne blindée** armoured column; (*Aut*) **colonne de direction** steering column; **les Colonnes d'Hercule** the Pillars of Hercules; **colonne montante** rising main; **colonne Morris** (pillar-shaped) billboard; **colonne de secours** rescue party; **colonne vertébrale** spine, spinal *ou* vertebral column (*T*).

colonnette [kɔlɔnɛt] *nf* small column.

colophane [kɔlɔfan] *nf* rosin.

coloquinte [kɔlɔkɛ̃t] *nf* (*Bot*) colocynth (*T*), bitter apple; (*‡†: tête*) nut*, bonce‡ (*Brit*).

Colorado [kɔlɔʀado] *nm* Colorado.

colorant, e [kɔlɔʀɑ̃, ɑ̃t] *adj, nm* colouring; *V* **shampooing.**

coloration [kɔlɔʀasjɔ̃] *nf* (a) (*V* **colorer**) colouring; dyeing; staining. (b) (*couleur, nuance*) colouring, colour, shade; [*peau*] colouring; (*fig*) [*voix, ton*] coloration.

coloratura [kɔlɔʀatyʀ] *nf* coloratura.

coloré, e [kɔlɔʀe] (*ptp de* **colorer**) *adj teint* florid, ruddy; *objet* coloured; *foule* colourful; *style, description, récit* vivid, colourful.

colorer [kɔlɔʀe] (1) **1** *vt* (a) (*teindre*) *substance* to colour; *tissu* to dye; *bois* to stain. ~ **qch en bleu** to colour (*ou* dye *ou* stain) sth blue; (*littér*) **le soleil colore les cimes neigeuses** the sun tinges the snowy peaks with colour.
(b) (*littér: enjoliver*) *récit, sentiments* to colour (*de* with).
2 se colorer *vpr* (a) (*prendre de la couleur*) [*tomate etc*] to turn red. **le ciel se colore de rose** the sky takes on a rosy tinge *ou*

colour; **son teint se colora** her face became flushed, her colour rose.
(b) (*être empreint de*) **se** ~ **de** to be coloured *ou* tinged with.

coloriage [kɔlɔʀjaʒ] *nm* (*action*) colouring (*U*); (*dessin*) coloured drawing.

colorier [kɔlɔʀje] (7) *vt carte, dessin* to colour (in). **images à** ~ pictures to colour (in); *V* **album.**

coloris [kɔlɔʀi] *nm* (*gén*) colour, shade; [*visage, peau*] colouring. (*Comm*) **carte de** ~ shade card.

coloriste [kɔlɔʀist(ə)] **1** *nmf* (*peintre*) colourist; (*enlumineur*) colourer. **2** *nf* (*coiffeuse*) hairdresser (specializing in tinting and rinsing).

colossal, e, *mpl* **-aux** [kɔlɔsal, o] *adj* colossal, huge.

colossalement [kɔlɔsalmɑ̃] *adv* colossally, hugely.

colosse [kɔlɔs] *nm* (*personne*) giant (*fig*); (*institution, état*) colossus, giant. **le** ~ **de Rhodes** the Colossus of Rhodes; ~ **aux pieds d'argile** idol with feet of clay.

colostrum [kɔlɔstʀɔm] *nm* colostrum.

colportage [kɔlpɔʀtaʒ] *nm* [*marchandises, ragots*] hawking, peddling; *V* **littérature.**

colporter [kɔlpɔʀte] (1) *vt marchandises, ragots* to hawk, peddle.

colporteur, -euse [kɔlpɔʀtœʀ, øz] *nm,f* (*vendeur*) hawker, pedlar. ~ **de fausses nouvelles** newsmonger; ~ **de rumeurs** *ou* **ragots*** gossipmonger.

colt [kɔlt] *nm* (*revolver*) gun, Colt®.

coltiner [kɔltine] (1) **1** *vt fardeau, colis* to carry, hump* (*Brit*) *ou* lug* around.
2 se coltiner* *vpr colis* to hump* (*Brit*) *ou* lug* around, carry; (‡) *travail, personne* to be *ou* get stuck* *ou* landed* with. **il va falloir se** ~ **ta sœur pendant toutes les vacances‡** we'll have to put up with your sister for the whole of the holidays*.

columbarium [kɔlɔ̃baʀjɔm] *nm* (*cimetière*) columbarium.

colvert [kɔlvɛʀ] *nm* mallard.

colza [kɔlza] *nm* rape(seed), colza.

coma [kɔma] *nm* (*Méd*) coma. **être/entrer dans le** ~ to be in/go into a coma; **dans un** ~ **dépassé** brain-dead.

comateux, -euse [kɔmatø, øz] *adj* comatose. **état** ~ state of coma; **un** ~ a patient in a coma.

combat [kɔ̃ba] **1** *nm* (a) (*bataille*) fight, fighting (*U*). ~**s aériens** air-battles; ~**s d'arrière-garde** rearguard fighting; **aller au** ~ **to** go into battle, enter the fray (*littér*); **les** ~**s continuent** the fighting goes on; *V* **branle-bas, char, hors.**
(b) (*genre de bataille*) ~ **défensif/offensif** defensive/offensive action; ~ **aérien** aerial combat (*U*), dogfight; ~ **naval** naval action; (*lit, fig*) ~ **d'arrière-garde/de retardement** rearguard/delaying action.
(c) (*fig: lutte*) fight (*contre* against, *pour* for). **des** ~**s continuels entre parents et enfants** endless fighting between parents and children; **engager le** ~ **contre la vie chère** to take up the fight against the high cost of living; **la vie est un** ~ **de tous les jours** life is a daily struggle.
(d) (*Sport*) match, fight. ~ **de boxe/de catch** boxing/wrestling match; **il y a 3** ~**s au programme de ce soir** there are 3 fights *ou* matches in this evening's programme.
(e) (*littér: concours*) **ce fut entre eux un** ~ **de générosité/ d'esprit** they vied with each other in generosity/wit.
2: combat de coqs cockfight, cockfighting (*U*); **combat de gladiateurs** gladiatorial combat *ou* contest; **combat rapproché** close combat; **combat de rues** street fighting (*U*), street battle; **combat singulier** single combat.

combatif, -ive [kɔ̃batif, iv] *adj troupes, soldat* ready to fight; *personne* of a fighting spirit; *esprit, humeur* fighting (*épith*). **les troupes fraîches sont plus** ~**ives** fresh troops show greater readiness to fight; **c'est un** ~ he's a battler *ou* fighter.

combativité [kɔ̃bativite] *nf* [*troupe*] readiness to fight; [*personne*] fighting spirit.

combattant, e [kɔ̃batɑ̃, ɑ̃t] **1** *adj troupe* fighting (*épith*), combatant (*épith*). **2** *nm,f* [*guerre*] combatant; [*bagarre*] brawler; *V* **ancien.**

combattre [kɔ̃batʀ(ə)] (41) **1** *vt incendie, adversaire* to fight; *théorie, politique, inflation, vice* to combat, fight (against); *maladie* [*malade*] to fight against; [*médecin*] to fight, combat. **2** *vi* to fight (*contre* against, *pour* for).

combe [kɔ̃b] *nf* (*Géog*) coomb, comb(e).

combien [kɔ̃bjɛ̃] **1** *adv* (a) ~ **de** (*quantité*) how much; (*nombre*) how many; ~ **de lait/de bouteilles as-tu acheté/achetées?** how much milk/many bottles have you bought?; ~ **y en a-t-il (en moins)?** (*quantité*) how much (less) is there (of it)?; (*nombre*) how many (fewer) are there (of them)?; ~ **de temps?** how long?; **tu en as pour** ~ **de temps?** how long will you be?; **depuis** ~ **de temps travaillez-vous ici?** how long have you been working here?; ~ **de fois?** (*nombre*) how many times?; (*fréquence*) how often?
(b) ~ (**d'entre eux**) how many (of them); ~ **n'ouvrent jamais un livre!** how many (people) never open a book!; ~ **sont-ils?** how many (of them) are there?, how many are they?
(c) (*frm: à quel point, comme*) **si tu savais** ~/~ **plus je travaille maintenant!** if you (only) knew how much/how much more I work now!; ~ **peu d'argent** how little money; ~ **peu de gens** how few people; **tu vois** ~ **il est paresseux/inefficace** you can see how lazy/inefficient he is; **c'est étonnant de voir** ~ **il a changé** it is surprising to see how changed he is *ou* how (much) he has changed; ~ **précieux m'est ce souvenir** how dear to me this memory is; ~ **vous avez raison!** how right you are!; († *ou hum*) **il est bête, ô** ~! he is stupid, (oh) so stupid!; ~ **d'ennui je vous cause** what a lot of trouble I'm causing you.
(d) (*tellement*) ~ **peu de gens** how few people; ~ **moins de gens/d'argent** how many fewer people/much less money; ~ **plus de gens/d'argent** how many more people/much more money;

c'est plus long à faire mais ~ meilleur! it takes (a lot) longer to do but how much better it is!

   (e) (quelle somme, distance etc) ~ est-ce?, ~ ça coûte?, ça fait ~?* how much is it?; ~ pèses-tu? ou fais-tu? how heavy are you?, how much do you weigh?; ~ pèse ce colis? how much does this parcel weigh?, how heavy is this parcel?; ~ mesure-t-il? [personne] how tall is he?; [colis] how big is it?; ~ cela mesure-t-il? (gén) how big is it?; (longueur) how long is it?, what length is it?; vous le voulez en ~ de large? what width do you want (it)?, how wide do you want it?; ça va augmenter de ~? how much more will it go up? ou be?; ça va faire une différence de ~? what will the difference be?; ~ y a-t-il d'ici à la ville? how far is it from here to the town?; ~ cela mesure-t-il en hauteur/largeur?, ça a ou fait ~ de hauteur/largeur? how high/wide is it?, what height/width is it?; (Sport) il a fait ~ aux essais? what was his time at the trial run?

   2 nm (*) (rang) le ~ êtes-vous? where did you come?*, where were you placed?; (date) le ~ sommes-nous? what's the date?, what date is it?; (fréquence) (trains) il y en a tous les ~? how often do they come? ou go ou run?

combientième* [kɔ̃bjɛ̃tjɛm] **1** adj: Lincoln était le ~ président des USA? what number president of the USA was Lincoln?*; c'est le ~ accident qu'il a eu en 2 ans? that's how many accidents he's had in 2 years?; c'est la ~ fois que ça arrive! how many times has that happened now!

   2 nmf **(a)** (rang) il est le ~? where was he placed?; ce coureur est arrivé le ~? where did this runner come (in)?

   (b) (énumération) encore un attentat, c'est le ~ depuis le début du mois? another attack, how many does that make ou is that since the beginning of the month?; donne-moi le troisième — le ~? give me the third one — which one did you say?

   (c) (date) on est le ~ aujourd'hui? what's the date today?, what date is it today?

combinaison [kɔ̃binɛzɔ̃] nf **(a)** (action) combining; (Math) [éléments, sons, chiffres] combination. (Pol) ~ (ministérielle) government; (Chim) ~ (chimique) (entre plusieurs corps) combination; (corps composé) compound.

   (b) [coffre-fort] combination.

   (c) (vêtement) [femme] slip; [aviateur] flying suit; [mécanicien] boiler suit (Brit), (one-piece) overalls (US); (Ski) ski-suit.

   (d) (astuce) [manigance] scheme. des ~s louches shady schemes ou scheming.

combinard, e* [kɔ̃binaʀ, aʀd(ə)] adj, nm, f (péj) il est ~, c'est un ~ (astuces, trucs) he knows all the tricks; (manigances) he's a schemer, he's on to all the fiddles*.

combinat [kɔ̃bina] nm (industrial) complex.

combinatoire [kɔ̃binatwaʀ] adj (Ling) combinative; (Math) combinatorial, combinatory.

combine* [kɔ̃bin] nf (astuce, truc) trick (pour faire to do). (péj: manigance) la ~ scheming; il est dans la ~ he knows (all) about it, he's in on it*; la ~ I smell a rat; toutes leurs ~s all their little schemes, all their fiddles*.

combiné [kɔ̃bine] nm (Chim) compound; (téléphone) receiver, handset. (vêtement) ~ (gaine-soutien-gorge) corselette; (Rad) ~ (radio-tourne-disque) radiogram; (Tech) ~ (batteur-mixeur) mixer and liquidizer ou blender; (Ski) ~ alpin/nordique alpine/nordic combination; il est 3e au ~ he's 3rd overall.

combiner [kɔ̃bine] **(1) 1** vt **(a)** (grouper) éléments, sons, chiffres to combine. opération combinée joint ou combined operation; l'oxygène combiné à l'hydrogène oxygen combined with hydrogen; l'oxygène et l'hydrogène combinés oxygen and hydrogen combined; l'inquiétude et la fatigue combinées a combination of anxiety and tiredness.

   (b) (méditer, élaborer) affaire, mauvais coup, plan to devise, work out, think up; horaire, emploi du temps to devise, plan. bien combiné well devised.

   2 se combiner vpr [éléments] to combine (avec with).

comble [kɔ̃bl(ə)] **1** adj salle, autobus packed (full), jam-packed*; V mesure, salle.

   2 nm **(a)** (degré extrême) height. c'est le ~ du ridicule! that's the height of absurdity!; être au ~ de la joie to be overjoyed; elle était au ~ du désespoir she was in the depths of despair; (joie, colère etc) être à son ~ to be at its peak ou height; ceci mit le ~ à sa fureur/ son désespoir this brought his anger/his despair to its climax ou a peak; cela mit le ~ à sa joie that his joy knew no bounds; pour ~ de malheur il ... to cap ou crown it all he ....

   (b) (loc) c'est le ~!, c'est un ~! that's the last straw!, that beats all!*, that takes the cake!* ou biscuit!* (Brit); le ~, c'est qu'il est parti sans payer what beats all* was that he left without paying; et pour ~, il est parti sans payer and to cap ou crown it all, he left without paying.

   (c) (charpente) roof trussing (T), roof timbers. ~ mansardé mansard roof; les ~s the attic, the loft; loger (dans une chambre) sous les ~s to live in a garret ou an attic; V fond.

comblement [kɔ̃bləmã] nm [cavité] filling(-in).

combler [kɔ̃ble] **(1)** vt **(a)** (boucher) trou, fente to fill in. (fig) ça comblera un trou dans nos finances that'll fill a gap in our finances.

   (b) (résorber) déficit to make good, make up; lacune, vide to fill. ~ son retard to make up lost time.

   (c) (satisfaire) désir, espoir to fulfil; besoin to fulfil, fill; personne to gratify. parents comblés par la naissance d'un fils parents overjoyed at the birth of a son; c'est une femme comblée she has all that she could wish for.

   (d) (couvrir qn de) ~ qn de cadeaux, honneurs to shower sb with; il mourut comblé d'honneurs he died laden with honours; vous me comblez d'aise ou de joie you fill me with joy; vraiment,

vous nous comblez! really you're too good to us!

combustibilité [kɔ̃bystibilite] nf combustibility.

combustible [kɔ̃bystibl(ə)] **1** adj combustible. **2** nm fuel. les ~s fuels, kinds of fuel; ~ fossile fossil fuel; ~ irradié spent fuel; ~ nucléaire nuclear fuel; ~ organique biofuel, organic fuel.

combustion [kɔ̃bystjɔ̃] nf combustion. poêle à ~ lente slow-burning stove.

comédie [kɔmedi] **1** nf **(a)** (Théât) comedy. ~ de mœurs/d'intrigue comedy of manners/of intrigue; ~ de caractères character comedy; ~ de situation situation comedy, sitcom* (Brit); de ~ personnage, situation (Théât) comedy (épith); (fig) comic.

   (b) (fig: simulation) playacting. c'est de la ~ it's all an act, it's all sham; jouer la ~ to put on an act.

   (c) (*) palaver, fuss. c'est toujours la même ~ it's always the same palaver; allons, pas de ~ come on, no nonsense ou fuss; faire la ~ to make a fuss ou a scene.

   2: (Théât) la Comédie-Française the Comédie-Française; la comédie humaine the comédie humaine; comédie musicale musical.

comédien, -ienne [kɔmedjɛ̃, jɛn] **1** nm, f **(a)** (fig: hypocrite) sham. être ~ to be a sham. **(b)** (fig: pitre) show-off. **2** nm (acteur) actor; (acteur comique) comedy actor, comedian. **3 comédienne** nf (actrice) actress; (actrice comique) comedy actress, comedienne.

comestible [kɔmestibl(ə)] **1** adj edible. **2** nmpl: ~s (fine) foods, delicatessen; magasin de ~s ≃ delicatessen (shop).

comète [kɔmɛt] nf (Astron) comet; V plan¹.

cométique [kɔmetik] nm (Can) Eskimo sledge, komatik (US, Can).

comice [kɔmis] **1** nm: ~(s) agricole(s)† agricultural show ou meeting. **2** nf Comice pear.

comique [kɔmik] **1** adj (Théât) acteur, film, genre comic; (fig) incident, personnage comical; V opéra.

   2 nm **(a)** (U) [situation] comic aspect; [habillement] comic look ou appearance. c'est d'un ~ irrésistible it's hilariously ou irresistibly funny; le ~ de la chose, c'est que ... the funny ou amusing thing about it is that ....

   (b) (Littérat) le ~ comedy; ~ de caractère/de situation character/situation comedy; ~ troupier coarse comedy; avoir le sens du ~ to have a sense of the comic.

   (c) (artiste, amuseur) comic, comedian; (dramaturge) comedy writer.

comiquement [kɔmikmã] adv comically.

comité [kɔmite] **1** nm (groupement, ligue) committee; (permanent, élu) board, committee. ~ consultatif/exécutif/restreint advisory/executive/select committee; se grouper en ~ pour faire to form a committee to do; (fig) se réunir en petit ~ (gén) to meet in a select group; (petite réception) to have a small get-together.

   2: comité directeur management committee; comité d'entreprise work's council; comité des fêtes gala ou festival committee; comité de gestion board of management; comité de lecture reading panel ou committee.

commandant [kɔmãdã] **1** nm **(a)** (armée de terre) major; (armée de l'air) squadron leader (Brit), major (US); (gén: dans toute fonction de commandement) commander, commandant.

   (b) (Aviat, Naut) captain.

   2: (Aviat) commandant de bord captain; commandant en chef commander-in-chief; commandant en second second in command.

commandante [kɔmãdãt] nf (V commandant) major's wife; squadron leader's wife; commander's wife; captain's wife.

commande [kɔmãd] nf **(a)** (Comm) order. passer une ~ to put in an order (de for); on vous livrera vos ~s jeudi your order will be delivered to you on Thursday; payable à la ~ cash with order; cet article est en ~ the article is on order; fait sur ~ to order; carnet/bulletin de ~s order book/form.

   (b) (Aviat, Tech: gén pl) (action) control (U), controlling (U); (dispositif) controls. les organes ou leviers de ~, les ~s the controls; ~ à distance remote control; (Aut) ~s à main hand controls; câble de ~ control cable; véhicule à double ~ dual control vehicle, vehicle with dual controls; se mettre aux ~s, prendre les ~s (lit) to take control, take (over) the controls; (fig) to take control; (lit, fig) passer les ~s à qn to hand over control to sb, hand over the controls to sb; être aux ~s, tenir les ~s (lit) to be in control, be at the controls; (fig) to be in control; V levier, tableau.

   (c) (loc) de ~ sourire forced, affected; zèle affected; agir sur ~ to act on orders; je ne peux pas jouer ce rôle/m'amuser sur ~ I can't act the role/enjoy myself to order; ouvrage écrit/composé sur ~ commissioned work/composition.

commandement [kɔmãdmã] nm **(a)** (direction) [armée, navire] command. avoir/prendre le ~ de to be in ou have command of; sur un ton de ~ in a commanding tone; avoir l'habitude du ~ to be used to being in command; V poste².

   (b) (état-major) command. le ~ a décidé que ... it has been decided at higher command that ...; V haut.

   (c) (Rel) commandment.

   (d) (ordre) command. (Mil) à mon ~, marche! on my command, march!; avoir ~ de faire qch† to have orders to do sth.

   (e) (Jur) [huissier] summons.

commander [kɔmãde] **(1) 1** vt **(a)** (ordonner) obéissance, attaque to order, command. ~ à qn de faire to order ou command sb to do; il me commanda le silence he ordered ou commanded me to keep quiet; l'amitié ne se commande pas you can't make friends to order; je ne peux pas le sentir, ça ne se commande pas I can't stand him — you can't help these things; le devoir commande duty calls.

   (b) (imposer) ~ le respect/l'admiration to command ou compel respect/admiration.

(c) (*requérir*) *[événements, circonstances]* to demand. **la prudence commande que ...** prudence demands that ... .

(d) (*Comm*) *marchandise, repas* to order; (*Art*) *tableau, œuvre* to commission. (*au café*) **avez-vous déjà commandé?** has your order been taken?, have you ordered?; (*hum*) **nous avons commandé le soleil** we've ordered the sun to shine (*hum*).

(e) (*diriger*) *armée, navire, expédition, attaque* to command; (*emploi absolu*) to be in command, be in charge. (*Mil*) **~ le feu to** give the order to shoot *ou* to (open) fire; **c'est lui qui commande ici** he's in charge here; **je n'aime pas qu'on me commande** I don't like to be ordered about *ou* to be given orders; **à la maison, c'est elle qui commande** she's the boss at home, she is the one who gives the orders at home.

(f) (*contrôler*) to control. **ce bouton commande la sirène** this switch controls the siren; **forteresse qui commande l'entrée du détroit** fortress which commands the entrance to the straits.

2 commander à *vt indir passions, instincts* to have command *ou* control over. **il ne commande plus à sa jambe gauche** he no longer has any control over his left leg; **~ à sa colère** to have command *ou* control over one's anger; **il ne sait pas se ~** he cannot control himself.

3 se commander *vpr* (*communiquer*) *[pièces, chambres]* to lead into one another.

commandeur [kɔmɑ̃dœr] *nm* commander (*of an Order*).

commanditaire [kɔmɑ̃ditɛr] *nm* (*Comm*) limited *ou* sleeping (*Brit*) *ou* silent (*US*) partner. **les ~s d'un meurtre** the people behind a murder.

commandite [kɔmɑ̃dit] *nf* (*Comm*) (*fonds*) share (*of limited partner*). **(société en) ~** limited partnership.

commanditer [kɔmɑ̃dite] (1) *vt* (*Comm: financer*) to finance.

commando [kɔmɑ̃do] *nm* commando (group). **les membres du ~** the commando members, the commandos.

comme [kɔm] **1** *conj* **(a)** (*temps*) as. **elle entra (juste) ~ le rideau se levait** she came in (just) as the curtain was rising.

(b) (*cause*) as, since, seeing that. **~ il pleut, je prends la voiture** I'll take the car seeing that it's raining *ou* as *ou* since it's raining; **~ il est lâche, il n'a pas osé parler** being a coward *ou* coward that he is *ou* as he is a coward, he did not dare speak out.

(c) (*comparaison*) as, like (*devant n et pron*); (*avec idée de manière*) as, the way*. **elle a soigné son chien ~ elle aurait soigné un enfant** she nursed her dog as she would have done a child; **il pense ~ nous** he thinks as we do *ou* like us; **c'est un homme ~ lui qu'il nous faut** we need a man like him *ou* such as him; **ce pantalon est pratique pour le travail ~ pour les loisirs** these trousers are practical for work as well as leisure; **il s'ennuie en ville ~ à la campagne** he gets bored both in town and in the country, he gets bored in town as he does in the country; (*Rel*) **sur la terre ~ au ciel** on earth as it is in heaven; **il écrit ~ il parle** he writes as *ou* the way he speaks; **il voudrait une moto ~ son frère* ou celle de son frère/la mienne** he would like a motorbike like his brother's/mine; **il voudrait une moto, ~ son frère** he would like a motorbike (just) like his brother; **le héros du film n'agit pas ~ dans la pièce** the hero in the film does not act as he does *ou* the way he does in the play; **si, ~ nous pensons, il a oublié** if, as we think (he did), he forgot; **faites ~ vous voulez** do as you like; **choisissez ~ pour vous** choose as you would for yourself, choose as if it were for yourself; **dur ~ du fer** (as) hard as iron; **il y eut ~ une hésitation/lueur** there was a sort *ou* kind of hesitation/light.

(d) (*en tant que*) as. **nous l'avons eu ~ président** we had him as (our) president; **~ étudiant, il est assez médiocre** as a student, he is rather poor.

(e) (*tel que*) like, such as. **les fleurs ~ la rose et l'œillet sont fragiles** flowers such as *ou* like roses and carnations *ou* such flowers as roses and carnations are fragile; **bête ~ il est ... stupid** as he is ...; **elle n'a jamais vu de maison ~ la nôtre** she's never seen a house like ours *ou* such as ours.

(f) (*devant adj, ptp*) as though, as if. **il était ~ fasciné par ces oiseaux** it was as though *ou* as if he were fascinated by these birds, he was as though *ou* as if fascinated by these birds; **il était ~ fou** he was like a madman; **il était ~ perdu dans cette foule** it was as though *ou* as if he were lost in this crowd; **~ se parlant à lui-même** as if *ou* as though talking to himself.

(g) ~ **si** as if, as though; ~ **pour faire** as if to do; ~ **quoi** (*disant que*) to the effect that; (*d'où il s'ensuit que*) which goes to show that, which shows that; **il se conduit ~ si de rien n'était** he behaves as if *ou* as though nothing had happened; ~ **si nous ne savions pas!** as if we didn't know!; **ce n'est pas ~ si on ne l'avait pas prévenu!** it's not as if *ou* as though he hadn't been warned!; **il fit un geste ~ pour la frapper** he made (a gesture) as if to strike her; **il écrit une lettre ~ quoi il retire sa candidature** he is writing a letter to the effect that he is withdrawing his candidature; ~ **quoi il ne fallait pas l'écouter** which shows *ou* goes to show that you shouldn't have listened to him.

(h) ~ **cela,** ~ **ça** like that; ~ **ci ~ ça** so-so, (fair to) middling; **vous aimeriez une robe ~ ça?** would you like a dress like that?, would you like that sort of dress?; **alors, ~ ça, vous nous quittez?** so you're leaving us just like that?; **je l'ai enfermé, ~ ça il ne peut pas nous suivre** I locked him in, so he can't follow us, I locked him in — like that *ou* that way he can't follow us; **il a pêché un saumon ~ ça!** he caught a salmon that *ou* this size! *ou* a salmon like that! *ou* this!; **comment l'as-tu trouvé?** — ~ **ça** *ou* ~ **ci ~ ça** how did you find him? — so-so *ou* (fair to) middling; **c'est ~ ça, un point c'est tout** that's the way it is, and that's all there is to it; **il m'a dit ~ ça qu'il n'était pas d'accord*** he told me just like that that he didn't agree; (*admiratif*) ~ **ça!* fantastic!*, terrific!***

(i) (*loc*) ~ **il vous plaira** as you wish; ~ **de juste** naturally, needless to say; (*iro*) ~ **par hasard, il était absent** he just

HAPPENED to be away (*iro*); (*Prov*) ~ **on fait son lit, on se couche** you (*ou* he *etc*) have (*ou* has *etc*) made your (*ou* his *etc*) bed, now you (*ou* he *etc*) must lie on it; ~ **il faut** properly; **mange/tiens-toi ~ il faut** eat/sit up properly; († *ou* hum) **une personne très ~ il faut** a decent well-bred person; **elle est mignonne ~ tout** she's as sweet as can be; **c'est facile ~ tout** it's as easy as can be *ou* as easy as winking; **c'était amusant ~ tout** it was terribly funny *ou* as funny as can be; **il est menteur ~ tout** he's a terrible *ou* dreadful liar; ~ **dit l'autre*** as they say; ~ **qui dirait*** as you might say; *V* **tout**.

2 *adv* how. ~ **ces enfants sont bruyants!** how noisy these children are!, these children are so noisy!; ~ **il fait beau!** what a lovely day!, what lovely weather!; **tu sais ~ elle est** you know how she is *ou* what she is like; **écoute ~ elle chante bien** listen (to) how beautifully she sings; ~ **vous y allez, vous!*** (now) hold on a minute!*, don't get carried away!; *V* **voir**.

commémoratif, -ive [kɔmemɔratif, iv] *adj* *cérémonie, plaque* commemorative (*épith*); *mémorial* (*épith*); *service* memorial (*épith*). *monument* ~ memorial.

commémoration [kɔmemɔrasjɔ̃] *nf* commemoration. **en ~ de** in commemoration of.

commémorer [kɔmemɔre] (1) *vt* to commemorate.

commençant, e [kɔmɑ̃sɑ̃, ɑ̃t] **1** *adj* beginning (*épith*). **2** *nm,f* (*débutant*) beginner.

commencement [kɔmɑ̃smɑ̃] *nm* **(a)** (*début*) beginning, commencement (*frm*); (*départ*) start. **il y a eu un ~ d'incendie** there has been the beginning(s) of a fire; **un bon/mauvais ~** a good/bad start *ou* beginning; (*Jur*) ~ **d'exécution** initial steps in the commission of a crime; (*Jur*) ~ **de preuve** prima facie evidence; **au/dès le ~** in/from the beginning, at/from the outset *ou* start; **du ~ à la fin** from beginning to end, from start to finish; **c'est le ~ de la fin** it's the beginning of the end; **il y a un ~ à tout** you've (always) got to start somewhere, there's always a beginning.

(b) ~**s** *[science, métier]* (*premiers temps*) beginnings; (*rudiments*) basic knowledge; **les ~s ont été durs** the beginning was hard.

commencer [kɔmɑ̃se] (3) **1** *vt* **(a)** (*entreprendre*) *travail, opération, repas* to begin, start, commence (*frm*). **ils ont commencé les travaux de l'autoroute** they've started *ou* begun work on the motorway; **j'ai commencé un nouveau chapitre** I have started *ou* begun (on) a new chapter; **quelle façon de ~ l'année!** what a way to begin *ou* start the (new) year!; **commençons par le commencement** let's begin at the beginning.

(b) (*Scol*) ~ **un élève (en maths)** to start a pupil (off) (in maths), ground a pupil (in maths); **il a été très bien/mal commencé (en maths)** he was given a good/bad start (in maths), he got a good/bad grounding (in maths).

(c) *[chose]* to begin. **mot/phrase qui commence un chapitre** word/sentence which begins a chapter, opening word/sentence of a chapter; **une heure de prières commence la journée** the day begins *ou* starts with an hour of prayers.

2 *vi* **(a)** (*débuter*) to begin, start, commence (*frm*). **le concert va ~** the concert is about to begin *ou* start *ou* commence (*frm*); (*lit, iro*) **ça commence bien!** that's a good start!, we're off to a good start!; **pour ~** (*lit*) to begin *ou* start with; (*fig*) to begin *ou* start with, for a start; **elle commence demain chez X** she starts (work) tomorrow at X's.

(b) ~ **à** (*ou* de) **faire** to begin *ou* start to do, begin *ou* start doing; **il commençait à neiger** it was beginning *ou* starting to snow, snow was setting in; **il commençait à s'inquiéter/à s'impatienter** he was getting *ou* beginning to get nervous/impatient; **je commence à en avoir assez*** I've had just about enough (of it); **ça commence à bien faire*** it's getting a bit much*.

(c) ~ **par qch** to start *ou* begin with sth; ~ **par faire qch** to start *ou* begin by doing sth; **par quoi voulez-vous ~?** what would you like to begin *ou* start with?; **commence par faire tes devoirs, on verra après** do your homework for a start, and then we'll see.

commensal, e, *mpl* -**aux** [kɔmɑ̃sal, o] *nm,f* (*littér: personne*) companion at table, table companion; (*Zool*) commensal.

commensalisme [kɔmɑ̃salism(ə)] *nm* (*Zool*) commensalism.

commensurable [kɔmɑ̃syrabl(ə)] *adj* commensurable.

comment [kɔmɑ̃] **1** *adv* **(a)** (*de quelle façon*) how; (*rare: pourquoi*) how is that?, how come?*. ~ **a-t-il fait?** how did he do it?, how did he manage that?; **je ne sais pas ~ il a fait cela** I don't know how he did it; ~ **a-t-il osé!** how did he dare!; ~ **s'appelle-t-il?** what's his name?; ~ **appelles-tu cela?** what do you call that?; ~ **allez-vous?** *ou* **vas-tu?** how are you?; ~ **est-il, ce type?*** what sort of fellow* is he?, what's that fellow* like?; ~ **va-t-il?** how is he?; ~ **faire?** how shall we do it? *ou* go about it?; ~ **se fait-il que ...?** how is it that ...?, how come that ...?*; ~ **se peut-il que ...?** how can it be that ...?

(b) (*excl*) ~**?** (*I beg your*) pardon?, sorry?, what?*; ~ **cela?** what do you mean?; ~**, il est mort?** what! is he dead?; **vous avez assez mangé?** — **et ~!** have you had enough to eat? — we (most) certainly have! *ou* I should say so! *ou* and how!*; **avez-vous bien travaillé?** — **et ~!** did you work well? — I should say so! *ou* not half!* *ou* and how!*; ~ **donc!** by all means!, of course!

2 *nm*: **le ~** the how; **les ~(s)** the hows; *V* **pourquoi**.

commentaire [kɔmɑ̃tɛr] *nm* **(a)** (*remarque*) comment (*sur* on). **quel a été son ~ ou quels ont été ses ~s sur ce qui s'est passé?** what was his comment *ou* what were his comments on what happened?; ~**s de presse** press comments; **je vous dispense de vos ~s** I can do without your comments *ou* remarks, I don't want (to hear) any comments *ou* remarks from you; **tu feras comme je te l'ordonne, et pas de ~s!** you'll do as I say and no arguments! *ou* and that's final! *ou* and that's all there is to it!; **son attitude/une telle action se passe de ~s** *ou* **est sans ~s** his attitude/such an action speaks for itself; **vous avez entendu ce qu'il a dit!** — **sans ~!** did you hear him! — enough said! *ou* no comment!

(b) (*péj*) ~s comments; **sa conduite donne lieu à bien des ~s!** his behaviour gives rise to a lot of comment!; **ils vont faire des ~s sur ce qui se passe chez nous** they'll have a lot to say *ou* a lot of comments to make about what's going on at home.

(c) (*exposé*) commentary (*de* on); (*Rad, TV*) commentary. (*Littérat: mémoires*) **les 'C~s' de César** Caesar's 'Commentaries'; **un bref ~ de la séance** a brief commentary *ou* some brief comments on the meeting.

(d) (*Littérat: explication*) commentary. **faire le ~ d'un texte** to do *ou* give a commentary on *ou* comment (on) a text; **édition avec ~(s)** annotated edition.

commentateur, -trice [kɔmɑ̃tatœʀ, tʀis] *nm, f* (*glossateur, Rad, TV*) commentator.

commenter [kɔmɑ̃te] (1) *vt poème* to comment (on), do *ou* give a commentary on; *conduite* to make comments on, comment upon; *événement, actualité* to comment on *ou* upon. **le match sera commenté par X** the commentary on the match will be given by X, the match will be covered by X.

commérage [kɔmeʀaʒ] *nm* piece of gossip. ~s gossip, gossiping.

commerçant, e [kɔmɛʀsɑ̃, ɑ̃t] **1** *adj* (a) *nation* trading (*épith*), commercial; *ville* commercial; *rue, quartier* shopping (*épith*). **rue très ~e** busy shopping street, street with many shops.

(b) (*habile*) *personne, procédé* commercially shrewd. **il est très ~** he's got good business sense.

2 *nm* shopkeeper, tradesman, merchant (*US*), storekeeper (*US*). **~ en détail** shopkeeper, retail merchant; **~ en gros** wholesale dealer; **les ~s du quartier** (the) local tradesmen *ou* shopkeepers *ou* merchants.

3 commerçante *nf* shopkeeper, storekeeper (*US*).

commerce [kɔmɛʀs(ə)] *nm* (a) (*activités commerciales*) **le ~** trade, commerce; (*affaires*) **le ~** business, trade; **le ~ n'y est pas encore très développé** commerce *ou* trade isn't very highly developed there yet; **depuis quelques mois le ~ ne marche pas très bien** business *ou* trade has been bad for a few months; **opération/ maison/traité de ~** commercial operation/firm/treaty; **~ en ou de gros/détail** wholesale/retail trade; **~ intérieur/extérieur** domestic *ou* home/foreign trade *ou* commerce; **faire du ~ (avec)** to trade (with); **être dans le ~** to be in trade; **faire ~ de†** to trade in; (*fig péj*) **faire ~ de ses charmes/son nom** to trade on one's charms/name; *V* **effet.**

(b) (*circuit commercial*) **dans le ~** objet in the shops (*Brit*) *ou* stores (*US*); **vendu hors-~** sold direct to the public.

(c) (*commerçants*) **le ~** tradespeople (*Brit*), traders, shopkeepers, merchants (*US*); **le petit ~** small shopowners *ou* traders; **le monde du ~** the commercial world, trading *ou* commercial circles.

(d) (*boutique*) business. **tenir ou avoir un ~ d'épicerie** to have a grocery business; **un gros/petit ~** a big/small business.

(e) († *ou littér*) (*fréquentation*) (*social*) intercourse; (*compagnie*) company; (*rapport*) dealings. **être d'un ~ agréable** to be pleasant company; **avoir ~ avec qn** to have dealings with sb.

commercer [kɔmɛʀse] (3) *vi* to trade (*avec* with).

commercial, e, mpl -iaux [kɔmɛʀsjal, jo] **1** *adj* (*gén*) commercial; *activité, société, port* commercial, trading (*épith*). **accord ~** trade *ou* trading agreement; (*péj*) **avoir un sourire ~** to have the polite professional smile of the shopkeeper; (*Aut*) **une 2CV ~e** a 2 CV van.

2 *nm* marketing man. **l'un de nos ~iaux** one of our marketing people.

3 commerciale *nf* (*véhicule*) (light) van.

commercialement [kɔmɛʀsjalmɑ̃] *adv* commercially.

commercialisable [kɔmɛʀsjalizabl(ə)] *adj* marketable, tradable.

commercialisation [kɔmɛʀsjalizasjɔ̃] *nf* [*produit*] marketing.

commercialiser [kɔmɛʀsjalize] (1) *vt brevet, produit, idée* to market.

commère [kɔmɛʀ] *nf* (*péj: bavarde*) gossip.

commérer† [kɔmeʀe] (6) *vi* to gossip.

commettant [kɔmetɑ̃] *nm* (*Jur, Fin*) ~ **et agent** principal and agent.

commettre [kɔmɛtʀ(ə)] (56) **1** *vt* (a) (*perpétrer*) *crime, faute, injustice* to commit; *erreur* to make. (*hum*) **il a commis 2 ou 3 romans** he's perpetrated 2 or 3 novels (*hum*).

(b) (*littér: confier*) ~ **qch à qn** to commit sth to sb, entrust sth to sb.

(c) (*frm: nommer*) ~ **qn à une charge** to appoint *ou* nominate sb to an office; (*Jur*) ~ **un arbitre** to nominate *ou* appoint an arbitrator; **avocat commis d'office** barrister (*Brit*) *ou* counselor (*US*) appointed by the court.

(d) (†: *compromettre*) *réputation* to endanger, compromise.

2 se commettre *vpr* (*péj, frm*) to endanger one's reputation, lower o.s. **se ~ avec des gens peu recommandables** to associate with rather undesirable people.

comminatoire [kɔminatwaʀ] *adj ton, lettre* threatening; (*Jur*) appointing a penalty for non-compliance.

commis [kɔmi] *nm* (*gén: vendeur*) (shop *ou* store (*US*)) assistant. ~ **de bureau** office clerk; ~ **aux écritures** book-keeper; ~**-greffier** assistant to the clerk of the court; ~ **de magasin** shop assistant (*Brit*), store clerk (*US*); (*Naut*) ~ **aux vivres** ship's steward; ~ **voyageur** commercial traveller; *V* **grand.**

commisération [kɔmizeʀasjɔ̃] *nf* commiseration.

commissaire [kɔmisɛʀ] **1** *nm* (a) ~ (**de police**) ≃ (police) superintendent (*Brit*), police captain (*US*); ~ **principal, ~ divisionnaire** ≃ chief superintendent (*Brit*), police chief (*US*); ~ **de police judiciaire** detective superintendent (*Brit*), (police) captain (*US*).

(b) (*surveillant*) [*rencontre sportive, fête*] steward.

(c) (*envoyé*) representative; *V* **haut.**

(d) [*commission*] commission member, commissioner.

2: **commissaire de l'Air** chief administrator (*in Air Force*); (*Naut*) **commissaire du bord** purser; (*Fin*) **commissaire aux comptes** auditor; **commissaire du gouvernement** government commissioner; (*Can*) **commissaire aux langues officielles** Commissioner of Official Languages (*Can*); **commissaire de la Marine** chief administrator (*in Navy*); **commissaire-priseur** *nm, pl* **commissaires-priseurs** auctioneer.

commissariat [kɔmisaʀja] *nm* (a) (*poste*) ~ (**de police**) police station.

(b) (*Admin: fonction*) commissionership. ~ **du bord** pursership; ~ **aux comptes** auditorship.

(c) (*corps*) ~ **de la marine** ≃ Admiralty Board (*Brit*); *V* **haut.**

commission [kɔmisjɔ̃] **1** *nf* (a) (*bureau nommé*) commission; (*comité restreint*) committee. (*Pol*) **la ~ du budget** the Budget committee; **les membres sont en ~** the members are in committee; **travail en ~** work in committee; (*Pol*) **renvoi d'un texte en ~** committal of a bill.

(b) (*message*) message. **est-ce qu'on vous a fait la ~?** did you get *ou* were you given the message?

(c) (*course*) errand. **faire des ~s (pour)** to run errands (for); **on l'a chargé d'une ~** he was sent on an errand; (*fig: langage enfantin*) **la petite/grosse ~** number one/two (*langage enfantin*).

(d) (*emplettes*) ~s shopping; **faire les/des ~s** to do the/some shopping; **partir en ~s** to go shopping; **l'argent des ~s** the shopping money.

(e) (*pourcentage*) commission. **toucher 10% de ~** to get 10% commission (*sur* on); **travailler à la ~** to work on commission.

(f) (*Comm, Jur: mandat*) commission. **avoir la ~ de faire** to be empowered *ou* commissioned to do.

2: **commission d'arbitrage** arbitration committee; **commission d'armistice** armistice council; **commission d'enquête** committee *ou* commission of inquiry; **commission d'examen** board of examiners; **commission interparlementaire** ≃ joint (parliamentary) committee; **commission militaire** army exemption tribunal; **commission paritaire** joint commission (with equal representation of both sides); **commission parlementaire** parliamentary commission, parliamentary committee; **commission permanente** standing committee, permanent commission; (*Jur*) **commission rogatoire** letters rogatory; **commission temporaire** ad hoc committee.

commissionnaire [kɔmisjɔnɛʀ] *nm* (a) (*livreur*) delivery boy, (*adulte*) delivery man; (*messager*) messenger boy, (*adulte*) messenger; (*chasseur*) page (boy) (*in hotel*), (*adulte*) commissionaire.

(b) (*intermédiaire*) agent, broker. ~ **en douane** customs agent *ou* broker; ~ **de transport** forwarding agent; ~ **de roulage** carrier, haulage contractor (*Brit*), haulier (*Brit*).

commissionner [kɔmisjɔne] (1) *vt* (*Comm, Jur: mandater*) to commission.

commissure [kɔmisyʀ] *nf* [*bouche*] corner; (*Anat, Bot*) commissure.

commode [kɔmɔd] **1** *adj* (a) (*pratique*) *appartement, meuble* convenient; *outil* handy (*pour* for, *pour faire* for doing); *itinéraire* handy, convenient.

(b) (*facile*) easy. **ce n'est pas ~** it's not easy (*à faire* to do); **ce serait trop ~!** that would be too easy!

(c) *morale* easy-going; (†) *caractère* easy-going. ~ **à vivre** easy to get on with (*Brit*) *ou* get along with; **il n'est pas ~** he's an awkward customer.

2 *nf* (*meuble*) chest of drawers.

commodément [kɔmɔdemɑ̃] *adv porter* conveniently; *s'asseoir* comfortably.

commodité [kɔmɔdite] *nf* (a) (*agrément, confort*) convenience. **pour plus de ~** for greater convenience; **les ~s de la vie moderne** the conveniences *ou* comforts of modern life. (b) (††: *toilettes*) ~s toilets.

commotion [kɔmɔsjɔ̃] *nf* (*secousse*) shock. (*Méd*) ~ **cérébrale** concussion; (*fig*) **les grandes ~s sociales** the great social upheavals.

commotionner [kɔmɔsjɔne] (1) *vt* [*secousse, nouvelle*] ~ **qn** to give sb a shock, shake sb; **être fortement commotionné par qch** to be badly *ou* severely shocked *ou* shaken by sth.

commuable [kɔmɥabl(ə)] *adj peine* commutable.

commuer [kɔmɥe] (1) *vt peine* to commute (*en* to).

commun, e¹ [kɔmœ̃, yn] **1** *adj* (a) (*collectif, de tous*) common; (*fait ensemble*) *effort, réunion* joint (*épith*). **pour le bien ~** for the common good; **dans l'intérêt ~** in the common interest; **ils ont une langue ~e qui est l'anglais** they have English as a common language; **d'un ~ accord** of a common accord, of one accord.

(b) (*partagé*) *élément* common; *pièce, cuisine* communal, shared; (*Math*) *dénominateur, facteur, angle* common (*à* to). **ces deux maisons ont un jardin ~** these two houses have a shared garden; [*chose*] **être ~ à** to be shared by; **le jardin est ~ aux deux maisons** the garden is common to *ou* shared by the two houses; **tout est ~ entre eux** they share everything; **un ami ~** a mutual friend; **la vie ~e** [*couple*] conjugal life, life together; [*communauté*] communal life.

(c) (*comparable*) *goût, intérêt, caractère* common (*épith*). **ils n'ont rien de ~** they have nothing in common; **ce métal n'a rien de ~ avec l'argent** this metal has nothing in common with *ou* is nothing like silver; **il n'y a pas de ~e mesure entre eux** there's no possible comparison between them; *V* **nom.**

(d) **en ~** in common; **faire la cuisine/les achats en ~** to share (in) the cooking/the shopping; **vivre en ~** to live communally; **faire une démarche en ~** to take joint steps; **mettre ses ressources en ~** to share *ou* pool one's resources; **tout mettre en ~** to share everything; **ces plantes ont en ~ de pousser sur les hauteurs** these plants have in common the fact that they grow at high altitudes.

(e) (*habituel, ordinaire*) *accident, erreur* common; *opinion* commonly held, widespread; *métal* common. **peu ~ ou** out of the ordinary, uncommon; **il est d'une force peu ~e pour son âge** he is unusually *ou* uncommonly strong for his age; **il est ~ de voir des daims traverser la route** it is quite common *ou* quite a common thing to see deer crossing the road.

(f) (*péj: vulgaire*) *manière, voix, personne* common.

2 *nm* **(a) le ~ des mortels** the common run of people; **cet hôtel n'est pas pour le ~ des mortels** this hotel is not for ordinary mortals like myself (*ou* ourselves) *ou* is not for the common run of people; (†*péj*) **le ~, les gens du ~** the common people *ou* herd; **hors du ~** out of the ordinary.

(b) (*bâtiments*) **les ~s** the outbuildings, the outhouses.

3 commune *nf* V **commune²**.

communal, e, *mpl* **-aux** [kɔmynal, o] *adj* *dépenses* council (*épith*) (*Brit*), community (*épith*) (*US*); *fête, aménagements* [*ville*] local (*épith*); [*campagne*] village (*épith*). **l'école ~e, la ~e** the local (primary) school (*Brit*), the local grade *ou* elementary school (*US*).

communard, e [kɔmynaʀ, aʀd(ə)] **1** *adj* (*Hist*) of the Commune. **2** *nm, f* (*Hist*) communard; (*péj: communiste*) red (*péj*), commie* (*péj*).

communautaire [kɔmynotɛʀ] *adj* community (*épith*); (*Pol*) *droit, politique* Community (*épith*).

communauté [kɔmynote] *nf* **(a)** (*identité*) [*idées, sentiments*] identity; [*intérêts, culture*] community. (*Ling*) **~ linguistique** speech community.

(b) (*Pol, Rel etc: groupe*) community. **servir la ~** to serve the community; **~ urbaine** urban community; **vivre en ~** to live communally; **mettre qch en ~** to pool sth.

(c) (*Jur: entre époux*) *biens qui appartiennent à la* **~** joint estate (*of husband and wife*); **mariés sous le régime de la ~** (*des biens*) married with a communal estate settlement; **~ légale** communal estate; **~ réduite aux acquêts** communal estate comprising only property acquired after marriage.

(d) (*Pol*) **la C~ Économique Européenne** the European Economic Community; **la C~ européene de l'énergie atomique** the European Atomic Energy Community.

commune² [kɔmyn] *nf* **(a)** (*ville*) town; (*village*) village. (*territoire*) **sur toute l'étendue de la ~** throughout the entire district *ou* parish (*Brit*); **~ rurale/urbaine** rural/urban district; **les travaux sont à la charge de la ~** the district council (*Brit*) *ou* the community (*US*) is responsible for the cost of the work.

(b) (*hippie*) commune.

(c) (*Hist*) **la C~** the Commune.

(d) (*Brit Pol*) **la Chambre des C~s, les C~s** the (House of) Commons.

communément [kɔmynemɑ̃] *adv* commonly.

communiant, e [kɔmynjɑ̃, ɑ̃t] *nm, f* (*Rel*) communicant. **(premier) ~** child making his first communion.

communicable [kɔmynikabl(ə)] *adj* *expérience, sentiment* which can be communicated; (*Jur*) *droit* transferable; *dossier* which may be made available. **ces renseignements ne sont pas ~s par téléphone** this information cannot be given over the telephone.

communicant, e [kɔmynikɑ̃, ɑ̃t] *adj* *pièces, salles* communicating (*épith*); V **vase¹**.

communicateur, -trice [kɔmynikatœʀ, tʀis] *adj* (*Tech*) *fil, pièce* connecting (*épith*).

communicatif, -ive [kɔmynikatif, iv] *adj* *rire, ennui* infectious; *personne* communicative.

communication [kɔmynikasjɔ̃] *nf* **(a)** (*gén, Philos: relation*) communication. **la ~ est très difficile avec lui, il est si timide** communication (with him) is very difficult because he's so shy; **être en ~ avec** *ami, société savante* to be in communication *ou* contact with; *esprit* to communicate *ou* be in communication with; **mettre qn en ~ avec qn** to put sb in touch *ou* contact with sb; **théorie des ~s** communications theory.

(b) (*fait de transmettre*) [*fait, nouvelle*] communication; [*dossier*] transmission. **avoir ~ d'un fait** to be informed of a fact; **demander ~ d'un dossier/d'un livre** to ask for a file/a book; **donner ~ d'une pièce (à qn)** to communicate a document (to sb).

(c) (*message*) message, communication; (*Univ: exposé*) paper. **faire une ~** to read *ou* give a paper.

(d) **~** (*téléphonique*) (telephone) call, (phone) call. **mettre qn en ~** (*avec*) to put sb through (to), connect sb (with); **~ interurbaine** trunk call (*Brit*), inter-city call; **~ à longue distance** long-distance call; **~ en PCV** reverse charge call (*Brit*), collect call (*US*); **~ avec préavis** personal call (*Brit*), person (-to-person) call (*US*); **vous avez la ~** you are through, I am connecting you now; **je n'ai pas pu avoir la ~** I couldn't get through.

(e) (*moyen de liaison*) communication. **porte de ~** communicating door; **les** (*voies de*) **~s ont été coupées par les chutes de neige** communications *ou* the lines of communication were cut off by the snow(fall); **moyens de ~** means of communication.

communier [kɔmynje] (7) *vi* **(a)** (*Rel*) to receive communion. **~ sous les deux espèces** to receive communion under both kinds; (*fig*) **~ dans sentiment** to be united in; (*fig*) **~ avec** *sentiment* to share.

communion [kɔmynjɔ̃] *nf* (*Rel, fig*) communion. **faire sa (première) ~** to make one's first communion; **faire sa ~ solennelle** to make one's solemn communion; **pour la (première) ~ de ma fille, il pleuvait** it rained on the day of my daughter's first communion; (*fig*) **être en ~ avec** *personne* to be in communion with; *sentiments* to be in sympathy with; **être en ~ d'idées avec qn** to be in sympathy with sb's ideas; **être en ~ d'esprit avec qn** to be of the same intellectual outlook as sb; **nous sommes en ~ d'esprit** we are of the same (intellectual) outlook, we are kindred spirits; **la ~ des saints** the communion of the saints.

communiqué [kɔmynike] *nm* communiqué. **~ de presse** press release.

communiquer [kɔmynike] (1) **1** *vt* **(a)** *nouvelle, renseignement, demande* to pass on, communicate, convey (*à to*); *dossier, document* (*donner*) to give (*à to*); (*envoyer*) to send, transmit (*à to*). **~ un fait à qn** to inform sb of a fact; **se ~ des renseignements** to pass on information to one another.

(b) *enthousiasme, peur* to communicate, pass on (*à to*); (*Méd*) *maladie* to pass on, give (*à qn to* sb).

(c) [*chose*] *mouvement* to communicate, transmit, impart (*à to*); [*soleil*] *lumière, chaleur* to transmit (*à to*).

2 *vi* **(a)** (*correspondre*) to communicate (*avec* with). **les sourds-muets communiquent par signes** deaf-mutes communicate by signs; **~ avec qn par lettre/téléphone** to communicate with sb by letter/phone.

(b) [*pièces, salles*] to communicate (*avec* with). **des pièces qui communiquent** communicating rooms, rooms which communicate with one another; **couloir qui fait ~ les chambres** corridor that links *ou* connects the rooms.

3 se communiquer *vpr* **(a)** (*se propager*) **se ~ à** [*feu, maladie*] to spread to.

(b) (*littér: se livrer*) **personne réservée qui se communique peu** reserved and rather uncommunicative person.

communisant, e [kɔmynizɑ̃, ɑ̃t] **1** *adj* communistic. **2** *nm, f* communist sympathizer, fellow traveller (*fig*).

communisme [kɔmynism(ə)] *nm* communism.

communiste [kɔmynist(ə)] *adj, nmf* communist.

commutable [kɔmytabl(ə)] *adj* = **commuable**.

commutateur [kɔmytatœʀ] *nm* (*Élec*) (*changeover*) switch, commutator; (*Téléc*) commutation switch; (*bouton*) (light) switch.

commutatif, -ive [kɔmytatif, iv] *adj* (*Jur, Ling, Math*) commutative.

commutation [kɔmytasjɔ̃] *nf* (*Jur, Math*) commutation; (*Ling*) substitution, commutation. (*Ordin*) **~ des messages** message switching.

commutativité [kɔmytativite] *nf* [*élément*] commutative property, commutability; [*addition*] commutative nature.

commuter [kɔmyte] (1) *vt* (*Math*) *éléments* to commute; (*Ling*) *termes* to substitute, commute.

Comores [kɔmɔʀ] *nfpl*: **les (îles) ~** the Comoro Islands, the Comoros.

compacité [kɔ̃pasite] *nf* (V **compact**) density; compactness.

compact, e [kɔ̃pakt, akt(ə)] *adj* (*dense*) *foule, substance* dense; *quartier* closely *ou* densely built-up; (*de faible encombrement*) *véhicule, appareil* compact. (*Pol*) **une majorité ~e** a solid majority; **V chaîne.**

compagne [kɔ̃paɲ] *nf* (*camarade, littér: épouse*) companion; (*maîtresse*) (lady)friend; [*animal*] mate. **~ de classe** classmate; **~ de jeu** playmate.

compagnie [kɔ̃paɲi] *nf* **(a)** (*présence, société*) company. **il n'a pour toute ~ que sa vieille maman** he has only his old mother for company; **ce n'est pas une ~ pour lui** he (*ou* she) is no company for him; **en ~ de personne** in the company of, in company with; *chose* alongside, along with; **il n'est heureux qu'en ~ de ses livres** he's only happy when (he's) surrounded by his books; **en bonne/mauvaise/joyeuse ~** in good/bad/cheerful company; **tenir ~ à qn** to keep sb company; **être d'une ~ agréable** to be pleasant company; (*frm*) **être de bonne/mauvaise ~** to be well-/ill-bred; **nous voyageâmes de ~** we travelled together *ou* in company; **ça va de ~ avec** it goes hand in hand with; V **fausser**.

(b) (*réunion*) gathering, party, company. **bonsoir la ~!** good-night all!

(c) (*Comm*) company; (*groupe de savants, écrivains*) body. **~ d'assurances/théâtrale/aérienne** insurance/theatrical/airline company; **la banque X et ~** the X and company bank, the bank of X and company; **tout ça, c'est voleurs et ~** they're all a bunch* *ou* lot of thieves; **la ~, l'illustre ~** the French Academy.

(d) (*Mil*) company.

2: (*Mil*) **compagnie de discipline** punishment company (*made up of convicted soldiers*); (*Hist*) **la Compagnie des Indes** the East India Company; (*Rel*) **la Compagnie de Jésus** the Society of Jesus; (*Chasse*) **compagnie de perdreaux** covey of partridges; (*Police*) **compagnies républicaines de sécurité** state security police force in France.

compagnon [kɔ̃paɲɔ̃] **1** *nm* **(a)** (*camarade, littér: époux*) companion; (*écuyer*) companion. **~ d'études/de travail** fellow student/worker; **~ d'exil/de misère/d'infortune** companion in exile/in suffering/in misfortune.

(b) (*ouvrier*) craftsman, journeyman.

(c) (*franc-maçon*) companion.

2: **compagnon d'armes** companion- *ou* comrade-in-arms; **compagnon de bord** shipmate; **compagnon de jeu** playmate; **compagnon de route** fellow traveller (*lit*); **compagnon de table** companion at table, table companion; **compagnon de voyage** travelling companion, fellow traveller (*lit*); (*Hist*) **compagnon du voyage** *ou* **du Tour de France** journeyman (*touring France after his apprenticeship*).

compagnonnage [kɔ̃paɲɔnaʒ] *nm* (*Hist: association d'ouvriers*) ≃ (trade) guild.

comparable [kɔ̃paʀabl(ə)] *adj* *grandeur, élément* comparable (*à to, avec* with). **ce n'est pas ~** there's (just) no comparison, you can't compare them.

comparaison [kɔ̃paʀɛzɔ̃] *nf* **(a)** (*gén*) comparison (*à to, avec* with). **mettre qch en ~ avec** to compare sth with; **vous n'avez qu'à faire la ~** you only need to compare them; **il n'y a pas de ~ (possible) (entre)** there is no (possible) comparison (between); **ça ne soutient pas la ~** that doesn't bear *ou* stand comparison.

(b) (*Gram*) comparison. **adjectif/adverbe de ~** comparative adjective/adverb.

(c) (*Littérat*) simile, comparison.

(d) (*loc*) en ~ (de) in comparison (with); par ~ by comparison (*avec, à* with); il est sans ~ le meilleur he is far and away the best; c'est sans ~ avec it cannot be compared with; (*Prov*) ~ n'est pas raison comparisons are odious.

comparaître [kɔ̃paʀɛtʀ(ə)] (57) *vi* (*Jur*) to appear. (*fig littér*) il fait ~ dans ses nouvelles toutes sortes de personnages he brings all sorts of characters into his short stories; *V* citation, citer.

comparatif, -ive [kɔ̃paʀatif, iv] **1** *adj* comparative. essai ~ comparison test. **2** *nm* comparative. (*Gram*) au ~ in the comparative; ~ d'infériorité/de supériorité comparative of lesser/greater degree.

comparatiste [kɔ̃paʀatist(ə)] *nmf* (*Ling*) specialist in comparative linguistics; (*Littérat*) specialist in comparative literature.

comparativement [kɔ̃paʀativmã] *adv* comparatively, by comparison. ~ à by comparison with, compared to *ou* with.

comparé, e [kɔ̃paʀe] (*ptp de* **comparer**) *adj* étude, littérature comparative.

comparer [kɔ̃paʀe] (1) *vt* (a) (*confronter*) to compare (*à, avec* with). ~ deux choses (entre elles) to compare two things; vous n'avez qu'à ~ you've only to compare.

(b) (*identifier*) to compare, liken (*à* to). Molière peut se ~ *ou* être comparé à Shakespeare Molière can be compared *ou* likened to Shakespeare; c'est un bon écrivain mais il ne peut quand même pas se ~ à X he's a good writer but he still can't compare with X; il ose se ~ à Picasso he dares to compare himself with Picasso; ça ne se compare pas there's no comparison, they can't be compared.

comparse [kɔ̃paʀs(ə)] *nmf* (*Théât*) supernumerary, walk-on; (*péj*) associate, stooge*. rôle de ~ (*Théât*) walk-on part; (*péj, fig*) minor part; nous n'avons là que les ~s, il nous faut le vrai chef we've only the small fry here, we want the real leader.

compartiment [kɔ̃paʀtimã] *nm* (*casier, Rail*) compartment; [*damier*] square; [*parterre*] bed.

compartimentage [kɔ̃paʀtimãtaʒ] *nm* [*armoire*] partitioning, compartmentalization; [*administration, problème*] compartmentalization.

compartimenter [kɔ̃paʀtimãte] (1) *vt* armoire to partition, divide into compartments, put compartments in; *problème, administration* to compartmentalize.

comparution [kɔ̃paʀysjɔ̃] *nf* (*Jur*) appearance; *V* non.

compas [kɔ̃pa] **1** *nm* (*Géom*) (pair of) compasses; (*Naut*) compass. (*fig*) avoir le ~ dans l'œil to have an accurate eye; *V* naviguer. **2**: compas d'épaisseur spring-adjusting callipers; compas à pointes sèches dividers; compas quart de cercle wing compass.

compassé, e [kɔ̃pase] (*ptp de* **compasser**) *adj* (*guindé*) formal, stuffy, starchy.

compasser [kɔ̃pase] (1) *vt* (*littér*) attitude, démarche to control rigidly, make (seem) stiff and unnatural.

compassion [kɔ̃pasjɔ̃] *nf* compassion. avec ~ compassionately.

compatibilité [kɔ̃patibilite] *nf* compatibility.

compatible [kɔ̃patibl(ə)] *adj* compatible.

compatir [kɔ̃patiʀ] (2) *vi* to sympathize. ~ à la douleur de qn to sympathize *ou* share *ou* commiserate with sb in his grief.

compatissant, e [kɔ̃patisã, ãt] *adj* compassionate, sympathetic.

compatriote [kɔ̃patʀijɔt] **1** *nm* compatriot, fellow countryman. **2** *nf* compatriot, fellow countrywoman.

compensable [kɔ̃pãsabl(ə)] *adj* (a) perte that can be compensated for (*par* by). (b) chèque ~ à Paris to be cleared in Paris.

compensateur, -trice [kɔ̃pãsatœʀ, tʀis] **1** *adj* indemnité, élément, mouvement compensatory, compensating (*épith*). **2** *nm*: (pendule) ~ compensation pendulum.

compensation [kɔ̃pãsasjɔ̃] *nf* (a) (*dédommagement*) compensation. donner qch en ~ d'autre chose to give sth in compensation for something else, make up for something with sth else; en ~ (des dégâts), à titre de ~ (pour les dégâts) in compensation *ou* by way of compensation (for the damage); c'est une piètre ~ de le savoir it's not much (of a) compensation to know that; il y en a peu mais en ~ c'est bon there's not much of it but what there is is good *ou* but on the other hand *ou* but to make up for that it's good.

(b) (*équilibre*) balance; (*neutralisation*) balancing; (*Phys*) [*forces*] compensation; (*Méd*) [*maladie, infirmité*] compensation; (*Naut*) [*compas*] correction; (*Psych*) compensation; (*Fin*) [*dette*] setoff (*Brit*), offsetting; [*chèques*] clearing. il y a ~ entre gains et pertes the gains and losses cancel each other out; (*Math*) loi de ~ law of large numbers; (*Jur*) ~ des dépens division *ou* sharing of the costs; *V* chambre.

compensatoire [kɔ̃pãsatwaʀ] *adj* compensatory, compensating. (*Fin*) droits ~ countervailing duties.

compensé, e [kɔ̃pãse] (*ptp de* **compenser**) *adj* gouvernail balanced; *horloge* compensated. chaussures à semelles ~es platform shoes, shoes with platform soles.

compenser [kɔ̃pãse] (1) *vt* to make good, compensate for, offset; *perte, dégâts* to compensate for, make up for; (*Méd*) *infirmité* to compensate (for); (*Naut*) *compas* to correct; (*Fin*) *dette* to set off. ~ une peine par une joie to make up for a painful experience with a happy one; ses qualités et ses défauts se compensent his qualities compensate for *ou* make up for his faults; pour ~ to compensate, to make up for it, as a compensation; (*Jur*) ~ les dépens to divide *ou* share the costs, tax each party for its own costs; (*Phys*) forces qui se compensent compensating forces; *V* ceci.

compère [kɔ̃pɛʀ] *nm* (a) (*gén: complice*) accomplice; (*aux enchères*) puffer. (b)(†) (*ami*) crony*, comrade; (*personne, type*) fellow.

compère-loriot, pl compères-loriots [kɔ̃pɛʀlɔʀjo] *nm* (*Méd: orgelet*) sty(e); (*Orn*) golden oriole.

compétence [kɔ̃petãs] *nf* (a) (*expérience, habileté*) competence. ~s abilities; avoir de la ~ to be competent; manquer de ~ to lack competence; faire qch avec ~ to do sth competently; faire appel à la ~ *ou* aux ~s d'un spécialiste to call (up)on the skills *ou* the skilled advice of a specialist; savoir utiliser les ~s to know how to put people's skills *ou* abilities to the best use.

(b) (*rayon d'activité*) (*Jur*) competence. (*Jur*) c'est de la ~ de ce tribunal it's within the competence of this court; ce n'est pas de ma ~, cela n'entre pas dans mes ~s that's not (in) my sphere *ou* domain, that falls outside the scope of my activities.

compétent, e [kɔ̃petã, ãt] *adj* (*capable, qualifié*) competent, capable; (*Jur*) competent. tribunal ~ court of competent jurisdiction; ~ en competent in; ~ en la matière competent in the subject; adressez-vous à l'autorité ~e apply to the authority concerned.

compétiteur, -trice [kɔ̃petitœʀ, tʀis] *nm, f* competitor.

compétitif, -ive [kɔ̃petitif, iv] *adj* competitive.

compétition [kɔ̃petisjɔ̃] *nf* (a) (*Sport: activité*) la ~ competitive sport; faire de la ~ to go in for competitive sport; la ~ automobile motor racing; abandonner la ~ to retire from competitive sport, stop going in for competitions; sport de ~ competitive sport.

(b) (*Sport: épreuve*) event. ~ sportive sporting event; une ~ automobile a motor racing event.

(c) (*gén, Sport: rivalité, concurrence*) competition (*U*); (*Comm, Pol*) rivalry, competition. entrer en ~ avec to compete with; être en ~ to be competing, be in competition (*avec* with).

compétitivité [kɔ̃petitivite] *nf* competitiveness.

compilateur, -trice [kɔ̃pilatœʀ, tʀis] **1** *nm, f* (*souvent péj*) compiler. **2** *nm* (*Ordinateurs*) compiler. ~ croisé cross compiler.

compilation [kɔ̃pilasjɔ̃] *nf* (*action*) compiling, compilation; (*souvent péj: ouvrage*) compilation.

compiler [kɔ̃pile] (1) *vt* to compile.

complainte [kɔ̃plɛ̃t] *nf* (*Littérat, Mus*) lament.

complaire [kɔ̃plɛʀ] (54) **1** complaire à *vt indir* to (try to) please. **2 se complaire** *vpr*: se ~ dans qch/à faire qch to take pleasure in sth/in doing sth, delight *ou* revel in sth/in doing sth.

complaisamment [kɔ̃plɛzamã] *adv* (*V* complaisant) obligingly, kindly; accommodatingly; smugly, complacently.

complaisance [kɔ̃plɛzãs] *nf* (a) (*obligeance*) kindness (*envers* to, towards); (*esprit accommodant*) accommodating attitude. (*frm*) il a eu la ~ de m'accompagner he was kind *ou* good enough to *ou* he was so kind as to accompany me; par ~ out of kindness.

(b) (*indulgence coupable*) indulgence, leniency; (*connivence malhonnête*) connivance; (*servilité*) servility, subservience. la ~ de ce mari trompé the connivance *ou* collusion of this deceived husband; avoir des ~s pour qn to treat sb indulgently; sourire de ~ polite smile; certificat *ou* attestation de ~ medical *ou* doctor's certificate (*issued for non-genuine illness to oblige a patient*); (*Comm*) billet de ~ accommodation bill; *V* pavillon.

(c) (*fatuité*) self-satisfaction, complacency. il parlait avec ~ de ses succès he spoke smugly about his successes.

complaisant, e [kɔ̃plɛzã, ãt] *adj* (a) (*obligeant*) kind, obliging, complaisant; (*arrangeant*) accommodating.

(b) (*trop indulgent*) indulgent, lenient; (*trop arrangeant*) overobliging; (*servile*) servile, subservient. c'est un mari ~ he turns a blind eye to his wife's goings-on; prêter une oreille ~e à qn/qch to listen to sb/sth readily, lend a willing ear to sb/sth.

(c) (*fat*) self-satisfied, smug, complacent.

complément [kɔ̃plemã] *nm* (a) (*gén, Bio, Math*) complement; (*reste*) rest, remainder. ~ d'information supplementary *ou* further *ou* additional information (*U*).

(b) (*Gram*) (*gén*) complement; (*complément d'objet*) object. ~ circonstanciel de lieu/de temps *etc* adverbial phrase of place/time *etc*; ~ (d'objet) direct/indirect direct/indirect object; ~ d'agent agent; ~ de nom possessive phrase.

complémentaire [kɔ̃plemãtɛʀ] *adj* (*gén, Math*) complementary; (*additionnel*) supplementary. pour tout renseignement ~ for any supplementary *ou* further *ou* additional information (*U*); *V* cours.

complémentarité [kɔ̃plemãtaʀite] *nf* complementarity, complementary nature.

complet, -ète [kɔ̃plɛ, ɛt] **1** *adj* (a) (*exhaustif, entier*) (*gén*) complete, full; *rapport, analyse* comprehensive, full. procéder à un examen ~ de qch to make a full *ou* thorough examination of sth; il reste encore 3 tours/jours ~s there are still 3 complete *ou* full laps/days to go; il a fait des études ~ètes de pharmacien he has done a complete *ou* full course in pharmacy; pour vous donner une idée ~ète de la situation to give you a complete *ou* full idea of the situation; les œuvres ~ètes de Voltaire the complete works of Voltaire; le dossier est-il ~? is the file complete?; il en possède une collection très ~ète he has a very full collection (of it *ou* them); la lecture ~ète de ce livre prend 2 heures it takes 2 hours to read this book right through *ou* from cover to cover; pain ~ ≃ granary *ou* wholemeal bread; *V* aliment, pension.

(b) (*total*) échec, obscurité complete, total, utter; *découragement* complete, total. dans la misère la plus ~ète in the most abject poverty.

(c) (*consommé, achevé: après n*) homme, acteur complete. c'est un athlète ~ he's an all-round athlete, he's the complete athlete.

(d) (*plein*) autobus, train full, full up (*attrib*). (*écriteau*) '~' [*hôtel*] 'no vacancies'; [*parking*] 'full (up)'; [*cinéma*] 'full house'; [*match*] 'ground full'; le théâtre affiche ~ tous les soirs the theatre has a full house every evening.

(e) (*) eh bien! c'est ~! well, that's the end! *ou* the limit!, that's all we needed!

2 *nm* (a) au (grand) ~: maintenant que nous sommes au ~ now that we are all here; la famille au grand ~ s'était rassemblée the whole *ou* entire family had got together.

(b) (*costume*) suit. ~-veston suit.

complètement [kɔ̃plɛtmɑ̃] *adv* **(a)** (*en entier*) *démonter, nettoyer, repeindre* completely; *lire un article etc* right through; *lire un livre* from cover to cover; *citer* in full. **~ nu** completely *ou* stark naked; **~ trempé/terminé** completely soaked/finished; **écouter ~ un disque** to listen to a record right through, listen to the whole of a record.
(b) (*absolument*) **~ fou** completely mad, absolutely crazy; **~ faux** completely *ou* absolutely *ou* utterly false; **~ découragé** completely *ou* totally discouraged.
(c) (*à fond*) *étudier qch, faire une enquête* fully, thoroughly.
compléter [kɔ̃plete] (6) **1** *vt* **(a)** (*terminer, porter au total voulu*) *somme, effectifs* to make up; *mobilier, collection, dossier* to complete. **pour ~ votre travail/l'ensemble ...** to complete your work/the whole ...; **il compléta ses études en suivant un cours de dactylographie** he completed *ou* rounded off *ou* finished off his studies by taking a course in typing; **un délicieux café compléta le repas** a delightful cup of coffee rounded off the meal; (*fig*) **sa dernière gaffe complète le tableau: il est vraiment incorrigible** his latest blunder crowns it — he never learns; (*fig*) **et pour ~ le tableau, il arriva en retard!** and to crown it all *ou* as a finishing touch he arrived late!
(b) (*augmenter, agrémenter*) *études, formation* to complement, supplement; *connaissances, documentation, collection* to supplement, add to; *mobilier, garde-robe* to add to. **sa collection se complète lentement** his collection is slowly building up.
2 se compléter *vpr* [*caractères, partenaires, fonctions*] to complement one another.
complétif, -ive [kɔ̃pletif, iv] **1** *adj* substantival. **2 complétive** *nf*: **(proposition) ~ive** noun *ou* substantival clause; **relative ~ive** relative clause.
complexe [kɔ̃plɛks(ə)] **1** *adj* (*gén: compliqué*) complex, complicated; (*Ling, Math*) *nombre, quantité, phrase* complex. **sujet ~** compound subject.
2 *nm* **(a)** (*Psych*) complex. **~ d'Œdipe/d'infériorité/de supériorité** Oedipus/inferiority/superiority complex; **être bourré de ~s*** to have loads of hang-ups*, be full of complexes.
(b) (*Écon*) *industriel, universitaire etc* complex.
(c) (*Chim, Math*) complex.
complexer [kɔ̃plɛkse] (1) *vt*: **ça le complexe terriblement** it gives him a terrible complex; **être très complexé** to have awful complexes, be very hung-up* *ou* mixed up* (*par* about).
complexion†† [kɔ̃plɛksjɔ̃] *nf* (*constitution*) constitution; (*teint*) complexion; (*humeur*) disposition, temperament.
complexité [kɔ̃plɛksite] *nf* complexity, intricacy; [*calcul*] complexity.
complication [kɔ̃plikasjɔ̃] *nf* (*complexité*) complexity, intricacy; (*ennui*) complication. (*Méd*) **~s** complications; **faire des ~s** to make life difficult *ou* complicated.
complice [kɔ̃plis] **1** *adj* **(a)** **être ~ de qch** to be (a) party to sth.
(b) *regard* knowing (*épith*); *attitude* conniving. (*littér*) **la nuit ~ protégeait leur fuite** the friendly night conspired to shelter their flight (*littér*).
2 *nmf* **(a)** (*criminel*) accomplice. **être (le) ~ de qn** to be sb's accomplice, be in collusion with sb.
(b) (*adultère*) (*Jur*) co-respondent; (*amant*) lover; (*maîtresse*) mistress.
complicité [kɔ̃plisite] *nf* (*Jur, fig*) complicity. **agir en ~ avec** to act in complicity *ou* collusion with.
complies [kɔ̃pli] *nfpl* compline.
compliment [kɔ̃plimɑ̃] *nm* **(a)** (*félicitations*) **~s** congratulations; **recevoir les ~s de qn** to receive sb's congratulations, be congratulated by sb; **faire des ~s à qn (pour)** to compliment *ou* congratulate sb (on); (*lit, iro*) **je vous fais mes ~s!** congratulations!, let me congratulate you!
(b) (*louange*) compliment. **elle rougit sous le ~** she blushed at the compliment; **faire des ~s à qn sur sa bonne mine, faire ~ à qn de sa bonne mine** to compliment sb on his healthy appearance; **il lui fait sans cesse des ~s** he's always paying her compliments.
(c) (*formule de politesse*) **~s** compliments; **faites-lui mes ~s** give him my compliments *ou* regards; **avec les ~s de la direction** with the compliments of the management.
(d) (*petit discours*) congratulatory speech.
complimenter [kɔ̃plimɑ̃te] (1) *vt* to congratulate, compliment (*pour, sur, de* on).
complimenteur, -euse [kɔ̃plimɑ̃tœʀ, øz] **1** *adj* obsequious. **2** *nm, f* complimenter; (*péj*) flatterer.
compliqué, e [kɔ̃plike] (*ptp de* **compliquer**) *adj mécanisme* complicated, intricate; *affaire, explication, phrase* complicated, involved; *histoire, esprit* tortuous; *personne* complicated; (*Méd*) *fracture* compound (*épith*). **ne sois pas si ~!** don't be so complicated!; **puisque tu refuses, ce n'est pas ~, moi je pars** since you refuse, there's no problem *ou* that makes it easy *ou* that simplifies the problem — I'm leaving.
compliquer [kɔ̃plike] (1) **1** *vt* to complicate. **il nous complique l'existence** he ᴅᴏᴇꜱ make life difficult *ou* complicated for us; **se ~ l'existence** to make life difficult *ou* complicated for o.s.
2 se compliquer *vpr* to become *ou* get complicated. **ça se complique** things are getting more and more complicated; **la maladie se complique** complications have set in.
complot [kɔ̃plo] *nm* (*conspiration*) plot. **mettre qn dans le ~*** to let sb in on the plot*.
comploter [kɔ̃plɔte] (1) *vti* to plot (*de faire* to do, *contre* against). **qu'est-ce que vous complotez?*** what are you hatching?
comploteur, -euse [kɔ̃plɔtœʀ, øz] *nm* plotter.
componction [kɔ̃pɔ̃ksjɔ̃] *nf* (*péj*) (affected) gravity; (*Rel*) contrition. **avec ~** solemnly, with a great show of dignity.
componentiel, -ielle [kɔ̃pɔnɑ̃sjɛl] *adj* (*Ling*) componential.

comportement [kɔ̃pɔʀtəmɑ̃] *nm* (*gén*) behaviour (*envers, avec* towards). **le bon ~ de ces pneus sur chaussée verglacée** the excellent performance *ou* behaviour of these tyres on icy roads.
comportementalisme [kɔ̃pɔʀtəmɑ̃talism(ə)] *nm* behaviourism.
comportementaliste [kɔ̃pɔʀtəmɑ̃talist(ə)] *adj, nmf* behaviourist.
comporter [kɔ̃pɔʀte] (1) **1** *vt* **(a)** (*consister en*) to be composed of, be made up of, consist of, comprise. **ce roman comporte 2 parties** this novel is made up of *ou* is composed of *ou* comprises 2 parts; **la maison comporte 5 pièces et une cuisine** the house comprises 5 rooms and a kitchen.
(b) (*être muni de*) to have, include. **son livre comporte une préface** his book has *ou* includes a preface; **cette machine ne comporte aucun dispositif de sécurité** this machine is equipped with *ou* has no safety mechanism, there is no safety mechanism built into this machine; **cette règle comporte des exceptions** this rule has *ou* includes certain exceptions.
(c) (*impliquer*) *risques etc* to entail, involve. **je dois accepter cette solution, avec tout ce que cela comporte (de désavantages/d'imprévu)** I must accept this solution with all (the disadvantages/unexpected consequences) that it entails *ou* involves.
2 se comporter *vpr* **(a)** (*se conduire*) to behave. **se ~ en *ou* comme un enfant gâté** to behave like a spoilt child; **il s'est comporté d'une façon odieuse (avec sa mère)** he behaved in a horrible way (towards his mother).
(b) (*réagir*) [*personne*] to behave; [*machine, voiture*] to perform. **comment s'est-il comporté après l'accident?** how did he behave after the accident?; **notre équipe s'est très bien comportée hier** our team played *ou* acquitted itself very well yesterday, our team put up a good performance yesterday; **comment le matériel s'est-il comporté en altitude?** how did the equipment stand up to the high altitude? *ou* perform at high altitude?; **ces pneus se comportent très bien sur chaussée glissante** these tyres behave *ou* perform very well on slippery roads.
composant, e [kɔ̃pozɑ̃, ɑ̃t] **1** *adj, nm* component, constituent. **2 composante** *nf* (*gén, Phys*) component. (*Pol*) **les diverses ~es du parti** the various elements in the party.
composé, e [kɔ̃poze] (*ptp de* **composer**) **1** *adj* **(a)** (*Chim, Gram, Math, Mus*) compound (*épith*); (*Bot*) *fleur* composite (*épith*); *feuille* compound (*épith*); *V* passé.
(b) (*guindé, affecté*) *maintien, attitude* studied.
2 *nm* (*Chim, Gram*) compound. (*fig*) **c'est un ~ étrange de douceur et de violence** he's a strange combination *ou* mixture of gentleness and violence.
3 composées *nfpl* (*Bot*) compositae (*T*), composites.
composer [kɔ̃poze] (1) **1** *vt* **(a)** (*confectionner*) *plat, médicament* to make (up); *équipe de football etc* to select; *assemblée, équipe scientifique* to form, set up.
(b) (*élaborer*) *poème, lettre, roman* to write, compose; *symphonie* to compose; *tableau* to paint; *numéro de téléphone* to dial; *projet, programme* to work out, draw up.
(c) (*disposer*) *bouquet* to arrange, make up; *vitrine* to arrange, lay out.
(d) (*constituer*) *ensemble, produit, groupe* to make up; *assemblée* to form, make up. **pièces qui composent une machine** parts which (go to) make up a machine; **ces objets composent un ensemble harmonieux** these objects form *ou* make a harmonious group.
(e) (*Typ*) to set.
(f) (*frm: étudier artificiellement*) **~ son visage** to assume an affected expression; **~ ses gestes** to use affected gestures; **attitudes/allures composées** studied behaviour/manners; **il s'était composé un personnage de dandy** he had established his image as that of a dandy; **se ~ un visage de circonstance** to assume a suitable expression.
2 *vi* **(a)** (*Scol*) **~ en anglais** to sit (*surtout Brit*) *ou* take an English test; **les élèves sont en train de ~** the pupils are (in the middle of) doing a test *ou* an exam.
(b) (*traiter*) to compromise. **~ avec** *adversaire etc* to come to terms with, compromise with.
3 se composer *vpr* (*consister en*) **se ~ de *ou* être composé de** to be composed of, be made up of, consist of, comprise; **la vitrine se compose *ou* est composée de robes** the window display is made up of *ou* composed of dresses.
composite [kɔ̃pozit] *adj* **(a)** (*hétérogène*) *éléments, mobilier* heterogeneous; *foule* motley (*épith*). **(b)** (*Archit*) composite. **2** *nm* (*Archit*) composite order.
compositeur, -trice [kɔ̃pozitœʀ, tʀis] *nm, f* (*Mus*) composer; (*Typ*) compositor, typesetter.
composition [kɔ̃pozisjɔ̃] *nf* **(a)** (*confection*) [*plat, médicament*] making(-up); [*assemblée*] formation, setting-up; [*équipe sportive*] selection; [*équipe de chercheurs etc*] setting-up; [*bouquet, vitrine*] arranging.
(b) (*élaboration*) [*roman, lettre, poème*] writing, composition; [*symphonie*] composition; (*Ling*) composition, compounding; [*tableau*] painting. **une œuvre de ma ~** a work of my own composition, one of my own compositions.
(c) (*œuvre*) (*musicale, picturale*) composition; (*architecturale*) structure.
(d) (*structure*) [*plan, ensemble*] structure. **quelle est la ~ du passage?** what is the structure of the passage?; **la répartition des masses dans le tableau forme une ~ harmonieuse** the distribution of the masses in the picture forms *ou* makes a harmonious composition.
(e) (*constituants*) [*mélange*] composition; [*équipe, assemblée*] composition, line-up. **quelle est la ~ du gâteau?** what is the cake

made of?, what ingredients go into the cake?; **la nouvelle ~ du parlement européen** the new line-up in the European parliament.

(f) (*Scol: examen*) ~ **trimestrielle** end-of-term test, term exam (*Brit*), final exam (*US*); ~ **de français** (*en classe*) French test *ou* exam; (*à l'examen*) French paper; (*rédaction*) ~ **française** French essay *ou* composition.

(g) (*Typ*) typesetting, composition.

(h) (*loc*) **venir à ~** to come to terms; **amener qn à ~** to get sb to come to terms; **être de bonne ~** to have a nice nature; *V* **bon¹**.

compost [kɔ̃pɔst] *nm* compost.

compostage [kɔ̃pɔstaʒ] *nm* (*V* **composter**) (date) stamping; punching.

composter [kɔ̃pɔste] (1) *vt* (*dater*) to (date) stamp; (*poinçonner*) to punch.

composteur [kɔ̃pɔstœʀ] *nm* (*timbre dateur*) date stamp; (*poinçon*) ticket machine; (*Typ*) composing stick.

compote [kɔ̃pɔt] *nf* (*Culin*) stewed fruit, compote. ~ **de pommes/ de poires** stewed apples/pears, compote of apples/pears; (*fig*) **j'ai les jambes en ~***** (*de fatigue*) my legs are aching (all over); (*par l'émotion, la maladie*) my legs are like jelly *ou* cotton wool; **il a le visage en ~***** his face is black and blue *ou* is a mass of bruises.

compotier [kɔ̃pɔtje] *nm* fruit dish *ou* bowl.

compréhensibilité [kɔ̃pʀeɑ̃sibilite] *nf* [*texte*] comprehensibility.

compréhensible [kɔ̃pʀeɑ̃sibl(ə)] *adj* (*clair*) comprehensible, easily understood; (*concevable*) understandable.

compréhensif, -ive [kɔ̃pʀeɑ̃sif, iv] *adj* (*tolérant*) understanding; (*Logique*) comprehensive.

compréhension [kɔ̃pʀeɑ̃sjɔ̃] *nf* (*indulgence*) understanding; (*fait ou faculté de comprendre*) understanding, comprehension; (*clarté*) understanding, intelligibility; (*Logique*) comprehension; (*Scol*) aural comprehension. **exercice de ~** aural comprehension exercise.

comprendre [kɔ̃pʀɑ̃dʀ(ə)] (58) *vt* **(a)** (*être composé de*) to be composed of, be made up of, consist of, comprise; (*être muni de, inclure*) to include. **ce manuel comprend 3 parties** this textbook is composed of *ou* is made up of *ou* comprises 3 parts; **cet appareil comprend en outre un flash** this camera also has *ou* comes with* a flash, (also) included with this camera is a flash; **le loyer ne comprend pas le chauffage** the rent doesn't include *ou* cover (the) heating, the rent is not inclusive of heating; **je n'ai pas compris là-dedans les frais de déménagement** I haven't included the removal expenses in that.

(b) *problème, langue* to understand; *plaisanterie* to understand, get*; *personne* (*ce qu'elle dit ou écrit*) to understand, comprehend. **je ne le comprends pas/je ne comprends pas ce qu'il dit, il parle trop vite** I can't understand him/I can't make out what he says, he speaks too quickly; **vous m'avez mal compris** you've misunderstood me; **il ne comprend pas l'allemand** he doesn't understand German; ~ **la vie/les choses** to understand life/things; **il ne comprend pas la plaisanterie** he can't take a joke; **il ne comprend rien à rien** he hasn't a clue about anything, he doesn't understand a thing (about anything); **c'est à n'y rien ~** it's completely baffling *ou* puzzling, it (just) baffles me, it's beyond me, I (just) can't understand it; **se faire ~** to make o.s. understood; **il est difficile de bien se faire ~** it's difficult to get one's ideas across (*de qn* to sb); **j'espère que je me suis bien fait ~** *ou* **que c'est compris** I hope I've made myself quite clear; **il comprend vite** he's quick, he catches on quickly*; **tu comprends, ce que je veux c'est ... you see**, what I want is ...; **il a bien su me faire ~ que je le gênais** he made it quite clear *ou* plain to me that I was annoying him; **dois-je ~ que ...?** am I to take it *ou* understand that ...?

(c) (*être compréhensif envers*) *personne* to understand. **j'espère qu'il comprendra** I hope he'll understand; ~ **les jeunes/les enfants** to understand young people/children; **je le comprends, il en avait assez** I (can) understand him *ou* I know (just) how he feels *ou* felt — he'd had enough.

(d) (*concevoir*) *attitude, point de vue* to understand. **il ne veut pas ~ mon point de vue** he refuses to *ou* he won't understand *ou* see my point of view; **je comprends mal son attitude** I find it hard to understand his attitude; **c'est comme ça que je comprends les vacances** that's what I understand by *ou* think of as holidays; **c'est comme ça que je comprends le rôle de Hamlet** that's how I see *ou* understand the role of Hamlet; **ça se comprend, il voulait partir** it's quite understandable *ou* it's perfectly natural, he wanted to go; **nous comprenons vos difficultés mais nous ne pouvons rien faire** we understand *ou* appreciate your difficulties but there's nothing we can do.

(e) (*se rendre compte de, saisir*) to realize, understand (*pourquoi* why, *comment* how). **il n'a pas encore compris la gravité de son acte** he hasn't yet realized *ou* understood *ou* grasped the seriousness of his action; **il m'a fait ~ que je devais faire attention** he made me realize that I should be careful; **il a enfin compris qu'elle ne voulait pas revenir** he realized *ou* understood at last that she didn't want to come back.

comprenette*** [kɔ̃pʀɑ̃ɛt] *nf*: **il est dur ou lent à la ~**, **il a la ~ difficile** *ou* **dure** he's slow on the uptake*, he's slow to catch on*.

compresse [kɔ̃pʀɛs] *nf* compress.

compresseur [kɔ̃pʀesœʀ] *nm* compressor; *V* **rouleau**.

compressibilité [kɔ̃pʀesibilite] *nf* (*Phys*) compressibility. (*Fin*) **la ~ des dépenses** the extent to which expenses can be reduced *ou* cut.

compressible [kɔ̃pʀesibl(ə)] *adj* (*Phys*) compressible; *dépenses* reducible. (*Fin*) **ces dépenses ne sont pas ~s à l'infini** these costs cannot be reduced *ou* cut down indefinitely.

compressif, -ive [kɔ̃pʀesif, iv] *adj* (*Méd*) compressive; (†*fig*) repressive.

compression [kɔ̃pʀesjɔ̃] *nf* **(a)** (*action de comprimer*) [*gaz, subs-*

tance] compression; [*dépenses, personnel*] reduction, cutback, cutting-down (*de* in). **procéder à des ~s de crédits** to set up credit restrictions *ou* a credit squeeze; **des ~s budgétaires** cutbacks in spending, budget restrictions *ou* cuts; ~ **des profits** squeeze on profits, reduction in profits; ~ **des coûts** cost-cutting (*U*); **des mesures de ~ sont nécessaires** restrictions *ou* cutbacks are needed.

(b) (*Aut, Phys: pression*) compression. **pompe de ~** compression pump; **meurtri par ~** bruised by crushing.

comprimé [kɔ̃pʀime] *nm* (*Pharm*) tablet.

comprimer [kɔ̃pʀime] (1) *vt* **(a)** (*presser*) *air, gaz* to compress; *artère* to compress; *substance à emballer etc* to press *ou* pack tightly together *ou* into blocks *etc*. **sa ceinture lui comprimait l'estomac** his belt was pressing *ou* digging into his stomach; **nous étions tous comprimés dans la voiture** we were all jammed together* *ou* packed tightly together in the car; *V* **air¹**.

(b) (*réduire*) *dépenses, personnel* to cut down *ou* back, reduce.

(c) (*contenir*) *larmes* to hold back; *colère, sentiments* to hold back, repress, restrain, suppress.

compris, e [kɔ̃pʀi, iz] (*ptp de* **comprendre**) *adj* **(a)** (*inclus*) **10 F emballage ~** 10 francs inclusive of *ou* including packaging, 10 francs packaging included; **10 F emballage non ~** 10 francs exclusive of *ou* excluding *ou* not including packaging; (*sur menu etc*) **service ~** service included; **service non ~** service not included, service extra; **tout ~** all inclusive, everything included; **c'est 10 F tout ~** it's 10 francs all inclusive *ou* all in*; **il va vendre ses terres, la ferme ~e/non ~e** he's selling his land including/excluding the farm.

(b) **y ~: 100 F y ~ l'électricité** *ou* **l'électricité y ~e** 100 francs including electricity *ou* counting (the) electricity *ou* electricity included.

(c) (*situé*) **être ~ entre** to be contained between *ou* by, be bounded by; **la zone ~e entre les falaises et la mer** the area (lying) between the cliffs and the sea, the area contained between *ou* bounded by the cliffs and the sea; **il possède la portion de terrain ~e entre ces deux rues** he owns the piece of ground between these two streets *ou* contained between *ou* bounded by these two streets; **lisez tous les chapitres qui sont ~ entre les pages 12 et 145** read all the chapters (which are) contained *ou* included in pages 12 to 145.

(d) (*d'accord*) (*c'est*) ~! (it's) agreed!; **alors c'est ~, on se voit demain** so it's agreed then, we'll see each other tomorrow; **tu vas aller te coucher tout de suite, ~!** you're going to go to bed immediately, understand? *ou* is that understood *ou* clear?

compromettant, e [kɔ̃pʀɔmetɑ̃, ɑ̃t] *adj* compromising. **signer cette pétition, ce n'est pas très ~** you won't commit yourself to very much by signing this petition, there's no great commitment involved in signing this petition; (*péj*) **un homme ~** an undesirable associate.

compromettre [kɔ̃pʀɔmetʀ(ə)] (56) **1** *vt* *personne, réputation* to compromise; *avenir, chances, santé* to compromise, jeopardize. **2 se compromettre** *vpr* (*s'avancer*) to commit o.s.; (*se discréditer*) to compromise o.s.

compromis, e [kɔ̃pʀɔmi, iz] (*ptp de* **compromettre**) **1** *adj*: **être ~** [*personne, réputation*] to be compromised; [*avenir, projet, chances*] to be jeopardized *ou* in jeopardy. **2** *nm* compromise. **solution de ~** compromise solution.

compromission [kɔ̃pʀɔmisjɔ̃] *nf* dishonest compromise, shady deal. **c'est là une ~ avec votre conscience** now you're compromising with your conscience.

comptabilisation [kɔ̃tabilizasjɔ̃] *nf* (*Fin*) posting.

comptabiliser [kɔ̃tabilize] (1) *vt* (*Fin*) to post.

comptabilité [kɔ̃tabilite] *nf* (*science*) accountancy, accounting; (*d'une petite entreprise*) book-keeping; (*comptes*) accounts, books; (*bureau, service*) accounts office *ou* department; (*profession*) accountancy. **il s'occupe de la ~ de notre entreprise** he does the accounting *ou* keeps the books for our firm; ~ **publique** public finance; ~ **à partie simple/double** single-/double-entry book-keeping; ~ **industrielle** industrial book-keeping; *V* **chef¹**.

comptable [kɔ̃tabl(ə)] **1** *adj* **(a)** (*Fin*) *règles etc* accounting, book-keeping. **il manque une pièce ~** one of the accounts is missing; (*Ling*) **nom ~** countable *ou* count noun; *V* **machine³**. **(b)** (*responsable*) accountable (*de* for). **2** *nmf* accountant. ~ **agréé** chartered accountant; ~ **du Trésor** local official of the Treasury; **chèque adressé au ~ du Trésor** cheque addressed to the Treasury; *V* **chef¹**, **expert**.

comptage [kɔ̃taʒ] *nm* (*action*) counting. **faire un ~ rapide** to do a quick count (*de* of).

comptant [kɔ̃tɑ̃] **1** *adv* *payer* cash, in cash; *acheter, vendre* for cash. **verser 10 F ~** to pay 10 francs down, put down 10 francs. **2** *nm* (*argent*) cash. **au ~** *payer* cash; *acheter, vendre* for cash; **achat/ vente au ~** cash purchase/sale; *V* **argent**.

compte [kɔ̃t] **1** *nm* **(a)** (*calcul*) count. **faire le ~ des prisonniers** to count (up) the prisoners, make a count of the prisoners, keep a tally of the prisoners; **l'as-tu inclus dans le ~?** have you counted *ou* included him?, did you include him in the count?; **faire le ~ des dépenses/de sa fortune** to calculate *ou* work out the expenditure/ one's wealth.

(b) (*nombre exact*) (right) number. **le ~ y est** (*paiement*) that's the right amount; (*inventaire*) that's the right number, they're all there; **ça ne fait pas le ~** (*paiement*) that's not the right amount; (*inventaire*) there's (still) something missing, they're not all there; **avez-vous le bon ou votre ~ de chaises?** have you got the right number of chairs? *ou* the number of chairs you want?; **cela fait un ~ rond** it makes a round number *ou* figure; **je n'arrive jamais au même ~** I never get the same figure *ou* number *ou* total twice; **nous sommes loin du ~** we are a long way short of the target.

(c) *(comptabilité)* account. **faire ses ~s** to do one's accounts *ou* books; **tenir les ~s du ménage** to keep the household accounts; **tenir les ~s d'une firme** to keep the books *ou* accounts of a firm; **publier à ~ d'auteur** to publish at the author's expense; *(hum)* **~s d'apothicaire** complicated accounting; **nous sommes en ~** we have business to settle; **approuver/liquider un ~** to approve/clear *ou* settle an account; **passer en ~** to place *ou* pass to account; *V* **laissé-pour-compte, ligne[1]** *etc.*

(d) *(Banque)* **~** (en banque *ou* bancaire) (bank) account; **avoir de l'argent en ~** to have money in an account; **~ courant** *ou* **de chèques** *ou* **de dépôt** current *ou* checking *(US)* account; **~ sur livret** deposit account; **porter une somme au ~ débiteur/ créditeur de qn** to debit/credit a sum to sb's account; **avoir un ~ dans une banque/à la Banque de France** to have an *ou* be in account with a bank/with the Banque de France.

(e) *(dû)* **donner** *ou* **régler son ~ à un employé** *(lit)* to settle up with an employee; *(fig: renvoyer)* to give an employee his cards* *(Brit)* ou books* *(Brit)* ou pink slip* *(US)*; *(fig)* **il avait son ~*** *(fatigué)* he'd had as much as he could take; *(mort)* he'd had it*, he was done for; *(soûl)* he'd had more than he could hold; *(fig)* **son ~ est bon** his number's up*, he's had it*, he's for it* *(Brit)*; *V* **régler.**

(f) *(Comm: facture, addition)* *(gén)* account, invoice, bill; *[hôtel, restaurant]* bill *(Brit)*, check *(US)*. **pourriez-vous me faire mon ~?** would you make me out my bill?

(g) *(explications, justifications)* **~s** explanation; **devoir/rendre des ~s à qn** to owe/give sb an explanation; **demander** *ou* **réclamer des ~s à qn** to ask sb for an explanation; **il me doit des ~s à propos de cette perte** he owes me an explanation for this loss, he will have to account to me for this loss; *V* **rendre.**

(h) *(avantage, bien)* **cela fait mon ~** that suits me; **il y a trouvé son ~** he's got something out of it, he did well out of it; **chacun y trouve son ~** it has got *ou* there is something in it for everybody.

(i) *(loc)* *(Boxe)* **envoyer qn/aller au tapis** *ou* **à terre pour le ~** to floor sb/go down for the count; **tenir ~ de qch/qn** to take sth/sb into account; **il n'a pas tenu ~ de nos avertissements** he didn't take any notice of our warnings, he disregarded *ou* ignored our warnings; **~ tenu de** considering, in view of; **tenir ~ à qn de son dévouement** to take sb's devotion into account; **on lui a tenu ~ de son passé** they took his past into account *ou* consideration; **en prendre pour son ~*** to take a hiding *(Brit)* ou beating; **prendre qch à son ~** *(payer)* to pay for sth; *(en assumer la responsabilité)* to take responsibility for sth; **je reprends cette maxime à mon ~** I shall make that saying my motto; **il a repris la boutique à son ~** he's taken over the shop on his own account *ou* in his own name; **être/s'établir** *ou* **s'installer à son ~** to be/set up in business for o.s., have/set up one's own business; **à ce ~-là** *(dans ce cas)* in this case; *(à ce train-là)* at this rate; **tout ~ fait** all things considered, when all is said and done; **mettre qch sur le ~ de** to put sth down to, attribute *ou* ascribe sth to; **dire/apprendre qch sur le ~ de qn** to say/learn sth about sb; **pour le ~ de** *(au nom de)* on behalf of; **pour mon ~** *(en ce qui me concerne)* personally; *(pour mon propre usage)* for my own use; *(au restaurant)* **mettez-le sur mon ~** put it on *ou* charge it to my account.

2: *(Fin)* **compte chèque postal** ≃ Giro account *(Brit)*; *(Fin)* **compte numéroté** *ou* **à numéro** numbered account; *(Fin)* **compte des profits et pertes** profit and loss account; *(Espace, fig)* **compte à rebours** countdown; **compte rendu** *(rapport)* *(gén)* account, report; *[livre, film]* review; *(sur travaux en cours)* progress report; **compte rendu d'audience** court record; **faire le compte rendu d'un match/d'une réunion** to give an account *ou* a report of a match/meeting, give a rundown of a match/meeting.

compte- [kɔ̃t] *préf V* **compter.**
compter [kɔ̃te] **(1) 1** *vt* **(a)** *(calculer)* choses, personnes, argent, jours to count. **combien en avez-vous compté?** how many did you count?, how many did you make it?; **40 cm? j'avais compté 30** 40 cm? I made it 30; **il a 50 ans bien comptés** he's a good 50 (years old); **on peut ~** *(sur les doigts de la main)* **les auditeurs qui comprennent vraiment** you can count (on the fingers of one hand) the members of the audience who really understand; **on ne compte plus ses gaffes, ses gaffes ne se comptent plus** we've lost (all) count of *ou* we can't keep count of his blunders.

(b) *(escompter, prévoir)* to allow, reckon. **combien as-tu compté qu'il nous fallait do ohaises?** how many chairs did you reckon we'd need?; **j'ai compté qu'il nous en fallait 10** I reckoned we'd need 10; **combien de temps/d'argent comptez-vous pour finir les travaux?** how much time/money do you reckon it'll take to finish the work?, how much time/money are you allowing to finish the work?; **il faut (bien) ~ 10 jours/10 F** you must allow (a good) 10 days/10 francs, you must reckon on it taking (a good) 10 days/10 francs; **j'ai compté 90 cm pour le frigo, j'espère que ça suffira** I've allowed 90 cm for the fridge, I hope that'll do.

(c) *(tenir compte de)* to take into account; *(inclure)* to include. **on te comptera ta bonne volonté** your goodwill *ou* helpfulness will be taken into account; **cela fait un mètre en comptant l'ourlet** that makes one metre counting *ou* including *ou* if you include the hem; **t'es-tu compté?** did you count *ou* include yourself?; **ne me comptez pas** don't include me; **nous étions 10, sans ~ l'instituteur** we were 10, not counting the teacher; **ils nous apportèrent leurs connaissances, sans ~ leur bonne volonté** they gave us their knowledge, not to mention *ou* to say nothing of their goodwill *ou* helpfulness; **sans ~ que** *(et de plus ...)* not to mention that; *(d'autant plus que)* **il aurait dû venir, sans ~ qu'il n'avait rien à faire** he ought to have come especially since he had nothing to do.

(d) *(facturer)* to charge for. **~ qch à qn** to charge sb for sth, charge sth to sb; **ils n'ont pas compté le café** they didn't charge for the coffee; **combien vous ont-ils compté le café?** how much did they charge you for the coffee?; **ils nous l'ont compté trop**

cher/10 F/au prix de gros they charged us too much/10 francs/the wholesale price for it.

(e) *(avoir)* to have. **la ville compte quelques très beaux monuments** the town has some very beautiful monuments; **il compte 2 ans de règne/de service** he has been reigning/in the firm for 2 years; **il ne compte pas d'ennemis** he has no enemies; **cette famille compte trois musiciens parmi ses membres** this family has *ou* boasts three musicians among its members.

(f) *(classer, ranger)* to consider. **on compte ce livre parmi les meilleurs de l'année** this book is considered (to be) *ou* ranks among the best of the year; **il le compte au nombre de ses amis** he considers him one of his friends, he numbers him among his friends.

(g) *(verser)* to pay. **le caissier va vous ~ 600 F** the cashier will pay you 600 francs; **vous lui compterez 1000 F pour les heures supplémentaires** you will pay him 1000 francs' overtime.

(h) *(donner avec parcimonie)* **il compte chaque sou qu'il nous donne** he counts every penny he gives us; **les permissions leur sont comptées** their leave is rationed; **il ne compte pas sa peine** he spares no trouble; **ses jours sont comptés** his days are numbered.

(i) *(avoir l'intention de)* to intend, plan, mean *(faire* to do); *(s'attendre à)* to reckon, expect. **ils comptent partir demain** they plan *ou* mean to go tomorrow, they reckon on going tomorrow; **je compte recevoir la convocation demain** I'm expecting to receive the summons tomorrow; **~ que: je ne compte pas qu'il vienne aujourd'hui** I am not expecting him to come today.

2 *vi* **(a)** *(calculer)* to count. **il sait ~** *(jusqu'à 10)* he can count (up to 10); **comment est-ce que tu as compté?** how did you work it out?; **tu as mal compté** you counted wrong, you miscounted; **à ~ de** (starting *ou* as) from.

(b) *(être économe)* to economize. **avec la montée des prix, il faut ~ sans cesse** with the rise in prices you have to watch every penny (you spend); **dépenser sans ~** *(être dépensier)* to spend extravagantly; *(donner généreusement)* to give without counting the cost; **il s'est dépensé sans ~ pour cette cause** he spared no effort in supporting that cause, he gave himself wholeheartedly to that cause.

(c) *(avoir de l'importance)* to count, matter. **c'est le résultat/le geste qui compte** it's the result/the gesture that counts *ou* matters; **35 ans de mariage, ça compte!** 35 years of marriage, that's quite something!; **c'est un succès qui compte** it's an important success; **ce qui compte c'est de savoir dès maintenant** the main thing is to find out right away.

(d) *(tenir compte de)* **~ avec qch** to reckon with sth, take account of sth, allow for sth; **il faut ~ avec l'opinion** you've got to reckon with *ou* take account of public opinion; **il faut ~ avec le temps incertain** you have to allow for changeable weather; **un nouveau parti avec lequel il faut ~** a new party to be reckoned with; **on avait compté sans la grève** we hadn't reckoned on there being a strike, we hadn't allowed for the strike.

(e) *(figurer)* **~ parmi** to be *ou* rank among; **~ au nombre de** to be one of; **~ pour: il compte pour 2** he's worth 2 men; **cela compte pour beaucoup dans sa réussite/dans sa décision** that has a lot to do with his success/his decision, that is a big factor in his success/his decision; **cela ne compte pour rien dans sa réussite/dans sa décision** that has nothing to do with his success/his decision, that has no bearing on his success/his decision; **cela compte pour (du) beurre*** that counts for nothing, that doesn't count.

(f) *(valoir)* to count. **pour la retraite, les années de guerre comptent double** for the purposes of retirement, war service counts double; **après 60 ans les années comptent double** after 60 every year counts double.

(g) *(se fier à)* **~ sur** to count on, rely on; **~ sur la discrétion/la bonne volonté de qn** to count on *ou* rely on sb's discretion/ goodwill; **nous comptons sur vous (pour) demain** we're expecting you (to come) tomorrow, we're relying on your coming tomorrow; **j'y compte bien!** I should hope so!, so I should hope!; **n'y comptez pas trop, ne comptez pas trop là-dessus** don't bank on it, don't count too much on it; **je compte sur vous** I'm counting *ou* relying on you; **vous pouvez ~ là-dessus** you can depend upon it; **ne comptez pas sur moi** *(you can)* count me out; **compte (là-) dessus et bois de l'eau‡** you've got a hope! *(Brit)*, you haven't a prayer! *(US)*, you'll be lucky!, you've got a fat chance!*

3: *(Tech)* **compte-fils** *nm inv* linen tester; **compte-gouttes** *nm inv* *(pipette)* dropper; **au compte-gouttes** *(fig: avec parcimonie)* sparingly; **ils les distribuent au compte-gouttes** they dole them out sparingly; **compte-tours** *nm inv (Aut)* rev *ou* revolution counter, tachometer; *(Tech)* rev *ou* revolution counter.

compteur [kɔ̃tœʀ] *nm* meter. **~ d'eau/d'électricité/à gaz** water/ electricity/gas meter; **~ Geiger** Geiger counter; **~ (kilométrique)** milometer *(Brit)*, odometer *(US)*; **~ (de vitesse)** speedometer.

comptine [kɔ̃tin] *nf* *(gén: chanson)* nursery rhyme; *(pour compter)* counting rhyme *ou* song.

comptoir [kɔ̃twaʀ] *nm* **(a)** *[magasin]* counter; *[bar]* bar. **(b)** *(colonial)* trading post. **(c)** *(Comm: cartel)* syndicate *(for marketing)*. **(d)** *(Fin: agence)* branch.

compulsation [kɔ̃pylsasjɔ̃] *nf* consultation.
compulser [kɔ̃pylse] **(1)** *vt* to consult.
comte [kɔ̃t] *nm* count; *(britannique)* earl.
comté [kɔ̃te] *nm* **(a)** *(Hist)* earldom; *(Admin Brit, Can)* county. **(b)** *(fromage)* comté *(kind of gruyère cheese)*.
comtesse [kɔ̃tɛs] *nf* countess.
comtois, e [kɔ̃twa, waz] **1** *adj* of *ou* from Franche-Comté. **2** *nm,f*: **C~(e)** inhabitant *ou* native of Franche-Comté.
con, conne [kɔ̃, kɔn] **1** *adj (f aussi inv)* *(‡: stupide)* bloody‡ *(Brit)* ou damned‡ stupid. **qu'il est con!** what a stupid bastard*‡* ou bloody

fool (he is)!; **il est ~ comme la lune** ou **comme un balai** he's a bloody ou damned fool‡ ou idiot‡.

2 nm,f (‡: crétin) damn fool‡, bloody (Brit) idiot‡, wally‡, schmuck‡ (US). **quel ~ ce mec** what a wally‡ ou damn fool‡ ou bloody idiot‡ this guy* is; **bande de ~s** load of cretins‡ ou bloody idiots‡; **faire le ~** to ass about‡; **dispositif/gouvernement à la ~** lousy‡ ou crummy‡ device/government.

3 nm (*‡: vagin) cunt*‡.

conard‡ [kɔnaʀ] nm = **connard‡**.
conasse‡ [kɔnas] nf = **connasse‡**.

concassage [kɔ̃kasaʒ] nm (V **concasser**) crushing; grinding.
concasser [kɔ̃kase] (1) vt pierre, sucre, céréales to crush; poivre to grind.
concasseur [kɔ̃kasœʀ] **1** adj m crushing. **2** nm crusher.
concaténation [kɔ̃katenasjɔ̃] nf concatenation.
concave [kɔ̃kav] adj concave.
concavité [kɔ̃kavite] nf (Opt) concavity; (gen: cavité) hollow, cavity. **les ~s d'un rocher** the hollows ou cavities in a rock.
concédant [kɔ̃sedɑ̃] nm (Écon) licensor.
concéder [kɔ̃sede] (6) vt privilège, droit, exploitation to grant; point to concede; (Sport) but, corner to concede, give away. **je vous concède que** I'll grant you that.
concélébrant [kɔ̃selebʀɑ̃] nm concelebrant.
concentration [kɔ̃sɑ̃tʀasjɔ̃] nf (a) (gén, Chim) concentration. **les grandes ~s urbaines des Midlands** the great conurbations of the Midlands; V **camp**.
 (b) (fusion) **la ~ des entreprises** the merging of businesses; **~ horizontale/verticale** horizontal/vertical integration.
 (c) ~ (d'esprit) concentration.
concentrationnaire [kɔ̃sɑ̃tʀasjɔnɛʀ] adj of ou in concentration camps, concentration camp (épith).
concentré, e [kɔ̃sɑ̃tʀe] (ptp de **concentrer**) **1** adj (a) acide concentrated; lait condensed.
 (b) candidat, athlète in a state of concentration, concentrating hard (attrib).
 2 nm (chimique) concentrated solution; (bouillon) concentrate, extract. **~ de tomates** tomato purée.
concentrer [kɔ̃sɑ̃tʀe] (1) **1** vt (gén) to concentrate. **~ son attention sur** to concentrate ou focus one's attention on.
 2 se concentrer vpr [foule, troupes] to concentrate. **le candidat se concentra avant de répondre** the candidate gathered his thoughts ou thought hard before replying; **je me concentre!** I'm concentrating!; **se ~ sur un problème** to concentrate on a problem; **les regards se concentrèrent sur moi** everybody's gaze was fixed ou focused on me, all eyes turned on me.
concentrique [kɔ̃sɑ̃tʀik] adj cercle concentric.
concentriquement [kɔ̃sɑ̃tʀikmɑ̃] adv concentrically.
concept [kɔ̃sɛpt] nm concept.
concepteur [kɔ̃sɛptœʀ] nm ideas man.
conception [kɔ̃sɛpsjɔ̃] nf (a) (Bio) conception; V **immaculé**.
 (b) (action) [idée] conception, conceiving. **la ~ d'un tel plan est géniale** it is a brilliantly conceived plan; **la ~ de cette idée m'est venue hier** this idea came to me yesterday; **voilà quelle est ma ~ de la chose** this is how I see it; **machine d'une ~ révolutionnaire** machine conceived on revolutionary lines, machine of revolutionary design; **~ assistée par ordinateur** computer-aided design.
 (c) (idée) notion, idea; (réalisation) creation.
conceptualisation [kɔ̃sɛptɥalizasjɔ̃] nf conceptualization.
conceptualiser [kɔ̃sɛptɥalize] (1) vt to conceptualize.
conceptuel, -elle [kɔ̃sɛptɥɛl] adj conceptual.
concernant [kɔ̃sɛʀnɑ̃] prép (a) (se rapporter à) concerning, relating to, regarding. **des mesures ~ ce problème seront bientôt prises** steps will soon be taken concerning ou relating to ou regarding this problem.
 (b) (en ce qui concerne) with regard to, as regards. **~ ce problème, des mesures seront bientôt prises** with regard to this problem ou as regards this problem ou as far as this problem is concerned, steps will soon be taken to resolve it.
concerner [kɔ̃sɛʀne] (1) vt to affect, concern. **cela ne vous concerne pas** it's no concern of yours, it doesn't concern ou affect you; **en ce qui concerne cette question** with regard to this question, concerning this question, as far as this question is concerned; **en ce qui me concerne** as far as I'm concerned; (Admin) **pour affaire vous concernant** to discuss a matter which concerns you ou a matter concerning you; **il ne se sent pas concerné** (directement impliqué) he's not affected (par by); (moralement intéressé) he's not concerned (par about).
concert [kɔ̃sɛʀ] nm (a) (Mus) concert. **~ spirituel** concert of sacred music; (fig) **~ de louanges/de lamentations/d'invectives** chorus of praise/lamentation(s)/invective; **l'embouteillage se prolongeant, on entendit un ~ d'avertisseurs** as the traffic jam got worse a chorus of horns started up; V **café, salle**.
 (b) (littér) (harmonie) chorus; (accord) entente, accord. **un ~ de voix** a chorus of voices; **le ~ des grandes puissances** the entente ou accord between the great powers.
 (c) de ~ (ensemble) partir together; rire in unison; agir together, in unison; (d'un commun accord) décider unanimously; **agir in concert**; **ils ont agi de ~ pour éviter ...** they took concerted action to avoid ...; **de ~ avec** (en accord avec) in cooperation ou conjunction with; (ensemble) together with.
concertant, e [kɔ̃sɛʀtɑ̃, ɑ̃t] adj V **symphonie**.
concertation [kɔ̃sɛʀtasjɔ̃] nf (échange de vues, dialogue) dialogue; (rencontre) meeting. (principe) **la ~** dialogue; **suggérer une ~ des pays industriels** to suggest setting up ou creating a dialogue between industrial nations; **sans ~ préalable** without preliminary consultation(s).
concerté, e [kɔ̃sɛʀte] (ptp de **concerter**) adj concerted.

concerter [kɔ̃sɛʀte] (1) **1** vt (organiser) plan, entreprise, projet to devise. **2 se concerter** vpr (délibérer) to consult (each other), take counsel together.
concertina [kɔ̃sɛʀtina] nm concertina.
concertino [kɔ̃sɛʀtino] nm concertino.
concertiste [kɔ̃sɛʀtist(ə)] nmf concert artiste ou performer.
concerto [kɔ̃sɛʀto] nm concerto. **~ pour piano (et orchestre)** piano concerto, concerto for piano and orchestra.
concessif, -ive [kɔ̃sesif, iv] (Gram) **1** adj concessive. **2 concessive** nf concessive clause.
concession [kɔ̃sesjɔ̃] nf (a) (faveur) concession (à to). **faire des ~s** to make concessions.
 (b) (cession) [terrain, exploitation] concession. **faire la ~ d'un terrain** to grant a piece of land.
 (c) (exploitation, terrain, territoire) concession; [cimetière] plot. **~ minière** mining concession; **~ à perpétuité** plot held in perpetuity.
concessionnaire [kɔ̃sesjɔnɛʀ] **1** adj: **la société ~** the concessionary company. **2** nmf (marchand agréé) agent, dealer, franchise holder; (bénéficiaire d'une concession) concessionaire, concessionary.
concevable [kɔ̃svabl(ə)] adj (compréhensible) conceivable. **il est très ~ que** it's quite conceivable that.
concevoir [kɔ̃s(ə)vwaʀ] (28) **1** vt (a) (penser) to imagine; fait, concept, idée to conceive of. **je n'arrive pas à ~ que c'est fini** I can't conceive ou believe that it's finished.
 (b) (élaborer, étudier) solution, projet, moyen to conceive, devise, think up. **leur maison est bien/mal conçue** their house is well/badly designed ou planned.
 (c) (envisager) question to see, view. **voilà comment je conçois la chose** that's how I see it ou view it ou look at it; **ils concevaient la question différemment** they viewed the question differently.
 (d) (comprendre) to understand. **je conçois sa déception** ou **qu'il soit déçu** I can understand his disappointment ou his being disappointed; **cela se conçoit facilement** it's quite understandable, it's easy to understand; **il ne conçoit pas qu'on puisse souffrir de la faim** he cannot imagine ou conceive that people can suffer from starvation; **on concevrait mal qu'il puisse refuser** they would find it difficult to understand his refusal; **ce qui se conçoit bien s'énonce clairement** what is clearly understood can be clearly expressed.
 (e) (rédiger) lettre, réponse to compose. **ainsi conçu, conçu en ces termes** expressed ou couched in these terms.
 (f) (littér: éprouver) **je conçois des doutes quant à son intégrité** I have ou feel some doubts as to his integrity; **il en conçut une terrible jalousie** he conceived a terrible feeling of jealousy (littér); **il conçut de l'amitié pour moi** he took a liking to me.
 (g) (engendrer) to conceive.
 2 vi (engendrer) to conceive.
concierge [kɔ̃sjɛʀʒ(ə)] nmf [immeuble] caretaker, manager (of an apartment building) (US); [hôtel] porter; (en France) concierge. (fig) **c'est un(e) vrai(e) ~** he (ou she) is a real gossip.
conciergerie [kɔ̃sjɛʀʒəʀi] nf [lycée, château] caretaker's lodge; (Can) apartment house. (Hist) **la C~** the Conciergerie.
concile [kɔ̃sil] nm (Rel) council. **~ œcuménique** ecumenical council.
conciliable [kɔ̃siljabl(ə)] adj (compatible) reconcilable.
conciliabule [kɔ̃siljabyl] nm (a) (entretien) consultation, confab*. (iro) **tenir de grands ~s** to have great consultations ou confabs*.
 (b) (†: réunion) secret meeting.
conciliaire [kɔ̃siljɛʀ] adj conciliar. **les pères ~s** the fathers of the council.
conciliant, e [kɔ̃siljɑ̃, ɑ̃t] adj conciliatory, conciliating.
conciliateur, -trice [kɔ̃siljatœʀ, tʀis] **1** adj conciliatory, conciliating. **2** nm,f (médiateur) conciliator.
conciliation [kɔ̃siljasjɔ̃] nf conciliation. **esprit de ~** spirit of conciliation; **comité de ~** arbitration committee; **la ~ d'intérêts opposés** the reconciliation ou reconciling of conflicting interests; V **procédure**.
conciliatoire [kɔ̃siljatwaʀ] adj (Jur) conciliatory.
concilier [kɔ̃silje] (7) **1** vt (a) (rendre compatible) exigences, opinions, sentiments to reconcile (avec with).
 (b) (ménager, attirer) to win, gain. **sa bonté lui a concilié les électeurs** his kindness won ou gained him the support of the voters ou won over the voters.
 (c) (littér, Jur: réconcilier) ennemis to reconcile, conciliate.
 2 se concilier vpr (se ménager, s'attirer) to win, gain. **se ~ les bonnes grâces de qn** to win ou gain sb's favour.
concis, e [kɔ̃si, iz] adj concise. **en termes ~** concisely.
concision [kɔ̃sizjɔ̃] nf concision, conciseness, succinctness.
concitoyen, -enne [kɔ̃sitwajɛ̃, ɛn] nm,f fellow citizen.
conclave [kɔ̃klav] nm (Rel) conclave.
concluant, e [kɔ̃klyɑ̃, ɑ̃t] adj conclusive.
conclure [kɔ̃klyʀ] (35) **1** vt (a) (signer) affaire, accord to conclude. **~ un marché** to conclude ou clinch a deal; **marché conclu!** it's a deal!
 (b) (terminer) débat, discours, texte to conclude, end. **et pour ~ and to conclude**; **on vous demande de ~** will you please bring ou draw your discussion etc to a close, will you please wind up your discussion etc; **il conclut par ces mots/en disant** ... he concluded with these words/by saying ...; (Jur) **~ sa plaidoirie** to rest one's case.
 (c) (déduire) to conclude (qch de qch sth from sth). **j'en conclus que** I therefore conclude that.
 2 vi (a) **~ à**: **ils ont conclu à son innocence/au suicide** they concluded that he was innocent/that it was suicide, they pronounced him to be innocent/that it was suicide; **les juges ont**

conclu à l'acquittement the judges decided on an acquittal.
(b) (*Jur*) ~ contre qn *[témoignage]* to convict sb.
conclusion [kɔ̃klyzjɔ̃] *nf* (*gén*) conclusion; *[discours]* close. ~s
(*Jur*) *[demandeur]* pleadings, submissions; *[avocat]* summing-up;
[jury] findings, conclusions; **déposer des ~s auprès d'un tribunal**
to file submissions with a court; **en ~** in conclusion; **~***, **il n'est
pas venu the net result was that he didn't come; ~*, on s'était
trompé** in other words, we had made a mistake.
concocter* [kɔ̃kɔkte] (1) *vt* (*élaborer*) *breuvage, mélange* to
concoct; *discours, loi* to elaborate, devise.
concombre [kɔ̃kɔ̃br(ə)] *nm* cucumber.
concomitamment [kɔ̃kɔmitamɑ̃] *adv* concomitantly.
concomitance [kɔ̃kɔmitɑ̃s] *nf* concomitance.
concomitant, e [kɔ̃kɔmitɑ̃, ɑ̃t] *adj* concomitant.
concordance [kɔ̃kɔrdɑ̃s] *nf* (a) (*gén*) agreement. **la ~ de 2
témoignages** the agreement of 2 testimonies, the fact that 2
testimonies tally *ou* agree; **la ~ de 2 résultats/situations** the
similarity of *ou* between 2 results/situations; **mettre ses actes en
~ avec ses principes** to act in accordance with one's principles.
(b) (*index*) *[Bible etc]* concordance; (*Géol*) conformability.
(*Gram*) **~ des temps** sequence of tenses; (*Phys*) **~ de phases** synchronization of phases.
concordant, e [kɔ̃kɔrdɑ̃, ɑ̃t] *adj faits* corroborating; (*Géol*)
conformable. **2 témoignages ~s** 2 testimonies which agree *ou*
which are in agreement *ou* which tally.
concordat [kɔ̃kɔrda] *nm* (*Rel*) concordat; (*Comm*) composition;
[faillite] winding-up arrangement.
concorde [kɔ̃kɔrd(ə)] *nf* (*littér: harmonie*) concord.
concorder [kɔ̃kɔrde] (1) *vi [faits, dates, témoignages]* to agree,
tally; *[idées]* to coincide, match; *[caractères]* to match. **faire ~ des
chiffres** to make figures agree *ou* tally; **ses actes concordent-ils
avec ses idées?** is his behaviour in accordance with his ideas?
concourant, e [kɔ̃kurɑ̃, ɑ̃t] *adj* (*convergent*) *droites* convergent;
efforts concerted (*épith*), united, cooperative.
concourir [kɔ̃kuriR] (11) **1** *vi* **(a)** *[concurrent]* to compete (*pour*
for). **(b)** (*Math: converger*) to converge (*vers* towards, on). **2
concourir à** *vt indir* (*coopérer pour*) **~ à qch/à faire qch** to work
towards sth/towards doing sth.
concours [kɔ̃kuR] *nm* **(a)** (*gén: jeu, compétition*) competition;
(*Scol: examen*) competitive examination. **~ agricole** agricultural
show; **~ hippique** (*Sport*) showjumping (*U*); (*épreuve*) **un ~
hippique** a horse show; (*Admin*) **promotion par (voie de) ~**
promotion by (competitive) examination; **~ de beauté** beauty
contest; (*Scol*) **~ d'entrée (à)** (competitive) entrance examination
(for); **~ de recrutement** competitive entry examination; (*Scol*) **~
général** *competitive examination with prizes, open to secondary
school children*; *V* hors.
(b) (*participation*) aid, help. **prêter son ~ à qch** to lend one's
support to sth; **avec le ~ de** (*participation*) with the participation
of; (*aide*) with the support *ou* help *ou* assistance of; **il a fallu le ~
des pompiers** the firemen's help was needed.
(c) (*rencontre*) **~ de circonstances** combination of circumstances; **un grand ~ de peuple†** a large concourse† *ou* throng of
people.
concret, -ète [kɔ̃krɛ, ɛt] **1** *adj* (*tous sens: réel*) concrete. **esprit ~**
down-to-earth mind; **il en a tiré des avantages ~s** he got *ou* it gave
him certain real *ou* positive advantages; *V* musique.
2 *nm*: **le ~ et l'abstrait** the concrete and the abstract; **ce que je
veux, c'est du ~** I want something concrete.
concrètement [kɔ̃krɛtmɑ̃] *adv* in concrete terms. **je me
représente très ~ la situation** I can visualize the situation very
clearly; **~, à quoi ça va servir?** what practical use will it have?, in
concrete terms, what use will it be?
concrétion [kɔ̃kresjɔ̃] *nf* (*Géol, Méd*) concretion.
concrétisation [kɔ̃kretizasjɔ̃] *nf [promesse etc]* realization.
concrétiser [kɔ̃kretize] (1) **1** *vt* to give concrete expression to.
2 *vi* (*Sport: marquer*) to score.
3 se concrétiser *vpr [espoir, projet, rêve]* to materialize. **ses
promesses/menaces ne se sont pas concrétisées** his promises/
threats didn't come to anything *ou* didn't materialize; **le projet
commence à se ~** the project is beginning to take shape.
concubin, e [kɔ̃kybɛ̃, in] **1** *nm,f* (*Jur*) cohabitant, co-habitee. **2
concubine** *nf* (†: *maîtresse*) concubine†.
concubinage [kɔ̃kybinaʒ] *nm* cohabitation; concubinage†. **ils
vivent en ~** they're living together *ou* as husband and wife; (*Jur*)
~ notoire common-law marriage.
concupiscence [kɔ̃kypisɑ̃s] *nf* concupiscence.
concupiscent, e [kɔ̃kypisɑ̃, ɑ̃t] *adj* concupiscent.
concurremment [kɔ̃kyRamɑ̃] *adv* **(a)** (*conjointement*) conjointly.
il agit ~ avec le président he acts conjointly with *ou* in conjunction with the president. **(b)** (*en même temps*) concurrently.
concurrence [kɔ̃kyRɑ̃s] *nf* **(a)** (*gén, Comm: compétition*) competition. **un prix défiant toute ~** an absolutely unbeatable price,
a rock-bottom price; **~ déloyale** unfair trading *ou* competition;
faire ~ à qn, être en ~ avec qn to be in competition with sb,
compete with sb.
(b) (*limite*) **jusqu'à ~ de ...** up to ..., to a limit of ... .
concurrencer [kɔ̃kyRɑ̃se] (3) *vt* to compete with. **il nous concurrence dangereusement** he is a serious threat *ou* challenge to us;
leurs produits risquent de ~ les nôtres their products could well
pose a serious threat *ou* challenge to ours *ou* could well seriously
challenge ours.
concurrent, e [kɔ̃kyRɑ̃, ɑ̃t] **1** *adj* **(a)** (*rival*) rival, competing. **(b)**
(†: *concourant*) *forces, actions* concurrent, cooperative. **2** *nm,f*
(*Comm, Sport*) competitor; (*Scol*) *[concours]* candidate.
concurrentiel, -elle [kɔ̃kyRɑ̃sjɛl] *adj* (*Écon*) competitive.
concussion [kɔ̃kysjɔ̃] *nf* misappropriation of public funds.

condamnable [kɔ̃danabl(ə)] *adj action, opinion* reprehensible,
blameworthy. **il n'est pas ~ d'avoir pensé à ses intérêts** he cannot be blamed for having thought of his own interests.
condamnation [kɔ̃danasjɔ̃] *nf* **(a)** (*Jur*) *[coupable]* (*action*) sentencing (*à* to, *pour* for); (*peine*) sentence. **il a 3 ~s à son actif** he
(already) has 3 convictions; **~ à mort** death sentence, sentence of
death, capital sentence; **~ à une amende** imposition of a fine; **~ à
5 ans de prison** 5-year (prison) sentence; **~ (aux travaux forcés)**
à perpétuité life sentence (of hard labour); **~ aux dépens** order to
pay the costs; **~ par défaut/par contumace** decree by default/in
one's absence; **~ pour meurtre** sentence for murder.
(b) (*interdiction, punition*) *[livre, délit]* condemnation,
condemning.
(c) (*blâme*) *[conduite, idée]* condemnation.
(d) (*faillite*) *[espoir, théorie, projet]* end. **c'est la ~ du petit
commerce** it means the end of *ou* it spells the end for the small
trader.
(e) (*Aut*) (*action*) locking; (*système*) locking device. **~ électromagnétique des serrures** central locking device.
condamné, e [kɔ̃dane] (*ptp de condamner*) *nm,f* sentenced person, convict; (*à mort*) condemned person. **un ~ à mort s'est
échappé** a man under sentence of death *ou* a condemned man has
escaped; **les malades ~s** the terminally ill; *V* cigarette.
condamner [kɔ̃dane] (1) *vt* **(a)** (*Jur*) *coupable* to sentence (*à* to,
pour for). **~ à mort** to sentence to death; **~ qn à une amende** to
fine sb, impose a fine on sb; **~ qn à 5 ans de prison** to sentence sb
to 5 years' imprisonment, pass a 5-year (prison) sentence on sb;
être condamné aux dépens to be ordered to pay costs; **~ qn par
défaut/par contumace** to sentence sb by default/in his absence *ou*
in absentia; **~ pour meurtre** to sentence for murder; **X, plusieurs
fois condamné pour vol** ... X, several times convicted of theft ... .
(b) (*interdire, punir*) *délit, livre* to condemn. **la loi condamne
l'usage de stupéfiants** the law condemns the use of drugs; **ces
délits sont sévèrement condamnés** these offences carry heavy
sentences *ou* penalties.
(c) (*blâmer*) *action, idées,* (*Ling*) *impropriété* to condemn. **il ne
faut pas le ~ d'avoir fait cela** you mustn't condemn *ou* blame him
for doing that; (*Ling*) **expression condamnée par les gram-
mairiens** expression condemned by grammarians.
(d) (*accuser*) to condemn. **sa rougeur le condamne** his blushes
condemn him.
(e) (*Méd*) *malade* to give up (hope for); (*fig*) *théorie, espoir* to put
an end to. **ce projet est maintenant condamné** this project is now
doomed; **il était condamné depuis longtemps** there had been no
hope for him *ou* he had been doomed for a long time; **il est
condamné par les médecins** the doctors have given up hope (for
him).
(f) (*obliger, vouer*) **~ à: ~ qn au silence/à l'attente** to condemn
sb to silence/to waiting; **je suis condamné ou ça me condamne à
me lever tôt** I'm condemned to get up early; **c'est condamné à
sombrer dans l'oubli** it's doomed to sink into oblivion.
(g) *porte, fenêtre* (*gén*) to fill in, block up; (*avec briques*) to brick
up; (*avec planches etc*) to board up; *pièce* to lock up; *portière de
voiture* to lock. (*fig*) **~ sa porte à qn** to bar one's door to sb.
condé* [kɔ̃de] *nm* (*arg Police: policier*) cop‡.
condensable [kɔ̃dɑ̃sabl(ə)] *adj* condensable.
condensateur [kɔ̃dɑ̃satœR] *nm* (*Elec*) capacitor, condenser; (*Opt*)
condenser.
condensation [kɔ̃dɑ̃sasjɔ̃] *nf* condensation.
condensé [kɔ̃dɑ̃se] *nm* (*Presse*) digest.
condenser [kɔ̃dɑ̃se] (1) **1** *vt gaz, vapeur* to condense; *exposé, pensée*
to condense, compress; *V* lait. **2 se condenser** *vpr [vapeur]* to
condense.
condenseur [kɔ̃dɑ̃sœR] *nm* (*Opt, Phys*) condenser.
condescendance [kɔ̃desɑ̃dɑ̃s] *nf* condescension.
condescendant, e [kɔ̃desɑ̃dɑ̃, ɑ̃t] *adj* condescending.
condescendre [kɔ̃desɑ̃dR(ə)] (41) *vi*: **~ à** to condescend to; **~ à
faire** to condescend *ou* deign to do.
condiment [kɔ̃dimɑ̃] *nm* condiment (*including pickles, spices, and
any other seasoning*).
condisciple [kɔ̃disipl(ə)] *nm* (*Scol*) schoolfellow, schoolmate;
(*Univ*) fellow student.
condition [kɔ̃disjɔ̃] *nf* **(a)** (*circonstances*) **~s** conditions; **~s
atmosphériques/sociologiques** atmospheric/sociological conditions; **~s de travail/vie** working/living conditions; **dans ces ~s,
je refuse** under these conditions, I refuse; **dans les ~s actuelles** in
ou under (the) present conditions; **améliorer la ~ des travailleurs
émigrés** to improve the lot of foreign workers.
(b) (*stipulation*) *[traité]* condition; (*exigence*) *[acceptation]*
condition, requirement. **~ préalable** prerequisite; **la ~
nécessaire et suffisante pour que ...** the necessary and sufficient
condition for ...; **l'endurance est une ~ essentielle** endurance is
an essential requirement; **~s d'un traité** conditions of a treaty;
l'honnêteté est la ~ du succès honesty is the (prime) requirement for *ou* condition of success; **dicter/poser ses ~s** to state/lay
down one's conditions; **il ne remplit pas les ~s requises (pour le
poste)** he doesn't fulfil the requirements (for the job); **~s
d'admission (dans une société)** terms *ou* conditions of admission
ou entry (to a society); **sans ~(s)** (*adj*) unconditional; (*adv*) unconditionally.
(c) (*Comm*) terms. **~s de vente/d'achat** terms of sale/of purchase; **~s de paiement** terms (of payment); **obtenir des ~s
intéressantes** to get favourable terms; **faire ses ~s** to make *ou*
name one's (own) terms; **acheter/envoyer à ou sous ~** to buy/
send on approval; **dans les ~s normales du commerce** in the
ordinary course of business.
(d) (*état*) **en bonne ~** *aliments, envoi* in good condition; **en**

bonne *ou* **grande ~ (physique)** in condition, fit; **en mauvaise ~ (physique)** out of condition, unfit; **mettre en ~** (*physique*) to get into condition, make *ou* get fit; (*mentale*) to get into condition *ou* form; (*psychologique*) to condition; **la mise en ~ des téléspectateurs** the conditioning of television viewers; **se mettre en ~** to get fit, get into condition *ou* form.
    (e) (*rang social*) station, condition. **vivre selon sa ~** to live according to one's station; **un étudiant de ~ modeste** a student from a modest home *ou* background; **ce n'est pas pour un homme de sa ~** it doesn't befit a man of his station; **personne de ~††** person of quality; **la ~ ouvrière** the position of the workers; **la ~ de prêtre** (the) priesthood; **la ~ d'artisan/d'intellectuel** the situation of the craftsman/intellectual.
    (f) (*loc*) **entrer en/être de** *ou* **en ~ chez qn††** to enter sb's service; **être in** service with sb; **à une ~** on one condition; **je viendrai, à ~ d'être prévenu à temps** I'll come provided (that) *ou* providing (that) I'm told in time; **tu peux rester, à ~ d'être sage** *ou* **à ~ que tu sois sage** you can stay provided (that) *ou* providing (that) *ou* on condition that you're good; **sous ~** conditionally.
conditionnel, -elle [kɔ̃disjɔnɛl] *adj, nm* (*tous sens*) conditional.
conditionnellement [kɔ̃disjɔnɛlmɑ̃] *adv* conditionally.
conditionnement [kɔ̃disjɔnmɑ̃] *nm* (*emballage*) packaging; [*air, personne, textile*] conditioning.
conditionner [kɔ̃disjɔne] (1) *vt* (*emballer*) to package, prepack; (*influencer*) to condition; *textiles, blé* to condition. **ceci conditionne notre départ** our departure is dependent on *ou* conditioned by this, this affects our departure; *V* **air¹, réflexe.**
condoléances [kɔ̃dɔleɑ̃s] *nfpl* condolences. **offrir** *ou* **faire ses ~ à qn** to offer sb one's sympathy *ou* condolences; **toutes mes ~** (please accept) all my condolences *ou* my deepest sympathy; **une lettre de ~** a letter of condolence.
condom [kɔ̃dɔm] *nm* condom.
condominium [kɔ̃dɔminjɔm] *nm* condominium.
condor [kɔ̃dɔʀ] *nm* condor.
conductance [kɔ̃dyktɑ̃s] *nf* conductance.
conducteur, -trice [kɔ̃dyktœʀ, tʀis] **1** *adj* (*Élec*) conductive, conducting; *V* **fil. 2** *nm, f* (*Aut, Rail*) driver; [*machine*] operator. **~ de bestiaux** herdsman, drover; **~ d'engins** heavy plant driver; **~ d'hommes** leader; **~ de travaux** clerk of works. **3** *nm* (*Élec*) conductor.
conductibilité [kɔ̃dyktibilite] *nf* conductivity.
conductible [kɔ̃dyktibl(ə)] *adj* conductive.
conduction [kɔ̃dyksjɔ̃] (*Méd, Phys*) conduction.
conduire [kɔ̃dɥiʀ] (38) **1** *vt* **(a)** (*emmener*) **~ qn quelque part** to take sb somewhere; (*en voiture*) to take *ou* drive sb somewhere; **~ un enfant à l'école/chez le docteur** to take a child to school/to the doctor; **~ la voiture au garage** to take the car to the garage; **~ les bêtes aux champs** to take *ou* drive the animals to the fields; **~ qn à la gare** (*en voiture*) to take *ou* drive sb to the station; (*à pied*) to walk *ou* see sb to the station; **il me conduisit à ma chambre** he showed me *ou* took me to my room.
    (b) (*guider*) to lead. **il conduisit les hommes à l'assaut** he led the men into the attack; **le guide nous conduisait** the guide was leading us; **il nous a conduits à travers Paris** he guided us through Paris.
    (c) (*piloter*) *véhicule* to drive; *embarcation* to steer; *avion* to pilot; *cheval [cavalier]* to ride; [*cocher*] to drive. **~ un cheval par la bride** to lead a horse by the bridle.
    (d) (*Aut: emploi absolu*) to drive. **il conduit bien/mal** he is a good/bad driver, he drives well/badly; *V* **permis.**
    (e) (*mener*) **~ qn quelque part** [*véhicule*] to take sb somewhere; [*route, traces*] to lead *ou* take sb somewhere; [*études, événement*] to lead sb somewhere; **la sociologie ne conduit à rien** sociology doesn't lead to anything *ou* leads nowhere; **où cela va-t-il nous ~?** where will all this lead us?; **cela nous conduit à penser que** that leads us to think that; **cet escalier conduit à la cave** this staircase leads (down) to the cellar; **où ce chemin conduit-il?** where does this road lead? *ou* go?; **ses dérèglements ont conduit en prison** his profligacy landed him in prison.
    (f) (*diriger*) *affaires* to run, manage; *travaux* to supervise; *pays* to run, lead; *négociations, enquête* to lead, conduct; *orchestre [chef d'orchestre]* to conduct; [*premier violon*] to lead. **les fouilles sont conduites par X** the excavation is being led *ou* directed by X.
    (g) (*transmettre*) *chaleur, électricité* to conduct; (*transporter*) to carry. **un aqueduc conduit l'eau à la ville** an aqueduct carries water to the town.
    2 se conduire *vpr* to behave. **il sait se ~ (en société)** he knows how to behave (in polite company); **ce ne sont pas des façons de se ~** that's no way to behave; **conduisez-vous comme il faut!** behave properly!; **il s'est mal conduit** he behaved badly.
conduit [kɔ̃dɥi] **1** *nm* **(a)** (*Tech*) conduit, pipe. **~ de fumée** flue; **~ d'air** *ou* **de ventilation** ventilation shaft; **~ d'alimentation** supply pipe; **~ d'aération** air duct.
    (b) (*Anat*) duct, canal, meatus (*T*).
    2: conduit auditif auditory canal; **conduit lacrymal** lachrymal (*T*) *ou* tear duct; **conduit urinaire** ureter, urinary canal.
conduite [kɔ̃dɥit] **1** *nf* **(a)** (*pilotage*) [*véhicule*] driving; [*embarcation*] steering; [*avion*] piloting. **la ~ d'un gros camion demande de l'habileté** driving a big truck takes a lot of skill; **en Angleterre la ~ est à gauche** in England, you drive on the left; **voiture avec ~ à gauche/à droite** left-hand-drive/right-hand-drive car; **faire un brin de ~ à qn*** to go *ou* walk part of the way with sb, walk along with sb for a bit.
    (b) (*direction*) [*affaires*] running, management; [*travaux*] supervision; [*pays*] running, leading; [*négociations, enquête*] leading, conducting; [*Littérat*] [*intrigue*] conducting. **sous la ~ de** *homme politique, capitaine, guide* under the leadership of; *instituteur*

under the supervision of; *chef d'orchestre* under the baton *ou* leadership of.
    (c) (*comportement*) behaviour; (*Scol*) conduct. **avoir une ~ bizarre** to behave strangely; **quelle ~ adopter?** what course of action shall we take?; (*Scol*) **zéro de ~** no marks (*Brit*) *ou* zero for conduct; (*Scol*) **tu as combien en** *ou* **pour la ~?** what did you get for conduct?; (*Prison*) **relâché pour bonne ~** released for good conduct; *V* **acheter, écart, ligne¹.**
    (d) (*tuyau*) pipe. **~ d'eau/de gaz** water/gas main.
    2: (*Psych*) **conduite d'échec** defeatist behaviour; (*Hydro-Électricité*) **conduite forcée** pressure pipeline; (*Aut*) **conduite intérieure** saloon (car) (*Brit*), sedan (*US*); **conduite montante** rising main; **conduite de refus** consumer resistance.
condyle [kɔ̃dil] *nm* (*Anat*) condyle.
cône [kon] *nm* (*Anat, Bot, Math, Tech*) cone; [*volcan*] cone. **en forme de ~** cone-shaped; **~ de déjection** alluvial cone; **~ d'ombre/de lumière** cone of shadow/light.
confection [kɔ̃fɛksjɔ̃] *nf* **(a)** (*exécution*) [*appareil, vêtement*] making; [*repas*] making, preparation, preparing.
    (b) (*Habillement*) **la ~** the clothing industry, the rag trade*; **être dans la ~** to be in the ready-made clothes business; **vêtement de ~** ready-made garment; **il achète tout en ~** he buys everything off-the-peg (*surtout Brit*) *ou* ready-to-wear; *V* **magasin.**
confectionner [kɔ̃fɛksjɔne] (1) *vt mets* to prepare, make; *appareil, vêtement* to make.
confédéral, e, mpl -aux [kɔ̃fedeʀal, o] *adj* confederal.
confédération [kɔ̃fedeʀasjɔ̃] *nf* confederation, confederacy.
confédéré, e [kɔ̃fedeʀe] (*ptp de* **confédérer**) **1** *adj nations* confederate. **2** *nmpl* (*US Hist*) **les C~s** the Confederates.
confédérer [kɔ̃fedeʀe] (6) *vt* to confederate.
conférence [kɔ̃feʀɑ̃s] *nf* **(a)** (*exposé*) lecture. **faire une ~ sur qch** to lecture on sth, give a lecture on sth; *V* **salle, maître. (b)** (*réunion*) conference, meeting. **être en ~** to be in conference *ou* in a *ou* at a meeting; **~ au sommet** summit (conference); **~ de presse** press conference. **(c)** (*poire*) conference pear.
conférencier, -ière [kɔ̃feʀɑ̃sje, jɛʀ] *nm, f* speaker, lecturer.
conférer [kɔ̃feʀe] (6) **1** *vt* **(a)** (*décerner*) *dignité* to confer (*à* on); *baptême, ordres sacrés* to give; (*frm: donner*) *prestige, autorité* to impart (*à* to). **~ un certain sens/aspect à qch** to endow sth with a certain meaning/look, give sth a certain meaning/look; **ce titre lui confère un grand prestige** that title confers great prestige on him.
    (b) (*collationner*) to collate, compare.
    2 *vi* (*s'entretenir*) to confer (*sur* on, about).
confesse [kɔ̃fɛs] *nf:* **être/aller à ~** to be at/go to confession.
confesser [kɔ̃fese] (1) **1** *vt* **(a)** (*avouer, Rel*) *péchés, erreur* to confess. **~ que** to confess that; **~ sa foi** to confess one's faith.
    (b) **~ qn** (*Rel*) to hear sb's confession, confess sb; (*: *faire parler*) to draw the truth out of sb, make sb talk; **l'abbé X confesse de 4 à 6** Father X hears confession from 4 to 6.
    2 se confesser *vpr* (*Rel*) to go to confession. **se ~ à prêtre** to confess to, make confession to; *ami* to confess to; **se ~ de** *péchés, (littér) méfait* to confess to.
confesseur [kɔ̃fɛsœʀ] *nm* confessor.
confession [kɔ̃fesjɔ̃] *nf* (*aveu*) confession; (*acte du prêtre*) hearing of confession, (*religion*) denomination; *V* **donner.**
confessionnal, pl -aux [kɔ̃fesjɔnal, o] *nm* confessional.
confessionnel, -elle [kɔ̃fesjɔnɛl] *adj* denominational. **querelle ~le** interdenominational dispute; **école ~le** denominational *ou* sectarian school; **non ~** nondenominational, nonsectarian.
confetti [kɔ̃feti] *nm* confetti (*U*).
confiance [kɔ̃fjɑ̃s] *nf* (*en l'honnêteté de qn*) confidence, trust; (*en la valeur de qn, le succès de qch, la solidité d'un appareil*) confidence, faith (*en* in). **avoir ~ en** *ou* **dans, faire ~ à** to have confidence *ou* faith in, trust; **c'est quelqu'un en qui on peut avoir ~** he's (*ou* she's) a person you can rely on; (*Pol*) **voter la ~ (au gouvernement)** to pass a vote of confidence (in the government); **il faut avoir ~** one must have confidence; **je n'ai pas ~ dans leur matériel** I've no faith *ou* confidence in their equipment; **il a toute ma ~** he has my complete trust *ou* confidence; **mettre qn en ~** to win sb's trust; **placer** *ou* **mettre sa ~ dans** to place one's confidence in; **avec ~** *se confier* trustingly; *espérer* confidently; **en (toute) ~, de ~** *acheter* with confidence; **de ~** *homme, maison* trustworthy, reliable; **un poste de ~** a position of trust; **~ en soi** self-confidence; *V* **abus, question.**
confiant, e [kɔ̃fjɑ̃, ɑ̃t] *adj* (*assuré, plein d'espoir*) confident; (*en soi-même*) (self-)confident, (self-)assured. **(b)** (*sans défiance*) *caractère, regard* confiding.
confidence [kɔ̃fidɑ̃s] *nf* (*secret*) confidence, little (personal) secret. **faire une ~ à qn** to confide sth to sb, trust sb with a secret; **faire des ~s à qn** to share a secret with sb, confide in sb; **en ~** in confidence; **mettre qn dans la ~** to let sb into the secret; **~s sur l'oreiller** intimate confidences, pillow talk.
confident [kɔ̃fidɑ̃] *nm* confidant.
confidente [kɔ̃fidɑ̃t] *nf* confidante.
confidentialité [kɔ̃fidɑ̃sjalite] *nf* confidentiality.
confidentiel, -ielle [kɔ̃fidɑ̃sjɛl] *adj* confidential; (*sur une enveloppe*) private (and confidential); *V* **ultra.**
confidentiellement [kɔ̃fidɑ̃sjɛlmɑ̃] *adv* confidentially.
confier [kɔ̃fje] (7) **1** *vt* **(a)** (*dire en secret*) to confide (*à* to). **il me confie ses projets** he confides his projects to me, he tells me about his projects; **il me confie tous ses secrets** he shares all his secrets with me; **dans ce livre il confie ses joies et ses peines** in this book he tells of *ou* reveals his sorrows and his joys.
    (b) (*laisser aux soins de qn*) to confide, entrust (*à* to). **~ qn/qch aux soins/à la garde de qn** to confide *ou* entrust sb/sth to sb's care/safekeeping; **je vous confie le soin de le faire** I entrust you with the task of doing it.

2 se confier *vpr* **(a)** (*dire un secret*) se ~ à qn to confide in sb; **ils se confièrent l'un à l'autre leur chagrin** they confided their grief to each other; (*littér*) **qu'il est doux de se ~!** what delight to unburden one's heart! (*littér*).

(b) (*se fier à*) se ~ à ou en qn to place o.s. in sb's hands.

configuration [kɔ̃figyʀasjɔ̃] *nf* **(a)** (*general*) shape, configuration. **la ~ des lieux** the layout of the premises; **suivant la ~ du terrain** following the lie of the land. **(b)** (*Ordin*) ~ **multipostes** multi-user system.

confiné, e [kɔ̃fine] (*ptp de* **confiner**) *adj* **(a)** (*enfermé*) **vivre ~ chez soi** to live shut away in one's own home. **(b)** (*renfermé*) *atmosphère* enclosed; *air* stale.

confinement [kɔ̃finmɑ̃] *nm* (*V* confiner) confining.

confiner [kɔ̃fine] (1) **1** *vt* (*enfermer*) ~ **qn à** ou **dans** to confine sb to *ou* in.

2 confiner à *vt indir* (*toucher à*) (*lit*) to border on, adjoin; (*fig*) to border *ou* verge on.

3 se confiner *vpr* to confine o.s. (*à to*). **se ~ chez soi** to confine o.s. to the house, shut o.s. up at home.

confins [kɔ̃fɛ̃] *nmpl* borders. **aux ~ de la Bretagne et de la Normandie/du rêve et de la réalité** on the borders of Brittany and Normandy/dream and reality; **aux ~ de la Bretagne/la science** at the outermost *ou* furthermost bounds of Brittany/science.

confire [kɔ̃fiʀ] (37) *vt* (*au sucre*) to preserve; (*au vinaigre*) to pickle; *V* **confit**.

confirmand, e [kɔ̃fiʀmɑ̃, ɑ̃d] *nm,f* confirmand (*T*), confirmation candidate.

confirmation [kɔ̃fiʀmasjɔ̃] *nf* (*gén, Rel*) confirmation. **en ~ de** confirming, in confirmation of; **apporter ~ de** to confirm, provide confirmation of; **c'est la ~ de** it confirms, it provides *ou* is confirmation of; **j'en attends ~** I'm waiting for confirmation of it.

confirmer [kɔ̃fiʀme] (1) *vt* (*gén, Rel*) to confirm. **il m'a confirmé que** he confirmed to me that; (*dans une lettre*) **je souhaite ~ ma réservation du ...** I wish to confirm my reservation of ...; **cela l'a confirmé dans ses idées** it confirmed *ou* strengthened him in his ideas; **la nouvelle se confirme** the news has been confirmed, there is some confirmation of the news; *V* **exception**.

confiscable [kɔ̃fiskabl(ə)] *adj* liable to confiscation *ou* seizure, confiscable.

confiscation [kɔ̃fiskasjɔ̃] *nf* confiscation, seizure.

confiserie [kɔ̃fizʀi] *nf* (*magasin*) confectioner's (shop), sweetshop (*Brit*), candy store (*US*); (*métier*) confectionery; (*bonbons*) confectionery (*U*), sweets (*Brit*), candy (*U*) (*US*). **manger une ~/des ~s** to eat a sweet/sweets (*Brit*) *ou* candy (*US*).

confiseur, -euse [kɔ̃fizœʀ, øz] *nm,f* confectioner.

confisquer [kɔ̃fiske] (1) *vt* (*gén, Jur*) to confiscate, seize.

confit, e [kɔ̃fi, it] (*ptp de* **confire**) **1** *adj fruit* crystallized, candied; *cornichon etc* pickled. (*fig*) ~ **de** ou **en dévotion** steeped in piety. **2** *nm*: ~ **d'oie/de canard** conserve of goose/duck.

confiture [kɔ̃fityʀ] *nf* jam. ~ **de prunes/d'abricots** plum/apricot jam; ~ **d'oranges** (orange) marmalade; ~ **de citrons** lemon marmalade; **veux-tu de la ~?** ou **des ~s?** do you want (some) jam?; (*fig*) **donner de la ~ aux cochons** to throw pearls before swine.

confiturerie [kɔ̃fityʀʀi] *nf* jam factory.

conflagration [kɔ̃flagʀasjɔ̃] *nf* (*frm: conflit*) cataclysm.

conflictuel, -elle [kɔ̃fliktɥɛl] *adj pulsions, intérêts* conflicting. **situation ~le** situation of conflict; **avoir des rapports ~s avec qn** to have a relationship of conflict with sb.

conflit [kɔ̃fli] *nm* (*gén, Mil*) conflict, clash; (*Psych*) conflict; (*Ind: grève*) dispute; (*Jur*) conflict. **pour éviter le ~** to avoid (a) conflict *ou* a clash; **entrer en ~ avec qn** to come into conflict with sb, clash with sb; **être en ~ avec qn** to be in conflict with sb, clash with sb; ~ **d'intérêts** conflict *ou* clash of interests; ~ **armé** armed conflict; ~ **social** industrial dispute; ~s **internes** infighting; **le ~ israélo-arabe** the Arab-Israeli wars.

confluence [kɔ̃flyɑ̃s] *nf* (*action*) [*cours d'eau*] confluence, flowing together; (*fig*) mingling, merging.

confluent [kɔ̃flyɑ̃] *nm* (*endroit*) confluence.

confluer [kɔ̃flye] (1) *vi* [*cours d'eau*] to join, flow together; (*littér*) [*foule, troupes*] to converge (*vers on*). ~ **avec** to flow into, join.

confondre [kɔ̃fɔ̃dʀ(ə)] (41) **1** *vt* **(a)** (*mêler*) *choses, dates* to mix up, confuse. **on confond toujours ces deux frères** people always mix up *ou* confuse these two brothers *ou* get these two brothers mixed up *ou* muddled up (*Brit*); **les deux sœurs se ressemblent au point qu'on les confond** the two sisters are so alike that you take *ou* mistake one for the other; **il confond toujours le Chili et** *ou* **avec le Mexique** he keeps mixing up *ou* confusing Chile and *ou* with Mexico; ~ **qch/qn avec qch/qn d'autre** to mistake sth/sb for sth/ sb else; **elle a confondu sa valise avec la mienne** she mistook my case for hers; **je croyais que c'était son frère, j'ai dû ~** I thought it was his brother but I must have made a mistake *ou* I must have been mistaken; **mes réserves ne sont pas de la lâcheté, il ne faudrait pas ~** my reservations aren't cowardice, let there be no mistake about that *ou* you shouldn't confuse the two.

(b) (*déconcerter*) to astound. **il me confondit par l'étendue de ses connaissances** he astounded me with the extent of his knowledge; **son insolence a de quoi vous ~** his insolence is astounding *ou* is enough to leave you speechless; **je suis confondu** **devant** *ou* **de tant d'amabilité** I'm overcome *ou* overwhelmed by such kindness; **être confondu de reconnaissance** to be overcome with gratitude.

(c) (*réduire au silence*) *détracteur, ennemi, menteur* to confound.

(d) (*réunir, fusionner*) to join, meet. **deux rivières qui confondent leurs eaux** two rivers which flow together *ou* join.

2 se confondre *vpr* **(a)** (*ne faire plus qu'un*) to merge; (*se rejoindre*) to meet. **les silhouettes se confondaient dans la brume** the silhouettes merged (together) in the mist; **les couleurs se**

confondent de loin the colours merge in the distance; **tout se confondait dans sa mémoire** everything became confused in his memory; **les deux événements se confondirent (en un seul) dans sa mémoire** the two events merged into one in his memory, the two events became confused (as one) in his memory; **nos intérêts se confondent** our interests are one and the same; **les deux fleuves se confondent à cet endroit** the two rivers flow together *ou* join here.

(b) se ~ **en excuses** to apologize profusely; **se ~ en remerciements** to offer profuse thanks, be effusive in one's thanks; **il se confondit en remerciements** he thanked me (*ou* them *etc*) profusely *ou* effusively.

conformation [kɔ̃fɔʀmasjɔ̃] *nf* conformation; *V* vice.

conforme [kɔ̃fɔʀm(ə)] *adj* **(a)** (*semblable*) true (*à to*). ~ **à l'original/au modèle** true to the original/pattern; **c'est ~ à l'échantillon** it matches the sample; **c'est peu ~ à ce que j'ai dit** it bears little resemblance to what I said; **ce n'est pas ~ à** *accord, commande, normes* it does not comply with; **ce n'est pas ~ à l'original** it does not match the original; **cette copie est bien ~, n'est-ce pas?** it's a true *ou* good replica, isn't it?; *V* **copie**.

(b) (*fidèle*) in accordance (*à with*). **l'exécution des travaux est ~ au plan prévu** the work is being carried out in accordance with the agreed plan; ~ **à la loi** in accordance *ou* conformity with the law; ~ **à la règle/à la norme** in accordance with the rule/norm.

(c) (*en harmonie avec*) ~ **à** in keeping with, consonant with; **un niveau de vie ~ à nos moyens** a standard of living in keeping *ou* consonant with (*frm*) our means; **il a des vues ~s aux miennes** his views are in keeping with mine, we have similar views.

conformé, e [kɔ̃fɔʀme] (*ptp de* **conformer**) *adj corps, enfant* **bien/mal ~** well/ill-formed; **bizarrement ~** strangely shaped *ou* formed.

conformément [kɔ̃fɔʀmemɑ̃] *adv* ~ **à (a)** (*en respectant*) in conformity with, in accordance with. ~ **à la loi, j'ai décidé que** in accordance *ou* conformity with the law, I have decided that; **les travaux se sont déroulés ~ au plan prévu** the work was carried out in accordance with *ou* according to the proposed plan; **ce travail a été exécuté ~ au modèle/à l'original** this piece of work was done to conform to the pattern/original *ou* to match the pattern/original exactly.

(b) (*suivant*) in accordance with. ~ **à ce que j'avais promis/ prédit** in accordance with what I had promised/predicted.

conformer [kɔ̃fɔʀme] (1) **1** *vt* (*calquer*) ~ **qch à** to model sth on; ~ **sa conduite à celle d'une autre personne** to model one's (own) conduct on somebody else's; ~ **sa conduite à ses principes** to match one's conduct to one's principles.

2 se conformer *vpr*: **se ~ à** to conform to.

conformisme [kɔ̃fɔʀmism(ə)] *nm* (*gén, Rel*) conformity.

conformiste [kɔ̃fɔʀmist(ə)] *adj, nmf* (*gén, Rel*) conformist.

conformité [kɔ̃fɔʀmite] *nf* **(a)** (*identité*) similarity, correspondence (*à to*). **la ~ de deux choses** the similarity of *ou* between two things, the close correspondence of *ou* between two things; **en ~ avec le modèle** in accordance with the pattern.

(b) (*fidélité*) faithfulness (*à to*). ~ **à la règle/aux ordres reçus** compliance with the rules/orders received; **en ~ avec le plan prévu/avec les ordres reçus** in accordance *ou* conformity with the proposed plan/orders received.

(c) (*harmonie*) conformity, agreement (*avec with*). **la ~ de nos vues sur la question, notre ~ de vues sur la question** the agreement of our views on the question; **sa conduite est en ~ avec ses idées** his conduct is in keeping *ou* in conformity *ou* in agreement with his ideas.

confort [kɔ̃fɔʀ] *nm* comfort. **appartement tout ~** ou **avec (tout) le ~ moderne** flat with all mod cons (*Brit*) *ou* modern conveniences; **y a-t-il (tout) le ~?** does it have all mod cons? (*Brit*) *ou* modern conveniences?; **il aime le** *ou* **son ~** he likes his creature comforts *ou* his comfort; **dès que ça dérange son ~ personnel il refuse de nous aider** as soon as it inconveniences him *ou* puts him out he refuses to help us.

confortable [kɔ̃fɔʀtabl(ə)] *adj* **(a)** (*douillet*) *appartement* comfortable, snug, cosy; *vêtement, vie* comfortable, comfy*. **fauteuil peu ~** rather uncomfortable armchair.

(b) (*opulent*) *fortune, retraite* comfortable; *métier, situation* comfortable, cushy*.

(c) (*important*) comfortable (*épith*). **prendre une avance ~ sur ses rivaux** to get a comfortable lead over one's rivals.

confortablement [kɔ̃fɔʀtabləmɑ̃] *adv* comfortably. **vivre ~** (*dans le confort*) to live in comfort; (*dans la richesse*) to live very comfortably, lead a comfortable existence.

conforter [kɔ̃fɔʀte] (1) *vt* to reinforce, confirm.

confraternel, -elle [kɔ̃fʀatɛʀnɛl] *adj* brotherly, fraternal.

confraternité [kɔ̃fʀatɛʀnite] *nf* brotherliness.

confrère [kɔ̃fʀɛʀ] *nm* (*profession*) colleague; (*association*) fellow member; (*journal*) (fellow) newspaper. **mon cher ~** dear colleague.

confrérie [kɔ̃fʀeʀi] *nf* brotherhood.

confrontation [kɔ̃fʀɔ̃tasjɔ̃] *nf* [*opinions, personnes*] confrontation; [*textes*] comparison, collation.

confronter [kɔ̃fʀɔ̃te] (1) *vt* (*opposer*) *opinions, personnes* to confront; (*comparer*) *textes* to compare, collate.

confucéen, -enne [kɔ̃fyseɛ̃, ɛn] *adj* Confucian.

confucianisme [kɔ̃fysjanism(ə)] *nm* Confucianism.

confucianiste [kɔ̃fysjanist] **1** *adj* Confucian. **2** *nmf* Confucian, Confucianist.

Confucius [kɔ̃fysjys] *n* Confucius.

confus, e [kɔ̃fy, yz] *adj* **(a)** (*peu clair*) *bruit, texte, souvenir* confused; *esprit, personne* confused, muddled; *mélange, amas d'objets* confused. **cette affaire est très ~e** this business is very confused *ou* muddled.

(b) *(honteux) personne* ashamed, embarrassed. il était ~ d'avoir fait cela he was embarrassed at having done that; vous avez fait des folies, nous sommes ~! you've been far too kind, we're quite overwhelmed! ou you make us feel quite ashamed!; je suis tout ~ de mon erreur I'm terribly ashamed of my mistake, I don't know what to say about my mistake.

confusément [kɔ̃fyzemā] *adv distinguer* vaguely; *comprendre, ressentir* vaguely, in a confused way; *parler* unintelligibly, confusedly.

confusion [kɔ̃fyzjɔ̃] *nf* **(a)** *(honte)* embarrassment; *(trouble, embarras)* confusion. à ma grande ~ to my great embarrassment; to my great confusion.

(b) *(erreur) [noms, personnes, dates]* confusion *(de* in). vous avez fait une ~ you've made a mistake, you've got things confused.

(c) *(désordre) [esprits, idées]* confusion; *[assemblée, pièce, papiers]* confusion, disorder *(de* in). c'était dans une telle ~ it was in such confusion *ou* disorder; mettre *ou* jeter la ~ dans les esprits/l'assemblée to throw people/the audience into confusion *ou* disarray.

(d) *(Jur)* ~ des dettes confusion; ~ de part *ou* de paternité doubt over paternity; ~ des peines concurrency of sentences; ~ des pouvoirs *non-separation of legislature, executive and judiciary*.

confusionnisme [kɔ̃fyzjɔnism(ə)] *nm (Psych) confused thinking of a child; (Pol) policy of spreading confusion in people's minds.*

congé [kɔ̃ʒe] **1** *nm* **(a)** *(vacances)* holiday *(Brit)*, vacation *(US)*; *(Mil: permission)* leave. **3 jours de** ~ pour *ou* à Noël 3 days' holiday *(Brit) ou* vacation *(US) ou* 3 days off at Christmas; en ~ *écolier, employé* on holiday *(Brit) ou* vacation *(US)*; *soldat* on leave; avoir ~: quel jour avez-vous ~? which day do you have off?; quand avez-vous ~ en été? when are you off *ou* when do you get a holiday *(Brit) ou* vacation *(US)* in the summer?; avoir ~ le mercredi to have Wednesdays off, be off on Wednesdays *ou* on a Wednesday; il me reste 3 jours de ~ à prendre I've got 3 days (holiday) still to come.

(b) *(arrêt momentané de travail)* time off *(U)*, leave *(U)*. prendre/donner du ~ to take/give time off *ou* some leave; prendre un ~ d'une semaine to take a week off *ou* a week's leave; ~ sans traitement *ou* solde unpaid leave, time off without pay; demander à être mis en ~ sans traitement *ou* solde pendant un an to ask for a year's unpaid leave, ask for a year off without pay.

(c) *(avis de départ)* notice; *(renvoi)* notice (to quit *ou* leave). donner son ~ *[employé]* to hand in *ou* give in one's notice *(à* to); *[locataire]* to give notice *(à* to); donner (son) ~ à un locataire/employé to give a lodger/an employee (his) notice; il faut donner ~ 8 jours à l'avance one must give a week's notice; il a demandé son ~ he's asked to leave.

(d) *(adieu)* prendre ~ (de qn) to take one's leave (of sb); donner ~ à qn à la fin d'un entretien to dismiss *(frm)* sb at the end of a conversation.

(e) *(Admin: autorisation)* clearance certificate; *[transports d'alcool]* release *(of wine etc from bond)*. *(Naut)* ~ (de navigation) clearance.

2: **congé annuel** annual holiday *(Brit) ou* vacation *(US) ou* leave; **congé pour convenance personnelle** ≃ compassionate leave; **congé de conversion** retraining period; **congé de longue durée** extended *ou* prolonged leave of absence; **congé de longue maladie** prolonged *ou* extended sick leave; **congé de maladie** sick leave; **congé de maternité** maternity leave; **les congés payés** *(vacances)* (annual) paid holidays *(Brit) ou* vacation *(US) ou* leave; *(péj: vacanciers)* the rank and file (holiday-makers *(Brit) ou* vacationers *(US)*); **congés scolaires** school holidays *(Brit) ou* vacation *(US)*.

congédiable [kɔ̃ʒedjabl(ə)] *adj (Mil)* due for discharge; *(gén)* able to be dismissed. le personnel non titulaire est ~ à tout moment non-tenured staff can be dismissed at any time.

congédier [kɔ̃ʒedje] (7) *vt* to dismiss.

congelable [kɔ̃ʒlabl(ə)] *adj* which can be easily frozen.

congélateur [kɔ̃ʒelatœʀ] *nm (meuble)* freezer, deep-freeze; *(compartiment)* freezer compartment. ~ armoire upright freezer; ~ bahut chest freezer.

congélation [kɔ̃ʒelasjɔ̃] *nf [eau, aliments]* freezing; *[huile]* congealing. sac de ~ freezer bag; V point¹.

congeler [kɔ̃ʒle] (5) **1** *vt eau, huile* to freeze; *aliments* to (deep-)freeze. les produits congelés (deep-)frozen foods, deep-freeze foods. **2 se congeler** *vpr* to freeze.

congénère [kɔ̃ʒenɛʀ] *nmf (semblable)* fellow, fellow creature. toi et tes ~s you and the likes of you.

congénital, e, *mpl* -aux [kɔ̃ʒenital, o] *adj* congenital.

congère [kɔ̃ʒɛʀ] *nf* snowdrift.

congestif, -ive [kɔ̃ʒestif, iv] *adj* congestive.

congestion [kɔ̃ʒestjɔ̃] *nf* congestion. ~ (cérébrale) stroke; ~ (pulmonaire) congestion of the lungs.

congestionner [kɔ̃ʒestjɔne] (1) *vt rue* to congest; *personne, visage* to flush, make flushed. être congestionné *[personne, visage]* to be flushed; *[rue]* to be congested.

conglomérat [kɔ̃glɔmeʀa] *nm (Écon, Géol)* conglomerate; *(fig: amalgame)* conglomeration.

conglomération [kɔ̃glɔmeʀasjɔ̃] *nf* conglomeration.

conglomérer [kɔ̃glɔmeʀe] (6) *vt* to conglomerate.

Congo [kɔ̃gɔ] *nm*: le ~ *(pays, fleuve)* the Congo.

congolais, e [kɔ̃gɔlɛ, ɛz] **1** *adj* Congolese. **2** *nm,f*: C~(e) Congolese. **3** *nm (gâteau)* coconut cake.

congratulations [kɔ̃gʀatylasjɔ̃] *nfpl* († *ou hum)* congratulations.

congratuler [kɔ̃gʀatyle] (1) († *ou hum) vt* to congratulate.

congre [kɔ̃gʀ(ə)] *nm* conger (eel).

congrégation [kɔ̃gʀegasjɔ̃] *nf (Rel)* congregation; *(fig)* assembly.

congrès [kɔ̃gʀɛ] *nm* congress. *(US Pol)* le C~ Congress; membre du C~ congressman/woman, member of Congress.

congressiste [kɔ̃gʀesist(ə)] *nmf* participant at a congress.

congru, e [kɔ̃gʀy] *adj* **(a)** V portion. **(b)** = congruent.

congruence [kɔ̃gʀyãs] *nf (Math)* congruence.

congruent, e [kɔ̃gʀyā, ãt] *adj (Math)* congruent.

conifère [kɔnifɛʀ] *nm* conifer.

conique [kɔnik] **1** *adj* conical. de forme ~ cone-shaped, coniform. **2** *nf* conic (section).

conjectural, e, *mpl* -aux [kɔ̃ʒɛktyʀal, o] *adj* conjectural.

conjecturalement [kɔ̃ʒɛktyʀalmã] *adv* conjecturally.

conjecture [kɔ̃ʒɛktyʀ] *nf* conjecture. se perdre en ~s quant à qch to lose o.s. in conjectures about sth; nous en sommes réduits aux ~s we can only conjecture *ou* guess (about this).

conjecturer [kɔ̃ʒɛktyʀe] (1) *vt* to conjecture. on ne peut rien ~ sur cette situation one can't conjecture anything about that situation.

conjoint, e [kɔ̃ʒwɛ̃, wɛt] **1** *adj démarche, action, (Fin)* débiteurs, *legs* joint *(épith); problèmes* linked, related. financement ~ joint financing.

2 *nm, f (Admin: époux)* spouse. lui et sa ~e he and his spouse; le maire a félicité les ~s the mayor congratulated the couple; les (deux) ~s the husband and wife; les futurs ~s the bride and groom to be.

conjointement [kɔ̃ʒwɛtmã] *adv* jointly. ~ avec together with; la notice explicative vous sera expédiée ~ (avec l'appareil) the explanatory leaflet will be enclosed (with the machine); *(Jur)* ~ et solidairement jointly and severally.

conjonctif, -ive [kɔ̃ʒɔktif, iv] **1** *adj (Gram)* conjunctive; *(Anat)* connective. **2 conjonctive** *nf (Anat)* conjunctiva.

conjonction [kɔ̃ʒɔksjɔ̃] *nf* **(a)** *(Astron, Gram)* conjunction. *(Ling)* ~ de coordination/de subordination coordinating/subordinating conjunction. **(b)** *(frm: union)* union, conjunction.

conjonctivite [kɔ̃ʒɔktivit] *nf* conjunctivitis.

conjoncture [kɔ̃ʒɔktyʀ] *nf (circonstances)* situation, circumstances. dans la ~ (économique) actuelle in the present (economic) situation *ou* circumstances; crise de ~ economic crisis (due to a number of factors); étude de ~ study of the overall economic climate *ou* of the present state of the economy.

conjoncturel, -elle [kɔ̃ʒɔktyʀɛl] *adj*: crises/fluctuations ~les economic crises/fluctuations arising out of certain economic conditions.

conjugable [kɔ̃ʒygabl(ə)] *adj* which can be conjugated.

conjugaison [kɔ̃ʒygɛzɔ̃] *nf (Bio, Gram)* conjugation; *(frm: union)* union, uniting. grâce à la ~ de nos efforts by our joint efforts.

conjugal, e, *mpl* -aux [kɔ̃ʒygal, o] *adj amour, union* conjugal. vie ~e married *ou* conjugal life; V domicile, foyer.

conjugalement [kɔ̃ʒygalmã] *adv*: vivre ~ to live (together) as a (lawfully) married couple.

conjugué, e [kɔ̃ʒyge] *(ptp de* conjuguer) **1** *adj (Bot, Math)* conjugate; *efforts, actions* joint, combined. **2** *nfpl (Bot)* conjuguées conjugatae.

conjuguer [kɔ̃ʒyge] (1) **1** *vt (Gram)* to conjugate; *(combiner)* to combine. **2 se conjuguer** *vpr [efforts]* to combine. ce verbe se conjugue avec avoir this verb is conjugated with avoir.

conjuration [kɔ̃ʒyʀɑsjɔ̃] *nf (complot)* conspiracy; *(rite)* conjuration. c'est une véritable ~!* it's a conspiracy!, it's all a big plot!

conjuré, e [kɔ̃ʒyʀe] *(ptp de* conjurer) *nm, f* conspirator.

conjurer [kɔ̃ʒyʀe] (1) **1** *vt* **(a)** *(éviter)* danger, échec to avert.

(b) *(littér: exorciser) démons, diable* to ward off, cast out. essayer de ~ le sort to try to ward off *ou* evade ill fortune.

(c) *(prier, implorer)* ~ qn de faire qch to beseech *ou* entreat *ou* beg sb to do sth; je vous en conjure I beseech *ou* entreat *ou* beg you.

(d) (††: *conspirer)* mort, perte de qn to plot. ~ contre qn to plot *ou* conspire against sb.

2 se conjurer *vpr (s'unir) [circonstances]* to conspire; *[conspirateurs]* to plot, conspire (contre against). *(frm, hum)* vous vous êtes tous conjurés contre moi! you're all conspiring against me!, you're all in league against me!

connaissable [kɔnɛsabl(ə)] *adj* knowable. le ~ the knowable.

connaissance [kɔnɛsãs] *nf* **(a)** *(savoir)* la ~ de qch (the) knowledge of sth; la ~ knowledge; la ~ intuitive/expérimentale intuitive/experimental knowledge; sa ~ de l'anglais his knowledge of English, his acquaintance with English; il a une bonne ~ des affaires he has a good *ou* sound knowledge of business matters; une profonde ~ du cœur humain a deep understanding of *ou* insight into the human heart; la ~ de soi self-knowledge.

(b) *(choses connues, science)* ~ knowledge; faire étalage de ses ~s to display one's knowledge *ou* learning; approfondir/enrichir ses ~s to deepen *ou* broaden/enhance one's knowledge; avoir *ou* posséder des ~s de to have some knowledge of; c'est un garçon qui a des ~s he's a knowledgeable fellow; il a de bonnes ~s en anglais he has a good command of English; il a de vagues ~s de physique he has a vague knowledge of *ou* a nodding acquaintance with physics.

(c) *(personne)* acquaintance. c'est une vieille/simple ~ he is an old/a mere acquaintance; faire de nouvelles ~s to make new acquaintances, meet new people; il a de nombreuses ~s he has many acquaintances, he knows a great number of people.

(d) *(conscience, lucidité)* consciousness. avoir toute sa ~ to be fully conscious; être sans ~ to be unconscious; perdre ~ to lose consciousness; reprendre ~ to regain consciousness, come round* *(Brit)* ou to.

(e) *(loc)* à ma/sa/leur ~ to (the best of) my/his/their knowledge, as far as I know/he knows/they know; pas à ma ~ not to my knowledge, not as far as I know; venir à la ~ de qn to come to sb's knowledge; donner ~ de qch à qn to inform *ou* notify sb of sth; porter qch à la ~ de qn to notify sb of sth, bring sth to sb's attention; avoir ~ d'un fait to be aware of a fact; en ~ de cause with full knowledge of the facts; nous sommes parmi gens de ~ we are among familiar faces; **un visage de** ~ a familiar face; **en pays de** ~ (*gens qu'on connaît*) among familiar faces; (*branche, sujet qu'on connaît*) on familiar ground *ou* territory; **il avait amené quelqu'un de sa** ~ he had brought along an acquaintance of his *ou* someone he knew; **faire** ~ **avec qn, faire la** ~ **de qn** (*rencontrer*) to meet sb, make sb's acquaintance; (*apprendre à connaître*) to get to know sb; **prendre** ~ **de qch** to read *ou* peruse sth; **nous avons fait** ~ **à Paris** we met in Paris; **je leur ai fait faire** ~ I introduced them (to each other).

connaissement [kɔnɛsmɑ̃] *nm* (*Comm*) bill of lading. ~ **sans réserves** clean bill of lading.

connaisseur, -euse [kɔnɛsœʀ, øz] **1** *adj* **coup d'œil, air** expert. **2** *nm,f* connoisseur. **être** ~ **en vins** to be a connoisseur of wines; **il juge en** ~ his opinion is that of a connoisseur.

connaître [kɔnɛtʀ(ə)] (57) **1** *vt* (**a**) *date, nom, adresse* to know; *fait* to know, be acquainted with; *personne* (*gén*) to know, be acquainted with; (*rencontrer*) to meet; (††: *sens biblique*) to know. **connaît-il la nouvelle?** has he heard *ou* does he know the news?; **connais-tu un bon restaurant près d'ici?** do you know of a good restaurant near here?; ~ **qn de vue/nom/réputation** to know sb by sight/by name/by repute; **chercher à** ~ **qn** to try to get to know sb; **apprendre à** ~ **qn** to get to know sb; **il l'a connu à l'université** he met *ou* knew him at university; **je l'ai connu enfant** *ou* **tout petit** I knew him when he was a child; (*je le vois encore*) I have known him since he was a child; **vous connaissez la dernière (nouvelle)?** have you heard the latest (news)?; (*hum*) **si tu te conduis comme ça je ne te connais plus!** if you behave like that (I'll pretend) I'm not with you; **je ne lui connaissais pas ce chapeau/ces talents** I didn't know he had that hat/these talents; **je ne lui connais pas de défauts/d'ennemis** I'm not aware of his having any faults/enemies.
(**b**) *langue, science* to know; *méthode, auteur, texte* to know, be acquainted with. ~ **les oiseaux/les plantes** to know about birds/plants; **tu connais la mécanique/la musique?** do you know anything *ou* much about engineering/music?; ~ **un texte** to know a text, be familiar with a text; **il connaît son affaire** he knows what he's talking about; **il connaît son métier** he (really) knows his job; **il en connaît un bout*** *ou* **un rayon*** he knows a thing or two about it*; **un poète qui connaît la vie/l'amour** a poet who knows what life/love is *ou* knows (about) life/love; **elle attendit longtemps de** ~ **l'amour** she waited a long time to discover what love is; **il ne connaît pas grand-chose à cette machine** he doesn't know (very) much about this machine; **elle n'y connaît rien** she doesn't know anything *ou* a thing about it, she hasn't a clue about it*; **je ne connais pas bien les coutumes du pays** I'm not really familiar with *ou* I'm not (very) well acquainted with the customs of the country, I'm not very well up on the customs of the country*; (*fig*) **je connais la chanson** *ou* **la musique*** I've heard it all before; **il ne connaît pas sa force** he doesn't know *ou* realize his own strength; **il ne connaît que son devoir** duty first is his motto.
(**c**) (*éprouver*) *personne] faim, privations* to know, experience; *[pays, institution] crise* to experience. **il ne connaît pas la pitié** he knows no pity; **ils ont connu des temps meilleurs** they have known *ou* seen better days; **nous connaissons de tristes heures** we are going through sad times; **le pays connaît une crise économique grave** the country is going through *ou* experiencing a serious economic crisis.
(**d**) (*avoir*) *succès* to enjoy, have; *sort* to experience. **sa patience ne connaît pas de bornes** his patience knows no bounds.
(**e**) **faire** ~ *idée, sentiment* to make known; *décision* to announce, make public; **faire** ~ **qn** *[pièce, livre]* to make sb's name *ou* make sb known; *[personne]* to make sb known, make a name for sb; **faire** ~ **qn à qn** to introduce sb to sb; **il m'a fait** ~ **les joies de la pêche** he introduced me to *ou* initiated me in(to) the joys of fishing; **se faire** ~ (*par le succès*) to make a name for o.s., make one's name; (*aller voir qn*) to introduce o.s., make o.s. known.
(**f**) (*Jur*) ~ **de** to take *ou* have cognizance of.
(**g**) (*loc*) **ça le/me connaît!*** he knows/I know all about it!; **je ne connais que lui/que ça!** do I know him/it!*, don't I know him/it!*; **une bonne tasse de café après le repas, je ne connais que ça** there's nothing like a good cup of coffee after a meal; **je ne le connais ni d'Ève ni d'Adam** I don't know him from Adam.
2 se connaître *vpr* (**a**) **se** ~ (**soi-même**) to know o.s.; **connais-toi toi-même** know thyself; (*fig*) **il ne se connaît plus** he's beside himself (*with joy or rage etc*).
(**b**) (*se rencontrer*) to meet. **ils se sont connus en Grèce** they met *ou* became acquainted in Greece.
(**c**) **s'y** ~ *ou* **se** ~† **à** *ou* **en qch** to know (a lot) about sth, be well up on* *ou* well versed in sth; **il s'y connaît en voitures** he knows (all) about cars, he's an expert on cars.

connard‡ [kɔnaʀ] *nm* (silly) bugger‡ (*Brit*), damn fool‡, jackass‡ (*US*).

connarde‡ [kɔnaʀd(ə)] *nf*, **connasse**‡ [kɔnas] *nf* (silly) bitch‡ *ou* cow*‡.

conne [kɔn] *V* **con**.

connecter [kɔnɛkte] (1) *vt* to connect.

Connecticut [kɔnɛktikət] *nm* Connecticut.

connerie‡ [kɔnʀi] *nf* (**a**) (*U*) bloody (*Brit*) *ou* damned stupidity‡.
(**b**) (*remarque, acte*) bloody (*Brit*) *ou* damned stupid thing to say *ou* do‡; (*livre, film*) bullshit*‡ (*U*), bloody (*Brit*) *ou* damned rubbish‡ (*U*). **arrête de dire des** ~**s** stop talking (such) bullshit*‡ *ou* such bloody (*Brit*) *ou* damned rubbish‡; **il a encore fait une** ~ he's gone and done another damned stupid thing‡; **c'est de la** ~! (a load of) cobblers‡ (*Brit*) *ou* bullshit!*‡.

connétable [kɔnetabl(ə)] *nm* (*Hist*) constable.

connexe [kɔnɛks(ə)] *adj* (closely) related.

connexion [kɔnɛksjɔ̃] *nf* (*gén*) link, connection; (*Élec*) connection.

connivence [kɔnivɑ̃s] *nf* connivance. **être/agir de** ~ **avec qn** to

be/act in connivance with sb; **un sourire de** ~ a smile of complicity; **ils sont de** ~ they're in league with each other.

connotatif, -ive [kɔnɔtatif, iv] *adj* (*Ling*) *sens* connotative.

connotation [kɔnɔtasjɔ̃] *nf* connotation.

connoter [kɔnɔte] (1) *vt* to connote, imply; (*Ling*) to connote.

connu, e [kɔny] (*ptp de* **connaître**) *adj* (*non ignoré*) *terre, animal* known; (*répandu, courant*) *idée, méthode* widely-known, well-known; (*fameux*) *auteur, livre* well-known. (**bien**) ~ well-known; **très** ~ very well-known, famous; **ces faits sont mal** ~**s** these facts are not well-known *ou* widely-known; **il est** ~ **comme le loup blanc** everybody knows him; (*Statistiques etc*) **chiffres non en-core** ~**s** figures not yet available; *V* **ni**.

conque [kɔ̃k] *nf* (*coquille*) conch; (*Anat*) concha. (*littér*) **la main en** ~ cupping his hand round *ou* to his ear.

conquérant, e [kɔ̃keʀɑ̃, ɑ̃t] **1** *adj* **pays, peuple** conquering; **ardeur** masterful; **air, regard** swaggering. **2** *nm,f* conqueror.

conquérir [kɔ̃keʀiʀ] (21) *vt* **pays, place forte, montagne** to conquer; (*littér*) *femme, cœur* to conquer (*littér*), win; (*littér*) *estime, respect* to win, gain; (*littér*) *supérieur, personnage influent* to win over. **conquis à une doctrine** won over *ou* converted to a doctrine; **il a conquis ses galons sur le champ de bataille** he won his stripes on the battlefield; **ils ont conquis une grande partie de ce marché** they have captured a large part of that market; *V* **pays***.

conquête [kɔ̃kɛt] *nf* conquest. **faire la** ~ **de** *pays, montagne* to conquer; *femme* to conquer (*littér*), win; *supérieur, personnage influent* to win over; (*hum*) **faire des** ~**s** to make a few conquests, break a few hearts.

conquis, e [kɔ̃ki, iz] *ptp de* **conquérir**.

conquistador [kɔ̃kistadɔʀ] *nm* conquistador.

consacré, e [kɔ̃sakʀe] (*ptp de* **consacrer**) *adj* (**a**) (*béni*) *hostie, église* consecrated; *lieu* consecrated, hallowed.
(**b**) (*habituel, accepté*) *coutume* established, accepted; *itinéraire, visite* traditional; *écrivain* established, recognized. **c'est l'ex-pression** ~**e** it's the accepted way of saying it.
(**c**) (*destiné à*) ~ **à** given over to; **talents** ~**s à faire le bien** talents given over to *ou* dedicated to doing good.

consacrer [kɔ̃sakʀe] (1) *vt* (**a**) ~ **à** (*destiner, dédier à*) to devote to, dedicate to, consecrate to; (*affecter à, utiliser pour*) to devote to, give (over) to; ~ **sa vie à Dieu** to devote *ou* dedicate *ou* consecrate one's life to God; **il consacre toutes ses forces/tout son temps à son travail** he devotes all his energies/time to his work, he gives all his energies/time (over) to his work; **pouvez-vous me** ~ **un instant?** can you give *ou* spare me a moment?; **se** ~ **à une profession/à Dieu** to dedicate *ou* devote o.s. to a profession/God, give o.s. to a profession/God.
(**b**) (*Rel*) *reliques, lieu* to consecrate, hallow (*littér*); *église, évêque, hostie* to consecrate. **temple consacré à Apollon** temple consecrated *ou* dedicated to Apollo; (*littér*) **leur mort a consacré cette terre** their death has made this ground hallowed.
(**c**) (*entériner*) *coutume, droit* to establish; *abus* to sanction. **ex-pression consacrée par l'usage** expression sanctioned by use *ou* which has become accepted through use; **consacré par le temps** time-honoured (*épith*); **la fuite de l'ennemi consacre notre vic-toire** the enemy's flight makes our victory complete.

consanguin, e [kɔ̃sɑ̃gɛ̃, in] **1** *adj*: **frère** ~ half-brother (*on the father's side*); **mariage** ~ intermarriage, marriage between blood relations; **les mariages** ~**s sont à déconseiller** marriages be-tween blood relations should be discouraged, intermarrying *ou* inbreeding should be discouraged.
2 *nmpl*: **les** ~**s** blood relations.

consanguinité [kɔ̃sɑ̃gɥinite] *nf* (*du même père, d'ancêtre commun*) consanguinity; (*Bio: union consanguine*) intermarrying, inbreed-ing.

consciemment [kɔ̃sjamɑ̃] *adv* consciously, knowingly.

conscience [kɔ̃sjɑ̃s] *nf* (**a**) (*faculté psychologique*) **la** ~ **de qch** the awareness *ou* consciousness of sth; (*Philos, Psych*) **la** ~ consciousness; ~ **de soi** self-awareness; ~ **collective/de classe** collective/class consciousness; ~ **linguistique** linguistic aware-ness; **avoir** ~ **que** to be aware *ou* conscious that; **avoir** ~ **de sa faiblesse/de l'importance de qch** to be aware *ou* conscious of one's own weakness/of the importance of sth; **prendre** ~ **de qch** to become aware of sth, realize sth, awake to sth; **il prit soudain** ~ **d'avoir dit ce qu'il ne fallait pas** he was suddenly aware that *ou* he suddenly realized that he had said something he shouldn't have; *V* **pris**.
(**b**) (*état de veille, faculté de sensation*) consciousness. **perdre/reprendre** ~ to lose/regain consciousness.
(**c**) (*faculté morale*) conscience. **avoir la** ~ **tranquille/chargée** to have a clear/guilty conscience; **il n'a pas la** ~ **tranquille** he has a guilty *ou* an uneasy conscience, his conscience is troubling him; **avoir qch sur la** ~ to have sth on one's conscience; **avoir bonne/mauvaise** ~ to have a good *ou* clear/bad *ou* guilty conscience; **agir selon sa** ~ to act according to one's conscience *ou* as one's conscience dictates; **sans** ~ without conscience; **en (toute)** ~ in all conscience *ou* honesty; **étouffer les** ~**s** to stifle consciences *ou* people's conscience; (*fig*) **il a sorti tout ce qu'il avait sur la** ~ he came out with all he had on his conscience; (*fig*) **son déjeuner lui est resté sur la** ~ * his lunch is lying heavy on his stomach; *V* **acquit, objecteur**.
(**d**) ~ (**professionnelle**) conscientiousness; **faire un travail avec beaucoup de** ~ to do a piece of work conscientiously.

consciencieusement [kɔ̃sjɑ̃sjøzmɑ̃] *adv* conscientiously.

consciencieux, -ieuse [kɔ̃sjɑ̃sjø, jøz] *adj* conscientious.

conscient, e [kɔ̃sjɑ̃, ɑ̃t] *adj* (*non évanoui*) conscious; (*lucide*) *per-sonne* lucid; *mouvement, décision* conscious. ~ **de** conscious *ou* aware of.

conscription [kɔ̃skʀipsjɔ̃] *nf* conscription, draft (*US*).

conscrit [kɔ̃skʀi] *nm* conscript, draftee (*US*). **se faire avoir comme un ∼*** to be taken in like a newborn babe *ou* like a real sucker*.

consécration [kɔ̃sekʀasjɔ̃] *nf [lieu, église, artiste]* consecration; *[coutume, droit]* establishment; *[abus]* sanctioning. **la ∼ d'un temple à un culte** the consecration *ou* dedication of a temple to a religion; **la ∼ du temps** time's sanction; **la ∼ d'une œuvre par le succès** the consecration of a work by its success *ou* by the success it has; (*Rel*) **la ∼** the consecration.

consécutif, -ive [kɔ̃sekytif, iv] *adj* consecutive. **pendant trois jours ∼s** for three days running, for three consecutive days; **sa blessure est ∼ive à un accident** his injury is the result of an accident; *V* **proposition**.

consécutivement [kɔ̃sekytivmɑ̃] *adv* consecutively. **elle eut ∼ deux accidents** she had two consecutive accidents, she had two accidents in a row *ou* one after the other; **∼ à** following upon.

conseil [kɔ̃sɛj] **1** *nm* **(a)** (*recommandation*) piece of advice, advice (*U*), counsel; (*simple suggestion*) hint. **donner un ∼ ou des ∼s à qn** to give sb (a piece of) advice; **écouter/suivre le ∼ de qn** to listen to/follow sb's advice; **demander ∼ à qn** to ask *ou* seek sb's advice, **ask sb for advice; prendre ∼ de qn** to take advice from sb; **je lui ai donné le ∼ d'attendre** I advised *ou* counselled him to wait; **un petit ∼** a word *ou* a few words *ou* a bit of advice, a hint *ou* tip; **ne pars pas, c'est un ∼ d'ami** don't go — that's (just) a friendly piece of advice; **écoutez mon ∼** take my advice, listen to my advice; **un bon ∼** a sound piece of advice; **ne suivez pas les ∼s de la colère** don't let yourself be guided by the promptings *ou* dictates of anger; **les ∼s que nous donne l'expérience** everything that experience teaches us; *(littér)* **un homme de bon ∼** a good counsellor, a man of sound advice; (*Admin*, *Comm*) **∼s à ... advice to ...; ∼s à la ménagère/au débutant** hints *ou* tips for the housewife/the beginner; *V* **nuit**.

   (b) (*personne*) consultant, adviser (*en in*). **∼ en brevets d'invention** patent engineer; (*Jur*) **∼ en propriété industrielle** patent lawyer *ou* attorney (*US*); **ingénieur-∼** consulting engineer; **avocat-/esthéticienne-∼** legal/beauty consultant.

   (c) (*groupe, assemblée*) *[entreprise]* board; *[organisme politique ou professionnel]* council, committee; (*séance, délibération*) meeting. **tenir ∼** (*se réunir*) to hold a meeting; (*délibérer*) to deliberate.

   2: conseil d'administration *[société anonyme etc]* board of directors; *[hôpital, école]* board of governors; (*Scol*) **conseil de classe** staff meeting (*to discuss the progress of individual members of a class*); (*Scol, Univ*) **conseil de discipline** disciplinary committee; (*Scol*) **Conseil d'établissement** ≃ governing board (*Brit*), ≃ board of education (*US*); (*Jur*) **Conseil d'État** Council of State; (*Rel*) **conseil de fabrique** fabric committee; (*Jur*) **conseil de famille** board of guardians; (*Admin*) **conseil général** regional council; (*Mil*) **conseil de guerre** (*réunion*) war council; (*tribunal*) court-martial; **passer en conseil de guerre** to be court-martialled; **faire passer qn en conseil de guerre** to court-martial sb; (*Pol*) **le Conseil des ministres** (*en Grande-Bretagne*) the Cabinet; (*en France*) the (French) Cabinet, the council of ministers; (*Admin*) **conseil municipal** town council; **Conseil œcuménique des Églises** World Council of Churches; (*Jur*) **conseil des prud'hommes** industrial arbitration court, ≃ industrial tribunal (*with wide administrative and advisory powers*); (*Mil*) **conseil de révision** recruiting board, draft board (*US*); **Conseil de Sécurité** Security Council; (*Univ*) **conseil d'U.E.R.** departmental (*management*) committee; **Conseil d'Université** university management committee; ≃ Senate (*Brit*), ≃ Board of Trustees *ou* Regents (*US*).

conseiller¹ [kɔ̃seje] (1) *vt* **(a)** (*recommander*) *prudence, méthode, bonne adresse* to recommend (*à qn* to sb). **il m'a conseillé ce docteur** he advised me to go to this doctor, he recommended this doctor to me; **∼ à qn de faire qch** to advise sb to do sth; **je vous conseille vivement de ...** I strongly advise you to ...; **la peur/prudence lui conseilla de ...** fear/prudence prompted him to ...; **il est conseillé de s'inscrire à l'avance** it is advisable to enrol in advance; **il est conseillé aux parents de ...** parents are advised to ...

   (b) (*guider*) to advise, give advice to, counsel. **∼ un étudiant dans ses lectures** to advise *ou* counsel a student in his reading; **il a été bien/mal conseillé** he has been given good/bad advice, he has been well/badly advised.

conseiller², -ère [kɔ̃seje, kɔ̃sɛjɛʀ] **1** *nm, f* **(a)** (*expert*) adviser; (*guide, personne d'expérience*) counsellor, adviser. **∼ juridique/technique** legal/technical adviser; (*fig*) **que ta conscience soit ta ∼ère** may your conscience be your guide; *V* **colère**.

   (b) (*Admin, Pol: fonctionnaire*) council member, councillor.

   2: conseiller d'État senior member of the Council of State; **conseiller matrimonial** marriage guidance counsellor; **conseiller municipal** town councillor (*Brit*), city council man (*US*); (*Scol*) **conseiller d'orientation** careers adviser (*Brit*), (school) counselor (*US*), guidance counselor (*US*); **conseiller pédagogique** educational adviser; **conseiller (principal) d'éducation** year head (*Brit*), dean (*US*); **conseiller pédagogique de maths/français** French/Maths adviser.

conseilleur, -euse [kɔ̃sɛjœʀ, øz] *nm, f* (*péj*) dispenser of advice. (*Prov*) **les ∼s ne sont pas les payeurs** givers of advice don't pay the price.

consensus [kɔ̃sɛ̃sys, kɔ̃sɑ̃sys] *nm* consensus (of opinion).

consentant, e [kɔ̃sɑ̃tɑ̃, ɑ̃t] *adj amoureuse* willing; (*frm*) *personnes, parties* in agreement, agreeable; (*Jur*) *parties, partenaire* consenting. **le mariage ne peut avoir lieu que si les parents sont ∼s** the marriage can only take place with the parents' consent *ou* if the parents consent to it.

consentement [kɔ̃sɑ̃tmɑ̃] *nm* consent. **divorce par ∼ mutuel** divorce by consent; **son ∼ à leur mariage était nécessaire** his consent to their marriage was needed; **donner son ∼ à qch** to

consent to sth, give one's consent to sth; (*littér*) **le ∼ universel** universal *ou* common assent.

consentir [kɔ̃sɑ̃tiʀ] (16) **1** *vi* (*accepter*) to agree, consent (*à* to). **∼ à faire qch** to agree to do(ing) sth; **∼ (à ce) que qn fasse qch** to consent *ou* agree to sb's doing sth; **espérons qu'il va (y) ∼** let's hope he'll agree to consent to it; *V* **qui**.

   2 *vt* (*accorder*) permission, délai, prêt to grant (*à* to). **∼ une dérogation** to grant *ou* accord exemption (*à* to).

conséquemment [kɔ̃sekamɑ̃] *adv* (*littér: par suite*) consequently; (*† ou littér: avec cohérence, logique*) consequentially. **∼ à** as a result of, following on.

conséquence [kɔ̃sekɑ̃s] *nf* **(a)** (*effet, résultat*) result, outcome (*U*), consequence. **cela pourrait avoir ou entraîner des ∼s graves pour ...** this could have serious consequences for *ou* repercussions on ...; **cela a eu pour ∼ de l'obliger à réfléchir** the result *ou* consequence of this was that he was forced to think; **accepter/subir les ∼s de ses actions** to accept/suffer the consequences of one's actions; **incident gros ou lourd de ∼s** incident fraught with consequences; **avoir d'heureuses ∼s** to have a happy outcome *ou* happy results.

   (b) (*Philos: suite logique*) consequence; *V* **proposition, voie**.

   (c) (*conclusion, déduction*) inference, conclusion (*de* to be drawn from). **tirer les ∼s** to draw conclusions *ou* inferences (*de* from).

   (d) (*loc*) **de ∼** *affaire, personne* of (some) consequence *ou* importance; **en ∼** (*par suite*) consequently; (*comme il convient*) accordingly; **en ∼ de** (*par suite de*) in consequence of, as a result of; (*selon*) according to; **sans ∼** (*sans suite fâcheuse*) without repercussions; (*sans importance*) of no consequence *ou* importance; **cela ne tire pas à ∼** it's of no consequence, that's unlikely to have any repercussions.

conséquent, e [kɔ̃sekɑ̃, ɑ̃t] **1** *adj* **(a)** (*logique*) logical, rational; (*doué d'esprit de suite*) consistent. (*littér*) **∼ à** consistent with, in keeping *ou* conformity with; **∼ avec soi-même** consistent (*with o.s.*); **∼ dans ses actions** consistent in one's actions.

   (b) (*: *important*) sizeable.

   (c) (*Géol*) *rivière, percée* consequent.

   (d) (*Mus*) (*partie*) **∼e** consequent, answer.

   (e) par ∼ consequently, therefore.

   2 *nm* (*Ling, Logique, Math*) consequent; (*Mus*) consequent, answer.

conservateur, -trice [kɔ̃sɛʀvatœʀ, tʀis] **1** *adj* (*gén*) conservative; (*Brit Pol*) Conservative, Tory. (*Can*) **le parti ∼** the Progressive-Conservative Party (*Can*).

   2 *nm, f* **(a)** (*gardien*) *[musée]* curator; *[bibliothèque]* librarian. **∼ des eaux et forêts** ≃ forestry commissioner; **∼ des hypothèques** ≃ land registrar.

   (b) (*Pol*) conservative; (*Brit Pol*) Conservative, Tory; (*Can*) Conservative (*Can*).

   3 *nm* (*produit chimique*) preservative; (*réfrigérateur*) frozen food compartment, freezer compartment.

conservation [kɔ̃sɛʀvasjɔ̃] *nf* **(a)** (*action*) *[aliments]* preserving; *[monuments]* preserving, preservation; *[archives]* keeping; *[accent, souplesse]* retention, retaining, keeping; *[habitudes]* keeping up; *V* **instinct**.

   (b) (*état*) *[aliments, monuments]* preservation. **en bon état de ∼** *fruits* well-preserved; *monument* well-preserved, in a good state of preservation.

   (c) (*Admin: charge*) **∼ des eaux et forêts** ≃ Forestry Commission; **∼ des hypothèques** ≃ Land Registry.

conservatisme [kɔ̃sɛʀvatism(ə)] *nm* conservatism.

conservatoire [kɔ̃sɛʀvatwaʀ] **1** *adj* (*Jur*) protective; *V* **saisie**.

   2 *nm* school, academy (*of music, drama etc*). **le C∼** (de musique et de déclamation) the (Paris) Conservatoire; **le C∼ des arts et métiers** the Conservatoire *ou* Conservatory of Arts and Crafts.

conserve [kɔ̃sɛʀv] **1** *nf*: **les ∼s** tinned (*Brit*) *ou* canned food(s); **∼s en bocaux** bottled preserves; **∼s de viande/poisson** tinned (*Brit*) *ou* canned meat/fish; **l'industrie de la ∼** the canning industry; **lait/poulet de ∼** canned *ou* tinned (*Brit*) milk/chicken; **en ∼** canned, tinned (*Brit*); **mettre en ∼** to can; **se nourrir de ∼s** to live out of tins (*Brit*) *ou* cans; **faire des ∼s de haricots** to bottle beans; (*fig*) **tu ne vas en faire des ∼s!*** you're not going to hoard it away for ever!; *V* **boîte**.

   2 *adv* (*ensemble*) **de ∼ naviguer** in convoy; **agir** in concert.

conservé, e [kɔ̃sɛʀve] (*ptp de* **conserver**) *adj*: **bien ∼ personne** well-preserved.

conserver [kɔ̃sɛʀve] (1) **1** *vt* **(a)** (*garder dans un endroit*) objets, papiers to keep. **'∼ à l'abri de la lumière'** 'keep *ou* store away from light'.

   (b) (*ne pas perdre*) (*gén*) to retain, keep; usage, habitude to keep up; espoir to retain; qualité, droits to conserve, retain; son calme, ses amis, ses cheveux to keep. **ça conserve tout son sens** it retains its full meaning; **∼ la vie** to conserve life; **il a conservé toute sa tête** (*lucidité*) he still has his wits about him, he's still all there*; (*Naut*) **∼ l'allure** to maintain speed; (*Naut*) **∼ sa position** to hold one's position; (*Mil*) **∼ ses positions** to stand fast.

   (c) (*maintenir en bon état*) aliments, santé, monument to preserve. **la vie au grand air, ça conserve!*** (the) open-air life keeps you young; **bien conservé pour son âge** well-preserved for one's age.

   (d) (*Culin*) to preserve, can. **∼ (dans du vinaigre)** to pickle; **∼ en bocal** to bottle.

   2 se conserver *vpr [aliments]* to keep.

conserverie [kɔ̃sɛʀvəʀi] *nf* (*usine*) canning factory; (*industrie*) canning industry.

considérable [kɔ̃sideʀabl(ə)] *adj* somme, foule, retard, travail sizeable, considerable; rôle, succès, changement considerable, significant; dégâts, surface considerable, extensive; († *ou littér*) *personnage, situation* eminent, important. **saisi d'une émotion ~** considerably *ou* deeply moved.

considérablement [kɔ̃siderabləmɑ̃] *adv* (*V* **considérable**) considerably; significantly; extensively. **ceci nous a ~ retardés** this delayed us considerably; **ceci a ~ modifié la situation** this modified the situation to a considerable *ou* significant extent, this modified the situation considerably *ou* significantly.

considérant [kɔ̃siderɑ̃] *nm [loi, jugement]* preamble.

considération [kɔ̃siderasjɔ̃] *nf* (**a**) (*examen*) *[problème etc]* consideration. **ceci mérite ~** this is worth considering *ou* consideration *ou* looking into; **prendre qch en ~** to take sth into consideration *ou* account, make allowances for sth.

(**b**) (*motif, aspect*) consideration, factor, issue. **n'entrons pas dans ces ~s** don't let's go into these considerations; **c'est une ~ dont je n'imagine pas qu'il faille se préoccuper** it's a question *ou* factor *ou* issue I don't think we need bother ourselves with.

(**c**) (*remarques, observations*) **~s** reflections; **il se lança dans des ~s interminables sur l'infériorité des femmes** he launched into lengthy reflections *ou* observations on the inferiority of women.

(**d**) (*respect*) esteem, respect. **jouir de la ~ de tous** to enjoy everyone's esteem *ou* respect; (*formule épistolaire*) **'veuillez agréer l'assurance de ma ~ distinguée'** 'yours faithfully' (*Brit*), 'yours truly' (*US*).

(**e**) (*loc*) (*en raison de*) **en ~ de son âge** because of *ou* given his age; (*par rapport à*) **en ~ de ce qui aurait pu se passer** considering what could have happened; **sans ~ de** *dangers, conséquences, prix* heedless *ou* regardless of; **sans ~ de personne** without taking personalities into account *ou* consideration; **par ~ pour** out of respect *ou* regard for.

considérer [kɔ̃sidere] (6) *vt* (**a**) (*envisager*) *problème etc* to consider. **il faut ~ (les) avantages et (les) inconvénients** one must consider *ou* take into account the advantages and disadvantages; **~ le pour et le contre** to consider the pros and cons; **considérez bien ceci** think about this carefully, consider this well; **il ne considère que son intérêt** he only thinks about *ou* considers his own interests; **que considérez-vous faire?** what do you consider *ou* contemplate doing?; **tout bien considéré** all things considered, taking everything into consideration *ou* account; **c'est à ~** (*pour en tenir compte*) this has to be considered *ou* borne in mind *ou* taken into account; (*à étudier*) this must be gone into *ou* examined.

(**b**) (*assimiler à*) **~ comme** to look upon as, regard as, consider (to be); **je le considère comme mon fils** I look upon him as *ou* regard him as my son, I consider him (to be) my son; **il se considère comme un personnage important** he sees himself as an important person, he considers himself (to be) an important person.

(**c**) (*juger*) to consider, deem (*frm*). **je le considère intelligent** I consider him intelligent, I deem him to be intelligent (*frm*); **je considère qu'il a raison** I consider that he is right; **c'est très mal considéré (d'agir ainsi)** it's very bad form (to act like that); **considérant que** (*gén*) considering that; (*Jur*) whereas.

(**d**) (*frm: regarder*) to consider, study.

(**e**) (*respecter: gén ptp*) to respect, have a high regard for. **il est hautement considéré** *ou* **on le considère hautement** he is highly regarded *ou* respected, he is held in high regard *ou* high esteem; **le besoin d'être considéré** the need to have people's respect *ou* esteem.

consignataire [kɔ̃siɲatɛʀ] *nm* (*Comm*) *[biens, marchandises]* consignee; *[navire]* consignee, forwarding agent; (*Jur*) *[somme]* depositary.

consignation [kɔ̃siɲasjɔ̃] *nf* (*Jur: dépôt d'argent*) deposit; (*Comm: dépôt de marchandise*) consignment. **la ~ d'un emballage** charging a deposit on a container.

consigne [kɔ̃siɲ] *nf* (**a**) (*instructions*) orders. **donner/recevoir/observer la ~** to give/get *ou* be given/obey orders; **c'est la ~** those are the orders.

(**b**) (*punition*) (*Mil*) confinement to barracks; (*Scol* †) detention.

(**c**) (*pour les bagages*) left-luggage (office) (*Brit*), checkroom (*US*). **~ automatique** (left-luggage) lockers.

(**d**) (*Comm: somme remboursable*) deposit. **il y a 80 centimes de ~ sur la bouteille** there's an 80-centime deposit *ou* a deposit of 80 centimes on the bottle, **you get 80 centimes back on the bottle.**

consigné, e [kɔ̃siɲe] (*ptp de* **consigner**) *adj* (*Comm*) *bouteille, emballage* returnable. **non ~** non-returnable.

consigner [kɔ̃siɲe] (1) *vt* (**a**) *fait, pensée, incident* to record. **~ qch par écrit** to put sth down in writing *ou* on paper.

(**b**) (*interdire de sortir à*) *troupe, soldat* to confine to barracks; *élève* to give detention to, keep in (after school); (*interdire l'accès de*) *salle, établissement* to bar entrance to. **consigné à la caserne** confined to barracks; **établissement consigné aux militaires** establishment out of bounds to troops.

(**c**) (*mettre en dépôt*) *somme, marchandise* to deposit; *navire* to consign; *bagages* to deposit *ou* put in the left-luggage (office) (*Brit*) *ou* checkroom (*US*).

(**d**) (*facturer provisoirement*) *emballage, bouteille* to put a deposit on. **les bouteilles sont consignées 80 centimes** there is a deposit of 80 centimes on the bottles; **je vous le consigne** I'm giving it to you on a deposit.

consistance [kɔ̃sistɑ̃s] *nf* *[sauce, neige, terre]* consistency; (*fig*) *[caractère]* strength. **~ sirupeuse/élastique** syrupy/elastic consistency; **manquer de ~** to lack consistency; **donner de la ~ à** *pâte* to give body to; *rumeur* to give strength to; **prendre ~** *[liquide]* to thicken; **sans ~** *caractère* spineless, colourless; *nouvelle, rumeur* ill-founded, groundless; *substance* lacking in consistency (*attrib*); **cette rumeur prend de la ~** this rumour is gaining ground.

consistant, e [kɔ̃sistɑ̃, ɑ̃t] *adj* *repas* solid (*épith*), substantial;

---

nourriture solid (*épith*); *mélange, peinture, sirop* thick; (*fig*) *rumeur* well-founded; (*fig*) *argument* solid, sound.

consister [kɔ̃siste] (1) *vi* (**a**) (*se composer de*) **~ en** to consist of, be made up of; **le village consiste en 30 maisons et une église** the village consists of *ou* is made up of 30 houses and a church; **en quoi consiste votre travail?** what does your work consist of?

(**b**) (*résider dans*) **~ dans** to consist in; **le salut consistait dans l'arrivée immédiate de renforts** their salvation consisted *ou* lay in the immediate arrival of reinforcements; **~ à faire** to consist in doing.

consistoire [kɔ̃sistwaʀ] *nm* consistory.

consœur [kɔ̃sœʀ] *nf* (*hum*) (lady) colleague.

consolable [kɔ̃sɔlabl(ə)] *adj* consolable.

consolant, e [kɔ̃sɔlɑ̃, ɑ̃t] *adj* consoling, comforting.

consolateur, -trice [kɔ̃sɔlatœʀ, tʀis] **1** *adj* consolatory. **2** *nm,f* (*littér*) comforter.

consolation [kɔ̃sɔlasjɔ̃] *nf* (*action*) consoling, consolation; (*réconfort*) consolation (*U*), comfort (*U*), solace (*U: littér*). **nous prodiguant ses ~s** offering us comfort; **paroles de ~** words of consolation *ou* comfort; **elle est sa ~** she is his consolation *ou* comfort *ou* solace (*littér*); **enfin, il n'y a pas de dégâts, c'est une ~** anyway, (at least) there's no damage, that's one consolation *ou* comfort; *V* **prix**.

console [kɔ̃sɔl] *nf* (**a**) (*table*) console (table); (*Archit*) console. (**b**) (*Mus*) *[harpe]* neck; *[orgue]* console; (*Ordin, Tech: d'enregistrement*) console. (*Ordin*) **~ de visualisation** visual display unit, VDU.

consoler [kɔ̃sɔle] (1) **1** *vt* *personne* to console; *chagrin* to soothe. **ça me consolera de mes pertes** that will console me for my losses; **je ne peux pas le ~ de sa peine** I cannot console *ou* comfort him in his grief; **si ça peut te ~** ... if it is of any consolation *ou* comfort to you ...; **le temps console** time heals.

2 se consoler *vpr* to console o.s., find consolation. **se ~ d'une perte/de son échec** to be consoled for *ou* to get over a loss/one's failure; (*hum*) **il s'est vite consolé avec une autre*** he soon consoled himself with another woman, he soon found comfort *ou* consolation with another woman; **il ne s'en consolera jamais** he'll never be consoled, he'll never get over it.

consolidation [kɔ̃sɔlidasjɔ̃] *nf* (*V* **consolider, se consolider**) (*gén*) strengthening; reinforcement; consolidation; knitting; (*Fin*) funding. **~ de la dette** debt consolidation.

consolidé, e [kɔ̃sɔlide] (*ptp de* **consolider**) (*Fin*) **1** *adj* funded. **2 consolidés** *nmpl* consols.

consolider [kɔ̃sɔlide] (1) **1** *vt* (**a**) *maison, table* to strengthen, reinforce; (*Méd*) *fracture* to set.

(**b**) *accord, amitié, parti, fortune* to consolidate; (*Écon*) *monnaie* to strengthen.

(**c**) (*Fin*) *rente, emprunt* to guarantee. **dettes consolidées** consolidated debts; **rentes consolidées** funded income.

2 se consolider *vpr* *[régime, parti]* to strengthen *ou* consolidate its position; *[fracture]* to knit, set. **la position de la gauche/droite s'est encore consolidée** the position of the left/right has been further consolidated *ou* strengthened; **le régime ne s'est pas consolidé** the regime has not strengthened *ou* consolidated its position.

consommable [kɔ̃sɔmabl(ə)] **1** *adj* *solide* edible; *liquide* drinkable. **cette viande n'est ~ que bouillie** this meat can only be eaten boiled. **2** *nm* (*gén, Ordin*) consumable.

consommateur, -trice [kɔ̃sɔmatœʀ, tʀis] *nm,f* (*acheteur*) consumer; (*client d'un café*) customer.

consommation [kɔ̃sɔmasjɔ̃] *nf* (**a**) *[nourriture, gaz, matière première, essence]* consumption. **il fait une grande ~ de papier** he goes through* *ou* uses (up) a lot of paper; (*Aut*) **~ aux 100 km** (fuel) consumption per 100 km, ≃ miles per gallon (*Brit*), ≃ gas mileage (*US*).

(**b**) (*Écon*) **la ~** consumption; **de ~** *biens, société* consumer (*épith*); **~ ostentatoire** conspicuous consumption; **produit de ~** consumable.

(**c**) (*dans un café*) drink. **le garçon prend les ~s** the waiter takes the orders.

(**d**) (*frm*) *[mariage]* consummation; *[ruine]* confirmation; *[crime]* perpetration, committing. **jusqu'a la ~ des siècles** until the end of time.

consommé, e [kɔ̃sɔme] (*ptp de* **consommer**) **1** *adj* *habileté* consummate (*épith*); *écrivain etc* accomplished. **tableau qui témoigne d'un art ~** picture revealing consummate artistry.

2 *nm* consommé. **~ de poulet** chicken consommé, consommé of chicken.

consommer [kɔ̃sɔme] (1) *vt* (**a**) *nourriture* to eat, consume (*frm*); *boissons* to drink, consume (*frm*). **on consomme beaucoup de fruits chez nous** we eat a lot of fruit in our family; **la France est le pays où l'on consomme** *ou* **où il se consomme le plus de vin** France is the country with the greatest wine consumption *ou* where the most wine is consumed *ou* drunk; **il est interdit de ~ à la terrasse** drinks are not allowed *ou* drinking is not allowed *ou* drinks may not be consumed outside.

(**b**) *combustible, carburant, matière première* to use, consume; (*quantité spécifiée*) to use (up), go through*, consume. **cette machine consomme beaucoup d'eau** this machine uses (up) *ou* goes through* a lot of water; **gâteau qui consomme beaucoup de farine** a cake which uses *ou* takes *ou* needs a lot of flour; (*Aut*) **combien consommez-vous aux 100 km?** how much (petrol) do you use per 100 km?, what's your petrol consumption?, ≃ how many miles per gallon do you get? (*Brit*), ≃ your gas mileage? (*US*); (*Aut*) **elle consomme beaucoup d'essence/d'huile** it's heavy on petrol/oil, it uses a lot of petrol/oil.

(**c**) (*frm: accomplir*) *acte sexuel* to consummate; *crime* to perpetrate, commit. **le mariage n'a pas été consommé** the marriage has not been consummated; **cela a consommé sa ruine** this finally confirmed his downfall; **ce qui a consommé la rupture...** what put the seal on the break-up... .

consomption [kɔ̃sɔ̃psjɔ̃] *nf* († *ou littér: dépérissement*) wasting; (†: *tuberculose*) consumption†.

consonance [kɔ̃sɔnɑ̃s] *nf* consonance (*U*). **nom aux ~s étrangères/douces** foreign-/sweet-sounding name.

consonant, e [kɔ̃sɔnɑ̃, ɑ̃t] *adj* consonant.

consonantique [kɔ̃sɔnɑ̃tik] *adj* consonantal, consonant (*épith*). **groupe ~** consonant cluster.

consonantisme [kɔ̃sɔnɑ̃tism(ə)] *nm* consonant system.

consonne [kɔ̃sɔn] *nf* consonant. **~ d'appui** intrusive consonant; **~ de liaison** linking consonant.

consort [kɔ̃sɔr] **1** *adj* V **prince. 2** *nmpl* (*péj*) **X et ~s** (*acolytes*) X and company, X and his bunch* (*péj*); (*pareils*) X and his like (*péj*).

consortial, e, *mpl* **-aux** [kɔ̃sɔrsjal, o] *adj* prêt syndicated.

consortium [kɔ̃sɔrsjɔm] *nm* consortium. **former un ~** (**de prêt**) to syndicate a loan, form a loan consortium.

conspirateur, -trice [kɔ̃spiratœr, tris] **1** *adj* conspiratorial. **2** *nm, f* conspirer, conspirator, plotter.

conspiration [kɔ̃spirasjɔ̃] *nf* conspiracy.

conspirer [kɔ̃spire] (1) **1** *vi* (*comploter*) to conspire, plot (*contre* against).

  2 conspirer à *vt indir* (*concourir à*) **~ à faire** to conspire to do; **tout semblait ~ à notre succès** everything seemed to be conspiring to bring about our success.

  3 *vt* (†) *mort, ruine de qn* to conspire († *ou littér*), plot.

conspuer [kɔ̃spɥe] (1) *vt* to boo, shout down.

constamment [kɔ̃stamɑ̃] *adv* (*sans trêve*) constantly, continuously; (*très souvent*) constantly, continually.

constance [kɔ̃stɑ̃s] *nf* (**a**) (*permanence*) consistency, constancy.

  (**b**) (*littér: persévérance, fidélité*) constancy, steadfastness. **travailler avec ~** to work steadfastly; (*iro*) **vous avez de la constance!** you don't give up easily (I'll say that for you)!

  (**c**) (†: *courage*) fortitude, steadfastness.

Constance [kɔ̃stɑ̃s] *n* (*Géog*) Constance. **le lac de ~** Lake Constance.

constant, e [kɔ̃stɑ̃, ɑ̃t] **1** *adj* (**a**) (*invariable*) constant; (*continu*) constant, continuous; (*très fréquent*) constant, continual.

  (**b**) (*littér: persévérant*) *effort* steadfast; *travail* constant. **être ~ dans ses efforts** to be steadfast *ou* constant in one's efforts.

  2 constante *nf* (*Math*) constant; (*fig: caractéristique*) permanent feature.

Constantin [kɔ̃stɑ̃tɛ̃] *nm* Constantine.

Constantinople [kɔ̃stɑ̃tinɔpl(ə)] *n* Constantinople.

constat [kɔ̃sta] *nm*: **~ (d'huissier)** certified report (*by bailiff*); **~ (d'accident)** (accident) report; **~ à l'amiable** *jointly-agreed statement for insurance purposes*; **~ d'adultère** recording of adultery; (*fig*) **~ d'échec/d'impuissance** acknowledgement of failure/impotence.

constatation [kɔ̃statasjɔ̃] *nf* (**a**) (*U: V* **constater**) noting; noticing; seeing; taking note; recording; certifying. (**b**) (*gén*) observation. **~s** (*enquête*) findings; (*Police*) **procéder aux ~s d'usage** to make a *ou* one's routine report.

constater [kɔ̃state] (1) *vt* (**a**) (*remarquer*) *fait* to note, notice; *erreur* to see, notice; *dégâts* to note, take note of. **il constata la disparition de son carnet** he noticed *ou* saw that his notebook had disappeared; **je ne critique pas: je ne fais que ~** I'm not criticizing, I'm merely stating a fact *ou* I'm merely making a statement (of fact) *ou* an observation; **je constate que vous n'êtes pas pressé de tenir vos promesses** I see *ou* notice that you aren't in a hurry to keep your promises; **vous pouvez ~ par vous-même les erreurs** you can see the mistakes for yourself.

  (**b**) (*frm: consigner*) *effraction, état de fait, authenticité* to record; *décès* to certify. **le médecin a constaté le décès** the doctor certified that death had taken place *ou* occurred.

constellation [kɔ̃stelasjɔ̃] *nf* (*Astron*) constellation. (*fig littér*) **~ de** *lumières, poètes* constellation *ou* galaxy of.

constellé, e [kɔ̃stele] (*ptp de* **consteller**) *adj*: **~ (d'étoiles)** star-studded, star-spangled; **~ de** *astres, joyaux, lumières* spangled *ou* studded with; *taches* spotted *ou* dotted with.

consteller [kɔ̃stele] (1) *vt*: **des lumières constellaient le ciel** the sky was spangled *ou* studded with lights; **des taches constellaient le tapis** the carpet was spotted *ou* dotted with marks.

consternant, e [kɔ̃stɛrnɑ̃, ɑ̃t] *adj* dismaying, disquieting.

consternation [kɔ̃stɛrnasjɔ̃] *nf* consternation, dismay.

consterner [kɔ̃stɛrne] (1) *vt* to dismay, fill with consternation *ou* dismay. **air consterné** air of consternation *ou* dismay.

constipation [kɔ̃stipasjɔ̃] *nf* constipation.

constipé, e [kɔ̃stipe] (*ptp de* **constiper**) *adj* (*Méd*) constipated. (*péj: guindé*) **avoir l'air** *ou* **être ~** to look stiff *ou* ill-at-ease, be stiff.

constiper [kɔ̃stipe] (1) *vt* to constipate.

constituant, e [kɔ̃stitɥɑ̃, ɑ̃t] **1** *adj* (**a**) *élément* constituent.

  (**b**) (*Pol*) *assemblée* **~e** constituent assembly; (*Hist*) **l'assemblée ~e, la C~e** the Constituent Assembly; (*Hist*) **les ~s** the members of the Constituent Assembly.

  2 *nm* (*Jur, Fin*) settlor; (*Gram*) constituent. **~ immédiat** immediate constituent; **analyse en ~s immédiats** constituent analysis; **~ ultime** ultimate constituent.

  3 constituante *nf* (*Québec*) [*université*] branch.

constitué, e [kɔ̃stitɥe] (*ptp de* **constituer**) *adj* (**a**) (*Méd*) **bien/mal ~** of sound/unsound constitution. (**b**) (*Pol*) V **corps.**

constituer [kɔ̃stitɥe] (1) **1** *vt* (**a**) (*fonder*) *comité, ministère, gouvernement, société anonyme* to set up, form; *bibliothèque* to build up; *collection* to build up, put together; *dossier* to make up, put together;

(**b**) (*composer*) to make up, constitute, compose. **les pièces qui constituent cette collection** the pieces that (go to) make up *ou* that constitute this collection; **sa collection est surtout constituée de porcelaines** his collection is made up *ou* is composed *ou* consists mainly of pieces of porcelain.

  (**c**) (*être, représenter*) to constitute. **ceci constitue un délit/ne constitue pas un motif** that constitutes an offence/does not constitute a motive; **ce billet de 10 F constitue toute ma fortune** this 10-franc note constitutes *ou* represents my entire fortune; **ils constituent un groupe homogène** they make up *ou* form a well-knit group.

  (**d**) (*Jur: établir*) *rente, pension, dot* to settle (*à* on); *avocat* to retain. **~ qn son héritier** to appoint sb one's heir; **~ qn à la garde des enfants** to appoint sb *ou* take sb on to look after one's children.

  2 se constituer *vpr* (**a**) **se ~ prisonnier** to give o.s. up; **se ~ témoin** to come forward as a witness; **se ~ partie civile** *to bring an independent action for damages.*

  (**b**) (*Comm*) **se ~ en société** to form o.s. into a company.

constitutif, -ive [kɔ̃stitytif, iv] *adj* constituent, component.

constitution [kɔ̃stitysjɔ̃] *nf* (**a**) (*U: V* **constituer**) setting-up, formation, forming; building-up; putting together; making-up; settlement, settling; retaining. (*Jur*) **~ de partie civile** *independent action for damages*; **~ de stocks** stockpiling.

  (**b**) (*éléments, composition*) [*substance*] composition, make-up; [*ensemble, organisation*] make-up, composition; [*équipe, comité*] composition.

  (**c**) (*Méd: conformation, santé*) constitution. **il a une robuste ~** he has a sturdy constitution.

  (**d**) (*Pol: charte*) constitution.

constitutionnaliser [kɔ̃stitysjɔnalize] (1) *vt* to constitutionalize.

constitutionnalité [kɔ̃stitysjɔnalite] *nf* constitutionality.

constitutionnel, -elle [kɔ̃stitysjɔnɛl] *adj* constitutional; *V* **droit³.**

constitutionnellement [kɔ̃stitysjɔnɛlmɑ̃] *adv* constitutionally.

constricteur [kɔ̃striktœr] *adj m, nm* (*Anat*) (muscle) **~** constrictor (muscle); *V* **boa.**

constrictif, -ive [kɔ̃striktif, iv] *adj* (*Phon*) constricted.

constriction [kɔ̃striksjɔ̃] *nf* constriction.

constrictor [kɔ̃striktɔr] *adj, nm*: (boa) **~** (boa) constrictor.

constructeur, -trice [kɔ̃stryktœr, tris] **1** *adj* (*Zool*) home-making (*épith*); (*fig*) *imagination* constructive.

  2 *nm* (*fabricant*) maker; (*bâtisseur*) builder, constructor. **~ d'automobiles** car manufacturer; **~ de navires** shipbuilder.

constructif, -ive [kɔ̃stryktif, iv] *adj* constructive.

construction [kɔ̃stryksjɔ̃] *nf* (**a**) (*action: V* **construire**) building; construction. **la ~ de l'immeuble/du navire a pris 2 ans** building the flats/ship *ou* the construction of the flats/ship took 2 years, it took 2 years to build the flats/ship; **c'est de la ~ robuste** it is solidly built, it is of solid construction; **les ~s navales/aéronautiques européennes sont menacées** European ship-building *ou* the European shipbuilding industry/the European aircraft industry is threatened; **cela va bien dans la ~** things are going well in the building trade (*Brit*) *ou* construction business; **matériaux de ~** building materials; **de ~ française/anglaise** *bateau, voiture* French/British built; **en ~** under construction, in the course of construction; *V* **jeu.**

  (**b**) (*structure*) [*roman, thèse*] construction; [*phrase*] structure. **c'est une simple ~ de l'esprit** it's (a) pure hypothesis.

  (**c**) (*édifice, bâtiment*) building, construction.

  (**d**) (*Ling: expression, tournure*) construction, structure.

  (**e**) (*Géom: figure*) figure, construction.

construire [kɔ̃strɥir] (38) *vt machine, bâtiment, route, navire, chemin de fer* to build, construct; *figure géométrique* to construct; *théorie, phrase, intrigue* to construct, put together, build up. **on a ou ça s'est beaucoup construit ici depuis la guerre** there's been a lot of building here since the war; (*Ling*) **ça se construit avec le subjonctif** it takes the subjunctive, it takes a subjunctive construction.

consubstantialité [kɔ̃sypstɑ̃sjalite] *nf* consubstantiality.

consubstantiation [kɔ̃sypstɑ̃sjasjɔ̃] *nf* consubstantiation.

consubstantiel, -elle [kɔ̃sypstɑ̃sjɛl] *adj* consubstantial (*à, avec* with).

consul [kɔ̃syl] *nm* consul. **~ général** consul general; **~ de France** French Consul.

consulaire [kɔ̃sylɛr] *adj* consular.

consulat [kɔ̃syla] *nm* (**a**) (*bureaux*) consulate; (*charge*) consulate, consulship. (**b**) (*Hist française*) **le C~** the Consulate.

consultable [kɔ̃syltabl(ə)] *adj* (*disponible*) *ouvrage, livre* available for consultation, which may be consulted. (*utilisable*) **cette carte est trop grande pour être aisément ~** this map is too big to be used easily.

consultant, e [kɔ̃syltɑ̃, ɑ̃t] *adj avocat* consultant (*épith*). (*médecin*) **~** consulting physician.

consultatif, -ive [kɔ̃syltatif, iv] *adj* consultative, advisory. **à titre ~** in an advisory capacity.

consultation [kɔ̃syltasjɔ̃] *nf* (**a**) (*action*) consulting, consultation. **pour faciliter la ~ du dictionnaire/de l'horaire** to make the dictionary/timetable easier *ou* easy to consult; **après ~ de son agenda** (after) having consulted his diary; **ouvrage de référence d'une ~ difficile** reference work that is difficult to use *ou* consult.

  (**b**) (*séance: chez le médecin, un expert*) consultation. (*Méd*) **aller à la ~** to go to the surgery (*Brit*) *ou* doctor's office (*US*); **donner une ~/des ~s gratuites** to give a consultation/free consultations; (*Méd*) **les heures de ~** surgery (*Brit*) *ou* consulting hours; (*Méd*) **il y avait du monde à la ~** there were a lot of people at the surgery (*Brit*) *ou* doctor's office (*US*); **service (hospitalier) de ~ externe** outpatients' clinic.

(c) (*échange de vues*) consultation. **être en ~ avec des spécialistes** to be in consultation with specialists.
(d) (*frm: avis donné*) professional advice (*U*).
consulter [kɔ̃sylte] (1) **1** *vt* **médecin** to consult; *expert, avocat, parent* to consult, seek advice from; *dictionnaire, livre, horaire* to consult, refer to; *boussole, baromètre* to consult. **ne ~ que sa raison/son intérêt** to be guided only by one's reason/self-interest, look only to one's reason/self-interest.
2 *vi* [*médecin*] (*recevoir*) to hold surgery (*Brit*), be in (the office) (*US*); (*conférer*) to hold a consultation.
3 se consulter *vpr* (*s'entretenir*) to confer, consult each other. **ils se consultèrent du regard** they looked questioningly at each other.
consumer [kɔ̃syme] (1) **1** *vt* (a) (*brûler*) to consume, burn. **l'incendie a tout consumé** the fire consumed *ou* wiped out everything; **des débris à demi consumés** charred debris; **une bûche se consumait dans l'âtre** a log was burning in the hearth; **le bois s'est consumé entièrement** the wood was completely destroyed *ou* wiped out (by fire).
(b) (*fig: dévorer*) [*fièvre, mal*] to consume, devour. **consumé par l'ambition** consumed with *ou* devoured by ambition.
(c) (*littér: dépenser*) *forces* to expend; *fortune* to squander. **il consume sa vie en plaisirs frivoles** he fritters away his life in idle pleasures.
2 se consumer *vpr* (*littér: dépérir*) to waste away. (*se ronger de*) **se ~ de chagrin/de désespoir** to waste away with sorrow/despair; **il se consume à petit feu** he is slowly wasting away.
contact [kɔ̃takt] *nm* (a) (*toucher*) touch, contact. **le ~ de 2 surfaces** contact between *ou* of 2 surfaces; **un ~ très doux** a very gentle touch; (*Méd*) **ça s'attrape par le ~** it's contagious, it can be caught by contact; **le ~ de la soie est doux** silk is soft to the touch; **au point de ~ des deux lignes** at the point of contact *ou* the meeting point of the two lines; *V* **verre**.
(b) (*Aut, Elec*) contact. (*Aut*) **mettre/couper le ~** to switch on/off the ignition; **~ électrique** electrical contact; **appuyer sur le ~** to press the contact button *ou* lever; *V* **clef**.
(c) (*rapport d'affaires etc*) contact. **il a beaucoup de ~s (avec l'étranger)** he has got a lot of contacts *ou* connections (abroad); **dès le premier ~, ils ...** from their first meeting, they ...; **en ~ étroit avec** in close touch *ou* contact with; (*Mil*) **établir/rompre le ~ (avec)** to make/break off contact (with).
(d) (*loc*) **prendre ~, entrer en ~** (*Aviat, Mil, Rad*) to make contact (*avec* with); (*rapport d'affaires*) to get in touch *ou* contact (*avec* with); **rester/être en ~** (*Aviat, Mil, Rad*) to remain in/be in contact (*avec* with); (*rapport d'affaires*) to remain in/be in touch (*avec* with), remain in/be in contact (*avec* with); **se mettre en ~ avec la tour de contrôle/qn** to make contact with *ou* to contact the control tower/sb; **entrer/être en ~** [*objets*] to come into/be in contact; [*fils électriques*] to make/be making contact; **mettre en ~** *objets* to bring into contact; *relations d'affaires* to put in touch; (*Aviat, Rad*) to put in contact; **prise de ~** (*première entrevue*) first meeting; (*Mil*) first contact; **au ~ de:** **au ~ de sa main** at the touch of his hand; **au ~ de ces jeunes gens il a acquis de l'assurance** through his contact *ou* association with these young people he has gained self-assurance; **métal qui s'oxyde au ~ de l'air/de l'eau** metal that oxydises in contact with air/water.
contacter [kɔ̃takte] (1) *vt* to contact, get in touch with.
contagieux, -euse [kɔ̃taʒjø, øz] *adj* **maladie** (*gén*) infectious, catching (*attrib*); (*par le contact*) contagious; *personne* infectious; contagious; (*fig*) *enthousiasme, peur, rire* infectious, contagious, catching (*attrib*). **l'isolement des ~** the isolation of contagious patients *ou* cases *ou* of patients with contagious diseases.
contagion [kɔ̃taʒjɔ̃] *nf* (*Méd*) contagion, contagiousness; (*fig*) infectiousness, contagion. **être exposé à la ~** to be in danger of becoming infected; **les ravages de la ~ parmi les vieillards** the ravages of the disease among the old.
contagionner [kɔ̃taʒjone] (1) *vt* to infect.
container [kɔ̃tɛnɛʀ] *nm* (freight) container.
contamination [kɔ̃taminasjɔ̃] *nf* (*V* **contaminer**) infection; contamination.
contaminer [kɔ̃tamine] (1) *vt* *personne* to infect, contaminate; *cours d'eau* to contaminate.
conte [kɔ̃t] *nm* (*récit*) tale, story; († *ou littér: histoire mensongère*) (tall) story. (*lit, fig*) **~ de fée** fairy tale *ou* story.
contemplateur, -trice [kɔ̃tɑ̃platœʀ, tʀis] *nm, f* contemplator.
contemplatif, -ive [kɔ̃tɑ̃platif, iv] *adj* **air, esprit** contemplative; meditative; (*Rel*) *ordre* contemplative. (*Rel*) **un ~** a contemplative.
contemplation [kɔ̃tɑ̃plasjɔ̃] *nf* (*action*) contemplation. **la ~** (*Philos*) contemplation, meditation; (*Rel*) contemplation.
contempler [kɔ̃tɑ̃ple] (1) *vt* to contemplate, gaze at, gaze upon (*littér*).
contemporain, e [kɔ̃tɑ̃pɔʀɛ̃, ɛn] **1** *adj* (a) (*de la même époque*) *personne* contemporary; *événement* contemporaneous, contemporary (*de* with). (b) (*actuel*) contemporary, present-day (*épith*). **2** *nm* contemporary.
contemporanéité [kɔ̃tɑ̃pɔʀaneite] *nf* contemporaneousness.
contempteur, -trice [kɔ̃tɑ̃ptœʀ, tʀis] *nm, f* (*littér*) denigrator.
contenance [kɔ̃tnɑ̃s] *nf* (a) (*capacité*) [*bouteille, réservoir*] capacity; [*navire*] (carrying) capacity. **avoir une ~ de 45 litres** to have a capacity of 45 litres, take *ou* hold 45 litres.
(b) (*attitude*) bearing, attitude. **~ humble/fière** humble/proud bearing; **~ gênée** embarrassed attitude; **il fumait pour se donner une ~** he was smoking to give an impression of composure *ou* to disguise his lack of composure; **faire bonne ~ (devant)** to put on a bold front (in the face of); **perdre ~** to lose one's composure.
contenant [kɔ̃tnɑ̃] *nm*: **le ~ (et le contenu)** the container (and the contents).

conteneur [kɔ̃tnœʀ] *nm* container.
contenir [kɔ̃tniʀ] (22) **1** *vt* (a) (*avoir une capacité de*) [*récipient*] to hold, take; [*cinéma, avion, autocar*] to seat, hold.
(b) (*renfermer*) [*récipient, livre, minerai*] to contain. **ce minerai contient beaucoup de fer** this ore contains a lot of iron *ou* has a lot of iron in it; **discours contenant de grandes vérités** speech containing *ou* embodying great truths.
(c) (*maîtriser*) *surprise* to contain; *colère* to contain, suppress; *sanglots, larmes* to contain, hold back; *foule* to contain, restrain, hold in check. (*Mil*) **~ l'ennemi** to contain the enemy, hold the enemy in check.
2 se contenir *vpr* to contain o.s., control one's emotions.
content, e [kɔ̃tɑ̃, ɑ̃t] **1** *adj* (a) (*heureux, ravi*) pleased, glad, happy. **l'air ~** with a pleased expression; **je serais ~ que vous veniez** I'd be pleased *ou* glad *ou* happy if you came; **je suis ~ d'apprendre cela** I'm pleased *ou* glad about this news, I'm pleased *ou* glad to hear this news; **il était très ~ de ce changement** he was very pleased *ou* glad about *ou* at the change; **je suis très ~ ici** I'm very happy *ou* contented here.
(b) (*satisfait de*) **~ de** *élève, voiture, situation* pleased *ou* happy with; **être ~ de peu** to be content with little, be easily satisfied; **être ~ de soi** to be pleased with o.s.
(c) **non ~ d'être/d'avoir fait ...** not content with being/with having done ... .
2 *nm*: **avoir (tout) son ~ de qch** to have had one's fill of sth.
contentement [kɔ̃tɑ̃tmɑ̃] *nm* (*action de contenter*) satisfaction, satisfying; (*état*) contentment, satisfaction. **éprouver un profond ~ à la vue de ...** to feel great contentment *ou* deep satisfaction at the sight of ...; **~ d'esprit** spiritual contentment; **~ de soi** self-satisfaction; (*Prov*) **~ passe richesse** happiness is worth more than riches.
contenter [kɔ̃tɑ̃te] (1) **1** *vt* *personne, besoin, envie, curiosité* to satisfy. **facile à ~** easy to please, easily pleased *ou* satisfied; **cette explication l'a contenté** he was satisfied *ou* happy with this explanation, this explanation satisfied him; **il est difficile de ~ tout le monde** it's difficult to please *ou* satisfy everyone.
2 se contenter *vpr*: **se ~ de qch/de faire qch** to content o.s. with sth/with doing sth; **il a dû se ~ d'un repas par jour/de manger les restes** he had to content himself *ou* make do with one meal a day/with eating the left-overs; **il se contenta d'un sourire/de sourire** he merely gave a smile/smiled.
contentieux, -euse [kɔ̃tɑ̃sjø, øz] **1** *adj* (*Jur*) contentious. **2** *nm* (*litige*) dispute, disagreement; (*Comm*) litigation; (*service*) legal department. **~ administratif/commercial** administrative/commercial actions *ou* litigation.
contenu, e [kɔ̃tny] (*ptp de* **contenir**) **1** *adj* **colère, sentiments** restrained, suppressed.
2 *nm* [*récipient, dossier*] contents; [*loi, texte*] content; (*Ling*) content. **la table des matières indique le ~ du livre** the table shows the contents of the book; **le ~ subversif de ce livre** the subversive content of this book.
conter [kɔ̃te] (1) *vt* (a) (*littér*) *histoire* to recount, relate. (*hum*) **contez-nous vos malheurs** let's hear your problems, tell us all about your problems.
(b) (*loc*) **que me contez-vous là?** what are you trying to tell me?, what yarn are you trying to spin me?*; **il lui en a conté de belles!** he really spun him some yarns!* *ou* told him some incredible stories!; **elle ne s'en laisse pas ~** she's not easily taken in, she doesn't let herself be taken in (easily); **il ne faut pas lui en ~** it's no use trying it on with him* (*Brit*), don't bother trying those stories on him; († *ou hum*) **~ fleurette à qn** to murmur sweet nothings to sb († *ou hum*).
contestable [kɔ̃tɛstabl(ə)] *adj* *théorie, idée* questionable, disputable; *raisonnement* questionable, doubtful.
contestataire [kɔ̃tɛstatɛʀ] **1** *adj* *journal, étudiants, tendances* anti-establishment, anti-authority. **2** *nmf*: **c'est un ~** he's anti-establishment *ou* anti-authority; **les ~s ont été expulsés** the protesters were expelled.
contestation [kɔ̃tɛstasjɔ̃] *nf* (a) (*U: V* **contester**) contesting; questioning; disputing. (b) (*discussion*) dispute. **sans ~ possible** beyond dispute; **élever une ~** to raise an objection (*sur* to); **il y a matière à ~** there are grounds for contention *ou* dispute. (c) (*gén Pol*: *opposition*) **la ~** anti-establishment *ou* anti-authority activity; **faire de la ~** to (actively) oppose the establishment, protest (against the establishment).
conteste [kɔ̃tɛst(ə)] *nf*: **sans ~** unquestionably, indisputably.
contester [kɔ̃tɛste] (1) **1** *vt* (*Jur*) *succession, droit, compétence* to contest; *fait, raisonnement, vérité* to question, dispute, contest. **je ne conteste pas que vous ayez raison** I don't dispute that you're right; **je ne lui conteste pas ce droit** I don't question *ou* dispute *ou* contest his right; **ce roman/cet écrivain est très contesté** this novel/writer is very controversial.
2 *vi* to take issue (*sur* over); (*Pol etc*) to protest. **il ne conteste jamais** he never takes issue over anything; **il conteste toujours sur des points de détail** he's always taking issue over points of detail; **maintenant les jeunes ne pensent qu'à ~** young people nowadays think only about protesting.
conteur, -euse [kɔ̃tœʀ, øz] *nm, f* (*écrivain*) storywriter; (*narrateur*) storyteller.
contexte [kɔ̃tɛkst(ə)] *nm* context.
contextuel, -elle [kɔ̃tɛkstɥɛl] *adj* (*Ling*) contextual.
contexture [kɔ̃tɛkstyʀ] *nf* [*tissu, organisme*] texture; [*roman, œuvre*] structure.
contigu, -uë [kɔ̃tigy] *adj* *choses* adjoining, adjacent, contiguous (*frm*); (*fig*) *domaines, sujets* (closely) related. **être ~ à qch** to be adjacent *ou* next to sth.
contiguïté [kɔ̃tigɥite] *nf* [*choses*] proximity, contiguity (*frm*); (*fig*)

[sujets] relatedness. **la ~ de nos jardins est très commode** it's very handy that our gardens are next to each other *ou* adjacent *ou* adjoining; **la ~ de ces deux sujets** the fact that these two subjects are (closely) related, the relatedness of these two subjects.

continence [kɔ̃tinɑ̃s] *nf* continence, continency.

continent¹, e [kɔ̃tinɑ̃, ɑ̃t] *adj* continent.

continent² [kɔ̃tinɑ̃] *nm* (*gén, Géog*) continent; (*par rapport à une île*) mainland.

continental, e, *mpl* **-aux** [kɔ̃tinɑtal, o] *adj* continental.

contingence [kɔ̃teʒɑ̃s] *nf* (a) (*Philos*) contingency.

(b) **les ~s** contingencies; **les ~s de tous les jours** (little) everyday occurrences *ou* contingencies; **les ~s de la vie** the (little) chance happenings of life; **tenir compte des ~s** to take account of all contingencies *ou* eventualities.

contingent, e [kɔ̃teʒɑ̃, ɑ̃t] **1** *adj* contingent. **2** *nm* (a) (*Mil: groupe*) contingent. (*en France*) **le ~** the conscripts called up for national service, the draft (*US*). (b) (*Comm: quota*) quota. (c) (*part, contribution*) share.

contingentement [kɔ̃teʒɑ̃tmɑ̃] *nm:* **le ~ des exportations/ importations** the fixing *ou* establishing of export/import quotas, the placing of quotas on exports/imports.

contingenter [kɔ̃teʒɑ̃te] (1) *vt* (*Comm*) *importations, exportations* to place *ou* fix a quota on; *produits, matière première* to distribute by a system of quotas.

continu, e [kɔ̃tiny] **1** *adj mouvement, série, bruit* continuous; (*Math*) continuous; *ligne, silence* unbroken, continuous; *effort* continuous, unremitting; *souffrance* endless; *V* **jet¹, journée, travail. 2** *nm* (*Math, Philos, Phys*) continuum; (*Élec*) direct current. **3 continue** *nf* (*Phon*) continuant.

continuateur, -trice [kɔ̃tinɥatœʀ, tʀis] *nm,f [œuvre littéraire]* continuator; *[innovateur, précurseur]* successor. **les ~s de cette réforme** those who carried on (*ou* carry on *etc*) the reform.

continuation [kɔ̃tinɥasjɔ̃] *nf* continuation. **nous comptons sur la ~ de cette entente** we count on the continuation of this agreement *ou* on this agreement's continuing; *V* **bon¹.**

continuel, -elle [kɔ̃tinɥɛl] *adj* (*continu*) continuous; (*qui se répète*) continual, constant.

continuellement [kɔ̃tinɥɛlmɑ̃] *adv* (*V* **continuel**) continuously; continually, constantly.

continuer [kɔ̃tinɥe] (1) **1** *vt* (a) (*poursuivre*) *démarches, politique* to continue (with), carry on with; *tradition* to continue, carry on; *travaux, études* to continue (with), carry on with, go on with. **~ son chemin** to continue on *ou* along one's way, go on one's way; **~ l'œuvre de son maître** to carry on *ou* continue the work of one's master; **Pompidou continua de Gaulle** Pompidou carried on *ou* continued where de Gaulle left off.

(b) (*prolonger*) *droite, route* to continue.

2 *vi* (a) *[bruit, spectacle, guerre]* to continue, go on. **la route (se) continue jusqu'à la gare** the road goes (on) *ou* continues as far as the station.

(b) *[voyageur]* to go on, continue on one's way.

(c) **~ de** *ou* **à marcher/manger** *etc* to go on *ou* keep on *ou* continue walking/eating *etc*, continue to walk/eat *etc*, walk/eat *etc* on, continue to travail! go on *ou* keep on *ou* continue working!; **'mais' continua-t-il** 'but' he went on *ou* continued, dis-le, continue! go on, say it!; **s'il continue, je vais ... si** he goes on *ou* keeps on *ou* continues, I'm going to ... .

continuité [kɔ̃tinɥite] *nf [politique, tradition]* continuation; *[action]* continuity. **assurer la ~ d'une politique** to ensure continuity in applying a policy, ensure the continuation of a policy; *V* **solution.**

continûment [kɔ̃tinymɑ̃] *adv* continuously.

continuum [kɔ̃tinɥɔm] *nm* continuum. **le ~ espace-temps** the four-dimensional *ou* space-time continuum.

contondant, e [kɔ̃tɔ̃dɑ̃, ɑ̃t] *adj instrument* blunt. **arme ~e** blunt instrument.

contorsion [kɔ̃tɔʀsjɔ̃] *nf* contortion.

contorsionner (se) [kɔ̃tɔʀsjɔne] (1) *vpr* (*lit) [acrobate]* to contort o.s.; (*fig, péj*) to contort o.s. **il se contorsionnait pour essayer de se défaire de ses liens** he was writhing about *ou* contorting himself in an attempt to free himself from his bonds.

contorsionniste [kɔ̃tɔʀsjɔnist(ə)] *nmf* contortionist.

contour [kɔ̃tuʀ] *nm* (a) *[objet]* outline; *[montagne, visage, corps]* outline, line, contour. (b) *[route, rivière] ~s* windings.

contourné, e [kɔ̃tuʀne] (*ptp de* **contourner**) *adj (péj) raisonnement, style* tortuous; (*péj*) *colonne, pied de table* (over)elaborate; *jambes, pieds* twisted, crooked.

contourner [kɔ̃tuʀne] (1) *vt* (a) *ville* to skirt round, bypass; *montagne* to skirt round, walk (*ou* drive *etc*) round; *mur, véhicule* to walk (*ou* drive *etc*) round; (*fig*) *règle, difficulté* to circumvent, bypass, get round.

(b) (*façonner*) *arabesques* to trace (out); *vase* to fashion.

(c) (*déformer*) to twist, contort.

contraceptif, -ive [kɔ̃tʀaseptif, iv] *adj, nm* contraceptive.

contraception [kɔ̃tʀasepsjɔ̃] *nf* contraception.

contractant, e [kɔ̃tʀaktɑ̃, ɑ̃t] **1** *adj* (*Jur*) contracting. **2** *nm,f* contracting party.

contracté, e [kɔ̃tʀakte] (*ptp de* **contracter**) *adj* (a) (*Ling*) contracted. (b) *personne* tense, tensed up.

contracter¹ [kɔ̃tʀakte] (1) **1** *vt* (a) (*raidir*) *muscle* to tense, contract; *traits, visage* to tense; (*fig*) *personne* to make tense. **la peur lui contracta la gorge** fear gripped his throat; **l'émotion lui contracta la gorge** his throat tightened with emotion; **les traits contractés par la souffrance** his features tense with suffering; **un sourire forcé contracta son visage** his face stiffened into a forced smile.

(b) (*Phys: réduire*) **~ un corps/fluide** to make a body/fluid contract.

2 se contracter *vpr [muscle]* to tense (up), contract; *[gorge]* to tighten; *[traits, visage]* to tense (up); *[cœur]* to contract; (*fig*) *[personne]* to become tense, get tensed up; (*Phys*) *[corps]* to contract; (*Ling*) *[mot, syllabe]* to be (able to be) contracted.

contracter² [kɔ̃tʀakte] (1) *vt* (a) *dette, obligation* to contract, incur; *alliance* to contract, enter into. **~ une assurance** to take out an insurance policy; (*Admin*) **~ mariage avec** to contract (a) marriage with. (b) *maladie* to contract; *manie, habitude* to acquire, contract.

contractile [kɔ̃tʀaktil] *adj* contractile.

contractilité [kɔ̃tʀaktilite] *nf* contractility.

contraction [kɔ̃tʀaksjɔ̃] *nf* (a) (*U: action*) *[corps, liquide]* contraction; *[muscle]* tensing, contraction. (b) (*U: état*) *[muscles, traits, visage]* tenseness. (c) (*spasme*) contraction. (d) (*Scol*) **~ de texte** summary, précis.

contractuel, -elle [kɔ̃tʀaktɥɛl] **1** *adj* contractual. **2** *nm [parking]* ≃ traffic warden (*Brit*). (**agent**) ~ contract (public) employee. **3 contractuelle** *nf [parking]* ≃ traffic warden (*Brit*), ≃ meter maid (*US*).

contracture [kɔ̃tʀaktyʀ] *nf (Archit*) contracture; (*Physiol*) spasm, (prolonged) contraction. **~ musculaire** cramp.

contradicteur [kɔ̃tʀadiktœʀ] *nm* opponent, contradictor.

contradiction [kɔ̃tʀadiksjɔ̃] *nf* (a) (*U: contestation*) **porter la ~ dans un débat** to introduce counter-arguments in a debate, add a dissenting voice to a debate; **je ne supporte pas la ~** I can't bear to be contradicted; *V* **esprit.**

(b) (*discordance*) contradiction, inconsistency. **texte plein de ~s** text full of contradictions *ou* inconsistencies; **le monde est plein de ~s** the world is full of contradictions; **~ dans les termes** contradiction in terms; **il y a ~ entre ...** there is a contradiction between ...; **être en ~ avec soi-même** to contradict o.s.; **il est en ~ avec ce qu'il a dit précédemment** he's contradicting what he said before.

(c) (*Jur*) fact of hearing all parties to a case.

contradictoire [kɔ̃tʀadiktwaʀ] *adj idées, théories, récits* contradictory, conflicting. *débat* ~ debate; *réunion politique* ~ political meeting with an open debate; **~ à** in contradiction to, in conflict with; (*Jur*) *arrêt/jugement* ~ order/judgment given after due hearing of the parties.

contradictoirement [kɔ̃tʀadiktwaʀmɑ̃] *adv (Jur)* after due hearing of the parties.

contraignant, e [kɔ̃tʀenɑ̃, ɑ̃t] *adj horaire* restricting, constraining; *obligation, occupation* restricting.

contraindre [kɔ̃tʀɛ̃dʀ(ə)] (52) *vt:* **~ qn à faire qch** to force *ou* compel sb to do sth; **contraint à démissionner** forced *ou* compelled *ou* constrained to resign; **il/cela m'a contraint au silence/au repos** he/this forced *ou* compelled me to be silent/to rest; **se ~ avec peine** to restrain o.s. with difficulty; **se ~ à être aimable** to force o.s. to be polite, make o.s. be polite; (*Jur*) **~ par voie de justice** to constrain by law (*to pay debt*).

contraint, e¹ [kɔ̃tʀɛ̃, ɛ̃t] (*ptp de* **contraindre**) *adj* (a) (*gêné*) constrained, forced. **d'un air ~** with an air of constraint, constrainedly. (b) **~ et forcé** under constraint *ou* duress.

contrainte² [kɔ̃tʀɛ̃t] *nf* (a) (*violence*) constraint. (*littér*) **vivre dans la ~** to live in bondage; **par ~** *ou* **sous la ~** under constraint *ou* duress; **empêcher qn d'agir par la ~** to prevent sb from acting by force, forcibly prevent sb from acting.

(b) (*gêne*) constraint, restraint; (*Ling*) constraint. **sans ~** unrestrainedly, unconstrainedly, without restraint *ou* constraint.

(c) (*Jur*) **~ par corps** civil imprisonment.

contraire [kɔ̃tʀɛʀ] **1** *adj* (a) (*opposé, inverse*) *sens, effet, avis* opposite; (*Naut*) *vent* contrary, adverse; (*contradictoire*) *opinions* conflicting, opposite; *propositions, intérêts* conflicting; *mouvements, forces* opposite; *V* **avis.**

(b) (*nuisible*) *vent, forces, action* contrary; *destin* adverse. **l'alcool m'est ~** alcohol doesn't agree with me; **le sort lui fut ~** fate was against him *ou* opposed him; **~ à la santé** bad for the health, injurious *ou* prejudicial to the health (*frm*).

2 *nm* (a) *[mot, concept]* opposite. **c'est le ~ de son frère** he's the opposite *ou* the antithesis of his brother; **et pourtant c'est tout le ~** and yet it's just the reverse *ou* opposite; **il fait toujours le ~ de ce qu'on lui dit** he always does the opposite *ou* contrary of what he's told; **je ne vous dis pas le ~** I'm not saying anything to the contrary, I'm not disputing *ou* denying it.

(b) **au ~, bien au ~, tout au ~** on the contrary; **au ~ des autres** unlike the others, as opposed to the others.

contrairement [kɔ̃tʀɛʀmɑ̃] *adv:* **~ à** contrary to; (*dans une comparaison*) **~ aux autres** ... unlike the others ... .

contralto [kɔ̃tʀalto] *nm* contralto.

contrapuntique [kɔ̃tʀapɔ̃tik] *adj (Mus)* contrapuntal.

contrariant, e [kɔ̃tʀaʀjɑ̃, ɑ̃t] *adj personne* perverse, contrary; *incident* tiresome, annoying, irksome.

contrarier [kɔ̃tʀaʀje] (7) *vt* (a) (*irriter*) to annoy; (*ennuyer*) to bother. **il cherche à vous ~** he's trying to annoy you.

(b) (*gêner*) *projets* to frustrate, thwart; *amour* to thwart. (*Naut*) **~ la marche d'un bateau** to impede a ship's progress; (*Mil*) **~ les mouvements de l'ennemi** to impede the enemy's movements; **forces qui se contrarient** forces which act against each other.

(c) (*contraster*) to alternate (for contrast).

contrariété [kɔ̃tʀaʀjete] *nf* (*irritation*) annoyance, vexation. **éprouver une ~** to feel annoyed *ou* vexed; **un geste de ~** a gesture of annoyance; **toutes ces ~s l'ont rendu furieux** all these annoyances *ou* vexations made him furious.

contrastant, e [kɔ̃tʀastɑ̃, ɑ̃t] *adj couleurs, figures, effets* contrasting (*épith*).

contraste [kɔ̃tʀast(ə)] *nm* (*gén, TV*) contrast. **par ~** by contrast; **faire ~ avec** to contrast with; **en ~ avec** in contrast to; **mettre en ~** to contrast.

contrasté, e [kɔ̃tʀaste] (*ptp de* **contraster**) *adj composition, photo, style* with some contrast. **une photographie trop/pas assez ~e** a photograph with too much/not enough contrast; **couleurs très ~es** strongly contrasting colours.

contraster [kɔ̃tʀaste] (1) **1** *vt éléments, caractères* to contrast; *photographie* to give contrast to, put contrast into. **ce peintre contraste à peine son sujet** this painter hardly brings out his subject (at all) *ou* hardly makes his subject stand out. **2** *vi* to contrast (*avec* with).

contrastif, -ive [kɔ̃tʀastif, iv] *adj* (*Ling*) contrastive.

contrat [kɔ̃tʀa] *nm* (*convention, document*) contract, agreement; (*fig: accord, pacte*) agreement. **~ d'apprentissage** apprenticeship contract; **~ de mariage** marriage contract; **~ de travail** work contract; **~ collectif** collective agreement; **~ administratif** public service contract; **~ d'assurance** contract of insurance; (*Hist, Pol*) **~ social** social contract; **réaliser** *ou* **remplir son ~** (*Bridge*) to make one's contract; (*fig: Pol etc*) to fulfil one's pledges; (*Jur*) **~ aléatoire** aleatory contract; (*Jur, Fin*) **~ de louage d'ouvrage** contract for services; (*Jur*) **~ conclu dans les conditions normales du commerce** arm's length agreement; *V* bridge.

contravention [kɔ̃tʀavɑ̃sjɔ̃] *nf* (a) (*Aut*) (*pour infraction au code*) fine; (*pour stationnement interdit*) (*amende*) (parking) fine; (*procès-verbal*) parking ticket. **dresser ~ (à qn)** (*stationnement interdit*) to write out *ou* issue a parking ticket (for sb); (*autres infractions*) to fine sb, book sb* (*Brit*), take down sb's particulars; **donner** *ou* **flanquer* une ~ à qn** to book sb* (*Brit*) for parking, give sb a parking ticket; to fine sb, book sb* (*Brit*).
(b) (*Jur: infraction*) **~ à** contravention *ou* infraction of; **être en (état de) ~** to be contravening the law; **être en ~ à** to be in contravention of.

contre [kɔ̃tʀ(ə)] **1** *prép* (a) (*contact, juxtaposition*) against. **se mettre ~ le mur** to (go and) stand against the wall; **s'appuyer ~ un arbre** to lean against a tree; **la face ~ terre** face downwards; **son bateau est amarré ~ le mien** his boat is moored alongside mine; **appuyez-vous ~ lean** *ou* press against *ou* on it; **serrer qn ~ sa poitrine** *ou* **son cœur** to hug sb (to one), hug *ou* clasp sb to one's breast *ou* chest; **pousse la table ~ la fenêtre** push the table (up) against the window; **son garage est juste ~ notre maison** his garage is built onto our house; **elle se blottit ~ sa mère** she nestled *ou* cuddled up to her mother; **elle s'assit (tout) ~ lui** she sat down (right) next to *ou* beside him; **il s'est cogné la tête ~ le mur** he banged his head against *ou* on the wall; **joue ~ joue** cheek to cheek; **les voitures étaient pare-chocs ~ pare-chocs** the cars were bumper to bumper; *V* ci.
(b) (*opposition, hostilité*) against. **se battre/voter ~ qn** to fight/ vote against sb; (*Sport*) **Poitiers ~ Lyon** Poitiers versus Lyons; **être furieux/en colère ~ qn** to be furious/angry with sb; **jeter une pierre ~ la fenêtre** to throw a stone at the window; **agir ~ l'avis/ les ordres de qn** to act against *ou* contrary to *ou* counter to sb's advice/orders; **aller/nager ~ le courant** to go/swim against the current; **~ nature** unnatural act, act contrary to *ou* against nature; **je n'ai rien ~ (cela)** *ou* (*frm*) **là ~** I have nothing against it; **il a les ouvriers ~ lui** he's got the workers against him; **je suis (tout à fait) ~**! I'm (completely) against it!; *V* envers[1], gré, vent.
(c) (*défense, protection*) **s'abriter ~ le vent/la pluie** to take shelter from the wind/rain; **des comprimés ~ la grippe** flu tablets, tablets for flu; **sirop ~ la toux** cough mixture *ou* syrup; **s'assurer ~ les accidents/l'incendie** to insure (o.s.) against *ou* for accidents/fire.
(d) (*échange*) (in exchange) for. **échanger** *ou* **troquer qch ~** to exchange *ou* swap* sth for; **donner qch ~** to give sth (in exchange) for; **il a cédé ~ la promesse/l'assurance que ...** he agreed in return for the promise/assurance that ...; **envoi ~ remboursement** cash on delivery, C.O.D.
(e) (*proportion, rapport*) **il y a un étudiant qui s'intéresse ~ neuf qui bâillent** for every one interested student there are nine who are bored; **9 voix ~ 4** 9 votes to 4; **à 100 ~ 1** at 100 to 1.
(f) (*loc: contrairement à*) **~ toute attente** *ou* **toute prévision** contrary to (all) expectations, contrary to expectation; **~ toute apparence** despite (all) appearances to the contrary; **par ~** on the other hand.
2 *adv:* **appuyez-vous ~** lean against *ou* on it.
3 *nm* (a) *V* pour.
(b) (*fig: riposte*) counter, retort; (*Billard*) rebound; (*Cartes*) double, **l'art du ~** the art of repartee; (*Rugby*) **faire un ~** to charge down a kick.
4: contre-accusation *nf, pl* **contre-accusations** counter-charge, counter-accusation; **contre-alizé** *nm, pl* **contre-alizés** anti-trade (wind); **contre-allée** *nf, pl* **contre-allées** (*en ville*) service road (*Brit*), frontage road (*US*); (*dans un parc*) side path (*running parallel to the main drive*); **contre-amiral** *nm, pl* **contre-amiraux** rear admiral; **contre-analyse** *nf, pl* **contre-analyses** second analysis, counter-analysis; **contre-attaque** *nf, pl* **contre-attaques** counter-attack; **contre-attaquer** *vi* to counter-attack; **contre-autopsie** *nf, pl* **contre-autopsies** control autopsy, second autopsy; **contre-avion(s)** *adj V* **défense**[1]; **contre-boutant** *nm, pl* **contre-boutants** (*en bois*) shore; (*en pierre*) buttress; **contre-braquage** *nm, pl* **contre-braquages** steering into the skid (*U*); **grâce à ce contre-braquage instantané** thanks to his having immediately steered into the skid; **contre-braquer** *vi* to steer into the skid; **contre-butement** *nm* = **contre-boutant**; **contre-chant** *nm* counter-point; **contre-courant** *nm, pl* **contre-courants** [*cours d'eau*] counter-current; **à contre-courant** (*lit*) upstream, against the current; (*fig*) against the current *ou* tide; **contre-écrou** *nm, pl* **contre-écrous** lock nut; **contre-électromotrice** *adj f V* **force**; **contre-enquête** *nf, pl* **contre-enquêtes** counter-inquiry; **contre-épreuve** *nf, pl* **contre-épreuves** (*Typ*) counter-proof; (*vérification*)

counter-check; **contre-espionnage** *nm* counter-espionage; **contre-essai** *nm, pl* **contre-essais** second test, repetition test; **contre-exemple** *nm, pl* **contre-exemples** counter-example; **contre-expertise** *nf, pl* **contre-expertises** second (expert) assessment; **contre-fer** *nm, pl* **contre-fers** iron cap; **contre-feu** *nm, pl* **contre-feux** (*plaque*) fire-back; (*feu*) backfire; **contre-fil** *nm* (*Menuiserie*) **à contre-fil** against the grain; **contre-filet** *nm* sirloin; **contre-fugue** *nf* counter-fugue; **contre-gouvernement** *nm, pl* **contre-gouvernements** (*administration*) shadow government, opposition; (*cabinet*) shadow cabinet (*surtout Brit*), opposition; **contre-haut: en contre-haut** *adj, adv* (up) above; **en contre-haut de** *prép* above; **contre-indication** *nf, pl* **contre-indications** (*Méd, Pharm*) contra-indication; **contre-indiqué, e** *adj* (*Méd*) contra-indicated; (*déconseillé*) unadvisable, ill-advised; **contre-indiquer** *vt* to contraindicate; **contre-insurgé** *nm, pl* **contre-insurgés** counterinsurgent; **contre-insurrection** *nf, pl* **contre-insurrections** counter-insurgency; **contre-interrogatoire** *nm, pl* **contre-interrogatoires** cross-examination; **faire subir un contre-interrogatoire à qn** to cross-examine sb; **contre-jour** *nm, pl* **contre-jours** (*éclairage*) backlighting (*U*), (*photographie*) backlit *ou* contre-jour shot; **à contre-jour se profiler, se détacher** against the sunlight; *photographier* into the light; *travailler, lire* with one's back to the light; **contre-manifestant, e** *nm, f, mpl* **contre-manifestants** counter demonstrator; **contre-manifestation** *nf, pl* **contre-manifestations** counter demonstration; **contre-manifester** *vi* to hold a counter demonstration; **contre-mesure** *nf, pl* **contre-mesures** (*action*) counter-measure; (*Mus*) **à contre-mesure** against the beat, off-beat; **contre la montre** *adj* against the clock; **épreuve contre la montre** time-trial; **contre-offensive** *nf, pl* **contre-offensives** counter-offensive; **contre-pas** *nm* half pace; **contre-pente** *nf, pl* **contre-pentes** opposite slope; **contre-performance** *nf, pl* **contre-performances** (*Sport*) below-average *ou* substandard performance; **contre-pied** *nm* [*opinion, attitude*] (exact) opposite; **prendre le contre-pied de** *opinion* to take the opposing *ou* opposite view of; *action* to take the opposite course to; **il a pris le contre-pied de ce qu'on lui demandait** he did the exact opposite of what he was asked; (*Sport*) **à contre-pied** on the wrong foot; **prendre qn à contre-pied** (*lit*) to wrong foot sb; (*fig*) to catch sb on the wrong foot; **contre-plaqué** *nm* plywood; **contre-plongée** *nf, pl* **contre-plongées** low-angle shot; **filmer en contre-plongée** to film from below; **contre-poil: à contre-poil** *adv* (*lit, fig*) the wrong way; **contre-porte** *nf, pl* **contre-portes** inner door; **contre-projet** *nm, pl* **contre-projets** counterplan; **contre-propagande** *nf* counter-propaganda; **contre-proposition** *nf, pl* **contre-propositions** counterproposal, counterproposition; **contre-publicité** *nf, pl* **contre-publicités** adverse publicity; **ça leur fait de la contre-publicité** that gives them bad *ou* adverse publicity; **contre-rail** *nm, pl* **contre-rails** checkrail (*Brit*), guard-rail; **contre-réforme** *nf* Counter-Reformation; **contre-révolution** *nf, pl* **contre-révolutions** counter-revolution; **contre-révolutionnaire** *adj, nmf, pl* **contre-révolutionnaires** counter-revolutionary; **contre-terrorisme** *nm* counter-terrorism; **contre-terroriste** *adj, nmf, pl* **contre-terroristes** counter-terrorist; **contre-torpilleur** *nm, pl* **contre-torpilleurs** destroyer; **contre-ut** *nm* top *ou* high C; **contre-valeur** *nf* exchange value; **contre-vérité** *nf, pl* **contre-vérités** untruth, falsehood; **contre-visite** *nf, pl* **contre-visites** second (medical) opinion; **à contre-voie** *adv* (*en sens inverse*) on the wrong track; (*du mauvais côté*) on the wrong side (of the train).

contrebalancer [kɔ̃tʀəbalɑ̃se] (3) **1** *vt* [*poids*] to counterbalance; (*fig: égaler, compenser*) to offset. **2 se contrebalancer‡** *vpr:* **se ~ de** not to give a darn* about; **je m'en contrebalance** I don't give a darn* (about it), I couldn't care a hoot* (about it).

contrebande [kɔ̃tʀəbɑ̃d] *nf* (*activité*) contraband, smuggling; (*marchandises*) contraband, smuggled goods. **faire de la ~** to do some smuggling; **faire la ~ du tabac** to smuggle tobacco; **produits de ~** contraband, smuggled goods.

contrebandier, -ière [kɔ̃tʀəbɑ̃dje, jɛʀ] *nm, f* smuggler. **navire ~** smugglers' ship.

contrebas [kɔ̃tʀəba] *nm:* **en ~** (down) below; **en ~ de** below.

contrebasse [kɔ̃tʀəbas] *nf* (*instrument*) (double) bass; (*musicien*) (double) bass player.

contrebassiste [kɔ̃tʀəbasist(ə)] *nmf* (double) bass player.

contrebasson [kɔ̃tʀəbasɔ̃] *nm* contrabassoon, double bassoon.

contrecarrer [kɔ̃tʀəkaʀe] (1) *vt projets,* (†) *personne* to thwart.

contrechamp [kɔ̃tʀəʃɑ̃] *nm* (*Ciné*) reverse shot.

contrechâssis [kɔ̃tʀəʃɑsi] *nm* double (window) frame.

contreclef [kɔ̃tʀəkle] *nf* stone adjoining the keystones.

contrecœur[1] [kɔ̃tʀəkœʀ] *adv:* **à ~** (be)grudgingly, reluctantly.

contrecœur[2] [kɔ̃tʀəkœʀ] *nm* (a) (*fond de cheminée*) fire-back. (b) (*Rail*) guard-rail, checkrail (*Brit*).

contrecoup [kɔ̃tʀəku] *nm* (*répercussions*) repercussions, indirect consequence. **le ~ d'un accident** the repercussions of an accident; **la révolution a eu des ~s en Asie** the revolution has had (its) repercussions in Asia; **par ~** as an indirect consequence.

contredanse [kɔ̃tʀədɑ̃s] *nf* (a) (*) (*gén*) fine; (*pour stationnement interdit*) (parking) ticket. (b) (††: *danse, air*) quadrille.

contredire [kɔ̃tʀədiʀ] (37) **1** *vt* [*personne*] to contradict; [*faits*] to be at variance with, refute. **2 se contredire** *vpr* [*personne*] to contradict o.s.; [*témoins, témoignages*] to contradict each other.

contredit [kɔ̃tʀədi] *nm:* **sans ~** unquestionably, without question.

contrée [kɔ̃tʀe] *nf* (*littér*) (*pays*) land; (*région*) region.

contrefaçon [kɔ̃tʀəfasɔ̃] *nf* (a) (*U: V* **contrefaire**) counterfeiting; forgery, forging. **~ involontaire d'un brevet** innocent infringement of a patent.

(b) *(faux) (édition etc)* unauthorized *ou* pirated edition; *(produit)* imitation; *(billets, signature)* forgery, counterfeit. *(Comm)* **méfiez-vous des ∼s** beware of imitations.
contrefacteur [kɔ̃trəfaktœʀ] *nm (Jur)* forger, counterfeiter.
contrefaire [kɔ̃trəfɛʀ] (60) *vt* (a) *(littér: imiter)* to imitate; *(ridiculiser)* to mimic, imitate.
(b) *(déguiser) voix* to disguise.
(c) *(falsifier) argent, signature* to counterfeit, forge; *produits, édition* to counterfeit; *brevet* to infringe.
(d) (†: *feindre)* to feign († *ou littér)*, counterfeit.
(e) (†: *rendre difforme)* to deform.
contrefait, e [kɔ̃trəfɛ, ɛt] *(ptp de* **contrefaire)** *adj (difforme)* misshapen, deformed.
contreficher (se)* [kɔ̃trəfiʃe] (1) *vpr:* **se ∼ de** not to give a darn* about; **je m'en contrefiche** I couldn't care a hoot* (about it), I don't give a darn* (about it).
contrefort [kɔ̃trəfɔʀ] *nm* (a) *(Archit) [voûte, terrasse]* buttress. (b) *[soulier]* stiffener. (c) *(Géog) [arête]* spur. *[chaîne]* ∼s foothills.
contrefoutre (se)‡ [kɔ̃trəfutʀ(ə)] *vpr:* **je m'en/tu t'en contrefous** I/you don't give a damn‡ (about it).
contremaître [kɔ̃trəmɛtʀ(ə)] *nm* foreman.
contremaîtresse [kɔ̃trəmɛtʀɛs] *nf* forewoman.
contremarche [kɔ̃trəmaʀʃ(ə)] *nf* (a) *(Mil)* countermarch. (b) *[marche d'escalier]* riser.
contremarque [kɔ̃trəmaʀk(ə)] *nf* (a) *(Comm: marque)* countermark. (b) *(Ciné, Théât: ticket)* passout ticket.
contrepartie [kɔ̃trəpaʀti] *nf* (a) *(lit, fig: compensation)* compensation. **en ∼** *(en échange, en retour)* in return; *(en revanche)* in compensation, to make up for it; *(Jur, Fin)* **moyennant ∼ valable** ≃ for a good and valuable consideration; **obtenir de l'argent en ∼** to get money in compensation; **prendre qch sans ∼** to take sth without offering compensation; *(en revanche)* **en ∼ il est gentil** on the other hand he's nice.
(b) *(littér: contre-pied)* opposing view.
(c) *(Comm) (registre)* duplicate register; *(écritures)* counterpart entries.
contrepet [kɔ̃trəpɛ] *nm,* **contrepèterie** [kɔ̃trəpɛtʀi] *nf* spoonerism.
contrepoids [kɔ̃trəpwa] *nm (lit)* counterweight, counterbalance; *[acrobate]* balancing-pole. **faire ∼** to act as a counterbalance; **porter un panier à chaque main pour faire ∼** to carry a basket in each hand to balance oneself; *(fig)* **servir de ∼ à, apporter un ∼ à** to counterbalance.
contrepoint [kɔ̃trəpwɛ̃] *nm* counterpoint. *(Mus, fig)* **en ∼** *(adj)* contrapuntal; *(adv)* contrapuntally.
contrepoison [kɔ̃trəpwazɔ̃] *nm* antidote, counterpoison.
contrer [kɔ̃tʀe] (1) **1** *vt* (a) *personne, menées* to counter. (b) *(Cartes)* to double. *(Rugby)* **∼ un coup de pied** to charge down a kick. **2** *vi (Cartes)* to double.
contrescarpe [kɔ̃tʀɛskaʀp(ə)] *nf (Mil)* counterscarp.
contreseing [kɔ̃tʀəsɛ̃] *nm (Jur)* countersignature.
contresens [kɔ̃tʀəsɑ̃s] *nm (erreur)* misinterpretation; *(de traduction)* mistranslation; *(absurdité)* nonsense *(U)*, piece of nonsense. **à ∼ *(Aut)*** the wrong way; *(Couture)* against the grain; **à ∼ de** against; **il a pris mes paroles à ∼, Il a pris le ∼ de mes paroles** he misinterpreted what I said; **le traducteur a fait un ∼** the translator has been guilty of a mistranslation.
contresigner [kɔ̃tʀəsiɲe] (1) *vt* to countersign.
contretemps [kɔ̃tʀətɑ̃] *nm* (a) *(complication, retard)* hitch, contretemps. (b) *(Mus)* off-beat rhythm. (c) **à ∼** *(Mus)* off the beat; *(fig)* at an inopportune moment.
contrevenant, e [kɔ̃tʀəvnɑ̃, ɑ̃t] *(Jur)* **1** *adj* offending. **2** *nm, f* offender.
contrevenir [kɔ̃tʀəvniʀ] (22) **contrevenir à** *vt indir (Jur, littér) loi, règlement* to contravene.
contrevent [kɔ̃tʀəvɑ̃] *nm* (a) *(volet)* shutter. (b) *[charpente]* brace, strut.
contrevirage [kɔ̃tʀəviʀaʒ] *nm (Ski)* counter-turn.
contribuable [kɔ̃tʀibɥabl(ə)] *nmf* taxpayer.
contribuer [kɔ̃tʀibɥe] (1) **contribuer à** *vt indir résultat, effet* to contribute to(wards); *effort, dépense* to contribute towards. **de nombreux facteurs ont contribué au déclin de ...** à réduire le ... numerous factors contributed to(wards) the decline in .../ to(wards) the reduction in the ... ou to reducing the ... .
contributif, -ive [kɔ̃tʀibytif, iv] *adj (Jur) part* contributory.
contribution [kɔ̃tʀibysjɔ̃] *nf* (a) *(participation)* contribution. **mettre qn à ∼** to call upon sb's services, make use of sb; **mettre qch à ∼** to make use of sth; **apporter sa ∼ à qch** to make one's contribution to sth.
(b) *(impôts)* ∼s *(à la commune)* rates *(Brit),* (local) taxes *(US); (à l'état)* taxes; ∼s **directes/indirectes** direct/indirect taxation.
(c) *(administration)* ∼s tax office, ≃ Inland Revenue *(Brit),* ≃ Internal Revenue *(US);* **travailler aux ∼s** to work for *ou* in the Inland Revenue *(Brit) ou* Internal Revenue *(US),* work in the tax office.
contrister [kɔ̃tʀiste] (1) *vt (littér)* to grieve, sadden.
contrit, e [kɔ̃tʀi, it] *adj* contrite.
contrition [kɔ̃tʀisjɔ̃] *nf* contrition; V **acte.**
contrôlable [kɔ̃tʀolabl(ə)] *adj opération* that can be checked; *affirmation* that can be checked *ou* verified, verifiable; *sentiment* that can be controlled, controllable. **un billet ∼ à l'arrivée** a ticket that is inspected *ou* checked on arrival.
contrôle [kɔ̃tʀol] *nm* (a) *(vérification:* V **contrôler)** checking *(U),* check; inspecting *(U),* inspection; controlling *(U),* control; verifying *(U),* verification. *(Police)* **∼ d'identité** identity check; *(Méd)* **visite de ∼** (routine) checkup, medical* *(Brit),* physical* *(US); (Comm)* ∼s **de qualité** quality checks *ou* controls; *(Scol)* ∼

continu continuous assessment; ∼ **des connaissances** pupil *ou* student assessment, checking of standards; **(exercice de)** ∼ (written) test.
(b) *(surveillance:* V **contrôler)** controlling; supervising, supervision; monitoring. **exercer un ∼ sévère sur les agissements de qn** to maintain strict control over sb's actions; *firme etc* **sous ∼ étranger** foreign-owned; *(Fin)* ∼ **des changes** exchange control; *(Fin)* ∼ **économique** *ou* **des prix** price control; *(organisme)* ≃ Prices Board; *(Sociol)* ∼ **des naissances** birth control.
(c) *(maîtrise)* control. ∼ **de soi-même** self-control; **garder le ∼ de sa voiture** to remain in control of one's vehicle.
(d) *(bureau) (gén)* office; *(Théât)* (advance) booking office *(surtout Brit),* reservation office *(US).*
(e) *(Mil: registres)* ∼s rolls, lists; **rayé des ∼s de l'armée** removed from the army lists.
(f) *(poinçon)* hallmark.
contrôler [kɔ̃tʀole] (1) **1** *vt* (a) *(vérifier) billets, passeports* to inspect, check; *comptes* to check, inspect, control; *texte, traduction* to check *(sur* against); *régularité de qch* to check; *qualité de qch* to control, check; *affirmations* to check, verify.
(b) *(surveiller) opérations, agissements, gestion* to control, supervise; *subordonnés, employés* to supervise; *prix, loyers* to monitor, control.
(c) *(maîtriser) colère, réactions, nerfs* to control; *(Mil) zone, pays* to be in control of; *(Écon) secteur, firme* to control; *(Sport) ballon, skis, jeu* to control.
(d) *(Orfèvrerie)* to hallmark.
2 se contrôler *vpr* to control o.s. **il ne se contrôlait plus** he was no longer in control of himself, he could control himself no longer.
contrôleur, -euse [kɔ̃tʀolœʀ, øz] *nm* (a) *[autobus]* (bus) conductor; *(Rail) (dans le train)* (ticket) inspector; *(sur le quai)* ticket collector. ∼ **de la navigation aérienne** air traffic controller.
(b) *(Fin) [comptabilité]* auditor; *[contributions]* inspector.
(c) *(Tech)* regulator. ∼ **de ronde** time-clock.
contrordre [kɔ̃tʀɔʀdʀ(ə)] *nm* counter-order, countermand. **ordres et ∼s** orders and counter-orders; **il y a ∼** there has been a change of orders; **sauf ∼** unless orders to the contrary are given, unless otherwise directed.
controuvé, e [kɔ̃tʀuve] *adj (littér) fait, nouvelle* fabricated; *histoire, anecdote* fabricated, concocted.
controversable [kɔ̃tʀɔvɛʀsabl(ə)] *adj* debatable.
controverse [kɔ̃tʀɔvɛʀs(ə)] *nf* controversy. **prêter à ∼** to be debatable.
controversé, e [kɔ̃tʀɔvɛʀse] *adj théorie, question* much debated.
contumace [kɔ̃tymas] **1** *adj (rare)* in default, defaulting. **2** *nf (Jur)* **par ∼** in his *(ou* her *etc)* absence.
contusion [kɔ̃tyzjɔ̃] *nf* bruise, contusion *(T).*
contusionner [kɔ̃tyzjɔne] (1) *vt* to bruise, contuse *(T).*
conurbation [kɔnyʀbasjɔ̃] *nf* conurbation.
convaincant, e [kɔ̃vɛ̃kɑ̃, ɑ̃t] *adj* convincing.
convaincre [kɔ̃vɛ̃kʀ(ə)] (42) *vt* (a) *sceptique* to convince *(de qch* of sth); *hésitant* to persuade *(de faire qch* to do sth). **je ne suis pas convaincu par son explication** I'm not convinced by his explanation; **je ne demande qu'à me laisser convaincre** I'm open to persuasion *ou* conviction; **il m'a finalement convaincu de renoncer à cette idée** he finally persuaded me to give up that idea, he finally talked me into giving up that idea, he finally convinced me (that) I should give up that idea; **se laisser ∼** to let o.s. be persuaded, let o.s. be talked into sth.
(b) *(déclarer coupable)* ∼ **qn de meurtre/trahison** to prove sb guilty of *ou* convict sb of murder/treason.
convaincu, e [kɔ̃vɛ̃ky] *(ptp de* **convaincre)** *adj* convinced. **d'un ton ∼** in a tone of conviction, with conviction.
convalescence [kɔ̃valesɑ̃s] *nf* convalescence. **être en ∼** to be convalescing; **entrer en ∼** to start one's convalescence; **période de ∼** (period of) convalescence; **maison de ∼** convalescent home.
convalescent, e [kɔ̃valesɑ̃, ɑ̃t] *adj, nm, f* convalescent.
convection [kɔ̃vɛksjɔ̃] *nf (Phys)* convection.
convenable [kɔ̃vnabl(ə)] *adj* (a) *(approprié) parti* fitting, suitable; *moment, endroit* fitting, suitable, appropriate.
(b) *(décent) manières* acceptable, correct, proper; *vêtements* decent, respectable; *invité, jeune homme* acceptable. **peu ∼ manières** improper, unseemly; *vêtements* unsuitable; **ne montre pas du doigt, ce n'est pas ∼** don't point — it's not polite, it's bad manners to point.
(c) *(acceptable) devoir* adequate, passable; *salaire, logement* decent, acceptable, adequate. **salaire à peine ∼** scarcely acceptable *ou* adequate salary.
convenablement [kɔ̃vnabləmɑ̃] *adv placé, choisi* suitably, appropriately; *s'exprimer* properly; *payé, logé* adequately, decently. **tout ce que je vous demande c'est de travailler ∼** all I'm asking of you is to work adequately *ou* in an acceptable fashion; **s'habiller ∼** *(décemment)* to dress respectably *ou* properly; *(en fonction du temps)* to dress appropriately.
convenance [kɔ̃vnɑ̃s] *nf* (a) *(ce qui convient) (frm)* **consulter les ∼s de qn** to consult sb's preferences; **trouver qch à sa ∼** to find sth to one's liking, find sth suitable; **choisissez un jour à votre ∼** choose a day to suit your convenience; **pour des raisons de ∼(s) personnelles** for personal reasons; V **mariage.**
(b) *(normes sociales)* **les ∼s** propriety, the proprieties; **contraire aux ∼s** contrary to the proprieties.
(c) *(littér) (harmonie) [goûts, caractères]* affinity; (†: *caractère adéquat) [terme, équipement]* appropriateness, suitability.
convenir [kɔ̃vniʀ] (22) **1 convenir à** *vt indir (être approprié à)* to suit, be suitable for; *(être utile à)* to suit, be convenient for; *(être agréable à)* to be agreeable to, suit. **ce chapeau ne convient pas à**

la circonstance this hat is not suitable for the occasion *ou* does not suit the occasion; **le climat ne lui convient pas** the climate does not suit him *ou* does not agree with him; **oui, cette chambre me convient très bien** yes, this room suits me very well; **cette chambre convient à des adolescents** this room is suitable for teenagers; **j'irai si cela me convient** I'll go if it is convenient (for me); *(ton péremptoire)* I'll go if it suits me; **si l'heure/la date (vous) convient** if the time/date is convenient (for you) *ou* is agreeable to you *ou* suits you; **c'est tout à fait ce qui me convient** this is exactly what I need *ou* want; **j'espère que cela vous conviendra** I hope you will find this acceptable, I hope this will be acceptable to you.

2 convenir de *vt indir* **(a)** *(avouer, reconnaître)* to admit (to), acknowledge. **il convint d'avoir été un peu brusque** he admitted (to) having been *ou* owned to having been a little abrupt, he acknowledged (that) he'd been a bit abrupt.

(b) *(s'accorder sur)* to agree upon. **~ d'une date/d'un lieu** to agree upon a date/place; **une date a été convenue** a date has been agreed upon; **comme convenu** as agreed.

3 *vt*: **~ que** *(avouer, reconnaître)* to admit that, acknowledge the fact that; *(s'accorder sur)* to agree that; **il est convenu que nous nous réunissons demain** it is agreed that we (shall) meet tomorrow.

4 *vb impers*: **il convient de faire** *(il vaut mieux)* it's advisable to do; *(il est bienséant de)* it would be proper to do; **il convient d'être prudent** caution is advised, it is advisable to be prudent; **il convient qu'elle remercie ses hôtes de leur hospitalité** it is proper *ou* right for her to thank her host and hostess for their hospitality; *(frm)* **il convient de faire remarquer** we should point out.

convention [kɔ̃vɑ̃sjɔ̃] *nf* **(a)** *(pacte)* *(gén)* agreement, covenant *(frm, Admin)*; *(Pol)* convention. *(Ind)* **~ collective** collective agreement; **cela n'entre pas dans nos ~s** that doesn't enter into our agreement.

(b) *(accord tacite)* *(gén)* understanding; *(Art, Littérat)* convention. **les ~s (sociales)** convention, social conventions; *(Littérat, Théât)* **décor/personnage/langage de ~** conventional set/character/language; **mots/amabilité de ~** conventional words/kindness.

(c) *(assemblée)* *(US Pol)* convention. *(Hist française)* **la C~** the Convention.

conventionné, e [kɔ̃vɑ̃sjone] *adj* *établissement, médecin* ≃ National Health *(Brit)* *(épith)*, *linked to the state health scheme.* **prix ~** government-regulated price.

conventionnel, -elle [kɔ̃vɑ̃sjɔnɛl] **1** *adj* *(gén)* conventional; *(Jur)* *acte, clause* contractual. **2** *nm* *(Hist française)* **les ~s** the members of the Convention.

conventionnellement [kɔ̃vɑ̃sjɔnɛlmɑ̃] *adv* conventionally.

conventionnement [kɔ̃vɑ̃sjɔnmɑ̃] *nm* ≃ National Health *(Brit)* contract, *state health service contract.*

conventuel, -elle [kɔ̃vɑ̃tɥɛl] *adj* *vie, règle* *[moines]* monastic; *[nonnes]* convent *(épith)*, conventual; *bâtiment* monastery *(épith)*; convent *(épith)*; *simplicité, sérénité* monastic; convent-like.

convenu, e [kɔ̃vny] *(ptp de convenir)* *adj* **(a)** *(décidé)* *heure, prix, mot* agreed. **(b)** *(littér péj: conventionnel)* conventional.

convergence [kɔ̃vɛʀʒɑ̃s] *nf* convergence.

convergent, e [kɔ̃vɛʀʒɑ̃, ɑ̃t] *adj* convergent.

converger [kɔ̃vɛʀʒe] (3) *vi* *[lignes, rayons, routes]* to converge. *[regards]* **~ sur** to focus on; **nos pensées convergent vers la même solution** our thoughts are leading towards *ou* converging on the same solution.

convers, e [kɔ̃vɛʀ, ɛʀs(ə)] *adj* *(Rel)* lay *(épith)*.

conversation [kɔ̃vɛʀsasjɔ̃] *nf* **(a)** *(entretien)* *(gén)* conversation, chat*; *(politique, diplomatique)* talk. **la ~** conversation; **lors d'une ~ téléphonique** during a telephone conversation *ou* a chat* on the telephone; **les ~s téléphoniques sont surveillées** telephone conversations are tapped; **en (grande) ~ avec** (deep) in conversation with; **faire la ~ à** to make conversation with; *V* **frais².**

(b) *(art de parler)* **il a une ~ brillante** he is a brilliant conversationalist; **il n'a pas de ~** he's got no conversation; **avoir de la ~** to be a good conversationalist.

(c) *(langage familier)* **dans la ~ courante** in informal *ou* conversational talk *ou* speech; **employer le style de la ~** to use a conversational style.

conversationnel, -elle [kɔ̃vɛʀsasjɔnɛl] *adj* *(Ordin)* conversational.

converser [kɔ̃vɛʀse] (1) *vi* to converse *(avec* with).

conversion [kɔ̃vɛʀsjɔ̃] *nf* **(a)** *(V convertir)* conversion *(à* to, *en* into); winning over *(à* to); *(V se convertir)* conversion *(à* to). **faire une ~ de fractions en ...** to convert fractions into .... **(b)** *(demi-tour)* *(Mil)* wheel; *(Ski)* kick turn.

converti, e [kɔ̃vɛʀti] *(ptp de convertir)* **1** *adj* converted. **2** *nm,f* convert; *V* **prêcher.**

convertibilité [kɔ̃vɛʀtibilite] *nf* *(Fin)* convertibility.

convertible [kɔ̃vɛʀtibl(ə)] **1** *adj* convertible *(en* into). **2** *nm* *(avion)* convertiplane; *(canapé)* bed-settee *(Brit)*, sofa bed.

convertir [kɔ̃vɛʀtiʀ] (2) **1** *vt* **(a)** *(rallier)* *(à une religion)* to convert *(à* to); *(à une théorie)* to win over, convert *(à* to). **(b)** *(transformer)* **~ en** *(gén, Fin, Math)* to convert into. **2 se convertir** *vpr* *(Rel; à une théorie etc)* to be converted *(à* to).

convertissage [kɔ̃vɛʀtisaʒ] *nm* *(Métal)* conversion.

convertissement [kɔ̃vɛʀtismɑ̃] *nm* *(Fin)* conversion.

convertisseur [kɔ̃vɛʀtisœʀ] *nm* *(Elec, Métal)* converter. **~ Bessemer** Bessemer converter; *(Elec)* **~ d'images** image converter; *(Aut)* **~ de couple** torque converter; *(Ordin)* **~ numérique** digitizer.

convexe [kɔ̃vɛks(ə)] *adj* convex.

convexion [kɔ̃vɛksjɔ̃] *nf* = **convection.**

convexité [kɔ̃vɛksite] *nf* convexity.

conviction [kɔ̃viksjɔ̃] *nf* **(a)** *(certitude)* conviction, (firm) belief. **j'en ai la ~** I'm convinced of it; **parler avec ~** to speak with conviction.

(b) *(sérieux, enthousiasme)* conviction. **faire qch avec/sans ~** to do sth with/without conviction; **manquer de ~** to lack conviction.

(c) *(opinions)* **~s** beliefs, convictions.

(d) *V* **pièce.**

convier [kɔ̃vje] (7) *vt* *(frm)* **~ à** *soirée etc* to invite to; **~ qn à faire qch** to urge sb to do sth; **la chaleur conviait à la baignade** the hot weather was an invitation to swim.

convive [kɔ̃viv] *nmf* guest *(at a meal)*.

convivial, e, *mpl* **-aux** [kɔ̃vivjal, o] *adj* *(Ordin)* user-friendly.

convivialité [kɔ̃vivjalite] *nf* *(rapports)* social interaction; *(jovialité)* conviviality; *(Ordin)* user-friendliness.

convocation [kɔ̃vɔkasjɔ̃] *nf* **(a)** *(U: V convoquer)* convening, convoking; inviting; summoning. **la ~ des membres doit se faire longtemps à l'avance** members must be invited a long time in advance; **cette ~ chez le directeur l'intriguait** this summons to appear before the director intrigued him; **la ~ des membres/candidats doit se faire par écrit** members/candidates must be given written notification to attend.

(b) *(lettre, carte)* (written) notification to attend; *(Jur)* summons. **je n'ai pas encore reçu ma ~** I haven't had notification yet.

convoi [kɔ̃vwa] *nm* **(a)** *(cortège funèbre)* funeral procession. **(b)** *(train)* train. **~ de marchandises** goods train. **(c)** *(suite de véhicules, navires, prisonniers)* convoy. **(d)** *(Aut)* **~ exceptionnel** ≃ wide *(ou* dangerous) load.

convoiement [kɔ̃vwamɑ̃] *nm* *(V convoyer)* escorting; convoying.

convoiter [kɔ̃vwate] (1) *vt* *héritage, objet, femme* to covet, lust after; *poste* to covet.

convoitise [kɔ̃vwatiz] *nf* *(U: désir)* *(gén)* covetousness; *(pour une femme)* lust, desire. **la ~ des richesses** the lust for wealth; **la ~ de la chair** the lusts of the flesh; **l'objet de sa ~** the object of his desire; **regarder avec ~** *objet* to cast covetous looks on; *femme* to cast lustful looks on; **un regard brillant de ~** a covetous *(ou* lustful) look; **l'objet des ~s de tous** the object of everyone's desire.

convoler [kɔ̃vɔle] (1) *vi* († *ou hum)* **~ (en justes noces)** to be wed († *ou hum)*.

convoquer [kɔ̃vɔke] (1) *vt* *assemblée* to convene, convoke; *membre de club etc* to invite *(à* to); *candidat* to ask to attend; *témoin, prévenu, subordonné* to summon. **~ qn (pour une entrevue)** to call *ou* invite sb for an interview; **il va falloir ~ les membres** we're going to have to call a meeting of the members *ou* call the members together; **as-tu été convoqué pour l'assemblée annuelle?** have you been invited to (attend) the AGM?; **j'ai été convoqué à 10 heures (pour mon oral)** I've been asked to attend at 10 o'clock (for my oral); **le chef m'a convoqué** I was summoned by *ou* called before the boss; **le chef m'a convoqué dans son bureau** the boss called *ou* summoned me to his office; **le juge m'a convoqué** I was summoned to appear before the judge, I was called before the judge.

convoyage [kɔ̃vwajaʒ] *nm* = **convoiement.**

convoyer [kɔ̃vwaje] (8) *vt* *(gén)* to escort; *(Mil, Naut)* to escort, convoy.

convoyeur [kɔ̃vwajœʀ] *nm* *(navire)* convoy, escort ship; *(personne)* escort; *(Tech)* conveyor. **~ de fonds** (mobile) security guard *(transferring banknotes etc)*.

convulser [kɔ̃vylse] (1) *vt* *visage* to convulse, distort; *corps* to convulse. **la douleur lui convulsa le visage** his face was distorted *ou* convulsed by *ou* with pain; **son visage se convulsait** his face was distorted.

convulsif, -ive [kɔ̃vylsif, iv] *adj* convulsive.

convulsion [kɔ̃vylsjɔ̃] *nf* *(gén, Méd, fig)* convulsion.

convulsionnaire [kɔ̃vylsjɔnɛʀ] *nmf* convulsionary.

convulsionner [kɔ̃vylsjɔne] (1) *vt* to convulse. **visage convulsionné** distorted *ou* convulsed face.

convulsivement [kɔ̃vylsivmɑ̃] *adv* convulsively.

cooblige, e [kɔɔbliʒe] *nm, f* *(Jur)* joint obligor.

cooccurrence [kɔɔkyʀɑ̃s] *nf* *(Ling)* co-occurrence.

cool* [kul] *adj* cool*.

coolie [kuli] *nm* coolie.

coopé [kɔpe] *nf* *(abrév de coopérative)* co-op.

coopérant [kɔɔpeʀɑ̃] *nm* ≃ *person serving on Voluntary Service Overseas (Brit) ou in the Peace Corps (US).*

coopérateur, -trice [kɔɔpeʀatœʀ, tʀis] **1** *adj* cooperative. **2** *nm, f* **(a)** *(associé)* collaborator, cooperator. **(b)** *(membre d'une coopérative)* member of a cooperative, cooperator.

coopératif, -ive [kɔɔpeʀatif, iv] **1** *adj* cooperative. **2 coopérative** *nf* *(organisme)* cooperative; *(magasin)* co-op. **~ scolaire** school fund.

coopération [kɔɔpeʀasjɔ̃] *nf* **(a)** *(gén: collaboration)* cooperation. **apporter sa ~ à une entreprise** to cooperate *ou* collaborate in an undertaking.

(b) *(Pol)* ≃ Voluntary Service Overseas *(Brit)*, Peace Corps *(US)* *(usually as form of military service).* **il a été envoyé en Afrique comme professeur au titre de la ~** ≃ he was sent to Africa as a VSO teacher.

coopératisme [kɔɔpeʀatism(ə)] *nf* *(Écon)* cooperation.

coopérer [kɔɔpeʀe] (6) **1** *vi* to cooperate. **2 coopérer à** *vt indir* to cooperate in.

cooptation [kɔɔptasjɔ̃] *nf* coopting, cooptation.

coopter [kɔɔpte] (1) *vt* to coopt.

coordinateur, -trice [kɔɔrdinatœr, tris] = **coordonnateur**.
coordination [kɔɔrdinasjɔ̃] *nf* (*gén, Ling*) coordination; *V* conjonction.
coordonnant [kɔɔrdɔnɑ̃] *nm* (*Ling*) co-ordinating conjunction.
coordonnateur, -trice [kɔɔrdɔnatœr, tris] **1** *adj* coordinating. **2** *nm, f* coordinator.
coordonné, e [kɔɔrdɔne] (*ptp de* **coordonner**) **1** *adj* coordinated. (*Ling*) (*proposition*) ~e coordinate clause; **papiers peints** ~s matching *ou* coordinated wallpapers.
  2 *nmpl* (*Habillement*) ~s coordinates.
  3 coordonnées *nfpl* (*Math*) coordinates. (*fig*) **donnez-moi vos** ~es* tell me your whereabouts *ou* how and where I can get in touch with you, give me some details of when you'll be where*.
coordonner [kɔɔrdɔne] (1) *vt* to coordinate.
copain* *ou* **copin***, **copine*** [kɔpɛ̃, in] *nm, f* pal*, friend, mate* (*surtout Brit*), buddy* (*US*). **de bons** ~s good friends, great pals*; **il est très** ~ **avec le patron** he's (very) pally‡ (*Brit*) with the boss, he's really in with the boss*; **avec eux, c'est** *ou* **on est** ~ ~* we're dead pally‡ (*Brit*) ou dead chummy* *ou* great buddies* with them; **ils sont** ~s **comme cochons*** they are great buddies*, they're as thick as thieves.
coparticipant, e [kɔpartisipɑ̃, ɑ̃t] (*Jur*) **1** *adj* in copartnership *ou* joint account. **2** *nm, f* copartner.
coparticipation [kɔpartisipasjɔ̃] *nf* (*Jur*) copartnership. ~ **aux bénéfices** profit-sharing.
copeau, *pl* ~**x** [kɔpo] *nm* [*bois*] shaving; [*métal*] turning. **brûler des** ~**x** to burn wood shavings; ~**x de bois** (*pour emballage*) wood wool *ou* shavings.
Copenhague [kɔpənag] *n* Copenhagen.
Copernic [kɔpernik] *nm* Copernicus.
copiage [kɔpjaʒ] *nm* (*gén*) copying; (*Scol*) copying, cribbing (*arg Scol*).
copie [kɔpi] *nf* (a) (*U: V* copier) copying; reproduction. **la** ~ **au net de cette traduction m'a pris du temps** it took me a lot of time to do the fair copy of this translation.
  (b) (*reproduction, exemplaire*) [*diplôme, film etc*] copy; [*tableau*] copy, reproduction; [*sculpture*] copy, reproduction, replica. (*Admin*) ~ **certifiée conforme** certified copy; (*Admin*) **pour** ~ **conforme** certified accurate; (*Ciné*) ~ **étalon** master print; (*Ciné*) ~ **d'exploitation** release print; (*Ordin*) ~ **papier** hard copy; **je veux la** ~ **au net de vos traductions demain** I want the fair copy of your translations tomorrow; **prendre** ~ **de** to make a copy of; **œuvre qui n'est que la pâle** ~ **d'une autre** work which is only a pale imitation of another; **c'est la** ~ **de sa mère** she's the replica *ou* (spitting) image of her mother.
  (c) (*Scol*) (*feuille de papier*) sheet (of paper), paper; (*devoir*) exercise; (*composition, examen*) paper, script.
  (d) (*Typ*) copy.
  (e) (*Presse*) copy, material; *V* pisseur*.
copier [kɔpje] (7) **1** *vt* (a) (*recopier*) *écrit, texte,* (*Jur*) *acte* to copy, make a copy of; *tableau, sculpture* to copy, reproduce; *musique* to copy. ~ **qch au propre** *ou* **au net** to make a fair copy of sth, copy sth out neatly; ~ **une leçon 3 fois** to copy out a lesson 3 times.
  (b) (*Scol: tricher*) to copy, crib (*arg Scol*). ~ (**sur**) **le voisin** to copy *ou* crib from one's neighbour.
  (c) (*imiter*) *style, démarche, auteur* to copy.
  (d) vous me la copierez* well, I won't forget that in a hurry!*
  2 *vi* (*Scol*) to copy, crib (*arg Scol*) (*sur* from).
copieur, -euse [kɔpjœr, øz] **1** *nm, f* (*Scol*) copier, cribber (*arg Scol*). **2** *nm* (*machine*) copier.
copieusement [kɔpjøzmɑ̃] *adv manger, boire* copiously, heartily. **un repas** ~ **arrosé** a meal generously washed down with wine; **on s'est fait** ~ **arroser/engueuler*** we got thoroughly *ou* well and truly soaked/told off*; ~ **illustré/annoté** copiously illustrated/ annotated.
copieux, -euse [kɔpjø, øz] *adj repas* copious, hearty; *portion* generous; *notes, exemples* copious.
copilote [kɔpilɔt] *nmf* co-pilot; (*Aut*) navigator.
copinage* [kɔpinaʒ] *nm* = **copinerie***.
copine* [kɔpin] *nf V* copain.
copiner* [kɔpine] (1) *vi* to be pally‡ (*Brit*) *ou* great buddies* (*avec* with).
copinerie* [kɔpinri] *nf* (*péj*) pally* (*Brit*) *ou* buddy-buddy* (*US*) relationship. **obtenir qch par** ~ to get sth through friendly contacts.
copiste [kɔpist(ə)] *nmf* (*Hist, Littérat*) copyist, transcriber.
coposséder [kɔpɔsede] (6) *vt* to own jointly, be co-owner *ou* joint owner of.
copossession [kɔpɔsesjɔ̃] *nf* co-ownership, joint ownership.
copra(h) [kɔpra] *nm* copra.
coprésidence [kɔprezidɑ̃s] *nf* co-presidency, co-chairmanship.
coprésident [kɔprezidɑ̃] *nm* co-president, co-chairman.
coprin [kɔprɛ̃] *nm* ink cap, coprinus (*T*).
coproduction [kɔprɔdyksjɔ̃] *nf* (*Ciné, TV*) coproduction, joint production. **une** ~ **franco-italienne** a joint French-Italian production.
copropriétaire [kɔprɔprijetɛr] *nmf* co-owner, joint owner.
copropriété [kɔprɔprijete] *nf* co-ownership, joint ownership. **immeuble en** ~ block of flats (*Brit*) *ou* apartment building (*US*) in co-ownership, condominium (*US*).
copte [kɔpt(ə)] **1** *adj* Coptic. **2** *nm* (*Ling*) Coptic. **3** *nmf*: **C**~ Copt.
copulatif, -ive [kɔpylatif, iv] *adj* (*Ling*) copulative.
copulation [kɔpylasjɔ̃] *nf* copulation.
copule [kɔpyl] *nf* (*Ling*) copulative verb, copula.
copuler [kɔpyle] (1) *vi* to copulate.
copyright [kɔpirajt] *nm* copyright.
coq¹ [kɔk] **1** *nm* [*basse-cour*] cock, rooster. (*oiseau mâle*) ~ **faisan/**

de perdrix cock pheasant/partridge; **jeune** ~ cockerel; (*Boxe*) ~, **poids** ~ bantam-weight; **être comme un** ~ **en pâte** to be *ou* live in clover, live the life of Riley; (*fig*) **jambes** *ou* **mollets de** ~ wiry legs; *V* chant¹, rouge.
  2: coq-à-l'âne *nm inv* abrupt change of subject; **sauter du coq à l'âne** to jump from one subject to another; **coq de bruyère** (*grand*) capercaillie, (*petit*) black grouse; **coq de clocher** weather cock; **coq de combat** fighting cock; **le coq gaulois** the French cockerel (*emblem of the Frenchman's fighting spirit*); **coq nain** bantam cock; **coq de roche** cock of the rock; (*fig*) **coq du village** the local swell* *ou* ladykiller; (*Culin*) **coq au vin** coq au vin.
coq² [kɔk] *nm* (*Naut*) (ship's) cook.
coquart‡ [kɔkar] *nm* black eye, shiner‡.
coque [kɔk] *nf* (a) [*bateau*] hull; [*avion*] fuselage; [*auto*] shell, body. (*embarcation légère*) ~ **de noix** skiff. **(b)** [*noix, amande*], (†) [*œuf*] shell. (*Culin*) **à la** ~ (soft-)boiled. **(c)** (*mollusque*) cockle.
coquelet [kɔklɛ] *nm* (*Culin*) cockerel.
coquelicot [kɔkliko] *nm* poppy; *V* rouge.
coqueluche [kɔklyʃ] *nf* (*Méd*) whooping cough. (*fig*) **être la** ~ **de** to be the idol *ou* darling of.
coquemar [kɔkmar] *nm* cauldron, big kettle.
coquerico [kɔkriko] = **cocorico**.
coquerie [kɔkri] *nf* (*Naut*) (*à bord*) (ship's) galley, caboose (*Brit*); (*à terre*) cookhouse.
coquet, -ette [kɔkɛ, ɛt] *adj* (a) (*bien habillé*) smart, well turned-out; (*soucieux de son apparence*) appearance-conscious, clothes-conscious, interested in one's appearance (*attrib*). **homme trop** ~ man who takes too much interest in *ou* who is too particular about his appearance *ou* who is too clothes-conscious.
  (b) (†: *flirteur*) flirtatious. **c'est une** ~**te** she's a coquette *ou* a flirt, she's very coquettish *ou* flirtatious.
  (c) *ville* pretty, charming; *logement* smart, charming, stylish; *robe* smart, stylish.
  (d) (*: intensif*) **somme d'argent, revenu** tidy* (*épith*).
coquetier [kɔktje] *nm* (*godet*) egg cup; (††: *marchand*) poultry seller. **gagner le** ~*† to hit the jackpot*.
coquettement [kɔkɛtmɑ̃] *adv sourire, regarder* coquettishly; *s'habiller* smartly, stylishly; *meubler* prettily, stylishly.
coquetterie [kɔkɛtri] *nf* (a) (*goût d'une mise soignée*) [*personne*] interest in one's appearance, consciousness of one's appearance; [*toilette, coiffure*] smartness, stylishness.
  (b) (*galanterie*) coquetry, flirtatiousness (*U*). (*littér: amour propre*) **il mettait sa** ~ **à marcher sans canne/parler sans notes** he prided himself on *ou* made a point of walking without a stick/ talking without notes.
  (c) avoir une ~ **dans l'œil*** to have a cast (in one's eye).
coquillage [kɔkijaʒ] *nm* (*mollusque*) shellfish (*U*); (*coquille*) shell.
coquille [kɔkij] **1** *nf* (a) [*mollusque, œuf, noix*] shell. (*fig*) **rentrer dans/sortir de sa** ~ to go *ou* withdraw into/come out of one's shell.
  (b) (*récipient*) (shell-shaped) dish, scallop. (*Culin: mets*) ~ **de poisson/crabe** scallop of fish/crab, fish/crab served in scallop shells.
  (c) (*décorative*) scallop; [*épée*] coquille, shell.
  (d) (*Typ*) misprint.
  (e) (*Sport: protectrice*) box; (*Méd: plâtre*) spinal bed.
  2: coquille de beurre shell of butter; (*Naut*) **coquille de noix*** cockleshell; **coquille Saint Jacques** (*animal*) scallop; (*carapace*) scallop shell.
coquillettes [kɔkijɛt] *nfpl* pasta shells.
coquillier, ière [kɔkije, jɛr] **1** *adj* conchiferous (*T*). **2** *nm* (†) shell collection.
coquin, e [kɔkɛ̃, in] **1** *adj* (a) (*malicieux*) *enfant* mischievous, rascally; *air* mischievous, roguish. ~ **de sort!*** the devil!*, the deuce!*†
  (b) (*polisson*) *histoire, regard* naughty, suggestive.
  2 *nm, f* (*enfant*) rascal, mischief. **tu es un petit** ~! you're a little monkey! *ou* rascal!
  3 *nm* (††: *gredin*) rascal, rogue, rascally fellow†.
  4 coquine†† *nf* (*débauchée*) loose woman, strumpet††.
coquinerie [kɔkinri] *nf* (a) (*U: caractère*) [*enfant*] mischievousness, roguishness; [*gredin*] roguery. **(b)** (*action*) [*enfant*] mischievous trick; [*personne peu honnête*] low-down *ou* rascally trick.
cor¹ [kɔr] *nm* (*Mus*) horn. ~ **anglais** cor anglais; ~ **de chasse** hunting horn; ~ **d'harmonie** French horn; ~ **à pistons** valve horn; ~ **de basset** basset horn; (*fig*) **réclamer** *ou* **demander qch/ qn à** ~ **et à cri** to clamour for sth/sb.
cor² [kɔr] *nm* (*Méd*) ~ (**au pied**) corn.
cor³ [kɔr] *nm* [*cerf*] tine. **un (cerf) 10** ~s a 10-point stag, a 10-pointer.
corail, *pl* **-aux** [kɔraj, o] **1** *nm* coral. **2** *adj inv* coral (pink).
corallien, -ienne [kɔraljɛ̃, jɛn] *adj* coralline (*littér*), coral (*épith*).
coran [kɔrɑ̃] *nm* Koran; (*fig rare: livre de chevet*) bedside reading (*U*).
coranique [kɔranik] *adj* Koranic.
corbeau, *pl* ~**x** [kɔrbo] *nm* (a) (*oiseau*) (*terme générique*) crow. (**grand**) ~ raven; ~ **freux** rook; ~ **corneille** crow. **(b)** († *péj: prêtre*) black-coat († *péj*), priest. **(c)** (*Archit*) corbel.
corbeille [kɔrbɛj] **1** *nf* (a) (*panier*) basket.
  (b) (*Théât*) (dress) circle.
  (c) (*Archit*) [*chapiteau*] bell, basket.
  (d) (*Bourse*) stockbrokers' central enclosure (*in Paris Stock Exchange*).
  2: (Bot) corbeille d'argent sweet alyssum; (*fig*) **corbeille de mariage** wedding presents; (*Bot*) **corbeille d'or** golden alyssum; **corbeille à ouvrage** workbasket; **corbeille à pain** breadbasket; **corbeille à papiers** wastepaper basket *ou* bin.

corbillard [kɔrbijaR] *nm* hearse.

cordage [kɔrdaʒ] *nm* **(a)** (*corde, lien*) rope. ~s (*gén*) ropes, rigging; (*Naut: de voilure*) rigging. **(b)** (*U*) [*raquette de tennis*] stringing.

corde [kɔrd(ə)] **1** *nf* **(a)** (*gén: câble, cordage*) rope. (*fig*) la ~† hanging, the gallows, the hangman's rope; (*fig*) **mériter la ~†** to deserve to be hanged; **attacher qn avec une ~** *ou* **de la ~** to tie up sb with a (piece of) rope; **attacher** *ou* **lier qn à un arbre avec une ~** to rope sb to a tree, tie sb to a tree with a (piece of) rope; **en ~, de ~** *tapis* whipcord (*épith*); **sandales à semelle de ~** rope-soled sandals; **grimper** *ou* **monter à la ~** to shin up *ou* climb a rope, pull o.s. up a rope; *V* **danseur, sauter.**
(b) (*Mus*) string. **les instruments à ~s** the stringed instruments; **les ~s** the strings; **orchestre/quatuor à ~s** string orchestra/quartet; **~ à vide** open string; **à ~s croisées** *piano* overstrung.
(c) (*Sport*) [*raquette, arc*] string. **~s** (*Boxe*) ropes; (*Courses*) rails; (*Boxe*) **être envoyé dans les ~s** to be thrown against the ropes.
(d) (*trame d'un tissu*) thread; *V* **user.**
(e) (*Math*) chord.
(f) (†: *mesure*) cord.
(g) (*loc*) **avoir/se mettre la ~ au cou** to have/put one's head in the noose; (*lit, fig*) **être** *ou* **marcher** *ou* **danser sur la ~ raide** to walk a tightrope; **politique de la ~ raide** brinkmanship; (*fig*) **parler de (la) ~ dans la maison du pendu** to bring up a sore point, make a tactless remark; **avoir plus d'une ~** *ou* **plusieurs ~s à son arc** to have more than one string to one's bow; **c'est dans ses ~s** it's right up his street, it's in his line, it's his bag*; **ce n'est pas dans mes ~s** it's not my line (of country), it's not my bag*; (*Courses*) **tenir la ~** to be on the inside; (*Aut*) **prendre un virage à la ~** to hug a bend; **tirer sur la ~** to push one's luck a bit*, go too far; **toucher** *ou* **faire vibrer la ~ sensible** to touch the right chord; **il pleut** *ou* **il tombe des ~s*** it's bucketing (down)* (*Brit*) *ou* raining cats and dogs*; *V* **sac**[1].
2: corde cervicale cervical nerve; **corde dorsale** spinal cord; **corde à linge** clothes line, washing line; (*Sport*) **corde lisse** (climbing) rope; (*Sport*) **corde à nœuds** knotted climbing rope; **corde à piano** piano wire; **corde raide** tightrope; **corde à sauter** skipping rope; **corde du tympan** chorda tympani; **cordes vocales** vocal cords.

cordeau, *pl* ~x [kɔrdo] *nm* **(a)** (*corde*) string, line. **~ de jardinier** gardener's line; (*fig*) **fait** *ou* **tiré au ~** as straight as a die. **(b)** (*mèche*) fuse. **~ Bickford** Bickford fuse, safety fuse; **~ détonant** detonator fuse.

cordée [kɔrde] *nf* **(a)** [*alpinistes*] rope, roped party; *V* **premier. (b)** [*bois*] cord.

cordelette [kɔrdəlɛt] *nf* cord.

Cordelier [kɔrdəlje] *nm* (*religieux*) Cordelier.

cordelière [kɔrdəljɛr] *nf* **(a)** (*corde*) cord. **(b)** (*Archit*) cable moulding. **(c)** (*religieuse*) **C~** Franciscan nun.

corder [kɔrde] (1) *vt* **(a)** (*Tech*) *chanvre, tabac* to twist. **(b)** (*lier*) *malle* to tie up (with rope), rope up. **(c)** (*mesurer*) *bois* to cord. **(d)** *raquette* to string.

corderie [kɔrd(ə)ri] *nf* (*industrie*) ropemaking industry; (*atelier*) rope factory.

cordial, e, *mpl* **-iaux** [kɔrdjal, jo] **1** *adj* *accueil* hearty, warm, cordial; *sentiment, personne* warm; *manières* cordial; *antipathie, haine* cordial, hearty; *V* **entente. 2** *nm* heart tonic, cordial.

cordialement [kɔrdjalmã] *adv* (*V* **cordial**) heartily; warmly; cordially. **haïr qn ~** to detest sb cordially *ou* heartily; (*en fin de lettre*) **~ (vôtre)** kind regards.

cordialité [kɔrdjalite] *nf* (*V* **cordial**) heartiness; warmth; cordiality.

cordier [kɔrdje] *nm* **(a)** (*fabricant*) ropemaker. **(b)** (*Mus*) tailpiece.

cordillère [kɔrdijɛr] *nf* mountain range, cordillera. **la ~ des Andes** the Andes cordillera; **la ~ australienne** the Great Dividing Range.

cordon [kɔrdɔ̃] **1** *nm* **(a)** [*sonnette, rideau*] cord; [*tablier*] tie; [*sac, bourse*] string; [*souliers*] lace. **~ de sonnette** bell-pull; (*fig*) **tenir les ~s de la bourse** to hold the purse strings; **tenir les ~s du poêle** to be a pallbearer.
(b) [*soldats*] cordon.
(c) (*Archit*) string-course, cordon.
(d) (*décoration*) sash. **~ du Saint-Esprit** the ribbon of the order of the Holy Ghost; **~ de la Légion d'honneur** sash *ou* cordon of the Légion d'Honneur.
2: cordon Bickford Bickford fuse, safety fuse; **cordon-bleu** *nm*, *pl* **cordons-bleus** (*Culin**) cordon-bleu cook; (*décoration*) cordon bleu; **cordon littoral** offshore bar; **cordon médullaire** spinal cord; **cordon ombilical** umbilical cord; (*Méd, Pol*) **cordon sanitaire** quarantine line, cordon sanitaire.

cordonner [kɔrdɔne] (1) *vt* *soie, cheveux* to twist.

cordonnerie [kɔrdɔnri] *nf* (*boutique*) shoe-repairer's (shop), shoemender's (shop), cobbler's (shop); (*métier*) shoe-repairing, shoemending, cobbling.

cordonnet [kɔrdɔnɛ] *nm* (*petit cordon*) braid (*U*), cord (*U*); (*pour boutonnière*) buttonhole twist (*U*).

cordonnier, -ière [kɔrdɔnje, jɛr] *nm,f* (*réparateur*) shoerepairer, shoemender, cobbler; (†: *fabricant*) shoemaker. (*Prov*) **les ~s sont toujours les plus mal chaussés** shoemaker's children are the worst shod.

cordouan, e [kɔrduã, an] *adj* Cordovan.

Cordoue [kɔrdu] *n* Cordoba.

Corée [kɔre] *nf* Korea. **C~ du Sud/du Nord** South/North Korea.

coréen, -enne [kɔreɛ̃, ɛn] **1** *adj* Korean. **2** *nm* (*Ling*) Korean. **3** *nm,f*: **C~(ne)** Korean.

---

coreligionnaire [kɔrəliʒjɔnɛr] *nmf* [*Arabe, Juif etc*] fellow Arab *ou* Jew *etc*, co-religionist.

Corfou [kɔrfu] *n* Corfu.

coriace [kɔrjas] *adj* (*lit, fig*) tough. **il est ~ en affaires** he's a hardheaded *ou* tough businessman.

coriandre [kɔrjãdr(ə)] *nf* coriander.

coricide [kɔrisid] *nm* (*Pharm*) corn remover.

corindon [kɔrɛ̃dɔ̃] *nm* corundum.

Corinthe [kɔrɛ̃t] *n* Corinth; *V* **raisin.**

corinthien, -ienne [kɔrɛ̃tjɛ̃, jɛn] *adj* Corinthian.

Coriolan [kɔrjɔlã] *nm* Coriolanus.

cormier [kɔrmje] *nm* (*arbre*) service tree; (*bois*) service wood.

cormoran [kɔrmɔrã] *nm* cormorant. **~ huppé** shag.

cornac [kɔrnak] *nm* [*éléphant*] mahout, elephant driver.

cornard‡ [kɔrnar] *nm* cuckold†.

corne [kɔrn(ə)] **1** *nf* **(a)** [*animal, escargot*] horn; [*cerf*] antler. **à ~s** horned; **donner un coup de ~ à qn** to butt sb; **blesser qn d'un coup de ~** to gore sb; (*fig*) **avoir** *ou* **porter des ~s*** to be (a) cuckold†; **sa femme lui fait porter des ~s*** his wife is unfaithful to him; (*fig*) **faire les ~s à qn** to make a face at sb, make a jeering gesture at sb; *V* **bête, taureau.**
(b) (*U: substance*) horn.
(c) (*instrument*) horn; (*Chasse*) hunting horn; (*Aut*†: *avertisseur*) hooter†, horn.
(d) (*coin*) [*page*] dog-ear. **faire une ~ à la page d'un livre** to turn down the corner of the page in a book.
(e) (**U: peau dure*) **avoir de la ~** to have patches of hard skin, have calluses.
2: corne d'abondance horn of plenty, cornucopia; **corne de brume** foghorn; **corne à chaussures** shoehorn.

cornée [kɔrne] *nf* cornea.

cornéen, -enne [kɔrneɛ̃, ɛn] *adj* corneal; *V* **lentille.**

corneille [kɔrnɛj] *nf* crow. **~ mantelée** hooded crow; **~ noire** carrion crow; *V* **bayer.**

cornélien, -ienne [kɔrneljɛ̃, jɛn] *adj* (*Littérat*) Cornelian; (*fig*) *where love and duty conflict.*

cornemuse [kɔrnəmyz] *nf* bagpipes. **joueur de ~** bagpiper.

corner[1] [kɔrne] (1) **1** *vt* **(a)** *livre, carte* to make *ou* get dog-eared; *page* to turn down the corner of.
(b) (*rare: claironner*) *nouvelle* to blare out. **arrête de nous ~ (cette nouvelle) aux oreilles*** stop deafening* us (with your news).
2 *vi* [*chasseur*] to sound *ou* wind (*Brit*) a horn; [*automobiliste*] to hoot (*Brit*) *ou* sound one's horn; [*sirène*] to sound. **les oreilles me cornent** my ears are ringing.

corner[2] [kɔrnɛr] *nm* (*Ftbl*) corner (kick).

cornet [kɔrnɛ] **1** *nm* **(a)** (*récipient*) ~ (**de papier**) paper cone; **~ de dragées/de frites** cornet *ou* paper cone of sweets/chips, ≃ bag of sweets/chips; **~ de crème glacée** ice-cream cone *ou* cornet (*Brit*); **mettre sa main en ~** to cup one's hand to one's ear.
(b) (*Mus*) [*orgue*] cornet stop.
2: cornet acoustique ear trumpet; **cornet à dés** dice cup; (*Anat*) **cornets du nez** turbinate bones; (*Mus*) **cornet (à pistons)** cornet; **cornet de poste** *ou* **de postillon** posthorn.

cornette [kɔrnɛt] *nf* [*religieuse*] cornet; (*Naut: pavillon*) burgee.

cornettiste [kɔrnetist(ə)] *nmf* cornet player.

corniaud [kɔrnjo] *nm* (*chien*) mongrel; (‡: *imbécile*) nitwit*, nincompoop*, twit* (*Brit*).

corniche[1] [kɔrniʃ] *nf* **(a)** (*Archit*) cornice. **(b)** (*Alpinisme*) ledge. (**route en**) ~ coast road, cliff road. **(c)** (*neigeuse*) cornice.

corniche[2] [kɔrniʃ] *nf* (*arg Scol*) *class preparing for the school of Saint-Cyr.*

cornichon [kɔrniʃɔ̃] *nm* (*concombre*) gherkin; (*: *personne*) nitwit*, greenhorn, nincompoop*; (*arg Scol*) *pupil in the class preparing for Saint-Cyr.*

cornière [kɔrnjɛr] *nf* (*pièce métallique*) corner iron; (*d'écoulement*) valley.

cornique [kɔrnik] **1** *adj* (*rare*) Cornish. **2** *nm* (*Ling*) Cornish.

corniste [kɔrnist(ə)] *nmf* horn player.

Cornouailles [kɔrnwaj] *nf* Cornwall.

cornouiller [kɔrnuje] *nm* dogwood.

cornu, e [kɔrny] **1** *adj* *animal, démon* horned. **2 cornue** *nf* (*récipient*) retort; (*Tech: four*) retort.

corollaire [kɔrɔlɛr] *nm* (*Logique, Math*) corollary; (*gén: conséquence*) consequence, corollary. **et ceci a pour ~** ... and this has as a consequence ..., and the corollary of this is ... .

corolle [kɔrɔl] *nf* corolla.

coron [kɔrɔ̃] *nm* (*maison*) mining cottage; (*quartier*) mining village.

coronaire [kɔrɔnɛr] *adj* (*Anat*) coronary.

corossol [kɔrɔsɔl] *nm* soursop.

corporatif, -ive [kɔrpɔratif, iv] *adj* *mouvement, système* corporative; *esprit* corporate.

corporation [kɔrpɔrasjɔ̃] *nf* [*notaires, médecins*] corporate body; (*Hist*) guild. **dans notre ~** in our profession.

corporatisme [kɔrpɔratism(ə)] *nm* corporatism.

corporatiste [kɔrpɔratist(ə)] *adj* corporatist.

corporel, -elle [kɔrpɔrɛl] *adj* *châtiment* corporal; *besoin* bodily. (*Jur*) **bien ~** corporeal property.

corps [kɔr] **1** *nm* **(a)** (*Anat*) body; (*cadavre*) corpse, (dead) body. **frissonner** *ou* **trembler de tout son ~** to tremble all over; **jusqu'au milieu du ~** up to the waist; **je n'ai rien dans le ~** I've eaten nothing; *V* **contrainte**[2], **diable** *etc*.
(b) (*Chim, Phys: objet, substance*) body. **~ simples/composés** simple/compound bodies; *V* **chute.**
(c) (*partie essentielle*) body; [*bâtiment, lettre, article, ouvrage*] (main) body; [*meuble*] main part, body; (*pompe*) barrel; (*Typ*) body.

(d) *[vêtement]* body, bodice; *[armure]* cors(e)let.

(e) *(consistance)* *[étoffe, papier, vin]* body. **ce vin a du ~** this wine is full-bodied *ou* has (got) body.

(f) *(groupe de personnes)* body, corps; *(Mil)* corps. **~ de sapeurs-pompiers** fire brigade; *V* **esprit**.

(g) *(recueil de textes)* corpus, body. **~ de doctrines** body of doctrines.

(h) *(loc)* **se donner ~ et âme à qch** to give o.s. heart and soul to sth; **perdu ~ et biens** lost with all hands; **s'élancer** *ou* **se jeter à ~ perdu dans une entreprise** to throw o.s. headlong into an undertaking; **donner ~ à qch** to give substance to sth; **faire ~** *[idées]* to form one body *(avec with)*, *[choses concrètes]* to be joined *(avec to)*; **prendre ~** to take shape; **s'ils veulent faire cela, il faudra qu'ils me passent sur le ~** if they want to do that, they'll have to do it over my dead body; **pour avoir ce qu'il veut, il vous passerait sur le ~** he'd trample you underfoot to get his own way; **faire qch à son ~ défendant** to do sth against one's will *ou* unwillingly; **mais qu'est-ce qu'il a dans le ~?** whatever's got into him?; **j'aimerais bien savoir ce qu'il a dans le ~** I'd like to know what makes him tick.

2: corps d'armée army corps; **corps de ballet** corps de ballet; **corps de bâtiment** main body (of a building); **corps caverneux** erectile tissue (of the penis); **corps céleste** celestial *ou* heavenly body; **corps constitués** constituent bodies; **corps à corps** *(adv)* hand-to-hand; *[choses concrètes]* **se battre au corps à corps** to fight hand-to-hand; *(Jur)* **corps du délit** corpus delicti; **corps diplomatique** diplomatic corps; **corps électoral** electorate; **le corps enseignant** *(gén)* the teaching profession, teachers; *[lycee, collège]* the teaching staff; *(Méd)* **corps étranger** foreign body; **corps expéditionnaire** task force; **corps franc** irregular force; *(Mil)* **corps de garde** *(local)* guardroom; *(rare: troupe)* guard; *(péj)* **plaisanteries de corps de garde** barrack-room *ou* guardroom jokes; **corps gras** greasy substance, glyceride *(T)*; *(Physiol)* **corps jaune** yellow body, corpus luteum *(T)*; **corps législatif** legislative body; **corps de logis** main building, central building; **le corps médical** the medical profession; **corps de métier** trade association, guild; **corps mort** *(Naut)* mooring; *(poids mort)* dead weight; *(Phys)* **corps noir** black body; **corps politique** body politic; **corps de troupe** unit (of troops); *(Anat)* **corps vitré** vitreous body.

corpulence [kɔʀpylɑ̃s] *nf* stoutness, corpulence. **(être) de forte/moyenne ~** (to be) of stout/medium build; **avoir de la ~** to be stout *ou* corpulent.

corpulent, e [kɔʀpylɑ̃, ɑ̃t] *adj* stout, corpulent.

corpus [kɔʀpys] *nm* *(Jur: recueil, Ling)* corpus.

corpusculaire [kɔʀpyskylɛʀ] *adj* *(Anat, Phys)* corpuscular.

corpuscule [kɔʀpyskyl] *nm* *(Anat, Phys)* corpuscle.

correct, e [kɔʀɛkt, ɛkt(ə)] *adj* **(a)** *(exact)* *plan, copie* accurate; *phrase* correct, right; *emploi, fonctionnement* proper, correct. *(en réponse)* **~!** correct!, right!

(b) *(convenable)* *tenue* proper, correct; *conduite, personne* correct. **il est ~ en affaires** he's very correct in business matters.

(c) *(*: acceptable)* *repas, hôtel, salaire* reasonable, decent.

correctement [kɔʀɛktəmɑ̃] *adv* *(V* **correct**) accurately; correctly; properly; reasonably, decently.

correcteur, -trice [kɔʀɛktœʀ, tʀis] **1** *adj* *dispositif* corrective; *V* **verre**. **2** *nm, f* *[examen]* examiner, marker *(Brit)*, grader *(US)*; *(Typ)* proofreader. **3** *nm* *(Tech: dispositif)* corrector. **~ de tonalité** tone control.

correctif, -ive [kɔʀɛktif, iv] **1** *adj* *gymnastique*, *(Pharm)* *substance* corrective. **2** *nm* *(lit, fig: médicament)* corrective *(à* to); *(mise au point)* rider, qualifying statement.

correction [kɔʀɛksjɔ̃] *nf* **(a)** *(U)* *[erreur, abus]* correction, putting right; *[manuscrit]* correction, emendation; *[mauvaise habitude]* correction; *[épreuves]* correction, (proof)reading; *[compas]* correction; *[trajectoire]* correction; *[examen]* correcting, marking, correction, grading *(US)*; *(Ordin)* *[programme]* patching; *[mise au point]* debugging. **apporter une ~ aux propos de qn** to amend what sb has said; *V* **maison**.

(b) *(châtiment)* *(corporal)* punishment, thrashing. **recevoir une bonne ~** to get a good hiding *ou* thrashing.

(c) *(surcharge, rature)* correction. *(Typ)* **~s d'auteur** author's corrections *ou* emendations.

(d) *(U; V* **correct**) accuracy; correctness; propriety.

correctionnel, -elle [kɔʀɛksjɔnɛl] **1** *adj* *(Jur)* **peine ~le** penalty *(imposed by courts)*; **tribunal de police ~** ≃ magistrate's court, criminal court. **2 correctionnelle** *nf* ≃ magistrate's court, criminal court. **passer en ~le** to go before the magistrate.

Corrège [kɔʀɛʒ] *n:* **le ~** Correggio.

corrélatif, -ive [kɔʀelatif, iv] *adj*, *nm* correlative.

corrélation [kɔʀelɑsjɔ̃] *nf* correlation. **être en ~ étroite avec** to be closely related to *ou* connected with, be in close correlation with; **mettre en ~** to correlate.

correspondance [kɔʀɛspɔ̃dɑ̃s] *nf* **(a)** *(conformité)* correspondence, conformity; *(Archit: symétrie)* balance. **~ de goûts/d'idées entre 2 personnes** conformity of 2 people's tastes/ideas; **être en parfaite ~ d'idées avec X** to have ideas that correspond perfectly to X's *ou* that are perfectly in tune with X's.

(b) *(Math)* relation. **~ biunivoque** one-to-one mapping, bijection.

(c) *(échange de lettres)* correspondence. **avoir** *ou* **entretenir une longue ~** avec qn to engage in *ou* keep up a lengthy correspondence with sb; **être en ~ commerciale avec qn** to have a business correspondence with sb; **nous avons été en ~**, we have corresponded, we have been in correspondence; **être en ~ téléphonique avec qn** to be in touch by telephone with sb; **par ~** *cours* correspondence *(épith)*; **il a appris le latin par ~** he learned Latin by *ou* through a correspondence course.

(d) *(ensemble de lettres)* mail, post *(Brit)*, correspondence; *(Littérat)* *[auteur]* correspondence; *(Presse)* letters to the Editor. **il reçoit une volumineuse ~** he receives large quantities of mail *ou* a heavy post *(Brit)*; **dépouiller/lire sa ~** to go through/read one's mail *ou* one's correspondence.

(e) *(transports)* connection. **~ ferroviaire/d'autobus** rail/bus connection; **attendre la ~** to wait for the connection; **l'autobus n'assure pas la ~** avec le train the bus does not connect with the train.

correspondancier, -ière [kɔʀɛspɔ̃dɑ̃sje, jɛʀ] *nm, f* correspondence clerk.

correspondant, e [kɔʀɛspɔ̃dɑ̃, ɑ̃t] **1** *adj* *(gén: qui va avec, par paires)* corresponding; *(Géom)* *angles* corresponding. **ci-joint un chèque ~ à la facture** enclosed a cheque in respect of *(Brit)* *ou* in the amount of the invoice.

2 *nm, f* **(a)** *(gén, Presse)* correspondent; *(Scol)* penfriend, correspondent; *(banque)* correspondent bank. **~ de guerre** war correspondent; **(membre) ~ de l'institut** corresponding member of the institute.

(b) *(Scol: responsable d'un interne)* guardian *(for child at boarding school)*.

correspondre [kɔʀɛspɔ̃dʀ(ə)] (41) **1 correspondre à** *vt indir* **(a)** *(s'accorder avec)* *goûts* to suit; *capacités* to fit; *description* to correspond to, fit. **sa version des faits ne correspond pas à la réalité** his version of the facts doesn't square *ou* tally with what happened in reality.

(b) *(être l'équivalent de)* *système, institutions, élément symétrique* to correspond to. **le yard correspond au mètre** the yard corresponds to the metre.

2 *vi* **(a)** *(écrire)* to correspond *(avec* with).

(b) *(communiquer)* *[mers]* to be linked; *[chambres]* to communicate *(avec* with).

(c) *(Transport)* **~ avec** to connect with.

3 se correspondre *vpr* *[chambres]* to communicate (with one another); *[éléments d'une symétrie]* to correspond.

corrida [kɔʀida] *nf* bullfight; *(*fig: désordre)* carry-on* *(Brit)*, to-do*. *(fig)* **ça va être la (vraie) ~!*** all hell will break loose*, there'll be a great carry-on* *(Brit)*.

corridor [kɔʀidɔʀ] *nm* corridor, passage. *(Géog, Hist)* **le ~ polonais** the Polish Corridor.

corrigé [kɔʀiʒe] *nm* *(Scol)* *[exercice]* correct version; *[traduction]* fair copy. **recueil de ~s de problèmes** key to exercises, answer book.

corriger [kɔʀiʒe] (3) **1** *vt* **(a)** *(repérer les erreurs de)* *manuscrit* to correct, emend; *(Typ)* *épreuves* to correct, (proof)read; *(Scol)* *examen, dictée* to correct, mark.

(b) *(rectifier)* *erreur, défaut* to correct, put right; *théorie, jugement* to put right; *abus* to remedy, put right; *manières* to improve; *(Naut)* *compas* to correct, adjust; *(Aviat, Mil)* *trajectoire* to correct; *(Méd)* *vue, vision* to correct. **~ ses actions** to mend one's ways; *(frm)* **~ une remontrance par un sourire** to soften a remonstrance with a smile; *(frm)* **~ l'injustice du sort** to mitigate the injustice of fate, soften the blows of unjust Fate *(littér)*; **~ le tir** *(Mil)* to adjust the firing; *(fig)* **corrigé des variations saisonnières** seasonally adjusted.

(c) *(guérir)* **~ qn de défaut** to cure *ou* rid sb of.

(d) *(punir)* to thrash.

2 se corriger *vpr* *(devenir raisonnable)* to mend one's ways. **se ~ de défaut** to cure *ou* rid o.s. of.

corrigeur, -euse [kɔʀiʒœʀ, øz] *nm, f* *(Typ)* compositor.

corrigible [kɔʀiʒibl(ə)] *adj* rectifiable, which can be put right.

corroboration [kɔʀɔbɔʀɑsjɔ̃] *nf* corroboration.

corroborer [kɔʀɔbɔʀe] (1) *vt* to corroborate.

corrodant, e [kɔʀɔdɑ̃, ɑ̃t] *adj, nm* corrosive.

corroder [kɔʀɔde] (1) *vt* to corrode, eat into; *(fig littér)* to erode.

corroierie [kɔʀwaʀi] *nf* *(activité)* curriery, currying; *(atelier)* curriery.

corrompre [kɔʀɔ̃pʀ(ə)] (4) **1** *vt* **(a)** *(soudoyer)* *témoin, fonctionnaire* to bribe, corrupt.

(b) *(frm: altérer)* *mœurs, jugement, jeunesse, texte* to corrupt; *langage* to debase. **mots corrompus par l'usage** words corrupted *ou* debased by usage.

(c) *air, eau, aliments* to taint; *(Méd)* *sang* to contaminate.

2 se corrompre *vpr* *[mœurs, jeunesse]* to become corrupt; *[goût]* to become debased; *[aliments etc]* to go off *(Brit)*, go bad, become tainted.

corrompu, e [kɔʀɔ̃py] *(ptp de* **corrompre**) *adj* corrupt.

corrosif, -ive [kɔʀɔzif, iv] **1** *adj* *acide, substance* corrosive; *(fig)* *ironie, œuvre, écrivain* caustic, scathing. **2** *nm* corrosive.

corrosion [kɔʀɔzjɔ̃] *nf* *(lit)* *[métaux]* corrosion; *[rochers]* erosion; *(fig)* *[volonté etc]* erosion.

corroyage [kɔʀwajaʒ] *nm* *[cuir]* currying; *[métal]* welding.

corroyer [kɔʀwaje] (8) *vt* *cuir* to curry; *métal* to weld; *bois* to trim.

corroyeur [kɔʀwajœʀ] *nm* currier.

corrupteur, -trice [kɔʀyptœʀ, tʀis] **1** *adj* *(littér)* *spectacle, journal* corrupting. **2** *nm, f* *(soudoyeur)* briber; *(littér: dépravateur)* corrupter.

corruptible [kɔʀyptibl(ə)] *adj* *(littér)* *juges etc* corruptible; *(†)* *matière* perishable.

corruption [kɔʀypsjɔ̃] *nf* **(a)** *[juge, témoin]* bribery, corruption. **~ de fonctionnaire** bribery of a public official.

(b) *(dépravation: V* **corrompre**) *(action)* corruption; debasing; *(résultat)* corruption; debasement.

(c) *(décomposition)* *[aliments etc]* decomposition; *[sang]* contamination.

corsage [kɔʀsaʒ] *nm* *(chemisier)* blouse; *[robe]* bodice.

corsaire [kɔRSER] *nm* (a) (*Hist: marin, navire*) privateer. (b) (*pirate*) pirate, corsair. (c) (*pantalon*) ~ breeches.
Corse [kɔRS(ə)] *nf* Corsica.
corse [kɔRS(ə)] **1** *adj* Corsican. **2** *nm* (*Ling*) Corsican. **3** *nmf*: C~ Corsican.
corsé, e [kɔRSE] (*ptp de* **corser**) *adj* (a) *vin* full-bodied; *café* full-flavoured; *mets, sauce* spicy. (b) (*scabreux*) *histoire* spicy. (c) (*: intensif*) **une intrigue ~e** a really lively intrigue; **des ennuis ~s** some (really) nasty difficulties.
corselet [kɔRSəlɛ] *nm* (a) (*cuirasse*) cors(e)let; (*vêtement*) corselet. (b) (*Zool*) corselet.
corser [kɔRSE] (1) *vt* (a) *repas* to make spicier, pep up*; *vin* to strengthen; *boisson* to spike; *assaisonnement* to pep up*. (b) (*difficulté*) to intensify, aggravate; *histoire, intrigue, récit* to liven up. **l'histoire** *ou* **l'affaire se corse** the plot thickens! (*hum*); **maintenant ça se corse** things are hotting up *ou* getting lively now.
corset [kɔRSE] *nm* (*sous-vêtement*) corset; (*pièce de costume*) bodice. ~ **orthopédique** *ou* **médical** surgical corset.
corseter [kɔRSəte] (5) *vt* (*lit*) to corset; (*fig: enserrer*) to constrain, constrict.
corsetier, -ière [kɔRSətje, jɛR] *nm, f* corset-maker.
corso [kɔRSO] *nm*: ~ (**fleuri**) procession of floral floats.
cortège [kɔRtɛʒ] *nm* [*fête, célébration*] procession; [*prince etc*] cortège, retinue. ~ **nuptial** bridal procession; ~ **funèbre** funeral procession *ou* cortège; ~ **de manifestants/grévistes** procession of demonstrators/strikers; (*fig littér*) ~ **de malheurs/faillites** trail of misfortunes/bankruptcies; ~ **de visions/souvenirs** succession of visions/memories.
cortex [kɔRtɛks] *nm* cortex.
cortical, e, *mpl* **-aux** [kɔRtikal, o] *adj* (*Anat, Bot*) cortical.
corticoïdes [kɔRtikoid] *nmpl* (*Anat*) corticoids.
corticosurrénale [kɔRtikosyRenal] *nf* adrenal cortex.
cortisone [kɔRtizɔn] *nf* cortisone.
corvéable [kɔRveabl(ə)] *adj* (*Hist*) liable to the corvée; *V* **taillable**.
corvée [kɔRve] *nf* (a) (*Mil*) (*travail*) fatigue (duty); (*rare: soldats*) fatigue party. **être de** ~ to be on fatigue (duty); ~ **de vaisselle** (*Mil*) cookhouse fatigue; (*hum*) dishwashing duty; ~ **de ravitaillement** supply duty. (b) (*toute tâche pénible*) chore, drudgery (*U*). **quelle** ~! what drudgery!, what an awful chore! (c) (*Hist*) corvée (*statute labour*). (d) (*Can*) voluntary work, bee* (*US, Can*).
corvette [kɔRvɛt] *nf* corvette; *V* **capitaine**.
coryphée [kɔRife] *nm* (*Théât*) coryphaeus.
coryza [kɔRiza] *nm* (*Méd*) coryza (*T*), cold in the head.
cosaque [kɔzak] *nm* cossack.
cosécante [kɔsekãt] *nf* cosecant.
cosignataire [kɔsiɲatɛR] *adj, nmf* cosignatory.
cosinus [kɔsinys] *nm* cosine.
cosmétique [kɔsmetik] **1** *adj* cosmetic. **2** *nm* hair oil.
cosmétologie [kɔsmetɔlɔʒi] *nf* beauty care.
cosmétologue [kɔsmetɔlɔg] *nmf* cosmetic expert.
cosmique [kɔsmik] *adj* cosmic; *V* **rayon**.
cosmogonie [kɔsmɔgɔni] *nf* cosmogony.
cosmographie [kɔsmɔgRafi] *nf* cosmography.
cosmographique [kɔsmɔgRafik] *adj* cosmographic.
cosmologie [kɔsmɔlɔʒi] *nf* cosmology.
cosmonaute [kɔsmɔnot] *nmf* cosmonaut.
cosmopolite [kɔsmɔpɔlit] *adj* cosmopolitan.
cosmopolitisme [kɔsmɔpɔlitism(ə)] *nm* cosmopolitanism.
cosmos [kɔsmos] *nm* (*univers*) cosmos; (*Aviat: espace*) (outer) space.
cossard, e* [kɔsaR, aRd(ə)] **1** *adj* lazy. **2** *nm, f* lazybones.
cosse [kɔs] *nf* (a) [*pois, haricots*] pod, hull. (b) (*Élec*) terminal spade tag. (*Aut*) ~ **de batterie** battery lead connection. (c) (*: flemme*) lazy mood. **avoir la** ~ to feel as lazy as anything, be in a lazy mood.
cossu, e [kɔsy] *adj* *personne* well-off, well-to-do; *maison* rich-looking, opulent(-looking).
Costa Rica [kɔstaRika] *nm* Costa Rica.
costal, e, *mpl* **-aux** [kɔstal, o] *adj* (*Anat*) costal.
costard‡ [kɔstaR] *nm* suit.
costaricien, -ienne [kɔstaRisjɛ̃, jɛn] **1** *adj* Costarican. **2** *nm, f*: C~(ne) Costarican.
costaud, e* [kɔsto, od] **1** *adj* (*gén*) strong, sturdy; *vin* strong. **une voiture** ~ *ou* ~**e** a sturdy car. **2** *nm* (*homme*) strong *ou* sturdy *ou* strapping man. (b) **c'est du** ~ [*alcool, tissu*] it's strong stuff; [*maison*] it's strongly built. **3 costaude** *nf* strong *ou* sturdy *ou* strapping woman.
costume [kɔstym] **1** *nm* (a) (*régional, traditionnel etc*) costume, dress. ~ **national** national costume *ou* dress; (*hum*) **en** ~ **d'Adam/d'Ève** in his/her birthday suit (*hum*). (b) (*Ciné, Théât*) costume. (c) (*complet*) suit. **2: costume de bain** bathing costume (*Brit*) *ou* suit; **costume de cérémonie** ceremonial dress (*U*); **costume de chasse** hunting gear (*U*).
costumer [kɔstyme] (1) **1** *vt*: ~ **qn en Indien** *etc* to dress sb up as a Red Indian *etc*. **2 se costumer** *vpr* (*porter un déguisement*) to put on fancy dress; [*acteur*] to get into costume; **se** ~ **en Indien** *etc* to dress up as a Red Indian *etc*; *V* **bal**.
costumier [kɔstymje] *nm* (*fabricant, loueur*) costumier, costumer; (*Théât: employé*) wardrobe master.
costumière [kɔstymjɛR] *nf* (*Théât*) wardrobe mistress.
cosy(-corner), e* *pl* **cosys** *ou* **cosy-corners** [kozi(kɔRnœR)] *nm* corner divan (with shelves attached).

cotangente [kɔtãʒãt] *nf* cotangent.
cotation [kɔtasjɔ̃] *nf* [*valeur boursière*] quotation; [*timbre, voiture*] valuation; [*devoir scolaire*] marking (*Brit*), grading (*US*). **la** ~ **en Bourse de sa société** *ou* **des actions de sa société** the quoting of his firm *ou* his firm's shares on the stock exchange.
cote [kɔt] **1** *nf* (a) (*fixation du prix*) [*valeur boursière*] quotation; [*timbre, voiture d'occasion*] quoted value. (*Bourse: liste*) **consulter la** ~ to look at the share prices; **inscrit à la** ~ quoted on the stock exchange list; *V* **hors**. (b) (*évaluation*) [*devoir scolaire*] mark; (*Courses*) [*cheval*] odds (*de* on). ~ (**morale**) [*film*] rating. (c) (*popularité*) rating, standing. **avoir une bonne** *ou* **grosse** ~ to be (very) highly thought of, be highly rated (*auprès de* by), have a high standing (*auprès de* with); **avoir la** ~* to be very popular (*auprès de* with), be very well thought of *ou* highly rated (*auprès de* by); **sa** ~ **est en baisse** his popularity is on the decline *ou* wane. (d) (*sur une carte: altitude*) spot height; (*sur un croquis: dimension*) dimensions. **il y a une** ~ **qui est effacée** one of the dimensions has got rubbed out; **l'ennemi a atteint la** ~ **215** the enemy reached hill 215; **les explorateurs ont atteint la** ~ **4.550/-190** the explorers reached the 4,550-metre mark above sea level/190-metre mark below ground. (e) (*marque de classement*) (*gén*) classification mark, serial number *ou* mark; [*livre de bibliothèque*] class(ification) mark (*Brit*) *ou* number (*US*), shelf mark, pressmark (*Brit*). (f) (*part*) (*Fin*) ~ **mobilière/foncière** property/land assessment; *V* **quote-part**. **2:** **cote d'alerte** (*lit*) [*rivière*] danger mark *ou* level, flood level; (*fig*) [*prix*] danger mark; (*fig*) [*situation*] crisis point; **cote d'amour**: **ce politicien a la cote d'amour** this politician has the highest popularity rating *ou* stands highest in the public's affection; (*fig*) **cote mal taillée** rough-and-ready settlement.
côte [kɔt] *nf* (a) (*Anat*) rib. (*Anat*) ~**s flottantes** floating ribs; (*Anat*) **vraie/fausse** ~ true/false rib; **on peut lui compter les** ~**s** he's all skin and bone; (*fig*) **avoir les** ~**s en long** to feel stiff; (*fig*) **se tenir les** ~**s** (**de rire**) to split one's sides (with laughter); ~ **à** ~ side by side; *V* **caresser**. (b) (*Boucherie*) [*bœuf*] rib; [*veau, agneau*] cutlet; [*mouton, porc*] chop. ~ **première** loin chop; *V* **faux²**. (c) (*nervure*) [*chou, tricot, coupole*] rib. **une veste à** ~**s** a ribbed jacket. (d) (*pente*) [*colline*] slope, hillside; (*Aut*) [*route*] hill. **il a dû s'arrêter dans la** ~ he had to stop on the hill; **ne pas dépasser au sommet d'une** ~ do not overtake on the brow of a hill (*Brit*) *ou* on an uphill slope (*US*); (*Aut*) **en** ~ on a hill; *V* **course, démarrage**. (e) (*littoral*) coast; (*ligne du littoral*) coastline. **les** ~**s de France** the French coast(s) *ou* coastline; **la** ~ **d'Azur** the Riviera; **la** ~ **d'Émeraude** the northern coast of Brittany; **la C**~**-d'Ivoire** the Ivory Coast; **la** ~**-de-l'Or** (†) the Gold Coast; ~ **rocheuse/découpée/basse** rocky/indented/low coastline; **sur la** ~ *ou* **les** ~**s**, **il fait plus frais** it is cooler along *ou* on at the coast; **la route qui longe la** ~ the coast road; (*Naut*) **aller à la** ~ to run ashore; (*fig*) **être à la** ~† to be down to *ou* have hit rock-bottom, be on one's beam-ends.
coté, e [kɔte] (*ptp de* **coter**) *adj*: **être bien** ~ to be highly thought of *ou* rated *ou* considered; **être mal** ~ not to be thought much of, not to be highly thought of *ou* rated *ou* considered; **historien (très)** ~ historian who is (very) highly thought of *ou* rated *ou* considered, historian who is held in high esteem; **vin (très)** ~ highly-rated wine.
côté [kote] **1** *nm* (a) (*partie du corps*) side. **être blessé au** ~ to be wounded in the side; **être** ~ (with) his sword by his side; **être couché sur le** ~ to be lying on one's side; **à son** ~ at his side, beside him; **aux** ~**s de** by the side of; *V* **point¹**. (b) (*face, partie latérale*) [*objet, route, feuille*] side. **de chaque** ~ *ou* **des deux** ~**s de la cheminée** on each side *ou* on both sides of the fireplace; **il a sauté de l'autre** ~ **du mur/du ruisseau** he jumped over the wall/across the stream; **le bruit vient de l'autre** ~ **de la rivière/de la pièce** the sound comes from across *ou* over the river *ou* from the other side of the river/from the other side of the room; **de l'autre** ~ **de la forêt il y a des prés** on the other side of the forest *ou* beyond the forest there are meadows; (*fig*) **de l'autre** ~ **de la barricade** *ou* **de la barrière** on the other side of the fence; (*Naut*) **un navire sur le** ~ a ship on her beam-ends. (c) (*aspect*) side, point. **le** ~ **pratique/théorique** the practical/theoretical side; **les bons et les mauvais** ~**s de qn/de qch** the good and bad sides *ou* points of sb/sth; **il a un** ~ **sympathique** there's a likeable side to him; **prendre qch du bon/mauvais** ~ to take sth well/badly; **prendre qn par son** ~ **faible** to attack sb's weak spot; **par certains** ~**s** in some respects *ou* ways; **de ce** ~(-**là**) in that respect; **d'un** ~ ... **d'un autre** ~ ... (*alternative*) on (the) one hand ... on the other hand ...; (*hésitation*) in one respect *ou* way ... in another respect *ou* way ...; (**du**) ~ **santé tout va bien*** healthwise* *ou* as far as health is concerned everything is fine. (d) (*parti, branche familiale*) side. **se ranger** *ou* **se mettre du** ~ **du plus fort** to side with the strongest; **du** ~ **paternel** on his father's side. (e) (*précédé de 'de': direction*) way, direction, side. **de ce** ~**-ci/-là** this/that way; **de l'autre** ~ the other way, in the other direction; **nous habitons du** ~ **de la poste** we live in the direction of the post office; **le vent vient du** ~ **de la mer/du** ~ **opposé** the wind is blowing from the sea/from the opposite direction; **ils se dirigeaient du** ~ **des prés/du** ~ **opposé** they were heading towards the meadows/in the opposite direction; **venir de tous** ~**s** to come from all directions; **assiégé de tous** ~**s** besieged on *ou* from all sides; **chercher qn de tous** ~**s** to look for sb everywhere *ou* all over the place, search high and low for sb; (*fig*) **je l'ai**

entendu dire de divers ∼s I've heard it from several quarters *ou* sources; **de ∼ et d'autre** here and there; (*fig*) **de mon ∼, je ferai tout pour l'aider** for my part, I'll do everything I can to help him; (*fig*) **voir de quel ∼ vient le vent** to see which way the wind is blowing; **∼ du vent** windward side; **∼ sous le vent** leeward side; **ils ne sont pas partis du bon ∼** they didn't go the right way *ou* in the right direction.

(**f**) (*Théât*) **∼ cour** prompt side (*Brit*), stage left; **∼ jardin** opposite prompt side (*Brit*), stage right; **un salon ∼ jardin/∼ rue** a room overlooking the garden/overlooking the street.

2 à côté *adv* (**a**) (*proximité*) nearby; (*pièce ou maison adjacente*) next door. **la maison/les gens (d')à ∼** the house/the people next door; **nos voisins d'à ∼** our next-door neighbours; **à ∼ de** next to, beside; **l'hôtel est (tout) à ∼** the hotel is just close by.

(**b**) (*en dehors du but*) **ils ont mal visé, les bombes sont tombées à ∼** their aim was bad and the bombs went astray *ou* fell wide; **à ∼ de la cible** off target, wide of the target; (*fig*) **il a répondu à ∼ de la question** (*sans le faire exprès*) his answer was off the point; (*intentionnellement*) he avoided the question; **on passe à ∼ de beaucoup de choses en ne voyageant pas** you miss a lot by not travelling; **mettre à ∼ de la plaque** to misjudge things, be wide of the mark.

(**c**) (*en comparaison*) by comparison. **à ∼ de** compared to, by comparison with, beside; **leur maison est grande à ∼ de la nôtre** their house is big compared to ours; **il est paresseux, à ∼ de ça il aime son travail** he is lazy, but on the other hand he does like his work.

3 de côté *adv* (**a**) (*de travers*) *marcher, regarder, se tourner* sideways. **un regard de ∼** a sidelong look; **porter son chapeau de ∼** to wear one's hat (tilted) to *ou* on one side.

(**b**) (*en réserve*) *mettre, garder* aside. **mettre de l'argent de ∼** to put money by *ou* aside.

(**c**) (*à l'écart*) **se jeter de ∼** to leap aside *ou* to the *ou* one side; **laisser qn/qch de ∼** to leave sb/sth aside *ou* to one side *ou* out.

coteau, *pl* **∼x** [kɔto] *nm* (*colline*) hill; (*versant*) slope, hillside. **à flanc de ∼** on the hillside.

côtelé, e [kotle] *adj* ribbed; *V* **velours**.

côtelette [kotlɛt] *nf* (**a**) (*Culin*) [*porc*] chop; [*mouton*] chop, cutlet; [*veau*] cutlet. (**b**) (*favoris*) **∼s**† mutton chops.

coter [kɔte] (1) *vt* (**a**) *valeur boursière* to quote; *timbre-poste, voiture d'occasion* to quote the market price of; *cheval* to put odds on; (*Scol*) *devoir* to mark; *film, roman* to rate. **voiture trop vieille pour être cotée à l'Argus** car which is too old to be listed (*in the secondhand car book*) *ou* in the Blue Book (*US*).

(**b**) *carte* to put spot heights on; *croquis* to mark in the dimensions on.

(**c**) *pièce de dossier* to put a classification mark *ou* serial number *ou* serial mark on; *livre de bibliothèque* to put a class(ification) mark (*Brit*) *ou* number (*US*) on; shelf-mark *ou* pressmark (*Brit*) on.

coterie [kɔtʀi] *nf* (*gén péj*) set. **∼ littéraire** literary coterie *ou* clique *ou* set.

cothurne [kɔtyʀn(ə)] *nm* buskin.

côtier, -ière [kotje, jɛʀ] *adj* *pêche* inshore; *navigation, région, fleuve* coastal. **un (bateau) ∼** a coaster.

cotillon [kɔtijɔ̃] *nm* (**a**) (*serpentins etc*) **accessoires de ∼, ∼s** party novelties (confetti, streamers, paper hats etc). (**b**) (††: *jupon*) petticoat. **courir le ∼**† to flirt with the girls. (**c**) (*danse*) cotillion, cotillon.

cotisant, e [kɔtizɑ̃, ɑ̃t] *nm,f* (*V* **cotisation**) subscriber; contributor. **seuls les ∼s ont ce droit** only those who pay their subscriptions (*ou* dues *ou* contributions) have this right.

cotisation [kɔtizasjɔ̃] *nf* (*quote-part*) [*club*] subscription; [*syndicat*] subscription, dues; [*sécurité sociale, pension*] contributions. **la ∼ est obligatoire** one must pay one's subscription (*ou* dues *ou* contributions).

cotiser [kɔtize] (1) **1** *vi* (*V* **cotisation**) to subscribe, pay one's subscription; to pay one's contributions (*à* to). **2 se cotiser** *vpr* to club together.

côtoiement [kotwamɑ̃] *nm* (**a**) (*V* **côtoyer**) **ces ∼s quotidiens avec les artistes l'avaient rendu plus sensible** this daily mixing *ou* these daily encounters with artists had made him more sensitive; **ces ∼s quotidiens avec la mort/l'illégalité l'avaient rendu intrépide** these daily brushes with death/illegality had made him fearless.

(**b**) (*V* **se côtoyer**) **le ∼ de la farce et du tragique** the meeting *ou* closeness of farce and tragedy.

coton [kɔtɔ̃] *nm* (**a**) (*plante, fil*) cotton. **∼ à broder** embroidery thread; **∼ à repriser** darning thread *ou* cotton; **∼ hydrophile** cotton wool (*Brit*), absorbent cotton (*US*).

(**b**) (*tampon*) (cotton-wool (*Brit*) *ou* cotton (*US*)) swab. **mets un ∼ dans ton nez** put some *ou* a bit of cotton wool (*Brit*) *ou* cotton (*US*) in your nose.

(**c**) (*loc*) **avoir du ∼ dans les oreilles*** to be deaf, have cloth ears* (*Brit*); **j'ai les bras/jambes en ∼** my arms/legs feel like jelly *ou* cotton wool (*Brit*); **c'est ∼, ce problème*** it's a tricky *ou* stiff one*; *V* **élever, filer**.

cotonnade [kɔtɔnad] *nf* cotton fabric.

cotonner (se) [kɔtɔne] (1) *vpr* [*lainage*] to fluff up.

cotonneux, -euse [kɔtɔnø, øz] *adj* (**a**) *fruit, feuille* downy. (**b**) (*fig*) *brouillard* wispy; *nuage* fluffy, fleecy, cotton-wool (*Brit*) (*épith*); *bruit* muffled.

cotonnier, -ière [kɔtɔnje, jɛʀ] **1** *adj* cotton (*épith*). **2** *nm* (*Bot*) cotton plant.

côtoyer [kotwaje] (8) **1** *vt* (**a**) (*longer*) (*en voiture, à pied etc*) to drive (*ou* walk etc) along *ou* alongside; [*rivière*] to run *ou* flow alongside; [*route*] to skirt, run along *ou* alongside.

(**b**) (*être à côté de*) to be next to; (*fréquenter*) to mix with, rub

---

shoulders with. **∼ le danger** to rub shoulders with danger.

(**c**) (*fig: frôler*) [*personne*] to be close to; [*procédé, situation*] to be bordering *ou* verging on. **cela côtoie la malhonnêteté** that is bordering *ou* verging on dishonesty; **il aime ∼ l'illégalité** he likes to do things that verge on illegality *ou* that come close to being illegal.

2 se côtoyer *vpr* [*individus*] to mix, rub shoulders; [*genres, extrêmes*] to meet, come close.

cotre [kɔtʀ(ə)] *nm* (*Naut*) cutter.

cottage [kɔtaʒ] *nm* cottage.

cotte [kɔt] *nf* (**a**) (*Hist*) **∼ de mailles** coat of mail; **∼ d'armes** coat of arms (*surcoat*). (**b**) (*salopette*) (pair of) dungarees (*Brit*), overalls; (††: *jupe*) petticoat.

cotutelle [kɔtytɛl] *nf* joint guardianship.

cotuteur, -trice [kɔtytœʀ, tʀis] *nm,f* joint guardian.

cotylédon [kɔtiledɔ̃] *nm* (*Anat, Bot*) cotyledon.

cou [ku] **1** *nm* (*Anat, Couture, de bouteille*) neck. **porter qch au ∼** *ou* **autour du ∼** to wear sth round one's neck; **jusqu'au ∼** (*lit: enlisé*) up to one's neck; (*fig*) **endetté jusqu'au ∼** up to one's eyes in debt, in debt up to the hilt; **sauter** *ou* **se jeter au ∼ de qn** to throw one's arms around sb's neck, fall on sb's neck; *V* **bride, casser** etc.

2: cou-de-pied *nm*, *pl* **cous-de-pied** instep.

couac [kwak] *nm* (*Mus*) [*instrument*] false note, goose note (*Brit*); [*voix*] false note.

couard, e [kwaʀ, aʀd(ə)] **1** *adj* cowardly. **il est trop ∼ pour cela** he's too cowardly *ou* too much of a coward for that. **2** *nm,f* coward.

couardise [kwaʀdiz] *nf* cowardice.

couchage [kuʃaʒ] *nm* (*lit*) bed. (*installation pour la nuit*) **il faudra organiser le ∼ en route** we'll have to organize our sleeping arrangements on the way; **matériel de ∼** sleeping equipment, bedding; *V* **sac¹**. (*péj: gén pl*) = **coucherie**.

couchant [kuʃɑ̃] **1** *adj*: **soleil ∼** setting sun; **au soleil ∼** at sundown (*US*) *ou* sunset; *V* **chien. 2** *nm* (*ouest*) west; (*aspect du ciel, à l'ouest*) sunset.

couche [kuʃ] *nf* (**a**) (*épaisseur*) [*peinture*] coat; [*beurre, fard, bois, neige*] layer; (*Culin*) layer. **ils avaient une ∼ épaisse de crasse** they were thickly covered in *ou* coated with dirt, they were covered in a thick layer of dirt; (*fig*) **en tenir** *ou* **avoir une ∼*** to be really thick* (*Brit*) *ou* dumb*.

(**b**) (*Horticulture*) hotbed; *V* **champignon**.

(**c**) (*zone superposée*) layer, stratum; (*catégories sociales*) level, stratum. **∼s de l'atmosphère** layers *ou* strata of the atmosphere; (*Bot*) **∼s ligneuses** woody *ou* ligneous layers; **dans toutes les ∼s de la société** at all levels of society, in every social stratum.

(**d**) [*bébé*] napkin, nappy (*Brit*), diaper (*US*). **∼-culotte** disposable nappy (*Brit*) *ou* diaper (*US*), shaped nappy (*Brit*) *ou* diaper (*US*).

(**e**) (*Méd: accouchement*) **∼s** confinement; **mourir en ∼s** to die in childbirth; **une femme en ∼s** a woman in labour; **elle a eu des ∼s pénibles** she had a difficult confinement *ou* labour; *V* **faux²**.

(**f**) (*littér: lit*) bed. **une ∼ de feuillage** a bed of leaves.

couche- [kuʃ] *préf V* **coucher**.

couché, e [kuʃe] (*ptp de* **coucher**) *adj* (**a**) (*étendu*) lying (down); (*au lit*) in bed. **Rex, ∼!** lie down, Rex! (**b**) (*penché*) *écriture* sloping, slanting. (**c**) *V* **papier**.

coucher [kuʃe] (1) **1** *vt* (**a**) (*mettre au lit*) to put to bed; (*donner un lit*) to put up. **on peut vous ∼** we can put you up, we can offer you a bed; **nous pouvons ∼ 4 personnes** we can put up *ou* sleep 4 people; **être/rester couché** to be/stay in bed; *V* **nom**.

(**b**) (*étendre*) *blessé* to lay out; *échelle etc* to lay down; *bouteille* to lay on its side. **il y a un arbre couché en travers de la route** there's a tree (lying) across the road; **la rafale a couché le bateau** the gust of wind made the boat keel over *ou* keeled the boat over; **le vent a couché les blés** the wind has flattened the corn; *V* **joue**.

(**c**) (*frm: inscrire*) to inscribe. **∼ qn dans un testament** to name sb in a will; **∼ qn sur une liste** to inscribe *ou* include sb's name on a list; **∼ un article dans un contrat** to insert a clause into a contract.

2 *vi* (**a**) (*passer la nuit, séjourner*) to sleep. **nous avons couché à l'hôtel/chez des amis** we spent the night at a hotel/with friends, we slept (the night) *ou* put up at a hotel/at friends'; **nous couchions à l'hôtel/chez des amis** we were staying in a hotel/with friends; **∼ sous la tente** to sleep under canvas; **il faudra qu'il couche par terre** he'll have to sleep on the floor; *V* **beau**.

(**b**) (*: *se coucher*) to go to bed. **cela nous a fait ∼ très tard** that kept us up very late.

(**c**) (*: *avoir des rapports sexuels*) **∼ avec qn** to sleep *ou* go to bed with sb; **ils couchent ensemble** they sleep together; **c'est une fille sérieuse, qui ne couche pas** she's a sensible girl and she doesn't sleep around.

3 se coucher *vpr* (**a**) to go to bed. **se ∼ comme les poules** to go to bed early *ou* when the sun goes down; *V* **comme**.

(**b**) (*s'étendre*) to lie down. **va te ∼!*** clear off!*; **il m'a envoyé (me) ∼*** he sent me packing; **il se coucha sur l'enfant pour le protéger** he lay on top of the child to protect him; (*Sport*) **se ∼ sur les avirons/le guidon** to bend over the oars/the handlebars.

(**c**) [*soleil, lune*] to set, go down.

(**d**) (*Naut*) [*bateau*] to keel over.

4 *nm* (**a**) (*moment*) **surveiller le ∼ des enfants** to see the children into bed; **le ∼ était toujours à 9 heures** bedtime was always at 9 o'clock.

(**b**) (†: *logement*) accommodation. **le ∼ et la nourriture** board and lodging; (*Hist*) **le ∼ du roi** the king's going-to-bed ceremony.

(**c**) (*au*) **∼ du soleil** (at) sunset *ou* sundown (*US*); **le soleil à son ∼** the setting sun.

5: couche-tard* *nmf inv* late-bedder*, night-owl; **couche-tôt*** *nmf inv* early-bedder*.

coucherie [kuʃʀi] *nf* (*gén pl: péj*) sleeping around (*U*).

couchette [kuʃɛt] *nf* (*Rail*) couchette, berth; (*Naut*) *[voyageur]* couchette, berth; *[marin]* bunk.
coucheur [kuʃœʀ] *nm* V **mauvais**.
coucheuse [kuʃøz] *nf* (*péj*) girl who sleeps around.
couci-couça* [kusikusa] *adv* so-so*.
coucou [kuku] **1** *nm* (a) (*oiseau*) cuckoo; (*pendule*) cuckoo clock; (*péj: avion*) (old) crate*. (b) (*fleur*) cowslip. **2** *excl*: ~ (me voici)! peek-a-boo!
coude [kud] *nm* (a) (*Anat, partie de la manche*) elbow. ~s au corps (*lit*) (with one's) elbows in; (*fig: courir*) at the double; (*fig*) **se tenir** *ou* **serrer les ~s** to show great solidarity, stick together; ~ à ~ shoulder to shoulder, side by side; **ce ~ à ~ le réconfortait** this companionship comforted him; V **coup, doigt, huile** etc.
  (b) *[route, rivière]* bend; *[tuyau, barre]* bend.
coudé, e [kude] (*ptp de* **couder**) *adj tuyau, barre* angled, bent at an angle, with a bend in it.
coudée [kude] *nf* (††) cubit††. (*fig*) **avoir ses** *ou* **les ~s franches** to have elbow-room; (*fig*) **dépasser qn de cent ~s†** to stand head and shoulders above sb, be worth a hundred times more than sb.
couder [kude] (1) *vt tuyau, barre de fer* to put a bend in, bend (at an angle).
coudoiement [kudwamã] *nm* (close) contact, rubbing shoulders, mixing.
coudoyer [kudwaje] (8) *vt gens* to rub shoulders with, mix with, come into contact with. (*fig*) **dans cet article, la stupidité coudoie la mesquinerie la plus révoltante** in this article, stupidity stands side by side with the most despicable pettiness.
coudre [kudʀ(ə)] (48) *vt pièces de tissu* to sew (together); *pièce, bouton* to sew on; *vêtement* to sew up, stitch up; (*Reliure*) *cahiers* to stitch; (*Méd*) *plaie* to sew up, stitch (up). ~ **un bouton/une pièce à une veste** to sew a button/patch on a jacket; ~ **une semelle (à l'empeigne)** to stitch a sole (to the upper); **apprendre à ~** to learn sewing *ou* to sew; ~ **à la main/à la machine** to sew by hand/by machine; V **dé, machine³**.
coudrier [kudʀije] *nm* hazel tree.
couenne [kwan] *nf* (a) *[lard]* rind. (b) (‡) (*peau*) hide*. (c) (*Méd*) *[sang]* buffy coat; *[peau]* membrane.
couenneux, -euse [kwanø, øz] *adj* V **angine**.
couette [kwɛt] *nf* (a) *[cheveux]* ~s bunches. (b) (*Tech*) bearing; (*Naut*) ways (*pl*). (c) *[lit]* continental quilt, duvet.
couffe [kuf] *nf*, **couffin** [kufɛ̃] *nm [bébé]* Moses basket; (†: *cabas*) (straw) basket.
coug(o)uar [kugwaʀ] *nm* cougar.
couic [kwik] *excl* erk!, squeak!
couille*‡* [kuj] *nf* (*gén pl*) ball*‡*. ~s*‡* balls*‡*, bollocks*‡*; ~ **molle** gutless individual.
couillon*‡* [kujɔ̃] *nm* bloody (*Brit*) *ou* damn idiot*‡* *ou* cretin*‡*.
couillonnade*‡* [kujɔnad] *nf* (*action*) boob*‡*; (*propos*) bullshit*‡* (*U*).
couillonner*‡* [kujɔne] (1) *vt* to do* (*Brit*), con*‡*. **on t'a couillonné, tu t'es fait ~** you've been had* *ou* done* (*Brit*) *ou* conned*‡*.
couinement [kwinmã] *nm* (V **couiner**) squealing (*U*), squeal; whining (*U*), whine.
couiner [kwine] (1) *vi [animal]* to squeal; (*péj*) *[enfant]* to whine.
coulage [kula(ʒ)] *nm [cire, ciment]* pouring; *[statue, cloche]* casting.
coulant, e [kulã, ãt] **1** *adj* (a) *pâte* runny; (*fig*) *vin* smooth; (*fig*) *style* (free-)flowing, smooth; V **nœud**. (b) (*: indulgent*) *personne* easy-going. **2** *nm* (a) *[ceinture]* sliding loop. (b) (*Bot*) runner.
coule [kul] *nf* (a) (‡) **être à la ~** to know the ropes, know the tricks of the trade. (b) (*capuchon*) cowl.
coulé, e [kule] (*ptp de* **couler**) **1** *adj* V **brasse**. **2** *nm* (*Mus*) slur; (*Danse*) glide; (*Billard*) follow. **3 coulée** *nf [métal]* casting. ~**e de lave** lava flow; ~**e de boue/neige** mud/snowslide.
coulemelle [kulmɛl] *nf* parasol mushroom.
couler [kule] (1) **1** *vi* (a) *[liquide]* to run, flow; *[sang]* to flow; *[larmes]* to run down, flow; *[sueur]* to run down; *[fromage, bougie]* to run; *[rivière]* to flow. **la sueur coulait sur son visage** perspiration was running down *ou* (*plus fort*) pouring down his face; ~ **à flots** *[vin, champagne]* to be flowing freely; (*fig*) **le sang a coulé** blood has been shed.
  (b) **faire** ~ *eau* to run; **faire** ~ **un bain** to run a bath, run water for a bath; (*fig*) **faire** ~ **le sang** to shed blood, cause bloodshed; (*fig*) **ça a fait** ~ **beaucoup d'encre** it caused much ink to flow; (*fig*) **ça fera** ~ **de la salive** that'll cause some tongue-wagging *ou* set (the) tongues wagging.
  (c) *[robinet]* to run; (*fuir*) to leak; *[récipient, stylo]* to leak. **ne laissez pas** ~ **les robinets** don't leave the taps running *ou* the taps on; **il a le nez qui coule** his nose is running, he has a runny *ou* running nose.
  (d) *[paroles]* to flow; *[roman, style]* to flow (along). ~ **de source** (*être clair*) to be obvious; (*s'enchaîner*) to follow naturally.
  (e) *[vie, temps]* to slip by, slip past.
  (f) *[bateau, personne]* to sink; *[firme]* to go bankrupt. ~ **à pic** to sink straight to the bottom.
  2 *vt* (a) *cire, ciment* to pour; *métal* to cast; *statue, cloche* to cast. (*Aut*) ~ **une bielle** to run a big end.
  (b) (*passer*) ~ **une existence paisible/des jours heureux** to enjoy a peaceful existence/happy days.
  (c) *bateau* to sink, send to the bottom; (*fig*) (*discréditer*) *personne* to discredit; (*: faire échouer*) *candidat* to bring down; *entrepreneur, firme* to wreck, ruin. **c'est son accent/l'épreuve de latin qui l'a coulé** it was his accent/the Latin paper that brought him down.
  (d) (*glisser*) *regard, sourire* to steal; *pièce de monnaie* to slip.
  (e) (*filtrer*) *liquide* to pour.
  3 se couler *vpr* (a) (*se glisser*) **se** ~ **dans/à travers** to slip into/through.
  (b) **se la** ~ **douce*** to have it easy*, have an easy time (of it)*.

(c) **il s'est coulé dans l'esprit des gens*** he wrecked *ou* ruined himself in people's eyes.
couleur [kulœʀ] **1** *nf* (a) colour; (*nuance*) shade, tint, hue (*littér*). **les ~s fondamentales** the primary colours; **une robe de ~ claire/ sombre/bleue** a light-/dark-coloured/blue dress; **une belle ~ rouge** a beautiful shade of red, a beautiful red tint; **aux ~s délicates** delicately coloured, with delicate colours; **film/cartes en ~s** colour film/postcards; **vêtements noirs ou de ~** dark or colourful clothes; **la ~, les ~s** (*linge de couleur*) coloureds; **je n'aime pas les ~s de son appartement** I don't like the colour scheme *ou* the colours in his flat; V **goût**.
  (b) (*peinture*) paint. ~**s à l'eau/à l'huile** watercolours/oil colours, water/oil paint; **il y a un reste de ~ dans le tube** there is some paint left in the tube; **boîte de ~s** paintbox, box of paints; V **crayon, marchand**.
  (c) (*carnation*) ~s colour; **perdre ses/reprendre des ~s** to lose/ get back one's colour; V **changer, haut**.
  (d) (*U: vigueur*) colour. **ce récit a de la ~** this tale is colourful; **sans ~** colourless.
  (e) (*caractère*) colour, flavour. **le poème prend soudain une ~ tragique** the poem suddenly takes on a tragic colour *ou* note.
  (f) (*Pol: étiquette*) colour. **on ne connaît guère la ~ de ses opinions** hardly anything is known about the colour of his opinions.
  (g) (*Cartes*) suit; V **annoncer**.
  (h) (*Sport*) *[club, écurie]* ~s colours; **les ~s** (*drapeau*) the colours.
  (i) ~ **locale** local colour; **ces costumes font très ~ locale** these costumes give plenty of local colour.
  (j) (*loc*) **homme/femme de ~** coloured man/woman; **sous ~ de qch** under the guise of sth; **sous ~ de faire** while pretending to do; **montrer/présenter qch sous de fausses ~s** to show/present sth in a false light; **décrire** *ou* **peindre qch sous les plus sombres/ vives ~s** to paint the darkest/rosiest picture of sth, paint sth in the darkest/rosiest colours; **l'avenir se présente sous les plus sombres ~s** the future looms very dark *ou* looks very gloomy; **elle n'a jamais vu la ~ de son argent*** she's never seen the colour of his money*; V **voir**.
  2 *adj inv*: **des yeux ~ d'azur** sky blue eyes; **tissu ~ cyclamen/ mousse** cyclamen-coloured/moss-green material; ~ **chair** flesh-coloured, flesh (*épith*); ~ **paille** straw-coloured.
couleuvre [kulœvʀ(ə)] *nf*: ~ (**à collier**) grass snake; ~ **lisse** smooth snake; ~ **vipérine** viperine snake; V **avaler**.
couleuvrine [kulœvʀin] *nf* (*Hist*) culverin.
coulis [kuli] **1** *adj m* V **vent**. **2** *nm* (a) (*Culin*) purée. ~ **de tomates** tomato purée; ~ **d'écrevisses** crayfish bisque. (b) (*Tech*) (*mortier*) grout; (*métal*) molten metal (*filler*).
coulissant, e [kulisã, ãt] *adj porte, panneau* sliding (*épith*).
coulisse [kulis] *nf* (a) (*Théât: gén pl*) wings. **en** ~, **dans les ~s** (*Théât*) in the wings; (*fig*) behind the scenes; (*fig*) **les ~s de la politique** what goes on behind the political scene(s); (*fig*) **rester dans la** ~ to work behind the scenes.
  (b) *[porte, tiroir]* runner; *[rideau]* top hem; *[robe]* casing; (*panneau mobile*) sliding door; (*Tech: glissière*) slide. **porte à** ~ sliding door; (*fig*) **regard en** ~ sidelong glance *ou* look; V **pied, trombone**.
  (c) (*Bourse*) unofficial Stock Market.
coulissier, pl ~x [kulisje] *nm [tiroir]* runner; (*Tech*) slide.
coulisser [kulise] (1) **1** *vt tiroir, porte* to provide with runners; *rideau* to hem (the top of). **jupe coulissée** skirt with a draw-string waist.
  2 *vi [porte, rideau, tiroir]* to slide, run.
coulissier [kulisje] *nm* unofficial broker.
couloir [kulwaʀ] *nm [bâtiment]* corridor, passage; *[wagon]* corridor; *[appareil de projection]* channel, track; (*Athlétisme*) lane; (*Géog*) gully, couloir (*T*); (*Tennis*) alley, tramlines (*Brit*); (*pour bus, taxi*) lane. ~ **aérien** air (traffic) lane; ~ **de navigation** shipping lane; (*Géog*) ~ **d'avalanches** avalanche corridor; (*Pol*) **bruits de ~(s)** rumours; (*Pol*) **intrigues de ~(s)** backstage manoeuvring.
coulpe [kulp(ə)] *nf* (*littér, hum*) **battre sa** ~ to repent openly.
coup [ku] **1** *nm* (a) (*heurt, choc*) knock; (*affectif*) blow, shock. **se donner un** ~ **à la tête/au bras** to knock *ou* hit *ou* bang one's head/arm; **la voiture a reçu un** ~ the car has had a knock (*Brit*) *ou* bang *ou* bump; **donner des** ~**s dans la porte** to bang *ou* hammer at the door; **donner un** ~ **sec pour dégager qch** to give sth a sharp rap *ou* knock to release it; **ça a porté un** ~ **sévère à leur moral** it dealt a severe blow to their morale; **en prendre un** ~* *[carrosserie]* to have a bash* (*Brit*) *ou* bang; *[personne, confiance]* to take a blow *ou* knock; **ça lui a fait un** ~* it's given him (a bit of a) shock, it was a bit of a blow (for him); V **accuser, marquer**.
  (b) (*marquant l'agression*) blow. **il m'a donné un** ~ he hit me; ~ **de pied** kick; ~ **de poing** punch; **en venir aux** ~**s** to come to blows; **les ~s tombaient dru** *ou* **pleuvaient** blows rained down *ou* fell thick and fast; **donner/recevoir un** ~ **de bâton/de fouet** to strike/be struck with a stick/a whip; **d'un** ~ **de fouet il fit partir les chevaux** with a lash of his whip, he set the horses moving; **enfoncer un portail à** ~**s de pied** to ram down a gate; **il a reçu un** ~ **de poing dans la figure** he was punched in the face; **il a reçu un** ~ **de pied** he was kicked; **il a reçu un** ~ **de griffe** he was clawed; **faire le** ~ **de poing avec qn** to fight alongside sb; **il a reçu un** ~ **de couteau** he was knifed; **tuer qn à** ~**s de couteau/pierres** to knife *ou* stab/stone sb to death; **blessé de plusieurs ~s de couteau** with several stab-wounds; **lancer un** ~ **de queue** to lash its tail; **le cheval lui lança un** ~ **de sabot** the horse kicked out at him; **donner un** ~ **de croc** to snap (à at); **donner un** ~ **de dents** to bite into, take a bite at; **donner un** ~ **de bec** to (give a) peck; **donner un** ~ **de corne à qn** to butt sb; **donner un** ~ **de gueule*** to shout one's mouth off‡; (*fig*) **c'est un** ~ **d'épée dans l'eau** it

achieved nothing; (*fig*) un ~ de pied au derrière* a kick in the pants*.

(c) [*arme à feu*] shot. ~ de feu shot; ~ de fusil rifle shot (*V aussi* 2); ~ de revolver/de mousqueton gun/musket shot; tuer qn d'un ~ de fusil to shoot sb dead (with a rifle); touché d'un ~ de feu shot; faire le ~ de feu avec qn to fight alongside sb; tué de plusieurs ~ de revolver gunned down; il jouait avec le fusil quand le ~ est parti he was playing with the rifle when it went off; *V* tirer.

(d) (*mouvement du corps*) jeter *ou* lancer un ~ d'œil à qn to glance at sb, look quickly at sb; jeter un ~ d'œil à *texte, exposition* to have a quick look at, glance at; allons jeter un ~ d'œil let's go and have a look; il y a un beau ~ d'œil d'ici there's a lovely view from here; un ~ d'œil lui suffit one glance *ou* one quick look was enough; ça vaut de ~ d'œil it's worth seeing; ~ de coude nudge; d'un ~ de coude, il attira son attention he nudged him to attract his attention; donner un ~ de genou/d'épaule à qn to knee/shoulder sb; donner un ~ de genou/d'épaule dans la porte to strike (at) the door with one's knee/shoulder; il me donna un ~ de genou dans le ventre he thrust his knee into my stomach, he kneed me in the stomach; il me donna un ~ de genou pour me réveiller he nudged me with his knee to waken me; donner des ~s de tête contre qch to bang one's head against sth; l'oiseau donna un ~ d'aile the bird flapped its wings *ou* gave a flap with *ou* of its wings; il donna un ~ de reins pour se relever he heaved himself up; donner un ~ de reins pour soulever qch to heave sth up; le chat lapait son lait à petits ~s de langue the cat was lapping up its milk; un ~ d'ongle a scratch; (*Ling*) ~ de glotte glottal stop.

(e) (*habileté*) avoir le ~ to have the knack; avoir le ~ de main to have the touch; avoir le ~ d'œil to have a good eye; attraper le ~ to get the knack; avoir un bon ~ de crayon to be good at sketching.

(f) (*action de manier un instrument*) ~ de crayon/de plume/de pinceau stroke of a pencil/pen/brush; ~ de marteau blow of a hammer; d'un ~ de pinceau with a stroke of his brush; donner un ~ de lime à qch to run a file over sth, give sth a quick file; donner *ou* passer un ~ de chiffon/d'éponge à qch to give sth a wipe (with a cloth/sponge), wipe sth (with a cloth/sponge), go over sth with a cloth/sponge; donner un ~ de brosse/de balai à qch to give sth a brush/a sweep, brush/sweep sth; donner un ~ de fer à qch to run the iron over sth, give sth a press; donner un ~ de pinceau/de peinture à un mur to give a wall a touch/a coat of paint; donne un ~ d'aspirateur à la chambre go over the room with the vacuum cleaner; donne-toi un ~ de peigne run a comb through your hair; donner *ou* passer un ~ de téléphone *ou* de fil* à qn to make a phone call to sb, give sb a ring *ou* call *ou* buzz*, ring sb up (*Brit*), call sb up, phone sb; il faut que je donne un ~ de téléphone I must make a phone call, I've got to give somebody a ring *ou* call; recevoir un ~ de téléphone *ou* de fil* (de qn) to have a (phone)call (from sb); un ~ de volant maladroit a causé l'accident a clumsy turn of the wheel caused the accident; ~ de frein (*brutal*) (sharp) braking (*U*); donner un brusque ~ de frein (*lit*) to brake suddenly *ou* sharply; (*fig*) to put on the brakes sharply; ~ d'archet (stroke of the) bow; ~ de cymbale clash of cymbals; avoir un bon ~ de fourchette to be a hearty *ou* big eater.

(g) (*Sport: geste*) (*Cricket, Golf, Tennis*) stroke; (*Tir*) shot, (*Doxo*) blow, punch; (*Échecs*) move. (*Tennis*) ~ droit drive; (*Tennis*) ~ droit croisé cross court drive; (*Tennis*) ~ droit de dos backhand drive; (*Tennis*) ~ droit de face forehand drive; ~ par ~ blow by blow; (*Boxe, fig*) ~ bas blow *ou* punch below the belt; (*Ftbl, Rugby*) ~ d'envoi kick-off; ~ franc (*Ftbl, Rugby*) free kick; (*Basketball*) ~ franc throw free throw shot; ~ de pied de pénalité penalty kick; (*Rugby*) ~ de pied tombé drop kick; (*fig*) tous les ~s sont permis no holds barred; faire ~ double (*Chasse*) to do a right and left; (*fig*) to kill two birds with one stone; *V* discuter, marquer.

(h) (*bruit*) ~ de tonnerre (*lit*) clap of thunder, thunderclap; (*fig*) bombshell, bolt from the blue, thunderbolt; ~ de sonnette ring; je n'ai pas entendu le ~ de sonnette I didn't hear the bell ring; ~ de fusil report, (gun)shot; ~s de fusil gunfire; ~ de feu shot; entendre des ~s de canon to hear guns firing; arrêtez au ~ de sifflet stop when the whistle blows; à son ~ de sifflet at a blow from his whistle; sonner 3 ~s to ring 3 times; les douze ~s de midi the twelve strokes of noon; sur le ~ de midi at the stroke of noon; (*Théât*) frapper les trois ~s to sound the three knocks (in French theatres, before the curtain rises); il y eut un ~ à la porte there was a knock at the door.

(i) (*produit par les éléments*) ~ de vent gust *ou* blast of wind; passer en ~ de vent to rush past like a whirlwind *ou* hurricane; (*visite*) to pay a flying visit (*Brit*); ~ de roulis roll; ~ de tangage pitch; ~ de mer heavy swell; ~ de chien squall; prendre un ~ de soleil to be *ou* get sunburnt (*Brit*) *ou* sunburned (*US*); elle m'a montré son ~ *ou* ses ~s de soleil she showed me her sunburn; prendre un ~ d'air *ou* de froid to catch a chill; prendre un ~ de vieux‡ to put years on.

(j) (*événement fortuit*) ~ du sort *ou* du destin blow dealt by fate; ~ de chance *ou* de veine*, ~ de pot‡ stroke *ou* piece of luck; ~ de déveine* rotten luck (*U*); ~ dur hard blow; c'est un sale ~ it's a dreadful blow.

(k) (*action concertée, hasardeuse*) [*cambrioleurs*] job. c'est un ~ à faire *ou* tenter it's worth (having) a go* *ou* a bash* (*Brit*); tenter le ~ to try one's luck, have a go*; réussir un beau ~ to pull it off; être dans le ~/hors du ~ to be/not to be in on it; *V* manquer, monter², valoir.

(l) (*contre qn*) trick. c'est bien un ~ à lui that's just like him *ou* typical of him; faire un sale ~ à qn to play a (dirty) trick on sb; tu ne vas pas nous faire le ~ d'être malade you're not going to go and be ill on us*; il nous fait le ~ chaque fois he never fails to do

that; un ~ de vache‡ *ou* de salaud‡ a dirty trick‡; un ~ en traître a stab in the back; faire un ~ de vache à qn‡ to do the dirty on sb‡.

(m) (*: quantité bue*) boire un ~ to have a drink (*gen of wine*); je te paie un ~ (à boire) I'll buy you a drink; donner *ou* verser un ~ de cidre/de rouge à qn to pour sb a drink of cider/of red wine; vous boirez bien un ~ avec nous? (you'll) have a drink with us?; il a bu un ~ de trop he's had one too many*.

(n) (*: fois*) time. à tous (les) ~s, à chaque *ou* tout ~ every time; du premier ~ first time *ou* go*, right off the bat* (*US*); pour un ~ for once; du même ~ at the same time; pleurer/rire un bon ~ to have a good cry/laugh.

(o) (*moyen*) à ~(s) de: enfoncer des clous à ~s de marteau to hammer nails in; détruire qch à ~s de hache to hack sth to pieces; tuer un animal à ~s de bâton to beat an animal to death; traduire un texte à ~ de dictionnaire to translate a text relying heavily on a dictionary; réussir à ~ de publicité to succeed through repeated advertising *ou* through a massive publicity drive.

(p) (*effet*) sous le ~ de *surprise, émotion* in the grip of; sous le ~ d'une forte émotion in a highly emotional state, in the grip of a powerful emotion; (*Admin*) être sous le ~ d'une condamnation to have a current conviction; (*Admin*) être sous le ~ d'une mesure d'expulsion to be under an expulsion order; (*Admin*) tomber sous le ~ de la loi [*activité, acte*] to be a statutory offence.

(q) (*loc*) à ~ sûr definitely; après ~ afterwards, after the event; ~ sur ~ in quick succession, one after the other; du ~ as a result; c'est pour le ~ qu'il se fâcherait then he'd really get angry, then he'd get all the angrier; sur le ~ (*instantanément*) outright; mourir sur le ~ (*assassinat*) to be killed outright; (*accident*) to die *ou* be killed instantly; sur le ~ je n'ai pas compris at the time I didn't understand; d'un seul ~ at one go; tout à ~, tout d'un ~ all of a sudden, suddenly, all at once; un ~ pour rien (*lit*) a go for nothing, a trial go; (*fig*) a waste of time; il en met un sacré ~ * he's really going at it; en mettre un ~ to really put one's back into it, pull out all the stops*; en prendre un (vieux) ~* to take a hammering*; tenir le ~ to hold out; c'est encore un ~ de 1.000 F* that'll be another 1,000 francs to fork out*; *V* cent¹, quatre.

2: (*fig*) coup d'arrêt sharp check; donner un coup d'arrêt à to check, put a brake on; (*fig*) coup de balai clean sweep; (*fig*) coup de bambou* = coup de pompe*; (*fig, Pol*) coup de barre sudden change of direction; donner un coup de barre to alter course, change direction; c'est le coup de barre* = c'est le coup de fusil; avoir le coup de barre* = avoir le coup de pompe*; (*Jur*) coups et blessures assault and grievous bodily harm, aggravated assault; coup de boutoir (*Mil, Sport, gén*) thrust; [*vent, vagues*] battering (*U*); ça mérite un coup de chapeau it's worth shouting about; saluer qn d'un coup de chapeau to raise one's hat to sb; j'ai eu un coup de cœur pour ce film I was really taken by that film; il faudra donner un coup de collier we'll have to put our backs into it; (*lit, fig*) coup de dés toss of the dice; coup d'éclat (glorious) feat; coup d'essai first attempt; coup d'État coup (d'état); le coup de l'étrier one for the road; (*fig*) coup de feu last-minute preparations (*in a restaurant etc*); (*fig*) coup de filet haul; coup de force takeover by force; (*fig*) coup de foudre love at first sight; (*fig*) coup de fouet lift; (*fig*) coup fourré stab in the back; (*fig*) coup de fusil: c'est le coup de fusil the prices are extortionate, you pay through the nose; (*lit, fig*) coup de grâce coup de grâce, death-blow; coup de grisou firedamp explosion; coup de Jarnac stab in the back; coup du lapin* rabbit punch; (*dans un accident de route*) whiplash; coup de main (*aide*) helping hand, hand; (*raid*) raid; donne-moi un coup de main give me a hand; coup de maître master stroke; (*fig*) coup de massue crushing blow; coup monté set-up*; le coup du père François* a stab in the back; coup-de-poing (américain) *nm, pl* coups-de-poing (américains) knuckle-duster; coup de pompe*: avoir le coup de pompe to be fagged out* (*Brit*) *ou* shattered* (*Brit*) *ou* bushed*; coup de pouce (*pour finir un travail*) final touch; (*pour aider qn*) (little) push in the right direction; coup de sang stroke; coup de sonde sounding (*U*); coup de tabac squall; coup de tête (sudden) impulse; coup de théâtre (*Théât*) coup de théâtre; (*gén*) dramatic turn of events; (*fig*) coup de torchon = coup de balai; coup de Trafalgar underhand trick.

coupable [kupabl(ə)] **1** *adj* (a) (*fautif*) *personne* guilty (*de* of); *V* non, plaider.

(b) (*blâmable*) *désirs, amour* guilty (*épith*); *action, négligence* culpable, reprehensible; *faiblesse* reprehensible.

2 *nmf* (*d'un méfait, d'une faute*) culprit, guilty party (*frm, hum*). le grand ~ c'est le jeu the real culprit is gambling, gambling is chiefly to be blamed.

coupage [kupaʒ] *nm* [*vin*] (*avec un autre vin*) blending (*U*); (*avec de l'eau*) dilution (*U*), diluting (*U*). ce sont des ~s, ce sont des vins de ~ these are blended wines.

coupant, e [kupã, ãt] *adj* (*lit*) *lame, brin d'herbe* sharp(-edged); (*fig*) *ton, réponse* sharp.

coupe¹ [kup] *nf* (a) (*à fruits, dessert*) dish; (*contenu*) dish(ful); (*à boire*) goblet. une ~ de champagne a goblet of champagne; *V* loin.

(b) (*Sport: objet, épreuve*) cup. la ~ de France de football the French football cup.

coupe² [kup] *nf* (a) (*Couture*) (*action*) cutting(-out); (*pièce de tissu*) length; (*façon d'être coupé*) cut. leçon de ~ lesson in cutting out; robe de belle ~/de ~ sobre beautifully/simply cut dress; ~ nette *ou* franche clean cut.

(b) (*Sylviculture*) (*action*) cutting (down); (*étendue de forêt*) felling area; (*surface, tranche*) section. ~ sombre *ou* d'ensemencement thinning (out); ~ réglée periodic felling.

(c) [*cheveux*] cutting. ~ (de cheveux) (hair)cut; ~ au rasoir razor-cut.

(d) (*pour examen au microscope*) section. ~ histologique histological section.

(e) (*dessin, plan*) section. **le navire vu en ~ a** (cross) section of the ship; **~ transversale** cross *ou* transversal section; **~ longitudinale** longitudinal section.

(f) (*Littérat*) [*vers*] break, caesura.

(g) (*Cartes*) cut, cutting (*U*). **jouer sous la ~ de qn** to lead (after sb has cut).

(h) (*loc*) **être sous la ~ de qn** [*personne*] to be under sb's thumb; [*firme, organisation etc*] to be under sb's control; **tomber sous la ~ de qn** to fall prey to sb, fall into sb's clutches; **faire des ~s sombres dans** to make drastic cuts in; **mettre en ~ réglée** to bleed systematically (*fig*).

coupe- [kup] *préf* V **couper**.

coupé, e[1] [kupe] (*ptp de* **couper**) **1** *adj* **(a) bien/mal ~ vêtement** well/badly cut. **(b)** *communications, routes* cut off. **(c)** *vin* blended. **2** *nm* (*Aut, Danse*) coupé.

coupée[2] [kupe] *nf* (*Naut*) gangway (*opening, with ladder*); V **échelle.**

coupelle [kupɛl] *nf* **(a)** (*petite coupe*) (small) dish. **(b)** (*Chim*) cupel.

couper [kupe] (1) **1** *vt* **(a)** (*gén*) to cut; *bois* to chop; *arbre* to cut down, fell; (*séparer*) to cut off; (*découper*) *rôti* to carve, cut up; (*partager*) *gâteau* to cut, slice; (*entailler*) to slit; (*fig*) [*vent*] to sting. **~ qch en (petits) morceaux** to cut sth up, cut sth into (little) pieces; **~ en tranches** to slice, cut into slices; **~ la gorge à qn** to slit *ou* cut sb's throat; **~ la tête à qn** to cut *ou* chop sb's head off; **~ les pages d'un livre** to slit open *ou* cut the pages of a book; **livre non coupé** book with pages uncut; **il a coupé le ruban trop court** he has cut the ribbon too short; **coupez-lui une tranche de pain** cut him a slice of bread; **se ~ les cheveux/les ongles** to cut one's hair/nails; **se faire ~ les cheveux** to get one's hair cut, have a haircut; *V* **tête, vif.**

(b) (*Couture*) *vêtement* to cut out; *étoffe* to cut.

(c) (*raccourcir*) *émission* to cut (down); (*retrancher*) *passages inutiles* to cut (out), take out, delete.

(d) (*arrêter*) *eau, gaz* to cut off; (*au compteur*) to turn off; (*Élec*) *courant etc* to cut off; (*au compteur*) to switch off, turn off; *communications, route, pont* to cut off; *relations diplomatiques* to cut off, break off; (*Téléc*) to cut off; (*Ciné*) *prise de vues* to cut. **coupez!** cut!; (*Aut*) **~ l'allumage** *ou* **le contact** to switch off the ignition; **~ le vent** to cut out the wind; **~ la faim à qn** to take the edge off sb's hunger; **~ la fièvre à qn** to bring down sb's fever; **~ le chemin** *ou* **la route à qn** to cut sb off, cut in front of sb; **~ la route d'un véhicule** to cut a vehicle off, cut a vehicle's path off; **~ l'appétit à qn** to spoil sb's appetite, take away sb's appetite, take the edge off sb's appetite; **~ la retraite à qn** to cut *ou* block off sb's line of retreat; **~ les vivres à qn** to cut off sb's means of subsistence; **~ les ponts avec qn** to break off communications with sb.

(e) (*interrompre*) *voyage* to break; *journée* to break up. **nous nous arrêterons à X pour ~ le voyage** we'll stop at X to break the journey, we'll break the journey at X.

(f) (*fig: isoler*) **~ qn de** to cut sb off from.

(g) (*traverser*) [*ligne*] to intersect, cut; [*route*] to cut across, cross. **le chemin de fer coupe la route en 2 endroits** the railway cuts across *ou* crosses the road at 2 points; **une cloison coupe la pièce** a partition cuts the room in two; (*fig*) **l'électorat était coupé en deux** the voters were split down the middle.

(h) (*Cartes*) *jeu* to cut; (*prendre avec l'atout*) to trump.

(i) (*Sport*) *balle* to slice.

(j) (*mélanger*) *lait etc, vin* (*à table*) to dilute, add water to; *vin* (*à la production*) to blend. **vin coupé d'eau** wine diluted with water.

(k) (*loc*) **~ les bras** *ou* **bras et jambes à qn** [*travail*] to wear sb out; [*nouvelle*] to knock sb for six; **j'en ai les jambes coupées** I'm stunned by it; **~ la poire en deux** to meet halfway; **~ les cheveux en quatre** to split hairs, quibble; **~ ses effets à qn** to steal sb's thunder; **~ l'herbe sous le pied à qn** to cut the ground from under sb's feet; **~ la parole à qn** [*personne*] to cut sb short; [*émotion*] to leave *ou* render sb speechless; **~ le sifflet**‡ *ou* **la chique**‡ **à qn** to shut sb up*, take the wind out of sb's sails; **ça te la coupe!**‡ that shuts you up!*; **~ la respiration** *ou* **le souffle à qn** (*lit*) to wind sb; (*fig*) to take sb's breath away; (*fig*) **j'en ai eu le souffle coupé** it (quite) took my breath away; **c'est à vous ~ le souffle** it's breathtaking; **un accent à ~ au couteau** an accent you could cut with a knife; **une brouillard à ~ au couteau** a real pea souper*, a fog you could cut with a knife; *V* **herbe.**

2 couper à *vt indir* **(a)** (*échapper à*) *corvée* to get out of. **tu n'y couperas pas d'une amende** you won't get away with it without paying a fine, you won't get out of paying a fine; **tu n'y couperas pas** you won't get out of it.

(b) ~ court à to cut short.

3 *vi* **(a)** [*couteau, verre*] to cut; [*vent*] to be biting. **ce couteau coupe bien** this knife cuts well *ou* has a good cutting edge.

(b) (*prendre un raccourci*) **~ à travers champs** to cut across country *ou* the fields; **~ au plus court** to take the quickest way; **~ par un sentier** to cut through by way of *ou* cut along a path.

(c) (*Cartes*) (*diviser le jeu*) to cut; (*jouer atout*) to trump.

4 se couper *vpr* **(a)** to cut o.s. **se ~ à la jambe** to cut one's leg; (*fig*) **se ~ en quatre pour (aider)** qn to bend over backwards to help sb.

(b) (*) to give o.s. away.

5: coupe-choux* *nm inv* (*épée*) short sword; (*rasoir*) open razor; **coupe-cigare(s)** *nm inv* cigar cutter; **coupe-circuit** *nm inv* cutout, circuit breaker; **coupe-coupe** *nm inv* machete; **coupe-faim** *nm inv* appetite suppressant; **coupe-feu** *nm inv* firebreak; **coupe-file** *nm inv* pass; **coupe-frites** *nm inv* chip-cutter *ou* -slicer (*Brit*), french-fry-cutter *ou* -slicer (*US*); **coupe-gorge** *nm inv* dangerous back alley; († *ou hum*) **coupe-jarret** *nm inv* cut-throat; **coupe-légumes** *nm inv* vegetable-cutter; **coupe-œufs** *nm inv* egg-slicer;

coupe-papier *nm inv* paper knife; **coupe-pâte** *nm inv* pastry-cutter; **coupe-tomates** *nm inv* tomato-slicer; **coupe-vent** *nm inv* (*haie*) windbreak, (*vêtement*) windbreaker (*US*), windcheater (*Brit*).

couperet [kuprɛ] *nm* [*boucher*] chopper, cleaver; [*guillotine*] blade, knife.

couperose [kuproz] *nf* blotches (*on the face*), rosacea (*T*).

couperosé, e [kuproze] *adj* blotchy, affected by rosacea (*attrib*) (*T*).

coupeur, -euse [kupœr, øz] *nm,f* (*Couture*) cutter. **un ~ de cheveux en quatre** a hairsplitter, a quibbler.

couplage [kuplaʒ] *nm* (*Élec, Tech*) coupling.

couple [kupl(ə)] **1** *nm* **(a)** (*époux, danseurs*) couple; (*patineurs, animaux*) pair. (*Patinage*) **l'épreuve en** *ou* **par ~s** the pairs (event).

(b) (*Phys*) couple. **~ moteur** torque; **~ de torsion** torque.

(c) (*Naut*) (square) frame; (*Aviat*) frame.

2 *nf* *ou* *nm* (†: *deux*) **un** *ou* **une ~ de** a couple of.

3 *nf* (*Chasse*) couple.

coupler [kuple] (1) *vt* **(a)** (*Chasse*) to couple (together), leash together. **(b)** (*Tech*) to couple together *ou* up; (*Ordin*) to interface (*avec* with). (*Phot*) **télémètre couplé** coupled rangefinder; (*Rail*) **bielles couplées** coupling rods.

couplet [kuplɛ] *nm* (*strophe*) verse; (*péj*) tirade. (*chanson*) **~s satiriques** satirical song.

coupleur [kuplœr] *nm* (*Élec*) coupler. (*Ordin*) **~ acoustique** acoustic coupler.

coupole [kupɔl] *nf* **(a)** (*Archit*) dome. **petite ~** cupola, small dome; **être reçu sous la C~** to become *ou* be made a member of the Académie française. **(b)** (*Mil*) [*char d'assaut*] revolving gun turret.

coupon [kupɔ̃] **1** *nm* **(a)** (*Couture, Tex*) (*reste*) remnant; (*rouleau*) roll.

(b) (*Fin*) **~ (de dividende)** coupon; **avec ~ attaché/détaché** cum-/ex-dividend; **~ de rente** income coupon.

(c) (*billet, ticket*) coupon. **~ de théâtre** theatre ticket.

2: coupon-réponse *nm, pl* **coupons-réponse** reply coupon; **coupon-réponse international** international reply coupon.

coupure [kupyr] *nf* (*blessure, brèche, Ciné*) cut; (*fig: fossé*) break; (*billet de banque*) note. **~ (de presse** *ou* **de journal)** (newspaper) cutting, (newspaper) clipping; **~ (de courant)** power cut; (*Banque*) **petites/grosses ~s** small/big notes, notes of small/big denomination; **il y aura des ~s ce soir** (*électricité*) there'll be power cuts tonight; (*gaz, eau*) the gas (*ou* water) will be cut off tonight.

cour [kur] **1** *nf* **(a)** [*bâtiment*] yard, courtyard. **être sur (la) ~** to look onto the (back)yard; **la ~ de la caserne** the barracks square; **~ de cloître** cloister garth; **~ d'école** schoolyard, playground; **~ de ferme** farmyard; **la ~ de la gare** the station forecourt; **~ d'honneur** main courtyard; **~ d'immeuble** (back)yard of a block of flats (*Brit*) *ou* an apartment building (*US*); **~ de récréation** playground; *V* **côté.**

(b) (*Jur*) court. **Messieurs, la C~!** ≃ be upstanding in court! (*Brit*), all rise!; *V* **haut.**

(c) [*roi*] court; (*fig*) [*personnage puissant, célèbre*] following. **vivre à la ~** to live at court; **faire sa ~ à** *roi* to pay court to; **supérieur, femme** to pay one's respects to; **être bien/mal en ~** to be in/out of favour (*auprès de qn* with sb); **homme/noble de ~** court gentleman/nobleman; **gens de ~** courtiers, people at court; **c'est la ~ du roi Pétaud** it's absolute bedlam*.

(d) [*femme*] (*soupirants*) following; (*essai de conquête*) wooing (*U*), courting (*U*). **faire la ~ à une femme** to woo *ou* court a woman.

2: cour d'appel ≃ Court of Appeal, ≃ appellate court (*US*); **cour d'assises** ≃ Crown Court (*Brit*), court of assizes; **cour de cassation** Court of Cassation, (*final*) Court of Appeal; **cour des comptes** revenue court, ≃ Government Accounting Office (*US*); **cour de justice** court of justice; (*Mil*) **cour martiale** court-martial; (*Hist*) **la Cour des Miracles** *area of Paris famed for its disreputable population*; (*fig*) **chez eux c'est une vraie cour des miracles** their place is a real den of thieves; **cour de sûreté de l'état** state security court.

courage [kuraʒ] *nm* **(a)** (*bravoure*) courage, bravery, guts*. **~ physique/moral** physical/moral courage; **se battre avec ~** to fight courageously *ou* with courage *ou* bravely; **s'il y va, il a du ~**! if he goes, he'll have guts!*; **vous n'aurez pas le ~ de lui refuser** you won't have the heart to refuse him.

(b) (*ardeur*) will, spirit. **prendre une tâche/un travail avec ~** to undertake a task/job with a will; **je voudrais finir ce travail, mais je ne m'en sens pas le ~** I'd like to get this work finished, but I don't feel up to it; **un petit verre pour vous donner du ~*** just a small one to buck you up*.

(c) (*loc*) **~! nous y sommes presque!** cheer up! *ou* take heart! we're almost there!; **avoir le ~ de ses opinions** to have the courage of one's convictions; **prendre son ~ à deux mains** to take one's courage in both hands; **perdre ~** to lose heart, become discouraged; **reprendre ~** to take fresh heart.

courageusement [kuraʒøzmɑ̃] *adv* bravely, courageously. **entreprendre ~ une tâche** to tackle a task with a will.

courageux, -euse [kuraʒø, øz] *adj* brave, courageous. **il n'est pas très ~ pour l'étude** he hasn't got much will for studying; **je ne suis pas très ~ aujourd'hui** I don't feel up to very much today.

couramment [kuramɑ̃] *adv* **(a)** (*aisément*) fluently. **parler le français ~** to speak French fluently *ou* fluent French.

(b) (*souvent*) commonly. **ce mot s'emploie ~** this word is in current usage; **ça se dit ~** it's a common *ou* an everyday expression; **cela arrive ~** it's a common occurrence; **cela se fait ~** it's quite a common thing to do, it's quite common practice.

courant, e [kuRã, ãt] **1** *adj* **(a)** (*normal, habituel*) *dépenses* every-day, standard, ordinary; (*Comm*) *modèle, taille, marque* standard. **l'usage** ~ everyday *ou* ordinary *ou* standard usage; **en utilisant les procédés** ~s **on gagne du temps** it saves time to use the normal *ou* ordinary *ou* standard procedures; **il nous suffit pour le travail** ~ he'll do us for the routine *ou* everyday business *ou* work; *V* **vie.**

(b) (*fréquent*) common. **ce procédé est** ~, **c'est un procédé** ~ it's quite common practice *ou* quite a common procedure, it's quite commonplace; **ce genre d'incident est très** ~ **ici** this kind of incident is very common here, this kind of thing is a common occurrence here.

(c) (*en cours, actuel*) *année, semaine* current, present; (*Comm*) inst. *ou* instant (*Brit*). (*Comm*) **votre lettre du 5** ~ your letter of the 5th inst. *ou* instant (*Brit*) *ou* of the 5th of this month; *V* **expédier, monnaie** etc.

(d) (*qui court*) *V* **chien, compte, eau** etc.

2 *nm* **(a)** [*cours d'eau, mer, atmosphère*] current. ~ (*atmosphérique*) airstream, current; [*cours d'eau*] **le** ~ the current; ~ **d'air** draught; (*Mét*) ~ **d'air froid/chaud** cold/warm airstream; **il y a trop de** ~ the current's too strong; (*lit*) **suivre/remonter le** ~ to go with/against the current; (*fig*) **suivre le** ~ to go with the stream, follow the crowd; (*fig*) **remonter le** ~ to get back on one's feet, climb back up.

(b) (*déplacement*) [*population, échanges commerciaux*] movement. ~s **de population** movements *ou* shifts of (the) population; **établir une carte des** ~s **d'immigration et d'émigration** to draw up a map of migratory movement(s).

(c) (*mouvement*) [*opinion, pensée*] trend, current. **les** ~s **de l'opinion** the trends of public opinion; **un** ~ **de scepticisme/de sympathie** a wave of scepticism/sympathy; (*Littérat*) **le** ~ **romantique/surréaliste** the romantic/surrealist movement.

(d) (*Élec*) current, power. ~ **continu/alternatif** direct/alternating current; **couper le** ~ to cut off the power; **rétablir le** ~ to put the power back on; (*fig*) **entre ce chanteur et le public le** ~ **passe** this singer really connects with *ou* gets through to his audience; *V* **coupure, pris.**

(e) (*cours*) **dans le** ~ **de la semaine/du mois** in the course of the week/month; **je dois le voir dans le** ~ **de la semaine** I'm to see him some time during the week; **dans le** ~ **de la conversation** in the course of the conversation, as the conversation was (*ou* is) going on.

(f) au ~: **être au** ~ (*savoir la nouvelle*) to know (about it); (*bien connaître la question*) to be well-informed; **être au** ~ **de** *incident, accident, projets* to know about; *méthodes, théories nouvelles* to be well up on*, to be up to date on; **mettre qn au** ~ **de** *faits, affaire* to tell sb (about), put sb in the picture about*, fill sb in on*; *méthodes, théories* to bring sb up to date on; **il s'est vite mis au** ~ **dans son nouvel emploi** he soon got the hang of things* in his new job; **tenir qn au** ~ **de** *faits, affaire* to keep sb informed of *ou* posted about*; *méthodes, théories* to keep sb up to date on; **s'abonner à une revue scientifique pour se tenir au** ~ to subscribe to a science magazine to keep o.s. up to date (on things) *ou* abreast of things.

3 courante *nf* **(a)** (‡: *diarrhée*) **la** ~e the runs‡.

(b) (*Mus; danse, air*) courante, courant.

courbatu, e [kuRbaty] *adj* (stiff and) aching, aching all over.

courbature [kuRbatyR] *nf* ache. **ce match de tennis m'a donné des** ~s this tennis match has made me ache *ou* made me stiff *ou* has given me aches and pains; **être plein de** ~s to be aching all over.

courbaturé, e [kuRbatyRe] *adj* aching (all over).

courbe [kuRb(ə)] **1** *adj trajectoire, ligne, surface* curved; *branche* curved, curving.

2 *nf* (*gén, Géom*) curve. **le fleuve fait une** ~ the river makes a curve, the river curves; (*Cartographie*) ~ **de niveau** contour line; (*Méd*) ~ **de température** temperature curve.

courber [kuRbe] (1) **1** *vt* **(a)** (*plier*) *branche, tige, barre de fer* to bend. **branches courbées sous le poids de la neige** branches bowed down with *ou* bent under *ou* bent with the weight of the snow; **l'âge l'avait courbé** he was bowed *ou* bent with age; (*fig*) ~ **qn sous sa loi** to make sb bow down before *ou* make sb submit to one's authority.

(b) (*pencher*) ~ **la tête** to bow *ou* bend one's head; **courbant le front sur son livre** his head bent over *ou* his head down over a book; (*fig*) ~ **la tête** *ou* **le front** to submit; *V* **échine.**

2 *vi* to bend. ~ **sous le poids** to bend under the weight.

3 se courber *vpr* **(a)** [*arbre, branche, poutre*] to bend, curve.

(b) [*personne*] (*pour entrer, passer*) to bend (down), stoop; (*signe d'humiliation*) to bow down; (*signe de déférence*) to bow (down). **il se courba pour le saluer** he greeted him with a bow; **se** ~ **en deux** to bend (o.s.) double.

(c) (*littér: se soumettre*) to bow down (*devant* before).

courbette [kuRbɛt] *nf* **(a)** (*salut*) low bow. (*fig*) **faire des** ~s **à qn devant qn** to kowtow to sb, bow and scrape to sb. **(b)** [*cheval*] curvet.

courbure [kuRbyR] *nf* [*ligne, surface*] curvature. ~ **rentrante/sortante/en S** inward/outward/S curve; ~ **du nez/des reins** curve of the nose/the back.

courette [kuRɛt] *nf* small (court)yard.

coureur, -euse [kuRœR, øz] **1** *nm,f* (*Athlétisme*) runner; (*Cyclisme*) cyclist, competitor; (*Aut*) driver, competitor. ~ **de fond/de demi-fond** long-distance/middle-distance runner; ~ **de 110 mètres haies** 110 metres hurdler.

2 *nm* **(a)** (*Zool*) (*oiseaux*) ~s running birds.

(b) (*péj: amateur de*) **c'est un** ~ **de cafés/de bals** he hangs round *ou* around cafés/dances; **c'est un** ~ (**de filles** *ou* **femmes**) he's a wolf *ou* womanizer *ou* a woman-chaser; **il est assez** ~ he's a bit of a womanizer.

3 coureuse *nf* (*péj: débauchée*) manhunter. **elle est un peu** ~**euse** she's a bit of a manhunter.

4: **coureur automobile** racing(-car) driver; (*Can Hist*) **coureur de** *ou* **des bois** trapper, coureur de bois (*US, Can*); **coureur cycliste** racing cyclist; (*péj*) **coureur de dot** fortune-hunter; **coureur motocycliste** motorcycle *ou* motorbike racer.

courge [kuR3(ə)] *nf* **(a)** (*plante, fruit*) gourd, squash (*US, Can*); (*Culin*) marrow (*Brit*), squash (*US, Can*). **(b)** (‡) idiot, nincompoop*, berk‡ (*Brit*).

courgette [kuR3ɛt] *nf* courgette (*Brit*), zucchini (*US*), summer squash (*US*).

courir [kuRiR] (11) **1** *vi* **(a)** (*gén, Athlétisme*) to run; (*Aut, Cyclisme*) to race; (*Courses*) to run, race. **entrer/sortir en courant** to run in/out; ~ **sur Lotus aux 24 heures du Mans** to race with Lotus in the Le Mans 24 hours; ~ **à toutes jambes,** ~ **à perdre haleine** to run as fast as one's legs can carry one, run like the wind; ~ **comme un dératé*** *ou* **ventre à terre** to run flat out; **elle court comme un lapin** *ou* **lièvre** she runs *ou* can run like a hare *ou* the wind; **faire** ~ **un cheval** to race *ou* run a horse; **il ne fait plus** ~ he doesn't race *ou* run horses any more; **un cheval trop vieux pour** ~ a horse too old to race *ou* to be raced.

(b) (*se précipiter*) to rush. ~ **chez le docteur/chercher le docteur** to rush *ou* run to the doctor's/for the doctor; **je cours l'appeler** I'll go *ou* run and call him straight away (*Brit*) *ou* right away (*US*); **spectacle qui fait** ~ **tout Paris** *ou* **tous les Parisiens** show that all Paris is rushing *ou* running to see; **faire qch en courant** to do sth in a rush *ou* hurry; **elle m'a fait** ~ she had me running all over the place; **un petit mot en courant** just a (rushed) note *ou* a few hurried lines; ~ **partout pour trouver qch** to hunt everywhere for sth; **tu peux toujours** ~!* you can whistle for it!*

(c) (*avec à, après, sur*) ~ **à l'échec/à une déception** to be heading *ou* headed for failure/a disappointment; ~ **à sa perte** *ou* **ruine** to be on the road to ruin; ~ **après qch** to chase after sth; **gardez cet argent pour l'instant, il ne court pas après** keep this money for now as he's not in any hurry *ou* rush for it *ou* he's not desperate for it; (*lit, fig*) ~ **après qn** to run after sb; ~ **après les femmes** to be a woman-chaser, chase women; ~ **sur ses 20/30 ans** to be approaching 20/30; ~ **sur ses 60/70 ans** to be approaching *ou* pushing* *ou* getting on for 60/70; ~ **sur le système** *ou* **le haricot à qn‡** to get on sb's nerves *ou* wick‡ (*Brit*).

(d) [*nuages* etc] to speed, race, scud (*littér*); [*ombres, reflets*] to speed, race; [*eau*] to rush; [*chemin*] to run. **une onde courait sur les blés** a wave passed through the corn; **un frisson lui courut par tout le corps** a shiver went *ou* ran through his body; **sa plume courait sur le papier** his pen was running *ou* racing across the paper; **faire** *ou* **laisser** ~ **sa plume** to let one's pen flow *ou* run (on *ou* freely).

(e) (*se répandre*) **faire** ~ **un bruit/une nouvelle** to spread a rumour/a piece of news; **le bruit court que** ... **rumour has it that** ..., there is a rumour that ..., the rumour is that ... ; **le bruit a récemment couru que** ... rumour has recently gone round that ..., the rumour has recently gone round that ...; **il court sur leur compte de curieuses histoires** there are some strange stories going round about them.

(f) (*se passer*) **l'année/le mois qui court** the current *ou* present year/month; **par le(s) temps qui cour(en)t** (with things as they are *ou* things being as they are) nowadays; **laisser** ~* to let things alone; **laisse** ~* forget it*, drop it*.

(g) (*Naut*) to sail.

(h) (*Fin*) [*intérêt*] to accrue; [*bail*] to run.

2 *vt* **(a)** (*Sport*) *épreuve* to compete in. ~ **un 100 mètres** to run (in) *ou* compete in a 100 metres race; ~ **le Grand Prix** to race in the Grand Prix.

(b) (*Chasse*) ~ **le cerf/le sanglier** to hunt the stag/the boar, go staghunting/boarhunting; (*fig*) ~ **deux lièvres à la fois** to have one's finger in more than one pie.

(c) (*rechercher*) *honneurs* to seek avidly. (*s'exposer à*) ~ **de grands dangers** to be in great danger; ~ **les aventures** *ou* **l'aventure** to seek adventure; ~ **un (gros) risque** to run a (high *ou* serious) risk; ~ **sa chance** to try one's luck; **il court le risque d'être accusé** he runs the risk of being accused; **c'est un risque à** ~ it's a risk we'll have to take *ou* run; (*Théât*) ~ **le cachet** to run after any sort of work.

(d) (*parcourir*) *les mers, le monde* to roam, rove; *la campagne, les bois* to roam *ou* rove (through); (*faire le tour de*) *les magasins, bureaux* to go round. **j'ai couru les agences toute la matinée** I've been going round the agencies all morning, I've been going from agency to agency all morning; ~ **les rues** (*lit*) to wander *ou* roam the streets; (*fig*) to be run-of-the-mill, be nothing out of the ordinary; **le vrai courage ne court pas les rues** real courage is hard to find; **des gens comme lui, ça ne court pas les rues*** people like him are not thick on the ground* (*Brit*) *ou* are few and far between.

(e) (*fréquenter*) ~ **les théâtres/les bals** to do the rounds of (all) the theatres/dances; ~ **les filles** to chase the girls; ~ **la gueuse†** to go wenching†; ~ **le guilledou†** *ou* **la prétentaine†** to go gallivanting†, go wenching†.

(f) (‡) ~ **qn** to get up sb's nose‡ (*Brit*) *ou* on sb's wick‡ (*Brit*), bug sb‡.

courlis [kuRli] *nm* curlew.

couronne [kuRɔn] *nf* **(a)** [*fleurs*] wreath, circlet. ~ **funéraire** *ou* **mortuaire** (funeral) wreath; ~ **de fleurs d'oranger** orange-blossom headdress, circlet of orange-blossom; ~ **de lauriers** laurel wreath, crown of laurels; ~ **d'épines** crown of thorns; **en** ~ **in a ring; *V* fleur.**

(b) (*diadème*) [*roi, pape*] crown; [*noble*] coronet.

(c) (*autorité royale*) **la** ~ **the Crown; la** ~ **d'Angleterre/de France** the crown of England/of France, the English/French crown; **aspirer/prétendre à la** ~ to aspire to/lay claim to the throne *ou* the crown; **de la** ~ *joyaux, colonie* crown (*épith*). (**d**) (*objet circulaire*) crown; (*pain*) ring-shaped loaf; *[dent]* crown; (*Archit, Astron*) corona. (*Aut*) ~ **dentée** crown wheel; **la grande** ~ the outer suburbs (of Paris).

couronnement [kuʀɔnmɑ̃] *nm* (**a**) *[roi, empereur]* coronation, crowning. (**b**) *[édifice, colonne]* top, crown; *[mur]* coping; *[toit]* ridge. (**c**) (*fig*) *[carrière]* crowning achievement.

couronner [kuʀɔne] (1) **1** *vt* (**a**) *souverain* to crown. **on le couronna roi** he was crowned king, they crowned him king; *V* **tête**. (**b**) *ouvrage, auteur* to award a prize to; (*Hist*) *lauréat, vainqueur* to crown with a laurel wreath. (**c**) (*littér: orner, ceindre*) to crown; *[diadème]* front to encircle. **couronné de fleurs** wreathed *ou* encircled with flowers; **remparts qui couronnent la colline** ramparts which crown the hill; **un pic couronné de neige** a peak crowned with snow, a snow-capped peak. (**d**) (*parachever*) to crown. **cela couronne son œuvre/sa carrière** that is the crowning achievement of his work/his career; (*iro*) **et pour** ~ **le tout** and to crown it all; **ses efforts ont été couronnés de succès** his efforts were crowned with success. (**e**) *dent* to crown. **2 se couronner** *vpr*: **se** ~ (**le genou**) *[cheval, personne]* to graze its (*ou* one's) knee.

courre [kuʀ] *vt V* **chasse¹**.

courrier [kuʀje] *nm* (**a**) (*lettres reçues*) mail, post (*Brit*), letters; (*lettres à écrire*) letters. **le** ~ **de 11 heures** the 11 o'clock post (*Brit*) *ou* mail; (*Ordin*) ~ **électronique** electronic mail; *V* **retour**. (**b**) (†) (*avion, bateau*) mail; (*Mil: estafette*) courier; (*de diligence*) post. **l'arrivée du** ~ **de Bogota** the arrival of the Bogota mail; *V* **long, moyen**. (**c**) (*Presse*) (*rubrique*) column; (*nom de journal*) ≃ Mail. ~ **du cœur** (women's) advice column, lonely hearts column; ~ **des lecteurs** letters to the Editor; ~ **littéraire** literary column; ~ **économique** financial page.

courriériste [kuʀjeʀist(ə)] *nmf* columnist.

courroie [kuʀwa] *nf* (*attache*) strap; (*Tech*) belt. (*Tech*) ~ **de transmission** driving belt; (*Aut*) ~ **de ventilateur** fan belt.

courroucé, e [kuʀuse] (*ptp de* **courroucer**) *adj* wrathful, incensed.

courroucer [kuʀuse] (3) (*littér*) **1** *vt* to anger, incense. **2 se courroucer** *vpr* to become incensed.

courroux [kuʀu] *nm* (*littér*) ire (*littér*), wrath.

cours [kuʀ] **1** *nm* (**a**) (*déroulement, Astron*) course; *[événements]* course, run; *[saisons]* course, progression; *[guerre, maladie]* progress, course; *[pensées, idées]* course; *V* **suivre**. (**b**) *[rivière]* (*cheminement*) course; (*écoulement*) flow. **avoir un** ~ **rapide/régulier** to be fast-/smooth-flowing; **sur une partie de son** ~ on *ou* along part of its course; **descendre le** ~ **de la Seine** to go down the Seine. (**c**) (*Fin*) (*monnaie*) currency; (*valeurs, matières premières*) price; (*devises*) rate. ~ **légal** legal tender; (*Bourse*) ~ **d'ouverture/de clôture** opening/closing price; ~ **des devises** *ou* **du change** foreign exchange rate; **au** ~ (**du jour**) at the price of the day; **au** ~ **du marché** at (the) market price; **le** ~ **des voitures d'occasion** the (selling) price of secondhand cars. (**d**) (*leçon*) class; (*Univ: conférence*) lecture; (*série de leçons*) course. (*manuel*) ~ **de chimie** chemistry coursebook *ou* textbook; (*notes*) ~ **de droit** law (course) notes; **faire** *ou* **donner un** ~ **sur** to give a class *ou* lecture on; to give a course on; **il donne des** ~ **en fac*** he lectures at (the) university; ~ **du soir** (*pl*) evening classes; ~ **par correspondance** correspondence course; ~ **de vacances** holiday course (*Brit*), summer school (*US*); ~ **intensif** crash course (*de, en* in). (**e**) (*Scol: établissement*) school. ~ **privé** private school; ~ **de jeunes filles** girls' school *ou* college; ~ **de danse** dancing school. (**f**) (*Scol: enseignement primaire*) class. ~ **préparatoire** first-year infants (class) (*Brit*), nursery school (*US*); ~ **élémentaire/moyen** primary/intermediate classes (*of primary school*); (*Hist*) ~ **complémentaire** *final year in elementary school*. (**g**) (*avenue*) walk. (**h**) (*loc*) **avoir** ~ *[monnaie]* to be legal tender; (*fig*) to be current, be in current use; **ne plus avoir** ~ *[monnaie]* to be no longer legal tender *ou* currency, be out of circulation; *[expression]* to be obsolete, be no longer in use *ou* no longer current; **ces plaisanteries n'ont plus** ~ **ici** jokes like that are no longer appreciated here; **en** ~ *annee* current (*épith*); **affaires** in hand, in progress; **essais** in progress, under way; **en** ~ **de** in the process of; **en** ~ **de réparation/réfection** in the process of being repaired/rebuilt; (*Jur*) **brevet en** ~ **d'agrément** patent pending; **en** ~ **de route** on the way; **au** ~ **de** in the course of, during; **donner (libre)** ~ **à** *imagination* to give free rein to; *douleur* to give free expression to; *joie, sentiment* to give vent to, give free expression to; **il donna (libre)** ~ **à ses larmes** he let his tears flow freely. **2 cours d'eau** *generic term for streams, rivers and waterways*; **le confluent de deux cours d'eau** the confluence of two rivers; **un petit cours d'eau traversait cette vallée** a stream ran across this valley.

course [kuʀs(ə)] **1** *nf* (**a**) (*action de courir*) running. **la** ~ **et la marche** running and walking; **prendre sa** ~ to set off at a run; **le cheval, atteint d'une balle en pleine** ~ the horse, hit by a bullet in mid gallop; **il le rattrapa à la** ~ he ran after him and caught him (up); *V* **pas¹**. (**b**) (*discipline*) (*Athlétisme*) running; (*Aut, Courses, Cyclisme*) racing. **faire de la** ~ **pour s'entraîner** to keep fit; (*Aut, Cyclisme*) **tu fais de la** ~? do you race?; ~ **de fond/demi-fond** long-distance/middle-distance running; ~ **sur piste/route** track/

road racing; (*fig*) **la** ~ **aux armements** the arms race; (*fig*) **la** ~ **au pouvoir** the race for power; **faire la** ~ **avec qn** to race with sb; **allez, on fait la** ~ let's have a race, I'll give you a race, I'll race you; *V* **champ, écurie**. (**c**) (*épreuve*) race. ~ **de fond/sur piste** long-distance/track race; (*Courses*) **les** ~**s** the races; **parier aux** ~**s** to bet on the races. (**d**) (*voyage*) *[autocar]* trip, journey; *[taxi]* journey. **payer le prix de la** ~, **payer la** ~ to pay the fare; *[taxi]* **il n'a fait que 3** ~**s hier** he only picked up *ou* had 3 fares yesterday. (**e**) (*fig*) *[projectile]* flight; *[navire]* rapid course; *[nuages, ombres]* racing, swift passage; *[temps]* swift passage, swift passing (*U*). (**f**) (*excursion*) (*à pied*) hike; (*ascension*) climb. (**g**) (*au magasin*) shopping (*U*); (*commission*) errand. **elle est sortie faire des** ~**s** she has gone out to do *ou* get some shopping; **j'ai quelques** ~**s à faire** I've a bit of shopping to do, I've one or two things to buy; **faire une** ~ to (go and) get something from the shop(s) (*Brit*) *ou* store(s) (*US*); to run an errand. (**h**) (*Tech*) *[pièce mobile]* movement; *[piston]* stroke. **à bout de** ~ at full stroke; **à mi-**~ at half-stroke. (**i**) (*Naut*) privateering. **faire la** ~ to privateer, go privateering; *V* **guerre**. (**j**) (*loc*) **être à bout de** ~ to be worn out; **il n'est plus dans la** ~* he's out of touch. **2: course attelée** harness race; **course automobile** motor race; **course de chevaux** horse-race; (*Sport Aut*) **course de côte** hill climb; **course contre la montre** (*Sport*) race against the clock, time-trial; (*fig*) race against the clock; **course par étapes** stage race; **course de haies** hurdling; **faire de la course de haies** to hurdle; **course de relais** relay race; **course en sac** sack race; **course de taureaux** bullfight; **course de trot** trotting race; **course au trot attelé** harness race; **course de vitesse** sprint.

courser* [kuʀse] (1) *vt* to chase *ou* hare* after.

coursier¹ [kuʀsje] *nm* (*littér: cheval*) charger (*littér*), steed (*littér*).

coursier², -ière [kuʀsje, jɛʀ] *nm, f* messenger.

coursive [kuʀsiv] *nf* (*Naut*) gangway (*connecting cabins*).

court¹, e [kuʀ, kuʀt(ə)] **1** *adj* (**a**) (*gén*) *objet, récit, durée, mémoire* short; *introduction, séjour* short, brief. **il a été très** ~ he was very brief; **de** ~**e durée** *enthousiasme, ardeur* short-lived; **c'est plus** ~ **par le bois** it's quicker *ou* shorter through the wood; **il connaît un chemin plus** ~ he knows a shorter way; **la journée m'a paru** ~**e** the day has passed *ou* seemed to pass quickly, it has been a short day; **avoir l'haleine** *ou* **la respiration** ~ *ou* **le souffle** ~ to be quickly out of breath, be short-winded; *V* **idée, manche¹, mémoire¹** *etc*. (**b**) (*insuffisant*) **il lui a donné 10 jours, c'est** ~ he's given him 10 days, which is (a bit) on the short side *ou* which isn't very long; **100 F pour le faire, c'est** ~* 100 francs to do it — that's not very much *ou* that's a bit stingy*. (**c**) (*loc*) **tirer à la** ~**e paille** to draw lots (*Brit*) *ou* straws (*US*); **à sa** ~**e honte** to his humiliation; **être à** ~ to be short; **être à** ~ **d'argent/d'arguments** to be short of money/arguments; **prendre au plus** ~ to go the shortest way; **prendre qn de** ~ to catch sb unawares *ou* on the hop* (*Brit*). **2** *adv* (**a**) *coiffer, habiller* short. **les cheveux coupés** ~ with short(-cut) hair, with hair cut short. (**b**) **s'arrêter** ~ to stop short; **demeurer** *ou* **se trouver** ~ to be at a loss; *V* **couper, pendre, tourner**. **3:** (*Culin*) **court-bouillon** *nm, pl* **courts-bouillons** court-bouillon; (*Élec*) **court-circuit** *nm, pl* **courts-circuits** short (-circuit); **court-circuiter** *vt* (*lit*) to short(-circuit); (*fig*) to bypass, short-circuit; **courte échelle** leg up (*Brit*), boost (*US*); **faire la courte échelle à qn** to give sb a leg up (*Brit*) *ou* a boost (*US*); **court-jus*** *nm inv* short-circuit; (*Ciné*) **court métrage** short film, one-reeler (*US*); **court-vêtu, e**, *mpl* **court-vêtus** *adj* short-skirted.

court² [kuʀ] *nm* (tennis) court. ~ **central** centre court.

courtage [kuʀtaʒ] *nm* brokerage.

courtaud, e [kuʀto, od] *adj* (**a**) *personne* dumpy, squat. **un** ~ **a** dumpy *ou* squat little man. (**b**) **un** (**chien/cheval**) ~ a docked and crop-eared dog/horse.

courtier, -ière [kuʀtje, jɛʀ] *nm, f* broker. ~ **en vins** wine-broker; ~ **maritime** ship-broker.

courtine [kuʀtin] *nf* curtain.

courtisan [kuʀtizɑ̃] *nm* (*Hist*) courtier; (*fig*) sycophant. **des manières de** ~ sycophantic manners.

courtisane [kuʀtizan] *nf* (*Hist, littér*) courtesan, courtezan.

courtiser [kuʀtize] (1) *vt* († *ou littér*) *femme* to woo, court, pay court to; (*flatter*) to pay court to, fawn on (*péj*).

courtois, e [kuʀtwa, waz] *adj* courteous; (*Littérat*) courtly.

courtoisement [kuʀtwazmɑ̃] *adv* courteously.

courtoisie [kuʀtwazi] *nf* courtesy, courteousness. (*Jur*) ~ **internationale** comity of nations.

couru, e [kuʀy] (*ptp de* **courir**) *adj* (**a**) *restaurant, spectacle* popular. (**b**) **c'est** ~ (**d'avance**)* it's a (dead) cert* (*Brit*), it's a sure thing*, it's a foregone conclusion.

couscous [kuskus] *nm* (*Culin*) couscous.

cousette [kuzɛt] *nf* dressmaker's apprentice.

couseuse [kuzøz] *nf* stitcher, sewer.

cousin¹, e [kuzɛ̃, in] *nm, f* cousin. ~ **germain** first cousin; ~**s issus de germains** second cousins; **ils sont un peu** ~**s** they are related (in some way) *ou* are distant relations; *V* **mode¹, roi**.

cousin² [kuzɛ̃] *nm* mosquito.

cousinage† [kuzinaʒ] *nm* (*entre germains*) cousinhood, cousinship; (*vague parenté*) relationship.

cousiner† [kuzine] (1) *vi* to be on familiar terms (*avec* with).

coussin [kusɛ̃] *nm* (*siège*) cushion; (*Tech*) *[collier de cheval]* padding. ~ **d'air** air cushion.

coussinet [kusinɛ] *nm* (a) *[siège, genoux]* (small) cushion. (b) (*Tech*) bearing. ~ **de tête de bielle** *[arbre de transmission]* big end bearing; *[rail]* chair.

cousu, e [kuzy] (*ptp de* **coudre**) *adj* sewn, stitched. (*fig*) **être (tout)** ~ **d'or** to be rolling in riches; (*fig*) **c'est** ~ **de fil blanc** it's blatant, it sticks out a mile, it's a dead give-away* (*US*); ~ **main** (*lit*) handsewn, handstitched; (**fig*) **c'est du** ~ **main** it's top quality stuff; ~ **machine** machine-sewn; *V* **bouche, motus**.

coût [ku] *nm* (*lit, fig*) cost. **le** ~ **de la vie** the cost of living; **à des** ~**s majorés** on a cost-plus basis; ~ **d'acquisition** original cost; ~**s de base** baseline costs; ~ **du crédit** credit charges; ~ **d'investissement** capital cost; ~ **d'utilisation** cost-in-use; *V* **indice**.

coûtant [kutɑ̃] *adj m*: **prix** ~ cost price.

couteau, pl ~**x** [kuto] **1** *nm* (a) (*pour couper*) knife; *[balance]* knife edge; (*coquillage*) razor-shell (*Brit*), razor clam (*US*). ~ **à beurre/dessert/fromage/poisson** butter/dessert/cheese/fish knife; *V* **brouillard, lame**.
(b) (*loc*) **vous me mettez le** ~ **sous** *ou* **sur la gorge** you're holding a gun at my head; **être à** ~**(x) tiré(s)** to be at daggers drawn (*avec* with); **remuer** *ou* **retourner le** ~ **dans la plaie** to twist the knife in the wound, rub it in*.
2: couteau de chasse hunting knife; **couteau à cran d'arrêt** flick-knife; **couteau de cuisine** kitchen knife; **couteau à découper** carving knife; **couteau à éplucher, couteau éplucheur, couteau à légumes** (potato) peeler; **couteau à pain** breadknife; (*Peinture*) **couteau à palette** *ou* **de peintre** palette knife; **couteau pliant** *ou* **de poche** pocket knife; **couteau-scie**, *pl* **couteaux-scies** serrated knife; **couteau de table** table knife.

coutelas [kutla] *nm* (*couteau*) large (kitchen) knife; (*épée*) cutlass.

coutelier, -ière [kutəlje, jɛʀ] *nmf* (*fabricant, marchand*) cutler.

coutellerie [kutɛlʀi] *nf* (*industrie*) cutlery industry; (*atelier*) cutlery works; (*magasin*) cutlery shop, cutler's (shop); (*produits*) cutlery.

coûter [kute] (1) *vti* (a) to cost. **combien ça coûte?** how much is it?, how much does it cost?; **ça coûte cher?** is it expensive?, does it cost a lot?; **ça m'a coûté 10 F** it cost me 10 francs; **les vacances, ça coûte!** holidays are expensive *ou* cost a lot!; **ça coûte une fortune** *ou* **les yeux de la tête** it costs a fortune *ou* the earth*, it costs an arm and a leg; **ça va lui** ~ **cher** (*lit*) it'll cost him a lot; (*fig: erreur, impertinence*) he'll pay for that, it will cost him dear(ly) (*Brit*); **ça coûtera ce que ça coûtera*** never mind the expense *ou* cost, blow the expense*; **tu pourrais le faire, pour ce que ça te coûte!** you could easily do it — it wouldn't make any difference to you *ou* it wouldn't put you to any trouble; **ça ne coûte rien d'essayer** it costs nothing to try.
(b) (*fig*) **cet aveu/ce renoncement m'a coûté** this confession/renouncement cost me dear; **cette démarche me coûte** this is a painful step for me (to take); **il m'en coûte de refuser** it pains *ou* grieves me to have to refuse; **ça m'a coûté bien des mois de travail** it cost me many months' work; **ça lui a coûté la tête/la vie** it cost him his head/life; *V* **premier**.
(c) **coûte que coûte** at all costs, no matter what; **il faut y arriver coûte que coûte** we must get there at all costs.

coûteusement [kutøzmɑ̃] expensively.

coûteux, -euse [kutø, øz] *adj* costly, expensive; (*fig*) *aveu, renoncement* painful. **ce fut une erreur** ~**euse** it was a costly mistake *ou* a mistake that cost him (*ou* us *etc*) dear (*Brit*).

coutil [kuti] *nm* *[vêtements]* drill, twill; *[matelas]* ticking.

coutre [kutʀ(ə)] *nm* coulter (*Brit*), colter (*US*).

coutume [kutym] *nf* (a) (*usage: gén, Jur*) custom; (*Jur: recueil*) customary.
(b) (*habitude*) **avoir** ~ **de** to be in the habit of; **plus/moins que de** ~ more/less than usual; **comme de** ~ as usual; **selon sa** ~ as is his custom *ou* wont (*littér*), following his usual custom; *V* **fois**.

coutumier, -ière [kutymje, jɛʀ] **1** *adj* customary, usual. (*gén péj*) **il est** ~ **du fait** that is what he usually does, that's his usual trick*; *V* **droit³**. **2** *nm* (*Jur*) customary.

couture [kutyʀ] *nf* (a) (*action, ouvrage*) sewing; (*profession*) dressmaking; **faire de la** ~ to sew; *V* **haut, maison, point²**.
(b) (*suite de points*) seam. **sans** ~**(s)** seamless; **faire une** ~ **à grands points** to tack *ou* baste a seam; ~ **apparente** *ou* **sellier** topstitching, overstitching; ~ **anglaise/plate** *ou* **rabattue** French/flat seam; **examiner** *ou* **regarder qch sous toutes les** ~**s** to examine sth from every angle; *V* **battre**.
(c) (*cicatrice*) scar.
(d) (*suture*) stitches.

couturé, e [kutyʀe] *adj* *visage* scarred.

couturier [kutyʀje] *nm* couturier, fashion designer.

couturière [kutyʀjɛʀ] *nf* (a) (*personne*) dressmaker; (*en atelier etc*) dressmaker, seamstress†. (b) (*Théât*) dress rehearsal.

couvain [kuvɛ̃] *nm* (*œufs*) brood; (*rayon*) brood cells.

couvaison [kuvɛzɔ̃] *nf* (*période*) incubation; (*action*) brooding, sitting.

couvée [kuve] *nf* *[poussins]* brood, clutch; *[œufs]* clutch; (*fig*) (*enfants*) brood.

couvent [kuvɑ̃] *nm* (a) *[sœurs]* convent, nunnery†; *[moines]* monastery. **entrer au** ~ to enter a convent. (b) (*internat*) convent (school).

couventine [kuvɑ̃tin] *nf* (*religieuse*) conventual; (*jeune fille élevée au couvent*) convent schoolgirl.

couver [kuve] (1) **1** *vi* *[feu, incendie]* to smoulder; *[haine, passion]* to smoulder, simmer; *[émeute]* to be brewing; *[complot]* to be hatching. ~ **sous la cendre** (*lit*) to smoulder under the embers, (*fig*) *[passion]* to smoulder, simmer; *[émeute]* to be brewing.
2 *vt* (a) *œufs [poule]* to sit on; *[appareil]* to hatch. (*emploi absolu*) **la poule était en train de** ~ the hen was sitting on her eggs *ou* was brooding.

(b) (*fig*) *enfant* to be overcareful with, cocoon; *maladie* to be sickening for, be getting, be coming down with; *vengeance* to brew, plot; *révolte* to plot. **enfant couvé par sa mère** child brought up by an overcautious *ou* overprotective mother; ~ **qn/qch des yeux** *ou* **du regard** (*tendresse*) to look lovingly at sb/sth; (*convoitise*) to look covetously *ou* longingly at sb/sth.

couvercle [kuvɛʀkl(ə)] *nm* *[casserole, boîte à biscuits, bocal]* lid; *[bombe aérosol]* cap, top; (*qui se visse*) (screw-)cap, (screw-)top; (*Tech*) *[piston]* cover.

couvert, e¹ [kuvɛʀ, ɛʀt(ə)] (*ptp de* **couvrir**) **1** *adj* (a) (*habillé*) covered (up). **il est trop** ~ **pour la saison** he's too wrapped up *ou* he's wearing too many clothes for the time of year; **cet enfant ne reste jamais** ~ **au lit** this child will never keep himself covered up in bed *ou* will never keep his bedcovers *ou* bedclothes on (him); **il est resté** ~ **dans l'église** he kept his hat on inside the church.
(b) ~ **de** covered in *ou* with; **il a le visage** ~ **de boutons** his face is covered in *ou* with spots; **des pics** ~**s de neige** snow-covered *ou* snow-clad (*littér*) peaks; ~ **de chaume** *toit* thatched; *maison* thatch-roofed, thatched; **le rosier est** ~ **de fleurs** the rosebush is a mass of *ou* is covered in flowers.
(c) (*voilé*) *ciel* overcast, clouded over (*attrib*); *voix* hoarse. **par temps** ~ when the sky is overcast; *V* **mot**.
(d) *rue, allée, cour* covered; *V* **marché**.
(e) (*protégé par un supérieur*) covered.
(f) *syllabe* closed.
2 *nm* (a) (*ustensiles*) place setting. **une ménagère de 12** ~**s** a canteen of 12 place settings; **leurs** ~**s sont en argent** their cutlery is silver; **j'ai sorti les** ~**s en argent** I've brought out the silver cutlery.
(b) (*à table*) **mettre le** ~ to lay *ou* set the table; **mettre 4** ~**s** to lay *ou* set 4 places, lay *ou* set the table for 4; **table de 4** ~**s** table laid *ou* set for 4; **mets un** ~ **de plus** lay *ou* set another *ou* an extra place; **il a toujours son** ~ **mis chez nous** he can come and eat with us at any time, there's always a place for him at our table; **le vivre** *ou* **gîte et le** ~ board and lodging (*Brit*), bed *ou* room and board.
(c) (*au restaurant*) cover charge.
(d) (*abri*) (*littér*) **sous le** ~ **d'un chêne** under the shelter of an oak tree; **à** ~ **de la pluie** sheltered from the rain; (*Mil*) (**être**) **à** ~ (to be) under cover; (*Mil*) **se mettre à** ~ to get under *ou* take cover.
(e) (*loc*) **se mettre à** ~ (**contre des réclamations**) to cover *ou* safeguard o.s. (against claims); **être à** ~ **des soupçons** to be safe from suspicion; **sous (le)** ~ **de** *prétexte* under cover of; **ils l'ont fait sous le** ~ **de leurs supérieurs** they did it by hiding behind the authority of their superiors; **sous (le)** ~ **de la plaisanterie** while trying to appear to be joking, under the guise of a joke; **Monsieur le Ministre sous** ~ **de Monsieur le Recteur** the Minister through the person of the Director of Education.

couverte² [kuvɛʀt(ə)] *nf* (*Tech*) glaze.

couverture [kuvɛʀtyʀ] *nf* (a) (*literie*) blanket. ~ **de laine/chauffante** wool *ou* woollen/electric blanket; ~ **de voyage** travelling rug; (*fig*) **amener** *ou* **tirer la** ~ **à soi** to take (all) the credit, get unfair recognition.
(b) (*toiture*) roofing. ~ **de chaume** thatched roofing; ~ **en tuiles** tiled roofing.
(c) *[cahier, livre]* cover; (*jaquette*) dust cover.
(d) (*Mil*) cover; (*fig: prétexte, paravent*) cover. **troupes de** ~ covering troops; ~ **aérienne** aerial cover.
(e) (*Fin*) cover, margin. ~ **sociale** Social Security cover.

couveuse [kuvøz] *nf* (*poule*) broody hen. ~ (**artificielle**) incubator.

couvrant, e [kuvʀɑ̃, ɑ̃t] **1** *adj* *peinture* that covers well. **2** **couvrante*** *nf* blanket, cover.

couvre- [kuvʀ(ə)] *préf* *V* **couvrir**.

couvreur [kuvʀœʀ] *nm* roofer.

couvrir [kuvʀiʀ] (18) **1** *vt* (a) (*gén*) *livre, meuble, sol, chargement* to cover (*de, avec* with); *casserole, récipient* to cover (*de, avec* with), put the lid on. ~ **un toit d'ardoises/de chaume/de tuiles** to slate/thatch/tile a roof; **des tableaux couvraient tout un mur** pictures covered a whole wall; ~ **le feu** to bank up the fire.
(b) (*habiller*) to cover. **couvre bien les enfants** wrap the children up well, cover the children up well; **une cape lui couvrait tout le corps** *ou* **le couvrait tout entier** he was completely covered in a cape; **un châle lui couvrait les épaules** her shoulders were covered with *ou* by a shawl, she had a shawl around *ou* over her shoulders.
(c) (*recouvrir de, parsemer de*) ~ **qch/qn de** (*gén*) to cover sth/sb with *ou* in; **la rougeole l'avait couverte de boutons** she was covered in spots from the measles; **son mari l'avait couverte de bleus** her husband had bruised her all over *ou* had covered her in *ou* with bruises; ~ **une femme de cadeaux** to shower a woman with gifts, shower gifts upon a woman; ~ **qn de caresses/baisers** to cover *ou* shower sb with caresses/kisses; ~ **qn d'injures/d'éloges** to shower sb with insults/praises, heap insults/praise upon sb; **cette aventure l'a couvert de ridicule** this affair has covered him with ridicule.
(d) (*cacher, masquer*) *son, voix* to drown; *mystère, énigme* to conceal. **le bruit de la rue couvrait la voix du conférencier** the noise from the street drowned the lecturer's voice; (*lit, fig*) ~ **son jeu** to hold *ou* keep one's cards close to one's chest; **sa frugalité couvre une grande avarice** his frugality conceals great avarice; ~ **qch du nom de charité** to pass sth off as charity, label sth charity.
(e) (*protéger*) to cover. ~ **qn de son corps** to cover *ou* shield sb with one's body; (*Mil*) ~ **la retraite** to cover one's retreat; (*fig*) ~ **qn/les fautes de qn** to cover up for *ou* shield sb/cover up for sb's mistakes.

(f) *(Fin) frais, dépenses* to cover; *[assurance]* to cover. *(Admin)* **pourriez-vous nous ~ de la somme de 1000 F** would you remit to us the sum of 1,000 francs.
(g) *(parcourir) kilomètres, distance* to cover.
(h) *(Zool) jument etc* to cover.
2 se couvrir *vpr* **(a)** *[arbre etc]* **se ~ de fleurs/feuilles au printemps** to come into bloom/leaf in the spring; **les prés se couvrent de fleurs** the meadows are becoming a mass of flowers; *[personne]* **se ~ de taches** to cover o.s. in splashes, get covered in splashes; **se ~ de boutons** to become covered in *ou* with spots; **se ~ de gloire** to cover o.s. with glory; **se ~ de honte/ridicule** to bring shame/ridicule upon o.s., cover o.s. with shame/ridicule.
(b) *(s'habiller)* to cover up, wrap up; *(mettre son chapeau)* to put on one's hat. **il fait froid, couvrez-vous bien** it's cold so wrap *ou* cover (yourself) up well.
(c) *[ciel]* to become overcast, cloud over. **le temps se couvre** the sky is *ou* it's becoming very overcast.
(d) *(Boxe, Escrime)* to cover. *(fig)* **pour se ~ il a invoqué ...** to cover *ou* shield himself he referred to ... .
3: *(hum)* **couvre-chef** *nm, pl* **couvre-chefs** hat, headgear *(U: hum)*; **couvre-feu** *nm, pl* **couvre-feux** curfew; **couvre-lit** *nm, pl* **couvre-lits** bedspread, coverlet; **couvre-livre** *nm, pl* **couvre-livres** book cover; **couvre-pied(s)** *nm, pl* **couvre-pieds** quilt; **couvre-plat** *nm, pl* **couvre-plats** dish cover.
coxalgie [kɔksalʒi] *nf* coxalgia.
coyote [kɔjɔt] *nm* coyote, prairie wolf.
C.P.R. [sepeeR] *nm abrév de* **Centre pédagogique régional. stagiaire de ~** trainee teacher; **faire son ~ à Paris** to do one's teacher training in Paris.
C.Q.F.D. [sekyɛfde] *(abrév de ce qu'il fallait démontrer)* QED.
crabe [kRab] *nm* **(a)** *(Zool)* crab. **marcher en ~** to walk crabwise *ou* crabways; *V* **panier. (b)** *(véhicule)* caterpillar-tracked vehicle.
crac [kRak] *excl [bois, glace etc]* crack; *[étoffe]* rip. **tout à coup ~!** **tout est à recommencer** suddenly bang! and we're right back where we started.
crachat [kRaʃa] *nm* **(a)** spit *(U)*, spittle *(U)*. **trottoir couvert de ~s** pavement spattered with spittle; **il a reçu un ~ dans l'œil** someone has spat in his eye. **(b)** *(*†: plaque, insigne)* decoration.
craché, e* [kRaʃe] *(ptp de* **cracher**) *adj*: **c'est son père tout ~** he's the spitting image of his father; **c'est lui tout ~** that's just like him, that's him all over*.
crachement [kRaʃmã] *nm* **(a)** *(expectoration)* spitting *(U)*. **~ de sang** spitting of blood; **il eut des ~s de sang** he had spasms of spitting blood *ou* of blood-spitting.
(b) *(projection) [flammes, vapeur]* burst; *[étincelles]* shower.
(c) *(bruit) [radio, mitrailleuses]* crackling *(U)*, crackle.
cracher [kRaʃe] *(1)* **1** *vi* **(a)** *(avec la bouche)* to spit. **rincez-vous la bouche et crachez** rinse (out) your mouth and spit (it) out; **~ sur qn** *(lit)* to spit at sb; *(fig)* to spit on sb; **il ne crache pas sur le caviar*** he doesn't turn his nose up at caviar; **il ne faut pas ~ sur cette offre*** this offer is not to be sneezed at; **il ne faut pas ~ dans la soupe*** you shouldn't turn your nose up at it; **c'est comme si je crachais en l'air*** I'm banging *ou* it's like banging my head against a brick wall; **~ au bassinet*** to cough up*.
(b) *[stylo, plume]* to splutter, splotch; *[micro]* to crackle.
2 *vt* **(a)** *[personne] sang etc* to spit; *bouchée* to spit out; *(fig) injures* to spit (out); *(‡) argent* to cough up*, stump up* *(Brit)*. **~ ses poumons‡** to cough up one's lungs‡.
(b) *[canon] flammes* to spit (out); *projectiles* to spit out; *[cheminée, volcan, dragon]* to belch (out). **le moteur crachait des étincelles** the engine was sending out showers of sparks; **le robinet crachait une eau brunâtre** the tap was spitting out dirty brown water.
crachin [kRaʃɛ̃] *nm* drizzle.
crachiner [kRaʃine] *(1)* *vi* to drizzle.
crachoir [kRaʃwaR] *nm* spittoon, cuspidor *(US)*. *(fig)* **tenir le ~*** to hold the floor; *(fig)* **j'ai tenu le ~ à ma vieille tante tout l'après-midi** I had to (sit and) listen to my old aunt spouting all afternoon*.
crachotement [kRaʃɔtmã] *nm* crackling *(U)*, crackle.
crachoter [kRaʃɔte] *(1)* *vi [haut-parleur, téléphone]* to crackle.
crachouiller [kRaʃuje] *(1)* *vi [personne]* to splutter.
crack [kRak] *nm* **(a)** *(poulain)* crack *ou* star horse. **(b)** *(*: as)* ace. **un ~ en informatique** an ace *ou* a wizard* at computing; **c'est un ~ au saut en longueur** he's an ace *ou* a first-class long jumper.
cracking [kRakiŋ] *nm* *(Chim)* cracking.
cracra‡ [kRakRa] *adj inv*, **cradingue‡** [kRadɛ̃g] *adj*, **crado‡** [kRado] *adj inv* grotty‡ *(Brit)*, shabby.
craie [kRɛ] *nf* *(substance, bâtonnet)* chalk. **~ de tailleur** tailor's chalk, French chalk; **écrire qch à la ~ sur un mur** to chalk sth up on a wall.
craindre [kRɛ̃dR(ə)] *(52)* *vt* **(a)** *[personne]* to fear, be afraid *ou* scared of. **je ne crains pas la mort/la douleur** I do not fear *ou* I'm not afraid of *ou* I have no fear of death/pain; **ne craignez rien** don't be afraid *ou* frightened; **oui, je le crains!** yes, I'm afraid so! *ou* I fear so!; **il sait se faire ~** he knows how to make himself feared, he knows how to make people fear him *ou* put people in fear of him.
(b) **~ de faire qch** to be afraid of doing sth; **il craint de se faire mal** he's afraid of hurting himself; **je ne crains pas de dire que ...** I am not afraid of saying that ...; **je crains d'avoir bientôt à partir** I fear *ou* I'm afraid I may have to leave soon; **craignant de manquer le train, il se hâta** he hurried along, afraid of missing *ou* afraid (that) he might miss the train, he made haste lest he miss *(frm) ou* for fear of missing the train.
(c) **~ que: je crains qu'il (n')attrape froid** I'm afraid that *ou* I fear that he might catch cold; **ne craignez-vous pas qu'il arrive?** aren't you afraid he'll come? *ou* he might come?; **je crains qu'il (ne) se soit perdu** I'm afraid that he might *ou* may have got lost; **il**

est à ~ que ... it is to be feared that ...; *(iro)* **je crains que vous (ne) vous trompiez, ma chère** I fear you are mistaken, my dear; **elle craignait qu'il ne se blesse** she feared *ou* was afraid that he would *ou* might hurt himself.
(d) **~ pour** *vie, réputation, personne* to fear for.
(e) *[aliment, produit]* **~ le froid/l'eau bouillante** to be easily damaged by (the) cold/by boiling water; **'craint l'humidité/la chaleur'** 'keep *ou* store in a dry place/cool place', 'do not expose to a damp atmosphere/to heat'; **c'est un vêtement qui ne craint pas/qui craint** it's a hard-wearing *ou* sturdy/delicate garment; **ces animaux craignent la chaleur** these animals can't stand heat.
crainte [kRɛ̃t] *nf* **(a)** fear. **la ~ de la maladie** *ou* **d'être malade l'arrête** fear of illness *ou* of being ill stops him; **il a la ~ du gendarme** he is in fear of the police, he is afraid of *ou* he fears the police; **soyez sans ~, n'ayez ~** have no fear, never fear; **j'ai des ~s à son sujet** I'm worried about him; **sans ~** *(adj)* without fear, fearless; *(adv)* without fear, fearlessly; **avec ~** fearfully, full of fear; **la ~ qu'on ne les entende** the fear that they might be overheard; *(Prov)* **la ~ est le commencement de la sagesse** only the fool knows no fear.
(b) *(loc)* **dans la ~ de, par ~ de** for fear of; **de ~ d'une erreur** for fear of (there being) a mistake, lest there be a mistake *(frm)*; **(par) ~ d'être suivi, il courut** he ran for fear of being followed *ou* fearing that he might be followed *(frm)*; **de ~ que** for fear that, fearing that; **de ~ qu'on ne le suive, il courut** he ran for fear of being followed *ou* fearing that he might be followed.
craintif, -ive [kRɛ̃tif, iv] *adj personne, animal, caractère* timorous, timid; *regard, ton, geste* timid.
craintivement [kRɛ̃tivmã] *adv agir, parler* timorously, timidly.
cramer‡ [kRame] *(1)* *vi [maison]* to be burnt (up), go up in flames; *[mobilier]* to go up in flames *ou* smoke.
cramoisi, e [kRamwazi] *adj* crimson.
crampe [kRãp] *nf* cramp. **avoir une ~ au mollet** to have cramp *(Brit) ou* a cramp *(US)* in one's calf; **~ d'estomac** stomach cramp; *(hum)* **la ~ de l'écrivain** writer's cramp *(hum)*.
crampon [kRãpɔ̃] *nm* **(a)** *(Tech)* cramp (iron), clamp. **(b)** *[chaussure de football]* stud; *[chaussures de course]* spike; *[fer à cheval]* calk. *[alpiniste]* **~ (à glace)** crampon. **(c)** *(Bot)* tendril. **(d)** *(*: personne)* clinging bore. **elle est ~** she clings like a leech, she's a clinging bore.
cramponnage [kRãpɔnaʒ] *nm (Alp)* crampon technique, cramponning.
cramponner [kRãpɔne] *(1)* **1** *vt* **(a)** *(Tech)* to cramp (together), clamp (together).
(b) *(*fig)* to cling to.
2 se cramponner *vpr (pour ne pas tomber)* to hold on, hang on. *(fig)* **elle se cramponne** *(ne vous lâche pas)* she clings; *(ne veut pas mourir)* she's holding on (to life); **se ~ à branche, volant, bras** to cling (on) to, clutch, hold on to; *personne (lit)* to cling (on) to; *(fig) vie, espoir, personne* to cling to.
cran [kRã] *nm* **(a)** *(pour accrocher, retenir) [pièce dentée, crémaillère]* notch; *[arme à feu]* catch; *[ceinture, courroie]* hole. **hausser un rayon de plusieurs ~s** to raise a shelf a few notches *ou* holes; **~ de sûreté** safety catch; **~ d'arrêt** *V* **couteau.**
(b) *(servant de repère) (Couture, Typ)* nick. **~ de mire** bead.
(c) *[cheveux]* wave. **le coiffeur lui avait fait un ~** *ou* **des ~s** the hairdresser had put her hair in waves.
(d) *(*: courage)* guts*. **il a un drôle de ~*** he's got a lot of bottle‡ *ou* guts‡.
(e) *(loc)* **monter/descendre d'un ~** *(dans la hiérarchie)* to move up/come down a rung *ou* peg; **il est monté/descendu d'un ~ dans mon estime** he has gone up/down a notch *ou* peg in my estimation; **être à ~** to be very edgy; **ne le mets pas à ~** don't make him mad*.
crâne¹ [kRan] *nm (Anat)* skull, cranium *(T)*; *(fig)* head. **avoir mal au ~*** to have an awful head*; *(fig)* **avoir le ~ étroit** *ou* **dur*** to be thick(-skulled)*; *V* **bourrage, bourrer, fracture.**
crâne²† [kRan] *adj* gallant.
crânement† [kRanmã] *adv* gallantly.
crâner [kRane] *(1)* *vi* to swank* *(Brit)*, put on the dog* *(US)*, show off*. **ce n'est pas la peine de ~** it's nothing to swank* *(Brit) ou* show off* about.
crânerie† [kRanRi] *nf* gallantry.
crâneur, -euse* [kRanœR, øz] *nm,f* swank* *(Brit)*, show-off*. **faire le ~** to swank* *(Brit) ou* show off*; **elle est un peu ~euse** she's a bit of a show-off*.
crânien, -ienne [kRanjɛ̃, jɛn] *adj* cranial; *V* **boîte.**
craniologie [kRanjɔlɔʒi] *nf* craniology.
cranter [kRãte] *(1)* *vt (Tech)* pignon, roue to put notches in. **tige crantée** notched stem.
crapahuter [kRapayte] *(1)* *vi (arg Mil)* to trudge over difficult ground.
crapaud [kRapo] **1** *nm* **(a)** *(Zool)* toad; *V* **bave, fauteuil. (b)** *(*: gamin)* brat*. **(c)** *[diamant]* flaw. **2: crapaud de mer** angler(-fish).
crapouillot [kRapujo] *nm (Hist Mil)* trench mortar.
crapule [kRapyl] *nf (personne)* villain; *(††: racaille)* riffraff, scum*.
crapulerie [kRapylRi] *nf* **(a)** *(rare: caractère)* villainy, vile nature.
(b) *(acte)* villainy.
crapuleusement [kRapyløzmã] *adv agir* with villainy.
crapuleux, -euse [kRapylø, øz] *adj action* villainous; *vie* dissolute; *V* **crime.**
craquage [kRakaʒ] *nm (Chim)* cracking.
craque‡ [kRak] *nf* whopper*, whopping lie*.
craqueler [kRakle] *(4)* **1** *vt vernis, faïence, terre [usure, âge]* to crack; *(Tech) [artisan]* to crackle. **2 se craqueler** *vpr [vernis, faïence, terre]* to crack.
craquellement [kRakɛlmã] *nm* cracking.

craquelure [kraklyr] *nf [porcelaine]* crackle (*U*); *[tableau]* craquelure (*U*). **couvert de ∼s** covered in cracks.

craquement [krakmã] *nm (bruit) [arbre, branche qui se rompt]* crack, snap; *[plancher, boiserie]* creak; *[feuilles sèches, neige]* crackle, crunch; *[chaussures]* squeak. **le ∼ continuel des arbres/ de la banquise** the constant creak of the trees/icefield.

craquer [krake] (1) **1** *vi* (a) *(produire un bruit) [parquet]* to creak, squeak; *[feuilles mortes]* to crackle; *[neige]* to crunch; *[chaussures]* to squeak; *[biscuit]* to crunch. **faire ∼ ses doigts** to crack one's fingers; **faire ∼ une allumette** to strike a match.
(b) *(céder) [bas]* to rip, go* (*Brit*); *[bois, couche de glace etc]* to crack; *[branche]* to crack, snap. **veste qui craque aux coutures** jacket which is coming apart at the seams; *V* **plein**.
(c) *(s'écrouler) [entreprise, gouvernement]* to be falling apart (at the seams), be on the verge of collapse; *[athlète]* to collapse; *[accusé, malade]* to break down, collapse.
(d) (‡: *être enthousiasmé*) to go wild*, flip*, freak out‡.
2 *vt* (a) *pantalon* to rip, split. **∼ un bas*** to rip *ou* tear a stocking.
(b) **∼ une allumette** to strike a match.

crasse [kras] **1** *nf* (a) *(saleté)* grime, filth. (b) (*: *sale tour*) dirty trick*. **faire une ∼ à qn** to play a dirty trick on sb*. (c) *(Tech) (scorie)* dross, scum, slag; *(résidus)* scale. **2** *adj ignorance, bêtise* crass; *paresse* unashamed. **être d'une ignorance ∼** to be abysmally ignorant *ou* pig ignorant‡.

crasseux, -euse [krasø, øz] *adj* grimy, filthy.

crassier [krasje] *nm* slag heap.

cratère [krater] *nm* crater.

cravache [kravaʃ] *nf* (riding) crop. (*fig*) **mener qn à la ∼** to drive sb ruthlessly.

cravacher [kravaʃe] (1) **1** *vt cheval* to use the crop on. **2** *vi* (*) *(foncer)* to belt along*; *(pour finir un travail)* to work like mad*, pull out all the stops*.

cravate [kravat] *nf* (a) *[chemise]* tie. (*hum*) **∼ de chanvre** hangman's rope; **∼ de commandeur de la Légion d'honneur** ribbon of commander of the Legion of Honour; *V* **épingle, jeter.** (b) *(Lutte)* headlock. (c) *(Naut)* sling.

cravater [kravate] (1) *vt* (a) *(lit) personne* to put a tie on. **cravaté de neuf** wearing a new tie; **se ∼** to put one's *ou* a tie on.
(b) *(prendre au collet) (gén)* to grab round the neck, collar; *(Lutte)* to put in a headlock; (*: *arrêter*) to collar. **se faire ∼ par un journaliste** to be collared *ou* buttonholed by a journalist.

crave [krav] *nm*: **∼ à bec rouge** chough.

crawl [krol] *nm* crawl *(swimming)*. **nager le ∼** to do *ou* swim the crawl.

crawler [krole] (1) *vi* to do *ou* swim the crawl. **dos crawlé** backstroke.

crayeux, -euse [krɛjø, øz] *adj terrain, substance* chalky; *teint* chalk-white.

crayon [krɛjõ] **1** *nm* (a) *(pour écrire etc)* pencil. **écrire au ∼** to write with a pencil; **écrivez cela au ∼** write that in pencil; **notes au ∼** pencilled notes; **avoir le ∼ facile** to be a good drawer, be good at drawing; *V* **coup.**
(b) *(bâtonnet)* pencil.
(o) *(Art: dessin)* pencil drawing, pencil sketch.
2: crayon à bille ballpoint pen, Biro ® (*Brit*); **crayon de couleur** crayon, colouring pencil; **crayon-feutre** felt tip pen; **crayon gras** soft lead pencil; **crayon hémostatique** styptic pencil; **crayon au nitrate d'argent** silver-nitrate pencil, caustic pencil; **crayon noir** *ou* **à papier** lead pencil; **crayon optique** light pen; **crayon de rouge à lèvres** lipstick; **crayon à sourcils** eyebrow pencil; **crayon pour les yeux** eyeliner pencil.

crayonnage [krɛjɔnaʒ] *nm (gribouillage)* scribble, doodle; *(dessin)* (pencil) drawing, sketch.

crayonner [krɛjɔne] (1) *vt* (a) *notes* to scribble, jot down (in pencil); *dessin* to sketch. (b) *(péj: gribouiller) traits* to scribble; *dessins* to doodle.

créance [kreãs] *nf* (a) *(Fin, Jur)* (financial) claim, debt *(seen from the creditor's point of view)*; *(titre)* letter of credit. **∼ hypothécaire** mortgage loan *(seen from the creditor's point of view)*; *(Fin)* **∼s accounts receivable; ∼ irrécouvrable** bad debt; *V* **lettre.**
(b) († *ou littér: crédit, foi*) credence. **donner ∼ à qch** *(rendre croyable)* to lend credibility to sth; *(ajouter foi à)* to give *ou* attach credence to sth (*littér*).

créancier, -ière [kreãsje, jɛr] *nm,f* creditor; **∼-gagiste** lienor.

créateur, -trice [kreatœr, tris] **1** *adj* creative. **2** *nm,f (gén, Rel)* creator. **le C∼** the Creator.

créatif, -ive [kreatif, iv] **1** *adj* creative, inventive. **2** *nm* designer.

création [kreasjõ] *nf* (a) (*V* **créer**) creation, creating; first production.
(b) *(chose créée) (Théât: représentation)* first production; *(Comm)* product; *(Art, Haute Couture)* creation. *(Rel)* **la ∼** the Creation; **cette ∼ de Topaze par Jouvet est vraiment remarquable** Jouvet's creation of the role of Topaze is truly remarkable; *(Scol, Ind, etc)* **il y a deux ∼s de poste** two new posts have been created; *(Phys)* **théorie de la ∼ continue** steady-state theory.

créativité [kreativite] *nf* creativeness, creativity; *(Ling)* creativity.

créature [kreatyr] *nf (gén, péj)* creature.

crécelle [kresɛl] *nf* rattle; *V* **voix.**

crécerelle [kresrɛl] *nf* kestrel.

crèche [krɛʃ] *nf* (a) *(Rel: de Noël)* crib. (b) *(établissement)* crèche, day nursery, day-care centre, child care center (*US*). (c) (‡: *chambre, logement*) pad‡.

crécher‡ [kreʃe] (6) *vi* to hang out‡. **je ne sais pas où ∼ cette nuit** I don't know where I'm going to kip down‡ *ou* crash‡ tonight.

crédence [kredãs] *nf* (a) *(desserte)* credence. (b) *(Rel)* credence table, credenza.

crédibilité [kredibilite] *nf* credibility.

crédible [kredibl(ə)] *adj* credible.

crédit [kredi] *nm* (a) *(paiement échelonné, différé)* credit. **12 mois de ∼** 12 months' credit; **faire ∼ à qn** to give sb credit; **faites-moi ∼, je vous paierai la semaine prochaine** let me have (it on) credit — I'll pay you next week; **la maison ne fait pas (de) ∼** 'we are unable to give credit to our customers', 'no credit is given here'; **acheter/vendre qch à ∼** to buy/sell sth on credit; **possibilités de ∼** credit (terms) available; **ces gens qui achètent tout à ∼** these people who buy everything on credit *ou* on H.P. (*Brit*) *ou* on time (*US*); **vente à ∼** selling on easy terms *ou* on credit.
(b) *(prêt)* credit. **∼ d'appoint** standby credit; **établissement de ∼ credit institution; l'ouverture d'un ∼** the granting of credit; **∼ bancaire** bank credit; **∼ à la consommation** consumer credit; **∼ documentaire** documentary (letter of) credit; **∼ hypothécaire** mortgage; **∼ bail** leasing; *(Scol Admin)* **∼s d'enseignement** government grant (to each school); *(Fin)* **∼ à l'exportation** export credit; **∼ d'impôt** tax credit; *(Fin)* **∼s non garantis** *ou* **en blanc** loans without security; *V* **lettre.**
(c) *(dans une raison sociale)* bank. **C∼ Agricole/Municipal** Agricultural/Municipal Savings Bank.
(d) *(excédent d'un compte)* credit. **porter une somme au ∼ de qn** to credit sb *ou* sb's account with a sum, credit a sum to sb *ou* sb's account.
(e) *(Pol: gén pl: fonds)* **∼s** funds; **∼s budgétaires** budget allocation; **∼s extraordinaires** extraordinary funds.
(f) *(Can Univ: unité de valeur)* credit.
(g) *(prestige, confiance)* credit. **firme/client qui a du ∼** creditworthy firm/client; **cette théorie connaît un grand ∼** this theory is very widely accepted *(auprès de* by); **ça donne du ∼ à ce qu'il affirme** that lends credit to what he says; **faire ∼ à l'avenir** to put one's trust in the future, have faith in the future; **bonne action à mettre** *ou* **porter au ∼ de qn** good deed which is to sb's credit *ou* which counts in sb's favour; **perdre tout ∼ auprès de qn** to lose all credit with sb, lose sb's confidence; **trouver ∼ auprès de qn** *[racontars]* to find credence with sb *(frm); [personne]* to win sb's confidence; **il a utilisé son ∼ auprès de lui (pour)** he used his credit with him (to).

créditer [kredite] (1) *vt* (a) *(Fin)* **∼ qn/un compte de somme** to credit sb/an account with. (b) *(Sport)* **être crédité de temps** to be credited with.

créditeur, -trice [kreditœr, tris] **1** *adj* in credit *(attrib)*. **compte/ solde ∼** credit account/balance. **2** *nm,f* customer in credit.

credo [kredo] *nm* (a) *(Rel)* **le C∼** the (Apostle's) Creed. (b) *(principes)* credo, creed.

crédule [kredyl] *adj* credulous, gullible.

crédulité [kredylite] *nf* credulity, gullibility.

créer [kree] (1) *vt* (a) *(gén)* to create. **le pouvoir/la joie de ∼** the power/joy of creation; **se ∼ une clientèle** to build up a clientèle; **∼ des ennuis/difficultés à qn** to create problems/difficulties for sb, cause sb problems/difficulties; *V* **fonction.** (b) *(Théât)* **∼** *rôle* to create; *pièce* to produce (for the first time).

crémaillère [kremajɛr] *nf* (a) *[cheminée]* trammel. (*fig*) **pendre la ∼** to have a house-warming (party). (b) *(Rail, Tech)* rack. **chemin de fer à ∼** rack railway, cog railway; **engrenage/direction à ∼** rack-and-pinion gear/steering.

crémant [kremã] *adj, nm champagne* cremant.

crémation [kremasjõ] *nf* cremation.

crématoire [krematwar] **1** *adj* crematory; *V* **four. 2** *nm* crematorium, crematory *(furnace)*.

crème [krɛm] **1** *nf* (a) *(Culin) (produit laitier)* cream; *(peau sur le lait)* skin; *(entremets)* cream dessert. *(liqueur)* **∼ de bananes/cacao** crème de bananes/cacao; **fraises à la ∼** strawberries and cream; **gâteau à la ∼** cream cake; *V* **chou**[1]**, fromage** *etc.*
(b) *(produit pour la toilette, le nettoyage)* cream. **∼ de beauté** beauty cream; **∼ pour le visage** face cream; **∼ pour les chaussures** shoe cream (*Brit*) *ou* polish; **les ∼s de (la maison) X** beauty creams from *ou* by X.
(c) *(fig: les meilleurs)* **la ∼** (the (real) cream, the crème de la crème; **c'est la ∼ des pères** he's the best of (all) fathers; **ses amis ce n'est pas la ∼** his friends aren't exactly the cream of society *ou* the crème de la crème.
2 *adj inv* cream(-coloured).
3 *nm (café crème)* white coffee (*Brit*), coffee with milk *ou* cream. **un grand/petit ∼** a large/small cup of white coffee.
4: crème anglaise (egg) custard; **crème anti-rides** anti-wrinkle cream; **crème au beurre** butter cream; **crème brûlée** crème brûlée; **crème au caramel** crème caramel, caramel cream *ou* custard; **crème Chantilly = crème fouettée; crème démaquillante** cleansing cream, make-up removing cream; **crème fond de teint** fluid foundation *ou* makeup; **crème fouettée** whipped cream; **crème fraîche ≃** fresh cream; **crème fraîche épaisse ≃** double cream (*Brit*), heavy cream (*US*); **crème glacée** ice cream; **crème grasse** dry-skin cream; **crème hydratante** moisturizing cream, moisturizer; **crème pâtissière** confectioner's custard; **crème à raser** shaving cream; **crème renversée** cream mould (*Brit*), cup custard (*US*).

crémerie [kremri] *nf (magasin)* dairy. **changeons de ∼*** let's push off* somewhere else, let's take our custom (*Brit*) *ou* business (*US*) elsewhere (*hum*).

crémeux, -euse [kremø, øz] *adj* creamy.

crémier [kremje] *nm* dairyman.

crémière [kremjɛr] *nf* dairywoman.

crémone [kremɔn] *nf* espagnolette bolt.

créneau, pl ∼x [kreno] *nm* (a) *[rempart]* crenel, crenelle; *(Mil) [tranchée]* slit. **les ∼s** *(forme)* the crenelations; *(chemin de ronde)* the battlements; *V* **monter.**

(b) *(Aut)* faire un ~ to reverse into a parking space *(between two cars)* *(Brit)*, parallel park *(US)*; **j'ai raté mon** ~ I've parked badly. **(c)** *(espace libre)* *[horaire, marché commercial]* gap; *[programmes radiophoniques]* slot. ~ **porteur** promising gap in the market.

crénelage [kʀɛnlaʒ] *nm* *(Tech)* milling.

crénelé, e [kʀɛnle] *(ptp de* **créneler**) *adj mur, arête* crenellated; *feuille, bordure* scalloped, crenate *(Bot)*.

créneler [kʀɛnle] (4) *vt* **(a)** *muraille* to crenellate, crenel; *tranchée* to make a slit in. **(b)** *roue* to notch; *pièce de monnaie* to mill.

crénom [kʀenɔ̃] *excl:* ~ **de nom!**† confound it!, dash it all! *(surtout Brit)*.

créole [kʀeɔl] **1** *adj accent, parler* creole; *V* **riz. 2** *nm* *(Ling)* Creole. **3** *nmf* Creole.

créosote [kʀeozɔt] *nf* creosote.

crêpage [kʀepaʒ] *nm* **(a)** *(V* **crêper)** backcombing; crimping. **(b)** ~ **de chignon*** set-to* *(Brit)*, dust-up*, free-for-all *(US)*.

crêpe¹ [kʀɛp] *nf* *(Culin)* pancake. **faire sauter une** ~ to toss a pancake; **elle l'a retourné comme une** ~* she made him make an about-turn *ou* a volte-face; *V* **dentelle, pâte.**

crêpe² [kʀɛp] *nm* **(a)** *(Tex)* crepe, crêpe, crape. ~ **de Chine** crepe de Chine.
(b) *(noir: de deuil)* black mourning crepe. **voile de** ~ mourning veil; **porter un** ~ *(au bras)* to wear a black armband; *(autour du chapeau)* to wear a black hatband; *(aux cheveux, au revers)* to wear a black ribbon.
(c) *(matière)* **semelles (de)** ~ crepe (rubber) soles.

crêper [kʀepe] (1) **1** *vt* **(a)** *cheveux* to backcomb. **(b)** *(Tex)* to crimp. **2 se crêper** *vpr* *[cheveux]* to crimp, frizz. **se** ~ **le chignon*** to tear each other's hair out, have a set-to* *(Brit)* *ou* dust-up*.

crêperie [kʀepʀi] *nf* pancake shop.

crépi, e [kʀepi] *(ptp de* **crépir)** *adj, nm* roughcast.

Crépin [kʀepɛ̃] *nm* Crispin.

crépine [kʀepin] *nf* *(Aut)* oil sump filter.

crépir [kʀepiʀ] (2) *vt* to roughcast.

crépissage [kʀepisaʒ] *nm* roughcasting.

crépitation [kʀepitasjɔ̃] *nf* *[feu, électricité]* crackling. *(Méd)* ~ **osseuse** crepitus; ~ **pulmonaire** crepitations.

crépitement [kʀepitmɑ̃] *nm* *(V* **crépiter)** crackling *(U)*; sputtering *(U)*, spluttering *(U)*; rattle *(U)*; patter *(U)*.

crépiter [kʀepite] (1) *vi* *[feu, électricité]* to crackle; *[chandelle, friture]* to sputter, splutter; *[mitrailleuse]* to rattle out; *[grésil]* to rattle, patter. **les applaudissements crépitèrent** a ripple of applause broke out.

crépon [kʀepɔ̃] *nm* ≃ seersucker; *V* **papier.**

crépu, e [kʀepy] *adj cheveux* frizzy, woolly, fuzzy. **elle est toute** ~**e** her hair's all frizzy.

crépusculaire [kʀepyskylɛʀ] *adj* *(littér, Zool)* crepuscular. **lumière** ~ twilight glow.

crépuscule [kʀepyskyl] *nm* *(lit)* twilight, dusk; *(fig)* twilight.

crescendo [kʀeʃɛndo] **1** *adv* **(a)** *(Mus)* crescendo.
(b) **aller** ~ *[vacarme, acclamations]* to rise in a crescendo, grow louder and louder, crescendo; *[colère, émotion]* to grow *ou* become ever greater.
2 *nm* *(Mus)* crescendo. **le** ~ **de sa colère/de son émotion** the rising tide of his anger/emotion.

cresson [kʀesɔ̃] *nm:* ~ **(de fontaine)** watercress.

cressonnière [kʀesɔnjɛʀ] *nf* watercress bed.

Crésus [kʀezys] *n* Croesus; *V* **riche.**

crétacé, e [kʀetase] **1** *adj* Cretaceous. **2** *nm:* **le** ~ the Cretaceous period.

crête [kʀɛt] *nf* **(a)** *(Zool)* *[coq]* comb; *[oiseau]* crest; *[batracien]* horn. ~ **de coq** cockscomb.
(b) *(arête)* *[mur]* top; *[toit]* ridge; *[montagne]* ridge, crest; *[vague]* crest; *[graphique]* peak. **la** ~ **du tibia** the edge *ou* crest *(T)* of the shin, the shin; *(Géog)* **(ligne de)** ~ watershed.

Crète [kʀɛt] *nf* Crete.

crétin, e [kʀetɛ̃, in] **1** *adj* *(péj)* cretinous*, idiotic, moronic*. **2** *nm, f* *(péj)* idiot, moron*, cretin*, wally‡; *(Méd)* cretin.

crétinerie [kʀetinʀi] *nf* **(a)** *(U)* idiocy, stupidity. **(b)** idiotic *ou* stupid thing, idiocy.

crétiniser [kʀetinize] (1) *vt* to turn into a moron *ou* half-wit.

crétinisme [kʀetinism(ə)] *nm* *(Méd)* cretinism; *(péj)* idiocy, stupidity.

crétois, e [kʀetwa, waz] **1** *adj* Cretan. **2** *nm* *(Ling)* Cretan. **3** *nm, f:* **C~(e)** Cretan.

cretonne [kʀətɔn] *nf* cretonne.

creusage [kʀøzaʒ] *nm,* **creusement** [kʀøzmɑ̃] *nm* *[fondations]* digging; *[canal]* digging, cutting.

creuser [kʀøze] (1) **1** *vt* **(a)** *(évider)* *bois, falaise* to hollow (out); *sol, roc* to make *ou* dig a hole in, dig out; *(au marteau-piqueur)* to drill a hole in. ~ **la neige de ses mains nues** to dig out the snow with one's bare hands; **il a fallu** ~ **beaucoup** *ou* **profond** we (*ou* he *etc*) had to dig deep.
(b) *puits* to sink, bore; *fondations, mine* to dig; *canal* to dig, cut; *tranchée, fosse* to dig (out); *sillon* to plough *(Brit)*, plow *(US)*; *trou* *(gén)* to dig, make; *(au marteau-piqueur)* to drill, bore; *tunnel* to make, bore, dig. ~ **un tunnel sous une montagne** to bore *ou* drive a tunnel under a mountain; *(fig)* ~ **sa propre tombe** to dig one's own grave; *(fig)* **ça a creusé un abîme** *ou* **un fossé entre eux** that has created *ou* thrown a great gulf between them; *(fig)* ~ **son sillon**† to plough *(Brit)* *ou* plow *(US)* one's own furrow.
(c) *(fig: approfondir)* *problème, sujet, idée* to go into (deeply *ou* thoroughly), look into (closely). **c'est une idée à** ~ it's something to be gone into (more deeply *ou* thoroughly), it's an idea we (*ou* they *etc*) should pursue.
(d) *(fig)* **la mer se creuse** there's a swell coming on; **la fatigue**

lui creusait les joues his face looked gaunt *ou* hollow with tiredness; **visage creusé de rides** face furrowed with wrinkles; ~ **les reins** to draw o.s. up, throw out one's chest; **la promenade, ça creuse (l'estomac)*** walking gives you a real appetite; **se** ~ **(la cervelle** *ou* **la tête)*** to rack *ou* cudgel one's brains; **il ne s'est pas beaucoup creusé!*** he didn't overtax himself!, he hasn't knocked himself out!*; *(lit, fig)* ~ **l'écart** to establish a convincing lead *(par rapport à* over).
2 *vi.* ~ **dans la terre/la neige** to dig *ou* burrow into the soil/snow.

creuset [kʀøzɛ] *nm* **(a)** *(Chim, Ind)* crucible. **le** ~ **d'un haut fourneau** the heart *ou* crucible of a blast furnace; ~ **de verrerie** glassmaker's crucible.
(b) *(fig)* *(lieu de brassage)* melting pot; *(littér: épreuve)* crucible *(littér)*, test. **le** ~ **de la souffrance** the test of suffering.

creux, -euse [kʀø, øz] **1** *adj* **(a)** *(évidé)* *arbre, tige, dent* hollow; *(fig)* *toux, voix* hollow, deep; *son* hollow; *estomac* empty. *(fig)* **j'ai la tête** *ou* **la cervelle** ~**euse** my mind's a blank, I feel quite empty-headed; **travailler le ventre** *ou* **l'estomac** ~ to work on an empty stomach; **avoir l'estomac** *ou* **le ventre** ~ to feel empty *ou* peckish; *V* **nez, sonner.**
(b) *(concave)* *surface* concave, hollow; *yeux* deep-set, sunken; *joue* gaunt, hollow; *visage* gaunt. **aux yeux** ~ hollow-eyed; *V* **assiette, chemin.**
(c) *(vide de sens)* *paroles* empty, hollow, meaningless; *idées* barren, futile; *raisonnement* weak, flimsy.
(d) **les jours** ~ slack days; **les heures** ~**euses** *(gén)* slack periods; *(pour électricité, téléphone etc)* off-peak periods; *V* **classe.**
2 *nm* **(a)** *(cavité)* *[arbre]* hollow, hole; *[rocher, dent]* cavity, hole. *(fig)* **avoir un** ~ **dans l'estomac** to feel empty *ou* peckish*.
(b) *(dépression)* hollow. **un** ~ **boisé** a wooded hollow; **présenter des** ~ **et des bosses** to be full of bumps and holes *ou* hollows; **le** ~ **de la main** the hollow of one's hand; **des écureuils qui mangent dans le** ~ **de la main** squirrels which eat out of one's hand; **le** ~ **de l'aisselle** the armpit; **le** ~ **de l'estomac** the pit of the stomach; **le** ~ **de l'épaule** the hollow of one's shoulder; **au** ~ **des reins** in the small of one's back; *V* **gravure.**
(c) *(fig: activité réduite)* slack period. **après Noël, les ventes connaissent le** ~ **de janvier** after Christmas, there's a slackening-off in sales in January *ou* sales go through the January slack period.
(d) *(Naut)* *[voile]* belly; *[vague]* trough. **il y a avait une mer de 2 mètres de** ~ there were 2-metre high seas *ou* waves; *(fig)* **il est dans le** ~ **de la vague** his fortunes are at their lowest ebb.

crevaison [kʀəvɛzɔ̃] *nf* *(Aut)* puncture, flat.

crevant, e‡ [kʀəvɑ̃, ɑ̃t] *adj* *(fatigant)* killing*, gruelling; *(amusant)* priceless*, killing*. **ce travail est** ~ this work is killing* *ou* really wears you out; **c'était** ~**!** it was priceless!* *ou* a scream!*

crevard, e‡ [kʀəvaʀ, aʀd(ə)] *nm, f* *(goinfre)* guzzler‡, greedy beggar*; *(crève-la-faim)* down-and-out. *(moribond)* **c'est un** ~ he's a goner*.

crevasse [kʀəvas] *nf* *[mur, rocher]* crack, fissure, crevice; *[sol]* crack, fissure; *[glacier]* crevasse; *[peau]* break (in the skin), crack. **avoir des** ~**s aux mains** to have chapped hands.

crevassé, e [kʀəvase] *(ptp de* **crevasser)** *adj sol* fissured, with cracks; *peau* chapped. **glacier très** ~ glacier with a lot of crevasses.

crevasser [kʀəvase] (1) **1** *vt sol* to cause cracks *ou* fissures in, crack; *mains* to chap. **2 se crevasser** *vpr* *[sol]* to crack, become cracked; *[mains]* to chap, become *ou* get chapped.

crève‡ [kʀɛv] *nf* *(rhume)* (bad) cold. **attraper la** ~ to catch one's death* (of cold).

crève- [kʀɛv] *préf V* **crever.**

crevé, e [kʀəve] *(ptp de* **crever)** **1** *adj* **(a)** *pneu* burst, punctured.
(b) *(‡)* *(mort)* dead; *(fatigué)* fagged out‡ *(Brit)*, bushed*, dead*, dead-beat*. **2** *nm* *(Couture)* slash. **des manches à** ~**s** slashed sleeves.

crever [kʀəve] (5) **1** *vt* **(a)** *(percer)* *pneu* to burst, puncture; *barrage, ballon* to burst. ~ **les yeux à qn** *(intentionnellement)* to gouge (out) *ou* put out sb's eyes; *(accidentellement)* to blind sb (in both eyes); **des débris de verre lui ont crevé un œil** broken glass blinded him in one eye; **j'ai un pneu (de) crevé** I've got a flat (tyre) *ou* a puncture; *(fig)* ~ **le cœur à qn** to break sb's heart; *(fig)* **cela crève les yeux** it's as plain as the nose on your face; *(fig)* **cela te crève les yeux!** it's staring you in the face!; **cet acteur crève l'écran** this actor has tremendous presence on the screen.
(b) *(*: exténuer)* ~ **qn** *[personne]* to wear sb out, work sb to death*; *[tâche, marche]* to wear sb out, fag sb out‡, kill sb*; ~ **un cheval** to ride *ou* work a horse into the ground *ou* to death; **se** ~ **la santé** *ou* **la peau**‡ *(à faire)* to wear o.s. to a shadow (doing), ruin one's health (doing); **se** ~ **(au travail)** *(gén)* to work o.s. to death; *[ménagère etc]* to work one's fingers to the bone*.
(c) *(‡)* ~ **la faim** to be starving* *ou* famished*; **on la crève ici!** they starve us here!
2 *vi* **(a)** *(éclater, s'ouvrir)* *[pneu]* to puncture, burst; *[sac, abcès]* to burst. **les nuages crevèrent** the clouds burst, the heavens opened; *(Culin)* **faire** ~ **du riz** to boil rice until the grains burst *ou* split.
(b) *(péj: être plein de)* ~ **de santé** to be bursting with health; ~ **de graisse** to be enormously fat; ~ **d'orgueil** to be bursting *ou* bloated with pride; ~ **de jalousie** to be full of jealousy, be bursting with jealousy; **il en crevait de dépit** he was full of resentment about it; *V* **rire.**
(c) *(mourir)* *[animal, plante]* to die (off); *(‡)* *[personne]* to die, kick the bucket‡, snuff it‡ *(Brit)*. **un chien crevé** a dead dog; ~ **de faim/froid**‡ to starve/freeze to death; ~ **de soif**‡ to die of thirst; *(fig)* ~ **de froid ici*** we'll catch our death of cold, it's

perishing (*Brit*) *ou* freezing cold here*; **on crève de chaud ici*** it's boiling in here*; **je crève de faim*** I'm starving* *ou* famished* *ou* ravenous; **je crève de soif*** I'm dying of thirst*, I'm parched*; **~ d'ennui*** to be bored to tears *ou* death, be bored out of one's mind*; **tu veux nous faire ~!*** you want to kill us!; **faire ~ qn de soif** *etc* to make sb die of thirst etc.
  (d) (*Aut etc*) to have a puncture, have a burst *ou* flat tyre. **faire 100 km sans ~** to drive 100 km without a puncture *ou* flat.
  3: crève-cœur *nm inv* heartbreak; **crève-la-faim** *nmf inv* down-and-out.
crevette [kʀəvɛt] *nf*: **~ (rose)** prawn; **~ grise** shrimp; *V* filet.
crevettier [kʀəvetje] *nm* (*filet*) shrimp net; (*bateau*) shrimp boat.
cri [kʀi] **1** *nm* **(a)** (*éclat de voix: V* crier 1(a)) cry; shout; scream; screech, squeal, shriek; yell. **le ~ du nouveau-né** the cry of the newborn babe; **~ de surprise** cry *ou* exclamation of surprise; **~ aigu** *ou* **perçant** piercing cry *ou* scream, shrill cry; *[animal]* squeal; **~ sourd** *ou* **étouffé** muffled cry *ou* shout; **~ de colère** shout of anger, cry of rage; **jeter** *ou* **pousser des ~s** to shout (out), cry out; **elle jeta un ~ de douleur** she cried out in pain, she gave a cry of pain; **pousser des ~s de paon** to give *ou* make piercing screams, scream, shriek; *V* étouffer.
  (b) (*exclamation*) cry, shout. **~ d'alarme/d'approbation** cry *ou* shout of alarm/approval; **le ~ des marchands ambulants** the hawkers' cries; **marchant au ~ de 'liberté'** marching to shouts *ou* cries of 'freedom'; (*fig*) **le ~ des opprimés** the cries of the oppressed; (*fig*) **ce poème est un véritable ~ d'amour** this poem is a cry of love; (*fig*) **le ~ de la conscience** the voice of conscience; *V* dernier, haut.
  (c) *[oiseau]* call, twitter; *[canard]* quack; *[cochon]* squeal, grunt (*pour autres cris V* crier 1(b)). (*terme générique*) **le ~ du chien est l'aboiement** a dog's cry is its bark, the noise a dog makes is called barking *ou* a bark; **quel est le ~ de la grenouille?** what noise does a frog make?
  (d) (*littér: crissement*) squeal, screech.
  2: cri du cœur heartfelt cry, cry from the heart, cri de cœur; **cri de guerre** (*lit*) war cry; (*fig*) slogan, war cry; **cri primal** primal scream.
criaillement [kʀiɑjmɑ̃] *nm* **(a)** (*gén pl*) *[oie]* squawking (*U*); *[paon]* squawking (*U*), screeching (*U*); *[bébé]* bawling (*U*), squalling (*U*). **(b)** = criailleries.
criailler [kʀiɑje] (1) *vi* **(a)** *[oie]* to squawk; *[paon]* to squawk, screech; *[bébé]* to bawl, squall. **(b)** (*rouspéter*) to grouse*, grumble; (*houspiller*) to nag.
criailleries [kʀiɑjʀi] *nfpl* (*rouspétance*) grousing* (*U*), grumbling (*U*); (*houspillage*) nagging (*U*).
criailleur, -euse [kʀiɑjœʀ, øz] **1** *adj* squawking, scolding. **2** *nm,f* (*rouspéteur*) grouser*.
criant, e [kʀiɑ̃, ɑ̃t] *adj* **erreur** glaring (*épith*); **injustice** rank (*épith*), blatant, glaring (*épith*); **preuve** striking (*épith*), glaring (*épith*); **contraste, vérité** striking (*épith*). **portrait ~ de vérité** portrait strikingly true to life.
criard, e [kʀijaʀ, aʀd(ə)] *adj* (*péj*) **enfant** yelling, squalling; **femme** scolding; **oiseau** squawking; **son, voix** piercing; (*fig*) **couleurs, vêtement** loud, garish. (*fig*) **dette ~e** pressing debt.
criblage [kʀiblaʒ] *nm* (*V* cribler) sifting; grading; riddling; screening; jigging.
crible [kʀibl(ə)] *nm* (*à main*) riddle; (*Ind, Min*) screen, jig, jigger. **~ mécanique** screening machine; **passer au ~** (*lit*) to riddle, put through a riddle; (*fig*) **idée, proposition** to examine closely; **déclaration, texte** to go through with a fine-tooth comb.
criblé, e [kʀible] (*ptp de* cribler) *adj*: **~ de balles, flèches, trous** riddled with; **taches** covered in; **visage ~ de boutons** face covered in spots *ou* pimples, spotty face; **~ de dettes** crippled with debts, up to one's eyes in debt.
cribler [kʀible] (1) *vt* **(a)** (*tamiser*) **graines** to sift; **fruits** to grade; **sable** to riddle, sift; **charbon** to riddle, screen; **minerai** to screen, jig. **(b)** (*percer*) **~ qch/qn de balles, flèches** to riddle sth/sb with; **~ qn de** *questions* to bombard sb with.
cribleur, -euse [kʀiblœʀ, øz] **1** *nm,f* (*V* cribler: *ouvrier*) sifter; grader; riddler; screener; jigger. **2 cribleuse** *nf* (*machine*) sifter, sifting machine.
cric [kʀik] *nm*: **~ (d'automobile)** (car) jack; **soulever qch au ~** to jack sth up; **~ hydraulique** hydraulic jack; **~ à vis** screw jack.
cric-crac [kʀikkʀak] *excl, nm*: **le ~ du plancher qui grince** the noise of creaking *ou* squeaking floorboards; **~, fit la porte qui s'ouvrit lentement** creak went the door as it opened slowly.
cricket [kʀikɛt] *nm* (*Sport*) cricket.
cricoïde [kʀikɔid] **1** *adj* (*Anat*) cricoid. **2** *nm*: **le ~** the cricoid cartilage.
cri-cri [kʀikʀi] *nm* (*cri du grillon*) chirping; (**: grillon*) cricket.
criée [kʀije] *nf*: **(vente à la) ~** (sale by) auction; **vendre qch à la ~** to auction sth (off), sell sth by auction; **salle des ~s** auction room, salesroom.
crier [kʀije] (7) **1** *vi* **(a)** *[personne]* to shout, cry (out); (*ton aigu*) to scream, screech, squeal, shriek; (*pleurer*) to cry; scream; (*de douleur, peur*) to cry out, scream, yell (out) (*de* with). **~ de douleur** to give a yell *ou* scream *ou* cry of pain, cry *ou* yell *ou* scream out in pain; **~ à tue-tête** *ou* **comme un sourd** to shout one's head off, bellow away; **~ comme un veau** to bawl one's head off; **~ comme un beau diable** *ou* **un putois** to shout *ou* scream one's head off (in protest); **tu ne peux pas parler sans ~?** do you have to shout?, can't you talk without shouting?
  (b) *[oiseau]* to call, twitter; *[canard]* to quack; *[cochon]* to squeal; (*grogner*) to grunt; *[dindon]* to gobble; *[hibou, singe]* to call, screech, hoot; *[mouette]* to cry; *[oie]* to honk; *[perroquet]* to squawk; *[souris]* to squeak.
  (c) (*grincer*) *[porte, plancher, roue]* to creak, squeak; *[frein]* to

squeal, screech; *[soulier, étoffe]* to squeak; (*fig*) *[couleur]* to scream, shriek. **faire ~ la craie sur le tableau** to make the chalk squeak on the blackboard.
  (d) (*avec prép*) (*fig*) **~ contre** *ou* **après*** qn to nag (at) *ou* scold sb, go on at sb*; **tes parents vont ~** your parents are going to make a fuss; **~ contre qch** to shout about sth; **elle passe son temps à lui ~ après*** she's forever going on at him*; **~ à la trahison/au scandale** to call it treason/a scandal, start bandying words like treason/ scandal about; **~ au miracle** to hail (it as) a miracle, call it a miracle; **~ à l'assassin** *ou* **au meurtre** to shout 'murder'; **~ au loup/au voleur** to cry wolf/thief.
  2 *vt* **(a)** **ordre, injures** to shout (out), yell (out); (*proclamer*) **mépris, indignation** to proclaim; **innocence** to protest. **elle cria qu'elle venait de voir un rat dans la cave** she shouted *ou* (*plus fort*) screamed (out) that she'd just seen a rat in the cellar; **~ à qn de se taire** *ou* **qu'il se taise** to shout at sb to be quiet; **~ qch sur les toits** to cry *ou* proclaim sth from the rooftops.
  (b) (*pour vendre*) **~ les journaux dans la rue** to sell newspapers in the street; **on entendait les marchandes ~ leurs légumes** you could hear the vegetable sellers crying *ou* shouting their wares, you could hear the shouts of the women selling their vegetables; **au coin de la rue, un gamin criait les éditions spéciales** at the street corner a kid was shouting out *ou* calling out the special editions.
  (c) (*pour avertir, implorer*) **~ casse-cou** to warn of (a) danger; **sans ~ gare** without a warning; **~ grâce** (*lit*) to beg for mercy; (*fig*) to beg for peace *ou* mercy *ou* a respite; **quand j'ai parlé de me lancer tout seul dans l'entreprise, ils ont crié casse-cou** when I spoke of going into the venture on my own they were quick to point out the risks; **~ famine** *ou* **misère** to complain that the wolf is at the door, cry famine; **~ vengeance** to cry out for vengeance.
crieur, -euse [kʀijœʀ, øz] *nm,f*: **~ de journaux** newspaper seller; (*Hist*) **~ public** town crier.
crime [kʀim] *nm* **(a)** (*meurtre*) murder. **il s'agit bien d'un ~** it's definitely a case of murder; **retourner sur les lieux du ~** to go back to the scene of the crime; **la victime/l'arme du ~** the murder victim/weapon; **~ crapuleux** foul crime; **~ passionnel** crime passionnel; **~s de guerre** war crimes; **~ de lèse-majesté** crime of lèse-majesté; **~ (à motif) sexuel** sex murder *ou* crime; **le ~ parfait** the perfect crime.
  (b) (*Jur: délit grave*) crime, offence, ≃ felony (*US*). **~ contre l'État** offence *ou* crime against the State; **~ contre les mœurs** sexual offence, offence against public decency; **~ contre un particulier** crime against a private individual; **~ contre nature** unnatural act, crime against nature; (*Prov*) **le ~ ne paie pas** crime doesn't pay (*Prov*).
  (c) (*sens affaibli*) crime. **c'est un ~ de faire** it's criminal *ou* a crime to do; **il est parti avant l'heure? ce n'est pas un ~!** he went off early? well, it's not a crime!
  (d) († *ou littér: péché, faute*) sin, crime.
Crimée [kʀime] *nf*: **la ~** the Crimea, the Crimean peninsula; **la guerre de ~** the Crimean War.
criminalisation [kʀiminalizasjɔ̃] *nf* criminalization.
criminaliser [kʀiminalize] (1) *vt* (*Jur*) to criminalize.
criminaliste [kʀiminalist(ə)] *nmf* specialist in criminal law.
criminalité [kʀiminalite] *nf* **(a)** (*actes criminels*) criminality, crime. **la ~ juvénile** juvenile criminality; **la grande/petite ~** serious/petty crime. **(b)** (*rare*) (*acte*) criminal nature, criminality.
criminel, -elle [kʀiminɛl] **1** *adj* (*gén, Jur*) **acte, personne, procès** criminal. (*sens affaibli*) **il serait ~ de laisser ces fruits se perdre** it would be criminal *ou* a crime to let this fruit go to waste; *V* incendie.
  2 *nm,f* (*V* crime) murderer (*ou* murderess); criminal. **~ de guerre** war criminal; (*hum: coupable*) **voilà le ~** there's the culprit *ou* the guilty party.
  3 *nm* (*juridiction*) **avocat au ~** criminal lawyer; **poursuivre qn au ~** to take criminal proceedings against sb, prosecute sb in a criminal court.
criminellement [kʀiminɛlmɑ̃] *adv* **agir** criminally. (*Jur*) **poursuivre qn au ~** to take criminal proceedings against sb, prosecute sb in a criminal court.
criminologie [kʀiminɔlɔʒi] *nf* criminology.
criminologiste [kʀiminɔlɔʒist(ə)] *nmf* criminologist.
crin [kʀɛ̃] *nm* **(a)** (*poil*) (*cheval*) hair (*U*); *[matelas, balai]* horse hair. **~ végétal** vegetable (horse)hair; *V* gant. **(b)** **à tous ~s, à tout ~** **conservateur, républicain** diehard, dyed-in-the-wool; **révolutionnaire à tout ~** out-and-out revolutionary.
crincrin* [kʀɛ̃kʀɛ̃] *nm* (*péj*) (*violon*) squeaky fiddle; (*son*) squeaking, scraping.
crinière [kʀinjɛʀ] *nf* **(a)** *[animal]* mane. **(b)** *[personne]* shock *ou* mop of hair, (flowing) mane. **il avait une ~ rousse** he had a mop of red hair. **(c)** *[casque]* plume.
crinoline [kʀinɔlin] *nf* crinoline petticoat. **robe à ~** crinoline (dress).
crique [kʀik] *nf* creek, inlet.
criquet [kʀikɛ] *nm* (*Zool*) locust; (*gén: grillon, sauterelle*) grasshopper.
crise [kʀiz] **1** *nf* **(a)** (*Méd*) *[rhumatisme, goutte, appendicite]* attack; *[épilepsie, apoplexie]* fit. **~ de toux** fit *ou* bout of coughing.
  (b) (*accès*) outburst, fit; (*lubie*) fit, mood. **~ de colère** *ou* **rage** *ou* **dégoût** fit of anger *ou* rage/of disgust; **elle est prise d'une ~ de nettoyage** she's felt *ou* got a sudden urge to do a spring-clean, she's in a spring-cleaning mood.
  (c) (**: colère*) rage, tantrum. **piquer une ~** to throw a tantrum *ou* a fit*, fly off the handle.
  (d) (*bouleversement*) (*moral, Pol*) crisis; (*Écon*) crisis, slump. **en période de ~, il faut ...** in time(s) of crisis *ou* times of trouble we

must ...; **pays/économie en (état de)** ~ country/economy in a (state of) crisis.
  (e) (*pénurie*) shortage. ~ **de main-d'œuvre** shortage of manpower.
  2: crise d'appendicite appendicitis attack; **crise d'asthme** attack of asthma; **crise cardiaque** heart attack; **crise de confiance** crisis of confidence; **crise de conscience** crisis of conscience; **crise économique** economic crisis, slump; **crise d'épilepsie** epileptic fit; **crise de foi** = **crise religieuse**; **crise de foie** bilious *ou* liverish (*Brit*) attack; **crise de larmes** fit of crying *ou* tears, crying fit; **crise du logement** housing shortage; **crise ministérielle** cabinet crisis; **crise de nerfs** attack of nerves, fit of hysterics; **crise du papier** paper shortage; **crise du pouvoir** leadership crisis; **crise de la quarantaine** midlife crisis; **crise religieuse** crisis of belief.
crispant, e [kʀispɑ̃, ɑ̃t] *adj* (*énervant*) irritating, aggravating*, annoying. **ce qu'il est** ~**!*** he really gets on my nerves!*, he's a real pain in the neck!*
crispation [kʀispɑsjɔ̃] *nf* (a) (*contraction*) [*traits, visage*] tensing; [*muscles*] contraction; [*cuir*] shrivelling-up.
  (b) (*spasme*) twitch. **des** ~**s nerveuses** nervous twitches *ou* twitching; **une** ~ **douloureuse de la main** a painful twitching of the hand; (*fig*) **donner des** ~**s à qn** to get on sb's nerves*.
  (c) (*nervosité*) state of tension.
crispé, e [kʀispe] (*ptp de* **crisper**) *adj* **sourire** nervous, strained, tense; *personne* tense, on edge (*attrib*)
crisper [kʀispe] (1) **1** *vt* (a) (*plisser, rider*) *cuir* to shrivel (up). **le froid crispe la peau** the cold makes one's skin feel taut *ou* tight.
  (b) (*contracter*) *muscles, membres* to tense, flex; *poings* to clench. **la douleur crispait les visages** their faces were contorted *ou* tense with grief; **les mains crispées sur le volant** clutching the wheel tensely, with hands clenched on the wheel.
  (c) (*: agacer*) ~ **qn** to get on sb's nerves*.
  2 se crisper *vpr* [*visage*] to tense; [*sourire*] to become strained *ou* tense; [*poing*] to clench; (*fig*) [*personne*] to get edgy* *ou* tense. **ses mains se crispèrent sur le manche de la pioche** his hands tightened on the pickaxe, he clutched the pickaxe tensely.
crispin [kʀispɛ̃] *nm*: **gants à** ~ gauntlets.
criss [kʀis] *nm* kris, creese.
crissement [kʀismɑ̃] *nm* (*V* **crisser**) crunch(ing) (*U*); screech(ing) (*U*), squeal(ing) (*U*); whisper(ing) (*U*), rustling (*U*), rustle (*U*). **s'arrêter dans un** ~ **de pneus** to screech to a halt.
crisser [kʀise] (1) *vi* [*neige, gravier*] to crunch; [*pneus, freins*] to screech, squeal; [*soie, taffetas*] to whisper, rustle; [*cuir*] to squeak.
cristal, pl ~**aux** [kʀistal, o] *nm* (a) (*Chim, Min*) crystal. ~ (**de roche**) rock crystal (*U*), quartz (*U*); ~ (**de plomb**) (lead) crystal; ~**aux de givre** (*sur arbre*) ice-crystals; (*sur vitre*) ice-patterns; **affichage à** ~**aux liquides** liquid crystal display; **de** *ou* **en** ~ crystal (*épith*); (*fig littér*) **le** ~ **de sa voix, sa voix de** ~ his crystal-clear voice, the crystal-clear quality of his voice; ~ **de Bohème** Bohemian crystal; ~ **d'Islande** Iceland spar; *V* **boule¹**.
  (b) (*objet: gén pl*) crystal(ware) (*U*), piece of crystal(ware), fine glassware (*U*). **les** ~**aux du lustre** the crystal droplets of the chandelier.
  (c) (*pour le nettoyage*) ~**aux (de soude)** washing soda.
cristallerie [kʀistalʀi] *nf* (*fabrication*) crystal (glass-)making; (*fabrique*) (crystal) glassworks; (*objets*) crystal(ware), fine glassware.
cristallier [kʀistalje] *nm* (*Hist*) (*chercheur*) crystal seeker; (*ouvrier*) crystal engraver.
cristallin, e [kʀistalɛ̃, in] **1** *adj* (*Min*) crystalline; *son, voix* crystal-clear; *eau* crystalline. **2** *nm* (*Anat*) crystalline lens.
cristallisation [kʀistalizɑsjɔ̃] *nf* (*gén*) crystallization.
cristalliser *vti*, **se cristalliser** *vpr* [kʀistalize] (1) to crystallize.
cristallisoir [kʀistalizwaʀ] *nm* crystallizing dish.
cristallographie [kʀistalɔɡʀafi] *nf* crystallography.
cristallomancie [kʀistalɔmɑ̃si] *nf* crystal-gazing, crystallomancy.
critère [kʀitɛʀ] *nm* (*preuve*) criterion; (*pierre de touche*) measure, criterion. **ceci n'est pas un** ~ **suffisant pour prouver l'authenticité du document** this is not a good enough criterion on which to prove the document's authenticity; **la richesse matérielle n'est pas un** ~ **de succès** material wealth is not a criterion of success; **ceci constituera un** ~ **de sa bonne foi** this will be a test of his good faith; **le style n'est pas le seul** ~ **pour juger de la valeur d'un roman** style is not the only measure *ou* criterion by which one can judge the value of a novel; **son seul** ~ **est l'avis du parti** his only criterion is the opinion of the party; **selon des** ~**s politiques/raciaux** along political/racial lines, according to political/racial criteria.
critérium [kʀitɛʀjɔm] *nm* (a) (*Cyclisme*) rally; (*Natation*) gala. (b) (†) = **critère**.
critiquable [kʀitikabl(ə)] *adj* open to criticism (*attrib*).
critique¹ [kʀitik] *adj* (*en crise, alarmant*) *situation, période* critical; (*décisif, crucial*) *moment, phase* crucial, decisive, critical; *situation, période* crucial, critical; (*Sci*) *pression, vitesse* critical. **dans les circonstances** ~**s, il perd la tête** in critical situations *ou* in emergencies *ou* in a crisis, he loses his head; **ils étaient dans une situation** ~ they were in a critical situation *ou* a tight spot*; *V* **âge**.
critique² [kʀitik] **1** *adj* (a) (*qui juge ou fait un choix*) *jugement, notes, édition* critical. **avoir l'esprit** ~ to have a critical mind; *V* **apparat**.
  (b) (*défavorable*) critical, censorious (*frm*). **d'un œil** ~ with a critical eye; **il s'est montré très** ~ (**au sujet de ...**) he was very critical (of ...); **esprit** ~ criticizing *ou* critical mind.
  2 *nf* (a) (*blâme*) criticism. **il ne supporte pas la** ~ *ou* **les** ~**s** he can't tolerate criticism; **les nombreuses** ~**s qui lui ont été adressées** the many criticisms that were levelled at him; **faire une**

~ **à (l'endroit de) qch/qn** to criticize sth/sb; **une** ~ **que je lui ferais est qu'il ...** one criticism I would make of him is that he ...; **la** ~ **est aisée** it's easy to criticize.
  (b) (*analyse*) [*texte, œuvre*] appreciation, critique; [*livre, spectacle*] review. (*art de juger*) **la** ~ criticism; **la** ~ **littéraire/musicale** literary/music criticism; **faire la** ~ **de** *livre sorti de presse, concert* to review, write a crit of* (*Brit*), do a write-up on; *poème* to write an appreciation *ou* a critique of; **une** ~ **impartiale** an impartial *ou* unbiased review; (*Littérat*) **la nouvelle** ~ the new (French) criticism.
  (c) (*personnes*) **la** ~ the critics; **la** ~ **a bien accueilli sa pièce** his play was well received by the critics.
  3 *nmf* (*commentateur*) critic. **un** ~ **de théâtre/de musique/d'art/de cinéma** *ou* **film** critic; **un** ~ **littéraire** a literary critic.
critiquer [kʀitike] (1) *vt* (a) (*blâmer*) to criticize. **il critique tout/tout le monde** he finds fault with *ou* criticizes everything/everybody. (b) (*juger*) *livre, œuvre* to assess, make an appraisal of; (*examiner*) to examine (critically).
croassement [kʀɔasmɑ̃] *nm* caw, cawing (*U*).
croasser [kʀɔase] (1) *vi* to caw.
croate [kʀɔat] **1** *adj* Croatian. **2** *nm* (*Ling*) Croat, Croatian. **3** *nmf*: **C**~ Croat, Croatian.
Croatie [kʀɔasi] *nf* Croatia.
croc [kʀo] *nm* (a) (*dent*) fang. **montrer les** ~**s** [*animal*] to bare its teeth, show its teeth *ou* fangs; (*fig: menacer*) to show one's teeth. (b) (*grappin*) hook; (*fourche*) hook. ~ **de boucherie/de marinier** meat/boat hook; ~ **à fumier** muck rake.
croc-en-jambe, pl crocs-en-jambe [kʀɔkɑ̃ʒɑ̃b] *nm*: **faire un** ~ **à qn** (*lit*) to trip sb (up); (*fig*) to trip sb up, pull a fast one on sb*; **un** ~ **me fit perdre l'équilibre** somebody tripped me (up) and I lost my balance, I was tripped (up) and lost my balance; (*fig*) **méfiez-vous des crocs-en-jambe de vos collaborateurs** mind your colleagues don't pull a fast one on you* *ou* don't try and do you down* (*Brit*).
croche [kʀɔʃ] *nf* (*Mus*) quaver (*Brit*), eighth (note) (*US*). **double** ~ semiquaver (*Brit*), sixteenth (note) (*US*); **triple/quadruple** ~ demisemi-/hemidemisemiquaver (*Brit*), thirty-second/sixty-fourth note (*US*).
croche-pied, pl croche-pieds [kʀɔʃpje] *nm* = **croc-en-jambe.**
crochet [kʀɔʃɛ] **1** *nm* (a) (*fer recourbé*) (*gén*) hook; [*chiffonnier*] spiked stick; [*patte de pantalon etc*] fastener, clip, fastening; [*cambrioleur, serrurier*] picklock. (*Rail*) ~ **d'attelage** coupling; ~ **de boucherie** *ou* **de boucher** meat hook; (†) ~ **à boutons** *ou* **bottines** buttonhook.
  (b) (*aiguille*) crochet hook; (*technique*) crochet. **couverture au** ~ crocheted blanket; **faire du** ~ to crochet; **faire qch au** ~ to crochet sth.
  (c) (*Boxe*) ~ **du gauche/du droit** left/right hook.
  (d) (*détour*) [*véhicule*] sudden swerve; [*route*] sudden turn; [*voyage, itinéraire*] detour. **il a fait un** ~ **pour éviter l'obstacle** he swerved to avoid the obstacle; **faire un** ~ **par une ville** to make a detour through a town.
  (e) (*Typ*) ~**s** square brackets; **entre** ~**s** in square brackets.
  (f) [*serpent*] fang.
  (g) (*Archit*) crocket.
  (h) (*loc*) **vivre aux** ~**s de qn** to live off *ou* sponge on* sb.
  2: crochet radiophonique talent show.
crochetage [kʀɔʃtaʒ] *nm* [*serrure*] picking.
crocheter [kʀɔʃte] (5) *vt* *serrure* to pick; *porte* to pick the lock on.
crocheteur [kʀɔʃtœʀ] *nm* (*voleur*) picklock.
crochu, e [kʀɔʃy] *adj* *nez* hooked; *mains, doigts* claw-like. **au nez** ~ hook-nosed; (*fig*) **avoir les doigts** ~**s*** (*être avare*) to be grasping *ou* tight-fisted; (*être voleur*) to be light-fingered*; *V* **atome**.
croco* [kʀɔko] *nm* (*abrév de* **crocodile**) **en** ~ crocodile (*épith*).
crocodile [kʀɔkɔdil] *nm* (*Zool, peau*) crocodile. **un sac en** ~ a crocodile(-skin) handbag; *V* **larme**.
crocus [kʀɔkys] *nm* crocus.
croire [kʀwaʀ] (44) **1** *vt* (a) *personne, fait, histoire* to believe. **je n'arrive pas à** ~ **qu'il a réussi** I (just) can't believe he has succeeded; **auriez-vous cru cela de lui?** would you have believed it possible of him *ou* expected it of him?; **je te crois sur parole** I'll take your word for it; **le croira qui voudra, mais ...** believe it or not (but) ...; **je veux bien le** ~ I can quite (well) believe it; **je n'en crois rien** I don't believe (a word of) it; ~ **qch dur comme fer*** to believe sth firmly, be absolutely convinced of sth.
  (b) (*avec infin ou que: penser, estimer*) to believe, think; (*déduire*) to believe, assume, think. **nous croyons qu'il a dit la vérité** we believe *ou* think that he told the truth; **elle croyait avoir perdu son sac** she thought she had lost her bag; **il a bien cru manquer son train** he really thought he would miss his train; **on a cru préférable de refuser** we thought it preferable for us to refuse, we thought that it would be better for us to refuse; **il n'y avait pas de lumière, j'ai cru qu'ils étaient couchés** there was no light so I thought *ou* assumed they had gone to *ou* were in bed; **il a cru bien faire** he meant well, he thought he was doing the right thing *ou* acting for the best; **je crois que oui** I think so; **je crois que non** I think not, I don't think so; **il n'est pas là?** — **je crois que si** isn't he in? — (yes) I think he is; **on ne croyait pas qu'il viendrait** we didn't think he'd come; **elle ne croit pas/elle ne peut pas** ~ **qu'il mente** she doesn't think/can't believe he is lying.
  (c) (*avec adj, adv*) (*juger, estimer*) to think, believe, consider; (*supposer*) to think, believe. **croyez-vous cette réunion nécessaire?** do you think *ou* believe this meeting is necessary?, do you consider this meeting (to be) necessary?; **on l'a cru mort** he was believed *ou* presumed (to be) dead; **on les croyait en France**

they were believed *ou* thought to be in France; **je la croyais ailleurs/avec vous** I thought she was somewhere else/with you; **il n'a pas cru utile** *ou* **nécessaire de me prévenir** he didn't think it necessary to warn me.

(d) **en ∼** (*s'en rapporter à*): **à l'en ∼** to listen to *ou* hear him, if you (were to) go by *ou* listen to what he says; **s'il faut en ∼ les journaux** if we (are to) go by what the papers say, if we are to believe the papers, if the papers are anything to go by; **vous pouvez m'en ∼, croyez en mon expérience** (you can) take it from me, take it from one who knows; **si vous m'en croyez** if you want my opinion; **il n'en croyait pas ses oreilles/ses yeux** he couldn't believe his ears/his eyes.

(e) (*loc*) **c'est à ∼ qu'il est sourd** you'd think he was deaf; **c'est à n'y pas ∼!** it's beyond belief!, it's unbelievable!, it's hardly credible!; (*frm*) **il est à ∼ que** it is to be supposed *ou* presumed that; **il faut ∼ que** it would seem that, one must assume that, it must be assumed that; **∼ de son devoir de faire** to think *ou* feel it one's duty to do; **il ne croyait pas si bien dire!** he didn't know how right he was!, he never spoke a truer word!; **on croirait une hirondelle** it looks as though it could be *ou* it looks like a swallow; **on croirait (entendre) une clarinette** it sounds like *ou* it could be a clarinet (playing); **on croirait qu'il va gagner** he looks like winning, it looks as if he is going to win; **on croirait qu'elle ne comprend pas** she doesn't seem to understand, you might almost think she didn't understand; **tu ne peux pas ∼** *ou* (*frm*) **vous ne sauriez ∼ combien il nous manque** you cannot (begin) to imagine how much we miss him; **non, mais qu'est-ce que vous croyez?*** what do you imagine?; **je vous** *ou* **te crois!*** you bet!*, rather!; **je ne suis pas celle que vous croyez!** I'm not THAT sort of person!; **faut pas ∼!*** make no mistake (about it); **on croit rêver!*** I don't BELIEVE it!, it's mind-blowing!*, the mind boggles!*

2 *vi* (*Rel: avoir la foi*) to believe, be a believer.

3 croire à *vt indir innocence de qn, vie éternelle, Père Noël* to believe in; *justice, médecine* to have faith *ou* confidence in, believe in; *promesses* to believe (in), have faith in. **il ne croit plus à rien** he no longer believes in anything; **on a cru d'abord à un accident** at first they took it for an accident *ou* to be an accident, at first they believed it was *ou* it to be an accident; **pour faire ∼ à un suicide** to make people think it was suicide, to give the impression *ou* appearance of (a) suicide; **il ne croit pas à la guerre** (*pense qu'elle n'aura pas lieu*) he doesn't think *ou* believe *ou* reckon there will be a war; (*pense qu'elle ne sert à rien*) he doesn't believe in war; **non, mais tu crois au Père Noël!** well, you really DO live in cloud-cuckoo land! (*Brit*), you must believe in Santa Claus too!; (*frm*) **'veuillez ∼ à mes sentiments dévoués'** 'yours sincerely', 'I am, sir, your devoted servant' (*frm*).

4 croire en *vt indir* to believe in. **∼ en Dieu** to believe in God; **∼ en qn** to have faith *ou* confidence in sb; **il croit trop en lui-même** he is too self-confident, he is overconfident, he has an over-inflated opinion of himself.

5 se croire *vpr* (a) (*avec attribut*) **se ∼ fort/malin** to think one is strong/(very) clever; **il se croit un acteur** he thinks he's a good *ou* a great* actor.

(h) (*être prétentieux*) to have an inflated opinion of o.s.

croisade [kʀwazad] *nf* (*Hist, fig*) crusade. **la ∼ des Albigeois** the Albigensian Crusade.

croisé¹, e¹ [kʀwaze] (*ptp de croiser*) **1** *adj veste* double-breasted; *rimes, vers* alternate. **race ∼e** crossbreed; **tissu ∼** twill; *V* **bras, feu¹, mot. 2** *nm* (*Tex*) twill.

croisé² [kʀwaze] *nm* (*Hist*) crusader.

croisée² [kʀwaze] *nf* (a) **∼ de chemins** crossroads, crossing; (*fig*) **à la ∼ des chemins** at the crossroads, at the parting of the ways; (*Archit*) **∼ d'ogives** intersecting ribs; (*Archit*) **∼ du transept** transept crossing. (b) (*littér: fenêtre*) window, casement (*littér*).

croisement [kʀwazmã] *nm* (a) [*fils, brins*] crossing. **l'étroitesse de la route rendait impossible le ∼ des véhicules** the narrowness of the road made it impossible for vehicles to pass (one another).

(b) (*Bio, Zool*) [*races, espèces, plantes*] crossing (*U*), crossbreeding (*U*), interbreeding (*U*) (*avec with*). **faire des ∼s de race** to rear *ou* produce crossbreeds, cross(breed); **est-ce un ∼?** *ou* **le produit d'un ∼?** is it a cross(breed)?

(c) (*carrefour*) crossroads, junction. **au ∼ de la route et de la voie ferrée, il y a un passage à niveau** where the road and the railway cross, there is a level crossing; **le ∼ des deux voies ferrées se fait sur deux niveaux** the two railway lines cross at two levels; **au ∼ des chemins, ils s'arrêtèrent** they stopped where the paths crossed *ou* at the junction of the paths.

croiser [kʀwaze] (1) **1** *vt* (a) *bras* to fold, cross; *jambes* to cross; *fourchettes, fils, lignes* to cross. **elle croisa son châle sur sa poitrine** she folded her shawl across *ou* over her chest; **les jambes croisées** cross-legged; (*lit, fig*) **∼ le fer** to cross swords (*avec with*); (*fig*) **se ∼ les bras** to lounge around, sit around idly.

(b) (*intersecter, couper*) *route* to cross, cut across; *ligne* to cross, cut across, intersect.

(c) (*passer à côté de*) *véhicule, passant* to pass. **notre train a croisé le rapide** our train passed the express going in the other direction; **son regard croisa le mien** his eyes met mine.

(d) (*accoupler, mâtiner*) *races, animaux, plantes* to cross(breed), interbreed (*avec* with). **l'âne peut se ∼ avec le cheval** the ass can (inter)breed with the horse; (*croisement contrôlé*) the ass can be crossed with the horse.

2 *vi* (a) (*Habillement*) **cette veste croise bien** that jacket has got a nice *ou* good overlap; **cette saison les couturiers font ∼ les vestes** this season fashion designers are making jackets double-breasted; **il avait tellement grossi qu'il ne pouvait plus (faire) ∼ sa veste** he'd got so fat that he couldn't get his jacket to fasten over *ou* across *ou* that his jacket wouldn't fasten across any more.

(b) (*Naut*) to cruise.

3 se croiser *vpr* (a) [*chemins, lignes*] to cross, cut (across) each other, intersect. **deux chemins qui se croisent à angle droit** two roads which cross at right angles *ou* which cut (across) each other at right angles; (*fig*) **nos regards** *ou* **nos yeux se croisèrent un instant** our eyes met for a moment.

(b) [*personnes, véhicules*] to pass each other. (*fig*) **ma lettre s'est croisée avec la sienne, nos lettres se sont croisées** my letter crossed his (in the post), our letters crossed (in the post).

(c) (*Hist*) to take the cross, go on a crusade.

croiseur [kʀwazœʀ] *nm* cruiser (*warship*).

croisière [kʀwazjɛʀ] *nf* cruise. **partir en ∼, faire une ∼** to go on a cruise; **ce voilier est idéal pour la ∼** this boat is ideal for cruising; *V* **vitesse.**

croisillon [kʀwazijɔ̃] *nm* [*croix, charpente*] crosspiece, crossbar; [*église*] transept. **∼s** [*fenêtre*] lattice work; [*tarte*] criss-cross; *V* **fenêtre.**

croissance [kʀwasɑ̃s] *nf* [*enfant, embryon, ville, industrie*] growth, development; [*plante*] growth. **∼ autonome** self-sustained growth; **∼ économique** economic growth *ou* development; **∼ zéro** zero (economic) growth; **arrêté dans sa ∼** arrested in his growth *ou* development; **maladie de ∼** growth disease.

croissant¹ [kʀwasɑ̃] *nm* (a) (*forme*) crescent. **∼ de lune** crescent of the moon; **en ∼** crescent-shaped. (b) (*Culin*) croissant.

croissant², e [kʀwasɑ̃, ɑ̃t] *adj nombre, tension* growing, increasing, rising; *chaleur* rising; *froid* increasing. **le rythme ∼ des accidents** the increasing rate of accidents, the rising accident rate.

croître [kʀwatʀ(ə)] (55) *vi* (a) [*enfant, plante*] to grow; [*ville*] to grow, increase in size. **∼ en beauté/sagesse** to grow in beauty/wisdom; **∼ dans l'estime de qn** to rise *ou* grow in sb's esteem; **vallon où croissent de nombreuses espèces** valley where many species of plant grow.

(b) [*ambition, bruit, quantité*] to grow, increase. **les jours croissent** the days are getting longer *ou* are lengthening; **∼ en nombre/volume** to increase in number/size *ou* volume; **l'inquiétude sur son état de santé ne cessait de ∼** there was increasing anxiety over the state of his health; **son enthousiasme ne cessa de ∼** he grew more and more enthusiastic (about it); **la chaleur ne faisait que ∼** the heat got more and more intense, the temperature kept on rising.

(c) [*rivière*] to swell, rise; [*lune*] to wax; [*vent*] to rise. **les pluies ont fait ∼ la rivière** the rains have swollen the river, the river waters have swollen *ou* risen after the rains.

(d) (*loc*) (*Bible*) **croissez et multipliez!** be fruitful and multiply!; (*iro*) **ça ne fait que ∼ et embellir** (things are getting) better and better! (*iro*).

croix [kʀwa] **1** *nf* (a) (*gén, Hér, Rel*) cross. **∼ celtique/grecque/latine** Celtic/Greek/Latin cross; **∼ de Malte/de Saint-André** Maltese/St Andrew's cross; (*Hér*) **∼ ancrée/fleuretée** cross moline/fleury *ou* flory; **en ∼** crosswise, in the form of a cross; **mettre des bâtons en ∼** to lay sticks crosswise, criss-cross sticks; **les pétales des crucifères sont disposés en ∼** the petals of the Cruciferae form a cross *ou* are arranged crosswise; **chemins qui se coupent en ∼** paths which cut each other at right angles *ou* crosswise; **mettre en ∼, mettre à mort sur la ∼** to crucify; **mise en ∼** crucifixion; **mettre les bras en ∼** to stretch out one's arms at the sides; **pour le faire sortir, c'est** *ou* **il faut la ∼ et la bannière*** it's the devil's own job *ou* a devil of a job to get him to go out*; *V* **chemin, grand, signe.**

(b) (*décoration*) cross; (*Scol: récompense*) prize, medal.

(c) (*marque*) cross. **faire** *ou* **mettre une ∼ devant un nom** to put a cross in front of *ou* by a name; (*appeler*) **les noms marqués d'une ∼** (to call out) the names which have a cross against (*Brit*) them *ou* with a cross against (*Brit*) *ou* by (*US*) them; (*fig*) **tes vacances, tu peux faire une ∼ dessus*** you might just as well forget all about your holidays *ou* write your holidays off*; (*fig*) **si tu lui prêtes ton livre, tu peux faire une ∼ dessus!*** if you lend him your book, you can say goodbye to it!* *ou* you can kiss it goodbye!*; (*fig*) **faire une ∼ à la cheminée** to mark sth in red letters.

(d) (*fig: souffrance, épreuve*) cross, burden. **chacun a sa ∼ each** of us has his (own) cross to bear.

2: croix gammée swastika; (*Mil*) **Croix de guerre** Military Cross; **croix de Lorraine** cross of Lorraine; **Croix-Rouge** Red Cross; **Croix-du-Sud** Southern Cross.

cromorne [kʀɔmɔʀn] *nf* krumhorn.

croquant¹† [kʀɔkɑ̃] *nm* (*péj*) yokel, (country) bumpkin.

croquant², e [kʀɔkɑ̃, ɑ̃t] *adj* crisp, crunchy.

croque au sel [kʀɔkosɛl] *loc adv*: **à la ∼** with salt (and nothing else), with a sprinkling of salt.

croque-madame [kʀɔkmadam] *nm inv* toasted cheese sandwich with chicken.

croque-mitaine, pl croque-mitaines [kʀɔkmitɛn] *nm* bog(e)y man, ogre (*fig*). **ce maître est un vrai ∼** this schoolmaster is a real ogre.

croque-monsieur [kʀɔkməsjø] *nm inv* toasted cheese sandwich with ham.

croque-mort, pl croque-morts* [kʀɔkmɔʀ] *nm* undertaker's (*Brit*) *ou* mortician's (*US*) assistant. **avoir un air de ∼** to have a funereal look *ou* a face like an undertaker.

croquenot* [kʀɔkno] *nm* clodhopper*.

croquer [kʀɔke] (1) **1** *vt* (a) (*manger*) *biscuits, noisettes, bonbons* to crunch; *fruits* to munch. **pastille à laisser fondre dans la bouche sans (la) ∼** pastille to be sucked slowly and not chewed *ou* crunched; **∼ le marmot*†** to hang around (waiting)*, kick one's heels* (*Brit*).

(b) (*: dépenser, gaspiller*) **∼ de l'argent** to squander money, go through money like water*; **∼ un héritage** to squander *ou* go through an inheritance.

(c) *(dessiner)* to sketch. **être (joli) à ~** to be as pretty as a picture. **tu es à ~ avec ce chapeau** you look good enough to eat in this hat.

(d) *(camper) personnage* to sketch, outline, give a thumbnail sketch of.

2 *vi* (a) *[fruit]* to be crunchy, be crisp; *[salade]* to be crisp. **le sucre croque sous la dent** sugar is crunchy to eat *ou* when you eat it; **des pommes qui croquent** crunchy apples.

(b) **~ dans une pomme** to bite into an apple.

croquet [kʀɔkɛ] *nm (Sport)* croquet.

croquette [kʀɔkɛt] *nf (Culin)* croquette. **~s de chocolat** chocolate croquettes.

croqueuse [kʀɔkøz] *nf*: **~ de diamants** gold digger, fortune-hunter.

croquignolet, -ette* [kʀɔkiɲɔlɛ, ɛt] *adj (mignon)* (rather) sweet, cute *(US)*, dinky* *(Brit)*.

croquis [kʀɔki] *nm (dessin)* (rough) sketch; *(fig: description)* sketch. **faire un ~ de qch** to sketch sth, make a (rough) sketch of sth; *(fig)* **faire un rapide ~ de la situation** to give a rapid outline *ou* thumbnail sketch of the situation; *(fig)* **~ d'audience** court-room sketches.

crosne [kʀon] *nm* Chinese artichoke.

cross(-country) [kʀos(kuntʀi)] *nm (course)* cross-country race *ou* run; *(Sport)* cross-country racing *ou* running. **faire du ~** to do cross-country running.

crosse [kʀos] *nf* (a) *(poignée) [fusil]* butt; *[revolver]* grip. **frapper qn à coups de ~** to hit sb with the butt of one's rifle; **mettre ou lever la ~ en l'air*** *(se rendre)* to show the white flag *(fig)*, lay down one's arms; *(se mutiner)* to mutiny, refuse to fight.

(b) *(bâton) (Rel)* crook, crosier, crozier. *(Sport)* **~ de golf** golf club; **~ de hockey** hockey stick.

(c) *(partie recourbée) [violon]* head, scroll. **~ de piston** cross-head; **~ de l'aorte** arch of the aorta, aortic arch; **~ de fougère** crosier *(fern)*.

(d) **chercher des ~s à qn*** to pick a quarrel with sb; **s'il me cherche des ~s*** if he's looking for a chance to make trouble *ou* to pick a quarrel with me.

(e) *(Culin)* **~ de bœuf** knuckle of beef.

crotale [kʀɔtal] *nm* rattlesnake, rattler* *(US)*.

crotte [kʀɔt] *nf* (a) *(excrément) [brebis, lapin]* droppings. **~ de cheval** horse droppings *ou* manure *(U) ou* dung *(U)*; **son chien a déposé une ~ sur le palier** his dog has messed *ou* done its business on the landing; **c'est plein de ~(s) de chien** it's covered in dog's dirt; **~!*† blast (it)!*** *(Brit)*, **oh heck!*;** **c'est de la ~ de bique*** it's a load of (old) rubbish*; **c'est pas de la ~*** it's not cheap rubbish; **il ne se prend pas pour une ~*** he thinks he's a big shot*.

(b) *(bonbon)* **une ~ de chocolat** a chocolate whirl.

(c) (†: *boue*) mud.

crotter [kʀɔte] (1) **1** *vt* to muddy, dirty, cover in mud. **souliers tout crottés** muddy shoes, shoes covered in mud. **2** *vi [chien]* to do its business, mess.

crottin [kʀɔtɛ̃] *nm* (a) *(de cheval/d'âne)* (horse/donkey) droppings *ou* dung *(U) ou* manure *(U)*. (b) *(fromage)* (small) cheese *(usually made of goat's milk)*.

crouillat‡ [kʀuja], **crouille‡** [kʀuj] *nm (péj)* wog** *(péj)*, North African.

croulant, e [kʀulɑ̃, ɑ̃t] **1** *adj mur* crumbling, tumbledown; *maison* ramshackle, tumbledown, crumbling; *(fig)* autorité, empire crumbling, tottering. **2** *nm* (‡) old fogey‡. **les ~s** the old folk, the old ones*, the old fogeys‡.

crouler [kʀule] (1) *vi* (a) *(s'écrouler) [maison, mur]* to collapse, tumble down, fall down; *[masse de neige]* to collapse; *[terre]* to give (way), collapse; *(fig) [empire]* to collapse. **le mur a croulé sous la force du vent** the wall collapsed *ou* caved in under the force of the wind; **la terre croula sous ses pas** the ground gave (way) *ou* caved in *ou* collapsed under his feet; **le tremblement de terre a fait ~ les maisons** the earthquake has brought the houses down *ou* has demolished the houses; *(fig)* **la salle croulait sous les applaudissements** the room shook with the applause, the audience raised the roof with their applause; *(fig)* **se laisser ~ dans un fauteuil** to collapse into an armchair.

(b) *(menacer de s'écrouler, être délabré)* **une maison qui croule** a ramshackle *ou* tumbledown *ou* crumbling house, a house which is falling into ruin *ou* going to rack and ruin; **un mur qui croule** a crumbling *ou* tumbledown wall; *(fig)* **~ sous le poids de qch** to collapse *ou* stagger under the weight of sth; *(fig)* **une civilisation qui croule** a tottering *ou* crumbling civilization.

croup [kʀup] *nm (Méd)* croup. **faux ~** spasmodic croup.

croupe [kʀup] *nf* (a) *[cheval]* croup, crupper, rump, hindquarters. **en ~:** **monter en ~** to ride pillion; **il monta en ~ et ils partirent** he got on behind and off they went; **il avait en ~ son ami** he had his friend behind him (on the pillion).

(b) (*) *[personne]* rump*.

(c) *(fig)* **~ (d'une colline)** hilltop.

croupetons [kʀuptɔ̃] *adv*: **se tenir ou être à ~** to be crouching, be squatting, be (down) on one's haunches *ou* hunkers* *(Brit)*; **se mettre à ~** to crouch *ou* squat down, go down on one's haunches.

croupi, e [kʀupi] (*ptp de* **croupir**) *adj eau* stagnant.

croupier [kʀupje] *nm* croupier.

croupière [kʀupjɛʀ] *nf* crupper. **tailler des ~s à qn†** to put a spoke in sb's wheel.

croupion [kʀupjɔ̃] *nm (Orn)* rump; *(Culin)* parson's nose, pope's nose *(US)*; (‡ *hum*) *[personne]* rear (end)*, backside*.

croupir [kʀupiʀ] (2) *vi [eau]* to stagnate*. **feuilles qui croupissent dans la mare** leaves which rot in the pond; *(fig) [personne]* **~ dans son ignorance/dans l'oisiveté/dans le vice** to wallow *ou* remain sunk in (one's own) ignorance/in idleness/in vice; **~ dans un bled isolé*** to stay in a godforsaken hole*.

croupissant, e [kʀupisɑ̃, ɑ̃t] *adj eau* stagnant. *(fig)* **une vie ~e** a dead-end life.

croustade [kʀustad] *nf* croustade.

croustillant, e [kʀustijɑ̃, ɑ̃t] *adj* (a) *(V croustiller)* crusty; crisp; crunchy. (b) *(fig: grivois)* spicy.

croustiller [kʀustije] (1) *vi [pain, pâte]* to be crusty; *[croissant, galette, chips]* to be crisp *ou* crunchy.

croûte [kʀut] **1** *nf* (a) *[pain, pâte]* crust; *[fromage]* rind; *[vol-au-vent]* case. **à la ~!*** *(venez manger)* come and get it!*, grub's up!‡ *(Brit)*, grub's on!‡ *(US)*; *(allons manger)* let's go and get it!* *ou* eat!; *V* **casser, gagner, pâté.**

(b) *(à la surface d'un liquide)* **~ de glace** layer of ice; **~ de peinture** *(dans un pot)* skin of paint.

(c) *(sédiment, sécrétion durcie) [plaie]* scab. **couvert d'une ~ de glace** crusted with ice, covered with a crust of ice; **~ calcaire** *ou* de tartre layer of scale *ou* fur; **une ~ de tartre s'était formée sur les parois de la chaudière** the sides of the boiler were covered in scale *ou* had furred up, a layer of scale had collected on the sides of the boiler; **gratter des ~s de peinture/cire sur une table** to scrape lumps of paint/wax off a table.

(d) *(fig: vernis)* **~ de culture** veneer of culture; **~ de bêtise** (thick) layer of stupidity.

(e) *(cuir)* undressed leather *ou* hide. **sac en ~** hide bag.

(f) *(péj: tableau)* daub.

2: *(Culin)* **croûte aux champignons** mushrooms on toast; *(Culin)* **croûte au fromage** cheese on toast, toasted cheese, ≈ Welsh rarebit *ou* rabbit; **croûte de pain** crust of bread; *(péj)* **croûtes de pain** old crusts; *(Géol)* **la croûte terrestre** the earth's crust.

croûté, e [kʀute] *adj (Ski)* neige **~e** crusted snow.

croûter‡ [kʀute] (1) *vi* to nosh‡ *(Brit)*, have some grub‡.

croûteux, -euse [kʀutø, øz] *adj* scabby, covered with scabs.

croûton [kʀutɔ̃] *nm* (a) *(bout du pain)* crust; *(Culin)* crouton. (b) *(péj: personne)* fuddy-duddy*, old fossil*.

croyable [kʀwajabl(ə)] *adj* credible, believable. **ce n'est pas ~!** it's unbelievable!, it's incredible!

croyance [kʀwajɑ̃s] *nf* (a) *(U)* **~ à ou en** belief in, faith in. (b) *(opinion)* belief. **~s religieuses** religious beliefs; **la ~ populaire** folk *ou* conventional wisdom.

croyant, e [kʀwajɑ̃, ɑ̃t] **1** *adj*: **être ~** to be a believer; **ne pas être ~** to be a non-believer. **2** *nm, f* believer. **les ~s** the faithful.

C.R.S. [seɛʀɛs] *abrév de* **compagnie républicaine de sécurité 1** *nm* member of the State security police. **après l'intervention des ~** after the State security police had intervened. **2** *nf* company of the State security police.

cru¹, e¹ [kʀy] *adj* (a) *(non cuit) aliments* raw, uncooked. **lait ~** milk straight from the cow.

(b) *(Tech: non apprêté) soie* raw; *chanvre, toile* raw, untreated; *métal* crude, raw. **cuir ~** untreated *ou* raw leather, rawhide.

(c) *lumière, couleur* harsh, garish.

(d) *(franc, réaliste) mot* forthright, blunt; *description* raw, blunt. **une réponse ~e** a straight *ou* blunt *ou* forthright reply; **je vous le dis tout ~** I'll tell you straight out*, I'll give it to you straight*.

(e) *(choquant) histoire, chanson, langage* crude, coarse. **parler ~** to speak coarsely *ou* crudely.

(f) *(loc)* **à ~:** **construire ~** to build without foundations; *(Équitation)* **monter à ~** to ride bareback; († *ou littér*) **être chaussé à ~** to wear one's boots *(ou* shoes) without (any) socks.

cru² [kʀy] *nm* (a) *(terroir, vignoble)* vineyard. *(lit, fig)* **du ~** local; **un vin d'un bon ~** a good vintage.

(b) *(vin)* wine. **un grand ~** a famous *ou* great wine *ou* vintage; *V* **bouilleur.**

(c) *(loc)* **de son (propre) ~** of his own invention *ou* devising; **les gens du ~** the locals.

cruauté [kʀyote] *nf* (a) *[personne, destin]* cruelty (envers to); *[bête sauvage]* ferocity. (b) act of cruelty, cruel act, cruelty.

cruche [kʀyʃ] *nf* (a) *(récipient)* pitcher, (earthenware) jug; *(contenu)* jug(ful). (b) (‡: *imbécile*) ass*, twit‡ *(Brit)*.

cruchon [kʀyʃɔ̃] *nm* small jug; *(contenu)* small jug(ful).

crucial, e, *mpl* **-aux** [kʀysjal, o] *adj* question, année, problème crucial.

crucifère [kʀysifɛʀ] *adj* cruciferous.

crucifiement [kʀysifimɑ̃] *nm* crucifixion. *(fig)* **le ~ de la chair** the crucifying of the flesh.

crucifier [kʀysifje] (7) *vt (lit, fig)* to crucify.

crucifix [kʀysifi] *nm* crucifix.

crucifixion [kʀysifiksjɔ̃] *nf* crucifixion.

cruciforme [kʀysifɔʀm(ə)] *adj* cruciform. **tournevis ~ Phillips** screwdriver; **vis ~ Phillips** screw.

cruciverbiste [kʀysivɛʀbist(ə)] *nmf* crossword-puzzle enthusiast.

crudité [kʀydite] *nf* (a) *(U) [langage]* crudeness, coarseness; *[description]* bluntness; *[lumière, couleur]* harshness, garishness. (b) *(propos)* coarse remarks, coarseness *(U)*; **dire des ~s to** make coarse remarks. (c) *(Culin)* **~s** ≈ salads.

crue² [kʀy] *nf (montée des eaux)* rise in the water level; *(inondation)* flood. **en ~** in spate; **les ~s du Nil** the Nile floods; **la fonte des neiges provoque des ~s subites** the spring thaw produces a sudden rise in river levels.

cruel, -elle [kʀyɛl] *adj* (a) *(méchant) personne, acte, paroles* cruel; *animal* ferocious.

(b) *(douloureux) perte* cruel; *destin, sort* cruel, harsh; *remords, froid* cruel, bitter; *nécessité* cruel, bitter. **cette ~le épreuve, courageusement supportée** this cruel ordeal, borne with courage.

cruellement [kʀyɛlmɑ̃] *adv (V cruel)* cruelly; ferociously; harshly; bitterly. **l'argent fait ~ défaut** the lack of money is sorely felt; **c'est ~ vrai** it's sadly true; **~ éprouvé par ce deuil** sorely *ou* grievously distressed by this bereavement, sadly bereaved.

cruiser [kʀuzœʀ] *nm* (*bateau de plaisance*) cruiser.
crûment [kʀymɑ̃] *adv dire, parler* (*nettement*) bluntly, forthrightly, plainly; (*grossièrement*) crudely, coarsely. **éclairer** ~ to cast a harsh *ou* garish light over.
crustacé [kʀystase] *nm* (*Zool*) shellfish (*pl inv*) (*crabs, lobsters and shrimps*), member of the lobster family, crustacean (*T*). (*Culin*) ~s seafood, shellfish.
cryobiologie [kʀjɔbjɔlɔʒi] *nf* cryobiology.
cryochirurgie [kʀjɔʃiʀyʀʒi] *nf* cryosurgery.
crypte [kʀipt(ə)] *nf* crypt.
cryptocommuniste [kʀiptɔkɔmynist(ə)] *nmf* crypto-communist.
cryptogame [kʀiptɔgam] **1** *adj* cryptogamic. **2** *nm ou f* cryptogam.
cryptogramme [kʀiptɔgʀam] *nm* cryptogram.
cryptographie [kʀiptɔgʀafi] *nf* cryptography.
cryptographique [kʀiptɔgʀafik] *adj* cryptographic.
crypton [kʀiptɔ̃] *nm* = **krypton**.
Cuba [kyba] *nf* Cuba. à ~ in Cuba.
cubage [kybaʒ] *nm* **(a)** (*action*) cubage. **(b)** (*volume*) cubage, cubature, cubic content. ~ **d'air** air space.
cubain, e [kybɛ̃, ɛn] **1** *adj* Cuban. **2** *nm, f*: **C**~(**e**) Cuban.
cube [kyb] **1** *nm* (*Géom, Math, gén*) cube; [*jeu*] building block, (wooden) brick. (*Math*) **le** ~ **de 2 est 8** 2 cubed is 8, the cube of 2 is 8; **élever au** ~ **to** cube. **2** *adj*: **centimètre/mètre** ~ cubic centimetre/metre; *V* **cylindrée**.
cuber [kybe] (**1**) **1** *vt nombre* to cube; *volume, solide* to cube, measure the volume of; *espace* to measure the cubic capacity of.
2 *vi* [*récipient*] ~ **20 litres** to have a cubic capacity of 20 litres; (*fig*) **avec l'inflation leurs dépenses vont** ~* with inflation their expenses are going to mount up.
cubique [kybik] **1** *adj* cubic; *V* **racine**. **2** *nf* (*Math: courbe*) cubic.
cubisme [kybism(ə)] *nm* cubism.
cubiste [kybist(ə)] *adj, nmf* cubist.
cubital, e, *mpl* -**aux** [kybital, o] *adj* ulnar.
cubitus [kybitys] *nm* ulna.
cucul* [kyky] *adj*: ~ (**la praline**) silly, goofy*.
cueillette [kœjɛt] *nf* **(a)** (*V* **cueillir**) picking; gathering; (*Ethnologie*) gathering. **la** ~ **du houblon/des pommes** hop-/apple-picking; **cette tribu pratique la** ~ the people of this tribe are gatherers.
(b) (*fruits etc*) harvest (of fruit), crop (of fruit). **elle me montra sa** ~ she showed me the (bunch of) flowers she'd picked; **mûres, myrtilles en abondance: quelle** ~! brambles, bilberries galore: what a harvest! *ou* crop!
cueillir [kœjiʀ] (**12**) *vt* **(a)** *fleurs* to pick, gather; (*séparément*) to pick, pluck; *pommes, poires etc* to pick; *fraises, mûres* to gather, pick.
(b) (*fig: attraper*) *ballon* to catch; *baiser* to snatch *ou* steal; (*) *voleur* to nab*, catch. ~ **les lauriers de la victoire** to win *ou* bring home the laurels (of victory); **il est venu nous** ~ **à la gare*** he came to collect *ou* get us *ou* pick us up at the station; **il m'a cueilli à froid** (*bagarre, débat*) he caught me off guard *ou* on the hop* (*Brit*).
cuesta [kwɛsta] *nf* cuesta.
cui-cui [kyikyi] *excl, nm* tweet-tweet. **faire** ~ to go tweet-tweet.
cuiller, cuillère [kɥijɛʀ] **1** *nf* **(a)** (*ustensile*) spoon; (*contenu*) spoonful. **prenez une** ~ **à café de sirop** take a teaspoonful of cough mixture; **petite** ~ (*à thé, à dessert*) ≃ teaspoon; *V* **dos, ramasser, trois**.
(b) (‡: *main*) **serrer la** ~ **à qn** to shake sb's paw*.
(c) (*Pêche*) spoon, spoonbait. ~ **tournante** spinner; **pêche à la** ~ spoonbait fishing, fishing with a spoon(bait).
(d) (*Tech*) [*grenade*] (safety) catch.
2: (*Rugby, gén*) **cuiller de bois** wooden spoon; **cuiller à café** coffee spoon, ≃ teaspoon; **cuiller à dessert** dessertspoon; **cuiller à moutarde** mustard spoon; **cuiller à pot** ladle (*V* **coup**); **cuiller à soupe** soupspoon, ≃ tablespoon; **cuiller de verrier** (glassblower's) ladle.
cuillerée [kɥijʀe] *nf* spoonful. (*Culin*) ~ **à soupe** ≃ tablespoonful; (*Culin*) ~ **à café** ≃ teaspoonful.
cuir [kɥiʀ] *nm* **(a)** (*peau apprêtée*) leather. **ceinture/semelles de** ~ leather belt/soles; **objets** *ou* **articles en** ~ leather articles *ou* goods; (*collectivement*) leathercraft, leatherwork.
(b) (*sur l'animal vivant, avant tannage*) hide.
(c) (*: *faute de liaison*) false liaison (*intrusive* z- *or* t-*sound*); *V* **relié, rond, tanner**.
(d) (*Ftbl*) ball.
2: cuir artificiel imitation leather; **cuir bouilli** cuir-bouilli; **cuir brut** rawhide; (*Anat*) **cuir chevelu** scalp; **cuir de crocodile** crocodile skin; **cuir en croûte** undressed leather; **cuir à rasoir** (barber's *ou* razor) strop; **cuir de serpent** snakeskin; **cuir suédé** suede, suède; **cuir de vache** cowhide; **cuir de veau** calfskin; **cuir verni** patent leather; **cuir vert** = **cuir brut**.
cuirasse [kɥiʀas] *nf* (*Hist*) [*chevalier*] breastplate; (*Naut*) armour (-plate *ou* -plating); (*Zool*) cuirass; (*fig*) armour; *V* **défaut**.
cuirassé, e [kɥiʀase] (*ptp de* **cuirasser**) **1** *adj soldat* breastplated; *navire* armour-plated, armoured. (*fig*) **être** ~ **contre qch** to be hardened against sth, be proof against sth. **2** *nm* battleship.
cuirasser [kɥiʀase] (**1**) **1** *vt chevalier* to put a breastplate on; *navire* to armour-plate; (*fig: endurcir*) to harden (*contre* against).
2 se cuirasser *vpr* **(a)** [*chevalier*] to put on a breastplate.
(b) (*fig: s'endurcir*) to harden o.s. (*contre* against). **se** ~ **contre la douleur/l'émotion** to harden o.s. against suffering/emotion.
cuirassier [kɥiʀasje] *nm* (*Hist*) cuirassier; (*Mil*) (*soldat*) (armoured) cavalryman. (*régiment*) **le 3e** ~ the 3rd (armoured) cavalry.
cuire [kɥiʀ] (**38**) **1** *vt* **(a)** (*aussi* **faire** ~) *plat, dîner* to cook. ~ **à feu doux** *ou* **doucement** to cook gently *ou* slowly; ~ **à petit feu** to simmer; **laisser** *ou* **faire** ~ **à feu doux** *ou* **à petit feu pendant 20**

minutes (allow to) simmer *ou* cook gently for 20 minutes; ~ **au bain-marie** ≃ to heat in a double boiler, heat in a bain-marie; ~ **à la broche** to cook *ou* roast on the spit, spit-roast; ~ **au four** *pain, gâteau, pommes* to bake; *viande* to roast; *pommes de terre* to roast, bake; ~ **à la vapeur/au gril/à la poêle/à l'eau/à la casserole** to steam/grill/fry/boil/stew; ~ **au beurre** to cook in butter; ~ **au gaz/à l'électricité** to cook on *ou* with gas/by *ou* on electricity; **faire** *ou* **laisser** ~ **qch pendant 15 minutes** to cook (*ou* boil *ou* roast) sth for 15 minutes; **faites-le** ~ **dans son jus** cook *ou* stew it in its own juice; **faire bien/peu** ~ **qch** to cook sth thoroughly *ou* well/slightly *ou* lightly; **faire trop** ~ **qch** to overcook sth; **ne pas faire assez** ~ **qch** to undercook sth; **il l'a fait** ~ **à point** he cooked it to a turn; *V* **carotte, cuit, dur**.
(b) **four qui cuit mal la viande** oven which cooks *ou* does meat badly *ou* unevenly.
(c) (*Boulangerie*) *pain* to bake.
(d) *briques, porcelaine* to fire; *V* **terre**.
(e) **à** ~ *chocolat* cooking (*épith*); *prunes, poires* stewing (*épith*); **pommes à** ~ cooking apples, cookers* (*Brit*).
2 *vi* **(a)** [*aliment*] to cook. ~ **à gros bouillon(s)** to boil hard *ou* fast; **le dîner cuit à feu doux** *ou* **à petit feu** the dinner is cooking gently *ou* is simmering *ou* is on low; ~ **dans son jus** to cook in its own juice, stew.
(b) (*fig*) [*personne*] ~ **au soleil** to roast in the sun; ~ **dans son jus*** (*avoir très chaud*) to be boiling* *ou* roasting*; (*se morfondre*) to stew in one's own juice; **on cuit ici!*** it's boiling (hot)* *ou* roasting* in here!
(c) (*brûler, picoter*) **les mains/yeux me cuisaient** my hands/eyes were smarting *ou* stinging; **mon dos me cuit** my back is burning.
(d) (*frm*) **il lui en a cuit** he suffered for it, he had good reason to regret it; **il vous en cuira** you'll rue the day (you did it) (*frm*), you'll live to rue it (*frm*).
cuisant, e [kɥizɑ̃, ɑ̃t] *adj* **(a)** (*physiquement*) *douleur* smarting, sharp, burning; *blessure* burning, stinging; *froid* bitter, biting. **(b)** (*moralement*) *remarque* caustic, stinging; *échec, regret* bitter.
cuisine [kɥizin] **1** *nf* **(a)** (*pièce*) kitchen; (*Naut*) galley. **table/couteau de** ~ kitchen table/knife; *V* **batterie, latin, livre¹** *etc*.
(b) (*art culinaire*) cookery, cooking; (*préparation*) cooking; (*nourriture apprêtée*) cooking, food. **apprendre la** ~ to learn cookery (*Brit*) *ou* cooking; **la** ~ **prend du temps** cooking takes time; **une** ~ **épicée** hot *ou* spicy dishes *ou* food; **une** ~ **soignée** carefully prepared dishes *ou* food; **aimer la bonne** ~ to like good cooking *ou* food; **il est en train de faire la** ~ he's busy cooking *ou* making the meal; **chez eux, c'est le mari qui fait la** ~ the husband does the cooking *ou* the husband is the cook in their house; **savoir faire la** ~, **faire de la bonne** ~ to be a good cook, be good at cooking.
(c) (*personnel*) [*maison privée*] kitchen staff; [*cantine etc*] kitchen *ou* catering staff.
(d) (*fig péj*) ~ **électorale** electoral schemings *ou* jiggery-pokery* (*Brit*); **je n'aime pas beaucoup sa petite** ~ I'm not very fond of his little fiddles (*Brit*) *ou* his underhand tricks.
2: cuisine au beurre/à l'huile cooking with *ou* in butter/oil; **cuisine bourgeoise** (good) plain cooking *ou* fare; **faire une cuisine bourgeoise** to do (good) plain cooking; **cuisine de cantine** canteen food; **la cuisine française** French cooking *ou* cuisine; **cuisine de restaurant** restaurant meals *ou* food; (*Mil*) **cuisine roulante** field kitchen.
cuisiner [kɥizine] (**1**) *vt* **(a)** *plat* to cook. **il cuisine bien** he's a good cook; **ne la dérange pas quand elle cuisine** don't bother her when she's cooking. **b** (*fig*) *personne* to grill*, pump for information *etc*, give the third degree to*.
cuisinier, -ière [kɥizinje, jɛʀ] **1** *nm, f* (*personne*) cook. **2 cuisinière** *nf* (*à gaz, électrique*) cooker (*Brit*), stove; (*à bois*) (kitchen) range, wood-burning stove (*US*); ~**ière à gaz** gas cooker *ou* stove; ~**ière à charbon** solid-fuel stove, coal-fired cooker (*Brit*), coal-burning stove (*US*); (*vieux modèle*) kitchen range (*Brit*), stove (*US*).
cuissard [kɥisaʀ] *nm* [*armure*] cuisse; [*cycliste*] shorts (*pl*).
cuissardes [kɥisaʀd(ə)] *nfpl* [*pêcheur*] waders; (*mode féminine*) thigh boots.
cuisse [kɥis] **1** *nf* (*Anat*) thigh. (*Culin*) ~ **de mouton** leg of mutton *ou* lamb; ~ **de poulet** chicken leg, drumstick; (*fig*) **se croire sorti de la** ~ **de Jupiter*** to think a lot of o.s., think no small beer of o.s. (*Brit*); **tu te crois sorti de la** ~ **de Jupiter!*** you think you're God's gift to mankind!*
2: cuisse madame (*poire*) cuisse madam pear.
cuisseau, *pl* ~**x** [kɥiso] *nm* haunch (of veal).
cuisson [kɥisɔ̃] *nf* [*aliments*] cooking; [*pain, gâteau*] baking; [*gigot*] roasting; [*briques*] firing. (*Culin*) **ceci demande une longue** ~ this needs to be cooked (*ou* baked) for a long time; (*Culin*) **temps de** ~ cooking time.
cuissot [kɥiso] *nm* haunch (of venison *ou* wild boar).
cuistance‡ [kɥistɑ̃s] *nf* (*préparation de nourriture*) cooking, preparing the grub‡; (*nourriture*) nosh‡ (*Brit*), grub‡.
cuistot* [kɥisto] *nm* cook.
cuistre [kɥistʀ(ə)] *nm* prig, priggish pedant.
cuistrerie [kɥistʀəʀi] *nf* priggish pedantry.
cuit, e¹ [kɥi, kɥit] (*ptp de* **cuire**) *adj* **(a)** *aliment, plat* cooked, ready (*attrib*); *pain, viande* ready (*attrib*), done (*attrib*). **bien** ~ well cooked *ou* done; **trop** ~ overdone; **pas assez** ~ underdone; ~ **à point** (*peu saignant*) medium-cooked; (*parfaitement*) done to a turn.
(b) (*loc*) **c'est du tout** ~* it's *ou* it'll be a cinch*, it's *ou* it'll be a walkover*; **il est** ~* (*il va se faire prendre*) he's done for, his goose is cooked*; (*il va perdre*) it's all up (*Brit*) *ou* over (*US*) for him, he's had it*; **c'est** ~ (**pour ce soir**)* we've had it (for tonight)*.

cuite² [kɥit] *nf* (a) (‡) **prendre une ~** to get plastered‡ *ou* canned‡; **il a pris une sacrée ~** he got really plastered‡, he was really rolling drunk*. (b) (*Tech: cuisson*) firing.

cuiter (se)‡ [kɥite] *vpr* to get plastered‡ *ou* canned‡.

cuivre [kɥivʀ(ə)] *nm* (a) **~ (rouge)** copper; **~ jaune** brass; **objets** *ou* **articles en ~** copperware; **casseroles à fond ~** copper-bottomed pans; V **gravure**.
 (b) (*Art*) copperplate.
 (c) (*ustensiles*) **~s** (*de cuivre*) copper; (*de cuivre et laiton*) brasses; **faire (briller) les ~s** to do the brass *ou* the brasses.
 (d) (*Mus*) **les ~s** the brass; **orchestre de ~s** brass band.

cuivré, e [kɥivʀe] (*ptp de* **cuivrer**) *adj reflets* coppery; *peau, teint* bronzed. **voix ~e** resonant *ou* sonorous voice; **cheveux aux reflets ~s** hair with auburn glints *ou* copper lights in it.

cuivrer [kɥivʀe] (1) *vt* (*Tech*) to copper(plate), cover with copper; *peau, teint* to bronze.

cuivreux, -euse [kɥivʀø, øz] *adj* (*Chim*) *métal* cuprous. **oxyde ~** cuprous oxide, cuprite.

cul [ky] **1** *nm* (a) (**‡**Anat) backside*, bum‡ (*Brit*), arse‡, ass‡ (*US*). **il est tombé le ~ dans l'eau** he fell arse first in the water‡ (*Brit*), he fell on his ass in the water‡ (*US*); **un coup de pied au ~** a kick *ou* boot up the arse‡, a kick in the ass‡ (*US*); V **feu¹, tirer, trou** *etc*.
 (b) (*Hist Habillement*) (**faux**) **~** bustle.
 (c) (*fig: fond, arrière*) [*bouteille*] bottom. **faire un cendrier d'un ~ de bouteille** to make an ashtray with *ou* from the bottom of a bottle; **~ de verre/de pot** glass-/jug-bottom; **pousser une voiture au ~*** to give a car a shove.
 (d) (*loc*) **faire ~ sec** to down one's drink in a oner‡ (*Brit*) *ou* at one go*; **allez, ~ sec!** right, bottoms up!*; **renverser ~ par-dessus tête** to turn head over heels; **on l'a dans le ~‡** that's really screwed us (up)‡; **en tomber** *ou* **rester sur le ~*** to be taken aback, be flabbergasted; **être comme ~ et chemise*** to be as thick as thieves (*avec* with); **tu peux le mettre** *ou* **foutre au ~!‡*** go and stuff yourself!‡ (*Brit*) *ou* fuck yourself!‡; **mon ~!‡*** my arse!‡, my ass!‡ (*US*).
 2: cul d'artichaut artichoke bottom; **cul-de-basse-fosse** *nm, pl* **culs-de-basse-fosse** dungeon; (*Orn*) **cul-blanc** *nm, pl* **culs-blancs** wheatear; **cul-de-jatte** *nm, pl* **culs-de-jatte** legless cripple; **cul-de-lampe** *nm, pl* **culs-de-lampe** (*Archit*) cul-de-lampe; (*Typ*) tailpiece; (*péj*) **cul-de-poule: bouche/sourire en cul-de-poule** pouting mouth/smile; (*Orn*) **cul-rouge** *nm, pl* **culs-rouges** great spotted woodpecker; **cul-de-sac** *nm, pl* **culs-de-sac** (*rue*) cul-de-sac, dead end; (*fig*) blind alley; (*fig péj*) **cul-terreux** *nm, pl* **culs-terreux** yokel, country bumpkin, hick* (*US*).
 3 *adj inv* (‡: *stupide*) silly. **quel ~, ce type!** he's a real twerp‡ *ou* wally‡, that guy!

culasse [kylas] *nf* (a) [*moteur*] cylinder head; V **joint**. (b) [*canon, fusil*] breech. **~ (mobile)** breechblock; V **bloc**.

culbute [kylbyt] *nf* (a) (*cabriole*) somersault; (*chute*) tumble, fall. **faire une ~** (*cabriole*) to (turn a) somersault; (*chute*) to (take a) tumble, fall (head over heels).
 (b) (**fig*) [*ministère*] collapse, fall; [*banque*] collapse. **faire la ~** [*spéculation, banque*] to collapse; [*entreprise*] to go bust*; **ce spéculateur a fait la ~** (*a doublé ses gains*) this speculator has doubled his money; (*a été ruiné*) this speculator has taken a tumble *ou* come a cropper* (*Brit*).

culbuter [kylbyte] (1) **1** *vi* [*personne*] to (take a) tumble, fall (head over heels); [*chose*] to topple (over), fall (over); [*voiture*] to overturn, turn a somersault, overturn. **il a culbuté dans l'étang** he tumbled *ou* fell into the pond.
 2 *vt chaise etc* to upset, knock over; *personne* to knock over; (*fig*) *ennemi* to overwhelm; (*fig*) *ministère etc* to bring down, topple.

culbuteur [kylbytœʀ] *nm* (a) (*Tech*) [*moteur*] rocker arm. (b) [*benne*] tipper. (c) [*jouet*] tumbler.

culer [kyle] (1) *vi* (*Naut*) [*bateau*] to go astern; [*vent*] to veer astern. **brasser à ~** to brace aback.

culinaire [kylinɛʀ] *adj* culinary. **l'art ~** culinary art, the art of cooking.

culminant, e [kylminɑ̃, ɑ̃t] *adj* V **point¹**.

culminer [kylmine] (1) *vi* (a) [*sommet, massif*] to tower (*au-dessus de* above). **~ à** to reach its highest point at; **le Massif central culmine à 1.886 mètres au Puy de Sancy** the Massif Central reaches its highest point of 1,886 metres at the Puy de Sancy; **le Mont-Blanc culmine à 4.807 mètres** Mont Blanc reaches 4,807 metres at its highest point.
 (b) (*fig*) [*colère*] to reach a peak, come to a head.
 (c) (*Astron*) to reach its highest point.

culot [kylo] *nm* (a) (*: effronterie*) cheek*. **il a du ~** he has a lot of nerve *ou* cheek* (*Brit*), he has a brass neck‡; **tu ne manques pas de ~!** you've got a nerve!* *ou* a cheek!* (*Brit*).
 (b) [*ampoule*] cap; [*cartouche*] cap, base; [*bougie*] body; [*obus, bombe*] base.
 (c) (*résidu*) [*pipe*] dottle; (*Ind*) [*creuset*] residue.

culottage [kylotaʒ] *nm* [*pipe*] seasoning.

culotte [kylot] **1** *nf* (a) (*slip*) [*femme*] panties, knickers; [*homme*] underpants. **acheter 3 ~s** to buy 3 pairs of panties (*ou* underpants).
 (b) (*pantalon*) trousers (*Brit*), pants (*US*); (*Hist*) breeches; (*short*) shorts. **boutons de ~** trouser buttons.
 (c) (*Boucherie*) rump.
 (d) (*loc*) **baisser** *ou* **poser ~‡** (*lit*) to pull *ou* take one's knickers (*Brit*) *ou* pants (*US*) down; (*fig*) to back down; **chez eux c'est elle qui porte la ~** she wears the trousers in their house; **prendre une ~*** (*au jeu*) to come a cropper* (*Brit*), lose one's shirt, lose heavily; (*fig*) **trembler** *ou* **faire dans sa ~‡**, **mouiller sa ~‡** to wet oneself‡ (*fig*), pee one's pants‡ (*fig*), shake in one's shoes.

2: culotte de bain† (swimming *ou* bathing) trunks; **culotte(s) bouffante(s)** jodhpurs; (†) bloomers; **culotte(s) de cheval** riding breeches; **culotte(s) courte(s)/longue(s)** short/long trousers; **culotte de golf** plus fours, knickerbockers; (*péj Mil*) **culotte de peau: une (vieille) culotte de peau** a colonel Blimp.

culotté, e [kylote] (*ptp de* **culotter**) *adj* (a) (*) cheeky* (*Brit*), sassy* (*US*). (b) *pipe* seasoned; *cuir* mellowed.

culotter [kylote] (1) **1** *vt* (a) *pipe* to season. (b) (*rare*) *petit garçon* to put trousers on. **2 se culotter** *vpr* (a) [*pipe*] to season. (b) (*rare*) [*enfant*] to put one's trousers on.

culottier, -ière† [kylotje, jɛʀ] *nm,f* trouser maker, breeches maker†.

culpabilisation [kylpabilizasjɔ̃] *nf* (*action*) making guilty; (*état*) guilt.

culpabiliser [kylpabilize] (1) *vt:* **~ qn** to make sb feel guilty.

culpabilité [kylpabilite] *nf* guilt, culpability; V **sentiment**.

culte [kylt(ə)] *nm* (a) (*vénération*) cult, worship. **le ~ de Dieu** the worship of God; **le ~ du feu/du soleil** fire-/sun-worship; **avoir le ~ de** *justice* to make a cult *ou* religion of; *argent* to worship; **avoir un ~ pour qn** to (hero) worship sb; **rendre** *ou* **vouer un ~ à qn/la mémoire de qn** to worship sb/sb's memory.
 (b) (*pratiques*) cult; (*religion*) religion. **abandonner le/changer de ~** to give up/change one's religion; **le ~ catholique** the Catholic form of worship; **les objets du ~** liturgical objects; V **denier, liberté, ministre**.
 (c) (*office protestant*) (church) service. **assister au ~** to attend the (church) service.

cultivable [kyltivabl(ə)] *adj terrain* suitable for cultivation, cultivable.

cultivateur, -trice [kyltivatœʀ, tʀis] **1** *adj peuple* agricultural, farming (*épith*). **2** *nm,f* farmer. **3** *nm* (*machine*) cultivator.

cultivé, e [kyltive] (*ptp de* **cultiver**) *adj* (*instruit*) *homme, esprit* cultured, cultivated. **peu ~** of little culture.

cultiver [kyltive] (1) **1** *vt* (a) *jardin, champ* to cultivate. **~ la terre** to cultivate the soil, till *ou* farm the land; **des terrains cultivés** cultivated lands, lands under cultivation.
 (b) *céréales, légumes, vigne* to grow, cultivate.
 (c) (*exercer*) *goût, mémoire, don* to cultivate. **~ son esprit** to improve *ou* cultivate one's mind.
 (d) (*pratiquer*) *art, sciences, genre* to cultivate. (*iro*) **il cultive la grossièreté** he makes a point of being rude, he goes out of his way to be rude.
 (e) (*fréquenter*) *personne* to cultivate. **c'est une relation à ~** it's a connection which should be cultivated; **~ l'amitié de qn** to cultivate sb's friendship.
 2 se cultiver *vpr* to improve *ou* cultivate one's mind.

cultuel, -elle [kyltɥɛl] *adj:* **édifices ~s** places of worship; (*Admin*) **association ~le** religious organization.

culture [kyltyʀ] *nf* (a) [*champ, jardin*] cultivation; [*légumes*] growing, cultivating, cultivation. **méthodes de ~** farming methods, methods of cultivation; **~ mécanique** mechanized farming; **~ intensive/extensive** intensive/extensive farming; **pays de moyenne/grande ~** country with a medium-scale/large-scale farming system; **~ maraîchère/fruitière** vegetable/fruit farming; **~ de rapport, ~ commerciale** cash crop; **~ vivrière** food crop.
 (b) (*terres cultivées*) **~s** land(s) under cultivation, arable land.
 (c) [*esprit*] improvement, cultivation. **la ~ culture; la ~ occidentale** western culture; **~ scientifique/générale** scientific/general knowledge *ou* education; **~ classique** classical culture *ou* education; **~ de masse** mass culture.
 (d) **~ physique** physical culture *ou* training, P.T. (*Brit*); **faire de la ~ physique** to do physical training.
 (e) (*Bio*) **~ microbienne/de tissus** microbe/tissue culture; V **bouillon**.

culturel, -elle [kyltyʀɛl] *adj* cultural.

culturisme [kyltyʀism(ə)] *nm* body-building.

culturiste [kyltyʀist(ə)] *nmf* body-builder.

cumin [kymɛ̃] *nm* (*Culin*) caraway, cumin.

cumul [kymyl] *nm* (a) [*fonctions, charges*] plurality; [*avantages*] amassing; [*traitements*] concurrent drawing. **le ~ de fonctions est interdit** it is forbidden to hold more than one office at the same time *ou* concurrently; **le ~ de la pension de retraite et de cette allocation est interdit** it is forbidden to draw the retirement pension and this allowance at the same time *ou* concurrently.
 (b) (*Jur*) [*droits*] accumulation. **avec ~ de peines** sentences to run consecutively; **~ d'infractions** combination of offences.

cumulable [kymylabl(ə)] *adj fonctions* which may be held concurrently *ou* simultaneously; *traitements* which may be drawn concurrently *ou* simultaneously.

cumulard [kymylaʀ] *nm* (*péj*) *holder of several remunerative positions*.

cumulatif, -ive [kymylatif, iv] *adj* cumulative.

cumulativement [kymylativmɑ̃] *adv exercer des fonctions* simultaneously, concurrently; (*Jur*) *purger des peines* consecutively.

cumuler [kymyle] (1) *vt* (a) *fonctions* to hold concurrently *ou* simultaneously; *traitements* to draw concurrently *ou* simultaneously. **~ 2 traitements** to draw 2 separate salaries; **~ les fonctions de directeur et de comptable** to act simultaneously as manager and accountant, hold concurrently the positions of manager and accountant.
 (b) (*Jur*) *droits* to accumulate. (*Fin*) **calcul des intérêts cumulés** calculation of the interests accrued.

cumulo-nimbus [kymylonɛ̃bys] *nm* cumulonimbus.

cumulus [kymylys] *nm* cumulus (T). **~ de beau temps** (*pl*) fine-weather clouds; **~ d'orage** (*pl*) storm clouds.

cunéiforme [kyneifɔʀm(ə)] *adj* (a) *écriture, caractère* wedge-shaped, cuneiform (*T*). (b) (*Anat*) **les (os)** ~s the cuneiform bones (*of the tarsus*).

cupide [kypid] *adj* air greedy, filled with greed (*attrib*); *personne* grasping, greedy, moneygrubbing.

cupidement [kypidmã] *adv* greedily.

cupidité [kypidite] *nf* (*caractère: V* **cupide**) grasping nature; greed. (*défaut*) **la** ~ cupidity (*littér*), greed.

Cupidon [kypidɔ̃] *nm* Cupid.

cuprifère [kypʀifɛʀ] *adj* copper-bearing, cupriferous (*T*).

cupule [kypyl] *nf* (*Bot*) cupule; *[gland]* (acorn) cup.

curabilité [kyʀabilite] *nf* curability.

curable [kyʀabl(ə)] *adj* curable.

curaçao [kyʀaso] *nm* curaçao.

curaillon* [kyʀajɔ̃] *nm* (*péj*) priest.

curage [kyʀaʒ] *nm* [*fossé, égout*] clearing- *ou* cleaning-out; *[puits]* cleaning-out.

curare [kyʀaʀ] *nm* curare.

curatelle [kyʀatɛl] *nf* (*V* **curateur**) guardianship; trusteeship.

curateur, -trice [kyʀatœʀ, tʀis] *nm, f* [*mineur, aliéné*] guardian; *[succession]* trustee.

curatif, -ive [kyʀatif, iv] *adj* curative.

cure¹ [kyʀ] *nf* (a) (*traitement*) course of treatment. **une** ~ **(thermale)** ≃ a course of treatment ou a cure at a spa; **faire une** ~ **(thermale) à Vichy** to take the waters at Vichy; ~ **d'amaigrissement** slimming course (*Brit*), reducing treatment (*US*); ~ **de sommeil** hypnotherapy (*U*), sleep therapy (*U*).
(b) (*grande consommation de*) ~ **de: une** ~ **de fruits/de légumes/de lait** a fruit/vegetable/milk cure, a fruit-/vegetable-/milk-only diet; ~ **de repos** rest cure; **nous avons fait une** ~ **de théâtre, cet hiver** we had a positive orgy of theatregoing this winter.

cure² [kyʀ] *nf* (*littér, hum*) **n'avoir** ~ **de qch** to care little about sth, pay no attention to sth; **il n'en a** ~ he's not worried about that, he pays no attention to that; **je n'ai** ~ **de ces formalités** I've no time for these formalities.

cure³ [kyʀ] *nf* (*Rel*) (*fonction*) cure; (*paroisse*) cure, ≃ living (*Brit*); (*maison*) presbytery, ≃ vicarage. ~ **de village** village living *ou* cure.

cure- [kyʀ] *préf V* **curer**.

curé [kyʀe] *nm* parish priest. ~ **de campagne** country priest; **se faire** ~* to go in for the priesthood; (*péj*) **les** ~s clerics; **il n'aime pas les** ~s he hates clerics; **élevé chez les** ~s brought up by clerics; *V* **bouffer²**, **Monsieur**.

curée [kyʀe] *nf* (a) (*Chasse*) quarry. **donner la** ~ **aux chiens** to give the quarry to the hounds. (b) (*fig: ruée*) scramble (for the spoils). **se ruer** *ou* **aller à la** ~ to scramble for the spoils.

curer [kyʀe] (1) **1** *vt* (a) *fossé, égout* to clear *ou* clean out; *puits* to clean out; *pipe* to clean out, scrape out.
(b) **se** ~ **les dents/le nez** to pick one's teeth/nose; **se** ~ **les ongles/oreilles** to clean one's nails/ears.
2: **cure-dent** *nm, pl* **cure-dents** toothpick; **cure-ongles** *nm inv* nail-cleaner; **cure-oreille** *nm, pl* **cure-oreilles** earpick; **cure-pipe** *nm, pl* **cure-pipes** pipe cleaner.

curetage [kyʀtaʒ] *nm* curetting, curettage.

cureter [kyʀte] (5) *vt* to curette.

cureton [kyʀtɔ̃] *nm* (*péj*) priestling.

curette [kyʀɛt] *nf* (*Tech*) scraper; (*Méd*) curette.

curie¹ [kyʀi] *nf* (*Hist romaine*) curia; (*Rel*) Curia.

curie² [kyʀi] *nm* (*Phys*) curie.

curieusement [kyʀjøzmã] *adv* strangely, curiously, oddly, peculiarly.

curieux, -euse [kyʀjø, øz] **1** *adj* (a) (*intéressé*) **esprit** ~ inquiring mind; ~ **de tout** curious about everything; **il est particulièrement** ~ **de mathématiques** he's especially interested in *ou* keen on (*Brit*) mathematics; ~ **d'apprendre** keen to learn; **je serais** ~ **de voir/savoir** I'd be interested *ou* curious to see/know.
(b) (*indiscret*) curious, inquisitive, nosey*. **lancer un regard** ~ **sur qch** to glance inquisitively *ou* nosily* *ou* curiously at sth.
(c) (*bizarre*) coïncidence, individu, réaction strange, curious, funny. **ce qui est** ~**, c'est que ...** the funny *ou* strange *ou* curious thing is that ...; *V* **bête, chose**.
2 *nm* (*U: étrangeté*) **le** ~**, dans cette affaire** the funny *ou* strange thing in *ou* about this business; **le plus** ~ **de la chose** the funniest *ou* strangest thing *ou* the most curious thing about it.
3 *nm, f* (a) (*indiscret*) inquisitive person, nosey-parker* (*Brit*), busybody*. **petite** ~**euse!** little nosey-parker!* (*Brit*) *ou* **Nosy Parker*** (*US*), nosey little thing!*
(b) (*gén mpl: badaud*) (inquisitive) onlooker, bystander. **éloigner les** ~ to move the bystanders along; **venir en** ~ to come (just) for a look *ou* to have a look.

curiosité [kyʀjozite] *nf* (a) (*U: intérêt*) curiosity. ~ **intellectuelle** intellectual curiosity; **cette** ~ **de tout** this curiosity about (knowing) everything; **ayant eu la** ~ **d'essayer cette méthode ...** having been curious enough to try this method ... .
(b) (*U: indiscrétion*) curiosity, inquisitiveness, nosiness*. **des** ~s **malsaines** unhealthy curiosity; **par (pure)** ~ out of (sheer) curiosity; **poussé par la** ~ spurred on by curiosity; **la** ~ **est un vilain défaut** curiosity killed the cat.
(c) (*site, monument etc*) curious *ou* unusual sight *ou* feature; (*bibelot*) curio. **les** ~s **de la ville** (the interesting *ou* unusual) sights of the town; **un magasin de** ~s a curio *ou* curiosity shop; **cet objet n'a qu'une valeur de** ~ this object has only a curiosity value; **ce timbre est une** ~ **pour les amateurs** this stamp has a curiosity value for collectors.

curiste [kyʀist(ə)] *nmf* person taking the waters (*at a spa*).

curium [kyʀjɔm] *nm* curium.

curling [kœʀliŋ] *nm* curling.

curriculum vitae [kyʀikylɔmvite] *nm inv* curriculum vitae.

curry [kyʀi] *nm* curry. **poulet au** ~ curried chicken, chicken curry.

curseur [kyʀsœʀ] *nm* [*règle à calculer*] slide, cursor; *[fermeture éclair]* slider; *[ordinateur]* cursor.

cursif, -ive [kyʀsif, iv] *adj* (a) (*lié*) *écriture, lettre* cursive. **écrire en** ~ to write in cursive script. (b) (*rapide*) *lecture, style* cursory.

cursus [kyʀsys] *nm* degree course.

curule [kyʀyl] *adj*: **chaise** ~ curule chair.

curviligne [kyʀviliɲ] *adj* curvilinear.

cutané, e [kytane] *adj* skin (*épith*), cutaneous (*T*). **affection** ~e skin trouble; *V* **sous**.

cuti* [kyti] *nf abrév de* **cuti-réaction**.

cuticule [kytikyl] *nf* (*Bot, Zool*) cuticle.

cuti-réaction [kytiʀeaksjɔ̃] *nf* skin test. **faire une** ~ to take a skin test; *V* **virer**.

cuvage [kyvaʒ] *nm* [*raisins*] fermentation (*in a vat*).

cuve [kyv] *nf* [*fermentation, teinture*] vat; [*brasserie*] mash tun; [*mazout*] tank; [*eau*] cistern, tank; [*blanchissage*] laundry vat. (*Phot*) ~ **de développement** developing tank.

cuvée [kyve] *nf* (*contenu*) vatful; (*produit de toute une vigne*) vintage. **tonneaux d'une même** ~ barrels of the same vintage; **vin de la première** ~ wine from the first vintage; **la** ~ **1937** the 1937 vintage; *V* **tête**.

cuver [kyve] (1) **1** *vt*: ~ **son vin** to sleep it off*; ~ **sa colère** to sleep off *ou* work off one's anger. **2** *vi* [*vin, raisins*] to ferment.

cuvette [kyvɛt] *nf* (a) (*récipient portatif*) (*gén*) basin, bowl; (*pour la toilette*) washbowl. ~ **de plastique** plastic bowl.
(b) (*partie creuse*) [*lavabo*] washbasin, basin; [*évier*] basin; [*W.C.*] pan.
(c) (*Géog*) basin.
(d) [*baromètre*] cistern, cup.
(e) [*montre*] cap.

CV [seve] *nm* (*abrév de* **curriculum vitae**) CV.

cyanose [sjanoz] *nf* (*Méd*) cyanosis.

cyanosé, e [sjanoze] *adj* cyanotic (*T*). **avoir le visage** ~ to be blue in the face.

cyanure [sjanyʀ] *nm* cyanide.

cybernéticien, -ienne [sibɛʀnetisjɛ̃, jɛn] *nm, f* cyberneticist.

cybernétique [sibɛʀnetik] *nf* cybernetics (*sg*).

cyclable [siklabl(ə)] *adj*: **piste** ~ cycle track *ou* path (*Brit*).

cyclamen [siklamɛn] *nm* cyclamen.

cycle¹ [sikl(ə)] *nm* (a) (*révolution, Astron, Bio, Élec, Écon*) cycle.
(b) (*Littérat*) cycle. **le** ~ **breton** the Breton cycle; ~ **de chansons** song cycle.
(c) [*Scol*] ~ (**d'études**) academic cycle; (*Scol*) **premier/deuxième** ~ middle/upper school; (*Univ*) **premier** ~ first and second year; (*Univ*) **deuxième** ~ ≃ Final Honours; ~ **élémentaire** ≃ first five years of primary school (*Brit*), ≃ grades one through five (*US*); **étudiant de troisième** ~ ≃ postgraduate *ou* Ph.D. student; ~ **d'orientation** ≃ middle school (*transition classes*).

cycle² [sikl(ə)] *nm* (*bicyclette*) cycle. **l'industrie du** ~ the cycle industry; **magasin de** ~s cycle shop; **marchand de** ~s bicycle merchant *ou* seller; **tarif:** ~s **10 F, automobiles 45 F** charge: cycles and motorcycles 10 francs, cars 45 francs.

cyclique [siklik] *adj* cyclic(al).

cyclisme [siklism(ə)] *nm* cycling.

cycliste [siklist(ə)] **1** *adj*: **course/champion** ~ cycle race/champion; **coureur** ~ racing cyclist. **2** *nmf* cyclist.

cyclo-cross [siklɔkʀɔs] *nm* (*Sport*) cyclo-cross; (*épreuve*) cyclo-cross race.

cycloïdal, e, mpl -aux [siklɔidal, o] *adj* cycloid(al).

cycloïde [siklɔid] *nf* cycloid.

cyclomoteur [siklɔmɔtœʀ] *nm* moped, motorized bike *ou* bicycle.

cyclomotoriste [siklɔmɔtɔʀist(ə)] *nmf* moped rider.

cyclonal, e, mpl -aux [siklɔnal, o] *adj* cyclonic.

cyclone [siklon] *nm* (*Mét: typhon*) cyclone; (*Mét: zone de basse pression*) zone of low pressure; (*vent violent*) hurricane; (*fig*) whirlwind. **entrer comme un** ~ to sweep *ou* come in like a whirlwind; *V* **œil**.

cyclope [siklɔp] *nm* (*Myth*) **C**~ Cyclops; **travail de** ~ Herculean task.

cyclopéen, -éenne [siklɔpeɛ̃, ɛn] *adj* (*Myth*) cyclopean. **travail** ~ Herculean task.

cyclothymie [siklɔtimi] *nf* manic-depression, cyclothymia (*T*).

cyclothymique [siklɔtimik] *adj, nmf* manic-depressive, cyclothymic (*T*).

cyclo-tourisme [siklɔtuʀism(ə)] *nm* bicycle touring. **pour les vacances nous allons faire du** ~ we're going on a cycling tour during the holidays, we're going on a cycling holiday.

cyclotron [siklɔtʀɔ̃] *nm* cyclotron.

cygne [siɲ] *nm* swan. **jeune** ~ cygnet; ~ **mâle** cob; *V* **bec, chant¹, col**.

cylindrage [silɛ̃dʀaʒ] *nm* (*V* **cylindrer**) rolling; rolling up; pressing.

cylindre [silɛ̃dʀ(ə)] *nm* (a) (*Géom*) cylinder. ~ **droit/oblique** right (circular)/oblique (circular) cylinder; ~ **de révolution** cylindrical solid of revolution.
(b) (*rouleau*) roller; [*rouleau-compresseur*] wheel, roller. ~ **d'impression** printing cylinder; *V* **bureau, presse, serrure**.
(c) [*moteur*] cylinder. **moteur à 4** ~s **en ligne** straight-4 engine; **moteur à 6** ~s **en V** vee-six *ou* V6 engine; **moteur à 2** ~s **opposés** flat-2 engine; **une 6** ~s a 6-cylinder (car).

cylindrée [silɛ̃dʀe] *nf* [*moteur, cylindres*] capacity. **avoir une** ~ **de 1600 cm³** to have a capacity of 1600 ccs; **une voiture de grosse/petite** ~, **une grosse/petite** ~ a big-/small-engined car; **les**

petites ~s consomment peu cars with small engines *ou* small-engined cars don't use much (petrol).
cylindrer [silɛ̃dʀe] (1) *vt (former en cylindre) métal* to roll; *papier* to roll (up); (*presser, aplatir*) *linge* to press; *route* to roll.
cylindrique [silɛ̃dʀik] *adj* cylindrical.
cymbale [sɛ̃bal] *nf* cymbal; *V* coup.
cymbalier [sɛ̃balje] *nm* cymbalist.
cynégétique [sineʒetik] **1** *adj* cynegetic. **2** *nf* cynegetics (*sg*).
cynique [sinik] **1** *adj* cynical; (*Philos*) Cynic. **2** *nm* cynic; (*Philos*) Cynic.
cyniquement [sinikmɑ̃] *adv* cynically.
cynisme [sinism(ə)] *nm* cynicism; (*Philos*) Cynicism.
cynocéphale [sinɔsefal] *nm* dog-faced baboon, cynocephalus (*T*).

cynodrome [sinɔdʀom] *nm* greyhound track.
cyprès [sipʀɛ] *nm* cypress.
cypriote [sipʀijɔt] **1** *adj* Cypriot. **2** *nmf*: C~ Cypriot.
cyrillique [siʀilik] *adj* Cyrillic.
cystite [sistit] *nf* cystitis (*U*).
Cythère [sitɛʀ] *nf* Cythera.
cytise [sitiz] *nm* laburnum.
cytologie [sitɔlɔʒi] *nf* cytology.
cytologique [sitɔlɔʒik] *adj* cytological.
cytoplasme [sitɔplasm(ə)] *nm* cytoplasm.
czar [tsaʀ] *nm* = **tsar.**
czarewitch [tsaʀevitʃ] *nm* = **tsarévitch.**
czariste [tsaʀist(ə)] *adj* = **tsariste.**

D

D, d [de] *nm* (*lettre*) D, d; *V* **système.**
d' [d(ə)] *V* **de¹, de².**
da [da] *V* **oui.**
dab‡ [dab] *nm* (*père*) old man*, father.
d'abord [dabɔʀ] *loc adv V* **abord.**
dacquois, e [dakwa, waz] **1** *adj* of *ou* from Dax. **2** *nm,f*: D~(e) inhabitant *ou* native of Dax.
dacron [dakʀɔ̃] *nm* ® Dacron ®.
dactyle [daktil] *nm* (*Poésie*) dactyl; (*Bot*) cocksfoot.
dactylique [daktilik] *adj* dactylic.
dactylo [daktilo] *nf abrév de* **dactylographe, dactylographie.**
dactylographe [daktilɔgʀaf] *nf* typist.
dactylographie [daktilɔgʀafi] *nf* typing, typewriting. **elle apprend la ~** she's learning to type, she's learning typing.
dactylographier [daktilɔgʀafje] (7) *vt* to type (out).
dactylographique [daktilɔgʀafik] *adj* typing (*épith*).
dactyloscopie [daktiloskɔpi] *nf* fingerprinting methods.
dada¹ [dada] *nm* (**a**) (*langage enfantin: cheval*) horsy, gee-gee (*Brit langage enfantin*). **viens faire du ~ ou à ~** come and ride the gee-gee *ou* the horsy.
 (**b**) (*fig: marotte*) hobby-horse (*fig*). **enfourcher son ~** to get on one's hobby-horse, launch o.s. on one's pet subject.
dada² [dada] *adj* (*Art, Littérat*) Dada, dada.
dadais [dadɛ] *nm*: (**grand**) ~ awkward lump (of a youth) (*péj*); **espèce de grand ~!** you great lump! (*péj*).
dadaïsme [dadaism(ə)] *nm* dadaism.
dadaïste [dadaist(ə)] *adj, nmf* dadaist.
dague [dag] *nf* (**a**) dagger. (**b**) [*cerf*] spike.
daguerréotype [dagɛʀeɔtip] *nm* (*procédé*) daguerreotype; (*instrument*) daguerre photographic device.
daguet [dagɛ] *nm* young stag, brocket.
dahlia [dalja] *nm* dahlia.
dahoméen, -enne [daɔmeɛ̃, ɛn] **1** *adj* Dahomean. **2** *nm,f*: D~(ne) Dahomean.
Dahomey [daɔme] *nm* Dahomey.
daigner [deɲe] (1) *vt* to design, condescend. **il n'a même pas daigné nous regarder** he did not even deign to look at us; (*frm*) **daignez nous excuser** be so good as to excuse us.
daim [dɛ̃] *nm* (*gén*) (fallow) deer; (*mâle*) buck; (*peau*) buckskin, doeskin; (*cuir suédé*) suede. **chaussures en ~** suede shoes.
daine [dɛn] *nf* doe.
dais [dɛ] *nm* canopy.
Dakota [dakɔta] *nm*: **~ du Nord/du Sud** North/South Dakota.
dalaï-lama [dalajlama] *nm* Dalai Lama.
Dalila [dalila] *nf* Delilah.
dallage [dalaʒ] *nm* (*U: action*) paving, flagging; (*surface, revêtement*) paving, pavement.
dalle [dal] *nf* (**a**) [*trottoir*] paving stone, flag(stone). **une ~ de pierre** a stone slab; **~ funéraire** tombstone.
 (**b**) [*paroi de rocher*] slab.
 (**c**) (‡) **que ~** damn all‡ (*Brit*); **je n'y pige** *ou* **n'entrave que ~** I don't get it*, I can understand damn all‡ (*Brit*); **je n'y vois que ~** I can't see a ruddy‡ (*Brit*) *ou* damn‡ thing; **avoir la ~ en pente** to be a bit of a boozer‡; *V* **rincer.**
daller [dale] (1) *vt* to pave, lay paving stones *ou* flagstones on.
dalleur [dalœʀ] *nm* flag layer, paviour.
dalmate [dalmat] **1** *adj* Dalmatian. **2** *nm* (*Ling*) Dalmatian. **3** *nmf*: D~ Dalmatian.
Dalmatie [dalmasi] *nf* Dalmatia.
dalmatien, -ienne [dalmasjɛ̃, jɛn] *nm,f* (*chien*) Dalmatian.
daltonien, -ienne [daltɔnjɛ̃, jɛn] *adj* colour-blind.
daltonisme [daltɔnism(ə)] *nm* colour-blindness, daltonism (*T*).
dam [dɑ̃] *nm*: **au (grand) ~ de** (*au détriment de*) (much) to the detriment of; (*au déplaisir de*) to the (great) displeasure of.

damas [dama] *nm* (*tissu*) damask; (*acier*) Damascus steel, damask; (*prune*) damson.
Damas [dama] *n* Damascus; *V* **chemin.**
damasquinage [damaskinaʒ] *nm* damascening.
damasquiner [damaskine] (1) *vt* to damascene.
damassé, e [damase] (*ptp de* **damasser**) **1** *adj tissu* damask. **2** *nm* damask cloth.
damasser [damase] (1) *vt* to damask.
damassure [damasyʀ] *nf* damask design, damask effect.
dame [dam] *nm* **1** *nf* (**a**) (*gén: femme*) lady; (*: épouse*) wife. **il y a une ~ qui vous attend** there is a lady waiting for you; **votre ~ m'a dit que*** ... your wife told me that ...; **alors ma petite ~!*** now then, dear!; **vous savez, ma bonne ~!*** you know, my dear!; (*Jur*) **la ~ X** Mrs X; **pour ~s** *coiffeur, liqueur* ladies'; **de ~** *sac, manteau* lady's.
 (**b**) (*de haute naissance*) lady. **la première ~ de France** France's First Lady; **une grande ~** (*noble*) a highborn *ou* great lady; (*artiste*) a great lady (*de* of); **jouer les grandes ~s** to play the fine lady; **les belles ~s des beaux quartiers** the fashionable *ou* fine ladies of the best districts; (*hum*) **la ~ de ses pensées** his lady-love (*hum*).
 (**c**) (*Cartes, Échecs*) queen; (*Dames*) crown; (*Jacquet*) piece, man. **le jeu de ~s, les ~s** draughts (*Brit*), checkers (*US*); **aller à ~** (*Dames*) to make a crown; (*Échecs*) to make a queen; **la ~ de pique** the queen of spades.
 (**d**) (*Tech: hie*) beetle, rammer; (*Naut*) rowlock.
 2 *excl* (†) **~ oui/non!** why yes/no!, indeed yes/no!
 3: **dame catéchiste** catechism mistress, ≃ Sunday school teacher; **dame de charité** benefactress; **dame de compagnie** lady's companion; **dame d'honneur** lady-in-waiting; **dame-jeanne** *nf, pl* **dames-jeannes** demijohn; **dame patronnesse** patroness; **dame pipi**‡ lady toilet attendant.
damer [dame] (1) *vt* (**a**) *terre* to ram *ou* pack down; *neige* (*à ski*) to tread (down), pack (down); (*avec un rouleau*) to roll, pack (down). (*Ski*) **c'est bien damé** it's well pisted down. (**b**) *pion* (*Dames*) to crown; (*Échecs*) to queen. (*fig*) **~ le pion à qn** to get the better of sb, checkmate sb.
damier [damje] *nm* (*Dames*) draughtboard (*Brit*), checkerboard (*US*); (*dessin*) check (pattern). **en ~** à **~** chequered; **les champs formaient un ~** the fields were laid out like a draughtboard (*Brit*) *ou* like patchwork.
damnable [dɑnabl(ə)] *adj* (*Rel*) damnable; *passion, idée* despicable, abominable.
damnation [dɑnasjɔ̃] *nf* damnation. **~!†** damnation!, tarnation!† (*US*); *V* **enfer.**
damné, e [dɑne] (*ptp de* **damner**) **1** *adj* (*: maudit*) cursed*, confounded*†; *V* **âme. 2** *nm,f* damned person. **les ~s** the damned; **mener une vie de ~** to live the life of the damned; *V* **souffrir.**
damner [dɑne] (1) **1** *vt* to damn. **faire ~ qn*** to drive sb mad*, drive sb to drink*. **2 se damner** *vpr* to damn o.s. **se ~ pour qn** to risk damnation for sb.
Damoclès [damɔklɛs] *nm* Damocles; *V* **épée.**
damoiseau, *pl* **~x** [damwazo] *nm* (*Hist*) page, squire; (†, *hum*) young beau*.
damoiselle [damwazɛl] *nf* (*Hist*) damsel††.
dan [dan] *nm* (*Judo*) dan. **il est deuxième ~** he's a second dan.
Danaïdes [danaid] *nfpl V* **tonneau.**
dancing [dɑ̃siŋ] *nm* dance hall.
dandinement [dɑ̃dinmɑ̃] *nm* (*V* **dandiner**) waddle, waddling; lolloping about (*Brit*).
dandiner (se) [dɑ̃dine] (1) *vpr* [*canard*] to waddle; [*personne*] to lollop from side to side (*Brit*), waddle. **avancer** *ou* **marcher en se dandinant** to waddle along.
dandy† [dɑ̃di] *nm* dandy.
dandysme [dɑ̃dism(ə)] *nm* (*Hist*) dandyism.

Danemark [danmaʀk] *nm* Denmark.

danger [dɑ̃ʒe] *nm* (a) danger. **être en ~** to be in danger; **ses jours sont en ~** his life is in danger; **mettre en ~** to endanger, jeopardize; **en ~ de** in danger of; **il est en ~ de mort** he is in danger *ou* peril of his life; **courir un ~** to run a risk; **en cas de ~** in case of emergency; **ça n'offre aucun ~** it doesn't present any danger (*pour* to), it is quite safe (*pour* for); **il y a (du) ~ à faire cela** it is dangerous to do that, there is a danger in doing that; **il est hors de ~** he is out of danger; **cet automobiliste est un ~ public** that driver is a public menace; **les ~s de la route** road hazards; **sans ~** (*adj*) safe; (*adv*) safely; **attention ~!** look out!

(b) (*) (**il n'y a) pas de ~!** no way!*, no fear!*; **pas de ~ qu'il vienne!** there's no fear *ou* risk *ou* danger that he'll come *ou* of his coming.

dangereusement [dɑ̃ʒʀøzmɑ̃] *adv* dangerously.

dangereux, -euse [dɑ̃ʒʀø, øz] *adj* chemin, ennemi, doctrine, animal dangerous (*pour* to); entreprise dangerous, hazardous, risky. **zone ~euse** danger zone.

Daniel [danjɛl] *nm* Daniel.

danois, e [danwa, waz] **1** *adj* Danish. **2** *nm* (a) (*Ling*) Danish. (b) (*chien*) (**grand) ~** Great Dane. **3** *nm,f*: **D~(e)** Dane.

dans [dɑ̃] *prép* (a) (*lit, fig: lieu*) in; (*changement de lieu*) into, to; (*à l'intérieur de*) in, inside; (*dans des limites*) within. **il habite ~ l'Est/le Jura** he lives in the East/the Jura; **il n'habite pas ~ Londres même, mais en banlieue** he doesn't live in London itself, but in the suburbs; **le ministère est ~ la rue de Rivoli** the ministry is in the rue de Rivoli; **courir ~ l'herbe/les champs** to run around in *ou* run through the grass/fields; **il a plu ~ toute la France** it rained throughout France *ou* in all parts of France; **s'enfoncer/pénétrer ~ la forêt** to make one's way deep into/go into *ou* enter the forest; **ils sont partis ~ la montagne** they have gone off to the mountains; **elle erra ~ la ville/les rues/la campagne** she wandered through *ou* round *ou* about the town/the streets/the countryside; **ne marche pas ~ l'eau** don't walk in *ou* through the water; **il est tombé ~ la rivière** he fell into *ou* in the river; **~ le périmètre/un rayon très restreint** within the perimeter/a very restricted radius; **vous êtes ~ la bonne direction** you are going the right way *ou* in the right direction; **ils ont voyagé ~ le même train/avion** they travelled on the same train/plane; **mettre qch ~ un tiroir** to put sth in a drawer; **cherche ou regarde ~ la boîte** look inside *ou* in the box; **verser du vin ~ les verres** to pour wine into the glasses; **jeter l'eau sale ~ l'évier** to pour the dirty water down the sink; **~ le fond/le bas/le haut de l'armoire** at *ou* in the back/the bottom/the top of the wardrobe; **elle fouilla ~ ses poches/son sac** she went through her pockets/bag; **il reconnut le voleur ~ la foule/l'assistance** he recognized the thief in *ou* among the crowd/among the spectators; **il a reçu un coup de poing ~ la figure/le dos** he was punched *ou* he got a punch in the face/back; **il l'a lu ~ le journal/(l'œuvre de) Gide** he read it in the newspaper/in (the works of) Gide; **l'idée était ~ l'air** the idea had been in the air for some time; **qu'est-ce qui a bien pu se passer ~ sa tête?** what can have got into his head?, what can he have been thinking of?; **ce n'est pas ~ ses projets** he's not planning to do *ou* on doing that, that's not one of his plans; **il avait ~ l'idée ou l'esprit ou la tête que** he had a feeling that, he had it on his mind that; **elle avait ~ l'idée ou ~ la tête de faire** she had a mind to do; **il y a de la tristesse ~ son regard/sourire** there's a certain sadness in his eyes/smile.

(b) (*lieu: avec idée d'extraction*) out of, from. **prendre qch ~ un tiroir** to take sth out of *ou* from a drawer; **boire du café ~ une tasse/un verre** to drink coffee out of *ou* from a cup/glass; **la chèvre lui mangeait ~ la main** the goat ate out of his hand; **le chien a mangé ~ mon assiette** the dog ate off my plate; **bifteck ~ le filet** fillet steak; **il l'a appris/copié ~ un livre** he learnt/copied it from *ou* out of a book.

(c) (*temps: gén*) in. **il est ~ sa 6e année** he's in his 6th year; **~ ma jeunesse ou mon jeune temps** in my youth, in my younger days; **~ les siècles passés** in previous centuries; **~ les mois à venir** in the months to come *ou* the coming months; **~ le cours ou le courant de l'année** in the course of the year; *V* **temps¹, vie**.

(d) (*temps futur*) in; (*dans des limites*) within, inside, in (the course of). **il part ~ 2 jours/une semaine** he leaves in 2 days *ou* 2 days' time/a week *ou* a week's time; **~ combien de temps serez-vous prêt?** how long will it be before you are ready?; **il arrive ou il sera là ~ une minute ou un instant** he'll be here in a minute; **cela pourrait se faire ~ le mois/la semaine** it could be done within the month/week *ou* inside a month/week; **il mourut ~ l'heure qui suivit** he died within the hour; **je l'attends ~ la matinée/la nuit** I'm expecting him some time this morning/some time tonight, I'm expecting him (some time) in the course of the morning/night.

(e) (*état, condition, manière*) in. **être ~ les affaires/l'industrie/les textiles** to be in business/industry/textiles; **faire les choses ~ les règles** to work within the rules; **vivre ~ la misère/l'oisiveté/la peur** to live in poverty/idleness/fear; **être assis/couché ~ une mauvaise position** to be sitting/lying in an awkward position; **je l'aime beaucoup ~ cette robe/ce rôle** I really like her in that dress/part; **il était plongé ~ la tristesse/une profonde méditation** he was plunged in grief/plunged deep in thought; **ses idées sont ~ la plus grande confusion** his ideas are as confused as can be, his ideas are in a state of great confusion; **et ~ tout cela, qu'est-ce que vous devenez?** and with all this going on *ou* in the meantime how are things with you?; **il est difficile de travailler ~ ce bruit/ces conditions** it's difficult to work in this noise/these conditions; **~ le brouillard/l'obscurité** in fog/darkness, in the fog/the dark; **le camion passa ~ un bruit de ferraille** the lorry rattled past; **elles sortirent ~ un frou-frou de soie** they left in a rustle of silk; **il est ~ une mauvaise passe** he's going through a bad patch

(*Brit*); **il n'est pas ~ le complot/le secret** he's not in on the plot/secret; **elle n'est pas ~ un bon jour** it's not one of her good days, she's having *ou* it's one of her off days.

(f) (*situation, cause*) in, with. **~ sa peur, elle poussa un cri** she cried out in fright *ou* fear; **elle partit tôt, ~ l'espoir de trouver une place** she left early in the hope of finding *ou* hoping to find a seat; **~ ces conditions ou ce cas-là, je refuse** in that case *ou* if that's the way it is* I (shall) refuse; **il l'a fait ~ ce but** he did it with this aim in view; **~ sa hâte il oublia son chapeau** in his haste he forgot his hat.

(g) (*approximation*) **~ les** (*prix*) (round) about, (something) in the region of; (*temps, grandeur*) (round) about, something like, some; **cela vaut/coûte ~ les 50 F** it is worth/costs in the region of 50 francs *ou* (round) about 50 francs; **il faut compter ~ les 3 ou 4 mois (pour terminer)** we'll have to allow something like 3 or 4 months *ou* some 3 or 4 months (to finish off); **il vous faut ~ les 3 mètres de tissu** you'll need something like 3 metres of fabric *ou* about *ou* some 3 metres of fabric; **cette pièce fait ~ les 8 m²** this room is about *ou* some 8 m²; **il a ~ les 30 ans** he's about 30, he's 30 or thereabouts; **l'un ~ l'autre il s'y retrouve** all in all he manages to break even.

(h) (*introduisant un complément*) **mettre son espoir ~ qn/qch** to pin one's hopes on sb/sth; **avoir confiance ~ l'honnêteté de qn/le dollar** to have confidence in sb's honesty/the dollar; **c'est ~ votre intérêt de le faire** it's in your own interest to do it.

dansant, e [dɑ̃sɑ̃, ɑ̃t] *adj* mouvement, lueur dancing; musique lively. **thé ~** (early evening) dance; **soirée ~e** dance.

danse [dɑ̃s] *nf* (a) (*valse, tango etc*) dance. **la ~** (*art*) dancing, dance; (*action*) dancing; **~ folklorique** folk *ou* country dance; **~ du ventre** belly dance; **~ de guerre** war dance; **~ classique** ballet dancing; **ouvrir la ~** to open the dancing; **avoir la ~ de Saint Guy** (*Méd*) to have St Vitus's dance; (*fig*) to have the fidgets; **de ~** professeur, leçon dancing; musique dance; (*lit*) **entrer dans la ~** to join in the dance *ou* dancing; (*fig*) **si ton mari entre dans la ~ ...** if your husband decides to get involved *ou* to join in ...; *V* **mener, piste**.

(b) (: *volée*) belting‡, (good) hiding.

danser [dɑ̃se] (1) **1** *vi* (*gén*) to dance; *[ombre, flamme]* to flicker, dance; *[flotteur]* to bob (up and down), dance; *[bateau]* to pitch, dance. **faire ~ qn** to (have a) dance with sb; **après dîner il nous a fait ~** after dinner he got us dancing; **voulez-vous ~ (avec moi)?, vous dansez?** shall we dance?, would you like to dance?; (*fig*) **~ devant le buffet*** to have to sing for one's supper (*fig*); **~ de joie** to dance for joy.

2 *vt* to dance.

danseur [dɑ̃sœʀ] *nm* (*gén*) dancer; (*partenaire*) partner. **~ (classique ou de ballet)** ballet dancer; **~ étoile** (*Opéra*) principal dancer; **~ de corde** tightrope walker; **~ de claquettes** tap dancer.

danseuse [dɑ̃søz] *nf* (*gén*) dancer; (*partenaire*) partner. **~ (classique ou de ballet)** ballet dancer; **~ étoile** (*Opéra*) prima ballerina; **~ de cabaret** cabaret dancer; (*à vélo*) **en ~** standing on the pedals; (*lit*) **entretenir une ~** to keep a mistress; (*fig*) **l'État ne peut pas se permettre d'entretenir des ~s** the state cannot afford to support unprofitable ventures; *V* **premier**.

dantesque [dɑ̃tɛsk(ə)] *adj* Dantesque, Dantean.

Danube [danyb] *nm* Danube.

danubien, -ienne [danybjɛ̃, jɛn] *adj* Danubian.

dard [daʀ] *nm* [animal] sting; (*Mil†*) javelin, spear.

Dardanelles [daʀdanɛl] *nfpl*: **les ~** the Dardanelles.

darder [daʀde] (1) *vt* (a) (*lancer*) flèche to shoot. **le soleil dardait ses rayons sur la maison** the sun's rays beat down on the house; **darda un regard haineux sur son rival** he shot a look full of hate at his rival.

(b) (*dresser*) piquants, épines to point. **le clocher dardait sa flèche vers le ciel** the spire of the church tower thrust upwards into the sky.

dare-dare* [daʀdaʀ] *loc adv* double-quick*, like the clappers‡ (*Brit*). **accourir ~** to come belting up‡ (*Brit*), come running up double-quick* *ou* at the double.

darne [daʀn(ə)] *nf [poisson]* steak.

dartre [daʀtʀ(ə)] *nf* sore.

darwinien, -ienne [daʀwinjɛ̃, jɛn] *adj* Darwinian.

darwinisme [daʀwinism(ə)] *nm* Darwinism.

D.A.S.S. [das] *nf abrév de* **Direction de l'action sanitaire et sociale**; *V* **direction**.

datable [databl(ə)] *adj* dat(e)able. **manuscrit facilement ~** manuscript which can easily be dated.

datation [datasjɔ̃] *nf [contrat, manuscrit]* dating. **~ au carbone 14** carbon dating.

date [dat] *nf* date. **~ de naissance/mariage/paiement** date of birth/marriage/payment; **~ de péremption/clôture** expiry/closing date; **~ limite de vente** sell-by date; **à quelle ~ cela s'est-il produit?** on what date did that occur?; **à cette ~-là il était déjà mort** by that time *ou* by then he was already dead; **lettre en ~ du 23 mai** letter dated May 23rd; **~ limite** deadline; **à cette ~ il ne le savait pas encore** at that time he did not yet know about it; **j'ai pris ~ avec lui pour le 18 mai** I have set *ou* fixed a date with him for May 18th; **cet événement fait ~ dans l'histoire** this event stands out in *ou* marks a milestone in history; **sans ~** undated; **le premier en ~** the first *ou* earliest; **le dernier en ~** the latest *ou* most recent; **de longue ou vieille ~** (*adj*) long-standing; **de fraîche ~** (*adj*) recent; **connaître qn de longue ou vieille/fraîche ~** to have known sb for a long/short time.

dater [date] (1) **1** *vt* lettre, événement to date. **lettre datée du 6/de Paris** letter dated the 6th/from Paris; **non daté** undated.

2 *vi* (a) (*remonter à*) **~ de** to date back to, date from; **ça ne date pas d'hier** *[maladie]* it has been going a long time; *[amitié, situation]* it goes back a long way, it has a long history; *[objet]* it's as old as the hills; **à ~ de demain** as from tomorrow, from tomorrow onwards; **de quand date votre dernière rencontre?** when did you last meet?

(b) *(faire date)* **événement qui date dans l'histoire** event which stands out in *ou* marks a milestone in history.

(c) *(être démodé)* to be dated. **ça commence à ~** it's beginning to date.

dateur [datœʀ] *nm [montre]* date indicator. *(tampon)* **(timbre) ~** date stamp.

datif, -ive [datif, iv] *adj, nm* dative.

datte [dat] *nf (Bot, Culin)* date.

dattier [datje] *nm* date palm.

daube [dob] *nf (viande)* stew, casserole. **faire une ~ ou de la viande en ~** to make a (meat) stew *ou* casserole; **bœuf en ~** casserole of beef, beef stew, bœuf en daube.

dauber [dobe] (1) *vi (††, littér)* to jeer.

dauphin [dofɛ̃] *nm* **(a)** *(Zool)* dolphin. **(b)** *(Hist)* **le D~** the Dauphin. **(c)** *(fig: successeur)* heir apparent.

Dauphine [dofin] *nf* Dauphine, Dauphiness.

dauphinois, e [dofinwa, waz] *adj* of *ou* from the Dauphiné; *V* **gratin**.

daurade [dɔʀad] *nf* gilt-head, sea bream. **~ rose** red sea bream.

davantage [davɑ̃taʒ] *adv* **(a)** *(plus)* **gagner, acheter** more; *(négatif)* any more; *(interrogatif)* (any) more. **bien/encore/même ~** much/still/even more; **je n'en sais pas ~** I don't know any more (about it), I know no more nothing further (about it); **il s'approcha ~** he drew closer *ou* nearer; **en veux-tu ~?** do you want (any *ou* some) more?

(b) *(plus longtemps)* longer; *(négatif, interrogatif)* any longer. **sans s'attarder/rester ~** without lingering/staying any longer.

(c) *(de plus en plus)* more and more. **les prix augmentent chaque jour ~** prices go up more and more every day.

(d) **~ de** *(some)* more; *(négatif)* any more; **vouloir ~ de pain/temps** to want (some) more bread/time; **veux-tu ~ de viande?** do you want (any *ou* some) more meat?; **il n'en a pas voulu ~** he didn't want any more (of it).

(e) **~ que** *(plus)* more than; *(plus longtemps)* longer than; **tu te crois malin mais il l'est ~ (que toi)** you think you're sharp but he is more so than you *ou* but he is sharper (than you).

David [david] *nm* David.

davier [davje] *nm (Chirurgie)* forceps; *(Menuiserie)* cramp.

D.C.A. [desea] *nf (abrév de Défense contre avions)* anti-aircraft defence.

D.D.T. [dedete] *nm (abrév de Dichloro-Diphényl Trichloréthane)* DDT.

de¹ [d(ə)] *prép* (**d'** *devant voyelle ou h muet, contraction avec le, les:* **du, des**) **(a)** *(copule introduisant compléments après vb, loc verbale, adj, n)* **décider ~ faire** to decide to do, decide on doing; **éviter d'aller à Paris** to avoid going to Paris; **empêcher qn ~ faire** to prevent sb (from) doing; **il est fier ~ parler 3 langues** he is proud of being able *ou* of his ability to speak 3 languages; **c'est l'occasion ~ protester** this is an opportunity for protesting *ou* to protest; **avoir l'habitude ~ qch/~ faire** to be used to sth/to doing; **je ne vois pas l'intérêt d'écrire** I don't see the point of *ou* in writing; **content ~ faire qch/~ qch** pleased to do sth/with sth; **il est pressé ~ partir** he is in a hurry to go; **se souvenir/se servir ~ qch** to remember/use *ou* make use of sth; **il est difficile/impossible/agréable ~ faire cela** it is difficult/impossible/pleasant to do that; **il est amoureux d'elle** he is in love with her; **le bombardement ~ Londres** the bombing of London; **et elle ~ se moquer de nos efforts!** and she made fun of our efforts!; **et lui d'ajouter: 'jamais!'** 'never!' he added.

(b) *(déplacement, provenance)* from, out of, of; *(localisation)* in, on. **être/provenir/s'échapper ~** to be/come/escape from; **sauter du toit** to jump from *ou* off the roof; **en sortant ~ la maison** coming out of the house, on leaving the house; **~ sa fenêtre elle voit la mer** she can see the sea from her window; **il arrive du Japon** he has just arrived from Japan; **il y a une lettre ~ Paul** there's a letter from Paul; **nous recevons des amis du Canada** we have friends from Canada staying (with us); **(ce sont) des gens ~ la campagne/la ville** (they are) country folk/townsfolk, (they are) people from the country/town; **on apprend ~ Londres que ...** we hear *ou* it is announced from London that ...; **les magasins ~ Londres/Paris** the London/Paris shops, the shops in London/Paris; **des pommes ~ notre jardin** apples from our garden; **~ lui ou ~ sa part, rien ne m'étonne** nothing he does (ever) surprises me; **le train/l'avion ~ Londres** *(provenance)* the train/plane from London; *(destination)* the London train/plane, the train/plane for London; **les voisins du 2e (étage)** the neighbours on the 2nd floor; **né ~ parents pauvres** born of poor parents; **~ 6 qu'ils étaient (au départ) ils ne sont plus que 2** of *ou* out of the original 6 there are only 2 left; **le Baron ~ la Roche** Baron de la Roche; *V* **côté, près** *etc*.

(c) *(appartenance)* of, *souvent traduit par cas génitif*. **la maison ~ David/~ notre ami/~ nos amis/~ l'actrice** David's/our friend's/our friends'/the actress's house; **le mari ~ la reine d'Angleterre** the Queen of England's husband; **la patte du chien** the dog's paw; **le pied ~ la table** the leg of the table, the table leg; **le bouton ~ la porte** the door knob; **le pouvoir ~ l'argent** the power of money; **un ~ mes amis** a friend of mine, one of my friends; **un ami ~ mon père/des enfants** a friend of my father's/of the children's; **un ami ~ la famille** a friend of the family, a family friend; **il n'est pas ~ notre famille** he is no relation of ours; **le roi ~ France** the King of France; **l'attitude du Canada** Canada's attitude, the Canadian attitude; **un roman ~ Wells** a novel by Wells, a novel of Wells'; **la boutique du fleuriste/boulanger** the florist's/

baker's shop; **un programmeur d'IBM** *ou* **~ chez IBM** a programmer with IBM; **ses collègues ~ ou du bureau** his colleagues at work; **l'homme le plus riche du monde** the richest man in the world; **quel est le nom ~ cette fleur/cette rue/cet enfant?** what is this flower/street/child called?, what's the name of this flower/street/child?; **il a la ruse du renard** he's as cunning as a fox, he's got the cunning of a fox; **c'est bien ~ lui de sortir sans manteau** it's just like him *ou* it's typical of him to go out without a coat (on).

(d) *(gén sans article: caractérisation)* *gén rendu par des composés*. **vase ~ cristal** crystal vase; **robe ~ soie** silk dress; **robe ~ soie pure** dress of pure silk; **sac ~ couchage** sleeping bag; **permis ~ conduire** driving *(Brit)* ou driver's *(US)* licence; **une fourrure ~ prix** a costly *ou* an expensive fur; **la société ~ consommation** the consumer society; **un homme ~ goût/d'une grande bonté** a man of taste/great kindness; **un homme d'affaires** a businessman; **les journaux d'hier/du dimanche** yesterday's/the Sunday papers; **le professeur d'anglais** the English teacher, the teacher of English; **la route ~ Tours** the Tours road, the road for Tours; **une heure d'attente** an hour's wait, a wait of one hour; **les romanciers du 20e siècle** 20th-century novelists; **il est d'une bêtise!** he's so stupid! *ou* incredibly stupid!; **il est ~ son temps** he's a man of his time, he moves with the time; **il est l'homme du moment** he's the man of the moment *ou* of the hour; **être ~ taille** *ou* **~ force à faire qch** to be equal to doing sth, be up to doing sth*; **regard ~ haine/dégoût** look of hate/disgust; **3 jours ~ libres** 3 free days, 3 days free; **quelque chose ~ beau/cher** something lovely/expensive; **rien ~ neuf/d'intéressant** nothing new/interesting *ou* of interest; **le plus grand ~ sa classe** the biggest in his class; **le seul ~ mes collègues** the only one of my colleagues; **il y a 2 verres ~ cassés** there are 2 broken glasses *ou* glasses broken.

(e) *(gén sans article: contenu)* of. **une bouteille ~ vin/lait** a bottle of wine/milk; **une tasse ~ thé** a cup of tea; **une pincée/cuillerée ~ sel** a pinch/spoonful of salt; **une poignée ~ gens** a handful of people; **une collection ~ timbres** a stamp collection; **une boîte ~ bonbons** a box of sweets; **un car ~ touristes/d'enfants** a coachload *(Brit)* ou busload *(US)* ou coachful *(Brit)* of tourists/children.

(f) *(temps)* **venez ~ bonne heure** come early; **~ nos jours** nowadays, these days, in this day and age; **du temps où** in the days when, at a time when; **d'une minute/d'un jour à l'autre** *(incessamment)* any minute/day now; *(progressivement)* from one minute/day to the next; **~ jour** by day, during the day; **travailler ~ nuit** to work at night, work nights*; **cette semaine il est ~ nuit** this week he's on nightshift *ou* he's on nights*; **elle reçoit ~ 6 à 8** she's at home (to visitors) from 6 to 8; **3 heures du matin/~ l'après-midi** 3 (o'clock) in the morning/afternoon, 3 a.m./p.m.; **il n'a rien fait ~ la semaine/l'année** he hasn't done a thing all week/year; **~ (toute) ma vie je n'ai entendu pareilles sottises** I've never heard such nonsense in (all) my life; **~ mois en mois/jour en jour** from month to month/day to day; *V* **ici, suite**.

(g) *(mesure)* **une pièce ~ 6 m²** a room (measuring) 6 m²; **un enfant ~ 5 ans** a 5-year-old (child); **un bébé ~ 6 mois** a 6-month (-old) baby, a baby of 6 months; **elle a acheté 2 kg ~ pommes** she bought 2 kg of apples; **une table 2 mètres ~ large** a table 2 metres wide *ou* in width; **un rôti ~ 2 kg** a 2-kg joint, a joint weighing 2 kg; **une côtelette ~ 10 F** a chop costing 10 francs; **un chèque ~ 100 dollars** a cheque to the value of $100 *(Brit)*, a check in the amount of $100 *(US)*; **ce poteau a 5 mètres ~ haut** *ou* **~ hauteur/~ long** *ou* **~ longueur** this post is 5 metres high *ou* in height/long *ou* in length; **elle est plus grande que lui** *ou* **elle le dépasse ~ 5 cm** she is 5 cm taller than him *ou* she is taller than him by 5 cm; **une attente ~ 2 heures** a 2-hour wait; **un voyage ~ 3 jours** a 3-day journey, a 3 days' journey; **une promenade ~ 3 km/3 heures** a 3-km/3-hour walk; **il gagne 90 F ~ l'heure** he earns 90 francs an hour *ou* per hour; **ça coûte 30 F du mètre** it costs 30 francs a metre.

(h) *(moyen)* with, on, by. **frapper/faire signe ~ la main** to strike/make a sign with one's hand; **s'aider des deux mains/~ sa canne pour se lever** to help o.s. up with (the aid of) both hands/one's stick, get up with the help of both hands/one's stick; **je l'ai fait ~ mes propres mains** I did it with my own two hands; **vivre ~ charité/~ rien** to live on charity/nothing at all; **se nourrir ~ racines/fromage** to live on roots/cheese; **il vit ~ sa peinture** he lives by (his) painting; **faire qch ~ rien/d'un bout de bois** to make sth out of nothing/a bit of wood; **il fit 'non' ~ la tête** he shook his head.

(i) *(manière)* with, in, *souvent traduit par adv*. **aller** *ou* **marcher d'une allure paisible/d'un bon pas** to walk (along) unhurriedly/briskly; **connaître qn ~ vue/nom** to know sb by sight/name; **citer qch ~ mémoire** to quote sth from memory; **parler d'une voix émue/ferme** to speak emotionally/firmly *ou* in an emotional/a firm voice; **regarder qn d'un air tendre** to look at sb tenderly, give sb a tender look; **il me regarda ~ ses yeux doux** he looked at me with his gentle eyes; **il est pâle ~ teint** *ou* **visage** he has a pale complexion.

(j) *(cause, agent)* with, in, from. **mourir d'une pneumonie/~ vieillesse** to die of pneumonia/old age; **pleurer/rougir ~ dépit/~ honte** to weep/blush with vexation/with *ou* for shame; **~ colère** in anger; **la gifla ~** she slapped her in anger; **~ crainte** *ou* **peur de faire** for fear of doing; **être surpris/étonné ~ qch/~ voir** to be surprised/astonished at sth/at seeing *ou* to see; **être fatigué du voyage/~ répéter** to be tired from the journey/of repeating; **s'écrouler ~ fatigue** to be dropping (with fatigue); **elle rit ~ le voir si maladroit** she laughed to see him *ou* on seeing him so clumsy; **heureux d'avoir réussi** happy to have succeeded; **contrarié ~ ce qu'il se montre si peu coopératif** annoyed at his being so uncooperative.

(k) *(copule: apposition)* of, *souvent non traduit.* la ville ∼ Paris the town of Paris; le jour ∼ Pâques Easter Sunday *ou* Day; le jour ∼ Noël Christmas Day; le mois ∼ juin the month of June; le prénom ∼ Paul n'est plus si populaire the name Paul is not so popular these days; le terme ∼ 'franglais' the word 'franglais'; ton idiot ∼ fils that stupid son of yours, your clot of a son*; ce cochon ∼ temps nous gâche nos vacances this rotten weather is spoiling our holiday; un ∼ plus/∼ moins/∼ trop one more/less/too many.

de² [d(ə)] (d' *devant voyelle ou h muet, contraction avec le, les:* du, des) **1** *art partitif* **(a)** *(dans affirmation)* some *(souvent omis)*; *(dans interrogation, hypothèse)* any, some; *(avec nég)* any, no. boire du vin/∼ la bière/∼ l'eau to drink wine/beer/water; il but ∼ l'eau au robinet he drank some water from the tap; si on prenait ∼ la bière/du vin? what about some beer/wine?; acheter des pommes/ ∼ bonnes pommes to buy some apples/some good apples; il y a des gens qui aiment la poésie some people like poetry; cela demande du courage/∼ la patience this requires courage/patience; il faut manger du pain avec du fromage you should eat bread with cheese; donnez-nous ∼ vos nouvelles drop us a line, tell us what you're up to; je n'ai pas ∼ ses nouvelles depuis I haven't had (any) news from *ou* of him *ou* I haven't heard from *ou* of him since; au déjeuner, nous avons eu du poulet we had chicken for lunch; vous ne voulez vraiment pas ∼ vin? don't you really want any wine?; voudriez-vous du thé? would you like some tea?; voulez-vous du thé ou du café? would you like tea or coffee?; voulez-vous du pain/des œufs/∼ la farine? do you need (any) bread/ eggs/flour?; avez-vous du pain/des œufs/∼ la farine à me passer? do you have any bread/eggs/flour you could let me have?, I wonder if you could let me have some bread/eggs/flour?; on peut acheter ∼ la laine chez Dupont you can buy wool at Dupont's; j'ai acheté ∼ la laine I bought some wool; il n'y a plus d'espoir there is no hope left; il a joué du Chopin/des valses ∼ Chopin he played (some) Chopin/some Chopin waltzes; si j'avais ∼ l'argent, je prendrais des vacances if I had any *ou* some money, I'd take a holiday; ça, c'est ∼ du chantage/du vol! that's blackmail/robbery!; ça, c'est ∼ la veine!* what a piece *ou* stroke of luck!

(b) *(loc)* a, an. faire du bruit/des histoires to make a noise/a fuss; avoir ∼ l'humour to have a sense of humour; avoir du courage to have courage, be brave; donnez-moi du feu give me a light; on va faire du feu let's light the *ou* a fire; il y a ∼ la lumière, donc il est chez lui there's a light on, so he must be in.

2 *art indéf pl* **(a)** des, de some *(souvent omis)*; *(nég)* any, no; des enfants ont cassé les carreaux some children have broken the window panes; elle élève des chats mais pas de chiens she breeds cats but not dogs; j'ai des voisins charmants *ou* de charmants voisins I have charming neighbours; je n'ai pas de voisins I haven't (got) any neighbours, I have no neighbours; avoir des doutes sur to have doubts about.

(b) *(intensif)* elle est restée des mois et des mois sans nouvelles she was without (any) news for months and months, she went for months and months without (any) news; j'ai attendu des heures I waited (for) hours; nous n'avons pas fait des kilomètres we didn't exactly walk miles; ils en ont cueilli des kilogrammes (et des kilogrammes) they picked pounds (and pounds).

dé [de] *nm* **(a)** ∼ (à coudre) thimble; *(fig: petit verre)* tiny glass; *(fig)* ça tient dans un ∼ à coudre it will fit into a thimble.

(b) *(Jeux)* ∼ (à jouer) die, dice; ∼s dice; jouer aux ∼s to play dice; les ∼s sont jetés the die is cast; *(Culin)* couper des carottes en ∼s to dice carrots; V coup.

D.E.A. [deəa] *abrév de* diplôme d'études approfondies; V diplôme.

déambulateur [deãbylatœʀ] *nm* zimmer.

déambulatoire [deãbylatwaʀ] *nm* ambulatory.

déambuler [deãbyle] (1) *vi* to stroll, wander, saunter (about *ou* along).

débâcle [debakl(ə)] *nf [armée]* rout; *[régime]* collapse; *[glaces]* breaking up. c'est une vraie ∼! it's a complete disaster!; la ∼ de la livre (face au dollar) the collapse of the pound (against the dollar).

déballage [debalaʒ] *nm* **(a)** *(action) [objets]* unpacking. **(b)** *[marchandises]* display *(of loose goods)*. **(c)** *(*: paroles, confession)* outpouring.

déballer [debale] (1) *vt affaires* to unpack; *marchandises* to display, lay out; *(*)* vérité, paroles to let out; *(*)* sentiments to pour out, give vent to; *(*péj)* savoir to air (*péj)*.

déballonner(se)‡ [debalɔne] (2) *vpr* to chicken out*.

débandade [debãdad] *nf (déroute)* headlong flight; *(dispersion)* scattering. *(fig: fuite)* c'est la ∼ générale it's a general exodus; en ∼, à la ∼ in disorder; tout va à la ∼ everything's going to rack and ruin *ou* to the dogs*.

débander [debãde] (1) **1** *vt* **(a)** *(Méd)* to unbandage, take the bandage(s) off. ∼ les yeux de qn to remove a blindfold from sb's eyes.

(b) *arc, ressort* to relax, slacken (off).

(c) *(rare: mettre en déroute)* to rout, scatter.

2 *vi* (*****) to go limp. travailler 10 heures sans ∼‡ to work 10 hours without letting up*.

3 se débander *vpr [armée, manifestants]* to scatter, break up; *[arc, ressort]* to relax, slacken.

débaptiser [debatize] (1) *vt* to change the name of, rename.

débarbouillage [debaʀbujaʒ] *nm [visage]* washing.

débarbouiller [debaʀbuje] (1) **1** *vt visage* to wash. **2 se débarbouiller** *vpr* to wash (one's face).

débarbouillette [debaʀbujɛt] *nf (Can)* face cloth, flannel *(Brit)*.

débarcadère [debaʀkadɛʀ] *nm* landing stage.

débardage [debaʀdaʒ] *nm* unloading, unlading.

débarder [debaʀde] (1) *vt (Naut)* to unload, unlade.

débardeur [debaʀdœʀ] *nm (ouvrier)* docker, stevedore; *(vêtement)* slipover *(Brit)*, tank top.

débarquement [debaʀkəmã] *nm (V débarquer)* landing; unloading. navire *ou* péniche de ∼ landing craft *(inv)*; l'anniversaire du ∼ the anniversary of the Normandy landing.

débarquer [debaʀke] (1) **1** *vt* **(a)** *marchandises* to unload, land; *passagers* to land; *(Mil)* to land.

(b) (*: *congédier)* to sack*, turf* out *(Brit)*, kick out*. se faire ∼ to get the push*, get kicked out*, get turfed out* *(Brit)*.

2 *vi [passagers]* to disembark, land; *(Mil)* to land. il a débarqué chez mes parents hier soir* he turned up at my parents' place last night; tu débarques!* where have you been?*; je n'en sais rien, je débarque* I don't know, that's the first I've heard of it.

débarras [debaʀa] *nm* **(a)** *(pièce)* lumber room, junk room; *(placard, soupente)* junk hole* *(Brit)*, glory hole *(Brit)*, junk closet *(US)*. **(b)** bon ∼! good riddance!; il est parti, quel ∼! thank goodness he has gone!

débarrasser [debaʀase] (1) **1** *vt* **(a)** *local* to clear *(de* of). ∼ (la table) to clear the table; débarrasse le plancher* hop it!* *(Brit)*, make yourself scarce!*, beat it!*

(b) ∼ qn de *fardeau, manteau, chapeau* to relieve sb of; *habitude* to break *ou* rid sb of; *ennemi, mal* to rid sb of; *liens* to release sb from.

2 se débarrasser *vpr:* se ∼ de *objet, personne* to get rid of, rid o.s. of; *vêtement* to take off, remove; *sentiment* to rid o.s. of, get rid of, shake off; *mauvaise habitude* to break o.s. of, rid o.s. of.

débat [deba] *nm (discussion)* discussion, debate; *(polémique)* debate. ∼ intérieur inner struggle; *(Jur, Pol: séance)* ∼s proceedings, debates; *(Parl)* ∼ de clôture ≃ adjournment debate.

débâter [debate] (1) *vt bête de somme* to unsaddle.

débâtir [debatiʀ] (2) *vt (Couture)* to take out *ou* remove the tacking *ou* basting in.

débattre [debatʀ(ə)] (41) **1** *vt problème, question* to discuss, debate; *prix, traité* to discuss. le prix reste à ∼ the price has still to be discussed; à vendre 1 000 F à ∼ for sale (for) 1000 F or nearest offer.

2 se débattre *vpr (contre un adversaire)* to struggle *(contre* with); *(contre le courant)* to struggle *(contre* against); *(contre les difficultés)* to struggle *(contre* against, with), wrestle *(contre* with). se ∼ comme un beau diable *ou* comme un forcené to struggle like the very devil *ou* like one possessed.

débauchage [deboʃaʒ] *nm (licenciement)* laying off, dismissal.

débauche [deboʃ] *nf* **(a)** *(vice)* debauchery. mener une vie de ∼ to lead a debauched life *ou* a life of debauchery; scène de ∼ scene of debauchery; partie de ∼ orgy; V excitation, lieu.

(b) *(abondance)* ∼ de profusion *ou* abundance *ou* wealth of; ∼ de couleurs riot of colour.

débauché, e [deboʃe] **1** *(ptp de débaucher)* **1** *adj personne, vie* debauched. **2** *nm,f (viveur)* debauched person. c'est un ∼ he leads a debauched life.

débaucher [deboʃe] (1) **1** *vt* **(a)** (†: *corrompre)* to debauch, corrupt; (*: *inviter à s'amuser)* to entice away, tempt away.

(b) *(inviter à la grève)* to incite to strike; *(licencier)* to lay off, make redundant.

2 *vi (pointer à la sortie)* to clock out.

3 se débaucher *vpr* to turn to (a life of) debauchery, become debauched.

débaucheur [deboʃœʀ] *nm (V débaucher)* debaucher; tempter; strike agitator.

débaucheuse [deboʃøz] *nf (V débaucher)* debaucher; temptress; strike agitator.

débecter‡, **débéqueter**‡ [debɛkte] (1) *vt (dégoûter)* to disgust. ça me débecte it's disgusting, it makes me sick*.

débile [debil] *adj corps, membre* weak, feeble; *esprit* feeble; *santé* frail, poor; *enfant* sickly, weak; (*) *film, discours* pathetic*, stupid; (*) *raisonnement* moronic*. c'est un ∼ mental *(lit)* he is subnormal *ou* mentally deficient, he is a mental defective; *(péj)* he's a moron *(péj)*.

débilitant, e [debilitã, ãt] *adj (V débiliter)* debilitating; enervating; demoralizing.

débilité [debilite] *nf* (†: *faiblesse)* debility; *(péj) [propos, attitude]* stupidity. ∼ mentale mental deficiency; enfant atteint d'une ∼ légère mildly mentally-handicapped child.

débiliter [debilite] (1) *vt [climat]* to debilitate, enervate; *[milieu]* to enervate; *[propos]* to demoralize.

débinage* [debinaʒ] *nm* knocking*, slamming*, running down.

débine* [debin] *nf:* être dans la ∼ to be on one's uppers* *(Brit)*, be hard up; tomber dans la ∼ to fall on hard times.

débiner* [debine] (1) **1** *vt (dénigrer)* personne to knock*, run down. **2 se débiner** *vpr (se sauver)* to do a bunk* *(Brit)*, clear off*.

débineur, -euse* [debinœʀ, øz] *nm,f* backbiter*.

débit [debi] **1** *nm* **(a)** *(Fin)* debit; *[relevé de compte]* debit side. mettre *ou* porter 100 F au ∼ de qn to debit sb *ou* sb's account with 100 francs, charge 100 francs to sb's account; pouvez-vous me faire le *ou* mon ∼? can I pay for it please?

(b) *(Comm: vente)* turnover (of goods), sales. article qui a un bon/faible ∼ article which sells well/poorly; n'achète pas ton fromage dans cette boutique, il n'y a pas assez de ∼ don't buy your cheese in this shop, there isn't a big enough turnover; cette boutique a du ∼ this shop has a quick turnover (of goods).

(c) *[fleuve]* (rate of) flow; *[gaz, électricité]* output; *[pompe]* flow, outflow; *[tuyau]* discharge; *[machine]* output; *[moyen de transport: métro, téléphérique]* passenger flow. il n'y a pas assez de ∼ au robinet there is not enough flow out of the tap *ou* pressure in the tap.

(d) *(élocution)* delivery. un ∼ rapide/monotone a rapid/ monotonous delivery; elle a un sacré ∼* she has a long tongue, she's a great talker*.

(e) *(Menuiserie)* cutting up, sawing up. ∼ d'un arbre en rondins sawing up of a tree into logs.

2: débit de boissons (*petit bar ou café*) bar; (*Admin: terme générique*) drinking establishment; **débit de tabac** tobacconist's (shop) (*Brit*), tobacco *ou* smoke shop (*US*).

débitable [debitabl(ə)] *adj bois* which can be sawn *ou* cut up.

débitage [debitaʒ] *nm [bois]* cutting up, sawing up.

débitant, e [debitɑ̃, ɑ̃t] *nm, f*: ~ **(de boissons)** ≃ licensed grocer; ~ **(de tabac)** tobacconist (*Brit*), tobacco dealer (*US*).

débiter [debite] (1) *vt* **(a)** (*Fin*) *personne, compte* to debit. **pouvez-vous me** ~ **cet article?** can I pay for this item?

(b) (*Comm*) *marchandises* to retail, sell.

(c) *[usine, machine]* to produce. **ce fleuve/tuyau débite tant de m³ par seconde** the flow of this river/through this pipe is so many m³ per second.

(d) (*péj: dire*) *âneries* to utter, mouth; *insultes* to pour forth; *sermon* to spout, spiel off* (*US*). **il me débita tout cela sans s'arrêter** he poured all that out to me without stopping.

(e) (*tailler*) *bois* to cut up, saw up; *viande* to cut up.

débiteur, -trice [debitœʀ, tʀis] **1** *adj* (*Fin*) *solde* debit (*épith*); *personne, organisme* debtor (*épith*). **mon compte est** ~ **(de 50 F)** my account has a debit balance (of 50 francs) *ou* is (50 francs) in the red*.

2 *nm, f* (*Fin, fig*) debtor. (*Jur*) ~-**gagiste** lienee; (*lit, fig*) **être le** ~ **de qn** to be indebted to sb, be in sb's debt.

déblai [deblɛ] *nm* **(a)** (*nettoyage*) clearing; (*Tech: terrassement*) earth-moving, excavations. **(b)** ~**s** (*gravats*) rubble, debris (*sg*); (*terre*) earth.

déblaiement [deblɛmɑ̃] *nm [chemin, espace]* clearing.

déblatérer* [deblateʀe] (6) *vi* **(a)** (*médire*) ~ **contre** *ou* **sur** to go *ou* rant on about*. **(b)** (*dire des bêtises*) to drivel (on)*, talk twaddle* (*Brit*) *ou* rot* *ou* drivel*.

déblayage [deblɛjaʒ] *nm* **(a)** = **déblaiement**. **(b)** (*fig*) **le** ~ **d'une question** (doing) the spadework on a question.

déblayer [deblɛje] (8) *vt* **(a)** *décombres* to clear away, remove; *chemin, porte, espace* to clear; *pièce* to clear up, tidy up; (*Tech*) *terrain* to level off.

(b) *travail* to prepare, do the spadework on. (*fig: préparer*) ~ **le terrain** to clear the ground *ou* the way; (*déguerpir*) **déblaye (le terrain)!*** push off!* (*Brit*), get lost!*

déblocage [deblɔkaʒ] *nm* (*V* **débloquer**) freeing; releasing; unfreezing; unjamming; unblocking.

débloquer [deblɔke] (1) **1** *vt* **(a)** (*Fin*) *compte* to free, release; (*Écon*) *stocks, marchandises, crédits* to release; *prix, salaires* to unfreeze, free. **pour** ~ **la situation** in order to get things moving again.

(b) (*Tech*) *machine* to unjam; *écrou, freins* to release; *route* to unblock.

2 *vi* (‡) (*dire des bêtises*) to talk twaddle* (*Brit*) *ou* rot* *ou* drivel*; (*être fou*) to be off one's rocker‡.

débobiner [debɔbine] (1) *vt* (*Couture*) to unwind, wind off; (*Élec*) to unwind, uncoil.

déboires [debwaʀ] *nmpl* (*déceptions*) disappointments, heart-breaks; (*échecs*) setbacks, reverses; (*ennuis*) trials, difficulties.

déboisement [debwazmɑ̃] *nm [montagne]* deforestation; *[endroit, forêt]* clearing.

déboiser [debwaze] (1) *vt montagne* to deforest; *endroit, forêt* to clear of trees.

déboîtement [debwatmɑ̃] *nm* (*Méd*) dislocation; (*Aut: V* **déboîter**) pulling out; changing lanes.

déboîter [debwate] (1) **1** *vt membre* to dislocate; *porte* to take off its hinges; *tuyaux* to disconnect; *objet* to dislodge, knock out of place. **se** ~ **l'épaule** to dislocate one's shoulder.

2 *vi* (*Aut*) (*du trottoir*) to pull out; (*d'une file*) to change lanes, pull out; (*Mil*) to break rank.

débonnaire [debɔnɛʀ] *adj* (*bon enfant*) easy-going, good-natured; (†: *trop bon, faible*) soft, weak. **air** ~ kindly appearance.

débordant, e [debɔʀdɑ̃, ɑ̃t] *adj activité* exuberant; *enthousiasme, joie* overflowing, unbounded. (*Mil*) **mouvement** ~ outflanking manoeuvre.

débordé, e [debɔʀde] (*ptp de* **déborder**) *adj* overburdened. ~ **de travail** snowed under with work, up to one's eyes in work.

débordement [debɔʀdəmɑ̃] *nm* **(a)** *[rivière, liquide]* overflowing (*U*); *[liquide en ébullition]* boiling over (*U*); (*Mil, Sport*) outflanking (*U*). (*manifestation*) **afin d'éviter les** ~**s** to prevent demonstrators from getting out of hand.

(b) *[joie]* outburst; *[paroles, injures]* torrent, rush; *[activité]* explosion. ~ **de vie** bubbling vitality.

(c) (*débauches*) ~**s** excesses; **devant les** ~**s de son fils, il lui coupa les vivres** confronted with his son's excesses, he cut off his allowance.

déborder [debɔʀde] (1) **1** *vi* **(a)** *[récipient, liquide]* to overflow; *[fleuve, rivière]* to burst its banks, overflow; *[liquide bouillant]* to boil over. **les pluies ont fait** ~ **le réservoir** the rains caused the reservoir to overflow; **faire** ~ **le café** to let the coffee boil over; **tasse/boîte pleine à** ~ cup/box full to the brim *ou* to overflowing (*de* with); **l'eau a débordé du vase/de la casserole** the water has overflowed the vase/has boiled over the saucepan; **les vêtements qui débordaient de la valise** the clothes spilling out of the suitcase; **la foule débordait sur la chaussée** the crowd was overflowing onto the roadway; (*fig*) **cela a fait** ~ **le vase, c'est la goutte qui a fait** ~ **le vase** that was the last straw, that was the straw that broke the camel's back; (*fig*) **son cœur débordait, il fallait qu'il parle** his heart was (full to) overflowing and he just had to speak.

(b) (*fig*) ~ **de santé** to be bursting with health; ~ **de vitalité/joie** to be bubbling *ou* brimming over with vitality/joy, be bursting with vitality/joy; **son cœur débordait de reconnaissance** his heart was overflowing *ou* bursting with gratitude; ~ **de richesses** to be overflowing with riches.

2 *vt* **(a)** (*dépasser*) *enceinte, limites* to extend beyond; (*Mil, Pol,*

Sport) *ennemi* to outflank. **leur maison déborde les autres** their house juts out from the others; **la nappe doit** ~ **la table** the tablecloth should hang over *ou* overhang the edge of the table; **le conférencier/cette remarque déborde le cadre du sujet** the lecturer/that remark goes beyond the bounds of the subject; **il a débordé (le temps imparti)** he has run over (the allotted time); (*Mil, Pol, Sport*) **se laisser** ~ **sur la droite** to allow o.s. to be outflanked on the right.

(b) *couvertures, lit* to untuck. ~ **qn** to untuck sb *ou* sb's bed; **il s'est débordé en dormant** he *ou* his bed came untucked in his sleep.

(c) (*Couture*) *jupe, rideau* to remove the border from.

débotté [debɔte] *nm* (*frm*) **je ne peux pas répondre au** ~ I can't answer off the cuff; **donner une réponse au** ~ to give an off-the-cuff reply.

débotter [debɔte] (1) **1** *vt*: ~ **qn** to take off sb's boots. **2 se débotter** *vpr* to take one's boots off.

débouchage [debuʃaʒ] *nm [bouteille]* uncorking, opening; *[tuyau]* unblocking.

débouché [debuʃe] *nm* **(a)** (*gén pl*) (*Comm: marché*) outlet; (*carrière*) opening, prospect.

(b) *[défilé]* opening. **au** ~ **de la vallée** (dans la plaine) where the valley opens out (into the plain); **il s'arrêta au** ~ **de la rue** he stopped at the end of the street; **la Suisse n'a aucun** ~ **sur la mer** Switzerland has no outlet to the sea.

déboucher [debuʃe] (1) **1** *vt* **(a)** *lavabo, tuyau* to unblock.

(b) *bouteille de vin* to uncork, open; *carafe, flacon* to unstopper, take the stopper out of; *tube* to uncap, take the cap *ou* top off.

2 *vi* to emerge, come out. ~ **de** *[personne, voiture]* to emerge from, come out of; ~ **sur** *ou* **dans** *[rue]* to run into, open onto *ou* into; *[personne, voiture]* to come out onto *ou* into, emerge onto *ou* into; **sur quoi ces études débouchent-elles?** what does this course lead on to?; (*fig*) **cette discussion débouche sur une impasse** this discussion is approaching stalemate *ou* is leading up a blind alley; ~ **sur des mesures concrètes** to result in *ou* lead to concrete measures; **ne** ~ **sur rien** to end inconclusively.

3 se déboucher *vpr [bouteille]* to come uncorked; *[tuyau]* to unblock, come unblocked.

débouchoir [debuʃwaʀ] *nm [lavabo]* plunger, plumber's helper (*US*).

déboucler [debukle] (1) *vt ceinture* to unbuckle, undo. **je suis toute débouclée** my hair has all gone straight *ou* has gone quite straight, the curl has come out of my hair.

déboulé [debule] *nm* (*Danse*) déboulé; (*Courses*) charge. (*Chasse*) **au** ~ on breaking cover.

débouler [debule] (1) **1** *vi* **(a)** (*Chasse*) *[lapin]* to bolt. **(b)** (*dégringoler*) to tumble down. (*arriver*) ~ **chez qn*** to land on sb. **2** *vt* (*: dévaler*) *to belt down* (*Brit*), charge down. ~ **l'escalier** to come belting down (*Brit*) *ou* charging down the stairs*.

déboulonnage [debulɔnaʒ] *nm*, **déboulonnement** [debulɔnmɑ̃] *nm* (*V* **déboulonner**) removal of bolts (*de* from); sacking*, firing; discrediting, debunking.

déboulonner [debulɔne] (1) *vt* **(a)** *machine* to remove the bolts from, take the bolts out of. **(b)** (*) *haut fonctionnaire* (*renvoyer*) to sack*, fire; (*discréditer*) to discredit, bring down, debunk*; *député* to unseat.

débourber [debuʀbe] (1) *vt fossé* to clear of mud, clean out; *canal* to dredge; *véhicule* to pull out of the mud.

débours [debuʀ] *nm* (*dépense*) outlay. **pour rentrer dans ses** ~ to recover one's outlay; **sans** ~ **d'argent** without any financial outlay.

déboursement [debuʀsəmɑ̃] *nm* laying out, disbursement (*frm*).

débourser [debuʀse] (1) *vt* to pay out, lay out, disburse (*frm*). **sans** ~ **un sou** without paying *ou* laying out a penny, without being a penny out of pocket.

déboussoler* [debusɔle] (1) *vt* to disorientate. **il est complètement déboussolé** he is completely at sea, he is completely lost *ou* disorientated.

debout [dəbu] *adv, adj inv* **(a)** *personne* (*en position verticale*) standing (up); (*levé*) up. **être** *ou* **se tenir** ~ to stand; **être** ~ (*levé*) to be up; (*guéri*) to be up (and about); **se mettre** ~ to stand up, get up; **il préfère être** *ou* **rester** ~ he prefers to stand *ou* remain standing; **voulez-vous, je vous prie, rester** ~ will you please remain standing; **hier, nous sommes restés** ~ **jusqu'à minuit** yesterday we stayed up till midnight; **leur enfant se tient** ~ **maintenant** their child can stand (up) now; **il l'aida à se (re)mettre** ~ he helped him (back) up, he helped him (back) to his feet; ~, **il paraît plus petit** he looks smaller standing (up); **la pièce est si petite qu'on ne peut pas se tenir** ~ the room is so small that it's impossible to stand upright; **il est si fatigué, il tient à peine** ~ he is so tired he can hardly stand; **elle est** ~ **toute la journée** she is on her feet all day; **ces gens** ~ **nous empêchent de voir** we can't see for *ou* because of the people standing in front of us; ~**! get up!**, on your feet!; ~ **là-dedans!*** get up, you lot!*; *V* **dormir, magistrature**.

(b) *bouteille, meuble* (*position habituelle*) standing (up)(right); (*position inhabituelle*) standing (up) on end. **mettre qch** ~ to stand sth (up)(right); to stand sth (up) on end; **les tables,** ~ **le long du mur** the tables, standing (up) on end along the wall; **mets les bouteilles** ~ stand the bottles (up)(right).

(c) *édifice, mur* standing (*attrib*). (*fig*) **ces institutions sont** *ou* **tiennent encore** ~ these institutions are still going; **cette théorie/ce record est encore** ~ this theory/record still stands *ou* is still valid; **cette théorie tient** ~ **après tout** this theory holds up *ou* good after all; **ça ne tient pas** ~ **ce que tu dis** what you say doesn't stand up; **son histoire ne tient pas** ~ his story doesn't hold water.

débouté [debute] *nm* (*Jur*) ≃ nonsuit.

déboutement [debutmɑ̃] *nm* (*Jur*) ≃ nonsuiting.
débouter [debute] (1) *vt* (*Jur*) ≃ to nonsuit. ～ qn de sa plainte ≃ to nonsuit a plaintiff.
déboutonner [debutɔne] (1) **1** *vt* to unbutton, undo. **2 se déboutonner** *vpr* (**a**) *[personne]* to unbutton *ou* undo one's jacket (*ou* coat *etc*), unbutton *ou* undo o.s.; *[habit]* to come unbuttoned *ou* undone. (**b**) (*: se confier*) to open up*.
débraillé, e [debraje] (*ptp de* **débrailler**) **1** *adj* tenue, personne untidy, slovenly-looking; *manières* slovenly; *style* sloppy, slipshod. **2** *nm [tenue, manières]* slovenliness; *[style]* sloppiness. être en ～ to be half-dressed.
débrailler (se)* [debraje] (1) *vpr* to loosen one's clothing.
débranchement [debrɑ̃ʃmɑ̃] *nm* (*V* **débrancher**) disconnecting; unplugging; cutting (off); splitting up.
débrancher [debrɑ̃ʃe] (1) *vt* (*gén*) to disconnect; *appareil électrique* to unplug, disconnect; *téléphone* to cut off, disconnect; *courant* to cut (off), disconnect; *[Rail] wagons* to split up.
débrayage [debrɛjaʒ] *nm* (**a**) (*objet*) (*Aut*) clutch; *[appareil photo]* release button. (**b**) (*action*) *[moteur]* declutching, disengagement of the clutch; *[appareil photo]* releasing. (**c**) (*grève*) stoppage.
débrayer [debrɛje] (8) **1** *vi* (**a**) (*Aut*) to declutch (*Brit*), disengage the clutch; (*Tech*) to operate the release mechanism. (**b**) (*faire grève*) to stop work, come out on strike. le personnel a débrayé à 4 heures the staff stopped work at 4 o'clock. **2** *vt* (*Tech*) to release.
débridé, e [debride] (*ptp de* **débrider**) *adj* unbridled, unrestrained.
débridement [debridmɑ̃] *nm [instincts]* unbridling, unleashing; *[plaie]* lancing, incising.
débrider [debride] (1) *vt cheval* to unbridle; *volaille* to untruss; *plaie* to lance, incise. (*fig*) sans ～ non-stop.
débris [debri] *nm* (**a**) (*pl: morceaux*) fragments, pieces; (*décombres*) debris (*sg*); (*détritus*) rubbish (*U*). des ～ de verre/de vase fragments *ou* pieces of glass/of a vase; des ～ de métal scraps of metal.
(**b**) (*pl: fig littér: restes*) *[mort]* remains, left-overs, scraps; *[armée, fortune]* remains, remnants; *[état]* ruins; *[édifice]* ruins, remains.
(**c**) (*éclat, fragment*) fragment.
(**d**) (*péj: personne*) (**vieux**) ～ old wreck, old dodderer.
débrouillage [debrujaʒ] *nm* (*V* **débrouiller**) disentangling; untangling; sorting out; unravelling.
débrouillard, e* [debrujar, ard(ə)] *adj* (*malin*) smart*, resourceful.
débrouillardise* [debrujardiz] *nf*, **débrouille⁑** [debruj] *nf* smartness*, resourcefulness.
débrouillement [debrujmɑ̃] *nm* = **débrouillage**.
débrouiller [debruje] (1) **1** *vt* (**a**) (*démêler*) *fils* to disentangle, untangle; *papiers* to sort out; *problème* to sort out, untangle; *mystère* to unravel, disentangle.
(**b**) (*: éduquer*) ～ qn (*gén*) to teach sb how to look after himself (*ou* herself); (*à l'école*) to teach sb the basics; ～ qn en anglais/en informatique to teach sb the basics *ou* give sb a grounding in English/computing.
2 se débrouiller *vpr* to manage. **débrouillez-vous** you'll have to manage on your own *ou* sort things out yourself; il m'a laissé me ～ (tout seul) avec mes ennemis he left me to cope (alone) with my enemies; il s'est débrouillé pour obtenir la permission d'y aller he somehow managed to get permission to go, he wangled* permission to go; c'est toi qui as fait l'erreur, maintenant débrouille-toi pour la réparer you made the mistake so now sort it out yourself*; il faudra bien nous en ～ we'll have to sort it out; elle se débrouille en allemand she has a working knowledge of German, she can get by in German.
débroussaillement [debrusajmɑ̃] *nm [terrain]* clearing (*de* of); *[problème]* spadework (*de* on).
débroussailler [debrusaje] (1) *vt terrain* to clear (of brushwood); *problème* to do the spadework on.
débusquer [debyske] (1) *vt lièvre, cerf* to flush out, drive out (from cover); *personne* to drive out, chase out, flush out.
début [deby] *nm* (**a**) *[semaine, livre, action]* beginning, start; *[discours]* beginning, opening. du ～ à la fin from beginning to end, from start to finish; les scènes du ～ sont très belles the opening scenes are very beautiful; salaire de ～ starting salary; dès le ～ from the outset *ou* the start *ou* the (very) beginning; au ～ at first, in *ou* at the beginning; ～ février in early February; au ～ du mois prochain early next month, at the beginning of next month.
(**b**) ～s: ses ～s furent médiocres he made an indifferent start; à mes ～s (dans ce métier) when I started (in this job); ce projet en est encore à ses ～s the project is still in its early stages *ou* at the early stages; faire ses ～s dans le monde to make one's début in society; faire ses ～s sur la scène to make one's début *ou* one's first appearance on the stage.
débutant, e [debytɑ̃, ɑ̃t] **1** *adj* novice (*épith*). **2** *nm* (*gén*) beginner, novice; (*Théât*) debutant actor. leçon d'anglais pour ～s English lesson for beginners; grand/faux ～ en anglais absolute/virtual beginner in English. **3 débutante** *nf* (*gén*) beginner, novice; (*Théât*) debutant actress; *[haute société]* debutante.
débuter [debyte] (1) **1** *vi* (**a**) *[personne]* to start (out). ～ bien/mal to make a good/bad start, start well/badly; il a débuté (dans la vie) comme livreur he started (life) as a delivery boy; elle a débuté dans 'Autant en emporte le vent' she made her début *ou* her first appearance in 'Gone with the Wind'; il débute (dans le métier), soyez indulgent he is just starting (in the business) so don't be too hard on him; l'orateur a débuté par des excuses the speaker started (off) *ou* began *ou* opened by apologizing; ～ dans la monde to make one's début in society, come out; pour ～ to start (off) with.

(**b**) *[livre, concert, manifestation]* to start, begin, open (*par, sur* with).
2 *vt* (*) *semaine, réunion, discours* to start, begin, open (*par, sur* with). il a bien débuté l'année he has begun *ou* started the year well.
déca [deka] **1** *préf* deca. **2** *nm* (*: café*) decaffeinated coffee, decaf*.
deçà [dəsa] *adv* (**a**) en ～ de (on) this side of; (*fig*) short of; en ～ du fleuve/de la montagne this side of the river/of the mountain; en ～ de ses moyens within his means; en ～ d'une certaine intensité, on ne peut plus rien entendre below a certain intensity, one can no longer hear anything; ce qu'il dit est très en ～ de la vérité what he says is well short of the truth; tu vois la rivière, sa maison se trouve en ～ you see the river — his house is this side of it; au ～ de†† (on) this side of.
(**b**) (*littér*) ～, delà here and there, on this side and that.
décachetage [dekaʃtaʒ] *nm* unsealing, opening.
décacheter [dekaʃte] (4) *vt lettre* to unseal, open; *colis* to break open.
décade [dekad] *nf* (*décennie*) decade; (*dix jours*) period of ten days.
décadenasser [dekadnase] (1) *vt porte* to unpadlock, remove the padlock from.
décadence [dekadɑ̃s] *nf* (*processus*) decline, decadence, decay; (*état*) decadence. la ～ de l'empire romain the decline of the Roman empire; tomber en ～ to fall into decline; *V* grandeur.
décadent, e [dekadɑ̃, ɑ̃t] **1** *adj* (*gén*) decadent, declining, decaying; (*Art*) decadent. **2** *nm, f* decadent.
décaèdre [dekaɛdr(ə)] **1** *adj* decahedral. **2** *nm* decahedron.
décaféiner [dekafeine] (1) *vt* to decaffeinate. (café) décaféiné decaffeinated coffee, caffeine-free coffee.
décagonal, e, mpl -aux [dekagɔnal, o] *adj* decagonal.
décagone [dekagɔn] *nm* decagon.
décagramme [dekagram] *nm* decagram(me).
décaissement [dekɛsmɑ̃] *nm* payment.
décaisser [dekɛse] (1) *vt objet* to uncrate, unpack; *argent* to pay out.
décalage [dekalaʒ] *nm* (**a**) (*écart*) gap, interval; (*entre deux concepts*) gap, discrepancy; (*entre deux actions successives*) interval, time-lag (*entre* between). le ～ entre le rêve et la réalité the gap between dream and reality; il y a un ～ entre le coup de feu et le bruit de la détonation there is an interval *ou* a time-lag between the shot and the sound of the detonation; le ～ horaire entre l'est et l'ouest des USA the time difference between the east and west of the USA; (*en avion*) (fatigue due au) ～ horaire jet lag; mal supporter le ～ horaire to suffer from jet lag.
(**b**) (*déplacement d'horaire*) move forward *ou* back. il y a un ～ d'horaire/de date (*avance*) the timetable/date is brought forward; (*retard*) the timetable/date is put back.
(**c**) (*dans l'espace*) (*avancée*) jutting out; (*retrait*) standing back; (*déplacement*) *[meuble, objet]* shifting forward *ou* back.
décalaminage [dekalaminaʒ] *nm* decarbonization, decoking (*Brit*), decoke* (*Brit*).
décalaminer [dekalamine] (1) *vt* to decarbonize, decoke (*Brit*).
décalcification [dekalsifikasjɔ̃] *nf* decalcification.
décalcifier *vt*, **se décalcifier** *vpr* [dekalsifje] (7) to decalcify.
décalcomanie [dekalkɔmani] *nf* (*procédé, image*) transfer, decal. faire de la ～ to do transfers.
décaler [dekale] (1) *vt* (**a**) *horaire, départ, repas* (*avancer*) to bring *ou* move forward; (*retarder*) to put back. décalé d'une heure (*avancé*) brought *ou* moved forward an hour; (*retardé*) put back an hour.
(**b**) *pupitre, meuble* (*avancer*) to move *ou* shift forward; (*reculer*) to move *ou* shift back. décalez-vous d'un rang move forward (*ou* back) a row; une série d'immeubles décalés par rapport aux autres a row of buildings out of line with *ou* jutting out from the others.
(**c**) (*déséquilibrer*) *meuble, objet* to unwedge.
décalitre [dekalitr(ə)] *nm* decalitre.
décalogue [dekalɔg] *nm* Decalogue.
décalotter [dekalɔte] (1) *vt* to take the top off.
décalquage [dekalkaʒ] *nm* (*V* **décalquer**) tracing; transferring.
décalque [dekalk(ə)] *nm* (*dessin*: *V* **décalquer**) tracing; transfer; (*fig: imitation*) reproduction, copy.
décalquer [dekalke] (1) *vt* (*avec papier transparent*) to trace; (*par pression*) to transfer.
décamètre [dekamɛtr(ə)] *nm* decametre.
décamper* [dekɑ̃pe] (1) *vi* (*déguerpir*) to clear out* *ou* off*, decamp*. décampez d'ici! clear off!*, scram!⁑; faire ～ qn to chase sb out (*de* from).
décan [dekɑ̃] *nm* (*Astrol*) decan.
décanal, e, mpl -aux [dekanal, o] *adj* decanal.
décanat [dekana] *nm* (*dignité, durée*) deanship.
décaniller* [dekanije] (1) *vi* (*partir*) to clear out* *ou* off*, decamp*. il nous a fait ～ he sent us packing* (*de* from).
décantage [dekɑ̃taʒ] *nm*, **décantation** [dekɑ̃tasjɔ̃] *nf* (*V* **décanter, se décanter**) settling (and decanting); clarification.
décanter [dekɑ̃te] (1) **1** *vt liquide, vin* to settle, allow to settle (and decant). (*fig*) ～ ses idées to allow the dust to settle around one's ideas; il faut laisser ～ ce liquide pendant une nuit this liquid must be allowed to settle overnight.
2 se décanter *vpr [liquide, vin]* to settle; (*fig*) *[idées]* to become clear. il faut laisser les choses se ～, après on verra we'll have to let things clarify themselves *ou* we'll have to allow the dust to settle and then we'll see; attendre que la situation se décante to wait until the situation becomes clearer.
décanteur [dekɑ̃tœr] *nm* decanter (*Tech: apparatus*).
décapage [dekapaʒ] *nm* (*V* **décaper**) cleaning, cleansing; scouring; pickling; scrubbing; sanding; sandblasting; burning off; stripping.

décapant [dekapã] *nm (acide)* pickle, acid solution; *(abrasif)* scouring agent, abrasive; *(pour peinture)* paint stripper.

décaper [dekape] (1) *vt (gén)* to clean, cleanse; *(à l'abrasif)* to scour; *(à l'acide)* to pickle; *(à la brosse)* to scrub; *(au papier de verre)* to sand; *(à la sableuse)* to sandblast; *(au chalumeau)* to burn off; *(enlever la peinture)* to strip. **d'abord il faut bien ~ la surface de toute rouille** first you must clean the surface of any rust.

décapitation [dekapitasjõ] *nf [personne]* beheading.

décapiter [dekapite] (1) *vt personne* to behead; *(accidentellement)* to decapitate; *arbre* to top, cut the top off. *(fig)* **à la suite de l'attentat le parti s'est trouvé décapité** the party was left without a leader *ou* leaderless as a result of the attack.

décapode [dekapɔd] *nm* decapod. **~s** Decapoda.

décapotable [dekapɔtabl(ə)] *adj, nf:* **(voiture) ~** convertible.

décapoter [dekapɔte] (1) *vt:* **~ une voiture** to put down the roof *(Brit)* *ou* top *(US)* of a car.

décapsuler [dekapsyle] (1) *vt* to take the cap *ou* top off.

décapsuleur [dekapsylœʀ] *nm* bottle-opener.

décarcasser (se)* [dekaʀkase] (1) *vpr* to flog o.s. to death*, slog one's guts out‡, go to a hell of a lot of trouble* *(pour faire* to do; *pour qn* for sb).

décarreler [dekaʀle] (4) *vt* to take the tiles up from.

décasyllabe [dekasilab] **1** *adj* decasyllabic. **2** *nf* decasyllable.

décasyllabique [dekasilabik] *adj* = **décasyllabe**.

décathlon [dekatlõ] *nm* decathlon.

décathlonien, -ienne [dekatlɔnjɛ̃, jɛn] *nm, f* decathlete.

décati, e [dekati] *adj (péj) vieillard* decrepit, broken-down; *visage* aged; *beauté* faded; *immeuble, façade* shabby-looking.

décavé, e [dekave] *adj* **(a)** *(ruiné) joueur* ruined, cleaned out*; (*) *banquier* ruined. **(b)** (*: *hâve) visage* haggard, drawn.

décéder [desede] (6) *vi (frm)* to die. **M X, décédé le 14 mai** Mr X, who died on May 14th; **il est décédé depuis 20 ans** he died 20 years ago, he's been dead 20 years; **les biens des personnes décédées** the property of deceased persons *ou* of those who have died.

décelable [deslabl(ə)] *adj* detectable, discernible.

déceler [desle] (5) *vt* **(a)** *(trouver)* to discover, detect. **on a décelé des traces de poison** traces of poison have been detected; **on peut ~ dans ce poème l'influence germanique** the Germanic influence can be discerned *ou* detected in this poem. **(b)** *(montrer)* to indicate, reveal.

décélération [deseleʀasjõ] *nf* deceleration.

décembre [desɑ̃bʀ(ə)] *nm* December; *pour loc* V **septembre**.

décemment [desamɑ̃] *adv se conduire* decently. **j'arrivais à jouer ~ (du piano)** I managed to play (the piano) reasonably well *ou* quite decently; **je ne peux pas ~ l'accepter** I cannot decently *ou* properly accept it.

décence [desɑ̃s] *nf (bienséance)* decency, propriety; *(réserve)* (sense of) decency. **il aurait pu avoir la ~ de ...** he could *ou* might have had the decency to ... .

décennal, e, *mpl* **-aux** [desenal, o] *adj* decennial.

décennie [deseni] *nf* decade.

décent, e [desɑ̃, ɑ̃t] *adj (bienséant)* decent, proper; *(discret, digne)* proper; *(acceptable)* reasonable, decent. **je vais changer de robe pour être un peu plus ~** I am going to change my dress to look a bit more decent; **il eût été plus ~ de refuser** it would have been more proper to refuse.

décentrage [desɑ̃tʀaʒ] *nm* decentration.

décentralisateur, -trice [desɑ̃tʀalizatœʀ, tʀis] **1** *adj* decentralizing *(épith)*, decentralization *(épith)*. **2** *nm, f* advocate of decentralization.

décentralisation [desɑ̃tʀalizasjõ] *nf* decentralization.

décentraliser [desɑ̃tʀalize] (1) **1** *vt* to decentralize. **2 se décentraliser** *vpr [usine]* to be decentralized.

décentrement [desɑ̃tʀəmɑ̃] *nm*, **décentration** [desɑ̃tʀasjõ] *nf (Opt)* decentration; *(action)* decentring, throwing off centre.

décentrer [desɑ̃tʀe] (1) **1** *vt* to decentre, throw off centre. **2 se décentrer** *vpr* to move off centre.

déception [desɛpsjõ] *nf* disappointment, let-down*.

décérébrer [deseʀebʀe] (6) *vt* to decerebrate.

décernement [desɛʀnəmɑ̃] *nm* awarding.

décerner [desɛʀne] (1) *vt* **(a)** *prix, récompense* to give, award. **(b)** *(Jur)* to issue.

décès [desɛ] *nm* death, decease *(frm)*. **'fermé pour cause de ~'** 'closed owing to bereavement'; *V* **acte**.

décevant, e [desvã, ɑ̃t] *adj* **(a)** disappointing. **(b)** (††: *trompeur)* deceptive, delusive.

décevoir [desvwaʀ] (28) *vt* **(a)** **~ qn** to disappoint sb, let sb down. **(b)** (††: *tromper)* to deceive, delude.

déchaîné, e [deʃene] *(ptp de* **déchaîner**) *adj passions, flots, éléments* raging, unbridled, unleashed; *enthousiasme* wild, unbridled; *personne* wild; *foule* raging, wild; *opinion publique* furious. **il est ~ contre moi** he is furious *ou* violently angry with me.

déchaînement [deʃɛnmɑ̃] *nm* **(a)** *(V* **se déchaîner**) bursting out; explosion; breaking (out); eruption; flying into a rage. **(b)** *(état agité, violent) [flots, éléments, passions]* fury, raging. **un ~ d'idées/d'injures** a torrent of ideas/of abuse. **(c)** *(colère)* (raging) fury. **un tel ~ contre son fils** such an outburst of fury at his son.

déchaîner [deʃene] (1) **1** *vt* **(a)** *tempête, violence, passions, colère* to unleash; *enthousiasme ou joie* to arouse; *opinion publique* to rouse; *campagne* to give rise to. **~ l'hilarité générale** to give rise to general hilarity; **~ les huées/les cris/les rires** to raise a storm of booing/shouting/laughter. **(b)** *chien* to unchain, let loose. **2 se déchaîner** *vpr [fureur, passions]* to burst out, explode; *[rires]* to break out; *[tempête]* to break, erupt; *[personne]* to fly into a rage *(contre* against), loose one's fury *(contre* upon). **la tempête**

se déchaînait the storm was raging furiously; **la presse se déchaîna contre lui** the press loosed its fury on him.

déchant [deʃɑ̃] *nm (Mus)* descant.

déchanter [deʃɑ̃te] (1) *vi* to become disillusioned. **maintenant, il commence à ~** he is now becoming (somewhat) disillusioned.

décharge [deʃaʀʒ(ə)] *nf* **(a)** *(Élec)* **~ (électrique)** electrical discharge; **il a pris une ~ (électrique) dans les doigts** he got an electric shock in his fingers. **(b)** *(salve)* volley of shots, salvo. **on entendit le bruit de plusieurs ~s** a volley of shots was heard; **il a reçu une ~ de chevrotines dans le dos** he was hit in the back by a volley of buckshot. **(c)** *(Jur)* discharge; *(Comm: reçu)* receipt. *(Scol)* **~ (de service)** reduction in teaching load; **il faut me signer la ~ pour ce colis** you have to sign the receipt for this parcel for me; *(fig)* **il faut dire à sa ~ que** ... it must be said in his defence that ...; *V* **témoin**. **(d)** *(dépôt)* **~ (publique ou municipale)** rubbish tip *ou* dump *(Brit)*, garbage dump *(US)*. **(e)** *(Typ)* offset sheet. **(f)** *(Archit)* **voûte/arc de ~** relieving *ou* discharging vault/arch.

déchargement [deʃaʀʒəmɑ̃] *nm [cargaison, véhicule, arme]* unloading. **commencer le ~ d'un véhicule** to start unloading a vehicle.

décharger [deʃaʀʒe] (3) **1** *vt* **(a)** *véhicule, animal* to unload; *bagages, marchandises* to unload (*de* from). **je vais vous ~:** **donnez-moi vos sacs/votre manteau** let me unload *ou* unburden you — give me your bags/your coat. **(b)** *(soulager) conscience, cœur* to unburden, disburden *(auprès de* to). **~ sa colère** *ou* **bile** to vent one's anger *ou* spleen *(sur qn* (up)on sb). **(c)** *(Jur)* **~ un accusé** to discharge an accused person. **(d)** **~ qn de dette** to release sb from; *impôt* to exempt sb from; *responsabilité, travail, tâche* to relieve sb of, release sb from; **se ~ de ses responsabilités** to pass off one's responsibilities *(sur qn* onto sb); **il s'est déchargé sur moi du soin de prévenir sa mère** he loaded onto me *ou* handed over to me the job of telling his mother. **(e)** *arme (enlever le chargeur)* to unload; *(tirer)* to discharge, fire. **il déchargea son revolver sur la foule** he fired *ou* discharged his revolver into the crowd. **(f)** *(Élec)* to discharge. **la batterie s'est déchargée pendant la nuit** the battery has run down *ou* gone flat *ou* lost its charge overnight. **(g)** *(Tech) bassin* to drain off the excess of; *support, étai* to take the load *ou* weight off. **2** *vi* **(a)** *[tissu]* to lose its colour. **(b)** (‡) to come‡.

décharné, e [deʃaʀne] *(ptp de* **décharner**) *adj corps, membre* all skin and bone *(attrib)*, emaciated; *doigts* bony, fleshless; *visage* fleshless, emaciated; *squelette* fleshless; *(fig) paysage* bare.

décharner [deʃaʀne] (1) *vt (amaigrir)* to emaciate; *(rare: ôter la chair)* to remove the flesh from. **cette maladie l'a complètement décharné** this illness has left him mere skin and bone *ou* has left him completely emaciated.

déchaussé, e [deʃose] *(ptp de* **déchausser**) *adj personne* barefoot(ed); *pied* bare; *dent* loose; *mur* exposed.

déchaussement [deʃosmɑ̃] *nm [dent]* loosening.

déchausser [deʃose] (1) **1** *vt arbre* to expose *ou* lay bare the roots of; *mur* to lay bare the foundations of. **~ un enfant** to take a child's shoes off, take the shoes off a child. **2 se déchausser** *vpr [personne]* to take one's shoes off; *[dents]* to come *ou* work loose.

dèche‡ [dɛʃ] *nf:* **on est dans la ~, c'est la ~** we're flat broke*, we're on our uppers* *(Brit)*.

déchéance [deʃeɑ̃s] *nf* **(a)** *(morale)* decay, decline, degeneration; *(physique)* degeneration; *(Rel)* fall; *[civilisation]* decline, decay. **(b)** *(Pol) [souverain]* deposition, dethronement. *(Jur)* **~ de la puissance paternelle** loss of parental rights. **(c)** *(Fin)* remboursement par **~ du terme** repayment by acceleration.

déchet [deʃɛ] *nm* **(a)** *(restes, résidus)* **~s** *[viande, tissu]* scraps, waste *(U)*; *[épluchures]* peelings; *[ordures]* refuse *(U)*, rubbish *(U)*; **~s de viande/de métal** scraps of meat/metal; **~s domestiques/industriels** kitchen/industrial waste *(Brit)* *ou* wastes *(US)*; **~s nucléaires/radio-actifs** nuclear/radioactive waste; **va jeter les ~s à la poubelle** go and throw the rubbish in the dustbin *(Brit)*, go and throw the trash in the garbage can *(US)*. **(b)** *(reste) [viande, tissu, métal]* scrap, bit. **(c)** *(gén, Comm: perte)* waste, loss. **il y a du ~ (dans une marchandise etc)** there is some waste *ou* wastage *(Brit)*; *(fig: dans un examen)* there are (some) failures, there is (some) wastage (of students); *[viande]* **il y a du ~ ou des ~s** there's a lot of waste; **~ de route** loss in transit. **(d)** *(péj) (raté)* failure, wash-out*, dead loss*; *(épave)* wreck, dead-beat*. **les ~s de l'humanité** the dregs *ou* scum of humanity.

déchiffonner [deʃifɔne] (1) *vt* to smooth out, uncrease. **sa robe s'est déchiffonnée toute seule** the creases have come out of her dress (on their own).

déchiffrable [deʃifʀabl(ə)] *adj message* decipherable; *code* decodable, decipherable; *écriture* decipherable, legible.

déchiffrage [deʃifʀaʒ] *nm*, **déchiffrement** [deʃifʀəmɑ̃] *nm (V* **déchiffrer)** deciphering; decoding; sight-reading; unravelling, fathoming; reading.

déchiffrer [deʃifʀe] (1) *vt message, hiéroglyphe* to decipher; *code* to decode; *écriture* to make out, decipher; *(Mus)* to sight-read; *énigme* to unravel, fathom; *sentiment* to read, make out.

déchiffreur, -euse [deʃifʀœʀ, øz] *nm, f [code]* decoder; *[inscriptions, message]* decipherer.

déchiqueté, e [deʃikte] (*ptp de* **déchiqueter**) *adj montagne, relief, côte* jagged, ragged; *feuille* jagged(-edged); *corps* mutilated.
déchiqueter [deʃikte] (4) *vt* (*lit*) to tear *ou* cut *ou* pull to pieces *ou* shreds, shred; (*fig*) to pull *ou* tear to pieces. **la malheureuse victime fut déchiquetée par le train/l'explosion** the unfortunate victim was cut to pieces *ou* crushed by the train/blown to pieces by the explosion; **déchiqueté par un lion** mauled *ou* savaged by a lion.
déchiqueture [deʃiktyʀ] *nf* [*tissu*] slash; [*feuille*] notch. ∼**s** [*côte, montagne*] jagged *ou* ragged outline.
déchirant, e [deʃiʀɑ̃, ɑ̃t] *adj drame* heartbreaking, heartrending; *cri, spectacle* heartrending, harrowing; *douleur* agonizing, searing.
déchirement [deʃiʀmɑ̃] *nm* (a) [*tissu*] tearing, ripping; [*muscle, tendon*] tearing. (b) (*peine*) wrench, heartbreak. (c) (*Pol: divisions*) ∼**s** rifts, splits.
déchirer [deʃiʀe] (1) **1** *vt* (a) (*mettre en morceaux*) *papier, lettre* to tear up, tear to pieces; (*faire un accroc à*) *vêtement* to tear, rip; (*arracher*) *page* to tear out (*de* from); (*ouvrir*) *sac, enveloppe* to tear open; *bande de protection* to tear off; (*mutiler*) *corps* to tear to pieces. ∼ **un papier/tissu en deux** to tear a piece of paper/cloth in two *ou* in half.
(b) (*fig*) **leurs cris déchirèrent l'air/le silence** their cries rent the air/pierced the silence; **ce bruit me déchire les oreilles** that noise is ear-splitting; **cette toux lui déchirait la poitrine** his chest was racked by this cough; **un spectacle qui déchire (le cœur)** a heartrending *ou* harrowing sight; **elle est déchirée par le remords/la douleur** she is torn by remorse/racked by pain; **les dissensions continuent à ∼ le pays** the country continues to be torn (apart) by dissension, dissension is still tearing the country apart; ∼ **qn à belles dents** to tear *ou* pull sb to pieces.
2 se déchirer *vpr* [*vêtement*] to tear, rip; [*sac*] to burst. (*fig*) **le brouillard s'est déchiré** the fog has broken up; **attention, tu vas te ∼** be careful, you'll tear your coat (*ou* dress *etc*); **se ∼ un muscle** to tear a muscle; **se ∼ les mains** to graze *ou* skin one's hands; (*fig*) **son cœur se déchira** his heart broke; (*fig*) **ces deux êtres ne cessent de se ∼** these two people are constantly tearing each other apart.
déchirure [deʃiʀyʀ] *nf* [*tissu*] tear, rip, rent; [*ciel*] break *ou* gap in the clouds. ∼ **musculaire** torn muscle; **se faire une ∼ musculaire** to tear a muscle.
déchoir [deʃwaʀ] (25) *vi* (*frm*) (a) [*personne*] to lower o.s., demean o.s. **ce serait ∼ que d'accepter** you would be lowering *ou* demeaning yourself if you accepted; ∼ **de son rang** to fall from rank. (b) [*réputation, influence*] to decline, wane.
déchristianisation [dekʀistjanizɑsjɔ̃] *nf* dechristianization.
déchristianiser [dekʀistjanize] (1) *vt* to dechristianize.
déchu, e [deʃy] (*ptp de* **déchoir**) *adj roi* deposed, dethroned; (*Rel*) *ange, humanité* fallen. (*Jur*) **être ∼ de ses droits** to be deprived of one's rights, forfeit one's rights.
décibel [desibɛl] *nm* decibel.
décidé, e [deside] (*ptp de* **décider**) *adj* (a) (*résolu*) **maintenant je suis ∼** now I have made up my mind; **il est ∼ à agir** he is determined to act; **il est ∼ à tout** he is prepared to do anything; **il était ∼ à ce que je parte** he was determined that I should leave; **j'y suis tout à fait ∼** I am quite determined (to do it).
(b) (*volontaire*) *air, ton* determined, decided; *personne* determined; (*net, marqué*) *goût* decided, definite.
(c) (*fixe*) *question* settled, decided. **bon, c'est ∼ right**, that's settled *ou* decided then; **c'est une chose ∼e** the matter is settled.
décidément [desidemɑ̃] *adv* (*en fait*) certainly, undoubtedly, indeed. **oui, c'est ∼ une question de chance** yes, it is certainly *ou* undoubtedly *ou* indeed a matter of luck; (*intensif*) ∼, **je perds toujours mes affaires!** I'm ALWAYS losing my things, I lose EVERY-THING!; ∼, **tu m'ennuies aujourd'hui** you're really annoying me today, you ARE annoying me today; ∼, **il est cinglé*** he's really crazy *ou* touched*, there's no doubt about it — he's crazy *ou* touched*.
décider [deside] (1) **1** *vt* (a) [*personne*] (*déterminer, établir*) ∼ **qch** to decide on sth; **il a décidé ce voyage au dernier moment** he decided on this trip at the last moment; ∼ **que** to decide that; ∼ **de faire qch** to decide to do sth; **comment ∼ qui a raison?** how is one to decide who is right?; **c'est à lui de ∼** it's up to him to decide; **elle décida qu'elle devait démissionner** she decided *ou* came to the decision that she must resign; **les ouvriers ont décidé la grève/de faire grève/de ne pas faire grève** the workers decided on a strike/to go on strike/against a strike *ou* not to go on strike; **les mesures sont décidées en conseil des ministres** the measures are decided in the council of ministers.
(b) (*persuader*) [*personne*] to persuade; [*conseil, événement*] to decide, convince. ∼ **qn à faire** to persuade *ou* induce sb to do; **c'est moi qui l'ai décidé à ce voyage** I'm the one who persuaded *ou* induced him to go on this journey; **la bonne publicité décide les clients éventuels** good publicity convinces possible clients.
(c) [*chose*] (*provoquer*) to cause, bring about. **ces scandales ont finalement décidé le renvoi du directeur** these scandals finally brought about *ou* caused the manager's dismissal.
2 décider de *vt indir* (*être l'arbitre de*) to decide; (*déterminer*) to decide, determine. ∼ **de l'importance/de l'urgence de qch** to decide on the *ou* as to the importance/urgency of sth, decide how important/urgent sth is; **les résultats de son examen décideront de sa carrière** the results of his exam will decide *ou* determine his career; **le sort en a décidé autrement** fate has decided *ou* ordained *ou* decreed otherwise.
3 se décider *vpr* (a) [*personne*] to come to *ou* make a decision, make up one's mind. **se ∼ à qch** to decide on sth; **se ∼ à faire qch** to make up one's mind to do sth, make the decision to do sth; **je ne peux pas me ∼ à lui mentir** I cannot bring myself to lie to him, I

cannot make up my mind to lie to him; **se ∼ pour qch** to decide on *ou* in favour of sth, plump for sth.
(b) [*problème, affaire*] to be decided *ou* settled *ou* resolved. **la question se décide aujourd'hui** the question is being decided *ou* settled *ou* resolved today; **leur départ s'est décidé très vite** they very quickly decided to leave.
(c) [*temps*] (***) **est-ce qu'il va se ∼ à faire beau?** do you think it'll turn out fine after all?; **ça ne veut pas se ∼ it** won't make up its mind*.
décideur [desidœʀ] *nm* decision-maker. **avoir un rôle de ∼** to have a decision-making role.
décigramme [desigʀam] *nm* decigram(me).
décilitre [desilitʀ(ə)] *nm* decilitre.
décimal, e, *mpl* **-aux** [desimal, o] *adj, nf* decimal.
décimalisation [desimalizɑsjɔ̃] *nf* decimalization.
décimaliser [desimalize] (1) *vt* to decimalize.
décimation [desimɑsjɔ̃] *nf* decimation.
décimer [desime] (1) *vt* to decimate.
décimètre [desimɛtʀ(ə)] *nm* decimetre; **V double**.
décisif, -ive [desizif, iv] *adj argument, combat* decisive, conclusive; *intervention, influence* decisive; *moment* decisive, critical; *ton* decisive, authoritative. (*fig*) **tournant ∼** watershed (*fig*); **le facteur ∼** the deciding factor; **porter un coup ∼ au terrorisme** to deal terrorism a decisive blow.
décision [desizjɔ̃] *nf* (a) (*choix*) decision. **arriver à une ∼** to come to *ou* reach a decision; **prendre la ∼ de faire qch** to take the decision to do sth; **la ∼ appartient à X** the decision is X's; **soumettre qch à la ∼ de qn** to submit sth to sb for his decision; **l'architecte a soumis ses plans à la ∼ de l'administration** the architect submitted his plans to the administration for its decision; **V pouvoir²**.
(b) (*verdict*) decision. ∼ **administrative/gouvernementale** administrative/government decision; (*Sport*) **faire la ∼** to win the match; **vendu par ∼ judiciaire** sold by court order; **nommé à un poste de ∼** appointed to a decision-making job.
(c) (*qualité*) decision, decisiveness. **montrer de la ∼** to show decision *ou* decisiveness; **avoir l'esprit de ∼** to be decisive.
décisionnel, -elle [desizjɔnɛl] *adj rôle, responsabilité* decision-making.
déclamateur, -trice [deklamatœʀ, tʀis] (*péj*) **1** *adj* ranting, declamatory. **2** *nm, f* ranter, declaimer.
déclamation [deklamɑsjɔ̃] *nf* (*art*) declamation (*U*); (*péj*) ranting (*U*), spouting (*U*). **toutes leurs belles ∼s** all their grand ranting.
déclamatoire [deklamatwaʀ] *adj* (a) (*péj*) *ton* ranting, bombastic, declamatory; *style* bombastic, turgid. (b) (*littér*) *rythme* declamatory.
déclamer [deklame] (1) **1** *vt* to declaim; (*péj*) to spout. **2** *vi* (*péj*) to rant. (*littér*) ∼ **contre** to inveigh *ou* rail against.
déclarable [deklaʀabl(ə)] *adj* (*Douane*) *marchandise* declarable, dutiable; (*Impôts*) *revenus* declarable.
déclarant, e [deklaʀɑ̃, ɑ̃t] *nm, f* (*Jur*) informant.
déclaratif, -ive [deklaʀatif, iv] *adj* (*Jur*) declaratory; (*Ling*) declarative.
déclaration [deklaʀɑsjɔ̃] *nf* (a) (*manifeste, proclamation*) declaration; (*discours, commentaire*) statement; (*aveu*) admission; (*révélation*) revelation. **dans une ∼ télévisée** in a televised statement; **le ministre n'a fait aucune ∼** the minister did not make a statement; **je n'ai aucune ∼ à faire** I have no comment to make; **selon sa propre ∼, il était ivre** he himself admits that he was drunk, by his own admission he was drunk.
(b) (*amoureuse*) ∼ (**d'amour**) declaration of love; **faire une** *ou* **sa ∼ à qn** to make a declaration of love to sb, declare one's love to sb.
(c) (*Jur*) [*naissance, décès*] registration, notification; [*vol, perte, changement de domicile*] notification. **envoyer une ∼ de changement de domicile** to send notification of change of address; **faire une ∼ d'accident** (*à l'assurance*) to file an accident claim; (*à la police*) to report an accident; ∼ **en douane** customs declaration; ∼ **des droits de l'homme** declaration of the rights of man; ∼ **de faillite** declaration of bankruptcy; ∼ **de guerre** declaration of war; ∼ **d'impôts** tax declaration, statement of income; (*formulaire*) **tax return**; **faire sa ∼ d'impôts** to make out one's statement of income *ou* one's tax return, fill in one's tax return; ∼ **de principe** statement *ou* declaration of principle; ∼ **publique** public statement; ∼ **de revenus** statement of income; (*formulaire*) tax return; ∼ **sous serment** statement under oath.
déclaratoire [deklaʀatwaʀ] *adj* (*Jur*) declaratory.
déclaré, e [deklaʀe] (*ptp de* **déclarer**) *adj opinion* professed; *athée, révolutionnaire* declared, self-confessed; *ennemi* sworn, avowed; *intention* avowed, declared. **revenus non ∼s** undeclared income.
déclarer [deklaʀe] (1) **1** *vt* (a) (*annoncer*) to announce, state, declare; (*proclamer*) to declare; (*avouer*) to admit, confess to. ∼ **son amour (à qn)** to declare one's love (to sb), make a declaration of one's love (to sb); ∼ **la guerre à une nation/à la pollution** to declare war on a nation/on pollution; **le président déclara la séance levée** the chairman declared the meeting closed; ∼ **qn coupable/innocent** to find sb guilty/innocent.
(b) ∼ **que** ... to declare *ou* say that ...; **je vous déclare que je n'y crois pas** I tell you I don't believe it; **ils ont déclaré que nous avions menti** they claimed that we had lied.
(c) (*Admin*) *marchandises, revenus, employés* to declare; *naissance, décès* to register, notify. **le père doit aller ∼ l'enfant à la mairie** the father has to go and register the child at the town hall; ∼ **qn en faillite** to declare sb bankrupt; (*Douane*) **avez-vous quelque chose à ∼?** have you anything to declare?; **rien à ∼** nothing to declare.

2 se déclarer vpr (a) (se prononcer) to declare ou state one's opinion. **se ~ en faveur de l'intégration raciale** to declare o.s. ou profess o.s. in favour of racial integration; **se ~ pour/contre qch** to come out in favour of/against sth; **il s'est déclaré l'auteur de ces poèmes/crimes** he stated that he had written the poems/ committed the crimes; **se ~ satisfait** to declare o.s. satisfied; **il s'est déclaré offensé** he said he was offended; (Jur) **se ~ incompétent** to decline a jurisdiction.

(b) (apparaître) [incendie, épidémie] to break out.

(c) [amoureux] to make a declaration of one's love, declare ou avow (littér) one's love.

déclassé, e [deklase] (ptp de **déclasser**) adj (a) coureur relegated (in the placing); billet, wagon re-classed; hôtel downgraded. **il s'estimait ~ de jouer avec l'équipe B** he considered himself lowered in status ou downgraded to be playing with the B team.

(b) fiche, livre out of order (attrib).

déclassement [deklasmã] nm (V **déclasser**) fall ou drop in status; relegation (in the placing); change of class; downgrading; getting out of order.

déclasser [deklase] (1) vt (a) (socialement, dans une hiérarchie) to lower in status. **il se déclassait par de telles fréquentations** he was lowering himself socially ou demeaning himself by keeping such company; **il estimait qu'on l'avait déclassé en le mettant dans l'équipe B** he felt that he had suffered a drop in status ou that he had been downgraded by being put in the B team.

(b) (rétrograder) (Sport: au classement) coureur to relegate (in the placing); (Rail) voyageur to change the class of; (Admin) hôtel to downgrade.

(c) (déranger) fiches, livres to get out of order, put back in the wrong order.

déclenchement [deklãʃmã] nm (V **déclencher**) release; setting off; activating; launching; starting; opening.

déclencher [deklãʃe] (1) **1** vt (a) (actionner) ressort, mécanisme to release; sonnerie to set off, trigger off, activate; appareil-photo to work. **ce bouton déclenche l'ouverture/la fermeture de la porte** this button activates the opening/closing of the door.

(b) (provoquer) insurrection to launch, start; catastrophe, guerre, crise politique, réaction nerveuse to trigger off; violence to loose. **c'est ce mot qui a tout déclenché** this is the word which triggered everything off; **~ une grève** [meneur] to launch ou start a strike; [incident] to trigger off a strike.

(c) (Mil) tir to open; attaque to launch. **~ l'offensive** to launch the offensive.

2 se déclencher vpr [ressort, mécanisme] to release itself; [sonnerie] to go off; [attaque, grève] to start, begin; [catastrophe, crise, réaction nerveuse] to be triggered off.

déclencheur [deklãʃœʀ] nm (Tech) release mechanism. (Phot) **~ souple** cable release.

déclic [deklik] nm (bruit) click; (mécanisme) trigger mechanism. (mentalement) **ça a été le ~** it triggered something in my (ou his etc) mind.

déclin [deklɛ̃] nm (a) (affaiblissement; V **décliner 2**) decline; deterioration; waning; fading; falling off (de in). **le ~ du jour** the close of day; (littér) **au ~ de la vie** at the close of life, in the twilight of life (littér).

(b) (loc) **être à son ~** [soleil] to be setting; [lune] to be on the wane, be waning; **être sur le** ou **son ~** [malade] to be deteriorating ou on the decline; [acteur, homme politique] to be on the decline ou on the wane; **être en ~** [talent, prestige] to be on the decline ou on the wane; [forces, intelligence, civilisation, art] to be in decline ou on the wane.

déclinable [deklinabl(ə)] adj declinable.

déclinaison [deklinezõ] nf (Ling) declension; (Astron, Phys) declination.

déclinant, e [deklinã, ãt] adj (qui s'affaiblit; V **décliner 2**) declining; deteriorating; waning; fading; falling off.

décliner [dekline] (1) **1** vt (a) (frm: refuser) offre, invitation, honneur to decline, turn down, refuse. **la direction décline toute responsabilité en cas de perte ou de vol** the management accepts no responsibility ou refuses to accept responsibility for loss or theft of articles; (Jur) **~ la compétence de qn** to refuse to recognize sb's competence.

(b) (Ling) to decline. **ce mot ne se décline pas** this word does not decline.

(c) (frm: réciter) **~ son identité** to give one's personal particulars; **déclinez vos nom, prénoms, titres et qualités** state your name, forenames, qualifications and status.

2 vi (a) (s'affaiblir: gén) to decline; [malade, santé] to deteriorate, go downhill; [talent, forces, beauté, sentiment] to wane, fade; [vue] to deteriorate; [prestige, popularité] to wane, fall off.

(b) (baisser) [jour] to draw to a close; [soleil, lune] to be setting, go down; [astre] to set; (Tech) [aiguille aimantée] to deviate.

déclivité [deklivite] nf slope, incline, declivity (frm).

décloisonnement [deklwazɔnmã] nm decompartmentalization.

décloisonner [deklwazɔne] (1) vt to decompartmentalize.

déclouer [deklue] (1) vt caisse to open; planche to remove.

décocher [dekɔʃe] (1) vt (a) flèche to shoot, fire; coup de poing to throw; ruade to let fly. (b) (fig) œillade, regard to shoot, flash, dart; sourire to flash; remarque to fire, let fly.

décoction [dekɔksjõ] nf decoction.

décodage [dekɔdaʒ] nm (V **décoder**) decoding; cracking*; deciphering.

décoder [dekɔde] (1) vt code to decode, crack*; (TV, Ordin) to decode; message to decipher.

décodeur [dekɔdœʀ] nm (V **décoder**) decoder; decipherer.

décoiffer [dekwafe] (1) vt (a) (ébouriffer) **~ qn** to disarrange sb's

hair; **il s'est/le vent l'a décoiffé** he/the wind has disarranged ou messed up* his hair; **je suis toute décoiffée** my hair is in a mess ou is (all) messed up*.

(b) (ôter le chapeau) **~ qn** to take sb's hat off; **il se décoiffa** he took his hat off.

(c) (Tech) obus to uncap.

décoincement [dekwɛ̃smã] nm (gén) unjamming, loosening (de of); (Tech) removal of the wedge (de from).

décoincer [dekwɛ̃se] (3) vt (gén) to unjam, loosen. (Tech) **~ qch** to remove the wedge from sth.

décolérer [dekɔleʀe] (6) vi: **ne jamais ~** to be always in a temper; **il ne décolère pas depuis hier** he hasn't calmed down ou cooled off* since yesterday, he's still angry from yesterday.

décollage [dekɔlaʒ] nm (a) [avion] takeoff; [fusée] lift-off. **au ~** at take off; at lift-off. (b) [timbre] unsticking.

décollation [dekɔlasjõ] nf decapitation, beheading.

décollement [dekɔlmã] nm [timbre] unsticking; (Méd) [rétine] detachment.

décoller [dekɔle] (1) **1** vt (a) (gén) to unstick; (en trempant) timbre to soak off; (à la vapeur) timbre to steam off; lettre to steam open; V oreille.

(b) (*: se débarrasser de) créanciers, poursuivants to shake off. **quel raseur, je ne suis pas arrivé à m'en ~! ou le ~!** what a bore — I couldn't manage to shake him off! ou get rid of him!

2 vi (a) [avion, industrie, pays] to take off; [fusée] to lift off (de from).

(b) (*: maigrir) to lose weight.

(c) (*: partir) [gêneur] to budge, shift; [drogué] to get off*. **ce casse-pieds n'a pas décollé (d'ici) pendant deux heures** that so-and-so sat ou stayed here for two solid hours without budging*; (Sport) **~ du peloton** (en avant) to pull away from ou ahead of the bunch; (en arrière) to fall ou drop behind the bunch.

3 se décoller vpr [timbre] to come unstuck; (Méd) [rétine] to become detached.

décolletage [dekɔltaʒ] nm (a) [robe] (action) cutting out of the neck; (forme) (low-cut) neckline, décolletage. (b) (Agr) topping; (Tech) cutting (from the bar).

décolleté, e [dekɔlte] (ptp de **décolleter**) **1** adj robe low-necked, low-cut, décolleté; femme wearing a low-cut dress, décolleté (attrib). **robe ~e dans le dos** dress cut low at the back.

2 nm [robe] low neck(line), décolletage; [femme] (bare) neck and shoulders; (plongeant) cleavage.

3: **décolleté bateau** bateau ou boat neck; **décolleté plongeant** plunging neckline; **décolleté en pointe** V-neck.

décolleter [dekɔlte] (4) **1** vt (a) personne to bare ou reveal the neck and shoulders of; robe to cut out the neck of. (b) (Agr) to top; (Tech) to cut (from the bar). **2 se décolleter** vpr to wear a low-cut dress.

décolonisateur, -trice [dekɔlɔnizatœʀ, tʀis] **1** adj decolonization (épith), decolonizing (épith). **2** nm, f decolonizer.

décolonisation [dekɔlɔnizasjõ] nf decolonization.

décoloniser [dekɔlɔnize] (1) vt to decolonize.

décolorant, e [dekɔlɔʀã, ãt] **1** adj decolorizing (épith), bleaching (épith), decolorant (épith). **2** nm bleaching agent.

décoloration [dekɔlɔʀasjõ] nf (V **décolorer**) decoloration; bleaching, lightening; fading. **se faire faire une ~** to have one's hair bleached.

décoloré, e [dekɔlɔʀe] (ptp de **décolorer**) adj vêtement faded; cheveux bleached, lightened; teint, lèvres pale, colourless.

décolorer [dekɔlɔʀe] (1) **1** vt liquide, couleur to decolour, decolorize; cheveux to bleach, lighten; tissu (au soleil) to fade; (au lavage) to take the colour out of, fade.

2 se décolorer vpr [liquide, couleur] to lose its colour; [tissu] to fade, lose its colour. **elle s'est décolorée, elle s'est décoloré les cheveux** she has bleached ou lightened her hair.

décombres [dekõbʀ(ə)] nmpl rubble, debris (sg).

décommander [dekɔmãde] (1) **1** vt marchandise to cancel (an order for); invités to put off; invitation to cancel. **2 se décommander** vpr to cancel an appointment.

décomplexer [dekõplɛkse] (1) vt to rid of complexes.

décomposable [dekõpozabl(ə)] adj (V **décomposer**) that can be split up; that can be broken up; that can be factorized; decomposable; resoluble; that can be analysed ou broken down.

décomposer [dekõpoze] (1) **1** vt (a) (analyser) (gén) to split up ou break up into its component parts; (Math) nombre to factorize, express as a product of prime factors; (Chim) to decompose; (Phys) lumière to break up, split up; (Tech) forces to resolve; (Ling) phrase to analyse, break down, split up; problème, idée to dissect, break down. **l'athlète décomposa le mouvement devant nous** the athlete broke the movement up for us ou went through the movement slowly for us; **la phrase se décompose en 3 propositions** the sentence can be broken down ou split up ou analysed into 3 clauses.

(b) (défaire) visage to contort, distort. **l'horreur décomposa son visage** his face contorted ou was distorted with horror; **il était décomposé** he was looking very drawn.

(c) (altérer) viande to cause to decompose ou rot. **la chaleur décomposait les cadavres** the heat was causing the corpses to decompose ou to decay.

2 se décomposer vpr (a) (pourrir) [viande] to decompose, rot; [cadavre] to decompose, decay.

(b) [visage] to change dramatically. **à cette nouvelle il se décomposa** when he heard this news his face ou expression changed dramatically.

décomposition [dekõpozisjõ] nf (a) (V **décomposer**) splitting up; factorization; decomposition; breaking up; resolution; analysis; breaking down; dissection.

(b) (bouleversement) [visage] contortion.

(c) (pourriture) decomposition, decay. **cadavre en ~** corpse in a state of decomposition *ou* decay; **société/système en** ~ society/ system in decay.

décompresseur [dekɔprɛsœr] *nm* decompression tap; (*Aut*) decompressor.

décompression [dekɔprɛsjɔ̃] *nf* decompression.

décomprimer [dekɔprime] (1) *vt* to decompress.

décompte [dekɔt] *nm* (*compte*) detailed account, breakdown (of an account); (*déduction*) deduction. **faire le** ~ **des points** to count up *ou* tot up* (*surtout Brit*) the points; **vous voulez faire mon** ~? will you make out my bill (*Brit*) *ou* check (*US*)?

décompter [dekɔte] (1) **1** *vt* (*défalquer*) to deduct (*de* from). **2** *vi* [*horloge*] to strike *ou* chime at the wrong time.

déconcentration [dekɔ̃sɑ̃trɑsjɔ̃] *nf* (*Admin*) devolution, decentralization; (*Ind*) dispersal.

déconcentré, e [dekɔ̃sɑ̃tre] (*ptp de* **déconcentrer**) *adj* (a) (*Admin*) devolved, decentralized; (*Ind*) dispersed. (b) (*Sport*) who has lost concentration.

déconcentrer [dekɔ̃sɑ̃tre] (1) **1** *vt* (*Admin*) to devolve, decentralize; (*Ind*) to disperse. **2 se déconcentrer** *vpr* [*athlète*] to lose (one's) concentration.

déconcertant, e [dekɔ̃sɛrtɑ̃, ɑ̃t] *adj* disconcerting.

déconcerter [dekɔ̃sɛrte] (1) *vt* (*décontenancer*) to disconcert, confound, throw (out)*; (††: *déjouer*) to thwart, frustrate.

déconfit, e [dekɔ̃fi, it] *adj* (a) (*dépité*) personne, air, mine crestfallen, downcast. **avoir la mine** ~**e** to look downcast *ou* crestfallen. (b) (††: *battu*) defeated, discomfited†.

déconfiture* [dekɔ̃fityr] *nf* (*déroute*) (*gén*) failure, collapse, defeat; [*parti, armée*] defeat; (*financière*) (financial) collapse, ruin.

décongélation [dekɔ̃ʒelɑsjɔ̃] *nf* defrosting, unfreezing.

décongeler [dekɔ̃ʒle] (5) *vt* to defrost, unfreeze.

décongestionner [dekɔ̃ʒɛstjɔne] (1) *vt* (*Méd*) poumons to decongest, relieve congestion in; *malade* to relieve congestion in; (*fig*) *rue* to relieve congestion in; *services, aéroport, universités, administration* to relieve the pressure on.

déconnecter [dekɔnɛkte] (1) *vt* to disconnect.

déconner‡ [dekɔne] (1) *vi* (*dire des bêtises*) to talk twaddle (*Brit*) *ou* drivel *ou* a load of rubbish, blather; (*faire des erreurs*) [*personne*] to boob*, blunder; [*mal fonctionner*] [*machine*] to be on the blink*.

déconseiller [dekɔ̃seje] (1) *vt* to advise against. ~ **qch à qn/à qn de faire qch** to advise sb against sth/sb against doing sth; **c'est déconseillé** it's not advisable, it's inadvisable.

déconsidération [dekɔ̃siderɑsjɔ̃] *nf* discredit, disrepute.

déconsidérer [dekɔ̃sidere] (6) *vt* to discredit. **il s'est déconsidéré en agissant ainsi** he has discredited himself *ou* brought discredit upon himself by acting thus.

déconsigner [dekɔ̃siɲe] (1) *vt valise* to collect from the left luggage (*Brit*) *ou* baggage checkroom (*US*); *bouteille* to return the deposit on; *troupes* to release from 'confinement to barracks'.

décontamination [dekɔ̃taminɑsjɔ̃] *nf* decontamination.

décontaminer [dekɔ̃tamine] (1) *vt* to decontaminate.

décontenancer [dekɔ̃tnɑ̃se] (3) *vt* to disconcert, discountenance (*frm*).

décontracté, e [dekɔ̃trakte] (*ptp de* **décontracter**) *adj* (*détendu*) relaxed; (*: insouciant*) relaxed, cool*, laid-back*.

décontracter *vt*, **se décontracter** *vpr* [dekɔ̃trakte] (1) to relax.

décontraction [dekɔ̃traksjɔ̃] *nf* (*V décontracté*) relaxation; coolness, cool*.

déconvenue [dekɔ̃vny] *nf* (*déception*) disappointment.

décor [dekɔr] *nm* (a) (*Théât*) **le** ~, **les** ~**s** the scenery (*U*), the décor (*U*); ~ **de cinéma** film set; **quel beau** ~! what a lovely set!, what lovely scenery! *ou* décor!; **on dirait un** ~ **ou des** ~**s de théâtre** it looks like a stage setting *ou* a theatre set, it looks like scenery for a play; [*véhicule, conducteur*] **aller ou entrer dans le** ~* *ou* **les** ~**s** to drive off the road, drive into a ditch (*ou* tree *ou* hedge *etc*); **envoyer qn dans le** ~* *ou* **les** ~**s** to force sb off the road; *V* **changement**. (b) (*paysage*) scenery; (*arrière-plan*) setting; (*intérieur de maison*) décor (*U*), decorations. ~ **de montagnes** mountain scenery; **dans un** ~ **sordide de banlieue** in a sordid suburban setting; **dans un** ~ **de verdure** amid green scenery, in a setting of greenery; **photographié dans son** ~ **habituel** photographed in his usual setting.

décorateur, -trice [dekɔratœr, tris] *nm,f* (a) (*d'intérieurs*) (interior) decorator; *V* **ensemblier, peintre**. (b) (*Théât*) (*architecte*) stage *ou* set designer; (*exécutant, peintre*) set artist.

décoratif, -ive [dekɔratif, iv] *adj ornement* decorative, ornamental; *arts* decorative; (*:) personne* decorative.

décoration [dekɔrɑsjɔ̃] *nf* (a) (*action*) decoration. (b) (*gén pl: ornement*) decorations; (*ensemble des ornements*) decoration. ~**s de Noël** Christmas decorations; **j'admirais la** ~ **de cette église** I was admiring the decoration of the church. (c) (*médaille*) decoration. **poitrine bardée de** ~**s** chest weighed down with medals *ou* decorations.

décorder (se) [dekɔrde] (1) *vpr* (*Alp*) to unrope.

décorer [dekɔre] (1) *vt* (a) (*embellir*) (*gén*) to decorate; *robe* to trim. ~ **une maison pour Noël** to decorate a house for Christmas; **l'ensemblier qui a décoré leur appartement** the designer who did the (interior) decoration of their flat; (*fig*) ~ **qch du nom de** to dignify sth with the name of. (b) (*médailler*) to decorate (*de* with). **on va le** ~ (*gén*) he is to be decorated; (*Légion d'honneur*) he is to be made a member of the Legion of Honour; **un monsieur décoré** a gentleman with *ou* wearing a decoration.

décorner [dekɔrne] (1) *vt page* to smooth out; *animal* to dehorn; *V* **vent**.

décorticage [dekɔrtikaʒ] *nm* (*V décortiquer*) shelling; hulling; husking; dissection.

décortication [dekɔrtikɑsjɔ̃] *nf [arbre]* cleaning of the bark; (*Méd*) decortication.

décortiquer [dekɔrtike] (1) *vt* (a) *crevettes, amandes* to shell; *riz* to hull, husk; (*fig*) *texte* to dissect (in minute detail). (b) (*Méd*) *cœur* to decorticate. (c) (*Sylviculture*) to remove the bark of.

décorum [dekɔrɔm] *nm*: **le** ~ (*convenances*) the proprieties, decorum; (*étiquette*) etiquette.

décote [dekɔt] *nf* (*Fin*) [*devises, valeur*] below par rating; [*impôts*] tax relief.

découcher [dekuʃe] (1) *vi* to stay out all night, spend the night away from home.

découdre [dekudr(ə)] (48) **1** *vt* (a) *vêtement* to unpick (*Brit*), take the stitches out of; *bouton* to take off; *couture* to unpick (*Brit*), take out. (b) **en** ~ (*littér, hum: se battre*) to fight, do battle; (††: *se battre en duel*) to fight a duel. **2 se découdre** *vpr* [*robe*] to come unstitched; [*bouton*] to come off; [*couture*] to come apart.

découler [dekule] (1) *vi* (*dériver*) to ensue, follow (*de* from). **il découle de cela que** ... it ensues *ou* follows from this that ... .

découpage [dekupaʒ] *nm* (a) [*papier, gâteau*] cutting up; [*viande*] carving; [*image, métal*] cutting out. (b) (*image*) cut-out. **un cahier de** ~**s** a cut-out book; **faire des** ~**s** to make cut-out figures. (c) (*Ciné*) cutting. (d) (*Pol*) ~ **électoral** division into constituencies, distribution of constituencies (*Brit*), ≃ apportionment (*US*).

découpe [dekup] *nf* (a) (*Couture*) (*coupe*) cut; (*coupure*) cut-out. (b) [*bois*] cutting off (of upper part of tree).

découpé, e [dekupe] (*ptp de* **découper**) *adj relief, sommets, côte* jagged, indented; *feuille* jagged, serrate (*T*).

découper [dekupe] (1) *vt* (a) (*Culin*) *viande, volaille* to carve, cut (up); *gâteau* to cut (up). **couteau/fourchette à** ~ carving knife/fork. (b) *papier, tissu* to cut up; *bois* to jigsaw; *images, métal* to cut out. ~ **un article dans un magazine** to cut an article out of a magazine; *V* **scie**. (c) (*fig littér*) to indent. **les indentations qui découpent la côte** the indentations which cut into the coastline; **la montagne découpe ses aiguilles sur le ciel** the mountain's peaks stand out (sharp) against the sky; **sa silhouette se découpe dans la lumière** his figure stands out *ou* is outlined against the light.

découpeur, -euse [dekupœr, øz] **1** *nm,f* (*personne*) [*viande*] carver; [*métal*] cutter; [*bois*] jigsaw operator. **2 découpeuse** *nf* (*machine*) (*gén*) cutting machine; [*bois*] fretsaw, jigsaw.

découplé, e [dekuple] *adj athlète etc* **bien** ~ well-built, well-proportioned.

découpure [dekupyr] *nf* (a) (*forme, contour*) jagged *ou* indented outline. **la** ~ **de la côte est régulière** the coastline is evenly indented. (b) (*échancrures*) ~**s** [*côte*] indentations; [*arête*] jagged *ou* indented edge *ou* outline; [*dentelle, guirlande*] scalloped edge. (c) (*morceau*) bit *ou* piece cut out. ~**s de papier** cut-out bits of paper.

décourageant, e [dekuraʒɑ̃, ɑ̃t] *adj nouvelle* disheartening, discouraging; *élève, travail, situation* disheartening.

découragement [dekuraʒmɑ̃] *nm* discouragement, despondency.

décourager [dekuraʒe] (3) **1** *vt* (a) (*démoraliser*) to discourage, dishearten. **il ne faut pas se laisser** ~ **par un échec** one must not be discouraged *ou* disheartened by a setback. (b) (*dissuader*) to discourage, put off. **sa froideur décourage la familiarité** his coldness discourages familiarity; **pour** ~ **les malfaiteurs** to deter wrongdoers; ~ **qn de qch/de faire qch** to discourage sb from sth/from doing sth, put sb off sth/doing sth; ~ **qn d'une entreprise** to discourage *ou* deter sb from an undertaking, put sb off an undertaking. **2 se décourager** *vpr* to lose heart, become disheartened *ou* discouraged.

découronner [dekurɔne] (1) *vt roi* to dethrone, depose. (*fig*) *arbre* **découronné par la tempête** tree that has had its top *ou* its topmost branches blown off by the storm.

décousu, e [dekuzy] (*ptp de* **découdre**) **1** *adj* (*Couture*) unstitched; *style* disjointed, rambling, desultory; *idées* disconnected, unconnected; *dissertation, travail* scrappy, disjointed; *paroles, conversation* disjointed, desultory. **couture** ~**e** seam that has come unstitched *ou* unsewn; **ourlet** ~ hem that has come down *ou* come unstitched *ou* come unsewn. **2** *nm* [*style*] disjointedness, desultoriness; [*idées, raisonnement*] disconnectedness.

découvert, e [dekuvɛr, ɛrt(ə)] (*ptp de* **découvrir**) **1** *adj* (a) (*mis à nu*) corps, tête bare, uncovered; *V* **visage**. (b) (*sans protection*) lieu open, exposed. **en terrain** ~ in open country *ou* terrain; **allée** ~**e** open avenue. (c) (*loc*) ~: **être à** ~ **dans un champ** to be exposed *ou* without cover in a field; **la plage laissée à** ~ **par la marée** the beach left exposed by the tide; (*fig*) **parler à** ~ to speak frankly *ou* openly; **agir à** ~ to act openly; **mettre qch à** ~ to expose sth, bring sth into the open. **2** *nm* (*Fin*) [*firme, compte*] overdraft; [*caisse*] deficit; [*objet assuré*] uncovered amount *ou* sum. ~ **du Trésor** Treasury deficit; ~ **bancaire** bank overdraft; ~ **budgétaire** budget deficit; ~ **de trésorerie** cash deficit; **tirer de l'argent à** ~ to overdraw one's account; **crédit à** ~ unsecured credit; **vendre à** ~ to sell short; **vente à** ~ short sale. **3 découverte** *nf* (a) discovery. **aller ou partir à la** ~**e** to go off in a spirit of discovery; **aller à la** ~**e de** to go in search of.

(b) (*Art, Phot*) background.
découvreur, -euse [dekuvʀœʀ, øz] *nm, f* discoverer.
découvrir [dekuvʀiʀ] (18) **1** *vt* **(a)** (*trouver*) *trésor, loi scientifique, terre inconnue* to discover; *indices, complot* to discover, unearth; *cause, vérité* to discover, find out, unearth; *personne cachée* to discover, find. **~ que** to discover *ou* find out that; **il veut ~ comment/pourquoi c'est arrivé** he wants to find out *ou* discover how/why it happened; **je lui ai découvert des qualités insoupçonnées** I have discovered some unsuspected qualities in him; **elle s'est découvert un cousin en Amérique/un talent pour la peinture** she found out *ou* discovered she had a cousin in America/a gift for painting; **c'est dans les épreuves qu'on se découvre** one finds out about oneself *ou* one finds *ou* discovers one's true self in testing situations; **il craint d'être découvert** (*percé à jour*) he is afraid of being found out; (*trouvé*) he is afraid of being found *ou* discovered; **quand ils découvriront le pot aux roses*** when they find out what's been going on.
(b) (*enlever ce qui couvre, protège*) *plat, casserole* to take the lid *ou* cover off; *voiture* to open the roof *ou* top; *statue* to unveil; (*Échecs*) *roi* to uncover; (*Mil*) *frontière* to expose, uncover; *corps* to uncover; *membres, poitrine, épaules, tête* to bare, uncover; (*mettre à jour*) *ruines* to uncover. **elle enleva les housses et découvrit les meubles** she removed the dust sheets and uncovered the furniture; **il découvrit son torse/avant-bras** he bared *ou* uncovered his torso/forearm; **j'ai dû rester découvert toute la nuit** I must have been uncovered all night; **il resta découvert devant elle** he kept his hat off in her presence; (*Mil*) **ils découvrirent leur aile gauche** they exposed their left wing, they left their left wing open to attack.
(c) (*laisser voir*) to reveal. **une robe qui découvre le dos** a dress which reveals the back; **son sourire découvre des dents superbes** when he smiles he shows his beautiful teeth.
(d) (*voir*) to see, have a view of; (*Naut*) *terre* to sight. **du haut de la falaise on découvre toute la baie** from the top of the cliff you have a view of the whole bay.
(e) (*révéler, dévoiler*) *projets, intentions, motifs* to reveal, disclose (*à qn* to sb). **se ~ à qn** to lay bare *ou* open one's heart to sb, confide in sb; **~ son cœur** to lay bare *ou* open one's heart; (*lit, fig*) **~ son jeu** to show one's hand.
2 se découvrir *vpr* **(a)** [*personne*] (*chapeau*) to take off one's hat; (*habits*) to undress, take off one's clothes; (*couvertures*) to throw off the bedclothes, uncover o.s. **en altitude on doit se ~ le moins possible** at high altitudes you must keep covered up as much as possible; **V avril**.
(b) (*Boxe, Escrime*) to leave o.s. open; (*Mil*) to expose o.s., leave o.s. open to attack.
(c) [*ciel, temps*] to clear. **ça va se ~** it will soon clear.
décrassage [dekʀasaʒ] *nm*, **décrassement** [dekʀasmɑ̃] *nm* (*V décrasser*) cleaning; cleaning-out; cleaning-up. (*: toilette*) **un bon ~** a good scrubbing-down *ou* clean-up.
décrasser [dekʀase] (1) *vt* **(a)** *objet boueux, graisseux* to clean, get the mud (*ou* grease *etc*) off; (*en frottant*) to scrub; (*en trempant*) to soak the dirt out of; *chaudière* to clean out, clean; (*Aut*) *bougie* to clean (up). **se ~** to give o.s. a good scrubbing(-down) *ou* clean-up, get the muck off (o.s.) (*Brit*); **se ~ le visage/les mains** to give one's face/hands a scrub, clean up one's face/hands; **le bon air, ça décrasse les poumons** fresh air cleans out the lungs; **rouler à 160 à l'heure, ça décrasse le moteur** driving at 100 mph gives the engine a good decoking (*Brit*) *ou* decarbonization (*US*).
(b) (*fig: dégrossir*) *rustre* to take the rough edges off.
décrêper [dekʀepe] (1) *vt cheveux* to straighten.
décrépir [dekʀepiʀ] (2) **1** *vt mur* to remove the roughcast from. **façade décrépie** peeling façade. **2 se décrépir** *vpr* [*mur*] to peel.
décrépit, e [dekʀepi, it] *adj personne* decrepit; *maison* dilapidated, decrepit.
décrépitude [dekʀepityd] *nf* [*personne*] decrepitude; [*nation, civilisation*] decay. **tomber en ~** [*personne*] to become decrepit; [*nation*] to decay.
decrescendo [dekʀeʃɛndo] **1** *adv* (*Mus*) decrescendo. (*fig*) **sa réputation va ~** his reputation is declining *ou* waning. **2** *nm* (*Mus*) decrescendo.
décret [dekʀɛ] *nm* (*Pol, Rel*) decree. **~-loi** statutory order, ≃ Order in Council; (*fig littér*) **les ~s de la Providence** the decrees of Providence; (*fig*) **les ~s de la mode** the dictates of fashion.
décréter [dekʀete] (6) *vt mobilisation* to order; *état d'urgence* to declare; *mesure* to decree. **le président a décrété la nomination d'un nouveau ministre** the president ordered the appointment of a new minister; **~ que** (*Pol*), [*patron, chef*] to decree *ou* order that; (*Rel*) to ordain *ou* decree that; **il a décrété qu'il ne mangerait plus de betteraves*** he decreed *ou* announced that he wouldn't eat beetroot any more; **j'ai décrété que je n'irai pas** I have decided that I won't go.
décrier [dekʀije] (7) *vt œuvre, mesure, principe* to decry (*littér*), disparage, discredit, downcry (*US*). **la chasteté, une vertu si décriée de nos jours** chastity, a much disparaged *ou* discredited virtue nowadays; **ces auteurs maintenant si décriés par la critique** these authors now so disparaged by the critics; (*littér*) **il décria fort ma conduite** he (strongly) censured my behaviour.
décriminaliser [dekʀiminalize] (1) *vt* to decriminalize.
décrire [dekʀiʀ] (39) *vt* **(a)** (*dépeindre*) to describe.
(b) (*parcourir*) *trajectoire* to follow. **l'oiseau/l'avion décrivait des cercles au-dessus de nos têtes** the bird/plane flew in circles overhead; **la route décrit une courbe prolongée** the road makes *ou* follows a wide curve; **le satellite décrit une ellipse** the satellite follows *ou* makes *ou* describes an elliptical orbit; **le bras de la machine décrivit une ellipse** the arm of the machine described an ellipse.

décrispation [dekʀispasjɔ̃] *nf* (*Pol*) **être partisan de la ~** to be in favour of improved relations (*entre* between).
décrisper [dekʀispe] (1) *vt situation* to defuse, de-escalate. **pour ~ les relations** to make relations less strained, take the heat out of relations.
décrochage [dekʀɔʃaʒ] *nm* **(a)** [*rideaux*] taking down, unhooking; [*wagon*] uncoupling. **(b)** (*Mil*) **opérer un ~** to disengage, break off the action.
décroché [dekʀɔʃe] *nm* (*Constr*) recess. **dans le mur il y a un ~** the wall is recessed.
décrochement [dekʀɔʃmɑ̃] *nm* **(a)** [*wagon*] uncoupling. **(b)** (*Géol*) thrust fault, slide. **(c)** = **décroché**.
décrocher [dekʀɔʃe] (1) **1** *vt* **(a)** (*détacher*) *tableau* to take down; *rideau* to take down, unhook; *vêtement* to take down, take off the hook *ou* peg; *fermoir* to undo, unclasp; *poisson* to unhook; *wagon* to uncouple; *téléphone* (*pour répondre*) to pick up, lift; (*pour l'empêcher de sonner*) to take off the hook. **il n'a pas pu ~ son cerf-volant qui s'était pris dans l'arbre** he couldn't free *ou* unhook his kite which had got caught in the tree; **le téléphone est décroché** the telephone is off the hook; (*Sport*) **~ le reste du peloton** to leave the pack behind; **V bâiller**.
(b) (*: obtenir*) *prix, contrat, poste, récompense* to get, land*. **il a décroché une belle situation** he's landed (himself) a fine job*; (*lit, fig*) **~ le gros lot** to hit the jackpot.
2 *vi* **(a)** (*Téléc*) to pick up *ou* lift the receiver.
(b) (*Mil*) to pull back, break off the action; [*coureur*] to fall behind.
(c) (*: abandonner*) (*on ne peut pas suivre*) to fall by the wayside (*fig*), fail to keep up; (*on se désintéresse*) to drop out, opt out; (*on cesse d'écouter*) to switch off*.
3 se décrocher *vpr* [*tableau, vêtement*] to fall down *ou* off; [*rideau*] to fall down, come unhooked; [*fermoir*] to come undone; [*poisson*] to get unhooked; [*wagon*] to come uncoupled. **le cerf-volant pris dans l'arbre s'est finalement décroché** the kite which had been caught in the tree finally came free.
décroiser [dekʀwaze] (1) *vt jambes* to uncross; *bras* to unfold; *fils* to untwine, untwist.
décroissance [dekʀwasɑ̃s] *nf* (*diminution*) decline, decrease, fall (*de* in).
décroissant, e [dekʀwasɑ̃, ɑ̃t] *adj* (*gén*) decreasing, diminishing, declining; *bruit* fading; *vitesse* decreasing, falling. **par ordre ~** in decreasing *ou* descending order.
décroissement [dekʀwasmɑ̃] *nm* [*jours*] shortening; [*lune*] waning.
décroît [dekʀwa] *nm* [*lune*] **dans** *ou* **sur son ~** in its last quarter.
décroître [dekʀwatʀ(ə)] (55) *vi* [*nombre, population, intensité, pouvoir*] to decrease, diminish, decline; [*eaux, fièvre*] to subside, go down; [*popularité*] to decline, drop; [*vitesse*] to drop, fall off; [*force*] to decline, diminish, fail; [*revenus*] to get less, diminish; [*lune*] to wane; [*jours*] to get shorter; [*silhouette*] to get smaller and smaller; [*bruit*] to die away, fade; [*lumière*] to fade, grow fainter *ou* dimmer. **ses forces vont (en) décroissant** his strength is failing *ou* gradually diminishing *ou* declining; **cette ville a beaucoup décru en importance** this town has greatly declined in importance.
décrotter [dekʀɔte] (1) *vt chaussures* to get the mud off; (*fig*) *rustre* to take the rough edges off.
décrottoir [dekʀɔtwaʀ] *nm* (*lame*) mud-scraper, shoescraper; (*paillasson*) wire (door)mat.
décrue [dekʀy] *nf* [*eaux, rivière*] fall *ou* drop in level (*de* of); (*fig*) [*popularité*] decline, drop (*de* in). **la ~ des eaux atteint 2 mètres** the water level *ou* flood-level has fallen *ou* dropped by 2 metres; **au moment de la ~** when the water level drops.
décryptage [dekʀiptaʒ] *nm* deciphering.
décrypter [dekʀipte] (1) *vt* (*décoder*) to decipher.
déçu, e [desy] (*ptp de* **décevoir**) *adj* disappointed.
déculottée‡ [dekylɔte] *nf* (*défaite*) clobbering‡, hammering‡. **prendre** *ou* **recevoir une ~** to get a hammering‡ *ou* clobbering‡.
déculotter [dekylɔte] (1) **1** *vt*: **~ qn** to take off *ou* down sb's trousers. **2 se déculotter** *vpr* (*lit*) to take off *ou* down one's trousers; (‡*fig*) (*céder*) to grovel; (*reculer*) to funk it* (*Brit*), lose one's nerve.
décuple [dekypl(ə)] **1** *adj* tenfold. **un revenu ~ du mien** an income ten times as large as mine.
2 *nm*: **vingt est le ~ de deux** twenty is ten times two; **il gagne le ~ de ce que je gagne** he earns ten times what I earn; **il me l'a rendu au ~** he paid me back tenfold.
décuplement [dekypləmɑ̃] *nm* (*lit*) tenfold increase. (*fig*) **grâce au ~ de nos forces** thanks to our greatly increased strength.
décupler [dekyple] (1) *vti* to increase tenfold. (*fig*) **la colère décuplait ses forces** anger gave him the strength of ten.
dédaignable [dedɛɲabl(ə)] *adj*: **ce n'est pas ~** it is not to be despised.
dédaigner [dedeɲe] (1) *vt* **(a)** (*mépriser*) *personne* to despise, look down on, scorn; *honneurs, richesse* to scorn, despise, disdain. **il ne dédaigne pas de rire avec ses subordonnés** he doesn't consider it beneath him to joke with his subordinates; **il ne dédaigne pas un verre de vin de temps à autre** he's not averse to the occasional glass of wine.
(b) (*négliger*) *offre, adversaire* to spurn, think nothing of; *menaces, insultes* to disregard, discount. **ce n'est pas à ~** (*honneur, offre*) it's not to be sniffed at *ou* despised; (*danger, adversaire*) it can't just be shrugged off; (*littér*) **il dédaigna de répondre/d'y aller** he did not deign to reply/go.
dédaigneusement [dedɛɲøzmɑ̃] *adv* disdainfully, scornfully, contemptuously.
dédaigneux, -euse [dedɛɲø, øz] *adj personne, air* scornful, disdainful, contemptuous. **~ de** contemptuous *ou* scornful *ou*

disdainful of; *(littér)* il est ~ de plaire he scorns to please.
dédain [dedɛ̃] *nm* contempt, scorn, disdain *(de* for). **sourire de** ~ disdainful *ou* scornful smile.
dédale [dedal] *nm [rues, idées]* maze. *(Myth)* **D**~ Daedalus.
dedans [d(ə)dɑ̃] **1** *adv* **(a)** *(à l'intérieur)* inside; *(pas à l'air libre)* indoors, inside. **voulez-vous dîner dehors ou ~?** do you want to have dinner outside or inside? *ou* outdoors or indoors?; **la maison est laide, mais ~** *ou* au-~ **c'est très joli** it's an ugly-looking house but it's lovely inside; **nous sommes restés ~ toute la journée** we stayed in *ou* inside *ou* indoors all day; **elle cherche son sac, tout son argent est ~** she is looking for her bag — all her money is in it; **prenez ce fauteuil, on est bien ~** have this chair, you'll be comfortable in it *ou* you'll find it comfortable; **de** *ou* **du ~ on n'entend rien** you can't hear a sound from inside; **rentrons ~** *ou* **au -~, il fera plus chaud** let's go in *ou* inside *ou* indoors, it will be warmer; **passez par ~ pour aller au jardin** go through the house to get to the garden; *V* **là, pied.**
  (b) *(loc)* **marcher les pieds en ~** to walk with one's toes *ou* feet turned in, walk pigeon-toed; **il n'en pense pas moins en** *ou* **au ~ (de lui)** he still has private reservations about it, deep down he's still not sure about it; **au ~** inside; **la situation au ~ (du pays)** the situation in the interior (of the country); **un bus lui est rentré ~***** a bus hit him *ou* ran into him; **il a dérapé, il y avait un arbre, il est rentré** *ou* **entré ~*** he skidded, there was a tree and he ran *ou* went *ou* crashed straight into it; **il s'est mis en colère et lui est rentré ~*** he got angry and laid into him‡ *ou* gave him what for‡; **il s'est fichu*** *ou* **foutu‡ ~** he got it all wrong*; **mettre*** *ou* **ficher*** *ou* **foutre‡ qn ~** to get sb confused, make sb get it wrong*; **il s'est fait mettre ~‡** he got himself put away‡ *ou* put inside‡.
  2 *nm [objet, bâtiment etc]* inside. **le coup a été préparé du ~** it's an inside job; **c'est quelqu'un du ~ qui a fait cela** it's somebody from inside *ou* it's an insider who did it.
dédicace [dedikas] *nf* **(a)** *(imprimée)* dedication; *(manuscrite) [livre, photo]* dedication, inscription *(à* to). **(b)** *[église]* consecration, dedication.
dédicacer [dedikase] (3) *vt livre, photo* to sign, autograph *(à qn* for sb), inscribe *(à qn* to sb).
dédicatoire [dedikatwaʀ] *adj* dedicatory, dedicative.
dédier [dedje] (7) *vt:* ~ **à** *(Rel)* to consecrate to, dedicate to; ~ **ses efforts à** to devote *ou* dedicate one's efforts to; ~ **un livre à** to dedicate a book to.
dédire (se) [dediʀ] (37) *vpr* **(a)** *(manquer à ses engagements)* to go back on one's word. **se ~ d'une promesse** to go back on a promise. **(b)** *(se rétracter)* to retract, recant. **se ~ d'une affirmation** to withdraw a statement, retract (a statement); *V* **cochon¹.**
dédit [dedi] *nm* **(a)** *(Comm: somme)* forfeit, penalty. **un ~ de 30.000 F** a 30,000-franc penalty. **(b)** *(rétractation)* retraction; *(manquement aux engagements)* failure to keep one's word. **en cas de ~ il faut payer un supplément** in case of default a supplement must be paid.
dédommagement [dedɔmaʒmɑ̃] *nm* compensation. **en ~, je lui ai donné une bouteille de vin** in compensation *ou* to make up for it, I gave him a bottle of wine; **en ~ des dégâts** *ou* **à titre de ~ pour les dégâts, on va me donner 500 F** they will give me 500 francs in compensation for the damage; **en ~ du mal que je vous donne** to make up for the trouble I'm causing you.
dédommager [dedɔmaʒe] (3) *vt (indemniser)* ~ **qn** to compensate sb *(de* for), give sb compensation *(de* for); **je l'ai dédommagé en lui donnant une bouteille de vin** I gave him a bottle of wine in compensation *ou* to make up for it; ~ **qn d'une perte** to compensate sb for a loss, make good sb's loss; **comment vous ~ du dérangement que je vous cause?** how can I ever repay you *ou* make up for the trouble I'm causing?; **le succès le dédommage de toutes ses peines** his success is compensation *ou* compensates for all his troubles.
dédorer [dedɔʀe] (1) *vt* to remove the gilt from. **bijou dédoré** piece of jewellery that has lost its gilt.
dédouanement [dedwanmɑ̃] *nm (Comm)* clearing *ou* clearance through customs, customs clearance.
dédouaner [dedwane] (1) *vt (Comm)* to clear through customs; *(*fig)personne* to clear (the name of), put in the clear*. **se ~** to clear one's name; **marchandises dédouanées** duty-paid goods.
dédoublement [dedubləmɑ̃] *nm [classe]* dividing *ou* splitting in two. **le ~ d'un train** the running *ou* putting-on of a relief train; *(Psych)* **le ~ de la personnalité est un trouble grave** having a split personality is a serious illness; **souffrir d'un ~ de la personnalité** to suffer from a split *ou* dual personality.
dédoubler [deduble] (1) **1** *vt [manteau]* to remove the lining of. **(b)** *classe* to split *ou* divide in two; *ficelle* to separate the strands of. ~ **un train** to run *ou* put on a relief train; **pour Noël on a dû ~ tous les trains** at Christmas they had to run additional trains on all services.
  (c) *couverture* to unfold, open out.
  2 se dédoubler *vpr (se déplier)* to unfold, open out. *(Psych)* **sa personnalité se dédoublait** he suffered from a split *ou* dual personality; **je ne peux pas me ~*** I can't be in two places at once; **l'image se dédoublait dans l'eau** there was a double outline reflected in the water.
dédramatiser [dedʀamatize] (1) *vt examen, opération* to make less alarming *ou* awesome. ~ **la mort** to take the drama out of dying.
déductible [dedyktibl(ə)] *adj (Fin) frais, somme* deductible *(de* from). **dépenses non ~s** non-deductible expenses.
déductif, -ive [dedyktif, iv] *adj* deductive.
déduction [dedyksjɔ̃] *nf* **(a)** *(Comm)* deduction. ~ **faite de** after deducting, after deduction of; **ça entre en ~ de ce que vous nous devez** that's deductible from what you owe us, that'll be taken off what you owe us.

  (b) *(forme de raisonnement)* deduction, inference; *(conclusion)* conclusion, inference.
déduire [deduiʀ] (38) *vt (Comm)* to deduct *(de* from); *(conclure)* to deduce, infer *(de* from). **tous frais déduits** after deduction of expenses.
déesse [deɛs] *nf* goddess.
de facto [defakto] *loc adv:* **reconnaître qch ~** to give de facto recognition to sth.
défaillance [defajɑ̃s] **1** *nf* **(a)** *(évanouissement)* blackout; *(faiblesse physique)* feeling of weakness *ou* faintness; *(faiblesse morale)* weakness, failing. **avoir une ~** *(évanouissement)* to faint, have a blackout; *(faiblesse)* to feel faint *ou* weak; **l'athlète a eu une ~ au troisième kilomètre** the athlete seemed to be in difficulty *ou* to be weakening at the third kilometre; **il a eu plusieurs ~s ces derniers jours** he has had several weak spells these last few days; **faire son devoir sans ~** to do one's duty without flinching.
  (b) *(mauvais fonctionnement)* (mechanical) fault, failure, breakdown *(de* in). **l'accident était dû à une ~ de la machine** the accident was caused by a fault in the machine.
  (c) *(insuffisance)* weakness. **élève qui a des ~s (en histoire)** pupil who has certain shortcomings *ou* weak points (in history); **devant la ~ du gouvernement** faced with the weakness of the government *ou* the government's failure to act; **mémoire sans ~** faultless memory.
  (d) *(Jur)* default.
  2: défaillance cardiaque heart failure; **défaillance mécanique** mechanical fault; **défaillance de mémoire** lapse of memory.
défaillant, e [defajɑ̃, ɑ̃t] *adj* **(a)** *(affaibli) forces* failing, declining; *santé, mémoire, raison* failing; *courage, volonté* faltering, weakening; *cœur* weak.
  (b) *(tremblant) voix, pas* unsteady, faltering; *main* unsteady.
  (c) *(près de s'évanouir) personne* weak, faint *(de* with).
  (d) *(Jur) partie, témoin* defaulting. **candidat ~** candidate who fails to appear.
défaillir [defajiʀ] (13) *vi* **(a)** *(s'évanouir)* to faint. **elle défaillait de bonheur/de faim** she felt faint with happiness/hunger.
  (b) *[forces]* to weaken, fail; *[courage, volonté]* to falter, weaken; *[mémoire]* to fail. **faire son devoir sans ~** to do one's duty without flinching.
défaire [defɛʀ] (60) **1** *vt* **(a)** *échafaudage etc* to take down, dismantle; *installation électrique etc* to dismantle.
  (b) *couture, tricot* to undo, unpick *(Brit)*; *écheveau* to undo, unravel, unwind; *corde, nœud, ruban* to undo, untie; *courroie, fermeture, robe* to undo, unfasten; *valise* to unpack; *cheveux, nattes* to undo. ~ **ses bagages** to unpack (one's luggage).
  (c) ~ **le lit** *(pour changer les draps)* to strip the bed; *(pour se coucher)* to untuck the bed *ou* sheets, pull back the sheets; *(mettre en désordre)* to unmake *ou* rumple the bed.
  (d) *mariage* to break up; *contrat, traité* to break. **cela défit tous nos plans** it ruined all our plans; **il (faisait et) défaisait les rois he (made and) unmade kings; elle se plaît à ~ tout ce que j'essaie de faire pour elle** she takes pleasure in undoing everything I try to do for her.
  (e) *(miner)* **la maladie l'avait défait** his illness had left him shattered; **la douleur défaisait ses traits** pain distorted his features.
  (f) *(littér) ennemi, armée* to defeat.
  (g) *(littér)* ~ **qn de** *liens, gêneur* to rid sb of, relieve sb of, deliver sb from *(littér); habitude* to break sb of, cure sb of, rid sb of; *défaut* to cure sb of, rid sb of.
  2 se défaire *vpr* **(a)** *[nœud, ficelle, coiffure]* to come undone; *[couture]* to come undone *ou* apart; *[légumes, viande] (à la cuisson)* to fall to pieces, disintegrate; *[mariage, amitié]* to break up.
  (b) *(se déformer)* **ses traits se défirent, son visage se défit** his face crumpled, his face twisted with grief *ou* pain *etc).*
  (c) **se ~ de** *(se débarrasser de) gêneur, vieillerie, odeur* to get rid of; *image, idée* to put *ou* get out of one's mind; *habitude* to break *ou* cure o.s. of, get rid of; *défaut* to cure o.s. of; *(se séparer de) souvenir* to part with.
défait, e¹ [defɛ, ɛt] *(ptp de défaire) adj* **(a)** *visage* ravaged, haggard; *cheveux* tousled, ruffled, dishevelled. **(b)** *lit* unmade, rumpled, disarranged. **(c)** *armée* defeated.
défaite² [defɛt] *nf (Mil)* defeat; *(fig)* defeat, failure. **la ~ de notre équipe** our team's defeat; ~ **électorale** defeat at the polls *ou* election.
défaitisme [defetism(ə)] *nm* defeatism.
défaitiste [defetist(ə)] *adj, nmf* defeatist.
défalcation [defalkasjɔ̃] *nf* deduction. ~ **faite des frais** after deduction of expenses.
défalquer [defalke] (1) *vt* to deduct.
défausser (se) [defose] (1) *vpr (Cartes)* to discard, throw out *ou* away. **se ~ (d'une carte)** to discard; **il s'est défaussé à trèfle** he discarded a club.
défaut [defo] **1** *nm* **(a)** *[pierre précieuse, métal]* flaw; *[étoffe, verre]* flaw, fault; *[machine]* defect, fault; *[bois]* blemish; *[roman, tableau, système]* flaw, defect; *(Ordin)* bug. **sans ~** flawless, faultless.
  (b) *[personne]* fault, failing; *[caractère]* defect, fault, failing *(de* in). **chacun a ses petits ~s** we've all got our little faults *ou* our shortcomings *ou* failings; **il n'a aucun ~** he's perfect, he hasn't a single failing; **la gourmandise n'est pas un gros ~** greediness isn't such a bad fault, it isn't a (great) sin to be greedy; *V* **curiosité.**
  (c) *(désavantage)* **ce plan/cette voiture a ses ~s** this plan/car has its drawbacks; **le ~ de** *ou* **avec*** **cette voiture, c'est que ...** the trouble *ou* snag *ou* drawback with this car is that ... .
  (d) *(manque)* ~ **de** *raisonnement* lack of; *main-d'œuvre* shortage of.

(e) *(loc)* faire ~ *[temps, argent]* to be lacking; *(Jur) [prévenu, témoin]* to default; **la patience/le temps lui fait ~** he lacks patience/time; **le courage lui a finalement fait ~** his courage failed him in the end; **ses amis lui ont finalement fait ~** his friends let him down in the end; **à ~ de** for lack *ou* want of; **à ~ de vin, il boira du cidre** if there's no wine *ou* for want of wine, he'll drink cider; **elle cherche une table ovale, ou, à ~, ronde** she is looking for an oval table, or, failing that, a round one (will do); **être en ~** to be at fault *ou* in the wrong; **se mettre en ~** to put o.s. in the wrong; **prendre qn en ~** to catch sb out; **si ma mémoire ne me fait pas ~** if my memory serves me right; **c'est votre mémoire qui est en ~** it's your memory that's at fault; *(Jur)* **condamner/juger qn par ~** to sentence/judge sb in his absence; *(Math)* **calculer qch par ~** to calculate sth to the nearest decimal point; **il pèche par ~** he doesn't try hard enough.

2: *(Jur)* **défaut-congé** *nm, pl* **défaut-congés** *dismissal of case through non-appearance of plaintiff; (lit, fig)* **le défaut de la cuirasse** the chink in the armour; **défaut d'élocution = défaut de prononciation; le défaut de l'épaule** the hollow beneath the shoulder; **défaut de fabrication** manufacturing defect; *(Phys)* **défaut de masse** mass defect; *(Jur)* **défaut de paiement** default in payment, non-payment; **défaut de prononciation** speech impediment *ou* defect.

défaveur [defavœʀ] *nf* disfavour *(auprès de* with). **être en ~** to be out of favour, to be in disfavour; **s'attirer la ~ de** to incur the disfavour of.

défavorable [defavɔʀabl(ə)] *adj* unfavourable *(à* to). **voir qch d'un œil ~** to view sth with disfavour.

défavorablement [defavɔʀabləmɑ̃] *adv* unfavourably.

défavoriser [defavɔʀize] (1) *vt (désavantager) [décision, loi]* to penalize; *[défaut, timidité]* to put at a disadvantage; *[examinateur, patron]* to put at an unfair disadvantage. **il a défavorisé l'aîné** he treated the eldest less fairly (than the others); **j'ai été défavorisé par rapport aux autres candidats** I was put at an unfair disadvantage with respect to *ou* compared with the other candidates; **aider les couches les plus défavorisées de la population** to help the most underprivileged *ou* disadvantaged sections of the population.

défécation [defekasjɔ̃] *nf (Physiol)* defecation; *(Chim)* defecation, purification.

défectif, -ive [defɛktif, iv] *adj verbe* defective.

défection [defɛksjɔ̃] *nf [amis, alliés politiques]* desertion, defection, failure to (give) support; *[troupes]* failure to give *ou* lend assistance *ou* to assist; *[candidats]* failure to attend *ou* appear; *[invités]* failure to appear. **faire ~** *[partisans]* to fail to lend support; *[invités]* to fail to appear *ou* turn up; **il y a eu plusieurs ~s** *(membres d'un parti)* a number of people have withdrawn their support, there has been a sharp drop in support; *(invités, candidats)* several people failed to appear, there were several non-appearances.

défectueux, -euse [defɛktɥø, øz] *adj* faulty, defective.

défectuosité [defɛktɥozite] *nf (état)* defectiveness, faultiness; *(défaut)* imperfection, (slight) defect *ou* fault *(de* in).

défendable [defɑ̃dabl(ə)] *adj (Mil) ville* defensible; *(soutenable) conduite* defensible, justifiable; *position* tenable, defensible.

défendant *V* **corps**.

défendeur, -deresse [defɑ̃dœʀ, dʀɛs] *nm, f (Jur)* defendant. **~ en appel** respondent.

défendre [defɑ̃dʀ(ə)] (41) **1** *vt* (a) *(protéger: gén, Jur, Mil)* to defend; *(soutenir) personne, opinion* to stand up for, defend *(contre* against); *cause* to champion, defend *(contre* against). **ville défendue par 2 forts** town defended *ou* protected by 2 forts; **manteau qui (vous) défend du froid** coat that protects you from *ou* against the cold; *(Tennis)* **~ son service** to hold one's serve *ou* service; *V* **corps**.

(b) *(interdire)* **~ qch à qn** to forbid sb sth; **~ à qn de faire** *ou* **qu'il fasse** to forbid sb to do; **le médecin lui défend le tabac/la mer** the doctor has forbidden him *ou* won't allow him to smoke/to go to the seaside; **il m'en a défendu l'accès** he forbade me access to it, he didn't allow me in; **~ sa porte à qn** to bar one's door to sb, refuse to allow sb in; **ne fais pas ça, c'est défendu** don't do that, it's not allowed *ou* it's forbidden; **il est défendu de fumer** smoking is prohibited *ou* not allowed; **il est défendu de parler** speaking is not allowed; *V* **fruit¹**.

2 **se défendre** *vpr* (a) *(se protéger: gén, Jur, Mil)* to defend o.s. *(contre* against); *(contre brimades, critiques)* to stand up for o.s., defend o.s. *(contre* against). **se ~ du froid/de la pluie** to protect o.s. from the cold/rain; *(fig)* **il se défend bien/mal en affaires** he gets on *ou* does quite well/he doesn't do very well in business; *(fig)* **il se défend** he gets along *ou* by, he can hold his own (quite well).

(b) *(se justifier)* **se ~ d'avoir fait qch** to deny doing *ou* having done sth; **il se défendit d'être vexé/jaloux** he denied being *ou* that he was annoyed/jealous; **sa position/son point de vue se défend** his position/point of view is quite defensible; *[raisonnement]* **ça se défend!** it holds *ou* hangs together; **il dit que ce serait trop cher, ça se défend** he says it would be too expensive and he has a point *ou* it's a fair point.

(c) *(s'empêcher de)* **se ~ de** to refrain from; **il ne pouvait se ~ d'un sentiment de pitié/gêne** he couldn't help feeling pity/embarrassment; **elle ne put se ~ de sourire** she could not refrain from smiling, she couldn't suppress a smile.

défenestration [defənɛstʀasjɔ̃] *nf* defenestration.

défenestrer [defənɛstʀe] (1) *vt* to defenestrate.

défense¹ [defɑ̃s] *nf* (a) *(protection: gén, Mil, Sport)* defence *(Brit)*, defense *(US)*. *(fortifications etc)* **~s** defences; **~ aérienne** *ou* **contre avions/passive** national/anti-aircraft/civil defence; **une entreprise travaillant pour la ~ nationale** a firm

working for the Ministry of Defence; **un contrat concernant la ~ nationale** a defence contract; **les ~s d'une frontière** border defences; **la ~ du pays** the country's defence *ou* protection; **la ~ des opprimés** est notre cause **our** cause is the defence *ou* protection of the oppressed; **ligne de ~** line of defence; **ouvrage de ~** fortification; **aller à la ~ de qn** to go *ou* rally to sb's defence; **prendre la ~ de qn** to stand up for sb, defend sb; *(Sport)* **~ de zone** zone defence.

(b) *(résistance)* defence *(Brit)*, defense *(US)*. **opposer une ~ courageuse** to put up a brave defence; *(Physiol, Psych)* **mécanisme/instinct de ~** defence mechanism/instinct; **moyens de ~** means of defence; **sans ~** *(trop faible)* defenceless; *(non protégé)* unprotected; **sans ~ contre les tentations** helpless *ou* defenceless against temptation; *V* **légitime**.

(c) *(Jur)* defence *(Brit)*, defense *(US)*; *(avocat)* counsel for the defence *(Brit)*, defense attorney *(US)*. **assurer la ~ d'un accusé** to conduct the case for the defence; **la parole est à la ~** (the counsel for) the defence may now speak; **qu'avez vous à dire pour votre ~?** what have you to say in your defence?

(d) *(interdiction)* **~ d'entrer** no entrance, no entry, no admittance; **propriété privée, ~ d'entrer** private property, no admittance *ou* keep out; **danger: ~ d'entrer** danger — keep out; **~ de fumer/stationner** no smoking/parking, smoking/parking prohibited; **~ d'afficher** (stick *ou* post) no bills; **j'ai oublié la ~ qu'il m'a faite de faire cela**† I forgot that he forbade me to do that; **~ d'en parler à quiconque** it is forbidden to speak of it to anyone.

défense² [defɑ̃s] *nf [éléphant, morse, sanglier]* tusk.

défenseur [defɑ̃sœʀ] *nm* *(gén, Mil)* defender; *[cause]* champion, defender; *[doctrine]* advocate; *(Jur)* counsel for the defence *(Brit)*, defense attorney *(US)*. **l'accusé et son ~** the accused and his counsel; **~ de l'environnement** conservationist, preservationist.

défensif, -ive [defɑ̃sif, iv] **1** *adj (Mil, fig)* defensive. **2 défensive** *nf*: **la ~ive** the defensive; **être** *ou* **se tenir sur la ~ive** to be on the defensive.

déféquer [defeke] (6) **1** *vt (Chim)* to defecate, purify. **2** *vi (Physiol)* to defecate.

déférence [deferɑ̃s] *nf* deference. **par ~ pour** in deference to.

déférent, e [deferɑ̃, ɑ̃t] *adj* deferential, deferent; *V* **canal**.

déférer [defere] (6) *vt* (a) *(Jur)* **affaire** to refer to the court. **~ un coupable à la justice** to hand a guilty person over to the law. (b) *(céder)* to defer *(à* to). (c) (†: *conférer)* to confer *(à* on, upon).

déferlement [defɛʀləmɑ̃] *nm [vagues]* breaking; *[violence]* surge, spread; *[véhicules, touristes]* flood. **ils étaient impuissants devant le ~ des troupes** they were powerless before the advancing tide of the troops; **ce ~ d'enthousiasme le prit par surprise** this sudden wave of enthusiasm took him by surprise; **le ~ de haine/des sentiments anti-catholiques dans tout le pays** the hatred/anti-Catholic feeling which has engulfed the country *ou* swept through the country.

déferler [defɛʀle] (1) **1** *vi [vagues]* to break. *(fig)* **la violence/haine déferla sur le pays** violence/hatred swept *ou* surged through the country; *(fig)* **les touristes déferlaient sur les plages** tourists were streaming towards the beaches; *(fig)* **la foule déferla dans la rue/sur la place** the crowd surged *ou* flooded into the street/over the square.

2 *vt voile, pavillon* to unfurl.

défi [defi] *nm* challenge; *(fig: bravade)* defiance. **lancer un ~ à qn** to challenge sb; **relever un ~** to take up *ou* accept a challenge; **mettre qn au ~** to defy sb *(de faire* to do); **c'est un ~ au bon sens** it defies common sense, it goes against common sense; **d'un air/ton de ~** defiantly.

défiance [defjɑ̃s] *nf* mistrust, distrust. **avec ~** with mistrust *ou* distrust, distrustingly, mistrustingly; **sans ~** *(adj)* unsuspecting; *(adv)* unsuspectingly; **mettre qn en ~** to arouse sb's mistrust *ou* suspicions, make sb suspicious.

défiant, e [defjɑ̃, ɑ̃t] *adj* mistrustful, distrustful.

déficeler [defisle] (4) **1** *vt* to untie. **2 se déficeler** *vpr [paquet]* to come untied *ou* undone.

déficience [defisjɑ̃s] *nf (Méd, fig)* deficiency. **~ musculaire** muscular insufficiency; **~ immunologique** immunodeficiency; **~ de mémoire** lapse of memory; **~ mentale** mental deficiency; **~ intellectuelle** mental retardation.

déficient, e [defisjɑ̃, ɑ̃t] *adj (Méd) force, intelligence* deficient; *(fig) raisonnement* weak. **enfant ~** *(intellectuellement)* mentally deficient child; *(physiquement)* child with a physical disability, physically disabled *ou* handicapped child.

déficit [defisit] *nm (Fin)* deficit. **être en ~** to be in deficit; **le ~ budgétaire** the budget deficit; **le ~ de notre commerce extérieur** the deficit in our foreign trade; **~ de la balance des paiements** balance of payments deficit; **~ de trésorerie** cash deficit; **~ de ressources** resource(s) gap; **~ psychologique** psychological defect.

déficitaire [defisitɛʀ] *adj (Fin)* in deficit *(attrib)*; *récolte* poor; *année* poor *(en* in), bad *(en* for). *(Fin)* **être ~** to be in deficit; **~ en main d'œuvre** deficient in, short of.

défier [defje] (7) **1** *vt* (a) *adversaire* to challenge *(à* to). **~ qn en combat singulier** to challenge sb to single combat; **~ qn du regard** to give sb a challenging look.

(b) *mort, adversité* to defy, brave; *opinion publique* to fly in the face of, defy; *autorité* to defy, challenge. **ça défie l'imagination!** the mind boggles!*; **à des prix qui défient toute concurrence** at absolutely unbeatable prices.

(c) **~ qn de faire qch** to defy *ou* challenge sb to do sth; **je t'en défie!** I dare *ou* challenge you (to)!

2 **se défier** *vpr*: **se ~ de** to distrust, mistrust; **je me défie de moi-même** I don't trust myself; **défie-toi de ton caractère impulsif** be on your guard against *ou* beware of your impulsiveness; (††) **défie-toi de lui!** beware of him!, be on your guard against him!

défiguration [defigyʀɑsjɔ̃] *nf [vérité]* distortion; *[texte, tableau]* mutilation; *[visage]* disfigurement.

défigurer [defigyʀe] (1) *vt* **(a)** *[blessure, maladie]* to disfigure; *[bouton, larmes] visage* to spoil. **l'acné qui la défigurait** the acne which marred *ou* spoiled her looks.

(b) *(altérer)* pensée, réalité, vérité to distort; *texte, tableau* to mutilate, deface; *monument* to deface; *paysage* to disfigure, mar, spoil.

défilé [defile] *nm* **(a)** *(cortège)* procession; *(manifestation)* march; *(Mil)* march-past, parade. **~ de mode** *ou* **de mannequins** fashion parade.

(b) *(succession) [visiteurs]* procession, stream; *[voitures]* stream; *[impressions, pensées]* stream, succession.

(c) *(Géog)* (narrow) gorge, narrow pass, defile.

défiler [defile] (1) **1** *vt* **(a)** *aiguille, perles* to unthread; *chiffons* to shred.

(b) *(Mil) troupes* to put under cover (*from the enemy's fire*).

2 *vi (Mil)* to march past, parade; *[manifestants]* to march (*devant* past). *(Ordin)* **faire ~ un programme** to scroll a program; **les souvenirs défilaient dans sa tête** a constant stream of memories passed through his mind; **les visiteurs défilaient devant le mausolée** the visitors filed past the mausoleum; **la semaine suivante tous les voisins défilèrent chez nous** the following week we were visited by all the neighbours one after the other; **nous regardions le paysage qui défilait devant nos yeux** we watched the scenery pass by *ou* (*plus vite*) flash by.

3 se défiler *vpr* **(a)** *[aiguille]* to come unthreaded; *[perles]* to come unstrung *ou* unthreaded.

(b) *(Mil)* to take cover (*from the enemy's fire*).

(c) (**fig)* (*s'éclipser*) to slip away *ou* off, crayfish* (US). (*se dérober*) **il s'est défilé** he wriggled *ou* ducked out of it.

défini, e [defini] (*ptp de* **définir**) *adj* **(a)** *(déterminé) but* definite, precise. **terme bien ~** well-defined term. **(b)** *(Gram)* **article** definite. **passé ~** preterite.

définir [definiʀ] (2) *vt* idée, sentiment, position to define; *(Géom, Gram)* to define; *personne* to define, characterize; *conditions* to specify, define. **il se définit comme un humaniste** he describes *ou* defines himself as a humanist; **notre politique se définit comme étant avant tout pragmatique** our policies can be defined *ou* described as being essentially pragmatic.

définissable [definisabl(ə)] *adj* definable.

définitif, -ive [definitif, iv] **1** *adj* **(a)** *(final)* résultat, destination, résolution final; *mesure, installation, victoire, fermeture* permanent, definitive; *solution* definitive, final, permanent; *étude, édition* definitive. **son départ était ~** he was leaving for good, his departure was final.

(b) *(sans appel)* décision final; *refus* definite, decisive; *argument* conclusive. **un jugement ~** a final judgment; **et c'est ~!** and that's that! *ou* that's final!

2 définitive *nf*: **en ~ive** (*à la fin*) eventually; (*somme toute*) in fact, when all is said and done.

définition [definisjɔ̃] *nf [concept, mot]* definition; *[mots croisés]* clue; *(TV)* definition.

définitivement [definitivmɑ̃] *adv partir* for good; *résoudre* conclusively, definitively; *exclure, s'installer* for good, permanently, definitively; *refuser, décider, savoir* definitely, positively; *nommer* on a permanent basis, permanently.

définitoire [definitwaʀ] *adj (Ling) vocabulaire* defining (*épith*).

déflagration [deflagʀɑsjɔ̃] *nf (gén)* explosion; *(Chim)* deflagration.

déflagrer [deflagʀe] (1) *vi* to deflagrate.

déflation [deflɑsjɔ̃] *nf* deflation.

déflationniste [deflɑsjɔnist(ə)] **1** *adj politique* deflationist; *mesures etc* deflationary. **2** *nmf* deflationist.

déflecteur [deflɛktœʀ] *nm (Aut)* quarter-light; *(Tech)* jet deflector; *(Naut)* deflector.

défleurir [deflœʀiʀ] (2) *(littér)* **1** *vt fleur* to remove the flower of, *buisson* to remove the blossom of. **2** *vi* to shed its flower, shed its blossom.

déflexion [deflɛksjɔ̃] *nf* deflection.

défloraison [deflɔʀɛzɔ̃] *nf (Bot, littér)* falling of blossoms.

défloration [deflɔʀɑsjɔ̃] *nf [jeune fille]* defloration.

déflorer [deflɔʀe] (1) *vt jeune fille* to deflower; *(littér) sujet, moments* to take the bloom off *(littér)*, spoil the charm of.

défoliant [defɔljɑ̃] *nm* defoliant.

défoliation [defɔljɑsjɔ̃] *nf* defoliation.

défolier [defɔlje] (7) *vti* to defoliate.

défonçage [defɔ̃saʒ] *nm*, **défoncement** [defɔ̃smɑ̃] *nm (V défoncer)* staving in; smashing in *ou* down; breaking; ripping *ou* ploughing *ou* breaking up; deep-ploughing.

défonce [defɔ̃s] *nf (arg Drogue)* high*. **~ à la colle** *ou* **aux solvants** glue-sniffing.

défoncer [defɔ̃se] (3) **1** *vt caisse, barque* to stave in, knock *ou* smash the bottom out of; *porte, clôture* to smash in *ou* down, stave in; *sommier, fauteuil* to break *ou* burst the springs of; *route, terrain [bulldozers, camions]* to rip *ou* plough *ou* break up; *(Agr)* to plough deeply, deep-plough. **un vieux fauteuil tout défoncé** an old sunken armchair; **la route défoncée par les pluies** the road broken up by the rains, the road full of potholes *ou* ruts after the rains.

2 se défoncer *vpr* **(a)** (**: travailler dur*) to work like a dog*. **se ~** (*la caisse*) **pour qn/pour faire qch** to beat one's brains out *ou* work like a dog* for sb/to do sth.

(b) (*‡: s'amuser*) to have a wild time.

(c) *(arg Drogue)* to get high *(arg)*, get stoned *(arg)*.

déformant, e [defɔʀmɑ̃, ɑ̃t] *adj miroir* distorting.

déformation [defɔʀmɑsjɔ̃] *nf* **(a)** *(V déformer)* bending (out of shape); putting out of shape; deformation; distortion; misrepresentation; warping; corruption. **par une curieuse ~**

d'esprit, il poussait tout au macabre by a strange twist in his character, he would take everything to gruesome extremes; **~ professionnelle** job conditioning; **c'est de la ~ professionnelle** he's (*ou* you are *etc*) completely conditioned by his (*ou* your *etc*) job; **par ~ professionnelle** as a result of being so conditioned by one's job.

(b) *(V se déformer)* loss of shape.

(c) *(Méd)* deformation.

déformer [defɔʀme] (1) **1** *vt objet, bois, métal* to bend (out of shape); *chaussures, vêtements* to put out of shape; *corps* to deform; *visage, image, vision* to distort; *vérité, pensée* to distort, misrepresent; *esprit, goût* to warp, corrupt. **un vieillard au corps déformé** an old man with a deformed *ou* misshapen body; **veste déformée** jacket which has lost its shape *ou* has gone out of shape; **pantalon (tout) déformé** baggy trousers; **traits déformés par la douleur** features contorted *ou* distorted by pain; **mes propos ont été déformés** (*involontairement*) I've been misquoted; (*volontairement*) my words have been twisted; (*fig*) **il est déformé par son métier** he has been conditioned by his job; **chaussée déformée** uneven road surface.

2 se déformer *vpr [objet, bois, métal]* to be bent (out of shape), lose its shape; *[vêtement]* to lose its shape.

défoulement [defulmɑ̃] *nm [instincts, sentiments]* (psychological) release. **moyen de ~** (psychological) outlet *ou* means of release; **après les examens on a besoin de ~** after the exams you need some kind of (psychological) release *ou* you need to let off steam* *ou* to unwind.

défouler (se) [defule] (1) *vpr* to work off one's frustrations *ou* tensions, release one's pent-up feelings, let off steam*, unwind (*en faisant* by doing). **ça (vous) défoule de courir** running helps you unwind *ou* relax.

défourner [defuʀne] (1) *vt pain* to take out of the oven; *poteries* to take out of the kiln.

défraîchir [defʀeʃiʀ] (2) **1** *vt* to take the freshness from. **2 se défraîchir** *vpr [fleur, couleur]* to fade; *[tissu]* (*passer*) to fade; (*s'user*) to become worn. **articles défraîchis** shop-soiled items.

défrayer [defʀeje] (8) *vt* **(a)** (*payer*) **~ qn** to pay *ou* settle *ou* meet sb's expenses. **(b)** (*être en vedette*) **~ la conversation** to be the main topic of conversation; **~ la chronique** to be widely talked about, be in the news, be the talk of the town (*fig*).

défrichage [defʀiʃaʒ] *nm*, **défrichement** [defʀiʃmɑ̃] *nm [forêt, terrain]* clearing (*for cultivation*). (*fig*) **~ d'un sujet** spadework (done) on a subject.

défricher [defʀiʃe] (1) *vt forêt, terrain* to clear (*for cultivation*); (*fig*) *sujet, question* to open up (*fig*), do the spadework on. (*fig*) **~ le terrain** to prepare the ground *ou* way (*fig*), clear the way (*fig*).

défricheur [defʀiʃœʀ] *nm (lit)* land-clearer; (*fig*) pioneer.

défriper [defʀipe] (1) *vt* to smooth out.

défriser [defʀize] (1) *vt cheveux* to uncurl; (*‡: contrarier*) *personne* to annoy, madden*. **ce qui me défrise‡** what bugs‡ *ou* gets* me.

défroisser [defʀwase] (1) *vt* to smooth out.

défroque [defʀɔk] *nf (fringues)* old cast-offs; *[moine]* effects (*left by a dead monk*).

défroqué, e [defʀɔke] (*ptp de* **défroquer**) **1** *adj* unfrocked, defrocked. **2** *nm* unfrocked *ou* defrocked priest *ou* monk.

défroquer [defʀɔke] (1) **1** *vt* to defrock, unfrock. **2** *vi*, **se defroquer** *vpr* to give up the cloth, renounce one's vows.

défunt, e [defœ̃, œ̃t] **1** *adj (frm) personne* late (*épith*); *(littér) espoir, année* which is dead and gone; *(littér) assemblée, projet* defunct. **son ~ père, ~ son père** his late father. **2** *nm, f* deceased.

dégagé, e [degaʒe] (*ptp de* **dégager**) *adj* **(a)** *route* clear; *ciel* clear, cloudless; *espace, site* open, clear; *vue* wide, open; *front, nuque* bare. **(b)** *allure, manières* casual, jaunty; *ton* airy, casual.

dégagement [degaʒmɑ̃] *nm* **(a)** *(action de libérer: V* **dégager***)* freeing; extricating; relief; redemption; release; clearing. *(Aut)* **voie de ~** slip road; *(Aut)* **itinéraire de ~** alternative route (*to relieve traffic congestion*).

(b) *(obligation)* freeing *ou* releasing o.s. (*de* from). **le ~ d'une promesse** going back on a promise.

(c) *(émanation) [fumée, gaz, chaleur]* emission, emanation; *[parfum]* emanation. **un ~ de vapeurs toxiques** a discharge *ou* an emission of toxic fumes.

(d) *(Sport) (Escrime)* disengagement; *(Ftbl, Rugby)* clearance.

(e) *(espace libre) [forêt]* clearing; *[appartement]* passage; *(Tech) [camion]* clearance, headroom (*de* above).

dégager [degaʒe] (3) **1** *vt* **(a)** *(libérer) personne* to free, extricate; *objet, main* to free; *(Mil) troupe, ville* to relieve, bring relief to; *(Ftbl, Rugby) ballon* to clear, kick *ou* clear downfield; *(Escrime) épées* to disengage; *(Fin) crédits, titres* to release (*for a specific purpose*); *objet en gage* to redeem, take out of pawn. **cela devrait se ~ facilement** it should come free easily; **après l'accident on a dû ~ les blessés au chalumeau** after the accident the injured had to be cut loose *ou* free (from the wreckage). (*fig*) **~ qn de sa promesse/d'une obligation** to release *ou* free sb from his promise/an obligation; (*fig*) **~ sa responsabilité d'une affaire** to disclaim *ou* deny (all) responsibility in a matter; (*fig*) **~ sa parole** to go back on one's word; **être dégagé de ses obligations militaires** to have been discharged from the army, have done one's military service; *(Sport)* **l'arrière dégagea en touche** the back cleared *ou* kicked the ball into touch; *(Habillement)* **col/robe qui dégage le cou/les épaules** collar/dress which leaves the neck/shoulders bare.

(b) *place, passage, table* to clear (*de* of); *(Méd) gorge, nez, poitrine* to clear. **~ la place des manifestants** to clear the demonstrators off the square, clear the square of demonstrators; (*fig*) **~ son esprit d'idées fausses** to free *ou* rid one's mind of false ideas; **allons, dégagez!*** move along!; **dégage!‡** clear off!‡, buzz off!‡ (*Brit*).

(c) (exhaler) odeur, fumée, gaz, chaleur to give off, emit; (fig) enthousiasme to radiate. **le paysage dégageait une impression de tristesse** the landscape had a sad look about it.

(d) (extraire) conclusion to draw; idée, sens to bring out. **quelles impressions as-tu dégagées de ton voyage?** what impressions have you gained **ou** can you single out from your trip?; (Math) ~ **l'inconnue** to isolate the unknown quantity; **l'idée principale qu'on peut** ~ **de ce rapport** the main idea that can be drawn **ou** derived **ou** extracted from this report; **je vous laisse** ~ **la morale de cette histoire** I'll let you extract the moral from **ou** unearth the moral of this story; ~ **la vérité de l'erreur** to separate truth from untruth.

2 se dégager vpr (a) [personne] to free **ou** extricate o.s., get free; (Mil) [troupe] to extricate itself (de from). (fig) **se** ~ **de dette** to free o.s. of; obligation to free **ou** release o.s. from; affaire to get **ou** back out of; promesse to go back on; (fig) **j'ai une réunion mais je vais essayer de me** ~ I have a meeting but I'll try to get out of it; (fig) **il s'est dégagé d'une situation très délicate** he extricated himself from a very tricky situation.

(b) [ciel, rue, nez] to clear. **le Mont-Blanc/la silhouette se dégagea du brouillard** Mont Blanc/the outline loomed up out of the fog; (fig) **se** ~ **de préjugés** to free o.s. **ou** shake o.s. free of prejudice.

(c) [odeur, fumée, gaz, chaleur] to emanate, be given off; (fig) [enthousiasme] to emanate, radiate; [impression d'ennui ou de tristesse] to emanate (de from). **la rumeur qui se dégage de la foule** the murmur rising from the crowd.

(d) [conclusion] to be drawn; [impression, idée, sens] to emerge; [morale] to be drawn, emerge (de from). **il se dégage de tout cela que** ... from all this it emerges that ... .

dégaine* [degɛn] nf (démarche) gawky walk (U), gawkiness (U); (air, accoutrement) gawky look, gawkiness (U). **quelle** ~**!** what a gawky sight!, what a loon!* **ou** a gawk!*

dégainer [degene] (1) **1** vt épée to unsheathe, draw; pistolet to draw. **2** vi to draw one's sword **ou** gun).

déganter (se) [degɑ̃te] (1) vpr to take off one's gloves. **sa main dégantée** his ungloved hand.

dégarni, e [degaʀni] (ptp de **dégarnir**) adj front, arbre, salle, rayon bare; compte en banque low; portefeuille empty; magasin low in stock; tête, personne balding.

dégarnir [degaʀniʀ] (2) **1** vt maison, salle, vitrine to empty, clear; arbre de Noël to strip (of decorations); compte en banque to drain, draw heavily on; (Mil) ville, place to withdraw troops from.

2 se dégarnir vpr [salle] to empty; [tête, personne] to go bald; [arbre] to lose its leaves; [bois] to become sparse; (Comm) [rayons] to be cleaned out **ou** cleared; (Comm) [stock] to run out, be cleaned out, become depleted.

dégât [dega] nm damage (U). **la grêle a causé beaucoup de** ~ **ou** ~**s** the hail caused widespread damage **ou** a lot of damage; **V limiter**.

dégauchir [degoʃiʀ] (2) vt bois to surface; pierre to dress.

dégauchissement [degoʃismɑ̃] nm, **dégauchissage** [degoʃisaʒ] nm (V **dégauchir**) surfacing; dressing.

dégauchisseuse [degoʃisøz] nf surface-planing machine.

dégel [deʒɛl] nm (lit, fig) thaw; V **barrière**.

dégelée* [deʒle] nf (coups) thrashing, hiding, beating. **une** ~ **de coups** a hail **ou** shower of blows; **recevoir une** ~ to get a hiding.

dégeler [deʒle] (5) **1** vt (a) lac, terre to thaw (out); glace to thaw, melt; (*) pieds, mains to warm up, get warmed up.

(b) (*fig) invité, réunion to thaw (out); atmosphère to unfreeze.

(c) (Fin) to unfreeze.

2 vi (a) [neige, lac] to thaw (out).

(b) (Culin) **faire** ~ to thaw, leave to thaw.

3 vi impers: **ça dégèle** it's thawing.

4 se dégeler vpr [personne] (lit) to warm up, get o.s. warmed up; (fig) to thaw (out).

dégénéré, e [deʒenere] (ptp de **dégénérer**) **1** adj (abâtardi) degenerate; (Psych†) defective. **2** nm,f degenerate; (Psych†) defective.

dégénérer [deʒenere] (6) vi (a) (s'abâtardir) [race] to degenerate; [qualité] to deteriorate.

(b) (mal tourner) to degenerate (en into). **leur dispute a dégénéré en rixe** their quarrel degenerated into a brawl; **un coup de froid qui dégénère en grippe** a chill which develops into flu; [manifestation] **ça a rapidement dégénéré** it soon got out of hand.

dégénérescence [deʒeneresɑ̃s] nf (a) [personne] (morale) degeneracy; (physique, mentale) degeneration. (b) [moralité, race] degeneracy; [qualité] deterioration (de in). (c) (Méd) [cellule] degeneration.

dégermer [deʒɛʀme] (1) vt to degerm, remove the germ from.

dégingandé, e* [deʒɛ̃gɑ̃de] adj gangling, lanky.

dégivrage [deʒivʀaʒ] nm (V **dégivrer**) defrosting; de-icing.

dégivrer [deʒivʀe] (1) vt réfrigérateur to defrost; avion, pare-brise to de-ice.

dégivreur [deʒivʀœʀ] nm (V **dégivrer**) defroster; de-icer.

déglaçage [deglasaʒ] nm, **déglacement** [deglasmɑ̃] nm (V **déglacer**) deglazing; removal of the glaze (de from); removal of the ice (de from), melting of the ice (de on).

déglacer [deglase] (3) vt (Culin) to deglaze; papier to remove the glaze from; (dégeler) surface to remove the ice from, melt the ice on.

déglinguer* [deglɛ̃ge] (1) **1** vt objet, appareil to bust*. **ce fauteuil est tout déglingué** this armchair is falling **ou** coming apart **ou** is (all) falling to pieces. **2 se déglinguer** vpr [appareil] to be on the blink*; [chaise] to fall to pieces, fall **ou** come apart; [serrure, robinet] to go bust*.

déglutir [deglytiʀ] (2) vti (Méd) to swallow.

déglutition [deglytisjɔ̃] nf (Méd) swallowing, deglutition (T).

dégobiller‡ [degɔbije] (1) vti (vomir) to throw up‡, spew (up)‡, puke‡.

dégoiser* [degwaze] (1) **1** vt boniments, discours to spout*. **qu'est-ce qu'il dégoise?** what is he rattling on about?* **2** vi (parler) to rattle on*, go on (and on)*. (médire) ~ **sur le compte de qn** to tittle-tattle about sb.

dégommage* [degɔmaʒ] nm (V **dégommer**) **le** ~ **de qn** the demoting of sb; the unseating of sb; giving the push to sb*, the sacking (Brit) **ou** firing of sb*.

dégommer‡ [degɔme] (1) vt (dégrader) to demote; (détrôner) to unseat; (renvoyer) to give the push to*, sack* (Brit), fire. **se faire** ~ to be demoted; to be unseated; to get the push*, be sacked* **ou** fired*.

dégonflage‡ [degɔ̃flaʒ] nm (a) [pneu] deflating. (b) (lâcheté) chickening out*, backing out. **j'appelle ça du** ~**!** that's what I call being chicken* **ou** yellow(-bellied)‡, that's what I call chickening out*.

dégonflard, e‡ [degɔ̃flaʀ, aʀd(ə)] nm,f (lâche) chicken*, yellow-belly‡.

dégonflé, e [degɔ̃fle] (ptp de **dégonfler**) adj (a) pneu flat. (b) (‡: lâche) chicken* (attrib), yellow(-bellied)‡. **c'est un** ~ he's a yellow-belly‡, he's chicken* **ou** yellow*.

dégonflement [degɔ̃fləmɑ̃] nm [ballon, pneu] deflation; [enflure] reduction.

dégonfler [degɔ̃fle] (1) **1** vt pneu to let down, let the air out of, deflate; ballon to deflate, let the air out of; enflure to reduce, bring down. **2 se dégonfler** vpr (a) [ballon, enflure, pneu] to go down. (b) (*: avoir peur) to chicken out*, back out.

dégonfleur, -euse‡ [degɔ̃flœʀ, øz] nm,f = **dégonflard‡**.

dégorgement [degɔʀʒəmɑ̃] nm (a) (débouchage) [évier, égout] clearing out.

(b) (évacuation) [eau, bile] discharge.

(c) (écoulement) [égout, rivière] discharge; [gouttière] discharge, overflow.

(d) (Tech: lavage) [cuir] cleaning, cleansing; [laine] scouring.

dégorgeoir [degɔʀʒwaʀ] nm (conduit d'évacuation) overflow duct **ou** pipe; (Pêche) disgorger.

dégorger [degɔʀʒe] (3) **1** vt (a) évier, égout to clear out.

(b) [tuyau] eau to discharge, pour out; (fig) [rue, train] voyageurs to disgorge, pour forth **ou** out (dans into).

(c) (Tech: laver) cuir, étoffe to clean, cleanse; laine to scour.

2 vi (a) [étoffe] to soak (to release impurities); (Culin) [viande] to soak; [escargots, concombres] to sweat. **faire** ~ étoffe to soak; viande to soak; escargots, concombres to (leave to) sweat.

(b) ~ **dans** [égout, gouttière] to discharge into; [rivière] to discharge itself into.

3 se dégorger vpr [eau] to be discharged, pour out (dans into); (fig) [voyageurs] to pour forth **ou** out (dans into).

dégot(t)er* [degɔte] (1) vt (trouver) to dig up*, unearth, find.

dégoulinade [degulinad] nf trickle.

dégoulinement [degulinmɑ̃] nm (V **dégouliner**) trickling; dripping.

dégouliner [deguline] (1) vi (en filet) to trickle; (goutte à goutte) to drip. **ça me dégouline dans le cou** it's dripping **ou** trickling down my neck.

dégoulinure [degulinyʀ] nf = **dégoulinade**.

dégoupiller [degupije] (1) vt grenade to take the pin out of.

dégourdi, e* [deguʀdi] (ptp de **dégourdir**) **1** adj (malin) smart, resourceful, bright. **il n'est pas très** ~ he's not really on the ball*, he's not all that smart **ou** bright, he's pretty clueless* (Brit).

2 nm,f: **c'est un** ~ he's a smart one **ou** a fly one*, he knows what's what*, he's on the ball*; (iro) **quel** ~ **tu fais!** you're a bright spark!* (Brit) **ou** a smart one! **ou** a bright one! (iro).

dégourdir [deguʀdiʀ] (2) **1** vt eau to warm (up); membres (ankylosés) to bring the circulation back to; (gelés) to warm up; (fig) provincial to knock the rough edges off, teach a thing or two to*. **le service militaire/d'habiter à Paris le dégourdira** military service/living in Paris will knock him into shape **ou** teach him a thing or two*.

2 se dégourdir vpr: **il est sorti pour se** ~ **un peu (les jambes)** he went out to stretch his legs a bit; (fig) **elle s'est un peu dégourdie depuis l'an dernier** she seems to have learnt a thing or two* **ou** lost some of her naïvety since last year.

dégoût [degu] nm (a) (U: répugnance) disgust (U), distaste (U) (pour, de for). **j'éprouve un certain** ~ **pour son comportement** I feel somewhat disgusted at his behaviour; **avoir du** ~ **pour** to feel (a sense of) disgust **ou** distaste for; **il fit une grimace de** ~ he screwed up his face in disgust **ou** distaste; **ce** ~ **de la vie m'étonnait** such world-weariness **ou** such weariness of life surprised me.

(b) dislike. **nos goûts et nos** ~**s** our likes and dislikes.

dégoûtamment [degutamɑ̃] adv manger, se conduire disgustingly.

dégoûtant, e [degutɑ̃, ɑ̃t] adj disgusting, revolting. **espèce de vieux** ~**!*** (sale) you messy old pig‡; (vicieux) you disgusting **ou** filthy (old) beast!‡, you dirty old man!‡

dégoûtation [degutasjɔ̃] nf (dégoût) disgust. (*: saleté) **quelle** ~**!** what a disgusting **ou** filthy mess!

dégoûté, e [degute] (ptp de **dégoûter**) adj: **je suis** ~**!** (scandalisé) I'm disgusted!; (lassé) I'm sick and tired of it!; **un homme** ~ maintenant que tous ses projets ont échoué he is sick at heart **ou** fed up* now that all his plans have failed; **être** ~ **de** to be sick of; **il fait le** ~ (devant un mets, une offre) he turns his nose up (at it) in distaste; **ne fais pas le** ~**!** don't be so fussy!; **il mange des sauterelles/il sort avec cette femme, il n'est pas** ~**!** he eats grasshoppers/he goes out with that woman — he's not (too) fussy! **ou** choosy!*

dégoûter [degute] (1) **1** vt (a) (répugner à) to disgust. **cet homme me dégoûte** that man disgusts me **ou** fills me with disgust, I find that man disgusting *ou* revolting; **ce plat me dégoûte** I find this dish disgusting *ou* revolting; **la vie me dégoûte** I'm weary of life, I'm sick *ou* weary of living, I'm fed up with life*.

(b) ~ **qn de qch** (*ôter l'envie de*) to put sb (right) off sth; (*remplir de dégoût pour*) to make sb feel disgusted with; **c'est à vous** ~ **d'être honnête** it's enough to put you (right) off being honest; **si tu n'aimes pas ça, n'en dégoûte pas les autres** if you don't like it, don't put the others off; **dégoûté de la vie** weary *ou* sick of life *ou* living; **je suis dégoûté par ces procédés** I'm disgusted *ou* revolted by this behaviour.

2 se dégoûter *vpr*: **se** ~ **de qn/qch** to get sick of sb/sth*; **il se dégoûte dans cette maison sale** he's sick of this dirty house*, he dislikes it (intensely) in this dirty house.

dégoutter [degute] (1) *vi* to drip. **dégouttant de sueur** dripping with sweat; **l'eau qui dégoutte du toit** the water dripping (down) from *ou* off the roof; **manteau dégouttant de pluie** dripping wet coat.

dégradant, e [degradɑ̃, ɑ̃t] *adj* degrading.

dégradation [degradɑsjɔ̃] *nf* **(a)** (*V* **dégrader**) degradation; debasement; defiling; damaging; erosion; defacing; shading-off. (*dégâts*) ~**s** damage (*U*); (*Jur*) ~ **civique** loss of civil rights; **les** ~**s causées au bâtiment** the damage caused to the building.

(b) (*V* **se dégrader**) degradation; debasement; loss of one's (physical) powers; deterioration; decline; weakening; worsening; shading-off. (*Phys*) **la** ~ **de l'énergie** the degradation *ou* dissipation of energy; (*Ordin*) **la** ~ **des données** the corruption of the data.

dégradé [degrade] *nm* [*couleurs*] gradation; [*lumière*] (gradual) moderation; (*Ciné*) grading. **un** ~ **de couleurs** a gradation of colours, a colour gradation.

dégrader [degrade] (1) **1** *vt* **(a)** (*Mil*) *officier* to degrade.

(b) *personne* to degrade, debase.

(c) *qualité* to debase; *beauté* to defile, debase.

(d) *mur, bâtiment* [*vandales*] to damage, cause damage to; [*pluie*] to erode, cause to deteriorate; *monument, façade* to deface, damage; (*Géol*) *roches* to erode, wear away. **les mauvais ouvriers dégradent le matériel** bad workers damage the equipment.

(e) (*Art*) *couleurs* to shade off; *lumière* to subdue. **couleurs dégradées** colours which shade into each other *ou* shade off gradually.

2 se dégrader *vpr* **(a)** [*personne*] (*s'avilir moralement*) to degrade o.s., debase o.s., become degraded *ou* debased; (*s'affaiblir physiquement*) to lose one's physical powers.

(b) [*situation, qualité, santé, bâtiment*] to deteriorate; [*valeurs morales, intérêt, forces*] to decline; [*monnaie*] to grow weaker. **le temps se dégrade** the weather is beginning to break, there's a change for the worse in the weather.

(c) (*Sci*) [*énergie*] to become dissipated *ou* degraded; (*Art*) [*couleurs*] to shade off; [*lumière*] to become subdued.

dégrafer [degrafe] (1) **1** *vt* *vêtement* to unfasten, unhook, undo; *ceinture* to unbuckle, unfasten, undo; *personne* to unfasten, unhook, undo.

2 se dégrafer *vpr* [*robe, bracelet*] to come undone *ou* unfastened; [*personne*] to unfasten *ou* unhook *ou* undo one's dress *etc*.

dégraissage [degrɛsaʒ] *nm* **(a)** **le** ~ **d'un vêtement** removal of the grease marks from a piece of clothing; **le** ~ **du bouillon** skimming the fat off the broth; '~ **et nettoyage à sec'** 'dry cleaning'.

(b) (*Écon*) [*effectifs*] cutback, rundown (*de* in). **opérer un** ~ *ou* **des** ~**s dans le secteur industriel** to slim down *ou* cut back the workforce in the industrial sector.

dégraissant [degrɛsɑ̃] *nm* (*produit*) spot remover.

dégraisser [degrɛse] (1) *vt* **(a)** *vêtement* to take the grease marks out of. **(b)** (*Culin*) *bouillon* to skim (the fat off); *viande* to remove the fat from, cut the fat off. **(c)** (*Menuiserie*) *bois* to trim the edges of. **(d)** (*Écon*) *personnel, effectifs* to cut back, slim down.

degré [dəgre] *nm* **(a)** (*gén: niveau*) degree; (*stade de développement*) stage, degree; (*Admin: échelon*) grade; (*littér: marche*) step. **haut** ~ **de civilisation** high degree *ou* level of civilization; **à un** ~ **avancé de** at an advanced stage of; (*Alpinisme*) **mur de 6e** ~ grade 6 wall; (*fig*) **les** ~**s de l'échelle sociale** the rungs of the social ladder (*fig*); **avare au plus haut** ~ miserly in the extreme, miserly to a degree; **jusqu'à un certain** ~ to some *ou* a certain extent *ou* degree, to a degree; **par** ~(**s**) by degrees; *V* **dernier, troisième**.

(b) (*Gram, Mus, Sci*) degree. **équation du 1er/2e** ~ equation of the 1st/2nd degree; **il fait 20** ~**s dans la chambre** it's 20 degrees (centigrade) in the room; **la température a baissé/est montée de 2** ~**s** there has been a 2-degree drop/rise in temperature, the temperature has gone down *ou* dropped/gone up *ou* risen 2 degrees; ~ **d'alcool d'une boisson** proof of an alcoholic drink; ~ **en alcool d'un liquide** percentage of alcohol in a liquid; **alcool à 90** ~ 90% proof alcohol; **du cognac à 40** ~**s** 70° proof cognac (*Brit*); **vin de 11** ~**s** 11° wine (*on Gay-Lussac scale, = 19° Sykes (Brit) and 22° proof (US)*); **ce vin fait (du) 11** ~**s** this wine is 11°; ~ **centigrade/ Fahrenheit/Baumé** degree centigrade/Fahrenheit/Baumé.

(c) (*Méd*) ~ **de brûlure** degree of burns; **brûlure du premier/ deuxième** ~ first/second degree burn; (*Scol*) **enseignement du premier/second** ~ primary/secondary education; **enseignant du premier/second** ~ primary/secondary schoolteacher; (*Sociol*) ~ **de parenté** degree of (family) relationship *ou* of kinship (*frm*); **cousins au premier** ~ first cousins; **cousins au second** ~ second cousins, first cousins once removed; **parents au premier/ deuxième** ~ relatives of the first/second degree.

dégressif, -ive [degresif, iv] *adj*: **appliquer un tarif** ~ to use a sliding scale of charges.

dégressivité [degresivite] *nf* (*impôt*) degression.

dégrèvement [degrɛvmɑ̃] *nm* **(a) bénéficier d'un** ~ **fiscal** *ou* **de** ~**s fiscaux** to be granted tax exemption *ou* tax relief; **le** ~ **d'un**

produit the reduction of the tax(es) on a product; **le** ~ **d'une industrie** the reduction of the tax burden on an industry; **le** ~ **d'un contribuable** the granting of tax relief to a taxpayer.

(b) (*Jur: d'hypothèque*) disencumbrance.

dégrever [degrəve] (5) *vt produit* to reduce the tax(es) on; *industrie* to reduce the tax burden on; *contribuable* to grant tax relief to; *immeuble* to disencumber.

dégriffé,e [degrife] *adj*: **robe** ~**e** unlabelled designer dress; **ils vendent du** ~ they sell designer seconds.

dégringolade [degrɛ̃gɔlad] *nf* (*V* **dégringoler**) tumbling (down); tumble. **la** ~ **du dollar face aux monnaies européennes** the collapse of the dollar against European currencies.

dégringoler [degrɛ̃gɔle] (1) **1** *vi* [*personne, objet*] to tumble (down); [*monnaie*] to collapse, take a tumble; [*prix, firme, réputation*] to tumble. **il a dégringolé jusqu'en bas** he tumbled all the way down, he came *ou* went tumbling *ou* crashing down; **elle a essayé de prendre un livre et elle a fait** ~ **toute la pile** she tried to get a book and toppled the whole pile over *ou* brought the whole pile (crashing) down.

2 *vt escalier, pente* to rush *ou* leap down.

dégrippant [degripɑ̃] *nm* penetrating oil.

dégrisement [degrizmɑ̃] *nm* (*lit, fig*) sobering up.

dégriser [degrize] (1) **1** *vt* (*lit*) to sober up; (*fig*) to sober up, bring back down to earth. **2 se dégriser** *vpr* (*lit*) to sober up; (*fig*) to sober up, come back down to earth.

dégrossir [degrosir] (2) *vt* **(a)** *bois, planche* to trim, cut down to size; *marbre* to rough-hew.

(b) (*fig*) *projet, travail* to rough out, work out roughly, do the spadework on.

(c) (*) *personne* to knock the rough edges off, polish up. **individu mal dégrossi** coarse *ou* unpolished *ou* unrefined individual; **il s'est un peu dégrossi** he has lost some of his rough edges.

dégrossissage [degrosisaʒ] *nm* (*V* **dégrossir**) trimming; roughhewing; roughing-out. **le** ~ **d'une personne** knocking the rough edges off a person, polishing up *ou* refining a person.

dégrouiller (se)* [degruje] (1) *vpr* (*se dépêcher*) to hurry up, get a move on*. **allez, dégrouille(-toi)!** come on, hurry up! *ou* get a move on!*; **se** ~ **de** *ou* **pour faire qch** to hurry to do sth.

déguenillé, e [dɛgnije] **1** *adj* ragged, tattered. **2** *nm, f* ragamuffin.

déguerpir* [degɛrpir] (2) *vi* (*s'enfuir*) to clear off*, scarper* (*Brit*). **faire** ~ *ennemi* to scatter; *voleur* to chase *ou* drive off.

dégueu* [dego] *adj abrév de* **dégueulasse**.

dégueulasse* [degœlas] *adj* (*mauvais, injuste*) lousy*, rotten*; (*crasseux, vicieux*) filthy. **c'est** ~ **de faire ça** that's a lousy* *ou* rotten* thing to do; **c'est pas** ~ that's not bad; **c'est un** ~ he's a lousy *ou* rotten swine*, he's a filthy dog*.

dégueuler* [degœle] (1) *vti* (*vomir*) to throw up*, spew (up)*, puke (up)*.

dégueulis* [degœli] *nm* puke*.

déguisé, e [degize] (*ptp de* **déguiser**) *adj* **(a)** (*pour tromper*) in disguise (*attrib*), disguised; (*pour s'amuser*) in fancy dress, in costume (*US*), dressed up.

(b) (*fig*) *voix, écriture, dévaluation* disguised; *ambition, sentiment* disguised, masked, veiled; *prêt, accord* backdoor (*épith*). **non** ~ **unconcealed, undisguised.**

déguisement [degizmɑ̃] *nm* (*pour tromper*) disguise; (*pour s'amuser*) fancy dress, costume (*US*), disguise. (*littér*) **sans** ~ without disguise, openly.

déguiser [degize] (1) **1** *vt* (*gén*) *voix, écriture, visage* to disguise; *pensée, ambition, vérité* to disguise, mask, veil; *poupée, enfant* to dress up (*en* as). (*littér*) **je ne puis vous** ~ **ma surprise** I cannot conceal my surprise from you.

2 se déguiser *vpr* (*pour tromper*) to disguise o.s.; (*pour s'amuser*) to dress up. **se** ~ **en Peau-Rouge** to dress up as a Red Indian; **se** ~ **en courant d'air*** to make o.s. scarce*.

dégurgiter [degyrʒite] (1) *vt nourriture* to vomit *ou* bring back (up); *leçon* to parrot out, regurgitate.

dégustateur [degystatœr] *nm* wine taster.

dégustation [degystasjɔ̃] *nf* [*coquillages, fromages*] sampling. ~ **de vin(s)** wine-tasting session; **ici,** ~ **d'huîtres à toute heure** oysters available *ou* served at all times.

déguster [degyste] (1) **1** *vt vins* to taste; *coquillages, fromages* to sample; *repas, café, (fig) spectacle* to enjoy, savour. **as-tu fini ton café?** — **non, je le déguste** have you finished your coffee? — no I'm enjoying it *ou* savouring it.

2 *vi* (*: souffrir*) **qu'est-ce qu'il a dégusté!** (*coups*) he didn't half catch it!* *ou* (*douleur*) he didn't half have a rough time!*; **j'ai une rage de dents, je déguste!** I've got toothache and I'm in agony* *ou* and it's killing me*.

déhanché, e [deɑ̃ʃe] (*ptp de* **se déhancher**) *adj démarche* [*femme etc*] swaying; [*infirme*] lop-sided.

déhanchement [deɑ̃ʃmɑ̃] *nm* (*V déhanché*) (*mouvement*) swaying walk; lop-sided walk.

déhancher (se) [deɑ̃ʃe] (1) *vpr* **(a)** (*en marchant*) to sway one's hips. **(b)** (*immobile*) to stand with *ou* lean one's weight on one hip.

dehors [dəɔr] **1** *adv* **(a)** (*à l'extérieur*) outside; (*à l'air libre*) outside, outdoors, out of doors; (*pas chez soi*) out. **attendez-le** ~ wait for him outside; **je serai** ~ **toute la journée** I shall be out all day; **par beau temps, les enfants passent la journée** ~ when it's fine, the children spend the day outdoors *ou* out of doors *ou* outside; **il fait plus frais dedans que** ~ it is cooler inside than out(side) *ou* indoors than out(doors); **cela ne se voit pas de** ~ it can't be seen from (the) outside; **passez par** ~ **pour aller au jardin** go round the outside (of the house) to get to the garden; **dîner/déjeuner** ~ to eat *ou* dine/eat *ou* lunch out; **jeter** *ou* **mettre*** *ou* **foutre*** **qn** ~ (*gén*) to throw *ou* kick* *ou* chuck* sb out; [*patron*] to sack* *ou* fire* sb; **mettre le nez** *ou* **le pied** ~ to set foot outside; **il fait un**

temps à ne pas mettre le nez ~ it's weather for staying indoors. **(b)** (*loc*) **en ~ de** (*lit*) outside; (*fig*) (*sans rapport avec*) outside, irrelevant to; (*excepté*) apart from; **ne passez pas la tête en ~ de la fenêtre** don't put your head out of the window *ou* outside the window; **ce passage est en ~ du sujet** this passage is outside the subject *ou* is irrelevant (to the subject); **marcher les pieds en ~** to walk with one's feet *ou* toes turned out; **en ~ de cela, il n'y a rien de neuf** apart from that *ou* beyond that *ou* otherwise there's nothing new; **cette tâche est en ~ de ses possibilités** this task is beyond his capabilities; (*fig*) **il a voulu rester en ~** he wanted to stay uninvolved; **au ~, elle paraît calme, mais c'est une nerveuse** outwardly she looks relaxed, but she is highly strung; **au ~, la situation est tendue** outside the country, the situation is tense.
2 *nm* **(a)** (*extérieur*) outside. **on n'entend pas les bruits du ~** you can't hear the noise from outside; **nos employés sont honnêtes, ce sont des gens du ~** qui ont commis ce vol our employees are honest — it must be outsiders *ou* people from outside who are responsible for the theft; **les affaires du ~** foreign affairs.
(b) (*apparences: pl*) **les ~ sont trompeurs** appearances are deceptive; **sous des ~ aimables, il est dur** under a friendly exterior, he is a hard man.
(c) (*Patinage*) **faire des ~** to skate on the outside edge.

déicide [deisid] **1** *adj* deicidal. **2** *nmf* deicide. **3** *nm* (*crime*) deicide.
déictique [deiktik] *nm* (*Ling*) deictic.
déification [deifikasjɔ̃] *nf* deification.
déifier [deifje] (7) *vt* to deify.
déisme [deism(ə)] *nm* deism.
déiste [deist(ə)] **1** *adj* deistic, deist. **2** *nmf* deist.
déité [deite] *nf* (*littér*) (mythological) deity.
déjà [deʒa] *adv* **(a)** already. **il a ~ fini** he has finished already, he has already finished; **est-il ~ rentré?** has he come home yet?; (*surprise*) has he come home already?; **à 3 heures il avait ~ écrit 3 lettres** he'd already written 3 letters by 3 o'clock; **~ à cette époque** as far back as then, already *ou* even at that time; **j'aurais ~ fini si tu ne me dérangeais pas tout le temps** I would have finished by now *ou* already if you wouldn't keep bothering me all the time; **je l'aurais ~ dit, si je n'avais pas craint de le vexer** I would have said it before now *ou* by now *ou* already if I hadn't been afraid of offending him; **c'est ~ vieux tout ça!** all that's already out of date!, all that's old hat!*
(b) (*auparavant*) before, already. **je suis sûr de l'avoir ~ rencontré** I'm sure I've met him before, I'm sure I've already met him; **j'ai ~ fait ce genre de travail** I've done that sort of work before, I've already done that sort of work; **c'est du ~-vu** we've seen it all before, it's old hat*.
(c) (*intensif*) **1.000 F, c'est ~ pas mal*** 1,000 francs, that's not bad at all; **30 tonnes, c'est ~ un gros camion** 30 tons, that's quite a big truck *ou* that's a fair-sized truck; **il est ~ assez paresseux** he's lazy enough as it is; **enfin, c'est ~ quelque chose!** anyway, it's better than nothing! *ou* it's a start!; **~ que je ne suis pas riche*, s'il faut encore payer une amende ...** as it is I'm not rich *ou* I'm not rich as it is but if I (should) have to pay a fine as well ... .
(d) (*:interrogatif*) **qu'est-ce qu'il a dit, ~?** what was it he said again?, what did he say again?; **c'est combien, ~?** how much is it again?, how much did you say it was again?; *V* **ores.**
déjanter (se) [deʒɑ̃te] (1) *vpr* [*pneu*] to come off its rim.
déjection [deʒɛksjɔ̃] *nf* **(a)** (*Méd*) evacuation. **~s** dejecta (*T*), faeces, excrement. **(b)** (*Géol*) **~s** ejecta (*T*), ejectamenta (*T*); *V* **cône.**
déjeté, e [deʒte] *adj* position, mur, arbre, infirme lop-sided, crooked; [*colonne vertébrale*] twisted. **il est tout ~** he's all lop-sided *ou* misshapen.
déjeuner [deʒœne] (1) **1** *vi* **(a)** (*gén: à midi*) to (have) lunch. **nous avons déjeuné de fromage et de pain** we had bread and cheese for lunch, we lunched on bread and cheese; **inviter qn à ~** to invite sb to lunch; **rester à ~ chez qn** to stay and have lunch with sb, stay to lunch at sb's; **viens ~ avec nous demain** come and have lunch with us tomorrow, come to lunch with us tomorrow; **nous avons déjeuné sur l'herbe** we had a picnic lunch; **ne pars pas sans ~** don't go before you've had your lunch.
(b) (††: *le matin*) to (have) breakfast; *V* **petit, pouce.**
2 *nm* **(a)** (*repas de midi*) (*gén*) lunch, luncheon (*frm*). **~ d'affaires** business lunch; **~ sur l'herbe** picnic lunch; **prendre son ~** to have lunch; **j'ai eu du poulet à ~** I had chicken for lunch; **demain j'ai ma mère à ~** I've got my mother coming for lunch tomorrow.
(b) (††: *du matin*) breakfast.
(c) (*tasse et soucoupe*) breakfast cup and saucer.
(d) **ça a été un vrai ~ de soleil** (*vêtement*) it didn't take long to fade; (*objet*) it soon gave up the ghost*, it didn't last long; (*résolution*) it was a flash in the pan, it didn't last long, it was short-lived.
déjouer [deʒwe] (1) *vt* complot to foil, thwart; plan to thwart, frustrate; ruse to outsmart; surveillance to elude. **~ les plans de l'ennemi** to frustrate the enemy in his plans, confound the enemy's plans; **j'ai déjoué ses plans** I thwarted his plans, I outwitted him.
déjuger (se) [deʒyʒe] (3) *vpr* to go back on *ou* reverse one's decision.
delà [dəla] **1** *adv* **(a)** **au-~** beyond; **au-~ il y a l'Italie** beyond (that) is Italy; **il a eu ce qu'il voulait et bien au-~** he had all he wanted and more (besides); **vous avez droit à 10 bouteilles et pas au-~/ mais au-~ vous payez une taxe** you're entitled to 10 bottles and no more/but above that you pay duty; (*somme, prix*) **n'allez pas au-~** don't go beyond *ou* over that figure (*ou* sum *etc*), don't exceed that figure; **mes connaissances ne vont pas au-~** that's as far as my knowledge goes, that's the extent of my knowledge; *V* **au-delà.**

(b) par ~, par-~ beyond; **devant eux il y a le pont et par(-)~ l'ennemi** in front of them is the bridge and beyond (that) the enemy *ou* and on the other *ou* far side (of it), the enemy.
(c) en ~ beyond, outside; **la clôture était à 20 mètres et il se tenait un peu en ~** the fence was 20 metres away and he was standing just beyond it *ou* outside it.
(d) (*littér*) **de ~ les mers** from beyond *ou* over the seas; *V* **deçà.**
2 *prép* **(a) au ~ de lieu, frontière** beyond, on the other side of; **somme, limite** over, above; (*littér*) **au ~ des mers** overseas, beyond *ou* over the seas; **ceci va au ~ de tout ce que nous espérions** this goes (far) beyond anything we hoped for; **au ~ de la conscience/ douleur** beyond consciousness/pain; **aller au ~ de ses forces/ moyens** to go beyond *ou* exceed one's strength/means.
(b) (*gén littér*) **par ~** beyond; **par ~ les mers** overseas, beyond *ou* over the seas; **par ~ les apparences** beneath appearances; **par ~ les siècles** across the centuries.
délabré, e [delabʀe] (*ptp de* **délabrer**) *adj* maison dilapidated, ramshackle (*épith*), tumbledown (*épith*); mobilier, matériel broken-down; vêtements ragged, tattered; santé impaired, broken (*épith*); mur falling down (*épith*), crumbling, in ruins (*attrib*); affaires in a poor *ou* sorry state (*attrib*); fortune depleted.
délabrement [delabʀəmɑ̃] *nm* [*maison*] dilapidation, decay, ruin; [*santé, affaires*] poor *ou* sorry state; [*vêtements*] raggedness; [*mobilier, matériel, mur*] decay, ruin; [*fortune*] depletion. **état de ~** dilapidated state, state of decay *ou* ruin.
délabrer [delabʀe] (1) **1** *vt* maison to ruin; mobilier, matériel to spoil, ruin; santé to ruin, impair. **2 se délabrer** *vpr* [*maison, mur, matériel*] to fall into decay; [*santé*] to break down; [*affaires*] to go to rack and ruin.
délacer [delase] (3) **1** *vt* chaussures to undo (the laces of); corset to unlace. **2 se délacer** *vpr* **(a)** [*chaussures*] to come undone; [*corset*] to come unlaced *ou* undone. **(b)** [*personne*] to undo one's shoes; to unlace one's corset.
délai [delɛ] **1** *nm* **(a)** (*temps accordé*) time limit. **c'est un ~ trop court pour ...** it's too short a time for ...; **je vous donne 3 mois, c'est un ~ impératif** I'll give you 3 months and that's an absolute deadline; **avant l'expiration du ~** before the deadline; **dans le ~ prescrit** within the allotted *ou* prescribed time, within the time laid down *ou* allotted; **dans un ~ de 6 jours** within (a period of) 6 days; **livrable dans un ~ de quinze jours** allow two weeks for delivery; **un ~ de 10 jours pour payer est insuffisant** (a period of) 10 days to pay is not enough; **prolonger un ~** to extend a time limit *ou* a deadline; **lundi prochain, c'est le dernier ~** next Monday is the absolute deadline.
(b) (*période d'attente*) waiting period. **il faut compter un ~ de huit jours** you'll have to allow a week, there'll be a week's delay.
(c) (*sursis*) extension of time. **un dernier ~ de 10 jours** a final extension of 10 days; **accorder des ~s successifs** to allow further extensions (of time); **il va demander un ~ pour achever le travail** he's going to ask for more time to finish off the job.
(d) (*loc*) **dans le(s) plus bref(s) ~(s)** as soon *ou* as quickly as possible; **dans un ~ de 4 mois** within a period of 4 months; **ce sera fait dans les ~s** it'll be done within the time limit *ou* allotted time; **à bref ~ prévenir** at short notice; (*très bientôt*) shortly, very soon; **sans ~** without delay, immediately.
2: (*Fin, Jur*) **délai de carence** grace period; **délai-congé** nm, pl **délais-congés** term *ou* period of notice; (*pour un travail*) **délai d'exécution** turnaround time; (*Jur*) **délai de forclusion** time limit; (*Fin, Jur*) **délai de grâce** grace period; **un delai de grâce de 5 jours** 5 days' grace; **délai de livraison** delivery time *ou* period; **délai de paiement** term of payment, time for payment; **délai de préavis = délai-congé**; **délai de rigueur: à remettre avant le 15 mai, délai de rigueur** to be handed in before the final deadline of May 15th.
délainage [delɛnaʒ] *nm* fellmongering.
délainer [delene] (1) *vt* to remove the wool from, dewool.
délaissement [delɛsmɑ̃] *nm* (*action*) abandonment, desertion; (*état*) neglect, state of neglect *ou* abandonment; (*Jur*) relinquishment *ou* renunciation (*of a right*).
délaisser [delese] (1) *vt* **(a)** (*abandonner*) famille, ami, travail to abandon, quit, give up. **épouse délaissée** deserted wife; **enfant délaissé** abandoned child.
(b) (*négliger*) famille, ami, travail to neglect. **épouse/fillette délaissée** neglected wife/little girl.
(c) (*Jur*) droit to relinquish.
délassant, e [delasɑ̃, ɑ̃t] *adj* bain relaxing, refreshing; lecture diverting, entertaining.
délassement [delasmɑ̃] *nm* (*état*) relaxation, rest; (*distraction*) relaxation, diversion.
délasser [delase] (1) **1** *vt* (*reposer*) membres to refresh; (*divertir*) personne, esprit to divert, entertain. **un bon bain, ça délasse** a good bath is relaxing *ou* refreshing; **c'est un livre qui délasse** it's an entertaining *ou* a relaxing sort of book.
2 se délasser *vpr* (*se détendre*) to relax (*en faisant qch* by doing sth).
délateur, -trice [delatœʀ, tʀis] *nm, f* (*frm*) informer.
délation [delasjɔ̃] *nf* (*frm*) denouncement, informing. **une atmosphère de ~** an incriminatory atmosphere; **faire une ~** to inform.
délavage [delavaʒ] *nm* (*Tech: V* **délaver**) watering down; fading; waterlogging.
délavé, e [delave] (*ptp de* **délaver**) *adj* **(a)** tissu, jeans faded, prefaded; inscription washed-out. **un ciel ~ après la pluie** a watery *ou* washed-out (blue) sky after rain. **(b)** terre waterlogged.
délaver [delave] (1) *vt* **(a)** aquarelle to water down; tissu, inscription to (cause to) fade (*by the action of water*). **(b)** terre to waterlog.
Delaware [dəlawɛʀ] *nm* Delaware.

délayage [delɛjaʒ] *nm* (*V* **délayer**) thinning down; mixing; dragging-out, spinning-out; padding-out. (*péj*) **faire du** ~ *[personne, écrivain]* to waffle* (*surtout Brit*); **son commentaire est un pur** ~ his commentary is pure waffle* *ou* padding.

délayer [deleje] (8) *vt couleur* to thin down; (*Culin*) *farine, poudre* to mix (*to a certain consistency*) (*dans* with); (*fig péj*) *idée* to drag *ou* spin out; *texte* to pad out. ~ **100 grammes de farine dans un litre d'eau** mix 100 grammes of flour and *ou* with a litre of water; **quelques idées habilement délayées** a few ideas cleverly spun out.

delco [delko] *nm* ® distributor; *V* **tête**.

délectable [delɛktabl(ə)] *adj* delectable.

délectation [delɛktasjɔ̃] *nf* delight, delectation (*littér*); (*Rel*) delight. ~ **morose** delectatio morosa.

délecter [delɛkte] (1) **1** *vt* (*littér*) to delight. **2 se délecter** *vpr*: **se** ~ **de qch/à faire** to delight *ou* revel *ou* take delight in sth/in doing; **il se délectait** he was revelling in it, he took great delight in it, he was thoroughly enjoying it.

délégation [delegasjɔ̃] *nf* (a) (*groupe*) delegation; (*commission*) commission. **nous venons en** ~ **voir le patron** we have come as a delegation to see the boss.
(b) (*mandat*) delegation. **quand il est absent, sa secrétaire signe le courrier par** ~ when he is away his secretary signs his letters on his authority; **il agit par** ~ *ou* **en vertu d'une** ~ he is acting on sb's authority; (*Jur*) ~ **de créance** assignment *ou* delegation of debt; ~ **de pouvoirs** delegation of powers; (*Mil*) ~ **de solde** assignment of pay (*to relatives*).
(c) (*Admin: succursale*) branch, office(s).

délégué, e [delege] (*ptp de* **déléguer**) **1** *adj* delegated (*à* to). **membre** ~ delegate; (*Écon*) **administrateur** ~ managing director; (*Ciné*) **producteur** ~ associate producer; (*Pol*) **ministre** ~ ministerial delegate; **ministre** ~ **à la culture** minister with special responsibility for the arts; (*Scol*) ~ **rectoral** ≃ temporary unqualified teacher; ~ **de classe** class representative. **2** *nm,f* (*représentant*) delegate, representative.

déléguer [delege] (6) *vt pouvoirs, personne* to delegate (*à* to); (*Jur*) *créance* to assign, delegate.

délestage [delɛstaʒ] *nm* (*Élec*) power cut; (*Aut*) diversion; *[ballon, navire]* removal of ballast (*de* from), unballasting. **établir un itinéraire de** ~ to set up a relief route.

délester [delɛste] (1) **1** *vt navire, ballon* to remove ballast from, unballast; (*Élec*) to cut off power from. (*Aut*) **on a délesté la RN4** a diversion has been set up on the RN4 to relieve traffic congestion; (*fig*) ~ **qn d'un fardeau** to relieve sb of a burden; (*: *voler*) ~ **qn de qch** to relieve sb of sth.
2 se délester *vpr [bateau, ballon]* to jettison ballast. (*Aviat*) **se** ~ **de ses bombes** (*en cas de panne*) to jettison its bombs; (*sur l'objectif*) to release its bombs; (*fig*) **elle se délesta de ses colis** she unloaded *ou* dropped her parcels.

délétère [deletɛʀ] *adj émanations, gaz* noxious, deleterious; (*fig*) *influence, propagande* pernicious, deleterious.

Delhi [deli] *n* Delhi.

déliassage [deljasaʒ] *nm* (*Ordin*) decollation.

déliasser [deljase] (1) *vt* (*Ordin*) to decollate.

délibérant, e [deliberɑ̃, ɑ̃t] *adj* deliberative.

délibération [deliberasjɔ̃] *nf* (a) (*débat*) deliberation, debate. ~**s** proceedings, deliberations; **mettre une question en** ~ to debate *ou* deliberate (over *ou* upon) an issue; **après** ~ **du jury** after the jury's due deliberation.
(b) (*réflexion*) deliberation, consideration.
(c) (*décision*) decision, resolution. ~**s** resolutions; **par** ~ **du jury** on the jury's recommendation.

délibérative [deliberativ] *adj f*: **avoir voix** ~ to have voting rights.

délibéré, e [delibeʀe] (*ptp de* **délibérer**) **1** *adj* (*intentionnel*) deliberate; (*assuré*) resolute, determined; *V* **propos**. **2** *nm* (*Jur*) deliberation (*of court at end of trial*). **mettre une affaire en** ~ to deliberate on a matter.

délibérément [delibeʀemɑ̃] *adv* (*volontairement*) deliberately, intentionally; (*après avoir réfléchi*) with due consideration; (*résolument*) resolutely.

délibérer [delibeʀe] (6) **1** *vi* (*débattre*) (*gén*) to deliberate, confer, debate; *[jury]* to confer, deliberate; (*réfléchir*) to deliberate, consider. **après avoir mûrement délibéré** after having pondered the matter, after duly considering the matter; ~ **sur une question** to deliberate (over *ou* upon) an issue.
2 délibérer de *vt indir* (*décider*) ~ **de qch** to deliberate sth; ~ **de faire qch** to decide *ou* resolve to do sth (*after deliberation*).

délicat, e [delika, at] *adj* (a) (*fin*) *dentelle, parfum, forme, couleur* delicate; *fil, voile, facture, travail* fine; *mets* dainty. **un objet gravé de facture** ~**e** a finely engraved object.
(b) (*fragile*) *tissu, fleur, enfant, santé* delicate. **il a la peau très** ~**e** he has very tender *ou* delicate skin; **lotion pour peaux** ~**es** lotion for sensitive skins.
(c) (*difficile*) *situation, question*, (*Méd*) *opération* delicate, tricky. **c'est** ~! it's rather delicate! *ou* tricky!; **un sujet** ~ a delicate *ou* sensitive subject.
(d) (*gén nég*) (*scrupuleux*) *personne, conscience* scrupulous. **des procédés peu** ~**s** unscrupulous *ou* dishonest methods; **il ne s'est pas montré très** ~ **envers vous** he hasn't behaved very fairly *ou* decently towards you.
(e) (*raffiné*) *sentiment, goût, esprit, style* refined, delicate; *attention* thoughtful; *geste* delicate, thoughtful. **ces propos conviennent peu à des oreilles** ~**es** this conversation isn't suitable for delicate *ou* sensitive ears; **avoir le palais** ~ to have a discerning palate.
(f) (*précis*) *nuance* subtle, fine, delicate; *oreille* sensitive, fine; *travail* fine, delicate.

(g) (*léger*) *toucher, touche* gentle, delicate. **prendre qch d'un geste** ~ to take sth gently *ou* delicately.
(h) (*plein de tact*) tactful (*envers* to, towards).
(i) (*exigeant*) fussy, particular. **cet enfant est** ~ **pour manger** this child is fussy *ou* particular about his food; **faire le** ~ (*nourriture*) to be particular *ou* fussy; (*spectacle*) to be squeamish; (*propos*) to be easily shocked.

délicatement [delikatmɑ̃] *adv* (a) (*finement*) *tableau* ~ **coloré** finely *ou* delicately coloured painting; **dentelle** ~ **ouvragée** finely *ou* delicately worked lace; **mets** ~ **préparé** daintily *ou* delicately prepared dish.
(b) (*avec précision*) **exécuter un travail** ~ to do a piece of work delicately *ou* finely; **nuance** ~ **exprimée** subtly *ou* finely *ou* delicately expressed shade of meaning.
(c) (*avec légèreté*) **prendre qch** ~ **entre ses mains** to take sth gently *ou* delicately in one's hands.
(d) (*avec raffinement*) **sentiment** ~ **exprimé** delicately expressed feeling.

délicatesse [delikatɛs] *nf* (a) (*finesse*) *[dentelle, parfum, couleur, forme]* delicacy; *[mets]* daintiness; *[fil, voile, facture, travail]* fineness.
(b) (*fragilité*) *[peau]* tenderness, delicacy; *[tissu]* delicacy.
(c) (*scrupules*) *[personne, procédés]* scrupulousness. **sa manière d'agir manque de** ~ his behaviour is somewhat unscrupulous.
(d) (*raffinement*) *[sentiment, goût, esprit, style]* refinement, delicacy; *[geste]* delicacy.
(e) (*gén: tact*) *[attentions]* thoughtfulness. **par** ~ **il se retira** he withdrew tactfully *ou* out of politeness.
(f) (*précision*) *[nuance]* subtlety, fineness, delicacy; *[oreille]* sensitivity, fineness; *[travail]* fineness, delicacy.
(g) (*légèreté*) gentleness. **il prit le vase avec** ~ he picked up the vase gently *ou* delicately.
(h) (*caractère complexe*) *[situation, question]*, (*Méd*) *[opération]* delicacy.
(i) (*prévenances: gén pl*) consideration (*U*), (kind) attentions. **avoir des** ~**s pour qn** to show attentions to sb, show consideration for sb.

délice [delis] *nm* (*plaisir*) delight. **quel** ~ **de s'allonger au soleil!** what a delight to lie in the sun!; **se plonger dans l'eau avec** ~ to jump into the water with sheer delight; **ce dessert est un vrai** ~ this dessert is quite delightful *ou* delicious.

délices [delis] *nfpl* (*plaisirs*) delights. **les** ~ **de l'étude** the delights of study; **toutes les** ~ **de la terre se trouvaient réunies là** every worldly delight was to be found there; **faire ses** ~ **de qch** to take delight in sth; **cette vie rustique ferait les** ~ **de mon père** this country life would be the delight of my father; **ce livre ferait les** ~ **de mon père** this book would be a delight to *ou* would delight my father, my father would revel in this book.

délicieusement [delisjøzmɑ̃] *adv* delightfully, exquisitely. **elle chante** ~ (**bien**) she sings delightfully (well); **c'est** ~ **beau** it's exquisitely beautiful; **une poire** ~ **parfumée** a deliciously *ou* delightfully scented pear; **s'enfoncer** ~ **dans les couvertures** to snuggle down under the covers with delight.

délicieux, -ieuse [delisjø, jøz] *adj fruit* delicious; *goût* delicious, delightful; *lieu, personne, sensation, anecdote* charming, delightful.

délictueux, -ueuse [deliktɥø, ɥøz] *adj* (*Jur*) criminal. **fait** ~ criminal act.

délié, e [delje] (*ptp de* **délier**) **1** *adj* (a) (*agile*) *doigts* nimble, agile; *esprit* astute, penetrating. **avoir la langue** ~**e** to have a ready tongue.
(b) (*fin*) *taille* slender; *fil, écriture* fine.
2 *nm [lettre]* (thin) upstroke. **les pleins et les** ~**s** the downstrokes and the upstrokes (*in handwriting*); (*Mus*) **avoir un bon** ~ to have a flowing *ou* an even touch.

délier [delje] (7) **1** *vt* (a) *corde, paquet, prisonnier* to untie; *gerbe* to unbind. **déliez-lui les mains** untie his hands; (*fig*) ~ **la langue de qn** to loosen sb's tongue; *V* **bourse**.
(b) ~ **qn de** *obligation, serment* to free *ou* release sb from; (*Rel*) *péché* to absolve sb from.
2 se délier *vpr* (a) *[lien]* to come untied; *[prisonnier]* to untie o.s., get (o.s.) free; *[langue]* to loosen. **sous l'effet de l'alcool les langues se délient** as alcohol starts to take effect tongues are loosened.
(b) **se** ~ **d'un serment** to free *ou* release o.s. from an oath.

délimitation [delimitasjɔ̃] *nf* (*V* **délimiter**) demarcation; delimitation; definition; determination.

délimiter [delimite] (1) *vt terrain, frontière* to demarcate, delimit; *sujet, rôle* to define (the scope of), delimit; *responsabilités, attributions* to determine.

délinquance [delɛ̃kɑ̃s] *nf* criminality. ~ **juvénile** juvenile delinquency.

délinquant, e [delɛ̃kɑ̃, ɑ̃t] **1** *adj* delinquent. **la jeunesse** ~**e** juvenile delinquents *ou* offenders. **2** *nm,f* delinquent, offender. ~ **primaire** first offender.

déliquescence [delikesɑ̃s] *nf* (a) (*Chim: action*) deliquescence.
(b) (*fig*) decay. **tomber en** ~ to fall into decay.

déliquescent, e [delikesɑ̃, ɑ̃t] *adj* (a) (*Chim*) deliquescent. (b) (*fig*) *personne* decrepit; *esprit* enfeebled; *régime, mœurs, société* decaying; *atmosphère* devitalizing.

délirant, e [deliʀɑ̃, ɑ̃t] *adj idée, architecture* extraordinary, wild.

délire [deliʀ] **1** *nm* (a) (*Méd*) delirium. **dans un accès de** ~ in a fit of delirium; **avoir le** ~ *ou* **du** ~ to be delirious, rave; **c'est du** ~!* it's sheer madness! *ou* lunacy!
(b) (*frénésie*) frenzy. **sa passion allait jusqu'au** ~ his passion was almost frenzied; **dans le** ~ **son imagination** in his wild *ou* frenzied imagination; **acclamé par une foule en** ~ acclaimed by a crowd gone wild *ou* berserk *ou* by a frenzied crowd; **quand l'acteur**

parut, ce fut le ou **du ~*** when the actor appeared there was a frenzy of excitement.
   2: délire alcoolique alcoholic mania; **délire de grandeur** delusions of grandeur; **délire hallucinatoire** hallucinatory delirium; **délire de persécution** persecution mania; (*Littérat*) **délire poétique** poetic frenzy.

délirer [deliʀe] (1) *vi* (*Méd*) to be delirious. **~ de joie** to be in a frenzy of delight, be delirious with joy; **il délire!*** he's raving!*, he's out of his mind!*

délirium tremens [deliʀjɔmtʀemɛ̃s] *nm* delirium tremens.

délit [deli] *nm* (*gén*) crime, offence; (*Jur*) (criminal) offence, misdemeanour (*US*). **~ de fuite** failure to report an accident; **~ de presse** violation of the press laws; **être poursuivi pour ~ d'opinion** to be prosecuted for one's beliefs *ou* convictions; *V* **corps, flagrant.**

délivrance [delivʀɑ̃s] *nf* (a) [*prisonniers*] release; [*pays*] deliverance, liberation.
   (b) (*fig: soulagement*) relief. **il est parti, quelle ~!** he's gone — what a relief!
   (c) [*passeport, reçu*] issue, delivery; [*ordonnance*] issue; [*lettre, marchandise*] delivery. (*Jur*) **~ d'un brevet** issue of a patent.
   (d) (*littér: accouchement*) delivery, confinement.

délivrer [delivʀe] (1) **1** *vt* (a) *prisonnier, esclave* to set free. **~ qn de** *rival* to relieve *ou* rid sb of; *liens, obligation* to free sb from, relieve sb of; *crainte* to relieve sb of; **être** *ou* **se sentir délivré d'un grand poids** to be *ou* feel relieved of a great weight.
   (b) *passeport, reçu* to issue, deliver; *lettre, marchandise* to deliver; *ordonnance* to give, issue.
   2 se délivrer *vpr* [*prisonnier etc*] to free o.s. (*de* from); (*fig*) to get relief (*de* from).

déloger [deloʒe] (3) **1** *vt locataire* to turn *ou* throw out; *fugitif* to flush out; *lièvre* to start; *objet, ennemi* to dislodge (*de* from). **2** *vi* to move out (*in a hurry*). **délogez de là!** clear out of there!*

déloyal, e, *mpl* **-aux** [delwajal, o] *adj ami* unfaithful, disloyal (*envers* towards); *adversaire* underhand; *conduite* disloyal, underhand; *procédé* unfair; (*Sport*) *coup* foul (*épith*), dirty (*épith*). (*Comm*) **concurrence ~e** unfair competition.

déloyalement [delwajalmɑ̃] *adv* disloyally.

déloyauté [delwajote] *nf* (a) (*U: V* **déloyal**) disloyalty; unfairness.
   (b) (*action*) disloyal act.

Delphes [delf] *n* Delphi.

delta [delta] *nm* (*Géog, Ling*) delta. **le ~ du Mékong** the Mekong delta; (*Aviat*) **à ailes (en) ~** delta-winged.

deltaïque [deltaik] *adj* deltaic, delta (*épith*).

deltaplane [deltaplan] *nm* (*appareil*) hang-glider; (*sport*) hang gliding. **faire du ~** to hang glide, go hang gliding.

deltoïde [deltɔid] *adj, nm* (*Méd*) deltoid.

déluge [delyʒ] *nm* (*pluie*) downpour, deluge; [*larmes, paroles, injures*] flood; [*compliments, coups*] shower; [*sang*] sea. (*Bible*) **le ~** the Flood, the Deluge; **ça date du ~, ça remonte au ~** it's ancient history; *V* **après.**

déluré, e [delyʀe] (*ptp de* **délurer**) *adj* (a) (*débrouillard*) smart, resourceful. (b) (*impertinent*) (*gén*) forward, pert; *fille* saucy, sassy* (*US*).

délurer [delyʀe] (1) **1** *vt* (*dégourdir*) to make smart *ou* resourceful, teach a thing or two to*; (*péj*) to make forward *ou* pert.
   2 se délurer *vpr* (*se dégourdir*) to become smart *ou* resourceful; (*péj*) to become forward *ou* pert. **il s'est déluré au régiment** he became something of a smart lad *ou* he learnt a thing or two* in the army.

démagnétisation [demaɲetizasjɔ̃] *nf* demagnetization.

démagnétiser [demaɲetize] (1) *vt* to demagnetize.

démagogie [demagɔʒi] *nf* demagogy, demagoguery.

démagogique [demagɔʒik] *adj discours, réforme* popularity-seeking, demagogic.

démagogue [demagɔg] **1** *nm* demagogue. **2** *adj:* **être ~** to be a demagogue.

démaillage [demajaʒ] *nm* [*bas*] laddering (*Brit*); [*tricot*] undoing, unravelling.

démailler [demaje] (1) **1** *vt bas* to ladder (*Brit*); *filet* to undo (the mesh of); *tricot* to undo (the stitches of), unravel; *chaîne* to unlink, separate the links of. **ses bas sont démaillés** her stockings are laddered (*Brit*) *ou* have got ladders (*Brit*) in them.
   2 se démailler *vpr* [*bas*] to ladder (*Brit*), run; [*tricot, filet*] to unravel, come unravelled. **la chaîne s'est démaillée** the links of the chain have come apart.

démailloter [demajote] (1) *vt enfant* to take off the nappy of (*Brit*) *ou* diaper of (*US*).

demain [d(ə)mɛ̃] *adv* tomorrow. **~ matin** tomorrow morning; **~ soir** tomorrow evening *ou* night; **~ en huit/en quinze** a week/two weeks tomorrow; **à dater** *ou* **à partir de ~** (as) from tomorrow, from tomorrow on; **~ il fera jour** tomorrow is another day; **ce n'est pas ~ la veille*, ce n'est pas pour ~*** it's not just around the corner, it's not going to happen in a hurry; **~ on rase gratis!*** tomorrow never comes!; **~ est jour férié** tomorrow is a holiday; **à ~** see you tomorrow; **d'ici (à) ~ tout peut changer** everything might be different by tomorrow; (*fig*) **le monde de ~** the world of tomorrow, tomorrow's world; *V* **après, remettre.**

démanché, e [demɑ̃ʃe] (*ptp de* **démancher**) **1** *adj bras* out of joint (*attrib*), dislocated; (**) *objet* loose; *meuble* rickety; *personne* gawky, awkward. **le marteau est ~** the hammer has no handle *ou* has lost its handle. **2** *nm* (*Mus*) shift.

démancher [demɑ̃ʃe] (1) **1** *vt outil* to take the handle off; (*: disloquer*) *meuble* to knock a leg off; *bras* to put out of joint, dislocate.
   2 *vi* (*Mus*) to shift.
   3 se démancher *vpr* (a) [*outil*] to lose its handle; [*bras*] to be

put out of joint, be dislocated; (*) [*meuble, objet*] to fall to bits. **se ~ le bras** to dislocate one's arm, put one's arm out of joint.
   (b) (*: se mettre en quatre*) to go out of one's way, move heaven and earth (*pour faire* to do).

demande [d(ə)mɑ̃d] *nf* (a) (*requête*) request (*de qch* for sth); (*revendication*) claim, demand (*de* for); (*Admin*) [*emploi, autorisation, naturalisation*] application (*de* for); [*remboursement, dédommagement*] claim (*de* for); [*renseignement*] enquiry; (*Écon: opposé à offre*) demand; (*Cartes*) bid. (*gén*) **faire une ~** to make a request; **faire une ~ d'emploi/de naturalisation** to apply for a post/for naturalization; (*formulaire*) **remplir une ~** to fill in a claim form (*de* for); (*annonces*) **'~s d'emploi'** 'situations wanted'; **~ d'adhésion** application for membership; [*ravisseurs*] **faire une ~ de rançon** to make a ransom demand; **faire une ~ de remboursement** to put in *ou* make a request for reimbursement (*à qn* to sb), request reimbursement (*à qn* from sb); (*Écon*) **pour répondre à la ~** (*de pétrole/de fruits*) to meet the demand (for oil/fruit); **et maintenant, à la ~ générale** ... and now, by popular request ...; (*Admin*) **adressez votre ~ au ministère** apply to the ministry; **~ (en mariage)** proposal (of marriage); **faire sa ~ (en mariage)** to propose; **à** *ou* **sur la ~ de qn** at sb's request; **sur ~** on request; (*Admin*) on application.
   (b) (*Jur*) **~ en divorce** divorce petition; **~ en renvoi** request for remittal; **~ principale/accessoire/subsidiaire** chief/secondary/contingency petition; **introduire une ~ reconventionnelle** to bring a counterclaim.
   (c) (†: *question*) question.

demandé, e [d(ə)mɑ̃de] (*ptp de* **demander**) *adj* (*Comm etc*) in demand. **cet article est très ~** this item is (very) much in demand, there is a great demand for this item; [*médecin, chanteur*] **il est très ~** he is (very) much in demand *ou* sought after.

demander [d(ə)mɑ̃de] (1) **1** *vt* (a) (*solliciter*) *chose, conseil, réponse, entrevue* to ask for, request (*frm*); *volontaire* to call for, ask for; (*Admin, Jur*) *délai, emploi, divorce* to apply for; *indemnité, remboursement* to claim; *réunion, enquête* to call for, ask for. **~ qch à qn** to ask sb for sth; **~ un service** *ou* **une faveur à qn** to ask sb a favour; (*Mil*) **~ une permission** to ask for *ou* request (*frm*) leave; **~ la permission de faire** to ask *ou* request (*frm*) permission to do; **~ à voir qn/à parler à qn** to ask to see sb/to speak to sb; **~ à qn de faire** *ou* **qu'il fasse qch** to ask *ou* request (*frm*) sb to do sth; **il a demandé à partir plus tôt** he has asked to leave early *ou* earlier; **~ la paix** to sue for peace; **puis-je vous ~ (de me passer) du pain?** may I trouble you for some bread?, would you mind passing me some bread?; **vous n'avez qu'à ~** you only have to ask.
   (b) (*appeler*) *médecin, prêtre, plombier* to send for. **il va falloir ~ un médecin** we'll have to send for *ou* call (for) a doctor; **le blessé demande un prêtre** the injured man is asking *ou* calling for a priest.
   (c) (*au téléphone, au bureau etc*) *personne, numéro* to ask for. (*au téléphone*) **demandez-moi M X** get me Mr X; **on le demande au bureau/au téléphone** he is wanted at the office/on the phone, someone is asking for him at the office/on the phone; **le patron vous demande** the boss wants to see you *ou* speak to you *ou* is asking to see you.
   (d) (*désirer*) to be asking for, want. **ils demandent 50 F de l'heure et une semaine de congé** they are asking (for) 50 francs an hour and a week's holiday; **il demande à partir plus tôt** he wants to *ou* is asking to leave early *ou* earlier; **il demande qu'on le laisse partir** he wants us to *ou* is asking us to let him go; **il ne demande qu'à apprendre/à se laisser convaincre** all he wants is to learn/to be convinced, he's more than willing to learn/be convinced; **le chat miaule, il demande son lait** the cat's mewing — he's asking for his milk; **je ne demande pas mieux!** *ou* **que ça!** that's exactly *ou* just what I'd like!, I'll be *ou* I'm only too pleased!; **il ne demandera pas mieux que de vous aider** he'll be only too pleased to help you; **je demande à voir!*** that I must see!; **tout ce que l'on demande c'est qu'il fasse beau** all (that) we ask is that we have good weather.
   (e) (*s'enquérir de*) *heure, nom, chemin* to ask. **~ l'heure à qn** to ask sb the time; **~ un renseignement à qn** to ask sb for some information; **je lui ai demandé son nom** I asked him his name; **~ des nouvelles de qn ~, ~ après qn*** to enquire *ou* ask after sb; **va ~!** go and ask!; **je ne t'ai rien demandé** I didn't ask you; **je ne te demande rien** I'm not asking you; (*excl*) **je vous le demande!, je vous demande un peu!*** honestly!*, what do you think of that!
   (f) (*nécessiter*) [*travail, décision etc*] to require, need. **cela demande un effort** it requires an effort; **ces plantes demandent beaucoup d'eau/à être arrosées** these plants need *ou* require a lot of water/watering; **ce travail va (lui) ~ 6 heures** this job will take (him) 6 hours *ou* will require 6 hours, he'll need 6 hours to do this job; **cette proposition demande réflexion** this proposal needs thinking over; **cette proposition demande toute votre attention** this proposal calls for *ou* requires your full attention.
   (g) (*exiger*) **~ qch de** *ou* **à qn** to ask sth of sb; **il demande de ses employés qu'ils travaillent bien** he asks *ou* requires of his employees that they work well; **~ beaucoup à** *ou* **de la vie/de ses élèves** to ask a lot of life/of one's pupils; **il ne faut pas trop lui en ~!** you mustn't ask too much of him!
   (h) (*Comm*) **ils (en) demandent 50 F** they are asking *ou* want 50 francs (for it); **ils m'en ont demandé 50 F** they asked (me) for 50 francs for it; **'on demande une vendeuse'** 'shop assistant required *ou* wanted'; **ils demandent 3 vendeuses** they are advertising for *ou* they want 3 shop assistants; **on demande beaucoup de vendeuses en ce moment** shop assistants are very much in demand *ou* are in great demand just now; **comme vous l'avez demandé dans votre lettre du 25 janvier** as requested in your letter of 25th January.

(i) (loc) ~ aide et assistance to request aid (à from); ~ audience to request an audience (à, auprès de with); ~ l'aumône ou la charité to ask ou beg for charity; ~ grâce to ask for mercy; ~ l'impossible to ask the impossible; ~ pardon à qn to apologize to sb (de qch for sth); je vous demande pardon I apologize, I'm sorry; (fig) je vous demande pardon, mais ...! I beg your pardon but ...!; ~ la lune to ask for the moon; ~ la parole to ask to be allowed to speak; il l'a demandée en mariage he asked if he could marry her; ~ la main de qn to ask for sb's hand (in marriage); il est parti sans ~ son reste he left without a murmur.
2 se demander vpr (hésiter, douter) to wonder. on peut vraiment se ~ ou c'est à se ~ s'il a perdu la tête one may well wonder ou ask if he isn't out of his mind; il se demande où aller/ce qu'il doit faire he is wondering where to go/what to do; il se demanda: suis-je vraiment aussi bête? he asked himself ou wondered: am I really so stupid?; ils se demandent bien pourquoi il a démissionné they can't think why he resigned, they really wonder why he resigned; cela ne se demande pas! that's a stupid question!
demandeur[1], -deresse [d(ə)mɑ̃dœʀ, dʀɛs] nm, f (Jur) plaintiff, complainant; (en divorce) petitioner. ~ en appel appellant; la partie demanderesse the moving party.
demandeur[2], -euse [d(ə)mɑ̃dœʀ, øz] nm, f (Téléc) caller. ils sont très ~s (de nos produits) they are eager buyers (of our goods); ~ d'emploi person looking for work, job-seeker; (Admin) le nombre des ~s d'emploi a baissé the number of those seeking work has fallen.
démangeaison [demɑ̃ʒɛzɔ̃] nf itching (U), itching sensation. avoir des ~s to be itching; j'ai des ~s dans le dos my back is itching; j'ai une ~ I've got an itch; (fig) ~ de faire itch ou urge to do; (fig) ~ de qch longing for sth.
démanger [demɑ̃ʒe] (3) vt: son dos/son coup de soleil le ou lui démange his back/sunburn itches ou is itching; où est-ce que ça (vous) démange? where does it ou do you itch?, where is it ou are you itching?; ça (me) démange it itches, it's itching, it makes me itch; (fig) le poing le démange he's itching* for a fight; (fig) la main me démange I'm itching* ou dying to hit him (ou her etc); (fig) la langue me démange I'm itching* ou dying to speak; (fig) ça me démange de faire ..., l'envie me démange de faire ... I'm dying to do ... .
démantèlement [demɑ̃tɛlmɑ̃] nm (V démanteler) demolition, demolishing; breaking up; bringing down; cracking; dismantling.
démanteler [demɑ̃tle] (5) vt (Mil) forteresse, remparts to demolish; organisation, gang to break up; (fig) empire, monarchie to bring down; réseau d'espionnage to crack; compagnie, service to dismantle.
démantibuler* [demɑ̃tibyle] (1) 1 vt objet to demolish, break up. 2 se démantibuler vpr to fall apart. se ~ le bras to dislocate one's arm.
démaquillage [demakijaʒ] nm removal of make-up. le ~ d'un acteur the removal of an actor's make-up; l'acteur commença son ~ the actor started to take off ou remove his make-up; crème pour le ~ make-up remover, make-up removing cream.
démaquillant, e [demakijɑ̃, ɑ̃t] 1 adj make-up removing (épith). 2 nm make-up remover.
démaquiller [demakije] (1) 1 vt yeux, visage to remove the make-up from, take the make-up off. ~ un acteur to take off ou remove an actor's make-up. 2 se démaquiller vpr to take one's make-up off, remove one's make-up.
démarcage [demaʀkaʒ] nm = **démarquage**.
démarcatif, -ive [demaʀkatif, iv] adj demarcating.
démarcation [demaʀkɑsjɔ̃] nf demarcation (de, entre between); V ligne[1].
démarchage [demaʀʃaʒ] nm door-to-door ou doorstep selling. (Pol) ~ électoral canvassing; faire du ~ to do door-to-door selling.
démarche [demaʀʃ(ə)] nf (a) (façon de marcher) gait, walk. avoir une ~ pesante/gauche to have a heavy/an awkward gait ou walk, walk heavily/awkwardly.
(b) (intervention) step, move. faire une ~ auprès de qn (pour obtenir qch) to approach sb (to obtain sth); toutes nos ~s se sont trouvées sans effet none of the steps we took was effective; les ~s nécessaires pour obtenir qch the necessary ou required procedures ou steps ou moves to obtain sth; l'idée de (faire) cette ~ m'effrayait I was frightened at the idea of (taking) this step ou of (making) this move.
(c) (cheminement) [raisonnement, pensée] processes. ~ intellectuelle thought processes.
démarcheur [demaʀʃœʀ] nm (vendeur) door-to-door ou doorstep salesman. (pour un parti etc) (door-to-door) canvasser.
démarcheuse [demaʀʃøz] nf (vendeuse) door-to-door saleswoman. (pour un parti etc) (door-to-door) canvasser.
démarier [demaʀje] (7) vt (Agr) to thin out.
démarquage [demaʀkaʒ] nm [linge, argenterie] removal of the identifying mark(s) (de on); [auteur, œuvre] copying (de from). (Sport) le ~ d'un joueur the drawing away of a marker; cet ouvrage est un ~ grossier this work is a crude plagiarism ou copy.
démarque [demaʀk(ə)] nf (Comm) [article] markdown, marking-down.
démarqué, e [demaʀke] (ptp de démarquer) adj (Sport) joueur unmarked. robe ~e unlabelled designer dress.
démarquer [demaʀke] (1) 1 vt (a) linge, argenterie to remove the (identifying) mark(s) from; (Comm) article to mark down. (b) œuvre, auteur to plagiarize, copy. (c) (Sport) joueur to stop marking. 2 se démarquer vpr (Sport) to lose ou shake off one's marker. (fig) se ~ de to distinguish ou differentiate o.s. from.
démarrage [demaʀaʒ] 1 nm (a) (départ) [véhicule] moving off (U). ~ en trombe shooting off (U); il a calé au ~ he stalled as he moved

off; secoués à chaque ~ du bus shaken about every time the bus moved off.
(b) (fig) [affaire, campagne, élève, débutant] start. l'excellent/le difficile ~ de la campagne électorale the excellent/difficult start to the electoral campaign.
(c) (Sport: accélération) [coureur] pulling away (U). il a placé un ~ à 100 m de l'arrivée he put on a burst of speed ou he pulled away 100 metres from the finishing line.
(d) (Naut) casting off, unmooring.
(e) (mise en marche) [véhicule] starting. le ~ d'une affaire/campagne getting an affair/a campaign going.
2: démarrage en côte hill start; **démarrage à la manivelle** crank-starting.
démarrer [demaʀe] (1) 1 vi (a) [moteur, conducteur] to start (up); [véhicule] to move off; (fig) [affaire, campagne] to get moving, get off the ground; [élève, débutant] to start. l'affaire a bien démarré the affair got off to a good ou fast start ou started off well; ~ en trombe to shoot off; faire ~ affaire, campagne to get moving, get off the ground; l'économie va-t-elle enfin ~? is the economy at last going to take off? ou get moving? ou going to get off the ground?; il a bien démarré en latin he has got off to a good start in Latin, he started off well in Latin; V froid.
(b) (Sport: accélérer) [coureur] to pull away.
(c) (Naut) to start off, unmoor.
2 démarrer de vt indir (démordre de) idée, projet to let go of; il ne veut pas ~ de son idée he just won't let go of his idea.
3 vt véhicule to start, get started; (Naut) embarcation to cast off, unmoor; (*fig) affaire, travail to get going on*. ~ qn en anglais to get sb started at English.
démarreur [demaʀœʀ] nm (Aut) starter.
démasquer [demaske] (1) 1 vt (a) (dévoiler) imposteur, espion, hypocrisie to unmask; plan to unveil, uncover. ~ ses batteries (Mil) to unmask one's guns; (fig) to show one's hand, lay one's cards on the table.
(b) (enlever le masque de) to unmask.
2 se démasquer vpr [imposteur] to drop one's mask; [enfant déguisé] to take off one's mask.
démâtage [demɑtaʒ] nm (V démâter) dismasting; losing its masts.
démâter [demɑte] (1) 1 vt to dismast. 2 vi to lose its masts, be dismasted.
d'emblée [dɑ̃ble] loc adv V emblée.
démêlage [demɛlaʒ] nm (lit, fig) disentangling, untangling.
démêlé [demele] nm (dispute) dispute, quarrel. (ennuis) ~s problems; il a eu des ~s avec la justice he has fallen foul of the law ou has had some problems ou trouble with the law, he has had a brush with the law; il risque d'avoir des ~s avec l'administration he's likely to come up against the authorities.
démêler [demele] (1) 1 vt (a) ficelle, écheveau to disentangle, untangle; cheveux to untangle, comb out; (fig) problème, situation to untangle, sort out; (fig) intentions, machinations to unravel, get to the bottom of. ~ qch d'avec ou de to distinguish ou tell sth from; ~ le vrai du faux to sort the truth out from the lies ou falsehood.
(b) (littér: débattre) ~ qch avec qn to dispute sth with sb; je ne veux rien avoir à ~ avec lui I do not wish to have to contend with him.
2 se démêler vpr (†, littér: se tirer de) se ~ de embarras, difficultés to disentangle o.s. from, extricate o.s. from.
démêloir [demɛlwaʀ] nm (large-toothed) comb.
démêlures [demelyʀ] nfpl combings.
démembrement [demɑ̃bʀəmɑ̃] nm (V démembrer) dismemberment; slicing up.
démembrer [demɑ̃bʀe] (1) vt animal to dismember; domaine, pays conquis to slice up, carve up.
déménagement [demenaʒmɑ̃] nm (a) [meubles] removal (Brit), moving (US); [pièce] emptying (of furniture) (U). camion de ~ removal (Brit) ou moving (US) van; le ~ du mobilier s'est bien passé moving the furniture ou the removal of the furniture went off well; le ~ du bureau/laboratoire a posé des problèmes moving the furniture out of the office/laboratory ou emptying the office/laboratory of (its) furniture proved (to be) no easy matter; ils ont fait 4 ~s en 3 jours they made 4 removals in 3 days.
(b) (changement de domicile) move, moving (house) (U). faire un ~ to move (house); on a dû perdre ça pendant le ~ we must have lost that during the move; 3 ~s en une année, c'est trop 3 moves in one year is too much, moving (house) 3 times in one year is too much.
déménager [demenaʒe] (3) 1 vt meubles, affaires to move, remove (Brit); maison, pièce to move the furniture out of, empty (of furniture).
2 vi (a) to move (house). ~ à la cloche de bois to do a moonlight, shoot the moon (Brit).
(b) (‡) (partir) to clear off‡; (aller très vite) to shift*. allez, déménage! buzz off!*, hop it!*; il nous a fait ~ he sent us packing*.
(c) (‡: être fou) to be off one's rocker‡.
déménageur [demenaʒœʀ] nm (entrepreneur) furniture remover; (ouvrier) removal man (Brit), (furniture) mover (US).
démence [demɑ̃s] nf (Méd) dementia; (Jur) mental disorder; (gén) madness, insanity. (fig) c'est de la ~ it's (sheer) madness ou lunacy, it's insane; (Méd) ~ précoce dementia praecox.
démener (se) [demne] (5) vpr (se débattre) to thrash about, struggle (violently); (se dépenser) to exert o.s. se ~ comme un beau diable (pour se sauver) to thrash about ou struggle violently; (pour obtenir qch) to make a tremendous effort, go to great lengths; si on se démène un peu on aura fini avant la nuit if we put our back(s) into it a bit* ou if we exert ourselves a bit we'll finish before nightfall; ils se démenèrent tant et si bien que ... they exerted themselves to such an extent that ..., they made such a great effort that ... .

dément, e [demã, ãt] **1** *adj* (*fou*) mad, insane; (*: *fantastique*) type, musique terrific*, fantastic*. **c'est ~!** (*fou*) it's mad *ou* crazy *ou* insane; (*incroyable*) it's incredible! *ou* unbelievable!; (*: *fantastique*) it's terrific* *ou* fantastic*! **2** *nm, f* (*Méd*) lunatic, demented person.

démenti [demãti] *nm* (*déclaration*) denial, refutation; (*fig: apporté par les faits, les circonstances*) refutation. **opposer un ~ à** *nouvelle, allégations, rumeurs* to deny formally; **publier un ~** to publish a denial; **sa version des faits reste sans ~** his version of the facts remains uncontradicted *ou* unchallenged; (*fig*) **son expression opposait un ~ à ses paroles** his expression belied his words.

démentiel, -ielle [demãsjɛl] *adj* projet, prix insane.

démentir [demãtiʀ] (16) **1** *vt* (a) [*personne*] *nouvelle, rumeur* to refute, deny; *personne* to contradict. **~ (formellement) que ...** to deny absolutely that ... ; **il dément ses principes par son attitude** his attitude contradicts his principles.
  (b) [*faits*] *témoignage* to refute; *apparences* to belie; *espoirs* to disappoint. **la douceur de son sourire est démentie par la dureté de son regard** the hardness in her eyes belies the sweetness of her smile; **les résultats ont démenti les pronostics des spécialistes** the results have not lived up to *ou* come up to the predictions of the specialists.
  2 se démentir *vpr* (*nég: cesser*) son amitié/sa fidélité ne s'est jamais démentie his friendship/loyalty has never failed; **roman dont la succès ne s'est jamais démenti** novel which has always maintained its popularity; **leur intérêt pour ces mystères, qui ne s'est jamais démenti** their unfailing *ou* never-failing interest in these mysteries.

démerdard‡ [demɛʀdaʀ] *adj m*: **il est ~, c'est un ~** he's a crafty bugger*, * (*Brit*) *ou* shrewd customer*, there are no flies on him (*Brit*); **il n'est pas ~ pour deux sous** he's bloody clueless‡ (*Brit*), he hasn't got a clue*; **dans la vie il faut être ~** you have to learn to look after yourself in life.

démerder (se)‡ [demɛʀde] (1) *vpr* (*se débrouiller*) **il sait se ~ dans la vie** he knows how to look after himself all right*, he knows his way around all right*; (*se tirer d'affaire*) **il a voulu y aller, maintenant qu'il se démerde tout seul** he wanted to go so now he can get out of his own bloody mess‡; **il s'est démerdé pour avoir une permission** he wangled himself some leave*, he wangled it so that he got some leave*.

démerdeur‡ [demɛʀdœʀ] *adj m* = **démerdard**‡.

démérite [demeʀit] *nm* (*littér*) demerit (*littér*), fault. **où est son ~, dans ce cas?** where is he at fault *ou* wherein lies his fault in this matter? (*littér*); **son ~ fut d'avoir ...** his fault *ou* demerit was to have ... .

démériter [demeʀite] (1) **1 démériter de** *vt indir patrie, institution* to show o.s. unworthy of.
  2 *vi* (*Rel*) to deserve to fall from grace. (*gén*) **~ auprès de qn** *ou* **aux yeux de qn** to come down in sb's eyes; **en quoi a-t-il démérité?** how was he to blame?; **il n'a jamais démérité** he has never been guilty of an unworthy action; **l'équipe perdante n'a cependant pas démérité** the losing team nevertheless put up a creditable performance.

démesure [demzyʀ] *nf* [*personnage*] excessiveness, immoderation; [*propos, exigences, style*] outrageousness, immoderateness. **la ~, comme mode de vie** immoderation as a way of life.

démesuré, e [demzyʀe] *adj* orgueil, ambition, prétentions, inordinate, immoderate; *taille* disproportionate; *territoire, distances* vast, enormous; *membres* enormous.

démesurément [demzyʀemã] *adv* exagérer immoderately, inordinately; *augmenter* disproportionately. **territoire qui s'étendait ~** territory of vast *ou* inordinate proportions; **~ long** disproportionately *ou* inordinately long.

démettre [demɛtʀ(ə)] (56) **1** *vt* (a) (*disloquer*) articulation to dislocate. **~ le poignet/la cheville** to dislocate one's wrist/ankle, put one's wrist/ankle out of joint.
  (b) (*révoquer*) **~ qn de ses fonctions/son poste** to dismiss sb from his duties/post.
  (c) (*Jur*) **~ qn de son appel** to dismiss sb's appeal.
  2 se démettre *vpr* (*frm: démissionner*) to resign, hand in one's resignation. **se ~ de ses fonctions/son poste** to resign (from) one's duties/post, hand in one's resignation.

demeurant [dəmœʀã] *nm*: **au ~** for all that, notwithstanding.

demeure [dəmœʀ] *nf* (a) (*maison*) residence; (*littér: domicile*) residence, dwelling place (*littér*); *V* dernier.
  (b) (*loc*) **à ~** *installations* permanent; *domestique* live-in, resident. **s'installer à ~ dans la ville** to make one's permanent home *ou* set o.s. up permanently in the town; **il ne faudrait pas qu'ils y restent à ~** they mustn't stay there permanently; **mettre qn en ~ de faire qch** to instruct *ou* order sb to do sth; (*Jur*) **mettre qn en ~ de payer/de partir** to give sb notice to pay/to quit *ou* leave; *V* mise².

demeuré, e [dəmœʀe] (*ptp de* **demeurer**) **1** *adj* half-witted. **2** *nm, f* half-wit.

demeurer [dəmœʀe] (1) *vi* (a) (*avec aux avoir*) **~ quelque part** (*habiter*) to live somewhere; (*séjourner*) to stay somewhere; **il demeure au 24 rue d'Ulm** he lives at number 24 (in the) rue d'Ulm.
  (b) (*frm: avec aux être*) (*avec attrib, adv de lieu: rester*) to remain; (*subsister*) to remain. **~ fidèle/quelque part** to remain faithful/somewhere; **il lui faut ~ couché** he must remain in bed; **l'odeur demeurait dans la pièce** the smell lingered in the room; **la conversation en est demeurée là** the conversation was taken no further *ou* was left at that.
  (c) (*frm: être transmis*) **~ à qn** to be left to sb; **la maison leur est demeurée de leur mère** the house was left to them by their mother, they inherited the house from their mother.

demi¹ [d(ə)mi] *adv*: **~ plein/nu** half-full/-naked; **il n'était qu'à ~ rassuré** he was only half reassured; **il ne te croit qu'à ~** he only

half believes you; **il a fait le travail à ~** he has (only) done half the work, he has (only) half done the work; **je ne fais pas les choses à ~** I don't do things by halves; **ouvrir la porte à ~** to half open the door, open the door halfway.

demi², e [d(ə)mi] **1** *adj* (a) (*avant n: inv, avec trait d'union*) **une ~-livre/-douzaine/-journée** half a pound/dozen/day, a half-pound/half-dozen/half-day; **un ~-tour de clef** half a turn of the key, a half turn of the key; *V* demi-.
  (b) (*après n: avec et, nominal*) **une livre/heure et ~** one and a half pounds/hours, a pound/an hour and a half; **un centimètre/kilo et ~** one and a half centimetres/kilos, one centimetre/kilo and a half; **à six heures et ~e** at half past six; **2 fois et ~e plus grand/autant** 2 and a half times greater/as much; *V* malin.
  2 *nm, f* (*fonction pronominale*) **un ~** (a) half; **une bouteille?** — **non une ~e** one bottle? — no, (a) half *ou* no, half a bottle *ou* no, a half-bottle; **est-ce qu'un ~ suffira, ou faut-il deux tiers?** will (a) half do, or do we need two-thirds?; **deux ~s font un entier** two halves make a whole.
  3 demie *nf* (*à l'horloge*) **la ~e** the half-hour; **la ~e a sonné** the half-hour has struck; **c'est déjà la ~e** it's already half past; **on part à la ~e** we'll leave at half past; **le bus passe à la ~e** the bus comes by at half past (the hour), the bus comes by on the half-hour; **la pendule sonne les heures et les ~es** the clock strikes the hours and the halves *ou* the half-hours.
  4 *nm* (a) (*bière*) glass of beer, ≃ half-pint (*Brit*), half*. **garçon, un ~** a glass of beer, please, a half-pint *ou* a half, please.
  (b) (*Sport*) half-back. **~ gauche/droit** left/right half; (*Rugby*) **~ de mêlée** scrum half; (*Rugby*) **~ d'ouverture** stand-off half.
  5: (*Ordin*) **demi-additionneur** *nm, pl* **demi-additionneurs** half-adder; **demi-bas** *nm inv* kneesock; **demi-botte** *nf, pl* **demi-bottes** ankle-boot, short boot; **demi-bouteille** *nf, pl* **demi-bouteilles** half-bottle; **demi-cercle** *nm, pl* **demi-cercles** (*figure*) semicircle; (*instrument*) protractor; **en demi-cercle** semicircular; **se mettre en demi-cercle** to make a semi-circle, stand in a semi-circle; **demi-colonne** *nf, pl* **demi-colonnes** semi-column, demi-column, half-column; **demi-deuil** *nm* half-mourning (*V* poularde); **demi-dieu** *nm, pl* **demi-dieux** demigod; **demi-douzaine** *nf, pl* **demi-douzaines** half-a-dozen, half-dozen; **une demi-douzaine d'œufs** half-a-dozen eggs, a half-dozen eggs; **une demi-douzaine suffit** a half-dozen *ou* half-a-dozen will do; **cette demi-douzaine d'apéritifs m'a coupé les jambes** those half-a-dozen drinks knocked me off my feet; (*Géom*) **demi-droite** *nf, pl* **demi-droites** half-line, half-ray; **demi-fin, e** *adj petit pois* small; **aiguille** medium; *or* 12-carat; (*Sport*) **demi-finale** *nf, pl* **demi-finales** semifinal; (*Sport*) **demi-finaliste** *nmf, pl* **demi-finalistes** semifinalist; **demi-fond** *nm, pl* **demi-fonds** (*discipline*) medium-distance *ou* middle-distance running; (*épreuve*) medium-distance *ou* middle-distance race; **coureur de demi-fond** medium-distance *ou* middle-distance runner; **demi-frère** *nm, pl* **demi-frères** half-brother; (*Comm*) **demi-gros** *nm* wholesale trade; **demi-heure** *nf, pl* **demi-heures**: **une demi-heure** half an hour, a half-hour; **la première demi-heure passe très lentement** the first half-hour goes very slowly; **demi-jour** *nm, pl* **demi-jour(s)** (*gén*) half-light; (*le soir*) twilight; **demi-journée** *nf, pl* **demi-journées**: **une demi-journée** half a day, a half-day; **faire des demi-journées de nettoyage/couture** to work half-days cleaning/sewing; **travailler par demi-journées** to work half-days; **demi-litre** *nm, pl* **demi-litres**: **un demi-litre (de)** half a litre (of), a half-litre (of); **ce demi-litre de lait** this half-litre of milk; (*Sport*) **demi-longueur** *nf, pl* **demi-longueurs**: **une demi-longueur** half a length, a half-length; **la demi-longueur d'avance qui lui a valu le prix** the half-length lead that won him the prize; **demi-lune** *nf, pl* **demi-lunes** (*Mil*) demilune; (*Rail*) relief line; **en demi-lune** semicircular, half-moon (*epith*); **demi-mal** *nm*: **il n'y a que ce ~ et c'est que demi-mal** it could have been worse, there's no great harm done; **demi-mesure** *nf, pl* **demi-mesures** half-measure; (*Habillement*) **la demi-mesure** semifinished clothing; **s'habiller en demi-mesure** to buy semi-finished clothing; **demi-mondaine** *nf, pl* **demi-mondaines** demi-mondaine; **demi-monde** *nm* demi-monde; **demi-mot** *nm*: **à demi-mot** without having to spell things out; **se faire comprendre à demi-mot** to make o.s. understood without having to spell it out; **ils se comprenaient à demi-mot** they didn't have to spell things out to each other; (*Mus*) **demi-pause** *nf, pl* **demi-pauses** minim (*Brit*) *ou* half-note (*US*) rest; **demi-pension** *nf* (*à l'hôtel*) half-board, bed and breakfast with an evening meal (*Brit*); (*Scol*) half-board; (*Scol*) **être en demi-pension** to take school lunches; **demi-pensionnaire** *nmf, pl* **demi-pensionnaires** pupil who takes school lunches; **être demi-pensionnaire** to take school lunches; **demi-place** *nf, pl* **demi-places** (*Transport*) half-fare; (*Ciné, Théât etc*) half-price ticket *ou* seat; (*péj*) **demi-portion** *nf, pl* **demi-portions** weed* (*péj*), weedy* person (*péj*); **demi-queue** *nm inv*: (piano) **demi-queue** baby grand; **demi-reliure** *nf, pl* **demi-reliures** half-binding; **demi-saison** *nf* spring (*ou* autumn), cool season; **un manteau de demi-saison** a spring (*ou* an autumn) coat; **demi-sang** *nm inv* (*cheval*) half-breed (horse); **demi-sel** (*adj inv*) **beurre** slightly salted; (*fromage*) **demi-sel** (slightly salted) cream cheese; (*nm: arg Crime: pl* **demi-sels**) small-time pimp; **demi-sœur** *nf, pl* **demi-sœurs** half-sister; (*Mil*) **demi-solde** *nf, pl* **demi-soldes** half-pay; **demi-sommeil** *nm* half-sleep; (*Mus*) **demi-soupir** *nm, pl* **demi-soupirs** quaver (*Brit*) *ou* eighth note (*US*) rest; **demi-tarif** *nm* half-price; (*Transport*) half-fare; **billet** *etc* **(à) demi-tarif** half-price ticket *etc*; **voyager à demi-tarif** to travel at half fare; (*Art, fig*) **demi-teinte** *nf, pl* **demi-teintes** halftone; (*Mus*) **demi-ton** *nm, pl* **demi-tons** semitone, half tone (*US*); (*Aviat*) **demi-tonneau** *nm, pl* **demi-tonneaux** half flick (*Brit*) *ou* snap (*US*) roll; (*lit, fig*) **demi-tour** *nm, pl* **demi-tours** about-turn, U-turn; (*Aut*) U-turn; (*lit*) **faire un demi-tour** to make an about-turn *ou* a U-turn; (*fig*) **faire**

demi-tour to do a U-turn, make an about-turn; [radiation] demi-vie nf half-life; **demi-vierge** nf, pl **demi-vierges** virgin in name only; (Sport) **demi-volée** nf, pl **demi-volées** half-volley.

demiard [dəmiaʀd] nm (Can) half-pint (Brit), 0.284 litre.

démilitarisation [demilitaʀizasjɔ̃] nf demilitarization.

démilitariser [demilitaʀize] (1) vt to demilitarize.

déminage [deminaʒ] nm [terrain] mine clearance; [eaux] mine-sweeping. **opérations de** ~ mineclearing operations.

déminer [demine] (1) vt to clear of mines.

déminéralisation [demineʀalizasjɔ̃] nf (Tech) demineralization.

déminéraliser [demineʀalize] (1) **1** vt (Tech) to demineralize; (Méd) to make deficient in essential minerals. **eau déminéralisée** distilled ou demineralized water.
2 se déminéraliser vpr (Méd) to become deficient in essential minerals.

démineur [deminœʀ] nm bomb disposal expert.

démis, e [demi, iz] (ptp de **démettre**) adj membre dislocated.

démission [demisjɔ̃] nf (lit) resignation; (fig) abdication. **donner sa** ~ to hand in ou tender (frm) one's resignation; **la** ~ **des parents modernes** the abdication of parental responsibilities on the part of modern parents.

démissionnaire [demisjɔnɛʀ] **1** adj resigning, who has resigned. **2** nmf person resigning.

démissionner [demisjɔne] (1) **1** vi to resign, hand in one's notice; (fig) [parents, enseignants] to give up. **2** vt (iro) ~ **qn*** to give sb his cards* (Brit) ou his pink slip* (US); **on l'a démissionné** they persuaded him to resign (iro).

démiurge [demjyʀʒ(ə)] nm demiurge.

démobilisateur,-trice [demɔbilizatœʀ, tʀis] adj discours, mesure demobilising, disarming.

démobilisation [demɔbilizasjɔ̃] nf (Mil) demobilization, demob* (Brit); (apathie) apathy, demobilization.

démobiliser [demɔbilize] (1) vt (Mil) to demobilize, demob* (Brit); (fig) to demobilize. **se** ~ to become demobilized ou apathetic.

démocrate [demɔkʀat] **1** adj democratic. **2** nmf democrat.

démocrate-chrétien, -ienne [demɔkʀatkʀetjɛ̃, jɛn] adj, nm,f, mpl **démocrates-chrétiens** Christian Democrat.

démocratie [demɔkʀasi] nf democracy. ~ **directe/représentative** direct/representative democracy; ~ **populaire** people's democracy.

démocratique [demɔkʀatik] adj democratic. **la République démocratique de** ... the Democratic Republic of ...; (Can) **le Nouveau Parti D**~ the New Democratic Party.

démocratiquement [demɔkʀatikmɑ̃] adv democratically.

démocratisation [demɔkʀatizasjɔ̃] nf democratization.

démocratiser [demɔkʀatize] (1) **1** vt to democratize. **2 se démocratiser** vpr to become (more) democratic.

démodé, e [demɔde] (ptp de **se démoder**) adj vêtement, manières, institution old-fashioned, out-of-date; procédé, théorie outmoded, old-fashioned.

démoder (se) [demɔde] (1) vpr (V **démodé**) to become old-fashioned, go out of fashion; to become outmoded.

démographe [demɔgʀaf] nmf demographer, demographist.

démographie [demɔgʀafi] nf demography.

démographique [demɔgʀafik] adj demographic. **poussée** ~ increase in population, population increase.

demoiselle [d(ə)mwazɛl] **1** nf (a) (frm, hum: jeune) young lady; (d'un certain âge) single lady, maiden lady. (dial: fille) **votre** ~* your daughter.
(b) (Hist: noble) damsel††.
(c) (†: employée) **la** ~/**les** ~**s du téléphone** the telephone lady/ladies; ~ **de magasin** shop lady.
(d) (Zool) dragonfly.
(e) (Tech) rammer.
2: demoiselle de compagnie (lady's) companion; **demoiselle d'honneur** (à un mariage) bridesmaid; (d'une reine) maid of honour.

démolir [demɔliʀ] (2) vt (a) (lit) maison, quartier to demolish, pull down. **on démolit beaucoup dans le quartier** they are pulling down ou demolishing a lot of houses ou they are doing a lot of demolition in this area.
(b) (abîmer) jouet, radio, voiture to wreck, demolish, smash up*. **cet enfant démolit tout!** that child wrecks ou demolishes everything!; **ces boissons vous démolissent l'estomac/la santé*** these drinks play havoc with ou ruin your stomach/health.
(c) (fig: détruire) autorité to overthrow, shatter, bring down; influence to overthrow, destroy; doctrine to demolish, crush; espoir to crush, shatter; foi to shatter, destroy.
(d) (fig) personne (*: épuiser) to do for*, do in*; (*: cogner) to bash up*, duff up* (Brit); (*: critiquer) to slate* (Brit), tear to pieces, demolish. **ce travail/cette maladie l'avait démoli** this work/this illness had just about done for him*; **les critiques l'ont démoli/ont démoli sa pièce** the critics tore him/his play to pieces, he/his play was slated* (Brit) ou demolished* by the critics; **je vais lui** ~ **le portrait‡** I'm going to smash his face in‡; **ces 40 kilomètres de marche m'ont démoli** that 40-kilometre walk has done for me* ou shattered me*, I'm whacked* (Brit) ou shattered* after that 40-kilometre walk.

démolissage* [demɔlisaʒ] nm (critique) slating* (Brit), panning*.

démolisseur, -euse [demɔlisœʀ, øz] nm,f (ouvrier) demolition worker; (entrepreneur) demolition contractor; (fig) [doctrine] demolisher.

démolition [demɔlisjɔ̃] nf (a) [immeuble, quartier] demolition, pulling down; (fig) [doctrine etc] demolition, crushing. **la** ~, **ça rapporte** there's money in the demolition business, demolition is a profitable business; **entreprise de** ~ demolition contractor; **l'immeuble est en** ~ the building is (in the course of) being demolished; V **chantier**.

(b) (décombres) ~**s** debris (sg), ruins.

démon [demɔ̃] nm (a) (Rel) demon, fiend; (fig) (harpie) harpy; (séductrice) evil woman; (enfant) devil, demon. **le** ~ the Devil; **le** ~ **de midi** middle-aged lust; **le** ~ **du jeu** a passion for gambling; **le** ~ **de la luxure/de l'alcool/de la curiosité** the demon lechery/drink/curiosity; V **possédé**.
(b) (Myth) genius, daemon. **écoutant son** ~ **familier/son mauvais** ~ listening to his familiar/evil spirit.

démonétisation [demɔnetizasjɔ̃] nf (Fin) demonetization, demonetarization.

démonétiser [demɔnetize] (1) vt (Fin) to demonetize, demonetarize.

démoniaque [demɔnjak] **1** adj diabolical, fiendish. **2** nmf person possessed by the devil ou by an evil spirit.

démonologie [demɔnɔlɔʒi] nf demonology.

démonstrateur, -trice [demɔ̃stʀatœʀ, tʀis] nm,f demonstrator (of commercial products).

démonstratif, -ive [demɔ̃stʀatif, iv] adj (a) personne, caractère demonstrative. **peu** ~ undemonstrative. (b) argument, preuve demonstrative, illustrative. (c) (Gram) demonstrative. **les** ~**s** the demonstratives.

démonstration [demɔ̃stʀasjɔ̃] nf (a) (manifestation: gén pl) ~ **de joie/d'amitié** demonstration ou show of joy/friendship; **accueillir qn avec des** ~**s** d'amitié to welcome sb with a great show of friendship; (Mil) ~ **de force** show of force; (Mil) ~ **aérienne/navale** display of air/naval strength.
(b) (gén, Math) [vérité, loi] demonstration; [théorème] proof. **cette** ~ **est convaincante** this demonstration is convincing; ~ **par l'absurde** reductio ad absurdum.
(c) (Comm) [fonctionnement, appareil] demonstration. **faire une** ~ to give a demonstration; **faire la** ~ **d'un appareil** to demonstrate an appliance; **un appareil de** ~ a demonstration model.

démontable [demɔ̃tabl(ə)] adj (gén) that can be dismantled. **armoire** ~ cupboard that can be dismantled ou taken to pieces.

démontage [demɔ̃taʒ] nm (V **démonter**) taking down; dismantling; stripping; taking to pieces; taking apart; taking off. **pièces perdues lors de** ~**s successifs** pieces lost during successive dismantling operations; **c'était un** ~ **difficile** it was a difficult dismantling job ou operation, the dismantling was a difficult job ou operation.

démonté, e [demɔ̃te] (ptp de **démonter**) adj (houleux) mer raging, wild.

démonte-pneu, pl démonte-pneus [demɔ̃tpnø] nm tyre lever (Brit), tire iron (US).

démonter [demɔ̃te] (1) **1** vt (a) (démanteler) installation, échafaudage, étagères, tente to take down, dismantle; moteur to strip down, dismantle; armoire, appareil, horloge, arme to dismantle, take to pieces, take apart; circuit électrique to dismantle.
(b) (détacher) rideau to take down; pneu, porte to take off.
(c) (déconcerter) to disconcert. **ça m'a complètement démonté** I was completely taken aback by that, that really disconcerted me; **il ne se laisse jamais** ~ he never gets flustered, he's never flustered, he always remains unruffled.
(d) (Equitation) cavalier to throw, unseat.
2 se démonter vpr (a) [assemblage, pièce] (accidentellement) to come apart ou to pieces. **est-ce que ça se démonte?** can it be dismantled ou taken apart?
(b) (perdre son calme: gén nég) to lose countenance. **répondre sans se** ~ to reply without losing countenance; **il ne se démonte pas pour si peu** he's not that easily flustered, it takes more than that to make him lose countenance.

démontrable [demɔ̃tʀabl(ə)] adj demonstrable.

démontrer [demɔ̃tʀe] (1) vt (prouver) loi, vérité to demonstrate; théorème to prove; (expliquer) fonctionnement to demonstrate; (faire ressortir) urgence, nécessité to show, demonstrate. ~ **l'égalité de 2 triangles** to demonstrate ou prove ou show that 2 triangles are equal; ~ **qch (à qn) par A plus B** to prove sth conclusively (to sb); **sa hâte démontrait son inquiétude** his haste clearly indicated his anxiety; **tout cela démontre l'urgence de ces réformes** all this shows ou demonstrates the urgency of these reforms.

démoralisant, e [demɔʀalizɑ̃, ɑ̃t] adj demoralizing.

démoralisateur, -trice [demɔʀalizatœʀ, tʀis] adj demoralizing.

démoralisation [demɔʀalizasjɔ̃] nf demoralization.

démoraliser [demɔʀalize] (1) **1** vt to demoralize. **2 se démoraliser** vpr to lose heart, become demoralized.

démordre [demɔʀdʀ(ə)] (41) vi: **il ne démord pas de son avis/sa décision** he is sticking to his opinion/decision, he won't give up his opinion/decision; **il ne veut pas en** ~ he won't budge an inch, he is sticking to his guns.

Démosthène [demɔstɛn] nm Demosthenes.

démoucheté, e [demuʃte] adj fleuret unbuttoned.

démoulage [demulaʒ] nm (V **démouler**) removal from the mould; turning out.

démouler [demule] (1) vt statue to remove from the mould; flan, gâteau to turn out.

démoustication [demustikasjɔ̃] nf clearing ou ridding of mosquitoes (de from).

démoustiquer [demustike] (1) vt to clear ou rid of mosquitoes.

démultiplicateur, -trice [demyltiplikatœʀ, tʀis] **1** adj reduction (épith), reducing (épith). **2** nm reduction system.

démultiplication [demyltiplikasjɔ̃] nf (procédé) reduction; (rapport) reduction ratio.

démultiplier [demyltiplije] (7) vt to reduce, gear down.

démuni, e [demyni] (ptp de **démunir**) adj (a) (sans ressources) destitute. **nous sommes** ~**s** (sans argent) we are destitute; (sans défense) we are powerless (devant in the face of).

(b) (privé de) ~ de without, lacking in; ~ d'ornements unornamented, unadorned; ~ de protection unprotected; ~ de défenses undefended; ~ de talents/d'attraits without talent/ attraction, untalented/unattractive; ~ d'intérêt devoid of ou without interest, uninteresting; ~ de tout destitute; ~ d'argent penniless, without money; ~ de papiers d'identité without identity papers.

démunir [demyniʀ] (2) **1** vt: ~ qn de vivres to deprive sb of; ressources, argent to divest ou deprive sb of; ~ qch de to divest sth of. **2 se démunir** vpr (financièrement) to part with one's money. (se défaire de) se ~ de to part with, give up.

démystification [demistifikasjɔ̃] nf enlightenment, demystification.

démystifier [demistifje] (7) vt to enlighten, disabuse, demystify.

démythification [demitifikasjɔ̃] nf demythification.

démythifier [demitifje] (7) vt to demythologize, demythify.

dénasalisation [denazalizasjɔ̃] nf denasalization.

dénasaliser [denazalize] (1) vt to denasalize.

dénatalité [denatalite] nf fall ou decrease in the birth rate.

dénationalisation [denasjɔnalizasjɔ̃] nf denationalization.

dénationaliser [denasjɔnalize] (1) vt to denationalize.

dénaturation [denatyʀasjɔ̃] nf (Tech) denaturation.

dénaturé, e [denatyʀe] (ptp de **dénaturer**) adj **(a)** (Tech) alcool, sel denatured. **(b)** goût, mœurs, parents unnatural.

dénaturer [denatyʀe] (1) vt **(a)** vérité, faits to distort, misrepresent. **(b)** (Tech) alcool, substance alimentaire to denature; (altérer) goût, aliment to alter completely, change the nature of.

dénazification [denazifikasjɔ̃] nf denazification.

dénégation [denegasjɔ̃] nf (gén, Jur) denial.

déneigement [denɛʒmɑ̃] nm snow-clearing (operation), snow removal.

déneiger [denɛʒe] (3) vt to clear of snow, clear the snow from.

déni [deni] nm denial. (Jur) ~ de justice denial of justice.

déniaiser [denjeze] (1) vt: ~ qn (dégourdir) to teach sb a thing or two; (dépuceler) to take away sb's innocence; se ~ to learn about life; to lose one's innocence.

dénicher [denife] (1) **1** vt **(a)** (*: trouver) objet to unearth*; bistro to discover; personne to track ou hunt down, run to earth. **(b)** (débusquer) fugitif, animal to drive out (of hiding), flush out. **(c)** (enlever du nid) œufs, oisillons to take out of the nest. **2** vi (oiseau) to leave the nest.

dénicheur, -euse [denifœʀ, øz] nm,f **(a)** (hum) ~ de antiquités, trouvailles unearther of (hum). **(b)** (d'oiseaux) bird's-nester.

denier [dənje] **1** nm **(a)** (monnaie) (Hist romaine) denarius; (Hist française) denier. ça ne leur a pas coûté un ~† it didn't cost them a farthing (Brit) ou a cent (US); l'ayant payé de ses propres ~s having paid for it out of his own pocket. **(b)** (Tex: unité de poids) denier. bas de 30 ~s 30-denier stockings. **2**: le denier du culte the contribution to parish costs (paid yearly); les 30 deniers de Judas Judas's 30 pieces of silver; les deniers publics public monies.

dénier [denje] (7) vt **(a)** responsabilité to deny, disclaim; faute to deny. **(b)** (refuser) ~ qch à qn to deny ou refuse sb sth.

dénigrement [denigʀəmɑ̃] nm denigration, defamation.

dénigrer [denigʀe] (1) vt to denigrate, run down.

dénivelé nm, **dénivelée** nf [denivle] difference in height (entre between).

déniveler [denivle] (4) vt (rendre inégal) to make uneven; (abaisser) to lower, put on a lower level.

dénivellation [denivɛlasjɔ̃] nf, **dénivellement** [denivɛlmɑ̃] nm **(a)** (U: V déniveler) making uneven; lowering, putting on a lower level. **(b)** (pente) slope; (cassis, creux) unevenness (U), dip. **(c)** (différence de niveau) difference in level ou altitude. la dénivellation ou le dénivellement entre deux points the difference in height ou level between two points.

dénombrable [denɔ̃bʀabl(ə)] adj countable. (Ling) nom ~ countable ou count noun.

dénombrement [denɔ̃bʀəmɑ̃] nm counting.

dénombrer [denɔ̃bʀe] (1) vt (compter) to count; (énumérer) to enumerate, list.

dénominateur [denɔminatœʀ] nm (Math) denominator. (Math, fig) ~ commun common denominator; plus petit ~ commun lowest common denominator.

dénominatif, -ive [denɔminatif, iv] adj, nm denominative.

dénomination [denɔminasjɔ̃] nf (nom) designation, appellation (frm), denomination (frm); (action) denomination (frm), naming.

dénommé, e [denɔme] (ptp de **dénommer**) adj (parfois péj) le ~ X a certain X, the man called X; on m'a présenté un ~ Dupont I was introduced to a certain Mr Dupont, I was introduced to someone ou a man by the name of Dupont ou who called himself Dupont.

dénommer [denɔme] (1) vt (frm) (donner un nom à) to denominate (frm), name; (désigner) to designate, denote; (Jur) to name.

dénoncer [denɔ̃se] (3) vt **(a)** (révéler) coupable to denounce; forfait, abus to expose. (fig) sa hâte le dénonça his haste gave him away ou betrayed him; ~ qn à la police to inform against sb, give sb away to the police.
(b) (signaler publiquement) abus, danger, injustice to denounce.
(c) (annuler) contrat, traité to denounce.
(d) (littér: dénoter) to announce, indicate.
2 se dénoncer vpr (criminel) to give o.s. up, come forward. se ~ à la police to give o.s. up to the police.

dénonciateur, -trice [denɔ̃sjatœʀ, tʀis] **1** adj denunciatory, accusatory. **2** nm,f **(a)** (criminel) denouncer, informer; (forfait) exposer. **(b)** ~ de injustices etc denouncer.

dénonciation [denɔ̃sjasjɔ̃] nf (criminel) denunciation; (forfait, abus) exposure (U); (traité) denunciation, denouncement; (contrat)

termination. emprisonné sur la ~ de qn imprisoned on the strength of a denunciation by sb.

dénotatif, -ive [denɔtatif, iv] adj (Ling) denotative.

dénotation [denɔtasjɔ̃] nf (Ling) denotation.

dénoter [denɔte] (1) vt (révéler) to indicate, denote; (Ling) to denote.

dénouement [denumɑ̃] nm (Théât) dénouement; (affaire, aventure, intrigue) outcome, conclusion.

dénouer [denwe] (1) **1** vt (a) nœud, lien to untie, undo; cheveux to let down, loose, undo. les cheveux dénoués with her hair (falling) loose.
(b) situation to untangle, resolve; difficultés, intrigue to untangle, clear up, resolve, unravel.
2 se dénouer vpr **(a)** (lien, nœud) to come untied, come undone; (cheveux) to come loose, come undone, come down; V langue.
(b) (intrigue, situation) to be resolved.

dénouement [denumɑ̃] nm = **dénouement**.

dénoyauter [denwajote] (1) vt fruit to stone (Brit), pit (US).

dénoyauteur [denwajotœʀ] nm stoner (Brit), pitter (US).

denrée [dɑ̃ʀe] nf **(a)** commodity, foodstuff, produce (U). ~s alimentaires foodstuffs; ~s périssables perishable foods ou foodstuffs; ~s coloniales colonial produce.
(b) (fig) commodity. l'honnêteté devient une ~ rare honesty is becoming a rare commodity.

dense [dɑ̃s] adj (Phys) dense; foule dense, tightly packed; feuillage, brouillard dense, thick; style compact, condensed.

densimètre [dɑ̃simɛtʀ] nm densimeter.

densité [dɑ̃site] nf (Démographie, Phys) density; (brouillard) denseness, thickness; (rare) (foule) denseness. région à forte/ faible ~ (de population) densely/sparsely populated area, area with a high/low population density; (Ordin) ~ d'implantation packing density.

dent [dɑ̃] nf **(a)** (homme, animal) tooth. ~s du haut/du bas/de devant/du fond upper/lower/front/back teeth; ~ de lait/de sagesse milk (Brit) ou baby/wisdom tooth; ~ de remplacement permanent ou second tooth; ~ gâtée/creuse bad/hollow tooth; mal ou rage de ~ toothache (U); V arracher, brosse, faux² etc.
(b) (herse, fourche, fourchette) prong; (râteau) tooth, prong; (scie, peigne) tooth; (roue, engrenage) tooth, cog; (feuille) serration; (arête rocheuse) jag. en ~s de scie couteau serrated; montagne jagged; graphique/carrière en ~s de scie switchback graph/career.
(c) (loc) avoir la ~* to be hungry; avoir la ~ dure to be scathing in one's comments (envers about); avoir/garder une ~ contre qn to have/hold a grudge against sb; avoir les ~s longues (†: faim) to be ravenous ou starving; (fig: être ambitieux) to have one's sights fixed high; être sur les ~s (épuisé) to be worn out ou dog-tired*; (très occupé) to be under great pressure; faire ou percer ses ~s to teethe, cut (one's) teeth; il vient de percer une ~ he has just cut a tooth; croquer/manger qch à belles ~s to bite into sth/eat sth with gusto; manger du bout des ~s to eat half-heartedly, pick at one's food; parler/marmotter entre ses ~s to talk/mumble between one's teeth; ils n'ont rien à se mettre sous la ~ they have nothing to eat; on voudrait bien quelque chose à se mettre sous la ~ we wouldn't say no to a bite (to eat) ou something to eat; il mange tout ce qui lui tombe sous la ~ he eats everything he can lay his hands on; V armé, casser, coup etc.
2: dent-de-lion nf, pl dents-de-lion dandelion.

dentaire [dɑ̃tɛʀ] adj dental; V formule, prothèse.

dental, e [dɑ̃tal, o] adj, mpl -aux [dɑ̃tal, o] adj, nf (Ling) dental.

denté, e [dɑ̃te] adj (Tech) toothed; (Bot) dentate; V roue.

dentelé, e [dɑ̃tle] (ptp de **denteler**) adj arête jagged; timbre perforated; contour, côte indented, jagged; (Bot) dentate; (Anat) serrate.

denteler [dɑ̃tle] (4) vt (Tech) timbre-poste to perforate. (fig: découper) l'érosion avait dentelé la côte erosion had indented the coastline ou had given the coast a jagged outline; les pics qui dentelaient l'horizon the peaks that stood in a jagged line along the horizon.

dentelle [dɑ̃tɛl] nf lace (U). col de ~ lace collar; ~ à l'aiguille ou au point needle-point lace; ~ de papier lacy paper; crêpe ~ thin pancake.

dentellerie [dɑ̃tɛlʀi] nf (fabrication) lacemaking; (Comm) lace manufacture.

dentellier, -ière [dɑ̃təlje, jɛʀ] **1** adj industrie lace (épith). **2** nm,f lacemaker. **3** dentellière nf (machine) lacemaking machine.

dentelure [dɑ̃tlyʀ] nf (timbre-poste) perforations; (feuille) serration; (côte, arête) jagged outline. les ~s d'une côte the indentations ou jagged outline of a coastline.

dentier [dɑ̃tje] nm denture, dental plate.

dentifrice [dɑ̃tifʀis] **1** nm toothpaste, dentifrice. **2** adj: eau ~ mouthwash; poudre ~ tooth powder; pâte ~ toothpaste.

dentine [dɑ̃tin] nf (Anat) dentine.

dentiste [dɑ̃tist(ə)] nmf dentist; V chirurgien.

dentisterie [dɑ̃tistəʀi] nf dentistry.

dentition [dɑ̃tisjɔ̃] nf (dents) teeth (pl); (croissance) dentition.

denture [dɑ̃tyʀ] nf (humaine) teeth (pl), set of teeth, dentition (T); (Tech) (roue) teeth (pl), cogs.

dénudé, e [denyde] (ptp de **dénuder**) adj (gén) bare; crâne bald; colline bare, bald.

dénuder [denyde] (1) **1** vt **(a)** (Tech) fil to bare, strip; (Méd) os to strip.
(b) arbre, sol, colline to bare, strip.
(c) bras, dos (robe) to leave bare; (mouvement) to bare.
2 se dénuder vpr **(a)** (personne) to strip (off).
(b) (colline, arbre) to become bare, be bared; (crâne) to be balding, be going bald.

dénué, e [denye] (ptp de **dénuer**) adj: ~ de devoid of; ~ de bon sens senseless, devoid of sense; ~ d'intérêt devoid of interest; ~

de talent/d'imagination lacking in *ou* without talent/imagination, untalented/unimaginative; ~ **de tout** destitute; ~ **de tout fondement** completely unfounded *ou* groundless, entirely without foundation.
dénuement [denymɑ̃] *nm [personne]* destitution; (*littér*) *[logement]* bareness. (*fig littér*) ~ **moral** moral deprivation.
dénuer (se) [denɥe] (1) *vpr* (*littér*) to deprive o.s. (*de* of).
dénûment [denymɑ̃] *nm* = **dénuement**.
dénutrition [denytʀisjɔ̃] *nf* undernutrition, undernourishment.
déodorant [deɔdɔʀɑ̃] *adj m, nm*: (**produit**) ~ deodorant; ~ (**corporel**) deodorant.
déontologie [deɔ̃tɔlɔʒi] *nf* professional code of ethics, deontology (*T*).
déontologique [deɔ̃tɔlɔʒik] *adj* ethical, deontological (*T*).
dépailler [depɑje] (1) *vt chaise* to remove the straw seating from. **cette chaise se dépaille** the straw seating is coming off this chair.
dépannage [depanaʒ] *nm* (*V* **dépanner**) fixing; repairing; helping out. **voiture de** ~ breakdown lorry (*Brit*), tow truck (*US*); **service de** ~ breakdown service; **ils ont fait 3** ~**s aujourd'hui** they've fixed 3 breakdowns today; **partir pour un** ~ to go out on a repair *ou* breakdown job.
dépanner [depane] (1) *vt véhicule, poste de télévision* to get going (again), fix, repair; *automobiliste* to fix the car of; (*: tirer d'embarras*) *personne* to help out.
dépanneur [depanœʀ] *nm* (*Aut*) breakdown mechanic; (*TV*) television engineer, television repairman.
dépanneuse [depanøz] *nf* breakdown lorry (*Brit*), tow truck (*US*), wrecker (*US*).
dépaqueter [depakte] (4) *vt* to unpack.
déparasiter [depaʀazite] (1) *vt poste de radio* to fit a suppressor to.
dépareillé, e [depaʀeje] (*ptp de* **dépareiller**) *adj collection* incomplete; *objet* odd (*épith*). (*Comm*) **articles** ~**s** oddments; (*Comm*) **couverts** ~**s** odd cutlery.
dépareiller [depaʀeje] (1) *vt collection, service de table* to make incomplete, spoil. **en cassant cette assiette tu as dépareillé le service** you've spoilt the set now you've broken that plate.
déparer [depaʀe] (1) *vt paysage* to spoil, disfigure, mar; *visage* to disfigure; *beauté, qualité* to detract from, mar. **cette pièce ne déparerait pas ma collection** this piece would not disgrace my collection.
déparié, e [depaʀje] (*ptp de* **déparier**) *adj chaussures, gants* odd (*épith*).
déparier [depaʀje] (7) *vt gants, chaussures* to split up.
départ[1] [depaʀ] *nm* (**a**) *[voyageur, véhicule, excursion]* departure. **observer le** ~ **du train** to watch the train leave; **le** ~ **est à 8 heures** the train (*ou* coach *etc*) leaves at 8 o'clock; **arriver au** ~ (*excursion*) to arrive at the place of departure; **fixer l'heure/le jour de son** ~ to set a time/day for one's departure; (*Rail*) '~ **des grandes lignes**' 'main-line departures'; **dès son** ~ **j'ai** ... as soon as he had left I ...; **mon** ~ **de l'hôtel** my departure from *ou* my leaving the hotel; **peu après mon** ~ **de l'hôtel** soon after I had left the hotel, soon after my departure from the hotel; **c'est bientôt le** ~ **en vacances** we'll soon be off on holiday (*Brit*) *ou* vacation (*US*), we'll soon be leaving on our holidays (*Brit*) *ou* on vacation (*US*); **alors, c'est pour bientôt le grand** ~? well then, how soon is the great departure?; **le** ~ **du train/bateau est imminent** the train/boat is leaving any time now *ou* is about to depart; **son** ~ **précipité** his hasty departure; **la levée du matin est à 7 heures et le** ~ **du courrier se fait à 9 heures** the morning collection is at 7 and the mail leaves town at 9 o'clock; *V* **tableau**.
(**b**) (*Sport*) start. **un bon** ~ a good start; (*lit, fig*) **un faux** ~ a false start; **donner le** ~ **aux coureurs** to give the runners the starting signal, start the race; **les coureurs se rassemblent au** ~ the runners are assembling at the start; ~ **lancé/arrêté** flying/ standing start; ~ **décalé** staggered start.
(**c**) *[employé, ministre]* leaving (*U*), departure. **le** ~ **du ministre a fait l'effet d'une bombe** the minister's leaving *ou* departure was something of a bombshell; **le ministre annonça son** ~ the minister announced that he was going to quit *ou* that he was leaving; **demander le** ~ **d'un fonctionnaire** to demand the resignation of a civil servant; **réduire le personnel par** ~**s naturels** to reduce the staff gradually by natural wastage.
(**d**) (*origine*) *[processus, transformation]* start. **la substance de** ~ the original substance; **de la langue de** ~ **à la langue d'arrivée** from the source language to the target language; *V* **point**[1].
(**e**) (*loc*) **être sur le** ~ to be about to leave *ou* go; **excursions au** ~ **de Chamonix** excursions (leaving *ou* departing) from Chamonix, (day) trips from Chamonix; (*fig*) **au** ~ at the start *ou* outset.
départ[2] [depaʀ] *nm* (*littér*) **faire le** ~ **entre le vrai et le faux** to draw *ou* make a distinction between truth and falsehood.
départager [depaʀtaʒe] (3) *vt concurrents* to decide between; *votes* to settle, decide; (*littér*) *opinions* to decide between; (*littér*) *camps opposés* to separate. ~ **l'assemblée** to settle the voting in the assembly.
département [depaʀtəmɑ̃] *nm* (*division du territoire*) department (*one of the 95 main administrative divisions of France*), ≃ region (*Brit*); (*ministère*) ministry, department. ~ **ministériel** ministry, department; (*aux USA*) le ~ **d'État** the State Department.
départemental, e, *mpl* **-aux** [depaʀtəmɑ̃tal, o] *adj* (*V* **département**) departmental; ministerial. (**route**) ~**e** secondary road, ≃ B-road (*Brit*).
départir [depaʀtiʀ] (16) **1** *vt* (†, *littér: attribuer*) *tâche* to assign; *faveur* to accord (*à qn*). **2 se départir** *vpr* (*gén nég: abandonner*) **se** ~ **de** *ton, attitude* to abandon, depart from; *sourire* to drop.
dépassé, e [depase] (*ptp de* **dépasser**) *adj* (*périmé*) outmoded, old-fashioned, out of date; (*: désorienté*) out of one's depth (*attrib*).

dépassement [depasmɑ̃] *nm* (**a**) (*Aut*) overtaking (*Brit: U*), passing (*U*). **tout** ~ **est dangereux** overtaking is always dangerous, it is always dangerous to overtake; '~ **interdit**' 'no overtaking'; **après plusieurs** ~**s dangereux** ... after perilously overtaking several vehicles ... .
(**b**) *[limite, prix]* (*action*) exceeding; (*excès*) excess.
(**c**) (*Fin*) ~ (**de crédit**) overspending (*U*); **un** ~ **de crédit de 5 millions** overspending by 5 million francs.
(**d**) ~ (**de soi-même**) surpassing of oneself.
dépasser [depase] (1) **1** *vt* (**a**) (*aller plus loin que*) *endroit* to pass, go past; (*Aviat*) *piste* to overshoot; (*distancer*) *véhicule, personne* to overtake (*Brit*), pass. **dépassez les feux et prenez la première rue à gauche** go through *ou* pass the lights and take the first (on the) left.
(**b**) (*déborder de*) *alignement* (*horizontalement*) to jut out over, overhang; (*verticalement*) to jut out above, stand higher than. **son succès a dépassé les frontières** his success has reached beyond *ou* transcended national boundaries.
(**c**) (*excéder*) *limite, quantité mesurable* to exceed. ~ **qch en hauteur/largeur** to be higher *ou* taller/wider than sth, exceed sth in height/width; **il a dépassé son père** (**de 10 cm**) maintenant he's (10 cm) taller than his father now; **cette plante a dépassé l'autre** this plant has outgrown the other *ou* is now taller than the other; ~ **en nombre** to outnumber; **tout colis qui dépasse 20 kg/la limite** (**de poids**) all parcels in excess of *ou* exceeding *ou* over 20 kg/the (weight) limit; ~ **le nombre prévu** to be more than expected; **la réunion ne devrait pas** ~ **3 heures** the meeting shouldn't go on longer than *ou* last longer than 3 hours, the meeting shouldn't exceed 3 hours (in length); **il ne veut pas** ~ **500 F** he won't go above *ou* over 500 francs; **ça va** ~ **100 F** it'll be more than *ou* over 100 francs; **elle a dépassé la quarantaine** she is over forty, she has turned forty; (*Méd*) **ne pas** ~ **la dose prescrite**' 'it is dangerous to exceed the prescribed dose'; **le prix de cette maison dépasse nos moyens** this house is beyond our means *ou* is more than we can afford.
(**d**) (*surpasser*) *valeur, prévisions* to exceed; *réputation* to outshine; *rival* to outmatch, outstrip. ~ **qn en violence/intelligence** to surpass sb in violence/intelligence; **pour la paresse/l'appétit il dépasse tout le monde** he beats everybody for laziness/appetite; **il dépasse tous ses camarades** he is ahead of *ou* he surpasses all his friends; **sa réputation dépasse de loin celle de ses collègues** his reputation by far outshines that of his colleagues, he has a far greater reputation than his colleagues; **sa bêtise dépasse tout ce qu'on peut imaginer** his stupidity goes beyond all imagining *ou* goes beyond anything you could imagine *ou* beggars the imagination; **l'homme doit se** ~ man must try to transcend himself *ou* surpass himself; **les résultats ont dépassé notre attente** the results exceeded *ou* surpassed our expectations.
(**e**) (*outrepasser*) *moyens, instructions* to go beyond; *attributions* to go beyond, overstep; *crédits* to exceed. **cela dépasse les bornes** *ou* **les limites** *ou* **la mesure** that's the absolute limit, that's going too far; **il a dépassé les bornes** *ou* **la mesure** *ou* **la dose*** he has really gone too far *ou* overstepped the mark *ou* passed over the bounds (*US*); **cela a dépassé le stade de la plaisanterie** it has gone beyond a joke; **les mots ont dû** ~ **sa pensée** he must have been carried away (to have said that); **cela dépasse mes forces/ma compétence** it's beyond my strength/capabilities; **cela me dépasse** it's beyond me; **il a dépassé ses forces** he has overtaxed himself *ou* overdone it.
(**f**) (*: dérouter*) **cela/cet argument me dépasse!** it/this argument is beyond me!; **être dépassé** (**par les événements**) to be overtaken (by events); **il est complètement dépassé!** he is completely out of his depth!
2 *vi* (**a**) (*Aut*) to overtake (*Brit*), pass. '**défense de** ~' 'no overtaking' (*Brit*), 'no passing'.
(**b**) (*faire saillie*) *[bâtiment, tour]* to stick out; *[planche, balcon, rocher]* to stick out, jut out, protrude; *[clou]* to stick out; *[jupon]* to show (*de, sous* below); *[chemise]* to be hanging out (*de* of), be untucked. **il y a quelque chose qui dépasse du tiroir** something's sticking *ou* hanging out of the drawer; **leur chien a toujours un bout de langue qui dépasse** their dog always has the end of his tongue hanging out.
dépassionner [depasjɔne] (1) *vt débat* to take the heat out of.
dépatouiller (se)[*] [depatuje] (1) *vpr*: **se** ~ **de** *situation difficile* to get out of; **laisse-le se** ~! leave him to *ou* let him get out of it on his own!; **savoir se** ~ (to manage) to get by.
dépavage [depavaʒ] *nm* removal of the cobbles *ou* cobblestones (*de* from).
dépaver [depave] (1) *vt* to dig up the cobbles *ou* cobblestones from.
dépaysé, e [depeize] (*ptp de* **dépayser**) *adj* like a fish out of water (*attrib*), disoriented. **je me sens très** ~ **ici** I feel very much like a fish out of water here, I feel very disoriented here, I don't feel at home at all here.
dépaysement [depeizmɑ̃] *nm* (*désorientation*) disorientation, feeling of strangeness; (*changement salutaire*) change of scenery. **aimer le** ~ to like a change of scenery.
dépayser [depeize] (1) *vt* (*désorienter*) to disorientate; (*changer agréablement*) to give a change of scenery to, give a welcome change of surroundings to. **ce séjour me dépaysait** this stay gave me a change of scenery *ou* a welcome change of surroundings.
dépeçage [depəsaʒ] *nm*, **dépècement** [depɛsmɑ̃] *nm* (*V* **dépecer**) jointing (*Brit*), cutting up; dismembering; carving up.
dépecer [depəse] (5) *vt animal [boucher]* to joint (*Brit*), cut up; *[lion]* to dismember, tear limb from limb; (*fig*) *territoire, état* to carve up, dismember.
dépêche [depɛʃ] *nf* dispatch. ~ (**télégraphique**) telegram, wire; ~ **diplomatique** diplomatic dispatch.

dépêcher [depeʃe] (1) **1** *vt* to dispatch, send (*auprès de* to).
2 se dépêcher *vpr* to hurry. **il se dépêchait** (*il marchait etc*) he was hurrying (along); (*il travaillait*) he was hurrying; **dépêche-toi!** hurry (up)!, (be) quick!; **se ~ de faire qch** to hurry (in order) to do sth; **il se dépêchait de finir son travail** he was hurrying (in order) to get his work finished *ou* to finish his work; **dépêche-toi de les commander, il n'y en aura bientôt plus** hurry up and order them or there soon won't be any left.
dépeigner [depeɲe] (1) *vt:* **~ qn** to make sb's hair untidy, ruffle sb's hair; **dépeigné par le vent** with windswept hair; **elle entra toute dépeignée** she came in with tousled *ou* dishevelled hair.
dépeindre [depɛ̃dʀ(ə)] (52) *vt* to depict.
dépenaillé, e [depanaje] *adj personne, vêtements* (*débraillé*) messy; (*en haillons*) tattered, ragged; *drapeau, livre* tattered.
dépendance [depɑ̃dɑ̃s] *nf* **(a)** (*interdépendance*) dependence (*U*), dependency. **la ~ de qch vis-à-vis de qch d'autre** the dependence of sth (up)on sth else; **un réseau subtil de ~s** a subtle network of dependencies *ou* interdependencies.
 (b) (*asservissement, subordination*) subordination. **la ~ de qn vis-à-vis de qn d'autre** the subordination of sb to sb else; **être dans la ~** to be subordinate *ou* in a position of subordination; **être sous** *ou* **dans la ~ de qn** to be subordinate to sb.
 (c) (*bâtiment*) [*hôtel, château, ferme*] outbuilding.
 (d) (*Hist Pol: territoire*) dependency.
 (e) (*Drogue*) dependence, dependency.
 (f) (*Ling*) dependency.
dépendanciel, -ielle [depɑ̃dɑ̃sjɛl] *adj* (*Ling*) **grammaire ~ielle** dependency grammar.
dépendant, e [depɑ̃dɑ̃, ɑ̃t] *adj* (*V dépendre de*) **~ de** answerable to, responsible to; dependent (up)on.
dépendre [depɑ̃dʀ(ə)] (41) **1 dépendre de** *vt indir* **(a)** [*employé*] to be answerable to, be responsible to; [*organisation*] to be dependent (up)on; [*territoire*] to be dependent (up)on, be a dependency of. **~ (financièrement) de ses parents** to be financially dependent (up)on one's parents; **ce pays dépend économiquement de la France** this country is economically dependent (up)on France; **je ne veux ~ de personne** I don't wish to be dependent (up)on anyone *ou* to have to depend (up)on anyone; **ce terrain dépend de leur domaine** this piece of land is part of *ou* belongs to their property; **ne ~ que de soi-même** to be answerable only to oneself, be one's own boss*.
 (b) [*décision, résultat, phénomène*] to depend (up)on, be dependent (up)on. **ça va ~ du temps** it'll (all) depend on the weather; **— ça dépend —** it (all) depends; **il dépend de vous/de ceci que ...** it depends *ou* rests (up)on you/this whether ...; **il ne dépend que de vous que ...** it depends *ou* rests entirely (up)on you whether ..., it's entirely up to you whether ...; **il dépend de toi de réussir** (your) success depends on you, it depends on you *ou* it's up to you whether you succeed (or not).
 2 *vt lustre, guirlandes* to take down.
dépens [depɑ̃] *nmpl* **(a)** (*Jur*) costs. **être condamné aux ~** to be ordered to pay costs, have costs awarded against one. **(b) aux ~ de qn** to (have a) laugh at sb's expense; **rire aux ~ de qn** to (have a) laugh at sb's expense; **je l'ai appris à mes ~** I learnt this to my cost.
dépense [depɑ̃s] *nf* **(a)** (*argent dépensé, frais*) spending (*U*), expense, expenditure (*U*); (*sortie*) outlay, expenditure (*U*). **une ~ de 1.000 F** an outlay *ou* expenditure of 1,000 francs; **les ~s du ménage** household expenses; **contrôler les ~s de qn** to control sb's expenditure *ou* spending; **je n'aurais pas dû faire cette ~** I should not have incurred that expense (*frm*) *ou* spent that money; **j'hésite, c'est une grosse ~** I'm hesitating, it's a large outlay *ou* it's a lot to lay out; **calculer ~s et recettes** to calculate expenditure and receipts; **~s publiques** public *ou* government expenditure *ou* spending; **~ d'investissement** capital expenditure (*U*); **pousser qn à la ~** to make sb spend some money *ou* incur an expense (*frm*); **faire la ~ d'une voiture** to lay out money *ou* spend money on a car; **regarder à la ~** to watch one's spending *ou* what one spends.
 (b) (*fig*) [*électricité, essence*] consumption. **~s d'imagination** expenditure of imagination; **~ physique** (physical) exercise; **~ de temps** spending of time (*U*), time spent (*U*).
dépenser [depɑ̃se] (1) **1** *vt* **(a)** *argent* to spend; (*fig*) *électricité, essence* to use. **~ sans compter** to spend without counting the cost, spend lavishly; **elle dépense peu pour la nourriture** she doesn't spend much on food, she spends little on food.
 (b) (*fig*) *forces, énergie* to expend, use up; *temps, jeunesse* to spend, use up. **~ son trop-plein d'énergie** to use up one's surplus energy; **vous dépensez inutilement votre salive** you're wasting your breath.
 2 se dépenser *vpr* to exert o.s. **se ~ en démarches inutiles** to waste one's energies in useless procedures; **pour ce projet il s'est dépensé sans compter** he has put all his energy *ou* energies into this project; **il faut que les enfants se dépensent** children have to let off steam.
dépensier, -ière [depɑ̃sje, jɛʀ] **1** *adj* extravagant. **c'est une ~ière, elle est ~ière** she's a spendthrift. **2** *nm, f* (*trésorier de couvent*) bursar.
déperdition [depɛʀdisjɔ̃] *nf* (*Sci, gén*) loss.
dépérir [depeʀiʀ] (2) *vi* [*personne*] to fade away, waste away; [*santé, forces*] to fail, decline; [*plante*] to wither; [*commerce*] to (be on the) decline, fall off; [*affaire*] to (be on the) decline, go downhill.
dépérissement [depeʀismɑ̃] *nm* (*V dépérir*) fading away, wasting away; failing; decline; withering; falling off.
dépersonnalisation [depɛʀsɔnalizasjɔ̃] *nf* depersonalization.
dépersonnaliser [depɛʀsɔnalize] **1** *vt* to depersonalize. **2 se dépersonnaliser** *vpr* [*relations etc*] to become impersonal, become depersonalized; (*Psych*) to become depersonalized.

dépêtrer [depetʀe] (1) **1** *vt:* **~ qn de** (*lit*) *bourbier, ronces, harnachement* to extricate sb from, free sb from; (*fig*) *situation* to extricate sb from, get sb out of.
2 se dépêtrer *vpr* (*lit, fig*) to extricate o.s., free o.s. **se ~ de** *ronces, situation* to extricate *ou* free o.s. from, get out of; (*fig*) *liens* to free o.s. from; *gêneur* to get free of, get rid of.
dépeuplement [depœplǝmɑ̃] *nm* (*V dépeupler*) depopulation; emptying of people (*ou* fish *ou* wildlife); clearing (of trees *etc*). **le ~ tragique de ces forêts** the tragic disappearance of wildlife from these forests.
dépeupler [depœple] (1) **1** *vt région, ville* to depopulate; (*temporairement*) *salle, place* to empty (of people); *rivière* to empty of fish; *région* to empty of wildlife; *écuries etc* to empty; *forêt* to clear (of trees, plants *etc*).
 2 se dépeupler *vpr* (*V dépeupler*) to be depopulated; to be emptied of people (*ou* fish *ou* wildlife); to be emptied; to be cleared (of trees *etc*).
déphasage [defazaʒ] *nm* (*Phys*) phase difference; (**fig: perte de contact*) being out of touch. **il y a ~ entre les syndicats et leurs dirigeants** the unions and their leaders are out of phase *ou* step.
déphasé, e [defaze] (*ptp de déphaser*) *adj* (*Phys*) out of phase; (**: désorienté*) out of phase *ou* step (*attrib*), not with it* (*attrib*).
déphaser* [defaze] (1) *vt* (*désorienter*) to put out of touch.
dépiauter* [depjote] (1) *vt* to skin.
dépilation [depilasjɔ̃] *nf* (*V dépiler*) hair loss.
dépilatoire [depilatwaʀ] **1** *adj* depilatory. **2** *nm* depilatory *ou* hair-removing cream.
dépiler [depile] (1) *vt* (*Méd*) to cause hair loss to; (*Tech*) *peaux* to grain.
dépiquer [depike] (1) *vt* (*Couture*) to unpick (*Brit*), unstitch; (*Agr*) *laitue etc* to transplant; *blé* to thresh; *riz* to hull.
dépistage [depistaʒ] *nm* (*V dépister*) tracking down; detection; unearthing. **centre de ~ anticancéreux** cancer screening unit.
dépister [depiste] (1) *vt* **(a)** *gibier, criminel* to track down; *maladie* to detect; *influence, cause* to unearth, detect. **(b)** (*semer*) **~ qn** to throw sb off the scent, give sb the slip*.
dépit [depi] *nm* **(a)** pique, (great) vexation. **causer du ~ à qn** to vex sb greatly, cause sb much heartache; **il en a conçu du ~** he was very piqued at it; **il l'a fait par ~** he did it out of pique *ou* in a fit of pique; **par ~ amoureux elle a épousé le premier venu** she married the first man she met on the rebound*.
 (b) en ~ de in spite of, despite; **faire qch en ~ du bon sens** to do sth any old how.
dépité, e [depite] (*ptp de dépiter*) *adj* (greatly) vexed, piqued.
dépiter [depite] (1) *vt* (*littér*) to vex greatly, frustrate greatly.
dépitonner [depitɔne] (1) *vti* (*Alpinisme*) to depeg.
déplacé, e [deplase] (*ptp de déplacer*) *adj présence* uncalled-for; *intervention, scrupule* misplaced, out of place (*attrib*); *remarque, propos* uncalled-for, out of place (*attrib*); *V personne*.
déplacement [deplasmɑ̃] **1** *nm* **(a)** (*action*) (*V déplacer*) moving; shifting; displacement; transfer; (*V se déplacer*) movement; displacement. **ça vaut le ~** it's worth going.
 (b) (*voyage*) trip, travel (*U*), travelling (*U*). **les ~s coûtent cher** travelling *ou* travel is expensive; **être en ~ (pour affaires)** to be on a (business) trip; *V frais²*.
 (c) (*Naut*) displacement. **~ de 10.000 tonnes** 10,000 tons' displacement.
 2: déplacement d'air displacement of air; **déplacement d'organe** organ displacement; **déplacement de troupes** movement of troops; **déplacement de vertèbre** slipped disc; (*Jur*) **loi sur les ~s d'enfants** ≃ Child Abduction Act; (*Jur*) **~ d'enfant(s)** child abduction.
déplacer [deplase] (3) **1** *vt* **(a)** *objet, meuble, élève* to move, shift; (*Méd*) *articulation, os* to displace. **se ~ une articulation** to put a joint out, displace a joint; **se ~ une vertèbre** to slip a disc.
 (b) *usine, fonctionnaire* to transfer, move; *collectivité* to move, shift.
 (c) (*fig*) *problème, question* to shift the emphasis of.
 (d) (*Naut*) to displace. **navire qui déplace 10.000 tonnes** ship with a 10,000-ton displacement.
 2 se déplacer *vpr* **(a)** [*pièce mobile*] to move; [*air, substance*] to move, be displaced.
 (b) [*animal*] to move (along); [*personne*] (*se mouvoir*) to move, walk; (*circuler*) to move (around); (*voyager*) to travel. **il ne se déplace qu'avec peine** he can get around *ou* about *ou* he can move only with difficulty; **il est interdit de se ~ pendant la classe** no moving around during class; **il ne se déplace qu'en avion** he travels only by air; **il se déplace fréquemment** he's a frequent traveller, he travels a lot.
déplafonnement [deplafɔnmɑ̃] *nm* (*V déplafonner*) derestriction; removal of the ceiling (*de* from).
déplafonner [deplafɔne] (1) *vt crédit* to derestrict; *cotisations* to remove the ceiling on.
déplaire [deplɛʀ] (54) **1** *vt* **(a)** (*n'être pas aimé de*) **il déplaît à tout le monde** he is disliked by everyone; **cette mode/ville/femme me déplaît** I dislike *ou* I don't like *ou* I don't care for this fashion/town/woman; **au bout d'un moment, cela risque de ~** after a while it can become disagreeable *ou* irksome *ou* unpleasant; **ça ne me déplairait pas (de le faire)** I wouldn't mind doing it; (*frm*) **il me déplaît de faire ...** I dislike doing ...; (*frm*) **il me déplairait d'avoir à vous renvoyer** I should not care *ou* I should be sorry to have to dismiss you.
 (b) (*irriter*) **~ à qn** to displease sb; **il fait tout pour nous ~** he does all he can to displease us; **ceci a profondément déplu** this gave profound *ou* great displeasure; **il cherche à ~** he is trying to be disagreeable *ou* unpleasant.
 (c) (†, *hum*) **elle est, n'en déplaise à son mari, bien moins**

intelligente que sa sœur whether her husband likes it or not *ou* agrees or not, she is far less intelligent than her sister; **j'irai la voir, n'en déplaise à votre père** whatever your father's views on the matter, I shall go and see her.

2 se déplaire *vpr*: **elle se déplaît ici/à la campagne** she dislikes it *ou* doesn't like it here/in the country; **se ~ dans son nouvel emploi** to be unhappy in one's new job, dislike one's new job.

déplaisant, e [deplɛzɑ̃, ɑ̃t] *adj* disagreeable, unpleasant.

déplaisir [deplezin] *nm* (*contrariété*) displeasure, annoyance. **je le ferai sans ~** I'm quite willing *ou* happy to do it, I don't mind doing it; **faire qch avec (le plus grand) ~** to do sth with (the greatest) displeasure.

déplantage [deplɑ̃taʒ] *nm*, **déplantation** [deplɑ̃tasjɔ̃] *nf* (*V* **déplanter**) transplanting; digging up.

déplanter [deplɑ̃te] (1) *vt plante* to transplant; *plate-bande* to dig up.

déplâtrage [deplɑtʀaʒ] *nm* (*Constr*) **le ~ d'un mur** stripping the plaster off a wall, stripping a wall of its plaster; (*Méd*) **le ~ d'un membre** taking a limb out of plaster *ou* out of its plaster cast, taking a plaster cast off a limb.

déplâtrer [deplɑtʀe] (1) *vt* (*Constr*) to strip the plaster off; (*Méd*) to take out of plaster, take the plaster cast off.

dépliage [deplijaʒ] *nm* (*V* **déplier**) unfolding; opening out.

dépliant, e [deplijɑ̃, ɑ̃t] **1** *adj* extendible. **2** *nm* (*prospectus*) leaflet, folder; (*grande page*) fold-out page.

dépliement [deplimɑ̃] *nm* = **dépliage**.

déplier [deplije] (7) **1** *vt* (**a**) *serviette, vêtement* to unfold; *carte, journal* to open out, unfold; (*fig*) *jambes* to stretch out.
(**b**) (†: *déballer*) *paquet* to open out, open up. **~ sa marchandise** to spread out one's wares.

2 se déplier *vpr [carte, journal]* to come unfolded, open out; *[vêtement, serviette]* to come unfolded; *[feuille d'arbre]* to open out, unfold. **ça peut se ~**, **ça se déplie** it unfolds *ou* opens out, it can be unfolded.

déplissage [deplisaʒ] *nm* (*V* **déplisser**) *[étoffe]* taking the pleats out of; flattening (out); smoothing (out).

déplisser [deplise] (1) **1** *vt étoffe plissée* to take the pleats out of; *étoffe avec faux plis* to flatten (out), smooth (out); (*littér*) *front* to smooth. **2 se déplisser** *vpr [jupe]* to come unpleated, lose its pleats.

déploiement [deplwamɑ̃] *nm [voile, drapeau]* unfurling; *[ailes]* spreading; *[troupes]* deployment; *[richesses, forces, amabilité, talents]* display. **~ de force** deployment of troops (*ou* police).

déplomber [deplɔ̃be] (1) *vt colis, compteur* to unseal; *dent* to remove the filling from, take the filling out of.

déplorable [deplɔʀabl(ə)] *adj* deplorable, disgraceful.

déplorablement [deplɔʀabləmɑ̃] *adv* deplorably, disgracefully.

déplorer [deplɔʀe] (1) *vt* (*trouver fâcheux*) to deplore; (*littér*: *s'affliger de*) to lament.

déployer [deplwaje] (8) **1** *vt* (**a**) *carte, tissu* to open out, spread out; *voile, drapeau* to unfurl; *ailes* to spread.
(**b**) *troupes* to deploy; *assortiment, échantillons* to spread out, lay out. **~ en éventail** *troupes* to fan out; **il déploie tout un assortiment dans sa vitrine** he displays a wide variety of goods in his window.
(**c**) *richesses, fastes* to make a display of, display; *talents, ressources, forces* to display, exhibit.
(**d**) **~ beaucoup d'activité** to be very active, engage in great activity; **~ beaucoup d'efforts/d'énergie** to expend a lot of effort/energy; **ils ont déployé d'importantes forces de police** they laid on *ou* deployed a huge number of police, they put a large police force into action; *V* **rire**.

2 se déployer *vpr [voile, drapeau]* to unfurl; *[ailes]* to spread; *[troupes]* to deploy; *[cortège]* to spread out.

déplumer [deplyme] (1) **1** *vt* (†) to pluck. **2 se déplumer** *vpr [oiseau]* to moult, lose its feathers; (*: perdre ses cheveux*) to go bald, lose one's hair.

dépoétiser [depɔetize] (1) *vt* to take the romance out of, make prosaic.

dépoitraillé, e [depwatʀaje] *adj* (*péj*) **quelle tenue, il est tout ~!** what a sight he is, with his shirt all undone at the front showing his chest!

dépolarisant, e [depɔlaʀizɑ̃, ɑ̃t] **1** *adj* depolarizing. **2** *nm* depolarizer.

dépolarisation [depɔlaʀizasjɔ̃] *nf* depolarization.

dépolariser [depɔlaʀize] (1) *vt* to depolarize.

dépoli, e [depɔli] (*ptp de* **dépolir**) *adj V* **verre**.

dépolir [depɔliʀ] (2) **1** *vt argent, étain* to tarnish; *verre* to frost. **2 se dépolir** *vpr* to tarnish.

dépolissage [depɔlisaʒ] *nm* (*V* **dépolir**) tarnishing; frosting.

dépolitisation [depɔlitizasjɔ̃] *nf* depoliticization.

dépolitiser [depɔlitize] (1) *vt* to depoliticize.

dépolluer [depɔlɥe] (1) *vt* to clean up, rid *ou* clear of pollution.

dépollution [depɔlysjɔ̃] *nf* getting rid of pollution (*de* from). **la ~ des plages souillées par le mazout** the cleaning (up) of oil-polluted beaches.

déponent, e [depɔnɑ̃, ɑ̃t] **1** *adj* (*Ling*) deponent. **2** *nm* deponent (verb).

dépopulation [depɔpylasjɔ̃] *nf* depopulation.

déportation [depɔʀtasjɔ̃] *nf* (*exil*) deportation, transportation; (*internement*) imprisonment (in a concentration camp).

déporté, e [depɔʀte] (*ptp de* **déporter**) *nm,f* (*exilé*) deportee; (*interné*) prisoner (in a concentration camp).

déportement [depɔʀtəmɑ̃] *nm* (**a**) (*embardée*) **~ vers la gauche** swerve to the left. (**b**) (†: *écarts de conduite*) **~s** misbehaviour, excesses.

déporter [depɔʀte] (1) *vt* (**a**) *personne* (*exiler*) to deport, transport;

(*interner*) to send to a concentration camp. (**b**) (*faire dévier*) to carry off course. **le vent l'a déporté** the wind carried *ou* blew him off course; (*Aut*) **se ~ sur la gauche** to swerve to the left.

déposant, e [depozɑ̃, ɑ̃t] *nm,f* (*épargnant*) depositor; (*Jur*) bailor; (*témoin*) deponent.

dépose [depoz] *nf [tapis]* lifting, taking up; *[serrure, moteur]* taking out, removal; *[rideau]* taking down.

déposer [depoze] (1) **1** *vt* (**a**) (*poser*) to lay down, put down, set down; *ordures* to dump. **~ une gerbe** (*sur une tombe etc*) to lay a wreath; **'défense de ~ des ordures'** 'dumping of rubbish is prohibited', 'no tipping' (*Brit*), 'no dumping'; (*fig*) **~ les armes** to lay down (one's) arms; (*fig*) **~ le masque** to drop one's mask; (*littér*) **~ un baiser sur le front de qn** to plant a kiss on sb's forehead.
(**b**) (*laisser*) *chose* to leave; *personne* to drop, set down. **~ sa carte** to leave one's card; **on a déposé une lettre/un paquet pour vous** somebody left a letter/parcel for you, somebody dropped a letter/parcel in for you; **~ une valise à la consigne** to deposit *ou* leave a suitcase at the left-luggage (office); **je te dépose à la gare** I'll drop you (off) at the station, I'll set you down at the station; **l'autobus le déposa à la gare** the bus dropped him at the station; **est-ce que je peux vous ~ quelque part?** can I give you a lift anywhere?, can I drop you anywhere?
(**c**) (*Fin*) *argent, valeur* to deposit. **~ de l'argent sur un compte** to put money into an account, deposit money in an account.
(**d**) (*Admin, Jur etc*) *plainte* to lodge; *réclamation* to file; *conclusions* to present; *brevet, marque de fabrique* to register; *projet de loi* to bring in, table; *rapport* to send in, file. **~ son bilan** to go into (voluntary) liquidation; *V* **marque**.
(**e**) (*destituer*) *souverain* to depose.
(**f**) *[eau, vin]* *sable, lie* to deposit.
(**g**) (*démonter*) *tenture* to take down; *tapis* to take up, lift; *serrure, moteur* to take out, remove.

2 vi (**a**) *[liquide]* to form a sediment, form a deposit. **laisser ~** to leave to settle.
(**b**) (*Jur*) to give evidence, testify.

3 se déposer *vpr [poussière, lie]* to settle.

dépositaire [depoziteʀ] *nmf* (**a**) *[objet confié]* depository; (*fig*) *[secret, vérité]* possessor, guardian; (*Jur*) bailee. (*Jur*) **~ public** ≃ authorized depository. (**b**) (*Comm: agent*) agent (*de* for). **nous ne sommes pas ~s** we are not agents for them, it's not a line we carry.

déposition [depozisjɔ̃] *nf* (**a**) (*Jur*) (*à un procès*) evidence (*U*); (*écrite*) (sworn) statement, deposition. **signer sa ~** to sign one's statement *ou* deposition. (**b**) *[souverain]* deposition, deposing. (**c**) (*Art*) **~ de croix** Deposition.

déposséder [deposede] (6) *vt*: **~ qn de** *terres* to dispossess sb of; *place, biens* to deprive sb of; *charge* to divest *ou* deprive sb of; **ils se sentaient dépossédés** they felt dispossessed.

dépossession [deposesjɔ̃] *nf* (*V* **déposséder**) dispossession; deprivation; divesting. **leur sentiment de ~** their feeling of being dispossessed.

dépôt [depo] **1** *nm* (**a**) (*action de déposer*) *[argent, valeurs]* depositing). **ils ont procédé au ~ d'une gerbe sur sa tombe** they laid a wreath on his grave; **le ~ des manteaux au vestiaire est obligatoire** (all) coats must be left *ou* deposited in the cloakroom; **le ~ d'une marque de fabrique** the registration of a trademark; **~ de bilan** (voluntary) liquidation; (*Jur*) **~ légal** registration of copyright; (*Fin*) **~ fiduciaire** in escrow; *V* **mandat**.
(**b**) (*garde*) **avoir qch en ~** to hold sth in trust; **confier qch en ~ à qn** to entrust sth to sb.
(**c**) (*chose confiée*) **restituer un ~** to return what has been entrusted to one; **~ sacré** sacred trust; (*Fin*) **~ (bancaire)** (bank) deposit; (*Fin*) **~ à vue** deposit on current account (*Brit*), checking deposit (*US*); **~ à terme** fixed term deposit; *V* **banque, compte**.
(**d**) (*garantie*) deposit. **~ préalable** advance deposit; **verser un ~** to put down *ou* pay a deposit.
(**e**) (*sédiment*) *[liquide, lie]* sediment, deposit. **~ de sable** silt (*U*); **~ de tartre** fur (*Brit*: *U*), layer of sediment; **l'eau a formé un ~ calcaire dans la bouilloire** the water has formed a layer of sediment on the kettle *ou* has furred up the kettle (*Brit*).
(**f**) (*entrepôt*) warehouse, store; *[autobus]* depot, garage; *[trains]* depot, shed; (*Mil*) depot.
(**g**) (*Comm: point de vente*) **il n'y a pas de boulangerie/laiterie mais un ~ de pain/de lait à l'épicerie** there is no baker's/dairy but bread/milk can be bought at the grocer's *ou* but the grocer supplies *ou* sells bread/milk.
(**h**) (*prison*) jail, prison. **il a passé la nuit au ~** he spent the night in the cells *ou* in jail.

2: (*Aut*) **dépôt d'essence** petrol (*Brit*) *ou* gasoline (*US*) depot; **dépôt de marchandises** goods (*Brit*) *ou* freight (*US*) depot *ou* station; **dépôt de munitions** ammunition dump; **dépôt d'ordures** (rubbish) dump *ou* tip (*Brit*), garbage dump (*US*).

dépotage [depɔtaʒ] *nm*, **dépotement** [depɔtmɑ̃] *nm* (*V* **dépoter**) transplanting; decanting.

dépoter [depɔte] (1) *vt plante* to take out of the pot, transplant; *liquide* to decant.

dépotoir [depɔtwaʀ] *nm* (**a**) (*lit, fig: décharge*) dumping ground, rubbish dump *ou* tip (*Brit*), garbage dump (*US*). (**b**) (*usine*) sewage works.

dépouille [depuj] *nf* (**a**) (*peau*) skin, hide; (*Zool: de mue*) cast; *[serpent]* slough. (**b**) (*littér: cadavre*) **~ (mortelle)** (mortal) remains. (**c**) (*littér: butin*) **~s** plunder, spoils.

dépouillé, e [depuje] (*ptp de* **dépouiller**) *adj décor* bare; *style* bald. **~ de poésie** lacking in; *ornements* shorn *ou* stripped of.

dépouillement [depujmɑ̃] *nm* (**a**) (*examen: V* **dépouiller a**) perusal; going through; studying. **le ~ du courrier a pris 3 heures** going through the mail *ou* the perusal of the mail took 3 hours, it

took 3 hours to go through *ou* peruse the mail; **le ~ du scrutin** counting the votes; **lors du ~** when the votes are (*ou* were *etc*) being counted, during the count.
  (b) (*ascèse, pauvreté*) voluntary deprivation; (*sobriété*) lack of ornamentation.
  (c) (*spoliation*) stripping.
dépouiller [depuje] (1) **1** *vt* **(a)** (*examiner en détail*) *comptes, journal, courrier, ouvrage* to go through, peruse; *auteur* to go through, study (in detail). **~ un scrutin** to count the votes.
  (b) (*écorcher*) to skin; (*écorcer*) to bark, strip the bark from.
  (c) (*enlever à*) **~ qn de** *vêtemeuts, économies, honneurs* to strip *ou* divest *ou* deprive sb of.
  (d) (*dégarnir*) **~ qch de** *ornements* to strip *ou* divest *ou* denude sth of; *feuilles, fleurs* to strip *ou* denude sth of; **un livre qui dépouille l'amour de son mystère** a book that strips *ou* divests love of its mystery.
  (e) (*littér: dénuder*) to strip, denude. **le vent dépouille les arbres** the wind strips *ou* denudes the trees (of their leaves); **l'hiver dépouille les champs** winter lays bare the fields; **~ un autel** to remove the ornaments from an altar, strip an altar (of its ornaments); (*fig*) **~ son style** to strip one's style of ornaments.
  (f) (*littér: spolier*) **~ un voyageur** to despoil (*littér*) *ou* strip a traveller of his possessions; **~ un héritier** to deprive *ou* divest an heir of his inheritance; **ce père avare a dépouillé ses enfants** this tight-fisted father has deprived *ou* stripped his children of everything; (*fig*) **~ Pierre pour habiller Paul** to rob Peter to pay Paul; **ils ont dépouillé le pays** they have plundered the country *ou* laid the country bare.
  (g) (*littér: se défaire de*) *vêtement* to shed, divest o.s. of; (*Zool*) *peau* to cast off, shed; *prétention, orgueil* to cast off, cast aside.
  2 se dépouiller *vpr* **(a)** (*littér*) **se ~ de** *vêtements* to shed, divest o.s. of; *possessions* to divest *ou* deprive o.s. of; (*fig*) *arrogance* to cast off *ou* aside, divest o.s. of; *[arbre] feuilles, fleurs* to shed; *[prés etc] verdure, fleurs* to become stripped *ou* denuded of. **les arbres se dépouillent (de leurs feuilles)** the trees are shedding their leaves; **la campagne se dépouille (de son feuillage** *ou* **de sa verdure)** the countryside is losing *ou* shedding its greenery; **son style s'était dépouillé de toute redondance** his style had been stripped *ou* shorn of all unnecessary repetition.
  (b) *[animal qui mue]* to cast off *ou* shed its skin.
dépourvu, e [depurvy] **1** *adj:* **~ de** (*gén*) lacking *ou* wanting in, without; *intérêt, qualités, bon sens* devoid of, lacking *ou* wanting in; *méchanceté, mauvaises intentions* devoid of, without; **~ d'ornements** unornamented, bare of ornaments; **~ d'argent** penniless, without money; **ce récit n'est pas ~ d'intérêt/de qualités** this story is not devoid of interest/qualities *ou* not without interest/its qualities; **des gens ~s (de tout)** destitute people.
  2 *nm:* **prendre qn au ~** to catch sb unprepared, catch sb napping; **il a été pris au ~ par cette question inattendue** he was caught off his guard *ou* on the hop* by this unexpected question.
dépoussiérage [depusjeraʒ] *nm* removal of dust (*de* from). **techniques de ~** dust removal techniques.
dépoussiérer [depusjere] (6) *vt* to remove dust from.
dépravation [depravasjɔ̃] *nf* (*état*) depravity.
dépravé, e [deprave] (*ptp de* **dépraver**) **1** *adj* depraved. **2** *nm, f* degenerate.
dépraver [deprave] (1) *vt* to deprave. **les mœurs se dépravent** morals are becoming depraved.
dépréciateur, -trice [depresjatœr, tris] *nm, f* disparager, belittler.
dépréciatif, -ive [depresjatif, iv] *adj propos, jugement* depreciatory, disparaging; *mot, sens* derogatory, disparaging.
dépréciation [depresjasjɔ̃] *nf* depreciation.
déprécier [depresje] (7) **1** *vt* (*faire perdre de la valeur à*) to depreciate; (*dénigrer*) to belittle, disparage, depreciate. **2 se déprécier** *vpr* [*monnaie, objet*] to depreciate; [*personne*] to belittle *ou* disparage o.s., be self-depreciating.
déprédateur, -trice [depredatœr, tris] (*V* **déprédation**) **1** *adj* plundering (*épith*). **2** *nm, f* plunderer; embezzler.
déprédation [depredasjɔ̃] *nf* **(a)** (*gén pl*) (*pillage*) plundering (*U*), depredation (*frm*); (*dégâts*) damage (*U*), depredation (*frm*). **commettre des ~s** to cause damage. **(b)** (*Jur: détournement*) misappropriation, embezzlement.
déprendre (se) [deprɑ̃dr(ə)] (58) *vpr* (*littér*) **se ~ de** to lose one's fondness for.
dépressif, -ive [depresif, iv] *adj* depressive.
dépression [depresjɔ̃] *nf* **(a)** **~ (de terrain)** depression; **le village était dans une ~** the village was in a depression; **la maison était dans une ~** the house stood in a dip.
  (b) **~ (atmosphérique)** (atmospheric) depression; **une ~ centrée sur le nord de la France** a trough of low pressure over northern France.
  (c) (*Psych*) (*état*) depression. **~ (nerveuse)** (nervous) breakdown; **elle fait de la ~** she is having a bad fit of depression.
  (d) **~ (économique)** (economic) depression *ou* slump.
dépressionnaire [depresjɔnɛr] *adj:* **zone ~** trough of low pressure.
dépressurisation [depresyrizasjɔ̃] *nf* (*Astron, Aviat*) depressurization. **en cas de ~ de la cabine** should the pressure drop in the cabin.
dépressuriser [depresyrize] (1) *vt* (*Aviat, Astron*) to depressurize.
déprimant, e [deprimɑ̃, ɑ̃t] *adj* (*moralement*) depressing; (*physiquement*) enervating, debilitating.
déprime* [deprim] *nf:* **faire de la ~** to have (a fit of) the blues*.
déprimé, e [deprime] (*ptp de* **déprimer**) *adj* **(a)** (*moralement*) depressed, low (*attrib*); (*physiquement*) low (*attrib*). **(b)** *terrain* low-lying.

déprimer [deprime] (1) *vt* **(a)** (*moralement*) to depress; (*physiquement*) to debilitate, enervate. **(b)** (*enfoncer*) to depress.
De profundis [deprɔfɔ̃dis] *nm* de profundis.
dépucelage: [depyslaʒ] *nm:* **~ d'une fille** taking of a girl's virginity.
dépuceler: [depysle] (4) *vt fille*, (*hum*) *garçon* to take the virginity of. **elle s'est fait ~ à 13 ans** she lost it when she was 13:; **c'est lui qui l'a dépucelée** she lost it to him:; **c'est avec elle que je me suis dépucelé** it was with her that I had it for the first time:, she gave me my first experience.
depuis [dəpɥi] **1** *prép* **(a)** (*point de départ dans le temps*) since, ever since (*intensif*). **il attend ~ hier/ce matin** he has been waiting (ever) since yesterday/this morning; **il attendait ~ lundi/le 3 mars** he had been waiting (ever) since Monday/since March 3rd; **~ leur dispute ils ne se parlent/parlaient plus** they haven't/hadn't spoken to each other (ever) since their quarrel *ou* (ever) since they quarrelled; **ils ont toujours habité la même maison ~ leur mariage** they've lived in the same house ever since they were married, they've always lived in the same house since they were married; **je ne l'ai pas vue ~ qu'elle/~ le jour où elle s'est cassé la jambe** I haven't seen her since she/since the day she broke her leg; **elle joue du violon ~ son plus jeune âge** she has played the violin since *ou* from early childhood, she has been playing *ou* has played the violin (ever) since she was very small; **~ cette affaire il est très méfiant** (ever) since that affair he has been very suspicious; **~ quand le connaissez-vous?** (for) how long have you known him?, how long is it that you've known him?; **~ quelle date êtes-vous ici?** since when have you been here?, when did you arrive here?; **~ cela**, (*littér*) **~ lors** since then *ou* that time, from that time forward (*littér*), ever since; (*iro*) **~ quand es-tu (devenu) expert sur la question?** since when have you been an expert on the matter? (*iro*); **~ le matin jusqu'au soir** from morning till night.
  (b) (*durée*) for. **il est malade ~ une semaine** he has been ill for a week (now); **~ combien de temps êtes-vous/travaillez-vous ici? — je suis/travaille ici ~ 5 ans** how long have you been here/been working here? — I've been here/been working here (for) 5 years *ou* for the last 5 years; **il est parti/mort ~ 2 ans** he has been gone/dead (for) 2 years; **~ ces derniers jours/mois il a bien changé** he has changed a great deal in *ou* over the last *ou* past few days/months; **elle cherche du travail ~ plus d'un mois** she's been looking for a job for over *ou* more than a month; **il dormait ~ une heure quand le réveil sonna** he had been sleeping *ou* asleep for an hour when the alarm went off; **mort ~ longtemps** long since dead; **tu le connais ~ longtemps?** — **~ toujours** have you known him long? *ou* for a long time? — I've known him all my life *ou* I've always known him; **je la connaissais ~ peu quand elle est partie** I hadn't known her long *ou* I had known her (for) only a short time *ou* I had only known her a little while when she left; **nous n'avons pas été au théâtre ~ des siècles** we haven't been to the theatre for *ou* in ages; **~ peu elle a recommencé à sortir** lately *ou* recently *ou* of late she has started going out again.
  (c) (*lieu: à partir de*) since, from. **nous roulons/roulions sous la pluie ~ Londres** it's been raining/it rained all the way from London; **~ Nice il a fait le plein 3 fois** he's filled up 3 times since Nice; **le concert est retransmis ~ Paris/nos studios** the concert is broadcast from Paris/our studios; **il sera bientôt possible de téléphoner ~ la lune** it'll soon be possible to telephone from the moon.
  (d) (*rang, ordre, quantité*) from. **~ le simple soldat jusqu'au général** from private (right up) to general; **~ le premier jusqu'au dernier** from the first to the last; **robes ~ 100 F jusqu'à ... dresses** from 100 francs to ..., dresses starting at 100 francs (and) going up to ...; **~ 5 grammes jusqu'à ...** from 5 grammes (up) to ...; **ils ont toutes les tailles ~ le 36** they have all sizes from 36 upwards, they have all sizes starting at 36.
  (e) **~ que, ~ le temps que: ~ qu'il habite ici, il n'a cessé de se plaindre** he hasn't stopped complaining (ever) since he's lived here; **~ qu'il est ministre il ne nous parle plus** now that he is *ou* since he became a minister he doesn't speak to us any more; **~ qu'il avait appris son succès il désirait** *ou* **il avait désiré la féliciter** he had wanted to congratulate her ever since he had heard of her success; **~ le temps qu'il apprend le français, il devrait pouvoir le parler** considering how long *ou* for all the time he's been learning French, he ought to be able to speak it; **~ le temps qu'il est ici, il ne nous a jamais dit un mot in all the time he has been here he has never said a word to us; **~ le temps que nous ne nous étions vus!** it's ages since we (last) saw each other!, long time no see!*; **~ le temps que je voulais voir ce film!** I had been wanting to see that film for ages! *ou* for such a long time!; **~ le temps que je dis que je vais lui écrire!** I've been saying I'll write to him for ages!; **~ que le monde est monde** from time immemorial.
  2 *adv* ever since, since (then). **~, nous sommes sans nouvelles** we have been without news ever since; **nous étions en vacances ensemble, je ne l'ai pas revu ~** we were on holiday together and I haven't seen him since (then).
dépuratif, -ive [depyratif, iv] *adj, nm* depurative.
députation [depytasjɔ̃] *nf* (*envoi, groupe*) deputation, delegation; (*mandat de député*) position of deputy. **candidat à la ~** parliamentary candidate; **se présenter à la ~** to stand (*Brit*) *ou* run (*US*) for parliament.
député [depyte] *nm* **(a)** (*au parlement*) deputy, ≃ member of Parliament (*Brit*), ≃ representative (*US*). **elle a été élue ~ de Metz** she has been elected (as) deputy *ou* member for Metz; **~ au parlement européen** member of the European Parliament; **le ~-maire de Rouen** the deputy and mayor of Rouen; **~ en exercice** present incumbent, sitting member (*Brit*).

(b) (*envoyé d'un prince*) envoy; (*envoyé d'une assemblée*) delegate.

députer [depyte] (1) *vt*: ~ qn pour faire/aller to delegate sb to do/go; ~ qn à *ou* auprès d'une assemblée/auprès de qn to send sb (as representative) to an assembly/to sb.

déqualification [dekalifikɑsjɔ̃] *nf* deskilling.

déqualifier [dekalifje] (7) *vt personnel, emploi* to deskill.

der* [dɛʀ] *nf*: la ~ des ~s the war to end all wars.

déracinable [deʀasinabl(ə)] *adj préjugé* eradicable. **difficilement** ~ difficult to eradicate.

déracinement [deʀasinmɑ̃] *nm* (*V* **déraciner**) uprooting; eradication.

déraciner [deʀasine] (1) *vt arbre, personne* to uproot; *erreur* to eradicate; *préjugé* to root out, eradicate.

déraillement [deʀɑjmɑ̃] *nm* derailment.

dérailler [deʀɑje] (1) *vi* [*train*] to be derailed, go off *ou* leave the rails; (*: *divaguer*) to rave*, talk twaddle* (*Brit*); (*: *mal fonctionner*) to be up the spout* (*Brit*), be on the blink*. **faire** ~ **un train** to derail a train; **tu dérailles!*** (*être fou*) you're nuts!*, you're off your rocker!*; (*se tromper*) you're talking through your hat!*; (*être gâteux, délirer*) **son père déraille complètement*** his dad's quite gaga* *ou* off his head*.

dérailleur [deʀɑjœʀ] *nm* [*bicyclette*] dérailleur gears; (*Rail*) derailer, derailing stop.

déraison [deʀɛzɔ̃] *nf* (*littér*) insanity.

déraisonnable [deʀɛzɔnabl(ə)] *adj* unreasonable.

déraisonnablement [deʀɛzɔnabləmɑ̃] *adv* unreasonably.

déraisonner [deʀɛzɔne] (1) *vi* (*littér*) (*dire des bêtises*) to talk nonsense; (*être fou*) to rave.

dérangement [deʀɑ̃ʒmɑ̃] *nm* **(a)** (*gêne*) trouble. **(toutes) mes excuses pour le** ~ my apologies for the trouble I'm causing *ou* for the inconvenience.
(b) (*déplacement*) **pour vous éviter un autre** ~ to save you another trip; **voilà 10 F pour votre** ~ here's 10 francs for coming *ou* for taking the trouble to come.
(c) (*bouleversement*) [*affaires, papiers*] disorder (*de* in). **en** ~ *machine, téléphone* out of order; ~ **d'esprit**† mental derangement *ou* disturbance.

déranger [deʀɑ̃ʒe] (3) **1** *vt* **(a)** (*déplacer*) *papiers* to disturb, mix *ou* muddle up; *cheveux, coiffure* to disarrange, ruffle.
(b) (*gêner, importuner*) to trouble, bother; (*surprendre*) *animal, cambrioleur* to disturb. **je ne vous dérange pas?** am I disturbing you?, I trust I'm not disturbing you?; **les cambrioleurs ont été dérangés** the burglars were disturbed; **elle viendra vous voir demain, si cela ne vous dérange pas** she'll come and see you tomorrow, if that's all right by you* *ou* if that's no trouble to you; **elle ne veut pas** ~ **le docteur inutilement** she doesn't want to bother the doctor unnecessarily; **ne me dérangez pas toutes les cinq minutes** don't come bothering me every five minutes; ~ **qn dans son sommeil** to disturb sb's sleep; **on le dérange toutes les nuits en ce moment** he is disturbed every night at the moment; **ça vous dérange si je fume?** do you mind *ou* will it bother you if I smoke?; **cela vous dérangerait-il de venir?** would you mind coming?; **alors, ça te dérange?*** what does it matter to you?; (*pancarte*) **'ne pas** ~**'** 'do not disturb'.
(c) (*dérégler*) *projets, routine* to disrupt, upset; *machine* to put out of order. **les essais atomiques ont dérangé le temps** nuclear tests have unsettled *ou* upset the weather; **ça lui a dérangé l'esprit** this has disturbed his mind; **il a le cerveau dérangé** he *ou* his mind is deranged *ou* unhinged; **il a l'estomac dérangé** his stomach is upset, he has an upset stomach *ou* a stomach upset; **il est (un peu) dérangé** he has (a bit of) diarrhoea, his bowels are (a bit) loose.

2 se déranger *vpr* **(a)** [*médecin, réparateur*] to come out.
(b) (*pour une démarche, une visite*) to go along, come along. **sans vous** ~, **sur simple appel téléphonique, nous vous renseignons** without leaving your home, you can obtain information simply by telephoning us; **je me suis dérangé pour rien, c'était fermé** it was a waste of time going (along) *ou* it was a wasted journey *ou* trip because it was closed.
(c) (*changer de place*) to move. **il s'est dérangé pour me laisser passer** he moved *ou* stepped aside to let me pass; **surtout, ne vous dérangez pas pour moi** please don't put yourself out *ou* go to any inconvenience on my account.

dérapage [deʀapaʒ] *nm* [*véhicule*] skid; (*Ski*) side-slipping. **faire un** ~ to skid; **faire un** ~ **contrôlé** to do a controlled skid; (*Ski*) **piste de** ~ skidpad; (*fig*) ~ **de l'indice des prix** unexpected increase in the price index.

déraper [deʀape] (1) *vi* **(a)** [*véhicule*] to skid; [*piéton, semelles, échelle*] to slip. **(b)** [*ancre*] to be atrip *ou* aweigh; [*bateau*] to trip her anchor. **(c)** (*fig*) [*prix, salaires*] to get out of hand, soar.

dératé, e [deʀate] *nm, f* *V* **courir**.

dératisation [deʀatizɑsjɔ̃] *nf* rat extermination.

dératiser [deʀatize] (1) *vt*: ~ **un lieu** to exterminate the rats in a place, rid a place of rats.

derby [dɛʀbi] *nm* (*Ftbl, Rugby*) derby; (*Équitation*) Derby.

derechef [dəʀəʃɛf] *adv* (†† *ou littér*) once more, once again.

déréglé, e [deʀegle] (*ptp de* **dérégler**) *adj* (*V* **dérégler**) out of order (*attrib*); upset; unsettled; dissolute. **les élucubrations de son imagination** ~**e** the ravings of his wild *ou* disordered imagination.

dérèglement [deʀeglmɑ̃] *nm* [*machine, mécanisme*] disturbance; [*pouls, estomac, temps*] upset; [*esprit*] unsettling (*U*); [*mœurs*] dissoluteness (*U*). (*littér: déréglé*) ~**s** dissoluteness.

dérégler [deʀegle] (6) **1** *vt* **(a)** *mécanisme* to throw out (of order), disturb; *machine* to disturb the mechanism of, put out of order; *pouls* to upset; *esprit* to unsettle; *habitudes, temps* to upset, unsettle; *estomac, appétit* to upset.

(b) *vie, mœurs* to make dissolute.
2 se dérégler *vpr* [*mécanisme, machine, appareil*] to go wrong; [*pouls, estomac, temps*] to be upset; [*esprit*] to become unsettled; [*mœurs*] to become dissolute; **cette montre se dérègle tout le temps** this watch keeps going wrong.

dérider [deʀide] (1) **1** *vt personne* to brighten up; *front* to uncrease.
2 se dérider *vpr* [*personne*] to brighten (up); [*front*] to uncrease.

dérision [deʀizjɔ̃] *nf* derision, mockery. **par** ~ derisively, mockingly; **de** ~ *parole, sourire* of derision, derisive; **c'est une** ~**!** it's derisory!; *V* **tourner**.

dérisoire [deʀizwaʀ] *adj* (*gén*) derisory, pathetic, laughable. **pour une somme** ~ for a nominal *ou* derisory sum.

dérisoirement [deʀizwaʀmɑ̃] *adv* pathetically.

dérivatif, -ive [deʀivatif, iv] **1** *adj* derivative. **2** *nm* distraction. **il a son travail comme** ~ **à sa douleur** he has his work to take his mind off *ou* to distract him from his sorrow.

dérivation [deʀivɑsjɔ̃] *nf* **(a)** [*rivière*] diversion; *V* **canal**. **(b)** (*Ling, Math*) derivation. ~ **régressive** back formation. **(c)** (*Élec*) shunt. **(d)** (*Aviat, Naut*) drift, deviation.

dérive [deʀiv] *nf* **(a)** (*déviation*) drift, leeway. ~ **sur bâbord** drift to port; **navire en** ~ ship adrift; ~ **des continents** continental drift; ~ **nord-atlantique** North Atlantic Drift; (*lit*) **à la** ~ adrift; (*fig*) **tout va à la** ~ everything is going to the dogs *ou* is going downhill; **partir à la** ~ to go drifting off. **(b)** (*dispositif*) (*Aviat*) fin, vertical stabilizer (*US*); (*Naut*) centre-board.

dérivé, e [deʀive] (*ptp de* **dériver**) **1** *adj* (*gén, Chim, Math*) derived. **2** *nm* (*Chim, Ling, Math*) derivative; (*produit*) by-product. **3 dérivée** *nf* (*Math*) derivative.

dériver [deʀive] (1) **1** *vt* **(a)** *rivière* to divert; (*Chim, Ling, Math*) to derive; (*Élec*) to shunt.
(b) (*Tech: dériveter*) to unrivet.
2 dériver de *vt indir* to derive *ou* stem from; (*Ling*) to derive from, be derived from, be a derivative of.
3 *vi* (*Aviat, Naut*) to drift; (*fig*) [*orateur*] to wander *ou* drift (away) from the subject.

dériveur [deʀivœʀ] *nm* (*voile*) storm sail; (*bateau*) sailing dinghy (*with centre-board*).

dermatite [dɛʀmatit] *nf* = **dermite**.

dermatologie [dɛʀmatɔlɔʒi] *nf* dermatology.

dermatologique [dɛʀmatɔlɔʒik] *adj* dermatological.

dermatologiste [dɛʀmatɔlɔʒist(ə)] *nmf*, **dermatologue** [dɛʀmatɔlɔg] *nmf* dermatologist.

dermatose [dɛʀmatoz] *nf* dermatosis.

derme [dɛʀm(ə)] *nm* dermis.

dermique [dɛʀmik] *adj* dermic, dermal.

dermite [dɛʀmit] *nf* dermatitis.

dernier, -ière [dɛʀnje, jɛʀ] **1** *adj* **(a)** (*dans le temps, l'espace*) (*gén*) last; *étage* top (*épith*); *rang* back (*épith*); *branche* upper (*épith*), highest. **arriver (bon)** ~ to come in last (a long way behind the others); **la** ~**ière marche de l'escalier** (*en bas*) the bottom step; (*en haut*) the top step; **prends le** ~ **mouchoir de la pile** (*dessus*) take the top handkerchief in the pile; (*dessous*) take the bottom handkerchief in the pile; (*Presse*) **en** ~**ière page** on the back page; **les 100** ~**ières pages** the last 100 pages; (*Sport*) **être en** ~**ière position** to be in (the) last place, bring up the rear; **durant les** ~**s jours du mois** in the last few days of the month, as the month was drawing to a close; **l'artiste, dans ses** ~**ières œuvres...** the artist, in his final *ou* last works...; **les** ~**ières années de sa vie** the last few years of his life; **il faut payer avant le 15,** ~ **délai** it must be paid by the 15th at the latest, the 15th is the deadline for payment; **15 octobre,** ~ **délai pour les inscriptions** 15th October is the closing *ou* final date for registration, registration must be completed by 15th October at the latest; *V* **jugement, premier**.
(b) (*en mérite*) bottom, last. **être reçu** ~ to come last *ou* bottom (*à* in); **il est toujours** ~ (*en classe*) he's always bottom (of the class), he's always last (in the class); **c'est bien la** ~**ière personne à qui je demanderais!** he's the last person I'd ask!
(c) (*gén avant n: le plus récent*) last, latest. **le** ~ **roman de X** X's latest *ou* last novel; **ces** ~**s mois/jours** (*during* the last *ou* past couple of *ou* few months/days; **ces** ~**s incidents/événements** these latest *ou* most recent incidents/events; **ces** ~**s temps** lately, of late; **aux** ~**ières nouvelles, il était à Paris** the last I (*ou* we *etc*) heard (of him) he was in Paris, the latest news was that he was in Paris; **voici les** ~**ières nouvelles concernant l'accident** here is the latest news of the accident, here is an up-to-the-minute report on the accident; **nouvelles de** ~**ière heure** *ou* **minute** stop-press news; (*fig*) **collaborateur/combattant de la** ~**ière heure** last-minute helper/fighter; (*Presse*) ~**ière édition** (late) final; **c'est le** ~ **cri** *ou* **la** ~**ière mode** it's the very latest thing *ou* fashion; **un ordinateur** ~ **cri** a state-of-the-art computer.
(d) (*extrême*) **il s'est montré grossier au** ~ **point** *ou* **degré** he was extremely rude; **il a protesté avec la** ~**ière énergie** he protested most vigorously *ou* with the utmost vigour; **examiner qch dans les** ~**s détails** to study sth in the most minute *ou* in the minutest detail; **le** ~ **degré de perfection** the height *ou* summit of perfection; **le** ~ **degré de la souffrance** the depths of suffering; **c'est du** ~ **ridicule** it's utterly ridiculous, it's ridiculous in the extreme; **c'est du** ~ **chic** it's the last word in elegance; **c'est de la** ~**ière importance** it is of the utmost importance; **il est du** ~ **bien avec le patron** he's on the best of terms with his boss.
(e) (*pire*) *qualité* lowest, poorest. **de** ~ **ordre** very inferior; **vendre des morceaux de** ~ **choix** to sell the poorest quality *ou* most inferior cuts of meat; **c'était la** ~**ière chose à faire!** that was the last thing to do!; **faire subir les** ~**s outrages à une femme** to ravish *ou* violate a woman.
(f) (*évoquant la mort*) last. **ses** ~**s moments** *ou* **instants** his last *ou* dying moments; **être à sa** ~**ière heure** to be on one's deathbed;

jusqu'à mon ~ jour until the day I die, until my dying day; je croyais que ma ~ière heure était venue I thought my last *ou* final hour had come; dans les ~s temps il ne s'alimentait plus towards the end he stopped eating; (*littér*) rendre le ~ soupir to breathe one's last (*littér*); (*frm*) rendre les ~s devoirs to pay one's last respects (*à* to); (*Rel*) les ~s sacrements the last sacraments *ou* rites.

  (g) (*précédent*) last, previous. les ~s propriétaires sont partis à l'étranger the last *ou* previous owners went abroad; le ~ détenteur du record était américain the last *ou* previous holder of the record was an American; l'an/le mois ~ last year/month.

  (h) (*final, ultime*) échelon, grade top, highest. après un ~ regard/effort after one last *ou* final look/effort; quel est votre ~ prix? (*pour vendre*) what's the lowest you'll go?; (*pour acheter*) what's your final offer?; en ~ière analyse in the final *ou* last analysis; en ~ lieu finally; mettre la ~ière main à qch to put the finishing touches to sth; avoir le ~ mot to have the last word; en ~ ressort *ou* recours as a last resort; les ~ières volontés de qn the last wishes of sb; les ~ières dispositions du défunt the deceased's last will and testament; accompagner qn à sa ~ière demeure to accompany sb to his final resting place.

  2 *nm,f* (a) last (one). parler/sortir le ~ to speak/leave last; les ~s arrivés n'auront rien the last ones to arrive *ou* the last arrivals will get nothing; le ~ venu (*lit*) the last to come; (*fig péj*) just anybody; ~ entré, premier sorti last in, first out; tu seras servi le ~ you'll be served last, you'll be the last to get served; il est le ~ de sa classe/de la liste he's at the bottom of the class/list; voilà le ~ de la classe there's the one *ou* boy who's bottom of the class *ou* last in the class; il a été reçu dans les ~s he was nearly bottom among those who passed the exam; elle a tendance à gâter son (petit) ~ she's inclined to spoil her youngest (child); il est le ~ à pouvoir *ou* qui puisse faire cela he's the last person to be able to do that; c'est le ~ de mes soucis it's the least of my worries; ils ont été tués jusqu'au ~ they were all killed (right down) to the last man, every single one of them was killed; c'est la ~ière à qui vous puissiez demander un service she's the last person you can ask a favour of.

  (b) (*péj*) le ~ des imbéciles an absolute imbecile, a complete and utter fool; le ~ des filous an out-and-out scoundrel; c'est le ~ des ~s! he's the lowest of the low.

  (c) ce ~, cette ~ière (*de deux*) the latter; (*de plusieurs*) this last, the last-mentioned.

  3 *nm* (*étage*) top floor *ou* storey (*Brit*) *ou* story (*US*). acheter qch/arriver en ~ to buy sth/arrive last.

  4 dernière *nf* (*Théât*) last performance. vous connaissez la ~ière?* have you heard the latest?

  5: dernier-né, dernière-née *nm,f, mpl* derniers-nés last-born, youngest child; (*fig: œuvre*) most recent creation.

dernièrement [dɛʀnjɛʀmɑ̃] *adv* (*il y a peu de temps*) recently; (*ces derniers temps*) lately, recently, of late.

dérobade [deʀɔbad] *nf* side-stepping (*U*), equivocation, evasion; (*Équitation*) refusal. ~ fiscale tax evasion *ou* avoidance.

dérobé, e [deʀɔbe] (*ptp de dérober*) **1** *adj* escalier, porte secret, hidden. **2 dérobée** *nf*: à la ~e secretly, surreptitiously; regarder qn à la ~ to give sb a surreptitious *ou* stealthy glance.

dérober [deʀɔbe] (1) **1** *vt* (a) (*voler*) to steal. ~ qch à qn to steal sth from sb; ~ un baiser (à qn) to steal a kiss (from sb).

  (b) (*cacher*) ~ qch à qn to hide *ou* conceal sth from sb; une haie dérobait la palissade aux regards a hedge hid *ou* screened the fence from sight, a hedge concealed the fence; ~ qn à la justice/au danger/à la mort to shield sb from justice/danger/death.

  (c) (*littér: détourner*) regard, front to turn away.

  2 se dérober *vpr* (a) (*refuser d'assumer*) to shy away. se ~ à son devoir/à ses obligations to shy away from *ou* shirk one's duty/obligations; se ~ à une discussion to shy away from a discussion; je lui ai posé la question mais il s'est dérobé I put the question to him but he evaded *ou* side-stepped it.

  (b) (*se cacher de*) to hide, conceal o.s. se ~ aux regards to hide from view; se ~ à la justice to hide from justice; pour se ~ à la curiosité dont il était l'objet in order to escape the curiosity surrounding him.

  (c) (*se libérer*) to slip away. se ~ à l'étreinte de qn to slip out of sb's arms; il voulut la prendre dans ses bras mais elle se déroba he tried to take her in his arms but she shrank *ou* slipped away.

  (d) (*s'effondrer*) [*sol*] to give way. ses genoux se dérobèrent (sous lui) his knees gave way (beneath him).

  (e) (*Équitation*) to refuse.

dérogation [deʀɔgasjɔ̃] *nf* (special) dispensation. ceci constitue une ~ par rapport à la loi this constitutes a departure from the law; aucune ~ ne sera permise no departure from this will be permitted, no special dispensation will be allowed; certaines ~s sont prévues dans le règlement certain special dispensations are allowed for in the rules; il a obtenu ceci par ~ he obtained this by special dispensation.

dérogatoire [deʀɔgatwaʀ] *adj* dispensatory, exceptional. appliquer un régime ~ à to apply exceptional arrangements to *ou* in respect of; à titre ~ by special dispensation.

déroger [deʀɔʒe] (3) *vi* (a) (*déchoir*) (*gén*) to lower o.s., demean o.s.; (*Hist*) to lose rank and title. (b) (*enfreindre*) ~ à qch to go against sth, depart from sth; ~ aux règles to depart from the rules; ce serait ~ à la règle établie that would go against the established order *ou* procedure.

dérouillée [deʀuje] *nf* thrashing, belting‡. recevoir une ~ (*coups*) to get a thrashing; (*défaite*) to get a hammering*.

dérouiller [deʀuje] (1) **1** *vt* (a) *métal* to remove the rust from. (*fig*) je vais me ~ les jambes I'm going to stretch my legs.

  (b) (‡: *battre*) to give a thrashing *ou* belting‡ to, thrash.

2 *vi* (‡) (*souffrir*) to go through it* (*surtout Brit*), have a hard time of it; (*se faire battre*) to cop it‡ (*Brit*), catch it*. j'ai une rage de dents, qu'est-ce que je dérouille! I've got toothache, it's agony!* *ou* it's driving me mad! *ou* it's killing me!*

déroulement [deʀulmɑ̃] *nm* (a) [*match, cérémonie*] progress; [*action, histoire*] development, unfolding, progress. pendant le ~ des opérations during the course of (the) operations, while the operations were in progress; pendant le ~ du film while the film was on, during the film; rien n'est venu troubler le ~ de la manifestation the demonstration went off *ou* passed without incident, nothing happened to disturb the course of the demonstration.

  (b) (*V dérouler*) unwinding; uncoiling; unrolling.

dérouler [deʀule] (1) **1** *vt fil, bobine* to unwind; *cordage* to uncoil; *nappe, carte* to unroll; (*Tech*) *tronc d'arbre* to peel a veneer from. le serpent déroule ses anneaux the snake uncoils; il déroula dans son esprit les événements de la veille in his mind he went over *ou* through the events of the previous day; (*littér*) la rivière déroule ses méandres the river snakes *ou* winds along its tortuous course.

  2 se dérouler *vpr* (a) (*lit*) [*fil, bobine*] to unwind, come unwound; [*ruban*] to unwind, uncoil, come unwound; [*carte, drapeau*] to unroll, come unrolled.

  (b) (*se produire*) (*comme prévu*) to take place; (*accidentellement*) to happen, occur; (*se situer*) to take place. la ville où la cérémonie s'est déroulée the town where the ceremony took place; c'est là que toute ma vie s'est déroulée it was there that my whole life was spent.

  (c) (*se développer*) [*histoire, faits*] to progress, develop, unfold. la manifestation s'est déroulée dans le calme the demonstration went off peacefully; comment s'est déroulé le match? how did the match go (off)?; à mesure que l'histoire se déroulait as the story unfolded *ou* developed *ou* progressed; son existence se déroulait, calme et morne his life went on, calm and drab; le paysage se déroulait devant nos yeux the landscape unfolded before our eyes.

dérouleur [deʀulœʀ] *nm* (*Ordin*) ~ de bande magnétique magnetic tape drive.

dérouleuse [deʀuløz] *nf* (*Tech*) winding machine.

déroutant, e [deʀutɑ̃, ɑ̃t] *adj* disconcerting.

déroute [deʀut] *nf* rout. armée en ~ routed army; mettre en ~ to rout, put to rout *ou* flight.

déroutement [deʀutmɑ̃] *nm* (*Aviat, Naut*) rerouting, diversion.

dérouter [deʀute] (1) *vt avion, navire* to reroute, divert; *candidat, orateur* to disconcert, throw (out)*, put out; *poursuivants, police, recherches* to throw *ou* put off the scent.

derrick [dɛʀik] *nm* derrick.

derrière [dɛʀjɛʀ] **1** *prép* (a) (*à l'arrière de, à la suite de*) behind. il se cache ~ le fauteuil he's hiding behind the armchair; il avait les mains ~ le dos he had his hands behind his back; sors de ~ le lit come out from behind the bed; passe (par) ~ la maison go round the back of *ou* round behind the house; marcher l'un ~ l'autre to walk one behind the other; (*lit, fig*) il a laissé les autres loin ~ lui he left the others far *ou* a long way behind (him); disparaître ~ une colline to disappear behind a hill.

  (b) (*fig*) behind. il faut chercher ~ les apparences one must look beneath (outward) appearances; ~ sa générosité se cache l'intérêt le plus sordide behind his generosity lurks *ou* his generosity hides the most sordid self-interest; faire qch ~ (le dos de) qn to do sth behind sb's back; dire du mal ~ le dos de qn to say (unkind) things behind sb's back; il a laissé 3 enfants ~ lui he left 3 children; le président avait tout le pays ~ lui the president had the whole country behind him *ou* had the backing of the whole country; ayez confiance, je suis ~ vous take heart, I'll support you *ou* back you up *ou* I'm on your side; il faut toujours être ~ lui *ou* son dos you've always got to keep an eye *ou* a watch on him; un vin de ~ les fagots an extra-special (little) wine; une bouteille de ~ les fagots a bottle of the best; *V* idée.

  (c) (*Naut*) (*dans le bateau*) abaft; (*sur la mer*) astern of.

  2 *adv* (a) behind. vous êtes juste ~ you're just *ou* right behind it (*ou* us *etc*); on l'a laissé (loin) ~ we (have) left him (far *ou* a long way) behind; il est assis 3 rangs ~ he's sitting 3 rows back *ou* 3 rows behind (us *ou* them *etc*); il a pris des places ~ he has got seats at the back; (*Aut*) il a préféré monter ~ he preferred to sit in the back; chemisier qui se boutonne (par) ~ blouse which buttons up *ou* does up at the back; passe le plateau ~ pass the tray back; regarde ~, on nous suit look behind (you) *ou* look back — we're being followed; il est ~ he's behind (us *ou* them *etc*); regarde ~ (*au fond de la voiture*) look in the back; (*derrière un objet*) look behind (it); arrêtez de pousser, ~! stop pushing back there!, you behind *ou* back there, stop pushing!; (*fig*) tu peux être sûr qu'il y a quelqu'un ~ you can be sure that there's somebody at the back of it (all) *ou* behind it (all).

  (b) par-~: c'est fermé, entre *ou* passe par-~ it's locked, go in by the back *ou* (by) the back way; attaquer par-~ *ennemi* to attack from behind *ou* from the rear; *adversaire* to attack from behind; dire du mal de qn par-~ to say (unkind) things behind sb's back; il fait tout par-~ he does everything behind people's backs *ou* in an underhand way.

  (c) (*Naut*) (*dans le bateau*) aft, abaft; (*sur la mer*) astern.

  3 *nm* (a) [*personne*] bottom, behind*; [*animal*] hindquarters, rump. donner un coup de pied au ~ *ou* dans le ~ de qn to kick sb in the behind*, give sb a kick in *ou* on the behind* *ou* in the pants‡; quand j'ai eu 20 ans mon père m'a chassé à coups de pied dans le ~ when I was 20 my father sent me packing *ou* kicked me out*; *V* botter.

  (b) [*objet*] back; [*maison*] back, rear. le ~ de la tête the back of the head; habiter sur le ~ to live at the back (of the house); roue/porte de ~ back *ou* rear wheel/door; *V* patte.

(c) ~s *[édifice]* back, rear; *[armée]* rear.
derviche [dɛRviʃ] *nm* dervish. ~ **tourneur** dancing dervish.
des [de] *V* **de¹, de².**
dès [dɛ] *prép* **(a)** *(dans le temps)* from. **dimanche il a commencé à pleuvoir** ~ **le matin** on Sunday it rained from the morning onwards, on Sunday it started raining (right) in the morning; ~ **le 15 août nous ne travaillerons plus qu'à mi-temps** (as) from August 15th we will only be working half-time; ~ **le début** from the (very) start *ou* beginning, right from the start *ou* beginning; ~ **son retour il fera le nécessaire** as soon as he's back *ou* immediately upon his return he'll do what's necessary; ~ **son retour il commença à se plaindre** as soon as he was back *ou* from the moment he was back he started complaining; **il se précipita vers la sortie** ~ **la fin du spectacle** as soon as *ou* immediately the performance was over he rushed towards the exit; ~ **l'époque romaine on connaissait le chauffage central** as early as *ou* as far back as Roman times people used central heating; ~ **son enfance il a collectionné les papillons** he has collected butterflies from (his) childhood *ou* ever since he was a child; **on peut dire** ~ **maintenant** *ou* **à présent** one can say (right) here and now; ~ **l'abord/ce moment** from the very beginning *ou* the outset/that moment.
(b) *(dans l'espace)* ~ **Lyon il se mit à pleuvoir** we ran into rain *ou* it started to rain as *ou* when we got to Lyons; ~ **Lyon il a plu sans arrêt** it never stopped raining from Lyons onwards *ou* after Lyons; ~ **l'entrée vous êtes accueillis par des slogans publicitaires** advertising slogans hit you as soon as *ou* immediately you walk in the door; ~ **le seuil je sentis qu'il se passait quelque chose** (even) standing in the doorway *ou* as I walked in at the door I sensed that something was going on.
(c) *(dans une gradation)* ~ **sa première année il brilla en anglais** he was good at English right from the first year; ~ **le premier verre il roula sous la table** after the (very) first glass he collapsed under the table; ~ **la troisième chanson elle se mit à pleurer** at the third song she started to cry.
(d) *(loc)* ~ **que** as soon as, immediately; ~ **qu'il aura fini il viendra** as soon as *ou* immediately he's finished he'll come; ~ **lors** *(depuis lors)* from that moment (on), from that time on, from then on; *(conséquemment)* that being the case, consequently; ~ **lors il ne fuma plus** from that time *ou* moment on he stopped smoking; ~ **lors il décida de ne plus fumer** from that moment he decided he wouldn't smoke any more; **vous ne pouvez rien prouver contre lui,** ~ **lors vous devez le relâcher** you can prove nothing against him and that being the case *ou* and so you'll have to release him; ~ **lors que** *(temporel)* as soon as; *(relation de conséquence) (si)* from the moment that; *(puisque)* since, as; ~ **lors que vous décidez de partir, nous ne pouvons plus rien pour vous** from the moment (that) you choose to go, we can do nothing more for you; ~ **lors qu'il a choisi de démissionner, il n'a plus droit à rien** since *ou* as he has decided to hand in his notice he is no longer entitled to anything; **peu m'importe,** ~ **lors qu'ils sont heureux** I don't mind so long as they are happy.
désabonner [dezabɔne] (1) **1** *vt* to cancel the subscription of. **2 se désabonner** *vpr* to cancel one's subscription.
désabusé, e [dezabyze] *(ptp de* **désabuser)** *adj personne, air, ton* disenchanted, disillusioned; *(†: détrompé)* disabused, undeceived. **geste** ~ gesture of disillusion.
désabusement [dezabyzmɑ̃] *nm* disillusionment.
désabuser [dezabyze] (1) *vt* to disabuse *(de of),* undeceive *(de* of).
désacclimater [dezaklimate] (1) *vt* to disacclimatize.
désaccord [dezakɔR] *nm* **(a)** *(mésentente)* discord. **être en** ~ **avec sa famille/son temps** to be at odds *ou* at variance with one's family/time.
(b) *(divergence) (entre personnes, points de vue)* disagreement; *(entre idées, intérêts)* conflict, clash. **le** ~ **subsiste entre leurs intérêts** their unresolved conflict *ou* clash of interests; **leurs intérêts sont en** ~ **avec les nôtres** their interests conflict *ou* clash with ours.
(c) *(contradiction)* discrepancy. ~ **entre la théorie et la réalité** discrepancy between (the) theory and (the) reality; **les deux versions de l'accident sont en** ~ **sur bien des points** the two versions of the accident conflict *ou* diverge on many points; **ce qu'il dit est en** ~ **avec ce qu'il fait** what he says conflicts with what he does, there is a discrepancy between what he says and what he does.
désaccordé, e [dezakɔRde] *(ptp de* **désaccorder)** *adj piano* out of tune.
désaccorder [dezakɔRde] (1) **1** *vt piano* to put out of tune. **2 se désaccorder** *vpr* to go out of tune.
désaccoupler [dezakuple] (1) *vt wagons* to uncouple; *(Élec)* to disconnect.
désaccoutumer [dezakutyme] (1) **1** *vt:* ~ **qn de qch/de faire** to get sb out of the habit of sth/of doing, disaccustom sb from sth/from doing *(frm).* **2 se désaccoutumer** *vpr:* **se** ~ **de qch/de faire** to lose the habit of sth/of doing.
désacralisation [desakRalizasjɔ̃] *nf:* **la** ~ **d'une institution/ profession** the removal of the sacred aura surrounding an institution/a profession.
désacraliser [desakRalize] (1) *vt institution, profession* to take away its sacred aura. **la médecine se trouve désacralisée** medicine has lost its sacred aura; **il désacralise tout** he knocks* everything, nothing escapes his cynicism.
désaffectation [dezafɛktasjɔ̃] *nf* closing down.
désaffecté, e [dezafɛkte] *(ptp de* **désaffecter)** *adj* disused.
désaffecter [dezafɛkte] (1) *vt* to close down. **le lycée a été désaffecté pour en faire une prison** the lycée was closed down and converted (in)to a prison.
désaffection [dezafɛksjɔ̃] *nf* loss of affection *ou* fondness *(pour* for).

désaffectionner (se)† [dezafɛksjɔne] (1) *vpr:* **se** ~ **de** to lose one's affection *ou* fondness for.
désagréable [dezagReabl(ə)] *adj* unpleasant, disagreeable.
désagréablement [dezagReablamɑ̃] *adv* unpleasantly, disagreeably.
désagrégation [dezagRegasjɔ̃] *nf (V* **désagréger, se désagréger)** disintegration; breaking up.
désagréger [dezagReʒe] (3 *et* 6) **1** *vt (lit, fig)* to break up, disintegrate. **2 se désagréger** *vpr (gén : lit, fig)* to break up, disintegrate; *[foule]* to break up; *[amitié]* to break up.
désagrément [dezagRemɑ̃] *nm* **(a)** *(gén pl:* inconvénient, déboire) annoyance, trouble *(U).* **malgré tous les** ~s **que cela entraîne** despite all the annoyances *ou* trouble it involves; **c'est un des** ~s **de ce genre de métier** it's one of the annoyances *ou* part of the trouble with this kind of job; **cette voiture m'a valu bien des** ~s this car has given me a great deal of trouble.
(b) *(frm: déplaisir)* displeasure. **causer du** ~ **à qn** to cause sb displeasure.
désaimantation [dezɛmɑ̃tasjɔ̃] *nf* demagnetization.
désaimanter [dezɛmɑ̃te] (1) *vt* to demagnetize.
désaltérant, e [dezalteRɑ̃, ɑ̃t] *adj* thirst-quenching.
désaltérer [dezalteRe] (6) **1** *vt* to quench *ou* slake the thirst of. **le vin ne désaltère pas** wine does not quench a thirst, wine is not a thirst-quenching drink. **2 se désaltérer** *vpr* to quench *ou* slake one's thirst.
désambiguïsation [dezɑ̃biguizasjɔ̃] *nf* desambiguation.
désambiguïser [dezɑ̃biguize] (1) *vt* to disambiguate.
désamorçage [dezamɔRsaʒ] *nm* **(a)** *[fusée, pistolet]* removal of the primer *(de* from); *(fig) [situation, conflit]* defusing. **(b)** *[dynamo]* failure.
désamorcer [dezamɔRse] (3) *vt fusée, pistolet* to remove the primer from; *pompe* to drain; *(fig) situation explosive, crise* to defuse; *mouvement de revendication* to forestall, nip in the bud.
désapparié, e [dezaparje] *(ptp de* **désapparier)** *adj* = **déparié.**
désapparier [dezaparje] (7) *vt* = **déparier.**
désappointement [dezapwɛ̃tmɑ̃] *nm* disappointment.
désappointer [dezapwɛ̃te] (1) *vt* to disappoint.
désapprendre [dezapRɑ̃dR(ə)] (58) *vt (littér)* to forget; *(volontairement)* to unlearn.
désapprobateur, -trice [dezapRɔbatœR, tRis] *adj* disapproving.
désapprobation [dezapRɔbasjɔ̃] *nf* disapproval, disapprobation *(frm).*
désapprouver [dezapRuve] (1) *vt acte, conduite* to disapprove of. **je le désapprouve quand il refuse de les aider** I disapprove of him for refusing to help them, I disapprove of his refusing *ou* refusal to help them; **je le désapprouve de les inviter** I disagree with his inviting them, I disapprove of his inviting them; **le public désapprouva** the audience showed its disapproval; **elle désapprouve qu'il vienne** she disapproves of his coming.
désarçonner [dezaRsɔne] (1) *vt [cheval]* to throw, unseat; *[adversaire]* to unseat, unhorse; *(fig) [argument]* to throw*, nonplus. **son calme/sa réponse me désarçonna** I was completely thrown* *ou* nonplussed by his calmness/reply.
désargenté, e [dezaRʒɑ̃te] *(ptp de* **désargenter)** *adj* **(a)** un **métal** ~ a metal with the silver worn off. **(b)** *(*: sans un sou)* broke* *(attrib),* penniless. **je suis** ~ **en ce moment** I'm a bit short of cash *ou* a bit tight for cash* at the moment.
désargenter [dezaRʒɑ̃te] (1) *vt* **(a)** *métal* to rub *ou* wear the silver off. **cette fourchette se désargente** the silver is wearing off this fork. **(b)** ~ **qn*** to leave sb broke* *ou* penniless.
désarmant, e [dezaRmɑ̃, ɑ̃t] *adj* disarming.
désarmé, e [dezaRme] *(ptp de* **désarmer)** *adj pays, personne* unarmed; *(fig: démuni)* helpless *(devant* before).
désarmement [dezaRmamɑ̃] *nm [personne, forteresse]* disarming; *[pays]* disarmament; *[navire]* laying up.
désarmer [dezaRme] (1) **1** *vt* **(a)** *adversaire, pays* to disarm.
(b) *mine* to disarm, defuse; *fusil* to unload; *(mettre le cran de sûreté)* to put the safety catch on.
(c) *(Naut)* to lay up.
(d) *(fig: émouvoir)* to disarm. **son sourire/sa réponse me désarma** his smile/answer disarmed me.
2 *vi [pays]* to disarm; *(fig) [haine]* to yield, abate. **il ne désarme pas contre son fils** he is unrelenting in his attitude towards his son; **il ne désarme pas et veut intenter un nouveau procès** he will not yield and wants to start new proceedings.
désarrimage [dezaRimaʒ] *nm* shifting (of the cargo).
désarrimer [dezaRime] (1) *vt* to shift, cause to shift.
désarroi [dezaRwa] *nm [personne]* (feeling of) helplessness, disarray *(littér); [armée, équipe]* confusion. **ceci l'avait plongé dans le** ~ **le plus profond** this had plunged him into a state of utter confusion; **être en plein** ~ to be in (a state of) utter confusion, feel quite helpless.
désarticulation [dezaRtikylasjɔ̃] *nf [membre]* dislocation; *(Chirurgie)* disarticulation.
désarticuler [dezaRtikyle] (1) **1** *vt membre (déboîter)* to dislocate; *(Chirurgie: amputer)* to disarticulate; *mécanisme* to upset; *horaire, prévisions* to upset, disrupt. **il s'est désarticulé l'épaule** he dislocated his shoulder.
2 se désarticuler *vpr [acrobate]* to contort o.s.
désassemblage [dezasɑ̃blaʒ] *nm* dismantling.
désassembler [dezasɑ̃ble] (1) *vt* to dismantle, take apart. **l'étagère s'est désassemblée** the shelves are coming to bits *ou* coming apart.
désassorti, e [dezasɔRti] *(ptp de* **désassortir)** *adj service de table* unmatching, unmatched; *magasin, marchand* sold out *(attrib).*
désassortir [dezasɔRtiR] (2) *vt service de table* to break up, spoil; *magasin* to clear out.

désastre [dezastʀ(ə)] *nm* (*lit, fig*) disaster. **courir au ~** to head straight for disaster; **les ~s causés par la tempête** the damage caused by the storm.

désastreusement [dezastʀøzmɑ̃] *adv* disastrously.

désastreux, -euse [dezastʀø, øz] *adj erreur, décision, récolte, influence* disastrous; *bilan, conditions, temps* terrible, appalling.

désavantage [dezavɑ̃taʒ] *nm* (*handicap*) disadvantage, handicap; (*inconvénient*) disadvantage, drawback. **avoir un ~ sur qn** to be at a disadvantage ou be handicapped in comparison with sb; **cela présente bien des ~s** it has many disadvantages *ou* drawbacks; **être/tourner au ~ de qn** to be/turn to sb's disadvantage; **voir qn à son ~** to see sb in an unfavourable *ou* in a disadvantageous light; **se montrer à son ~** to show o.s. to one's disadvantage, show o.s. in an unfavourable light; **malgré le ~ du terrain, ils ont gagné** they won even though the ground put them at a disadvantage.

désavantager [dezavɑ̃taʒe] (3) *vt* to disadvantage, put at a disadvantage. **cette mesure nous désavantage par rapport aux autres** this measure puts us at a disadvantage by comparison with the others; **cela désavantage surtout les plus pauvres** this puts the very poor at the greatest disadvantage, this is particularly disadvantageous *ou* detrimental to the very poor, this penalizes the very poor in particular; **nous sommes désavantagés par rapport aux USA dans le domaine économique** in the economic field we are handicapped *ou* disadvantaged *ou* at a disadvantage by comparison with the USA; **se sentir désavantagé par rapport à son frère** to feel unfavourably treated by comparison with one's brother, feel one is treated less fairly than one's brother; **les couches sociales les plus désavantagées** the most underprivileged *ou* disadvantaged sectors of society.

désavantageusement [dezavɑ̃taʒøzmɑ̃] *adv* unfavourably, disadvantageously.

désavantageux, -euse [dezavɑ̃taʒø, øz] *adj* unfavourable, disadvantageous.

désaveu [dezavø] *nm* (*rétractation*) retraction; (*reniement*) [*opinion, propos*] disowning, disavowal, repudiation; (*blâme*) repudiation, disowning (*U*); [*signature*] disclaiming, repudiation. **encourir le ~ de qn** to be disowned by sb; (*Jur*) **~ de paternité** repudiation *ou* denial of paternity, contestation of legitimacy.

désavouer [dezavwe] (1) **1** *vt* (**a**) (*renier*) *livre, opinion, propos* to disown, disavow; *promesse* to disclaim, deny, repudiate; *signature* to disclaim; *paternité* to disclaim, deny.
  (**b**) (*blâmer*) *personne, action* to disown.
2 se désavouer *vpr* (*revenir sur ses opinions*) to retract; (*revenir sur ses paroles*) to take back what one has said, retract, withdraw one's statement *etc*.

désaxé, e [dezakse] (*ptp de* **désaxer**) **1** *adj* disordered, unhinged. **2** *nm, f* lunatic. **ce crime est l'œuvre d'un ~** this crime is the work of a sick *ou* disordered mind.

désaxer [dezakse] (1) *vt roue* to put out of true; *personne, esprit* to unbalance, unhinge.

descellement [desɛlmɑ̃] *nm* (*V* **desceller**) freeing; unsealing, breaking the seal on *ou* of.

desceller [desele] (1) **1** *vt pierre* to (pull) free; *acte* to unseal, break the seal on *ou* of. **2 se desceller** *vpr* [*objet*] to come loose.

descendance [desɑ̃dɑ̃s] *nf* (*enfants*) descendants, issue (*frm*); (*origine*) descent, lineage (*littér*).

descendant, e [desɑ̃dɑ̃, ɑ̃t] **1** *adj direction, chemin* downward, descending; (*Mus*) *gamme* falling, descending; (*Mil*) *garde* coming off duty (*attrib*); (*Rail*) *voie, train* down (*épith*); *bateau* sailing downstream. **marée ~e** ebb tide; **à marée ~e, à la ~e** when the tide is going out *ou* on the ebb.
2 *nm, f* descendant (*de* of).

descendeur, -euse [desɑ̃dœʀ, øz] **1** *nm, f* (*Ski*) downhill specialist *ou* racer, downhiller. **2** *nm* (*Alpinisme*) descender, abseil device.

descendre [desɑ̃dʀ(ə)] (41) **1** *vi* (*avec aux être*) (**a**) (*aller*) to go down; (*venir*) to come down (*à vers* to, *dans* into); [*fleuve*] to flow down; [*oiseau*] to fly down; [*avion*] to come down, descend. **descends me voir** come down and *ou* to see me; **descends le prévenir** go down and warn him; **~ à pied/à bicyclette/en voiture/en parachute** to walk/cycle/drive/parachute down; **on descend par un sentier étroit** the way down is by a narrow path, you go down a narrow path; **~ en courant/en titubant** to run/ stagger down; **~ en train/par l'ascenseur** to go down by train/in the lift (*Brit*) *ou* elevator (*US*); **~ par la fenêtre** to climb *ou* get *ou* come down through the window; **nous sommes descendus en 10 minutes** we got down in 10 minutes; (*fig Pol*) **~ dans la rue** to take one's protest into the streets; (*fig*) **~ dans l'arène** to enter the arena; (*Alpinisme*) **~ en rappel** to abseil, rope down; **~ à Marseille** to go down to Marseilles; **~ en ville** to go into town.
  (**b**) **~ de** *toit, rocher, arbre* to climb *ou* come down from; **il descendait de l'échelle** he was climbing *ou* coming down (from) the ladder; **il est descendu de sa chambre** he came down from his room; **~ de la colline** to come *ou* climb *ou* walk down the hill; **fais ~ le chien du fauteuil** get the dog (down) off the armchair.
  (**c**) (*d'un moyen de transport*) **~ de voiture/du train** to get out of the car/off *ou* out of the train, alight from the car/train (*frm*); **beaucoup de voyageurs sont descendus à Lyon** a lot of people got off *ou* out at Lyons; **~ à terre** to go ashore, get off the boat; **~ de cheval** to dismount; **~ de bicyclette** to get off one's bicycle, dismount from one's bicycle.
  (**d**) (*atteindre*) [*habits, cheveux*] **~ à** *ou* **jusqu'à** to come down to; **son manteau lui descendait jusqu'aux chevilles** his coat came down to his ankles; **ses cheveux lui descendent sur les épaules** his hair is down on his shoulders *ou* comes down to his shoulders, he has shoulder-length hair.
  (**e**) (*loger*) **~ dans un hôtel** *ou* **à l'hôtel** to put up *ou* stay at a hotel; **~ chez des amis** to stay with friends.

(**f**) [*colline, route*] **~ en pente douce** to slope gently down; **~ en pente raide** to drop *ou* fall away sharply; **la route descend en tournant** *ou* **en lacets** the road winds downwards; **le puits descend à 60 mètres** the well goes down 60 metres.
  (**g**) [*obscurité, neige*] to fall; [*soleil*] to go down, sink. **le brouillard descend sur la vallée** the fog is coming down over the valley; **le soleil descend sur l'horizon** the sun is going down on the horizon; **le soir descendait** evening was falling; **les impuretés descendent au fond** the impurities fall *ou* drop to the bottom; **la neige descend en voltigeant** the snow is fluttering down; **ça descend bien!** *[pluie]* it's pouring, it's bucketing down!* (*Brit*) *ou* tipping it down!* (*Brit*); *[neige]* it's snowing really hard.
  (**h**) (*baisser*) [*baromètre*] to fall; [*mer, marée*] to go out, ebb; [*prix*] to come down, fall, drop; [*valeurs boursières*] to fall. **le thermomètre** *ou* **la température descend** the temperature is dropping *ou* falling; **ma voix ne descend pas plus bas** my voice doesn't *ou* won't go any lower.
  (**i**) (*s'abaisser*) **~ dans l'estime de qn** to go down in sb's estimation; **il est descendu bien bas/jusqu'à mendier** he has stooped very low/to begging; (*iro*) **il est descendu jusqu'à nous parler** he deigned *ou* condescended to speak to us (*iro*).
  (**j**) (*faire irruption*) **la police est descendue dans cette boîte de nuit** the police have raided the night club, there was a police raid on the night club; **des amis nous sont soudain descendus sur le dos*** some friends suddenly descended *ou* landed* on us.
  (**k**) (⁑) [*vin, repas*] **ça descend bien** that goes down well, that goes down a treat* (*Brit*); **mon déjeuner ne descend pas** my lunch won't go down; **se promener pour faire ~ son déjeuner** to help one's lunch down by taking a walk; **boire un verre pour faire ~ son déjeuner** to wash *ou* help one's lunch down with a drink.
2 descendre de *vt indir* (*avec aux être*) (*avoir pour ancêtre*) to be descended from. **l'homme descend du singe** man is descended from the ape.
3 *vt* (*avec aux avoir*) (**a**) *escalier, colline, pente* to go down, descend (*frm*). **~ l'escalier/les marches précipitamment** to dash downstairs/down the steps; **la péniche descend le fleuve** the barge goes down the river; **~ une rivière en canoë** to go down a river in a canoe, canoe down a river; **~ la rue en courant** to run down the street; (*Mus*) **~ la gamme** to go down the scale.
  (**b**) (*porter, apporter*) *valise* to get down, take down, bring down; *meuble* to take down, bring down. **faire ~ ses bagages** to have one's luggage brought *ou* taken down; **si tu montes descends-moi mes lunettes** if you go upstairs *ou* if you're going upstairs bring *ou* fetch me my glasses down; **il faut ~ la poubelle tous les soirs** the dustbin (*Brit*) *ou* garbage can (*US*) must be taken down every night; **~ des livres d'un rayon** to take books down from a shelf; **je te descends en ville** I'll take *ou* drive you into town, I'll give you a lift into town.
  (**c**) (*baisser*) *étagère, rayon* to lower. **descends les stores** pull the blinds down, lower the blinds; **~ une étagère d'un cran** to lower a shelf (by) a notch, take a shelf down a notch.
  (**d**) (*: abattre*) *avion* to bring down, shoot down; (*tuer*) *personne* to do in⁑, bump off⁑; (*boire*) *bouteille* to down*. **il risquait de se faire ~** he was liable to get himself done in⁑ *ou* bumped off⁑; (*fig*) **~ qn en flammes** to shoot sb down in flames, demolish sb.

descente [desɑ̃t] **1** *nf* (**a**) (*action*) going down (*U*), descent; (*Aviat*) descent; (*Alpinisme*) descent, way down. **la ~ dans le puits est dangereuse** going down the well is dangerous; **en montagne, la ~ est plus fatigante que la montée** in mountaineering, coming down *ou* the descent is more tiring than going up *ou* the climb; **le téléphérique est tombé en panne dans la ~** the cable-car broke down on the *ou* its way down; (*Aviat*) **la ~ dure 20 minutes** the descent lasts 20 minutes; (*Aviat*) **~ en vol plané** gliding descent; (*Aviat*) **~ en feuille morte** falling leaf; (*Aviat*) **~ en tire-bouchon** spiral dive; **~ en parachute** parachute drop; (*Ski*) **la ~, l'épreuve de ~** the downhill race; **~ en slalom** slalom descent; **la ~ hommes/dames** the men's/women's downhill (race); (*Alpinisme*) **~ en rappel** abseiling, roping down; **accueillir qn à la ~ du train/ bateau** to meet sb off the train/boat; **il m'a accueilli à ma ~ de voiture** he met me as I got out of the car; *V* **tuyau**.
  (**b**) (*raid, incursion*) raid. **~ de police** police raid; **faire une ~ sur** *ou* **dans** to raid, make a raid on; **les enfants ont fait une ~ sur les provisions/dans le frigidaire*** the children have raided the larder/fridge.
  (**c**) **la ~ des bagages prend du temps** it takes time to bring down the luggage; **s'occuper de la ~ d'un tonneau à la cave** to get on with taking a barrel down to the cellar.
  (**d**) (*partie descendante*) (downward) slope, incline. **s'engager dans la ~** to go off on the downward slope; **la ~ est rapide** it's a steep (downward) slope; **freiner dans les ~s** to brake going downhill *ou* on the downhill; **les freins ont lâché au milieu de la ~** the brakes gave way *ou* went* halfway down (the slope *ou* incline); **la ~ de la cave** the stairs *ou* steps down to the cellar; **la ~ du garage** the slope down to the garage; **avoir une bonne ~*** to be fond of one's food (*ou* drink), be a big eater (*ou* drinker).
2: (*Art, Rel*) **descente de croix** Deposition; (*Rel*) **descente aux enfers** descent into Hell; **descente de lit** bedside rug; (*Méd*) **descente d'organe** prolapse of an organ.

descriptible [dɛskʀiptibl(ə)] *adj*: **ce n'est pas ~** it is indescribable.

descriptif, -ive [dɛskʀiptif, iv] **1** *adj* descriptive. **2** *nm* explanatory leaflet.

description [dɛskʀipsjɔ̃] *nf* description. **faire la ~ de** to describe.

descriptivisme [dɛskʀiptivism(ə)] *nm* (*Ling*) descriptivism.

descriptiviste [dɛskʀiptivist(ə)] *nmf* descriptivist.

déségrégation [deseɡʀeɡasjɔ̃] *nf* desegregation.

désembourber [dezɑ̃buʀbe] (1) *vt* to get out of *ou* extricate from the mud.

désembourgeoiser (se) [dezãbuʀʒwaze] (1) *vpr* to become less bourgeois, lose some of one's middle-class habits *ou* attitudes.

désembouteiller [dezãbuteje] (1) *vt* (*Aut*) to unblock; *lignes téléphoniques* to unjam.

désembuage [dezãbɥaʒ] *nm* demisting.

désembuer [dezãbɥe] (1) *vt vitre* to demist.

désemparé, e [dezãpaʀe] (*ptp de* **désemparer**) *adj* (a) (*fig*) helpless, distraught. (b) *navire, avion* crippled.

désemparer [dezãpaʀe] (1) **1** *vi: sans* ~ without stopping. **2** *vt* (*Naut*) to cripple.

désemplir [dezãpliʀ] (2) **1** *vt* to empty. **2** *vi*: **le magasin ne désemplit jamais** the shop is never empty *ou* is always full. **3 se désemplir** *vpr* to empty (*de of*).

désenchaîner [dezãʃene] (1) *vt* to unchain, unfetter.

désenchantement [dezãʃãtmã] *nm* (a) disenchantment, disillusion. (b) (†: *action*) disenchanting.

désenchanter [dezãʃãte] (1) *vt* (a) *personne* to disenchant, disillusion. (b) (*littér*) *activité* to dispel the charm of; (††: *désensorceler*) to free from a *ou* the spell, disenchant.

désenclavement [dezãklavmã] *nm* [*région*] opening up.

désenclaver [dezãklave] (1) *vt* to open up, make less isolated.

désencombrement [dezãkõbʀəmã] *nm* clearing.

désencombrer [dezãkõbʀe] (1) *vt passage* to clear.

désencrasser [dezãkʀase] (1) *vt* to clean out.

désencroûter* [dezãkʀute] (1) *vt*: ~ **qn** to get sb out of the *ou* a rut, shake sb up*; **se** ~ to get (o.s.) out of the *ou* a rut, shake o.s. up*.

désenfiler [dezãfile] (1) *vt aiguille* to unthread; *perles* to unstring. **mon aiguille s'est désenfilée** my needle has come unthreaded.

désenfler [dezãfle] (1) *vi* to go down, become less swollen. **l'eau salée fait** ~ **les entorses** salt water makes sprains go down.

désengagement [dezãgaʒmã] *nm* disengagement.

désengager [dezãgaʒe] (3) *vt troupes* to disengage. ~ **qn d'une obligation** to free sb from an obligation.

désengorger [dezãgɔʀʒe] (3) *vt* to unblock.

désenivrer [dezãnivʀe] (1) *vti* to sober up.

désennuyer [dezãnɥije] (8) **1** *vt*: ~ **qn** to relieve sb's boredom; **la lecture désennuie** reading relieves (one's) boredom. **2 se désennuyer** *vpr* to relieve the *ou* one's boredom.

désensabler [dezãsable] (1) *vt voiture* to dig out of the sand; *chenal* to dredge.

désensibilisation [desãsibilizasjõ] *nf* (*Méd, Phot*) desensitization.

désensibiliser [desãsibilize] (1) *vt* (*Méd, Phot*) to desensitize.

désensorceler [dezãsɔʀsəle] (4) *vt* to free from a *ou* the spell, free from enchantment, disenchant.

désentortiller [dezãtɔʀtije] (1) *vt* to disentangle, unravel.

désentraver [dezãtʀave] (1) *vt* to unshackle.

désenvaser [dezãvaze] (1) *vt* (*sortir*) to get out of *ou* extricate from the mud; (*nettoyer*) to clean the mud off; *port, chenal* to dredge.

désenvenimer [dezãvnime] (1) *vt plaie* to take the poison out of; (*fig*) *relations* to take the bitterness out of. **pour** ~ **la situation** to defuse *ou* take the heat out of the situation.

désépaissir [dezepesiʀ] (2) *vt cheveux* to thin (out).

déséquilibre [dezekilibʀ(ə)] *nm* (*dans un rapport de forces, de quantités*) imbalance (*entre* between); (*mental, nerveux*) unbalance, disequilibrium (*frm*); (*lit: manque d'assise*) unsteadiness. **l'armoire est en** ~ the cupboard is unsteady; **le budget est en** ~ the budget is not balanced.

déséquilibré, e [dezekilibʀe] (*ptp de* **déséquilibrer**) **1** *adj budget* unbalanced; *esprit* disordered, unhinged. **2** *nm, f* unbalanced person.

déséquilibrer [dezekilibʀe] (1) *vt* (*lit*) to throw off balance; (*fig*) *esprit, personne* to unbalance; *budget* to create an imbalance in.

désert, e [dezeʀ, ɛʀt(ə)] **1** *adj désert* (*épith*) *ou* *île*. **2** *nm* (*Géog*) desert; (*fig*) desert, wilderness (*littér*). ~ **de Gobi/du Kalahari/d'Arabie** Gobi/Kalahari/Arabian Desert; **V prêcher.**

déserter [dezeʀte] (1) *vti* to desert.

déserteur [dezeʀtœʀ] **1** *nm* deserter. **2** *adj m* deserting. **les soldats** ~**s** the deserters, the deserting soldiers.

désertification [dezeʀtifikasjõ] *nf* (*humaine*) population drain; (*climatique*) turning into a desert.

désertion [dezeʀsjõ] *nf* desertion.

désertique [dezeʀtik] *adj lieu* desert (*épith*), barren; *climat, plante* desert (*épith*).

désescalade [dezeskalad] *nf* de-escalation.

désespérant, e [dezespeʀã, ãt] *adj lenteur, nouvelle, bêtise* appalling; *enfant* hopeless; *temps* maddening, sickening. **d'une naïveté** ~**e** hopelessly naïve.

désespéré, e [dezespeʀe] (*ptp de* **désespérer**) **1** *adj personne* in despair (*attrib*), desperate; *situation* desperate, hopeless; *cas* hopeless; *tentative* desperate. **appel/regard** ~ cry/look of despair, desperate cry/look; (*sens affaibli*) **je suis** ~ **d'avoir à le faire** I'm desperately sorry to have to do it.

2 *nm, f* desperate person, person in despair; (*suicidé*) suicide (*person*).

désespérément [dezespeʀemã] *adv* desperately; (*sens affaibli*) hopelessly. **salle** ~ **vide** hopelessly empty room.

désespérer [dezespeʀe] (6) **1** *vt* (*décourager*) to drive to despair. **il désespère ses parents** he drives his parents to despair, he is the despair of his parents.

2 *vi* (*se décourager*) to despair, lose hope, give up hope.

3 désespérer de *vt indir* to despair of. **je désespère de toi/de la situation** I despair of you/of the situation; **je désespère de son succès** I despair of his being successful; ~ **de faire qch** to have lost (all) hope *ou* have given up (all) hope of doing sth, despair of doing sth; **il désespère de leur faire entendre raison** he has lost all hope of making them see reason, he despairs of making them see reason;

je ne désespère pas de les amener à signer I haven't lost hope *ou* given up hope of getting them to sign.

4 se désespérer *vpr* to despair. **elle passe ses nuits à se** ~ her nights are given over to despair.

désespoir [dezespwaʀ] **1** *nm* (*perte de l'espoir*) despair; (*chagrin*) despair, despondency. **il fait le** ~ **de ses parents** he is the despair of his parents; **sa paresse fait mon** ~ his laziness drives me to despair *ou* to desperation; **sa supériorité fait le** ~ **des autres athlètes** his superiority is the despair of the other athletes; **être au** ~ to be in despair; (*sens affaibli*) **je suis au** ~ **de ne pouvoir venir** I'm desperately sorry not to be able to come; **en** ~ **de cause, on fit appel au médecin** in desperation, we called in the doctor.

2: (*Bot*) **désespoir des peintres** London pride, saxifrage.

déshabillage [dezabijaʒ] *nm* undressing.

déshabillé [dezabije] *nm* négligée.

déshabiller [dezabije] (1) **1** *vt* to undress; (*fig*) to reveal. **2 se déshabiller** *vpr* to undress, take off one's clothes; (*: *ôter son manteau etc*) to take off one's coat *ou* things. **déshabillez-vous dans l'entrée** leave your coat *ou* things in the hall.

déshabituer [dezabitɥe] (1) **1** *vt*: ~ **qn de (faire) qch** to get sb out of the habit of (doing) sth, break sb of the habit of (doing) sth.

2 se déshabituer *vpr*: **se** ~ **de qch/de faire qch** (*volontairement*) to break o.s. of the habit *ou* get (o.s.) out of the habit of sth/of doing sth; (*: *à force d'inaction etc*) to get out of *ou* lose the habit of sth/of doing sth.

désherbage [dezeʀbaʒ] *nm* weeding.

désherbant [dezeʀbã] *nm* weed-killer.

désherber [dezeʀbe] (1) *vt* to weed.

déshérence [dezeʀãs] *nf* escheat. **tomber en** ~ to escheat.

déshérité, e [dezeʀite] (*ptp de* **déshériter**) *adj* (*désavantagé*) deprived. **les** ~**s** the deprived, the have-nots*; **je suis un pauvre** ~ I'm a poor deprived person.

déshériter [dezeʀite] (1) *vt héritier* to disinherit; (*désavantager*) to deprive. **déshérité par la nature** ill-favoured by nature.

déshonnête [dezɔnɛt] *adj* (*littér: impudique*) unseemly (†, *littér*), immodest.

déshonnêteté [dezɔnɛtte] *nf* (*littér: impudeur*) unseemliness (†, *littér*), immodesty.

déshonneur [dezɔnœʀ] *nm* disgrace, dishonour.

déshonorant, e [dezɔnɔʀã, ãt] *adj* dishonourable, degrading.

déshonorer [dezɔnɔʀe] (1) **1** *vt* (a) (*discréditer*) *profession* to disgrace, dishonour; *personne* to dishonour, be a disgrace to, bring disgrace *ou* dishonour upon. **il se croirait déshonoré de travailler** he would think it beneath him to work.

(b) (†) *femme, jeune fille* to dishonour†.

2 se déshonorer *vpr* to bring disgrace *ou* dishonour on o.s.

déshumaniser [dezymanize] (1) *vt* to dehumanize.

déshydratation [dezidratasjõ] *nf* dehydration.

déshydrater *vt*, **se déshydrater** *vpr* [dezidʀate] (1) to dehydrate.

déshydrogénation [dezidʀɔʒenasjõ] *nf* dehydrogenation, dehydrogenization.

déshydrogéner [dezidʀɔʒene] (6) *vt* to dehydrogenate, dehydrogenize.

déshypothéquer [dezipoteke] (6) *vt* to free from mortgage.

desiderata [deziderata] *nmpl* (*souhaits*) desiderata, wishes, requirements.

design [dizajn] **1** *nm*: **le** ~ (*style*) the contemporary look in furniture; (*mobilier*) contemporary *ou* modern furniture. **2** *adj inv*: **chaise** ~ contemporary- *ou* modern-look chair.

désignation [dezinasjõ] *nf* (*appellation*) name, designation (*frm*); (*élection*) naming, appointment, designation.

designer [dizajnœʀ] *nm* (*décorateur*) designer.

désigner [dezine] (1) *vt* (a) (*montrer*) to point out, indicate. ~ **qn du doigt** to point sb out; **ces indices le désignent clairement comme coupable** these signs point clearly to him *ou* make him out clearly as the guilty party; ~ **qch à l'attention de qn** to draw *ou* call sth to sb's attention; ~ **qch à l'admiration de qn** to point sth out for sb's admiration.

(b) (*nommer*) to name, appoint, designate. **le gouvernement a désigné un nouveau ministre** the government has named *ou* appointed *ou* designated a new minister; ~ **qn pour remplir une mission** to designate sb to undertake a mission; ~ **qn à un poste** to appoint sb to a post; **que des volontaires se désignent!** volunteers step forward!, could we have some volunteers!; **membre/successeur désigné** member/successor elect *ou* designate.

(c) (*qualifier*) to mark out. **sa hardiesse le désigne pour (faire) cette tentative** his boldness marks him out for this attempt; **c'était le coupable désigné/la victime désignée** he was the classic culprit/victim; **être tout désigné pour faire qch** to be cut out to do sth, be altogether suited to doing sth.

(d) (*dénommer*) to designate, refer to. ~ **qn par son nom** to refer to sb by his name; **on désigne sous ce nom toutes les substances toxiques** this name designates all toxic substances; **ces métaphores désignent toutes le héros** these metaphors all refer to the hero; **les mots qui désignent des objets concrets** the words which denote *ou* designate concrete objects.

désillusion [dezilyzjõ] *nf* disillusion.

désillusionnement [dezilyzjɔnmã] *nm* disillusionment.

désillusionner [dezilyzjɔne] (1) *vt* to disillusion.

désincarné, e [dezẽkaʀne] *adj* (*lit*) disembodied. (*fig: gén péj*) **on dirait qu'il est** ~ you'd think he wasn't flesh and blood.

désinence [dezinãs] *nf* (*Ling*) ending, inflexion.

désinentiel, -ielle [dezinãsjɛl] *adj* inflexional.

désinfectant, e [dezẽfɛktã, ãt] *adj, nm* disinfectant. **produit** ~ disinfectant.

désinfecter [dezẽfɛkte] (1) *vt* to disinfect.

désinfection [dezẽfɛksjõ] *nf* disinfection.

désinformation [dezɛfɔʀmasjɔ̃] *nf* disinformation.
désintégration [dezɛ̃tegʀasjɔ̃] *nf* (*V* **désintégrer**) splitting-up; breaking-up; splitting; disintegration; self-destructing. **la** ~ **de la matière** the disintegration of matter.
désintégrer [dezɛ̃tegʀe] (6) **1** *vt groupe* to split up, break up; *roche* to break up; *atome* to split. **2 se désintégrer** *vpr [groupe]* to split up, break up, disintegrate; *[roche]* to disintegrate, break up; *[fusée]* to self-destruct.
désintéressé, e [dezɛ̃teʀese] (*ptp de* **désintéresser**) *adj* (*généreux*) disinterested, unselfish, selfless; (*impartial*) disinterested.
désintéressement [dezɛ̃teʀɛsmɑ̃] *nm* (a) (*générosité*) unselfishness, selflessness; (*impartialité*) disinterestedness. **avec** ~ unselfishly. (b) (*Fin*) *[créancier]* paying off.
désintéresser [dezɛ̃teʀese] (1) **1** *vt créancier* to pay off. **2 se désintéresser** *vpr*: **se** ~ **de** to lose interest in.
désintérêt [dezɛ̃teʀe] *nm* disinterest, lack of interest.
désintoxication [dezɛ̃tɔksikasjɔ̃] *nf* (*V* **désintoxiquer**) treatment for alcoholism, drying out, detoxification; treatment for drug addiction, detoxification. **faire une cure de** ~ to undergo (a spell of) treatment for alcoholism (*ou* drug addiction).
désintoxiqué, e [dezɛ̃tɔksike] (*ptp de* **désintoxiquer**) *adj al-coolique* dried out.
désintoxiquer [dezɛ̃tɔksike] (1) *vt alcoolique* to treat for alcoholism, dry out, detoxify; *drogué* to treat for drug addiction, detoxify; (*fig: purifier l'organisme*) *citadin, gros mangeur* to cleanse the system of. **se faire** ~ *[alcoolique]* to dry out; *[drogué]* to come off drugs.
désinvolte [dezɛ̃vɔlt(ə)] *adj* (*sans gêne*) casual, offhand, airy; (*à l'aise*) casual, relaxed, airy.
désinvolture [dezɛ̃vɔltyʀ] *nf* casualness. **avec** ~ casually, in an offhand way.
désir [deziʀ] *nm* (a) (*souhait*) wish, desire. **le** ~ **de qch** the wish *ou* desire for sth; **le** ~ **de faire qch** the desire to do sth; **vos** ~**s sont des ordres** your wish is my command; **selon le** ~ **de qn** in accordance with sb's wishes; **prendre ses** ~**s pour des réalités** to indulge in wishful thinking, wish o.s. into believing things.
(b) (*convoitise*) desire. **le** ~ **de qch** the desire for sth; **yeux brillants de** ~ eyes shining with desire.
(c) (*sensualité*) desire.
désirabilité [deziʀabilite] *nf* desirability.
désirable [deziʀabl(ə)] *adj* desirable. **peu** ~ undesirable.
désirer [deziʀe] (1) *vt* (a) (*vouloir*) to want, desire. ~ **faire qch** to want *ou* wish to do sth; **que désirez-vous?** (*au magasin*) what would you like?, what can I do for you?; (*dans une agence, un bureau*) what can I do for you?; **désirez-vous prendre du café?** would you care for *ou* would you like some coffee?; **Madame désire?** (*dans une boutique*) can I help you, madam?; *[maître d'hôtel etc]* you rang, madam?; **il désire que tu viennes tout de suite** he wishes *ou* wants you to come at once; **désirez-vous qu'on vous l'envoie?** would you like it sent to you?, do you wish to have it sent to you?
(b) (*sexuellement*) to desire.
(c) (*loc*) **se faire** ~* to play hard-to-get*; **la cuisine laisse à** ~ the cooking leaves something to be desired *ou* is not (quite) up to the mark* (*Brit*); **ça laisse beaucoup à** ~ it leaves much to be desired; **la décoration ne laisse rien à** ~ the decoration leaves nothing to be desired *ou* is all that one could wish.
désireux, -euse [deziʀø, øz] *adj*: ~ **de qch** avid for sth, desirous of sth (*frm*); ~ **de faire** anxious to do, desirous of doing (*frm*).
désistement [dezistəmɑ̃] *nm* (*Jur, Pol*) withdrawal.
désister (se) [deziste] (1) *vpr* (a) (*Pol*) to stand down (*Brit*), withdraw (*en faveur de qn* in sb's favour). (b) (*Jur*) **se** ~ **de** *action, appel* to withdraw.
désobéir [dezɔbeiʀ] (2) *vi* to be disobedient, disobey. ~ **à qn/à un ordre** to disobey sb/an order; **il désobéit sans cesse** he's always being disobedient.
désobéissance [dezɔbeisɑ̃s] *nf* disobedience (*U*) (*à* to).
désobéissant, e [dezɔbeisɑ̃, ɑ̃t] *adj* disobedient.
désobligeamment [dezɔbliʒamɑ̃] *adv* (*frm*) *répondre, se conduire* disagreeably.
désobligeance [dezɔbliʒɑ̃s] *nf* (*frm*) disagreeableness.
désobligeant, e [dezɔbliʒɑ̃, ɑ̃t] *adj* disagreeable.
désobliger [dezɔbliʒe] (3) *vt* (*frm*) to offend.
désodorisant, e [dezɔdɔʀizɑ̃, ɑ̃t] *adj, nm* deodorant.
désodoriser [dezɔdɔʀize] (1) *vt* to deodorize.
désœuvré, e [dezœvʀe] *adj* idle. **il restait** ~ pendant des heures he did nothing *ou* he sat idle for hours on end; **les** ~**s qui se promenaient dans le parc** people with nothing to do walking in the park.
désœuvrement [dezœvʀəmɑ̃] *nm* idleness. **aller au cinéma par** ~ to go to the pictures for something to do *ou* for want of anything better to do.
désolant, e [dezɔlɑ̃, ɑ̃t] *adj nouvelle, situation* distressing. **cet enfant/le temps est vraiment** ~ this child/the weather is terribly disappointing; **il est** ~ **qu'elle ne puisse pas venir** it's a terrible shame *ou* such a pity that she can't come.
désolation [dezɔlasjɔ̃] *nf* (a) (*consternation*) distress, grief. **être plongé dans la** ~ to be plunged in grief *ou* sadness; **il fait la** ~ **de sa mère** he causes his mother great distress, he breaks his mother's heart. (b) (*dévastation*) desolation, devastation.
désolé, e [dezɔle] (*ptp de* **désoler**) *adj* (a) *endroit* desolate. (b) *personne, air* (*affligé*) distressed; (*contrit*) sorry. **(je suis)** ~ **de vous avoir dérangé** (I'm) sorry to have disturbed you; ~, **je dois partir** (very) sorry, I have to go; **je suis** ~ **d'avoir appris que vous avez perdu votre mari** I am sorry to hear that you have lost your husband.
désoler [dezɔle] (1) **1** *vt* (a) (*affliger*) to distress, grieve, sadden;

(*contrarier*) to upset. (b) (*littér: dévaster*) to desolate, devastate. **2 se désoler** *vpr* to be upset. **inutile de vous** ~ it's no use upsetting yourself.
désolidariser (se) [desɔlidaʀize] (1) *vpr*: **se** ~ **de** to dissociate o.s. from.
désopilant, e [dezɔpilɑ̃, ɑ̃t] *adj* screamingly funny*, hilarious, killing*.
désordonné, e [dezɔʀdɔne] *adj* (a) *pièce, personne* untidy, disorderly; *mouvements* uncoordinated; *combat, fuite* disorderly; *esprit* muddled, disorganized. **être** ~ **dans son travail** to be disorganized in one's work.
(b) (*littér*) *vie* disorderly; *dépenses, imagination* reckless, wild.
désordre [dezɔʀdʀ(ə)] *nm* (a) (*état*) *[pièce, vêtements, cheveux]* untidiness, disorderliness; *[affaires publiques, service]* disorderliness, disorder; *[esprits]* confusion. **il ne supporte pas le** ~ he can't bear disorder *ou* untidiness; **mettre une pièce en** ~, **mettre du** ~ **dans une pièce** to make a room untidy; **mettre du** ~ **dans sa coiffure** to make one's hair untidy, mess up one's hair; **être en** ~ *[pièce, affaires]* to be untidy *ou* in disorder *ou* in a mess; *[cheveux, toilette]* to be untidy *ou* in a mess; *[service administratif]* to be in a state of disorder; **jeter quelques idées en** ~ **sur le papier** to jot down a few disordered *ou* random ideas; **quel** ~! what a muddle! *ou* mess!; **il régnait dans la pièce un** ~ **indescriptible** the room was in an indescribable muddle *ou* mess, the room was indescribably untidy.
(b) (*agitation*) disorder. **des agitateurs qui sèment le** ~ **dans l'armée** agitators who spread unrest in the army; **faire du** ~ **(dans la classe/dans un lieu public)** to cause a commotion *ou* a disturbance (in class/in a public place); **arrêté pour** ~ **sur la voie publique** arrested for disorderly conduct in the streets; **jeter le** ~ **dans les esprits** to throw people's minds into confusion; **c'est un facteur de** ~ this is a disruptive influence.
(c) (*émeute*) ~**s** disturbance, disorder (*U*); **de graves** ~**s ont éclaté** serious disturbances have broken out, there have been serious outbreaks of violence.
(d) (*littér: débauche*) dissoluteness, licentiousness. **mener une vie de** ~ to lead a disorderly *ou* dissolute *ou* licentious life; **regretter les** ~**s de sa jeunesse** to regret the dissolute *ou* licentious ways *ou* the licentiousness of one's youth.
(e) (*Méd*) ~ **fonctionnel/hépatique** functional/liver disorder.
désorganisation [dezɔʀganizasjɔ̃] *nf* disorganization.
désorganiser [dezɔʀganize] (1) *vt* (*gén*) to disorganize; *projet, service* to disrupt, disorganize. **à cause de la grève, nos services sont désorganisés** owing to the strike our services are disrupted *ou* disorganized.
désorientation [dezɔʀjɑ̃tasjɔ̃] *nf* disorientation.
désorienté, e [dezɔʀjɑ̃te] (*ptp de* **désorienter**) *adj* (*lit: égaré*) disorientated; (*fig: déconcerté*) bewildered, confused (*par* by).
désorienter [dezɔʀjɑ̃te] (1) *vt* (*V* **désorienté**) to disorientate; to bewilder, confuse.
désormais [dezɔʀmɛ] *adv* in future, henceforth (†, *littér*), from now on.
désossé, e [dezose] (*ptp de* **désosser**) *adj viande* boned; (*fig*) *personne* supple; *style* flaccid.
désossement [dezosmɑ̃] *nm [viande]* boning.
désosser [dezose] (1) *vt viande* to bone; *objet, texte* to take to pieces. (*fig*) **acrobate qui se désosse** acrobat who can twist himself in every direction.
désoxydant, e [dezɔksidɑ̃, ɑ̃t] **1** *adj* deoxidizing. **2** *nm* deoxidizer.
désoxyder [dezɔkside] (1) *vt* to deoxidize.
desperado [dɛspeʀado] *nm* desperado.
désoxyribonucléique [dezɔksiʀibɔnykleik] *adj* desoxyribonucleic.
despote [dɛspɔt] **1** *adj* despotic. **2** *nm* (*lit, fig*) despot, tyrant.
despotique [dɛspɔtik] *adj* despotic.
despotiquement [dɛspɔtikmɑ̃] *adv* despotically.
despotisme [dɛspɔtism(ə)] *nm* (*lit, fig*) despotism, tyranny.
desquamation [dɛskwamasjɔ̃] *nf* desquamation.
desquamer [dɛskwame] (1) **1** *vt* to remove (*in scales*). **2 se desquamer** *vpr* to flake off, desquamate (*T*).
desquels, desquelles [dekɛl] *V* lequel.
dessaisir [deseziʀ] (2) **1** *vt* (*Jur*) ~ **un tribunal d'une affaire** to remove a case from a court. **2 se dessaisir** *vpr*: **se** ~ **de** to give up, part with, relinquish.
dessaisissement [desezismɑ̃] *nm* (a) (*Jur*) ~ **d'un tribunal/juge (d'une affaire)** removal of a case from a court/judge. (b) (*V* se dessaisir*) giving up, relinquishment.
dessalage [desalaʒ] *nm*, **dessalaison** [desalɛzɔ̃] *nf [eau de mer]* desalination; *[poisson]* soaking.
dessalé, e* [desale] (*ptp de* **dessaler**) *adj* (*déluré*) **il est drôlement** ~ **depuis qu'il a fait son service militaire** he has really learnt a thing or two since he did his military service*.
dessalement [desalmɑ̃] *nm* = **dessalage**.
dessaler [desale] (1) *vt* (a) *eau de mer* to desalinate, desalinize; *poisson* to soak (*to remove the salt*). **faire** ~ *ou* **mettre à** ~ **de la viande** to put meat to soak.
(b) (*: déluer*) ~ **qn** to teach sb a thing or two*, teach sb about life; **il s'était dessalé au contact de ses camarades** he had learnt a thing or two* *ou* learnt about life through contact with his friends.
dessangler [desɑ̃gle] (1) *vt cheval* to ungirth; *paquetage* to unstrap; (*détendre sans défaire*) to loosen the girths of; loosen the straps of.
dessaouler* [desule] (1) *vti* = **dessoûler***.
desséchant, e [deseʃɑ̃, ɑ̃t] *adj vent* parching, drying; (*fig*) *études* mind-deadening.
dessèchement [desɛʃmɑ̃] *nm* (*action*) drying (out), parching; (*état*) dryness; (*fig: amaigrissement*) emaciation; (*fig: du cœur*) hardness.

dessécher [deseʃe] (6) **1** vt **(a)** terre, végétation to dry out, parch; plante, feuille to wither, dry out, parch. **le vent dessèche la peau** (the) wind dries (out) the skin; **la soif me dessèche la bouche** my mouth is dry ou parched with thirst.
   (b) (volontairement) aliments etc to dry, dehydrate, desiccate.
   (c) (fig: racornir) cœur to harden. **l'amertume/la vie lui avait desséché le cœur** bitterness/life had hardened his heart ou left him stony-hearted; **desséché par l'étude** dried up through study; **il s'était desséché à force d'étudier** he had become as dry as dust as a result of too much studying.
   (d) (amaigrir) to emaciate. **les maladies l'avaient desséché** illness had left him wizened ou emaciated; **les épreuves l'avaient desséché** his trials and tribulations had worn him to a shadow.
2 se dessécher vpr [terre] to dry out, become parched; [plante, feuille] to wither, dry out; [aliments] to dry out, go dry; [bouche, lèvres] to go dry, become parched; [peau] to dry out.
dessein [desɛ̃] nm (littér) (intention) intention, design; (projet) plan, design. **son ~ est** ou **il a le ~ de faire** he intends ou means to do; **former le ~ de faire qch** to make up one's mind to do sth, form a plan to do sth; **avoir des ~s sur qn** to have designs on sb; **c'est dans ce ~ que** it is with this in mind ou with this intention that; **il est parti dans le ~ de** ou **à ~ de faire fortune** he went off meaning ou intending to make his fortune ou with the intention of making his fortune; **faire qch à ~** to do sth intentionally ou deliberately ou on purpose.
desseller [desele] (1) vt to unsaddle.
desserrage [desɛʀaʒ] nm [vis, écrou] unscrewing, undoing, loosening; [câble] loosening, slackening; [frein] releasing.
desserré, e [deseʀe] (ptp de **desserrer**) adj vis, écrou undone (attrib), loose; nœud, ficelle loose, slack; cravate, ceinture loose; frein off (attrib).
desserrement [desɛʀmɑ̃] nm (V se desserrer) slackening; loosening; releasing; relaxation.
desserrer [deseʀe] (1) **1** vt nœud, ceinture, ficelle to loosen, slacken; étau to loosen, release; étreinte to relax, loosen; poing, dents to unclench; écrou to unscrew, undo, loosen; frein to release, take ou let off; objets alignés, mots, lignes to space out. **~ sa ceinture de 2 crans** to loosen ou slacken one's belt 2 notches, let one's belt out 2 notches; (fig) **il n'a pas desserré les dents** he hasn't opened his mouth ou lips.
2 se desserrer vpr [ficelle, câble] to slacken, come loose; [nœud] to come undone ou loose; [écrou] to work ou come loose; [frein] to release itself; [étreinte] to relax, loosen.
dessert [desɛʀ] nm dessert, pudding, sweet (Brit).
desserte [desɛʀt(ə)] nf **(a)** (meuble) sideboard.
   (b) (service de transport) **la ~ d'une localité par bateau** the servicing of an area by water transport; **la ~ de la ville est assurée par un car** there is a bus service for the town.
   (c) [prêtre] cure.
dessertir [desɛʀtiʀ] (2) vt to unset, remove from its setting.
desservant [desɛʀvɑ̃] nm priest in charge.
desservir¹ [desɛʀviʀ] (14) vt **(a)** repas, plat to clear away. **vous pouvez ~ (la table)** you can clear away, you can clear the table.
   (b) (nuire à) personne to go against, put at a disadvantage; intérêts to harm. **il est desservi par sa mauvaise humeur** his bad temper goes against him ou puts him at a disadvantage; **il m'a desservi auprès de mes amis** he did me a disservice with my friends.
desservir² [desɛʀviʀ] (14) vt **(a)** (Transport) to serve. **le village est desservi par 3 autobus chaque jour** there is a bus service from the village ou a bus runs from the village 3 times daily; **le village est desservi par 3 lignes d'autobus** the village is served by ou has 3 bus services; **ville bien desservie** town well served by public transport.
   (b) [porte, couloir] to lead into.
   (c) [prêtre] to serve. **~ une paroisse** to minister to a parish.
dessiccatif, -ive [desikatif, iv] **1** adj desiccative. **2** nm desiccant.
dessiccation [desikasjɔ̃] nf (Chim) desiccation; [aliments] drying, desiccation, dehydration.
dessiller [desije] (1) vt (fig) **~ les yeux de** ou **à qn** to open sb's eyes (fig); **mes yeux se dessillèrent** my eyes were opened, the scales fell from my eyes (Brit).
dessin [desɛ̃] nm **(a)** (image) drawing. **il a fait un (joli) ~** he did a (nice) drawing; **il passe son temps à faire des ~s** he spends his time drawing; **il fait toujours des petits ~s sur son cahier** he's always doodling on his exercise book; **~ à la plume/au fusain/au trait** pen-and-ink/charcoal/line drawing; **~ animé** (cartoon (film); **~ humoristique** cartoon (in a newspaper etc); **~ publicitaire/de mode** advertisement/fashion drawing; (hum) **il n'a rien compris, fais lui donc un ~!*** he hasn't understood a word — explain it in words of one syllable ou you'll have to spell it out for him; V carton.
   (b) (art) **le ~** drawing; **il est doué pour le ~** he has a gift for drawing; **école de ~** (Art) art school; (technique) technical college (for draughtsmen); **professeur de ~** art teacher; **~ technique** technical drawing; **~ de mode** fashion design; **~ industriel** draughtsmanship; **table/planche à ~** drawing table/board; **~ assisté par ordinateur** computer-aided design.
   (c) (motif) pattern, design. **tissu avec des ~s jaunes** material with a yellow pattern on it; **le ~ des veines sur la peau** the pattern of the veins on the skin.
   (d) (contour) outline, line. **la bouche a un joli ~** the mouth has a good line ou is finely delineated.
dessinateur, -trice [desinatœʀ, tʀis] nm,f (artiste) drawer; (technicien) draughtsman. **~ humoristique** cartoonist; **~ de mode** fashion designer; **~ industriel** draughtsman; **~ de publicité** commercial artist.

dessiner [desine] (1) **1** vt **(a)** to draw. **il dessine bien** he's good at drawing, he draws well; **~ qch à grands traits** to draw a broad outline of sth; **~ au pochoir** to stencil; **~ au crayon/à l'encre** to draw in pencil/ink.
   (b) (faire le plan, la maquette de) véhicule, meuble to design; plan d'une maison to draw; jardin to lay out, landscape. (fig) **une bouche/oreille bien dessinée** a finely delineated mouth/ear.
   (c) [chose] (gén) to make, form. **les champs dessinent un damier** the fields form ou are laid out like a checkerboard ou (a) patchwork; **un vêtement qui dessine bien la taille** a garment that shows off the waist well.
2 se dessiner vpr **(a)** [contour, forme] to stand out, be outlined. **des collines se dessinaient à l'horizon** hills stood out on the horizon.
   (b) (se préciser) [tendance] to become apparent; [projet] to take shape. **on voit se ~ une tendance à l'autoritarisme** an emergent tendency to authoritarianism may be noted, a tendency towards authoritarianism is becoming apparent; **un sourire se dessina sur ses lèvres** a smile formed on his lips.
dessouder [desude] (1) vt to unsolder. **le tuyau s'est dessoudé** the pipe has come unsoldered.
dessoûler* [desule] (1) vti to sober up. **il n'a pas dessoûlé depuis 2 jours** he's been drunk non-stop for the past 2 days, he's been on a bender‡ for the past 2 days.
dessous [d(ə)su] **1** adv **(a)** (sous) placé, suspendre under, underneath, beneath; passer under, underneath; (plus bas) below. **mettez votre valise ~** put your suitcase underneath (it) ou under it; **soulevez ces dossiers: la liste est ~** lift up those files — the list is underneath (them) ou under ou beneath them; **passez (par) ~** go under ou underneath (it); **tu as mal lu, il y a une note ~** you misread it — there is a note underneath; **retirer qch de ~ le lit/la table** to get sth from under(neath) ou beneath the bed/table; **ils ont pris le buffet par (en) ~** they took hold of the sideboard from underneath.
   (b) **au-~** below; **au-~ de** (lit) below, underneath; (fig) possibilités, limite below; (fig: pas digne de) beneath; **ils habitent au-~** they live downstairs ou underneath; **sa jupe lui descend au-~ du genou** her skirt comes down to below her knees ou reaches below her knees; **les enfants au-~ de 7 ans ne paient pas** children under 7 don't pay, the under-sevens don't pay; **au-~ (de zéro)** 20° below (zero); **des articles à 20 F et au-~** items at 20 francs and less ou below; **il considère que c'est au-~ de lui de faire la vaisselle** he considers it beneath him to do the dishes; (incapable) **il est au-~ de sa tâche** he is not up to his task; **il est au-~ de tout!** he's the absolute limit!, he's the end!; **le service est au-~ de tout** the service is hopeless ou a disgrace.
   (c) **en ~** (sous) under(neath); (plus bas) below; (hypocritement) in an underhand (Brit) ou underhanded (US) manner; **en ~ de** below; **il s'est glissé en ~** he slid under(neath); **les locataires d'en ~** the people who rent the flat below ou downstairs; **jeter un coup d'œil en ~ à qn, regarder qn en ~** to give sb a shifty look; **faire qch en ~** to do sth in an underhand (Brit) ou underhanded (US) manner; **il est très en ~ de la moyenne** he's well below (the) average.
   2 nm **(a)** [objet] bottom, underside; [pied] sole; [main] inside; [avion, voiture, animal] underside; [tissu] wrong side. **du ~** feuille, drap bottom; **les gens/l'appartement du ~** the people/the flat downstairs (from us ou them etc), the people/flat below (us ou them etc); **le ~ de la table est poussiéreux** the table is dusty underneath; **les fruits du ~ sont moisis** the fruit at the bottom ou the fruit underneath is mouldy; **avoir le ~** to get the worst of it, come off worst.
   (b) (côté secret) **le ~ de l'affaire** ou **l'histoire** the hidden side of the affair; **les ~ de la politique** the unseen ou hidden side of politics; **connaître le ~ des cartes** to have inside information.
   (c) (Habillement) undergarment. **les ~** underwear, undies*.
   3: **dessous de bouteille** bottle mat; **dessous de bras** dress shield; (Aut) **dessous de caisse** underbody; **dessous de plat** table mat (for hot serving dishes); **dessous de robe** slip, petticoat; (fig) **dessous de table** backhander*, under the counter payment; **dessous de verre** coaster.
dessus [d(ə)sy] **1** adv **(a)** (sur) placé, poser, monter on top (of it); collé, écrit, fixer on it; passer, lancer over (it); (plus haut) above. **mettez votre valise ~** put your suitcase on top (of it); **regardez ces dossiers: la liste doit être ~** have a look at those files — the list must be on top (of them); **il n'y a pas de timbre ~** there's no stamp on it; **c'est écrit ~** it's written on it; **montez ~** (tabouret, échelle) get up on it; **passez (par) ~** go over it; **il a sauté par ~** he jumped over it; **ôter qch de ~ la table** to take sth (from) off the table; **il n'a même pas levé la tête de ~ son livre** he didn't even look up from his book, he didn't even take his eyes off his book; **il lui a tapé/tiré ~** he hit him/shot at him; **il nous sont arrivés** ou **tombés ~ à l'improviste** they dropped in on us unexpectedly.
   (b) **au-~** above; (à l'étage supérieur) upstairs; (posé sur) on top; (plus cher etc) over, above; **au-~ de** (plus haut que, plus au nord que) above; (sur) on top of; (fig) prix, limite over, above; possibilités beyond; **la valise est au-~ de l'armoire** the suitcase is on top of the wardrobe; **les enfants au-~ de 7 ans paient** children over 7 pay, the over-sevens pay; **20° au-~ (de zéro)** 20° above (zero); **il n'y a pas d'articles au-~ de 20 F** there are no articles over 20 francs; (prix) **c'est au-~ de ce que je peux mettre** it's beyond my means, it's more than I can afford; **cette tâche est au-~ de ses capacités** this task is beyond his capabilities; **c'est au-~ de mes forces** it's too much for me; **il ne voit rien au-~ de son fils** he thinks no one can hold a candle to his son; **il est au-~ de ces petites mesquineries** he is above this petty meanness; **être au-~ de tout soupçon/reproche** to be above suspicion/beyond reproach; **pour**

le confort, il n'y a rien au-~ there's nothing to beat it for comfort.
2 *nm* (a) *(objet, pied, tête)* top; *(main)* back. **du ~feuille, drap** top; **le ~ de la table est en marbre** the table-top *ou* the top of the table is marble; **les gens/l'appartement du ~** the people/flat above (us *ou* them *etc*) *ou* upstairs (from us *ou* them *etc*); **les fraises du ~ sont plus belles (qu'en dessous)** the strawberries on top are nicer (than the ones underneath); *(fig)* **le ~ du panier** the pick of the bunch; *(élite sociale)* the upper crust; **elle portait 3 vestes de laine: celle du ~ était bleue** she was wearing 3 cardigans and the top one was blue.

(b) *(loc)* **avoir le ~** to have the upper hand, be on top; **prendre le ~** to get the upper hand; **reprendre le ~** to get over it; **il a été très malade/déprimé mais il a repris le ~ rapidement** he was very ill/depressed but he soon got over it.

3: dessus de cheminée mantleshelf runner; **dessus de lit** bedspread; **dessus de table** table runner.

déstabiliser [destabilize] (1) *vt (Pol) régime* to destabilize.
déstalinisation [destalinizɑsjɔ̃] *nf* destalinization.
déstaliniser [destalinize] (1) *vt* to destalinize.
destin [dɛstɛ̃] *nm (fatalité, sort)* fate; *(existence, avenir, vocation)* destiny. **le ~ contraire** ill-fortune.
destinataire [dɛstinatɛʀ] *nmf (lettre)* addressee *(frm)*; *(marchandise)* consignee; *(mandat)* payee. **remettre une lettre à son ~ to** hand a letter to the person it is addressed to.
destination [dɛstinɑsjɔ̃] *nf* (a) *(direction)* destination. **à ~ de** *avion, train* to; *bateau* bound for; *voyageur* travelling to; *lettre* sent to; **arriver à ~** to reach one's destination, arrive (at one's destination); **train/vol 702 à ~ de Paris** train number 702/flight (number) 702 to *ou* for Paris.

(b) *(usage)* *(édifice, appareil, somme d'argent)* purpose. **quelle ~ comptez-vous donner à cette somme/pièce?** to what purpose do you intend to put this money/room?
destiné, e¹ [dɛstine] *(ptp de destiner) adj* (a) *(prévu pour)* **~ à faire qch** intended *ou* meant to do sth; **ces mesures sont ~es à freiner l'inflation** these measures are intended *ou* meant to curb inflation; **ce texte est ~ à être lu à haute voix** this text is intended *ou* meant to be read aloud; **cette pommade est ~e à guérir les brûlures** this ointment is intended for healing burns; **livre ~ aux enfants** book (intended *ou* meant) for children; **édifice ~ au culte** building intended for worship; **ce terrain est ~ à être construit** this ground is intended for construction *ou* to be built on.

(b) *(voué à)* **~ à qch** destined for sth; **~ à faire** destined to do; **ce livre était ~ au succès** this book was destined for success; **cette œuvre était ~e à l'échec** this work was doomed to fail *ou* to failure, it was fated that this work should be a failure; **il était ~ à une brillante carrière** he was destined for a brilliant career; **elle était ~e à mourir jeune** she was destined *ou* fated *ou* doomed to die young.
destinée² [dɛstine] *nf (fatalité, sort)* fate; *(existence, avenir, vocation)* destiny. **unir sa ~ à celle de qn** to unite one's destiny with sb's; **promis à de hautes ~s** destined for great things.
destiner [dɛstine] (1) *vt* (a) *(attribuer)* **~ sa fortune à qn** to intend *ou* mean sb to have one's fortune, intend that sb should have one's fortune; **il vous destine ce poste** he intends *ou* means you to have this post; **~ une allusion/un coup à qn** to intend an allusion/a blow for sb; **~ un accueil enthousiaste à qn** to reserve an enthusiastic welcome for sb; **nous destinons ce livre à tous ceux qui souffrent** this book is intended *ou* meant (by us) for all who are suffering, this book is aimed at all who are suffering; **il ne put attraper le ballon qui lui était destiné** he couldn't catch the ball meant for *ou* aimed at him; **sans deviner le sort qui lui était destiné** *(par le destin)* not knowing what fate he was destined for *ou* what fate lay *ou* was in store for him; *(par ses ennemis)* not knowing what fate lay *ou* was in store for him; **cette lettre t'était/ne t'était pas destinée** this letter was/was not meant *ou* intended for you.

(b) *(affecter)* **~ une somme à l'achat de qch** to intend to use a sum *ou* earmark a sum to buy sth, earmark a sum for sth; **~ un local à un usage précis** to intend a place to be used for a specific purpose, have a specific use in mind for a place; **les fonds seront destinés à la recherche** the money will be devoted to *ou* used for research.

(c) *(vouer)* to destine. **~ qn à une fonction** to destine sb for a post *ou* to fill a post; **~ qn à être médecin** to destine sb to be a doctor; **sa bravoure le destinait à mourir de mort violente** his boldness marked him out *ou* destined him to die a violent death; *(littér)* **je vous destine ma fille** I intend that my daughter should marry you; **il se destine à l'enseignement/à être ingénieur** he intends to go into teaching/to be an engineer, he has set his sights on teaching/being an engineer.
destituer [dɛstitɥe] (1) *vt ministre* to dismiss; *roi* to depose; *officier* to discharge. **~ un officier de son commandement** to relieve an officer of his command; **~ qn de ses fonctions** to relieve sb of his duties.
destitution [dɛstitysjɔ̃] *nf (ministre)* dismissal; *(officier)* discharge; *(fonctionnaire)* dismissal, discharge; *(roi)* deposition.
destrier [dɛstʀije] *nm (Hist littér)* steed *(littér)*, charger *(littér)*.
destroyer [dɛstʀwaje] *nm (Naut)* destroyer.
destructeur, -trice [dɛstʀyktœʀ, tʀis] **1** *adj* destructive. **2** *nm,f* destroyer.
destructible [dɛstʀyktibl(ə)] *adj* destructible.
destructif, -ive [dɛstʀyktif, iv] *adj* destructive, destroying *(épith)*.
destruction [dɛstʀyksjɔ̃] *nf (gén)* destruction *(U)*; *(armée, flotte)* destroying *(U)*, destruction *(U)*; *(rats, insectes)* extermination *(U)*. **les ~s causées par la guerre** the destruction caused by the war.
désuet, -ète [desɥɛ, ɛt] *adj (gén)* outdated, antiquated, outmoded; *charme* old-fashioned, quaint; *mode, vêtement* outdated, old-fashioned.

désuétude [desɥetyd] *nf* disuse, obsolescence, desuetude *(littér)*. **tomber en ~** *(loi)* to fall into abeyance; *(expression, coutume)* to become obsolete, fall into disuse.
désuni, e [dezyni] *(ptp de désunir) adj couple, famille* divided, disunited; *mouvements* uncoordinated; *coureur, cheval* off his stride *(attrib)*.
désunion [dezynjɔ̃] *nf (couple, parti)* disunity, dissension *(de* in*)*.
désunir [dezyniʀ] (2) **1** *vt famille* to divide, disunite; *pierres, planches* to separate. **2 se désunir** *vpr (athlète)* to lose one's stride.
détachable [detaʃabl(ə)] *adj* detachable.
détachage [detaʃaʒ] *nm (nettoyage)* stain removal.
détachant [detaʃɑ̃] *nm* stain remover.
détaché, e [detaʃe] *(ptp de détacher) adj (indifférent, aussi Mus)* detached; *V* pièce.
détachement [detaʃmɑ̃] *nm* (a) *(indifférence)* detachment. **regarder/dire qch avec ~** to look at/say sth with (an air of) detachment; **le ~ qu'il montrait pour les biens matériels** the disregard he showed for material goods.

(b) *(Mil)* detachment.

(c) *(fonctionnaire)* secondment. **être en ~** to be on secondment.
détacher¹ [detaʃe] (1) **1** *vt* (a) *(délier)* *chien, cheval* to untie, let loose; *prisonnier* to untie, (let) loose, unbind; *paquet, objet* to undo, untie; *wagon, remorque* to take off, detach. **~ un wagon d'un convoi** to detach a carriage *(Brit) ou* car *(US)* from a train; **il détacha la barque/le prisonnier/le paquet de l'arbre** he untied the boat/the prisoner/the parcel from the tree.

(b) *(dénouer)* *vêtement, ceinture* to undo, unfasten, loose; *lacet, nœud* to undo, untie, loose; *soulier, chaîne* to unfasten, undo. **il détacha la corde du poteau** he untied *ou* removed the rope from the post.

(c) *(ôter)* *peau, écorce* to remove *(de* from*)*, take off; *papier collé* to remove, unstick *(de* from*)*; *rideau, tableau* to take down *(de* from*)*; *épingle* to take out *(de* of*)*, remove; *reçu, bon* to tear out *(de* of*)*, detach *(de* from*)*. **l'humidité avait détaché le papier** the damp had unstuck *ou* loosened the paper; **~ des feuilles d'un bloc** to tear *ou* take some sheets out of a pad, detach some sheets from a pad; **~ un morceau de plâtre du mur** to remove a piece of plaster from the wall, take a piece of plaster from *ou* off the wall; **il détacha une pomme de l'arbre** he took an apple (down) from the tree, he picked an apple off the tree; **détachez bien les bras du corps** keep your arms well away from your body; *(fig)* **il ne pouvait ~ son regard du spectacle** he could not take his eyes off the sight; *(sur coupon etc)* **'partie à ~'** 'tear off (this section)'; **'~ suivant le pointillé'** 'tear off along the dotted line'.

(d) *(envoyer)* *personne* to send, dispatch; *(Admin: affecter)* to second. **se faire ~ auprès de qn/à Londres** to be sent on secondment to sb/to London; *(Admin)* **être détaché** to be on secondment.

(e) *(mettre en relief)* *lettres* to separate; *syllabes, mots* to articulate, separate; *(Peinture)* *silhouette, contour* to bring out, make stand out; *(Mus)* *notes* to detach. **~ une citation** to make a quotation stand out, bring out a quotation.

(f) *(éloigner)* **~ qn de qch/qn** to turn sb away from sth/sb; **son cynisme a détaché de lui tous ses amis** his cynicism has turned his friends away from him.

2 se détacher *vpr* (a) *(se délier)* *(chien)* to free itself, get loose, loose itself *(de* from*)*; *(prisonnier)* to free o.s., get loose *(de* from*)*; *(paquet)* to come undone *ou* untied *ou* loose; *(barque)* to come untied, loose itself *(de* from*)*; *(wagon)* to come off, detach itself *(de* from*)*. **le paquet s'était détaché de l'arbre de Noël** the parcel had fallen off the Christmas tree.

(b) *(se dénouer)* *ceinture, soulier* to come undone *ou* unfastened *ou* loose; *(lacet, ficelle)* to come undone *ou* untied *ou* loose.

(c) *(se séparer)* *(fruit, ficelle)* to come off; *(page)* to come loose, come out; *(peau, écorce)* to come off; *(papier collé)* to come unstuck, come off; *(épingle)* to come out, fall out; *(rideau)* to come down. **le papier s'était détaché à cause de l'humidité** the paper had come loose *ou* come unstuck because of the damp; **un bloc de pierre se détacha du rocher** a block of stone came off *ou* broke off *ou* detached itself from the rock; **l'écorce se détachait de l'arbre** the bark was coming off the tree *ou* was coming away from the tree; **la capsule spatiale s'est détachée de la fusée** the space capsule has separated from *ou* come away from the rocket.

(d) *(Sport etc)* *(coureur)* to pull *ou* break away *(de* from*)*. **un petit groupe se détacha du reste des manifestants** a small group broke away from *ou* detached itself from the rest of the demonstrators.

(e) *(ressortir)* to stand out. **la forêt se détache sur le ciel clair** the forest stands out against the clear sky.

(f) **se ~ de** *(renoncer à)* to turn one's back on, renounce; *(se désintéresser de)* to grow away from; **se ~ des plaisirs de la vie** to turn one's back on *ou* renounce the pleasures of life; **ils se sont détachés l'un de l'autre** they have grown apart.
détacher² [detaʃe] (1) *vt* to remove the stains from, clean. **donner une robe à ~** to take a dress to be cleaned *ou* to the cleaner's; **~ au savon/à la benzine** to clean with soap/benzine.
détail [detaj] *nm* (a) *(particularité)* detail. **dans les (moindres) ~s** in (minute) detail; **se perdre dans les ~s** to lose o.s. in details; **entrer dans les ~s** to go into detail(s) *ou* particulars; **je n'ai pas remarqué ce ~** I didn't notice that detail *ou* point; **ce n'est qu'un ~!** that's a mere detail!; *V* revue.

(b) *(description précise)* *(facture, compte)* breakdown. **examiner le ~ d'un compte** to examine a breakdown of *ou* the particulars of an account; **pourriez-vous nous faire le ~ de la facture/de ce qu'on vous doit?** could you give us a breakdown of the invoice/of what we owe you?; **il nous a fait le ~ de ses aventures** he gave us a detailed account *ou* a rundown* of his adventures; **en** *ou* **dans le ~** in detail.

(c) (*Comm*) retail. **commerce/magasin/prix de** ~ retail business/shop (*Brit*) *ou* store (*US*)/price; **vendre au** ~ *marchandise, vin* to (sell) retail; *articles, couverts* to sell separately; **marchand de** ~ retailer, retail dealer; **il fait le gros et le** ~ he deals in wholesale and retail.

détaillant, e [detajɑ̃, ɑ̃t] *nm, f* retailer, retail dealer.

détaillé, e [detaje] (*ptp de* **détailler**) *adj récit, plan, explications* detailed.

détailler [detaje] (1) *vt* **(a)** (*Comm*) *articles* to sell separately; *marchandise* to sell retail. **nous détaillons les services de table** we sell dinner services in separate pieces, we will split up dinner services; **est-ce que vous détaillez cette pièce de tissu?** do you sell lengths of this piece of material?
(b) (*passer en revue*) *plan* to detail, explain in detail; *récit* to tell in detail; *incidents, raisons* to detail, give details of. **il m'a détaillé (de la tête aux pieds)** he examined me *ou* looked me over (from head to foot).

détaler [detale] (1) *vi [lapin]* to bolt; (*) *[personne]* to take off*, clear off*. **il a détalé comme un lapin** he made a bolt for it*, he skedaddled*.

détartrage [detartraʒ] *nm* (*V* **détartrer**) scaling; descaling. **se faire faire un** ~ to have one's teeth scaled (and polished).

détartrant [detartrɑ̃] *nm* descaling agent.

détartrer [detartre] (1) *vt dents* to scale (and polish); *chaudière etc* to descale, remove fur (*Brit*) *ou* sediment (*US*) from.

détaxe [detaks(ə)] *nf* (*réduction*) reduction in tax; (*suppression*) removal of tax (*de* from); (*remboursement*) tax refund.

détaxer [detakse] (1) *vt* (*réduire*) to reduce the tax on; (*supprimer*) to remove the tax on, take the tax off. **produits détaxés** tax-free goods.

détecter [detɛkte] (1) *vt* to detect. **appareil à** ~ **les mines** mine detector.

détecteur, -trice [detɛktœʀ, tʀis] **1** *adj dispositif* detecting (*épith*), detector (*épith*); *lampe, organe* detector (*épith*). **2** *nm* detector. ~ **d'ondes/de mines** wave/mine detector; ~ **de fumée** smoke detector; ~ **de faux billets** forged banknote detector; ~ **de mensonges** polygraph, lie detector.

détection [detɛksjɔ̃] *nf* detection. ~ **sous-marine/ électromagnétique** underwater/electromagnetic detection.

détective [detɛktiv] *nm:* ~ (*privé*) private detective *ou* investigator, private eye*.

déteindre [detɛ̃dʀ(ə)] (52) **1** *vt [personne, produit]* to take the colour out of; *[soleil]* to fade, take the colour out of.
2 *vi* (*au lavage*) *[étoffe]* to run, lose its colour; *[couleur]* to run, come out; (*par l'humidité*) *[couleur]* to come off; (*au soleil*) *[étoffe]* to fade, lose its colour; *[couleur]* to fade. ~ **sur** (*lit*) *[couleur]* to run into; (*fig: influencer*) *[trait de caractère]* to rub off on; **elle a déteint sur sa fille** she had an influence on her daughter; **mon pantalon a déteint sur les rideaux** some of the colour has come out of my trousers on to the curtains.

dételage [detlaʒ] *nm* (*V* **dételer**) unyoking; unharnessing; unhitching; uncoupling.

dételer [detle] (4) **1** *vt bœufs* to unyoke; *chevaux* to unharness; *voiture* to unhitch; *wagon* to uncouple, unhitch.
2 *vi* (*) to leave off working*. **sans** ~ *travailler, faire qch* without letting up; **on détèle à 5 heures** we knock off* at 5 o'clock; **3 heures sans** ~ 3 hours on end *ou* at a go *ou* without a break.

détendeur [detɑ̃dœʀ] *nm [bouteille de gaz]* regulator; *[installation frigorifique]* regulator.

détendre [detɑ̃dʀ(ə)] (41) **1** *vt ressort* to release; *corde* to slacken, loosen; (*Phys*) *gaz* to release the pressure of; *corps, esprit* to relax. **se** ~ **les jambes** to unbend *ou* straighten out one's legs; **ces vacances m'ont détendu** these holidays have made me more relaxed; **pour** ~ **un peu ses nerfs** to calm *ou* soothe his nerves a little; **pour** ~ **la situation/les relations internationales** to relieve *ou* ease the situation/the tension of international relations; **il n'arrivait pas à** ~ **l'atmosphère** he couldn't manage to ease the strained *ou* tense atmosphere.
2 se détendre *vpr* **(a)** *[ressort]* to lose its tension; *[corde]* to become slack, slacken; (*Phys*) *[gaz]* to be reduced in pressure.
(b) (*fig*) *[visage, esprit, corps]* to relax; *[nerfs]* to calm down; *[atmosphère]* to relax, become less tense. **aller à la campagne pour se** ~ to go to the country for relaxation *ou* to unwind*; **détendez-vous!** relax!, let yourself unwind!*; **la situation internationale s'est détendue** the international situation has grown less tense *ou* has relaxed *ou* eased; **pour que leurs rapports se détendent** to make their relations less strained *ou* more relaxed.

détendu, e [detɑ̃dy] (*ptp de* **détendre**) *adj personne, visage, atmosphère* relaxed; *câble slack; ressort* unextended.

détenir [detniʀ] (22) *vt* **(a)** *record, grade, titres* to hold; *secret, objets volés* to hold, be in possession of, have in one's possession; *moyen* to have (in one's possession). ~ **le pouvoir** to be in power, have *ou* hold the power; **il détient la clef de l'énigme** he holds the key to the enigma.
(b) *prisonnier* to detain. **il a été détenu dans un camp** he was held prisoner in a camp.

détente [detɑ̃t] *nf* **(a)** (*délassement*) relaxation. ~ **physique/ intellectuelle** physical/intellectual relaxation; **avoir besoin de** ~ **nerveuse** to need *ou* take a rest *ou* to unwind*; **ce voyage a été une (bonne)** ~ this trip has been (very) relaxing; **quelques instants/ une semaine de** ~ a few moments'/a week's relaxation.
(b) (*décrispation*) *[relations]* easing (*dans* of); *[atmosphère]* relaxation (*dans* in). (*Pol*) **la** ~ **détente**.
(c) (*élan*) *[sauteur]* spring; *[lanceur]* thrust. **ce sauteur a de la** ~ *ou* **une bonne** ~ this jumper has plenty of spring *ou* a powerful spring; **d'une** ~ **rapide, il bondit sur sa victime** with a swift bound he leaped upon his victim.

(d) (*relâchement*) *[ressort, arc]* release; *[corde]* slackening, loosening.
(e) (*lit, fig: gâchette*) trigger; *V* **dur**.
(f) (*Tech*) *[pendule]* catch; *[gaz]* reduction in pressure; *[moteur à explosion]* expansion.

détenteur, -trice [detɑ̃tœʀ, tʀis] *nm, f [secret]* possessor, holder, keeper; *[record, titres, objet volé]* holder.

détention [detɑ̃sjɔ̃] *nf* **(a)** (*possession*) *[armes]* possession; *[titres]* holding; (*Jur*) *[bien]* holding. **(b)** (*captivité*) detention. (*Jur*) **en** ~ **préventive** remanded in custody, on remand; **mettre en** ~ **préventive** to remand in custody, put on remand.

détenu, e [detny] (*ptp de* **détenir**) *nm, f* prisoner. ~ **politique** political prisoner; ~ **de droit commun** ordinary prisoner *ou* criminal.

détergent, e [detɛʀʒɑ̃, ɑ̃t] *adj, nm* detergent.

détérioration [deteʀjɔʀɑsjɔ̃] *nf* (*V* **détériorer, se détériorer**) damaging (*de* of), damage (*de* to); deterioration (*de* in); worsening (*de* in).

détériorer [deteʀjɔʀe] (1) **1** *vt objet, relations* to damage, spoil; *santé, bâtiment* to damage. **2 se détériorer** *vpr [matériel, bâtiment, santé, temps]* to deteriorate; *[relations, situation]* to deteriorate, worsen.

déterminable [detɛʀminabl(ə)] *adj* determinable.

déterminant, e [detɛʀminɑ̃, ɑ̃t] **1** *adj* (*décisif*) determining (*épith*), deciding (*épith*). **ça a été** ~ that was the deciding *ou* determining factor (*dans* in). **2** *nm* (*Ling*) determiner; (*Math*) determinant.

déterminatif, -ive [detɛʀminatif, iv] **1** *adj* determinative; *proposition* defining (*épith*). **2** *nm* determiner, determinative.

détermination [detɛʀminɑsjɔ̃] *nf* **(a)** *[cause, sens]* determining, establishing; *[date, quantité]* determination, fixing.
(b) (*résolution*) decision, resolution. **il prit la** ~ **de ne plus recommencer** he made up his mind *ou* determined not to do it again.
(c) (*fermeté*) determination. **il la regarda avec** ~ he looked at him with (an air of) determination *ou* determinedly.
(d) (*Philos*) determination.

déterminé, e [detɛʀmine] (*ptp de* **déterminer**) **1** *adj* **(a)** *personne, air* determined, resolute. **(b)** (*précis*) *but, intentions* specific, definite, well-defined; (*spécifique*) *quantité, distance, date* determined, given (*épith*). **(c)** (*Philos*) *phénomènes* predetermined. **2** *nm* (*Gram*) determinatum.

déterminer [detɛʀmine] (1) *vt* **(a)** (*préciser*) *cause, distance, sens d'un mot* to determine, establish; *date, lieu, quantité* to determine, fix. ~ **par des calculs où les astronautes vont amerrir** to calculate *ou* work out where the astronauts will splash down.
(b) (*décider*) to decide, determine. ~ **qn à faire** to decide *ou* determine sb to do; **ils se sont déterminés à agir** they have made up their minds *ou* have determined to act.
(c) (*motiver*) *[chose]* to determine. **conditions qui déterminent nos actions** conditions which determine our actions; **c'est ce qui a déterminé mon choix** that is what fixed *ou* determined *ou* settled my choice; **ceci a déterminé d'importants retards** this caused *ou* brought about long delays.
(d) (*Gram*) to determine.

déterminisme [detɛʀminism(ə)] *nm* determinism.

déterministe [detɛʀminist(ə)] **1** *adj* determinist(ic). **2** *nmf* determinist.

déterré, e [detere] (*ptp de* **déterrer**) *nm, f:* (*péj*) **avoir une tête** *ou* **une mine de** ~ to look deathly pale *ou* like death warmed up*.

déterrer [detere] (1) *vt objet enfoui* to dig up, unearth; *arbre* to uproot, dig up; *mort* to dig up, disinter; (*) *vieil objet, bouquin* to dig out*, unearth.

détersif, -ive [detɛʀsif, iv] *adj, nm* detergent, detersive.

détersion [detɛʀsjɔ̃] *nf* cleaning.

détestable [detɛstabl(ə)] *adj* appalling, dreadful, foul, ghastly.

détestablement [detɛstabləmɑ̃] *adv jouer, chanter* appallingly badly, dreadfully badly.

détester [detɛste] (1) *vt* to hate, detest. **il déteste la peinture/les enfants/le fromage** he hates *ou* detests *ou* can't bear painting/ children/cheese; **elle déteste attendre** she hates *ou* detests *ou* can't bear having to wait; **il ne déteste pas le chocolat** he is quite keen on (*Brit*) *ou* is rather fond of *ou* is not averse to chocolate; **il ne déteste pas (de) faire parler de lui** he's not averse to having people talk about him.

détonant, e [detɔnɑ̃, ɑ̃t] *adj: mélange* ~ explosive mixture.

détonateur [detɔnatœʀ] *nm* detonator.

détonation [detɔnɑsjɔ̃] *nf [bombe, obus]* detonation, explosion; *[fusil]* report, bang.

détoner [detɔne] (1) *vi* to detonate, explode.

détonner [detɔne] (1) *vi* **(a)** *[couleurs]* to clash (with each other); *[meuble]* to be out of place, be out of keeping; *[personne]* to be out of place, clash. **ses manières vulgaires détonnent dans ce milieu raffiné** his vulgar manners are out of place in this refined milieu.
(b) (*Mus*) (*sortir du ton*) to go out of tune; (*chanter faux*) to sing out of tune.

détordre [detɔʀdʀ(ə)] (41) *vt* to untwist, unwind. **le câble s'est détordu** the cable came untwisted *ou* unwound.

détortiller [detɔʀtije] (1) *vt* to untwist, unwind.

détour [detuʀ] *nm* **(a)** (*sinuosité*) bend, curve. **la rivière fait des** ~**s** the river meanders and winds about; **ce sentier est plein de** ~**s** this path is full of twists and turns *ou* is full of bends, this is a very winding path; **au** ~ **du chemin** at the bend of *ou* in the path; **on devine au** ~ **d'une phrase ...** one guesses as one is reading ... .
(b) (*déviation*) detour. **en passant par Chartres vous évitez un** ~ **de 2 km** by going straight through Chartres you will avoid a 2-km detour; *V* **tour**[2].

(c) (*subterfuge*) roundabout means; (*circonlocution*) circumlocution. **explique-toi sans ~s** just say straight out what you mean, explain yourself without beating about the bush; **user de longs ~s** *ou* **prendre beaucoup de ~s pour demander qch** to ask for sth in a very roundabout way.

détourné, e [deturne] (*ptp de* **détourner**) *adj chemin* roundabout (*épith*); *moyen* roundabout (*épith*), indirect; *reproche* indirect, oblique. **je l'ai appris de façon ~e** I heard it in a roundabout way *ou* on the grapevine.

détournement [deturnəmã] *nm [rivière]* diversion, rerouting. **~ d'avion** hijacking, skyjacking*; **~ de fonds** embezzlement *ou* misappropriation of funds; **~ de mineur** (*perversion*) corruption of a minor; (*enlèvement*) abduction of a minor.

détourner [deturne] (1) **1** *vt* **(a)** (*dévier*) *route, ruisseau, circulation, convoi* to divert, reroute; *avion [pirate de l'air]* to hijack, skyjack*; *soupçon* to divert (*sur* on to); *coup* to parry, ward off. **~ l'attention de qn** to divert *ou* distract sb's attention; **~ la conversation** to turn *ou* divert the conversation, change the subject; **pour ~ leur colère** to ward off *ou* avert their anger.

(b) (*tourner d'un autre côté*) to turn away. **~ les yeux** *ou* **le regard** to avert one's gaze, look away, turn one's eyes away; **~ la tête** to turn one's head away.

(c) (*écarter*) to divert. **~ qn de sa route/de son chemin** to divert sb from his road/from *ou* off his path, take *ou* lead sb off his road/path; **~ qn d'un projet/de faire** to dissuade sb from a plan/from doing, put sb off a plan/off doing; **~ qn de qn** to put sb off sb, turn sb away from sb; **~ qn du droit chemin** to lead sb astray, lead sb off the straight and narrow; **~ qn de son devoir** to lead sb away *ou* divert sb from his duty; **pour le ~ de ses soucis** to divert him from his worries, to take his mind off his worries.

(d) (*voler*) *argent* to embezzle, misappropriate; *marchandises* to misappropriate.

2 se détourner *vpr* to turn away. **se ~ de sa route** (*pour aller ailleurs*) to make a detour *ou* diversion; (*par erreur*) to go off the right road; (*fig*) **il s'est détourné de tous ses amis** he has turned away *ou* aside from all his friends.

détracteur, -trice [detraktœr, tris] **1** *adj* disparaging. **~ de** disparaging of. **2** *nm, f* detractor, disparager, belittler.

détraqué, e [detrake] (*ptp de* **détraquer**) *adj machine* broken down; (*) *personne* unhinged, cracked*; *temps* unsettled, upside-down (*attrib*), crazy; *nerfs, santé* shaky; *imagination* unbalanced. **cette horloge est ~e** this clock has gone completely wrong *ou* is bust* (*Brit*); **il a l'estomac ~** his stomach is out of order *ou* out of sorts; **avoir le cerveau ~*** to be unhinged *ou* cracked*, have a screw loose‡; **c'est un ~*** he's a headcase‡, he's off his head‡.

détraquement [detrakmã] *nm [machine]* breakdown; *[santé, nerfs]* shakiness. **à cause du ~ de mon estomac** because of my upset stomach; **à cause du ~ du temps** because the weather is unsettled.

détraquer [detrake] (1) **1** *vt machine* to put out of order; *personne* (*physiquement*) to put out of sorts; *estomac* to put out of sorts, put out of order; *nerfs* to shake up, upset. **ces orages ont détraqué le temps** these storms have unsettled the weather *ou* caused the weather to break; **cela lui a détraqué le cerveau*, ça l'a détraqué*** that has unhinged him *ou* sent him off his head* *ou* made him go nuts*.

2 se détraquer *vpr [machine]* to go wrong, break down; *[estomac]* to get out of sorts, be upset. **le temps se détraque** the weather is breaking *ou* is becoming unsettled.

détrempe [detrãp] *nf* **(a)** (*Peinture*) (*substance*) tempera; (*tableau*) tempera painting. **peindre en** *ou* **à la ~** to paint in tempera. **(b)** (*Tech*) *[acier]* softening.

détremper [detrãpe] (1) *vt* **(a)** (*délayer*) *terre, pain* to soak; *couleurs* to dilute, water down; *chaux* to mix with water, slake; *mortier* to mix with water, temper. **chemins détrempés** sodden *ou* waterlogged paths; **ma chemise est détrempée** my shirt is soaking (wet) *ou* soaked.

(b) (*Tech*) *acier* to soften.

détresse [detres] *nf* **(a)** (*sentiment*) distress. **son cœur en ~** his anguished heart.

(b) (*situation*) distress. **être dans la ~** to be in distress *ou* in dire straits; **bateau/avion en ~** boat/plane in distress; **entreprise en ~** business in difficulties; **envoyer un appel/un signal de ~** to send out a distress call/signal.

détriment [detrimã] *nm*: **au ~ de** to the detriment of.

détritique [detritik] *adj roche* detrital.

détritus [detritys] *nmpl* rubbish (*U*) (*Brit*), refuse (*U*), garbage (*U*).

détroit [detrwa] *nm* (*Géog*) strait. **le ~ de Gibraltar/du Bosphore** the Strait of Gibraltar/of the Bosphorus; **le ~ de Magellan** the Magellan Strait.

détromper [detrõpe] (1) **1** *vt personne* to disabuse (*de* of). **2 se détromper** *vpr*: **détrompez-vous, il n'est pas venu** you're quite mistaken, he didn't come; **si tu crois que je vais accepter, détrompe-toi!** if you think I'm going to accept, (I'm afraid) I'll have to disillusion you! *ou* you'll have to think again!

détrôner [detrone] (1) *vt souverain* to dethrone, depose; (*fig*) to oust, dethrone.

détrousser [detruse] (1) *vt* († *ou hum*) **~ qn** to relieve sb of his money *ou* luggage *etc* (*hum*), rob sb.

détrousseur [detrusœr] *nm* († *ou hum*) bandit, footpad† (*Brit*). **~ de grand chemin** highwayman.

détruire [detruir] (38) *vt* **(a)** (*ravager*) *bâtiment, ville, document, déchets* to destroy; *avion, machines* to destroy, write off*. **un incendie a détruit l'hôtel** the hotel was burnt (*Brit*) *ou* burned (*US*) down, the hotel was destroyed by fire; **la ville a été complètement détruite** the town was wiped out *ou* razed to the ground

ou completely destroyed; **cet enfant détruit tout** this child wrecks *ou* ruins everything *ou* smashes everything up; **la tempête a détruit les récoltes** the storm has ruined the crops.

(b) (*tuer*) *population, armée* to wipe out; *animaux, insectes* to destroy, exterminate. **il a essayé de se ~** he tried to do away with himself.

(c) (*ruiner*) *empire* to destroy; *santé, réputation* to ruin, wreck; *sentiment* to destroy, kill; *espoir, théorie, projet* to ruin, wreck, put paid to* (*Brit*). **les effets se détruisent** the effects cancel each other out; **cela détruit tous ses beaux arguments** that destroys *ou* puts paid to* (*Brit*) all his fine arguments.

dette [det] *nf* **(a)** (*Fin*) debt. **avoir des ~s** to be in debt, have debts; **faire des ~s** to get into debt, run up debts; **avoir 10.000 F de ~s** to be 10,000 francs in debt, be in debt to the tune of 10,000 francs*; **~ de jeu, ~ d'honneur** a gambling *ou* gaming debt is a debt of honour; **la ~ publique** *ou* **de l'État** the national debt; *V* **prison, reconnaissance.**

(b) (*morale*) debt. **~ d'amitié/de reconnaissance** debt of friendship/gratitude; **je suis en ~ envers vous** I am indebted to you; **il a payé sa ~ envers la société** he has paid his debt to society; **je vous garde une ~ de reconnaissance** I shall remain gratefully indebted to you.

D.E.U.G. [dœg] *abrév de* **diplôme d'études universitaires générales**; *V* **diplôme.**

deuil [dœj] *nm* **(a)** (*perte*) bereavement. **il a eu un ~ récemment** he was recently bereaved, he recently suffered a bereavement (*frm*), there has recently been a death in his family.

(b) (*affliction*) mourning (*U*), grief. **cela nous a plongés dans le ~** it has plunged us into mourning *ou* grief; **si nous pouvons vous réconforter dans votre ~** if we can comfort you in your grief *ou* sorrow; **décréter un ~ national** to declare national mourning.

(c) (*vêtements*) mourning (clothes). **en grand ~** in deep mourning; **être/se mettre en ~** to be in/go into mourning; **quitter le ~** to come out of mourning; **prendre/porter le ~ d'un ami** to go into/be in mourning for a friend; (*fig*) **porter le ~ de ses espoirs/illusions** to grieve for one's lost hopes/illusions; (*littér*) **la nature/la forêt est en ~** nature/the forest is in mourning; *V* **demi-, ongle.**

(d) (*durée*) mourning. **jour/semaine de ~** day/week of mourning; **le ~ du président dura un mois** the mourning for the president lasted a month.

(e) (*cortège*) funeral procession. **conduire** *ou* **mener le ~** to head the funeral procession, be (the) chief mourner.

(f) (*) **faire son ~ de qch** to kiss sth goodbye*, say goodbye to sth*; **les vacances sont annulées, j'en ai fait mon ~** the holidays have been cancelled but I am resigned to it *ou* it's no use crying about it.

deus ex machina [deysɛksmakina] *nm* deus ex machina.

deutérium [døterjɔm] *nm* deuterium.

Deutéronome [døterɔnɔm] *nm* Deuteronomy.

deux [dø] **1** *adj inv* **(a)** two. **les ~ yeux/mains** *etc* both eyes/hands *etc*; **ses ~ jambes** both his legs, his two legs; **montrez-moi les ~** show me both (of them) *ou* the two of them; **~ fois** twice; **il ne peut être en ~ endroits/aux ~ endroits à la fois** he can't be in two places/in both places at once; **je les ai vus tous (les) ~** I saw them both, I saw both of them, I saw the two of them; (*lit, fig*) **à ~ tranchants** two-edged, double-edged; **inflation à ~ chiffres** double-figure *ou* two-figure inflation; **des ~ côtés de la rue** on both sides *ou* on either side of the street; **tous les ~ jours/mois** every other *ou* every second day/month, every two days/months; **habiter** *ou* **vivre à ~** to live together *ou* as a couple; **il y a ~ t dans 'commettre'** there are two t's in 'commettre'; (*en épelant*) **~ t/l** double t/l, tt/ll.

(b) (*quelques*) a couple, a few. **c'est à ~ pas/à ~ minutes d'ici** it's only a short distance/just a few minutes from here, it's only a step/only a couple of minutes from here; **pouvez-vous attendre ~ (ou trois) minutes?** could you wait two (or three) minutes? *ou* a couple of minutes?; **vous y serez en ~ secondes** you'll be there in two ticks* (*Brit*) *ou* shakes* *ou* in no time (at all); **j'ai ~ mots à vous dire** I want to have a word with you, I've a word to say to you.

(c) (*deuxième*) second. **volume/acte ~** volume/act two; **le ~ janvier** the second of January; **Jacques ~** James the Second; *pour autres loc V* **six.**

(d) (*Mus*) **mesure à ~-~/à ~-quatre/à ~-huit** two-two/two-four/two-eight time.

(e) (*loc*) **essayer et réussir, cela fait ~** to try and to succeed are two (entirely) different things, to try is one thing but to succeed is another thing altogether; **pris entre ~ feux** caught in the crossfire; **moi et les maths, ça fait ~!*** I haven't a clue about maths*, I don't get on with maths*; **il ne faut plus qu'il y ait ~ poids (et) ~ mesures** we must no longer have two different standards *ou* two sets of rules; **être assis entre ~ chaises** to be in a difficult predicament *ou* on the horns of a dilemma; (*Prov*) **~ précautions valent mieux qu'une** better safe than sorry (*Prov*); **~ avis valent mieux qu'un** two heads are better than one (*Prov*); **en ~ temps, trois mouvements il l'a réparé*** he repaired it in two ticks* (*Brit*) *ou* shakes* *ou* before you could say Jack Robinson* (*hum*).

2 *nm inv* (*chiffre*) two. (*Cartes, Dés*) **le ~** the two, the deuce; **couper en ~/en ~ morceaux** to cut in two *ou* in half/into two pieces; **marcher ~ par ~** *ou* **à ~** to walk two by two *ou* in pairs *ou* two abreast; **à nous ~** (*parlons sérieusement*) let's have a chat; (*je m'occupe de vous*) I'm with you now; (*à un ennemi*) now let's fight it out!; *pour autres loc V* **six** *et* **moins, pas¹.**

3: (*Aut*) **deux-chevaux** *nf inv* 2 CV (*car*); (*Naut*) **deux-mâts** *nm inv* two-master; **deux-pièces** *nm inv* (*ensemble*) two-piece suit; (*maillot*) two-piece (swimsuit); (*appartement*) two-room flat (*Brit*) *ou* apartment (*US*); **deux-points** *nm inv* colon; **deux-ponts** *adj, nm inv* (*Naut*) two-decker; (*Aviat*) double-decker; (*Admin*) **deux-roues**

nm inv two-wheeled vehicle; **deux-temps** *(adj) (Aut)* two-stroke; *(nm inv) (moteur)* two-stroke (engine); *(Mus)* half-common time.

deuxième [døzjɛm] **1** *adj, nmf* second; *pour loc V* **sixième. 2** *(Admin)* **le Deuxième Bureau** the intelligence branch *ou* service; *(Mil)* **deuxième classe** *nm inv V* **soldat.**

deuxièmement [døzjɛmmɑ̃] *adv* second(ly).

deuzio* [døzjo] *adv (hum)* secondly.

dévaler [devale] (1) **1** *vt (courir)* to tear down, hurtle down; *(glisser, tomber)* to tumble down. **il dévala les escaliers quatre à quatre** he tore *ou* hurtled down the stairs four at a time, he came tearing *ou* hurtling down the stairs four at a time.
2 *vi (rochers)* to hurtle down; *(lave)* to rush down, gush down; *(terrain)* to fall away sharply. **il a dévalé dans les escaliers et s'est cassé le bras** he tumbled down the stairs and broke his arm.

dévaliser [devalize] (1) *vt maison* to strip, burgle *(Brit)*, burglarize *(US)*; *banque* to rob. ~ **qn** to strip sb of what he has on him; ~ **un magasin** *(lit) (voleurs)* to strip *ou* burgle *(Brit) ou* burglarize *(US)* a shop; *(fig) (clients)* to buy up a shop; ~ **le réfrigérateur** to raid the fridge.

dévalorisation [devalɔrizasjɔ̃] *nf* depreciation.

dévaloriser [devalɔrize] (1) **1** *vt marchandises, collection* to reduce the value of; *monnaie, talent* to depreciate. **2 se dévaloriser** *vpr (monnaie, marchandise)* to fall in value, depreciate.

dévaluation [devalɥasjɔ̃] *nf* devaluation.

dévaluer [devalɥe] (1) **1** *vt* to devalue, devaluate *(US)*. **2 se dévaluer** *vpr* to devalue, be devalued, fall in value.

devancement [dəvɑ̃smɑ̃] *nm:* ~ **d'une échéance** (making of a) payment in advance *ou* before time; *(Mil)* ~ **d'appel** enlistment before call-up.

devancer [dəvɑ̃se] (3) *vt* **(a)** *(distancer) coureur* to get ahead of, get in front of, outstrip; *concurrent, rival* to get ahead of, forestall. **il m'a devancé de 3 minutes/de 3 points** he beat me by 3 minutes/3 points, he was 3 minutes/3 points ahead of me.
(b) *(précéder)* to arrive before, arrive ahead of. **il m'a devancé au carrefour** he got to the crossroads before me; *(littér)* ~ **son siècle** to be ahead of *ou* in advance of one's time.
(c) *(aller au devant de)* question, objection, désir to anticipate. **j'allais le faire mais il m'a devancé** I was going to do it but he did it first *ou* got there first.
(d) *(faire qch en avance) (Mil)* ~ **l'appel** to enlist before call-up; *(Fin)* ~ **la date d'un paiement** to make a payment before it is due.

devancier, -ière [dəvɑ̃sje, jɛʀ] *nm, f* precursor.

devant [d(ə)vɑ̃] **1** *prép* **(a)** *(position: en face de)* in front of, before *(littér)*; *(mouvement: le long de)* past. **ma voiture est** ~ **la porte** my car is (just) outside *ou* at the door; ~ **nous se dressait un vieux chêne** before us *ou* in front of us stood an old oak tree; **le bateau est ancré** ~ **le port** the boat is anchored outside the port; **il est passé** ~ **moi sans me voir** he walked past me *ou* he passed me *ou* he went right by me without seeing me; **elle était assise** ~ **la fenêtre** she was sitting at *ou* by the window; **il est passé** *ou* **a filé** ~ **nous comme une flèche** he shot past us (like an arrow), he flashed past us; **va-t-en de** ~ **la vitrine** move away from (in front of) the window; **va-t-en de** ~ **la lumière** get out of the *ou* my light; **éloignez-vous de** ~ **mes yeux†** get out of my sight!
(b) *(lit, fig: en avant de) (proximité)* in front of; *(distance)* ahead of. **il marchait** ~ **moi** he was walking in front of *ou* ahead of me; **il est loin** ~ **nous** he is a long way ahead of us; **regarde** ~ **toi** look in front of you *ou* straight ahead (of you); **il est** ~ **moi en classe** *(banc)* he sits in front of me at school; *(résultats)* he is ahead of me at *ou* in school; **fuir** ~ **qn** to flee before *ou* from sb; **(droit)** ~ **nous se dressait la muraille** the wall rose up (straight) in front of *ou* ahead of us; *(fig)* **avoir du temps/de l'argent** ~ **soi** to have time/money in hand *ou* to spare; **il a tout l'avenir** ~ **lui** he has his whole future in front of *ou* before him, his whole future lies before him *ou* in front of him; **allez droit** ~ **vous, vous trouverez le village** go straight on *ou* ahead and you'll come to the village; *(fig)* **aller droit** ~ **soi (sans s'occuper des autres)** to go straight on (regardless of others); **passe** ~ **moi si tu es pressé** you go first *ou* in front of me if you're in a hurry; **elle est passée** ~ **moi chez le boucher** she pushed (in) in front of me at the butcher's.
(c) *(en présence de)* before, in front of. **s'incliner** ~ **qn** to bow before sb; **comparaître** ~ **ses juges** to appear before one's judges; **ne dis pas cela** ~ **les enfants/tout le monde** don't say that in front of the children/everyone; **cela s'est passé juste** ~ **nous** *ou* **nos yeux** it happened before *ou* in front of our very eyes; **imperturbable** ~ **le malheur d'autrui** unmoved by *ou* in the face of other people's misfortune; *(fig)* **reculer** ~ **ses responsabilités** to shrink from one's responsibilities; *(Jur)* **par-** ~ **notaire/Maître X** in the presence of a notary/Maître X.
(d) *(fig) (face à)* faced with, in the face of; *(étant donné)* in view of, considering. ~ **la gravité de la situation** in view of *ou* considering the gravity of the situation; **rester ferme** ~ **le danger** to stand fast in the face of danger; **il ne sut quelle attitude prendre** ~ **ces faits** he did not know what line to adopt when faced *ou* confronted with these facts; **tous égaux** ~ **la loi** everyone (is) equal in the eyes of the law.
2 *adv* **(a)** in front. **vous êtes juste** ~ you are right in front of it; **vous êtes passé** ~ you came past *ou* by it; **je suis garé juste** ~ I am parked just out at the front *ou* just outside; **en passant,** ~ **regarde si la boutique est ouverte** see if the shop is open as you go past; **corsage qui se boutonne (par-)** ~ blouse which buttons up *ou* does up at the front; **entre par-** ~**, le jardin est fermé** go in (by) the front (way) because the garden is closed.
(b) *(en avant)* ahead, in front. **il est parti** ~ he went on ahead *ou* in advance; **il est loin** ~ he's a long way ahead; *(Naut)* **attention, obstacle (droit)** ~ **stand by,** hazard ahead!; **il est assis 3 rangs** ~ he's sitting 3 rows in front (of us); **passe,** ~**, je te rejoindrai** (you)

go on ahead and I'll catch up with you; **fais passer le plateau** ~ pass the tray forward; **il a pris des places** ~ he has got front seats *ou* seats at the front *ou* up front*; *(Aut)* **il a préféré monter** ~ he preferred to sit in (the) front; **marchez** ~**, les enfants** walk in front, children; **passe** ~**, il roule trop lentement** go past him *ou* overtake him *(Brit) ou* get in front of him, he's going too slowly; **passez** ~**, je ne suis pas pressé** after you *ou* you go first *ou* you go in front of me, I'm in no hurry; *V* **pied.**
3 *nm* **(a)** *(maison, voiture, objet)* front; *(bateau)* fore, bow(s). **habiter sur le** ~ to live at the front (of the house *etc*); **de** ~ *roue, porte* front; *V* **patte, point².**
(b) **prendre le(s)** ~**(s): voyant qu'il hésitait, j'ai pris les** ~**s pour lui parler** seeing that he hesitated, I made the first move *ou* took the initiative and spoke to him; **nous étions plusieurs sur cette affaire, j'ai dû prendre les** ~**s en offrant un contrat plus intéressant** there were several of us after the job so I had to preempt *ou* forestall the others and offer a more competitive contract; *(Mil)* **prendre les** ~**s en attaquant** to launch a pre-emptive strike *ou* attack.
(c) **au-**~ **(de): je l'ai vu de loin et je suis allé au-**~ **(de lui)** I saw him in the distance and went (out) to meet him; **aller au-**~ **des désirs de qn** to anticipate sb's wishes; **courir au-**~ **du danger** to court danger; **aller au-**~ **des ennuis** *ou* **difficultés** to be asking for trouble; **en faisant cela, tu vas au-**~ **de bien des ennuis** you'll run into *ou* be asking for no end of trouble by doing that.

devanture [d(ə)vɑ̃tyʀ] *nf* **(a)** *(étalage)* display; *(vitrine)* (shop) window *(Brit)*, (store) window *(US)*. **à la** ~ on display; *(dans la vitrine)* in the window. **(b)** *(façade)* (shop) front.

dévastateur, -trice [devastatœʀ, tʀis] *adj torrent, orage* devastating, ruinous; *passion* destructive.

dévastation [devastasjɔ̃] *nf* devastation. **les** ~**s de la guerre/de la tempête** the ravages of war/the storm, the devastation *ou* havoc wreaked by war/the storm.

dévasté, e [devaste] *(ptp de* **dévaster)** *adj pays, ville, cultures* devastated; *maison* ruined.

dévaster [devaste] (1) *vt pays, ville, cultures* to devastate, lay waste; *(fig) âme* to devastate, ravage.

déveine* [devɛn] *nf* (piece of) rotten luck*. **être dans la** ~ to be down on one's luck *ou* out of luck, be damned unlucky*; **avoir la** ~ **de** to have the rotten luck to*; **quelle** ~! what rotten luck!*

développable [devlɔpabl(ə)] *adj (gén, Géom)* developable.

développateur [devlɔpatœʀ] *nm (Phot)* developer.

développé [devlɔpe] *nm (Sport)* press.

développement [devlɔpmɑ̃] *nm* **(a)** *(intelligence, corps, science)* development; *(industrie, affaire, commerce)* development, expansion, growth. **une affaire en plein** ~ a fast-expanding *ou* fast-developing business; **l'entreprise a pris un** ~ **important** the firm has expanded *ou* developed greatly and has undergone a sizeable expansion; **la crise a pris un** ~ **inattendu** the crisis has taken an unexpected turn *ou* has developed in an unexpected way, there has been an unexpected development in the crisis; **pays en voie de** ~ developing country.
(b) *(sujet)* exposition; *(Mus) (thème)* development. **entrer dans des** ~**s inutiles** to go into unnecessary details, develop the subject unnecessarily.
(c) *(Phot)* developing, development, processing. **appareil/photographie à** ~ **instantané** instant camera/photograph.
(d) *(Cyclisme)* **choisir un grand/petit** ~ to choose a high/low gear.
(e) *(Géom) (solide)* development; *(Algèbre) (fonction)* development; *(expression algébrique)* simplification.

développer [devlɔpe] (1) **1** *vt* **(a)** *corps, muscle, intelligence* to develop; *commerce, industrie* to develop, expand. ~ **le goût de l'aventure chez les enfants** to bring out *ou* develop adventurousness in children; **il faut** ~ **les échanges entre les pays** exchanges between countries should be developed; **elle a des bras peu développés** she has rather thin *ou* underdeveloped arms; **une poitrine bien/peu développée** a well-developed/an underdeveloped bust.
(b) *récit, argument, projet* to develop, enlarge (up)on, elaborate upon. **il faut** ~ **ce paragraphe** this paragraph needs developing *ou* expanding.
(c) *(Phot) film* to develop. **envoyer une pellicule à** ~ to send (off) a film to be developed *ou* processed.
(d) *(déballer) paquet* to unwrap.
(e) *(déployer) parchemin* to unroll; *coupon de tissu* to unfold; *armée, troupes* to deploy.
(f) *(Géom) solide* to develop; *(Algèbre) fonction, série* to develop; *expression algébrique* to simplify.
(g) **vélo qui développe 6 mètres** bicycle which moves forward 6 metres for every complete revolution of the pedal.
2 se développer *vpr* **(a)** *(personne, plante)* to develop, grow; *(affaire)* to expand, develop, grow.
(b) *(armée)* to spread out; *(fleuve)* to spread out.
(c) *(habitude)* to spread.

devenir [dəvniʀ] (22) **1** *vi* **(a)** to become. ~ **capitaine/médecin** to become a captain/a doctor; **que veux-tu** ~ **dans la vie?** what do you want to do *ou* be in life?; **cet enfant maladif est devenu un homme solide** that sickly child has turned out *ou* turned into *ou* has become a strong man; **il est devenu tout rouge** he turned *ou* went *(Brit)* quite red; **il devient de plus en plus agressif** he's becoming *ou* growing *ou* getting more and more aggressive; ~ **vieux/grand** to grow *ou* get old/tall; **arrête, tu deviens grossier** stop it, you're getting *ou* becoming rude *ou* starting to be rude; **c'est à** ~ **fou!** it's enough to drive you mad!
(b) *(advenir de)* **bonjour, que devenez-vous?*** hullo, how are you making out?* *(Brit) ou* getting on? *ou* doing?*; **qu'étais-tu**

devenu? nous te cherchions partout where *ou* wherever had you got to? we have been looking for you everywhere; **que sont devenues mes lunettes?** where *ou* wherever have my glasses got to? *ou* gone?; **que sont devenus tes grands projets?** what has become of your fine plans?; **que deviendrais-je sans toi?** what(ever) would I do *ou* what(ever) would become of me without you?; **qu'allons-nous ~?** what is going to happen to us?, what will become of us?
2 *nm* evolution. **quel est le ~ de l'homme?** what is man's destiny?; **nous sommes en ~** we are constantly evolving.

dévergondage [devɛʀgɔ̃daʒ] *nm* licentious *ou* loose living.
dévergondé, e [devɛʀgɔ̃de] (*ptp de* **se dévergonder**) *adj femme* shameless, bad; *homme* wild, bad; *conversation* licentious, shameless. **vie ~e** licentious *ou* loose living; **c'est une ~e** she's a shameless hussy; **c'est un ~** he leads a wild life.
dévergonder (se) [devɛʀgɔ̃de] (1) *vpr* to run wild, get into bad ways.
déverrouillage [devɛʀujaʒ] *nm* (*V* **déverrouiller**) unbolting; unlocking, opening.
déverrouiller [devɛʀuje] (1) *vt porte* to unbolt; *culasse* to unlock, open.
devers [dəvɛʀ] *prép V* **par-devers**.
dévers [devɛʀ] *nm [route]* banking; *[mur]* slant.
déversement [devɛʀsəmã] *nm* (*V* **déverser**) pouring(-out); tipping(-out); unloading. **~ accidentel de pétrole** oil spill.
déverser [devɛʀse] (1) **1** *vt liquide* to pour (out); *sable, ordures* to tip (out); *bombes* to unload. **la rivière déverse ses eaux dans le lac** the river flows into *ou* pours its waters into the lake; **il déversa toute sa colère sur moi** he poured out *ou* vented his anger upon me; (*fig*) **le train déversa des milliers de banlieusards** the train disgorged *ou* discharged thousands of commuters; (*fig*) **~ des produits sur le marché européen** to dump *ou* unload products onto the European market.
2 se déverser *vpr* to pour (out). **la rivière se déverse dans le lac** the river flows into *ou* pours its waters into the lake; **un orifice par où se déversaient des torrents d'eaux boueuses** an opening out of which poured torrents of muddy water.
déversoir [devɛʀswaʀ] *nm [canal]* overflow; *[réservoir]* spillway, overflow; (*fig*) outlet.
dévêtir [devetiʀ] (20) **1** *vt personne, poupée* to undress. **~ un enfant** to undress a child, take a child's clothes off (him), take the clothes off a child. **2 se dévêtir** *vpr* to undress, get undressed, take one's clothes off.
déviance [devjãs] *nf* (*Psych*) deviancy, deviance.
déviant, e [devjã, ãt] *adj, nm, f* deviant.
déviation [devjɑsjɔ̃] *nf* (**a**) *[projectile, navire, aiguille aimantée]* deviation; *[circulation]* diversion. (**b**) (*Aut: détour obligatoire*) diversion. (**c**) (*Méd*) *[organe]* inversion; *[utérus]* displacement; *[colonne vertébrale]* curvature. (**d**) *(écart de conduite etc)* deviation.
déviationnisme [devjɑsjɔnism(ə)] *nm* deviationism. **faire du ~ de droite** to move to the right.
déviationniste [devjɑsjɔnist(ə)] *adj, nmf* deviationist.
dévidage [devidaʒ] *nm* (*V* **dévider**) unwinding; winding.
dévider [devide] (1) *vt* (**a**) *(dérouler)* **pelote, bobine** to unwind. **elle m'a dévidé tout son chapelet*** she reeled off all her grievances to me*. (**b**) *(mettre en pelote)* **fil** to wind into a ball *ou* skein; **écheveau** to wind up.
dévidoir [devidwaʀ] *nm [fil, tuyau]* reel; *[câbles]* drum, reel.
dévier [devje] (7) **1** *vi* (**a**) *[aiguille magnétique]* to deviate; *[ballon, bateau, projectile]* to veer (off course), turn (off course). **le ballon a dévié vers la gauche** the ball veered to the left; **le poteau a fait ~ le ballon** the post deflected the ball; **le vent nous a fait ~ (de notre route)** the wind blew *ou* turned us off course *ou* made us veer off course; **nous avons dévié par rapport à notre route** we've gone off course, we're off course.
(**b**) (*fig*) *[doctrine]* to alter; *[conversation]* to turn (*sur* on)to. **voyant que la conversation déviait dangereusement** seeing that the conversation was taking a dangerous turn *ou* was turning onto dangerous ground; **nous avons dévié par rapport au projet initial** we have moved away *ou* departed from the original plan; **on m'accuse de ~ de ma ligne politique** I'm accused of deviating *ou* departing from my political line; **rien ne me fera ~ de mes principes** nothing will turn me away from my principles, nothing will make me depart *ou* swerve from my principles; **il fit ~ la conversation vers des sujets plus neutres** he turned *ou* diverted the conversation onto more neutral subjects.
2 *vt route, circulation* to divert; *projectile, coup* to deflect, divert. **avoir la colonne vertébrale déviée** to have curvature of the spine.
devin, devineresse [dəvɛ̃, dəvinʀɛs] *nm, f* soothsayer, seer. **je ne suis pas ~*** I don't have second sight, I can't see into the future.
devinable [d(ə)vinabl(ə)] *adj résultat* foreseeable; *énigme* solvable; *secret, raison* that can be guessed, guessable.
deviner [d(ə)vine] (1) *vt secret, raison* to guess; *énigme* to solve. **~ l'avenir** to foretell the future; (*littér*) **~ qn** to see into sb; **devine pourquoi/qui** guess why/who; **vous ne devinez pas?** can't you guess?; **je ne devine pas** I give up, I don't know.
devineresse [dəvinʀɛs] *nf V* **devin**.
devinette [d(ə)vinɛt] *nf* riddle, conundrum. (*lit*) **jouer aux ~s** to play at (asking) riddles; **arrête de jouer aux ~s*** stop playing guessing games *ou* talking in riddles.
déviriliser [deviʀilize] (1) *vt:* **~ qn** to make sb look less manly.
devis [d(ə)vi] *nm* estimate, quotation, quote. **~ descriptif** detailed estimate; **~ estimatif** preliminary estimate.
dévisager [devizaʒe] (3) *vt* to stare at, look hard at.
devise [d(ə)viz] *nf* (**a**) (*Hér*) *(formule)* motto, watchword; (*figure emblématique*) device.
(**b**) *[maison de commerce]* slogan; *[parti]* motto, slogan.

simplicité est ma ~ simplicity is my motto.
(**c**) (*Fin: monnaie*) currency. **~ forte** hard *ou* strong currency; **~ faible** soft *ou* weak currency; **~s (argent)** currency; **~s étrangères** foreign currency; **V cours**.
deviser [dəvize] (1) *vi* (*littér*) to converse (*de* about, on).
dévissage [devisaʒ] *nm* (*V* **dévisser**) unscrewing, undoing; fall.
dévisser [devise] (1) **1** *vt* to unscrew, undo. (*fig*) **se ~ la tête/le cou** to screw one's head/neck round. **2** *vi [alpiniste]* to fall (off).
de visu [devizy] *loc adv:* **s'assurer/se rendre compte de qch ~** to make sure of sth/see sth for o.s.
dévitalisation [devitalizɑsjɔ̃] *nf:* **~ d'une dent** removal of a nerve from a tooth.
dévitaliser [devitalize] (1) *vt dent* to remove the nerve from, devitalize (*T*).
dévoilement [devwalmã] *nm* (*V* **dévoiler**) unveiling; unmasking; disclosure; revelation. **le ~ d'un mystère** the unfolding of a mystery.
dévoiler [devwale] (1) *vt statue* to unveil; *intention, secret, vérité, avenir* to unveil, disclose; *nom, date* to reveal, disclose. **le mystère s'est dévoilé** the mystery has been revealed *ou* unfolded; (*hum*) **~ ses charmes** to reveal one's charms.
devoir [d(ə)vwaʀ] (28) **1** *vt* (**a**) (*avoir à payer*) *chose, somme d'argent* to owe. **~ qch à qn** to owe sb sth; **elle (lui) doit 200 F/2 jours de travail** she owes (him) 200 francs/2 days' work; **il réclame seulement ce qui lui est dû** he is asking only for what is owing *ou* due to him, he is only asking for his due(s).
(**b**) (*être redevable*) **~ qch à qch** to owe sth to sth; **~ qch à qn** to owe sth to sb, be indebted to sb for sth; **il ne veut rien ~ à personne** he doesn't want to be indebted to anyone *ou* to owe anyone anything; **c'est à son courage qu'elle doit la vie** she owes her life to his courage, it's thanks to his courage that she's alive; **je dois à mes parents d'avoir réussi** I have my parents to thank for my success, I owe my success to my parents; **c'est à Fleming que l'on doit la découverte de la pénicilline** we have Fleming to thank for the discovery of penicillin, it is to Fleming that we owe the discovery of penicillin.
(**c**) (*être tenu à*) to owe. **~ le respect/l'obéissance à qn** to owe sb respect/obedience; **il lui doit bien cela!** it's the least he can do for him!; **avec les honneurs dûs à son rang** with honours due to *ou* befitting his rank.
2 *vb aux* (**a**) (*obligation*) to have to. **elle doit (absolument) partir ce soir** she (really) has to *ou* she (really) must go tonight; **il aurait dû la prévenir** he should have *ou* ought to have warned her; **il avait promis, il devait le faire** he had promised so he had to do it; **il devrait maintenant connaître le chemin** he ought to *ou* should know the way by now; **dois-je lui écrire tout de suite?** must I *ou* do I have to *ou* have I got to write to him immediately?; **vous ne devez pas entrer sans frapper** you are not to *ou* must not come in without knocking; **non, tu ne dois pas le rembourser** no, you need not *ou* don't have to pay it back.
(**b**) (*fatalité*) **cela devait arriver un jour** it (just) had to happen *ou* it was bound to happen some time; **elle ne devait pas apprendre la nouvelle avant le lendemain** she was not to hear the news until the next day; (*littér*) **dût-il** *ou* **même s'il devait être condamné, il refuserait de parler** even if he were (to be) found guilty he would refuse to talk, were he to be found guilty *ou* should he be found guilty he would still refuse to talk; **les choses semblent ~ s'arranger/empirer** it looks as though things are *ou* things seem to be sorting themselves out/getting worse.
(**c**) (*prévision*) **il devait acheter une moto mais c'était trop cher** he was (going) to buy *ou* he was to have bought a motorbike but it was too expensive; **il doit arriver ce soir** he is due (to arrive) tonight, he is to arrive tonight; **elle doit vous téléphoner demain** she is to ring you tomorrow; **tu ne devais pas venir avant 8 heures** you were not supposed to come *ou* you were not expected before 8; **vous deviez le lui cacher** you were (supposed) to hide it *ou* to have hidden it from him.
(**d**) (*probabilité*) **il doit faire froid ici en hiver** it must be cold here in winter; **vous devez vous tromper** you must be mistaken; **il a dû se tromper** *ou* **il doit s'être trompé de chemin** he must have lost his way; **il devait être 6 heures quand il est sorti** it must have been 6 when he went out; **elle ne doit pas être bête, vous savez** she can't be stupid, you know; **il ne devait pas être loin du sommet quand il a abandonné** he can't have been far from the top when he gave up; **cela devrait pouvoir s'arranger** it should be *ou* ought to be possible to put that right, we should be able to put that right.
3 se devoir *vpr:* **se ~ à qn/qch** to have to devote o.s. to sb/sth; **une mère se doit à sa famille** a mother has to *ou* must devote herself to her family; **nous nous devons de le lui dire** it is our duty *ou* we are duty bound to tell him; **comme il se doit** (*comme il faut*) as is proper *ou* right; (*comme prévu*) as expected.
4 *nm* (**a**) (*obligation morale*) duty. **agir par ~** to act from a sense of duty; **un homme de ~** a man of conscience *ou* with a sense of duty.
(**b**) (*ce que l'on doit faire*) duty. **accomplir** *ou* **faire** *ou* **remplir son ~** to carry out *ou* do one's duty; **les ~s du citoyen/d'une charge** the duties of a citizen/post; **se faire un ~ de faire** to make it one's duty to do; **il est de mon/ton/son etc ~ de faire** it is my/your/his etc duty to do; **~s religieux** religious duties; (*frm*) **il se mit en ~ de répondre à la lettre** he proceeded to reply to the letter; **il se mit immédiatement en ~ de le faire** he set about doing it immediately.
(**c**) (*Scol*) (*à la maison*) homework (*U*); (*en classe*) exercise. **faire ses ~s** to do one's homework; **il n'a pas de ~ de français aujourd'hui** he has no French homework tonight; **~s de vacances** homework to be done over the holidays; **~ sur table** (written) test.

(d) (†, *hum: hommage*) ~s respects; **présenter ses** ~s **à qn** to pay one's respects to sb; V **dernier**.
dévoisé, e [devwaze] *adj* (*Ling*) *consonne* devoiced.
dévoisement [devwazmɑ̃] *nm* (*Ling*) devoicing.
dévoltage [devɔltaʒ] *nm* reduction in voltage.
dévolter [devɔlte] (1) *vt* to reduce the voltage of.
dévolu, e [devɔly] **1** *adj*: **être** ~ **à qn** *[succession, droits]* to be devolved upon ou to sb; *[charge]* to be handed down *ou* passed on to sb; **le budget qui a été** ~ **à la recherche** the funds that have been allotted *ou* granted *ou* devoted to research; **la part de gâteau qui m'avait été** ~**e** the piece of cake that had been allotted to me; **c'est à moi qu'il a été** ~ **de commencer** it fell to my lot to start; **le sort qui lui sera dévolu** the fate that is in store for him.
2 *nm* V **jeter**.
dévolution [devɔlysjɔ̃] *nf* devolution.
dévorant, e [devɔrɑ̃, ɑ̃t] *adj* *faim* raging (*épith*); *curiosité, soif* burning (*épith*); *passion* devouring (*épith*), consuming (*épith*); (*littér*) *flammes* all-consuming (*littér*), ravaging (*épith*).
dévorer [devɔre] (1) *vt* **(a)** (*manger*) *[fauve]* to devour; *[personne]* to devour, wolf (down)*. **des limaces ont dévoré mes laitues** slugs have eaten up *ou* devoured my lettuces; **cet enfant dévore!** this child has a huge appetite!; **on est dévoré par les moustiques!** we're being eaten alive by mosquitoes!; ~ **un livre** to devour a book; ~ **qch à belles dents** to wolf sth down; ~ **qn/qch du regard** *ou* **des yeux** to eye sth/sb greedily *ou* covetously; V **loup**.
(b) (*consumer*) to consume. **le feu dévore le bâtiment** the fire is consuming *ou* devouring the building; **il a dévoré sa fortune** he has consumed his (whole) fortune; **voiture qui dévore les kilomètres** *ou* **la route** car which eats up the miles; **c'est une tâche qui dévore tous mes loisirs** it's a task which swallows up all my free time.
(c) (*littér*) (*tourmenter*) *[jalousie, remords, soucis]* to consume, devour; *[maladie]* to consume. **la soif le dévore** he has a burning thirst, he is consumed with thirst; **être dévoré de remords/jalousie** to be eaten up with *ou* consumed with *ou* devoured by remorse/jealousy.
(d) (*frm: cacher*) ~ **un affront** to swallow an affront; ~ **ses larmes** to choke back *ou* gulp back one's tears.
dévoreur, -euse [devɔRœR, øz] *nm,f* devourer. (*fig*) **un** ~ **de livres** an avid reader; **ce projet est un gros** ~ **de crédits** this project takes a huge amount of money *ou* is a great drain on funds.
dévot, e [devo, ɔt] **1** *adj* (*gén*) devout, pious; (*péj: bigot*) churchy*, holier-than-thou. **2** *nm,f* deeply religious person; (*péj*) excessively pious person. (*péj*) **une vieille** ~**e** a churchy old woman*; V **faux²**.
dévotement [devɔtmɑ̃] *adv* devoutly, piously.
dévotion [devɔsjɔ̃] *nf* **(a)** (*piété*) devoutness, religious devotion; V **faux²**.
(b) ~s devotions; **faire ses** ~s to perform one's devotions.
(c) (*culte*) devotion. (*fig*) **avoir une** ~ **pour qn** to worship sb; **être à la** ~ **de qn** to be totally devoted to sb; **il avait à sa** ~ **plusieurs employés** he had several totally devoted employees.
dévoué, e [devwe] (*ptp de* **se dévouer**) *adj* *infirmière* devoted, dedicated; *femme* devoted; *ami, serviteur* devoted, faithful. **être** ~ **à qn/qch** to be devoted to sb/sth; (††: *formule de lettre*) **votre** ~ **serviteur** your devoted servant; V **croire**.
dévouement [devumɑ̃] *nm* *[mère, ami, voisin]* devotion; *[infirmière, sauveteur, soldat]* devotion, dedication. ~ **à un parti** devotion to a party; **avec** ~ devotedly; **avoir un** ~ **aveugle pour qn** to be blindly devoted to sb.
dévouer (se) [devwe] (1) *vpr* **(a)** (*se sacrifier*) to sacrifice o.s. **il se dévoue pour les autres** he sacrifices himself *ou* makes a sacrifice of himself for others; **c'est toujours moi qui me dévoue!** it's always me who makes the sacrifices!; (*hum*) **personne ne veut y aller? bon, je me dévoue** so nobody wants to go? all right, I'll be a martyr (*hum*).
(b) (*se consacrer à*) **se** ~ **à qn/qch** to devote *ou* dedicate o.s. to sb/sth.
dévoyé, e [devwaje] (*ptp de* **dévoyer**) **1** *adj* delinquent. **2** *nm,f* delinquent. **une bande de jeunes** ~s a gang of young delinquents.
dévoyer [devwaje] (8) **1** *vt* to lead astray. **2 se dévoyer** *vpr* to go astray.
dextérité [dɛksteRite] *nf* skill, dexterity. **avec** ~ skilfully, dextrously, with dexterity.
dextre [dɛkstR(ə)] *nf* (††, *hum*) right hand.
dey [dɛ] *nm* dey.
DG [deʒe] *nm abrév de* **directeur général**; V **directeur**.
dg *abrév de* **décigramme**.
DGA [deʒea] *nm abrév de* **directeur général adjoint**; V **directeur**.
dia [dja] *excl* V **hue**.
diabète [djabɛt] *nm* diabetes (*sg*). **avoir du** ~ to have diabetes.
diabétique [djabetik] *adj, nmf* diabetic.
diable [djabl(ə)] *nm* **(a)** (*Myth, Rel*) devil. **le** ~ the Devil; **s'agiter comme un beau** ~ to thrash about like the (very) devil; **j'ai protesté comme un beau** ~ I protested for all I was worth *ou* as loudly as I could; **cet enfant a le** ~ **au corps** this child is the very devil; **faire le** ~ **à quatre** to create the devil of a rumpus; **que le** ~ **l'emporte!** the devil take him!; **le** ~ **m'emporte si j'y comprends quelque chose!** the devil take me† *ou* the deuce† if I understand any of it!, I'll be damned if I understand it!*; **c'est bien le** ~ **si on ne trouve pas à les loger** it would be most unusual *ou* surprising if we couldn't find anywhere for them to stay; **ce n'est pas le** ~ it's not that bad; **(fait) à la** ~ (done) any old how; **tirer le** ~ **par la queue** to live from hand to mouth, be on one's uppers (*Brit*); **se démener comme un** ~ **dans un bénitier** to be like a cat on hot bricks (*Brit*) *ou* on a hot tin roof; V **avocat¹**.
(b) (*excl*) **D**~**!**† **c'est difficile!** it's dashed difficult!†; ~ **oui/non!** good gracious yes/no!; **du** ~ **si je le sais!** the devil take

me† *ou* **the deuce**† **if I know!; allons, du courage que** ~**!** cheer up, dash it!*; **où** ~ **a-t-elle mis son sac?** where the dickens *ou* devil has she put her bag?; **pourquoi/quand** ~ **l'as-tu jeté?** why/when the dickens *ou* devil did you throw it out?
(c) **au** ~: **être situé/habiter au** ~ (**vauvert**) to be situated/live miles from anywhere *ou* at the back of beyond (*Brit*); **envoyer qn au** ~ *ou* **à tous les** ~s to tell sb to go to the devil; **il peut aller au** ~, **qu'il aille au** ~**!** he can go to the devil!; **au** ~ **l'avarice/le percepteur!** the devil take miserliness/the tax collector!
(d) **du** ~, **de tous les** ~s: **il fait un froid du** ~ *ou* **de tous les** ~s it's fearfully *ou* fiendishly cold; **il faisait un vent du** ~ *ou* **de tous les** ~s there was the *ou* a devil of a wind, it was fearfully *ou* fiendishly windy; **on a eu un mal du** ~ **à le faire avouer** we had the *ou* a devil of a job making him own up.
(e) (†) **en** ~ deuced†, dashed†; **il est menteur en** ~ he is a deuced *ou* dashed liar†; **il est courageux/robuste en** ~ he is devilishly *ou* dashed brave/strong†.
(f) (*enfant*) devil, rogue. (*personne*) **pauvre** ~ poor devil *ou* wretch; **grand** ~ tall fellow; **c'est une bon/ce n'est pas un mauvais** ~ he's a nice/he's not a bad sort *ou* fellow; **leur enfant est très** ~ their child is a real little devil.
(g) ~ **de** wretched; **ce** ~ **d'homme** that wretched fellow; **cette** ~ **d'affaire** this wretched business; **avec ce** ~ **de temps on ne peut pas sortir** we can't go out in this wretched weather.
(h) (*chariot*) hand truck. (*jouet*) ~ jack-in-the-box.
diablement* [djabləmɑ̃] *adv* devilish*†, dashed*, fiendishly.
diablerie [djabləri] *nf* **(a)** (*espièglerie*) devilment, roguishness; (*acte*) mischief (*U*). **leurs** ~s **me feront devenir folle** their mischief will drive me mad. **(b)** (††: *machination*) machination, evil intrigue. **(c)** (††: *sorcellerie*) devilry.
diablesse [djablɛs] *nf* (*diable femelle*) she-devil; (†: *mégère*) shrew, vixen; (*: bonne femme*) wretched woman. **cette enfant est une vraie** ~ that child is a little devil.
diablotin [djablɔtɛ̃] *nm* (*lit, fig*) imp; (*pétard*) (Christmas) cracker (*Brit*), favor (*US*).
diabolique [djabɔlik] *adj* diabolic(al), devilish.
diaboliquement [djabɔlikmɑ̃] *adv* diabolically.
diabolo [djabɔlo] *nm* (*jouet*) diabolo. (*boisson*) ~ **grenadine/menthe** grenadine/mint (cordial) and lemonade.
diachronie [djakRɔni] *nf* diachrony.
diachronique [djakRɔnik] *adj* diachronic.
diaclase [djaklɑz] *nf* (*Géol*) joint (*in rock*).
diaconal, e, mpl -aux [djakɔnal, o] *adj* diaconal.
diaconat [djakɔna] *nm* diaconate.
diaconesse [djakɔnɛs] *nf* deaconess.
diacre [djakR(ə)] *nm* deacon.
diacritique [djakRitik] *adj* diacritic(al). **un signe** ~ a diacritic (mark).
diadème [djadɛm] *nm* (*lit, fig: couronne*) diadem; (*bijou féminin*) tiara.
diagnostic [djagnɔstik] *nm* diagnosis.
diagnostique [djagnɔstik] *adj* diagnostic.
diagnostiquer [djagnɔstike] (1) *vt* (*lit, fig*) to diagnose.
diagonal, e, mpl -aux [djagɔnal, o] **1** *adj* diagonal. **2 diagonale** *nf* diagonal. **couper un tissu dans la** ~**e** to cut a fabric on the cross (*Brit*) *ou* on the bias; **en** ~**e** diagonally, crosswise; **tirer un trait en** ~ to draw a line across the page; (*fig*) **lire en** ~**e** to skim through.
diagonalement [djagɔnalmɑ̃] *adv* diagonally.
diagramme [djagRam] *nm* (*schéma*) diagram; (*courbe, graphique*) chart, graph.
dialectal, e, mpl -aux [djalɛktal, o] *adj* dialectal, dialectic(al).
dialecte [djalɛkt(ə)] *nm* dialect.
dialecticien, -ienne [djalɛktisjɛ̃, jɛn] *nm,f* dialectician.
dialectique [djalɛktik] **1** *adj* dialectic(al); V **matérialisme**. **2** *nf* dialectic.
dialectiquement [djalɛktikmɑ̃] *adv* dialectically.
dialectologie [djalɛktɔlɔʒi] *nf* dialectology.
dialogue [djalɔg] *nm* (*entre syndicats, ministres etc, Littérat*) dialogue; (*entre amis etc*) conversation, talk, dialogue. **c'est un** ~ **de sourds** it's a dialogue of the deaf.
dialoguer [djalɔge] (1) **1** *vt* *roman* to put into dialogue (form). **2** *vi* *[amis]* to have a conversation, converse; *[syndicats]* to have a dialogue. ~ **avec un ordinateur** to interact with a computer.
dialoguiste [djalɔgist(ə)] *nmf* dialogue writer, screen writer.
dialyse [djaliz] *nf* dialysis. **subir une** ~ to have dialysis.
diamant [djamɑ̃] *nm* (*gén*) diamond; V **croqueuse**.
diamantaire [djamɑ̃tɛR] *nm* (*tailleur*) diamond-cutter; (*vendeur*) diamond merchant.
diamantifère [djamɑ̃tifɛR] *adj* diamantiferous.
diamétral, e, mpl -aux [djametRal, o] *adj* diametral, diametric(al).
diamétralement [djametRalmɑ̃] *adv* (*Géom*) diametrally, diametrically. **points de vue** ~ **opposés** diametrically opposite *ou* opposed views.
diamètre [djamɛtR(ə)] *nm* *[arbre, cercle, courbe]* diameter.
diane [djan] *nf* (*Mil*†) reveille. **sonner/battre la** ~ to sound/beat the reveille.
Diane [djan] *nf* Diane, Diana. ~ **chasseresse** Diana the Huntress.
diantre [djɑ̃tR(ə)] *excl* (†, *hum*) by Jove! (†, *hum*), by gad! (†, *hum*). **qui/pourquoi/comment** ~ ...?† who/why/how the deuce ...?† *ou* **the devil** ...?
diantrement [djɑ̃tRəmɑ̃] *adv* (†, *hum*) devilish†, deuced†.
diapason [djapazɔ̃] *nm* (*Mus*) (*registre*) compass, range, diapason; (*instrument*) tuning fork, diapason. ~ **de Scheibler** tonometer; (*fig*) **être au** ~ **d'une situation** to be in tune with a situation; (*fig*) **se mettre au** ~ **de qn** to get in tune with sb, get on to sb's wavelength; **il s'est vite mis au** ~ he soon fell *ou* got in step *ou* tune with (the ideas of) the others.

diaphane [djafan] *adj tissu* diaphanous, filmy; *parchemin, porcelaine* translucent; *mains* diaphanous.

diaphragme [djafʀagm(ə)] *nm* (*Anat, Bot, Tech*) diaphragm; (*contraceptif*) diaphragm, (Dutch) cap (*Brit*); (*Phot*) aperture. (*Phot*) ouvrir de 2 ∼s to open 2 stops.

diaphragmer [djafʀagme] (1) *vi* (*Phot*) to adjust the aperture.

diaphyse [djafiz] *nf* (*Anat*) shaft.

diapo* [djapo] *nf abrév de* diapositive.

diapositive [djapozitiv] *nf* slide, transparency.

diapré, e [djapʀe] (*ptp de* diaprer) *adj* mottled, variegated, many-coloured.

diaprer [djapʀe] (1) *vt* (*littér*) to mottle, variegate.

diaprure [djapʀyʀ] *nf* (*U: littér*) variegation, mottled effect.

diarrhée [djaʀe] *nf* diarrhoea (*U*). avoir la ∼ *ou* des ∼s to have diarrhoea.

diarrhéique [djaʀeik] *adj* diarrhoeal, diarrhoeic.

diarthrose [djaʀtʀoz] *nf* (*Anat*) hinge joint. ∼ rotatoire pivot joint.

diaspora [djaspɔʀa] *nf* (*gén*) diaspora. la ∼ (juive) the (Jewish) Diaspora.

diastase [djastaz] *nf* diastase.

diastasique [djastazik] *adj* diastatic, diastasic.

diastole [djastɔl] *nf* diastole.

diathermie [djatɛʀmi] *nf* diathermy, diathermia.

diatomique [djatɔmik] *adj* diatomic.

diatonique [djatɔnik] *adj* diatonic.

diatoniquement [djatɔnikmɑ̃] *adv* diatonically.

diatribe [djatʀib] *nf* diatribe.

dichotomie [dikɔtɔmi] *nf* (*Bot, littér*) dichotomy.

dichotomique [dikɔtɔmik] *adj* dichotomous, dichotomic.

dichromatique [dikʀɔmatik] *adj* dichromatic.

dico* [diko] *nm abrév de* dictionnaire.

dicotylédone [dikɔtiledɔn] **1** *adj* dicotyledonous. **2** *nf* dicotyledone.

dictaphone [diktafɔn] *nm* ® Dictaphone ®.

dictateur [diktatœʀ] *nm* dictator. (*fig*) faire le ∼ to play the dictator; ton/allure de ∼ dictatorial tone/manner.

dictatorial, e, *mpl* **-aux** [diktatɔʀjal, o] *adj* dictatorial.

dictature [diktatyʀ] *nf* dictatorship. la ∼ du prolétariat dictatorship of the proletariat; (*fig*) c'est de la ∼! this is tyranny!

dictée [dikte] *nf* (*action*) dictating, dictation; (*exercice*) dictation. écrire qch sous la ∼ to take down a dictation of sth; écrire sous la ∼ de qn to take down sb's dictation *ou* what sb dictates; ∼ musicale musical dictation, aural training; (*littér*) les ∼s de son cœur the dictates of his heart.

dicter [dikte] (1) *vt lettre*, (*fig*) *condition, action* to dictate. ils nous ont dicté leurs conditions they laid down *ou* dictated their conditions to us; les mesures que nous dicte la situation the steps that the situation imposes upon us; il m'a dicté sa volonté he imposed his will upon me; sa réponse (lui) est dictée par sa femme/par la peur his wife/fear has dictated his reply; je n'aime pas qu'on me dicte ce que je dois faire! I won't be dictated to!; une paix dictée peace on the enemy's terms.

diction [diksjɔ̃] *nf* (*débit*) diction, delivery; (*art*) speech production. professeur/leçons de ∼ speech production teacher/lessons.

dictionnaire [diksjɔnɛʀ] *nm* dictionary. ∼ des synonymes dictionary of synonyms; ∼ de langue/de rimes language/rhyme dictionary; (*Ordin*) ∼ de données data directory *ou* dictionary; ∼ encyclopédique/étymologique encyclopaedic/etymological dictionary; ∼ géographique gazetteer; c'est un vrai ∼ *ou* un ∼ vivant he's a walking encyclopaedia.

dicton [diktɔ̃] *nm* saying, dictum.

didacticiel [didaktisjɛl] *nm* (*Ordin*) educational software program. il fait des ∼s he writes educational software.

didactique [didaktik] *adj poème, exposé* didactic; *mot, terme* technical.

didactiquement [didaktikmɑ̃] *adv* didactically.

Didon [didɔ̃] *nf* Dido.

dièdre [djɛdʀ(ə)] **1** *adj angle* dihedral. **2** *nm* dihedron, dihedral; (*Alpinisme*) dièdre, corner.

diérèse [djeʀɛz] *nf* (*Ling*) di(a)eresis.

dièse [djɛz] *adj, nm* (*Mus*) sharp. fa/sol ∼ F/G sharp.

diesel [djezɛl] *nm* diesel. (**moteur/camion**) ∼ diesel engine/lorry (*Brit*) *ou* truck (*US*).

diéser [djeze] (6) *vt* (*Mus*) to sharpen, make sharp.

diète[1] [djɛt] *nf* (*Méd*) (*jeûne*) starvation diet; (*régime*) diet. ∼ lactée/végétale milk/vegetarian diet; mettre qn à la ∼ to put sb on a starvation diet; il est à la ∼ he has been put on a starvation diet.

diète[2] [djɛt] *nf* (*Hist*) diet.

diététicien, -ienne [djetetisjɛ̃, jɛn] *nm, f* dietician, dietitian.

diététique [djetetik] **1** *adj* dietary, dietetic(al). restaurant ∼ health-food *ou* organic (*US*) restaurant; magasin *ou* centre ∼ health-food shop. **2** *nf* dietetics (*sg*).

dieu, *pl* ∼**x** [djø] *nm* (**a**) god. les ∼x de l'Antiquité the gods of Antiquity; le ∼ Chronos the god Chronos.

(**b**) (*dans le monothéisme*) D∼ God; le D∼ des chrétiens/musulmans the God of the Christians/Muslims; D∼ le père God the Father; une société/génération sans D∼ a godless society/generation, a society/generation without God; le bon D∼ the good *ou* dear Lord; donner/recevoir le bon D∼ to offer/receive the Lord (in Sacrament); on lui donnerait le bon D∼ sans confession he looks as if butter wouldn't melt in his mouth; *V* âme, homme.

(**c**) (*fig: idole*) god.

(**d**) (*loc*) mon D∼! my goodness!, goodness me!; (grand) D∼!, grands D∼x! good heavens!, goodness gracious (me)!; mon D∼ oui, on pourrait ... well yes, we could ...; D∼ vous bénisse! God bless you!; que D∼ vous assiste! God be with you!; à D∼ ne plaise!, D∼ m'en garde! God forbid!; D∼ vous entende/aide!

may God hear/help you!; D∼ seul le sait God only *ou* alone knows; D∼ sait s'il est généreux/si nous avons essayé! God knows he is generous/we have tried!; D∼ sait pourquoi elle a épousé un homme si stupide heaven *ou* God (only) knows why she married such a stupid man; D∼ merci, (*frm*) D∼ soit loué! thank God!, praise God! *ou* the Lord!; D∼ merci, il n'a pas plu it didn't rain, thank goodness *ou* thank God *ou* thank heaven(s); c'est pas D∼ possible!* that's just not possible; à-D∼-vat! (*entreprise risquée*) well, it's in God's hands; (*départ*) God be with you; D∼ m'est témoin que je n'ai jamais ... as God is my witness I have never ...; tu vas te taire bon D∼!‡ for Christ's sake‡ (*Brit*) *ou* sakes‡ (*US*) will you be quiet!; *V* amour, grâce, plaire.

diffamant, e [difamɑ̃, ɑ̃t] *adj* (*V* diffamer) slanderous; defamatory; libellous.

diffamateur, -trice [difamatœʀ, tʀis] (*V* diffamer) **1** *adj* slanderous; libellous. **2** *nm, f* slanderer.

diffamation [difamɑsjɔ̃] *nf* (**a**) (*U: V* diffamer) slandering; defamation; libelling. (*Jur*) la ∼ slander; libel; (*Jur*) un procès en ∼ (*pour injures verbales*) an action for slander; (*pour injures écrites*) an action for libel; campagne de ∼ smear campaign.

(**b**) (*propos*) slander (*U*); (*pamphlet*) libel (*U*). les ∼s des journaux the libellous reports in the newspapers.

diffamatoire [difamatwaʀ] *adj* (*V* diffamer) slanderous; defamatory; libellous.

diffamer [difame] (1) *vt* to slander, defame; (*Jur*) (*en paroles*) to slander; (*par écrit*) to libel.

différé, e [difeʀe] (*ptp de* différer) *adj* (*TV*) (pre-)recorded. émission en ∼ (pre-)recorded broadcast, recording.

différemment [difeʀamɑ̃] *adv* differently.

différence [difeʀɑ̃s] *nf* (*gén*) difference. ∼ d'opinion difference of opinion; ∼ d'âge/de prix difference in age/price, age/price difference; quelle ∼ avec les autres! what a difference from the others!; ne pas faire de ∼ to make no distinction (*entre* between); faire la ∼ to know the difference (*entre* between); faire des ∼s entre ses subordonnés to discriminate between one's subordinates, treat one's subordinates differently; tu auras à payer la ∼ you will have to make up *ou* pay the difference.

(**b**) (*loc*) à la ∼ de unlike; à la ∼ *ou* à cette ∼ que except for (the fact) that.

différenciateur, -trice [difeʀɑ̃sjatœʀ, tʀis] *adj* differentiating, differential.

différenciation [difeʀɑ̃sjasjɔ̃] *nf* differentiation.

différencier [difeʀɑ̃sje] (7) **1** *vt* to differentiate. **2 se différencier** *vpr* (*être différent de*) to differ (*de* from); (*devenir différent*) to become differentiated (*de* from); (*se rendre différent*) to differentiate o.s. (*de* from).

différend [difeʀɑ̃] *nm* difference of opinion, disagreement; (*Jur, Fin*) controversy. avoir un ∼ avec qn to have a difference of opinion with sb.

différent, e [difeʀɑ̃, ɑ̃t] *adj* (**a**) (*dissemblable*) different (*de* from). dans des circonstances ∼es, je vous aurais aidé if things had been different *ou* in other *ou* different circumstances, I would have helped you; chercher des solutions ∼es to try to find alternative *ou* other solutions.

(**b**) (*pl, gén avant n: divers*) different, various. à ∼es reprises on several different *ou* on various occasions; à ∼es heures de la journée at different times of day; pour ∼es raisons for various *ou* divers (*frm*) reasons.

différentiation [difeʀɑ̃sjasjɔ̃] *nf* (*Math*) differentiation.

différentiel, -elle [difeʀɑ̃sjɛl] *adj, nm, nf* (*gén*) differential.

différer [difeʀe] (6) **1** *vi* (**a**) (*être dissemblable*) to differ, be different (*de* from, *en, par* in). cette maladie ne diffère en rien de la rougeole this illness is no different *ou* is in no way different from measles.

(**b**) (*diverger*) to differ. elle et moi différons sur *ou* en tout she and I differ about everything.

(**c**) (*varier*) to differ, vary. la mode diffère de pays à pays fashions differ *ou* vary from one country to the next.

2 *vt travail* to postpone, put off; *jugement, paiement, départ* to defer, postpone. ∼ une décision to defer *ou* postpone making *ou* put off making a decision; à quoi bon ∼ plus longtemps? why delay any longer?; (*frm*) ∼ de *ou* à faire qch to delay *ou* defer *ou* postpone doing sth; *V* crédit.

difficile [difisil] *adj* (**a**) (*ardu*) *travail, problème* difficult. il nous est ∼ de prendre une décision tout de suite it is difficult *ou* hard for us *ou* we find it difficult *ou* hard to make a decision straight away; il a eu un moment ∼ lorsque sa femme est morte he went through a difficult *ou* hard *ou* trying time when his wife died; il a trouvé l'expédition ∼ he found the expedition hard going *ou* heavy going; ∼ à faire difficult *ou* hard to do; morceau ∼ (à jouer) *ou* d'exécution ∼ difficult *ou* hard piece to play.

(**b**) (*délicat*) *position, situation* difficult, awkward, tricky*. ils ont des fins de mois ∼s they have a hard time making ends meet.

(**c**) *personne* (*contrariant*) difficult, trying; (*exigeant*) fastidious, hard *ou* difficult to please (*attrib*), fussy. un enfant ∼ a difficult child, a problem child; elle est ∼ pour ce qui est de *ou* en ce qui concerne la propreté she's a stickler for cleanliness, she's very fussy *ou* particular about cleanliness; être *ou* se montrer ∼ sur la nourriture to be difficult *ou* fussy *ou* finicky about one's food; faire le ∼ *ou* to be hard to please *ou* (over-)fussy; il ne faut pas être trop ∼ *ou* (trop) faire le ∼ it's no good being too hard to please *ou* too fussy *ou* overfussy; cette chambre ne vous plaît pas? vous êtes vraiment ∼! don't you like this room? you really are hard *ou* difficult to please!; *V* vivre.

difficilement [difisilmɑ̃] *adv marcher, s'exprimer* with difficulty. c'est ∼ visible/croyable it's difficult *ou* hard to see/believe; il

gagne ~ **sa vie** he has difficulty *ou* trouble earning a living, he finds it difficult *ou* hard to earn a living.

difficulté [difikylte] *nf* **(a)** (*U*) difficulty. **selon la** ~ **du travail** according to the difficulty of the work; **faire qch avec** ~ to do sth with difficulty; **avoir/éprouver de la** ~ **à faire qch** to have difficulty (in) doing sth, find it difficult *ou* hard to do sth; **j'ai eu beaucoup de** ~ **à trouver des arguments** I had great difficulty finding *ou* I was hard put to it to find any arguments.
(b) (*embarras, obstacle*) difficulty, problem; [*texte, morceau de musique*] difficult passage, difficulty. **avoir des** ~**s pour faire qch** to have some difficulty (in) doing sth; **enfant qui a des** ~**s** (at school/with spelling); **avoir des** ~**s financières** to be in financial difficulties *ou* straits; **il s'est heurté à de grosses** ~**s** he has come up against grave difficulties; **ils ont des** ~**s avec leurs enfants** they have problems *ou* trouble *ou* difficulty with their children; **cela ne fait** *ou* **ne présente aucune** ~ that presents *ou* poses no problem; **il y a une** ~ there's a problem *ou* hitch* *ou* snag*; **il a fait des** ~**s pour accepter nos conditions** he made *ou* raised difficulties about accepting our conditions; **il n'a pas fait de** ~**s pour nous suivre** he followed us without protest *ou* fuss; **c'est là la** ~ that's where the trouble lies, that's the difficulty; **être en** ~ to be in difficulties *ou* in trouble; **avion/navire en** ~ aircraft/ship in distress; **mettre qn en** ~ to put sb in a difficult position; (*Scol, Psych*) **enfant en** ~ problem child; **en cas de** ~ in case of difficulty; ~ **du langage** speech disorder *ou* disability *ou* defect; ~**s d'apprentissage** learning disabilities *ou* difficulties.

difficultueux, -euse [difikyltɥø, øz] *adj* difficult, awkward.

difforme [difɔRm(ə)] *adj corps, membre* deformed, misshapen, twisted; *visage, arbre* twisted.

difformité [difɔRmite] *nf* (*V* **difforme**) deformity, misshapenness, twistedness. (*Méd*) **présenter des** ~**s** to have deformities, be deformed.

diffracter [difRakte] (1) *vt* to diffract.

diffraction [difRaksjɔ̃] *nf* diffraction; *V* **réseau**.

diffus, e [dify, yz] *adj* (*gén*) diffuse.

diffusément [difyzemɑ̃] *adv* diffusely.

diffuser [difyze] (1) *vt lumière, chaleur* to diffuse; *bruit, idée* to spread (abroad), circulate, diffuse; *livres* to distribute; (*Jur*) *document* to circulate; *émission* to broadcast. **programme diffusé en direct** live programme, programme broadcast live.

diffuseur [difyzœR] *nm* (*Aut, Tech: appareil*) diffuser; (*Presse: distributeur*) distributor; (*fig: propagateur*) diffuser, spreader.

diffusion [difyzjɔ̃] *nf* (*V* **diffuser**) diffusion; spreading; circulation; distribution; broadcasting.

digérer [diʒeRe] (6) *vt* **(a)** *aliment, connaissance* to digest. ~ **bien/mal** to have a good/bad digestion; (*fig*) **c'est du Marx mal digéré** it's ill-digested Marx.
(b) (*: supporter*) *insulte, attitude* to stomach*, put up with. **si tu crois que je vais** ~ **ça sans protester!** if you think I'll put up with *ou* stand for that without protest!; **je ne peux plus** ~ **son insolence** I won't put up with *ou* stand for his insolence any longer, I can't stomach his insolence any longer*.

digeste* [diʒɛst(ə)] *adj aliment* easily digested, easily digestible.

digestibilité [diʒɛstibilite] *nf* digestibility.

digestible [diʒɛstibl(ə)] *adj aliment* easily digested, easily digestible.

digestif, -ive [diʒɛstif, iv] **1** *adj* digestive; *V* **tube**. **2** *nm* (*Méd*) digestive; (*liqueur*) liqueur.

digestion [diʒɛstjɔ̃] *nf* digestion. **j'ai une** ~ **difficile** I have trouble with my digestion, I have digestive problems.

digital,e[1], mpl -aux [diʒital, o] *adj* (*gén*) digital; *V* **empreinte[2]**.

digitale[2] [diʒital] *nf* digitalis. ~ **pourprée** foxglove.

digitaline [diʒitalin] *nf* digitalin.

digitaliser [diʒitalize] (1) *vt* to digitize.

diglossie [diglɔsi] *nf* diglossia.

digne [diɲ] *adj* **(a)** (*auguste*) dignified. **il avait un air très** ~ he had a very dignified air (about him).
(b) (*qui mérite*) ~ **de** *admiration, intérêt* worthy of, deserving (of); ~ **de ce nom** worthy of the name; ~ **d'être remarqué** noteworthy; ~ **d'éloges** praiseworthy, deserving of praise; ~ **de foi** trustworthy; ~ **de pitié** pitiable; ~ **d'envie** enviable; **vous devez vous montrer** ~**s de représenter la France** you must show that you are fit *ou* worthy to represent France; **livre à peine** ~ **d'être lu** book which is scarcely worth reading *ou* which scarcely deserves to be read; **il n'est pas** ~ **de vivre** he's not fit to live; (*littér*) **je ne suis pas** ~ **que vous m'offriez votre soutien** I am not worthy of your offering me your support (*littér*).
(c) (*à la hauteur*) worthy. **son** ~ **fils/père/représentant** his worthy son/father/representative; (*lit, péj*) **tu es le** ~ **fils** *ou* **tu es** ~ **de ton père** you're fit to be your father's son, you take after your father; **avoir un adversaire** ~ **de soi** to have an opponent worthy of oneself; **œuvre** ~ **de son auteur** work worthy of its author; **avec une attitude peu** ~ **d'un juge** with an attitude little befitting a judge *ou* unworthy of a judge; **un dessert** ~ **d'un si fin repas** a fitting dessert for such a fine meal.

dignement [diɲmɑ̃] *adv* **(a)** (*noblement*) with dignity. **garder** ~ **le silence** to maintain a dignified silence. **(b)** (*justement*) fittingly, justly. **être** ~ **récompensé** to receive a fitting *ou* just reward, be fittingly *ou* justly rewarded.

dignitaire [diɲitɛR] *nm* dignitary.

dignité [diɲite] *nf* **(a)** (*noblesse*) dignity. **la** ~ **du travail** the dignity of labour; **la** ~ **de la personne humaine** human dignity; **avoir de la** ~ to be dignified, have dignity; **manquer de** ~ to be lacking in dignity, be undignified; (*hum*) **c'est contraire à sa** ~ it is beneath his dignity; **elle entra, pleine de** ~ she came in with great dignity.
(b) (*fonction*) dignity. **être élevé à la** ~ **de juge** to be promoted to the dignity *ou* rank of judge.

digramme [digRam] *nm* digraph.

digression [digRɛsjɔ̃] *nf* digression. **faire une** ~ to digress, make a digression.

digue [dig] *nf* **(a)** (*lit*) (*gén*) dyke, dike; (*pour protéger la côte*) sea wall. **(b)** (*fig*) barrier.

diktat [diktat] *nm* diktat.

dilapidateur, -trice [dilapidatœR, tRis] **1** *adj* spendthrift, wasteful. **2** *nm,f* spendthrift, squanderer. ~ **des fonds publics** embezzler of public funds.

dilapidation [dilapidasjɔ̃] *nf* (*V* **dilapider**) squandering, wasting; embezzlement, misappropriation.

dilapider [dilapide] (1) *vt* (*gaspiller*) *héritage, fortune* to squander, waste; (*détourner*) *biens, fonds publics* to embezzle, misappropriate.

dilatabilité [dilatabilite] *nf* dilatability.

dilatable [dilatabl(ə)] *adj corps* dilatable.

dilatant, e [dilatɑ̃, ɑ̃t], **dilatateur, -trice** [dilatatœR, tRis] **1** *adj* dilative. **2** *nm* dilat(at)or, dilatant.

dilatation [dilatasjɔ̃] *nf* (*V* **dilater**) dila(ta)tion; distension; expansion; swelling. **avoir une** ~ **d'estomac** to have a distended stomach.

dilater [dilate] (1) **1** *vt pupille, narine* to dilate; *estomac* to distend; *métal, gaz, liquide* to cause to expand, cause the expansion of; *pneu* to cause to swell, distend. (*fig*) ~ **le cœur** to swell the heart, cause the heart to swell.
2 se dilater *vpr* (*V* **dilater**) to dilate; to distend; to expand; to swell. **se** ~ **les poumons** to open *ou* swell one's lungs; (*fig*) **son cœur se dilate de joie** his heart is swelling with joy; **se** ~ **la rate*** to split one's sides (laughing)*; **ça me dilate (la rate)*** it's side-splitting*.

dilatoire [dilatwaR] *adj:* **manœuvres** *ou* **moyens** ~**s** delaying *ou* stalling tactics; **donner une réponse** ~ to give a reply which allows one to gain time *ou* play for time.

dilemme [dilɛm] *nm* dilemma. **sortir du** ~ to resolve the dilemma.

dilettante [diletɑ̃t] *nmf* (*amateur d'art*) dilettante; (*péj: amateur*) dilettante, dabbler. **faire qch en** ~ to dabble in sth; **faire un travail en** ~ to do a piece of work in an amateurish way.

dilettantisme [diletɑ̃tism(ə)] *nm* amateurishness. **faire qch avec** ~ to do sth in an amateurish way *ou* amateurishly.

diligemment [diliʒamɑ̃] *adv* (*littér*) (*avec soin*) diligently; (*avec célérité*) promptly, speedily.

diligence [diliʒɑ̃s] *nf* **(a)** (†, *littér: empressement*) haste, dispatch. **faire** ~ to make haste, hasten; **en** ~ posthaste, speedily.
(b) (*littér: soin*) diligence, conscientiousness. (*Jur*) **à la** ~ **du ministre** at the minister's behest (*littér*) *ou* request.
(c) (*Hist: voiture*) diligence, stagecoach.

diligent, e [diliʒɑ̃, ɑ̃t] *adj* (*littér*) **(a)** (*actif*) *serviteur* speedy, prompt. **(b)** (*assidu*) *employé, travail* diligent, conscientious; *soins, attention* diligent, sedulous.

diluer [dilɥe] (1) *vt liquide* to dilute; *peinture* to thin (down); (*fig*) *discours* to pad out; *force* to mitigate, dilute. **alcool dilué** alcohol diluted with water.

dilution [dilysjɔ̃] *nf* (*V* **diluer**) dilution; thinning (down); padding out; mitigation.

diluvien, -ienne [dilyvjɛ̃, jɛn] *adj pluie* torrential; (*Bible*) *époque* diluvian.

dimanche [dimɑ̃ʃ] *nm* Sunday. **le** ~ **des Rameaux/de Pâques** Palm/Easter Sunday; **le** ~ **de Noël** the Sunday after Christmas; **les** ~**s de l'Avent/de Carême** the Sundays in Advent/Lent; **mettre son costume** *ou* **ses habits du** ~ to put on one's Sunday clothes *ou* one's Sunday best; **promenade du** ~ Sunday walk; **peintre du** ~ amateur *ou* spare-time painter; **chauffeur du** ~ Sunday driver; *pour autres loc V* **samedi**.

dîme [dim] *nf* (*Hist*) tithe. **lever une** ~ **sur qch** to tithe sth; **payer la** ~ **du vin/des blés** to pay tithes *ou* the tithe on wine/corn; (*fig*) **le grossiste/l'État prélève sa** ~ (**sur la marchandise**) the wholesaler takes his/the State takes its cut (on the goods).

dimension [dimɑ̃sjɔ̃] *nf* **(a)** (*taille*) [*pièce, terrain*] size. **avoir la même** ~ to be the same size, have the same dimensions; **de grande/petite** ~ large/small-sized, of large/small dimensions; **faire une étagère à la** ~ **d'un recoin** to make a shelf to fit (into) an alcove; (*fig*) **une faute de cette** ~ a mistake of this magnitude; (*fig*) **un repas à la** ~ **de son appétit** a meal commensurate with one's appetite; (*fig*) **une tâche à la** ~ **de son talent** a task equal to *ou* commensurate with one's talent.
(b) (*mesures*) ~**s** dimensions; **quelles sont les** ~**s de la pièce?** what are the dimensions *ou* measurements of the room?, what does the room measure?; **placard fait aux** ~**s du mur** cupboard built to the dimensions of the wall *ou* built to fit the wall; **quelles sont vos** ~**s?** what are your statistics? *ou* measurements?; **mesurez-le dans la plus grande** ~ measure it at the widest *ou* longest point; **à 2/3** ~**s** 2-/3-dimensional.
(c) (*Philos*) dimension.

dimensionner [dimɑ̃sjɔne] (1) *vt* to calculate the ideal dimensions of. **objet bien dimensionné** well-proportioned object.

diminué, e [diminɥe] (*ptp de* **diminuer**) *adj* **(a)** **il est (très)** *ou* **c'est un homme (très)** ~ **depuis son accident** he has (really) gone downhill *ou* he's not (at all) the man he was since his accident; **très** ~ **physiquement** physically very run-down; **très** ~ **mentalement** mentally much less alert.
(b) (*Mus*) diminished. (*Tricot*) *vêtement* fully-fashioned; *rang* decreased.

diminuendo [diminɥɛndo] *adv, nm* (*Mus*) diminuendo.

diminuer [diminɥe] (1) **1** *vt* **(a)** (*réduire*) *longueur, largeur, vitesse* to reduce, decrease; *durée, volume, nombre, quantité* to reduce, cut down, decrease; *prix, impôts, consommation, valeur* to reduce, bring down, cut; *son* to lower, turn down; (*Tricot*) to decrease;

beauté, ardeur, courage to lessen; *chances de succès, plaisir, intérêt* to lessen, reduce, diminish; *forces* to cut down, decrease. ~ **les effectifs** to cut back on numbers, reduce *ou* cut back the numbers; **ça l'a beaucoup diminué physiquement/moralement** this has greatly undermined him physically/mentally.

   (b) *(dénigrer) personne* to belittle; *mérite, talent* to belittle, depreciate. **il veut toujours se** ~ he's always trying to belittle himself.

   (c) *(réduire le salaire de) employé* to cut *ou* reduce the salary of.

  2 *vi* (a) *[violence, intensité]* to diminish, lessen; *[lumière]* to fade, diminish; *[bruit]* to die down, diminish, fade; *[circulation]* to die down; *[pluie]* to let up, diminish; *[orage]* to die down, die away, subside; *[intérêt, ardeur]* to die down, decrease, diminish. **l'attaque/le bruit diminue d'intensité** the attack/noise is dying down *ou* is decreasing in intensity *ou* is subsiding.

   (b) *[effectifs, nombre, valeur, pression]* to decrease, diminish, go *ou* come down, fall, drop; *[provisions]* to diminish, run low; *[forces]* to decline, diminish. ~ **de longueur/largeur** to grow shorter/narrower, decrease in length/breadth; **le (prix du) beurre a diminué** butter has gone *ou* come down *ou* dropped in price; **ça a diminué de volume** it has been reduced in volume; **les jours diminuent** the days are growing shorter *ou* drawing in (*Brit*).

diminutif, -ive [diminytif, iv] **1** *adj suffixe* diminutive. **2** *nm (Ling)* diminutive; *(petit nom)* pet name *(de* for), diminutive *(de* of).

diminution [diminysjɔ̃] *nf* (a) *(réduction: V* **diminuer***)* reduction; decreasing; cutting-down; cutting-back; bringing-down; lowering; turning-down; lessening. **il nous a consenti une petite** ~ he gave *ou* allowed us a small reduction; *(Tricot)* **commencer les** ~**s** to begin decreasing *ou* to decrease.

   (b) *(décroissance: V* **diminuer***)* diminishing; lessening; fading; dying-down; letting-up; dying-away; subsiding; decrease *(de* in). **une** ~ **très nette du nombre des accidents** a marked decrease *ou* drop *ou* fall-off in the number of accidents.

dimorphe [dimɔʀf(ə)] *adj* dimorphous, dimorphic.

dimorphisme [dimɔʀfism(ə)] *nm* dimorphism.

dinanderie [dinɑ̃dʀi] *nf (commerce)* copperware trade; *(articles)* copperware.

dinandier [dinɑ̃dje] *nm* copperware manufacturer and retailer.

dinar [dinaʀ] *nm* dinar.

dînatoire [dinatwaʀ] *adj:* **goûter** ~ ≃ high tea (*Brit*), supper.

dinde [dɛ̃d] *nf* (a) turkey hen; *(Culin)* turkey. ~ **rôtie/de Noël** roast/Christmas turkey. (b) *(péj: fille stupide)* stupid little goose.

dindon [dɛ̃dɔ̃] *nm* (a) *(gén)* turkey, *(mâle)* turkey cock. (b) *(*: *homme sot)* **être le** ~ **(de la farce)** to be cheated; *V* **pavaner.**

dindonneau, *pl* ~**x** [dɛ̃dɔno] *nm* turkey poult.

dîner [dine] (1) **1** *vi* (a) to have dinner, dine. ~ **aux chandelles** to have dinner *ou* dine by candlelight; ~ **d'une tranche de pain** to have a slice of bread for dinner; **avoir qn à** ~ to have sb for *ou* to dinner; *V* **dormir.**

   (b) *(Can, Suisse, Belgique)* to have lunch, lunch.

  2 *nm* (a) dinner. **ils donnent un** ~ **demain** they are having a dinner party tomorrow; ~ **de famille/d'affaires** family/business dinner; **avant le** ~ before dinner.

   (b) *(Can, Suisse, Belgique)* lunch.

dînette [dinɛt] *nf* (a) *(jeu d'enfants)* doll's tea party. **jouer à la** ~ to play at having a tea party; **venez à la maison, vous savez on fera la** ~* come home for a meal — it'll only be a snack you know. (b) *(jouet)* ~ **de poupée** doll's tea set, toy tea set.

dîneur, -euse [dinœʀ, øz] *nm, f* diner.

ding [diŋ] *excl* ding. ~ **dong!** ding dong!

dingue* [dɛ̃g], **dingo***† [dɛ̃go] **1** *adj personne* nuts*, crazy*, barmy* (*Brit*); *bruit, prix* fantastic, incredible, stupendous. **tu verrais les prix, c'est** ~! you should see the prices, they're crazy *ou* incredible!; **un film** ~ a really way-out* film; **un vent** ~ a hell of* a wind, an incredible wind; **il est** ~ **de cette fille/de ce chanteur** he's crazy* *ou* nuts* about *ou* over that girl/singer, he's mad about *ou* on that girl/singer*.

  2 *nmf* nutcase*, loony‡. **on devrait l'envoyer chez les** ~**s** he ought to be locked up, he ought to be sent to the loony bin‡; **c'est un** ~ **de la voiture/de la guitare** he's crazy* *ou* nuts* *ou* mad* about cars/guitar-playing.

dinguer* [dɛ̃ge] (1) *vi:* **aller** ~ *[personne]* to fall flat on one's face, go sprawling; *[chose]* to go crashing down, go flying*; **les boîtes ont failli** ~ **par terre** the boxes nearly came crashing down; *(fig)* **envoyer** ~ **qn** *(faire tomber)* to send sb flying*; *(fig: chasser)* to tell sb to clear *ou* buzz off* *ou* push off*, send sb packing; **envoyer** ~ **qch** to send sth flying*.

dinguerie* [dɛ̃gʀi] *nf* craziness, stupidity. **toutes ces** ~**s** all these stupidities.

dinosaure [dinozɔʀ] *nm* dinosaur.

diocésain, e [djɔsezɛ̃, ɛn] *adj, nm, f* diocesan.

diocèse [djɔsɛz] *nm* diocese.

diode [djɔd] *nf* diode.

Diogène [djɔʒɛn] *nm* Diogenes.

dionysiaque [djɔnizjak] *adj* Dionysian, Dionysiac. **les** ~**s** the Dionysia.

Dionysos [djɔnizɔs] *nm* Dionysus, Dionysos.

dioptrie [djɔptʀi] *nf* dioptre.

dioptrique [djɔptʀik] **1** *adj* dioptric(al). **2** *nf* dioptrics *(sg).*

diorama [djɔʀama] *nm* diorama.

dioxine [djɔksin] *nf* dioxin.

dioxyde [djɔksid] *nm* dioxide.

diphasé, e [difaze] *adj* diphase, diphasic, two-phase.

diphtérie [difteʀi] *nf* diphtheria.

diphtérique [difteʀik] *adj* diphther(it)ic, diphtherial.

diphtongaison [diftɔ̃gɛzɔ̃] *nf* diphthongization.

diphtongue [diftɔ̃g] *nf* diphthong.

diphtonguer *vt,* **se diphtonguer** *vpr* [diftɔ̃ge] (1) to diphthongize.

diplodocus [diplɔdɔkys] *nm* diplodocus.

diplomate [diplɔmat] **1** *adj* diplomatic. **2** *nmf (ambassadeur)* diplomat; *(personne habile)* diplomatist. **3** *nm (Culin)* ≃ trifle. ~ **au chocolat** ≃ chocolate charlotte russe.

diplomatie [diplɔmasi] *nf (Pol, fig)* diplomacy. **le personnel de la** ~ the diplomatic staff.

diplomatique [diplɔmatik] *adj (gén)* diplomatic. **c'est une maladie** ~ it's a sort of 'diplomatic' *ou* face-saving illness; *V* **valise.**

diplomatiquement [diplɔmatikmɑ̃] *adv (Pol, fig)* diplomatically.

diplôme [diplom] *nm (titre) (gén)* diploma, certificate; *(licence)* degree. **avoir des** ~**s** to have qualifications; ~ **d'études universitaires générales** *diploma taken after two years at university* ≃ ordinary degree (*Brit*), ≃ Associate of Arts *(ou* Science) (*US*); ~ **d'études approfondies** *post-graduate diploma taken before completing a PhD.*

diplômé, e [diplome] *(ptp de* **diplômer***)* **1** *adj* qualified. **2** *nm, f* holder of a diploma.

diplômer [diplome] (1) *vt* to award a diploma to.

diplopie [diplɔpi] *nf* double vision, diplopia *(T).*

dipsomane [dipsɔman] **1** *adj* dipsomaniacal. **2** *nmf* dipsomaniac.

dipsomanie [dipsɔmani] *nf* dipsomania.

diptère [diptɛʀ] **1** *adj temple* dipteral; *insecte* dipterous, dipteran. **2** *nm (Zool)* dipteran. **les** ~**s** the Diptera.

diptyque [diptik] *nm (Hist: tablette, Art)* diptych; *(fig: roman)* work in two parts.

dire [diʀ] (37) **1** *vt* (a) to say. **avez-vous quelque chose à** ~? have you got anything to say?; **'j'ai froid' dit-il** 'I'm cold' he said; **on peut commencer: elle a dit oui we can start** — she said yes *ou* she said we could; ~ **bonjour/quelques mots à qn** to say hullo/a few words to sb; **il m'a dit, 'je comprends'** he said to me, 'I understand'; **comment dit-on ça en anglais?** what's the English for that?, how do you say that in English?; ~ **qch carrément** *ou* **crûment** to put sth (quite) bluntly, state sth (quite) plainly *ou* frankly; **comme disent les Anglais** as the English put it *ou* say; ~ **ce qu'on pense** to speak one's mind, say what one thinks; **ne plus savoir quoi** ~ to be at a loss for words; **il dit n'importe quoi** he talks through his hat*, he talks a load of rubbish* (*Brit*); **il n'a pas dit un mot** he hasn't said *ou* spoken *ou* uttered a (single) word; **qu'est-ce que les gens vont** ~!, **qu'en dira-t-on?** whatever will people *ou* they say!; **il ne croyait pas si bien** ~ he didn't know how right he was, he never spoke a truer word; **ce n'est pas une chose à** ~, **il est préférable de ne pas le** ~ it is not the sort of thing one says, it's not the sort of thing to say, it is better left unsaid; *(aux enchères)* **qui dit mieux?** any advance?; **il a au moins 70 ans, que dis-je, plutôt 80** he must be at least 70 — what am I saying? — more like 80; **où va-t-il?** — **il ne l'a pas dit** *ou* **il n'a pas dit*** where is he going? — **he didn't say;** *(Cartes)* **c'est à vous de** ~ your call; *V* **bien, mal, parler.**

   (b) ~ **que** to say that; ~ **à qn que** to tell sb that, say to sb that; **il dit qu'il nous a écrit, il dit nous avoir écrit** he says that he wrote to us; **il a bien dit qu'il ne rentrerait pas** he did say that he would not be coming home; **doit-il venir?** — **elle dit que oui/que non** is he coming? — she says he is/he isn't *ou* she says so/not; **la radio et les journaux avaient dit qu'il pleuvrait** (both) the radio and the papers had said it would rain; **vous nous dites dans votre lettre que** you tell us in *ou* you say in your letter that; **votre lettre/la loi dit clairement que** your letter/the law says clearly that *ou* clearly states that; **l'espoir fait vivre, dit-on** you can live on hope, as the saying has it *ou* as the saying goes *ou* as they say; **on dit que ...** rumour has it that ...; **they say that ...,** it is said that ...; **on dit malade/à Londres** he's rumoured to be ill/in London; **à** *ou* **d'après ce qu'il dit** according to him, according to what he says; **il sait ce qu'il dit** he knows what he's talking about; **il ne sait pas ce qu'il dit** he doesn't know what he is talking about! *ou* what he is saying!; **qu'est-ce qui me dit que c'est vrai?** how can I tell it's the truth?, how am I to know *ou* how do I know it's the truth?

   (c) *mensonges, nouvelle, adresse, nom* to tell; *sentiment* to tell of, express. ~ **qch à qn** to tell sb sth; **il m'a dit quelque chose qui m'a fait rire** he told me something *ou* he said something to me that made me laugh; ~ **qch** *ou* **quelque chose à vous** ~ there's something I want to tell you *ou* say to you; ~ **des bêtises** to talk nonsense; ~ **la bonne aventure/l'avenir** to tell fortunes/the future; ~ **la bonne aventure à qn** to tell sb's fortune; **dis-nous-en la raison** give *ou* tell us the reason (for it); **il nous a dit toute sa joie/tout son soulagement** he told us of his great joy/relief, he told us how happy/how relieved he was; **ce nom me dit quelque chose** this name rings a bell; **cela ne me dit rien du tout** that doesn't mean a thing to me; **qu'est-ce que ça dit, ton jardin?*** how is your garden doing?*

   (d) *(ordonner, prévenir)* to tell. **dites-lui de partir/qu'il parte ce soir** tell him to go/that he must leave tonight; **il a dit de venir de bonne heure** he said we were to come *ou* he said to come* early, he told us to come early; **fais ce qu'on te dit!** do as *ou* what you are told!; **ça suffit, j'ai dit!** I said that's enough!; **on nous a dit de l'attendre** we were told to wait for him; **'méfie-toi'** me dit-il told me *ou* he said to me, 'be cautious'; *V* **envoyer.**

   (e) *(objecter)* to say *(à, contre* against). **que veux-tu que je dise à** *ou* **contre ça?** what can I say against that?, how can I object to that?; **tu n'as rien à** ~, **tu aurais fait la même chose** YOU can't say anything! *ou* YOU can talk! you would have done exactly the same thing!; **tais-toi, tu n'as rien à** ~! be quiet, you can't say anything! *ou* you're in no position to make remarks!; **je n'ai rien à** ~ **sur son travail** I cannot complain about his work; **tu n'as rien à** ~, **tu es bien servi** you can't say anything because you've done very well, you can't complain *ou* object with what you've got.

(f) *poèmes* to say, recite; *prière* to say; *rôle* to speak. ~ **son chapelet** to say the rosary, tell one's beads†; ~ **la messe** to say mass; **l'acteur a très mal dit ce passage** the actor spoke these lines very badly.

(g) (*plaire*) **cela vous dit de sortir?** do you feel like going out?, do you fancy (*Brit*) going out?; **cela ne me dit rien** I don't feel like it at all, it doesn't appeal to me at all, I don't fancy (*Brit*) it at all; **il y a des fraises mais ça ne me dit pas** there are strawberries but I don't fancy them (*Brit*) *ou* I'm not in the mood for them; **rien ne me dit en ce moment** I am not in the mood for anything *ou* I don't feel like doing anything just now; **si le cœur vous en dit** if you feel like it, if you feel so inclined; **cela ne me dit rien qui vaille** I don't like the look of that, that looks suspicious to me; **pour l'instant, cette robe ne dit rien***, mais attendez qu'elle soit finie! for the moment this dress doesn't look anything special *ou* doesn't look up to much*, but just wait until it's finished!

(h) [*chose*] (*indiquer*) to say, show. **ma montre dit 6 heures** my watch says 6 o'clock, it is 6 o'clock by my watch; **son visage disait sa déception** his face gave away his disappointment, disappointment was written all over his face; **son silence en dit long** his silence speaks for itself *ou* speaks volumes *ou* tells its own story.

(i) (*penser*) to think. **qu'est-ce que tu dis de ma robe?** what do you think of *ou* how do you like my dress?; **qu'est-ce que vous dites de la question?** what do you think *ou* how do you feel about the matter?, what are your feelings on the subject?; **qu'est-ce que vous diriez d'une promenade?** what would you say to a walk?, how about a walk?; **et ~ qu'il aurait pu se tuer!** to think he might have killed himself!; **on dirait qu'il n'aime pas cette ville** one gets the impression he does not like this town, he doesn't seem to like this town; **on dirait qu'il le fait exprès!** you'd almost think he does it on purpose!; **qui aurait dit qu'elle allait gagner?** who would have thought (that) she would win?; **on dirait qu'il va pleuvoir** it looks like rain; **on dirait qu'il va pleurer** he looks as though he is going to cry; **on se dirait en France** you would think you were in France; **cette eau est noire, on dirait de l'encre** this water is black — it looks like ink; **on dirait du poulet** it tastes like *ou* it's like chicken; **on dirait du Brahms** it sounds like *ou* it's like Brahms; **on dirait du parfum** it's like *ou* it smells like perfume; **on dirait de la soie** it's like *ou* it feels like silk; **qui l'eût dit!** who would have thought it!

(j) (*décider*) **venez bientôt, disons demain** come soon, let's make it tomorrow *ou* (let's) say tomorrow; **tout n'est pas dit** the last word has not been said, it isn't all over yet; **c'est plus facile à ~ qu'à faire** it's easier said than done; **il est dit** *ou* **il a été dit que je ne gagnerai jamais** I'm destined *ou* fated never to win; **bon, c'est dit** *ou* **voilà qui est dit** right, it's settled *ou* it's all arranged; **ce qui est dit est dit** what's said is said; **tenez-vous-le pour dit** don't say I didn't warn you, I shan't tell you a second time; **à l'heure dite** at the appointed time *ou* hour; **au jour dit** on the appointed day; *V* **aussitôt.**

(k) (*appeler*) **X, dit le Chacal** X, known as the Jackal.

(l) (*admettre*) to say, admit. **il faut bien ~ que** I must say *ou* admit that; **disons-le, il nous ennuie** let's be frank *ou* to be frank *ou* let's face it*, he bores us.

(m) (*loc*) **je ne dis pas non** I won't say no; **qui dit argent dit problèmes** money means problems; **tu l'as dit!** quite true!, how right you are!, you('ve) said it!; **ceci dit** (*à ces mots*) thereupon, having said this; (*avec restriction*) nevertheless, having said this; (*littér*) **ce disant** so saying; **pour ainsi ~** so to speak, as it were; **comme qui dirait*** as you might say; **ou pour mieux ~ ...** or, rather ..., or, to put it another way ...; **j'entends comme qui dirait des grognements** I can hear what sounds like groans *ou* something like groans; **cette maison c'est comme qui dirait un gros cube** the house looks a bit like a huge cube; **dis donc!** (*à propos*) by the way; (*holà*) hey!, say! (*US*); **tu me l'envoies, dis, cette lettre?** you will send me that letter, won't you?; **comme on dit, comme dit** *ou* **disait l'autre*** as they say, so to speak; **je suis sûr, je te dis*** I'm certain, I tell you; **pour tout ~ in** fact; **~ que ...** to think that ...; **~ qu'il aurait pu rater ça** (and) to think he might have missed it; **je vous l'avais bien dit!** I told you so!, didn't I tell you?; **que tu dis** (*ou* **qu'il dit** *etc*)!‡ that's your (*ou* his *etc*) story!, that's what you say (*ou* he says *etc*); **tu me le dis-vous!** *ou* **le dis-tu!** don't I know it!*, you're telling ME!*; **cela va sans ~ it** goes without saying; **il va sans ~ que c'était faux** needless to say it was wrong; **à vrai ~, à ~ vrai** actually, to tell (you) the truth, in actual fact, to be (quite) truthful; **quand je vous le disais!** I told you so!, what did I tell you!; **je ne veux pas avoir à le lui ~ deux fois** I don't want to have to tell him again; **il n'y a pas à ~ there's** no doubt about it, there's no denying it, there's no getting away from it; **je ne vous dis que cela!** just let me tell you!, on a beau ~ **say what you like** *ou* will; **comment dirais-je ...** how shall I put it?, what can I say?; **que dites-vous, qu'est-ce que tu dis?** *ou* **vous dites?** (I beg your) pardon?, what did you say?; **c'est ~ s'il est content** that just shows you how pleased he is; **c'est beaucoup ~ that's** saying a lot; **c'est peu ~ that's** an understatement; **c'est trop ~ that's** saying too much; **c'est (tout) ~ that** (just) shows you; **c'est moi qui vous le dis** you take my word for it; **c'est vous qui le dites** YOU say so, that's what YOU say; **ce n'est pas pour ~, mais** (*se vanter*) I don't mean *ou* wish to boast, but ...; (*se plaindre*) I don't mean *ou* wish to complain, but ...; **c'est-à-~** that is (to say); **c'est-à-~ que je ne le savais pas** well actually *ou* well the thing is *ou* I'm afraid I didn't know; **qu'est-ce à ~?** what does that mean?; **est-ce à ~ que ...?** does this mean that ...?, is that to say that ...?; **entre nous soit dit, il est un peu bête** (just) between the two of us *ou* confidentially he is a bit of an idiot; **soit dit en passant** by the way, let me say in passing, incidentally.

(n) (*avec faire, laisser, vouloir*) **faire ~ qch à qn** to send word of

sth to sb; **faire ~ à qn de venir** to send for sb; **faire ~ à qn qu'on a besoin de lui** to let sb know that he is needed; **faire ~ à qn des choses** (**qu'il n'a pas dites**) to put words in sb's mouth; **il ne se l'est pas fait ~ deux fois** he did not need *ou* have to be told twice; **elle partit sans se le faire ~ deux fois** she was off without a second bidding *ou* without having to be told twice; **par la torture on fait ~ aux gens ce qu'on veut** people can be made to say *ou* you can make people say anything under torture; **je ne lui ai pas fait ~** I didn't make him say it; **je ne vous le fais pas ~!** I'm not putting words into your mouth!; **laisser ~ to** let people talk; **laisse ~!** let them talk!, never mind what they say!; **je me suis laissé ~ que** I heard that, I was told that; **vouloir ~** (*signifier*) to mean; **que veut ~ ce mot/sa réponse?** what does this word/his answer mean?, what is the meaning of this word/his answer?; **cette phrase ne veut rien ~ this** sentence does not mean a thing; **c'est bien cela que je veux ~ that** is exactly *ou* just what I mean; **cela dit bien ce que cela veut ~ it** means exactly *ou* just what it says; **cela ne veut pas ~ qu'il viendra** *ou* **qu'il vienne** that does not mean (to say) that *ou* it does not follow that he will come.

2 se dire *vpr* **(a)** to say to o.s. **il se dit qu'il était inutile de rester** he said to himself that there was no point in staying; **je me dis que j'aurais dû l'acheter** I feel now *ou* I'm thinking now that I should have bought it; **il faut bien se ~ que** one has to realize *ou* accept that.

(b) (*se prétendre*) **il se dit malade** he claims to be ill *ou* that he is ill; **elle se dit sa cousine** she claims to be his cousin, she says she is his cousin.

(c) **elles se dirent au revoir** they said goodbye (to each other).

(d) (*sens passif*) **cela ne se dit pas en société** this word is not in polite use, it's not the sort of thing one says in company; **cela ne se dit plus en français** this expression is no longer used *ou* in use in French; **cela se dit de la même façon en anglais et en français** it's the same in English and in French, English and French use the same expression for it; **comment se dit ... en français?** what is the French for ...?, how do you say ... in French?

3 nm (*déclaration*) statement. **d'après ses ~s** according to him *ou* to what he says; **au ~ de** according to; **au ~ de** *ou* **selon le ~ de tous** by all accounts; **croire aux ~s de qn** to believe what sb says; (*Jur*) **leurs ~s ne concordent pas** their statements do not agree.

direct, e [dirɛkt, ɛkt(ə)] **1** *adj* **(a)** (*sans détour*) *route* direct; *personne, reproche, regard* direct; *question* direct, straight; *allusion* direct, pointed (*épith*). **c'est le chemin le plus ~ it's** the most direct route; **il m'a parlé de manière très ~e, il a été très ~ he** spoke to me in a very direct *ou* straightforward way *ou* very frankly, he didn't beat about the bush.

(b) (*sans intermédiaire*) *impôt, descendant, adversaire, responsabilité* direct; *cause* immediate, direct; (*Jur*) *action* direct. **ses chefs ~s** his immediate superiors; **ligne téléphonique ~e** (*privée*) private *ou* direct line; (*automatique*) automatic dialling system; **être en rapport** *ou* **contact ~** *ou* **en relations ~es avec** to deal directly *ou* be in direct contact with; **se mettre en rapport ~ avec qn** to contact sb *ou* make contact with sb directly; **il n'y a pas de rapport** *ou* **lien ~ entre les deux faits** there is no direct connection *ou* link between the two facts; **il a pris une part très ~e à cette affaire** he was directly involved in this business.

(c) (*absolu*) **en contradiction ~e** in direct *ou* complete contradiction.

(d) (*Astron*) direct; (*Ling*) *style, discours, objet* direct; (*Logique*) *proposition* positive; *V* **complément.**

(e) (*Rail*) *train* fast (*épith*), non-stop (*épith*), express (*épith*); *voiture* through (*épith*). **ce train est ~ jusqu'à Lyon** this is a fast *ou* non-stop train to Lyons.

2 nm (a) (*Rail*) express (train), fast *ou* non-stop train. **le ~ Paris-Dijon** the Paris-Dijon express.

(b) (*Boxe*) jab. **~ du gauche/du droit** straight left/right.

(c) (*Rad, TV*) **c'est du ~ it's** live; **émission en ~ live** broadcast; **parler/faire un reportage en ~** (*sur l'antenne*) **de New York** to be speaking/reporting live from New York; **ce sont les risques du ~ those** are the risks of live broadcasting *ou* of broadcasting live.

directement [dirɛktəmã] *adv* **(a)** (*immédiatement*) straight, straight away (*Brit*), right away. **il est ~ allé se coucher** he went straight *ou* directly to bed, he went to bed straight (*Brit*) *ou* right away; **en rentrant il est allé ~ au réfrigérateur pour voir ce qu'il y avait à manger** when he came home he went straight to the fridge *ou* he made a beeline for the fridge to see what there was to eat.

(b) (*sans détour*) straight, directly. **cette rue mène ~ à la gare** this street leads straight to the station; **cet escalier communique ~ avec la cave** this staircase leads straight *ou* directly to the cellar; **il est entré ~ dans le vif du sujet** he came straight to the point.

(c) (*personnellement*) directly. **il m'a très ~ accusé de ce crime** he accused me of this crime straight out *ou* to my face; **sa bonne foi est ~ mise en cause** it's a direct challenge to his good faith; **tout ceci ne me concerne pas ~ mais ...** none of this concerns me directly *ou* personally but ..., none of this is of any direct *ou* immediate concern to me but ...; **les secteurs de l'économie les plus ~ touchés par la crise** the sectors of the economy most directly *ou* immediately affected by the crisis.

(d) (*sans intermédiaire*) direct, straight. **adressez-vous ~ au patron** apply to the boss direct *ou* in person, go straight to the boss; **j'ai été ~ le trouver pour le lui demander** I went to find him myself *ou* in person to ask him about it; **~ du producteur au consommateur** direct *ou* straight from (the) producer to (the) consumer; **colis expédié ~ à l'acheteur** parcel sent direct to the buyer.

(e) (*diamétralement*) (*lit*) directly; (*fig*) completely, utterly, directly. **la maison ~ en face** the house directly *ou* straight opposite; **~ opposé** diametrically *ou* utterly opposed; **~ contraire/contradictoire** completely *ou* utterly contrary/contradictory.

directeur, -trice [dirɛktœr, tris] **1** *adj* (*dirigeant*) directing; (*fig: principal*) *idée* leading, principal, main; *principe* guiding; *force* guiding, driving; (*Tech*) *bielle* driving; *roue* front; *V* **comité, ligne¹, plan¹**.
 2 *nm* **(a)** (*responsable, gérant*) *[banque, usine]* manager; (*Admin*) head; (*Police*) ≃ chief constable (*Brit*); (*Ciné, TV: technicien*) director. **~ commercial/général/du personnel** sales/general/personnel manager; **~ général** general manager, chief executive officer (*US*); **~ général adjoint** assistant general manager; (*Univ*) **le ~ de l'U.E.R. d'anglais** the head of the English department.
 (b) (*administrateur, propriétaire*) director.
 (c) **~** (**d'école**) headmaster (*Brit*), principal (*US*).
 3 directrice *nf* **(a)** *[entreprise]* manageress; (*propriétaire*) director; (*Admin*) head.
 (b) **~trice d'école/de lycée** (primary/secondary school) headmistress (*Brit*), principal (*US*).
 (c) (*Math*) directrix.
 4: directeur artistique artistic director; **directeur de cabinet** (**d'un ministre**) principal private secretary; **directeur de conscience** director, spiritual adviser; **directeur financier** financial director; **directeur gérant** managing director; **directeur de journal** newspaper editor; **directeur de la photographie** director of photography; **directeur de prison** prison governor (*Brit*), head warden (*US*); **directeur spirituel = directeur de conscience; directeur de théâtre** theatre director; (*Univ*) **directeur de thèse** supervisor (*Brit*), reader (*US*).

direction [dirɛksjɔ̃] *nf* **(a)** (*lit, fig: sens*) direction; (*route, chemin*) direction, way. **vous n'êtes pas dans** *ou* **vous n'avez pas pris la bonne ~** you're not going the right way *ou* in the right direction, you're not on the right road; **dans quelle ~ est-il parti?** which way did he go? *ou* head?; **aller dans la ~ de** *ou* **en ~ de Paris, prendre la ~ de Paris** to go towards *ou* in the direction of Paris; **train/avion en ~ de ...** train/plane *ou* going to ...; **bateau au ~ de ...** ship bound *ou* heading for ...; (*fig*) **nous devons chercher dans une autre ~** we must look in some other *ou* a different direction, we must direct our search elsewhere; (*fig*) **l'enquête a pris une nouvelle ~** the inquiry has taken a new turn; **dans toutes les ~s** in all directions.
 (b) (*action d'administrer: V diriger*) management; running; editorship; leadership; directing; supervision; conducting. **il a été chargé de** *ou* **on lui a confié la ~ de l'enquête/des travaux** he has been put in charge of the inquiry/the work; **avoir la ~ de** (*gén, Admin, Ind*) to run, be at the head of, be in charge of (the running of); *recherches, travaux* to supervise, oversee, be in charge of; **prendre la ~ de** (*gén, Admin*) to take over the running of; *usine, entreprise* to take over the running *ou* management of; *équipe, travaux* to take charge of, take over the supervision of; *mouvement, pays* to take over the leadership of; *débats* to take control of; *journal* to take over *ou* take on the editorship of; **sous sa ~** under his leadership (*ou* management *etc*); **prendre la ~ des opérations** to take charge *ou* control (of the running of operations); **il a travaillé sous la ~ d'un spécialiste** he has worked under the supervision of an expert; **il a fait ses études sous la ~ de X** he studied under X; (*Mus*) **orchestre (placé) sous la ~ de X** orchestra conducted by X.
 (c) (*fonction de gérant, de responsable*) post of manager, managership; (*fonction de propriétaire, d'administrateur*) post of director, directorship; *[école]* headship, post of head *ou* principal; *[journal]* editorship, post of editor. **on lui a offert la ~ de l'usine/d'une équipe de chercheurs** he was offered the post of factory manager/of leader *ou* head of a research team.
 (d) (*personnel dirigeant*) *[usine, service, équipe]* management; *[journal]* editorial board. **se plaindre à la ~** to make a complaint to the board *ou* the management; **la ~ décline toute responsabilité** the directors accept *ou* the management accepts no responsibility; *V* **changement**.
 (e) (*bureau*) *[usine]* manager's (*ou* director's) office; *[école]* headmaster's (*ou* headmistress's) office (*Brit*), principal's office (*US*); *[journal]* editor's office.
 (f) (*service*) department. **adressez-vous à la ~ du personnel** apply to the personnel department; **la D~ de la surveillance du territoire** the counter-espionage services ≃ MI5 (*Brit*), ≃ CIA (*US*); **Direction de l'action sanitaire et sociale** department of health and social services.
 (g) (*Aut: mécanisme*) steering. **~ assistée** power steering; *V* **rupture**.

directionnel, -elle [dirɛksjɔnɛl] *adj* (*Tech*) directional.

directive [dirɛktiv] *nf* (*gén pl*) directive, order, instruction.

directoire [dirɛktwar] *nm* **(a)** (*Comm etc*) board of directors *ou* management. **(b)** (*Hist*) **le D~** the Directory, the Directoire; **fauteuil/table ~** Directoire chair/table; *V* **style**.

directorial, e, mpl -iaux [dirɛktɔrjal, jo] *adj fonction, responsabilité* (*Comm, Ind*) managerial; (*Admin*) of directors; (*Scol*) of headmaster (*ou* headmistress) (*Brit*), of principal (*US*). **bureau ~** manager's *ou* director's *ou* headmaster's (*Brit*) *ou* principal's (*US*) *etc* chair/office.

directrice [dirɛktris] *V* **directeur**.

dirigeable [diriʒabl(ə)] *adj, nm* dirigible, airship.

dirigeant, e [diriʒɑ̃, ɑ̃t] **1** *adj classe* ruling. **cadre ~** senior manager *ou* executive. **2** *nm, f [parti, syndicat]* leader; *[pays]* leader, ruler. **~ d'entreprise** company director; (*salarié*) company manager.

diriger [diriʒe] (3) **1** *vt* **(a)** (*administrer*) (*gén, Admin*) to run, be head of, be in charge of; *entreprise, usine, théâtre* to manage, run; *journal* to run, edit; *pays, mouvement, parti* to lead; *opération, manœuvre* to direct, be in charge of; *recherches, travaux* to super-

vise, oversee, be in charge of; *enquête, procès* to conduct; *débat* to conduct, lead; *orchestre* to conduct. **~ la circulation** to control *ou* direct the traffic; (*Mil*) **~ le tir** to direct the firing; **mal ~ une entreprise** to mismanage a business, run a business badly; **équipe bien/mal dirigée** team under good/bad leadership *ou* management, well-/badly-run team; **savoir ~** to know how to command *ou* lead, be a good manager *ou* leader; **ils n'ont pas su ~ leurs enfants** they weren't able to guide their children; **a-t-il bien su ~ sa vie?** did he manage to run his life properly?; **cette idée dirige toute notre politique** this idea guides *ou* determines our whole policy; **l'ambition dirige tous ses actes** ambition rules *ou* guides his every act; *V* **économie, loisir**.
 (b) (*guider*) *voiture* to steer; *avion* to pilot, fly; *bateau* to steer, navigate; *cheval* (*de trait*) to steer; (*de selle*) to guide. (*fig*) **bien/mal ~ sa barque** to run one's affairs well/badly; **bateau qui se dirige facilement** boat which is easy to steer.
 (c) (*acheminer*) *marchandises, convoi* to send (*vers, sur* to); *personnes* to direct, send (*sur, vers* to). **on m'a mal dirigé** I was misdirected *ou* sent the wrong way.
 (d) (*orienter*) **~ une arme sur** to point *ou* level *ou* aim a weapon at; **~ un canon/télescope sur** to train a gun/telescope on, point a gun/telescope at; **~ une lampe de poche/lumière sur** to shine a torch/light on; **~ son attention sur qn/qch** to turn one's attention to *ou* on sb/to sth; **~ son regard** *ou* **ses yeux sur** *ou* **vers qch** to look towards *ou* in the direction of sth; **le pompier dirigea sa lance vers les flammes** the fireman aimed *ou* pointed his hose at *ou* trained his hose on the flames; **la flèche est dirigée vers la gauche** the arrow is pointing left *ou* to(wards) the left; **~ ses pas vers un lieu** to make for *ou* make one's way to *ou* head for a place; **on devrait ~ ce garçon vers les sciences** we should advise this boy to specialize in science, we should guide this boy towards the sciences; **cet élève a été mal dirigé** this pupil has been badly advised *ou* guided; **nous dirigeons notre enquête/nos travaux dans une voie nouvelle** we are conducting *ou* directing our inquiry/carrying out *ou* directing our work along new lines; **son regard se dirigea vers elle** he turned his gaze towards *ou* on her; **~ un article/une allusion contre qn/qch** to aim *ou* direct an article/an allusion at sb/sth; **~ une critique contre qn/qch** to aim *ou* direct *ou* level a criticism at sb/sth; **les poursuites dirigées contre lui** the proceedings directed *ou* brought against him.
 2 se diriger *vpr* **(a)** **~ vers** (*aller, avancer vers*) to make for, head for, make one's way towards; **il se dirigea vers la sortie** he made his way towards *ou* made for the exit; **le bateau/la voiture semblait se diriger vers le port** the boat/car seemed to be heading *ou* making for the harbour; (*fig*) **nous nous dirigeons vers une solution/un match nul** we seem to be heading towards a solution/a draw; **l'avion se dirigea vers le nord** the plane flew *ou* headed northwards; **se ~ droit sur qch/qn** to make a beeline *ou* make straight for sth/sb.
 (b) (*se guider*) to find one's way. **se ~ sur les étoiles/le soleil** to navigate *ou* sail by the stars/the sun; **se ~ au radar** to navigate by radar; **il n'est pas facile de se ~ dans le brouillard** it isn't easy to find one's way in the fog; (*fig, Scol*) **se ~ vers les sciences** to specialize in science; **se ~ vers les carrières juridiques** to opt for *ou* be headed for a career in law.

dirigisme [diriʒism(ə)] *nm* (*Écon*) interventionism, state intervention.

dirigiste [diriʒist(ə)] *adj, nmf* interventionist.

disant [dizɑ̃] *V* **soi-disant**.

discal, e, mpl -aux [diskal, o] *adj* (*Méd*) of the intervertebral discs. **hernie ~e** herniated (*T*) *ou* slipped disc.

discernable [disɛrnabl(ə)] *adj* discernible, detectable.

discernement [disɛrnəmɑ̃] *nm* **(a)** (*sagesse*) discernment, judgment. **manquer de ~** to be lacking in judgment *ou* discernment; **agir sans ~** to act without proper judgment.
 (b) (*action*) distinguishing, discriminating, distinction. **sans ~** without (making a) distinction; (*littér*) **le ~ de la vérité d'avec l'erreur** distinguishing truth from error, discriminating between truth and error.

discerner [disɛrne] (1) *vt* **(a)** (*distinguer*) *forme* to discern, make out, perceive; *bruit* to detect, hear, make out; *nuance* to discern, detect; *douleur* to feel.
 (b) (*différencier*) to distinguish, discriminate (*entre* between). **~ une couleur d'une** *ou* **d'avec une autre/le vrai du faux** to distinguish *ou* tell one colour from another/truth from falsehood.

disciple [disipl(ə)] *nm* (*élève*) disciple; (*adepte*) follower, disciple.

disciplinable [disiplinabl(ə)] *adj* disciplinable.

disciplinaire [disiplinɛr] *adj* disciplinary.

disciplinairement [disiplinɛrmɑ̃] *adv* in a disciplinary way.

discipline [disiplin] *nf* **(a)** (*règle*) discipline; *V* **compagnie, conseil**. **(b)** (*matière*) discipline, subject. **~ de base** core *ou* basic subject.

discipliné, e [disipline] (*ptp de* **discipliner**) *adj* (well-) disciplined.

discipliner [disipline] (1) *vt soldats, élèves* to discipline; *impulsions* to discipline, control; (*fig*) *cheveux* to control, keep tidy. **il faut apprendre à se ~** one must learn self-control *ou* self-discipline *ou* to discipline oneself.

disc-jockey [diskʒɔkɛ] *nm* disc jockey, DJ.

disco [disko] **1** *adj musique* disco. **2** *nm:* **le ~** disco music.

discobole [diskɔbɔl] *nm* discus thrower; (*Antiq*) discobolus.

discoïde [diskɔid] *adj* discoid(al), disc- *ou* disk-shaped.

discontinu, e [diskɔ̃tiny] **1** *adj ligne, fonction* discontinuous; (*intermittent*) *bruit, effort* intermittent; (*Ling*) discontinuous. **bande jaune** *ou* **blanche ~e** *[route]* broken yellow *ou* white line. **2** *nm* (*Philos*) discontinuity.

discontinuer [diskɔ̃tinɥe] (1) *vti* (*littér*) to discontinue, cease, stop, break off. **sans** ~ without stopping, without a break; **pendant 2 heures sans** ~ for 2 hours at a stretch *ou* without stopping *ou* without a break.

discontinuité [diskõtinμite] *nf* discontinuity.

disconvenir [diskõvniʀ] (22) *vi* (*littér: nier*) **ne pas** ~ **de/que: je n'en disconviens pas** I don't deny it; **je ne puis** ~ **que ce soit vrai** I cannot deny the truth of it *ou* that it's true.

discophile [diskɔfil] *nmf* record enthusiast.

discordance [diskɔʀdãs] *nf* **(a)** [*caractères*] conflict, clash (*U*); [*opinions*] difference, conflict; [*sons*] discord (*U*), discordance, dissonance; [*couleurs*] clash (*U*), clashing (*U*). **leurs témoignages présentent des** ~**s graves** their evidence shows serious discrepancies, their evidence conflicts seriously.
   (b) (*Géol*) unconformability, discordance.

discordant, e [diskɔʀdã, ãt] *adj* **(a)** *caractères, opinions, témoignages* conflicting, discordant; *sons, cris, bruits* discordant, harsh; *instruments* out of tune; *couleurs* clashing, discordant. **elle a une voix** ~**e** she has a harsh *ou* grating voice, her voice grates.
   (b) (*Géol*) unconformable, discordant.

discorde [diskɔʀd(ə)] *nf* (*littér*) discord, dissension. **mettre** *ou* **semer la** ~ to sow discord, cause dissension; *V* **pomme.**

discorder [diskɔʀde] (1) *vi* [*sons*] to be discordant; [*couleurs*] to clash; [*témoignages*] to conflict.

discothèque [diskɔtɛk] *nf* (*collection*) record collection; (*meuble*) record cabinet; (*bâtiment*) record library; (*club*) disco.

discount [diskun] **1** *nm* (*rabais*) **pratiquer le** ~, **faire du** ~ to give a discount. **2** *adj inv*: **magasin** ~ discount store *ou* shop; **à des prix** ~ at discount prices.

discounter¹ [diskunte] (1) *vt*: **boutique où tout est discounté** shop *ou* store where everything is cut-price *ou* is at a discount price.

discounter² [diskuntœʀ] *nm* discount dealer.

discoureur, -euse [diskuʀœʀ, øz] *nm,f* (*péj*) speechifier, wind-bag* (*péj*).

discourir [diskuʀiʀ] (11) *vi* **(a)** (*faire un discours*) to discourse, expatiate (*sur, de* upon); (*péj*) to hold forth (*sur, de* upon), speechify. **elle le suivit sans** ~ she followed him without demur *ou* without a murmur. **(b)** (*bavarder*) to talk (away).

discours [diskuʀ] *nm* **(a)** (*allocution*) speech. ~ **d'ouverture/de clôture** opening/closing speech *ou* address; ~ **du trône** Queen's (*ou* King's) speech, speech from the throne; (*US Pol*) **D**~ **sur l'état de l'Union** State of the Union Address; **faire** *ou* **prononcer un** ~ to make *ou* deliver a speech; **prononcer un** ~ **sur la tombe de qn** to deliver a funeral oration for sb; ~-**programme** keynote-speech.
   (b) (*péj*) talking (*U*), chatter (*U*). **tous ces beaux** ~ **n'y changeront rien** all these fine words *ou* all this fine talk won't make any difference; **suis-moi sans faire de** ~! follow me without argument *ou* any arguing!; **que de** ~! what a lot of fuss (about nothing)!; **perdre son temps en** ~ to waste one's time talking *ou* in idle (chit)chat; **il m'a tenu un long** ~ **sur ce qui lui était arrivé** he spun me a long yarn *ou* he told me a long-drawn-out tale about what had happened to him; **elle m'a tenu des** ~ **à n'en plus finir** she went on and on as if she was never going to stop.
   (c) **le** ~ (*expression verbale*) speech; (*Ling*) discourse; (*Philos: raisonnement*) discursive reasoning *ou* thinking; (*Rhétorique*) discourse; (*Ling*) (**au**) ~ **direct/indirect** (in) direct/indirect *ou* reported speech; **les parties du** ~ (*Ling*) the parts of speech; (*Rhétorique*) the parts of discourse.
   (d) (*Philos: traité*) discourse, treatise. **le D**~ **de la Méthode** the Discourse on Method.

discourtois, e [diskuʀtwa, waz] *adj* discourteous.

discourtoisement [diskuʀtwazmã] *adv* discourteously.

discourtoisie [diskuʀtwazi] *nf* (*littér*) discourtesy.

discrédit [diskʀedi] *nm* [*personne*] discredit, disfavour; [*idée, théorie, œuvre*] discredit, disrepute. **tomber dans le** ~ to fall into disrepute; **être en** ~ to be discredited *ou* in disrepute; *V* **jeter.**

discréditer [diskʀedite] (1) **1** *vt personne* to discredit; *théorie, œuvre* to discredit, bring into disrepute. **c'est une opinion tout à fait discréditée de nos jours** it is an opinion which has gone right out of favour *ou* which is quite discredited nowadays.
   2 se discréditer *vpr* [*idée, théorie*] to become discredited, fall into disrepute; [*personne*] to bring discredit upon o.s., discredit o.s. **se** ~ **aux yeux de qn** to discredit o.s. *ou* bring discredit upon o.s. in the eyes of sb.

discret, -ète [diskʀɛ, ɛt] *adj* **(a)** (*réservé, retenu*) *personne, attitude* discreet, reserved; *allusion, reproche, compliment* discreet. **soyez** ~, **ne lui parlez pas de sa défaite** be tactful *ou* discreet and don't mention his defeat to him.
   (b) (*qui n'attire pas l'attention*) *personne, manière* unassuming, unobtrusive; *parfum, maquillage* discreet, unobtrusive; *vêtement* sober, plain, simple; *couleur* quiet, restrained; *lumière* subdued; *endroit* quiet, secluded; *parole, regard* discreet. **il lui remit un paquet sous emballage** ~ he handed her a plainly wrapped parcel; '**envoi** ~' 'sent under plain cover'; **n'y a-t-il pas une façon plus** ~**ète de m'avertir?** isn't there a more discreet *ou* less conspicuous way of warning me?
   (c) (*qui garde les secrets*) discreet.
   (d) (*Math*) *quantité* discrete; (*Phys*) *fonction* discontinuous.

discrètement [diskʀɛtmã] *adv* (**a**) *se tenir à l'écart, parler, reprocher* discreetly, quietly. **il a** ~ **fait allusion à …** he made a discreet allusion to …, he gently hinted at … .
   (b) *se maquiller* discreetly, unobtrusively; *s'habiller* soberly, plainly, simply; (*pour ne pas être vu, entendu*) discreetly. **parler** ~ **à l'oreille de qn** to have a quiet *ou* discreet word in sb's ear.

discrétion [diskʀesjõ] *nf* **(a)** (*art de garder un secret*) discretion. ~ **assurée** discretion assured.
   (b) (*réserve*) [*personne, attitude*] discretion, tact. **sa** ~ **est exemplaire** he's a model of discretion *ou* tact.

(c) (*modération*) [*maquillage*] unobtrusiveness; [*vêtement*] sobriety, plainness, simpleness. **avec** ~ *s'habiller* soberly, plainly, simply; *se conduire* discreetly, unobtrusively; *parler* discreetly.
   (d) (*littér: discernement*) discretion.
   (e) (*loc*) **vin** *etc* **à** ~ unlimited wine *etc*, as much wine *etc* as you want; (*littér*) **être à la** ~ **de qn** to be in sb's hands.

discrétionnaire [diskʀesjɔnɛʀ] *adj* discretionary.

discriminant [diskʀiminɑ̃] *nm* (*Math*) discriminant.

discrimination [diskʀiminɑsjõ] *nf* discrimination.

discriminatoire [diskʀiminatwaʀ] *adj mesures* discriminatory, discriminating.

discriminer [diskʀimine] (1) *vt* (*littér*) to distinguish. **apprendre à** ~ **les méthodes** to learn how to discriminate *ou* distinguish between methods.

disculpation [diskylpɑsjõ] *nf* exoneration, exculpation (*frm*).

disculper [diskylpe] (1) **1** *vt* to exonerate, exculpate (*frm*) (*de* from). **2 se disculper** *vpr* to exonerate o.s., vindicate o.s., exculpate o.s. (*frm*) (*auprès de qn* in sb's eyes).

discursif, -ive [diskyʀsif, iv] *adj* discursive.

discussion [diskysjõ] *nf* **(a)** [*problème*] discussion, examination (*de* of); [*projet de loi*] debate (*de* on), discussion (*de* of). **mettre une question en** ~ to bring a matter up for discussion; **le projet de loi est en** ~ the bill is being debated *ou* is under discussion.
   (b) (*débat*) discussion, debate; (*pourparlers, échanges de vues*) discussion(s), talks; (*conversation*) discussion, talk. **les délégués sont en** ~ the delegates are in conference; **sans** ~ **possible** indisputably, undoubtedly.
   (c) (*querelle*) argument, quarrel. **avoir une violente** ~ **avec qn** to have a violent disagreement *ou* argument with sb; **suis-moi et pas de** ~**s** follow me and no argument.

discutable [diskytabl(ə)] *adj solution, théorie* debatable, questionable, arguable; *goût* doubtful, questionable.

discutailler* [diskytaje] (1) *vi* (*péj*) (*bavarder*) to chat (away)*, natter (away)* (*Brit*); (*débattre sans fin*) to argue (*sur* over), go on* (*sur* about), discuss; (*ergoter*) to wrangle, quibble (*sur* over). ~ **dans le vide** to argue *ou* quibble over nothing.

discuter [diskyte] (1) **1** *vt* **(a)** (*débattre*) *problème* to discuss, examine; *projet de loi* to debate, discuss; *prix* to argue about, haggle over.
   (b) (*contester*) *ordre* to question, dispute. ~ **les droits de qn** to debate *ou* question sb's rights; **ministre très discuté** much discussed *ou* very controversial minister; **question très discutée** vexed question, much debated *ou* disputed question; **théorie très discutée** very controversial theory; **ça se discute, ça peut se** ~ that's debatable *ou* disputable.
   (c) ~ **le coup*** *ou* **le bout de gras*** (*parler*) to have a chat* *ou* natter* (*Brit*) *ou* chinwag* (*Brit*); (*parlementer*) to argue away.
   2 *vi* **(a)** (*être en conférence*) to have a discussion, confer (*avec* with); (*parler*) to talk (*avec* with); (*parlementer*) to argue (*avec* with). ~ **de** *ou* **sur qch** to discuss sth; ~ **(de) politique** *etc* to discuss *ou* talk politics *etc*; **on ne peut pas** ~ **avec lui!*** it's no good arguing with him!, you can't have a discussion with him!
   (b) (*protester*) to argue. **suivez-moi sans** ~ follow me and no argument; **j'en ai décidé ainsi et il n'y a pas à** ~ my mind's made up about it and that's final *ou* and there's nothing further to be said; **tu discutes?‡** no ifs and buts!* (*Brit*), no ifs ands or buts!* (*US*), no argument!
   (c) (*débattre*) ~ **de** *ou* **sur** *question, problème* to discuss, debate; **ensuite, nous avons discuté du prix** then we discussed the price; ~ **sur le cas de qn** to discuss *ou* debate sb's case; **j'en ai discuté avec lui et il est d'accord** I have discussed the matter *ou* talked the matter over with him and he agrees; **vous discutez sur des points sans importance** you are arguing about *ou* niggling over trifles; ~ **du sexe des anges*** to discuss futilities.

disert, e [dizɛʀ, ɛʀt(ə)] *adj* (*frm, hum, péj*) loquacious, articulate, fluent.

disette [dizɛt] *nf* **(a)** (*manque*) [*vivres, idées*] scarcity, shortage, dearth. **(b)** (*famine*) food shortage, scarcity (of food).

diseur, -euse [dizœʀ, øz] *nm,f*: ~ **de bonne aventure** fortune-teller; ~ **de bons mots** wit, wag.

disgrâce [disgʀɑs] *nf* (*défaveur, déchéance*) disgrace. **encourir** *ou* **mériter la** ~ **de qn** to incur sb's disfavour *ou* displeasure; **tomber en** ~ to fall into disgrace; **la** ~ **du ministre** the minister's disgrace.

disgracié, e [disgʀasje] (*ptp de* **disgracier**) *adj* (*en disgrâce*) in disgrace, disgraced; (*laid*) ill-favoured, ugly.

disgracier [disgʀasje] (7) *vt* to disgrace, dismiss from favour.

disgracieux, -ieuse [disgʀasjø, jøz] *adj geste* inelegant, awkward; *démarche* inelegant, awkward, ungainly; *visage* ill-favoured; *forme, objet* unsightly.

disjoindre [diswɛ̃dʀ(ə)] (49) **1** *vt planches, tôles, tuiles* to take apart, separate; *tuyaux* to disconnect, take apart; *pierres* to break apart; (*fig*) *problèmes* to separate, split. **ces deux questions sont disjointes** these two matters are not connected.
   2 se disjoindre *vpr* [*planches, tôles, tuiles*] to come apart *ou* loose, separate; [*tuyaux, pierres*] to come apart. **planches/tuiles disjointes** planks/tiles which are coming apart *ou* loose, loose planks/tiles; **tuyaux disjoints** pipes which have come apart *ou* undone.

disjoncteur [diswɔ̃ktœʀ] *nm* (*Élec*) circuit breaker, cutout.

disjonctif, -ive [diswɔ̃ktif, iv] *adj*, **disjonctive** *nf* disjunctive.

disjonction [diswɔ̃ksjõ] *nf* disjunction, separation.

dislocation [dislɔkɑsjõ] *nf* (*V* **disloquer**) dislocation; dismantling; smashing; breaking up; dispersal; scattering; dismemberment; dislocation; (*Géol*) fault.

disloquer [dislɔke] (1) **1** *vt* **(a)** *bras, épaule* to dislocate, put out of joint. **avoir l'épaule disloquée** to have a dislocated shoulder.

(b) *machine, meuble (démonter)* to dismantle, take apart *ou* to pieces; *(casser)* to smash, break up. **la chaise est toute disloquée** the chair is all smashed *ou* broken.

(c) *rassemblement, cortège* to disperse, break up; *troupes* to disperse, scatter.

(d) *empire* to dismantle, dismember, break up.

2 se disloquer *vpr* **(a) se ~ le bras** to dislocate one's arm, put one's arm out of joint; **son épaule s'est disloquée** his shoulder has been dislocated.

(b) *[meuble]* to come apart, fall to pieces.

(c) *[troupes]* to disperse, scatter; *[cortège]* to disperse, break *ou* split up.

(d) *[empire]* to break up, disintegrate.

disparaître [dispaʀɛtʀ(ə)] (57) *vi* **(a)** *(lit: s'en aller, devenir invisible)* to disappear, vanish. **le fuyard disparut au coin de la rue/dans la foule** the fugitive disappeared *ou* vanished round the corner of the street/into the crowd; **~ discrètement** to slip away quietly; **~ furtivement** to sneak away *ou* out; **je ne veux pas le voir, je disparais** I don't want to see him so I'll just slip away *ou* disappear *ou* I'll be off; **~ aux regards** to vanish out of sight, disappear from view; **~ à l'horizon** *[soleil]* to disappear *ou* vanish *ou* sink below the horizon; *[bateau]* to vanish *ou* disappear over the horizon; **l'arbre disparut dans le brouillard** the tree vanished *ou* was swallowed up in the fog; **le bâtiment disparaît sous le lierre** the building is (half-)hidden under a cloak of ivy.

(b) *(être porté manquant) [personne]* to go missing *(Brit)*, disappear; *[objet]* to disappear. **il a disparu de son domicile** he is missing *ou* has gone missing *(Brit)* *ou* has disappeared from home; **trois camions ont disparu (du garage)** three lorries have disappeared *ou* are missing *ou* have gone (from the garage); **~ sans laisser de traces** to disappear without trace; **il a disparu de la circulation*** he seems to have vanished into thin air.

(c) *(passer, s'effacer) [joie, crainte etc]* to disappear, vanish, evaporate; *[sourire, rougeur, douleur, cicatrice]* to disappear, vanish, go away; *[graduellement]* to fade; *[jeunesse]* to vanish, be lost; *[brouillard]* to disappear, vanish, thin out.

(d) *(mourir) [race, civilisation]* to die (out), vanish; *[coutume]* to die out, disappear; *[personne]* to die; *(se perdre) [navire]* to sink, be lost. **si je venais à ~, tu n'aurais pas de soucis matériels** if I were to die, you wouldn't have any financial worries; **tout le charme de la Belle Époque disparaît avec elle** all the charm of the Belle Époque dies *ou* vanishes with her; **~ en mer** to be lost at sea; *(Naut)* **~ corps et biens** to go down with all hands.

(e) faire ~ objet to remove, hide away *ou* out of sight; *document* to dispose of, get rid of; *tache, trace, obstacle, difficulté* to remove; *personne* to eliminate, get rid of, do away with*; *crainte* to dispel, eliminate; **cela a fait ~ la douleur/la rougeur** it made the pain/red mark go away, it got rid of the pain/all trace of the red mark; **faire ~ un objet** *[prestidigitateur]* to make an object vanish; **le voleur fit ~ le bijou dans sa poche** the thief concealed the jewel *ou* hid the jewel out of sight in his pocket; **il prenait de gros morceaux de pain qu'il faisait ~ dans sa bouche** he was taking large hunks of bread and cramming them into his mouth; **ils firent ~ toute trace de leur passage** they destroyed *ou* wiped out *ou* removed all trace of their visit; **faire ~ une inscription** *[temps]* to erase *ou* efface *ou* wear away an inscription; *[personne]* to erase *ou* wipe out *ou* remove an inscription.

disparate [dispaʀat] *adj éléments* disparate; *objets, mobilier* disparate, ill-assorted; *couple, couleurs* ill-assorted, badly matched.

disparité [dispaʀite] *nf [éléments, salaires]* disparity *(de* in); *[objets, couleurs]* mismatch, ill-assortedness *(U) (de* of).

disparition [dispaʀisjɔ̃] *nf* **(a)** *[personne]* disappearance; *[cicatrice, rougeur]* disappearance; *(graduelle)* fading; *[brouillard]* lifting, thinning; *[soleil]* sinking, setting; *[tache, obstacle]* disappearance, removal. **la ~ de la douleur sera immédiate** the pain will be relieved *ou* will go away *ou* vanish immediately.

(b) *(mort, perte) [personne]* death; *[espèce]* disappearance, extinction; *[coutume, langue]* disappearance, dying out; *[objet, bateau]* loss, disappearance. **cette race est en voie de ~** this race is becoming extinct; **espèce en voie de ~** endangered species.

disparu, e [dispaʀy] *(ptp de disparaître)* **1** *adj* **(a)** *(révolu) monde, époque* bygone *(épith)*, vanished; *bonheur, jeunesse* lost, departed.

(b) *(effacé)* **une lueur menaçante, aussitôt ~e, brilla dans ses yeux** a dangerous gleam flickered and died in his eyes, his eyes glinted dangerously for a brief moment; **un sentiment d'espoir, bientôt ~, l'anima un court instant** hope filled him for a brief moment only to fade again.

(c) *(mort) personne* dead, departed; *race, coutume, langue* vanished, dead, extinct; *(dont on est sans nouvelles) victime* missing. **il a été porté ~** *(Mil)* he has been reported missing; *(dans une catastrophe)* he is missing, believed dead; **marin ~ en mer** sailor lost at sea.

2 *nm, f (mort)* dead person; *(dont on a perdu la trace)* missing person. *(littér)* **le cher ~** the dear departed; **il y a 5 morts et 3 ~s dans ce naufrage** there are 5 (reported) dead and 3 missing in this shipwreck.

dispendieusement [dispɑ̃djøzmɑ̃] *adv (frm) vivre* extravagantly, expensively.

dispendieux, -ieuse [dispɑ̃djø, jøz] *adj (frm) goûts, luxe* extravagant, expensive.

dispensaire [dispɑ̃sɛʀ] *nm* community *(Brit) ou* free *(US)* clinic; (†) people's dispensary.

dispensateur, -trice [dispɑ̃satœʀ, tʀis] *(littér)* **1** *adj* dispensing. **2** *nm, f* dispenser.

dispense [dispɑ̃s] *nf (exemption)* exemption *(de* from); *(permission)* special permission; *(Rel)* dispensation *(de* from). **~ du service**

militaire/d'un examen exemption from military service/from an exam; **~ d'âge pour passer un examen** permission to sit an exam under the statutory age limit.

dispenser [dispɑ̃se] (1) **1** *vt* **(a)** *(exempter)* to exempt, excuse *(de faire* from doing, *de qch* from sth). *(Rel)* **~ qn d'un vœu** to release sb from a vow; **je vous dispense de vos réflexions** I can do without your comments, you can spare me your comments; *(frm, hum)* **dispensez-moi de sa vue** spare me the sight of him; *(frm)* **dispensez-moi d'en dire plus** spare me the necessity of saying any more; **se faire ~** to get exempted.

(b) *(littér: distribuer) bienfaits* to dispense; *charme* to radiate; *lumière* to dispense, give out. **~ à qn son dévouement** to bestow *ou* lavish one's devotion on sb; *(Méd)* **~ des soins à un malade** to give medical care to a patient.

2 se dispenser *vpr:* **se ~ de corvée** to avoid, get out of; *remarque* to refrain from; **se ~ de faire qch** to get out of doing sth, not to bother doing sth; **il peut se ~ de travailler** he doesn't need to work, he has no need to bother working; **je me dispenserais bien d'y aller** I would (gladly) get out of *ou* save myself the bother of going if I could; *(iro)* **il s'est dispensé de s'excuser** he didn't see any necessity for excusing himself.

dispersé, e [dispɛʀse] *(ptp de disperser) adj habitat* scattered; *esprit* unselective, undisciplined; *travail* disorganized, fragmented, bitty*.

disperser [dispɛʀse] (1) **1** *vt* **(a)** *(éparpiller) papiers, feuilles* to scatter, spread about; *(dissiper) brouillard* to disperse, break up; *(répartir) personnes* to disperse, spread out; *collection* to break up; *(faire partir) foule, ennemi* to scatter, disperse; *(Mil: congédier)* to dismiss. **tous nos amis sont maintenant dispersés** all our friends are now scattered.

(b) *(fig: déconcentrer) ses forces, ses efforts* to dissipate.

2 se disperser *vpr [foule]* to scatter, disperse, break up; *[élève, artiste]* to overdiversify, dissipate one's efforts. **ne vous dispersez pas trop!** don't overdiversify!, don't try to do too many different things at once!

dispersion [dispɛʀsjɔ̃] *nf (V disperser)* scattering; spreading about; dispersal; breaking up; dismissal; dissipation; *(Chim, Phys)* dispersion. **évitez la ~ dans votre travail** don't attempt to do too many things at once, don't overdiversify in your work.

disponibilité [disponibilite] *nf* **(a)** *[choses]* availability. *(Jur)* **~ des biens** *(faculté du possesseur)* ability to transfer one's property; *(caractère des possessions)* transferability of property.

(b) *(Fin)* **~s** available funds, liquid assets.

(c) mettre en ~ fonctionnaire to free from duty temporarily, grant leave of absence to; *officier* to place on reserve; **mise en ~** *[fonctionnaire]* leave of absence; *[officier]* transfer to reserve duty.

(d) *[élève, esprit, auditoire]* alertness, receptiveness. **~ d'esprit** alertness *ou* receptiveness of mind.

disponible [disponibl(ə)] *adj* **(a)** *livre, appartement, fonds* available. **avez-vous des places ~s pour ce soir?** are there any seats (available) for this evening?; **il n'y a plus une seule place ~** there's not a single seat left *ou* not one spare seat; **je ne suis pas ~ ce soir** I'm not free tonight; *(Jur)* **biens ~s** transferable property.

(b) fonctionnaire ~ civil servant on leave of absence *ou* temporarily freed from duty; **officier ~** officer on reserve.

(c) *élève, esprit, auditoire* alert, receptive.

dispos, e [dispo, oz] *adj personne* refreshed, in good form *(attrib)*, full of energy *(attrib)*. **avoir l'esprit ~** to have a fresh mind; *V* **frais[1]**.

disposé, e [dispoze] *(ptp de disposer) adj* **(a) être ~ à faire** to be willing *ou* prepared to do; **être peu ~ à faire** to be unwilling to do, not to be disposed *ou* prepared to do; **bien/mal ~** in a good/bad mood; **bien/mal ~ à l'égard de** *ou* **pour** *ou* **envers qn** well-/ill-disposed towards sb.

(b) terrain situated, sited. **comment le terrain est-il ~?** what is the site like?; **pièces bien/mal ~es** well-/badly-laid-out rooms.

disposer [dispoze] (1) **1** *vt* **(a)** *(arranger) personnes, meubles, fleurs* to arrange; *couverts* to set, lay. **~ des troupes sur le terrain** to draw up *ou* range *ou* dispose troops on the battlefield; **~ des objets en ligne/en cercle** to place *ou* lay *ou* arrange things in a row/in a circle; **on avait disposé le buffet dans le jardin** they had laid out *ou* set out the buffet in the garden.

(b) ~ qn à faire/à qch *(engager à)* to dispose *ou* incline sb to do/towards sth; *(frm: préparer à)* to prepare sb to do/for sth; **cela ne dispose pas à l'optimisme** it doesn't (exactly) incline one to optimism.

2 *vi (frm: partir)* to leave. **vous pouvez ~** you may leave (now), (now) you can go.

3 disposer de *vt indir (avoir l'usage de)* to have (at one's disposal). **~ d'une voiture** to have a car (at one's disposal), have the use of a car; **~ d'une somme d'argent** to have a sum of money at one's disposal *ou* available (for one's use); **il disposait de quelques heures pour visiter Lyon** he had a few hours free *ou* to spare in which to visit Lyons; **avec les moyens dont il dispose** with the means at his disposal *ou* available to him; **si vous voulez vous pouvez en ~** if you wish you can use it; *(Jur)* **~ d'un domaine (par testament)** to dispose of an estate (in one's will); **il dispose de ses employés/de ses amis de manière abusive** he takes advantage of his employees/friends; **droit des peuples à ~ d'eux-mêmes** right of nations to self-determination.

4 se disposer *vpr:* **se ~ à faire** *(se préparer à)* to prepare to do, be about to do; **il se disposait à quitter le bureau** he was about to *ou* was preparing to *ou* was getting ready to leave the office.

dispositif [dispozitif] *nm* **(a)** *(mécanisme)* device, mechanism. **~ d'alarme** alarm *ou* warning device; **~ de sûreté** safety device.

(b) *(moyens prévus)* plan of action. *(Mil)* **~ d'attaque** plan of attack; *(Mil)* **~ de défense** defence system; **~ de contrôle** plan of

control; ~ **de combat** fighting plan; **tout un ~ a été établi pour enrayer l'inflation** a complete plan of action has been drawn up to eliminate inflation; **un important ~ (policier) a été mis en place pour disperser les manifestants** a large police operation was set up *ou* a large contingent of police was brought in to disperse the demonstrators.
   (c) (*Jur*) *[jugement]* pronouncement; *[loi]* purview.
disposition [dispozisjɔ̃] *nf* (a) (*arrangement*) (*action*) arrangement, arranging, placing; (*résultat*) arrangement, layout. **selon la ~ des pions/des joueurs** according to how the pawns/players are placed; **ils ont changé la ~ des objets dans la vitrine** they have changed the arrangement *ou* layout of the things in the window; **cela dépend de la ~ du terrain** that depends on the situation of the ground, it depends how the ground lies; **la ~ des lieux/pièces** the layout of the premises/rooms.
   (b) (*usage*) disposal. (*Jur*) **avoir la libre ~ de qch** to have free disposal of sth, be free to dispose of sth; **mettre qch/être à la ~ de qn** to put sth/be at sb's disposal; **la maison/la bibliothèque est à votre ~** the house/library is at your disposal, you can have the run of the house/library; **les moyens (mis) à notre ~ sont insuffisants** we have insufficient means at our disposal; **je me mets** *ou* **tiens à votre entière ~ pour de plus amples renseignements** I am entirely at your disposal *ou* service should you require further information; (*Jur*) **l'inculpé a été mis à la ~ de la justice** the accused was handed over to the law.
   (c) (*mesures*) ~s (*préparatifs*) arrangements, preparations; (*précautions*) measures, precautions, steps; **prendre des** *ou* **ses ~s pour que qch soit fait** to make arrangements *ou* take steps to have sth done *ou* for sth to be done; **prendre ses ~s pour partir** to make arrangements for *ou* prepare for one's departure; **nous avons prévu des ~s spéciales** we have arranged for special steps *ou* measures *ou* precautions to be taken.
   (d) (*manière d'être*) mood, humour, frame of mind. **être dans de bonnes/mauvaises ~s** to be in a good/bad mood *ou* humour; **être dans de bonnes ~s pour faire qch** to be in the right mood to do sth, be in the right frame of mind for doing sth; **être dans les meilleures ~s** to be in the best of moods; **être dans de bonnes/de mauvaises/les meilleures ~s à l'égard de qn** to feel well-disposed/ill-disposed/most kindly disposed towards sb; **est-il toujours dans les mêmes ~s à l'égard de ce projet/candidat?** does he still feel the same way *ou* have the same feelings about this plan/candidate?; ~ **d'esprit** mood, state *ou* frame of mind.
   (e) (*inclination, aptitude*) ~s bent, aptitude, natural ability; **avoir des ~s pour la musique/les langues/le tennis** to have a special aptitude for *ou* a gift for music/languages/tennis.
   (f) (*tendance*) *[personne]* predisposition, tendency; *[objet]* tendency (*à* to). **avoir une ~ au rhumatisme/à contracter une maladie** to have a tendency to rheumatism/to catch an illness; **ce bateau a une curieuse/fâcheuse ~ à ...** this boat has a strange/an annoying tendency to ..., this boat is prone to ... .
   (g) (*Jur*) clause. ~s **testamentaires** provisions of a will, testamentary provisions; ~s **entre vifs** donation inter vivos; *V* **dernier.**
disproportion [dispʀopɔʀsjɔ̃] *nf* disproportion (*de* in).
disproportionné, e [dispʀopɔʀsjone] *adj* disproportionate (*à, avec* to), out of (all) proportion (*à, avec* with). **il a une tête ~e** his head is disproportionately *ou* abnormally large; **un salaire ~ au travail** a salary which is disproportionate to *ou* out of (all) proportion with the work.
dispute [dispyt] *nf* (a) (*querelle*) argument, quarrel. ~ **d'amoureux** lovers' tiff *ou* quarrel. (b) (††: *débat polémique*) debate, dispute.
disputé, e [dispyte] (*ptp de* **disputer**) *adj match* close, closely fought; *siège de député* hotly contested.
disputer [dispyte] (1) **1** *vt* (a) (*contester*) ~ **qch/qn à qn** to fight with sb for *ou* over sth/sb; ~ **la victoire/la première place à son rival** to fight for victory/for first place with one's rival, fight one's rival for victory/first place; **elle essaya de lui ~ la gloire de son invention** she tried to rob him of the glory of his invention; (*littér*) **le ~ en beauté/en grandeur à qn** to vie with *ou* rival sb in beauty/greatness; ~ **le terrain** (*Mil*) to contest the ground inch by inch; (*fig*) to fight every inch of the way.
   (b) (*livrer*) *combat* to fight; *match* to play. **le match a été disputé** *ou* **s'est disputé en Angleterre** the match was played *ou* took place in England.
   (c) (*: gronder*) to tell off*, tick off* (*Brit*). **se faire ~ par son père** to get a telling-off* *ou* ticking-off* (*Brit*) from one's father.
   2 se disputer *vpr* (a) (*se quereller*) to quarrel, argue, have a quarrel *ou* an argument (*avec* with). **il s'est disputé avec son oncle** he quarrelled *ou* had a quarrel *ou* an argument with his uncle, he fell out with his uncle.
   (b) (*se battre pour*) **se ~ qch** to fight over sth, contest sth; **deux chiens se disputent un os** two dogs are fighting over a bone; **deux candidats se disputent un siège à l'Académie** two candidates are contesting a seat at the Academy.
disquaire [diskɛʀ] *nm* (*commerçant*) record-dealer.
disqualification [diskalifikasjɔ̃] *nf* (*Sport*) disqualification.
disqualifier [diskalifje] (7) *vt* (a) (*Sport: exclure*) to disqualify. (b) (*fig: discréditer*) to dishonour, bring discredit on. **il s'est disqualifié aux yeux de l'opinion** he has destroyed people's trust in him *ou* people's good opinion of him.
disque [disk(ə)] *nm* (a) (*gén, Méd, Phot*) disc, disk. ~ **d'embrayage** clutch plate; ~ **de stationnement** parking disc; *V* **frein.**
   (b) (*Sport*) discus.
   (c) (*Mus*) record, disc*. ~ **microsillon** long-playing record, L.P.; ~ **compact** compact disc.
   (d) (*Ordin*) disc, disk. ~ **dur/souple/optical/laser** hard/floppy/optical/laser disc *ou* disk.

disquette [diskɛt] *nf* (*Ordin*) floppy (disc *ou* disk), diskette (*US*).
dissection [disɛksjɔ̃] *nf* dissection. **de ~ instrument, table** dissecting, dissection.
dissemblable [disãblabl(ə)] *adj* dissimilar, different (*de* from, to).
dissemblance [disãblãs] *nf* dissimilarity, difference (*de* in).
dissémination [diseminasjɔ̃] *nf* (a) (*action*) *[graines]* scattering; *[troupes, maisons, usines]* scattering, spreading; *[idées]* dissemination. (b) (*état*) *[maisons, points de vente]* scattered layout *ou* distribution. **à cause de la ~ de notre famille** because our family is scattered.
disséminer [disemine] (1) **1** *vt graines* to scatter; *troupes, maisons* to scatter, spread (out); *idées* to disseminate. **les points de vente sont très disséminés** the (sales) outlets are widely scattered *ou* thinly distributed.
   2 se disséminer *vpr [graines]* to scatter; *[personnes]* to spread (out). **les pique-niqueurs se disséminèrent aux quatre coins de la forêt** the picnickers spread out *ou* scattered to the four corners of the forest.
dissension [disãsjɔ̃] *nf* dissension.
dissentiment [disãtimã] *nm* disagreement, difference of opinion.
disséquer [diseke] (6) *vt* (*lit, fig*) to dissect.
dissertation [disɛʀtasjɔ̃] *nf* (*Scol, hum*) essay; (*péj*, ††: *traité*) dissertation.
disserter [disɛʀte] (1) *vi* (a) (*Scol*) ~ **sur** (*parler*) to speak on, discourse upon (*frm*); (*écrire*) to write an essay on. (b) (*péj*) to hold forth (*de, sur* about, on).
dissidence [disidãs] *nf* (*sécession*) (*Pol*) rebellion, dissidence; (*Rel*) dissent; (*dissidents*) rebels, dissidents; (*littér: divergence*) disagreement, dissidence. **entrer en ~** to break away, rebel; **être en ~** to have broken away; **rejoindre la ~** to join the dissidents *ou* the rebels.
dissident, e [disidã, ãt] **1** *adj* (*Pol*) dissident; (*Rel*) dissenting. **2** *nm, f* (*Pol*) rebel, dissident; (*Rel*) dissenter. **un groupe ~** a breakaway *ou* splinter group; **une fraction ~e de cette organisation terroriste** a dissident minority in this terrorist organization.
dissimilation [disimilasjɔ̃] *nf* (*Ling*) dissimilation.
dissimilitude [disimilityd] *nf* dissimilarity.
dissimulateur, -trice [disimylatœʀ, tʀis] **1** *adj* dissembling. **2** *nm, f* dissembler.
dissimulation [disimylasjɔ̃] *nf* (*U: duplicité*) dissimulation, dissembling; (*cachotterie*) dissimulation (*U*), dissembling (*U*); (*action de cacher*) concealment. **agir avec ~** to act in an underhand way; (*Jur*) ~ **d'actif** (fraudulent) concealment of assets.
dissimulé, e [disimyle] (*ptp de* **dissimuler**) *adj caractère, enfant* secretive.
dissimuler [disimyle] (1) **1** *vt* (*cacher*) *objet, personne, sentiment, difficulté* to conceal, hide (*à qn* from sb); (*Fin*) *bénéfices* to conceal; (*déguiser*) *sentiment, difficulté, défaut* to conceal, disguise. **il sait bien ~** he's good at pretending *ou* dissembling (*frm*); **il parvenait mal à ~ son impatience/son envie de rire** he had great difficulty in covering up *ou* disguising *ou* hiding his annoyance/his urge to laugh; **je ne vous dissimulerai pas qu'il y a de gros problèmes** I won't disguise *ou* conceal the fact that there are serious problems.
   2 se dissimuler *vpr* to conceal *ou* hide o.s. **il essaie de se ~ la vérité/qu'il a tort** he tries to close his eyes to the truth/to the fact that he's wrong, he tries to conceal the truth from himself/to conceal from himself the fact that he's wrong.
dissipateur, -trice [disipatœʀ, tʀis] **1** *adj* wasteful, extravagant, prodigal. **2** *nm, f* spendthrift, squanderer, prodigal.
dissipation [disipasjɔ̃] *nf* (a) (*indiscipline*) misbehaviour, unruliness; (*littér: débauche*) dissipation. **une vie de ~** a dissipated life, a life of dissipation.
   (b) (*dilapidation*) *[fortune]* squandering, dissipation; (*folle dépense*) extravagance.
   (c) *[fumée, nuage]* dissipation, dispersal; *[brouillard]* clearing, lifting, dispersal; *[craintes]* dispelling. **après ~ des brouillards matinaux** after the early morning fog has lifted *ou* cleared.
dissipé, e [disipe] (*ptp de* **dissiper**) *adj élève* undisciplined, unruly; *vie* dissolute, dissipated.
dissiper [disipe] (1) **1** *vt* (a) (*chasser*) *brouillard, fumée* to dispel, disperse, clear away; *nuage* to break up, disperse; *soupçon, crainte* to dissipate, dispel; *malentendu* to clear up.
   (b) (*dilapider*) *fortune* to dissipate, squander, fritter away; *jeunesse* to waste, dissipate, idle away; (*littér*) *santé* to ruin, destroy.
   (c) ~ **qn** to lead sb astray *ou* into bad ways; **il dissipe ses petits camarades en classe** he is a distracting influence on *ou* he distracts his little friends in class.
   2 se dissiper *vpr* (a) (*disparaître*) *[fumée]* to drift away, disperse; *[nuages]* to break (up), disperse; *[brouillard]* to clear, lift, disperse; *[inquiétude]* to vanish, melt away; *[malaise, fatigue]* to disappear, go away, wear off.
   (b) *[élève]* to become undisciplined *ou* unruly, misbehave.
dissociable [disɔsjabl(ə)] *adj molécules* dissociable, separable; *problèmes* separable.
dissociation [disɔsjasjɔ̃] *nf [molécules, problèmes]* dissociation, separation.
dissocier [disɔsje] (7) **1** *vt molécules, problèmes* to dissociate.
   2 se dissocier *vpr [éléments, groupe, équipe]* to break up, split up. **nous tenons à nous ~ de ces groupes/vues** we are anxious to dissociate ourselves from these groups/views.
dissolu, e [disɔly] *adj* dissolute.
dissolubilité [disɔlybilite] *nf* (*V* **dissoluble**) dissolubility; solubility.
dissoluble [disɔlybl(ə)] *adj assemblée* dissoluble; *substance* soluble.
dissolution [disɔlysjɔ̃] *nf* (a) (*Jur*) *[assemblée, mariage]*

dissolution; *[groupe, parti]* dissolution, disbanding; *[compagnie]* winding-up, dismantling. **prononcer la ∼ de** to dissolve.
  (b) *(désagrégation) [groupe, association]* breaking-up, splitting-up; *[empire]* crumbling, decay, dissolution. **l'unité nationale est en pleine ∼** national unity is crumbling *ou* disintegrating *ou* falling apart.
  (c) *[sucre etc]* dissolving. **tourner jusqu'à ∼ complète du cachet** stir until the tablet has completely dissolved.
  (d) *(colle)* rubber solution.
  (e) *(littér: débauche)* dissoluteness, dissipation.
dissolvant, e [disɔlvɑ̃, ɑ̃t] **1** *adj (lit)* solvent, dissolvent; *(fig) doctrines* undermining *(épith)*, demoralizing; *climat* debilitating. **2** *nm (produit)* solvent. *(pour les ongles)* ∼ **(gras)** nail polish *ou* varnish remover.
dissonance [disɔnɑ̃s] *nf (Mus) (intervalle)* dissonance, discord; *[couleurs, styles]* mismatch; *(fig)* clash; *(manque d'harmonie)* discord, dissonance. *(fig)* **des ∼s de tons dans un tableau** clashes of colour in a painting.
dissonant, e [disɔnɑ̃, ɑ̃t] *adj sons, accord* dissonant, discordant; *couleurs* clashing *(épith)*.
dissoudre [disudʀ(ə)] (51) **1** *vt* **(a)** *sel* to dissolve. **faire ∼ du sucre** to dissolve sugar.
  (b) *(Jur, Pol) assemblée* to dissolve; *parti, groupement* to disband, break up; *mariage* to dissolve.
  2 se dissoudre *vpr* **(a)** *[sel, sucre]* to dissolve, be dissolved.
  (b) *[association]* to disband, break up.
dissuader [disɥade] (1) *vt* to dissuade *(de qch* from sth, *de faire* from doing). **il m'a dissuadé d'y aller** he talked me out of going, he persuaded me not to go.
dissuasif, -ive [disɥazif, iv] *adj* dissuasive. **avoir un effet ∼ sur** to have a dissuasive *ou* deterrent effect upon; **à un prix trop ∼** at too high a price.
dissuasion [disɥazjɔ̃] *nf* dissuasion; *V* force.
dissyllabe [disilab] **1** *adj* disyllabic. **2** *nm* disyllable.
dissyllabique [disilabik] *adj* disyllabic.
dissymétrie [disimetʀi] *nf* dissymmetry.
dissymétrique [disimetʀik] *adj* dissymmetric(al).
distance [distɑ̃s] *nf* **(a)** *(éloignement, intervalle, trajet)* distance. **à quelle ∼ est la gare?** how far (away) is the station?, what's the distance to the station?; **parcourir de grandes/petites ∼s** to cover great/small distances; *(Sport)* **il est meilleur sur les grandes ∼s** he's better over long distances; **habiter à une grande ∼/à quelques kilomètres de ∼** to live a great distance away *ou* a long way away/a few kilometres away *(de* from); **entendre un bruit/distinguer qch à une ∼ de 30 mètres** to hear a noise/make out sth from a distance of 30 metres *ou* from 30 metres away; **à 2 ou 3 ans de ∼ je m'en souviens encore** 2 or 3 years later I can still remember it; **nés à quelques années de ∼** born within a few years of one another, born a few years apart; **quelle ∼ parcourue depuis son dernier roman!** what a long way *ou* how far he has come since his last novel!
  (b) *(écart)* gap. **la ∼ qui sépare deux générations/points de vue** the gap between *ou* which separates two generations/points of view; **la guerre a mis une grande ∼ entre ces deux peuples** the war has left a great gulf between these two nations.
  (c) *(loc)* **garder ses ∼s** to keep one's distance *(vis à vis de* from); **prendre ses ∼s** *(Mil)* to form open order; *(Scol etc)* to space out; *(fig)* to stand aloof *(à l'égard de* from), distance o.s. *(par rapport à* from); **les syndicats ont pris leurs ∼s envers le gouvernement** the unions have distanced themselves from the government; **tenir qn à ∼** to keep sb at a distance *ou* at arm's length; **se tenir à ∼** to keep one's distance, stand aloof; **tenir qn à une ∼ respectueuse** to keep sb at arm's length; **se tenir à une ∼ respectueuse de** to keep *ou* stay a respectful distance from; **tenir la ∼** *[coureur]* to go *ou* do *ou* cover the distance, last *ou* stay the course; *[conférencier]* to stay *ou* last the course; **de ∼ en ∼** at intervals, here and there; **à ∼** *(dans l'espace)* at *ou* from a distance, from afar; *(dans le temps)* at *ou* from a distance; **le prestidigitateur fait bouger des objets à ∼** the conjurer moves objects from a distance; **mettre en marche à ∼** *appareil* to start up by remote control; *(Phot)* ∼ **focale** focal length; *V* **commande.**
distancer [distɑ̃se] (3) *vt* **(a)** *coureur* to outrun, outdistance, leave behind; *voiture* to outdistance, leave behind; *concurrent, élève* to outstrip, outclass, leave behind. **se laisser** *ou* **se faire ∼** to be left behind, be outdistanced *(par* by); **ne nous laissons pas ∼** let's not fall behind *ou* be left behind.
  (b) *(Sport: disqualifier)* to disqualify.
distanciation [distɑ̃sjɑsjɔ̃] *nf* distance. **parvenir à faire une ∼ par rapport à qch** to manage to distance o.s. from sth.
distancier (se) [distɑ̃sje] (7) *vpr* to distance o.s. *(de* from).
distant, e [distɑ̃, ɑ̃t] *adj* **(a)** *lieu* far-off, faraway, distant; *événement* distant, far-off. ∼ **d'un lieu** far away from a place; **une ville ∼e de 10 km** a town 10 km away; **deux villes ∼es de 10 km (l'une de l'autre)** two towns 10 km apart *ou* 10 km away from one another.
  (b) *attitude* distant, aloof. **il s'est montré très ∼** he was very stand-offish.
distendre [distɑ̃dʀ(ə)] (41) **1** *vt peau* to distend; *muscle, corde, (fig) lien* to strain. **2 se distendre** *vpr [peau]* to slacken, become looser; *[ventre, peau]* to distend, become distended *ou* bloated.
distendu, e [distɑ̃dy] *(ptp de* **distendre)** *adj ventre* distended, bloated; *corde* slack, loose; *ressort* slack.
distension [distɑ̃sjɔ̃] *nf [peau, estomac]* distension; *[corde]* slackening, loosening.
distillateur [distilatœʀ] *nm* distiller *(person)*.
distillation [distilɑsjɔ̃] *nf* distillation, distilling.
distiller [distile] (1) *vt alcool* to distil; *suc* to elaborate; *(fig) ennui, venin* to exude. **eau distillée** distilled water.

distillerie [distilʀi] *nf (usine)* distillery; *(industrie)* distilling.
distinct, e [distɛ̃(kt), distɛ̃kt(ə)] *adj* **(a)** *(indépendant)* distinct, separate *(de* from). **(b)** *(net)* distinct, clear.
distinctement [distɛ̃ktəmɑ̃] *adv* distinctly, clearly.
distinctif, -ive [distɛ̃ktif, iv] *adj* distinctive.
distinction [distɛ̃ksjɔ̃] *nf* **(a)** *(différentiation)* distinction. **faire la ∼ entre** to make a distinction between; **sans ∼ (de race)** without distinction (of race).
  (b) *(décoration, honneur)* distinction.
  (c) *(raffinement)* distinction, refinement. **il a de la ∼** he is very distinguished *ou* refined, he has great distinction.
  (d) *(éminence)* distinction, eminence. *(frm)* **un pianiste de la plus haute ∼** a pianist of the highest distinction.
distinguable [distɛ̃gabl(ə)] *adj* distinguishable.
distingué, e [distɛ̃ge] *(ptp de* **distinguer)** *adj* **(a)** *(élégant, bien élevé) personne* distinguished; *allure* elegant, refined, distinguished. **il a l'air très ∼** he looks very distinguished, he has a very distinguished look about him; **ça fait très ∼** it's very distinguished.
  (b) *(illustre)* distinguished, eminent. **notre ∼ collègue, le professeur X** our distinguished *ou* eminent colleague, Professor X.
  (c) *(formule épistolaire)* **veuillez agréer l'expression de mes sentiments ∼s** *ou* **de ma considération ∼e** yours faithfully *(Brit)*, yours truly, sincerely yours.
distinguer [distɛ̃ge] (1) **1** *vt* **(a)** *(percevoir) objet, bruit* to make out, distinguish, perceive; *ironie* to distinguish, perceive. ∼ **qn dans la foule** to pick out *ou* spot sb in the crowd; **on commença à ∼ les collines à travers la brume** the hills began to be visible through the mist, you could begin to make out the hills through the mist; **il distingue mal sans lunettes** he can't see very well without his glasses.
  (b) *(différencier)* to distinguish. ∼ **une chose d'une autre** *ou* **d'avec une autre** to distinguish *ou* tell one thing from another; **savoir ∼ les oiseaux/plantes** to be able to distinguish birds/plants; **les deux sœurs sont difficiles à ∼ (l'une de l'autre)** the two sisters are difficult to tell apart; ∼ **le bien du mal/un Picasso d'un** *ou* **d'avec un Braque** to tell good from evil/a Picasso from a Braque, distinguish between good and evil/between a Picasso and a Braque; **tu la distingueras à sa veste rouge** you will recognize her *ou* pick her out by her red jacket; **distinguons, il y a chanteur et chanteur** we must make a distinction, there are singers and singers *ou* good singers and bad singers.
  (c) *(rendre différent)* to distinguish, set apart *(de* from), mark off. **c'est son accent qui le distingue des autres** it is his accent which distinguishes him from *ou* makes him different from the others *ou* which sets him apart.
  (d) *(frm) (choisir)* to single out; *(honorer)* to honour. **on l'a distingué pour faire le discours d'adieu** he was singled out to make the farewell speech; **l'Académie Française a distingué X pour son œuvre poétique** the Académie Française has honoured X for his works of poetry.
  2 se distinguer *vpr* **(a)** *(différer)* to distinguish o.s., be distinguished *(de* from). **ces objets se distinguent par** *ou* **grâce à leur couleur** these objects can be distinguished by their colour; **les deux frères se distinguent (l'un de l'autre) par leur taille** you can tell the two brothers apart by their (different) height; **il se distingue par son accent/sa démarche** his accent/his way of walking makes him stand out *ou* makes him seem quite different.
  (b) *(se signaler, réussir)* to distinguish o.s. **se ∼ (pendant une guerre) par son courage** to distinguish o.s. (in a war) by one's courage; **il s'est distingué par ses découvertes en physique** he has become famous for *ou* from his discoveries in physics, he's made a name for himself by his discoveries in physics; *(hum)* **il se distingue par son absence** he is noticeable *ou* conspicuous by his absence; **il s'est particulièrement distingué en latin** he has done particularly well *ou* he has particularly distinguished himself in Latin.
distinguo [distɛ̃go] *nm (nuance)* distinction.
distique [distik] *nm* distich.
distordre *vt,* **se distordre** *vpr* [distɔʀdʀ(ə)] (41) to twist, distort.
distorsion [distɔʀsjɔ̃] *nf (gén, Anat, Téléc)* distortion; *(déséquilibre)* imbalance, disequilibrium; *(Jur)* bias.
distraction [distʀaksjɔ̃] *nf* **(a)** *(inattention)* absent-mindedness, abstraction, lack of attention. **j'ai eu une ∼** my concentration lapsed, my attention wandered; **cette ∼ lui a coûté la vie** this one lapse in concentration cost him his life; **les ∼s proverbiales des savants** the proverbial absent-mindedness of scientists.
  (b) *(passe-temps)* entertainment, amusement, recreational activity. **ça manque de ∼** there's not much in the way of entertainment.
  (c) *(Jur: vol)* abstraction. ∼ **de fonds** misappropriation of funds.
distraire [distʀɛʀ] (50) **1** *vt* **(a)** *(divertir)* to entertain, divert, amuse.
  (b) *(déranger)* to distract, divert *(de* from). ∼ **l'attention de qn** to distract sb's attention; *(Scol)* **il distrait ses camarades** he distracts his friends; **se laisser facilement ∼ de son travail** to be easily distracted from one's work; ∼ **qn de son chagrin** to take sb's mind off his grief.
  (c) *(frm: voler)* to abstract *(de* from). ∼ **des fonds** to misappropriate funds.
  2 se distraire *vpr* to amuse o.s., enjoy o.s. **j'ai envie d'aller au cinéma pour me distraire** I feel like going to the cinema — it'll take my mind off things.
distrait, e [distʀɛ, ɛt] *(ptp de* **distraire)** *adj personne, caractère* absent-minded; *attitude* inattentive, abstracted. **d'un air ∼** absent-mindedly, abstractedly; **d'une oreille ∼e** with only half an ear, abstractedly.

distraitement [distʀɛtmɑ̃] *adv* absent-mindedly, abstractedly.

distrayant, e [distʀɛjɑ̃, ɑ̃t] *adj* entertaining, diverting. **les romans policiers sont d'une lecture ~e** detective novels make pleasant light reading.

distribuer [distʀibɥe] (1) *vt* (a) *(donner) objets* to distribute, give out, hand out; *vivres* to distribute, share out; *courrier* to deliver; *récompense* to distribute, present; *(Fin) actions* to allot; *travail, rôle* to give out, allot, allocate, distribute; *argent, dividendes* to distribute, hand out; *cartes* to deal (out); *ordres* to hand out, deal out; *saluts, sourires, enseignement* to dispense (*à* to).
(b) *(répartir)* to distribute, arrange; *(Typ) caractères* to distribute. **on distribue ces plantes en 4 espèces** these plants are divided into 4 species; **savoir ~ son temps** to know how to allocate *ou* divide (up) one's time; **comment les pièces sont-elles distribuées?** how are the rooms set out? *ou* laid out?; **~ les masses dans un tableau** to arrange *ou* distribute the masses in a picture; **mon emploi du temps est mal distribué** my timetable is badly arranged.
(c) *(amener)* to distribute, carry. **~ l'eau dans les campagnes** to distribute *ou* carry *ou* supply water to country areas; **le sang est distribué dans tout le corps par le cœur** blood is pumped *ou* carried round the body by the heart.
(d) *(Comm) film, produit* to distribute.

distributeur, -trice [distʀibytœʀ, tʀis] **1** *nm, f (agent commercial)* distributor.
2 *nm (appareil)* machine; *(Aut)* distributor. **~ automatique** vending machine, slot machine; *(Banque)* **~ automatique de billets** cash dispenser; *(Rail)* **~ de billets** ticket machine; *(Agr)* **~ d'engrais** manure- *ou* muck-spreader.

distributif, -ive [distʀibytif, iv] *adj* distributive.

distribution [distʀibysjɔ̃] *nf* (a) *[objets]* distribution, giving out, handing out; *[vivres]* distribution, sharing out; *[dividendes]* distribution; *[cartes]* deal; *[courrier]* delivery; *(Fin) [actions]* allotment. **la ~ du travail sera faite suivant l'âge** the work will be shared out *ou* allocated according to age; **~ gratuite** free gifts; **~ des prix** prize giving (day).
(b) *(répartition)* distribution, arrangement. **la ~ des mots dans une phrase** the distribution of words in a sentence; **la ~ des meubles dans une pièce** the arrangement of the furniture in a room; **cet appartement a une bonne/mauvaise ~ (des pièces)** the flat is well/badly laid out; *(fig)* **ce résultat a conduit à une nouvelle ~ des cartes** this result has shifted *ou* altered the balance of power *ou* has given a new look to the situation.
(c) *(Ciné, Théât: acteurs)* cast. **~ par ordre d'entrée en scène** cast *ou* characters in order of appearance; **qui est responsable de la ~ de cette pièce?** who's in charge of casting this play?
(d) *(acheminement) [eau, électricité]* supply. **la ~ du sang dans le corps** the circulation of blood in the body.
(e) *(Comm) [livres, films]* distribution. **nos réseaux de ~** our distribution network; **grande ~** mass marketing.
(f) *(Aut, Tech)* distribution.

distributionnel, -elle [distʀibysjɔnɛl] *adj* distributional.

distributivement [distʀibytivmɑ̃] *adv* distributively.

distributivité [distʀibytivite] *nf* distributiveness.

district [distʀik(t)] *nm* district.

dit [di] *nm (Littérat)* story, tale.

dithyrambe [ditiʀɑ̃b] *nm (poème)* dithyramb; *(éloge)* panegyric, eulogy.

dithyrambique [ditiʀɑ̃bik] *adj paroles* laudatory, eulogistic; *éloges* extravagant; *(Littérat)* dithyrambic. **une critique ~ a** rave review.

dito [dito] *adv (Comm)* ditto.

diurèse [djyʀɛz] *nf (Physiol)* diuresis.

diurétique [djyʀetik] *adj, nm* diuretic.

diurne [djyʀn(ə)] *adj* diurnal.

diva [diva] *nf († ou hum)* diva, prima donna.

divagation [divagɑsjɔ̃] *nf (gén pl) (délire)* wandering, rambling; *(bêtises)* raving.

divaguer [divage] (1) *vi (délirer)* to ramble; *(*: dire des bêtises)* to rave. **il commence à ~** he is beginning to ramble, his mind is beginning to wander; **tu divagues!*** you're off your head!*

divan [divɑ̃] *nm divan (seat); (Hist)* divan. **~-lit** divan (bed).

divergence [divɛʀʒɑ̃s] *nf (V diverger)* divergence; difference.

divergent, e [divɛʀʒɑ̃, ɑ̃t] *adj (V diverger)* divergent; differing.

diverger [divɛʀʒe] (3) *vi [chemins, rayons]* to diverge; *[opinions]* to diverge, differ.

divers, e [divɛʀ, ɛʀs(ə)] *adj* (a) *(pl) (varié) couleurs, coutumes, opinions* diverse, varied; *(différent) sens d'un mot, moments, occupations* different, various. **frais ~, dépenses ~es** sundries, miscellaneous expenses; **V fait¹**.
(b) *(pl: plusieurs)* various, several. **~es personnes m'en ont parlé** various *ou* several people have spoken to me about it.
(c) *(littér: changeant) spectacle* varied, changing *(épith).*

diversement [divɛʀsəmɑ̃] *adv* in various ways, in diverse ways. **son livre a été ~ reçu** his book has had a varied *ou* mixed reception.

diversification [divɛʀsifikɑsjɔ̃] *nf* diversification.

diversifier [divɛʀsifje] (7) *vt méthodes, exercices* to vary; *production* to diversify. **avoir une économie/une gamme de produits diversifiée** to have a varied *ou* diversified economy/range of products; **nous devons nous ~ davantage** we must diversify (our production) more.

diversion [divɛʀsjɔ̃] *nf (Mil, littér)* diversion. **faire ~** to create a diversion; **faire ~ au chagrin de qn** to take sb's mind off his sorrow.

diversité [divɛʀsite] *nf (grand nombre) [opinions, possibilités]* range, variety; *(variété) [sujet, spectacle]* variety, diversity; *(divergence: entre deux opinions etc)* diversity, difference, divergence.

divertir [divɛʀtiʀ] (2) **1** *vt* (a) *(amuser)* to amuse, entertain, divert.
(b) *(frm: voler)* to abstract, divert. **~ des fonds/une succession** to misappropriate funds/an inheritance.
(c) *(††: détourner)* to distract *(de* from). **~ qn d'un projet** to distract sb's mind from a plan.
2 se divertir *vpr* to amuse o.s., enjoy o.s. **se ~ l'esprit** to occupy one's mind, amuse *ou* entertain o.s.; *(littér)* **se ~ de qn** to make fun of sb, laugh at sb.

divertissant, e [divɛʀtisɑ̃, ɑ̃t] *adj* amusing, entertaining, diverting.

divertissement [divɛʀtismɑ̃] *nm* (a) *(U: amusement)* diversion, recreation, relaxation; *(passe-temps)* distraction, entertainment, amusement, diversion.
(b) *(Mus)* divertimento, divertissement.
(c) *(Jur: vol)* misappropriation.
(d) *(Philos ou ††)* distraction.

dividende [dividɑ̃d] *nm (Fin, Math)* dividend. **~ sous forme d'actions** share *ou* stock dividend.

divin, e [divɛ̃, in] *adj* (a) *caractère, justice, service* divine, heavenly. **le ~ Achille** the divine Achilles; **la ~e Providence** divine Providence; **notre ~ Père/Sauveur** our Holy *ou* Heavenly Father/ Saviour; **l'amour ~** sacred *ou* holy *ou* divine *ou* heavenly love; **le sens du ~** the sense of the divine; **V bonté, droit³**.
(b) *(*: excellent) poésie, beauté, mets, robe, temps* divine*, heavenly.

divinateur, -trice [divinatœʀ, tʀis] **1** *adj* divining, foreseeing. **instinct ~** instinctive foresight. **2** *nm, f (††)* diviner, soothsayer.

divination [divinɑsjɔ̃] *nf* divination.

divinatoire [divinatwaʀ] *adj science* divinatory.

divinement [divinmɑ̃] *adv* divinely.

divinisation [divinizɑsjɔ̃] *nf* deification.

diviniser [divinize] (1) *vt* to deify.

divinité [divinite] *nf (essence divine)* divinity; *(lit, fig: dieu)* deity, divinity.

diviser [divize] (1) **1** *vt* (a) *(fractionner) (gén)* to divide; *tâche, ressources* to share out, split up; *gâteau* to cut up, divide up *ou* out. **~ une somme en 3/en 3 parties** to divide *ou* split a sum of money in 3/into 3 parts; **~ une somme entre plusieurs personnes** to share (out) *ou* divide (out) a sum among several people; **le pays est divisé en deux par des montagnes** the country is split *ou* divided in two by mountains; **~ un groupe en plusieurs équipes** to split a group up into several teams; **ce livre se divise en plusieurs chapitres** this book is divided into several chapters.
(b) *(désunir) famille, adversaires* to divide, set at variance. **~ pour régner** divide and rule; **une famille divisée** a broken family; **les historiens sont très divisés à ce sujet** historians are very divided on this subject; **l'opinion est divisée en deux par cette affaire** opinion is split *ou* divided over this affair.
(c) *(†: séparer)* to divide, separate. **un rideau divise la chambre d'avec le salon** *ou* **du salon** a curtain separates the bedroom (off) from the drawing room.
(d) *(Math)* to divide. **~ 4 par 2** to divide 4 by 2.
2 se diviser *vpr* (a) *(se scinder) [groupe, cellules]* to split up, divide *(en* into).
(b) *(se ramifier) [route]* to fork, divide; *[tronc d'arbre]* to fork.

diviseur [divizœʀ] *nm* (a) *(Math)* divisor. **nombre/fraction ~** divisor number/fraction; **plus grand commun ~** highest common factor. (b) *(personne)* divisive force *ou* influence.

divisibilité [divizibilite] *nf* divisibility.

divisible [divizibl(ə)] *adj* divisible.

division [divizjɔ̃] *nf* (a) *(fractionnement)* division; *(partage)* sharing out, division *(en* into). **~ du travail** division of labour; **~ cellulaire** cellular division.
(b) *(désaccord)* division. **il y a une ~ au sein du parti** there's a split *ou* rift within the party; **semer la ~** to sow discord *(entre* among).
(c) *(Math)* division. **faire une ~** to do a division (sum).
(d) *(section, service, circonscription)* division; *(Scol: classe)* group, section; *(Mil, Ftbl)* division; **V général.**
(e) *(graduation, compartiment)* division.
(f) *(chapitre) [livre, discours, exposé]* division; *(branche) [science]* division.

divisionnaire [divizjɔnɛʀ] **1** *adj* divisional. **2** *nm (Mil†)* major-general. *(Police) (commissaire)* **~ ≃** chief superintendent *(Brit)*, police chief *(US)*.

divorce [divɔʀs(ə)] *nm (lit, fig)* divorce *(avec, d'avec* from). **demander le ~** to sue for (a) divorce, ask for a divorce; **obtenir le ~** to obtain *ou* get a divorce; **~ par consentement mutuel** divorce by consent *(Brit)*, no-fault divorce *(US)*.

divorcé, e [divɔʀse] **1** *adj (lit, fig)* divorced *(de* from). **2** *nm, f* divorcee.

divorcer [divɔʀse] (3) *vi* (a) *(Jur)* to get a divorce, be *ou* get divorced. **~ d'avec sa femme/son mari** to divorce one's wife/ husband. (b) *(fig)* to break *(d'avec, de* with).

divulgateur, -trice [divylgatœʀ, tʀis] *nm, f* divulger.

divulgation [divylgɑsjɔ̃] *nf* disclosure, divulging, divulgence.

divulguer [divylge] (1) *vt* to divulge, disclose.

dix [dis] **1** *adj inv, nm* ten. **les ~ commandements** the Ten Commandments; **elle a eu ~ sur ~** she got ten out of ten, she got full marks; **avoir ~ dixièmes à chaque œil** to have twenty-twenty vision; *pour autres loc* V **six.**
2: dix-huit *adj inv, nm* eighteen; **dix-huitième** *adj, nmf* eighteenth; **dix-huitièmement** *adv* in (the) eighteenth place; **dix-neuf** *adj inv, nm* nineteen; **dix-neuvième** *adj, nmf* nineteenth; **dix-neuvièmement** *adv* in (the) nineteenth place; **dix-sept** *adj inv, nm* seventeen; **dix-septième** *adj, nmf* seventeenth; **dix-septièmement** *adv* in (the) seventeenth place.

dixième [dizjɛm] *adj, nmf* tenth. **un ~ (de la Loterie nationale)** tenth share in a ticket (in the National Lottery).
dixièmement [dizjɛmmɑ̃] *adv* tenthly, in (the) tenth place.
dizain [dizɛ̃] *nm* ten-line poem.
dizaine [dizɛn] *nf(dix)* ten; *(quantité voisine de dix)* about ten, ten or so; *pour loc V* **soixantaine**.
djellaba [dʒelaba] *nf* jellaba.
Djibouti [dʒibuti] *nm* Djibouti.
djinn [dʒin] *nm* jinn, djinn.
dm *abrév de* **decimètre**.
Dniepr [dnjɛpr] *nm* Dnieper.
do [do] *nm inv (Mus) (note)* C; *(en chantant la gamme)* doh. **le ~ du milieu** du piano middle C.
doberman [dɔbɛrman] *nm* Doberman pinscher.
docile [dɔsil] *adj personne, caractère* docile, meek, obedient; *animal* docile; *cheveux* manageable.
docilement [dɔsilmɑ̃] *adv* docilely, obediently.
docilité [dɔsilite] *nf* docility, obedience.
docimologie [dɔsimɔlɔʒi] *nf* (statistical) analysis of test *ou* exam results.
dock [dɔk] *nm* **(a)** *(bassin)* dock; *(cale de construction)* dockyard. **~ de carénage/flottant** dry/floating dock. **(b)** *(hangar, bâtiment)* warehouse.
docker [dɔkɛr] *nm* docker, stevedore.
docte [dɔkt(ə)] *adj (littér, hum)* learned.
doctement [dɔktəmɑ̃] *adv (littér, hum)* learnedly.
docteur [dɔktœr] *nm (gén, Univ)* doctor *(ès, en of)*; *(Méd)* doctor. **~ en médecine** doctor of medicine; *(Méd)* **le ~ Lebrun** Dr Lebrun; *(Univ)* **maintenant que tu es ~** now you've got your doctorate *ou* Ph.D.; **Monsieur Leroux, ~ ès lettres** Dr Leroux, Ph.D.; *(Rel)* **les ~s de l'Église** the Doctors of the Church.
doctoral, e, *mpl* **-aux** [dɔktɔral, o] *adj (péj: pédantesque) ton* pompous, bombastic.
doctoralement [dɔktɔralmɑ̃] *adv (péj)* pompously, bombastically.
doctorat [dɔktɔra] *nm* doctorate *(ès, en* in). **~ de 3e cycle, ~ d'État** doctorate, ≃ Ph.D.
doctoresse [dɔktɔrɛs] *nf* lady doctor.
doctrinaire [dɔktrinɛr] **1** *adj (dogmatique)* doctrinaire; *(sentencieux)* pompous, sententious. **2** *nmf* doctrinarian.
doctrinal, e, *mpl* **-aux** [dɔktrinal, o] *adj* doctrinal.
doctrine [dɔktrin] *nf* doctrine, tenet.
document [dɔkymɑ̃] *nm* document. **nous avons des ~s le prouvant** we have documentary evidence (of that), we have documents to prove it; **~ de réference** *ou* **d'information** background paper; **~ d'expédition** dispatch documents.
documentaire [dɔkymɑ̃tɛr] **1** *adj intérêt* documentary. **à titre ~** for your (*ou* his *etc*) information. **2** *nm (film)* documentary (film).
documentaliste [dɔkymɑ̃talist(ə)] *nmf (Presse, TV)* researcher; *(Scol)* (assistant) librarian.
documentation [dɔkymɑ̃tasjɔ̃] *nf (brochures)* documentation, literature, information; *(Presse, TV: service)* research department.
documenter [dɔkymɑ̃te] **(1) 1** *vt personne, livre* to document. **documenté** *personne* well-informed; *livre* well-documented, well-researched. **2 se documenter** *vpr* to gather information *ou* material *(sur* on, about).
dodécaèdre [dɔdekaɛdr(ə)] *nm* dodecahedron.
dodécagonal, e, *mpl* **-aux** [dɔdekagɔnal, o] *adj* dodecagonal.
dodécagone [dɔdekagɔn] *nm* dodecagon.
Dodécanèse [dɔdekanɛz] *nm* Dodecanese.
dodécaphonique [dɔdekafɔnik] *adj* dodecaphonic.
dodécaphonisme [dɔdekafɔnism(ə)] *nm* dodecaphony.
dodelinement [dɔdlinmɑ̃] *nm [tête]* nodding *(with sleep, age)*.
dodeliner [dɔdline] **(1)** *vi*: **il dodelinait de la tête** his head kept nodding gently.
dodo [dɔdo] *nm (langage enfantin) (sommeil)* beddy-byes *(langage enfantin)*, sleep; *(lit)* beddy-byes *(langage enfantin)*, bed. **faire ~** to have gone to beddy-byes *(langage enfantin)*, be asleep; **il est temps d'aller au ~** *ou* **d'aller faire ~** it's time to go to beddy-byes *(langage enfantin)*; **(fais) ~!** come on, sleepy-time!; **il fait ~** he's asleep.
dodu, e [dɔdy] *adj personne, poule, bras* plump; *enfant, joue* chubby.
doge [dɔʒ] *nm* doge.
dogmatique [dɔgmatik] *adj* dogmatic.
dogmatiquement [dɔgmatikmɑ̃] *adv* dogmatically.
dogmatiser [dɔgmatize] **(1)** *vi* to dogmatize.
dogmatisme [dɔgmatism(ə)] *nm* dogmatism.
dogme [dɔgm(ə)] *nm (lit, fig)* dogma. *(Rel)* **le ~** the dogma.
dogue [dɔg] *nm (Zool)* mastiff; *V* **humeur**.
doigt [dwa] *nm* **(a)** *[main, gant]* finger; *[animal]* digit. **~ de pied** toe; **se mettre** *ou* **se fourrer les ~s dans le nez** to pick one's nose; *V* **bague, compter, petit** *etc*.
  (b) *(mesure)* **raccourcir une jupe de 2/3~s** to shorten a skirt by 1/2 inches; **un ~ de vin** a drop of wine; **il a été à deux ~s de se tuer/de la mort/de réussir** he was within an ace *ou* an inch of being killed/of death/of succeeding; **la balle est passée à un ~ de sa tête** the bullet passed within a hair's-breadth *ou* an inch of his head.
  (c) *(loc)* **avoir des ~s de fée** *[ménagère]* to have nimble fingers; *[infirmière]* to have gentle hands; **il ne fait rien de ses dix ~s** he's an idle *ou* a lazy good-for-nothing; he is bone idle *(Brit)*; **il ne sait rien faire de ses dix ~s** he's a good-for-nothing; **faire marcher qn au ~ et à l'œil** to keep a tight rein on sb; **avec lui, ils obéissent au ~ et à l'œil** with him, they have to toe the line; **se mettre** *ou* **se fourrer le ~ dans l'œil (jusqu'au coude)*** to be kidding o.s.*; **là tu te mets** *ou* **te fourres le ~ dans l'œil*** you're completely up the

pole* *(Brit)*, you've got another think coming*; **il n'a pas levé** *ou* **bougé le petit ~ pour nous aider** he didn't lift a finger to help us; **son petit ~ le lui a dit** a little bird told him; **mettre le ~ sur le problème** to put one's finger on the problem; **mettre le ~ dans l'engrenage** to get involved *ou* mixed up *ou* caught up in something; **filer** *ou* **glisser entre les ~s de qn** to slip through sb's fingers; **ils sont unis comme les (deux) ~s de la main** they're very close; **je le ferais les ~s dans le nez*** I could do it standing on my head *ou* with my eyes closed; **il a gagné les ~s dans le nez*** he won hands down*; **avoir un morceau de musique dans les ~s** to know a piece of music like the back of one's hand.
doigté [dwate] *nm [pianiste, dactylo, chirurgien]* touch; *(Mus) (jeu des doigts)* fingering technique; *(position des doigts)* fingering; *(fig: tact)* diplomacy, tact.
doigter [dwate] **(1)** *vti (Mus)* to finger.
doigtier [dwatje] *nm* fingerstall.
doit [dwa] *nm* debit. **~ et avoir** debit and credit.
doléances [dɔleɑ̃s] *nfpl (plaintes)* complaints; *(réclamations)* grievances.
dolent, e [dɔlɑ̃, ɑ̃t] *adj (littér)* doleful, mournful.
doline [dɔlin] *nf* doline.
dollar [dɔlar] *nm* dollar.
dolman [dɔlmɑ̃] *nm* dolman *(hussar's jacket)*.
dolmen [dɔlmɛn] *nm* dolmen.
dolomie [dɔlɔmi] *nf*, **dolomite** [dɔlɔmit] *nf* dolomite. **les Dolomites** the Dolomites.
dolomitique [dɔlɔmitik] *adj* dolomitic.
Dom [dɔ̃] *nm* Dom.
D.O.M. [dɔm] *nm abrév de* **département d'outre-mer** ≃ foreign colony.
domaine [dɔmɛn] *nm* **(a)** *(propriété)* estate, domain, property. **le ~ de la couronne** the crown lands; *(Jur)* **le ~ (de l'État)** *(propriété)* state administered property; *(service)* state property department; **dans le ~ public** in the public domain, in public ownership; **ses œuvres sont maintenant tombées dans le ~ public** his works are now out of copyright.
  (b) *(sphère)* field, province, domain, sphere. **ce n'est pas de mon ~** it's not my field *ou* sphere; **dans tous les ~s** in every domain *ou* field; *(fig)* **~ réservé** preserve.
  (c) *(dans un dictionnaire)* field label.
domanial, e, *mpl* **-iaux** [dɔmanjal, jo] *adj (d'un domaine privé)* belonging to a private estate; *(d'un domaine public)* national *(épith)*, state *(épith)*.
dôme [dom] *nm (voûte)* dome; *(cathédrale)* cathedral. *(littér)* **le ~ du ciel** the vault of heaven; *(fig)* **un ~ de verdure** a canopy of foliage *ou* greenery; *(Géog)* **~ volcanique** volcanic dome.
domestication [dɔmɛstikasjɔ̃] *nf (action)* domestication, domesticating; *(résultat)* domestication.
domesticité [dɔmɛstisite] *nf* **(a)** *(condition de domestique)* domestic service. **(b)** *(personnel)* (domestic) staff, household. **une nombreuse ~** a large staff of servants. **(c)** *[animal]* domesticity.
domestique [dɔmɛstik] **1** *nmf* servant, domestic. **les ~s** the servants, the staff (of servants); **je ne suis pas ton ~!** I'm not your servant!
  2 *nm (Cyclisme)* helper.
  3 *adj* **(a)** *(ménager) travaux* domestic, household *(épith)*; *soucis, querelle* domestic, family *(épith)*. **accidents ~s** accidents in the home; **déchets ~s** kitchen waste *(Brit) ou* wastes *(US)*; **les dieux ~s** the household gods.
  (b) *(Comm) marché, consommation* domestic, home *(épith)*.
  (c) *(Zool)* domestic, domesticated. **le chien est un animal ~** the dog is a domestic animal; **canards ~s et canards sauvages** tame *ou* domesticated ducks and wild ducks.
domestiquer [dɔmɛstike] **(1)** *vt animal* to domesticate; *peuple* to subjugate; *vent, marée* to harness.
domicile [dɔmisil] *nm* place of residence, home, domicile *(Admin)*; *(Jur) [société]* registered address; *(sur formulaire)* address. **~ légal** official domicile; **quitter le ~ conjugal** to leave the marital home; **sans ~,** *(Admin)* **sans ~ fixe** of no fixed abode *ou* address; **dernier ~ connu** last known address; **travailler à ~** to work at home; **il cherche du travail (à faire) à ~** he's looking for work (to do) at home; **je vous l'apporterai à ~** I'll bring it to your home; **livrer à ~** to deliver; **faire des livraisons à ~** to carry out deliveries; **'livraisons à ~'** 'deliveries', 'we deliver'; **'réparations à ~'** 'home repairs carried out'; *V* **élire, violation**.
domiciliaire [dɔmisiljɛr] *adj* domiciliary, house *(épith)*.
domiciliation [dɔmisiljasjɔ̃] *nf* payment by banker's order.
domicilier [dɔmisilje] **(7)** *vt facture* to pay by banker's order. **être domicilié** to be domiciled *(Admin)*, have one's home *(à* in); **je me suis fait ~ à Lyon** I gave Lyons as my official address *ou* place of residence; **faire ~ ses factures** to have one's bills paid by banker's order.
dominance [dɔminɑ̃s] *nf [gène]* dominance.
dominant, e [dɔminɑ̃, ɑ̃t] **1** *adj pays, nation, rôle* dominant; *opinion, vent* prevailing *(épith)*; *idée, trait* dominant, main *(épith)*; *passion* ruling *(épith)*; *problème, préoccupation* main *(épith)*, chief *(épith)*; *position* dominating *(épith)*, leading *(épith)*; *(Bio, Jur)* dominant.
  2 dominante *nf (caractéristique)* dominant characteristic; *(couleur)* dominant *ou* predominant colour; *(Mus)* dominant. **tableau à ~e rouge** painting with red as the dominant *ou* predominant colour.
dominateur, -trice [dɔminatœr, tris] **1** *adj personne, caractère* domineering, overbearing, *voix, geste, regard* imperious; *pays* dominating *(épith)*; *passion* ruling *(épith)*. **2** *nm, f (littér)* ruler.
domination [dɔminasjɔ̃] *nf (Pol: autorité)* domination, dominion, rule; *(fig: emprise)* domination, influence. **la ~ de la Gaule (par**

Rome) the domination of Gaul (by Rome); **la ~ de Rome (sur la Gaule)** Roman rule *ou* domination (over Gaul); **les pays sous la ~ britannique** countries under British rule *ou* domination *ou* dominion; **exercer sa ~ sur qn** to exert one's influence on sb, hold sway over sb; **exercer une ~ morale sur qn** to exert a moral influence on sb; **un besoin insatiable de ~** an insatiable need to dominate; **~ de soi-même** self-control, self-possession.

dominer [dɔmine] (1) **1** *vt* (a) (*être maître de*) *personne, pays* to dominate. **il voulait ~ le monde** he wanted to rule the world; **ces enfants sont dominés par leur père** these children are kept down *ou* dominated by their father; **il se laisse ~ par sa femme** he's dominated by his wife, he's under his wife's sway; **elle ne sait pas ~ ses élèves** she can't keep her pupils in order *ou* under control, she can't keep control over her pupils.

(b) (*surpasser*) *adversaire, concurrent* to outclass, tower above, surpass. **il domine de loin les autres étudiants** he is miles better than *ou* way above the other students*; **écrivain qui domine son siècle** writer who dominates his century; **se faire ~ par l'équipe adverse** to be dominated *ou* outclassed by the opposing team; **parler fort pour ~ le bruit de la rue** to speak loudly to be heard above the noise from the street; **chez lui cette passion domine toutes les autres** this passion dominates *ou* overshadows all others in him; **le problème de la pollution domine tous les autres** the problem of pollution overshadows all others; (*Comm*) **~ un marché** to control a market.

(c) (*maîtriser*) *sentiment* to control, master, overcome; *problème* to overcome, master; *sujet* to master; *situation* to dominate, master. **elle ne put ~ son trouble** she couldn't overcome her confusion; **se ~** to control o.s., keep o.s. under control; **il ne sait pas se ~** he has no control over himself *ou* no self-control.

(d) (*diriger, gouverner*) to dominate, govern. **l'idée maîtresse/la préoccupation qui domine toute son œuvre** the key idea/the main concern which dominates his whole work.

(e) (*surplomber*) to tower above, dominate. **rocher/terrasse qui domine la mer** rock/terrace which overlooks *ou* dominates the sea; **il dominait la foule de sa haute taille** he towered above the crowd with his great height; **de là-haut on domine la vallée** from up there you overlook *ou* dominate the whole valley.

2 *vi* (a) (*être le meilleur*) *[nation]* to hold sway; *[orateur, concurrent]* to be in the dominant position; (*Sport*) *[équipe]* to be in the dominant position, be on top; *[coureur]* to be in a commanding position. **l'Angleterre a dominé sur les mers pendant des siècles** England ruled the seas *ou* held dominion over the seas for centuries; **dans les débats, il domine nettement** in debates, he clearly has the edge on everyone else *ou* he's definitely the strongest speaker; **leur équipe a dominé pendant tout le match** their team was on top throughout the match; **ce coureur a dominé pendant les premiers kilomètres** this runner was on his own *ou* was out in front for the first few kilometres; (*fig*) **~ de la tête et des épaules** to be head and shoulders above the others.

(b) (*prédominer*) *[caractère, défaut, qualité]* to predominate; *[idée, théorie]* to prevail; *[préoccupation, intérêt]* to be dominant, predominate; *[parfum]* to predominate; *[couleur]* to stand out, predominate. **dans cette réunion, l'élément féminin dominait** at that meeting the female element predominated *ou* was most in evidence; **c'est l'ambition qui domine chez lui** ambition is his dominant characteristic; **c'est le jaune qui domine** it is yellow which stands out *ou* which is the predominant colour.

dominicain, e [dɔminikɛ̃, ɛn] **1** *adj* (*Pol, Rel*) Dominican. **Republique ~e** Dominican Republic. **2** *nm, f* (a) (*Rel*) Dominican. (b) (*Pol*) **D~(e)** Dominican.

dominical, e, mpl -aux [dɔminikal, o] *adj* Sunday (*épith*); V **oraison, repos.**

dominion [dɔminjɔn] *nm* (*Brit: état*) dominion (*of the British Commonwealth*).

dominiquais, e [dɔminikɛ, ɛz] **1** *adj* (of) Dominica. **2** *nm, f*: **D~(e)** native of Dominica.

Dominique [dɔminik] **1** *nf* (a) (*Géog*) **la ~** Dominica. (b) (*prénom*) Dominica. **2** *nm* Dominic.

domino [dɔmino] *nm* (*Habillement, Jeu*) domino. (*jeu*) **les ~s** dominoes (*sg*).

dommage [dɔmaʒ] **1** *nm* (a) (*préjudice*) harm (*U*), injury. **causer un ~ à qn** to cause *ou* do sb harm; **pour réparer le ~ que je vous ai causé** to repair the harm I've caused you, to repair the injury I've done you; (*Jur*) **~ causé avec intention de nuire** malicious damage.

(b) (*ravages*) **~s** damage (*U*); **causer des ~s aux récoltes** to damage *ou* cause damage to the crops; **les ~s sont inestimables** there is incalculable damage.

(c) (*loc*) **c'est ~!, quel ~!** what a pity! *ou* shame!; **il est vraiment ~ que ...** it's such a great pity that ...; (**c'est** *ou* **quel) ~ que tu ne puisses pas venir** it's a *ou* what a pity *ou* shame (that) you can't come; (*iro*) **ça ne te plaît pas? c'est bien ~!** you don't like it? well, that really is a shame! (*iro*) *ou* pity isn't it?* (*iro*).

2: dommage(s) corporel(s) physical injury; **dommages de guerre** war damages; **dommages et intérêts, dommages-intérêts** *nmpl* damages; **dommage(s) matériel(s)** material damage.

dommageable [dɔmaʒabl(ə)] *adj* prejudicial, harmful, injurious (*à* to).

domptable [dɔ̃tabl(ə)] *adj* tam(e)able.

domptage [dɔ̃taʒ] *nm* taming.

dompter [dɔ̃te] (1) *vt fauve* to tame, train; *cheval* to break in; *enfant insoumis* to subdue; *rebelles* to put down, subdue; *sentiments, passions* to master, control, overcome; *nature, fleuve* to tame.

dompteur, -euse [dɔ̃tœʀ, øz] *nm, f* (*gén*) tamer, trainer. **~ (de lions)** liontamer; **~ de chevaux** horsebreaker.

don [dɔ̃] *nm* (a) (*aptitude*) gift, talent. **~s littéraires** literary gifts *ou* talents; **avoir un ~ pour** to have a gift *ou* talent for; **avoir le ~ des maths** to have a gift for maths; **elle a le ~ de m'énerver** she has a knack *ou* a gift for getting on my nerves; **cette proposition n'a pas eu le ~ de lui plaire** this proposal was not destined to *ou* didn't happen to please him.

(b) (*cadeau*) gift; (*offrande*) donation. **~ en argent** cash donation; **~ en nature** donation in kind; (*Méd*) **~ d'organes** donation of organs; (*littér*) **les ~s de la terre** the gifts of the earth; **faire ~ de fortune, maison** to donate; **je lui ai fait ~ de ce livre** I made him a present *ou* gift of that book, I gave him that book as a gift; **cette tâche exige le ~ de soi** this task demands real self-sacrifice *ou* self-denial; **faire (le) ~ de sa vie pour sauver qn** to give one's life to save sb, lay own one's life for sb.

Don [dɔ̃] *nm* (a) (*Géog*) Don. (b) (*titre*) Don.

Doña [dɔɲa] *nf* Doña.

donataire [dɔnatɛʀ] *nmf* donee.

donateur, -trice [dɔnatœʀ, tʀis] *nm, f* donor.

donation [dɔnasjɔ̃] *nf* (*Jur*) ≃ settlement. **faire une ~ à qn** to make a settlement on sb.

donc [dɔ̃k *en tête de proposition ou devant voyelle; ailleurs* dɔ̃] *conj* (a) (*par conséquent*) therefore, so, thus; (*après une digression*) so, then. **il partit ~ avec ses amis et ...** so he left with his friends and ..., he left with his friends then and ...; **je n'étais pas d'accord, ~ j'ai refusé** I didn't agree (and) so I refused *ou* and I therefore refused; **j'ai raté le train, ~ je n'ai pas pu venir** I missed the train and was thus not able to come *ou* and so I couldn't come; **si ce n'est pas la variole c'est ~ la rougeole** if it's not smallpox then it's measles.

(b) (*intensif: marque la surprise*) then, so. **c'était ~ un espion?** he was a spy then?, so he was a spy?; **voilà ~ ce dont il s'agissait** this is what it was (all) about then, so this is what it was (all) about.

(c) (*de renforcement*) **allons ~!** come on!, come now!; **écoute-moi ~** do listen to me; **demande-lui ~** go on, ask him; **tais-toi ~!** do be quiet!; **regardez ~ ça comme c'est joli** just look at that, isn't it pretty?; **pensez ~!** just imagine *ou* think!; **comment ~?** how do you mean?; **quoi ~?** what was that?, what did you say?; **dis ~, dites ~** (*introduit une question*) tell me, I say; (*introduit un avertissement, une injonction*) look (here) ...; **non mais dis ~, ne te gêne pas!** look (here) don't put yourself out; **dites ~ Jacques, où avez-vous rangé l'aspirateur?** I say, Jacques, where did you put the vacuum cleaner?; **tiens ~!** well, well!, I say!

dondon‡ [dɔ̃dɔ̃] *nf* big *ou* fat woman. **une grosse ~** a big lump* of a woman *ou* girl.

donjon [dɔ̃ʒɔ̃] *nm* keep, donjon.

don Juan [dɔ̃ʒɥɑ̃] *nm* Don Juan.

donjuanesque [dɔ̃ʒɥanɛsk(ə)] *adj* of Don Juan, typical of Don Juan.

donjuanisme [dɔ̃ʒɥanism(ə)] *nm* donjuanism.

donnant, e [dɔnɑ̃, ɑ̃t] *adj* (a) (†) generous, open-handed.

(b) (*loc: emploi participial*) **avec lui, c'est ~, ~** he always wants something in return for a service; **~, ~: je te prête mon livre, tu me prêtes ton stylo** fair's fair — I lend you my book and you lend me your pen.

donne [dɔn] *nf* (*Cartes*) deal. **à vous la ~** your deal; **faire la ~** to deal (out) the cards; **il y a mauvaise** *ou* **fausse ~** it's a misdeal.

donné, e [dɔne] (*ptp de* **donner**) **1** *adj* (a) (*déterminé*) *lieu, date* given, fixed; *V* **moment.**

(b) **étant ~ la situation** in view of *ou* given *ou* considering the situation; **étant ~ que tu es parti** seeing *ou* given that you left.

(c) (*: pas cher*) (dirt) cheap*.

2 donnée *nf* (a) (*Math, Sci*) *[problème]* datum. **~es** data; (*Econ*) **en ~es corrigées des variations saisonnières** figures adjusted for seasonal variation(s).

(b) (*chose connue*) piece of information. **~es** facts, particulars; **manquer de ~es** to be short of facts; **modifier les ~es du problème** to refine the problem.

(c) *[roman]* main theme, basic idea *ou* element.

donner [dɔne] (1) **1** *vt* (a) (*gén: offrir*) **~ qch à qn** to give sth to sb, give sb sth; **je le lui ai donné** I gave it (to) him; **donné c'est donné** a gift is a gift; **~ son cœur/son amitié (à qn)** to give one's heart/one's friendship (to sb); **~ à manger/boire à qn** to give sb something to eat/drink; **~ son corps à la science** to donate one's body to research; **~ son sang pour un malade** to give *ou* donate one's blood for somebody who is ill; **~ son sang pour une cause** to shed one's blood for a cause; **~ sa vie/son temps pour une cause** to give up one's life/one's time for a cause; **~ qch à qn par testament** to bequeath sth to sb; **~ qch pour** *ou* **contre qch d'autre** to give sth in exchange for sth else, exchange sth for sth else; **en ~ à qn pour son argent** to give sb his money's worth; **on ne les vend pas, on les donne** we're not selling them, we're giving them away; **c'est donné*** it's dirt-cheap*, it's a giveaway*; *V* **change, matière.**

(b) (*remettre, confier*) to give, hand; *copie d'examen* to hand in, give in. **~ quelque chose à faire à qn** to give sb something to do; **je donnerai la lettre au concierge** I shall hand the letter (in) to the caretaker; **donnez-moi les outils** *ou* **give me** *ou* hand me *ou* pass me the tools; **~ ses chaussures à ressemeler/au cordonnier** to take one's shoes (in) to be resoled/to the cobbler's, put one's shoes in to be resoled/at the mender's.

(c) (*céder*) *vieux vêtements* to give away. **~ sa place à une dame** to give up one's seat to a lady; **je donnerais beaucoup pour savoir** I would give a lot to know; *V* **langue.**

(d) (*distribuer*) to hand out, give out; *cartes* to deal (out). (*Cartes*) **c'est à vous de ~** it's your deal.

(e) (*communiquer, indiquer*) *description, détails, idée, avis* to give; *sujet de devoir* to set. **il lui a donné l'ordre de partir** he has ordered him to go; **pouvez-vous me ~ l'heure?** can you tell me the time?; *V* **alarme, alerte.**

(f) *(accorder) moyen, occasion* to give; *permission, interview* to grant, give; *prix, décoration* to award, give. **~ sa fille en mariage à qn** to give one's daughter to sb in marriage; **donnez-moi le temps d'y réfléchir** give me time to think about it; **on lui a donné 24 heures pour quitter le pays** he was given 24 hours to leave the country; **il n'est pas donné à tout le monde d'être bon en maths** not everyone is lucky enough *ou* it is not given to everyone to be good at maths; **l'intelligence n'est pas donnée à tout le monde** not everyone is gifted with intelligence; **je vous le donne en mille** you'll never guess; **se ~ un maître/un président** to choose a master/a president; *(Rel)* **~ la communion** *etc* à to give communion *etc* to; *(fig)* **on lui donnerait le bon Dieu sans confession** he looks as if butter wouldn't melt in his mouth.

(g) *(causer) plaisir, courage* to give (à to); *peine, mal* to cause, give (à to). **~ de l'appétit à qn** to give sb an appetite; **cela donne chaud/froid/soif/faim** this makes you (feel) hot/cold/thirsty/hungry; **~ le vertige/le mal de mer (à qn)** to make sb (feel) giddy/seasick; **cela donne des maux de tête** that causes headaches *ou* gives you headaches; **ça va vous ~ des forces** that'll give you strength *ou* put strength into you; **se ~ du mal/de la peine** to take (great) trouble/pains; **se ~ du bon temps** to have a good time, live it up*; **s'en ~ à cœur joie, s'en ~*** to have a whale of a time*, have the time of one's life.

(h) *(avec à + infin: faire)* **il m'a donné à penser/à sentir que** he made me think/feel that; **ces événements nous ont donné (beaucoup) à réfléchir** these events have given us (much) food for thought *ou* have set us thinking; **c'est ce qu'on m'a donné à entendre** that is what I was given to understand *ou* led to believe; **~ à rire** to give cause for laughter.

(i) *(organiser) réception, bal* to give, hold (à for); *film* to show; *pièce* to perform, put on. **ça se donne encore?** *[film]* is it still on? *ou* showing?; *[pièce]* is it still on?

(j) *(indiquant une action sur qn/qch)* **~ un baiser/un coup de pied à qn** to give sb a kiss/a kick; **~ une gifle à qn** to slap sb's face, box sb's ears; **~ une fessée à qn** to smack sb's bottom; **~ une caresse au chat** to stroke the cat; **donne-toi un coup de peigne** give your hair a quick comb, run a comb through your hair; **~ un coup de balai à la pièce** to give the room a sweep; **~ un coup de chiffon à la pièce** to flick a duster over the room, give the room a quick dust; **ils se sont donné des coups** they exchanged blows; **je me donnerais des coups!** I could kick myself!

(k) *(conférer) poids, valeur* to add, give. **le brouillard donne un air triste à la ville** the fog makes the town look dismal; **il fumait pour se ~ une contenance** he was smoking to disguise his lack of composure; **elle se donne un air de jeune fille naïve** she gives herself the appearance of an innocent young thing, she likes to appear the innocent young thing.

(l) *(attribuer)* **quel âge lui donnez-vous?** how old do you take him to be? *ou* would you say he was?; **je lui donne 50 ans** I'd put his age at 50, I'd say he was 50, I'd take him to be 50; **on lui donne des qualités qu'il n'a pas** he's said to have *ou* is credited with qualities which he hasn't got; *V* **raison, tort.**

(m) **~ un fait pour certain** to present a fact as a certainty; **on le donne pour un homme habile** he is said *ou* made out to be a clever man; **il se donne pour un tireur d'élite** he makes himself out *ou* professes *ou* claims to be a crack shot.

(n) *(Mus)* **le la, la note, le ton** to give. *(fig)* **~ le ton** *ou* **la note** to set the tone.

(o) *(produire) fruits, récolte* to yield; *résultat* to produce. **les pommiers ont bien donné cette année** the apple trees have produced a good crop *ou* given a good yield this year; **cette vigne donne un très bon vin** this vine produces a very good wine; **elle lui a donné un fils** she gave *ou* bore him a son; *(fig)* **cet écrivain donne un livre tous les ans** this writer produces a book every year; **cette méthode ne donne rien** this method is unrewarding *ou* is producing nothing.

(p) *(‡: dénoncer) complice* to squeal *ou* grass on‡, shop‡ *(Brit)*, give away, finger‡.

2 *vi* **(a)** *(frapper)* **aller ~ sur les rochers** to run onto *ou* strike the rocks; **~ de la tête contre une porte** to knock *ou* bump one's head against a door; **le soleil donne en plein sur la voiture** the sun is beating down on *ou* shining right onto the car; **ne savoir où ~ de la tête*** not to know which way to turn.

(b) *(être la victime de)* **~ dans** *piège* to fall into; *défaut* to lapse into; **~ dans le snobisme** to be rather snobbish, have a tendency to be snobbish; *V* **panneau.**

(c) *(s'ouvrir sur)* **~ sur** *[pièce, porte]* to give onto, open onto; *[fenêtre]* to overlook, open onto, look onto; **la maison donne sur la mer** the house faces *ou* looks onto the sea front.

(d) *(attaquer)* to attack. **l'artillerie va ~** the artillery is going to fire; **faites ~ la garde!** send in the guards!

(e) *(produire)* to yield. **cet arbre ne donnera pas avant 3 ans** this tree won't bear fruit for 3 years; *(fig)* **la radio donne à plein** the radio is turned right up; **mes tomates vont bientôt ~** my tomatoes will soon be producing *ou* yielding fruit.

3 se donner *vpr*: **se ~ à** *cause, parti, travail* to devote o.s. to; **elle s'est donnée** (à son amant) she gave herself (to her lover); **il s'est donné à fond** he gave his all; **il se donne pour réussir dans la vie** he works hard to succeed in life; *V* **main, rendez-vous.**

donneur, -euse [dɔnœʀ, øz] *nm,f (gén)* giver; *(Cartes)* dealer; *(arg Police: dénonciateur)* squealer‡, informer, grass‡; *(Méd)* donor. *(Comm)* **~ d'ordre** principal; **~ de sang** blood donor.

Don Quichotte [dɔ̃kiʃɔt] *nm* Don Quixote.

don-quichottisme [dɔ̃kiʃɔtism(ə)] *nm* quixotism.

dont [dɔ̃] *pron rel* **(a)** *(provenant d'un complément de nom: indique la possession, la qualité etc)* whose, of which; *(antécédent humain)* whose. **la femme ~ vous apercevez le chapeau** the woman whose hat you can see; **c'est un pays ~ j'aime le climat** it's a country whose climate I like *ou* which has a climate I like *ou* the climate of which I like *(frm)*; **un vagabond ~ les souliers laissaient voir les doigts de pied** a tramp whose shoes revealed his toes *ou* whose toes showed through his shoes; **les enfants ~ la mère travaille sont plus indépendants** children whose mothers go out to work are more independent; **l'histoire, ~ voici l'essentiel, est ...** the story, of which these are the main points, is ....

(b) *(indiquant la partie d'un tout)* **il y a eu plusieurs blessés, ~ son frère** there were several casualties, among which *ou* among whom was his brother *ou* including his brother; **des livres dont j'ai lu une dizaine environ/dont une dizaine sont reliés** books of which I have read about ten/of which about ten are bound; **ils ont 3 filles ~ 2 sont mariées** they have 3 daughters, 2 of whom are married *ou* of whom 2 are married, they have 3 daughters, 2 of them married; **il a écrit 2 romans ~ un est autobiographique** he has written 2 novels one of which is autobiographical.

(c) *(indique la manière, la provenance: V aussi de)* **la façon ~ elle marche/s'habille** the way she walks/(in which) she dresses, her way of walking/dressing; **la pièce ~ il sort** the room (which) he is coming out of *ou* out of which he is coming; **mines ~ on extrait de l'or** mines from which gold is extracted, mines (that) gold is extracted from; **la classe sociale ~ elle est sortie** the social class (which) she came from.

(d) *(provenant d'un complément prépositionnel d'adjectif, de verbe: V aussi les adjectifs et verbes en question)* **l'outil ~ il se sert** the tool (which) he is using; **la maladie ~ elle souffre** the illness she suffers from *ou* from which she suffers; **le vase ~ la maison m'a fait cadeau** the vase (which) the firm gave me *ou* presented me with, the vase with which the firm presented me; **le film/l'acteur ~ elle parle tant** the film/actor she talks so much about *ou* about which/whom she talks so much; **voilà ce ~ il faut vous assurer** that is what you must make sure of *ou* about; **l'accident ~ il a été responsable** the accident he was responsible for *ou* for which he was responsible; **le collier/l'enfant ~ elle est si fière** the necklace/child she is so proud of *ou* of which/whom she is so proud.

donzelle [dɔ̃zɛl] *nf (péj)* young miss *(péj)*.

dopage [dɔpaʒ] *nm* doping.

dopant [dɔpɑ̃] *nm* dope *(U)*.

doper [dɔpe] (1) **1** *vt* to dope. **2 se doper** *vpr* to take stimulants, dope o.s.

doping [dɔpiŋ] *nm (action)* doping; *(excitant)* dope *(U)*.

dorade [dɔʀad] *nf* = **daurade.**

Dordogne [dɔʀdɔɲ] *nf* : **la ~** the Dordogne.

doré, e [dɔʀe] **1** *(ptp de* dorer*)* **1** *adj* **(a)** *(couvert d'une dorure)* gilt, gilded. **~ sur tranche** gilt-edged, with gilded edges.

(b) *(couleur d'or) peau* bronzed, tanned; *blé, cheveux* golden; *gâteau, gigot* browned. *(fig)* **des rêves ~s** golden dreams; *V* **blouson, jeunesse.**

2 *nm (dorure)* gilt, gilding. **le ~ du vase s'en va** the gilt *ou* gilding is coming off the vase.

(b) *(Can)* yellow pike, wall-eyed pike.

3 dorée *nf* John Dory, dory.

dorénavant [dɔʀenavɑ̃] *adv* from now on, henceforth *(frm)*, henceforward *(frm)*.

dorer [dɔʀe] (1) **1** *vt* **(a)** *(couvrir d'or) objet* to gild. **faire ~ un cadre** to have a frame gilded; *(fig)* **~ la pilule à qn*** to gild *ou* sugar *ou* sweeten the pill for sb; **se ~ la pilule*** *V* (c).

(b) *(Culin) gâteau* to glaze *(with egg yolk)*. **le four dore bien la viande** the oven browns the meat well.

(c) *peau* to bronze, tan. *(littér)* **le soleil dore les blés** the sun turns the corn gold; **le soleil dore les dunes** the sun tinges the dunes with gold; **se ~ au soleil, se ~ la pilule*** to lie (and get brown) in the sun, sunbathe.

2 *vi (Culin) [rôti]* to brown. **faire ~ un poulet au four** to put a chicken in the oven to brown; **le poulet est bien doré cette fois** the chicken is well browned this time.

d'ores et déjà [dɔʀedeʒa] *adv V* **ores.**

doreur, -euse [dɔʀœʀ, øz] *nm,f* gilder.

dorien, -ienne [dɔʀjɛ̃, jɛn] **1** *adj (Géog)* Dorian, Doric; *dialecte* Doric; *(Mus) mode* Dorian. **2** *nm (Ling)* Doric (dialect).

dorique [dɔʀik] *adj, nm* Doric.

dorlotement [dɔʀlɔtmɑ̃] *nm* pampering, (molly)coddling, cosseting.

dorloter [dɔʀlɔte] (1) **1** *vt* to pamper, (molly)coddle, cosset. **il est trop dorloté** he's mollycoddled; **se faire ~** to be pampered *ou* (molly)coddled *ou* cosseted. **2 se dorloter** *vpr* to coddle *ou* cosset o.s.

dormant, e [dɔʀmɑ̃, ɑ̃t] **1** *adj eau* still; *(Tech) châssis* fixed. *(Jur, Fin)* **compte ~** dead account. **2** *nm [porte, châssis]* casing, frame.

dormeur, -euse [dɔʀmœʀ, øz] **1** *adj poupée* with shutting eyes. **2** *nm,f* sleeper; *(péj)* sleepyhead. **3** *nm (crabe)* (common *ou* edible) crab. **4 dormeuse** *nf (boucle d'oreille)* stud earring.

dormir [dɔʀmiʀ] (16) *vi* **(a)** *(gén)* to sleep; *(être en train de dormir)* to be asleep, be sleeping. **~ d'un sommeil léger/lourd** to sleep lightly/heavily; **il dormait d'un sommeil agité** he was tossing about in his sleep; **je n'ai pas dormi de la nuit/de 3 jours** I haven't slept a wink (all night)/for 3 days; **avoir envie de ~** to feel sleepy; **essayez de ~** un peu try to get some sleep; **ça m'empêche de ~** *[café]* it keeps me awake; *[soucis]* I'm losing sleep over it; **ce n'est pas ça qui va m'empêcher de ~** I'm not going to lose any sleep over that; **parler/chanter en dormant** to talk/sing in one's sleep.

(b) *(rester inactif) [eau]* to be still; *[argent, capital]* to lie idle; *[machines]* to be *ou* lie idle; *[nature, forêt]* to be still, be asleep. **tout dormait dans la maison/ville** everything was quiet *ou* still in the house/town; **investis ton capital plutôt que de le laisser** ~ invest your capital rather than leave it idle; **ce n'est pas le moment de** ~**!** this is no time for slacking *ou* idling; ~ **sur son travail** to dawdle *ou* be slack at one's work; *V* pire.

(c) (*loc*) **je dors debout** I'm asleep on my feet, I can't keep awake *ou* my eyes open; **une histoire à** ~ **debout** a cock-and-bull story; (*frm*) ~ **(de)** son dernier sommeil to sleep one's last sleep; ~ **comme un loir** *ou* **une marmotte** *ou* **une souche** to sleep like a log; **ne** ~ **que d'un œil** to sleep with one eye open; **il dort à poings fermés** he is sound *ou* fast asleep, he's dead to the world*; **cette nuit je vais** ~ **à poings fermés** tonight I'm going to sleep very soundly; ~ **du sommeil du juste** to sleep the sleep of the just; (*fig*) ~ **tranquille** *ou* **sur ses deux oreilles** (*sans soucis*) to sleep soundly; (*sans danger*) to sleep safely (in one's bed); **il n'en dort pas** *ou* **plus** he's losing sleep over it, he can't sleep for thinking of it; (*Prov*) **qui dort dîne** for the hungry man, to sleep is to dine.

dormitif, -ive [dɔʀmitif, iv] *adj* soporific.

dorsal, e, *mpl* **-aux** [dɔʀsal, o] **1** *adj* (*gén*) dorsal, back (*épith*); (*Ling*) dorsal; *V* épine, parachute. **2 dorsale** *nf* **(a)** (*Ling*) dorsal consonant. **(b)** (*Géog*) ridge. (*Mét*) ~**e barométrique** ridge of high pressure.

dortoir [dɔʀtwaʀ] *nm* dormitory. **cité-** *ou* **ville-**~ dormitory town.

dorure [dɔʀyʀ] *nf* **(a)** (*couche d'or*) gilt, gilding; (*gâteau*) glaze (*of egg yolk*). **uniforme couvert de** ~**s** uniform covered in gold decorations. **(b)** (*action*) gilding.

doryphore [dɔʀifɔʀ] *nm* Colorado beetle.

dos [do] **1** *nm* **(a)** (*être animé, main, vêtement, siège, page*) back; (*livre*) spine; (*langue*) back, upper surface; (*lame, couteau*) blunt edge. **avoir le** ~ **rond** to be round-shouldered; **couché sur le** ~ lying on one's (*ou* its) back; **écrire au** ~ **d'une lettre/enveloppe** to write on the back of a letter/an envelope; **robe décolletée dans le** ~ low-backed dress; **'voir au** ~**'** 'see over *ou* overleaf'; **aller à** ~ **d'âne/de chameau** to ride on a donkey/a camel; **les vivres sont portés à** ~ **de chameau/d'homme** the supplies are carried by camel/men; **ils partirent, sac au** ~ they set off, (with) their rucksacks on their backs; **porter ses cheveux dans le** ~ to wear one's hair loose *ou* down one's back; (*vu*) **de** ~ **il a une allure jeune** (seen) from behind *ou* from the back he looks quite young; *V* gros.

(b) (*loc*) **être** ~ **à** ~ to be back to back; **renvoyer 2 adversaires** ~ **à** ~ to send away *ou* dismiss 2 opponents without pronouncing in favour of either; (*fig*) **le train/ta mère a bon** ~* (that's right) blame the train/your mother (*iro*); **il s'est mis tout le monde à** ~ he has turned everybody against him; (*fig*) **j'ai toujours mon patron sur le** ~ my boss is always breathing down my neck *ou* is always standing over me; **on l'a dans le** ~ !* we've had it!*; **mettre qch sur le** ~ **de qn** (*responsabilité*) to saddle sb with sth, make sb shoulder the responsibility for sth; (*accusation*) to pin sth on sb; **il s'est mis une sale affaire sur le** ~ he has got himself mixed up in a nasty bit of business; **faire des affaires sur le** ~ **de qn** to do a bit of business at sb's expense; **il a tout pris sur le** ~* he bore the brunt of the whole thing; **je n'ai rien à me mettre sur le** ~ I haven't a thing to wear; **tomber sur le** ~ **de qn** (*arriver à l'improviste*) to drop in on sb; (*attaquer*) (*lit*) to fall on sb, go for sb; (*fig*) to jump down sb's throat, go for sb; **faire qch dans** *ou* **derrière le** ~ **de qn** to do sth behind sb's back; (*fig*) **faire un enfant à qn dans le** ~* to play a dirty trick on sb*; **nous avions la mer/l'ennemi dans le** ~ we had the sea/the enemy behind us *ou* at our back(s); **avoir le** ~ **tourné à la mer/à la porte** to have one's back to the sea/door; **dès qu'il a le** ~ **tourné** as soon as his back is turned; **il n'y va pas avec le** ~ **de la cuiller*** he certainly doesn't go in for half-measures*, there are no half-measures with him; *V* froid.

2: dos d'âne humpback (*Brit*), hogback, hogsback (*US*); **pont en dos d'âne** humpback bridge.

dosage [doza3] *nm* (*action: V* doser) measuring out; correct proportioning; (*mélange*) mixture. (*fig*) **dans ce domaine, tout est question de** ~ it's all a matter of striking a balance *ou* the right balance in this area; (*fig*) **un** ~ **réussi de romanesque et de description historique** a well-balanced mixture of romance and historical description, a good balance between romance and historical description.

dose [doz] *nf* **(a)** (*Pharm*) dose. **absorber une** ~ **excessive de barbituriques** to take an overdose of barbiturates; **s'en tenir à la** ~ **prescrite** to keep to the prescribed dose *ou* dosage.

(b) (*gén: proportion*) (*ingrédient, élément*) amount, quantity. (*hum*) **il a bu sa** ~ **quotidienne** he has drunk *ou* had his daily dose (*hum*); **en avoir sa** ~* to have had more than one's share of it; (*fig*) **forcer la** ~ to overdo it, overstep the mark; (*fig*) **introduire une petite** ~ **d'ironie dans un récit** to introduce a touch of irony into a story; **il faut pour cela une** ~ **peu commune de courage/de mauvaise foi** for that you need an above-average amount of courage/bad faith; **affligé d'une forte** ~ **de stupidité** afflicted with more than one's fair share of stupidity; **j'aime bien la poésie/ce chanteur mais seulement par petites** ~**s** *ou* **à petites** ~**s** I like poetry/that singer all right but only in small doses.

doser [doze] (1) *vt* **(a)** (*Chim, gén*) **ingrédient, élément** to measure out; **remède** to measure out a dose of; **mélange** to proportion correctly, mix in the correct proportions.

(b) (*fig: mêler, combiner*) to strike a balance between. **savoir** ~ **compréhension et sévérité** to be good at striking a balance *ou* the right balance between understanding and severity.

(c) (*mesurer*) **exercices, difficultés** to grade. **savoir** ~ **ses efforts** to know how much effort to expend; **cet auteur sait** ~ **l'ironie** this author has a gift for using irony in just the right amounts.

doseur [dozœʀ] *nm* measure. **bouchon** ~ measuring cap.

dossard [dosaʀ] *nm* (*Sport*) number (*worn by competitor*). **avec le** ~ **numéro 9** wearing number 9.

dossier [dosje] *nm* **(a)** (*siège*) back. **(b)** (*documents*) file, dossier;

(*Jur: affaire*) case. **constituer un** ~ **sur qn** to draw up a file on sb; (*Presse*) **'le** ~ **africain/du pétrole'** 'the African/oil question'; ~ **scolaire** school record (*Brit*), student file (*US*). **(c)** (*classeur*) file, folder.

Dostoïevski [dɔstɔjɛvski] *nm* Dostoyevsky.

dot [dɔt] *nf* (*mariage*) dowry; (*Rel*) (spiritual) dowry. **apporter qch en** ~ to bring a dowry of sth, bring sth as one's dowry; *V* coureur.

dotal, e, *mpl* **-aux** [dɔtal, o] *adj* dotal, dowry (*épith*).

dotation [dɔtasjɔ̃] *nf* (*Jur*) (*institution*) endowment; (*Hist*) (*fonctionnaire, dignitaire*) emolument; (*Admin: allocation*) grant.

doté, e [dɔte] (*ptp de* doter) *adj* (*pourvu*) ~ **de équipement, matériel, dispositif** equipped with; **talent, courage, pouvoir** endowed with.

doter [dɔte] (1) *vt* **(a)** (*Jur*) **fille à marier** to provide with a dowry, dower; **institution** to endow; (*Hist*) **fonctionnaire, dignitaire** to endow with an emolument; (*Admin*) **université, organisme** to grant money to, give a grant to. ~ **richement sa fille** to provide one's daughter with a large dowry.

(b) (*pourvoir de*) ~ **une armée d'un équipement moderne** to equip an army with modern equipment; **la nature l'avait doté d'un grand talent** nature had endowed him with great talent, nature had bestowed great talent upon him.

douaire [dwɛʀ] *nm* dower.

douairière [dwɛʀjɛʀ] *nf* dowager.

douane [dwan] *nf* **(a)** (*service*) ~, (*Admin*) (**service des**) ~**s** Customs; **il est employé aux** ~**s** *ou* **à la** ~ he is employed by *ou* in the Customs (department); **marchandises (entreposées) en** ~ bonded goods, goods in bond; **zone/port sous** ~ zone/port under the authority of the Customs and Excise; *V* bureau.

(b) (*à la frontière*) (**poste de**) ~, (**maison de la**) ~ customs house, customs; (*à l'aéroport etc*) **passer (à) la** ~ to go through (the) customs; (*dans le train*) **la visite de la** ~ the customs check.

(c) (**droits de**) ~ customs dues *ou* duty, duty; **exempté de** ~ duty-free, non-dutiable.

douanier, -ière [dwanje, jɛʀ] **1** *adj* custom(s) (*épith*); *V* barrière, union. **2** *nm,f* customs officer.

doublage [dubla3] *nm* **(a)** (*fil*) doubling; (*revêtement*) doubling, laying double; (*couverture*) doubling, folding (in half).

(b) (*film*) dubbing. **le** ~ **d'un acteur** dubbing an actor.

(c) (*vêtement, paroi, boîte, tableau*) lining; (*Naut*) (*coque*) sheathing.

(d) (*somme, quantité, lettre*) doubling.

double [dubl(ə)] **1** *adj* **(a)** **consonne, longueur, épaisseur** double; **inconvénient, avantage** double, twofold. **le prix est** ~ **de ce qu'il était** the price is double *ou* twice what it was; **faire qch en** ~ **exemplaire** to make two copies of sth, do sth in duplicate; **dispositif/machine à** ~ **effet** double-action *ou* dual-action device/machine; **ustensile à** ~ **usage** dual-purpose utensil; **faire** ~ **emploi** to be redundant; **cet appareil fait maintenant** ~ **emploi avec l'ancien** this apparatus now duplicates the old one *ou* makes the old one redundant; **à vendre voiture, cause** ~ **emploi** for sale: car, surplus to requirements; **fermer une porte à** ~ **tour** to double-lock a door; **enfermer qn à** ~ **tour** to put sb under lock and key; **à** ~ **tranchant** (*lit, fig*) double-edged, two-edged; **boîte/valise à** ~ **fond** box/case with a false bottom; **mettre un fil (en)** ~ to use a double thread, use a thread double(d); **mettre une couverture (en)** ~ to put a blanket on double; (*Méd*) **en** ~ **aveugle** double blind; *V* bouchée, coup.

(b) (*qui a des aspects opposés*) **vie, aspect** double. **à** ~ **face** tissu reversible; (*fig*) two-faced; **accusé de jouer un** ~ **jeu** accused of double-dealing *ou* of playing a double game (*Brit*); **phrase à** ~ **sens** *ou* **entente** sentence with a double meaning; **avoir le don de** ~ **vue** to have the gift of second sight; **personnage à personnalité** ~ person with a dual personality *ou* a Jekyll-and-Hyde personality; *V* agent.

2 *nm* **(a)** (*quantité*) **manger/gagner le** ~ (**de qn**) to eat/earn twice as much (as sb) *ou* double the amount (that sb does); **il pèse le** ~ **de vous** he weighs *ou* is twice your weight, he weighs twice as much as you do; **4 est le** ~ **de 2** 4 is two times *ou* twice 2; **c'est le** ~ **du prix normal** it is twice *ou* double the normal price; **c'est le** ~ **de la distance Paris-Lyon** it's twice *ou* double the distance from Paris to Lyons; **hier il a mis le** ~ **de temps à faire ce travail** yesterday he took twice as long *ou* double the time to do this job; **nous attendons le** ~ **de gens** we expect twice as many people *ou* double the number of people; **plier qch en** ~ to fold sth in half *ou* in two; *V* quitte.

(b) (*copie, duplicata*) (*facture, acte*) copy; (*timbre*) duplicate, double, swap*; (*personne*) double; (*objet d'art*) replica, exact copy. **se faire faire un** ~ **de clef** to have a second key cut; **je viens de voir son** ~ I've just seen his double; **il a tous les documents en** ~ he has copies of all the documents; **on a tout en** ~, **pour plus de sûreté** we have two of everything to be on the safe side.

(c) (*Tennis*) doubles. **le** ~ **dames/messieurs/mixte est reporté** the ladies'/men's/mixed doubles has been postponed; **faire un** ~ to play a doubles match.

3 *adv* **payer, compter** double; *V* voir.

4: (*Tech*) **double allumage** *nm* dual ignition; (*Mus*) **double barre** *nf* double bar; (*Dominos*) **double-blanc** *nm, pl* **double-blancs** double blank; (*Tech*) **double commande** *nf* dual controls; **voiture à double commande** dual-control car, car with dual controls; (*Mus*) **doubles cordes** *nfpl* double stopping; **double-crème** *nm inv* cream cheese; (*Mus*) **double croche** *nf* semiquaver (*Brit*), sixteenth note (*US*); (*Aut*) **faire un double-débrayage** to double-declutch; **double-décimètre** *nm, pl* **double-décimètres** (20-cm) ruler; (*Mus*) **double dièse** *nm* double sharp; **double-fenêtre** *nf, pl* **double-fenêtres** double window; **double mètre** *nm* two-metre rule; **double nœud** nm double knot; **doubles rideaux** nmpl double curtains (Brit) ou drapes (US).

doublé, e [duble] (ptp de **doubler**) **1** adj (a) vêtement lined (de with). ~ **de cuir/cuivre** boîte, paroi lined with leather/copper; **non** ~ **unlined**; ~ **de fourrure** fur-lined; ~ **(de) coton/nylon** cotton-/nylon-lined, lined with cotton/nylon.
 (b) film, acteur dubbed.
 2 nm (a) (victoire, réussite: Sport, fig) double; (coup double: Chasse) right and left.
 (b) (Orfèvrerie) rolled gold.
 (c) (Mus) turn.

doublement [dubləmã] **1** adv (pour deux raisons) for a double reason, for two reasons; (à un degré double) doubly.
 2 nm (a) [somme, quantité, lettre] doubling.
 (b) [feuille] doubling, folding (in half); [fil] doubling.
 (c) [véhicule] overtaking (Brit), passing.

doubler [duble] (1) **1** vt (a) (augmenter) fortune, dose, longueur to double. ~ **le pas** to quicken one's pace, speed up; ~ **(le salaire de) qn** to double sb's salary; **il a doublé son poids** he has doubled his weight.
 (b) (mettre en double) fil, ficelle to use double, double; revêtement to double, lay double; couverture to double, fold (in half). **il faut** ~ **le fil pour que ce soit plus solide** you'll have to use the thread double ou double the thread to make it stronger.
 (c) (Scol) classe, année to repeat.
 (d) film, acteur to dub.
 (e) (revêtir) boîte, paroi, tableau, veste to line (de with). ~ **de fourrure une veste** to line a jacket with fur.
 (f) (dépasser) véhicule to overtake (Brit), pass; (Naut) cap to double, round. (fig) **il a doublé ce cap important** he has got over this important hurdle ou turned this important corner; ~ **le cap des 50 ans** to turn 50, pass the 50 mark.
 (g) (*: tromper) ~ **qn** to pull a fast one on sb*.
 2 vi (a) (augmenter) [nombre, quantité, prix] to double, increase twofold. ~ **de poids/valeur** to double in weight/value; **le nombre des crimes a doublé** the number of crimes has doubled ou increased twofold.
 (b) (Aut) to overtake (Brit), pass.
 3 se doubler vpr: **se** ~ **de** to be coupled with; **chez lui le sens de l'honneur se double de courage** with him a sense of honour is coupled with ou goes hand in hand with courage; **ce dispositif se double d'un système d'alarme** this device works ou functions in conjunction with an alarm system; **c'est un savant doublé d'un pédagogue** he is a teacher as well as a scholar.

doublet [duble] nm (a) (Ling) doublet. (b) (Orfèvrerie) doublet.

doublon [dublɔ̃] nm (a) (monnaie) doubloon. (b) (Typ) double.

doublure [dublyʀ] nf (a) (étoffe) lining. (b) (Théât) understudy; (Ciné) stand-in; (pour scènes dangereuses) stuntman (ou stuntwoman).

douce [dus] V **doux**.

douce-amère, pl **douces-amères** [dusamɛʀ] nf (Bot) woody nightshade, bittersweet.

douceâtre [dusɑtʀ(ə)] adj saveur sickly sweet; (péj) air, sourire sickly sweet, mawkish.

doucement [dusmã] **1** adv (a) (légèrement) toucher, prendre, soulever gently; frapper, parler gently, softly; **marcher** ~ to tread carefully ou softly; **allez-y** ~*! easy ou gently does it!*, go easy*!
 (b) (graduellement) monter, progresser gently, gradually; (lentement) rouler, avancer slowly; (en douceur) démarrer smoothly. **la route monte/descend** ~ the road climbs/descends gradually ou goes gently up/down; **la température monte/descend** ~ the temperature is slowly ou gradually rising/falling.
 (c) (*: plus ou moins bien) so-so*. **comment allez-vous?** — **(tout)** ~ how are you? — so-so*.
 (d) (*: en cachette) s'amuser ~ **de voir qn dans l'embarras** to have a quiet laugh* (to o.s.) at seeing sb in difficulties; **ça me fait** ~ **rigoler!** it doesn't half make me laugh!*
 2 excl: ~! gently!, easy!; ~ **avec le whisky!** go easy on the whisky!*, careful with the whisky!; ~ **les basses!** take it easy!*, go easy!*

doucereux, -euse [dusʀø, øz] adj goût, saveur sickly sweet; (péj) ton, paroles sugary, honeyed; (péj) personne, manières suave, smooth*.

doucet, -ette [dusɛ, ɛt] **1** adj (†) meek, mild. **2 doucette** nf (Bot) corn-salad, lamb's lettuce.

doucettement* [dusɛtmã] adv commencer, avancer gently; vivre quietly.

douceur [dusœʀ] nf (a) (caractère: V **doux**) softness; smoothness; mildness; gentleness; sweetness. ~ **angélique** angelic sweetness; **prendre qn par la** ~ to deal gently with sb, use gentleness with sb; ~ **de vivre** gentle way of life; **les** ~**s de l'amitié** the (sweet) pleasures of friendship; V **plus**.
 (b) (gén pl) (sucrerie) sweet; (flatterie) sweet talk (U).
 (c) **en** ~ démarrage smooth; démarrer smoothly; commencer, manœuvrer gently; **il faut y aller en** ~ we must go about it gently; **ça s'est passé en** ~ it went off smoothly.

douche [duʃ] nf (a) (jet, système) shower. **prendre une** ~ to have ou take a shower; **passer à la** ~ to go for a shower.
 (b) (salle) ~**s** shower room.
 (c) (*fig) (déception) let-down*, bummer* (US); (réprimande) (good) telling-off* ou ticking-off* (Brit); (*: averse, arrosage) soaking, drenching. **on a pris une** ~ we got drenched ou soaked; **ça nous a fait l'effet d'une** ~ **(froide)** quand nous l'avons appris it was a real let-down* when we found out.
 2: douche écossaise (lit) alternately hot and cold shower; (*fig) **pratiquer la politique de la douche écossaise** to blow hot and cold.

doucher [duʃe] (1) **1** vt (V **douche**) ~ **qn** to give sb a shower; to let sb down (with a bump)*; to give sb a (good) telling-off* ou ticking-off* (Brit); to soak ou drench sb; **on s'est fait** ~ (par l'averse) we got soaked ou drenched; (par le tuyau d'arrosage) we got sprayed ou soaked ou drenched.
 2 se doucher vpr to have ou take a shower.

doué, e [dwe] (ptp de **douer**) adj (a) (talentueux) gifted, talented (en in). **être** ~ **pour** to have a gift for; (iro) **il n'est pas** ~* he's not exactly bright ou clever (iro); ~ **sur le plan scolaire** academically able.
 (b) (pourvu de) ~ **de** vie, raison endowed with; intelligence, talent, mémoire blessed with, endowed with.

douer [dwe] (1) vt: ~ **qn de** vie, raison to endow sb with; intelligence, talent, mémoire to bless sb with, endow sb with.

douille [duj] nf [cartouche] (cartridge) case, cartridge; [fil électrique] (electric light) socket; [manche] socket.

douillet, -ette [dujɛ, ɛt] **1** adj (a) (péj: à la douleur) personne soft (péj). (b) maison, atmosphère cosy, snug; nid, lit soft, cosy; vie soft, cosy. **2 douillette** nf [ecclésiastique] (clerical) overcoat; [bébé] quilted coat.

douillettement [dujɛtmã] adv cosily, snugly. (péj) **élever un enfant** ~ to (molly)coddle a child (péj).

douilletterie [dujɛtʀi] nf (péj) softness (péj).

douleur [dulœʀ] nf (a) (physique) pain. ~**s rhumatismales** rheumatic pains; ~**s dorsales** backache (U), back pains; **les** ~**s (de l'accouchement)** labour pains; **j'ai une** ~ **dans le bras** I have a sore arm, I have a pain in my arm, my arm hurts; **mes vieilles** ~**s me font souffrir** my old aches and pains are bothering me; V **accouchement**.
 (b) (morale) grief, distress. **il a eu la** ~ **de perdre son frère** he had the distress of ou had to suffer the grief of losing his brother; **'nous avons la** ~ **de vous faire part du décès de'** 'it is our sad duty to tell you ou it is with great sorrow that we have to tell you of the death of'; **'nous avons la** ~ **d'apprendre que ...'** 'it was with great sorrow that we learned that ...'; V **grand**.

douloureusement [duluʀøzmã] adv (physiquement) painfully; (moralement) grievously.

douloureux, -euse [duluʀø, øz] **1** adj (a) sensation, maladie, opération, membre painful.
 (b) perte grievous, distressing; décision, spectacle painful, distressing, harrowing; séparation, circonstances, moment painful, distressing; regard, expression sorrowful.
 2 douloureuse* nf (hum: addition) bill (Brit), check (US). **apportez-nous la** ~**euse** let's hear the worst*; **la** ~**euse s'élevait à près de 1.000 F** the damage came to well-nigh 1,000 francs (hum).

doute [dut] nm (a) (état d'incertitude) doubt, uncertainty; (Philos, Rel) doubt. **être dans le** ~ to be doubtful ou uncertain; **laisser qn dans le** ~ to leave sb in (a state of) uncertainty; **être dans le** ~ **au sujet de qch** to be in doubt ou doubtful ou uncertain about sth; **le** ~ **l'envahit** he was invaded by doubt; **le** ~ **n'est plus permis** quant à ... there is no more room for doubt concerning ...; **le** ~ **subsiste quant à** there is still room for doubt concerning; **un air de** ~ a doubtful air.
 (b) (soupçon, perplexité) doubt. **je n'ai pas le moindre** ~ **à ce sujet** I haven't the slightest doubt about it; **avoir des** ~**s sur** ou **au sujet de qch/qn** to have misgivings ou (one's) doubts about sth/sb; **malgré tout, j'ai des** ~**s** nevertheless, I have my doubts; **il a émis des** ~**s à propos de ...** he expressed (his) doubts ou misgivings about ...; **un** ~ **plane sur l'affaire** a certain amount of ou an element of doubt hangs over the matter.
 (c) (loc) (Prov) **dans le** ~, **abstiens-toi** when in doubt, don't!; **sans** ~ (vraisemblablement) doubtless, no doubt, probably; **sans** ~ (nul ou aucun) ~ (incontestablement) without (a) doubt; **sans** ~ **s'est-il trompé** he is doubtless ou no doubt mistaken; **il ne fait aucun** ~ **que ...** there is (absolutely) no doubt that ..., there is no question that ...; **ceci ne fait aucun** ~ there is no doubt ou question about it; **mettre en** ~ affirmation, honnêteté de qn to question, challenge, cast doubt on; **mettre en** ~ **que** to question whether; V **hors, ombre**[1].

douter [dute] (1) **1 douter de** vt indir (a) (sentiment d'incertitude) identité, authenticité, existence de qch to doubt, question, have doubts as to; réussite to be doubtful of. **je doute de l'authenticité de ce document** I doubt ou question the authenticity of this document, I have doubts as to the authenticity of this document; **au début il le croyait, maintenant il doute in** the debate he believed it, now he's questioning it ou now he's doubting it; **il le dit mais j'en doute** he says so but I have my doubts ou but I doubt it; **il a dit la vérité, n'en doutez pas** he is telling the truth, you can be sure of that ou there's no doubt about that; **je doute d'avoir jamais fait/dit cela** I doubt that I ever did/said that; **je n'ai jamais douté du résultat** I never had any doubts about ou as to the result; **je doute qu'il vienne** I doubt if ou whether he'll come; **je ne doute pas qu'il le fera** ou **ne le fasse** I don't doubt ou I dare say that he'll do it; (littér) ~ **si** to doubt whether.
 (b) (Philos, Rel: esprit de réfutation) ~ **de** dogme philosophique ou religieux to have ou entertain (frm) doubts about, doubt; **mieux vaut** ~ **que tout accepter** it is better to doubt than to accept everything.
 (c) (sentiment de méfiance) ~ **de** allié, sincérité de qn to have (one's) doubts about, doubt; **je n'ai jamais douté de vous** I never doubted you, I never had any doubts about you; ~ **de la parole de qn** to doubt sb's word; **à n'en pas** ~ undoubtedly, (there is) no doubt about it, without a doubt; **il ne doute de rien!*** he's got some nerve!*; **il doute de lui(-même)** he has doubts about himself.
 2 se douter vpr: **se** ~ **de qch** to suspect sth; **je me doute de son inquiétude quand il apprendra la nouvelle** I can (just) imagine his anxiety when he learns the news; **je ne m'en suis jamais douté**

I never guessed *ou* suspected it for a moment; **ça, je m'en doutais depuis longtemps** I've thought so *ou* thought as much *ou* suspected as much for a long time; **j'étais (bien) loin de me douter que ...** little did I know that ...; **se ~ que** to suspect that, have an idea that; **il ne se doutait pas qu'elle serait là** he had no idea *ou* hadn't suspected (that) she would be there; **je me doute qu'il a dû accepter** I expect *ou* imagine that he must have accepted; **qu'il soit fâché, je m'en doute** I can well imagine that he's angry.

douteux, -euse [dutø, øz] *adj* (a) *(incertain) fait* doubtful, questionable, uncertain; *résultat, issue* doubtful, uncertain; *sens, date, réponse* doubtful. **il est ~ que** it is doubtful *ou* questionable that *ou* whether; **il n'est pas ~ que** there is no doubt that; **d'origine ~euse** of uncertain *ou* doubtful origin.
  (b) *(péj) (médiocre) raisonnement, propreté, qualité, mœurs* doubtful, dubious, questionable; *(peu solide ou propre) vêtements, individu, aliment* dubious-looking; *amarrage, passerelle* shaky, dubious-looking. **d'un goût ~** *décoration, cravate, plaisanterie* in doubtful *ou* questionable *ou* dubious taste.
douve [duv] *nf* (a) *[château] [moat]* moat; *(Équitation)* water jump. (b) *[tonneau]* stave. (c) *(Vét, Zool)* fluke. **~ du foie** liver fluke.
Douvres [duvR(ə)] *n* Dover.
doux, douce [du, dus] **1** *adj* (a) *(lisse) peau, tissu* soft, smooth; *(souple, moelleux) matelas, suspension, brosse* soft; *V* **fer, lime**.
  (b) *eau (non calcaire)* soft. *(non salé)* **eau douce** fresh water.
  (c) *(clément) temps, climat, température* mild; *brise, chaleur* gentle; *(Culin) feu* gentle, low.
  (d) *(au goût) (sucré) fruit, saveur, liqueur* sweet; *(pas fort) moutarde, fromage, tabac, piment* mild. **~ comme le miel** as sweet as honey; *V* **orange**.
  (e) *(à l'ouïe, la vue) son, musique, accents* sweet, gentle; *(Phon) consonne* soft; *lumière, couleur* soft, mellow, subdued. **un nom aux consonances douces** a sweet-sounding name.
  (f) *(modéré, peu brusque) pente, montée* gentle, gradual; *démarrage* smooth; *voiture, moteur* smooth-running. **en pente douce** gently sloping.
  (g) *(patient, tolérant) personne, caractère, manières* mild, gentle; *sourire* gentle; *(non brutal) geste, personne, voix* gentle; *reproche* gentle, mild; *punition* mild. **il est ~ comme un agneau** he's as meek *(Brit)* *ou* gentle as a lamb; *V* **œil**.
  (h) *(gén avant n: agréable) victoire, revanche, repos, tranquillité* sweet; *parfum, souvenirs, pensées* sweet, agreeable, pleasant. **se faire une douce violence** to inflict a pleasant burden upon o.s.; **cette pensée lui était douce** this thought gave him great pleasure; **qu'il m'était ~ de repenser à ces moments** what pleasure it gave me *ou* how pleasant *ou* agreeable for me to think over those moments; *V* **billet, couler**.
  (i) *(loc)* **en douce*** on the quiet.
  2 *adv*: **ça va tout ~*** things are going so-so*; *(† ou hum)* **tout ~!** gently (now)!, careful (now)!; *V* **filer**.
  3 *nm, f (parfois péj: personne douce)* mild(-natured) person.
  4 *nm*: **le ~** sweet tastes *ou* things; **préférer le ~ à l'amer** to prefer sweet tastes *ou* things to bitter.
  5 douce *nf († ou hum: amoureuse)* sweetheart†.
douzain [duzɛ̃] *nm (Poésie)* twelve-line poem; *(Hist: monnaie)* douzain *(obsolete French coin)*.
douzaine [duzɛn] *nf (douze)* dozen. *(environ douze)* **une ~** about *ou* roughly twelve, a dozen (or so); **une ~ d'huîtres/d'œufs** a dozen oysters/eggs; **une ~ d'années** roughly *ou* about twelve years, a dozen years (or so); **vendre qch à la ~** to sell sth by the dozen; *(fig)* **il y en a à la ~** there are dozens of them; *V* **treize**.
douze [duz] **1** *adj inv* twelve. *(Comm)* **~ douzaines** a gross, twelve dozen; *pour autres loc V* **six**. **2** *nm inv* twelve; *pour autres loc V* **six**.
douzième [duzjɛm] *adj, nmf* twelfth; *pour loc V* **sixième**.
douzièmement [duzjɛmmɑ̃] *adv* in (the) twelfth place, twelfthly.
doyen, -enne [dwajɛ̃, ɛn] *nm, f (Rel, Univ†)* ≃ dean; *(équipe, groupe)* most senior member. *[assemblée, corps constitué]* **~ (d'âge)** most senior member, doyen; **le ~ des Français** France's oldest citizen.
doyenné [dwajene] **1** *nm (Rel) (circonscription)* deanery; *(charge)* deanery, deanship. **2** *nf (poire)* **~ (du comice)** comice (pear).
DPLG [depeɛlʒe] *abrév de* **diplômé par le gouvernement. ingénieur ~** (state) certified engineer.
Dr *(abrév de docteur)* Dr.
drachme [dRakm(ə)] *nf* drachma.
draconien, -ienne [dRakɔnjɛ̃, jɛn] *adj loi* excessively severe, draconian; *mesure* drastic, stringent, draconian; *régime alimentaire* strict.
dragage [dRagaʒ] *nm (Tech: V* **draguer***)* dredging; dragging. **~ des mines** minesweeping.
dragée [dRaʒe] *nf* (a) *(friandise)* sugared almond, dragée; *(Méd)* sugar-coated pill, dragée *(T)*. (b) *(plomb de chasse)* small shot. (c) *(Agr)* dredge. (d) *(loc)* **tenir la ~ haute à qn** to hold out on sb.
dragéifier [dRaʒeifje] (7) *vt* to sugar, coat with sugar. **comprimé dragéifié** sugared *ou* sugar-coated tablet.
dragon [dRagɔ̃] *nm* (a) *(Myth, fig)* dragon. *(fig)* **un ~ de vertu** a dragon of virtue. (b) *(Hist Mil)* dragoon.
dragonnade [dRagɔnad] *nf (Hist)* dragonnade.
dragonne [dRagɔn] *nf [épée]* sword-knot; *[parapluie]* loop *(for wrist)*; *[bâton de ski]* wrist-strap; *(Alpinisme)* wrist loop.
dragonnier [dRagɔnje] *nm* dragon tree.
drague [dRag] *nf* (a) *(Pêche)* dragnet. (b) *(Tech) (machine)* dredge; *(navire, ponton)* dredger.
draguer [dRage] (1) **1** *vt* (a) *(Pêche)* to fish with a dragnet. (b) *(Tech) (pour nettoyer)* to dredge; *(pour trouver qch)* to drag; *mines* to sweep.
  (c) *(Naut) [ancre]* **~ (le fond)** to drag.

  (d) (*: *baratiner*) to chat up‡ *(Brit)*, try and pick up‡ *ou* get off with‡ *(Brit)*.
  2 *vi* (*: *baratiner*) to chat up girls‡ *(Brit)*, try and pick up‡ birds *(Brit) ou* girls.
dragueur [dRagœR] *nm (pêcheur)* dragnet fisherman; *(ouvrier)* dredger; *(bateau)* dredger. **~ de mines** minesweeper; *(baratineur)* **c'est un sacré ~*** he's a great one for chatting up the girls‡.
drain [dRɛ̃] *nm (Agr)* (underground) drain; *(Méd)* drain.
drainage [dRɛnaʒ] *nm (V* **drainer***)* drainage; tapping, draining off.
draine [dRɛn] *nf* mistlethrush.
drainer [dRɛne] (1) *vt (Agr, Méd)* to drain; *(fig) main-d'œuvre, capitaux* to drain (off), tap.
draisienne [dRɛzjɛn] *nf (Hist)* dandy horse.
draisine [dRɛzin] *nf (Rail)* track motorcar *(Brit)*, gang car *(US)*, handcar *(US)*.
dramatique [dRamatik] **1** *adj* (a) *(Théât) art, spectacle, artiste* dramatic. (b) *(passionnant, épique)* dramatic; *(tragique)* tragic. **2** *nf (TV) (émission)* **~** (television) play *ou* drama.
dramatiquement [dRamatikmɑ̃] *adv (de façon épique)* dramatically; *(tragiquement)* tragically.
dramatisation [dRamatizɑsjɔ̃] *nf* dramatization.
dramatiser [dRamatize] (1) *vt* to dramatize. **il ne faut pas ~ (la situation)** you shouldn't dramatize things.
dramaturge [dRamatyRʒ(ə)] *nmf* dramatist, playwright.
dramaturgie [dRamatyRʒi] *nf (art)* dramatic art; *(traité)* treatise on dramatic art.
drame [dRam] *nm* (a) *(Théât)* drama. **l'histoire du ~** the history of (the) drama; **~ lyrique** lyric drama.
  (b) *(événement tragique)* drama, tragedy. **~ de la jalousie** drama *ou* tragedy of jealousy; **la farce tournait au ~** the joke was going tragically wrong; **faire un ~ de qch** to make a drama out of sth; **n'en faites pas un ~** don't make such a fuss *ou* to-do* about it.
drap [dRa] *nm* (a) *(tissu)* woollen cloth.
  (b) *(pièce de tissu)* **~ (de lit)** sheet; **~s de soie/nylon** silk/nylon sheets; **~ de dessus/dessous** top/bottom sheet; **~-housse** fitted sheet; **~ de bain** bath sheet; **être entre deux** *ou* **dans les ~s** to be between the sheets; *(fig)* **mettre qn dans de vilains ~s** *ou* *(iro)* **dans de beaux ~s** to land sb in a fine mess *ou* a nice pickle*.
drapé, e [dRape] *(ptp de* **draper***)* **1** *adj* draped. **tambours ~s** muffled drums. **2** *nm*: **le ~ d'un rideau** *etc* the hang *ou* drape of a curtain *etc*.
drapeau, pl ~x [dRapo] *nm* (a) *(gén)* flag. **le ~ tricolore** the tricolour; **le ~ blanc/rouge** the white/red flag; *(Golf)* **~ de trou** pin; **le respect du ~** respect for the flag; **être sous les ~x** to be doing one's military service; **le ~ de la liberté** the flag of liberty.
  (b) *(Naut)* **en ~** feathered; **mettre une hélice en ~** to feather a propeller.
draper [dRape] (1) **1** *vt* to drape; *(Tex) laine* to process. **un foulard de soie drapait ses épaules** a silk scarf was draped over her shoulders, her shoulders were draped in a silk scarf.
  2 se draper *vpr*: **se ~ dans** to drape o.s. in; *(fig péj)* **se ~ dans sa dignité** to stand on one's dignity; *(fig péj)* **se ~ dans sa vertu** *ou* **son honnêteté** to cloak o.s. in one's virtue/honesty.
draperie [dRapRi] *nf (tenture)* drapery, hanging; *(Comm)* drapery, cloth; *(Art)* drapery.
drapier, -ière [dRapje, jɛR] **1** *adj*: **industrie ~ière** clothing industry; **ouvrier ~** cloth-worker. **2** *nm (fabricant)* (woollen) cloth manufacturer. *(marchand)* **~** draper *(Brit)*, clothier.
drastique [dRastik] *adj (Méd, gén)* drastic.
drave* [dRav] *nf (Can Hist) [bois]* drive, rafting.
draver* [dRave] (1) *vt (Can Hist) bois* to drive, raft.
draveur* [dRavœR] *nm (Can Hist)* (log *ou* timber) driver, raftsman.
dravidien, -ienne [dRavidjɛ̃, jɛn] *adj* Dravidian.
drenne [dRɛn] *nf* = **draine**.
dressage [dRɛsaʒ] *nm* (a) *(domptage: V* **dresser***)* taming; breaking in; training; knocking *ou* licking into shape*. (b) *[tente]* pitching; *[échafaudage]* erection.
dresser [dRɛse] (1) **1** *vt* (a) *(établir) inventaire, liste* to draw up, make out; *plan, carte* to draw up. *(Jur)* **~ un acte** to draw up an act; **~ (un) procès-verbal** *ou* **(une) contravention à qn** to report sb, book sb*; **il a dressé un bilan encourageant de la situation** he gave an encouraging review of the situation *ou* an encouraging run-down* on the situation.
  (b) *(ériger) monument, statue, échafaudage* to put up, erect; *barrière, échelle* to put up, set up; *tente* to pitch, put up, erect; *mât* to raise, put up, erect; *lit* to put up. **nous avons dressé un buffet dans le jardin** we set *ou* laid out a buffet in the garden; **~ le couvert** *ou* **la table** to lay *ou* set the table.
  (c) *(inciter)* **~ qn contre** to set sb against.
  (d) *tête* to raise, lift; *menton* to stick out, jut out. *(fig)* **~ l'oreille** to prick up one's ears; *[chien]* **~ l'oreille** *ou* **ses oreilles** to prick up *ou* cock (up) its ears; **faire ~ les cheveux sur la tête à qn** to make sb's hair stand on end; **une histoire à faire ~ les cheveux sur la tête** a hair-raising story.
  (e) *(dompter) animal sauvage* to tame; *cheval* to break (in); *(pour le cirque etc) chien, cheval* to train; *(*) recrue* to knock *ou* lick into shape*. **~ un chien à rapporter** to train a dog to retrieve; **animaux dressés** performing animals; **ça le dressera!*** that will knock *ou* lick him into shape*; **~ le poil à qn‡** to teach sb a lesson*; **~ un enfant*** to teach a child his place; **les enfants/les élèves, ça se dresse!*** children/pupils should be taught their place.
  2 se dresser *vpr* (a) *[personne] (debout)* to stand up (straight), draw o.s. up; *(assis)* to sit up (straight). **se ~ sur la pointe des pieds** to stand on tiptoe; **se ~ de toute sa taille** to draw o.s. up to one's full height; **se ~ sur ses pattes de derrière** *[animal]* to rise (up) on(to) *ou* stand up on its hind legs; *[cheval]* to rear (up); *V* **ergot**.

   (b) *[cheveux]* to stand on end; *[oreille]* to prick up.
   (c) *[statue, bâtiment, obstacle]* to stand; (*avec grandeur, menace*) to tower (up). **un navire se dressa soudain dans le brouillard a** ship suddenly loomed (up) out of the fog.
   (d) (*s'insurger*) to rise up (*contre, face à* against). **se ~ en jus-**ticier to set o.s. up as dispenser of justice.
dresseur, -euse [dʀɛsœʀ, øz] *nm, f* trainer, tamer (*of animals*). **~ de lions** lion tamer; **~ de chevaux** horsebreaker.
dressing [dʀɛsiŋ] *nm* dressingroom.
dressoir [dʀɛswaʀ] *nm* dresser (*Brit*).
dreyfusard, e [dʀɛfyzaʀ, aʀd(ə)] 1 *adj* (*Hist*) supporting *ou* defending Dreyfus. 2 *nm, f* supporter *ou* defender of Dreyfus.
dribble [dʀibl(ə)] *nm* (*Ftbl*) dribble.
dribbler [dʀible] (1) 1 *vi* to dribble. 2 *vt* **ballon** to dribble; **joueur** to dribble past *ou* round.
drill [dʀil] *nm* (*Scol etc: exercice*) drill.
drille [dʀij] 1 *nm* (†) **bon** *ou* **joyeux ~** cheerful character*. 2 *nf* (*Tech*) hand-drill.
dring [dʀiŋ] *excl, nm* ding, ding-a-ling.
drisse [dʀis] *nf* (*Naut*) halyard.
drive [dʀajv] *nm* (*Golf*) drive.
driver[1] [dʀajve] (1) 1 *vt [jockey]* to drive. 2 *vi* (*Golf*) to drive.
driver[2] [dʀajvœʀ] *nm* (*jockey, Golf*) driver.
drogue [dʀɔg] *nf* (**a**) (*Pharm†*) drug; (*péj*) patent medicine, quack remedy (*péj*). (**b**) (*stupéfiant*) drug. **la ~ drugs; les ravages de la ~ the ravages of drugs; une ~ dure/douce** a hard/soft drug; V **trafic.**
drogué, e [dʀɔge] (*ptp de* **droguer**) *nm, f* drug addict.
droguer [dʀɔge] (1) 1 *vt* (**a**) **malade** (*péj*) to dose up (*péj*); (*Méd†*) to give drugs to.
   (b) *victime* to drug.
   2 **se droguer** *vpr* (**a**) (*péj: de médicaments*) to dose o.s. (up) (*de* with).
   (b) (*de stupéfiants*) to take drugs. **il se drogue** he's on drugs, he's taking drugs.
droguerie [dʀɔgʀi] *nf* (*commerce*) hardware trade; (*magasin*) hardware shop.
droguet [dʀɔge] *nm* (*Tex*) drugget.
droguiste [dʀɔgist(ə)] *nmf* owner *ou* (*gérant*) keeper of a hardware shop.
droit[1]**, e**[1] [dʀwa, dʀwat] 1 *adj* (*après n: contraire de gauche*) **main, bras, jambe** right; **poche, soulier** right (-hand). **du côté ~ on the** right-hand side; V **bras, centre, main.**
   2 *nm* (*Boxe*) (*coup*) right. (*poing*) **direct du ~** straight right; **crochet du ~** right hook.
   3 **droite** *nf* (**a**) **la ~e** the right (side), the right-hand side; **à ~e** on the right; (*direction*) to the right; **3e rue à ~e** 3rd street on the right; **à ma/sa ~e** on my/his right (hand), on my/his right(-hand) side; **le tiroir/chemin de ~e** the right-hand drawer/path; **il ne connaît pas sa ~e de sa gauche** he can't tell (his) right from (his) left; **à ~e de la fenêtre** to the right of the window; **de ~e à gauche** from right to left; **à ~e et à gauche, de ~e et de gauche** this way and that; **il a couru à ~e et à gauche pour se renseigner** he tried everywhere *ou* all over the place to get some information; **c'est ce qu'on entend dire de ~e et de gauche** that's what one hears from all sides *ou* quarters.
   (b) (*Aut*) **la ~e** the right; **rouler à ~e** to drive on the right; **garder** *ou* **tenir sa ~e** to keep to the right; V **conduite.**
   (c) (*Pol*) **la ~e** the right (wing); **candidat/idées de ~e** right-wing candidate/ideas; **un homme de ~e** a man of the right; **membre de la ~e** right-winger; **elle est très à ~e** she's very right-wing *ou* very much on the right; **la ~e est divisée** the right wing is split; V **extrême.**
   (d) (*Boxe*) (*coup*) right.
droit[2]**, e**[2] [dʀwa, dʀwat] 1 *adj* (**a**) (*sans déviation, non courbe*) **barre, ligne, route, nez** straight. **ça fait 4 km en ligne ~e** it's 4 km as the crow flies; (*fig*) **cela vient en ~e ligne de ...** that comes straight *ou* direct from ...; (*Rel*) **le ~ chemin** the straight and narrow (way); (*Couture*) **le ~ fil** straight grain; (*fig*) **cette décision s'inscrit dans le ~ fil d'une politique** this decision is totally in keeping with *ou* in line with a policy; V **coup.**
   (b) (*vertical, non penché*) **arbre, mur** upright, straight; (*Géom*) **prisme, cylindre, cône** right; **écriture** upright. **ce tableau n'est pas ~** this picture isn't (hanging) straight; **est-ce que mon chapeau est ~?** is my hat (on) straight?; **jupe ~e** straight skirt; **veston ~** single-breasted jacket; **tiens ta tasse ~e** hold your cup straight *ou* level; (*péj, hum*) **être ~ comme un piou** *ou* **un piquet** to be as stiff as a poker *ou* ramrod (*péj*); **être ~ comme un i** to have a very upright posture, hold o.s. very erect; **se tenir ~ comme un i** to stand bolt upright *ou* very erect; **tiens-toi ~** (*debout*) stand up (straight); (*assis*) sit up (straight); V **angle.**
   (c) (*honnête, loyal*) **personne** upright, straight(forward); **conscience** honest, straightforward.
   (d) (*judicieux*) **jugement** sound, sane.
   2 **droite** *nf* (*Géom*) (*ligne*) **~e** straight line.
   3 *adv* **viser, couper, marcher** straight. **aller/marcher ~ devant soi** to go/walk straight ahead; **écrire ~** to have (an) upright handwriting; **c'est ~ devant vous** it's straight ahead of you *ou* right in front of you; **aller ~ à la faillite** to be making *ou* heading *ou* headed straight for bankruptcy; (*fig*) **aller ~ au but** *ou* **au fait** to go straight to the point; (*fig*) **cela lui est allé ~ au cœur** it went straight to his heart; V **marcher.**
droit[3] [dʀwa] 1 *nm* (**a**) (*prérogative*) right. **avoir des ~s sur qn/qch** to have rights over sb/sth; **il n'a aucun ~ sur ce terrain** he has no right to this land; **~ de pêche/chasse** fishing/hunting rights; (*fig*) **les ~s du sang** rights of kinship; **l'humour ne perd jamais ses ~s** there is always a place for humour; **c'est bien votre ~**

you've every right to do so, you are perfectly entitled to do so, you're perfectly within your rights; **de quel ~ est-il entré?** what right had he *ou* what gave him the right to come in?; **avoir le ~ de vie ou de mort sur** to have (the) power of life and death over; **avoir ~ de regard sur** to have the right to examine *ou* to inspect; (*Fin, Jur*) **avoir ~ de regard dans la comptabilité** to be entitled to have access to the books and records; **avoir le ~ de faire** (*gén: simple permission, possibilité*) to be allowed to do; (*Admin, Jur: autorisation*) to have the right to do; **être en ~ de faire** to have a *ou* the right to do, be entitled to do; (*fig*) **on est en ~ de se demander pourquoi ...** one has every right *ou* one is entitled to wonder why ...; **avoir ~ à** *allocation* to be entitled to, be eligible for; *critique* to come in for; (*hum*) **il a eu ~ à une bonne râclée/réprimande*** he got *ou* earned himself a good hiding/telling-off*; **être dans son (bon) ~** to be (quite) within one's rights; **c'est à lui de (plein) ~** it's his by right(s) *ou* as of right, it is rightfully his; **membre de (plein) ~** ex officio member; **le ~ du plus fort** the law of the jungle; **faire ~ à** *requête* to grant, accede to; **avoir le ~ pour soi** to have right on one's side; **de ~ comme de fait** both legitimately and effectively; **monarque de ~ divin** monarch by divine right; **le ~ des peuples à disposer d'eux-mêmes** the right of peoples to self-determination; V **bon**[1]**, force, qui.**
   (b) (*Jur*) **le ~** law; (*Univ*) **faire son ~** *ou* **le ~** to study law; **~ civil/pénal** civil/criminal law; **~ constitutionnel/international** constitutional/international law; **~ canon** canon law; **~ romain** Roman law; **~ privé/public** private/public law; **~ coutumier/écrit** customary/statute law; **le ~ des gens** the law of nations; **étudier le ~ de la famille** to study family law.
   (c) (*gén pl*) (*taxe*) duty, tax; (*d'inscription etc*) fee, fees. **~ d'entrée** entrance (fee); **~s d'inscription/d'enregistrement** enrolment/registration fee(s); (*Comm*) **~s portuaires** *ou* **de port** harbour fees *ou* dues; **exempt de ~s** duty-free; **passible de ~s** liable to duty.
   2: **droit d'aînesse** birthright; **droit d'asile** right of asylum; **droits d'auteur** royalties; **droit de cité:** (*fig*) **avoir droit de cité parmi/dans** to be established among/in; **droits civils** civil rights; **droits civiques** civic rights; **droit commun: un condamné/délit de droit commun** a common law criminal/crime; (*Fin*) **~s compensatoires** countervailing duties; (*Jur*) **~ de gage** lien; **droit de grâce** right of reprieve; **le droit de grève** the right to strike; **les droits de l'homme** human rights; (*Pol*) **droit d'initiative** citizens' right to initiate legislation (*in Switzerland etc*); (*Fin*) **~ de mutation** transfer tax; **les droits naturels** natural rights; **~ de passage** right of way, easement (*US*); (*Jur*) **droit réel** title; **droits de reproduction** reproduction rights; **'tous droits (de reproduction) réservés'** 'all rights reserved'; **droits de succession** death duties; **droit de timbre** stamp duty; (*Jur*) **droit d'usage** right of user; (*Jur*) **droit de visite** (right of) access; **le droit de vote** the right to vote, the vote, the franchise.
droitement [dʀwatmɑ̃] *adv* **agir, parler** uprightly, honestly; **juger** soundly.
droitier, -ière [dʀwatje, jɛʀ] 1 *adj* right-handed; (*rare: Pol*) right-wing. 2 *nm, f* right-handed person; (*rare: Pol*) right-winger. (*Tennis etc*) **c'est un ~** he's a right-handed player *ou* a right-hander.
droiture [dʀwatyʀ] *nf* (*personne*) uprightness, straightness, straightforwardness; *[conscience]* honesty. **~ de caractère** uprightness, rectitude (of character).
drolatique [dʀɔlatik] *adj* (*littér*) comical, droll.
drôle [dʀol] 1 *adj* (**a**) (*amusant*) **situation, accoutrement** funny, comical, amusing; (*spirituel*) **personne** funny, amusing. **je ne trouve pas ça ~** I don't find that funny *ou* amusing; **la vie n'est pas ~** life's no joke; V **histoire.**
   (b) (*bizarre*) funny, peculiar, strange. **c'est ~, j'aurais juré l'avoir rangé** that's funny *ou* peculiar *ou* strange, I could have sworn I had put it away; **avoir un ~ d'air** to look funny *ou* peculiar *ou* strange; **un ~ de type** a strange *ou* peculiar fellow, a queer fish*, an oddbod*; **c'est un ~ de numéro** he's a bit of a character; **une ~ d'idée/d'odeur** a funny *ou* strange *ou* peculiar idea/smell; **il a fait une ~ de tête!** he pulled a wry *ou* funny face!; **la ~ de guerre** the phoney war; **se sentir tout ~** to feel funny *ou* strange *ou* peculiar; **ça me fait (tout) ~ (de le voir)*** it gives me a funny *ou* strange *ou* odd feeling (to see him); **tu es ~, je ne pouvais pourtant pas l'insulter!*** you must be joking *ou* kidding — I really couldn't insult him.
   (c) (*: intensif*) **un ~ d'orage** a fantastic* *ou* terrific* storm; **de ~s de muscles/progrès** fantastic *ou* terrific muscles/progress*; **une ~ de correction** a hell of a punishment*.
   2 *nm* (*dial: enfant*) child, kid*; (†*péj*) scamp, rascal; (*dial: enfant*) child.
drôlement [dʀolmɑ̃] *adv* (**a**) (V **drôle**) funnily; comically; amusingly; peculiarly; strangely.
   (b) (*: intensif*) **~ bon/sage** awfully *ou* terribly *ou* tremendously good/well-behaved; **il fait ~ froid** it's terribly *ou* awfully *ou* dreadfully cold*, it isn't half cold*; **il est ~ musclé** he's terribly *ou* ribly muscular*, he's got an awful lot of muscle*; **il est ~ culotté** he's got some cheek*, he hasn't half got a cheek*; **il a ~ changé** he really has changed, he's changed an awful lot*.
drôlerie [dʀolʀi] *nf* (**a**) (*U*) funniness, comicalness, drollness.
   (b) (*propos, action*) funny *ou* comical *ou* amusing thing (to say *ou* do).
drôlesse† [dʀolɛs] *nf* (*péj*) hussy† (*péj*).
dromadaire [dʀɔmadɛʀ] *nm* dromedary.
drop [dʀɔp] *nm* (*Rugby*) drop-kick. **passer un ~** to score a drop goal.
drosophile [dʀozɔfil] *nf* (*Zool*) fruit fly, drosophila (*T*).
drosser [dʀɔse] (1) *vt* (*Naut*) *[vent, courant]* to drive (*contre* onto, against).

dru, e [dʀy] **1** *adj herbe* thick, dense; *barbe* thick, bushy; *haie* thickset, dense; *pluie* heavy. **2** *adv pousser* thickly, densely; *tomber [pluie]* heavily, fast; *[coups]* thick and fast.
drug(-)store, *pl* **drug(-)stores** [dʀœgstɔʀ] *nm* drugstore.
druide [dʀyid] *nm* druid.
druidique [dʀyidik] *adj* druidic.
druidisme [dʀyidism(ə)] *nm* druidism.
drupe [dʀyp] *nf* drupe.
dryade [dʀijad] *nf (Myth)* dryad, wood-nymph; *(Bot)* dryas.
D.S.T. [deɛste] *nf abrév de* Direction de la surveillance du territoire; *V* direction.
DTTAB [detetɛabe] = **TABDT.**
du [dy] **1** *art partitif V* **de².** **2** *prép* + *art déf* = **de¹** + **le.**
dû, due [dy] *(ptp de devoir)* **1** *adj* **(a)** *(à restituer)* owing, owed; *(arrivé à échéance)* due. **la somme due** the sum owing *ou* owed, the sum due; **la somme qui lui est due** the sum owing *ou* owed *ou* due to him; *V* **chose, port².**
  (b) ~ **à** due to; **ces troubles sont** ~**s à** ... these troubles are due to ... .
  (c) *(Admin, Jur)* **en (bonne et) due forme** in due form. **2** *nm* **due;** *(somme d'argent)* dues.
dualisme [dyalism(ə)] *nm* dualism.
dualiste [dyalist(ə)] **1** *adj* dualistic. **2** *nmf* dualist.
dualité [dyalite] *nf* duality.
Dubaï, Dubay [dybaj] *n* Dubai.
dubitatif, -ive [dybitatif, iv] *adj* doubtful, dubious, dubitative.
dubitativement [dybitativmɑ̃] *adv* doubtfully, dubiously, dubitatively.
Dublin [dyblɛ̃] *n* Dublin.
duc [dyk] *nm* duke; *V* **grand.**
ducal, e, *mpl* **-aux** [dykal, o] *adj* ducal.
ducat [dyka] *nm* ducat.
duché [dyʃe] *nm (fonction)* dukedom; *(territoire)* dukedom, duchy.
duchesse [dyʃɛs] *nf* **(a)** duchess. *(péj)* **elle fait la** *ou* **sa** ~ she's playing the grand lady *ou* putting on airs. **(b) (poire)** ~ Duchesse pear.
ductile [dyktil] *adj* ductile.
ductilité [dyktilite] *nf* ductility.
duègne [dyɛɲ] *nf* duenna.
duel¹ [dyɛl] *nm* duel. **provoquer qn en** ~ to challenge sb to a duel; **se battre en** ~ to fight a duel *(avec* with); ~ **oratoire** verbal duel *ou* battle; ~ **d'artillerie** artillery battle.
duel² [dyɛl] *nm (Ling)* dual (number).
duelliste [dyelist(ə)] *nm* duellist.
duettiste [dyetist(ə)] *nmf* duettist.
duffel-coat, *pl* **duffel-coats** [dœfœlkot] *nm* duffel coat.
dulcinée [dylsine] *nf († ou hum)* lady-love *(† ou hum).*
dum-dum [dumdum] *nf inv:* **(balle)** ~ dum-dum (bullet).
dûment [dymɑ̃] *adv* duly.
dumping [dœmpiŋ] *nm (Écon)* dumping. **faire du** ~ to dump goods.
dune [dyn] *nf* dune. ~ **de sable** sand dune.
dunette [dynɛt] *nf (Naut)* poop deck.
Dunkerque [dœkɛʀk] *n* Dunkirk.
duo [dyo] *nm (Mus)* duet; *(Théât)* duo; *(fig: plaisantins)* pair, duo; *(fig: dialogue)* exchange. ~ **d'injures** slanging match* *(surtout Brit)*, exchange of insults.
duodécimal, e, *mpl* **-aux** [dyɔdesimal, o] *adj* duodecimal.
duodénal, e, *mpl* **-aux** [dyɔdenal, o] *adj* duodenal.
duodénum [dyɔdenɔm] *nm* duodenum.
dupe [dyp] **1** *nf* dupe. **prendre pour** ~ to fool, take in, dupe; **être la** ~ **de qn** to be taken in *ou* fooled by sb; *V* **jeu, marché.** **2** *adj:* **être** ~ **(de)** to be taken in (by), be fooled (by); **je ne** *ou* **n'en suis pas** ~ I'm not taken in (by it), he *(ou* it *etc)* doesn't fool me.
duper [dype] (1) *vt* to dupe, deceive, fool. **se** ~ **(soi-même)** to deceive o.s.
duperie [dypʀi] *nf (tromperie)* dupery *(U),* deception.
duplex [dyplɛks] **1** *adj inv (Téléc)* duplex, two-way. *(Rad, TV)* **émission** ~ link-up. **2** *nm (appartement)* split-level apartment, duplex *(US);* *(Can)* duplex (house), maisonette; *(Téléc: aussi* **émission en** ~) link-up.
duplicata [dyplikata] *nm inv (Admin, Jur)* duplicate.
duplicateur [dyplikatœʀ] *nm* duplicator, duplicating machine.
duplication [dyplikasjɔ̃] *nf (Math)* duplication; *(Bio)* doubling; *(Téléc)* installation of a duplex system.
duplicité [dyplisite] *nf* duplicity.
dur, e [dyʀ] **1** *adj* **(a)** *(ferme, résistant)* roche, métal, lit, peau, crayon hard; carton, col, brosse stiff; viande tough; porte, serrure, levier stiff. **être** ~ **d'oreille, être** ~ **de la feuille***, **avoir l'oreille** ~**e** to be hard of hearing; ~ **comme le roc** as hard as (a) rock; *V* **œuf.**
  (b) *(difficile)* problème, travail, parcours hard, stiff, tough. ~ **à manier/digérer/croire** hard to handle/digest/believe; **être** ~ **à la détente*** to be tight-fisted*; **leur fils est un enfant très** ~ their son is a very difficult child.
  (c) *(pénible)* climat, lumière, punition, combat harsh, hard; *(âpre)* vin, cidre harsh, bitter. **il lui est** ~ **d'avoir à partir** it's hard for him to have to leave; **ce sont des vérités** ~**es à avaler** these are hard truths to take; *(souvent hum)* **la vie est** ~**e** it's a hard life, life's no bed of roses; *(souvent hum)* **les temps sont** ~**s** times are hard; *V* **coup.**
  (d) *(sévère)* personne hard, harsh, severe; traits, visage hard; voix, regard hard, harsh, severe; loi, critique harsh, severe. **être** ~ **avec** *ou* **pour** *ou* **envers qn** to be tough *ou* harsh with sb, be hard on sb; *V* **école.**
  (e) *(insensible, cruel)* personne, regard hard(-hearted). **c'est un cœur** ~, **il a le cœur** ~ he's a hard-hearted man, he has a heart of stone.

  (f) *(endurant)* **être** ~ **au mal** *ou* **à la douleur** to be tough, be stoical about pain; **être** ~ **à la peine** *ou* **à l'ouvrage** to be a tireless worker.
  2 *adv* (*) travailler, frapper hard. **le soleil tape** ~ the sun is beating down; **croire à qch** ~ **comme fer** to have a blind belief in sth; **le vent souffle** ~ the wind is blowing hard *ou* strongly.
  3 *nm* **(a)** (*) *(résistant)* tough one; *(meneur, casseur)* tough nut*, tough guy*, hard one; *(gén Pol: intransigeant)* hard-liner. **un** ~ **à cuire*** a hard nut to crack*; **jouer les** ~**s** to act the tough guy*, act tough.
  (b) **construire en** ~ to build a permanent structure; **une construction en** ~ a permanent structure.
  4 *dure nf* **(a)** (*) *(résistante)* tough one; *(meneuse)* hard one.
  (b) **être élevé à la** ~**e** to be brought up the hard way; **vivre à la** ~**e** to live rough; **coucher sur la** ~**e** to sleep rough *(surtout Brit),* sleep on the ground.
  (c) (*) **en dire de** ~**es à qn** to give sb a good telling-off* *ou* ticking-off* *(Brit);* **en entendre de** ~**es** *(reproches)* to get a good telling-off* *ou* ticking-off* *(Brit);* **en faire voir de** ~**es à qn** to give sb a hard *ou* tough time (of it)*; **en voir de** ~**es** to have a hard *ou* tough time (of it)*.
durabilité [dyʀabilite] *nf* durability.
durable [dyʀabl(ə)] *adj* bonheur, monument, souvenir, lien lasting; étoffe durable, long-lasting.
durablement [dyʀabləmɑ̃] *adv* s'installer on a long-term basis. **bâtir** ~ to build something to last; **bâti** ~ built to last.
duralumin [dyʀalymɛ̃] *nm* duralumin.
durant [dyʀɑ̃] *prép (gén: pendant)* for; *(au cours de)* during, in the course of. **il peut rêvasser** ~ **des heures** *ou* **des heures** ~ he can daydream for hours (on end); **2 heures** ~ for (a full *ou* whole) 2 hours; **des années** ~ for years (and years); **sa vie** ~ throughout his life, for as long as he lived *(ou* lives); **le spectacle** during the show; **il a plu** ~ **la nuit** it rained in (the course of) *ou* during the night.
duratif, -ive [dyʀatif, iv] *adj* durative.
Durban [dyʀban] *n* Durban.
durcir *vti,* **se durcir** *vpr* [dyʀsiʀ] (2) *vt (lit, fig)* to harden.
durcissement [dyʀsismɑ̃] *nm* hardening.
durcisseur [dyʀsisœʀ] *nm* hardener.
durée [dyʀe] *nf* **(a)** *[spectacle, opération]* duration, length; *[bail]* term; *[matériau, pile, ampoule]* life; *(Mus) [note]* value, length, duration. **la** ~ **d'un mode dépend de** ... how long a fashion lasts depends on ...; **je m'étonne de la** ~ **de ce spectacle** I'm amazed at the length of this show; **pour une** ~ **illimitée** for an unlimited length of time, for an unlimited period; **pendant une** ~ **d'un mois** for (the period of) one month; **pour la** ~ **des négociations** while negotiations continue, for the duration of the negotiations; **pendant la** ~ **des réparations** for the duration of repairs, while repairs are being carried out; **de courte** ~ séjour short; bonheur, répit short-lived; **de longue** ~ effet long-lasting; pile long-life *(épith),* long-lasting; *V* **disque.**
  (b) *(permanence)* continuance. **il n'osait croire à la** ~ **de cette prospérité** he did not dare to believe that this prosperity would last *ou* to believe in the continuance of this prosperity.
  (c) *(Philos)* duration.
durement [dyʀmɑ̃] *adv (V dur) (péniblement)* harshly; severely; *(sévèrement)* harshly, severely; *(cruellement)* hard-heartedly. ~ **éprouvé** sorely tried; **élever qn** ~ to bring sb up harshly *ou* the hard way.
durer [dyʀe] (1) *vi* **(a)** to last. **combien de temps cela dure-t-il?** how long does it last?; **l'effet dure 2 minutes/mois** the effect lasts (for) 2 minutes/months; **le festival dure (pendant) 2 semaines** the festival lasts (for) 2 weeks.
  (b) *(se prolonger) [mode, maladie, tempête]* to last. **la fête a duré toute la nuit/jusqu'au matin** the party went on *ou* lasted all night/until morning; **sa maladie dure depuis 2 mois** he has been ill for 2 months (now), his illness has lasted for 2 months (now); **ça fait 2 mois que ça dure** it has been going on *ou* it has lasted for 2 months (now); **ça n'a que trop duré!** it's gone on too long already!; **ça va** longtemps, **cette plaisanterie?** how much longer is this joke going to go on? *ou* continue?; **ça durera ce que ça durera** I don't know if it'll last, it might last and it might not; **ça ne peut plus** ~**!** this can't go on (any longer)!; **faire** ~ **un travail** to spin out* *(Brit) ou* prolong a job; *(gén iro)* **faire** ~ **le plaisir** to prolong the agony; *(littér)* **le temps me dure** time hangs heavy on me *ou* on my hands; *(littér)* **l'inaction me dure** I am growing impatient at this inactivity.
  (c) *(littér: subsister) [coutume]* to linger on; *(péj) [mourant]* to hang on *(péj),* linger on.
  (d) *(se conserver) [matériau, vêtement, outil]* to last. **faire** ~ **des chaussures** to make shoes last; **cette somme doit te** ~ **un mois** the sum will have to last you a month.
dureté [dyʀte] *nf (V dur)* hardness; stiffness; toughness; harshness; severity. ~ **(de cœur)** hard-heartedness.
durillon [dyʀijɔ̃] *nm (aux mains)* callus, hard skin *(U);* *(aux pieds)* callus, corn.
durit, durite [dyʀit] *nf* ® *(Aut)* (radiator) hose.
duvet [dyvɛ] *nm* **(a)** *[oiseau, fruit, joues]* down. **(b)** *(sac de couchage)* (down-filled) sleeping bag.
duveter (se) [dyvte] (5) *vpr* to become downy. **duveté** downy.
duveteux, -euse [dyvtø, øz] *adj* downy.
dynamique [dinamik] **1** *adj (Phys, gén)* dynamic. **2** *nf (Phys, Mus)* dynamics *(sg).* **s'inscrire dans la** ~ **en cours** to fit into the dynamic current; *(Sociol)* **la** ~ **de groupe** group dynamics.
dynamiquement [dinamikmɑ̃] *adv* dynamically.
dynamisation [dinamizasjɔ̃] *nf* energization.
dynamiser [dinamize] (1) *vt* to energize.

dynamisme [dinamism(ə)] *nm* (*Philos, gén*) dynamism.
dynamitage [dinamitaʒ] *nm* dynamiting.
dynamite [dinamit] *nf* (*lit, fig*) dynamite.
dynamiter [dinamite] (1) *vt* to dynamite, blow up with dynamite.
dynamiteur, -euse [dinamitœʀ, øz] *nm,f* dynamiter.
dynamo [dinamo] *nf* dynamo.
dynamo-électrique [dinamoelɛktʀik] *adj* dynamoelectric.
dynamogène [dinamɔʒɛn] *adj*, **dynamogénique** [dinamɔʒenik] *adj* dynamogenic.
dynamographe [dinamɔgʀaf] *nm* dynamograph.
dynamomètre [dinamɔmɛtʀ(ə)] *nm* dynamometer.
dynamométrique [dinamɔmetʀik] *adj* dynamometric; *V* clef.
dynastie [dinasti] *nf* dynasty.
dynastique [dinastik] *adj* dynastic, dynastical.
dyne [din] *nf* dyne.

dysenterie [disɑ̃tʀi] *nf* dysentery.
dysentérique [disɑ̃teʀik] *adj* dysenteric.
dysfonctionnement [disfõksjɔnmɑ̃] *nm* dysfunction.
dysgraphie [disgʀafi] *nf* dysgraphia.
dyslexie [dislɛksi] *nf* dyslexia, word-blindness.
dyslexique [dislɛksik] *adj, nmf* dyslexic.
dysménorrhée [dismenɔʀe] *nf* dysmenorrhoea.
dyspepsie [dispɛpsi] *nf* (*Méd*) dyspepsia.
dyspepsique [dispɛpsik] *adj, nmf*, **dyspeptique** [dispɛptik] *adj, nmf* dyspeptic.
dysphasie [disfazi] *nf* dysphasia.
dysprosium [dispʀozjɔm] *nm* dysprosium.
dystrophie [distʀɔfi] *nf*: ~ **musculaire progressive** muscular dystrophy.

E

E, e [ə] *nm* (*lettre*) E, e. ~ **dans l'o** e and o joined together.
eau, *pl* ~**x** [o] **1** *nf* (a) (*gén, Bijouterie, Méd*) water; (*pluie*) rain. **sans** ~ *vin* neat, straight; **cuire à l'**~ to boil; **se passer les mains à l'**~ to rinse one's hands, give one's hands a quick wash; **diamant de la plus belle** ~ diamond of the first water; **escroc de la plus belle** ~ thoroughgoing thief; **la Compagnie** *ou* **le Service des E**~**x** ≃ the Water Board; *V* **bas, déminéralisé, mort²**, **ville** *etc*.
(b) (*loc*) **tout cela apporte de l'**~ **à son moulin** all that is grist to his mill; (*Méd*) **aller aux** ~**x, prendre les** ~**x** to take the waters; (*Naut*) **aller sur l'**~ (*flotter*) to be buoyant; (*naviguer*) to sail; **j'en avais l'**~ **à la bouche** my mouth was watering, it made my mouth water; (*Naut*) **être dans les** ~**x d'un navire** to be in the wake of a ship; **être en** ~ to be bathed in perspiration *ou* sweat; (*Naut, Rail*) **faire de l'**~ to take on (a supply of) water; **faire** ~ (**de toutes parts**) to leak (like a sieve); (*Naut*) **mettre à l'**~ to launch; **se mettre à l'**~ (*nager*) to get into the water; (*être sobre*) to go on the wagon*, keep off drink; **mettre de l'**~ **dans son vin** (*lit*) to water down one's wine; (*fig*) to climb down; (*Méd*) **elle a perdu les** ~**x** her waters have broken; *[chaussures]* **prendre l'**~ to leak, let in water; **il passera beaucoup d'**~ **sous les ponts** much water will have flowed under the bridge; (*Prov*) **porter de l'**~ **à la rivière** to carry coals to Newcastle (*Prov*); (*Prov*) **l'**~ **va à la rivière** money makes money, to him that has shall more be given; **s'en aller en** ~ **de boudin*** to flop; **il y a de l'**~ **dans le gaz*** things aren't running too smoothly.
2: eau bénite holy water; **eau céleste** methylated spirits; **eau de Cologne** eau de Cologne; **eau courante** running water; **eau douce** fresh water; (*Can*) **eau d'érable** maple sap; **les Eaux et Forêts** ≃ the National Forestry Commission; **eau forte** (*Art*) etching; (*Chim*) aqua fortis; **eau gazeuse** soda water; **eau de javel** bleach; **eau lourde** heavy water; **eaux ménagères** waste (household) water; **eau de mer** sea water; **eau minérale** mineral water; **eaux minérales** minerals (*Brit*), mineral waters (*US*); **eau oxygénée** hydrogen peroxide; **eau de parfum** perfume spray; **eau plate** plain water; **eau de pluie** rainwater; **eau potable** drinking water; **eau de rose** rose water; **roman/histoire à l'eau de rose** mawkish *ou* sentimental *ou* soppy* *ou* schmaltzy* novel/story; **eau rougie** wine and water; **eau salée** salt water; **eau savonneuse** soapy water; **eau de Seltz** seltzer water; **eau de source** spring water; **eau sucrée** sugar water; **eaux territoriales** territorial waters; **dans les eaux territoriales françaises** in French waters; **eaux thermales** thermal springs *ou* waters; **eau de toilette** toilet water; **eaux usées** liquid waste; **eau de vaisselle** dish *ou* washing-up (*Brit*) water; **eau de vie** (**de prune/poire** *etc*) (plum/pear *etc*) brandy; **cerises à l'eau de vie** cherries in brandy.
ébahi, e [ebai] (*ptp de* **ébahir**) *adj* dumbfounded, flabbergasted, astounded.
ébahir [ebaiʀ] (2) *vt* to dumbfound, flabbergast, astound. **s'**~ to gawp (*Brit*), wonder (*de voir* at seeing).
ébahissement [ebaismɑ̃] *nm* astonishment, amazement.
ébarbage [ebaʀbaʒ] *nm* (*V* **ébarber**) trimming; clipping.
ébarber [ebaʀbe] (1) *vt papier, métal* to trim; *plante* to clip, trim.
ébats [eba] *nmpl* frolics, gambols. ~ **amoureux** love-making; **prendre ses** ~ = **s'ébattre**.
ébattre (s') [ebatʀ(ə)] (41) *vpr [animaux]* to frolic, frisk, gambol (about); *[enfants]* to play *ou* romp about, frolic.
ébaubi,e [ebobi] (*ptp de* **s'ébaubir**) *adj* bowled over, flabbergasted (*de* at). **être tout** ~ to be agog (*devant* at).
ébaubir (s') [ebobiʀ] (2) *vpr* (†, *hum*) to gawp (*Brit*), wonder (*de voir* at seeing).
ébauche [eboʃ] *nf* (a) (*action: V* **ébaucher**) sketching out, roughing out; rough-hewing; starting up; opening up.

(b) (*résultat*) *[livre]* skeleton, outline; *[statue]* rough shape; *[projet]* (rough) outline. **l'**~ **d'une amitié** the beginnings of a friendship; **l'**~ **de relations futures** the first steps towards future relationships; **une** ~ **de sourire** the ghost *ou* flicker *ou* glimmer of a smile; **l'**~ **d'un geste** the hint of a gesture; **ce n'est que la première** ~ this is just a rough draft; **c'est encore à l'état d'**~ it's still in the early stages.
ébaucher [eboʃe] (1) **1** *vt livre, plan, tableau* to sketch *ou* rough out; *statue* to rough-hew; *amitié, conversation* to start up; *relations* to open up. ~ **un sourire** to give a faint smile, give a flicker *ou* glimmer *ou* ghost of a smile; ~ **un geste** to give a hint of a movement, start to make a movement.
2 s'ébaucher *vpr [plan]* to form; take shape *ou* form; *[livre]* to take shape *ou* form; *[amitié]* to form; *[conversation]* to start up; *[relations]* to open up. **une solution s'ébauche lentement** a solution is gradually evolving *ou* taking shape; **une idée à peine ébauchée** the bare bones *ou* the mere outline of an idea.
ébaudir *vt*, **s'ébaudir** *vpr* [ebodiʀ] (2) (†, *hum*) to rejoice (*de, à* over, at).
ébène [ebɛn] *nf* ebony. **cheveux/table d'**~ ebony hair/table; *V* **bois**.
ébénier [ebenje] *nm* ebony (tree); *V* **faux²**.
ébéniste [ebenist(ə)] *nm* cabinetmaker.
ébénisterie [ebenist(ə)ʀi] *nf* (*métier*) cabinetmaking; (*façon, meuble*) cabinetwork.
éberluer [ebɛʀlɥe] (1) *vt* (*gén ptp*) to astound, flabbergast, dumbfound.
éblouir [ebluiʀ] (2) *vt* (*lit, fig*) to dazzle, bedazzle.
éblouissant, e [ebluisɑ̃, ɑ̃t] *adj* (*lit, fig*) dazzling.
éblouissement [ebluismɑ̃] *nm* (a) *[lampe]* dazzle. (b) (*émerveillement*) bedazzlement; (*spectacle*) dazzling sight. (c) (*Méd: étourdissement*) **avoir un** ~ to take *ou* have a dizzy turn.
ébonite [ebɔnit] *nf* vulcanite, ebonite.
éborgner [ebɔʀɲe] (1) *vt*: ~ **qn** to blind sb in one eye, put *ou* poke sb's eye out; **j'ai failli m'**~ **contre la cheminée*** I nearly put *ou* poked my eye out on the corner of the mantelpiece.
éboueur [ebwœʀ] *nm* dustman (*Brit*), dustbinman (*Brit*), garbage collector (*US*), sanitation man (*US*), refuse collector (*Brlt Admin*).
ébouillanter [ebujɑ̃te] (1) **1** *vt* (*gén*) to scald; *légumes* to scald, blanch; *théière* to warm. **2 s'ébouillanter** *vpr* to scald o.s.
éboulement [ebulmɑ̃] *nm* (a) (*action: V* **s'ébouler**) crumbling; collapsing; falling in, caving in; fall. ~ **de rochers** rock fall; ~ **de terre** fall of earth, landslide, landslip. (b) (*amas*) heap *ou* mass of rocks (*ou* earth *etc*).
ébouler [ebule] (1) **1** *vt* (*aussi:* **faire** ~) to cause to collapse *ou* crumble, bring down. **2** *vi*, **s'ébouler** *vpr [pente, falaise]* (*progressivement*) to crumble; (*soudainement*) to collapse; *[mur, toit]* to fall in, cave in, crumble; *[sable]* to fall; *[terre]* to fall, slip, slide.
éboulis [ebuli] *nm* mass of fallen rocks (*ou* earth *etc*). **pente couverte d'**~ scree-covered slope.
ébouriffant, e* [eburifɑ̃, ɑ̃t] *adj vitesse, prix* hair-raising.
ébouriffer [eburife] (1) *vt* (a) *cheveux* to tousle, ruffle, dishevel; *plumes, poil* to ruffle. **le vent m'a ébouriffé** the wind tousled *ou* ruffled *ou* dishevelled my hair. (b) (*: surprendre*) to amaze, astound.
ébranchage [ebʀɑ̃ʃaʒ] *nm*, **ébranchement** [ebʀɑ̃ʃmɑ̃] *nm* pruning, lopping.
ébrancher [ebʀɑ̃ʃe] (1) *vt* to prune, lop.
ébranchoir [ebʀɑ̃ʃwaʀ] *nm* billhook.
ébranlement [ebʀɑ̃lmɑ̃] *nm* (*V* **ébranler**) shaking; weakening; disturbance, unhinging. **l'**~ **provoqué par cette nouvelle** the shock caused by this news.

ébranler [ebʀɑle] (1) **1** *vt vitres* to shake, rattle; *mur, sol* (*faire trembler*) to shake; (*affaiblir*) to weaken, make unsound; *nerfs* to shake; *santé* to weaken; *esprit* to disturb, unhinge; *résolution, confiance, gouvernement* to shake, weaken. **ça a fortement ébranlé ses nerfs/sa santé** it has shattered his nerves/health; **le monde entier a été ébranlé par cette nouvelle** the whole world was shaken *ou* shattered by the news; **ces paroles l'ont ébranlé** (*troublé, attendri*) these words shook him; **se laisser ~ par des prières** to allow o.s. to be swayed by pleas.
2 s'ébranler *vpr* [*véhicule, cortège*] to move off, set off.
ébrécher [ebʀeʃe] (6) *vt assiette* to chip; *lame* to nick; *fortune* to break into, make a hole in.
ébréchure [ebʀeʃyʀ] *nf* [*assiette*] chip; [*lame*] nick.
ébriété [ebʀijete] *nf* (*frm*) intoxication; *V* état.
ébrouement [ebʀumɑ] *nm* [*cheval*] snort.
ébrouer (s') [ebʀue] (1) *vpr* (a) (*souffler*) [*cheval*] to snort. **(b)** (*s'ébattre*) [*personne, chien*] to shake o.s.
ébruitement [ebʀɥitmɑ] *nm* (*V* ébruiter) spreading; disclosing; divulging.
ébruiter [ebʀɥite] (1) *vt nouvelle, rumeur* to disclose, spread (about); *secret* to divulge, disclose. **pour que rien ne s'ébruite** so that nothing leaks out.
ébullition [ebylisjɔ] *nf* [*eau*] boiling; (*fig: agitation*) turmoil, ferment. **porter à** (l')~ to bring to the boil; **au moment de/avant l'~** as/before boiling point is reached, as/before it begins to boil; **être en ~** [*liquide*] to be boiling; [*ville, maison*] to be in turmoil, be in an uproar, be in a state of ferment; [*pays*] to be seething with unrest; [*personne*] (*par la chaleur*) to be boiling*; (*par la surexcitation*) to be bubbling over, be simmering with excitement; (*par la colère*) to be seething *ou* simmering with anger; *V* point[1].
écaillage [ekajaʒ] *nm* (*V* écailler) scaling; opening; chipping; flaking, peeling.
écaille [ekaj] *nf* [*poisson, reptile*] scale; [*tortue, huître*] shell; [*oignon*] layer, scale; [*peinture sèche*] flake. **lunettes (à monture) d'~** horn-rimmed spectacles; **peigne en ~** tortoiseshell comb; **meuble en ~** piece of furniture in tortoiseshell.
écailler[1] [ekaje] (1) **1** *vt poisson* to scale; *huîtres* to open; *peinture etc* to chip. **2 s'écailler** *vpr* [*peinture*] to flake (off), peel (off).
écailler[2], -ère [ekaje, ɛʀ] *nm, f* oyster seller.
écailleux, -euse [ekajø, øz] *adj poisson, peau* scaly; *peinture* flaky, flaking.
écaillure [ekajyʀ] *nf* (*morceau de peinture*) chip, flake; (*surface écaillée*) chipped *ou* flaking patch.
écale [ekal] *nf* [*noix*] shell.
écaler [ekale] (1) *vt noix* to shell.
écarlate [ekaʀlat] *adj, nf* scarlet. (*fig: de honte*) **devenir ~** to turn scarlet *ou* crimson (*de* with).
écarquiller [ekaʀkije] (1) *vt*: **~ les yeux** to stare wide-eyed (*devant* at).
écart [ekaʀ] **1** *nm* (a) [*objets*] distance, space, gap; [*dates*] interval, gap; [*chiffres, températures*] difference; [*opinions, points de vue*] difference, divergence; [*explications*] discrepancy, disparity (*entre* between). **~ par rapport à la règle** deviation *ou* departure from the rule; **il y a un ~ important de prix entre** there's a big difference in price between; (*lit, fig*) **réduire l'~ entre** to narrow *ou* close the gap between; (*Sport*) **réduire l'~ à la marque** to narrow *ou* close the gap between the scores.
(b) **faire un ~** [*cheval apeuré*] to shy; [*voiture folle*] to swerve; [*personne surprise*] to jump out of the way, leap aside; **faire un ~ de régime** to allow o.s. an occasional break *ou* lapse in one's diet; (*Danse*) **faire le grand ~** to do the splits.
(c) **à l'~**: **être à l'~** [*hameau*] to be out-of-the-way *ou* remote *ou* isolated; **tirer qn à l'~ pour lui dire qch** to take sb aside *ou* on one side to say sth to him; **mettre** *ou* **tenir qn à l'~** (*fig: empêcher de participer*) to keep sb in the background, keep sb out of things; (*lit: empêcher d'approcher*) to keep *ou* hold sb back; **se tenir** *ou* **rester à l'~** (*s'isoler*) to hold o.s. aloof, stand apart, keep (o.s.) to o.s.; (*ne pas approcher*) to stay in the background, keep out of the way; (*fig: ne pas participer*) to stay on the sidelines, keep out of things.
(d) **à l'~ de**: **la maison est à l'~ de la route** the house is (well) off the road *ou* is off the beaten track; **tenir qn à l'~ d'un lieu** to keep sb (well) away from a place; **tenir qn à l'~ d'une affaire** to keep sb out of a deal; **se tenir** *ou* **rester à l'~ des autres** to keep out of the way of *ou* well away from other people, hold (o.s.) aloof from others; **se tenir** *ou* **rester à l'~ d'une affaire/de la politique** to steer clear of *ou* keep out of an affair/out of politics.
(e) (*Cartes*) discard.
(f) (*Admin: hameau*) hamlet.
2: écart de conduite misbehaviour, misdemeanour; **écart de jeunesse** youthful misdemeanour; **écart de langage** strong *ou* bad language (*U*); **écart type** standard deviation.
écarté, e [ekaʀte] (*ptp de* écarter) **1** *adj lieu, hameau* remote, isolated, out-of-the-way. **chemin ~** lonely road. **2** *nm* (*Cartes*) écarté.
écartèlement [ekaʀtɛlmɑ] *nm* (*supplice*) quartering; (*fig: tiraillement*) agonizing struggle.
écarteler [ekaʀtəle] (5) *vt* (*Hist: supplicier*) to quarter; (*fig: tirailler*) to tear apart. **il était écartelé entre ses obligations familiales et professionnelles** he was torn between family and professional obligations.
écartement [ekaʀtəmɑ] *nm* space, distance, gap (*de, entre* between). (*Rail*) **~ des rails** gauge; (*Aut*) **~ des essieux** wheelbase.
écarter [ekaʀte] (1) **1** *vt* (a) (*séparer*) *objets* to move apart, move away from each other, separate; *bras, jambes* to open, spread; *doigts* to spread (open), part; *rideaux* to draw (back). **il écarta la foule pour passer** he pushed his way through the crowd, he cut a path through the crowd; **avoir les dents écartées** to have gaps

between one's teeth; **il se tenait debout, les jambes écartées/les bras écartés** he stood with his legs *ou* feet wide apart/with his arms outspread *ou* with outspread arms.
(b) (*exclure*) *objection, solution* to dismiss, set *ou* brush aside; *idée* to dismiss, rule out; *candidature* to dismiss, turn down; *personne* (*d'une liste*) to remove, strike off; (*d'une équipe*) to remove, exclude (*de* from).
(c) (*éloigner*) *meuble* to move away, push away *ou* back; *foule, personne* to push back (*de* from), push aside. (*fig: brouiller*) **elle essaie d'~ son mari de ses parents** she tries to cut her husband off from *ou* estrange her husband from his parents; **~ qn de la tentation** to keep sb (away) from temptation; **tout danger est maintenant écarté** there is no further risk of danger; **ce chemin nous écarte du village** this road takes *ou* leads us away from the village; **ça nous écarte de notre propos** this is taking *ou* leading us off the subject *ou* away from the issue; **ça l'écarte de l'étude** it distracts him from his studies.
(d) (*Cartes*) to discard.
2 s'écarter *vpr* (a) (*se séparer*) to draw aside, part. **la foule s'écarta pour le laisser passer** the crowd drew aside *ou* parted to let him through; **les nuages s'écartèrent pour montrer le soleil** the clouds parted and the sun shone through.
(b) (*s'éloigner*) to withdraw, move away, step back (*de* from). **le mur s'écarte dangereusement de la verticale** the wall is dangerously out of plumb; **la foule s'écarta du lieu de l'accident** the crowd moved away from the scene of the accident; **s'~ de sa route** to stray *ou* wander from one's path; **avec ce chemin nous nous écartons** this path is taking us out of our way; **les deux routes s'écartent l'une de l'autre** the two roads diverge; (*fig*) **s'~ du droit chemin** to wander from the straight and narrow; **s'~ de la norme** to deviate *ou* depart from the norm; **s'~ d'un sujet** to stray *ou* wander from a subject; **nous nous écartons!** we are getting away from the point!
écarteur [ekaʀtœʀ] *nm* (*Méd*) retractor.
ecchymose [ekimoz] *nf* bruise, ecchymosis (*T*).
Ecclésiaste [eklezjast] *nm*: (**le livre de**) **l'~** (the Book of) Ecclesiastes.
ecclésiastique [eklezjastik] **1** *adj vie, charge* ecclesiastical; *revenus* church (*épith*); *V* habit. **2** *nm* ecclesiastic, clergyman.
écervelé, e [esɛʀvəle] **1** *adj* (*étourdi*) scatterbrained, hare-brained, birdbrained (*US*). **2** *nm, f* scatterbrain, hare-brain, birdbrain (*US*).
échafaud [eʃafo] *nm* (a) scaffold. **monter à l'~** to mount the scaffold; (*lit*) **finir sur l'~** to die on the scaffold; (*fig*) **il finira sur l'~** he'll come to a sorry end; **il risque l'~** he's risking his neck. **(b)** (††: *estrade*) platform, stand.
échafaudage [eʃafodaʒ] *nm* (a) (*Constr*) scaffolding (U). **ils ont mis un ~** they have put up some scaffolding. **(b)** (*empilement*) [*objets*] heap, pile; [*idées*] frail structure. **(c)** (*élaboration*) [*fortune*] building up, amassing; [*théorie*] building up, construction.
échafauder [eʃafode] (1) **1** *vt* (a) *fortune* to build (up), amass; *projets* to construct, build; *théorie* to construct. **(b)** (*empiler*) to pile up, stack up. **2** *vi* (*Tech*) to put up *ou* erect scaffolding.
échalas [eʃala] *nm* (*perche*) stake, pole; (*: personne*) spindleshanks* (*Brit*), beanpole*.
échalier [eʃalje] *nm* (*échelle*) stile; (*clôture*) gate.
échalote [eʃalɔt] *nf* shallot.
échancré, e [eʃɑkʀe] (*ptp de* échancrer) *adj robe* with a plunging neckline, with a deep V-neckline; *côte* indented; *feuille* serrated, jagged.
échancrer [eʃɑkʀe] (1) *vt robe* to cut (out) a plunging neckline *ou* a deep V-neckline in; *côte* to indent.
échancrure [eʃɑkʀyʀ] *nf* [*robe*] (*ronde*) low *ou* plunging neckline; (*en V*) V-neckline; [*côte*] indentation; [*feuille*] serration.
échange [eʃɑʒ] *nm* (a) (*gén, Échecs, Sci, Sport*) exchange; (*troc*) swap, trade of (*entre* between). (*Écon*) **le volume des ~s** the volume of trade; **~s culturels** cultural exchanges; **~ de vues** exchange of views; **~s de coups avec la police** scuffles with the police; **de vifs ~s entre les orateurs** heated exchanges between the speakers; **de bons procédés** exchange of friendly services; **~s commerciaux** trade, trading; (*Aut*) **faire l'~ standard d'une pièce usée** to replace a worn part by a factory reconditioned part.
(b) **en ~** (*au contraire*) on the other hand; (*pour compenser*) to make up for it; **en ~ de** in exchange for, in return for.
(c) **faire** (**l'**) **~ de qch** to swap *ou* exchange sth; **on a fait ~** we've done a swap *ou* an exchange; **ils ont fait** (**l'**) **~ de leur appartement** they've changed flats with each other, they've swapped flats; (*Échecs*) **faire ~** to exchange pieces.
(d) (*Tennis*) rally.
échangeabilité [eʃɑʒabilite] *nf* exchangeability.
échangeable [eʃɑʒabl(ə)] *adj* exchangeable.
échanger [eʃɑʒe] (3) *vt* (a) (*troquer*) to exchange, swap (*contre* for, *avec* with). (*Comm*) **articles ni repris ni échangés** goods can neither be returned nor exchanged; **~ son cheval borgne contre un aveugle** to make a bad bargain.
(b) *idées, regards, lettres, coups* to exchange; *injures* to bandy. **ils ont échangé des remerciements** they thanked one another.
échangeur [eʃɑʒœʀ] *nm* (a) (*Aut: route*) interchange. **(b)** (*Tech*) [*chaleur*] heat exchanger.
échanson [eʃɑsɔ] *nm* (*Hist*) cupbearer; (*hum*) wine waiter.
échantillon [eʃɑtijɔ] *nm* (*lit*) sample; (*fig*) example, sample.
échantillonnage [eʃɑtijɔnaʒ] *nm* (*action*) sampling; (*collection*) range *ou* selection of samples. **un ~ d'outils/de tissus** a selection of tools/fabrics.
échantillonner [eʃɑtijɔne] (1) *vt* to sample.
échappatoire [eʃapatwaʀ] *nf* (*faux-fuyant*) evasion, way out, let-out.

échappé, e [eʃape] (*ptp de* **échapper**) **1** *nm,f* **(a)** (*Sport*) le peloton a rejoint les ∼s the pack caught up with the breakaway group.

(b) († *ou hum*) ∼ **de l'asile** bedlamite ††.

2 échappée *nf* **(a)** (*Sport*) breakaway. **faire une** ∼**e de 100 km** to be ahead of the pack for 100 km.

(b) (*vue*) vista; (*rayon de soleil*) gleam. **une** ∼**e sur la plaine entre deux montagnes** a vista *ou* glimpse of the plain between two mountains.

échappement [eʃapmɑ̃] *nm* **(a)** (*Aut*) exhaust. ∼ **libre** cutout; **soupape/tuyau d'**∼ exhaust valve/pipe; *V* **pot. (b)** (*Horlogerie, Tech*) escapement.

échapper [eʃape] (1) **1** *vi* **(a)** ∼ **à** *danger, destin, punition* to escape; *poursuivants* (*en fuyant*) to escape (from), get away from; (*par ruse*) to evade, elude; *obligation, responsabilité* to evade; *corvée* to get out of; *ennuis* to avoid; ∼ **aux recherches** to escape detection; ∼ **à la mort** to escape death; (*Econ*) ∼ **à l'impôt** (*par privilège*) to be exempt from taxation; (*illégalement*) to evade *ou* dodge* income tax, avoid paying income tax; ∼ **à la règle** to be an exception to the rule; **cela échappe à toute tentative de définition** it baffles *ou* eludes all definition; **il échappe à tout contrôle** he is beyond (any) control; (*Jur*) **cela échappe à notre juridiction** it is outside *ou* beyond our jurisdiction; **tu ne m'échapperas pas!** (*lit*) you won't get away from me!; (*fig*) you won't get off as easily as that!, I'll get you yet!; (*hum*) **nous n'échapperons pas à une tasse de thé** we won't get away without having (to have) a cup of tea; **essaie d'**∼ **pour quelques jours à ton travail** try and escape *ou* get away from work for a few days; ∼ **à la vue** *ou* **aux regards de qn** to escape sb's notice.

(b) ∼ **à l'esprit de qn** to escape *ou* elude sb; **son nom m'échappe** his name escapes me *ou* has slipped my mind; **ce détail m'avait échappé** this detail had escaped me, I had overlooked this detail; **ce qu'il a dit m'a échappé** (*je n'ai pas entendu*) I did not catch what he said; (*je n'ai pas compris*) I did not understand *ou* get* *ou* grasp what he said; **ça a échappé à mon attention** it escaped my notice; **l'opportunité d'une telle mesure m'échappe** I can't see *ou* I fail to see the point *ou* the use of such a measure; **rien ne lui échappe** (*il voit tout*) nothing escapes him, he doesn't miss a thing; **ce détail ne lui a pas échappé** this detail was not lost on him.

(c) ∼ **des mains de qn** to slip out of *ou* slip from sb's hands; ∼ **des lèvres de qn** [*cri, parole*] to burst from sb's lips; **un cri de douleur lui échappa** he let out *ou* gave a cry of pain; **un gros mot lui a échappé** he let slip *ou* let out a swearword; **je ne voulais pas le dire mais ça m'a échappé** I didn't mean to say it but it just slipped out.

(d) **il l'a échappé belle** he had a narrow escape, that was a close shave (for him).

(e) **laisser** ∼ *gros mot* to let out, let slip; *cri* to let out, utter; *objet* to let slip, drop; *secret* to let drop, let out; *occasion* to let slip, let go; *détail, faute* to overlook; **laisser** ∼ **un prisonnier** to let a prisoner escape *ou* get away.

(f) **faire** ∼ **un prisonnier** to help a prisoner (to) escape *ou* get out.

2 s'échapper *vpr* **(a)** [*prisonnier*] to escape (*de* from), break out (*de* of); [*cheval*] to escape (*de* from), get out (*de* of); [*oiseau*] to fly away; [*cri*] to escape, burst (*de* from). **la voiture réussit à s'**∼ **malgré la foule** the car got away in spite of the crowd; (*fig*) **je m'échappe un instant pour préparer le dîner** I'll slip away for a moment *ou* I must leave you for a moment to get dinner ready; (*fig*) **j'ai pu m'**∼ **du bureau de bonne heure** I managed to get away *ou* slip out early from the office; (*Sport*) **le coureur s'échappe dans la côte** the runner draws ahead *ou* pulls away on the uphill stretch.

(b) [*gaz*] to escape, leak; [*odeur, lumière etc*] to come, issue (*littér*) (*de* from). **la fumée s'échappe de la cheminée** smoke is coming *ou* out of the chimney; **l'eau s'est échappée de la casserole** the water boiled over in the pan; **des flammes s'échappaient du toit** flames were darting *ou* coming out of the roof.

écharde [eʃaʀd(ə)] *nf* splinter *ou* sliver (of wood).

écharpe [eʃaʀp(ə)] *nf* [*femme*] scarf; [*maire*] sash; (*bandage*) sling. **porter** *ou* **avoir le bras en** ∼ to have one's arm in a sling; **prendre en** ∼ *voiture* to hit broadside *ou* sideways on (*Brit*).

écharper [eʃaʀpe] (1) *vt* (*lit, fig*) to tear to pieces. **se faire** ∼ to be torn to pieces.

échasse [eʃas] *nf* (*objet, oiseau*) stilt. (*hum*) **être monté sur des** ∼**s** to be long in the leg, have long legs.

échassier [eʃasje] *nm* wader (*bird*).

échauder [eʃode] (1) *vt* **(a)** (*fig: faire réfléchir*) ∼ **qn** to teach sb a lesson; **se faire** ∼ to burn one's fingers, get one's fingers burnt; *V* **chat. (b)** (*laver à l'eau chaude*) to wash in hot water; (*ébouillanter*) to scald. ∼ **la théière** to warm the teapot.

échauffant, e [eʃofɑ̃, ɑ̃t] *adj* (*constipant*) constipating.

échauffement [eʃofmɑ̃] *nm* **(a)** (*Sport*) warm-up. **(b)** [*terre*] heating; [*moteur*] overheating. **(c)** (*Méd†*) (*constipation*) constipation; (*inflammation*) inflammation; [*sang*] overheating.

échauffer [eʃofe] (1) **1** *vt* **(a)** *moteur, machine* to overheat, make hot; (*Sport*) *coureur* to make hot. **il était échauffé par la course, la course l'avait échauffé** [*coureur, cheval*] he was hot after the race.

(b) *imagination* to fire, excite. **cette intervention a échauffé le débat** the discussion became fiercer *ou* more heated after this speech; **après une heure de discussion les esprits étaient très échauffés** after arguing for an hour people were getting very heated *ou* worked up*; **tu commences à m'**∼* **les oreilles** *ou* **la bile†** you're getting my goat*, you're putting me in a temper.

(c) (*Méd†*) ∼ **le sang** to overheat the blood; ∼ **la peau** to inflame the skin; **je suis un peu échauffé** I'm a bit constipated.

2 s'échauffer *vpr* **(a)** (*Sport*) to warm up.

(b) (*s'animer*) [*personne*] to become heated, get worked up*.

échauffourée [eʃofuʀe] *nf* (*avec la police*) brawl, clash; (*Mil*) skirmish.

échauguette [eʃogɛt] *nf* bartizan, watchtower.

èche [ɛʃ] *nf* (*Pêche*) bait.

échéance [eʃeɑ̃s] *nf* **(a)** (*date limite*) [*délai*] expiry (*Brit*) *ou* expiration (*US*) date; [*bon, action*] maturity date; [*traite, emprunt*] redemption date; [*loyer*] date of payment; [*facture, dette*] settlement date; (*Bourse*) settling day. (*fig*) ∼**s politiques** elections; (*fig*) **l'**∼ **fatale** the day of reckoning, the fatal date; (*Jur, Fin, Comm*) **payable à l'** ∼ payable when due; **venir à** ∼ to fall due.

(b) (*règlements à effectuer*) **l'**∼ **de fin de mois** the end-of-month payments; **faire face à ses** ∼**s** to meet one's financial obligations *ou* commitments; **avoir de lourdes** ∼**s** to be heavily committed, have heavy financial commitments.

(c) (*laps de temps*) term. **à longue/courte** ∼ *traite* long-/short-term (*épith*); *bon* long-/short-dated; (*fig*) **à longue** ∼ in the long run; (*fig*) **à courte** *ou* **brève** ∼ before long.

échéancier [eʃeɑ̃sje] *nm* billbook; (*Jur, Fin*) schedule of repayments.

échéant, e [eʃeɑ̃, ɑ̃t] *adj V* **cas.**

échec¹ [eʃɛk] *nm* **(a)** (*insuccès*) failure; (*défaite*) defeat; (*revers*) setback. **subir un** ∼ (*gén*) to fail, suffer a setback; (*Mil*) to suffer a defeat *ou* setback; **son troisième** ∼ **dans une élection** his third defeat in an election; **l'**∼ **des pourparlers** the breakdown in *ou* the failure of the talks; **après l'**∼ **des négociations** after negotiations broke down; **sa tentative s'est soldée par un** ∼ his attempt has failed *ou* has ended in failure; **voué à l'**∼ bound to fail, doomed to failure.

(b) (*loc*) **tenir qn en** ∼ to hold sb in check; **faire** ∼ **à qn** to foil *ou* frustrate *ou* thwart sb *ou* sb's plans.

échec² [eʃɛk] *nm* (*Jeux*) **les** ∼**s** chess; **jeu d'**∼**s** (*échiquier*) chessboard; (*pièces*) chessmen; **jouer aux** ∼**s** to play chess; **mettre/être en** ∼ to put/be in check; **faire** ∼ **au roi** to check the king; ∼ **au roi!** check!; ∼ **et mat** checkmate; **faire** ∼ **et mat** to checkmate.

échelle [eʃɛl] **1** *nf* **(a)** (*objet*) ladder. (*fig*) **il n'y a plus qu'à tirer l'**∼ we may as well give it up, there's no point trying to take it further; *V* **court¹.**

(b) (*dimension*) scale. **carte à grande** ∼ large-scale map; **croquis à l'**∼ scale drawing; (*fig*) **sur une grande** ∼ on a large scale; **à l'**∼ **nationale/mondiale** on a national/world scale; **un monde à l'**∼ **de l'homme** a world fitted to man; **à l'**∼ **de la firme** (*et non d'une seule usine*) at the level of the firm as a whole; (*en rapport avec son importance*) in proportion to the firm's size (*ou* requirements *etc*).

(c) [*bas, collant*] ladder (*Brit*), run.

(d) (*gradation, Mus*) scale; (*fig: hiérarchie*) ladder, scale. **être au sommet de l'**∼ (*poste*) to be at the top of the ladder; (*salaire*) to be at the top of the scale.

2: échelle de corde rope ladder; **échelle des couleurs** range of colours; **échelle coulissante** extending *ou* extension ladder; **échelle de coupée** accommodation ladder; **échelle double** high stepladder; **les Échelles du Levant** the Ports of the Levant; (*Écon*) **échelle mobile** sliding scale; **échelle mobile des pompiers** fireman's extending ladder; **échelle de Richter** Richter scale; **échelle des salaires** salary scale; **échelle sociale** social scale *ou* ladder; **échelle des traitements = échelle des salaires**; **échelle des valeurs** scale of values.

échelon [eʃlɔ̃] *nm* **(a)** [*échelle*] rung; [*hiérarchie*] step, grade. (*Admin*) **fonctionnaire au 8e** ∼ official on grade 8 (of the salary scale); (*Admin*) **être au dernier/premier** ∼ to be on the highest *ou* top grade/on the lowest *ou* bottom grade; **monter d'un** ∼ **dans la hiérarchie** to go up one step *ou* grade *ou* rung in the hierarchy; **grimper rapidement les** ∼**s** to get ahead fast, get quick promotion.

(b) (*Admin: niveau*) level. **à l'**∼ **national/du régiment** at the national/at regimental level; (*lit, fig*) **à tous les** ∼**s** at every level.

(c) (*Mil: troupe*) echelon.

échelonnement [eʃlɔnmɑ̃] *nm* (*V* **échelonner**) spacing out, spreading out; spreading; staggering; grading; gradual introduction; disposing in echelons.

échelonner [eʃlɔne] (1) *vt* **(a)** *objets* to space out, spread out, place at intervals (*sur* over). **les bouées sont échelonnées à 50 mètres l'une de l'autre** the buoys are spaced *ou* placed 50 metres apart; **les membres du service d'ordre sont échelonnés tout au long du parcours** the police are positioned *ou* stationed at intervals all along the route; **les bâtiments s'échelonnent sur 3 km** the buildings stretch over a distance of 3 km *ou* are spaced out over 3 km.

(b) *paiements* to spread (out) (*sur* over); *congés, vacances* to stagger (*sur* over).

(c) (*graduer*) *exercices, difficultés* (*dans la complexité*) to grade; (*dans le temps*) to introduce gradually.

(d) (*Mil*) to place in echelon, echelon.

échenilloir [eʃnijwaʀ] *nm* billhook, pruning hook.

écheveau, pl ∼**x** [eʃvo] *nm* skein, hank; (*fig*) tangle, web.

échevelé, e [eʃəvle] *adj personne* tousled, dishevelled; *course, danse, rythme* wild, frenzied.

écheveler [eʃəvle] (4) *vt* (*littér*) *personne* to ruffle *ou* tousle *ou* dishevel the hair of.

échevin [ɛʃvɛ̃] *nm* (*Hist*) alderman, principal county magistrate; (*Belgique*) deputy burgomaster; (*Can*) municipal councillor, alderman.

échiffer* [eʃife] (1) *vt* (*Can*) to tease, unravel.

échine [eʃin] *nf* **(a)** backbone, spine; (*Culin*) loin, chine. (*fig*) **il a l'**∼ **souple** he kowtows to his superiors, he's a bit of a doormat; **plier** *ou* **courber l'**∼ to submit (*devant* to).

(b) (*Archit*) echinus.

échiner [eʃine] (1) **1** *vt* (††) to break the back of. **2 s'échiner** *vpr* (*fig*) to work o.s. to death *ou* into the ground, nearly kill o.s. (*à faire qch* doing sth). s'~ à répéter/écrire qch to wear o.s. out repeating/writing sth.

échiquier [eʃikje] *nm* (*Échecs*) chessboard. (*fig*) **notre place sur l'~ mondial** our place in the field *ou* on the scene of world affairs; **en ~** in a chequered pattern; (*Brit Pol*) **l'É~** the Exchequer.

écho [eko] *nm* (a) (*lit*) echo. **~ simple** echo; **~ multiple** reverberations; **il y a de l'~** there is an echo.
(b) (*fig*) (*rumeur*) rumour, echo; (*témoignage*) account, report; (*réponse*) response. **avez-vous eu des ~s de la réunion?** did you get any inkling of what went on at the meeting?, did anything come back to you from the meeting?; **se faire l'~ de** *souhaits, opinions, inquiétudes* to echo, repeat; *rumeurs* to repeat, spread; **sa proposition est restée sans ~** his suggestion wasn't taken up, nothing further came of his suggestion; **l'~ donné par les média à cette nouvelle** the coverage *ou* publicity given to this news item by the media; **cette nouvelle n'a eu aucun ~ dans la presse** this item got no coverage *ou* was not mentioned in the press.
(c) (*Presse : nouvelle*) miscellaneous news item, item of gossip. (**rubrique des**) **~s** gossip column, news (items) in general.

échographie [ekograf i] *nf* (*technique*) ultrasound. (*examen*) **passer une ~** to have a scan.

échoir [eʃwaʀ] *vi* (a) (*littér*) **~ (en partage) à qn** to fall to sb's share *ou* lot; **il vous échoit de faire** it falls to you to do. (b) [*loyer, dettes*] to fall due; [*délai*] to expire.

échoppe†† [eʃɔp] *nf* (*boutique*) workshop; (*sur un marché*) stall, booth.

échotier† [ekɔtje] *nm* gossip columnist.

échouage [eʃwaʒ] *nm*, **échouement** [eʃumã] *nm* (*Naut*) (*état*) state of being aground; (*action*) grounding, running aground.

échouer [eʃwe] (1) **1** *vi* (a) [*personne*] to fail. **~ à un examen/dans une tentative** to fail an exam/in an attempt.
(b) [*tentative, plan*] to fail, miscarry, fall through.
(c) **faire ~ complot** to foil; *projet* to wreck, ruin; **faire ~ les plans de l'ennemi** to foil the enemy's plans, frustrate *ou* thwart the enemy in his plans; **on a fait ~ leur tentative d'enlèvement du directeur** they were foiled in their attempt to kidnap the manager.
(d) (*aboutir*) to end up. **~ dans la misère** to end up in poverty; **nous avons finalement échoué dans un petit hôtel** we finally landed up *ou* ended up in a small hotel.
(e) (*Naut: aussi* **s'~**) [*bateau*] to run aground; [*débris d'épave*] to be washed up. **le bateau s'est échoué** *ou* **a échoué sur un écueil** the boat ran onto a reef; **le bateau s'est échoué** *ou* **a échoué sur un banc de sable** the boat ran aground on *ou* ran onto a sandbank; **bateau échoué** (*dans un port de marée*) boat lying high and dry; (*dans la vase*) boat sunk in the mud.
2 *vt* (*Naut*) (*accidentellement*) to ground; (*volontairement*) to beach. **il a échoué sa barque sur un écueil** he ran his boat onto a reef.
3 s'échouer *vpr V* **l**(e).

écimage [esimaʒ] *nm* pollarding, polling.

écimer [esime] (1) *vt arbre* to pollard, poll.

éclaboussement [eklabusmã] *nm* splash.

éclabousser [eklabuse] (1) *vt* to splash, spatter. **~ de sang** to spatter *ou* splash with blood; **ils ont été éclaboussés par le scandale** their good name has been smeared *ou* sullied *ou* tarnished by the scandal; **~ qn de son luxe** (*éblouir*) to dazzle sb with a show of wealth, show off one's wealth to sb; (*humilier*) to overwhelm sb with a show of wealth.

éclaboussure [eklabusyʀ] *nf* [*boue*] splash; [*sang*] spatter; (*fig: sur la réputation*) stain, smear, blot. **il y a des ~s sur la glace** there are smears *ou* spots on the mirror.

éclair [eklɛʀ] **1** *nm* (a) (*Mét*) flash of lightning; (*Phot*) flash. **il y a des ~s dans le lointain** it's lightning *ou* there's lightning in the distance; **~s de chaleur** summer lightning; **~ de magnésium** magnesium flash.
(b) **~ de colère** flash of anger; **~ d'intelligence/de génie** flash *ou* spark of intelligence/of genius; **~ de malice** mischievous glint.
(c) (*loc*) **passer comme un ~** [*coureur*] to dart *ou* flash past *ou* by; [*moment*] to fly *ou* flash past *ou* by; **comme un ~** like a flash, like greased lightning*; **en un ~** in a flash, in a split second; **un ~ dans sa vie** a ray of sunshine in his life.
(d) (*Culin*) éclair.
2 *adj inv* *attaque, visite* lightning (*épith*). **voyage ~** flying visit; **raid ~** (*Aviat*) blitz raid; (*Mil*) hit-and-run raid; *V* **guerre.**

éclairage [eklɛʀaʒ] *nm* (*intérieur*) lighting; (*luminosité extérieure*) light (level); (*fig*) light. **~ à l'électricité** electric lighting; **~ direct/indirect/d'ambiance** direct/indirect *ou* concealed/subdued lighting; (*lit, fig*) **sous cet ~** in this light; (*fig*) **changement d'~** shift of emphasis.

éclairagiste [eklɛʀaʒist(ə)] *nm* (*Théât*) electrician; (*Ciné*) lighting engineer.

éclairant, e [eklɛʀã, ãt] *adj* (*fig*) illuminating, enlightening; (*lit*) *pouvoir, propriétés* lighting (*épith*); *V* **fusée.**

éclaircie [eklɛʀsi] *nf* (a) bright interval, sunny spell. **une ~ dans les nuages** a break in the clouds.
(b) (*fig littér*) bright spot *ou* interval, ray of sunshine. **une vie monotone et sans ~** a life of cheerless monotony; **ce fut une ~ dans sa vie** it was a ray of sunshine in his life.

éclaircir [eklɛʀsiʀ] (2) **1** *vt* (a) *teinte* to lighten. **~ le teint** to improve one's complexion.
(b) *soupe* to make thinner, thin (down); *plantes* to thin (out); *arbres, cheveux* to thin.
(c) *mystère* to clear up, solve, explain; *question, pensée, situation* to clarify, make clear; (†) *doutes* to dispel; *meurtre* to solve. **pouvez-vous nous ~ sur ce point?** can you enlighten us on this point?

2 s'éclaircir *vpr* (a) [*ciel*] to clear; [*temps*] to clear up. **s'~ la voix** *ou* **la gorge** to clear one's throat.
(b) [*arbres, foule*] to thin out; [*cheveux*] to thin, get *ou* grow thin *ou* thinner.
(c) [*idées, situation*] to grow *ou* become clearer; [*mystère*] to be solved *ou* explained; (†) [*doutes*] to vanish.

éclaircissement [eklɛʀsismã] *nm* [*mystère*] solution, clearing up; [*texte obscur*] clarification; (*explication*) explanation. **j'exige des ~s sur votre attitude** I demand some explanation of your attitude; (*Jur*) **demande d'~** request for clarification.

éclairé, e [eklɛʀe] (*ptp de* **éclairer**) *adj minorité* enlightened.

éclairement [eklɛʀmã] *nm* (*Phys*) illumination.

éclairer [eklɛʀe] (1) **1** *vt* (a) [*lampe*] to light (up); [*soleil*] to shine (down) on. **une seule fenêtre était éclairée** there was a light in only one window, only one window was lit up; **une grande baie éclairait l'entrée** a large bay window gave light to the hall; (*littér*) **deux grands yeux éclairaient son visage** her large eyes seemed to light up her face; **un sourire éclaira son visage** his face lit up in a smile; **bien/mal éclairé** well-/badly-lit.
(b) *problème, situation* to throw *ou* shed light on, clarify, explain; *auteur, texte* to throw light on.
(c) **~ qn** (*lit: montrer le chemin*) to light the way for sb; (*fig: renseigner*) to enlighten sb (*sur* about); **~ la lanterne de qn** to put sb in the picture*.
(d) (*Mil*) **~ le terrain** to reconnoitre the area, scout out the ground; **~ un régiment** to reconnoitre for a regiment; **~ la route** (*Mil*) to scout out the route; (*Aut*) to show the way, go on ahead.
2 *vi*: **~ bien/mal** to give a good/poor light.
3 s'éclairer *vpr* (a) [*rue*] to be lit; (*fig*) [*visage*] to light up, brighten (up).
(b) [*situation*] to get clearer; [*question*] to be cleared up *ou* clarified. **tout s'éclaire!** everything's becoming clear *ou* plain!, the light is beginning to dawn!*
(c) **s'~ à l'électricité** to have electric light; **il a fallu s'~ à la bougie** we had to use candlelight; **prends une lampe pour t'~** take a lamp to light the way.

éclaireur [eklɛʀœʀ] *nm* (a) (*Mil*) scout. **avion ~** reconnaissance plane; (*lit, fig*) **partir en ~** to go off and scout around. (b) (*Scoutisme*) (boy) scout.

éclaireuse [eklɛʀøz] *nf* (girl) guide (*Brit*), girl scout (*US*).

éclat [ekla] *nm* (a) [*os, verre*] splinter, fragment; [*bois*] splinter, sliver; [*grenade, pierre*] fragment. **un ~ d'obus** a piece of shrapnel; **des ~s d'obus** shrapnel; *V* **voler.**
(b) [*lumière, métal, soleil*] brightness, brilliance; (*aveuglant*) glare; [*diamant, pierreries*] flash, brilliance, sparkle; [*couleur*] brightness, vividness; [*braise*] glow; [*vernis*] shine, gloss; [*satin, bronze*] sheen; [*perle*] lustre. (*Aut*) **l'~ des phares** the glare of the headlights; (*Théât*) **l'~ (des lumières) de la rampe** the blaze *ou* glare of the footlights.
(c) [*yeux*] brightness, sparkle; [*teint, beauté*] radiance. **dans tout l'~ de sa jeunesse** in the full radiance *ou* bloom of her youth; **perdre son ~** to lose one's sparkle.
(d) [*gloire, cérémonie*] glamour, splendour; [*nom*] fame; [*richesse, époque*] brilliance, glamour; [*personnage*] glamour. **donner de l'~ à qch** to lend glamour to sth; **réception donnée avec ~** sumptuous *ou* dazzling reception; **ça s'est déroulé sans ~** it passed off quietly *ou* without fuss.
(e) (*scandale*) fuss (*U*), commotion (*U*). **faire un ~** to make *ou* cause a fuss, create a commotion.
(f) **~s de voix** shouts; **sans ~ de voix** without voices being raised; **~ de colère** angry outburst; **un soudain ~ de colère** in a sudden blaze of anger; **~ de rire** roar *ou* burst of laughter; **on l'accueillit avec des ~s de rire** his arrival was greeted with roars *ou* shouts of laughter *ou* with a burst of laughter; **comme un ~ de tonnerre**† like a peal of thunder, like a thunderclap.

éclatant, e [eklatã, ãt] *adj* (a) *lumière* bright, brilliant; (*aveuglant*) glaring; *couleur* bright, vivid; *feu, soleil* blazing; *blancheur* dazzling.
(b) *teint* blooming, radiant; *beauté* radiant, dazzling. **~ de santé** radiant with health.
(c) *succès* dazzling, resounding; *revanche* shattering, devastating; *victoire* resounding; *gloire* shining; *vérité* manifest, self-evident; *exemple* striking, shining; *mensonge* blatant, flagrant, glaring. **il a des dons ~s** he is brilliantly gifted.
(d) *rire, bruit* loud; *voix* loud, ringing; *musique* blaring (*péj*), loud.

éclatement [eklatmã] *nm* [*bombe, mine*] explosion; [*obus*] bursting, explosion; [*pneu, ballon*] bursting; [*veine*] rupture (*de* of); [*parti*] break-up, split (*de* in). **à cause de l'~ d'un pneu** as a result of a burst tyre; **l'~ d'une bombe/d'un obus le couvrit de terre** an exploding bomb/shell covered him with earth.

éclater [eklate] (1) **1** *vi* (a) [*mine, bombe*] to explode, blow up; [*obus*] to burst, explode; [*veine*] to rupture; [*bourgeon*] to burst open; [*pneu, chaudière*] to burst; [*verre*] to splinter, shatter; [*parti*] to break up; [*ville, services, structures familiales*] to break up. **j'ai cru que ma tête allait ~** I thought my head would burst.
(b) [*incendie, épidémie, guerre*] to break out; [*orage, scandale, nouvelle*] to break. **la nouvelle a éclaté comme un coup de tonnerre** the news came like a thunderbolt *ou* like a bolt from the blue, the news burst like a bombshell.
(c) (*retentir*) **des cris ont éclaté** shouts were raised; **une détonation éclata** there was the blast of an explosion; **une fanfare éclata** there was a sudden flourish of trumpets, trumpet notes rang out; **un coup de fusil éclata** there was the crack of a rifle; **un coup de tonnerre éclata** there was a sudden peal of thunder; **des rires/des applaudissements ont éclaté** there was a roar of laughter/a burst of applause, laughter/applause broke out.

(d) (*se manifester*) [*vérité, bonne foi*] to shine out, shine forth (*littér*); [*mauvaise foi*] to be blatant. **sa joie** *ou* **la joie éclate dans ses yeux/sur son visage** joy shines in his eyes/on his face, his eyes are/face is shining with joy.

(e) ~ **de rire** to burst out laughing; **il éclata (de rage)** he exploded (with rage); ~ **en menaces** *ou* **en reproches** to inveigh (*contre* against), rail (*contre* at, against); ~ **en sanglots** to burst into tears; ~ **en applaudissements** to break *ou* burst into applause; **nous avons éclaté en protestations devant sa décision** we broke out in angry protest at his decision.

(f) faire ~ **mine** to detonate, blow up; *bombe, obus* to explode; *poudrière* to blow up; *pétard* to let *ou* set off; *ballon* to burst; *tuyau* to burst, crack; *verre* to shatter, splinter; **cette remarque l'a fait** ~ **(de colère)** he blew up* at this remark; **faire** *ou* **laisser** ~ **sa joie** to give free rein to one's joy; **faire** *ou* **laisser** ~ **sa colère** to give vent *ou* give free rein to one's anger.

2 s'éclater‡ *vpr* (*se défouler*) to have a ball‡. **s'** ~ **à faire** *ou* **en faisant qch** to get one's kicks* out of doing sth.

éclateur [eklatœʀ] *nm* (*Élec*) spark gap.

éclectique [eklɛktik] *adj* eclectic.

éclectisme [eklɛktism(ə)] *nm* eclecticism.

éclipse [eklips(ə)] *nf* (*Astron, fig*) eclipse. **carrière à** ~**s** career which goes by fits and starts; **personnalité à** ~**s** public figure who comes and goes, figure who is in and out of the public eye.

éclipser [eklipse] **(1)** *vt* (*Astron*) to eclipse; [*événement, gloire*] to eclipse, overshadow; [*personne*] to eclipse, overshadow, outshine. **2 s'éclipser*** *vpr* to slip away, slip out.

écliptique [ekliptik] *adj, nm* ecliptic.

éclisse [eklis] *nf* (*Méd*) splint; (*Rail*) fishplate.

éclisser [eklise] **(1)** *vt* (*Méd*) to splint, put in splints; (*Rail*) to join with fishplates.

éclopé, e [eklɔpe] **1** *adj personne* limping, lame; *cheval* lame. **2** *nm, f* (*hum*) (*dans une bagarre*) (slightly) wounded person; (*dans un accident*) (slightly) injured person.

éclore [eklɔʀ] **(45)** *vi* **(a)** [*œuf*] to hatch, be hatched; [*poussin*] to hatch (out); (*littér*) [*fleur*] to open out; [*amour, talent, jour*] to be born, dawn. (*littér*) **fleur à peine éclose/fraîche éclose** budding/ fresh-blown flower. **(b) faire** ~ **œuf** to hatch; (*littér*) *sentiment* to kindle; *qualités* to draw forth.

éclosion [eklozjɔ̃] *nf* (*V* **éclore**) hatching; opening; birth, dawn.

écluse [eklyz] *nf* (*Naut*) lock.

éclusée [eklyze] *nf* sluicing water.

écluser [eklyze] **(1)** *vt* **(a)** (‡: *boire*) to down*, knock back‡. **qu'est-ce qu'il a éclusé** what a hell of a lot he knocked back‡. **(b)** (*Tech*) *canal* to close the locks in.

éclusier, -ière [eklyzje, jɛʀ] *nm, f* lock keeper.

écodéveloppement [ekodevlɔpmɑ̃] *nm* ecodevelopment.

écœurant, e [ekœʀɑ̃, ɑ̃t] *adj conduite* disgusting, sickening; *personne* disgusting, loathsome; *gâteau, boisson* sickly (sweet); *goût* sickly, cloying. ~ **de banalité** painfully trivial.

écœurement [ekœʀmɑ̃] *nm* (*dégoût*) (*lit*) nausea; (*fig*) disgust; (*lassitude*) disillusionment, discouragement.

écœurer [ekœʀe] **(1)** *vt:* ~ **qn** [*gâteau, boisson*] to make sb feel sick; [*conduite, personne*] to disgust sb, nauseate sb, make sb sick; [*avantage, chance*] to make sb sick, sicken sb; [*échec, déception*] to discourage sb, sicken sb.

école [ekɔl] **1** *nf* **(a)** (*établissement, secte*) school. **avion-/navire-**~ training plane/ship; **l'**~ **reprend dans une semaine** school starts again in a week's time; **aller à l'**~ (*en tant qu'élève*) to go to school; (*en tant que visiteur*) to go to the school; **querelle d'**~**s** petty quarrel between factions; **son œuvre est une** ~ **de courage/de vertu** his work is an excellent schooling in courage/virtue.

(b) (*enseignement*) schooling. **l'**~ **en France** the French school system; **les partisans de l'**~ laïque the supporters of nondenominational state education; **elle fait l'**~ **depuis 15 ans** she's been teaching for 15 years.

(c) (*loc*) **être à bonne** ~ to be in good hands; **il a été à dure** *ou* **rude** ~ he learned about life the hard way; **à l'**~ **de qn** under sb's guidance; **apprendre la vie à l'**~ **de la pauvreté** to be schooled by poverty; **faire l'**~ **buissonnière** to play truant (*Brit*), play hooky (*US*); **faire** ~ [*personne*] to collect a following; [*théorie*] to gain widespread acceptance.

2: école de l'air flying school; **école des Beaux-Arts** ≃ art college; **école de conduite** driving school; **école confessionnelle** sectarian *ou* non-denominational school; **école de danse** (*gén*) dancing school; (*classique*) ballet school; **école de dessin** art school; (*Alpinisme*) **école d'escalade** practice cliff, crag; **école élémentaire** elementary school; **école hôtelière** catering school, hotel management school; **école maternelle** nursery school; **école militaire** military academy; **École nationale d'administration** *college for senior civil servants*; **École nationale supérieure de chimie** *etc national college of chemical etc engineering*; **École nationale supérieure d'ingénieurs** national college of engineering; **école de neige** ski school; **école normale** ≃ teachers' training college; **École normale supérieure** *grande école for training of teachers*; **école de pensée** school of thought; **école de police** police academy; **École polytechnique** École Polytechnique; **école primaire** primary *ou* elementary school, grade school (*US*); **école de secrétariat** secretarial college; *V* **haut, mixte** *etc*.

écolier [ekɔlje] *nm* schoolboy; (††) *débutant* novice. **papier (format)** ~ exercise (book) paper; *V* **chemin.**

écolière [ekɔljɛʀ] *nf* schoolgirl.

écolo* [ekɔlo] *nm*: **les** ~**s** the Greens, the environmentalists.

écologie [ekɔlɔʒi] *nf* ecology.

écologique [ekɔlɔʒik] *adj* ecological. **mouvement** ~ ecomovement.

écologiste [ekɔlɔʒist(ə)] *nmf* ecologist, environmentalist.

éconduire [ekɔ̃dɥiʀ] **(38)** *vt* **(a)** (*congédier*) *visiteur* to dismiss; *soupirant* to reject; *solliciteur* to put off.

(b) (*reconduire*) to usher out (*frm*).

économat [ekɔnɔma] *nm* (*fonction*) bursarship, stewardship; (*bureau*) bursar's office, steward's office; (*magasin*) staff cooperative *ou* store.

économe [ekɔnɔm] **1** *adj* thrifty. **être** ~ **de son temps/ses efforts** *etc* to be sparing of one's time/efforts *etc*. **2** *nmf* bursar, steward.

économétricien [ekɔnɔmetʀisjɛ̃] *nm* econometrician.

économétrie [ekɔnɔmetʀi] *nf* econometrics (*sg*).

économétrique [ekɔnɔmetʀik] *adj* econometric.

économie [ekɔnɔmi] *nf* **(a)** (*science*) economics (*sg*); (*Pol: système*) economy. ~ **politique** political economy; ~ **de troc** barter economy; ~ **dirigée** state-controlled *ou* centrally-planned economy; ~ **monétaire** cash economy; ~ **de marché** free market *ou* free enterprise economy; (*Scol*) ~ **domestique** home economics.

(b) (*U: épargne*) economy, thrift. **par** ~ for the sake of economy; **ménagère qui a le sens de l'**~ careful *ou* thrifty housewife.

(c) (*gain*) saving. **faire une** ~ **de temps/d'argent** to save time/ money; **représenter une** ~ **de temps** to represent a saving in time; **procédé permettant une** ~ **de temps/de main-d'œuvre** time-saving/labour-saving process; **elle fait l'**~ **d'un repas par jour** she goes *ou* does without one meal a day; **avec une grande** ~ **de moyens** with very restricted *ou* limited means.

(d) (*gains*) ~**s** savings; **avoir des** ~**s** to have (some) savings, have some money saved up; **faire des** ~**s** to save up, save money, put money by; **faire des** ~**s de chauffage** to economize on heating; **les** ~**s d'énergie sont nécessaires** energy conservation is essential; **réaliser d'importantes** ~**s d'énergie** to make significant energy savings *ou* make significant savings on one's fuel *ou* heating bills; **il n'y a pas de petites** ~**s** take care of the pennies and the pounds will take care of themselves, every little (bit) helps; (*fig péj*) **faire des** ~**s de bouts de chandelle** to make footling (*Brit*) *ou* cheeseparing economies.

(e) [*livre*] arrangement; [*projet*] organization.

économique [ekɔnɔmik] **1** *adj* (*Écon*) economic; (*bon marché*) economical; (*Aut*) fuel-efficient. **2** *nf* economics (*sg*).

économiquement [ekɔnɔmikmɑ̃] *adv* economically. (*Admin*) **les** ~ **faibles** the lower-income groups.

économiser [ekɔnɔmize] **(1)** *vt électricité* to economize on, save on; *énergie* to conserve, save; *temps* to save; *argent* to save up, put aside. ~ **ses forces** to save one's strength; ~ **sur le chauffage** to economize on *ou* cut down on heating.

économiseur [ekɔnɔmizœʀ] *nm* (*Aut*) ~ **(de carburant)** fuel-saving device.

économiste [ekɔnɔmist(ə)] *nmf* economist.

éconoscope [ekɔnɔskɔp] *nm* (*Aut*) fuel economy gauge.

écope [ekɔp] *nf* (*Naut*) bale(r).

écoper [ekɔpe] **(1)** *vti* (*Naut*) to bale (out). ~ **(d')une punition*** to cop it‡ (*Brit*), catch it*; ~ **de 3 ans de prison*** to get a 3-year gaol sentence, get sentenced to 3 years; **c'est moi qui ai écopé** it was me *ou* I was the one who got it in the neck‡ *ou* who took the rap*; **il a écopé pour les autres** he took the rap for the others*.

écorce [ekɔʀs(ə)] *nf* [*arbre*] bark; [*orange*] peel, skin; (†: *fig*) [*personne*] appearance, exterior. (*Géol*) **l'**~ **terrestre** the earth's crust; (*Can*) **canot d'**~ bark canoe.

écorcer [ekɔʀse] **(3)** *vt fruit* to peel; *arbre* to bark, strip the bark from.

écorché [ekɔʀʃe] *nm* (*Anat*) écorché; (*Tech*) cut-away (diagram). (*fig: contestataire*) ~ **vif** he's a tormented soul.

écorchement [ekɔʀʃəmɑ̃] *nm* [*animal*] skinning.

écorcher [ekɔʀʃe] **(1)** *vt* **(a)** (*dépecer*) *animal* to skin; *criminel* to flay. **écorché vif** flayed alive.

(b) (*égratigner*) *peau, visage* to scratch, graze; *genoux* to graze, scrape. **il s'est écorché les mollets** he grazed *ou* barked his shins.

(c) (*par frottement*) to chafe, rub; *cheval* to gall.

(d) (*fig*) *mot, nom* to mispronounce. **il écorche l'allemand** he speaks broken German.

(e) (*fig: ruiner*) ~ **le client** to fleece* one's customers; **vous m'écorchez!** you're bleeding me white!; **se faire** ~ to get fleeced*.

(f) ~ **les oreilles de qn** [*bruit*] to grate on sb's ears; [*personne*] to hurt sb's ears.

écorcheur, -euse [ekɔʀʃœʀ, øz] *nm, f* [*animal*] skinner; (*fig: hôtelier*) fleecer*, extortioner.

écorchure [ekɔʀʃyʀ] *nf* (*V* **écorcher**) scratch; graze; scrape.

écorner [ekɔʀne] **(1)** *vt meuble* to chip the corner of; *livre* to turn down the corner of; (*fig*) *fortune* to make a hole in. **laisser une fortune bien écornée** to leave a greatly depleted fortune; **vieux livre tout écorné** old dog-eared book.

écornifler*† [ekɔʀnifle] **(1)** *vt* to cadge, scrounge (*chez qn* from sb).

écornifleur, -euse*† [ekɔʀniflœʀ, øz] *nm, f* cadger, scrounger.

écossais, e [ekɔse, ɛz] **1** *adj temps, caractère* Scottish, Scots (*épith*); *whisky, confiture* Scotch; *tissu* tartan, check; *V* **douche.**

2 *nm* **(a)** É~ Scot, Scotsman; **les** É~ the Scots.

(b) (*Ling*) (*dialecte anglais*) Scots; (*dialecte gaélique*) Gaelic.

(c) (*tissu*) tartan (cloth).

3 Écossaise *nf* Scot, Scotswoman.

Écosse [ekɔs] *nf* Scotland; *V* **nouveau.**

écosser [ekɔse] **(1)** *vt* to shell, pod. **petits pois/haricots à** ~ peas/ beans in the pod, unshelled peas/beans.

écosystème [ekɔsistɛm] *nm* ecosystem.

écot [eko] *nm* share (of a bill). **chacun de nous a payé son** ~ we went Dutch*, we all paid our share.

écoulement [ekulmɑ̃] *nm* **(a)** [*eau*] flow. **tuyau/fossé d'**~ drainage pipe/ditch.

(b) [*humeur, pus*] discharge. ~ **de sang** flow of blood, bleeding.

(c) (*fig*) [*foule*] dispersal; [*temps*] passage, passing. **l'**~ **des voitures** the flow of traffic.

(d) (*Comm*) selling, passing.

écouler [ekule] (1) **1** *vt* **(a)** (*Comm*) to sell. ~ des faux billets to get rid of *ou* dispose of counterfeit money; on n'arrive pas à ~ ce stock this stock isn't moving *ou* selling; nous avons écoulé tout notre stock we've cleared all our stock.
(b) faire ~ eau to let out, run off.
2 s'écouler *vpr* **(a)** [*liquide*] (*suinter*) to seep *ou* ooze (out); (*fuir*) to leak (out); (*couler*) to flow (out); (*Méd*) [*pus*] to ooze out. s'~ à grands flots to pour out.
(b) [*temps*] to pass (by), go by; [*argent*] to disappear, melt away; [*foule*] to disperse, drift away. en réfléchissant sur sa vie écoulée thinking over his past life; **10 ans s'étaient écoulés** 10 years had passed *ou* had elapsed *ou* had gone by; les fonds s'écoulent vite (the) funds are soon spent *ou* exhausted.
(c) (*Comm*) to sell. marchandise qui s'écoule bien quick-selling item *ou* line; nos produits se sont bien écoulés our products have sold well.

écourter [ekuRte] (1) *vt* bâton to shorten; *visite, attente, supplice, adieux* to cut short, shorten, curtail; *texte, discours* to shorten, cut down; *queue* to dock.

écoute [ekut] *nf* **(a)** être à l'~ to be listening (*de* to); (*péj*: *épier*) to listen in, eavesdrop (*de* on); (*fig: être aux aguets*) to be on the look-out (*de* for), keep one's ears open (*de* for).
(b) (*Rad*) listening (*de* to). être à l'~ de to be tuned in to, be listening to; se mettre à *ou* prendre l'~ to tune in; nous restons à l'~ we are staying tuned in; (*Rad*) reprendre l'~ to retune; heures de grande ~ (*Rad*) peak listening hours; (*TV*) peak viewing hours; (*Rad, TV*) avoir une grande ~ to have a large audience; avoir une grande ~ féminine to have a large female audience *ou* a large number of women listeners (*Rad*) *ou* viewers (*TV*); l'indice d'~ d'une émission the ratings (of a programme).
(c) (*Mil, Police*) les ~s téléphoniques phone-tapping; ils sont sur ~ their phone is tapped; *V* table.
(d) (*Naut*) sheet.
(e) [*sanglier*] ~s ears.

écouter [ekute] (1) **1** *vt* **(a)** *discours, chanteur* to listen to, hear; *radio, disque* to listen to. écoute! listen!; j'ai été ~ sa conférence I went to hear his lecture; écoutons ce qu'il dit let's listen to *ou* hear what he has to say; ~ qn jusqu'au bout to hear sb out; ~ qch/qn secrètement to listen in on *ou* to sth/sb; ~ qn parler to hear sb speak; savoir ~ to be a good listener; ~ aux portes to eavesdrop; ~ de toutes ses oreilles to be all ears, listen with both ears; n'~ que d'une oreille to listen with (only) half an ear; faire ~ un disque à qn to play a record to sb.
(b) *justification, confidence* to listen to; (*Jur, Rel*) to hear. écoute-moi au moins! at least listen to *ou* hear what I have to say!
(c) *conseil* to listen to, take notice of. écoute-moi listen to me, take my advice; refuser d'~ un conseil to turn a deaf ear to advice, disregard (a piece of) advice; bon, écoute! well, listen!; ses conseils sont très écoutés his advice is greatly valued *ou* greatly sought after; il se fait ~ du ministre he has the ear of the minister; quelqu'un de très écouté someone whose opinion is highly valued.
(d) (*obéir à*) to listen to, obey. ~ ses parents to listen to *ou* obey one's parents; vas-tu m'~)~! will you listen to me!; faire ~ qn to get sb to listen *ou* obey *ou* behave; son père saura le faire ~ his father will teach him how to behave; il sait se faire ~ he knows how to make himself obeyed; he's good at getting people to do what he says; n'écoutant que son courage letting (his) courage be his only guide.
2 s'écouter *vpr* [*malade*] elle s'écoute trop she coddles herself; si je m'écoutais je n'irais pas là if I had a good mind not to go, if I had any sense I wouldn't go; s'~ parler to savour one's words; il aime s'~ parler he loves the sound of his own voice.

écouteur, -euse [ekutœR, øz] **1** *nm* (*personne*) (*attentif*) listener; (*indiscret*) eavesdropper. **2** *nm* [*téléphone*] earpiece. (*Rad*) ~s earphones, headphones.

écoutille [ekutij] *nf* (*Naut*) hatch(way).

écouvillon [ekuvijɔ̃] *nm* [*fusil*] swab; [*bouteilles*] (bottle-)brush; [*boulanger*] scuffle.

écouvillonnage [ekuvijɔnaʒ] *nm* [*fusil*] swabbing; [*bouteille, four*] cleaning.

écouvillonner [ekuvijɔne] (1) *vt* fusil to swab; bouteille, four to clean.

écrabouillage* [ekRabujaʒ] *nm*, **écrabouillement*** [ekRabujmɑ̃] *nm* squashing, crushing.

écrabouiller* [ekRabuje] (1) *vt* to squash, crush. se faire ~ par une voiture to get flattened *ou* crushed by a car.

écran [ekRɑ̃] *nm* **(a)** (*gén*) screen. ce mur fait ~ et nous isole du froid/du bruit this wall screens *ou* shields us from the cold/noise, this wall acts as a screen *ou* shield for (us) against the cold/noise; faire ~ à qn (*abriter*) to screen *ou* shelter sb; (*gêner*) to get in the way of sb; (*éclipser*) to stand in the way of sb; son renom me fait ~ his fame puts me in the shade; ~ de fumée/de protection smoke/ protective screen; ~ de verdure screen of greenery; (*Ordin*) à haute définition/à fenêtres high-resolution/split screen; (*Ordin*) ~ pleine page full page display; *V* petit.
(b) ~ (de cinéma) (*toile*) screen; (*salle*) cinema; ~ de projection projector screen; vedette de l'~ film *ou* movie (*US*) star; prochainement sur vos ~s coming soon to a cinema near you; porter un roman à l'~ to screen a novel, adapt a novel for the screen; ce film sera la semaine prochaine sur les ~s londoniens this film will open *ou* be showing next week in London.

écrasant, e [ekRazɑ̃, ɑ̃t] *adj* impôts, mépris, poids crushing; preuve, responsabilité, nombre overwhelming; travail gruelling, back-breaking; victoire, défaite, supériorité crushing, overwhelming; chaleur overpowering, overwhelming. (*Pol*) majorité/victoire ~e landslide *ou* crushing majority/victory.

écrasé, e [ekRaze] (*ptp de* écraser) *adj* nez flat, squashed; *perspective, relief* dwarfed.

écrasement [ekRazmɑ̃] *nm* (*V* écraser) crushing; swatting; stubbing out; mashing; grinding; pounding; squeezing; flattening; trampling down; running over; suppressing.

écraser [ekRaze] (1) **1** *vt* **(a)** (*gén*) to crush; *mouche* to swat; *mégot* to stub out; (*en purée*) to mash; (*en poudre*) to grind (*en* to); (*au pilon*) to pound; (*pour le jus*) to squeeze; (*en aplatissant*) to flatten (*out*); (*en piétinant*) to trample down. ~ sous la dent *biscuit* to crunch; *noix* to crush between one's teeth; écrasé par la foule squashed *ou* crushed in the crowd; aïe, vous m'écrasez les pieds ouch, you're standing *ou* treading on my feet; ~ le champignon* to put one's foot hard down (on the accelerator) (*Brit*), step on the gas*; ~ le frein to stamp on *ou* slam on the brakes; (*fig*) il écrase tout le monde par son savoir he overshadows *ou* outshines everyone with his knowledge.
(b) (*tuer*) [*voiture*] to run over; [*avalanche*] to crush. la voiture l'a écrasé the car ran him over (*Brit*) *ou* ran over him; il s'est fait ~ par une voiture he was run over by a car.
(c) (*fig: accabler*) to crush. les impôts nous écrasent, nous sommes écrasés d'impôts we are overburdened *ou* crushed by taxation; il nous écrase de son mépris he crushes *ou* withers us with his scorn; écrasé de chaleur overcome by the heat; écrasé de sommeil/de douleur overcome by sleep/with grief; écrasé de travail snowed under with* *ou* overloaded with work.
(d) (*vaincre*) ennemi to crush; rébellion to crush, suppress, put down. notre équipe a été écrasée *ou* s'est fait ~ par les adversaires we were beaten hollow (*Brit*) *ou* we were hammered* by the opposing team; il écrase tout le monde he outstrips *ou* outdoes everyone; en maths il écrase tout le monde he outshines *ou* out-does everyone at maths.
2 *vi*: en ~* to sleep like a log*.
3 s'écraser *vpr* **(a)** [*avion, auto*] to crash (*contre* into, against, *sur* on); [*objet, corps*] to be dashed *ou* smashed *ou* crushed (*contre* on, against).
(b) [*foule*] (*dans le métro*) to be *ou* get crushed (*dans* in). on s'écrase pour en acheter they're falling over each other *ou* they're rushing to buy them; on s'écrase devant les cinémas there's a great crush to get into the cinemas.
(c) (*:: se taire*) to pipe down*. écrasons-nous, ça vaut mieux! we'd better pipe down!*; oh! écrase! oh shut up!* *ou* belt up!:: (*Brit*).

écraseur, -euse* [ekRazœR, øz] *nm, f* roadhog*.

écrémage [ekRemaʒ] *nm* (*V* écrémer) skimming, creaming; creaming off.

écrémer [ekReme] (6) *vt* lait to skim, cream; (*fig*) to cream off the best from. lait écrémé skimmed milk.

écrémeuse [ekRemøz] *nf* creamer, (cream) separator.

écrêter [ekRɛte] (1) *vt* (*niveler*) to lop.

écrevisse [ekRəvis] *nf* (freshwater) crayfish, crawfish. avancer *ou* marcher comme une ~ to take one step forward and two steps backward; *V* rouge.

écrier (s') [ekRije] (7) *vpr* to exclaim, cry out.

écrin [ekRɛ̃] *nm* case, box (*for silver, jewels*), casket†. (*littér*) niché dans un ~ de verdure nestling in a bosky bower (*littér*).

écrire [ekRiR] (39) *vt* **(a)** (*gén*) mots, livres to write; (*orthographier*) to spell; (*inscrire, marquer*) to write down. je lui ai écrit que je viendrais I wrote and told him I would be coming; vous écrivez trop mal your writing is too bad; ~ des commentaires au crayon to pencil in comments, make notes *ou* comments in pencil; ~ gros/fin to have large/small (hand)writing; ~ à la machine to type, typewrite; comment est-ce que ça s'écrit? how do you spell it? *ou* write it?; ça s'écrit comme ça se prononce it's spelt how it sounds, you write it the same way as you pronounce it.
(b) (*loc*) c'était écrit it was bound to happen, it was inevitable; il est écrit que je ne pourrai jamais y arriver! I'm fated *ou* doomed never to succeed!; c'est écrit sur sa figure it's stamped *ou* written all over his face; c'est écrit en noir sur blanc *ou* en toutes lettres it's written in black and white.

écrit [ekRi] *nm* (*ouvrage*) piece of writing, written work; (*examen*) written paper; (*Jur*) document. par ~ in writing; (*Scol*) être bon à l'~ to be good *ou* do well at the written papers.

écriteau, pl ~x [ekRito] *nm* notice, sign.

écritoire [ekRitwaR] *nf* writing case.

écriture [ekRityR] *nf* **(a)** (*à la main*) (hand)writing (*U*). il a une belle ~ he has beautiful (hand)writing, he writes a good hand; ~ de chat spidery (hand)writing.
(b) (*alphabet*) writing (*U*), script. ~ hiéroglyphique hieroglyphic writing; ~ phonétique phonetic script.
(c) (*littér: style*) writing (*U*), style.
(d) (*rédaction*) writing. se consacrer à l'~ (de romans) to devote one's time to writing (novels); (*Poésie*) ~ automatique automatic writing.
(e) (*Comm*) ~s accounts, entries, books; employé aux ~s ledger clerk; tenir les ~s to do the book-keeping *ou* the accounts *ou* the books.
(f) (*Fin*) entry. passer une ~ to make an entry.
(g) (*Rel*) l'É~, les É~s, l'É~ sainte Scripture, the Scriptures, (the) Holy Writ.

écrivailler [ekRivaje] (1) *vi* (*péj*) to scribble.

écrivailleur, -euse [ekRivajœR, øz] *nm, f*, **écrivaillon** [ekRivajɔ̃] *nm* (*péj*) scribbler.

écrivain [ekRivɛ̃] *nm* (*homme*) writer. (femme-)~ woman writer; ~ public† (public) letter-writer.

écrivassier, -ière [ekRivasje, jɛR] *nm, f* = écrivailleur.

écrou [ekʀu] *nm* (*Tech*) nut; *V* levée².
écrouelles†† [ekʀuɛl] *nfpl* scrofula.
écrouer [ekʀue] (1) *vt* (*incarcérer*) to imprison, lock away (in prison). ∼ **qn sous le numéro X** to enter sb on the prison register under the number X.
écroulé, e [ekʀule] (*ptp de* **s'écrouler**) *adj* (**a**) à moitié ∼ *maison, mur* half-ruined, tumbledown (*épith*), dilapidated.
   (**b**) être ∼ (*par le malheur*) to be prostrate with grief; (*par la fatigue*) to be in a state of collapse; être ∼ (**de rire**) to be doubled up with laughter.
écroulement [ekʀulmɑ̃] *nm* (*V* s'écrouler) fall; collapse; caving in; crumbling; crash.
écrouler (s') [ekʀule] (1) *vpr* (**a**) *[mur]* to fall (down), collapse; *[rocher]* to fall; *[toit]* to collapse, cave in, fall in; *[empire]* to crumble, crumble; *[empire financier, entreprise]* to fall, collapse, crash; *[prix, cours]* to collapse, plummet; *[espoir, projet, théorie]* to collapse, crumble; *[personne]* (*tomber*) to collapse *ou* crumble (to the ground); (*: s'endormir*) to fall fast asleep. **être près de s'**∼ to be on the verge of collapse; **tous nos projets s'écroulent** all our plans are crumbling *ou* falling apart, this is the collapse of all our plans; **s'**∼ **de sommeil/de fatigue** to be overcome with *ou* collapse with sleepiness/weariness; **il s'écroula dans un fauteuil*** he flopped down *ou* slumped down *ou* collapsed into an armchair.
   (**b**) (*fig*) *[coureur, candidat]* to collapse; *[accusé]* to break down.
écru, e [ekʀy] *adj tissu* raw, in its natural state; *couleur* ecru, natural-coloured. **toile** ∼**e** unbleached linen; **soie** ∼**e** raw silk (*before dyeing*).
ectoplasme [ektɔplasm(ə)] *nm* ectoplasm.
écu [eky] *nm* (*monnaie ancienne, papier*) crown; (*monnaie de la CEE*) ecu; (*Hér, Hist: bouclier*) shield.
écubier [ekybje] *nm* hawse-hole.
écueil [ekœj] *nm* (*lit*) reef, shelf; (*fig*) (*pierre d'achoppement*) stumbling block; (*piège, danger*) pitfall.
écuelle [ekɥɛl] *nf* (*pour chien*) bowl; (*assiette creuse*) bowl, porringer††; (*Hist*) platter; (*contenu*) bowlful.
écuellée [ekɥele] *nf* (*dial*) bowlful.
éculé, e [ekyle] (*ptp de* **éculer**) *adj soulier* down-at-heel; *plaisanterie* hackneyed, worn.
éculer [ekyle] (1) **1** *vt souliers* to wear down at the heel. **2 s'éculer** *vpr [plaisanterie]* to become hackneyed, wear thin.
écumage [ekymaʒ] *nm* skimming.
écume [ekym] *nf [mer]* foam; *[bouche]* froth; *[bière]* foam, froth; *[métal]* dross; *[confiture, bouillon]* scum; *[savon, cheval]* lather. **pipe en** ∼ **de mer** meerschaum pipe; (*fig*) **l'**∼ **de la société** the scum *ou* dregs of society.
écumer [ekyme] (1) *vt* (**a**) *bouillon* to skim; *métal* to scum.
   (**b**) (*piller*) to clean out, plunder. ∼ **les mers** to scour the seas; ∼ **la ville à la recherche de** to scour the town in search of.
   2 *vi [mer, confiture]* to foam; *[métal]* to scum; *[bouche, liquide]* to froth; *[cheval]* to lather. (*fig*) ∼ (**de rage**) to foam *ou* boil with rage.
écumeur [ekymœʀ] *nm* (*Hist, hum*) ∼ **des mers** pirate, buccaneer.
écumeux, -euse [ekymø, øz] *adj* foamy, frothy.
écumoire [ekymwaʀ] *nf* skimmer. **troué comme une** ∼ riddled with holes.
écureuil [ekyʀœj] *nm* squirrel.
écurie [ekyʀi] *nf [chevaux, cyclistes etc]* stable; (*fig: endroit sale*) pigsty. **mettre un cheval à l'**∼ to stable a horse; ∼ **de course** racing stable; ∼**s d'Augias** Augean stables; *V* sentir.
écusson [ekysɔ̃] *nm* (*insigne*) badge; (*Hér*) *[serrure]* escutcheon. (*Agr*) (*greffe en*) ∼ shield-graft.
écuyer [ekɥije] *nm* (**a**) (*cavalier*) rider, horseman; (*professeur d'équitation*) riding master. ∼ **de cirque** circus rider. (**b**) (*Hist*) (*d'un chevalier*) squire; (*à la cour*) equerry.
écuyère [ekɥijɛʀ] *nf* rider, horsewoman. ∼ **de cirque** circus rider.
eczéma [ɛgzema] *nm* eczema.
eczémateux, -euse [ɛgzematø, øz] *adj* eczematous.
edelweiss [edɛlvajs] *nm* edelweiss.
Éden [eden] *nm*: **l'**∼, **le jardin d'Éden** (the garden of) Eden.
édénique [edenik] *adj* Edenic.
édenté, e [edɑ̃te] (*ptp de* **édenter**) **1** *adj* (*totalement*) toothless; (*partiellement*) with (some) teeth missing. **2** *nmpl*: **les E**∼**s** the Edentata, edentate mammals.
édenter [edɑ̃te] (1) *vt* to break the teeth of.
EDF [ədeɛf] *nf* (*abrév de* **Electricité de France**) French Electricity Board, ≃ CEGB (*Brit*)
édicter [edikte] (1) *vt loi* to enact, decree; *peine* to decree.
édicule [edikyl] *nm* (*hum: cabinets*) public lavatory (*Brit*) *ou* convenience (*Brit*), rest room (*US*); (*kiosque*) kiosk (*Brit*).
édification [edifikasjɔ̃] *nf [bâtiment]* erection, construction; *[esprit]* edification, enlightenment.
édifice [edifis] *nm* edifice, building. ∼ **public** public building; **l'**∼ **social** the social structure *ou* fabric.
édifier [edifje] (7) *vt* (**a**) *maison* to build, construct, erect; *fortune, empire* to build (up). (**b**) (*moralement*) to edify; (*iro*) to enlighten, edify.
édile [edil] *nm* (*frm, hum*) (town) councillor.
Édimbourg [edɛ̃buʀ] *n* Edinburgh.
édit [edi] *nm* (*Hist*) edict.
éditer [edite] (1) *vt* (*publier*) to publish; *disques* to produce; (*annoter, commenter*) to edit.
éditeur, -trice [editœʀ, tʀis] *nm,f* (*V* **éditer**) publisher; editor. ∼ **de disques** record producer; (*Ordin*) ∼ **de textes** text editor.
édition [edisjɔ̃] *nf* (**a**) (*action de publier*) publishing; *[disques]* production. **travailler dans l'**∼ to be in publishing *ou* in the publishing business.
   (**b**) (*livre, journal*) edition. ∼ **spéciale** (*journal*) special edition; (*magazine*) special issue; (*journal*) ∼ **de 5 heures** five o'clock

edition; (*Rad, TV: informations*) **notre** ∼ **de 13 heures** our 1 o'clock news bulletin.
   (**c**) (*annotation*) editing; (*texte*) edition. **établir l'**∼ **critique d'un texte** to produce a critical edition of a text; ∼ **revue et corrigée/ revue et augmentée** revised and corrected/revised and enlarged edition.
   (**d**) (*Ordin*) editing.
éditorial, pl -iaux [editɔʀjal, jo] *nm* leading article, leader, editorial.
éditorialiste [editɔʀjalist(ə)] *nmf* leader *ou* editorial writer.
Edmond [ɛdmɔ̃] *nm* Edmund.
Édouard [edwaʀ] *nm* Edward. ∼ **le Confesseur** Edward the Confessor.
édredon [edʀədɔ̃] *nm* eiderdown.
éducable [edykabl(ə)] *adj* educable, teachable.
éducateur, -trice [edykatœʀ, tʀis] **1** *adj* educational. **2** *nm,f* (*gén*) teacher; (*prison*) tutor, instructor; (*théoricien*) educationalist.
éducatif, -ive [edykatif, iv] *adj* educational, educative. **jeu** ∼ educational game; **système** ∼ education system.
éducation [edykɑsjɔ̃] *nf* (**a**) (*enseignement*) education. **les problèmes de l'**∼ educational problems; **il faut faire l'**∼ **politique des masses** the masses must be educated politically; **j'ai fait mon** ∼ **à Paris** I was educated *ou* I went to school in Paris; **j'ai fait mon** ∼ **musicale à Paris** I studied music in Paris; **il a reçu une bonne** ∼ he is well-educated *ou* well-read; ∼ **religieuse** religious education; ∼ **permanente** continuing education; ∼ **professionnelle** professional training; ∼ **nouvelle** progressive education; ∼ **physique** physical training *ou* education, P.E.; ∼ **sexuelle** sex education; *V* maison, ministère.
   (**b**) (*discipline familiale*) upbringing. **une** ∼ **spartiate** a Spartan upbringing; **avoir de l'**∼ (*bonnes manières*) to be well-mannered *ou* well-bred *ou* well brought up; **manquer d'**∼ to be ill-mannered *ou* ill-bred, be badly brought up; **sans** ∼ ill-bred, uncouth.
   (**c**) (*goût, volonté*) training.
édulcorant, e [edylkɔʀɑ̃, ɑ̃t] **1** *adj* sweetening. **2** *nm* sweetener.
édulcorer [edylkɔʀe] (1) *vt* (**a**) (*expurger*) *doctrine, propos* to water down; *texte osé* to tone down, bowdlerize. (**b**) (*Pharm*) to sweeten.
éduquer [edyke] (1) *vt enfant* (*à l'école*) to educate; (*à la maison*) to bring up, rear, raise; *peuple* to educate; *goût, volonté* to train. **bien éduqué** well-mannered, well-bred, well brought up; **mal éduqué** ill-mannered, ill-bred, badly brought up.
effaçable [efasabl(ə)] *adj* inscription erasable.
effacé, e [efase] (*ptp de* **effacer**) *adj* (**a**) *teinte, couleur* (*qui a passé*) faded; (*sans éclat*) subdued.
   (**b**) *personne, manières* retiring, unassuming, self-effacing; *vie* retiring; *rôle* unobtrusive.
   (**c**) *menton* receding; *poitrine* flat. (*Escrime*) **en position** ∼**e** sideways (on).
effacement [efasmɑ̃] *nm* (**a**) *[inscription, faute, souvenir]* obliteration, effacing; *[bande magnétique]* erasing; *[craintes]* dispelling; (*Ling*) deletion. (*Escrime*) ∼ **du corps/des épaules** drawing o.s./one's shoulders in.
   (**b**) *[personne]* (*par sa modestie*) retiring *ou* self-effacing manner; (*devant un rival*) eclipse. **vivre dans l'**∼ to live a retiring life; **son** ∼ **progressif au profit du jeune sous-directeur** the gradual erosion of his position *ou* the way in which he was gradually being eclipsed by the young deputy director.
effacer [efase] (3) **1** *vt* (**a**) (*lit: enlever*) *inscription, traces* to obliterate, efface, erase; *bande magnétique* to erase; *écran d'ordinateur* to clear; *tableau noir* to clean; (*à la gomme*) to rub out (*Brit*), erase (*à l'éponge*) to wipe off, sponge off; (*en lavant*) to wash off *ou* out; (*au chiffon*) to wipe off; (*au grattoir*) to scratch out; (*Ling*) to delete. **cette gomme efface bien** this is a good rubber (*Brit*) *ou* eraser (*US*), this rubber (*Brit*) *ou* eraser (*US*) works well; **prends un chiffon pour** ∼ use a cloth to rub it out *ou* wipe it off; **efface le tableau** clean *ou* wipe the blackboard; **un chemin à demi effacé** a hardly distinguishable track.
   (**b**) (*fig: faire disparaître*) *mauvaise impression, souvenir* to erase, efface; *faute* to erase, obliterate; *craintes* to dispel. **on efface tout et on recommence** (*oublier le passé*) we'll let bygones be bygones, we'll wipe the slate clean (and make a fresh start); (*reprendre à zéro*) let's go back to square one, let's make a fresh start; **tenter d'**∼ **son passé** to try to live down *ou* blot out one's past; **le temps efface tout** everything fades with time.
   (**c**) (*éclipser*) to outshine, eclipse.
   (**d**) ∼ **le corps** (*Escrime*) to stand sideways on; (*gén*) to draw o.s. in; **efface les épaules!** shoulders back!; **efface le ventre!** stomach in!
   2 s'effacer *vpr* (**a**) *[inscription]* to wear away, wear off, become obliterated; *[couleurs]* to fade; *[sourire]* to fade, die. **le crayon s'efface mieux que l'encre** it is easier to rub out (*Brit*) *ou* erase pencil than ink, pencil rubs out (*Brit*) *ou* erases more easily than ink; **tableau noir qui s'efface bien/mal** blackboard which is easy/hard to clean.
   (**b**) *[crainte, impression, souvenir]* to fade, diminish. **tout s'efface avec le temps** everything fades in *ou* with time; **un mauvais souvenir qui s'efface difficilement** an unpleasant memory which (it) is hard to forget *ou* which is slow to fade.
   (**c**) (*lit: s'écarter*) to move aside, step back *ou* aside; (*fig: se tenir en arrière*) to keep in the background; (*se retirer*) to withdraw. **l'auteur s'efface derrière ses personnages** the author hides behind his characters; **elle s'efface le plus possible** she keeps (herself) in the background as much as possible.
effarant, e [efaʀɑ̃, ɑ̃t] *adj prix* outrageous, mind-blowing*; *vitesse* alarming, breathtaking; *bêtise* stunning, abysmal.
effaré, e [efaʀe] (*ptp de* **effarer**) *adj* alarmed (*attrib*) (*de* by, at),

aghast (*attrib*) (*de* at). **son regard** ~ his wild eyes, his look of alarm.

effarement [efaʀmɑ̃] *nm* alarm, trepidation.

effarer [efaʀe] (1) *vt* to alarm, fill with trepidation. (*sens affaibli: stupéfier*) **cette bêtise/hausse des prix m'effare** I find such stupidity/this rise in prices most alarming *ou* extremely worrying, I am aghast at *ou* appalled by such stupidity/this rise in prices.

effaroucher [efaʀuʃe] (1) **1** *vt* (*alarmer*) *animal* to frighten away *ou* off, scare away *ou* off; *personne timide etc* to frighten, scare; (*choquer*) to shock, upset.
  2 s'effaroucher *vpr* (*par timidité*) *[animal, personne]* to shy (*de* at), take fright (*de* at); (*par pudeur*) to be shocked *ou* upset (*de* by).

effectif, -ive [efɛktif, iv] **1** *adj aide* real (*épith*), positive (*épith*); *travail* effective, actual (*épith*), real (*épith*); (*Fin*) *capital* real (*épith*). **le couvre-feu sera ~ à partir de 22 heures** the curfew will take effect *ou* become effective as from 10 p.m.
  2 *nm [armée]* strength (*U*); *[classe]* size, complement, (total) number of pupils; *[parti]* size, strength. (*fig: troupes: Mil, Pol*) **~s** numbers, strength; **le lycée n'a jamais atteint son ~** *ou* **l'~ prévu** the (total) number of pupils in the school has never reached its projected level, the school has never reached its full complement; **l'~ de la classe a triplé en 2 ans** the (total) number of pupils in the class has *ou* the (size of the) class has trebled in 2 years; (*Mil*) **l'~ est au complet** we are at full strength *ou* up to strength; **augmenter ses ~s** *[parti, lycée]* to boost its numbers.

effectivement [efɛktivmɑ̃] *adv* **(a)** (*concrètement*) *aider, travailler* effectively. **contribuer ~ à qch** to make a real *ou* positive contribution to sth.
  (b) (*réellement*) actually, really. **je répète que cet incident s'est ~ produit** I repeat that this incident did actually *ou* really happen.
  (c) (*en effet*) actually, in fact. **c'est ~ plus rapide** it's actually faster, it is in fact faster; **n'y-a-t-il pas risque de conflit? — ~!** is there not a risk of conflict? — quite (so)! *ou* there is indeed!; **~, quand ce phénomène se produit ...** indeed *ou* in fact, when this phenomenon occurs ... .

effectuer [efɛktɥe] (1) **1** *vt manœuvre, opération, mission, réparation* to carry out; *expérience* to carry out, perform, make; *mouvement, geste* to make, execute; *paiement* to make, effect; *trajet* to make, complete; *reprise économique etc* to undergo, stage. **le franc/le coureur a effectué une remontée spectaculaire** the franc/the runner made *ou* staged a spectacular recovery.
  2 s'effectuer *vpr*: **le trajet s'effectue en 2 heures** the journey takes 2 hours (to complete); **le paiement peut s'~ de 2 façons** payment may be made in 2 ways; **le rapatriement des prisonniers s'est effectué sans incident** the repatriation of the prisoners went off without a hitch; **la rentrée scolaire s'est effectuée dans de bonnes conditions** the new school year got off to a good start.

efféminé, e [efemine] (*ptp de* **efféminer**) *adj* effeminate.

efféminement [efeminmɑ̃] *nm* effeminacy.

efféminer [efemine] (1) *vt* (*littér*) *personne* to make effeminate; *peuple, pensée* to emasculate. **s'~** to become effeminate.

effervescence [efɛʀvesɑ̃s] *nf* (*lit*) effervescence; (*fig*) agitation. **mettre la ville en ~** to set the town astir, put the town in a turmoil; **être en ~** to be in a turmoil (of excitement), be simmering with excitement; **l'~ révolutionnaire** the stirrings of revolution.

effervescent, e [efɛʀvesɑ̃, ɑ̃t] *adj* (*lit*) effervescent; (*fig*) agitated, in a turmoil (*attrib*).

effet [efɛ] *nm* **(a)** (*résultat*) *[action, médicament]* effect. **c'est un ~ de son inexpérience** it is because of *ou* a result of his inexperience; **c'est l'~ du hasard** it is quite by chance, it is the result of chance; **avoir** *ou* **produire beaucoup d'~/l'~ voulu** to have *ou* produce a considerable effect/the desired effect; **ces livres ont un ~ nocif sur la jeunesse** these books have a harmful effect on young people; **être** *ou* **rester sans ~** to be ineffective, have no effect; **créer un ~ de surprise** to create an effect of surprise; **en faisant cela il espérait créer un ~ de surprise** by doing this he was hoping to surprise them (*ou* us *etc*); **ces mesures sont demeurées sans ~** these measures had no effect *ou* were ineffective *ou* were of no avail; **avoir pour ~ de faire** to have the effect of doing; **avoir pour ~ une augmentation/diminution de** to result in an increase/a decrease in; **ce médicament (me) fait de l'~/a fait son ~** this medicine is effective *ou* works (on me)/has taken effect *ou* has worked; *V* **relation**.
  (b) (*impression*) impression. **faire** *ou* **produire un ~ considérable/déplorable (sur qn)** to make *ou* have a great/dreadful impression (on sb); **il a fait** *ou* **produit son petit ~** he managed to cause a bit of a stir *ou* a minor sensation; **il aime faire de l'~** he likes to create a stir; **c'est tout l'~ que ça te fait?** is that all it means to you?, is that all you feel about it?; **faire bon/mauvais ~ sur qn** to make a good/bad impression on sb; **il m'a fait bon ~** he made a good impression on me, I was favourably impressed by him; **ce tableau fait bon ~/beaucoup d'~ ici** this picture is quite/very effective here; **il me fait l'~ d'(être) une belle crapule** he strikes me as (being) a real crook, he seems like a real crook to me; **il me fait l'~ d'un renard** he puts me in mind of a fox (*Brit*), he reminds me of a fox; **cette déclaration a fait l'~ d'une bombe** this statement came as a bombshell; **cela m'a fait de l'~, de le voir dans cet état** it really affected me *ou* it gave me quite a turn to see him in that state; *V* **bœuf**.
  (c) (*artifice, procédé*) effect. **~ de contraste/de style/comique** contrasting/stylistic/comic(al) effect; **~ de perspective/ d'optique** 3-D *ou* 3-dimensional/visual effect; **~ facile** facile *ou* trite effect; **~ de lumière** (*au théâtre*) lighting effect; (*naturel, sur l'eau*) play of light (*U*), effects of light; (*Ciné*) **~s spéciaux** special effects; **rechercher les ~s** *ou* **l'~** to strive for effect; **soigner ses ~s** to take great trouble over one's effects; **elle lui a coupé ses ~s**

she stole his thunder; **manquer** *ou* **rater son ~** *[personne]* to spoil one's effect; *[plaisanterie]* to fall flat, misfire; **faire des ~s de voix** to use one's voice to dramatic effect, make dramatic use of one's voice; **cet avocat fait des ~s de manches** this barrister flourishes his arms *ou* waves his arms about in a most dramatic fashion.
  (d) (*Tech*) **~ Doppler(-Fizeau)** Doppler effect; **machine à simple/double ~** single-/double-effect machine.
  (e) (*Sport*) *[balle]* spin. **donner de l'~ à une balle** to spin a ball.
  (f) (*Admin, Jur*) augmentation de salaire avec **~ rétroactif au 1er janvier** payrise backdated to the 1st January, retrospective payrise from 1st January; **prendre ~ à la date de** to take effect from, be operative from.
  (g) (*Comm: valeur*) **~ de commerce, ~ bancaire** bill of exchange; **~ à vue** sight bill, demand note; **~ au porteur** bill payable to bearer; **~s à payer** notes payable; **~s à recevoir** bills receivable; **~s publics** government securities.
  (h) (*affaires, vêtements*) **~s** things, clothes; **~s personnels** personal effects.
  (i) en **~**: (*introduit une explication*) **cette voiture me plaît beaucoup, en ~, elle est rapide et confortable** I like this car very much because it's fast and comfortable; (*dans une réponse*) **étiez-vous absent, mardi dernier? — en ~, j'avais la grippe** were you absent last Tuesday? — yes (I was) *ou* that's right, I had flu; **cela me plaît beaucoup, en ~** yes (indeed), I like it very much; **c'est en ~ plus rapide** it's actually faster, it is in fact faster.
  (j) (*loc*) **mettre à ~** to put into operation *ou* effect; **à cet ~** to that effect *ou* end; **sous l'~ de** *alcool* under the effect(s) *ou* influence of; *drogue* under the effect(s) of; **sous l'~ de la colère il me frappa** in his anger he hit me, he hit me in anger; **il était encore sous l'~ de la colère** his anger had not yet worn off, he was still angry.

effeuillage [efœjaʒ] *nm* **(a)** (*Agr*) thinning-out of leaves. **(b)** (*hum*) striptease.

effeuiller [efœje] (1) **1** *vt arbre, branche [arboriculteur]* to thin out the leaves of; *[vent]* to blow the leaves off. (*par jeu*) **~ une branche/ une fleur** to pull *ou* pick the leaves off a branch/the petals off a flower; **~ la marguerite** to play 'she-loves-me, she-loves-me-not'.
  2 s'effeuiller *vpr [arbre]* to shed *ou* lose its leaves.

effeuilleuse [efœjøz] *nf* (*hum: femme*) stripper.

efficace [efikas] *adj remède, mesure* effective, efficacious, effectual; *personne, machine* efficient; *V* **grâce**.

efficacement [efikasmɑ̃] *adv* (*V* **efficace**) effectively, efficaciously, effectually; efficiently.

efficacité [efikasite] *nf* (*V* **efficace**) effectiveness, efficacy; efficiency.

efficience [efisjɑ̃s] *nf* efficiency.

efficient, e [efisjɑ̃, ɑ̃t] *adj* efficient.

effigie [efiʒi] *nf* effigy. **à l'~ de** bearing the effigy of; **en ~** in effigy.

effilé, e [efile] (*ptp de* **effiler**) **1** *adj doigt, silhouette* slender, tapering; *pointe, outil* highly-sharpened; *carrosserie* streamlined; *tissu* frayed. **amandes ~es** split almonds; **poulet ~** prepared roasting fowl. **2** *nm [jupe, serviette]* fringe.

effiler [efile] (1) **1** *vt* **(a)** *objet* to taper; *lignes, forme* to streamline. **(b)** *étoffe* to fray; *cheveux* to thin (out). **2 s'effiler** *vpr [objet]* to taper; *[étoffe]* to fray.

effilochage [efiloʃaʒ] *nm* fraying.

effilocher [efiloʃe] (1) **1** *vt tissu* to fray. **2 s'effilocher** *vpr* to fray. **veste effilochée** frayed jacket.

efflanqué, e [eflɑ̃ke] *adj* raw-boned. **c'était un cheval ~** the horse was mere skin and bones, the horse was a raw-boned creature.

effleurement [eflœrmɑ̃] *nm* (*frôlement*) light touch. **elle sentit sur son bras l'~ d'une main** she felt the light touch of a hand on her arm, she felt a hand brush against her arm.

effleurer [eflœre] (1) *vt* (*frôler*) to touch lightly, brush (against); (*érafler*) to graze; (*fig*) *sujet* to touch (lightly) upon, skim over. **les oiseaux effleuraient l'eau** the birds skimmed (across) the water; **une idée lui effleura l'esprit** an idea crossed his mind; **ça ne m'a pas effleuré** it didn't cross my mind, it didn't occur to me; (*littér*) **ayant oublié le désir qui l'avait effleuré** having forgotten his fleeting desire.

efflorescence [efloʀesɑ̃s] *nf* (*Bot, Chim*) efflorescence.

efflorescent, e [efloʀesɑ̃, ɑ̃t] *adj* (*Bot, Chim*) efflorescent.

effluve [eflyv] *nm* (*littér*) **~s** (*agréables*) fragrance, exhalation(s); (*désagréables*) effluvia, exhalations, (*fig*) **les ~s du passé** the shadows of the past.

effondré, e [efɔ̃dʀe] (*ptp de* **s'effondrer**) *adj* (*abattu*) shattered, crushed (*de* by). **~ de douleur** prostrate with grief; **les parents ~s** the grief-stricken parents.

effondrement [efɔ̃dʀəmɑ̃] *nm* **(a)** (*V* **s'effondrer**) collapse; caving-in; falling-in; falling-down; falling-away; breaking-down. **(b)** (*abattement*) utter dejection.

effondrer (s') [efɔ̃dʀe] (1) *vpr* **(a)** *[toit, plancher]* to collapse, cave in, fall in; *[mur]* to collapse, fall down; *[terre]* to fall away, collapse; *[pont]* to collapse, cave in.
  (b) (*fig*) *[empire, projets]* to collapse, fall in ruins; *[prix, marché]* to collapse, plummet; *[preuve, argument]* to collapse, fall down (completely).
  (c) *[personne]* to collapse; (*fig*) *[accusé]* to break down. (*fig*) **elle s'est effondrée en larmes** she dissolved *ou* collapsed into tears, she broke down and wept; **effondré sur sa chaise** slumped on his chair.

efforcer (s') [efɔʀse] (3) *vpr*: **s'~ de faire** to try hard *ou* endeavour to do, do one's best to do; (*littér*) **il s'efforçait à une politesse dont personne n'était dupe** he was striving to remain polite but he convinced nobody; (†, *littér*) **ils s'efforçaient en vain** they were striving in vain.

effort [efɔʀ] *nm* **(a)** (*physique, intellectuel*) effort. **après bien des ~s** after much exertion *ou* effort; **la récompense de nos ~s** the

reward for our efforts; **nécessiter un (gros)** ~ **financier** to require a (large) financial outlay; **faire un** ~ **financier en faveur des petites entreprises** to give financial help to small businesses; **l'**~ **financier de la France dans le domaine de l'énergie** France's investment in the field of energy (production); ~ **de volonté** effort of will; **cela demande un** ~ **de réflexion** that requires careful thought; **faire un** ~ **de mémoire** to make an effort *ou* try hard to remember; **cela demande un** ~ **d'attention** you have to make an effort to concentrate (on that); **tu dois faire un** ~ **d'imagination** you should (make an effort and) try to use your imagination.
  (b) (*Tech*) stress, strain. ~ **de torsion** torsional stress; ~ **de traction** traction, pull; **l'**~ **que subissent les fondations** the strain on the foundations.
  (c) (*loc*) **faire un** ~ to make an effort; **faire de gros** ~**s pour réussir** to make a great effort *ou* great efforts to succeed, try very hard to succeed; **faire tous ses** ~**s** to do one's utmost *ou* all one can, make every effort; **faire un** ~ **sur soi-même pour rester calme** to make an effort *ou* force o.s. to stay calm, try to keep calm; **faire l'**~ **de** to make the effort to; **plier sous l'**~ to bend with the effort; (*Sport*) **il est resté en deçà de son** ~ he did not go all out, he didn't stretch himself to his limit; **encore un** ~ just one more go, just a little more effort; **sans** ~ effortlessly, easily; **avec** ~ with an effort; *V* **moindre.**

effraction [efʀaksjɔ̃] *nf* (*Jur*) breaking and entering (*Jur*) breaking(-in). **entrer par** ~ to break in; **ils sont entrés par** ~ **dans la maison** they broke into the house; ~ **informatique** (computer) hacking; *V* **vol².**

effraie [efʀɛ] *nf*: (**chouette**) ~ barn-owl.

effrangé, e [efʀɑ̃ʒe] (*ptp de* **effranger**) *adj* fringed; (*effiloché*) frayed.

effranger [efʀɑ̃ʒe] (3) **1** *vt* to fringe (*by fraying*) **2 s'effranger** *vpr* to fray. **ces manches s'effrangent** these sleeves are fraying (at the edges).

effrayant, e [efʀɛjɑ̃, ɑ̃t] *adj* frightening, fearsome; (*sens affaibli*) frightful, dreadful.

effrayer [efʀeje] (8) **1** *vt* to frighten, scare. **2 s'effrayer** *vpr* to be frightened *ou* scared (*de* by) take fright (*de* at) be afraid (*de* of).

effréné, e [efʀene] *adj course* wild, frantic; *passion, luxe* unbridled, unrestrained, wild.

effritement [efʀitmɑ̃] *nm* (*V* **s'effriter**) crumbling(-away); disintegration; erosion.

effriter [efʀite] (1) **1** *vt biscuit, sucre* to crumble; *roche, falaise* to cause to crumble.
  2 s'effriter *vpr* [*roche*] to crumble (away); [*valeurs morales*] to crumble (away), disintegrate; [*majorité électorale*] to crumble; [*monnaie*] to be eroded, decline in value.

effroi [efʀwa] *nm* (*littér*) terror, dread.

effronté, e [efʀɔ̃te] *adj personne, air, réponse* cheeky (*Brit*), insolent, impudent; *mensonge, menteur* barefaced (*épith*), brazen, shameless. **l'**~! (*enfant*) (the) impudent *ou* insolent *ou* cheeky (*Brit*) child!; (*adulte*) (the) insolent fellow!

effrontément [efʀɔ̃temɑ̃] *adv* (*V* **effronté**) insolently, impudently; barefacedly, brazenly, shamelessly; cheekily (*Brit*).

effronterie [efʀɔ̃tʀi] *nf* [*réponse, personne*] cheek (*Brit*), insolence, impudence, effrontery; [*mensonge*] shamelessness, effrontery.

effroyable [efʀwajabl(ə)] *adj* horrifying, appalling.

effroyablement [efʀwajabləmɑ̃] *adv* appallingly, horrifyingly.

effusion [efyzjɔ̃] *nf* [*tendresse, sentiment*] burst. **après ces** ~**s** after these effusions *ou* emotional demonstrations; **remercier qn avec** ~ to thank sb effusively; ~ **de sang** bloodshed.

égaiement [egɛmɑ̃] *nm* (*V* **égayer**) cheering-up; brightening-up; amusement; enlivenment; merrymaking.

égailler (s') [egaje] (1) *vpr* to scatter, disperse.

égal, e, *mpl* **-aux** [egal, o] **1** *adj* (a) (*de même valeur*) equal (*à* to). **de poids** ~ of equal weight; **à poids** ~ weight for weight; **à nombre/prix** ~ for the same number/price; **égaux en nombre** of equal numbers, equal in numbers; **à** ~**e distance de deux points** equidistant *ou* exactly halfway between two points; **Orléans est à** ~**e distance de Tours et de Paris** Orléans is equidistant from Tours and Paris *ou* is the same distance from Tours as from Paris; **Tours et Paris sont à** ~**e distance d'Orléans** Tours and Paris are the same distance from Orléans *ou* Tours and Paris are equidistant from Orléans; **d'adresse/d'audace** ~**e** of equal skill/boldness, equally skilful/bold.
  (b) (*sans variation*) *justice* even, unvarying; *climat* equable, unchanging; *terrain* even, level; *bruit, rumeur* steady, even; *vent* steady. **de caractère** ~ even-tempered, equable(-tempered); **marcher d'un pas** ~ to walk with a regular *ou* an even step.
  (c) (*loc*) **ça m'est** ~ (*je n'y attache pas d'importance*) I don't mind, I don't feel strongly (about it); (*je m'en fiche*) I don't care; **tout lui est** ~ he doesn't feel strongly about anything; **c'est** ~, **il aurait pu m'écrire** all the same *ou* be that as it may, he might have written (to me); **la partie n'est pas** ~**e** (*entre eux*) they are not evenly matched; **sa probité n'a d'**~**e que sa générosité** his integrity is matched *ou* equalled only by his generosity; **rester** ~ **à soi-même** to remain true to form, be still one's old self; *V* **arme, jeu.**
  2 *nm,f* (**a**) (*personne*) equal. **il ne fréquente que ses égaux** he only associates with his equals.
  (b) (*loc*) **il a traité d'**~ **à** ~ **avec moi** he treated me as his *ou* an equal; **nous parlions d'**~ **à** ~ we talked to each other as equals; (*égal à*) **sa probité est à l'**~ **de sa générosité** his generosity is equalled *ou* matched by his integrity; (*comme*) **c'est une vraie mégère à l'**~ **de sa mère** she's a real shrew just like her mother; **sans** ~ *beauté, courage* matchless, unequalled, peerless.

égalable [egalabl(ə)] *adj*: **difficilement** ~ difficult to equal *ou* match.

également [egalmɑ̃] *adv* (*sans aspérités*) evenly; (*sans préférence*) equally; (*aussi*) also, too, as well. **elle lui a** ~ **parlé** (*elle aussi*) she also *ou* too spoke to him, she spoke to him too *ou* as well; (*à lui aussi*) she spoke to him as well *ou* too.

égaler [egale] (1) **1** *vt* (**a**) *personne, record* to equal (*en* in) (*Math*) **2 plus 2 égalent 4** 2 plus 2 equals 4; **personne ne l'a encore égalé en adresse** so far there has been no one to equal *ou* match his skill, so far no one has equalled him in skill *ou* matched him for skill; **son intégrité égale sa générosité** his generosity is matched *ou* equalled by his integrity, his integrity matches *ou* equals his generosity.
  (b) (*comparer*) ~ **qn à** to rank sb with; **c'est un bon compositeur mais je ne l'égalerais pas à Ravel** he's a good composer but I wouldn't rank him with *ou* put him beside Ravel.
  (c) (†: *rendre égal*) **la mort égale tous les êtres** death makes all men equal *ou* levels all men.
  2 s'égaler *vpr*: **s'**~ **à** (*se montrer l'égal de*) to equal, be equal to; (*se comparer à*) to liken o.s. to, compare o.s. to.

égalisateur, -trice [egalizatœʀ, tʀis] *adj* equalizing. (*Sport*) **le but** ~ the equalizer (*Brit*), the tying goal (*US*).

égalisation [egalizasjɔ̃] *nf* (*Sport*) equalization (*Brit*), tying (*US*). [*sol, revenus*] levelling. (*Sport*) **c'est l'**~ they've scored the equalizer (*Brit*) *ou* the equalizing (*Brit*) *ou* tying (*US*) goal, they've equalized (*Brit*) *ou* tied (*US*)

égaliser [egalize] (1) **1** *vt chances* to equalize, make equal; *cheveux* to straighten up; *sol, revenus* to level (out). **2** *vi* (*Sport*) to equalize (*Brit*), tie (*US*). **3 s'égaliser** *vpr* [*chances*] to become (more) equal; [*sol*] to level (out), become (more) level.

égalitaire [egalitɛʀ] *adj* egalitarian.

égalitarisme [egalitaʀism(ə)] *nm* egalitarianism.

égalitariste [egalitaʀist(ə)] *adj, nmf* egalitarian.

égalité [egalite] *nf* [*chances, hommes*] equality; (*Math*) identity; [*climat*] equableness, equability; [*pouls*] regularity; [*surface*] evenness, levelness; (*Tennis*) deuce. **obtenir l'**~ to manage to get a draw (*Brit*) *ou* tie (*US*); ~ **d'humeur** evenness of temper, equableness, equanimity; ~ **d'âme** equanimity; **à** ~ **de qualification on prend le plus âgé** in the case of equal qualifications we take the oldest; ~ **des chances** equality of opportunity; (*Sport*) **être à** ~ (*après un but*) to be equal; (*fin du match*) to draw (*Brit*), tie (*US*); (*Tennis*: *à 40/40*) to be at deuce; *V* **pied.**

égard [egaʀ] *nm* (**a**) (*respect*) ~**s** consideration; **il la reçut avec de grands** ~**s** he welcomed her with every *ou* great consideration; **il a beaucoup d'**~**s pour sa femme** he shows great consideration for his wife, he's very considerate to(wards) his wife; **manquer d'**~**s envers qn** to be inconsiderate to(wards) sb, show a lack of consideration for sb; **vous n'avez aucun** ~ **pour votre matériel** you have no respect for your equipment.
  (b) **à l'**~ **de**: (*envers*) aimable **à l'**~ **des enfants** friendly towards children; (*contre*) **des mesures ont été prises à son** ~ measures have been taken concerning him *ou* with regard to him; (*en ce qui concerne*) **à l'**~ **de ce que vous me dites** ... concerning *ou* regarding *ou* with regard to what you tell me ...; (†: *en comparaison de*) **il est médiocre à l'**~ **de l'autre** he is mediocre in comparison with *ou* compared with the other.
  (c) (*loc*) **par** ~ **pour** out of consideration for; **sans** ~ **pour** without regard for, without considering; **à tous** ~**s** in all respects; **à certains** ~**s** in certain respects; **à cet/aucun** ~ in this/no respect; (*frm*) **eu** ~ **à** in view of, considering; **avoir** ~ **à** to take into account *ou* consideration.

égaré, e [egaʀe] (*ptp de* **égarer**) *adj* (**a**) *voyageur* lost; *animal* stray (*épith*) lost; *obus* stray (*épith*) *V* **brebis. (b)** *chemin, village* remote, out-of-the-way. **(c)** *air, regard* distraught, wild.

égarement [egaʀmɑ̃] *nm* (**a**) (*littér: trouble affectif*) distraction. **un** ~ **de l'esprit** mental distraction; **dans un moment d'**~ in a moment of madness. **(b)** (*littér: dérèglements*) ~**s** aberrations; **revenir de ses** ~**s** to return to the straight and narrow.

égarer [egaʀe] (1) **1** *vt* (**a**) *voyageur* to lead out of his way; *enquêteurs* to mislead; (*moralement*) *jeunes, esprits* to lead astray. (*frm*) **la douleur vous égare** you are distraught *ou* distracted with grief; **égaré par la douleur** distraught *ou* distracted with grief.
  (b) *objet* to mislay.
  2 s'égarer *vpr* (**a**) [*voyageur*] to lose one's way, get lost, lose o.s.; [*colis, lettre*] to get lost, go astray; [*discussion, auteur*] to wander from the point. **ne nous égarons pas!** let's stick to the point!, let's not wander from the point!; **il s'égare dans des détails** he loses himself *ou* he gets lost in details; **une espèce d'original égaré dans notre siècle** an eccentric sort of fellow who seems lost *ou* who seems out of place in the age we live in; (*fig, Rel*) **s'**~ **hors du droit chemin** to wander *ou* stray from the straight and narrow; **quelques votes socialistes se sont égarés sur ce candidat d'extrême droite** a few socialist votes have been lost to the candidate of the far right.
  (b) **mon esprit s'égare à cette pensée** the thought of it makes me feel quite distraught.

égayement [egɛjmɑ̃] *nm* = **égaiement.**

égayer [egeje] (8) **1** *vt personne* (*remonter*) to cheer up*, brighten up; (*divertir*) to amuse, cheer up*; *pièce* to brighten up; *conversation* to enliven, liven up, brighten up.
  2 s'égayer *vpr* to make merry. **s'**~ **aux dépens de qn** to amuse o.s. at sb's expense, make sb an object of fun; **s'**~ **à voir** ... to be highly amused *ou* entertained at seeing ...

Égée [eʒe] *adj*: **la mer** ~ the Aegean Sea; **îles de la mer** ~ Aegean Islands.

égéen, -enne [eʒeɛ̃, ɛn] *adj peuples* Aegean.

Égérie [eʒeʀi] *nf* (*Hist*) Egeria. **é**~ (*fig*) [*poète*] oracle; [*voleurs*] mastermind; **la police a arrêté l'é**~ **de la bande** the police have arrested the woman (*ou* girl) who masterminded the gang *ou* who was the brains *ou* driving force behind the gang.

égide [eʒid] *nf*: sous l'~ de under the aegis of.
églantier [eglɑ̃tje] *nm* wild *ou* dog rose(bush).
églantine [eglɑ̃tin] *nf* wild *ou* dog rose, eglantine.
églefin [egləfɛ̃] *nm* = aiglefin.
église [egliz] *nf* (a) (*bâtiment*) church. ~ abbatiale abbey church; ~ paroissiale parish church; aller à l'~ to go to church; il est à l'~ (*pour l'office*) he's at *ou* in church; (*en curieux*) he's in the church; se marier à l'~ to get married in church, have a church wedding.
   (b) (*secte, clergé*) l'É~ the Church; l'É~ militante/triomphante the Church militant/triumphant; l'É~ anglicane the Church of England, the Anglican Church; l'É~ Catholique the church of Rome, the Roman Catholic Church; l'É~ réformée the Reformed Church; l'É~ orthodoxe the Greek Orthodox Church.
églogue [eglɔg] *nf* eclogue.
ego [ego] *nm* (*Philos, Psych*) ego.
égocentrique [egosɑ̃tʀik] 1 *adj* egocentric, self-centred. 2 *nmf* egocentric *ou* self-centred person.
égocentrisme [egosɑ̃tʀism(ə)] *nm* (*gén*) egocentricity, self-centredness; (*Psych*) egocentricity.
égoïne [egɔin] *nf*: (scie-)~ hand-saw.
égoïsme [egɔism(ə)] *nm* selfishness, egoism.
égoïste [egɔist(ə)] 1 *adj* selfish, egoistic. 2 *nmf* selfish person, egoist.
égoïstement [egɔistəmɑ̃] *adv* selfishly, egoistically.
égorgement [egɔʀʒəmɑ̃] *nm*: l'~ d'un mouton/prisonnier slitting *ou* cutting of a sheep's/prisoner's throat.
égorger [egɔʀʒe] (3) *vt* (*lit*) to slit *ou* cut the throat of; (**fig*) *débiteur, client* to bleed white.
égorgeur [egɔʀʒœʀ] *nm* cut-throat.
égosiller (s') [egozije] (1) *vpr* (*crier*) to shout o.s. hoarse; (*chanter fort*) to sing at the top of one's voice (*Brit*) *ou* lungs (*US*).
égotisme [egɔtism(ə)] *nm* egotism.
égotiste [egɔtist(ə)] 1 *adj* (*littér*) egotistic(al). 2 *nmf* egotist.
égout [egu] *nm* sewer. réseau *ou* système d'~s sewerage system; eaux d'~ sewage; [*eaux usées*] aller à l'~ to go down the drain; ~ pluvial storm drain *ou* sewer; V tout.
égoutier [egutje] *nm* sewer worker.
égouttage [eguta3] *nm*, **égouttement** [egutmɑ̃] *nm* (V égoutter) straining; wringing-out; draining; dripping.
égoutter [egute] (1) 1 *vt légumes* (*avec une passoire*) to strain; *linge* (*en le tordant*) to wring out; *fromage* to drain.
   2 *vi* [*vaisselle*] to drain, drip; [*linge, eau*] to drip. faire ~ l'eau to drain off the water; mettre le linge à ~ to hang up the washing to drip; 'laver à la main et laisser ~' 'wash by hand and drip dry'.
   3 s'égoutter *vpr* [*arbre, linge, eau*] to drip; [*vaisselle*] to drain, drip.
égouttoir [egutwaʀ] *nm* [*vaisselle*] (*intégré dans l'évier*) draining (*Brit*) *ou* drain (*US*) board; (*mobile*) draining rack (*Brit*), drainer (*US*); [*légumes*] strainer, colander.
égratigner [egratiɲe] (1) *vt peau* to scratch, graze; *genou* to graze, scrape; (*fig*) *adversaire* to have a dig at. le film/l'auteur s'est fait ~ par la critique the film/the author was given a bit of a rough ride by the critics.
égratignure [egratiɲyʀ] *nf* (V égratigner) scratch; graze; scrape. il s'en est sorti sans une ~ he came out of it without a scratch *ou* unscathed; ce n'était qu'une ~ faite à son amour-propre it was only a dig at his self-esteem.
égrenage [egrəna3] *nm* (V égrener) shelling; podding; ginning. l'~ du raisin picking grapes off the bunch.
égrènement [egrɛnmɑ̃] *nm*: l'~ des heures/minutes marking out the hours/minutes; l'~ des hameaux le long de la vallée the hamlets dotted along the valley.
égrener [egrəne] (5) 1 *vt* (a) (*lit*) *pois* to shell, pod; *blé, maïs, épi* to shell; *coton* to gin; *grappe* to pick grapes off. ~ des raisins to pick grapes off the bunch.
   (b) (*fig*) ~ son chapelet to tell one's beads (†, *littér*), say the rosary; la pendule égrène les heures the clock marks out the hours.
   2 s'égrener *vpr* [*raisins*] to drop off the bunch; [*blé*] to drop off the stalk; (*fig*) [*rire*] to ripple out. les maisons s'égrenaient le long de la route the houses were dotted along the road; les notes cristallines du piano s'égrenaient dans le silence the crystal notes of the piano fell one by one on the silence.
égreneuse [egrənøz] *nf* [*céréales*] corn-sheller; [*coton*] gin.
égrillard, e [egrijaʀ, aʀd(ə)] *adj* *ton, regard* ribald; *plaisanterie, rire, propos* ribald, bawdy.
Égypte [eʒipt] *nf* Egypt.
égyptien, -ienne [eʒipsjɛ̃, jɛn] 1 *adj* Egyptian. 2 *nm,f*: É~(ne) Egyptian.
égyptologie [eʒiptɔlɔʒi] *nf* Egyptology.
égyptologue [eʒiptɔlɔg] *nmf* Egyptologist.
eh [e] *excl* hey! ~ oui!/non! I'm afraid so!/not!; ~ bien well.
éhonté, e [eɔ̃te] *adj* *action* shameless, brazen; *menteur, mensonge* shameless, barefaced, brazen.
eider [ɛdɛʀ] *nm* eider.
einsteinien, -ienne [ɛnstajnjɛ̃, ɛn] *adj* Einsteinian.
einsteinium [ɛnstɛnjɔm] *nm* einsteinium.
éjaculation [eʒakylasjɔ̃] *nf* (*Physiol*) ejaculation. ~ précoce premature ejaculation.
éjaculatoire [eʒakylatwaʀ] *adj* (*Physiol*) ejaculatory.
éjaculer [eʒakyle] (1) *vi* (*Physiol*) to ejaculate.
éjectable [eʒɛktabl(ə)] *adj* V siège¹.
éjecter [eʒɛkte] (1) *vt* (*Tech*) to eject; (‡) to kick out*, chuck out‡. se faire ~‡ to get o.s. kicked* *ou* chucked‡ out.
éjection [eʒɛksjɔ̃] *nf* (*Tech*) ejection; (‡) kicking-out*, chucking-out‡.
élaboration [elabɔʀasjɔ̃] *nf* (V élaborer) (careful) working-out; elaboration; development.

élaborer [elabɔʀe] (1) *vt plan, système* to work out (carefully), elaborate, develop, map out; *bile, sève, aliments* to elaborate.
élagage [elaga3] *nm* (*lit, fig*) pruning.
élaguer [elage] (1) *vt* (*lit, fig*) to prune.
élagueur [elagœʀ] *nm* pruner.
élan¹ [elɑ̃] *nm* (*Zool*) elk, moose.
élan² [elɑ̃] *nm* (a) (*début de course*) run up. prendre son ~ to take a run up; mal calculer son ~ to misjudge one's run up; saut avec/ sans ~ running/standing jump; ils ont couru jusque chez eux d'un seul ~ they dashed home without stopping (once); (*fig*) l'~ du clocher vers le ciel the thrust of the steeple towards the sky, the soaring steeple pointing heavenwards.
   (b) (*vitesse acquise*) momentum. prendre de l'~ [*coureur*] to gather speed; perdre son ~ to lose one's momentum; il a continué dans *ou* sur son ~ he continued to run at the same pace *ou* speed; rien ne peut arrêter son ~ nothing can check *ou* stop his pace *ou* momentum; emporté par son propre ~ (*lit*) carried along by his own impetus *ou* momentum; (*fig*) carried away on *ou* by the tide of his own enthusiasm.
   (c) (*poussée, transport*) ~ de *enthousiasme, colère* surge *ou* rush *ou* burst of; les ~s de l'imagination flights of fancy; les rares ~s (*de tendresse*) qu'il avait vers elle the few surges *ou* rushes of affection he felt for her; les ~s lyriques de l'orateur the lyrical outbursts of the speaker; maîtriser les ~s de cœur to quell the ardent impulses of one's heart; dire qch avec ~ to say sth with fervour *ou* passion.
   (d) (*ardeur*) vigour, spirit, élan. ~ patriotique patriotic fervour; l'~ des troupes the vigour *ou* spirit *ou* élan of the troops.
   (e) (*Écon: dynamisme*) boost. redonner de l'~ à notre économie to give our economy a fresh boost.
élancé, e [elɑ̃se] (*ptp de élancer*) *adj clocher, colonne, taille* slender.
élancement [elɑ̃smɑ̃] *nm* (*Méd*) shooting *ou* sharp pain. (*littér*) ~ de l'âme yearning of the soul.
élancer¹ [elɑ̃se] (3) *vi* [*blessure*] to give shooting *ou* sharp pains. mon doigt m'élance I get shooting *ou* sharp pains in my finger.
élancer² [elɑ̃se] (3) 1 *vt* (*littér*) le clocher élance sa flèche vers le ciel the church steeple soars up *ou* thrusts upwards into the sky.
   2 s'élancer *vpr* (a) (*se précipiter*) to rush forward; (*prendre son élan*) to take a run up. s'~ au-dehors to rush outside; s'~ comme une flèche vers to dart towards; s'~ d'un bond sur to leap onto; s'~ au secours de qn to rush *ou* dash to help sb; s'~ à la poursuite de qn to hurl o.s. in pursuit of sb, hurl o.s. *ou* dash after sb; s'~ vers qn to leap towards sb; s'~ sur qn to hurl *ou* throw o.s. at sb, rush at sb; s'~ à l'assaut d'une montagne/ forteresse to launch an attack on a mountain/fortress.
   (b) (*littér: se dresser*) to soar *ou* thrust (upwards). la tour s'élance vers le ciel the tower soars *ou* thrusts up into the sky.
élargir [elaʀʒiʀ] (2) 1 *vt* (a) *rue* to widen; *robe* to let out; *souliers* to stretch, widen; (*fig*) *débat, connaissances* to broaden, widen. (*Pol*) majorité élargie increased majority; ça lui élargit la taille that makes her waist look fatter; une veste qui élargit les épaules a jacket that makes the shoulders look broader *ou* wider; ~ son horizon to enlarge *ou* widen one's horizons.
   (b) (*Jur: libérer*) to release, free.
   2 s'élargir *vpr* [*vêtement*] to stretch, get wider *ou* broader; [*route*] to widen, get wider; (*fig*) [*esprit, débat*] to broaden; [*idées*] to broaden, widen.
élargissement [elaʀʒismɑ̃] *nm* (V élargir) widening; letting-out; stretching; broadening; release, freeing.
élasticité [elastisite] *nf* (V élastique) elasticity; spring, buoyancy; flexibility; accommodating nature.
élastique [elastik] 1 *adj objet* elastic; *démarche* springy, buoyant; *sens, esprit* flexible; (*péj*) *conscience* accommodating; *règlement* elastic, flexible; (*Écon*) *offre, demande* elastic. poignets en tissu ~ elasticated cuffs.
   2 *nm* (*de bureau*) elastic *ou* rubber band; (*pour couture etc*) elastic (U). en ~ elasticated, elastic; V lâcher.
élastomère [elastɔmɛʀ] *nm* elastomer.
Elbe [ɛlb] *nf*: l'île d'~ (the isle of) Elba; (*fleuve*) l'~ the Elbe.
électeur, -trice [elɛktœʀ, tʀis] *nm,f* (a) (*Pol*) (*gén*) voter, elector; (*dans une circonscription*) constituent. le député et ses ~s ≃ the member of parliament and his constituents; (*corps électoral*) les ~s the electorate, the voters; V grand. (b) (*Hist*) É~ Elector; É~trice Electress.
électif, -ive [elɛktif, iv] *adj* (*Pol*) elective.
élection [elɛksjɔ̃] *nf* (a) (*Pol, gén*) election. jour des ~s polling *ou* election day; se présenter aux ~s to stand *ou* run (*US*) as a candidate (in the election); l'~ présidentielle the presidential election; ~ partielle ≃ by-election; ~s législatives ≃ general election; ~s municipales ≃ local (government) elections.
   (b) (*littér: choix*) choice. lieu/patrie d'~ place/country of one's (own) choosing *ou* choice; la France est une patrie *ou* terre d'~ pour les poètes France is a country much favoured by poets; (*Jur*) ~ de domicile choice of residence.
électoral, e, *mpl* **-aux** [elɛktɔʀal, o] *adj affiche, réunion* election (*épith*). campagne ~e election *ou* electoral campaign; pendant la période ~e during election time, during the run-up to the election; il m'a promis son soutien ~ he promised me his backing in the election; V *agent, circonscription, corps etc.*
électoralisme [elɛktɔʀalism(ə)] *nm* electioneering.
électoraliste [elɛktɔʀalist(ə)] *adj* electioneering.
électorat [elɛktɔʀa] *nm* (a) (*électeurs*) electorate; (*dans une circonscription*) constituency; (*droit de vote*) franchise. l'~ socialiste the voters for the socialist party, the socialist vote. (b) (*Hist: principauté*) electorate.
Électre [elɛktʀ(ə)] *nf* Electra.

électricien [elɛktRisjɛ̃] *nm* electrician.
électricité [elɛktRisite] *nf* electricity. allumer l'∼ to turn *ou* switch *ou* put the light on; ça marche à l'∼ it runs on electricity, it's electrically operated; *(fig)* il y a de l'∼ dans l'air* the atmosphere is electric; *V* panne.
électrification [elɛktRifikɑsjɔ̃] *nf* electrification.
électrifier [elɛktRifje] (7) *vt* to electrify. ∼ un village to bring electricity *ou* electric power to a village.
électrique [elɛktRik] *adj (lit)* electric(al); *(fig)* electric.
électriquement [elɛktRikmɑ̃] *adv* electrically.
électrisable [elɛktRizabl(ə)] *adj foule* easily roused; *substance* chargeable, electrifiable.
électrisant, e [elɛktRizɑ̃, ɑ̃t] *adj (fig) discours, contact* electrifying.
électrisation [elɛktRizɑsjɔ̃] *nf [substance]* charging, electrifying.
électriser [elɛktRize] (1) *vt substance* to charge, electrify; *audience* to electrify, rouse.
électro-aimant, *pl* **électro-aimants** [elɛktRɔɛmɑ̃] *nm* electro-magnet.
électrocardiogramme [elɛktRɔkaRdjɔgRam] *nm* electrocardiogram.
électrocardiographe [elɛktRɔkaRdjɔgRaf] *nm* electrocardiograph.
électrocardiographie [elɛktRɔkaRdjɔgRafi] *nf* electrocardiography.
électrochimie [elɛktRɔʃimi] *nf* electrochemistry.
électrochimique [elɛktRɔʃimik] *adj* electrochemical.
électrochoc [elɛktRɔʃɔk] *nm (procédé)* electric shock treatment, electroconvulsive therapy *(T)*. on lui a fait des ∼s he was given electric shock treatment *ou* ECT.
électrocuter [elɛktRɔkyte] (1) *vt* to electrocute.
électrocution [elɛktRɔkysjɔ̃] *nf* electrocution.
électrode [elɛktRɔd] *nf* electrode.
électrodynamique [elɛktRɔdinamik] **1** *adj* electrodynamic. **2** *nf* electrodynamics *(sg)*.
électro-encéphalogramme, *pl* **électro-encéphalo-grammes** [elɛktRɔɑ̃sefalɔgRam] *nm* electroencephalogram.
électro-encéphalographie [elɛktRɔɑ̃sefalɔgRafi] *nf* electro-encephalography.
électrogène [elɛktRɔʒɛn] *adj (Zool)* electric; *V* groupe.
électrolyse [elɛktRɔliz] *nf* electrolysis.
électrolyser [elɛktRɔlize] (1) *vt* to electrolyse.
électrolyseur [elɛktRɔlizœR] *nm* electrolyser.
électrolyte [elɛktRɔlit] *nm* electrolyte.
électrolytique [elɛktRɔlitik] *adj* electrolytic(al).
électromagnétique [elɛktRɔmaɲetik] *adj* electromagnetic.
électromagnétisme [elɛktRɔmaɲetism(ə)] *nm* electromagne-tism.
électromécanique [elɛktRɔmekanik] **1** *adj* electromechanical. **2** *nf* electromechanical engineering.
électroménager [elɛktRɔmenaʒe] **1** *adj appareil* (household *ou* domestic) electrical. **2** *nm* household *ou* domestic (electrical) appliances.
électrométallurgie [elɛktRɔmetalyRʒi] *nf* electrometallurgy.
électrométallurgique [elɛktRɔmetalyRʒik] *adj* electrometallur-gical.
électromètre [elɛktRɔmɛtR(ə)] *nm* electrometer.
électromoteur, -trice [elɛktRɔmɔtœR, tRis] **1** *adj* electromotive. **2** *nm* electric motor, electromotor.
électron [elɛktRɔ̃] *nm* electron.
électronégatif, -ive [elɛktRɔnegatif, iv] *adj* electronegative.
électronicien, -ienne [elɛktRɔnisjɛ̃, jɛn] *nm,f* electronics engineer.
électronique [elɛktRɔnik] *adj (gén)* electronic; *optique, téléscope, microscope* electron *(épith)*. **2** *nf* electronics *(sg)*.
électrophone [elɛktRɔfɔn] *nm* record player.
électropositif, -ive [elɛktRɔpozitif, iv] *adj* electropositive.
électrostatique [elɛktRɔstatik] **1** *adj* electrostatic. **2** *nf* electro-statics *(sg)*.
électrotechnique [elɛktRɔtɛknik] *nf* electrical engineering. ins-titut ∼ institute of electrical engineering.
électrothérapie [elɛktRɔteRapi] *nf* electrotherapy.
élégamment [elegamɑ̃] *adv* elegantly.
élégance [elegɑ̃s] *nf (V* **élégant)** elegance; stylishness, smartness; generosity, handsomeness; neatness. ∼s *(de style)* ornaments (of style); perdre avec ∼ to be a graceful loser; l'∼ féminine feminine elegance.
élégant, e [elegɑ̃, ɑ̃t] **1** *adj personne, toilette* elegant, stylish, smart; *procédé, conduite* generous, handsome; *solution* elegant, neat. **2** *nm* (†) elegant *ou* stylish man, man of fashion. **3 élégante** *nf* (†) elegant *ou* stylish woman, woman of fashion.
élégiaque [eleʒjak] *adj* elegiac.
élégie [eleʒi] *nf* elegy.
élément [elemɑ̃] *nm* **(a)** *(composante) [structure, ensemble]* el-ement, component; *[problème]* element; *[mélange]* ingredient, el-ement; *[réussite]* factor, element; *[machine, appareil]* part, com-ponent. ∼ comique (d'un roman) comic element (of a novel); l'∼ révolutionnaire était bien représenté the revolutionary element was well represented; ∼s de rangement storage units; ∼s préfabriqués de cuisine/de bibliothèque ready-made kitchen/shelf units; *(Mil)* ∼s blindés/aéroportés armoured/airborne units.
  (b) *(Chim)* element. *(Chim)* l'∼ hydrogène the element hydrogen.
  (c) *(Tech) [pile]* cell.
  (d) *(fait)* fact. nous manquons d'∼s we lack information *ou* facts; aucun ∼ nouveau n'est survenu there have been no new developments, no new facts have come to light; *(Mil)* ∼s de tir range data.

  (e) *(individu)* c'est le meilleur ∼ de ma classe he's the best pupil in my class; bons et mauvais ∼s good and bad elements; ∼s subversifs/ennemis subversive/hostile elements.
  (f) *(rudiments)* ∼s basic principles, rudiments, elements; il a quelques ∼s de chimie he has some elementary knowledge of chemistry; *(titre d'ouvrage)* 'É∼s de Mécanique' 'Elements of *ou* Elementary Mechanics'.
  (g) *(milieu)* element. les quatre ∼s the four elements; *(littér)* les ∼s (naturels) the elements *(littér)*; *(littér)* l'∼ liquide the liquid element *(littér)*; quand on parle d'électronique il est dans son ∼* when you talk about electronics he's in his element; parmi ces artistes il ne se sentait pas dans son ∼* he didn't feel at home *ou* he felt like a fish out of water among those artists.
élémentaire [elemɑ̃tɛR] *adj* **(a)** *(facile)* problème elementary; *(de base)* notion elementary, basic; *forme* rudimentary, basic; *(Scol)* cours, niveau elementary; *(évident)* précaution elementary, basic. c'est ∼! it's elementary!; la plus ∼ courtoisie/discrétion veut que ... elementary *ou* basic *ou* simple courtesy/discretion demands that ... .
  (b) *(Chim)* elemental.
Éléonore [eleɔnɔR] *nf* Eleanor.
éléphant [elefɑ̃] *nm* elephant. ∼ femelle cow elephant; ∼ d'Asie/d'Afrique Indian/African elephant; ∼ de mer sea elephant, elephant seal; comme un ∼ dans un magasin de porcelaine like a bull in a china shop.
éléphanteau, *pl* ∼**x** [elefɑ̃to] *nm* baby elephant.
éléphantesque [elefɑ̃tɛsk(ə)] *adj (énorme)* elephantine, gigantic.
éléphantiasis [elefɑ̃tjazis] *nm* elephantiasis.
élevage [ɛlvaʒ] *nm* **(a)** *[bétail]* rearing, breeding; *[porcs, chevaux, vers à soie]* breeding; *[abeilles]* keeping. l'∼ *(du bétail)* cattle breeding *ou* rearing; l'∼ des abeilles beekeeping; faire de l'∼ to breed *ou* rear cattle; faire l'∼ de to rear; to breed; to keep; région *ou* pays d'∼ cattle-rearing *ou* -breeding area; truite/saumon d'∼ farmed trout/salmon.
  (b) *(ferme)* cattle farm. ∼ de poulets/de truites poultry/trout farm.
élévateur, -trice [elevatœR, tRis] *adj, nm, f:* (muscle) ∼ elevator; *(appareil)* ∼ elevator; *(Élec)* (appareil *ou* transformateur) ∼ de tension step-up transformer; *V* chariot.
élévation [elevɑsjɔ̃] *nf* **(a)** *(action d'élever) [rempart, statue]* put-ting up, erection; *[objet, niveau]* raising; *[fonctionnaire]* raising, elevation; *(fig) [pensée, âme]* elevation. *(Math)* ∼ d'un nombre au carré squaring of a number; *(Math)* ∼ d'un nombre à une puissance raising of a number to a power; son ∼ au rang de his being raised *ou* elevated to the rank of, his elevation to the rank of.
  (b) *(action de s'élever) [température, niveau]* rise *(de* in).
  (c) *(Rel)* l'∼ the Elevation.
  (d) *(tertre)* elevation, mound. ∼ de terrain rise (in the ground).
  (e) *(Archit, Géom: coupe, plan)* elevation.
  (f) *(noblesse) [pensée, style]* elevation, loftiness.
élève [elɛv] *nmf* pupil, student; *(Mil)* cadet. ∼ professeur student teacher, trainee teacher; ∼ infirmière student nurse; ∼ officier officer cadet.
élevé, e [ɛlve] *(ptp de* **élever)** *adj* **(a)** *prix, niveau* high; *pertes* heavy. peu ∼ *prix, niveau* low; *pertes* slight; *(Jur)* dommages-intérêts ∼s substantial damages.
  (b) *cime, arbre* tall, lofty; *colline* high, lofty.
  (c) *rang, grade* high, elevated. *(frm)* être de condition ∼e to be of high birth; occuper une position ∼e to hold a high position, be high-ranking.
  (d) *(noble) pensée, style* elevated, lofty; *conception* exalted, lofty; *principes* high *(épith)*.
  (e) bien ∼ well-mannered; mal ∼ *(rustre)* bad-mannered, ill-mannered; *(impoli)* impolite, rude; espèce de mal ∼! you rude creature!; c'est mal ∼ de parler en mangeant it's bad manners *ou* it's rude to talk with your mouth full.
élever [ɛlve] (5) **1** *vt* **(a)** *(éduquer) enfant* to bring up, raise *(US)*. il a été élevé dans du coton/selon des principes vertueux he was given a sheltered/very moral upbringing; son fils est élevé main-tenant his son is grown-up now.
  (b) *(faire l'élevage de) bétail* to rear, breed; *porcs, chevaux, vers à soie* to breed; *abeilles* to keep; *vin* to produce.
  (c) *(dresser) rempart, mur, statue* to put up, erect, raise. *(littér)* la maison élevait sa masse sombre the dark mass of the house rose up *ou* reared up *(littér)*; *(fig)* ∼ des objections/des protestations to raise objections/a protest; *(fig)* ∼ des critiques to make criticisms.
  (d) *(hausser) édifice* to raise, make higher. ∼ la maison d'un étage to raise the house by one storey, make the house one storey higher.
  (e) *(lever, mettre plus haut) poids, objet* to lift (up), raise; *niveau, taux, prix* to raise; *voix* to raise; *(littér) yeux, bras* to raise, lift (up). pompe qui élève l'eau pump which raises water.
  (f) ∼ sa pensée jusqu'aux grandes idées to raise one's thoughts to *ou* set one's thoughts on higher things; musique qui élève l'âme elevating *ou* uplifting music; *(Rel)* élevons nos cœurs vers le Seigneur let us lift up our hearts unto the Lord.
  (g) *(promouvoir)* ∼ to raise, elevate. il a été élevé au grade de he was raised *ou* elevated to the rank of; chez eux l'abstinence est élevée à la hauteur d'une institution they've give abstinence the status of an institution, they have made abstinence a way of life.
  (h) *(Math)* ∼ une perpendiculaire to raise a perpendicular; ∼ un nombre à la puissance 5 to raise a number to the power of 5; ∼ un nombre au carré to square a number.
2 s'élever *vpr* **(a)** *(augmenter) [température, niveau, prix]* to rise, go up. le niveau des élèves/de vie s'est élevé the standard of the pupils/of living has risen *ou* improved.

(b) *(se dresser)* *[montagne, tour]* to rise. **la tour s'élève à 50 mètres au-dessus du sol** the tower rises *ou* stands 50 metres above the ground; **un mur s'élevait entre ces deux jardins** a wall stood between these two gardens; **la cime s'élève majestueusement au-dessus des forêts** the peak rises (up) *ou* towers majestically above the forests.

(c) *(monter)* *[avion]* to go up, ascend; *[oiseau]* to fly up, ascend. **l'avion s'élevait regulièrement** the plane was climbing *ou* ascending regularly; **la pensée s'élève vers l'absolu** thought soars *ou* ascends towards the Absolute; **l'âme s'élève vers Dieu** the soul ascends to(wards) God; **le ton s'élève, les voix s'élèvent** voices are beginning to rise.

(d) *[discussions]* to arise; *[objections, doutes]* to be raised, arise. **sa voix s'éleva dans le silence** his voice broke the silence; **aucune voix ne s'éleva en sa faveur** not a (single) voice was raised in his favour.

(e) *(dans la société)* to rise. **s'~ jusqu'au sommet de l'échelle** to climb to the top of the ladder; **s'~ à la force du poignet/par son seul travail** to work one's way up unaided/by the sweat of one's (own) brow; **s'~ au-dessus des querelles** to rise above (petty) quarrels.

(f) *(protester)* **s'~ contre** to rise up against.

(g) *(se bâtir)* to go up, be put up *ou* erected. **la maison s'élève peu à peu** the house is going up bit by bit *ou* is gradually going up.

(h) *(se monter)* **s'~ à** *[prix, pertes]* to total, add up to, amount to.

éleveur, -euse [εlvœʀ, øz] **1** *nm,f* stockbreeder. **~ (de bétail)** cattle breeder *ou* rearer; **~ de chevaux/porcs** horse/pig breeder; **~ de vers à soie** silkworm breeder, sericulturist *(T)*; **~ d'abeilles** beekeeper; *V* **propriétaire. 2 éleveuse** *nf* *(pour poussins)* brooder.

elfe [εlf(ə)] *nm* elf.

élider *vt*, **s'élider** *vpr* [elide] (1) to elide.

Élie [eli] *nm* Elijah.

éligibilité [eliʒibilite] *nf* *(Pol)* eligibility.

éligible [eliʒibl(ə)] *adj* *(Pol)* eligible.

élimer [elime] (1) **1** *vt* *vêtement, tissu* to wear thin. **2 s'élimer** *vpr* *[vêtement, tissu]* to wear thin, become threadbare. **chemise élimée au col/aux coudes** shirt worn (thin) *ou* wearing thin *ou* (which is) threadbare at the collar/elbows.

élimination [eliminasjɔ̃] *nf* *(gén)* elimination.

éliminatoire [eliminatwaʀ] **1** *adj épreuve* eliminatory *(épith)*; *note, (Sport) temps* disqualifying *(épith)*. **2** *nf* *(Sport)* (eliminating *ou* preliminary) heat.

éliminer [elimine] (1) *vt* *(gén, Math, Méd)* to eliminate; *possibilité* to rule out, eliminate, dismiss; *données secondaires* to discard, eliminate. *(Pol)* **éliminé au second tour** eliminated in the second ballot; *(Scol)* **être éliminé à l'oral** to be eliminated *ou* fail in the oral; *(Sport)* **éliminé!** you're out!; **éliminé en quart de finale** knocked out *ou* eliminated in the quarter finals.

élire [eliʀ] (43) *vt* to elect. **il a été élu président** he was elected president, he was voted in as president; **~ domicile** to take up residence *(à* in).

Élisabeth [elizabεt] *nf* = **Élizabeth.**

élisabéthain, e [elizabetɛ̃, εn] **1** *adj* Elizabethan. **2** *nm,f*: **É~(e)** Elizabethan.

Élisée [elize] *nm* Elisha.

élision [elizjɔ̃] *nf* elision.

élite [elit] *nf* élite. **l'~ de** the cream *ou* élite of; **nature** *ou* **âme d'~** noble soul; **sujet d'~** first-rate person; *(Mil)* **corps/cavalerie d'~** crack corps/cavalry; **les ~s (de la nation)** the élite (of the nation); *(Imprimerie)* **caractères ~** elite (type); *V* **tireur.**

élitisme [elitism(ə)] *nm* élitism.

élitiste [elitist(ə)] *adj, nmf* élitist.

élixir [eliksiʀ] *nm* elixir. **~ de longue vie** elixir of life; **~ parégorique** paregoric (elixir).

Élizabeth [elizabεt] *nf* Elizabeth.

elle [εl] *pron pers f* **(a)** *(fonction sujet)* *(personne, nation)* she; *(chose)* it; *(animal, bébé)* she, it. **~s** they; **~ est couturière** she is a dressmaker; **prends cette chaise, ~ est plus confortable** have this chair — it is more comfortable; **je me méfie de sa chienne, ~ mord** I don't trust his dog because she *ou* it bites; **la fourmi emmagasine ce qu'~ trouve** the ant stores what it finds; **~, furieuse, a refusé** furious, she refused; **la Suisse a décidé qu'~ resterait neutre** Switzerland decided that she would remain neutral; **qu'est-ce qu'ils ont dit? — ~, rien** what did they say? — SHE said nothing; **il est venu mais pas ~/~s** he came but she/they didn't, he came but not her*/them*; **~ partie, j'ai pu travailler** with her gone *ou* after she had gone I was able to work; **~, n'aurait jamais fait ça** SHE would never have done that; **~ renoncer? ce n'est pas son genre** HER give up? it wouldn't be like her; *V aussi* **même.**

(b) *(fonction objet, souvent emphatique)* *(personne, nation)* her; *(animal)* her, it; *(chose)* it. **~s** them; **il n'admire qu'~** he only admires her, she's the only one he admires; **je l'ai bien vue ~** I saw HER all right, I definitely saw HER; **je les ai bien vus, ~ et lui** I definitely saw both *ou* the two of them; **la revoir ~? jamais!** see HER again? never!

(c) *(emphatique avec qui, que)* **c'est ~ qui me l'a dit** she told me herself, it's she who told me; *(iro)* **c'est ~ qui le disent** that's THEIR story!, that's what THEY say!; *(frm)* **ce fut ~ qui lança le mouvement des suffragettes** it was she *ou* she it was *(frm)* who launched the suffragette movement; **voilà la pluie, et ~ qui est sortie sans manteau!** here comes the rain and to think she has gone out without a coat! *ou* and there she is out without a coat!; **chasse cette chienne, c'est ~ qui m'a mordu** chase that dog away, it's the one that bit me; **c'est ~/~s que j'avais invitée(s)** it's *ou* it was her/them I had invited; **c'est à ~ que je veux parler** it's HER I want to speak to, I want to speak to HER; **il y a une chouette dans lo bois, c'est ~ que j'ai entendue cette nuit**

there's a screech owl in the wood and that's what I heard last night.

(d) *(avec prép)* *(personne)* her; *(animal)* her, it; *(chose)* it. **ce livre est à ~** this book belongs to her *ou* is hers; **ces livres sont à ~s** these books belong to them *ou* are theirs; **c'est à ~ de décider** it's up to her to decide, it's her decision; **c'est gentil à ~ d'avoir écrit** it was kind of her to write; **un ami à ~** a friend of hers, one of her friends; **elle ne pense qu'à ~** she only thinks of herself; **elle a une maison à ~** she has a house of her own; **ses enfants à ~** her children; **qu'est-ce qu'il ferait sans ~** what (on earth) would he do without her; **ce poème n'est pas d'~** this poem is not one of hers *ou* not one that she wrote; **il veut une photo d'~** he wants a photo of her; **vous pouvez avoir confiance en ~** *(femme)* she is thoroughly reliable, you can have complete confidence in her; *(machine)* it is thoroughly reliable.

(e) *(dans comparaisons)* *(sujet)* she; *(objet)* her. **il est plus grand qu'~/~s** he is taller than she is/they are *ou* than her/them; **je le connais aussi bien qu'~** *(aussi bien que je la connais)* I know him as well as (I know) her; *(aussi bien qu'elle le connaît)* I know him as well as she does *ou* as well as her*; **ne faites pas comme ~** don't do as *ou* what she does, don't do like her*.

(f) *(interrog, emphatique: gén non traduit)* **Alice est-~ rentrée?** is Alice back?; **sa lettre est-~ arrivée?** has his letter come?; **les infirmières sont-~s bien payées?** are nurses well paid?; **~ est loin, notre jeunesse!** it's so long since we were young!; **tu sais, ta tante, ~ n'est pas très aimable!** you know your aunt *ou* that aunt of yours isn't very nice!

ellébore [elebɔʀ] *nm* hellebore.

elle-même, *pl* **elles-mêmes** [εlmεm] *pron V* **même.**

ellipse [elips(ə)] *nf* *(Géom)* ellipse; *(Ling)* ellipsis.

ellipsoïdal, e, *mpl* **-aux** [elipsɔidal, o] *adj* ellipsoidal.

ellipsoïde [elipsɔid] **1** *nm* ellipsoid. **2** *adj* *(Géom)* elliptical.

elliptique [eliptik] *adj* *(Géom)* elliptic(al); *(Ling)* elliptical.

elliptiquement [eliptikmã] *adv* *(Ling)* elliptically.

élocution [elɔkysjɔ̃] *nf* *(débit)* delivery; *(clarté)* diction. **défaut d'~** speech impediment; **professeur d'~** elocution *ou* speech production *(Brit)* teacher.

éloge [elɔʒ] *nm* **(a)** *(louange)* praise. **couvert** *ou* **comblé d'~s** showered with praise(s); **digne d'~** praiseworthy, commendable; **faire des ~s à qn** to praise sb (to his face); *V* **tarir.**

(b) **faire l'~ de** to praise, speak (very) highly of; **son ~ n'est plus à faire** I do not need to add to his praise; **c'est le plus bel ~ à lui faire** it's the highest praise one can give him; **faire son propre ~** to sing one's own praises, blow one's own trumpet* *(Brit)* *ou* horn* *(US)*; **l'~ que vous avez fait de cette œuvre** your praise *ou* commendation of this work.

(c) *(littér: panégyrique)* eulogy. **prononcer l'~ funèbre de qn** to deliver a funeral oration in praise of sb.

élogieusement [elɔʒjøzmã] *adv* very highly, most favourably.

élogieux, -ieuse [elɔʒjø, jøz] *adj* laudatory, eulogistic(al). **parler de qn en termes ~** to speak very highly of sb, speak of sb in the most laudatory terms.

éloigné, e [elwaɲe] *(ptp de* **éloigner**) *adj* **(a)** *(dans l'espace)* distant, remote, far-off, faraway. **est-ce très ~ de la gare? — oui, c'est très ~** is it very far *ou* a long way (away) from the station? — yes, it's a long way; **~ de 3 km** 3 km away; **le village est trop ~ pour qu'on puisse y aller à pied** the village is too far away *ou* too far off for one to be able to walk there.

(b) *(dans l'époque, événement, échéance* distant *(de* from), remote *(de* from). **le passé ~** the distant *ou* remote past; **l'avenir ~** the distant *ou* far-off *ou* remote future; **dans un avenir peu ~** in the not-too-distant future, in the near future.

(c) *parent* distant; *ancêtre* remote. **la famille ~e** distant relatives; **je le connais de façon très ~e** he's only a distant acquaintance of mine.

(d) *(fig)* **être ~ de** to be far from, be a long way from; **sa version est très ~e de la vérité** his version is very far from (being) the truth; **un sentiment pas très ~ de la haine** an emotion not far removed from hatred; **rien n'est plus ~ de mes pensées** nothing is *ou* could be farther from my thoughts; **je ne suis pas très ~ de le croire** I almost believe him, I'm not far from believing him; **je suis fort ~ de ses positions** my point of view is very far removed from his.

(e) **tenir ~ de** to keep away from; **cette conférence m'a tenu ~ de chez moi** the conference kept me away from home; **se tenir ~ du feu** to keep away from *ou* clear of the fire; **se tenir ~ du danger/des querelles** to steer *ou* keep clear of danger/of quarrels, keep *ou* stay out of the way of danger/quarrels.

éloignement [elwaɲmã] *nm* **(a)** *(action d'éloigner)* *[personne indésirable]* taking away, removal; *[soupçons]* removal, averting; *[échéance]* putting off, postponement. **l'~ des objets obtenu au moyen d'une lentille spéciale** the distancing of objects by means of a special lens; **leur ~ de la cour, ordonné par le roi** their having been ordered away *ou* their banishment from the court by the king.

(b) *(action de s'éloigner)* *[être aimé]* estrangement. **son ~ des affaires** his progressive disinvolvement with business.

(c) *(état: spatial, temporel)* distance. **l'~ rapetisse les objets** distance makes objects (look) smaller; **notre ~ de Paris complique le travail** our being so far from Paris *ou* our distance from Paris complicates the work; **en amour, l'~ rapproche** absence makes the heart grow fonder *(Prov)*; **bruit étouffé par l'~** noise muffled by distance; **avec l'~, on juge mieux les événements** one can judge events better after a lapse of time *ou* from a distance.

éloigner [elwaɲe] (1) **1** *vt* **(a)** *objet* to move away, take away *(de* from). **éloigne ce coussin du radiateur** move that cushion away from the radiator; **une lentille qui éloigne les objets** a lens that distances objects *ou* that makes objects look distant; **cette**

brume **éloigne les collines** this mist makes the hills look further away.

  (b) *personne (lit)* to take away, remove *(de* from); *(fig: exiler, écarter)* to send away *(de* from). **~ les curieux du lieu de l'accident** to move the onlookers *ou* bystanders away from the scene of the accident; **allumer du feu pour ~ les bêtes sauvages** to light a fire to keep off the wild animals; *(fig)* **~ qn de** *être aimé, compagnons* to estrange sb from; *activité* to take sb away from; *tentations, carrière* to take sb away from, remove sb from; **son penchant pour la boisson éloigna de lui ses amis** his inclination for drink lost him his friends *ou* made his friends drift away from him; **ce chemin nous éloigne du village** this path takes *ou* leads us away from the village.

  (c) *souvenir, idée* to banish, dismiss; *crainte* to remove, dismiss; *danger* to ward off, remove; *soupçons* to remove, avert *(de* from).

  (d) *chose à faire, échéance, visite* to put off, postpone.

  (e) *(espacer) visites* to make less frequent, space out.

  2 s'éloigner *vpr* **(a)** *[tout objet en mouvement]* to move away; *[orage]* to go away, pass; *[bruit]* to go away, grow fainter. **le village s'éloignait et finit par disparaître dans la brume** the village got further (and further) away *ou* grew more and more distant and finally disappeared in the mist.

  (b) *[personne] (par prudence etc)* to go away *(de* from); *(par pudeur, discrétion)* to go away, withdraw *(de* from). **s'~ en courant/en hâte** to run/hurry away *ou* off; **éloignez-vous, les enfants, ça risque d'éclater!** move away *ou* back, children, *ou* stand *ou* get back, children, it might explode!; **ne t'éloigne pas (trop) (de la voiture)** don't go (too) far *ou* don't go (too) far away (from the car); *(fig)* **s'~ de** *être aimé, compagnons* to become estranged from, grow away from; *sujet traité* to wander from; *position prise* to move away from; *devoir* to swerve *ou* deviate from; **là vous vous éloignez (du sujet)** you're wandering from *ou* getting off the point *ou* subject; **je la sentais s'~ (de moi)** I felt her becoming estranged *ou* growing away from me, I felt her becoming more (and more) distant; **s'~ du droit chemin** to stray *ou* wander from the straight and narrow; **s'~ de la vérité** to wander from the truth.

  (c) *[souvenir, échéance]* to grow more and (more) distant *ou* remote; *[danger]* to pass, go away; *[craintes]* to go away, retreat.

élongation [elɔ̃gasjɔ̃] *nf* **(a)** *(Méd)* strained *ou* pulled muscle. **les ~s font très mal** straining *ou* pulling a muscle is very painful, a pulled muscle is very painful; **se faire une ~** to strain *ou* pull a muscle. **(b)** *(Astron)* elongation; *(Phys)* displacement.

éloquemment [elɔkamɑ̃] *adv* eloquently.

éloquence [elɔkɑ̃s] *nf* eloquence. **il m'a fallu toute mon ~ pour la convaincre** I needed all the eloquence I could summon up *ou* muster to convince her; *(fig)* **l'~ de ces chiffres rend tout commentaire superflu** these figures speak for themselves *ou* need no comment.

éloquent, e [elɔkɑ̃, ɑ̃t] *adj* *orateur, discours, geste* eloquent. *(fig)* **ces chiffres sont ~s** these figures speak for themselves; **une étreinte plus ~e que toute parole** an embrace that spoke louder than any word(s), an embrace more eloquent *ou* meaningful than any word(s); **un silence ~** a silence that speaks volumes, a meaningful *ou* an eloquent silence.

élu, e [ely] **1** *adj (Rel)* chosen; *(Pol)* elected.

  2 *nm,f* **(a)** *(Pol)* (*député*) elected member, ≃ member of parliament, M.P. *(Brit)*; *(conseiller)* elected representative, councillor. **les nouveaux ~s** the newly elected members; the newly elected councillors; **les ~s locaux** the local *ou* town councillors; **les citoyens et leurs ~s** the citizens and their elected representatives.

  (b) *(hum: fiancé)* **l'~ de son cœur** her heart's desire *(hum)*, her beloved; **quelle est l'heureuse ~e?** who's the lucky girl?

  (c) *(Rel)* **les É~s** the Chosen ones, the Elect; **être l'~ de Dieu** to be chosen by God.

élucidation [elysidasjɔ̃] *nf* elucidation.

élucider [elyside] (1) *vt* to clear up, elucidate.

élucubrations [elykybʀasjɔ̃] *nfpl (péj)* wild imaginings.

élucubrer [elykybʀe] (1) *vt (péj)* to dream up.

éluder [elyde] (1) *vt difficulté* to evade, elude; *loi, problème* to evade, dodge, fudge.

Élysée [elize] *nm (Myth)* **l'~** the Elysium; **(le palais de) l'~** the Elysée palace *(official residence of the President of the French Republic)*, **les Champs ~s** *(Myth)* the Elysian Fields; *(à Paris)* the Champs Élysées.

élyséen, -enne [elizeɛ̃, ɛn] *adj* Elysian.

élytre [elitʀ(ə)] *nm* (hard) outer wing, elytron *(T)*.

émaciation [emasjasjɔ̃] *nf* emaciation.

émacier [emasje] (7) **1** *vt* to emaciate. **2 s'émacier** *vpr* to become emaciated *ou* wasted. **visage émacié** emaciated *ou* haggard *ou* wasted face.

émail, *pl* -aux [emaj, o] *nm (substance)* enamel. **en** *ou* **d'~** enamel(led); **des ~aux décoraient la pièce** the room was decorated with pieces of enamel work; **cendrier en ~aux** enamelled ashtray.

émaillage [emajaʒ] *nm* enamelling.

émaillé, e [emaje] *(ptp de* **émailler***) adj* **(a)** *(lit)* enamelled. **(b)** *(fig: parsemé de)* **~ de étoiles** spangled *ou* studded with; *fautes, citations* peppered *ou* dotted with; **voyage ~ d'incidents** journey punctuated by unforeseen incidents.

émailler [emaje] (1) *vt* **(a)** *(lit)* to enamel. **(b)** *(fig: parsemer) [étoiles]* to stud, spangle. **~ un texte de citations/d'erreurs** to pepper a text with quotations/errors.

émanation [emanasjɔ̃] *nf* **(a)** *(odeurs)* **~s** smells, emanations; **~s fétides** fetid emanations; **~s volcaniques** volatiles; **~s toxiques** toxic fumes.

  (b) *(fig)* product. **le pouvoir est l'~ du peuple** power issues from the people, power is a product of the will of the people.

  (c) *(Phys)* emanation; *(Rel)* procession.

émancipateur, -trice [emɑ̃sipatœʀ, tʀis] **1** *adj* liberating, emancipatory. **2** *nm,f* liberator, emancipator.

émancipation [emɑ̃sipasjɔ̃] *nf (Jur)* emancipation; *[colonie, femme]* liberation, emancipation.

émancipé, e [emɑ̃sipe] *(ptp de* **émanciper***) adj* liberated.

émanciper [emɑ̃sipe] (1) **1** *vt (Jur)* to emancipate; *femme* to emancipate, liberate; *esprit* to liberate, (set) free.

  2 s'émanciper *vpr [femme]* to become emancipated *ou* liberated, liberate o.s.; *[esprit, art]* to become liberated, liberate *ou* free itself. *(†péj, hum)* **elle s'émancipe** she's becoming very independent.

émaner [emane] (1) **émaner de** *vt indir (Pol, Rel) [pouvoir etc]* to issue from; *[ordres, note]* to come from, be issued by; *[chaleur, lumière, odeur]* to emanate *ou* issue *ou* come from; *(fig) [charme]* to emanate from, be radiated by.

émargement [emaʀʒəmɑ̃] *nm* **(a)** *(U: V* **émarger***)* signing; annotating. **feuille d'~** *(feuille de paye)* paysheet; *(feuille de présence)* attendance sheet. **(b)** *(signature)* signature; *(annotation)* annotation.

émarger [emaʀʒe] (3) **1** *vt (frm) (signer)* to sign; *(annoter)* to annotate.

  (b) *(Typ)* to trim.

  2 *vi* **(a)** (†: *toucher son salaire)* to draw one's salary. **à combien émarge-t-il par mois?** what is his monthly salary?

  (b) **~ d'une certaine somme à un budget** to receive a certain sum out of a budget.

émasculation [emaskylasjɔ̃] *nf* emasculation.

émasculer [emaskyle] (1) *vt* to emasculate.

emballage [ɑ̃balaʒ] *nm* **(a)** *(action d'emballer) (dans un carton etc)* packing(-up); *(dans du papier)* wrapping(-up), doing-up. **papier d'~** packing paper; wrapping paper.

  (b) *(Comm) (boîte, carton etc)* package, packaging *(U)*; *(papier)* wrapping *(U)*. *(Comm)* **~ perdu/consigné** non-returnable/returnable bottle *(ou* jar *etc)*.

emballement [ɑ̃balmɑ̃] *nm* **(a)** (*) *(enthousiasme)* flight of enthusiasm; *(colère)* flash of anger. *(passade)* **méfiez-vous de ses ~s** beware of his (sudden) crazes*.

  (b) *[moteur]* racing; *[cheval]* bolting.

emballer [ɑ̃bale] (1) **1** *vt* **(a)** *(empaqueter) (dans un carton, de la toile etc)* to pack (up); *(dans du papier)* to wrap (up), do up.

  (b) (‡: *emprisonner)* to run in‡, put in the clink‡.

  (c) *moteur* to race.

  (d) (*: *enthousiasmer) [idée, film]* to thrill to bits*. **je n'ai pas été très emballé par ce film** I wasn't exactly carried away* by that film, that film didn't exactly thrill me to bits*.

  2 s'emballer *vpr* **(a)** (*) *[personne] (enthousiasme)* to get *ou* be carried away*, get worked up*; *(colère)* to fly off the handle*, go off (at) the deep end*.

  (b) *[moteur]* to race; *[cheval]* to bolt. **cheval emballé** runaway *ou* bolting horse.

emballeur, -euse [ɑ̃balœʀ, øz] *nm,f* packer.

embarbouiller* [ɑ̃baʀbuje] (1) **1** *vt (troubler)* to confuse, get mixed up*. **2 s'embarbouiller** *vpr* to get mixed up *(dans* in).

embarcadère [ɑ̃baʀkadɛʀ] *nm* landing stage, pier.

embarcation [ɑ̃baʀkasjɔ̃] *nf* (small) boat, (small) craft *(pl inv)*.

embardée [ɑ̃baʀde] *nf (Aut)* swerve; *(Naut)* yaw. **faire une ~** *(Aut)* to swerve; *(Naut)* to yaw.

embargo [ɑ̃baʀgo] *nm* embargo. **mettre l'~ sur qch** to impose *ou* put an embargo on sth, embargo sth; **lever l'~ (mis sur)** to lift *ou* raise the embargo (on).

embarquement [ɑ̃baʀkəmɑ̃] *nm [marchandises]* loading; *[passagers] (en bateau)* embarkation, boarding; *(en avion)* boarding.

embarquer [ɑ̃baʀke] (1) **1** *vt* **(a)** *passagers* to embark, take on board. **je l'ai embarqué dans le train*** I saw him onto the train, I put him on the train.

  (b) *cargaison (en train, gén)* to load; *(en bateau)* to load, ship. *(Naut)* **le navire embarque des paquets d'eau** the boat is taking in *ou* shipping water.

  (c) (‡: *emporter)* to cart off*, lug off*; *(voler)* to pinch*, nick‡ *(Brit)*; *(pour emprisonner)* to cart off* *ou* away*. **se faire ~ par la police** to get picked up by the police*.

  (d) (*: *entraîner)* **~ qn dans** to get sb mixed up in* *ou* involved in, involve sb in; **il s'est laissé ~ dans une sale histoire** he has got (himself) mixed up in* *ou* involved in a nasty bit of business; **une affaire bien/mal embarquée** an affair that has got off to a good/ bad start.

  2 *vi* **(a)** *(aussi* **s'~**: *partir en voyage))* to embark. **il a embarqué** *ou* **il s'est embarqué hier pour le Maroc** he sailed for Morocco yesterday.

  (b) *(monter à bord)* to board, go aboard *ou* on board.

  (c) *(Naut)* **le navire embarque, la mer embarque** we are *ou* the boat is shipping water.

  3 s'embarquer *vpr* **(a)** = **2a**.

  (b) **s'~ dans** *aventure, affaire* to embark (up)on, launch into; *affaire louche* to get mixed up in *ou* involved in.

embarras [ɑ̃baʀa] *nm* **(a)** *(ennui)* trouble. **cela constitue un ~ supplémentaire** that's yet another problem; **je ne veux pas être un ~ pour vous** I don't want to be a nuisance *ou* trouble to you, I don't want to put you *ou* get in your way; **causer** *ou* **faire toutes sortes d'~ à qn** to give *ou* cause sb no end* of trouble *ou* bother; **ne vous mettez pas dans l'~ pour moi** don't put yourself *ou* go to any trouble for me.

  (b) *(gêne)* confusion, embarrassment. **dit-il avec ~** he said in some confusion *ou* with (some) embarrassment; **il remarqua mon ~ pour répondre** he noticed that I was at a loss for a reply *ou* at a loss how to reply *ou* that I was stuck* for a reply.

(c) (*situation délicate*) predicament, awkward position. **mettre** *ou* **plonger qn dans l'~** to put sb in an awkward position *ou* on the spot*; **tirer qn d'~** to get *ou* help sb out of an awkward position *ou* out of a predicament. **être dans l'~** (*en mauvaise position*) to be in a predicament *ou* an awkward position; (*dans un dilemme*) to be in a quandary *ou* in a dilemma.

(d) (*gêne financière*) **~** (**d'argent** *ou* **financiers**) financial difficulties, money worries; **être dans l'~** to be in financial straits *ou* difficulties, be short of money.

(e) (*Méd*) **~ gastrique** upset stomach, stomach upset.

(f) (†: *encombrement*) **~ de circulation** *ou* **de voitures†** (road) congestion (*U*), traffic holdup; **les ~ de Paris** the congestion of the Paris streets.

(g) (*chichis, façons*) **faire des ~** to (make a) fuss, make a to-do; **c'est un faiseur d'~** he's a fusspot*, he's always making a fuss.

(h) **elle a l'~ du choix, elle n'a que l'~ du choix** her only problem is that she has too great a choice, her only difficulty is that of choosing *ou* deciding; **~ de richesses†** embarrassment of riches.

embarrassant, e [ɑ̃baʀasɑ̃, ɑ̃t] *adj* **(a)** *situation* embarrassing, uncomfortable; *problème* awkward, thorny. **(b)** *paquets* cumbersome, awkward. **ce que cet enfant peut être ~!** what a hindrance this child is!, this child is always in the way!

embarrassé, e [ɑ̃baʀase] (*ptp de* **embarrasser**) *adj* **(a)** (*gêné*) *personne* embarrassed, ill-at-ease (*attrib*), self-conscious; *sourire* embarrassed, uneasy. **être ~ de sa personne** to be awkward *ou* ill-at-ease; **il était tout timide et ~** he was very shy and ill-at-ease *ou* embarrassed; **je serais bien ~ de choisir entre les deux** I should really be at a loss (if I had) *ou* I should be hard put (to it) to choose between the two.

(b) (*peu clair*) *explication, phrase* muddled, confused.

(c) (*Méd*) **avoir l'estomac ~** to have an upset stomach; **j'ai la langue ~e** my tongue is coated.

(d) (*encombré*) *table, corridor* cluttered (up). **j'ai les mains ~es** my hands are full.

embarrasser [ɑ̃baʀase] (1) **1** *vt* **(a)** (*encombrer*) *[paquets]* to clutter (up); *[vêtements]* to hinder, hamper. **enlève ce manteau qui t'embarrasse** take that coat off — it's in your way *ou* it's hampering your movements; **je ne t'embarrasse pas au moins?*** are you sure I'm not bothering you? *ou* I'm not in your way?

(b) (*désorienter*) **~ qn** to put sb in a predicament *ou* an awkward position; **~ qn par des questions indiscrètes** to embarrass sb with indiscreet questions; **sa demande m'embarrasse** his request puts me in a predicament *ou* an awkward position *ou* on the spot*; **ça m'embarrasse de te le dire mais ...** I don't like to tell you this but ...; **il y a quelque chose qui m'embarrasse là-dedans** there's something about it that bothers *ou* worries me.

(c) (*Méd*) **~ l'estomac** to lie heavy on the stomach.

2 s'embarrasser *vpr* **(a)** (*s'encombrer*) **s'~ de paquets, compagnon** to burden o.s. with.

(b) (*fig: se soucier*) to trouble o.s. (*de* about), be troubled (*de* by). **sans s'~ des détails** without troubling *ou* worrying about the details; **en voilà un qui ne s'embarrasse pas de scrupules** there's one person for you who doesn't burden *ou* trouble himself with scruples.

(c) (*s'emmêler: dans un vêtement etc*) to get tangled *ou* caught up (*dans* in). (*fig*) **il s'embarrasse dans ses explications** he gets in a muddle with his explanations, he ties himself in knots with his explanations*.

embastillement [ɑ̃bastijmɑ̃] *nm* (††, *hum*) imprisonment.

embastiller [ɑ̃bastije] (1) *vt* (††, *hum*) to imprison.

embauchage [ɑ̃boʃaʒ] *nm* taking-on, hiring.

embauche [ɑ̃boʃ] *nf* (*action d'embaucher*) taking-on, hiring; (*travail disponible*) vacancy. **est-ce qu'il y a de l'~?** are there any vacancies?, are you taking anyone on? *ou* hiring anyone?; **bureau d'~** employment office.

embaucher [ɑ̃boʃe] (1) **1** *vt* to take on, hire. **s'~ comme peintre** to get o.s. taken on *ou* hired as a painter. **2** *vi* (*pointer*) to clock in.

embaucheur, -euse [ɑ̃boʃœʀ, øz] *nm,f* labour (*Brit*) *ou* employment contractor.

embauchoir [ɑ̃boʃwaʀ] *nm* shoetree.

embaumé, e [ɑ̃bome] (*ptp de* **embaumer**) *adj* air fragrant, balmy (*littér*).

embaumement [ɑ̃bommɑ̃] *nm* embalming.

embaumer [ɑ̃bome] (1) **1** *vt* cadavre to embalm. **le lilas embaumait l'air** the scent of lilac hung heavy in the air; **l'air embaumait le lilas** the air was fragrant *ou* balmy (*littér*) with the scent of lilac. **2** *vi* to give out a fragrance, be fragrant.

embaumeur, -euse [ɑ̃bomœʀ, øz] *nm,f* embalmer.

embellir [ɑ̃beliʀ] (2) **1** *vt personne, jardin* to beautify, make (more) attractive; *ville* to smarten up (*Brit*), give a face lift to*; *vérité, récit* to embellish. **2** *vi* [*personne*] to grow lovelier *ou* more attractive, grow in beauty (*littér*).

embellissement [ɑ̃belismɑ̃] *nm* [*récit, vérité*] embellishment. **ce nouveau luminaire dans l'entrée est un ~** this new light fitting in the hall is a nice decorative touch *ou* is an improvement; **les récents ~s de la ville** the recent smartening-up (*Brit*) of the town *ou* improvements to the town, the recent face lift the town has been given*.

emberlificoter* [ɑ̃bɛʀlifikɔte] (1) **1** *vt* (*enjôler*) to get round*; (*embrouiller*) to mix up*, muddle (up); (*duper*) to hoodwink*, bamboozle*.

2 s'emberlificoter *vpr* (*dans un vêtement*) to get tangled *ou* caught up (*dans* in). **il s'emberlificote dans ses explications** he

gets in a terrible muddle *ou* he gets himself tied up in knots with his explanations*.

embêtant, e* [ɑ̃bɛtɑ̃, ɑ̃t] *adj* (*gén*) annoying; *situation, problème* awkward, tricky. **c'est ~!** (*ennuyeux*) what a nuisance!, how annoying!; (*alarmant*) it's worrying!

embêtement* [ɑ̃bɛtmɑ̃] *nm* problem, trouble. **causer des ~s à qn** to make trouble for sb.

embêter* [ɑ̃bɛte] (1) **1** *vt* (*gêner, préoccuper*) to bother, worry; (*importuner*) to pester, bother; (*irriter*) to annoy, get on one's nerves*; (*lasser*) to bore.

2 s'embêter *vpr* (*se morfondre*) to be bored, be fed up*. **qu'est-ce qu'on s'embête ici!** what a drag it is here!*, it's so boring here!; **il ne s'embête pas!** he does all right for himself!*; **pourquoi s'~ à le réparer?** why go to all the trouble of repairing it?, why bother yourself repairing it?

emblaver [ɑ̃blave] (1) *vt* to sow (with a cereal crop).

emblavure [ɑ̃blavyʀ] *nf* field (sown with a cereal crop).

emblée [ɑ̃ble] *adv*: **d'~** straightaway, right away, at once; **détester qn d'~** to detest sb on sight, take an instant dislike to sb.

emblématique [ɑ̃blematik] *adj* (*lit*) emblematic; (*fig*) symbolic.

emblème [ɑ̃blɛm] *nm* (*lit*) emblem; (*fig*) symbol, emblem.

embobiner* [ɑ̃bɔbine] (1) *vt* (*enjôler*) to get round*; (*embrouiller*) to mix up*, muddle (up); (*duper*) to hoodwink*, bamboozle*. **elle sait ~ son père** she can twist her father round her little finger, she knows how to get round her father.

emboîtage [ɑ̃bwataʒ] *nm* (*action*) fitting-together; [*livre*] casing-in.

emboîtement [ɑ̃bwatmɑ̃] *nm* fitting, interlocking.

emboîter [ɑ̃bwate] (1) **1** *vt* **(a)** *pièces, parties* to fit together, fit into each other. **~ qch dans** to fit sth into.

(b) **~ le pas à qn** (*lit*) to follow close behind sb *ou* close on sb's heels; (*fig : imiter*) to follow suit.

2 s'emboîter *vpr* [*pièces*] to fit together, fit into each other. **ces 2 pièces s'emboîtent exactement** these 2 parts fit together exactly; **des chaises qui peuvent s'~ pour le rangement** chairs that can be stacked (together) when not in use.

embolie [ɑ̃bɔli] *nf* embolism. **~ pulmonaire** pulmonary embolism.

embonpoint [ɑ̃bɔ̃pwɛ̃] *nm* stoutness, portliness. **avoir/prendre de l'~** to be/get stout.

embossage [ɑ̃bɔsaʒ] *nm* fore and aft mooring.

embosser [ɑ̃bɔse] (1) *vt* to moor fore and aft.

emboucher [ɑ̃buʃe] (1) *vt instrument* to raise to one's lips; *V* **mal**.

embouchure [ɑ̃buʃyʀ] *nf* [*fleuve*] mouth; [*mors*] mouthpiece; (*Mus*) mouthpiece, embouchure.

embourber [ɑ̃buʀbe] (1) **1** *vt voiture* to get stuck in the mud.

2 s'embourber *vpr* [*voiture*] to get stuck in the mud, get bogged down (in the mud). **notre voiture s'est embourbée dans le marais** our car got stuck in *ou* got bogged down in the marsh; (*fig*) **s'~ dans détails** to get bogged down in; *monotonie* to sink into.

embourgeoisement [ɑ̃buʀʒwazmɑ̃] *nm* [*personne, parti*] trend towards a middle-class outlook.

embourgeoiser [ɑ̃buʀʒwaze] (1) **1 s'embourgeoiser** *vpr* [*parti, personne*] to become middle-class, adopt a middle-class outlook; [*idée*] to become middle-class. **2** *vt* to make middle-class (in outlook).

embout [ɑ̃bu] *nm* [*canne*] tip, ferrule; [*tuyau*] nozzle.

embouteillage [ɑ̃butɛjaʒ] *nm* (*Aut*) traffic jam, (traffic) holdup; (†: *mise en bouteilles*) bottling.

embouteiller [ɑ̃buteje] (1) *vt* (*Aut*) to jam, block; (*Téléc*) *lignes* to block; (†) *vin, lait* to bottle. **les routes sont très embouteillées** the roads are very congested.

emboutir [ɑ̃butiʀ] (2) *vt métal* to stamp; (*Aut fig*) to crash *ou* run into. **avoir une aile emboutie** to have a dented *ou* damaged wing; **il s'est fait ~ par un camion** he was hit by a lorry, his car was dented by a lorry.

emboutissage [ɑ̃butisaʒ] *nm* stamping.

embranchement [ɑ̃bʀɑ̃ʃmɑ̃] *nm* **(a)** [*voies, routes, tuyaux*] junction. **à l'~ des 2 routes** at the fork in the roads, where the roads fork. **(b)** (*route*) side road, branch road; (*Rail: voie*) branch line; (*tuyau*) branch pipe; (*rivière*) embranchment. **(c)** (*Bot, Zool: catégorie*) branch.

embrancher [ɑ̃bʀɑ̃ʃe] (1) **1** *vt tuyaux, voies* to join (up). **~ qch sur** to join sth (up) to. **2 s'embrancher** *vpr* [*tuyaux, voies*] to join (up). **s'~ sur** to join (up) to.

embrasement [ɑ̃bʀazmɑ̃] *nm* (†: *incendie*) fire, conflagration. **ce qui a provoqué l'~ de la maison** what set the house on fire; **l'~ du ciel au couchant** (*état*) the blazing *ou* fiery sky at sunset; (*action*) the flaring-up *ou* blazing-up of the sky at sunset; (*lueurs*) **des ~s soudains** sudden blazes of light.

embraser [ɑ̃bʀaze] (1) **1** *vt* (*littér*) *maison, forêt etc* to set ablaze, set fire to; (*fig*) *ciel* to inflame, set aglow *ou* ablaze; *cœur* to kindle (a fire in), fire.

2 s'embraser *vpr* [*maison*] to blaze up, flare up; [*ciel*] to flare up, be set ablaze (*de* with); [*cœur*] to become inflamed, be fired (*de* with); [*pays en révolte*] to rise up in arms.

embrassade [ɑ̃bʀasad] *nf* (*gén pl*) hugging and kissing (*U*).

embrasse [ɑ̃bʀas] *nf* curtain loop, tieback (*US*). **rideaux à ~s** looped curtains.

embrassement [ɑ̃bʀasmɑ̃] *nm* (*littér*) = **embrassade**.

embrasser [ɑ̃bʀase] (1) **1** *vt* **(a)** (*donner un baiser*) to kiss. **~ qn à pleine bouche** to kiss sb (full) on the lips; (*en fin de lettre*) **je t'embrasse** (*affectueusement*) with love.

(b) (*frm ou* †: *étreindre*) to embrace; *V* **rime**.

(c) (*frm: choisir*) *doctrine, cause* to embrace (*frm*), espouse (*frm*); *carrière* to take up, enter upon.

(d) (*couvrir*) *problèmes, sujets* to encompass, embrace. (*littér*) **il embrassa la plaine du regard** his eyes took in the plain, he took in the plain at a glance.

2 s'embrasser *vpr* to kiss (each other).

embrasure [ãbʀɑzyʀ] *nf* (*Constr, créneau*) embrasure. **il se tenait dans l'~ de la porte/la fenêtre** he stood in the doorway/the window.

embrayage [ãbʀɛjaʒ] *nm* **(a)** (*mécanisme*) clutch. **(b)** (*action*) (*Aut, Tech*) letting in *ou* engaging the clutch.

embrayer [ãbʀeje] (8) **1** *vt* **(a)** (*Aut, Tech*) to put into gear. **(b)** (*fig*) *affaire* to set rolling, set in motion. **2** *vi* (*Aut*) to let in *ou* engage the clutch.

embrigadement [ãbʀigadmã] *nm* (*V* **embrigader**) indoctrination; dragooning.

embrigader [ãbʀigade] (1) *vt* (*péj*) (*endoctriner*) to indoctrinate; (*de force*) to dragoon (*dans* into).

embrigader [ãbʀɛɡe] (1) *vt* to mix up*, involve. **il s'est laissé ~ dans une sale histoire** he got (himself) mixed up* *ou* involved in some nasty business.

embrocation [ãbʀɔkasjɔ̃] *nf* embrocation.

embrocher [ãbʀɔʃe] (1) *vt* (*Culin*) (*sur broche*) to spit, put on a spit; (*brochette*) to skewer. (*fig*) ~ **qn** to run sb through.

embrouillage [ãbʀujaʒ] *nm* = **embrouillement**.

embrouillamini* [ãbʀujamini] *nm* muddle, jumble.

embrouille* [ãbʀuj] *nf*: **il y a de l'~ là-dessous** there's some hanky-panky* *ou* something funny at the bottom of this; **toutes ces ~s** all this carry-on*.

embrouillé, e [ãbʀuje] (*ptp de* **embrouiller**) *adj style, problème, idées* muddled, confused; *papiers* muddled, mixed-up.

embrouillement [ãbʀujmã] *nm* (*V* **embrouiller**) (*action*) tangling; muddling up; mixing up; confusion; (*état*) tangle; muddle; confusion. **essayant de démêler l'~ de ses explications** trying to sort out his muddled explanations *ou* the confusion of his explanations.

embrouiller [ãbʀuje] (1) **1** *vt* **(a)** *ficelle* to tangle (up), snarl up; *objets, papiers* to muddle up, mix up; *affaire* to muddle (up), tangle up, confuse; *problème* to muddle (up), confuse.
(b) *personne* to muddle (up), confuse, mix up; *V* **ni**.
2 s'embrouiller *vpr* **(a)** [*idées, style, situation*] to become muddled *ou* confused.
(b) [*personne*] to get in a muddle, become confused *ou* muddled. **s'~ dans un discours/ses explications** to get in a muddle with *ou* tie o.s. up in knots* in a speech/with one's explanations; **s'~ dans ses dates** to get one's dates muddled (up) *ou* mixed up.

embroussaillé, e [ãbʀusaje] *adj chemin* overgrown; *barbe, sourcils, cheveux* bushy, shaggy.

embrumer [ãbʀyme] (1) *vt* (*littér*) to mist over, cloud over (*de* with). (*fig*) to cloud (*de* with). **à l'horizon embrumé** on the misty *ou* hazy horizon; **l'esprit embrumé par l'alcool** his mind fuddled *ou* clouded with drink.

embruns [ãbʀœ̃] *nmpl* sea spray (*U*), spindrift (*U*).

embryologie [ãbʀijɔlɔʒi] *nf* embryology.

embryologique [ãbʀijɔlɔʒik] *adj* embryologic(al).

embryologiste [ãbʀijɔlɔʒist(ə)] *nmf* embryologist.

embryon [ãbʀijɔ̃] *nm* embryo.

embryonnaire [ãbʀijɔnɛʀ] *adj* (*Méd*) embryonic, embryonal; (*fig*) embryonic. (*fig*) **à l'état ~** in embryo, in an embryonic state.

embûche [ãbyʃ] *nf* pitfall, trap. **semé d'~s** treacherous, full of pitfalls *ou* traps.

embuer [ãbɥe] (1) *vt* to mist (up), mist over. **vitre embuée** misted(-up) window pane; **yeux embués de larmes** eyes misted (over) *ou* clouded with tears.

embuscade [ãbyskad] *nf* ambush. **être** *ou* **se tenir en ~** to lie in ambush; **tendre une ~ à qn** to set (up) *ou* lay an ambush for sb; **tomber dans une ~** (*Mil*) to fall into an ambush; (*tendue par des brigands*) to fall into an ambush, be waylaid.

embusqué, e [ãbyske] (*ptp de* **embusquer**) **1** *adj*: **être ~** [*soldats*] to lie *ou* wait in ambush. **2** *nm* (*arg Mil*) shirker.

embusquer (s') [ãbyske] (1) *vpr* to take cover, lie *ou* wait in ambush.

émécher [emeʃe] (6) *vt* (*gén ptp*) to make merry *ou* tipsy. **éméché** tipsy, merry.

émeraude [ɛmʀod] *nf, adj inv* emerald.

émergence [emɛʀʒãs] *nf* (*gén*) emergence. (**point d'**)~ **d'une source** source of a spring.

émergent, e [emɛʀʒã, ãt] *adj rocher*, (*Phys*) emergent.

émerger [emɛʀʒe] (3) *vi* **(a)** (*apparaître*) [*rocher, cime*] to emerge, rise up; [*vérité, astre*] to emerge, come out; [*fait, artiste*] to emerge. **le sommet émergea du brouillard** the summit rose out of *ou* emerged from the fog.
(b) (*faire saillie*) [*rocher, fait, artiste*] to stand out. **des rochers qui émergent** rocks that stand out, salient rocks (*T*).

émeri [ɛmʀi] *nm* emery. **toile** *ou* **papier ~** emery paper; *V* **bouché**.

émerillon [emʀijɔ̃] *nm* (*Zool*) merlin; (*Tech*) swivel.

émérite [emeʀit] *adj* highly skilled.

émersion [emɛʀsjɔ̃] *nf* emersion.

émerveillement [emɛʀvɛjmã] *nm* (*sentiment*) wonder; (*vision, sons etc*) wonderful thing, marvel.

émerveiller [emɛʀveje] (1) **1** *vt* to fill with wonder. **2 s'émerveiller** *vpr* to be filled with wonder. **s'~ de** to marvel at, be filled with wonder at.

émétique [emetik] *adj, nm* emetic.

émetteur, -trice [emetœʀ, tʀis] **1** *adj* **(a)** (*Rad*) transmitting; *V* **poste²**, **station**. **(b)** (*Fin*) issuing (*épith*). **2** *nm* transmitter. **~-récepteur** transmitter-receiver, transceiver. **3** *nm, f* (*Fin*) drawer.

émettre [emɛtʀ(ə)] (56) *vt* **(a)** *lumière* [*lampe*] to give (out), send out; (*Phys*) to emit; *son, radiation, liquide* to give out, send out, emit; *odeur* to give off.
(b) (*Rad, TV*) to transmit. (*Rad*) ~ **sur ondes courtes** to broadcast *ou* transmit on shortwave.

(c) (*Fin*) *monnaie, actions* to issue; *emprunt* to issue, float; *chèque* to draw; (*fig*) *idée, hypothèse* to voice, put forward, venture; *vœux* to express.

émeu [emø] *nm* emu.

émeute [emøt] *nf* riot. **~s** riots, rioting.

émeutier, -ière [emøtje, jɛʀ] *nm, f* rioter.

émiettement [emjɛtmã] *nm* (*V* **émietter**) crumbling; breaking up, splitting up; dispersion; dissipation; frittering away. **un ~ de petites parcelles de terre** a scattering of little plots of land.

émietter [emjete] (1) **1** *vt pain, terre* to crumble; *territoire* to break up, split up; *pouvoir, responsabilités* to disperse; *énergie, effort,* (*littér*) *temps* to dissipate.
2 s'émietter *vpr* [*pain, terre*] to crumble; [*pouvoir*] to disperse; [*énergie, existence*] to dissipate; [*fortune*] to be frittered *ou* whittled away.

émigrant, e [emigʀã, ãt] *nm, f* emigrant.

émigration [emigʀasjɔ̃] *nf* emigration.

émigré, e [emigʀe] (*ptp de* **émigrer**) *nm, f* (*Hist*) émigré; (*Pol*) expatriate, émigré. (*Écon*) (**travailleur**) ~ migrant worker.

émigrer [emigʀe] (1) *vi* to emigrate; (*Zool*) to migrate.

émincé [emɛ̃se] *nm* (*plat*) émincé; (*tranche*) sliver, thin slice. **un ~ de veau/de foie de veau** an émincé of veal/calves' liver.

émincer [emɛ̃se] (3) *vt* to slice thinly, cut into slivers *ou* thin slices.

éminemment [eminamã] *adv* eminently.

éminence [eminãs] *nf* **(a)** (*terrain*) knoll, hill; (*Méd*) protuberance.
(b) [*qualité, rang*] distinction, eminence. **(c)** (*cardinal*) Eminence. **Son/Votre É~** his/your Eminence; (*fig*) ~ **grise** éminence grise.

éminent, e [eminã, ãt] *adj* distinguished, eminent. (*frm*) **mon ~ collègue** my learned *ou* distinguished colleague.

éminentissime [eminãtisim] *adj* (*hum*) most distinguished *ou* eminent; (*Rel*) most eminent.

émir [emiʀ] *nm* emir.

émirat [emiʀa] *nm* emirate. **les É~s arabes unis** the United Arab Emirates.

émissaire [emisɛʀ] *nm* (*gén*) emissary; *V* **bouc**.

émission [emisjɔ̃] *nf* **(a)** (*action: V* **émettre**) giving out, sending out; emission; giving off; transmission; broadcast(ing); issue; flotation; drawing; voicing, putting forward, venturing; expression. (*Physiol*) ~ **d'urine/de sperme** emission of urine/semen; (*Fin*) **monopole d'~** monopoly of issue; (*Fin*) **cours d'~** issue par; (*Phys*) **source d'~** (**de lumière/chaleur**) (emitting) source (of light/heat); (*Phonétique*) ~ **de voix** emission of sound (by the voice); *V* **banque**.
(b) (*Rad, TV: spectacle*) programme, broadcast. **dans une ~ télévisée/radiophonique** in a television/radio programme *ou* broadcast; ~ **en direct/différé** live/(pre-)recorded programme *ou* broadcast; ~ (**de télévision**) **par câble** cablecast; **as-tu le programme des ~s de la semaine?** have you got (the list of) this week's programmes?; **'nos ~s sont terminées'** 'that's the end of today's broadcasts *ou* programmes *ou* broadcasting'.

emmagasinage [ãmagazinaʒ] *nm* (*V* **emmagasiner**) storing up, accumulation; storing; storage, warehousing.

emmagasiner [ãmagazine] (1) *vt* (*gén: amasser*) to store up, accumulate; *chaleur* to store; (*Comm*) to store, put into store, warehouse.

emmaillotement [ãmajɔtmã] *nm* (*V* **emmailloter**) binding up, bandaging; wrapping up.

emmailloter [ãmajote] (1) *vt doigt, pied* to bind (up), bandage, wrap up; *enfant* to wrap up.

emmanchement [ãmãʃmã] *nm* (*outil*) fitting of a handle (*de* to, on, onto).

emmanché, e* [ãmãʃe] (*ptp de* **emmancher**) *nm, f* (*crétin*) twit*, berk* (*Brit*).

emmancher [ãmãʃe] (1) *vt pelle* to fix *ou* put a handle on. ~ **une affaire*** to get a deal going, set up a deal; **l'affaire s'emmanche mal*** things are getting off to a bad start; **une affaire bien/mal emmanchée*** a deal which has got off to a good/bad start.

emmanchure [ãmãʃyʀ] *nf* armhole.

Emmanuel [emanɥɛl] *nm* Emmanuel, Immanuel.

Emmanuelle [emanɥɛl] *nf* Emmanuelle.

emmêlement [ãmɛlmã] *nm* (*action*) tangling; (*état*) tangle, muddle. **un ~ de tuyaux** a tangle of pipes.

emmêler [ãmele] (1) **1** *vt cheveux* to tangle (up), knot; *fil* to tangle (up), entangle, muddle up; (*fig*) *affaire* to confuse, muddle. (*fig*) **tu emmêles tout** you're confusing everything, you're getting everything mixed up *ou* muddled (up) *ou* confused.
2 s'emmêler *vpr* to tangle, get in a tangle. **la corde s'est emmêlée** the rope has got tangled; **s'~ les pieds dans le tapis** to get one's feet caught in the carpet, catch one's feet in the carpet; **s'~ dans ses explications** to get in a muddle with one's explanations.

emménagement [ãmenaʒmã] *nm* moving in (*U*). **au moment de leur ~ dans la nouvelle maison** at the time of their move into the new house.

emménager [ãmenaʒe] (3) *vi* to move in. ~ **dans** to move into.

emmener [ãmne] (5) *vt* **(a)** *personne* (*comme otage*) to take away; (*comme invité, compagnon*) to take (along). ~ **qn au cinéma** to take sb to the cinema; ~ **qn en prison** to take (away *ou* off) to prison; ~ **qn faire une balade en voiture** to take sb for a run in the *ou* one's car; ~ **promener qn** *ou* ~ **qn faire une promenade** to take sb (off) for a walk; ~ **déjeuner qn** to take sb out to *ou* for lunch; **voulez-vous que je vous emmène? (en voiture)** shall I give you a lift?, would you like a lift?
(b) (*: emporter*) *chose* to take. **tu vas ~ cette grosse valise?** are you going to take that great suitcase (with you)?
(c) (*Mil, Sport: guider*) *équipe, troupe* to lead.

emment(h)al [emɛtal] *nm* Emmenthal (cheese).

emmerdant, e‡ [ɑ̃mɛrdɑ̃, ɑ̃t] *adj (irritant)* bloody *(Brit) ou* damned annoying‡; *(lassant)* bloody *(Brit) ou* damned boring‡. **qu'est-ce qu'il est ~ avec ses histoires** what a bloody *(Brit) ou* damned nuisance‡ *ou* pain (in the neck)‡ he is with his stories; **c'est vraiment ~ qu'il ne puisse pas venir** it's bloody *(Brit) ou* damned annoying‡ *ou* a hell of a nuisance‡ that he can't come.

emmerdement‡ [ɑ̃mɛrdəmɑ̃] *nm*: **quel ~!** what a bloody‡ *(Brit) ou* damned nuisance!‡; **j'ai eu tellement d'~s avec cette voiture** that car gave me so much bloody *(Brit) ou* damned trouble‡, I had so many bloody *(Brit) ou* damned problems with that car‡.

emmerder‡ [ɑ̃mɛrde] (1) **1** *vt*: **~ qn** *(irriter)* to get on sb's wick‡ *(Brit)*, give sb a pain in the neck*, bug sb*; *(préoccuper, contrarier)* to bug sb*, bother sb; *(lasser)* to bore the pants off sb‡, bore sb stiff* *ou* to death*; *(mettre dans l'embarras)* to get sb into trouble, land sb in the soup; **on n'a pas fini d'être emmerdé avec ça** we've not heard the last of that; **je suis drôlement emmerdé** I'm in deep trouble*, I'm really in the soup*; **arrête de nous ~ avec tes histoires!** stop being such a bloody *(Brit) ou* damned nuisance‡ *ou* pain (in the neck)‡ with your stories; **il m'emmerde à la fin, avec ses questions** he really bugs me* *ou* gets up my nose‡ *(Brit)* with his questions; **ça m'emmerde qu'il ne puisse pas venir** it's a damned nuisance‡ *ou* a hell of a nuisance‡ that he can't come; **je les emmerde!** to hell with them!‡, bugger them! *‡* *(Brit)*.

2 s'emmerder *vpr (être ennuyé)* to be bored stiff* *ou* to death*. **je me suis emmerdé à réparer ce poste, et maintenant voilà qu'il ne le veut plus!** I really put myself out repairing this damned radio and now he doesn't even want it!‡

emmerdeur, -euse‡ [ɑ̃mɛrdœr, øz] *nm,f* damned nuisance‡, pain in the neck‡.

emmitoufler [ɑ̃mitufle] (1) *vt* to wrap up (warmly), muffle up. **s'~ (dans un manteau)** to wrap o.s. up (warmly) *ou* get muffled up (in a coat).

emmouscailler‡ [ɑ̃muskɑje] (1) *vt*: **~ qn** *(irriter)* to bug sb*; *(préoccuper)* to bother sb; *(mettre qn dans l'embarras)* to land sb in the soup*; **être bien emmouscaillé** to be in deep trouble* *ou* in a real mess; **s'~ à faire qch** to go to the bother of doing sth.

emmurer [ɑ̃myre] (1) *vt* to wall up, immure.

émoi [emwa] *nm (littér) (trouble)* agitation, emotion; *(de joie)* excitement; *(tumulte)* commotion. **doux ~** pleasant agitation; **dit-elle non sans ~** she said with some confusion *ou* a little flustered; **en ~** *cœur* in a flutter *(attrib)*; *sens* agitated, excited; **la rue était en ~** the street was in turmoil *ou* in a commotion.

émollient, e [emɔljɑ̃, ɑ̃t] *adj, nm* emollient.

émoluments [emɔlymɑ̃] *nmpl (Admin)* remuneration, emolument *(frm)*.

émondage [emɔ̃daʒ] *nm* pruning, trimming.

émonder [emɔ̃de] (1) *vt* to prune, trim.

émondeur, -euse [emɔ̃dœr, øz] *nm,f* pruner *(person)*.

émondoir [emɔ̃dwar] *nm* pruning hook.

émotif, -ive [emɔtif, iv] **1** *adj* emotional; *(Ling)* emotive. **2** *nm,f* emotional person.

émotion [emɔsjɔ̃] *nf (vif sentiment)* emotion; *(peur)* fright; *(sensibilité)* emotion, feeling; *(†: tumulte)* commotion. **ils ont évité l'accident mais l'~ a été grande** they avoided the accident but it really gave them a bad fright; **donner des ~s à qn** to give sb a (nasty) turn* *ou* fright.

émotionnel, -elle [emɔsjɔnɛl] *adj choc, réaction* emotional.

émotionner* [emɔsjɔne] (1) **1** *vt* to upset. **j'en suis encore tout émotionné** it gave me quite a turn*, I'm still all upset about it. **2 s'émotionner** *vpr* to get worked up*, get upset *(de* about*)*.

émotivité [emɔtivite] *nf* emotionalism.

émoulu, e [emuly] *adj*: **frais ~ (de l'école)** fresh from school, just out of school; **frais ~ de l'École polytechnique** fresh from *ou* just out of the École Polytechnique.

émoussé, e [emuse] *(ptp de émousser) adj couteau, tranchant* blunt; *goût, sensibilité* blunted, dulled.

émousser [emuse] (1) *vt lame, couteau, appétit* to blunt, take the edge off; *sentiment, souvenir, désir* to dull. **son talent s'est émoussé** his talent has lost its fine edge.

émoustillant, e* [emustijɑ̃, ɑ̃t] *adj présence* tantalizing, titillating; *propos* titillating.

émoustiller* [emustije] (1) *vt* to titillate, tantalize.

émouvant, e [emuvɑ̃, ɑ̃t] *adj (nuance de compassion)* moving, touching; *(nuance d'admiration)* stirring.

émouvoir [emuvwar] (27) **1** *vt* **(a)** *personne (gén)* to move, disturb, stir; *(indigner)* to rouse (the indignation of); *(effrayer)* to disturb, worry, upset. **leur attitude ne l'émut/leurs menaces ne l'émurent pas le moins du monde** their attitude/threats didn't disturb *ou* worry *ou* upset him in the slightest; **plus ému qu'il ne voulait l'admettre par ce baiser/ces caresses** more (a)roused than he wished to admit by this kiss/these caresses; **le spectacle/ leur misère l'émouvait profondément** the sight/their wretchedness moved him deeply *ou* upset him greatly; **~ qn jusqu'aux larmes** to move sb to tears; **cet auteur s'attache à ~ le lecteur** this author sets out to move *ou* stir the reader; **se laisser ~ par des prières** to be moved by entreaties, let o.s. be swayed by entreaties; **encore tout ému d'avoir frôlé l'accident/de cette rencontre** still very shaken *ou* greatly upset at having been so close to an accident/over that encounter.

(b) *(littér) pitié, colère* to (a)rouse. **~ la pitié de qn** to move sb to pity, (a)rouse sb's pity.

2 s'émouvoir *vpr (V émouvoir)* to be moved; to be disturbed; to be stirred; to be *ou* get worried, be *ou* get upset. **il ne s'émeut de rien** nothing upsets *ou* disturbs him; **dit-il sans s'~** he said calmly *ou* impassively *ou* quite unruffled; **s'~ à la vue de** to be moved at the sight of; **le pays entier s'est ému de l'affaire** the whole country was roused by the affair, the affair (a)roused the indignation of the whole country; **le gouvernement s'en est ému** the government was roused to action.

empaillage [ɑ̃pajaʒ] *nm (V empailler)* stuffing; bottoming.

empailler [ɑ̃paje] (1) *vt animal* to stuff; *chaise* to bottom (with straw).

empailleur, -euse [ɑ̃pajœr, øz] *nm,f [chaise]* upholsterer; *[animal]* taxidermist.

empalement [ɑ̃palmɑ̃] *nm* impalement.

empaler [ɑ̃pale] (1) *vt* to impale.

empan [ɑ̃pɑ̃] *nm (Hist: mesure)* span.

empanaché, e [ɑ̃panaʃe] *adj* plumed.

empaquetage [ɑ̃paktaʒ] *nm (V empaqueter)* packing, packaging; parcelling up *(Brit)*, wrapping up.

empaqueter [ɑ̃pakte] (4) *vt* to parcel up *(Brit)*, wrap up; *(Comm)* to pack, package.

emparer (s') [ɑ̃pare] (1) *vpr* **(a)** *[personne]* **s'~ de** *objet, ballon* to seize *ou* grab (hold of), snatch up; *butin* to seize, grab; *personne (comme otage etc)* to seize; *(fig)* to take over; *(fig)* **prétexte** to seize (up)on; *(Mil) ville, territoire, ennemi* to seize; **s'~ des moyens de production/de l'information** to take over *ou* seize the means of production/the information networks; **ils se sont emparés de la ville par surprise** they seized *ou* took the town by surprise; **ils se sont emparés du caissier et l'ont assommé** they grabbed (hold of) *ou* laid hold of the cashier and knocked him out; *(Rugby)* **s'~ du ballon** to get possession of the ball; *(fig)* **son confesseur s'est emparé de son esprit** her confessor has gained *ou* got a hold over her; *(fig)* **les journaux se sont emparés de l'affaire** the papers picked up the story.

(b) s'~ de *[jalousie, colère, remords]* to take possession of, take *ou* lay *ou* seize hold of; **cette obsession s'empara de son esprit** this obsession took possession of his mind, his mind was taken over by this obsession; **une grande peur/le remords s'empara d'elle** she was seized with a great fear/remorse.

empâtement [ɑ̃patmɑ̃] *nm (V s'empâter)* thickening-out, fattening-out; thickening.

empâter [ɑ̃pate] (1) **1** *vt langue, bouche* to coat, fur (up) *(Brit)*; *traits* to thicken, coarsen. **la maladie l'a empâté** his illness has made him thicken out *ou* put on weight.

2 s'empâter *vpr [personne, silhouette, visage]* to thicken out, fatten out; *[traits]* to thicken, grow fleshy; *[voix]* to become thick.

empathie [ɑ̃pati] *nf* empathy.

empattement [ɑ̃patmɑ̃] *nm (Constr)* footing; *(Aut)* wheelbase; *(Typ)* serif.

empêché, e [ɑ̃peʃe] *(ptp de empêcher) adj* **(a)** *(retenu)* detained, held up. **le professeur, ~, ne peut pas faire son cours** the teacher has been detained *ou* held up and is unable to give the class; **~ par ses obligations, il n'a pas pu venir** his commitments prevented him from coming, he was prevented from coming by his commitments.

(b) *(embarrassé)* **avoir l'air ~** to look *ou* seem embarrassed *ou* ill-at-ease.

(c) tu es bien ~ de me le dire you seem at a (complete) loss to know what to tell me; **je serais bien ~ de vous le dire** I'd be hard put (to it) to tell you, I'd be at a loss to know what to tell you.

empêchement [ɑ̃peʃmɑ̃] *nm (obstacle)* (unexpected) obstacle *ou* difficulty, hitch, holdup; *(Jur)* impediment. **il n'est pas venu, il a eu un ~** something unforeseen cropped up which prevented him from coming; **en cas d'~** if there's a hitch, should you be prevented from coming.

empêcher [ɑ̃peʃe] (1) **1** *vt* **(a)** *chose, action* to prevent, stop. **~ que qch (ne) se produise, ~ qch de se produire** to prevent sth from happening, stop sth happening; **~ que qn (ne) fasse** to prevent sb from doing, stop sb (from) doing.

(b) ~ qn de faire to prevent sb from doing, stop sb (from) doing; **rien ne nous empêche de partir** there's nothing stopping us (from) going *ou* preventing us from going *ou* preventing our going; **~ qn de sortir/d'entrer** to prevent sb from going out/coming in, keep sb in/out; **s'il veut le faire, on ne peut pas l'en ~** *ou* **l'~** if he wants to do it, we can't prevent him (from doing it) *ou* stop him (doing it); **ça ne m'empêche pas de dormir** *(lit)* it doesn't prevent me from sleeping *ou* stop me sleeping *ou* keep me awake; *(fig)* I don't lose any sleep over it.

(c) *(loc)* **qu'est-ce qui empêche (qu'on le fasse)?** what's there to stop us (doing it)? *ou* to prevent us (from doing it)?, what's stopping us (doing it)?*; **qu'est-ce que ça empêche?*** what odds? *ou* difference does that make?; **ça n'empêche rien*** it makes no odds* *ou* no difference; **ça n'empêche qu'il vienne*** that won't stop him coming, he's still coming anyway*; **il n'empêche qu'il a tort** nevertheless *ou* be that as it may, he is wrong; **n'empêche qu'il a tort** all the same *ou* it makes no odds*, he's wrong; **j'ai peut-être tort, n'empêche, il a un certain culot de dire ça!*** maybe I'm wrong, but all the same *ou* even so he has got some cheek *ou* nerve saying that!*; *V* **empêcheur**.

2 s'empêcher *vpr* **(a)** *(littér)* **s'~ de faire** to stop o.s. (from) doing, refrain from doing; **par politesse, il s'empêcha de bâiller** out of politeness he stifled a yawn *ou* he stopped himself yawning.

(b) il n'a pas pu s'~ de rire he couldn't help laughing, he couldn't stop himself (from) laughing; **je ne peux m'~ de penser que** I cannot help thinking that; **je n'ai pu m'en ~** I could not help it, I couldn't stop myself.

empêcheur, -euse [ɑ̃peʃœr, øz] *nm,f*: **~ de danser** *ou* **de tourner en rond** spoilsport; *(hum)* **un ~ de travailler/de s'amuser en rond** a spoilsport as far as work/enjoyment is concerned.

empeigne [ɑ̃pɛɲ] *nf [soulier]* upper.

empennage [ɑ̃penaʒ] *nm (Aviat)* stabilizer, tailplane *(Brit)*; *[flèche]* feathering.

empenner [ɑ̃pene] (1) vt *flèche* to feather.
empereur [ɑ̃prœr] nm emperor.
empesage [ɑ̃pəzaʒ] nm starching.
empesé, e [ɑ̃pəze] (*ptp de* **empeser**) adj *col* starched; (*fig*) stiff, starchy.
empeser [ɑ̃pəze] (5) vt to starch.
empester [ɑ̃pɛste] (1) vt (*sentir*) *odeur, fumée* to stink of, reek of; (*empuantir*) *pièce* to stink out (*de* with), make stink (*de* of); (*fig littér: empoisonner*) to poison, taint (*de* with). **ça empeste ici** it stinks in here, it smells foul in here, there's a stink ou foul smell in here.
empêtrer (s') [ɑ̃petre] (1) vpr (a) (*lit*) **s'~ dans** to get tangled up in, get entangled in, get caught up in.
(b) (*fig*) **s'~ dans** *mensonges* to get o.s. tangled up in; *affaire* to get (o.s.) involved in, get (o.s.) mixed up in; **s'~ dans des explications** to tie o.s. up in knots trying to explain*, get tangled up in one's explanations; **s'~ de qn** to get (o.s.) landed ou lumbered* with sb*.
emphase [ɑ̃faz] nf (a) (*pomposité*) bombast, pomposity. **avec ~** bombastically, pompously; **sans ~** in a straightforward manner, simply. (b) (†: *force d'expression*) vigour.
emphatique [ɑ̃fatik] adj (a) (*grandiloquent*) bombastic, pompous. (b) (*Ling*) emphatic.
emphatiquement [ɑ̃fatikmɑ̃] adv bombastically, pompously.
emphysémateux, -euse [ɑ̃fizematø, øz] 1 adj emphysematous. 2 nm,f emphysema sufferer.
emphysème [ɑ̃fizɛm] nm emphysema.
empiècement [ɑ̃pjɛsmɑ̃] nm [*corsage*] yoke.
empierrement [ɑ̃pjɛrmɑ̃] nm (a) (*action: V* **empierrer**) metalling, gravelling; ballasting; lining with stones. (b) (*couche de pierres*) road metal (*Brit*), roadbed; [*chemin de fer*] ballast.
empierrer [ɑ̃pjɛre] (1) vt *route* to metal (*Brit*), gravel (*US*); *voie de chemin de fer* to ballast; *bassin, cour, fossé* to line with stones.
empiètement [ɑ̃pjɛtmɑ̃] nm (*V* **empiéter**) **~ (sur)** encroachment (upon); overlapping (onto); trespassing (on).
empiéter [ɑ̃pjete] (6) vi: **~ sur** [*territoire, état*] to encroach (up)on; [*mer*] to cut into, encroach (up)on; [*terrain*] to overlap into ou onto, encroach (up)on; [*route*] to run into ou onto, encroach (up)on; [*personne*] *droit, liberté* to encroach (up)on; *attributions* to trespass on; [*activité*] *attributions, activité* to encroach (up)on; *temps* to encroach (up)on, cut into.
empiffrer (s')‡ [ɑ̃pifre] (1) vpr to stuff one's face‡, stuff o.s.* (*de* with).
empilage [ɑ̃pilaʒ] nm, **empilement** [ɑ̃pilmɑ̃] nm (*action*) piling-up, stacking-up; (*pile*) pile, stack.
empiler [ɑ̃pile] (1) 1 vt (a) to pile (up), stack (up). (b) (‡: *voler*) to do‡ (*Brit*), rook‡. **se faire ~** to be had* ou done‡ (*Brit*) (*de* out of). 2 **s'empiler** vpr (a) (*s'amonceler*) to be piled up (*sur* on). (b) (*s'entasser*) **s'~ dans** *local, véhicule* to squeeze ou pack ou pile into.
empileur, -euse [ɑ̃pilœr, øz] nm,f (*ouvrier*) stacker; (‡: *escroc*) swindler.
empire [ɑ̃pir] 1 nm (a) (*Pol*) empire. **pas pour un ~!** not for all the tea in China!, not for (all) the world!
(b) (*emprise*) influence, authority. **avoir de l'~ sur** to have influence ou a hold on ou over, hold sway over; **prendre de l'~ sur** to gain influence ou a hold over; **exercer son ~ sur** to exert one's authority over, use one's influence on ou over; **sous l'~ de** *peur, colère* in the grip of; *jalousie* possessed by; **sous l'~ de la boisson** under the influence of drink, the worse for drink; **~ sur soi-même** self-control, self-command.
2: **l'Empire d'Occident** the Western Empire; **l'Empire d'Orient** the Byzantine Empire.
empirer [ɑ̃pire] (1) 1 vi to get worse, deteriorate. 2 vt to make worse, worsen.
empirique [ɑ̃pirik] 1 adj (*Philos, Phys*) empirical; (*Méd* ††) empiric. 2 nm (*Méd* ††) empiric.
empiriquement [ɑ̃pirikmɑ̃] adv empirically.
empirisme [ɑ̃piRism(ə)] nm empiricism.
empiriste [ɑ̃pirist(ə)] adj, nmf (*Philos, Phys*) empiricist; (*Méd* ††) empiric.
emplacement [ɑ̃plasmɑ̃] nm (*gén : endroit*) place; (*site*) site; (*pour construire*) site, location. **à ou sur l'~ d'une ancienne cité romaine** on the site of an ancient Roman city; **quelques pieux qui dépassaient de la neige indiquaient l'~ du chemin** a few posts sticking up above the snow showed the location of the path ou showed where the path was.
emplâtre [ɑ̃platr(ə)] nm (*Méd*) plaster; (*Aut*) patch; (*: personne*) (great) lump*, clot*. **ce plat vous fait un ~ sur l'estomac*** this dish lies heavy on ou lies like a (solid) lump in your stomach.
emplette† [ɑ̃plɛt] nf purchase. **faire l'~ de** to purchase; **faire des ou quelques ~s** to do some shopping, make some purchases.
emplir [ɑ̃plir] (2) 1 vt (†, *littér*) *verre, récipient* to fill (up) (*de* with). (b) [*foule, meubles*] to fill. 2 **s'emplir** vpr: **s'~ de** to fill with; **la pièce s'emplissait de lumière/de gens** the room was filling with light/people.
emploi [ɑ̃plwa] nm (a) (*usage*) use. **je n'en ai pas l'~** I have no use for it; **l'~ qu'il fait de son argent/temps** the use he makes of his money/time, the use to which he puts his money/time; **sans ~** unused; **son ~ du temps** his timetable, his schedule; **un ~ du temps chargé** a heavy ou busy timetable, a busy schedule; *V* **double, mode².**
(b) (*mode d'utilisation*) [*appareil, produit*] use, usage. **un ~ nouveau de cet appareil** a new use for this piece of equipment; **appareil à ~s multiples** multi-purpose implement; **divers ~s d'un mot** different uses of a word; **c'est un ~ très rare de cette expression** it's a very rare use ou usage of this expression.

(c) (*poste, travail*) job, employment (*U*). (*Écon*) **l'~** employment; **créer de nouveaux ~s** to create new jobs; **être sans ~** to be unemployed; **chercher de l'~** to look for a job ou for employment; (*Écon*) **la situation de l'~** the employment situation; (*Écon*) **plein-~** full employment; **sous-~** underemployment; **avoir le physique** ou **la tête de l'~*** to look the part; *V* **demande, offre.**
(d) (*rare Théât: rôle*) role, part.
employé, e [ɑ̃plwaje] (*ptp de* **employer**) nm,f employee. **~ de banque** bank employee ou clerk; **~ de commerce** business employee; **~ de bureau** office worker ou clerk; **~ des postes/des chemins de fer/du gaz** postal/railway (*Brit*) ou railroad (*US*)/gas worker; **on a sonné: c'est l'~ du gaz** there's someone at the door — it's the gas man; **~ de maison** domestic employee; **les ~s de cette firme** the staff ou employees of this firm.
employer [ɑ̃plwaje] (8) 1 vt (a) (*utiliser*) *appareil, produit, mot, force, moyen* to use, employ; *temps* to spend, use, employ. **~ toute son énergie à faire qch** to apply ou devote all one's energies to doing sth; **~ son temps à faire qch/à qch** to spend one's time doing sth/on sth; **~ son argent à faire qch/à qch** to spend ou use one's money doing sth/on sth; **bien ~** *temps, argent* to put to good use, make good use of, use properly; *mot, expression* to use properly ou correctly; **mal ~** *temps, argent* to misuse; *mot, expression* to misuse, use wrongly ou incorrectly; **ce procédé emploie énormément de matières premières** this process uses (up) huge amounts of raw materials.
(b) (*faire travailler*) *main-d'œuvre, ouvrier* to employ. **ils l'emploient comme vendeur/à trier le courrier** they employ him as a salesman/to sort the mail; **cet ouvrier est mal employé à ce poste** this workman has been given the wrong sort of job ou is not suited to the post; **il est employé par cette société** he is employed by that firm, he works for that firm, he is on the staff of that firm.
2 **s'employer** vpr: **s'~ à faire qch/à qch** to apply ou devote o.s. to doing sth/to sth; **s'~ pour†** ou **en faveur de†** to go to great lengths ou exert o.s. on behalf of.
employeur, -euse [ɑ̃plwajœr, øz] nm,f employer.
emplumé, e [ɑ̃plyme] adj feathered, plumed.
empocher* [ɑ̃pɔʃe] (1) vt to pocket.
empoignade [ɑ̃pwaɲad] nf row*, set-to*.
empoigne [ɑ̃pwaɲ] nf *V* **foire.**
empoigner [ɑ̃pwaɲe] (1) 1 vt (a) to grasp, grab (hold of). (b) (*émouvoir*) to grip. 2 **s'empoigner*** vpr (*se colleter*) to have a set-to*, have a go at one another*.
empois [ɑ̃pwa] nm starch (*for linen etc*).
empoisonnant, e* [ɑ̃pwazɔnɑ̃, ɑ̃t] adj (*irritant*) irritating; (*contrariant*) annoying, aggravating*. **oh, il est ~ avec ses questions** he's so irritating ou he's a darned nuisance* ou such a pain* with his questions.
empoisonnement [ɑ̃pwazɔnmɑ̃] nm (a) (*lit*) poisoning. (b) (*: ennui*) darned nuisance* (*U*), bother (*U*). **tous ces ~s** all this bother.
empoisonner [ɑ̃pwazɔne] (1) 1 vt (a) **~ qn** [*assassin*] to poison sb; [*aliments avariés*] to give sb food poisoning; **flèches empoisonnées** poisoned arrows; (*fig*) **des propos empoisonnés** poisonous words.
(b) (*fig*) *relations* to poison; *air* to stink out.
(c) (*) **~ qn** [*gêneur, casse-pieds*] to get on sb's nerves*, drive sb up the wall*; [*contretemps*] to annoy sb, bug sb*; [*corvée, travail*] to drive sb mad*, drive sb up the wall*; **ça m'empoisonne d'avoir à le dire mais ...** I hate to have to say this but ..., I don't like saying this but ...; **il m'empoisonne avec ses jérémiades** he gets on my nerves* ou drives me up the wall* with his complaints; **il est bien empoisonné maintenant** he's in a real mess now*, he's really in the soup now*.
2 **s'empoisonner** vpr (a) (*lit*) to poison o.s.; (*par intoxication alimentaire*) to get food poisoning.
(b) (*: s'ennuyer*) **qu'est-ce qu'on s'empoisonne** what a drag this is*, this is driving us mad* ou up the wall*; **s'~ à faire qch** to go to the trouble of doing sth.
empoisonneur, -euse [ɑ̃pwazɔnœr, øz] nm,f (a) (*lit*) poisoner. (b) (*) pain in the neck* (*U*), nuisance, bore.
empoissonner [ɑ̃pwasɔne] (1) vt to stock with fish.
emporté, e [ɑ̃pɔrte] (*ptp de* **emporter**) adj *caractère, personne* quick-tempered, hot-tempered; *ton, air* angry.
emportement [ɑ̃pɔrtəmɑ̃] nm fit of anger, rage, anger (*U*). **avec ~** angrily; (*littér*) **aimer qn avec ~** to love sb passionately, be wildly in love with sb.
emporte-pièce [ɑ̃pɔrtəpjɛs] nm inv (*Tech*) punch. (b) **à l'~** *caractère* incisive; *formule, phrase* incisive, sharp.
emporter [ɑ̃pɔrte] (1) 1 vt (a) (*prendre comme bagage*) *vivres, vêtements etc* to take. **emportez des vêtements chauds** take warm clothes (with you); **j'emporte de quoi écrire** I'm taking something to write with; **si vous gagnez, vous pouvez l'~ (avec vous)** if you win, you can take it away (with you); **plats chauds/boissons à ~** take-away hot meals/drinks (*Brit*), hot meals/drinks to go (*US*); (*fig*) **~ un bon souvenir de qch** to bring away a pleasant memory of sth; (*fig*) **~ un secret dans la tombe** to take a secret ou carry a secret to the grave; (*fig*) **il ne l'emportera pas en Paradis!** he'll soon be smiling on the other side of his face!
(b) (*enlever*) *objet inutile* to take away, remove; *prisonniers* to take away; *blessés* to carry ou take away; (*: dérober*) to take. **emportez ces papiers/vêtements, nous n'en avons plus besoin** take those papers/clothes away ou remove those papers/clothes because we don't need them any more; **ils ont emporté l'argenterie!** they've made off with* ou taken the silver!; *V* **diable.**
(c) (*entraîner*) *courant, vent* to sweep along, carry along; [*navire, train*] to carry along; (*fig*) [*imagination, colère*] to carry away; [*enthousiasme*] to carry away ou along, sweep along. **le**

courant emportait leur embarcation the current swept *ou* carried their boat along; **emporté par son élan** carried *ou* borne along by his own momentum *ou* impetus; **emporté par son imagination/enthousiasme** carried along *ou* away by his imagination/enthusiasm; **se laisser ~ par la colère** to (let o.s.) give way to one's anger, let o.s. be carried away by one's anger; **le train qui m'emportait vers de nouveaux horizons** the train which carried *ou* swept me along *ou* bore me away towards new horizons.

   (d) (*arracher*) *jambe, bras* to take off; *cheminée, toit* to blow away *ou* off; *pont, berge* to wash away, carry away; (*euph: tuer*) [*maladie*] to carry off. **l'obus lui a emporté le bras gauche** the shell blew off *ou* took off his left arm; **pont emporté par le torrent** bridge swept *ou* carried away by the flood; **la vague a emporté 3 passagers** the wave washed *ou* swept 3 passengers overboard; (*fig*) **plat qui emporte la bouche** *ou* **la gueule*** dish that takes the roof off your mouth*; (*fig*) **cette maladie l'a emporté à l'âge de 30 ans** this illness carried him off at the age of 30.

   (e) (*gagner*) *prix* to carry off; (*Mil*) *position* to take, win. **~ la décision** to carry *ou* win the day.

   (f) l'~ (sur) [*personne*] to gain *ou* get the upper hand (of); [*solution, méthode*] to prevail (over); **il a fini par l'~** he finally gained *ou* got the upper hand, he finally came out on top; **il va l'~ sur son adversaire** he's going to gain *ou* get the better of *ou* the upper hand of his opponent; **la modération/cette solution finit par l'~** moderation/this solution prevailed in the end, moderation/this solution finally won the day; **cette méthode l'emporte sur l'autre** this method has the edge on the other one *ou* is more satisfactory than the other one; **il l'emporte sur ses concurrents en adresse** he outmatches his opponents in skill, his opponents can't match *ou* rival him for skill; **il l'emporte de justesse (sur l'autre) en force** he has the edge (on the other one) as far as strength goes.

   2 s'emporter *vpr* **(a)** (*de colère*) to lose one's temper (*contre* with), flare up (*contre* at), blow up* (*contre* at).

   (b) (*s'emballer*) [*cheval*] to bolt. **faire (s')~ son cheval** to make one's horse bolt.

empoté, e* [ɑ̃pɔte] **1** *adj* awkward, clumsy. **2** *nm, f* (*péj*) awkward lump*.

empourprer [ɑ̃puʀpʀe] (1) **1** *vt visage* to flush, (turn) crimson; *ciel* to (turn) crimson. **2 s'empourprer** *vpr* [*visage*] to flush, turn crimson; [*ciel*] to turn crimson.

empoussiérer [ɑ̃pusjeʀe] (6) *vt* to cover with dust, make dusty.

empreindre [ɑ̃pʀɛ̃dʀ(ə)] (52) (*littér*) **1** *vt* (*imprimer*) to imprint; (*fig*) (*marquer*) to stamp; (*nuancer*) to tinge (*de* with). **2 s'empreindre** *vpr*: **s'~ de** to be imprinted with; to be stamped with; to be tinged with.

empreint, e¹ [ɑ̃pʀɛ̃, ɛ̃t] (*ptp de empreindre*) *adj*: **~ de** *regret, jalousie* tinged with; *bonté, autorité* marked *ou* stamped with; *menaces* fraught *ou* heavy with.

empreinte² [ɑ̃pʀɛ̃t] *nf* **(a)** (*lit*) (*gén*) imprint, impression; [*animal*] track. **~ (de pas)** footprint; **~s (digitales)** (finger)prints. **(b)** (*fig*) stamp, mark.

empressé, e [ɑ̃pʀese] (*ptp de s'empresser*) *adj* **(a)** (*prévenant*) *infirmière* attentive; *serveur* attentive, willing; *aide* willing; (*souvent péj*) *admirateur* assiduous, overzealous; *prétendant* assiduous, overattentive; *subordonné* overanxious to please (*attrib*), overzealous. **(péj) faire l'~ (auprès d'une femme)** to be overattentive (towards a woman), fuss around (a woman) (trying to please).

   (b) (*littér: marquant de la hâte*) eager. **~ à faire** eager *ou* anxious to do.

empressement [ɑ̃pʀesmɑ̃] *nm* **(a)** (*prévenance: V empressé*) attentiveness; willingness; overzealousness, assiduity, assiduousness; overattentiveness. **son ~ auprès des femmes** his fussing around women, his overattentiveness towards women; **elle me servait avec ~** she waited upon me attentively.

   (b) (*hâte*) eagerness, anxiousness. **son ~ à partir me paraît suspect** his eagerness *ou* anxiousness to leave seems suspicious to me; **il montrait peu d'~ à ...** he showed little desire to ..., he was obviously not anxious to ...; **il s'exécuta avec ~** he complied eagerly *ou* with alacrity.

empresser (s') [ɑ̃pʀese] (1) *vpr* **(a)** (*s'affairer*) to bustle about; (*péj*) to fuss about *ou* around (*péj*), bustle about *ou* around. **s'~ auprès** *ou* **autour de** *blessé* to surround with attentions; *nouveau venu, invité* to be attentive toward(s), surround with attentions; *femme courtisée* to dance attendance upon, fuss round; **ils s'empressèrent autour de la victime** they rushed to help *ou* assist the victim; **ils s'empressaient auprès de l'actrice** they surrounded the actress with attentions.

   (b) (*se hâter*) **s'~ de faire** to hasten to do.

emprise [ɑ̃pʀiz] *nf* hold, ascendancy (*sur* over). **avoir beaucoup d'~ sur qn** to have a great hold *ou* have great ascendancy over sb; **sous l'~ de la colère** in the grip of anger, gripped by anger.

emprisonnement [ɑ̃pʀizɔnmɑ̃] *nm* imprisonment. **condamné à l'~ à perpétuité** sentenced to life imprisonment; **condamné à 10 ans d'~** sentenced to 10 years in prison, given a 10-year prison sentence.

emprisonner [ɑ̃pʀizɔne] (1) *vt* **(a)** (*en prison*) to imprison, put in prison *ou* jail, jail; (*fig: dans une chambre, un couvent*) to shut up, imprison.

   (b) (*fig*) [*vêtement*] to confine; [*doctrine, milieu*] to trap. **ce corset lui emprisonne la taille** this corset grips her (too) tightly around the waist *ou* really confines her waist; **~ qn dans un système/un raisonnement** to trap sb within a system/by a piece of reasoning; **emprisonné dans ses habitudes/la routine** imprisoned within *ou* a prisoner of his habits/routine.

emprunt [ɑ̃pʀœ̃] *nm* **(a)** (*action d'emprunter*) [*argent, objet*] borrowing. **l'~ de sa voiture était la seule solution** borrowing his car

was the only solution, the only solution was to borrow his car; **ce n'était pas un vol, mais seulement un ~** it (*ou* I *ou* he *etc*) wasn't really stealing, only borrowing, I (*ou* he *etc*) was really just borrowing it, not stealing; (*Fin*) **recourir à l'~** to resort to borrowing *ou* to a loan.

   (b) (*demande, somme*) loan. **ses ~s successifs l'ont mis en difficulté** successive borrowing has *ou* his successive loans have put him in difficulty; (*Fin*) **~ d'État/public** Government/public loan (*with government etc as borrower*); (*Fin*) **~ à 5%** loan at 5% (interest); (*Fin*) **faire un ~ d'un million à une banque** to raise a loan of a million from a bank; **faire un ~ pour payer sa voiture** to borrow money *ou* take out a loan to pay for one's car.

   (c) (*littéraire etc*) borrowing; (*terme*) loan word, borrowed word, borrowing. **c'est un ~ à l'anglais** it's a borrowing from English, it's a loan word from English.

   (d) (*loc*) **d'~** *nom, autorité* assumed; *matériel* borrowed.

emprunté, e [ɑ̃pʀœ̃te] (*ptp de emprunter*) *adj* **(a)** (*gauche*) *air, personne* ill-at-ease (*attrib*), self-conscious, awkward. **(b)** (*artificiel*) *gloire, éclat* sham, feigned.

emprunter [ɑ̃pʀœ̃te] (1) *vt* **(a)** *argent, objet* to borrow (*à* from); *idée* to borrow, take (*à* from); *chaleur* to derive, take (*à* from); *mot, expression* (*directement*) to borrow, take (*à* from); (*par dérivation*) to derive, take (*à* from); *nom, autorité* to assume, take on. **~ un langage noble** to use *ou* adopt a noble style (of language); **cette pièce emprunte son intérêt à l'actualité de son sujet** this play derives its interest from the topicality of its subject; (*Ling*) **mot emprunté** loan word.

   (b) *route* to take; *itinéraire* to follow.

emprunteur, -euse [ɑ̃pʀœ̃tœʀ, øz] *nm, f* borrower.

empuantir [ɑ̃pɥɑ̃tiʀ] (2) *vt* to stink out (*de* with).

ému, e [emy] (*ptp de émouvoir*) *adj personne* (*compassion*) moved; (*gratitude*) touched; (*joie*) excited; (*timidité, peur*) nervous, agitated; *air* filled with emotion; *voix* emotional, trembling with emotion; *souvenirs* tender, touching. **~ jusqu'aux larmes** devant leur misère moved to tears by their poverty; **très ~** lors de son premier rendez-vous amoureux/la remise des prix very excited *ou* agitated on his first date/at the prize giving; **encore tout ~, il la remercia** still quite overcome *ou* still (feeling) very touched, he thanked her; **dit-il d'une voix ~e** he said with emotion, he said in a voice trembling with emotion; **trop ~ pour les remercier/leur annoncer la nouvelle** too overcome to thank them/announce the news to them.

émulateur [emylatœʀ] *nm* (*Ordin*) emulator.

émulation [emylasjɔ̃] *nf* emulation. **esprit d'~** spirit of competition, competitive spirit.

émule [emyl] *nmf* (*littér*) (*concurrent*) emulator; (*égal*) equal. (*péj*) **ce fripon et ses ~s** this scoundrel and his like.

émulsif, -ive [emylsif, iv] *adj* (*Pharm*) emulsive; (*Chim*) emulsifying.

émulsifiant [emylsifjɑ̃, ɑ̃t] **1** *adj* emulsifying. **2** *nm* emulsifier.

émulsion [emylsjɔ̃] *nf* emulsion.

émulsionner [emylsjɔne] (1) *vt* to emulsify.

en¹ [ɑ̃] *prép* **(a)** (*lieu*) in; (*changement de lieu*) to. **vivre ~ France/Normandie** to live in France/Normandy; **aller ~ Angleterre/Normandie** to go to England/Normandy; **aller de pays ~ pays/ville ~ ville** to go from country to country/town to town; **il voyage ~ Grèce/Corse** he's travelling around Greece/Corsica; **il habite ~ province/banlieue/ville** he lives in the provinces/the suburbs/the town; **être ~ ville** to be in town; **aller ~ ville** to go (in)to town; **avoir des projets ~ tête** to have plans, have something in mind; **les objets ~ vitrine** the items in the window; **~ lui-même, il n'y croit pas** deep down *ou* in his heart of hearts he doesn't believe it; **je n'aime pas ~ lui cette obstination** I don't like this stubbornness of his, what I don't like about him is his stubbornness; *V* **âme, tête** *etc*.

   (b) (*temps: date, durée*) in; (*progression, périodicité*) to. **~ semaine** in *ou* during the week; **~ automne/été/mars/1976** in autumn/summer/March/1976; **il peut le faire ~ 3 jours** he can do it in 3 days; **~ 6 ans je lui ai parlé deux fois** in (all of) 6 years I've spoken to him twice; **de jour ~ jour** from day to day, daily; **d'année ~ année** from year to year, yearly; **son inquiétude grandissait d'heure ~ heure** hour by hour *ou* as the hours went by he grew more (and more) anxious, he grew hourly more anxious.

   (c) (*moyen de transport*) by. **~ taxi/train/avion** *etc* by taxi/train *ou* rail/air *etc*; **aller à Londres ~ avion** to fly to London; **faire une promenade ~ barque/voiture** to go for a ride *ou* trip in a boat/car, go for a boat-/car-trip; **ils y sont allés ~ voiture** they went by car *ou* in a car; **ils sont arrivés ~ voiture** they arrived in a car *ou* by car; **ils ont remonté le fleuve ~ pirogue** they canoed up the river, they rowed up the river in a canoe.

   (d) (*état, manière*) in, on; (*disposition*) in. **~ bonne santé** in good health; **il était ~ sang** he was covered in *ou* with blood; **être ~ sueur** to be bathed in sweat; **partir ~ vacances/voyage** to go on holiday/on a journey; **faire qch ~ hâte/~ vitesse*** to do sth in a hurry *ou* hurriedly/quick* *ou* right away*; **elle est ~ rage** she is furious *ou* in a rage; **le toit est ~ flammes** the roof is on fire *ou* in flames *ou* ablaze; **il a laissé le bureau ~ désordre** he left the office untidy *ou* in (a state of) disorder *ou* in a mess; **être ~ noir/blanc** to be (dressed) in black/white, be wearing black/white; **elle est arrivée ~ manteau de fourrure** she arrived wearing *ou* in a fur coat *ou* with a fur coat on; **il était ~ chemise/pyjama** he was in his *ou* wearing his shirt/pyjamas; **elle était ~ bigoudis** she was in her rollers; **être ~ guerre** to be at war; **télévision/carte ~ couleur** colour television/postcard; **ils y vont ~ groupe/bande*** they are going in a group/bunch*; **~ cercle/rang** in a circle/row; *V* **état, haillon** *etc*.

   (e) (*transformation*) into. **se changer ~** to change into; **se**

déguiser ~ to disguise o.s. as, dress up as; **traduire** ~ **italien** to translate into Italian; **convertir/transformer qch** ~ to convert/ transform sth into; **casser qch** ~ **morceaux** to break sth in(to) pieces; **couper/casser** ~ **deux** to cut/break in two; **partir** ~ **fumée** to end *ou* go up in smoke, fizzle out; **entrer** *ou* **tomber** ~ **disgrâce** to fall into disgrace; *V* **éclater, larmes**.

(f) (*copule avec comp, adv etc*) in. **c'est son père** ~ **plus jeune/ petit** he's just like his father only younger/smaller, he's a younger/ smaller version of his father; **je veux la même valise** ~ **plus grand** I want the same suitcase only bigger *ou* only in a bigger size, I want a bigger version of the same suitcase; **nous avons le même article** ~ **vert** we have *ou* do the same item in green; *V* **général, grand, gros** *etc*.

(g) (*conformité*) as. ~ **tant que** as; ~ **tant qu'ami** *ou* ~ (**ma**) **qualité d'ami de la famille** as a family friend; **agir** ~ **tyran/lâche** to act like a tyrant/coward; ~ **bon politicien**/~ **bon commerçant** (**qu'il est**), **il est très rusé** good politician/tradesman that he is *ou* like all good politicians/tradesmen, he's very cunning; **je le lui ai donné** ~ **cadeau/souvenir** I gave it to him as a present/souvenir; *V* **qualité**.

(h) (*composition*) made of; (*présentation*) in. **le plat est** ~ **or**/ **argent** the dish is made of gold/silver; **une bague** ~ **or/argent** a gold/silver ring; **une table** ~ **acajou** a mahogany table; **l'escalier sera** ~ **marbre** the staircase will be (in *ou* made of) marble; **une jupe** ~ **soie imprimée** a printed silk skirt, a skirt made (out) of printed silk; ~ **quoi est-ce** (**que c'est**) **fait?, c'est** ~ **quoi?*** what's it made of? *ou* out of?; **l'œuvre de Proust** ~ **6 volumes** Proust's works in 6 volumes; **une pièce** ~ **3 actes** a 3-act play; **c'est écrit** ~ **anglais/vers/prose/lettres d'or** it is written in English/verse/prose/gold lettering.

(i) (*matière*) in, at, of. ~ **politique/art/musique** in politics/art/ music; **être bon** *ou* **fort** ~ **géographie** to be good at geography; ~ **affaires, il faut de l'audace** you have to be bold in business; **licen-cié/docteur** ~ **droit** bachelor/doctor of law; *V* **expert, matière**.

(j) (*mesure*) in. **mesurer** ~ **mètres** to measure in metres; **comp-ter** ~ **francs** to reckon in francs; **ce tissu se fait** ~ **140** (**cm**) this material comes in 140-cm widths *ou* is 140 cm wide; ~ **long lengthways, lengthwise;** ~ **large widthways, widthwise;** ~ **hauteur/profondeur** in height/depth; **nous avons ce manteau** ~ **3 tailles** we have *ou* do this coat in 3 sizes; **cela se vend** ~ **boîtes de 12** this is sold in boxes of 12; *V* **long, saut**.

(k) (*avec gérondif: manière, moyen etc*) **monter/entrer** ~ **courant** to run up/in; **sortir** ~ **rampant/boitant** to crawl/limp out; **se frayer un chemin/avancer** ~ **jouant des coudes** to elbow one's way through/forward; **elle est arrivée** ~ **chantant** she ar-rived singing, she was singing when she arrived; **endormir un enfant** ~ **le berçant** to rock a child to sleep; **vous ne le ferez obéir qu'**~ **le punissant** you'll only get him to obey by punishing him; **il s'est coupé** ~ **essayant d'ouvrir une boîte** he cut himself trying to open a tin; **il a fait une folie** ~ **achetant cette bague** it was very extravagant of him to buy this ring; **je suis allé jusqu'à la poste** ~ **me promenant** I went for *ou* took a walk as far as the post office; **ils ont réussi à lui faire signer la lettre** ~ **lui racontant des his-toires** they talked him into signing the letter, they got him to sign the letter by spinning him some yarn.

(l) (*avec gérondif: simultanéité, durée*) ~ **apprenant la nouvelle, elle s'est évanouie** she fainted at the news *ou* when she heard the news *ou* on hearing the news; **il a buté** ~ **montant dans l'autobus** he tripped getting into *ou* as he got into the bus; **j'ai écrit une lettre** (**tout**) ~ **vous attendant** I wrote a letter while I was waiting for you; **il s'est endormi** ~ **lisant le journal** he fell asleep (while) reading the newspaper, he fell asleep over the newspaper; **fermez la porte** ~ **sortant** shut the door as you go out; **il est sorti** ~ **haussant les épaules**/~ **criant au secours** he left shrugging his shoulders/shouting for help *ou* with a shrug of his shoulders/a cry for help.

(m) (*introduisant compléments*) in. **croire** ~ **Dieu** to believe in God; **avoir confiance/foi** ~ **qn** to have confidence/faith in sb.

en² [ɑ̃] *pron* **(a)** (*lieu*) **quand va-t-il à Nice?** — **il** ~ **revient** when is he off to Nice? — he's just (come) back (from there); **elle était tombée dans une crevasse, on a eu du mal à l'**~ **sortir** she had fallen into a crevasse and they had difficulty *ou* trouble (in) getting her out (of it); **le bénéfice qu'il** ~ **a tiré** the profit he got out of it *ou* from it; **il faut** ~ **tirer une conclusion** we must draw a conclusion from it; (*fig*) **où** ~ **sommes-nous?** (*livre, leçon*) where have we got (up) to?, where are we now?; (*situation*) where do we stand?

(b) (*cause, agent, instrument*) **je suis si inquiet que je n'**~ **dors pas** I can't sleep for worrying, I am so worried that I can't sleep; **il saisit sa canne et l'**~ **frappa** he seized his stick and struck her with it; **ce n'est pas moi qui** ~ **perdrai le sommeil** I won't lose any sleep over it; **quelle histoire! nous** ~ **avons beaucoup ri** what a business! we had a good laugh over *ou* about it; **il a été gravement blessé, il pourrait** ~ **rester infirme** he has been seriously injured and could remain crippled (as a result *ou* because of it); ~ **mourir** (*maladie*) to die of it; (*blessure*) to die because of it *ou* as a result of it; **elle** ~ **est aimée/très blessée** she is loved by him/very hurt by it.

(c) (*complément de vb, d'adj, de n*) **rendez-moi mon projecteur, j'**~ **ai besoin** give me back my projector — I need it; **qu'est-ce que tu** ~ **feras?** what will you do with it (*ou* them)?; **on lui apprend des mots faciles pour qu'il s'**~ **souvienne** he is taught easy words so that he will remember *ou* retain them; **c'est une bonne classe, les professeurs** ~ **sont contents** they are a good class and the teachers are pleased with them; **elle, mentir?** **elle** ~ **est incapable** she couldn't lie if she tried; **elle a réussi et elle n'**~ **est pas peu fière** she has been successful and she is more than a little proud of herself *ou* of it; **il ne fume plus, il** ~ **a perdu l'habitude** he doesn't

smoke any more — he has got out of *ou* has lost the habit; **sa décision m'inquiète car j'**~ **connais tous les dangers** her decision worries me because I am aware of all the dangers (of it) *ou* of all its possible dangers; **je t'**~ **donne/offre 10 F** I'll give/offer you 10 francs for it.

(d) (*quantitatif, indéf*) of it, of them (*souvent omis*). **si vous aimez les pommes, prenez-**~ **plusieurs** if you like apples, take several; **il avait bien des lettres à écrire mais il n'**~ **a pas écrit la moitié/beaucoup** he had a lot of letters to write but he hasn't written half of them/many (of them); **le vin est bon mais il n'y** ~ **a pas beaucoup** the wine is good but there isn't much (of it); **si j'**~ **avais** if I had any; **voulez-vous du pain/des pommes?** **il y** ~ **a encore** would you like some bread/some apples? we have still got some (left); **il n'y** ~ **a plus** (*pain*) there isn't any left, there's none left; (*pommes*) there aren't any left, there are none left; **si vous cherchez un crayon, vous** ~ **trouverez des douzaines/un dans le tiroir** if you are looking for a pencil you will find dozens (of them)/ one in the drawer; **élevé dans le village, j'**~ **connaissais tous les habitants** having been brought up in the village I knew all its inhabitants; **a-t-elle des poupées?** — **oui, elle** ~ **a 2/trop/de belles** has she any dolls? — yes, she has 2/too many/some lovely ones; **nous avons du vin, j'**~ **ai acheté une bouteille hier** we have some wine because I bought a bottle yesterday; **j'**~ **ai assez/ras le bol‡** I've had enough (of it)/a bellyful‡ (of it); **des souris ici? nous n'**~ **avons jamais vu(es)** mice here? we've never seen any; **il** ~ **aime une autre** he loves another (*littér*), he loves somebody else; ~ **voilà/voici un** there/here is one (of them) now.

(e) (*renforcement*) non traduit. **il s'**~ **souviendra de cette réception** he'll certainly remember that party; **je n'**~ **vois pas, moi, de places libres well** (I must say), I don't see any empty seats; **tu** ~ **as eu de beaux jouets à Noël!** well you did get some lovely toys *ou* what lovely toys you got for Christmas!

(f) (*loc verbales*) non traduit. ~ **être quitte pour la peur** to get off with a fright; ~ **venir aux mains** to come to blows; **ne pas** ~ **croire ses yeux/ses oreilles** not to believe one's eyes/ears; ~ **être réduit à faire** to be reduced to doing; **il** ~ **est** *ou* **il** ~ **arrive à penser que** he has come to think that; **je ne m'**~ **fais pas** I don't worry *ou* care, I don't get het up*; **ne vous** ~ **faites pas** don't worry, never mind; **il** ~ **est** *ou* **il** ~ **va de même pour** the same goes for, the same may be said for; *V* **accroire, assez, entendre** *etc*.

E.N. *abrév de* **Éducation nationale**; *V* **éducation**.

ENA [ena] *nf abrév de* **École nationale d'administration**; *V* **école**.

enamouré, e [ɑ̃namuʀe] (*ptp de* **s'enamourer**) *adj* **regard** in-fatuated.

enamourer (**s'**)†† [ɑ̃namuʀe] (1) *vpr*: **s'**~ **de** to become enamoured of.

énarque [enaʀk] *nmf* énarque (*student or former student of the École nationale d'administration*).

énarthrose [enaʀtʀoz] *nf* socket joint.

en-avant [ɑ̃navɑ̃] *nm inv* (*Rugby*) forward pass, knock on.

encablure [ɑ̃kablyʀ] *nf* cable's length. **à 3** ~**s de** 3 cables' length away from.

encadrement [ɑ̃kadʀəmɑ̃] *nm* **(a)** (*U: V* **encadrer**) framing; train-ing (and supervision). **'tous travaux d'**~**'** 'all framing (work) undertaken'.

(b) (*embrasure*) [*porte, fenêtre*] frame. **il se tenait dans l'**~ **de la porte** he stood in the doorway.

(c) (*cadre*) frame. **cet** ~ **conviendrait mieux au sujet** this frame would be more appropriate to the subject.

(d) (*Admin etc: instructeurs*) training personnel; (*cadres*) managerial staff.

(e) (*Écon*) ~ **du crédit** credit restriction *ou* squeeze.

encadrer [ɑ̃kadʀe] (1) *vt* **(a)** *tableau* to frame. (*iro*) **c'est à** ~**!** that's priceless!, that's one to remember!

(b) (*instruire*) *étudiants, débutants, recrues* to train (and super-vise).

(c) (*fig: entourer*) *cour, plaine, visage* to frame, surround; *prisonnier* to surround; (*par 2 personnes*) to flank. **les collines qui encadraient la plaine** the hills that framed *ou* surrounded the plain; **encadré de ses gardes du corps** surrounded by his bodyguards; **l'accusé, encadré de 2 gendarmes** the accused, flanked by 2 policemen.

(d) (‡: *gén nég: supporter*) to stick*, stand*. **je ne peux pas l'**~ I can't stick* *ou* stand* *ou* abide him.

(e) (*Mil*) *objectif* to straddle.

(f) (*Aut*) **il s'est fait** ~* he got his his car badly dented, someone smashed into his car.

encadreur [ɑ̃kadʀœʀ] *nm* (picture) framer.

encager [ɑ̃kaʒe] (3) *vt animal, oiseau* to cage (up); (*fig*) *personne* to cage in, cage up.

encaissable [ɑ̃kɛsabl(ə)] *adj* encashable (*Brit*), cashable.

encaisse [ɑ̃kɛs] *nf* cash in hand, cash balance. ~ **métallique** gold and silver reserves; ~ **or** gold reserves.

encaissé, e [ɑ̃kese] (*ptp de* **encaisser**) *adj vallée* deep, steep-sided; *rivière* hemmed in by steep banks *ou* hills; *route* hemmed in by steep hills.

encaissement [ɑ̃kɛsmɑ̃] *nm* **(a)** (*V* **encaisser**) collection; receipt; receipt of payment for; cashing.

(b) [*vallée*] depth, steep-sidedness. **l'**~ **de la route/rivière faisait que le pont ne voyait jamais le soleil** the steep hills hem-ming in the road/river *ou* which reared up from the road/river stopped the sun from ever reaching the bridge.

encaisser [ɑ̃kese] (1) *vt* **(a)** *argent, loyer* to collect, receive; *facture* to receive payment for; *chèque* to cash; *effet de commerce* to collect.

(b) (*) *coups, affront, défaite* to take. **savoir** ~ [*boxeur*] to be able to take a lot of beating *ou* punishment (of it); (*fig: dans la vie*) to be able to stand up to *ou* take a lot of beating *ou* buffeting; **qu'est-ce**

qu'il a encaissé! (*coups*) what a hammering he got!*, what a beating he took!; (*injures, réprimande*) what a hammering he got!*, he certainly got what for!*; **qu'est-ce qu'on encaisse avec ces cahots** we're taking a real hammering on these bumps*.

(c) (‡: *gén nég: supporter*) **je ne peux pas ~ ce type** I can't stick* (*Brit*) *ou* stand* *ou* abide that guy; **il n'a pas encaissé cette décision** he couldn't stomach* that decision; **il n'a pas encaissé cette remarque** he didn't appreciate that remark one little bit*.

(d) (*Tech*) *route, fleuve, voie ferrée* to embank. **les montagnes qui encaissent la vallée** the mountains which enclose the valley; **la route s'encaisse entre les collines** the road is hemmed in by the hills.

(e) *objets* to pack in(to) boxes; *plantes* to plant in boxes *ou* tubs.

encaisseur [ɑ̃kɛsœʀ] *nm* collector (*of debts etc*).

encan [ɑ̃kɑ̃] *nm*: **mettre** *ou* **vendre à l'~** to sell off by auction.

encanaillement [ɑ̃kanajmɑ̃] *nm* (*V s'encanailler*) mixing with the riffraff, slumming it*.

encanailler (s') [ɑ̃kanaje] (1) *vpr* (*hum*) to mix with the riffraff, slum it*. **son style/langage s'encanaille** his style/language is taking a turn for the worse *ou* is becoming vulgar.

encapuchonner [ɑ̃kapyʃɔne] (1) *vt*: **~ un enfant** to put a child's hood up; **la tête encapuchonnée** hooded; **un groupe de bambins encapuchonnés** a group of toddlers snug in their hoods.

encart [ɑ̃kaʀ] *nm* (*Typ*) insert, inset. **~ publicitaire** publicity *ou* advertising insert.

encarter [ɑ̃kaʀte] (1) *vt* (*Typ*) to insert, inset.

en-cas [ɑ̃ka] *nm* (*nourriture*) snack.

encaserner [ɑ̃kazɛʀne] (1) *vt* to quarter *ou* lodge in barracks.

encastrement [ɑ̃kastʀəmɑ̃] *nm* [*interrupteur*] flush fitting; [*armoire, rayonnage*] recessed fitting.

encastrer [ɑ̃kastʀe] (1) *vt* (*dans un mur*) to embed (*dans* in(to)), sink (*dans* into); *interrupteur* to fit flush (*dans* with); *rayonnages, armoire* to recess (*dans* into), embed (*dans* into); (*dans un boîtier, une pièce de mécanisme*) *pièce* to fit (*dans* into). **tous les boutons sont encastrés dans le mur** all the switches are flush with the wall *ou* are embedded in *ou* sunk in the wall; **salle de bains avec armoire à pharmacie encastrée (dans le mur)** bathroom with medicine cabinet recessed into the wall; **four encastré** built-in *ou* recessed oven; **de gros blocs encastrés dans la neige/le sol** great blocks sunk in *ou* embedded in the snow/ground; (*fig*) **la voiture s'est encastrée sous l'avant du camion** the car jammed itself underneath the front of the lorry; **cette pièce s'encastre exactement dans le boîtier** this part fits exactly into the case; **ces pièces s'encastrent exactement l'une dans l'autre** these parts fit exactly into each other.

encaustiquage [ɑ̃kɔstikaʒ] *nm* polishing, waxing.

encaustique [ɑ̃kɔstik] *nf* polish, wax.

encaustiquer [ɑ̃kɔstike] (1) *vt* to polish, wax.

enceindre [ɑ̃sɛ̃dʀ(ə)] (52) *vt* (*gén ptp*) to encircle, surround (*de* with). **enceint de** encircled *ou* surrounded by.

enceinte¹ [ɑ̃sɛ̃t] *adj f* pregnant (*de qn* by sb), expecting* (*attrib*). **femme ~** pregnant woman, expectant mother; **~ de cinq mois** five months pregnant, five months gone* (*Brit*).

enceinte² [ɑ̃sɛ̃t] *nf* **(a)** (*mur*) wall; (*palissade*) enclosure, fence. **une ~ de fossés défendait la place** the position was surrounded by defensive ditches *ou* was defended by surrounding ditches; **une ~ de pieux protégeait le camp** the camp was protected by an enclosure made of stakes; **mur d'~** surrounding wall.

(b) (*espace clos*) enclosure; [*couvent*] precinct. **dans l'~ de la ville** within *ou* inside the town; **dans l'~ du tribunal** in(side) the court room; **dans l'~ de cet établissement** within *ou* in(side) this establishment; **~ militaire** military area *ou* zone.

(c) (*Élec*) **~ (acoustique)** speaker.

encens [ɑ̃sɑ̃] *nm* incense. (*fig*) **l'~ des louanges/de leur flatterie** the heady wine of praise/of their flattery.

encensement [ɑ̃sɑ̃smɑ̃] *nm* (*V encenser*) (in)censing; praising (*U*) to the skies.

encenser [ɑ̃sɑ̃se] (1) *vt* to (in)cense; (*fig*) to heap *ou* shower praise(s) upon, praise to the skies.

encenseur [ɑ̃sɑ̃sœʀ] *nm* (*Rel*) thurifer, censer-bearer; (*fig†*) flatterer.

encensoir [ɑ̃sɑ̃swaʀ] *nm* censer, thurible. (*fig péj*) **manier l'~** to pour out flattery, heap on the praise.

encéphale [ɑ̃sefal] *nm* encephalon.

encéphalique [ɑ̃sefalik] *adj* encephalic.

encéphalite [ɑ̃sefalit] *nf* encephalitis.

encéphalogramme [ɑ̃sefalɔgʀam] *nm* encephalogram.

encerclement [ɑ̃sɛʀkləmɑ̃] *nm* (*V encercler*) surrounding; encircling.

encercler [ɑ̃sɛʀkle] (1) *vt* [*murs*] to surround, encircle; [*armée, police*] to surround. (*littér*) **il encercla sa taille de ses bras puissants** he encircled her waist with his powerful arms.

enchaîné [ɑ̃ʃene] *nm* (*Ciné*) change; **V fondu**.

enchaînement [ɑ̃ʃɛnmɑ̃] *nm* **(a)** (*suite logique*) [*épisodes, preuves*] linking. **l'~ de la violence** the spiral of violence.

(b) [*scènes, séquences*] (*action*) linking; (*résultat*) link.

(c) (*série*) **~ de circonstances** sequence *ou* series *ou* string of circumstances; **~ d'événements** chain *ou* series *ou* string *ou* sequence of events.

(d) (*Danse*) enchaînement. (*Mus*) **~ des accords** chord progression.

enchaîner [ɑ̃ʃene] (1) **1** *vt* **(a)** (*lier*) *animal* to chain up; *prisonnier* to put in chains, chain up. **~ un animal/prisonnier à un arbre** to chain an animal/a prisoner (up) to a tree; **~ 2 prisonniers l'un à l'autre** to chain 2 prisoners together.

(b) (*fig littér*) [*secret, souvenir, sentiment*] to bind. **l'amour enchaîne les cœurs** love binds hearts (together); **ses souvenirs**

l'enchaînaient à ce lieu his memories tied *ou* bound *ou* chained him to this place.

(c) (*fig: asservir*) *peuple* to enslave; *presse* to muzzle, gag. **~ la liberté** to put freedom in chains.

(d) (*assembler*) *faits, épisodes, séquences* to connect, link (*together ou* up); *paragraphes, pensées, mots* to link (*together ou* up), put together, string together. **incapable d'~ deux pensées/paragraphes** incapable of linking *ou* putting *ou* stringing two thoughts/paragraphs together; (*Ciné*) **~ (la scène suivante)** to change to *ou* move on to the next scene; (*Ciné*) **on va ~ les dernières scènes** we'll carry on with the last scenes, we'll go on to the last scenes.

2 *vi* (*Ciné, Théât*) to carry on (*Brit*) *ou* move on (to the next scene). **sans laisser à Anne le temps de répondre, Paul enchaîna: 'd'abord ...** without giving Anne the time to reply, Paul went on *ou* continued: 'first ...; **on enchaîne, enchaînons** (*Ciné, Théât*) let's carry on (*Brit*) *ou* keep going; (*: dans un débat etc*) let's go on *ou* carry on (*Brit*), let's continue.

3 s'enchaîner *vpr* [*épisodes, séquences*] to follow on from each other, be linked (together); [*preuves, faits*] to be linked (together). **tout s'enchaîne** it's all linked *ou* connected, it all ties up; **des paragraphes/raisonnements qui s'enchaînent bien** well-linked paragraphs/pieces of reasoning, paragraphs/pieces of reasoning that are well strung *ou* put together.

enchanté, e [ɑ̃ʃɑ̃te] (*ptp de enchanter*) *adj* **(a)** (*ravi*) enchanted (*de* by), delighted (*de* with), enraptured (*de* by). (*frm*) **~ (de vous connaître)** how do you do?, (I'm) very pleased to meet you. **(b)** (*magique*) *forêt, demeure* enchanted.

enchantement [ɑ̃ʃɑ̃tmɑ̃] *nm* **(a)** (*action*) enchantment; (*effet*) (magic) spell, enchantment. **comme par ~** as if by magic.

(b) (*ravissement*) delight, enchantment. **ce spectacle fut un ~** the sight of this was an absolute delight *ou* was enchanting *ou* delightful; **être dans l'~** to be enchanted *ou* delighted *ou* enraptured.

enchanter [ɑ̃ʃɑ̃te] (1) **1** *vt* **(a)** (*ensorceler*) to enchant, bewitch.

(b) (*ravir*) to enchant, delight, enrapture. **ça ne m'enchante pas beaucoup** I'm not exactly taken with it, it doesn't exactly appeal to me *ou* fill me with delight.

2 s'enchanter *vpr* (*littér*) to rejoice (*de* at).

enchanteur, -teresse [ɑ̃ʃɑ̃tœʀ, tʀɛs] **1** *adj* enchanting, bewitching. **2** *nm* (*sorcier*) enchanter; (*fig*) charmer. **3 enchanteresse** *nf* enchantress.

enchâssement [ɑ̃ʃasmɑ̃] *nm* **(a)** setting (*dans* in). **(b)** (*Ling*) embedding.

enchâsser [ɑ̃ʃase] (1) **1** *vt* (*gén*) *pierre* to set (*dans* in); (*Ling*) to embed. (*littér*) **~ une citation dans un texte** to insert a quotation into a text. **2 s'enchâsser** *vpr*: **s'~ (l'un dans l'autre)** to fit exactly together; **s'~ dans** to fit exactly into.

enchère [ɑ̃ʃɛʀ] *nf* **(a)** (*Comm: offre*) bid. **faire une ~** to bid, make a bid; **faire monter les ~s** (*lit*) to raise the bidding; (*fig*) to raise *ou* up the ante; **V vente**.

(b) (*Comm: vente*) **~s: mettre aux ~s** to put up for auction; **vendre aux ~s** to sell by auction; **acheté aux ~s** bought at an auction (sale).

(c) (*Cartes*) bid. **le système des ~s** the bidding system.

enchérir [ɑ̃ʃeʀiʀ] (2) *vi* **(a)** (*Comm*) **~ sur une offre** to make a higher bid; **il a enchéri sur mon offre** he bid higher than I did, he made a bid higher than mine; **~ sur qn** to bid higher than sb, make a higher bid than sb; **~ sur une somme** to go higher than *ou* above *ou* over an amount.

(b) (*fig*) **~ sur** to go further than, go beyond, go one better than.

(c) (†: *augmenter*) to become more expensive.

enchérissement† [ɑ̃ʃeʀismɑ̃] *nm* = **renchérissement**.

enchérisseur, -euse [ɑ̃ʃeʀisœʀ, øz] *nm, f* bidder.

enchevêtrement [ɑ̃ʃ(ə)vɛtʀəmɑ̃] *nm* [*ficelles, branches*] entanglement; (*fig*) [*idées, situation*] confusion. **l'~ de ses idées** the confusion *ou* muddle his ideas were in; **un ~ de branches barrait la route** a tangle of branches blocked the way.

enchevêtrer [ɑ̃ʃ(ə)vɛtʀe] (1) **1** *vt ficelle* to tangle (up), entangle, muddle up; (*fig*) *idées, intrigue* to confuse, muddle.

2 s'enchevêtrer *vpr* **(a)** [*ficelles*] to get in a tangle, become entangled, tangle; [*branches*] to become entangled. **s'~ dans des cordes** to get caught up *ou* tangled up in ropes.

(b) [*situations, paroles*] to become confused *ou* muddled. **mots qui s'enchevêtrent les uns dans les autres** words that get confused together *ou* that run into each other; **s'~ dans ses explications** to tie o.s. up in knots* explaining (something), get tangled up in one's explanations.

enclave [ɑ̃klav] *nf* (*lit, fig*) enclave.

enclavement [ɑ̃klavmɑ̃] *nm* (*action*) enclosing, hemming in. (*état*) **l'~ d'un département dans un autre** one department's being enclosed by another; **cette province souffre de son ~** this province suffers from its isolation *ou* from its hemmed-in position.

enclaver [ɑ̃klave] (1) *vt* **(a)** (*entourer*) to enclose, hem in. **terrain complètement enclavé dans un grand domaine** piece of land completely enclosed within *ou* hemmed in by a large property; **pays enclavé** landlocked country.

(b) (*encastrer*) **~ (l'un dans l'autre)** to fit together, interlock; **~ dans** to fit into.

(c) (*insérer*) **~ entre** to insert between.

enclenchement [ɑ̃klɑ̃ʃmɑ̃] *nm* (*action*) engaging; (*état*) engagement; (*dispositif*) interlock.

enclencher [ɑ̃klɑ̃ʃe] (1) **1** *vt mécanisme* to engage; (*fig*) *affaire* to set in motion, get under way. **l'affaire est enclenchée** the business is under way. **2 s'enclencher** *vpr* [*mécanisme*] to engage.

enclin, e [ɑ̃klɛ̃, in] *adj*: **~ à qch/à faire qch** inclined *ou* prone to sth/to do sth.

enclore [ãklɔʀ] (45) *vt* to enclose, shut in. ~ qch d'une haie/d'une palissade/d'un mur to hedge/fence/wall sth in.

enclos [ãklo] *nm* (*gén: terrain, clôture*) enclosure; *[chevaux]* paddock; *[moutons]* pen, fold.

enclume [ãklym] *nf* anvil; (*Aut*) engine block; (*Anat*) anvil (bone), incus (*T*). (*fig*) entre l'~ et le marteau between the devil and the deep blue sea.

encoche [ãkɔʃ] *nf* (*gén*) notch; *[flèche]* nock. faire une ~ à *ou* sur qch to notch sth, make a notch in sth.

encocher [ãkɔʃe] (1) *vt* (*Tech*) to notch; *flèche* to nock.

encodage [ãkɔdaʒ] *nm* encoding.

encoder [ãkɔde] (1) *vt* to encode.

encodeur [ãkɔdœʀ] *nm* encoder.

encoignure [ãkɔɲyʀ] *nf* (a) (*coin*) corner. (b) (*meuble*) corner cupboard.

encollage [ãkɔlaʒ] *nm* pasting.

encoller [ãkɔle] (1) *vt* to paste.

encolure [ãkɔlyʀ] *nf [cheval, personne, robe]* neck; (*Comm: tour de cou*) collar size. (*Équitation*) battre d'une ~ to beat by a neck.

encombrant, e [ãkɔ̃bʀã, ãt] *adj* (*lit*) *paquet* cumbersome, unwieldy, bulky; (*fig*) *présence* burdensome, inhibiting. cet enfant est très ~ (*agaçant*) this child is a real nuisance *ou* pest*; (*indésirable*) this child is in the way *ou* is a nuisance.

encombre [ãkɔ̃bʀ(ə)] *nm*: sans ~ without mishap *ou* incident.

encombré, e [ãkɔ̃bʀe] (*ptp de* encombrer) *adj couloir* cluttered (up), obstructed; *passage* obstructed; *lignes téléphoniques* blocked; *profession, marché* saturated. table ~e de papiers table cluttered *ou* littered with papers; (*Aut*) le boulevard est très ~ the traffic is very heavy on the boulevard, the boulevard is very congested.

encombrement [ãkɔ̃bʀəmã] *nm* (a) (*obstruction*) *[lieu]* congestion. à cause de l'~ des lignes téléphoniques because of the telephone lines being blocked; l'~ du couloir rendait le passage malaisé the state of congestion *ou* clutter in the corridor *ou* all the clutter in the corridor made it difficult to get through; un ~ de vieux meubles a clutter *ou* jumble of old furniture; les ~s qui ralentissent la circulation the obstructions *ou* holdups that slow down the traffic; (*Aut*) être pris dans un ~ *ou* dans les ~s to be stuck in a traffic jam *ou* in the traffic jams.

(b) (*volume*) bulk; (*taille*) size. objet de faible ~ small object.

encombrer [ãkɔ̃bʀe] (1) **1** *vt pièce* to clutter (up); *couloir* to clutter (up), obstruct, congest; (*fig*) *mémoire* to clutter (up), encumber; *profession* to saturate; (*Télec*) *lignes* to block; (*Comm*) *marché* to glut. ces paquets encombrent le passage these packages block the way *ou* are an obstruction; ces boîtes m'encombrent (*je les porte*) I'm loaded down with these boxes; (*elles gênent le passage*) these boxes are in my way.

2 s'encombrer *vpr*: s'~ de *paquets* to load o.s. with; *enfants* to burden *ou* saddle* o.s. with; il ne s'encombre pas de scrupules he's not overburdened with scruples, he's not overscrupulous.

encontre [ãkɔ̃tʀ(ə)] **1** *prép*: à l'~ de (*contre*) against, counter to; (*au contraire de*) contrary to; aller à l'~ de *[décision, faits]* to go against, run counter to; je n'irai pas à l'~ de ce qu'il veut/fait I shan't go against his wishes/what he does; cela va à l'~ du but recherché it's counterproductive, it defeats the purpose; action qui va à l'~ du but recherché self-defeating *ou* counterproductive action; à l'~ de ce qu'il dit, mon opinion est que ... contrary to what he says, my opinion is that ... .

2 *adv* (*rare*) à l'~ in opposition, against it; je n'irai pas à l'~ I shan't go against it, I shan't act in opposition.

encor [ãkɔʀ] *adv* (††, *Poésie*) = encore.

encorbellement [ãkɔʀbɛlmã] *nm* (*Archit*) corbelled construction. fenêtre en ~ oriel window; balcon en ~ corbelled balcony.

encorder [ãkɔʀde] (1) **1** *vt* to rope up. **2 s'encorder** *vpr* to rope up. les alpinistes s'encordent the climbers rope themselves together *ou* rope up.

encore [ãkɔʀ] *adv* (a) (*toujours*) still. il restait ~ quelques personnes there were still a few people left; il en était ~ au brouillon he was still working on the draft; (*péj*) il en est ~ au stade de la règle à calculer/du complet cravate he hasn't got past the slide rule/the collar and tie stage yet, he's still at the slide rule/the collar and tie stage; (*péj*) tu en es ~ là! haven't you got beyond *ou* past that yet!; il n'est ~ qu'en première année/que caporal he's only in first year/a corporal as yet, he's still only in first year/a corporal; il n'est ~ que 8 heures it's (still) only 8 o'clock; ce malfaiteur court ~ the criminal is still at large.

(b) pas ~ not yet; il n'est pas ~ prêt he's not ready yet, he's not yet ready; ça ne s'était pas ~ vu, ça ne s'était ~ jamais vu that had never been seen before.

(c) (*pas plus tard que*) only. ~ ce matin *ou* ce matin ~, il semblait bien portant only this morning he seemed quite well; il me le disait ~ hier *ou* hier ~ he was saying that to me only yesterday.

(d) (*de nouveau*) again. ~ une fois (once) again, once more, one more time; ~ une fois, je n'affirme rien but there again, I'm not absolutely positive about it; ~ une fois non! how many times do I have to tell you — no!; ça s'est ~ défait it has come undone (yet) again *ou* once more; il a ~ laissé la porte ouverte he has left the door open (yet) again; elle a ~ acheté un nouveau chapeau she has bought yet another new hat; ~ vous! (not) you again!; quoi ~?, qu'y a-t-il ~?, que te faut-il ~? what's the matter with you this time?, what is it THIS time?

(e) (*de plus, en plus*) more. ~ un! yet another!, one more!; ~ un rhume (yet) another cold; ~ une tasse? another cup?; vous prendrez bien ~ quelque chose? *ou* quelque chose ~? surely you'll have something more? *ou* something else?; ~ un peu de thé? a little more tea?, (any) more tea?; ~ quelques gâteaux? (some *ou* any) more cakes?; j'en veux ~ I want some more; ~ un mot, avant

de terminer (just) one more word before I finish; que te faut-il ~? what else *ou* more do you want?; qu'est-ce que j'oublie ~? what else have I forgotten?; qui y avait-il ~? who else was there?; pendant ~ 2 jours for another 2 days, for 2 more days, for 2 days more; il y a ~ quelques jours avant de partir there are a few (more) days to go before we leave; ~ un fou du volant! (yet) another roadhog!; en voilà ~ 2 here are 2 more *ou* another 2; mais ~? is that all?, what else?; V non.

(f) (*avec comp*) even, still, yet (*littér*). il fait ~ plus froid qu'hier it's even *ou* still colder than yesterday; il fait ~ moins chaud qu'hier it's even less warm than it was yesterday; il est ~ plus grand que moi he is even taller than I am; ils veulent l'agrandir ~ (plus) they want to make it even *ou* still larger, they want to enlarge it even further; ~ pire, pire ~ even *ou* still worse, worse and worse; ~ autant as much again (*que* as).

(g) (*aussi*) too, also, as well. tu le bats non seulement en force, mais ~ en intelligence you beat him not only in strength but also in intelligence, not only are you stronger than he is but you are more intelligent too *ou* also *ou* as well.

(h) (*valeur restrictive*) even then, even at that. ~ ne sait-il pas tout even then he doesn't know everything, and he doesn't even know everything (at that); ~ faut-il le faire you still have to do it, you have to do it even so; (*iro*) ~ une chance *ou* ~ heureux qu'il ne se soit pas plaint au patron (still) at least he didn't complain to the boss, let's think ourselves lucky that he didn't complain to the boss; on t'en donnera peut-être 10 F, et ~ they'll give you perhaps 10 francs for it, if that *ou* and perhaps not even that; c'est passable, et ~! it's passable but only just!; et ~, ça n'a pas été sans mal and even that wasn't easy; si ~ if only; si ~ je savais où ça se trouve, j'irais bien, (*frm*) ~ irais-je bien si je savais où ça se trouve if only I knew where it was, I would willingly go.

(i) (*littér*) ~ que (*quoique*) even though; ~ qu'il eût mal, il voulut y aller even though he felt ill he wanted to go.

encorner [ãkɔʀne] (1) *vt* to gore.

encornet [ãkɔʀnɛ] *nm* squid.

encourageant, e [ãkuʀaʒã, ãt] *adj* encouraging.

encouragement [ãkuʀaʒmã] *nm* encouragement.

encourager [ãkuʀaʒe] (3) *vt* (*gén*) to encourage (*à faire* to do); *équipe* to cheer. ~ qn au meurtre to encourage sb to commit murder, incite sb to murder; ~ qn à l'effort to encourage sb to make an effort; ~ qn du geste et de la voix to cheer sb on; encouragé par ses camarades, il a joué un vilain tour au professeur egged on *ou* encouraged by his classmates, he played a nasty trick on the teacher.

encourir [ãkuʀiʀ] (11) *vt* (*littér*) *amende, frais* to incur; *mépris, reproche, punition* to bring upon o.s, incur.

encrage [ãkʀaʒ] *nm* inking.

encrassement [ãkʀasmã] *nm* (*V encrasser*) fouling (up); sooting up; clogging (up), choking (up).

encrasser [ãkʀase] (1) **1** *vt* (a) *arme* to foul (up); *cheminée*, (*Aut*) *bougie* to soot up; *piston, poêle, tuyau, machine* to clog (up), choke (up), foul up.

(b) (*salir*) to make filthy, (make) dirty. ongles encrassés de camboüis nails encrusted *ou* filthy with engine grease.

2 s'encrasser *vpr* (*V encrasser*) to foul (up); to soot up; to clog (up), get choked (up).

encre [ãkʀ(ə)] **1** *nf* ink. écrire à l'~ to write in ink; (*fig*) de sa plus belle ~ in his best style. **2: encre de Chine** Indian ink; **encre d'imprimerie** printing ink; **encre sympathique** invisible ink.

encrer [ãkʀe] (1) *vt* to ink.

encreur [ãkʀœʀ] **1** *adj m rouleau, tampon* inking. **2** *nm* inker.

encrier [ãkʀije] *nm* inkwell, inkpot (*Brit*).

encroûté, e* [ãkʀute] (*ptp de* encroûter) *adj*: être ~ to stagnate, be in a rut; quel ~ tu fais! you're really stagnating!, you're really in a rut!

encroûtement [ãkʀutmã] *nm* (a) *[personne]* getting into a rut. essayons de le tirer de son ~ let's try and get him out of his rut; l'~ dans certaines habitudes gradually becoming entrenched in certain habits. (b) *[objet]* encrusting, crusting over.

encroûter [ãkʀute] (1) **1** *vt* (*entartrer*) to encrust, crust over.

2 s'encroûter *vpr* (a) (*) *[personne]* to stagnate, get into a rut. s'~ dans *habitudes, préjugés* to become entrenched in, s'~ dans la vie de province to get into the rut of provincial life.

(b) *[objet]* to crust over, form a crust.

enculéₓₓ [ãkyle] *nm* sodₓₓ, buggerₓₓ.

enculerₓₓ [ãkyle] (1) *vt* to buggerₓₓ.vas te faire ~! fuck off!ₓₓ; (*fig*) ils enculent les mouches they're nit-picking*.

encyclique [ãsiklik] *adj, nf*: (lettre) ~ encyclical.

encyclopédie [ãsiklɔpedi] *nf* encyclopaedia.

encyclopédique [ãsiklɔpedik] *adj* encyclopaedic.

encyclopédiste [ãsiklɔpedist(ə)] *nmf* (*Hist*) encyclopaedist.

endémie [ãdemi] *nf* endemic disease.

endémique [ãdemik] *adj* (*Méd, fig*) endemic.

endetté, e [ãdete] (*ptp de* endetter) *adj* in debt (*attrib*). très ~ heavily *ou* deep in debt; (*fig*) (très) ~ envers qn (greatly) indebted to sb.

endettement [ãdetmã] *nm* debt. notre ~ extérieur our foreign debt; causer l'~ de l'entreprise to put the company in debt.

endetter *vt*, **s'endetter** *vpr* [ãdete] (1) to get into debt.

endeuiller [ãdœje] (1) *vt personne, pays* (*toucher par une mort*) to plunge into mourning; (*attrister*) to plunge into grief; *épreuve sportive, manifestation* to cast a (tragic) shadow over; (*littér*) *paysage* to make *ou* render dismal, give a dismal aspect to. course endeuillée par la mort d'un pilote race over which a tragic shadow was cast by the death of a driver.

endiablé, e [ãdjable] *adj danse, rythme* boisterous, furious; *course* furious, wild; *personne* boisterous, turbulent.

endigage [ãdigaʒ] *nm,* **endiguement** [ãdigmã] *nm* (*V* endiguer) dyking (up); holding back; containing; checking; curbing. **politique d'~** policy of containment.

endiguer [ãdige] (1) *vt* (a) *fleuve* to dyke (up). (b) (*fig*) *foule, invasion* to hold back, contain; *révolte* to check, contain; *sentiments, progrès* to check, hold back; *inflation, chômage* to curb.

endimanché, e [ãdimãʃe] (*ptp de* s'**endimancher**) *adj* (all done up) in one's Sunday best; (*fig*) *style* fancy, florid. (*péj*) **il a l'air ~** he looks terribly stiff in his Sunday best.

endimancher (s') [ãdimãʃe] (1) *vpr* to put on one's Sunday best.

endive [ãdiv] *nf* chicory (*U*). **5 ~s** 5 pieces *ou* heads of chicory.

endocarde [ãdɔkaʀd(ə)] *nm* endocardium.

endocardite [ãdɔkaʀdit] *nf* endocarditis.

endocarpe [ãdɔkaʀp] *nm* endocarp.

endocrine [ãdɔkʀin] *adj:* **glande ~** endocrine (gland).

endocrinien, -ienne [ãdɔkʀinjɛ̃, jɛn] *adj* endocrinal, endocrinous.

endocrinologie [ãdɔkʀinɔlɔʒi] *nf* endocrinology.

endocrinologue [ãdɔkʀinɔlɔg] *nmf,* **endocrinologiste** [ãdɔkʀinɔlɔʒist(ə)] *nmf* endocrinologist.

endoctrinement [ãdɔktʀinmã] *nm* indoctrination.

endoctriner [ãdɔktʀine] (1) *vt* to indoctrinate.

endoderme [ãdɔdɛʀm(ə)] *nm* endoderm.

endogamie [ãdɔgami] *nf* endogamy.

endogène [ãdɔʒɛn] *adj* endogenous.

endolori, e [ãdɔlɔʀi] (*ptp de* endolorir) *adj* painful, aching, sore. **~ par un coup** made tender by a blow.

endolorir [ãdɔlɔʀiʀ] (2) *vt* (*gén ptp*) to make painful *ou* sore.

endolymphe [ãdɔlɛ̃f] *nf* endolymph.

endomètre [ãdɔmɛtʀ(ə)] *nm* endometrium.

endommagement [ãdɔmaʒmã] *nm* damaging.

endommager [ãdɔmaʒe] (3) *vt* to damage.

endormant, e [ãdɔʀmã, ãt] *adj* (deadly) boring, deadly dull, deadly*.

endormeur, -euse [ãdɔʀmœʀ, øz] *nm,f* (*péj: trompeur*) beguiler.

endormi, e [ãdɔʀmi] (*ptp de* endormir) *adj* (a) (*lit*) *personne* sleeping, asleep (*attrib*).
(b) (*fig*) (*: apathique*) sluggish, languid; (*engourdi*) numb; (*assoupi*) *passion* dormant; *facultés* dulled; *ville, rue* sleepy, drowsy. **j'ai la main tout ~e** my hand has gone to sleep *ou* is completely numb *ou* dead; **à moitié ~** half asleep; **quel ~*** what a sleepyhead (he is).

endormir [ãdɔʀmiʀ] (16) **1** *vt* (a) *[somnifère, discours]* to put *ou* send to sleep; *[personne] (en berçant etc)* to send *ou* lull to sleep. **elle chantait pour l'~** she used to sing him to sleep.
(b) (*: fig: ennuyer*) to send to sleep*, bore stiff*. **tu nous endors avec tes histoires!** you're sending us to sleep* *ou* boring us stiff* with your stories!
(c) **~ qn** (*anesthésier*) to put sb to sleep*, put sb under*, anaesthetize sb; (*hypnotiser*) to hypnotise sb, put sb under*.
(d) (*dissiper*) *douleur* to deaden; *soupçons* to allay, lull.
(e) (*tromper*) to beguile. **se laisser ~ par des promesses** to let o.s. be beguiled by promises, (let o.s.) be lulled into a false sense of security by promises.
2 s'endormir *vpr* (a) *[personne]* to go to sleep, fall asleep, drop off to sleep.
(b) (*fig; se relâcher*) to let up, slack off. **ce n'est pas le moment de nous ~** now is not the time to slow up *ou* slacken off; **allons, ne vous endormez pas!** come on, don't go to sleep on the job!*; **s'~ sur ses lauriers** to rest on one's laurels.
(c) *[rue, ville]* to grow calm, fall asleep; *[passion, douleur]* to subside, die down; *[facultés]* to go to sleep*.
(d) (*euph: mourir*) to pass away.

endormissement [ãdɔʀmismã] *nm:* **médicament qui facilite l'~** medicine which helps one to sleep, sleep-inducing medicine; **au moment de l'~** as one falls asleep.

endos [ãdo] *nm* endorsement.

endoscope [ãdɔskɔp] *nm* endoscope.

endoscopie [ãdɔskɔpi] *nf* endoscopy.

endoscopique [ãdɔskɔpik] *adj* endoscopic.

endosmose [ãdɔsmoz] *nf* endosmosis.

endossataire [ãdɔsatɛʀ] *nmf* endorsee.

endossement [ãdɔsmã] *nm* endorsement.

endosser [ãdose] (1) *vt* (a) (*revêtir*) *vêtement* to put on. (*fig*) **~ l'uniforme/la soutane** to enter the army/the Church.
(b) (*assumer*) *responsabilité* to take, shoulder (*de* for). **il a voulu me faire ~ son erreur** he wanted to load his mistake onto me*, he wanted me to take *ou* shoulder the responsibility for his mistake.
(c) (*Comm, Fin*) to endorse.

endosseur [ãdosœʀ] *nm* endorser.

endothermique [ãdɔtɛʀmik] *adj* endothermic.

endroit [ãdʀwa] *nm* (a) (*localité, partie du corps*) place, spot; (*lieu de rangement, partie d'un objet*) place. **un ~ idéal pour le pique-nique/une usine** an ideal spot *ou* place for a picnic/a factory; **je l'ai mis au même ~** I put it in the same place; **manteau usé à plusieurs ~s** coat worn in several places, coat with several worn patches; **les gens de l'~** the local people, the locals*.
(b) *[livre, récit]* passage, part. **le plus bel ~ du film** the finest point in *ou* part of the film; **il arrêta sa lecture à cet ~** he stopped reading at that point.
(c) **à l'~ où** (at the place) where; **de/vers l'~ où** from/to (the place) where; **en ou à quel ~?** where(abouts)?, where exactly?; **en quelque ~ que ce soit** wherever it may be.
(d) (*loc*) **en plusieurs ~s** in several places; **par ~s** in places; **au bon ~** in *ou* at the right place; **à l'~ de** (*à l'égard de*) regarding, with regard to.
(e) (*bon cote*) right side. **à l'~** *vêtement* right side out, the right

way out; *objet posé* the right way round; **remets tes chaussettes à l'~** turn your socks right side out *ou* the right way out; (*Tricot*) **une maille à l'~,** one maille à l'envers knit one — purl one, one plain — one purl; **tout à l'~** knit every row.

enduire [ãdɥiʀ] (38) *vt* (a) *[personne, appareil]* **~ une surface de** *peinture, vernis, colle* to coat a surface with; *huile, boue* to coat *ou* smear a surface with; **ces émanations enduisaient de graisse les vitres** these fumes coated the panes with grease; **~ ses cheveux de brillantine** to grease one's hair with brilliantine, plaster brilliantine on one's hair; **surface enduite d'une substance visqueuse** surface coated *ou* smeared with a sticky substance.
(b) *[substance]* to coat. **la colle qui enduit le papier** the glue coating the paper.

enduit [ãdɥi] *nm* coating.

endurable [ãdyʀabl(ə)] *adj* endurable, bearable.

endurance [ãdyʀãs] *nf* (*moral*) endurance; (*physique*) stamina, endurance. **coureur qui a de l'~** runner with stamina *ou* staying power.

endurant, e [ãdyʀã, ãt] *adj* tough, hardy. (*†: patient*) **peu *ou* pas très ~** (*avec*) not very patient *ou* long-suffering (with).

endurci, e [ãdyʀsi] (*ptp de* endurcir) *adj* cœur hardened; *personne* hardened, hard-hearted. **un criminel ~** a hardened criminal; **un célibataire ~** a confirmed bachelor.

endurcir [ãdyʀsiʀ] (2) **1** *vt* corps to toughen; *âme* to harden. **2 s'endurcir** *vpr* (*physiquement*) to become tough; (*moralement*) to harden, become hardened. **il faut t'~ à la douleur** you must become hardened *ou* inured to pain.

endurcissement [ãdyʀsismã] *nm* (*V* s'endurcir) (*action*) toughening; hardening; (*état*) toughness; hardness. **~ à la douleur** being hardened to pain.

endurer [ãdyʀe] (1) *vt* to endure, bear. **~ de faire** to bear to do; **il fait froid, on endure un pull** it's cold, one needs a jersey.

Énée [ene] *nm* Aeneas.

Énéide [eneid] *nf:* **l'~** the Aeneid.

énergétique [enɛʀʒetik] **1** *adj* ressources, théorie energy (*épith*), of energy; *aliment* energy-giving, energizing. (*Physiol*) **dépense ~ energy** expenditure; (*Econ*) **nos dépenses ~s** the nation's fuel *ou* energy bill. **2** *nf* energetics (*sg*).

énergie [enɛʀʒi] *nf* (a) (*force physique*) energy. **dépenser beaucoup d'~ à faire qch** to expend a great deal of energy doing sth; **un effort pour lequel il avait besoin de toute son ~** an effort for which he needed all his energy *ou* energies; **nettoyer/frotter avec ~** to clean/rub energetically; **être *ou* se sentir sans ~** to be *ou* feel lacking in energy, be *ou* feel unenergetic.
(b) (*fermeté, ressort moral*) spirit, vigour. **protester/refuser avec ~** to protest/refuse energetically *ou* vigorously *ou* forcefully; **cet individu sans ~ leur a cédé** this feeble individual has given in to them; (*littér*) **l'~ du style/d'un terme** the vigour *ou* energy of style/of a term.
(c) (*Phys*) energy; (*Tech*) power, energy. (*Tech*) **~ électrique/mécanique/nucléaire/éolienne** electrical/mechanical/nuclear/wind power *ou* energy; (*Phys*) **~ cinétique/potentielle** kinetic/potential energy; **réaction qui libère de l'~** reaction that releases energy; **l'~ fournie par le moteur** the power supplied by the motor; **dépense *ou* consommation d'~** power consumption; **la consommation d'~ est moindre si l'on utilise ce modèle de radiateur électrique** power consumption is reduced by the use of this type of electric radiator; **les diverses sources d'~** the different sources of energy; **transport/source d'~** conveying/source of power.

énergique [enɛʀʒik] *adj* (a) (*physiquement*) personne energetic; *mouvement, geste, effort* vigorous, energetic.
(b) (*moralement*) *personne, style, voix* vigorous, energetic; *refus, protestation, intervention* forceful, vigorous; *mesures* drastic, stringent; *punition* severe, harsh; *médicament* powerful, strong.

énergiquement [enɛʀʒikmã] *adv* (*V* énergique) energetically; vigorously; forcefully; drastically; severely, harshly; powerfully, strongly.

énergumène [enɛʀgymɛn] *nmf* rowdy character.

énervant, e [enɛʀvã, ãt] *adj* (*V* énerver) irritating; annoying; enervating.

énervé, e [enɛʀve] (*ptp de* énerver) *adj* (*agacé*) irritated, annoyed; (*agité*) nervous, nervy* (*Brit*), edgy*.

énervement [enɛʀvəmã] *nm* (*V* énervé) irritation, annoyance; nervousness, nerviness*, edginess*. **après les ~s du départ** after the upsets of the departure.

énerver [enɛʀve] (1) **1** *vt* (a) **~ qn** (*agiter*) to overstimulate *ou* overexcite sb; (*agacer*) to irritate sb, annoy sb, get on sb's nerves*; **cela m'énerve** it gets (to) me*; **le vin blanc ~** white wine is bad for your nerves.
(b) (*littér: débiliter*) to enervate.
2 s'énerver *vpr* to get excited*, get worked up. **ne t'énerve pas!** don't get excited!*, don't get (all) worked up *ou* edgy*, take it easy!; **ne t'énerve pas pour cela** don't let it get to you*.

enfance [ãfãs] *nf* (a) (*jeunesse*) childhood; *[garçon]* boyhood; *[fille]* girlhood; (*petite enfance*) infancy; (*fig: début*) infancy. **science encore dans son ~** science still in its infancy; **c'est l'~ de l'art** it's child's play *ou* kid's stuff*; *V* retomber.
(b) (*enfants*) children (*pl*). **la naïveté de l'~** the naïvety of children *ou* of childhood; **~ déshéritée** deprived children.

enfant [ãfã] **1** *nmf* (a) (*gén*) child; (*garçon*) (little) boy; (*fille*) (little) girl. **quand il était ~, il aimait grimper aux arbres** when he was a child *ou* a (little) boy *ou* as a child he liked climbing trees; **se souvenait que, tout ~, il avait une fois ...** he remembered that, while still *ou* only a child, he had once ...; **c'est un grand ~** he's such a child; **il est resté très ~** he has remained very childlike, he has never really grown up; **faire l'~** to behave childishly, behave like a child; **ne faites pas l'~** don't be (so) childish, stop behaving like a child; *V* **bon¹, bonne², jardin** *etc.*

 (b) (*descendant*) child. **sans ~** childless; **des couples sans ~** childless couples; **M X, décédé sans ~** Mr X who died childless *ou* without issue (*T*); **faire un ~ à une femme*** to get a woman pregnant; (*fig*) **ce livre est son ~** this book is his baby; *V* **attendre, marier, petit.**

 (c) (*originaire*) **c'est un ~ du pays/de la ville** he's a native of these parts/of the town; **~ de l'Auvergne/de Paris** child of the Auvergne/of Paris; **un ~ du peuple** a (true) child of the people.

 (d) (***) **les ~s!** folks*, kids*; **bonne nouvelle, les ~s!** good news, folks!* *ou* kids!*

 2: enfant de l'amour love child; **enfant de la balle** child of the theatre (*ou* circus *etc*); (*Méd*) **enfant bleu** blue baby; (*Rel*) **enfant de chœur** altar boy; (*ingénu*) **il me prend pour un enfant de chœur!*** he thinks I'm still wet behind the ears!*; (*ange*) **ce n'est pas un enfant de chœur!*** he's no angel*; **enfant gâté** spoilt child; (*Rel*) **enfants de Marie** children of Mary; **c'est une enfant de Marie** (*lit*) she's in the children of Mary; (**: ingénue*) she's a real innocent; **ce n'est pas une enfant de Marie!** she's no cherub!*, she's no innocent!; **enfant naturel** natural child; **enfant prodige** child prodigy; (*Bible, fig*) **enfant prodigue** prodigal son; **enfant terrible** (*lit*) unruly child; (*fig*) enfant terrible; **enfant de troupe** child reared by the army; **enfant trouvé** foundling; **il est enfant unique** he is an only child; **famille à enfant unique** one-child family, family with one child.

enfantement [ɑ̃fɑ̃tmɑ̃] *nm* (†, *Bible: accouchement*) childbirth; (*littér, fig*) [*œuvre*] giving birth (*de* to).

enfanter [ɑ̃fɑ̃te] (1) **1** *vt* (†, *Bible: mettre au monde*) to give birth to, bring forth (*littér, Bible*); (*littér, fig: élaborer*) to give birth to (*littér*). **2** *vi* to give birth, be delivered (*littér, Bible*).

enfantillage [ɑ̃fɑ̃tijaʒ] *nm* childishness (*U*). **se livrer à des ~s** to do childish things, behave childishly; **c'est de l'~, arrête ces ~s!** do grow up!, don't be so childish!, you're just being childish.

enfantin, e [ɑ̃fɑ̃tɛ̃, in] *adj* (*typique de l'enfance*) joie, naïveté, confiance childlike, childish; (*puéril*) attitude, réaction childish, infantile. (*facile*) **c'est un travail ~** it's simple, it's dead easy* (*Brit*), it's child's play*; (*propre à l'enfant*) rire/jeu ~ child's laugh/game; *V* **classe, langage.**

enfariné, e [ɑ̃faʀine] *adj* (*lit*) dredged with flour; (*fig: poudré*) powdered. **arriver la gueule ~e*** *ou* **le bec ~*** to turn up breezily, turn up all bright and unsuspecting*.

enfer [ɑ̃fɛʀ] **1** *nm* **(a)** (*Rel*) **l'~** hell, Hell; (*Myth*) **les ~s** Hell, the Underworld; (*Prov*) **l'~ est pavé de bonnes intentions** the road to hell is paved with good intentions (*Prov*).

 (b) (*fig*) **cette vie/usine est un ~** this life/factory is (absolute) hell *ou* is (a) hell; **l'~ de la guerre/de l'alcoolisme** the purgatory of war/alcoholism; **vivre un véritable ~** to live a life of hell.

 (c) [*bibliothèque*] forbidden books department.

 (d) **d'~:** bruit/vision **d'~** hellish *ou* infernal noise/vision; **feu d'~** raging fire; (*Jeu*) **jouer un jeu d'~** to play for high stakes; **chevaucher à un train d'~** to ride hell (*Brit*) *ou* hellbent (*US*) for leather*; **rouler à un train d'~** to tear along at breakneck speed.

 2 *excl:* **~ et damnation!*** hell and damnation!*

enfermer [ɑ̃fɛʀme] (1) **1** *vt* **(a)** (*mettre sous clef*) enfant puni, témoin gênant to shut up, lock up; (*par erreur*) to lock in; prisonnier to shut up *ou* away, lock up; (***) aliéné to lock up*; objet précieux to lock away *ou* up; animaux to shut up (*dans* in). **~ qch dans** coffre to lock sth away *ou* up in; boîte, sac to shut sth up *ou* away in; **il est bon à ~** (à l'asile)* he ought to be locked up* *ou* certified* (*Brit*), he's certifiable* (*Brit*); **il était dans un tel état qu'ils ont dû l'~** à clef dans sa chambre he was in such a state that they had to lock him in his room; **il faudra l'~** à clef (pour qu'il ne puisse pas sortir) he'll have to be locked in (so that he can't get out); **ne reste pas enfermé par ce beau temps** don't stay indoors *ou* inside in this lovely weather.

 (b) (*fig littér*) **~ la culture dans une définition trop rigide** to confine *ou* imprison culture within an over-rigid definition; **~ qn dans un dilemme/un cercle vicieux/ses contradictions** to trap sb in a dilemma/in a vicious circle/in his (self-)contradictions; **l'école enferme la créativité dans un carcan de conventions** school traps *ou* imprisons *ou* confines creativity in the strait jacket of convention; **~ le savoir dans des livres inaccessibles** to shut *ou* lock knowledge away in inaccessible books.

 (c) (*littér: contenir, entourer*) to enclose, shut in. **les collines qui enfermaient le vallon** the hills that shut in *ou* enclosed the valley; (*littér, †*) **cette remarque enferme une certaine ironie** this remark contains an element of irony.

 (d) (*Sport*) concurrent to hem *ou* box in.

 2 s'enfermer *vpr* **(a)** (*lit*) to shut o.s. up *ou* in. **il s'est enfermé dans sa chambre** he shut himself away *ou* up in his room; **s'~ à clef** to lock o.s. away *ou* up *ou* in; **zut, je me suis enfermé!** (à l'intérieur) dash it, I've locked myself in!; (à l'extérieur) dash it, I've locked myself out!; **il s'est enfermé à clef dans son bureau** he has locked himself (away *ou* up) in his office; **ils se sont enfermés dans le bureau pour discuter** they have closeted themselves in the office *ou* shut themselves away in the office to have a discussion; **elle s'enferme toute la journée** she stays shut up indoors all day long.

 (b) (*fig*) **s'~ dans un mutisme absolu** to retreat into absolute silence; **s'~ dans un rôle/une attitude** to stick to a role/attitude; **s'~ dans sa décision/position** to keep *ou* stick stubbornly *ou* rigidly to one's decision/position; **s'~ dans un système** to lock o.s. into a rigid pattern of behaviour.

enferrer (s') [ɑ̃fɛʀe] (1) *vpr* **(a)** (*s'embrouiller*) to tie o.s. up in knots*. **s'~ dans ses contradictions/ses mensonges** to tie *ou* tangle o.s. up in one's own contradictions/one's lies, ensnare o.s. in the mesh of one's own contradictions/lies; **s'~ dans une analyse/**

une explication to tie o.s. up in knots* trying to make an analysis/trying to explain; **il s'enferre de plus en plus** he's getting himself in more and more of a mess *ou* into deeper and deeper water.

 (b) (*s'empaler*) **s'~ sur** to spike o.s. on.

enfiévré, e [ɑ̃fjevʀe] (*ptp de* **enfiévrer**) *adj* feverish.

enfiévrer [ɑ̃fjevʀe] (6) *vt* **(a)** imagination to fire, stir up; esprits to rouse; assistance to inflame, rouse. **(b)** malade to make feverish; visage, joues to inflame.

enfilade [ɑ̃filad] *nf* (*série*) **une ~ de maisons** a row *ou* string of houses; **une ~ de colonnes/couloirs** a row *ou* series of columns/corridors; (*fig littér*) **une ~ de phrases/lieux communs** a string of sentences/commonplaces; **pièces/couloirs en ~** series of linked rooms/corridors; **maisons en ~** houses in a row; **prendre en ~** boulevards to go from one to the next; (*Mil*) objectif to rake, enfilade (*T*).

enfiler [ɑ̃file] (1) **1** *vt* **(a)** aiguille to thread; perles to string, thread. **on n'est pas là pour ~ des perles*** let's get on with it*, let's get down to it* *ou* to business; **~ des anneaux sur une tringle** to slip rings onto a rod.

 (b) (**: passer*) vêtement to slip on, put on.

 (c) (**: fourrer*) **~ un objet dans** to stick* *ou* shove* an object into.

 (d) (*s'engager dans*) ruelle, chemin to take; corridor to enter, take. **au carrefour il tourna à gauche et enfila la rue de la Gare** at the crossroads he turned left into Rue de la Gare *ou* he turned left and took the Rue de la Gare.

 2 s'enfiler *vpr* **(a)** (*s'engager dans*) **s'~ dans** escalier, couloir, ruelle to disappear into.

 (b) (**: s'envoyer*) verre de vin to knock back‡, down*; nourriture to guzzle‡, down*; corvée to land o.s. with*, get lumbered with* (*Brit*) *ou* landed with*.

enfin [ɑ̃fɛ̃] *adv* **(a)** (à la fin, finalement) at last, finally. **il y est ~ arrivé** he has at last *ou* finally succeeded, he has succeeded at last; **quand va-t-il ~ y arriver?** when is he finally going to *ou* when on earth is he going to manage it?; **~, après bien des efforts, ils y arrivèrent** at (long) last *ou* at length *ou* eventually, after much effort, they managed it, after much effort they finally *ou* eventually managed it; **~ seuls!** alone at last!; **~, ils se sont décidés!** they've made up their minds at last!; **~ ça va commencer!** at long last it's going to begin!

 (b) (en dernier lieu) lastly, finally. **on y trouvait des fougères, des noisetiers, des framboisiers, ~ des champignons de toutes sortes** there were ferns, hazel trees, raspberry bushes and lastly *ou* finally all kinds of fungi; **... ensuite des manuels et des ouvrages de référence, ~ et surtout, des dictionnaires ...** and next manuals and reference works, and last but not least *ou* and last but by no means least, dictionaries.

 (c) (en conclusion) in short, in a word. **rien n'était prêt, tous les invités se bousculaient, ~ (bref), la vraie pagaïe!** nothing was ready, the guests were all jostling each other — in short *ou* in a word, it was absolute chaos! *ou* it was absolute chaos, in fact!

 (d) (restrictif: disons, ou plutôt) well. **elle était assez grosse, ~, potelée** she was rather fat, well (let's say *ou* at least), chubby; **pas exactement, ~, dans un sens, oui** not exactly, well — in a way, yes.

 (e) (somme toute) after all. **c'est un élève qui, ~, n'est pas bête et pourrait ...** this pupil is not stupid, after all, and could ...; **c'est une méthode qui, ~, a fait ses preuves, et j'estime que ...** it is, after all, a well-tried method, and I believe that ... .

 (f) (toutefois) still. **~, si ça vous plaît/si vous le voulez, prenez-le** still, if you like it/if you want it, take it; **moi je veux bien, ~...!** I don't mind, but ...! *ou* still ...!

 (g) (valeur exclamative) **~!** que veux-tu y faire! anyway *ou* still, what can you do!; **~, tu aurais pu le faire!** all the same *ou* even so, you could have done it!; **(mais) ~! je viens de te le dire!** but I've just told you!, (but) for goodness sake*, I've just told you!; **~! un grand garçon comme toi!** come now *ou* come, come, a big boy like you!; **c'est son père, ~!** he is his father, after all!

 (h) **mais ~ but;** **j'irai, mais ~ ce ne sera pas de gaieté de cœur** I'll go, but not willingly; **car ~ because;** **je ne pense pas qu'il voudra sortir ce soir, car ~ il vient juste d'arriver** I don't think he'll want to go out tonight, since *ou* because (after all) he has only just arrived.

enflammé, e [ɑ̃flame] (*ptp de* **enflammer**) *adj* **(a)** allumette, torche, paille burning, blazing, ablaze (*attrib*); ciel ablaze (*attrib*), blazing, flaming.

 (b) visage, yeux blazing, ablaze (*attrib*); caractère fiery, ardent, passionate; esprit afire (*attrib*), burning, on fire (*attrib*); paroles inflamed, fiery, ardent; déclaration impassioned, passionate, ardent.

 (c) plaie inflamed.

enflammer [ɑ̃flame] (1) **1** *vt* **(a)** (mettre le feu à) bois to set on fire, set fire to; allumette to strike; (fig littér) ciel to set ablaze.

 (b) (exciter) visage, regard to set ablaze; colère, désir, foule to inflame; imagination to fire, kindle; esprit to set on fire.

 (c) plaie to inflame.

 2 s'enflammer *vpr* **(a)** (prendre feu) [bois] to catch fire, ignite. **le bois sec s'enflamme bien** dry wood catches fire *ou* ignites *ou* kindles easily.

 (b) [visage, regard] to blaze; [sentiment, désir] to flare up; [imagination] to be fired; [orateur] to become inflamed *ou* impassioned. **s'~ (de colère)** to flare up (in anger).

enflé, e [ɑ̃fle] (*ptp de* **enfler**) **1** *adj* **(a)** (*lit*) swollen. **(b)** (*fig*) style bombastic, turgid. **(c)** (†*fig*) **~ d'orgueil** puffed up *ou* swollen with pride. **2** *nm, f* (**: imbécile*) twit*, clot* (*Brit*), jerk‡.

enfler [ɑ̃fle] (1) **1** *vt* **(a)** membre to cause to swell (up), make swell (up); (littér) voiles to fill, swell; (littér) fleuve to (cause to) swell; voix

to raise; *addition, facture* to inflate. ~ **son style** to adopt a bombastic *ou* turgid style.
  (b) (‡: *voler*) ~ **qn** to diddle* *ou* do* sb (*de* out of); **se faire ~ de 10 F*** to be done out of 10 francs*.
  2 *vi* (*lit*) *[membre]* to become swollen, swell (up); (*: *prendre du poids*) to fill out.
  3 s'enfler *vpr* **(a)** *[voix]* to rise; *[style]* to become bombastic *ou* turgid; *[son]* to swell.
  (b) (*littér*) *[fleuve]* to swell, become swollen; *[vagues]* to surge, swell; *[voiles]* to fill (out), swell (out).
enflure [ãflyʀ] *nf* **(a)** (*Méd*) swelling. **(b)** *[style]* turgidity. **(c)** (‡: *imbécile*) twit*, jerk‡, clot* (*Brit*).
enfoiré, e [ãfwaʀe] *nm,f* silly sod‡, bungling idiot.
enfoncé, e [ãfɔ̃se] (*ptp de enfoncer*) *adj yeux* deep-set; *recoin* deep. **il avait la tête ~e dans les épaules** his head was sunk between his shoulders.
enfoncement [ãfɔ̃smã] *nm* **(a)** (*action d'enfoncer*) *[pieu]* driving in; *[porte]* breaking down *ou* open; *[lignes ennemies]* breaking through. (*Méd*) **il souffre d'un ~ de la cage thoracique/de la boîte crânienne** he has crushed ribs/a fractured skull.
  (b) (*action de s'enfoncer*) *[sol]* giving way; *[fondations]* sinking. **cet ~ progressif dans le vice/la misère** this gradual sinking into vice/poverty.
  (c) (*recoin*) *[mur]* recess, nook. **dissimulé dans un ~ de la muraille** hidden in a recess *ou* nook in the wall; **chalet enfoui dans un ~ du vallon** chalet tucked away in a corner of the valley.
enfoncer [ãfɔ̃se] (3) **1** *vt* **(a)** (*faire pénétrer*) *pieu, clou* to drive (well) in; *épingle, punaise* to stick (well) in, push (well) in. **~ un pieu dans** to drive a stake in(to); **~ une épingle dans** to stick *ou* push a pin in(to); **~ un couteau/une épée dans** to thrust *ou* plunge a knife/a sword into; **~ qch à coups de marteau** to hammer sth in, knock sth in with a hammer; (*fig*) **~ le clou** to hammer it in, din it in* (*Brit*), drive the point home.
  (b) (*mettre*) **~ les mains dans ses poches** to thrust *ou* dig one's hands (deep) into one's pockets; **~ son chapeau jusqu'aux yeux** to ram *ou* pull one's hat (right) down over one's eyes; **il lui enfonça sa canne dans les côtes** he prodded *ou* poked *ou* stuck him in the ribs with his walking stick; (*fig*) **qui a bien pu lui ~ ça dans le crâne?** *ou* **la tête?** who on earth put *ou* got that into his head?; **~ qn dans la misère/le désespoir** to plunge sb into poverty/despair; **ça les a enfoncés davantage dans les frais** that involved them in *ou* plunged them into even greater expense.
  (c) (*défoncer*) *porte* to beat open *ou* down; *devant, arrière d'un véhicule* to smash in; (*fig*) *lignes ennemies* to break through. **~ le plancher** to make the floor give way *ou* cave in, cause the floor to give way *ou* cave in; **le choc lui a enfoncé la cage thoracique/les côtes** the blow smashed his rib cage/his ribs; **il a eu les côtes enfoncées** he had his ribs broken, his ribs were broken *ou* smashed; **le devant de sa voiture a été enfoncé** the front of his car has been smashed *ou* bashed* in; (*fig*) **~ une porte ouverte** *ou* **des portes ouvertes** to labour an obvious point; **c'est ~ une porte ouverte que d'affirmer ...** it's a statement of the obvious to say ... .
  (d) (*) (*battre*) to beat hollow*, hammer*; (*surpasser*) to lick*. **ils se sont fait ~!** they got beaten hollow!*, they got hammered!*; **il les enfonce tous** he has got them all licked*; (*causer la perte de*) **elle a cherché à ~ son complice** she tried to put all the blame on her accomplice; **l'examinateur a voulu ~ le candidat** the examiner tried to destroy the candidate.
  2 *vi* **(a)** (*pénétrer*) to sink in. **attention, on enfonce ici** careful, you'll sink in here; **on enfonçait dans la neige jusqu'aux cuisses** we sank up to our thighs in *ou* sank thigh-deep in(to) the snow.
  (b) (*céder*) *[sol]* to yield. **ça enfonce sous le poids du corps** it yields beneath the weight of the body.
  3 s'enfoncer *vpr* **(a)** *[lame, projectile]* **s'~ dans** to plunge *ou* sink into; **la lame s'enfonça dans sa poitrine** the blade plunged *ou* sank into his chest; **l'éclat d'obus s'enfonça dans le mur** the shell fragment embedded itself in the wall.
  (b) (*disparaître*) (*dans l'eau, la vase etc*) to sink (*dans* into, in). (*fig*) **s'~ dans** *forêt, rue, l'ombre* to disappear into; *fauteuil, coussins* to sink deep into, sink back into; *misère* to sink into, be plunged into; *vice, rêverie* to plunge into, sink into; **il s'enfonça dans la brume** he disappeared into the mist; **chemin qui s'enfonce dans les bois** path which disappears into the woods; **je le regardais s'~, impuissant à le secourir** I watched him sinking (in), powerless to help him; **s'~ sous les couvertures*** to bury o.s. under *ou* snuggle down under the covers; **il s'est enfoncé jusqu'au cou dans une sale histoire** he's up to his neck in a nasty bit of business; **à mentir, tu ne fais que t'~ davantage** by lying, you're just getting yourself into deeper and deeper water *ou* into more and more of a mess.
  (c) (*céder*) to give way. **le sol s'enfonce sous nos pas** the ground is giving way *ou* caving in beneath us; **les coussins s'enfoncent sous son poids** the cushions sink under his weight.
  (d) (*faire pénétrer*) **s'~ une arête dans la gorge** to get a bone stuck in one's throat; **s'~ une aiguille dans la main** to stick *ou* run a needle into one's hand; **enfoncez-vous bien ça dans le crâne*** now get this firmly into your head.
enfonceur, -euse [ãfɔ̃sœʀ, øz] *nm,f* (*hum*) **c'est un ~ de porte(s) ouverte(s)** he's always labouring the obvious.
enfouir [ãfwiʀ] (2) **1** *vt* to bury (*dans* in). **il l'a enfoui dans sa poche** he tucked it (away) in his pocket; **chalet enfoui dans la neige** chalet buried away in the snow. **2 s'enfouir** *vpr*: **s'~ dans/sous** to bury o.s. in/under; **s'~ sous les draps** to bury o.s. *ou* burrow beneath the covers.
enfouissement [ãfwismã] *nm* burying.
enfourcher [ãfuʀʃe] (1) *vt cheval* to mount; *bicyclette* to mount, get astride. (*fig*) **~ son dada** to get on one's hobby-horse.

enfourner [ãfuʀne] (1) **1** *vt* **(a)** *aliment* to put in the oven; *poterie* to put in the kiln.
  (b) (*: *avaler*) to guzzle down, put away*.
  (c) (*: *enfoncer*) **~ qch dans** to shove* *ou* stuff* sth into.
  2 s'enfourner *vpr*: **s'~ dans** *[personne]* to dive into; *[foule]* to rush into.
enfreindre [ãfʀɛ̃dʀ(ə)] (52) *vt* (*frm*) to infringe, break.
enfuir (s') [ãfɥiʀ] (17) *vpr* (*se sauver*) to run away, run off, flee (*littér*) (*chez, dans* to); (*s'échapper*) to run away, escape (*de* from); (*littér*) *[temps, souffrance]* to fly away (*littér*), flee (*littér*).
enfumer [ãfyme] (1) *vt pièce* to fill with smoke; *personne, renard, ruche* to smoke out. **atmosphère/pièce enfumée** smoky atmosphere/room.
engagé, e [ãgaʒe] (*ptp de engager*) **1** *adj* **(a)** *écrivain, littérature* committed. (*Pol*) **non ~** uncommitted.
  (b) (*Archit*) *colonne* engaged.
  2 *nm* **(a)** (*Mil*) (*soldat*) enlisted man. **~ volontaire** volunteer.
  (b) (*Sport*) (*coureur*) entrant, competitor; (*cheval*) runner.
engageant, e [ãgaʒã, ãt] *adj air, sourire* engaging, winning, appealing, prepossessing; *proposition* attractive, appealing, tempting; *repas, gâteau* tempting, inviting. **il eut des paroles ~es** he spoke winningly.
engagement [ãgaʒmã] *nm* **(a)** (*promesse*) agreement, commitment, promise. **sans ~ de votre part** without obligation *ou* commitment on your part; **signer un ~** to sign an agreement; **prendre l'~ de** to undertake to; **manquer à ses ~s** to fail to honour one's agreements, fail to keep one's promises; **faire face à ses ~s** to fulfil one's commitments *ou* promises.
  (b) (*Théât: contrat*) engagement. **artiste sans ~** out of work artist(e).
  (c) (*embauche*) *[ouvrier]* taking on, engaging.
  (d) (*Fin*) (*capitaux*) investing; *[dépenses]* incurring. **~s financiers** financial commitments *ou* liabilities; **cela a nécessité l'~ de nouveaux frais** this meant committing further funds; **faire face à ses ~s (financiers)** to meet one's (financial) commitments.
  (e) (*amorce*) *[débat, négociations]* opening, start.
  (f) (*Sport*) (*inscription*) entry; (*coup d'envoi*) kick-off; (*Boxe*) attack; (*Escrime*) engagement.
  (g) (*Mil*) *[recrues]* enlistment; *[combat]* engaging; *[troupes fraîches]* throwing in, engaging. **tué dans un ~** killed in an engagement.
  (h) (*Littérat, Pol: prise de position*) commitment. **politique de non ~** policy of non-commitment.
  (i) (*mise en gage*) *[montre etc]* pawning.
  (j) (*encouragement*) encouragement. **c'est un ~ à persévérer** it encourages one to persevere.
  (k) (*introduction*) *[clef]* introduction, insertion (*dans* in, into); *[voiture]* entry (*dans* into).
  (l) (*Méd*) *[fœtus]* engagement.
engager [ãgaʒe] (3) **1** *vt* **(a)** (*lier*) to bind, commit. **nos promesses nous engagent** we are bound to honour our promises, our promises are binding on us; **ça l'engagerait trop** that would commit him too far; **ça n'engage à rien** it doesn't commit you to anything; **~ sa parole** *ou* **son honneur** to give *ou* pledge (*frm*) one's word (of honour).
  (b) (*embaucher*) *ouvrier* to take on, hire; *artiste* to engage. **je vous engage (à mon service)** you've got the job, I'm taking you on, you're hired.
  (c) (*entraîner*) to involve. **ça l'a engagé dans de gros frais** that involved him in great expense; **ils l'ont engagé dans une affaire douteuse** they got him involved in a shady deal; **le pays est engagé dans une politique d'inflation** the country is pursuing an inflationary policy.
  (d) (*encourager*) **~ qn à faire qch** to urge *ou* encourage sb to do sth; **je vous engage à la circonspection** I advise you to be (very) cautious.
  (e) (*introduire*) to insert (*dans* in, into); (*Naut*) *ancre* to foul. **il engagea sa clef dans la serrure** he fitted *ou* inserted his key into the lock; **~ sa voiture dans une ruelle** to enter a lane, drive into a lane; (*Aut*) **c'était à lui de passer puisqu'il était engagé** it was up to him to go since he had already pulled out.
  (f) (*amorcer*) *discussion* to open, start (up), get under way; *négociations* to enter into *ou* upon; (*Jur*) *procédure, poursuites* to institute (*contre* against). **~ la conversation** to engage in conversation, start up a conversation (*avec* with); **l'affaire semble bien/mal engagée** things seem to have got off to a good/bad start.
  (g) (*Fin*) (*mettre en gage*) to pawn, put in pawn; (*investir*) to invest, lay out.
  (h) (*Sport*) *concurrents* to enter. **15 chevaux sont engagés dans cette course** 15 horses are running in this race; **~ la partie** to begin the match; **la partie est bien engagée** the match is well under way; **~ le fer** to cross swords.
  (i) (*Mil*) *recrues* to enlist; *troupes fraîches* to throw in, engage. **~ le combat contre l'ennemi** to engage the enemy, join battle with the enemy†; **~ toutes ses forces dans la bataille** to throw all one's troops into the battle.
  2 s'engager *vpr* **(a)** (*promettre*) to commit o.s. **s'~ à faire** to undertake *ou* promise to do; **il n'a pas voulu s'~ trop** he didn't want to commit himself (too far), he didn't want to stick his neck out too far; **sais-tu à quoi tu t'engages?** do you know what you're letting yourself in for?, do you know what you're committing yourself to?
  (b) (*s'embaucher*) to take a job (*chez* with). **il s'est engagé comme garçon de courses** he took a job as an errand boy, he got himself taken on as an errand boy.
  (c) **s'~ dans** *frais* to incur; *discussion, pourparlers* to enter into; *affaire, entreprise* to become involved in; **le pays s'engage dans**

une politique dangereuse the country is embarking on a dangerous policy *ou* is steering a dangerous course.

(d) (*s'emboiter*) s'∼ dans to engage into, fit into; (*pénétrer*) s'∼ dans [*véhicule*] to enter, turn into; [*piéton*] to take, turn into; s'∼ sur la chaussée to step (out) onto the road; la voiture s'engagea sous le pont the car drove under the bridge; j'avais la priorité puisque j'étais engagé (dans la rue) I had (the) right of way since I had already pulled out *ou* drawn out (into the main street).

(e) (*s'amorcer*) [*pourparlers*] to begin, start (up), get under way. une conversation s'engagea entre eux they started up a conversation.

(f) (*Sport*) to enter (one's name) (*dans* for).

(g) (*Mil*) [*recrues*] to enlist. s'∼ dans l'armée de l'air to join the air force; le combat s'engagea avec vigueur the fight began briskly; des troupes fraîches s'engagèrent dans la bataille fresh troops were thrown into the battle *ou* were brought in.

(h) (*Littérat, Pol: prendre position*) to commit o.s.

engazonner [ɑ̃gazɔne] (1) *vt terrain* to turf.

engeance† [ɑ̃ʒɑ̃s] *nf* (*péj*) mob, crew.

engelure [ɑ̃ʒlyʀ] *nf* chilblain.

engendrement [ɑ̃ʒɑ̃dʀəmɑ̃] *nm* [*enfant*] begetting, fathering.

engendrer [ɑ̃ʒɑ̃dʀe] (1) *vt* (a) (*frm*) *enfant* to beget, father. (b) (*Ling, Math, Phys*) to generate. (c) *colère, dispute* to breed, create; *malheurs* to breed, create, engender (*frm*); il n'engendre pas la mélancolie he's (always) good for a laugh*.

engin [ɑ̃ʒɛ̃] 1 *nm* (*machine*) machine; (*outil*) instrument, tool; (*Aut*) heavy vehicle; (*Aviat*) aircraft; (*: objet*) contraption*, gadget. attention sortie d'∼s heavy plant crossing, beware lorries turning (*Brit*).

2: engin balistique ballistic missile; engin blindé armoured vehicle; engin explosif explosive device; engins de guerre† engines of war († *ou littér*); engin non identifié unidentified flying object; engins (spéciaux) missiles; engin de terrassement earthmover.

englober [ɑ̃glɔbe] (1) *vt* (*inclure*) to include, encompass (*dans* in); (*annexer*) to take in, annexe, incorporate.

engloutir [ɑ̃glutiʀ] (2) 1 *vt nourriture* to gobble up, gulp *ou* wolf down; *navire* to engulf, swallow up; *fortune* to devour, run through. qu'est-ce qu'il peut ∼!* it's amazing what he puts away!*, the amount of food he stuffs in is quite incredible!*; la ville a été engloutie par un tremblement de terre the town was swallowed up *ou* engulfed in *ou* by an earthquake.

2 s'engloutir *vpr* [*navire*] to be engulfed.

engloutissement [ɑ̃glutismɑ̃] *nm* (*V* engloutir) gobbling up; engulfing; devouring.

engluer [ɑ̃glye] (1) 1 *vt arbre, oiseau* to lime. 2 s'engluer *vpr* [*oiseau*] to get caught *ou* stuck in (bird) lime. s'∼ les doigts to get one's fingers sticky.

engoncer [ɑ̃gɔ̃se] (3) *vt* (*gén ptp*) to restrict, cramp. ce manteau l'engonce he looks cramped in that coat, that coat restricts his movements; engoncé dans ses vêtements (looking) cramped in his clothes; le cou engoncé dans un gros col his neck (stiffly) encased in a big collar.

engorgement [ɑ̃gɔʀʒəmɑ̃] *nm* [*tuyau*] obstruction, clogging; blocking (*de* of); (*Méd*) engorgement; (*Comm*) glut (*de* in).

engorger [ɑ̃gɔʀʒe] (3) 1 *vt tuyau* to obstruct, clog, block; (*Méd*) to engorge; (*Comm*) to glut. 2 s'engorger *vpr* [*tuyau*] to become blocked.

engouement [ɑ̃gumɑ̃] *nm* (*pour qn*) infatuation, fancy (*pour* for); (*pour qch*) fad, craze (*pour* for). ∼ passager passing fancy; brief craze.

engouer (s') [ɑ̃gwe] (1) *vpr*: s'∼ de *ou* pour qch to develop a passion for sth; s'∼ de qn to become infatuated with sb.

engouffrer [ɑ̃gufʀe] (1) 1 *vt charbon* to shovel (*dans* into); (*: *fortune* to swallow up, devour; (*: *nourriture* to gobble down, gulp down, wolf down; *navire* to engulf. qu'est-ce qu'il peut ∼!* it's amazing what he puts away!* *ou* stuffs in!*

2 s'engouffrer *vpr* [*vent*] to rush, sweep; [*flot, foule*] to surge, rush; [*personne*] to rush, dive; [*navire*] to sink (*dans* into).

engoulevent [ɑ̃gulvɑ̃] *nm*: ∼ (d'Europe) nightjar; ∼ (d'Amérique) nighthawk.

engourdi, e [ɑ̃guʀdi] (*ptp de* engourdir) *adj membre* numb; *esprit* dull, dulled.

engourdir [ɑ̃guʀdiʀ] (2) 1 *vt* (a) *membres* to numb, make numb. être engourdi par le froid *membre* to be numb with cold; *animal* to be sluggish with the cold; j'ai la main engourdie my hand is numb *ou* has gone to sleep *ou* gone dead.

(b) *esprit* to dull, blunt; *douleur* to deaden, dull. la chaleur et le vin l'engourdissaient the heat and the wine were making him sleepy *ou* drowsy.

2 s'engourdir *vpr* [*corps*] to become *ou* go numb; [*bras, jambe*] to become *ou* go numb, go to sleep, go dead; [*esprit*] to grow dull *ou* sluggish.

engourdissement [ɑ̃guʀdismɑ̃] *nm* (a) [*état*] [*membre, corps*] numbness; [*esprit*] (*torpeur*) sleepiness, drowsiness; (*affaiblissement*) dullness. (b) (*action: V* engourdir) numbing; dulling.

engrais [ɑ̃gʀɛ] *nm* (a) (*chimique*) fertilizer; (*animal*) manure. ∼ vert green manure; ∼ azoté nitrate fertilizer, nitrate. (b) (*engraissement*) mettre un animal à l'∼ to fatten up an animal.

engraissement [ɑ̃gʀɛsmɑ̃] *nm*, **engraissage** [ɑ̃gʀɛsaʒ] *nm* [*bœufs*] fattening (up); [*volailles*] cramming.

engraisser [ɑ̃gʀɛse] (1) 1 *vt volailles* to cram; *bétail* to fatten (up); *terre* to manure, fertilize; (*: *personne* to fatten up. quel pique-assiette, c'est nous qui devons l'∼‡ we seem to be expected to feed this scrounger* *ou* provide for this scrounger*; l'État s'engraisse sur le dos du contribuable the state grows fat at the taxpayer's expense; (*fig*) ∼ l'État* to enrich the state.

2 *vi* (*: *[*personne*] to get fat(ter), put on weight.

engrangement [ɑ̃gʀɑ̃ʒmɑ̃] *nm* [*foin*] gathering in, garnering (*littér*).

engranger [ɑ̃gʀɑ̃ʒe] (3) *vt foin, moisson* to gather *ou* get in, garner (*littér*); (*fig littér*) to store (up).

engrenage [ɑ̃gʀənaʒ] *nm* gears, gearing; (*fig: d'événements*) chain. ∼ à chevrons double helical gearing; (*fig*) quand on est pris dans l'∼ when one is caught up in the system; l'∼ de la violence the spiral of violence; V doigt.

engrener [ɑ̃gʀəne] (5) 1 *vt* (a) *roues dentées* to engage; (*fig*) *personne* to catch up (*dans* in), draw (*dans* into). (*fig*) ∼ l'affaire to set the thing going *ou* in motion.

(b) (*remplir de grain*) to feed *ou* fill with grain.

2 s'engrener *vpr* [*roues dentées*] to mesh (*dans* with), gear (*dans* into).

engrosser‡ [ɑ̃gʀose] (1) *vt*: ∼ qn to knock sb up•‡•, get sb pregnant; se faire ∼ to get (o.s.) knocked up•‡•, get (o.s.) pregnant (*par* by).

engueulade‡ [ɑ̃gœlad] *nf* (*dispute*) row*, slanging match* (*Brit*); (*réprimande*) bawling out*, rocket‡ (*Brit*). passer une ∼ à qn to bawl sb out‡, give sb a rocket‡ (*Brit*); avoir une ∼ avec qn to have a row* *ou* slanging match* (*Brit*) with sb; lettre d'∼ stinking letter‡.

engueuler‡ [ɑ̃gœle] (1) 1 *vt*: ∼ qn to give sb a rocket‡ (*Brit*), bawl sb out‡; se faire ∼ to get bawled out‡, get a rocket‡ (*Brit*); V poisson. 2 s'engueuler *vpr* to have a slanging match* (*Brit*) *ou* row* (*avec* with).

enguirlander‡ [ɑ̃giʀlɑ̃de] (1) *vt* (a) (*: *∼ qn to give sb a telling-off* *ou* ticking-off*, tear sb off a strip‡ (*Brit*); se faire ∼ to get a telling-off* *ou* ticking-off*, get torn off a strip‡ (*Brit*). (b) (*orner*) to garland.

enhardir [ɑ̃aʀdiʀ] (2) 1 *vt* to make bolder. enhardi par emboldened by. 2 s'enhardir *vpr* to become *ou* get bolder. s'∼ (jusqu')à dire to make so bold as to say, be bold enough to say.

enharmonique [ɑ̃naʀmɔnik] *adj* enharmonic.

énième [ɛnjɛm] *adj* = nième.

énigmatique [enigmatik] *adj* enigmatic.

énigmatiquement [enigmatikmɑ̃] *adv* enigmatically.

énigme [enigm(ə)] *nf* (*mystère*) enigma, riddle; (*jeu*) riddle, puzzle. trouver la clef *ou* le mot de l'∼ to find the key *ou* clue to the puzzle *ou* riddle; parler par ∼s to speak in riddles.

enivrant, e [ɑ̃nivʀɑ̃, ɑ̃t] *adj* (*gén*) heady, intoxicating; *beauté* intoxicating.

enivrement [ɑ̃nivʀəmɑ̃] *nm* [*personne*] (†: *ivresse*) intoxication; (*fig: exaltation*) elation, exhilaration. l'∼ du succès the intoxication of success.

enivrer [ɑ̃nivʀe] (1) 1 *vt* (*lit*) to intoxicate, make drunk; (*fig*) to intoxicate. le parfum m'enivrait I was intoxicated by the perfume.

2 s'enivrer *vpr* (*lit*) to get drunk (*de on*), become intoxicated (*de* with); (*fig*) to become intoxicated (*de* with). il passe son temps à s'∼ he spends all his time getting drunk; s'∼ de mots to get drunk on words; enivré de succès intoxicated with *ou* by success.

enjambée [ɑ̃ʒɑ̃be] *nf* stride. d'une ∼ in a stride; faire de grandes ∼s to stride out, take big *ou* long strides; il allait à grandes ∼s vers ... he was striding (along) towards ... .

enjambement [ɑ̃ʒɑ̃bmɑ̃] *nm* (*Littérat*) enjambement.

enjamber [ɑ̃ʒɑ̃be] (1) *vt obstacle* to stride *ou* step over; *fossé* to step *ou* stride across; [*pont*] to span, straddle, stretch across. il enjamba la rampe et s'assit dessus he sat down astride the banister.

enjeu, pl ∼x [ɑ̃ʒø] *nm* [*pari, guerre*] stake, stakes (*de* in). quel est l'∼ de la bataille? what is at stake in the battle?, what are the battle stakes?

enjoindre [ɑ̃ʒwɛ̃dʀ(ə)] (49) *vt* (*frm*) ∼ à qn de faire to enjoin *ou* charge sb to do (*frm*).

enjôlement [ɑ̃ʒolmɑ̃] *nm* bewitching.

enjôler [ɑ̃ʒole] (1) *vt* (*ensorceler*) to bewitch; (*amadouer*) get round. elle a si bien su l'∼ qu'il a accepté she coaxed *ou* wheedled *ou* cajoled him into accepting it.

enjôleur, -euse [ɑ̃ʒolœʀ, øz] 1 *adj sourire, paroles* coaxing, wheedling, winning. 2 *nm, f* (*charmeur*) coaxer, wheedler; (*escroc*) twister. 3 enjôleuse *nf* (*séductrice*) wily woman.

enjolivement [ɑ̃ʒolivmɑ̃] *nm* (*V* enjoliver) (*action*) ornamenting, embellishing, adornment; embroidering; (*détail*) ornament, embellishment, adornment. les ∼s apportés aux faits par le narrateur the embellishments lent to the facts by the narrator.

enjoliver [ɑ̃ʒolive] (1) *vt objet* to ornament, embellish, adorn; *réalité, récit* to embroider, embellish, dress up.

enjoliveur [ɑ̃ʒolivœʀ] *nm* (*Aut*) hub cap.

enjolivure [ɑ̃ʒolivyʀ] *nf* = enjolivement.

enjoué, e [ɑ̃ʒwe] *adj* lively, dynamic.

enjouement [ɑ̃ʒumɑ̃] *nm* liveliness, dynamism.

enkystement [ɑ̃kistəmɑ̃] *nm* encystment.

enkyster (s') [ɑ̃kiste] (1) *vpr* to encyst.

enlacement [ɑ̃lɑsmɑ̃] *nm* (*étreinte*) embrace; (*enchevêtrement*) intertwining, interlacing.

enlacer [ɑ̃lɑse] (3) 1 *vt* (a) (*étreindre*) to embrace, clasp, hug. le danseur enlaça sa cavalière the dancer put his arm round his partner's waist.

(b) (*enchevêtrer*) *fils* to intertwine, interlace.

(c) (*entourer*) [*lianes*] to wind round, enlace, entwine.

2 s'enlacer *vpr* (a) [*amants*] to embrace, hug each other; [*lutteurs, guerriers*] to take hold of each other, clasp each other. amoureux enlacés lovers clasped in each other's arms *ou* clasped in a fond embrace.

(b) (*s'entrecroiser*) to intertwine, interlace. fils inextricablement enlacés hopelessly tangled *ou* intertwined threads; des petites rues qui s'enlacent side streets which twine *ou* wind in and out of each other.

(c) *[lianes]* s'~ **autour de** to twine round, wind round.
enlaidir [ɑ̃lediʀ] (2) **1** *vt* to make ugly. **cette coiffure l'enlaidit** that hair style makes her look very plain *ou* rather ugly. **2** *vi [personne]* to become ugly.
enlaidissement [ɑ̃ledismɑ̃] *nm:* **l'~ du paysage par les usines** the ruining *ou* defacing of the countryside by factories.
enlevé, e [ɑ̃lve] (*ptp de* **enlever**) *adj récit* spirited; *morceau de musique* executed with spirit *ou* brio.
enlèvement [ɑ̃levmɑ̃] *nm* **(a)** *[personne]* kidnapping, abduction. **~ de bébé** babysnatching; **l'~ des Sabines** the Rape of the Sabine Women.
(b) *[meuble, objet]* removal, taking *ou* carrying away; *(Méd) [organe]* removal; *[couvercle]* lifting, removal; *[ordures]* collection, clearing (away); *[bagages, marchandises]* collection.
(c) *(Mil) [position]* capture, taking.
enlever [ɑ̃lve] (5) **1** *vt* **(a)** *(gén)* to remove; *couvercle* to remove, lift (off); *meuble* to remove, take away; *étiquette* to remove, take off; *tache* to remove, take out; *(en brossant ou lavant etc)* to brush *ou* wash *etc* out *ou* off; *tapis* to take up, remove; *lustre, tableau* to take down; *peau de fruit* to take off, peel off, remove; *(Méd) organe* to remove, take out. **enlève tes mains de tes poches/de là** take your hands out of your pockets/off there, remove your hands from there; **~ le couvert** to clear the table; **enlève tes coudes de la table** take your elbows off the table.
(b) *vêtements* to take off, remove. **il enleva son chapeau pour dire bonjour** he took his hat off *ou* raised his hat in greeting; **j'enlève ma robe pour mettre quelque chose de plus confortable** I'll just slip out of this dress into something more comfortable, I'll just take off this dress and put on something more comfortable.
(c) **~ à qn** *courage* to rob sb of; *espoir* to deprive sb of, rob sb of; *objet, argent* to take (away) from sb; **on lui a enlevé son commandement** he was relieved of his command; **on lui a enlevé la garde de l'enfant** the child was taken *ou* removed from his care; **ça lui enlèvera peut-être le goût de recommencer** perhaps that'll cure him of trying that again, perhaps that'll make him think twice before he does it again; **ça n'enlève rien à son mérite** that doesn't in any way detract from his worth; **pour vous ~ tout scrupule** in order to allay your scruples, in order to dispel your misgivings.
(d) *(emporter) objet, meuble* to take away, carry away, remove; *ordures* to collect, clear (away). **il a fait ~ ses vieux meubles** he had his old furniture taken away; **il fut enlevé dans les airs** he was borne (up) *ou* lifted (up) into the air; *(frm)* **il a été enlevé par un mal foudroyant** he was borne off by a sudden illness; *(littér)* **la mort nous l'a enlevé** death has snatched *ou* taken him from us.
(e) *(kidnapper)* to kidnap, abduct. **se faire ~ par son amant** to elope with one's lover, be carried off by one's lover; *(hum)* **je vous enlève votre femme pour quelques instants** I'll just steal *ou* borrow your wife for a moment (if I may) *(hum)*.
(f) *(remporter) victoire* to win; *(Mil) position* to capture, take. **il a facilement enlevé la course** he won the race easily, the race was a walkover* for him; **il l'a enlevé de haute lutte** he won it in a worthy fight; **elle enlève tous les suffrages** she wins everyone's sympathies, she wins everyone over; **~ la décision** to carry the day; **~ une affaire** *(tractation)* to pull off a deal; *(commande)* to get *ou* secure an order; *(marchandise)* to carry off *ou* get away with a bargain; **ça a été vite enlevé** *(marchandise)* it sold *ou* went quickly, it was snapped up; (*: *travail)* it was done in no time, it was done in a jiffy*.
(g) *(Mus) morceau, mouvement* to execute with spirit.
(h) *(Sport) cheval* to urge on.
2 s'enlever *vpr* **(a)** *[tache]* to come out, come off; *(en brossant ou lavant etc)* to brush *ou* wash *etc* out *ou* off; *[peinture, peau, écorce]* to peel off, come off. **enlève-toi de là*** get out of the way*, mind out of the way!* *(Brit)*; **comment est-ce que ça s'enlève?** *[étiquette]* how does one remove it *ou* take it off?; *[vêtement]* how does one get out of it *ou* take it off?
(b) *(Comm)* to sell. **ça s'enlève comme des petits pains*** it's selling *ou* going like hot cakes*.
(c) *(Sport: sauter) [cheval]* to take off. **le cheval s'enlève sur l'obstacle** the horse takes off to clear the obstacle.
enlisement [ɑ̃lizmɑ̃] *nm:* **causer l'~ d'un bateau** to cause a ship to get stuck in the mud (*ou* sand *etc*).
enliser [ɑ̃lize] (1) **1** *vt:* **~ sa voiture** to get one's car stuck in the mud *(ou* sand *etc)*.
2 s'enliser *vpr* **(a)** *(dans le sable etc) [personne]* to sink (*dans* into), be sucked down (*dans* into), get stuck (*dans* in); *[bateau, voiture]* to sink (*dans* into), get stuck (*dans* in).
(b) *(fig) (dans les détails)* to get bogged down (*dans* in). **s'~ (dans la monotonie)** to sink into *ou* get bogged down in a monotonous routine.
enluminer [ɑ̃lymine] (1) *vt manuscrit* to illuminate.
enlumineur, -euse [ɑ̃lyminœʀ, øz] *nm,f* illuminator.
enluminure [ɑ̃lyminyʀ] *nf* illumination.
ennéathlon [eneatlɔ̃] *nm* enneathlon.
enneigé, e [ɑ̃neʒe] *adj pente, montagne* snowy, snow-covered; *sommet* snow-capped; *maison* snowbound, snowed up *(attrib)*; *col, route* blocked by snow, snowed up *(attrib)*, snowbound.
enneigement [ɑ̃neʒmɑ̃] *nm* snow coverage. **à cause du faible ~** because of the poor snow coverage; **bulletin d'~** snow report; **les conditions d'~** the snow conditions.
ennemi, e [enmi] **1** *adj (Mil)* enemy *(épith)*; *(hostile)* hostile. **en pays ~** in enemy territory.
2 *nm,f* **(a)** enemy, foe († *ou littér*). **se faire des ~s** to make enemies (for o.s.); **se faire un ~ de qn** to make an enemy of sb; **passer à l'~** to go over to the enemy; **~ public numéro un** public enemy number one.

(b) être ~ de qch *[personne]* to be opposed to sth, be against sth; **être ~ de la poésie/de la musique** to be strongly averse to poetry/music; **la hâte est l'~e de la précision** speed and accuracy don't mix *ou* don't go together; *V* **mieux.**
ennième [ɛnjɛm] *adj* = **nième.**
ennoblir [ɑ̃nɔbliʀ] (2) *vt (moralement)* to ennoble.
ennoblissement [ɑ̃nɔblismɑ̃] *nm (moral)* ennoblement.
ennuager (s') [ɑ̃nɥaʒe] (3) *vpr (littér) [ciel]* to cloud over. **ennuagé** cloudy, clouded.
ennui [ɑ̃nɥi] *nm* **(a)** *(désœuvrement)* boredom; *(littér: spleen)* ennui *(littér)*, world-weariness *(littér)*; *(monotonie)* tedium, tediousness. **écouter avec ~** to listen wearily; **c'est à mourir d'~** it's enough to bore you to tears *ou* death *ou* to bore you stiff.
(b) *(tracas)* trouble, worry, problem. **avoir des ~s** to have problems, be in difficulty; **il a eu des ~s avec la police** he's been in trouble with the police; **avoir des ~s de santé** to be troubled with bad health, have problems with one's health; **avoir des ~s d'argent** to have money worries; **elle a des tas d'~s** she has a great many worries, she has more than her share of troubles; **faire *ou* créer *ou* causer des ~s à qn** to make trouble for sb; **se préparer des ~s** to be looking for *ou* asking for trouble; **ça peut lui attirer des ~s** that could get him into trouble *ou* hot water*; **j'ai eu un ~ avec mon électrophone** I had some trouble *ou* bother with my record-player, something went wrong with my record-player; **si ça vous cause le moindre ~** if it is in any way inconvenient to you; **l'~, c'est que ...** the trouble *ou* the hitch is that ...; **quel ~!** what a nuisance!, bother it!* *(Brit)*.
(c) *(littér, ††: peine)* grief.
ennuyé, e [ɑ̃nɥije] *(ptp de* **ennuyer)** *adj (préoccupé)* worried, bothered *(de* about); *(contrarié)* annoyed, put out *(de* at, about).
ennuyer [ɑ̃nɥije] (8) **1** *vt* **(a)** *(lasser)* to bore, weary (†, *littér)*. **ce spectacle m'a profondément ennuyé** I was thoroughly bored by the show; **cela (vous) ennuie à force** it palls (on you) *ou* it becomes boring in the long run.
(b) *(préoccuper)* to worry; *(importuner)* to bother, put out. **il y a quelque chose qui m'ennuie là-dedans** there's something that worries *ou* bothers me about it; **ça m'ennuierait beaucoup de te voir fâché** I should be really upset to see you cross; **ça m'ennuie de te le dire, mais ...** I'm sorry to have to tell you but ..., I hate to say it but ...; **ça m'ennuierait beaucoup d'y aller** it would really put me out *ou* annoy me to go; **si cela ne vous ennuie pas trop** if it wouldn't put you to any trouble *ou* inconvenience, if you wouldn't mind; **je ne voudrais pas vous ~** I don't want to put you to any trouble *ou* inconvenience, I don't want to bother you *ou* put you out; **ça m'ennuie, ce que tu me demandes de faire** what you're asking me to do is rather awkward *ou* a nuisance.
(c) *(irriter)* **~ qn** to annoy sb, get on sb's nerves; **tu m'ennuies avec tes jérémiades** I'm getting fed up with* *ou* tired of your constant complaints, you're getting on my nerves with your constant complaints.
2 s'ennuyer *vpr* **(a)** *(se morfondre)* to be bored *(de, à* with). **il s'ennuie à faire un travail monotone** he's getting bored doing a humdrum job; **s'~ à mourir** to be bored to tears *ou* to death, be bored stiff; **on ne s'ennuie jamais avec lui** you're never bored when you're with him.
(b) **s'~ de qn** to miss sb.
ennuyeusement [ɑ̃nɥijøzmɑ̃] *adv* boringly, tediously.
ennuyeux, -euse [ɑ̃nɥijø, øz] *adj* **(a)** *(lassant) personne, spectacle, livre* boring, tedious; *travail* boring, tedious, wearisome. *personne, film etc* **~ comme la pluie** dull as ditchwater *(Brit)*, deadly dull.
(b) *(qui importune)* annoying, tiresome; *(préoccupant)* worrying. **ce qui t'arrive est bien ~** this is a very annoying *ou* tiresome thing to happen to you.
énoncé [enɔ̃se] *nm* **(a)** *(termes) (Scol) [sujet]* exposition; *[problème]* terms; *(Jur) [loi]* terms, wording. **(b)** *(Ling)* utterance. **(c)** *[faits, décision]* statement. *(Scol)* **pendant l'~ du sujet** while the subject is being read out.
énoncer [enɔ̃se] (3) *vt idée* to express; *faits, conditions* to state, set out, set forth. *(littér)* **pour m'~ plus clairement†** to express myself more clearly, to put it more clearly; *V* **concevoir.**
énonciatif, -ive [enɔ̃sjatif, iv] *adj (Ling) phrase* enunciative.
énonciation [enɔ̃sjasjɔ̃] *nf [faits]* statement. *(Ling)* **la théorie de l'~** enunciation theory.
enorgueillir [ɑ̃nɔʀɡœjiʀ] (2) **1** *vt* to make proud. **2 s'enorgueillir** *vpr:* **s'~ de** *(être fier de)* to pride o.s. on, boast about; *(avoir)* to boast; **la ville s'enorgueillit de 2 opéras et un théâtre** the town boasts 2 opera houses and a theatre.
énorme [enɔʀm(ə)] *adj* enormous, tremendous, huge, terrific*. *mensonge* **~** enormous *ou* whopping* lie, whopper*; **ça lui a fait un bien ~** it's done him a world *ou* a power* *(Brit)* *ou* a great deal of good; **il a accepté, c'est déjà ~** he has accepted and that's quite something; **c'est un type ~!*** he's a terrific* *ou* a tremendous* *ou* a great* guy!
énormément [enɔʀmemɑ̃] *adv* **(a)** enormously, tremendously, hugely, terrifically*. **ça m'a ~ amusé** I was greatly *ou* hugely amused by it; **ça m'a ~ déçu** it greatly disappointed me, I was tremendously *ou* greatly disappointed by it; **il boit ~** he drinks a tremendous *ou* an enormous *ou* a huge *ou* a terrific* amount.
(b) **~ d'argent/d'eau/de bruit** a tremendous *ou* an enormous *ou* a huge *ou* a terrific* amount of money/water/noise, a great deal of money/water/noise; **~ de gens/de voitures** a tremendous *ou* an enormous *ou* a huge *ou* a terrific* number of people/cars, a great many people/cars.
énormité [enɔʀmite] *nf* **(a)** *(U) [poids, somme]* hugeness; *[demande, injustice]* enormity. **(b)** *(propos inconvenant)* outrageous remark; *(erreur)* big blunder, howler*.
enquérir (s') [ɑ̃keʀiʀ] (21) *vpr* to inquire, ask *(de* about). **s'~ (de la**

santé) de qn to ask ou inquire after sb ou after sb's health; **je m'en suis enquis auprès de lui/à la mairie** I enquired of him/at the town hall about it.

enquête [ãkɛt] *nf* (*gén, Jur*) inquiry; (*après un décès*) inquest; (*Police*) investigation; (*Comm, Sociol: sondage*) survey, (opinion) poll. (*Jur*) **ouvrir une ~** to set up *ou* open an inquiry; **faire une ~** (*Police*) to make an investigation, make investigations, investigate; (*Comm, Sociol*) to do *ou* conduct a survey (*sur* on); (*Police*) **mener** *ou* **conduire une ~** to be in charge of *ou* lead an investigation; **~ administrative** public inquiry (*into planning proposals etc*); **~ parlementaire** parliamentary inquiry (*by parliamentary committee*); **~ statistique** statistical survey; **faire une ~-reportage sur** to do a (newspaper) report on; (*Presse*) **'notre grande ~: les jeunes et la drogue'** 'our big investigation *ou* survey: youth and drugs'.

enquêter [ãkete] (1) *vi* (*Jur*) to hold an inquiry (*sur* on); (*Police*) to investigate; (*Comm, Sociol*) to conduct a survey (*sur* on). **ils vont ~ sur l'origine de ces fonds** they'll investigate the origin of these funds *ou* carry out an investigation into the origin of these funds.

enquêteur [ãkɛtœʀ] *nm* **(a)** (*Police*) officer in charge of *ou* (who is) leading the investigation. **les ~s poursuivent leurs recherches** the police are continuing their investigations; **les ~s sont aidés par la population du village** the police are being helped in their investigations by the people of the village; **un des ~s a été abattu** one of the officers involved in the investigation was shot dead.
(b) (*Comm, Sociol etc*) investigator; (*pour sondages*) pollster. **des ~s sont venus à la porte poser toutes sortes de questions sur l'emploi de nos loisirs** some people doing *ou* conducting a survey came to the door asking all sorts of questions about what we do in our spare time; **il travaille comme ~ pour un institut de sondages** he works as an investigator *ou* interviewer for a poll organization, he does *ou* conducts surveys for a poll organization.

enquêteuse [ãkɛtøz] *nf* (*Police etc*) officer in charge of *ou* leading an investigation; (*Sociol etc*) V **enquêtrice**.

enquêtrice [ãkɛtʀis] *nf* (*Comm, Sociol etc*) investigator; (*pour sondages*) pollster; V *aussi* **enquêteur**.

enquiquinant, e* [ãkikinã, ãt] *adj* (*qui importune*) annoying, irritating; (*préoccupant*) worrying; (*lassant*) boring.

enquiquinement* [ãkikinmã] *nm*: **quel ~!** what a flipping (*Brit*) *ou* darned nuisance!*; **j'ai eu tellement d'~s avec cette voiture** that car gave me so much flipping (*Brit*) *ou* darned trouble*, I had so many flipping (*Brit*) *ou* darned problems with that car*.

enquiquiner* [ãkikine] (1) **1** *vt* (*importuner*) to annoy, irritate, bother; (*préoccuper*) to bother, worry; (*lasser*) to bore. **s'~ à faire** to go to a heck of a lot of trouble to do*, put o.s. out to do.
2 s'enquiquiner *vpr* (*se morfondre*) to be fed up*, be bored. **s'~ à faire** to go to a heck of a lot of trouble to do*, put o.s. out to do.

enquiquineur, -euse* [ãkikinœʀ, øz] *nm,f* pest*, darned nuisance*. **c'est un ~** he's a pest* *ou* a darned nuisance*, he's a pain in the neck*.

enracinement [ãʀasinmã] *nm* (V **enraciner, s'enraciner**) implanting, entrenchment; taking root; settling.

enraciner [ãʀasine] (1) **1** *vt idée* to implant, entrench, root; *arbre* to root. **solidement enraciné** *préjugé* deep-rooted, firmly *ou* deeply entrenched, deeply implanted; *famille* firmly rooted *ou* fixed; *bavard* firmly entrenched; *arbre* strongly rooted.
2 s'enraciner *vpr* [*arbre, préjugé*] to take root; [*bavard*] to settle o.s. down; [*immigrant*] to put down roots, settle.

enragé, e [ãʀaʒe] (*ptp de* **enrager**) *adj* **(a)** (*: passionné*) *chasseur, joueur* keen. **être ~ de** to be mad keen on* (*Brit*), be mad* *ou* crazy about*; **c'est un ~ de la voiture** he's mad keen on cars* (*Brit*), he's mad* *ou* crazy about cars*, he's a car fanatic.
(b) (*en colère*) furious. **les ~s de mai 68** the rebels of May '68.
(c) (*Vét*) rabid; V **vache**.

enrager [ãʀaʒe] (3) *vi* **(a)** **faire ~ qn*** (*taquiner*) to tease sb; (*importuner*) to pester sb.
(b) (*frm*) to be furious, be in a rage. **j'enrage d'avoir fait cette erreur** I'm furious at having made this mistake; **il enrageait dans son coin** he was fretting and fuming; **être/sembler enragé** to be/look furious.

enrayage [ãʀɛjaʒ] *nm* [*machine, arme*] jamming.

enrayer [ãʀeje] (8) **1** *vt maladie, évolution* to check, stop; *chômage, inflation* to check, curb; *machine, arme* to jam. **2 s'enrayer** *vpr* [*machine, arme*] to jam.

enrégimenter [ãʀeʒimãte] (1) *vt* **(a)** (*péj: dans un parti*) to enlist, enrol, **se laisser ~ dans** *parti* to let o.s. be dragooned into. **(b)** (*Mil*†) to enlist.

enregistrable [ãʀʒistʀabl(ə)] *adj* recordable.

enregistrement [ãʀʒistʀəmã] *nm* **(a)** [*fait, son, souvenir*] recording.
(b) (*disque, bande*) recording. **~ magnétique** tape recording; **~ magnétoscopique** video recording.
(c) (*Jur*) [*acte*] registration. **l'E~** the Registration Department (*for legal transactions*); **droits** *ou* **frais d'~** registration fees.
(d) **~ des bagages** registration of luggage.

enregistrer [ãʀʒistʀe] (1) *vt souvenir, voix, musique* to record; (*sur bande*) to tape(-record); (*sur magnétoscope*) to video(-tape); (*Jur*) *acte, demande, réclamation* to register; (*Comm*) *commande* to enter, record; *constatation* to note. **d'accord, j'enregistre*** *ou* **c'est enregistré*** all right, I'll make *ou* I've made a mental note of it, all right, I'll bear it in mind; **cet enfant enregistre tout ce qu'on dit** this child takes in *ou* retains everything one says; (**faire**) **~ ses bagages** to register one's luggage; (*Télec*) **vous écoutez un message enregistré** this is a recorded message; **nous avons enregistré de bonnes ventes** we've rung up good sales; **la plus forte hausse/température enregistrée** the greatest rise/highest temperature recorded.

enregistreur, -euse [ãʀʒistʀœʀ, øz] **1** *adj appareil* recording. **2** *nm* [*température etc*] recorder, recording machine *ou* device.

enrhumer [ãʀyme] (1) *vt* **1** to give a cold to. **être enrhumé** to have a cold. **2 s'enrhumer** *vpr* to catch a cold.

enrichi, e [ãʀiʃi] (*ptp de* **enrichir**) *adj* **(a)** (*péj*) nouveau riche. **(b)** *pain* enriched; *lessive* improved (*de* with). **shampooing formule ~e** enriched formula shampoo; V **uranium**.

enrichir [ãʀiʃiʀ] (2) **1** *vt œuvre, esprit, langue, collection* to enrich; [*argent*] to make rich.
2 s'enrichir *vpr* [*commerçant*] to get *ou* grow rich; [*esprit*] to grow richer (*de* in); [*collection*] to be enriched (*de* with). **leur collection s'enrichit d'année en année** their collection is becoming richer from year to year.

enrichissant, e [ãʀiʃisã, ãt] *adj* enriching.

enrichissement [ãʀiʃismã] *nm* enrichment (*U*).

enrobage [ãʀɔbaʒ] *nm*, **enrobement** [ãʀɔbmã] *nm* coating.

enrober [ãʀɔbe] (1) *vt bonbon* to coat (*de* with); *paroles* to wrap up (*de* in).

enrochement [ãʀɔʃmã] *nm* rocks (*protecting a jetty etc*).

enrôlé [ãʀole] *nm* recruit.

enrôlement [ãʀolmã] *nm* (V **enrôler**) enlistment; signing on; enrolment.

enrôler *vt*, **s'enrôler** *vpr* [ãʀole] (1) (*Mil*) to enlist, sign on, enrol; (*dans un parti*) to enrol, sign on.

enroué, e [ãʀwe] (*ptp de* **enrouer**) *adj*: **être ~** to be hoarse, have a hoarse *ou* husky voice; **j'ai la voix ~e** my voice is hoarse *ou* husky.

enrouement [ãʀumã] *nm* hoarseness, huskiness.

enrouer [ãʀwe] (1) **1** *vt* [*froid, cris*] to make hoarse. **2 s'enrouer** *vpr* (*par le froid etc*) to go hoarse *ou* husky; (*en criant*) to make o.s. hoarse. **s'~ à force de chanter** to sing o.s. hoarse.

enroulement [ãʀulmã] *nm* **(a)** (*U:* V **enrouler**) rolling-up; coiling-up; winding(-up). **(b)** (*Archit, Art*) volute, scroll, whorl; (*Élec*) coil.

enrouler [ãʀule] (1) **1** *vt tapis* to roll up; *cheveux* to coil up; *corde, ruban* to wind up, coil up, roll up; *fil* to wind (*sur, autour de* round); *bobine* to wind. **~ une feuille autour de/dans** to roll a sheet of paper round/in.
2 s'enrouler *vpr* [*serpent*] to coil up; [*film, fil*] to wind. **s'~ dans une couverture** to wrap *ou* roll o.s. up in a blanket.

enrouleur, -euse [ãʀulœʀ, øz] **1** *adj mécanisme, cylindre* winding. **2** *nm* [*tuyau d'arrosage*] drum; V **ceinture**.

enrubanner [ãʀybane] (1) *vt* to decorate *ou* trim with ribbon(s) *ou* a ribbon; (*en attachant*) to tie up *ou* do up with (a) ribbon.

ENS [əɛnɛs] *nf abrév de* **École normale supérieure** *et de* **École nationale supérieure**; V **école**.

ensablement [ãsabləmã] *nm* **(a)** (V **ensabler**) silting-up; choking *ou* blocking (with sand); stranding; sinking into the sand. **(b)** (*tas de sable*) (*formé par le vent*) (sand) dune; (*formé par l'eau*) sandbank.

ensabler [ãsable] (1) **1** *vt port* to silt up, sand up; *tuyau* to choke *ou* block with sand; *bateau* to strand (on a sandbank); *voiture* to get stuck in the sand.
2 s'ensabler *vpr* [*port*] to silt up; [*bateau, voiture*] to get stuck in the sand. **je m'étais ensablé jusqu'aux essieux** my car had sunk in the sand up to the axles.

ensachage [ãsaʃaʒ] *nm* bagging, packing (into bags).

ensacher [ãsaʃe] (1) *vt* to bag, pack (into bags).

ensanglanter [ãsãglãte] (1) *vt visage* to cover with blood; *vêtement* to soak with blood. **manche ensanglantée** blood-soaked sleeve; **~ un pays** to bathe a country in blood; **l'accident qui a ensanglanté la course** the accident which cast a tragic shadow over the race; **l'attentat qui a ensanglanté la visite du président** the terrorist attack which brought a note of bloodshed to the president's visit.

enseignant, e [ãsɛɲã, ãt] **1** *adj* teaching; V **corps**. **2** *nm, f* teacher. **~-chercheur** teacher-cum-researcher; **poste d'~** teaching position *ou* post *ou* job.

enseigne [ãsɛɲ] **1** *nf* **(a)** (*Comm*) (shop) sign. **~ lumineuse** neon sign; (*restaurant*) **à l'~ du Lion Noir** the Black Lion (restaurant); **loger à l'~ du Lion Noir**†† to put up at (the sign of) the Black Lion††; (*fig*) **être logés à la même ~** to be in the same boat.
(b) (*Mil, Naut*) ensign. (**défiler**) **~s déployées** (to march) with colours flying.
(c) (*littér*) **à telle(s) ~(s) que** so much so that.
2 *nm* **(a)** (*Hist*) ensign.
(b) **~ de vaisseau** (*de 1ère classe*) lieutenant; (*de 2e classe*) sub-lieutenant (*Brit*), ensign (*US*).

enseignement [ãsɛɲmã] *nm* **(a)** (*Admin*) education. **~ général** general education; **~ libre** denominational education; **~ ménager** home economics (*sg*); **~ mixte** coeducation; **~ par correspondance** postal tuition; **~ primaire** *ou* **du premier degré** primary education; **~ secondaire** *ou* **du second degré/supérieur** *ou* **universitaire** secondary/higher *ou* university education; **~ privé/public** private/state education; **~ professionnel** professional *ou* vocational training; **~ programmé** programmed learning; **~ technique** technical education, industrial arts (*US*); **~ spécialisé** special education *ou* schooling; **~ court/long** full-time education to the age of 16/18; **on l'a orienté vers l'~ court/long** he was advised to leave school at 16/to stay on at school until he was 18; **~ assisté par ordinateur** computer-assisted learning; **établissement d'~** educational establishment; **l'~ en France** (the system of) education in France.
(b) (*art d'enseigner*) teaching. **~ moderne** modern (methods of) teaching.
(c) (*carrière*) teaching profession. **être dans l'~** to be a teacher, be a member of the teaching profession.
(d) (*leçon donnée par l'expérience*) teaching, lesson. **on peut en tirer plusieurs ~s** it has taught us several things, we can draw many lessons from it; **les ~s du Christ** the teachings of Christ.

enseigner [ɑ̃seɲe] (1) *vt* to teach. ~ qch à qn to teach sb sth; ~ à qn à faire qch to teach sb (how) to do sth.

ensemble [ɑ̃sɑ̃bl(ə)] **1** *adv* **(a)** (*l'un avec l'autre*) together. ils sont partis ~ they left together; tous ~ all together.
(b) (*simultanément*) (*deux personnes*) together, both at once; (*plusieurs*) together, at the same time. ils ont répondu ~ (*deux*) they both answered together ou at once; (*plusieurs*) they all answered together ou at the same time, they answered all together.
(c) (*littér: à la fois*) tout ~ (*deux*) both, at once; (*plus de deux*) at (one and) the same time; il était tout ~ triste et joyeux he was both ou at once sad and happy.
(d) aller ~ (*être assorti*): les deux serre-livres vont ~ the two book ends are sold together; ces deux idées vont ~ these two ideas go together ou go hand in hand; je trouve qu'ils vont bien ~ I think they make a good couple ou that they go together well; ces crapules vont bien ~ (*deux*) they make a pretty ou fine pair (of rascals); (*plus de deux*) they make a fine bunch of rascals; l'armoire et la table ne vont pas (bien) ~ ou vont mal ~ the wardrobe and the table don't go (very well) together, the wardrobe doesn't go (very well) with the table.
(e) (*personnes*) être bien ~ to be on good terms, get on well (together), hit it off*; ils sont mal ~ they don't get on (well) (together), they don't hit it off*.
2 *nm* **(a)** (*unité*) unity. œuvre qui manque d'~ work which lacks unity; avec ~, avec un parfait ~ simultaneously, as one man, with one accord; ils répondirent avec un ~ touchant they answered with a touching unanimity.
(b) (*totalité*) whole. former un ~ harmonieux to form a harmonious whole; l'~ du personnel the entire ou whole staff; on reconnaît cette substance à l'~ de ses propriétés you can identify this substance from all its various properties; dans l'~ on the whole, in the main, by and large; dans l'~ nous sommes d'accord basically we agree; les spectateurs dans leur ~ the audience as a whole; examiner la question dans son ~ to examine the question in its entirety ou as a whole.
(c) d'~ *vue, étude* overall, comprehensive, general; *impression* overall, general; mouvement d'~ ensemble movement.
(d) (*groupement*) [*personnes*] set, group, body; [*objets, poèmes*] set, collection; [*faits*] set, series; [*meubles*] suite; [*lois*] body, corpus; (*Mus*) ensemble.
(e) (*zone résidentielle*) (housing) scheme ou development (*Brit*), housing project (*US*); V grand.
(f) (*Math*) set. ~ vide empty set; théorie des ~s set theory.
(g) (*Couture*) ensemble, outfit, suit. ~ de ville town suit; ~ de voyage travelling outfit; ~ de plage beach ensemble ou outfit.
(h) (*Aut*) ~ chemise-pistons cylinder block.

ensemblier [ɑ̃sɑ̃blije] *nm* (*décorateur*) interior designer; (*Ciné*) set designer.

ensemencement [ɑ̃səmɑ̃smɑ̃] *nm* sowing.

ensemencer [ɑ̃səmɑ̃se] (3) *vt* (*Agr*) to sow; (*Bio*) to culture.

enserrer [ɑ̃sere] (1) *vt* [*vêtement*] to hug tightly. son col lui enserre le cou his collar is too tight; il l'enserre dans ses bras he holds ou clasps her in his arms; vallée enserrée par des montagnes valley shut in ou hemmed in by mountains.

ensevelir [ɑ̃səvliʀ] (2) *vt* (*frm: enterrer*) to bury; (*d'un linceul*) to shroud (*de* in); (*fig*) *peine, honte* to hide, bury; [*avalanche, décombres*] to bury. enseveli sous la neige/la lave buried beneath the snow/lava; il est allé s'~ dans sa province he has gone to hide himself away ou to bury himself in his native country; la nuit l'a enseveli he was swallowed up in the darkness.

ensevelissement [ɑ̃səvlismɑ̃] *nm* (*dans la terre, sous une avalanche*) burying; (*dans un linceul*) shrouding.

ENSI [ɛnsi] *nf abrév de* École nationale supérieure d'ingénieurs; V école.

ensilage [ɑ̃silaʒ] *nm* ensilage.

ensiler [ɑ̃sile] (1) *vt* to ensilage, ensile.

en-soi [ɑ̃swa] *nm* (*Philos*) en-soi.

ensoleillé, e [ɑ̃soleje] (*ptp de* ensoleiller) *adj* sunny.

ensoleillement [ɑ̃solejmɑ̃] *nm* (*durée*) period ou hours of sunshine. la région reçoit un ~ de 10 heures par jour the region gets 10 hours of sunshine per day; l'~ est meilleur sur le versant est de la montagne there is more sun(shine) on the eastern side of the mountain, the eastern side of the mountain gets more sun(shine).

ensoleiller [ɑ̃soleje] (1) *vt* (*lit*) to fill with ou bathe in sunshine ou sunlight; (*fig*) to brighten, light up.

ensommeillé, e [ɑ̃sɔmeje] *adj* sleepy, drowsy. il a les yeux ~s he is heavy-eyed with sleep, he is drowsy- ou sleepy-eyed, his eyes are (still) heavy with sleep.

ensorceler [ɑ̃sɔʀsəle] (4) *vt* (*lit, fig*) to bewitch, put ou cast a spell on ou over.

ensorceleur, -euse [ɑ̃sɔʀsəlœʀ, øz] **1** *adj* bewitching, spellbinding. **2** *nm* (*lit*) sorcerer, enchanter; (*fig*) charmer. **3 ensorceleuse** *nf* (*lit*) witch, enchantress, sorceress; (*fig*) (*femme*) enchantress; (*hum: enfant*) charmer.

ensorcellement [ɑ̃sɔʀsɛlmɑ̃] *nm* (*action*) bewitching, bewitchment; (*charme*) charm, enchantment.

ensuite [ɑ̃sɥit] *adv* (*puis*) then, next; (*par la suite*) afterwards, later. il nous dit ~ que then ou next he said that; d'accord mais ~? all right but what now? ou what next? ou then what?; il se mit à crier, ~ de quoi il claqua la porte he started shouting, after which ou after that he slammed the door; je le reçois d'abord et je vous verrai ~ I'll meet him first and I'll see you after ou afterwards.

ensuivre (s') [ɑ̃sɥivʀ(ə)] (40) *vpr* to follow, ensue. il s'ensuit que it follows that; et tout ce qui s'ensuit and all that goes with it; torturé jusqu'à ce que mort s'ensuive tortured to death.

entablement [ɑ̃tabləmɑ̃] *nm* entablature.

entacher [ɑ̃taʃe] (1) *vt* *honneur* to soil, sully, taint; *joie* to taint, blemish. (*Jur*) entaché de nullité null and void; entaché d'erreurs spoilt ou marred by mistakes.

entaille [ɑ̃taj] *nf* **(a)** (*sur le corps*) (*gén*) cut; (*profonde*) gash; (*petite*) nick. se faire une ~ to cut o.s. **(b)** (*sur un objet*) notch; (*allongée*) groove; (*dans une falaise*) gash.

entailler [ɑ̃taje] (1) *vt* (*V* entaille) to cut; to gash; to nick; to notch. s'~ la main to cut ou gash one's hand.

entame [ɑ̃tam] *nf* first slice.

entamer [ɑ̃tame] (1) *vt* **(a)** *pain, jambon* to start (upon); *tonneau* to broach, tap; *bouteille, boîte, sac* to start, open; *tissu* to cut into; *patrimoine* to make a hole in, dip into.
(b) (*inciser*) *chair, tissu* to cut (into); *métal* to cut ou bite into.
(c) (*amorcer*) *journée, livre* to start; *travail* to start on; *négociations, discussion* to start, open; *poursuites* to institute, initiate. la journée est déjà bien entamée we are already well into the day, the day is already quite far advanced.
(d) (*ébranler*) *résistance* to wear down, break down; *conviction* to shake, weaken; *optimisme, moral* to wear down.
(e) (*porter atteinte à*) *réputation, honneur* to damage, harm, cast a slur on.
(f) (*Cartes: commencer*) ~ la partie to open the game; c'est à toi d'~ it's you to open.

entartrage [ɑ̃taʀtʀaʒ] *nm* (*V* entartrer) furring-up (*Brit*); scaling.

entartrer [ɑ̃taʀtʀe] (1) **1** *vt* *chaudière, tuyau* to fur up (*Brit*), scale; *dents* to scale. **2 s'entartrer** *vpr* to fur up (*Brit*), to scale.

entassement [ɑ̃tɑsmɑ̃] *nm* **(a)** (*action*) [*objets*] piling up, heaping up; [*personnes*] cramming in, packing together. **(b)** (*tas*) pile, heap.

entasser [ɑ̃tɑse] (1) **1** *vt* **(a)** (*amonceler*) *objets, arguments* to pile up, heap up (*sur* onto); *argent* to hoard, amass.
(b) (*tasser*) ~ des objets/personnes dans to cram ou pack objects/people into; entassons-les là let's cram ou pack them in there.
2 s'entasser *vpr* (*s'amonceler*) [*déchets, erreurs*] to pile up. s'~ dans [*voyageurs*] to cram ou pack into; ils s'entassent à 10 dans cette pièce there are 10 of them crammed ou packed into that room.

ente [ɑ̃t] *nf* (*Agr*) graft.

entendement [ɑ̃tɑ̃dmɑ̃] *nm* (*Philos*) understanding. cela dépasse l'~ that's beyond all understanding ou comprehension; perdre l'~ to lose one's reason.

entendeur [ɑ̃tɑ̃dœʀ] *nm*: à bon ~, salut a word to the wise is enough.

entendre [ɑ̃tɑ̃dʀ(ə)] (41) **1** *vt* **(a)** *voix etc* to hear. il entendit du bruit he heard a noise; il entendit parler qn he heard sb speak (-ing); j'entendais quelqu'un parler ou parler quelqu'un, j'entendais qu'on parlait I heard ou could hear somebody speaking; il entend mal de l'oreille droite he can't hear very well with his right ear; (*fig*) il ne l'entend pas de cette oreille he's not prepared to accept that; qu'est-ce que j'entends? what did you say?, am I hearing right?; tu vas être sage, tu entends! you're to be good, do you hear (me)!; ce qu'il faut ~ tout de même!* really — the things you hear! ou the things people say!
(b) (*écouter*) to hear, listen to. le patron a entendu les syndicats pendant une heure the boss listened to ou heard the unions for an hour; j'ai entendu son discours jusqu'au bout I listened right to the end of his speech; à l'~ c'est lui qui a tout fait to hear him talk ou to listen to him you'd think he had done everything; il ne veut rien ~ he doesn't want to hear ou know about it, he just won't listen; (*Jur*) ~ les témoins to hear the witnesses; (*Rel*) ~ la messe to hear ou attend mass; ~ raison to listen to ou see reason; comment lui faire ~ raison? how do we make him see sense? ou reason?
(c) (*frm: comprendre*) to understand. oui, j'entends bien, mais ... yes, I fully ou quite understand but ...; je vous entends I see what you mean, now I understand (you); en peinture, il n'y entend strictement rien he doesn't know the first thing ou he hasn't the first idea about painting; il n'entend pas la plaisanterie he can't take a joke, he doesn't know how to take a joke; laisser ~ à qn que, donner à ~ à qn que (*faire comprendre à qn que*) to give sb to understand that; (*donner l'impression que*) to let it be understood that, give sb the impression that; V pire.
(d) (*frm: avec infin: vouloir*) to intend, mean. j'entends bien y aller I certainly intend ou mean to go (there); faites comme vous l'entendez do as you see fit ou you think best; j'entends être obéi ou qu'on m'obéisse I intend ou mean to be obeyed, I WILL be obeyed; j'entends n'être pas commandé, je n'entends pas être commandé I will not take orders from anyone, I will not be ordered about.
(e) (*vouloir dire*) to mean. qu'entendez-vous par là? what do you mean by that?; entendez-vous par là que ...? are you trying to say that ...?, do you mean that ...?; V malice.
(f) (*loc*) ~ parler de to hear of ou about; j'en ai vaguement entendu parler I did vaguely hear something about ou of it; on n'entend plus parler de lui you don't hear anything of him these days, you never hear of him any more; (*fig*) il ne veut pas en ~ parler he won't hear of it; ~ dire que to hear it said that; d'après ce que j'ai entendu dire from what I have heard, by all accounts; on entend dire que it is said ou rumoured that, rumour has it that; on entend dire des choses étranges there are strange rumours going about; je l'ai entendu dire que I heard him say that; elle fit ~ sa voix mélodieuse, sa voix mélodieuse se fit ~ her sweet voice was heard; il a pu faire ~ sa voix dans le débat, sa voix a pu se faire ~ dans le débat he was able to make himself heard in the debate; on entendrait voler une mouche you could hear a pin drop.

2 s'entendre *vpr* **(a)** (*être d'accord*) to agree; (*s'accorder*) to get on. **ils se sont entendus sur plusieurs points** they have agreed on several points; **ces collègues ne s'entendent pas** these colleagues don't get on (*Brit*) *ou* along (together *ou* with each other); **s'~ comme larrons en foire** to be as thick as thieves; **ils s'entendent à merveille** they get on (*Brit*) *ou* along extremely well (together *ou* with each other), they get on like a house on fire (*Brit*).

(b) (*s'y connaître*) **il s'y entend pour le faire** he's very good at it, he knows how to do it, he knows all about it; **il s'y entend!** he knows what he's doing!, he knows his onions!* (*Brit*) *ou* stuff!*

(c) (*se comprendre*) **quand je dis magnifique, je m'entends, disons que c'est très joli** when I say it's magnificent, what I'm really saying *ou* what I really mean *ou* what I mean to say is that it's very attractive; **il le fera, moyennant finances, (cela) s'entend** he will do it, for a fee it's understood *ou* of course *ou* naturally; **entendons-nous bien!** let's be quite clear about *ou* on this, let's make quite sure we understand one another; **ça peut s'~ différemment suivant les contextes** that can be taken to mean different things depending on the context.

(d) (*être entendu*) **on ne s'entend plus ici** you can't hear yourself think in here; **le bruit s'entendait depuis la route** the noise could be heard *ou* was audible from the road; **tu ne t'entends pas!, tu n'entends pas ce que tu racontes!** you don't know what you are saying!; (*fig*) **cette expression ne s'entend plus guère** that phrase is hardly ever used *ou* heard nowadays, you hardly ever hear that phrase nowadays; **je me suis entendu à la radio** I heard myself on the radio.

entendu, e [ãtãdy] (*ptp de* **entendre**) *adj* **(a)** (*convenu*) agreed. **étant ~ que** it being understood *ou* agreed that, since; **il est bien ~ que vous n'en dites rien** of course it's understood *ou* it must be understood that you make no mention of it; **c'est (bien) ~, n'est-ce pas?** that's (all) agreed, isn't it?; **(c'est) ~!** right!, agreed!, right-oh!* (*Brit*).

(b) (*évidemment*) **bien ~!** of course!; **bien ~ ou comme de bien ~*** tu dormais! as I might have known *ou* expected (you to be), you were asleep!

(c) (*concessif*) all right, granted, so we all agree. **c'est ~ ou c'est une affaire ~e**, il t'a poussé all right, so he pushed you.

(d) (*complice*) **sourire, air** knowing. **oui, fit-il d'un air ~** yes, he said with a knowing look *ou* knowingly.

(e) (††: *habile*) competent.

entente [ãtãt] *nf* **(a)** (*amitié*) harmony, understanding; (*alliance*) understanding. **politique d'~ avec un pays** policy of friendship with a country; **l'E~ cordiale** the Entente Cordiale; **l'E~ ou la Triple E~** the Triple Alliance; **vivre en bonne ~** to live in harmony *ou* harmoniously; **vivre en bonne ~ avec les voisins** to be on good terms with the neighbours.

(b) (*accord*) agreement, understanding; (*Écon: cartel*) combine. **~s illicites** illegal agreements *ou* arrangements; (*Jur, Fin*) **~ entre enchérisseurs** knock-out agreement.

(c) (*rare: connaissance*) grasp, understanding; (*habileté*) skill; V **double**.

enter [ãte] (1) *vt* (*Agr*) to graft.

entérinement [ãteʀinmã] *nm* ratification, confirmation.

entériner [ãteʀine] (1) *vt* to ratify, confirm.

entérite [ãteʀit] *nf* enteritis.

enterrement [ãtɛʀmã] *nm* **(a)** (*action*) [*mort*] burial; [*projet*] laying aside, forgetting about; [*espoir*] end, death.

(b) (*cérémonie*) funeral, burial (service); (*convoi*) funeral procession. **faire ou avoir une tête ou mine d'~*** to look down in the mouth*, look gloomy *ou* glum.

enterrer [ãteʀe] (1) *vt* **(a)** (*inhumer*) to bury, inter (*frm*). **hier il a enterré sa mère** yesterday he attended his mother's burial *ou* funeral; **on l'enterre ce matin** he is being buried this morning; **tu nous enterreras tous!** you'll outlive us all!; (*fig*) **s'~ dans un trou perdu** to bury o.s. in the back of beyond (*Brit*) *ou* in the sticks.

(b) (*enfouir*) **os, trésor** to bury; *plante* to plant.

(c) (*oublier*) **projet** to lay aside, forget about; *scandale* to hush up; *espoir* to forget about. **enterrons cette querelle** (let's) let bygones be bygones; **c'est une querelle enterrée depuis longtemps** that quarrel has long since been buried and forgotten (about) *ou* dead and buried; **~ son passé** to put one's past behind one; **~ sa vie de garçon** to have *ou* throw a stag party (before one's wedding).

entêtant, e [ãtɛtã, ãt] *adj* **vin, parfum** heady (*épith*), which goes to the head.

en-tête, *pl* **en-têtes** [ãtɛt] *nm* heading; (*Ordin*) header-block. **papier à lettres à ~** headed notepaper.

entêté, e [ãtete] (*ptp de* **entêter**) **1** *adj* stubborn, pigheaded*. **2** *nm,f* mule, stubborn individual. **quel ~ tu fais!** what a stubborn thing you are!

entêtement [ãtɛtmã] *nm* stubbornness, pigheadedness*.

entêter [ãtete] (1) **1** *vt* [*vin, parfum*] to go to the head of. **ce parfum entête** this perfume goes to your head. **2 s'entêter** *vpr* to persist (*dans qch* in sth, *à faire qch* in doing sth).

enthousiasmant, e [ãtuzjasmã, ãt] *adj* **spectacle, livre, idée** exciting, exhilarating.

enthousiasme [ãtuzjasm(ə)] *nm* enthusiasm. **avec ~** enthusiastically, with enthusiasm; **avoir des ~s soudains** to have sudden fits of enthusiasm *ou* sudden crazes.

enthousiasmer [ãtuzjasme] (1) **1** *vt* to fill with enthusiasm.

2 s'enthousiasmer *vpr* to be enthusiastic (*pour* about, over). **il s'enthousiasma tout de suite pour ...** he was immediately enthusiastic about *ou* over ..., he enthused straight away over ...; **c'est quelqu'un qui s'enthousiasme facilement** he's easily carried away (*pour* by).

enthousiaste [ãtuzjast(ə)] **1** *adj* enthusiastic (*de* about, over). **2** *nmf* enthusiast.

entichement [ãtiʃmã] *nm* (*pour une femme*) infatuation (*pour, de* for, with); (*pour une activité, théorie*) passion, craze (*de, pour* for).

enticher (s') [ãtiʃe] (1) *vpr* (*frm, péj*) **s'~ de femme** to become besotted (*Brit*) *ou* infatuated with; *activité, théorie* to get completely hooked·on; **il est entiché de vieux livres** he has a passion for old books.

entier, -ière [ãtje, jɛʀ] **1** *adj* **(a)** (*dans sa totalité*) **quantité, prix** whole, full; **surface, endroit, année** whole, entire. **boire une bouteille ~ière** to drink a whole *ou* full bottle; **payer place ~ière** (*Théât*) to pay the full price; (*Rail*) to pay the full fare *ou* price; **une heure ~ière** a whole hour; **des heures ~ières** for hours (on end *ou* together); **dans le monde ~** in the whole *ou* entire world, in the whole of the world, throughout the world; **dans la France ~ière** throughout France, in the whole of France; V **nombre**.

(b) **tout ~** entirely, completely; **se donner tout ~ à une tâche** to devote o.s. wholeheartedly *ou* entirely *ou* wholly to a task; **il était tout ~ à son travail** he was completely wrapped up in *ou* engrossed in his work.

(c) (*intact*) **objet, vertu** intact; (*Vét: non châtré*) entire. **aucune assiette n'était ~ière** there wasn't one unbroken plate; **la question reste ~ière** the question still remains unresolved.

(d) (*absolu*) **liberté, confiance** absolute, complete. **mon accord plein et ~** my full *ou* entire (and) wholehearted agreement; **donner ~ière satisfaction** to give complete satisfaction.

(e) (*sans demi-mesure*) **personne, caractère** unyielding, unbending; *opinion* strong, positive.

(f) (*Culin*) **pain ~** wholemeal (*Brit*) *ou* wholewheat bread; **lait ~** full-cream milk (*Brit*), whole milk (*US*).

2 *nm* **(a)** (*Math*) whole, integer; (*Ordin*) integer. **deux demis font un ~** two halves make a whole.

(b) **en ~** totally, in its entirety; **occupé en ~ par des bureaux** totally occupied by offices, occupied in its entirety by offices; **boire une bouteille en ~** to drink a whole *ou* an entire bottle; **lire/voir qch en ~** to read/see the whole of sth, read/watch sth right through; **la nation dans son ~** the nation as a whole, the entire nation.

entièrement [ãtjɛʀmã] *adv* entirely, completely, wholly. **je suis ~ d'accord avec vous** I fully *ou* entirely agree with you; **la ville a été ~ détruite** the town was wholly *ou* entirely destroyed.

entièreté [ãtjɛʀte] *nf* entirety.

entité [ãtite] *nf* entity.

entôler‡ [ãtole] (1) *vt* to con‡, do‡ (*Brit*) (*de* out of), fleece‡ (*de* of).

entomologie [ãtɔmɔlɔʒi] *nf* entomology.

entomologique [ãtɔmɔlɔʒik] *adj* entomological.

entomologiste [ãtɔmɔlɔʒist(ə)] *nmf* entomologist.

entonner [ãtɔne] (1) *vt*. **~ une chanson** to break into song, strike up a song, start singing; **~ des louanges au sujet de qn** to start singing sb's praises; **~ un psaume** to strike up a psalm, start singing a psalm.

entonnoir [ãtɔnwaʀ] *nm* (*Culin*) funnel; (*Géog*) swallow hole, doline; (*trou*) [*obus*] shell-hole; [*bombe*] crater. **forme, conduit en ~** funnel-shaped.

entorse [ãtɔʀs(ə)] *nf* **(a)** (*Méd*) sprain. **se faire une ~ au poignet** to sprain one's wrist.

(b) [*loi*] infringement (*à* of). **faire une ~ à la vérité** to twist the truth; **faire une ~ à ses habitudes** to break one's habits; **faire une ~ au règlement** to bend *ou* stretch the rules.

entortillement [ãtɔʀtijmã] *nm* (*action*) twisting, winding, twining; (*état*) entwinement.

entortiller [ãtɔʀtije] (1) **1** *vt* **(a)** **ruban** to twist, twine, wind; *bonbons* to wrap (up); (*fig*) *paroles* to make long and involved, complicate.

(b) (*) (*enjôler*) to get round, wheedle, cajole; (*embrouiller*) to mix up, muddle (up); (*duper*) to hoodwink*.

2 s'entortiller *vpr* [*liane*] to twist, wind, twine. (*fig*) **s'~ dans ses réponses** to get (all) mixed up in one's answers, get in a muddle with one's answers, tie o.s. in knots with one's answers; **s'~ dans les couvertures** (*volontairement*) to wrap *ou* roll o.s. up in the blankets; (*involontairement*) to get caught up *ou* tangled up *ou* entangled in the blankets.

ontour [ãtuʀ] *nm* (*litter*) **les ~s de qch** the surroundings of sth; **à l'~ de qch** around sth.

entourage [ãtuʀaʒ] *nm* **(a)** (*famille*) family circle; (*compagnie, familiers*) (*gén*) set, circle; [*roi, président*] entourage. **(b)** (*bordure, cadre*) [*sculpture, fenêtre*] frame, surround (*Brit*); [*massif floral*] border, surround (*Brit*). **les gens de son ~/dans l'~ du président disent que ...** people round about him/the president say that ... .

entouré, e [ãtuʀe] (*ptp de* **entourer**) *adj* **(a)** (*admiré*) popular. **cette jeune femme est très ~e** this young woman is the centre of attraction; (*soutenu*) **pendant cette épreuve il était très ~** during this difficult time many people rallied round (him).

(b) **~ de** surrounded with *ou* by.

entourer [ãtuʀe] (1) **1** *vt* **(a)** (*mettre autour*) **~ qch de** *clôture, arbres* to surround sth with; *cadre* to frame sth with, surround sth with; (*fig*) *mystère* to surround sth with, wrap sth in; **~ qn de** *gardes, soins* to surround sb with; **~ un champ d'une clôture** to put a fence round a field, surround a field with a fence; **il entoura ses épaules d'une couverture/d'un châle** he put *ou* wrapped a blanket/shawl (a)round her shoulders; **~ qn de ses bras** to put one's arms (a)round sb; **~ ses pieds d'une couverture** to put *ou* wrap a blanket round one's feet.

(b) (*être autour*) [*arbres, foule, clôture*] to surround; [*cadre*] to frame, surround; [*couverture, écharpe*] to be round; [*soldats*] to surround, encircle; [*admirateurs, cour*, (*fig*) *dangers, mystères*] to surround. **tout ce qui nous entoure** everything around us *ou* round about us; **le monde qui nous entoure** the world around *ou* about us, the world that surrounds us; **ils entourèrent les manifestants** they surrounded the demonstrators.

(c) (*soutenir*) *personne souffrante* to rally round. ~ **qn de toute son affection** to surround sb with love; **ils ont su admirablement l'~ après la mort de sa mère** they really rallied round him after his mother's death.

2 **s'entourer** *vpr*: **s'~ de** *amis, gardes du corps, luxe* to surround o.s. with; **s'~ de mystère** to surround o.s. with *ou* shroud o.s. in mystery; **s'~ de précautions** to take elaborate precautions; **nous voulons nous ~ de toutes les garanties** we wish to have *ou* avail ourselves of all possible guarantees.

entourloupette* [ãturlupɛt] *nf* mean trick, rotten trick*. **faire une ~ à qn** to play a (rotten* *ou* mean) trick on sb.

entournure [ãturnyr] *nf* armhole. **il est gêné aux ~s** (*lit*) his armholes are too tight; (*fig: il se sent gêné*) he's ill-at-ease, he feels awkward; (*fig: financièrement*) he is in (financial) difficulties, he is feeling the pinch*.

entracte [ãtrakt(ə)] *nm* (*au théâtre, au concert*) interval, interlude; (*Ciné*) interval, intermission; (*Théât: divertissement*) entr'acte, interlude; (*fig: interruption*) interlude, break.

entraide [ãtrɛd] *nf* mutual aid. (*Jur*) ~ **judiciaire internationale** international judicial cooperation; (*Admin*) **service d'~** support service.

entraider (s') [ãtrede] (1) *vpr* to help one another *ou* each other.

entrailles [ãtraj] *nfpl* (a) (*animaux*) entrails, guts.

(b) (*littér*) (*personne*) entrails; (*ventre maternel*) womb. (*fig*) **sans ~** heartless, unfeeling; **la faim le mordait aux ~** hunger gnawed at him *ou* at his guts; **spectacle qui vous prend aux ~** *ou* **qui vous remue les ~** sight that shakes your very soul *ou* shakes you to the core.

(c) (*littér*) (*édifice, terre*) bowels, depths.

entrain [ãtrɛ̃] *nm* (*personne*) spirit, drive; (*réunion*) spirit, liveliness, go. **avec ~ répondre** with gusto; *travailler* spiritedly, with spirit *ou* plenty of drive; *manger* with gusto, heartily; **faire qch sans ~** to do sth half-heartedly *ou* unenthusiastically; **être sans ~** to feel dispirited, have no energy; **être plein d'~, avoir de l'~** to have plenty of *ou* be full of drive *ou* go; **ça manque d'~** [*soirée*] it's dragging, it's not exactly lively, it's a bit dead*.

entraînant, e [ãtrɛnã, ãt] *adj paroles, musique* stirring, rousing; *rythme* brisk, lively.

entraînement [ãtrɛnmã] *nm* (a) (*action d'entraîner*) [*roue, bielle etc*] driving; [*athlète*] training, coaching; [*cheval*] training. ~ **à chaîne** chain drive.

(b) (*impulsion, force*) [*passions*] (driving) force, impetus; [*habitude*] force. **des ~s dangereux** dangerous impulses.

(c) (*Sport: préparation, exercice*) training (*U*). **2 heures d'~ chaque matin** 2 hours of training every morning; **course/terrain d'~** training course/ground; **manquer d'~** to be out of training; **il a de l'~** he's highly trained, he's really fit; **il est à l'~** he's in a training session, he's training; **il s'est blessé à l'~** he hurt himself at *ou* while training *ou* during a training session.

entraîner [ãtrene] (1) **1** *vt* (a) (*lit*) (*charrier*) *épave, objets arrachés* to carry *ou* drag along; (*Tech: mouvoir*) *bielle, roue, machine* to drive; (*tirer*) *wagons* to pull. **le courant les entraîna vers les rapides** the current carried *ou* dragged *ou* swept them along towards the rapids; **la locomotive entraîne une vingtaine de wagons** the locomotive pulls *ou* hauls twenty or so carriages; **le poids de ses habits l'entraîna vers le fond** the weight of his clothes dragged him (down) towards the bottom; **il entraîna son camarade dans sa chute** he pulled *ou* dragged his friend down in his fall; **danseur qui entraîne sa cavalière** dancer who carries his partner along (with him); (*fig*) **il l'entraîna (avec lui) dans la ruine** he dragged her down (with him) in his downfall.

(b) (*emmener*) *personne* to take (off) (*vers* towards). **il m'entraîna vers la sortie/dans un coin** he took me (off) towards the exit/into a corner; **il les entraîna à sa suite vers ...** he took them (along *ou* off) with him towards ... ;

(c) (*fig: influencer*) to lead. ~ **qn à voler qch** to get sb to steal sth; ~ **ses camarades à boire/dans la débauche** to lead one's friends into drinking/bad ways; **se laisser ~ par ses camarades** to let o.s. be led by one's friends; **cela l'a entraîné à de grosses dépenses** that meant great expense for him, that led him into great expense.

(d) (*causer*) to bring about, lead to; (*impliquer*) to entail, mean. **ceci a entraîné des compressions budgétaires/dépenses imprévues** this has brought about *ou* led to budgetary restraints/unexpected expense; **si je vous comprends bien, ceci entraîne la perte de nos avantages** if I understand you, this means *ou* will mean *ou* will entail the loss of our advantages.

(e) (*emporter*) [*rythme*] to carry along; [*passion, enthousiasme, éloquence*] to carry away. **son éloquence entraîna les foules** his eloquence carried the crowds along (with him); **son enthousiasme l'a entraîné trop loin/au-delà de ses intentions** his enthusiasm carried him too far/further than he intended; (*fig*) **se laisser ~** (*par l'enthousiasme/ses passions/un rythme*) to (let o.s.) get *ou* be carried away (by enthusiasm/one's passions/a rhythm); (*fig*) **le rythme endiablé qui entraînait les danseurs** the wild rhythm which was carrying the dancers along.

(f) (*préparer*) *athlète* to train, coach; *cheval* to train (*à* for).

2 s'entraîner *vpr* (a) (*Sport*) to train. **il est indispensable de s'~ régulièrement** one must train regularly; **où est-il? — il s'entraîne au stade** where is he? — he's doing (some) training at the stadium; **s'~ à la course/au lancer du poids/pour le championnat** to get in training *ou* to train for running/for the shot put *ou* for putting the shot/for the championship; **s'~ à faire un certain mouvement** to practise a certain movement, work on a certain movement.

(b) (*gén*) **s'~ à faire qch** to train o.s. to do sth; **s'~ à la discussion/à l'art de la discussion** to train o.s. for discussion/in the art of discussion; **il s'entraîne à parler en public** he is training himself to speak in public.

entraîneur [ãtrɛnœr] *nm* [*cheval*] trainer; [*équipe, coureur, boxeur*] coach, trainer. (*fig littér*) **un ~ d'hommes** a leader of men.

entraîneuse [ãtrɛnøz] *nf* [*bar*] hostess; (*Sport*) coach, trainer.

entrapercevoir [ãtrapɛrsəvwar] (28) *vt* to catch a (brief) glimpse of.

entrave [ãtrav] *nf* (a) (*fig: obstacle*) hindrance (*à* to). ~ **à la circulation** hindrance to traffic; ~ **à la liberté d'expression** constraint upon *ou* obstacle to freedom of expression; **liberté, bonheur sans ~** unbridled.

(b) [*animal*] hobble, fetter, shackle. [*prisonnier*] ~**s** chains, fetters (*littér*); (*fig littér*) **se débarrasser des ~s de la rime** to free o.s. from the shackles *ou* fetters of rhyme (*littér*).

entraver [ãtrave] (1) *vt* (a) (*gêner*) *circulation* to hold up; *action, plans* to hinder, hamper, get in the way of. ~ **la carrière de qn** to hinder sb in his career.

(b) *animal* to hobble, shackle, fetter; *prisonnier* to chain (up), fetter (*littér*).

(c) (‡: *comprendre*) to get‡. **je n'entrave que couic** *ou* **que dalle** I just don't get it‡, I don't twig (it) at all‡ (*Brit*).

(d) (*Ling*) **voyelle entravée** checked vowel.

entre [ãtr(ə)] *prép* (a) (*à mi-chemin de, dans l'intervalle de*) *objets, dates, opinions* between. ~ **guillemets/parenthèses** in inverted commas (*Brit*) *ou* quotation marks/brackets *ou* parentheses; (*fig*) **mettons nos querelles ~ parenthèses** let's put our disagreements behind us; (*fig*) ~ **parenthèses, ce qu'il dit est faux** by the way, what he says is wrong; ~ **le vert et le jaune** between green and yellow; ~ **la vie et la mort** between life and death; ~ **ciel et terre** between heaven and earth; **vous l'aimez saignant, à point ou ~ les deux?** do you like it rare, medium or between the two? *ou* or in-between?; **la vérité est ~ les deux** the truth is somewhere *ou* something between the two; **c'était bien? — ~ les deux*** was it good? — yes and no *ou* — so-so*; **V asseoir, lire¹**.

(b) (*entouré par*) *murs* within, between; *montagnes* among, between. (*fig*) **enfermé ~ quatre murs** shut in; **encaissé ~ les hautes parois** enclosed between the high walls.

(c) (*au milieu de, parmi*) *pierres, objets épars, personnes* among, amongst. **il aperçut un objet brillant ~ les pierres** he saw an object shining among(st) the stones; **choisir ~ plusieurs choses** to choose from among several things, choose between several things; **il hésita ~ plusieurs routes** he hesitated between several roads; **brave ~ les braves†** bravest of the brave†; (*frm*) **je le compte ~ mes amis** I number him among my friends; **lui, ~ autres, n'est pas d'accord** he, for one *ou* among others, doesn't agree; ~ **autres (choses)** among other things; ~ **autres (personnes)** among others; **l'un d'~ eux** one of them; **plusieurs d'~ nous** several of us, several of our number (*frm*); **il est intelligent ~ tous** he is supremely intelligent; **problème difficile ~ tous** inordinately *ou* particularly difficult problem; **cette heure ~ toutes** this (hour) of all hours; **je le reconnaîtrais ~ tous** I would know *ou* recognize him anywhere; **c'est le meilleur ~ tous mes amis** he's the best friend I have; **il l'a partagé ~ tous ses amis** he shared it out among all his friends.

(d) (*dans*) in, into. (*fig*) **ma vie est ~ vos mains** my life is *ou* lies in your hands; **j'ai eu ce livre ~ les mains** I had that book in my (very) hands; **prendre ~ ses bras** to take in one's arms; **tomber ~ les mains de l'ennemi/d'escrocs** to fall into the hands of the enemy/of crooks.

(e) (*à travers*) through, between. **le poisson/le prisonnier m'a filé ~ les doigts** the fish/the prisoner slipped through my fingers; (*lit, fig*) **passer ~ les mailles du filet** to slip through the net; **je l'ai aperçu ~ les branches** I saw it through *ou* between the branches.

(f) (*indiquant une relation*) (*deux choses*) between; (*plus de deux*) among. **rapports ~ deux personnes/choses** relationship between two people/things; **nous sommes ~ nous** *ou* ~ **amis** we're all friends here, we're among friends; ~ **nous** between you and me, between ourselves; ~ **nous c'est à la vie, à la mort** we are *ou* shall be friends for life; ~ **eux 4** among the 4 of them; **qu'y a-t-il exactement ~ eux?** what exactly is there between them?; **il n'y a rien de commun ~ eux** they have nothing in common *ou* no common ground; **ils se marient ~ eux** they intermarry; **ils préfèrent rester ~ eux** they prefer to keep (themselves) to themselves *ou* to be on their own; (*fig*) **ils se dévorent ~ eux** they are (constantly) at each other's throats; **ils se sont entendus ~ eux** they reached a mutual agreement; **entendez-vous ~ vous** sort it out among yourselves; **ils se sont disputés ~ eux** they have quarrelled (with each other *ou* with one another); **laissons-les se battre ~ eux** let's leave them to fight it out (between *ou* among themselves); **on ne va pas se battre ~ nous** we're not going to fight (among ourselves).

(g) (*loc*) ~ **chien et loup** when the shadows are falling, at dusk; ~ **deux âges** middle-aged; (*fig*) ~ **deux portes** briefly, quickly; (*lit*) ~ **deux eaux** just below the surface; (*fig*) **nager ~ deux eaux** to keep a foot in both camps; **pris ~ deux feux** caught in the crossfire; ~ **quatre-z-yeux*** in private; **parler ~ ses dents** to mumble.

entrebâillement [ãtrəbajmã] *nm*: **l'~ de la porte le fit hésiter** the door's being half-open *ou* ajar made him hesitate, he hesitated on seeing the door half-open *ou* ajar; **dans/par l'~ de la porte** in/through the half-open door.

entrebâiller [ãtrəbaje] (1) *vt* to half-open. **la porte est entrebâillée** the door is ajar *ou* half-open.

entrebâilleur [ãtrəbajœr] *nm* door chain.

entrechat [ãtrəʃa] *nm* (*Danse*) entrechat; (*hum: saut*) leap, spring. **faire des ~s** to leap about.

entrechoquement [ãtrəʃɔkmã] *nm* (V **entrechoquer**,

s'entrechoquer) knocking, banging; clinking; chattering; clashing.

entrechoquer [ɑ̃tʀəʃɔke] (1) **1** *vt* (*gén*) to knock *ou* bang together; *verres* to clink *ou* chink (together).

2 s'entrechoquer *vpr* (*gén*) to knock *ou* bang together; *[verres]* to clink *ou* chink (together); *[dents]* to chatter; *[épées]* to clash *ou* clang together; (*fig*) *[idées, mots]* to jostle together.

entrecôte [ɑ̃tʀəkot] *nf* entrecôte steak, rib steak.

entrecouper [ɑ̃tʀəkupe] (1) **1** *vt*: ~ **de** *citations* to intersperse *ou* pepper with; *rires, sarcasmes* to interrupt with; *haltes* to interrupt with, break with. **voix entrecoupée de sanglots** voice broken with sobs; **parler d'une voix entrecoupée** to speak in a broken voice, have a catch in one's voice as one speaks.

2 s'entrecouper *vpr [lignes]* to intersect, cut across each other.

entrecroisement [ɑ̃tʀəkʀwazmɑ̃] *nm* (*V* entrecroiser) intertwining; intersecting.

entrecroiser *vt*, **s'entrecroiser** *vpr* [ɑ̃tʀəkʀwaze] (1) *fils* to intertwine; *lignes, routes* to intersect.

entre-déchirer (s') [ɑ̃tʀədeʃiʀe] (1) *vpr* (*littér*) to tear one another *ou* each other to pieces.

entre-deux [ɑ̃tʀədø] *nm inv* (a) (*intervalle*) intervening period, period in between. (b) (*Sport*) jump ball. (c) (*Couture*) ~ **de dentelle** lace insert.

entre-deux-guerres [ɑ̃tʀədøgɛʀ] *nm*: **l'**~ the interwar years *ou* period; **pendant l'**~ between the wars, in *ou* during the interwar years *ou* period.

entre-dévorer (s') [ɑ̃tʀədevɔʀe] (1) *vpr* (*littér*) to tear one another *ou* each other to pieces.

entrée [ɑ̃tʀe] **1** *nf* (a) (*arrivée*) *[personne]* entry, entrance; *[véhicule, bateau, armée occupante]* entry. **à son** ~, **tous se sont tus** as he came *ou* walked in *ou* entered, everybody fell silent; **à son** ~ **dans le salon** as he came *ou* walked into *ou* entered the lounge; **faire une** ~ **remarquée** to be noticed as one enters; **faire une** ~ **discrète** to make a discreet entry *ou* entrance, enter discreetly; **faire son** ~ **dans le salon** to enter the lounge; **l'**~ **en gare du train/au port du navire** the train's/ship's entry into the station/port; (*Admin*) **à son** ~ **en fonctions** when he took up office; (*Théât*) **faire son** ~ to make one's entry *ou* entrance; (*Théât*) **rater son** ~ (*sur scène*) to fluff one's entry *ou* entrance; (*première réplique*) to fluff one's cue.

(b) (*accès*) entry, admission (*de, dans* to). (*sur pancarte*) **'**~**'** 'way in'; **'**~ **libre'** (*dans boutique*) 'come in and look round'; (*dans musée*) 'admission free'; **'**~ **interdite'** 'no admittance', 'no entry'; **'**~ **interdite à tout véhicule'** 'vehicles prohibited'; **l'**~ **est gratuite/payante** there is no charge/there is a charge for admission; **on lui a refusé l'**~ **de la salle** he was refused admission *ou* entrance *ou* entry to the hall; **cette porte donne** ~ **dans le salon** this door leads into the lounge *ou* gives access to the lounge.

(c) (*Comm*) *[marchandises]* entry; (*Fin*) *[capital]* inflow. **droits d'**~ import duties.

(d) (*Tech*: *pénétration*) *[pièce, clou]* insertion; *[fluide, air]* entry.

(e) (*fig*: *fait d'adhérer etc*) ~ **dans un club** joining a club, admission to a club; ~ **dans une famille** becoming part of a family; ~ **au couvent/à l'hôpital** going into a convent/into hospital; ~ **à l'université** university entrance; **depuis son** ~ **à l'université** since his entrance to university, since he went to university; **se voir refuser son** ~ **dans un club/une école** to be refused admission *ou* entry to a club/school, be rejected by a club/school; **faire son** ~ **dans le monde** *[bébé]* to come into the world; *[débutante]* to enter society, make one's début in society.

(f) (*fig*) **au moment de l'**~ **en fusion/ébullition** *etc* when melting/boiling *etc* point is reached.

(g) (*billet*) ticket. **j'ai pris 2** ~**s** I got 2 tickets; **billet d'**~ entrance ticket; **les** ~**s couvriront tous les frais** the *ou* takings will cover all expenses; **ils ont fait 10.000** ~**s** they sold 10,000 tickets.

(h) (*porte, portail etc*) entry, entrance; *[tunnel, port, grotte]* entry, entrance, mouth. (*Théât*) ~ **des artistes** stage door; ~ **de service** service entrance; *[villa]* tradesmen's entrance; ~ **principale** main entrance.

(i) (*vestibule*) entrance (hall).

(j) (*fig littér*: *début*) outset; (*Mus*: *motif*) entry. **à l'**~ **de l'hiver/de la belle saison** as winter/the warm weather set (*ou* sets *etc*) in, at the onset *ou* beginning of winter/the warm weather; **à l'**~ **de la vie** at life's outset.

(k) (*Culin*: *mets*) entrée.

(l) (*Comm, Statistique*) entry; (*Lexicographie*) headword (*Brit*), entry word (*US*). **tableau à double** ~ double entry table.

(m) (*Ordin*) input.

(n) (*loc*) **d'**~, **d'**~ **de jeu** from the outset.

2 entrées *fpl*: **avoir ses** ~**s auprès de qn** to have free *ou* easy access to sb; **il a ses** ~**s au ministère** he comes and goes freely in the ministry.

3: (*Tech*) **entrée d'air** air inlet; (*Théât*) **entrée de ballet** entrée de ballet; **entrée en matière** introduction; **entrée en vigueur** coming into force *ou* application; **entrée en scène** entrance; *V* **date, examen**.

entre-égorger (s') [ɑ̃tʀegɔʀʒe] (3) *vpr* to cut each other's *ou* one another's throats.

entrefaites [ɑ̃tʀəfɛt] *nfpl*: **sur ces** ~ (*à ce moment-là*) at that moment, at this juncture.

entrefer [ɑ̃tʀəfɛʀ] *nm* air-gap.

entrefilet [ɑ̃tʀəfilɛ] *nm* (*petit article*) paragraph.

entregent [ɑ̃tʀəʒɑ̃] *nm* savoir-faire. **avoir de l'**~ to have a good manner with people.

entre-jambes [ɑ̃tʀəʒɑ̃b] *nm inv* (*Couture*) crotch.

entrelacement [ɑ̃tʀəlasmɑ̃] *nm* (*action, état*) intertwining, interlacing. **un** ~ **de branches** a network *ou* crisscross of branches.

entrelacer *vt*, **s'entrelacer** *vpr* [ɑ̃tʀəlase] (3) to intertwine, interlace.

entrelacs [ɑ̃tʀəlɑ] *nm* (*Archit*) interlacing (*U*); (*Peinture*) interlace (*U*).

entrelardé, e [ɑ̃tʀəlaʀde] (*ptp de* entrelarder) *adj* (*gras*) *viande* streaked with fat.

entrelarder [ɑ̃tʀəlaʀde] (1) *vt* (*Culin*) to lard. (*fig*) ~ **de citations** to interlard *ou* intersperse with quotations.

entremêler [ɑ̃tʀəmele] (1) **1** *vt* (a) *choses* to (inter)mingle, intermix. ~ **des scènes tragiques et des scènes comiques** to (inter)mingle *ou* intermix tragic and comic scenes.

(b) (*truffer de*) ~ **un récit de** to intersperse *ou* pepper a tale with.

2 s'entremêler *vpr [branches, cheveux]* to become entangled (*à* with); *[idées]* to become intermingled.

entremets [ɑ̃tʀəmɛ] *nm* (cream) sweet (*Brit*) *ou* dessert.

entremetteur [ɑ̃tʀəmɛtœʀ] *nm* (a) (*péj*) (*gén*) go-between; (*proxénète*) procurer, go-between. (b) (*intermédiaire*) mediator, go-between.

entremetteuse [ɑ̃tʀəmɛtøz] *nf* (*péj*) (*gén*) go-between; (*proxénète*) procuress, go-between.

entremettre (s') [ɑ̃tʀəmɛtʀ(ə)] (56) *vpr* (a) (*dans une querelle*) to act as mediator, mediate, intervene (*dans* in); (*péj*) to interfere (*dans* in). (b) (*intercéder*) to intercede (*auprès de* with).

entremise [ɑ̃tʀəmiz] *nf* intervention. **offrir son** ~ to offer to act as mediator *ou* to mediate; **grâce à son** ~ thanks to his intervention; **apprendre qch par l'**~ **de qn** to hear about sth through sb.

entrepont [ɑ̃tʀəpɔ̃] *nm* (*Naut*) steerage. **dans l'**~ in steerage.

entreposage [ɑ̃tʀəpoza3] *nm* storing, storage.

entreposer [ɑ̃tʀəpoze] (1) *vt* (*gén*) to store, put into storage; (*en douane*) to put in a bonded warehouse.

entrepôt [ɑ̃tʀəpo] *nm* (*gén*) warehouse; (*Douane*) bonded warehouse; (*ville, port*) entrepôt.

entreprenant, e [ɑ̃tʀəpʀənɑ̃, ɑ̃t] *adj* (*gén*) enterprising; (*avec les femmes*) forward.

entreprendre [ɑ̃tʀəpʀɑ̃dʀ(ə)] (58) *vt* (a) (*commencer*) (*gén*) to begin *ou* start (upon), embark upon; *travail, démarche* to set about; *voyage* to set out (up)on; *procès* to start up; (*se lancer dans*) *voyage, travail* to undertake, embark upon, launch upon. ~ **de faire qch** to undertake to do sth; **la peur d'**~ the fear of undertaking things.

(b) *personne* (†: *courtiser*) to woo†, court†; (*pour raconter une histoire etc*) to buttonhole, collar*; (*pour poser des questions*) to tackle. **il m'entreprit sur le sujet de** ... he tackled me on the question of ....

entrepreneur, -euse [ɑ̃tʀəpʀənœʀ, øz] *nm, f* (*en menuiserie etc*) contractor. ~ (**en bâtiment**) building contractor; ~ **de transports haulage** contractor (*Brit*), trucker (*US*); ~ **de peinture** painter (and decorator); ~ **de pompes funèbres** undertaker (*Brit*), funeral director (*Brit*), mortician (*US*).

entreprise [ɑ̃tʀəpʀiz] *nf* (a) (*firme*) firm. **petite/grosse** ~ small/big firm *ou* concern; ~ **de construction/camionnage** building firm/haulage firm (*Brit*) *ou* trucker (*US*); ~ **de déménagement** removal (*Brit*) *ou* moving (*US*) firm; ~ **de pompes funèbres** undertaker's (*Brit*), funeral director's (*Brit*), funeral parlor (*US*); ~ **de travaux publics** civil engineering firm; *V* **chef¹, concentration**.

(b) (*dessein*) undertaking, venture, enterprise; *V* **esprit, libre**.

(c) (*hum*: *envers une femme*) ~**s** advances.

entrer [ɑ̃tʀe] (1) **1** *vi* (*avec aux être*) (a) (*lit*) (*gén*) (*aller*) to go in, get in, enter; (*venir*) to come in, enter; (*à pied*) to walk in; (*en voiture*) to drive in; *[véhicule]* to drive in, go *ou* come in, enter. ~ **dans** *pièce, jardin* to go *ou* come into, enter; *voiture* to get in(to); *région, pays [voyageurs]* to go *ou* come into, enter; *[armée]* to enter; ~ **chez qn** to call in at sb's house, drop in on sb; ~ **en gare/au port** to come into *ou* enter the station/harbour; ~ **en courant** to run in, come running in; ~ **en boitant** to limp in, come limping in, come in limping; **il entra discrètement** he came in *ou* entered discreetly, he slipped in; ~ **en coup de vent** to burst in, come bursting in, come in like a whirlwind; ~ **sans payer** to get in without paying; **entrez sans frapper** come *ou* go *ou* walk straight in (without knocking); **frappez avant d'**~ knock before you go in *ou* enter; **entrez!** come in!; **entre donc!** come on in!; **qu'il entre!** tell him to come in, show him in; **entrons voir** let's go in and see; **je ne fais qu'**~ **et sortir** I'm only stopping for a moment; **les gens entraient et sortaient** people were going *ou* coming in and out; (*Théât*) **'entre la servante'** 'enter the maid'; (*Théât*) **'entrent 3 gardes'** 'enter 3 guards'; ~ **par la porte de la cave/par la fenêtre** to go *ou* get in *ou* enter by the cellar door/the window; **je suis entré chez eux** I called in *ou* dropped in at their house; **je suis entré chez le boucher** I went to *ou* I called in at the butcher's; **on y entre comme dans un moulin** you can just walk in.

(b) (*Comm*) *[marchandises, devises]* to enter. **tout ce qui entre (dans le pays) est soumis à une taxe** everything entering (the country) is subject to duty.

(c) (*s'enfoncer*) **la boule est entrée dans le trou** the ball went into the hole; **l'objet n'entre pas dans la boîte** the object doesn't *ou* won't go into *ou* fit (into) the box; **le tenon entre dans la mortaise** the tenon fits into the mortice; **ça n'entre pas** it doesn't fit, it won't go *ou* fit in; **la balle est entrée dans le poumon gauche/le montant de la porte** the bullet went into *ou* lodged itself in the left lung/the doorframe; **son coude m'entrait dans les côtes** his elbow was digging into my ribs; **l'eau entre à l'intérieur/par le toit** the water gets inside/gets *ou* comes in through the roof; **l'air/la lumière entre dans la pièce** air/light comes into *ou* enters the room; **pour que l'air/la lumière puisse** ~ to allow air/light to enter *ou* get in; **le vent entre de partout** the wind comes *ou* gets in from all sides *ou* blows in everywhere; ~ **dans l'eau** *[baigneur]* to get into the water; *(en marchant)* to wade into the water; *[embarcation]* to enter the water; ~ **dans le bain** to get into the bath; ~ **dans le brouillard** *[randonneurs, avion]* to enter *ou* hit* fog; **la rage/ jalousie est entrée dans son cœur** his heart was filled with rage/ jealousy; **l'argent entre dans les caisses** money is coming in; **à force d'explications ça finira par** ~* explain it for long enough and it'll sink in*; **alors ces maths, ça entre?*** are you getting the hang of maths then?*; **c'est entré comme dans du beurre*** it went like a (hot) knife through butter.

(d) *(fig: devenir membre)* ~ **dans** *club, parti, firme* to join; *groupe, famille* to go *ou* come into; *métier* to go into; ~ **dans la magistrature** to become a magistrate, enter the magistracy; ~ **à l'hôpital/à l'asile** to go into hospital/an asylum; ~ **dans l'armée** to join the army; ~ **dans les affaires** to go into business; ~ **dans la profession médicale** to enter the medical profession; ~ **en religion/au couvent** to enter the religious life/a convent; ~ **dans les ordres** to take orders; **on l'a fait** ~ **comme serveur/sous-chef** he's been found a job as *ou* they got him taken on as a waiter/ deputy chief clerk; ~ **à l'université** to enter *ou* go to university *ou* college; ~ **au service de qn** to enter sb's service; ~ **dans l'histoire** to go down in history; ~ **dans la légende** to become a legend; ~ **dans l'usage courant** *[mot]* to come into *ou* enter common use; *V* **jeu, scène.**

(e) *(heurter)* ~ **dans** *arbre, poteau* to go into; *(Aut)* **quelqu'un lui est entré dedans*** someone banged into him.

(f) *(partager)* ~ **dans** *vues, peines de qn* to share; *(frm)* ~ **dans les sentiments de qn** to share sb's *ou* enter into sb's feelings, sympathize with sb.

(g) *(être une composante de)* ~ **dans** *catégorie* to fall into, come into; *mélange* to go into; **les substances qui entrent dans ce mélange** the substances which go into *ou* make up this mixture; **on pourrait faire** ~ **ceci dans la catégorie suivante** one might put this into the following category; **il y entre un peu de jalousie** there's a bit of jealousy comes into it; **votre avis est entré pour beaucoup dans sa décision** your opinion counted for a good deal in his decision; **il n'entre pas dans mes intentions de le faire** I don't have any intention of doing so; *V* **ligne¹.**

(h) *(fig: commencer)* ~ **dans** *phase, période* to enter into *ou* (up)on; ~ **dans une profonde rêverie/une colère noire** to go (off) into a deep daydream/a towering rage; ~ **dans la vie active** to embark on *ou* enter active life; ~ **dans la cinquantaine** to turn fifty; ~ **dans la danse** *(lit)* to join in the dancing; (*fig) to join in.

(i) *(fig: aborder)* ~ **dans** *sujet, discussion* to enter into; ~ **dans le vif du sujet** to get to *ou* reach the heart of the subject; **il s'agit d'~ véritablement dans la discussion** one must enter into the discussion properly; **sans** ~ **dans les détails/ces considérations** without going into details/these considerations; **il entra dans des considérations futiles** he went off into some futile considerations.

(j) *(devenir)* ~ **en convalescence** to begin convalescence; ~ **en effervescence** to reach a state of effervescence *(frm)*, begin to effervesce; ~ **en ébullition** to reach boiling point, begin to boil; ~ **en fureur** *ou* **rage** to fly into a fury *ou* rage; ~ **en guerre** to enter the war; *V* **contact, fonction, vigueur** *etc.*

(k) **laisser** ~ *visiteur, intrus* to let in; *lumière, air* to let in, allow in; *(involontairement)* *eau, air, poussière* to let in; **ne laisse** ~ **personne** don't let anybody in; **laisser** ~ **qn dans** *pièce* to let sb into; *pays* to let sb into *ou* enter, allow sb into *ou* to enter; **on t'a laissé** ~ **au parti/club/dans l'armée** they've let you into *ou* let you join the party/club/army.

(l) **faire** ~ *(introduire)* *invité, visiteur, client* to show in; *pièce, tenon, objet à emballer* to fit in; *(en fraude)* *marchandises, immigrants* to smuggle in, take *ou* bring in; *accusé, témoin* to bring in, call; **faire** ~ **la voiture dans le garage** to get the car into the garage; **faire** ~ **une clef dans la serrure** to insert *ou* fit a key in the lock; **il m'a fait** ~ **dans leur club/au jury** *(m'a persuadé)* he had me join *ou* got me to join their club/the panel; *(a fait jouer son influence)* he got me into their club/onto the panel, he helped me join their club/the panel; *(m'a contraint)* he made me join their club/the panel; **il me fit** ~ **dans la cellule** he showed me into the cell; **faire** ~ **qch de force dans un emballage** to force *ou* stuff sth into a package.

2 *vt (avec aux avoir; plus gén* **faire** ~**)** (a) *marchandises* *(par la douane)* to take *ou* bring in, import; *(en contrebande)* to take *ou* bring in, smuggle in.

(b) *(faire pénétrer)* ~ **les bras dans les manches** to put one's arms into the sleeves; **ne m'entre pas ta canne dans les côtes** stop digging your stick into my ribs.

(c) *(faire s'ajuster)* *pièce* to make fit *(dans qch* in sth). **comment allez-vous** ~ **cette armoire dans la chambre?** how are you going to get that wardrobe into the bedroom?

(d) *(Ordin)* *données* to key in.

entresol [ãtRəsɔl] *nm* entresol, mezzanine *(between ground and first floor)*.

entre-temps [ãtRətã] *adv (aussi* **dans l'~** †) meanwhile, (in the) meantime.

entretenir [ãtRətniR] (22) 1 *vt* (a) *(conserver en bon état)* *propriété, bâtiment* to maintain, see to the upkeep of, look after; *vêtement* to look after; *route, machine* to maintain. ~ **un jardin** to look after *ou* see to the upkeep of a garden; **ce meuble s'entretient facilement** it is easy to keep this piece of furniture in good condition *ou* to look after this piece of furniture.

(b) *(faire vivre)* *famille* to support, keep, maintain; *maîtresse* to keep, support; *armée* to keep, maintain; *troupe de théâtre etc* to support.

(c) *(faire durer)* *souvenir* to keep alive; *haine, amitié* to keep alive, keep going, foster; *espoir* to cherish, keep alive, foster. ~

l'inquiétude de qn to keep sb feeling uneasy, keep sb in a state of anxiety; ~ **des rapports suivis avec qn** to be in constant contact with sb; ~ **une correspondance suivie avec qn** to keep up a regular correspondence with sb, correspond regularly with sb; **l'air marin entretient une perpétuelle humidité** the sea air maintains a constant state of humidity; ~ **le feu** to keep the fire going *ou* burning; **il m'a entretenu dans l'erreur** he didn't disabuse me (of it); **j'entretiens des craintes à son sujet** I am somewhat anxious about him; ~ **sa forme, s'~ (en bonne forme)** to keep o.s. in (good) shape, keep (o.s.) fit.

(d) *(frm: converser)* ~ **qn** to converse with *ou* speak to sb; **il m'a entretenu pendant une heure** we conversed for an hour, he conversed with me for an hour; **il a entretenu l'auditoire de ses voyages** he addressed the audience *ou* spoke to the audience about his travels.

2 **s'entretenir** *vpr* (a) *(converser)* **s'~ avec qn** to converse with *ou* speak to sb; **ils s'entretenaient à voix basse** they were conversing in hushed tones.

(b) *(pourvoir à ses besoins)* to support o.s., be self-supporting. **il s'entretient tout seul maintenant** he is completely self-supporting now, he supports himself entirely on his own now.

entretenu, e [ãtRətny] *(ptp de* **entretenir***) adj femme* kept *(épith)*. **jardin bien/mal** ~ well-/badly-kept garden, well-/badly-tended garden.

entretien [ãtRətjɛ̃] *nm* (a) *(conservation)* *[jardin, maison]* upkeep; *[route]* maintenance, upkeep; *[machine]* maintenance. **visite d'** ~ service.

(b) *(aide à la subsistance)* *[famille, étudiant]* keep, support; *[armée, corps de ballet]* maintenance, keep. **pourvoir à l'~ de** *famille* to keep, support; *armée* to maintain.

(c) *(discussion privée)* discussion, conversation; *(accordé à qn)* interview; *(débat public)* discussion. *(Pol)* ~**(s)** talks, discussions; ~ **télévisé** televised interview; **demander un** ~ **à son patron** to ask one's boss for an interview; **nous aurons un** ~ **à Francfort avec nos collègues allemands** we shall be having a meeting *ou* having discussions in Frankfurt with our German colleagues.

entre-tuer (s') [ãtRətɥe] (1) *vpr* to kill one another *ou* each other.

entrevoir [ãtRəvwaR] (30) *vt* (a) *(voir indistinctement)* to make out; *(fig: pressentir)* *objections* to foresee, anticipate; *amélioration* to glimpse. **je commence à** ~ **la vérité** I have an inkling of the truth, I'm beginning to see the truth; *(fig)* ~ **la lumière au bout du tunnel** to see (the) light at the end of the tunnel.

(b) *(apercevoir brièvement)* *(gén)* to catch a glimpse of, catch sight of; *visiteur* to see briefly. **vous n'avez fait qu'~ les difficultés** you have only half seen the difficulties.

entrevue [ãtRəvy] *nf (discussion)* meeting; *(audience)* interview; *(Pol)* talks *(pl)*, discussions *(pl)*, meeting. **venir/se présenter à** *ou* **pour une** ~ to come for *ou* to an interview.

entrouvert, e [ãtRuvɛR, ɛRt(ə)] *(ptp de* **entrouvrir***) adj (gén)* half-open; *fenêtre, porte* ajar *(attrib)*, half-open; *abîme* gaping. **ses lèvres** ~ her parted lips.

entrouvrir [ãtRuvRiR] (18) 1 *vt* to half-open. 2 **s'entrouvrir** *vpr (gén)* to half-open; *[abîme]* to gape; *[lèvres]* to part.

entuber‡ [ãtybe] (1) *vt (duper)* to do‡ *(Brit)*, con‡. **se faire** ~ to be done‡ *(Brit) ou* conned‡.

enturbanné, e [ãtyRbane] *adj* turbaned.

énucléation [enykleasjɔ̃] *nf (Méd)* enucleation.

énucléer [enyklee] (1) *vt (Méd)* to enucleate.

énumératif, -ive [enymeRatif, iv] *adj* enumerative.

énumération [enymeRasjɔ̃] *nf* enumeration, listing.

énumérer [enymeRe] (6) *vt* to enumerate, list.

énurésie [enyRezi] *nf (Méd)* enuresis.

envahir [ãvaiR] (2) *vt* (a) *(Mil, gén)* to invade, overrun; *[douleur, sentiment]* to overcome, sweep through. **le sommeil l'envahissait** he was overcome by sleep, sleep was creeping *ou* stealing over him; **le jardin est envahi par les orties** the garden is overrun *ou* overgrown with nettles; **la foule envahit la place** the crowd swarmed *ou* swept into the square.

(b) *(gén hum: déranger)* ~ **qn** to invade sb's privacy, intrude on sb's privacy.

envahissant, e [ãvaisã, ãt] *adj personne* interfering, intrusive; *passion* invading *(épith)*, invasive *(épith)*; *odeur, goût* strong, pervasive.

envahissement [ãvaismã] *nm* invasion.

envahisseur [ãvaisœR] 1 *adj m* invading. 2 *nm* invader.

envasement [ãvazmã] *nm [port]* silting up.

envaser [ãvaze] (1) 1 *vt port* to silt up. 2 **s'envaser** *vpr [port]* to silt up; *[bateau]* to stick in the mud; *[épave]* to sink in(to) the mud.

enveloppe [ãvlɔp] *nf* (a) *(pli postal)* envelope. ~ **gommée/ autocollante** *ou* **auto-adhésive** stick-down/self-seal envelope; ~ **rembourrée** padded bag; ~ **à fenêtre** window envelope; **sous** ~ *envoyer* under cover; **mettre une lettre sous** ~ to put a letter in an envelope.

(b) *(emballage)* *(gén)* covering; *(en papier, toile)* wrapping; *(en métal)* casing; *(gaine)* *[graine]* husk; *[organe]* covering membrane; *[pneu]* cover, casing; *[dirigeable]* envelope; *[chaudière]* lagging, jacket. **dans une** ~ **de métal** in a metal casing.

(c) *(apparence)* outward appearance, exterior. **un cœur d'or sous une rude** ~ a heart of gold beneath a rough exterior; *(fig)* **ça sert d'~ à des causes moins nobles** that serves to dress up *ou* cover over less worthy causes.

(d) *(littér: corps)* **il a quitté son** ~ **mortelle** he has cast off his earthly *ou* mortal frame *(littér) ou* shroud *(littér)*.

(e) *(Math)* envelope.

(f) *(fig: somme d'argent)* sum of money; *(crédits)* budget. **toucher une** ~ *(pot-de-vin)* to get a bribe; *(gratification)* to get a

bonus; *(départ en retraite)* to get a golden handshake; ~ budgétaire budget; l'~ de la recherche the research budget.
enveloppement [ãvlɔpmã] *nm* (a) *(Méd)* pack. (b) *(Mil) [ennemi]* surrounding, encirclement. **manœuvre d'~** pincer *ou* encircling movement.
envelopper [ãvlɔpe] (1) *vt* (a) *objet, enfant* to wrap (up). **l'emballage qui enveloppe le colis** the wrapping *ou* packaging round the parcel *ou* that the parcel is in, the paper in which the parcel is wrapped; ~ **un membre de bandages** to wrap *ou* swathe a limb in bandages; **il s'enveloppa dans une cape** he wrapped *ou* swathed himself in a cape, he wrapped a cape around him; *(fig hum)* **il s'enveloppa dans sa dignité** he donned an air of dignity; *(fig)* ~ **qn de son affection** to envelop sb in one's affection, surround sb with one's affection; *(hum)* **elle est assez enveloppée*** she's well-padded* *(hum)*.
(b) *(voiler) pensée, parole* to veil.
(c) *(gén littér: entourer) [brume]* to envelop, shroud. **le silence enveloppe la ville** the town is wrapped *ou* shrouded in silence; **la lumière enveloppe la campagne** the countryside is bathed in light; **événement enveloppé de mystère** event shrouded *ou* veiled in mystery; ~ **qn du regard** to envelop sb with one's gaze; **il l'enveloppa d'un regard tendre** he gave her a long loving look; **il enveloppa la plaine du regard** he took in the plain with his gaze; ~ **dans sa réprobation**† to include in one's disapproval.
(d) *(Mil)* **ennemi** to surround, encircle. **mouvement enveloppant** pincer *ou* encircling movement.
envenimement [ãvnimmã] *nm [plaie]* poisoning; *[querelle]* embittering; *[situation]* worsening.
envenimer [ãvnime] (1) **1** *vt plaie* to make septic, poison; *querelle* to inflame, fan the flame of; *situation* to inflame, aggravate. **2 s'envenimer** *vpr [plaie]* to go septic, fester; *[querelle, situation]* to grow more bitter *ou* acrimonious.
envergure [ãvɛʀgyʀ] *nf* (a) *[oiseau, avion]* wingspan; *[voile]* breadth. (b) *[personne]* calibre; *[entreprise]* scale, scope; *[intelligence]* scope, range. **esprit de large** ~ wide-ranging mind; **entreprise de grande** ~ large-scale enterprise; **entreprendre des travaux de grande** ~ to embark upon an ambitious programme of building.
envers[1] [ãvɛʀ] *prép* towards, to. **cruel/traître** ~ **qn** cruel/a traitor to sb; ~ **et contre tous** in the face of *ou* despite all opposition; **son attitude** ~ **moi** his attitude towards *ou* to me; **son dédain** ~ **les biens matériels** his disdain for *ou* of material possessions; **sa patience** ~ **elle** his patience with her.
envers[2] [ãvɛʀ] *nm* (a) *[étoffe]* wrong side; *[vêtement]* wrong side, inside; *[papier]* back; *[médaille]* reverse side; *[feuille d'arbre]* underside; *[peau d'animal]* inside. **l'~ et l'endroit** the wrong (side) and the right side; *(fig)* **quand on connaît l'~ du décor** *ou* **du tableau** when you know what is going on underneath it all, when you know the other side of the picture.
(b) **à l'~** *vêtement* inside out; *objet (à la verticale)* upside down, wrong side up; *(à l'horizontale)* the wrong way round, back to front; *(mouvement)* in the wrong way; **il a mis la maison à l'~*** he turned the house upside down *ou* inside out; *(fig)* **tout marche** *ou* **va à l'~** everything is haywire *ou* is upside down, things are going all wrong; *(fig)* **faire qch à l'~** *(à rebours)* to do sth the wrong way round; *(mal)* to do sth all wrong; *(fig)* **elle avait la tête à l'~** her mind was in a whirl; *(Tricot)* **une maille à l'endroit, une maille à l'~** knit one — purl one, one plain — one purl; *V* **monde**.
envi [ãvi] *adv:* **imiter qn à l'~** to vie with one another in imitating sb; **plats appétissants à l'~** dishes each more appetizing *ou* mouth-watering than the last.
enviable [ãvjabl(ə)] *adj* enviable.
envie [ãvi] *nf* (a) ~ **de qch/de faire** *(désir de)* desire for sth/to do; *(grand désir de)* craving for sth/to do; *(besoin de)* need for sth/to do; **avoir** ~ **de** *objet, changement, ami* to want; *(sexuellement) personne* to desire, want; **avoir** ~ **de faire qch** to want to do sth, feel like doing sth; **j'ai** ~ **de ce livre, ce livre me fait** ~ I want *ou* should like that book; **avoir une** ~ **de chocolat** to have a craving *ou* longing for chocolate; **ce gâteau me fait** ~ I like the look of that cake, I fancy *(Brit)* that cake; **cette** ~ **de changement lui passa vite** he soon lost this desire *ou* craving *ou* longing for change; **j'ai** ~ **d'y aller** I feel like going, I should like to go; **il lui a pris l'~ d'y aller** he suddenly felt like *ou* fancied *(Brit)* going there, he suddenly felt the urge to go there; **je vais lui faire passer l'~ de recommencer*** I'll make sure he won't feel like doing that again in a hurry; **avoir bien/presque** ~ **de faire qch** to have a good *ou* great mind/half a mind to do sth; **j'ai** ~ **qu'il s'en aille** I would like him to go away, I wish he would go away; **avoir** ~ **de rire** to feel like laughing; **avoir** ~ **de vomir** to feel sick *ou* like vomiting; **cela lui a donné** (l')~ **de rire** it made him want to laugh; **avoir** ~* *(d'aller aux toilettes)* to need the loo* *ou* the toilet; **être pris d'une** ~ **pressante** to have a sudden urge for the toilet; *V* **mourir**.
(b) *(convoitise)* envy. **mon bonheur lui fait** ~ he envies my happiness, my happiness makes him envious (of me); **ça fait** ~ it makes you envious; **regarder qch avec (un œil d')**~, **jeter des regards d'~ sur qch** to look enviously at sth, cast envious eyes on sth; **digne d'**~ enviable.
(c) *(Anat) (sur la peau)* birthmark; *(autour des ongles)* hangnail.
envier [ãvje] (7) *vt personne, bonheur etc* to envy, be envious of. **je vous envie votre maison** I envy you your house, I wish I had your house *ou* a house like yours, I'm envious of your house; **je vous envie (de pouvoir le faire)** I envy you *ou* I'm envious of you (being able to do it); **ce pays n'a rien à** ~ **au nôtre** *(il est plus riche, grand etc)* that country has no cause to be jealous of us; *(il est aussi retardé, pauvre etc)* that country is just as badly off as we are, there's nothing to choose between that country and ours.

envieusement [ãvjøzmã] *adv* enviously.
envieux, -euse [ãvjø, øz] *adj* envious. **faire des** ~ to excite *ou* arouse envy.
environ [ãviʀɔ̃] **1** *adv* about, or thereabouts, or so. **c'est à 100 km** ~ **d'ici** it's about 100 km from here, it's 100 km or so from here; **il était** ~ **3 heures** it was about 3 o'clock, it was 3 o'clock or thereabouts.
2 *nmpl:* **les** ~**s** the surroundings; **aux** ~**s de 3 heures** (round) about 3 o'clock, 3 o'clock or thereabouts; **aux** ~**s de 10 F** (round) about *ou* in the region of 10 francs, 10 francs or thereabouts *ou* or so; **aux** ~**s** *ou* **dans les** ~**s du château** in the vicinity of *ou* neighbourhood of the castle; **qu'y a-t-il à voir dans les** ~**s?** what is there to see round about here?
environnant, e [ãviʀɔnã, ãt] *adj* surrounding.
environnement [ãviʀɔnmã] *nm* environment. **le Ministère de l'**~ ≃ the Department of the Environment *(Brit)*, the Environmental Protection Agency *(US)*.
environner [ãviʀɔne] (1) *vt* to surround, encircle. **s'**~ **d'experts** to surround o.s. with experts.
envisageable [ãvizaʒabl(ə)] *adj* conceivable.
envisager [ãvizaʒe] (3) *vt (considérer)* to view, envisage, contemplate. **il envisage l'avenir de manière pessimiste** he views *ou* contemplates the future with pessimism, he has a pessimistic view of the future; **nous envisageons des transformations** we are thinking of *ou* envisaging changes; **nous n'avions pas envisagé cela** we hadn't counted on *ou* envisaged that; ~ **de faire** to be thinking of doing, consider *ou* contemplate doing.
envoi [ãvwa] *nm* (a) *(U: V* **envoyer**) sending (off); dispatching; shipment; remittance. **faire un** ~ **de vivres** to send (a consignment of) supplies; **faire un** ~ **de fonds** to remit cash; ~ **contre remboursement** cash on delivery; **l'**~ **des couleurs** the hoisting of the colours.
(b) *(colis)* parcel. ~ **de bouteilles** consignment of bottles; **'**~ **en nombre'** 'mass mailing'.
(c) *(Littérat)* envoi.
envol [ãvɔl] *nm [oiseau]* taking flight *ou* wing; *[avion]* takeoff, taking off; *[âme, pensée]* soaring, flight. **prendre son** ~ *[oiseau]* to take flight *ou* wing; *[pensée]* to soar, take off.
envolée [ãvɔle] *nf:* ~ **oratoire/poétique** flight of oratory/poetry; **l'**~ **des prix** the explosion in prices; **l'**~ **du dollar** the soaring rise in *ou* of the dollar.
envoler (s') [ãvɔle] (1) *vpr [oiseau]* to fly away; *[avion]* to take off; *[chapeau]* to blow off, be blown off; *[feuille, papiers]* to blow away; *[temps]* to fly (past *ou* by); *[espoirs]* to vanish (into thin air); *(*: *disparaître) [portefeuille, personne]* to disappear *ou* vanish (into thin air).
envoûtant, e [ãvutã, ãt] *adj* entrancing, bewitching, spellbinding.
envoûtement [ãvutmã] *nm* bewitchment.
envoûter [ãvute] (1) *vt* to bewitch, cast a spell on. **être envoûté par qn** to be under sb's spell.
envoûteur [ãvutœʀ] *nm* sorcerer.
envoûteuse [ãvutøz] *nf* witch, sorceress.
envoyé, e [ãvwaje] *(ptp de* **envoyer**) **1** *adj* **remarque, réponse (bien)** ~ well-aimed, sharp; **ça, c'est** ~! well said!, well done! **2** *nm,f (gén)* messenger; *(Pol)* envoy; *(Presse)* correspondent. *(Presse)* **notre** ~ **spécial** our special correspondent; **un** ~ **du Ministère** a government official.
envoyer [ãvwaje] (8) **1** *vt* (a) *(expédier) colis, lettre* to send (off); *vœux, amitiés* to send; *(Comm) marchandises* to dispatch, send off; *(par bateau)* to ship; *argent* to send, remit *(Admin)*. ~ **sa démission** to send in *ou* give in one's resignation; ~ **sa candidature** to send in one's *ou* an application; **n'envoyez pas d'argent par la poste** do not send money by post; **envoie-moi un mot** drop me a line*.
(b) *personne, gén* to send; *(en vacances, en commissions)* to send (off) *(chez, auprès de* to); *(en mission) émissaire, troupes* to dispatch, send out. **envoie le petit à l'épicerie/aux nouvelles** send the child to the grocer's/to see if there's any news; **ils l'avaient envoyé chez sa grand-mère pour les vacances** they had sent him (off) *ou* packed him off* to his grandmother's for the holidays; *(fig)* ~ **qn à la mort** to send sb to his death; ~ **qn dans l'autre monde** to dispatch sb, dispose of sb.
(c) *(lancer) pierre* to throw, fling; *(avec force) obus* to fire; *signaux* to send (out); *(Sport) ballon* to send. ~ **des baisers à qn** to blow sb kisses; ~ **des sourires à qn** to smile at sb, give sb smiles; ~ **des œillades à qn** to ogle (at) sb, make eyes at sb; ~ **des coups de pied/poing à qn** to kick/punch sb; **ne m'envoie pas ta fumée dans les yeux** don't blow (your) smoke in(to) my eyes; **il te lui a envoyé dans les dents**‡ *ou* **les gencives**‡ he really let him have it!*; ~ **balader une balle sous le buffet*** to send a ball flying under the sideboard; *(Ftbl)* ~ **le ballon au fond des filets** to put *ou* send the ball into the back of the net; ~ **qn à terre** *ou* **au tapis** to knock sb down, knock sb to the ground, floor sb; ~ **un homme sur la lune** to send a man to the moon; *(Naut)* ~ **par le fond** to send down *ou* to the bottom.
(d) *(Mil)* ~ **les couleurs** to run up *ou* hoist the colours.
(e) *(loc)* ~ **chercher qn/qch** to send for sb/sth; ~ **promener qn*** *ou* **balader qn***, ~ **qn coucher***, ~ **qn sur les roses*** to send sb packing*, send sb about his business; ~ **valser** *ou* **dinguer qch*** to send sth flying*; **il a tout envoyé promener*** he has chucked (up) everything‡, he has chucked the whole thing up‡ *(Brit)*; **il ne le lui a pas envoyé dire*** he gave it to him straight*, he told him straight to his face.
2 s'envoyer‡ *vpr (subir, prendre) corvée* to get stuck* *ou* landed* with; *bouteille* to knock back*; *nourriture* to scoff*. **je m'enverrais des gifles*** I could kick myself*; **s'**~ **une fille*‡** to have it off with a girl‡ *(Brit)*, make it with a girl‡ *ou* ‡; **s'**~ **en l'air*‡** to have it off‡ *(Brit)*, have it‡, get some‡ *(US)*.

envoyeur, -euse [ɑ̃vwajœʀ, øz] *nm, f* sender; *V* **retour.**
enzyme [ɑ̃zim] *nm ou f* enzyme.
Éole [eɔl] *nm* Aeolus.
éolien, -ienne [eɔljɛ̃, jɛn] **1** *adj* wind (*épith*), aeolian (*littér*); *V* **énergie, harpe. 2 éolienne** *nf* windmill, windpump.
éosine [eɔzin] *nf* eosin.
épagneul, e [epaɲœl] *nm, f* spaniel.
épais, -aisse [epɛ, ɛs] **1** *adj* (a) (*gén*), *chevelure, peinture* thick; *neige* thick, deep; *barbe* bushy, thick; *silence* deep; *personne, corps* thickset; *nuit* pitch-black. **cloison** ~se **de 5 cm** partition 5 cm thick; **j'ai la langue** ~se my tongue is furred up (*Brit*) *ou* coated; **au plus** ~ **de la forêt** in the thick *ou* the depths of the forest.
 (**b**) (*péj: inhabile*) *esprit* dull; *personne* dense, thick(headed); *mensonge, plaisanterie* clumsy.
 2 *adv*: **semer** ~ to sow thick *ou* thickly; **il n'y en a pas** ~!‡ there's not much of it!
épaisseur [epɛsœʀ] *nf* (**a**) (*gén*) thickness; [*neige, silence*] depth; (*péj*) [*esprit*] dullness. **la neige a un mètre d'**~ there is a metre of snow, the snow is a metre deep; **prenez deux** ~**s de tissu** take two thicknesses *ou* a double thickness of material; **plier une couverture en double** ~ to fold a blanket double; **dans l'**~ **de la nuit** in the depths of the night.
 (**b**) (*couche*) layer.
épaissir [epesiʀ] (2) **1** *vt substance* to thicken; *mystère* to deepen. **l'air était épaissi par les fumées** the air was thick with smoke; **l'âge lui épaissit les traits** his features are becoming coarse with age; **ce manteau m'épaissit beaucoup** this coat makes me look much broader *ou* fatter.
 2 *vi* to get thicker, thicken. **il a beaucoup épaissi** he has thickened out a lot.
 3 s'épaissir *vpr* [*substance, brouillard*] to thicken, get thicker; [*chevelure, feuillage*] to get thicker; [*ténèbres*] to deepen. **sa taille s'épaissit** his waist is getting thicker, he's getting stouter around the waist; **le mystère s'épaissit** the mystery deepens, the plot thickens.
épaississement [epesismɑ̃] *nm* thickening.
épanchement [epɑ̃ʃmɑ̃] *nm* [*sang*] effusion; [*sentiments*] outpouring. (*Méd*) **avoir un** ~ **de synovie** to have water on the knee.
épancher [epɑ̃ʃe] (1) **1** *vt sentiments* (*irrités*) to give vent to, vent; (*tendres*) to pour forth. **2 s'épancher** *vpr* [*personne*] to open one's heart, pour out one's feelings (*auprès de* to); [*sang*] to pour out.
épandage [epɑ̃daʒ] *nm* (*Agr*) manure spreading, manuring. **champ d'**~ sewage farm.
épandre [epɑ̃dʀ(ə)] (41) **1** *vt* (†, *littér*) *liquide, tendresse* to pour forth (*littér*); (*Agr*) *fumier* to spread. **2 s'épandre** *vpr* (*littér*) to spread.
épanoui, e [epanwi] (*ptp de* **épanouir**) *adj fleur* in full bloom (*attrib*), full *ou* right out (*attrib*); *visage, sourire* radiant, beaming (*épith*); *corps, femme* in full bloom (*attrib*).
épanouir [epanwiʀ] (2) **1** *vt* (*littér*) *fleur* to open out; *branches, pétales* to open *ou* spread out; *visage* to light up.
 2 s'épanouir *vpr* [*fleur*] to bloom, come out, open up *ou* out; [*visage*] to light up; [*personne*] to blossom (out), bloom; [*vase etc*] to open out, curve outwards. **à cette nouvelle il s'épanouit** his face lit up at the news.
épanouissement [epanwismɑ̃] *nm* (*V* **épanouir**) blooming; opening; lighting up; blossoming (out); coming out; opening up. **en plein** ~ in full bloom.
épargnant, e [epaʀɲɑ̃, ɑ̃t] *nm, f* saver, investor.
épargne [epaʀɲ(ə)] *nf* (*somme*) savings. (*vertu*) **l'**~ saving; ~ **de temps/d'argent** saving of time/money; ~ **forcée** forced savings; *V* **caisse.**
épargner [epaʀɲe] (1) *vt* (**a**) (*économiser*) *argent, nourriture, temps* to save. ~ **10 F sur une somme** to save 10 francs out of a sum; ~ **sur la nourriture** to save *ou* make a saving on food; **ils n'ont pas épargné le poivre*** they haven't stinted on *ou* spared the pepper!; ~ **pour ses vieux jours** to save (up) for one's old age, put something aside for one's old age; **je n'épargnerai rien pour le faire** I'll spare nothing to get it done.
 (**b**) (*éviter*) ~ **qch à qn** to spare sb sth; **pour t'**~ **des explications inutiles** to save giving you *ou* to spare you useless explanations; ~ **à qn la honte/le spectacle de** to spare sb the shame/the sight of; **pour m'**~ **la peine de venir** to save *ou* spare myself the bother of coming.
 (**c**) (*ménager*) *ennemi etc* to spare. **l'épidémie a épargné cette région** that region was spared the epidemic.
éparpillement [epaʀpijmɑ̃] *nm* (*action: V* **éparpiller**) scattering; dispersal; distribution; dissipation; (*état*) [*troupes, succursales*] dispersal. **l'**~ **des maisons rendait les communications très difficiles** the houses being so scattered made communications difficult.
éparpiller [epaʀpije] (1) **1** *vt objets* to scatter; *troupes* to disperse; *points de vente* to distribute, scatter; *efforts, talent* to dissipate.
 2 s'éparpiller *vpr* (*gén*) to scatter. **maisons qui s'éparpillent dans la campagne** houses that are dotted about the countryside; **c'est un homme qui s'éparpille beaucoup trop** he's a man who dissipates his efforts too much *ou* who has too many strings to his bow (*Brit*) *ou* who spreads himself too thin.
épars, e [epaʀ, aʀs(ə)] *adj* (*littér*) scattered.
épatamment*† [epatamɑ̃] *adv* capitally*† (*Brit*), splendidly*.
épatant, e*† [epatɑ̃, ɑ̃t] *adj* splendid*, capital*† (*Brit*).
épate* [epat] *nf* (*péj*) **l'**~ showing off*; **faire de l'**~ to show off*.
épaté, e [epate] (*ptp de* **épater**) *adj nez etc* flat-bottomed; *nez* flat.
épatement [epatmɑ̃] *nm* (**a**) [*nez*] flatness. (**b**) (*: *surprise*) amazement.
épater [epate] (1) **1** *vt* (*) (*étonner*) to amaze, stagger*; (*impressionner*) to impress. **pour** ~ **le bourgeois** to shake *ou* shock middle-class attitudes; **pour** ~ **la galerie** to impress people, create

a sensation; **ça t'épate, hein!** how about that!*, what do you think of that!
 2 s'épater *vpr* [*objet, colonne*] to spread out.
épaulard [epolaʀ] *nm* killer whale.
épaule [epol] *nf* (*Anat, Culin*) shoulder. **large d'**~s broad-shouldered; ~ **d'agneau** shoulder of lamb; *V* **changer, hausser, tête.**
épaulé-jeté, e, *pl* **épaulés-jetés** [epoleʒ(ə)te] *nm* clean-and-jerk.
épaulement [epolmɑ̃] *nm* (*mur*) retaining wall; (*rempart*) breastwork, epaulement; (*Géol*) escarpment.
épauler [epole] (1) *vt* (**a**) *personne* to back up, support. **il faut s'**~ **dans la vie** people must help *ou* support each other in life. (**b**) *fusil* to raise (to the shoulder). **il épaula puis tira** he took aim *ou* he raised his rifle and fired. (**c**) (*Tech*) *mur* to support, retain.
épaulette [epolɛt] *nf* (*Mil*) epaulette; (*bretelle*) shoulder strap; (*rembourrage d'un vêtement*) shoulder pad.
épave [epav] *nf* (**a**) (*navire, voiture*) wreck; (*débris*) piece of wreckage, wreckage (*U*); (*déchets*) flotsam (and jetsam) (*U*).
 (**b**) (*Jur: objet perdu*) derelict.
 (**c**) (*fig*) (*restes*) ruin; (*loque humaine*) human wreck. **des** ~**s d'une civilisation autrefois florissante** ruins of a once-flourishing civilization.
épée [epe] *nf* (**a**) sword. ~ **de Damoclès** sword of Damocles; **l'**~ **nue** *ou* **à la main** with drawn sword; *V* **cape, noblesse** *etc*. (**b**) (†: *escrimeur*) swordsman. **bonne** ~ good swordsman.
épéiste [epeist(ə)] *nm* swordsman.
épeler [eple] (4 *ou* 5) *vt mot* to spell; *texte* to spell out.
épépiner [epepine] *vt* to deseed, seed. **raisins épépinés** seedless grapes.
éperdu, e [epɛʀdy] *adj* (**a**) *personne* distraught, overcome. ~ (**de douleur/de terreur**) distraught *ou* frantic *ou* out of one's mind with grief/terror; ~ (**de joie**) overcome *ou* beside o.s. with joy.
 (**b**) *gratitude* boundless; *regard* wild, distraught; *amour* passionate; *fuite* headlong, frantic. **désir/besoin** ~ **de bonheur** frantic desire for/need of happiness.
éperdument [epɛʀdymɑ̃] *adv* *crier, travailler* frantically, desperately; *aimer* passionately, madly. **je m'en moque** ~ I couldn't care less.
éperlan [epɛʀlɑ̃] *nm* (*Zool*) smelt.
éperon [epʀɔ̃] *nm* [*cavalier, coq, montagne*] spur; (*Naut*) [*galère*] ram; [*pont*] cutwater. ~ **rocheux** rocky outcrop *ou* spur.
éperonner [epʀɔne] (1) *vt cheval* to spur (on); *navire* to ram; (*fig*) *personne* to spur on. **botté et éperonné** booted and spurred, wearing boots and spurs.
épervier [epɛʀvje] *nm* (**a**) (*Orn*) sparrowhawk. (**b**) (*filet*) cast(ing) net.
éphèbe [efɛb] *nm* (*Hist*) ephebe; (*iro, péj*) beautiful young man.
éphémère [efemɛʀ] **1** *adj bonheur, succès* ephemeral, fleeting, short-lived, transient; *moment* fleeting, short-lived; *publication* short-lived. **2** *nm* mayfly, ephemera (*T*).
éphéméride [efemeʀid] *nf* (**a**) (*calendrier*) block calendar, tear-off calendar. (**b**) (*Astron: tables*) ~s ephemeris (*sg*).
Éphèse [efɛz] *n* Ephesus.
Éphésien, -ienne [efezjɛ̃, jɛn] **1** *adj* Ephesian. **2** *nm, f*: ~(**ne**) Ephesian.
épi [epi] **1** *nm* (**a**) [*blé, maïs*] ear; [*fleur*] spike; [*cheveux*] tuft. **les blés sont en** ~s the corn is in the ear. (**b**) (*jetée*) groin, groyne. (**c**) **être garé en** ~ to be parked at an angle to the kerb. **2**: **épi de faîtage** finial.
épice [epis] *nf* spice; *V* **pain.**
épicé, e [epise] (*ptp de* **épicer**) *adj viande, plat* highly spiced, spicy; *goût* spicy; (*fig*) *histoire* spicy, juicy*.
épicéa [episea] *nm* spruce.
épicentre [episɑ̃tʀ(ə)] *nm* epicentre.
épicer [epise] (3) *vt* to spice; (*fig*) to add spice to.
épicerie [episʀi] *nf* (*V* **épicier**) grocer's (shop (*Brit*) *ou* store (*US*)); greengrocer's; (*nourriture*) groceries, greengroceries (*Brit*); (*métier*) grocery trade, greengrocery trade (*Brit*). (*Supermarché*) **rayon** ~ grocery stand *ou* counter; **aller à l'**~ to go to the grocer's *ou* grocery; ~ **fine** ≃ delicatessen.
épicier, -ière [episje, jɛʀ] *nm, f* (*Comm*) (*gén*) grocer; (*en fruits et légumes*) greengrocer (*Brit*), grocer (*US*). (*fig, péj*) **d'**~ *idées, mentalité* small-town, parochial.
Épicure [epikyʀ] *nm* Epicurus.
épicurien, -ienne [epikyʀjɛ̃, jɛn] *adj, nm, f* (**a**) (*gourmet*) epicurean. (**b**) (*Philos*) É~(**ne**) Epicurean.
épicurisme [epikyʀism(ə)] *nm* epicureanism.
épidémie [epidemi] *nf* epidemic.
épidémiologie [epidemjɔlɔʒi] *nf* epidemiology.
épidémiologique [epidemjɔlɔʒik] *adj* epidemiological.
épidémique [epidemik] *adj* (*lit*) epidemic; (*fig*) contagious, catching (*attrib*).
épiderme [epidɛʀm(ə)] *nm* epidermis (*T*), skin. **elle a l'**~ **délicat** she has a delicate skin.
épidermique [epidɛʀmik] *adj* (**a**) (*Anat*) skin (*épith*), epidermal (*T*), epidermic (*T*). **blessure** ~ (*surface*) scratch. (**b**) (*fig*) **ce sujet provoque en lui une réaction** ~ he has a gut reaction to *ou* he always has the same immediate reaction to that subject.
épididyme [epididim] *nm* epididymis.
épier [epje] (7) *vt personne* to spy on; *geste* to watch closely; *bruit* to listen out for; *occasion* to be on the look-out for, look (out) for, watch for.
épieu††, *pl* ~**x** [epjø] *nm* (*Mil*) pike; (*Chasse*) hunting-spear.
épigastre [epigastʀ(ə)] *nm* epigastrium.
épiglotte [epiglɔt] *nf* epiglottis.
épigone [epigɔn] *nm* (*Littérat*) epigone.
épigramme [epigʀam] *nf* epigram.

épigraphe [epigʀaf] nf epigraph. **mettre un vers en** ~ to use a line as an epigraph.
épigraphique [epigʀafik] adj epigraphic.
épilation [epilɑsjɔ̃] nf removal of (unwanted) hair.
épilatoire [epilatwaʀ] adj depilatory, hair-removing (épith).
épilepsie [epilɛpsi] nf epilepsy. **crise d'**~ epileptic fit.
épileptique [epilɛptik] adj, nmf epileptic.
épiler [epile] (1) vt jambes to remove the hair from; sourcils to pluck. **elle s'épilait les jambes** she was removing the hair(s) from her legs; **crème à** ~ hair-removing ou depilatory cream.
épilogue [epilɔg] nm (littér) epilogue; (fig) conclusion, dénouement.
épiloguer [epilɔge] (1) vi (parfois péj) to hold forth (sur on), go on* (sur about), expatiate (frm, hum) (sur upon).
épinard [epinaʀ] nm (Bot) spinach. (Culin) ~s spinach (U); V beurre.
épine [epin] nf (a) [buisson] thorn, prickle; [hérisson, oursin] spine, prickle; [porc-épic] quill. ~ **dorsale** backbone; **vous m'enlevez une belle** ~ **du pied** you have got me out of a spot*.
  (b) (arbre) thorn bush. ~ **blanche** hawthorn; ~ **noire** blackthorn.
épinette [epinɛt] nf (a) (Mus) spinet. (b) (Can) spruce. ~ **blanche** white spruce; ~ **noire** black spruce; ~ **rouge** tamarack, hackmatack.
épinettière [epinɛtjɛʀ] nf (Can) spruce ou tamarack grove.
épineux, -euse [epinø, øz] adj plante thorny, prickly; problème thorny, tricky, ticklish; situation tricky, ticklish, sensitive; caractère prickly, touchy.
épinglage [epɛ̃glaʒ] nm pinning.
épingle [epɛ̃gl(ə)] nf pin. ~ **à chapeau** hatpin; ~ **à cheveux** hairpin; **virage en** ~ **à cheveux** hairpin bend (Brit) ou turn (US); ~ **de cravate** tie clip, tiepin; ~ **à linge** clothes peg (Brit) ou pin (US); ~ **de nourrice** ou **de sûreté** safety pin, (grand modèle) nappy (Brit) ou diaper (US) pin; **tirer son** ~ **du jeu** (bien manœuvrer) to play one's game well; (s'en sortir à temps) to extricate o.s.; V **monter**.
épingler [epɛ̃gle] (1) vt (a) (attacher) to pin (on) (à, sur to). ~ **ses cheveux** to pin up one's hair; (Couture) ~ **une robe** to pin up a dress. (b) (‡: arrêter) to nick‡ (Brit), nab*. **se faire** ~ to get nicked‡ (Brit) ou nabbed*.
épinoche [epinɔʃ] nf stickleback.
Épiphanie [epifani] nf: l'~ Epiphany, Twelfth Night; **à l'**~ at Epiphany, on ou at Twelfth Night.
épiphénomène [epifenɔmɛn] nm epiphenomenon.
épiphyse [epifiz] nf epiphysis.
épique [epik] adj (lit, fig) epic; (hum) epic, dramatic.
épiscopal, e, mpl -aux [episkɔpal, o] adj episcopal.
épiscopat [episkɔpa] nm episcopate, episcopacy.
épiscope [episkɔp] nm episcope (Brit), opaque projector (US).
épisode [epizɔd] nm episode. **roman/film à** ~s serial, serialized novel/film.
épisodique [epizɔdik] adj (a) (occasionnel) événement occasional; rôle fleeting, transitory. (b) (secondaire) événement minor, of secondary importance; personnage minor, secondary.
épisodiquement [epizɔdikmã] adv (V **épisodique**) occasionally; fleetingly.
épisser [epise] (1) vt to splice.
épissoir [episwaʀ] nm marlin(e) spike.
épissure [episyʀ] nf splice.
épistémologie [epistemɔlɔʒi] nf (Philos) epistemology; (Sci) epistemics (sg).
épistémologique [epistemɔlɔʒik] adj epistemological.
épistolaire [epistɔlɛʀ] adj style epistolary. **être en relations** ~s **avec qn** to correspond with sb, exchange letters ou correspondence with sb.
épistolier, -ière [epistɔlje, jɛʀ] nm, f (littér) letter writer.
épitaphe [epitaf] nf epitaph.
épithélial, e, mpl -aux [epiteljal, o] adj epithelial.
épithélium [epiteljɔm] nm epithelium.
épithète [epitɛt] nf (a) (Gram) attribute. **adjectif** ~ attributive adjective. (b) (qualificatif) epithet.
épître [epitʀ(ə)] nf epistle.
éploré, e [eplɔʀe] adj (littér) visage bathed in tears; personne tearful, weeping, in tears (attrib); voix tearful.
éployé, e [eplwaje] adj (littér, Hér) spread (out).
épluchage [eplyʃaʒ] nm (V **éplucher**) cleaning; peeling; unwrapping; dissection.
épluche-légume, pl épluche-légumes [eplyʃlegym] nm potato peeler.
éplucher [eplyʃe] (1) vt (a) salade, radis to clean; fruits, légumes, crevettes to peel; bonbon to unwrap. (b) texte, comptes to go over with a fine-tooth comb, dissect.
épluchette [eplyʃɛt] nf (Can) corn-husking bee ou party.
éplucheur, -euse [eplyʃœʀ, øz] nm, f (automatic potato) peeler; (péj) faultfinder.
épluchure [eplyʃyʀ] nf: ~ **de pomme de terre** etc piece of potato etc peeling; ~s peelings.
épointer [epwɛ̃te] (1) vt aiguille etc to blunt. **crayon épointé** blunt pencil.
éponge [epɔ̃ʒ] nf sponge. **passons l'**~! let's let bygones be bygones!, let's forget all about it!; **passons l'**~ **sur cette vieille querelle** let's forget all about that old quarrel!, let's put that old quarrel behind us; **boire comme une** ~ to drink like a fish; ~ **métallique** scouring pad, scourer.
éponger [epɔ̃ʒe] (3) vt liquide to mop ou sponge up; plancher, visage, to mop; (Fin) dette etc to soak up, absorb. **s'**~ **le front** to mop one's brow.
épopée [epɔpe] nf (lit, fig) epic.

époque [epɔk] nf (a) (gén) time. **j'étais jeune à l'**~ I was young at the time; **être de son** ~ to be in tune with one's time; **quelle** ~! what times these are!; **à l'**~ **où nous sommes** in this day and age.
  (b) (Hist) age, era, epoch. **l'**~ **révolutionnaire** the revolutionary era ou age ou epoch; **à l'**~ **des Grecs** at the time of ou in the age of the Greeks; **la Belle É~** the Belle Époque, ≃ the Edwardian Age ou Era; **cette invention a fait** ~ it was an epoch-making invention.
  (c) (Géol) period. **à l'**~ **glaciaire** in the glacial period ou epoch.
  (d) (Art: style) period. **tableaux de la même** ~ pictures of ou from the same period; **meuble d'**~ genuine antique, piece of period furniture.
épouiller [epuje] (1) vt to delouse.
époumoner (s') [epumɔne] (1) vpr (lit, fig) to shout etc o.s. hoarse. **il s'époumonait à chanter** he was singing himself hoarse.
épousailles [epuzaj] nfpl († ou hum) nuptials († ou hum).
épouse [epuz] nf wife, spouse (frm ou hum).
épousée [epuze] nf († ou dial) bride.
épouser [epuze] (1) vt (a) personne to marry, wed†; idée to embrace, espouse (frm); cause to espouse (frm), take up. ~ **une grosse fortune** to marry into money; **il a épousé sa cousine** he married his cousin.
  (b) [robe] to fit; [route, tracé] to follow; (étroitement) to hug.
épouseur† [epuzœʀ] nm suitor†, wooer†.
époussetage [epustaʒ] nm dusting.
épousseter [epuste] (4) vt (nettoyer) to dust; (enlever) to dust ou flick off.
époustouflant, e* [epustuflã, ãt] adj staggering, amazing.
époustoufler* [epustufle] (1) vt to stagger, flabbergast.
épouvantable [epuvãtabl(ə)] adj terrible, appalling, dreadful.
épouvantablement [epuvãtabləmã] adv terribly, appallingly, dreadfully.
épouvantail [epuvãtaj] nm (a) (à oiseaux) scarecrow. (b) (fig: croquemitaine) (personne) bog(e)y; (chose) bugbear. (c) (laideron) fright.
épouvante [epuvãt] nf terror, (great) fear. **saisi d'**~ terrorstricken; **il voyait arriver ce moment avec** ~ with dread he saw the moment approaching; **roman/film d'**~ horror story/film.
épouvanter [epuvãte] (1) vt to terrify, appal, frighten. **s'**~ **de qch** to get frightened at sth.
époux [epu] nm husband, spouse (frm ou hum). **les** ~ the (married) couple, the husband and wife.
éprendre (s') [epʀãdʀ(ə)] (58) vpr (littér) **s'**~ **de** to fall in love with, become enamoured of (littér).
épreuve [epʀœv] nf (a) (essai) test. ~ **de résistance** resistance test; **résister à l'**~ **(du temps)** to stand the test (of time); (fig) ~ **de force** showdown, confrontation; ~ **de vérité** litmus test; **mettre à l'**~ to put to the test; (Tech) **faire l'**~ **d'un métal** to test a metal; V **rude**.
  (b) (malheur) ordeal, trial, hardship. **subir de rudes** ~s to suffer great hardships, undergo great trials ou ordeals.
  (c) (Scol) test. **corriger les** ~s **d'un examen** to mark the examination papers; ~ **orale** oral test; ~ **écrite** written test ou paper.
  (d) (Sport) event. ~ **de sélection** heat; ~ **contre la montre** time trial; ~s **sur piste** track events; ~ **d'endurance** test of endurance.
  (e) (Typ) proof. **première** ~ galley proof; **dernière** ~ final proof; **corriger les** ~s **d'un livre** to proofread a book, correct the proofs of a book.
  (f) (Phot) print; (gravure) proof. ~ **(par) contact** contact print.
  (g) (Hist, initiatique) ordeal. ~s **d'initiation** initiation ordeals ou rites; ~ **du feu** ordeal by fire.
  (h) **à l'**~ **de**: gilet **à l'**~ **des balles** bulletproof vest; **à l'**~ **du feu** fireproof; (fig) **à toute** ~ amitié, foi staunch; mur solid as a rock; **il a un courage à toute** ~ he has unfailing courage, his courage is equal to anything.
épris, e [epʀi, iz] (ptp de **éprendre**) adj (frm) (d'une femme) smitten† (de with), enamoured (de of) (littér), in love (de with). ~ **de travail, idée** in love with.
éprouvant, e [epʀuvã, ãt] adj travail, climat, trying, testing.
éprouvé, e [epʀuve] (ptp de **éprouver**) adj (sûr) moyen, remède well-tried, proven; spécialiste, qualités (well-)proven; ami staunch, true, steadfast.
éprouver [epʀuve] (1) vt (a) (ressentir) sensation, sentiment to feel, experience.
  (b) (subir) perte to suffer, sustain; difficultés to meet with, experience.
  (c) (tester) métal to test; personne to put to the test, test.
  (d) (frm: affliger) to afflict, distress. **très éprouvé par la maladie** sorely afflicted by illness (frm).
éprouvette [epʀuvɛt] nf test tube; V **bébé**.
epsilon [ɛpsilɔn] nm epsilon.
épuisant, e [epɥizã, ãt] adj exhausting.
épuisé, e [epɥize] (ptp de **épuiser**) adj personne, cheval, corps exhausted, worn-out (attrib); énergie spent; (Comm) article sold out (attrib); stocks exhausted (attrib); livre out of print. ~ **de fatigue** exhausted, tired out, worn-out.
épuisement [epɥizmã] nm (gén) exhaustion. **devant l'**~ **de ses finances** seeing that his money was exhausted ou had run out; (Comm) **jusqu'à** ~ **des stocks** while stocks last; **jusqu'à l'**~ **du filon** until the vein is (ou was) worked out; **faire marcher qn jusqu'à (l')**~ to make sb walk till he drops (with exhaustion); **dans un grand état d'**~ in a completely ou an utterly exhausted state, in a state of complete ou utter exhaustion.
épuiser [epɥize] (1) **1** vt personne to exhaust, tire out, wear out; terre, sujet to exhaust; réserves, munitions to use up, exhaust; filon to exhaust, work out; patience to wear out, exhaust; uranium to deplete.

2 s'épuiser *vpr [réserves]* to run out; *[source]* to dry up; *[personne]* to exhaust o.s., wear o.s. out, tire o.s. out *(à faire qch* doing sth). **les stocks s'étaient épuisés** the stocks had run out; **ses forces s'épuisent peu à peu** his strength is gradually failing; **je m'épuise à vous le répéter** I'm wearing myself out repeating this (to you).

épuisette [epɥizɛt] *nf (Pêche)* landing net; *(à crevettes)* shrimping net.

épurateur [epyʀatœʀ] *nm (Tech)* purifier.

épuration [epyʀɑsjɔ̃] *nf (V épurer)* purification; refinement, refining; purge, weeding out.

épure [epyʀ] *nf* working drawing.

épurer [epyʀe] (1) *vt eau, huile* to purify; *langue, goût* to refine; *(Pol: éliminer)* to purge, weed out.

équarrir [ekaʀiʀ] (2) *vt* **(a)** *pierre, tronc* to square (off). **poutre mal équarrie** rough-hewn beam. **(b)** *animal* to quarter.

équarrissage [ekaʀisaʒ] *nm (V équarrir)* squaring (off); quartering. **envoyer à l'~** to send to the knacker's yard *(Brit)*.

équarrisseur [ekaʀisœʀ] *nm* knacker *(Brit)*.

équateur [ekwatœʀ] *nm* equator. **la république de l'É~** Ecuador.

équation [ekwɑsjɔ̃] *nf* equation. **~ du premier degré** simple equation; **~ du second degré** quadratic equation.

équatorial, e, *mpl* **-aux** [ekwatɔʀjal, o] *adj* equatorial.

équatorien, -ienne [ekwatɔʀjɛ̃, jɛn] **1** *adj* Ecuadorian. **2** *nm, f:* **É~(ne)** Ecuadorian.

équerre [ekɛʀ] *nf (pour tracer)* (set) square; *(de soutien)* brace. **double ~** T-square; **en ~** at right angles; **ce tableau n'est pas d'~** this picture isn't straight *ou* level.

équestre [ekɛstʀ(ə)] *adj* equestrian. **centre ~** riding school.

équeuter [ekøte] (1) *vt cerises* to remove the stalk from, pull the stalk off; *fraises* to hull.

équi [ekɥi] *préf* equi. **~ probable/possible** equally probable/possible.

équidé [ekide] *nm* member of the horse family. **les ~s** the Equidae *(T)*.

équidistance [ekɥidistɑ̃s] *nf* equidistance.

équidistant, e [ekɥidistɑ̃, ɑ̃t] *adj* equidistant *(de* between).

équilatéral, e, *mpl* **-aux** [ekɥilateʀal, o] *adj (lit)* equilateral. **ça m'est ~‡** I don't give a damn‡.

équilibrage [ekilibʀaʒ] *nm (Aut) [roues]* balancing.

équilibre [ekilibʀ(ə)] *nm* **(a)** *(gén) [corps, objet]* balance, equilibrium. **perdre/garder l'~** to lose/keep one's balance; **avoir le sens de l'~** to have a (good) sense of balance; **se tenir** *ou* **être en ~ (sur)** *[personne]* to balance (on); *[objet]* to be balanced (on); **mettre qch en ~** to balance sth *(sur* on); **en ~ instable sur le bord du verre** precariously balanced on the edge of the glass; **exercice/tour d'~** balancing exercise/act.

(b) ~ **(mental)** (mental) equilibrium, (mental) stability; **il a su garder (tout) son ~** he managed to remain quite cool-headed; **il manque d'~** he is rather unstable.

(c) *(harmonie) [couple]* harmony; *[activités]* balance, equilibrium.

(d) *(Écon, Pol) [course aux armements]* parity. ~ **budgétaire/ économique** balance in the budget/economy; **budget en ~** balanced budget; **atteindre l'~ financier** to break even (financially); ~ **des pouvoirs** balance of power; ~ **politique** political balance; **l'~ du monde** the world balance of power; ~ **de la terreur** balance of terror.

(e) *(Sci)* equilibrium.

(f) *(Archit, Mus, Peinture)* balance.

équilibré, e [ekilibʀe] *(ptp de* **équilibrer***) adj personne* stable, well-balanced, level-headed; *régime alimentaire* (well-)balanced; *esprit* well-balanced; *vie* well-regulated, regular. **mal ~** unstable, unbalanced.

équilibrer [ekilibʀe] (1) *vt* **(a)** *(contrebalancer) forces, poids, poussée* to counterbalance. **les avantages et les inconvénients s'équilibrent** the advantages and the disadvantages counterbalance each other *ou* cancel each other out.

(b) *(mettre en équilibre) balance* to equilibrate, balance; *charge, embarcation, avion* to balance; *roues* to balance; *(Archit, Art)* to balance.

(c) *(harmoniser) emploi du temps, budget, pouvoirs* to balance.

équilibriste [ekilibʀist(ə)] *nmf (funambule)* tightrope walker; *(fig: jongleur)* juggler.

équille [ekij] *nf* sand eel.

équinoxe [ekinɔks(ə)] *nm* equinox. **marée d'~** equinoctial tide; ~ **de printemps/d'automne** spring/autumn equinox.

équipage [ekipaʒ] *nm* **(a)** *(Aviat)* (air)crew; *(Naut)* crew; *V* **homme, rôle.**

(b) *(*: *attirail)* gear* *(U)*.

(c) *(†) [seigneur, chevaux]* equipage†. ~ **à deux chevaux** carriage and pair; ~ **à quatre chevaux** carriage and four; **en grand ~** in state, in great array.

(d) *(Tech)* equipment *(U)*, gear *(U)*.

équipe [ekip] *nf* **(a)** *(Sport) (gén)* team; *[rameurs]* crew. **jeu ou sport d'~** team game; **jouer en** *ou* **par ~s** to play in teams; **l'~ de France a donné le coup d'envoi** the French team *ou* side kicked off; *V* **esprit.**

(b) *(groupe)* team. ~ **de chercheurs** research team, team of researchers; ~ **de sauveteurs** *ou* **de secours** rescue party *ou* squad *ou* team; ~ **pédagogique** teaching staff; *(Ind)* **l'~ de jour/ de 8 heures** the day/8 o'clock shift; **travailler en** *ou* **par ~s** to work in teams; *(sur un chantier)* to work in gangs; *(Ind)* to work in shifts; **travailler en ~** to work as a team; **faire ~ avec** to team up with; *V* **chef[1].**

(c) *(*, *parfois péj: bande)* bunch*, crew*.

équipée [ekipe] *nf [prisonnier]* escape, flight; *[aventurier]* undertaking, venture; *[promeneur, écolier]* jaunt.

équipement [ekipmɑ̃] *nm* **(a)** *(U: V* **équiper***)* equipment; fitting out; kitting out *(Brit)* (de with).

(b) *(matériel)* equipment, kit *(Brit).* **l'~ complet du skieur** all skiing equipment, the complete skier's kit *(Brit),* 'everything for the skier'.

(c) *(aménagement)* equipment. **l'~ électrique d'une maison** the electrical fittings of a house; **l'~ hôtelier d'une région** the hotel facilities *ou* amenities of a region; **l'~ industriel d'une région** the industrial plant of a region; *(Admin)* **les ~s collectifs** community facilities *ou* amenities; **prime** *ou* **subvention d'~** equipment grant.

équiper [ekipe] (1) *vt troupe* to equip; *local* to equip, fit out; *sportif* to equip, kit out *(Brit),* fit out *(de* with). ~ **industriellement une région** to bring industry into a region; ~ **une machine d'un dispositif de sécurité** to fit a machine out with a safety device; **s'~** *[sportif]* to equip o.s., kit o.s. out *(Brit),* get o.s. kitted out *(Brit).*

équipier, -ière [ekipje, jɛʀ] *nm, f (Sport)* team member.

équitable [ekitabl(ə)] *adj partage, jugement* equitable, fair; *personne* impartial, fair(-minded).

équitablement [ekitabləmɑ̃] *adv* equitably, fairly.

équitation [ekitɑsjɔ̃] *nf* (horse-)riding, equitation *(frm).* **faire de l'~** to go horse-riding.

équité [ekite] *nf* equity.

équivalence [ekivalɑ̃s] *nf* equivalence. **à ~ de prix, ce produit est meilleur** for the equivalent *ou* same price this is the better product; *(Univ)* **diplômes étrangers admis en ~** recognized foreign diplomas; **demande d'~** *request for an equivalent rating of one's degree.*

équivalent, e [ekivalɑ̃, ɑ̃t] **1** *adj* equivalent *(à* to). **ces solutions sont ~es** these solutions are equivalent; **à prix ~, ce produit est meilleur** for the same *ou* equivalent price this is the better product.

2 *nm* equivalent *(de* of). **vous ne trouverez l'~ nulle part** you won't find the *ou* its like *ou* equivalent anywhere.

équivaloir [ekivalwaʀ] (29) *vi (lit) [quantité etc]* to be equivalent *(à* to); *(fig) [effet etc]* to be equivalent *(à* to), amount *(à* to). **ça équivaut à dire que ...** it amounts to *ou* is equivalent to saying that ... .

équivoque [ekivɔk] **1** *adj (ambigu)* equivocal, ambiguous; *(louche)* dubious, questionable. **2** *nf (ambiguïté)* equivocation, ambiguity; *(incertitude)* doubt; *(malentendu)* misunderstanding. **conduite sans ~** unequivocal *ou* unambiguous behaviour; **pour lever l'~** to remove any doubt (on the matter).

érable [eʀabl(ə)] *nm* maple.

érablière [eʀablijɛʀ] *nf* maple grove.

éraflement [eʀaflǝmɑ̃] *nm* scratching.

érafler [eʀafle] (1) *vt* to scratch, graze.

éraflure [eʀaflyʀ] *nf* scratch, graze.

éraillé, e [eʀaje] *(ptp de* **érailler***) adj voix* rasping, hoarse, croaking *(épith); disque* scratchy, scratched.

éraillement [eʀajmɑ̃] *nm [voix]* hoarseness.

érailler [eʀaje] (1) *vt voix* to make hoarse; *(rayer) surface* to scratch. **s'~ la voix** to make o.s. hoarse.

Érasme [eʀasm(ə)] *nm:* ~ **(de Rotterdam)** Erasmus.

erbium [ɛʀbjɔm] *nm* erbium.

ère [ɛʀ] *nf* era. **avant notre** ~ B.C.; **en l'an 1600 de notre** ~ in the year of our Lord 1600, in the year 1600 A.D.; ~ **secondaire/ tertiaire** secondary/tertiary era; **les ~s géologiques** the geological eras.

érectile [eʀɛktil] *adj* erectile.

érection [eʀɛksjɔ̃] *nf* **(a)** *[monument]* erection, raising; *(fig)* establishment, setting-up. **(b)** *(Physiol)* erection. **avoir une** ~ to have an erection.

éreintant, e* [eʀɛ̃tɑ̃, ɑ̃t] *adj travail* exhausting, backbreaking.

éreintement* [eʀɛ̃tmɑ̃] *nm (épuisement)* exhaustion; *(critique)* savage attack *(de* on), slating* *(Brit),* panning*.

éreinter [eʀɛ̃te] (1) *vt* **(a)** *(épuiser) animal* to exhaust; *(*) personne* to shatter*, wear out. **être éreinté*** to be shattered* *ou* all in* *ou* worn out; **s'~ à faire qch** to wear o.s. out doing sth. **(b)** *(critiquer) auteur, œuvre* to pull to pieces, slate* *(Brit),* pan*, slam*.

érésipèle [eʀezipɛl] *nm* = **érysipèle.**

erg [ɛʀg] *nm (Géog, Phys)* erg.

ergatif, -ive [ɛʀgatif, iv] *adj construction* ergative.

ergonome [ɛʀgɔnɔm] *nmf* ergonomist.

ergonomie [ɛʀgɔnɔmi] *nf* ergonomics *(sg).*

ergonomique [ɛʀgɔnɔmik] *adj* ergonomic(al).

ergonomiste [ɛʀgɔnɔmist(ə)] *nmf* ergonomist.

ergot [ɛʀgo] *nm* **(a)** *[coq]* spur; *[chien]* dewclaw. *(fig)* **monter** *ou* **se dresser sur ses ~s** to get one's hackles up. **(b)** *[blé etc]* ergot. **(c)** *(Tech)* lug.

ergotage [ɛʀgɔtaʒ] *nm* quibbling *(U),* cavilling *(U),* petty argument.

ergoter [ɛʀgɔte] (1) *vi* to quibble *(sur* about), cavil *(sur* at).

ergoteur, -euse [ɛʀgɔtœʀ, øz] *nm, f* quibbler, hairsplitter*.

ergothérapeute [ɛʀgɔteʀapøt] *nmf* occupational therapist.

Érié [eʀje] *n:* **le lac** ~ Lake Erie.

ériger [eʀiʒe] (3) *vt (frm) monument, bâtiment* to erect; *société etc* to set up, establish. ~ **ses habitudes en doctrine** to raise one's habits to the status of a doctrine; ~ **un criminel en héros** to set a criminal up as a hero; **il s'érige en maître** he sets himself up as a master.

ermitage [ɛʀmitaʒ] *nm (d'ermite)* hermitage; *(fig)* retreat.

ermite [ɛʀmit] *nm* hermit.

éroder [eʀɔde] (1) *vt* to erode.

érogène [eʀɔʒɛn] *adj* erogenous.

Éros [eʀɔs] *nm (Myth)* Eros. *(Psych)* **l'é~** Eros.

érosif, -ive [eʀɔzif, iv] *adj* erosive.

érosion [erozjɔ̃] *nf* (*lit, fig*) erosion.
érotique [erɔtik] *adj* erotic.
érotiquement [erɔtikmɑ̃] *adv* erotically.
érotisation [erɔtizasjɔ̃] *nf* eroticization.
érotiser [erɔtize] (1) *vt* to eroticize.
érotisme [erɔtism(ə)] *nm* eroticism.
érotomane [erɔtɔman] *nmf* erotomaniac.
errance [erɑ̃s] *nf* (*littér*) wandering, roaming.
errant, e [erɑ̃, ɑ̃t] **1** *adj* (*gén*) wandering. **chien ~** stray dog; *V* **chevalier, juif. 2** *nm,f* (*littér*) wanderer, rover.
errata [erata] *nm inv* errata.
erratique [eratik] *adj* (*Géol, Méd*) erratic.
erratum [eratɔm] *nmsg* erratum.
errements [ermɑ̃] *nmpl* (*littér*) erring ways, bad habits.
errer [ere] (1) *vi* (*littér*) (a) [*voyageur*] to wander, roam; [*regard*] to rove, roam, wander (*sur* over); [*pensée*] to wander, stray. **un sourire errait sur ses lèvres** a smile hovered on *ou* flitted across his lips. (b) (*se tromper*) to err.
erreur [erœr] *nf* (a) (*gén*) mistake, error; (*Statistique*) error. **~ matérielle** *ou* **d'écriture** clerical error; **~ de calcul** mistake in calculation, miscalculation; **~ de date** mistake in the date; **faire une ~ de date** to make a mistake in *ou* be mistaken about the date; **~ d'impression, ~ typographique** misprint, typographical error; **~ de sens** wrong meaning; **~ de traduction** mistranslation; **~ (de) tactique** tactical error; **~ de fait/de jugement** error of fact/of judgment.
(b) (*loc*) **par suite d'une ~** due to an error *ou* a mistake; **sauf ~** unless I'm (very much) mistaken; **par ~** by mistake; **~ profonde!, grave ~!** that's (just) where you're (*ou* he's *etc*) wrong!, you are (*ou* he is *etc*) very much mistaken (there)!; **commettre** *ou* **faire une ~** to make a mistake *ou* an error (*sur* about); **faire ~, tomber dans l'~** to be wrong *ou* mistaken; **être dans l'~** to be mistaken, be under a misapprehension *ou* delusion; **il y a ~, ce n'est pas lui** there's been a mistake *ou* there's some mistake — it isn't him; **ce serait une ~ de croire que ...** it would be a mistake *ou* be wrong to think that ...; **you would be mistaken in thinking that ...; l'~ est humaine** to err is human; **il y a a ~ sur la personne** you've *etc* got the wrong person.
(c) (*dérèglements*) **~s** errors, lapses; **~s de jeunesse** mistakes of youth, youthful indiscretions; **retomber dans les ~s du passé** to lapse (back) into bad habits.
(d) (*Jur*) **~ judiciaire** miscarriage of justice.
erroné, e [erɔne] *adj* erroneous.
erronément [erɔnemɑ̃] *adv* erroneously.
ersatz [erzats] *nm* (*lit, fig*) ersatz, substitute. **~ de café** ersatz coffee.
erse¹ [ers(ə)] *nm, adj* (*Ling*) Erse.
erse² [ers(ə)] *nf* (*Naut*) grommet.
éructation [eryktasjɔ̃] *nf* (*frm*) eructation (*frm*).
éructer [erykte] (1) *vi* (*frm*) to eructate (*frm*).
érudit, e [erydi, it] **1** *adj* erudite, learned, scholarly. **2** *nm,f* erudite *ou* learned person, scholar.
érudition [erydisjɔ̃] *nf* erudition, scholarship.
éruptif, -ive [eryptif, iv] *adj* eruptive.
éruption [erypsjɔ̃] *nf* eruption. **entrer en ~** to erupt.
érysipèle [erizipɛl] *nm* erysipelas.
érythème [eritɛm] *nm* rash. **~ fessier** nappy (*Brit*) *ou* diaper (*US*) rash.
érythrocyte [eritrɔsit] *nm* erythrocyte.
ès [ɛs] *prép*: **licencié ~ lettres/sciences** ≃ Bachelor of Arts/Science; **docteur ~ lettres** ≃ Ph.D.; **membre ~-qualités** ex officio member.
Ésaü [ezay] *nm* Esau.
esbigner (s') [ɛsbiɲe] (1) *vpr* to skedaddle*, clear off*.
esbroufe [ɛsbruf] *nf*: **faire de l'~** to shoot a line; **il essaie de nous la faire à l'~** he's shooting us a line, he's bluffing.
esbroufeur, -euse [ɛsbrufœr, øz] *nm,f* hot air merchant (*Brit*), big talker*.
escabeau, pl ~x [ɛskabo] *nm* (*tabouret*) (wooden) stool; (*échelle*) stepladder, pair of steps (*Brit*). **tu me prêtes ton ~?** may I borrow your steps (*Brit*)? *ou* your stepladder?
escadre [ɛskadr(ə)] *nf* (*Naut*) squadron. (*Aviat*) **~ (aérienne)** wing.
escadrille [ɛskadrij] *nf* (*Aviat*) flight, ≃ squadron. **~ de chasse** fighter squadron.
escadron [ɛskadrɔ̃] *nm* (*Mil*) squadron; (*fig: bande*) bunch*, crowd. **~ de gendarmerie** platoon of gendarmes; **~ de la mort** death squad.
escalade [ɛskalad] *nf* (a) (*action: V* **escalader**) climbing; scaling. **partir faire l'~ d'une montagne** to set off to climb a mountain.
(b) (*Sport*) **l'~** (rock) climbing (*U*); **une belle ~** a beautiful (rock) climb.
(c) (*Pol, gén: aggravation*) escalation. **l'~ de la violence** an escalation of violence; **pour éviter l'~** to avoid an escalation.
escalader [ɛskalade] (1) *vt* **montagne** to climb; **mur** to climb, scale; (*Hist*) **forteresse** to scale.
escalator [ɛskalatɔr] *nm* escalator.
escale [ɛskal] *nf* (a) (*endroit*) (*Naut*) port of call; (*Aviat*) stop. **faire ~ à** (*Naut*) to call at, put in at; (*Aviat*) to stop over at.
(b) (*temps d'arrêt*) (*Naut*) call; (*Aviat*) stop(over); (*brève*) touchdown. **vol sans ~** nonstop flight; **faire une ~ de 5 heures à Marseille** (*Naut*) to put in at Marseilles for 5 hours; (*Aviat*) to stop (over) at Marseilles for 5 hours; (*Aviat*) **~ technique** refuelling stop.
escalier [ɛskalje] *nm* (*marches*) stairs; (*à l'extérieur*) stairs, steps; (*cage*) staircase, stairway. **dans l'~** *ou* **les ~s** on the stairs; **~ d'honneur** main staircase *ou* stairway, main stairs; **~ de service**

backstairs; **l'~ de service donne sur la cour** the backstairs come out into the yard; **~ mécanique** *ou* **roulant** escalator, **~ en colimaçon** spiral staircase; **~ de secours** fire escape; (*Ski*) **montée en ~** side-stepping (*U*); *V* **dérobé, esprit.**
escalope [ɛskalɔp] *nf* escalope.
escamotable [ɛskamɔtabl(ə)] *adj* **train d'atterrissage, antenne** retractable; **lit, siège** collapsible, foldaway (*épith*); **escalier** foldaway (*épith*).
escamotage [ɛskamɔtaʒ] *nm* (*V* **escamoter**) conjuring away; evading; getting *ou* skirting round; dodging; skipping; filching*, pinching*; retraction.
escamoter [ɛskamɔte] (1) *vt* (a) (*faire disparaître*) **cartes** *etc* to conjure away.
(b) (*fig*) **difficulté** to evade, get round, skirt round; **question** to dodge, evade; **mot** to skip.
(c) (*: voler*) **portefeuille** to filch*, pinch*.
(d) **train d'atterrissage** to retract.
escamoteur, -euse [ɛskamɔtœr, øz] *nm,f* (*prestidigitateur*) conjurer.
escampette* [ɛskɑ̃pɛt] *nf V* **poudre.**
escapade [ɛskapad] *nf* [*écolier*] **faire une ~** to run away *ou* off, do a bunk (*Brit*); **on a fait une petite ~ pour le week-end** we went off on a jaunt for the weekend.
escarbille [ɛskarbij] *nf* bit of grit.
escarboucle [ɛskarbukl(ə)] *nf* (*pierre*) carbuncle.
escarcelle† [ɛskarsɛl] *nf* moneybag.
escargot [ɛskargo] *nm* snail. **avancer comme un ~** *ou* **à une allure d'~** to go at a snail's pace; (*manifestation*) **opération ~** lorry drivers' go-slow.
escargotière [ɛskargɔtjɛr] *nf* (*parc*) snailery; (*plat*) snail-dish.
escarmouche [ɛskarmuʃ] *nf* (*lit, fig*) skirmish.
escarpé, e [ɛskarpe] *adj* steep.
escarpement [ɛskarpəmɑ̃] *nm* (*côte*) steep slope, escarpment (*T*); (*raideur*) steepness. (*Géol*) **~ de faille** fault scarp.
escarpin [ɛskarpɛ̃] *nm* low-fronted shoe, court shoe (*Brit*).
escarpolette† [ɛskarpɔlɛt] *nf* (*balançoire*) swing; (*Alpinisme*) etrier (*Brit*), stirrup (*US*).
escarre, eschare [ɛskar] *nf* bedsore.
Escaut [ɛsko] *nm*: **l'~** the Scheldt.
Eschyle [eʃil] *nm* Aeschylus.
escient [ɛsjɑ̃] *nm*: **à bon ~** advisedly; **à mauvais ~** ill-advisedly.
esclaffer (s') [ɛsklafe] (1) *vpr* (*frm, hum*) to burst out laughing, guffaw.
esclandre [ɛsklɑ̃dr(ə)] *nm* (*scandale*) scene. **faire** *ou* **causer un ~** to make a scene.
esclavage [ɛsklavaʒ] *nm* (*lit*) (*état*) slavery, bondage (*littér*); (*système, fig*) slavery. **réduire en ~** to enslave; **tomber en ~** to become enslaved; (*fig*) **c'est de l'~!** it's sheer slavery.
esclavagisme [ɛsklavaʒism(ə)] *nm* proslavery.
esclavagiste [ɛsklavaʒist(ə)] **1** *adj* proslavery (*épith*). **états ~s** slave states. **2** *nmf* proslaver.
esclave [ɛsklav] *nmf* slave (*de qn/qch* to sb/sth). **~ de la mode** slave of fashion; **vie d'~** slave's life, life of slavery; **être l'~ d'une habitude** to be a slave to habit; **devenir l'~ d'une femme** to become enslaved to a woman; **se rendre ~ de qch** to become a slave to sth.
escogriffe [ɛskɔgrif] *nm*: **(grand) ~** (great) beanpole*.
escomptable [ɛskɔ̃tabl(ə)] *adj* (*Banque*) discountable.
escompte [ɛskɔ̃t] *nm* (*Banque*) discount.
escompter [ɛskɔ̃te] (1) *vt* (*Banque*) to discount; (*fig*) to expect. **~ faire** to expect to do sth, reckon *ou* count on doing sth.
escopette† [ɛskɔpɛt] *nf* blunderbuss.
escorte [ɛskɔrt(ə)] *nf* (*gén, Mil, Naut*) escort; (*suite*) escort, retinue. (*fig*) **(toute) une ~ de** a whole train *ou* suite of; **sous bonne ~** under escort; **faire ~ à** to escort.
escorter [ɛskɔrte] (1) *vt* to escort.
escorteur [ɛskɔrtœr] *nm* escort (ship).
escouade [ɛskwad] *nf* (*Mil*) squad; [*ouvriers*] gang, squad; (*fig: groupe de gens*) group, squad.
escrime [ɛskrim] *nf* fencing. **faire de l'~** to fence.
escrimer (s')* [ɛskrime] (1) *vpr*: **s'à faire qch** to wear *ou* knock* o.s. out doing sth; **s'~ sur qch** to struggle away at sth.
escrimeur, -euse [ɛskrimœr, øz] *nm,f* (*Sport*) fencer.
escroc [ɛskro] *nm* crook, swindler, shark, con man.
escroquer [ɛskrɔke] (1) *vt* to swindle, con. **~ qch à qn** to swindle sb out of sth, swindle *ou* con sth out of sb.
escroquerie [ɛskrɔkri] *nf* (*gén*) swindle, swindling (*U*); (*Jur*) fraud. **être victime d'une ~** to be a victim of fraud; **c'est de l'~** it's a rip-off *ou* a swindle.
Esculape [ɛskylap] *nm* Aesculapius.
esgourde†* [ɛsgurd(ə)] *nf* ear, lug* (*Brit*).
Ésope [ezɔp] *nm* Aesop.
ésotérique [ezɔterik] *adj* esoteric.
ésotérisme [ezɔterism(ə)] *nm* esotericism.
espace [ɛspas] *nm* (*Art, Philos, Phys, Typ, gén*) space. (*Phys*) **~-temps** space-time; **~ de temps** space of time, interval (of time); **avoir assez d'~ pour bouger/vivre** to have enough room to move/live; **manquer d'~** to lack space, be short of space *ou* room, be cramped for space; **laisser de l'~ (entre)** to leave some space (between); **laisser un ~ (entre)** to leave a space *ou* gap (between); **en l'~ de 3 minutes** within the space of 3 minutes; **~ parcouru** distance covered; **~s verts** parks, green spaces *ou* areas; **~ vital** living space; **dans l'~ intersidéral** in deep space.
espacement [ɛspasmɑ̃] *nm* (*action*) spacing out; (*résultat*) spacing. **devant l'~ de ses visites** since his visits were (*ou* are *etc*) becoming more infrequent *ou* spaced out, in view of the increasing infrequency of his visits.

espacer [ɛspase] (3) **1** vt objets to space out; visites to space out, make less frequent. **2 s'espacer** vpr [visites, symptômes] to become less frequent.
espadon [ɛspadɔ̃] nm swordfish.
espadrille [ɛspadʀij] nf rope-soled sandal, espadrille.
Espagne [ɛspaɲ] nf Spain; V château, grand.
espagnol, e [ɛspaɲɔl] **1** adj Spanish. **2** nm (Ling) Spanish. **3** nm: E~ Spaniard; les E~s the Spanish, the Spaniards. **4 Espagnole** nf Spanish woman, Spaniard.
espagnolette [ɛspaɲɔlɛt] nf (window) catch (as on a continental casement window). fenêtre fermée à l'~ window half-shut (resting on the catch).
espalier [ɛspalje] nm espalier. arbre en ~ espalier (tree).
espar [ɛspaʀ] nm (Naut) spar.
espèce [ɛspɛs] nf **(a)** (Bio) species. ~s species; ~ humaine human race; V propagation.
(b) (sorte) sort, kind, type. de toute ~ of all kinds ou sorts ou types; ça n'a aucune ~ d'importance that is of absolutely no importance ou not of the slightest importance; c'était une ~ d'église it was a kind ou sort of church, it was a church of sorts (péj); formant des ~s de guirlandes making (up) sort of ou kind of festoons, making (up) something resembling ou like festoons; un voyou de la plus belle ~ ou de la pire ~ a hoodlum of the worst kind ou sort.
(c) (péj) une ou un ~ d'excentrique est venu* some eccentric turned up; qu'est-ce que c'est que cette ou cet ~ de crétin?* who's this stupid twit?‡ ou idiot?; ~ de maladroit! you clumsy clot* (Brit) ou oaf!*
(d) (Fin) ~s cash; versement en ~s payment in cash ou in specie (T); (†, hum) en ~s sonnantes et trébuchantes in coin of the realm (hum).
(e) (Philos, Rel) species. les Saintes ~s the Eucharistic ou sacred species; V communier.
(f) (frm, littér) en l'~ in the case in point; V cas.
espérance [ɛspeʀɑ̃s] nf **(a)** (espoir) hope, expectation(s). (Rel, gén) l'~ hope; dans ou avec l'~ de vous voir bientôt hoping to see you soon, in the hope of seeing you soon; contre toute ~ against all expectations ou hope, contrary to expectation(s); ~s trompeuses false hopes; donner de grandes ~s to be very promising, show great promise; avoir de grandes ~s to have great prospects; les plus belles ~s lui sont ouvertes he has excellent prospects; bâtir ou fonder des ~s sur to build ou found one's hopes on; mettre son ~ ou ses ~s en ou dans to put one's hopes in, pin one's hopes on; avoir l'~ de pouvoir ... to be hopeful that one will be able to ..., be hopeful of being able to ...; garder l'~ de pouvoir ... to remain hopeful of being able to ..., remain hopeful that one will be able to ..., hold on to the hope of being able to ....
(b) (sujet d'espoir) hope. c'est là toute mon ~ that is my greatest hope, it's what I hope for most, that's what I'm pinning all my hopes on; vous êtes toute mon ~ you are my only hope.
(c) (Sociol) ~ de vie life expectancy, expectation of life.
(d) († ou hum: financières) ~s expectations; il a de belles ~s du côté de sa tante he has great expectations of an inheritance from his aunt.
espérantiste [ɛspeʀɑ̃tist(ə)] adj, nmf Esperantist.
espéranto [ɛspeʀɑ̃to] nm Esperanto.
espérer [ɛspeʀe] (6) **1** vt (souhaiter) succès, récompense, aide to hope for. ~ réussir to hope to succeed; ~ que to hope that; nous ne vous espérions plus we'd given up (all) hope of seeing you ou of your coming; je n'en espérais pas tant I wasn't hoping ou I hadn't dared to hope for as much; viendra-t-il? — je l'espère (bien) ou j'espère (bien) will he come? — I (certainly) hope so; ceci (nous) laisse ou fait ~ un succès rapide this gives us hope ou makes us hopeful of quick success ou allows us to hope for quick success; n'espérez pas qu'il change d'avis there is no point in hoping he'll change his mind; j'espère bien n'avoir rien oublié I hope I haven't forgotten anything.
2 vi (avoir confiance) to have faith. il faut ~ you must have faith; ~ en Dieu, honnêteté de qn, bienfaiteur to have faith in, trust in.
espiègle [ɛspjɛgl(ə)] **1** adj enfant mischievous, impish; air roguish, mischievous. **2** nmf imp, monkey.
espièglerie [ɛspjɛgləʀi] nf **(a)** (caractère: V espiègle) mischievousness; impishness; roguishness. **(b)** (tour) piece of mischief, prank, monkey trick (Brit).
espion, -onne [ɛspjɔ̃, ɔn] nm, f spy.
espion(n)ite [ɛspjɔnit] nf spy mania.
espionnage [ɛspjɔnaʒ] nm espionage, spying. film/roman d'~ spy film/novel ou thriller; ~ industriel industrial espionage.
espionner [ɛspjɔne] (1) vt personne, actions to spy (up)on, keep a close watch on. ~ pour le compte de qn to spy for sb.
esplanade [ɛsplanad] nf esplanade.
espoir [ɛspwaʀ] nm **(a)** (espérance) hope. ~s chimériques wild hopes; dans l'~ de vous voir bientôt hoping to see you soon, in the hope of seeing you soon; avoir l'~/le ferme ~ que to be hopeful/very hopeful that; il n'y a plus d'~ (de faire) all hope is lost ou there's no longer any hope (of doing); avoir bon ~ de faire/que to have great hopes of doing/that, be confident of doing/that; reprendre ~ to (begin to) feel hopeful again, take heart once more; sans ~ amour, situation hopeless; aimer sans ~ to love without hope; V lueur, rayon.
(b) (sujet d'espérance) hope. vous êtes mon dernier ~ you are my last hope; les jeunes ~s du ski/de la chanson the young hopefuls of the skiing/singing world; un des grands ~s de la boxe française one of the great hopes in French boxing, one of France's great boxing hopes.
esprit [ɛspʀi] **1** nm **(a)** (gén: pensée) mind. l'~ humain the mind of man, the human mind ou intellect; se reporter en ~ ou par l'~ à

to cast one's mind back to; avoir l'~ libre to have an open mind, be open-minded; avoir l'~ large/étroit to be broad-/narrow-minded; avoir l'~ vif to be quick-witted, have a lively mind; à l'~ lent slow-witted; vivacité/lenteur d'~ quickness/slowness of wit ou mind; avoir l'~ clair to have a clear head ou mind; avoir l'~ mal tourné to have a dirty mind; il a l'~ ailleurs his mind is elsewhere ou on other things; où ai-je l'~? I'm miles away!, what am I thinking of ?; il n'a pas l'~ à rire I'm not in the mood for laughing; dans mon ~ ça voulait dire to my mind it meant; (hum) l'~ est fort, mais la chair est faible the spirit is willing but the flesh is weak; il m'est venu à l'~ que that it crossed my mind that, it occurred to me that; (Prov) un ~ sain dans un corps sain mens sana in corpore sano, a sound mind in a healthy body; V disposition, état, faible etc.
(b) (humour) wit. avoir de l'~ to be witty; faire de l'~ to try to be witty ou funny; manquer d'~ to lack sparkle ou wit; V femme, mot, trait etc.
(c) (être humain) son pouvoir sur les ~s/jeunes ~s his power over people's minds/young minds, his power over people/young people; c'est un ~ subtil he is a shrewd man, he has a shrewd mind; un de nos plus grands ~s one of our greatest minds; V beau, grand, mauvais.
(d) (Rel, Spiritisme) spirit. ~, es-tu là? is (there) anybody there?; je ne suis pas un pur ~ I'm flesh and blood (and I have to eat); il joue les ~s forts he claims to be a rational man.
(e) (loi, époque, texte) spirit.
(f) (aptitude) avoir l'~ mathématique/d'analyse/d'entreprise to have a mathematical/an analytical/an enterprising mind; avoir l'~ des affaires to have a good head for business; avoir l'~ critique to be critical, take a critical attitude; avoir l'~ de critique to like criticizing for its own sake; avoir le bon ~ de to have enough sense to, have the (good) sense to.
(g) (attitude) spirit. l'~ de cette classe ou qui règne dans cette classe me déplaît I do not like the (general) attitude of this class; ~ de révolte/sacrifice spirit of rebellion/sacrifice; dans un ~ de conciliation in a spirit of conciliation; faire preuve de mauvais ~ to be a disruptive ou disturbing influence; comprenez l'~ dans lequel je le dis you must understand the spirit in which I say it.
2: (Méd) esprits animaux† animal spirits; esprit d'à-propos ready wit; esprit de caste class consciousness; (péj) esprits chagrins faultfinders; esprit de chapelle cliquishness; esprit de clan clannishness; esprit de clocher parochialism; esprit de compétition competitive spirit; esprit de contradiction argumentativeness; esprit de corps esprit de corps; esprit d'équipe team spirit; avoir l'esprit d'escalier to be slow on the repartee; esprit de famille family feeling; (péj) clannishness; esprit frappeur spirit-rapper; esprit malin ou du mal evil spirit; (Rel) l'Esprit Saint the Holy Spirit ou Ghost; esprit-de-sel spirits of salt; esprit de suite consistency (of thought); esprit de système methodical ou systematic mind; esprit-de-vin spirits of wine.
esquif [ɛskif] nm (littér) skiff. frêle ~ frail barque (littér).
esquille [ɛskij] nf splinter (of bone).
esquimau, -aude, mpl ~x [ɛskimo, od] **1** adj Eskimo. chien ~ husky. **2** nm (Ling) Eskimo; (glace) choc-ice (Brit), Eskimo (US); (chien) husky. **3** nm, f: E~(de) Eskimo.
esquintant, e‡ [ɛskɛ̃tɑ̃, ɑ̃t] adj exhausting. un travail ~ an exhausting job, a job that (really) takes it out of you*.
esquinter* [ɛskɛ̃te] (1) **1** vt **(a)** (abîmer) objet to mess up*; yeux, santé to do in*, ruin; adversaire to beat up, bash up*; voiture to smash up. se faire ~ par une voiture [automobiliste] to have ou get one's car bashed* ou smashed into by another; [cycliste, piéton] to get badly bashed up* by a car; (Aut) aile esquintée damaged ou dented wing; vieux rateau tout esquinté battered old rake.
(b) (critiquer) film, livre to pull to pieces, slate* (Brit), pan*, slam*.
2 s'esquinter vpr to tire ou knock* o.s. out. s'~ à travailler to work o.s. to death, work o.s. into the ground; s'~ à étudier to beat one's brains out* studying, work o.s. into the ground studying; s'~ les yeux (à lire) to strain ones eyes (reading).
esquisse [ɛskis] nf (Peinture) sketch; (fig) [projet] outline, sketch; [geste, sourire] beginnings, suggestion.
esquisser [ɛskise] (1) vt (Peinture) to sketch (out); (fig) projet to outline, sketch; atmosphère to evoke. ~ un geste to make the merest suggestion of a gesture, half-make a gesture; un certain progrès commence à s'~ one can begin to detect some progress.
esquive [ɛskiv] nf (Boxe) dodge; (fig: en politique etc) evasion, side-stepping (U). (fig) passé maître dans l'art de l'~ past master in the art of sidestepping ou dodging his opponents ou the issue.
esquiver [ɛskive] (1) **1** vt coup, question, personne to dodge, evade, elude; obligation to shirk, dodge; difficulté to evade, get round, skirt round. **2 s'esquiver** vpr to slip ou sneak away.
essai [ese] nm **(a)** (mise à l'épreuve) [produit] testing; [voiture] trying out, testing. (Aut, Aviat: tests techniques) ~s trials; ~s de résistance resistance tests; (Course automobile) ~s practice; venez faire l'~ de notre nouveau modèle come and test drive ou try (out) our new model; prendre qn à l'~ to take sb on for a trial period ou on a trial basis; il a été pris à l'~ he's been taken on for a trial period; mettre à l'~ to test (out), put to the test; V balance, banc, bout etc.
(b) (première utilisation) l'~ de ce produit n'a pas été convaincant this product didn't prove very satisfactory when it was tried out; faire l'~ d'un produit to try out a product.
(c) (tentative) attempt, try; (Sport) attempt. ~ raté failed attempt; faire plusieurs ~s to have several tries, make ou have several attempts; faire des ~s infructueux to make fruitless attempts; où en sont tes ~s de plantations? how are your efforts at

growing things *ou* your attempts in the garden progressing?; **ce n'est pas mal pour un premier** ~ that's not bad for a first try *ou* attempt *ou* go *ou* shot; *[compagne pétrolière]* **se livrer à des forages d'**~ to test drill.
   (d) *(Rugby)* try. **marquer un** ~ to score a try.
   (e) *(Littérat)* essay.
   (f) *(Tech) [or, argent]* assay.
essaim [esɛ̃] *nm (lit, fig)* swarm. *(fig)* ~ **de jeunes filles/de vieilles femmes** bevy *ou* gaggle of girls/of old women.
essaimage [esema3] *nm (V* **essaimer)** swarming; scattering; spreading, expansion.
essaimer [eseme] *vi (lit)* to swarm; *(fig) [famille]* to scatter; *[firme]* to spread, expand.
essayage [esɛja3] *nm (Couture)* fitting, trying on; *V* **cabine, salon.**
essayer [eseje] (8) **1** *vt* **(a)** *(mettre à l'épreuve) produit* to test (out), try (out); *voiture* to test; *[client]* to test drive, try (out). **venez** ~ **notre nouveau modèle** come and test drive *ou* try (out) our new model; *(fig)* ~ **sa force/son talent** to try *ou* test one's strength/skill.
   (b) *(utiliser pour la première fois) voiture, produit* to try (out). **avez-vous essayé le nouveau boucher?*** have you tried the new butcher('s)?
   (c) *vêtement* to try on. **il faut que je vous l'essaie** I must try it on you.
   (d) *(tenter) méthode* to try. ~ **de faire** to try *ou* attempt to do; **as-tu essayé les petites annonces?** have you tried the classified ads?, have you tried putting something in the classified ads?; **essaie de le faire** try to do it, try and do it; **il a essayé de s'échapper** he attempted *ou* tried to run away; **je vais** ~ I'll try, I'll have a go *ou* a try *ou* a shot (at it); **essaie un peu pour voir** (*: *si tu y arrives*) have a try *ou* a go and see; (*: *si tu l'oses*) just you try!*, just let me see you try it!; **n'essaie pas de ruser avec moi** don't try being clever with me, don't try it on with me* *(Brit).*
   (e) *(Tech) or, argent* to assay.
  2 s'essayer *vpr:* **s'**~ **à qch/à faire** to try one's hand at sth/at doing, have a go at sth/at doing.
essayeur, -euse [esɛjœʀ, øz] *nm,f (Couture)* fitter; *(Tech)* assayer.
essayiste [esejist(ə)] *nmf* essayist.
esse [ɛs] *nf (crochet)* hook; *(goupille)* linchpin.
essence¹ [esɑ̃s] **1** *nf* **(a)** *(carburant)* petrol *(Brit)*, gas(oline) *(US)*; *(solvant)* spirit. ~ **ordinaire** two-star petrol *(Brit)*, regular gas *(US)*; ~ **sans plomb** lead-free petrol *(Brit)*, unleaded gas *(US)*; **à** ~ petrol-driven *(Brit)*, gasoline-powered *(US)*; *V* **distributeur, panne.**
   (b) *(extrait) [plantes]* essential oil, essence; *[aliments]* essence. ~ **de violette/de café** violet/coffee essence, essence of violet/coffee.
  2: essence de citron lemon oil; **essence de lavande** oil of lavender; **essence minérale** mineral oil; **essence de rose** rose oil; **essence de térébenthine** oil of turpentine.
essence² [esɑ̃s] *nf (fondement) [conversation, question, doctrine]* gist, essence; *[livre, ouvrage]* gist; *(Philos)* essence. *(littér)* **par** ~ in essence, essentially.
essence³ [esɑ̃s] *nf (espèce) [arbres]* species. ~ **à feuilles persistantes** evergreen species; *(fig littér)* **se croire d'une** ~ **supérieure** to think of o.s. as a superior being *ou* as of a superior species.
essentiel, -elle [esɑ̃sjɛl] **1** *adj* **(a)** *(indispensable)* essential. **ces formalités sont** ~**les** these formalities are essential *(à* to, *pour* for).
   (b) *(de base)* essential, basic, main *(épith)*. ~ **à** essential to.
  2 *nm* **(a)** **l'**~ the main thing; *(objets nécessaires)* the basic essentials; *(points principaux)* the essentials, the essential *ou* basic points; **tant qu'on a la santé, c'est l'**~ as long as you have your health, that's the main thing; **l'**~ **est de ... the main** *ou* important thing is to ... .
   (b) **l'**~ **de** *conversation* the main part of; *fortune* the best *ou* main part of, the bulk of; **l'**~ **de ce qu'il dit** most of what he says; **ils passaient l'**~ **de leur temps à faire ...** they spent the best part of their time doing ... .
essentiellement [esɑ̃sjɛlmɑ̃] *adv (gén)* basically, essentially, mainly; *(Philos)* essentially. **nous tenons** ~ **à ...** we are concerned above all with ... .
esseulé, e [esœle] *adj (littér)* forsaken *(littér)*, forlorn *(littér)*.
essieu, *pl* ~**x** [esjø] *nm* axle(-tree).
essor [esɔʀ] *nm (frm: envol) [oiseau, imagination]* flight; *(croissance) [entreprise, pays]* rapid development *ou* expansion; *[art, civilisation]* blossoming. **entreprise en plein** ~ firm in full expansion; **prendre son** ~ *[oiseau]* to fly up *ou* off; *[société]* to develop *ou* expand rapidly; **le cinéma connaît un nouvel** ~ the cinema is enjoying a new boom.
essorage [esɔʀa3] *nm (V* **essorer)** wringing, mangling; wringing out; spin-drying. *(sur machine à laver)* **mettre sur la position '**~**'** to put on 'spin'; **3** ~**s** 3 spins.
essorer [esɔʀe] (1) *vt (avec essoreuse à rouleaux)* to wring, mangle; *(à la main)* to wring out; *(par la force centrifuge)* to spin-dry.
essoreuse [esɔʀøz] *nf (à rouleaux)* wringer, mangle; *(à tambour)* spin-dryer.
essoufflement [esufləmɑ̃] *nm* breathlessness *(U)*, shortness of breath *(U)*.
essouffler [esufle] (1) **1** *vt* to make breathless, wind. **il était essoufflé** he was out of breath *ou* winded *ou* puffed* *(Brit)*.
  2 s'essouffler *vpr [coureur]* to get out of breath, get puffed* *(Brit)*; *(fig) [roman, travail]* to tail off, fall off; *[romancier]* to exhaust o.s. *ou* one's talent, dry up*.
essuie- [esɥi] *préf V* **essuyer.**
essuyage [esɥija3] *nm (V* **essuyer)** *(gén)* wiping; drying; mopping; cleaning; dusting; wiping up, mopping up.

essuyer [esɥije] (8) **1** *vt* **(a)** *(nettoyer) objet mouillé, assiettes* to wipe, dry; *sol, surface mouillée* to wipe, mop; *tableau noir* to clean, wipe; *surface poussiéreuse* to dust; *eau* to wipe up, mop up. **s'**~ **les mains** to wipe one's hands (dry), dry one's hands; **essuie-toi les pieds** *ou* **essuie tes pieds avant d'entrer** wipe your feet before you come *ou* go in; **s'**~ **le torse/les pieds après un bain** to dry one's body/feet after a bath; ~ **la vaisselle** to wipe *ou* dry up, do the drying-up *(Brit)*, dry the dishes; **le tableau noir est mal essuyé** the blackboard has been badly cleaned *ou* hasn't been cleaned *ou* wiped properly; **nous avons essuyé les plâtres*** we had all the initial problems to put up with.
   (b) *(subir) pertes, reproches, échec* to suffer; *insultes* to endure, suffer; *refus* to meet with; *tempête* to weather, ride out. ~ **le feu de l'ennemi** to come under enemy fire; ~ **un coup de feu** to be shot at.
  2 s'essuyer *vpr [baigneur]* to dry o.s.
  3: essuie-glace *nm inv* windscreen *(Brit) ou* windshield *(US)* wiper; **essuie-glace à balayage intermittent** intermittent wiper; **essuie-mains** *nm inv* hand towel; **essuie-tout** *nm inv* kitchen paper; **essuie-verres** *nm inv* glass cloth.
est¹ [ɛ] *V* **être.**
est² [ɛst] **1** *nm* **(a)** *(point cardinal)* east. **le vent d'**~ the east wind; **un vent d'**~ an east(erly) wind, an easterly *(Naut)*; **le vent tourne/est à l'**~ the wind is veering east(wards) *ou* towards the east/is blowing from the east; **regarder vers l'**~ *ou* **dans la direction de l'**~ to look east(wards) *ou* towards the east; **à l'**~ *(situation)* in the east; *(direction)* to the east, east(wards); **le soleil se lève à l'**~ the sun rises in the east; **à l'**~ **de** east of, to the east of; **l'appartement est (exposé) à l'**~**/exposé plein** ~ the flat faces (the) east *ou* eastwards/due east, the flat looks east(wards)/due east.
   (b) *(régions orientales)* east. *(Pol)* **l'E**~ the East; **la France de l'**~, **l'**~ **(de la France)** the East (of France); **les pays de l'E**~ the eastern countries, the eastern world; **le bloc de l'E**~ the Eastern bloc; **l'Europe de l'E**~ Eastern Europe; **l'Allemagne de l'E**~ East Germany.
  2 *adj inv région, partie* eastern; *entrée, paroi* east; *versant, côte* east(ern); *côté* east(ward); *direction* eastward, easterly; *V* **longitude.**
  3: est-allemand, e *adj* East German; **Est-allemand, e** *nm,f, mpl* **Est-allemands** East German; **est-nord-est** *nm, adj inv* east-north-east; **est-sud-est** *nm, adj inv* east-south-east.
estacade [ɛstakad] *nf* landing stage.
estafette [ɛstafɛt] *nf (Mil)* courier.
estafilade [ɛstafilad] *nf* gash, slash.
estaminet† [ɛstaminɛ] *nm* tavern; *(péj)* pothouse† *(péj)*, (low) dive *(péj)*.
estampage [ɛstɑ̃pa3] *nm (V* **estamper)** fleecing, swindling, diddling* *(Brit)*; stamping. **c'est de l'**~* it's a plain swindle.
estampe [ɛstɑ̃p] *nf (image)* engraving, print; *(outil)* stamp. *(euph)* **venez voir mes** ~**s japonaises** you must let me show you my etchings.
estamper [ɛstɑ̃pe] (1) *vt (*: *voler)* to fleece, swindle, diddle* *(Brit)*; *(Tech)* to stamp.
estampeur, -euse [ɛstɑ̃pœʀ, øz] *nm,f (*:) swindler, shark*; *(Tech)* stamper.
estampillage [ɛstɑ̃pija3] *nm* stamping, marking.
estampille [ɛstɑ̃pij] *nf* stamp.
estampiller [ɛstɑ̃pije] (1) *vt* to stamp.
estarie [ɛstaʀi] *nf (Naut)* lay-days.
este [ɛst(ə)] *adj V* **estonien.**
ester¹ [ɛste] *vi (Jur)* ~ **en justice** to go to court, appear *(as plaintiff or defendant)*.
ester² [ɛstɛʀ] *nm (Chim)* ester.
Esther [ɛstɛʀ] *nf* Esther.
esthète [ɛstɛt] *nmf* aesthete.
esthéticien, -ienne [ɛstetisjɛ̃, jɛn] *nm,f (maquillage)* beautician; *(Art)* aesthetician.
esthétique [ɛstetik] **1** *adj jugement, sentiment* aesthetic; *pose, carrosserie* attractive, aesthetically pleasing; *V* **chirurgie. 2** *nf [visage, pose]* aesthetic quality, attractiveness. *(discipline)* **l'**~ aesthetics *(sg)*; **l'**~ **industrielle** industrial design.
esthétiquement [ɛstetikmɑ̃] *adv* aesthetically.
esthétisme [ɛstetism(ə)] *nm* aestheticism.
estimable [ɛstimabl(ə)] *adj* **(a)** *(frm: digne d'estime)* estimable *(frm)*, highly considered *ou* respected; *(assez bon)* honest, sound.
   (b) *(déterminable)* assessable, calculable. **ces dégâts sont difficilement** ~**s** it is difficult to assess the extent of this damage.
estimatif, -ive [ɛstimatif, iv] *adj:* **devis** ~ estimate; **état** ~ estimated statement.
estimation [ɛstimasjɔ̃] *nf* **(a)** *(action) [objet]* appraisal, valuation; *[dégâts, prix]* assessment, estimation; *[distance, quantité]* estimation, reckoning; *[propriété]* valuation, assessment.
   (b) *(chiffre donné)* estimate, estimation. **d'après mes** ~**s** according to my estimations *ou* reckonings; ~ **injuste** unfair estimate; ~ **des coûts** cost estimate; *(sondage d'opinion, vote)* ~**s** projections.
estime [ɛstim] *nf* **(a)** *(considération)* esteem, respect, regard. **jouir d'une grande** ~ to be highly respected *ou* regarded, be held in high esteem *ou* regard; **il a baissé dans mon** ~ he has sunk in my estimation; **ce succès mérite l'**~ **de tous** this success deserves the respect of everyone; **avoir de l'**~ **pour** to have (a) great esteem *ou* respect *ou* great regard for; **tenir en piètre** ~ to have little regard *ou* respect for; *V* **succès.**
   (b) **naviguer à l'**~ *(Naut)* to sail by dead reckoning; *(fig)* to sail in the dark.
estimer [ɛstime] (1) *vt* **(a)** *(évaluer) objet, propriété* to appraise, value, evaluate, assess; *dégâts, prix* to assess, estimate, evaluate *(à* at); *distance, quantité* to estimate, reckon. **faire** ~ **un bijou** to have a piece of jewellery appraised *ou* valued; **cette bague est estimée**

à 3.000 F this ring is valued at 3,000 francs; **les pertes sont estimées à 2.000 morts** 2,000 people are estimated to have died, an estimated 2,000 people have died, the number of those dead is estimated at *ou* put at 2,000; **j'estime sa vitesse à 80 km/h** I reckon his speed to be 80 km/h, I would put his speed at 80 km/h.

(b) (*respecter*) *personne* to esteem, hold in esteem *ou* high esteem *ou* regard, respect. **estimé de tous** respected *ou* esteemed *ou* highly regarded by everyone; **savoir se faire ~** to know how to win people's respect *ou* regard *ou* esteem.

(c) (*faire cas de*) *qualité* to value highly *ou* greatly, prize, rate highly, appreciate. **~ qch à sa juste valeur** to recognize the true worth *ou* value of sth; **il faut savoir ~ un service rendu** one must know how to appreciate a favour; **j'estime beaucoup sa loyauté** I greatly value his loyalty, I set great store by his loyalty; **c'est un plat très estimé** this dish is considered a great delicacy.

(d) (*considérer*) **~ que ...** to consider *ou* judge *ou* deem† that ...; **j'estime qu'il est de mon devoir de** I consider it *ou* judge it *ou* deem it† (to be) my duty to; **il estime que vous avez tort de faire cela** he considers it wrong for you to do that; **il estime avoir raison** he considers he is right *ou* in the right; **nous estimons nécessaire de dire/que** we consider it *ou* judge it *ou* deem it† necessary to say/that; **~ inutile de faire** to see no point in doing, consider it pointless to do; **s'~ heureux d'avoir/d'un résultat/que** to consider o.s. fortunate to have/with a result/that.

estivage [ɛstivaʒ] *nm* summering of cattle on mountain pastures.

estival, e, *mpl* **-aux** [ɛstival, o] *adj* (*lit*) summer (*épith*); (*fig*: *agréable*) summery.

estivant, e [ɛstivɑ̃, ɑ̃t] *nm, f* holiday-maker (*Brit*), vacationer (*US*), summer visitor.

estoc [ɛstɔk] *nm* V **frapper**.

estocade [ɛstɔkad] *nf* (*Tauromachie*) death-blow, final thrust. **donner l'~ à un taureau** to deal a bull the death-blow; (*fig*) **donner l'~ à une personne/un projet** to give *ou* deal the finishing blow to a person/a plan.

estomac [ɛstɔma] *nm* **(a)** stomach. **avoir mal à l'~** to have (a) stomach ache *ou* tummy ache*; **partir l'~ creux** to set off on an empty stomach; **avoir l'~ creux** *ou* **vide/bien rempli** *ou* **garni** to feel *ou* be empty/full (up); **j'ai l'~ dans les talons** I'm starving *ou* famished; **avoir un ~ d'autruche** to have a castiron digestive system *ou* a stomach of castiron; **prendre de l'~*** to develop a paunch; *V* **aigreur, creux, rester.**

(b) (‡) **avoir de l'~** (*du culot*) to have a nerve; (*du courage*) to have guts*; **il la lui a fait à l'~** he bluffed *ou* hoodwinked him, he pulled a fast one on him*.

estomaquer* [ɛstɔmake] (1) *vt* to flabbergast, stagger.

estompe [ɛstɔ̃p] *nf* stump (*Art*).

estompé, e [ɛstɔ̃pe] (*ptp de* **estomper**) *adj couleurs, image* blurred, soft.

estomper [ɛstɔ̃pe] (1) *vt* (*Art*) *dessin* to stump (*T*), shade off (*with a stump*); (*fig*: *voiler*) *contours, souvenir* to blur, dim, soften. **la côte s'estompait dans la brume du soir** the coastline became blurred *ou* hazy *ou* indistinct in the evening mist.

Estonie [ɛstɔni] *nf* Estonia.

estonien, -ienne [ɛstɔnjɛ̃, jɛn] **1** *adj* Estonian. **2** *nm* (*Ling*) Estonian. **3** *nm, f* **E~(ne)** Estonian.

estouffade [ɛstufad] *nf* (*Culin*) **~ de bœuf** ≃ beef stew; (*fig*) **c'est de l'~** it's very stodgy.

estourbir‡ [ɛsturbiʀ] (2) *vt* (*assommer*) to stun; (*tuer*) to do in‡, bump off‡ (*Brit*).

estrade [ɛstrad] *nf* platform, rostrum, dais.

estragon [ɛstragɔ̃] *nm* tarragon.

estrapade [ɛstrapad] *nf* strappado (torture).

estropié, e [ɛstrɔpje] (*ptp de* **estropier**) *nm, f* cripple, maimed person.

estropier [ɛstrɔpje] (7) *vt personne* to cripple, disable, maim; (*fig*) *texte, citation* to twist, distort, mangle; *langue étrangère, morceau de musique* to mangle, murder.

estuaire [ɛstɥɛʀ] *nm* estuary; (*en Écosse*) firth. **l'~ de la Seine** the Seine estuary.

estudiantin, e [ɛstydjɑ̃tɛ̃, in] *adj* student (*épith*).

esturgeon [ɛstyrʒɔ̃] *nm* sturgeon.

et [e] *conj* **(a)** (*lie des termes, des subordonnées*) and. **c'est vert ~ rouge** it's green and red; **la clarinette ~ le trombone sont des instruments de musique** the clarinet and the trombone are musical instruments; **il est travailleur ~ ne boit pas** he works hard and (he) doesn't drink; (*Mus*) **pour piano ~ orchestre** for piano and orchestra; **lui ~ moi nous nous entendons bien** he and I get along well; **~ lui ~ vous l'avez dit** he and you have both said so, both he and you have said so; **2 ~ 2 font 4** 2 and 2 make 4; **j'aime beaucoup ça, ~ vous?** I'm very fond of that, aren't you? *ou* what about you?, I like that very much — do you?; **je n'aime pas ça ~ lui non plus** I don't like that and nor does he *ou* and he doesn't either; **je n'ai rien vu, ~ toi?** I didn't see anything, did you? *ou* what about you?; **il ne peut ~ ne doit pas y aller** he cannot and must not go; (*répétition*) **il a ri ~ ri/pleuré ~ pleuré** he laughed and laughed/cried and cried; (*littér*) **Charles y alla, ~ Jules** Charles went, as did Jules; **une belle ~ grande maison** a beautiful, big house; (*littér*) **un homme noble ~ pur ~ généreux** a noble, pure and generous man; **il y a mensonge ~ mensonge** there are lies and lies, there's lying and lying; **il y a erreur ~ erreur** there are mistakes and mistakes, **je ne l'approuve pas ~ ne l'approuverai jamais** I don't approve of it and (I) never shall *ou* will; **plus j'en mange ~ plus j'en ai envie** the more of it I eat the more I want.

(b) (*lie des principales: simultanéité, succession, conséquence*) and. **je suis né à Genève ~ mes parents aussi** I was born in Geneva and so were my parents, I was born in Geneva, as were my parents; **j'al payé ~ je suis parti** I paid and left.

(c) (*valeur emphatique*) **~ alors/ensuite/après?** and so/then/afterwards?; **~ alors?** (*peu importe*) so (what)?*; **~ moi alors?** (and) what about me then?; **~ puis and then; ~ puis?, ~ puis après?*** so (what)?*; **~ moi, je peux venir?** can I come too?; (*indignation*) **~ vous osez revenir?** and you dare (to) come back?; **~ lui alors qu'est-ce qu'il va dire?** what's he going to have to say?; **~ ces livres que tu devais me prêter?** what about these books (then) *ou* and what's happened to these books that you were supposed to lend me?; **~ vous, vous y allez?** and what about you, are you going?; **~ si nous y allions aussi?** what about (us) going as well?, why don't we go too?; **~ voilà!** and there you are!; **~ voilà que le voisin revient ...** and then the next-door neighbour comes back ...; **~ voici que s'amène notre ami** (and) along comes our friend; **~ alors eux, voyant cela, ils sont partis** (and) so, seeing that, they left; (*littér*) **~ lui de sourire/se fâcher** whereupon he smiled/grew angry; **~ d'un ... ~ de deux** for one thing ... and for another; **il est bête, ~ d'un, ~ il est méchant, ~ de deux** he's stupid for one thing and for another he's a nasty character.

(d) vingt/trente *etc* **~ un** twenty-/thirty-*etc* one; **à midi/deux heures ~ quart** at (a) quarter past twelve/two; **le vingt ~ unième** the twenty-first; *V* **mille¹.**

êta [ɛta] *nm* eta.

étable [etabl(ə)] *nf* cowshed.

établi [etabli] *nm* (work)bench.

établir [etablir] (2) **1** *vt* **(a)** (*installer dans un lieu*) *immeuble* to put up, erect; *usine, liaisons, communications* to establish, set up; *empire* to build, found. **~ son domicile** *ou* **sa demeure à** to set up house in, make one's home in; **l'ennemi a établi son camp/son quartier général dans le village** the enemy has pitched camp/has set up its headquarters in the village.

(b) (*instaurer*) *usage* to establish, institute; *gouvernement* to form, set up; *impôt* to introduce, bring in; *règlement* to lay down, establish, institute.

(c) (*donner un emploi*) to set up, establish. **~ un fonctionnaire dans une charge** to set a civil servant up in a position; **il a cinq enfants à ~** he has five children to settle; **il lui reste deux filles à ~** he has still two daughters to marry off *ou* get established; **il a établi son fils médecin** he has set his son up *ou* established his son in medical practice.

(d) (*asseoir*) *démonstration* to base; *réputation* to found, base; *droits* to establish; *fortune* to found (*sur* on). **~ son pouvoir sur la force** to found *ou* base one's power on force.

(e) (*faire régner*) *autorité, paix* to establish (*sur* over). **~ son pouvoir sur le pays** to get control of the country, establish control over the country.

(f) (*dresser*) *liste* to draw up, make out; *programme* to arrange; *facture, chèque* to make out; *plans* to draw up, draft; *prix* to fix, work out.

(g) (*montrer*) *fait, comparaison* to establish. **~ l'innocence de qn** to establish sb's innocence; **il est établi que** it's an established fact that.

(h) (*nouer*) *relations* to establish. **ils ont établi une amitié solide** they have established a firm friendship.

(i) (*Sport*) **~ un record** to set (up) *ou* establish a record.

2 s'établir *vpr* **(a)** (*s'installer dans un lieu*) [*jeune couple*] to settle. **une nouvelle usine s'est établie dans le village** a new factory has been set up *ou* they've set up a new factory in the village; **l'ennemi s'est établi sur la colline** the enemy has taken up position on the hill; **les Anglais se sont solidement établis dans leurs colonies** the English established *ou* settled themselves firmly in their colonies.

(b) (*s'instaurer*) [*usage*] to become customary *ou* common practice. **l'usage s'est établi de faire ...** it has become customary to do ..., it has become established custom to do ....

(c) (*prendre un emploi*) **s'~ boulanger** to set o.s. up as a baker; **il s'est établi médecin** he has established himself *ou* set himself up in medical practice; **s'~ à son compte** to set up in business on one's own account.

(d) (*régner*) [*pouvoir, régime*] to become established. **son pouvoir s'est établi sur le pays** his rule has become (firmly) established throughout the country; **un grand silence s'établit, il s'établit un grand silence** there was a great silence, a great silence fell.

(e) (*se nouer*) [*amitié, contacts*] to develop, be established. **une amitié solide s'est établie entre eux, il s'est établi entre eux une solide amitié** a firm friendship has developed *ou* has been established between them.

établissement [etablismɑ̃] *nm* **(a)** (*V* **établir**) putting-up, erecting; setting-up; establishing; building, founding; institution; forming; introduction; bringing-in; laying-down; basing; drawing-up; making-out; arranging; drafting; fixing, working-out.

(b) (*V* **s'établir**) settling, setting-up; establishment; development.

(c) (*bâtiment*) establishment. **~ scolaire** school, educational establishment (*frm*); **~ d'enseignement secondaire** secondary school (*Brit*), high school (*US*); **~ d'enseignement privé** independent *ou* private school; **~ scolaire spécialisé** special school; **~ hospitalier** hospital; **~ thermal** hydropathic establishment; **~ religieux** religious institution; **~ commercial** commercial establishment; **~ industriel** industrial plant, factory; **avec les compliments des ~s X** with the compliments of X and Co. *ou* of the firm of X; (*Fin, Jur*) **~ public autonome** government-owned corporation; (*Jur*) **~ stable** fixed place of business.

(d) (*colonie*) settlement.

étage [etaʒ] *nm* **(a)** [*bâtiment*] floor, storey (*Brit*), story (*US*). **au premier ~** (*en France*) on the first floor (*Brit*), on the second floor (*US*); (*au Canada*) on the ground floor; **maison à** *ou* **de deux ~s**

three-storeyed (*Brit*) *ou* -storied (*US*) house, house with three floors; **grimper les ~s** to go *ou* climb upstairs; **monter à l'~** to go upstairs; **monter à l'~ supérieur** to go to the next floor up; **il grimpa 3 ~s** he went up *ou* walked up 3 floors *ou* flights; **les 3 ~s de la tour Eiffel** the 3 levels of the Eiffel Tower; V **bas¹**.
(b) *[fusée]* stage; *[mine]* level; *[jardin]* terrace, level; *[gâteau]* tier. (*Géog*) **~s de végétation** levels of vegetation; (*Tech*) **~ de pression** pressure stage.

étagement [etaʒmɑ̃] *nm [vignobles]* terracing.

étager [etaʒe] (3) **1** *vt objets* to set out in tiered rows, lay out in tiers. **2 s'étager** *vpr [jardins, maisons]* to rise in tiers *ou* terraces. **la foule s'étage sur les gradins** the crowd is gathered on the terracing *ou* the steps; **vignobles étagés sur la colline** vines in terraced rows on the hillside.

étagère [etaʒɛR] *nf (tablette, rayon)* shelf; *(meuble)* shelves.

étai [etɛ] *nm (support)* stay, prop, strut; *(Naut: cordage)* stay.

étaiement [etɛmɑ̃] *nm* V **étayage**.

étain [etɛ̃] *nm (Min)* tin; *(Orfèvrerie) (matière)* pewter; *(objet)* piece of pewterware, pewterware (*U*). **pot en** *ou* **d'~** pewter pot; V **papier**.

étal, *pl* **~s** [etal] *nm [boucherie, marché]* stall.

étalage [etalaʒ] *nm* **(a)** *(Comm) (action)* display, displaying; *(devanture)* shop window, show window, display window; *(tréteaux)* stall, stand; *(articles exposés)* display. **présentation de l'~** window dressing; **disposer l'~** to dress the window, do the window display; **chemise qui a fait l'~** shop-soiled shirt; **droit d'~** stallage; *V* **vol²**.
(b) *(déploiement) [luxe, connaissances]* display, show. **faire ~ de** to make a show of, show off, parade; **~ de force** show of strength.
(c) *(Métal)* **~s** bosh.

étalagiste [etalaʒist(ə)] *nmf (décorateur)* window dresser; (†: *marchand*) stallkeeper.

étale [etal] **1** *adj mer, situation* slack; *vent* steady. **navire ~** ship which makes no headway, becalmed ship. **2** *nm ou f [mer]* slack (water).

étalement [etalmɑ̃] *nm (V étaler)* spreading; strewing; spreading-out; displaying; laying-out; application; staggering.

étaler [etale] (1) **1** *vt (déployer) papiers, objets* to spread, strew *(sur* over); *journal, tissu* to spread out *(sur* on); *(Comm) marchandise* to display, lay out, spread out *(sur* on). *(Cartes)* **~ son jeu** *ou* **ses cartes** to display *ou* lay down one's hand *ou* one's cards.
(b) *(étendre) beurre* to spread *(sur* on); *peinture* to apply, put on; *crème solaire* to apply, smooth on.
(c) *(répartir) paiements* to spread, stagger *(sur* over); *vacances* to stagger *(sur* over); *travaux, opération* to spread *(sur* over). *(Poste)* **étalez vos envois** space out your consignments; **les vacances/ paiements s'étalent sur 4 mois** holidays/payments are staggered *ou* spread over a period of 4 months.
(d) *(fig) luxe, savoir* to parade, flaunt; *malheurs* to make a show of; *secrets* to give away, disclose. **il aime à en ~** * he likes to cause a stir; **son ignominie s'étale au grand jour** his ignominy is plain for all to see.
2 s'étaler *vpr* **(a)** *[plaine, cultures]* to stretch out, spread out.
(b) *(richesse, vanité)* to be flaunted, flaunt itself; *[vaniteux]* to flaunt o.s. *[titre de journal]* **s' ~ sur** to be splashed on *ou* across.
(c) *(se vautrer)* **s'~ dans un fauteuil/sur un divan** to sprawl *ou* lounge in an armchair/on a divan; **étalé sur le tapis** sprawling on *ou* stretched out on the carpet.
(d) (*: *tomber)* **s'~ (par terre)** to come a cropper* (*Brit*), fall flat on the ground; **attention, tu vas t'~!** look out, you're going to fall flat on your face*!

étalon¹ [etalɔ̃] *nm (cheval)* stallion.

étalon² [etalɔ̃] *nm (mesure: Comm, Fin)* standard; *(fig)* yardstick. **kilogramme/balance ~** standard kilogram/scales; *(Écon)* **~-or** gold standard; *(Écon)* **~ de change-or** gold exchange standard; **c'est devenu l'~ de la beauté** it has become the yardstick by which we measure beauty; *(Ciné)* **copie ~** master print; *V* **mètre**.

étalonnage [etalɔnaʒ] *nm*, **étalonnement** [etalɔnmɑ̃] *nm (V étalonner)* calibration; standardization.

étalonner [etalɔne] (1) *vt (graduer) instrument* to calibrate; *(vérifier)* to standardize.

étamage [etamaʒ] *nm (V étamer)* tinning, tinplating; silvering.

étambot [etɑ̃bo] *nm* stern-post.

étamer [etame] (1) *vt (gén)* to tin, tinplate; *glace* to silver.

étameur [etamœr] *nm* tinsmith.

étamine [etamin] *nf (Bot)* stamen; *(tissu)* muslin; *(pour égoutter, cribler)* cheesecloth, butter muslin (*Brit*).

étanche [etɑ̃ʃ] *adj vêtements, chaussures, montre* waterproof; *chaussures, bateau, compartiment* watertight; *(fig)* watertight. **~ à l'air** airtight; **enduit ~** sealant; **rendre qch ~** to make sth water-proof; *V* **cloison**.

étanchéité [etɑ̃ʃeite] *nf (V étanche)* waterproofness; watertightness; airtightness.

étanchement [etɑ̃ʃmɑ̃] *nm (littér: V étancher)* staunching; stemming; drying; quenching; slaking; stopping up; damming.

étancher [etɑ̃ʃe] (1) *vt* **(a)** *sang* to staunch, stem; *(littér) larmes* to dry, stem; *(littér) soif* to quench, slake; *(Naut) voie d'eau* to stop (up). **(b)** *(rendre étanche)* to make watertight; *écoulement, source* to dam up, stem.

étançon [etɑ̃sɔ̃] *nm (Tech)* stanchion, shore, prop.

étançonner [etɑ̃sɔne] (1) *vt* to shore up, prop up.

étang [etɑ̃] *nm* pond.

étant [etɑ̃] *prp de* **être**.

étape [etap] *nf* **(a)** *(trajet: gén, Sport)* stage; *(lieu d'arrêt) (gén)* stop, stopping place; *(Sport)* stopover point, staging point. **faire ~ à** to break the journey at, stop off at; **par petites ~s** in easy stages; **~**

de ravitaillement staging post. **(b)** *(fig) (phase)* stage; *(palier)* stage, step.

état [eta] **1** *nm* **(a)** *(condition physique) [personne]* state, condition. **dans un tel ~ d'épuisement** in such a state of exhaustion; **bon ~ général** good general state of health; **~ (de santé)** health; **en ~ d'ivresse** *ou* **d'ébriété** under the influence (of drink); **il n'est pas en ~ de le faire** he's in no condition *ou* (fit) state to do it; **dans quel ~ es-tu! tu saignes!** what a state you're in! you're bleeding!; **être dans un triste ~** to be in a sad *ou* sorry state.
(b) *(condition psychique)* state. **dans un grand ~ d'épuisement** in a considerable state of exhaustion; **il ne faut pas te mettre dans un ~ pareil** *ou* **des ~s pareils** you mustn't get yourself into such a state; **être dans tous ses ~s** to be beside o.s. (with anger, anxiety *etc*); **il était dans tous ses ~s** he was all worked up* *ou* in a terrible state; **il n'était pas dans son ~ normal** he wasn't his usual *ou* normal self; **être dans un ~ second** to be spaced out*; **je ne suis pas en ~ de le recevoir** I'm in no fit state to receive him.
(c) *[chose abstraite]* state; *(Chim) [corps]* state. **dans l'~ actuel de nos connaissances** in the present state of our knowledge, as our knowledge stands at (the) present; **réduit à l'~ de cendres** reduced to cinders; **quel est l'~ de la question?** where *ou* how do things stand in the matter?, what stage have things reached?
(d) *[objet, article d'occasion]* condition, state. **en bon/mauvais ~** in good/poor *ou* bad condition; **en ~** in (working) order; *(Naut)* **en ~ de naviguer** sea-worthy; **en ~ de marche** in working order; **remettre en ~** *voiture* to repair, renovate, do up* (*Brit*); *maison* to renovate, do up* (*Brit*); **tenir en ~** *voiture* to maintain in good order, keep in good repair; *maison* to keep in good repair, look after; **hors d'~** out of order; **sucre/pétrole à l'~ brut** sugar/oil in its raw *ou* unrefined *ou* crude state; **à l'~ (de) neuf** as good as new; **remettre qch en l'~** to put sth back *ou* leave sth as it was *ou* in the state it was when one found it.
(e) *(nation)* É**~** state; **être un É~ dans l'É~** to be a law unto itself; **l'É~-patron** the state as an employer; **l'É~-providence** the welfare state; **les É~s pontificaux** *ou* **de l'Église** the Papal States; *V* **affaire, chef¹, coup** *etc*.
(f) (†: *métier*) profession, trade; *(statut social)* station. **l'~ militaire** the military profession; **boucher/tailleur de son ~** butcher/tailor by *ou* to trade; **donner un ~ à qn** to find sb a post *ou* trade; **honteux de son ~** ashamed of his station in life†.
(g) *(registre, comptes)* statement, account; *(inventaire)* inventory. **faire un ~ des recettes** *etc* to draw up a statement *ou* an account of the takings *etc*; **~ appréciatif** evaluation, estimation; **~ vérifié des comptes** audited statement of accounts.
(h) *(Ling)* **verbe d'~** stative verb; **grammaire à ~s finis** finite state grammar.
(i) *(loc)* **faire ~ de** *ses services etc* to instance; *craintes, intentions* to state; *conversation, rumeur* to report; **(mettre) en ~ d'arrestation** (to put) under arrest; **en tout ~ de cause** in any case, whatever the case; **c'est un ~ de fait** it is an established *ou* irrefutable fact; *(hum)* **dans un ~ intéressant** in an interesting condition, in the family way*; *(gén, Bio, Psych)* **à l'~ latent** in a latent state; **mettre qn hors d'~ de nuire** to make sb harmless, draw sb's teeth (*Brit fig*); *(Rel)* **en ~ de péché (mortel)** in a state of (mortal) sin.
2: *(Mil)* **état d'alerte** state of alert; **état d'âme** mood, frame of mind; **avoir des états d'âme** to have uncertainties; **être en état de choc** to be in (a state of) shock; **état de choses** state of affairs, situation; *(Admin)* **(bureau de) l'état civil** registry office; *(Psych)* **état de conscience** state of consciousness; **état de crise** state of crisis; **état d'esprit** frame *ou* state of mind; *(Hist)* **les états** *ou* **États généraux** the States General; *(Rel)* **état de grâce** state of grace; *(fig)* **en état de grâce** inspired; *(Pol)* **état de guerre** state of war; *(Jur)* **état des lieux** inventory of fixtures; *(Philos)* **l'état de nature** the natural state; *(Mil)* **états de service** service record; **état de siège** state of siege; *(Pol)* **état tampon** buffer state; *(Pol)* **état d'urgence** state of emergency; *(Psych)* **état de veille** waking state.

étatique [etatik] *adj système, doctrine* of state control.

étatisation [etatizasjɔ̃] *nf (doctrine)* state *ou* government control. **~ d'une entreprise** placing of a concern under direct state *ou* government control, takeover of a concern by the state.

étatiser [etatize] (1) *vt* to establish state *ou* government control over, put *ou* bring under state *ou* government control. **économie étatisée** state-controlled economy.

étatisme [etatism(ə)] *nm* state socialism, state *ou* government control.

étatiste [etatist(ə)] **1** *adj système, doctrine* of state *ou* government control. **2** *nmf* partisan of state *ou* government control, state socialist.

état-major, *pl* **états-majors** [etamaʒɔr] *nm* **(a)** *(Mil) (officiers)* staff (*inv*); *(bureaux)* staff headquarters. **(b)** *(fig) [parti politique]* administrative staff (*inv*); *[entreprise]* top *ou* senior management.

États barbaresques [etabarbaresk(ə)] *nmpl*: **les ~** the Barbary States.

États-Unis [etazyni] *nmpl*: **les ~ (d'Amérique)** the United States (of America).

étau, *pl* **~x** [eto] *nm (Tech)* vice. **~ limeur** shaper; *(fig)* **l'~ se resserre (autour des coupables)** the noose is tightening (round the guilty men); **se trouver pris comme dans un ~** to find o.s. caught in a stranglehold.

étayage [eteja ʒ] *nm*, **étayement** [etejmɑ̃] *nm (V étayer)* propping-up; shoring-up; support(ing); backing-up.

étayer [eteje] (8) *vt mur* to prop up, shore up; *(fig) théorie* to support, back up; *régime, société* to support, prop up.

etc. [ɛtseteRa] *loc abrév de* **et caetera**.

et caetera, **et cetera** [ɛtseteRa] *loc* etcetera, etc, and so on (and so forth).

été [ete] *nm* summer(time). ~ de la Saint-Martin Indian summer; (*Can*) ~ des Indiens Indian summer; ~ comme hiver summer and winter alike; en ~ in (the) summer, in (the) summertime.

éteignoir [etɛɲwaʀ] *nm* (a) *[bougie]* extinguisher. (b) (*personne*) wet blanket, killjoy.

éteindre [etɛ̃dʀ(ə)] (52) 1 *vt* (a) *incendie, poêle* to put out, extinguish; *bougie* to blow out, snuff out, extinguish; *cigarette* to stub out, put out, extinguish. laisse ~ le feu let the fire go out; laisse le feu éteint leave the fire out.

(b) *gaz, lampe* to switch off, put out, turn off; *électricité, chauffage, radio* to turn off, switch off. éteins dans la cuisine put the kitchen light(s) out, switch out *ou* off the light in the kitchen; tous feux éteints without lights.

(c) *pièce, endroit* to put out *ou* turn off the lights in. sa fenêtre était éteinte his window was dark, there was no light at *ou* in his window.

(d) *colère* to subdue, quell; *amour, envie* to kill; *soif* to quench, slake.

(e) (*Jur*) *dette* to extinguish.

2 s'éteindre *vpr* (a) *[agonisant]* to pass away, die. famille qui s'est éteinte family which has died out.

(b) *[colère]* to abate, evaporate; *[amour, envie]* to die, fade.

(c) *[cigarette, feu, gaz etc]* to go out. la fenêtre s'est éteinte the light at the window went out, the window went dark.

éteint, e [etɛ̃, ɛ̃t] (*ptp de* **éteindre**) *adj couleur* faded; *race, volcan* extinct; *regard* dull, lacklustre; *voix* feeble, faint, dying. chaux ~e slaked lime; c'est un homme ~ maintenant his spirit is broken now, he's a broken man now.

étendard [etɑ̃daʀ] *nm* (*lit, fig*) standard.

étendre [etɑ̃dʀ(ə)] (41) 1 *vt* (a) (*déployer*) *journal, tissu* to spread out, open out; (*étaler*) *beurre* to spread; (*Culin*) *pâte* to roll out; *bras, jambes* to stretch out; *ailes* to spread. ~ du linge (*sur un fil*) to hang out *ou* hang up the washing; veux-tu ~ le bras pour me passer ... would you mind stretching your arm and passing me ...; ~ un blessé to stretch out a wounded man; le cadavre, étendu sur le sol the corpse, stretched (out) *ou* spreadeagled on the ground.

(b) (***) *adversaire* to floor, lay out; *candidat* (*Scol*) to fail, clobber‡; (*Pol*) to hammer*. se faire ~ *[adversaire]* to be laid out cold, be flattened*; *[candidat]* to be failed, be clobbered‡; (*Pol*) to be hammered*.

(c) (*agrandir*) *pouvoirs* to extend, widen, expand, increase (*sur* over); *affaires, fortune* to extend, increase, expand; *connaissances, domaine, cercle d'amis* to widen, extend, expand, increase; *recherches* to extend *ou* broaden (the field of), increase the scope of. ~ son action à d'autres domaines to extend *ou* widen one's action to other fields; ~ une idée à une autre to extend one idea to (cover) another, apply one idea to another.

(d) (*diluer*) *vin* to dilute, let down; *sauce* to thin, let down (*de* with). étendu d'eau watered down.

(e) (*Ling*) *sens* to stretch, extend.

2 s'étendre *vpr* (a) *[personne]* (*s'allonger*) to stretch out (*sur* on); (*se reposer*) to have a lie down (*Brit*), lie down; (*fig: en expliquant*) to elaborate. s'~ sur son lit to stretch out *ou* lie down on one's bed; s'~ sur un sujet to elaborate on *ou* enlarge on a subject.

(b) (*occuper un espace, une période*) *[côte, forêt]* to stretch (out), extend; *[cortège]* to stretch (out) (*jusqu'à* as far as, to); (*fig*) *[vacances, travaux]* to stretch, extend (*sur* over). la plaine s'étendait à perte de vue the plain stretched (away) as far as the eye could see.

(c) (*fig: augmenter*) *[brouillard, épidémie]* to spread; *[parti politique]* to expand; *[ville]* to spread, expand; *[pouvoirs, domaine, fortune]* to increase, expand; *[cercle d'amis]* to expand, widen; *[recherches]* to broaden in scope; *[connaissances, vocabulaire]* to increase, widen.

(d) (*s'appliquer*) *[loi, avis]* to apply (*à* to). sa bonté s'étend à tous his kindness extends to everyone; cette mesure s'étend à tous les citoyens this measure applies *ou* is applicable to *ou* covers all citizens.

(e) (*s'étaler*) *[substance]* to spread. cette peinture s'étend facilement this paint goes on *ou* spreads easily.

étendu, e [etɑ̃dy] (*ptp de* **étendre**) 1 *adj* (a) (*vaste*) *ville* sprawling (*épith*), spread out (*attrib*); *domaine* extensive, large; *connaissances, pouvoirs* extensive, wide, wide-ranging; *vue* wide, extensive; *vocabulaire* wide, large, extensive; *sens d'un mot* broad (*épith*), wide; *dégâts* extensive, widespread.

(b) (*allongé*) *personne, jambes* stretched out. ~ sur l'herbe lying *ou* stretched out on the grass.

2 étendue *nf* (a) (*surface*) *[plaine]* area, expanse. pays d'une grande ~e country with a large surface area *ou* which covers a large area; sur une ~e de 16 km over an expanse *ou* area of 16 km; sur toute l'~e de la province throughout the whole province, throughout the length and breadth of the province; grande ~e de sable large stretch *ou* expanse of sand; surpris par l'~e de ce territoire amazed at the sheer size *ou* extent of the territory.

(b) (*durée*) *[vie]* duration, length. sur une ~e de trois ans over a period of three years.

(c) (*importance*) *[pouvoir, dégâts]* extent; *[affaires, connaissances, recherches]* range, scope, extent. pouvoir/culture d'une grande ~e wide *ou* extensive power/culture, wide-ranging power/culture; devant l'~ du désastre faced with the scale of the disaster.

(d) (*Mus*) *[voix]* compass, range.

(e) (*Philos*) *[matière]* extension, extent.

éternel, -elle [etɛʀnɛl] 1 *adj* (a) (*Philos, Rel*) eternal.

(b) (*sans fin*) eternal, everlasting, endless, unending. ma reconnaissance sera ~e I shall be grateful (to you) for evermore, I'll be eternally grateful; soucis ~s never-ending *ou* endless worries.

(c) (*perpétuel*) perpetual, eternal. c'est un ~ insatisfait he is

never happy with anything, he is perpetually *ou* eternally dissatisfied.

(d) (***: *inamovible: avant n*) inevitable. son ~ chapeau sur la tête the inevitable hat on his head.

2 *nm* (a) (*Rel*) l'É~ the Eternal, the Everlasting; (*Bible*) the LORD; (*hum*) grand joueur devant l'É~ great gambler, inveterate gambler.

(b) l'~ féminin the eternal feminine *ou* woman.

éternellement [etɛʀnɛlmɑ̃] *adv* (*V* **éternel**) eternally; everlastingly; endlessly; perpetually.

éterniser [etɛʀnize] (1) 1 *vt* (a) *débats, supplice, situation* to drag out, draw out.

(b) (*littér*) *nom, mémoire* to immortalize, perpetuate.

2 s'éterniser *vpr* *[situation, débat, attente]* to drag on, go on and on; *[visiteur]* to stay *ou* linger too long, linger on. le jury s'éternise the jury is taking ages; on ne peut pas s'~ ici we can't stay here for ever.

éternité [etɛʀnite] *nf* eternity. (*fig*) cela fait une ~ *ou* des ~s que je ne l'avais rencontré it's ages *ou* donkey's years* (*Brit*) since I'd met him, I hadn't met him in ages; il y a des ~s que tu m'as promis cela you promised me that ages ago, it's ages since you promised me that; ça a duré une ~ it lasted for ages; ça va durer une ~ it'll take forever; de toute ~ from the beginning of time, from time immemorial; pour l'~ to all eternity, eternally.

éternuement [etɛʀnymɑ̃] *nm* sneeze.

éternuer [etɛʀnɥe] (1) *vi* to sneeze.

étêtage [etɛtaʒ] *nm,* **étêtement** [etɛtmɑ̃] *nm* pollarding, polling.

étêter [etete] (1) *vt arbre* to pollard, poll; *clou, poisson* to cut the head off.

éthane [etan] *nm* ethane.

éther [etɛʀ] *nm* (*Chim, Poésie*) ether.

éthéré, e [etere] *adj* (*Chim, littér*) ethereal.

éthéromane [eteʀɔman] *nm* ether addict.

éthéromanie [eteʀɔmani] *nf* addiction to ether.

Éthiopie [etjɔpi] *nf* Ethiopia.

éthiopien, -ienne [etjɔpjɛ̃, jɛn] 1 *adj* Ethiopian. 2 *nm, f:* É~(ne) Ethiopian.

éthique [etik] 1 *adj* ethical. 2 *nf* (*Philos*) ethics (*sg*); (*code moral*) moral code, code of ethics.

etmoïde [ɛtmɔid] *nm* ethmoid.

ethnie [ɛtni] *nf* ethnic group.

ethnique [ɛtnik] *adj* ethnic(al). minorité ~ ethnic minority.

ethnographe [ɛtnɔgʀaf] *nmf* ethnographer.

ethnographie [ɛtnɔgʀafi] *nf* ethnography.

ethnographique [ɛtnɔgʀafik] *adj* ethnographic(al).

ethnologie [ɛtnɔlɔʒi] *nf* ethnology.

ethnologique [ɛtnɔlɔʒik] *adj* ethnologic(al).

ethnologue [ɛtnɔlɔg] *nmf* ethnologist.

éthyle [etil] *nm* ethyl.

éthylène [etilɛn] *nm* ethylene.

éthylique [etilik] *nmf* alcoholic.

éthylisme [etilism(ə)] *nm* alcoholism. crise d'~ alcoholic fit.

étiage [etjaʒ] *nm* (*débit*) low water (*U*) (*of a river*); (*marque*) low-water mark.

Étienne [etjɛn] *nm* Stephen, Steven.

étincelant, e [etɛ̃slɑ̃, ɑ̃t] *adj* (*V* **étinceler**) sparkling; glittering; gleaming; twinkling; flashing; shining. conversation ~e scintillating *ou* brilliant conversation; il a été ~ he was brilliant.

étinceler [etɛ̃sle] (4) *vi* (a) *[lame]* to sparkle, glitter, gleam; *[étoile, diamant]* to glitter, gleam, twinkle, sparkle. la mer étincelle au soleil the sea sparkles *ou* glitters in the sun.

(b) *[yeux, regard]* ~ de colère to glitter *ou* flash with anger; ~ de joie to sparkle *ou* shine with joy.

(c) *[conversation, esprit, intelligence]* to sparkle; *[beauté]* to sparkle, shine.

(d) (*littér*) ~ de mille feux *[soleil, nuit]* to glitter with a myriad lights (*littér*).

étincelle [etɛ̃sɛl] *nf* (a) (*parcelle incandescente*) spark. ~ électrique electric spark; jeter des ~s to throw out sparks; (*fig*) c'est l'~ qui a mis le feu aux poudres it was this which touched off *ou* sparked off the incident; (*fig: se distinguer*) faire des ~s* to scintillate, shine; (*fig: exploser*) ça va faire des ~s* sparks will fly.

(b) *[lame, regard]* flash, glitter. jeter des ~s *[diamant, regard]* to flash fire.

(c) *[raison, intelligence]* gleam, flicker, glimmer. ~ de génie spark *ou* flash of genius.

étincellement [etɛ̃sɛlmɑ̃] *nm* (*V* **étinceler**) sparkle (*U*); glitter (*U*); gleam (*U*); twinkling (*U*); flash (*U*); shining (*U*).

étiolement [etjɔlmɑ̃] *nm* (*V* **étioler, s'étioler**) blanching, etiolation (*T*); weakening; wilting; decline; withering.

étioler [etjɔle] (1) 1 *vt plante* to blanch, etiolate (*T*). (b) *personne* to weaken, make sickly. 2 s'étioler *vpr [plante]* to wilt, grow weak; *[personne]* to languish, decline; *[intelligence]* to wither, become dull.

étique [etik] *adj* skinny, bony.

étiquetage [etiktaʒ] *nm [paquet]* labelling; *[prix]* marking, labelling.

étiqueter [etikte] (4) *vt paquet* to label; *prix* to mark, label; (*fig*) *personne* to label, classify (*comme* as).

étiquette [etikɛt] *nf* (a) (*sur paquet*) label; (*de prix*) ticket, label. ~ auto-collante/collante self-stick *ou* self-adhesive/stick-on label; ~ politique political label. (b) (*protocole*) l'~ etiquette.

étirage [etiʀaʒ] *nm* (*V* **étirer**) stretching; drawing.

étirer [etiʀe] (1) 1 *vt peaux* to stretch; *métal, verre* to draw (out). ~ ses membres to stretch one's limbs. 2 s'étirer *vpr [personne]* to stretch; *[vêtement]* to stretch; *[convoi]* to stretch out; *[route]* to stretch out *ou* away.

Etna [εtna] *nm*: l'~ Etna, Mount Etna.

étoffe [etɔf] *nf* **(a)** (*de laine etc*) material, fabric; (*fig: d'un livre*) material, stuff.

 (b) (*fig*) avoir l'~ de to have the makings of, be cut out to be; avoir l'~ d'un héros to be of the stuff heros are made of, have the makings of a hero; avoir de l'~ to have a strong personality.

étoffer [etɔfe] (1) **1** *vt style* to enrich; *discours, personnage* to fill out, flesh out. **voix étoffée** rich *ou* deep *ou* sonorous voice; **discours étoffé** meaty speech. **2 s'étoffer** *vpr [personne]* to fill out.

étoile [etwal] *nf* **(a)** (*Astron*) star. ~ **filante** shooting star; ~ **polaire** pole star, north star; ~ **du berger** *ou* **du soir** evening star; **semé d'~s** starry, star-studded; **sans** ~ starless; **à la clarté des** ~**s** by starlight; **dormir** *ou* **coucher à la belle** ~ to sleep out (in the open), sleep under the stars.

 (b) (*dessin, objet*) star. **général à deux** ~**s** two-star general; (*hôtel*) **trois** ~**s** three-star hotel; **moteur en** ~ radial engine.

 (c) (*Ciné, Danse*) star. ~ **du cinéma** film star (*Brit*), movie star (*US*); ~ **de la danse** dancing star; ~ **montante** rising *ou* up-and-coming star.

 (d) (*destinée*) avoir foi en son ~ to trust one's lucky star, trust to one's luck; **être né sous une bonne/mauvaise** ~ to be born under a lucky/an unlucky star; **son** ~ **a pâli** his star has set.

 (e) ~ **de mer** starfish.

étoiler [etwale] (1) **1** *vt* **(a)** (*parsemer*) to stud (*de* with). **nuit étoilée** starry *ou* starlit night; **ciel étoilé** starry *ou* star-studded sky. **(b)** (*fêler*) to crack. **le pare-brise est étoilé** the windscreen is crazed. **2** *vpr [pare-brise]* to craze.

étole [etɔl] *nf* (*Rel, gén*) stole.

étonnamment [etɔnamɑ̃] *adv* surprisingly, amazingly, astonishingly.

étonnant, e [etɔnɑ̃, ɑ̃t] **1** *adj* **(a)** (*surprenant*) surprising, amazing, astonishing. **rien d'~ à cela, cela n'a rien d'~** no wonder, there's nothing (so) surprising about that; **vous êtes** ~ you're incredible *ou* amazing, you're the absolute limit*.

 (b) (*remarquable*) *personne* amazing, fantastic*, incredible.

 2 *nm*: l'~ **est que** the astonishing *ou* amazing thing *ou* fact is that, what is astonishing *ou* amazing is that.

étonnement [etɔnmɑ̃] *nm* surprise, amazement, astonishment.

étonner [etɔne] (1) **1** *vt* to surprise, amaze, astonish. **ça m'étonne que** I am surprised that, it surprises me that; **ça ne m'étonne pas (que)** I'm not surprised (that), I don't wonder (that), it doesn't surprise me (that); **ça m'étonnerait** I should be very surprised.

 2 s'étonner *vpr* to be amazed, wonder, marvel (*de qch* at sth, *de voir* at seeing, *que + subj* that).

étouffant, e [etufɑ̃, ɑ̃t] *adj* stifling.

étouffe-chrétien* [etufkRetjɛ̃] *nm inv*: **c'est de l'~** it's stodgy (food).

étouffée [etufe] *nf*: **à l'~** *poisson, légumes* steamed; *viande* braised; **cuire à l'~** to steam; to braise.

étouffement [etufmɑ̃] *nm* **(a)** (*mort*) suffocation. **tuer qn par** ~ to kill sb by suffocating *ou* smothering him; **mourir d'~** to die of suffocation.

 (b) (*Méd*) **sensation d'~** feeling of suffocation *ou* breathlessness; **avoir des** ~**s** to have fits of breathlessness.

 (c) (*action: U*) *[scandale]* hushing-up; *[rumeurs]* suppression; stifling; *[révolte]* quelling, suppression; *[scrupules]* stifling, overcoming.

 (d) *[pas]* muffling.

étouffer [etufe] (1) **1** *vt* **(a)** *[assassin]* to suffocate, smother; *[chaleur, atmosphère]* to stifle, suffocate; *[sanglots, colère, aliment]* to choke. **le bébé s'est étouffé dans ses draps** the baby suffocated in its sheets; **s'~ en mangeant** to choke whilst eating; ~ **qn de baisers** to smother sb with kisses; **les scrupules ne l'étouffent pas** he isn't hampered *ou* overburdened by scruples, he doesn't let scruples cramp his style; **ça l'étoufferait de dire merci** it would kill him to say thank you; (*Agr*) **plantes qui étouffent les autres** plants which choke *ou* smother others.

 (b) *bruit* to muffle, deaden; *bâillement* to stifle, smother, suppress; *sanglots, cris* to smother, choke back, stifle. **rires étouffés** suppressed *ou* smothered laughter; **dit-il d'une voix étouffée** he said in a low *ou* hushed tone; **voix étouffées** (*discrètes*) subdued voices, (*confuses*) muffled voices.

 (c) *scandale* to hush up, smother, keep quiet; *rumeurs, scrupules, sentiments* to smother, suppress, stifle; *révolte* to put down, quell, suppress.

 (d) *flammes* to smother, extinguish, quench (*littér*). ~ **un feu** to put out *ou* smother a fire.

 (e) (‡: *voler*) to pinch*.

 2 *vi* (*mourir étouffé*) to die of suffocation, suffocate to death; (*fig: être mal à l'aise*) to feel stifled, suffocate. ~ **de colère/de rire** to choke with anger/with laughter; ~ **de chaleur** to be stifling, be overcome with the heat; **on étouffe dans cette pièce** it's stifling in here, the heat is suffocating *ou* overpowering in here.

étouffoir [etufwaʀ] *nm* (*Mus*) damper.

étoupe [etup] *nf* (*de lin, chanvre*) tow; (*de cordages*) oakum.

étourderie [etuʀdəʀi] *nf* (*caractère*) absent-mindedness; (*faute*) careless mistake. **agir par** *ou* **avec** ~ to act without thinking *ou* carelessly.

étourdi, e [etuʀdi] (*ptp de* **étourdir**) **1** *adj personne, action* scatterbrained, absent-minded. **2** *nm, f* scatterbrain. **agir en** ~ to act without thinking *ou* carelessly.

étourdiment [etuʀdimɑ̃] *adv* carelessly, rashly.

étourdir [etuʀdiʀ] (2) **1** *vt* **(a)** (*assommer*) to stun, daze.

 (b) ~ **qn** *[bruit]* to deafen; *[altitude, vin]* to make sb dizzy *ou* giddy; *[succès, parfum, vin]* to go to sb's head. **l'altitude m'étourdit**

heights make me dizzy *ou* giddy, I've no head for heights (*Brit*); **ce vacarme m'étourdit** this row is deafening; **ce mouvement m'étourdit** this movement makes my head spin *ou* makes me feel quite dizzy.

 (c) ~ **une douleur** to deaden *ou* numb a pain.

 2 s'étourdir *vpr*: **il s'étourdit par la boisson** he drowns his sorrows in drink; **il s'étourdit par les plaisirs** he tries to forget *ou* to deaden his sorrows by living a life of pleasure; **il s'étourdit pour oublier** he keeps up a whirl of activity to forget; **s'~ de paroles** to get drunk on words, be carried away by the sound of one's own voice.

étourdissant, e [etuʀdisɑ̃, ɑ̃t] *adj bruit* deafening, stunning; *succès* staggering, stunning; *beauté* stunning. **à un rythme** ~ at a tremendous *ou* breakneck pace; ~ **de beauté** stunningly beautiful.

étourdissement [etuʀdismɑ̃] *nm* **(a)** (*syncope*) blackout; (*vertige*) dizzy spell, fit of giddiness. **ça me donne des** ~**s** it makes me feel dizzy, it makes my head swim*. **(b)** (*littér: surprise*) surprise.

 (c) (*littér: griserie*) exhilaration, intoxication.

étourneau, *pl* ~**x** [etuʀno] *nm* **(a)** (*Orn*) starling. **(b)** (*: distrait*) scatterbrain, featherbrain (*Brit*), birdbrain (*US*).

étrange [etʀɑ̃ʒ] *adj* strange, odd, queer, peculiar, weird, funny. **et chose** ~ (and) strange to say, strangely enough, the odd thing is; **aussi** ~ **que cela puisse paraître** strange as it may seem; **cela n'a rien d'**~ there is nothing strange about *ou* in that.

étrangement [etʀɑ̃ʒmɑ̃] *adv* (*bizarrement*) strangely, oddly, peculiarly; (*étonnamment*) surprisingly, amazingly. **ressembler** ~ **à** to be surprisingly *ou* amazingly *ou* suspiciously like.

étranger, -ère [etʀɑ̃ʒe, εʀ] **1** *adj* **(a)** (*d'un autre pays*) foreign; (*Pol*) *politique, affaires* foreign. **être** ~ **au pays** to be a foreigner; **visiteurs** ~**s** foreign visitors, visitors from abroad.

 (b) (*d'un autre groupe*) strange, unknown (*à* to). **être** ~ **à un groupe** not to belong to a group, be an outsider; **il est** ~ **à notre famille** he is not a relative of ours, he is not a member of our family; **entrée interdite à toute personne** ~**ère** (à l'établissement *ou* au service) no entry for unauthorized persons, no unauthorized entry.

 (c) (*inconnu*) *nom, usage, milieu* strange, unfamiliar (*à* to); *idée* strange, odd. **son nom/son visage ne m'est pas** ~ his name/face is not unknown *ou* not unfamiliar to me; **la chimie lui est** ~**ère** chemistry is a closed book to him, he has no knowledge of chemistry; **cette personne/technique lui est** ~**ère** this person/technique is unfamiliar *ou* unknown to him, he is unfamiliar *ou* unacquainted with this person/technique; **ce sentiment ne lui est pas** ~ this feeling is not unknown to him, it is not unknown for him to feel this way.

 (d) (*extérieur*) *donnée, fait* extraneous (*à* to). ~ **au sujet** irrelevant (to the subject), beside the point; **être** ~ **à un complot** not to be involved *ou* mixed up in a plot, have nothing to do with a plot.

 (e) (*Méd, fig*) **corps** ~ foreign body.

 2 *nm, f* **(a)** (*d'un autre pays*) foreigner; (*péj, Admin*) alien. **une** ~**ère** a foreign lady *ou* woman; **c'est une** ~**ère** she's a foreigner.

 (b) (*inconnu*) stranger; (*à un groupe*) outsider, stranger.

 3 *nm* (*pays*) l'~ foreign countries, foreign parts; **vivre/voyager à l'**~ to live/travel abroad; **rédacteur pour l'**~ foreign editor.

étrangeté [etʀɑ̃ʒte] *nf* (*caractère*) (*conduite*) strangeness, oddness, queerness; (*fait ou événement etc bizarre*) odd *ou* strange fact (*ou* event *etc*).

étranglement [etʀɑ̃gləmɑ̃] *nm* **(a)** *[victime]* strangulation; (*Hist: supplice*) garotting; (*fig*) *[presse, libertés]* stifling. **(b)** *[vallée]* neck; *[rue]* bottleneck, narrowing; *[taille, tuyau]* constriction. **(c)** *[voix]* strain, tightness. **(d)** (*Méd*) strangulation.

étrangler [etʀɑ̃gle] (1) **1** *vt* **(a)** (*tuer*) *personne* to strangle, choke, throttle; *poulet* to wring the neck of; (*Hist: supplicier*) to garotte. **mourir étranglé (par son écharpe)** to be strangled (by one's scarf); **elle s'est étranglée accidentellement** she was strangled accidentally, she accidentally strangled herself; **cette cravate m'étrangle** this tie is choking *ou* throttling me.

 (b) *[rage etc]* to choke. **la fureur l'étranglait** he was choking with rage; **voix étranglée par l'émotion** voice choking *ou* strained *ou* tight with emotion.

 (c) *presse, libertés* to strangle, stifle. **taxes qui étranglent les commerçants** taxes which cripple the traders.

 (d) (*resserrer*) to squeeze (tightly). **taille étranglée** tightly constricted *ou* tightly corseted waist.

 2 s'étrangler *vpr* **(a)** **s'~ de rire/colère** to choke with laughter/anger; **s'~ en pleurant** to choke with tears; **s'~ en mangeant** to choke whilst eating.

 (b) *[voix, sanglots]* to catch in one's throat. **un cri s'étrangla dans sa gorge** a cry caught *ou* died in his throat.

 (c) *[rue, couloir]* to narrow (down), make a bottleneck.

 (d) (*Méd*) **hernie étranglée** strangulated hernia.

étrangleur, -euse [etʀɑ̃glœʀ, øz] *nm, f* strangler.

étrave [etʀav] *nf* (*Naut*) stem.

être [εtʀ(ə)] (61) **1** *vb copule* **(a)** (*gén*) to be. **le ciel est bleu** the sky is blue; **elle veut** ~ **médecin** she wants to be a doctor; **soyez sages!** be good!; **tu n'es qu'un enfant** you are only a child; **si j'étais vous, je lui parlerais** if I were you I should *ou* would speak to her; **nous sommes 10 à vouloir partir** there are 10 of us wanting *ou* who want to go; *V ailleurs, ce, que etc*.

 (b) (*pour indiquer la date*) **nous sommes** *ou* **on est le 12 janvier** it is January 12th; **on était en juillet** it was (in) July; **quel jour sommes-nous?** what's the date today?, what's today's date?

 (c) (*avec à, de: appartenir*) **à qui est ce livre? — il est à moi** whose book is this? — it's mine *ou* it belongs to me; **je suis à vous** what can I do for you?; **c'était à elle de protester** it was up to her to protest, it was her job to protest; **nous sommes de la même**

religion we are of the same faith; ~ de la fête/de l'expédition to take part in the celebration/expedition; vous en êtes? are you taking part?, are you in on this?*; *(péj)* il en est‡, c'en est une‡ *(un homosexuel)* he's one of them* *(péj)*; je ne pourrai pas ~ des vôtres jeudi I shan't *ou* won't be able to join you on Thursday.

(d) *(avec complément introduit par préposition: indiquant l'état, le fait, l'opinion etc; V aussi prép et noms en question)* to be. ~ en colère/de bonne humeur to be angry/in a good mood; ~ pour la paix/contre la violence to be for *ou* in favour of peace/against *ou* opposed to violence; il est/n'est pas à son travail his attention *ou* mind is/is not on his work; il est au travail he is working; le livre est à la reliure the book is (away) being bound; elle était en chemise de nuit she was in her nightdress; il est pour beaucoup dans sa nomination he is largely responsible for his appointment, he had a lot to do with his being appointed; elle n'y est pour rien it's not her responsibility, it's not her fault, it has nothing to do with her; je suis pour dormir ici I am for sleeping here*, I am in favour of sleeping here; au bal, elle sera en Bretonne she will be dressed as a Breton girl at the dance.

2 *vb aux* **(a)** *(formant les temps composés actifs)* il est passé hier he came yesterday; nous étions montés we had gone upstairs; elle serait tombée she would *ou* might have fallen; il n'est pas passé he hasn't been; nous nous sommes promenés we had a walk, we went for a walk; vous vous seriez bien trompés you would have been greatly mistaken; il s'est assis he sat down; elle s'est laissée aller she has let herself go; ils se sont écrit they wrote to each other.

(b) *(formant le passif)* ~ donné/fabriqué par … to be given/made by …; il est soutenu par son patron he is backed up by his boss, he has the support *ou* the backing of his boss; il a été blessé dans un accident he was injured in an accident.

(c) *(avec à + infin: indiquant une obligation)* ce livre est à lire/relier this book must be read/bound; le poisson est à manger tout de suite the fish is to be eaten *ou* must be eaten at once; cet enfant est à tuer! I could kill *ou* murder that child!; tout est à refaire it's all got to be done again; ces journaux sont à brûler these papers are for burning.

(d) *(avec à + infin: indiquant un état en cours)* il est à travailler he is (busy) working; ma robe est à nettoyer* my dress is being cleaned *ou* is at the cleaners'; elle est toujours à le taquiner she keeps teasing him, she's forever teasing him.

3 *vi* **(a)** *(exister)* to be. je pense donc je suis I think, therefore I am; le meilleur homme qui soit the kindest man that ever was, the kindest man living; elle n'est plus she is no more; le temps n'est plus où … the time is past when …; que la lumière soit let there be light; un menteur s'il en est a liar if ever there was one.

(b) *(se trouver, habiter)* il est maintenant à Lille he now lives *ou* he is now in Lille; le village est à 10 km d'ici the village is 10 km away from here; j'y suis j'y reste here I am and here I stay; elle n'y est pour personne she is not at home to anyone, she is not available (to anyone).

(c) (*: *avoir été = être allé*) il n'avait jamais été à Londres he'd never been to London; avez-vous jamais été à l'étranger? — oui j'ai été en Italie l'an dernier have you ever been abroad? — yes I went to Italy *ou* I was in Italy last year.

(d) *(littér: il s'en fut* la voir he went (forth) to see her.

4 *vb impers* **(a)** il est + *adj* it is + *adj*; il serait très agréable de voyager it would be very pleasant to travel; il n'est pas nécessaire qu'il vienne it is not necessary for him to come, it is not necessary that he should come, he need not come.

(b) *(pour dire l'heure)* quelle heure est-il? what time is it?; il est 10 heures it is 10 o'clock; il serait temps de partir it is time (for us) to go, it's time we went.

(c) *(littér: il y a)* il est des gens qui there are people who; il était une fois … once upon a time there was … .

(d) *(avoir atteint)* en ~ à la page 9 to be at page 9, have reached page 9; où en est-il de *ou* dans ses études? how far has he got with his studies?, what point has he reached in his studies?; il en est à sa première année de médecine he has reached his first year in medicine; l'affaire en est là that's how the matter stands, that's as far as it's got; *(fig)* je ne sais plus où j'en suis I don't know whether I am coming or going.

(e) *(se voir réduit à)* j'en suis à me demander si I'm beginning to wonder if, I've come to wonder if, I've got to wondering if*; il en est à mendier he has come down to *ou* stooped to begging, he has been reduced to begging.

(f) *(loc)* il en est de sa poche he is out of pocket; en ~ pour ses frais *ou* sa peine/son argent to get nothing for one's trouble *ou* pains/money; il n'en est rien it's nothing of the sort, that's not it at all; tu y es?* *(tu es prêt)* are you ready?; *(comprends-tu)* do you follow me?, do you get it?*; tu n'y es pas du tout! you haven't got it at all!*

(g) *(avec ce: pour présenter un être, une chose)* ce sera une belle cérémonie it will be a beautiful ceremony; c'est un docteur, il est docteur he is a doctor.

(h) *(pour mettre en relief gén non traduit)* c'est lui qui me l'a dit/qui vous le dira he (is the one who) told me/(is the one who) will tell you; c'est elle qui a voulu she wanted it; c'est mon père et moi qui devons payer my father and I must pay; c'est à qui dira son mot they all want to have their say; c'est moi qu'on attendait I was the one they were waiting for, it was me they were waiting for; c'est pour eux que je le fait I did it for their sake; c'est que je le connais bien! I know him so well!; c'est qu'elle n'a pas d'argent it's because *ou* just that she has no money; *(exclamatif)* but she has no money!; ce n'est pas qu'il soit beau! it's not that he's good-looking!

(i) *(est-ce que: forme interrogative)* est-ce que vous saviez? did

you know?; est-ce que c'est toi qui l'as battu? was it you who beat him?

(j) n'est-ce pas: il fait beau, n'est-ce pas? isn't it a lovely day?, it's a lovely day isn't it?; vous viendrez, n'est-ce pas? you will come, won't you?, you are coming, aren't you?; n'est-ce pas qu'il a promis? he did promise, didn't he?

(k) *(pour exprimer la supposition)* si ce n'était were it not for, if it were not for, but for; *(littér)* n'était son orgueil were it not for *ou* but for his pride, if it were not for his pride; ne serait-ce que pour quelques jours if (it were) only for a few days; ne serait-ce que pour nous ennuyer if only to annoy us; comme si de rien n'était as if nothing had happened; *(Math)* soit une droite XY let XY be a straight line, take a straight line XY.

5 *nm* **(a)** *(gén, Sci)* being. ~ humain/animé/vivant human/animate/living being.

(b) *(individu)* being, person. les ~s qui nous sont chers our loved ones, those who are dear to us; un ~ cher a loved one; c'était un ~ merveilleux he was a wonderful person; *(péj)* quel ~! what a character!

(c) *(âme)* heart, soul, being. il l'aimait de tout son ~ he loved her with all his heart; au plus profond de notre ~ deep down in our souls; tout son ~ se révoltait his whole being rebelled.

(d) *(Philos)* l'~ being; l'~ et le néant being and nothingness.

étreindre [etʀɛ̃dʀ(ə)] (52) *vt* **(a)** *(frm)* *(dans ses bras)* ami to embrace, hug, clasp in one's arms; *ennemi* to seize, grasp; *(avec les mains)* to clutch, grip, grasp. les deux amis s'étreignirent the two friends embraced each other.

(b) *(fig) [douleur]* to grip; V qui.

étreinte [etʀɛ̃t] *nf* **(a)** *(frm)* *[ami]* embrace, hug; *[ennemi]* stranglehold, grip; *[main, douleur]* clutch, grip, grasp. *(Mil)* l'armée resserre son ~ autour de … the army is tightening its grip round … .

étrenne [etʀɛn] *nf* *(gén pl)* *(à un enfant)* New Year's gift; *(au facteur etc)* ≃ Christmas box. que veux-tu pour tes ~s? what would you like for Christmas? *ou* as a Christmas present?; donner ses ~s à la femme de ménage to give a Christmas box to one's daily help.

étrenner [etʀene] (1) **1** *vt* to use *(ou* wear *etc)* for the first time. **2** *vi* (‡: *écoper)* to catch it*, cop it‡ *(Brit)*, get it*.

étrier [etʀije] *nm* *(gén, Méd)* stirrup; V coup, pied, vider.

étrille [etʀij] *nf (brosse)* currycomb; *(crabe)* velvet swimming crab.

étriller [etʀije] (1) *vt cheval* to curry; (†, *hum: rosser)* to trounce†.

étripage [etʀipaʒ] *nm* gutting.

étriper [etʀipe] (1) **1** *vt lapin* to disembowel, gut; *volaille* to draw; *poisson* to gut; (‡ *fig)* adversaire to cut open, hack about *(Brit)*. **2 s'étriper**‡ *vpr* to make mincemeat of each other*, tear each other's guts out‡.

étriqué, e [etʀike] *(ptp de* **étriquer**) *adj habit* skimpy, tight; *esprit* narrow; *vie* narrow, cramped. il fait tout ~ dans son manteau he looks cramped in his coat, he looks as though he's bursting out of his coat.

étriquer [etʀike] (1) *vt*: ce vêtement l'étrique this garment is too tight-fitting for him.

étrivière [etʀivjɛʀ] *nf* stirrup leather.

étroit, e [etʀwa, wat] *adj* **(a)** *(lit)* *(gén)* rue, fenêtre, ruban narrow; *espace* narrow, restricted, cramped, confined; *vêtement, chaussure* tight.

(b) *(littér: serré)* nœud, étreinte tight.

(c) *(fig: borné)* vues narrow, limited. à l'esprit ~ narrow-minded.

(d) *(fig: intime)* amitié close *(épith)*; liens close *(épith)*, intimate *(épith)*. en collaboration ~ avec in close collaboration with.

(e) *(fig: strict)* surveillance close *(épith)*, strict *(épith)*; *(littér)* obligations strong *(épith)*, strict *(épith)*; coordination close *(épith)*; soumission, subordination strict *(épith)*.

(f) *(Ling)* acception narrow *(épith)*, strict *(épith)*, restricted. au sens ~ du terme in the narrow *ou* strict sense of the term.

(g) à l'~ cramped; vivre *ou* être logé à l'~ to live in cramped *ou* confined conditions; être à l'~ dans ses vêtements to wear clothes which are too small, be cramped in one's clothes, be bursting out of one's clothes.

étroitement [etʀwatmɑ̃] *adv lier, unir* closely; *obéir* strictly; *surveiller* closely, strictly; *tenir* tightly. être ~ logé to live in cramped *ou* confined conditions.

étroitesse [etʀwatɛs] *nf* *(V étroit)* narrowness; crampedness; tightness; closeness. l'~ de ce logement the cramped accommodation; ~ *(d'esprit)* narrow-mindedness.

étron [etʀɔ̃] *nm* (†, *hum)* turd‡*.

Étrurie [etʀyʀi] *nf* Etruria.

étrusque [etʀysk(ə)] **1** *adj* Etruscan. **2** *nm* *(Ling)* Etruscan. **3** *nmf*: É~ Etruscan.

étude [etyd] *nf* **(a)** *(action)* *(gén)* study. *(Mus)* l'~ d'un instrument the study of an instrument, learning to play an instrument; ce projet est à l'~ this project is under consideration *ou* is being studied; mettre un projet à l'~, procéder à l'~ d'un projet to investigate *ou* go into *ou* study a project; avoir le goût de l'~ to like study *ou* studying; une ~ gratuite de vos besoins a free assessment of your needs; voyage/frais d'~ study trip/costs; quelles ~s a-t-il faites? what sort of studies has he done?; *(Écon)* ~ de marché market research *(U)*; ~ de cas case study; *(Fin)* ~ complémentaire follow-up study; V bureau.

(b) *(Scol, Univ)* ~s studies; faire ses ~s à Paris to study in Paris, be educated in Paris; travailler pour payer ses ~s to work to pay for one's education; faire des ~s de droit to study law; a-t-il fait des ~s? has he studied at all?, has he been to university? *ou* college?; ~s secondaires/supérieures secondary/higher education.

(c) *(ouvrage)* study; *(Écon, Sci)* paper, study; *(Littérat)* study, essay. (*Art*) ~s de fleurs studies of flowers; (*Mus*) ~s pour piano studies *ou* études for (the) piano.

(d) (*Scol*) (salle d')~ study *ou* prep room, private study room (*Brit*), study hall (*US*); l'~ (du soir) preparation, prep* (*Brit*); ~ surveillée (supervised) study period (*Brit*), study hall (*US*); mettre des élèves en ~ to leave pupils to study on their own.

(e) (*Jur*) (*bureau*) office; (*charge, clientèle*) practice.

étudiant, e [etydjã, ãt] **1** *adj* vie, problèmes, allures student (*épith*). **2** *nm,f* student. ~ **en médecine/en lettres** medical/arts student; ~ **de première année** first-year student *ou* undergraduate; ~ **de maîtrise** post-graduate (student).

étudié, e [etydje] (*ptp de* **étudier**) *adj* **(a)** (*calculé*) jeu de scène studied; coupe, conception carefully designed; (*Comm*) prix competitive, keen (*épith*) (*Brit*). **à des prix très** ~**s** at absolutely rock-bottom prices, at the keenest (*Brit*) *ou* the lowest possible prices; **maison d'une conception très** ~**e** very carefully *ou* thoughtfully designed house.

(b) (*affecté*) allure studied; sentiments affected, assumed.

étudier [etydje] **(7)** **1** *vt* **(a)** (*apprendre*) matière (*gén*) to study; (*Univ*) to read (*Brit*), study; instrument to study, learn to play; (*Scol*) leçon to learn; texte, auteur to study. **s'amuser au lieu d'**~ to have a good time instead of studying.

(b) (*examiner*) projet to study, examine, go into; dossier, cas to study, examine, scrutinize (*frm*). ~ **les prix** to do a study of prices, compare prices; ~ **les possibilités** to study *ou* examine *ou* go into the possibilities; ~ **une proposition sous tous ses aspects** to explore a proposal; ~ **qch de près** to study sth closely, make a close study of sth, take a close look at sth.

(c) (*observer*) terrain, adversaire to study, observe closely; visage to study, examine. **au début, je sentais qu'il m'étudiait constamment** at the start I sensed that he was observing me all the time.

(d) (*concevoir*) procédé, dispositif to devise; machine, coupe to design.

(e) (*calculer*) gestes, ton, effets to study, calculate.

2 s'étudier *vpr* **(a)** (*s'analyser*) to analyse o.s., be introspective; (*s'examiner*) to study o.s. *ou* one's appearance. **les deux adversaires s'étudiaient** the two opponents studied *ou* observed each other closely.

(b) (†) **s'**~ **à faire** to strive *ou* try to do.

étui [etɥi] *nm* [lunettes, violon, cigares] case; [revolver] holster.

étuve [etyv] *nf* (*bains*) steamroom; (*de désinfection*) sterilizer; (*incubateur*) incubator; (*fig*) oven.

étuvée [etyve] *nf* (*Culin*) **à l'**~ braised.

étymologie [etimɔlɔʒi] *nf* etymology.

étymologique [etimɔlɔʒik] *adj* etymological.

étymologiquement [etimɔlɔʒikmã] *adv* etymologically.

étymologiste [etimɔlɔʒist(ə)] *nmf* etymologist.

étymon [etimɔ̃] *nm* etymon.

eu, e [y] *ptp de* avoir.

eucalyptus [økaliptys] *nm* eucalyptus.

eucharistie [økaristi] *nf*: **l'E**~ the Eucharist, the Lord's Supper.

eucharistique [økaristik] *adj* eucharistic.

Euclide [øklid] *nm* Euclid.

euclidien, -ienne [øklidjɛ̃, jɛn] *adj* Euclidean.

eudiomètre [ødjɔmɛtʀ(ə)] *nm* eudiometer.

Eugène [øʒɛn] *nm* Eugene.

eugénique [øʒenik] **1** *nf* eugenics (*sg*). **2** *adj* eugenic.

eugénisme [øʒenism(ə)] *nm* eugenics (*sg*).

euh [ø] *excl* er!

eunuque [ønyk] *nm* eunuch.

euphémique [øfemik] *adj* euphemistic(al).

euphémiquement [øfemikmã] *adv* euphemistically.

euphémisme [øfemism(ə)] *nm* euphemism.

euphonie [øfɔni] *nf* euphony.

euphonique [øfɔnik] *adj* euphonious, euphonic.

euphoniquement [øfɔnikmã] *adv* euphoniously, euphonically.

euphonium [øfɔnjɔm] *nm* euphonium.

euphorbe [øfɔʀb(ə)] *nf* euphorbia, spurge.

euphorie [øfɔʀi] *nf* euphoria.

euphorique [øfɔʀik] *adj* euphoric.

euphorisant [øfɔʀizã] **1** *adj* nouvelle exhilarating. **2** *nm* (*médicament*) ~ anti-depressant, pep pill.

euphoriser [øfɔʀize] **(1)** *vt* to make exhilarated.

Euphrate [øfʀat] *nm*: **l'**~ the Euphrates.

eurafricain, e [øʀafʀikɛ̃, ɛn] **1** *adj* Eurafrican. **2** *nm,f*: **E**~**(e)** Eurafrican.

eurasiatique [øʀazjatik] *adj* Eurasiatic.

Eurasie [øʀazi] *nf* Eurasia.

eurasien, -ienne [øʀazjɛ̃, jɛn] **1** *adj* Eurasian. **2** *nm,f*: **E**~**(ne)** Eurasian.

eurêka [øʀeka] *excl* eureka!

eurent [yʀ] *V* avoir.

Euripide [øʀipid] *nm* Euripides.

euristique [øʀistik] = heuristique.

eurochèque [øʀɔʃɛk] *nm* Eurocheque.

eurocommunisme [øʀɔkɔmynism(ə)] *nm* Eurocommunism.

eurocrate [øʀɔkʀat] *nmf* Eurocrat.

eurodevises [øʀɔdəviz] *nfpl* Eurocurrency.

eurodollar [øʀɔdɔlaʀ] *nm* Eurodollar.

euromissile [øʀɔmisil] *nm* European missile.

euro-obligations [øʀɔɔbligasjɔ̃] *nfpl* Euro-bonds.

Europe [øʀɔp] *nf* Europe. **l'**~ **Centrale** Central Europe; **l'**~ **des douze** the Twelve (Common Market countries); **l'**~ **politique** Europe as a single political entity; **l'**~ **de l'espace** the joint European space venture; **l'**~ **verte** European *ou* Community agriculture.

européanisation [øʀɔpeanizasjɔ̃] *nf* Europeanization.

européaniser [øʀɔpeanize] **(1)** *vt* to Europeanize.

européen, -éenne [øʀɔpeɛ̃, ɛɛn] **1** *adj* European. **2** *nm,f*: **E**~**(ne)** European.

europium [øʀɔpjɔm] *nm* europium.

Eurovision [øʀɔviʒɔ̃] *nf* Eurovision.

Eurydice [øʀidis] *nf* Eurydice.

eurythmie [øʀitmi] *nf* eurhythmics (*sg*).

Eustache [østaʃ] *nm* Eustace; *V* trompe.

eut [y] *V* avoir.

euthanasie [øtanazi] *nf* euthanasia.

eutrophisation [øtʀɔfizasjɔ̃] *nf* eutrophation.

eux [ø] *pron pers* **(a)** (*sujet*) they; (*objet*) them. ~ **et toi, vous ne manquez pas d'aplomb** they and you are certainly sure of yourselves; **si j'étais** ~ if I were *ou* was them *ou* they (*frm*); **il n'obéit qu'à** ~ they are the only ones he obeys, he'll only obey them; **nous y allons,** ~ **non** *ou* **pas** ~ we are going but they aren't *ou* they're not *ou* not them; ~ **mentir? ce n'est pas possible** them tell a lie? I can't believe it; **ce sont** ~ **qui répondront** they are the ones who will reply, they'll reply; ~ **ils n'ont rien à dire** they've got nothing to say; **ils l'ont bien fait,** ~ they did it all right; **les aider,** ~**?** jamais! help them? never!; ~ **pauvres innocents, ne l'ont jamais su** they, poor fools, never knew.

(b) (*avec prép*) **à** ~ **tout seuls, ils ont tout acheté** they bought everything all on their own; **cette maison est-elle à** ~**?** does this house belong to them?, is this house theirs?; **ils ont cette grande maison à** ~ **seuls** they have this big house all to themselves; **ils ne pensent qu'à** ~, **ces égoïstes** these selfish people only think of themselves; *V aussi*, moi, toi.

évacuateur, -trice [evakɥatœʀ, tʀis] **1** *adj* evacuation (*épith*). **2** *nm* sluice.

évacuation [evakɥasjɔ̃] *nf* [pays, personnes] evacuation; [liquide] draining, emptying; (*Méd*) evacuation.

évacué, e [evakɥe] (*ptp de* **évacuer**) *nm,f* evacuee.

évacuer [evakɥe] **(1)** *vt* pays, ville, population to evacuate; salle, maison to evacuate, clear; (*Méd*) to evacuate, discharge; liquide to drain (off). **faire** ~ **salle, bâtiment** to clear.

évadé, e [evade] (*ptp de* **s'évader**) *nm,f* escaped prisoner.

évader (s') [evade] **(1)** *vpr* (*lit, fig*) to escape (*de* from). **faire** ~ **qn** to help sb (to) escape.

évaluable [evalɥabl(ə)] *adj* assessable. **difficilement** ~ difficult to assess *ou* evaluate.

évaluation [evalɥasjɔ̃] *nf* (*V* **évaluer**) appraisal; evaluation; assessment; valuation; estimation.

évaluer [evalɥe] **(1)** *vt* (*expertiser*) maison, bijou to appraise, evaluate, assess, value (*à* at); dégâts, prix to assess, evaluate (*à* at). **faire** ~ **qch par un expert** to have sth valued *ou* appraised by an expert.

(b) (*juger approximativement*) fortune, nombre, distance to estimate, assess (*à* at). **on évalue à 60.000 le nombre des réfugiés qui auraient traversé la frontière** an estimated 60,000 refugees have crossed the border, the number of refugees crossing the border is estimated at *ou* put at 60,000.

évanescent, e [evanesã, ãt] *adj* evanescent.

évangélique [evãʒelik] *adj* evangelic(al).

évangélisateur, -trice [evãʒelizatœʀ, tʀis] **1** *adj* evangelistic. **2** *nm,f* evangelist.

évangélisation [evãʒelizasjɔ̃] *nf* evangelization.

évangéliser [evãʒelize] **(1)** *vt* to evangelize.

évangélisme [evãʒelism(ə)] *nm* evangelicalism, evangelism.

évangéliste [evãʒelist(ə)] *nm* evangelist; (*Bible*) Evangelist.

évangile [evãʒil] *nm* **(a)** (*Rel*) **É**~ gospel; (*Rel*) **l'**~ **du jour** the day's gospel (reading), the day's reading from the gospel; **les É**~**s synoptiques** the synoptic Gospels. **(b)** (*fig*) gospel. **ce n'est pas l'**~, **ce n'est pas parole d'**~ it's not gospel.

évanoui, e [evanwi] (*ptp de* **s'évanouir**) *adj* blessé unconscious. **tomber** ~ to faint, pass out.

évanouir (s') [evanwiʀ] **(2)** *vpr* [personne] to faint (*de* from), pass out (*de* with), black out*; (*fig*) [rêves, apparition, craintes] to vanish, disappear, fade.

évanouissement [evanwismã] *nm* **(a)** (*syncope*) fainting fit, blackout. **(b)** (*fig*) [rêves, apparition, craintes] disappearance, fading.

évaporation [evapɔʀasjɔ̃] *nf* evaporation.

évaporé, e [evapɔʀe] (*ptp de* **évaporer**) **1** *adj* (*péj*) personne giddy, scatterbrained, featherbrained (*Brit*). **2** *nm,f* scatterbrain, featherbrain (*Brit*), birdbrain (*US*).

évaporer [evapɔʀe] **(1)** **1** *vt* (*gén* **faire** ~) to evaporate. **2 s'évaporer** *vpr* (*lit*) to evaporate; (**: disparaître*) to vanish *ou* disappear (into thin air).

évasé, e [evaze] (*ptp de* **évaser, s'évaser**) *adj* vallée, conduit which widens *ou* opens out; jambes, manches, jupe flared. **verre à bords** ~**s** glass with a curving *ou* bell-shaped rim.

évasement [evazmã] *nm* **(a)** (*V* **évaser**) widening- *ou* opening-out; flaring. **(b)** (*V* **s'évaser**) opening-out; flare.

évaser [evaze] **(1)** **1** *vt* tuyau, ouverture to widen, open out; (*Couture*) jupe, poignets to flare. **2 s'évaser** *vpr* [passage, tuyau] to open out; [manches] to flare.

évasif, -ive [evazif, iv] *adj* evasive.

évasion [evazjɔ̃] *nf* (*lit, fig: fuite*) escape. (*fig: tendance*) **l'**~ escapism; (*fig*) littérature **d'**~ escapist literature; (*fig*) **besoin d'**~ need to escape; (*Écon*) ~ **des capitaux** flight of capital; (*Admin*) ~ **fiscale** tax evasion.

évasivement [evazivmã] *adv* evasively.

Ève [ɛv] *nf* Eve. (*hum*) **en tenue d'**~ in the altogether*, in one's birthday suit; *V* connaître.

évêché [eveʃe] *nm* (*région*) bishopric; (*palais*) bishop's palace; (*ville*) cathedral town.

éveil [evεj] *nm* (*littér*) [*dormeur, intelligence*] awakening; [*amour*] awakening, dawning; [*soupçons, jalousie*] arousing. **être en ~** [*personne*] to be on the alert *ou* on the qui vive; [*sens*] to be alert *ou* wide awake, be aroused; **donner l'~** to raise the alarm *ou* alert; **mettre qn en ~**, **donner l'~ à qn** to alert *ou* arouse sb's suspicions, put sb on his guard; (*Scol*) **activités d'~** early-learning games *etc*.

éveillé, e [eveje] (*ptp de* **éveiller**) *adj* (*alerte*) enfant, esprit, air alert, sharp, bright; (*à l'état de veille*) (wide-)awake.

éveiller [eveje] (1) **1** *vt* (a) (*littér: réveiller*) to awaken, waken. **tenir qn éveillé** to keep sb awake; **V rêve**.
(b) (*fig: faire naître*) curiosité, sentiment, soupçons, souvenirs to arouse, awaken; passion to kindle, arouse. **pour ne pas ~ l'attention** so as not to arouse attention.
(c) (*développer*) esprit, intelligence to stimulate. **~ l'intelligence de l'enfant** to awaken the child's intelligence, stimulate the child's interest.
2 s'éveiller *vpr* (a) (*se réveiller*) (*lit*) to wake up, awaken, waken; (*fig*) [*ville, nature*] to come to life, wake (up).
(b) (*fig: naître*) [*sentiment, curiosité, soupçons*] to be aroused; [*amour*] to dawn, be aroused *ou* born.
(c) (*se développer*) [*intelligence, esprit*] to develop.
(d) (*littér: ressentir*) **s'~ à** amour to awaken to.

événement [evɛnmɑ̃] *nm* event, occurrence. (*Pol*) **~s** events, incidents; **c'est un véritable ~ quand il dit merci** it's quite an event *ou* occasion when he says thank you; **semaine chargée en ~s** eventful week, action-packed week; **l'~ de la semaine** the main story *ou* news of the week; **V dépasser, heureux, tournure**.

événementiel, -ielle [evɛnmɑ̃sjɛl] *adj* factual. **histoire ~le** factual history.

évent [evɑ̃] *nm* (*Zool*) [*baleine*] blowhole, spout (hole), spiracle (*T*).

éventail [evɑ̃taj] *nm* (*instrument*) fan; (*fig: gamme*) range. **en (forme d')~** objet fan-shaped; **en ~** fan-shaped; plusieurs objets fanned out, splayed out; **doigts de pieds en ~**‡ splayed toes; (*Mil*) **se déployer en ~** to fan out; **~ des salaires** salary range, wage range *ou* spread (*US*); **l'~ politique** the political spectrum; **V déployer, voûte**.

éventaire [evɑ̃tɛʀ] *nm* (*corbeille*) tray, basket; (*étalage*) stall, stand.

éventé, e [evɑ̃te] (*ptp de* **éventer**, **s'éventer**) *adj* parfum, vin stale, musty; bière stale, flat.

éventer [evɑ̃te] (1) **1** *vt* (a) (*rafraîchir*) to air; (*avec un éventail*) to fan. **rue très éventée** very windy *ou* exposed street.
(b) (*fig: découvrir*) secret, complot to discover, lay open. **le secret est éventé** the secret is out; **c'est un truc éventé** it's a well-known *ou* a rather obvious *ou* a pretty well-worn trick.
2 s'éventer *vpr* (a) [*bière*] to go flat; [*vin, parfum*] to go stale *ou* musty.
(b) (*avec éventail*) to fan o.s. **s'~ avec un journal** to fan o.s. with a newspaper.

éventration [evɑ̃tʀasjɔ̃] *nf* (*Méd*) rupture.

éventrer [evɑ̃tʀe] (1) *vt* (a) (*avec un couteau*) to disembowel; (*d'un coup de corne*) to gore. **il s'est éventré sur son volant** he ripped himself open *ou* eviscerated himself on his steering wheel.
(b) boîte, sac to tear open; muraille, coffre to smash open; matelas to rip open.

éventualité [evɑ̃tɥalite] *nf* (a) (*U*) possibility. (b) eventuality, contingency, possibility. **pour parer à toute ~** to guard against all eventualities *ou* possibilities *ou* contingencies; **dans cette ~** if this happens, should that arise; **dans l'~ d'un refus de sa part** should he refuse, in the event of his refusal.

éventuel, -elle [evɑ̃tɥɛl] *adj* possible.

éventuellement [evɑ̃tɥɛlmɑ̃] *adv* possibly. **~, nous pourrions ...** we could possibly *ou* perhaps ... ; **~ je prendrais ma voiture** if need be *ou* if necessary I'd take my car.

évêque [evɛk] *nm* bishop. **(~) suffragant** suffragan (bishop).

évertuer (s') [evɛʀtɥe] (1) *vpr* (a) (*s'efforcer de*) **s'~ à faire to** strive *ou* do one's utmost *ou* struggle hard *ou* make strenuous efforts to do. (b) (*frm*, †: *se dépenser*) to strive, struggle. **je m'évertue à t'expliquer** I'm doing my best *ou* my utmost to explain to you; **s'~ contre qch** to struggle against sth.

éviction [eviksjɔ̃] *nf* (*Jur*) eviction; [*rival*] ousting, supplanting. **procéder à l'~ de** locataires to evict.

évidage [evidaʒ] *nm*, **évidement** [evidmɑ̃] *nm* hollowing-out, scooping-out.

évidemment [evidamɑ̃] *adv* (*bien sûr*) of course, obviously; (*frm: d'une manière certaine*) obviously.

évidence [evidɑ̃s] *nf* (a) (*caractère*) obviousness, evidence. **c'est l'~ même!** it's quite *ou* perfectly evident *ou* patently obvious; **se rendre à l'~** to bow *ou* yield to facts *ou* the evidence, face facts *ou* the evidence; **nier l'~** to deny the obvious *ou* the facts.
(b) (*fait*) obvious fact. **trois ~s se dégagent de ce discours** this speech brings three obvious facts to light; **c'est une ~ que de dire** it's a statement of the obvious *ou* it's stating the obvious to say.
(c) (*loc*) (être) **en ~** [*personne*] (to be) conspicuous *ou* in evidence; [*objet*] (to be) conspicuous *ou* in evidence, (be) in a conspicuous *ou* prominent position; **mettre en ~** personne to bring to the fore; fait to bring to the fore, give prominence to, underscore; objet to put in a prominent *ou* conspicuous position; **se mettre en ~** to make o.s. conspicuous, make one's presence felt; **la lettre était bien en ~ sur la table** the letter was (lying) there for all to see *ou* was lying conspicuously on the table; **de toute ~**, **à l'~**† quite obviously *ou* evidently.

évident, e [evidɑ̃, ɑ̃t] *adj* obvious, evident, self-evident. **il est ~ que** it is obvious *ou* evident that, it is plain for all to see that.

évider [evide] (1) *vt* to hollow out, scoop out.

évier [evje] *nm* sink. **~ (à) un bac/deux bacs** single/double sink; **V bloc**.

évincement [evɛ̃smɑ̃] *nm* [*rival*] ousting, supplanting.

évincer [evɛ̃se] (3) *vt* concurrent to oust, supplant; (*Jur*) locataire to evict.

évitable [evitabl(ə)] *adj* avoidable.

évitage [evitaʒ] *nm* (*Naut: mouvement*) swinging; (*espace*) swinging room.

évitement [evitmɑ̃] *nm* (*Transport*) voie d'~ loop line; gare d'~ station with a loop line; (*Aut, Aviat*) manœuvre d'~ avoidance action.

éviter [evite] (1) **1** *vt* (a) coup, projectile to avoid, dodge; obstacle, danger, maladie, situation to avoid, steer clear of; gêneur, créancier to avoid, keep clear of, evade; regard to avoid, evade, duck. **ils s'évitaient depuis quelque temps** they had been avoiding each other *ou* keeping clear of each other for some time; **~ qu'une situation n'empire** to avoid *ou* prevent the worsening of a situation, prevent a situation from getting worse; **~ d'être repéré** to escape detection, avoid being detected.
(b) erreur, mensonge, méthode to avoid. **~ de faire qch** to avoid doing sth; **on lui a conseillé d'~ le sel** he has been advised to avoid *ou* keep off salt; **on lui a conseillé d'~ la mer/la marche** he has been advised to avoid the sea/walking; **évite le mensonge** *ou* **de mentir** avoid lying, shun lies (*littér*).
(c) **~ qch à qn** to spare *ou* save sb sth; **ça lui a évité d'avoir à se déplacer** that spared *ou* saved him the bother *ou* trouble of going; **s'~ toute fatigue** to spare o.s. any fatigue, save o.s. from getting at all tired.
2 *vi* (*Naut*) to swing.

évocateur, -trice [evɔkatœʀ, tʀis] *adj* evocative, suggestive (*de* of).

évocation [evɔkasjɔ̃] *nf* (a) [*souvenirs, faits*] evocation, recalling; [*scène, idée*] conjuring-up, evocation. **ces ~s la faisaient s'attendrir** she became more tender as she recalled these memories; **pouvoir d'~ d'un mot** evocative *ou* suggestive power of a word.
(b) (*littér*) [*démons*] evocation, calling-up, conjuring-up.

évolué, e [evɔlɥe] (*ptp de* **évoluer**) *adj* peuple, civilisation (highly) developed, advanced; personne broad-minded, enlightened; procédé advanced. **une jeune fille très ~e** a girl with very progressive *ou* liberated views *ou* a very independent attitude.

évoluer [evɔlɥe] (1) *vi* (a) (*changer*) [*idées, civilisation, science*] to evolve, develop, advance; [*personne, goûts, maladie, tumeur*] to develop; [*situation*] to develop, evolve. **il a beaucoup évolué** his ideas have *ou* he has developed a great deal, he has come a long way (in his ideas).
(b) (*se mouvoir*) [*danseur*] to move about; [*avion*] to circle; [*troupes*] to manoeuvre, wheel about. **le monde dans lequel il évolue** the world in which he moves.

évolutif, -ive [evɔlytif, iv] *adj* (*gén*, *Bio*) evolutive, evolutionary; (*Méd*) progressive; **V ski**.

évolution [evɔlysjɔ̃] *nf* (a) (*changement*) [*idées, civilisation, science*] evolution, development, advancement; [*personne, goûts, maladie, situation*] development. (*Bio*) **théorie de l'~** theory of evolution.
(b) (*mouvement*) movement. **il regardait les ~s du danseur/de l'avion** he watched the dancer as he moved about gracefully/the plane as it wheeled *ou* circled overhead; **suivre à la jumelle les ~s des troupes** to watch troop manoeuvres through field glasses.

évolutionnisme [evɔlysjɔnism(ə)] *nm* evolutionism.

évolutionniste [evɔlysjɔnist(ə)] **1** *adj* evolutionary. **2** *nmf* evolutionist.

évoquer [evɔke] (1) *vt* (a) (*remémorer*) souvenirs to recall, call up, evoke; fait, événement to evoke, recall; mémoire d'un défunt to recall.
(b) (*faire penser à*) scène, idée to call to mind, evoke, conjure up. **ça évoque mon enfance** it reminds me of *ou* recalls my childhood.
(c) (*effleurer*) problème, sujet to touch on, mention.
(d) (*littér: invoquer*) démons to evoke, call up, conjure up.

evzone [ɛvzɔn] *nm* evzone.

ex- [ɛks] *préf* ex-.

exacerbation [ɛgzasɛʀbasjɔ̃] *nf* exacerbation.

exacerber [ɛgzasɛʀbe] (1) *vt* to exacerbate, aggravate. **sensibilité exacerbée** exaggerated sensitivity.

exact, e [ɛgza, akt(ə)] *adj* (a) (*fidèle*) reproduction, compte rendu exact, accurate, true. **est-il ~ que?** is it right *ou* correct *ou* true that?; **c'est l'~e vérité** that's the absolute *ou* exact truth; **ce n'est pas tout à fait ~** that's not quite right *ou* accurate, that's not altogether correct; **~!*** quite right!, absolutely!, exactly!
(b) (*correct*) définition, raisonnement correct, exact; réponse, calcul correct, right.
(c) (*précis*) dimension, nombre, valeur exact, precise; donnée accurate, precise, correct; pendule accurate, right. **l'heure ~e** the right *ou* exact *ou* correct time.
(d) (*ponctuel*) punctual, on time. **c'est quelqu'un de très ~ d'habitude** he's normally always on time, he's normally very punctual; **être ~ à un rendez-vous** to arrive at an appointment on time, arrive punctually for an appointment; **~ à payer ses dettes** punctual *ou* prompt in paying one's debts.
(e) (*littér*) discipline exact, rigorous, strict; obéissance rigorous, strict, scrupulous.

exactement [ɛgzaktəmɑ̃] *adv* (*V exact*) exactly; accurately; correctly; precisely; rigorously; strictly; scrupulously. **c'est ~ ce que je pensais** it's exactly *ou* just *ou* precisely what I was thinking; **oui, ~!** yes exactly *ou* precisely!

exaction [ɛgzaksjɔ̃] *nf* exaction.

exactitude [ɛgzaktityd] *nf* (a) (*U: V exact*) exactness, exactitude (*frm*); accuracy; correctness; precision. **calculer qch avec ~** to calculate sth exactly *ou* accurately.
(b) (*ponctualité*) punctuality. **l'~ est la politesse des rois** punctuality is the politeness of kings.

(c) (*littér: minutie*) exactitude.

ex æquo [εgzeko] **1** *adj inv* (*Scol, Sport*) equally placed, placed equal. **avoir le premier prix ~, être classé premier ~** to be placed first equal *ou* joint first; **les ~** the pupils who are placed equal. **2** *adv classer* equal.

exagération [εgzaʒerɑsjɔ̃] *nf* (*gén*) exaggeration. **on peut dire sans ~ que ...** one can say without any exaggeration *ou* without exaggerating that ...; **il est sévère sans ~** he's severe without taking it to extremes.

exagéré, e [εgzaʒere] (*ptp de* **exagérer**) *adj* (*amplifié*) exaggerated; (*excessif*) excessive. **venir se plaindre après ça, c'est un peu ~** to come and complain after all that, it's a bit much* (*Brit*) *ou* too much; **il n'est pas ~ de dire** it is not an exaggeration *ou* an overstatement *ou* it's not going too far to say.

exagérément [εgzaʒeremɑ̃] *adv* excessively, exaggeratedly.

exagérer [εgzaʒere] (6) **1** *vt* (*gén*) to exaggerate; *attitude* to exaggerate, take too far, overdo; *qualités* to exaggerate, overdo, overemphasize. **sans ~,** ça a duré 3 heures without any exaggeration *ou* I'm not exaggerating *ou* kidding* it lasted 3 hours; **quand même il exagère** really he goes too far *ou* oversteps the mark.

 2 s'exagérer *vpr difficultés* to exaggerate; *plaisirs, avantages* to exaggerate, overrate.

exaltant, e [εgzaltɑ̃, ɑ̃t] *adj* exalting, elating, exhilarating.

exaltation [εgzaltɑsjɔ̃] *nf* (**a**) (*surexcitation: gén*) intense excitement. **~ joyeuse** elation, rapturous joy; **~ mystique** exaltation. (**b**) (*glorification*) extolling, praising, exalting.

exalté, e [εgzalte] (*ptp de* **exalter**) **1** *adj sentiments* elated; *imagination* wild, vivid; *esprit* excited.

 2 *nm,f* (*impétueux*) hothead; (*fanatique*) fanatic.

exalter [εgzalte] (1) *vt* (**a**) (*surexciter*) *imagination, esprit, courage* to fire, excite. **exalté par cette nouvelle** (*très excité*) excited by *ou* keyed up with excitement over this piece of news; (*euphorique*) elated *ou* overjoyed by *ou* at this piece of news; **il s'exalte facilement en lisant des romans** he is easily carried away when he reads novels.

 (**b**) (*glorifier*) to exalt, glorify, praise.

examen [εgzamɛ̃] **1** *nm* (**a**) (*action d'étudier, d'analyser*) (*gén*) examination; *[situation]* examination, survey; *[question, demande, cas]* examination, consideration, investigation; *[appartement]* looking-round (*Brit*), looking-over. **~ détaillé** scrutiny, detailed *ou* close examination; **la question est à l'~** the matter is under consideration *ou* scrutiny; (*Comm*) **à l'~** on approval.

 (**b**) (*Méd*) **~** (*médical*) (medical) examination *ou* test; **se faire faire des ~s** to have some tests done *ou* taken; **subir un ~ médical complet** to undergo *ou* have a complete *ou* thorough checkup, have a thorough medical examination.

 (**c**) (*Scol*) exam, examination. **~ d'entrée/oral** entrance/oral examination.

 2: (*Scol*) **examen blanc** mock exam (*Brit*), practise test (*US*); **examen de conscience** self-examination; (*Rel*) examination of conscience; **faire son examen de conscience** to examine one's conscience, take stock of o.s.; (*Univ*) **examen partiel** class exam (*Brit*), mid-term exam; (*Scol*) **examen de passage** end-of-year exam (*Brit*), final exam (*US*); (*Méd*) **examen prénuptial** premarital examination; (*Sci*) **examen spectroscopique** spectroscopic examination; (*Méd*) **examen de la vue** eye sight test; **passer un examen de la vue** to have one's sight *ou* eyes tested.

examinateur, -trice [εgzaminatœʀ, tʀis] *nm,f* examiner. **~ à l'oral** oral examiner.

examiner [εgzamine] (1) *vt* (**a**) (*analyser*) (*gén*) to examine; *situation* to examine, survey; *possibilité, faits* to examine, go into; *question, demande, cas* to examine, consider, investigate, scrutinize, look into; *comptes, dossier* to examine, go through; *notes, documents* to examine, have a close look at. **~ dans le** *ou* **en détail** to scrutinize, examine closely; **~ une question de près** to go closely into a question, take a close look at a question; **~ qch de plus près** to take a closer *ou* a second look at sth; (*fig*) **~ qch à la loupe** to go through sth with a fine-tooth comb, look into *ou* examine sth in the greatest detail.

 (**b**) (*regarder*) *objet, personne, visage* to examine, study; *ciel, horizon* to scan; *appartement, pièce* to have a (close) look round (*Brit*), look over. **~ les lieux** to have a look round (*Brit*), look over the place; **~ qch au microscope/à la loupe** to examine *ou* look at sth under a microscope/with a magnifying glass; **~ qn de la tête aux pieds** to look sb up and down (contemptuously); **s'~ devant la glace** to look at o.s. *ou* examine o.s. in the mirror.

 (**c**) (*Méd*) *malade* to examine. **se faire ~ par un spécialiste** to be examined by a specialist, have o.s. examined by a specialist.

 (**d**) (*Scol*) *étudiant* to examine.

exanthème [εgzɑ̃tɛm] *nm* exanthem.

exarque [εgzaʀk(ə)] *nm* exarch.

exaspérant, e [εgzasperɑ̃, ɑ̃t] *adj* exasperating, infuriating.

exaspération [εgzasperɑsjɔ̃] *nf* exasperation.

exaspérer [εgzaspere] (6) *vt* (**a**) (*irriter*) to exasperate, infuriate. (**b**) (*littér: aviver*) to exacerbate, aggravate.

exaucement [εgzosmɑ̃] *nm* fulfilment, granting.

exaucer [εgzose] (3) *vt vœu* to fulfil, grant; (*Rel*) *prière* to grant, answer. **~ qn** to grant sb's wish, answer sb's prayer.

ex cathedra [εkskatedʀa] *adv* ex cathedra.

excavateur [εkskavatœʀ] *nm* (*machine*) excavator, mechanical digger (*Brit*), steam shovel (*US*).

excavation [εkskavɑsjɔ̃] *nf (trou)* excavation. **~ naturelle** natural hollow (*ou* cave *etc*); (*creusement*) excavation.

excavatrice [εkskavatʀis] *nf* = **excavateur**.

excaver [εkskave] (1) *vt* to excavate.

excédant, e [εksedɑ̃, ɑ̃t] *adj* (*énervant*) exasperating, infuriating.

excédent [εksedɑ̃] *nm* surplus (*sur* over). **~ de poids/bagages**

excess weight/luggage *ou* baggage; **~ de la balance des paiements** balance of payments surplus; **~ budgétaire** budget *ou* surplus budget; **~ budgétaire** budget surplus; **payer 3 F d'~** to pay 3 francs excess charge.

excédentaire [εksedɑ̃tɛʀ] *adj production* excess (*épith*), surplus (*épith*). **budget ~** surplus budget; **la production est ~** production is over target.

excéder [εksede] (6) *vt* (**a**) (*dépasser*) *longueur, temps, prix* to exceed, be greater than. **le prix excédait** (*de beaucoup*) **ses moyens** the price was (way *ou* far) beyond *ou* far exceeded his means; **les avantages excèdent les inconvénients** the advantages outweigh the disadvantages; **l'apprentissage n'excède pas 3 ans** the apprenticeship doesn't last more than 3 years *ou* lasts no more than *ou* does not exceed 3 years.

 (**b**) (*outrepasser*) *pouvoir, droits* to overstep, exceed, go beyond; *forces* to overtax.

 (**c**) (*accabler: gén pass*) to exhaust, weigh down, weary. **excédé de fatigue** overcome by tiredness, exhausted, tired out; **excédé de travail** overworked.

 (**d**) (*agacer: gén pass*) to exasperate, irritate, infuriate. **je suis excédé** I'm furious; **tu m'excèdes avec tes jérémiades!** your whining irritates me!, you exasperate me with your moaning!

excellemment [εksɛlamɑ̃] *adv* (*littér*) excellently.

excellence [εksɛlɑ̃s] *nf* (**a**) excellence. **il est le poète surréaliste par ~** he is the surrealist poet par excellence; **il aime la musique par ~** he loves music above all else. (**b**) **Son E~** His (*ou* Her) Excellency; **merci** (**Votre**) **E~** thank you, your Excellency.

excellent, e [εksɛlɑ̃, ɑ̃t] *adj* excellent.

exceller [εksele] (1) *vi* to excel (*dans ou en qch* at *ou* in sth, *à faire* in doing).

excentricité [εksɑ̃tʀisite] *nf* eccentricity.

excentrique [εksɑ̃tʀik] **1** *adj personne,* (*Math*) *cercle* eccentric; *quartier* outlying. **2** *nmf* eccentric, crank (*péj*).

excentriquement [εksɑ̃tʀikmɑ̃] *adv* (*gén*) eccentrically.

excepté, e [εksɛpte] (*ptp de* **excepter**) **1** *adj*: **il n'a plus de famille sa mère ~e** he has no family left apart from *ou* aside from (*US*) *ou* except his mother, excluding his mother he has no family left.

 2 *prép* except, but for, apart from, aside from (*US*). **~ quand** except *ou* apart from when; **~ que** except that; **tous ~ sa mère** everyone but his mother, everyone except for *ou* aside from (*US*) his mother.

excepter [εksɛpte] (1) *vt* to except (*de* from), make an exception of. **sans ~ personne** without excluding anyone, no one excepted.

exception [εksɛpsjɔ̃] *nf* (**a**) (*dérogation*) exception. **à quelques (rares) ~s près** with a (very) few exceptions; **c'est l'~ qui confirme la règle** it's the exception which proves the rule; **d'~** *tribunal, régime, mesure* special, exceptional; (*Jur*) **~ péremptoire** ≃ demurrer.

 (**b**) (*loc*) **faire une ~ à** *règle* to make an exception to; **faire ~ (à la règle)** to be an exception (to the rule); **faire ~ de** to make an exception of; **~ faite de, à l'~ de** except for, apart from, aside from (*US*), with the exception of; **sauf ~** allowing for exceptions; *V* **titre**.

exceptionnel, -elle [εksɛpsjɔnɛl] *adj* exceptional.

exceptionnellement [εksɛpsjɔnɛlmɑ̃] *adv* (*à titre d'exception*) in this particular instance, in particular instances; (*très: avec adj*) exceptionally. **ils se sont réunis ~ un dimanche** contrary to their general practice *ou* in this particular instance they met on a Sunday; **~ doué** exceptionally *ou* outstandingly gifted.

excès [εksɛ] **1** *nm* (**a**) (*surplus*) (*argent*) excess, surplus; *[marchandises, produits]* glut, surplus. **il y a un ~ d'acide** (*il en reste*) there is some acid left over *ou* some excess acid; (*il y en a trop*) there is too much acid; **~ de précautions** excessive care *ou* precautions; **~ de zèle** overzealousness; *V* **pécher**.

 (**b**) (*gén, Méd, Pol: abus*) excess. **des ~ de langage** extreme *ou* immoderate language; **tomber dans l'~ inverse** to go to the opposite extreme; **~** (*pl*) **de boisson** overindulgence in drink, intemperance; **~** (*pl*) **de table** overindulgence at (the) table, surfeit of (good) food; **faire des ~ de table** to overindulge, eat too much.

 (**c**) (*loc*) (*littér*) **à l'~, jusqu'à l'~** to excess, excessively, inordinately; **généreux à l'~** inordinately generous, overgenerous, generous to a fault; **avec ~** to excess, excessively; **il fait tout avec ~** he does everything to excess, he is excessive in everything he does; **boire avec ~** to drink excessively *ou* to excess; **dépenser avec ~** to be excessive in one's spending.

 2: (*Jur*) **excès de pouvoir** abuse of power, actions ultra vires (*T*); (*Aut*) **excès de vitesse** breaking *ou* exceeding the speed limit, speeding; **coupable de plusieurs excès de vitesse** guilty of having broken *ou* exceeded the speed limit on several occasions.

excessif, -ive [εksesif, iv] *adj* (*gén*) excessive; *prix, fierté* excessive, inordinate. **c'est une femme ~ive** (*en tout*) she's a woman of extremes, she takes everything to extremes *ou* too far; **30 F c'est ~!** 30 francs, that's far too much! *ou* that's excessive!

excessivement [εksesivmɑ̃] *adv* excessively; inordinately.

exciper [εksipe] (1) **exciper de** *vt indir* (*frm*) **bonne foi, précédent** to plead.

excipient [εksipjɑ̃] *nm* excipient.

exciser [εksize] (1) *vt* to excise.

excision [εksizjɔ̃] *nf* excision.

excitabilité [εksitabilite] *nf* (*Bio*) excitability.

excitable [εksitabl(ə)] *adj* excitable, easily excited.

excitant, e [εksitɑ̃, ɑ̃t] **1** *adj* (*gén*) exciting; (*sexuellement*) arousing, sexy. **2** *nm* stimulant.

excitation [εksitɑsjɔ̃] *nf* (**a**) (*Méd*) *[nerf, muscle]* excitation, stimulation; (*Elec*) *[électro-aimant]* excitation.

 (**b**) (*Jur: incitation*) **~ à** incitement to; **~ des mineurs à la débauche** incitement of minors to immoral behaviour.

(c) (*enthousiasme*) excitement, exhilaration; (*désir sexuel*) (sexual) excitement *ou* arousal. **dans un état de grande ~ in a** state of great excitement.

excité, e [ɛksite] (*ptp de exciter*) *nm,f* (*impétueux*) hothead; (*fanatique*) fanatic. **une poignée d'~s** a bunch of hotheads; **ne fais pas attention, c'est un ~** don't take any notice — he gets carried away.

exciter [ɛksite] (1) **1** *vt* **(a)** (*provoquer*) *ardent désir* to arouse, waken, excite; *rire* to cause; *pitié* to rouse; *curiosité* to rouse, excite, whet; *imagination* to stimulate, fire, stir; *appétit* to whet, excite.

(b) (*aviver*) *colère, douleur, ardeur* to intensify, increase. **cela ne fit qu'~ sa colère** that only increased *ou* intensified his anger, that only made him even more angry.

(c) (*enthousiasmer*) *personne* to thrill, excite, exhilarate. **il était tout excité** he was all excited; **il ne semble pas très excité par son nouveau travail*** he doesn't seem very thrilled about *ou* by *ou* wild* about his new job; **excitant pour l'esprit** mentally stimulating.

(d) (*rendre nerveux*) *personne* to arouse, make tense; *chien, cheval* to pester, tease, excite; (*sexuellement*) to arouse *ou* excite (sexually). **le café m'exciterait trop** coffee would just act as a stimulant on me *ou* would make me too wakeful; **tous ses sens étaient excités** all his senses were aroused; **il est arrivé tout excité** he was all wound up* *ou* in quite a state when he arrived.

(e) (*: *irriter*) to irritate, exasperate, annoy. **il commence à m'~** he's getting on my nerves.

(f) (*encourager*) to urge on, spur on. **excitant ses chiens de la voix** urging on *ou* spurring on his dogs with shouts, shouting to urge on his dogs; **~ qn contre qn** to set sb against sb.

(g) (*inciter*) **~ à** to exhort to, incite to, urge to; **~ qn à faire qch** to push sb into doing sth, provoke *ou* urge sb to do sth; **~ des soldats au combat** to incite *ou* exhort soldiers to combat *ou* battle.

(h) (*Méd*) *nerf, muscle* to stimulate, excite; (*Élec*) *électro-aimant* to excite.

2 s'exciter *vpr* (*: *s'enthousiasmer*) to get excited *ou* wound up* (*sur, à propos de* about, over); (*devenir nerveux*) to get worked up*, get in a flap*; (*sexuellement*) to become (sexually) excited, be (sexually) aroused; (*: *se fâcher*) to get angry *ou* annoyed, get hot under the collar*.

exclamatif, -ive [ɛksklamatif, iv] *adj* exclamatory.

exclamation [ɛksklamɑsjɔ̃] *nf* exclamation; *V* **point¹**.

exclamer (s') [ɛksklame] (1) *vpr* to exclaim. **'dommage!' s'exclama-t-il** 'what a pity!' he exclaimed; (*littér*) **s'~ de colère/ d'admiration** to exclaim *ou* cry out in anger/admiration; (*littér: protester*) **s'~ sur qch** to shout *ou* make a fuss about sth.

exclure [ɛksklyʀ] (35) *vt* **(a)** (*chasser*) (*d'une salle*) to turn *ou* put out; (*d'un parti politique*) (*gén*) to expel; *chef* to expel, oust; (*d'une école*) to expel, exclude; (*temporairement*) to suspend, exclude; (*d'une université*) to send down (*Brit*), expel (*de* from). **se faire ~ de** to get o.s. put out *ou* expelled *ou* sent down (*Brit*) from.

(b) (*écarter*) *solution* to exclude, rule out; *hypothèse* to dismiss, turn down. **~ qch de son régime** to cut sth out of one's diet; **~ qch d'une somme** to exclude sth from a sum, leave sth out of a sum; **je tiens à être exclu de cette affaire** count me out of this business; **c'est tout à fait exclu** it's quite out of the question, it's just not on* (*Brit*); **idées qui s'excluent mutuellement** ideas which are mutually exclusive.

exclusif, -ive¹ [ɛksklyzif, iv] *adj* **(a)** *sentiment, reportage* exclusive. **il a un caractère (trop) ~** he's (too) exclusive in his relationships; **très ~ dans ses amitiés** very selective *ou* exclusive in his friendships; **très ~ dans ses goûts** very selective in his tastes.

(b) *droit* exclusive (*de qch* of sth, *de faire* to do). **dans le but ~ d'une amélioration/de faire** ... with the sole *ou* exclusive aim of making an improvement/of doing ...

(c) (*Comm*) *droits, distributeur* sole (*épith*), exclusive (*épith*); *représentant* sole (*épith*); *fabrication* exclusive (*épith*).

exclusion [ɛksklyzjɔ̃] *nf* **(a)** (*expulsion*) (*d'une salle*) exclusion; (*d'un parti politique*) expulsion; (*d'une école*) exclusion, expulsion (*de* from). **~ temporaire** (*étudiant*) exclusion, suspension.

(b) **à l'~ de** (*en écartant*) to the exclusion of; (*sauf*) with the exclusion *ou* exception of; **aimer les pommes à l'~ de tous les autres fruits** to love apples to the exclusion of all other fruit; **il peut manger de tous les fruits à l'~ des pommes** he can eat any fruit excluding apples *ou* with the exclusion *ou* exception of apples.

exclusive² [ɛksklyziv] *nf* (*frm*) bar, debarment. **tous sans ~** with none debarred; **frapper qn d'~**, **prononcer l'~ contre qn** to debar sb.

exclusivement [ɛksklyzivmɑ̃] *adv* **(a)** (*seulement*) exclusively, solely. **~ réservé au personnel** reserved for staff only. **(b)** (*non inclus*) **du 10 au 15 du mois ~** from the 10th to the 15th exclusive.

(c) (*littér: de manière entière ou absolue*) exclusively.

exclusivité [ɛksklyzivite] *nf* **(a)** (*Comm*) exclusive rights. **il n'en a pas l'~*** he's not the only one to have it, he hasn't a monopoly on it*; **avoir l'~ d'un reportage** to have (the) exclusive coverage of an event.

(b) (*Ciné*) **ce film passe en ~ à** this film is showing only *ou* exclusively at; **cinéma d'~** cinema with exclusive showing rights on new releases.

(c) [*sentiment*] exclusiveness.

excommunication [ɛkskɔmynikɑsjɔ̃] *nf* excommunication.

excommunier [ɛkskɔmynje] (7) *vt* to excommunicate.

excrément [ɛkskremɑ̃] *nm* excrement (*U*). **~s** excrement, faeces.

excrémenteux, -euse [ɛkskremɑ̃tø, øz] *adj*, **excrémentiel, -elle** [ɛkskremɑ̃sjɛl] *adj* excremental.

excréter [ɛkskrete] (6) *vt* to excrete.

excréteur, -trice [ɛkskretœr, tris] *adj* excretory.

excrétion [ɛkskresjɔ̃] *nf* excretion. **~s** excreta.

excrétoire [ɛkskretwar] *adj* = **excréteur.**

excroissance [ɛkskrwasɑ̃s] *nf* (*surtout Méd*) excrescence, outgrowth; (*fig*) outgrowth, development.

excursion [ɛkskyrsjɔ̃] *nf* (*en car etc*) excursion, (sightseeing) trip; (*à pied*) walk, hike. **~ botanique** (*Scol*) nature walk; (*Sci*) field-study trip; **~ de 3 jours à travers le pays** 3-day tour *ou* (sightseeing) trip around the country; **~s d'un jour en autocar** day trips by coach.

excursionner [ɛkskyrsjɔne] (1) *vi* (*V* **excursion**) to go on excursions *ou* trips; to go on walks, go hiking; to go touring. **station idéale pour ~** resort ideal for walks *ou* hiking, resort ideal as a base for touring.

excursionniste [ɛkskyrsjɔnist(ə)] *nmf* (*en car etc*) (day) tripper (*Brit*), traveler (*US*); (*à pied*) hiker, walker.

excusable [ɛkskyzabl(ə)] *adj* excusable, forgivable.

excuse [ɛkskyz] *nf* **(a)** (*prétexte*) excuse. **bonne ~** good excuse; **mauvaises ~s** poor excuses; **sans ~** inexcusable; **il a pris pour ~ qu'il avait à travailler** he made *ou* gave the excuse that he had work to do, he used his work as an excuse; *V* **mot.**

(b) (*regret*) **~s** apology; **faire des ~s, présenter ses ~s** to apologize, offer one's apologies; **je vous dois des ~s** I owe you an apology; **exiger des ~s** to demand an apology; **mille ~s** do forgive me, I'm so sorry.

(c) **faites ~*** excuse me, 'scuse me*.

excuser [ɛkskyze] (1) **1** *vt* **(a)** (*pardonner*) *personne, faute* to excuse, forgive. **veuillez ~ mon retard** please excuse my being late *ou* my lateness, I do apologize for being late; **je vous prie de l'~** please excuse *ou* forgive him; (*frm*) **veuillez m'~, je vous prie de m'~** I beg your pardon, please forgive me (*pour avoir fait* for having done); **excusez-moi** excuse me, I'm sorry; **je m'excuse*** I'm sorry, sorry; **excusez-moi de vous le dire mais** ... excuse *ou* forgive *ou* pardon my saying so but ...; **excusez-moi de ne pas venir** excuse my not coming, I'm sorry I can't come; **vous êtes tout excusé** please don't apologize, you are quite forgiven.

(b) (*justifier*) to excuse. **cette explication n'excuse rien** this explanation is no excuse.

(c) (*dispenser*) to excuse. **il a demandé à être excusé pour la réunion de demain** he asked to be excused from tomorrow's meeting; **se faire ~** to ask to be excused; **'M Dupont: (absent) excusé'** 'Mr Dupont has sent an apology', 'apologies for absence received from Mr Dupont'.

2 s'excuser *vpr*: **s'~ de qch** to apologize for sth; (*aller*) **s'~ auprès de qn** to apologize to sb.

exécrable [ɛgzekrabl(ə)] *adj* atrocious, execrable.

exécrablement [ɛgzekrabləmɑ̃] *adv* atrociously, execrably.

exécration [ɛgzekrɑsjɔ̃] *nf* **(a)** (*littér: haine*) execration, loathing. **avoir qch en ~** to hold sth in abhorrence. **(b)** (††: *imprécation*) curse.

exécrer [ɛgzekre] (6) *vt* to loathe, abhor, execrate.

exécutable [ɛgzekytabl(ə)] *adj* *tâche* possible, manageable; *projet* workable, feasible.

exécutant, e [ɛgzekytɑ̃, ɑ̃t] *nm,f* (*Mus*) performer, executant. (*fig péj: agent*) underling. **il n'est qu'un ~** he just carries out (his) orders, he's just an underling.

exécuter [ɛgzekyte] (1) **1** *vt* **(a)** (*accomplir*) *plan, ordre, mouvements* to execute, carry out; *projet, mission* to execute, carry out, accomplish; *promesse* to fulfil, carry out; *travail* to do, execute; *tâche* to execute, discharge, perform. **il a fait ~ des travaux dans sa maison** he had some work done on his house.

(b) (*confectionner*) *objet* to produce, make; *tableau* to paint, execute; *commande* to fulfil, carry out.

(c) *ordonnance* to make up. **il a fait ~ l'ordonnance par le pharmacien** he had the prescription made up by the chemist.

(d) (*Mus*) *morceau* to perform, execute. **brillamment exécuté** brilliantly executed *ou* played.

(e) (*tuer*) to execute, put to death; (*fig*) [*boxeur etc*] to dispose of, eliminate, wipe out.

(f) (*Jur*) *traité, loi, décret* to enforce; *contrat* to perform.

(g) (*Ordin*) *programme* to run.

2 s'exécuter *vpr* (*en s'excusant etc*) to comply; (*en payant*) to pay up. **je lui demandai de s'excuser — à contrecœur il finit par s'~** I asked him to apologize and finally he reluctantly complied *ou* did so; **vint le moment de l'addition, il s'exécuta de mauvaise grâce et nous partîmes** when the time came to settle the bill he paid up with bad *ou* ill grace and we left.

exécuteur, -trice [ɛgzekytœr, tris] **1** *nm,f* [*arrêt, décret*] enforcer. **2** *nm* (*Hist*) **~ (des hautes œuvres)** executioner; (*Jur*) **~ (testamentaire)** (*homme*) executor; (*femme*) executrix.

exécutif, -ive [ɛgzekytif, iv] *adj, nm*: **pouvoir ~** executive power; **l'~** the executive.

exécution [ɛgzekysjɔ̃] *nf* **(a)** (*V* **exécuter**) execution; carrying out; accomplishment; fulfilment; discharge; performance; production; making; painting; making up; enforcement. **mettre à ~** *projet, idées* to put into operation, execute, carry out; *menaces* to carry out; *loi* to enforce; **'~!'** '(get) on with it!*'; **l'~ des travaux a été ralentie** the work has been slowed down, there have been delays *ou* hold-ups with the work; (*Mus*) **d'une ~ difficile** difficult to play; (*Jur*) **en ~ de la loi** in compliance *ou* accordance with the law; *V* **voie.**

(b) [*condamné*] execution. **~ capitale** capital execution.

(c) (*Jur*) [*débiteur*] execution of a writ (*de* against). **~ forcée** execution of a writ.

exécutoire [ɛgzekytwar] *adj* (*Jur*) executory, enforceable. **mesure ~ pour chaque partie contractante** measure binding on each contracting party.

exégèse [ɛgzeʒɛz] *nf* exegesis.

exégète [εgzeʒεt] nm exegete.
exemplaire [εgzɑ̃plεʀ] **1** adj mère model, exemplary; punition exemplary. **infliger une punition** ~ **à qn** to make an example of sb (by punishing him).
 2 nm **(a)** [livre, formulaire] copy. **en deux** ~s in duplicate; **en trois** ~s in triplicate; **25** ~s **de cet avion ont été vendus** 25 aeroplanes of this type have been sold.
 (b) (échantillon) specimen, example.
exemplairement [εgzɑ̃plεʀmɑ̃] adv exemplarily.
exemplarité [εgzɑ̃plaʀite] nf exemplary nature.
exemple [εgzɑ̃pl(ə)] nm **(a)** (modèle) example. **l'**~ **de leur faillite/de sa sœur lui sera bien utile** their failure/his sister will be a useful example for him; **il est l'**~ **de la vertu/l'honnêteté** he sets an example of virtue/honesty; **citer qn/qch en** ~ to quote sb/sth as an example; **donner l'**~ **de l'honnêteté/de ce qu'il faut faire** to give ou set an example of honesty/of what to do; **donner l'**~ to set an example; **suivre l'**~ **de qn** to follow sb's example; **prendre** ~ **sur qn** to take sb as a model; **à l'**~ **de son père** just like his father, following in his father's footsteps; **faire un** ~ **de qn** (punir) to make an example of sb; **il faut absolument faire un** ~ we must make an example of somebody; **il faut les punir pour l'**~ they must be punished as an example ou as a deterrent to others; V prêcher.
 (b) (cas, spécimen) example. **voici un** ~ **de leur avarice** here is an example ou instance of their meanness; **voici un bel** ~ **du gothique flamboyant** this is a fine example of flamboyant gothic; **ce pays fournit un** ~ **typique de monarchie constitutionnelle** this country provides a typical example of a constitutional monarchy; **le seul** ~ **que je connaisse** the only example ou instance I know of ou am aware of; **être d'une bêtise/avarice sans** ~ to be of unparalleled stupidity/meanness; **il en existe plusieurs** ~, **le rat musqué** there are several, for example the muskrat.
 (c) (Lexicographie) example, illustrative phrase.
 (d) par ~ (explicatif) for example ou instance; **(ça) par** ~! (surprise) my word!; (indignation) oh really!; **(***: par contre) c'est assez cher, par** ~ **on y mange bien** it's pretty expensive but on the other hand ou but there again the food is good.
exemplification [εgzɑ̃plifikasjɔ̃] nf exemplification.
exemplifier [εgzɑ̃plifje] (1) vt to exemplify.
exempt, e [εgzɑ̃, ɑ̃t] **1** adj **(a)** (dispensé de) ~ **de service militaire, corvée, impôts** exempt from; ~ **de taxes** tax-free, duty-free; ~ **de TVA** zero-rated for VAT.
 (b) (dépourvu de) ~ **de vent, dangers, arrogance, erreurs** free from; **entreprise** ~**e de dangers** danger-free undertaking, undertaking free from all danger; **d'un ton qui n'était pas** ~ **d'humour** in a voice which was not without humour, with the faintest tinge of humour in his voice.
 2 nm (Hist: Mil, Police) exempt.
exempter [εgzɑ̃te] (1) vt **(a)** (dispenser) to exempt (de from). **(b)** (préserver de) ~ **qn de soucis** to save sb from.
exemption [εgzɑ̃psjɔ̃] nf exemption.
exerçant, e [εgzεʀsɑ̃, ɑ̃t] adj: **médecin** ~ practising doctor.
exercé, e [εgzεʀse] (ptp de exercer) adj yeux, oreilles keen, trained.
exercer [εgzεʀse] (3) **1** vt **(a)** (pratiquer) métier to carry on, ply; profession to practise, exercise; fonction to fulfil, exercise; droit to exercise; (littér) charité, hospitalité to exercise, practise. [médecin, avocat] **il exerce encore** he's still practising ou in practice.
 (b) droit, pouvoir to exercise (sur over); contrôle, influence to exert, exercise (sur over); représailles to take (sur on); poussée, pression to exert (sur on). ~ **des pressions sur qn** to bring pressure to bear on sb, exert pressure on sb; ~ **ses sarcasmes contre qn** to use one's sarcasm on sb, make sb the butt of one's sarcasm; **ses sarcasmes s'exerçaient impitoyablement contre elle** she was the butt of his pitiless sarcasm; **les forces qui s'exercent sur le levier** the force exerted on ou brought to bear on the lever; (Jur) ~ **des poursuites contre qn** to bring an action against sb.
 (c) (aguerrir) corps, esprit to train, exercise (à to, for); mémoire, jugement, facultés to exercise. ~ **des élèves à lire ou à la lecture** to exercise pupils in reading, get pupils to practise their reading; ~ **un chien à rapporter le journal** to train a dog to bring back the newspaper.
 (d) (éprouver) sagacité, habileté to tax; patience to try, tax.
 2 s'exercer vpr [pianiste, sportif] to practise. **s'**~ **à technique, mouvement** to practise; **s'**~ **à la patience** to train o.s. to be patient; **s'**~ **à faire qch** to train o.s. to do sth.
exercice [εgzεʀsis] **1** nm **(a)** (V exercer) [métier, profession] practice; [droit] exercising; [facultés] exercise. **l'**~ **du pouvoir** the exercise of power; **l'**~ **du culte ne se fait plus dans ce batiment** religious services are no longer conducted in this building; **après 40 ans d'**~ after 40 years in practice; **dans l'**~ **de ses fonctions** in the exercise ou execution ou discharge of his duties; **être en** ~ [médecin] to be in practice; [juge, fonctionnaire] to be in ou hold office; **juge en** ~ sitting judge; **président en** ~ serving chairman; **entrer en** ~ to take up ou assume one's duties.
 (b) (V s'exercer) practice, practising.
 (c) (activité physique) **l'**~ exercise; **prendre** ou **faire de l'**~ to take some exercise.
 (d) (Mil) **l'**~ exercises, drill; **aller à l'**~ to go on exercises; **faire l'**~ to drill, be at drill.
 (e) (Mus, Scol, Sport: petit travail d'entraînement) exercise. ~ **pour piano** piano exercise; ~ **d'application** practise ou application exercise; (Gym) ~s **au sol** floor exercises; (Incendie) ~ **d'évacuation** fire drill; V cahier.
 (f) (Admin, Fin: période) **l'**~ **1986** the 1986 fiscal year.
 2: exercices d'assouplissement keep-fit exercises; (Fin) **exercice budgétaire** budgetary year; **exercices phonétiques** phonetic drills; (Rel) **exercices spirituels** spiritual exercises; **exercices structuraux** structure drills; (Littérat) **exercice de style** stylistic composition; (Mil) **exercices de tir** shooting drill ou practice.
exerciseur [εgzεʀsizœʀ] nm chest expander.
exergue [εgzεʀg(ə)] nm: **en** ~: (lit) **cette médaille porte en** ~ **l'inscription** … this medal is inscribed below …; **le chapitre portait en** ~ **une citation de X** the chapter bore in epigraph a quotation from X, a quotation from X provided the epigraph to the chapter ou headed the chapter; **mettre une citation en** ~ **à un chapitre** to head a chapter with a quotation, put in a quotation as (an) epigraph to a chapter; **mettre un proverbe en** ~ **à un tableau** to inscribe a painting with a proverb; (fig: en évidence) **mettre une idée/une phrase en** ~ to bring out ou underline an idea/a sentence.
exhalaison [εgzalεzɔ̃] nf (littér) (désagréable) exhalation; (agréable) fragrance, exhalation.
exhalation [εgzalasjɔ̃] nf (Physiol) exhalation.
exhaler [εgzale] (1) **1** vt (littér) **(a)** odeur, vapeur to exhale, give off. **(b)** soupir to breathe; plainte to utter, give forth (littér); joie, douleur to give vent ou expression to. **(c)** (Physiol: souffler) to exhale.
 2 s'exhaler vpr [odeur] to rise (up) (de from). **un soupir s'exhala de ses lèvres** a sigh rose from his lips.
exhaussement [εgzosmɑ̃] nm raising.
exhausser [εgzose] (1) vt construction to raise (up). ~ **une maison d'un étage** to add a floor to a house.
exhaustif, -ive [εgzostif, iv] adj exhaustive.
exhaustivement [εgzostivmɑ̃] adv exhaustively.
exhaustivité [εgzostivite] nf exhaustiveness.
exhiber [εgzibe] (1) **1** vt **(a)** (péj) savoir, richesse to display, show off, flaunt; chiens savants etc to show, exhibit; (frm) document, passeport to present, show, produce; partie du corps to show off, display.
 2 s'exhiber vpr **(a)** (péj) to show o.s. off (in public), parade. **(b)** (outrage à la pudeur) to expose o.s.
exhibition [εgzibisjɔ̃] nf **(a)** (V exhiber) display; flaunting; show, exhibition; presentation, production. **que signifient ces** ~s? what do you mean by this exhibitionism? **(b)** (spectacle forain) show, display.
exhibitionnisme [εgzibisjɔnism(ə)] nm exhibitionism.
exhibitionniste [εgzibisjɔnist(ə)] nmf exhibitionist. **il est un peu** ~ he's a bit of an exhibitionist.
exhortation [εgzɔʀtasjɔ̃] nf exhortation.
exhorter [εgzɔʀte] (1) vt to exhort (à faire to do, à qch to sth), urge (à faire to do).
exhumation [εgzymasjɔ̃] nf (V exhumer) exhumation; excavation; unearthing, digging up ou out, disinterring; recollection, recalling.
exhumer [εgzyme] (1) vt corps to exhume; ruines, vestiges to excavate; (fig) faits, vieux livres to unearth, dig up ou out, disinter; souvenirs to recollect, recall.
exigeant, e [εgziʒɑ̃, ɑ̃t] adj client, hôte particular (attrib), demanding, hard to please (attrib); enfant, amant demanding, hard to please (attrib); parents, patron, travail, amour demanding, exacting. **je ne suis pas** ~*, **donnez-moi 100 F** I'm not asking for much — give me 100 francs.
exigence [εgziʒɑ̃s] nf **(a)** (caractère) [client] particularity; [maître] strictness. **il est d'une** ~ **insupportable** he's impossibly demanding ou particular; **son** ~ **de rigueur** his requirement ou demand for accuracy.
 (b) (gén pl: revendication, condition) demand, requirement. **produit satisfaisant à toutes les** ~s product which meets all requirements.
exiger [εgziʒe] (3) vt **(a)** (réclamer) to demand, require (qch de qn sth of ou from sb), insist on (qch de qn sth from sb). **j'exige de le faire** I insist on doing it, I demand to do it; **j'exige que vous le fassiez** I insist on your doing it, I demand ou insist that you do it; **j'exige (de vous) des excuses** I demand an apology (from you), I insist on an apology (from you); **la loi l'exige** the law requires ou demands it; **des titres universitaires sont exigés pour ce poste** university degrees are required ou needed ou are a requirement for this post; **trop** ~ **de ses forces** to overtax one's strength, ask ou demand too much of one's strength.
 (b) (nécessiter) to require, call for, demand. **cette plante exige beaucoup d'eau** this plant needs ou requires a lot of water.
exigibilité [εgziʒibilite] nf [dette] payability. ~s current liabilities.
exigible [εgziʒibl(ə)] adj dette payable, due for payment.
exigu, -uë [εgzigy] adj lieu cramped, exiguous (littér); ressources scanty, meagre, exiguous (littér); délais short.
exiguïté [εgzigüite] nf (V exigu) crampedness; exiguity (littér); scantiness, meagreness; shortness.
exil [εgzil] nm exile.
exilé, e [εgzile] (ptp de exiler) nm, f exile.
exiler [εgzile] (1) **1** vt (Pol) to exile; (fig littér) to banish. **se sentir exilé (loin de)** to feel like an outcast ou exile (far from); (fig) **une note importante exilée en bas de page** an important note tucked away at the bottom of the page.
 2 s'exiler vpr (Pol) to go into exile. (fig) **s'**~ **à la campagne** to bury o.s. in the country; (fig) **s'**~ **en Australie** to exile o.s. to Australia, take o.s. off to Australia; (fig) **s'**~ **loin du monde** to cut o.s. off from the world.
existant, e [εgzistɑ̃, ɑ̃t] adj coutume, loi, prix existing, in existence.
existence [εgzistɑ̃s] nf **(a)** (Philos, Rel: présence) existence. **(b)** (vie quotidienne) existence, life. **dans l'**~ in life; V moyen.
existentialisme [εgzistɑ̃sjalism(ə)] nm existentialism.
existentialiste [εgzistɑ̃sjalist(ə)] adj, nmf existentialist.
existentiel, -ielle [εgzistɑ̃sjεl] adj existential.

exister [εgziste] (1) *vi* (**a**) (*vivre*) to exist. (*péj*) **il se contente d'~** he is content with just getting by *ou* just existing.

(**b**) (*être réel*) to exist, be. **pour lui, la peur n'existe pas** there is no such thing as fear *ou* fear doesn't exist as far as he is concerned; **quoi que vous pensiez, le bonheur ça existe** whatever you may say, there is such a thing as happiness.

(**c**) (*se trouver*) to be, be found. **la vie existe-t-elle sur Mars?** is there life on Mars?; **produit qui existe en magasin** product (to be) found in shops; **ce modèle existe-t-il en rose?** is this model available in pink?; **le costume régional n'existe plus guère** regional dress is scarcely ever (to be) found *ou* seen these days; **les dinosaures n'existent plus/existent encore** dinosaures are extinct/are still in existence; **les bateaux à aubes n'existent plus/existent encore** paddle steamers no longer/still exist; **il existe encore une copie** there is still one copy extant *ou* in existence; **pourquoi monter à pied? les ascenseurs ça existe!** why walk up? there are lifts, you know! *ou* lifts have been invented!

(**d**) (*il y a*) **il existe** there is, there are; **il n'existe pas de meilleur exemple** there is no better example; **il existe des bégonias de plusieurs couleurs** begonias come *ou* are found in several colours.

exocet [εgzɔsεt] *nm* (*poisson*) flying fish; ® (*missile*) exocet ®.

exode [εgzɔd] *nm* (*lit, fig*) exodus. (*Bible*) l'E~ the Exodus; (**le livre de**) l'E~ (the Book of) Exodus; ~ **rural** drift from the land; ~ **des cerveaux** brain drain.

exonération [εgzɔneʀasjɔ̃] *nf* (*Fin*) exemption (*de* from). ~ **d'impôt** tax exemption.

exonérer [εgzɔneʀe] (6) *vt* (*Fin*) to exempt (*de* from).

exorbitant, e [εgzɔʀbitɑ̃, ɑ̃t] *adj prix, demande, prétention* exorbitant, inordinate, outrageous.

exorbité, e [εgzɔʀbite] *adj yeux* bulging (*de* with).

exorcisation [εgzɔʀsizasjɔ̃] *nf* exorcizing.

exorciser [εgzɔʀsize] (1) *vt* to exorcize.

exorciseur [εgzɔʀsizœʀ] *nm* exorcizer.

exorcisme [εgzɔʀsism(ə)] *nm* exorcism.

exorciste [εgzɔʀsist(ə)] *nm* exorcist.

exorde [εgzɔʀd(ə)] *nm* introduction, exordium (*T*).

exosmose [εgzɔsmoz] *nf* exosmosis.

exotique [εgzɔtik] *adj pays, plante* exotic.

exotisme [εgzɔtism(ə)] *nm* exoticism. **aimer l'~** to love all that is exotic.

expansé, e [εkspɑ̃se] *adj* expanded. **polystyrène ~** expanded polystyrene.

expansibilité [εkspɑ̃sibilite] *nf* expansibility.

expansible [εkspɑ̃sibl(ə)] *adj* expansible.

expansif, -ive [εkspɑ̃sif, iv] *adj* expansive, out-going. **il s'est montré peu ~** he was not very forthcoming *ou* communicative.

expansion [εkspɑ̃sjɔ̃] *nf* (**a**) (*extension*) expansion. **l'~ d'une doctrine** the spreading of a doctrine; **notre économie est en pleine ~** our economy is booming, we have a booming *ou* fast-expanding economy; **univers** *etc* **en ~** expanding universe *etc*.

(**b**) (*effusion*) expansiveness (*U*), effusiveness (*U*). **avec de grandes ~s** expansively, effusively.

expansionnisme [εkspɑ̃sjɔnism(ə)] *nm* expansionism.

expansionniste [εkspɑ̃sjɔnist(ə)] *adj, nmf* expansionist.

expansivité [εkspɑ̃sivite] *nf* expansiveness.

expatriation [εkspatʀijasjɔ̃] *nf* expatriation.

expatrié, e [εkspatʀije] (*ptp de* **expatrier**) *nm, f* expatriate.

expatrier [εkspatʀije] (7) **1** *vt* to expatriate. **2 s'expatrier** *vpr* to expatriate o.s., leave one's country.

expectative [εkspεktativ] *nf* (*incertitude*) state of uncertainty; (*attente prudente*) cautious approach. **être** *ou* **rester dans l'~** (*incertitude*) to be still waiting *ou* hanging on (to hear *ou* see *etc*); (*attente prudente*) to hold back, wait and see.

expectorant, e [εkspεktɔʀɑ̃, ɑ̃t] *adj, nm* expectorant.

expectoration [εkspεktɔʀasjɔ̃] *nf* expectoration.

expectorer [εkspεktɔʀe] (1) *vti* to expectorate.

expédient, e [εkspedjɑ̃, ɑ̃t] **1** *adj* (*frm*) expedient, makeshift. **vivre d'~s** (*personne*) to live by one's wits; (*pays*) to resort to short-term measures.

expédier [εkspedje] (7) *vt* (**a**) *lettre, paquet* to send, dispatch. ~ **par la poste** to send through the post (*Brit*) *ou* mail; ~ **par le train** to send by rail *ou* train; ~ **par bateau** *lettres, colis* to send surface mail; *matières premières* to ship, send by sea; (*fig*) **je l'ai expédié en vacances chez sa grand-mère*** I sent *ou* packed* him off to his grandmother's for the holidays; (*fig hum*) ~ **qn dans l'autre monde** to bump sb off* (*Brit*), do sb in‡.

(**b**) (*) *client, visiteur* to dispose of. ~ **une affaire** to dispose of *ou* dispatch a matter, get a matter over with; ~ **son déjeuner en 5 minutes** to polish off* one's lunch in 5 minutes.

(**c**) (*Admin*) ~ **les affaires courantes** to deal with *ou* dispose of day-to-day matters.

expéditeur, -trice [εkspeditœʀ, tʀis] **1** *adj* dispatching, forwarding. **2** *nm, f* sender; *V* **retour**.

expéditif, -ive [εkspeditif, iv] *adj* quick, expeditious.

expédition [εkspedisjɔ̃] *nf* (**a**) (*action*) [*lettre, vivres, renforts*] dispatch; (*par bateau*) shipping.

(**b**) (*paquet*) consignment; (*par bateau*) shipment.

(**c**) (*Mil, Sport, Sci*) expedition. ~ **de police** police raid; (*fig*) **quelle ~!** what an expedition!, what a palaver!

(**d**) (*Admin*) **l'~ des affaires courantes** the dispatching of day-to-day matters.

(**e**) (*Jur*) exemplified copy.

expéditionnaire [εkspedisjɔnεʀ] **1** *adj* (*Mil*) expeditionary. **2** *nmf* (*Comm*) forwarding agent; (*Admin*) copyist.

expéditivement [εkspeditivmɑ̃] *adv* expeditiously.

expérience [εkspeʀjɑ̃s] *nf* (**a**) (*pratique*) experience. **avoir de l'~**

to have experience, be experienced; (*frm*) **avoir l'~ du monde** to have experience of the world, know the ways of the world; **sans ~** inexperienced; **il est sans ~ de la vie** he has no experience of life; **savoir par ~** to know by *ou* from experience; **il a une longue ~ de l'enseignement** he has a lot of teaching experience.

(**b**) (*aventure humaine*) experience. ~ **amoureuse** love affair; **tente l'~, tu verras bien** try it and see; **faire l'~ de qch** to experience sth; **ils ont fait une ~ de vie communautaire** they experimented with communal living.

(**c**) (*essai scientifique*) experiment. **vérité** *ou* **fait d'~** experimental truth *ou* fact; **faire une ~ sur un cobaye** to do *ou* carry out an experiment on a guinea-pig.

expérimental, e, *mpl* **-aux** [εkspeʀimɑtal, o] *adj* experimental.

expérimentalement [εkspeʀimɑtalmɑ̃] *adv* experimentally.

expérimentateur, -trice [εkspeʀimɑtatœʀ, tʀis] *nm, f* (*gén*) experimenter; (*Sci*) bench scientist.

expérimentation [εkspeʀimɑtasjɔ̃] *nf* experimentation.

expérimenté, e [εkspeʀimɑte] (*ptp de* **expérimenter**) *adj* experienced.

expérimenter [εkspeʀimɑte] (1) *vt appareil* to test; *remède* to experiment with, try out; *méthode* to test out, try out. ~ **en laboratoire** to experiment *ou* do experiments in a laboratory.

expert, e [εkspεʀ, εʀt(ə)] **1** *adj* expert, skilled (*en* in, *à* at). **être ~ en la matière** to be expert *ou* skilled in the subject.

2 *nm* (*connaisseur*) expert (*en* in, at), connoisseur (*en* in, of); (*spécialiste*) expert; (*d'assurances*) valuer; (*Naut*) surveyor. **médecin** *etc* ~ medical *etc* expert.

3: expert-comptable *nm, pl* **experts-comptables** independent auditor, ≃ chartered accountant (*Brit*), ≃ certified public accountant (*US*).

expertement [εkspεʀtəmɑ̃] *adv* expertly.

expertise [εkspεʀtiz] *nf* (**a**) (*évaluation*) expert evaluation *ou* appraisal; (*rapport*) valuer's *ou* expert's report. ~ **d'avarie** damage survey.

(**b**) (*compétence*) expertise.

expertiser [εkspεʀtize] (1) *vt bijou* to value, appraise, assess, evaluate; *dégâts* to assess, appraise, evaluate. **faire ~ un diamant** to have a diamond valued.

expiable [εkspjabl(ə)] *adj* expiable.

expiation [εkspjasjɔ̃] *nf* expiation (*de* of), atonement (*de* for). **en ~ de ses crimes** in expiation of *ou* atonement for his crimes.

expiatoire [εkspjatwaʀ] *adj* expiatory.

expier [εkspje] (7) *vt péchés, crime* to expiate, atone for. (*fig*) ~ **une imprudence** to pay for an imprudent act.

expirant, e [εkspiʀɑ̃, ɑ̃t] *adj* dying.

expiration [εkspiʀasjɔ̃] *nf* (**a**) (*terme*) expiration, expiry (*Brit*). **venir à ~** to expire; **à l'~ du délai** at the expiry (*Brit*) *ou* expiration (*US*) of the deadline, when the deadline expires.

(**b**) (*respiration*) expiration, exhalation. **une profonde ~** a complete exhalation.

expirer [εkspiʀe] (1) **1** *vt air* to breathe out, expire (*T*). **expirez lentement!** breathe out slowly! **2** *vi* (*mourir, prendre fin*) to expire. **ça expire le 5 mai** it expires on May 5th.

explétif, -ive [εkspletif, iv] **1** *adj* expletive, expletory. **2** *nm* expletive.

explicable [εksplikabl(ə)] *adj* explicable, explainable.

explicatif, -ive [εksplikatif, iv] *adj* explanatory, explicative. ~ (*Gram*) **proposition relative ~ive** non-restrictive relative clause.

explication [εksplikasjɔ̃] *nf* (**a**) [*phénomène*] explanation (*de* for); [*méthode*] explanation (*de* of). **les ~s sont écrites au dos** the explanations *ou* instructions are written on the back.

(**b**) (*justification*) explanation (*de qch* for sth). **votre conduite demande des ~s** your conduct requires some explanation; **j'exige des ~s** I demand an explanation.

(**c**) (*discussion*) discussion; (*dispute*) argument; (*bagarre*) fight.

(**d**) (*Scol*) [*auteur, passage*] commentary (*de* on), analysis (*de* of). ~ **de texte** critical analysis *ou* appreciation of a text, interpretation (of a text).

explicite [εksplisit] *adj* explicit.

explicitement [εksplisitmɑ̃] *adv* explicitly.

expliciter [εksplisite] (1) *vt* to explain, clarify.

expliquer [εksplike] (1) **1** *vt* (**a**) (*faire comprendre*) to explain. **il m'a expliqué comment faire** he told me *ou* explained to me how to do it; **je lui ai expliqué qu'il avait tort** I pointed out to him *ou* explained to him that he was wrong; **explique-moi comment/pourquoi** explain how/why, tell me how/why.

(**b**) (*rendre compte de*) to account for, explain. **cela explique qu'il ne soit pas venu** that explains why he didn't come, that accounts for his not coming.

(**c**) (*Scol*) *texte* to comment on, criticize, analyse. ~ **un passage de Flaubert** to give a critical analysis *ou* a critical appreciation *ou* a critical interpretation of a passage from Flaubert.

2 s'expliquer *vpr* (**a**) (*donner des précisions*) to explain o.s., make o.s. clear. **je n'explique pas** let me make myself clear; **s'~ sur ses projets** to talk about *ou* explain one's plans; **s'~ devant qn** to justify o.s. to sb, explain one's actions to sb.

(**b**) (*comprendre*) to understand. **je ne m'explique pas bien qu'il soit parti** I can't see *ou* understand *ou* it isn't at all clear to me why he should have left.

(**c**) (*être compréhensible*) **son retard s'explique par le mauvais temps** his lateness is explained by the bad weather, the bad weather accounts for his lateness; **leur attitude s'explique: ils n'ont pas reçu notre lettre** that explains their attitude: they didn't get our letter; **tout s'explique!** it's all clear now!, I see it all now!

(**d**) (*parler clairement*) **s'~ bien/mal** to express *ou* explain o.s. well/badly; **je me suis peut-être mal expliqué** perhaps I have

explained *ou* expressed myself badly, perhaps I didn't make myself (quite) clear.
  (e) (*discuter*) **s'~ avec qn** to explain o.s. to sb, have it out with sb*; **va t'~ avec lui** go and sort it out with him, go and explain yourself to him; **après s'être longuement expliqués ils sont tombés d'accord** after having discussed the matter *ou* after having talked the matter over for a long time they finally reached an agreement; **ils sont allés s'~ dehors*** they went to fight it out outside *ou* to finish it off outside; **s'~ à coups de fusils** to shoot it out.

exploit [ɛksplwa] *nm* exploit, feat, achievement. **quel ~!** what a feat! *ou* achievement!; **il a réussi l'~ d'arriver le premier** his great achievement was to come first; (*Jur*) **~ d'huissier** writ.
exploitable [ɛksplwatabl(ə)] *adj* (*gén*) exploitable.
exploitant, e [ɛksplwatã, ãt] *nm,f* farmer. **le petit ~ (agricole)** the smallholder (*Brit*), the small farmer.
exploitation [ɛksplwatasjɔ̃] *nf* (a) (*action: V* exploiter) working; exploitation; running, operating. **mettre en ~** *domaine, ressources* to exploit, develop; *frais/méthodes* **d'~** running *ou* operating costs/methods; (*ciné*) **copie d'~** release print.
  (b) (*entreprise*) concern. **~ agricole** farm; **petite ~ agricole** smallholding (*Brit*), small farm; **~ commerciale/industrielle** business/industrial concern; **~ minière/forestière** mining/ forestry development.
exploiter [ɛksplwate] (1) *vt* mine, sol to work, exploit; *entreprise* to run, operate; *ressources* to exploit; *idée, situation* to exploit, make the most of; *personne, bonté* to exploit. **pouvoir ~ un avantage** to be able to capitalize on an advantage *ou* exploit an advantage; **nous sommes des exploités** we are exploited.
exploiteur, -euse [ɛksplwatœʀ, øz] *nm,f* exploiter.
explorateur, -trice [ɛksplɔʀatœʀ, tʀis] *nm,f* (*personne*) explorer.
exploration [ɛksplɔʀasjɔ̃] *nf* (*V* explorer) exploration; investigation; examination.
exploratoire [ɛksplɔʀatwaʀ] *adj* exploratory.
explorer [ɛksplɔʀe] (1) *vt* (*gén*) to explore; *possibilité, problème* to investigate, examine, explore.
exploser [ɛksploze] (1) *vi* [bombe, chaudière] to explode, blow up; [gaz] to explode; [colère] to explode, burst out. **il explosa (de colère)** he flared up, he exploded with *ou* in anger; **faire ~ bombe** to explode, detonate; *bâtiment* to blow up; (*fig*) **cette remarque le fit ~** he blew up *ou* flared up at that remark.
explosible [ɛksplozibl(ə)] *adj* mélange explosive.
explosif, -ive [ɛksplozif, iv] *adj, nm* explosive.
explosion [ɛksplozjɔ̃] *nf* [bombe, gaz, chaudière] explosion. **faire ~** [bombe, poudrière] to explode, blow up; **~ de colère** angry outburst, explosion of anger; **~ de joie** outburst *ou* explosion of joy; *V* **moteur**[1].
exponentiel, -ielle [ɛkspɔnãsjɛl] *adj* exponential.
exponentiellement [ɛkspɔnãsjɛlmã] *adv* exponentially.
export [ɛkspɔʀ] *nm* (*abrév de* exportation) export.
exportable [ɛkspɔʀtabl(ə)] *adj* exportable.
exportateur, -trice [ɛkspɔʀtatœʀ, tʀis] **1** *adj* export (*épith*), exporting. **pays ~** exporting country; **être ~ de** to export, be an exporter of. **2** *nm,f* exporter. **~ de pétrole** oil exporter.
exportation [ɛkspɔʀtasjɔ̃] *nf* (*action*) export, exportation; (*produit*) export. **faire de l'~** to export, be in the export business.
exporter [ɛkspɔʀte] (1) *vt* to export.
exposant, e [ɛkspozã, ãt] **1** *nm,f* [foire, salon] exhibitor. **2** *nm* (*Math*) exponent.
exposé [ɛkspoze] *nm* (*action*) account, statement, exposition (*frm*); (*conférence: gén, Scol*) talk. **faire un ~ sur** to give a talk on; **faire un ~ de la situation** to give an account *ou* overview of the situation; (*Jur*) **~ des motifs** preamble (*in bill, stating grounds for its adoption*).
exposer [ɛkspoze] (1) **1** *vt* (a) (*exhiber*) marchandises to put on display, display; *tableaux* to exhibit, show. **ce peintre expose dans cette galerie** that painter shows *ou* exhibits at that gallery; **c'est resté exposé pendant 3 mois** it has been on display *ou* on show for 3 months; (*frm*) **son corps est exposé dans l'église** he is lying in state in the church.
  (b) (*expliquer*) (*gén*) to explain, state; *faits, raisons* to expound, set out, make known; *griefs* to air, make known; *théories, idées* to expound, explain, set out, put forward. **il nous exposa la situation** he explained the situation to us.
  (c) (*mettre en danger*) (*gén*) personne, objet to expose (à to); (*Hist*) condamné, enfant to expose; vie, réputation to risk. **c'est une personnalité exposée** his position makes him an easy target for criticism; **sa conduite l'expose à des reproches** his behaviour lays him open to censure; **c'est exposé à être découvert** it is liable to be discovered.
  (d) (*orienter, présenter*) to expose; (*Phot*) to expose. **~ au soleil/ aux regards** to expose to sunlight/to view; **maison exposée au sud** house facing (due) south, house with a southern aspect; **maison bien exposée** well-situated house; **endroit très exposé** (*au vent, à l'ennemi*) very exposed place.
  (e) (*Littérat*) action to set out; (*Mus*) thème to introduce.
  2 s'exposer *vpr* to expose o.s. **s'~ à danger, reproches** to expose o.s. to, lay o.s. open to; **s'~ à des poursuites** to run the risk of prosecution, lay o.s. open to *ou* expose o.s. to prosecution; **s'~ au soleil** to stay out in the sun.
exposition [ɛkspozisjɔ̃] *nf* (a) [marchandises] display; [faits, raisons, situation, idées] exposition; [condamné, enfant] exposure; (*au danger, à la chaleur*) exposure (à to). (*Comm*) **grande ~ de blanc** special linen week *ou* event.
  (b) (*foire, salon*) exhibition, show. **l'E~ Universelle** the World Fair.
  (c) (*Phot*) exposure.

  (d) (*Littérat, Mus*) exposition. **scène d'~** expository *ou* introductory scene.
  (e) (*orientation*) [maison] aspect.
exprès[1] [ɛkspʀɛ] *adv* (*spécialement*) specially; (*intentionnellement*) on purpose, deliberately, intentionally. **venir (tout) ~ pour** to come specially to; **il l'a fait ~** he did it on purpose *ou* deliberately *ou* intentionally; **il ne l'a pas fait ~** he didn't do it on purpose, he didn't mean to do it; **et par *ou* comme un fait ~ il l'avait perdu** by some (almost) deliberate coincidence he had lost it, it would have to happen that he had lost it.
exprès[2], **-esse** [ɛkspʀɛs] *adj* (a) interdiction, ordre formal, express; (*Jur*) clause express.
  (b) (*inv*) (**lettre/colis**) **~ express** (*Brit*) *ou* special delivery (*US*) letter/parcel; (**messager**) **~†** express messenger; **envoyer qch en ~** to send sth by express post (*Brit*) *ou* special delivery (*US*), send sth express (*Brit*).
express [ɛkspʀɛs] *adj, nm inv*: (**train**) **~** fast train; (**café**) **~** espresso (coffee).
expressément [ɛkspʀesemã] *adv* (*formellement*) expressly; (*spécialement*) specially.
expressif, -ive [ɛkspʀesif, iv] *adj* geste, regard, expressive, meaningful; physionomie expressive; langage expressive, vivid.
expression [ɛkspʀesjɔ̃] *nf* (a) (*gén*) expression. **au-delà de toute ~** beyond (all) expression, inexpressible; **veuillez agréer l'~ de mes sentiments les meilleurs** yours faithfully (*Brit*), yours truly (*US*); **visage plein d'~/sans ~** expressive/expressionless face; **jouer avec beaucoup d'~** to play with great feeling *ou* expression; **~ corporelle** self-expression through movement; *V* **liberté, moyen**.
  (b) (*Math: formule*) expression; (*Gram: locution*) phrase, expression. **~ figée** set *ou* fixed expression, set phrase; **~ toute faite** cliché, hack phrase; **~ nominale** nominal; (*fig*) **réduit à sa plus simple ~** reduced to its simplest terms *ou* expression.
expressionnisme [ɛkspʀesjɔnism(ə)] *nm* expressionism.
expressionniste [ɛkspʀesjɔnist(ə)] **1** *adj* expressionist (*épith*), expressionistic. **2** *nmf* expressionist.
expressivement [ɛkspʀesivmã] *adv* expressively.
expressivité [ɛkspʀesivite] *nf* expressiveness.
exprimable [ɛkspʀimabl(ə)] *adj* expressible.
exprimer [ɛkspʀime] (1) **1** *vt* (a) (*signifier*) to express; pensée to express, give expression *ou* utterance to (*frm*); opinion to voice, express. **mots qui expriment un sens** words which express *ou* convey a meaning; **regards qui expriment la colère** looks which express *ou* indicate anger; **œuvre qui exprime parfaitement l'artiste** work which expresses the artist completely.
  (b) (*Écon, Math*) to express. **somme exprimée en francs** sum expressed in francs; **le signe + exprime l'addition** the sign + indicates *ou* stands for addition.
  (c) (*littér*) jus to press out.
  2 s'exprimer *vpr* to express o.s. **s'~ par gestes** to use gestures to express o.s.; **je me suis peut-être mal exprimé** perhaps I have expressed myself badly, perhaps I have put it badly *ou* not made myself clear; **si je peux m'~ ainsi** if I may put it like that; (*fig*) **il faut permettre au talent de s'~** talent must be allowed free expression *ou* to express itself; **la joie s'exprima sur son visage** (his) joy showed in his expression, his face expressed his joy.
expropriation [ɛkspʀopʀijasjɔ̃] *nf* (*action*) expropriation, compulsory purchase (*Brit*); (*arrêté*) expropriation order, compulsory purchase order (*Brit*).
exproprier [ɛkspʀopʀije] (7) *vt* propriété to expropriate, place a compulsory purchase order on (*Brit*). **ils ont été expropriés** their land has been expropriated, they have had a compulsory purchase order made on their land.
expulser [ɛkspylse] (1) *vt* (*gén*) élève to expel (*de* from); étranger to deport, expel (*de* from); locataire to evict (*de* from), throw out (*de* of); (*Ftbl*) joueur to send off; manifestant to eject (*de* from), throw out, turn out (*de* of); (*Anat*) déchets to evacuate, excrete.
expulsion [ɛkspylsjɔ̃] *nf* (*V* expulser) expulsion; deportation; eviction; throwing out; ejection; turning out; sending off; evacuation, excretion (*de* from).
expurger [ɛkspyʀʒe] (3) *vt* to expurgate, bowdlerize. **version expurgée** sanitized *ou* expurgated *ou* bowdlerized version.
exquis, -ise [ɛkski, iz] *adj* plat, choix, politesse exquisite; personne, temps delightful.
exsangue [ɛksɑ̃g] *adj* visage, lèvres bloodless; (*fig*) littérature anaemic. **les guerres/impôts ont laissé le pays ~** wars/taxes have bled the country white.
exsudation [ɛksydasjɔ̃] *nf* (*frm*) exudation (*frm*).
exsuder [ɛksyde] *vti* (*frm*) (*lit*) to exude. (*fig*) **son visage exsude la joie** his face radiates joy.
extase [ɛkstaz] *nf* (*Rel*) ecstasy; (*sexuelle*) climax; (*fig*) ecstasy, rapture. **il est en ~ devant sa fille** he is rapturous about his daughter, he goes into raptures over his daughter; **tomber/rester en ~ devant un tableau** to go into ecstasies at/stand in ecstasy before a painting.
extasié, e [ɛkstazje] (*ptp de* s'extasier) *adj* ecstatic, enraptured.
extasier (s') [ɛkstazje] (7) *vpr* to go into ecstasies *ou* raptures (*devant, sur* over).
extatique [ɛkstatik] *adj* ecstatic, enraptured.
extenseur [ɛkstɑ̃sœʀ] **1** *adj*: (**muscle**) **~** extensor. **2** *nm* (*Sport*) chest expander.
extensibilité [ɛkstɑ̃sibilite] *nf* extensibility.
extensible [ɛkstɑ̃sibl(ə)] *adj* matière extensible; définition extendable.
extensif, -ive [ɛkstɑ̃sif, iv] *adj* (*Agr*) culture extensive; sens wide, extensive.

extension [ɛkstãsjɔ̃] *nf* **(a)** (*étirement*) *[membre, ressort]* stretching; (*Méd*) *[membre]* traction. **le ressort atteint son ~ maximum** the spring is fully stretched *ou* is stretched to its maximum.

(b) (*augmentation*) *[épidémie, grève, incendie]* extension, spreading; *[commerce, domaine]* expansion; *[pouvoirs]* extension, expansion. **prendre de l'~** *[épidémie]* to spread, extend, develop; *[entreprise]* to expand.

(c) (*élargissement*) *[loi, mesure, sens d'un mot]* extension (*à* to); (*Logique*) extension. **par ~ (de sens)** by extension.

exténuant, e [ɛkstenɥɑ̃, ɑ̃t] *adj* exhausting.

exténuer [ɛkstenɥe] (1) **1** *vt* to exhaust, tire out. **2 s'exténuer** *vpr* to exhaust o.s., tire o.s. out (*à faire qch* doing sth).

extérieur, e [ɛksterjœʀ] **1** *adj* **(a)** (*à un lieu*) *paroi* outer, outside, exterior; *escalier, W.-C.* outside; *quartier, cour* outer; *bruit* external, outside; *décoration* exterior, outside. **apparence ~e** *[personne]* outward appearance; *[maison]* outside.

(b) (*à l'individu*) *monde, influences* external, outside; *activité, intérêt* outside; *réalité* external. **signes ~s de richesse** outward signs of wealth; **manifestation ~e de colère** outward show *ou* display of anger.

(c) (*étranger*) *commerce, vente* external, foreign; *politique, nouvelles* foreign.

(d) (*superficiel*) *amabilité* surface (*épith*), superficial. **sa gaieté est toute ~e** his gaiety is all on the surface *ou* all an outward display.

(e) (*sans relation avec*) **être ~ à une question/un sujet** to be external to *ou* outside a question/a subject, be beyond the scope of a question/a subject; **c'est tout à fait ~ à moi** it has nothing to do with me, it doesn't concern me in the least; **interdit à toute personne ~e à l'usine/au chantier** factory employees/site workers only, no entry for unauthorised personnel.

(f) (*Géom*) *angle* exterior.

2 *nm* **(a)** *[objet, maison]* outside, exterior.

(b) **à l'~** (*au dehors*) outside; **c'est à l'~ (de la ville)** it's outside (the town); (*fig*) **juger qch de l'~** (*d'après son apparence*) to judge sth by appearances; (*en tant que profane*) to judge sth from the outside.

(c) (*pays etc*) **l'~** foreign countries; **entretenir de bonnes relations avec l'~** to have good foreign relations; **vendre beaucoup à l'~** to sell a lot abroad *ou* to foreign countries; **recevoir des nouvelles de l'~** to have news from abroad; **cellule sans communication avec l'~** cell without communication with the outside world.

(d) (*Ciné*) location shots. **prises de vue en ~** shots taken on location; **les ~s ont été tournés à Paris** the shots on location were taken in Paris.

(e) (*frm: apparence*) exterior, (outward) appearance. **avoir un ~ agréable** to have a pleasant appearance *ou* exterior.

extérieurement [ɛksterjœʀmɑ̃] *adv* **(a)** (*du dehors*) on the outside, externally. **(b)** (*en apparence*) on the surface, outwardly.

extériorisation [ɛksterjɔʀizasjɔ̃] *nf [joie etc]* display, outward expression; (*Psych*) externalization, exteriorization.

extérioriser [ɛksterjɔʀize] (1) *vt joie etc* to show, express; (*Psych*) to exteriorize, externalize. **les enfants ont besoin de s'~** (*personnalité*) children need to express themselves; (*énergie*) children need an outlet for their energy, children need to let off steam*.

extériorité [ɛksterjɔʀite] *nf* (*Philos*) exteriority.

exterminateur, -trice [ɛkstɛʀminatœʀ, tʀis] **1** *adj* exterminating; *V* ange. **2** *nm, f* exterminator.

extermination [ɛkstɛʀminasjɔ̃] *nf* extermination; *V* camp.

exterminer [ɛkstɛʀmine] (1) *vt* (*lit, fig*) to exterminate, wipe out.

externat [ɛkstɛʀna] *nm* (*Scol*) day school. (*Méd*) **faire son ~ à** to be a non-resident student *ou* an extern (*US*) at.

externe [ɛkstɛʀn(ə)] **1** *adj* *surface etc* external, outer; *angle* exterior. **à usage ~** for external use only, not to be taken (internally). **2** *nmf* (*Scol*) day pupil. (*Méd*) ~ **(des hôpitaux)** non-resident student at a teaching hospital, extern (*US*).

exterritorialité [ɛkstɛʀitɔʀjalite] *nf* exterritoriality.

extincteur, -trice [ɛkstɛ̃ktœʀ, tʀis] **1** *adj* extinguishing. **2** *nm* (fire) extinguisher.

extinction [ɛkstɛ̃ksjɔ̃] *nf [incendie, lumières]* extinction, extinguishing, putting out; (*fig*) *[peuple]* extinction, dying out; (*Jur*) *[dette, droit]* extinguishment. ~ **de voix** loss of voice, aphonia (*T*); **avoir une ~ de voix** to lose one's voice; (*Mil, fig*) **avant l'~ des feux** before lights out; **espèce en voie d'~** endangered species.

extirpable [ɛkstiʀpabl(ə)] *adj* eradicable.

extirpation [ɛkstiʀpasjɔ̃] *nf* (*V* extirper) eradication; extirpation; rooting out; pulling up, pulling out.

extirper [ɛkstiʀpe] (1) *vt* (*littér*) *abus, vice* to eradicate, extirpate, (*littér*) root out; (*Chirurgie*) to extirpate; *herbes* to root out, pull up, pull out. **impossible de lui ~ une parole*** it's impossible to drag *ou* get a word out of him!; ~ **qn de son lit*** to drag *ou* haul sb out of bed; **s'~ de son manteau** to extricate o.s. from one's coat.

extorquer [ɛkstɔʀke] (1) *vt* to extort (*à qn* from sb).

extorqueur, -euse [ɛkstɔʀkœʀ, øz] *nm, f* extortioner.

extorsion [ɛkstɔʀsjɔ̃] *nf* extortion. ~ **de fonds** extortion of money.

extra [ɛkstʀa] **1** *nm inv* (*domestique*) extra servant *ou* help; (*gâterie*) (special) treat. **s'offrir un ~** to give o.s. a treat, treat o.s. to something special.

2 *adj inv* (*Comm: supérieur*) *fromage, vin* first-rate, extra-special; *tissu* top-quality; (*: excellent*) *film, week-end, personne* fantastic*, terrific*, great*. (*Comm*) **de qualité ~** of the finest *ou* best quality.

3: extra-fin, e *adj* *bonbons* superfine, extra fine; *haricots, petits*

---

pois, aiguille extra fine; **extra-fort, e** (*adj*) *carton, moutarde* extra strong; (*nm*) (*Couture*) bias binding; **extra-légal, e** *adj* extra-legal; **extra-linguistique** *adj* extralinguistic; **(voyante)** extra-lucide clairvoyant; **extra-muros** *adj, adv* outside the town; **extra-parlementaire** *adj* extra-parliamentary; **extra-sensible** *adj* extra-sensible; **extra-sensoriel, -elle** *adj* perception extrasensory; **extra-terrestre** *adj, nmf* extra-terrestrial; **extra-territorialité** *nf* extraterritoriality; **extra-utérin, e** *adj* extra-uterine.

extracteur [ɛkstʀaktœʀ] *nm* ex tractor.

extractif, -ive [ɛkstʀaktif, iv] *adj* *industrie etc* extractive, mining.

extraction [ɛkstʀaksjɔ̃] *nf* **(a)** *[pétrole]* extraction; *[charbon]* mining; *[marbre]* quarrying. **(b)** (*Math, Méd*) extraction. **(c)** (††: *origine*) **de haute/basse ~** of noble/mean extraction *ou* descent, of high/low birth.

extrader [ɛkstʀade] (1) *vt* to extradite.

extradition [ɛkstʀadisjɔ̃] *nf* extradition.

extraire [ɛkstʀɛʀ] (50) *vt* **(a)** *minerai, pétrole* to extract; *charbon* to mine; *marbre* to quarry.

(b) *gaz, jus* to extract. ~ **un liquide en pressant/en tordant** *etc* to squeeze out/wring out *etc* a liquid.

(c) *dent* to extract, pull out; *clou* to pull out; (*Math*) *racine* to extract; *balle* to extract, remove (*de* from).

(d) ~ **de** *poche, placard* to take *ou* bring *ou* dig* out of; *prison, avalanche* to rescue from, get out of; **passage extrait d'un livre** extract from a book, passage taken from a book; **s'~ de son manteau*** to extricate o.s. from one's coat; **s'~ de sa voiture** to climb out of one's car.

extrait [ɛkstʀɛ] *nm [discours, journal]* extract; *[livre, auteur]* extract, excerpt; (*Admin*) extract (*de* from). ~ **de lavande** *etc* essence *ou* extract of lavender *etc*; ~ **de viande** beef extract; ~ **de naissance** *etc* birth *etc* certificate; (*Fin*) ~ **de compte** abstract of accounts.

extraordinaire [ɛkstʀaɔʀdinɛʀ] *adj* **(a)** (*étrange*) *événement, costume, opinions* extraordinary. **l'~ est que** the extraordinary thing is that.

(b) (*exceptionnel*) *beauté* exceptional; *succès, force* extraordinary, exceptional. **c'est un acteur ~** he's an extraordinary *ou* a remarkable actor; **ce roman n'est pas ~** this novel isn't up to much*, there's nothing particularly good *ou* very special about this novel.

(c) (*Pol*) *moyens, mesures, assemblée* special; *V* ambassadeur. **(d)** **si par ~** if by some unlikely chance; **quand par ~** on those rare occasions when.

extraordinairement [ɛkstʀaɔʀdinɛʀmɑ̃] *adv* (*exceptionnellement*) extraordinarily, exceptionally; (*d'une manière étrange*) extraordinarily.

extrapolation [ɛkstʀapolasjɔ̃] *nf* extrapolation.

extrapoler [ɛkstʀapole] (1) *vti* to extrapolate (*à partir de* from).

extravagance [ɛkstʀavagɑ̃s] *nf* **(a)** (*caractère*) *[costume, conduite]* eccentricity, extravagance. **(b)** (*acte*) eccentric *ou* extravagant behaviour (*U*). **dire des ~s** to talk wildly *ou* extravagantly.

extravagant, e [ɛkstʀavagɑ̃, ɑ̃t] *adj* *idée, théorie* extravagant, wild, crazy; *prix* excessive, extravagant.

extravaguer† [ɛkstʀavage] (1) *vi* to rave, talk wildly.

extraverti, e [ɛkstʀavɛʀti] = **extroverti**.

extrême [ɛkstʀɛm] **1** *adj* **(a)** (*le plus éloigné*) extreme, furthest. **à l'~ bout de la table** at the far *ou* furthest end of the table, at the very end of the table; **dans son ~ jeunesse** in his very young days, in his earliest youth; **à l'~ opposé** at the opposite extreme (*de* of); (*Pol*) **l'~-droite** the far right.

(b) (*le plus intense*) extreme, utmost. **dans la misère ~** in extreme *ou* the utmost poverty; **c'est avec un plaisir ~ que** it is with the greatest *ou* the utmost pleasure that; **il m'a reçu avec une ~ amabilité** he received me in the friendliest possible way *ou* with the utmost kindness; **il fait une chaleur ~** it is extremely hot; **d'une pâleur/difficulté ~** extremely pale/difficult; *V* rigueur, urgence.

(c) (*après n: excessif, radical*) *théories, moyens* extreme. **ça l'a conduit à des mesures ~s** that drove him into taking drastic *ou* extreme steps; **il a un caractère ~** he tends to go to extremes, he is an extremist by nature.

2 *nm* **(a)** (*opposé*) extreme. **les ~s se touchent** extremes meet; **passer d'un ~ à l'autre** to go from one extreme to the other *ou* to another.

(b) (*Math*) ~**s** extremes.

(c) **à l'~, jusqu'à l'~** in the extreme, to a degree; **cela lui répugnait à l'~** he was extremely loath to do it; **noircir une situation à l'~** to paint the blackest possible picture of a situation; **scrupuleux à l'~** scrupulous to a fault.

3: extrême droite/gauche extreme right/left (wing), far right/left; **extrême-onction** *nf* Extreme Unction; **Extrême-Orient** *nm* Far East; **extrême-oriental, e**, *mpl* **extrême-orientaux** *adj* far eastern, oriental.

extrêmement [ɛkstʀɛmmɑ̃] *adv* extremely, exceedingly.

extrémisme [ɛkstʀemism(ə)] *nm* extremism.

extrémiste [ɛkstʀemist(ə)] *adj, nmf* extremist.

extrémité [ɛkstʀemite] *nf* **(a)** (*bout*) (*gén*) end; *[aiguille]* point; *[objet mince]* tip; *[village, île]* extremity, limit; *[lac, péninsule]* head.

(b) (*frm: situation critique*) plight, straits. **être dans la pénible ~ de devoir** to be in the unfortunate necessity of having to; **réduit à la dernière ~** in the most dire plight *ou* straits; **être à toute ~, être à la dernière ~** to be on the point of death.

(c) (*frm: action excessive*) extremes, extreme lengths. **se porter à une ~ *ou* à des ~s** to go to extremes; **pousser qn à une ~ *ou* à des ~s** to push *ou* drive sb to extremes *ou* into taking extreme action; **se livrer à des ~s (sur qn)** to assault sb; **d'une ~ dans l'autre** from one extreme to another.

(d) (*Anat: pieds et mains*) ~s extremities.
extroverti, e [ɛkstʀɔvɛʀti] *adj, nm, f* extrovert.
exubérance [ɛgzybeʀɑ̃s] *nf* (*caractère*) exuberance (*U*); (*action*) exuberant behaviour (*U*) (*ou* talk (*U*) *etc*). **parler avec ~** to speak exuberantly.
exubérant, e [ɛgzybeʀɑ̃, ɑ̃t] *adj* (*gén*) exuberant.

exultation [ɛgzyltɑsjɔ̃] *nf* exultation.
exulter [ɛgzylte] (1) *vi* to exult.
exutoire [ɛgzytwaʀ] *nm* outlet, release.
ex-voto [ɛksvɔto] *nm inv* thanksgiving *ou* commemorative plaque.
eye-liner [ajlajnœʀ] *nm* eyeliner.
Ézéchiel [ezekjɛl] *nm* Ezekiel. **(le livre d')** ~ (the Book of) Ezekiel.

F

F, f [ɛf] *nm ou nf* (*lettre*) F, f. (*abrév de franc*) **F** fr; (*appartement*) un **F2** a 2-roomed flat (*Brit*) *ou* apartment (*US*).
fa [fa] *nm inv* (*Mus*) F; (*en chantant la gamme*) fa; *V* clef.
fable [fabl(ə)] *nf* (*genre*) fable; (*légende*) fable, legend; (*mensonge*) tale, story, fable. **quelle ~ va-t-il inventer?** what yarn *ou* tale will he spin?; **être la ~ de toute la ville** to be the laughing stock of the whole town.
fabliau, *pl* ~**x** [fablijo] *nm* fabliau.
fablier [fablije] *nm* book of fables.
fabricant, e [fabʀikɑ̃, ɑ̃t] *nm, f* manufacturer. ~ **de papier** paper manufacturer *ou* maker; ~ **d'automobiles** car manufacturer; ~ **de pneus** tyre-maker.
fabricateur, -trice [fabʀikatœʀ, tʀis] *nm, f*: ~ **(de fausse monnaie)** counterfeiter, forger; ~ **(de fausses nouvelles)** fabricator, spinner of yarns; ~ **(de faux papiers)** forger (of documents), counterfeiter.
fabrication [fabʀikasjɔ̃] *nf* **(a)** (*industrielle*) manufacture, manufacturing; (*artisanale, personnelle*) making. **la ~ industrielle/en série** factory *ou* industrial/mass production; **de ~ française** made in France, French-made, of French make; **de bonne ~** well-made, of good *ou* high-quality workmanship; **un romancier réduit à la ~ en série** a novelist reduced to churning out novels by the dozen *ou* to mass-producing his works; **une robe de sa ~** a dress of her own making, a dress she has (*ou* had *etc*) made herself; *V* **défaut, secret.**
(b) [*faux*] forging; [*fausses nouvelles*] fabricating, making up. ~ **de fausse monnaie** counterfeiting *ou* forging money.
fabrique [fabʀik] *nf* **(a)** (*établissement*) factory. ~ **de gants** glove factory; ~ **de papier** paper mill; *V* **marque, prix.** **(b)** (*littér: fabrication, facture*) workmanship. **de bonne ~** well-made, of good *ou* high-quality workmanship. **(c)** (*Rel*) **la ~** the fabric.
fabriquer [fabʀike] (1) *vt* **(a)** *meuble, outil, chaussures* (*industriellement*) to manufacture; (*de façon artisanale, chez soi*) to make; *faux* to forge; *fausses nouvelles* to fabricate, make up; *incident, histoire* to fabricate, invent, make up. ~ **de la fausse monnaie** to counterfeit *ou* forge money; ~ **en série** to mass-produce; ~ **industriellement** to manufacture, produce industrially; ~ **de façon artisanale** to handcraft, make *ou* produce on a small scale; **c'est une histoire fabriquée de toutes pièces** this story is all made up *ou* is a complete fabrication from start to finish; **il s'est fabriqué un personnage de prophète** he created *ou* invented a prophet-like character for himself; **il s'est fabriqué un poste de radio/une cabane** he built *ou* made himself a radio set/a shed.
(b) (‡: *faire*) **qu'est-ce qu'il fabrique?** what (on earth) is he doing? *ou* is he up to?‡; **des fois, je me demande ce que je fabrique ici!** sometimes I really wonder what the heck I'm doing here!*
fabulateur, -trice [fabylatœʀ, tʀis] **1** *adj* (*d'imagination*) **faculté ~trice** faculty for fantasizing; (*de mythomanie*) **tendance ~trice** tendency to fabricate *ou* spin stories. **2** *nm, f* storyteller.
fabulation [fabylasjɔ̃] *nf* (*fait d'imaginer*) fantasizing; (*fait de mentir*) storytelling; (*fable*) tale, fable; (*mensonge*) story, yarn, tale.
fabuler [fabyle] (1) *vi* to fantasize.
fabuleusement [fabyløzmɑ̃] *adv* fabulously, fantastically.
fabuleux, -euse [fabylø, øz] *adj* **(a)** (*littér*) (*des temps anciens, de la mythologie*) mythical, legendary; (*de la légende, du merveilleux*) fabulous. **(b)** (*intensif: prodigieux*) *richesse, exploits, vitesse* fabulous, fantastic.
fabuliste [fabylist(ə)] *nm* writer of fables *ou* tales.
fac [fak] *nf* (*arg Univ*) *abrév de* **faculté.**
façade [fasad] *nf* **(a)** (*devant de maison*) façade, front, frontage; (*Archéol*) façade; (*côté de maison*) side; [*magasin*] front, frontage. ~ **latérale** side wall; ~ **ouest** west side *ou* wall; **la ~ arrière de la maison** the back of the house; **les ~s des magasins** the shop fronts; **3 pièces en ~** 3 rooms at *ou* facing the front.
(b) (*fig*) (*apparence*) façade, appearance; (*couverture*) cover. ~ **d'honnêteté/de vertu** façade *ou* outward show *ou* appearance of honesty/virtue; **ce n'est qu'une ~** it's just a front *ou* façade, it's a mere pretence; **de ~** *luxe, vertu, foi* sham; **ce restaurant est une ~ qui cache un tripot clandestin** this restaurant is a cover for an illegal dive.

(c) (‡: *figure*) **se refaire la ~** to redo one's face; **il va te démolir la ~** he's going to smash your mug *ou* face in‡.
face [fas] **1** *nf* **(a)** (*frm, Méd: visage*) face. **les blessés de la ~** people with facial injuries; **tomber ~ contre terre** to fall flat on the ground *ou* flat on one's face; **se prosterner ~ contre terre** to prostrate o.s. with one's face to the ground; ~ **de rat/de singe**‡ rat/monkey face‡; **sauver/perdre la ~** to save/lose face; **opération destinée à sauver la ~** face-saving move; *V* **voiler¹.**
(b) (*côté*) [*disque, objet*] side; [*médaille, pièce de monnaie*] front, obverse; (*Math*) [*cube, figure*] side, face; (*Alpinisme*) face, wall. **la ~ cachée de la lune** the hidden face *ou* side of the moon; **mets l'autre ~** (*du disque*) put on *ou* play the other side (of the record), turn the record over; (*fig*) **question à double ~** two-sided question; (*lit, fig*) **examiner un objet/une question sous** *ou* **sur toutes ses ~s** to examine an object/a problem from all sides; **la pièce est tombée sur ~** *ou* **côté ~** the coin fell face up; (*jeu de pile ou face*) ~**!** heads!; *V* **pile.**
(c) (*aspect*) face. **la ~ changeante des choses** the changing face of things; **le monde a changé de ~** (the face of) the world has changed.
(d) (*littér: surface*) **la ~ de la terre** *ou* **du globe** the face of the earth; **la ~ de l'océan** the surface *ou* face of the ocean.
(e) (*loc*) **faire ~** to face (up to) things; **faire ~ à** *lieu, objet, personne* to face, be opposite; *épreuve, adversaire, obligation* to face up to, face; *dette, engagement* to meet; **se faire ~** [*maisons*] to be facing *ou* opposite each other; [*adversaires*] to be face to face; **il a dû faire ~ à des dépenses élevées** he has been faced with *ou* has had to face considerable expense.
(f) **à la ~ de:** **il éclata de rire à la ~ de son professeur** he burst out laughing in his teacher's face; **proclamer à la ~ de l'univers** *ou* **du monde** to proclaim to the universe *ou* to the whole world *ou* to the world at large.
(g) **en ~ de** (*en vis à vis de*) opposite; (*en présence de*) in front of; **au banquet, on les a mis l'un en ~ de l'autre** *ou* **en ~ l'un de l'autre** at the banquet, they were placed opposite each other *ou* facing each other; **les deux ennemis étaient maintenant l'un en ~ de l'autre** the two enemies now stood facing each other *ou* face to face *ou* were now face to face; **il n'ose rien dire en ~ de son patron** he daren't say anything in front of his boss; **ne te mets pas en ~ de moi/de ma lumière** don't stand in my way/in my light; (*fig*) **se trouver en ~ d'un danger/problème** to be confronted *ou* faced with a danger/problem; (*fig*) **en ~ de cela** on the other hand.
(h) **en ~** (*directement, ouvertement*): **regarder qn (bien) en ~** to look sb (straight) in the face; **il lui a dit en ~ ce qu'il pensait de lui** he told him to his face what he thought of him; **regarder la mort en ~** to look death in the face; **il faut voir les choses en ~** one must see things as they are, one must face facts; **avoir le soleil en ~** to have the sun in one's eyes.
(i) **en ~** (*de l'autre côté de la rue*) across the street, opposite, over the road; **j'habite en ~** I live across the street *ou* over the road *ou* opposite; **la maison d'en ~** the house across the street *ou* over the road *ou* opposite; **le trottoir d'en ~** the opposite pavement, the pavement on the other *ou* opposite side; **la dame d'en ~** the lady (from) across the street *ou* (from) over the road, the lady opposite.
(j) **de ~:** *portrait* fullface; *nu, portrait en pied* frontal; *attaque* frontal; *place* (*au théâtre*) in the centre, facing the front of the stage; (*dans le train etc*) facing the engine; **voir qn de ~** to see sb face on; **attaquer de ~** to make a frontal attack (on), attack from the front; **un personnage/cheval de ~** the front view of a person/horse; **avoir une vue de ~ sur qch** to have a front view of sth; **assis de ~ dans l'autobus** sitting facing the front of the bus, sitting facing forward in the bus; **avoir le vent de ~** to have the wind in one's face.
(k) ~ **à** facing; **il se dressa ~ à l'ennemi** he positioned himself facing the enemy; ~ **à ces problèmes, il se sentait impuissant** faced with *ou* in the face of such problems, he felt helpless; ~ **à** ~ *lieux, objets* opposite *ou* facing each other; *personnes, animaux* face to face, facing each other; ~ **à** ~ **avec** *lieu, objet* opposite, facing; *personne, animal* face to face with; ~ **à** ~ **avec une difficulté** faced with *ou* up against a difficulty.

2: face à face *nm inv* (*rencontre, gén, TV*) encounter, interview; **face-à-main** *nm, pl* **faces-à-main** lorgnette.

facétie [fasesi] *nf* (*drôlerie*) joke; (*farce*) prank, trick. **faire des ~s** to play pranks *ou* tricks; **dire des ~s** to crack jokes.

facétieusement [fasesjøzmɑ̃] *adv* (*V* **facétieux**) facetiously, impishly, mischievously; humorously.

facétieux, -euse [fasesjø, øz] *adj* (*espiègle*) facetious, impish, mischievous; (*comique*) humorous.

facette [fasɛt] *nf* (*lit, fig*) facet. **à ~s** *pierre* faceted; *caractère, personnage* many-faceted, many-sided; (*Bio*) **yeux à ~s** compound eyes.

facetter [fasete] (1) *vt* to facet.

fâché, e [fɑʃe] [*ptp de* **fâcher**] *adj* (**a**) (*en colère, mécontent*) angry, cross (*contre* with). **elle a l'air ~(e)** she looks cross *ou* angry; **tu n'es pas ~, au moins?** you're not angry *ou* cross with me, are you?

(**b**) (*brouillé*) **ils sont ~s** they have fallen out, they are on bad terms; **elle est ~e avec moi** she has fallen out with me; (*hum*) **il est ~ avec l'orthographe** he can't spell to save himself.

(**c**) (*contrarié*) sorry (*de qch* about sth). (*frm*) **je suis ~ de ne pas pouvoir vous aider** I am sorry that I cannot help you; **je ne suis pas ~ d'avoir fini ce travail** I'm not sorry to have finished this job; (*hum*) **je ne serais pas ~ que vous me laissiez tranquille** I wouldn't mind being left alone *ou* in peace, I wouldn't object to a bit of peace and quiet.

fâcher [fɑʃe] (1) **1** *vt* (**a**) (*mettre en colère*) to anger, make angry, vex. **tu ne réussiras qu'à le ~ davantage** you will only make him more angry *ou* angrier.

(**b**) (*frm: contrarier*) to grieve (*frm*), distress. **cette triste nouvelle me fâche beaucoup** this sad news grieves me (*frm*) *ou* greatly distresses me.

2 se fâcher *vpr* (**a**) (*se mettre en colère*) to get angry, lose one's temper. **se ~ contre qn/pour** *ou* **au sujet de qch** to get angry *ou* annoyed with sb/about *ou* over sth; (*hum*) **se ~ tout rouge*** to get really cross, blow one's top* (*hum*) (*contre qn* at sb); (*hum*) **si tu continues, je vais me ~ tout rouge*** if you go on like that, I'll get really cross *ou* you'll make me really cross.

(**b**) (*se brouiller*) to quarrel, fall out (*avec* with). **ils se sont fâchés à mort à propos d'une femme** they quarrelled bitterly over a woman.

fâcherie [fɑʃri] *nf* (*brouille*) quarrel.

fâcheusement [fɑʃøzmɑ̃] *adv survenir* (most) unfortunately *ou* awkwardly. **~ surpris** (most) unpleasantly surprised.

fâcheux, -euse [fɑʃø, øz] **1** *adj* (*blâmable*) *exemple, influence, décision* deplorable, regrettable, unfortunate; (*ennuyeux*) *coïncidence, incident, situation* unfortunate, awkward, regrettable, tiresome. **il est ~ qu'il ait cru devoir s'abstenir** it's unfortunate *ou* a pity that he felt it necessary to abstain; **le ~ dans tout ça c'est que ...** the unfortunate *ou* annoying *ou* tiresome thing about it (all) is that ... .

2 *nm, f* (*littér: importun*) bore.

facho [faʃo] *nmf* (*abrév de* **fasciste**) (*péj*) fascist. **il est un peu ~** he's a bit of a fascist.

facial, e, *mpl* **~s** *ou* **-aux** [fasjal, o] *adj* facial; *V* **angle.**

faciès [fasjɛs] *nm* (**a**) (*visage*) features; (*Ethnologie, Méd*) facies.

(**b**) (*Bot, Géog*) facies.

facile [fasil] **1** *adj* (**a**) (*aisé*) *travail, problème* easy (*à faire* to do). **~ d'accès, d'accès** easy to reach *ou* get to, of easy access; **avoir la vie ~** to live *ou* have an easy life; **ils ne lui rendent pas la vie ~** they don't make life easy for him; **plus ~ à dire qu'à faire** easier said than done; **c'est trop ~ de s'indigner** it's too easy to get indignant; **~ comme tout*, ~ comme bonjour*** (as) easy as pie*, dead easy* (*Brit*).

(**b**) (*spontané*) **avoir la parole ~** (*parler aisément*) to be a fluent *ou* an articulate speaker, have a fluent tongue; (*parler volontiers*) to have a ready tongue *ou* the gift of the gab*; **il a la plume ~** (*écrire aisément*) he has an eloquent pen; (*être toujours prêt à écrire*) he finds it easy to write, writing comes easily to him; **avoir la larme ~** to be quick to shed a tear, be easily moved to tears; **il a l'argent ~*** he's very casual about money, money just slips through his fingers; **avoir la gachette ~** to be trigger-happy; **il a le couteau ~** he's all too quick to use his knife, he's very ready with his knife.

(**c**) (*péj*) (*superficiel*) *effet/ironie ~* facile effect/irony; *littérature ~* cheap literature.

(**d**) *caractère* easy-going. **il est d'humeur ~** he is easy-going; **il est ~ à vivre/contenter** he's easy to get on with (*Brit*) *ou* along with/to please; **il n'est pas ~ tous les jours** he's not always easy to get on with (*Brit*) *ou* along with; **c'est un bébé très ~** he's a very easy baby.

(**e**) (*péj*) *femme* loose (*épith*), of easy virtue. **une fille ~** a woman of easy virtue.

2 *adv* (‡) (*facilement*) easily; (*au moins*) at least, easily. **il y est arrivé ~** he managed it easily; **il fait du 200 km/h ~** he's doing at least *ou* easily 200 km/h; **elle a 50 ans ~** she's easily 50, she's 50 anyway*.

facilement [fasilmɑ̃] *adv* (*gén*) easily. **médicament ~ toléré par l'organisme** medicine easily *ou* readily tolerated by the body; **il se fâche ~** he loses his temper *ou* gets cross easily, he's quick-tempered; **on met ~ 10 jours*** it takes 10 days easily *ou* anyway*, it takes at least 10 days.

facilité [fasilite] *nf* (**a**) (*simplicité*) [*devoir, problème, travail*] easiness. **aimer la ~** to like things that are easy *ou* simple; **tâche d'une grande ~** extremely easy *ou* straightforward task.

(**b**) (*aisance*) [*succès, victoire*] ease; [*expression, style*] fluency, ease. **réussir qch avec ~** to manage sth with ease; **la ~ avec laquelle il a appris le piano** the ease with which he learnt the piano, the ease he had in learning the piano; **il travaille avec ~** he works with ease; **il s'exprime avec ~** *ou* **avec une grande ~ de parole** he expresses himself with (great) fluency *ou* ease *ou* (very) articulately *ou* fluently; *V* **solution.**

(**c**) (*aptitude*) ability, aptitude. **cet élève a beaucoup de ~** this pupil has great ability *ou* aptitude; **il a beaucoup de ~ pour les langues** he has great aptitude *ou* talent for languages; **la ~ n'est pas tout: il faut aussi travailler** ability *ou* aptitude is not enough — you also have to work.

(**d**) (*gén pl: possibilité*) facility. **avoir la ~/toutes (les) ~s de** *ou* **pour faire qch** to have the/every opportunity to do sth *ou* of doing sth; **~s de transport** transport facilities; (*Comm*) **~s de crédit** credit facilities *ou* terms; (*Comm*) **~s de paiement** easy terms.

(**e**) (*tendance*) tendency. **il a une certaine ~ à se mettre en colère** he has a tendency to lose his temper; **la ~ avec laquelle il se met en colère m'inquiète** his quick-temperedness worries me.

(**f**) (*littér: complaisance*) readiness. **il a une grande ~ à croire ce qu'on raconte/à se plier à une règle** he has a great readiness *ou* is very ready to believe what people tell him/to comply with a rule.

faciliter [fasilite] (1) *vt* (*gén*) to make easier, facilitate. **ça ne va pas ~ les choses** that's not going to make matters *ou* things (any) easier, that's not going to ease matters; **pour lui ~ sa mission/tâche** to make his mission/work easier, make the mission/work easier for him.

façon [fasɔ̃] *nf* (**a**) (*manière*) way. **voilà la ~ dont il procède** this is how *ou* the way he does it; **il s'y prend de** *ou* **d'une ~ curieuse** he sets about things in a peculiar way *ou* fashion (*frm*); **de quelle ~ est-ce arrivé?** how did it happen?; **il faut le faire de la ~ suivante** you must do it in the following way *ou* as follows; **je le ferai à ma ~** I shall do it my own way; **à la ~ d'un enfant** like a child, as a child would do; **sa ~ d'agir/de répondre** *etc* the way he behaves/answers *etc*, his way of behaving/answering *etc*; (*c'est une*) **~ de parler** it's a way of saying *ou* putting it; **je vais lui dire ma ~ de penser** (*point de vue*) I'll tell him what I think about it *ou* how I feel about it; (*colère*) I'll give him a piece of my mind, I'll tell him what I think about it; **c'est une ~ de voir (les choses)** it's one way of seeing things *ou* of looking at things; (*Prov*) **la ~ de donner vaut mieux que ce qu'on donne** it's the thought that counts.

(**b**) (*loc*) **rosser qn de (la) belle ~††** to give sb a sound thrashing; **d'une certaine ~, c'est vrai** it is true in a way *ou* in some ways; **d'une ~ générale** generally speaking, as a general rule; **de toute(s) ~(s)** in any case, at any rate, anyway; **de cette ~** (in) this way; **d'une ~ ou d'une autre** somehow or other, one way or another; **en aucune ~** in no way; **de quelque ~ qu'il s'y prenne** however *ou* no matter how he goes about it; **je vais lui jouer un tour de ma ~** I'm going to play a trick of my own on him; **un poème de ma ~** a poem written by me; **un plat de ma ~** a dish of my own making *ou* made by me; **de ~ à ne pas le déranger** so as not to disturb him; **de ~ à ce qu'il puisse regarder, de (telle) ~ qu'il puisse regarder** so that he can see.

(**c**) **sans ~:** **accepter sans ~** to accept without fuss; **il est sans ~** he is unaffected; **merci, sans ~** no thanks really *ou* honestly; **repas sans ~** simple *ou* unpretentious meal; **et sans plus de ~** and without further ado.

(**d**) **~s** manners, behaviour; **ses ~s me déplaisent profondément** I find his manners extremely unpleasant, I don't like his behaviour at all; **en voilà des ~s!** what sort of behaviour is this!, that's no way to behave!; **faire des ~s** (*minauderies*) to be affected; (*chichis*) to make a fuss.

(**e**) (*Couture*) [*robe*] cut, making-up (*Brit*). **robe d'une bonne ~†** well-cut dress; **payer la ~** to pay for the tailoring *ou* making-up (*Brit*); **travailler à ~** to (hand) tailor *ou* make up (*Brit*) customers' own material; **le travail à ~ est mal rémunéré** tailoring *ou* dress-making is badly paid.

(**f**) (*imitation*) **veste ~ daim/cuir** jacket in imitation suede/leather; **bijoux ~ antique** old-fashioned *ou* antique style jewellery; **gigot ~ chevreuil** leg of lamb cooked like *ou* done like venison.

(**g**) (†: *genre*) **une ~ de maître d'hôtel** a head waiter of sorts; **une ~ de roman** a novel of sorts.

(**h**) (*Agr*) **donner une ~ à la terre** to till the land.

faconde [fakɔ̃d] *nf* (*littér*) volubility, loquaciousness. **avoir de la ~** to be very voluble *ou* loquacious.

façonnage [fasɔnaʒ] *nm* (*V* **façonner**) shaping; fashioning; modelling; hewing; tilling; manufacturing; making; crafting; moulding; forming.

façonnement [fasɔnmɑ̃] *nm* [*esprits, caractère*] moulding, shaping, forming.

façonner [fasɔne] (1) *vt* (**a**) (*travailler*) (*gén*) to shape, fashion; *argile* to model, shape, fashion; *tronc d'arbre, bloc de pierre* to hew, shape; *terre, sol* to till.

(**b**) (*fabriquer*) *pièce, clef* (*industriellement*) to manufacture; (*artisanalement*) to make, craft; *chapeau, robe, statuette* to fashion, make.

(**c**) (*former*) *caractère, personne* to mould, shape, form. (*littér*) **~ qn à** *travail, violence* to train sb for.

façonnier, -ière [fasɔnje, jɛʀ] *adj* (*maniéré*) affected, over-refined. **elle est ~ière** she puts on airs and graces, she's affected.

fac-similé, pl fac-similés [faksimile] *nm* facsimile.

facteur [faktœʀ] *nm* (**a**) (*Poste*) postman (*Brit*), mailman (*US*); *V* **factrice.**

(**b**) (*élément, Math*) factor. **le ~ chance/prix** the chance/price factor; (*Math*) **mettre en ~s** to factorize; (*Math*) **mise en ~s** factorization; (*Méd*) **~ Rhésus** Rhesus *ou* Rh factor.

(**c**) (*fabricant*) **~ de pianos** piano maker; **~ d'orgues** organ builder.

factice [faktis] *adj marbre, beauté* artificial; *cuir, bijou* imitation (*épith*), artificial; *barbe* false; *bouteilles, articles exposés* dummy (*épith*); *enthousiasme, amabilité* false, artificial, feigned, sham.

tout semblait ∼, le marbre du sol et la civilité des employés everything seemed phoney* *ou* artificial, from the marble floor to the politeness of the employees; **ces livres sont ∼s** these books are dummies.

facticement [faktismɑ̃] *adv* artificially.

factieux, -euse [faksjø, øz] **1** *adj* factious, seditious. **2** *nm,f* seditionary.

faction [faksjɔ̃] *nf* **(a)** (*groupe factieux*) faction.
(b) (*garde*) [*sentinelle*] sentry (duty), guard (duty); [*soldat, guetteur*] guard (duty); (*fig*) [*personne qui attend*] long watch. **être de** *ou* **en ∼** [*soldat, guetteur*] to be on guard (duty), stand guard; [*sentinelle*] to be on guard (duty) *ou* (sentry) duty, stand guard; (*fig*) [*personne qui attend*] to keep *ou* stand watch; **mettre qn de ∼ to** put sb on guard (duty).

factionnaire [faksjɔnɛʀ] *nm* (*sentinelle, garde*) sentry *ou* guard (on duty).

factitif, -ive [faktitif, iv] *adj* (*Ling*) factitive, causative.

factoriel, -ielle [faktɔʀjɛl] **1** *adj* (*Math*) factorial. **analyse ∼le** factor analysis. **2 factorielle** *nf* (*Math*) factorial.

factotum [faktɔtɔm] *nm* (*homme à tout faire*) odd-job man, general handyman, (general) factotum (*hum*); (*péj: larbin*) (general) dogsbody (*Brit péj*).

factrice [faktʀis] *nf* (*Poste*) postwoman (*Brit*), mailwoman (*US*).

factuel, -elle [faktɥɛl] *adj* factual.

factum [faktɔm] *nm* (*littér*) lampoon.

facturation [faktyʀasjɔ̃] *nf* (*opération*) invoicing; (*bureau*) invoice office.

facture [faktyʀ] *nf* **(a)** (*note*) (*gén*) bill; (*Comm*) invoice. (*Écon*) **notre ∼ pétrolière** the nation's oil bill.
(b) (*manière, style*) [*œuvre d'art*] construction; [*artiste*] technique. **poème de ∼ délicate/gauche** sensitively/awkwardly constructed poem; **meubles de bonne ∼** well-made furniture, furniture of good workmanship.
(c) (*Tech*) [*piano, orgue etc*] making.

facturer [faktyʀe] (1) *vt* (*établir une facture pour*) to invoice; (*compter*) to charge (for), put on the bill, include in the bill. **∼ qch 20 F (à qn)** to charge *ou* bill (sb) 20 francs for sth; **ils ont oublié de ∼ l'emballage** they've forgotten to charge for the packing, they've forgotten to include the packing in the bill.

facturier [faktyʀje] *nm* (*registre*) invoice register; (*employé*) invoice clerk.

facturière [faktyʀjɛʀ] *nf* invoice clerkess *ou* clerk.

facultatif, -ive [fakyltatif, iv] *adj travail, examen, cours* optional; *halte, arrêt* request (*épith*). **matière ∼ive** optional subject, elective (subject) (*US*).

facultativement [fakyltativmɑ̃] *adv* optionally.

faculté [fakylte] *nf* **(a)** (*Univ*) faculty. **la ∼ des Lettres/de Médecine** the Faculty of Arts/Medicine, the Arts/Medical Faculty (*Brit*), the School *ou* College of Arts/Medicine (*US*); (*Can*) **F∼ des Arts/Sciences** Faculty of Arts/Science; (*Québec*) **F∼ des études supérieures** graduate and postgraduate studies; (*arg Univ: université*) **quand j'étais en ∼** *ou* **à la ∼** when I was at university *ou* college *ou* school (*US*); **professeur de ∼** university lecturer (*Brit*), professor (*US*); (*hum*) **la F∼ me défend le tabac** I'm not allowed to smoke on doctor's orders; **il osait s'attaquer à la F∼** he dared to attack the medical profession.
(b) (*don*) faculty; (*pouvoir*) power; (*propriété*) property. **avoir une grande ∼ de concentration** to have great powers of concentration *ou* a great faculty for concentration; **avoir une grande ∼ de mémoire** to have great powers of memory; **avoir la ∼ de marcher/de la préhension** to have the ability to walk/grasp *ou* power of walking/of grasping; (*pl: aptitudes intellectuelles*) **∼s** faculties; **ce problème dépasse mes ∼s** this problem is beyond my powers; **jouir de** *ou* **avoir toutes ses ∼s** to be in (full) possession of all one's faculties.
(c) (*droit*) right, option; (*possibilité*) power, freedom, possibility. **le propriétaire a la ∼ de vendre son bien** the owner has the right to sell *ou* the option of selling his property; **je te laisse la ∼ de choisir** I'll give you the freedom to choose *ou* the possibility *ou* option of choosing; (*frm*) **le Premier ministre a la ∼ de révoquer certains fonctionnaires** the Prime Minister has the faculty *ou* power of dismissing certain civil servants; (*Jur, Fin, Comm*) **l'acheteur aura la ∼ de décider** the buyer shall have the option to decide.

fada [fada] **1** *adj* (*dial: fou*) cracked*, crackers* (*attrib*), barmy* (*Brit*). **2** *nm* crackpot*.

fadaise [fadɛz] *nf* (*littér: gén pl*) (*bagatelle*) trifle. (*platitude*) **dire des ∼s** to mouth insipid, empty phrases.

fadasse [fadas] *adj* (*péj*) *plat, boisson* tasteless, insipid; *couleur, style, propos* wishy-washy, insipid.

fade [fad] *adj soupe, cuisine* tasteless, insipid; *goût* insipid, flat, bland; *lumière, teinte* dull; *compliment, plaisanterie* tame, insipid; *décor, visage, individu* insipid, dull; *conversation, style* insipid, vapid; *politesses, amabilité* insipid, conventional. **l'odeur ∼ du sang** the sickly smell of blood; **la beauté ∼ de certaines blondes** the insipid beauty of some blondes.

fadé, e‡ [fade] *adj* (*iro*) first-class, priceless, sensational (*iro*). **il est drôlement ∼** he's a prize specimen*.

fadeur [fadœʀ] *nf* **(a)** (*V fade*) tastelessness; insipidness; flatness; blandness; dullness; tameness; vapidness, vapidity; conventionality; sickliness.
(b) (*platitudes*) **∼s** sweet nothings, insipid *ou* bland compliments; **dire des ∼s à une dame** to say sweet nothings to *ou* pay insipid *ou* bland compliments to a lady.

fading [fadiŋ] *nm* (*Rad*) fading.

faf [faf] *adj, nmf* (*abrév de* **fasciste**) (*péj*) fascist.

fafiots‡† [fafjo] *nmpl* (*billets*) (bank)notes.

fagot [fago] *nm* bundle of sticks *ou* firewood; *V* **derrière, sentir**.

fagoter [fagɔte] (1) **1** *vt* (*péj: accoutrer*) *enfant* to dress up, rig out*. **il est drôlement fagoté** (*déguisé*) he's wearing a peculiar getup* *ou* rig-out*; (*mal habillé*) he's really oddly dressed. **2 se fagoter** *vpr* to rig o.s. out*, dress o.s. (*en as a*).

Fahrenheit [faʀənajt] *adj, nm* Fahrenheit. **32 degrés ∼** 32 degrees Fahrenheit.

faiblard, e* [fɛblaʀ, aʀd(ə)] **1** *adj* (*péj*) (*gén*) weak; *élève, personne* (*en classe*) weak, on the slow *ou* weak side (*attrib*); (*physiquement*) (rather) weakly; *argument, démonstration* feeble, weak, on the weak side (*attrib*). **2** *nm,f* weakling.

faible [fɛbl(ə)] **1** *adj* **(a)** (*gén*) *personne, esprit, support, pays* weak; *monnaie* weak, soft. **je me sens encore très ∼ (des jambes)** I still feel very weak *ou* shaky (on my legs); **être ∼ du cœur/des jambes** to have a weak heart/weak legs; **avoir la vue ∼** *ou* **les yeux ∼s** to have weak *ou* poor eyesight, have weak eyes; (*hum, iro*) **une ∼ femme** one of the weaker sex; **il est trop ∼ avec elle/ses élèves** he is too soft with her/with his pupils; **il est ∼ de caractère** he has a weak character; *V* **économiquement, sexe**.
(b) (*maigre*) (*Écon*) *rendement, revenu* low, poor; *demande* light, slack, low, poor; *intensité* low; *résistance, protestation* mild, weak; *somme* low, small; *quantité* small, slight; *écart, différence* slight, small; *espoir* faint, slight, slender; *avantage* slight. **il a de ∼s chances de s'en tirer** (*optimiste*) he has a slight chance of pulling through; (*pessimiste*) his chances of pulling through are slight *ou* slim, he has a poor chance of pulling through; **vous n'avez qu'une ∼ idée de sa puissance** you have only a slight *ou* faint idea *ou* the merest inkling of his power; **à une ∼ hauteur** at low height, not very high up; **à une ∼ profondeur** not far below the surface, (at) a slight depth beneath the surface; (*Pol*) **à une ∼ majorité** by a narrow *ou* slight majority; (*Naut*) **navire de ∼ tirant d'eau** ship with a shallow draught.
(c) *voix, pouls* weak, faint, feeble; *lumière* dim, weak, faint, feeble; *bruit, odeur* faint, slight; *vent* light, faint; *café* weak. (*Mét*) **vent ∼ à modéré** wind light to moderate; **∼ en alcool** low in alcoholic content *ou* in alcohol; **de ∼ teneur en sucre/cuivre** of low sugar/copper content.
(d) (*médiocre*) *élève* weak, slow; *expression, devoir, style* weak, poor; *raisonnement, argument* weak, poor, feeble, lame. **il est ∼ en français** he's weak *ou* poor at *ou* in French; **c'est un escroc, et le terme est ∼** he's a crook, and that's putting it mildly *ou* and that's an understatement; **le côté ∼ de ce raisonnement** the weak side of this argument; *V* **esprit, point¹, temps¹**.
2 *nm* **(a)** (*sans défense*) **les ∼s et les opprimés** the weak *ou* feeble and the oppressed.
(b) (*sans volonté*) weakling. **c'est un ∼, elle en fait ce qu'elle veut** he's a weakling — she does what she wants with him.
(c) (*littér*) (*déficience*) weak point. **le ∼ de ce livre, ce sont les dialogues** the dialogues are the weak point in this book; **le ∼ chez moi, c'est la mémoire** my weak point is my memory.
(d) (*penchant*) weakness, partiality. **il a un ∼ pour le chocolat** he has a weakness *ou* a partiality for chocolate; **il a un ∼ pour sa fille** he has a soft spot for his daughter.
3: faible d'esprit (*adj*) feeble-minded; (*nmf*) feeble-minded person.

faiblement [fɛbləmɑ̃] *adv* (*V* **faible**) weakly; mildly; faintly; feebly; dimly; slightly; lightly. **le vent soufflait ∼ vers la terre** the wind blew lightly landwards, a light wind blew landwards; (*Écon*) **la demande reprend ∼** demand is picking up slightly; **∼ alcoolisé/gazéifié** slightly alcoholic/gaseous.

faiblesse [fɛblɛs] *nf* **(a)** (*U: V* **faible**) weakness; mildness; faintness; feebleness; dimness; lightness. **la ∼ de la demande** the light *ou* slack *ou* low *ou* poor demand; **la ∼ du revenu** the low *ou* poor income, the smallness of the income; **à l'égard de qn** softness *ou* weakness towards sb; **sa ∼ de constitution** his weak *ou* frail constitution, the weakness *ou* frailty of his constitution; **sa ∼ de caractère** his weak character, his weakness of character; **∼ d'esprit** feeble-mindedness; **avoir la ∼ d'accepter** to be weak enough to accept.
(b) (*syncope*) sudden weakness, dizzy spell; (*défaillance coupable*) (*moment's*) weakness; (*insuffisance, préférence*) weakness. **il a une ∼ dans le bras gauche** he has a weakness in his left arm; **chacun a ses petites ∼s** we all have our little foibles *ou* weaknesses *ou* failings.

faiblir [feblir] (2) *vi* **(a)** [*malade, branche*] to get weaker, weaken; [*cœur, vue, intelligence*] to fail; [*forces, courage*] to fail, flag, give out; [*influence*] to wane, fall off; [*résolution, autorité*] to weaken, **elle a faibli à la vue du sang/à sa vue** she felt weak *ou* faint when she saw the blood/at the sight of him; **il a faibli devant leurs prières** he weakened *ou* relented in the face of their pleas; **pièce qui faiblit au 3e acte** play that falls off *ou* weakens in the 3rd act; (*Mil*) **la première ligne a faibli sous le choc** the front line weakened under the impact.
(b) [*voix*] to weaken, get weaker *ou* fainter; [*bruit, protestation*] to die out *ou* down; [*lumière*] to get dim, get dimmer *ou* fainter; [*pouls*] to weaken, fail; [*vent*] to slacken, abate, drop; [*rendement*] to slacken (off); [*intensité, espoir*] to diminish; [*résistance, demande*] to weaken, slacken; [*chances*] to weaken, run out. **l'écart faiblit entre eux** the gap is closing *ou* narrowing between them.

faïence [fajɑ̃s] *nf* (*substance*) (glazed) earthenware; (*objets*) crockery (*U*), earthenware (*U*); (*vase, objet*) piece of earthenware, earthenware (*U*). **assiette en/carreau de ∼** earthenware plate/tile; **∼ de Delft** delft, delftware; *V* **chien**.

faïencerie [fajɑ̃sʀi] *nf* earthenware factory.

faignant, e [fɛɲɑ̃, ɑ̃t] = **fainéant**.

faille¹ [faj] *nf* (*Géol*) fault; (*fig*) (*point faible*) flaw, weakness;

(*cassure*) rift. **il y a une ~ dans votre raisonnement** there's a flaw in your argument; **ce qui a causé une ~ dans leur amitié ... what** caused a rift in their friendship ... **ou** a rift between them ...; *V* **ligne¹**.

faille² [faj] *V* **falloir.**
failli¹ [faji] *ptp de* **faillir.**
failli², e [faji] *adj, nm, f* (*Comm*) bankrupt.
faillibilité [fajibilite] *nf* fallibility.
faillible [fajibl(ə)] *adj* fallible.
faillir [fajiʀ] *vi* **(a)** (*manquer*) **j'ai failli tomber/réussir** I almost *ou* very nearly fell/succeeded, I all but fell/succeeded; **j'ai bien failli me laisser tenter** I almost *ou* very nearly let myself be tempted; **il a failli se faire écraser** he almost *ou* very nearly got run over, he narrowly missed getting run over.
   (b) (*frm: manquer à*) **~ à engagement, devoir** to fail in; *promesse, parole* to fail to keep; **son cœur/courage lui faillit†** his heart/ courage failed him; **il résista jusqu'au bout sans ~** he resisted unfailingly *ou* unflinchingly to the end.
   (c) (†: *fauter*) to lapse.
faillite [fajit] **1** *nf* (a) (*Comm*) bankruptcy.
   (b) (*fig: échec*) [*espoir, tentative, méthode, gouvernement*] collapse, failure. **la ~ du gouvernement en matière économique** the government's failure on the economic front.
   (c) (*loc*) **être en ~** (*Comm*) to be bankrupt *ou* in a state of bankruptcy; (*fig*) to be in a state of collapse; **faire ~** (*Comm*) to go bankrupt; (*fig*) to collapse; **déclarer/mettre qn en ~** to declare/ make sb bankrupt.
   2: faillite frauduleuse fraudulent bankruptcy; **faillite simple** bankruptcy.
faim [fɛ̃] *nf* hunger. **avoir (très) ~** to be (very) hungry; **manger sans ~** (*sans besoin réel*) to eat for the sake of eating; (*sans appétit*) to pick at one's food, toy with one's food; **ça m'a donné ~** it made me hungry; **manger à sa ~** to eat one's fill; (*fig*) **avoir ~ de** *honneur, tendresse, justice* to hunger for, crave (for); **sa ~ de** *richesses/d'absolu* his yearning for wealth/the absolute; **j'ai une ~ de loup** *ou* **une ~ canine** I'm ravenous *ou* famished, I could eat a horse; (*Prov*) **la ~ fait sortir** *ou* **chasse le loup du bois** hunger will drive him out; *V* **crever, mourir, rester** *etc*.
faîne [fɛn] *nf* beechnut.
fainéant, e [feneɑ̃, ɑ̃t] **1** *adj* lazy, idle, bone idle; *V* **roi. 2** *nm, f* idler, loafer, lazybones.
fainéanter [feneɑ̃te] (1) *vi* to idle *ou* loaf about.
fainéantise [feneɑ̃tiz] *nf* laziness, idleness.
faire [fɛʀ] (60) **1** *vt* **(a)** (*fabriquer*) *meuble, voiture, confiture, vin* to make; *mur, maison, nid* to build; *pain, gâteau* to make, bake. **cette école fait de bons ingénieurs*** this school turns out* *ou* produces good engineers.
   (b) (*être l'auteur de*) *faute, déclaration, promesse, offre* to make; *discours, film* to make; *liste* to make, draw up; *chèque* to make out, write; *conférence, cours, réception* to give; *livre, dissertation* to write, produce; *tableau* to paint; *dessin, carte* to draw; *compliment, visite* to pay; *faveur* to do; *farce, tour* to play. **il lui a fait 3 enfants*** he got her pregnant 3 times*, she had 3 children by him.
   (c) (*avoir une activité, une occupation*) *bonne action, travail, jardinage, service militaire* to do; *tennis, rugby* to play. **que faites-vous dans la vie?, quel métier faites-vous?** what do you do (for a living)?, what is your job?, what job do you do?; **qu'est-ce que tu fais ce soir?** what are you doing tonight?; **j'ai beaucoup/je n'ai rien à ~** I have a lot/nothing to do; **ils sont en retard, qu'est-ce qu'ils peuvent bien ~?** they are late — what on earth are they doing? *ou* are they up to?*; **~ du théâtre** (*professionnel*) to be on the stage, be an actor; (*amateur*) to do a bit of acting; **il ne fait pas de sport** he doesn't do any sport, he doesn't take part in any sport; **~ de la voiture** to drive, go driving; **il fait beaucoup de voiture/ de bicyclette** he does a lot of driving/cycling; **~ du tricot** to knit; **~ un peu de tricot/de couture** to do a bit of knitting/sewing; **~ de la photographie** to go in for *ou* do photography; **~ du bricolage** to do odd jobs.
   (d) (*étudier*) *examen* to do, take; (*Scol**) *roman, comédie* to do. **~ des études** to study; **~ du** *ou* **son droit/sa médecine** to do *ou* study law/medicine; **~ de la recherche** to do research; **~ du français** to study *ou* do *ou* take French, be learning French; **~ du piano/du violon** to play *ou* learn the piano/violin; **va ~ ton piano*** go and practise your piano, go and do your piano practice; **~ l'école hôtelière/navale** to be *ou* study at catering school/naval college.
   (e) (*préparer*) *repas* to make, cook, prepare; *soupe, sauce, dessert* to make; *salade* to prepare. **~ du thé/du café** to make (some) tea/(some) coffee; **elle fait un rôti/du lapin** she is doing *ou* cooking a roast/a rabbit.
   (f) (*mettre en ordre, nettoyer*) *lit* to make; *pièce* to clean, do; *argenterie* to polish, clean, do; *chaussures* to clean, do, polish; *valise* to pack. **~ le ménage** to do the housework, clean the house; **~ les carreaux** to clean the windows; **~ le jardin** to do the gardening; **~ la vaisselle** to do the dishes, do the washing-up (*Brit*), wash up (*Brit*).
   (g) (*accomplir une action*) *match* to play; *compte, problème* to do; *projet* to make; *rêve, chute, sieste* to have; *geste* to make; *pas, bond* to take; *sourire, sursaut, secousse* to give. **~ un voyage** to go on a journey, take a trip; **~ une promenade** to go for *ou* take a walk; **~ une réparation** to do a repair (job) (*à on*); **~ un tournoi** [*participant*] to go in for *ou* enter *ou* play in a tournament; [*organisateur*] to organize a tournament; **~ une coupe/un shampooing à qn** to cut/shampoo sb's hair; **~ de l'essence** to fill up with petrol; **~ de l'eau** [*train, bateau*] to take on water; **~ la vidange** to change the oil; **je vais ~ le plein** I'm going to fill it up; **~ de l'herbe pour** (*nourrir*) **les lapins** to cut grass for the rabbits.
   (h) (*Méd*) *diabète, tension* to have, suffer from; *grippe* to get,

come *ou* go (*Brit*) down with. **~ de la fièvre** to have *ou* run a temperature; **~ des complexes** to have a complex, have hang-ups*; **~ une dépression nerveuse** to have a nervous breakdown.
   (i) (*besoins naturels*) **~ ses (petits) besoins** [*personne*] to go to the toilet; [*animal*] to make a mess; **le chat a fait (ses ordures** *ou* **ses saletés** *ou* **sa crotte) dans la cuisine** the cat has made a mess in the kitchen; (*langage enfantin*) **~ pipi** to go and spend a penny* (*Brit*), go to the john* (*US*), do a wee-wee* (*Brit*); **~ caca** to do a pooh (*langage enfantin*).
   (j) (*parcourir, visiter*) to do. **~ un long trajet** to travel a long way, have a long journey; **~ 10 km** to do *ou* cover 10 km; **~ (une moyenne de) 100 km/h, ~ du cent** to do *ou* average 100 km/h; **~ Rome/la Grèce en 2 jours** to do Rome/Greece in 2 days; **~ Lyon-Paris en 5 heures** to get from Lyons to Paris in 5 hours; **~ tous les magasins pour trouver qch** to do all *ou* comb the stores *ou* try every store in search of sth; **il a fait toute la ville pour trouver ...** he has been all over *ou* he has combed the town looking for ...; **~ les bistros/les boîtes de nuit** to do the round of the cafés/night clubs; **commerçant qui fait les foires** tradesman who does *ou* goes the round of the markets.
   (k) (*Comm*) *l'épicerie, les légumes* to sell, deal in; (*Agr*) *blé, betteraves* to grow, produce. **~ le gros/le détail** to be a wholesale dealer/a retailer, be in the wholesale/retail trade; **nous ne faisons pas les boutons/cette marque** we do not stock *ou* carry *ou* keep buttons/this make; **cet hôtel fait aussi restaurant** this hotel is also run as a restaurant.
   (l) (*mesurer, peser, coûter*) **cette cuisine fait 6 mètres de large sur 3 de long** this kitchen is 6 metres wide by 3 metres long; **il fait 23 degrés** it is 23 degrees; **ce rôti fait bien 3 kg** this joint weighs a good 3 kg; **ça fait encore loin jusqu'à Paris** it is still quite a long way *ou* quite far to Paris; **combien fait cette chaise?** how much is this chair?; **cette table fera un bon prix** this table will go for *ou* will fetch a high price; **je vous fais ce fauteuil 100 F** I'll let you have *ou* I'll give you this armchair for 100 francs; **ça nous fera 1.000 F** (*dépense*) that will cost us 1,000 francs; (*gain*) that will give *ou* bring us 1,000 francs.
   (m) (*imiter l'apparence de*) **~ le malade/le mort** to feign *ou* sham illness/death; **~ le sourd** *ou* **la sourde oreille/le timide** to feign deafness/shyness, pretend to be deaf/shy; **~ l'innocent/la bête** to play *ou* act the innocent/the fool; **~ le dictateur** to act the dictator; **~ l'imbécile** *ou* **le pitre** to play *ou* act the fool; **ne fais pas l'enfant/l'idiot** don't be so childish/so stupid, don't behave so childishly/so stupidly.
   (n) (*tenir un rôle, faire fonction de*) (*Théât*) to play the part of, be. **il fait le fantôme dans 'Hamlet'** he plays (the part of) the ghost in 'Hamlet'; **~ le Père Noël** to be Father Christmas (*Brit*) *ou* Santa Claus; **leur fils fait le jardinier pendant les vacances** their son's being the gardener *ou* acting as gardener during the holidays; **quel idiot je fais!** what a fool I am! *ou* I look!; **ils font un beau couple** they make a fine couple.
   (o) (*transformer*) to make. **la vie a fait de lui un aigri** life has made him *ou* turned him into a bitter man, life has embittered him; **il a fait d'une grange une demeure agréable** he has transformed *ou* turned *ou* made a barn into a comfortable home; **elle a fait de son neveu son héritier** she made her nephew her heir; **il veut en ~ un avocat** he wants to make a lawyer of him, he wants him to be a lawyer; **se ~ moine/marin** to become a monk/a sailor.
   (p) (*représenter*) **on le fait plus riche qu'il n'est** he's made out *ou* people make him out to be richer than he is; **ne faites pas les choses plus sombres qu'elles ne sont** don't paint things blacker *ou* don't make things out to be worse than they are.
   (q) (*causer, avoir un effet sur*) **~ du bien/du mal à ... to do** good/harm to ...; **~ du chagrin** *ou* **de la peine à qn** to cause grief to sb, make sb unhappy; **~ le malheur/le bonheur de qn** to make sb very unhappy/happy; **~ la joie de qn** to delight sb; **cela fait la richesse du pays** that's what makes the country rich; **qu'est-ce que cela peut bien te ~?** what does it matter to you?, what difference can it possibly make to you?; **qu'est-ce que ça fait?*** so what?*; **la mort de son père ne lui a rien fait** his father's death didn't affect him, he was unaffected by his father's death; **cela ne vous ferait rien de sortir?** would you mind going out?; **~ des piqûres/rayons à qn** to give sb injections/X-rays; **qu'est-ce qu'on lui fait à l'hôpital?** what are they doing to him in hospital?; **qu'est-ce qu'on t'a donc fait!** whatever have they done to you!; **ils ne peuvent rien me faire** they can't do anything to me, they can't hurt me; **ça ne fait rien** it doesn't matter, it's of no importance; **l'épidémie a fait 10 victimes** the epidemic has claimed 10 victims *ou* lives.
   (r) (*servir de*) to serve as, be used as, do duty as. **la cuisine fait salle à manger** the kitchen serves *ou* is used as a dining room.
   (s) **qu'avez-vous fait de votre sac/de vos enfants?** what have you done with *ou* where have you left your bag/your children?; **qu'ai-je bien pu ~ de mes lunettes?** where on earth have I put *ou* left my glasses?
   (t) (*dans un calcul*) **24 en tout, ce qui en fait 2 chacun** 24 altogether, which gives *ou* makes 2 each; (*addition*) **deux et deux font quatre** two and two make *ou* are four; **cela fait combien en tout?** how much does that make altogether?
   (u) (*loc*) **pour ce qu'on en fait!** for all that we (*ou* you *etc*) do with it!, for all the good it is to us (*ou* you *etc*)!; **n'en faites rien** do nothing of the sort; **n'avoir que ~ de** to have no need of; **~ tant (et si bien) que** to finish *ou* end up by; **ne ~ que** (*faire constamment*): **ne ~ que de protester** to keep on and on *ou* be constantly *ou* continually protesting; **il ne fait que bavarder** he won't stop chattering, he does nothing but chatter; **je ne fais que d'arriver** I've only just come; **je ne fais que dire la vérité** I'm only telling the truth *ou* saying what's true; **je ne fais que passer** I am just passing

by; la ~ à qn au sentiment* to take sb in by appealing to his emotions.

  2 *vi* (a) (*agir, procéder*) to act, do. ~ vite to act quickly; **faites vite!** be quick about it!, make it quick!; **il a bien fait** he did the right thing; **il a bien fait de partir** he was quite right *ou* he did right to go; **tu as mal fait** you behaved badly; ~ **de son mieux** to do one's best; **on ferait bien/mieux de le prévenir** it would be a good/better idea *ou* safer/much safer to warn him; **ça commence à bien ~***! this has gone on quite long enough!, this is getting beyond a joke!; **faites comme vous voulez** do as you please, please yourself; **faites comme chez vous** make yourself at home; **que voulez-vous qu'on y fasse?** what do you expect us to do (about it)?; **il n'y a rien à faire** (*gén*) there's nothing we can do, there's nothing to be done; (*c'est inutile*) it's useless *ou* hopeless; **il sait y ~** he's good at getting things his own way; **pour bien ~ il faudrait partir maintenant** the best thing would be to leave now.

  (b) (*dire*) to say. **vraiment? fit-il** really? he said; **il fit un 'ah' de surprise** he gave a surprised 'ah'; **le chat fait miaou** the cat goes *ou* says miaow.

  (c) (*durer*) **ce chapeau (me) fera encore un hiver** this hat will last me *ou* will do me another winter.

  (d) (*paraître*) to look. **ce vase fait bien sur la table** the vase looks nice on the table; (*fig*) **cela fait mal dans le tableau**!* it looks pretty bad*, it doesn't quite fit the picture; ~ **vieux/jeune** to look old/young (for one's age); **elle fait très femme** she's very womanly(-looking) *ou* grown-up looking for her age.

  (e) (*gén au futur: devenir*) to make; (*personne*) to make, have the makings of. **cette branche fera une belle canne** this branch will make a fine walking stick; **cet enfant fera un bon musicien** this child has the makings of *ou* will make a good musician; **il veut ~ médecin** he wants to be a doctor.

  (f) (*besoins naturels*) to go. **as-tu fait ce matin?** have you been this morning?; ~ **dans sa culotte** (*lit*) to dirty one's pants; (*: *avoir peur*) to wet one's pants*, be scared stiff.

  3 *vb impers* (a) **il fait jour/nuit/clair/sombre** it is daylight/dark/light/dull; **il fera beau demain** it *ou* the weather will be fine tomorrow, tomorrow will be fine; **il fait du soleil** the sun is shining, it is sunny; **il fait lourd** it *ou* the weather is close *ou* thundery; **il fait faim/soif*** we are hungry/thirsty.

  (b) (*exprimant le temps écoulé*) **cela fait 2 ans/très longtemps que je ne l'ai pas vu** it is 2 years/a very long time since I last saw him, I haven't seen him for 2 years/for a very long time; **ça fait 3 ans qu'il est parti** it's 3 years since he left, he left 3 years ago, he's been gone 3 years.

  (c) **il fait bon** + *infin* it is nice *ou* pleasant; **il fait bon se promener** it is nice *ou* pleasant to go for a walk; **il ne fait pas bon le contredire** it is unwise to *ou* it's better not to contradict him; **il fait bon vivre** life is good.

  (d) (*) **cela fait que nous devons partir** the result is that we must leave, as a result *ou* so we must leave.

  4 *vb substitut* to do. **ne manquez pas le train comme nous l'avons fait** don't miss the train as we did; **il travaille mieux que je ne fais** he works better than I do; **as-tu payé la note? — non, c'est lui qui l'a fait** did you pay the bill? — no, he did; **puis-je téléphoner? — faites, je vous en prie** may I phone? — (yes) please do *ou* (yes) by all means.

  5 se faire *vpr* (a) **se ~ les ongles** to do one's nails; **se ~ une robe** to make o.s. a dress; **il se fait sa cuisine** he does his own cooking; **il se fait 8.000 F par mois** he earns *ou* makes 8,000 francs a month; **il s'est fait beaucoup d'amis/d'ennemis** he has made himself a great many friends/enemies; **se ~ une fille**‡ to have* *ou* pull‡ a girl.

  (b) **se ~ une idée** to get some idea; **se ~ des idées** to imagine things, have illusions; **s'en ~** to worry; **il ne s'en fait pas** he does not worry, he is not the worrying type; (*excl*) he's got a nerve!; *V* **bile, raison** *etc*.

  (c) (*se former*) [*fromage*] to ripen, mature; [*vin*] to mature. (*fig*) **il s'est fait tout seul** he is a self-made man.

  (d) (+ *attribut: devenir*) to become, get. **se ~ vieux** to be getting old; **il se faisait tard** it was getting late; (*littér*) **il se fit violent sous l'insulte** he turned *ou* became violently angry at the insult; **ça ne se fera pas** it won't happen.

  (e) (+ *adj: devenir volontairement*) **se ~ beau** to make o.s. beautiful; **se ~ tout petit** to make o.s. small.

  (f) **se ~ à** to become used to, get used to; **il ne peut pas se ~ au climat** he can't get used to the climate; **il faut se le ~**!‡ (*travail*) it's a hell of a chore!*, it's really heavy-going!‡; (*personne*) he's a real pain in the neck*.

  (g) **cela ne se fait pas** it's not done; **les jupes longues se font beaucoup cette année** long skirts are in this year *ou* are being worn a lot this year.

  (h) (*impers*) **il peut/il pourrait se ~ qu'il pleuve** it may/it might (well) rain; **comment se fait-il qu'il soit absent?** how is it (that) he is absent?, how does he happen to be absent?, how come he's absent?*

  (i) **se ~ mal** to hurt o.s.; **se ~ peur** to give o.s. a fright.

  (j) **se ~** +*infin*: **elle s'est fait opérer** she was operated on, she had an operation; **tu vas te ~ gronder** you'll get yourself into trouble *ou* told off*; **il s'est fait remettre le document** he had the document handed over to him; **il s'est fait ouvrir par le voisin** he got the neighbour to let him in; **fais-toi vite vomir: c'est du poison** quick, make yourself vomit *ou* be sick — it's poisonous; **elle s'en est fait montrer le fonctionnement** she had a demonstration of *ou* she was shown how it worked.

  6 *vb aux* + *infin* (a) (*être la cause de*) **la pluie fait pousser l'herbe** the rain makes the grass grow; **mon voisin fait pousser des dahlias** my neighbour grows dahlias; **j'ai fait démarrer la**

voiture I made the car start, I got the car going *ou* started; **elle a fait lire les enfants** she made the children read, she got the children to read; **elle a fait opérer sa fille** she had her daughter operated on; **il lui a fait lire Stendhal** he made him read Stendhal; **il lui a fait boire un grog** he gave him some grog to drink.

  (b) (*aider à*) ~ **traverser la rue à un aveugle** to help a blind man across the road; ~ **faire ses devoirs à un enfant** to help a child with his homework, see that a child does his homework; ~ **manger un invalide** to (help to) feed an invalid; **on a dû les ~ sortir par la fenêtre** they had to help *ou* get them out through the window.

  (c) (*inviter à*) ~ **entrer/monter qn** to show *ou* ask sb in/up(stairs); ~ **venir employé** to send for; ~ **docteur** to send for, fetch.

  (d) (*donner une tâche à exécuter*) ~ **faire qch par qn** to have sth done *ou* made by sb; ~ **faire qch à qn** to have sb do *ou* make sth; (*se*) ~ **faire une robe** to have a dress made; ~ **réparer une voiture/une montre** to have a car/a watch repaired; ~ **faire la vaisselle à qn** to have sb do *ou* get sb to do the dishes.

  (e) (*laisser*) ~ **entrer/sortir le chien** to let the dog in/out; **faites entrer le public** let the public in; **elle a fait tomber une tasse** she dropped a cup.

  (f) (*forcer*) to make. **il lui a fait ouvrir le coffre-fort** he made him open *ou* forced him to open the safe.

  7: faire-part *nm inv* announcement (of a birth *ou* marriage *ou* death *etc*); **faire-part de mariage** wedding announcement, ≃ wedding invitation; **faire-valoir** *nm inv* (*Agr*) exploitation, farming, working (of land); (*personne*) foil; **faire-valoir direct/indirect** farming by the owner/tenant.

fair-play [fɛʀplɛ] **1** *nm inv* fair play. **2** *adj*: **être ~** to play fair; **c'est un joueur ~** he plays fair.

faisabilité [fəzabilite] *nf* feasibility. **étude de ~** feasibility study.

faisable [fəzabl(ə)] *adj* feasible. **est-ce ~ en 2 jours?** can it be done in 2 days?; **est-ce ~ à pied?** can it be done on foot?, is it quite feasible on foot?

faisan [fəzɑ̃] *nm* (a) (*oiseau*) (*gén*) pheasant; (*mâle*) cock pheasant. ~ **doré** golden pheasant; *V* **faisane**. (b) (†: *escroc*) shark.

faisandé, e [fəzɑ̃de] (*ptp de* **faisander**) *adj* (a) (*Culin*) *gibier, goût* high. **je n'aime pas le ~** I don't like high game; **viande trop ~e** meat which has hung for too long.

  (b) (*péj*) *littérature, société* corrupt, decadent; *milieux* crooked.

faisandeau, *pl* ~x [fəzɑ̃do] *nm* young pheasant.

faisander [fəzɑ̃de] (1) *vt* (*Culin*) (*faire ou* laisser) ~ to hang.

faisanderie [fəzɑ̃dʀi] *nf* pheasantry.

faisandier [fəzɑ̃dje] *nm* pheasant breeder.

faisane [fəzan] *nf, adj f*: (*poule*) ~ hen pheasant.

faisceau, *pl* ~x [fɛso] **1** *nm* (a) (*fagot*) bundle. (*réseau*) ~ **de preuves/faits** body *ou* network of proofs/facts; **nouer en ~x** to tie in a bundle; **nouer en ~x** to tie into bundles.

  (b) (*Mil*) ~x (*d'armes*) stack (of arms); **mettre en ~x** *fusils* to stack; **former/rompre les ~x** to stack/unstack arms.

  (c) (*rayons*) beam. **le ~ de sa lampe** the beam of his torch; ~ **convergent/divergent** convergent/divergent beam.

  (d) (*Antiq, Hist*) ~x fasces.

  2: faisceau d'électrons electron beam; **faisceau hertzien** electro-magnetic wave; **faisceau lumineux** beam of light; **faisceau musculaire/nerveux** fasciculus *ou* fascicule of muscle/nerve fibres.

faiseur, -euse [fəzœʀ, øz] **1** *nm, f*: ~ **de**† *monuments, meubles* maker of; (*hum, péj*) *romans, tableaux, opéras* producer of.

  2 *nm* (†) (*péj: hâbleur*) show-off; (*escroc*) shark. (*frm: tailleur*) (**bon**) ~ good tailor.

  3: faiseuse d'anges backstreet abortionist; (*péj*) **faiseur de bons mots** punster, wag; **faiseur d'embarras** fusspot; (*péj*) **faiseur d'intrigues** schemer; (*péj*) **faiseur de littérature** scribbler; (*péj*) **faiseur** *m*, **-euse** *f* **de mariages** matchmaker; (*péj*) **faiseur de miracles** miracle-worker; (*péj*) **faiseur de phrases** speechifier; (*péj*) **faiseur de projets** schemer; (*péj*) **faiseur de vers** poetaster (*péj*), versifier.

fait[1] [fɛ] **1** *nm* (a) (*événement*) event, occurrence; (*donnée*) fact; (*phénomène*) phenomenon. **il s'agit d'un ~ courant/rare** this is a common/rare occurrence *ou* event; **aucun ~ nouveau n'est survenu** no new development has taken place, no new fact has come to light; **il me faut des ~s concrets** I must have concrete facts *ou* evidence; (*Jur*) **reconnaissez-vous les ~s?** do you accept the facts?; (*Jur*) **les ~s qui lui sont reprochés** the charges against him; **ces ~s remontent à 3 ans** these events go back 3 years; **il s'est produit un ~ curieux** a strange thing has happened; **s'incliner devant les ~s** to bow to (the) facts; *V* **erreur, point**[1].

  (b) (*acte*) **le ~ de manger/bouger** the fact of eating/moving, eating/moving; (*Jur, Mil*) **être puni pour ~ d'insoumission** to be punished for (an act of) insubordination; *V* **haut**.

  (c) (*cause*) **c'est le ~ du hasard** it's the work of fate; **c'est le ~ de son inexpérience** it's because of *ou* owing to his inexperience, it comes of his inexperience; **par le ~ même que/de** by the very fact that/of; **par le (simple) ~ de** by the simple fact of; **par le ~ même de son obstination** because of *ou* by his very obstinacy, by the very fact of his obstinacy.

  (d) (*loc*) **au ~** (*à propos*) by the way; **au ~!** (*à l'essentiel*) come to the point!; **aller droit/en venir au ~** to go straight/get to the point; **au ~ de** (*au courant*) conversant *ou* acquainted with, informed of; **est-il au ~?** does he know?, is he informed?; **mettre qn au ~ (d'une affaire)** to acquaint *ou* familiarize sb with (the facts of) a matter, inform sb of (the facts of) a matter; **de ~** (*de facto*) **gouvernement, dictature** de facto; (*en fait*) **il est de ~ que** it is a fact that; **de ce ~** therefore, for this reason; **du ~ de qch** on account *ou* as a result of sth; **du ~ qu'il a démissionné** on account of *ou* as a result of his having resigned; **en ~** in (actual) fact, in point of fact, as a matter of fact; **en ~ de** (*en guise de*) by way of a;

(*en matière de*) as regards, in the way of; **en ~ de repas on a eu droit à un sandwich** we were allowed a sandwich by way of a meal; **le ~ est que** the fact is that; **le ~ que** the fact that; **le ~ est là** that's the fact of the matter; **être le ~ de** (*être typique ou*) to be typical *ou* characteristic of; **par le ~** in fact; **par ce ~** by this very fact; **par le ~ même** by this very *ou* selfsame fact; **par son** (*propre*) **~** through *ou* by his (own) doing; **c'est un ~** that's a fact; **c'est un ~ que** it's a fact that; **dire son ~ à qn** to tell sb what's what, talk straight to sb, give sb a piece of one's mind; **prendre ~ et cause pour qn** to fight for sb's cause, take up the cudgels for sb, take sides with sb; **comme par un ~ exprès** almost as if on purpose; *V* **sur**, **sûr**, **tout**, **voie**.

2: fait accompli fait accompli; **mettre qn devant le fait accompli**, **pratiquer avec qn la politique du fait accompli** to present sb with a fait accompli; **fait d'armes** feat of arms; **fait divers** (*nouvelle*) (short) news item; (*événement insignifiant*) trivial event; (*rubrique*) **'faits divers'** '(news) in brief'; **faits et gestes** actions, doings; **épier les moindres faits et gestes de qn** to spy on sb's slightest actions *ou* movements; **faits de guerre** acts of war; (*Ling*) **fait de langue** fait de langue, language event; (*Ling*) **fait de parole** fait de parole, speech event; **le fait du prince** (*Hist*) the imperial fiat; (*Assurance*) government action; (*fig*) **c'est le fait du prince** there's no going against authority; **faits de résistance** acts of resistance.

fait², e [fɛ, fɛt] (*ptp de* **faire**) *adj* (a) **être ~ pour** to be suitable *ou* made *ou* meant for; **voitures ~es pour la course** cars (specially) made *ou* designed *ou* conceived for racing; **ces souliers ne sont pas ~s pour la marche** these are not proper walking shoes, these shoes are not suitable *ou* designed for walking in; **ceci n'est pas ~ pour lui plaire** this is not going to *ou* is not calculated to *ou* likely to please him; **ce discours n'est pas ~ pour le rassurer** this is not the kind of speech to reassure him, this sort of speech isn't likely to reassure him; **il est ~ pour être médecin** he's cut out to be a doctor; **ils sont ~s l'un pour l'autre** they are made for each other, they make a perfect couple.

(b) (*fini*) **c'en est ~ de notre vie calme** that's the end of our quiet life, it's goodbye to peace and quiet in our life!; **c'en est ~ de moi** I am done for, it's all up with me*; **c'est toujours ça de ~** that's one job done, that's one thing out of the way.

(c) **avoir la jambe/main bien ~e** to have shapely *ou* nice legs/ pretty *ou* nice hands; (*constitué*) **une femme bien ~e** a good-looking woman; **un homme bien ~** a good-looking *ou* handsome man; **le monde est ainsi ~** that's the way of the world; **les gens sont ainsi ~s** que people are such that; **comment est-il ~?** what is he like?, what does he look like?; **regarde comme tu es ~!*** look at the way you're dressed!, look what a sight you are!

(d) (*mûr*) *personne* mature; *fromage* ripe. **fromage ~ à cœur** fully ripened cheese.

(e) (*maquillé*) made-up. **avoir les yeux ~s** to have one's eyes made up; **avoir les ongles ~s** to have painted nails.

(f) **tout ~** ready made; **acheter des vêtements tout ~s** to buy ready-made *ou* ready-to-wear clothes; **phrase toute ~e** ready-made phrase.

(g) (*loc*) **il est ~ (comme un rat)*** he's in for it now*, he's cornered!; **c'est bien ~ pour toi** you asked for it!*, you got what you deserved!; **c'est bien ~!** it serves them (*ou* him *etc*) right!

faîtage [fɛtaʒ] *nm* (*poutre*) ridgepole; (*couverture*) roofing; (*littér: toit*) roof.

faîte [fɛt] *nm* (a) (*poutre*) ridgepole.

(b) (*sommet*) [*montagne*] summit; [*arbre*] top; [*maison*] rooftop. **~ du toit** rooftop; *V* **ligne¹**.

(c) (*fig: summum*) **~ de la gloire** pinnacle *ou* height of glory; **parvenu au ~ des honneurs** having attained the highest honours.

faitout *nm*, **fait-tout** *nm inv* [fɛtu] stewpot.

faix [fɛ] *nm* (*littér: lit, fig*) burden. **sous le ~ (de)** under the weight *ou* burden (of).

fakir [fakir] *nm* (*Rel*) fakir; (*Music-Hall*) wizard.

fakirisme [fakirism(ə)] *nm* (*Rel*) practice of a fakir. (*fig*) **c'est du ~!** (*divination*) it's prophecy!; (*pouvoir magique*) it's wizardry!

falaise [falɛz] *nf* cliff.

falbalas [falbala] *nmpl* frills and flounces, furbelows; (*péj*) frippery (*U*) (*péj*), furbelows (*péj*).

fallacieusement [falasjøzmɑ̃] *adv promettre* deceptively.

fallacieux, -euse [falasjø, øz] *adj promesse*, *apparence*, *appellation* deceptive; *arguments*, *raisonnement* fallacious; *espoir* illusory, delusive.

falloir [falwar] (29) **1** *vb impers* (a) (*besoin*) **il va ~ 10.000 F** we're going to need 10,000 francs, it's going to take 10,000 francs; **il doit ~ du temps/de l'argent pour faire cela** it must take time/money *ou* you must need time/money to do that; **il faut du courage pour le faire!** it takes some courage to do it!; **il me le faut à tout prix** I must have it at all costs, I desperately need it; **il lui faut quelqu'un pour l'aider** he needs *ou* wants somebody to help him; **il vous faut tourner à gauche** you have *ou* need *ou* want to turn left; **faut-il aussi de l'ail?** do we need *ou* want garlic as well?; **c'est juste ce qu'il faut** (*outil etc*) that's just what we need *ou* want, that's exactly what's required; (*assaisonnement*) there's *ou* that's just the right amount; (*au magasin*) **qu'est-ce qu'il vous faut?** what are you looking for?; **il n'en faut pas beaucoup pour qu'il se mette à pleurer** it doesn't take much to make him cry; **c'est plus qu'il n'en faut** that's more than we need, that's more than is needed; **il faudrait avoir plus de temps** we'd have to have more time, we'd need more time.

(b) (*obligation*) **~ faire: il va ~ le faire** it'll have to be done, we'll have to do it; **il va ~ y aller** we'll have to go; **il ne fallait pas faire ça**, **o'est tout** you shouldn't have done that and that's all there is to it; **que vous fallait-il faire?** what did you have to do?; **il**

m'a fallu obéir I had to comply; **s'il le faut** (*besoin*) if need be; (*obligation*) if I (*ou* we *etc*) have to, if I (*ou* we *etc*) must; **que faut-il leur dire?** what shall I (*ou* we *etc*) tell them?; **le faut-il? — il le faut** do I (*ou* we) have to? — yes you do; **il a bien fallu!** I (*ou* we *etc*) HAD to!

(c) (*obligation*) **~ que:** **il va ~ qu'il parte** he'll have to *ou* he has got to go; **il faut qu'il le fasse** he'll have to *ou* he has got to do it, he must do it; **il faudrait qu'il parte** he ought to *ou* should go; **il faut qu'il soit malade pour qu'il s'arrête de travailler** he has to be ill before he stops working.

(d) (*intensif*) **il fallait me le dire** you should have told me; **il faut voir ce spectacle** this show is a must, you must see this show; **faut voir ça, quel luxe*** you should see the luxury of it!; **— il ne fallait pas! — vous n'auriez pas dû!** — il ne fallait pas! — vous n'shouldn't have!; **va pas ~ traîner*** we can't afford to mess about*; **faudrait pas qu'il essaie*** he'd better not try*; **fallait-il vraiment le dire?** did you really have to say it?; **il ne faudrait surtout pas lui en parler** don't speak to him about it whatever you do; (ii) **faut dire qu'il est culotté*** you've got to admit he's got a nerve.

(e) (*probabilité*) **il faut que tu te sois trompé** you must have made a mistake; **s'il est absent, il faut qu'il soit malade** if he's absent he must be ill *ou* it must be because he's ill; **il faut être fou pour parler comme ça** you must be mad to talk like that; **faut-il donc être bête!** some people are so *ou* really stupid; **faut-il qu'il soit bête!** he must be so *ou* really stupid; **faut (pas) être gonflé*** it takes some nerve*.

(f) (*fatalité*) **il a fallu qu'elle l'apprenne** she would have to hear about it; **faut-il donc abandonner si près du but?** do we have to give up when we're so near to the goal?; **il faut toujours qu'elle se trouve des excuses** she always has to find some excuse; **il faut toujours que ça tombe sur moi!** it always has to happen to me!

(g) (*loc*) (*hum*) **elle a ce qu'il faut*** she's got what it takes*; (i) **faut ce qu'il faut*** you've got to do things properly *ou* in style; (ii) **faut le faire!** (*admiratif*) that takes some doing!; (*: péjoratif*) that takes some beating!; (ii) **faut se le faire!‡** (*personne*) he's a real pain in the neck*; (*travail*) it's a hell of a chore!‡ (*Brit*), it's really heavy going; (ii) **faut voir** (*réserve*) we'll have to see; (*admiration*) you should see!; **faudrait voir à voir*** steady on!, not so fast!; (ii) **faudrait voir à faire/ne pas faire*** you'd better mind (*Brit*) *ou* make sure you do/don't do ...; **il ne faut pas y songer** it's out of the question; **il faut bien vivre/manger** you have to live/eat; **il faut vous dire que ...** I must *ou* I have to tell you (confidentially) that ...; **il faut de tout pour faire un monde** it takes all sorts to make a world; **il ne faut jamais remettre au lendemain ce qu'on peut faire le jour même** never put off till tomorrow what you can do today, procrastination is the thief of time (*Prov*); (ii) **faut le voir pour le croire** it needs *ou* has to be seen to be believed; **ce qu'il faut entendre!** the things you hear!; *V* **comme**.

2 s'en falloir *vpr* (*frm*) **s'en ~ de: tu n'es pas à l'heure, il s'en faut de 5 minutes** you're not on time, by a matter of 5 minutes; **il ne s'en fallait que de 100 F pour qu'il ait la somme** he was only *ou* just 100 francs short of the full amount; **il s'en faut de beaucoup** not by a long way *ou* chalk, far from it; **il s'en faut de beaucoup qu'il soit heureux** he is far from being happy, he is by no means happy; **il s'en est fallu d'un cheveu qu'il ne soit pris** he was within a hair's breadth *ou* a whisker *ou* an ace of being caught; **il a fini, ou peu s'en faut** he has as good as finished, he has just about finished; **il ne s'en est guère fallu que ou qu'il s'en est fallu de peu (pour) que ça (n')arrive** this came very close to happening, this very nearly happened, it wouldn't have taken much for this to happen; **et il s'en faut!, tant s'en faut!** far from it!, not by a long way! *ou* chalk! (*Brit*); **ça m'a coûté 50 F ou peu s'en faut** that cost me the best part of 50 francs, that cost me very nearly 50 francs; **peu s'en est fallu (pour) qu'il pleure** he all but *ou* he almost wept; *V* **entendre**, **se fier**, **voir**.

falot¹ [falo] *nm* lantern.

falot², e [falo, ɔt] *adj personne* colourless; *lueur*, *lumière* wan, pale.

falsificateur, -trice [falsifikatœr, tris] *nm,f* falsifier.

falsification [falsifikasjɔ̃] *nf* (*V* **falsifier**) falsification; doctoring; alteration; adulteration.

falsifier [falsifje] (7) *vt comptes, faits* to falsify, doctor, alter; *document, signature* to falsify, alter, tamper with; *aliment* to doctor, adulterate.

falzar‡ [falzar] *nm* pants, trousers.

famé, e [fame] *adj V* **mal**.

famélique [famelik] *adj* scrawny, scraggy, rawboned.

fameusement [famøzmɑ̃] *adv* (*: très*) remarkably, really. **c'est ~ bon** it's remarkably *ou* really good.

fameux, -euse [famø, øz] *adj* (a) (*: après n: bon*) *mets, vin* first-rate, first-class.

(b) **pas ~** *mets, travail, temps* not too good, not so great*; *roman, auteur* not up to much* (*Brit*), no great shakes*; **et le temps pour demain? — pas ~** and tomorrow's weather? — not all that good *ou* not all that fine *ou* not up to much* (*Brit*); **il n'est pas ~ en latin/en maths** he's not too good *ou* not all that good at Latin/maths.

(c) (*avant n: intensif*) **c'est un ~ trajet/problème/travail** it's a real *ou* it's quite a *ou* some journey/problem/piece of work; **c'est une ~euse erreur/migraine/raclée** it's quite a *ou* it's a real mistake/headache/thrashing; **c'est un ~ salaud‡** he's a downright *ou* an out-and-out *ou* a real bastard‡; **c'est une ~euse assiettée** that's a huge *ou* great plateful; **c'est un ~ gaillard** (*bien bâti*) he's a strapping fellow; (*chaud lapin*) he's a bit of a lad *ou* a randy fellow*.

(d) (*avant n: bon*) *idée, voiture* first-rate, great*, fine. **c'est une ~euse aubaine** it's a real *ou* great stroke of luck; **il a fait un ~ travail** he's done a first-rate *ou* first-class *ou* fine job; **elle était ~euse, ton idée!** what a bright *ou* great* idea you had!

(e) (*: avant n: fonction de référence*) **quel est le nom de cette**

~**euse rue?** what's the name of that (famous) street?; **ah, c'est ce** ~ **Paul dont tu m'as tant parlé** so this is the famous Paul you've told me so much about; **c'est ça, sa** ~**euse honnêteté** so this is his much-vaunted honesty.

(f) (*après n: célèbre*) famous (*pour* for).

familial, e, *mpl* - **aux** [familjal, o] **1** *adj ennui, problème* family (*épith*), domestic (*épith*); *liens, vie, entreprise* family (*épith*); *V* **aide,** allocation. **2 familiale** *nf* family estate car (*Brit*), station wagon (*US*).

familiariser [familjaʀize] (1) **1** *vt:* ~ **qn avec** to familiarize sb with, get sb used to.

2 se familiariser *vpr* to familiarize o.s. **se** ~ **avec** *lieu, personne, méthode, langue* to familiarize o.s. with, get to know, become acquainted with; *bruit, danger* to get used *ou* accustomed to; **peu familiarisé avec cette maison** unfamiliar with this house; **ses pieds, peu familiarisés avec le sol rocailleux** his feet, unused *ou* unaccustomed to the stony ground.

familiarité [familjaʀite] *nf* **(a)** (*bonhomie*) familiarity; (*désinvolture*) offhandedness, (over)familiarity.

(b) (*privautés*) ~**s** familiarities; **cessez ces** ~**s** stop these familiarities, stop taking liberties.

(c) (*habitude de*) ~ **avec** *langue, auteur, méthode* familiarity with.

(d) (*atmosphère amicale*) informality. (*littér*) **dans la** ~ **de** on familiar terms *ou* terms of familiarity with.

familier, -ière [familje, jɛʀ] **1** *adj* **(a)** (*bien connu*) *technique, problème, spectacle, objet, voix* familiar. **sa voix/cette technique m'est** ~**ière** I'm familiar with his voice/this technique, his voice/this technique is familiar *ou* well-known to me; **la langue anglaise lui est devenue** ~**ière** he has become (thoroughly) familiar with *ou* at home with the English language.

(b) (*routinier*) *tâche* familiar. **cette attitude lui est** ~**ière** this is a familiar *ou* customary attitude of his; **le mensonge lui était devenu** ~ lying had become quite a habit of his *ou* had become almost second nature to him.

(c) (*amical*) *entretien, atmosphère* informal, friendly, casual.

(d) (*désinvolte*) *personne, surnom* (over)familiar; *ton, remarque* (over)familiar, offhand; *attitude, manières* offhand. **il devient vite** ~ he soon gets too familiar; (*trop*) ~ **avec ses supérieurs/clients** overfamiliar with his superiors/customers; **être** ~ **avec les femmes** to be overfamiliar with women.

(e) (*non recherché*) *mot, expression* familiar, colloquial; *style, registre* familiar, conversational, colloquial. **expression** ~**ière** colloquialism, colloquial phrase *ou* expression.

(f) *divinités* household (*épith*); *V* **démon.**

2 *nm* [*club, théâtre*] regular visitor (*de* to). **le crime a été commis par un** ~ (**de la maison**) the crime was committed by a very good friend of the household *ou* by a regular visitor to the house.

familièrement [familjɛʀmɑ̃] *adv* (*amicalement*) *s'entretenir* informally; (*cavalièrement*) *se conduire, s'adresser à qn* familiarly; (*sans recherche*) *parler, s'exprimer* familiarly, colloquially. **comme on dit** ~ as you say familiarly *ou* colloquially *ou* in conversation; **il te parle un peu (trop)** ~ he's speaking to you a bit too familiarly.

famille [famij] *nf* **(a)** (*gén*) family. ~ **éloignée/proche** distant/close family *ou* relations *ou* relatives; **avez-vous de la** ~? have you any family?; ~ **nombreuse** large family; ~ **monoparentale** single-parent *ou* one-parent family; **avez-vous de la** ~ **à Londres?** have you any family *ou* relations *ou* relatives in London?; **on a prévenu la** ~ the relatives *ou* the next of kin (*frm*) have been informed; **elle promenait (toute) sa petite** ~* she was taking her (entire) brood for a walk; **elle fait partie de la** ~, **elle est de la** ~ she is part *ou* one of the family; (*Sociol*) **la** ~ **étendue/nucléaire** the extended/nuclear family; *V* **beau.**

(b) (*fig*) [*plantes, langues*] family. (*Mus*) **la** ~ **des cuivres** the brass family; (*Ling*) ~ **de mots** word family; **ils sont de la même** ~ **politique** they're of the same political persuasion.

(c) (*loc*) **de** ~ *possessions, réunion, dîner* family (*épith*); **c'est un tableau de** ~ this painting is a family heirloom; *V* **air²,** **caveau, chef¹** *etc.*

(d) **c'est de** ~, **ça tient de** ~it runs in the family; **en** ~ (*avec la famille*) with the family; (*comme une famille*) as a family; **tout se passe en** ~ it's all kept in the family; **passer ses vacances en** ~ to spend one's holidays with the family; **il est sans** ~ he has no family; **un (petit) bridge des** ~**s*** a quiet *ou* cosy little game of bridge.

famine [famin] *nf* (*épidémie*) famine; (*littér: privation*) starvation. **nous allons à la** ~ we are heading for starvation, we are going to starve; *V* **crier, salaire.**

fan* [fan] *nm* (*admirateur*) fan.

fana* [fana] **1** *adj* crazy* (*de* about), mad keen* (*de* on, about). **2** *nmf:* ~ **de l'ordinateur** *etc* computer *etc* enthusiast *ou* fanatic *ou* buff* *ou* freak*.

fanage [fanaʒ] *nm* tossing, turning, tedding.

fanal, *pl* **-aux** [fanal, o] *nm* (*feu*) [*train*] headlight, headlamp; [*mât*] lantern; (*phare*) beacon, lantern; (*lanterne à main*) lantern, lamp.

fanatique [fanatik] **1** *adj* fanatical (*de* about). **2** *nmf* (*gén, Sport*) fanatic; (*Pol, Rel*) fanatic, zealot. ~ **du ski/du football/des échecs** skiing/football/chess fanatic.

fanatiquement [fanatikmɑ̃] *adv* fanatically.

fanatiser [fanatize] (1) *vt* to rouse to fanaticism, fanaticize (*frm*).

fanatisme [fanatism(ə)] *nm* fanaticism.

faner [fane] (1) **1** *vi* (*littér*) to make hay.

2 *vt* **(a)** *herbe* to toss, turn, ted. **on fane (l'herbe)** après la **fauchaison** the tossing *ou* turning of the hay *ou* the tedding is done after the mowing.

(b) (*littér*) *fleur, couleur, beauté* to fade. **femme (que l'âge a) fanée** woman whose looks have faded.

3 se faner *vpr* [*plante*] to fade, wither, wilt; [*peau*] to wither; [*teint, beauté, couleur*] to fade.

faneur, -euse [fanœʀ, øz] **1** *nm, f* (*ouvrier*) haymaker. **2 faneuse** *nf* (*machine*) tedder.

fanfare [fɑ̃faʀ] *nf* **(a)** (*orchestre*) brass band. **la** ~ **du régiment** the regimental band.

(b) (*musique*) fanfare. ~ **de clairons** fanfare of bugles; ~ **de trompettes** flourish *ou* fanfare of trumpets; **des** ~**s éclatèrent** brassy music rang forth (from every side); (*fig*) **cette alliance a été annoncée par les** ~**s de la presse** this alliance was blazoned *ou* trumpeted forth by the press.

(c) (*fig*) **en** ~ *réveil, départ* clamorous, tumultuous; *réveiller, partir* noisily, with great commotion; **il est arrivé en** ~ (*avec bruit*) he came in noisily *ou* with great commotion; (*fièrement*) he came in triumphantly; **annoncer en** ~ *réforme etc* to blazon *ou* trumpet forth, publicize widely.

fanfaron, -onne [fɑ̃faʀɔ̃, ɔn] **1** *adj personne, attitude* boastful; *air, propos* bragging, boastful. **il avait un petit air** ~ he was quite full of himself, he looked very pleased with himself. **2** *nm, f* braggart. **faire le** ~ to brag, boast, go around bragging *ou* boasting.

fanfaronnade [fɑ̃faʀɔnad] *nf* bragging (*U*), boasting (*U*), boast. **arrête tes** ~**s** stop boasting.

fanfaronner [fɑ̃faʀɔne] (1) *vi* to brag, boast.

fanfreluche [fɑ̃fʀəlyʃ] *nf* (*sur rideau etc*) trimming. **robe ornée de** ~**s** dress trimmed with frills and flounces.

fange [fɑ̃ʒ] *nf* (*littér*) mire (*littér*); *V* **traîner, vautrer.**

fangeux, -euse [fɑ̃ʒø, øz] *adj* (*littér*) miry (*littér*).

fanion [fanjɔ̃] *nm* (*vélo, club, bateau*) pennant; (*Rugby*) flag; (*Ski*) pennant. (*Mil*) ~ **de commandement** commanding officer's pennant.

fanon [fanɔ̃] *nm* **(a)** (*baleine*) plate of baleen; (*matière*) whalebone (*U*). **(b)** (*cheval*) fetlock. **(c)** (*bœuf*) dewlap; (*dindon*) wattle.

fantaisie [fɑ̃tezi] *nf* **(a)** (*caprice*) whim. **elle se plie à toutes ses** ~**s, elle lui passe toutes ses** ~**s** she gives in to his every whim; **s'offrir une** ~ **en allant** *ou* **s'offrir la** ~ **d'aller au restaurant** to give o.s. a treat by having a meal out *ou* by eating out; **je me suis payé une petite** ~ (*bijou etc*) I bought myself a little present.

(b) (*extravagance*) extravagance. **cette guerre est une** ~ **coûteuse** this war is a wasteful extravagance; **ces** ~**s vestimentaires** such extravagance *ou* extravagances of dress.

(c) (*littér: bon plaisir*) **agir selon sa** ~/**vivre à sa** ~/**n'en faire qu'à sa** ~ to behave/live/do as the fancy takes one; **il lui a pris la** ~ **de faire** he took it into his head to do; **à votre** ~ as it may please you.

(d) (*imagination*) fancy, imagination. **être plein de** ~ to be full of imagination *ou* very fanciful *ou* imaginative; **manquer de** ~ (*vie*) to be monotonous *ou* uneventful; (*personne*) to be lacking in imagination; **c'est de la** ~ **pure** that is sheer *ou* pure fantasy *ou* fancy *ou* imagination.

(e) **boucles d'oreille (de)** ~ fancy *ou* novelty earrings; **rideaux** ~ fancy curtains; **boutons** ~ fancy *ou* novelty buttons.

(f) (*œuvre*) (*Littérat*) fantasy; (*Mus*) fantasia.

fantaisiste [fɑ̃tezist(ə)] **1** *adj* **(a)** *nouvelle, explication* fanciful, whimsical.

(b) *personne* (*fumiste*) fanciful; (*bizarre*) eccentric, unorthodox; (*farceur*) whimsical, clownish, comical.

2 *nmf* **(a)** (*Théât*) variety artist *ou* entertainer.

(b) (*original*) eccentric; (*fumiste*) phoney*.

fantasmagorie [fɑ̃tasmagɔʀi] *nf* phantasmagoria.

fantasmagorique [fɑ̃tasmagɔʀik] *adj* phantasmagorical.

fantasme [fɑ̃tasm(ə)] *nm* fantasy. **il vit dans ses** ~**s** he lives in a fantasy world.

fantasmer [fɑ̃tasme] (1) *vi* to fantasize (*sur* about).

fantasque [fɑ̃task(ə)] *adj* (*littér*) *personne, humeur* whimsical, capricious; *chose* weird, fantastic.

fantassin [fɑ̃tasɛ̃] *nm* foot soldier, infantryman. **2.000** ~**s** 2,000 foot *ou* infantry.

fantastique [fɑ̃tastik] **1** *adj* **(a)** *atmosphère* uncanny, weird, eerie; *événement* uncanny, fantastic; *rêve* weird, fantastic. **conte** ~ tale of fantasy *ou* of the supernatural; **roman** ~ novel of the fantastic, gothic novel; **le cinéma** ~ the cinema of the fantastic.

(b) (*) (*excellent*) fantastic*, terrific*, great*; (*énorme, incroyable*) fantastic*, incredible.

2 *nm:* **le** ~ the fantastic, the uncanny; (*Littérat*) (*gén*) the literature of fantasy *ou* of the fantastic; (*de l'âge romantique*) gothic literature; (*Ciné*) the fantastic.

fantastiquement [fɑ̃tastikmɑ̃] *adv* (*V* **fantastique**) uncannily; weirdly; eerily; fantastically*; terrifically*; incredibly.

fantoche [fɑ̃tɔʃ] *nm, adj* puppet. **gouvernement** ~ puppet government.

fantomatique [fɑ̃tɔmatik] *adj* ghostly.

fantôme [fɑ̃tom] **1** *nm* (*spectre*) ghost, phantom. (*fig*) **c'est un** ~ **de ministre** he is minister in name only; **les** ~**s de l'imagination** the ghosts of the imagination. **2** *adj firme, administrateur* bogus. **bateau** ~ ghost *ou* phantom ship; (*Pol*) **cabinet** ~ shadow cabinet; *V* **vaisseau.**

faon [fɑ̃] *nm* (*Zool*) fawn.

faquin†† [fakɛ̃] *nm* wretch, rascal.

faramineux, -euse* [faʀaminø, øz] *adj bêtise etc* staggering*, fantastic*, mind-boggling*; *prix* colossal, astronomical*, sky-high* (*attrib*). **toi et tes idées** ~**euses!** you and your brilliant ideas!

farandole [faʀɑ̃dɔl] *nf* (*danse*) farandole.

faraud, e† [faʀo, od] **1** *adj* boastful. **tu n'es plus si** ~ you are no longer quite so boastful *ou* full of yourself *ou* pleased with yourself. **2** *nm, f* braggart. **faire le** ~ to brag, boast.

farce¹ [faʀs(ə)] *nf* (a) (*tour*) (practical) joke, prank, hoax. **faire une ~ à qn** to play a (practical) joke *ou* a prank *ou* a hoax on sb; **~s (et) attrapes** (*objets*) (assorted) tricks; **magasin de ~s-attrapes** joke (and novelty) shop.
　(b) (*Théât, fig*) farce. **grosse ~** slapstick comedy; **ce procès est une ~** this trial is a farce; *V* **dindon**.
farce² [faʀs(ə)] *nf* (*gén*) stuffing; (*à la viande*) forcemeat.
farceur, -euse [faʀsœʀ, øz] *adj, nm, f* (*espiègle*) (practical) joker; (*blagueur*) joker, wag; (*péj: fumiste*) clown (*péj*). **il est très ~** (*gén*) he's quite a (practical) joker, he likes playing tricks *ou* (practical) jokes; [*enfant*] he's very mischievous.
farcir [faʀsiʀ] (2) **1** *vt* (a) (*Culin*) to stuff. **tomates farcies** stuffed tomatoes.
　(b) (*fig péj: surtout ptp*) **~ de** to stuff *ou* cram *ou* pack with; **c'est farci de fautes** it's crammed *ou* packed with mistakes; **j'en ai la tête farcie** I've as much as I can take, I've got a headful of it* (*Brit*).
　2 se farcir *vpr* (a) (*péj*) **se ~ la mémoire de** to cram *ou* pack one's memory with.
　(b) (‡) *lessive, travail, personne* to get stuck *ou* landed with*; *bouteille* to knock back*, polish off*; *gâteaux* to scoff* (*Brit*), gobble down*, guzzle*; (‡‡) *fille* to have it off with‡ (*Brit*), make it with‡. **il faudra se ~ la belle-mère pendant 3 jours** we'll have to put up with the mother-in-law for 3 days; **il faut se le ~!** (*importun, bavard*) he's a bit of a pain (in the neck)*; (*livre*) it's hellish heavy going!‡.
fard [faʀ] *nm* (*maquillage*) make-up; (†: *poudre*) rouge†, paint; [*acteur*] greasepaint. (*fig*) **sans ~ parler** openly; *élégance* unpretentious, simple; *V* **piquer**.
fardeau, pl ~x [faʀdo] *nm* (*lit*) load, burden (*littér*); (*fig*) burden. **sous le ~ de** under the weight *ou* burden of; **souhaitons que ceci ne lui soit pas un ~ toute sa vie** let's hope this will not be a millstone round his neck *ou* a burden to him all his life.
farder [faʀde] (1) **1** *vt* (*Théât*) *acteur* to make up; (††) *visage* to rouge†, paint; (*littér*) *vérité* to disguise, mask, veil.
　2 se farder *vpr* (*se maquiller*) to make (o.s.) up; (†: *se poudrer*) to paint one's face†; [*acteur*] to make up. **femme outrageusement fardée** woman wearing heavy make-up, heavily made-up woman.
farfadet [faʀfadɛ] *nm* sprite, elf.
farfelu, e* [faʀfəly] **1** *adj* *idée, projet* cranky, scatty* (*Brit*), harebrained; *personne, conduite* cranky, scatty* (*Brit*), eccentric. **2** *nm, f* eccentric. Pixilated
farfouiller* [faʀfuje] (1) *vi* to rummage about (*dans* in).
faribole [faʀibɔl] *nf* (*littér*) (piece of) nonsense. **conter des ~s** to talk nonsense *ou* twaddle (*Brit*); **~s (que tout cela)!** (stuff and) nonsense!, fiddlesticks!†
farine [faʀin] *nf* [*blé*] flour. **de même ~††** of the same ilk.
　2: farine d'avoine oatmeal; **farine complète** wholemeal (*Brit*) *ou* whole wheat flour; **farine de froment** wheat *ou* wheaten flour; **farine lactée** (cornflour) gruel; **farine de lin** linseed meal; **farine de maïs** cornflour (*Brit*), cornstarch (*US*); **farine de moutarde** mustard powder; *V* **fleur**.
fariner [faʀine] (1) *vt* to flour.
farineux, -euse [faʀinø, øz] **1** *adj* *consistance, aspect, goût* floury, chalky; *chocolat* powdery, chalky; *fromage* chalky; *pomme de terre* floury; *pomme* dry, mushy. **2** *nm:* **(aliment) ~** starchy *ou* farinaceous (*T*) food.
farniente [faʀnjɛnte] *nm* idle life, idleness. **faire du ~ sur la plage** to lounge on the beach.
farouche [faʀuʃ] *adj* (a) (*timide*) *personne, animal* shy, timid; (*peu sociable*) *voisin etc* unsociable. **ces daims ne sont pas ~s** these deer are not a bit shy *ou* timid *ou* are quite tame; (*iro*) **c'est une femme peu ~** she doesn't exactly keep you at arm's length (*iro*).
　(b) (*hostile*) fierce. *ennemi* ~ bitter enemy *ou* foe.
　(c) (*opiniâtre*) *volonté* unshakeable, inflexible; *résistance* unflinching, fierce; *énergie* irrepressible.
　(d) (*indompté*) savage, wild.
farouchement [faʀuʃmɑ̃] *adv* fiercely. **nier ~ qch** to deny sth fiercely *ou* heatedly.
fart [faʀ(t)] *nm* (ski) wax. **~ de montée** climbing wax.
fartage [faʀtaʒ] *nm* waxing (*of skis*).
farter [faʀte] (1) *vt* to wax (*skis*).
Far-West [faʀwɛst] *nm:* **le ~** the Far West.
fascicule [fasikyl] *nm* part, instalment, fascicle (*T*). **ce livre est vendu avec un ~ d'exercices** this book is sold with a manual of exercises.
fascinant, e [fasinɑ̃, ɑ̃t] *adj* (*gén*) fascinating; *beauté* bewitching, fascinating.
fascination [fasinasjɔ̃] *nf* fascination. **exercer une grande ~ to** exert (a) great fascination (*sur* on, over), have (a) great fascination (*sur* for).
fasciner [fasine] (1) *vt* (*gén*) to fascinate; (*soumettre à son charme*) to bewitch. **se laisser ~ par des promesses** to allow o.s. to be bewitched by promises; **être fasciné par le pouvoir** to be fascinated *ou* mesmerized by power.
fascisant, e [faʃizɑ̃, ɑ̃t] *adj* fascistic.
fascisme [faʃism(ə)] *nm* fascism.
fasciste [faʃist(ə)] *adj, nmf* fascist.
fast back [fastbak] *nm* fastback.
faste¹ [fast(ə)] *nm* splendour.
faste² [fast(ə)] *adj* (*littér*) *année* (*de chance*) lucky; (*prospère*) good. **jour ~** lucky day.
fastfood [fastfud] *nm* fast food restaurant.
fastidieusement [fastidjøzmɑ̃] *adv* tediously, tiresomely, boringly.
fastidieux, -euse [fastidjø, øz] *adj* tedious, tiresome, boring.
fastueusement [fastɥøzmɑ̃] *adv* sumptuously, luxuriously.

recevoir qn ~ (*pour dîner*) to entertain sb lavishly; (*à son arrivée*) to give sb a lavish reception.
fastueux, -euse [fastɥø, øz] *adj* sumptuous, luxurious. **réception ~euse** lavish reception; **mener une vie ~euse** to lead a sumptuous *ou* luxurious existence, live a life of great luxury.
fat† [fa(t)] **1** *adj* conceited, smug. **2** *nm* conceited *ou* smug person.
fatal, e, *mpl* **~s** [fatal] *adj* (a) (*funeste*) *accident, issue* fatal; *coup* fatal, deadly. **erreur ~e!** grievous *ou* fatal error!; **être ~ à qn/qch** to be *ou* prove fatal *ou* disastrous to *ou* for sb/sth; **le tabac lui fut ~** smoking was *ou* proved fatal to *ou* for him.
　(b) (*inévitable*) inevitable. **c'était ~!** it was inevitable, it was fated *ou* bound to happen; **il était ~ qu'elle le fasse** she was bound *ou* fated to do it, it was inevitable that she should do it.
　(c) (*marqué par le destin*) *instant* fatal, fateful; *air, ton* fateful; *V* **femme**.
fatalement [fatalmɑ̃] *adv* (*inévitablement*) ~, **il est tombé!** inevitably, he fell!; **au début, ce fut ~ mauvais** at the beginning, it was inevitably *ou* unavoidably bad; **ça devait ~ arriver** it was bound *ou* fated to happen.
fatalisme [fatalism(ə)] *nm* fatalism.
fataliste [fatalist(ə)] **1** *adj* fatalistic. **2** *nmf* fatalist.
fatalité [fatalite] *nf* (a) (*destin*) fate, fatality (*littér*). **être poursuivi par la ~** to be pursued by fate.
　(b) (*coïncidence*) fateful coincidence. **par quelle ~ se sont-ils rencontrés?** by what fateful coincidence did they meet?; **ce serait vraiment une ~ si je ne le vois pas** it would really be an extraordinary coincidence if I don't see him.
　(c) (*inévitabilité*) inevitability. **la ~ de la mort/de cet événement** the inevitability of death/this event.
fatidique [fatidik] *adj* (*lourd de conséquences*) *décision, paroles, date* fateful; (*crucial*) *moment* fatal, fateful.
fatigant, e [fatigɑ̃, ɑ̃t] *adj* (*épuisant*) tiring; (*agaçant*) *personne* annoying, tiresome, tedious; *conversation* tiresome, tedious. **c'est ~ pour la vue** it's tiring *ou* a strain on the eyes; **c'est ~ pour le cœur** it's a strain on the heart; **tu es vraiment ~ avec tes questions** you really are annoying *ou* tiresome *ou* a nuisance with your questions; **c'est ~ de devoir toujours tout répéter** it's annoying *ou* tiresome *ou* a nuisance to have to repeat everything all the time.
fatigue [fatig] *nf* (*gén*) tiredness (*U*), fatigue (*U*); (*Méd, Tech*) fatigue. **la ~ des métaux** metal fatigue; **tomber** *ou* **être mort de ~** to be dead tired, be dead beat*, be all in*; **il a voulu nous épargner cette ~** he wanted to save *ou* spare us the strain; **elle avait de soudaines ~s** she had sudden bouts of fatigue *ou* periods of tiredness; **se remettre des ~s du voyage** to get over the wear and tear *ou* the strain *ou* the tiring effects of the journey; **pour se reposer de la ~ du voyage** to rest after the tiring journey *ou* the weary journey; **cette ~ dans le bras gauche** this weakness in the left arm; **~ des yeux** eyestrain; *V* **recru**.
fatigué, e [fatige] (*ptp de* **fatiguer**) *adj* (a) *personne* tired, weary, fatigued (*frm*); *voix, traits, membres* tired, weary; *cœur* strained, overworked; *cerveau* overtaxed, overworked; *estomac, foie* upset. **il a les bras ~s** his arms are tired *ou* weary; **avoir les yeux ~s** to have eyestrain *ou* strained eyes; **à trente ans, ils ont déjà l'organisme ~** by thirty their bodies are already tired *ou* overworked; **~ par le voyage** travel-worn, travel-weary, tired *ou* weary through *ou* after travelling; (*péj*) **il est né ~** he's bone-lazy *ou* bone-idle (*Brit*).
　(b) **~ de jérémiades, voiture, femme** tired of; **~ de vivre** tired of living.
　(c) *poutre, joint, moteur, habits* worn.
fatiguer [fatige] (1) **1** *vt* (a) (*physiquement*) **~ qn** [*maladie, effort, études*] to make sb tired *ou* weary, tire sb; [*professeur, patron*] to overwork sb; **ces efforts fatiguent, à la longue** all this effort tires *ou* wears you out in the end; **ça fatigue les yeux/le cœur/les bras/l'organisme** it is *ou* puts a strain on the eyes/heart/arms/whole body; **se ~ les yeux/le cœur/les bras** to strain one's eyes/heart/arms.
　(b) *bête de somme* [*effort, montée*] to tire, put a strain on; [*propriétaire*] to overwork; *moteur, véhicule* [*effort, montée*] to put (a) strain on, [*propriétaire*] to overwork, strain; *poutre, pièce, joint* to put strain on; *outil, chaussures, vêtement* to wear out; *terre, sol* to exhaust, impoverish; *arbre* to impoverish.
　(c) (*fig: agacer*) to annoy; (*lasser*) to wear out. **tu commences à me ~** you're beginning to annoy me; **avec ses sermons il fatigue, à la longue** in the end he wears you out with his sermons, after a while he becomes a bit wearisome with his sermons.
　2 *vi* [*moteur*] to labour, strain; [*poutre, pièce, joint*] to become strained, show (signs of) strain; [*personne*] to tire, grow tired *ou* weary.
　3 se fatiguer *vpr* (a) to get tired. **se ~ à faire qch** to tire o.s. out doing sth; (*iro*) **il ne s'est pas trop fatigué** he didn't overdo it *ou* overwork (*iro*), he didn't kill himself*.
　(b) (*se lasser de*) **se ~ de qch/de faire** to get tired *ou* weary of sth/of doing.
　(c) (*s'évertuer à*) **se ~ à répéter/expliquer** to wear o.s. out repeating/explaining; **ne te fatigue pas*** *ou* **pas la peine de te ~***, **il est borné** he's just dim so don't bother to *ou* there's no need to wear yourself out *ou* no point wearing yourself out, he's just dim so don't waste your time *ou* your breath.
fatras [fatʀa] *nm* [*choses*] jumble; [*idées*] hotchpotch, jumble.
fatuité [fatɥite] *nf* self-complacency, self-conceit.
faubourg [fobuʀ] *nm* (inner) suburb. **avoir l'accent des ~s** to have a Paris working-class accent.
faubourien, -ienne [fobuʀjɛ̃, jɛn] *adj* *accent, manières* Paris working-class.
fauchage [foʃaʒ] *nm* (*V* **faucher**) reaping; mowing; scything; cutting.

fauchaison [foʃɛzɔ̃] *nf* (a) (*époque*) [*pré*] mowing (time), reaping (time); [*blés*] reaping (time). (b) (*action*) = **fauchage**.

fauche [foʃ] *nf* (a) (‡: *vol*) pinching* (*Brit*), swiping*, nicking‡ (*Brit*). il y a beaucoup de ∼ there's a lot of thieving. (b) (††) = **fauchaison**.

fauché, e* [foʃe] (*ptp de* **faucher**) *adj* (*sans argent*) (stony-)broke* (*Brit*), flat *ou* dead broke* (*attrib*), hard up*. il est ∼ comme les blés he hasn't got a bean* (*Brit*) *ou* a brass farthing (*Brit*), he hasn't a penny to his name; c'est un éternel ∼ he's permanently broke*, he never has a penny.

faucher [foʃe] (1) 1 *vt* (a) *blé* to reap; *champs, prés* to mow, reap; *herbe* (*avec une faux*) to scythe, mow, cut; (*mécaniquement*) to mow, cut. on va ∼ demain we're mowing *ou* reaping tomorrow.

(b) (*fig: abattre*) [*vent*] to flatten; [*véhicule*] to knock over *ou* down, mow down; [*tir*] to mow down; [*explosion*] to flatten, blow over. la mort l'a fauché en pleine jeunesse death cut him down in the prime of (his) youth; avoir un bras fauché par l'explosion to have an arm blown off by the explosion; avoir une jambe fauchée par le train to have a leg cut off *ou* taken off by the train.

(c) (‡: *voler*) *portefeuille, femme* to pinch*, swipe*, nick‡ (*Brit*). 2 *vi* [*cheval*] to dish.

faucheur, -euse [foʃœʀ, øz] 1 *nm,f* (*personne*) mower, reaper. 2 *nm* = **faucheux**. 3 **faucheuse** *nf* (*machine*) reaper, mower.

faucheux [foʃø] *nm* harvestman (*Brit*), harvest-spider, daddy-long-legs (*US*).

faucille [fosij] *nf* sickle. la ∼ et le marteau the hammer and sickle.

faucon [fokɔ̃] *nm* (*lit*) falcon, hawk; (*fig: personne*) hawk. chasser au ∼ to hawk.

fauconneau, *pl* ∼x [fokɔno] *nm* young falcon *ou* hawk.

fauconnerie [fokɔnʀi] *nf* (*art*) falconry; (*chasse*) hawking, falconry; (*lieu*) hawk house.

fauconnier [fokɔnje] *nm* falconer, hawker.

faufil [fofil] *nm* tacking *ou* basting thread.

faufilage [fofilaʒ] *nm* tacking, basting.

faufiler [fofile] (1) 1 *vt* to tack, baste.

2 **se faufiler** *vpr* (*dans un passage étroit*) se ∼ dans to worm *ou* inch *ou* edge one's way into; (*entre des obstacles, des personnes*) se ∼ entre to dodge in and out of, thread one's way through; se ∼ par un sentier étroit to thread *ou* edge one's way along a narrow path; se ∼ parmi la foule to worm *ou* inch *ou* thread one's way through the crowd, slip through the crowd; se ∼ entre les *ou* au milieu des voitures to nip *ou* dodge in and out of the traffic, thread one's way through the traffic; il se faufila à l'intérieur/au dehors he wormed *ou* inched *ou* edged his way in/out.

faufilure [fofilyʀ] *nf* (*Couture*) tacked *ou* basted seam; (*action*) tacking, basting.

faune¹ [fon] *nm* (*Myth*) faun.

faune² [fon] *nf* (*Zool*) wildlife, fauna (*T*); (*péj: personnes*) set, mob. ∼ marine marine animal-life; ∼ des Alpes Alpine wildlife *ou* fauna (*T*).

faunesque [fonɛsk(ə)] *adj* faunlike.

faussaire [fosɛʀ] *nmf* forger.

fausse [fos] *adj f V* **faux²**.

faussement [fosmã] *adv* accuser wrongly, wrongfully; *croire* wrongly, erroneously, falsely. ∼ modeste falsely modest; ∼ intéressé superficially *ou* falsely interested; d'un ton ∼ indifférent in a tone of feigned indifference, in a deceptively detached tone of voice.

fausser [fose] (1) *vt* (a) *calcul, statistique, fait* to distort, alter; *réalité, pensée* to distort, pervert; *sens d'un mot* to distort; *esprit* to unsettle, disturb; *jugement* to distort, disturb.

(b) *clef* to bend; *serrure* to break; *poulie, manivelle, charnière* to buckle, bend; *essieu, volant, hélice, lame* to warp, buckle, bend. soudain il se troubla, sa voix se faussa suddenly he became flustered and his voice became strained.

(c) (*loc*) ∼ compagnie à qn to give sb the slip, slip *ou* sneak away from sb; vous nous avez de nouveau faussé compagnie hier soir you gave us the slip again last night, you sneaked *ou* slipped off again last night.

fausset¹ [fosɛ] *nm* falsetto (voice). d'une voix de ∼ in a falsetto voice.

fausset² [fosɛ] *nm* [*tonneau*] spigot.

fausseté [foste] *nf* (a) [*idée, accusation, dogme*] falseness, falsity. (b) [*caractère, personne*] duplicity, deceitfulness. (c) (†: *propos mensonger*) falsity†, falsehood.

Faust [fost] *nm* Faust.

faustien, -ienne [fostjɛ̃, jɛn] *adj* Faustian, of Faust.

faut [fo] *V* **falloir**.

faute [fot] 1 *nf* (a) (*erreur*) mistake, error. faire *ou* commettre une ∼ to make a mistake *ou* an error; ∼ de grammaire grammatical mistake *ou* error; ∼ de ponctuation mistake in punctuation, error of punctuation; candidat qui a fait un sans ∼* candidate who hasn't put a foot wrong.

(b) (*mauvaise action*) misdeed; (*Jur*) offence; (†: *péché de chair*) lapse (from virtue), sin (of the flesh). commettre une ∼ (*gén*) to commit a misdeed *ou* misdemeanour; (†: *péché de chair*) to sin; une ∼ contre *ou* envers la religion a sin *ou* transgression against religion; commettre une ∼ professionnelle grave to commit a serious professional misdemeanour; renvoyé pour ∼ professionnelle dismissed for professional misconduct.

(c) (*Sport*) (*Ftbl etc*) offence; (*Tennis*) fault. le joueur a fait une ∼ the player committed an offence; (*Volleyball*) faire une ∼ de filet to make contact with the net; faire une ∼ de main to handle the ball; (*Basketball*) ∼ personnelle personal foul; faire une ∼ de pied to foot fault; faire une double ∼ (de service) to serve a double fault, double-fault; ∼! (*pour un joueur*) foul!; (*Tennis: pour la balle*) fault!

(d) (*responsabilité*) fault. par la ∼ de Richard/sa ∼ because of Richard/him; c'est de la ∼ de Richard/de sa ∼ it's Richard's fault/his fault; c'est la ∼ à Richard/sa ∼* it's because of Richard/ him, it's through Richard/him*; la ∼ lui en revient the fault lies with him; à qui la ∼? whose fault is it?, who's to blame?

(e) (*loc*) être/se sentir en ∼ to be/feel at fault *ou* in the wrong; prendre qn en ∼ to catch sb out; il ne se fait pas ∼ de faire he doesn't shy from *ou* at doing, he doesn't fail to do; ce livre perdu lui fait bien ∼† he really misses that lost book; ∼ de for *ou* through lack of; ∼ d'argent for want of *ou* through lack of money; ∼ de temps for *ou* through lack of time; ∼ de mieux for lack *ou* want of anything better, failing anything better; ∼ de quoi failing which, otherwise; relâché ∼ de preuves released for *ou* through lack of evidence; ∼ d'y être allé, je ... since I didn't go, I ...; le combat cessa ∼ de combattants the battle died down, there being nobody left to carry on the fight; (*Prov*) ∼ de grives, on mange des merles you have to cut your coat according to your cloth (*Prov*), beggars can't be choosers (*Prov*); (*Prov*) ∼ avouée est à demi pardonnée a sin confessed is a sin half pardoned; *V* sans.

2: (*Ling*) faute d'accord mistake in (the) agreement; faute de calcul miscalculation, error in calculation; (*Ski*) faute de carres edging mistake; (*Jur*) faute civile civil wrong; (*Aut*) faute de conduite (*erreur*) driving error; (*infraction*) driving offence; faute d'étourderie = faute d'inattention; faute de français grammatical mistake (*in French*); faute de frappe typing error; faute de goût error of taste; faute d'impression misprint; faute d'inattention careless *ou* thoughtless mistake; faute d'orthographe spelling mistake; (*Jur*) faute pénale criminal offence; (*Admin*) faute de service act of (administrative) negligence.

fauter† [fote] (1) *vi* [*jeune fille*] to sin.

fauteuil [fotœj] 1 *nm* (*gén*) armchair; (*avec dos rembourré, moderne*) easy chair, armchair; [*président*] chair; [*théâtre, académicien*] seat. occuper le ∼ (*siéger comme président*) to be in the chair; (*fig*) il est arrivé dans un ∼* he walked it* (*Brit*), he romped home*.

2: (*Théât*) fauteuil de balcon balcony seat; seat in the dress circle; (*région de la salle*) fauteuils de balcon dress circle; fauteuil à bascule rocking chair; fauteuil club (big) leather easy chair; fauteuil crapaud squat armchair; fauteuil dentaire dentist's chair; fauteuil de jardin garden chair; (*Théât*) fauteuil d'orchestre seat in the front *ou* orchestra stalls (*Brit*) *ou* the orchestra (*US*); (*région de la salle*) fauteuils d'orchestre front *ou* orchestra stalls (*Brit*); fauteuil pivotant swivel chair; fauteuil pliant folding chair; fauteuil roulant wheelchair; fauteuil tournant = fauteuil pivotant.

fauteur [fotœʀ] *nm*: ∼ de troubles *ou* de désordre troublemaker, mischief-maker, agitator; ∼ de guerre warmonger.

fautif, -ive [fotif, iv] 1 *adj* (a) *conducteur* at fault (*attrib*), in the wrong (*attrib*); *élève, enfant* naughty, guilty. il se sentait ∼ he felt (he was) at fault *ou* in the wrong *ou* guilty.

(b) *texte, liste, calcul* faulty, incorrect; *citation* incorrect, inaccurate; (*littér*) *mémoire* poor, faulty.

2 *nm,f*: c'est moi le ∼ I'm the one to blame *ou* the guilty one *ou* the culprit.

fautivement [fotivmã] *adv* by mistake, in error.

fauve [fov] 1 *adj* (a) *tissu, couleur* tawny, fawn(-coloured); (*littér*) *odeur* musky; *V* bête.

(b) (*Art*) période ∼ Fauvist period.

2 *nm* (a) (*animal*) wildcat. les ∼s the big cats; ça sent le ∼ ici* there's a strong smell of B.O. in here*, it really stinks (of sweat) here*.

(b) (*couleur*) fawn.

(c) (*Art*) Fauvist, painter of the Fauvist school. les F∼s the Fauvists *ou* Fauves.

fauverie [fovʀi] *nf* big-cat house.

fauvette [fovɛt] *nf* warbler. ∼ d'hiver *ou* des haies hedgesparrow, dunnock; ∼ des marais sedge warbler.

faux¹ [fo] *nf* scythe.

faux², fausse [fo, fos] 1 *adj* (a) (*imité*) *argent, billet* forged, fake; *marbre, bijoux, meuble* (*en toc*) imitation; (*pour duper*) false, fake; *documents, signature* false, fake; *tableau* fake. fausse pièce forged *ou* fake coin, dud*; une fausse carte a trick card; ∼ papiers forged identity papers; fausse monnaie forged currency; fausse perle artificial *ou* imitation pearl.

(b) (*postiche*) dent, nez false.

(c) (*simulé*) bonhomie, colère, désespoir, modestie feigned. un ∼ air de prude/de bonhomie an air of false prudery/good-naturedness; fausse dévotion false piety.

(d) (*mensonger*) déclaration, promesse, prétexte false, spurious (*frm*). c'est ∼ it's wrong *ou* untrue.

(e) (*pseudo*) savant, écrivain bogus, sham (*épith*).

(f) (*fourbe*) personne, attitude false, deceitful; regard deceitful.

(g) (*inexact*) calcul, numéro, rue wrong; idée mistaken, wrong; affirmation, faits wrong, untrue; instrument de mesure, raisonnement wrong, inaccurate, faulty; instrument de musique, voix out of tune; vers faulty. c'est ∼ [*résultat*] that's wrong; [*fait*] that's wrong *ou* untrue; il est ∼ (de dire) qu'il y soit allé it's wrong *ou* incorrect to say that he went, it's not true (to say) that he went; dire quelque chose de ∼ to say something (that's) wrong *ou* untrue; faire fausse route (*lit*) to go the wrong way, take the wrong road; (*fig*) to be on the wrong track; faire un ∼ pas (*lit*) to trip, stumble; (*fig*) to make a foolish mistake; (*par manque de tact*) to make a faux pas.

(h) (*non fondé*) espoir, rumeur, soupçons, principe false. avoir de fausses craintes to have groundless *ou* ill-founded fears.

(i) (*gênant, ambigu*) position, situation, atmosphère awkward, false.

2 *nm* (a) (*mensonge, Philos*) le ∼ falsehood; *V* vrai.

(b) (*contrefaçon*) forgery; (*tableau, meuble, document*) fake, forgery. **faire un ~** to commit a forgery; (*Jur*) **pour ~ et usage de ~** for forgery and the use of forgeries; *V* **inscrire.**

3 *adv* **(a)** *chanter, jouer* out of tune, off key. **sonner ~** [*rire, paroles*] to have a false *ou* hollow ring, sound false.

(b) tomber à ~ to come at the wrong moment; **accuser qn à ~** to accuse sb unjustly *ou* wrongly; *V* **porter.**

4: fausse alerte false alarm; **faux ami** (*traître*) false friend; (*Ling*) false friend, faux ami, deceptive cognate; **faux bond**: **faire faux bond à qn** to let sb down, leave sb in the lurch; **faux-bourdon** *nm, pl* **faux-bourdons** (*Mus*) faux bourdon; (*Entomologie*) faux bourdon, drone; **faux bruit** false rumour; **faux chignon** hairpiece; **fausse clef** skeleton key; **faux col** [*chemise*] detachable collar; [*bière*] head; **fausses côtes** floating ribs; **fausse couche** miscarriage; **faire une fausse couche** to have a miscarriage; (*lit, fig*) **faux départ** false start; **faux dévôt, fausse dévote** *nm, f* pharisee; **faux ébénier** laburnum; **fausse fenêtre** blind window; **faux-filet** *nm* sirloin; **faux frais** (*pl*) extras, incidental expenses; **faux frère** false friend; **faux-fuyant** *nm, pl* **faux-fuyants** prevarication, evasion, equivocation; **assez de faux-fuyants** stop dodging *ou* evading the issue, stop hedging *ou* prevaricating; **user de faux-fuyants** to equivocate, prevaricate, evade the issue; **faux jeton*** devious character*; **fausse joie** vain joy; **faux jour** (*lit*) deceptive light; **sous un faux jour** (*fig*) in a false light; **fausse manœuvre** (*lit*) wrong movement; (*fig*) wrong move; **faux-monnayeur** *nm, pl* **faux-monnayeurs** forger, counterfeiter; **faux mouvement** clumsy *ou* awkward movement; **faux nom** false *ou* assumed name; **fausse note** (*Mus*) wrong note; (*fig*) sour note; (*fig*) **sans une fausse note** without a sour note, smoothly; **fausse nouvelle** false report; **faux ourlet** false hem; (*lit, fig*) **fausse piste** wrong track; **faux plafond** false ceiling; **faux pli** crease; (*Naut*) **faux(-)pont** orlop deck; **fausse porte** false door; **faux problème** non-problem, non-issue; **fausse pudeur** false modesty; **faux seins** falsies*; **faux semblant** sham, pretence; **user de faux semblants** to put up a pretence; **faux sens** mistranslation; **faux serment** false oath; (*Théât*) **fausse sortie** sham exit; (*fig*) **il a fait une fausse sortie** he made a pretence of leaving; **faux témoignage** (*déposition mensongère*) false evidence (*U*); (*délit*) perjury; **faux témoin** lying witness; (*Typ*) **faux-titre** *nm, pl* **faux-titres** half-title, bastard title.

faveur[1] [favœʀ] *nf* **(a)** (*frm: gentillesse*) favour. **faites-moi la ~ de …** would you be so kind as to …; **fais-moi une ~** do me a favour; **obtenir qch par ~** to get sth as a favour; **par ~ spéciale (de la direction)** by special favour (of the management).

(b) (*considération*) (*littér, hum*) **avoir la ~ du ministre** to be in favour with the minister; **gagner/perdre la ~ du public** to win/ lose public favour, find favour/fall out of favour with the public; (*littér*) **être en ~** to be in favour (*auprès de qn* with sb).

(c) (*littér, hum*) **~s** favours; **elle lui a refusé ses ~s** she refused him her favours; **elle lui a accordé ses dernières ~s** she bestowed her (ultimate) favours upon him (*littér, hum*).

(d) de ~ preferential, special; **billet de ~** complimentary ticket; **régime** *ou* **traitement de ~** preferential treatment.

(e) en ~ de (*à cause de*) in consideration of, on account of; (*au profit de*) in favour of, for; (*dans un but charitable*) in aid of, on behalf of, for; **en ma/sa ~** in my/his favour.

(f) à la ~ de thanks to, owing to; **à la ~ de la nuit** under cover of darkness.

faveur[2] [favœʀ] *nf* (*ruban*) ribbon, favour.

favorable [favɔʀabl(ə)] *adj* **(a)** *moment, occasion* right, favourable; *terrain, position* favourable. **par temps ~** in favourable weather; **avoir un préjugé ~ envers** to be biased in favour of, be favourably disposed towards sb; **jouir d'un préjugé ~** to be favourably considered; **recevoir un accueil ~** to meet with a favourable reception; **se montrer sous un jour ~** to show o.s. in a favourable light; **prêter une oreille ~ à** to lend a sympathetic *ou* kindly ear to; **voir qch d'un œil ~** to view sth favourably *ou* with a favourable eye.

(b) [*personne*] **être ~ à** to be favourable to.

favorablement [favɔʀabləmɑ̃] *adv* favourably.

favori, -ite [favɔʀi, it] **1** *adj* favourite.

2 *nm* **(a)** (*préféré, gagnant probable*) favourite. **cet acteur est un ~ du public** this actor is a favourite with the public; **les ~ des jeunes** the favourite with *ou* of young people; (*Sport*) **ils sont partis ~s** they started off favourites.

(b) (*Hist*) king's favourite.

3 favorite *nf* favourite; (*Hist*) king's favourite *ou* mistress.

favoris [favɔʀi] *nmpl* side whiskers, sideboards* (*Brit*), sideburns*.

favoriser [favɔʀize] (1) *vt* **(a)** (*avantager, encourager*) *candidat, ambitions, commerce, parti* to favour. **les événements l'ont favorisé** events favoured him *ou* were to his advantage; **la fortune le favorise** fortune favours him; **les classes les plus favorisées** the most fortunate *ou* favoured classes.

(b) (*faciliter*) to further, favour. **ceci a favorisé la rébellion/sa fuite** this furthered *ou* favoured the rebellion/his escape.

favorite [favɔʀit] *V* **favori.**

favoritisme [favɔʀitism(ə)] *nm* favouritism.

fayot [fajo] *nm* **(a)** (*: Culin*) bean. **(b)** (⁑*péj: lèche-bottes*) bootlicker.

fayotter⁑ [fajɔte] (1) *vi* (*faire du zèle*) to suck up⁑.

F.B. *abrév de* **franc belge;** *V* **franc.**

F.C. *abrév de* **football club.**

féal, e, *mpl* **-aux** [feal, o] **1** *adj* (††) loyal, trusty. **2** *nm, f* (*littér, hum*) loyal supporter.

fébrifuge [febʀifyʒ] *adj, nm* febrifuge (*T*), antipyretic.

fébrile [febʀil] *adj* (*lit, fig*) feverish, febrile (*frm*).

fébrilement [febʀilmɑ̃] *adv* feverishly.

fébrilité [febʀilite] *nf* feverishness.

fécal, e, *mpl* **-aux** [fekal, o] *adj* faecal. **matières ~es** faeces.

fèces [fɛs] *nfpl* faeces.

fécond, e [fekɔ̃, ɔ̃d] *adj* **(a)** (*non stérile*) *femelle, fleur* fertile.

(b) (*prolifique*) prolific.

(c) (*fertile*) *sujet, idée* fruitful; *esprit* creative, fertile; (*littér*) *terre* fruitful, rich, fecund (*littér*). **journées/vacances ~es en mésaventures/événements** days/holidays rich in *ou* abounding in mishaps/events.

fécondateur, -trice [fekɔ̃datœʀ, tʀis] *adj* (*littér*) fertilizing.

fécondation [fekɔ̃dasjɔ̃] *nf* **(a)** (*U: V* **féconder**) impregnation; insemination; pollination; fertilization. **(b)** (*acte, moment*) **la ~** fertilization; **la ~ artificielle** artificial insemination; **~ in vitro** in vitro fertilization; **le mystère de la ~** the mystery of fertilization.

féconder [fekɔ̃de] (1) *vt femme* to make pregnant, impregnate (*frm*); *animal* to inseminate, fertilize; *fleur* to pollinate, fertilize; (*littér*) *terre* to make fruitful; (*fig*) *esprit* to enrich.

fécondité [fekɔ̃dite] *nf* fertility, fecundity (*littér*); (*fig*) [*terre, sujet, idée*] fruitfulness, richness, fecundity (*littér*).

fécule [fekyl] *nf* starch. **~ (de pommes de terre)** potato flour.

féculent, e [fekylɑ̃, ɑ̃t] **1** *adj* starchy. **2** *nm* starchy food.

fédéral, e, *mpl* **-aux** [federal, o] *adj* federal.

fédéraliser [federalize] (1) *vt* to federalize.

fédéralisme [federalism(ə)] *nm* federalism.

fédéraliste [federalist(ə)] *adj, nmf* federalist.

fédérateur, -trice [federatœʀ, tʀis] **1** *adj* federative. **2** *nm, f* unifier.

fédératif, -ive [federatif, iv] *adj* federative.

fédération [federasjɔ̃] *nf* federation.

fédéré, e [federe] (*ptp de* **fédérer**) *adj* federate.

fédérer [federe] (6) *vt* to federate.

fée [fe] *nf* fairy. **la ~ du logis** the perfect homemaker; **la ~ Carabosse** the (wicked) fairy Carabossa; *V* **conte, doigt.**

feed-back [fidbak] *nm inv* feedback.

feeder [fidœʀ] *nm* (*Tech*) feeder.

féerie [fe(e)ʀi] *nf* **(a)** (*Ciné, Théât*) extravaganza, spectacular (*incorporating features from pantomime*).

(b) (*littér: vision enchanteresse*) **~ des soirées d'été/d'un ballet** enchantment of summer evenings/of a ballet; **la ~ à jamais perdue de l'enfance** the irretrievable fairytale world of childhood.

féerique [fe(e)ʀik] *adj* magical, fairy (*épith*).

feignant, e [fɛɲɑ̃, ɑ̃t] = **fainéant.**

feindre [fɛ̃dʀ(ə)] (52) **1** *vt* (*simuler*) *enthousiasme, ignorance, innocence* to feign. **~ la colère** to pretend to be angry, feign anger; **~ d'être/de faire** to pretend to be/do; **il feint de ne pas comprendre** he pretends not to understand; **~ de dormir** to feign sleep, pretend to be asleep.

2 *vi* (*frm*) to dissemble, dissimulate. **inutile de ~ (avec moi)** no use pretending (with me).

feint, e[1] [fɛ̃, fɛ̃t] (*ptp de* **feindre**) *adj* **(a)** *émotion, maladie* feigned, affected. **(b)** (*Archit*) *fenêtre etc* false.

feinte[2] [fɛ̃t] *nf* **(a)** (*manœuvre*) (*gén*) dummy move; (*Ftbl, Rugby*) dummy (*Brit*), fake (*US*); (*Boxe, Escrime*) feint. (*Rugby*) **faire une ~ to dummy;** (*Rugby*) **~ de passe** dummy pass.

(b) (*littér: ruse*) sham, pretence. **agir/parler sans ~** to act/ speak without dissimulation.

feinter [fɛ̃te] (1) *vt* (*Ftbl, Rugby*) to dummy (*Brit*) *ou* fake (*US*) (one's way past); (*Boxe, Escrime*) to feint at. **(b)** (⁑*: rouler, avoir*) to trick, have*, take in. **j'ai été feinté** I've been had* *ou* taken in. **2** *vi* (*Escrime*) to feint.

feldspath [feldspat] *nm* fel(d)spar.

fêler [fele] (1) *vt* to crack. **avoir le cerveau fêlé*** *ou* **la tête fêlée***, **être fêlé*** to be a bit cracked*. **2 se fêler** *vpr* to crack. **se ~ le bras** to crack a bone in one's arm; **voix fêlée** cracked *ou* hoarse voice.

félicitations [felisitasjɔ̃] *nfpl* congratulations (*pour* on). **~!** congratulations!; **faire ses ~ à qn de** *ou* **sur qch** to congratulate sb on sth; (*Scol, Univ*) **avec les ~ du jury** highly commended, summa cum laude.

félicité [felisite] *nf* (*littér, Rel*) bliss (*U*).

féliciter [felisite] (1) **1** *vt* to congratulate (*qn de* ou *sur qch* sb on sth). (*iro*) **je vous félicite!** congratulations! (*iro*), well done! (*iro*); **eh bien je ne vous félicite pas** you don't get any praise for that.

2 se féliciter *vpr* to congratulate o.s. (*de* on), be very glad *ou* pleased (*de* about). **je n'y suis pas allé et je m'en félicite** I didn't go and I'm glad *ou* very pleased I didn't; **il se félicitait d'avoir refusé d'y aller** he was congratulating himself on having *ou* patting himself on the back* for having refused to go.

félidés [felide] *nmpl* (*Zool*) **les ~** the Felidae (*T*), the cat family.

félin, e [felɛ̃, in] *adj* race feline; *allure, grâce* feline, catlike. (*Zool*) **les ~s** the (big) cats.

fellah [fela] *nm* fellah.

fellation [felasjɔ̃] *nf* fellatio.

félon, -onne [felɔ̃, ɔn] (*frm*) **1** *adj* perfidious (*frm*), disloyal, treacherous. **2** *nm* (*aussi hum*) traitor. **3 félonne** *nf* (*aussi hum*) traitress.

félonie [feloni] *nf* (*frm*) (*U*) perfidy (*frm*), disloyalty; (*acte*) act of treachery, perfidy.

felouque [f(ə)luk] *nf* felucca.

fêlure [felyʀ] *nf* (*lit, fig*) crack.

femelle [famɛl] **1** *adj* (*Bot, Tech, Zool*) female; *animal* (*gén*) she-, female; *oiseau* hen-, female; *baleine, éléphant* cow-, female. **2** *nf* (*Zool*) female; (⁑*péj: femme*) female⁑ (*péj*).

féminin, e [feminɛ̃, in] **1** *adj* (*gén, Ling*) feminine; *hormone, population, sexe* female; *mode, revendications, vêtements, Sport* épreuve, équipe women's. **elle est très peu ~e** she's not very feminine; **elle est déjà très ~e** she's already quite a young woman; **il a des traits assez ~s** he has rather feminine *ou* womanish features; *V* **éternel, intuition, rime** *etc.*

2 *nm* (*Ling*) feminine. **au** ～ in the feminine.
féminisant, e [feminizã, ãt] *adj* feminizing.
féminisation [feminizasjɔ̃] *nf* feminization.
féminiser [feminize] (1) **1** *vt* (*Bio*) to feminize; (*Ling*) to make feminine, put in the feminine; (*rendre efféminé*) to make effeminate.
　2 se féminiser *vpr* (*Bio*) to feminize; (*devenir efféminé*) to become effeminate. **la profession d'enseignant se féminise** teaching is becoming a woman's profession, women are now in the majority in the teaching profession.
féminisme [feminism(ə)] *nm* feminism.
féministe [feminist(ə)] *adj, nmf* feminist.
féminité [feminite] *nf* femininity.
femme [fam] **1** *nf* (**a**) (*individu*) woman. (*espèce*) **la** ～ woman; **une jeune** ～ a young woman *ou* lady; **les droits de la** ～ **mariée** the rights of married women *ou* a married woman; **la** ～ **sa vie** the only woman for him; **elle n'est pas** ～ **à faire ceci** she's not the type (of woman) to do that; **ce que** ～ **veut** ... what a woman wants ...; *V* **bon¹, bout, chercher** *etc*.
　(**b**) (*épouse*) wife. **demander qn pour** ～† to ask (for) sb's hand (in marriage)†; **prendre qn pour** ～† to take sb as one's wife († , *hum*), take sb to wife (*littér*); **chercher/prendre** ～ to seek/take a wife (*littér*).
　(**c**) (*profession*) ～ **médecin/professeur** (lady *ou* woman) doctor/teacher.
　(**d**) (*Jur*) **la** ～ **X** the wife of X, the woman X.
　2 *adj inv* (**a**) **être/devenir** ～ (*nubile*) to have reached *ou* attained/reach *ou* attain womanhood; (*n'être plus vierge*) to be/ become a woman; **être très** ～ (*féminine*) to be very much a woman, be very womanly.
　(**b**) **professeur/médecin** ～ woman *ou* lady teacher/doctor.
　3: **femme d'affaires** businesswoman; **femme auteur** authoress; **femme de chambre** chambermaid; **femme de charge** housekeeper; (*péj*) **femme entretenue**† kept woman; **femme d'esprit** woman of wit and learning; **femme fatale** femme fatale; **la femme au foyer** the housewife, the woman who stays at home; **femme d'intérieur** housewife; **être femme d'intérieur** to be homely (*Brit*) *ou* houseproud; **femme de lettres** woman of letters; **femme de mauvaise vie**† loose woman; **femme de ménage** domestic help, cleaning lady; **femme du monde** society woman; **la femme-objet** woman as a sex object; **femme de petite vertu**† woman of easy virtue; **femme de service** (*nettoyage*) cleaner; (*cantine*) dinner lady; **femme soldat** woman soldier; **femme de tête** strong-minded intellectual woman.
femmelette [famlɛt] *nf* (*péj*) (*homme*) weakling; (*femme*) frail female.
fémoral, e, *mpl* -**aux** [femɔral, o] *adj* femoral.
fémur [femyʀ] *nm* thighbone, femur (*T*); *V* **col**.
F.E.N. [fɛn] *nf abrév de* **Fédération de l'éducation nationale** (*confederation of teachers' unions*).
fenaison [fənɛzɔ̃] *nf* (*époque*) haymaking time; (*action*) haymaking.
fendant [fãdã] *nm* Swiss white wine (*from the Valais region*).
fendard‡, **fendart**‡ [fãdaʀ] *nm* trousers (*Brit*), pants (*US*).
fendillé, e [fãdije] (*ptp de* **fendiller**) *adj* (*V* **fendiller**) crazed; sprung; chapped.
fendillement [fãdijmã] *nm* (*V* **fendiller**) crazing; springing; chapping.
fendiller [fãdije] (1) **1** *vt* glace, plâtre, porcelaine, terre, vernis to craze; bois to spring; lèvres, peau to chap. **2 se fendiller** *vpr* to craze (over); to spring; to chap.
fendoir [fãdwaʀ] *nm* chopper, cleaver.
fendre [fãdʀ(ə)] (41) **1** *vt* (**a**) [*personne*] (*couper en deux*) bûche, ardoise to split; tissu to slit, slash. ～ **du bois** to chop wood; **il lui fendit le crâne d'un seul coup de son arme** he cleft open *ou* he split his skull with a single blow of his weapon.
　(**b**) [*éléments, cataclysme, accident*] rochers to cleave; mur, plâtre, meuble to crack. **cette chute lui a fendu le crâne** this fall cracked *ou* split his skull open; **le séisme fendit la colline dans le sens de la longueur** the earthquake split *ou* cleft the hill lengthwise *ou* along its length; *V* **geler**.
　(**c**) (*pénétrer*) to cut *ou* slice through, cleave through (*littér*). ～ **les flots/l'air** to cleave through (*littér*) the waves/air; **le soc fend la terre** the ploughshare cuts through the earth; (*fig*) ～ **la foule** to push *ou* cleave (*littér*) one's way through the crowd.
　(**d**) (*Habillement*) (*prévoir une fente*) jupe to put a slit in; veste to put a vent in; manche to put a slash in.
　(**e**) (*loc*) **ce récit me fend le cœur** *ou* **l'âme** this story breaks my heart *ou* makes my heart bleed; **des soupirs à** ～ **l'âme** heart-rending *ou* heartbreaking sighs.
　2 se fendre *vpr* (**a**) (*se fissurer*) to crack.
　(**b**) **il s'est fendu le crâne** he has cracked his skull; **se** ～ **la lèvre** to cut one's lip; **se** ～ **la pipe**‡ *ou* **la pêche**‡ *ou* **la poire**‡ *ou* **la gueule**‡ (*rire*) to laugh one's head off, split one's sides*; (*s'amuser*) to have a good laugh.
　(**c**) (*Escrime*) to lunge.
　(**d**) (‡) **se** ～ **de** *somme* to shell out*; bouteille, cadeau to lash out on*; **il ne s'est pas fendu!** he didn't exactly break himself!*
fendu, e [fãdy] (*ptp de* **fendre**) *adj* crâne cracked; lèvre cut; manche slashed; veste with a vent; jupe slit. **la bouche** ～**e jusqu'aux oreilles** with a grin (stretching) from ear to ear.
fenestrage [f(ə)nɛstʀaʒ] *nm* = **fenêtrage**.
fenestration [f(ə)nɛstʀasjɔ̃] *nf* (*Archit, Méd*) fenestration.
fenêtrage [f(ə)nɛtʀaʒ] *nm* (*Archit*) windows, fenestration (*T*).
fenêtre [f(ə)nɛtʀ(ə)] *nf* (**a**) window. **regarder/sauter par la** ～ to look out of *ou* through/jump out of the window; (*dans un train*) **coin** *ou* **place côté** ～ window seat, seat by the window; ～ **à guillotine** sash window; ～ **à battants/à meneaux** casement/

mullioned window; ～ **treillisée,** ～ **à croisillons** lattice window; ～ **mansardée** dormer window; ～ **en saillie** bow window, bay window; ～ **à tabatière** skylight; ～ **borgne** dim and viewless window; (*Ciné*) ～ **d'observation** port, (projectionist's) window; *V* **faux², porte** *etc*.
　(**b**) [*enveloppe, ordinateur*] window. **laisser une** ～ **sur un formulaire** to leave a space on a form.
　(**c**) (*Anat: dans l'oreille*) fenestra.
fenêtrer [f(ə)netʀe] (1) *vt* (*Archit*) to make windows in.
fenil [fəni(l)] *nm* hayloft.
fennec [fenɛk] *nm* fennec.
fenouil [fənuj] *nm* fennel.
fente [fãt] *nf* (**a**) (*fissure*) [*mur, terre, rocher*] crack, fissure, cleft; [*bois*] crack, split.
　(**b**) (*interstice*) (*dans un volet, une palissade*) slit; (*dans une boite à lettres*) slot, opening; (*dans une tirelire etc*) slit, slot; (*dans la tête d'une vis*) groove, slot; (*dans une jupe*) vent; (*dans un veston*) vent; (*dans une pèlerine etc*) slit, armhole.
fenugrec [f(ə)nygʀɛk] *nm* fenugreek.
féodal, e, *mpl* -**aux** [feɔdal, o] **1** *adj* feudal. **2** *nm* feudal lord.
féodaliser [feɔdalize] (1) *vt* to feudalize.
féodalisme [feɔdalism(ə)] *nm* feudalism.
féodalité [feɔdalite] *nf* (*Hist*) feudal system, feudalism.
fer [fɛʀ] **1** *nm* (**a**) (*métal*) iron. (*lit, fig*) **de** ～ iron (*épith*); **volonté de** ～ will of iron, iron will; *V* **âge, chemin, fil** *etc*.
　(**b**) (*barre, poutre*) iron girder. ～ **en T/U** T/U girder.
　(**c**) (*embout*) [*cheval*] shoe; [*soulier*] steel tip; [*club de golf*] iron; [*flèche, lance*] head, point; [*rabot*] blade, iron; *V* **plaie, quatre**.
　(**d**) (*outil*) [*relieur*] blocking stamp; [*tailleur*] iron.
　(**e**) (*fig: arme*) (*Escrime*) **engager/croiser le** ～ to engage/cross swords; **par le** ～ **et par le feu** by fire and by sword.
　(**f**) (††: *chaînes*) ～**s** chains, fetters, irons; **mettre un prisonnier aux** ～**s** to clap a prisoner in irons; (*fig littér*) **être dans les** ～**s** to be in chains *ou* irons.
　(**g**) (*Méd*††) ～**s** forceps.
　2: **fer-blanc** *nm, pl* **fers-blancs** tin(plate); (*lit, fig*) **fer à cheval** horseshoe; **fer doux** soft iron; **fer forgé** wrought iron; **fer à friser** curling tongs; **fer à gaufrer** goffering iron; (*fig*) **fer de lance** spearhead; **fer à repasser** (*ancien modèle*) (flat)iron; (*électrique*) (electric) iron; **donner un coup de fer (à repasser) à qch** to run the iron over sth, press sth; **fer rouge** red-hot iron; **marquer au fer rouge** to brand; **fer à souder** soldering iron; **fer à vapeur** steam iron.
ferblanterie [fɛʀblãtʀi] *nf* (*métier*) tinplate making; (*produit*) tinware; (*commerce*) tin trade; (*boutique*) ironmonger's (shop) (*Brit*), hardware store (*US*).
ferblantier [fɛʀblãtje] *nm* tinsmith. **ouvrier** ～ tinplate worker.
Ferdinand [fɛʀdinã] *nm* Ferdinand.
férié, e [feʀje] *adj*: **jour** ～ public holiday, official holiday; **le lundi suivant est** ～ the following Monday is a holiday.
férir [feʀiʀ] *vt*: **sans coup** ～ without meeting *ou* encountering any opposition.
ferler [fɛʀle] (1) *vt* (*Naut*) to furl.
fermage [fɛʀmaʒ] *nm* (*procédé*) tenant farming; (*loyer*) (farm) rent.
fermail, *pl* -**aux**†† [fɛʀmaj, o] *nm* (metal) clasp.
ferme¹ [fɛʀm(ə)] **1** *adj* (**a**) (*lit*) chair, fruit firm; sol firm, solid. **cette viande est un peu** ～ this meat is a bit tough; *V* **terre**.
　(**b**) (*assuré*) main, écriture steady, firm; voix firm; style, exécution, trait confident, assured. **être** ～ **sur ses jambes** to be steady on one's legs *ou* feet; **marcher d'un pas** ～ to walk with a firm stride *ou* step; **rester** ～ **dans l'adversité** to remain steadfast in adversity; *V* **attendre**.
　(**c**) (*déterminé*) personne, ton firm; décision, résolution firm, definite. **avec la** ～ **intention de faire** with the firm intention of doing.
　(**d**) (*Comm*) achat, vente firm; acheteur, vendeur firm, definite; (*Bourse*) marché, cours steady, buoyant. **prix** ～**s et définitifs** firm prices; **ces prix sont** ～**s** these prices are binding.
　2 *adv* (**a**) (*intensif*) travailler, cogner hard. **boire** ～ to drink hard; **discuter** ～ to discuss vigorously; *V* **tenir**.
　(**b**) (*Comm*) acheter, vendre definitely.
ferme² [fɛʀm(ə)] *nf* (**a**) (*domaine*) farm; (*habitation*) farmhouse. ～ **collective** collective farm; ～ **d'élevage** cattle(-breeding) farm; *V* **cour, fille, valet**. (**b**) (*Jur: contrat*) farm lease; (*Hist: perception*) farming (*of taxes*). **donner à** ～ **terres** to let, farm out; **prendre à** ～ **terres** to farm (on lease).
ferme³ [fɛʀm(ə)] *nf* (*Constr*) roof timbers, truss.
ferme⁴ [fɛʀm(ə)] *excl*: **la** ～!‡ shut up!‡, pipe down!*; *V aussi* **fermer**.
fermé, e [fɛʀme] (*ptp de* **fermer**) *adj* (**a**) porte, magasin, valise shut, closed; col, route closed; espace closed-in; voiture shut (up), locked; angle narrow; voyelle close, high; syllabe closed; série, ensemble closed; robinet off (*attrib*); chemise fastened (*attrib*), done up (*attrib*). **la porte est** ～**e à clef** the door's locked; (*Ftbl*) **pratiquer un jeu** ～ to play a tight game.
　(**b**) milieu, club exclusive, select. **cette carrière lui est** ～**e** this career is not open to him *ou* is closed to him; **l'atmosphère très** ～**e de cette station de ski** the exclusivity *ou* exclusiveness of this ski resort; **économie** ～**e** closed economy.
　(**c**) visage, air inscrutable, impassive, impenetrable; caractère impassive, uncommunicative; personne uncommunicative.
　(**d**) **être** ～ **à** sentiment, qualité to be impervious to *ou* untouched by *ou* closed to; science, art to have no appreciation of, have no feeling for.
fermement [fɛʀməmã] *adv* (*lit, fig*) firmly.
ferment [fɛʀmã] *nm* (*lit*) ferment, fermenting agent, leaven (*U*); (*fig*) ferment (*U*).
fermentation [fɛʀmãtasjɔ̃] *nf* fermentation. (*fig*) ～ **(des**

esprits) stirring people up; **en ~** (*lit*) fermenting; (*fig*) in a ferment.

fermenter [fɛRmɑ̃te] (1) *vi* (*lit*) to ferment, work; (*fig littér*) [*esprits*] to be in a ferment.

fermer [fɛRme] (1) **1** *vt* (**a**) *porte, fenêtre, tiroir, paquet* to close, shut; *rideaux* to draw (to), close, shut; *store* to pull down, draw (down), close, shut; *magasin, café, musée* (*le soir*) to shut, close; (*pour cause de vacances*) to shut (up), close. **~ à clef** *porte* to lock; *chambre* to lock (up); **~ au verrou** to bolt; **il ferma violemment la porte** he slammed the door shut; **~ (la porte) à double tour** to double-lock (the door); **~ la porte au nez de qn** to shut *ou* slam the door in sb's face; (*fig*) **~ sa porte** *ou* **sa maison à qn** to close one's door to sb; (*fig*) **maintenant, toutes les portes lui sont fermées** all doors are closed to him now; (*fig*) **~ la porte aux abus** to close the door to abuses; **va ~** go and close *ou* shut the door; **on ferme!** (it's) closing time!, the shop (*ou* pub *etc*) is closing (now); **on ferme en juillet** we close *ou* shut down in July, we're closed *ou* shut in July; **on ferme un jour par semaine** we close *ou* shut one day a week, we are closed *ou* shut one day a week; *V* **parenthèse**.

(**b**) *yeux, bouche, paupières* to close, shut. **ferme ta gueule‡**₂* shut your trap‡ *ou* face‡₂; **la ferme‡, ferme-la‡** shut *ou* belt up‡, wrap up‡ (*Brit*), shut your mouth‡, pipe down*; **je n'ai pas fermé l'œil de la nuit** I didn't get a wink of sleep *ou* I didn't sleep a wink all night; (*fig*) **~ les yeux** to turn a blind eye, look the other way; **~ les yeux sur** *misère, scandale* to close *ou* shut one's eyes to; *abus, fraude, défaut* to turn a blind eye to; **s'ils sont d'accord pour ~ les yeux, bon** if they don't mind turning a blind eye, all well and good; (*fig*) **~ son cœur à la pitié** to close one's heart to pity.

(**c**) *couteau, livre, éventail* to close, shut; *lettre* to close; *parapluie* to put down, close, shut; *main, poing* to close; *manteau, gilet* to do up, fasten.

(**d**) (*boucher*) *chemin, passage* to block, bar; *accès* to shut off, close off. **des montagnes ferment l'horizon** mountains hem in the horizon; **le champ/jardin était fermé par une haie** the field/garden was closed in *ou* enclosed by a hedge; (*Sport*) **~ le jeu** to tighten up play.

(**e**) (*interdire l'accès de*) *frontière, col, route* to close; *aéroport* to close (down), shut (down).

(**f**) (*cesser l'exploitation de*) *magasin, restaurant, école* to close (down), shut (down). **~ boutique** to shut up shop, close down; **obliger qn à ~ (boutique)** to put sb out of business; **ils ont dû ~ pour des raisons financières** they had to close down *ou* shut up shop *ou* cease trading because of financial difficulties.

(**g**) (*arrêter*) *liste, souscription, compte en banque, débat* to close. **~ la marche** to bring up the rear; **~ le cortège** to bring up the rear of the procession.

(**h**) *gaz, électricité, radio* to turn off, switch off, put off; *eau, robinet* to turn off; *lumière* to turn off *ou* out, switch off, put off; *vanne* to close.

2 *vi* (**a**) *[fenêtre, porte, boîte]* to close, shut. **cette porte/boîte ferme mal** this door/box doesn't close *ou* shut properly; **ce robinet ferme mal** this tap doesn't turn off properly.

(**b**) *[magasin]* (*le soir*) to close, shut; (*définitivement, pour les vacances*) to close down, shut down. **ça ferme à 7 heures** they close *ou* shut at 7 o'clock, closing time is 7 o'clock.

(**c**) *[vêtement]* to do up, fasten. **ça ferme par devant** it does up *ou* fastens at the front.

3 se fermer *vpr* (**a**) *[porte, fenêtre, livre]* to close, shut; *[fleur, coquillage]* to close (up); *[blessure]* to close (up); *[paupières, yeux]* to close, shut. **cela se ferme par devant** it does up *ou* fastens at the front; **l'avenir se fermait devant lui** the future was closing before him; **quand on essaie de lui expliquer cela, son esprit se ferme** when you try to explain that to him he closes his mind to it; **son cœur se fermait à la vue de cette misère** he refused to be moved *ou* touched by *ou* to let his heart *ou* feelings be touched by the sight of this poverty; **pays qui se ferme aux produits étrangers** country which closes its markets to foreign produce.

(**b**) *[personne]* **se ~ à la pitié/l'amour** to close one's heart *ou* mind to pity/love; **il se ferme tout de suite, dès qu'on le questionne d'un peu près** he clams up *ou* closes up immediately when one tries to question him closely.

fermeté [fɛRməte] *nf* (*V* **ferme¹**) firmness; solidness; steadiness; confidence; assurance; steadfastness. **avec ~** firmly, resolutely.

fermette [fɛRmɛt] *nf* (small) farmhouse.

fermeture [fɛRmətyR] *nf* (**a**) (*action: V* **fermer**) closing; shutting; drawing; pulling down; locking; bolting; blocking; shutting off; closing off; closing down; shutting down; turning off; switching off; switching out. (*Comm*) **~ annuelle** annual closure; (*Comm*) **~ définitive** permanent closure; **à (l'heure de) la ~** at closing time; **'ne pas gêner la ~ des portes'** 'do not obstruct the doors (when closing)'.

(**b**) (*mécanisme*) *[coffre-fort]* catch, latch; *[vêtement]* fastener, fastening; *[sac]* fastener, catch, clasp. **~ à glissière, ~ éclair** ® zip (fastener) (*Brit*), zipper.

fermier, -ière [fɛRmje, jɛR] **1** *adj*: **poulet ~** ≃ free-range chicken, farm chicken; **beurre ~** dairy butter. **2** *nm* (**a**) (*cultivateur*) farmer. (**b**) (*Hist*) **~ général** farmer general. **3 fermière** *nf* farmer's wife; (*indépendante*) (woman) farmer.

fermium [fɛRmjɔm] *nm* fermium.

fermoir [fɛRmwaR] *nm* [*livre, collier, sac*] clasp.

féroce [feRɔs] *adj* *animal, regard, personne* ferocious, fierce, savage; *répression, critique* fierce, savage; *envie* savage, raging; *appétit* ferocious, ravenous. **avec une joie ~** with (a) savage joy; *V* **bête**.

férocement [feRɔsmɑ̃] *adv* (*V* **féroce**) ferociously, fiercely, savagely.

férocité [feRɔsite] *nf* (*V* **féroce**) ferocity, ferociousness, fierceness, savagery.

Féroé [feRɔe] *nm*: **les îles ~** the Faroe Islands.

ferrage [feRaʒ] *nm* [*cheval*] shoeing.

ferraillage [feRajaʒ] *nm* (*Constr*) (iron) framework.

ferraille [feRɑj] *nf* (**a**) (*déchets de fer*) scrap (iron), old iron. **tas de ~** scrap heap; **bruit de ~** clanking *ou* rattling noise; **mettre une voiture à la ~** to scrap a car, send a car for scrap; **la voiture n'était plus qu'un amas de ~** the car was no more than a heap of twisted metal.

(**b**) (*: monnaie*) small *ou* loose change.

ferrailler†† [feRaje] (1) *vi* (*péj*) to clash swords.

ferrailleur [feRajœR] *nm* (**a**) scrap (metal) merchant. (**b**) (†† *péj*) swashbuckler.

Ferrare [feRaR] *nf* Ferrara.

ferrate [feRat] *nm* ferrate.

ferré, e [feRe] (*ptp de* **ferrer**) *adj* (**a**) *canne, bâton* steel-tipped; *soulier* hobnailed; *lacet* tagged; *cheval* shod; *roue* steel-rimmed. (*Rail*) **voie ~e** (*rails*) track, permanent way (*Brit*) (*T*); (*route*) line; **par voie ~e** by rail, by train.

(**b**) (*: calé*) well up* (*sur, en* in), clued up* (*en, sur* about). **être ~ sur un sujet** to be well up* in a subject *ou* hot* at a subject, know a subject inside out.

ferrement [feRmɑ̃] *nm* (**a**) (*garniture*) iron fitment. (**b**) = **ferrage**.

ferrer [feRe] (1) *vt* (**a**) *cheval* to shoe; *roue* to rim with steel; *soulier* to nail; *lacet* to tag; *bâton* to tip, fit a metal tip to; *porte* to fit with iron corners. (**b**) *poisson* to strike.

ferret [feRe] *nm* (**a**) *[lacet]* (metal) tag. (**b**) (*Minér*) **~ d'Espagne** red haematite.

ferreux, -euse [feRø, øz] *adj m* ferrous.

ferrique [feRik] *adj* ferric.

ferrite [feRit] *nf* ferrite.

ferro- [feRɔ] *préf* (*Chim, Phys*) ferro-.

ferro-alliage, *pl* ferro-alliages [feRɔaljaʒ] *nm* iron alloy.

ferronnerie [feRɔnRi] *nf* (*atelier*) ironworks; (*métier*) ironwork; (*objets*) ironwork, ironware. **faire de la ~ d'art** to be a craftsman in wrought iron; **une grille entièrement en ~** a gate made entirely in wrought iron; **c'est un beau travail de ~** that's a fine piece of wrought iron work.

ferronnier [feRɔnje] *nm* (*artisan*) craftsman in (wrought) iron; (*commerçant*) ironware merchant. **~ d'art** craftsman in wrought iron.

ferroviaire [feRɔvjɛR] *adj* *réseau, trafic* railway (*épith*) (*Brit*), railroad (*épith*) (*US*), rail (*épith*); *transport* rail.

ferrugineux, -euse [feRyʒinø, øz] *adj* ferruginous.

ferrure [feRyR] *nf* (**a**) *[porte]* (ornamental) hinge. (**b**) *[cheval]* shoeing.

ferry, *pl* ferries [feRi] *nm abrév de* **ferry-boat**.

ferry-boat, *pl* ferry-boats [feRebot] *nm* *[voitures]* (car) ferry; *[trains]* (train) ferry.

fertile [fɛRtil] *adj* *sol, région* fertile, fruitful, productive; *esprit, imagination* fertile. **affaire ~ en rebondissements** affair which triggers off *ou* which spawns a whole series of new developments; **journée ~ en événements/en émotions** eventful/emotion-packed day.

fertilisable [fɛRtilizabl(ə)] *adj* fertilizable.

fertilisant, e [fɛRtilizɑ̃, ɑ̃t] *adj* fertilizing.

fertilisation [fɛRtilizasjɔ̃] *nf* fertilization.

fertiliser [fɛRtilize] (1) *vt* to fertilize.

fertilité [fɛRtilite] *nf* (*lit, fig*) fertility. **d'une grande ~ d'esprit** with a highly fertile mind.

féru, e [feRy] *adj* (*frm*) **être ~ de** to be keen on (*Brit*) *ou* passionately interested in.

férule [feRyl] *nf* (*Hist Scol*) ferula. (*fig*) **être sous la ~ de qn** to be under sb's (firm *ou* iron) rule.

fervent, e [fɛRvɑ̃, ɑ̃t] **1** *adj* fervent, ardent. **2** *nm, f* devotee. **~ de musique** music lover, devotee of music.

ferveur [fɛRvœR] *nf* fervour, ardour. **avec ~** fervently, ardently.

fesse [fɛs] *nf* (**a**) (*Anat*) buttock. **les ~s** the buttocks, the bottom, the bum‡ (*Brit hum*), the backside*; **coup de pied aux ~s*** kick in the backside* *ou* in the pants*; **le bébé a les ~s rouges** the baby's got a bit of nappy (*Brit*) *ou* diaper (*US*) rash, the baby's got a sore bottom; *V* **pousser, serrer** *etc*.

(**b**) (*₂*: *femmes*) **film où il y a de la ~** film with lots of (bare) bums (*Brit*) *ou* ass (*US*) and tits in it*₂*; **il y avait de la ~ à ce bal** there were some really smart *ou* sexy pieces‡ *ou* there was some lovely crumpet‡ (*Brit*) at that dance.

fessée [fese] *nf* spanking, smack on the bottom. **je vais te donner une ~** I'm going to smack your bottom.

fesse-mathieu, *pl* fesse-mathieux†† [fɛsmatjø] *nm* skinflint.

fesser [fese] (1) *vt* to give a spanking to, spank.

fessier, -ière [fesje, jɛR] **1** *adj* *muscles* buttock (*épith*), gluteal (*T*). **2** *nm* (*Anat*) gluteus (*T*); (*‡*) behind, backside*, ass‡ (*US*).

fessu, e* [fesy] *adj* with a big bottom (*attrib*), big-bottomed.

festif, -ive [fɛstif, iv] *adj* festive.

festin [fɛstɛ̃] *nm* feast. **c'était un vrai ~** it was a real feast.

festival, *pl* ~s [fɛstival] *nm* (*Mus, Théât*) festival. (*fig*) **ce fut un vrai ~ (de talent)!** what a feast *ou* brilliant display (of talent) it was!

festivités [fɛstivite] *nfpl* (*gén*) festivities; (*: repas joyeux*) festivities, merrymaking.

festoiement [fɛstwamɑ̃] *nm* feasting.

feston [fɛstɔ̃] *nm* (*guirlande, Archit*) festoon; (*Couture*) scallop. **à ~** scalloped; *V* **point²**.

festonner [fɛstɔne] (1) *vt façade* to festoon; *robe* to scallop.

festoyer [fɛstwaje] (8) *vi* to feast.

fêtard, e* [fɛtaR, aRd] *nm, f* (*péj*) high liver, roisterer. **réveillé par une bande de ~s** woken up by a band of merrymakers *ou* roisterers.

fête [fɛt] **1** nf **(a)** (commémoration) (religieuse) feast; (civile) holiday. **la Toussaint est la ~ de tous les saints** All Saints' Day is the feast of all the saints; **le 11 novembre est la ~ de la Victoire** November 11th is the day we celebrate ou for celebrating the Victory (in the First World War); **Noël est la ~ des enfants** Christmas is the festival for children.
(b) (jour du prénom) saint's day, name day. **la ~ de la Saint-Jean** Saint John's day; **souhaiter sa** ou **bonne ~ à qn** to wish sb a happy saint's day.
(c) (congé) holiday. **nous avons 3 jours de ~ au 15 août** we have 3 days off around August 15th; **les ~s** (de fin d'année) the (Christmas and New Year) celebrations ou holidays; **demain c'est ~** tomorrow is a holiday.
(d) (foire) fair; (kermesse) fête, fair; (exposition, salon) festival, show. **~ paroissiale/communale** parish/local fête ou fair; **~ de la bière/du jambon** beer/ham festival; **~ de l'aviation** air show; **la ~ de la moisson** the harvest festival; **~ de la vendange** festival of the grape harvest; **c'est la ~ au village** the fair is on in the village; **la ~ de la ville a lieu le premier dimanche de mai** the town festival takes place on the first Sunday in May; **la foule en ~** the festive crowd; **air/atmosphère de ~** festive air/atmosphere; V **comité**, **jour** etc.
(e) (réception) **donner une ~ dans son château/parc** to put on a lavish entertainment in one's château/grounds; **donner une petite ~ pour célébrer sa nomination** to hold a little party to celebrate one's appointment; **les ~s en l'honneur d'un souverain étranger** the celebrations in honour of a foreign monarch; **c'est la ~ chez nos voisins** our neighbours are celebrating.
(f) (allégresse collective) **la ~** celebration; **c'est la ~!** everyone's celebrating!, everyone's in a festive mood!
(g) (loc) **hier il était à la ~** he had a field day yesterday, it was his day yesterday; **je n'étais pas à la ~** it was no picnic (for me)*, I was feeling pretty uncomfortable; **il n'avait jamais été à pareille ~** he'd never had such a fine time; **être de la ~** to be one of the party; **ça va être ta ~** you've got it coming to your*, you're going to get it in the neck‡; **faire sa ~ à qn‡** to bash sb up‡; **faire la ~** to live it up*, have a wild time; **faire ~ à qn** to give sb a warm welcome ou reception; **le chien fit ~ à son maître** the dog fawned on ou made up to its master; **elle se faisait une ~ d'y aller/de cette rencontre** she was really looking forward to going/to this meeting.
2: fête carillonnée great feast day; **fête de charité** charity bazaar ou fair; **Fête-Dieu** nf, pl **Fêtes-Dieu** Corpus Christi; **fête de famille** family celebration; **fête fixe** fixed festival; **fête foraine** fun fair; **la fête du Grand Pardon** the Day of Atonement; **fête légale** public holiday; **la fête des Mères** Mother's Day, Mothering Sunday (Brit); **fête mobile** movable feast; **la fête des morts** All Souls' Day; **fête nationale** national holiday ou festival; (Can) **le jour de la Fête nationale** Confederation Day; **la fête des Pères** Father's Day; **la fête des Rois** Twelfth Night; **la fête du travail** Labour Day, first of May; **fête de village** village fête.

fêter [fete] (1) vt anniversaire, victoire to celebrate; personne to fête. **~ un ami qui revient d'un long voyage** to have a celebration for a friend who is back from a long journey.

fétiche [fetiʃ] nm (lit) fetish; (fig: mascotte) mascot.

fétichisme [fetiʃism(ə)] nm fetishism.

fétichiste [fetiʃist(ə)] adj, nmf fetishist.

fétide [fetid] adj fetid.

fétidité [fetidite] nf fetidness.

fétu [fety] nm: **~ (de paille)** wisp of straw.

feu¹ [fø] **1** nm **(a)** (source de chaleur) fire. **~ de bois/tourbe** wood/peat fire; **allumer/faire un ~** to light/make a fire; **faire du ~** to have ou make a fire; **jeter qch au ~** to throw sth on the fire; **un ~ d'enfer brûlait dans la cheminée** a fire blazed brightly ou a hot fire blazed in the fireplace; (pour une cigarette) **avez-vous du ~?** do you have a light?; **condamné au (supplice du) ~** condemned to be burnt at the stake; (Hist) **juger par le ~** to try by fire (Hist); **sur un ~ de braises** on glowing embers.
(b) (incendie) fire. **prendre ~** to catch fire; **mettre le ~ à qch** to set fire to sth, set sth on fire; **le ~ a pris dans la grange** fire has broken out in the barn; **en ~** on fire; **il y a le ~** there's a fire; (fig) **il n'y a pas le ~!** there's no panic*!, take your time!; **au ~!** fire!
(c) (signal lumineux) (Aut, Aviat, Naut) light. **le ~ était (au) rouge** the lights were at red; **s'arrêter au(x) feu(x)** to stop at the lights; **naviguer tous ~x éteints** to sail without lights; **les ~x de la côte** the lights of the shore.
(d) (Culin) (brûleur) burner; (plaque électrique) ring (Brit), burner. **cuisinière à 3 ~x** stove with 3 rings (Brit) ou burners; **mettre qch/être sur le ~** to put sth/be on the stove; **plat qui va sur le ~** ou **au ~** fireproof dish; **faire cuire à ~ doux/vif** to cook over a slow/fast ou brisk heat; (au four) **to cook in a slow/fast ou hot oven; faire cuire à petit ~** to cook gently; (fig) **faire mourir qn à petit ~** to kill sb by inches.
(e) (Mil) (combat) action; (tir) fire. **aller au ~** to go to the firing line; **tué au ~** killed in action; **faire ~ to fire; ~! fire!; ~ à volonté!** fire at will!; **sous le ~ de l'ennemi** under enemy fire; **~ nourri/rasant/roulant** sustained/grazing/running fire; (fig) **un ~ roulant de questions** a running fire of questions; **des ~x croisés** crossfire; **~ en rafales** firing in bursts.
(f) (arg Crime: revolver) gun, gat‡, rod‡.
(g) (††: maison) hearth†, homestead. **un hameau de 15 ~x** a hamlet of 15 homesteads; **sans ~ ni lieu†** with neither hearth nor home†.
(h) (ardeur) fire. **plein de ~** full of fire; **parler avec ~** to speak with fire; **dans le ~ de l'action/de la discussion** in the heat of (the) action/the discussion; **le ~ de son éloquence** the fire of his eloquence; **il prend facilement ~ dans la discussion** he easily

gets heated in discussion; **un tempérament de ~** a fiery temperament; **dans le ~ de la colère, il ... in the heat of his anger, he ...; **avoir du ~ dans les veines** to have fire in one's blood.
(i) (sensation de brûlure, de chaleur) **j'ai le ~ au visage** my face is burning; **j'ai la gorge/les joues en ~** my throat is/my cheeks are burning; **le poivre met la bouche en ~** pepper makes your mouth burn; **le ~ lui monta au visage** the blood rushed to his face; **le ~ du rasoir** shaving rash; **le ~ d'un whisky** the fire ou the fiery taste of a whisky; **le ~ de la fièvre** the heat of fever.
(j) (éclairage) light. **être sous le ~ des projecteurs** (lit) to be in the glare of the spotlights; (fig) to be in the limelight; **mettre pleins ~x sur qn/qch** to put the spotlight on sb/sth; **pleins ~x sur spotlight on; les ~x de la rampe** the footlights; **les ~x de l'actualité sont dirigés sur eux** the spotlight is on them, the full glare of the media is on them.
(k) (littér: éclat) **les ~x d'une pierre précieuse** the fire of a precious stone; **ce diamant jette mille ~x** this diamond flashes ou sparkles brilliantly; **le ~ de son regard** the fire in his gaze, his fiery gaze.
(l) (littér: lumière) **les ~x de la nuit** the lights in the night; **les ~x du couchant** the fiery glow of sunset; **le ~ du ciel** the fire of heaven; **les ~x de la ville** the lights of the town; (chaleur) **les ~x de l'été** the summer heat.
(m) (loc) **avoir le ~ sacré** to burn with zeal; **faire ~ de tout bois** to make the most of what one has, turn everything to account; **mettre le ~ aux poudres** to touch off an explosion ou a crisis; **avoir le ~ au derrière*** ou **au cul*‡** ou **aux trousses** to run like the blazes* ou like hell‡, be in a devil of a hurry*; (être sexuellement chaud) **avoir le ~ au derrière*** ou **au cul*‡** to be a randy* ou sexy ou hot* number; **mettre une ville à ~ et à sang** to put a town to fire and the sword; **mettre à ~ une fusée** to fire off a rocket; **au moment de la mise à ~** at the moment of blast-off; **jeter** ou **lancer ~ et flammes** to breathe fire and fury, be in a towering rage; **être tout ~ tout flamme** to be wildly enthusiastic; V **arme, baptême, coin** etc.
2 adj inv. **rouge ~** flame red; **de couleur ~** flame-coloured; **chien noir et ~** black and tan dog.
3: feu arrière rear light (Brit), tail light; **feu d'artifice** firework display, fireworks; **un beau feu d'artifice** beautiful fireworks; **feu de Bengale** Bengal light; **feux de brouillard** ou **anti-brouillard** fog lights ou lamps; **feu de brousse** bush fire; **feu de camp** campfire; **feu de cheminée** chimney fire; **ils ont eu un feu de cheminée** their chimney went on fire; **feux clignotants** flashing lights; **feux de croisement** dipped headlights (Brit), low beams (US); **feux de détresse** hazard warning lights; **feu follet** will-o'-the-wisp; **feu grégeois** Greek fire; **feu de joie** bonfire; **feu orange** orange light, amber (light); (fig) **feu de paille** flash in the pan; **feu de pinède** (pine) forest fire; **feu de position** sidelight; **feux de recul** reversing lights; **feu rouge** (couleur) red light; (objet) traffic light; **tournez au prochain feu rouge** turn at the next set of traffic lights; **feux de route** headlamps ou headlights on full beam; **feux de signalisation** traffic lights; **feux de stationnement** parking lights; **feu de stop** stop ou brake light; **feu vert** green light; (fig) **donner le feu vert à qch/qn** to give sth/sb the green light ou the go-ahead.

feu², **e** [fø] adj (inv devant art ou adj poss) (frm) **~ ma tante, ma ~e tante** my late aunt.

feuillage [fœjaʒ] nm (sur l'arbre) foliage (U); (coupé) greenery (U). **les oiseaux gazouillaient dans le ~** ou **les ~s** the birds were twittering among the leaves ou the foliage.

feuillaison [fœjɛzɔ̃] nf leafing, foliation (T). **à l'époque de la ~** when the trees come into leaf.

feuille [fœj] **1** nf **(a)** [arbre, plante] leaf; (littér: pétale) petal. **à ~s caduques/persistantes** deciduous/evergreen; V **trèfle, trembler**.
(b) [papier, bois, ardoise, acier] sheet. **les ~s d'un cahier** the leaves of an exercise book; **or en ~s** gold leaf; **doré à la ~ d'or** gilded with gold leaf.
(c) (bulletin) slip; (formulaire) form; (journal) paper; (*: oreille) ear, lug* (Brit). **~ à scandales** scandal sheet; (Scol) **~ d'appel** daily register (sheet) (Brit), attendance sheet (US); **dur de la ~*** hard of hearing.
(d) (Ordin) **~ de programmation** work ou coding sheet.
2: feuille de chêne (Bot) oak-leaf; (Mil fig) general's insignia; **feuille de chou** (péj: journal) rag; **oreilles en feuille de chou*** cauliflower ears*; **feuille de maladie** form supplied by doctor to patient for forwarding to the Social Security; **feuille de garde** end-paper; **feuille d'impôt** tax form ou slip; **feuille morte** dead leaf; (Aviat) **descendre en feuille morte** to do the falling leaf; (couleur) **feuille-morte** adj inv russet; **feuille de paye** pay slip; **feuille de présence** attendance sheet; (Mil) **feuille de route** travel warrant; **feuille de température** temperature chart; **feuilles de thé** tea leaves; **feuille de vigne** (Bot, Culin) vine leaf; (Sculp) fig leaf; **feuille volante** loose sheet.

feuillet [fœjɛ] nm **(a)** [cahier, livre] leaf, page; [bois] layer.
(b) [ruminants] omasum, manyplies.

feuilleté, **e** [fœjte] (ptp de **feuilleter**) **1** adj roche foliated; pare-brise, verre laminated. **pâte ~e** puff pastry, flaky pastry; **pare-brise ~** laminated windscreen (Brit) ou windshield (US). **2** nm (pâtisserie) ≃ Danish pastry. **~ au jambon/aux amandes** ham/almond pastry.

feuilleter [fœjte] (4) vt **(a)** pages, livre to leaf through; (fig: lire rapidement) to leaf ou skim ou glance through.
(b) (Culin) **~ de la pâte** to turn and roll (puff ou flaky) pastry; **cette pâte n'est pas assez feuilletée** this pastry hasn't been turned and rolled enough.

feuilleton [fœjtɔ̃] nm (Presse, Rad) (histoire à suivre) serial; (histoire complète) series (sg). **feuilleton télévisé** (gén) television serial, (péj) soap (opera)*; **publié en ~** serialized; V **roman¹**.

feuilletoniste [fœjtɔnist(ə)] *nmf* serial writer.
feuillette [fœjɛt] *nf* cask, barrel (*containing 114-140 litres*).
feuillu, e [fœjy] **1** *adj* leafy. **2** *nm* broad-leaved tree.
feuillure [fœjyʀ] *nf* rebate, rabbet.
feulement [følmã] *nm* growl.
feuler [føle] (1) *vi* to growl.
feutrage [føtʀaʒ] *nm* felting.
feutre [føtʀ(ə)] *nm* (*Tex*) felt; (*chapeau*) felt hat, trilby (*Brit*), fedora (*US*); (*stylo*) felt-tip (pen), felt pen.
feutré, e [føtʀe] (*ptp de* **feutrer**) *adj* (a) *étoffe, surface* felt-like, felt (*épith*). (b) (*fig*) *atmosphère, bruit* muffled. **marcher à pas ~s** to walk with a muffled tread, pad along *ou* about.
feutrer [føtʀe] (1) **1** *vt* to line with felt, felt; (*fig: amortir*) to muffle. **2** *vi* to felt. **3 se feutrer** *vpr* to felt, mat. **mon pullover s'est feutré** my pullover has gone all matted *ou* has felted..
feutrine [føtʀin] *nf* (lightweight) felt.
fève [fɛv] *nf* (a) (*Bot*) broad bean. (b) charm (*hidden in cake for Twelfth Night*). (c) (*Can**) bean. **~s jaunes** wax beans; **~s vertes** string *ou* French beans; **~s au lard** pork and beans, (baked) beans.
février [fevʀije] *nm* February; *pour loc V* **septembre.**
fez [fɛz] *nm* fez.
F.F. (a) *abrév de* franc français; *V* franc. (b) (*abrév de* Fédération française de...) French Federation of.... (c) *abrév de* frères.
F.F.I. [ɛfɛfi] *nfpl abrév de* Forces françaises de l'intérieur (*French army of the Resistance, operating within France during World War II*).
F.F.L. [ɛfɛfɛl] *nfpl* (*abrév de* Forces françaises libres) Free French Army.
FG *abrév de* faubourg.
fi [fi] *excl* (††, *hum*) bah!, pooh! **faire ~ de** to snap one's fingers at.
fiabilité [fjabilite] *nf* reliability, dependability.
fiable [fjabl(ə)] *adj* reliable, dependable.
fiacre [fjakʀ(ə)] *nm* (hackney) cab *ou* carriage, hackney.
fiançailles [fjãsaj] *nfpl* engagement, betrothal (*littér*).
fiancé, e [fjãse] (*ptp de* **fiancer**) **1** *adj* engaged. **être ~** to be engaged. **2** *nm* (*homme*) fiancé. (*couple*) **les ~s** the engaged couple. **3 fiancée** *nf* fiancée.
fiancer [fjãse] (3) **1** *vt* to betroth (*littér*) (*avec, à* to). **2 se fiancer** *vpr* to become *ou* get engaged *ou* betrothed (*littér*) (*avec, à* to).
fiasco [fjasko] *nm* fiasco. **faire ~** to be *ou* turn out a fiasco.
fiasque [fjask(ə)] *nf* wine flask.
fibranne [fibʀan] *nf* bonded fibre.
fibre [fibʀ(ə)] *nf* (a) (*lit: gén*) fibre. **~ de bois/carbone** wood/carbon fibre; **~s nerveuses** nerve fibres; **~ de verre** fibre-glass, Fiberglas ® (*US*); **dans le sens des ~s** with the grain; **la ~ optique** fibre optics; **câble en ~s optiques** fibre-optic cable.
  (b) (*fig: âme*) **avoir la ~ maternelle/militaire** to be a born mother/soldier, have a strong maternal/military streak in one; **faire jouer la ~ patriotique** to play on *ou* stir patriotic feelings; **toutes ses ~s se révoltèrent** everything within him rebelled.
fibreux, -euse [fibʀø, øz] *adj texture* fibrous; *viande* stringy.
fibrillation [fibʀijasjɔ̃] *nf* fibrillation.
fibrille [fibʀij] *nf* fibril, fibrilla.
fibrine [fibʀin] *nf* fibrin.
fibrinogène [fibʀinɔʒɛn] *nm* fibrinogen.
fibrociment [fibʀɔsimã] *nm* fibrocement.
fibrome [fibʀom] *nm* fibroid, fibroma.
ficelage [fislaʒ] *nm* (*action*) tying (up); (*liens*) string.
ficeler [fisle] (4) *vt* (a) *paquet, rôti, prisonnier* to tie up. **ficelé comme un saucisson** tied up like a parcel *ou* in a bundle.
  (b) (**: habiller*) to rig out* (*Brit*), get up*. **ta mère t'a drôlement ficelé!** that's some rig-out* (*Brit*) *ou* get-up* your mother has put you in!; **être bien/mal ficelé** to be well/badly rigged out* (*Brit*) *ou* got up*.
ficelle [fisɛl] *nf* (a) (*matière*) string; (*morceau*) piece *ou* length of string; (*pain*) stick (of French bread); (*arg Mil*) stripe (*of officer*).
  (b) (*loc*) **tirer les ~s** to pull the strings; **connaître les ~s du métier** to know the tricks of the trade, know the ropes; **la ~ est un peu grosse** you can see right through it.
fichage [fiʃaʒ] *nm*: **le ~ de la population** filing *ou* recording information on the population.
fiche¹ [fiʃ] *nf* (a) (*carte*) (index) card; (*feuille*) sheet, slip; (*formulaire*) form. **~ d'état civil** record of civil status, ≃ birth and marriage certificate; **~ perforée** perforated card; **~ de paye** pay slip; (*Police*) **~ signalétique** identification sheet; **mettre en ~** to index.
  (b) (*cheville*) pin, peg; (*Élec*) (*broche*) pin; (*prise*) plug.
fiche²* [fiʃ] *vb V* **ficher²*.**
ficher¹ [fiʃe] (1) **1** *vt* (a) (*mettre en fiche*) *renseignements* to file; *suspects* to put on file, data (*US*). **tous les meneurs sont fichés à la police** the police have files on all subversives.
  (b) (*enfoncer*) to stick in, drive in. **~ qch en terre** to drive sth into the ground.
  2 se ficher *vpr* to stick. **la flèche s'est fichée dans la cible** the arrow embedded itself in the target; **j'ai une arête fichée dans le gosier** I've got a fishbone stuck in my throat, a fishbone has got stuck in my throat.
ficher²* [fiʃe] (1) (*ptp courant* fichu) **1** *vt* (a) (*faire*) to do. **qu'est-ce qu'il fiche, il est déjà 8 heures** what on earth *ou* what the heck* is he doing *ou* is he up to* — it's already 8 o'clock; **qu'est-ce que tu as fichu aujourd'hui?** what have you been up to* *ou* what have you done today?; **il n'a rien fichu de la journée** he hasn't done a damned* *ou* blinking* (*Brit*) thing all day, he hasn't done a stroke (*Brit*) all day*, he hasn't lifted a finger all day; (*pour*) **ce que j'en ai à fiche, de leurs histoires** what's it to me, all this carry-on* of theirs?
  (b) (*donner*) **~ une trempe** *ou* **raclée à qn** to give sb a walloping*; **ça me fiche la trouille** it gives me the jitters* *ou* the willies*;

ce truc me fiche la migraine this darned* *ou* blinking* (*Brit*) thing gives me a headache; **fiche-moi la paix!** leave me alone!; **eux, faire ça? je t'en fiche!** you think they'd do that? not a hope*! *ou* you'll be lucky*!; **ça va, nous ~ la poisse** that'll bring us bad luck *ou* put a jinx* on us; **je vous fiche mon billet que ...** I bet you anything (you like) *ou* my bottom dollar* that ...; **qui est-ce qui m'a fichu un idiot pareil!** of all the blinking (*Brit*) idiots*!, how stupid can you get*!
  (c) (*mettre*) to put. **fiche-le dans le tiroir** bung* (*Brit*) *ou* stick* it in the drawer; **~ qn à la porte** to chuck* *ou* kick* *ou* boot* sb out; **se faire ~** *ou* **fiche à la porte** to get o.s. chucked* *ou* kicked* out, get the push* *ou* the sack*; **~ qch par la fenêtre/à la corbeille** to chuck* sth out of the window/in the wastebasket; **ce médicament me fiche à plat** this medicine knocks me right out* *ou* knocks me for six* (*Brit*); **~ qch par terre** to send sth flying; (*fig*) **ça fiche tout par terre** that mucks* *ou* messes everything up; **~ qch en l'air** to mess sth up, get sth in a mess; **tout ~ en l'air** (*envoyer promener*) to chuck everything up*; **~ qn dedans** (*emprisonner*) to put sb inside*; (*faire se tromper*) to drop sb in it*; **ça m'a fichu en colère** that really made me (hopping) mad*.
  (d) **~ le camp** to clear off*, shove off*, push off*; **fiche-moi le camp!** clear off!*, shove off!*, push off!*, beat it!*, scram!*
  2 se ficher *vpr* (a) (*se mettre*) **attention, tu vas te ~ ce truc dans l'œil** careful, you're going to stick that thing in your eye; (*fig*) **se ~ qch dans le crâne** to get sth into one's head *ou* noddle*; (*fig*) **je me suis fichu dedans** I (really) boobed*; **se ~ par terre** to go sprawling, come a cropper* (*Brit*); **il s'est fichu en l'air avec sa bagnole de sport** he smashed himself up* in his sports car.
  (b) (*se gausser*) **se ~ de qn** to pull sb's leg; **se ~ de qch** to make fun of sth; (*être indifférent*) **se ~ de qn/de qch/de faire qch***, not to care two hoots about sb/about sth/about doing sth*; (*dépasser les bornes*) **se ~ de qn** to mess sb about* (*Brit*); **laisse-le tomber, tu vois bien qu'il se fiche de toi** drop him — it's perfectly obvious that he's leading you on* *ou* he couldn't care less about you; **il s'en fiche pas mal** he couldn't care less *ou* give a darn* (about it); **ah ça ils se fichent de nous, 30 F pour une bière!** what (on earth) do they take us for *ou* they really must think we're idiots, 30 francs for a beer!; **il se fiche de nous, c'est la troisième fois qu'il se décommande** he's really messing us about* (*Brit*) *ou* he's giving us the runaround* — that's the third time he has cancelled his appointment; **ce garagiste se fiche du monde!** that garage man is the absolute limit!* *ou* has got a flipping (*Brit*) *ou* darned nerve!*, who the heck* does that garage man think he is!; **là, ils ne se sont vraiment pas fichus de nous** they really did us proud!; **il s'en fiche comme de sa première chemise** *ou* **comme de l'an quarante** he couldn't care two hoots* *ou* tuppence* (*Brit*) (about it), what the heck does he care*!
  (c) (‡)**va te faire fiche!** get lost*!, go to blazes*!, take a running jump!*; **j'ai essayé, mais va te faire ~!** ça n'a pas marché I did try but blow me* (*Brit*), it didn't work, I did try but I'll be darned if it worked* (*US*).
fichier [fiʃje] *nm* file; [*bibliothèque*] catalogue. **~** (informatisé) data file; (*Ordin*) **~ maître** master file; (*Ordin*) **~ de travail** scratch *ou* work file.
fichtre* [fiʃtʀ(ə)] *excl* gosh!*
fichtrement* [fiʃtʀəmã] *adv* dashed* (*Brit*), darned*. **ça a coûté ~ cher** it was dashed (*Brit*) *ou* darned expensive*.
fichu¹ [fiʃy] *nm* (head)scarf; (*Hist: couvrant le corsage*) fichu.
fichu², e [fiʃy] (*ptp de* **ficher²**) *adj* (a) (*avant n*) (*sale*) *temps, métier, idée* darned*, wretched*; (*mauvais*) rotten*, lousy*, foul*; (*sacré*) one heck of a*, a heck of a*. **avec ce ~ temps on ne peut rien faire** with this darned* *ou* wretched* weather we can't do a thing; **il fait un ~ temps** the weather's rotten* *ou* lousy* *ou* foul*, what rotten* *ou* lousy* *ou* foul* weather; **il a un ~ caractère** he's got a rotten* *ou* lousy* temper, he's a nasty piece of work* (*Brit*); **il y a une ~e différence** there's one heck of a *ou* a heck of a difference*.
  (b) (*après n: perdu, détruit*) *malade, vêtement* done for*; *appareil* done for*, bust*. **il/ce veston est ~** he/this jacket has had it* *ou* is done for*; **avec ce temps, le pique-nique est ~** with weather like this, we've had it for the picnic* *ou* the picnic has had it*.
  (c) (*habillé*) rigged out* (*Brit*), got up*. **regarde comme il est ~!** look at the way he's rigged out* (*Brit*) *ou* got up*; **~ comme l'as de pique** looking like a scarecrow.
  (d) (*bâti, conçu*) **elle est bien ~e** she's a smart piece‡, she's a bit of all right‡ (*Brit*); **cet appareil/ce livre est bien ~** this is a clever little job/book*; **cet appareil/ce livre est mal ~** this gadget/book is badly put together *ou* is hopeless; **il est tout mal ~** he's a fright; **comment c'est ~ ce truc?** how does this thing work?
  (e) [*malade*] **être mal ~** *ou* **pas bien ~** to feel rotten*, be under the weather* *ou* out of sorts*.
  (f) (*capable*) **il est ~ d'y aller, tel que je le connais** knowing him, he's quite likely *ou* liable to go *ou* it's quite on the cards (*Brit*) that he'll go; **il n'est (même) pas ~ de réparer** ça he hasn't even got the gumption to mend the thing*, he can't even mend the blinking (*Brit*) *ou* darned thing*.
fictif, -ive [fiktif, iv] *adj* (a) (*imaginaire*) *personnage, exemple* imaginary. **reconstitution ~ive d'un crime** staged reconstruction of a crime; **naturellement tout ceci est ~** of course this is all imagined *ou* imaginary.
  (b) (*faux*) *nom* false, assumed, fictitious; *adresse* fictitious, false; *promesse, sentiment* false. **créer une concurrence ~ive en lançant une sous-marque** to stimulate artificial competition by launching a sub-brand.
  (c) (*Écon*) fictitious.
fiction [fiksjɔ̃] *nf* (a) (*imagination*) fiction, imagination. **cette**

perspective est encore du domaine de la ~ this prospect still belongs in the realms of fiction; **livre de** ~ work of fiction.
  (b) (*fait imaginé*) invention; (*situation imaginaire*) fiction; (*roman*) (work of fiction, fictional work; (*mythe*) illusion, myth. **c'est une** ~ **de son esprit** it's a figment of his imagination; **heureusement, ce que je vous décris est une** ~ fortunately all that I've been telling you is imaginary.
fictivement [fiktivmã] *adv* in fiction.
fidèle [fidɛl] **1** *adj* **(a)** (*loyal*) faithful, loyal; *époux* faithful. (*littér*) ~ **serviteur/épée** trusty *ou* loyal servant/sword; (*lit, fig*) **demeurer** ~ **au poste** to be loyal *ou* faithful to one's post, stay at one's post; **rester** ~ **à** *ami, femme* to remain faithful *ou* true to; *promesse* to be *ou* remain faithful to, keep; *principe, idée* to remain true *ou* faithful to, stand by; *habitude, mode* to keep to; *marque, compagnie* to remain loyal to, stay *ou* stick* with; **être** ~ **à soi-même** to be true to o.s.; ~ **à lui-même** *ou* **à son habitude, il est arrivé en retard** true to form *ou* true to character he arrived late.
  (b) (*habituel*) *lecteur, client* regular, faithful. **nous informons nos** ~**s clients que** ... we wish to inform our customers that ...; **être** ~ **à un produit/une marque** to remain loyal to a product/ brand, always to buy a product/brand.
  (c) (*exact*) *historien, narrateur, son, reproduction* faithful; *souvenir, récit, portrait, traduction* faithful, accurate; *mémoire, appareil, montre* accurate, reliable. **sa description est** ~ **à la réalité** his description is a true *ou* an accurate picture of the situation.
  2 *nmf* **(a)** (*Rel*) believer. **les** ~**s** (*croyants*) the faithful; (*assemblée*) the congregation.
  (b) (*client*) regular (customer); (*lecteur*) regular (reader). **je suis un** ~ **de votre émission depuis 10 ans** I have been a regular listener to your programme for 10 years.
  (c) (*adepte*) *[doctrine, mode, écrivain]* follower, devotee.
fidèlement [fidɛlmã] *adv* **(a)** (*loyalement*) faithfully, loyally.
  (b) (*régulièrement*) faithfully, regularly. **j'écoute** ~ **vos émissions depuis 10 ans** I have been listening to your programmes regularly *ou* I have been a regular listener to your programmes for the past 10 years.
  (c) (*scrupuleusement*) faithfully.
  (d) (*conformément à la réalité*) faithfully, accurately. **combat** ~ **décrit dans un livre** fight which is accurately described in a book.
fidélisation [fidelizasjɔ̃] *nf*: ~ **de la clientèle** development of customer loyalty.
fidéliser [fidelize] (1) *vt*: ~ **sa clientèle** to establish *ou* develop customer loyalty.
fidélité [fidelite] *nf* (*V* **fidèle**) faithfulness; loyalty; accuracy; reliability; (*Comm: à un produit*) loyalty, fidelity. **la** ~ (*conjugale*) marital fidelity; *V* **haut, jurer**.
Fidji [fidʒi] *nfpl*: **les îles** ~ the Fiji Islands.
fiduciaire [fidysjɛʀ] *adj* fiduciary.
fief [fjɛf] *nm* (*Hist*) fief; (*fig: zone d'influence*) *[firme, organisation]* preserve; *[parti, secte]* stronghold; (*hum: domaine*) private kingdom. ~ (*électoral*) electoral stronghold; (*hum*) **ce bureau est son** ~ this office is his kingdom.
fieffé, e [fjefe] *adj menteur* arrant.
fiel [fjɛl] *nm* (*lit, fig*) gall, venom. **propos pleins de** ~ words filled with venom *ou* gall.
fielleux, -euse [fjɛlø, øz] *adj* venomous, rancorous, spiteful.
fiente [fjãt] *nf* *[oiseau]* droppings.
fienter [fjãte] (1) *vi* to make *ou* leave droppings.
fier, fière [fjɛʀ] *adj* **(a)** (*arrogant*) proud, haughty. ~ **comme Artaban** (as) proud as a peacock; **trop** ~ **pour accepter** too proud to accept; **faire le** ~ (*être méprisant*) to be aloof, give o.s. airs; (*faire le brave*) to be full of o.s.; **c'est quelqu'un de pas** ~* he's not stuck-up*; **devant le danger, il n'était plus si** ~ when he found himself faced with danger, he wasn't so full of himself any more; *V* **fier-à-bras**.
  (b) (*littér: noble*) *âme, démarche* proud, noble. **avoir fière allure** to cut a fine figure, cut a dash.
  (c) ~ **de qch/de faire qch** proud of sth/to do sth; **elle est fière de sa beauté** she's proud of her beauty; **toute fière de sortir avec son papa** as proud as can *ou* could be to be going out with her daddy; **il n'y a pas de quoi être** ~ there's nothing to feel proud about *ou* to be proud of *ou* to boast about; **je n'étais pas** ~ **de moi** I didn't feel very proud of myself, I felt pretty small*; **elle est fière qu'il ait réussi** she's proud he's succeeded.
  (d) (*intensif: avant n*) ~ **imbécile** first-class *ou* prize* *ou* egregious idiot; **fière canaille** out-and-out *ou* thorough scoundrel; **il a un** ~ **toupet** he has the devil of a cheek* (*Brit*) *ou* nerve; **je te dois une fière chandelle** I'm terribly indebted to you.
  (e) (*littér: fougueux*) *cheval* mettlesome. **le** ~ **Aquilon** the harsh *ou* chill north wind.
fier (se) [fje] (7) *vpr* **(a)** (*question de loyauté*) **se** ~ **à** *allié, promesses, discrétion* to trust; **on ne peut pas se** ~ **à lui** one cannot trust him, he's not to be trusted, he can't be trusted; **ne vous fiez pas aux apparences/à ce qu'il dit** don't go by *ou* trust appearances/what he says; **il a l'air calme mais il ne faut pas s'y** ~ he looks calm but you can't trust that *ou* go by that.
  (b) (*question de fiabilité*) **se** ~ **à** *appareil, collaborateur, instinct, mémoire* to trust, rely on; *destin, hasard* to trust to. **ne te fie pas à ta mémoire, prends-en note** don't trust to memory, make a note of it.
fier-à-bras, *pl* fiers-à-bras [fjɛʀabʀa] *nm* braggart.
fièrement [fjɛʀmã] *adv* (*dignement*) proudly; (*****†: *extrêmement*) devilishly*****†.
fiérot, e* [fjero, ɔt] *adj* cocky*. **faire le** ~ to show off; **tout** ~ (*d'avoir gagné/de son succès*) as pleased as Punch (about winning/about *ou* at his success).

fierté [fjɛʀte] *nf* (*gén*) pride; (*péj: arrogance*) pride, haughtiness. **tirer** ~ **de** to get a sense of pride from; **sa** ~ **est d'avoir réussi tout seul** he takes pride in having succeeded all on his own; **son jardin est sa** ~ his garden is his pride and joy; **je n'ai pas accepté son aide, j'ai ma** ~! I didn't accept his help — I have my pride!
fiesta* [fjɛsta] *nf* rave-up*. **faire la** *ou* **une** ~ to have a rave-up*.
fieu [fjø] *nm* († *ou dial*) son, lad.
fièvre [fjɛvʀ(ə)] *nf* **(a)** (*température*) fever, temperature. **avoir un accès de** ~ to have a bout of fever; **avoir (de) la** ~/**beaucoup de** ~ to have *ou* run a temperature/a high temperature; **avoir 39 de** ~ to have a temperature of 104(°F) *ou* 39(°C); **une** ~ **de cheval** a raging fever; **il a les yeux brillants de** ~ his eyes are bright with fever.
  (b) (*maladie*) fever. ~ **jaune/typhoïde** yellow/typhoid fever; ~ **aphteuse** foot-and-mouth disease; ~ **quarte** quartan fever *ou* ague; **avoir les** ~**s** to have marsh fever.
  (c) (*fig: agitation*) fever, excitement. **parler avec** ~ to speak excitedly; **dans la** ~ **du départ** in the heat of departure, in the excitement of going away; **la** ~ **de l'or/des élections** gold/election fever.
  (d) (*fig: envie*) fever. **être pris d'une** ~ **d'écrire** to be seized with a frenzied *ou* feverish urge to write.
fiévreusement [fjevrøzmã] *adv* feverishly, excitedly.
fiévreux, -euse [fjevrø, øz] *adj* (*Méd, fig*) feverish.
FIFA [fifa] *nf* (*abrév de* **Fédération Internationale de Football Association**) FIFA.
fifille [fifij] *nf* (*langage enfantin*) daughter. (*péj*) ~ **à sa maman** mummy's (*Brit*) *ou* mommy's (*US*) little girl.
fifre [fifʀ(ə)] *nm* (*instrument*) fife; (*joueur*) fife player.
fifrelin† [fifʀəlɛ̃] *nm*: **ça ne vaut pas un** ~ that's not worth a farthing (*Brit*) *ou* nickel (*US*).
figaro [figaʀo] *nm* (*hum*) barber.
figé, e [fiʒe] (*ptp de* **figer**) *adj style* stilted, fixed; *manières* stiff, constrained; *société, mœurs* rigid, ossified; *attitude, sourire* set, fixed; (*Ling*) *forme, phrase* fossilized. **être** ~ **dans des structures anciennes** to be set rigidly in outdated structures; (*Ling*) **expression** ~**e** set expression.
figement [fiʒmã] *nm* (*V* **figer**) congealing; clotting; coagulation.
figer [fiʒe] (3) **1** *vt huile, sauce* to congeal; *sang* to clot, coagulate, congeal. **le cri le figea sur place** the cry froze *ou* rooted him to the spot; **figé par la peur** terror-stricken; **histoire à vous** ~ **le sang** bloodcurdling story, story to make one's blood run cold; **figé par la mort** rigid in death.
  2 *vi [huile]* to congeal; *[sang]* to clot, coagulate, congeal.
  3 se figer *vpr [sauce, huile]* to congeal; *[sang]* to clot, coagulate, congeal; *[sourire, regard]* to freeze; *[visage]* to stiffen, freeze. **il se figea au garde-à-vous** he stood rigidly *ou* he froze to attention; (*fig*) **son sang se figea dans ses veines** his blood froze in his veins.
fignolage* [fiɲolaʒ] *nm* touching up, polishing up.
fignoler* [fiɲole] (1) *vt* (*soigner*) to touch up, polish up, put the finishing touches to. **ça c'est du travail fignolé** that's a really neat job*; **c'est une voiture fignolée** this car is nicely finished off.
fignoleur, -euse [fiɲolœʀ, øz] *nm, f* meticulous worker.
figue [fig] *nf* (*Bot*) fig. ~ **de Barbarie** prickly pear; *V* **mi-**.
figuier [figje] *nm* fig tree. ~ **de Barbarie** prickly pear.
figurant, e [figyʀã, ãt] *nm, f* (*Ciné*) extra; (*Théât*) walk-on, supernumerary; (*fig*) (*pantin*) puppet, cipher; (*complice*) stooge. **avoir un rôle de** ~ (*dans un comité, une conférence*) to be a puppet *ou* cipher, play a minor part, be a mere onlooker; (*dans un crime etc*) to be a stooge; (*Théât*) to have a walk-on part.
figuratif, -ive [figyʀatif, iv] **1** *adj* **(a)** *art, peinture* representational, figurative; *peintre, tableau* representational. **(b)** *plan, écriture* figurative. **2** *nm, f* representational artist.
figuration [figyʀasjɔ̃] *nf* **(a)** (*Théât*) (*métier*) playing walk-on parts; (*rôle*) walk-on (part); (*figurants*) walk-on actors; (*Ciné*) (*métier*) working as an extra; (*rôle*) extra part; (*figurants*) extras. **faire de la** ~ (*Théât*) to do walk-on parts; (*Ciné*) to work as an extra.
  (b) (*représentation*) representation.
figurativement [figyʀativmã] *adv* diagrammatically.
figure [figyʀ] **1** *nf* **(a)** (*visage*) face; (*mine*) face, countenance (*frm*). **sa** ~ **s'allongea** his face fell; *V* **casser, chevalier**.
  (b) (*personnage*) figure. ~ **équestre** equestrian figure; **les grandes** ~**s de l'histoire** the great figures of history; (*Cartes*) **les** ~**s** the court *ou* face cards.
  (c) (*image*) illustration, picture; (*Danse, Ling, Patinage*) figure; (*Math: tracé*) diagram, figure. ~ **géométrique** geometrical figure; **faire une** ~ to draw a diagram.
  (d) (*loc*) **faire** ~ **de favori** to be generally thought of as the favourite, be looked on as the favourite; **faire** ~ **d'idiot** to look a fool; **faire** ~ **dans le monde**†† to cut a figure in society†; **faire bonne** ~ to put up a good show; **faire une triste** ~ to look downcast, look sorry for o.s.; **faire triste** ~ à to give a cool reception to, greet unenthusiastically; **faire triste** *ou* **piètre** ~ to cut a sorry figure, look a sorry sight; **il n'a plus** ~ **humaine** he is disfigured beyond recognition.
  2: **figure de ballet** balletic figure; **figure chorégraphique** choreographic figure; (*Patinage*) **figures imposées** compulsory figures; **figures libres** freestyle (skating); (*Mus*) **figure mélodique** figure; **figure de proue** (*Naut*) figurehead; (*fig: chef*) key figure, figurehead; **figure de rhétorique** rhetorical figure; **figure de style** stylistic device.
figuré, e [figyʀe] (*ptp de* **figurer**) *adj langage, style, sens* figurative, metaphorical; *prononciation* symbolized; *plan, représentation* diagrammatic. **mot employé au** ~ word used figuratively *ou* in the figurative; **au propre comme au** ~ in the literal as well as the metaphorical *ou* figurative sense.

figurément [figyʀemɑ̃] *adv* figuratively, metaphorically.
figurer [figyʀe] (1) **1** *vt* to represent. **le peintre l'avait figuré sous les traits de Zeus** the painter had shown *ou* represented him in the guise of Zeus; **la scène figure un palais** the scene is a palace; **la balance figure la justice** scales are the symbol of justice.
2 *vi* (a) (*être mentionné*) to appear. **mon frère figure parmi les gagnants** my brother is listed among the winners *ou* is in the list of the winners; **son nom figure en bonne place/ne figure pas parmi les gagnants** his name is high up amongst/does not appear amongst the winners; ~ **sur une liste/dans l'annuaire** to appear on a list/in the directory.
(b) (*Théât*) to have a walk-on part; (*Ciné*) to be an extra.
3 se figurer *vpr* to imagine. **figurez-vous une grande maison** picture *ou* imagine a big house; **si tu te figures que tu vas gagner** if you fancy *ou* imagine you're going to win; **figurez-vous que j'allais justement vous téléphoner** would you believe it *ou* it so happens I was just about to phone you; **je ne tiens pas à y aller, figure-toi!** I'm not particularly keen on going, believe you me*, believe it or not, I've no particular desire to go; **tu ne peux pas te** ~ **comme il est bête** you can't (begin to) believe *ou* imagine how stupid he is.
figurine [figyʀin] *nf* figurine.
fil [fil] **1** *nm* (a) (*brin*) [*coton, nylon*] thread; [*laine*] yarn; [*cuivre, acier*] wire; [*haricots, marionnette*] string; [*araignée*] thread; [*bouilloir, rasoir électrique*] cord. (*fig*) **les** ~**s d'une affaire** the ins and outs of an affair, the threads of an affair; **il tient dans sa main tous les** ~**s de l'affaire** he has his hands on all the strings; (*Tex*) ~ **de trame/de chaîne** weft/warp yarn; **tu as tiré un** ~ **à ton manteau** you have pulled a thread in your coat; **ramasser un** ~ to pick up a thread; (*fig: téléphone*) **j'ai ta mère au bout du** ~ I have your mother on the line *ou* phone; **téléphone sans** ~ cordless phone; **haricots pleins de** ~**s/sans** ~**s** stringy/stringless beans; *V* **coup, inventer** *etc*.
(b) (*Tex: matière*) linen. **chemise de** ~ linen shirt; **chaussettes pur** ~ (**d'Écosse**) lisle socks.
(c) (*sens*) [*bois, viande*] grain. **couper dans le sens du** ~ to cut with the grain; **dans le sens contraire du** ~ against the grain; *V* **droit²**.
(d) (*tranchant*) edge. **donner du** ~ **à un rasoir** to give an edge to a razor; **passer un prisonnier au** ~ **de l'épée** to put a prisoner to the sword.
(e) (*cours*) [*discours, pensée*] thread. **suivre/interrompre le** ~ **d'un discours/de ses pensées** to follow/interrupt the thread of a speech/one's thoughts; **tu m'as interrompu et j'ai perdu le** ~ you've interrupted me and I've lost the thread; **au** ~ **des jours/des ans** with the passing days/years, as the days/years go (*ou* went) by; **raconter sa vie au** ~ **de ses souvenirs** to tell one's life story as the memories drift back; **suivre le** ~ **de l'eau** to follow the current; **le bateau/papier s'en allait au** ~ **de l'eau** the boat/paper was drifting away with *ou* on the stream *ou* current.
(f) (*loc*) **maigre** *ou* **mince comme un** ~ as thin as a rake; **donner du** ~ **à retordre à qn** to give sb a headache, make life difficult for sb; **avoir un** ~ **à la patte*** to be tied down; **ne tenir qu'à un** ~ to hang by a thread; **de** ~ **en aiguille** one thing leading to another, gradually.
2: fil d'Ariane (*Myth*) Ariadne's clew; (*fig*) vital lead; **fil conducteur** [*enquête*] vital lead; [*récit*] main theme *ou* thread; **fil à coudre** (sewing) thread; **fil à couper le beurre** cheesewire; **fil** (**de soie**) **dentaire** dental floss; **fil électrique** electric wire; **fil de fer** wire; (*fig*) **avoir les jambes comme des fils de fer** to have legs like matchsticks; **fil de fer barbelé** barbed wire; **fil-de-fériste** *nmf, pl* **fil-de-féristes** high-wire artiste; (*Tex*) **fil-à-fil** *nm inv* pepper and salt; **fil** (**à linge**) (washing *ou* clothes) line; **fil** (**à pêche**) (fishing) line; **fil à plomb** plumbline; **fil à souder** soldering wire; **fil de terre** earth wire (*Brit*), ground wire (*US*); **fils de la vierge** gossamer (*U*), gossamer threads.
filage [filaʒ] *nm* [*laine*] spinning; (*Ciné*) ghost image.
filament [filamɑ̃] *nm* (*Bio, Élec*) filament; [*glu, bave*] strand, thread.
filamenteux, -euse [filamɑ̃tø, øz] *adj* filamentous.
filandreux, -euse [filɑ̃dʀø, øz] *adj* viande stringy; discours, explication long-winded.
filant, e [filɑ̃, ɑ̃t] *adj* liquide free-running; *V* **étoile**.
filasse [filas] **1** *nf* tow. **2** *adj inv*: **cheveux** (**blonds**) ~ tow-coloured hair.
filateur [filatœʀ] *nm* mill owner.
filature [filatyʀ] *nf* (a) (*Tex*) (*action*) spinning; (*usine*) mill. (b) (*surveillance*) shadowing (*U*), tailing* (*U*). **prendre qn en** ~ to shadow sb, put a tail on sb*.
file [fil] *nf* [*personnes, objets*] line. ~ (**d'attente**) queue (*Brit*), line (*US*); ~ **de voitures** (*en stationnement*) line of cars; (*roulant*) line *ou* stream of cars; (*Aut*) **se mettre sur** *ou* **prendre la** ~ **de gauche/droite** to move into the left-hand/right-hand lane; **se garer en double** ~ to double-park; **se mettre en** ~ to line up; **se mettre à la** ~, **prendre la** ~ to join the queue (*Brit*) *ou* the line (*US*); **marcher à la** ~ *ou* **en** ~ to walk in line; **entrer/sortir en** ~ *ou* **à la** ~ to file in/out; **en** ~ **indienne** in single *ou* Indian file; **chanter plusieurs chansons à la** ~ to sing several songs in succession *ou* one after the other; *V* **chef*.**
filer [file] (1) **1** *vt* (a) laine, coton, acier, verre to spin. [*araignée, chenille*] to spin. (*fig*) ~ **un mauvais coton** (*au physique*) to be in a bad way; (*au moral*) to get into bad ways; **verre filé** spun glass.
(b) (*prolonger*) image, comparaison to spin out; son, note to draw out. (*fig*) ~ **le parfait amour** to spin out love's sweet dream; **métaphore filée** long-drawn-out metaphor.
(c) (*Police etc: suivre*) to shadow, tail*.
(d) (*Naut*) amarre to veer out. **navire qui file 20 nœuds** ship which does 20 knots.
(e) (‡: *donner*) ~ **à qn de l'argent/un objet** to slip sb some money/an object; ~ **à qn une maladie** to land sb with an illness*, pass on an illness to sb; ~ **à qn un coup de poing** to land *ou* deal sb a blow; **file-toi un coup de peigne** run a comb through your hair.
(f) (*démailler*) bas to ladder.
2 *vi* (a) [*liquide sirop*] to run, trickle; [*fromage*] to run; [*lampe, flamme*] to smoke. **il faisait** ~ **du sable entre ses doigts** he was running *ou* trickling sand through his fingers.
(b) (‡: *courir, passer*) [*personne*] to fly* by *ou* past, dash by *ou* past; [*train, voiture*] to fly by; [*cheval, temps*] to fly (by). ~ **bon train/comme le vent/à toute allure** to go at a fair speed/like the wind/at top speed; **il fila comme une flèche devant nous** he darted *ou* zoomed* straight past us; ~ **à la poste/voir qn** to dash to the post office/to see sb.
(c) (‡: *s'en aller*) to go off. **le voleur avait déjà filé** the thief had already made off*; **il faut que je file** I must dash *ou* fly*; **file dans ta chambre** off to your room with you; **allez, file, garnement!** clear off, pest!*; ~ **à l'anglaise** to take French leave (*Brit*), run off *ou* away; ~ **entre les doigts de qn** [*poisson, (fig) argent*] to slip between sb's fingers; [*voleur*] to slip through sb's fingers; ~ **doux** to behave (o.s. nicely), keep a low profile*.
(d) (*se démailler*) [*maille*] to run; [*collant*] to ladder (*Brit*), run.
filet [file] *nm* (a) (*petite quantité*) [*eau, sang*] dribble, trickle; [*fumée*] wisp; [*lumière*] (thin) shaft *ou* streak; [*trait*] thin line. **il avait un** ~ **de voix** his voice was very thin; **mettez un** ~ **de vinaigre** add a drop *ou* a dash of vinegar.
(b) [*poisson*] fillet; [*viande*] fillet (*Brit*) *ou* filet (*US*) steak. **un rôti dans le** ~ a roasting joint (from rump and sirloin) (*Brit*), a roast (*US*); ~ **mignon** fillet (*Brit*) *ou* filet (*US*) mignon.
(c) (*nervure*) [*langue*] frenum; [*pas de vis*] thread; (*Typ*) rule. ~**s nerveux** nerve endings.
(d) (*Pêche, Sport*) net. ~ (**à provisions**) string bag; ~ (**à bagages**) (luggage) rack; ~ **à crevettes/à papillons/à cheveux/à poissons** *ou* **de pêche** shrimping/butterfly/hair/fishing net; (*Ftbl*) **envoyer la balle au fond des** ~**s** to send the ball into the back of the net; (*Tennis*) **envoyer la balle dans le** ~ to put the ball into the net, net the ball; **travailler sans** ~ [*acrobates*] to perform without a safety net; (*fig*) to be out on one's own; **tendre un** ~ [*chasseur*] to set a snare; [*police*] to set a trap; **le** ~ **se resserre** the net is closing in *ou* tightening; (*fig*) **attirer qn dans ses** ~**s** to ensnare sb; *V* **coup.**
filetage [filtaʒ] *nm* (*action*) threading; [*pas de vis*] thread.
fileter [filte] (5) *vt* vis, tuyau to thread.
fileur, -euse [filœʀ, øz] *nm, f* spinner.
filial, e, mpl -aux [filjal, o] **1** *adj* filial. **2 filiale** *nf* (*Comm*) subsidiary (company). ~**e commune** joint venture; ~**e à cent pour cent** wholly-owned subsidiary.
filialement [filjalmɑ̃] *adv* with filial devotion.
filiation [filjasjɔ̃] *nf* [*personnes*] filiation; [*idées, mots*] relation. **être issu de qn par** ~ **directe** to be a direct descendant of sb.
filière [filjɛʀ] *nf* (a) (*carrière*) path(way); [*administration*] channels, procedures; [*recel, drogue*] network. (*métier*) **la** ~ **électronique** careers in electronics; (*Univ*) **les nouvelles** ~**s** new subjects; **la** ~ **administrative** the administrative procedures *ou* channels; **passer par** *ou* **suivre la** ~ **pour devenir directeur** to work one's way up to become a director; **de nouvelles** ~**s sont offertes aux jeunes ingénieurs** new paths are open to young engineers; **les policiers ont réussi à remonter toute la** ~ the police have managed to trace the network right through to the man at the top; **on a découvert de nouvelles** ~**s pour le passage de la drogue** new channels for drug trafficking have been discovered.
(b) (*Tech*) (*pour étirer*) drawplate; (*pour fileter*) screwing die.
filiforme [filifɔʀm(ə)] *adj* antenne, patte threadlike, filiform (*T*); (*) jambes spindly; (*) corps spindly, lanky; (*Méd*) pouls thready.
filigrane [filigʀan] *nm* [*papier, billet*] watermark; [*objet*] filigree. **en** ~ (*lit*) as a watermark; filigree (*épith*); (*fig*) just beneath the surface; **sa haine apparaissait en** ~ **dans ses paroles** there was veiled hatred in his words.
filigraner [filigʀane] (1) *vt* papier, billet to watermark; objet to filigree.
filin [filɛ̃] *nm* rope.
fillasse [fijas] *nf* (‡ *péj*) girl, lass.
fille [fij] **1** *nf* (a) (*opp de* fils) daughter. **la** ~ **de la maison** the daughter of the house; (*souvent péj*) **la** ~ **Martin** the Martin girl*; (*littér*) **la peur,** ~ **de la lâcheté** fear, the daughter of cowardice; (*Rel*) **oui, ma** ~ yes, my child; *V* **jouer, petit.**
(b) (*opp de garçon*) (*enfant*) girl; (*femme*) woman; (†: *vierge*) maid†. **c'est une grande/petite** ~ she's a big/little girl; **elle est belle** ~ she's a good-looking girl; **c'est une bonne** *ou* **brave** ~ she's a nice girl *ou* a good sort; **elle n'est pas** ~ **à se laisser faire** she's not one to let herself be messed about; **être encore/rester** ~**†** to be still/stay unmarried; **mourir** ~ to die an old maid; *V* **beau, jeune, vieux.**
(c) (*servante*) ~ **de ferme** farm girl; ~ **d'auberge/de cuisine** serving/kitchen maid; **ma** ~**††** my girl.
(d) († *péj: prostituée*) whore. ~ **en carte** registered prostitute.
2: fille d'Ève* daughter of Eve; (*Hist*) **fille d'honneur** maid of honour; **fille de joie** loose woman, woman of easy virtue; **fille à marier** girl of marriageable age; (~ *péj*) **fille-mère** *nf, pl* **filles-mères** unmarried mother; **fille publique** streetwalker; **fille des rues** woman of the streets, streetwalker; **fille de salle** (*restaurant*) waitress; (*hôpital*) ward orderly; (*péj†*) **fille à soldats** soldiers' whore.
fillette [fijɛt] *nf* (a) (little) girl. **rayon** ~**s** girls' department. (b) (*bouteille*) (half-)bottle.

filleul [fijœl] *nm* godson, godchild. ~ **de guerre** adoptive son (*in wartime*).

filleule [fijœl] *nf* goddaughter.

film [film] *nm* (a) (*Ciné*) (*pellicule*) film; (*œuvre*) film, picture*, movie*. **le grand** ~ the feature film, the main picture; ~ **d'animation** cartoon film; ~ **doublé** dubbed film; ~ **muet/parlant** silent/talking film; ~ **en version originale** film with the original soundtrack; ~ **à succès** box-office success, blockbuster*; (*fig*) **retracer le** ~ **des événements (de la journée)** to go over the sequence of the day's events.
(b) (*mince couche*) film. ~ **plastique de congélation** freezer film.

filmage [filmaʒ] *nm* (*Ciné*) filming; shooting.

filmer [filme] (1) *vt personne, paysage* to film; *film, scène* to film, shoot. **théâtre filmé** drama on film.

filmique [filmik] *adj* film (*épith*), cinematic. **l'œuvre** ~ **de Renoir** Renoir's film work.

filmographie [filmɔgrafi] *nf* filmography.

filmologie [filmɔlɔʒi] *nf* film studies.

filon [filɔ̃] *nm* (*Minér*) vein, seam, lode; (*: combine*) cushy number*. (*fig: mine d'or*) **trouver le** ~ to strike it lucky *ou* rich; **on n'a pas fait de recherches sur ce sujet, c'est un** ~ **qu'il faudrait exploiter** no research has been done on that subject — it's a line worth developing; **il exploite ce** ~ **depuis des années** he's worked that seam for years, that (theme *ou* line) has been a real money-spinner for him for years; **être dans l'immobilier c'est un bon** ~ it's a cushy number* *ou* a soft option* dealing in property *ou* real estate.

filou [filu] *nm* (*escroc*) rogue, swindler; (*enfant espiègle*) rogue.

filouter* [filute] (1) **1** *vt personne* to cheat, do* (*Brit*), diddle* (*Brit*) (*hum*), *argent, objets* to snaffle*, filch*. **il m'a filouté (de) 10 F** he has cheated *ou* diddled (*Brit*) me out of 10 francs*.
2 *vi* (*tricher*) to cheat. **il est difficile de** ~ **avec le fisc** it's hard to diddle (*Brit*) *ou* cheat the taxman*.

filouterie [filutri] *nf* fraud (*U*), swindling (*U*).

fils [fis] **1** *nm* son. **le** ~ **de la maison** the son of the house; **M Martin** ~ **young Mr Martin**; (*Comm*) **Martin** ~ Mr Martin junior; (*Comm*) **Martin et F**~ **Martin and Son** (*ou* Sons); **le** ~ **Martin** the Martin boy; **elle est venue avec ses 2** ~ she came with her 2 sons *ou* boys; **c'est bien le** ~ **de son père** he's very much his father's son, he's a chip off the old block; (*frm*) **les** ~ **de la France/de Charlemagne** the sons of France/of Charlemagne; (*frm*) **être le** ~ **de ses œuvres** to be a self-made man; (*Rel*) **oui, mon** ~ yes, my son; (*Rel*) **le F**~ **de l'homme/de Dieu** the son of man/of God; ~ **de garce!**‡† son of a bitch!‡
2: fils de famille young man of means *ou* with money; (*péj*) **fils à papa** daddy's boy; **fils spirituel** spiritual son.

filtrage [filtraʒ] *nm* [*liquide*] filtering; [*nouvelles, spectateurs*] screening.

filtrant, e [filtrɑ̃, ɑ̃t] *adj substance* filtering (*épith*); *pouvoir de* filtration; *verre* filter (*épith*). **virus** ~ filterable virus.

filtrat [filtra] *nm* filtrate.

filtration [filtrasjɔ̃] *nf* [*liquide*] filtering, filtration.

filtre [filtr(ə)] *nm* (*gén, Chim, Élec, Opt*) filter; [*cafetière*] filter; [*cigarette*] filter tip. **papier-~** filter paper; (**café-**)~ (filter) coffee; **cigarette avec** ~ filter-tipped cigarette; **'avec ou sans** ~**?' 'tipped or plain?'**

filtrer [filtre] (1) **1** *vt liquide, lumière, son* to filter; *nouvelles, spectateurs* to screen. **2** *vi* [*liquide*] to filter (through), seep through; [*lumière, son*] to filter through; [*nouvelles*] to leak out, filter through.

fin¹, fine¹ [fɛ̃, fin] **1** *adj* (a) (*mince*) *tranche, couche, papier, tissu* thin; *cheveux, sable, poudre, papier de verre* fine; *pointe, pinceau* fine; *bec d'oiseau* thin, pointed; *lame* sharp, keen; *écriture* small, fine; *taille, doigt, jambe* slender, slim. **plume fine** fine pen; **sel** ~ table salt; **petits pois** ~**s/très** ~**s/extra** ~**s** high-quality/top-quality/superfine (graded) garden peas; **une petite pluie fine** a fine drizzle; *V* **peigne**.
(b) (*raffiné, supérieur*) *lingerie, porcelaine, travail* fine, delicate; *traits, visage* fine; *silhouette, membres* neat, shapely; *produits, aliments* high-class, top-quality; *mets* choice, exquisite; *souliers* fine-leather; *or, pierres* fine. **faire un repas** ~ to have a superb *ou* an exquisite meal; **vins** ~**s** fine wines; **perles fines** real pearls; **fine fleur de froment** finest wheat flour; **la fine fleur de l'armée française** the pride *ou* flower of the French army; **le** ~ **du** ~ the last word *ou* the ultimate (*de* in); *V* **épicerie, partie²**.
(c) (*très sensible*) *vue, ouïe* sharp, keen; *goût, odorat* fine, discriminating. **avoir l'oreille** *ou* **l'ouïe fine** to have a keen ear, have keen hearing; *V* **nez**.
(d) (*subtil*) *personne* subtle, astute; *esprit, observation* shrewd, sharp; *allusion, nuance* subtle; *sourire* wise, shrewd. **faire des plaisanteries fines sur qch** to joke wittily about sth; **il n'est pas très** ~ he's not very bright; **ce n'est pas très** ~ **de sa part** it's not very clever of him; (*iro*) **comme c'est** ~**!** that really is clever! (*iro*); (*iro*) **c'est** ~ **ce que tu as fait!** that was clever of you! (*iro*); **il se croit plus** ~ **que les autres** he thinks he's smarter than everybody else; **bien qu'il pourrait le dire** it would take a shrewd man to say that; **tu as l'air** ~**!** you look a prize idiot!*; **jouer au plus** ~ **avec qn** to try to outsmart sb.
(e) (*avant n: très habile, connaisseur*) expert. ~ **connaisseur** connoisseur; **fine cuisinière** skilled cook; ~ **gourmet, fine gueule** gourmet, epicure; **fine lame** expert swordsman; ~ **tireur** crack shot; ~ **voilier** fast yacht; *V* **bec**.
(f) (*avant n: intensif*) **au** ~ **fond de la campagne** right in the heart of the country, in the depths of the country; **au** ~ **fond du tiroir** right at the back of the drawer; **savoir le** ~ **mot de l'histoire** to know the real story (behind it all).

2 *adv moudre, tailler* finely. **écrire** ~ to write small; ~ **prêt** quite *ou* all ready; ~ **soûl** dead *ou* blind drunk*.
3: fines herbes (sweet) herbs, fines herbes; **fin limier** (keen) sleuth; **fine mouche, fin renard** sharp customer.

fin² [fɛ̃] **1** *nf* (a) (*gén*) end; [*année, réunion*] end, close; [*compétition*] end, finish, close. **vers** *ou* **sur la** ~ towards the end; **le quatrième en partant de** *ou* **en commençant par la** ~ the fourth from the end, the last but three (*Brit*); ~ **juin, à la** ~ **(de) juin** at the end of June; (*Comm*) ~ **courant** at the end of the current month; **jusqu'à la** ~ to the very end; **jusqu'à la** ~ **des temps** *ou* **des siècles** until the end of time; **la** ~ **du monde** the end of the world; **avoir des** ~**s de mois difficiles** to have difficulty making ends meet at the end of the month, run short of money at the end of the month; **en** ~ **de semaine** towards *ou* at the end of the week; **on n'en verra jamais la** ~ we'll never see the end of this; **à la** ~ **il a réussi à se décider** he eventually managed *ou* in the end he managed to make up his mind; **tu m'ennuies, à la** ~**!** you're getting on my nerves now!, you're beginning to get on my nerves!; **en** ~ **d'après-midi** towards the end of the afternoon, in the late afternoon; **en** ~ **de liste** at the end of the list; **en** ~ **de compte** (*tout bien considéré*) when all is said and done, in the end, at the end of the day, in the last analysis; (*en conclusion*) to the end, finally; **sans** ~ (*adj*) endless; (*adv*) endlessly; **arriver en** ~ **de course** [*vis*] to screw home; [*piston*] to complete its stroke; [*batterie*] to wear out; (*) [*personne*] to be worn out, come to the end of the road; **prendre** ~ to come to an end; **être sur sa** ~, **toucher à** *ou* **tirer à sa** ~ to be coming to an end, be drawing to a close; **on arrive à la** ~ **du spectacle** it's getting near the end of the show, the show is coming to an end; **mettre** ~ **à** to put an end to, end; **mettre** ~ **à ses jours** to put an end to one's life; **mener qch à bonne** ~ to pull sth off, bring sth to a successful conclusion, deal successfully with sth, carry sth off successfully; **faire une** ~ to settle down; *V* **début, mot** *etc*.
(b) (*ruine*) end. **c'est la** ~ **de tous mes espoirs** that's the end of all my hopes; **c'est la** ~ **de tout*** *ou* **des haricots*** that's the last straw!, that's all we needed! (*iro*).
(c) (*mort*) end, death. **avoir une** ~ **tragique** to die a tragic death, meet a tragic end; **il a eu une belle** ~ he had a fine end; **la** ~ **approche** the end is near *ou* nigh.
(d) (*but*) end, aim, purpose; (*Philos*) end. ~ **en soi** end in itself; (*Prov*) **la** ~ **justifie les moyens** the end justifies the means; **il est arrivé** *ou* **parvenu à ses** ~**s** he achieved his aim *ou* ends; **à cette** ~ to this end, with this end *ou* aim in view; **à quelle** ~ **faites-vous cela?** what is your purpose *ou* aim in doing that?; **c'est à plusieurs** ~**s** it has a variety of purposes *ou* uses; **à seule** ~ **de faire** for the sole purpose of doing; (*frm*) **à toutes** ~**s utiles** for your information, on a point of information; (*Jur*) **aux** ~**s de la présente loi** for the purposes of this Act; *V* **qui**.
2: fin de non-recevoir (*Jur*) demurrer, objection; (*fig*) blunt refusal; (*péj*) **fin de race** *adj inv* degenerate; **fin de section** [*autobus*] stage limit; (*Can*) **fin de semaine** weekend; (*Comm*) **fin de série** oddment; (*péj*) **fin de siècle** *adj inv* decadent, fin de siècle.

final, e¹, mpl ~**s** [final] **1** *adj* (a) (*terminal*) final; *V* **point¹**.
(b) (*marquant la finalité*: *Ling, Philos*) final. (*Ling*) **proposition** ~**e** purpose *ou* final clause.
2 *nm* (*Mus*) finale.
3 finale *nf* (a) (*Sport*) final. **quart de** ~**e** quarterfinal; **demi-**~**e** semifinal.
(b) (*syllabe*) final *ou* last syllable; (*voyelle*) final *ou* last vowel.

finale² [final] *nm* (*Mus*) finale.

finalement [finalmɑ̃] *adv* (*gén*) in the end, finally, eventually, ultimately. (*fig: après tout*) ~ **je ne suis pas plus avancé** in the end *ou* finally I'm no further on.

finalisme [finalism(ə)] *nm* finalism.

finaliste [finalist(ə)] **1** *adj* (*Philos*) finalist. **2** *nmf* (*Philos, Sport*) finalist.

finalité [finalite] *nf* (*but*) end, aim; (*fonction*) purpose, function.

finance [finɑ̃s] *nf* (a) (*Pol*) (*recettes et dépenses*) ~**s** finances; (*administration*) **les F**~**s** the Ministry of Finance, ≃ the Treasury, the Exchequer (*Brit*), the Treasury Department (*US*); **il est aux F**~**s** [*employé*] he works at the Ministry of Finance; [*ministre*] he is Minister of Finance; **l'état de mes** ~**s*** the state of my finances, my financial state; **les** *ou* **mes** ~**s sont à sec*** (my) funds are exhausted; *V* **loi, ministre**.
(b) (*Fin*) finance. **la (haute)** ~ (*activité*) (high) finance; (*personne*) (top) financiers; **il est dans la** ~ he's in banking *ou* finance; *V* **moyennant**.

financement [finɑ̃smɑ̃] *nm* financing. **plan de** ~ financial plan; ~ **à taux fixe** fixed-rate financing.

financer [finɑ̃se] (3) **1** *vt* to finance, back (*with money*), put up the money for. **2** *vi* (*) to fork out*.

financier, -ière [finɑ̃sje, jɛʀ] **1** *adj* (a) (*Fin*) financial. **soucis** ~**s** money *ou* financial worries; *V* **place**. **(b)** (*Culin*) (**sauce**) ~**ière** sauce financière; **quenelles (sauce)** ~**ière** quenelles sauce financière. **2** *nm* financier.

financièrement [finɑ̃sjɛʀmɑ̃] *adv* financially.

finasser* [finase] (1) *vi* to use trickery. **inutile de** ~ **avec moi!** there's no point trying to use your tricks on me!

finasserie* [finasʀi] *nf* trick, dodge*, ruse.

finassier, -ière [finasje, jɛʀ] *nm, f* trickster, dodger*.

finaud, e [fino, od] **1** *adj* wily. **2** *nm* wily bird. **c'est un petit** ~* he's as crafty as they come*, there are no flies on him*, he's nobody's fool. **3 finaude** *nf* crafty minx.

finauderie [finodʀi] *nf* (*caractère*) wiliness, guile; (*action*) wile, dodge.

fine² [fin] *nf* (a) (*alcool*) liqueur brandy. ~ **Champagne** fine champagne; *V* **fin¹**. **(b)** (*huître*) ~ **de claire** green oyster.

finement [finmɑ̃] adv ciselé, brodé finely, delicately; faire remarquer subtly; agir, manœuvrer cleverly, shrewdly.

finesse [finɛs] nf (a) (minceur) [cheveux, poudre] fineness; [pointe] fineness, sharpness; [lame] keenness, sharpness; [écriture] smallness, neatness; [taille] slenderness, slimness; [couche, papier] thinness.

(b) (raffinement) [broderie, porcelaine, travail, traits] delicacy, fineness; [aliments, mets] delicacy, choiceness. son visage est d'une grande ~ he has very refined ou delicate features.

(c) (sensibilité) [sens] sharpness, sensitivity; [vue, odorat, goût] sharpness, keenness; [ouïe] sharpness, keenness.

(d) (subtilité) [personne] sensitivity; [esprit, observation, allusion] subtlety.

(e) ~s [langue, art] niceties, finer points; [affaire] ins and outs; il connaît toutes les ~s he knows all the tricks ou the ins and outs.

finette [finɛt] nf brushed cotton.

fini, e [fini] (ptp de **finir**) 1 adj (a) (terminé) finished, over. tout est ~ entre nous it's all over between us, we're finished, we're through*; ~e la rigolade!* the party* ou the fun is over!; (c'est) ~ de rire maintenant the fun ou joke is over now.

(b) (*) acteur, homme politique finished; chose finished, done (attrib). il est ~ he is finished, he is a has-been*.

(c) (usiné, raffiné) finished. produits ~s finished goods ou articles; costume bien/mal ~ well-/badly-finished suit.

(d) (péj: complet) menteur, escroc, ivrogne utter, out-and-out.

(e) (Math, Philos, Ling) finite. grammaire à états ~s finite state grammar.

2 nm [ouvrage] finish. ça manque de ~ it needs a few finishing touches.

finir [finiʀ] (2) 1 vt (a) (achever) travail, études, parcours to finish, complete; (clôturer) discours, affaire to finish, end, conclude. finis ton travail ou de travailler avant de partir finish your work before you leave; il a fini ses jours à Paris he ended his days in Paris; ~ son verre to finish one's glass, drink up; finis ton pain! finish your bread!, eat up your bread!; il finira (d'user) sa veste en jardinant he can wear out his old jacket (doing the) gardening; il a fini son temps [soldat, prisonnier] he has done ou served his time.

(b) (arrêter) to stop (de faire doing). finissez donc! do stop it!; finissez de vous plaindre! stop complaining!; vous n'avez pas fini de vous chamailler? haven't you done enough squabbling?, can't you stop your squabbling?

(c) (parachever) œuvre d'art, meuble, mécanisme to put the finishing touches to.

2 vi (a) (se terminer) to finish, end. le cours finit à deux heures the class finishes ou ends at two; les vacances finissent demain the holidays end ou are over tomorrow; la réunion/le jour finissait the meeting/the day was drawing to a close; le sentier finit ici the path ends ou comes to an end here ou tails off here; il est temps que cela finisse it's time it (was) stopped; ce film finit bien this film has a happy ending; tout cela va mal ~ it will all have a sorry end, it will all end in disaster; V beauté.

(b) [personne] to finish up, end up. il finira mal he will come to a bad end; il a fini directeur he ended up as (a) director; il finira en prison he will end up in prison; ~ dans la misère to end one's days in poverty, end up in poverty.

(c) (mourir) to die. il a fini dans un accident de voiture he died in a car accident.

(d) ~ en qch to end in sth; ça finit en pointe/en chemin de terre it ends in a point/in a path.

(e) ~ par remarquer/trouver to notice/find in the end ou eventually; ~ par une dispute/un concert to end in an argument/with a concert; il a fini par se décider he finally ou eventually made up his mind, he made up his mind in the end; tu finis par m'ennuyer you're beginning to annoy me; V queue.

(f) en ~ avec qch/qn to have ou be done with sth/sb; il faut en ~ avec cette situation we'll have to put an end to this situation; nous en aurons bientôt fini we'll soon be finished with it, we'll soon have it over and done with; quand en auras-tu fini avec tes jérémiades? when will you ever stop moaning?; je vais lui parler pour qu'on en finisse I'll talk to him so that we can get the matter settled; pour vous en ~ to cut a long story short; qui n'en finit pas, à n'en plus ~ route, discours, discussions never-ending, endless; elle n'en finit pas de se préparer she takes an age to get ready, her preparations are a lengthy business; on n'en aurait jamais fini de raconter ses bêtises you could go on for ever recounting the stupid things he has done; il a des jambes qui n'en finissent pas he's all legs*.

finish [finiʃ] nm (Sport) finish. combat au ~ fight to the finish.

finissage [finisaʒ] nm (Couture, Tech) finishing.

finisseur, -euse [finisœʀ, øz] nm,f (a) (Couture, Tech) finisher.

(b) (Sport) good ou strong finisher.

finition [finisjɔ̃] nf (action) finishing; (résultat) finish. la ~ est parfaite the finish is perfect; (Couture) faire les ~s to put the finishing touches; (Constr) travaux de ~ finishing off.

finlandais, e [fɛ̃lɑ̃dɛ, ɛz] 1 adj Finnish. 2 nm,f: F~(e) Finn.

Finlande [fɛ̃lɑ̃d] nf Finland.

finlandisation [fɛ̃lɑ̃dizasjɔ̃] nf Finlandization.

finnois, e [finwa, waz] 1 adj Finnish. 2 nm (Ling) Finnish.

finno-ougrien, -ienne [finɔugʀijɛ̃, ijɛn] adj, nm (Ling) Finno-Ugric, Finno-Ugrian.

fiole [fjɔl] nf phial, flask; (*: tête) face, mug‡.

fiord [fjɔʀ(d)] nm = fjord.

fioriture [fjɔʀityʀ] nf [dessin] flourish; (Mus) fioritura. ~s de style flourishes ou embellishments of style.

firmament [fiʀmamɑ̃] nm (littér) firmament (littér). au ~ de at the height of.

firme [fiʀm(ə)] nf firm.

fisc [fisk] nm tax department, ≃ Inland Revenue (Brit), ≃ Internal Revenue (US). agent du ~ official of the tax department, ≃ Inland Revenue official (Brit), ≃ Collector of Internal Revenue (US).

fiscal, e, pl **-aux** [fiskal, o] adj fiscal, tax (épith). l'année ~e the tax ou fiscal year; timbre ~ revenue ou fiscal stamp; politique ~e tax ou fiscal policy; l'Administration ~e the tax authority; V fraude.

fiscalisation [fiskalizasjɔ̃] nf [revenus] making subject to tax; [prestation sociale] funding by taxation.

fiscaliser [fiskalize] (1) vt revenus to make subject to tax; prestation sociale to fund by taxation.

fiscalité [fiskalite] nf (système) tax system; (impôts) taxation.

fish-eye [fiʃaj] nm fish-eye lens.

fissible [fisibl(ə)] adj fissile, fissionable.

fissile [fisil] adj (Géol) tending to split; (Phys) fissile, fissionable.

fission [fisjɔ̃] nf fission. ~ de l'atome atomic fission.

fissuration [fisyʀasjɔ̃] nf fissuring, cracking, splitting.

fissure [fisyʀ] nf (lit) crack, fissure; (fig) crack; (Anat) fissure.

fissurer [fisyʀe] (1) 1 vt to crack, fissure; (fig) to split. 2 se fissurer vpr to crack, fissure.

fiston* [fistɔ̃] nm son, lad, junior (US). dis-moi, ~ tell me, son ou sonny* ou laddie* (Brit).

fistulaire [fistylɛʀ] adj fistular.

fistule [fistyl] nf fistula.

fistuleux, -euse [fistylø, øz] adj fistulous.

five o'clock [fajvɔklɔk] nm (†, hum) (afternoon) tea.

fixage [fiksaʒ] nm (Art, Phot, Tex) fixing.

fixateur [fiksatœʀ] nm (Art) fixative spray; (Coiffure) hair cream; (avant la mise en plis) setting lotion; (Phot) fixer. bain ~ fixing bath.

fixatif [fiksatif] nm fixative.

fixation [fiksasjɔ̃] nf (a) (Chim, Psych, Zool) fixation; (Phot) fixing. (b) (attache) fastening. (Ski) ~ (de sécurité) (safety) binding; (Ski) ~s de randonnée touring bindings. (c) [peuple] settling. (d) [salaires, date] fixing.

fixe [fiks(ə)] 1 adj (a) (immobile) point, panneau fixed; personnel permanent; emploi permanent, steady; regard vacant, fixed. regarder qn les yeux ~s to gaze ou look fixedly ou intently at sb, fix an unblinking gaze ou stare on sb; (commandement) ~! attention!; V barre, domicile etc.

(b) (prédéterminé) revenu fixed; jour, date fixed, set. à heure ~ at a set time, at set times; V prix.

(c) (inaltérable) couleur fast, permanent. encre bleu ~ permanent blue ink; V idée.

2 nm basic ou fixed salary.

fixe-chaussettes [fiksʃosɛt] nm inv garter, suspender (Brit).

fixer [fikse] (1) 1 vt (a) (attacher) to fix, fasten (à, sur to). (fig) ~ qch dans sa mémoire to fix sth firmly in one's memory.

(b) (décider) date to fix, arrange, set. ~ la date/l'heure d'un rendez-vous to arrange ou set ou fix the date/the time for a meeting; (fig) ~ son choix sur qch to decide ou settle on sth; mon choix s'est fixé sur cet article I settled ou decided on this article; (fig) je ne suis pas encore fixé sur ce que je ferai I haven't made up my mind what to do yet, I haven't got any fixed plans in mind yet; avez-vous fixé le jour de votre départ? have you decided what day you are leaving (on)?; à l'heure fixée at the agreed ou appointed time; au jour fixé on the appointed day.

(c) (regard, attention) to fix. ~ les yeux sur qn/qch, ~ qn/qch du regard to stare at sb/sth; il le fixa longuement he looked hard at him, he stared at him; ~ son attention sur to focus ou fix one's attention on; mon regard se fixa sur lui I fixed my gaze on him, my gaze fastened on him.

(d) (déterminer) prix, impôt, délai to fix, set; règle, principe to lay down, determine; idées to clarify, sort out; conditions to lay down, set. les droits et les devoirs fixés par la loi the rights and responsibilities laid down ou determined by law; ~ ses idées sur le papier to set one's ideas down on paper; (Ling) mot fixé par l'usage word fixed by usage; (Ling) l'orthographe s'est fixée spelling has become fixed.

(e) (renseigner) ~ qn sur qch* to put sb in the picture about sth*, enlighten sb as to sth; être fixé sur le compte de qn to be wise to sb*, have sb weighed up* (Brit) ou sized up* ou taped* (Brit); alors, es-tu fixé maintenant?* have you got the picture now?*

(f) ~ qn to make sb settle (down); seul le mariage pourra le ~ marriage is the only thing that will make him settle down.

(g) (Phot) to fix.

2 se fixer vpr (s'installer) to settle. il s'est fixé à Lyon he settled in Lyons.

fixité [fiksite] nf [opinions] fixedness; [regard] fixedness, steadiness.

fjord [fjɔʀ(d)] nm fiord, fjord.

flac [flak] excl splash!

flaccidité [flaksidite] nf flabbiness, flaccidity.

flacon [flakɔ̃] nm (small, stoppered) bottle; (Chim) flask.

flafla [flafla] nm: faire des ~s to show off.

flagada* [flagada] adj inv: être ~ to be dog-tired* ou washed-out*.

flagellateur [flaʒɛlatœʀ] nm flogger, scourger, flagellator (frm).

flagellation [flaʒɛlasjɔ̃] nf (gén) flogging; (Rel) scourging; (pratique sexuelle) flagellation.

flagelle [flaʒɛl] nm flagellum.

flagellé, e [flaʒele] (ptp de **flageller**) adj, nm (Zool) flagellate.

flageller [flaʒele] (1) vt to flog, scourge, flagellate (frm); (Rel) to scourge; (fig) to flay. ~ le vice to castigate vice.

flageoler [flaʒɔle] (1) vi: ~ (sur ses jambes) (de faiblesse) to be sagging at the knees; (de peur) to quake at the knees.

flageolet [flaʒɔlɛ] nm (a) (Mus) flageolet. (b) (Bot) flageolet, dwarf kidney bean.

flagorner [flagɔRne] (1) *vt* (*frm*) to toady to, fawn upon.
flagornerie [flagɔRnəRi] *nf* (*frm*, *hum*) toadying (*U*), fawning (*U*), sycophancy (*U*).
flagorneur, -euse [flagɔRnœR, øz] (*frm*) **1** *adj* toadying, fawning, sycophantic. **2** *nm, f* toady, fawner, sycophant.
flagrant, e [flagRã, ãt] *adj mensonge* blatant; *erreur, injustice* flagrant, blatant, glaring. **prendre qn en ~ délit** to catch sb redhanded *ou* in the act *ou* in flagrante delicto (*T*); **pris en ~ délit de mensonge** caught out blatantly lying.
flair [flɛR] *nm* [*chien*] sense of smell, nose; (*fig*) sixth sense, intuition. **avoir du ~** to have a good nose; to have intuition.
flairer [fleRe] (1) *vt* (a) to smell (at), sniff (at); (*Chasse*) to scent. (b) (*fig*) to scent, sense, smell. **~ quelque chose de louche** to smell *ou* scent something fishy, smell a rat; **~ le danger** to sense *ou* scent danger; **~ le vent** to see which way the wind is blowing, read the wind (*US*).
flamand, e [flamã, ãd] **1** *adj* Flemish. **2** *nm* (a) F~ Fleming; **les F~s** the Flemish. (b) (*Ling*) Flemish. **3** F~e *nf* Fleming, Flemish woman.
flamant [flamã] *nm* flamingo. **~ rose** (pink) flamingo.
flambage [flãbaʒ] *nm* (a) [*volaille*] singeing; [*instrument*] sterilizing (*with flame*). (b) (*Tech*) buckling.
flambant [flãbã] *adv*: **~ neuf** brand new.
flambart*†, flambard*† [flãbaR] *nm* swankpot*. **faire le** *ou* **son ~** to swank*.
flambé, e'‡ [flãbe] (*ptp de* **flamber**) *adj personne* finished. **il est ~!** he's had it!*; **l'affaire est ~e!** it's up the spout!*.
flambeau, pl ~x [flãbo] *nm* (a) (*flaming*) torch; V **retraite**. (b) (*fig, frm*) torch. **passer le ~ à qn** to pass on *ou* hand on the torch to sb. (c) (*chandelier*) candlestick.
flambée² [flãbe] *nf* (a) (*feu*) (quick) blaze. (b) (*fig*) [*violence*] outburst. **~ de colère** angry outburst, flare-up; **la ~ des prix** the explosion in prices.
flambement [flãbmã] *nm* (*Tech*) buckling.
flamber [flãbe] (1) **vi** [*bois*] to burn; [*feu*] to blaze, flame; [*incendie*] to blaze. **la maison a flambé en quelques minutes** in a few minutes the house was burnt to the ground.
2 *vt* (a) *crêpe* to flambé.
(b) *volaille, cheveux* to singe; (*Méd*) *aiguille, instrument de chirurgie* to sterilize (*in a flame*).
flambeur* [flãbœR] *nm* big-time gambler.
flamboiement [flãbwamã] *nm* [*flammes*] blaze, blazing; [*lumière*] blaze; [*yeux*] flash, gleam. **dans un ~ de couleurs** in a blaze of colour.
flamboyant, e [flãbwajã, ãt] **1** *adj* (a) *feu, lumière* blazing; *yeux* flashing, blazing; *couleur* flaming; *regard* fiery; *ciel, soleil* blazing; *épée, armure* gleaming, flashing. (b) (*Archit*) flamboyant. **2** *nm* (*Archit*) flamboyant style.
flamboyer [flãbwaje] (8) *vi* [*flamme*] to blaze (up), flame (up); [*yeux*] to flash, blaze; [*soleil, ciel*] to blaze; [*couleur*] to flame; [*épée, armure*] to gleam, flash.
flamingant, e [flamɛ̃gã, ãt] **1** *adj* Flemish-speaking. **2** *nm, f*: F~e (b) Flemish speaker; (*Pol*) Flemish nationalist.
flamme [flam] *nf* (a) (*lit*) flame. **être en ~s**, **être la proie des ~s** to be on fire *ou* ablaze; (*Aviat, fig*) **descendre (qch/qn) en ~s** to shoot (sth/sb) down in flames; **dévoré par les ~s** consumed by fire *ou* the flames.
(b) (*fig: ardeur*) fire, fervour. **discours plein de ~** passionate *ou* fiery speech; **jeune homme plein de ~** young man full of fire.
(c) (*fig: éclat*) fire, brilliance. **la ~ de ses yeux** *ou* **de son regard** his flashing eyes.
(d) (*littér: amour*) love, ardour.
(e) (*drapeau*) pennant, pennon.
(f) (*Poste*) postal logo *or* slogan.
flammé, e [flame] *adj céramique* flambé.
flammèche [flamɛʃ] *nf* (flying) spark.
flan [flã] *nm* (a) (*Culin*) custard tart. (b) (*Tech*) [*imprimeur*] flong; [*monnaie*] blank, flan; [*disque*] mould. (c) (*) **il en est resté comme deux ronds de ~** you could have knocked him down with a feather*; **c'est du ~** it's a load of waffle!* (*Brit*) *ou* hooey*.
flanc [flã] *nm* (a) [*personne*] side; [*animal*] side, flank. (†, *littér*) **l'enfant qu'elle portait dans son ~** the child she was carrying in her womb; **être couché sur le ~** to lie *ou* be lying on one's side; **tirer au ~*** to skive‡, swing the lead*; **être sur le ~** (*malade*) to be laid up; (*fatigué*) to be all in*; **cette grippe m'a mis sur le ~** that bout of flu has knocked me out*; V **battre**.
(b) [*navire*] side; [*armée*] flank; [*montagne*] slope, side. **à ~ de coteau** *ou* **de colline** on the hillside; **prendre de ~** (*Naut, fig*) to catch broadside on; (*Mil*) to attack on the flank; V **prêter**.
flancher* [flãʃe] (1) *vi* [*cœur*] to give out, pack up* (*Brit*); [*troupes*] to quit. **sa mémoire a flanché** his memory failed him; **c'est le moral qui a flanché** he lost his nerve; **il a flanché en math** he fell down *ou* came down in maths; **sans ~** without flinching; **ce n'est pas le moment de ~** this is no time for weakening *ou* weakness.
flanchet [flãʃɛ] *nm* (*Boucherie*) flank.
Flandre [flãdR(ə)] *nf*: **la ~, les ~s** Flanders.
flandrin [flãdRɛ̃] *nm* (††, *péj*) **grand ~** great gangling fellow.
flanelle [flanɛl] *nf* (*Tex*) flannel.
flâner [flane] (1) *vi* to stroll, saunter; (*péj*) to hang about, lounge about. **va chercher du pain, et sans ~!** go and get some bread, and get a move on!*
flânerie [flanRi] *nf* stroll, saunter. (*péj*) **perdre son temps en ~s** to waste one's time lounging about.
flâneur, -euse [flanœR, øz] **1** *adj* idle. **2** *nm, f* stroller; (*péj*) idler, lounger, loafer.
flanquer¹ [flãke] (1) *vt* to flank. **la boutique qui flanque la maison** the shop adjoining *ou* flanking the house; **flanqué de ses gardes**

du corps flanked by his bodyguards; (*péj*) **il est toujours flanqué de sa mère** he always has his mother in tow* *ou* at his side.
flanquer²* [flãke] (1) **1** *vt* (a) (*jeter*) **~ qch par terre** (*lit*) to fling sth to the ground; (*fig*) to put paid to sth (*Brit*), knock sth on the head*; **~ qn par terre** to fling sb to the ground; **~ qn à la porte** to chuck sb out‡; (*licencier*) to sack sb* (*Brit*), give sb the sack* (*Brit*), fire sb; **~ tout en l'air** to pack it all in* (*Brit*), chuck it all up‡.
(b) (*donner*) **~ une gifle à qn** to cuff sb round the ear, give sb a clout*; **~ la trouille à qn** to give sb a scare, put the wind up sb*; **~ 2 ans de prison à qn** to send sb down (*Brit*) *ou* up (*US*) for 2 years, put sb behind bars for 2 years.
2 se flanquer‡ *vpr*: **se ~ par terre** to fall flat on one's face, measure one's length (*Brit*).
flapi, e [flapi] *adj* dog-tired*, dead-beat*.
flaque [flak] *nf*: **~ de sang/d'eau** *etc* pool of blood/water *etc*; (*petite flaque*) **~ d'eau** puddle.
flash [flaʃ] *nm* (a) (*Phot*) flash(light). **au ~** by flash(light). (b) (*Rad, TV*) newsflash; (*Ciné*) flash. (*Rad*) **~ publicitaire** commercial.
flash-back [flaʃbak] *nm* flashback.
flashmètre [flaʃmɛtR(ə)] *nm* flash meter.
flasque¹ [flask(ə)] *adj peau* flaccid, flabby; (*fig*) *personne* spineless, spiritless; *style* limp.
flasque² [flask(ə)] *nf* flask.
flasque³ [flask(ə)] *nm* (a) (*Aut*) hub cap; [*tracteur*] wheel disc. (b) (*Mil*) cheek.
flatté, e [flate] (*ptp de* **flatter**) *adj portrait* flattering.
flatter [flate] (1) **1** *vt* (a) (*flagorner*) to flatter. **~ servilement qn** to fawn upon sb; (*fig*) **cette photo la flatte** this photo flatters her; **sans vous ~** without flattering you.
(b) (*faire plaisir*) [*compliment, décoration*] to flatter, gratify. **je suis très flatté de cet honneur** I am most flattered by this honour; **cela la flatte dans son orgueil** it flatters his vanity.
(c) (*frm: favoriser*) *manie, goûts* to pander to; *vice, passion* to encourage.
(d) (*littér: tromper*) **~ qn d'un espoir** to hold out false hopes to sb; **~ qn d'une illusion** to delude sb.
(e) (*frm: charmer*) *oreille, regard* to delight, charm, be pleasing to; *goût* to flatter. **~ le palais** to delight the taste buds.
(f) (*frm: caresser*) to stroke, pat.
2 se flatter *vpr* (*frm*) (a) (*prétendre*) **se ~ de faire** to claim *ou* profess to be able to do; **il se flatte de tout comprendre** he professes to understand everything; **je me flatte de le persuader en 10 minutes** I flatter myself that I can persuade him in 10 minutes.
(b) (*s'enorgueillir*) **se ~ de qch** to pride o.s. on sth; **elle se flatte de son succès** she prides herself on her success; **et je m'en flatte!** and I'm proud of it!
(c) (*se leurrer*) to delude o.s. **se ~ d'un vain espoir** to cherish a forlorn hope; **s'il croit réussir, il se flatte!** if he thinks he can succeed, he is deluding himself!
flatterie [flatRi] *nf* flattery (*U*). (*littér, hum*) **vile ~** base flattery.
flatteur, -euse [flatœR, øz] **1** *adj* flattering. **comparaison ~euse** flattering comparison; **faire un tableau ~ de la situation** to paint a rosy picture of the situation; **ce n'est pas ~!** it's not very flattering. **2** *nm, f* flatterer. (*littér, hum*) **c'est un vil ~** he's a base flatterer.
flatteusement [flatøzmã] *adv* flatteringly.
flatulence [flatylãs] *nf* wind, flatulence.
flatulent, e [flatylã, ãt] *adj* flatulent.
flatuosité [flatɥozite] *nf* (*Méd*) flatus (*T*). **avoir des ~s** to have wind.
fléau, pl ~x [fleo] *nm* (a) (*calamité*) scourge, curse; (*fig) plague, bane. (b) [*balance*] beam; (*Agr*) flail.
fléchage [fleʃaʒ] *nm* arrowing, signposting (with arrows).
flèche¹ [flɛʃ] **1** *nf* (a) arrow, shaft (*littér*). **~ en caoutchouc** rubber-tipped dart; (*fig*) **les ~s de l'Amour** *ou* **de Cupidon** Cupid's darts *ou* arrows; **monter en ~** (*lit*) to rise like an arrow; (*fig*) to soar, rocket; **c'est un acteur qui monte en ~** this actor is shooting to the top *ou* rocketing to fame; **les prix sont montés en ~** prices have shot up *ou* rocketed; **partir comme une ~** to set off like a shot; **il est passé devant nous comme une ~** he shot past us; **se trouver en ~** *ou* **prendre une position en ~ dans un conflit** to take up an extreme position in a conflict.
(b) (*fig: critique*) **diriger ses ~s contre qn** to direct one's shafts against sb; **la ~ du Parthe** the Parthian shot; **faire ~ de tout bois** to use all means available to one; **il fait ~ de tout bois** it's all grist to his mill, he'll use any means he can.
(c) (*direction*) (direction) arrow, pointer.
(d) (*église*) spire; (*grue*) jib; (*mât*) pole; (*affût, canon*) trail; [*balance*] pointer, needle; [*charrue*] beam; [*attelage*] pole. **atteler en ~** to drive tandem; **cheval de ~** lead horse.
2: flèche lumineuse (*sur l'écran*) arrow; (*torche*) arrow pointer.
flèche² [flɛʃ] *nf* (*Culin*) flitch.
flécher [fleʃe] (1) *vt* to arrow, mark (with arrows). **parcours fléché** arrowed course, course marked *ou* signposted with arrows.
fléchette [fleʃɛt] *nf* dart. **jouer aux ~s** to play darts.
fléchir [fleʃiR] (2) **1** *vt* (a) (*plier*) to bend; (*Méd*) *articulation* to flex; (*fig*) to bend. **~ le genou devant qn** to bend *ou* bow the knee to *ou* before sb.
(b) (*fig: apaiser*) *personne* to sway; *colère* to soothe.
2 *vi* (a) (*gén*) to bend; [*planches*] to sag, bend; [*armées*] to give ground, yield; [*genoux*] to sag; [*volonté*] to weaken; [*attention*] to flag; [*recettes, talent, nombre*] to fall off; (*Bourse*) [*prix*] to ease, drop. **ses jambes** *ou* **ses genoux fléchirent** his knees sagged; **la courbe de l'inflation fléchit** there is a downturn in inflation.
(b) (*s'apaiser*) to yield, soften, be moved. **il fléchit devant leurs**

prières he yielded to *ou* was moved by their entreaties; **il s'est laissé** ~ he allowed himself to be won round *ou* persuaded *ou* swayed.
  (c) (*Ling*) **forme fléchie** inflected form.

fléchissement [fleʃismã] *nm* (*V* **fléchir**) bending; flexing; bowing; soothing; sagging; yielding; weakening; flagging; falling off; easing off, drop; softening; swaying.

fléchisseur [fleʃisœʀ] *adj m, nm* (*Anat*) (**muscle**) ~ flexor.

flegmatique [flɛgmatik] *adj* phlegmatic.

flegmatiquement [flɛgmatikmã] *adv* phlegmatically.

flegme [flɛgm(ə)] *nm* composure, phlegm. **il perdit son** ~ he lost his composure *ou* cool*.

flemmard, e* [flemaʀ, aʀd(ə)] **1** *adj* bone-idle* (*Brit*), workshy. **2** *nm, f* idler, slacker, lazybones.

flemmarder* [flemaʀde] (1) *vi* to loaf about, lounge about.

flemmardise* [flemadiz] *nf* laziness, idleness.

flemme* [flɛm] *nf* laziness. **j'ai la** ~ **de le faire** I can't be bothered doing it; **tirer sa** ~ to idle around, loaf about.

fléole [fleɔl] *nf*: ~ **des prés** timothy.

flet [flɛ] *nm* flounder.

flétan [fletã] *nm* halibut.

flétrir¹ [fletʀiʀ] (2) **1** *vt* (*faner*) to wither, fade. **l'âge a flétri son visage** age has withered his face. **2 se flétrir** *vpr* [*fleur*] to wither, wilt; [*beauté*] to fade; [*peau*] to wither; (*fig*) [*cœur*] to wither.

flétrir² [fletʀiʀ] (2) *vt* **(a)** (*stigmatiser*) *personne, conduite* to condemn; *réputation* to blacken. **(b)** (*Hist*) to brand.

flétrissure¹ [fletʀisyʀ] *nf* [*fleur, peau*] withered state; [*teint*] fading.

flétrissure² [fletʀisyʀ] *nf* **(a)** (*réputation, honneur*) stain, blemish (*à on*). **(b)** (*Hist*) brand.

fleur [flœʀ] **1** *nf* **(a)** flower; [*arbre*] blossom, bloom. **en** ~**(s) in** bloom, in blossom, in flower; **papier à** ~**s** flowered *ou* flower-patterned *ou* flowery paper; **assiette à** ~**s** flower-patterned *ou* flowery plate; **chapeau à** ~**s** flowery hat; **'ni** ~**s ni couronnes'** 'no flowers by request'; (*fig*) **couvrir qn de** ~**s** to shower praise on sb. **(b)** (*le meilleur*) **la** ~ **de** the flower of; **à** *ou* **dans la** ~ **de l'âge** in the prime of life, in one's prime; **il est dans la** ~ **de sa jeunesse** he is in the full bloom *ou* blush (*littér*) of youth; (†, *hum*) **perdre sa** ~ to lose one's honour (†, *hum*); *V* **fin¹**.
  (c) (*loc*) **comme une** ~* hands down*, without trying; **il est arrivé le premier comme une** ~ he won hands down*, he romped home (to win); **à** ~ **de terre** just above the ground; **un écueil à** ~ **d'eau** a reef just above the water *ou* which just breaks the surface of the water; **j'ai les nerfs à** ~ **de peau** I'm all on edge, my nerves are all on edge; **sensibilité à** ~ **de peau** superficial sensitivity; **faire une** ~ **à qn*** to do sb an unexpected good turn *ou* an unexpected favour; **s'envoyer des** ~**s** (*réfléchi*) to pat o.s. on the back*; (*réciproque*) to pat each other on the back*; (*hum*) **bleue** naïvely sentimental; **il est resté** ~ **bleue en vieillissant** even in his old age he is still a bit of a romantic.
  2: fleur de farine fine wheaten flour; **fleurs de givre** frost patterns; (*Hér*) **fleur de lis** fleur-de-lis; **fleurs d'oranger** orange blossom; **fleurs de rhétorique/de soufre/de vin** flowers of rhetoric/sulphur/wine.

fleuraison [flœʀɛzõ] *nf* = **floraison**.

fleurdelisé, e [flœʀdəlize] *adj* decorated with fleurs-de-lis.

fleurer [flœʀe] (1) *vt* (*littér*) to have the scent of, smell sweetly of. **ça fleure bon le pain grillé** there's a lovely smell of toast; ~ **bon la lavande** to smell (sweetly) of *ou* have the scent of lavender.

fleuret [flœʀɛ] *nm* (*épée*) foil.

fleurette [flœʀɛt] *nf* (†, *hum*) floweret; *V* **conter**.

fleuri, e [flœʀi] (*ptp de* **fleurir**) *adj* **(a)** *fleur* in bloom; *branche* in blossom; *jardin, pré* in flower *ou* bloom; *tissu, papier* flowered, flowery; *appartement* decorated *ou* decked out with flowers; *table* decorated *ou* decked with flowers. **à la boutonnière** ~**e** (*avec une fleur*) wearing *ou* sporting a flower in his buttonhole; (*avec une décoration*) wearing a decoration in his buttonhole.
  (b) *nez d'ivrogne* red; *teint* florid; (*fig*) *style* flowery, florid. (*hum*) **une barbe** ~**e** a flowing white beard.

fleurir [flœʀiʀ] (2) **1** *vi* **(a)** [*arbre*] to blossom, (come into) flower; [*fleur*] to flower, (come into) bloom; (*hum*) [*menton d'adolescent*] to grow downy, begin to sprout a beard; [*visage*] to come out in spots *ou* pimples; (*littér*) [*qualité, sentiment*] to blossom (*littér*). **un sourire fleurit sur ses lèvres** his lips broke into a smile.
  (b) (*imparfait* **florissait**, *prp* **florissant**) [*commerce, arts*] to flourish, prosper, thrive.
  2 *vt* *salon* to decorate with *ou* deck out with flowers. ~ **une tombe/un mort** to put flowers on a grave/on sb's grave; (*frm*) ~ **une femme** to offer a flower to a lady; ~ **sa boutonnière** to put a flower in one's buttonhole; **un ruban fleurissait (à) sa boutonnière** he was wearing a decoration on his lapel; **fleurissez-vous, mesdames, fleurissez-vous!** treat yourselves to some flowers, ladies!, buy yourselves a buttonhole (*Brit*) *ou* boutonnière (*US*), ladies!

fleuriste [flœʀist(ə)] *nmf* (*personne*) florist; (*boutique*) florist's (shop).

fleuron [flœʀõ] *nm* [*couronne*] floweret; [*bâtiment*] finial; (*fig*) [*collection*] jewel. (*fig*) **c'est le plus beau** ~ **de ma collection** it's the finest jewel *ou* piece in my collection.

fleuve [flœv] **1** *nm* (*lit*) river. ~ **de boue/de lave** river of mud/of lava; ~ **de larmes** flood of tears; ~ **de sang** river of blood; **le** ~ **Jaune** the Yellow River. **2** *adj inv* marathon (*épith*), interminable; *V* **roman¹**.

flexibilité [flɛksibilite] *nf* flexibility. **la** ~ **de l'emploi** flexibility in employment.

flexible [flɛksibl(ə)] **1** *adj* *métal* flexible, pliable, pliant; *branche, roseau* pliable, pliant; *caractère* (*accommodant*) flexible, adaptable;

(malléable*) pliant, pliable. **2** *nm* (*câble*) flexible coupling; (*tuyau*) flexible tubing *ou* hose.

flexion [flɛksjõ] *nf* **(a)** (*courbure*) [*ressort, lame d'acier*] flexion, bending; [*poutre, pièce*] bending, sagging. **résistance à la** ~ bending strength.
  (b) [*membre, articulation*] flexing (*U*), bending (*U*); (*Ski*) kneebend. **faire plusieurs** ~**s du bras/du corps** to flex the arm/bend the body several times.
  (c) (*Ling*) inflection, inflexion. **langue à** ~ inflected language.

flexionnel, -elle [flɛksjɔnɛl] *adj* *désinence* inflexional, inflectional, inflected. **langue** ~ inflecting *ou* inflected language.

flexueux, -euse [flɛksɥø, øz] *adj* flexuous, flexuose.

flexuosité [flɛksɥozite] *nf* flexuosity.

flexure [flɛksyʀ] *nf* flexure.

flibuste [flibyst(ə)] *nf* (*piraterie*) freebooting, buccaneering; (*pirates*) freebooters, buccaneers.

flibustier [flibystje] *nm* (*pirate*) freebooter, buccaneer; (*†: escroc*) swindler, crook.

flic* [flik] *nm* cop*, copper*, policeman. **les** ~**s** the cops*, the police.

flicaille‡ [flikaj] *nf*: **la** ~ the cops*, the fuzz‡, the pigs‡.

flicard‡ [flikaʀ] *nm* cop*, pig‡.

flic flac [flikflak] *excl* splash! **ses chaussures font** ~ **dans la boue** his shoes slop in the mud *ou* go splash splash through the mud.

flingot‡ [flɛ̃go] *nm*, **flingue‡** [flɛ̃g] *nm* gun, rifle.

flinguer‡ [flɛ̃ge] (1) *vt* to gun down, put a bullet in, shoot up* (*US*). (*fig*) **il y a de quoi se** ~! it's enough to make you want to end it all! *ou* make you shoot yourself!

flint(-glass) [flint(glas)] *nm* flint glass.

flipper¹ [flipœʀ] *nm* (*billard électrique*) pin-ball machine.

flipper²‡ [flipe] (1) *vi* (*gén, Drogue*) (*être déprimé*) to feel low*; (*être exalté*) to get high‡, flip‡ (*US*).

flirt [flœʀt] *nm* **(a)** (*action*) flirting (*U*). **avoir un** ~ **avec qn** to have a brief romance with sb. **(b)** (*amoureux*) boyfriend (*ou* girlfriend).

flirter [flœʀte] (1) *vi* to flirt. (*fréquenter*) ~ **avec qn** to go about with sb; (*fig*) ~ **avec idée, parti** to flirt with.

flirteur, -euse [flœʀtœʀ, øz] *nm, f* flirt.

F.L.N. [ɛfɛlɛn] *nm* (*abrév de* **Front de libération nationale**) FLN, *Algerian Freedom Fighters*.

floc [flɔk] *nm, excl* plop, splash.

flocon [flɔkõ] *nm* [*écume*] fleck; [*laine*] flock. ~ **de neige** snowflake; ~**s d'avoine** oat flakes, rolled oats; ~**s de maïs** cornflakes; **la neige tombe à gros** ~**s** the snow is falling in big flakes; **purée en** ~**s** dehydrated potato flakes.

floconneux, -euse [flɔkɔnø, øz] *adj* *nuage, étoffe* fluffy; *écume, substance, liquide* frothy.

flonflons [flõflõ] *nmpl* blare. **les** ~ **de la musique foraine** the pom-pom of the fairground music.

flopée* [flɔpe] *nf*: **une** ~ **de** loads of*, masses of; **il y a une** *ou* **des** ~**(s) de touristes** there are masses of tourists; **elle a une** ~ **d'enfants** she has a whole brood of children.

floraison [flɔʀɛzõ] *nf* **(a)** (*lit*) (*épanouissement*) flowering, blossoming; (*époque*) flowering time. **rosiers qui ont plusieurs** ~**s** rosebushes which have several flowerings. **(b)** (*fig*) [*talents*] flowering, blossoming; [*affiches, articles*] rash, crop.

floral, e, *mpl* -aux [flɔʀal, o] *adj* **(a)** *art, composition* floral; *exposition* flower (*épith*). **parc** ~ floral garden. **(b)** (*Bot*) *enveloppe, organes* floral.

floralies [flɔʀali] *nfpl* flower show.

flore [flɔʀ] *nf* (*plantes*) flora; (*livre*) plant guide. ~ **intestinale** intestinal flora.

floréal [flɔʀeal] *nm* Floreal (*eighth month in the French Republican calendar*).

Florence [flɔʀãs] *n* (*ville*) Florence.

florentin, e [flɔʀãtɛ̃, in] **1** *adj* Florentine. **2** *nm* (*Ling*) Florentine dialect. **3** *nm, f*: **F**~**(e)** Florentine.

florès [flɔʀɛs] *nm* (*littér, hum*) **faire** ~ [*personne*] to shine, enjoy (great) success; [*théorie*] to enjoy (great) success, be in vogue.

floriculture [flɔʀikyltyʀ] *nf* flower-growing, floriculture (*T*).

Floride [flɔʀid] *nf* Florida.

florifère [flɔʀifɛʀ] *adj* (*qui a des fleurs*) flower-bearing; (*qui porte beaucoup de fleurs*) which is a prolific flowerer.

florilège [flɔʀilɛʒ] *nm* anthology.

florin [flɔʀɛ̃] *nm* florin.

florissant, e [flɔʀisã, ãt] *adj* *pays, économie, théorie* flourishing; *santé, teint* blooming.

flot [flo] *nm* **(a)** (*littér*) [*lac, mer*] ~**s** waves; **les** ~**s** the waves; **voguer sur les** ~**s bleus** to sail the ocean blue; (*fig*) **les** ~**s de sa chevelure** her flowing locks *ou* mane (*littér*).
  (b) (*fig: grande quantité*) [*boue, lumière*] stream; [*véhicules, visiteurs, insultes*] flood, stream; [*larmes, lettres*] flood, spate. **un** *ou* **des** ~**(s) de rubans/dentelle** a cascade of ribbons/lace.
  (c) (*marée*) **le** ~ the floodtide, the incoming tide.
  (d) (*loc*) **à (grands)** ~**s** in streams *ou* torrents; **l'argent coule à** ~**s** money flows like water; **la lumière entre à** ~**s** light is streaming in *ou* flooding in *ou* pouring in; **être à** ~ (*lit*) [*bateau*] to be afloat; (*fig*) [*personne, entreprise*] to be on an even keel; [*personne*] to have one's head above water; **remettre à** ~ *bateau* to refloat; *entreprise* to bring back onto an even keel; (*lit, fig*) **mettre à** ~ to launch; **la mise à** ~ **d'un bateau** the launching of a ship.

flottabilité [flɔtabilite] *nf* buoyancy.

flottable [flɔtabl(ə)] *adj* *bois, objet* buoyant; *rivière* floatable.

flottage [flɔtaʒ] *nm* floating (*of logs down a river*).

flottaison [flɔtɛzõ] *nf*: **ligne de** ~ waterline.

flottant, e [flɔtã, ãt] **1** *adj* **(a)** *bois, glace, mine* floating; *brume* drifting; *V* **île, virgule**.
  (b) *cheveux, cape* (loose and) flowing; *vêtement* loose.

(c) (*Fin, Pol*) floating; *effectifs* fluctuating. **dette** ~**e** floating debt.

(d) *caractère, esprit* irresolute, vacillating. **rester** ~ to be unable to make up one's mind (*devant* when faced with).

(e) *côte, rein* floating.

2 *nm* (*short*) shorts. **son** ~ **est usé** his shorts are worn out; **acheter 2** ~**s** to buy 2 pairs of shorts.

flotte [flɔt] *nf* **(a)** (*Aviat, Naut*) fleet. ~ **aérienne/de guerre/de commerce** air/naval/merchant navy fleet. **(b)** (*) (*pluie*) rain; (*eau*) water. **(c)** (*flotteur*) float.

flottement [flɔtmã] *nm* **(a)** (*hésitation*) wavering, hesitation. **on observa un certain** ~ **dans la foule** certain parts of the crowd were seen to waver *ou* hesitate; **il y a eu un** ~ **électoral important** there was strong evidence *ou* a strong element of indecision among voters.

(b) (*Mil: dans les rangs*) swaying, sway.

(c) (*relâchement*) (*dans une œuvre, copie*) vagueness, imprecision; (*dans le travail*) unevenness (*dans* in). **le** ~ **de son esprit/imagination** his wandering mind/roving imagination.

(d) (*ondulation*) [*fanion*] fluttering. **le** ~ **du drapeau dans le vent** the fluttering *ou* flapping of the flag in the wind.

(e) (*Fin*) floating.

flotter [flɔte] (1) **1** *vi* **(a)** (*lit: sur l'eau*) to float. **faire** ~ **qch sur l'eau** to float sth on the water.

(b) (*fig: au vent*) [*brume*] to drift, hang; [*parfum*] to hang; [*cheveux*] to stream (out); [*drapeau*] to fly, flap; [*fanion*] to flutter. [*cape, écharpe*] ~ **au vent** to flap *ou* flutter in the wind; **un drapeau flottait sur le bâtiment** a flag was flying over *ou* from the building.

(c) (*être trop grand*) [*vêtement*] to hang loose. **il flotte dans ses vêtements** his clothes hang baggily *ou* loosely about him, his clothes are too big for him.

(d) (*littér: errer*) [*pensée, imagination*] to wander, rove. **un sourire flottait sur ses lèvres** a smile hovered on *ou* played about his lips.

(e) (*fig: hésiter*) to waver, hesitate.

(f) (*Fin*) [*devise*] to float. **faire** ~ to float.

2 *vb impers* (*: pleuvoir*) to rain.

3 *vt bois* to float (down a waterway).

flotteur [flɔtœʀ] *nm* [*filet, hydravion, carburateur*] float; [*chasse d'eau*] ballcock (*Brit*), floater (*US*).

flottille [flɔtij] *nf* [*bateaux, bateaux de guerre*] flotilla; [*avions*] squadron.

flou, e [flu] **1** *adj* **(a)** *dessin, trait, contour* blurred; *image* hazy, vague; *photo* blurred, fuzzy, out of focus; *couleur* soft.

(b) *robe* loose(-fitting); *coiffure* soft, loosely waving.

(c) *idée, pensée, théorie* woolly, vague.

2 *nm* [*photo, tableau*] fuzziness, blurredness; [*couleur*] softness; [*robe*] looseness. **le** ~ **de son esprit** the vagueness *ou* woolliness (*péj*) of his mind.

flouer*† [flue] (1) *vt* (*duper*) to diddle* (*Brit*), swindle. **se faire** ~ to be taken in, be had*.

flouse‡ flouze‡ [fluz] *nm* (*argent*) bread‡, dough‡, lolly‡.

fluctuation [flyktɥɑsjɔ̃] *nf* [*prix*] fluctuation; [*opinion publique*] swing, fluctuation (*de* in).

fluctuer [flyktɥe] (1) *vi* to fluctuate.

fluet, -ette [flɥɛ, ɛt] *adj corps* slight, slender; *personne* slightly built, slender; *taille, membre, doigt* slender, slim; *voix* thin, reedy, piping.

fluide [flɥid] **1** *adj liquide, substance* fluid; *style* fluid, flowing; *ligne, silhouette* flowing; (*Écon*) *main-d'œuvre* flexible. **la circulation est** ~ traffic flows freely; **la situation politique reste** ~ the political situation remains fluid.

2 *nm* (*gaz, liquide*) fluid; (*fig: pouvoir*) (mysterious) power. **il a du** ~, **il a un** ~ **magnétique** he has mysterious powers.

fluidification [flɥidifikɑsjɔ̃] *nf* fluidification, fluxing.

fluidifier [flɥidifje] (7) *vt* to fluidify, flux.

fluidité [flɥidite] *nf* [*liquide, style*] fluidity; [*ligne, silhouette*] flow; [*circulation*] free flow; (*Écon*) [*main-d'œuvre*] flexibility.

fluor [flyɔʀ] *nm* fluorine.

fluorescéine [flyɔʀesein] *nf* fluorescein.

fluorescence [flyɔʀesɑ̃s] *nf* fluorescence.

fluorescent, e [flyɔʀesɑ̃, ɑ̃t] *adj* fluorescent.

fluorine [flyɔʀin] *nf* fluorspar, fluorite, calcium fluoride.

fluorure [flyɔʀyʀ] *nm* fluoride.

flush [flœʃ] *nm* (*Cartes*) flush.

flûte [flyt] **1** *nf* **(a)** (*instrument*) flute; (*verre*) flute, flute glass; (*pain*) French stick. (*Mus*) **petite** ~ piccolo; (*jambes*) ~**s*** pins* (*Brit*), gams* (*US*); **se tirer les** ~**s‡** to skip off*, do a bunk‡; *V* **bois, jouer**.

(b) (*Hist: navire*) store ship.

2 *excl* (*) drat it!*, dash it!* (*Brit*).

3: **flûte à bec** recorder; **La Flûte enchantée** The Magic Flute; **flûte de Pan** panpipes, Pan's pipes; **flûte traversière** flute.

flûté, e [flyte] *adj voix* flute-like, fluty.

flûteau, *pl* ~x [flyto] *nm*, **flutiau, *pl* ~x** [flytjo] *nm* (*flûte*) penny whistle, reed pipe; (*mirliton*) kazoo.

flûtiste [flytist(ə)] *nmf* flautist, flutist.

fluvial, e, *mpl* -aux [flyvjal, o] *adj eaux, navigation* river (*épith*); *érosion* fluvial (*epith*).

fluvio-glaciaire [flyvjɔglasjɛʀ] *adj* fluvioglacial.

flux [fly] *nm* **(a)** (*grande quantité*) [*argent*] flood; [*paroles, récriminations*] flood, spate. (*Écon*) ~ **de capitaux** capital flow.

(b) (*marée*) **le** ~ **the** floodtide, the incoming tide; **le** ~ **et le reflux** the ebb and flow.

(c) (*Phys*) flux, flow. ~ **électrique/magnétique/lumineux** electric/magnetic/luminous flux.

(d) (*Méd*) ~ **de sang** flow of blood; ~ **menstruel** menstrual flow.

fluxion [flyksjɔ̃] *nf* (*Méd*) swelling, inflammation; (*dentaire*) gumboil. ~ **de poitrine** pneumonia.

F.M. [ɛfɛm] *nf abrév de* **fréquence modulée**; *V* **fréquence**.

F.M.I. [ɛfɛmi] *nm* (*abrév de* Fonds monétaire international) IMF.

F.N.S.E.A [ɛfɛnɛsəa] *nf* (*abrév de* **Fédération nationale des syndicats d'exploitants agricoles**) Farmers' Union, ≃ N.F.U. (*Brit*).

F.O. [ɛfo] *nf abrév de* **Force ouvrière** (*workers' union*).

foc [fɔk] *nm* jib. **grand/petit** ~ outer/inner jib; ~ **d'artimon** mizzen-topmast staysail.

focal, e, *mpl* -aux [fɔkal, o] **1** *adj* focal. **2 focale** *nf* (*Géom, Opt*) focal distance *ou* length.

focaliser [fɔkalize] (1) **1** *vt* (*Phys, fig*) to focus (*sur* on). **2 se focaliser** *vpr* to be focused (*sur* on).

Foehn [føn] *nm* foehn.

foène, foëne [fwɛn] *nf* pronged harpoon, fish gig.

fœtal, e, *mpl* -aux [fetal, o] *adj* foetal, fetal.

fœtus [fetys] *nm* foetus, fetus.

fofolle [fɔfɔl] *adj f* *V* **fou-fou**.

foi [fwa] *nf* **(a)** (*croyance*) faith. **avoir la** ~ to have (a religious) faith; **perdre la** ~ to lose one's faith; **il faut avoir la** ~!* you've got to be (really) dedicated!; **il n'y a que la** ~ **qui sauve!** faith is a marvellous thing!; **la** ~ **du charbonnier** blind (and simple) faith; **sans** ~ **ni loi** fearing neither God nor man; *V* **article, profession**.

(b) (*confiance*) faith, trust. **avoir** ~ **en Dieu** to have faith *ou* trust in God; **avoir** ~ **en qn/qch/l'avenir** to have faith in sb/sth/the future; **digne de** ~ *témoin* reliable, trustworthy; *témoignage* reliable; *V* **ajouter**.

(c) (*assurance*) (pledged) word. **respecter la** ~ **jurée** to honour one's (sworn *ou* pledged) word; ~ **d'honnête homme!** on my word as a gentleman!, on my word of honour!; **cette lettre en fait** ~ this letter proves *ou* attests it; **les réponses doivent être envoyées avant le 10 janvier à minuit, la date de la poste faisant** ~ replies must be postmarked no later than midnight January 10th; (*Jur*) **les deux textes feront** ~ both texts shall be deemed authentic; **sous la** ~ **du serment** under *ou* on oath; **sur la** ~ **de vagues rumeurs** on the strength of vague rumours; **sur la** ~ **des témoins** on the word *ou* testimony of witnesses; **en** ~ **de quoi j'ai décidé ...** (*gén*) on the strength of which I have decided ...; (*Jur*) in witness whereof I have decided ...; **être de bonne/mauvaise** ~ [*personne*] to be in good/bad faith, be sincere/insincere, be honest/dishonest; **c'était de bonne** ~ it was done (*ou* said etc) in good faith; **faire qch en toute bonne** ~ to do sth in all good faith; **en toute bonne** ~ **je l'ignore** honestly I don't know.

(d) **ma** ~ **... well ...; ma** ~, **c'est comme ça, mon vieux** well, that's how it is, old man; **ça, ma** ~, **je n'en sais rien** well, I don't know anything about that; **c'est ma** ~ **vrai que ...** well it's certainly *ou* undeniably true that ....

foie [fwa] *nm* **(a)** liver. ~ **de veau/de volaille** calf's/chicken liver; ~ **gras** foie gras. **(b) avoir les** ~**s‡** to be scared to death*.

foin¹ [fwɛ̃] *nm* hay. **faire les** ~**s** to make hay; **à l'époque des** ~**s** in the haymaking season; ~ **d'artichaut** choke; **faire du** ~* to kick up* a fuss *ou* row *ou* shindy* (*Brit*); *V* **rhume**.

foin² [fwɛ̃] *excl* (††, *hum*) ~ **des soucis d'argent/des créanciers!** a plague on money worries/creditors!, the devil take money worries/creditors!

foire [fwaʀ] *nf* **(a)** (*marché*) fair; (*exposition commerciale*) trade fair; (*fête foraine*) fun fair. ~ **aux bestiaux** cattle fair *ou* market; *V* **larron**.

(b) (*loc*) **avoir la** ~**‡** to have the runs* *ou* skitters‡ (*Brit*); **faire la** ~* to whoop it up*, go on a spree; **c'est la** ~ **ici!, c'est une vraie** ~!* it's bedlam in here!, it's a proper madhouse!*; **c'est une** ~ **d'empoigne** it's a free-for-all.

foirer [fwaʀe] (1) *vi* (*) [*vis*] to slip; [*obus*] to hang fire; (‡) [*projet*] to fall through.

foireux, -euse‡ [fwaʀø, øz] *adj* (*peureux*) yellow(-bellied)‡, chicken‡ (*attrib*).

fois [fwa] *nf* **(a)** time. **une** ~ once; **deux** ~ twice; **trois** ~ three times; (*aux enchères*) **une** ~, **deux** ~, **trois** ~ **adjugé** going, going, gone!; **pour la toute première** ~ for the very first time; **quand je l'ai vu pour la première/dernière** ~ when I first/last saw him; **the first/last time I saw him; c'est bon** *ou* **ça va pour cette** ~ I'll let you off this time *ou* (*just*) this once; **de** ~ **à autre†** from time to time, now and again; **plusieurs** ~ several times, a number of times; **peu de** ~ on few occasions; **bien des** ~, **maintes (et maintes)** ~ many a time, many times; **autant de** ~ **que** as often as, as many times as; **y regarder à deux** *ou* **à plusieurs** ~ **avant d'acheter qch** to think twice *ou* very hard before buying sth; **s'y prendre à** *ou* **en 2/plusieurs** ~ **pour faire qch** to take 2/several attempts *ou* goes to do sth; **payer en plusieurs** ~ to pay in several instalments; **frapper qn par deux/trois** ~ to hit sb twice/three times; *V* **autre, cent, encore, merci, regarder** etc.

(b) (*dans un calcul*) **une** ~ once; **deux** ~ twice; **trois/quatre** etc ~ **three/four** etc times; **une** ~ **tous les deux jours** once every two days, once every other *ou* second day; **3** ~ **par an, 3** ~ **l'an†** 3 times a year; **9** ~ **sur 10** 9 times out of 10; **4** ~ **plus d'eau/de voitures** 4 times as much water/as many cars; **quatre** ~ **moins d'eau** four times less water, a quarter as much water; **quatre** ~ **moins de voitures** a quarter as many cars; (*Math*) **3** ~ **5** (font 15) 3 times 5 (is *ou* makes 15); **il avait deux** ~ **rien** *ou* **trois** ~ **rien** (*argent*) he had absolutely nothing, he hadn't a bean* (*Brit*); (*blessure*) he had the merest scratch, he had nothing at all wrong with him; **et encore merci!** — **oh, c'est deux** ~ **rien** *ou* **trois** ~ **rien** and thanks again! — oh, please don't mention it!

(c) **une** ~ once; **il était une** ~, **il y avait une** ~ once upon a time there was; (*Prov*) **une** ~ **n'est pas coutume** just the once will not hurt, once (in a while) does no harm; **pour une** ~! for once!; **en une** ~ at *ou* in one go; **une (bonne)** ~ **pour toutes** once and for all; **une**

~ **(qu'il sera)** parti once he has left; **une** ~ **qu'il n'était pas là** once *ou* on one occasion when he wasn't there.

(d) (*) **des** ~ (*parfois*) sometimes; **des** ~, **il est très méchant** he can be very nasty at times *ou* on occasion, sometimes he's pretty nasty; **si des** ~ **vous le rencontrez** if you should happen *ou* chance to meet him; **non mais, des** ~! (*scandalisé*) do you mind!; (*en plaisantant*) you must be joking!; **non mais des** ~ **pour qui te prends-tu?** look here, who do you think you are!; **des** ~ **que** (just) in case; **attendons, des** ~ **qu'il viendrait** let's wait in case he comes; **allons-y, des** ~ **qu'il resterait des places** let's go — there may be some seats left, let's go in case there are some seats left.

(e) à la ~ at once, at the same time; **ne répondez pas tous à la** ~ don't all answer at once; **il était à la** ~ **grand et gros** he was both tall and fat; **il était à la** ~ **grand, gros et fort** he was tall, fat and strong as well; **faire deux choses à la** ~ to do two things at once *ou* at the same time.

foison [fwazɔ̃] *nf*: **il y a du poisson/des légumes à** ~ there is an abundance of fish/vegetables, there is fish/are vegetables in plenty, there are fish/vegetables galore; **il y en avait à** ~ **au marché** there was plenty of it *ou* there were plenty of them at the market.

foisonnement [fwazɔnmɑ̃] *nm* **(a)** (*épanouissement*) burgeoning; (*abondance*) profusion, abundance, proliferation. **(b)** (*chaux*) expansion.

foisonner [fwazɔne] (1) *vi* **(a)** (*idées, erreurs*) to abound, proliferate; (*gibier*) to abound. **pays qui foisonne de** *ou* **en matières premières** country which abounds in raw materials; **pays qui foisonne de** *ou* **en talents** country which has a profusion *ou* an abundance of talented people *ou* is teeming with talented people; **texte foisonnant d'idées/de fautes** text teeming with ideas/mistakes. **(b)** (*chaux*) to expand.

fol [fɔl] *V* **fou.**

folasse [fɔlas] **1** *adj f* featherbrained. **2** *nf* featherbrain.

folâtre [fɔlɑtʀ(ə)] *adj enfant* playful, frisky, frolicsome; *gaieté, jeux* lively, jolly; *caractère* lively, sprightly. (*frm, hum*) **il n'est pas d'humeur** ~ he's not in a playful mood.

folâtrer [fɔlɑtʀe] (1) *vi* (*enfants*) to frolic, romp; (*chiots, poulains*) to gambol, frolic, frisk. **au lieu de** ~ **tu ferais mieux de travailler** instead of fooling around you would do better to work.

folâtrerie [fɔlɑtʀəʀi] *nf* (*littér*) (*U: caractère*) playfulness, sprightliness; (*action*) frolicking (*U*), romping (*U*), gambolling (*U*).

foliacé, e [fɔljase] *adj* foliated, foliaceous.

foliation [fɔljasjɔ̃] *nf* (*développement*) foliation, leafing; (*disposition*) leaf arrangement.

folichon, -onne* [fɔliʃɔ̃, ɔn] *adj* (*gén nég*) pleasant, interesting, exciting. **aller à ce dîner, ça n'a rien de** ~ going to this dinner won't be much fun *ou* won't be very exciting; **la vie n'est pas toujours** ~**ne avec ma belle-mère** life's not always fun with my mother-in-law.

folie [fɔli] *nf* **(a)** (*maladie*) madness, lunacy, insanity; (*gén*) madness, lunacy. **il a un petit grain de** ~* there's a streak of eccentricity in his character; (*Méd*) ~ **furieuse** raving madness; (*fig*) **c'est de la** ~ **douce** *ou* **pure** *ou* **furieuse** it's utter madness *ou* lunacy, it's sheer folly *ou* lunacy; **avoir la** ~ **des grandeurs** to have delusions of grandeur; **il a la** ~ **des timbres-poste** he is mad about stamps, he is stamp-mad*; **aimer qn à la** ~ to be madly in love with sb, love sb to distraction; **il a eu la** ~ **de refuser** he was mad enough (*Brit*) *ou* crazy enough to refuse, he had the folly *ou* madness to refuse; **les soldats en** ~ **ont tout saccagé** the soldiers went mad and ransacked the place.

(b) (*bêtise, erreur, dépense*) extravagance. **il a fait des** ~**s dans sa jeunesse** he had his fling *ou* a really wild time in his youth; **des** ~**s de jeunesse** follies of youth, youthful indiscretions *ou* extravagances; **ils ont fait une** ~ **en achetant cette voiture** they were mad (*Brit*) *ou* crazy to buy that car; **vous avez fait des** ~**s en achetant ce cadeau** you have been far too extravagant in buying this present; **il ferait des** ~**s pour elle** he would do anything for her; **il ferait des** ~**s pour la revoir** he'd give anything to see her again; (*hum*) **je ferais des** ~**s pour un morceau de fromage** I would give *ou* do anything for a piece of cheese; **une nouvelle** ~ **de sa part** (*dépense*) another of his extravagances; (*projet*) another of his hare-brained schemes.

(c) (*Hist: maison*) pleasure house.

(d) les F~**s Bergères** the Folies Bergères.

folié, e [fɔlje] *adj* foliate.

folio [fɔljo] *nm* folio.

foliole [fɔljɔl] *nf* (*Bot*) leaflet.

folioter [fɔljɔte] (1) *vt* to folio.

folklore [fɔlklɔʀ] *nm* folklore.

folklorique [fɔlklɔʀik] *adj* **(a)** *chant, costume* folk. **(b)**(*: excentrique*) *personne, tenue, ambiance* outlandish. **la réunion a été assez** ~ the meeting was a rather weird *ou* quaint affair.

folk song [fɔlksɔ̃g] *nm* folk music.

folle [fɔl] *V* **fou.**

follement [fɔlmɑ̃] *adv* **(a)** *espérer, dépenser* madly. ~ **amoureux** madly *ou* wildly in love, head over heels in love; **il se lança** ~ **à leur poursuite** he dashed after them in mad pursuit; **avant de se lancer** ~ **dans cette aventure** before rushing headlong into *ou* jumping feet first into this business.

(b) (*énormément*) *drôle, intéressant* madly, wildly. **on s'est** ~ **amusé** we had a fantastic* time; **il désire** ~ **lui parler** he is dying* to speak to her, he wants desperately to speak to her.

follet, -ette [fɔlɛ, ɛt] *adj* (*étourdi*) scatterbrained; *V* **feu¹, poil.**

folliculaire [fɔlikylɛʀ] *adj* follicular.

follicule [fɔlikyl] *nm* follicle.

folliculine [fɔlikylin] *nf* oestrone.

fomentateur, -trice [fɔmɑ̃tatœʀ, tʀis] *nm, f* troublemaker, agitator, fomenter.

fomentation [fɔmɑ̃tasjɔ̃] *nf* fomenting, fomentation.

fomenter [fɔmɑ̃te] (1) *vt* (*lit, fig*) to foment, stir up.

fonçage [fɔ̃saʒ] *nm* (*V* **foncer³**) bottoming; sinking, boring; lining.

foncé, e [fɔ̃se] (*ptp de* **foncer**) *adj couleur* (*gén*) dark; (*tons pastels*) deep. **à la peau** ~**e** dark-skinned.

foncer¹ [fɔ̃se] (3) *vi* **(a)** (*: aller à vive allure*) *(conducteur, voiture)* to tear* *ou* belt* (*Brit*) *ou* hammer* along; *(coureur)* to charge* *ou* tear* along. **maintenant, il faut que je fonce** I must dash *ou* fly* now.

(b) (*se précipiter*) to charge (*vers* at, *dans* into). ~ **sur** *ou* **vers l'ennemi/l'obstacle** to charge at *ou* make a rush at the enemy/obstacle; **le camion a foncé sur moi** the truck came charging straight at me; (*lit, fig*) ~ **sur un objet** to make straight for *ou* make a beeline for an object; ~ **dans la foule** *(camion, taureau, police)* to charge into the crowd; ~ **(tête baissée) dans la porte/dans le piège** to walk straight into the door/straight *ou* headlong into the trap; (*fig*) ~ **dans le brouillard** to forge ahead regardless, forge ahead in the dark; **la police a foncé dans le tas** the police charged in.

foncer² [fɔ̃se] (3) **1** *vt couleur* to make darker. **2** *vi* (*liquide, couleur*) to turn *ou* go darker.

foncer³ [fɔ̃se] (3) *vt tonneau* to bottom; *puits* to sink, bore; (*Culin*) *moule* to line.

fonceur, -euse [fɔ̃sœʀ, øz] *nm, f* go-ahead type. **c'est un** ~ he's got tremendous drive.

foncier, -ière [fɔ̃sje, jɛʀ] *adj* **(a)** *impôt, revenu* land (*épith*); *noblesse, propriété* landed (*épith*); *problème, politique* (relating to) land ownership. **propriétaire** ~ landowner.

(b) *qualité, différence* fundamental, basic. **la malhonnêteté** ~**ière de ces pratiques** the fundamental *ou* basic dishonesty of these practices; **être d'une** ~**ière malhonnêteté** to have an innate streak of dishonesty, be fundamentally dishonest.

foncièrement [fɔ̃sjɛʀmɑ̃] *adv* fundamentally, basically.

fonction [fɔ̃ksjɔ̃] *nf* **(a)** (*métier*) post, office. (*tâches*) ~**s** office, duties; **entrer en** ~**s** *(employé)* to take up one's post; *(maire, président)* to come into *ou* take office, take up one's post; **ça n'entre pas dans mes** ~**s** it's not part of my duties; **de par ses** ~**s** by virtue of his office; **être en** ~ to be in office; **la** ~ **publique** the public *ou* state *ou* civil (*Brit*) service; **logement de** ~ accommodation which goes with a post; **avoir une voiture de** ~ (*gén*) to have a car with one's post; (*firme privée*) to have a company car; *V* **démettre, exercice.**

(b) (*gén, Gram: rôle*) function. ~ **biologique** biological function; **remplir une** ~ to fulfil a function; **cet organe a pour** ~ **de, la** ~ **de cet organe est de** the function of this organ is to; (*Gram*) **avoir** *ou* **faire** ~ **de sujet** to function *ou* act as a subject; (*fig, hum*) **c'est la** ~ **qui crée l'organe** the organ is shaped by its function.

(c) (*Math*) ~ (**algébrique**) (algebraic) function; (*Chim*) ~ **acide** acid(ic) function; (*Math*) **être** ~ **de** to be a function of.

(d) (*loc*) **faire** ~ **de directeur/d'ambassadeur** to act as a manager/as an ambassador; **il n'y a pas de porte, ce rideau en fait** ~ there is no door but this curtain serves the purpose *ou* does instead; **sa réussite est** ~ **de son travail** his success depends on how well he works; **en** ~ **de** according to.

fonctionnaire [fɔ̃ksjɔnɛʀ] *nmf* (*gén*) state servant *ou* employee; (*dans l'administration*) *(ministère)* government official, civil servant (*Brit*); *(municipalité)* local government officer *ou* official. **haut** ~ high-ranking *ou* top civil servant, senior official; **petit** ~ minor (public) official; **les** ~**s de l'enseignement** state-employed teachers; ~ **de (la) police** police officer, officer of the law.

fonctionnarisation [fɔ̃ksjɔnaʀizasjɔ̃] *nf*: **la** ~ **de la médecine** the state takeover of medicine; **le gouvernement propose la** ~ **des médecins** the government proposes taking doctors into the public service *ou* making doctors employees of the state.

fonctionnariser [fɔ̃ksjɔnaʀize] (1) *vt*: ~ **qn** to make sb an employee of the state; (*dans l'administration*) to take sb into the public service; ~ **un service** to take over a service (to be run by the state).

fonctionnarisme [fɔ̃ksjɔnaʀism(ə)] *nm* (*péj*) officialdom. **c'est le règne du** ~ bureaucracy rules, officialdom has taken over.

fonctionnel, -elle [fɔ̃ksjɔnɛl] *adj* functional. (*Ling*) **mot** ~ function word.

fonctionnellement [fɔ̃ksjɔnɛlmɑ̃] *adv* functionally.

fonctionnement [fɔ̃ksjɔnmɑ̃] *nm* *(appareil, entreprise, institution)* working, functioning, operation, running; (*Méd*) *(organisme)* functioning. **en état de bon** ~ in good working order; **pour assurer le (bon)** ~ **de l'appareil** to keep the machine in (good) working order; **pour assurer le (bon)** ~ **du service** to ensure the smooth running of the service; **panne due au mauvais** ~ **du carburateur** breakdown due to a fault *ou* a malfunction in the carburettor; **pendant le** ~ **de l'appareil** while the machine is in operation *ou* is running; **frais de** ~ running *ou* upkeep costs.

fonctionner [fɔ̃ksjɔne] (1) *vi* *(mécanisme, machine)* to work, function; *(entreprise)* to function, operate, run. **faire** ~ **machine** to operate; **notre téléphone/télévision fonctionne mal** there's something wrong with our phone/television, our phone/television isn't working properly; **le courrier fonctionne mal** the mail isn't reliable; **ça ne fonctionne pas** it's out of order, it's not working; **sais-tu faire** ~ **la machine à laver?** can you operate *ou* do you know how to work the washing machine?

fond [fɔ̃] **1** *nm* **(a)** *(récipient, vallée etc)* bottom; *(armoire)* back; *(jardin)* bottom, far end; *(pièce)* far end, back; (*Min*) **le** ~ **fundus.** (*Min*) **le** ~ the (coal) face; **être/tomber au** ~ **de l'eau** to be at/fall to the bottom of the water; (*Min*) **travailler au** ~ to work at *ou* on the (coal) face; (*Naut*) **envoyer par le** ~ to send to the bottom; **y a-t-il beaucoup de** ~? is it very deep?; **l'épave repose par 10**

mètres de ~ the wreck is lying 10 metres down; (*Naut*) à ~ de cale (down) in the hold; le ~ de la gorge/l'œil the back of the throat/eye; au ~ du couloir down the corridor, at the far end of the corridor; au ~ de la boutique at the back of the shop; ancré au ~ de la baie anchored at the (far) end of the bay; village perdu au ~ de la province village in the depths *ou* heart *ou* wilds of the country; sans ~ (*lit, fig*) bottomless; *V* bas¹, double, fin¹ *etc.*

(b) (*fig: tréfonds*) le ~ de son cœur est pur deep down his heart is pure; savoir lire au ~ des cœurs to be able to see deep (down) into people's hearts; merci du ~ du cœur I thank you from the bottom of my heart; il pensait au ~ de son cœur *ou* de lui(-même) que deep down he thought that, in his heart of hearts he thought that; vous avez deviné/je vais vous dire le ~ de ma pensée you have guessed/I shall tell you what I really think *ou* what my feelings really are; regarder qn au ~ des yeux to look deep into sb's eyes; il a un bon ~, il n'a pas un mauvais ~ he's basically a good person, he's a good person at heart *ou* bottom; il y a chez lui un ~ d'honnêteté/de méchanceté there's a streak of honesty/maliciousness in him; il y a un ~ de vérité dans ce qu'il dit there's an element *ou* a grain of truth in what he says; toucher le ~ de la douleur/misère to plumb the depths of sorrow/misery.

(c) (*essentiel*) [*affaire, question, débat*] heart. c'est là le ~ du problème that's the heart *ou* root *ou* core of the problem; aller au ~ du problème to get to the heart *ou* root of the problem; ce qui compose le ~ de son discours/de sa nourriture what forms the basis of his speech/diet; il faut aller jusqu'au ~ de cette histoire we must get to the root of this business; débat de ~ background discussion; ouvrage de ~ basic work; (*Presse*) article de ~ feature *ou* in-depth article.

(d) (*Littérat, gén: contenu*) content; (*Jur*) substance. le ~ et la forme content and form; (*Jur*) le ~ de l'affaire the substance of the case.

(e) (*arrière-plan*) [*tableau, situation*] background. avec ~ sonore *ou* musical with background music, with music in the background; blanc sur ~ noir white on a black background; ceci tranchait sur le ~ assez sombre de la conversation this contrasted with the general gloom of the conversation; avec cette sombre perspective pour ~ with this gloomy prospect in the background; *V* bruit, toile.

(f) (*petite quantité*) drop. versez-m'en juste un ~ (de verre) pour me just a drop; ils ont vidé les ~s de bouteilles they emptied what was left in the bottles *ou* the dregs from the bottles; il va falloir racler les ~s de tiroirs we'll have to fish around* *ou* scrape around for pennies.

(g) (*lie*) sediment, deposit.

(h) (*Sport*) de ~ *épreuves, course, coureur* long-distance (*épith*); *V* demi-, ski.

(i) [*chapeau*] crown; [*pantalon*] seat. (*fig*) c'est là que j'ai usé mes ~s de culotte that's where I spent my early school years.

(j) (*loc*) le ~ de l'air est frais* it's a bit chilly, there's a nip in the air; au ~, dans le ~ (*sous les apparences*) basically, at bottom; (*en fait*) basically, really, in fact; il n'est pas méchant au ~ he's not a bad sort basically *ou* at heart; il fait semblant d'être désolé, mais dans le ~ il est bien content he makes out he's upset but he's quite pleased really *ou* but deep down he's quite pleased; dans le ~ *ou* au ~, ça ne change pas grand'chose basically *ou* really, that makes no great difference; étudier une question à ~ to study a question thoroughly *ou* in depth; il est soutenu à ~ par ses amis he is backed up to the hilt by his friends; visser un boulon à ~ to screw a bolt (right) home; respirer à ~ to breathe deeply; à ~ de train hell for leather* (*Brit*), full tilt; de ~ en comble *fouiller* from top to bottom; *détruire* completely, utterly; ce retard bouleverse mes plans de ~ en comble this delay throws my plans right out, this delay completely overturns my plans.

2: fond d'artichaut artichoke heart; (*invendus*) fond de magasin shop's leftover stock; les fonds marins the sea bed; fond de robe (full-length) slip *ou* petticoat; fond de tarte (*pâte*) pastry base; (*crème*) custard base; fond de teint (make-up) foundation.

fondamental, e, *mpl* **-aux** [fɔ̃damɑ̃tal, o] **1** *adj* (*essentiel*) *question, recherche, changement* fundamental, basic; *vocabulaire* basic; (*foncier*) égoïsme, incompréhension basic, inherent, fundamental. son ~, note ~e fundamental (note); (*Scol*) matière ~e basic subject, core subject (*Brit*); c'est ~ it's a basic necessity *ou* truth.

2 *nf* fondamentale (*Mus*) fundamental (note).

fondamentalement [fɔ̃damɑ̃talmɑ̃] *adv vrai, faux* inherently, fundamentally; *modifier, opposer* radically, fundamentally. ~ méchant/généreux basically *ou* fundamentally malicious/generous; cela vient ~ d'un manque d'organisation that arises from a basic *ou* an underlying lack of organization.

fondamentalisme [fɔ̃damɑ̃talism(ə)] *nm* fundamentalism.

fondamentaliste [fɔ̃damɑ̃talist(ə)] *adj, nmf* fundamentalist.

fondant, e [fɔ̃dɑ̃, ɑ̃t] **1** *adj neige* thawing, melting; *fruit* that melts in the mouth. température de la glace ~e temperature of melting ice; bonbon ~ fondant; chocolat ~ high-quality plain chocolate.

2 *nm* (*Culin, bonbon*) fondant; (*Chim*) flux.

fondateur, -trice [fɔ̃datœʀ, tʀis] *nm, f* founder; (*Jur, Fin*) [*société*] incorporator. membre ~ founder member.

fondation [fɔ̃dɑsjɔ̃] *nf* (*action*) foundation; (*institut*) foundation. (*Constr*) ~s foundations.

fondé, e [fɔ̃de] (*ptp de* fonder) **1** *adj* (a) *crainte, réclamation* well-founded, justified. bien ~ well-founded, fully justified; mal ~ ill-founded, groundless; ce qu'il dit n'est pas ~ what he says has no foundation, there are no grounds for what he says; ~ sur des ouï-dire based on hearsay.

(b) être ~ à faire/croire/dire to have good reason to do/believe/say, have (good) grounds for doing/believing/saying.

2: nm ~ (de pouvoir) (*Jur*) authorized representative; (*cadre bancaire*) senior banking executive.

fondement [fɔ̃dmɑ̃] *nm* (a) foundation. (*Jur*) ~ d'une action en justice cause of action; sans ~ without foundation, unfounded, groundless; jeter les ~s de to lay the foundations of. (b) (*hum: derrière*) fundament† (*hum*), backside; (*fond de pantalon*) trouser seat.

fonder [fɔ̃de] (1) **1** *vt* (a) (*créer*) *ville, parti, prix littéraire* to found; *commerce* to set up, found (*firm*); *famille* to start. ~ un foyer to start a home and family; (*Comm*) 'maison fondée en 1850' 'Established 1850'.

(b) (*baser*) to base, found (*sur* on). ~ sa richesse sur to build one's wealth on; ~ une théorie sur to base a theory on; ~ tous ses espoirs sur to place *ou* pin all one's hopes on.

(c) (*justifier*) *réclamation* to justify; *V* fondé.

2 se fonder *vpr*: se ~ sur [*personne*] to go by, go on, base o.s. on; [*théorie, décision*] to be based on; sur quoi vous fondez-vous pour l'affirmer? what grounds do you have for maintaining this?

fonderie [fɔ̃dʀi] *nf* (a) (*usine d'extraction*) smelting works; (*atelier de moulage*) foundry. (b) (*action*) founding, casting.

fondeur, -euse [fɔ̃dœʀ, øz] **1** *nm, f* long-distance skier, langlauf specialist. **2** *nm* (*Métal*) caster.

fondre [fɔ̃dʀ(ə)] (41) **1** *vt* (a) (*liquéfier*) *substance* to melt; *argenterie, objet de bronze* to melt down; *minerai* to smelt; *neige* to melt, thaw; (*fig*) *dureté, résolution* to melt.

(b) (*couler*) *cloche, statue* to cast, found.

(c) (*réunir*) to combine, fuse together, merge (*en* into).

(d) (*Peinture*) *couleur, ton* to merge, blend.

2 *vi* (a) (*à la chaleur*) (*gén*) to melt; [*neige*] to melt, thaw; (*dans l'eau*) to dissolve. faire ~ *beurre* to melt; *sel, sucre* to dissolve; *neige* to melt, thaw; ce fruit/bonbon fond dans la bouche this fruit/sweet melts in your mouth.

(b) (*fig*) [*colère, résolution*] to melt away; [*provisions, réserves*] to vanish; (*Culin: réduire*) to shrink. ~ comme neige au soleil to melt away *ou* vanish like the snow; l'argent fond entre ses mains money runs through his fingers; cela fit ~ sa colère at that his anger melted (away); elle fondait sous ses caresses she melted beneath his caresses; j'ai fondu* I've thinned down; j'ai fondu de 5 kg I've lost 5 kg; ~ en larmes to dissolve *ou* burst into tears.

(c) (*s'abattre*) ~ sur qn [*vautour, ennemi*] to swoop down on sb; [*malheurs*] to sweep down on sb.

3 se fondre *vpr* (a) [*cortèges, courants*] to merge (*en* into).

(b) se ~ dans la nuit/brume to fade (away) *ou* merge into the night/mist.

fondrière [fɔ̃dʀijɛʀ] *nf* pothole, rut, hole.

fonds [fɔ̃] *nm* (a) ~ (de commerce) business; il possède le ~ mais pas les murs he owns the business but not the property; ~ de terre land (*U*).

(b) (*ressources*) [*musée, bibliothèque*] collection; [*œuvre d'entraide*] fund. ~ de secours/de solidarité/d'amortissement relief/solidarity/sinking fund; ~ de garantie guarantee fund; le F~ Monétaire International the International Monetary Fund; (*fig*) ce pays a un ~ folklorique très riche this country has a rich fund of folklore *ou* a rich folk heritage.

(c) (*Fin: pl*) (*argent*) sums of money, money; (*capital*) funds, capital; (*pour une dépense précise*) funds. pour transporter les ~ to transport the money; investir des ~ importants dans to invest large sums of money *ou* a large amount of capital in; réunir les ~ nécessaires à un achat to raise the necessary funds for a purchase; ~ publics/secrets public/secret funds; mise de ~ initiale initial (capital) outlay; ne pas être/être en ~ to be out of/be in funds; je lui ai prêté de l'argent, ça a été à ~ perdus I lent him money, but I never saw it again *ou* but I never got it back; ~ de roulement working capital; ~ d'État government securities; *V* appel, bailleur, détournement *etc.*

fondu, e [fɔ̃dy] (*ptp de* fondre) **1** *adj* (a) (*liquide*) *beurre* melted; *métal* molten. neige ~e slush; *V* fromage.

(b) (*Métal: moulé*) statue de bronze ~ cast bronze statue.

(c) (*fig*) *contours* blurred, hazy; *couleurs* blending.

2 *nm* (a) (*Peinture*) [*couleurs*] blend. le ~ de ce tableau me plaît I like the way the colours blend in this picture.

(b) (*Ciné*) ~ (enchaîné) dissolve, fade in-fade out; fermeture en ~, ~ en fermeture fade-out; ouverture en ~, ~ en ouverture fade-in.

3 fondue *nf* (*Culin*) (cheese) fondue. ~e bourguignonne fondue bourguignonne, meat fondue.

fongible [fɔ̃ʒibl(ə)] *adj* fungible.

fongicide [fɔ̃ʒisid] **1** *adj* fungicidal. **2** *nm* fungicide.

fontaine [fɔ̃tɛn] *nf* (*ornementale*) fountain; (*naturelle*) spring; (*murale*) fountain. (*fig*) ~ de fountain of; (*hum*) cette petite, c'est une vraie ~* this child turns on the taps at anything, she's a real little crybaby; (*Prov*) il ne faut pas dire ~ je ne boirai pas de ton eau don't burn your bridges *ou* your boats.

fontanelle [fɔ̃tanɛl] *nf* fontanel(le).

fonte [fɔ̃t] *nf* (a) (*action*) [*substance*] melting; [*argenterie, objet de bronze*] melting down; [*minerai*] smelting; [*neige*] melting, thawing; [*cloche, statue*] casting, founding. à la ~ des neiges when the thaw comes, when the snow melts *ou* thaws.

(b) (*métal*) cast iron. ~ brute pig-iron; en ~ *tuyau, radiateur* cast-iron (*épith*).

(c) (*Typ*) fount.

fontes [fɔ̃t] *nfpl* holsters (*on saddle*).

fonts [fɔ̃] *nmpl* ~ baptismaux (baptismal) font.

foot [fut] *nm abrév de* football.

football [futbol] *nm* football, soccer. jouer au ~ to play football; *V* ballon.

footballeur, -euse [futbolœʀ, øz] *nm,f* footballer, football *ou* soccer player.

footing [futiŋ] *nm* jogging (*U*). **faire du ~** to go jogging; **faire un (petit)** ~ to go for a (little) jog.

for [fɔʀ] *nm*: **dans** *ou* **en son ~ intérieur** in one's heart of hearts, deep down inside.

forage [fɔʀaʒ] *nm [roche, paroi]* drilling, boring; *[puits]* sinking, boring. **se livrer à des ~s d'essai** to test-drill.

forain, e [fɔʀɛ̃, ɛn] **1** *adj* fairground (*épith*); *V* **baraque, fête. 2** *nm (acteur)* (fairground) entertainer. **(marchand)** ~ stallholder.

forban [fɔʀbɑ̃] *nm (Hist: pirate)* pirate; *(fig: escroc)* shark, crook.

forçage [fɔʀsaʒ] *nm (Agr)* forcing.

forçat [fɔʀsa] *nm (bagnard)* convict; *(galérien, fig)* galley slave. **travailler comme un ~** to work like a (galley) slave; **c'est une vie de ~** it's (sheer) slavery.

force [fɔʀs(ə)] **1** *nf* **(a)** *[personne] (vigueur)* strength. **avoir de la ~** to have strength, be strong; **avoir de la ~ dans les bras** to be strong in the arm; **je n'ai plus la ~ de parler** I've no strength left to talk; **il ne connaît pas sa ~** he doesn't know his own strength; **à la ~ des bras** by the strength of one's arms; **à la ~ du poignet** (*lit*) *(grimper)* by the strength of one's arms; *(fig) (obtenir qch, réussir)* by the sweat of one's brow; **cet effort l'avait laissé sans ~** the effort had left him drained (of strength); **c'est une ~ de la nature** he's a mighty figure; **dans la ~ de l'âge** in the prime of life; *~* **morale/intellectuelle** moral/intellectual strength; *(fig)* **c'est ce qui fait sa ~** that is where his great strength lies; *V* **bout, union.**

(b) *[personne] (violence)* force. **recourir/céder à la ~** to resort to/give in to force; **employer la ~ brutale** *ou* **brute** to use brute force; **la ~ prime le droit** might is right.

(c) *[personne] (ressources physiques)* ~**s** strength; **reprendre des ~s** to get one's strength back, regain one's strength; **ses ~s l'ont trahi** his strength failed *ou* deserted him; **au-dessus de mes ~s** too much for me, beyond me; **frapper de toutes ses ~s** to hit as hard as one can *ou* with all one's might; **désirer qch de toutes ses ~s** to want sth with all one's heart.

(d) *[coup, vent, habitude]* force; *[argument]* strength, force; *[sentiment]* strength; *[alcool, médicament]* strength. **vent de ~ 4** force 4 wind; **dans toute la ~ du terme** in the fullest *ou* strongest sense of the word; **la ~ de l'évidence** the weight of evidence; **la ~ de l'habitude** force of habit; **par la ~ des choses** by force of circumstance(s); **les ~s naturelles** *ou* **de la nature** the forces of nature; **les ~s aveugles du destin** the blind forces of fate; **les ~s vives du pays** the living strength of a country; **avoir ~ de loi** to have force of law; *V* **cas, idée, ligne¹**.

(e) (*Mil*) strength. ~**s** forces; **notre ~ navale** our naval strength; (*Pol*) **les ~s de l'opposition** the opposition forces; **d'importantes ~s de police** large contingents *ou* numbers of police; **armée d'une ~ de 10.000 hommes** army with a strength of 10,000 men; **être dans une position de ~** to be in a position of strength.

(f) *(valeur)* **les 2 joueurs sont de la même ~** the 2 players are evenly *ou* well matched; **ces 2 cartes sont de la même ~** these 2 cards have the same value; **il est de première ~ au bridge** he's a first-class bridge player, he's first-rate at bridge; **il est de ~ à le faire** he's equal to it, he's up to (doing) it*; **tu n'es pas de ~ à lutter avec lui** you're no match for him; **à ~s égales, à égalité de ~s** on equal terms.

(g) (*Phys*) force. (*Élec*) **la ~** ≃ 30-amp circuit; ~ **de gravité** force of gravity; ~ **centripète/centrifuge** centripetal/centrifugal force; (*Élec*) **faire installer la** ~ to have a 30-amp *ou* cooker (*ou* immerser *etc*) circuit put in.

(h) *(loc)* **attaquer/arriver en ~** to attack/arrive in force; **ils étaient venus en ~** they had come in strength; (*Sport*) **passer un obstacle en ~** to get past an obstacle by sheer effort; **faire entrer qch de ~ dans** to cram *ou* force sth into; **faire entrer qn de ~** *ou* **par la ~ dans** to force sb to enter; **enlever qch de ~ à qn** to remove sth forcibly from sb, take sth from sb by force; **entrer de ~ chez qn** to force one's way into *ou* force an entry into sb's house; **être en position de ~ pour négocier** to bargain from a position of strength; ~ **nous est/lui est d'accepter** we have/he has no choice but to accept, we are/he is forced to accept; **affirmer avec ~** to insist, state firmly; **insister avec ~ sur un point** to insist strongly on a point; **vouloir à toute ~** to want absolutely *ou* at all costs; **obtenir qch par ~** to get sth by *ou* through force; **à ~ d'essayer, il a réussi** by dint of trying he succeeded; **à ~ de gentillesse** by dint of kindness; **à ~, tu vas te casser*** you'll end up breaking it; (*Naut*) **faire ~ de rames** to ply the oars; (*Naut*) **faire ~ de voiles** to cram on sail.

2 *adv* (†*hum*) many, a goodly number of *(hum)*. **boire ~ bouteilles** to drink a goodly number of bottles; **avec ~ remerciements** with profuse thanks.

3: **force d'âme** fortitude, moral strength; **la force armée** the army, the military; **les forces armées** the armed forces; **force de caractère** strength of character; (*Élec*) **force contre-électromotrice** back electromotive force; **force de dissuasion** deterrent power; **les Forces Françaises Libres** the Free French (Forces); **force de frappe** strike force; **force d'inertie** force of inertia; (*Mil, Police*) **forces d'intervention** rapid deployment force; ~**s de maintien de la paix** peace-keeping force(s); **les forces de l'ordre** the police; **faire intervenir la force publique** to call in the police.

forcé, e [fɔʀse] *(ptp de* **forcer**) *adj* **(a)** *(imposé)* **cours, mariage** forced; *(poussé)* **comparaison** forced. **atterrissage ~** forced *ou* emergency landing; **prendre un bain ~** to take an unintended dip; **conséquence ~e** inevitable consequence; *V* **marche¹, travail¹.**

(b) *(litt)* **rire, sourire** forced; **amabilité** affected, put-on.

(c) (*) **c'est ~** there's no way round it, it's inevitable; **c'est ~ que tu sois en retard** it's obvious you're going to be late.

forcement [fɔʀsəmɑ̃] *nm* forcing.

forcément [fɔʀsemɑ̃] *adv* inevitably. **ça devait ~ arriver** it was bound to happen, it was inevitable; **il le savait ~ puisqu'on le lui a dit** he must have known since he was told; **il est enrhumé — ~, il ne se couvre pas** he's got a cold — of course (he has), he doesn't wear warm clothes; **c'est voué à l'échec — pas ~** it's bound to fail — not necessarily.

forcené, e [fɔʀsəne] **1** *adj (fou)* deranged, out of one's wits (*attrib*) *ou* mind (*attrib*); *(acharné)* **ardeur, travail** frenzied; *(fanatique)* **joueur, travailleur** frenzied; **partisan, critique** fanatical. **travailler comme un ~** to work like a maniac*.

2 *nm,f* maniac. *(hum)* ~ **du travail** demon for work; *(hum)* **les ~s du vélo/de la canne à pêche** cycling/angling fanatics.

forceps [fɔʀsɛps] *nm* pair of forceps, forceps (*pl*).

forcer [fɔʀse] (3) **1** *vt* **(a)** *(contraindre)* to force, compel. ~ **qn à faire qch** to force sb to do sth, make sb do sth; **il est forcé de garder le lit** he is forced to stay in bed; **il a essayé de me ~ la main** he tried to force my hand; ~ **qn au silence/à des démarches/à la démission** to force sb to keep silent/to take action/to resign.

(b) *(faire céder)* **coffre, serrure** to force; **porte, tiroir** to force (open); **blocus** to run; **barrage** to force; **ville** to take by force. ~ **le passage** to force one's way through; *(fig)* ~ **la porte de qn** to force one's way in; ~ **la consigne** to bypass orders; **sa conduite force le respect/l'admiration** his behaviour commands respect/admiration; (*Sport*) **il a réussi à ~ la décision** he managed to settle *ou* decide the outcome.

(c) *(traquer)* **cerf, lièvre** to run *ou* hunt down; **ennemi** to track down. **la police a forcé les bandits dans leur repaire** the police tracked the gangsters down to their hideout.

(d) *(pousser)* **cheval** to override; **fruits, plantes** to force; **talent, voix** to strain; **allure** to increase; *(fig)* **destin** to tempt, brave. **votre interprétation force le sens du texte** your interpretation stretches *ou* twists the meaning of the text; *(fig)* **il a forcé la dose*** *ou* **la note*** he overdid it.

2 *vi* to overdo it, force it. **j'ai voulu ~, et je me suis claqué un muscle** I overdid it and pulled a muscle; **il a gagné sans ~*** he had no trouble winning, he won easily; **ne force pas, tu vas casser la corde** don't force it or you'll break the rope; **arrête de tirer, tu vois bien que ça force** stop pulling — can't you see it's jammed?; ~ **sur ses rames** to strain at one's oars; **il force un peu trop sur l'alcool*** he overdoes the drink a bit*.

3 se forcer *vpr* to force o.s., make an effort (*pour faire* to do). **il se force à travailler** he forces himself to work, he makes himself work; **elle se force pour manger** she forces herself to eat.

forcing [fɔʀsiŋ] *nm (Boxe)* pressure. **faire le ~** to pile on the pressure; **négociations menées au ~** negotiations conducted under pressure.

forcir [fɔʀsiʀ] (2) *vi* to broaden out.

forclore [fɔʀklɔʀ] (45) *vt (Jur)* to debar.

forclusion [fɔʀklyzjɔ̃] *nf (Jur)* debarment.

forer [fɔʀe] (1) *vt* **roche, paroi** to drill, bore; **puits** to drill, sink, bore.

forestier, -ière [fɔʀestje, jɛʀ] **1** *adj* **région, végétation, chemin** forest (*épith*). **exploitation ~ière** *(activité)* forestry, lumbering; *(lieu)* forestry site; *V* **garde². 2** *nm* forester.

foret [fɔʀe] *nm* drill.

forêt [fɔʀɛ] *nf (lit, fig)* forest. ~**-galerie** gallery forest; ~ **vierge** virgin forest; ~ **domaniale** national *ou* state-owned forest; **la Forêt-Noire** the Black Forest; **gâteau de la Forêt-Noire** Black Forest gâteau; *V* **arbre, eau.**

foreuse [fɔʀøz] *nf* drill.

forfaire [fɔʀfɛʀ] (60) *vi (frm)* ~ **à qch** to be false to sth, betray sth; ~ **à l'honneur** to forsake honour.

forfait [fɔʀfɛ] *nm* **(a)** (*Comm*) fixed *ou* set price. **travailler au ~** to work for a flat rate *ou* fixed sum; **notre nouveau ~-vacances** our new package holiday; ~**-skieur(s)** ski-pass; **à ~** for a fixed sum; **nous payons un ~ qui comprend la location et les réparations éventuelles** we pay a set *ou* fixed price which includes the hire and any repairs; *[impôts]* **être au (régime du) ~** to be taxed on estimated income.

(b) (*Sport: abandon*) withdrawal, scratching. **gagner par ~** to win by default, win by a walkover; **déclarer ~** to withdraw.

(c) *(littér: crime)* infamy (*littér*).

forfaitaire [fɔʀfɛtɛʀ] *adj* inclusive. **montant ~** lump sum; **indemnité ~** inclusive payment, lump sum payment.

forfaitairement [fɔʀfɛtɛʀmɑ̃] *adv* **payer, évaluer** on an inclusive basis, inclusively.

forfaiture [fɔʀfɛtyʀ] *nf (Jur)* abuse of authority; (*Hist*) felony; *(littér: crime)* act of treachery.

forfanterie [fɔʀfɑ̃tʀi] *nf (caractère)* boastfulness; *(acte)* bragging (*U*).

forge [fɔʀʒ(ə)] *nf (atelier)* forge, smithy; *(fourneau)* forge. (†: *fonderie*) ~**s** ironworks; *V* **maître.**

forger [fɔʀʒe] (3) *vt* **(a)** **métal** to forge; *(fig)* **caractère** to form, mould. *(littér)* ~ **des liens** to forge bonds; (*Prov*) **c'est en forgeant qu'on devient forgeron** practice makes perfect (*Prov*); **il s'est forgé une réputation d'homme sévère** he has won *ou* earned himself the reputation of being a stern man; **se ~ un idéal** to create an ideal for o.s.; **se ~ des illusions** to build up illusions; *V* **fer.**

(b) *(inventer)* **mot** to coin; **exemple, prétexte** to contrive, make up; **histoire, mensonge, plan** to concoct. **cette histoire est forgée de toutes pièces** this story is a complete fabrication.

forgeron [fɔʀʒəʀɔ̃] *nm* blacksmith, smith; *V* **forger.**

formalisation [fɔʀmalizasjɔ̃] *nf* formalization.

formaliser [fɔʀmalize] (1) **1** *vt* to formalize. **2 se formaliser** *vpr* to take offence (*de at*).

formalisme [fɔʀmalism(ə)] *nm* **(a)** *(péj)* formality. **pas de ~ ici we**

don't stand on ceremony here; **s'encombrer de** ~ to weigh o.s. down with formalities. **(b)** (*Art, Philos*) formalism.

formaliste [fɔʀmalist(ə)] **1** *adj* **(a)** (*péj*) formalistic. **(b)** (*Art, Philos*) formalist. **2** *nmf* formalist.

formalité [fɔʀmalite] *nf* (*Admin*) formality. (*fig*) **ce n'est qu'une** ~ it's a mere formality; (*fig*) **sans autre** ~ without any more *ou* further ado.

formant [fɔʀmɑ̃] *nm* (*Ling, Phonétique*) formant.

format [fɔʀma] *nm [livre]* format, size; *[papier, objet]* size. **en** ~ **de poche** in pocket format; **papier** ~ **international** A4 paper (*Brit*).

formatage [fɔʀmataʒ] *nm* formatting.

formater [fɔʀmate] (1) *vt* to format.

formateur, -trice [fɔʀmatœʀ, tʀis] *adj* *élément, expérience* formative.

formatif, -ive [fɔʀmatif, iv] **1** *adj* *langue* inflected, flexional; *préfixe* formative. **2** *formative nf* (*Ling*) formative.

formation [fɔʀmasjɔ̃] *nf* **(a)** (*développement*) *[gouvernement, croûte, fruits]* formation, forming. **à** (**l'époque de**) **la** ~ *[adolescent]* at puberty; *[fruit]* when forming; **parti en voie** *ou* **en cours de** ~ party in the process of formation; **la** ~ **des mots** word formation.

(b) (*apprentissage*) training. **la** ~ **du caractère** the forming *ou* moulding of character; ~ **d'ingénieur** training as an engineer; **il a reçu une** ~ **littéraire** he received a literary education; **des maîtres,** ~ **pédagogique** teacher training (*Brit*), teacher education (*US*); ~ **professionnelle** professional *ou* vocational training; ~ **permanente** continuing education; ~ **continue au sein de l'entreprise** (staff) in-service training.

(c) (*gén, Mil: groupe*) formation. (*Aviat*) **voler en** ~ to fly in formation; ~ **musicale** music group; ~ **politique** political grouping *ou* formation.

forme [fɔʀm(ə)] *nf* **(a)** (*contour, apparence*) form, shape. **cet objet est de** ~ **ronde/carrée** this object is round/square *ou* is round/square in shape; **en** ~ **de poire/cloche** pear-/bell-shaped; **elle a des** ~**s gracieuses** she has a graceful form *ou* figure; **vêtement qui moule les** ~**s** clinging *ou* figure-hugging garment; **une** ~ **apparut dans la nuit** a form *ou* figure *ou* shape appeared out of the darkness; **n'avoir plus** ~ **humaine** to be unrecognizable; **sans** ~ *chapeau* shapeless; *pensée* formless; **prendre la** ~ **d'un rectangle** to take the form *ou* shape of a rectangle; **prendre la** ~ **d'un entretien** to take the form of a talk; **prendre** ~ *[statue, projet]* to take shape; **sous** ~ **de comprimés** in tablet form; **sous la** ~ **d'un vieillard** in the guise of *ou* as an old man; **sous toutes ses** ~**s** in all its forms.

(b) (*genre*) *[civilisation, gouvernement]* form. **les** ~**s d'énergie** the forms of energy; ~ **de vie** (*présence effective*) form of life, life-form; (*coutumes*) way of life; **une** ~ **de pensée différente de la nôtre** a different way of thinking from our own; **les animaux ont-ils une** ~ **d'intelligence?** do animals have a form of intelligence?

(c) (*Art, Jur, Littérat, Philos*) form. **soigner la** ~ to be careful about form; **poème à** ~ **fixe** fixed-form poem; **poème en** ~ **d'acrostiche** poem forming an acrostic; **remarques de pure** ~ purely formal remarks; *aide, soutien* **de pure** ~ token (*épith*), nominal; **pour la** ~ as a matter of form, for form's sake; **en bonne (et due)** ~ in due form; (*fig*) **sans autre** ~ **de procès** without further ado; **faites une réclamation en** ~ put in a formal request; *V* **fond, vice.**

(d) (*convenances*) ~**s** proprieties, conventions; **respecter les** ~**s** to respect the proprieties *ou* conventions; **refuser en y mettant des** ~**s** to decline as tactfully as possible; **faire une demande dans les** ~**s** to make a request in the correct form.

(e) (*Ling*) form. **mettre à la** ~ **passive** to put in the passive; ~ **contractée** contracted form; ~ **de base** base form.

(f) (*moule*) mould; (*Typ*) forme; *[cordonnier]* last; *[modiste]* (dress) form; (*partie de chapeau*) crown; *V* **haut.**

(g) (*Sport, gén: condition physique*) form. **être en** ~ to be on form, be fit, be in good shape; **hors de** ~ off form, out of form; **en grande** ~ in top *ou* peak form; **retour de** ~ return to form; **baisse de** ~ loss of form; **retrouver la** ~ to get back into shape *ou* back on form, get fit again; **la** ~ **revient** his form's coming back; **être en pleine** ~ to be right on form*.

(h) (*Mus*) ~ **sonate** sonata form.

formel, -elle [fɔʀmɛl] *adj* **(a)** (*catégorique*) definite, positive. **dans l'intention** ~**le de refuser** with the definite intention of refusing; **je suis** ~! I'm definite! **(b)** (*Art, Philos*) formal. **(c)** (*extérieur*) *politesse* formal.

formellement [fɔʀmɛlmɑ̃] *adv* **(a)** (*catégoriquement*) positively. **(b)** (*Art, Philos*) formally.

former [fɔʀme] (1) **1** *vt* **(a)** *gouvernement* to form; *compagnie* to form, establish; *liens d'amitié* to form, create; *croûte, dépôt* to form. **il s'est formé des liens entre nous** bonds have formed *ou* been created between us; **le cône que forme la révolution d'un triangle** the cone formed by the revolution of a triangle.

(b) *collection* to form, build up; *convoi* to form; *forme verbale, phrase* to form, make up. ~ **correctement ses phrases** to form *ou* make up correct sentences; **phrase bien formée** well-formed sentence; **le train n'est pas encore formé** they haven't made up the train yet.

(c) (*être le composant de*) to make up, form. **article formé de 3 paragraphes** article made up of *ou* consisting of 3 paragraphs; **ceci forme un tout** this forms a whole.

(d) (*dessiner*) to make, form. **ça forme un rond** it makes *ou* forms a circle; **la route forme des lacets** the road winds; **il forme bien/mal ses lettres** he forms his letters well/badly.

(e) (*éduquer*) *soldats, ingénieurs* to train; *intelligence, caractère,*

goût to form, develop. **les voyages forment la jeunesse** travel broadens *ou* develops the mind of the young.

(f) ~ **l'idée** *ou* **le projet de faire qch** to form *ou* have the idea of doing sth; **nous formons des vœux pour votre réussite** we wish you every success.

2 se former *vpr* **(a)** (*se rassembler*) to form, gather. **des nuages se forment à l'horizon** clouds are forming *ou* gathering on the horizon; **se** ~ **en cortège** to form a procession; **l'armée se forma en carré** *ou* **forma le carré** the army took on a square formation.

(b) *[dépôt, croûte]* to form.

(c) (*apprendre un métier etc*) to train o.s.; (*éduquer son goût, son caractère*) to educate o.s.

(d) (*se développer*) *[goût, caractère, intelligence]* to form, develop; *[fruit]* to form. **les fruits commencent à se** ~ **sur l'arbre** fruit begins to form on the tree; **une jeune fille qui se forme** a girl who is maturing *ou* developing; **son jugement n'est pas encore formé** his judgment is as yet unformed; **cette jeune fille est formée maintenant** this girl is fully developed now.

Formica [fɔʀmika] *nm* ® Formica ®.

formidable [fɔʀmidabl(ə)] *adj* **(a)** (*très important*) *coup, obstacle, bruit* tremendous.

(b) (*: très bien*) fantastic*, great*, tremendous*.

(c) (*: incroyable*) incredible. **c'est tout de même** ~ **qu'on ne me dise jamais rien!** all the same it's a bit much* that nobody ever tells me anything!; **il est** ~: **il convoque une réunion et il est en retard!** he's marvellous (*iro*) *ou* incredible — he calls a meeting and then he's late!

(d) (*littér: effrayant*) fearsome.

formidablement [fɔʀmidabləmɑ̃] *adv* (*V* **formidable**) tremendously*; fantastically*. **on s'est** ~ **amusé** we had a fantastic time*; **comment ça a marché?** — ~! how did it go? — great!* *ou* fantastic!*

formique [fɔʀmik] *adj* formic.

formol [fɔʀmɔl] *nm* formalin.

formosan, e [fɔʀmɔzɑ̃, an] **1** *adj* Formosan. **2** *nm,f*: **F**~**(e)** Formosan.

Formose [fɔʀmoz] *nf* Formosa.

formulable [fɔʀmylabl(ə)] *adj* which can be formulated.

formulaire [fɔʀmylɛʀ] *nm* **(a)** (*à remplir*) form. **(b)** *[pharmaciens, notaires]* formulary.

formulation [fɔʀmylasjɔ̃] *nf* (*V* **formuler**) formulation; wording; expression; drawing up. **il faudrait changer la** ~ **de votre demande** you should change the way your application is formulated, you should change the wording on your application.

formule [fɔʀmyl] *nf* **(a)** (*Chim, Math*) formula. ~ **dentaire** dentition, dental formula.

(b) (*expression*) phrase, expression; (*magique, prescrite par l'étiquette*) formula. ~ **heureuse** happy turn of phrase; ~ **de politesse** polite phrase; (*en fin de lettre*) letter ending; ~ **publicitaire** advertising slogan; ~ **toute faite** ready-made phrase; ~ **incantatoire** incantation.

(c) (*méthode*) system, way. ~ **de paiement** method of payment; ~ **de vacances** holiday programme *ou* schedule; **trouver la bonne** ~ to hit on *ou* find the right formula.

(d) (*formulaire*) form. ~ **de chèque/de télégramme** cheque/telegram form.

(e) (*Aut*) **la** ~ **un** Formula One; **voiture de** ~ **un** Formula-One car.

formuler [fɔʀmyle] (1) *vt* *plainte, requête* to formulate, set out, word; *sentiment* to formulate, express; *ordonnance, acte notarié* to draw up; (*Chim, Math*) to formulate.

fornicateur, -trice [fɔʀnikatœʀ, tʀis] *nm, f* fornicator.

fornication [fɔʀnikasjɔ̃] *nf* fornication.

forniquer [fɔʀnike] (1) *vi* to fornicate.

fors†† [fɔʀ] *prép* save, except.

forsythia [fɔʀsitja] *nm* forsythia.

fort, e [fɔʀ, fɔʀt(ə)] **1** *adj* **(a)** (*puissant*) *personne, état, motif, lunettes* strong. **il est** ~ **comme un bœuf** *ou* **un Turc** he's as strong as an ox *ou* a horse; **il est de** ~**e constitution** he has a strong constitution; **le dollar est une monnaie** ~**e** the dollar is a strong *ou* hard currency; (*Mil*) **une armée** ~**e de 20.000 hommes** an army 20,000 strong; (*Cartes*) **la dame est plus** ~**e que le valet** the queen is higher than the jack; **avoir affaire à** ~**e partie** to have a strong *ou* tough opponent; **user de la manière** ~**e** to use strong-arm methods; *V* **homme, main.**

(b) (*euph: gros*) *personne* stout, large; *hanche* broad, wide, large; *jambe* heavy, large; *poitrine* large, ample. **elle s'habille au rayon (pour) femmes** ~**es** she gets her clothes from the outsize department; **elle est un peu** ~**e des hanches** she has rather wide *ou* broad *ou* large hips, she is rather wide- *ou* large-hipped.

(c) (*solide, résistant*) *carton* strong, stout; *colle, métal* strong; *V* **château, coffre, place.**

(d) (*intense*) *vent* strong, high; *bruit* loud; *lumière, rythme, battements* strong; *colère, douleur, chaleur* great, intense; *houle, pluie* heavy; *sentiments* strong, great, intense. **j'ai une** ~**e envie de le lui dire** I'm very *ou* strongly tempted to tell him; **il avait une** ~**e envie de rire/de pleurer** he very much wanted to laugh/cry; **aimer les sensations** ~**es** to enjoy sensational experiences *ou* big thrills.

(e) (*corsé*) *remède, café, thé, mélange* strong; *rhume* heavy; *fièvre* high.

(f) (*marqué*) *pente* pronounced, steep; *accent* marked, pronounced, strong; *dégoût, crainte* great; *impression* great, strong. **il y a de** ~**es chances pour qu'il vienne** there's a strong *ou* good chance he'll come, he's very likely to come; **une œuvre** ~**e** a work that has impact.

(g) (*violent*) *secousse, coup* hard.

(h) *(quantitativement) somme* large, great; *hausse, baisse, différence* great, big; *dose* large, big; *consommation, augmentation* high. **faire payer le prix** ~ to charge the full *ou* the list price; **il est** ~ **en gueule*** he's loud-mouthed* *ou* a loudmouth‡; *V* **temps¹**.

(i) *(courageux, obstiné) personne* strong. **être** ~ **dans l'adversité** to be strong *ou* to stand firm in (the face of) adversity; **âme** ~**e** steadfast soul; **esprit** ~† freethinker; ~**e tête** rebel.

(j) *(doué)* good *(en, à* at), able. **il est** ~ **en histoire/aux échecs** he's good at history/at chess; **il est très** ~**!** he's very good (at it)!; **être** ~ **sur un sujet** to be well up on* *ou* good at a subject; **il a trouvé plus** ~ **que lui** he has found *ou* met (more than) his match *ou* someone to outmatch him; **ce n'est pas très** ~ **(de sa part)*** that's not very clever *ou* bright of him; **cette remarque n'était pas très** ~**e*** that wasn't a very intelligent *ou* clever *ou* bright thing to say; *(iro)* **quand il s'agit de critiquer, il est** ~ (oh yes) he can criticize all right! *ou* he's very good at criticizing; *V* **point¹**.

(k) *(de goût prononcé) tabac, moutarde, café* strong(-flavoured); *goût, odeur* strong. **vin** ~ **en alcool** strong wine, wine with a high alcoholic content; **avoir l'haleine** ~**e** to have bad breath.

(l) *(Ling)* **consonne** ~**e** hard consonant; **forme** ~**e** strong form; **verbe** ~ strong verb.

(m) *(loc)* ~ **de leur assentiment/de cette garantie** fortified by their approval/this guarantee; **en** ~ **position**, in a strong position because of their approval/of this guarantee; **être** ~ **de son bon droit** to be confident of one's rights; **nos champions se font** ~ **de gagner** our champions are confident they will win *ou* confident of winning; **je me fais** ~ **de le réparer** I'm (quite) sure I can mend it, I can mend it, don't worry *ou* you'll see; **se porter** ~ **pour qn** to answer for sb; **au sens** ~ **du terme** in the strongest sense of the term; **à plus** ~**e raison, tu aurais dû venir** all the more reason for you to have come; **à plus** ~**e raison, parce que ...** the more so because ...; **c'est plus** ~ **que moi** I can't help it; **c'est trop** ~! that's too much!, that's going too far!; *(hum)* **c'est trop** ~ **pour moi** it's above *ou* beyond me; **elle est** ~**e celle-là!*, c'est plus** ~ **que l'as de pique*** *ou* **que de jouer au bouchon!*** that takes the biscuit!* *(Brit)*, that beats everything!*; **c'est un peu** ~ **(de café)*** that's a bit much* *ou* steep*, that's going a bit (too) far*; **et le plus** ~ *ou* **et ce qu'il y a de plus** ~, **c'est que ...** and the best (part) of it is that ... .

2 *adv* **(a)** *(intensément) parler, crier* loudly, loud; *lancer, serrer, souffler* hard. **frapper** ~ *(bruit)* to knock loudly; *(force)* to knock *ou* hit hard; **sentir** ~ to have a strong smell, smell strong; **parlez plus** ~ speak up *ou* louder; **respirez bien** ~ breathe deeply, take a deep breath; **son cœur battait très** ~ his heart was pounding *ou* was beating hard; **le feu marche trop** ~ the fire is (up) too high *ou* is burning too fast; **tu y vas un peu** ~ **tout de même*** even so, you're overdoing it a bit* *ou* going a bit far*; **c'est de plus en plus** ~!* it's better and better.

(b) *(littér: beaucoup)* greatly. **cela me déplaît** ~ that displeases me greatly *ou* a great deal; **j'en doute** ~ I very much doubt it; **il y tient** ~ he sets great store by it; **j'ai** ~ **à faire avec lui** I have a hard job with him, I've got my work cut out with him.

(c) *(littér: très) aimable* most; *mécontent, intéressant* most, highly. **il est** ~ **inquiet** he is very *ou* most anxious; **c'est** ~ **bon** it is very *ou* exceedingly good, it is most excellent *(frm)*; **j'en suis** ~ **aise** I am most pleased; **j'ai** ~ **envie de faire ceci** I greatly desire to do this, I am most desirous of doing this *(littér)*; **il y avait** ~ **peu de monde** there were very few people; ~ **bien!** very good!, excellent!; **tu refuses?** ~ **bien tu l'auras voulu** you refuse? very well, be it on your own head; **c'est** ~ **bien dit** very well said; **tu le sais** ~ **bien** you know very well.

3 *nm* **(a)** *(forteresse)* fort.

(b) *(personne)* **le** ~ **l'emporte toujours contre le faible** the strong will always win against the weak; *(Scol péj)* **un** ~ **en thème** a swot* *(Brit)*, an egghead*; *V* **raison**.

(c) *(spécialité)* strong point, forte. **l'amabilité n'est pas son** ~ kindness is not his strong point *ou* his forte.

(d) *(littér: milieu)* **au** ~ **de été** at the height of; *hiver* in the depths of; **au plus** ~ **du combat** *(lieu)* in the thick of the battle; *(intensité)* when the battle was at its most intense, at the height of the battle.

4: **fort des Halles** market porter.

forte [fɔRte] *adv (Mus)* forte.

fortement [fɔRtəmɑ̃] *adv conseiller* strongly; *tenir* fast, tight(ly); *frapper* hard; *serrer* hard, tight(ly). **il est** ~ **probable** it is highly *ou* most probable; ~ **marqué/attiré** strongly marked/attracted; **il en est** ~ **question** it is being (very) seriously considered; **j'espère** ~ **que vous le pourrez** I very much hope that you will be able to; **boiter** ~ to have a pronounced limp, limp badly; **il est** ~ **intéressé par l'affaire** he is highly *ou* most interested in the matter.

forteresse [fɔRtəRɛs] *nf (lit)* fortress, stronghold; *(fig)* stronghold. ~ **volante** flying fortress.

fortiche* [fɔRtiʃ] *adj* clever, smart.

fortifiant, e [fɔRtifjɑ̃, ɑ̃t] **1** *adj médicament, boisson* fortifying; *air* invigorating, bracing; *(littér) exemple, lecture* uplifting. **2** *nm (Pharm)* tonic.

fortification [fɔRtifikasjɔ̃] *nf* fortification.

fortifier [fɔRtifje] (7) **1** *vt corps, âme* to strengthen, fortify; *position, opinion, impression* to strengthen; *ville* to fortify. **l'air marin fortifie** (the) sea air is fortifying. **2 se fortifier** *vpr (Mil)* to fortify itself; *[opinion, amitié, position]* to grow stronger, be strengthened; *[santé]* to grow more robust.

fortin [fɔRtɛ̃] *nm* (small) fort.

fortiori [fɔRsjɔRi] *loc adv*: **à** ~ all the more so, a fortiori.

fortran [fɔRtRɑ̃] *nm* Fortran, FORTRAN.

fortuit, e [fɔRtɥi, ɥit] *adj événement, circonstance, remarque, rencontre* fortuitous, chance *(épith)*; *coïncidence* fortuitous; *découverte* fortuitous, chance *(épith)*, accidental.

fortuitement [fɔRtɥitmɑ̃] *adv (V fortuit)* fortuitously; by chance; accidentally.

fortune [fɔRtyn] *nf* **(a)** *(richesse)* fortune. **situation de** ~ financial situation; **ça vaut une** ~ it's worth a fortune; **cet homme est l'une des plus grosses** ~**s de la région** that man has one of the largest fortunes *ou* that man is one of the wealthiest in the area; **avoir de la** ~ to have private means; **faire** ~ to make one's fortune; *(fig)* **le mot a fait** ~ the word has really become popular, the word has really caught on; *V* **impôt, revers**.

(b) *(chance)* luck *(U)*, fortune *(U)*; *(destinée)* fortune. **quelle a été la** ~ **de ce roman?** what were the fortunes of this novel?; **tenter** *ou* **chercher** ~ to seek one's fortune; **connaître des** ~**s diverses** *(sujet pluriel)* to enjoy varying fortunes; *(sujet singulier)* to enjoy varying luck; **il a eu la (bonne)** ~ **de le rencontrer** he was fortunate enough to meet him, he had the good fortune to meet him; **ayant eu la mauvaise** ~ **de le rencontrer** having had the misfortune *ou* the ill-fortune to meet him; **venez dîner à la** ~ **du pot** come to dinner and take pot luck with us; *(Jur, Naut)* ~**s de mer** sea risks, perils of the sea; *(Prov)* **la** ~ **sourit aux audacieux** fortune favours the brave.

(c) *de* ~ *réparations, moyens* makeshift; *installation* makeshift, rough-and-ready; *compagnon* chance *(épith)*; *(Naut)* **mât/gouvernail de** ~ jury mast/rudder.

fortuné, e [fɔRtyne] *adj (riche)* wealthy, well-off; *(littér: heureux)* fortunate.

forum [fɔRɔm] *nm (place, colloque)* forum.

fosse [fos] *nf (trou)* pit; *(tombe)* grave; *(Sport) (pour le saut)* (sand-) pit; *(Anat)* fossa. ~ **d'aisances** cesspool; ~ **commune** common *ou* communal grave; ~ **à fumier** manure pit; *(lit, fig)* ~ **aux lions** lions' den; **la** ~ **marine** (ocean) deep; ~**s nasales** nasal fossae; ~ **d'orchestre** orchestra pit; ~ **aux ours** bear pit; ~ **à purin** = ~ **à fumier**; ~ **septique** septic tank.

fossé [fose] *nm (gén)* ditch; *(fig: écart)* gulf, gap. *(fig)* **un** ~ **les sépare** a gulf lies between them; ~ **d'irrigation** irrigation channel *ou* ditch; ~ **anti-char** anti-tank ditch; ~ **culturel** cultural gap.

fossette [fosɛt] *nf* dimple.

fossile [fosil] **1** *nm (lit, fig)* fossil. **2** *adj* fossil *(épith)*, fossilized.

fossilifère [fosilifɛR] *adj* fossiliferous.

fossilisation [fosilizasjɔ̃] *nf* fossilization.

fossiliser [fosilize] (1) *(lit, fig)* **1** *vt* to fossilize. **2 se fossiliser** *vpr* to fossilize, become fossilized.

fossoyeur [foswajœR] *nm* gravedigger; *(fig)* destroyer.

fou [fu], **fol** *devant n commençant par une voyelle ou h muet*, **folle** [fɔl] *f* **1** *adj* **(a)** *(Méd, gén, *: sot)* mad, crazy. ~ **à lier**, ~ **furieux** raving mad; **il est devenu subitement** ~ he suddenly went mad *ou* crazy *ou* insane; *(lit, fig)* **ça l'a rendu** ~ it drove him mad *ou* crazy; **c'est à devenir** ~ it's enough to drive you mad *ou* crazy, it's enough to drive you to distraction; ~ **de colère/de désir/de chagrin** out of one's mind *ou* crazed with anger/desire/grief; ~ **de joie** delirious *ou* out of one's mind* with joy; ~ **d'amour** madly *ou* wildly in love *(pour* with); **elle est folle de lui/de ce musicien** she's mad* *ou* crazy* about *ou* she's mad keen* *(Brit)* on him/that musician; **tu es complètement** ~ **de refuser*** you're completely mad *ou* absolutely crazy to refuse*; **y aller? (je ne suis) pas si** ~!* go there?, I'm not that crazy!*; **pas folle, la guêpe*** he's (*ou* she's) not stupid *ou* daft* *(Brit)* you know!; *V* **fou-fou**.

(b) *(insensé) terreur, rage, course* mad, wild; *amour, joie, espoir* mad, insane; *idée, désir, tentative, dépense* mad, insane, crazy; *audace* insane; *imagination* wild, insane; *regard, gestes* wild, crazed. **avoir le** ~ **rire** to have the giggles; *(†, hum)* **folle jeunesse** wild youth.

(c) *(*: énorme) courage, énergie, succès* fantastic*, terrific, tremendous; *peur* terrific, tremendous. **j'ai un mal de tête** ~ I've got a splitting headache*, my head's killing me*; **j'ai une envie folle de chocolat/d'y aller** I've got a mad *(Brit) ou* wild desire for some chocolate/to go; **j'ai eu un mal** ~ **pour venir** I had a terrific *ou* terrible job* to get here; **tu as mis un temps** ~ you've taken absolutely ages* *ou* an absolute age*; **gagner/dépenser un argent** ~ to earn/spend loads *ou* pots of money*; **payer un prix** ~ to pay a ridiculous *ou* an astronomical price; **rouler à une vitesse folle** to go at a fantastic* *ou* terrific *ou* tremendous speed; **il y a un monde** ~ there are masses of people, there's a fantastic crowd* *ou* a huge great crowd*; **c'est** ~ **ce qu'il y a comme monde** it's incredible how many people there are, what a fantastic crowd*; **c'est** ~ **ce qu'on s'amuse** what a great *ou* fantastic time we're having!*; **c'est** ~ **ce qu'il a changé** it's incredible *ou* unbelievable how he has changed.

(d) *(déréglé) boussole, aiguille* erratic, wobbling all over the place *(attrib)*; *camion, moteur, cheval* runaway *(épith)*, out-of-control *(épith)*; *mèche de cheveux* stray, unruly. **avoir les cheveux** ~**s** to have one's hair in a mess *ou* all over the place; **avoir une patte folle*** to have a limp *ou* a dicky leg* *(Brit)*; *V* **herbe**.

2 *nm* **(a)** *(†, hum:* **fol***) (Méd, fig)* madman, lunatic. **courir comme un** ~ to run like a madman *ou* a lunatic; **arrête de faire le** ~ stop playing *ou* acting the fool; **ce jeune** ~ this young lunatic *ou* fool; **espèce de vieux** ~ you silly old fool, you old lunatic; *V* **histoire, maison, plus**.

(b) *(Échecs)* bishop.

(c) *(Hist: bouffon)* jester, fool.

(d) *(Zool)* ~ **(de Bassan)** gannet.

3 folle *nf* madwoman, lunatic; *(péj: homosexuel)* **(grande) folle queen‡** *(péj)*; **cette vieille folle** that old madwoman, that mad old woman; **il faut se méfier de la folle du logis** you mustn't let your imagination run away with you *ou* run wild.

4: folle avoine wild oats.

foucade [fukad] *nf (littér)* caprice, whim, passing fancy; *(emportement)* outburst.

foudre¹ [fudʀ(ə)] *nf* **(a)** lightning; (*Myth: attribut*) thunderbolt. **frappé par la ~** struck by lightning; **la ~ est tombée sur la maison** the house was struck by lightning; **comme la ~**, **avec la rapidité de la ~** like lightning, as quick as a flash; *V* **coup.**
  (b) (*colère*) (*Rel*) **~s** anathema (*sg*); (*fig*) **s'attirer les ~s de qn** to bring down sb's wrath upon o.s.

foudre² [fudʀ(ə)] *nm* (†, *hum*) **~ de guerre** outstanding *ou* great leader (in war); **ce n'est pas un ~ de guerre** he's no firebrand.

foudre³ [fudʀ(ə)] *nm* (*tonneau*) tun; *V* **wagon.**

foudroiement [fudʀwamɑ̃] *nm* striking (by lightning).

foudroyant, e [fudʀwajɑ̃, ɑ̃t] *adj progrès, vitesse, attaque* lightning (*épith*); *poison, maladie* violent (*épith*); *mort* instant; *succès* thundering (*épith*), stunning (*épith*). **une nouvelle ~e** devastating piece of news; **il lui lança un regard ~** he looked daggers at him.

foudroyer [fudʀwaje] (8) *vt [foudre]* to strike; *[coup de feu, maladie, malheur]* to strike down. **la décharge électrique la foudroya** the electric shock killed her stone dead; **cette nouvelle le foudroya** he was thunderstruck *ou* transfixed by the news; **~ qn du regard** to look daggers at sb, glare at sb; **dans le champ il y avait un arbre foudroyé** in the field lay *ou* stood a tree that had been struck by lightning.

fouet [fwɛ] *nm* (*cravache*) whip; (*Culin: batteur*) whisk. **donner le ~ à qn** to give sb a whipping *ou* flogging; *V* **coup, plein.**

fouettard [fwɛtaʀ] *adj V* **père.**

fouettement [fwɛtmɑ̃] *nm [pluie]* lashing.

fouetter [fwete] (1) **1** *vt personne* to whip, flog; *cheval* to whip; (*Culin*) *crème, crème, blanc d'œuf* to whip, whisk; (*fig*) *imagination* to fire; *désir* to whip up. **la pluie fouette les vitres** the rain lashes *ou* whips the window panes; **le vent le fouettait au visage** the wind whipped his face; **l'air frais fouette le sang** fresh air whips up the blood; (*fig*) **il n'y a pas de quoi ~ un chat** it's nothing to make a fuss about; (*hum*) **fouette cocher!** don't spare the horses! (*hum*); *V* **autre.**
  2 *vi* **(a)** **la pluie fouette contre les vitres** the rain lashes *ou* whips against the window panes.
  (b) (‡: *avoir peur*) to be scared stiff* *ou* to death*.
  (c) (‡: *puer*) to reek, stink. **ça fouette ici!** there's one hell of a stench in here!‡

foufou, fofolle* [fufu, fɔfɔl] *adj* scatty* (*Brit*), crazy.

fougère [fuʒɛʀ] *nf* fern. **ces plantes sont des ~s** these plants are ferns; **clairière envahie de ~(s)** clearing overgrown with bracken.

fougue [fug] *nf [personne, discours, attaque]* ardour, spirit. **plein de ~** *orateur, réponse* ardent, fiery; *cheval* mettlesome, fiery; **la ~ de la jeunesse** the hotheadedness of youth; **avec ~** with spirit, ardently.

fougueusement [fugøzmɑ̃] *adv* with spirit, ardently. **se ruer ~ sur qn** to hurl o.s. impetuously at sb.

fougueux, -euse [fugø, øz] *adj réponse, tempérament, orateur* fiery, ardent; *jeunesse* hotheaded, fiery; *cheval* mettlesome, fiery; *attaque* spirited.

fouille [fuj] *nf* **(a)** *[personne]* searching, frisking; *[maison, bagages]* search, searching. **~ corporelle** body search.
  (b) (*Archéol*) **~s** excavation(s), dig*; **faire des ~s dans une région** to carry out excavations in an area, excavate an area.
  (c) (*Constr*) (*action*) excavation; (*lieu*) excavation (site).
  (d) (‡: *poche*) pocket. (*gagner de l'argent*) **s'en mettre plein les ~s** to line one's pockets, make a packet*.

fouiller [fuje] (1) **1** *vt pièce, mémoire* to search; *personne* to search, frisk; *bagages, poches* to search, go *ou* rummage through; *région, bois* to search, scour, comb; *question* to go (deeply) into; *sol* to dig; *terrain* to excavate, dig up; *bas-relief* to undercut. **il fouillait l'horizon avec ses jumelles** he scanned *ou* searched the horizon with his binoculars; **il fouilla l'obscurité des yeux** he peered into the darkness; **il le fouilla du regard** he gave him a searching look; **étude/analyse très fouillée** very detailed study/analysis; **rinceaux très fouillés** finely detailed mouldings.
  2 *vi:* **~ dans** *tiroir, armoire* to rummage in, dig about in; *poches* to go through, grope in; *bagages* to go through; *mémoire* to delve into, search; **qui a fouillé dans mes affaires?** who has been through *ou* who has been rummaging *ou* digging about in my things?; **~ dans les archives** to ransack the files; **~ dans le passé de qn** to delve into sb's past.
  3 se fouiller *vpr* to go through one's pockets. **tu peux toujours te ~!**‡ you haven't a hope in hell!‡, nothing doing!*

fouillis [fuji] *nm [papiers, objets]* jumble, muddle; *[branchages]* tangle; *[idées]* jumble, hotchpotch. **faire du ~** (*dans une pièce*) *[personne]* to make a mess; *[objets]* to look a mess, look messy; **sa chambre est en ~** his room is in a dreadful muddle, his room is a jumble of bits and pieces; **il régnait un ~ indescriptible** everything was in an indescribable muddle *ou* mess.

fouinard, e [fwinaʀ, aʀd(ə)] = **fouineur.**

fouine [fwin] *nf* (*Zool*) stone marten. (*fig*) **c'est une vraie ~** he's a real snoop(er)* (*péj*); **visage de ~** weasel face.

fouiner [fwine] (1) *vi* (*péj*) to nose around *ou* about. **je n'aime pas qu'on fouine dans mes affaires** I don't like people nosing *ou* ferreting about in my things; **être toujours à ~ partout** to be always poking one's nose into things.

fouineur, -euse [fwinœʀ, øz] (*péj*) **1** *adj* prying, nosey*. **2** *nm,f* nosey parker* (*Brit*), Nosey Parker* (*US*), snoop(er)*.

fouir [fwiʀ] (2) *vt* to dig.

fouisseur, -euse [fwisœʀ, øz] **1** *adj* burrowing, fossorial (*T*). **2** *nm* burrower, fossorial animal (*T*).

foulage [fulaʒ] *nm [raisin]* pressing; *[drap]* fulling; *[cuir]* tanning.

foulant, e [fulɑ̃, ɑ̃t] *adj travail* killing*, back-breaking. **ce n'est pas trop ~** it won't kill you*; *V* **pompe¹.**

foulard [fulaʀ] *nm* **(a)** (*écharpe*) (*carré*) (head)scarf; (*long*) scarf.

(b) (*U: tissu*) foulard.

foule [ful] *nf* **(a)** (*gén*) crowd, throng (*littér*); (*péj: populace*) mob. (*le peuple*) **la ~** the masses; **une ~ hurlante** a howling mob; **la ~ et l'élite** the masses and the élite; *V* **psychologie.**
  (b) (*loc*) **il y avait ~ à la réunion** there were crowds at the meeting; **il n'y avait pas ~!** there was hardly anyone there!; **il y avait une ~ de gens** there was a crowd *ou* host of people, there were crowds of people; **une ~ de gens pensent que c'est faux** masses of people think it's wrong; **j'ai une ~ de choses à te dire** I've got loads* *ou* masses (of things) to tell you; **elle m'a posé une ~ de questions** she asked me masses *ou* heaps* *ou* loads* of questions; **il y avait une ~ de livres** there were masses *ou* loads* *ou* heaps* of books; **ils vinrent en ~ à l'exposition** they came in crowds *ou* they flocked to the exhibition; **les idées me venaient en ~** ideas were crowding into my head, I had a host *ou* a multitude of ideas.

foulée [fule] *nf [cheval, coureur]* stride. (*Sport*) **suivre qn dans la ~**, **être dans la ~ de qn** to follow (close) on sb's heels; (*fig*) **il travailla encore 3 heures dans la ~** he worked on for another 3 hours while he was at it *ou* for another 3 hours without a break.

fouler [fule] (1) **1** *vt raisins* to press; *drap* to full; *cuir* to tan. (*littér*) **~ le sol de sa patrie** to walk upon *ou* tread (upon) native soil; **~ aux pieds quelque chose de sacré** to trample something sacred underfoot, trample on something sacred.
  2 se fouler *vpr* **(a)** **se ~ la cheville/le poignet** to sprain one's ankle/wrist.
  (b) (*: travailler dur*) to flog o.s. to death*. **il ne se foule pas beaucoup, il ne se foule pas la rate** he doesn't exactly flog himself to death* *ou* overtax himself *ou* strain himself.

fouleur, -euse [fulœʀ, øz] *nm,f [drap]* fuller; *[cuir]* tanner.

fouloir [fulwaʀ] *nm [drap]* fulling mill; *[cuir]* tanning drum.

foulon [fulɔ̃] *nm V* **terre.**

foulque [fulk(ə)] *nf* coot.

foulure [fulyʀ] *nf* sprain.

four [fuʀ] *nm* **(a)** *[boulangerie, cuisinière]* oven; *[potier]* kiln; *[usine]* furnace. **cuire au ~ gâteau** to bake; *viande* to roast; **plat allant au ~** ovenproof *ou* fireproof dish; **poisson cuit au ~** fish baked in the oven; **il a ouvert la bouche comme un ~** he opened his great cavern of a mouth; **je ne peux pas être au ~ et au moulin** I can't do two things at once, I can't be in two places at once; *V* **banal², noir, petit.**
  (b) (*arg Théât*) flop, fiasco. **cette pièce est *ou* a fait un ~** this play is a flop *ou* has fallen flat.
  (c) (*gâteau*) (petit) **~** small cake, petit four.
  2: four à chaux lime kiln; **four crématoire** crematorium furnace; **four électrique** (*gén*) electric oven; (*Ind*) electric furnace; **four à émaux/à céramique** enamelling/pottery kiln; **four à micro-ondes** micro-wave oven; **four à pain** baker's oven; **four solaire** solar furnace.

fourbe [fuʀb(ə)] *adj personne, caractère* deceitful, false-hearted, treacherous; *air, regard* deceitful, treacherous. **c'est un ~** he is a deceitful *ou* false-hearted *ou* treacherous rogue.

fourberie [fuʀbəʀi] *nf* (*littér*) (*U*) deceitfulness, treachery; (*acte, geste*) deceit, piece of treachery. **à cause de ses ~s** because of his treachery *ou* deceits.

fourbi* [fuʀbi] *nm* (*attirail*) gear* (*U*), clobber‡ (*U*) (*Brit*); (*fouillis*) mess. **canne à pêche, hameçons et tout le ~** fishing rod, hooks, you name it!*, fishing rod, hooks and goodness knows what else!*; **partir en vacances avec le bébé, ça va en faire du ~** *ou* **un ~** going on holiday with the baby, that'll mean a whole heap of gear* *ou* clobber‡ (*Brit*).

fourbir [fuʀbiʀ] (2) *vt arme* to furbish. (*fig*) **~ ses armes** to prepare for battle, get ready for the fray.

fourbissage [fuʀbisaʒ] *nm* furbishing.

fourbu, e [fuʀby] *adj* exhausted.

fourche [fuʀʃ(ə)] *nf* **(a)** (*pour le foin*) pitchfork; (*pour bêcher*) fork.
  (b) *[arbre, chemin, bicyclette]* fork; *[pantalon, jambes]* crotch. **la route faisait une ~** the road forked.
  (c) (*Hist*) **les F~s caudines** the Caudine Forks; (*fig*) **passer sous les ~ caudines** to admit defeat.

fourcher [fuʀʃe] (1) *vi [arbre, chemin]* (†) to fork; *[cheveux]* to split (at the ends). **ma langue a fourché** I made *ou* it was a slip of the tongue.

fourchette [fuʀʃɛt] *nf* **(a)** (*pour manger*) fork. **~ à gâteaux/à huîtres** pastry/oyster fork; (*hum*) **manger avec la ~ d'Adam** to eat with one's fingers; **il a une bonne ~** *ou* **un bon coup de ~** he has a hearty appetite, he's a good *ou* hearty eater.
  (b) *[oiseau]* wishbone; *[cheval]* frog; (*Aut*) selector fork. (*Anat*) **~ vulvaire** fourchette.
  (c) (*Statistique*) margin. **se ~ rétrécit** the margin is narrowing.

fourchu, e [fuʀʃy] *adj arbre, chemin* forked; *menton* jutting (*épith*). **animal au pied ~** cloven-hoofed animal; **elle a les cheveux fourchus** she's got split ends; *V* **langue.**

fourgon [fuʀgɔ̃] *nm* (*wagon*) coach, wag(g)on; (*camion*) (large) van, lorry (*Brit*); (*diligence*) coach, carriage; (*tisonnier*) poker. **~ à bagages** luggage van; **~ à bestiaux** cattle truck; **~ cellulaire** prison *ou* police van (*Brit*), patrol wagon (*US*); **~ de déménagement** removal (*Brit*) *ou* furniture van; **~ funéraire** hearse; (*Mil*) **~ de munitions** munitions wag(g)on; **~ mortuaire** = **~ funéraire**; **~ postal** mail van; **~ de queue** rear brake van; (*Mil*) **~ de vivres** supply wagon.

fourgonner [fuʀgɔne] (1) **1** *vt poêle, feu* to poke, rake. **2** *vi* (*parmi des objets*) to poke about, rake about. **je l'entendais qui fourgonnait dans la cuisine/dans le placard** I heard him clattering *ou* poking about in the kitchen/cupboard.

fourgonnette [fuʀgɔnɛt] *nf* (small) van, delivery van.

fourguer* [fuʀɡe] (1) *vt* (*vendre*) to flog‡ (*à* to), unload* (*à* onto). (*donner*) ~ qch à qn to unload sth onto sb*, palm sth off onto sb*.
fourme [fuʀm(ə)] *nf* *type of French blue-veined cheese.*
fourmi [fuʀmi] *nf* ant; (*fig: personne*) beaver. ~ maçonne builder *ou* worker ant; avoir des ~s dans les jambes to have pins and needles in one's legs; vus de si haut les gens ont l'air de ~s seen from so high up the people look like ants; elle s'affaire comme une ~ she bustles about as busy as a bee.
fourmilier [fuʀmilje] *nm* anteater.
fourmilière [fuʀmiljɛʀ] *nf* (*monticule*) ant-hill; (*intérieur*) ants' nest; (*fig*) hive of activity. cette ville/ce bureau est une (vraie) ~ this town/office is a hive of activity.
fourmillant, e [fuʀmijɑ̃, ɑ̃t] *adj foule* milling, swarming; *cité* teeming.
fourmillement [fuʀmijmɑ̃] *nm* (a) [*insectes, personnes*] swarming. la ~ de la rue the swarming *ou* milling crowds in the street; un ~ d'insectes a mass of swarming insects; un ~ d'idées a welter of ideas.
(b) (*gén pl: picotement*) ~s pins and needles (*dans* in).
fourmiller [fuʀmije] (1) *vi* [*insectes, personnes*] to swarm. dissertation où fourmillent les erreurs essay teeming with mistakes; ~ de *insectes, personnes* to be swarming *ou* crawling *ou* teeming with; *idées, erreurs* to be teeming with; forêt qui fourmille de lapins, forêt où les lapins fourmillent forest which is overrun with *ou* that teems with rabbits; (*fig*) les pieds me fourmillent, j'ai les pieds qui fourmillent I've got pins and needles in my feet.
fournaise [fuʀnɛz] *nf* (*feu*) blaze, blazing fire; (*fig: endroit surchauffé*) furnace, oven.
fourneau, *pl* ~x [fuʀno] *nm* (a) †: *cuisinière, poêle* stove†. (b) [*forge, chaufferie*] furnace; [*pipe*] bowl; *V* haut.
fournée [fuʀne] *nf* (*lit, fig*) batch; [*pains*] batch (of loaves).
fourni, e [fuʀni] (*ptp de* **fournir**) *adj herbe* luxuriant, lush; *cheveux* thick, abundant; *barbe, sourcils* bushy, thick. **chevelure peu** ~e sparse *ou* thin head of hair; **table bien** ~e well-stocked *ou* well-supplied table; **boutique bien** ~e well-stocked *ou* well-supplied shop.
fournil [fuʀni] *nm* bakery, bakehouse.
fourniment* [fuʀnimɑ̃] *nm* gear* (*U*). il va falloir emporter tout un ~ we'll have to take a whole heap of gear* *ou* stuff *ou* clobber‡ (*Brit*).
fournir [fuʀniʀ] (2) **1** *vt* (a) (*approvisionner*) *client, restaurant* to supply. ~ qn en viande/légumes to supply sb with meat/vegetables.
(b) (*procurer*) *matériel, main-d'œuvre* to supply, provide; *preuves, secours* to supply, furnish; *renseignements* to supply, provide, furnish; *pièce d'identité* to produce; *prétexte, exemple* to give, supply. ~ qch à qn to supply sb with sth, supply sth to sb, provide sb with sth, furnish sb with sth, produce sth for sb; ~ à qn l'occasion/les moyens to provide sb with the opportunity/the means, give sb *ou* afford sb the opportunity/the means (*de faire* of doing); ~ du travail à qn to provide sb with work; ~ le vivre et le couvert to provide board and lodging.
(c) (*produire*) *effort* to put in; *prestation* to give; *récolte* to supply. ~ un gros effort to put in a lot of effort, make a great (deal of) effort.
(d) (*Cartes*) ~ (une carte) to follow suit; ~ à cœur to follow suit in hearts.
2 fournir à *vt indir besoins* to provide for; *dépense, frais* to defray. ses parents fournissent à son entretien his parents give him his keep *ou* provide for his maintenance.
3 se fournir *vpr* to provide o.s. (*de* with). se ~ en *ou* de charbon to get (in) supplies of coal; je me fournis toujours chez le même épicier I always buy *ou* get my groceries from the same place, I always shop at the same grocer's.
fournisseur [fuʀnisœʀ] *nm* (*commerçant*) tradesman (*Brit*), merchant, purveyor (*frm*); (*détaillant*) stockist (*Brit*), retailer; (*Comm, Ind*) supplier. ~ de viande/papier *ou* purveyor (*frm*) of meat/paper, meat/paper supplier; les pays ~s de la France countries that supply France (with goods *ou* imports); les ~s de l'armée army contractors; chez votre ~ habituel at your local stockist('s) (*Brit*) *ou* retailer('s); nos ~s manquent de matière première our suppliers are out of raw materials.
fourniture [fuʀnityʀ] *nf* [*matériel, marchandises*] supply(ing), provision. ~s (de bureau) office supplies, stationery; ~s scolaires school stationery.
fourrage [fuʀaʒ] *nm* (*Agr*) fodder, forage. ~ vert silage.
fourrager [fuʀaʒe] (3) *vi*: ~ dans *papiers, tiroir* to rummage through, dig about in.
fourragère¹ [fuʀaʒɛʀ] *adj f*: plante/betterave ~ fodder plant/beet; céréales ~s feed grains.
fourragère² [fuʀaʒɛʀ] *nf* (*Mil*) fourragère.
fourré¹ [fuʀe] *nm* thicket. se cacher dans les ~s to hide in the bushes.
fourré², e [fuʀe] (*ptp de* **fourrer**) *adj bonbon, chocolat* filled; *manteau, gants* fur-lined; (*molletonné*) fleecy-lined. ~ d'hermine ermine-lined; chocolats ~s chocolate creams, chocolates; gâteau ~ à la crème cream(-filled) cake; tablette de chocolat ~ à la crème bar of cream-filled chocolate; *V* coup.
fourreau, *pl* ~x [fuʀo] *nm* (a) [*épée*] sheath, scabbard; [*parapluie*] cover. mettre au/tirer du ~ son épée to sheathe/unsheathe one's sword. (b) robe ~ sheath dress; jupe ~ tight skirt.
fourrer [fuʀe] (1) **1** *vt* (a) (*) (*enfoncer*) to stick*, shove*, stuff; (*mettre*) to stick*. où ai-je bien pu le ~? where the heck did I stick *ou* put it?*; ~ ses mains dans ses poches to stuff *ou* stick* *ou* shove* one's hands in one's pockets; ~ qch dans un sac to stuff *ou* shove* sth into a bag; qui t'a fourré ça dans le crâne? who put that (idea) into your head?; ~ son nez partout/dans les affaires des autres to poke *ou* stick* one's nose into everything/into other

people's business; ~ qn dans le pétrin to land sb in the soup* *ou* in it* (*Brit*); ~ qn en prison to stick sb in prison*.
(b) *volaille* to stuff; *gâteau* to fill; *manteau* to line (with fur).
2 se fourrer* *vpr* (a) se ~ une idée dans la tête to get an idea into one's head; il s'est fourré dans la tête que ... he has got it into his head that ... .
(b) se ~ dans un coin/sous la table to get in a corner/under the table; où a-t-il encore été se ~? where has he got to now?; il ne savait plus où se ~ he didn't know where to put himself; être toujours fourré chez qn to be never off sb's doorstep, be constantly hanging around sb's house; son ballon est allé se ~ dans la niche du chien his ball ended up in *ou* landed in the dog's kennel; se ~ dans un guêpier to land o.s. in the soup* *ou* in it* (*Brit*); *V* doigt.
fourre-tout [fuʀtu] *nm inv* (*pièce*) lumber room (*Brit*), junk room, glory hole (*Brit*); (*placard*) junk cupboard, glory hole (*Brit*); (*sac*) holdall. sa chambre est un vrai ~* his bedroom is an absolute tip* (*Brit*) *ou* dump*; (*péj*) sa dissertation/son livre est un vrai ~ his essay/book is a hotch-potch of ideas *ou* a real jumble of ideas; un discours/une loi ~ a rag-bag of a speech/law.
fourreur [fuʀœʀ] *nm* furrier.
fourrier [fuʀje] *nm* (*Hist Mil*) (*pour le logement*) harbinger; (*pour les vivres*) quartermaster; (*fig littér*) forerunner, harbinger (*littér*); *V* sergent¹.
fourrière [fuʀjɛʀ] *nf* (*gén, Aut*) pound; [*chiens*] dog pound. emmener une voiture à la ~ to tow away a car, impound a car.
fourrure [fuʀyʀ] *nf* (*pelage*) coat; [*matériau, manteau etc*] fur.
fourvoiement [fuʀvwamɑ̃] *nm* (*littér: V* se fourvoyer) losing one's way; going astray.
fourvoyer [fuʀvwaje] (8) **1** *vt*: ~ qn [*guide*] to get sb lost, mislead sb; [*mauvais renseignement*] to mislead sb; [*mauvais exemple*] to lead sb astray.
2 se fourvoyer *vpr* (*lit: s'égarer*) to lose one's way; (*fig: se tromper*) to go astray. se ~ dans un quartier inconnu to stray into an unknown district (by mistake); dans quelle aventure s'est-il encore fourvoyé? what has he got involved in now?; il s'est complètement fourvoyé en faisant son problème he has gone completely wrong *ou* completely off the track with his problem.
foutaise‡ [futɛz] *nf* a load of old rubbish* (*U*). ~s bullshit‡; dire des ~s to talk bullshit‡ *ou* a load of old rubbish*; se disputer pour une ~ *ou* des ~s to quarrel over damn all‡.
foutoir‡ [futwaʀ] *nm* bloody (*Brit*) *ou* damned shambles‡ (*sg*). sa chambre est un vrai ~ his bedroom is a pigsty *ou* a dump *ou* a bloody shambles‡ (*Brit*).
foutre‡ [futʀ(ə)] **1** *vt* (a) (*faire*) to do. qu'est-ce qu'il fout, il est déjà 8 heures what the hell‡ is he doing *ou* up to* — it's already 8 o'clock; il n'a rien foutu de la journée he hasn't done a bloody*‡ (*Brit*) *ou* ruddy‡ (*Brit*) *ou* damned‡ thing all day, he's done damn all‡ *ou* bugger all*‡ (*Brit*) today; j'en ai rien à ~ de leurs histoires I don't bloody (*Brit*) care*‡ *ou* give a damn‡ about what they're up to; qu'est-ce que ça peut me ~? what the hell do I care?‡.
(b) (*donner*) ~ une trempe *ou* raclée à qn to give sb a belting‡ (*Brit*) *ou* thumping‡, beat the hell out of sb‡; ~ une gifle à qn to fetch (*Brit*) *ou* give sb a clout‡; ça me fout la trouille it gives me the bloody (*Brit*) willies*‡ *ou* creeps*‡; fous-moi la paix! lay off!‡, bugger off!*‡ (*Brit*); je t'en fous! not a bloody (*Brit*) hope!‡, you'll be damned lucky!‡; qu'est-ce qui m'a foutu un idiot pareil! of all the flaming idiots!‡, how bloody (*Brit*) stupid can you get!‡
(c) (*mettre*) fous-le-là/dans ta poche* shove* it in here/in your pocket; ~ qn à la porte to give sb the boot*, kick sb out*; il a tout foutu en l'air he chucked the whole flaming lot away‡; il a foutu le vase par terre he knocked the flaming vase off‡, he sent the bloody (*Brit*) vase flying‡; ça fout tout par terre *ou* en l'air that buggers (*Brit*) *ou* screws everything up*‡; ça l'a foutu en rogne that really made him bloody (*Brit*) mad*‡; ça la fout mal it looks pretty bad*.
(d) ~ le camp to bugger off*‡ (*Brit*), sod off‡ (*Brit*); fous-moi le camp! bugger off!*‡, sod off!*‡, get the hell out of here!‡
2 se foutre *vpr* (a) (*se mettre*) (*fig*) je me suis foutu dedans I really boobed‡; tu vas te ~ par terre you're going to fall flat on your face *ou* go sprawling; se ~ dans une sale affaire to get mixed up in a messy business.
(b) (*se gausser*) se ~ de qn/qch to get a laugh at sb/sth*, take the mickey out of sb/sth‡; (*être indifférent*) not to give a damn about sb/sth‡; (*dépasser les bornes*) se ~ de qn to mess* (*Brit*) *ou* muck‡ sb about; 100 F pour ça, ils se foutent de nous *ou* du monde 100 francs for that! — they must take us for bloody idiots*‡ (*Brit*) *ou* assholes*‡ (*US*) *ou* what the hell do they take us for!‡; ça, je m'en fous pas mal I couldn't give a damn‡ about that.
(c) (*‡) va te faire ~! (go and) get knotted!‡ (*Brit*) *ou* stuffed!‡ (*Brit*), fuck you!*‡; je lui ai bien demandé, mais va te faire ~: il n'a jamais voulu I did ask him but bugger me*‡, he wouldn't do it.
foutriquet [futʀikɛ] *nm* (*péj*) (little) nobody, little runt*.
foutu, e‡ [futy] (*ptp de* **foutre**) *adj* (a) (*avant n*) (*intensif: sale*) bloody*‡ (*Brit*), ruddy‡ (*Brit*), damned‡, fucking*‡; (*mauvais*) bloody awful*‡, ruddy awful‡ (*Brit*), damned awful‡; (*sacré*) one *ou* a hell of a‡.
(b) (*après n*) *malade, vêtement* done for* (*attrib*); *appareil* buggered‡ (*Brit*), screwed up‡, bust*.
(c) (*habillé*) bien ~, rigged out*.
(d) (*bâti, conçu*) cet appareil est bien ~ this device is bloody (*Brit*) *ou* damned clever‡; ce manuel est mal ~ this textbook's bloody (*Brit*) *ou* damned hopeless‡; une nana bien ~e‡ a nice piece‡, a nice bit of ass‡ (*US*).
(e) (*malade*) être mal ~ *ou* pas bien ~ to feel hellish‡ *ou* bloody (*Brit*) awful‡ *ou* lousy‡.
(f) (*capable*) il est ~ de le faire he's quite likely *ou* liable to go

and do it; **il est même pas ~ de réparer ça** he can't even mend the damned thing*.
fox-hound, pl **fox-hounds** [fɔksawnd] nm foxhound.
fox(-terrier), pl **fox(-terriers)** [fɔks(tɛʀje)] nm fox terrier.
fox(-trot) [fɔks(tʀɔt)] nm inv foxtrot.
foyer [fwaje] nm (a) (frm) (maison) home; (famille) family. **~ conjugal/paternel** conjugal/paternal home; **~ uni** close ou united family; **les joies du ~** the joys of family life; **quand il revint au ~ ou à son ~** when he came back home; **un jeune ~** a young couple; V **femme, fonder, renvoyer**.
 (b) (locomotive, chaudière) firebox; (âtre) hearth, fireplace; (dalle) hearth(stone).
 (c) (résidence) [vieillards, soldats] home; [jeunes] hostel; [étudiants] hostel, hall. **~ éducatif** special (residential) school; **~ socio-éducatif** community home; **~ d'étudiants** students' hall (of residence) ou hostel.
 (d) (lieu de réunion) [jeunes, retraités] club; (Théât) foyer. **~ des artistes** greenroom; **~ des jeunes** youth club.
 (e) (Math, Opt, Phys) focus. **à ~ variable** variable-focus (épith); **verres à double ~** bifocal lenses.
 (f) **~ de** incendie, infection seat of, centre of; lumière, infection source of; agitation centre of; **~ d'extrémistes** centre of extremist activities.
F.R.3 [ɛfɛʀtʀwa] abrév de **France Régions 3** (3rd channel on French television, specialising in regional programmes).
frac [fʀak] nm tails, tail coat. **être en ~** to be in tails, be wearing a tail coat.
fracas [fʀaka] nm [objet qui tombe] crash; [train, tonnerre, vagues] roar; [ville, bataille] din. **tomber avec ~** to fall with a crash, come crashing down; **annoncer une nouvelle à grand ~** to create a sensation with a piece of news; V **perte**.
fracassant, e [fʀakasã, ãt] adj bruit thunderous, deafening; nouvelle, déclaration shattering, staggering, sensational; succès thundering (épith), sensational.
fracasser [fʀakase] (1) **1** vt objet, mâchoire, épaule to smash, shatter; porte to smash (down), shatter.
 2 se fracasser vpr: **se ~ contre** ou **sur** [vagues] to crash against; [bateau, véhicule] to be shattered ou be smashed (to pieces) against; **la voiture est allée se ~ contre l'arbre** the car smashed ou crashed into the tree.
fraction [fʀaksjɔ̃] nf (Math) fraction; [groupe, somme, terrain] part. **une ~ de seconde** a fraction of a second, a split second; **par ~ de 3 jours/10 unités** for every 3-day period/10 units; **une ~ importante du groupe** a large proportion of the group.
fractionnaire [fʀaksjɔnɛʀ] adj (Math) fractional.
fractionnel, -elle [fʀaksjɔnɛl] adj attitude, menées divisive.
fractionnement [fʀaksjɔnmã] nm splitting up, division.
fractionner [fʀaksjɔne] (1) **1** vt groupe, somme, travail to divide (up), split up. **mon emploi du temps est trop fractionné** my time-table is too disjointed ou fragmented. **2 se fractionner** vpr [groupe] to split up, divide.
fracture [fʀaktyʀ] nf (Géol, Méd) fracture. **~ du crâne** fractured skull, fracture of the skull; **~ ouverte** open fracture.
fracturer [fʀaktyʀe] (1) vt (Géol, Méd) to fracture; serrure to break (open); coffre-fort, porte to break open. **il s'est fracturé la jambe** he's fractured his leg.
fragile [fʀaʒil] adj corps, vase fragile, delicate; organe, peau delicate; cheveux brittle; santé fragile, delicate, frail; construction, économie, preuve, argument flimsy, frail; équilibre delicate, shaky; bonheur, paix frail, flimsy, fragile; gloire fragile; pouvoir, prospérité fragile, flimsy. (sur étiquette) **'attention ~'** 'fragile, (handle) with care'; (physiquement, affectivement) **ne soyez pas trop brusque, elle est encore ~** don't be too rough with her — she is still (feeling) rather fragile ou frail; **~ comme du verre** as delicate as porcelain ou china; **avoir l'estomac ~, être ~ de l'estomac** to have a weak stomach.
fragilement [fʀaʒilmã] adv: **pouvoir ~ établi** power established on a flimsy ou shaky foundation; **argument ~ étayé** flimsily upheld argument.
fragiliser [fʀaʒilize] (1) vt to weaken.
fragilité [fʀaʒilite] nf (V **fragile**) fragility; delicacy; brittleness; flimsiness; frailty.
fragment [fʀagmã] nm (a) [vase, roche, papier] fragment, bit, piece; [os, vitre] fragment, splinter, bit; [meuble] piece, bit; [cheveux] snippet, bit.
 (b) [conversation] bit, snatch; [chanson] snatch; [lettre] bit, part; [roman] extract; [œuvre] fragment; (extrait) passage, extract. **je vais vous en lire un ~** I'll read you a bit ou part of it, I'll read you a passage ou an extract from it.
fragmentaire [fʀagmãtɛʀ] adj connaissances sketchy, patchy, fragmentary; étude, exposé sketchy, fragmentary; effort, travail sketchy, fragmented. **nous avons une vue très ~ des choses we** have only a sketchy ou an incomplete picture of the situation.
fragmentairement [fʀagmãtɛʀmã] adv in a sketchy way, sketchily.
fragmentation [fʀagmãtasjɔ̃] nf (V **fragmenter**) fragmentation; splitting up; breaking up; division.
fragmenter [fʀagmãte] (1) **1** vt matière to break up, fragment; état, terrain to fragment, split up, break up; étude, travail, livre, somme to split up, divide (up). **la publication d'un livre to divide up the** publication of a book; **avoir une vision fragmentée du monde** to have a fragmented view of life; **ce travail est trop fragmenté** this piece of work is too fragmented ou has too many subdivisions.
 2 se fragmenter vpr [roches] to fragment, break up.
frai [fʀɛ] nm (œufs) spawn; (alevins) fry; (époque) spawning season; (ponte) spawning.
fraîche [fʀɛʃ] V **frais¹**.

fraîchement [fʀɛʃmã] adv (a) (récemment) freshly, newly. **~ arrivé** freshly ou newly ou just arrived; **fruit ~ cueilli** freshly picked fruit; **amitié ~ nouée** newly-formed friendship.
 (b) (froidement) accueillir coolly. **comment ça va? — ~!*** how are you? — a bit chilly!*
fraîcheur [fʀɛʃœʀ] nf [boisson] coolness; [aliment, sentiment, jeunesse, teint] freshness; [pièce] (agréable) coolness; (froid) chilliness; [âme] purity; [accueil] coolness, chilliness; [couleurs] freshness, crispness. **la ~ du soir/de la nuit** the cool of the evening/of the night.
fraîchir [fʀɛʃiʀ] (2) vi [temps, température] to get cooler; (Naut) [brise, vent] to freshen.
frais¹, fraîche [fʀɛ, fʀɛʃ] **1** adj (a) (lit) vent cool, fresh; eau, endroit cool; (fig) accueil chilly, cool. **il fait un peu ~ ici** it's a bit chilly ou cool here; V **fond**.
 (b) (fig) couleur fresh, clear, crisp; joues, teint fresh; parfum fresh; haleine fresh, sweet; voix clear; joie, âme unsullied, pure.
 (c) (récent) plaie fresh; traces, souvenir recent, fresh; peinture wet, fresh; nouvelles recent. **l'encre est encore fraîche** the ink is still wet; V **date**.
 (d) (inaltéré, pas en conserve) poisson, légumes, lait fresh; œuf fresh, new-laid; pain new, fresh. **un peu d'air ~** a breath of ou a little fresh air; **ses vêtements ne sont plus très ~** his clothes don't look very fresh; V **chair**.
 (e) (jeune, reposé) troupes fresh. **~ et dispos** fresh (as a daisy); **~ comme un gardon** bright as a button; **fraîche comme une rose** as fresh as a daisy; **~ comme la rosée** bright-eyed and bushy-tailed; **elle est encore très fraîche pour son âge** she's still very young- ou youthful-looking for her age.
 (f) (Comm) argent **~** (disponible) ready cash; (à investir) fresh money.
 (g) (*) **être ~** to be in a fix* ou a nice mess*.
 2 adv (a) **il fait ~** (agréable) it's cool; (froid) it's chilly; **en été, il faut boire ~** in summer you need cool ou cold drinks; **servir ~** serve cold ou chilled.
 (b) (récemment) newly. **herbe ~** ou **fraîche coupée** newly ou freshly cut grass; **~ émoulu de l'université** fresh from ou newly graduated from university; **~ débarqué de sa province** fresh ou newly up from the country; **habillé/rasé de ~** freshly changed/shaven.
 3 nm: **prendre le ~** to take a breath of cool air; **mettre (qch) au ~** to put (sth) in a cool place.
 4 fraîche nf: (sortir) **à la ~** (to go out) in the cool of evening.
frais² [fʀɛ] nmpl (a) (gén: débours) expenses; (facturés) charges; (à comptabiliser: Comm, Écon: charges) costs; (Admin: droits) charges, fee(s). **~ de déplacement/de logement** travelling/accommodation expenses ou costs; **~ d'entretien** [jardin, maison] (cost of) upkeep; [machine, équipement] maintenance costs; **~ d'expédition/de timbre** forwarding/stamp charges; **~ de port et d'emballage** postage and packing; **~ d'enregistrement** registration fee(s); (Comm) **~ généraux** overheads; **~ généraux essentiels** basic overhead expenditure; **~ de gestion** running costs; **~ bancaires** banking charges; **~ divers** miscellaneous expenses, sundries; (Jur) **~ de justice** (legal) costs; **~ de main-d'œuvre** labour costs; **~ de scolarité** school fees; **~ de subsistance** living expenses; **~ de démarrage** start-up costs; **~ d'exploitation** running costs; **~ d'encaissement** collection charges; **~ de premier établissement** start-up costs, organization expenses; **~ de manutention** handling charges; **~ compris** holiday inclusive of all costs; **voyage d'affaires tous ~ payés** business trip with all expenses paid; (Comm) **tous ~ payés** after costs; **faire de grands ~** to go to great expense; **ça m'a fait beaucoup de ~** it cost me a great deal of money; **avoir de gros ~** to have heavy outgoings; V **faux²**.
 (b) (loc) **se mettre en ~** (lit) to go to great expense; (fig) to put o.s. out, go to great lengths; **se mettre en ~ pour qn/pour recevoir qn** to put o.s. out for sb/to entertain sb; **faire les ~ de la conversation** (parler) to keep the conversation going; (en être le sujet) to be the (main) topic of conversation; **nous ne voulons pas faire les ~ de cette erreur** we do not want to have to bear the brunt of this mistake; **rentrer dans** ou **faire ses ~** to recover one's expenses; **j'ai essayé d'être aimable mais j'en ai été pour mes ~** I tried to be friendly but I might just as well have spared myself the trouble ou but I was wasting my time; **aux ~ de la maison** at the firm's expense; **à ses ~** at one's own expense; **aux ~ de la princesse*** at the firm's (ou the taxpayer's etc) expense; **il l'a acheté à moindre/à grands ~** it didn't cost/it cost him a lot, he paid very little/a great deal for it; **à peu de ~** cheaply, at little cost; **il s'en est tiré à peu de ~** he got off lightly.
fraisage [fʀɛzaʒ] nm (V **fraiser**) reaming; countersinking; milling.
fraise [fʀɛz] **1** nf (a) (fruit) strawberry. **~ des bois** wild strawberry; V **ramener, sucrer**.
 (b) (Tech) (pour agrandir un trou) reamer; (pour trou de vis) countersink (bit); [métallurgiste] milling-cutter; [dentiste] drill.
 (c) (Boucherie) **~ de veau** calf's caul.
 (d) (Hist: col) ruff, fraise; (Zool: caroncule) wattle.
 2 adj inv couleur strawberry pink.
fraiser [fʀɛze] (1) vt (Tech) to ream; trou to countersink; pièce to mill. **à tête fraisée** countersunk.
fraiseur [fʀɛzœʀ] nm milling machine operator.
fraiseuse [fʀɛzøz] nf milling machine.
fraisier [fʀɛzje] nm strawberry plant.
fraisure [fʀɛzyʀ] nf countersink, countersunk hole.
framboise [fʀãbwaz] nf (fruit) raspberry; (liqueur) raspberry liqueur.
framboisier [fʀãbwazje] nm raspberry bush. **~s** raspberry canes ou bushes.

franc¹, franche [fʀɑ̃, fʀɑ̃ʃ] **1** adj **(a)** (loyal) personne frank, straightforward; réponse frank, straight(forward), plain; regard frank, candid, open; gaieté open; entrevue frank, candid. **pour être ~ avec vous** to be frank ou plain ou candid with you; **~ comme l'or** perfectly frank; V **jouer.**
(b) (net) situation clear-cut, unequivocal; différence, réaction clear(-cut); cassure clean; hostilité, répugnance clear, definite; couleur clear, pure. (Jur) **5 jours ~s** 5 clear days.
(c) (péj: entier) imbécile utter, downright, absolute; canaille downright, out-and-out, absolute; ingratitude downright, sheer. **c'est une franche comédie/grossièreté** it's downright ou utterly hilarious/rude, it's sheer comedy/rudeness.
(d) (libre) zone, ville free. (Comm) **~ de** free of; **(livré) ~ de port** marchandises carriage-paid; paquet post-free, postage paid; (fig) **~ du collier†** hard-working; V **corps, coudée, coup.**
(e) (Agr) (arbre) **~** cultivar; **greffer sur ~** to graft onto a cultivar.
2 adv: **à vous parler ~** to be frank ou plain ou candid with you; **je vous le dis tout ~** I'm being frank ou candid with you.
3: (Naut) **franc-bord** nm, pl **francs-bords** freeboard; **franc-maçon** nm pl **francs-maçons** freemason; **franc-maçonnerie** nf inv freemasonry; **franc-parler** nm inv outspokenness; **avoir son franc-parler** to speak one's mind, be outspoken; **franc-tireur** nm, pl **francs-tireurs** (Mil) irregular, franc tireur; (fig) independent, freelance; **faire qch/agir en franc-tireur** to do sth/act off one's own bat (Brit) ou independently.
franc² [fʀɑ̃] nm (monnaie) franc. **ancien/nouveau ~** old/new franc; **~ lourd/léger** revalued/pre-revaluation franc; **~ CFA** CFA franc (unit of currency used in certain African states).
franc³, franque [fʀɑ̃, fʀɑ̃k] **1** adj Frankish. **2** nm: **F~** Frank. **3** nf: **Franque** Frank.
français, e [fʀɑ̃sɛ, ɛz] **1** adj French; V **jardin.**
2 nm **(a)** **F~** Frenchman; **les F~** (gens) the French, French people; (hommes) Frenchmen; **le F~ moyen** the average Frenchman, the man in the street.
(b) (Ling) French. **tu ne comprends pas le ~?*** ≃ don't you understand (plain) English?; **c'est une faute de ~** ≃ it's a grammatical mistake.
3 Française nf Frenchwoman.
franc-comtois, e, mpl **francs-comtois** [fʀɑ̃kɔ̃twa, waz] **1** adj of ou from (the) Franche-Comté. **2** nm,f: **F~(e)** inhabitant ou native of Franche-Comté.
France [fʀɑ̃s] nf France; V **vieux.**
Francfort [fʀɑ̃kfɔʀ] n Frankfurt. **~-sur-le-Main** Frankfurt-on-Main; V **saucisse.**
franchement [fʀɑ̃ʃmɑ̃] adv **(a)** (honnêtement) parler, répondre frankly, plainly, candidly; agir openly. **pour vous parler ~** to be frank ou plain ou candid with you, to speak plainly to you; **avouez ~ que vous exagérez** admit frankly ou openly that you are going too far; **~ qu'en pensez-tu?** what do you honestly think?; **~! j'en ai assez!** really! ou honestly! I've had enough!; **il y a des gens, ~!** really! ou honestly! some people!; **~ non** frankly no.
(b) (sans hésiter) entrer, frapper boldly. **il entra ~** he walked straight ou boldly in; **appuyez-vous ~ sur moi** don't be afraid to lean on me, lean hard on me; **allez-y ~** (explication etc) go straight to the point, say it straight out; (opération, manœuvre etc) go right ahead, go right at it.
(c) (sans ambiguïté) clearly; (nettement) definitely. **je lui ai posé la question ~** I put the question to him straight; **dis-moi ~ ce que tu veux** tell me straight out ou clearly what you want; **c'est ~ rouge** it's a clear red, it's clearly red; **c'est ~ au-dessous de la moyenne** it's definitely ou well below average.
(d) (intensif: tout à fait) mauvais, laid utterly, downright, really; bon really; impossible downright, utterly; irréparable utterly, absolutely. **ça m'a ~ dégoûté** it really ou utterly disgusted me; **ça s'est ~ mal passé** it went really badly; **on s'est ~ bien amusé** we really ou thoroughly enjoyed ourselves; **c'est ~ trop (cher)** it's much ou far too expensive.
franchir [fʀɑ̃ʃiʀ] (2) vt obstacle to clear, get over; fossé to clear, jump over; rue, rivière, ligne d'arrivée to cross; seuil to cross, step across; porte to go through; distance to cover; mur du son to break (through); difficulté to get over, surmount; borne, limite to overstep, go beyond. (littér) **~ les mers** to cross the sea; **~ le Rubicon** to cross the Rubicon; **il lui reste 10 mètres à ~** he still has 10 metres to go; **~ le cap de la soixantaine** to turn sixty, pass the sixty mark; **le pays vient de ~ un cap important** the country has just passed a major turning point; (chiffres, vote) **ne pas réussir à ~ la barre de ...** to be ou fall short of ...; **sa renommée a franchi les frontières** his fame has crossed frontiers; **le coureur a franchi la ligne d'arrivée** the runner crossed the finishing line; **l'historien, franchissant quelques siècles ...** the historian, passing over a few centuries ... .
franchisage [fʀɑ̃ʃizaʒ] nm franchising.
franchise [fʀɑ̃ʃiz] nf **(a)** [personne, réponse] frankness, straightforwardness; [regard] candour, openness. **en toute ~** quite frankly.
(b) (exemption) (gén) exemption; (Hist) [ville] franchise. **~ fiscale** tax exemption; **~ (douanière)** exemption from (customs) duties; **colis en ~** duty-free parcel; **'~ postale'** ≃ 'official paid'; **~ de bagages** baggage allowance.
(c) (Assurance) excess (Brit), deductible (US).
(d) (Comm) franchise. **agent en ~** franchised dealer.
franchisé [fʀɑ̃ʃize] nm franchisee.
franchiseur [fʀɑ̃ʃizœʀ] nm franchisor.
franchissable [fʀɑ̃ʃisabl(ə)] adj obstacle surmountable. **limite facilement ~** limit that can easily be overstepped.
franchissement [fʀɑ̃ʃismɑ̃] nm [obstacle] clearing; [rivière, seuil] crossing; [limite] overstepping.

francisation [fʀɑ̃sizasjɔ̃] nf (Ling) gallicizing, Frenchifying.
franciscain, e [fʀɑ̃siskɛ̃, ɛn] adj, nm,f Franciscan.
franciser [fʀɑ̃size] (1) vt (Ling) to gallicize, Frenchify, francisize.
francium [fʀɑ̃sjɔm] nm francium.
franco [fʀɑ̃ko] adv (Comm) **~ (de port)** marchandise carriage-paid; colis port-free, postage paid; **~ de port et d'emballage** free of charge; **~ à bord/sur wagon** free on board/on rail; **y aller ~*** (explication etc) to go straight to the point, come straight out with it*; (opération, manœuvre etc) to go right at it*, go right ahead.
franco- [fʀɑ̃ko] préf franco-.
franco-canadien [fʀɑ̃kokanadjɛ̃] nm (Ling) French Canadian.
François [fʀɑ̃swa] nm Francis. **saint ~ d'Assise** Saint Francis of Assisi.
Françoise [fʀɑ̃swaz] nf Frances.
francophile [fʀɑ̃kofil] adj, nmf francophile.
francophilie [fʀɑ̃kofili] nf francomania.
francophobe [fʀɑ̃kofɔb] adj, nmf francophobe.
francophobie [fʀɑ̃kofɔbi] nf francophobia.
francophone [fʀɑ̃kofɔn] **1** adj French-speaking; (Can) primarily French-speaking. **2** nmf (native) French speaker; (Can) Francophone (Can).
francophonie [fʀɑ̃kofɔni] nf French-speaking communities.
franco-québécois [fʀɑ̃kokebekwa] nm (Ling) Quebec French.
frange [fʀɑ̃ʒ] nf [tissu, cheveux] fringe; (fig) [conscience, sommeil] threshold. **une ~ de lumière** a band of light; (Opt) **~s d'interférence** interference fringes.
franger [fʀɑ̃ʒe] (3) vt (gén ptp) to fringe (de with).
frangin* [fʀɑ̃ʒɛ̃] nm brother.
frangine* [fʀɑ̃ʒin] nf sister.
frangipane [fʀɑ̃ʒipan] nf (Culin) almond paste, frangipane. **gâteau fourré à la ~** frangipane (pastry).
franglais [fʀɑ̃glɛ] nm Franglais.
franque [fʀɑ̃k] V **franc³.**
franquette* [fʀɑ̃kɛt] nf: **à la bonne ~** recevoir, manger simply, without any fuss; **venez manger, ce sera à la bonne ~** come and eat with us — it'll be a simple meal ou we won't go to any special trouble (for you).
franquisme [fʀɑ̃kism(ə)] nm Francoism.
franquiste [fʀɑ̃kist(ə)] **1** adj pro-Franco. **2** nmf Franco supporter.
frappant, e [fʀapɑ̃, ɑ̃t] adj striking; V **argument.**
frappe [fʀap] nf **(a)** [monnaie, médaille] (action) striking; (empreinte) stamp, impression.
(b) [dactylo, pianiste] touch; [machine à écrire] (souplesse) touch; (impression) typeface. **la lettre est à la ~** the letter is being typed (out); **c'est la première ~** it's the top copy; V **faute.**
(c) (péj: voyou) tough guy.
(d) (Sport) [boxeur] punch; [footballeur] kick. **il a une bonne ~ de la balle** he kicks the ball well, he has a good kick; V **force.**
frappé, e [fʀape] (ptp de **frapper**) adj **(a)** (saisi) struck. **~ de panique** panic-stricken; **~ de stupeur** thunderstruck; **(très) ~ de voir que ...** (very) struck to see that ... .
(b) velours embossed. (fig) **vers bien ~s** neatly turned lines (of verse); V **coin.**
(c) champagne, café iced. **boire un vin bien ~** to drink a wine well chilled.
frappement [fʀapmɑ̃] nm striking.
frapper [fʀape] (1) **1** vt **(a)** (cogner) personne, surface [poing, projectile] to hit, strike; [couteau] to stab, strike; cordes, clavier to strike; coups to strike, deal. **~ le sol du pied** to stamp (one's foot) on the ground; **~ sec*** to hit hard; (Hist) **~ d'estoc et de taille** to cut and thrust; (Théât) **~ les trois coups** to give the three knocks (to announce start of performance); **la pluie/la lumière frappait le mur** the rain lashed (against)/the light fell on the wall; (fig) **ce qui a frappé mon regard/mon oreille** what caught my eye/reached my ears; (fig) **~ un grand coup** to strike a decisive blow; **frappé à mort** fatally ou mortally wounded.
(b) (fig) [malheur, maladie] to strike (down); [coïncidence, détail] to strike. **frappé de paralysie/par le malheur** stricken with paralysis/by misfortune; **ce deuil le frappe cruellement** this bereavement is a cruel blow to him; **il a frappé tout le monde par son énergie, son énergie a frappé tout le monde** he amazed everybody by his energy, his energy amazed everybody, everybody was struck by his energy; **j'ai été frappé d'entendre que...** I was amazed to hear that...; **cela l'a frappé de stupeur** he was thunderstruck ou dumbfounded at this; **cette découverte le frappa de panique/d'horreur** he was panic-/horror-stricken at this discovery, this discovery filled him with panic/horror; **~ l'imagination** to catch ou fire the imagination; **ce qui (me) frappe** what strikes me.
(c) (fig) [mesures, impôts] to hit. **ces impôts/amendes frappent les plus pauvres** these taxes/fines hit the very poor; **ces impôts frappent lourdement les petits commerçants** these taxes are hitting small businesses hard; **l'amende qui frappe les contrevenants à ce règlement** the fine imposed upon those who infringe this regulation; **~ qn d'une amende/d'un impôt** to impose a fine/a tax upon sb; **la loi doit ~ les coupables** the law must punish the guilty; **ils ont frappé la vente du tabac d'un impôt supplémentaire** they have put ou slammed* an extra tax on tobacco sales.
(d) monnaie, médaille to strike.
(e) (glacer) champagne, vin to put on ice, chill; café to ice.
2 vi to strike (sur on, contre against). **~ du poing sur la table** to bang one's fist on the table; **~ sur la table avec une règle** to tap the table ou (plus fort) to knock the table ou bang on the table with a ruler; **~ dans ses mains** to clap one's hands; **~ du pied** to stamp (one's foot); (lit, fig) **~ à la porte** to knock on ou at the door; **on a frappé** there's someone at the door, there was a knock at the door;

entrez sans ~ come in without knocking, come straight in; (*fig*) ~ **à toutes les portes** to try every door; (*fig*) ~ **à la bonne/mauvaise porte** to go to the right/wrong person *ou* place; (*fig*) **il faut d'abord** ~ **à la tête** we must aim at the top first.

   3 se frapper *vpr* **(a) se** ~ **la poitrine** to beat one's breast; **se** ~ **le front** to tap one's forehead.

   (b) (*: se tracasser*) to get (o.s.) worked up, get (o.s.) into a state*.

frappeur [fʀapœʀ] *adj m* V **esprit.**

frasil [fʀasi *ou* fʀazil] *nm* (*Can*) frazil (*Can*).

frasque [fʀask(ə)] *nf* (*gén pl*) escapade. **faire des** ~s to get up to mischief *ou* high jinks*; ~s **de jeunesse** youthful indiscretions.

fraternel, -elle [fʀatɛʀnɛl] *adj* brotherly, fraternal. **se montrer** ~ **envers qn** to behave in a brotherly manner towards sb.

fraternellement [fʀatɛʀnɛlmɑ̃] *adv* in a brotherly way, fraternally.

fraternisation [fʀatɛʀnizɑsjɔ̃] *nf* fraternization, fraternizing. **élan de** ~ surge of brotherly feeling.

fraterniser [fʀatɛʀnize] (1) *vi* [*pays, personnes*] to fraternize (*avec* with).

fraternité [fʀatɛʀnite] *nf* **(a)** (*amitié*) brotherhood (*U*), fraternity (*U*). **il y a une** ~ **d'esprit entre eux** there is a kinship *ou* brotherhood of spirit between them; V **liberté. (b)** (*Rel*) fraternity, brotherhood.

fratricide [fʀatʀisid] **1** *adj* fratricidal. **2** *nmf* fratricide. **3** *nm* (*crime*) fratricide.

fraude [fʀod] *nf* (*gén*) fraud (*U*); (*à un examen*) cheating. **en** ~ *fabriquer, vendre* fraudulently; *lire, fumer* secretly; **passer qch/faire passer qn en** ~ to smuggle sth/sb in; ~ **électorale** electoral fraud; ~ **fiscale** tax evasion.

frauder [fʀode] (1) **1** *vt* to defraud, cheat. ~ **le fisc** to evade taxation. **2** *vi* (*gén*) to cheat. ~ **sur la quantité/qualité** to cheat over the quantity/quality; ~ **sur le poids** to cheat on the weight.

fraudeur, -euse [fʀodœʀ, øz] *nm,f* (*gén*) person guilty of fraud; (*à la douane*) smuggler; (*envers le fisc*) tax evader. (*à un examen*) **les** ~s **seront lourdement sanctionnés** cheating will be *ou* candidates who cheat will be severely punished; **il a un tempérament** ~, **il est** ~ he has a tendency towards cheating.

frauduleusement [fʀodyløzmɑ̃] *adv* fraudulently.

frauduleux, -euse [fʀodylø, øz] *adj* *trafic, pratiques, concurrence* fraudulent. **sans intention** ~**euse de ma part** with no fraudulent intention *ou* no intention of cheating on my part.

frayer [fʀeje] (8) **1** *vt chemin* to open up, clear. ~ **le passage à qn** to clear the way for sb; (*fig*) ~ **la voie** to pave the way.

   2 se frayer *vpr* (*lit*) **se** ~ **un passage (dans la foule)** to force *ou* plough *ou* elbow one's way through (the crowd); (*fig*) **se** ~ **un chemin vers les honneurs** to work one's way up to fame.

   3 *vi* **(a)** [*poisson*] to spawn.

   (b) (*fig*) ~ **avec** to mix *ou* associate with.

frayeur [fʀejœʀ] *nf* fright. **tu m'as fait une de ces** ~s! you gave me a dreadful fright!; **cri/geste de** ~ cry/gesture of fear, startled cry/gesture; **se remettre de ses** ~s to recover from one's fright.

fredaine [fʀədɛn] *nf* mischief (*U*), escapade, prank. **faire des** ~s to be up to mischief.

Frédéric [fʀedeʀik] *nm* Frederick.

Frédérique [fʀedeʀik] *nf* Frederica.

fredonnement [fʀədɔnmɑ̃] *nm* humming.

fredonner [fʀədɔne] (1) *vt* to hum. **elle fredonnait dans la cuisine** she was humming (away) (to herself) in the kitchen.

freesia [fʀezja] *nm* freesia.

freezer [fʀizœʀ] *nm* freezing *ou* ice-making compartment, freezer (*of refrigerator*).

frégate [fʀegat] *nf* (*Hist, Mil, Naut*) frigate; (*Zool*) frigate bird; V **capitaine.**

frein [fʀɛ̃] **1** *nm* [*voiture*], (*aussi fig*) brake; [*cheval*] bit. **c'est un** ~ **à l'expansion** it acts as a brake upon expansion; **mets le** ~ put the brake on; **mettre un** ~ **à** *inflation, colère, ambitions* to put a brake on, curb, check; **sans** ~ *imagination, curiosité* unbridled, unchecked; V **bloquer, coup, ronger.**

   2: frein aérodynamique air brake; **frein à disques** disc brake; **frein à main** handbrake; **frein moteur** engine braking; **frein à pied** footbrake; **frein à tambours** drum brake.

freinage [fʀenaʒ] *nm* (*action*) braking, dispositif de ~ braking system; **traces de** ~ tyre marks (*caused by braking*); **un bon** ~ good braking.

freiner [fʀene] (1) **1** *vt véhicule* to pull up, slow down; *progression, coureur* to slow up *ou* down, hold up; *progrès, évolution, dépenses* to put a brake on, check; *enthousiasme, joie* to check, put a damper on. **il faut que je me freine** I have to cut down (*dans on*).

   2 *vi* (*Aut*) to brake; (*à ski, en patins etc*) to slow down. ~ **à bloc** to jam on the brakes; **il freina brusquement** he braked suddenly, he suddenly jammed on the brakes.

frelater [fʀəlate] (1) *vt vin, aliment* to adulterate. (*fig*) **un milieu frelaté** a dubious *ou* slightly corrupt milieu.

frêle [fʀɛl] *adj tige, charpente* flimsy, frail, fragile; *enfant, femme, corps* frail, fragile; *voix* thin, frail. (*littér*) **de** ~s **espérances** frail *ou* flimsy hopes.

frelon [fʀəlɔ̃] *nm* hornet.

freluquet [fʀəlykɛ] *nm* (*péj*) whippersnapper.

frémir [fʀemiʀ] (2) *vi* **(a)** [*personne, corps*] (*de peur*) to quake, tremble, shudder; (*d'horreur*) to shudder, shiver; (*de fièvre, froid*) to shiver; (*de colère*) to shake, tremble, quiver; (*d'impatience, de plaisir, d'espoir*) to quiver, tremble (*de* with). **ça me fait** ~ it makes me shudder; **il frémit de tout son être** his whole being quivered *ou* trembled; **histoire à vous faire** ~ story that gives you the shivers* *ou* that makes you shudder *ou* shiver; **aux moments de suspense toute la salle frémissait** at the moments of suspense the whole audience trembled.

(b) [*lèvres, feuillage*] to tremble, quiver; [*narine, aile, corde*] to quiver; [*eau chaude*] to simmer, quiver. **sensibilité frémissante** quivering sensitivity.

frémissement [fʀemismɑ̃] *nm* **(a)** (*humain: V frémir*) shudder; shiver; quiver. **un** ~ **de plaisir** a thrill *ou* quiver of pleasure; **un long** ~ **parcourut son corps** a shiver ran all the way through him *ou* ran the length of his body; **le** ~ **de son être** his quivering *ou* shivering *ou* shuddering being; **un** ~ **parcourut la salle** a quiver ran through the room.

(b) [*lèvres, feuillage*] trembling (*U*), quivering (*U*); [*narine, aile, corde*] quivering (*U*); [*eau chaude*] simmering, quivering.

frêne [fʀɛn] *nm* ash (tree); (*bois*) ash.

frénésie [fʀenezi] *nf* frenzy. **avec** ~ *travailler, applaudir* frenetically, furiously; *aimer* **qn avec** ~ to be wildly *ou* desperately in love with sb.

frénétique [fʀenetik] *adj applaudissements, rythme* frenzied, frenetic; *passion* frenzied, wild.

frénétiquement [fʀenetikmɑ̃] *adv aimer* wildly, desperately; *travailler, applaudir* frenetically, furiously.

fréquemment [fʀekamɑ̃] *adv* frequently, often.

fréquence [fʀekɑ̃s] *nf* (*gén*) frequency; V **modulation.**

fréquent, e [fʀekɑ̃, ɑ̃t] *adj* frequent.

fréquentable [fʀekɑ̃tabl(ə)] *adj:* **sont-ils** ~s? are they the sort of people one can associate with?; **ils ne sont pas** ~s they aren't the sort of people one associates with, they aren't nice to know*.

fréquentatif, -ive [fʀekɑ̃tatif, iv] *adj* frequentative.

fréquentation [fʀekɑ̃tasjɔ̃] *nf* **(a)** (*action*) [*établissement*] frequenting. **la** ~ **de ces gens** frequent contact with these people, seeing these people frequently *ou* often.

(b) (*gén pl: relation*) company (*U*), associate. **des** ~s **douteuses** dubious company *ou* associates; **ce n'est pas une** ~ **pour une jeune fille bien élevée** that isn't the sort of company for a well-brought-up young lady to keep.

fréquenté, e [fʀekɑ̃te] (*ptp de* **fréquenter**) *adj lieu, établissement* busy. **très** ~ very busy, much frequented; **établissement bien/mal** ~ establishment of good/ill repute.

fréquenter [fʀekɑ̃te] (1) *vt lieu* to frequent; *voisins* to see frequently *ou* often; *jeune fille* to go around with; (*littér*) *auteurs classiques* to keep company with. ~ **la bonne société** to move in fashionable circles; **il fréquente plus les cafés que la faculté** he's in cafés more often than at lectures; **il les fréquente peu** he seldom sees them; **nous nous fréquentons beaucoup** we see quite a lot of each other, we see each other quite often *ou* frequently; **ces jeunes gens se fréquentent depuis un an** those young people have been going around together for a year now.

frère [fʀɛʀ] *nm* **(a)** (*gén, fig*) brother. **partager en** ~s to share like brothers; **alors, vieux** ~!* well, old pal!* *ou* mate!* (*Brit*) *ou* buddy!* (*US*); (*fig*) **j'ai trouvé le** ~ **de ce vase chez un antiquaire*** I found the partner to this vase in an antique shop; (*Mil*) ~s **d'armes** brothers in arms; (*Pol*) **partis/peuples** ~s sister parties/countries; V **demi-, faux².**

(b) (*Rel*) (*égal*) brother; (*paroissien*) brother; (*moine*) brother, friar. **les hommes sont tous** ~s all men are brothers; (*Rel*) **mes (bien chers)** ~s (dearly beloved) brethren; ~ **lai** lay brother; ~ **mendiant** mendicant friar; ~ **Antoine** Brother Antoine, Friar Antoine; **on l'a mis en pension chez les** ~s he has been sent to a Catholic boarding school.

frérot* [fʀeʀo] *nm* kid brother*.

fresque [fʀɛsk(ə)] *nf* (*Art*) fresco; (*Littérat*) portrait.

fret [fʀɛ] *nm* (*prix*) (*Aviat, Naut*) freight(age); (*Aut*) carriage; (*cargaison*) (*Aviat, Naut*) freight, cargo; (*Aut*) load. (*Comm: affréter*) **prendre à** ~ to charter.

fréter [fʀete] (6) *vt* (*gén: prendre à fret*) to charter; (*Naut: donner à fret*) to freight.

fréteur [fʀetœʀ] *nm* (*Naut*) owner.

frétillant, e [fʀetijɑ̃, ɑ̃t] *adj poisson* wriggling; *personne* frisky, lively. **chien à la queue** ~**e** dog with a quivering *ou* wagging tail; ~ **d'impatience** fidgeting *ou* quivering with impatience.

frétillement [fʀetijmɑ̃] *nm* [*poisson*] wriggling (*U*). **un** ~ **d'impatience** a quiver of impatience.

frétiller [fʀetije] (1) *vi* [*poisson*] to wriggle; [*chien*] to wag its tail; [*personne*] to wriggle, fidget. ~ **d'impatience** to fidget *ou* quiver with impatience; ~ **de joie** to be quivering *ou* quiver with joy; **le chien frétillait de la queue** the dog was wagging its tail; (*hum, péj*) **elle frétille de l'arrière-train** she's wiggling her bottom (*hum*).

fretin [fʀətɛ̃] *nm* (*poissons*) fry; (*fig*) small fry; V **menu².**

frette [fʀɛt] *nf* (*Mus*) fret.

freudien, -ienne [fʀødjɛ̃, jɛn] *adj* Freudian.

freudisme [fʀødism(ə)] *nm* Freudianism.

freux [fʀø] *nm* (*Orn*) rook.

friabilité [fʀijabilite] *nf* [*roche, sol*] crumbly nature, flakiness, friability (*T*).

friable [fʀijabl(ə)] *adj roche, sol* crumbly, flaky, friable (*T*); (*Culin*) *pâte* crumbly.

friand, e [fʀijɑ̃, ɑ̃d] **1** *adj:* ~ **de** *lait, miel, bonbons* partial to, fond of; (*fig*) *compliments, chatteries* fond of. **2** *nm* (*pâté*) (minced) meat pie; (*sucré*) small almond cake.

friandise [fʀijɑ̃diz] *nf* titbit, delicacy, sweetmeat†. **c'est une** ~ it's a delicacy.

fric‡ [fʀik] *nm* (*argent*) bread‡, dough‡, cash*, lolly‡ (*Brit*). **il a du** ~ he's loaded (with cash)‡.

fricandeau, *pl* ~**x** [fʀikɑ̃do] *nm* fricandeau.

fricassée [fʀikase] *nf* fricassee. ~ **de poulet** chicken fricassee.

fricative [fʀikativ] *adj f, nf* fricative.

fric-frac*, *pl* **fric-frac(s)** [fʀikfʀak] *nm* break-in.

friche [fʀiʃ] *nf* fallow land (*U*). (*lit, fig*) **en** ~ (lying) fallow; (*lit, fig*) **être/laisser en** ~ to lie/let lie fallow.

frichti* [fRiʃti] *nm*, **fricot*** [fRiko] *nm* nosh‡ (*U*) (*Brit*), grub* (*U*). **préparer son ~** to cook up one's grub‡.

fricoter* [fRikɔte] (1) **1** *vt plat* to cook up. (*fig*) **qu'est-ce qu'il fricote?** what's he cooking up?*, what's he up to?* **2** *vi*: **~ avec qn** to knock around with sb*.

friction [fRiksjɔ̃] *nf* (*Phys, Tech, Ling*) friction; (*massage*) rub, rubdown; (*chez le coiffeur*) scalp massage; (*fig: conflits*) friction.

frictionner [fRiksjɔne] (1) *vt* to rub. **se ~ après un bain** to rub o.s. down after a bath.

fridolin [fRidɔlɛ̃] *nm* (*péj: Allemand*) Kraut, Fritz, Jerry.

frigidaire [fRiʒidɛR] *nm* ® refrigerator, fridge.

frigide [fRiʒid] *adj* frigid.

frigidité [fRiʒidite] *nf* frigidity.

frigo* [fRigo] *nm* fridge, refrigerator. **~-armoire** upright fridge.

frigorifier [fRigɔRifje] (7) *vt* (*lit*) to refrigerate; (*fig: pétrifier*) to petrify, freeze to the spot. **être frigorifié*** (*avoir froid*) to be frozen stiff.

frigorifique [fRigɔRifik] *adj mélange* refrigerating (*épith*); *camion, wagon* refrigerator (*épith*); *V* **armoire**.

frileusement [fRiløzmɑ̃] *adv*: **~ serrés l'un contre l'autre** huddled close together to keep warm *ou* against the cold; **~ enfouis sous les couvertures** huddled under the blankets to keep warm.

frileux, -euse [fRilø, øz] *adj personne* sensitive to (the) cold; *geste, posture* shivery. **il est très ~** he feels the cold easily, he is very sensitive to (the) cold; **elle se couvrit de son châle d'un geste ~** with a shiver she pulled her shawl around her.

frimaire [fRimɛR] *nm* (*Hist*) Frimaire (*third month in the French Republican calendar*).

frimas [fRima] *nmpl* (*littér*) wintry weather.

frime* [fRim] *nf*: **c'est de la ~** that's a lot of eyewash* (*Brit*), it's all put on*; **c'est pour la ~** it's all *ou* just for show.

frimer* [fRime] (1) *vi* to put on an act*.

frimousse [fRimus] *nf* (sweet) little face.

fringale* [fRɛ̃gal] *nf* (*faim*) raging hunger. (*désir*) **une ~ de** a craving for; **j'ai la ~** I'm ravenous* *ou* famished* *ou* starving*.

fringant, e [fRɛ̃gɑ̃, ɑ̃t] *adj cheval* frisky, high-spirited; *personne, allure* dashing.

fringillidé [fRɛ̃ʒil(l)ide] *nm* finch.

fringué, e [fRɛ̃ge] (*ptp de* (se) fringuer) *adj* dressed, done up*. **bien/mal ~** well-/badly-dressed; **vise un peu comme elle est ~e!** look what she's got on!, look what she's done up in!*

fringuer* [fRɛ̃ge] (1) **1 se fringuer** *vpr* (*s'habiller*) to get dressed; (*s'habiller élégamment*) to doll (o.s.) up*, do o.s. up*. **2** *vt* to dress.

fringues* [fRɛ̃g] *nfpl* gear* (*U*), clobber‡ (*U*) (*Brit*), togs‡, threads‡ (*US*). **elle a toujours de belles ~s** she always has smashing gear*.

friper [fRipe] (1) *vt* to crumple (up), crush. **ça se fripe facilement** it crumples *ou* crushes easily; **des habits tout fripés** badly crumpled *ou* rumpled clothes; (*fig*) **visage tout fripé** crumpled face.

friperie† [fRipRi] *nf* (*boutique*) secondhand clothes shop (*Brit*) *ou* store (*US*).

fripes* [fRip] *nfpl* togs‡. **vendre des ~ ou de la fripe** to sell secondhand clothes.

fripier, -ière [fRipje, jɛR] *nm, f* secondhand clothes dealer.

fripon, onne [fRipɔ̃, ɔn] **1** *adj air, allure, visage, yeux* roguish, mischievous, cheeky (*Brit*); *nez* cheeky (*Brit*), saucy. **2** *nm, f* (†: *gredin*) knave†, rascally fellow†; (*: *nuance affectueuse*) rascal, rogue. **petit ~!** you little rascal! *ou* rogue!

friponnerie [fRipɔnRi] *nf* (*acte*) piece of mischief, prank, escapade. **les ~s de ce gamin** the mischief this little imp gets up to, the pranks of the little imp.

fripouille [fRipuj] *nf* (*péj*) rogue, scoundrel. (*nuance affectueuse*) **petite ~!*** you little devil!* *ou* rogue!

fripouillerie [fRipujRi] *nf* roguishness.

frire [fRiR] *vt* (*aussi* **faire ~**) to fry; *V* **pâte, poêle¹**.

frisbee [fRizbi] *nm* frisbee.

frise [fRiz] *nf* (*Archit, Art*) frieze; (*Théât*) border; *V* **cheval**.

frisé, e [fRize] (*ptp de* **friser**) **1** *adj cheveux* (very) curly; *personne, animal* curly-haired. **il est tout ~** he has very curly hair; **~ comme un mouton** curly-headed *ou* -haired, frizzy-haired; *V* **chou¹**. **2** *nm* (*péj: Allemand*) Fritz, Kraut, Jerry. **3 frisée** *nf* (*chicorée*) curly endive.

friselis [fRizli] *nm* slight trembling (*U*).

friser [fRize] (1) **1** *vt* **(a)** *cheveux* to curl; *moustache* to twirl. **~ qn** to curl sb's hair; *V* **fer**.

(b) (*frôler*) *surface* to graze, skim; *catastrophe, mort* to be within a hair's breadth of, be within an ace of; *insolence* to border on, verge on. **~ la soixantaine** to be getting on towards sixty, be close to sixty, be pushing sixty*.

2 *vi* (*cheveux*) to curl, be curly; (*personne*) to have curly hair. **faire ~ ses cheveux** to make one's hair go curly; (*chez le coiffeur*) to have one's hair curled.

3 se friser *vpr* to curl one's hair. **se faire ~** (*par un coiffeur*) to have one's hair curled.

frisette [fRizɛt] *nf* little curl, little ringlet.

frison¹ [fRizɔ̃] *nm* little curl *ou* ringlet (*around face or neck*).

frison², -onne [fRizɔ̃, ɔn] **1** *adj* Frisian *ou* Friesian. **2** *nm* (*Ling*) Frisian *ou* Friesian. **3** *nm, f*: **F~(ne)** Frisian *ou* Friesian. **4** **frisonne** *nf*: **(vache) ~ne** Frisian *ou* Friesian (cow).

frisotter [fRizɔte] (1) **1** *vt* to crimp, curl tightly. **2** *vi* to curl tightly. **ses cheveux frisottent quand il pleut** his hair goes all curly when it rains.

frisquet* [fRiskɛ] *adj m vent* chilly. **il fait ~** it's chilly, there's a chill *ou* nip in the air.

frisson [fRisɔ̃] *nm* (*froid, fièvre*) shiver; (*répulsion, peur*) shudder; shiver; (*volupté*) thrill, shiver, quiver. **elle fut prise** *ou* **saisie d'un ~** a sudden shiver ran through her; **la fièvre me donne des ~s**

this fever is making me shiver *ou* is giving me the shivers*; **ça me donne le ~** it gives me the creeps* *ou* the shivers*, it makes me shudder *ou* shiver; **le ~ des herbes sous le vent** the quivering of the grass in the wind.

frissonnement [fRisɔnmɑ̃] *nm* **(a)** (*action: V* **frissonner**) quaking; trembling; shuddering; shivering; quivering; rustling; rippling. **(b)** (*frisson*) shiver, shudder. **~ de volupté** thrill *ou* shiver *ou* quiver of sensual delight.

frissonner [fRisɔne] (1) *vi* **(a)** [*personne, corps*] (*de peur*) to quake, tremble, shudder; (*d'horreur*) to shudder, shiver; (*de fièvre, froid*) to shiver; (*de volupté, désir*) to quiver, tremble (*de* with). **le vent le fit ~** the wind made him shiver *ou* shudder.

(b) [*feuillage*] to quiver, tremble, rustle; [*lac*] to ripple. **la lumière frissonnait sur l'eau** the light shimmered on *ou* over the water.

frisure† [fRizyR] *nf* curls. **ses cheveux tenaient bien la ~** her hair held curls *ou* a curl well; **faire une ~ à qn** to curl sb's hair.

frit, e [fRi, fRit] (*ptp de* **frire**) **1** *adj* (*Culin*) fried. (‡: *fichu, perdu*) **ils sont ~s** they've had it*, their goose is cooked*, their number's up*; *V* **pomme**.

2 frite *nf* (*gén pl*) chip (*Brit*), **~s** chips (*Brit*), French fried potatoes, French fries (*surtout US*); **un steak** *ou* **bifteck ~s** a steak and chips (*Brit*) *ou* French fries *ou* French fried potatoes; (*fig*) **avoir la ~‡** to be feeling cheery, be full of beans* (*Brit*).

friterie [fRitRi] *nf* (*boutique*) ≃ chip shop (*Brit*), ≃ hamburger stand (*US*).

friteuse [fRitøz] *nf* chip pan (*Brit*), deep fryer. **~ électrique** electric fryer.

friture [fRityR] *nf* **(a)** (*Culin*) (*méthode*) frying; (*graisse*) (deep) fat (*for frying*); (*mets*) fried fish (*U ou pl*). **le docteur me déconseille les ~s** the doctor advises me against fried food; (*petite*) **~** small fish (*U ou pl*); **une ~ de goujons** (a dish of) fried gudgeon.

(b) (*Rad**) crackle, crackling (*U*).

fritz [fRits] *nm* (*péj: Allemand*) Kraut, Fritz; (*soldat*) Jerry.

frivole [fRivɔl] *adj personne* frivolous, shallow; *occupation, argument* frivolous, trivial.

frivolement [fRivɔlmɑ̃] *adv* frivolously.

frivolité [fRivɔlite] *nf* (*V* **frivole**) frivolity, frivolousness; shallowness; triviality; (*gén pl: bagatelle*) frivolities. (*Comm: articles*) **~s** fancy goods.

froc [fRɔk] *nm* **(a)** (*Rel*) frock, habit. **porter le ~** to be a monk, wear the habit of a monk; (*fig*) **jeter le ~ aux orties** to leave the priesthood. **(b)** (‡: *pantalon*) bags* (*Brit*), trousers.

froid, e [fRwa, fRwad] **1** *adj* **(a)** *personne, nature, boisson, repas, couleur* cold; *manières, accueil* cold, chilly; *détermination, calcul* cold, cool. **colère ~e** cold *ou* controlled anger; **il fait un temps assez ~** the weather is rather cold; **d'un ton ~** coldly; **ça me laisse ~** it leaves me cold; **garder la tête ~e** to keep cool, keep a cool head; **~ comme le marbre** as cold as marble; *V* **battre, sang, sueur** *etc*.

(b) **à ~**: **laminer à ~** to cold-roll; **souder à ~** to cold-weld; **démarrer à ~** to start (from) cold; **démarrage à ~** cold start *ou* starting (*US*); **coller à ~** to glue without preheating; **opérer à ~** (*Méd*) to perform cold surgery; (*fig*) to let things cool down before acting; (*fig*) **parler à ~ de qch** to speak coldly *ou* coolly of sth; (*fig*) **prendre** *ou* **cueillir qn à ~*** to catch sb unawares *ou* off guard; *V* **ciseau**.

2 *nm* **(a)** **le ~** (*gén*) the cold; (*industrie*) refrigeration; **j'ai ~** I am cold; **j'ai ~ aux pieds** my feet are cold; **il fait ~/un ~ de canard*** it's cold/freezing cold *ou* perishing*; **ça me donne** *ou* **fait ~** it makes me (feel) cold; **ça me fait ~ dans le dos** it gives me a cold back, it makes my back cold; (*fig*) it sends shivers down my spine; **prendre** *ou* **attraper un coup de** *ou* **~** to catch cold *ou* a chill; **vague** *ou* **coup de ~** cold spell; **les grands ~s** the cold of winter; **n'avoir pas ~ aux yeux** [*homme d'affaires, aventurier*] to be venturesome *ou* adventurous; [*enfant*] to have plenty of pluck; *V* **craindre, jeter, mourir**.

(b) (*brouille*) coolness (*U*). **malgré le ~ qu'il y avait entre eux** despite the coolness that existed between them; **être en ~ avec qn** to be on bad terms *ou* not to be on good terms with sb.

froidement [fRwadmɑ̃] *adv* **(a)** *accueillir, remercier* coldly, coolly; *calculer, réfléchir* coolly; *tuer* cold-bloodedly, in cold blood. **il me reçut ~** I got a cold *ou* chilly reception (from him), he greeted me coldly; **meurtre accompli ~** cold-blooded murder; (*hum*) **comment vas-tu? — ~!** how are you? — cold! (*hum*).

froideur [fRwadœR] *nf* [*personne, sentiments*] coldness; [*manières, accueil*] coldness, chilliness. **recevoir qn avec ~** to give sb a cold *ou* chilly *ou* cool reception, greet sb coldly; **contempler qch avec ~** to contemplate sth coldly *ou* coolly; (*littér*) **la ~ de son cœur** her coldness of heart.

froidure†† [fRwadyR] *nf* cold (*U*), cold season.

froissement [fRwasmɑ̃] *nm* **(a)** [*tissu*] crumpling, creasing. **(b)** (*bruit*) rustle, rustling. **des ~s soyeux** the sound of rustling silk. **(c)** (*Méd*) **~ d'un muscle** (muscular) strain. **(d)** (*fig littér*) **évitez tout ~ d'amour-propre** try to avoid hurting anyone's feelings.

froisser [fRwase] (1) **1** *vt tissu* to crumple, crease; *habit* to crumple, rumple, crease; *herbe* to crush; (*fig*) *personne* to hurt, offend. **ça l'a froissé dans son orgueil** that ruffled his pride; **il froissa la lettre et la jeta** he screwed up the letter and threw it away.

2 se froisser *vpr* [*tissu*] to crease, crumple; [*personne*] to take offence, take umbrage (*de* at). (*Méd*) **se ~ un muscle** to strain a muscle.

frôlement [fRolmɑ̃] *nm* (*contact*) light touch, light contact (*U*); (*bruit*) rustle, rustling (*U*). **le ~ des corps dans l'obscurité** the light contact of bodies brushing against each other in the darkness.

frôler [fʀole] (1) *vt* (*lit*) (*toucher*) to brush against; (*passer près de*) to skim. **le projectile le frôla** the projectile skimmed past him; **l'automobiliste frôla le trottoir/le poteau** the driver just missed the pavement (*Brit*) *ou* sidewalk (*US*)/post; (*fig*) ~ **la mort/ catastrophe** to come within a hair's breadth *ou* an ace of death/a catastrophe.

fromage [fʀɔmaʒ] **1** *nm* cheese. **biscuit/omelette/soufflé au** ~ cheese biscuit/omelette/soufflé; **nouilles au** ~ **pasta** with cheese (sauce), ≃ macaroni cheese; **plat au** ~ cheese dish; (*fig*) **trouver un (bon)** ~* to find a cushy job* *ou* cushy number* (*Brit*), get on the gravy train* (*US*); *V* **cloche, plateau, poire.**
2: fromage blanc fromage blanc, soft white cheese; **fromage de chèvre** goat's milk cheese; **fromage à la crème** cream cheese; **fromage fermenté** fermented cheese; **fromage fondu** cheese spread; **fromage frais** soft white cheese; **fromage gras** full-fat cheese; **fromage maigre** low-fat cheese; **fromage à pâte dure/ molle** hard/soft cheese; **fromage à tartiner** cheese spread; **fromage de tête** pork brawn.

fromager, -ère [fʀɔmaʒe, ɛʀ] **1** *adj* **industrie, commerce, production** cheese (*épith*). **association** ~**ère** cheese producers' association. **2** *nm* (a) (*fabricant*) cheese maker; (*marchand*) cheesemonger (*Brit*), cheese merchant. (b) (*Bot*) kapok tree.

fromagerie [fʀɔmaʒʀi] *nf* cheese dairy.

froment [fʀɔmã] *nm* wheat.

from(e)ton‡ [fʀɔmtõ] *nm* cheese.

fronce [fʀõs] *nf* gather. ~**s** gathers, gathering (*U*); **faire des** ~**s** to gather; **jupe à** ~**s** gathered skirt.

froncement [fʀõsmã] *nm*: ~ **de sourcils** frown.

froncer [fʀõse] (3) *vt* (*Couture*) to gather. ~ **les sourcils** to frown, knit one's brows.

frondaison [fʀõdɛzõ] *nf* (*feuillage*) foliage (*U*).

fronde[1] [fʀõd] *nf* (*arme*) sling; (*jouet*) catapult (*Brit*), slingshot (*US*).

fronde[2] [fʀõd] *nf* (*révolte*) **esprit/vent de** ~ spirit/wind of revolt *ou* insurrection; (*Hist*) **la F**~ the Fronde.

fronder [fʀõde] (1) *vt* (*railler*) to lampoon, satirize.

frondeur, -euse [fʀõdœʀ, øz] *adj* **attitude, mentalité** recalcitrant, anti-authority, rebellious; **propos** anti-authority.

front [fʀõ] *nm* (a) (*Anat*) forehead, brow; (*fig: tête*) head; (*littér: visage*) brow (*littér*), face; (*littér*) [*bâtiment*] façade, front. **il peut marcher le** ~ **haut** he can hold his head (up) high; (*littér*) **la honte sur son** ~ the shame on his brow (*littér*) *ou* face; ~ **de mer** (sea) front; ~ **de taille** coalface; *V* **courber, frapper.**
(b) (*Mét, Mil, Pol*) front. **aller** *ou* **monter au** ~ to go up to the front, go into action; **tué au** ~ killed in action; **le** ~ **ennemi** the enemy front; **le F**~ **populaire** the Popular Front.
(c) (*loc*) **attaque de** ~ frontal attack; **choc de** ~ head-on crash; **attaquer qn de** ~ (*lit*) to attack sb head-on; (*fig*) to attack sb head-on *ou* face to face; **se heurter de** ~ (*lit*) to collide head-on; (*fig*) to clash head-on; **marcher (à) trois de** ~ to walk three abreast; **mener plusieurs tâches de** ~ to have several tasks in hand *ou* on the go (at one time); **aborder de** ~ **un problème** to tackle a problem face to face; **il va falloir faire** ~ you'll (*ou* we'll *etc*) have to face up to it *ou* to things; **faire** ~ **à l'ennemi/aux difficultés** to face up *ou* stand up to the enemy/difficulties; **faire** ~ **commun contre qn/qch** to join forces against sb/sth, take a united stand against sb/sth; (*littér*) **avoir le** ~ **de faire** to have the effrontery *ou* front to do.

frontal, e, *mpl* **-aux** [fʀõtal, o] **1** *adj* **collision** head-on; (*Mil*) **attaque** frontal, head-on; (*Anat, Géom*) frontal. **2** *nm*: (os) ~ frontal (bone).

frontalier, -ière [fʀõtalje, jɛʀ] **1** *adj* **ville, zone** border (*épith*), frontier (*épith*). **travailleurs** ~**s** people who cross the border every day to work. **2** *nm, f* inhabitant of the border *ou* frontier zone.

frontière [fʀõtjɛʀ] **1** *nf* (*Géog, Pol*) frontier, border. **à l'intérieur et au-delà de nos** ~**s** at home and abroad; ~ **naturelle** natural boundary; ~ **linguistique** linguistic boundary; (*fig*) **faire reculer les** ~**s du savoir/d'une science** to push back the frontiers of knowledge/of a science; (*fig*) **à la** ~ **du rêve et de la réalité** on the borders of dream and reality, on the borderline between dream and reality; *V* **incident.**
2 *adj inv*: **ville/zone** ~ frontier *ou* border town/zone; *V* **garde**[1], **poste**[a].

frontispice [fʀõtispis] *nm* frontispiece.

fronton [fʀõtõ] *nm* (*Archit*) pediment; (*pelote basque*) (front) wall.

frottement [fʀɔtmã] *nm* (*action*) rubbing; (*bruit*) rubbing (*U*), rubbing noise, scraping (*U*), scraping noise; (*Tech: contact qui freine*) friction. (*fig*) ~**s** friction.

frotter [fʀote] (1) **1** *vt* (a) (*gén*) **peau, membre** to rub; **cheval** to rub down. **frotte tes mains avec du savon** rub your hands with soap; ~ **son doigt sur la table** to rub one's finger on the table; ~ **une allumette** to strike a match; **pain frotté d'ail** bread rubbed with garlic.
(b) (*pour nettoyer*) **cuivres, meubles** to rub (up), shine; **plancher, casserole, pomme de terre** to scrub; **linge** to rub; **chaussures** (*pour cirer*) to rub (up), shine; (*pour enlever la terre*) to scrape.
(c) (†, *hum*) ~ **les oreilles à qn** to box sb's ears; **je vais te** ~ **l'échine** I'm going to beat you black and blue.
2 *vi* to rub, scrape. **la porte frotte (contre le plancher)** the door is rubbing *ou* scraping (against the floor).
3 se frotter *vpr* (a) (*en se lavant*) to rub o.s. (*lit, fig*) **se** ~ **les mains** to rub one's hands.
(b) **se** ~ **à la bonne société** to rub shoulders with high society; **se** ~ **à qn** to cross swords with sb; **il vaut mieux ne pas s'y** ~ I wouldn't cross swords with him; *V* **qui.**

frottis [fʀɔti] *nm* (*Méd*) smear; (*Art*) scumble. **se faire faire un** ~ (**cervico-)vaginal** to have a cervical smear.

frottoir [fʀɔtwaʀ] *nm* (*à allumettes*) friction strip; (*pour le parquet*) (long-handled) brush.

froufrou [fʀufʀu] *nm* rustle, rustling (*U*), swish (*U*). **faire** ~ to rustle, swish; (*dentelles*) **des** ~**s** frills.

froufroutant, e [fʀufʀutã, ãt] *adj* rustling, swishing.

froufroutement [fʀufʀutmã] *nm* rustle, rustling (*U*), swish (*U*).

froufrouter [fʀufʀute] (1) *vi* to rustle, swish.

froussard, e[*] [fʀusaʀ, aʀd(ə)] (*péj*) **1** *adj* chicken* (*attrib*), yellow-bellied‡ (*épith*). **2** *nm, f* coward.

frousse[*] [fʀus] *nf* fright. **avoir la** ~ to be scared (to death) *ou* scared stiff*; **quand il a sonné j'ai eu la** ~ when he rang I really got a fright *ou* the wind up*; **ça lui a fichu la** ~ that really put the wind up him* (*Brit*) *ou* gave him a fright, that really scared him (to death) *ou* scared him stiff*; **tu te rappelles la** ~ **que j'avais avant les examens** you remember how scared I was *ou* the funk‡ (*Brit*) I was in before the exams.

fructidor [fʀyktidoʀ] *nm* Fructidor (*twelfth month in the French Republican calendar*).

fructifier [fʀyktifje] (7) *vi* [*arbre*] to bear fruit; [*terre*] to be productive; [*idée*] to bear fruit; [*capital, investissement*] to yield a profit. **faire** ~ **son argent** to make one's money yield a profit.

fructueusement [fʀyktɥøzmã] *adv* fruitfully, profitably.

fructueux, -euse [fʀyktɥø, øz] *adj* **lectures, spéculation** fruitful, profitable; **collaboration, recherches** fruitful; **commerce** profitable.

frugal, e, *mpl* **-aux** [fʀygal, o] *adj* frugal.

frugalement [fʀygalmã] *adv* frugally.

frugalité [fʀygalite] *nf* frugality.

fruit[1] [fʀɥi] **1** *nm* (a) fruit (*gén U*). **il y a des** ~**s/3** ~**s dans la coupe** there is some fruit/there are 3 pieces of fruit in the bowl; **passez-moi un** ~ pass me some fruit *ou* a piece of fruit; (*espèce*) **l'orange et la banane sont des** ~**s** the orange and the banana are kinds of fruit *ou* are fruits; *V* **pâte, salade.**
(b) (*littér: produit*) fruit(s). **les** ~**s de la terre/de son travail** the fruits of the earth/of one's work; (*le résultat de*) **c'est le** ~ **de l'expérience/beaucoup de travail** it is the fruit of experience/of much work; **ils ont perdu le** ~ **de leur(s) travail/recherches** they lost the fruits of their work/research; **cet enfant est le** ~ **de leur union** this child is the fruit of their union (*littér*); **porter ses** ~**s** to bear fruit; **avec** ~ fruitfully, profitably, with profit; **sans** ~ fruitlessly, to no avail.
2: fruits confits candied *ou* glacé fruits; (*Bible, fig*) **fruit défendu** forbidden fruit; **fruits de mer** seafood(s); **fruit sec** (*séché*) dried fruit (*U*); (*fig: raté*) failure; **pour quelques étudiants qui trouvent leur voie combien de fruits secs ou d'indifférents!** for the few students who find the right path, how many fall by the wayside or show no interest!

fruit[2] [fʀɥi] *nm* [*mur*] batter.

fruité, e [fʀɥite] *adj* fruity.

fruiterie [fʀɥitʀi] *nf* fruit (and vegetable) store, fruiterer's (shop), (*Brit*), greengrocery (*Brit*).

fruiticulteur [fʀɥitikyltœʀ] *nm* fruit farmer.

fruitier, -ière [fʀɥitje, jɛʀ] **1** *adj* fruit (*épith*). **2** *nm, f* fruiterer, greengrocer (*Brit*). **3 fruitière** *nf* (*fromagerie*) cheese dairy (*in Savoy, Jura*).

frusques [fʀysk(ə)] *nfpl* (*péj*) (*vêtements*) gear* (*U*), togs*, clobber‡ (*U*) (*Brit*); (*vieux vêtements*) rags.

fruste [fʀyst(ə)] *adj* **art, style** crude, unpolished; **manières** unpolished, crude, uncultivated, uncouth; **personne** unpolished, uncultivated, uncouth.

frustration [fʀystʀasjõ] *nf* (*Psych*) frustration.

frustré, e [fʀystʀe] (*part de* **frustrer**) *adj* (*Psych*) frustrated.

frustrer [fʀystʀe] (1) *vt* (a) (*priver*) ~ **qn de satisfaction** to frustrate *ou* deprive sb of, do sb out off*; (*Jur*) **biens** to defraud sb of; ~ **qn dans ses espoirs/efforts** to thwart *ou* frustrate sb's hopes/ efforts, thwart sb in his hopes/efforts; (*Jur*) ~ **qn au profit d'un autre** to defraud one party by favouring another.
(b) (*Psych*) to frustrate.

F.S. *abrév de* **franc suisse**; *V* **franc.**

fuchsia [fyʃja] *nm* fuchsia.

fuchsine [fyksin] *nf* fuchsin(e).

fucus [fykys] *nm* wrack, fucus (*T*). ~ **vésiculeux** bladderwrack.

fuel(-oil) [fjul(ɔjl)] *nm* (*carburant*) fuel oil. ~ (**domestique**) domestic *ou* heating oil.

fugace [fygas] *adj* **parfum, impression, lueur** fleeting; **beauté, fraîcheur** fleeting, transient.

fugacité [fygasite] *nf* (*V* **fugace**) fleetingness; transience.

fugitif, -ive [fyʒitif, iv] **1** *adj* (*en fuite*) **esclave, épouse** fugitive (*épith*), runaway (*épith*); (*fugace*) **vision, forme, émotion, impression** fleeting; **calme** momentary; **beauté, bonheur** fleeting, transient, short-lived; (*littér*) **jours, années** fleeting. **2** *nm, f* fugitive.

fugitivement [fyʒitivmã] *adv* **entrevoir** fleetingly. **il pensa** ~ **à son doux sourire** he thought fleetingly *ou* briefly *ou* momentarily of her sweet smile.

fugue [fyg] *nf* (a) (*fuite*) running away (*U*). **faire une** ~ to run away, abscond (*Admin*); **il a fait plusieurs** ~**s** he ran away several times; **surveillez-le, il fait des** ~**s** keep an eye on him — he tends to run away *ou* he runs away (a lot); ~ **amoureuse** elopement.
(b) (*Mus*) fugue.

fuguer[*] [fyge] (1) *vi* to run away *ou* off.

fugueur, -euse [fygœʀ, øz] *nm, f* absconder (*Admin*), runaway. **un élève** ~ an absconding pupil.

fuir [fɥiʀ] (17) **1** *vt* (a) (*éviter*) **personne, coterie, danger** to avoid, shun, fight shy of, flee (*littér*); **mauvais exemple** to avoid, shun; **obligation, responsabilité** to evade, shirk. **on le fuit comme la peste** we avoid him like the plague; (*fig*) **le sommeil/la tranquillité me fuit** sleep/quiet eludes me; (*littér*) ~ **le monde** to flee

society, withdraw from the world; *(littér)* **l'homme se fuit man** flees from his inner self.
  (b) *(s'enfuir de) patrie, bourreaux, persécuteurs* to flee from, run away from, fly from *(littér).*
  2 *vi* **(a)** *(s'enfuir) [prisonnier]* to run away, escape; *[troupes]* to take flight, flee *(devant* from); *[femme] (avec un amant)* to run off; *(pour se marier)* to elope *(avec* with). **faire ~** *(mettre en fuite)* to put to flight; *(chasser)* to chase off *ou* away; **laid à faire ~** repulsively ugly; **~ devant** *danger, obligations* to run away from; **il a fui chez ses parents** he has fled to his parents.
  (b) *(littér: passer rapidement) [esquif]* to speed along, glide swiftly along; *[heures, saison]* to fly by, slip by; *[horizon, paysage]* to recede. **l'été a fui si rapidement** summer flew *ou* slipped *ou* shot by so quickly; **les arbres semblaient ~ de part et d'autre de la route** the trees were whizzing *ou* flashing *ou* shooting past *ou* by on both sides of the road.
  (c) *(s'échapper) [gaz]* to leak, escape; *[liquide]* to leak; *(n'être pas étanche) [récipient, robinet]* to leak.
fuite [fɥit] *nf* **(a)** *[fugitif]* flight, escape; *[prisonnier]* escape; *[amants]* flight; *(pour se marier)* elopement. *(Écon)* **la ~ des capitaux** the flight of capital; **dans sa ~ il perdit son portefeuille** he lost his wallet as he ran away *ou* in his flight; **la ~ des galaxies** the flight of the galaxies; **chercher la ~ dans le sommeil** to seek escape *ou* flight in sleep; **la ~ en avant du gouvernement dans le domaine économique** the government's relentless pursuit of the same economic policy in spite of all the evidence; *(fig)* **sa ~ devant toute responsabilité est révoltante** his evasion of all responsibility is disgusting; **prendre la ~** to take flight *ou* to one's heels; **mettre qn en fuite** to put sb to flight; **les prisonniers sont en ~** the prisoners are on the run; **les voleurs en ~ n'ont pas été retrouvés** the runaway thieves haven't been found; **renversé par une voiture qui a pris la ~** knocked down by a hit-and-run driver; *V* **délit.**
  (b) *(littér: passage rapide) [esquif]* swift passage; *[temps, heures, saisons]* (swift) passage *ou* passing.
  (c) *(perte de liquide)* leak, leakage; *(fig: d'information)* leak. **~ de gaz/d'huile** gas/oil leak; **avaries dues à des ~s** damage due to *ou* caused by leakage; **il y a eu des ~s à l'examen** there have been leaks in the exam, questions have been leaked in the exam.
  (d) *(trou) [récipient, tuyau]* leak.
  (e) *(Art)* **point de ~** vanishing point.
fulgurant, e [fylgyrã, ãt] *adj vitesse, progrès* lightning *(épith).*, dazzling; *réplique* lightning *(épith); regard* blazing *(épith),* flashing *(épith).* **une douleur ~e me traversa le corps** a searing pain flashed *ou* shot through my body; **une clarté ~e illumina le ciel** a blinding flash lit up the sky.
fulguration [fylgyrɑsjɔ̃] *nf (lit)* flash (of lightning); *(fig)* flash.
fulgurer [fylgyre] (1) *vi* to flash.
fuligineux, -euse [fyliʒinø, øz] *adj (littér) couleur, flamme* sooty.
fuligule (morillon) [fyligyl(mɔrijɔ)] *nm* tufted duck.
fulmar [fylmaʀ] *nm* fulmar.
fulminant, e [fylminã, ãt] *adj* **(a)** *(en colère) patron* enraged, livid; *(menaçant) lettre, réponse, regard* angry and threatening. **~ de colère** enraged, livid (with anger).
  (b) *(détonant) mélange* explosive. **poudre ~e** fulminating powder; **capsule ~e** percussion cap; **sels ~s** explosive salts *(of fulminic acid).*
fulminate [fylminat] *nm* fulminate.
fulmination [fylminɑsjɔ̃] *nf* **(a)** *(malédictions)* **~s** denunciations, fulminations. **(b)** *(Rel)* fulmination.
fulminer [fylmine] (1) **1** *vt reproches, insultes* to thunder forth; *(Rel)* to fulminate. **2** *vi* **(a)** *(pester)* to thunder forth. **~ contre** to fulminate *ou* thunder forth against. **(b)** *(Chim)* to fulminate, detonate.
fulminique [fylminik] *adj:* **acide ~** fulminic acid.
fumage [fymaʒ] *nm (Culin) [saucissons etc]* smoking, curing *(by smoking); (Agr) [terre]* manuring, dunging.
fumant, e [fymã, ãt] *adj* **(a)** *(chaud) cendres, cratère* smoking; *soupe, corps, naseaux* steaming; *(Chim)* fuming. *(fig)* **un coup ~** a master stroke. **(b)** *(en colère) patron* fuming. **~ de colère** fuming with anger.
fume- [fym] *préf V* **fumer.**
fumé, e¹ [fyme] *(ptp de* **fumer)** *adj jambon, saumon, verre* smoked. **verres ~s** tinted lenses; **aimer le ~** to like smoked food.
fumée² [fyme] *nf* **(a)** *[combustion]* smoke. **~ de tabac/de cigarettes** tobacco/cigarette smoke; **la ~ ne vous gêne pas?** do you mind my smoking?; **sans ~** *combustible* smokeless; *V* **avaler, noir, rideau.**
  (b) *(vapeur) [soupe, étang, corps, naseaux]* steam. *(fig)* **les ~s de l'alcool** *ou* **de l'ivresse** the vapours of alcohol.
  (c) *(loc)* **partir ou s'en aller en ~** to go up in smoke; *(Prov)* **il n'y a pas de ~ sans feu** there's no smoke without fire *(Prov).*
fumer [fyme] (1) **1** *vi* **(a)** *[volcan, cheminée, cendres, lampe]* to smoke; *[soupe, étang, corps]* to steam; *[produit chimique]* to emit *ou* give off fumes, fume.
  (b) *(**: *être en colère)* to be fuming*. **il fumait de rage** he was fuming with rage*.
  (c) *[fumeur]* to smoke. **~ comme un sapeur** *ou* **pompier** to smoke like a chimney; *V* **défense¹.**
  2 *vt* **(a)** *cigarettes, tabac* to smoke. **~ la cigarette/le cigare/la pipe** to smoke cigarettes/cigars/a pipe.
  (b) *(Culin) aliments* to smoke, cure *(by smoking).*
  (c) *(Agr) sol, terre* to manure.
  3: fume-cigare *nm inv* cigar holder; **fume-cigarette** *nm inv* cigarette holder.
fumerie [fymʀi] *nf:* **~ (d'opium)** opium den.
fumerolle [fymʀɔl] *nf (gén pl) (gaz)* smoke and gas *(emanating from a volcano); (fumée)* wisp of smoke.

fumet [fymɛ] *nm [plat, viande]* aroma; *[vin]* bouquet, aroma.
fumeur, -euse [fymœʀ, øz] *nm, f* smoker. *(Rail)* **(compartiment) ~s** smoking compartment *(Brit) ou* car *(US),* smoker; **je suis non-~** I'm a non-smoker; **compartiment non-~** non-smoking compartment *(Brit) ou* car *(US),* non-smoker; **~ d'opium** opium smoker.
fumeux, -euse [fymø, øz] *adj* **(a)** *(confus) idées, explication* hazy, woolly; *esprit* woolly; *théoricien* woolly-minded. **(b)** *(avec de la fumée) flamme, clarté* smoky; *(avec de la vapeur) horizon, plaine* hazy, misty.
fumier [fymje] *nm* **(a)** *(engrais)* dung, manure. **du ~ de cheval** horse-dung *ou* -manure *ou* -muck; **tas de ~** dunghill, dung *ou* muck *ou* manure heap. **(b)** *(*** *péj: salaud)* bastard‡, shit**.
fumigateur [fymigatœʀ] *nm (appareil: Agr, Méd)* fumigator.
fumigation [fymigɑsjɔ̃] *nf* fumigation.
fumigatoire [fymigatwaʀ] *adj* fumigating, fumigatory.
fumigène [fymiʒɛn] *adj engin, grenade* smoke *(épith). (Agr) (appareil)* **~** smoke apparatus.
fumiste [fymist(ə)] **1** *nm (réparateur-installateur)* heating mechanic; *(ramoneur)* chimney sweep.
  2 *nmf (péj) (paresseux) (étudiant, employé)* shirker, skiver‡ *(Brit); (plaisantin) (philosophe, politicien)* phoney*, fake.
  3 *adj attitude (de paresseux)* shirking; *(de plaisantin)* phoney*. **il est un peu ~ (sur les bords)** he's a bit of a shirker *ou* skiver‡ *(Brit);* he's a bit of a phoney* *ou* fake.
fumisterie [fymistaʀi] *nf* **(a)** *(péj)* **c'est une ~** it's a fraud *ou* a con‡; **ce projet est une vaste ~** this project is a massive fraud *ou* a complete con‡; **c'est de la ~** *(tromperie)* it's a fraud *ou* a con‡, it's just eyewash* *(Brit).*
  (b) *(établissement)* (heating mechanic's) workshop; *(métier)* stove-building.
fumoir [fymwaʀ] *nm (salon)* smoking room; *(Ind)* smokehouse.
fumure [fymyʀ] *nf* manuring; *(substance)* manure *(U).*
funambule [fynãbyl] *nmf* tightrope walker, funambulist *(T).* **artiste ~** tightrope artiste.
funambulesque [fynãbylɛsk(ə)] *adj (lit) prouesse, art* of tightrope walking; *(fig: bizarre) idée, organisation* fantastic, bizarre.
funèbre [fynɛbʀ(ə)] *adj* **(a)** *(de l'enterrement) service, marche, décoration, oraison* funeral *(épith); cérémonie, éloge, discours* funeral *(épith),* funerary *(épith).* **air ~** dirge; **veillée ~** death-watch, death vigil; *V* **entrepreneur, pompe².**
  (b) *(lugubre) mélodie, ton* mournful, doleful; *silence, air, allure* lugubrious, funereal; *atmosphère, couleur, décor* gloomy, dismal.
funèbrement [fynɛbʀəmã] *adv (littér)* funereally, lugubriously.
funérailles [fyneʀaj] *nfpl (frm: enterrement)* funeral, obsequies *(littér).*
funéraire [fyneʀɛʀ] *adj dalle, monument, urne* funeral *(épith),* funerary *(épith).* **pierre ~** gravestone; *(Can)* **salon ~** funeral home *(US, Can) ou* parlor *(US, Can).*
funeste [fynɛst(ə)] *adj* **(a)** *(désastreux) erreur* disastrous, grievous; *conseil, décision* disastrous, harmful; *influence* baneful, harmful; *suite, conséquence* dire, disastrous. **loin d'imaginer les suites ~s de cet accident** far from imagining the dire *ou* disastrous *ou* tragic consequences of that accident; **le jour ~ où je l'ai rencontrée** the fateful *ou* ill-fated day upon which I met her.
  (b) *(de mort) pressentiment, vision* deathly *(épith),* of death.
  (c) *(littér: mortel) accident* fatal; *coup* fatal, lethal, deadly, mortal; *projet* lethal, deadly. **politique ~ aux intérêts du pays** policy harmful *ou* lethal to the country's interests; **son ambition lui a été ~** his ambition had dire *ou* disastrous *ou* tragic consequences for him.
funiculaire [fynikylɛʀ] *nm* funicular (railway).
funky* [fœki] *adj* funky*.
fur [fyʀ] *nm* **(a)** **au ~ et à mesure:** classer/nettoyer qch au ~ et à mesure to file/clean sth as one goes along; **dépenser au ~ et à mesure** to spend as fast *ou* as soon as one earns; **il vaut mieux leur donner leur argent de poche au ~ et à mesure qu'en une fois** it's better to give them their pocket money in dribs and drabs* *ou* as they need it rather than all in one go; **le frigidaire se vidait au ~ et à mesure** the fridge was emptied as fast as it was stocked up; **passe-moi les assiettes au ~ et à mesure** pass the plates to me as you go along.
  (b) **au ~ et à mesure que:** donnez-les-nous au ~ et à mesure que vous les recevez give them to us as (soon as) you receive them; **nous dépensions tout notre argent au ~ et à mesure que nous le gagnions** we spent all our money as fast *ou* as soon as we earned it.
  (c) **au ~ et à mesure de:** au ~ et à mesure de leur progression as they advanced, the further they advanced; **prenez-en au ~ et à mesure de vos besoins** take some as and when you need them, help yourselves as you find you need them.
furax‡ [fyʀaks] *adj inv (furieux)* livid *(attrib),* hopping mad* *(attrib).*
furet [fyʀɛ] *nm (animal)* ferret; *(jeu)* pass-the-slipper; *(†: curieux)* pry.
furetage [fyʀtaʒ] *nm (V* **fureter)** nosing *ou* ferreting *ou* prying about; rummaging (about).
fureter [fyʀte] (5) *vi (regarder partout)* to nose *ou* ferret *ou* pry about; *(fouiller partout: dans un tiroir etc)* to rummage (about).
fureteur, -euse [fyʀtœʀ, øz] **1** *adj regard, enfant* prying, inquisitive. **2** *nm, f* pry.
fureur [fyʀœʀ] *nf* **(a)** *(U: colère)* fury; *(accès de colère)* fit of rage. **crise** *ou* **accès de ~** fit of rage, furious outburst; **être pris de ~** to be seized with anger, fly into a rage *(contre qn* at sb); **être/entrer en ~** to be/become infuriated *ou* enraged; **être/entrer dans une ~ noire** to be in/go *ou* fly into a towering rage; **mettre en ~** to infuriate, enrage; **se mettre dans des ~s folles** to have mad fits of rage, fly into wild fits of anger.

(b) (*violence*) [*passion*] violence, fury; [*combat, attaque*] fury, furiousness; [*tempête, flots, vents*] fury.
(c) (*passion*) **la ~ du jeu** a passion *ou* mania for gambling; **il a la ~ de la vitesse/de lire** he has a mania for speed/reading; **la ~ de vivre** the lust *ou* passion for life.
(d) (*littér: transe*) **~ prophétique** prophetic frenzy; **~ poétique** poetic ecstasy *ou* frenzy.
(e) (*loc*) **avec ~** (*avec rage*) with rage, furiously; (*à la folie*) wildly, madly, passionately; **aimer qch/qn à la ~** to love sth/sb wildly *ou* madly *ou* passionately; **faire ~** to be all the rage.
furibard, e* [fyʀibaʀ, aʀd(ə)] *adj* (*furibond*) hopping mad* (*attrib*), livid (*attrib*), mad* (*attrib*).
furibond, e [fyʀibɔ̃, ɔ̃d] *adj personne* hopping mad* (*attrib*), livid (*attrib*), mad* (*attrib*); *colère* wild, furious; *ton, voix, yeux* enraged, furious.
furie [fyʀi] *nf* **(a)** (*péj: mégère*) shrew, termagant; (*Myth*) Fury.
(b) (*violence*) [*attaque, combat*] fury, furiousness; [*tempête, flots*] fury; [*passions*] violence, fury.
(c) (*passion*) **la ~ du jeu** a passion *ou* mania for gambling.
(d) (*colère*) fury.
(e) (*loc*) **en ~** *personne* infuriated, enraged, in a rage (*attrib*); *mer* raging; *tigre* enraged; **mettre qn en ~** to infuriate sb, enrage sb.
furieusement [fyʀjøzmɑ̃] *adv* (*avec fureur*) *attaquer* furiously; *répondre* angrily; (*gén hum: extrêmement*) *ressembler* amazingly, tremendously. **j'ai ~ envie d'une glace à la fraise** I'm simply dying for* *ou* I've got a terrible hankering for a strawberry ice cream.
furieux, -euse [fyʀjø, øz] *adj* **(a)** (*violent*) *combat, résistance* furious, violent; *tempête* raging, furious, violent; *V* **folie, fou.**
(b) (*en colère*) *personne, animal* furious (*contre* with, at); *ton, geste* furious. **elle est ~euse d'avoir refusé** she is furious at having refused; **il est ~ que je lui aie menti** he is furious with *ou* at me for having lied.
(c) (*gén hum: fort*) *envie, coup* almighty* (*épith*), tremendous. **avoir un ~ appétit** to have an almighty* *ou* a prodigious appetite.
furoncle [fyʀɔ̃kl(ə)] *nm* boil, furuncle (*T*).
furonculose [fyʀɔ̃kyloz] *nf* (recurrent) boils, furunculosis (*T*).
furtif, -ive [fyʀtif, iv] *adj coup d'œil, geste* furtive, stealthy; *joie* secret.
furtivement [fyʀtivmɑ̃] *adv* furtively, stealthily.
fusain [fyzɛ̃] *nm* (*crayon*) charcoal (crayon); (*croquis*) charcoal (drawing); (*arbrisseau*) spindle-tree. **dessiner au ~** to draw in charcoal; **tracé au ~** charcoal(-drawn), (drawn) in charcoal.
fuseau, pl ~x [fyzo] **1** *nm* **(a)** [*fileuse*] spindle; [*dentellière*] bobbin.
(b) (pantalon) **~, ~x** stretch ski pants. **(c)** (*loc*) **en (forme de) ~** *colonne* with a swelling; *cuisses, jambes* slender; **arbuste taillé en ~** shrub shaped into a cone. **2: fuseau horaire** time zone.
fusée [fyze] **1** *nf* **(a)** (*spatiale*) rocket; (*missile*) rocket, missile. **~ air-air/sol-air** air-to-air/ground-to-air missile; *V* **avion.**
(b) [*feu d'artifice*] rocket; [*obus, mine*] fuse. **partir comme une ~** to shoot *ou* whizz off like a rocket.
(c) (*Tech*) [*essieu*] spindle; (*Aut*) stub axle; [*montre*] fusee.
2: fusée antichar anti-tank rocket; **fusée éclairante** flare; **fusée-engin** *nf*, *pl* **fusée-engins** rocket shell; **fusée gigogne** *ou* **à étages** multi-stage rocket; **fusée interplanétaire** (interplanetary) space rocket; **fusée de lancement** launch vehicle.
fuselage [fyzlaʒ] *nm* [*avion*] fuselage.
fuselé, e [fyzle] *adj colonne* swelled; *doigts* tapering, slender; *cuisses, jambes* slender.
fuséologie [fyzeɔlɔʒi] *nf* rocket technology.
fuser [fyze] (1) *vi* **(a)** [*cris, rires*] to burst forth; [*liquide*] to gush *ou* spurt out; [*étincelles*] to fly (out); [*lumière*] to stream out *ou* forth.
(b) [*bougie*] to run; [*pile*] to sweat; [*poudre*] to burn out.
fusibilité [fyzibilite] *nf* fusibility.
fusible [fyzibl(ə)] **1** *adj* fusible. **2** *nm* (*fil*) fuse(-wire); (*fiche*) fuse.
fusiforme [fyzifɔʀm(ə)] *adj* spindle-shaped, fusiform (*T*).
fusil [fyzi] **1** *nm* **(a)** (*arme*) (*de guerre, à canon rayé*) rifle, gun; (*de chasse, à canon lisse*) shotgun, gun. (*fig*) **c'est un bon ~** he's a good shot; (*Mil†*) **un groupe de 30 ~s** a group of 30 riflemen *ou* rifles;

(*fig*) **changer son ~ d'épaule** to change one's plans.
(b) (*allume-gaz*) gas lighter; (*instrument à aiguiser*) steel.
2: fusil à canon rayé rifle, rifled gun; **fusil à canon scié** sawn-off shotgun; **fusil de chasse** shotgun, hunting gun; **fusil à deux coups** double-barrelled *ou* twin-barrel rifle; **fusil de guerre** army rifle; **fusil à harpon** harpoon gun; **fusil à lunette** rifle with telescopic sight; **fusil mitrailleur** machine gun; **fusil à répétition** repeating rifle; **fusil sous-marin** (underwater) speargun.
fusilier [fyzilje] *nm* rifleman, fusilier; (*Hist*) fusilier. **les ~s** (*régiment*) the rifles; (*Hist*) the fusiliers; **~ marin** marine.
fusillade [fyzijad] *nf* (*bruit*) fusillade (*frm*), gunfire (*U*), shooting (*U*); (*combat*) shoot-out, shooting battle; (*exécution*) shooting.
fusiller [fyzije] (1) *vt* **(a)** (*exécuter*) to shoot. **~ qn du regard** to look daggers at sb. **(b)** (*: *casser*) to bust*. **(c)** (*: *dépenser*) to blow‡.
fusion [fyzjɔ̃] *nf* **(a)** [*métal etc*] melting, fusion; [*glace*] melting, thawing. **en ~** *métal* molten.
(b) (*Bio, Phys*) fusion; [*atomes*] (nuclear) fusion.
(c) (*union*) [*cœurs, esprits, races*] fusion; [*partis*] merging, combining; [*systèmes, philosophies*] blending, merging, uniting; (*Comm*) [*sociétés*] merger, amalgamation. **la ~ de l'individu en Dieu/dans la nature** the union of the individual with God/nature.
fusionnement [fyzjɔnmɑ̃] *nm* (*Comm*) merger, amalgamation; (*Pol*) merging, combining.
fusionner [fyzjɔne] (1) *vti* (*Comm*) to merge, amalgamate; (*Pol*) to merge, combine; (*Ordin*) to merge.
fustanelle [fystanɛl] *nf* fustanella.
fustigation [fystigasjɔ̃] *nf* (*littér: V* **fustiger**) flaying; censuring, denouncing, denunciation; birching, thrashing.
fustiger [fystiʒe] (3) *vt* **(a)** (*littér: critiquer*) *adversaire* to flay; *pratiques, mœurs* to censure, denounce. **(b)** (††: *fouetter*) to birch, thrash.
fût [fy] *nm* **(a)** [*arbre*] bole, trunk; [*colonne*] shaft; [*fusil*] stock. **(b)** (*tonneau*) barrel, cask.
futaie [fytɛ] *nf* (*groupe d'arbres*) cluster of (tall) trees; (*forêt*) forest (*of tall trees*); (*Sylviculture*) plantation of trees (*for timber*). **haute ~** mature (standing) timber.
futaille [fytɑj] *nf* (*barrique*) barrel, cask.
futaine [fytɛn] *nf* (*Tex*) fustian.
futé, e [fyte] *adj* wily, crafty, cunning, sly. **c'est une petite ~e** she's a crafty *ou* sly little minx.
futile [fytil] *adj* (*inutile*) *entreprise, tentative* futile, pointless; (*frivole*) *raison, souci, occupation, propos* trifling, trivial, futile; *personne, esprit* trivial, frivolous.
futilement [fytilmɑ̃] *adv* (*frivolement*) frivolously.
futilité [fytilite] *nf* (*U: V* **futile**) futility; pointlessness; triviality; frivolousness. **(b)** **~s** trivialities.
futur, e [fytyʀ] **1** *adj* (*prochain*) *génération, désastres, besoins* future (*épith*). (*Rel*) **dans la vie ~** in the life to come, in the afterlife, in the hereafter; **~ mari** husband-to-be; **les ~s époux** the bride and groom-to-be; **tout pour la ~e maman** everything for the mother-to-be; **~ collègue/directeur/soldat** future colleague/director/soldier; **~ client** intending *ou* prospective customer; (*en herbe*) **un ~ président/champion** a budding *ou* future president/champion.
2 *nm* **(a)** (*conjoint*) fiancé, husband-to-be, intended†.
(b) (*avenir*) future.
(c) (*Ling*) **le ~** the future (tense); (*fig*) **parlez-en au ~** don't count your chickens (before they're hatched); **le ~ proche** the immediate future; **le ~ simple** the future (tense); **le ~ antérieur** *ou* **du passé** the future perfect *ou* anterior.
3 *future nf* (*conjointe*) fiancée, wife-to-be, intended†.
futurisme [fytyʀism(ə)] *nm* futurism.
futuriste [fytyʀist(ə)] **1** *nmf* futurist. **2** *adj décor* futuristic.
futurologie [fytyʀɔlɔʒi] *nf* futurology.
futurologue [fytyʀɔlɔg] *nmf* futurist, futurologist.
fuyant, e [fɥijɑ̃, ɑ̃t] *adj* **(a)** (*insaisissable*) *regard, air* evasive; *personne, caractère* elusive, evasive. **(b)** (*en retrait*) *menton, front* receding (*épith*). **(c)** (*littér: fugitif*) *ombre, vision* fleeting (*épith*). **(d)** (*Art*) *vues, lignes* receding (*épith*), vanishing (*épith*); *perspective* vanishing (*épith*).
fuyard, e [fɥijaʀ, aʀd(ə)] *nm, f* runaway.

G

G, g [ʒe] *nm* (*lettre*) G, g.
g *abrév de* **gramme.**
gabardine [gabaʀdin] *nf* (*tissu*) gabardine; (†: *manteau*) gabardine (raincoat).
gabarit [gabaʀi] *nm* (a) (*dimension*) [*objet, véhicule*] size. (b) (*) [*personne*] (*taille*) size, build; (*valeur*) calibre. **ce n'est pas le petit ∼!** he's not exactly small!, he's rather on the large side!; **du même ∼ of** the same build. (c) (*Tech*) (*appareil de mesure*) gauge; (*maquette*) template.
gabegie [gabʒi] *nf péj*) chaos, muddle, mess. **c'est une vraie ∼!** it's a real mess!, it's total chaos!
gabelle [gabɛl] *nf* (*Hist: impôt*) salt tax, gabelle.
gabelou [gablu] *nm* (*Hist*) salt-tax collector; (*péj*) customs officer.
gabier [gabje] *nm* (*Naut*) topman.
Gabon [gabɔ̃] *nm* (the) Gabon.
gabonais, e [gabɔnɛ, ɛz] **1** *adj* Gabonese. **2** *nm,f:* **G∼(e)** Gabonese.
Gabriel [gabʀijɛl] *nm* Gabriel.
Gabrielle [gabʀijɛl] *nf* Gabrielle.
gâchage [gɑʃaʒ] *nm* (*V* **gâcher**) tempering; mixing; wasting; botching.
gâche [gɑʃ] *nf [maçon]* (plasterer's) trowel; [*serrure*] striking plate, strike (plate).
gâcher [gɑʃe] (1) *vt* (a) *plâtre* to temper; *mortier* to mix.
(b) (*gaspiller*) *argent, talent, temps* to waste, fritter away; (*rater*) *occasion* to waste, lose; (*bâcler*) *travail* to botch. **∼ sa vie** to fritter away *ou* waste one's life; **une vie gâchée** a wasted *ou* misspent life.
(c) (*gâter*) to spoil. **il nous a gâché le** *ou* **notre plaisir** he spoiled our pleasure (for us); **il gâche le métier** he spoils it for others (*by selling cheap or working for a low salary*).
gâchette [gɑʃɛt] *nf [arme]* trigger; [*serrure*] tumbler. **il a la ∼ facile** he's trigger-happy, he's quick on the draw.
gâcheur, -euse [gɑʃœʀ, øz] **1** *adj* wasteful.
2 *nm,f* (a) (*de matériel*) wasteful person; (*d'argent*) spendthrift; (*de travail*) bungler, botcher.
(b) (*péj: snob, délicat*) fusspot*, fussy person. **quel ∼, il ne supporte que les cravates en soie!** what a fussy dresser — he won't wear anything but silk ties!
3 *nm* (*ouvrier*) builder's mate (*who mixes cement or tempers plaster*).
gâchis [gɑʃi] *nm* (a) (*désordre*) mess. **tu as fait un beau ∼!** you've made a fine mess of it! (b) (*gaspillage*) waste (*U*). (c) (*Tech*) mortar.
gadget [gadʒɛt] *nm* (*gén: machin*) thingummy* (*Brit*), gizmo* (*US*); (*jouet, ustensile*) gadget; (*procédé, trouvaille*) gimmick.
gadin* [gadɛ̃] *nm:* **prendre** *ou* **ramasser un ∼** to come a cropper* (*Brit*), fall flat on one's face.
gadolinium [gadɔlinjɔm] *nm* gadolinium.
gadoue [gadu] *nf* (*boue*) mud, sludge; (*neige*) slush; (*engrais*) night soil.
gaélique [gaelik] **1** *adj* Gaelic. **2** *nm* (*Ling*) Gaelic.
gaffe [gaf] *nf* (a) (*bévue*) blunder, boob*. **faire une ∼** (*action*) to make a blunder *ou* a boob*; (*parole*) to drop a clanger* (*Brit*). (b) (*perche*) (*Naut*) boat hook; (*Pêche*) gaff. (c) (*) **faire ∼** to be careful (*à* of); **fais ∼!** watch out!, be careful!
gaffer [gafe] (1) **1** *vi* (*bévue*) to blunder, boob*; (*paroles*) to drop a clanger* (*Brit*). **il a gaffé lourdement** he made a terrible blunder *ou* boob*, he really put his foot in it. **2** *vt* (a) (*Naut*) to hook; (*Pêche*) to gaff. (b) (⁎: *regarder*) **gaffe un peu la fille!** take a look at that bird!⁎ (*Brit*) *ou* chick!⁎ (*US*).
gaffeur, -euse [gafœʀ, øz] *nm,f* blunderer, blundering fool. **il est drôlement ∼!** he's always putting his foot in it!, he's a blundering fool!
gag [gag] *nm* (*gén, Ciné, Théât*) gag.
gaga* [gaga] *adj* gaga*, senile.
gage [gaʒ] *nm* (a) (*à un créancier, arbitre*) security; (*à un prêteur*) pledge. **mettre qch en ∼** (*chez le prêteur*) to pawn sth (at the pawnbroker's); **laisser qch en ∼** to leave sth as (a) security; *V* **prêteur.**
(b) (*garantie*) guarantee. **sa bonne forme physique est un ∼ de succès** his fitness will guarantee him success *ou* assure him of success.
(c) (*témoignage*) proof, evidence (*U*). **donner des ∼s de sa sincérité/son talent** to give proof *ou* evidence of one's sincerity/talent; **donner à qn un ∼ d'amour/de fidélité** to give sb a token of one's love/faithfulness; **en ∼ de notre amitié/de ma bonne foi** as a token *ou* in token of our friendship/of my good faith.
(d) (*Jeux*) forfeit.
(e) (*salaire*) **∼s** wages; **assassin/tueur à ∼s** hired assassin/killer; **être aux ∼s de qn** (*gén*) to be employed by sb; (*péj*) to be in the pay of sb.
gager [gaʒe] (3) *vt* (a) (*frm: parier*) **∼ que** to wager that, bet that; **gageons que ..., je gage que ...** I bet (you) that .... (b) *emprunt* to guarantee.
gageure [gaʒyʀ] *nf* (a) (*entreprise difficile*) **c'est une véritable ∼ que de vouloir tenter seul cette ascension** it's attempting the

impossible to try to do this climb alone; **il a réussi la ∼ de faire cette ascension tout seul** he achieved the impossible — he managed to do the climb on his own, despite the odds he managed to do the climb on his own.
(b) (††: *pari*) wager.
gagnable [gaɲabl] *adj* winnable.
gagnant, e [gaɲɑ̃, ɑ̃t] **1** *adj* *numéro etc* winning (*épith*). **on donne ce concurrent ∼** this competitor is the favourite to win *ou* is expected to win; **il joue ∼ dans cette affaire** he's bound to win *ou* come out on top in this deal; (*Jur*) **la partie ∼e** the prevailing party. **2** *nm,f* winner.
gagne- [gaɲ] *préf V* **gagner.**
gagner [gaɲe] (1) **1** *vt* (a) (*acquérir par le travail*) to earn. **∼ sa vie** to earn one's living (*à faire* by doing); **∼ son pain** to earn one's daily bread; **∼ de l'argent** (*par le travail*) to earn *ou* make money; (*dans une affaire*) to make money; **∼ de quoi vivre** to earn a living; **∼ des mille et des cents*** to earn *ou* make a packet*; **∼ sa croûte*** *ou* **son bifteck*** to earn one's crust *ou* one's bread and butter; **il gagne bien sa croûte dans cet emploi*** he earns a good wage in that job.
(b) (*mériter*) to earn. **il a bien gagné ses vacances** he's really earned his holiday.
(c) (*acquérir par le hasard*) to win. **∼ le gros lot** (*lit, fig*) to hit *ou* win the jackpot.
(d) (*obtenir*) *réputation etc* to gain. **vous n'y gagnerez rien** you'll gain nothing by it; **vous n'y gagnerez rien de bon** you'll get nothing out of it; **∼ du temps** (*temporiser*) to gain time; (*économiser*) to save time; **∼ du poids** to put on *ou* gain weight; **∼ de la place** to save space; **c'est toujours ça de gagné!** that's always something!; **c'est toujours 10F de gagné** at least that's 10 francs saved *ou* that's saved us 10 francs; **à sortir par ce temps, vous y gagnerez un bon rhume** you'll get nothing but a bad cold going out in this weather.
(e) (*être vainqueur de*) *bataille, procès, course* to win. (†) **∼ qn aux échecs** to beat sb at chess; **∼ qn de vitesse** to beat sb to it*.
(f) (*se concilier*) *gardiens, témoins* to win over. **∼ l'estime/le cœur de qn** to win sb's esteem *ou* regard/heart; **∼ la confiance de qn** to win *ou* gain sb's confidence; **savoir se ∼ des amis/des partisans** to know how to win friends/supporters; **se laisser ∼ par les prières de qn** to be won over by sb's prayers; **∼ qn à une cause** to win sb over to a cause; **∼ qn à sa cause** to win sb over.
(g) (*envahir*) **le sommeil les gagnait** sleep was creeping over them *ou* was gradually overcoming them; **la gangrène gagne la jambe** the gangrene is spreading to his leg; **le froid les gagnait** they were beginning to feel the cold; **le feu gagna rapidement les rues voisines** the fire quickly spread to the neighbouring streets; **l'eau/l'ennemi gagne du terrain** the water/the enemy is gaining ground.
(h) (*atteindre*) *lieu, frontière, refuge* to reach. **∼ le port** to reach port; **∼ le large** (*Naut*) to get out into the open sea.
2 *vi* (a) (*être vainqueur*) to win. **∼ aux courses** to win on the horses *ou* at the races; **il a gagné aux courses hier** he had a win at the races yesterday; **il gagne sur tous les tableaux** he's winning all the way *ou* on all fronts; **eh bien, tu as gagné!** well, you got what you asked for!*
(b) (*trouver un avantage*) **vous y gagnez** it's in your interest, it's to your advantage; **vous gagnerez à ce que personne ne le sache** it'll be to your advantage *ou* it will be better for you if nobody knows about it; **qu'est-ce que j'y gagne?** what do I get out of it? *ou* **gain** from it?, what's in it for me?; **vous gagneriez à partir en groupe** you'd be better off going in a group; **∼ au change** to make (something) on the deal.
(c) (*s'améliorer*) **∼ en hauteur** to increase in height; **son style gagne en force ce qu'il perd en élégance** his style gains in vigour what it loses in elegance; **ce vin gagnera à vieillir** this wine will improve with age; **il gagne à être connu** he improves on acquaintance; **ce roman gagne à être relu** this novel gains by a second reading, this novel is better at a second reading.
(d) (*s'étendre*) [*incendie, épidémie*] to spread, gain ground.
3: **gagne-pain** *nm inv* job; **gagne-petit** *nm inv* low wage earner; **c'est un gagne-petit** he doesn't earn much (money).
gagneur, -euse [gaɲœʀ, øz] *nm,f* winner. **il a un tempérament de ∼** he has the determination to succeed.
gai, e [ge] **1** *adj* (a) (*joyeux*) *personne, vie* cheerful, gay, happy; *voix, visage* cheery, cheerful, happy; *roman, conversation* cheerful, gay; *caractère* cheerful, merry. **c'est un ∼ luron** he's a cheery *ou* happy fellow; **∼ comme un pinson** happy as a lark; **tu n'as pas l'air (bien) ∼** you don't look too happy.
(b) (*euph: ivre*) merry, tipsy.
(c) (*riant*) *couleur, pièce* bright, gay; *pièce* bright, cheerful. **on va peindre la chambre en jaune pour faire ∼** we're going to paint the bedroom yellow to brighten it up.
(d) (*iro: amusant*) **j'ai oublié mon parapluie, c'est ∼!** that's great*, I've forgotten my umbrella! (*iro*); **ça ne va pas être ∼** *ou* **ça va être ∼ la rentrée sur Paris, dimanche!** it's going to be great

fun, going back to Paris this Sunday! (*iro*); **ça va être ~, les vacan-ces avec lui!** I can see we're going to have a good holiday *ou* the holidays are going to be great fun with him around! (*iro*).

  (e) (*homosexuel*) gay.

  2 *nm* (*homosexuel*) gay.

gaiement [gemã] *adv* (*V* **gai**) cheerfully; gaily; happily; cheerily; merrily. (*iro*) **allons-y ~!** come on then, let's get on with it!; (*iro*) **il va recommencer ~ à faire les mêmes bêtises** he'll blithely *ou* gaily start the same old tricks again.

gaieté [gete] *nf [personne, caractère]* cheerfulness, gaiety; *[couleur]* brightness, gaiety; *[conversation, pièce, roman]* cheerfulness, gaiety. **ce n'est pas de ~ de cœur qu'il accepta** it was with no light heart *ou* with some reluctance that he accepted; (*iro*) **les ~s de la vie d'écolier!** the delights *ou* joys of school life! (*iro*).

gaillard, e [gajaʀ, aʀd(ə)] **1** *adj* **(a)** (*alerte*) *personne* strong; *allure* lively, springy, sprightly. **vieillard encore ~** sprightly *ou* spry old man.

  (b) (*grivois*) *propos* bawdy, ribald.

  2 *nm* **(a)** (*costaud*) (**robuste** *ou* **grand** *ou* **beau**) **~** strapping *ou* hale and hearty *ou* robust fellow.

  (b) (**: type*) fellow, chap* (*Brit*), guy*. **toi, mon ~, je t'ai à l'œil!** I've got my eye on you, mate!* (*Brit*) *ou* chum!* *ou* buddy!*

  3 gaillarde *nf* **(a)** (*) (*femme forte*) strapping wench* *ou* woman*. (*femme hardie*) **c'est une sacrée ~e** she's quite a woman!*

  (b) (*Mus*) galliard.

  4: **gaillard (d'avant)** forecastle (head), fo'c'sle; (*Hist*) **gaillard d'arrière** quarter-deck.

gaillardement [gajaʀdəmã] *adv* (*avec bonne humeur*) cheerfully; (*sans faiblir*) bravely, gallantly. **ils attaquèrent la côte ~** they set off energetically *ou* stoutly up the hill; **il porte ~ sa soixantaine** he's a sprightly *ou* vigorous sixty-year-old.

gaillardise [gajaʀdiz] *nf* bawdy *ou* ribald remark.

gaîment [gemã] *adv* = **gaiement**.

gain [gɛ̃] *nm* **(a)** (*salaire*) (*gén*) earnings; *[ouvrier]* earnings, wages, wage. **pour un ~ modeste** for a modest wage.

  (b) (*lucre*) **le ~** gain; **pousser qn au ~** to push *ou* urge sb to make money; **l'amour du ~** the love of gain.

  (c) (*bénéfices*) **~s** *[société]* profits; (*au jeu*) winnings; (*à la Bourse*) profits; **se retirer sur son ~** (*jeu*) to pull out with one's winnings intact; (*spéculation*) to retire on one's profits *ou* with what one has made; **~s illicites** illicit gains; **compensation des ~s et des pertes** compensation of gains and losses.

  (d) (*avantage matériel*) *[élections, guerre de conquête]* gains. **ce ~ de 3 sièges leur donne la majorité** winning *ou* gaining these 3 seats has given them a majority.

  (e) (*avantage spirituel*) benefit. **tirer un ~ (énorme) de qch** to gain *ou* draw (great) benefit from sth.

  (f) (*économie*) saving. **~ de temps/d'argent/de place** saving of time/of money/of space; **ce procédé permet un ~ de 50 minutes/d'électricité** this procedure saves 50 minutes/electricity; **ça nous permet un ~ de temps** it's time-saving, it saves us time.

  (g) (*littér: obtention*) *[bataille, procès]* winning; *[fortune, voix d'électeurs]* gaining.

  (h) **~ de cause: avoir** *ou* **obtenir ~ de cause** (*lit*) to win the case; (*fig*) to be proved *ou* pronounced right; **donner ~ de cause à qn** (*Jur*) to decide the case in favour of sb; (*fig*) to pronounce sb right.

gaine [gɛn] *nf* (*Habillement*) girdle; (*Bot, fourreau*) sheath; (*piédestal*) plinth; (*enveloppe*) *[obus]* priming tube. **~ d'aération** ventilation shaft; **~ culotte** panty girdle.

gainer [gene] (1) *vt* to cover. **jambes gainées de soie** legs sheathed in silk; **objet gainé de cuir** leather-covered *ou* -cased object.

gaîté [gete] *nf* = **gaieté**.

gala [gala] *nm* official reception; (*pour collecter des fonds*) fund-raising reception. **de ~ soirée, représentation** gala; **~ de bienfaisance** reception for charity.

galactique [galaktik] *adj* galactic.

galactogène [galaktɔʒɛn] *adj* galactagogue (*T*). **glande ~** milk gland.

galactomètre [galaktɔmɛtʀ(ə)] *nm* lactometer.

galactophore [galaktɔfɔʀ] *adj*: **vaisseau ~** milk duct.

galactose [galaktoz] *nm* galactose.

galalithe [galalit] *nf* ® Galalith ®.

galamment [galamã] *adv* courteously, gallantly. **se conduire ~** to behave courteously *ou* gallantly *ou* in a gentlemanly fashion.

galandage [galɑ̃daʒ] *nm* (brick) partition.

galant, e [galã, ɑ̃t] **1** *adj* **(a)** (*courtois*) gallant, courteous, gentlemanly. **soyez ~, ouvrez-lui la porte** be a gentleman and open the door for her; **c'est un ~ homme** he is a gentleman.

  (b) *ton, humeur, propos* flirtatious, gallant; *scène, tableau* amorous, romantic; *conte* racy, spicy; *rendez-vous* romantic; *poésie* amorous, courtly. **en ~e compagnie** *homme* with a lady friend (*hum*); *femme* with a gentleman friend (*hum*).

  2 *nm* (†† *ou hum: soupirant*) gallant††, suitor††, admirer († *ou hum*).

galanterie [galɑ̃tʀi] *nf* (*courtoisie*) gallantry, chivalry; (*propos*) gallant remark; (*intrigue*) love affair.

galantine [galɑ̃tin] *nf* galantine.

Galapagos [galapagɔs] *nfpl*: **les (îles) ~** the Galapagos (Islands).

galapiat† [galapja] *nm* (*polisson*) rapscallion†, scamp.

Galatée [galate] *nf* Galatea.

Galates [galat] *nmpl* (*Bible*) Galatians.

galaxie [galaksi] *nf* galaxy.

galbe [galb(ə)] *nm [meuble, visage, cuisse]* curve. **des cuisses d'un ~ parfait** shapely thighs.

galbé, e [galbe] (*ptp de* **galber**) *adj* with curved outlines. **bien ~ corps** curvaceous, shapely; *objet* beautifully shaped.

galber [galbe] (1) *vt* to shape (*into curves*), curve.

gale [gal] *nf* **(a)** (*Méd*) scabies, itch; (*Vét*) *[chien, chat]* mange; *[mouton]* scab; (*Bot*) scab. (*hum*) **tu peux boire dans mon verre, je n'ai pas la ~!‡** you can drink out of my glass — you won't catch anything from me!* *ou* I'm not infectious!

  (b) (*fig: personne*) nasty character, nasty piece of work* (*Brit*). **il est mauvais** *ou* **méchant comme la ~** he's a really nasty piece of work*.

galée [gale] *nf* (*Typ*) galley.

galéjade [galeʒad] *nf* (*dial*) tall story.

galéjer [galeʒe] (6) *vi* (*dial*) to spin a yarn. **oh, tu galèjes!** that's a tall story!

galène [galɛn] *nf* galena, galenite.

galère [galɛʀ] *nf* **(a)** (*Hist: bateau*) galley. **on l'a envoyé aux ~s** they sent him to the galleys.

  (b) (*loc*) **qu'est-il allé faire dans cette ~?** why did he have to get involved in this business?; **dans quelle ~ me suis-je embarqué!** whatever have I let myself in for?

galerie [galʀi] **1** *nf* **(a)** (*couloir*) (*gén*) gallery; *[mine]* gallery, level; *[fourmilière]* gallery; *[taupinière]* tunnel.

  (b) (*Art*) (*magasin*) gallery; (*salle de musée*) room, gallery; (*rare: collection*) collection.

  (c) (*Théât: balcon*) circle. **premières/deuxièmes ~s** dress/upper circle; **les troisièmes ~s** the gods* (*Brit*), the gallery.

  (d) (*public, spectateurs*) gallery, audience. **faire le pitre pour amuser la ~** to act the fool to amuse the audience; **il a dit cela pour la ~** he said that for appearances' sake.

  (e) (*Aut*) roof rack; (*Archit: balustrade*) gallery.

  2: **galerie d'art** art gallery; **galerie marchande** shopping arcade; **galerie de peinture** *ou* **de tableaux** picture gallery; (*Littérat*) **galerie de portraits** collection of pen portraits.

galérien [galeʀjɛ̃] *nm* (*Hist*) galley slave. (*fig*) **travailler comme un ~** to work like a (galley) slave.

galet [galɛ] *nm* **(a)** (*pierre*) pebble. **~s** shingle. **(b)** (*Tech*) wheel, roller.

galetas [galta] *nm* (*mansarde*) garret; (*taudis*) hovel.

galette [galɛt] *nf* **(a)** (*Culin*) (*gâteau*) round, flat cake made of puff pastry; (*crêpe*) pancake; (*Naut*) ship's biscuit. **~ des Rois** cake eaten in France on Twelfth Night; *V* **plat**. **(b)** (*: *argent*) dough‡, lolly‡ (*Brit*), bread‡. **il a de la ~** he's loaded‡.

galeux, -euse [galø, øz] **1** *adj* **(a)** *personne* affected with scabies, scabious (*T*); *chien* mangy; *mouton* scabby; *plante, arbre* scabby; *plaie* caused by scabies *ou* the itch; *éruption* scabious. **il m'a traité comme un chien ~** he treated me like dirt *ou* as if I was the scum of the earth; *V* **brebis**.

  (b) (*fig: sordide*) *murs* peeling, flaking; *pièce, quartier* squalid, dingy, seedy.

  2 *nm, f* (*personne méprisable*) scabby *ou* scruffy individual. **pour lui je suis un ~, il ne veut pas me fréquenter** as far as he's concerned I'm the lowest of the low *ou* the scum of the earth and he wants nothing to do with me.

galhauban [galobã] *nm* (*Naut*) back-stay.

Galice [galis] *nf* Galicia (*in Spain*).

Galicie [galisi] *nf* Galicia (*in central Europe*).

Galien [galjɛ̃] *nm* Galen.

Galilée¹ [galile] *nm* Galileo.

Galilée² [galile] *nf* Galilee. **la mer de ~** the Sea of Galilee.

galiléen, -enne [galileɛ̃, ɛn] (*Géog*) **1** *adj* Galilean. **2** *nm, f*: **G~(ne)** Galilean.

galimatias [galimatja] *nm* (*propos*) gibberish (*U*); (*écrit*) tedious nonsense (*U*), twaddle (*Brit*) (*U*).

galion [galjɔ̃] *nm* galleon.

galipette* [galipɛt] *nf* somersault. **faire des ~s** to somersault, do somersaults.

galle [gal] *nf* gall. **~ du chêne, noix de ~** oak apple, oak gall.

Galles [gal] *nfpl V* **pays, prince**.

gallican, e [galikã, an] *adj, nm, f* Gallican.

gallicanisme [galikanism(ə)] *nm* Gallicanism.

gallicisme [galisism(ə)] *nm* (*idiotisme*) French idiom; (*dans une langue étrangère: calque*) gallicism.

gallinacé, e [galinase] **1** *adj* gallinaceous. **2** *nm* gallinacean.

gallique [galik] *adj* gallic.

gallium [galjɔm] *nm* gallium.

gallo- [galo] *préf* Gallo-.

gallois, e [galwa, waz] **1** *adj* Welsh. **2** *nm* **(a)** **G~** Welshman; **les G~** the Welsh. **(b)** (*Ling*) Welsh. **3 Galloise** *nf* Welshwoman.

gallon [galɔ̃] *nm* gallon. (*Can*) **gallon canadien** *ou* **impérial** Imperial gallon (*4.545 litres*); **gallon américain** US gallon (*3.785 litres*).

gallo-romain, e [galoʀɔmɛ̃, ɛn] **1** *adj* Gallo-Roman. **2** *nm, f*: **Gallo-Romain(e)** Gallo-Roman.

gallup [galœp] *nm*: (*sondage*) **~ Gallup Poll.

galoche [galɔʃ] *nf* (*sabot*) clog; (*chaussure*) wooden-soled shoe; *V* **menton**.

galon [galɔ̃] *nm* **(a)** (*Couture*) braid (*U*), piece of braid; (*Mil*) stripe. (*fig Mil*) **il a gagné ses ~s au combat** he got his stripes in battle; (*fig Mil*) **prendre du ~** to get promotion (*Brit*), get a promotion (*US*). **(b)** (*Can*) measuring tape, tape measure.

galonné, e [galone] (*ptp de* **galonner**) *adj* (*Mil*) *manche, uniforme* with stripes on. **un ~*** a brass hat*.

galonner [galone] (1) *vt* (*Couture*) to trim with braid.

galop [galo] *nm* (*gén*) gallop; **~ (full) gallop**; **~ d'essai** (*lit*) trial gallop; (*fig*) trial run; **nous avons fait un ~ de quelques minutes** we galloped for a few minutes; **cheval au ~** galloping horse; **prendre le ~, se mettre au ~** to break into a gallop; **mettre son cheval au ~** to put one's horse into a gallop;

partir au ~ *[cheval]* to set off at a gallop; *[personne]* to take off like a shot, rush off *ou* away; **nous avons dîné au ~** we ate our dinner in a great rush; **va chercher tes affaires au ~!** go and get your things, at *(Brit)* ou on *(US)* the double! *ou* and look smart (about it)!; *(Mil)* **au ~! chargez! charge!**
   (b) *(danse)* gallopade.
galopade [galɔpad] *nf (Équitation)* hand gallop; *(fig: course précipitée)* stampede. *(fig)* ~ **effrénée** mad rush.
galopant, e [galɔpɑ̃, ɑ̃t] *adj (qui progresse rapidement) inflation* galloping, runaway; *V* **phtisie**.
galoper [galɔpe] (1) *vi [cheval]* to gallop; *[imagination]* to run wild, run riot; *[enfant]* to run. **les enfants galopent dans les couloirs** the children charge *ou* hare* *(Brit)* along the corridors; **j'ai galopé toute la journée!** * I've been haring* *(Brit)* ou rushing around all day!
galopin* [galɔpɛ̃] *nm* (*polisson*) urchin, ragamuffin. **espèce de petit ~!** you little rascal! *ou* ragamuffin!
galure‡ [galyʀ] *nm*, **galurin‡** [galyʀɛ̃] *nm (chapeau)* hat, headgear* (*U*).
galvanique [galvanik] *adj* galvanic.
galvanisation [galvanizasjɔ̃] *nf* galvanization.
galvaniser [galvanize] (1) *vt (lit, Tech)* to galvanize; *(fig: stimuler)* to galvanize (into action).
galvanisme [galvanism(ə)] *nm (Méd)* galvanism.
galvanomètre [galvanɔmɛtʀ(ə)] *nm* galvanometer.
galvanoplastie [galvanɔplasti] *nf (reproduction)* electrotyping, galvanoplasty; *(dépôt)* electroplating.
galvanoplastique [galvanɔplastik] *adj* galvanoplastic.
galvanotype [galvanɔtip] *nm* electrotype.
galvanotypie [galvanɔtipi] *nf* electrotyping.
galvaudage [galvodaʒ] *nm* **(a)** *[nom, réputation]* tarnishing, bringing into disrepute, sullying; *[talent]* prostituting, debasing.
   (b) *(vagabondage)* loafing about, idling around.
galvaudé, e [galvode] *(ptp de galvauder) adj expression* trite, hackneyed.
galvauder [galvode] (1) **1** *vt réputation, nom* to tarnish, sully, bring into disrepute; *talent* to prostitute, debase; *expression* to make trite *ou* hackneyed.
   2 *vi* (†: *vagabonder*) to loaf about, idle around.
   3 se galvauder *vpr (s'avilir)* to demean o.s., lower o.s., compromise o.s.
galvaudeux, -euse† [galvodø, øz] *nm, f (vagabond)* tramp; *(bon à rien)* good-for-nothing.
gambade [gɑ̃bad] *nf* leap, caper. **faire des ~s** *[personne, enfant]* to leap (about), caper (about), prance about; *[animal]* to gambol, leap (about), frisk about.
gambader [gɑ̃bade] (1) *vi [animal]* to gambol, leap (about), frisk about; *[personne, enfant]* to leap (about), caper (about), prance about; *[esprit]* to flit *ou* jump (from one idea to another). ~ **de joie** to jump for joy.
gambas [gɑ̃bas] *nfpl* Mediterranean prawns, gambas.
gambe [gɑ̃b] *nf V* **viole**.
gamberger‡ [gɑ̃bɛʀʒe] (3) *vi* to think.
gambette* [gɑ̃bɛt] *nf* leg.
Gambie [gɑ̃bi] *nf*: **la ~** *(pays)* The Gambia; *(fleuve)* the Gambia.
gambien, -ienne [gɑ̃bjɛ̃, jɛn] **1** *adj* Gambian. **2** *nm, f*: **G~(ne)** Gambian.
gambiller‡† [gɑ̃bije] (1) *vi* to dance, jig*.
gambit [gɑ̃bi] *nm (Echecs)* gambit.
gamelle [gamɛl] *nf [soldat]* mess tin *(Brit)*, kit *(US)*; *[ouvrier]* billy-can, billy. *(lit, fig)* **ramasser** *ou* **prendre une ~*** to come a cropper* *(Brit)*, fall flat on one's face.
gamète [gamɛt] *nm* gamete.
gamin, e [gamɛ̃, in] **1** *adj (espiègle)* mischievous, playful; *(puéril)* childish. **2** *nm, f* (*: enfant*) kid*. **quand j'étais ~** when I was a kid*; ~ **des rues/de Paris** street/Paris urchin.
gaminerie [gaminʀi] *nf (espièglerie)* playfulness (*U*); *(puérilité)* childishness (*U*). **faire des ~s** to play (mischievous) pranks, be childish.
gamma [gama] *nm* gamma; *V* **rayon**.
gamme [gam] *nf* **(a)** *(Mus)* scale. **faire des ~s** to practise scales; ~ **ascendante/descendante** rising/falling scale. **(b)** *(série) [couleurs, articles]* range; *[sentiments]* gamut, range. **toute la ~*** the whole lot; ~ **de produits** range of products; **haut/bas de** ~ up-/down-market; **une voiture/maison haut/bas de** ~ a car/house at the top/lower end of the range, an up-/down-market car/house.
gammée [game] *adj f V* **croix**.
ganache [ganaʃ] *nf* **(a)** (*†: imbécile*) (*vieille*) ~ (old) fool, (old) duffer*. **(b)** *[cheval]* lower jaw.
Gand [gɑ̃] *n* Ghent.
Gandhiste [gãdist(ə)] *adj* of Gandhi, typical of Gandhi.
gandin [gɑ̃dɛ̃] *nm (péj)* dandy.
gang [gɑ̃g] *nm* gang (*of crooks*).
Gange [gɑ̃ʒ] *nm*: **le ~** the Ganges.
gangétique [gɑ̃ʒetik] *adj* gangetic.
ganglion [gɑ̃glijɔ̃] *nm* ganglion.
ganglionnaire [gɑ̃glijɔnɛʀ] *adj* ganglionic.
gangrène [gɑ̃gʀɛn] *nf (Méd)* gangrene; *(fig)* corruption, canker *(fig)*.
gangrener [gɑ̃gʀəne] (5) *vt* **(a)** *(Méd)* to gangrene. **blessure qui se gangrène** wound which is going gangrenous; **membre gangrené** gangrenous limb. **(b)** *(fig)* to corrupt. **société gangrenée** society in decay.
gangreneux, -euse [gɑ̃gʀənø, øz] *adj* gangrenous.
gangster [gɑ̃gstɛʀ] *nm* gangster, mobster *(US)*; *(fig)* shark, swindler, crook.

gangstérisme [gɑ̃gstɛʀism(ə)] *nm* gangsterism.
gangue [gɑ̃g] *nf [minerai, pierre]* gangue. ~ **de boue** coating *ou* layer of mud; *(fig: carcan)* strait jacket *(fig)*.
ganse [gɑ̃s] *nf (Habillement)* braid (*U*).
ganser [gɑ̃se] (1) *vt* to braid.
gant [gɑ̃] **1** *nm* **(a)** glove. ~**s de caoutchouc/de boxe** rubber/boxing gloves.
   (b) *(loc)* **remettre les ~s*** to take up boxing again; **cette robe lui va comme un ~** this dress fits her like a glove; **ton idée me va comme un ~** your idea suits me down to the ground; **il ne s'agit pas de prendre** *ou* **mettre des ~** there's no point using kid-glove methods *ou* trying to be as gentle as possible; **je ne vais pas prendre des ~s avec lui** I'm not going to pull my punches with him; **tu ferais mieux de prendre des ~s avec lui** you'd better handle him with kid gloves; **il va falloir prendre des ~s pour lui annoncer la nouvelle** we'll have to break the news to him gently; *(lit, fig)* **jeter/relever le** ~ to throw down/take up the gauntlet; *V* **main**, retourner *etc*.
   2: gant de crin massage glove; **gant de cuisine** oven glove; **gant de jardinage** gardening glove; **gant de toilette** (face) flannel *(Brit)*, wash glove, face cloth.
gantelet [gɑ̃tlɛ] *nm (Mil, Sport)* gauntlet; *(Tech)* hand leather.
ganter [gɑ̃te] (1) **1** *vt main, personne* to fit with gloves, put gloves on. **tu es bien ganté** these gloves look nice on you *ou* suit your hand well; **ganté de cuir** wearing *ou* with leather gloves; **main gantée de cuir** leather-gloved hand.
   2 *vi*: ~ **du 7** to take (a) size 7 in gloves.
   3 se ganter *vpr* to put on one's gloves.
ganterie [gɑ̃tʀi] *nf (usine)* glove factory; *(magasin)* glove shop; *(commerce)* glove trade; *(industrie)* glove-making industry.
gantier, -ière [gɑ̃tje, jɛʀ] *nm, f* glover.
garage [gaʀaʒ] *nm (Aut)* garage. **as-tu mis la voiture au ~?** have you put the car in the garage? *ou* away?
   2: garage d'autobus bus depot *ou* garage; **garage d'avions** hangar; **garage de** *ou* **à bicyclettes** bicycle shed; **garage de canots** boathouse; *V* **voie**.
garagiste [gaʀaʒist(ə)] *nm (propriétaire)* garage owner; *(mécanicien)* garage mechanic. **le ~ m'a dit que ...** the man at the garage *ou* the mechanic told me that ... .
garance [gaʀɑ̃s] **1** *nf (Bot: teinture)* madder. **2** *adj inv* madder (-coloured).
garant, e [gaʀɑ̃, ɑ̃t] *nm, f (gén, personne, état)* guarantor (de for); *(chose: garantie)* guarantee (de of). **servir de** ~ **à qn** *[personne]* to stand surety for sb, act as guarantor for sb; *[honneur, parole]* to be sb's guarantee; **être** *ou* **se porter** ~ **de qch** *(Jur)* to be answerable *ou* responsible for sth; *(gén: assurer)* to vouch for sth, guarantee sth; **ils vont échouer, ça je m'en porte** ~ they'll come to grief — I can absolutely guarantee it.
garanti, e¹ [gaʀɑ̃ti] *(ptp de garantir) adj (Comm)* guaranteed. ~ **étanche/3 ans** guaranteed waterproof/for 3 years; ~ **à l'usage** guaranteed for normal use; ~ **pure laine** warranted *ou* guaranteed pure wool; **c'est** ~ **pour cinq ans** it carries a five-year guarantee, it is guaranteed for five years; *(fig)* ~ **sur facture*** sure as anything, sure as heck*; **il va refuser, c'est ~*** he'll refuse — it's a cert* *(Brit)* ou it's for sure, you can bet your life he'll refuse*.
garantie² [gaʀɑ̃ti] **1** *nf* **(a)** *(Comm)* guarantee. **sous** ~ under guarantee; *V* **bon²**.
   (b) *(assurance)* guarantee, guaranty (*T*); *(gage)* security, surety; *(fig: protection)* safeguard. **ils nous ont donné leur** ~ **que ...** they gave us their guarantee that ...; **si on a la** ~ **qu'ils se conduiront bien ...** if we have a firm undertaking *(Brit)* ou a guarantee that they'll behave ...; **servir de** ~ *[bijoux]* to act as a surety *ou* security *ou* guarantee; *[otages]* to be used as a security; *[honneur]* to be a guarantee; **donner des ~s** to give guarantees; **il faut prendre des ~s** we have to find sureties; **cette entreprise présente toutes les ~s de sérieux** there is every indication that this firm is a reliable concern; **c'est une** ~ **de succès** it's a guarantee of success; **c'est une** ~ **contre le chômage/l'inflation** it's a safeguard against unemployment/inflation.
   (c) *(caution)* **donner sa** ~ **à** to guarantee, stand security *ou* surety for, be guarantor for.
   (d) *[police d'assurance]* cover (*U*).
   (e) *(loc)* **sans** ~: **je vous dis ça, mais c'est sans** ~ I can't vouch for what I'm telling you, I can't guarantee that what I'm telling you is right; **j'essaierai de le faire pour jeudi mais sans** ~ I'll try and get it done for Thursday but I can't guarantee it *ou* I'm not making any promises; **ils ont bien voulu essayer de le faire, sans** ~ **de succès** they were quite willing to try and do it, but they couldn't guarantee success.
   2: garantie constitutionnelle constitutional guarantee; **garantie d'exécution** performance bond; **garantie d'intérêt** guaranteed interest; **garantie de paiement** guarantee of payment; **garanties parlementaires** guarantee in law.
garantir [gaʀɑ̃tiʀ] (2) *vt* **(a)** *(gén: assurer)* to guarantee; *emprunt* to guarantee, secure. ~ **que** to assure *ou* guarantee that; **je te garantis que ça ne se passera pas comme ça!*** I can assure you *ou* believe you me* things won't turn out like that!; **le poulet sera tendre, le boucher me l'a garanti** the chicken will be tender — the butcher assured me it would be; **je te garantis le fait** I can vouch for the fact; **il m'a garanti le succès** he guaranteed me success, he assured me I would be successful; *V* **garanti**.
   (b) *(protéger)* ~ **qch de** to protect sth from; **se** ~ **les yeux (du soleil)** to protect one's eyes (from the sun).
garce‡ [gaʀs] *nf (péj) (méchante)* bitch‡; *(dévergondée)* tart‡ *(Brit)*, slut. **c'est une** ~ **de vie‡†** what a bloody *(Brit)* ou damned awful life‡.

garçon [gaʀsɔ̃] **1** *nm* (a) (*enfant, fils*) boy. **tu es un grand ~ maintenant** you're a big boy now; **traiter qn comme un petit ~** to treat sb like a child *ou* a little boy; **à côté d'eux, on est des petits ~s** compared with them we're only beginners; **cette fille est un ~ manqué** *ou* **un vrai ~** this girl is a real tomboy.

(b) (*jeune homme*) young man. (*hum*) **eh bien mon ~ ...** well my boy ...; **c'est un brave ~** he's a good sort *ou* a nice fellow; **ce ~ ira loin** that young man will go far; *V* **mauvais**.

(c) (*commis*) (shop) assistant. **~ boulanger/boucher** baker's/butcher's assistant; (*jeune homme*) baker's/butcher's boy; **~ coiffeur** hairdresser's assistant *ou* junior.

(d) (*serveur*) waiter.

(e) (*célibataire*) bachelor. **être/rester ~** to be/remain single *ou* a bachelor; **vivre en ~** to lead a bachelor's life; *V* **enterrer, vie, vieux**.

2: garçon d'ascenseur lift (*Brit*) *ou* elevator (*US*) attendant; (*jeune homme*) lift (*Brit*) *ou* elevator (*US*) boy; **garçon de bureau** office assistant; (*jeune homme*) office boy; **garçon de cabine** cabin boy; **garçon de café** waiter; **garçon de courses** messenger; (*jeune homme*) errand boy; **garçon d'écurie** stable lad (*Brit*) *ou* boy; **garçon d'étage** boots (*sg*) (*Brit*), bellhop (*US*); **garçon de ferme** farm hand; **garçon d'honneur** best man; **garçon de laboratoire** laboratory assistant; **garçon livreur** delivery man; (*jeune homme*) delivery boy; **garçon de recettes** bank messenger; **garçon de salle** waiter.

garçonne [gaʀsɔn] *nf*: **à la ~** *coiffure* urchin cut; **être coiffée à la ~** to have an urchin cut.

garçonnet [gaʀsɔnɛ] *nm* small boy. **taille/rayon ~** boy's size/boys' department.

garçonnière [gaʀsɔnjɛʀ] *nf* bachelor flat (*Brit*) *ou* apartment (*US*).

garde¹ [gaʀd(ə)] **1** *nf* (a) (*surveillance*) **on lui avait confié la ~ des bagages/prisonniers** he had been put in charge of the luggage/the prisoners, he had been given the job of looking after *ou* of guarding the luggage/the prisoners; **il s'est chargé de la ~ des bagages/prisonniers** he undertook to look after *ou* to guard *ou* to keep an eye on the luggage/the prisoners; **la ~ des frontières est assurée par ...** the task *ou* job of guarding the frontiers is carried out by ...; **confier qch/qn à la ~ de qn** to entrust sth/sb to sb's care, leave sth/sb in sb's care; **prendre en ~** *enfant, animal* to take into one's care, look after; **il nous ont laissé leur enfant en ~** they left their child in our care; **Dieu vous ait en sa (sainte) ~** (may) God be with you; **être sous la ~ de la police** to be under police guard; **être/mettre qn sous bonne ~** to be/put sb under guard.

(b) (*Jur: après divorce*) custody. **l'enfant a été laissé à la ~ de la mère** the child was left in the custody of the mother; **c'est elle qui a eu la ~ des enfants** she had *ou* got *ou* was given (the) custody of the children; **~ alternée/conjointe** alternating/joint custody.

(c) (*veille*) [*soldat*] guard duty; [*infirmière etc*] ward duty. **cette ~ a duré 2 heures** he (*ou* we *etc*) stood *ou* was (*ou* were) on watch for 2 hours; **(être) de ~** [*infirmière, sentinelle*] (to be) on duty; [*médecin*] to be on call *ou* on duty; **pharmacie de ~** chemist (*Brit*) *ou* pharmacist (*US*) on (weekend or night) duty; **quel est le médecin de ~?** who is the doctor on duty?; *V* **chien, monter¹, poste²**.

(d) (*groupe, escorte*) guard. (*Mil*) **~ descendante/montante** old/relief guard; *V* **arrière, avant, corps, relever** *etc*.

(e) (*personne*) [*salle d'hôpital*] nurse. **~ de jour/de nuit** day/night nurse.

(f) (*position, Boxe, Escrime*) guard. (*Escrime*) **~s** positions; **en ~!** on guard!; **se mettre en ~** to take one's guard; **avoir/tenir la ~ haute** to have/keep one's guard up; **fermer/ouvrir sa ~** to close/open one's guard.

(g) [*épée*] [*soldat*] hilt. (*lit*) **jusqu'à la ~** (up) to the hilt; (*fig*) **il s'est enferré jusqu'à la ~** he was in it up to his neck*.

(h) (*Typ*) (page de) **~** flyleaf.

(i) (*Tech*) [*serrure*] **~s** wards.

(j) (*Aut*) **~ au toit** headroom; **laisser une ~ suffisante à la pédale** to allow enough play on the pedal; **~ d'embrayage** clutch linkage play, clutch pedal play.

(k) (*Cartes*) **avoir la ~ à cœur** to have a stop (*Brit*) *ou* covering card (*US*) in hearts.

(l) (*loc*) (*littér*) **n'avoir ~ de faire** to take good care not to do, make sure one doesn't do; **mettre qn en ~** to put sb on his guard, warn sb (*contre* against); **mise en ~** warning; **faire bonne ~** to keep a close watch; **prendre ~ de ne pas faire, prendre ~ à ne pas faire†** to be careful *ou* take care not to do; **prenez ~ de (ne pas) tomber** mind you don't fall (*Brit*), be careful *ou* take care you don't fall *ou* not to fall; **prenez ~ qu'il ne prenne pas froid** mind *ou* watch *ou* be careful he doesn't catch cold; **prends ~!** (*exhortation*) watch out!; (*menace*) watch it!*; **prends ~ à toi** watch yourself*, take care; **prends ~ aux voitures** be careful of the cars, watch out for *ou* mind the cars; **sans prendre ~ au danger** without considering *ou* heeding the danger; **sans y prendre ~** without realizing it; **être/se mettre/se tenir sur ses ~s** to be/put o.s./stay on one's guard; (*Mil*) **~-à-vous** *nm inv* (*action*) standing to attention (*U*); (*cri*) order to stand to attention; **~-à-vous (fixe)!** attention!; **ils exécutèrent des ~-à-vous impeccables** they stood to attention faultlessly; **rester/se mettre au ~-à-vous** to stand at/stand to attention.

2: garde d'enfants (*personne*) child minder; (*activité*) child minding; **garde d'honneur** guard of honour; **garde impériale** imperial guard; **garde judiciaire** legal surveillance (*of impounded property*); (*Jur*) **garde juridique** legal liability; **garde mobile** anti-riot police; **garde municipale** *municipal guard*; **garde pontificale** papal guard; **garde républicaine** republican guard; (*Jur*) **garde à vue** ≃ police custody; **être mis** *ou* **placé en garde à vue** ≃ to be kept in police custody, be held for questioning.

garde² [gaʀd(ə)] **1** *nm* (a) [*prisonnier*] guard; [*domaine, propriété, château*] warden; [*jardin public*] keeper.

(b) (*Mil: soldat*) guardsman; (*Hist*) guard, guardsman; (*sentinelle*) guard.

2: garde champêtre rural policeman; **garde du corps** bodyguard; **garde forestier** forest warden (*Brit*), (park) ranger (*US*), forester; **garde impérial** imperial guard *ou* guardsman; **garde maritime** coastguard; **garde mobile** member of the anti-riot police; **garde municipal** *municipal guard ou guardsman*; **garde pontifical** papal guard *ou* guardsman; **garde républicain** republican guard *ou* guardsman, member of the Republican Guard; **garde rouge** Red Guard; **garde des Sceaux** French Minister of Justice, ≃ Lord Chancellor (*Brit*), ≃ Attorney General (*US*); (*Hist*) ≃ Keeper of the Seals; *V aussi* **garder**.

Garde [gaʀd(ə)] *n*: **le lac de ~** Lake Garda.

garde- [gaʀd(ə)] *préf V* **garder**.

gardé, e [gaʀde] (*ptp de* **garder**) *adj*: **passage à niveau ~/non ~** manned/unmanned level crossing; (*Alpinisme, Ski*) **cabane ~e/non ~e** hut with/without resident warden; *V* **chasse¹**, **proportion**.

gardénal [gaʀdenal] *nm* phenobarbitone (*Brit*), phenobarbital (*US*), Luminal ®.

gardénia [gaʀdenja] *nm* gardenia.

garder [gaʀde] (1) **1** *vt* (a) (*surveiller*) *enfants, magasin* to look after, mind; *bestiaux* to look after, guard; *bagages, trésor, prisonnier* to look after, guard, watch over; (*défendre*) *frontière, passage, porte* to guard. **le chien garde la maison** the dog guards the house; (*Jur*) **~ qn à vue** ≃ to keep sb in custody; **~ des enfants (à domicile)** to baby-sit, child mind; **garde ma valise pendant que j'achète un livre** look after *ou* keep an eye on my suitcase while I buy a book; **on n'a pas gardé les cochons ensemble!*** you've a nerve to take liberties like that!*; **toutes les issues sont gardées** all the exits are guarded, a watch is being kept on all the exits; **une statue gardait l'entrée** a statue stood at the entrance *ou* guarded the entrance.

(b) (*ne pas quitter*) **~ la chambre** to stay in one's room; **~ le lit** to stay in bed; **un rhume lui a fait ~ la chambre** he stayed in his room because of his cold, his cold kept him at home *ou* in his room.

(c) *denrées, marchandises, papiers* to keep. **ces fleurs ne gardent pas leur parfum** these flowers lose their scent; **il ne peut rien ~** he can't keep anything; (*:* *vomir*) he can't keep anything down.

(d) (*conserver sur soi*) *vêtement* to keep on. **gardez donc votre chapeau** do keep your hat on.

(e) (*retenir*) *personne, employé, clients* to keep; [*police*] to detain. **~ qn à déjeuner** to have sb stay for lunch; **~ un élève en retenue** to keep a pupil in, keep a pupil in detention; **il m'a gardé une heure au téléphone** he kept me on the phone for an hour.

(f) (*mettre de côté*) to keep, put aside *ou* to one side; (*réserver*) *place* (*pendant absence*) to keep (*à, pour* for); (*avant l'arrivée d'une personne*) to save, keep (*à, pour* for). **je lui ai gardé une côtelette pour ce soir** I've kept *ou* saved a chop for him for tonight; **j'ai gardé de la soupe pour demain** I've kept *ou* saved *ou* I've put aside some soup for tomorrow; **~ le meilleur pour la fin** to keep the best till the end; **~ qch pour la bonne bouche** to keep the best till last; **je lui garde un chien de ma chienne*** he's got it coming to him (from me)*; **~ une poire pour la soif** to keep something in hand, keep something for a rainy day; *V* **dent**.

(g) (*maintenir*) to keep. **~ les yeux baissés/la tête haute** to keep one's eyes down/one's head up; **~ un chien enfermé/en laisse** to keep a dog shut in/on a leash.

(h) (*ne pas révéler*) to keep. **~ le secret** to keep the secret; **~ ses pensées pour soi** to keep one's thoughts to oneself; **gardez cela pour vous** keep this to yourself, keep it under your hat*.

(i) (*conserver*) *souplesse, élasticité, fraîcheur* to keep, retain; *jeunesse, droits, facultés* to retain; *habitudes* to keep up. **~ son emploi** to keep one's job; **il a gardé toutes ses facultés** *ou* **toute sa tête** he still has all his faculties, he's still in possession of all his faculties; **~ les apparences** to keep up appearances; **~ son calme** to keep *ou* remain calm; **~ la tête froide** to keep a cool head, keep one's head; **~ un bon souvenir de qch** to have *ou* retain happy memories of sth; **~ sa raison** to keep one's sanity; **~ le silence** to keep silent *ou* silence; **~ l'anonymat** to remain anonymous; **~ la ligne** to keep one's figure; **~ rancune à qn** to bear sb a grudge; **j'ai eu du mal à ~ mon sérieux** I had a job keeping *ou* to keep a straight face; **toutes proportions gardées** relatively speaking; **~ les idées claires** to keep a clear head.

(j) (*protéger*) **~ qn de l'erreur/de ses amis** to save sb from error/from his friends; **ça vous gardera du froid** it'll protect you from the cold; **Dieu** *ou* **le Ciel vous garde** God be with you; **la châsse qui garde ces reliques** the shrine which houses these relics.

2 se garder *vpr* (a) [*denrées*] to keep. **ça se garde bien** it keeps well.

(b) **se ~ de qch** (*se défier de*) to beware of *ou* be wary of sth; (*se protéger de*) to protect o.s. from sth, guard against sth; **gardez-vous de décisions trop promptes/de vos amis** beware *ou* be wary of hasty decisions/of your own friends; **se ~ de faire qch** to be careful not to do sth; **elle s'est bien gardée de le prévenir** she was very careful not to warn him, she carefully avoided warning him; **vous allez lui parler? — je m'en garderai bien!** are you going to speak to him? — that's one thing I won't do! *ou* that's the last thing I'd do!

3: garde-barrière *nmf*, *pl* **gardes-barrière(s)** level-crossing keeper; **garde-boue** *nm inv* mudguard; **garde-chasse** *nm*, *pl* **gardes-chasse(s)** gamekeeper; **garde-chiourme** *nm*, *pl* **garde(s)-chiourme(s)** (*Hist*) warder (*of galley slaves*); (*fig*) martinet; **garde-corps** *nm inv* (*Naut*) lifeline, manrope; **garde-côte** *nm*, *pl*

garde-côte(s) (*Mil*) coastguard ship; (*garde-pêche*) fisheries protection ship; **garde-feu** *nm inv* fireguard; **garde-fou** *nm, pl* **garde-fous** (*en fer*) railing; (*en pierre*) parapet; **garde-frein** *nm, pl* **gardes-frein(s)** guard, brakeman; (*Mil*) **garde-magasin** *nm, pl* **gardes-magasin(s)** ≃ quartermaster; **garde-malade** *nmf, pl* **gardes-malades** home nurse; **garde-manger** *nm inv* (*armoire*) meat safe (*Brit*), cooler (*US*); (*pièce*) pantry, larder; **garde-meuble** *nm, pl* **garde-meubles** furniture depository (*Brit*), storehouse; **mettre une armoire au garde-meuble(s)** to put a wardrobe in store (*Brit*) *ou* in storage; **garde-nappe** *nm, pl* **garde-nappe(s)** tablemat; **garde-pêche** *nm inv* (*personne*) water bailiff (*Brit*), fish (and game) warden (*US*); (*frégate*) fisheries protection ship; **une vedette garde-pêche** a fisheries protection launch; **garde-place** *nm, pl* **garde-place(s)** holder *ou* slot (for reservation ticket) (*in a railway compartment*); **garde-port** *nm, pl* **gardes-port(s)** wharf *ou* harbour master; **garde-robe** *nf, pl* **garde-robes** (*habits*) wardrobe; (*Rail*) **garde-voie** *nm, pl* **gardes-voie(s)** line guard; *V aussi* **garde¹, garde²**.

garderie [gaʀdəʀi] *nf*: ~ (**d'enfants**) (*jeunes enfants*) day nursery (*Brit*), day-care center (*US*); (*Scol*) ≃ after-school club (*Brit*), ≃ after-school center (*US*) (*child-minding service in a school, factory etc operating outside school hours while parents are working*).

gardeur [gaʀdœʀ] *nm*: ~ **de troupeaux** herdsman; ~ **de vaches** cowherd; ~ **de chèvres** goatherd; ~ **de cochons** pig-keeper, swineherd†; ~ **d'oies** gooseherd; ~ **de dindons** turkey-keeper.

gardeuse [gaʀdøz] *nf* (*V* **gardeur**) herdswoman; cowherd†; pig-keeper, swineherd †; goose girl; turkey-keeper.

gardian [gaʀdjɑ̃] *nm* herdsman (*in the Camargue*).

gardien, -ienne [gaʀdjɛ̃, jɛn] **1** *nm, f* [*prisonnier*] guard; [*propriété, château*] warden (*Brit*), keeper (*US*); [*usine, locaux*] guard; [*musée, hôtel*] attendant; [*cimetière*] caretaker, keeper; [*jardin public, phare, zoo*] keeper; [*réserve naturelle*] warden; (*fig: défenseur*) guardian, protector. **le ~ du troupeau** the herdsman; (*fig*) **la constitution, ~ne des libertés** the constitution, protector *ou* guardian of freedom; **les ~s de l'ordre public** the keepers of public order; *V* **ange**.

2: gardien de but (goal)keeper; **gardienne** (**d'enfants**) child minder; **gardien d'immeuble** caretaker (*of a block of flats*) (*Brit*), (apartment house) manager (*US*); **gardien de musée** museum attendant; **gardien de nuit** night watchman; **gardien de la paix** policeman, (police) constable, patrolman (*US*); **gardien de phare** lighthouse keeper; **gardien** (**de prison**) prison warder *ou* officer *ou* guard (*US*); **gardienne** (**de prison**) prison wardress *ou* officer *ou* guard (*US*).

gardiennage [gaʀdjɛnaʒ] *nm* [*immeuble*] caretaking; [*locaux*] guarding; [*port*] security.

gardon [gaʀdɔ̃] *nm* roach; *V* **frais¹**.

gare¹ [gaʀ] **1** *nf* (*Rail*) station. ~ **d'arrivée/de départ** station of arrival/departure; ~ **de marchandises/de voyageurs** goods/passenger station; **le train entre/est en** ~ the train is coming in/is in; **l'express de Dijon entre en** ~ **sur voie 6** the train now approaching platform 6 is the express from Dijon, the express from Dijon is now approaching platform 6; *V* **chef¹**.

2: gare maritime harbour station; **gare routière** (*camions*) haulage depot; (*autocars*) coach (*Brit*) *ou* bus (*US*) station; **gare de triage** marshalling yard.

gare²* [gaʀ] *excl* (*attention*) ~ **à toi!**, ~ **à tes fesses!‡** (just) watch it*!; ~ **à toi** *ou* **à tes fesses si tu recommences!** you'll be for it (*Brit*) *ou* in for it if you start that again*!; ~ **au premier qui bouge!** whoever makes the first move will be in trouble!, the first one to move will be for it!* (*Brit*); **et fais ce que je dis, sinon** ~! and do what I say, or else!*; ~ **à ne pas recommencer** just make sure you don't do it again!; **la porte est basse,** ~ **à ta tête** it's a low door so mind (*Brit*) *ou* careful you don't bang your head; ~ **aux conséquences/à ce type** beware of the consequences/this fellow; *V* **crier**.

garenne [gaʀɛn] *nf* rabbit warren; *V* **lapin**.

garer [gaʀe] (1) **1** *vt véhicule* to park; *train* to put into a siding; *embarcation* to dock; *récolte* to ~ (put into) store. (*fig*) ~ **son argent** *ou* **sa fortune** to put one's money *ou* fortune in a safe place; **d'habitude, je gare devant la porte** I usually park at the door.

2 se garer *vpr* (a) [*automobiliste*] to park.

(b) (*se ranger de côté*) [*véhicule, automobiliste*] to draw into the side, pull over; [*piéton*] to move aside, get out of the way.

(c) (*: éviter*) **se** ~ **de qch/qn** to avoid sth/sb, steer clear of sth/sb.

Gargantua [gaʀgɑ̃tɥa] *nm* Gargantua. **appétit de** ~ **gargantuan** *ou* gigantic appetite; **c'est un** ~ he has a gargantuan *ou* gigantic appetite.

gargantuesque [gaʀgɑ̃tɥɛsk(ə)] *adj* appétit gargantuan.

gargariser (se) [gaʀgaʀize] (1) *vpr* to gargle. (*fig péj*) **se** ~ **de grands mots** to revel in big words.

gargarisme [gaʀgaʀism(ə)] *nm* gargle.

gargote [gaʀgɔt] *nf* (*péj*) cheap restaurant *ou* eating-house.

gargouille [gaʀguj] *nf* (*Archit*) gargoyle; (*Constr*) waterspout.

gargouillement [gaʀgujmɑ̃] *nm* = **gargouillis**.

gargouiller [gaʀguje] (1) *vi* [*eau*] to gurgle; [*intestin*] to rumble.

gargouillis [gaʀguji] *nm* (*gén pl*) [*eau*] gurgling (*U*); [*intestin*] rumbling (*U*). **faire des** ~ [*eau*] to gurgle; [*intestin*] to rumble.

gargoulette [gaʀgulɛt] *nf* earthenware water jug.

garnement [gaʀnəmɑ̃] *nm* (*gamin*) (young) imp; (*adolescent*) tearaway (*Brit*), hellion (*US*).

garni, e [gaʀni] (*ptp de* **garnir**) **1** *adj* (a) (*rempli*) **bien** ~ *réfrigérateur, bibliothèque* well-stocked; *bourse* well-lined; **un portefeuille bien** ~ a wallet full of notes, a well-filled *ou* well-lined wallet; **il a encore une chevelure bien** ~e he has still got a good head of hair.

(b) (*Culin*) *plat, viande* served with vegetables and (*gén*) chips (*Brit*) *ou* French fries (*US*). **cette entrecôte est bien** ~e this steak has a generous helping of chips (*Brit*) *ou* French fries (*US*) with it; *V* **bouquet¹, choucroute**.

(c) (†: *meublé*) *chambre* furnished.

2 *nm* furnished accommodation (*for letting* (*Brit*) *ou* *renting* (*US*)). (†) **il vivait en** ~ he lived in furnished accommodation *ou* rooms.

garnir [gaʀniʀ] (2) **1** *vt* (a) [*personne*] (*protéger, équiper*) ~ **de** to fit out with; ~ **une porte d'acier** to fit *ou* reinforce a door with steel plate; ~ **une canne d'un embout** to put a tip on the end of a walking stick; ~ **une muraille de canons** to range cannons along a wall; ~ **une boîte de tissu** to line a box with material; ~ **un mur de pointes** to arm a wall with spikes, set spikes along a wall; **mur garni de canons/pointes** wall bristling with cannons/spikes.

(b) [*chose*] (*couvrir*) **l'acier qui garnit la porte** the steel plate covering the door; **les canons qui garnissent la muraille** the cannons lining the wall *ou* ranged along the wall; **des pointes garnissent le mur** spikes are set in the wall; **le cuir qui garnit la poignée** the leather covering the handle; **coffret garni de velours** casket lined with velvet, velvet-lined casket.

(c) (*approvisionner*) *boîte, caisse* to fill; *réfrigérateur, bibliothèque* to stock; *chaudière* to stoke; *hameçon* to bait (*de* with). **le cuisinier garnissait les plats de charcuterie** the cook was setting out *ou* putting (slices of) cold meat on the plates; ~ **de livres une bibliothèque** to stock *ou* fill (the shelves of) a library with books; (*Mil*) ~ **les remparts** to garrison the ramparts; **les boîtes, garnies de chocolats, partaient à l'emballage** the boxes filled with chocolates were going to be packed.

(d) (*remplir*) *boîte* to fill; (*recouvrir*) *surface, rayon* to cover, fill. **une foule dense garnissait les trottoirs** a dense crowd covered *ou* packed the pavements; **les chocolats qui garnissaient la boîte** the chocolates which filled the box; **boîte garnie de chocolats** box full of chocolates; **plats garnis de tranches de viande** plates filled with *ou* full of slices of meat.

(e) (*enjoliver*) *vêtement* to trim; *étagère* to decorate; *aliment* to garnish (*de* with). ~ **une jupe d'un volant** to trim a skirt with a frill; ~ **une table de fleurs** to decorate a table with flowers; **les bibelots qui garnissent la cheminée** the trinkets which decorate the mantelpiece; **des plats joliment garnis de charcuterie** plates nicely laid out *ou* decorated with cold meat; **des côtelettes garnies de cresson/de mayonnaise** chops garnished with cress/with mayonnaise.

2 se garnir *vpr* [*salle, pièce*] to fill up (*de* with). **la salle commençait à se** ~ the room was beginning to fill up.

garnison [gaʀnizɔ̃] *nf* (*troupes*) garrison. (**ville de**) ~ garrison town; **vie de** ~ garrison life; **être en** ~ **à, tenir** ~ **à** to be stationed *ou* garrisoned at.

garniture [gaʀnityʀ] **1** *nf* (a) (*décoration*) [*robe, chapeau*] trimming (*U*); [*table*] set of table linen, place mats *etc*; [*coffret*] lining; [*aliment, plat*] garnish. (*Aut*) **la** ~ **intérieure de cette voiture est très soignée** the upholstery in this car *ou* the interior trim in this car is well-finished.

(b) (*Culin*) (*légumes*) garnish (*Brit*), fixings (*US*); (*sauce à vol-au-vent*) filling. **servi avec** ~ served with vegetables, vegetables included; ~ **non comprise** vegetables extra *ou* not included.

(c) (*Typ*) furniture.

(d) (*Tech: protection*) [*chaudière*] lagging (*U*); [*boîte*] covering (*U*). **avec** ~ **de caoutchouc/cuir** with rubber/leather fittings *ou* fitments; ~ **d'embrayage/de frein** clutch/brake lining; **changer les** ~**s de freins** to reline the brakes, change the brake linings.

2: garniture de cheminée mantelpiece ornaments; **garniture de foyer** (set of) fire irons; **garniture de lit** (set of) bed linen; **garniture périodique** sanitary towel (*Brit*) *ou* napkin (*US*); **garniture de toilette** toilet set.

Garonne [gaʀɔn] *nf*: **la** ~ the Garonne.

garou [gaʀu] *nm V* **loup**.

garrigue [gaʀig] *nf* garrigue, scrubland.

garrot [gaʀo] *nm* [*cheval*] withers; (*Méd*) tourniquet; (*supplice*) garrotte.

garrotter [gaʀɔte] (1) *vt* to tie up; (*fig*) to muzzle. ~ **qn sur** to tie *ou* strap sb down to.

gars* [gɑ] *nm* (*enfant, jeune homme*) lad (*Brit*); (*fils*) lad (*Brit*), boy; (*type*) bloke* (*Brit*), guy*. **mon petit** ~ my lad; **dis-moi mon** ~ tell me son *ou* sonny* *ou* laddie*; **au revoir les** ~! cheerio boys!* *ou* fellows!*; **un** ~ **du milieu** a bloke* (*Brit*) *ou* fellow in the underworld.

Gascogne [gaskɔɲ] *nf* Gascony; *V* **golfe**.

gascon, -onne [gaskɔ̃, ɔn] **1** *adj* Gascon. **2** *nm* (*Ling*) Gascon. **3** *nm, f*: **G~(ne)** Gascon; *V* **promesse**.

gasconnade [gaskɔnad] *nf* (*littér: vantardise*) boasting (*U*), bragging (*U*).

gas-oil [gazɔjl] *nm* diesel oil.

Gaspard [gaspaʀ] *nm* Gaspar.

gaspillage [gaspijaʒ] *nm* (*V* **gaspiller**) wasting; squandering. (*résultat*) **quel** ~! what a waste!

gaspiller [gaspije] (1) *vt eau, nourriture, temps, dons* to waste; *fortune* to waste, squander. **qu'est-ce que tu gaspilles!** how you waste things!, how wasteful you are!

gaspilleur, -euse [gaspijœʀ, øz] **1** *adj* wasteful. **2** *nm, f* [*eau, nourriture, temps, dons*] waster; [*fortune*] squanderer.

gastéropode [gasteʀɔpɔd] *nm* gastropod, gasteropod. ~**s** Gastropoda.

gastralgie [gastʀalʒi] *nf* stomach pains, gastralgia (*T*).

gastralgique [gastʀalʒik] *adj* gastralgic.

gastrique [gastʀik] *adj* gastric; *V* **embarras**.

gastrite [gastʀit] *nf* gastritis.

gastro-entérite, *pl* **gastro-entérites** [gastʀɔɑ̃teʀit] *nf* gastroenteritis (*U*).
gastro-entérologie [gastʀɔɑ̃teʀɔlɔʒi] *nf* gastroenterology.
gastro-entérologue, *pl* **gastro-entérologues** [gastʀɔɑ̃teʀɔlɔg] *nmf* gastroenterologist.
gastro-intestinal, e, *mpl* **-aux** [gastʀɔɛ̃tɛstinal, o] *adj* gastro-intestinal.
gastronome [gastʀɔnɔm] *nmf* gourmet, gastronome.
gastronomie [gastʀɔnɔmi] *nf* gastronomy.
gastronomique [gastʀɔnɔmik] *adj* gastronomic; *V* menu¹.
gastropode [gastʀɔpɔd] *nm* = **gastéropode**.
gâte- [gɑt] *préf V* **gâter**.
gâteau, pl ~x [gɑto] *nm* **(a)** (*pâtisserie*) cake; (*au restaurant*) gateau. ~ **d'anniversaire/aux amandes** birthday/almond cake; ~x **à apéritif** (small) savoury biscuits, appetizers; ~ **de semoule/de riz** semolina/rice pudding; **manger des** ~x **secs** to eat biscuits (*Brit*) *ou* cookies (*US*); *V* **papa, petit**.
  (b) (*fig*★: *butin, héritage*) loot★. **se partager le** ~ to share out the loot★; **vouloir sa part du** ~ to want one's share of the loot★ *ou* a fair share of the cake *ou* a piece of the pie★ (*US*).
  (c) c'est du ~★ it's a piece of cake★ (*Brit*) *ou* a doddle★ (*Brit*), it's a walkover★, it's a snap★ (*US*); **pour lui, c'est du** ~★ it's a piece of cake★ for him (*Brit*), that's pie to him★ (*US*).
  (d) (*de plâtre etc*) cake. (*Agr*) ~ **de miel** *ou* **de cire** honeycomb.
gâter [gɑte] (1) **1** *vt* **(a)** (*abîmer*) *paysage, mur, papier, visage* to ruin, spoil; *plaisir, goût* to ruin, spoil; *esprit, jugement* to have a harmful effect on. **la chaleur a gâté la viande** the heat has made the meat go bad *ou* go off (*Brit*); **avoir les dents gâtées** to have bad teeth; **tu vas te** ~ **les dents avec ces sucreries** you'll ruin your teeth with these sweets; **et, ce qui ne gâte rien, elle est jolie and** she's pretty, which is an added bonus *ou* is even better.
  (b) (*choyer*) *enfant etc* to spoil. **nous avons été gâtés cette année, il a fait très beau** we've been really lucky this year — the weather has been lovely; (*iro*) **il pleut, on est gâté!** just our luck! (*iro*) — it's raining!; **la malheureuse n'est pas gâtée par la nature** nature hasn't been very kind to the poor girl; *V* **enfant**.
  2 se gâter *vpr* [*viande*] to go bad, go off (*Brit*); [*fruit*] to go bad; [*temps*] to change (for the worse), take a turn for the worse; (★) [*ambiance, relations*] to take a turn for the worse. **le temps va se** ~ the weather's going to change for the worse *ou* going to break; **ça commence** *ou* **les choses commencent à se** ~ (*entre eux*) things are beginning to go badly *ou* wrong (between them); **mon père vient de rentrer, ça va se** ~! my father has just come in and there's going to be trouble! *ou* things are going to turn nasty!
  3: gâte-sauce *nm inv* kitchen boy; (*péj*) bad cook.
gâterie [gɑtʀi] *nf* little treat. **je me suis payé une petite** ~ (*objet*) I've treated myself to a little something, I've bought myself a little present; (*sucrerie*) I've bought myself a little treat.
gâteux, -euse★ [gɑtø, øz] **1** *adj* (*sénile*) *vieillard* senile, gaga★, doddering (*épith*). **il l'aime tellement qu'il en est** ~ he's really quite besotted with her, he loves her so much (that) it has made him a bit soft in the head★ (*Brit*).
  2 *nm*: (*vieux*) ~ (*sénile*) dotard, doddering old man; (*péj*: *radoteur, imbécile*) silly old duffer★.
  3 gâteuse *nf*: (**vieille**) ~**euse** doddering old woman; silly old woman.
gâtifier★ [gɑtifje] (1) *vi* to go soft in the head★ (*Brit*).
gâtisme [gɑtism(ə)] *nm* [*vieillard*] senility; [*personne stupide*] idiocy, stupidity.
gauche¹ [goʃ] **1** *adj* (*après n*) *bras, soulier, côté, rive* left. **du côté** ~ on the left-(hand) side; *V* **arme, main, marier**.
  2 *nm* (*Boxe*) (*coup*) left. (*poing*) **direct du** ~ straight left; **crochet du** ~ left hook.
  3 *nf* **(a) la** ~ the left (side), the left-hand side; **à** ~ on the left; (*direction*) **to the left; à ma/sa** ~ on my/his left, on my/his left-hand side; **le tiroir/chemin de** ~ the left-hand drawer/path; **rouler à** ~ *ou* **sur la** ~ to drive on the left; **mettre de l'argent à** ~★ to put money aside (on the quiet); *V* **conduite, jusque** et pour autres exemples *V* **droite¹**.
  (b) (*Pol*) **la** ~ the left (wing); **les** ~**s** the parties of the left; **un homme de** ~ a man of the left; **candidat/idées de** ~ left-wing candidate/ideas; **elle est très à** ~ she's very left-wing; **la** ~ **est divisée** the left-wing is split; *V* **extrême**.
  (c) (*Boxe*) (*coup*) left. (*main*) **crochet de la** ~ left hook.
gauche² [goʃ] *adj* **(a)** (*maladroit*) *personne, style, geste* awkward, clumsy; (*emprunté*) *air, manière* awkward, gauche. **(b)** (*tordu*) *planche, règle* warped; (*Math*) *courbe, surface* skew.
gauchement [goʃmɑ̃] *adv* clumsily, awkwardly.
gaucher, -ère [goʃe, ɛʀ] **1** *adj* left-handed. **2** *nm,f* left-handed person; (*Sport*) left-hander.
gaucherie [goʃʀi] *nf* [*allure*] awkwardness (*U*); [*action, expression*] clumsiness (*U*); (*acte*) awkward *ou* clumsy behaviour (*U*). **une** ~ **de style** a clumsy turn of phrase.
gauchir [goʃiʀ] (2) **1** *vt* (*Aviat, Menuiserie*) to warp; (*fig*) *idée, fait* to distort, misrepresent; *esprit* to warp. **2** *vi* to warp. **3 se gauchir** *vpr* to warp.
gauchisant, e [goʃizɑ̃, ɑ̃t] *adj auteur* with left-wing *ou* leftist tendencies; *théorie* with a left-wing *ou* leftish bias.
gauchisme [goʃism(ə)] *nm* leftism.
gauchissement [goʃismɑ̃] *nm* (*V* **gauchir**) warping; distortion, misrepresentation.
gauchiste [goʃist(ə)] **1** *adj* leftist (*épith*). **2** *nmf* leftist.
gaudriole★ [godʀijɔl] *nf* **(a)** (*U*) womanizing. **celui-là, pour la** ~**, il est toujours prêt!** he's always game for a spot of womanizing!★, he's a great one for the women!★ **(b)** (*propos*) broad joke.
gaufrage [gofʀaʒ] *nm* (*V* **gaufrer**) embossing; figuring; goffering.
gaufre [gofʀ(ə)] *nf* (*Culin*) waffle; *V* **moule¹**.

gaufrer [gofʀe] (1) *vt papier, cuir* (*en relief*) to emboss; (*en creux*) to figure; *tissu* to goffer. **sur papier gaufré** on embossed paper; *V* **fer**.
gaufrette [gofʀɛt] *nf* wafer.
gaufrier [gofʀije] *nm* waffle iron.
gaufrure [gofʀyʀ] *nf* (*V* **gaufrer**) embossing (*U*); embossed design; figuring (*U*); goffering (*U*).
gaulage [golaʒ] *nm* (*V* **gauler**) beating; shaking down.
Gaule [gol] *nf* Gaul.
gaule [gol] *nf* (*perche*) (long) pole (*used for beating trees or goading animals*); (*Pêche*) fishing rod.
gauler [gole] (1) *vt arbre* to beat (*using a long pole to bring down the fruit or nuts*); *fruits, noix* to bring down, shake down (*with a 'gaule'*).
gaullien, -ienne [goljɛ̃, jɛn] *adj* de Gaullian.
gaullisme [golism(ə)] *nm* Gaullism.
gaulliste [golist(ə)] *adj*, *nmf* Gaullist.
gaulois, e [golwa, waz] **1** *adj* **(a)** (*de Gaule*) Gallic. **(b)** (*grivois*) bawdy. **esprit** ~ (broad *ou* bawdy) Gallic humour. **2** *nm* (*Ling*) Gaulish. **3** *nm,f*: **G**~(**e**) Gaul; *V* **moustache**. **4 gauloise** *nf* (®: *cigarette*) Gauloise (*cigarette*).
gauloisement [golwazmɑ̃] *adv* bawdily.
gauloiserie [golwazʀi] *nf* (*propos*) bawdy story (*ou* joke *etc*); (*caractère grivois*) bawdiness.
gauss [gos] *nm* (*Phys*) gauss.
gausser (se) [gose] (1) *vpr* (*littér: se moquer*) to laugh (and make fun), mock. **vous vous gaussez!** you joke!; **se** ~ **de** to deride, make mock of (*littér*), poke fun at.
gavage [gavaʒ] *nm* (*Élevage*) force-feeding.
gave [gav] *nm* mountain stream (*in the Pyrenees*).
gaver [gave] (1) **1** *vt animal* to force-feed; *personne* to fill up (*de* with). **je suis gavé!** I'm full (up)!, I'm full to bursting!★; (*fig*) **on les gave de connaissances inutiles** they cram them with useless knowledge.
  2 se gaver *vpr*: **se** ~ **de** *nourriture* to stuff o.s. with; *romans* to devour; **il se gave de films** he's a glutton for films, he's a real film addict; **si tu te gaves maintenant, tu ne pourras plus rien manger au moment du dîner** if you go stuffing yourself★ *ou* filling yourself up now, you won't be able to eat anything at dinner time.
gavial [gavjal] *nm* gavial, g(h)arial.
gavotte [gavɔt] *nf* gavotte.
gavroche [gavʀɔʃ] *nm* street urchin (*in Paris*).
gay★ [gɛ] **1** *adj* gay. **certains établissements** ~**s de Paris** some gay meeting places in Paris. **2** *nm* gay.
gaz [gaz] **1** *nm inv* **(a)** (*Chim*) gas. **le** ~ (**domestique**) (domestic) gas (*U*); (*Mil*) **les** ~ gas; **l'employé du** ~ the gasman; **se chauffer au** ~ to have gas(-fired) heating; **s'éclairer au** ~ to have *ou* use gas lighting; **cuisinière** *etc* **à** ~ gas cooker *etc*; **vous avez le** ~? are you on gas?, do you have gas?; **il s'est suicidé au** ~ he gassed himself; **suicide au** ~ (suicide by) gassing; (*Aut*) **mettre les** ~★ to step on the gas★, put one's foot down★ (*Brit*); *V* **bec, chambre, eau, plein** *etc*.
  (b) (*euph: pet*) wind (*U*). **avoir des** ~ to have wind.
  2: (*Aut*) **gaz d'admission** air-fuel mixture; **gaz asphyxiant** poison gas; **gaz carbonique** carbon dioxide; **gaz de combat** poison gas (*for use in warfare*); (*Aut*) **gaz d'échappement** exhaust gas; **gaz d'éclairage**† an old title; **gaz hilarant** laughing gas; **gaz des houillères** firedamp (*U*); **gaz lacrymogène** teargas; **gaz des marais** marsh gas; (*Mil*) **gaz moutarde** mustard gas; **gaz neurotoxique** nerve gas; **gaz parfait** perfect *ou* ideal gas; **gaz de pétrole liquéfié** liquid petroleum gas; **gaz poivre** pepper gas; **gaz rare** rare gas; **gaz sulfureux** sulphur dioxide; **gaz de ville** town gas.
Gaza [gaza] *n*: **la bande** *ou* **le Territoire de** ~ the Gaza Strip.
gazage [gazaʒ] *nm* (*Mil*) gassing.
gaze [gaz] *nf* gauze.
gazé, e [gaze] (*ptp de* **gazer**) *adj* (*Mil*) gassed. **les** ~**s de 14-18** the (poison) gas victims of the 1914-18 war.
gazéification [gazeifikasjɔ̃] *nf* (*V* **gazéifier**) gasification; aeration.
gazéifier [gazeifje] (7) *vt* (*Chim*) to gasify; *eau minérale* to aerate.
gazelle [gazɛl] *nf* gazelle; *V* **œil**.
gazer [gaze] (1) **1** *vi* (★: *aller, marcher*) **ça gaze?** (*affaires, santé*) how's things?★, how goes it?★; (*travail*) how goes it?★, how's it going?★; (*c'est arrangé?*) is it O.K.?★; **ça gaze avec ta belle-mère?** how's it going with your *ou* are you getting on O.K. with your mother-in-law?★; **ça a/ça n'a pas gazé?** did it/didn't it go O.K.?★; **ça ne gaze pas fort** (*santé*) I'm not feeling so *ou* too great★; (*affaires*) things aren't going too well; **il y a quelque chose qui ne gaze pas** there's something slightly fishy about it, there's something wrong somewhere.
  2 *vt* (*Mil*) to gas.
gazetier [gaztje] *nm* († *ou hum*) journalist.
gazette [gazɛt] *nf* (††, *hum, littér*) newspaper. (*hum*) **c'est dans la** ~ **locale** it's in the local rag; **c'est une vraie** ~ he's a mine of information about the latest (local) gossip; **faire la** ~ to give a rundown★ (*de* on).
gazeux, -euse [gazø, øz] *adj* (*Chim*) gaseous; *boisson* fizzy; *V* **eau**.
gazier, -ière [gazje, jɛʀ] **1** *adj* (*rare*) gas (*épith*). **2** *nm* gasman.
gazinière [gazinjɛʀ] *nf* gas cooker.
gazoduc [gazɔdyk] *nm* gas main, gas pipeline.
gazogène [gazɔʒɛn] *nm* gas producer (*plant*).
gazole [gazɔl] *nm* diesel oil.
gazoline [gazɔlin] *nf* gasoline, gasolene.
gazomètre [gazɔmɛtʀ(ə)] *nm* gasometer.
gazon [gazɔ̃] *nm* (*pelouse*) lawn. (*herbe*) **le** ~ turf (*U*), grass (*U*); **une motte de** ~ a turf, a sod; ~ **anglais** (*pelouse*) well-kept *ou* smooth lawn.

gazonnage [gɑzɔnaʒ] *nm,* **gazonnement** [gɑzɔnmɑ̃] *nm* planting with grass, turfing.
gazonner [gɑzɔne] (1) *vt talus, terrain* to plant with grass, turf.
gazouillement [gazujmɑ̃] *nm* (*V* **gazouiller**) chirping (*U*), warbling (*U*); babbling (*U*); gurgling (*U*), gurgle.
gazouiller [gazuje] (1) *vi* [*oiseau*] to chirp, warble; [*ruisseau*] to babble; [*bébé*] to gurgle, babble.
gazouilleur, -euse [gazujœ, øz] *adj* (*V* **gazouiller**) chirping, warbling; babbling; gurgling.
gazouillis [gazuji] *nm* [*oiseau*] chirping, warbling; [*ruisseau, bébé*] babbling.
GB [ʒebe] (*abrév de* **Grande Bretagne**) GB.
Gdansk [gdɑ̃sk] *n* Gdansk.
gdb* [ʒedebe] *nf abrév de* **gueule de bois**. avoir la ~ to have a hangover.
GDF [ʒedeef] *nm* (*abrév de* **Gaz de France**) French gas company.
geai [ʒɛ] *nm* jay.
géant, e [ʒeɑ̃, ɑ̃t] **1** *adj* gigantic; *animal, plante* gigantic, giant (*épith*); *paquet, carton* giant-size (*épith*), giant (*épith*). **2** *nm* (*lit, fig*) giant; (*Écon, Pol*) giant power; *V* **pas¹. 3 géante** *nf* giantess.
Gédéon [ʒedeɔ̃] *nm* Gideon.
géhenne [ʒeɛn] *nf* (*Bible: enfer*) Gehenna.
geignant, e [ʒɛɲɑ̃, ɑ̃t] *adj* (*V* **geindre**) groaning; moaning; whining; complaining.
geignard, e* [ʒɛɲaʀ, aʀd(ə)] **1** *adj personne* moaning; *voix, musique* whining. **2** *nm, f* moaner.
geignement [ʒɛɲmɑ̃] *nm* moaning (*U*).
geindre [ʒɛ̃dʀ(ə)] (52) *vi* (*gémir*) to groan, moan (*de* with); (*péj: pleurnicher*) to moan; [*vent*] to whine, moan. **il geint tout le temps*** he never stops *ou* he's always moaning *ou* complaining *ou* griping*; (*littér*) **le vent faisait ~ les peupliers/le gréement** the wind made the poplars/the rigging groan *ou* moan.
geisha [ɡeʃa] *nf* geisha (girl).
gel [ʒɛl] *nm* (a) (*temps*) frost. **un jour de ~** one frosty day; **plantes tuées par le ~** plants killed by the(the) frost. (b) (*glace*) frost. **'craint le ~'** 'keep away from extreme cold'. (c) (*Écon*) [*crédits*] freezing. (d) (*substance*) gel. **~ de silice** silica gel
gélatine [ʒelatin] *nf* gelatine.
gélatineux, -euse [ʒelatinø, øz] *adj* jelly-like, gelatinous.
gelé, e¹ [ʒ(ə)le] (*ptp de* **geler**) *adj* (*Théat*) *public* cold (*fig*), unresponsive; (*: *soûl*) tight*, smashed‡, canned‡ (*Brit*).
gelée² [ʒ(ə)le] *nf* (a) (*gel*) frost. **~ blanche** white frost, hoarfrost. (b) (*Culin*) [*viande, volaille, fruits*] jelly. **poulet en ~** chicken in aspic *ou* jelly; **~ de framboises** raspberry jelly.
geler [ʒ(ə)le] (5) **1** *vt* (a) *eau, rivière* to (make) freeze *ou* ice over; *buée* to turn to ice; *sol* to freeze.
(b) *membre* to cause frostbite to. **les nuits printanières ont gelé les bourgeons** the buds were blighted *ou* nipped by frost during the spring nights; **le skieur a eu les pieds gelés** the skier's feet were frostbitten, the skier had frostbite on both feet; **ils sont morts gelés** they froze to death, they died of exposure.
(c) (*: *refroidir*) **tu nous gèles, avec la fenêtre ouverte** you're making us freeze with that window open; **j'ai les mains gelées** my hands are frozen (stiff); **je suis gelé** I'm frozen (stiff).
(d) (*Fin*) *prix, crédits* to freeze.
2 se geler* *vpr* (*avoir froid*) to freeze. **on se gèle ici** we're *ou* it's freezing here; **on se les gèle‡** it's bloody (*Brit*) *ou* damned freezing‡, it's brass monkey weather‡ (*Brit*); **vous allez vous ~, à l'attendre** you'll get frozen stiff waiting for him.
3 *vi* (a) [*eau, lac*] to freeze (over), ice over; [*sol, linge*] to freeze; [*récoltes*] to be attacked *ou* blighted *ou* nipped by frost; [*doigt, membre*] to be freezing, be frozen. **les salades ont gelé sur pied** the lettuces have frozen on their stalks.
(b) (*avoir froid*) to be frozen, freeze. **on gèle ici** we're *ou* it's freezing here.
4 *vb impers:* **il gèle** it's freezing; **il a gelé dur** *ou* (*littér*) **à pierre fendre** it froze hard, there was a hard frost.
gélifier [ʒelifje] (7) **1** *vt* to make gel. **2 se gélifier** *vpr* to gel.
gélinotte [ʒelinɔt] *nf:* **~ (des bois)** hazel grouse, hazel hen.
gélose [ʒeloz] *nf* agar-agar.
gélule [ʒelyl] *nf* (*Méd*) capsule.
gelure [ʒ(ə)lyʀ] *nf* (*Méd*) frostbite (*U*).
Gémeaux [ʒemo] *nmpl* (*Astron*) Gemini. **être (des) ~** to be (a) Gemini.
gémellaire [ʒemelɛʀ] *adj* twin (*épith*).
gémination [ʒeminasjɔ̃] *nf* gemination.
géminé, e [ʒemine] **1** *adj* (*Ling*) *consonne* geminate; (*Archit*) gemeled, gemel; (*Bio*) geminate. **2 géminée** *nf* (*Ling*) geminate.
gémir [ʒemiʀ] (2) *vi* (a) (*geindre*) to groan, moan (*de* with). **~ sur son sort** to bemoan one's fate; (*littér*) **~ sous l'oppression** to groan under oppression.
(b) (*fig: grincer*) [*ressort, plancher*] to creak; [*vent*] to whine, whine. **les gonds de la porte gémissaient horriblement** the door hinges made a horrible creaking noise.
(c) [*colombe*] to cry plaintively, moan.
gémissement [ʒemismɑ̃] *nm* (*V* **gémir**) groaning (*U*); moaning (*U*); creaking (*U*); whining (*U*).
gemmage [ʒemaʒ] *nm* tapping (*of pine trees*).
gemme [ʒɛm] *nf* (a) (*Minér*) gem(stone). (b) (*résine de pin*) (pine) resin; *V* **sel**.
gemmé, e [ʒeme] (*ptp de* **gemmer**) *adj* (*littér*) gemmed, studded with precious stones.
gemmer [ʒeme] (1) *vt* to tap (*pine trees*).
gémonies [ʒemɔni] *nfpl* (*littér*) **vouer** *ou* **traîner qn aux ~** to subject sb to public obloquy.
gênant, e [ʒɛnɑ̃, ɑ̃t] *adj* (a) (*irritant*) **l'eau est coupée, c'est vraiment ~** they've cut the water off — it's a real nuisance; **il est ~**

avec sa fumée he's a nuisance with his smoke; *V* **gêner**.
(b) (*embarrassant*) *situation, moment, témoin* awkward, embarrassing; *révélations, regard, présence* embarrassing.
gencive [ʒɑ̃siv] *nf* (*Anat*) gum. **il a pris un coup dans les ~s‡** he got a sock on the jaw* *ou* kick in the teeth*.
gendarme [ʒɑ̃daʀm(ə)] *nm* (*policier*) darme, policeman (*in countryside and small towns*) *Hist Mil*) (*cavalier*) horseman; (*soldat*) soldier, man-at-arms; (*†: *hareng*) bloater (*Brit*), salt herring (*US*); (*Alpinisme*) gendarme (*T*), pinnacle. (*fig*) **faire le ~** to put one's foot down; (*hum*) **sa femme est un vrai ~** his wife's a real battle-axe*; **jouer aux ~s et aux voleurs** to play cops and robbers; **~ mobile** member of the anti-riot police; *V* **chapeau, peur**.
gendarmer (se) [ʒɑ̃daʀme] (1) *vpr* to kick up a fuss* (*contre* about). **il faut se ~ pour qu'elle aille se coucher/pour la faire manger** you really have to take quite a strong line (with her) *ou* you really have to lay down the law to get her to go to bed/to get her to eat.
gendarmerie [ʒɑ̃daʀməʀi] *nf* (*corps militaire*) Gendarmerie, police force, constabulary (*in countryside and small towns*); (*bureaux*) police station (*in countryside and small towns*); (*caserne*) gendarmes' *ou* Gendarmerie barracks, police barracks; (*Hist Mil*) (*cavalerie*) heavy cavalry *ou* horse; (*garde royale*) royal guard. **~ mobile** anti-riot police; **~ maritime** coastguard.
gendre [ʒɑ̃dʀ(ə)] *nm* son-in-law.
gène [ʒɛn] *nm* gene.
gêne [ʒɛn] *nf* (a) (*malaise physique*) discomfort. **il ressentait une certaine ~ à respirer** he experienced some *ou* a certain difficulty in breathing.
(b) (*désagrément, dérangement*) trouble, bother. **je ne voudrais vous causer aucune ~** I wouldn't like to put you to any trouble *ou* bother, I wouldn't want to be a nuisance; (*Prov*) **où il y a de la ~, il n'y a pas de plaisir** comfort comes first, there's no sense in being uncomfortable; (*péj*) **some people only think of their own comfort.**
(c) (*manque d'argent*) financial difficulties *ou* straits. **vivre dans la ~/dans une grande ~** to be in financial difficulties *ou* straits/in great financial difficulties *ou* straits.
(d) (*confusion, trouble*) embarrassment. **un moment de ~** a moment of embarrassment; **j'éprouve de la ~ devant lui** I feel embarrassed *ou* ill-at-ease in his presence; **il éprouva de la ~ à lui avouer cela** he felt embarrassed admitting *ou* to admit that to her; *V* **sans**.
gêné, e [ʒene] (*ptp de* **gêner**) *adj* (a) (*à court d'argent*) short (of money) (*attrib*), hard up* (*attrib*). **être ~ aux entournures** to be short of money *ou* hard up*.
(b) (*embarrassé*) *personne, sourire, air* embarrassed, self-conscious; *silence* uncomfortable, embarrassed, awkward. **j'étais ~!** I was (so) embarrassed!, I felt (so) awkward *ou* uncomfortable.
généalogie [ʒenealɔʒi] *nf* [*famille*] ancestry, genealogy; [*animaux*] pedigree; [*Bio*] [*espèces*] genealogy; (*sujet d'études*) genealogy. **faire** *ou* **dresser la ~ de qn** to trace sb's ancestry *ou* genealogy.
généalogique [ʒenealɔʒik] *adj* genealogical; *V* **arbre**.
généalogiste [ʒenealɔʒist(ə)] *nmf* genealogist.
gêner [ʒene] (1) **1** *vt* (a) (*physiquement*) [*fumée, bruit*] to bother; [*vêtement étroit, obstacle*] to hamper. **~ le passage** to be in the way; **ça me gêne** *ou* **c'est gênant pour respirer/pour écrire** it hampers my breathing/hampers me when I write; **le bruit me gêne pour travailler** noise bothers me *ou* disturbs me when I'm trying to work; **son complet le gêne (aux entournures)** his suit is uncomfortable *ou* constricting; **ces papiers me gênent** *ou* **sont gênants** these papers are in my way.
(b) (*déranger*) *personne* to bother, put out; *projet* to hamper, hinder. **je crains de ~** I am afraid to bother people *ou* put people out, I'm afraid of being a nuisance; **je ne voudrais pas (vous) ~** I don't want to bother you *ou* put you out *ou* be in the way; **j'espère que ça ne vous gêne pas d'y aller** I hope it won't inconvenience you *ou* put you out to go; **cela vous gênerait de faire mes courses/de ne pas fumer?** would you mind doing my shopping/not smoking?; **et alors, ça te gêne?*** so what?*, what's it to you?
(c) (*financièrement*) to put in financial difficulties. **ces dépenses vont les ~ considérablement** *ou* **vont les ~ aux entournures*** these expenses are really going to put them in financial difficulties *ou* make things tight for them *ou* make them hard up*.
(d) (*mettre mal à l'aise*) to make feel ill-at-ease *ou* uncomfortable. **ça me gêne de vous dire ça mais** ... I hate to tell you but ...; **ça me gêne de me déshabiller chez le médecin** I find it embarrassing to get undressed at the doctor's; **sa présence me gêne** his presence *ou* he makes me feel uncomfortable, he cramps my style; **son regard la gênait** his glance made her feel ill-at-ease *ou* uncomfortable; **cela le gêne qu'on fasse tout le travail pour lui** it embarrasses him to have all the work done for him, he feels awkward about having all the work done for him.
2 se gêner *vpr* (a) (*se contraindre*) to put o.s. out. **ne vous gênez pas pour moi** don't mind me, don't put yourself out for me; **il ne faut pas vous ~ avec moi** don't stand on ceremony with me; **non mais! je vais me ~!** why shouldn't I!; **il y a qui ne se gênent pas!** some people just don't care!; **il ne s'est pas gêné pour le lui dire** he told him straight out, he didn't mind telling him.
(b) (*économiser*) to tighten one's belt.
général, e, *mpl* **-aux** [ʒeneʀal, o] **1** *adj* (a) (*d'ensemble*) *vue, tableau* general; (*vague*) general. **un tableau ~ de la situation** a general *ou* an overall picture of the situation; **avoir le goût des idées ~es** to have a preference for broad *ou* general ideas; **remarques d'ordre très ~** comments of a very general nature; **se lancer dans des considérations ~es sur le temps** to venture some general remarks about the weather; **d'une façon** *ou* **manière ~e**

in a general way, generally; (*précédant une affirmation*) generally *ou* broadly speaking; V **règle**.
    (b) (*total, global*) assemblée, grève etc general. (*commun*) dans l'intérêt ~ in the general *ou* common interest; **cette opinion est devenue** ~e this is now a widely shared *ou* generally held opinion; **la mêlée devint** ~e the fight turned into a general free-for-all; **à l'indignation/la surprise** ~e to the indignation/surprise of most *ou* many people; **à la demande** ~e in response to popular *ou* general demand; V **concours, état, médecine** etc.
    (c) en ~ (*habituellement*) usually, generally, in general; (*de façon générale*) generally, in general. **je parle en** ~ I'm speaking in general terms *ou* generally.
    (d) (*Admin: principal*) general (*épith*). **conseil** ~ general council; **secrétaire** ~ (*gén*) general secretary; [*organisation internationale*] secretary-general; V **directeur, fermier, président** etc.
  2 nm (a) (*Mil*) general; V **mon**.
    (b) (*Philos*) **le** ~ **the** general; **aller du** ~ **au particulier** to go from the general to the particular.
  3 générale nf (a) (*épouse du général*) general's wife; V **Madame**.
    (b) (*Théât*) (*répétition*) ~e (final) dress rehearsal.
    (c) (*Mil*) **battre** *ou* **sonner la** ~e to call to arms.
  4: général d'armée general; (*Aviat*) air chief marshal (*Brit*), general (*US*); **général de brigade** brigadier (*Brit*), brigadier general (*US*); **général de brigade aérienne** air commodore (*Brit*), brigadier general (*US*); **général en chef** general-in-chief, general-in-command; **général de corps d'armée** lieutenant-general; **général de corps aérien** air marshal (*Brit*), lieutenant general (*US*); **général de division** major general; **général de division aérienne** air vice marshal (*Brit*), major general (*US*).

généralement [ʒeneralmɑ̃] adv generally. **il est** ~ **chez lui après 8 heures** he's generally *ou* usually at home after 8 o'clock; ~ **parlant** generally speaking; **coutume assez** ~ **répandue** fairly widespread custom.

généralisable [ʒeneralizabl(ə)] adj mesure, observation which can be applied generally.

généralisateur, -trice [ʒeneralizatœr, tris] adj: **tendance** ~**trice** tendency to generalize *ou* towards generalization; **il a un esprit** ~ he is given to generalizing.

généralisation [ʒeneralizasjɔ̃] nf (*extension, énoncé*) generalization.

généraliser [ʒeneralize] (1) **1** vt (a) (*étendre*) to generalize; méthode to put *ou* bring into general *ou* widespread use. (*Méd*) cancer **généralisé** general cancer; (*Méd*) **infection généralisée** systemic infection.
    (b) (*raisonner*) to generalize. **il aime beaucoup** ~ he loves to generalize.
  2 se généraliser vpr [*infection*] to become widespread; [*procédé*] to become widespread, come into general use; **la semaine de 5 jours se généralise en France** the 5-day (working) week is becoming the norm in France.

généralissime [ʒeneralisim] nm generalissimo.

généraliste [ʒeneralist(ə)] nm: (*médecin*) ~ G.P., general *ou* family practitioner.

généralité [ʒeneralite] nf (a) (*presque totalité*) majority. **dans la** ~ **des cas** in the majority of cases, in most cases. **(b)** (*caractère général*) (*affirmation*) general nature. **(c)** ~s (*introduction*) general points; (*péj: banalités*) generalities.

générateur, -trice [ʒeneratœr, tris] **1** adj force generating; fonction generative, generating. ~ **de** (*gén*) which causes, productive of; (*Math*) which generates, generating; ~ **de désordres** *ou* **de troubles** which causes trouble; usine ~**trice** generator.
  2 nm (*Tech*) ~ (**de vapeur**) steam boiler.
  3 génératrice nf (a) (*Tech*) ~**trice** (**d'électricité**) generator. **(b)** (*Math*) (ligne) ~**trice** generating line.

génératif, -ive [ʒeneratif, iv] adj (*Ling*) generative. **grammaire** ~**ive** generative grammar.

génération [ʒenerasjɔ̃] nf (*gén*) generation. ~ **spontanée** spontaneous generation.

générer [ʒenere] (6) vt (*Ling*) to generate.

généreusement [ʒenerøzmɑ̃] adv (V **généreux**) generously; nobly; magnanimously.

généreux, -euse [ʒenerø, øz] **1** adj (a) (*libéral*) generous. **être** ~ **de son temps** to be generous with one's time.
    (b) (*noble, désintéressé*) acte, caractère generous; âme, sentiment generous, noble; adversaire generous, magnanimous.
    (c) (*riche*) sol productive, fertile, generous; vin generous, full-bodied. **femmes aux formes** ~**euses** women with generous curves.
  2 nm, f: faire le ~ to act generous.

générique [ʒenerik] **1** adj generic. (*Ling*) **terme** ~ generic term. **2** nm (*Ciné*) credit titles, credits, cast (and credits) (*US*).

générosité [ʒenerozite] nf (a) (*libéralité*) [*pourboire*] generosity.
    (b) (*noblesse*) [*acte, caractère*] generosity; [*âme, sentiment*] nobility; [*adversaire*] generosity, magnanimity. **avoir la** ~ **de** to be generous enough to, have the generosity to.
    (c) (*largesses*) ~s kindnesses.

Gênes [ʒɛn] n Genoa.

genèse [ʒənɛz] nf (*élaboration*) genesis. (*Bible*) (**le livre de**) **la G**~ (the Book of) Genesis.

genet [ʒ(ə)nɛ] nm jennet.

genêt [ʒ(ə)nɛ] nm broom (*Bot*).

généticien, -ienne [ʒenetisjɛ̃, jɛn] nm, f geneticist.

génétique [ʒenetik] **1** adj genetic; V **manipulation**. **2** nf genetics (sg).

génétiquement [ʒenetikmɑ̃] adv genetically.

gêneur, -euse [ʒɛnœr, øz] nm, f (*importun*) intruder. (*représentant un obstacle*) **supprimer un** ~/**les** ~s to do away with a person who

---

is *ou* stands/people who are *ou* stand in one's way.

Genève [ʒ(ə)nɛv] n Geneva.

genevois, e [ʒən(ə)vwa, waz] **1** adj Genevan. **2** nm, f: **G**~(**e**) Genevan.

genévrier [ʒenevrije] nm juniper.

génial, e, mpl -aux [ʒenjal, o] adj (a) (*inspiré*) écrivain, invention of genius; plan, idée inspired (*gén épith*). savant ~/**découverte** ~e scientist/discovery of genius; **un plan d'une conception** ~e an inspired idea, a brilliantly thought out idea.
    (b) (*:formidable*) fantastic*, great*. **c'est** ~! that's fantastic!*; **c'est un type** ~! he's a tremendous *ou* fantastic bloke* (*Brit*) *ou* guy*; **elle est** ~e **ton idée** that's a brilliant *ou* an inspired idea; **ce n'est pas** ~! [*idée*] that's not very clever!; [*film*] it's not brilliant!*

génialement [ʒenjalmɑ̃] adv (a) (*magistralement*) with genius, brilliantly. **(b)** (*rare: magnifiquement*) brilliantly.

génie [ʒeni] nm (a) (*aptitude supérieure*) genius. **avoir du** ~ to have genius; **éclair** *ou* **trait de** ~ stroke of genius; **homme de** ~ man of genius; **compositeur/idée/découverte de** ~ composer/idea/discovery of genius.
    (b) (*personne*) genius. **ce n'est pas un** ~! he's no genius!
    (c) (*talent*) (**avoir le** ~ **des maths/des affaires** (to have) a genius for maths/for business; **avoir le** ~ **du mal** to have an evil bent; **il a le** ~ **de** *ou* **pour dire ce qu'il ne faut pas** he has a genius for saying the wrong thing.
    (d) (*caractère inné*) **le** ~ **latin** the Latin genius; **le** ~ **de la langue française** the genius of the French language.
    (e) (*allégorie*) spirit. **le** ~ **de la liberté** the spirit of liberty; [*histoires arabes*] **le** ~ **de la lampe** the genie of the lamp; ~ **des airs/des eaux** spirit of the air/waters; **être le bon/mauvais** ~ **de qn** to be sb's good/evil genius.
    (f) (*Mil*) **le** ~ ≃ the Engineers; **soldat du** ~ sapper, engineer; **faire son service dans le** ~ to do one's service in the Engineers.
  2: génie atomique/chimique atomic/chemical engineering; **génie civil** (*branche*) civil engineering; (*corps*) civil engineers; **génie électronique** electronic engineering; **génie génétique** genetic engineering; **génie industriel** industrial engineering; **génie maritime** (*branche*) marine engineering; (*corps*) marine engineers (*under State command*); **génie mécanique** mechanical engineering; **génie militaire** (*branche*) military engineering; (*corps*) ≃ Engineers; V **ingénieur**.

genièvre [ʒənjɛvr(ə)] nm (*boisson*) Hollands (*Brit*), geneva (*Brit*), gin; (*arbre*) juniper; (*fruit*) juniper berry. **grains de** ~ juniper berries.

génisse [ʒenis] nf heifer.

génital, e, mpl -aux [ʒenital, o] adj genital. **organes** ~**aux, parties** ~**es** genitals, genital organs, genitalia.

géniteur, -trice [ʒenitœr, tris] **1** nm, f (*hum: parent*) parent. **2** nm (*Zool: reproducteur*) sire.

génitif [ʒenitif] nm genitive (case).

génito-urinaire [ʒenitoyrinɛr] adj genito-urinary.

génocide [ʒenɔsid] nm genocide.

génois, e [ʒenwa, waz] **1** adj Genoese. **2** nm, f: **G**~(**e**) Genoese. **3 génoise** nf (*Culin*) sponge cake.

genou, pl ~**x** [ʒ(ə)nu] nm (a) (*Anat, Habillement, Zool*) knee. **avoir les** ~**x cagneux** *ou* **rentrants** to be knock-kneed; **mes** ~**x se dérobèrent sous moi** my legs gave way under me; **avoir de la vase jusqu'aux** ~**x, être dans la vase jusqu'aux** ~**x** to be up to one's knees *ou* be knee-deep in mud.
    (b) à ~**x: il était à** ~**x** he was kneeling, he was on his knees; **se mettre à** ~**x** to kneel down, go down on one's knees; (*fig*) **se mettre à** ~**x devant qn** to go down on one's knees to sb; **se mettre à** ~**x!** it's out of this world!*; **tomber/se jeter à** ~**x** to fall/throw o.s. on *ou* to one's knees; **j'en suis tombé à** ~**x!** I just about dropped!*; **demander qch à** (**deux**) ~**x** to ask for sth on bended knee, go down on one's knees for sth; **je te demande pardon à** ~**x** I beg you to forgive me.
    (c) (*Tech*) ball and socket joint.
    (d) (*loc*) **avoir/prendre qn sur ses** ~**x** to have/take sb on one's knee; **faire du** ~ **à qn*** to play footsie with sb*; **tomber aux** ~**x de qn** to fall at sb's feet, go down on one's knees to sb; **être aux** ~**x de qn** to idolize *ou* worship sb; (*littér*) **fléchir** *ou* **plier** *ou* **ployer le** ~ **devant qn** to bend the knee to sb; (*littér*) **mettre** (**un**) ~ **à terre devant qn** to go down on one knee before sb; **être sur les** ~**x*** to be ready to drop, be on one's last legs, be dead beat* (*Brit*); **le pays est sur les** ~**x** the country is on its knees; **ça m'a mis sur les** ~**x de courir à droite et à gauche** I was run off my feet dashing here, there and everywhere.

genouillère [ʒ(ə)nujɛr] nf (*Méd*) knee support; (*Sport*) kneepad, kneecap.

genre [ʒɑ̃r] nm (a) (*espèce*) kind, type, sort. ~ **de vie** lifestyle, way of life; **c'est le** ~ **de femme qui** she is the type *ou* the kind *ou* the sort of woman who; **les rousses, ce n'est pas mon** ~ redheads aren't my type; **lui c'est le** ~ **grognon*** he's the grumpy sort*; **ce type n'est pas mal en son** ~ that fellow isn't bad in his own way *ou* isn't bad of (*Brit*) *ou* for (*US*) his type; **cette maison n'est pas mauvaise en son** ~ that house isn't bad of (*Brit*) *ou* for (*US*) its type; **ce qui se fait le mieux dans le** ~ the best of its kind; **réparations en tout** ~ *ou* **en tous** ~**s** all kinds of repairs *ou* repair work undertaken; **chaussures en tout** ~ *ou* **en tous** ~**s** all kinds *ou* sorts of shoes; **quelque chose de ce** ~ *ou* **du même** ~ something of the kind, that sort of thing; **il a écrit un** ~ **de roman** he wrote a novel of sorts *ou* a sort of novel; **plaisanterie d'un** ~ **douteux** doubtful joke; V **unique**.
    (b) (*allure*) **avoir bon** ~ to look a nice sort; **avoir mauvais** ~ to be coarse-looking; **je n'aime pas son** ~ I don't like his style; **il a un drôle de** ~ he's a bit weird; **avoir le** ~ **bohème/artiste** to be a

bohemian/an arty type; **avoir un ~ prétentieux** to have a pretentious manner; **faire du ~** to stand on ceremony; **c'est un ~ qu'il se donne** it's (just) something *ou* an air he puts on; **il aime se donner un ~** he likes to stand out *ou* to be a bit different; **ce n'est pas son ~ de ne pas répondre** it's not like him not to answer.
  (**c**) (*Art, Littérat, Mus*) genre. (*Peinture*) **tableau de ~** genre painting; **œuvre dans le ~ ancien/italien** work in the old/Italian style *ou* genre.
  (**d**) (*Gram*) gender. **s'accorder en ~** to agree in gender.
  (**e**) (*Philos, Sci*) genus. **le ~ humain** mankind, the human race.
gens¹ [ʒã] **1** *nmpl* (**a**) people, folk*. **connais-tu ces ~?** do you know these people? *ou* folk?*; **ce sont des ~ compétents** they are competent people *ou* folk*; **il faut savoir prendre les ~** you've got to know how to handle people; **les ~ sont fous!** some people are crazy!, people are crazy (at times)!; **les ~ de la ville** townspeople, townsfolk; **les ~ du pays** *ou* **du coin*** the local people, the locals*; *V* **droit³, jeune, monde** *etc*.
  (**b**) (*loc, avec accord féminin de l'adjectif antéposé*) **ce sont de petites/de braves ~** they are people of modest means/good people *ou* folk*; **les vieilles ~ sont souvent crédules** old people *ou* folk* are often gullible; **c'est une insulte aux honnêtes ~** it's an insult to honest people; (*hum*) **écoutez bonnes ~** harken, ye people (*hum*).
  (**c**) (†, *hum: serviteurs*) servants. **il appela ses ~** he called his servants.
  2: **gens d'affaires†** business people; (*Hist*) **gens d'armes** men-at-arms†; **les gens d'Église** the clergy; (*Hist*) **gens d'épée** soldiers (*of the aristocracy*); **gens de lettres** men of letters; **les gens de loi†** the legal profession; **gens de maison** people in service; **gens de mer** sailors, seafarers; (*Hist*) **les gens de robe** the legal profession; **gens de service = gens de maison**; **les gens de théâtre** the acting profession, theatrical people; **les gens du voyage** travelling entertainers.
gens² [ʒɛs] *nf* (*Hist*) gens.
gent [ʒã] *nf* (†† *ou hum*) race, tribe. **la ~ canine** the canine race; **la ~ féminine** the fair sex.
gentiane [ʒãsjan] *nf* gentian.
gentil, -ille [ʒãti, ij] **1** *adj* (**a**) (*aimable*) kind, nice (*avec, pour* to). **il a toujours un mot ~ pour chacun** he always has a kind word for everyone *ou* to say to everyone; **tu seras ~ de me le rendre** would you mind giving it back to me, would you be so kind as to give it back to me (*frm*); **c'est ~ à toi de ...** it's very kind *ou* nice *ou* good of you to ...; **tu es ~ tout plein*** you're so sweet; **tout ça, c'est bien ~ mais ...** that's (all) very nice *ou* well but ...; **ça n'est pas très ~** that's not very nice *ou* kind; **il a une ~le petite femme/fille** he has a nice little wife/daughter; **sois ~, va me le chercher** be a dear and go and get it for me; **va me le chercher, tu seras ~** would you mind going to get it for her.
  (**b**) (*sage*) good. **il n'a pas été ~** he hasn't been a good boy; **sois ~, je reviens bientôt** be good, I'll be back soon.
  (**c**) (*gracieux*) *visage, endroit* nice, pleasant. **c'est ~ comme tout chez vous** you've got a lovely little place; **c'est ~ mais ça ne casse rien*** it's quite nice but it's nothing special.
  (**d**) (*rondelet*) *somme* tidy, fair.
  2 *nm* (*Hist, Rel*) gentile.
gentilhomme [ʒãtijɔm], *pl* **gentilshommes** [ʒãtizɔm] *nm* (*Hist, fig*) gentleman. **~ campagnard** country squire.
gentilhommière [ʒãtijɔmjɛʀ] *nf* (small) country seat, (small) manor house.
gentillesse [ʒãtijɛs] *nf* (**a**) (*U: amabilité*) kindness. **être d'une grande ~** to be very kind; **me ferez-vous la ~ de faire ...** would you be so kind as to do ..., would you do me the kindness of doing ... .
  (**b**) (*faveur*) favour, kindness. **remercier qn de toutes ses ~s** to thank sb for all his kindness(es); **avoir des ~s pour qn** to be kind to sb; **une ~ en vaut une autre** one good turn deserves another; **il lui disait des ~s** he said kind *ou* nice things to him.
gentillet, -ette [ʒãtijɛ, ɛt] *adj* nice little (*épith*); (*péj*) nice enough.
gentiment [ʒãtimã] *adv* (*aimablement*) kindly; (*gracieusement*) nicely. **ils jouaient ~** they were playing nicely *ou* like good children; (*iro*) **on m'a ~ fait comprendre que ...** they told me in the nicest *ou* kindest possible way that ... (*iro*).
gentleman [dʒɛntləman], *pl* **gentlemen** [dʒɛntləmɛn] *nm* gentleman.
génuflexion [ʒenyflɛksjõ] *nf* (*Rel*) genuflexion. **faire une ~ to** make a genuflexion, genuflect.
géo [ʒeo] *nf* (*arg Scol*) abrév de **géographie**.
géocentrique [ʒeosãtʀik] *adj* geocentric.
géochimie [ʒeoʃimi] *nf* geochemistry.
géode [ʒeod] *nf* geode.
géodésie [ʒeodezi] *nf* geodesy.
géodésique [ʒeodezik] *adj* geodesic. **point ~ triangulation** point.
géodynamique [ʒeodinamik] **1** *adj* geodynamic. **2** *nf* geodynamics (*sg*).
géographe [ʒeoɡʀaf] *nmf* geographer.
géographie [ʒeoɡʀafi] *nf* geography. **~ humaine** human geography.
géographique [ʒeoɡʀafik] *adj* geographic(al); *V* **dictionnaire**.
géographiquement [ʒeoɡʀafikmã] *adv* geographically.
geôle [ʒol] *nf* (*littér*) gaol (*Brit*), jail.
geôlier, -ière [ʒolje, jɛʀ] *nm,f* (*littér*) gaoler (*Brit*), jailer.
géologie [ʒeolɔʒi] *nf* geology.
géologique [ʒeolɔʒik] *adj* geological.
géologiquement [ʒeolɔʒikmã] *adv* geologically.
géologue [ʒeolɔɡ] *nmf* geologist.
géomagnétique [ʒeomaɲetik] *adj* geomagnetic.
géomagnétisme [ʒeomaɲetism(ə)] *nm* geomagnetism.

géométral, e, *mpl* -**aux** [ʒeometʀal, o] *adj* plane (*not in perspective*).
géomètre [ʒeomɛtʀ(ə)] *nm* (*arpenteur*) surveyor; (††: *mathématicien*) geometer.
géométrie [ʒeometʀi] *nf* (*science*) geometry; (*livre*) geometry book. **~ descriptive** descriptive geometry; **~ plane** plane geometry; **~ analytique** analytical geometry; **~ dans l'espace** solid geometry; (*Aviat*) **à ~ variable** swing-wing.
géométrique [ʒeometʀik] *adj* geometric(al); (††: *mathématique*) mathematical; *V* **lieu, progression**.
géométriquement [ʒeometʀikmã] *adv* (*V* **géométrique**) geometrically; with mathematical precision.
géomorphologie [ʒeomɔʀfolɔʒi] *nf* geomorphology.
géophysicien, -ienne [ʒeofizisjɛ̃, jɛn] *nm,f* geophysicist.
géophysique [ʒeofizik] **1** *adj* geophysical. **2** *nf* geophysics (*sg*).
géopolitique [ʒeopolitik] **1** *adj* geopolitical. **2** *nf* geopolitics (*sg*).
Georges [ʒɔʀʒ] *nm* George.
Géorgie [ʒeoʀʒi] *nf* (*URSS, USA*) Georgia. **~ du Sud** South Georgia.
géorgien, -ienne [ʒeoʀʒjɛ̃, jɛn] **1** *adj* Georgian. **2** *nm* (*Ling*) Georgian. **3** *nm, f*: **G~(ne)** Georgian.
géorgique [ʒeoʀʒik] *adj* (*Hist Littérat*) georgic.
géostationnaire [ʒeostasjɔnɛʀ] *adj* geostationary.
géosynclinal, *pl* -**aux** [ʒeosɛ̃klinal, o] *nm* geosyncline.
géosynchrone [ʒeosɛ̃kʀon] *adj* geosynchronous.
géothermie [ʒeotɛʀmi] *nf* geothermal science.
géothermique [ʒeotɛʀmik] *adj* geothermal.
gérance [ʒeʀãs] *nf* [*commerce, immeuble, appartement*] management. **il assure la ~ d'une usine** he manages a factory; **au cours de sa ~** while he was manager; **prendre un commerce en ~** to take over the management of a business; **il a mis son commerce en ~** he has appointed a manager for his business.
géranium [ʒeʀanjɔm] *nm* geranium. **~-lierre** ivyleaf geranium.
gérant [ʒeʀã] *nm* [*usine, café, magasin, banque*] manager; [*immeuble, appartement*] managing agent; [*journal*] editing manager.
gérante [ʒeʀãt] *nf* manageress.
gerbage [ʒɛʀbaʒ] *nm* (*V* **gerber**) binding, sheaving; stacking, piling.
gerbe [ʒɛʀb(ə)] *nf* [*blé*] sheaf; [*osier*] bundle; [*fleurs*] spray; (*fig*) [*souvenirs, preuves*] collection. **déposer une ~ sur une tombe** to place a spray of flowers on a grave; **le choc provoqua une ~ d'étincelles/d'écume** the impact sent up a shower *ou* burst of sparks/a shower *ou* flurry of foam; **~ d'eau** spray *ou* shower of water; **éclater/retomber en ~** to go up/fall in a shower *ou* burst of sparks.
gerber [ʒɛʀbe] (1) **1** *vt* (*Agr*) to bind into sheaves, sheave; (*Tech*) *tonneaux* to stack, pile. **2** *vi* (‡: *vomir*) to throw up‡, spew (up)‡, puke (up)‡.
gerbille [ʒɛʀbij] *nf* gerbil.
gerboise [ʒɛʀbwaz] *nf* jerboa.
gercement [ʒɛʀsmã] *nm* (*V* **gercer**) chapping; cracking.
gercer [ʒɛʀse] (3) **1** *vt peau, lèvres* to chap, crack; *sol* to crack. **avoir les lèvres toutes gercées** to have badly chapped lips. **2** *vi*, **se gercer** *vpr* (*V* **gercer**) to chap; to crack.
gerçure [ʒɛʀsyʀ] *nf* (small) crack. **pour éviter les ~s, achetez la crème X** to avoid chapped hands *etc ou* to avoid chapping, buy X cream.
gérer [ʒeʀe] (6) *vt société, commerce* to manage; *fortune, biens* to administer, manage. **il gère bien ses affaires** he manages his affairs well; **il a mal géré son affaire** he has mismanaged his business, he has managed his business badly; (*Pol*) **~ la crise** to manage the crisis.
gerfaut [ʒɛʀfo] *nm* (*Orn*) gyrfalcon.
gériatrie [ʒeʀjatʀi] *nf* geriatrics (*sg*).
gériatrique [ʒeʀjatʀik] *adj* geriatric.
germain, e [ʒɛʀmɛ̃, ɛn] **1** *adj* (**a**) *V* **cousin¹**. (**b**) (*Hist*) German. **2** *nm, f* (*Hist*) **G~(e)** German.
Germanie [ʒɛʀmani] *nf* (*Hist*) Germania.
germanique [ʒɛʀmanik] **1** *adj* Germanic. **2** *nm* (*Ling*) Germanic. **3** *nmf*: **G~** Germanic.
germanisant, e [ʒɛʀmanizã, ãt] *nm,f* = **germaniste**.
germanisation [ʒɛʀmanizasjõ] *nf* germanization.
germaniser [ʒɛʀmanize] (1) *vt* to germanize.
germanisme [ʒɛʀmanism(ə)] *nm* (*Ling*) germanism.
germaniste [ʒɛʀmanist(ə)] *nmf* German scholar, germanist.
germanium [ʒɛʀmanjɔm] *nm* germanium.
germanophile [ʒɛʀmanɔfil] *adj, nmf* germanophil(e).
germanophilie [ʒɛʀmanɔfili] *nf* germanophilia.
germanophobe [ʒɛʀmanɔfɔb] **1** *adj* germanophobic. **2** *nmf* germanophobe.
germanophobie [ʒɛʀmanɔfɔbi] *nf* germanophobia.
germe [ʒɛʀm(ə)] *nm* (**a**) (*Bio*) [*embryon*] germ; [*œuf*] germinal disc; [*pomme de terre*] eye; (*Méd: microbe*) germ. **~ de dent** tooth bud; *V* **porteur**.
  (**b**) (*fig: source*) [*maladie, erreur, vie*] seed. **~ d'une idée** germ of an idea; **avoir** *ou* **contenir en ~** to contain in embryo, contain the seeds of; **cette idée est en ~** this idea is beginning to take root.
germer [ʒɛʀme] (1) *vi* to sprout, shoot, germinate; (*fig*) [*idée, sentiment*] to germinate. **pommes de terre germées** sprouting potatoes.
germicide [ʒɛʀmisid] **1** *adj* germicidal. **2** *nm* germicide.
germinal¹, e, *mpl* -**aux** [ʒɛʀminal, o] *adj* germinal.
germinal² [ʒɛʀminal] *nm* Germinal (*seventh month in the French Republican calendar*).
germinateur, -trice [ʒɛʀminatœʀ, tʀis] *adj* germinative.
germinatif, -ive [ʒɛʀminatif, iv] *adj* germinal.
germination [ʒɛʀminasjõ] *nf* (*Bot, fig*) germination.

germoir [ʒɛrmwar] *nm* (*Agr*) seed tray.
gérondif [ʒerɔ̃dif] *nm* (*Ling*) (*latin*) (*avec être*) gerundive; (*complément de nom*) gerund; (*français*) gerund.
gérontocratie [ʒerɔ̃tɔkrasi] *nf* gerontocracy.
gérontocratique [ʒerɔ̃tɔkratik] *adj* gerontocratic.
gérontologie [ʒerɔ̃tɔlɔʒi] *nf* gerontology.
gérontologique [ʒerɔ̃tɔlɔʒik] *adj* gerontological.
gérontologiste [ʒerɔ̃tɔlɔʒist(ə)] *nmf*, **gérontologue** [ʒerɔ̃tɔlɔg] *nmf* gerontologist.
gésier [ʒezje] *nm* gizzard.
gésine [ʒezin] *nf* (*accoucher*) **être en** ~† to be in labour.
gésir [ʒezir] *vi* (*être étendu*) to be lying (down), lie (down). **il gît/gisait sur le sol** he is lying/was lying *ou* lay on the ground; (*fig*) **là gît le problème** therein lies the problem; *V* **ci.**
gestaltisme [gɛʃtaltism(ə)] *nm* Gestalt (psychology).
gestation [ʒɛstasjɔ̃] *nf* gestation. **en** ~ in gestation.
geste¹ [ʒɛst(ə)] *nm* (**a**) (*mouvement*) gesture. ~ **d'approbation/d'effroi** gesture of approval/of terror; ~ **maladroit** *ou* malheureux clumsy gesture *ou* movement; **pas un** ~ **ou je tire!** one move and I'll shoot!; **faire un** ~ **de la main** to gesture with one's hand, give a wave (of one's hand); **faire un** ~ **de la tête** (*affirmatif*) to nod (one's head), give a nod; (*négatif*) to shake one's head; **il refusa d'un** ~ he made a gesture of refusal, he gestured his refusal; **il le fit entrer d'un** ~ **de la tête/main** he nodded/waved him in, he nodded/waved to him to come in; **il le fit entrer d'un** ~ he motioned *ou* gestured to him to come in; **il lui indiqua la porte d'un** ~ with a gesture he showed him the door; **s'exprimer par** ~s to use one's hands to express o.s.; (*fig*) **il ne fit pas un** ~ **pour l'aider** he didn't lift a finger *ou* make a move to help him; (*fig*) **tu n'as qu'un** ~ **à faire pour qu'il revienne** you only have to say the word *ou* just say the word and he'll come back; *V* **encourager, fait¹, joindre.**
  (**b**) (*action*) act, deed; (*action généreuse*) gesture, act, deed. ~ **lâche/méprisable** cowardly/despicable act *ou* deed; ~ **de réconciliation** gesture of reconciliation; **c'était un beau** ~ it was a noble gesture *ou* deed; **faites un** ~ make a gesture.
geste² [ʒɛst(ə)] *nf* (*Littérat*) collection of epic poems centred around the same hero; *V* **chanson.**
gesticulation [ʒɛstikylasjɔ̃] *nf* gesticulation, gesticulating (*U*).
gesticuler [ʒɛstikyle] (1) *vi* to gesticulate.
gestion [ʒɛstjɔ̃] *nf* [*entreprise*] management; [*biens*] administration, management. **mauvaise** ~ mismanagement, bad management; ~ **de l'économie** economic management; ~ **des stocks** inventory control.
gestionnaire [ʒɛstjɔnɛr] **1** *adj* administrative, management (*épith*). **2** *nmf* administrator.
gestuel, -elle [ʒɛstɥɛl] **1** *adj* gestural. **2 gestuelle** *nf* hand movements.
Gethsemani [ʒɛtsəmani] *n* Gethsemane.
geyser [ʒɛzɛr] *nm* geyser.
Ghana [gana] *nm* Ghana.
ghanéen, -enne [ganeɛ̃, ɛn] **1** *adj* Ghanaian. **2** *nm,f* **G~(ne)** Ghanaian.
ghetto [gɛto] *nm* ghetto.
GI [dʒiaj] *nm* (*soldat américain*) GI.
gibbeux, -euse [ʒibø, øz] *adj* (*Astron, littér*) gibbous, gibbose.
gibbon [ʒibɔ̃] *nm* gibbon.
gibbosité [ʒibozite] *nf* (*Astron, littér*) hump, gibbosity (*T*).
gibecière [ʒibsjɛr] *nf* (*gén*) (leather) shoulder bag; [*chasseur*] gamebag; [*écolier*] (†) satchel.
gibelin [ʒiblɛ̃] (*Hist*) Ghibelline.
gibelotte [ʒiblɔt] *nf* fricassee of game in wine.
giberne [ʒibɛrn(ə)] *nf* cartridge pouch.
gibet [ʒibɛ] *nm* gibbet, gallows. (*Hist*) **condamner au** ~ to condemn to death by hanging, condemn to the gallows.
gibier [ʒibje] *nm* (**a**) game. **gros/menu** ~ big/small game; ~ **d'eau** waterfowl; ~ **à poil** game animals; ~ **à plume** game birds.
  (**b**) (*fig: personne*) prey. **les policiers attendaient leur** ~ the policemen awaited their prey; ~ **de potence** gallows bird; **le gros** ~ big game (*fig*).
giboulée [ʒibule] *nf* (sudden) shower, sudden downpour. ~ **de mars** ≃ April shower.
giboyeux, -euse [ʒibwajø, øz] *adj* pays, forêt abounding in game, well-stocked with game.
Gibraltar [ʒibraltar] *nm* Gibraltar.
gibus [ʒibys] *nm* opera hat.
giclée [ʒikle] *nf* spurt, squirt.
giclement [ʒikləmɑ̃] *nm* (*V* **gicler**) spurting, squirting.
gicler [ʒikle] (1) *vi* (*jaillir*) to spurt, squirt. **faire** ~ **de l'eau d'un robinet** to squirt water from a tap; **le véhicule a fait** ~ **de l'eau à son passage** the passing vehicle sent up a spray of water.
gicleur [ʒiklœr] *nm* (*Aut*) jet. ~ **de ralenti** slow-running jet (*Brit*), idle.
gidien, -ienne [ʒidjɛ̃, jɛn] *adj* of André Gide.
gifle [ʒifl(ə)] *nf* (*lit*) slap (in the face), smack (on the face), box on the ear; (*fig*) slap in the face. **donner une** ~ **à qn** to slap sb in the face, give sb a slap in the face, box sb's ears; *V* **paire², tête.**
gifler [ʒifle] (1) *vt* to slap (in the face). ~ **qn** to slap *ou* smack sb's face, slap sb in the face; **visage giflé par la grêle** face lashed by (the) hail.
giga [ʒiga] *préf* giga. ~**octet/watt** gigabyte/watt.
gigantesque [ʒigɑ̃tɛsk(ə)] *adj* taille gigantic, immense; objet, entreprise gigantic, giant (*épith*); bêtise immense.
gigantisme [ʒigɑ̃tism(ə)] *nm* (*Méd*) gigantism; (*fig: grandeur*) gigantic size *ou* proportions. **ville/entreprise atteinte de** ~ city/firm that suffers from overexpansion on a gigantic scale.

GIGN [ʒeiʒeɛn] *nm* (*abrév de* Groupe d'Intervention de la Gendarmerie Nationale) ≃ SAS (*Brit*).
gigogne [ʒigɔɲ] *nf* *V* fusée, lit, poupée, table.
gigolo [ʒigolo] *nm* gigolo.
gigot [ʒigo] *nm* (*Culin*) ~ (**de mouton**)/(**d'agneau**) leg of mutton/lamb; ~ (**de chevreuil**) haunch of venison; **une tranche de** ~ a slice off the leg of mutton *ou* lamb *etc*, a slice off the joint; (*fig*) **elle a de bons** ~s* she has nice sturdy legs; *V* **manche¹.**
gigoter* [ʒigɔte] (1) *vi* to wriggle (about).
gigue [ʒig] *nf* (*Mus*) gigue; (*danse*) jig. (*jambes*) ~s* legs; (*péj: fille*) **une grande** ~ a bean-pole (of a girl)*; (*Culin*) ~ **de chevreuil** haunch of venison.
gilde [gild] *nf* = **guilde.**
gilet [ʒilɛ] *nm* (*de complet*) waistcoat (*Brit*), vest (*US*); (*cardigan*) cardigan. ~ (**de corps** *ou* **de peau**) vest (*Brit*), undershirt (*US*); ~ **pare-balles** bulletproof jacket, flak jacket*; ~ **de sauvetage** life jacket; *V* **pleurer.**
giletier, -ière [ʒiltje, jɛr] *nm,f* waistcoat (*Brit*) *ou* vest (*US*) maker.
Gilles [ʒil] *nm* Giles.
gin [dʒin] *nm* gin.
gingembre [ʒɛ̃ʒɑ̃br(ə)] *nm* ginger.
gingival, e, mpl -aux [ʒɛ̃ʒival, o] *adj* gingival. **pâte** ~**e** gum ointment.
gingivite [ʒɛ̃ʒivit] *nf* inflammation of the gums, gingivitis (*T*).
ginglyme [ʒɛ̃glim] *nm*: ~ **angulaire** hinge joint.
ginseng [ʒinsɑ̃g] *nm* ginseng.
girafe [ʒiraf] *nf* (*Zool*) giraffe; (*péj: personne*) beanpole*; (*Ciné*) boom; *V* **peigner.**
girafeau [ʒirafo] *nm* baby giraffe.
giralducien, -ienne [ʒiraldysjɛ̃, jɛn] *adj* of Giraudoux.
girandole [ʒirɑ̃dɔl] *nf* (*chandelier*) candelabra, girandole; (*feu d'artifice*) girandole.
girasol [ʒirasɔl] *nm* girasol.
giration [ʒirasjɔ̃] *nf* gyration.
giratoire [ʒiratwar] *adj* gyrating, gyratory; *V* **sens.**
girelle [ʒirɛl] *nf* rainbow wrasse.
girl [gœrl] *nf* chorus girl.
girofle [ʒirɔfl(ə)] *nm* cloves; *V* **clou.**
giroflée [ʒirɔfle] *nf* wallflower, gillyflower; (*vivace*) stock. (*: gifle) ~ **à cinq feuilles** slap in the face.
giroflier [ʒirɔflije] *nm* clove tree.
girolle [ʒirɔl] *nf* chanterelle.
giron [ʒirɔ̃] *nm* (*Anat: genoux*) lap; (*fig: sein*) bosom. (*fig*) **rentrer dans le** ~ **de l'église** to return to the fold, return to the bosom of the Church; **enfant élevé dans le** ~ **maternel** child reared in the bosom of his family.
girond, e* [ʒirɔ̃, ɔ̃d] *adj* well-padded*, plump.
Gironde [ʒirɔ̃d] *nf*: **la** ~ the Gironde.
girouette [ʒirwɛt] *nf* weather vane *ou* cock. (*fig*) **c'est une vraie** ~ he changes (his mind) with the weather (*fig*), he changes his mind depending on which way the wind is blowing.
gisait, gisaient [ʒizɛ] *V* **gésir.**
gisant [ʒizɑ̃] *nm* (*Art*) recumbent statue (*on tomb*).
gisement [ʒizmɑ̃] *nm* (**a**) (*Minér*) deposit. (**b**) (*Naut*) bearing.
gisent [ʒiz], **gît** [ʒi] *V* **ci, gésir.**
gitan, e [ʒitɑ̃, an] **1** *adj* gipsy (*épith*). **2** *nm,f*: **G~(e)** gipsy. **3 gitane** *nf* (®: *cigarette*) Gitane (*cigarette*).
gîte¹ [ʒit] *nm* (**a**) (*abri*: *maison*) home; (*Tourisme*) gite, self-catering cottage *ou* flat. **rentrer au** ~ to return home; **ils lui donnent le** ~ **et le couvert** they give him room and board *ou* board and lodging (*Brit*).
  (**b**) (*Chasse*) [*lièvre*] form.
  (**c**) (*Boucherie*) ~ (**à la noix**) topside (*Brit*), bottom round (*US*); **gîte-gîte** shin (*Brit*), shank (*US*).
  (**d**) (*Minér*) deposit.
gîte² [ʒit] *nf* (*Naut*) (*emplacement d'épave*) bed (*of a sunken ship*). **donner de la** ~ to list, heel.
gîter [ʒite] (1) *vi* (*littér*) to lodge; (*Naut*) (*pencher*) to list, heel; (*être échoué*) to be aground.
givrage [ʒivraʒ] *nm* (*Aviat*) icing.
givre [ʒivr(ə)] *nm* (**a**) (hoar)frost, rime (*T*); *V* **fleur.** (**b**) (*Chim*) crystallization.
givré, e [ʒivre] (*ptp de* **givrer**) *adj* (**a**) arbre covered in frost; fenêtre, hélice frosted-up, iced-up, covered in frost; verre frosted. **orange** *etc* ~**e** orange *etc* sorbet served in the (orange) skin.
  (**b**) (*: (ivre*) plastered‡; (*fou*) cracked‡, bonkers‡ (*Brit*), nuts‡. **devenir complètement** ~ to go completely off one's head *ou* rocker‡.
givrer *vt*, **se givrer** *vpr* [ʒivre] (1) to frost up, ice up.
glabre [glabr(ə)] *adj* (*imberbe*) hairless; (*rasé*) clean-shaven; (*Bot*) glabrous.
glaçage [glasaʒ] *nm* [*viande, papier, étoffe*] glazing; [*gâteau*] (*au sucre*) icing; (*au blanc d'œuf*) glazing.
glace¹ [glas] *nf* (**a**) (*eau congelée*) ice (*U*). **cube de** ~ ice cube; **seau/pince à** ~ ice bucket/tongs; **le thermomètre est à la** ~ the thermometer is at freezing (point); (*lit, fig*) **briser** *ou* **rompre la** ~ to break the ice; *V* **crampon, mettre.**
  (**b**) (*Géog*) ~s ice sheets, ice fields; ~s **flottantes** drift ice, ice floes; **canal bloqué par les** ~s canal blocked with ice *ou* with ice floes; **bateau pris dans les** ~s icebound ship.
  (**c**) (*fig*) **de** ~ accueil icy, frosty, ice-cold; expression, visage stony, frosty; **rester de** ~ to remain unmoved.
  (**d**) (*Culin*) (*crème*) ice cream; (*jus de viande*) glaze; (*pour pâtisserie*: *glaçage*) royal icing. ~ **à l'eau** water ice (*Brit*), sherbet (*US*); ~ **à la crème** dairy ice cream (*Brit*), iced-milk ice cream (*US*); ~ **à la vanille/au café** vanilla/coffee ice cream; ~ **à l'italienne** soft ice cream; ~ **portative** ice-cream cake *ou* gateau; *V* **sucre.**

glace² [glas] *nf* (a) *(miroir)* mirror. ~ à main hand mirror; *V* armoire. (b) *(plaque de verre)* sheet of (plate) glass; plate glass *(U)*. la ~ d'une vitrine the glass of a shop window. (c) *[véhicule] (vitre)* window; *V* essuyer, laver, tain.

glacé, e [glase] *(ptp de glacer) adj neige, lac* frozen; *vent, eau, chambre* icy, freezing; *boisson* icy, ice-cold; *cuir, tissu* glazed; *fruit* glacé; *accueil, attitude, sourire* stiff, chilly. **je suis ~** I'm frozen (stiff), I'm chilled to the bone; **j'ai les mains ~es** my hands are frozen *ou* freezing; **à servir ~** to be served iced *ou* ice-cold; **café/chocolat ~** iced coffee/chocolate; *V* **crème, marron¹, papier** *etc.*

glacer [glase] (3) **1** *vt* (a) *liquide (geler)* to freeze; *(rafraîchir)* to chill, ice. **mettre des boissons à ~** to put some drinks to chill.
  (b) *personne, membres* to make freezing, freeze. **ce vent glace les oreilles** this wind is freezing to the ears *ou* freezes your ears; **ce vent vous glace** it's a freezing *ou* perishing *(Brit)* (cold) wind, this wind chills you to the bone.
  (c) *(fig)* ~ **qn** *(réfrigérer)* to turn sb cold, chill sb; *(paralyser)* to make sb's blood run cold; **cela l'a glacé d'horreur** *ou* **d'épouvante** he was frozen with terror at this; ~ **le sang de qn** to make sb's blood run cold, chill sb's blood; *(littér)* **cette réponse lui glaça le cœur** this reply turned his heart to ice; **son attitude vous glace** he has a chilling way about him, his attitude turns you cold.
  (d) *viande, papier, étoffe* to glaze; *gâteau (au sucre)* to ice; *(au blanc d'œuf)* to glaze.
  2 se glacer *vpr [eau]* to freeze. **mon sang se glaça dans mes veines** my blood ran cold *ou* my blood froze in my veins; **son sourire/son expression se glaça** his smile/expression froze.

glaceuse [glasøz] *nf* glazing machine.

glaciaire [glasjɛʀ] *adj période, calotte* ice *(épith)*; *relief, régime, vallée, érosion* glacial.

glacial, e, mpl ~s *ou* **-aux** [glasjal, o] *adj* (a) *froid* icy, freezing *(épith)*; *nuit, pluie, vent* icy, freezing (cold); *V* **océan.** (b) *(fig) accueil* icy, frosty, ice-cold; *silence, regard* frosty, icy. **c'est quelqu'un de ~** he's as cold as ice, he's a real iceberg.

glaciation [glasjasjɔ̃] *nf* glaciation.

glacier [glasje] *nm* (a) *(Géog)* glacier. (b) *(fabricant)* ice-cream maker; *(vendeur)* ice-cream man; *V* pâtissier.

glacière [glasjɛʀ] *nf* icebox. **mettre qch à la ~** to put sth in the icebox. *(fig)* **c'est une vraie ~ ici!** it's like a fridge *ou* an icebox here!

glaciériste [glasjerist(ə)] *nmf* ice climber.

glaciologie [glasjɔlɔʒi] *nf* glaciology.

glaciologique [glasjɔlɔʒik] *adj* glaciological.

glaciologue [glasjɔlɔg] *nmf* glaciologist.

glacis [glasi] *nm* (a) *(Art)* glaze. (b) *(Archit)* weathering; *(Géog, Mil)* glacis.

glaçon [glasɔ̃] *nm [rivière]* block of ice; *[toit]* icicle; *[boisson]* ice cube; *(péj: personne)* iceberg. **un whisky avec des ~s** a whisky *ou* a whisky on the rocks; **mes pieds sont comme des ~s** my feet are like blocks of ice.

gladiateur [gladjatœʀ] *nm* gladiator.

glaïeul [glajœl] *nm* gladiola, gladiolus.

glaire [glɛʀ] *nf [œuf]* white; *(Méd)* phlegm.

glaireux, -euse [glɛʀø, øz] *adj* slimy.

glaise [glɛz] *nf* clay; *V* **terre.**

glaiseux, -euse [glɛzø, øz] *adj* clayey.

glaisière [glɛzjɛʀ] *nf* clay pit.

glaive [glɛv] *nm* two-edged sword. *(littér)* **le ~ de la justice** the sword of justice.

glanage [glanaʒ] *nm* gleaning.

gland [glɑ̃] *nm* (a) *(Bot)* acorn; *(Anat)* glans; *(ornement)* tassel. (*****: *imbécile*) **quel ~!** what a prick!*****

glande [glɑ̃d] *nf* gland. **avoir des ~s** *(Méd)* to have swollen glands; (**‡**: *être en colère*) **être** to be hopping mad*****; (**‡**: *être anxieux*) **to be all wound-up***; ~ **pinéale** pineal body *ou* gland.

glander‡ [glɑ̃de] (1) *vi (traînailler)* to footle around* *(Brit)*, screw around‡ *(US)*; *(attendre)* to hang around*, kick one's heels* *(Brit)*.

glandeur, -euse* [glɑ̃dœʀ, øz] *nm, f* layabout*, shirker.

glandouiller‡ [glɑ̃duje] (1) *vi* = **glander‡**.

glandulaire [glɑ̃dylɛʀ] *adj* glandular.

glaner [glane] (1) *vt (lit, fig)* to glean.

glaneur, -euse [glanœʀ, øz] *nm, f* gleaner.

glapir [glapiʀ] (2) *vi [renard, chien]* to yap, yelp; *(péj) [personne]* to yelp, squeal.

glapissement [glapismɑ̃] *nm (V glapir)* yapping; yelping; squealing.

glas [glɑ] *nm* knell *(U)*, toll *(U)*. **on sonne le ~** the bell is tolling, they are tolling the knell *ou* bell; *(fig)* **sonner le ~ de** to toll *ou* sound the knell of.

glaucome [glokom] *nm* glaucoma.

glauque [glok] *adj yeux, eau* dull blue-green.

glaviot‡ [glavjo] *nm* gob of spit‡.

glavioter‡ [glavjote] (1) *vi* to spit.

glèbe [glɛb] *nf (Hist, littér)* glebe.

glissade [glisad] *nf* (a) *(par jeu)* slide; *(chute)* slip; *(dérapage)* skid. *(Aviat)* ~ **sur l'aile** sideslip; **il fit une ~ mortelle** he slipped and was fatally injured; **faire des ~s sur la glace** to slide on the ice. (b) *(Danse)* glissade.

glissage [glisaʒ] *nm* sledging *(of wood)*.

glissando [glisãdo] *adv* glissando.

glissant, e [glisã, ãt] *adj sol, savon, poisson* slippery; *V* **terrain.**

glisse [glis] *nf (Ski)* glide.

glissé, e [glise] *(ptp de glisser) adj, nm:* (pas) ~ **glissé.**

glissement [glismɑ̃] *nm [porte, rideau, pièce]* sliding; *[bateau]* gliding; *(Ski, Phon)* glide. ~ **électoral (à gauche)** electoral swing *ou* move (to the left); ~ **de sens** shift in meaning; ~ **de terrain** landslide, landslip.

glisser [glise] (1) **1** *vi* (a) *(avancer)* to slide along; *[voilier, nuages,*

patineurs] to glide along. **le bateau glissait sur les eaux** the boat glided over the water; *(Ski)* **avec ce fart, on glisse bien** you slide *ou* glide easily with this wax, this wax slides *ou* glides easily; **il fit** ~ **le fauteuil (sur le sol)** he slid the armchair (along the floor).
  (b) *(tomber)* to slide. **ils glissèrent le long de la pente dans le ravin** they slid down the slope into the gully; **il se laissa** ~ **le long du mur** he slid down the wall; **une larme glissa le long de sa joue** a tear trickled *ou* slid down his cheek; **d'un geste maladroit il fit** ~ **le paquet dans le ravin** with a clumsy gesture he sent the parcel sliding down into the gully; **il fit** ~ **l'argent dans sa poche** he slipped the money into his pocket.
  (c) *(fig: aller)* to slip. **le pays glisse vers l'anarchie** the country is slipping *ou* sliding towards anarchy; **le pays glisse vers la droite** the country is moving *ou* swinging towards the right; **il glisse dans la délinquance** he's slipping into crime; **ça glisse vers la pornographie** that's verging on pornography.
  (d) *(déraper) [personne]* to slip; *[véhicule, pneus]* to skid. **il a glissé sur la glace et il est tombé** he slipped on the ice and fell; **son pied a glissé** his foot slipped; **le couteau a glissé (sur le bois) et je me suis coupé** the knife slipped (on the wood) and I cut myself; **il m'a fait** ~ he made me slip.
  (e) *(être glissant) [parquet]* to be slippery. **attention, ça glisse** be careful, it's slippery (underfoot).
  (f) *(coulisser) [tiroir, rideau]* to slide; *[curseur, anneau]* to slide (along). **ces tiroirs ne glissent pas bien** these drawers don't slide (in and out) easily.
  (g) *(échapper de)* ~ **de la table** to slip *ou* slide off the table; ~ **de la poêle/des mains** to slip *ou* slide out of the frying pan/one's hands; *(fig)* **le voleur leur a glissé entre les mains** the thief slipped (right) through their fingers.
  (h) *(effleurer)* ~ **sur: ses doigts glissaient sur les touches** his fingers slipped over the keys; **les reproches glissent sur lui (comme l'eau sur les plumes d'un canard)** reproaches roll off him (like water off a duck's back); ~ **sur un sujet** to skate over a subject; **glissons!** let's not dwell on it, let's skate over that, let that pass; *(Prov)* **glissez, mortels, n'appuyez pas!** enough said!; **la balle glissa sur le blindage** the bullet glanced off the armour plating; **son regard glissa d'un objet à l'autre** he glanced from one object to another, his eyes slipped from one object to another.
  2 *vt (introduire)* ~ **qch sous/dans qch** to slip *ou* slide sth under/into sth; ~ **une lettre sous la porte** to slip *ou* slide a letter under the door; **il me glissa un billet dans la main** he slipped a note into my hand; *(fig)* ~ **un mot à l'oreille de qn** to slip *ou* drop a word in sb's ear; *(fig)* **il glisse toujours des proverbes dans sa conversation** he's always slipping proverbs into his conversation; **il me glissa un regard en coulisse** he gave me a sidelong glance; **il me glissa que ...** he whispered to me that ... .
  3 se glisser *vpr* (a) *[personne, animal]* **se** ~ **quelque part** to slip somewhere; **le chien s'est glissé sous le lit/derrière l'armoire** the dog has slipped under the bed/behind the cupboard; **se** ~ **dans les draps** to slip *ou* slide between the sheets; **le voleur a réussi à se** ~ **dans la maison** the thief managed to sneak *ou* slip into the house; **il a réussi à se** ~ **jusqu'au premier rang** he managed to edge *ou* worm his way to the front *ou* to slip through to the front.
  (b) *[erreur, sentiment]* **se** ~ **dans** to creep into; **l'inquiétude/le soupçon se glissa en lui/dans son cœur** anxiety/suspicion crept into him/into his heart; **une erreur s'est glissée dans le texte** a mistake has slipped *ou* crept into the text.

glissière [glisjɛʀ] *nf* slide *ou* sliding channel; *(Aut) [siège]* runner. **porte/panneau/système à** ~ sliding door/panel/device; *(sur une route)* ~ **de sécurité** crash barrier; *V* **fermeture.**

glissoire [gliswaʀ] *nf* slide *(on ice or snow)*.

global, e, mpl -aux [glɔbal, o] *adj somme* global *(épith)*, total *(épith)*, overall *(épith)*, aggregate *(épith)*; *résultat, résumé* overall *(épith)*; *perspective, vue* global *(épith)*, overall *(épith)*, comprehensive. **méthode ~e** word recognition method *(of teaching reading)*.

globalement [glɔbalmɑ̃] *adv (en bloc)* globally; *(pris dans son ensemble)* taken as a whole. ~ **nous sommes tous d'accord** overall *ou* in the main we are in agreement.

globe [glɔb] *nm* (a) *(sphère, monde)* globe. ~ **oculaire** eyeball; **le** ~ **terrestre** the globe, the earth. (b) *(pour recouvrir)* glass cover, globe. *(fig)* **mettre qn/qch sous** ~ to keep sb/sth in cotton wool *(Brit)*, keep sb/sth in a glass case.

globe-trotter, pl globe-trotters [glɔbtʀɔtœʀ] *nm* globe-trotter.

globine [glɔbin] *nf* globin.

globulaire [glɔbylɛʀ] *adj (sphérique)* global; *(Physiol)* corpuscular; *V* **numération.**

globule [glɔbyl] *nm (gén, Chim)* globule; *(Physiol)* corpuscle. ~**s rouges/blancs** red/white corpuscles.

globuleux, -euse [glɔbylø, øz] *adj forme* globular; *œil* protruding.

globuline [glɔbylin] *nf* globulin.

glockenspiel [glɔkɛnʃpil] *nm* glockenspiel.

gloire [glwaʀ] *nf* (a) *(renommée)* glory, fame; *[vedette]* stardom, fame. **trouver la** ~ **sur le champ de bataille** to win glory on the battlefield; **la** ~ **littéraire** literary fame; **être au sommet de la** ~ *ou* **en pleine** ~ to be at the height of one's fame; **il s'est couvert de** ~ **à l'examen** he covered himself in glory at the exam; **elle a eu son heure de** ~ she has had her hour of glory; **(faire qch) pour la** ~ (to do sth) for the glory of it *ou* for love*.
  (b) *(distinction)* **sa plus grande** ~ **a été de faire** his greatest distinction *ou* his greatest claim to fame was to do; **s'attribuer toute la** ~ **de qch** to give o.s. all the credit for sth, take all the glory for sth; **tirer** ~ **de qch** to vaunt sth; **il s'en fait** ~! he glories in it!, he prides himself on it!
  (c) *(littér, Rel: éclat)* glory. **la** ~ **de Rome/de Dieu** the glory of

Rome/God; **le trône/le séjour de** ~ the throne/the Kingdom of Glory.
(d) (*louange*) glory, praise. ~ **à Dieu** glory to God, praise be to God; ~ **à tous ceux qui ont donné leur vie** glory to all those who gave their lives; **disons-le à sa** ~ it must be said in praise of him; **poème/chant à la** ~ **de** poem/song in praise of; **célébrer** *ou* **chanter la** ~ **de** to sing the praises of; *V* **rendre.**
(e) (*personne: célébrité*). (*hum*) **toutes les** ~**s de la région étaient là** all the worthies (*hum*) *ou* notables of the region were there.
(f) (*Art: auréole*) glory. **Christ en** ~ Christ in majesty.
gloria [glɔʀja] *nm inv* (*Rel*) Gloria; († : *boisson*) laced coffee, spiked coffee (*US*).
glorieusement [glɔʀjøzmɑ̃] *adv* gloriously.
glorieux, -euse [glɔʀjø, øz] *adj exploit, mort, personne* glorious; *air, ton* self-important. (*littér, péj*) **tout** ~ **de sa richesse/de pouvoir dire ...** glorying in *ou* priding himself on his wealth/being able to say ... .
glorification [glɔʀifikɑsjɔ̃] *nf* glorification.
glorifier [glɔʀifje] (7) **1** *vt* to glorify, extol. ~ **Dieu** to glorify God. **2 se glorifier** *vpr*: **se** ~ **de** to glory in, take great pride in.
gloriole [glɔʀjɔl] *nf* misplaced vanity, vainglory. **faire qch par** ~ to do sth out of (misplaced) vanity *ou* out of vainglory.
glose [gloz] *nf* (*annotation*) gloss.
gloser [gloze] (1) **1** *vt* to annotate, gloss. **2** *vi* to ramble on (*sur* about).
glossaire [glɔsɛʀ] *nm* glossary.
glossématique [glɔsematik] *nf* glossematics (*sg*).
glossine [glɔsin] *nf* glossina.
glossolalie [glɔsɔlali] *nf* glossolalia.
glottal, e, *mpl* **-aux** [glɔtal, o] *adj* glottal.
glotte [glɔt] *nf* glottis. **coup de** ~ glottal stop.
glouglou [gluglu] *nm* **(a)** *[eau]* gurgling, glug-glug*. **faire** ~ to gurgle, go glug-glug*. **(b)** *[dindon]* gobbling, gobble-gobble. **faire** ~ to gobble, go gobble-gobble.
glouglouter [gluglute] (1) *vi [eau]* to gurgle; *[dindon]* to gobble.
gloussement [glusmɑ̃] *nm* (*V* **glousser**) chuckle; cluck.
glousser [gluse] (1) *vi [personne]* to chuckle; *[poule]* to cluck.
glouton, -onne [glutɔ̃, ɔn] **1** *adj personne* gluttonous, greedy; *appétit* voracious. **2** *nm, f* glutton. **3** *nm* (*Zool*) wolverine.
gloutonnement [glutɔnmɑ̃] *adv manger* gluttonously, greedily; *lire* voraciously. **avalant** ~ **son repas** gulping his meal down gluttonously *ou* greedily, guzzling (down) his meal*.
gloutonnerie [glutɔnʀi] *nf* gluttony, greed.
glu [gly] *nf* (*pour prendre les oiseaux*) birdlime. **prendre les oiseaux à la** ~ to lime birds; **on dirait de la** ~, **c'est comme de la** ~ it's like glue; (*fig: personne*) **quelle** ~, **ce type!*** what a leech the guy is!*
gluant, e [glyɑ̃, ɑ̃t] *adj* (*substance*) sticky, gummy; (*fig: répugnant*) *personne* slimy.
glucide [glysid] *nm* glucide.
glucose [glykoz] *nm* glucose.
gluten [glytɛn] *nm* gluten.
glycémie [glisemi] *nf* glycaemia.
glycérine [gliseʀin] *nf*, **glycérol** [gliseʀɔl] *nm* glycerin(e), glycerol (*T*).
glycériner [gliseʀine] (1) *vt*: **joint glyceriné** glycerol-coated joint.
glycérophtalique [gliseʀɔftalik] *adj*: **peinture** ~ oil-based paint.
glycine [glisin] *nf* **(a)** (*plante*) wisteria, wistaria. **(b)** (*acide*) glycine.
glycocolle [glikɔkɔl] *nm* glycine.
glycogène [glikɔʒɛn] *nm* glycogen.
glycol [glikɔl] *nm* glycol.
G.M.T. [ʒeɛmte] *abrév* GMT. **à 15 heures** ~ at 15 (hundred) hours GMT.
gnangnan* [nɑ̃nɑ̃] *nmf* whining lump*, drip*. **qu'est-ce qu'il est** ~**!** what a drip* *ou* a whining lump* he is!
gneiss [gnɛs] *nm* gneiss.
gniole* [nɔl] *nf* = **gnôle*.**
gnocchi [nɔki] *nmpl* gnocchi.
gnognote* [nɔnɔt] *nf*: **c'est de la** ~**!** it's rubbish!; **c'est pas de la** ~**!** that's really something!*
gnôle* [nɔl] *nf* (*eau de vie*) hooch*. **un petit verre de** ~ a snifter*, a dram*.
gnome [gnom] *nm* gnome.
gnomique [gnɔmik] *adj* gnomic.
gnon* [nɔ̃] *nm* blow, bash*. **prendre un** ~ *ou* **des** ~**s** to get bashed*; **il donnait des** ~**s à tout le monde** he was hitting out at everybody.
gnose [gnoz] *nf* gnosis.
gnosticisme [gnɔstisism(ə)] *nm* gnosticism.
gnostique [gnɔstik] *adj, nmf* gnostic.
gnou [gnu] *nm* gnu, wildebeest.
go [go] *nm* (*jeu*) go; *V* **tout.**
Go *abrév de* **gigaoctet.**
G.O. *abrév de* **grandes ondes;** *V* **onde.**
goal [gol] *nm* goalkeeper, goalie*.
gobelet [gɔblɛ] *nm [enfant, pique-nique]* beaker; (*en étain, verre, argent*) tumbler; *[dés]* cup. **un** ~ **en plastique/papier** a plastic/paper cup.
gobe-mouches [gɔbmuʃ] *nm inv* (*Orn*) flycatcher. ~ **gris** spotted flycatcher.
gober [gɔbe] (1) *vt huître, œuf* to swallow (whole); (*fig*) *mensonge, histoire* to swallow (hook, line and sinker). **je ne peux pas le** ~*** I can't stand him; **je ne le gobe pas tellement*** I'm not terribly keen on him (*Brit*), I don't go for him very much*; **ne reste pas là à** ~ **les mouches** don't just stand there gawping.
goberger (se)* [gɔbɛʀʒe] (3) *vpr* (*faire bonne chère*) to indulge o.s.; (*prendre ses aises*) to pamper o.s.

gobie [gɔbi] *nm* goby.
godailler [gɔdaje] (1) *vi* = **goder.**
godasse* [gɔdas] *nf* shoe.
godelureau, *pl* ~**x** [gɔdlyʀo] *nm* (young) dandy.
godemiché [gɔdmiʃe] *nm* dildo.
goder [gɔde] (1) *vi [vêtement]* to pucker, be puckered; *[papier peint]* to have bubbles *ou* bulges in it. **sa jupe godait de partout** her skirt was all puckered.
godet [gɔdɛ] *nm* **(a)** (*gén: récipient*) jar, pot; (*à peinture*) pot. **viens boire un** ~ **avec nous*** come and have a jar* (*Brit*) *ou* a drink with us. **(b)** (*Couture*) flare. **jupe à** ~**s** flared skirt. **(c)** (*Tech*) bucket.
godiche [gɔdiʃ] *adj* lumpish, oafish. **quelle** ~, **ce garçon!** what an awkward lump *ou* what a clumsy oaf that boy is!
godille [gɔdij] *nf* **(a)** (*Sport*) scull; (*Ski*) wedeln. **(b)** (*: péj*) **à la** ~ *système* dicky* (*Brit*), ropey* (*Brit*), cheesy* (*US*); *jambe, bras* dicky* (*Brit*), game; **télévision qui marche à la** ~ television which goes erratically, ropey* (*Brit*) *ou* cheesy* (*US*) television.
godiller [gɔdije] (1) *vi* (*Sport*) to scull; (*Ski*) to wedeln, use the wedeln technique.
godillot* [gɔdijo] *nm* boot.
goéland [gɔelɑ̃] *nm* seagull, gull. ~ **cendré** common gull; ~ **argenté** herring gull.
goélette [gɔelɛt] *nf* schooner.
goémon [gɔemɔ̃] *nm* wrack.
goglu [gɔgly] *nm* (*Can*) bobolink, ricebird.
gogo¹* [gogo] *nm* (*personne crédule*) sucker*, mug‡. **c'est bon pour les** ~**s** it's a con‡, it's a mug's game‡.
gogo²* [gogo] *adv* (*en abondance*) **à** ~ galore; **on avait du vin à** ~ we had wine galore.
goguenard, e [gɔgnaʀ, aʀd(ə)] *adj* mocking.
goguenardise [gɔgnaʀdiz] *nf* mocking.
goguenot‡ [gɔgno] *nm*, **gogues‡** [gɔg] *nmpl* (*toilettes*) bog‡ (*Brit*), loo* (*Brit*), john‡ (*US*).
goguette* [gɔgɛt] *nf*: **être en** ~ to be on the binge* (*Brit*), be on a spree.
goinfre* [gwɛ̃fʀ(ə)] (*glouton*) **1** *adj* piggish*. **2** *nm* pig*.
goinfrer (se) [gwɛ̃fʀe] (1) *vpr* to make a pig of o.s.*, make a beast of o.s.* **se** ~ **de gâteaux** to guzzle cakes*, pig o.s. on cakes*.
goinfrerie [gwɛ̃fʀəʀi] *nf* piggery*, piggishness*.
goitre [gwatʀ(ə)] *nm* goitre.
goitreux, -euse [gwatʀø, øz] **1** *adj* goitrous. **2** *nm, f* person suffering from goitre.
golden [gɔldɛn] *nf inv* Golden Delicious.
golf [gɔlf] *nm* (*Sport*) golf; (*terrain*) golf course *ou* links. ~ **miniature** miniature golf; **culottes** *ou* **pantalon de** ~ plus fours; *V* **joueur.**
golfe [gɔlf(ə)] *nm* gulf; (*petit*) bay. **le** ~ **de Botnie** the Gulf of Bothnia; **le** ~ **de Gascogne** the Bay of Biscay; **le** ~ **du Bengale** the Bay of Bengal; **le** ~ **du Lion** the Gulf of Lions; **le** ~ **du Mexique** the Gulf of Mexico; **le** ~ **Arabique** the Arabian Gulf; **le** ~ **Persique** the Persian Gulf; **les États du G~** the Gulf States.
golfeur, -euse [gɔlfœʀ, øz] *nm, f* golfer.
Golgotha [gɔlgɔta] *nm*: **le** ~ Golgotha.
Goliath [gɔljat] *nm* Goliath.
gomina [gɔmina] *nf* ® hair cream, Brylcreem ®.
gominer (se) [gɔmine] (1) *vpr* to put hair cream on, Brylcreem ®. **cheveux gominés** plastered-down hair, hair plastered down with Brylcreem ®.
gommage [gɔmaʒ] *nm* (*V* **gommer**) rubbing-out; erasing; gumming.
gomme [gɔm] **1** *nf* (*U: substance*) gum; (*Méd*) gumma; (*pour effacer*) rubber (*Brit*), eraser (*US*). **mettre** *ou* **donner toute la** ~* to step on the gas, put one's foot right down* (*Brit*), give it full throttle; **à la** ~* *personne, outil, système, idée* pathetic*, useless; *renseignement* useless, hopeless; *V* **boule¹.**
2: gomme adragante tragacanth; **gomme arabique** gum arabic; **gomme-gutte** *nf*, *pl* **gommes-guttes** gamboge, cambogia; **gomme laque** lac; **gomme à mâcher** chewing gum; **gomme-résine** *nf*, *pl* **gommes-résines** gum resin.
gommer [gɔme] (1) *vt* **(a)** (*effacer*) *mot, trait* to rub out, erase; (*fig*) *ride, souvenir, différence* to erase. **(b)** (*enduire*) to gum. **papier gommé** gummed paper.
gommeux, -euse [gɔmø, øz] **1** *adj arbre* gum-yielding; *substance* sticky, gummy. **2** *nm* (*†: jeune prétentieux*) pretentious (young) toff*† (*Brit*) *ou* dandy.
gommier [gɔmje] *nm* gum tree.
Gomorrhe [gɔmɔʀ] *n* Gomorrah.
gonade [gɔnad] *nf* gonad.
gonadotrope [gɔnadɔtʀɔp] *adj* gonadotropic.
gonadotrophine [gɔnadɔtʀɔfin] *nf* gonadotropin.
gond [gɔ̃] *nm* hinge; *V* **hors, sortir.**
gondolage [gɔ̃dɔlaʒ] *nm* (*V* **gondoler**) crinkling; warping; buckling.
gondolant, e* [gɔ̃dɔlɑ̃, ɑ̃t] *adj* (*amusant*) side-splitting*, hilarious.
gondole [gɔ̃dɔl] *nf* (*bateau*) gondola; (*supermarché*) supermarket shelf, gondola.
gondolement [gɔ̃dɔlmɑ̃] *nm* = **gondolage.**
gondoler [gɔ̃dɔle] (1) **1** *vi [papier]* to crinkle; *[planche]* to warp; *[tôle]* to buckle. **2 se gondoler** *vpr* **(a)** *[papier]* to crinkle; *[planche]* to warp; *[tôle]* to buckle. **(b)** (*: rire*) to split one's sides laughing*, be doubled up with laughter.
gondolier, -ière [gɔ̃dɔlje, jɛʀ] *nm, f* gondolier.
gonfalon [gɔ̃falɔ̃] *nm* gonfalon.
gonfalonier [gɔ̃falɔnje] *nm, f* gonfalonier.
gonfanon [gɔ̃fanɔ̃] *nm* = **gonfalon.**
gonfanonier [gɔ̃fanɔnje] *nm* = **gonfalonier.**
gonflable [gɔ̃flabl(ə)] *adj* inflatable.

gonflage [gɔ̃flaʒ] *nm* inflating (*U*), inflation (*U*).

gonflant, e [gɔ̃flɑ̃, ɑ̃t] **1** *adj coiffure* bouffant. **2** *nm*: donner du ∼ à ses cheveux to give body to one's hair.

gonflé, e [gɔ̃fle] (*ptp de* **gonfler**) *adj* (a) *yeux, visage* puffy, swollen; *ventre* (*par la maladie*) distended, swollen; (*par un repas*) blown-out, bloated. il a les joues bien ∼es he has chubby *ou* plump cheeks; je me sens un peu ∼ I feel a bit bloated.

(b) (**fig*) il est ∼! (*courageux*) he's got some nerve!*; (*impertinent*) he's got a nerve!* *ou* a cheek!* *ou* some cheek!*; être ∼ à bloc to be raring to go*.

gonflement [gɔ̃fləmɑ̃] *nm [ballon, pneu]* inflation; *[visage, ventre]* swelling; *[prix, résultats]* inflation; *[effectifs]* (*augmentation*) swelling; (*exagération*) exaggeration. le ∼ de son estomac m'inquiétait his swollen stomach worried me; le ∼ de la circulation des billets the increase in the amount of money in circulation; le ∼ de la dette publique the expansion of *ou* the increase in the public debt.

gonfler [gɔ̃fle] (1) **1** *vt* (a) *pneu, ballon* (*avec une pompe*) to pump up, inflate; (*en soufflant*) to blow up, inflate; *aérostat* to inflate; *joues, narines* to puff out; *poumons* to fill (*de* with). les pluies ont gonflé la rivière the rain has swollen the river *ou* caused the river to swell; le vent gonfle les voiles the wind fills (out) *ou* swells the sails; un paquet gonflait sa poche his pocket was bulging with a package; un soupir gonflait sa poitrine he heaved a great sigh; éponge gonflée d'eau sponge swollen with water; la bière me gonfle *ou* me fait ∼ l'estomac beer blows out my stomach, beer makes me feel bloated *ou* makes my stomach bloated; il avait les yeux gonflés par le manque de sommeil his eyes were puffy *ou* swollen with lack of sleep.

(b) (*fig: dilater*) to swell. ses succès l'ont gonflé d'orgueil his successes have made his head swell *ou* made him puffed up (with pride); l'orgueil gonfle son cœur his heart is swollen with pride; l'espoir lui gonflait le cœur his heart was swelling *ou* bursting with hope; le chagrin lui gonflait le cœur his heart was heavy with sorrow; cœur gonflé de joie/d'indignation heart bursting with joy/indignation; il nous les gonfle!‡ he gets on our wick!‡, he's a pain in the butt!‡

(c) (*fig: grossir*) *prix, résultat* to inflate; *effectif* (*augmenter*) to swell; (*exagérer*) to exaggerate. on a gonflé l'importance de l'incident the incident has been blown up out of (all) proportion, they have exaggerated the importance of the incident; chiffres gonflés inflated *ou* exaggerated figures.

2 *vi* (*enfler*) *[genou, cheville]* to swell (up); *[bois]* to swell; (*Culin*) *[pâte]* to rise. faire ∼ le riz/les lentilles to leave the rice/lentils to swell (up) (in water), to soak the rice/lentils.

3 se gonfler *vpr* (a) *[rivière]* to swell; *[poitrine]* to swell, expand; *[voiles]* to swell, fill (out).

(b) (*fig*) se ∼ (d'orgueil) to be puffed up (with pride), be bloated with pride; son cœur se gonfle (de tristesse) his heart is heavy (with sorrow); son cœur se gonfle d'espoir his heart is bursting with hope.

gonfleur [gɔ̃flœʀ] *nm* air pump.

gong [gɔ̃(g)] *nm* (*Mus*) gong; (*Boxe*) bell.

goniomètre [gɔnjɔmɛtʀ(ə)] *nm* goniometer.

goniométrie [gɔnjɔmetʀi] *nf* goniometry.

goniométrique [gɔnjɔmetʀik] *adj* goniometric(al).

gonocoque [gɔnɔkɔk] *nm* gonococcus.

gonsesse‡, gonzesse‡ [gɔ̃zɛs] *nf* (*péj*) bird‡ (*Brit*), chick‡ (*US*).

gordien [gɔʀdjɛ̃] *adj m* V nœud.

goret [gɔʀɛ] *nm* piglet. (*à un enfant*) petit ∼! you mucky (little) pup!* (*Brit*), you dirty little pig!*

gorge [gɔʀʒ(ə)] **1** *nf* (a) *[personne]* (*cou, gosier*) throat; (*littér: seins*) breast, bosom (*littér*); *[oiseau]* (*poitrine*) breast; (*gosier*) throat. avoir la ∼ sèche to have a dry throat; avoir la ∼ serrée *ou* nouée to have a lump in one's throat; rire à pleine ∼ *ou* à ∼ déployée to roar with laughter, laugh heartily; chanter à pleine ∼ *ou* à ∼ déployée to sing at the top of one's voice; V chat, couper, couteau *etc*.

(b) (*vallée, défilé*) gorge. les ∼s du Tarn the gorges of the Tarn.

(c) (*rainure*) *[moulure, poulie]* groove; *[serrure]* tumbler.

(d) (*loc*) prendre qn à la ∼ *[créancier]* to put a gun to sb's head (*fig*); *[agresseur]* to grab sb by the throat; *[fumée, odeur]* to catch *ou* get in sb's throat; *[peur]* to grip sb by the throat; tenir qn à la ∼ (*lit*) to hold sb by the throat; (*fig: avoir à sa merci*) to have a stranglehold on sb, have sb by the throat; l'os lui est resté dans la *ou* en travers de la ∼ the bone (got) stuck in his throat; (*fig*) ça lui est resté dans la *ou* en travers de la ∼ (*il n'a pas aimé*) he found it hard to take, he couldn't swallow it; (*il n'a pas osé le dire*) it *ou* the words stuck in his throat; faire des ∼s chaudes de qch to laugh sth to scorn; je lui enfoncerai *ou* ferai rentrer ses mots dans la ∼ I'll make him eat his words; V grande, tendre¹.

2: gorge-de-pigeon *adj inv* dapple-grey; des (cerises) gorge-de-pigeon *type of cherry*.

gorgée [gɔʀʒe] *nf* mouthful. boire à petites ∼s to take little sips; boire à grandes ∼s to drink in gulps; boire son vin à grandes/petites ∼s to gulp down/sip one's wine; vider un verre d'une seule ∼ to empty a glass in one gulp, down a glass in one.

gorger [gɔʀʒe] (3) **1** *vt* to fill (*de* with). ∼ qn de pâtisseries to fill sb up *ou* stuff* sb with cakes; terre/éponge gorgée d'eau earth/sponge saturated with *ou* full of water; fruits gorgés de soleil fruit bursting with sunshine.

2 se gorger *vpr*: se ∼ (de nourriture) to gorge o.s., stuff o.s. (with food); se ∼ de bananes to gorge o.s. on *ou* with bananas; se ∼ de bon air to drink in *ou* soak up the fresh air; éponge qui se ∼ d'eau sponge which soaks up water.

Gorgone [gɔʀgɔn] *nf* (*Myth*). Gorgon. (*Zool*) g∼ gorgonia.

gorgonzola [gɔʀgɔ̃zɔla] *nm* Gorgonzola (cheese).

gorille [gɔʀij] *nm* (*Zool*) gorilla; (*: *garde du corps*) bodyguard.

Gorki [gɔʀki] *nm* Gorky.

gosier [gozje] *nm* (*Anat*) throat; (*: *gorge*) throat, gullet. ça m'est resté en travers du ∼* (*lit*) it (got) stuck in my throat; (*fig*) I couldn't swallow it, I found it hard to take; V plein.

gospel [gɔspɛl] *nm* gospel (music).

gosse* [gɔs] *nmf* kid*. sale ∼ little brat*; elle est restée très ∼ she's still a kid at heart*; (*péj*) ∼ de riches spoilt rich brat*; V beau.

Goth [gɔt] *nmf* Goth.

gothique [gɔtik] *adj architecture, style* Gothic. écriture ∼ Gothic script.

gotique [gɔtik] *nm* (*Ling*) Gothic.

gouache [gwaʃ] *nf* (*matière*) gouache, poster paint; (*tableau*) gouache.

gouaille [gwɑj] *nf* cheeky *ou* cocky* humour.

gouailler [gwɑje] (1) *vi* to have a cheeky *ou* cocky* sense of humour. en gouaillant with cheeky *ou* cocky* humour.

gouailleur, -euse [gwɑjœʀ, øz] *adj* cheeky, cocky*.

goualante*†† [gwalɑ̃t] *nf* popular song.

gouape* [gwap] *nf* thug.

gouda [guda] *nm* Gouda (cheese).

Goudjerate [gudʒeʀat] *nm* = **Gujarât**.

goudron [gudʀɔ̃] *nm* tar. ∼ de houille coal tar.

goudronnage [gudʀɔna ʒ] *nm* tarring.

goudronner [gudʀɔne] (1) *vt route* to tar.

goudronneux, -euse [gudʀɔnø, øz] *adj* tarry.

gouffre [gufʀ(ə)] *nm* (a) (*Géog*) abyss, gulf, chasm.

(b) (*fig*) le ∼ de l'oubli the depths of oblivion; c'est un ∼ d'ignorance/de bêtise he's abysmally ignorant/utterly stupid; cette entreprise est un vrai ∼ this business just swallows up money; cette femme est un ∼ this woman is a bottomless pit where money is concerned; nous sommes au bord du ∼ we are on the brink of the abyss.

gouge [guʒ] *nf* gouge.

gougnafier* [guɲafje] *nm* bungling idiot‡.

gouine‡ [gwin] *nf* dyke‡.

goujat [guʒa] *nm* boor, churl.

goujaterie [guʒatʀi] *nf* boorishness.

goujon [guʒɔ̃] *nm* (*poisson*) gudgeon; (*Tech: cheville*) pin, bolt.

goulache, goulasch [gulaʃ] *nm ou f* goulash.

goulag [gulag] *nm* Gulag. (*Archipel m du*) ∼ Gulag Archipelago.

goulée [gule] *nf [liquide]* gulp; *[solide]* big mouthful. prendre une ∼ d'air frais (*gorgée*) to take in a lungful of fresh air; (*: *bol d'air*) to get some fresh air.

goulet [gulɛ] *nm* (*Naut*) narrows, bottleneck (*at entrance of harbour*); (*Géog*) gully. ∼ d'étranglement bottleneck.

goulot [gulo] *nm [bouteille]* neck. boire au ∼ to drink straight from the bottle; ∼ d'étranglement bottleneck (*fig*).

goulu, e [guly] **1** *adj personne* greedy, gluttonous; *regards* greedy. **2** *nm, f* glutton.

goulûment [gulymɑ̃] *adv* greedily, gluttonously.

goupi†† [gupi(l)] *nm* fox.

goupille [gupij] *nf* (*Tech*) pin.

goupillé, e* [gupije] (*ptp de* **goupiller**) *adj* (*arrangé*) bien/mal ∼ *machine, plan, procédé* well/badly thought out; comment est-ce ∼, ce mécanisme? how does this thing work?

goupiller [gupije] (1) **1** *vt* (a) (*: *combiner*) to fix*. il a bien goupillé son affaire he fixed things nicely for himself*.

(b) (*Tech*) to pin.

2 se goupiller* *vpr* (*s'arranger*) comment est-ce que ça se goupille pour demain? what's the setup *ou* gen (*Brit*) *ou* dope (*US*) for tomorrow?*; ça s'est bien/mal goupillé, notre plan our plan came off* (all right)/didn't come off*.

goupillon [gupijɔ̃] *nm* (*Rel*) (holy water) sprinkler, aspergillum; (*à bouteille*) bottle brush.

gourance‡ [guʀɑ̃s] *nf* mistake, boob‡ (*Brit*). faire une ∼ to make a mistake, boob‡ (*Brit*), goof up‡ (*US*).

gourbi [guʀbi] *nm* (*arabe*) shack; (*: *taudis*) slum.

gourd, e¹ [guʀ, guʀd(ə)] *adj* numb (with cold).

gourde² [guʀd(ə)] **1** *nf* (*Bot: récipient*) gourd; (*à eau, alcool*) flask; (*: *empoté*) clot* (*Brit*), dumbbell* (*US*). **2** *adj* (*) thick* (*Brit*), thickheaded* (*US*).

gourdin [guʀdɛ̃] *nm* club, bludgeon.

gourer (se)‡ [guʀe] (1) *vpr* to boob‡ (*Brit*), make a boob‡. je me suis gouré de numéro I've boobed‡ over the number (*Brit*), I got the wrong number; je me suis gouré dans mes calculs I boobed in (*Brit*) *ou* goofed up (*US*) my calculations‡.

gourgandine*†† [guʀgɑ̃din] *nf* hussy*†.

gourmand, e [guʀmɑ̃, ɑ̃d] **1** *adj* (*lit, fig*) greedy. ∼ comme un chat greedy but fussy *ou* choos(e)y; être ∼ de sucreries to be fond of, be partial to; *nouveautés* to be avid for. **2** *nm, f* gourmand. **3** *nm* (*Agr*) sucker.

gourmander [guʀmɑ̃de] (1) *vt* (*littér*) to rebuke, berate (*littér*).

gourmandise [guʀmɑ̃diz] *nf* (a) greed, greediness. elle regardait le gâteau avec ∼ she looked greedily at the cake. (b) ∼s delicacies, sweetmeats†.

gourme [guʀm(ə)] *nf* (*Méd*) impetigo; (*Zool*) strangles (*sg*); V jeter.

gourmé, e [guʀme] *adj* starchy, stiff.

gourmet [guʀmɛ] *nm* gourmet, epicure; V fin¹.

gourmette [guʀmɛt] *nf [cheval]* curb chain; *[poignet]* chain bracelet.

gourou [guʀu] *nm* guru.

gousse [gus] *nf [vanille, petits pois]* pod. ∼ d'ail clove of garlic.

gousset [gusɛ] *nm [gilet, pantalon]* fob; *[slip]* gusset; V montre.

goût [gu] *nm* (a) (*sens*) taste. amer au ∼ bitter to the taste; avoir le ∼ fin to have a fine palate.

(b) (*saveur*) taste. **cela a un ~ de moisi** it tastes mouldy; **ça a bon ~** it tastes good, it has a nice taste; **ça a mauvais ~** it has a bad taste, it tastes nasty; **cette glace n'a pas vraiment un ~ de fraise** this ice cream doesn't really taste like strawberry *ou* hasn't really got a strawberry taste *ou* flavour; **la soupe a un ~** the soup tastes funny *ou* has a funny taste; **un plat sans ~** a tasteless *ou* flavourless dish; (*fig*) **la vie n'a plus de ~ pour lui** he has no longer any taste for life, he has lost his taste for life; (*fig*) **ses souvenirs ont un ~ amer** he has bitter memories; **ça a un ~ de revenez-y*** it makes you want seconds, it's very more-ish* (*Brit*); *V* **arrière, avant.**

(c) (*jugement*) taste. **(bon) ~** (good) taste; **avoir du/manquer de ~** to have/lack taste; **avoir un ~ vulgaire** to have vulgar tastes; **le ~ ne s'apprend pas** taste is something you're born with; **faire qch sans/avec ~** to do something tastelessly/tastefully; **elle s'habille avec beaucoup de ~** she has very good *ou* a lot of taste in dress, she has very good dress sense; **à mon/son ~** for my/his liking, for my/his taste(s); **un homme/une femme de ~** a man/woman of taste; *V* **faute.**

(d) de bon ~ *vêtement, ameublement* tasteful, in good taste (*attrib*); **de mauvais ~** *bijoux, plaisanterie, meubles* tasteless, in bad *ou* poor taste (*attrib*); **garni d'un ameublement de bon/mauvais ~** furnished in good/bad taste, with tasteful/tasteless furnishings; **c'est une plaisanterie de mauvais ~** this joke is in bad taste *ou* is bad form; **il serait de mauvais ~/d'un ~ douteux de faire** it would be in bad *ou* poor/doubtful taste to do; (*iro*) **il serait de bon ~ d'y aller/qu'il se mette à travailler** it would be as well to go/if he started doing some work.

(e) (*penchant*) taste, liking (*de, pour* for). **il a peu de ~ pour ce genre de travail** this sort of work is not to his taste *ou* liking, he is not keen on this sort of work; **il n'a aucun ~ pour les sciences** the sciences don't appeal to him, he has no taste for the sciences; **il a le ~ de l'ordre** he has a taste for order; **il a le ~ du risque** he likes taking risks; **faire qch par ~** to do sth from inclination *ou* because one has a taste for it; **prendre ~ à qch** to get *ou* acquire a taste *ou* liking for sth, get to like sth; **il n'avait ~ à rien** he didn't feel like (doing) anything; **ce n'est pas du ~ de chacun** it's not to everybody's taste; **cela m'a mis en ~** that gave me a taste for it; **c'est tout à fait à mon ~** this is very much to my taste; **il est à son ~** she suits his taste; **faire passer le ~ du pain à qn*** to do sb in*; *V* **chacun.**

(f) (*tendances, penchants*) ~s tastes; **avoir des ~s dispendieux/modestes** to have expensive/simple tastes; **avoir des ~s communs** to have (some) tastes in common; (*Prov*) **des ~s et des couleurs (on ne discute pas)** there's no accounting for taste(s); (*Prov*) **tous les ~s sont dans la nature** it takes all sorts to make a world.

(g) (*style*) style. **dans le ~ classique/de X** in the classical style/the style of X; **ou quelque chose dans ce ~-là*** or something of that sort; **au ~ du jour** in keeping with the style of the day *ou* with current tastes; **il s'est mis au ~ du jour** he has brought himself into line with current tastes.

goûter [gute] (1) **1** *vt* (a) *aliment* to taste. **goûte-le, pour voir si c'est assez salé** taste it and see if there's enough salt.

(b) *repos, spectacle* to enjoy, savour.

(c) (*littér*) *écrivain, œuvre, plaisanterie* to appreciate. **il ne goûte pas l'art abstrait** he doesn't appreciate abstract art, abstract art isn't to his taste.

2 goûter à *vt indir aliment, plaisir* to taste, sample; **il y a à peine goûté** he's hardly touched it; **voulez-vous ~ à mon gâteau?** would you like to try *ou* sample my cake?; **goûtez-y** (*vin*) have a sip *ou* taste, taste it; (*plat*) have a taste of it.

3 goûter de *vt indir* (*faire l'expérience de*) to have a taste of, taste; **il a goûté de la vie militaire/de la prison** he has had a taste of army/prison life, he has tasted army/prison life.

4 *vi* (*faire une collation*) to have tea (*Brit*), have an afterschool snack (*US*); **emporter à ~** to take an afterschool snack; **inviter des enfants à ~** to ask children to tea (*Brit*), invite children for a snack (*US*).

5 *nm* (afterschool) snack. **donner un ~ d'enfants** to give *ou* have a children's (tea) party (*Brit*), invite children for a snack (*US*).

goûteur, -euse [gutœʀ, øz] *nm,f*: **~ d'eau** *etc* water *etc* taster.

goutte [gut] **1** *nf* (a) (*lit, fig*) *drop.* **~ de rosée** dewdrop; **~ de sueur** bead of sweat; **suer à grosses ~s** to be streaming with sweat; **pleuvoir à grosses ~s** to rain heavily; **il est tombé quelques ~s** a few spots *ou* drops of rain have fallen; **du lait? — une ~** milk? — just a drop; **savourer qch ~ à ~** to savour sth drop by drop; **tomber ~ à ~** to drip.

(b) (*Pharm*) ~s drops; **~s pour les yeux/le nez** eye/nose drops.

(c) (*: *eau-de-vie*) **on va prendre la ~ ou un verre de ~** we'll have a dram* (*Brit*) *ou* a nip* (*Brit*) *ou* a drop (*US*).

(d) (††, *hum: rien*) **je n'y vois/entends ~** I see/hear not a thing (††, *hum*).

(e) (*Méd*) gout.

(f) (*loc*) **avoir la ~ au nez** to have a dripping *ou* running nose; **c'est une ~ d'eau dans la mer** it's a drop in the ocean (*Brit*) *ou* bucket; **c'est la ~ (d'eau) qui fait déborder le vase** it's the last straw (that breaks the camel's back); *V* **ressembler.**

2: (*Bijouterie*) **goutte d'eau** drop, droplet; (*Méd*) **goutte-à-goutte** *nm inv* drip (*Brit*), IV (*US*); **alimenter qn au goutte-à-goutte** to put sb on a drip (*Brit*) *ou* an IV (*US*), drip-feed sb (*Brit*).

gouttelette [gutlɛt] *nf* droplet.

goutter [gute] (1) *vi* to drip (*de* from).

goutteux, -euse [gutø, øz] *adj* gouty.

gouttière [gutjɛʀ] *nf* (*horizontale*) gutter; (*verticale*) drainpipe; (*Méd*) (plaster) cast; (*Anat: sur os*) groove; *V* **chat.**

gouvernable [guvɛʀnabl(ə)] *adj* governable. **difficilement ~** difficult to govern, governed with difficulty.

gouvernail [guvɛʀnaj] *nm* (*pale*) rudder; (*barre*) helm, tiller. **~ de direction** rudder; **~ de profondeur** elevator; (*fig*) **tenir le ~** to be at the helm.

gouvernant, e [guvɛʀnã, ãt] **1** *adj parti, classe* ruling (*épith*), governing (*épith*). (*Pol*) **les ~s** the government. **2 gouvernante** *nf* (*institutrice*) governess; (*dame de compagnie*) housekeeper.

gouverne [guvɛʀn(ə)] *nf* (a) **pour ta ~** for your guidance. (b) (*Naut*) steering; (*Aviat*) control surface.

gouverné [guvɛʀne] *nm* (*gén pl*) citizen. **les ~s et les gouvernants** the governed and the governing.

gouvernement [guvɛʀnəmã] *nm* (*administration, régime*) government; (*cabinet*) Cabinet, Government. **former le ~** to form a government; **soutenir le ~** to back the government; **il est au ~** he's a member of the Cabinet; **sous un ~ socialiste** under socialist rule *ou* government; **ça a eu lieu sous le ~ de X** it happened during the X government *ou* during X's government.

gouvernemental, e, *mpl* **-aux** [guvɛʀnəmãtal, o] *adj député* of the governing party; *organe, politique* government (*épith*), governmental (*épith*); *journal* pro-government; *troupes* government (*épith*). **le parti ~** the governing *ou* ruling party, the party in office; **l'équipe ~e** the Cabinet.

gouverner [guvɛʀne] (1) *vt* (a) (*Pol*) to govern, rule. **le parti qui gouverne** the party in power *ou* in office, the governing *ou* ruling party; **peuple capable de se ~ lui-même** nation capable of governing its own affairs *ou* of self-government; **droit des peuples à se ~ (eux-mêmes)** right of peoples to be self-governing.

(b) (*fig littér*) to control. **savoir ~ son cœur** to have control over one's heart; **se laisser ~ par l'ambition/par qn** to let o.s. be ruled *ou* governed by ambition/by sb; **il sait fort bien se ~** he is well able to control himself; **l'intérêt gouverne le monde** self-interest rules the world.

(c) (*Naut*) to steer, helm. **~ vers tribord** to steer to(wards) starboard.

(d) (*Gram*) to govern, take.

gouverneur [guvɛʀnœʀ] *nm* (*Admin, Pol*) governor. **~ (militaire)** commanding officer; (*Can*) **~ général** governor general; (*Can*) **lieutenant-~** lieutenant-governor.

gouzi-gouzi* [guziguzi] *nm* tickle, tickle*. **faire des ~s à qn** to tickle sb.

goyave [gɔjav] *nf* (*fruit*) guava.

goyavier [gɔjavje] *nm* (*arbre*) guava.

GPL [ʒepeɛl] *nm* (*abrév de* gaz de pétrole liquéfié) LPG.

GQG [ʒekyʒe] *nm* (*abrév de* Grand Quartier Général) GHQ.

Graal [gʀal] *nm* Grail.

grabat [gʀaba] *nm* pallet, mean bed.

grabataire [gʀabatɛʀ] **1** *adj* bedridden. **2** *nmf* bedridden invalid.

grabuge* [gʀabyʒ] *nm*: **il va y avoir du ~** there'll be ructions* (*Brit*) *ou* a ruckus* (*US*) *ou* a rumpus*; **faire du ~** to create havoc *ou* mayhem.

grâce [gʀas] *nf* (a) (*charme*) [*personne, geste*] grace; [*chose, paysage*] charm. **plein de ~** graceful; **un visage sans ~** a plain face; **avec ~** *danser* gracefully; *s'exprimer* elegantly; **faire des ~s** to put on airs (and graces).

(b) (*faveur*) favour. **demander une ~ à qn** to ask a favour of sb; **accorder une ~ à qn** to grant sb a favour; (*frm, hum*) **il nous a fait la ~ d'accepter** he did us the honour of accepting (*frm, hum*); **elle nous a fait la ~ de sa présence** *ou* **d'être présente** she graced *ou* honoured us with her presence; **être dans les bonnes ~s de qn** to be in favour with sb, be in sb's good graces *ou* good books*; **être en ~** to be in favour; **rentrer en ~** to come back into favour, come in from the cold; **chercher/gagner les bonnes ~s de qn** to seek/gain sb's favour; **délai de ~** days of grace; **donner à qn une semaine de ~** to give sb a week's grace; *V* **coup, trouver.**

(c) **bonne ~** (*bonne volonté, affabilité*) good grace; **mauvaise ~** (*mauvaise volonté*) bad grace; **faire qch de** *ou* **avec bonne/mauvaise ~** to do sth with (a) good/bad grace, do sth willingly/grudgingly; **il y a mis de la mauvaise ~** he did it with (a) bad grace; **il a eu la bonne ~ de reconnaître ...** he had the grace to recognize ...; **il aurait mauvaise ~ à refuser** it would be bad form *ou* in bad taste for him to refuse.

(d) (*miséricorde*) mercy; (*Jur*) pardon. **la ~ royale/présidentielle** the royal/presidential pardon; **demander** *ou* **crier ~** to beg *ou* cry for mercy; **~!** (have) mercy!; **de ~, laissez-le dormir** for pity's sake *ou* for goodness' sake, let him sleep; **je vous fais ~ des détails/du reste** I'll spare you the details/the rest; *V* **droit³, recours, trouver.**

(e) (*reconnaissance*) **dire les ~s** to give thanks (*after a meal*); **~ à qn/qch** thanks to sb/sth; **~ à Dieu!** thank God!, thank goodness!; (*Can*) **(Jour d')Action de ~** Thanksgiving (Day) (*US, Can*); *V* **action, rendre.**

(f) (*Rel*) grace; (*fig: don*) gift. (*Rel*) **Marie, pleine de ~** Mary, full of grace; **avoir la ~** to have a gift; (*fig*) **il a été touché par la ~** he has been inspired; (*fig*) **c'est la ~ que nous lui souhaitons** that is what we wish for him; **à la ~ de Dieu!** it's in God's hands!; **nous réussirons par la ~ de Dieu** with God's blessing we shall succeed; **~ efficace/suffisante/vivifiante** efficacious/sufficient/life-giving grace; *V* **an, état.**

(g) (*déesse*) **les trois G~s** the three Graces.

(h) (*titre*) **Sa G~ ...** (*homme*) His Grace ...; (*femme*) Her Grace ....

gracier [gʀasje] (7) *vt* to pardon.

gracieusement [gʀasjøzmã] *adv* (*élégamment*) gracefully; (*aimablement*) amiably, kindly; (*gratuitement*) free of charge.

gracieuseté [gʀasjøzte] *nf* (*frm*) (*amabilité*) amiability; (*geste élégant*) graceful gesture; (*cadeau*) free gift. (*iro*) **je vous remercie de vos ~s** so kind of you to say so (*iro*).

gracieux, -ieuse [gʀasjø, jøz] *adj* (a) (*élégant*) *gestes, silhouette, personne* graceful. **(b)** (*aimable*) *sourire, abord, personne* amiable,

kindly; *enfant* amiable. (*frm*) notre ~euse souveraine our gracious sovereign (*frm*). (c) (*frm: gratuit*) *aide, service* gratuitous (*frm*); V titre.
gracile [gʀasil] *adj personne* slender; *cou* slender, swanlike.
gracilité [gʀasilite] *nf* slenderness.
Gracques [gʀak] *nmpl*: les ~ the Gracchi.
gradation [gʀadɑsjɔ̃] *nf* gradation.
grade [gʀad] *nm* (a) (*dans la hiérarchie: Admin, Mil*) rank. **monter en ~** to be promoted; **en prendre pour son ~*** to get a proper dressing-down*. (b) (*titre: Univ*) degree. **le ~ de licencié** the (first) degree, bachelor's degree. (c) (*Math*) grade. (d) (*Tech*) *[huile]* grade.
gradé [gʀade] *nm* (*Mil*) (*gén*) officer; (*subalterne*) N.C.O., non-commissioned officer; (*Police*) officer, (police) sergeant (*Brit*).
gradient [gʀadjɑ̃] *nm* pressure gradient.
gradin [gʀadɛ̃] *nm* (*Théât*) tier; *[stade]* step (of the terracing); (*Agr*) terrace. **en ~s** terraced; **la colline s'élevait/descendait en ~s** the hill went up/down in steps *ou* terraces.
graduation [gʀadɥasjɔ̃] *nf [instrument]* graduation.
gradué, e [gʀadɥe] (*ptp de* **graduer**) *adj exercices* graded; *règle, thermomètre* graduated.
graduel, -elle [gʀadɥɛl] **1** *adj progression* gradual; *difficultés* progressive. **2** *nm* (*Rel*) gradual.
graduellement [gʀadɥɛlmɑ̃] *adv* gradually.
graduer [gʀadɥe] (1) *vt exercices* to increase in difficulty; *difficultés, efforts* to step up *ou* increase gradually; *règle, thermomètre* to graduate.
graffiti [gʀafiti] *nmpl* graffiti. **un ~** a piece of graffiti, a scribbled slogan.
grailler [gʀaje] (1) *vi* (a) (‡: *manger*) to nosh‡ (*Brit*), chow down‡ (*US*). (b) *[corneille]* to caw.
graillon [gʀajɔ̃] *nm* (*péj: déchet*) bit of burnt fat. **ça sent le ~ ici** there's a smell of burnt fat here.
graillonner* [gʀajɔne] (1) *vi* (*tousser*) to cough; (*parler*) to speak in a throaty *ou* hoarse voice.
grain [gʀɛ̃] **1** *nm* (a) *[blé, riz, maïs, sel]* grain. (*céréales*) **le ~** (the) grain; **donner du ~ aux poules** to give grain to chickens; **alcool** *ou* **eau-de-vie de ~(s)** grain alcohol; **le commerce des ~s** the grain trade; (*Rel*) **le bon ~** the good seed; V **poulet**.
(b) *[café]* bean; *[moutarde]* seed. **~ de café** coffee bean; **~ de raisin** grape; **~ de poivre** peppercorn; **~ de groseille/cassis** red currant/blackcurrant (berry); **poivre en ~s** whole pepper *ou* peppercorns; **acheter du café en ~s** to buy unground coffee, buy coffee beans; **mettre son ~ de sel*** to put one's oar in*.
(c) *[collier, chapelet]* bead; (*Méd: petite pilule*) pellet.
(d) (*particule*) *[sable, farine, pollen]* grain; *[poussière]* speck. (*fig*) **un ~ de fantaisie** a touch of fantasy; **un ~ de bon sens** a grain *ou* an ounce of commonsense; **il n'y a pas un ~ de vérité dans ce qu'il dit** there's not a grain *ou* scrap of truth in what he says; **il a un (petit) ~** he's a bit touched*, he's not quite all there*; **il faut parfois un petit ~ de folie** it sometimes helps to have a touch of madness *ou* to be a bit eccentric.
(e) (*texture*) grain. **à gros ~s** coarse-grained; **travailler dans le sens du ~** to work with the grain; V **gros**.
(f) (*averse brusque*) heavy shower; (*Naut: bourrasque*) squall; V **veiller**.
(g) (††: *poids*) grain; (*Can*) grain (*0,0647 gramme*).
2: grain de beauté mole, beauty spot.
graine [gʀɛn] *nf* (*Agr*) seed. **~s de radis** radish seeds; **tu vois ce qu'a fait ton frère, prends-en de la ~*** you've seen what your brother has done so take a leaf out of his book*; **c'est de la ~ de voleur** he has the makings of a thief; V **casser, mauvais, monter**.
grainer [gʀɛne] (1) = **grener**.
graineterie [gʀɛnt(ə)ʀi] *nf* (*commerce*) seed trade; (*magasin*) seed shop, seed merchant's (shop).
grainetier, -ière [gʀɛntje, jɛʀ] *nm,f* seed merchant, seedsman.
graissage [gʀɛsaʒ] *nm [machine]* greasing, lubricating. **faire faire un ~ complet de sa voiture** to take one's car in for a complete lubricating job.
graisse [gʀɛs] **1** *nf [personne, animal]* fat; (*Culin*) fat; (*lubrifiant*) grease. **~ végétale** vegetable fat; *[animal]* **prendre de la ~** to put on fat; V **bourrelet, paquet**.
2: graisse de baleine whale blubber; **graisse de phoque** seal blubber; **graisse de porc** lard; **graisse de viande** dripping (*Brit*), drippings (*US*).
graisser [gʀese] (1) *vt* (*lubrifier*) (*gén*) to grease, lubricate; *bottes* to wax; (*salir*) to get grease on, make greasy. (*fig*) **~ la patte à qn*** to grease *ou* oil sb's palm*.
graisseur [gʀesœʀ] *nm* lubricator. **dispositif ~** lubricating *ou* greasing device.
graisseux, -euse [gʀesø, øz] *adj main, objet* greasy; *nourriture* greasy, fatty; *bourrelet* fatty, of fat; *tissu, tumeur* fatty.
graminacée [gʀaminase] *nf* = **graminée**.
graminée [gʀamine] *adj f, nf*: **une** (*plante*) ~ a grass; **les** (*plantes*) ~**s** (the) grasses, the graminae (*T*).
grammaire [gʀamɛʀ] *nf* (*science, livre*) grammar. **faute de ~** grammatical mistake; **règle de ~** grammatical rule, rule of grammar; **exercice/livre de ~** grammar exercise/book; **~ des cas** case grammar; **~ (de structure) syntagmatique** phrase structure grammar; **~ de surface** surface grammar.
grammairien, -ienne [gʀamɛʀjɛ̃, jɛn] *nm,f* grammarian.
grammatical, e, *mpl* -aux [gʀamatikal, o] *adj* (*gén*) grammatical. **exercice ~** grammar *ou* grammatical exercise; **phrase ~e** well-formed *ou* grammatical sentence; V **analyse**.
grammaticalement [gʀamatikalmɑ̃] *adv* grammatically.
grammaticalisation [gʀamatikalizɑsjɔ̃] *nf* (*Ling*) grammaticalization.

grammaticalité [gʀamatikalite] *nf* grammaticality.
grammatologie [gʀamatɔlɔʒi] *nf* grammatology.
grammatologue [gʀamatɔlɔg] *nmf* grammatologist.
gramme [gʀam] *nm* gramme. **il n'a pas un ~ de jugeote** he hasn't an ounce of commonsense.
gramophone† [gʀamɔfɔn] *nm* gramophone†.
grand, e [gʀɑ̃, gʀɑ̃d] **1** *adj* (a) (*de haute taille*) *personne, verre* tall; *arbre, échelle* high, big, tall.
(b) (*plus âgé, adulte*) *son* ~ **frère** his big *ou* older *ou* elder brother; **il a un petit garçon et deux ~es filles** he has a little boy and two older *ou* grown-up daughters; **ils ont 2 ~s enfants** they have 2 grown-up children; **quand il sera ~** *[enfant]* when he's grown-up; *[chiot]* when it's big, when it's fully grown; **il est assez ~ pour savoir** he's big enough *ou* old enough to know; **tu es ~/~e maintenant** you're a big boy/girl now; **les ~es classes** the senior forms.
(c) (*en dimensions*) (*gén*) big, large; *hauteur, largeur* great; *bras, distance, voyage* long; *pas, enjambées* long; (*lit, fig*) *marge* wide. **aussi/plus ~ que** nature as large as/larger than life; **ouvrir de ~s yeux** to open one's eyes wide; **ouvrir la fenêtre/la bouche toute ~e** to open the window/one's mouth wide.
(d) (*en nombre, quantité*) *vitesse, poids, valeur, puissance* great; *nombre, quantité* large, great; *famille* large, big; *foule* large, great, big; *dépense* great, large. **la ~e majorité des gens** the great *ou* vast majority of people; **une ~e partie de ce qu'il a a** great *ou* large proportion of what he has.
(e) (*intense, violent*) *bruit, cri* great, loud; *froid* severe, intense; *chaleur* intense; *vent* strong, high; *effort, danger, plaisir, déception* great; *pauvreté* great, dire (*épith*); *soupir* deep, big. **il fait une ~e chaleur/un ~ froid** it's extremely *ou* intensely hot/cold, we're having a particularly hot/cold spell, the heat/cold is intense; **pendant les ~s froids** during the cold season, in the depth of winter; **pendant les ~es chaleurs** during the hot season, at the height of summer; **l'incendie a causé de ~s dégâts** the fire has caused extensive damage *ou* enormous damage *ou* a great deal of damage; **avec un ~ rire** with a loud *ou* great laugh; **~ chagrin** deep *ou* great sorrow; **les ~es douleurs sont muettes** great sorrow is often silent; V **frapper**.
(f) (*riche, puissant*) *pays, firme, banquier, industriel* leading, big. **les ~s trusts** the big trusts; **le ~ capital** big investors; **un ~ personnage** an important person; (*lit*) **un ~ seigneur** a great *ou* powerful lord; (*fig*) **faire le ~ seigneur** to play *ou* act the grand *ou* fine gentleman; **faire le ~ seigneur avec qn** to lord it over sb; **~e dame** great lady.
(g) (*important*) *aventure, nouvelle, progrès, intelligence* great; *difficulté, différence, appétit* great, big; *ville, travail* big. **c'est un ~ jour/honneur pour nous** this is a great day/honour for us; **son mérite est ~** it's greatly to his credit.
(h) (*principal*) **la ~e nouvelle/difficulté** the great *ou* main news/difficulty; **il a eu le ~ mérite d'avoir ...** to his great credit he has ..., his great merit was to have ...; **le ~ moment approche** the great moment is coming; **le ~ jour approche** the great day *ou* D-day is coming; **le ~ soir** the great evening; **les ~s points/les ~es lignes de son discours** the main points/lines of his speech; **les ~s fleuves du globe** the major *ou* main *ou* great rivers of the globe; **c'est la ~e question** (*problème*) it's the main *ou* major issue *ou* question; (*interrogation*) it's the big question *ou* the $64,000 question*.
(i) (*intensif*) *travailleur* great, hard; *collectionneur* great, keen; *buveur* heavy, hard; *mangeur* big; *fumeur* heavy; *ami, rêveur, menteur* great. **c'est un ~ ennemi du bruit** he cannot abide noise, he's a sworn enemy of noise; **un ~ amateur de musique** a great music lover; **~ lâche/sot!** you great coward/fool!; **~e jeunesse** extreme youth; **~ âge** great age, old age; **~e vieillesse** extreme *ou* great age; **un ~ mois/quart d'heure** a good month/quarter of an hour; **rester un ~ moment** to stay a good while; **un ~ kilomètre** a good kilometre; **un ~ verre d'eau** a nice big *ou* long glass of water; **un ~ panier de champignons** a full basket of mushrooms; **les ~s blessés** the seriously wounded; **les ~s malades** the very ill *ou* sick; **un ~ invalide/brûlé** a badly *ou* seriously disabled/burned person; **à ~ ahan††** with much striving.
(j) (*remarquable*) *champion, œuvre, savant, civilisation* great. **un ~ vin/homme** a great wine/man; **une ~e année** a vintage *ou* great year; **le ~ Molière** the great Molière; **c'est du (tout) ~ art** it's (very) great art; **c'est du (tout) ~ Mozart*** it's Mozart at his best *ou* greatest; **les ~s esprits se rencontrent** great minds think alike; V **couture, maison**.
(k) (*de gala*) *réception, dîner* grand. **en ~e cérémonie/pompe** with great ceremony/pomp; **en ~e tenue** in full dress; **en ~e toilette** in finest array, in one's most elegant attire; **en ~ uniforme** in full regimentals; **en ~ apparat** in full regalia; **de ~ apparat** *habit* full-dress (*épith*).
(l) (*noble*) *âme* noble, great; *pensée* high, lofty; *cœur* noble, big. **se montrer ~** (*et généreux*) to be big-hearted *ou* magnanimous.
(m) (*exagéré*) *de* ~**s mots** high-flown *ou* fancy words; **tout de suite les ~s mots!** you go off the deep end straight away!, you start using these high-sounding words straight away!; **voilà le ~ mot lâché!** you've come out with it at last!, that's the word I've (*ou* we've *etc*) been waiting for!; **faire de ~es phrases** to trot out high-flown sentences; **prendre de ~s airs** to put on airs, give oneself airs; **faire de ~s gestes** to wave one's arms about; V **cheval**.
(n) (*loc adv, adj*) **à ma ~e surprise/honte** much to my surprise/embarrassment, to my great surprise/shame; **de ~e classe** *produit* high-class; *œuvre, exploit* admirable; **de ~ cœur** wholeheartedly; **le groupe/bureau (était) au ~ complet** the whole group/office (was there); **à ~s cris** vociferously; **à ~e distance** *détection* long-range (*épith*), at long range; *apercevoir* from a

long way off *ou* away; **à ~e eau: laver à ~e eau** *sol* to wash *ou* sluice down; *légumes* to wash thoroughly; **de ~e envergure** *opération* large-scale (*épith*); *auteur* of great stature; *réforme* far-reaching; **à ~s frais** at great expense; **au ~ galop** at full gallop; **au ~ jamais** never ever; **au ~ jour** (*lit*) in broad daylight; (*fig*) in the open; **employer les ~s moyens** to use drastic *ou* extreme measures; **de ~ matin** very early in the morning; **en ~e partie** largely, in the main; **marcher** *ou* **avancer à ~s pas** to stride along; **à ~-peine** with great difficulty; **à ~ renfort de** *publicité* with the help of much, having recourse to much; *arguments* with the help *ou* support of many; **à ~ spectacle** *revue* spectacular; **boire qch à ~s traits** to take big *ou* large gulps of sth; **à ~e vitesse** at great speed; *V* **bandit**.

(o) (*loc verbales: beaucoup de*) **avoir ~ air, avoir ~e allure** to look very impressive; **~ bien: cela te fera (le plus) ~ bien** that'll do you a great deal of *ou* the world of good; **j'en pense le plus ~ bien** I think most highly of it; **~ bien vous fasse!** much good may it do you!; **faire ~ bruit** to cause quite a stir; **faire ~ cas de** to attach great importance to, set great store by; **il n'y a pas ~ danger** there's no great danger; **il n'y a pas ~ mal** (*après accident*) (there's) no harm done; **il n'y a pas ~ mal à ce qu'il fasse** there's not much harm *ou* wrong in him doing; **il n'y a pas ~ monde** there aren't very many (people) here; **avoir ~-peine à faire qch** to have great difficulty in doing sth; **cela lui fera ~ tort** it'll do him a lot of harm; *V* **train**.

(p) (*loc verbales: bien, très*) **avoir ~ avantage à** to be well advised to; **il aurait ~ avantage à** it would be very much to his advantage to, he would be well advised to; **il a ~ besoin d'un bain/de se reposer** he is in great need of a bath/a rest, he badly needs a bath/a rest *ou* to rest; **elle avait ~e envie d'un bain/de faire** she very much wanted a bath/to do, she was longing for a bath/to do; **avoir ~ faim** to be very hungry; **il aurait ~ intérêt à ...** it would be very much in his (own) interest to ..., he would be well advised to ...; **prendre ~ intérêt à qch** to take great interest in sth; **il fait ~ jour** it's broad daylight; **avoir ~ peur** to be very frightened *ou* very much afraid; **avoir ~ peur que** to be very much afraid that; **avoir ~ soif/faim** to be very thirsty/hungry; **prendre ~ soin de qch/faire** to take great care of sth/to do; **il est ~ temps de faire ceci** it's high time this was done *ou* we did this.

2 *adv*: **voir ~** to think big*, envisage things on a large scale; **il a vu trop ~** he was over-ambitious; **faire ~** to do things on a grand *ou* large scale *ou* in a big way; **ces souliers chaussent ~** these shoes are big-fitting (*Brit*) *ou* run large (*US*); **faire qch en ~** to do sth on a large *ou* big scale *ou* in a big way; **ouvrir (tout) ~ la fenêtre** to open the window wide; **la fenêtre était ~ ouverte** the window was wide open *ou* was open wide.

3 *nm* **(a)** (*Scol*) older *ou* bigger boy, senior boy *ou* pupil (*frm*). **jeu pour petits et ~s** game for old and young alike *ou* for the young and the not-so-young; **aller à l'école tout seul comme un ~** to go to school on one's own like a big boy.

(b) (*terme d'affection*) **mon ~** son, my lad (*Brit*).

(c) **les ~s de ce monde** men in high places; (*Pol*) **les quatre G~s** the Big Four.

(d) **Pierre/Alexandre/Frédéric le G~** Peter/Alexander/Frederick the Great.

4 **grande** *nf* **(a)** (*Scol*) older *ou* bigger girl, senior girl *ou* pupil (*frm*).

(b) (*terme d'affection*) **ma ~** (my) dear.

5: le grand air the open air; **grand angle** (*Phot*) (*adj inv*) wide-angle (*épith*); (*nm inv*) wide-angle lens; **grand-angulaire** (*Phot*) (*adj*) wide-angle (*épith*); (*nm, pl* **grand-angulaires**) wide-angle lens; (*Hist*) **la Grande Armée** the Grande Armée (*army of Napoleon*); (*Aut*) **grands axes** (main) trunk roads (*Brit*), main highways (*US*); **la Grande Baie Australienne** the Great Australian Bight; **la grande banlieue** the outer suburbs; **la Grande Barrière (de Corail)** the Great Barrier Reef; (*Can*) **grand-bois*** *nm* virgin forest; **la Grande-Bretagne** Great Britain; **grand chantre** precentor; **grand chef** big boss; **grand-chose: on ne sait pas grand-chose à son sujet** we don't know (very) much about him; **cela ne vaut pas grand-chose** it's not worth much, it's not up to much* (*Brit*), it's no great shakes*; **es-tu blessé? — ce n'est pas grand-chose** are you hurt? — it's nothing much; **il n'y a pas grand-chose dans ce magasin** there isn't much *ou* there's nothing much in this shop; **il n'y a pas grand-chose à dire** there's not a lot to say, there's nothing much to say; **il n'en sortira pas grand-chose de bon** not much good will come (out) of this, I can't see much good coming out of this; **tu y connais grand-chose?*** do you know much about it? (*V* **pas²**); (*Scol*) **les ~es classes** the senior forms (*Brit*), the high school grades (*US*); **un grand commis de l'État** a top-ranking *ou* senior civil servant; **grand coq de bruyère** capercaillie; **les grands corps de l'État** senior branches of the civil service; **grand-croix** (*nf inv*) Grand Cross (*of the Légion d'honneur*); (*nm, pl* **grands-croix**) holder of the Grand Cross; **grand-duc** *nm, pl* **grands-ducs** (*prince*) grand duke; (*Orn*) eagle owl (*V* **tournée²**); **grand-duché** *nm, pl* **grands-duchés** grand duchy; **grande-duchesse** *nf, pl* **grandes-duchesses** grand duchess; **grandes eaux: les grandes eaux de Versailles** the fountains of Versailles; **regarde-le pleurer, c'est les grandes eaux!** look at him crying, he's really turned on the waterworks!; (*Danse, Gym*) **le grand écart** the splits; **faire le grand écart** to do the splits; **la grande échelle (des pompiers)** the (firemen's) big (turntable) ladder; (*Univ*) **grande école** grande école, *prestigious school of university level with competitive entrance examination, eg École Polytechnique*; (*Scol*) **être à la grande école*** to be at primary school; **grand électeur** (*en France*) *elector who votes in the elections for the French Senate*; (*aux USA*) presidential elector; (*Ciné*) **le grand écran** the big screen; **grand ensemble** housing scheme (*Brit*), high-density housing (project *ou*

scheme *ou* development *ou* estate) (*US*); **la vie dans les grands ensembles** life in high-rise flats (*Brit*) *ou* in multi-storey *ou* tower blocks; **grand escalier** main staircase; **grand d'Espagne** Spanish grandee; **les grands fauves** the big cats; **le grand film*** the feature *ou* main film, the big picture; (*Naut*) **les grands fonds** the ocean deeps; (*Hist*) **la Grande Guerre** the Great War (*Brit*), World War I (*US*); **Grand-Guignol** *nm*: **c'est du Grand-Guignol** it's all blood and thunder; **grand-guignolesque** *adj situation, événement, pièce de théâtre* gruesome, bloodcurdling; (*Géog*) **les Grands Lacs** the Great Lakes; (*Naut*) **le grand large** the high seas; (*Rail, fig*) **les grandes lignes** the main lines; (*Comm†*) **grand-livre** *nm, pl* **grands-livres** ledger; **le Grand Londres** Greater London; **grand magasin** department store; **grand maître** (*Échecs, Franc-Maçonnerie*) Grand Master; **grand-maman** *nf, pl* **grands-mamans** granny*, grandma; **grand manitou*** big boss*; **grand mât** mainmast; **grand-mère** *nf, pl* **grands-mères** grandmother; (*: vieille dame*) (old) granny*; **grand-messe** *nf, pl* **grand-messes** high mass; **le grand monde** high society; (*Mil*) **la grande Muette** the army; **la Grande Muraille de Chine** the Great Wall of China; **le Grand Nord** the far North; **grand officier** Grand Officer; **grand-oncle** *nm, pl* **grands-oncles** great-uncle; **le Grand Orient** the Grand Lodge of France; **grand-papa** *nm, pl* **grands-papas** grandpa, grandad*; **grands-parents** *nmpl* grandparents; **les grands patrons** (*gén*) the big bosses; (*Méd*) ≃ the top consultants; **grand-père** *nm, pl* **grands-pères** grandfather; (*: vieux monsieur*) old man; (*péj*) **avance, grand-père!‡** get a move on, grandad!*; **grande personne** grown-up; **les Grandes Plaines** the Great Plains; **grand prêtre** high priest; **le grand public** the general public; **appareils électroniques grand public** consumer electronics; (*Pol*) **grande puissance** major power, superpower; **Grand Quartier Général** General Headquarters; **la grande roue** *[fête foraine]* the big wheel (*Brit*), the Ferris Wheel (*US*); **grand-route** *nf, pl* **grand-routes** main road; **la grand-rue** *nf* the high *ou* main street; **le Grand Siècle** the 17th century (*in France*), the grand siècle; **les grands singes** the great apes; **grande surface** hypermarket; **grand-tante** *nf, pl* **grands-tantes** great-aunt; **grand teint** *adj inv* colourfast, fastcolour (*épith*); **grand tétras** capercaillie; **grand tourisme: voiture de grand tourisme** G.T. saloon car (*Brit*), 4-door sedan (*US*); **le Grand Turc** the Sultan; **les grandes vacances** the summer holidays (*Brit*) *ou* vacation (*US*); (*Univ*) the long vacation; **grand veneur** master of the royal hounds; **grand-vergue** *nf, pl* **grand-vergues** main yard; **la grande vie** the good life; **mener la grande vie** to live in style, live the good life; **grand-voile** *nf, pl* **grands-voiles** mainsail; (*littér*) **le grand voyage** the last great journey (*littér*).

grandelet, -ette*† [grɑ̃dlɛ, ɛt] *adj*: **Louise est ~te maintenant** Louise is a big girl now.

grandement [grɑ̃dmɑ̃] *adv* **(a)** (*tout à fait*) **se tromper ~** to be greatly mistaken; **avoir ~ raison/tort** to be absolutely right/wrong.

(b) (*largement*) *aider, contribuer* a great deal, greatly. **il a ~ le temps** he easily has time, he has plenty of time *ou* easily enough time; **il y en a ~ assez** there's plenty of it *ou* easily enough (of it); **être ~ logé** to have plenty of room *ou* ample room (in one's house); **nous ne sommes pas ~ logés** we haven't (very) much room; **je lui suis ~ reconnaissant** I'm deeply *ou* extremely grateful to him; **il est ~ temps de partir** it's high time we went.

(c) (*généreusement*) *agir* nobly. **faire les choses ~** to do things lavishly *ou* in grand style.

grandet, -ette* [grɑ̃dɛ, ɛt] *adj* = **grandelet***.

grandeur [grɑ̃dœr] *nf* **(a)** (*dimension*) size. **c'est de la ~ d'un crayon** it's the size of *ou* as big as a pencil; **ils sont de la même ~** they are the same size; **~ nature** life-size; *V* **haut, ordre**.

(b) (*importance*) *[œuvre, sacrifice, amour]* greatness.

(c) (*dignité*) greatness; (*magnanimité*) magnanimity. **faire preuve de ~** to show magnanimity; **la ~ humaine** the greatness of man; **~ d'âme** nobility of soul.

(d) (*gloire*) greatness. **~ et décadence de** rise and fall of; **politique de ~** politics of grandeur.

(e) (*Astron, Math*) magnitude. (*Math*) **~ variable** variable magnitude; (*fig*) **gaffe de première ~** blunder of the first order.

(f) (†: *titre*) **Sa G~: l'évêque de X** (the) Lord Bishop of X; **oui, Votre G~** yes, my Lord.

(g) (*honneurs*) **~s** glory; *V* **folie**.

grandiloquence [grɑ̃dilɔkɑ̃s] *nf* grandiloquence, bombast.

grandiloquent, e [grɑ̃dilɔkɑ̃, ɑ̃t] *adj* grandiloquent, bombastic.

grandiose [grɑ̃djoz] *adj œuvre, spectacle, paysage* imposing, grandiose.

grandir [grɑ̃dir] (2) **1** *vi* **(a)** *[plante, enfant]* to grow; *[ombre portée]* to grow (bigger). **il a grandi de 10 cm** he has grown 10 cm; **je le trouve grandi** he has grown *ou* he's bigger since I last saw him; **en grandissant tu verras que ... as you grow up you'll see that ...** ; (*fig*) **il a grandi dans mon estime** he's gone up in my estimation, he has grown *ou* risen in my esteem; **enfant grandi trop vite** lanky *ou* gangling child.

(b) *[sentiment, influence, foule]* to increase, grow; *[bruit]* to grow (louder), increase; *[firme]* to grow, expand. **l'obscurité grandissait** (the) darkness thickened, it grew darker and darker; **son pouvoir va grandissant** his power grows ever greater *ou* constantly increases; **~ en sagesse** to grow *ou* increase in wisdom.

2 *vt* **(a)** (*faire paraître grand*) *[microscope]* to magnify. **~ les dangers/difficultés** to exaggerate the dangers/difficulties; **ces chaussures te grandissent** those shoes make you (look) taller; **il se grandit en se mettant sur la pointe des pieds** he made himself taller by standing on tiptoe.

(b) (*rendre prestigieux*) **cette épreuve l'a grandi** this ordeal has made him grow in stature; **il sort grandi de cette épreuve** he has come out of this ordeal with increased stature; **sa conduite ne le grandit pas à mes yeux** his behaviour doesn't raise him in my eyes.

grandissant, e [grɑ̃disɑ̃, ɑ̃t] *adj foule, bruit, sentiment* growing. **nombre/pouvoir (sans cesse)** ~ (ever-)growing *ou* (ever-)increasing number/power.

grandissement† [grɑ̃dismɑ̃] *nm* (*Opt*) magnification.

grandissime [grɑ̃disim] *adj* (*hum: très grand*) tremendous.

grange [grɑ̃ʒ] *nf* barn.

granit(e) [granit] *nm* granite.

granité, e [granite] **1** *adj* granitelike; **papier** ~ grained paper. **2** *nm* (*tissu*) pebbleweave (cloth); (*glace*) granita (*Italian ice cream*).

graniteux, -euse [granitø, øz] *adj* (*Minér*) granitic.

granitique [granitik] *adj* granite (*épith*), granitic.

granivore [granivɔr] **1** *adj* grain-eating, granivorous (*T*). **2** *nm* grain-eater, granivore (*T*).

granny smith [granismis] *nf inv* Granny Smith (apple).

granulaire [granylɛr] *adj* (*Sci*) granular.

granulation [granylasjɔ̃] *nf* (a) (*grain*) grainy effect. ~s granular *ou* grainy surface. (b) (*action: Tech*) granulation. (c) (*Phot*) graininess.

granule [granyl] *nm* granule; (*Pharm*) small pill.

granulé, e [granyle] (*ptp de* **granuler**) **1** *adj surface* granular. **2** *nm* granule.

granuler [granyle] (1) *vt métal, poudre* to granulate.

granuleux, -euse [granylø, øz] *adj* (*gén*) granular; *peau* grainy.

grape(-)fruit [grɛpfrut] *nm* grapefruit.

graphe [graf] *nm* (*Écon, Math*) graph.

graphème [grafɛm] *nm* grapheme.

graphie [grafi] *nf* (*Ling*) written form. **il y a plusieurs** ~s **pour ce mot** there are several written forms of this word *ou* several ways of spelling this word; **une** ~ **phonétique** a phonetic spelling.

graphique [grafik] **1** *adj* graphic. **2** *nm* (*courbe*) graph.

graphiquement [grafikmɑ̃] *adv* graphically.

graphisme [grafism(ə)] *nm* (a) (*technique*) (*Design*) graphics (*sg*); (*Art*) graphic arts. (b) (*style*) [*peintre, dessinateur*] style of drawing. (c) (*écriture individuelle*) hand, handwriting; (*alphabet*) script.

graphiste [grafist(ə)] *nmf* graphic designer.

graphitage [grafitaʒ] *nm* (*Tech*) graphitization.

graphite [grafit] *nm* graphite.

graphiter [grafite] (1) *vt* to graphitize. **lubrifiant graphité** graphitic lubricant.

graphiteux, -euse [grafitø, øz] *adj* graphitic.

graphologie [grafɔlɔʒi] *nf* graphology.

graphologique [grafɔlɔʒik] *adj* of handwriting.

graphologue [grafɔlɔg] *nmf* graphologist.

grappe [grap] *nf* [*fleurs*] cluster. ~ **de raisin** bunch of grapes; **en** *ou* **par** ~s in clusters; ~s **humaines** clusters of people.

grappillage [grapijaʒ] *nm* (*V* **grappiller**) gleaning; fiddling* (*Brit*); picking up; gathering; lifting. **ses** ~s **se montaient à quelques centaines de francs** his pickings amounted to several hundred francs.

grappiller [grapije] (1) **1** *vi* (*après la vendange*) to glean (*in vineyards*); (*faire de petits profits*) to fiddle (a few pounds)* (*Brit*), pick up (a bit extra) on the side (*US*). **arrête de** ~, **prends la grappe** stop picking (at it) and take the whole bunch; **il a beaucoup grappillé chez d'autres auteurs** he has lifted a lot from other authors; **elle ne mange pas, elle grappille** she doesn't eat, she just nibbles. **2** *vt connaissances, nouvelles* to pick up; *grains, fruits* to gather; *idées* to filch. ~ **quelques sous** to fiddle (*Brit*) *ou* pick up a bit extra on the side (*US*).

grappin [grapɛ̃] *nm* [*bateau*] grapnel; [*grue*] grab (*US*). **mettre le** ~ **sur qn*** to grab sb, collar sb*; **mettre le** ~ **sur qch*** to get one's claws on *ou* into sth*.

gras, grasse [gra, gras] **1** *adj* (a) *substance, aliment, bouillon* fatty. **fromage** ~ full fat cheese; **crème grasse pour la peau** rich moisturizing cream; *V* **chou¹, corps** *etc*. (b) (*gros*) *personne, animal, visage, main* fat; *bébé* podgy (*Brit*), pudgy (*US*); *volaille* plump. **être** ~ **comme un chanoine, être** ~ **à lard** to be as round as a barrel; *V* **tuer, vache**. (c) (*graisseux, huileux*) *mains, cheveux, surface* greasy; *peinture* oily; *pavé, rocher* slimy; *boue, sol* sticky, slimy; *V* **houille**. (d) (*épais*) *trait, contour* thick; *V* **caractère, crayon, plante¹**. (e) *toux* loose, phlegmy; *voix, rire* throaty. (f) (*vulgaire*) *mot, plaisanterie* coarse, crude. (g) (*abondant*) *pâturage* rich, luxuriant; *récompense* fat* (*épith*). **la paye n'est pas grasse** the pay is rather meagre, it's not much of a salary; **j'ai touché 200 F, ce n'est pas** ~* I earned 200 francs, which is hardly a fortune; **il n'y a pas** ~ **à manger*** there's not much to eat. (h) (*loc*) **faire la grasse matinée** to have a lie in *ou* a long lie (*Brit*) *ou* a sleep in (*US*).
2 *nm* (a) (*Culin*) fat; [*baleine*] blubber; (*Théât*) greasepaint. ~**-double** tripe; **j'ai les mains couvertes de** ~ my hands are covered in grease. (b) (*partie charnue*) [*jambe, bras*] **le** ~ **de** the fleshy part of. (c) (*Typ*) **c'est imprimé en** ~ it's printed in bold (type).
3 *adv* (a) **manger** ~ to eat fatty foods; (*Rel*) **faire** ~ to eat meat. (b) **il tousse** ~ he has a loose *ou* phlegmy cough; **parler/rire** ~* to speak/laugh coarsely.

grassement [grɑsmɑ̃] *adv* (a) *rétribuer* generously, handsomely. (*péj*) **vivre** ~ to live off the fat of the land; **c'est** ~ **payé** it's highly paid, it's well paid. (b) *parler, rire* coarsely.

grasseyement [grɑsɛjmɑ̃] *nm* guttural pronunciation.

grasseyer [grɑseje] (1) *vi* to have a guttural pronunciation; (*Ling*) to use a fricative *ou* uvular (Parisian) R.

grassouillet, -ette* [grɑsujɛ, ɛt] *adj* podgy (*Brit*), pudgy (*US*), plump.

gratification [gratifikasjɔ̃] *nf* (*Admin*) bonus. ~ **de fin d'année** Christmas box *ou* bonus.

gratifier [gratifje] (7) *vt*: ~ **qn de** *récompense, avantage,* (*iro*) *amende* to present sb with; *sourire, bonjour* to favour *ou* grace sb with; (*iro*) *punition* to reward sb with; (*iro*) **il nous gratifia d'un long sermon sur l'obéissance** he favoured *ou* honoured us with a long sermon on obedience.

gratin [gratɛ̃] *nm* (a) (*Culin*) (*plat*) cheese(-topped) dish, gratin (*T*); (*croûte*) cheese topping, gratin (*T*). **au** ~ *ou* gratin; ~ **de pommes de terre** potatoes au gratin; ~ **dauphinois** gratin Dauphinois. (b) (*: *haute société*) **le** ~ the upper crust*, the nobs* (*Brit*), the swells* (*US*); **tout le** ~ **de la ville était à sa réception** all the nobs* (*Brit*) *ou* swells* (*US*) of the town were at his reception.

gratiné, e [gratine] (*ptp de* **gratiner**) **1** *adj* (a) (*Culin*) au gratin. (b) (*: *intensif*) *épreuve, amende* (really) stiff*; *aventures, plaisanterie* (really) wild*. **il m'a passé une engueulade** ~**e** he didn't half give me a telling-off*, he gave me a heck of a telling-off*; **c'est un examen** ~ it's a heck of an exam (to get through)*, it's a really stiff exam; **c'est un type** ~ (*en mal, en bien*) he's absolutely incredible*.
2 gratinée *nf* onion soup au gratin.

gratiner [gratine] (1) **1** *vt* (*Culin*) *pommes de terre* to cook au gratin. **2** *vi* (*attacher*) [*sauce*] to stick. **la sauce a gratiné dans le plat/au fond du plat** the sauce has stuck to the dish/to the bottom of the dish; **le plat est tout gratiné** there's sauce (*ou* pudding *etc*) stuck all over the dish.

gratis [gratis] **1** *adj* free. **2** *adv* free, for nothing.

gratitude [gratityd] *nf* gratitude, gratefulness.

gratouiller* [gratuje] (1) *vt* (a) (*démanger*) ~ **qn** to make sb itch. (b) ~ **sa guitare** to strum on one's guitar.

grattage [grataʒ] *nm* (*V* **gratter**) scratching; scraping; scratching off; scratching out; scraping off.

gratte [grat] *nf* (a) (*: *petit bénéfice illicite*) pickings. **faire de la** ~ to make a bit on the side*. (b) (‡: *guitare*) guitar.

gratte- [grat] *préf V* **gratter**.

grattement [gratmɑ̃] *nm* scratching.

gratter [grate] (1) **1** *vt* (a) *surface* (*avec un ongle, une pointe*) to scratch; (*avec un outil*) to scrape. **gratte-moi le dos** scratch my back for me. (b) (*enlever*) *tache* to scratch off; *inscription* to scratch out; *boue, papier peint* to scrape off. (c) (*irriter*) **ce drap me gratte** this sheet is making me itch; **ça (me) gratte** I've got an itch; (*fig*) **vin qui gratte la gorge** wine which catches in one's throat. (d) (*) ~ **quelques francs** to fiddle a few pounds* (*Brit*), pick up a bit extra on the side; ~ (**de l'argent**) **sur la dépense** to scrimp on one's spending; ~ **les fonds de tiroir** to raid the piggy bank (*fig*), scrape around to find enough money; **il n'y a pas grand-chose à** ~ there's not much to be made on that. (e) (*arg Sport: dépasser*) to overtake.
2 *vi* (a) [*plume*] to scratch. **j'entends quelque chose qui gratte** I can hear something scratching. (b) [*drap*] (*irriter*) to be scratchy; (*démanger*) to itch, be itchy. (c) (*: *économiser*) to save. (d) (*: *travailler*) to slog away* (*Brit*), slave away*. (e) (*: *écrire*) to scribble. (f) (†: *frapper*) ~ **à la porte** to tap at the door. (g) (*: *jouer de*) ~ **du violon** to scrape (away at) one's violin; ~ **de la guitare** to strum (away on) one's guitar.
3 se gratter *vpr* to scratch (o.s.). (*fig*) **tu peux toujours te** ~!‡ you can whistle for it!*
4: gratte-ciel *nm inv* skyscraper; (*Bot*) **gratte-cul** *nm inv* rose hip; **gratte-dos** *nm inv* back-scratcher; (*péj*) **gratte-papier** *nm inv* penpusher (*péj*); **gratte-pieds** *nm inv* shoe-scraper.

grattoir [gratwar] *nm* scraper.

grattures [gratyr] *nfpl* scrapings.

gratuit, e [gratɥi, ɥit] *adj* (a) (*lit: sans payer*) free. **entrée** ~**e** admission free; **le premier exemplaire est** ~ no charge is made for the first copy, the first copy is free (of charge); (*frm*) **à titre** ~ free of charge. (b) (*non-motivé*) *supposition, affirmation* unwarranted; *cruauté, insulte* wanton, gratuitous; *geste* gratuitous, unmotivated. (c) (*littér: désintéressé*) *bienveillance* disinterested.

gratuité [gratɥite] *nf* (a) (*lit: V* **gratuit**) **la** ~ **de l'éducation/des soins médicaux a permis le progrès** free education/medical care has allowed progress. (b) (*non-motivation: V* **gratuit**) unwarranted nature; wantonness; gratuitousness; unmotivated nature.

gratuitement [gratɥitmɑ̃] *adv* (a) (*gratis*) *entrer, participer, soigner* free (of charge). (b) (*sans raison*) *détruire* wantonly, gratuitously; *agir* gratuitously, without motivation. **supposer** ~ **que** to make the unwarranted supposition that.

gravats [grava] *nmpl* (*Constr*) rubble.

grave [grav] **1** *adj* (a) (*posé*) *air, ton, personne* grave, solemn; (*digne*) *assemblée* solemn. (b) (*important*) *raison, opération* serious; *faute, avertissement, responsabilité* serious, grave. **c'est une** ~ **question que vous me posez là** that is a serious question you are asking me. (c) (*alarmant*) *maladie, nouvelle, situation, danger* grave, serious; *blessure, menace, résultat* serious. **blessé** ~ seriously injured man, serious casualty; **l'heure est** ~ it is a serious *ou* grave moment; **ne vous en faites pas, ce n'est pas (bien)** ~ never mind — there's no harm done *ou* it's not serious. (d) *note* low; *son, voix* deep, low-pitched.
2 *nm* (*Ling*) grave (accent); (*Mus*) low register. (*Rad*) ~**-aigu** 'bass-treble'; (*Rad*) **appareil qui vibre dans les** ~s set that vibrates

at the bass tones; (*Mus*) les ~s et les aigus (the) low and high notes, the low and high registers.

graveleux, -euse [gʀavlø, øz] *adj* (a) (*grivois*) smutty. (b) *terre* gravelly; *fruit* gritty.

gravelle [gʀavɛl] *nf* (*Méd* ††) gravel††.

gravelure [gʀavlyʀ] *nf* (*rare*) smut (U).

gravement [gʀavmɑ̃] *adv* (a) *parler, marcher* gravely, solemnly. (b) (*de manière alarmante*) *blesser, offenser* seriously. être ~ compromis to be seriously compromised; être ~ menacé to be under a serious threat; être ~ coupable to be guilty of a serious offence *ou* crime; être ~ malade to be gravely *ou* seriously ill.

graver [gʀave] (1) *vt signe, inscription* (*sur pierre, métal, papier*) to engrave; (*sur bois*) to carve, engrave; (*fig: dans la mémoire*) to engrave, imprint (*dans on*); *médaille, monnaie* to engrave; *disque* to cut. ~ à l'eau-forte to etch; faire ~ des cartes de visite to get some visiting cards printed; (*fig*) c'est gravé sur son front it's written all over his face; (*fig*) c'est gravé dans sa mémoire it's imprinted *ou* engraved on his memory.

graveur [gʀavœʀ] *nm* (*sur pierre, métal, papier*) engraver; (*sur bois*) (wood) engraver, woodcutter. ~ à l'eau-forte etcher.

gravide [gʀavid] *adj animal, utérus* gravid (T). truie ~ sow in pig.

gravier [gʀavje] *nm* (a) (*caillou*) (little) stone, bit of gravel. (b) (*Géol, revêtement*) gravel (U). allée de *ou* en ~ gravel *ou* gravelled path.

gravillon [gʀavijɔ̃] *nm* (a) (*petit caillou*) bit of grit *ou* gravel. (b) (*revêtement*) [*route*] (loose) chippings (*Brit*), gravel; [*jardin etc*] (fine) gravel (U). du ~, des ~s loose chippings (*Brit*), gravel.

gravillonner [gʀavijɔne] (1) *vt* to gravel. ~ une route to gravel a road, put loose chippings (*Brit*) on a road.

gravimétrie [gʀavimetʀi] *nf* gravimetry.

gravimétrique [gʀavimetʀik] *adj* gravimetric(al).

gravir [gʀaviʀ] (2) *vt montagne* to climb (up). ~ péniblement une côte to struggle up a slope; ~ les échelons de la hiérarchie to climb the rungs of the hierarchical ladder.

gravitation [gʀavitasjɔ̃] *nf* gravitation.

gravité [gʀavite] *nf* (a) (*U: V* grave) gravity, graveness; solemnity; seriousness. c'est un accident sans ~ it was a minor accident, it wasn't a serious accident. (b) (*Phys, Rail*) gravity; *V* centre, force.

graviter [gʀavite] (1) *vi* (a) (*tourner*) [*astre*] to revolve (*autour de* round, about); [*politicien*] to hover, revolve (*autour de* round). il gravite dans les milieux diplomatiques he moves in diplomatic circles; pays satellite qui gravite dans l'orbite d'une grande puissance country that is the satellite of a major power; cette planète gravite autour du soleil this planet revolves around *ou* orbits the sun.
(b) (*tendre vers*) [*astre*] ~ vers to gravitate towards.

gravois† [gʀavwa] *nmpl* = gravats.

gravure [gʀavyʀ] **1** *nf* (a) (*V* graver) engraving; carving; imprinting; cutting.
(b) (*reproduction*) (*dans une revue*) plate; (*au mur*) print.
2: gravure sur bois (*technique*) woodcutting, wood engraving; (*dessin*) woodcut, wood engraving; gravure en creux intaglio engraving; gravure sur cuivre copperplate (engraving); gravure directe hand-cutting; gravure à l'eau-forte etching; gravure de mode fashion plate.

gré [gʀe] *nm* (a) [*personnes*] à mon/votre ~ (*goût*) to my/your liking *ou* taste; (*désir*) as I/you like *ou* please *ou* wish; (*choix*) as I/you like *ou* prefer *ou* please; (*avis*) c'est trop moderne, à mon ~ it's too modern for my liking *ou* to my mind; c'est à votre ~? is it to your liking? *ou* taste?; agir *ou* (en) faire à son ~ to do as one likes *ou* pleases *ou* wishes; venez à votre ~ ce soir *ou* demain come tonight or tomorrow, as you like *ou* prefer *ou* please; on a fait pour le mieux, au ~ des uns et des autres we did our best to take everyone's wishes into account; contre le ~ de qn against sb's will.
(b) (*loc*) de ~ à ~ by mutual agreement; il le fera de ~ ou de force he'll do it whether he likes it or not, he'll do it willy-nilly; de son plein ~ of one's own free will, of one's own accord; de bon ~ willingly; de mauvais ~ reluctantly, grudgingly; *V* bon¹, savoir.
(c) [*choses*] au ~ de: flottant au ~ de l'eau drifting wherever the water carries (*ou* carried) it, drifting (along) on *ou* with the current; volant au ~ du vent *chevelure* flying in the wind; *plume, feuille* carried along by the wind; *planeur* gliding wherever the wind carries (*ou* carried) it; au ~ des événements *décider, agir* according to how *ou* the way things go *ou* develop; ballotté au ~ des événements tossed about by events; il décorait sa chambre au ~ de sa fantaisie he decorated his room as the fancy took him.

grèbe [gʀɛb] *nm* grebe.

grec, grecque [gʀɛk] **1** *adj île, personne, langue* Greek; *habit, architecture, vase* Grecian, Greek; *profil, traits* Grecian; *V* renvoyer. **2** *nm* (*Ling*) Greek. **3** *nm, f*: G~(que) Greek. **4** grecque *nf* (*décoration*) (Greek) fret. (*Culin*) champignons *etc* à la ~que mushrooms *etc* à la grecque.

Grèce [gʀɛs] *nf* Greece.

gréco-latin, e [gʀekolatɛ̃, in] *adj* Gr(a)eco-Latin.

gréco-romain, e [gʀekoʀɔmɛ̃, ɛn] *adj* Gr(a)eco-Roman.

gredin† [gʀədɛ̃] *nm* (*coquin*) knave††, blackguard††.

gredinerie†† [gʀədinʀi] *nf* (*caractère*) knavishness††; (*action*) knavery††.

gréement [gʀemɑ̃] *nm* (*Naut*) rigging.

gréer [gʀee] (1) *vt* (*Naut*) to rig.

greffage [gʀɛfaʒ] *nm* (*Bot*) grafting.

greffe¹ [gʀɛf] *nf* (a) (*V:* V greffer) transplanting; grafting. (b) (*opération*) (*Méd*) [*organe*] transplant; [*tissu*] graft; (*Bot*) graft. une ~ du cœur/rein a heart/kidney transplant.

greffe² [gʀɛf] *nm* Clerk's Office (*of courts*).

greffer [gʀefe] (1) *vt* (*Méd*) *organe* to transplant; *tissu* to graft; (*Bot*) to graft. on lui a greffé un rein he's been given a kidney transplant; (*fig*) là-dessus se sont greffées d'autres difficultés further difficulties have cropped up (in connection with it).

greffier [gʀefje] *nm* clerk (of the court).

greffon [gʀɛfɔ̃] *nm* (*V* greffer) transplant, transplanted organ; graft.

grégaire [gʀegɛʀ] *adj* gregarious.

grégarisme [gʀegaʀism(ə)] *nm* gregariousness.

grège [gʀɛʒ] *adj V* soie¹.

grégeois [gʀeʒwa] *adj m V* feu¹.

Grégoire [gʀegwaʀ] *nm* Gregory.

grégorien, -ienne [gʀegɔʀjɛ̃, jɛn] **1** *adj* Gregorian. **2** *nm*: (*chant*) ~ Gregorian chant, plainsong.

grêle¹ [gʀɛl] *adj jambes, silhouette, tige* spindly; *personne* lanky; *son* shrill; *V* intestin¹.

grêle² [gʀɛl] *nf* hail. averse de ~ hail storm; (*fig*) ~ de coups/de pierres hail *ou* shower of blows/stones; *V* canon¹.

grêlé, e [gʀele] (*ptp de* grêler) *adj* pockmarked.

grêler [gʀele] (1) **1** *vb impers*: il grêle it is hailing. **2** *vt*: la tempête a grêlé les vignes the storm has left the vines damaged by (the) hail; région qui a été grêlée region where crops have been damaged by hail.

grêlon [gʀelɔ̃] *nm* hailstone.

grelot [gʀəlo] *nm* (little spherical) bell.

grelottement [gʀəlɔtmɑ̃] *nm* (*V* grelotter) shivering; jingling.

grelotter [gʀəlɔte] (1) *vi* (a) (*trembler*) to shiver (*de* with). ~ de fièvre to be shivery with fever, shiver with fever. (b) (*tinter*) to jingle.

greluche‡ [gʀəlyʃ] *nf* bird‡ (*Brit*), chick‡ (*US*).

grenade [gʀənad] *nf* (a) (*Bot*) pomegranate. (b) (*explosif*) grenade. ~ à fusil/main rifle/hand grenade; ~ lacrymogène/fumigène teargas/smoke grenade; ~ sous-marine depth charge. (c) (*insigne*) badge (*on soldier's uniform etc*).

Grenade [gʀənad] **1** *n* (*ville*) Granada. **2** *nf* (*état*) Grenada.

grenadier [gʀənadje] *nm* (a) (*Bot*) pomegranate tree. (b) (*Mil*) grenadier.

grenadin, e¹ [gʀənadɛ̃, in] **1** *adj* Grenadian. **2** *nm,f*: G~(e) Grenadian.

grenadine² [gʀənadin] *nf* grenadine.

grenaille [gʀənaj] *nf*: de la ~ (*projectiles*) shot; (*pour poules*) middlings; ~ de plomb lead shot; ~ de fer iron filings.

grenaison [gʀənɛzɔ̃] *nf* seeding.

grenat [gʀəna] **1** *nm* garnet. **2** *adj inv* dark red, garnet-coloured.

grené, e [gʀəne] (*ptp de* grener) *adj cuir, peau* grainy; *dessin* stippled.

greneler [gʀənle] (4) *vt* (*Tech*) *cuir, papier* to grain.

grener [gʀəne] (5) **1** *vt* (*Tech*) *sel, sucre* to granulate, grain. **2** *vi* (*Agr*) [*plante*] to seed.

grenier [gʀənje] *nm* attic, garret; (*pour conserver le grain etc*) loft. ~ à blé (*lit*) corn loft (*Brit*), wheat loft (*US*); (*fig*) granary; ~ à foin hayloft.

grenouillage [gʀənujaʒ] *nm* (*Pol péj*) jiggery-pokery (*Brit péj*), hanky-panky (*péj*).

grenouille [gʀənuj] *nf* frog. (*péj*) ~ de bénitier Holy Joe* (*Brit péj*), churchy old man (*ou* woman) (*péj*); c'est une vraie ~ de bénitier he *ou* she is very pi* (*Brit péj*) *ou* a proper Holy Joe* (*Brit péj*) *ou* a fanatical churchgoer; *V* homme.

grenouillère [gʀənujɛʀ] *nf* (*pyjama*) sleepsuit; (*manteau*) snowsuit.

grenu, e [gʀəny] *adj* (*épith*) grainy; *cuir, papier* grained; (*Géol*) *roche* granular.

grenure [gʀənyʀ] *nf* graining.

grès [gʀɛ] *nm* (a) (*Géol*) sandstone. (b) (*Poterie*) stoneware. cruche/pot de ~ stoneware pitcher/pot.

gréseux, -euse [gʀezø, øz] *adj* sandstone (*épith*).

grésil [gʀezi(l)] *nm* (*Mét*) (fine) hail.

grésillement [gʀezijmɑ̃] *nm* (*V* grésiller¹) sizzling, sputtering; crackling.

grésiller¹ [gʀezije] (1) *vi* (*crépiter*) [*huile, friture*] to sizzle, sputter; [*poste de radio, téléphone*] to crackle.

grésiller² [gʀezije] (1) *vb impers*: il grésille fine hail is falling, it's hailing.

gressin [gʀesɛ̃] *nm* bread stick.

grève [gʀɛv] **1** *nf* (a) (*arrêt du travail*) strike. se mettre en ~ to go on strike, strike, take industrial action; être en ~, to be on strike, be striking; usine en ~ striking factory; entreprendre une ~ to take strike *ou* industrial action, go on strike; *V* briseur, droit, piquet.
(b) (*rivage*) [*mer*] shore, strand (*littér*); [*rivière*] bank, strand (*littér*).
2: grève bouchon key *ou* disruptive strike (*leading to lay-offs etc*); grève de la faim hunger strike; faire la grève de la faim to go (*ou* be) on hunger strike; grève patronale lockout; grève perlée selective strike *ou* strike action (U); grève sauvage wildcat strike; grève de solidarité sympathy strike; faire une grève de solidarité to strike *ou* come out (*Brit*) in sympathy; grève surprise lightning strike; grève sur le tas sit-down strike; grève totale all-out strike; grève tournante strike by rota (*Brit*), staggered strike (*US*); grève du zèle ≃ work-to-rule.

grever [gʀəve] (5) *vt budget* to put a strain on; *économie, pays* to burden. la hausse des prix grève sérieusement le budget des ménagères the rise in prices puts a serious strain on the housewife's budget; être grevé d'impôts to be weighed down with *ou* crippled by taxes; une maison grevée d'hypothèques a house mortgaged down to the last brick.

gréviste [gʀevist(ə)] *nmf* striker. **les employés ~s** the striking employees; **~ de la faim** hunger striker.

gribouillage [gʀibujaʒ] *nm* (*écriture*) scrawl (*U*), scribble; (*dessin*) doodle, doodling (*U*).

gribouille [gʀibuj] *nm* short-sighted idiot (*fig*), rash fool.

gribouiller [gʀibuje] (1) **1** *vt* (*écrire*) to scribble, scrawl; (*dessiner*) to scrawl. **2** *vi* (*dessiner*) to doodle.

gribouilleur, -euse [gʀibujœʀ, øz] *nm,f* (*écrivain*) scribbler.

gribouillis [gʀibuji] *nm* = **gribouillage**.

grièche [gʀijɛʃ] *adj* V **pie-grièche**.

grief [gʀijɛf] *nm* grievance. **faire ~ à qn de qch** to hold sth against sb; **ils me font ~ d'être parti** *ou* **de mon départ** they reproach me *ou* they hold it against me for having left.

grièvement [gʀijɛvmɑ̃] *adv*: **~ blessé** (very) seriously injured.

griffade [gʀifad] *nf* scratch.

griffe [gʀif] *nf* (a) (*Zool*) [*mammifère, oiseau*] claw. **le chat fait ses ~s** the cat is sharpening its claws; (*lit, fig*) **sortir** *ou* **montrer/rentrer ses ~s** to show/draw in one's claws; (*fig*) **tomber sous la ~/arracher qn des ~s d'un ennemi** to fall into/snatch sb from the clutches of an enemy; (*fig*) **les ~s de la mort** the jaws of death; V **coup**.

  (b) (*marque*) [*couturier*] maker's label (*inside garment*); (*signature*) [*couturier*] signature; [*fonctionnaire*] signature stamp; (*fig:* *empreinte*) [*auteur, peintre*] stamp (*fig*). **l'employé a mis sa ~ sur le document** the clerk stamped his signature on the document.

  (c) (*Bijouterie*) claw.

  (d) (*Bot*) tendril.

griffer [gʀife] (1) *vt* (a) [*chat*] to scratch; (*avec force*) to claw; [*ronces*] to scratch. **attention, il griffe!** be careful — he scratches!; **dans sa rage, elle lui griffa le visage** in her rage she clawed *ou* scratched his face.

  (b) (*Haute Couture*) *chaussures* to put one's name to. **un manteau griffé** a coat with a famous name *ou* label.

griffon [gʀifɔ̃] *nm* (*chien*) griffon; (*vautour*) griffon vulture; (*Myth*) griffin.

griffonnage [gʀifɔnaʒ] *nm* (*écriture*) scribble; (*dessin*) hasty sketch.

griffonner [gʀifɔne] (1) **1** *vt* (*écrire*) to scribble, jot down; (*dessiner*) to sketch hastily. **2** *vi* (*écrire*) to scribble; (*dessiner*) to sketch hastily.

grif(f)ton [gʀiftɔ̃] *nm* = **griveton**.

griffu, e [gʀify] *adj* (*lit, péj*) **pattes** *ou* **mains ~es** claws.

griffure [gʀifyʀ] *nf* scratch, claw mark.

grignotage [gʀiɲɔtaʒ] *nm* [*salaires, espaces verts, majorité*] (gradual) erosion, eroding, whittling away.

grignotement [gʀiɲɔtmɑ̃] *nm* [*souris*] nibbling, gnawing.

grignoter [gʀiɲɔte] (1) **1** *vt* (a) [*personne*] to nibble (at); [*souris*] to nibble (at), gnaw (at).

  (b) (*fig*) (*réduire*) *salaires, espaces verts, libertés* to eat away (at), erode gradually, whittle away; (*obtenir*) *avantage, droits* to win gradually. **~ du terrain** to gradually gain ground; **il a grignoté son adversaire*** he gradually made up on *ou* gained ground on his opponent; **il n'y a rien à ~ dans cette affaire** there's nothing much to be gained in that business.

  2 *vi* (*manger peu*) to nibble (at one's food), pick at one's food.

grigou* [gʀigu] *nm* (*avare*) penny-pincher*, skinflint.

gri-gri [gʀigʀi] *nm* = **gris-gris**.

gril [gʀi(l)] *nm* (*Culin*) steak pan, grill pan. (*supplice*) **Saint Laurent a subi le supplice du ~** Saint Laurence was roasted alive; (*fig*) **être sur le ~*** to be on tenterhooks, be like a cat on hot bricks (*Brit*) *ou* on a hot tin roof (*US*); **faire cuire au ~** to grill.

grill [gʀil] V **grill-room**.

grillade [gʀijad] *nf* (*viande*) grill.

grillage¹ [gʀijaʒ] *nm* (*action*: V **griller¹**) toasting; grilling; roasting; singeing.

grillage² [gʀijaʒ] *nm* (*treillis métallique*) (*gén*) wire netting (*U*); (*très fin*) wire mesh (*U*); [*clôture*] wire fencing (*U*).

grillager [gʀijaʒe] (3) *vt* (V **grillage²**) to put wire netting on; to put wire mesh on; to put wire fencing on. **à travers la fenêtre grillagée on voyait le jardin** through the wire mesh covering the window we could see the garden; **on va ~ le jardin** we're going to put wire fencing around the garden.

grille [gʀij] *nf* (a) (*clôture*) railings; (*portail*) (metal) gate.

  (b) (*claire-voie*) [*cellule, fenêtre*] bars; [*comptoir, parloir*] grille; [*château-fort*] portcullis; [*égout, trou*] (metal) grate, (metal) grating; [*radiateur de voiture*] grille, grid; [*poêle à charbon*] grate.

  (c) (*répartition*) [*salaires, tarifs*] scale; [*programmes de radio*] schedule; [*horaires*] grid, schedule.

  (d) (*codage*) (cipher *ou* code) grid. **~ de mots croisés** crossword puzzle (grid).

  (e) (*Elec*) grid.

grille- [gʀij] *préf* V **griller¹**.

grillé, e [gʀije] (*ptp de* **griller**) *adj* (*arg Crime*) **il est ~** his cover's been blown (*arg*).

griller¹ [gʀije] (1) **1** *vt* (a) (*Culin*) *pain, amandes* to toast; *poisson, viande* to grill; *café, châtaignes* to roast.

  (b) (*brûler*) *visage, corps* to burn. **se ~ les pieds devant le feu** to toast one's feet in front of the fire; **se ~ au soleil** to roast in the sun.

  (c) [*chaleur*] to scorch. [*froid*] **~ les bourgeons/plantes** to make the buds/plants shrivel up, blight the buds/plants.

  (d) (*mettre hors d'usage*) *fusible, lampe* (*court-circuit*) to blow; (*trop de courant*) to burn out; *moteur* to burn out.

  (e) (*loc) **~ une cigarette** to have a smoke*; **~ un feu rouge** to jump the lights*, run a stoplight (*US*); **~ une étape** to cut out a stop; **~ qn à l'arrivée** to pip sb at the post* (*Brit*), beat sb (out) by a nose (*US*).

  (f) (*Tech*) *minerai* to roast; *coton* to singe.

  2 *vi* (a) (*Culin*) **faire ~ pain** to toast; *viande* to grill; *café* to roast; **on a mis les steaks à ~** we've put the steaks on to grill *ou* on the grill.

  (b) (*fig*) **~ (d'impatience** *ou* **d'envie) de faire** to be burning *ou* itching to do.

  (c) (*: *brûler*) **on grille ici!** we're *ou* it's roasting *ou* boiling in here!*; **ils ont grillé dans l'incendie** they were roasted in the fire.

  3: grille-pain *nm inv* toaster.

griller² [gʀije] (1) *vt fenêtre, porte* to put bars on. **fenêtre grillée** barred window.

grilloir [gʀijwaʀ] *nm* grill.

grillon [gʀijɔ̃] *nm* cricket.

grill-room [gʀilʀum] *nm* ≃ steakhouse.

grimaçant, e [gʀimasɑ̃, ɑ̃t] *adj visage, bouche* (*de douleur, de colère etc*) twisted, grimacing; (*sourire figé*) grinning unpleasantly *ou* sardonically.

grimace [gʀimas] *nf* (a) (*de douleur etc*) grimace; (*pour faire rire, effrayer*) grimace, (funny) face. **l'enfant me fit une ~** the child made a face at me; **s'amuser à faire des ~s** to play at making *ou* pulling (funny) faces *ou* at making grimaces; **il eut** *ou* **fit une ~ de dégoût/de douleur** he gave a grimace of disgust/pain, he grimaced with disgust/pain, his face twisted with disgust/pain; **avec une ~ de dégoût/de douleur** with a disgusted/pained expression; **il eut** *ou* **fit une ~** he pulled a wry face, he grimaced; **il fit la ~ quand il connut la décision** he pulled a long face when he learned of the decision; V **apprendre, soupe**.

  (b) (*hypocrisies*) **~s** posturings; **toutes leurs ~s me dégoûtent** I find their posturings *ou* hypocritical façade quite sickening.

  (c) (*pli de vêtement*) pucker.

grimacer [gʀimase] (3) **1** *vi* (a) (*par contorsion*) **~ (de douleur)** to grimace with pain; **~ (de dégoût)** to pull a wry face (in disgust); **~ (sous l'effort)** to grimace *ou* screw one's face up (with the effort); **le soleil le faisait ~** the sun made him screw his face up; **à l'annonce de la nouvelle il grimaça** he pulled a wry face *ou* he grimaced when he heard the news.

  (b) (*par sourire figé*) [*personne*] to grin unpleasantly *ou* sardonically; [*portrait*] to wear a fixed grin.

  (c) (*faire des plis*) to pucker.

  2 *vt* (*littér*) **~ un sourire** to pull a sardonic smile; **il grimaça des remerciements** he expressed his thanks with a sardonic smile.

grimacier, -ière [gʀimasje, jɛʀ] *adj* (*affecté*) affected; (*hypocrite*) hypocritical. **cet enfant est (un) ~** this child pulls *ou* makes such faces, this child is always pulling *ou* making faces.

grimage [gʀimaʒ] *nm* (*Théât*) (*action*) making up; (*résultat*) (stage) make-up.

grimer [gʀime] (1) **1** *vt* (*Théât*: *maquiller*) to make up. **on l'a grimé en vieille dame** he was made up as an old lady. **2 se grimer** *vpr* to make (o.s.) up.

grimoire [gʀimwaʀ] *nm* (a) (*écrit inintelligible*) piece of mumbo jumbo; (*illisible*) illegible scrawl (*U*), unreadable scribble. (b) (*livre de magie*) **un (vieux) ~** (magician's) book of magic spells.

grimpant, e [gʀɛ̃pɑ̃, ɑ̃t] *adj*: **plante ~e** climbing plant, climber; **rosier ~** climbing rose, rambling rose.

grimpée [gʀɛ̃pe] *nf* (*montée*) (steep) climb.

grimper [gʀɛ̃pe] (1) *vi* (a) [*personne, animal*] to climb (up); (*avec difficulté*) to clamber up. **~ aux arbres** to climb trees; **~ à l'échelle** to climb (up) the ladder; **~ sur** *ou* **dans un arbre** to climb onto *ou* into a tree; **~ le long de la gouttière** to climb up the drain pipe; **grimpé sur la table/le toit** having climbed *ou* clambered onto the table/roof.

  (b) [*route, plante*] to climb. **ça grimpe dur!** it's a hard *ou* stiff *ou* steep climb!

  (c) (*) [*fièvre*] to soar; [*prix*] to rocket, soar.

  2 *vt montagne, côte* to climb (up), go up. **~ l'escalier** to climb (up) the stairs; **~ un étage** to climb up a *ou* one floor.

  3 *nm* (*Athlétisme*) (rope-)climbing (*U*).

grimpereau, pl ~x [gʀɛ̃pʀo] *nm*: **~ (des bois)** tree creeper.

grimpette* [gʀɛ̃pɛt] *nf* (steep little) climb.

grimpeur, -euse [gʀɛ̃pœʀ, øz] **1** *adj, nm*: (**oiseaux**) **~s** scansores (*T*). **2** *nm,f* (*varappeur*) climber; (*cycliste*) hill-specialist, climber.

grinçant, e [gʀɛ̃sɑ̃, ɑ̃t] *adj ironie* grating; *ton, musique* grating, jarring; *charnière, essieux* grating.

grincement [gʀɛ̃smɑ̃] *nm* (V **grincer**) grating; creaking; scratching. (*fig*) **il ne l'a pas accepté sans ~s de dents** he accepted it only with much gnashing of teeth; V **pleur**.

grincer [gʀɛ̃se] (3) *vi* [*objet métallique*] to grate; [*plancher*] to creak; [*plume*] to scratch. **~ des dents (de colère)** to grind *ou* gnash one's teeth (in anger); (*fig*) **ce bruit vous fait ~ des dents** this noise sets your teeth on edge.

grincheux, -euse [gʀɛ̃ʃø, øz] **1** *adj* (*acariâtre*) grumpy. **humeur ~euse** grumpiness. **2** *nm,f* grumpy person, misery.

gringalet [gʀɛ̃galɛ] **1** *adj m* (*péj: chétif*) puny. **2** *nm* (*péj*) (**petit**) **~** puny little chap (*Brit*), (little) runt.

griotte [gʀijɔt] *nf* Morello cherry.

grippage [gʀipaʒ] *nm* (*Tech*: V **gripper**) jamming; seizing up.

grippal, e, mpl -aux [gʀipal, o] *adj* flu-like, influenzal (*T*).

grippe [gʀip] *nf* flu, influenza (*T*). **avoir la ~** to have (the) flu, have influenza; **il a une petite ~** he's got a slight touch of flu; **~ intestinale** gastric flu; (*fig*) **prendre qn/qch en ~** to take a sudden dislike to sb/sth.

grippé, e [gʀipe] (*ptp de* **gripper**) *adj*: **il est ~** he's got (the) flu; **rentrer ~** to go home with (the) flu; **les ~s** people with *ou* suffering from flu.

grippement [gʀipmɑ̃] *nm* = **grippage**.

gripper [gʀipe] (1) *vti* (*Tech*) to jam. **le moteur a** *ou* **s'est grippé** the engine has seized up (*Brit*) *ou* jammed; **le système judiciaire se**

grippe the court system is seizing up *ou* is grinding to a halt.

grippe-sou*, *pl* **grippe-sous** [gripsu] *nm* (*avare*) penny pincher*, skinflint.

gris, e [gri, griz] **1** *adj* (a) *couleur, temps* grey (*Brit*), gray (*US*). ~ **acier/ardoise/fer/perle/souris** steel/slate/iron/pearl/squirrel grey; ~**-bleu/-vert** blue-/green-grey; **cheval** ~ **pommelé** dapple-grey horse; **aux cheveux** ~ grey-haired; **il fait** ~ it's a grey *ou* dull day; *V* **ambre, éminence, matière** *etc*.
(b) (*morne*) *vie* colourless, dull; *pensées* grey.
(c) (*éméché*) tipsy*.
(d) **faire** ~**e mine à qn** to give sb a cool reception; **faire** ~**e mine** to look rather surly *ou* grumpy.
2 *nm* (a) (*couleur*) grey (*Brit*), gray (*US*).
(b) (*tabac*) shag.
(c) (*Équitation*) grey (horse).

grisaille [grizaj] *nf* (a) *[vie]* colourlessness, dullness; *[ciel, temps, paysage]* greyness. (b) (*Art*) grisaille. **peindre qch en** ~ to paint sth in grisaille.

grisant, e [grizã, ãt] *adj* (*stimulant*) exhilarating; (*enivrant*) intoxicating.

grisâtre [grizatr(ə)] *adj* greyish.

grisbi [grizbi] *nm* (*arg Crime*) dough‡, lolly‡ (*Brit*), loot‡.

grisé [grize] *nm* grey tint.

griser [grize] (1) **1** *vt* *[alcool]* to intoxicate, make tipsy; (*fig*) *[air, vitesse, parfum]* to intoxicate. **ce vin l'avait grisé** the wine had gone to his head *ou* made him tipsy*; **l'air de la montagne grise** the mountain air goes to your head (like wine); **se laisser** ~ **par le succès/des promesses** to let success/promises go to one's head; **se laisser** ~ **par l'ambition** to be carried away by ambition.
2 se griser *vpr* *[buveur]* to get tipsy* (*avec, de* on). **se** ~ **de** *air, vitesse* to get drunk on; *émotion, paroles* to allow o.s. to be intoxicated by *ou* carried away by.

griserie [grizri] *nf* (*lit, fig*) intoxication.

grisette [grizet] *nf* (*Hist*) grisette.

gris-gris [grigri] *nm [indigène]* grigri; (*gén*) charm.

grison†† [grizõ] *nm* ass.

grisonnant, e [grizonã, ãt] *adj* greying (*attrib*). **il avait les tempes** ~**es** he was greying *ou* going grey round *ou* at the temples.

grisonnement [grizonmã] *nm* greying.

grisonner [grizone] (1) *vi* to be greying, be going grey.

grisou [grizu] *nm* firedamp; *V* **coup**.

grisoumètre [grizumetr(ə)] *nm* firedamp detector.

grive [griv] *nf* (*Orn*) thrush. ~ **musicienne** song thrush; *V* **faute**.

grivèlerie [grivelri] *nf* (*Jur*) offence of ordering food or drink in a restaurant and being unable to pay for it.

griveton* [grivtõ] *nm* soldier.

grivois, e [grivwa, waz] *adj* saucy.

grivoiserie [grivwazri] *nf* *(mot)* saucy expression; (*attitude*) sauciness; (*histoire*) saucy story.

grizzli, grizzly [grizli] *nm* grizzly bear.

grœnendael [grɔ(n)ɛndal] *nm* Groenendael (sheepdog).

Groenland [grɔɛnlãd] *nm* Greenland.

groenlandais, e [grɔɛnlãdɛ, ɛz] **1** *adj* of *ou* from Greenland, Greenland (*épith*). **2** *nm, f*: **G**~**(e)** Greenlander.

grog [grɔg] *nm* grog, ≃ (hot) toddy.

groggy [grɔgi] *adj inv* dazed; (*Boxe*) groggy.

grognard [grɔɲar] *nm* (*Hist*) soldier of the old guard of Napoleon I.

grognasse‡ [grɔɲas] *nf* (*péj*) old bag‡ (*péj*), old sow‡ (*péj*).

grogne* [grɔɲ] *nf*: **la** ~ **des étudiants/patrons** the rumbling discontent *ou* simmering discontent of students/employees.

grognement [grɔɲmã] *nm [personne]* growl, grunt; *[cochon]* grunting (*U*), grunt; *[sanglier]* snorting (*U*), snort; *[ours, chien]* growling (*U*), growl.

grogner [grɔɲe] (1) **1** *vi [personne]* to grumble, moan*; *[cochon]* to grunt, snort; *[sanglier]* to snort; *[ours, chien]* to growl. **2** *vt insultes* to growl (out), grunt (out).

grognon [grɔɲõ] *adj* *air, expression, vieillard* grumpy, gruff (*épith*); *attitude* surly; *enfant* grouchy. **elle est** ~, **quelle** ~! what a grumbler! *ou* moaner!*

groin [grwɛ̃] *nm [animal]* snout; (*péj*) *[personne]* ugly *ou* hideous face.

grol(l)e‡ [grɔl] *nf* shoe.

grommeler [grɔmle] (4) **1** *vi [personne]* to mutter (to o.s.), grumble to o.s.; *[sanglier]* to snort. **2** *vt insultes* to mutter.

grommellement [grɔmɛlmã] *nm* muttering, indistinct grumbling.

grondement [grɔ̃dmã] *nm* (*V* **gronder**) rumbling; growling; (angry) muttering. **le** ~ **de la colère/de l'émeute** the rumbling of mounting anger/of the threatening riot; **le train passa devant nous dans un** ~ **de tonnerre** the train thundered past us.

gronder [grɔ̃de] (1) **1** *vt enfant* to scold. **il faut que je vous gronde* d'avoir fait ce cadeau** you're very naughty to have bought this present, I should scold you for buying this present.
2 *vi* (a) *[canon, train, orage, torrent]* to rumble; *[chien]* to growl; *[foule]* to mutter (angrily).
(b) (*fig*) *[colère, émeute]* to be brewing (up).
(c) (*littér: grommeler*) to mutter.

gronderie [grɔ̃dri] *nf* scolding.

grondeur, -euse [grɔ̃dœr, øz] *adj* *ton, humeur, personne* grumbling; *vent, torrent* rumbling; **d'une voix** ~**euse** in a grumbling voice.

grondin [grɔ̃dɛ̃] *nm* gurnard.

groom [grum] *nm* bellboy.

gros, grosse¹ [gro, gros] **1** *adj* (a) (*dimension*) (*gén*) big, large; *peau, lèvres, corde* thick; *chaussures* big, heavy; *personne, ventre, bébé* fat, big; *pull, manteau* thick, heavy. **le** ~ **bout** the thick end; **il pleut à grosses gouttes** heavy *ou* great drops of rain are falling;

de grosses pluies heavy rainfalls; **c'est** ~ **comme une tête d'épingle/mon petit doigt** it's the size of *ou* it's no bigger than a pinhead/my little finger; **des tomates grosses comme le poing** tomatoes as big as your fist; **un mensonge** ~ **comme une maison*** a gigantic lie, a whopper*; **je l'ai vu venir** ~ **comme une maison*** I could see it coming a mile off*.
(b) (*important*) *travail* big; *problème, ennui, erreur* serious, great, big; *somme* large, substantial; *firme* big, large; *soulagement, progrès* great; *dégâts* extensive, serious; (*violent*) *averse* heavy; *fièvre* high; *rhume* heavy, bad. **une grosse affaire** a large business, a big concern; **les grosses chaleurs** the height of summer, the hot season; **un** ~ **mensonge** a terrible lie, a whopper*; (*fig*) **c'est un** ~ **morceau*** (*travail*) it's a big job; (*obstacle*) it's a big hurdle (to clear) *ou* a big obstacle (to get over); **il a un** ~ **appétit** he has a big appetite; **la grosse industrie** heavy industry; **acheter par** *ou* **en grosses quantités** to bulk-buy (*Brit*), buy in bulk.
(c) (*houleux*) *mer* heavy. (*gonflé*) **la rivière est grosse** the river is swollen.
(d) (*sonore*) *voix* booming (*épith*); *soupir* deep, big. ~ **rire** guffaw.
(e) (*riche et important*) big. **un** ~ **industriel/banquier** a big industrialist/banker.
(f) (*intensif*) **un** ~ **buveur** a heavy drinker; **un** ~ **mangeur** a big eater; **un** ~ **kilo/quart d'heure** a good kilo/quarter of an hour; **tu es un** ~ **fainéant/nigaud*** you're a big *ou* great lazybones/silly* (*Brit*) *ou* ninny*.
(g) (*rude*) *drap, laine, vêtement* coarse; *traits du visage* thick, heavy . **le** ~ **travail, les** ~ **travaux** the heavy work; **son** ~ **bon sens est réconfortant** his down-to-earth commonsense *ou* plain commonsense is a comfort; **il aime la grosse plaisanterie** he likes obvious *ou* unsubtle *ou* inane jokes; **oser nous dire cela, c'est vraiment un peu** ~ it's a bit thick* *ou* a bit much* *ou* he's really pushing his luck*, daring to say that to us; **une grosse vérité** an obvious truth.
(h) ~ **de**: **avoir les yeux** ~ **de larmes** to have eyes filled *ou* brimming with tears; **cœur** ~ **de chagrin** heart heavy with sorrow; **regard** ~ **de menaces** threatening look, look charged with threats; **l'incident est** ~ **de conséquences** the incident is fraught with *ou* loaded with consequences.
(i) (†: *enceinte*) pregnant. **grosse de 6 mois** 6 months pregnant.
(j) (*loc*) **jouer** ~ **jeu** to play for big *ou* high stakes; **avoir le cœur** ~ to have a heavy heart, be sad at heart; **le chat fait le** ~ **dos** the cat is arching its back; **faire les** ~ **yeux (à un enfant)** to glower (at a child); **faire la grosse voix*** to speak gruffly *ou* sternly; (*fig*) **avoir une grosse tête‡** to feel thick-headed; **faire une grosse tête à qn‡** to bash sb up*, smash sb's face in‡; (*péj*) **c'est une histoire de** ~ **sous** there's big money involved; **je la voyais venir, avec ses** ~ **sabots*** you could tell what she was getting at a mile off*, it was pretty obvious what her little game was*; **il me disait des 'Monsieur'** ~ **comme le bras** he was falling over himself to be polite to me and kept addressing me as 'sir' *ou* kept calling me 'sir' (at two second intervals).

2 *nm* (a) (*personne*) (*corpulent*) fat man; (*riche*) rich man. **un petit** ~***** a fat little man *ou* bloke* (*Brit*) *ou* guy*; **mon** ~***** old man*, old boy*; (*péj*) **un** ~ **plein de soupe‡** a big fat lump‡ (*péj*); **les** ~ the big bugs*, the big shots*.
(b) (*principal*) **le** ~ **de**: **le** ~ **du travail est fait** the bulk of *ou* the main part of the work is done; **le** ~ **de l'armée/de l'assistance** the main body of the army/the audience; **le** ~ **de l'orage est passé** the worst of the storm is past; **faites le plus** ~ **d'abord** do the main things *ou* the essentials first; **une évaluation en** ~ a rough *ou* broad estimate; **dites-moi, en** ~, **ce qui s'est passé** tell me roughly *ou* broadly what happened.
(c) (*milieu*) **au** ~ **de l'hiver** in the depth of winter; **au** ~ **de l'été/de la saison** at the height of summer/of the season.
(d) (*Comm*) **le** (*commerce de*) ~ the wholesale business; **il fait le** ~ **et le détail** he deals in *ou* trades in both wholesale and retail; **maison/prix de** ~ wholesale firm/prices; **papetier en** ~ wholesale stationer; **commande en** ~ bulk order; **acheter/vendre en** ~ to buy/sell wholesale; *V* **demi-, marchand**.

3 grosse *nf* (*personne*) fat woman. **ma grosse*** old girl*, old thing* (*Brit*); (*péj*) **c'est une bonne grosse‡** she's a good-natured lump of a girl*; *V aussi* **grosse²**.

4 *adv*: **écrire** ~ to write big, write in large letters; **c'est écrit en** ~ it's written in big *ou* large letters; **il risque** ~ he's risking a lot *ou* a great deal; **ça peut nous coûter** ~ it could cost us a lot *ou* a great deal; **je donnerais** ~ **pour** ... I'd give a lot *ou* a great deal to ...; **il y a** ~ **à parier que** ... it's a safe bet that ...; **en avoir** ~ **sur le cœur** *ou* **sur la patate‡** to be upset *ou* peeved*.

5: (*Orn*) **gros-bec** *nm, pl* **gros-becs** hawfinch; **gros bétail** cattle; **gros bonnet*** bigwig*, big shot*; (*Mus*) **grosse caisse** big *ou* bass drum; (*fusil de*) ~ **calibre** large-bore shotgun; **grosse cavalerie*** heavy stuff*; **gros gibier** big game; (*Can*) **grosse-gorge‡** *nf* goitre; (*Tex*) **gros-grain** *nm, pl* **gros-grains** petersham; **gros intestin** large intestine; **Gros-jean*** *nm*: **il s'est retrouvé Gros-jean comme devant** he found himself back at square one (*Brit*) *ou* back where he started; **grosse légume*** = **gros bonnet***; (*lit, fig*) **gros lot** jackpot; **gros mot** vulgarity, coarse word; **gros mots** bad language; (*Archit*) **gros œuvre** shell (*of a building*); **gros orteil** big toe; **gros pain** large (crusty) loaf; (*Phot*) **gros plan** close-up; **une prise de vue en gros plan** a shot in close-up, a close-up shot; (*avion*) **gros-porteur** wide-bodied aircraft *ou* jet, jumbo jet; **gros rouge*** (red) plonk* (*Brit*), rough (red) wine, Mountain Red (wine) (*US*); **gros sel** cooking salt; **gros temps** rough weather; **par gros temps** in rough weather *ou* conditions; (*Presse*) **gros titre** headline.

groseille [grozɛj] **1** *nf*: ~ (**rouge**) red currant; ~ (**blanche**) white currant; ~ **à maquereau** gooseberry. **2** *adj inv* (cherry-)red.
groseillier [grozeje] *nm* currant bush. ~ **rouge/blanc** red/white currant bush; ~ **à maquereau** gooseberry bush.
grosse² [gros] *nf* (*Jur*) engrossment; (*Comm*) gross.
grossesse [grosɛs] *nf* pregnancy. ~ **nerveuse** nervous pregnancy; *V* **robe**.
grosseur [grosœr] *nf* (**a**) *[objet]* size; *[fil, bâton]* thickness; *[personne]* weight, fatness. **être d'une ~ maladive** to be unhealthily fat; **as-tu remarqué sa ~?** have you noticed how fat he is? (**b**) *(tumeur)* lump.
grossier, -ière [grosje, jɛr] *adj* (**a**) *matière, tissu* coarse; *vin* rough; *aliment* unrefined; *ornement, instrument* crude.
(**b**) *(sommaire) travail* superficially done, roughly done; *imitation* crude, poor; *dessin* rough; *solution, réparation* rough-and-ready; *estimation* rough. **avoir une idée ~ière des faits** to have a rough idea of the facts.
(**c**) *(lourd) manières* unrefined, crude; *esprit, être* unrefined; *traits du visage* coarse, thick; *ruse* crude; *plaisanterie* unsubtle, inane; *erreur* stupid, gross *(épith); ignorance* crass *(épith).*
(**d**) *(bas, matériel) plaisirs, jouissances* base.
(**e**) *(insolent) personne* rude; *(vulgaire) plaisanterie, geste* coarse; *personne* coarse, uncouth. **il s'est montré très ~ envers eux** he was very rude to them; ~ **personnage!** uncouth individual!; **il est ~ avec les femmes** he is coarse *ou* uncouth in his dealings with women.
grossièrement [grosjɛrmɑ̃] *adv* (**a**) *(de manière sommaire)* exécuter, réparer roughly, superficially; façonner crudely; dessiner, tisser roughly; imiter crudely. **pouvez-vous me dire ~ combien ça va coûter?** can you tell me roughly how much that will cost?
(**b**) *(de manière vulgaire)* coarsely; *(insolemment)* rudely.
(**c**) *(lourdement)* **se tromper ~** to make a gross error.
grossièreté [grosjɛrte] *nf* (**a**) *(U) (insolence)* rudeness; *(vulgarité) [personne]* coarseness, uncouthness; *[plaisanterie, geste]* coarseness. **dire des ~s** to use coarse language *ou* expressions.
(**b**) *(rusticité) [fabrication]* crudeness; *[travail, exécution]* superficiality; *[étoffe]* coarseness.
(**c**) *(littér: manque de finesse) [personne]* lack of refinement; *[traits]* coarseness. **la ~ de ses manières** his unrefined *ou* crude manners.
grossir [grosir] (2) **1** *vi [personne] (signe de déficience)* to get fat(ter), put on weight; *(signe de santé)* to put on weight; *[fruit]* to swell, grow; *[rivière]* to swell; *[tumeur]* to swell, get bigger; *[foule]* to grow (larger), swell; *[somme, économies]* to grow, get bigger; *[bruit]* to get louder, grow (louder), swell. **l'avion grossissait dans le ciel** the plane grew larger *ou* bigger in the sky.
2 *vt* (**a**) *(faire paraître plus gros) personne* to make look fatter. **ce genre de vêtement (vous) grossit** clothing of this sort *ou* kind makes one look fatter.
(**b**) *[microscope]* to magnify; *[lentille, lunettes]* to enlarge, magnify; *(fig) [imagination]* dangers, importance to magnify, exaggerate.
(**c**) *(exagérer volontairement) fait, événement* to exaggerate, blow up. **ils ont grossi l'affaire à des fins politiques** they've blown up the issue for political reasons.
(**d**) *cours d'eau* to swell; *voix* to raise.
(**e**) *somme* to increase, add to; *foule* to swell. ~ **les rangs/le nombre de** to add to *ou* swell the ranks/the numbers of.
grossissant, e [grosisɑ̃, ɑ̃t] *adj* (**a**) *lentille, verre* magnifying, enlarging. (**b**) *foule, bruit* swelling, growing.
grossissement [grosismɑ̃] *nm* (**a**) *[tumeur]* swelling, enlarging. *[personne]* **pour empêcher un ~ excessif** to prevent excessive weight-gain.
(**b**) *[objet]* magnification, magnifying; *(fig) [dangers etc]* magnification, exaggeration; *(fig) [faits]* exaggeration, blowing up*; *(pouvoir grossissant) [microscope]* magnification, (magnifying) power; *[imagination]* magnification; *(aspect grossi) [objet, dangers]* magnification.
grossiste [grosist(ə)] **1** *adj* wholesale *(épith).* **2** *nmf* wholesaler, wholesale dealer.
grosso modo [grosomodo] *adv* (**a**) *(sans entrer dans les détails)* more or less, roughly. **je vous explique ça ~** I'll explain the broad *ou* rough outlines of it to you. (**b**) *(tant bien que mal)* after a fashion.
grotesque [grotɛsk(ə)] **1** *adj (risible)* ludicrous; *(difforme)* grotesque. **il est d'un ~ incroyable** he's absolutely ridiculous; *(Littérat)* **le ~** the grotesque. **2** *nf (Art)* grotesque.
grotesquement [grotɛskəmɑ̃] *adv (V* grotesque*)* ludicrously, grotesquely.
grotte [grot] *nf (naturelle)* cave; *(artificielle)* grotto.
grouillant, e [grujɑ̃, ɑ̃t] *adj foule, masse* milling. ~ **de** *touristes, insectes* swarming *ou* teeming *ou* crawling with; *police* bristling *ou* swarming with; *boulevard/café* ~ **(de monde)** street/café swarming *ou* teeming *ou* crawling with people, bustling street/café.
grouillement [grujmɑ̃] *nm [foule, touristes]* milling, swarming; *[vers, insectes]* swarming.
grouiller [gruje] (1) **1** *vi [foule, touristes]* to mill about; *[café, rue]* to be swarming *ou* teeming *ou* bustling with people. ~ **de** *touristes, insectes* to be swarming *ou* teeming *ou* crawling with. **2 se grouiller** *vpr* (*)* to get a move on*, stir one's stumps* (*Brit*), shake a leg* (*US*). **grouille-toi!** get your skates on!*, stir your stumps!*.
grouillot [grujo] *nm* messenger (boy).
groupage [grupaʒ] *nm (Comm) [colis]* bulking.
groupe [grup] **1** *nm* (**a**) *(Art, Écon, Pol, Sociol)* group. **le ~ de la majorité** the M.P.s (*Brit*) *ou* Congressmen (*US*) of the majority party; **psychologie de ~** group psychology.
(**b**) *[personnes]* group, knot; *[touristes]* party, group. **des ~s se** formaient dans la rue groups (of people) *ou* knots of people were forming in the street; ~ **de manifestants/de curieux** group of demonstrators/onlookers; **par ~s de 3 ou 4** in groups of 3 or 4, in threes or fours; **travailler/marcher en ~** to work/walk in *ou* as a group.
(**c**) *[objets]* ~ **de maisons** cluster *ou* group of houses; ~ **d'arbres** clump *ou* cluster *ou* group of trees.
(**d**) *(Ling)* group, cluster. ~ **nominal/verbal** nominal/verbal group; ~ **consonantique** consonant cluster.
2: **groupe de combat** fighter group; **groupe électrogène** generating set, generator; **groupe hospitalier** hospital complex; **groupe d'intervention de la Gendarmerie nationale** anti-terrorist squad; **groupe de mots** word group, phrase; **groupe parlementaire** parliamentary group (*M.P.s of the same party*); **groupe de pression** pressure group, special interest group (*US*); **groupe sanguin** blood group; *[parachutistes]* **group de saut** stick; **groupe scolaire** school complex; **groupe de tête** (*Sport*) (group of) leaders; (*Scol*) top pupils (in the class); (*Écon*) (group of) leading firms; **groupe de travail** working party.
groupement [grupmɑ̃] *nm* (**a**) *(action) [personnes, objets, faits]* grouping. ~ **de mots par catégories** grouping words by categories. (**b**) *(groupe)* group. ~ **révolutionnaire** band of revolutionaries, revolutionary band; ~ **d'achats** (commercial) bulk-buying organization; ~ **de gendarmerie** squad of Gendarmes.
grouper [grupe] (1) **1** *vt personnes, objets, faits* to group; (*Comm*) *colis* to bulk; *efforts, ressources, moyens* to pool. **savoir ~ ses idées** to know how to order one's ideas; ~ **des colis par destination** to bulk parcels according to their destination.
2 se grouper *vpr [foule]* to gather. **les consommateurs doivent se ~ pour se défendre** consumers must band together to defend their interests; *(fig)* **se ~ autour d'un chef** to rally round a leader; **le village groupé autour de l'église** the village clustered round the church; *V* **habitat**.
groupuscule [grupyskyl] *nm (Pol péj)* small group.
grouse [gruz] *nf* grouse.
gruau [gryo] *nm (graine)* hulled grain, groats. **farine de ~** fine wheat flour; **pain de ~** fine wheaten bread.
grue [gry] *nf* (**a**) *(Tech, TV)* crane. ~ **de levage** wrecking crane. (**b**) *(Orn)* crane; *V* **pied**. (**c**) (‡péj: prostituée) tart‡ (*Brit péj*), hooker (*US péj*).
gruger [gryʒe] (3) *vt (littér: duper)* to dupe. **se faire ~** to be duped, be had*.
grumeau, *pl* **~x** [grymo] *nm [sel, sauce]* lump. **la sauce fait des ~x** the sauce is going lumpy.
grumeler (se) [grymle] (5) *vpr [sauce]* to go lumpy; *[lait]* to curdle.
grumeleux, -euse [grymlø, øz] *adj sauce* lumpy; *lait* curdled; *fruit* gritty; *peau* bumpy, lumpy.
gruppetto [grupeto], *pl* **gruppetti** [grupeti] *nm (Mus)* gruppetto, turn.
grutier [grytje] *nm* crane driver *ou* operator.
gruyère [gryjɛr] *nm* gruyère (cheese) (*Brit*), Swiss cheese (*US*).
Guadeloupe [gwadlup] *nf* Guadeloupe.
guadeloupéen, -enne [gwadlupeɛ̃, ɛn] **1** *adj* Guadelupian. **2** *nm, f*: **G~(ne)** inhabitant *ou* native of Guadeloupe.
guano [gwano] *nm [oiseau]* guano; *[poisson]* manure.
Guatémala [gwatemala] *nm* Guatemala.
guatémalien, -ienne [gwatemaljɛ̃, jɛn] **1** *adj* Guatemalan. **2** *nm, f*: **G~(ne)** Guatemalan.
guatémaltèque [gwatemaltɛk] **1** *adj* Guatemalan. **2** *nmf*: **G~** Guatemalan.
gué [ge] *nm* ford. **passer (une rivière) à ~** to ford a river.
guéable [geabl(ə)] *adj* fordable.
guéer [gee] (1) *vt* to ford.
guelfe [gɛlf(ə)] **1** *adj* Guelphic. **2** *nmf* Guelph.
guelte [gɛlt(ə)] *nf (Comm)* commission.
guenille [gənij] *nf (piece of)* rag. **~s** (old) rags; **en ~s** in rags (and tatters).
guenon [gənɔ̃] *nf (Zool)* female monkey; *(péj: laideron)* fright, (ugly) hag.
guépard [gepar] *nm* cheetah.
guêpe [gɛp] *nf* wasp; *V* **fou, taille¹**.
guêpier [gepje] *nm (piège)* trap; *(nid)* wasp's nest.
guêpière [gepjɛr] *nf (Hist)* waspie.
guère [gɛr] *adv* (**a**) *(avec adj ou adv: pas très, pas beaucoup)* hardly, scarcely. **elle ne va ~ mieux** she's hardly *ou* scarcely any better; **il n'est ~ poli** he's not very polite; he's hardly *ou* scarcely polite; **le chef, ~ satisfait de cela, ...** the boss, little *ou* hardly satisfied with that, ...; **il n'y a ~ plus de 2 km** there is barely *ou* scarcely more than 2 km to go; **ça ne fera ~ moins de 100 F** that won't be (very) much less than 100 francs.
(**b**) *(avec vb)* **ne ... ~** *(pas beaucoup)* not much *ou* really; *(pas souvent)* hardly *ou* scarcely ever; *(pas longtemps)* not (very) long; **je n'aime ~ qu'on me questionne** I don't much like *ou* really care for being questioned; **cela ne te va ~** that doesn't really suit you; **ce n'est plus ~ à la mode** that's hardly *ou* scarcely fashionable at all nowadays; **il ne vient ~ nous voir** he hardly *ou* scarcely ever comes to see us; **cela ne durera ~** that won't last (for) very long; **il ne tardera ~** he won't be (very) long now; *(frm)* **l'aimez-vous?** **— ~** do you like it? — not (very) much *ou* not really *ou* not particularly.
(**c**) *(avec de, que)* **il n'y a ~ de monde** there's hardly *ou* scarcely anybody there; **il n'y a ~ que lui qui ...** he's about the only one who ..., there's hardly *ou* scarcely anyone but he who ...; **il n'y a ~ que ceci que ...** there's hardly *ou* scarcely anything but this that ... .
guéret [gerɛ] *nm* fallow land (*U*).
guéridon [geridɔ̃] *nm* pedestal table.

guérilla [geʀija] *nf* guerrilla war *ou* warfare (*U*). ~ **urbaine** urban guerrilla warfare.

guérillero [geʀijeʀo] *nm* guerrilla.

guérir [geʀiʀ] (2) **1** *vt* (*Méd: soigner*) *malade* to cure, make better; *maladie* to cure; *membre, blessure* to heal. (*fig*) **je ne peux pas le ~ de ses mauvaises habitudes** I can't cure *ou* break him of his bad habits.

  2 *vi* (a) (*Méd: aller mieux*) [*malade, maladie*] to get better, be cured; [*blessure*] to heal, mend. **sa main guérie était encore faible** his hand although healed was still weak; **il est guéri (de son angine)** he is cured (of his throat infection); **dépenser de telles sommes, j'en suis guéri!** you won't catch me spending money like that again!, that's the last time I spend money like that!

  (b) (*fig*) [*chagrin, passion*] to be healed.

  3 se guérir *vpr* [*malade, maladie*] to get better, be cured. **se ~ d'une habitude** to cure *ou* break o.s. of a habit; **se ~ par les plantes** to cure o.s. by taking herbs, cure o.s. with herbs; **se ~ d'un amour malheureux** to get over *ou* recover from an unhappy love affair.

guérison [geʀizɔ̃] *nf* [*malade*] recovery; [*maladie*] curing (*U*); [*membre, plaie*] healing (*U*). **sa ~ a été rapide** he made a rapid recovery; ~ **par la foi** faith healing; *V* **voie**.

guérissable [geʀisabl(ə)] *adj malade, maladie* curable. **sa jambe/blessure est ~** his leg/injury can be healed.

guérisseur, -euse [geʀisœʀ, øz] *nm, f* healer; (*péj*) quack (doctor) (*péj*).

guérite [geʀit] *nf* (a) (*Mil*) sentry box. (b) (*sur chantier etc*) workman's hut; (*servant de bureau*) site office.

Guernesey [gɛʀn(ə)zɛ] *nf* Guernsey.

guernesiais, e [gɛʀnəzjɛ, ɛz] **1** *adj* of *ou* from Guernsey, Guernsey (*épith*). **2** *nm, f*: **G~(e)** inhabitant *ou* native of Guernsey.

guerre [gɛʀ] **1** *nf* (a) (*conflit*) war. **de ~ correspondant, criminel** war (*épith*); ~ **civile/sainte/atomique** civil/holy/atomic war; ~ **de religion/de libération** war of religion/of liberation; ~ **scolaire** 'school war' (*about Church and State schools*); **entre eux c'est la ~ ouverte** there's open war between them.

  (b) (*technique*) warfare. **la ~ atomique/psychologique/de tranchées** atomic/psychological/trench warfare.

  (c) (*loc*) **en ~** (*lit, fig*) at war (*avec, contre* with, against); **dans les pays en ~** in the warring countries, in the countries at war; (*Mil*) **faire la ~ à** to wage war on *ou* against; **soldat qui a fait la ~** soldier who was in the war; **ton chapeau a fait la ~*** your hat has been in the wars* (*Brit*) *ou* through the war (*US*); (*fig*) **elle lui fait la ~ pour qu'il s'habille mieux** she is constantly battling with him to get him to dress better; **faire la ~ aux abus/à l'injustice** to wage war against *ou* on abuses/injustice; **de ~ lasse elle finit par accepter** she grew tired of resisting and finally accepted; (*Prov*) **à la ~ comme à la ~** we'll just have to make the best of things, you must take things as you find them *ou* as they come; *V* **bon¹, entrer, partir¹**.

  2: guerre de conquête war of conquest; **guerre éclair** blitzkrieg (*Brit*), lightning war (*US*); **guerre d'embuscade** guerrilla warfare; **la guerre des étoiles** Star Wars; **guerre d'extermination** war of extermination; **guerre froide** cold war; **guerre mondiale** world war; **guerre de mouvement** war of movement; **guerre des nerfs** war of nerves; **guerre à outrance** all-out war; **guerre de position** war of position; **guerre psychologique** psychological warfare; **la guerre de quatorze** the 1914-18 war; **la guerre de Sécession** the American Civil War; **guerre de succession** war of succession; **guerre totale** total warfare, all-out war; **la guerre de Troie** the Trojan War; **guerre d'usure** war of attrition.

guerrier, -ière [gɛʀje, jɛʀ] **1** *adj nation, air* warlike; *danse, chants, exploits* war (*épith*). **2** *nm, f* warrior.

guerroyer [gɛʀwaje] (8) *vi* (*littér*) to wage war (*contre* against, on).

guet [gɛ] **1** *nm* (a) **faire le ~** to be on the watch *ou* look-out; **avoir l'œil au ~** to keep one's eyes open *ou* skinned*; **avoir l'oreille au ~** to keep one's ears open.

  (b) (*Hist: patrouille*) watch.

  2: guet-apens *nm, pl* **guets-apens** (*lit*) ambush, ambuscade; (*fig*) trap, ambush.

guêtre [gɛtʀ(ə)] *nf* gaiter; *V* **traîner**.

guêtré, e [gɛtʀe] *adj* (*Hist, hum*) wearing gaiters *ou* spats.

guetter [gete] (1) *vt* (a) (*épier*) *victime, ennemi* to watch (intently). (b) (*attendre*) *signal, personne* to watch (out) for, be on the lookout for; (*hostilement*) to lie in wait for. ~ **le passage/l'arrivée de qn** to watch (out) for sb (to pass)/(to come); (*fig*) ~ **l'occasion** to watch out for the opportunity, be on the look-out for the opportunity; (*fig*) **la crise cardiaque le guette** there's a heart attack lying in wait for him; (*fig*) **la faillite le guette** he is threatened by bankruptcy.

guetteur [getœʀ] *nm* (*Mil*) look-out; (*Hist*) watch.

gueulante‡ [gœlɑ̃t] *nf*: **pousser une** *ou* **sa ~** (*protestation*) to shout one's head off‡; (*acclamation*) to give an almighty cheer *ou* yell*; (*douleur*) to give an almighty yell*.

gueulard, e [gœlaʀ, aʀd(ə)] **1** *adj* (‡) (a) (*braillard*) *personne* loud-mouthed; *air, musique* noisy. **bébé ~** bawling brat; **ce qu'il est ~!** isn't he a loud-mouth!*

  (b) (*criard*) *couleur, vêtement* gaudy, garish.

  2 *nm* (*Tech*) throat.

gueule [gœl] **1** *nf* (a) (‡: *bouche*) mouth. (**ferme**) **ta ~!** shut your trap!‡ *ou* face!‡; **ça vous emporte** *ou* **brûle la ~** it takes the roof off your mouth; **il dépense beaucoup d'argent pour la ~** he spends a lot on feeding his face*; **tu peux crever la ~ ouverte** you can go to hell for all I care‡; **il nous laisserait bien crever la ~ ouverte** he wouldn't give a damn what happened to us‡; *V* **casser**.

  (b) (*: *figure*) face. **il a une bonne/sale ~** I like/I don't like the look of him; **faire la ~** to look sulky; **faire la ~ à qn** to be in a bad

mood with sb; **faire une ~ d'enterrement** to look a real misery (*Brit*) *ou* really miserable, look really down in the mouth*; **il a fait une sale ~ quand il a appris la nouvelle**‡ he didn't half pull a face when he heard the news*; **bien fait pour sa ~!**‡ bully for him!‡; **cette bagnole a de la ~** that's a great-looking car!*, that's some car!*; **cette maison a une drôle de ~** that's a weird-looking house; ~ **de raie**‡ fish-face‡; *V* **casser, soûler**.

  (c) [*animal*] mouth. (*fig*) **se jeter** *ou* **se mettre dans la ~ du loup** to throw o.s. into the lion's jaws.

  (d) (*ouverture*) [*four*] mouth; [*canon*] muzzle.

  2: gueule de bois* hangover; **avoir la gueule de bois*** to have a hangover, be feeling the effects of the night before*; **gueule cassée** *war veteran with severe facial injuries*; (*Bot*) **gueule-de-loup** *nf, pl* **gueules-de-loup** snapdragon; **gueule noire** miner.

gueulement‡ [gœlmɑ̃] *nm* (*cri*) bawl. **pousser des ~s** (*douleur*) to yell one's head off‡; (*colère*) to shout one's head off‡.

gueuler* [gœle] (1) **1** *vi* (a) (*parler fort*) to bawl, bellow; (*chanter fort*) to bawl; (*hurler de douleur*) to yell (one's head off) (*de* with); (*protester*) to shout, bellyache‡ (*contre* about). **ça va le faire ~** (*de douleur*) that'll make him yell*; (*de mécontentement*) that'll have him shouting his head off‡; **ça va ~** there'll be all hell let loose‡, there'll be one hell of a row‡.

  (b) [*poste de radio*] to blast out, blare out. **faire ~ sa télé** to turn one's TV up full blast*.

  2 *vt ordres* to bawl (out), bellow (out); *chanson* to bawl.

gueules [gœl] *nm* (*Hér*) gules.

gueuleton* [gœltɔ̃] *nm* blow-out* (*Brit*), nosh-up* (*Brit*), chow-down‡ (*US*).

gueuletonner* [gœltɔne] (1) *vi* to have a blow-out* (*Brit*) *ou* a nosh-up* (*Brit*) *ou* a chow-down‡ (*US*).

gueuse [gøz] *nf* (a) (†, *littér*) (*mendiante*) beggarwoman; (*coquine*) rascally wench; *V* **courir**. (b) [*fonte*] pig. (c) (*bière*) ~(-lambic) gueuse beer.

gueuserie [gøzʀi] *nf* (*littér*) (*action*) villainous act; (*condition*) beggary.

gueux [gø] *nm* (†, *littér*) (*mendiant*) beggar; (*coquin*) rogue, villain.

Gugusse [gygys] *nm* (*clown*) ≃ Coco the clown; (*: *type, personne*) bloke* (*Brit*), guy*; (*: *personne ridicule*) twit* (*Brit*), nincompoop.

gui [gi] *nm* (a) (*Bot*) mistletoe. (b) (*Naut*) boom.

guibol(l)e* [gibɔl] *nf* (*jambe*) leg. [*ivrogne, convalescent*] ~s **pins*** (*Brit*).

guiches [giʃ] *nfpl* kiss curls.

guichet [giʃɛ] *nm* (a) (*comptoir individuel*) window. (*bureau*) ~(s) [*banque, poste*] counter; [*théâtre*] box office, ticket office; [*gare*] ticket office, booking office (*Brit*); **adressez-vous au ~ d'à côté** inquire at the next window; **renseignez-vous au(x) ~(s)** (*banque, poste*) go and ask at the counter; (*théâtre, gare*) go and ask at the ticket office; (*à la poste*) **'~ fermé'** 'position closed'; *V* **jouer**.

  (b) [*porte, mur*] wicket, hatch; [*grillagé*] grille.

guichetier, -ière [giʃtje, jɛʀ] *nm, f* [*banque*] counter clerk.

guidage [gidaʒ] *nm* (*Min, Tech*) guides; (*Aviat*) guidance; *V* **radioguidage**.

guide [gid] **1** *nm* (a) (*personne*) guide; (*livre*) guide(book); (*fig: idée, sentiment*) guide. **l'ambition est son seul ~** ambition is his only guide; ~ (**de montagne**) (mountain) guide.

  (b) (*Tech: glissière*) guide. ~ **de courroie** belt-guide.

  2 *nfpl* (*rênes*) ~s reins.

  3 *nf* (*éclaireuse*) (Catholic) girl guide (*Brit*) *ou* girl scout (*US*).

guide- [gid] *préf V* **guider**.

guider [gide] (1) **1** *vt* (*conduire*) *voyageur, embarcation, cheval* to guide; (*fig: moralement etc*) to guide. **l'ambition le guide** he is guided by (his) ambition, ambition is his guide; **organisme qui guide les étudiants durant leur première année** organization that provides guidance for first-year students; **il m'a guidé dans mes recherches** he guided me through *ou* in my research; **se laissant ~ par son instinct** letting himself be guided by (his) instinct, letting (his) instinct be his guide; **se guidant sur les étoiles/leur exemple** guided by the stars/their example, using the stars/their example as a guide; **missile guidé par infrarouge** heat-seeking missile; *V* **visite**.

  2: guide-âne *nm, pl* **guide-ânes** (*livre*) basic handbook.

guidon [gidɔ̃] *nm* (a) (*vélo*) handlebars. (b) (*drapeau*) guidon. (c) [*mire*] foresight, bead.

guigne¹ [giɲ] *nf*: **il s'en soucie comme d'une ~** he doesn't care a fig about it.

guigne²* [giɲ] *nf* (*malchance*) rotten luck*. **avoir la ~** to be jinxed*; **porter la ~ à qn** to put a jinx *ou* hoodoo on sb*; **quelle ~!** what rotten luck!*

guigner [giɲe] (1) *vt femme* to eye surreptitiously; *héritage, place* to have one's eye on, eye. **il guignait du coin de l'œil** he was casting surreptitious *ou* sidelong glances.

guignol [giɲɔl] *nm* (a) (*Théât*) (*marionnette*) puppet (*name of popular French glove puppet*); (*spectacle*) puppet show (≃ *Punch and Judy show*). **aller au ~** to go to the puppet show; **c'est du ~!** it's a real farce!, it's burlesque!

  (b) (*péj: personne*) clown. **arrête de faire le ~!** stop clowning about!, stop acting the clown!

guignolesque [giɲɔlɛsk(ə)] *adj* (*péj: grotesque*) farcical.

guignolet [giɲɔlɛ] *nm* cherry liqueur.

guignon [giɲɔ̃] *nm* = **guigne²**.

guilde [gild(ə)] *nf* (*Hist*) guild.

guili-guili* [giligili] *nm* tickle, tickle*. **faire ~ à qn** to tickle sb.

Guillaume [gijom] *nm* William. ~ **le Roux** William Rufus; ~ **Tell** William Tell; ~ **d'Orange** William of Orange; ~ **le Conquérant** William the Conqueror.

guillaume [gijom] *nm* rabbet plane.

guilledou [gijdu] *nm V* **courir**.

guillemet [gijmɛ] *nm* inverted comma (*Brit*), quotation mark. **ouvrez les ~s** open (the) inverted commas; **fermez les ~s** close (the) inverted commas; (*iro*) **sa digne épouse, entre ~s** his noble wife, quote unquote *ou* in inverted commas (*Brit*); **mettre un mot entre ~s** to put a word in quotation marks *ou* inverted commas (*Brit*) *ou* quotes.

guillemeter [gijmete] (4) *vt* to put in inverted commas, put in quotes.

guillemot [gijmo] *nm* guillemot.

guilleret, -ette [gijʀɛ, ɛt] *adj* (a) (*enjoué*) *personne, air* perky, bright. **être tout ~** to be full of beans*. (b) (*leste*) *propos* saucy.

guillochage [gijɔʃaʒ] *nm* ornamentation with guilloche.

guillocher [gijɔʃe] (1) *vt* to ornament with guilloche.

guillochis [gijɔʃi] *nm* guilloche.

guillochure [gijɔʃyʀ] *nf* guilloche pattern.

guillotine [gijɔtin] *nf* guillotine; V **fenêtre**.

guillotiner [gijɔtine] (1) *vt* to guillotine.

guimauve [gimov] *nf* (*Bot*) marsh mallow; (*Culin*) marshmallow. (*fig péj*) **c'est de la ~** (*mou*) it's jelly; (*sentimental*) it's mush*, it's schmaltzy*; **chanson (à la) ~** sloppy* (*Brit*) *ou* mushy* *ou* schmaltzy* song.

guimbarde [gɛbaʀd(ə)] *nf* (*Mus*) Jew's harp. (*: voiture*) **(vieille) ~** old banger* (*Brit*), old crock* (*Brit*), jalopy.

guimpe [gɛp] *nf* (*Rel*) wimple; (*corsage*) chemisette (*Brit*), dickey (*US*).

guincher* [gɛʃe] (1) *vi* (*danser*) to dance.

guindé, e [gɛde] (*ptp de* **guinder**) *adj personne, air* stiff, starchy, uptight*; *style* stilted.

guinder [gɛde] (1) **1** *vt* (a) *style* to make stilted. **des vêtements qui le guindent** *ou* **qui guindent son allure** clothes that make him look stiff (and starchy). (b) (*hisser*) *mât, charge* to raise. **2 se guinder** *vpr* [*personne*] to become starchy; [*style*] to become stilted.

Guinée [gine] *nf* Guinea. **~ équatoriale** Equatorial Guinea; **~-Bissau** Guinea-Bissau; V **Papouasie**.

guinée [gine] *nf* guinea.

guinéen, -enne [gineɛ̃, ɛn] **1** *adj* Guinean. **2** *nm,f*: **G~(ne)** native of Guinea, Guinean.

guingois* [gɛgwa] *adv* (*de travers*) **de ~** askew, skew-whiff* (*Brit*); **le tableau est (tout) de ~** the picture is askew *ou* skew-whiff* *ou* lop-sided; **il se tient tout de ~ sur sa chaise** he's sitting lop-sidedly *ou* skew-whiff* in his chair; **tout va de ~** everything's going haywire*.

guinguette [gɛgɛt] *nf* open-air café or dance hall.

guipure [gipyʀ] *nf* guipure.

guirlande [giʀlɑ̃d] *nf [fleurs]* garland. **~ de Noël** tinsel garland; **~ de papier** paper chain; **~ lumineuse** string of fairy lights (*Brit*) *ou* Christmas tree lights.

guise [giz] *nf* (a) **n'en faire qu'à sa ~** to do as one pleases *ou* likes; **à ta ~!** as you wish! *ou* please! *ou* like! (b) (*loc*) **en ~ de** by way of; **en ~ de remerciement il m'a offert un livre/il m'a flanqué une gifle** by way of thanks he gave me a book/he slapped me in the face; **en ~ de chapeau il portait un pot**

de fleurs he was wearing a flowerpot by way of a hat *ou* for a hat.

guitare [gitaʀ] *nf* guitar. **~ hawaïenne/électrique** *etc* Hawaiian/electric *etc* guitar.

guitariste [gitaʀist(ə)] *nmf* guitarist, guitar player.

guitoune* [gitun] *nf* tent.

Guj(a)rât [gudʒ(a)ʀat] *nm* Gujarat.

Gulf Stream [gœlfstʀim] *nm* Gulf Stream.

gus* [gys] *nm* (*personne, type*) guy*, bloke* (*Brit*).

gustatif, -ive [gystatif, iv] *adj* (*Bio*) gustative, gustatory; V **nerf, papille**.

gustation [gystasjɔ̃] *nf* (*Bio*) gustation.

guttural, e, mpl -aux [gytyʀal, o] **1** *adj langue, son, consonne* guttural; *voix* guttural, throaty. **2 gutturale** *nf* (*Phonétique*) guttural.

Guyane [gɥijan] *nf* Guiana, Guyana. **~ française** French Guiana.

guyanais, e [gɥijanɛ, ɛz] **1** *adj* Guyanese. **2** *nm,f*: **G~(e)** Guyanese.

gym [ʒim] *nf* (*abrév de* **gymnastique**) gym, P.E.

gymkhana [ʒimkana] *nm* rally. **~ motocycliste** motorcycle scramble; (*fig*) **quelle pagaille! il faut faire du ~ pour arriver à la fenêtre** what a mess! it's like an obstacle course to get to the window.

gymnase [ʒimnɑz] *nm* (*Sport*) gymnasium, gym; (*Suisse: lycée*) secondary school (*Brit*), high school (*US*).

gymnaste [ʒimnast(ə)] *nmf* gymnast.

gymnastique [ʒimnastik] **1** *nf* (a) (*Sport*) gymnastics (*sg*); (*Scol*) physical education, gymnastics (*sg*). **de ~** *professeur, instrument* physical education (*épith*), P.E. (*épith*); **~ corrective** *ou* **médicale** remedial gymnastics (*sg*); **~ rythmique** eurhythmics (*sg*); **~ acrobatique** acrobatics (*sg*); **~ respiratoire** breathing exercises; **~ suédoise** Swedish movements; **faire de la ~** (*Sport*) to do gymnastics; (*au réveil etc*) to do exercises; V **pas¹**.
(b) (*fig*) **~ intellectuelle** *ou* **de l'esprit** mental gymnastics (*sg*); **j'ai dû me livrer à toute une ~ pour faire coïncider nos dates de vacances** I had to tie myself in knots *ou* stand on my head to get our holiday dates to coincide; **quelle ~ il faut faire pour aller d'une banlieue à une autre** what a palaver* (*Brit*) *ou* a performance to get from one suburb to another.
2 *adj* (*rare*) gymnastic.

gymnique [ʒimnik] **1** *adj* gymnastic. **2** *nf* gymnastics (*sg*).

gynécée [ʒinese] *nm* (*Hist*) gynaeceum; (*fig*) den of females.

gynécologie [ʒinekɔlɔʒi] *nf* gynaecology.

gynécologique [ʒinekɔlɔʒik] *adj* gynaecological.

gynécologiste [ʒinekɔlɔʒist(ə)] *nmf*, **gynécologue** [ʒinekɔlɔg] *nmf* gynaecologist.

gypaète [ʒipaɛt] *nm* bearded vulture, lammergeyer.

gypse [ʒips(ə)] *nm* gypsum.

gypseux, -euse [ʒipsø, øz] *adj* gypseous.

gypsophile [ʒipsɔfil] *nf* gypsophila.

gyrocompas [ʒiʀɔkɔ̃pa] *nm* gyrocompass.

gyrophare [ʒiʀɔfaʀ] *nm* revolving *ou* flashing light (*on vehicle*).

gyroscope [ʒiʀɔskɔp] *nm* gyroscope.

gyroscopique [ʒiʀɔskɔpik] *adj* gyroscopic.

gyrostat [ʒiʀɔstat] *nm* gyrostat.

H

H, h [aʃ] *nm ou nf* (*lettre*) H, h. **H aspiré** aspirate h; **H muet** silent *ou* mute h; V **bombe, heure**.

ha [ˈɑ, ha] *excl [surprise, colère etc]* oh! ho!; [*rire*] ha-ha!

habile [abil] *adj* (a) (*adroit*) *mains* skilful, skilled, clever; *ouvrier, chirurgien, tactique, démarche* skilful, clever, smart; *film, pièce de théâtre* clever. **il est ~ de ses mains** he's good *ou* clever with his hands; **être ~ à (faire) qch** to be clever *ou* skilful *ou* good at (doing) sth; **façonné d'une main ~** fashioned by a skilful *ou* skilled *ou* cunning hand; **ce n'était pas bien ~ de sa part** that wasn't very clever of him. (b) (*Jur*) fit (*à to*).

habilement [abilmɑ̃] *adv* (*V* **habile**) skilfully; cleverly. **~ façonné** skilfully *ou* cunningly made.

habileté [abilte] *nf* (a) (*adresse: V* **habile**) skill, skilfulness; cleverness; smartness. **~ manuelle** manual skill. (b) (*artifice, truc*) clever move, skilful move. (c) (*Jur*) = **habilité**.

habilitation [abilitasjɔ̃] *nf* (*Jur*) capacitation. (*Univ*) **~ (à diriger des recherches)** authorization *ou* accreditation to supervise research.

habilité [abilite] *nf* (*Jur*) fitness.

habiliter [abilite] (1) *vt* (*Jur*) to capacitate; (*Univ*) to authorize, accredit. **être habilité à faire qch** (*Jur, Pol*) to be empowered to do sth; (*gén*) to be entitled to do sth; (*Jur, Fin*) **représentant dûment habilité** duly authorized officer.

habillage [abijaʒ] *nm* (a) [*acteur, poupée*] dressing. (b) (*Tech*) [*montre*] assembly; [*bouteille*] labelling and sealing; [*marchandise*] packaging and presentation; [*machine*] casing; [*chaudière*] lagging; [*viande, volaille*] dressing. (*Aut*) **~ intérieur** interior trim.

habillé, e [abije] (*ptp de* **habiller**) *adj* (a) *robe* smart, dressy; *chaussures* dress (*épith*), smart; *soirée* dressy. **trop ~** *costume* too dressy, over-dressy, over-smart; *personne* overdressed, too dressed up; **ça fait très ~** it looks very smart *ou* dressy *ou* posh*. (b) *personne* dressed. **être bien/mal ~** to be well/badly dressed; **être ~ de noir/d'un complet** to be dressed in *ou* wearing black/a suit; **se coucher tout ~** to go to bed fully dressed *ou* with all one's clothes on.

habillement [abijmɑ̃] *nm* (*action*) clothing; (*toilette, costume*) clothes, dress (*U*), outfit; (*Mil: uniforme*) outfit; (*profession*) clothing trade, rag trade* (*Brit*), garment industry (*US*).

habiller [abije] (1) **1** *vt* (a) *poupée, enfant* (*vêtir*) to dress (*de* in); (*déguiser*) to dress up (*en* as). **cette robe vous habille bien** that dress really suits you *ou* looks good on you; **un rien l'habille** she looks good in the simplest thing, she can wear anything; **~ un enfant en Peau-Rouge** to dress a child up as a Red Indian. (b) (*fournir en vêtements*) *enfant, miséreux* to clothe; (*Mil*) *recrues* to provide with uniforms. **elle habille entièrement ses enfants** she makes all her children's clothes; (*Couture*) **elle se fait ~ par X, c'est X qui l'habille** she buys *ou* gets all her clothes from

X's, X makes all her clothes; **ce tissu habille bien** this is good dress material (*ou* suit *etc* material).

(c) (*recouvrir, envelopper*) *mur, fauteuil, livre* to cover (*de* with); *bouteille* to label and seal; *marchandise* to package; *machine, radiateur* to encase (*de* in); *chaudière* to lag (*de* with). ~ **un fauteuil d'une housse** to put a loose cover on a chair; (*fig*) **il faut ~ ce coin de la pièce qui est un peu nu** we must put something in *ou* do something with this rather bare corner of the room.

(d) (*Culin*) *viande, volaille* to dress; (*Horticulture*) *arbre* to trim (for planting); (*Typ*) *gravure* to set the text around.

(e) (*Tech*) *montre* to assemble.

2 s'habiller *vpr* **(a)** (*mettre ses habits*) to dress (o.s.), get dressed; (*se déguiser*) to dress up (*en* as). **aider qn à s'~** to help sb on with his clothes, help sb get dressed; **elle s'habille trop jeune/vieux** she wears clothes that are too young/old for her; **s'~ en Arlequin/Peau-Rouge** to dress up as Harlequin/a Red Indian; **elle s'habille long/court** she wears long/short skirts, she wears her skirts long/short; **faut-il s'~ pour la réception?** must we dress (up) for the reception?; **comment t'habilles-tu ce soir?** what are you wearing tonight?; **ne vous habillez pas, c'est en famille** don't (bother to) dress up — it's a family party; **elle ne sait pas s'~** she has no clothes sense *ou* dress sense.

(b) (*Couture*) **s'~ chez un tailleur/au Prisunic** to buy *ou* get one's clothes from a tailor/at Prisunic; **s'~ sur mesure** to have one's clothes made to measure.

habilleur, -euse [abijœr, øz] *nm,f* (*Théât*) dresser.

habit [abi] **1** *nm* **(a)** ~s clothes; **mettre/ôter ses** ~s to put on/take off one's clothes *ou* things; ~s **de travail/du dimanche/de deuil** working/Sunday/mourning clothes; **il portait ses** ~s **du dimanche** he was wearing his Sunday best *ou* Sunday clothes; **il était encore en** ~ **de voyage** he was still in his travelling clothes *ou* in the clothes he'd worn for the journey; *V* **brosse**.

(b) (*costume*) dress (*U*), outfit. ~ **d'arlequin** Harlequin suit *ou* costume; (*Prov*) **l'~ ne fait pas le moine** appearances are (sometimes) deceptive, do not judge by appearances.

(c) (*jaquette*) morning coat; (*queue-de-pie*) tail coat, tails. **en** ~ **(de soirée)** wearing tails, in evening dress; **l'~ est de rigueur** formal *ou* evening dress must be worn; (*sur carte d'invitation*) 'white tie', 'dress: formal'.

(d) (*Rel*) **prendre l'~** [*homme*] to take (holy) orders; [*femme*] to take the veil.

2: habit de cheval riding habit; (*Hist*) **habit de cour** court dress (*U*); **habit ecclésiastique** clerical dress (*U*); (*fig*) **porter l'habit ecclésiastique** to be a cleric; **habit de gala** formal *ou* evening dress (*U*); **habit militaire** military dress (*U*); **habit religieux** (monk's) habit; **habit de soirée = habit de gala**; **habit vert** (*green coat of*) member of the Académie Française.

habitabilité [abitabilite] *nf* [*maison*] habitability; [*voiture, ascenseur*] capacity.

habitable [abitabl(ə)] *adj* (in)habitable.

habitacle [abitakl(ə)] *nm* **(a)** (*Naut*) binnacle; (*Aviat*) cockpit; (*Aut*) passenger cell. **(b)** (*Rel, littér*) dwelling place (*littér*), abode (*littér*).

habitant, e [abitã, ãt] *nm,f* **(a)** [*maison*] occupant, occupier; [*ville, pays*] inhabitant. **pays/ville de 3 millions d'~s** country/town of 3 million inhabitants; **les ~s de la maison** the people who live in the house, the occupants of the house; **les ~s du village/du pays** the people who live in the village/country, the inhabitants of the village/country; **être** *ou* **loger chez l'~** [*touristes*] to stay with local people in their own homes; [*soldats*] to be billeted on the locals *ou* local people; ~ **des cavernes** cave dwellers.

(b) (*Can**) farmer; (*French Canadian*) habitant (*Can*).

habitat [abita] *nm* (*Bot, Zool*) habitat; (*conditions de logement*) housing *ou* living conditions; (*Géog: mode de peuplement*) settlement. (*Géog*) ~ **rural/nomade/dispersé/groupé** rural/nomadic/ scattered/grouped settlement.

habitation [abitasjõ] *nf* **(a)** (*fait de résider*) living, dwelling (*littér*). **locaux à usage d'~** dwelling houses; **conditions d'~** housing *ou* living conditions; **impropre à l'~** unfit for human habitation, uninhabitable.

(b) (*domicile*) residence, home, dwelling place (*littér*). **la caravane qui lui sert d'~** the caravan that serves as his home; **changer d'~** to change one's (place of) residence.

(c) (*logement, bâtiment*) house. **des ~s modernes** modern housing *ou* houses; **groupe d'~s** (*immeuble*) block of flats (*Brit*), apartment building (*US*); (*lotissement*) housing estate (*Brit*) *ou* development; ~ **à loyer modéré** (*Admin: appartement*) ≃ council flat (*Brit*), public housing unit (*US*); ~s **à loyer modéré** (*Admin: immeuble*) ≃ (block of) council flats (*Brit*), public sector housing.

habiter [abite] (1) **1** *vt maison, appartement* to live in, occupy; *zone, planète, région* to inhabit; (*fig*) [*idée, sentiment*] to dwell in. ~ **la banlieue** to live in the suburbs; **la maison n'a pas l'air habitée** the house doesn't look lived-in *ou* occupied; **est-ce que cette maison est habitée?** does anyone live in this house?, is this house occupied?

2 *vi* to live (*en, dans* in). ~ **à la campagne/chez des amis/en ville** to live in the country/with friends/in (the) town; ~ **(au) 17 (de la) rue Leblanc** to live at number 17 rue Leblanc.

habitude [abityd] *nf* **(a)** (*accoutumance*) habit. **avoir/prendre l'~ de faire** to be/get used to doing; **avoir pour** ~ *ou* **l'~ de faire** to be in the habit of doing; **prendre de mauvaises** ~s to pick up *ou* get into bad habits; **perdre une** ~ to get out of a habit; **faire perdre une** ~ **à qn** to break sb of a habit; **avoir une longue** ~ **de** to have long experience of; **ce n'est pas dans ses** ~s **de faire cela** he doesn't usually do that, he doesn't make a habit of (doing) that; **j'ai l'~! I'm** used to it; **je n'ai pas l'~ de me répéter** I'm not in the habit of repeating myself; (*Prov*) **l'~ est une seconde nature** habit is

second nature; **avoir ses** ~s **dans un restaurant** *etc* to have a familiar routine in a restaurant *etc;* **il a ses petites** ~s he has his (pet) ways *ou* habits; *V* **esclave, question.**

(b) (*coutume*) ~s customs; **les** ~s **d'un pays** the customs of a country; **il a des** ~s **de bourgeois** he has a middle-class way of life.

(c) (*loc*) **d'~** usually, as a rule; **c'est meilleur que d'~** it's better than usual; **par** ~ out of habit, from force of habit; **comme d'~** as usual; **selon** *ou* **suivant** *ou* **comme à son** ~ as he usually does, as is his wont (*frm*).

habitué, e [abitɥe] (*ptp de* **habituer**) *nm,f* [*maison*] regular visitor, habitué(e); [*café*] regular (customer), habitué(e).

habituel, -elle [abitɥel] *adj comportement, geste* usual, customary, habitual; *réjouissances, formule de politesse* customary, usual. **d'un geste qui lui était** ~ with his usual gesture, with that typical gesture of his; **c'est l'histoire** ~**le** it's the usual story.

habituellement [abitɥelmã] *adv* usually, generally, as a rule.

habituer [abitɥe] (1) **1** *vt:* ~ **qn à qch/à faire** (*accoutumer, endurcir*) to accustom sb to sth/to doing, get sb used to sth/to doing; (*apprendre, entraîner*) to teach sb sth/to do; **on m'a habitué à obéir** I've been taught to obey; **être habitué à qch/à faire** to be used *ou* accustomed to sth/to doing.

2 s'habituer *vpr:* **s'~ à qch/à faire** to get *ou* grow used *ou* accustomed to sth/to doing, accustom o.s. to sth/to doing.

hâblerie [abləri] *nf* (*manière d'être*) bragging, boasting; (*propos*) boast, big talk* (*U*).

hâbleur, -euse [ablœr, øz] **1** *adj* bragging, boasting, boastful. **2** *nm,f* braggart, boaster.

Habsbourg [apsbur] *nmf* Hapsburg.

hachage [aʃaʒ] *nm* (*V* **hacher**) chopping; mincing (*Brit*), grinding (*US*).

hache [aʃ] *nf* axe. ~ **d'armes** battle-axe; (*lit*) ~ **de guerre** hatchet, axe; (*fig*) **déterrer/enterrer la** ~ **de guerre** to take up/bury the hatchet; (*fig*) **visage taillé à la** ~ *ou* **à coups de** ~ angular *ou* roughly-hewn face.

hache- [aʃ] *préf V* **hacher.**

haché, e [aʃe] (*ptp de* **hacher**) **1** *adj* **(a)** *viande* minced (*Brit*), ground (*US*). **bifteck** ~ minced beef *ou* steak (*Brit*), (beef *ou* steak) mince (*Brit*), ground beef (*US*), hamburger (*US*). **(b)** *style* jerky; *phrases* jerky, broken. **2** *nm* mince (*Brit*), minced meat (*Brit*), ground beef (*US*).

hachement [aʃmã] *nm* = **hachage.**

hacher [aʃe] (1) **1** *vt* **(a)** (*couper*) (*au couteau etc*) to chop; (*avec un appareil*) to mince (*Brit*), grind (*US*). ~ **menu** to mince, chop finely; ~ **menu comme chair à pâté** to make mincemeat of.

(b) (*déchiqueter*) *récolte* to slash to pieces; *soldats* to cut to pieces. **je me ferais plutôt** ~ **que d'accepter** I'd go through fire rather than accept; **il se ferait** ~ **pour vous** he'd go through fire for you.

(c) (*interrompre*) *discours, phrases* to break up; *V* **haché.**

2: hache-légumes *nm inv* vegetable-chopper; **hache-paille** *nm inv* chaff-cutter; **hache-viande** *nm inv* (meat-)mincer (*Brit*), grinder (*US*).

hachette [aʃet] *nf* hatchet.

hachis [aʃi] *nm* [*légumes*] chopped vegetables; [*viande*] mince (*Brit*) (*U*), minced meat (*Brit*), hamburger (*US*), ground meat (*US*); (*farce*) forcemeat (*U*). ~ **de porc** pork mince; ~ **Parmentier** ≃ shepherd's *ou* cottage pie (*Brit*).

hachisch [aʃiʃ] *nm* hashish.

hachoir [aʃwar] *nm* (*couteau*) [*viande*] chopper, cleaver; [*légumes*] chopper; (*planche*) chopping board; (*appareil*) (meat-)mincer (*Brit*), grinder (*US*).

hachurer [aʃyre] (1) *vt* (*Art*) to hatch; (*Cartographie*) to hachure.

hachures [aʃyr] *nfpl* (*Art*) hatching (*U*), hachures; (*Cartographie*) hachures.

haddock [adɔk] *nm* smoked haddock.

Hadrien [adrijẽ] *nm* Hadrian.

Haendel [ɛndɛl] *nm* Handel.

hafnium [afnjɔm] *nm* hafnium.

hagard, e [agar, ard(ə)] *adj yeux* wild; *visage, air, gestes* distraught, frantic, wild.

haie [ɛ] *nf* **(a)** (*clôture*) hedge. ~ **d'aubépines** hawthorn hedge; ~ **vive** quickset hedge.

(b) (*Sport: obstacle*) [*coureur*] hurdle; [*chevaux*] fence. **course de** ~s [*coureur*] hurdles (race); [*chevaux*] steeplechase; **110 mètres** ~s 110 metres hurdles.

(c) (*fig: rangée*) [*spectateurs, policiers*] line, row. **faire une** ~ **d'honneur** to form a guard of honour; **faire la** ~ to form a line.

haillon [ajõ] *nm* rag. **en** ~s in rags, in tatters.

haillonneux, -euse [ajɔnø, øz] *adj* (*littér*) in rags, in tatters, tattered and torn.

Hainaut [ɛno] *nm:* **le** ~ Hainaut, Hainault.

haine [ɛn] *nf* hatred (*de, pour* of, for). **des** ~s **mesquines** petty hatreds *ou* dislikes; **prendre qn en** ~ to take a violent dislike *ou* a strong aversion to sb; **avoir de la** ~ **pour** to feel hatred for, be filled with hate *ou* hatred for; **par** ~ **de** out of *ou* through hatred of.

haineusement [ɛnøzmã] *adv dire, regarder* with hatred; *saisir* malevolently.

haineux, -euse [ɛnø, øz] *adj parole* full of hatred; *caractère, joie* malevolent. **regard** ~ look of hate *ou* hatred, look full of hate *ou* hatred.

haïr [air] (10) *vt* to detest, abhor, hate. **elle me hait de l'avoir trompée** she hates me for having deceived her; **je hais ses manières affectées** I can't stand *ou* I hate *ou* I loathe her affected ways; **je hais d'être dérangé** I hate being disturbed *ou* to be disturbed; **ils se haïssent cordialement** they cordially detest one another.

haire [ɛr] *nf* hair shirt.

haïssable [aisabl(ə)] *adj* detestable, hateful.

Haïti [aiti] *nf* Haiti.

haïtien, -ienne [aisjɛ̃, jɛn] **1** *adj* Haitian. **2** *nm, f*: **H∼(ne)** Haitian.

halage ['alaʒ] *nm* (*Naut*) towing. **(chemin de)** ∼ towpath; **cheval de** ∼ towhorse.

hâle ['ɑl] *nm* (sun)tan, sunburn.

hâlé, e ['ɑle] (*ptp de* **hâler**) *adj* (sun)tanned, sunburnt (*Brit*).

haleine [alɛn] *nf* **(a)** (*souffle*) breath; (*respiration*) breathing (*U*). **avoir l'∼ courte** to be short of breath *ou* short-winded; **retenir son ∼** to hold one's breath; **être hors d'∼** to be out of breath, be breathless; **perdre ∼** to lose one's breath, get out of breath; **reprendre ∼** (*lit*) to get one's breath *ou* wind back, regain one's breath; (*fig*) to get one's breath back, take a breather; **d'une seule ∼** *dire* in one breath, in the same breath; *faire* (all) at one go; **il respirait d'une ∼ régulière** his breathing was regular.
(b) (*air expiré*) breath. **avoir mauvaise ∼** *ou* **l'∼ forte** to have bad breath; **j'ai senti à son ∼ qu'il avait bu** I smelt *ou* could smell drink on his breath, I could tell from his breath that he'd been drinking; (*fig*) **l'∼ glaciale de la crevasse/rivière** the icy breath of the crevasse/river.
(c) (*loc*) **tenir qn en ∼** (*attention*) to hold sb spellbound *ou* breathless; (*incertitude*) to keep sb in suspense *ou* on tenterhooks; **travail de longue ∼** long-term job, long and exacting job; **rire à perdre ∼** to laugh until one's sides ache *ou* until one is out of breath; **courir à perdre ∼** to run until one is out of breath *ou* gasping for breath.

haler ['ale] (1) *vt corde, ancre* to haul in; *bateau* to tow.

hâler ['ɑle] (1) *vt* to (sun)tan, sunburn.

haletant, e ['altɑ̃, ɑ̃t] *adj personne* (*essoufflé*) panting, gasping for breath (*attrib*), out of breath (*attrib*); (*assoiffé, effrayé*) panting (*de* with); (*curieux*) breathless (*de* with); *animal* panting; *poitrine* heaving; *voix* breathless, gasping. **sa respiration était ∼e** he was panting, his breath came in gasps; **être ∼ d'impatience** to be gasping *ou* burning with impatience.

halètement ['alɛtmɑ̃] *nm* (*V* **haleter**) panting; gasping for breath; puffing; heaving.

haleter ['alte] (5) *vi* **(a)** [*personne*] (*manquer d'air*) to pant, gasp for breath, puff; (*de soif, d'émotion*) to pant (*de* with); [*chien*] to pant. **son auditoire haletait** his audience listened with bated breath. **(b)** [*poitrine*] to heave; [*moteur*] to puff.

haleur ['alœʁ] *nm* (boat)hauler.

Haligonien, -ienne [aligɔnjɛ̃, jɛn] **1** *adj* Haligonian. **2** *nm, f*: **∼(ne)** Haligonian.

hall ['ol] *nm* [*hôtel, immeuble*] hall, foyer; [*gare*] arrival (*ou* departure) hall.

hallali [alali] *nm* (*Chasse*) (*mise à mort*) kill; (*sonnerie*) mort.

halle ['al] *nf* (*marché*) (covered) market, (*grande pièce*) hall. (*alimentation en gros*) ∼**s** central food market; (*Hist*) **les H∼s (de Paris)** *formerly the central food market of Paris;* *V* **fort.**

hallebarde [albaʁd] *nf* halberd; *V* **pleuvoir.**

hallebardier [albaʁdje] *nm* halberdier.

hallier ['alje] *nm* thicket, brush (*U*), brushwood (*U*).

Halloween [alɔwin] *nf* (*Can*) Hallowe'en.

hallucinant, e [alysinɑ̃, ɑ̃t] *adj spectacle, ressemblance* staggering*, incredible.

hallucination [alysinasjɔ̃] *nf* hallucination. **avoir des ∼s** to hallucinate; **tu as des ∼!*** you must be seeing things!

hallucinatoire [alysinatwaʁ] *adj* hallucinatory.

halluciné, e [alysine] (*ptp de* **halluciner**) **1** *adj malade* suffering from hallucinations. **avoir un air ∼** to look wild-eyed *ou* distracted. **2** *nm, f* (*Méd: malade, fou*) hallucinated person; (**: fou, exalté*) raving lunatic*, crackpot*.

halluciner [alysine] (1) *vt*: **∼ qn** to make sb hallucinate.

hallucinogène [alysinɔʒɛn] **1** *adj drogue* hallucinogenic, mindexpanding. **2** *nm* hallucinogen, hallucinant.

halo ['alo] *nm* (*Astron, Tech: auréole*) halo. (*fig*) **∼ de gloire** cloud of glory.

halogène [alɔʒɛn] (*Chim*) **1** *adj* (*gén*) halogenous; *lampe* halogen (*épith*). **2** *nm* halogen.

halte ['alt(ə)] *nf* **(a)** (*pause, repos*) stop, break; (*fig: répit*) pause. **faire ∼** to (make a) stop. **(b)** (*endroit*) stopping place; (*Rail*) halt. **(c)** (*loc*) **∼!** (*gén: arrêtez-vous*) stop!; (*Mil*) halt!; **∼ aux essais nucléaires!** an end to *ou* no more atomic tests!; **dire ∼ à un conflit** to call for a stop *ou* an end to a conflict; **∼-là!** (*Mil*) halt!, who goes there?; (*fig*) just a moment!, hold on!; **∼-là! vous exagérez** hold on, you're going too far.

haltère [altɛʁ] *nm* (*à boules*) dumbbell; (*à disques*) barbell. **faire des ∼s** to do weight lifting; *V* **poids.**

haltérophile [alteʁɔfil] *nmf* weight lifter.

haltérophilie [alteʁɔfili] *nf* weight lifting. **faire de l'∼** to lift weights, do weight lifting.

hamac ['amak] *nm* hammock.

Hambourg ['ɑ̃buʁ] *n* Hamburg.

hamburger ['ɑ̃buʁɡœʁ] *nm* hamburger.

hameau, *pl* ∼x ['amo] *nm* hamlet.

hameçon [amsɔ̃] *nm* (fish) hook; *V* **mordre.**

hammam ['amam] *nm* hammam.

hampe[1] ['ɑ̃p] *nf* [*drapeau*] pole; [*lance*] shaft; [*lettre*] downstroke, upstroke; (*Bot*) scape.

hampe[2] ['ɑ̃p] *nf* [*cerf*] breast; [*bœuf*] flank.

hamster ['amstɛʁ] *nm* hamster.

han ['ɑ̃, hɑ̃] *excl* oof! **il poussa un ∼ et souleva la malle** he gave a grunt as he lifted the trunk.

hanap ['anap] *nm* (*Hist*) (lidded) goblet.

hanche ['ɑ̃ʃ] *nf* [*personne*] hip; [*cheval*] haunch; *V* **tour[2].**

hand-ball ['ɑ̃dbal] *nm* handball.

handballeur ['ɑ̃dbalœʁ] *nm* handball player.

Händel ['ɛndɛl] *nm* Handel.

handicap ['ɑ̃dikap] *nm* (*lit, fig*) handicap.

handicapé, e ['ɑ̃dikape] (*ptp de* **handicaper**) **1** *adj* handicapped. **2** *nm, f* handicapped person. ∼ **mental/physique** mentally/physically handicapped person; ∼ **moteur** spastic.

handicaper ['ɑ̃dikape] (1) *vt* (*lit, fig*) to handicap.

handicapeur ['ɑ̃dikapœʁ] *nm* (*Courses*) handicapper.

hangar ['ɑ̃ɡaʁ] *nm* [*matériel, machines*] shed; [*fourrage*] barn; [*marchandises*] warehouse, shed; [*avions*] hangar. ∼ **de locomotives** engine shed.

hanneton ['antɔ̃] *nm* cockchafer, maybug; *V* **piqué.**

Hannibal [anibal] *nm* Hannibal.

Hanoi [anɔj] *n* Hanoi.

Hanovre ['anɔvʁ(ə)] *n* Hanover.

hanovrien, -ienne ['anɔvʁjɛ̃, jɛn] **1** *adj* Hanoverian. **2** *nm, f*: **H∼(ne)** Hanoverian.

hanse ['ɑ̃s] *nf* (*Hist*) Hanse. **la H∼** the Hanseatic League.

hanséatique ['ɑ̃seatik] *adj* Hanseatic. **la ligue ∼** the Hanseatic League.

hanter ['ɑ̃te] (1) *vt* [*fantôme, personne, souvenir*] to haunt. (*fig*) ∼ **les mauvais lieux** to haunt places of ill repute; **maison hantée** haunted house.

hantise ['ɑ̃tiz] *nf* obsessive fear. **avoir la ∼ de la maladie** to be haunted by the fear of illness, have an obsessive fear of illness.

happement ['apmɑ̃] *nm* (*V* **happer**) snapping (up); snatching (up); grabbing.

happer ['ape] (1) *vt* (*avec la gueule, le bec*) to snap up, snatch; (*avec la main*) to snatch (up), grab. **se faire ∼ par une voiture** to be hit by a car; **happé par l'abîme** dragged down into the abyss.

happy end ['apiɛnd] *nm* happy ending.

haquenée† ['akne] *nf* palfrey††.

hara-kiri ['aʁakiʁi] *nm* hara-kiri, hari-kiri. **(se) faire ∼** to commit hara-kiri.

harangue ['aʁɑ̃ɡ] *nf* harangue.

haranguer ['aʁɑ̃ɡe] (1) *vt* to harangue, hold forth to *ou* at.

haras ['aʁa] *nm* stud farm.

harassant, e ['aʁasɑ̃, ɑ̃t] *adj* exhausting, wearing.

harassé, e ['aʁase] (*ptp de* **harasser**) *adj* exhausted, tired out, worn out. ∼ **de travail** overwhelmed with work.

harassement ['aʁasmɑ̃] *nm* exhaustion.

harasser ['aʁase] (1) *vt* to exhaust.

harcèlement ['aʁsɛlmɑ̃] *nm* (*V* **harceler**) harassing; plaguing; pestering; badgering; harrying; worrying. ∼ **sexuel** sexual harassment.

harceler ['aʁsəle] (5) *vt personne* (*de critiques, d'attaques*) to harass, plague (*de* with); (*de questions, de réclamations*) to plague, pester, badger (*de* with); (*Mil*) *ennemi* to harass, harry; *animal* to worry, harass; *gibier* to hunt down, harry. ∼ **qn pour obtenir qch** to pester sth out of sb, get sth by pestering *ou* plaguing *ou* badgering sb.

hard* ['aʁd] **1** *nm* **(a)** (*Mus*) hard rock. **le ∼ (rock)** hard rock. **(b)** (*pornographie*) hard porn*. **(c)** (*Ordin*) hardware. **2** *adj:* **film ∼** blue movie, pornographic film.

harde ['aʁd(ə)] *nf* [*cerfs*] herd.

hardes ['aʁd(ə)] *nfpl* (*péj: vieux habits*) old clothes, rags.

hardi, e ['aʁdi] *adj* **(a)** (*audacieux*) bold, daring. **(b)** (*effronté*) *décolleté* daring; *plaisanterie* daring, audacious; *fille* bold, brazen; (†) *mensonge* brazen, barefaced (*épith*). **(c)** (*original*) *talent, imagination* bold (*épith*). **(d)** (*loc excl*) ∼ **les gars!** go to it, lads! (*Brit*), come on, lads! (*Brit*) *ou* you guys! (*US*); **et ∼ petit! les voilà qui poussent la voiture*** and heave-ho! there they are pushing the car.

hardiesse ['aʁdjɛs] *nf* **(a)** (*littér: audace*) boldness, daring. **avoir la ∼ de** to be bold *ou* daring enough to, have the effrontery to; **montrer une grande ∼** to show great boldness *ou* daring. **(b)** (*effronterie*) [*personne*] audacity, effrontery, impudence; [*livre, plaisanterie*] audacity. **la ∼ de son décolleté choqua tout le monde** everyone was shocked by her daring neckline. **(c)** (*originalité*) [*style, tableau*] boldness. **des ∼s de style** bold turns of phrase. **(d)** (*libertés*) ∼**s** [*livre, pamphlet*] bold statements; [*domestique, soupirant*] liberties; ∼ **de langage** bold language (*U*).

hardiment ['aʁdimɑ̃] *adv* (*V* **hardi**) boldly; daringly; audaciously; brazenly. **ne vous engagez pas trop ∼** don't commit yourself rashly.

hardware ['aʁdwɛʁ] *nm* hardware.

harem ['aʁɛm] *nm* harem.

hareng ['aʁɑ̃] *nm* herring. ∼ **saur** smoked herring, kipper, bloater; *V* **sec, serré.**

harengère ['aʁɑ̃ʒɛʁ] *nf* (*péj*) fishwife (*péj*).

harfang ['aʁfɑ̃] *nm* snowy owl.

hargne ['aʁɲ(ə)] *nf* spite (*U*), resentment (*U*). **j'étais dans une telle ∼!** I was so angry! *ou* mad!*

hargneusement ['aʁɲøzmɑ̃] *adv* (*V* **hargneux**) aggressively; belligerently; fiercely.

hargneux, -euse ['aʁɲø, øz] *adj personne, caractère, ton* aggressive, belligerent; *chien* aggressive, fierce.

haricot ['aʁiko] *nm* (**a**) bean. **des ∼s!**‡ nuts to that (*ou* him *ou* you *etc*)!‡; ∼ **beurre** type of yellow French bean; ∼ **blanc** haricot bean; ∼ **grimpant** *ou* à rame runner bean; ∼ **rouge** kidney bean; ∼ **vert** French bean; ∼ **sec** dried bean; ∼**s à écosser** fresh beans (for shelling); *V* **courir, fin[1].**
(b) (*Culin*) ∼ **de mouton** haricot of mutton, mutton stew.

haridelle ['aʁidɛl] *nf* (*péj: cheval*) nag, jade.

harki [aʁki] *nm* Algerian soldier loyal to the French.

harle ['aʁl(ə)] *nm:* ∼ **bièvre** goosander; ∼ **huppé** red-breasted merganser.

harmonica ['aʁmɔnika] *nm* harmonica, mouth organ.

harmonie [aʀmɔni] *nf* (*Littérat, Mus, gén*) harmony; (*section de l'orchestre*) wind section; (*fanfare*) wind band. (*Mus*) ~s harmonies; (*Littérat*) ~ imitative onomatopoeia; **être en ~ avec** to be in harmony *ou* in keeping with; **vivre en bonne ~** to live together harmoniously *ou* in harmony; *V* table.
harmonieusement [aʀmɔnjøzmɑ̃] *adv* harmoniously.
harmonieux, -euse [aʀmɔnjø, øz] *adj* (*gén*) harmonious. **couleurs ~euses** well-matched *ou* harmonizing colours.
harmonique [aʀmɔnik] **1** *adj* harmonic. **2** *nm* (*Mus*) harmonic.
harmoniquement [aʀmɔnikmɑ̃] *adv* harmonically.
harmonisation [aʀmɔnizasjɔ̃] *nf* harmonization. (*Ling*) ~ **vocalique** vowel harmony.
harmoniser [aʀmɔnize] (1) **1** *vt* to harmonize. **2 s'harmoniser** *vpr* to harmonize. **s'~ avec** to be in harmony with, harmonize with.
harmonium [aʀmɔnjɔm] *nm* harmonium.
harnachement [aʀnaʃmɑ̃] *nm* (*cheval*) (*action*) harnessing; (*objet*) harness; (*personne*) rig-out* (*Brit*), get-up*.
harnacher ['aʀnaʃe] (1) **1** *vt cheval* to harness. (*fig péj*) **il était drôlement harnaché** he was wearing the strangest rig-out* (*Brit*) *ou* get-up*. **2 se harnacher** *vpr* (*personne*) to rig o.s. out*.
harnais ['aʀnɛ] *nm*, **harnois**†† ['aʀnwa] *nm* (*cheval*) harness; (††: *armure, équipement*) equipment. (*Tech*) ~ **d'engrenage** train of gear wheels.
haro ['aʀo] *excl* (*Jur*††) harrow!, haro! (††, *Jur*). (*fig*) **crier ~ sur** to inveigh *ou* rail against.
Harold ['aʀɔld] *nm* Harold.
harpagon [aʀpagɔ̃] *nm* Scrooge.
harpe ['aʀp(ə)] *nf* (*Mus*) harp. ~ **éolienne** aeolian *ou* wind harp.
harpie ['aʀpi] *nf* (*Myth, péj*) harpy; (*Zool*) harpy eagle.
harpiste [aʀpist(ə)] *nmf* harpist.
harpon ['aʀpɔ̃] *nm* (*Pêche*) harpoon; (*Constr*) toothing stone; *V* fusil, pêche.
harponnage ['aʀpɔnaʒ] *nm*, **harponnement** ['aʀpɔnmɑ̃] *nm* harpooning.
harponner ['aʀpɔne] (1) *vt baleine* to harpoon; (‡) *malfaiteur* to collar*, nab*; (‡) *passant, voisin* to waylay, corner.
harponneur [aʀpɔnœʀ] *nm* harpooner.
hasard ['azaʀ] *nm* (a) (*événement fortuit*) **un ~ heureux/ malheureux** a stroke *ou* piece of luck/bad luck, a stroke of good fortune/misfortune; **quel ~ de vous rencontrer ici!** what a coincidence meeting you here!, fancy meeting you here!*; **c'est un vrai ou pur ~ que je sois libre** it's quite by chance that I'm free, it's a pure coincidence that I'm free; **par un curieux ~** by a curious coincidence; **on l'a retrouvé par le plus grand des ~s** it was quite by chance *ou* it was a piece of sheer luck that they found him; **les ~s de la vie/de la carrière** the fortunes of life/one's career.
(b) (*destin*) chance, fate, luck; (*Statistique*) chance. **les caprices du ~** the whims of fate; **le ~ fait bien les choses: nous étions dans le même hôtel** as luck would have it *ou* by a stroke of good fortune we were *ou* we happened to be in the same hotel; **faire confiance ou s'en remettre au ~** to trust to luck; **il ne laisse jamais rien au ~** he never leaves anything to chance; **faire la part du ~** (*événements futurs*) to allow for chance (to play its part); (*événements passés*) to admit that chance had a hand in it; **le ~ a voulu qu'il soit *ou* (*littér*) fût absent** as luck would have it he was not there, fate willed that he should be absent (*littér*); **c'est ça le ~!*** that's the luck of the draw!*; **c'est un fait du ~** it's a matter of chance; **les lois du ~** the laws of fate; *V* jeu.
(c) (*risques*) ~s hazards; **les ~s de la guerre** the hazards of war.
(d) (*loc*) **au ~ aller** aimlessly; *agir* haphazardly, in a haphazard way; *tirer, choisir* at random; **j'ai répondu au ~** I gave an answer off the top of my head*; **voici des exemples au ~** here are some random examples *ou* some examples taken at random; **il a acheté ces livres au ~ des ventes/de ses voyages** he bought these books as he came across them by chance in the sales/on his trips; **à tout ~** (*en cas de besoin*) just in case; (*espérant trouver ce qu'on cherche*) (just) on the off chance; **on avait emporté une tente à tout ~** we had taken a tent just in case; **je suis entré à tout ~** I looked in on the off chance; **par ~** by chance, by accident; **nous nous sommes rencontrés tout à fait par ~** we met quite by chance *ou* by accident; **je passais par ~** I happened to be passing by; **tu n'aurais pas par ~ 100 F à me prêter?** you wouldn't by any chance have *ou* you wouldn't happen to have 100 francs to lend me?; **voudrais-tu par ~ m'apprendre mon métier?** you wouldn't be trying to teach me my job by any chance?; **comme par ~!** what a coincidence!; **il est arrivé comme par ~ au moment où on débouchait les bouteilles** he turned up as if by chance as we were opening the bottles; **si par ~ tu le vois** if you happen to see him, if by chance you should see him.
hasardé, e ['azaʀde] (*ptp de* hasarder) *adj* = hasardeux.
hasarder ['azaʀde] (1) **1** *vt vie, réputation* to risk; *remarque, hypothèse, démarche* to hazard, venture; *argent* to gamble, risk. **2 se hasarder** *vpr*: **se ~ dans un endroit dangereux** to venture into a dangerous place; **se ~ à faire** to risk doing, venture to do; **à votre place je ne m'y hasarderais pas** if I were you I wouldn't risk it.
hasardeux, -euse ['azaʀdø, øz] *adj entreprise* hazardous, risky; *hypothèse* dangerous, rash. **il serait bien ~ de** it would be dangerous *ou* risky to.
hasch ['aʃ] *nm* (*arg Drogue*) hash (*arg*), pot (*arg*), grass (*arg*).
haschisch ['aʃiʃ] *nm* = hachisch.
hase ['az] *nf doe* (*female hare*).
hâte ['ɑt] *nf* (*empressement*) haste; (*impatience*) impatience. **à la ~** hurriedly, hastily; **en (grande *ou* toute) ~** posthaste, as fast as you (*ou* we *etc*) can, with all possible speed; **mettre de la ~ à faire qch** to do sth speedily *ou* in a hurry *ou* hurriedly; **avoir ~ de faire**

to be eager *ou* anxious to do, be in a hurry to do; **je n'ai qu'une ~, c'est d'avoir terminé ce travail** all I'm anxious to do is get this work finished; **sans ~** unhurriedly.
hâté, e ['ɑte] (*ptp de* hâter) *adj travail* hastily *ou* hurriedly done.
hâter ['ɑte] (1) **1** *vt fin, développement* to hasten; *départ* to bring forward, hasten; *fruit* to bring on, force. **~ le pas** to quicken *ou* hasten one's pace *ou* step.
2 se hâter *vpr* to hurry, hasten. **se ~ de faire** to hurry *ou* hasten *ou* make haste to do; **hâtez-vous** hurry up; **je me hâte de dire que** I hasten to say that; **hâte-toi lentement** more haste, less speed (*Prov*); **ne nous hâtons pas de juger** let's not be in a hurry to judge *ou* too hasty in our judgments.
hâtif, -ive ['ɑtif, iv] *adj développement* precocious; *fruit, saison* early; *travail* hurried; *décision* hasty. **ne faisons pas de conclusions ~ives** let's not rush to conclusions.
hâtivement ['ɑtivmɑ̃] *adv* hurriedly, hastily.
hauban ['obɑ̃] *nm* (*Naut*) shroud.
haubert ['obɛʀ] *nm* (*Hist*) coat of mail, hauberk.
hausse ['os] *nf* (a) (*prix, niveau, température*) rise, increase (*de* in); (*Bourse*) rise (*de* in). **une ~ inattendue de la température/des prix** an unexpected increase *ou* rise in temperature/prices; **~ de salaire** (pay) rise (*Brit*) *ou* raise (*US*); **la ~ du coût de la vie** the rise in the cost of living; **être en ~** (*prix*) to be going up *ou* rising; (*marchandises*) to be going up (in price); (*Bourse*) **marché à la ~** rising market; **tendance à la ~** rising *ou* upward trend; (*fig*) **sa cote est *ou* ses actions sont en ~** things are looking up for him, his popularity is increasing; (*essence*) **une ~ à la pompe** a rise in pump prices; *V* jouer.
(b) (*fusil*) backsight adjuster.
haussement ['osmɑ̃] *nm*: ~ **d'épaules** shrug; **il eut un ~ d'épaules** he shrugged (his shoulders).
hausser ['ose] (1) **1** *vt* (a) (*élever*) to raise. ~ **les épaules** to shrug (one's shoulders); ~ **la voix** *ou* **le ton** to raise one's voice; **ça ne le hausse pas dans mon estime** that doesn't raise him (up) in my esteem.
(b) *mur* to heighten, raise; *maison* to heighten, make higher.
2 se hausser *vpr*: **se ~ sur la pointe des pieds** to stand up on tiptoe; **se ~ au niveau de qn** to raise o.s. up to sb's level.
haussier ['osje] *nm* (*Bourse*) bull.
haut, e ['o, 'ot] **1** *adj* (a) *mur, montagne* high; *herbe, arbre, édifice* tall, high. **un mur ~ de 3 mètres** a wall 3 metres high; ~ **de plafond** with a high ceiling, high-ceilinged; **une ~ silhouette** a tall figure; **de ~e taille** tall; **des chaussures à ~s talons** high-heeled shoes; **un chien ~ sur pattes** a long-legged dog; **il a le front ~** he has a high forehead; ~ **comme trois pommes*** knee-high to a grasshopper.
(b) *plafond, branche, nuage, plateau* high. **le plus ~ étage** the top floor; **dans les plus ~es branches de l'arbre** in the topmost branches of the tree; **pièce ~e de plafond** room with a high ceiling; (*lit, fig*) **marcher la tête ~e** *ou* **le front ~** to walk with one's head held high; (*Naut*) **les ~es voiles** the (flying) kites; *V* montagne, ville.
(c) *rivière, température, prix* high; (*Élec*) *fréquence, voltage* high; *note, ton* high, high-pitched. **c'est (la) marée ~e, la mer est ~e** it is high tide, the tide is in; **à marée ~e** at high tide; **en ~ mer** on the open sea, on the high seas; **pendant les ~es eaux du fleuve** while the river is high, during high water; **n'avoir jamais une parole plus ~e que l'autre** to be even-spoken; **pousser les ~s cris** to exclaim in horror, raise one's hands in horror; **à voix ~e, à ~e voix** aloud, out loud; **le prix de l'or est au plus ~** the price of gold has reached a peak *ou* maximum; *V* verbe.
(d) (*gén avant n*) (*fig*: *élevé, supérieur*) *qualité, rang, précision* high; *âme, pensée* lofty, noble. **avoir une ~ idée *ou* opinion de soi-même** to have a high *ou* an exalted opinion of o.s.; **c'est du plus ~ comique** it's highly amusing *ou* comical, it's excruciatingly funny; ~ **en couleur** (*rougeaud*) with a high colour *ou* a ruddy complexion; (*coloré, pittoresque*) colourful; **avoir la ~e main sur qch** to have supreme control of sth; **discussions au plus ~ niveau** top-level discussions; (*hum*) **~s faits** heroic deeds; **de ~ rang** high-ranking; **de ~e naissance** of noble *ou* high birth; **les ~es cartes** the high cards, the picture cards; **la ~e cuisine/couture/coiffure** haute cuisine/couture/coiffure; **les ~es mathématiques** higher mathematics; **la ~e société/finance/society**; **les ~s sphères du pouvoir/de la société** the highest levels of power/society; (*Mil*) ~ **commandement** high command; ~ **fonctionnaire** high- *ou* top-ranking civil servant; ~ **personnage** high-ranking person; **un expert de ~e volée** one of the foremost experts, a top-ranking expert; **gagner qch de ~e lutte** to win sth after a well-fought battle; (*lit, fig*) **de ~e voltige** acrobatic; **la ~e bourgeoisie** the upper middle classes.
(e) (*ancien*) **dans la plus ~e antiquité** in earliest antiquity; **le ~ moyen âge** the Early Middle Ages; **le ~ Empire** the Early (Roman) Empire; (*Ling*) **le ~ allemand** Old High German.
(f) (*Géog*) **le H~ Rhin** the Upper Rhine; **la H~e Normandie** Upper Normandy; **les H~es-Terres** the highlands; (*Can Hist*) **le H~ Canada** Upper Canada; **la H~e-Volta** Upper Volta.
2 *nm* (a) (*arbre, colline, robe, armoire*) top. **dans le ~** at the top, high up; **le mur a 3 mètres de ~** the wall is 3 metres high; **au *ou* en ~ de l'arbre** at the top of the tree, high up in the tree; **le ~ du visage** the top part of the face; **les pièces du ~** the rooms upstairs, the upstairs rooms; **les voisins du ~** the neighbours upstairs; **l'étagère du ~** the top shelf; **en ~ de l'échelle sociale** high up the social ladder; **combien fait-il de ~?** how high is it?; (*fig*) **des ~ et des bas** ups and downs; **tenir le ~ du pavé** to take pride of place.
(b) **du ~ de** from: **du ~ d'un arbre** from the top of a tree; **tomber du ~ du 5e étage** to fall from the 5th floor; **parler du ~ d'une tribune/d'un balcon** to speak from a platform/a balcony; (*fig*)

regarder qn du ~ de sa grandeur to look down at sb from one's lofty height (*fig*).
  (c) (*Géog*) **les H~s de Meuse/de Seine** the upper reaches of the Meuse/Seine.
  (d) (*loc*) **voir les choses de ~** to take a detached view of things; **tomber de ~** (*lit*) to fall from a height; (*fig*) to have one's hopes dashed, come down with a crash; **tomber de tout son ~** to fall headlong, measure one's length (*Brit*); **prendre qch de (très) ~** to take sth in a (very) high and mighty way, react (most) indignantly *ou* disdainfully to sth; **traiter qn de ~** to look down on sb; **regarder qn de ~ en bas** to look sb up and down; **frapper de ~ en bas** to strike downwards; **en ~** at the top; **il habite en ~/tout en ~** he lives upstairs/right at the top; **manteau boutonné jusqu'en ~** coat buttoned right up *ou* (right) up to the top; **regarder par en ~** to look from upstairs *ou* above; **en ~ de** at the top of; **les voleurs sont passés par en ~** the burglars came (in) from upstairs *ou* from above; (*lit, fig*) **d'en ~** from above; **des ordres qui viennent de *ou* d'en ~** orders from on high *ou* from above; *V* **bas¹, là**.
  3 haute *nf*: (**les gens de**) **la ~e‡** the upper crust*, the toffs‡ (*Brit*), the swells†*.
  4 *adv* (a) **monter, sauter, voler** high. **mettez vos livres plus ~** put your books higher up; **il a sauté le plus ~** he jumped the highest.
  (b) *parler* loudly. **lire/penser tout ~** to read/think aloud *ou* out loud; **mettez la radio plus ~** turn up the radio; **j'ose le dire bien ~** I'm not afraid of saying it out loud; **parle plus ~!** speak up!; (*Mus*) **monter ~** to hit the top notes; **chanter trop ~** to sing sharp.
  (c) (*sur un colis*) 'top', 'this way up', 'this side up'.
  (d) (*sur le plan social*) **des gens ~ placés** people in high places; **arriver ~** to reach a high position; **viser ~** to aim high.
  (e) (*en arrière*) **aussi ~ qu'on peut remonter** as far back as we can go; **'voir plus ~'** 'see above'; **comme je l'ai dit plus ~** as I said above *ou* previously.
  (f) **~ les mains!** hands up!, stick 'em up!‡; **gagner ~ la main** to win hands down; **~ les cœurs!** take heart!
  5: (*Hist*) **haut-de-chausse(s)** *nm, pl* **hauts-de-chausse(s)** (knee) breeches, trunk-hose; **haut-le-cœur** *nm inv* retch, heave; **avoir un haut-le-cœur** to retch, heave; **haut commissaire** high commissioner (*à* of); **haut commissariat** (*ministère*) high commission (*à* of); (*grade*) high commissionership; (*Mus*) **haute-contre**, *pl* **hautes-contre** (*adj, nm: chanteur*) counter tenor; (*nf: voix*) counter tenor, alto; **haut-le-corps** *nm inv* (sudden) start, jump; **avoir un haut-le-corps** to start, jump; (*Jur*) **Haute Cour** high court (*for impeachment of French President or Ministers*); (*Équitation*) **haute école** haute école; (*fig*) **c'est de la haute école** it's very advanced (stuff*); (*Rad*) **haute fidélité** hi-fi, high fidelity; (*Naut*) **haut-fond** *nm, pl* **hauts-fonds** shallow, shoal; **haut-de-forme** *nm, pl* **hauts-de-forme** top hat; **haut-fourneau** *nm, pl* **hauts-fourneaux** blast *ou* smelting furnace; **haut lieu: le haut lieu de la culture/musique** the Mecca of culture/music; **en haut lieu** in high places; **haut-mal††** *nm inv* falling sickness††; **haut-parleur** *nm, pl* **haut-parleurs** (loud)speaker; **haut-parleur aigu** tweeter; **haut-parleur grave** woofer; (*Art*) **haut-relief** *nm, pl* **hauts-reliefs** high relief; **haute trahison** high treason; **haut vol, haute volée: de haut vol, de haute volée** *personne* high-flying; *projet* far-reaching; *V* **lutte, montagne**.
hautain, e ['otɛ̃, ɛn] *adj personne* haughty; *air, manière* haughty, lofty.
hautainement ['otɛnmã] *adv* haughtily, loftily.
hautbois ['obwɑ] *nm* oboe. **~ d'amour** oboe d'amore.
hautboïste ['oboist(ə)] *nmf* oboist, oboe player.
hautement ['otmã] *adv* (*extrêmement*) highly; (*ouvertement*) openly.
hauteur ['otœR] *nf* (a) (*élévation verticale*) [*tour, montagne, arche, personne*] height; [*son*] pitch; (*Aut*) [*châssis*] ground clearance. **il se redressa de toute sa ~** he drew himself up to his full height; (*Aut*) **~ maximum** *ou* **libre 3 mètres** headroom 3 metres; **pièce de 3 mètres de ~ sous plafond** room whose ceiling height is 3 metres; **tomber de toute sa ~** [*personne*] to measure one's length (*Brit*), fall headlong *ou* flat; [*armoire*] to come crashing down; **perdre de la ~** to lose height; **prendre de la ~** to climb, gain height; **à ~ d'appui** at leaning height; **à ~ des yeux** at eye level; **à ~ d'homme** at the right height *ou* level for a man; (*fig*) **élever l'épargne à la ~ d'une institution** to make saving a way of life; *V* **saut**.
  (b) (*Géom*) perpendicular height; (*ligne*) perpendicular; (*Astron*) altitude.
  (c) (*plan horizontal*) **arriver à la ~ de qn** to draw level with sb; **la procession arrivait à sa ~** the procession was drawing level with him; **nous habitons à la ~ de la mairie** we live up by the town hall; (*Naut*) **arriver à la ~ d'un cap** to come abreast of a cape; **un accident à la ~ de Tours** an accident near Tours *ou* in the neighbourhood of Tours.
  (d) (*fig: digne de*) **être à la ~ de la situation** to be equal to the situation; **il s'est vraiment montré à la ~*** he proved he was up to it*; **ne pas se sentir à la ~*** not to feel up to it*, not to feel equal to the task.
  (e) (*colline*) height, hill. **gagner les ~s** to make for the heights *ou* hills.
  (f) (*fig: noblesse*) loftiness, nobility. **la ~ de ses sentiments** his noble *ou* lofty sentiments, the loftiness *ou* nobility of his sentiments.
  (g) (*fig: arrogance*) haughtiness, loftiness. **parler avec ~** to speak haughtily *ou* loftily.
hauturier, -ière ['otyRje, jɛR] *adj*: **navigation ~ière** ocean navigation; **pilote ~** deep-sea pilot.
havage ['avaʒ] *nm* (mechanical) cutting.

havanais, -e ['avanɛ, ɛz] **1** *adj* of *ou* from Havana. **2** *nm, f*: **H~(e)** inhabitant *ou* native of Havana.
Havane ['avan] **1** *nf*: **la ~** Havana. **2** *nm*: **h~** (*cigare*) Havana. **3** *adj inv*: **h~** (*couleur*) tobacco (brown).
hâve ['ɑv] *adj* (*émacié*) gaunt, haggard; (*pâle*) wan.
haveneau, *pl* **~x** ['avno] *nm* shrimping net.
haver ['ave] (1) *vt* (*Tech*) to cut (*mechanically*).
haveuse ['avøz] *nf* cutting machine.
havrais, e ['avRɛ, ɛz] **1** *adj* from *ou* of Le Havre. **2** *nm, f*: **H~(e)** inhabitant *ou* native of Le Havre.
havre ['avR(ə)] *nm* (*littér: lit, fig*) haven. **~ de paix** haven of peace.
havresac ['avRəsak] *nm* haversack, knapsack.
Hawaï, Hawaii [awai] *n* Hawaii. **les îles ~** the Hawaiian Islands.
hawaïen, -ïenne [awajɛ̃, jɛn] **1** *adj* Hawaiian. **2** *nm* (*Ling*) Hawaiian. **3** *nm, f*: **H~(ne)** Hawaiian.
Haye ['ɛ] *nf*: **La ~** The Hague.
hayon ['ɛjɔ̃] *nm*: (*Aut*) (*arrière*) hatchback, tailgate; **modèle avec ~ arrière** hatchback (model).
hé ['e, he] *excl* (*pour appeler*) hey!; (*pour renforcer*) well. **~! ~!** well, well!, ha-ha!; **~ non!** I should think not!
heaume ['om] *nm* (*Hist*) helmet.
hebdomadaire [ɛbdɔmadɛR] *adj, nm* weekly. **~ d'actualité** news weekly.
hebdomadairement [ɛbdɔmadɛRmã] *adv* weekly.
hébergement [ebɛRʒəmã] *nm* (*V* **héberger**) accommodation; lodging; putting up; taking in; harbouring.
héberger [ebɛRʒe] (3) *vt touristes* to accommodate, lodge; *ami* to put up; *réfugiés* to take in; *évadé* to harbour, take in. **les sinistrés ont été hébergés chez des voisins** the victims were taken in *ou* given shelter by neighbours; **pouvez-vous nous ~?** can you put us up? *ou* accommodate us?
hébété, e [ebete] (*ptp de* **hébéter**) *adj regard, air, personne* dazed. **être ~ de fatigue/de douleur** to be numbed with fatigue/pain; **~ par l'alcool** stupefied by *ou* besotted (*Brit*) with drink.
hébétement [ebɛtmã] *nm* stupor.
hébéter [ebete] (6) *vt* [*alcool*] to besot (*Brit*), stupefy; [*lecture, télévision*] to daze, numb; [*fatigue, douleur*] to numb.
hébétude [ebetyd] *nf* (*littér*) stupor.
hébraïque [ebRaik] *adj* Hebrew (*épith*), Hebraic.
hébraïsant, e [ebRaizã, ãt] *nm, f* Hebraist, Hebrew scholar.
hébraïser [ebRaize] (1) *vt* to assimilate into Jewish culture.
hébraïsme [ebRaism(ə)] *nm* Hebraism.
hébraïste [ebRaist(ə)] *nmf* = **hébraïsant**.
hébreu, *pl* **~x** [ebRø] **1** *adj m* Hebrew. **2** *nm* (*Ling*) Hebrew. **pour moi, c'est de l'~*** it's all Greek *ou* double Dutch (*Brit*) to me!* **3** *nm*: **H~** Hebrew.
Hébrides [ebRid] *nfpl*: **les ~** the Hebrides.
H.E.C. ['aʃese] *nf abrév de* **Hautes études commerciales** (*top French business college*).
Hécate ['ekat] *nf* Hecate.
hécatombe [ekatɔ̃b] *nf* (*tuerie*) slaughter, hecatomb; (*fig: à un examen etc*) (wholesale) slaughter *ou* massacre. **faire une ~ de** to slaughter.
hectare [ɛktaR] *nm* hectare.
hectique [ɛktik] *adj* (*Méd*) hectic.
hecto [ɛkto] *nm abrév de* **hectogramme, hectolitre**.
hecto ... [ɛkto] *préf* hecto ... .
hectogramme [ɛktogRam] *nm* hectogram(me).
hectolitre [ɛktolitR(ə)] *nm* hectolitre. **3 millions d'~s** 300 million litres.
hectomètre [ɛktomɛtR(ə)] *nm* hectometre.
hectométrique [ɛktometRik] *adj* hectometre (*épith*).
Hector ['ɛktoR] *nm* Hector.
hectowatt [ɛktowat] *nm* hectowatt, 100 watts (*pl*).
Hécube ['ekyb] *nf* Hecuba.
hédonisme [edɔnism(ə)] *nm* hedonism.
hédoniste [edɔnist(ə)] **1** *adj* hedonist(ic). **2** *nmf* hedonist.
hégélianisme [egeljanism(ə)] *nm* Hegelianism.
hégélien, -ienne [egeljɛ̃, jɛn] *adj, nm, f* Hegelian.
hégémonie [eʒemɔni] *nf* hegemony.
hégire [eʒiR] *nf*: **l'~** the Hegira.
hein ['ɛ̃, hɛ̃] *excl* (*de surprise, pour faire répéter*) eh?*, what? **qu'est-ce que tu feras, ~?** what are you going to do (then), eh?*; **ça suffit, ~!** that's enough, O.K.?* *ou* all right?*; **~ que je te l'ai dit?** didn't I tell you so?, I told you so, didn't I?; **arrête ~!** stop it will you!
hélas ['elɑs] *excl* alas! **~ non!** I'm afraid not!, unfortunately not; **~ oui!** I'm afraid so!, yes unfortunately; **mais ~, ils n'ont pas pu en profiter** but unfortunately *ou* sadly they were not able to reap the benefits of it.
Hélène [elɛn] *nf* Helen, Helena, Ellen. **~ de Troie** Helen of Troy.
héler ['ele] (6) *vt navire, taxi* to hail; *personne* to call, hail.
hélianthe [eljãt] *nm* helianthus, sunflower.
hélianthine [eljãtin] *nf* (*Chim*) helianthine, methyl orange.
hélice [elis] *nf* (*Tech*) propeller, screw(-propeller); (*Archit, Géom*) helix. **escalier en ~** spiral staircase; **~ double** double helix.
hélico* [eliko] *nm* whirlybird*, chopper*.
hélicoïdal, e, *mpl* **-aux** [elikɔidal, o] *adj* (*gén*) helical; (*Bot, Math*) helicoid.
hélicoïde [elikɔid] *adj, nm, nf* helicoid.
hélicon [elikɔ̃] *nm* helicon.
hélicoptère [elikɔptɛR] *nm* helicopter. **transporter en ~** to transport by helicopter, helicopter; **amener/évacuer qn ~** to take in/out by helicopter, helicopter in/out; **plateforme pour ~s** helipad.
héligare [eligaR] *nf* heliport.
héliographe [eljogRaf] *nm* heliograph.
héliographie [eljogRafi] *nf* (*Typ*) heliography.

héliogravure [eljɔgʀavyʀ] nf heliogravure.
héliomarin, e [eljɔmaʀɛ̃, in] adj cure of sun and sea-air. **établissement** ~ seaside sanatorium specializing in heliotherapy.
héliotrope [eljɔtʀɔp] nm heliotrope.
héliport [elipɔʀ] nm heliport.
héliporté, e [elipɔʀte] adj transported by helicopter.
hélium [eljɔm] nm helium.
hélix [eliks] nm helix.
hellène [elɛn] 1 adj Hellenic. 2 nmf: H~ Hellene.
hellénique [elenik] adj Hellenic. **la République** ~ the Hellenic Republic.
hellénisant, e [elenizɑ̃, ɑ̃t] adj, nm, f: (juif) ~ hellenistic Jew; (savant) ~ hellenist, Hellenic scholar.
hellénisation [elenizasjɔ̃] nf hellenization.
helléniser [elenize] (1) vt to hellenize.
hellénisme [elenism(ə)] nm hellenism.
helléniste [elenist(ə)] nmf = **hellénisant.**
hello* [ɛllo] excl hello, hullo.
Helsinki [ɛlzinki] n Helsinki.
helvète [ɛlvɛt] 1 adj Helvetian. 2 nmf: H~ Helvetian.
Helvétie [ɛlvesi] nf Helvetia.
helvétique [ɛlvetik] adj Swiss, Helvetian (rare).
helvétisme [ɛlvetism(ə)] nm (Ling) Swiss idiom.
hem [ɛm, hɛm] excl (gén) hem!, h'm!; (pour appeler) hey!
hématie [emati] nf red (blood) corpuscle.
hématologie [ematɔlɔʒi] nf haematology.
hématologique [ematɔlɔʒik] adj haematological.
hématologiste [ematɔlɔʒist(ə)], **hématologue** [ematɔlɔg] nm haematologist.
hématome [ematom] nm haematoma (T).
hémicycle [emisikl(ə)] nm semicircle, hemicycle. **l'~ (de l'Assemblée nationale)** the benches of the French National Assembly, ≃ the benches of the Commons (Brit) ou House of Representatives (US).
hémiplégie [emipleʒi] nf paralysis of one side, hemiplegia (T).
hémiplégique [emipleʒik] 1 adj paralyzed on one side, hemiplegic (T). 2 nmf person paralyzed on one side, hemiplegic (T).
hémisphère [emisfɛʀ] nm (gén) hemisphere. ~ **sud/nord** southern/northern hemisphere.
hémisphérique [emisferik] adj hemispheric(al).
hémistiche [emistiʃ] nm hemistich.
hémoglobine [emɔglɔbin] nf haemoglobin.
hémophile [emɔfil] 1 adj haemophilic. 2 nmf haemophiliac.
hémophilie [emɔfili] nf haemophilia.
hémorragie [emɔʀaʒi] nf bleeding (U), haemorrhage. ~ **interne** internal bleeding (U) ou haemorrhage; (fig) l'~ **due à la guerre** the dramatic loss of manpower through war, the sapping of a country's resources through war; (fig) ~ **de capitaux** massive outflow ou drain of capital; (fig) l'~ **des cerveaux** the brain-drain.
hémorragique [emɔʀaʒik] adj haemorrhagic.
hémorroïdaire [emɔʀɔidɛʀ] adj malade with haemorrhoids. **remède** ~ ointment etc for haemorrhoids.
hémorroïdal, e, mpl **-aux** [emɔʀɔidal, o] adj haemorrhoidal.
hémorroïde [emɔʀɔid] nf (gén pl) haemorrhoid, pile.
hémostatique [emɔstatik] adj, nm haemostatic; V **crayon.**
hendécagone [ɛ̃dekagɔn] nm (Géom) hendecagon.
henné [ene] nm henna.
hennin [enɛ̃] nm (Hist: bonnet) hennin.
hennir [eniʀ] (2) vi to neigh, whinny; (fig péj) to bray.
hennissement [enismɑ̃] nm neigh, whinny; (fig péj) braying (U).
Henri [ɑ̃ʀi] nm Henry.
hep [ɛp, hɛp] excl hey!
héparine [epaʀin] nf heparin.
hépatique [epatik] 1 adj (Méd) hepatic. 2 nmf person who suffers from a liver complaint. 3 nf (Bot) liverwort, hepatic (T).
hépatisme [epatism(ə)] nm hepatic symptoms (pl).
hépatite [epatit] nf hepatitis. ~ **virale** viral hepatitis.
hépatologie [epatɔlɔʒi] nf hepatology.
heptaèdre [ɛptaɛdʀ(ə)] nm heptahedron.
heptagonal, e, mpl **-aux** [ɛptagonal, o] adj heptagonal.
heptagone [ɛptagon] nm heptagon.
heptasyllabe [ɛptasilab] 1 adj heptasyllabic. 2 nm heptasyllable.
heptathlon [ɛptatlɔ] nm heptathlon.
Héra [eʀa] nf Hera.
Héraclite [eʀaklit] nm Heraclitus.
héraldique [eʀaldik] 1 adj heraldic. 2 nf heraldry.
héraldiste [eʀaldist(ə)] nmf heraldist, expert on heraldry.
héraut [eʀo] nm (a) (Hist) ~ **(d'armes)** herald. (b) (fig littér) herald, harbinger (littér).
herbacé, e [ɛʀbase] adj herbaceous.
herbage [ɛʀbaʒ] nm (herbe) pasture, pasturage; (pré) pasture.
herbager, -ère [ɛʀbaʒe, ɛʀ] nm, f grazier.
herbe [ɛʀb(ə)] nf (a) (plante) grass (U); (Bot: espèce) grass; (arg Drogue) grass (arg), pot (arg). **dans les hautes** ~s in the long ou tall grass; **la moitié de leurs terres est en** ~ half their estate is under grass; **arracher une** ~ to pull up a blade of grass; ~s **folles** wild grasses; **jardin envahi par les** ~s weed-infested garden, garden overrun with weeds; ~**-aux-chats** catmint, catnip; V **déjeuner, mauvais** etc.
(b) (Culin, Méd) herb. ~s **médicinales/aromatiques/ potagères** medicinal/aromatic/pot herbs; V **fin¹, omelette.**
(c) (loc) **en** ~ blé green, unripe; (fig) avocat, mécanicien budding (épith); **ce gamin est un avocat/un mécanicien en** ~ this boy is a budding lawyer/mechanic ou has the makings of a lawyer/ mechanic; **couper** ou **faucher l'**~ **sous les pieds de qn** to cut the ground from under sb's feet; V **manger.**
herbeux, -euse [ɛʀbø, øz] adj grassy.

herbicide [ɛʀbisid] 1 adj herbicidal. 2 nm weed-killer.
herbier [ɛʀbje] nm (collection, planches) herbarium.
herbivore [ɛʀbivɔʀ] 1 adj herbivorous. 2 nm herbivore.
herborisation [ɛʀbɔʀizasjɔ̃] nf (action) collection of plants.
herboriser [ɛʀbɔʀize] (1) vi to collect plants, botanize.
herboriste [ɛʀbɔʀist(ə)] nmf herbalist.
herboristerie [ɛʀbɔʀist(ə)ʀi] nf (commerce) herb trade; (magasin) herbalist's shop.
herbu, e [ɛʀby] adj grassy.
Hercule [ɛʀkyl] nm (Myth) Hercules. (fig) **c'est un h**~ he's a real Hercules; **h**~ **de foire** strong man.
herculéen, -éenne [ɛʀkyleɛ̃, een] adj Herculean.
hercynien, -ienne [ɛʀsinjɛ̃, jɛn] adj Armorican, Hercynian.
hère ['ɛʀ] nm: **pauvre** ~ poor ou miserable wretch.
héréditaire [eʀeditɛʀ] adj hereditary.
héréditairement [eʀeditɛʀmɑ̃] adv hereditarily.
hérédité [eʀedite] nf (a) (Bio) heredity (U). **il a une lourde** ~, **il a une** ~ **chargée** his family has a history of mental (ou physical) illness; (fig: culturelle etc) **une** ~ **catholique/royaliste** a Catholic/ Royalist heritage.
(b) (Jur) (droit) right of inheritance; (caractère héréditaire) hereditary nature.
hérésie [eʀezi] nf (Rel) heresy; (fig) sacrilege, heresy. (hum) **servir du vin rouge avec le poisson est une véritable** ~! it's absolute sacrilege to serve red wine with fish!
hérétique [eʀetik] 1 adj heretical. 2 nmf heretic.
hérissé, e ['eʀise] (ptp de **hérisser**) adj (a) (dressé) poils, cheveux standing on end, bristling; barbe bristly.
(b) (garni) ~ **de poils** bristling with hairs; ~ **d'épines/de clous** spiked with thorns/nails; ~ **d'obstacles/de fusils** bristling with obstacles/rifles.
(c) (garni de pointes) cactus, tige prickly.
hérisser ['eʀise] (1) 1 vt (a) [animal] **le chat hérisse ses poils** the cat bristles its coat ou makes its coat bristle; **le porc-épic hérisse ses piquants** the porcupine bristles its spines ou makes its spines bristle; **l'oiseau hérisse ses plumes** the bird ruffles its feathers.
(b) [vent, froid] **le vent hérisse ses cheveux** the wind makes his hair stand on end.
(c) (armer) ~ **une planche de clous** to spike a plank with nails; ~ **une muraille de créneaux** to top ou crown a wall with battlements; **il avait hérissé la dictée de pièges** he had put a good sprinkling of tricky points into the dictation.
(d) (garnir) **des clous hérissent la planche** the plank is spiked with nails; **les créneaux qui hérissent la muraille** the battlements crowning the wall; **de nombreuses difficultés hérissent le texte** numerous difficulties are scattered through the text.
(e) (mettre en colère) ~ **qn** to put ou get sb's back up*, ruffle sb's feathers; **faites attention de ne pas le** ~ be careful not to put his back up* ou to ruffle his feathers; **il y a une chose qui me hérisse, c'est le mensonge** there's one thing that gets my back up* ou that makes me bristle and that's lying.
2 **se hérisser** vpr (a) [poils, cheveux] to stand on end, bristle.
(b) [animal] to bristle. **le chat se hérissa** the cat's fur stood on end ou bristled, the cat bristled.
(c) (se fâcher) to bristle, get one's back up*.
hérisson ['eʀisɔ̃] nm (Zool) hedgehog; (Tech) (brosse) (chimney sweep's) brush; (fig: personne insociable) prickly type, hedgehog. (mal coiffé) **c'est un vrai** ~ his hair sticks out all over the place.
héritage [eʀitaʒ] nm (a) (action) inheritance.
(b) (argent, biens) inheritance, legacy; (coutumes, système) heritage, legacy. **faire un** ~ to come into an inheritance; **laisser qch en** ~ **à qn** to leave sth to sb, bequeath sth to sb; **avoir une maison par** ~ to have inherited a house; (péj) **tante/oncle à** ~ wealthy ou rich aunt/uncle; (fig) l'~ **du passé** the heritage ou legacy of the past.
hériter [eʀite] (1) vti: ~ **(de) qch de qn** to inherit sth from sb; ~ **de son oncle** to inherit ou come into one's uncle's property; ~ **d'une maison** to inherit a house; **qui hériterait?** who would benefit from the will?, who would inherit?; **impatient d'**~ eager to come into ou to gain his inheritance; **il a hérité d'un vieux chapeau*** he has inherited ou acquired an old hat; **il a hérité d'un rhume*** he's picked up a cold.
héritier [eʀitje] nm heir. ~ **naturel** heir-at-law; **il est l'**~ **d'une grande fortune** he is heir to a large fortune; (hum) **elle lui a donné un** ~ she produced him an heir ou a son and heir; ~ **présomptif de la couronne** heir apparent (to the throne).
héritière [eʀitjɛʀ] nf heiress.
hermaphrodisme [ɛʀmafʀɔdism(ə)] nm hermaphroditism.
hermaphrodite [ɛʀmafʀɔdit] 1 adj hermaphrodite, hermaphroditic(al). 2 nm hermaphrodite.
herméneutique [ɛʀmenøtik] 1 adj hermeneutic. 2 nf hermeneutics (sg).
Hermès [ɛʀmɛs] nm Hermes.
hermétique [ɛʀmetik] adj (a) (étanche) boîte, joint airtight, watertight, hermetic. **cela assure une fermeture** ~ **de la porte** this makes sure that the door closes tightly ou that the door is a tight fit.
(b) (fig: impénétrable) barrage, secret impenetrable; mystère sealed, impenetrable. **visage** ~ closed ou impenetrable expression.
(c) (obscur) écrivain, livre abstruse, obscure. (Littérat) **poésie/ poète** ~ hermetic poetry/poet.
(d) (Alchimie) hermetic.
hermétiquement [ɛʀmetikmɑ̃] adv fermer, joindre tightly, hermetically; (fig) s'exprimer abstrusely, obscurely. **joint** ~ **soudé** hermetically soldered joint; **emballage** ~ **fermé** hermetically sealed package; **local** ~ **clos** sealed(-up) premises; **secret** ~ **gardé** closely guarded secret.

hermétisme [ɛʀmetism(ə)] nm (péj: obscurité) abstruseness, obscurity; (Alchimie, Littérat) hermetism.

hermine [ɛʀmin] nf (fourrure) ermine; (animal) ermine, stoat.

herminette [ɛʀminɛt] nf adze.

herniaire ['ɛʀnjɛʀ] adj hernial; V bandage.

hernie ['ɛʀni] nf (Méd) hernia, rupture; [pneu] bulge. ~ discale slipped disc; ~ étranglée strangulated hernia.

hernié, e ['ɛʀnje] adj organe herniated.

Hérode [eʀɔd] nm Herod.

Hérodiade [eʀɔdjad] nf Herodiad.

Hérodote [eʀɔdɔt] nm Herodotus.

heroï-comique [eʀɔikɔmik] adj mock-heroic.

héroïne [eʀɔin] nf (femme) heroine; (drogue) heroin.

héroïnomane [eʀɔinɔman] nmf heroin addict.

héroïque [eʀɔik] adj heroic. l'époque ~ the pioneering days.

héroïquement [eʀɔikmã] adv heroically.

héroïsme [eʀɔism(ə)] nm heroism. boire ces médicaments si mauvais, c'est de l'~!* taking such nasty medicines is nothing short of heroic! ou is nothing short of heroism!

héron ['eʀɔ̃] nm heron.

héros ['eʀo] nm hero. mourir en ~ to die the death of a hero ou a hero's death; le ~ du jour the hero of the day.

herpès [ɛʀpɛs] nm (gén) herpes; (autour de la bouche) cold sore. ~ génital genital herpes.

herpétique [ɛʀpetik] adj herpetic.

hersage ['ɛʀsaʒ] nm (Agr) harrowing.

herse ['ɛʀs(ə)] nf (Agr) harrow; [château] portcullis; (Théât) batten.

herseuse ['ɛʀsøz] nf harrow.

hertz [ɛʀts] nm hertz.

hertzien, -ienne [ɛʀtsjɛ̃, jɛn] adj Hertzian.

hésitant, e [ezitã, ãt] **1** adj personne, début hesitant; caractère wavering, hesitant; voix, pas hesitant, faltering; électeur wavering. **2** nm,f (votant) 'don't-know'.

hésitation [ezitasjɔ̃] nf hesitation. sans ~ without hesitation, unhesitatingly; j'accepte sans ~ I accept without hesitation ou unhesitatingly; après bien des ~s after much hesitation; il eut un moment d'~ et répondit ... he hesitated for a moment and replied ..., after a moment's hesitation he replied ...; je n'ai plus d'~s I shall hesitate no longer; ses ~s continuelles his continual hesitations ou dithering.

hésiter [ezite] (1) vi (a) (balancer) to hesitate. tu y vas? — j'hésite are you going? — I'm not sure ou I'm in two minds; il n'y a pas à ~ there are no two ways about it; sans ~ without hesitating, unhesitatingly; ~ à faire to hesitate to do, be unsure whether to do; j'hésite à vous déranger I don't like to disturb you, I hesitate to disturb you; il hésitait sur la route à suivre he hesitated as to ou dithered over which road to take; ~ sur une date to hesitate over a date; ~ entre plusieurs possibilités to waver between several possibilities.

(b) (s'arrêter) to hesitate. ~ dans ses réponses to be hesitant in one's replies; ~ en récitant sa leçon to falter in reciting one's lesson, recite one's lesson falteringly ou hesitantly; ~ devant l'obstacle to falter ou hesitate before an obstacle.

Hespérides [ɛspeʀid] nfpl: les ~ the Hesperides.

hétaïre ['etaiʀ] nf (prostituée) courtesan; (Antiq) hetaera.

hétéroclite [eteʀɔklit] adj (disparate) ensemble, roman, bâtiment heterogeneous; objets sundry, assorted; (bizarre) personne eccentric. pièce meublée de façon ~ room filled with an ill-assorted collection of furniture.

hétérodoxe [eteʀɔdɔks(ə)] adj heterodox.

hétérodoxie [eteʀɔdɔksi] nf heterodoxy.

hétérogène [eteʀɔʒɛn] adj heterogeneous. c'est un groupe ~ it's a very mixed group.

hétérogénéité [eteʀɔʒeneite] nf heterogeneousness.

hétérosexualité [eteʀɔsɛksɥalite] nf heterosexuality.

hétérosexuel, -elle [eteʀɔsɛksɥɛl] adj, nm,f heterosexual.

hétérozygote [eteʀɔzigɔt] **1** adj heterozygous. **2** nmf heterozygote.

hêtraie ['ɛtʀɛ] nf beech grove.

hêtre ['ɛtʀ(ə)] nm (arbre) beech (tree); (bois) beech (wood).

heu ['ø] excl (doute) h'm!, hem!; (hésitation) um!, er!

**heur†† [œʀ] nm good fortune. (littér, iro) je n'ai pas eu l'~ de lui plaire I did not have the good fortune to please him, I was not fortunate enough to please him.

heure [œʀ] nf (a) (mesure de durée) hour. (Scol) ~ (de cours) period, class; j'ai attendu une bonne ~/une petite ~ I waited (for) a good hour/just under an hour; j'ai attendu 2 ~s d'horloge* I waited 2 solid hours*; il a parlé des ~s he spoke for hours; (Scol) ~ de libre free period; (Scol) j'ai deux ~s de français aujourd'hui I've two periods of French today; pendant les ~s de classe/de bureau during school/office ou business hours; (Admin) ~s de réception de 14 à 16 heures consultations between 2 and 4 p.m.; (Scol) quelles sont vos ~s de réception? when are you available to see parents?; gagner/coûter 80 F (de) l'~ to earn/cost 80 francs an hour ou per hour; (Aut) faire du 100 (km) à l'~ to do 60 miles ou 100 km an hour ou per hour; 1 ~/3 ~s de travail 1 hour's/3 hours' work; cela représente 400 ~s de travail it represents 400 man-hours ou 400 hours of work; lutter pour la semaine de 30 ~s (de travail) to fight for a 30-hour (working) week; faire des/10 ~s supplémentaires to work ou do overtime/10 hours' overtime; les ~s supplémentaires sont bien payées you get well paid for (doing) overtime, overtime hours are well-paid; fait dans les 24 ~s done within 24 hours.

(b) (divisions de la journée) savoir l'~ to know what time it is, know the time; avez-vous l'~? have you got the time?; quelle ~ avez-vous? what time do you make it?; il est 6 ~s/6 ~s 10 /6 ~s moins 10/6 ~s et demie it is 6 (o'clock)/10 past 6/10 to 6/half past

6; **10 ~s du matin/du soir** 10 (o'clock) in the morning/at night, 10 a.m./p.m.; (frm) à **16 ~s 30** at 4.30 p.m., at 16.30 (frm); il est **8 ~s passées** ou **sonnées** it's gone 8; il était **18 ~s** ~ **de Paris** it was 6 o'clock Paris time; à **4 ~s pile** ou **sonnant(es)** ou **tapant(es)*** ou **pétant(es)‡** at exactly 4 (o'clock), at dead on 4 (o'clock)* (Brit), at 4 (o'clock) on the dot*; à **4 ~s juste(s)** at 4 sharp; les bus passent à l'~ the buses come on the hour; à une heure avancée (de la nuit) at a late hour (of the night), late on (in the night); à une ~ indue at an ou some ungodly hour; (Can) ~ avancée daylight saving time; V demander.

(c) (l'heure fixée) time. c'est l'~ it's time; avant l'~ before time, ahead of time, early; à l'~ (juste) (right ou exactly) on time; après l'~ late; venez quand vous voulez, je n'ai pas d'~ come when you like, I have no fixed timetable ou schedule ou anytime suits me; ~ de Greenwich Greenwich mean time; ~ légale/locale standard/local time; nous venons de passer à l'~ d'hiver we have just put the clocks back; ~ d'été daylight saving time, British Summer Time (Brit); l'~ militaire the right ou exact time; votre ~ sera la mienne name ou say a time; mettre sa montre à l'~ to set ou put one's watch right; ma montre/l'horloge est toujours à l'~ my watch/the clock is always right ou keeps good time; l'~ c'est l'~ on time is on time.

(d) (moment) time, moment. je n'ai pas une ~ à moi I haven't a moment to myself; (frm) l'~ est venue ou a sonné the time has come; nous avons passé ensemble des ~s heureuses we spent many happy hours together; l'~ du déjeuner lunchtime, time for lunch; l'~ d'aller se coucher bedtime, time for bed; l'~ du biberon (baby's) feeding time; à l'~ ou aux ~s des repas at meal-time(s); ~ d'affluence ou de pointe (trains, circulation) rush hour, peak hour; (magasin) peak shopping period, busy period; ~ de pointe (téléphone) peak period; les ~s creuses (gén) the slack periods; (pour électricité, téléphone etc) off-peak periods; les problèmes de l'~ the problems of the moment; à l'~ H at zero hour; l'~ est grave it is a grave moment; à l'~ dite at the appointed ou prearranged time; à l'~ du danger at the time of danger; l'~ de vérité/de la mort the hour of truth/death; l'~ est à la concertation it is now time for consultation and dialogue, dialogue is now the order of the day; V bon¹, dernier, premier.

(e) (avec adj poss) il est poète/aimable à ses ~s he writes poetry/he can be quite pleasant when the fancy takes him ou when the mood is on him ou when he feels like it; ce doit être Paul, c'est son ~ it must be Paul — it's his (usual) time; elle a eu son ~ de gloire/de célébrité she has had her hour of glory/fame; il aura son ~ (de gloire etc) his hour ou time will come; il attend son ~ he is biding his time ou waiting for the right moment; son ~ viendra/ est venue (de mourir) his time will come/has come.

(f) (mesure de distance) hour. Chartres est à plus d'une ~ de Paris Chartres is more than an hour from Paris ou more than an hour's run from Paris; c'est à 2 ~s de route it's 2 hours away by road; il y a 2 ~s de route/train it's a 2-hour drive/train journey, it takes 2 hours by car/train (to get there).

(g) (Rel) ~s canoniales canonical hours; (Rel) Grandes/ Petites ~s night/daylight offices; Livre d'H~s Book of Hours.

(h) (loc) à l'~ qu'il est il doit être arrivé he must have arrived by now; (fig: de nos jours) à l'~ qu'il est ou à cette ~ at this moment in time; à toute ~ at any time (of the day); repas chaud à toute ~ hot meals all day; 24 ~s sur 24 round the clock, 24 hours a day; d'~ en ~ hourly, hour by hour; (lit) cela varie d'une ~ à l'autre it varies from one hour to the next; nous l'attendons d'une ~ à l'autre we are expecting him any time now; 'Paris à l'~ écossaise' 'Paris goes Scottish'; la France à l'~ de l'ordinateur France in the computer age; pour l'~† for the time being; (littér) sur l'~ at once; tout à l'~ (passé récent) a short while ago, just now; (futur proche) in a little while, shortly.

heureusement [œʀøzmã] adv (a) (par bonheur) fortunately, luckily. ~, il n'y avait personne fortunately there was no one there.

(b) (tant mieux) il est parti, ~! he has gone, thank goodness!; ~ pour lui! fortunately ou luckily for him!; ~ qu'il est parti* thank goodness he has gone.

(c) (judicieusement) happily. mot ~ choisi happily chosen word; phrase ~ tournée cleverly turned sentence.

(d) (favorablement) successfully. l'entreprise fut ~ menée à bien the task was successfully completed.

heureux, -euse [œʀø, øz] adj (a) (gén après n) (rempli de bonheur) personne, souvenir, vie happy. il a tout pour être ~ he has everything he needs to be happy ou to make him happy; ils vécurent ~ they lived happily ever after; ~ comme un poisson dans l'eau happy as a sandboy (Brit) ou clam (US); ces jouets vont faire des ~! these toys will make some children very happy; V bon¹, ménage.

(b) (satisfait) je suis très ~ d'apprendre la nouvelle I am very glad ou happy ou pleased to hear the news; M et Mme X sont ~ de vous annoncer ... Mr and Mrs X are happy ou pleased to announce ...; je suis ~ de ce résultat I am pleased ou happy with this result; je suis ~ de cette rencontre I am pleased ou glad about this meeting; il sera trop ~ de vous aider he'll be only too glad ou happy ou pleased to help you; ~ de vous revoir nice ou good ou pleased to see you again.

(c) (gén avant n) (qui a de la chance) personne fortunate, lucky. ~ au jeu/en amour lucky at cards/in love; tu peux t'estimer ~ que you can think yourself lucky ou fortunate that; c'est ~ (pour lui) que it is fortunate ou lucky (for him) that; il accepte de venir — (iro) c'est encore ~! he's willing to come — it's just as well! ou I should think so too!; encore ~ que je m'en sois souvenu! it's just as well ou it's lucky that I remembered!; V élu, main, mémoire.

(d) (*gén avant n: optimiste, agréable*) *disposition, caractère* happy, cheerful. **il a** *ou* **c'est une ~euse nature** he has a happy *ou* cheerful nature.

(e) (*judicieux*) *décision, choix* fortunate, happy; *formule, expression, effet, mélange* happy, felicitous (*frm*).

(f) (*favorable*) *présage* propitious, happy; *résultat, issue* happy. **par un ~ hasard** by a fortunate coincidence; **attendre un ~ événement** to be expecting a happy event.

heuristique [øʀistik] **1** *adj* heuristic. **2** *nf* heurism.

heurt ['œʀ] *nm* (*lit: choc*) collision; (*fig: conflit*) clash. **sans ~s** (*adj*) smooth; (*adv*) smoothly; **leur amitié ne va pas sans quelques ~s** their friendship has its ups and downs, their friendship goes through occasional rough patches.

heurté, e ['œʀte] (*ptp de* **heurter**) *adj couleurs* clashing; *style, jeu* jerky, uneven; *discours* jerky, halting.

heurter ['œʀte] (1) **1** *vt* (*a*) (*lit: cogner*) *objet* to strike, hit; *personne* to collide with; (*bousculer*) to jostle; (*entrechoquer*) *verres* to knock together. **sa tête heurta la table** his head struck the table; **la voiture heurta un arbre** the car ran into *ou* struck a tree.

(b) (*fig: choquer*) *préjugés* to offend; *théorie, bon goût, bon sens, tradition* to go against, run counter to; *amour-propre* to upset; *opinions* to conflict *ou* clash with. **~ qn de front** to clash head-on with sb.

2 *vi*: **~ à** to knock at *ou* on; **~ contre qch** [*personne*] to stumble against sth; [*objet*] to knock *ou* bang against sth.

3 se heurter *vpr* (*a*) (*s'entrechoquer*) [*passants, voitures*] to collide (with each other). **ses idées se heurtaient dans sa tête** his head was a jumble of ideas, ideas jostled about in his head.

(b) (*s'opposer*) [*personnes, opinions, couleurs*] to clash (with each other).

(c) se ~ à *ou* **contre qn/qch** to collide with sb/sth; **se ~ à un refus** to come up against a refusal, meet with a refusal; **se ~ à un problème** to come up against a problem.

heurtoir ['œʀtwaʀ] *nm* [*porte*] (door) knocker; (*Tech: butoir*) stop; (*Rail*) buffer.

hévéa [evea] *nm* hevea.

hexadécimal, e, mpl aux [εgzadesimal, o] *adj* hexadecimal.

hexaèdre [εgzaεdʀ(ə)] **1** *adj* hexahedral. **2** *nm* hexahedron.

hexaédrique [εgzaedʀik] *adj* hexahedral.

hexagonal, e, mpl -aux [εgzagonal, o] *adj* hexagonal.

hexagone [εgzagon] *nm* (*Géom*) hexagon. (*fig*) **l'~** (national) France.

hexamètre [εgzamεtʀ(ə)] **1** *adj* hexameter (*épith*), hexametric(al). **2** *nm* hexameter.

hexathlon [εgzatlõ] *nm* hexathlon.

hiatus [jatys] *nm* (*Ling*) hiatus; (*fig*) break, hiatus.

hibernal, e, mpl -aux [ibεʀnal, o] *adj* winter (*épith*), hibernal.

hibernation [ibεʀnɑsjõ] *nf* hibernation. (*Méd*) **~ artificielle** induced hypothermia.

hiberner [ibεʀne] (1) *vi* to hibernate.

hibiscus [ibiskys] *nm* hibiscus.

hibou, pl ~x ['ibu] *nm* owl.

hic* ['ik] *nm*: **c'est là le ~** that's the snag *ou* the trouble.

hickory ['ikɔʀi] *nm* hickory.

hideur ['idœʀ] *nf* (*littér*) hideousness (*U*).

hideusement ['idøzmɑ̃] *adv* hideously.

hideux, -euse ['idø, øz] *adj* hideous.

hie ['i] *nf* rammer.

hier [jεʀ] *adv* yesterday. **~ (au) soir** yesterday evening, last night *ou* evening; **toute la matinée d'~** all yesterday morning; **toute la journée d'~** all day yesterday; **je ne suis pas né d'~** I wasn't born yesterday; **il avait tout ~ pour se décider** he had all (day) yesterday to make up his mind; **je m'en souviens comme si c'était ~** I remember it as if it was yesterday.

hiérarchie ['jeʀaʀʃi] *nf* hierarchy.

hiérarchique ['jeʀaʀʃik] *adj* hierarchic(al). **chef** *ou* **supérieur ~** senior in rank *ou* in the hierarchy; **V voie**.

hiérarchiquement ['jeʀaʀʃikmɑ̃] *adv* hierarchically.

hiérarchisation ['jeʀaʀʃizɑsjõ] *nf* (*action*) organization into a hierarchy; (*organisation*) hierarchical organization.

hiérarchiser ['jeʀaʀʃize] (1) *vt* to organize into a hierarchy.

hiératique [jeʀatik] *adj* hieratic.

hiératiquement [jeʀatikmɑ̃] *adv* hieratically.

hiéroglyphe ['jeʀɔglif] *nm* (*Ling*) hieroglyph(ic). **~s** (*plusieurs symboles*) hieroglyph(ic)s; (*système d'écriture*) hieroglyphics; (*fig péj*) hieroglyphics (*fig*).

hiéroglyphique ['jeʀɔglifik] *adj* hieroglyphic(al).

hi-fi [hifi] *adj, nf* hi-fi.

hi-han ['iɑ̃] *excl* heehaw!

hi-hi [hihi] *excl* (*rire*) tee-hee!, hee-hee!; (*pleurs*) sniff-sniff!

hilarant, e [ilaʀɑ̃, ɑ̃t] *adj aventure* hilarious, side-splitting; **V gaz**.

hilare [ilaʀ] *adj personne, visage* beaming, smiling.

hilarité [ilaʀite] *nf* hilarity, mirth.

hile ['il] *nm* (*Anat, Bot*) hilum.

Himalaya [imalaja] *nm*: **l'~** the Himalayas; **escalader un sommet de l'~** to climb one of the Himalayan peaks *ou* one of the peaks in the Himalayas.

himalayen, -enne [imalajɛ̃, ɛn] *adj* Himalayan.

hindi ['indi] *nm* (*Ling*) Hindi.

hindou, e [ɛ̃du] **1** *adj nationalité* Indian; *coutumes, dialecte* Hindu, Hindoo. **2** *nm, f*: **H~(e)** (*citoyen*) Indian; (*croyant*) Hindu, Hindoo.

hindouisme [ɛ̃duism(ə)] *nm* Hinduism, Hindooism.

hindouiste [ɛ̃duist(ə)] *adj, nmf* Hindu, Hindoo.

Hindoustan [ɛ̃dustɑ̃] *nm* Hindustan.

hindoustani [ɛ̃dustani] *nm* (*Ling*) Hindustani.

hippie ['ipi] *adj, nmf* hippy.

hippique [ipik] *adj* horse (*épith*), equestrian. **concours ~** show-jumping event, horse show; **course ~** horse-race; **le sport ~** equestrian sport.

hippisme [ipism(ə)] *nm* (horse) riding.

hippocampe [ipɔkɑ̃p] *nm* (*Myth*) hippocampus; (*poisson*) sea horse.

Hippocrate [ipɔkʀat] *nm* Hippocrates.

hippodrome [ipɔdʀom] *nm* racecourse; (*Antiq*) hippodrome.

hippogriffe [ipɔgʀif] *nm* hippogriff, hippogryph.

Hippolyte [ipɔlit] *nm* Hippolytus.

hippomobile [ipɔmɔbil] *adj* horse-drawn.

hippophagique [ipɔfaʒik] *adj*: **boucherie ~** horse(meat) butcher's.

hippopotame [ipɔpɔtam] *nm* hippopotamus, hippo*.

hippy, pl hippies ['ipi] = **hippie**.

hirondelle [iʀɔ̃dεl] *nf* (*a*) (*Zool*) swallow. **~ de fenêtre** house martin; **~ de rivage** sand martin; **~ de mer** tern; (*Prov*) **une ~ ne fait pas le printemps** one swallow doesn't make a summer (*Prov*); **V nid**. (*b*) (**†: policier*) (bicycle-riding) policeman.

Hiroshima ['iʀɔʃima] *n* Hiroshima.

hirsute [iʀsyt] *adj* (*a*) (*ébouriffé*) *tête* tousled; *gamin* shaggy-haired; *barbe* shaggy. **un individu ~** a shaggy-haired *ou* hirsute individual. (*b*) (*Bio*) hirsute.

hispanique [ispanik] *adj* Hispanic.

hispanisant, e [ispanizɑ̃, ɑ̃t] *nm, f* hispanist, Spanish scholar.

hispanisme [ispanism(ə)] *nm* hispanicism.

hispaniste [ispanist(ə)] *nmf* = **hispanisant**.

hispano-américain, e [ispanoameʀikɛ̃, εn] **1** *adj* Spanish-American. **2** *nm, f*: **Hispano-Américain(e)** Spanish-American, Hispanic (*US*).

hispano-arabe [ispanɔaʀab] *adj*, **hispano-mauresque** [ispanɔmɔʀεsk(ə)] *adj* Hispano-Moresque.

hisse [is] : **oh hisse** ['ois] *excl* heave ho!

hisser ['ise] (1) **1** *vt* (*Naut*) to hoist; (*soulever*) *objet* to hoist, haul up, heave up; *personne* to haul up, heave up. **~ les couleurs** to run up *ou* hoist the colours; **hissez les voiles!** up sails!; (*fig*) **~ qn au pouvoir** to hoist sb into a position of power.

2 se hisser *vpr* to heave o.s. up, haul o.s. up. **se ~ sur un toit** to heave *ou* haul o.s. (up) onto a roof; **se ~ sur la pointe des pieds** to stand up *ou* raise o.s. on tiptoe; (*fig*) **se ~ à la première place/au pouvoir** to pull o.s. up to first place/a position of power.

histamine [istamin] *nf* histamine.

histaminique [istaminik] *adj* histaminic.

histoire [istwaʀ] *nf* (*a*) (*science, événements*) **l'~** history; **l'~ jugera** posterity will be the judge; **l'~ est un continuel recommencement** history is constantly being remade; **laisser son nom dans l'~** to find one's place in history; **l'~ ancienne/naturelle/du moyen âge** ancient/natural/medieval history; **l'~ de France** French history, the history of France; **l'H~ sainte** Biblical *ou* sacred history; **la petite ~** the footnotes of history; **pour la petite ~** for the record; **~ romancée** fictionalized history; (*fig*) **tout cela, c'est de l'~ ancienne*** all that's ancient history*.

(b) (*déroulement de faits*) history, story. **l'~ du château de Windsor** the history of Windsor Castle; **raconter l'~ de sa vie** to tell one's life story *ou* the story of one's life.

(c) (*Scol**) (*livre*) history book; (*leçon*) history (lesson). **on a (l')~ à 2 heures** we have history at 2 o'clock.

(d) (*récit, conte*) story; (**: mensonge*) story*, fib*. **une ~ vraie** a true story; **~s de pêche/de chasse** fishing/hunting stories; **~s de revenant** ghost stories; **~ drôle** funny story, joke; **~ marseillaise** tall story; **~ de fous** shaggy-dog story; **c'est une ~ à dormir debout** it's a cock-and-bull story *ou* a tall story; **qu'est-ce que c'est que cette ~?** what on earth is all this about?, just what is all this about?; **tout ça, ce sont des ~s** that's just a lot of fibs*, you've made all that up; **tu me racontes des ~s** you're pulling my leg, come off it!*; **le plus beau** *ou* **curieux de l'~ c'est que** the best part *ou* strangest part of it is that; **c'est toute une ~** it's a long story; **l'~ veut qu'il ait dit** the story goes that he said.

(e) (**: affaire, incident*) business. **c'est une drôle d'~** it's a funny business; **il vient de lui arriver une curieuse ~/une drôle d'~** something odd/funny has just happened to him; **pour une ~ d'argent/de femme** because of something to do with money/a woman; **se mettre dans une sale ~, se mettre une sale ~ sur le dos** to get mixed up in some nasty business; **sa nomination va faire toute une ~** his appointment will cause a lot of fuss *ou* a great to-do, there will be quite a fuss *ou* to-do over his appointment; **c'est toujours la même ~!** it's always the same old story; **ça, c'est une autre ~!** that's (quite) another story!; **j'ai pu avoir une place mais ça a été toute une ~** I managed to get a seat but it was a real struggle; **sans ~s** (*adj*) uneventful; (*adv*) uneventfully.

(f) (**: ennui*) **~s** trouble; **faire des ~s à qn** to make trouble for sb; **elle veut nous faire des ~s*** she means to make trouble for us; **cela ne peut lui attirer** *ou* **lui valoir que des ~s** that's bound to get him into trouble, that will cause him nothing but trouble.

(g) (**: chichis*) fuss, to-do, carry-on* (*Brit*). **faire un tas d'~s** to make a whole lot of fuss *ou* a great to-do; **quelle ~ pour si peu!** what a to-do *ou* fuss *ou* carry-on* (*Brit*) over so little!; **allez, au lit, et pas d'~s!** come along now, off to bed, and I don't want any fuss!; **il fait ce qu'on lui demande sans (faire d') ~s** he does what he is told without (making) a fuss; **je ne veux pas d'~s** I don't want any fuss *ou* nonsense.

(h) (***) **~ de faire** just to do; **~ de prendre l'air** just for a breath of (fresh) air; **~ de rire** just for a laugh*, just for fun; **il a essayé, ~ de voir/de faire quelque chose** he had a go just to see what it was like/just for something to do *ou* just to be doing something.

(i) (**: machin*) thingummyjig* (*Brit*), thingamajig* (*US*), whatsit*.

histologie [istɔlɔʒi] *nf* histology.
histologique [istɔlɔʒik] *adj* histological.
histologiste [istɔlɔʒist(ə)] *nmf* histologist.
historié, e [istɔrje] *adj* (*Art*) historiated.
historien, -ienne [istɔrjɛ̃, jɛn] *nm, f* (*savant*) historian; (*étudiant*) history student, historian.
historiette [istɔrjɛt] *nf* little story, anecdote.
historiographe [istɔrjɔgraf] *nm* historiographer.
historiographie [istɔrjɔgrafi] *nf* historiography.
historique [istɔrik] **1** *adj étude, vérité, roman, temps* historical; *personnage, événement, monument* historic. **2** *nm*: faire l'~ de *problème, affaire* to review, make a review of; *institution, mot* to examine the history of, give the historical background to.
historiquement [istɔrikmã] *adv* historically.
histrion [istrijɔ̃] *nm* (*péj*) ham (actor).
hitlérien, -ienne [itlerjɛ̃, jɛn] *adj, nm, f* Hitlerian, Hitlerite, Nazi.
hitlérisme [itlerism(ə)] *nm* Hitlerism.
hit-parade, *pl* **hit-parades** ['itparad] *nm* (*Mus*) le ~ the charts; premier au ~ number one in the charts.
hittite ['itit] **1** *adj* Hittite. **2** *nmf*: H~ Hittite.
hiver [ivɛr] *nm* winter. il fait un temps d'~ it's like winter, it's wintry weather; jardin d'~ wintergarden; sports d'~ winter sports.
hivernage ['ivɛrnaʒ] *nm [bateau, caravane]* wintering.
hivernal, e, *mpl* **-aux** [ivɛrnal, o] **1** *adj* (*lit: de l'hiver*) *brouillard, pluies* winter (*épith*), hibernal (*littér*); (*fig: comme en hiver*) *atmosphère, température, temps* wintry (*épith*). il faisait une température ~e it was as cold as (in) winter, it was like winter. **2** *hivernale nf* (*Alpinisme*) winter ascent.
hivernant, e [ivɛrnã, ãt] *nm, f* winter holiday-maker (*Brit*) ou visitor.
hiverner [ivɛrne] (1) *vi* to winter.
H.L.M. ['aʃɛlɛm] *nm ou nf abrév de* Habitation à loyer modéré; *V* habitation.
ho ['o, ho] *excl* (*appel*) hey (there)!; (*surprise, indignation*) oh!
hobby ['ɔbi] *nm* hobby.
hobereau, *pl* ~**x** ['ɔbRo] *nm* (*Orn*) hobby; (*péj: seigneur*) local (country) squire.
hochement ['ɔʃmã] *nm*: ~ de tête (*affirmatif*) nod (of the head); (*négatif*) shake (of the head).
hochequeue ['ɔʃkø] *nm* wagtail.
hocher ['ɔʃe] (1) *vt*: ~ la tête (*affirmativement*) to nod (one's head); (*négativement*) to shake one's head.
hochet ['ɔʃɛ] *nm [bébé]* rattle; (*fig*) toy.
hockey ['ɔkɛ] *nm* hockey. ~ sur glace ice hockey (*Brit*), hockey (*US*); ~ sur gazon field hockey.
hockeyeur, -euse ['ɔkɛjœr, øz] *nm, f* hockey player.
hoirie [wari] *nf* (††) inheritance; *V* avancement.
holà ['ɔla, hɔla] **1** *excl* hold! **2** *nm*: mettre le ~ à qch to put a stop *ou* an end to sth.
holding ['ɔldiŋ] *nm* holding company.
hold-up ['ɔldœp] *nm inv* hold-up. condamné pour le ~ d'une banque sentenced for having held up a bank *ou* for a bank hold-up.
holistique [ɔlistik] *adj* holistic.
hollandais, e ['ɔlãdɛ, ɛz] **1** *adj* Dutch; *V* sauce. **2** *nm* (a) H~ Dutchman; les H~ the Dutch. (b) (*Ling*) Dutch. **3 Hollandaise** *nf* Dutchwoman.
Hollande ['ɔlãd] *nf* Holland.
hollande ['ɔlãd] **1** *nf* (*toile*) holland; (*pomme de terre*) holland potato. **2** *nm* (*fromage*) Dutch cheese; (*papier*) Holland.
Hollywood ['ɔliwud] *n* Hollywood.
hollywoodien, -ienne ['ɔliwudjɛ̃, jɛn] *adj* Hollywood (*épith*).
holmium [ɔlmjɔm] *nm* holmium.
holocauste [ɔlɔkost(ə)] *nm* (*Rel, fig: sacrifice*) sacrifice; (*Rel juive*) holocaust. offrir qch en ~ to offer sth up in sacrifice; (*littér*) se donner en ~ to make a total sacrifice of one's life. (b) (*victime*) sacrifice.
hologramme [ɔlɔgram] *nm* hologram.
holographie [ɔlɔgrafi] *nf* holography.
holophrastique [ɔlɔfrastik] *adj* holophrastic.
homard ['ɔmar] *nm* lobster. (*Culin*) ~ à la nage lobster cooked in a court-bouillon; homard à l'armoricaine/à l'américaine/thermidor lobster à l'armoricaine/à l'américaine/thermidor.
homeland [ɔmlãd] *nm* homeland.
homélie [ɔmeli] *nf* homily.
homéopathe [ɔmeɔpat] *nmf* homoeopath(ist). médecin ~ homoeopathic doctor.
homéopathie [ɔmeɔpati] *nf* homoeopathy.
homéopathique [ɔmeɔpatik] *adj* homoeopathic. (*hum*) il aime la musique, mais à dose ~ he likes music but in small doses.
Homère [ɔmɛr] *nm* Homer.
homérique [ɔmerik] *adj* Homeric; *V* rire.
home-trainer, *pl* **home-trainers** [omtrɛnœr] *nm* exercise bike.
homicide [ɔmisid] **1** *adj* (†, *littér*) homicidal. **2** *nmf* (*littér: criminel*) homicide (*littér*), murderer (*ou* murderess). **3** *nm* (*Jur: crime*) homicide (*US*), murder. ~ volontaire murder, voluntary manslaughter (*US*); ~ involontaire, ~ par imprudence manslaughter.
hominidé [ɔminide] *nm* hominid. les ~s the Hominidae.
hominien [ɔminjɛ̃] *nm* hominian.
hommage [ɔmaʒ] *nm* (a) (*marque d'estime*) tribute. rendre ~ à qn/au talent de qn to pay homage *ou* (a) tribute to sb/to sb's talent; rendre ~ à Dieu to pay homage to God; recevoir l'~ d'un admirateur to accept the tribute paid by an admirer.
(b) (*frm: civilités*) ~s respects; présenter ses ~s à une dame to pay one's respects to a lady; présentez mes ~s à votre femme give my respects to your wife; daignez agréer mes respectueux ~s yours faithfully (*Brit*), yours truly (*US*).

(c) (*don*) acceptez ceci comme un ~ *ou* en ~ de ma gratitude please accept this as a mark *ou* token of my gratitude; faire ~ d'un livre to give a presentation copy of a book; ~ de l'auteur/de l'éditeur with the author's/publisher's compliments.
(d) (*Hist*) homage.
hommasse [ɔmas] *adj* mannish.
homme [ɔm] *nm* **1** *adj* (*individu*) man. (*espèce*) l'~ man, mankind; un ~ fait a grown man; l'enfant devient ~ the child grows into *ou* becomes a man; des vêtements d'~ men's clothes; voilà mon ~ (*que je cherche*) there's my man; (*qu'il me faut*) that's the man for me; (*: mon mari*) here comes that man of mine*; je suis votre ~ I'm the man you want, I'm the man for you; c'est l'~ du jour he's the man of the moment *ou* hour; c'est l'~ de la situation he's the right man for the job; (*fig*) l'~ fort du régime the muscleman of the régime; *V* abominable, âge *etc*.
(b) (*loc*) parler d'~ à ~ to speak man to man, have a man-to-man talk; il n'est pas ~ à mentir he's not one to lie *ou* a man to lie; comme un seul ~ as one man; il a trouvé son ~ (*un égal*) he has found his match; (*Prov*) ~ averti en vaut deux forewarned is forearmed; (*Prov*) l'~ propose, Dieu dispose man proposes, God disposes (*Prov*); (*Naut*) un ~ à la mer! man overboard!
2: homme d'action man of action; homme d'affaires businessman; homme d'armes†† man-at-arms††; homme de barre helmsman; homme de bien man of property *ou* of means; homme à bonnes fortunes ladykiller, ladies' man; homme des cavernes cave man; homme de confiance right-hand man; homme d'église man of the Church; homme d'équipage member of a ship's crew; navire avec 30 hommes d'équipage ship with a crew of 30 (men); homme d'esprit man of wit; homme d'État statesman; homme à femmes womanizer, ladies' man; l'homme au foyer the househusband; homme de génie man of genius; homme-grenouille *nm, pl* hommes-grenouilles frogman; l'homme de la rue the man in the street; homme de lettres man of letters; homme lige liege man; homme de loi man of law; homme de main hired man, henchman; homme de ménage (male) domestic help; homme du monde man about town, socialite; c'est un parfait homme du monde he's a real gentleman; homme-orchestre *nm, pl* hommes-orchestres one-man band; homme de paille man of straw; homme de peine workhand; homme de plume man of letters, writer; homme politique politician; homme de robe†† legal man, lawyer; homme-sandwich *nm, pl* hommes-sandwiches sandwich man; homme de science man of science; homme de terrain (*Pol*) grass-roots politician; (*Ind etc*) man with a practical background; le nouveau PDG est un homme de terrain the new managing director has done his stint at the coalface (*fig*) *ou* has a practical rather than an academic background; homme à tout faire odd-job man; (*Mil*) homme de troupe private.
homo* [ɔmo] *nm* (*abrév de* homosexuel) gay*.
homocentre [ɔmɔsãtr(ə)] *nm* common centre.
homocentrique [ɔmɔsãtrik] *adj* homocentric.
homogène [ɔmɔʒɛn] *adj* homogeneous. (*Scol*) c'est un groupe ~ they are all about the same level *ou* standard in that group.
homogénéisation [ɔmɔʒeneizasjɔ̃] *nf* homogenization.
homogénéiser [ɔmɔʒeneize] (1) *vt* to homogenize.
homogénéité [ɔmɔʒeneite] *nf* homogeneity, homogeneousness.
homographe [ɔmɔgraf] **1** *adj* homographic. **2** *nm* homograph.
homologation [ɔmɔlɔgasjɔ̃] *nf* (*Sport*) ratification; (*Jur*) approval, sanction.
homologie [ɔmɔlɔʒi] *nf* (*Sci*) homology; (*gén*) equivalence.
homologue [ɔmɔlɔg] **1** *adj* (*Sci*) homologous; (*gén*) equivalent, homologous (*de* to). **2** *nm* (*Chim*) homologue; (*personne*) equivalent, counterpart, opposite number.
homologuer [ɔmɔlɔge] (1) *vt* (*Sport*) to ratify; (*Jur*) to approve, sanction.
homoncule [ɔmɔ̃kyl] *nm* = homuncule.
homonyme [ɔmɔnim] **1** *adj* homonymous. **2** *nm* (*Ling*) homonym; (*personne*) namesake.
homonymie [ɔmɔnimi] *nf* homonymy.
homonymique [ɔmɔnimik] *adj* homonymic.
homophone [ɔmɔfɔn] **1** *adj* (*Ling*) homophonous; (*Mus*) homophonic. **2** *nm* homophone.
homophonie [ɔmɔfɔni] *nf* homophony.
homosexualité [ɔmɔsɛksyalite] *nf* homosexuality.
homosexuel, -elle [ɔmɔsɛksyɛl] *adj, nm, f* homosexual.
homozygote [ɔmɔzigɔt] **1** *adj* homozygous. **2** *nmf* homozygote.
homuncule [ɔmɔ̃kyl] *nm* homunculus.
Honduras ['ɔ̃dyras] *nm*: le ~ Honduras; le ~ britannique British Honduras.
hondurien, -ienne ['ɔ̃dyrjɛ̃, jɛn] **1** *adj* Honduran. **2** *nm, f*: H~(ne) Honduran.
Hong-Kong ['ɔ̃gkɔ̃g] *n* Hong Kong.
hongre ['ɔ̃gr(ə)] **1** *adj* gelded. **2** *nm* gelding.
Hongrie ['ɔ̃gri] *nf* Hungary.
hongrois, e ['ɔ̃grwa, waz] **1** *adj* Hungarian. **2** *nm* (*Ling*) Hungarian. **3** *nm, f*: H~(e) Hungarian.
honnête [ɔnɛt] **1** *adj* (a) (*intègre*) *personne* honest, decent; *juge* honest; *conduite* decent; *procédés, intentions* honest, honourable. ce sont d'~s gens they are decent people *ou* folk*; un vin ~ an honest little wine.
(b) (*vertueux*) *femme* honest, decent.
(c) (*juste*) *marché* fair; *prix* fair, reasonable.
(d) (*satisfaisant*) *résultats* reasonable, fair; *repas* reasonable. ce livre est ~ this book isn't bad *ou* is reasonable *ou* is fair; rester dans une ~ moyenne to maintain a fair average.
(e) (†, *hum: poli*) courteous. vous êtes trop ~! you're too kind!
2: (*Hist*) honnête homme honnête gentleman, man of breeding.
honnêtement [ɔnɛtmã] *adv* (*V* honnête) honestly; decently;

honourably; fairly; reasonably; courteously. **c'est ~ payé** it's reasonably paid, you get a fair *ou* reasonable wage for it; **~, vous le saviez bien!** come now, you knew!

honnêteté [ɔnɛtte] *nf* (*V* **honnête**) honesty; decency; fairness; courtesy.

honneur [ɔnœr] *nm* **(a)** (*dignité morale, réputation*) honour. **l'~ m'oblige à le faire** I am in honour bound to do it; **mettre son** *ou* **un (point d')~ à faire qch** to make it a point of honour to do sth; **jurer/promettre sur l'~** to swear/promise on one's honour; **homme/femme d'~** man/woman of honour, man/woman with a sense of honour; **bandit d'~** outlaw (because of a blood feud); **il s'en est tiré avec ~** he came out of it honourably; *V* **dette, manquer, parole, point, tout** *etc.*

(b) (*mérite*) credit. **avec ~** creditably; **cette action est toute à son ~** this act does him (great) credit *ou* is much to his credit; **c'est à lui que revient l'~ d'avoir inventé** ... the credit is his for having invented ...; **faire ~ à** *ou* **être l'~ de sa famille/sa profession** to be a credit *ou* an honour to one's family/one's profession; **cette décision vous fait ~** this decision does you credit *ou* is to your credit; *V* **tour**[2].

(c) (*privilège, faveur*) honour. **faire (à qn) l'~ de venir** *etc* to do sb the honour of coming *etc*; **avoir l'~ de** to have the honour of; **j'ai eu l'~ de recevoir sa visite** he honoured me with a visit; (*Admin: formule épistolaire*) **j'ai l'~ de solliciter** ... I am writing to ask ...; **j'ai l'~ de vous informer que** I am writing to inform you that, I beg to inform you that (*frm*); **garde/invité d'~** guard/guest of honour; **président/membre d'~** honorary president/member; *V* **baroud, champ, citoyen** *etc.*

(d) (*marques de distinction*) **~s** honours; **aimer/mépriser les ~s** to be fond of/despise honours; **couvert d'~s** covered in honours; **avec tous les ~s dus à son rang** with all the honour due to his rank; **les derniers ~s** (**funèbres**) the last tribute; **~s militaires** military honours; **se rendre avec** *ou* **obtenir les ~s de la guerre** (*Mil*) to be granted the honours of war; (*fig*) to suffer an honourable defeat; (*fig*) **faire les ~s de la maison** *etc* **à qn** to (do the honours and) show sb round the house *etc*; **avoir les ~s de la première page** to get a mention on the first page; **avoir les ~s de la cimaise** to have one's works exhibited; *V* **rendre**.

(e) (*Cartes*) honour.

(f) (*titre*) **votre H~** Your Honour.

(g) (*loc*) **~ aux vainqueurs!** honour to the conquerors!; **~ aux dames** ladies first; **à vous l'~** after you; **être à l'~** to have the place of honour; **être en ~** [*coutume etc*] to be the done thing; [*style, mode*] to be in favour; **remettre en ~** to reintroduce; **en l'~ de nos hôtes** in honour of our guests; **en l'~ de cet événement** in honour of this event; **à qui ai-je l'~?** to whom do I have the honour of speaking?; **que me vaut l'~ de votre visite?** to what do I owe the honour of your visit?; (*iro*) **en quel ~ toutes ces fleurs?*** what are all those flowers in aid of?*; (*iro*) **peux-tu me dire en quel ~ tu entres sans frapper?** just who do you think you are coming in like that without knocking?; **faire ~ à ses engagements/sa signature** to honour one's commitments/signature; **faire ~ à un repas** to do justice to a meal; **il a fini la partie pour l'~** he gallantly finished the game (for its own sake); **faire un bras d'~ à qn** ≃ to give sb the V sign (*Brit*), flip sb the bird* (*US*); *V* **à, rendre**.

honnir [ɔnir] (2) *vt* (*frm*) to hold in contempt. **honni soit qui mal y pense** evil to him who evil thinks.

honorabilité [ɔnɔrabilite] *nf* [*personne, sentiments*] worthiness. **soucieux d'~** anxious to be thought honourable.

honorable [ɔnɔrabl(ə)] *adj* (*lit: estimable*) *personne, buts* honourable, worthy; *sentiments* creditable, worthy; (*: *suffisant*) *salaire, résultats* decent. (*frm, hum*) **l'~ compagnie** this worthy company (*frm, hum*); (*frm, iro*) **mon ~ collègue** my honourable *ou* esteemed colleague (*frm, iro*); *V* **amende**.

honorablement [ɔnɔrabləmɑ̃] *adv* (*V* **honorable**) honourably; worthily; creditably; decently. **~ connu dans le quartier** known and respected in the district.

honoraire [ɔnɔrɛr] **1** *adj membre, président* honorary. **professeur ~** professor emeritus. **2** *nmpl:* **~s** fee, fees, honorarium; *V* **note**.

honorer [ɔnɔre] (1) **1** *vt* **(a)** (*glorifier*) *savant, Dieu* to honour. **~ la mémoire de qn** to honour the memory of sb.

(b) (*littér: estimer*) to hold in high regard *ou* esteem. **il l'honore à l'égal de** ... I have the same regard *ou* esteem for him as I do for ...; **mon honoré collègue** my esteemed *ou* respected colleague.

(c) (*gratifier*) **~ qn de qch** to honour sb with sth; **il m'honorait de son amitié/de sa présence** he honoured me with his friendship/his presence; (*iro*) **il ne m'a pas honoré d'un regard** he did not honour me with so much as a glance (*iro*), he did not (even) deign to look at me; **je suis très honoré** I am highly *ou* greatly honoured.

(d) (*faire honneur à*) to do credit to, be a credit to. **cette franchise l'honore** this frankness does him credit; **il honore sa profession/son pays** he's a credit *ou* an honour to his profession/country.

(e) *chèque, signature, promesse* to honour; *médecin, notaire* to settle one's account with. **votre honorée du** ... yours of the ... .

2 s'honorer *vpr:* **s'~ de** to pride o.s. upon; **pays qui s'honore de ses artistes** country which prides itself upon its artists.

honorifique [ɔnɔrifik] *adj fonction* honorary (*Brit*), ceremonial (*US*). **à titre ~** honorary; **fonction accordée à titre ~** honorary post; **il a été nommé à titre ~** his appointment was an honorary one, he was appointed on an honorary basis.

honoris causa [ɔnɔriskoza] *adj :* **il a été nommé docteur ~** he has been awarded an honorary doctorate; **il est docteur ~ de l'université de X** he is an honorary doctor of the University of X.

honte [ɔ̃t] *nf* **(a)** (*déshonneur, humiliation*) disgrace, shame. **couvrir qn de ~** to bring disgrace *ou* shame on sb, disgrace sb; **quelle**

~ *ou* **c'est une ~ pour la famille!** what a disgrace to the family!, he brings shame upon the family!; **faire la ~** *ou* **être la ~ de la famille/profession** to be the disgrace of one's family/profession; (*littér*) **~ à celui qui** ... shame upon him who ... (*littér*); **il n'y a aucune ~ à être** ... there's no shame *ou* disgrace in being ...; **c'est une ~!** that's a disgrace! *ou* a disgrace!

(b) (*sentiment de confusion, gêne*) shame. **à ma (grande) ~** to my (great) shame; **sans ~** shamelessly; **sans fausse ~** quite openly; **avoir ~** (**de qch/de faire**) to be *ou* feel ashamed (of sth/of doing); **faire ~ à qn** to make sb (feel) ashamed; **elle n'a aucune ~†** she is utterly shameless, she has no shame; **toute ~ bue** dead to *ou* lost to shame; **faire ~ à qn de sa lenteur** to make sb (feel) ashamed of his slowness; **il leur fait ~ par sa rapidité** he puts them to shame with his speed; *V* **court**[1].

honteusement [ɔ̃tøzmɑ̃] *adv* (*V* **honteux**) shamefully; ashamedly; disgracefully.

honteux, -euse [ɔ̃tø, øz] *adj* **(a)** (*déshonorant*) shameful; (*confus*) ashamed (*de* of). **c'est ~!** it's a disgrace!, it's disgraceful! *ou* shameful!; *V* **maladie, partie**[2]. **(b)** (*cachant ses opinions*) bourgeois/communiste **~** apologetic bourgeois/communist.

hop [ɔp, hɔp] *excl:* **~ (là)!** (*pour faire sauter*) hup!; (*pour faire partir*) off you go!

hôpital, pl -aux [ɔpital, o] *nm* hospital. **c'est l'~ qui se moque de la charité!** ≃ it's the pot calling the kettle black.

hoquet [ɔkɛ] *nm* hiccough. **avoir le ~** to have (the) hiccoughs; **il a eu un ~ de dégoût/peur** he gulped with distaste/fear.

hoqueter [ɔkte] (4) *vi* to hiccough.

Horace [ɔras] *nm* Horatio; (*le poète*) Horace.

horaire [ɔrɛr] **1** *adj* **(a)** *salaire, moyenne* hourly. **débit/vitesse ~** rate/speed per hour. **(b)** (*Astron*) horary; *V* **fuseau**. **2** *nm* timetable, schedule. **pratiquer l'~ variable** *ou* **mobile** *ou* **à la carte** to work flexitime *ou* on sliding time (*US*), have flexible working hours. **3** *nmf* employee paid by the hour.

horde [ɔrd(ə)] *nf* horde.

horion [ɔrjɔ̃] *nm* (†*hum, gén pl*) blow, punch. **échanger des ~s avec la police** to exchange blows with the police.

horizon [ɔrizɔ̃] *nm* **(a)** (*limite, ligne, Art*) horizon. **la ligne d'~** (*gén, Art*) the horizon; **un bateau sur l'~** a boat on the horizon *ou* skyline; **on voyait à l'~** ... one could see on the horizon ...; **s'enfoncer/disparaître à l'~** to sink/disappear below the horizon.

(b) (*Astron*) horizon.

(c) (*paysage*) landscape, view. **un des plus beaux ~s qui soit** one of the most beautiful landscapes *ou* views; **on découvre un vaste ~/un ~ de collines** you come upon a vast panorama/a hilly landscape; **changer d'~** to have a change of scenery *ou* scene; **ce fond de vallon humide était tout son ~** the bottom of this damp valley was all he ever saw; **voyager vers de nouveaux ~s** to make for new horizons; (*fig*) **venir d'~s divers** to hail from different backgrounds.

(d) (*fig: perspective*) horizon. **ça lui a ouvert de nouveaux ~s** it opened (out) new horizons for him; **l'~ politique/international** the political/international scene; **faire des prévisions pour l'~ 90** to make forecasts for the 90s; **à l'~ 2000** by the year 2000, looking forward to the year 2000; *V* **tour**[2].

horizontal, e, mpl -aux [ɔrizɔ̃tal, o] **1** *adj* horizontal. **2** **horizontale** *nf* **(a)** (*gén, Géom*) horizontal. **placer qch à l'~e** to put sth horizontal *ou* in a horizontal position. **(b)** (*hum: prostituée*) prostitute.

horizontalement [ɔrizɔ̃talmɑ̃] *adv* horizontally.

horizontalité [ɔrizɔ̃talite] *nf* horizontality, horizontalness.

horloge [ɔrlɔʒ] *nf* (*gén, Ordin*) clock. **il a la régularité d'une ~, il est réglé comme une ~** he's as regular as clockwork; **il est 2 heures à l'~ de la chambre** it's 2 o'clock by *ou* according to the bedroom clock; **l'~ parlante** the speaking clock (*Brit*), Time (*US*); **~ normande** grandfather clock; **~ physiologique** biological clock; *V* **heure**.

horloger, -ère [ɔrlɔʒe, ɛr] **1** *adj* industrie watch-making (*épith*), clock-making (*épith*). **2** *nm, f* watchmaker; (*horloges en particulier*) clockmaker. **~ bijoutier** jeweller (specializing in clocks and watches).

horlogerie [ɔrlɔʒri] *nf* (*fabrication*) watch-making; (*horloges en particulier*) clock-making; (*objets*) time-pieces; (*magasin*) watchmaker's (shop); clockmaker's (shop). **~ bijouterie** jeweller's shop (specializing in clocks and watches); **pièces d'~** clock components; *V* **mouvement**.

hormis [ɔrmi] *prép* (*frm*) but, save.

hormonal, e, mpl -aux [ɔrmɔnal, o] *adj* hormonal, hormone (*épith*).

hormone [ɔrmɔn] *nf* hormone. **~ de croissance/sexuelle** growth/sex hormone.

horodateur [ɔrɔdatœr] *nm* [*parking etc*] ticket machine.

horoscope [ɔrɔskɔp] *nm* horoscope. **tirer l'~ à qn** to cast sb's horoscope.

horreur [ɔrœr] *nf* **(a)** (*effroi, répulsion*) horror. **il était devenu pour elle un objet d'~** he had become a source of horror to her; **frappé** *ou* **saisi d'~** horror-stricken, horror-struck; **une vision d'~** a horrific *ou* horrendous *ou* horrifying sight; **l'~ d'agir/du risque qui le caractérise** the horror of acting/taking risks which is typical of him; **son ~ de la lâcheté** his horror *ou* loathing of cowardice.

(b) (*laideur*) [*crime, guerre*] horror. **l'esclavage dans toute son ~** slavery in all its horror.

(c) (*chose horrible, dégoûtante*) **les ~s de la guerre** the horrors of war; **ce film/travail est une ~*** this film/piece of work is terrible *ou* awful *ou* dreadful; **ce chapeau est une ~*** this hat is a fright *ou* is hideous *ou* ghastly*; **c'est une ~*** [*femme*] she's a fright, she's hideous *ou* ghastly*; [*tableau etc*] it's hideous *ou* ghastly*; [*enfant*] c'est une petite ~! he (*ou* she) is a little horror!; quelle ~! how dreadful! *ou* awful!; *V* musée.

(d) (*: *actes ou propos dégoûtants*) ~s dreadful *ou* terrible things; débiter des ~s sur qn to say dreadful *ou* terrible things about sb.

(e) (*loc*) cet individu me fait ~ that individual disgusts me; le mensonge me fait ~ I loathe *ou* detest lying, I have a horror of lying; la viande me fait ~ I can't stand *ou* bear meat, I loathe *ou* detest meat; avoir qch/qn en ~ to loathe *ou* detest sth/sb; j'ai ce genre de livre en ~ I loathe *ou* detest this type of book, I have a horror of this type of book; prendre qch/qn en ~ to come to loathe *ou* detest sth/sb; avoir ~ de qch/de faire qch to loathe *ou* detest sth/doing sth.

horrible [ɔribl(ə)] *adj* (*effrayant*) crime, accident, blessure horrible; (*extrême*) chaleur, peur terrible, dreadful; (*très laid*) chapeau, tableau horrible, hideous, ghastly*; (*très mauvais*) temps terrible, ghastly*, dreadful; *travail* terrible, dreadful.

horriblement [ɔribləmɑ̃] *adv* (*de façon effrayante*) horribly; (*extrêmement*) horribly, terribly, dreadfully.

horrifier [ɔrifje] (7) *vt* to horrify. elle était horrifiée par la dépense she was horrified at the expense.

horripiler [ɔripile] (1) *vt*: ~ qn to try sb's patience, exasperate sb.

hors [ɔr] **1** *prép* (a) (*excepté*) except (for), apart from, save (*littér*), but (*seulement avec no one, nothing etc*). (*littér*) ~ que save that (*littér*).

(b) (*dans loc*) mettre qn ~ la loi to outlaw sb; jeter *ou* mettre qn ~ de ses gonds to make sb wild with rage; St Paul ~ les murs St Paul's without *ou* outside the walls; théâtre ~ les murs suburban theatre; être présenté ~-concours to be shown outside the competition (*because of outstanding merit*); être mis ~-concours to be declared ineligible to compete, be disqualified; (*fig*) il est ~-concours he's in a class of his own.

(c) (*espace, temps*) ~ de (*position*) outside, out of, away from; (*changement de lieu*) out of; vivre ~ de la ville to live out of town *ou* outside the town; vivre ~ de son pays to live away from *ou* outside one's own country; le choc l'a projeté ~ de la pièce/de la voiture the impact threw him out of the room/car; il est plus agréable d'habiter ~ du centre it is pleasanter to live away from *ou* outside the centre; ~ de chez lui/son milieu, il est malheureux comme un poisson ~ de l'eau he's like a fish out of water when he's away from (his) home/his familiar surroundings; vivre ~ de son temps/la réalité to live in a different age/in a dream world; ~ de saison (*lit*) out of season; (*fig, †: inopportun*) untimely, out of place; ~ d'ici! get out of here!; (*Prov*) ~ de l'Église, point de salut without the Church there is no salvation.

(d) (*fig*) (*Brit*) ~ d'affaire he is out of the wood (*Brit*) *ou* woods (*US*), he's over the worst; ~ d'atteinte (*lit*) out of reach; (*fig*) beyond reach; ~ d'atteinte de *projectiles* out of range *ou* reach of; mettre ~ de combat to put out of the fight *ou* contest (*Sport*); être ~ de danger to be out of danger, be safe; il est ~ de doute qu'il a raison he is undoubtedly right, it is beyond doubt that he is right; mettre qn ~ d'état de nuire to render sb harmless; ~ d'haleine out of breath; ~ de mesure *ou* proportion out of proportion (*avec with*); ~ de portée (*lit*) out of reach; (*fig*) beyond reach; cette table est ~ de prix the price of this table is exorbitant *ou* outrageous; ~ de propos untimely, inopportune; c'est ~ de question it is out of the question; être ~ de soi to be beside o.s. (with anger); cette remarque l'a mise ~ d'elle she was beside herself at this remark, this remark infuriated her; ~ d'usage out of service *ou* action; mettre ~ d'usage to put out of action.

2: hors-bord *nm inv* speedboat (*with outboard motor*); (*Mil*) hors cadre *adj inv* detached, seconded; hors commerce *adj inv* for restricted sale only (*attrib*); hors classe *adj inv* exceptional; (*Bourse*) hors-cote *adj inv* unlisted, not quoted on the Stock Exchange; hors-d'œuvre *nm inv* (*lit*) hors d'œuvre, starter*; (*Sport*) hors jeu *adj inv* joueur offside; *ballon* out of play; hors-jeu *nm inv* offside; hors-la-loi *nm inv* outlaw; hors ligne, hors pair *adj inv* outstanding, unparalleled, matchless; (*Ski*) hors-piste *adj, adv* off-piste; hors série *adj inv* talent, don incomparable, outstanding; une table/machine hors série a table/machine made to order, a custom-built table/machine; hors-taxe *adj inv, adv* duty-free; hors-texte *nm inv* plate; longueur/largeur hors-tout overall length/width.

hortensia [ɔrtɑ̃sja] *nm* hydrangea.

horticole [ɔrtikɔl] *adj* horticultural.

horticulteur, -trice [ɔrtikyltœr, tris] *nm,f* horticulturist.

horticulture [ɔrtikyltyr] *nf* horticulture.

hosanna [ozan(n)a] *nm* hosanna.

hospice [ɔspis] *nm* (a) (*hôpital*) home. ~ de vieillards old people's home; (*péj*) mourir à l'~ to die in the poorhouse. (b) [*monastère*] hospice.

hospitalier, -ière [ɔspitalje, jɛr] **1** *adj* (a) *services, personnel* hospital (*épith*). établissement ~ hospital. (b) (*accueillant*) hospitable. **2** *nm,f* (a) (*religieux*) (frère) ~, (sœur) ~ière hospitaller. (b) (*infirmier*) nurse.

hospitalisation [ɔspitalizasjɔ̃] *nf* hospitalization. ~ à domicile home (medical) care.

hospitaliser [ɔspitalize] (1) *vt* to hospitalize, send to hospital. malade hospitalisé in-patient.

hospitalisme [ɔspitalism(ə)] *nm* institutionalization.

hospitalité [ɔspitalite] *nf* hospitality. donner l'~ à qn to give *ou* offer sb hospitality.

hospitalo-universitaire [ɔspitaloynivɛrsitɛr] *adj*: centre ~ teaching hospital.

hostelleri† [ɔstɛlri] *nf* hostelry†.

hostie [ɔsti] *nf* (*Rel*) host; (††: *victime*) sacrificial victim.

hostile [ɔstil] *adj* foule, forces, accueil hostile (*à* to, towards). ~ à *projet etc* opposed *ou* hostile to.

hostilement [ɔstilmɑ̃] *adv* hostilely.

hostilité [ɔstilite] *nf* hostility. (*Mil*) les ~s hostilities.

hosto* [ɔsto] *nm* hospital.

hôte [ot] **1** *nm* (*maître de maison*) host; (†: *aubergiste*) landlord, host. (†, *littér: animal*) ~ d'un bois/d'un marais inhabitant of a wood/marsh; *V* table. **2** *nmf* (*invité*) guest; (*client*) patron; (*locataire*) occupant. ~ payant paying guest.

hôtel [otɛl] **1** *nm* hotel. vivre/coucher à l'~ to live/sleep in a hotel; aller à l'~ to put up at a hotel; *V* maître, rat.

2: hôtel-Dieu *nm, pl* hôtels-Dieu general hospital; hôtel des impots tax office; hôtel-meublé *nm, pl* hôtels-meublés lodging house, residential hotel; l'hôtel de la Monnaie ≃ the Mint (*Brit*); hôtel (particulier) (private) mansion; hôtel de passe hotel used by prostitutes; hôtel-restaurant *nm, pl* hôtels-restaurant hotel (with public restaurant); hôtel des ventes saleroom; hôtel de ville town hall.

hôtelier, -ière [otəlje, jɛr] **1** *adj* industrie, profession hotel (*épith*); *V* école. **2** *nm,f* hotelier, hotel-keeper.

hôtellerie [otɛlri] *nf* (*auberge*) inn, hostelry†; (*profession*) hotel business.

hôtesse [otɛs] *nf* (*maîtresse de maison*) hostess; (†: *aubergiste*) landlady. ~ (de l'air) air hostess (*Brit*), stewardess, flight attendant; ~ (d'accueil) [*hotel, bureau*] receptionist; [*exposition, colloque*] hostess.

hotte [ɔt] *nf* (*panier*) basket (*carried on the back*); [*cheminée*] hood. [*cuisine*] ~ aspirante cooker (*Brit*) *ou* range (*US*) hood; la ~ du Père Noël Father Christmas's sack.

hottentot, e [ɔtɑ̃to, ɔt] **1** *adj* Hottentot. **2** *nm, f:* H~(e) Hottentot.

hou [u, hu] *excl* [*peur*] boo!; [*honte*] tut-tut!

houblon [ublɔ̃] *nm* (*plante*) hop; (*comme ingrédient de la bière*) hops.

houblonnière [ublɔnjɛr] *nf* hopfield.

houe [u] *nf* hoe.

houille [uj] *nf* coal. ~ blanche hydroelectric power; ~ verte marine power, wave energy; ~ grasse/maigre bituminous/lean coal.

houiller, -ère [uje, ɛr] **1** *adj* bassin, industrie coal (*épith*); terrain coal-bearing. **2** houillère *nf* coalmine.

houle [ul] *nf* swell. une forte ~ a heavy swell.

houlette [ulɛt] *nf* [*pâtre, évêque*] crook; [*jardinier*] trowel, spud. sous la ~ de under the leadership of.

houleux, -euse [ulø, øz] *adj* mer stormy; séance stormy, turbulent; salle, foule tumultuous, turbulent.

houmous [umus] *nm* houmus.

houp [up, hup] *excl* = hop.

houppe [up] *nf* [*plumes, cheveux*] tuft; [*fils*] tassel. ~ à poudrer powder puff.

houppelande [uplɑ̃d] *nf* (loose-fitting) greatcoat.

houppette [upɛt] *nf* powder puff.

hourra [ura, hura] *excl* hurrah! pousser des ~s to cheer, shout hurrah; hip, hip, hip ~! hip hip hurrah!

houspiller [uspije] (1) *vt* (*réprimander*) to scold, tell off, tick off* (*Brit*); (†: *malmener*) to hustle.

housse [us] *nf* (*gén*) cover; [*meubles*] (*pour protéger temporairement*) dust cover; (*pour recouvrir à neuf*) loose cover; (*en tissu élastique*) stretch cover. [*habits*] ~ (penderie) hanging wardrobe.

houx [u] *nm* holly.

hovercraft [ɔvœrkraft] *nm* hovercraft.

hoverport [ɔvœrpɔr] *nm* hoverport.

h.t. *abrév de* hors taxe; *V* hors.

huard* [yar] *nm* (*Can: oiseau*) diver (*Brit*), loon (*US*).

hublot [yblo] *nm* [*bateau*] porthole; [*avion, machine à laver*] window.

huche [yʃ] *nf* (*coffre*) chest; (*pétrin*) dough trough. ~ à pain bread bin.

hue [y, hy] *excl* gee up! (*fig*) ils tirent tous à ~ et à dia they are all pulling in the opposite direction.

huées [ɥe] *nfpl* boos, hoots. sous les ~ de la foule to the boos of the crowd.

huer [ɥe] (1) **1** *vt* to boo. **2** *vi* [*chouette*] to hoot.

hugolien, -ienne [ygɔljɛ̃, jɛn] *adj* of Victor Hugo.

huguenot, e [ygno, ɔt] *adj, nm,f* Huguenot.

Hugues [yg] *nm* Hugh.

huilage [ɥilaʒ] *nm* oiling, lubrication.

huile [ɥil] *nf* (a) (*liquide*) oil. (*Culin*) fait à l'~ cooked in oil; ~ vierge unrefined olive oil; ~ de ricin castor oil; ~ de table/de graissage/solaire salad/lubricating/sun(tan) oil; ~ d'arachide groundnut (*Brit*) *ou* peanut (*US*) oil; ~ de maïs/d'olive/de tournesol corn/olive/sunflower oil; ~ de foie de morue cod-liver oil; ~ de lin linseed oil; ~ de paraffine paraffin oil; ~ de vaseline vaseline (jelly); ~ de coude* elbow grease; ~ pour friture cooking *ou* frying oil; (*fig*) jeter *ou* verser de l'~ sur le feu to add fuel to the flames; (*fig*) une mer d'~ a glassy sea; *V* lampe, saint, tache.

(b) (*: *notabilité*) bigwig*, big noise*, big shot*; (*Mil*) brass hat* (*Brit*), brass*. les ~s the top brass*, the big shots*.

(c) (*Peinture*) (*tableau*) oil painting; (*technique*) oil painting, oils. fait à l'~ done in oils; *V* peinture.

huiler [ɥile] (1) *vt machine* to oil, lubricate. papier huilé oil-paper; salade trop huilée oily salad.

huilerie [ɥilri] *nf* (*usine*) oil-works; (*commerce*) oil-trade; (*moulin*) oil-mill.

huileux, -euse [ɥilø, øz] *adj* liquide, matière oily; aspect, surface oily, greasy.

huilier [ɥilje] *nm* (oil and vinegar) cruet, oil and vinegar bottle.

huis [ɥi] *nm* (††) door. (*Jur*) à ~ clos in camera; (*Jur*) ordonner le

~ clos to order proceedings to be held in camera; (*fig*) **les négociations se poursuivent à ~ clos** the talks are continuing behind closed doors.
huisserie [ɥisʀi] *nf [porte]* doorframe; *[fenêtre]* window frame.
huissier [ɥisje] *nm* **(a)** *(appariteur)* usher. **(b)** ~ **(de justice)** ≃ bailiff.
huit ['ɥi(t)] **1** *adj inv* eight; *pour loc V* **six.**
 2 *nm inv (chiffre, nombre, Cartes)* eight; *(figure)* figure of eight. **lundi/samedi ~** a week on *(Brit)* ou from *(US)* Monday/Saturday, Monday/Saturday week* *(Brit).*
 3: **huit jours** *nmpl (une semaine)* a week; **dans huit jours** in a week; **donner ses huit jours à un domestique** to give a servant a week's notice; **huit reflets** *nm* top hat.
huitain ['ɥitɛ̃] *nm* octet, octave.
huitaine ['ɥitɛn] *nf* eight or so, about eight. **dans une ~ (de jours)** in a week or so; *(Jur)* **son cas a été remis à ~** the hearing is postponed for one week.
huitante ['ɥitɑ̃t] *adj inv (Suisse)* eighty.
huitième ['ɥitjɛm] **1** *adj, nmf* eighth. **la ~ merveille du monde** the eighth wonder of the world; *pour autres loc V* **sixième. 2** *nf (Scol)* class 8 *(penultimate class of primary school) (Brit)*, fifth grade *(US)*. **3** *nmpl (Sport)* **~s de finale** second round in a five-round knock-out competition.
huitièmement ['ɥitjɛmmɑ̃] *adv* eighthly.
huître [ɥitʀ(ə)] *nf* oyster.
huîtrier, -ière [ɥitʀije, jɛʀ] **1** *nm (oiseau)* oyster catcher. **2** *adj* **industrie** oyster *(épith).*
hulotte ['ylɔt] *nf* tawny owl.
hululement [ylylmɑ̃] *nm* hooting, screeching.
hululer [ylyle] (1) *vi* to hoot, screech.
hum ['œm, hœm] *excl* hem!, h'm!
humain, e [ymɛ̃, ɛn] **1** *adj (gén)* human; *(compatissant, compréhensif)* humane. **justice/espèce/condition ~e** human justice/race/condition; **il n'avait plus figure ~e** he was disfigured beyond recognition; **se montrer ~** to show humanity, act humanely *(envers* towards); **il s'est sauvé, c'est ~** he ran away — it's only human; *V* **être, géographie, nature, respect, science, voix** *etc.*
 2 *nm* **(a)** *(Philos)* **l'~** the human element.
 (b) *(être humain)* human (being). **les ~s** humans, human beings.
humainement [ymɛnmɑ̃] *adv (avec bonté)* humanely; *(par l'homme)* humanly. **ce n'est pas ~ possible** it is not humanly possible; **~, on ne peut pas le renvoyer** we can't in all humanity dismiss him.
humanisation [ymanizasjɔ̃] *nf* humanization.
humaniser [ymanize] (1) *vt doctrine* to humanize; *conditions* to make more humane, humanize. **misanthrope qui s'humanise** misanthropist who is becoming more human.
humanisme [ymanism(ə)] *nm* humanism.
humaniste [ymanist(ə)] **1** *adj* humanist, humanistic. **2** *nmf* humanist.
humanitaire [ymanitɛʀ] *adj* humanitarian.
humanitarisme [ymanitaʀism(ə)] *nm (péj)* unrealistic humanitarianism.
humanitariste [ymanitaʀist(ə)] **1** *adj (péj)* unrealistically humanitarian. **2** *nmf* unrealistic humanitarian.
humanité [ymanite] *nf* **(a)** *(le genre humain)* **l'~** humanity, mankind. **(b)** *(bonté)* humaneness, humanity. **geste d'~** humane gesture. **(c)** *(Philos, Rel)* humanity. **(d)** *(Scol)* **les ~s** the classics, the humanities.
humanoïde [ymanɔid] *nm* humanoid.
humble [œbl(ə)] *adj (modeste, pauvre)* humble; *(obscur)* humble, lowly. **d'~ naissance** of humble ou lowly birth ou origins; **à mon ~ avis** in my humble opinion.
humblement [œblǝmɑ̃] *adv* humbly.
humectage [ymɛktaʒ] *nm (V* **humecter***)* dampening; moistening.
humecter [ymɛkte] (1) *vt linge, herbe* to moisten; *front* to moisten, dampen. **s'~ le gosier*** to wet one's whistle*; **s'~ les lèvres** to moisten one's lips; **ses yeux s'humectèrent** his eyes filled with tears, tears welled in his eyes.
humer ['yme] (1) *vt plat* to smell; *air* to inhale, breathe in.
humérus [ymeʀys] *nm* humerus.
humeur [ymœʀ] *nf* **(a)** *(disposition momentanée)* mood, humour. **être de bonne ~** to be in a good mood ou humour, be in good spirits; **être de mauvaise ~** to be in a bad mood, be out of humour; **se sentir d'~ à travailler** to feel in the mood ou humour for working ou for work ou in the mood to work; **cela l'a mis de bonne ~** that put him in a good mood ou humour ou in good spirits; **il est d'~ massacrante, il est d'une ~ de dogue ou de chien** he's in a rotten* ou foul temper ou mood; **~ noire** black mood; **roman/film plein de bonne ~** good-humoured novel/film, novel/film full of good humour; *V* **saute.**
 (b) *(tempérament)* temper, temperament. **être d'~ ou avoir l'~ batailleuse** to be fiery-tempered; **être d'~ ou avoir l'~ maussade** to be sullen, be a sullen type; **il est d'~ inégale/égale** he is moody/even-tempered; **il y a incompatibilité d'~ entre eux** they are temperamentally unsuited ou incompatible; **un enfant plein de bonne ~** a sunny-natured child, a child with a cheerful ou sunny nature.
 (c) *(irritation)* bad temper, ill humour. **passer son ~ sur qn** to take out ou vent one's bad temper ou ill humour on sb; **accès ou mouvement d'~** fit of (bad) temper ou ill humour; **geste d'~** bad-tempered gesture; **agir par ~** to act in a fit of (bad) temper ou ill humour; **dire qch avec ~** to say sth ill-humouredly ou testily *(littér); (littér)* **cela lui donne de l'~** that makes him ill-humoured ou bad-tempered.
 (d) *(Méd)* secretion. **~ aqueuse/vitreuse** ou **vitrée de l'œil** aqueous/vitreous humour of the eye; **les ~s††** the humours††.

humide [ymid] *adj mains, front* moist, damp; *torchon, habits, mur, poudre, herbe* damp; *local, climat, région, chaleur* humid; *(plutôt froid)* damp; *tunnel, cave* dank, damp; *saison, route* wet. **yeux ~s d'émotion** eyes moist with emotion; **elle lui lança un regard ~** she looked at him with moist eyes; **temps lourd et ~** muggy weather; **mains ~s et collantes** clammy hands.
humidificateur [ymidifikatœʀ] *nm* humidifier.
humidification [ymidifikasjɔ̃] *nf* humidification.
humidifier [ymidifje] (7) *vt* to humidify.
humidité [ymidite] *nf [air, climat]* humidity; *(plutôt froide)* dampness; *[sol, mur]* dampness; *[tunnel, cave]* dankness, dampness. **~ (atmosphérique)** humidity (of the atmosphere); **air saturé d'~** air saturated with moisture; **dégâts causés par l'~** damage caused by (the) damp; **traces d'~ sur le mur** traces of moisture ou of damp on the wall; **taches d'~** damp patches, patches of damp; *(sur emballage)* **'craint l'~', 'à protéger de l'~'** 'to be kept dry', 'keep in a dry place'.
humiliant, e [ymiljɑ̃, ɑ̃t] *adj* humiliating.
humiliation [ymiljasjɔ̃] *nf (gén)* humiliation; *(Rel)* humbling *(U).*
humilier [ymilje] (7) *vt (rabaisser)* to humiliate; (††, *Rel: rendre humble)* to humble. **s'~ devant** to humble o.s. before.
humilité [ymilite] *nf (modestie)* humility, humbleness. **ton d'~** humble tone.
humoral, e, *mpl* **-aux** [ymɔʀal, o] *adj* humoral.
humoriste [ymɔʀist(ə)] *nmf* humorist.
humoristique [ymɔʀistik] *adj* humorous; *V* **dessin.**
humour [ymuʀ] *nm* humour. **~ noir** sick ou morbid humour; **manquer d'~** to have no sense of humour; **avoir beaucoup d'~** to have a good ou great sense of humour; **faire de l'~** to make jokes.
humus [ymys] *nm* humus.
Hun ['œ] *nm (Hist)* Hun.
hune ['yn] *nf* top. **mât de ~** topmast; **grande ~** maintop.
hunier ['ynje] *nm* topsail.
huppe ['yp] *nf (oiseau)* hoopoe; *(crête)* crest.
huppé, e ['ype] *adj (Orn)* crested; (*: riche)* posh* *(Brit)*, classy*.
hure ['yʀ] *nf (tête)* head. **~ de sanglier** boar's head; *(Charcuterie)* **une tranche de ~** a slice of pork brawn.
hurlant, e [yʀlɑ̃, ɑ̃t] *adj foule* howling; *couleurs* clashing. **une confession ~e de vérité** a confession which has the ring of truth in every line.
hurlement ['yʀləmɑ̃] *nm (V* **hurler***)* roaring *(U)*, roar; yelling *(U)*, yell; howling *(U)*, howl; bellowing *(U)*, bellow; squealing *(U)*, squeal; wailing *(U)*, wail.
hurler ['yʀle] (1) **1** *vi* **(a)** *[personne]* to shriek, roar, yell (out), scream, bawl; *[foule]* to roar, yell *(de* with, in). **~ de colère** to roar ou bellow with anger; **~ comme une bête qu'on égorge** to howl like a wounded animal.
 (b) *[chien]* to howl; *[vent]* to howl, roar; *[freins]* to squeal; *[sirène]* to wail; *[radio]* to blare. **faire ~ sa télé** to have one's TV going full blast*; **chien qui hurle à la lune** ou **à la mort** dog baying at the moon; **~ avec les loups** to follow the pack ou crowd *(fig).*
 (c) *(jurer) [couleurs]* to clash. **ce tableau bleu sur le mur vert, ça hurle!** that blue picture really clashes with the green wall.
 2 *vt* to yell, roar, bellow.
hurluberlu [yʀlybɛʀly] *nm* crank.
huron, -onne [yʀɔ̃, ɔn] *adj, nm, f* Huron. **le lac H~** Lake Huron.
hurrah ['uʀa, huʀa] *excl* = **hourra.**
hussard ['ysaʀ] *nm* hussar.
hussarde [ysaʀd] *nf*: **à la ~** roughly.
hutte ['yt] *nf* hut.
hyacinthe [jasɛ̃t] *nf (pierre)* hyacinth, jacinth; (†: *fleur)* hyacinth.
hybridation [ibʀidasjɔ̃] *nf* hybridization.
hybride [ibʀid] *adj, nm* hybrid.
hybrider [ibʀide] (1) *vt* to hybridize.
hybridisme [ibʀidism(ə)] *nm,* **hybridité** [ibʀidite] *nf* hybridism, hybridity.
hydracide [idʀasid] *nm* hydracid.
hydratant, e [idʀatɑ̃, ɑ̃t] **1** *adj* moisturizing. **2** *nm* moisturizer.
hydratation [idʀatasjɔ̃] *nf (Chim, Méd)* hydration; *[peau]* moisturizing.
hydrate [idʀat] *nm* hydrate. **~ de carbone** carbohydrate.
hydrater [idʀate] (1) **1** *vt (gén)* to hydrate; *peau* to moisturize. **2 s'hydrater** *vpr* to become hydrated.
hydraulique [idʀolik] **1** *adj* hydraulic. **2** *nf* hydraulics *(sg).*
hydravion [idʀavjɔ̃] *nm* seaplane, hydroplane.
hydre [idʀ(ə)] *nf* hydra.
hydrocarbure [idʀɔkaʀbyʀ] *nm* hydrocarbon.
hydrocéphale [idʀɔsefal] **1** *adj* hydrocephalic, hydrocephalous. **2** *nmf* person suffering from hydrocephalus.
hydrocéphalie [idʀɔsefali] *nf* hydrocephalus.
hydrocortisone [idʀɔkɔʀtizon] *nf* hydrocortisone.
hydrocution [idʀɔkysjɔ̃] *nf (Méd)* immersion syncope.
hydrodynamique [idʀɔdinamik] **1** *adj* hydrodynamic. **2** *nf* hydrodynamics *(sg).*
hydroélectricité [idʀɔelɛktʀisite] *nf* hydroelectricity.
hydro-électrique [idʀɔelɛktʀik] *adj* hydroelectric.
hydrofoil [idʀɔfɔjl] *nm* hydrofoil *(boat).*
hydrofuge [idʀɔfyʒ] *adj peinture* damp-proofing, anti-damp.
hydrogénation [idʀɔʒenasjɔ̃] *nf* hydrogenation.
hydrogène [idʀɔʒɛn] *nm* hydrogen. **~ lourd** heavy hydrogen.
hydrogéner [idʀɔʒene] (6) *vt* to hydrogenate, hydrogenize.
hydroglisseur [idʀɔglisœʀ] *nm* hydroplane, jet-foil.
hydrographe [idʀɔgʀaf] *nm* hydrographer.
hydrographie [idʀɔgʀafi] *nf* hydrography.
hydrographique [idʀɔgʀafik] *adj* hydrographic(al).
hydrologie [idʀɔlɔʒi] *nf* hydrology.
hydrologique [idʀɔlɔʒik] *adj* hydrologic(al).

hydrologiste [idʀɔlɔʒist(ə)] *nmf,* **hydrologue** [idʀɔlɔg] *nmf* hydrologist.
hydrolyse [idʀɔliz] *nf* hydrolysis.
hydrolyser [idʀɔlize] (1) *vt* to hydrolyse.
hydromel [idʀɔmɛl] *nm* mead.
hydromètre [idʀɔmɛtʀ(ə)] *nm (Tech)* hydrometer.
hydrométrie [idʀɔmetʀi] *nf* hydrometry.
hydrométrique [idʀɔmetʀik] *adj* hydrometric(al).
hydrophile [idʀɔfil] *adj lentilles cornéennes* hydrophilic; *V* coton.
hydrophobe [idʀɔfɔb] *adj, nmf* hydrophobic.
hydrophobie [idʀɔfɔbi] *nf* hydrophobia.
hydropique [idʀɔpik] **1** *adj* dropsical, hydropic(al). **2** *nmf* person suffering from dropsy.
hydropisie [idʀɔpizi] *nf* dropsy.
hydroptère [idʀɔptɛʀ] *nm* hydrofoil.
hydrosphère [idʀɔsfɛʀ] *nf* hydrosphere.
hydrostatique [idʀɔstatik] **1** *adj* hydrostatic. **2** *nf* hydrostatics (*sg*).
hydrothérapie [idʀɔteʀapi] *nf (traitement)* hydrotherapy; *(science)* hydrotherapeutics (*sg*).
hydrothérapique [idʀɔteʀapik] *adj (V* hydrothérapie) hydrotherapic; hydrotherapeutic.
hydroxyde [idʀɔksid] *nm* hydroxide.
hyène [jɛn] *nf* hyena.
hygiaphone [iʒjafɔn] *nm* ® *speaking grill at counter in stations, banks etc.* **veuillez parler devant l'~** please speak at the open section of the window.
hygiène [iʒjɛn] *nf* hygiene; *(science)* hygienics (*sg*), hygiene; *(Scol)* health education. **ça manque d'~** it's unhygienic; **~ corporelle** personal hygiene; **~ du travail** industrial hygiene; **~ alimentaire** food hygiene; **avoir de l'~** to be fastidious about one's personal hygiene.
hygiénique [iʒjenik] *adj* hygienic. **promenade ~** constitutional (walk); *V* **papier, seau, serviette.**
hygiéniste [iʒjenist(ə)] *nmf* hygienist.
hygromètre [igʀɔmɛtʀ(ə)] *nm* hygrometer.
hygrométrie [igʀɔmetʀi] *nf* hygrometry.
hygrométrique [igʀɔmetʀik] *adj* hygrometric.
hygroscope [igʀɔskɔp] *nm* hygroscope.
hymen [imɛn] *nm (littér: mariage)* marriage; *(Anat)* hymen.
hyménée [imene] *nm* marriage.
hyménoptères [imenɔptɛʀ] *nmpl:* **les ~** the Hymenoptera.
hymne [imn(ə)] *nm (Littérat, Rel)* hymn. *(fig)* **son discours était un ~ à la liberté** his speech was a hymn to liberty; **~ national** national anthem.
hyper ... [ipɛʀ] *préf* hyper ....
hyperacidité [ipeʀasidite] *nf* hyperacidity.
hyperbole [ipɛʀbɔl] *nf (Math)* hyperbola; *(Littérat)* hyperbole.
hyperbolique [ipɛʀbɔlik] *adj (Math, Littérat)* hyperbolic.
hypercorrect, e [ipɛʀkɔʀɛkt, ɛkt(ə)] *adj (Ling)* hypercorrect.
hypercorrection [ipɛʀkɔʀɛksjɔ̃] *nf (Ling)* hypercorrection.
hyperémotivité [ipeʀemɔtivite] *nf* excess emotionality.
hyperesthésie [ipeʀɛstezi] *nf* hyperaesthesia.
hyperglycémie [ipɛʀglisemi] *nf* hyperglycaemia.
hyperkinétique [ipɛʀkinetik] *adj* hyperkinetic.
hypermarché [ipɛʀmaʀʃe] *nm* hypermarket, superstore.
hypermétrope [ipɛʀmetʀɔp] *adj* long-sighted, hypermetropic *(T)*.
hypermétropie [ipɛʀmetʀɔpi] *nf* long-sightedness, hypermetropia *(T)*.
hypernerveux, -euse [ipɛʀnɛʀvø, øz] *adj* over-excitable.
hypernervosité [ipɛʀnɛʀvozite] *nf* over-excitability.
hyperréalisme [ipɛʀʀealism(ə)] *nm* hyperrealism.
hypersensibilité [ipɛʀsɑ̃sibilite] *nf* hypersensitivity, hypersensitiveness.

hypersensible [ipɛʀsɑ̃sibl(ə)] *adj* hypersensitive.
hypersexué, e [ipɛʀsɛksɥe] *adj* oversexed.
hypertendu, e [ipɛʀtɑ̃dy] *adj* suffering from high blood pressure, suffering from hypertension *(T)*.
hypertension [ipɛʀtɑ̃sjɔ̃] *nf* high blood pressure, hypertension *(T)*. **faire de l'~** to suffer from *ou* have high blood pressure.
hypertrophie [ipɛʀtʀɔfi] *nf* hypertrophy.
hypertrophier *vt,* **s'hypertrophier** *vpr* [ipɛʀtʀɔfje] (7) to hypertrophy.
hypertrophique [ipɛʀtʀɔfik] *adj* hypertrophic.
hypervitaminose [ipɛʀvitaminoz] *nf* hypervitaminosis.
hypnose [ipnoz] *nf* hypnosis.
hypnotique [ipnɔtik] *adj (lit)* hypnotic; *(fig)* hypnotic, mesmeric, mesmerizing.
hypnotiser [ipnɔtize] (1) *vt (lit)* to hypnotize; *(fig)* to hypnotize, mesmerize. *(fig)* **être hypnotisé pa la peur de se tromper** to be transfixed by the fear of making an error; **s'~ sur un problème** to be mesmerized by a problem.
hypnotiseur [ipnɔtizœʀ] *nm* hypnotist.
hypnotisme [ipnɔtism(ə)] *nm* hypnotism.
hypo ... [ipɔ] *préf* hypo ....
hypo-cagne [ipɔkaɲ] *nf first year of two-year preparatory course for the arts section of the Ecole normale supérieure.*
hypocalorique [ipɔkalɔʀik] *adj aliment* low-calory *(épith)*.
hypocondriaque [ipɔkɔ̃dʀijak] **1** *adj (Méd)* hypochondriac; *(mélancolique)* gloomy. **2** *nmf* hypochondriac; gloomy type.
hypocondrie [ipɔkɔ̃dʀi] *nf* hypochondria.
hypocrisie [ipɔkʀizi] *nf* hypocrisy.
hypocrite [ipɔkʀit] **1** *adj* hypocritical. **2** *nmf* hypocrite.
hypocritement [ipɔkʀitmɑ̃] *adv* hypocritically.
hypodermique [ipɔdɛʀmik] *adj* hypodermic.
hypogastre [ipɔgastʀ(ə)] *nm* hypogastrium.
hypoglosse [ipɔglɔs] *adj* hypoglossal.
hypoglycémie [ipɔglisemi] *nf* hypoglycaemia.
hypo-khâgne [ipɔkaɲ] *nf* = **hypo-cagne.**
hypophyse [ipɔfiz] *nf* pituitary gland, hypophysis *(T)*.
hypo-taupe [ipɔtop] *nf first year of two-year preparatory course for the science section of the Grandes Ecoles.*
hypotendu, e [ipɔtɑ̃dy] *adj* suffering from low blood pressure, suffering from hypotension *(T)*.
hypotension [ipɔtɑ̃sjɔ̃] *nf* low blood pressure, hypotension *(T)*.
hypoténuse [ipɔtenyz] *nf* hypotenuse.
hypothalamus [ipɔtalamys] *nm* hypothalamus.
hypothécable [ipɔtekabl(ə)] *adj* mortgageable.
hypothécaire [ipɔtekɛʀ] *adj* hypothecary. **garantie ~** mortgage security; **prêt ~** mortgage loan.
hypothèque [ipɔtɛk] *nf* mortgage.
hypothéquer [ipɔteke] (6) *vt maison* to mortgage; *créance* to secure (by mortgage); *(fig) avenir* to sign away.
hypothermie [ipɔtɛʀmi] *nf* hypothermia.
hypothèse [ipɔtɛz] *nf* hypothesis, surmise, assumption. **émettre l'~ que...** to theorize that..., make the assumption that...; **l'~ du suicide n'a pas été écartée** the possibility of suicide has not been ruled out; **dans la meilleure des ~s** at an optimistic estimate; **~ de travail** working hypothesis.
hypothétique [ipɔtetik] *adj* hypothetical. *(Jur)* **cas ~** moot case.
hypothétiquement [ipɔtetikmɑ̃] *adv* hypothetically.
hypovitaminose [ipɔvitaminoz] *nf* hypovitaminosis.
hysope [izɔp] *nf* hyssop.
hystérectomie [isteʀɛktɔmi] *nf* hysterectomy.
hystérie [isteʀi] *nf* hysteria. **~ collective** mass hysteria.
hystérique [isteʀik] **1** *adj* hysterical. **2** *nmf (Méd)* hysteric; *(péj)* hysterical sort.
hystérographie [isteʀɔgʀafi] *nf* hysterography.

I

I, i [i] *nm (lettre)* I, i; *V* **droit², point¹.**
iambe [jɑ̃b] *nm (Littérat) (pied)* iambus, iambic; *(vers, poème)* iambic.
iambique [jɑ̃bik] *adj* iambic.
ibère [ibɛʀ] **1** *adj* Iberian. **2** *nmf:* **I~** Iberian.
ibérique [ibeʀik] *adj* Iberian. **la péninsule I~** the Iberian Peninsula.
ibid [ibid] *adv,* **ibidem** [ibidɛm] *adv* ibid, ibidem.
ibis [ibis] *nm* ibis.
Ibiza [ibiza] *nf* Ibiza.
Icare [ikaʀ] *nm* Icarus.
iceberg [ajsbɛʀg] *nm* iceberg.
icelui [isəlɥi]**, icelle** [isɛl]**,** *pl* **iceux** [isø]**, icelles** [isɛl] *pron* (††, *Jur, hum*) = **celui-ci, celle-ci, ceux-ci, celles-ci.**

ichtyologie [iktjɔlɔʒi] *nf* ichthyology.
ichtyologique [iktjɔlɔʒik] *adj* ichthyologic(al).
ichtyologiste [iktjɔlɔʒist(ə)] *nmf* ichthyologist.
ici [isi] *adv* **(a)** here. **~!** *(à un chien)* here!; **loin/près d'~** far from/near here; **il y a 10 km d'~ à Paris** it's 10 km from here to Paris; **passez par ~** come this way; **par ~ s'il vous plaît** this way please; **~ même** on this very spot, in this very place; **c'est ~ que** this is the place where, it is *(ou* was *etc)* here that; **~ on est un peu isolé** we're a bit cut off (out) here; **le bus vient jusqu'~** *ou* **s'arrête ~** the bus comes as far as this *ou* this far.
(b *(temporel)* **d'~ demain/la fin de la semaine** by tomorrow/the end of the week; **d'~ peu** before (very) long, shortly; **d'~ là** between now and then, before then, in the meantime; **jusqu'~** (up)

until now; (*dans le passé*) (up) until then; **d'~ à ce qu'il se retrouve en prison**, ça ne va pas être long it won't be long before he lands up in jail (again); **d'~ à ce qu'il accepte**, **ça risque de faire long** it might be (quite) some time before he says yes; **le projet lui plaît**, **mais ~ à ce qu'il accepte!** he likes the plan, but there's a difference between just liking it and actually agreeing to it!; **d'~ à 1990** by 1990.
   (c) (*loc*) **ils sont d'~/ne sont pas d'~** they are/aren't local *ou* from around here *ou* from this area; **les gens d'~** the local people; **je vois ça d'~!*** I can just see that!; **tu vois d'~ la situation/sa tête!*** you can (just) imagine the situation/the look on his face!; **vous êtes ~ chez vous please make yourself (quite) at home; ~ présent** here present; **'~ Alain Proviste'** (*au téléphone*) 'Alain Proviste speaking *ou* here'; (*à la radio*) 'this is Alain Proviste'; **'~ Radio Luxembourg'** 'this is Radio Luxembourg'; **~ et là** here and there; (*Rel, hum*) **~-bas** here below; **les choses d'~-bas** things of this world *ou* of this life; **la vie d'~-bas** life here below; (*au marché*) **par ~, Mesdames, par ~ les belles laitues!** this way, ladies, lovely lettuces this way! *ou* over here!; **par ~ la sortie** this way out; **par ~** (*dans le coin*) around here.
icône [ikon] *nf* icon.
iconoclasme [ikɔnɔklasm(ə)] *nm* iconoclasm.
iconoclaste [ikɔnɔklast(ə)] **1** *nmf* iconoclast. **2** *adj* iconoclastic.
iconographe [ikɔnɔgʀaf] *nmf* iconographer.
iconographie [ikɔnɔgʀafi] *nf* (*étude*) iconography; (*images*) (collection of) illustrations.
iconographique [ikɔnɔgʀafik] *adj* iconographic(al).
ictère [iktɛʀ] *nm* icterus.
Idaho [idao] *nm* Idaho.
idéal, e, *mpl* **-als** *ou* **-aux** [ideal, o] **1** *adj* (*imaginaire*) ideal; (*rêvé, parfait*) **maison, vacances** ideal; *perfection* absolute.
   2 *nm* **(a)** (*modèle, aspiration*) ideal; (*valeurs morales*) ideals. **il n'a pas d'~** he has no ideal in life, he hasn't any ideals.
   (b) (*le mieux*) **l'~** serait qu'elle l'épouse the ideal thing *ou* solution would be for her to marry him, it would be ideal if she were to marry him *ou* if she married him; **dans l'~ c'est ce qu'il faudrait faire** ideally that's what we should do.
idéalement [idealmã] *adv* ideally.
idéalisation [idealizasjɔ̃] *nf* idealization.
idéaliser [idealize] (1) *vt* to idealize.
idéalisme [idealism(ə)] *nm* idealism.
idéaliste [idealist(ə)] **1** *adj* (*gén*) idealistic; (*Philos*) idealist. **2** *nmf* idealist.
idée [ide] **1** *nf* **(a)** (*concept*) idea. **l'~ de nombre/de beauté** the idea of number/of beauty; **l'~ que les enfants se font du monde** the idea *ou* concept children have of the world; **c'est lui qui a eu le premier l'~ d'un moteur à réaction** it was he who first thought of *ou* conceived the idea of the jet engine, he was the first to hit upon the idea of the jet engine.
   (b) (*pensée*) idea. **il a eu l'~ *ou* l'~ lui est venue de faire** he had the idea *ou* hit upon the idea of doing, the idea occurred to him to do; **l'~ ne lui viendrait jamais de nous aider** it would never occur to him to help us, he would never think of helping us; **ça m'a donné l'~** qu'il ne viendrait pas that made me think that he wouldn't come; **à l'~ de faire qch/de qch** at the idea *ou* thought of doing sth/of sth; **tout est dans l'~** qu'on s'en fait it's all in the mind; **avoir une ~ derrière la tête** to have something at the back of one's mind; *V* **changer, haut, ordre**[1] *etc*.
   (c) (*illusion*) **tu te fais des ~s** you're imagining things; **ne te fais pas des ~s** don't get ideas into your head; **ça pourrait lui donner des ~s** it might give him ideas *ou* put ideas into his head; **quelle ~!** the (very) idea!, what an idea!; **il a des ~s!** the ideas he has!, the things he thinks up!; **on n'a pas ~ (de faire des choses pareilles)!*** it's incredible (doing things like that)!
   (d) (*suggestion*) idea. **son ~ est meilleure** his idea is better; **quelques ~s pour votre jardin/vos menus** a few ideas *ou* suggestions for your garden/for meals to make; **de nouvelles ~s-vacances/~s-rangement** some new holiday/storage tips *ou* hints.
   (e) (*vague notion*) idea. **donner à qn/se faire une ~ des difficultés** to give sb/get an *ou* some idea of the difficulties; **avez-vous une ~ *ou* la moindre ~ de l'heure/de son âge?** have you got any idea of the time/of his age?; **je n'en ai pas la moindre ~** I haven't the faintest *ou* least *ou* slightest idea; **vous n'avez pas ~ de sa bêtise** you have no idea how stupid he is, you have no conception of his stupidity; **j'ai (comme une) ~ qu'il n'acceptera pas** I (somehow) have an idea *ou* a feeling *ou* I have a sort of feeling that he won't accept.
   (f) (*opinion*) **~s** ideas, views; **~s politiques/religieuses** political/religious ideas *ou* views; **avoir des ~s avancées** to have progressive ideas; **ce n'est pas dans ses ~s** he doesn't hold with these views; **avoir des ~s larges/étroites** to be broad-minded/narrow-minded; (*péj*) **avoir les ~s courtes** to have limited ideas, not to think very deeply.
   (g) (*goût, conception personnelle*) ideas. **juger selon *ou* à son ~** to judge in accordance with one's own ideas; **agir selon *ou* à son ~** to act *ou* do as one sees fit; **il n'en fait qu'à son ~** he does just as he likes; **pour être décorateur il faut de l'~ *ou* un peu d'~** to be a decorator you have to have some imagination *ou* a few ideas; **il y a de l'~** (*projet*) there's something in it; (*décoration intérieure*) it's got (a certain) something.
   (h) (*esprit*) **avoir dans l'~ que** to have an idea that, have it in one's mind that; **il a dans l'~ de partir au Mexique** he's thinking of going to Mexico; **ça m'est sorti de l'~** it went clean* *ou* right out of my mind *ou* head; **cela ne lui viendrait jamais à l'~** it would never occur to him *ou* enter his head; **on ne m'ôtera pas de l'~ qu'il a menti** you won't get me to believe that he didn't lie; **il s'est mis dans l'~ de faire** he took *ou* got it into his head to do.

2: **idée fixe** idée fixe, obsession; **idée-force** *nf, pl* **idées-forces** strong point, key idea; **idée de génie, idée lumineuse** brilliant idea, brainwave; **idée noire** black *ou* gloomy thought; **idée reçue** generally accepted idea.
idem [idɛm] *adv* ditto, idem. **il a mauvais caractère et son frère ~*** he's bad-tempered and so is his brother *ou* and his brother's the same.
identifiable [idɑ̃tifjabl(ə)] *adj* identifiable.
identificateur [idɑ̃tifikatœʀ] *nm* (*Ling, Ordin*) identifier.
identification [idɑ̃tifikasjɔ̃] *nf* identification (*à, avec* with).
identifier [idɑ̃tifje] (7) **1** *vt* (*reconnaître*) to identify. (*assimiler à*) ~ **qch/qn à** *ou* **avec** *ou* **et** to identify sth/sb with.
   2 s'identifier *vpr*: **s'~ à** (*se mettre dans la peau de*) *personnage, héros* to identify with; (*être l'équivalent de*) to identify o.s. with, become identified with.
identique [idɑ̃tik] *adj* identical (*à* to). **elle reste toujours ~ à elle-même** she never changes, she's always the same.
identiquement [idɑ̃tikmã] *adv* identically.
identité [idɑ̃tite] *nf* **(a)** (*similarité*) identity, similarity; (*Math, Psych*) égalité. **une ~ de goûts les rapprocha** (their) similar tastes brought them together.
   (b) (*Admin*) identity. **~ d'emprunt** assumed *ou* borrowed identity; **vérification/papiers d'~** identity check/papers; **l'~ judiciaire** ≃ the Criminal Records Office; *V* **carte, pièce**.
idéogramme [ideɔgʀam] *nm* ideogram.
idéographie [ideɔgʀafi] *nf* ideography.
idéographique [ideɔgʀafik] *adj* ideographic(al).
idéologie [ideɔlɔʒi] *nf* ideology.
idéologique [ideɔlɔʒik] *adj* ideological.
idéologue [ideɔlɔg] *nmf* ideologist.
ides [id] *nfpl* (*Antiq*) ides. **les ~ de mars** the ides of March.
idiolecte [idjɔlɛkt(ə)] *nm* idiolect.
idiomatique [idjɔmatik] *adj* idiomatic. **expression ~** idiom, idiomatic expression.
idiome [idjom] *nm* idiom (*language*).
idiosyncrasie [idjɔsɛ̃kʀazi] *nf* idiosyncrasy.
idiot, e [idjo, idjɔt] **1** *adj* action, personne, histoire idiotic, stupid; (*Méd*) idiotic. **2** *nm, f* (*gén*) idiot, fool; (*Méd*) idiot. **ne fais pas l'~*** (*n'agis pas bêtement*) don't be an idiot *ou* a fool; (*ne simule pas la bêtise*) stop acting stupid*; **l'~ du village** the village idiot.
idiotement [idjɔtmã] *adv* idiotically, stupidly, foolishly.
idiotie [idjɔsi] *nf* **(a)** [*action, personne*] idiocy, stupidity; (*Méd*) idiocy.
   (b) (*action*) idiotic *ou* stupid *ou* foolish thing to do; (*parole*) idiotic *ou* stupid *ou* foolish thing to say; (*livre, film*) rubbish (*U*) (*Brit*), trash (*U*). **ne va pas voir cette ~ *ou* de telles ~s** don't go and see such rubbish *ou* such an idiotic *ou* such a stupid film (*ou* play *etc*); **et ne dis/fais pas d'~s** and don't say/do anything stupid *ou* idiotic.
idiotisme [idjɔtism(e)] *nm* idiom, idiomatic phrase.
idoine [idwan] *adj* (*Jur, hum: approprié*) appropriate, fitting.
idolâtre [idɔlɑtʀ(ə)] **1** *adj* (*Rel, fig*) idolatrous (*de* of). **2** *nm* (*Rel*) idolater. **3** *nf* (*Rel*) idolatress.
idolâtrer [idɔlɑtʀe] (1) *vt* to idolize.
idolâtrie [idɔlɑtʀi] *nf* (*Rel, fig*) idolatry.
idole [idɔl] *nf* (*Rel, fig*) idol.
idylle [idil] *nf* (*poème*) idyll; (*amour*) romance.
idyllique [idilik] *adj* idyllic.
i.e. (*abrév de* **id est**) i.e.
if [if] *nm* (*arbre*) yew (tree); (*bois*) yew.
I.G.F. [iʒeɛf] *nm abrév de* **impôt sur les grandes fortunes**; *V* **impôt**.
igloo, iglou [iglu] *nm* igloo.
Ignace [iɲas] *nm* Ignatius. **saint ~ de Loyola** (St) Ignatius Loyola.
igname [iɲam] *nf* yam.
ignare [iɲaʀ] (*péj*) **1** *adj* ignorant. **2** *nmf* ignoramus.
ignifugation [iɲifygasjɔ̃] *nf* fireproofing.
ignifuge [iɲifyʒ] **1** *adj* produit fireproofing (*épith*). **2** *nm* fireproofing material *ou* substance.
ignifugé, e [iɲifyʒe] (*ptp de* **ignifuger**) *adj* fireproof(ed).
ignifugeant, e [iɲifyʒã, ãt] **1** *adj* fireproof. **2** *nm* fireproofing material *ou* substance.
ignifuger [iɲifyʒe] (3) *vt* to fireproof.
ignoble [iɲɔbl(ə)] *adj* (*abject*) ignoble, vile, base; (*sens affaibli: dégoûtant*) vile, revolting.
ignoblement [iɲɔbləmã] *adv* ignobly, vilely, basely.
ignominie [iɲɔmini] *nf* **(a)** (*caractère*) ignominy; (*acte*) ignominious *ou* disgraceful act; (*conduite*) ignominious *ou* disgraceful behaviour (*U*). **(b)** (*déshonneur*) ignominy, disgrace.
ignominieusement [iɲɔminjøzmã] *adv* ignominiously.
ignominieux, -euse [iɲɔminjø, øz] *adj* ignominious.
ignorance [iɲɔʀɑ̃s] *nf* **(a)** (*inculture*) ignorance. (*méconnaissance*) **~ de** ignorance of; **tenir qn/être dans l'~ de qch** to keep sb/be in ignorance of sth *ou* in the dark about sth; **dans l'~ des résultats** ignorant of the results; **d'une ~ crasse*** pig ignorant*.
   (b) (*manque*) **de graves ~s en anglais/en matière juridique** serious gaps in his knowledge of English/of legal matters; *V* **pécher**.
ignorant, e [iɲɔʀɑ̃, ãt] **1** *adj* (*ne sachant rien*) ignorant (*en* about). (*ne connaissant pas*) **~ de** ignorant *ou* unaware of; **des usages, il ... ignorant *ou* unaware of the customs, he ..., not knowing the customs, he ... .
   2 *nm, f* ignoramus. **quel ~ tu fais!** what an ignoramus you are!; **ne fais pas l'~** stop pretending you don't know what I mean (*ou* what he said *etc*); **parler en ~** to speak from ignorance.
ignoré, e [iɲɔʀe] (*ptp de* **ignorer**) *adj* travaux, chercheurs, événement unknown. **~ de tous** (*inconnu*) unknown to anybody; (*boudé*) ignored by all; **vivre ~** to live in obscurity.
ignorer [iɲɔʀe] (1) **1** *vt* **(a)** (*ne pas connaître*) affaire, incident to be

unaware of, not to know about *ou* of; *fait, artiste, écrivain* not to know. ~ que not to know that, be unaware that; ~ comment/si not to know how/if; **vous n'ignorez certainement pas que/ comment** you (will) doubtless know that/how; **j'ignore tout de cette affaire** I don't know anything *ou* I know nothing about this business; **je n'ignorais pas ces problèmes** I was (fully) aware of these problems, I was not unaware of these problems; **j'ignore avoir dit cela** I am not aware of having said that; *V* **nul**.
  (b) (*bouder*) *personne* to ignore.
  (c) (*être sans expérience de*) *plaisir, guerre, souffrance* not to know, have had no experience of. (*hum*) **des gosses qui ignorent le savon** kids who have never seen (a cake of) soap *ou* who are unaware of the existence of soap; **des joues qui ignorent le rasoir** cheeks that never see a razor.
  2 s'ignorer *vpr* (*se méconnaître*) **une tendresse qui s'ignore** an unconscious tenderness; **c'est un poète qui s'ignore** he's an unconscious poet.
I.G.S. [iʒees] *nf abrév de* **Inspection générale des services**; *V* **inspection**.
iguane [igwan] *nm* iguana.
iguanodon [igwanɔdɔ̃] *nm* iguanodon.
il [il] *pron pers m* **(a)** (*personne*) he; (*bébé, animal*) it, he; (*chose*) it; (*bateau, nation*) she, it. ~**s** they; ~ **était journaliste** he was a journalist; **prends ce fauteuil,** ~ **est plus confortable** have this chair — it's more comfortable; **je me méfie de son chien,** ~ **mord** I don't trust his dog — it bites; **l'insecte emmagasine la nourriture qu'**~ **trouve** the insect stores the food it finds; **le Japon/le Canada a décidé qu'**~ **n'accepterait pas** Japan/Canada decided she *ou* they wouldn't accept; *V* **avoir, fumée, jeunesse** *etc*.
  (b) (*impers*) it. ~ **fait beau** it's a fine day; ~ **y a un enfant/3 enfants** there is a child/are 3 children; ~ **est vrai que** it is true that; ~ **faut que j'y aille** I've got to go (there).
  (c) (*interrog, emphatique, *: non traduit*) **Paul est-**~ **rentré?** is Paul back?; **le courrier est-**~ **arrivé?** has the mail come?; **les enfants sont-**~**s bien couverts?** are the children warmly wrapped up?; ~ **est si beau cet enfant/cet arbre** this child/tree is so beautiful; **tu sais, ton oncle,** ~ **est arrivé*** your uncle has arrived you know.
île [il] **1** *nf* island, isle (*littér*). (*Antilles*) **les Î**~**s** the (French) West Indies.
  2: **les îles anglo-normandes** the Channel Islands; **l'île de Beauté** Corsica; **les îles Britanniques** the British Isles; **l'île du Diable** Devil's Island; (*Culin*) **île flottante** floating island; **l'île Maurice** Mauritius; **les îles Scilly** the Scilly Isles, the Scillies; **les îles Shetland** the Shetland Islands, Shetland; **les îles Sorlingues = les îles Scilly**; **les îles du Vent/sous le Vent** the Windward/Leeward Islands; **les îles Vierges** the Virgin Islands.
iléon [ileɔ̃] *nm* ileum.
Iliade [iljad] *nf*: **l'**~ the Iliad.
iliaque [iljak] *adj* iliac.
îlien, îlienne [iljɛ̃, iljɛn] *nm, f* islander.
ilion [iljɔ̃] *nm* ilium.
illégal, e, *mpl* **-aux** [i(l)legal] *adj* illegal, unlawful (*Admin*); *organisation, société* illegal, outlawed. **c'est** ~ it's illegal, it's against the law.
illégalement [i(l)legalmɑ̃] *adv* illegally, unlawfully (*Admin*).
illégalité [i(l)legalite] *nf* illegality; [*action*] illegality, unlawfulness (*Admin*); (*acte illégal*) illegality.
illégitime [i(l)leʒitim] *adj* **(a)** (*illégal*) *acte, enfant* illegitimate. **(b)** (*non fondé*) *optimisme, cruauté* unwarranted, unwarrantable, unfounded; *prétention, revendication* illegitimate.
illégitimement [i(l)leʒitimmɑ̃] *adv* (*V* **illégitime**) illegitimately; unwarrantedly, unwarrantably.
illégitimité [i(l)leʒitimite] *nf* (*V* **illégitime**) illegitimacy; unwarrantableness.
illettré, e [i(l)letre] *adj, nm, f* illiterate.
illettrisme [i(l)letrism(ə)] *nm* illiteracy. **campagne contre l'**~ literacy campaign.
illicite [i(l)lisit] *adj* illicit.
illicitement [i(l)lisitmɑ̃] *adv* illicitly.
illico* [i(l)liko] *adv* (*tout de suite*) ~ (**presto**) straightaway, right away, at once, pronto*.
illimité, e [i(l)limite] *adj* *moyen, domaine, ressource* unlimited, limitless; *confiance* boundless, unbounded, limitless; *congé, durée* indefinite, unlimited.
Illinois [ilinwa] *nm* Illinois.
illisibilité [i(l)lizibilite] *nf* illegibility.
illisible [i(l)lizibl(ə)] *adj* (*indéchiffrable*) illegible, unreadable; (*mauvais*) unreadable.
illisiblement [i(l)liziblǝmɑ̃] *adv* illegibly.
illocutionnaire [i(l)lɔkysjɔnɛR] *adj* illocutionary.
illogique [i(l)lɔʒik] *adj* illogical.
illogiquement [i(l)lɔʒikmɑ̃] *adv* illogically.
illogisme [i(l)lɔʒismɑ̃] *nm* illogicality.
illumination [i(l)lyminasjɔ̃] *nf* **(a)** (*action*: *V* **illuminer**) lighting; illumination; floodlighting.
  (b) (*lumières*) ~**s** illuminations, lights; **les** ~**s de Noël** the Christmas lights *ou* illuminations.
  (c) (*inspiration*) flash of inspiration.
illuminé, e [i(l)lymine] (*ptp de* **illuminer**) **1** *adj* (*V* **illuminer**) lit up (*attrib*); illuminated; floodlit. **2** *nm, f* (*péj: visionnaire*) visionary, crank (*péj*).
illuminer [i(l)lymine] (1) **1** *vt* **(a)** (*éclairer*) to illuminate, light up. ~ **au moyen de projecteurs** to floodlight.
  (b) (*fig*) *joie, foi, colère*] to light up; (*Rel*) *prophète, âme* to enlighten, illuminate. **le bonheur illuminait son visage** his face

shone *ou* was illuminated *ou* was aglow with happiness, happiness lit up his face.
  2 s'illuminer *vpr* [*visage, ciel*] to light up (*de* with); [*rue, vitrine*] to be lit up.
illusion [i(l)lyzjɔ̃] *nf* illusion. ~ **d'optique** optical illusion; **ne te fais aucune** ~ don't be under any illusion, don't delude *ou* kid* yourself; **tu te fais des** ~**s** you're deluding *ou* kidding* yourself; **ça donne l'**~ **de grandeur** it gives an illusion of size; **ça lui donne l'**~ **de servir à quelque chose** *ou* **qu'il sert à quelque chose** it gives him the illusion *ou* it makes him feel that he's doing something useful; **cet imposteur/ce stratagème ne fera pas** ~ **longtemps** this impostor/tactic won't delude *ou* fool people for long; *V* **bercer, jouet**.
illusionner [i(l)lyzjɔne] (1) **1 s'illusionner** *vpr*: to delude o.s. (*sur qch* about sth); **s'**~ **sur qn** to delude o.s. *ou* be mistaken about sb. **2** *vt* (*induire en erreur*) to delude.
illusionnisme [i(l)lyzjɔnism(ə)] *nm* conjuring.
illusionniste [i(l)lyzjɔnist(ə)] *nmf* conjurer, illusionist.
illusoire [i(l)lyzwaR] *adj* (*trompeur*) illusory, illusive.
illusoirement [i(l)lyzwaRmɑ̃] *adv* deceptively, illusorily.
illustrateur, -trice [i(l)lystratœR, tRis] *nm, f* illustrator.
illustratif, -ive [i(l)lystratif, iv] *adj* illustrative.
illustration [i(l)lystrasjɔ̃] *nf* **(a)** (*gravure*) illustration; (*exemple*) illustration; (*iconographie*) illustrations. **à l'**~ **abondante** copiously illustrated. **(b)** (*action, technique*) illustration; **l'**~ **par l'exemple** illustration by example.
illustre [i(l)lystR(ə)] *adj* illustrious, renowned. (*frm, iro*) **l'**~ **M X** the illustrious Mr X; (*hum*) **un** ~ **inconnu** a distinguished person of whom no one has (ever) heard (*hum*), a person of obscure repute (*hum*).
illustré, e [i(l)lystre] **1** *adj* illustrated. **2** *nm* (*journal*) comic.
illustrer [i(l)lystre] (1) **1** *vt* **(a)** (*avec images, notes*) to illustrate (*de* with). **(b)** (*littér: rendre fameux*) to bring fame to, render illustrious (*littér*).
  2 s'illustrer *vpr* [*personne*] to win fame *ou* renown, become famous (*par, dans* through).
illustrissime [i(l)lystRisim] *adj* (*hum ou* ††) most illustrious.
îlot [ilo] *nm* (*île*) small island, islet; (*bloc de maisons*) block; (*fig: petite zone*) island. ~ **de fraîcheur/de verdure** oasis *ou* island of coolness/of greenery; ~ **de résistance** pocket of resistance.
îlotage [ilɔtaʒ] *nm* community policing.
ilote [ilɔt] *nmf* (*Hist*) Helot; (*fig*) slave, serf.
îlotier [ilɔtje] *nm* ≃ community policeman.
image [imaʒ] **1** *nf* **(a)** (*dessin*) picture. **les** ~**s d'un film** the frames of a film; (*Ciné, TV*) **l'**~ **est nette/floue** the picture is clear/fuzzy; **popularisé par l'**~ popularized by the camera; *V* **chasseur, livre¹, sage**.
  (b) ~ **de** (*représentation*) picture of; (*ressemblance*) image of; **une** ~ **fidèle de la France** an accurate picture of France; **ils présentent l'**~ **du bonheur** they are the picture of happiness; **fait à l'**~ **de** made in the image of; **Dieu créa l'homme à son** ~ God created man in his own image.
  (c) (*comparaison, métaphore*) image. **les** ~**s chez Blake** Blake's imagery; **s'exprimer par** ~**s** to express o.s. in images.
  (d) (*reflet*) (*gén*) reflection, image; (*Phys*) image. **regarder son** ~ **dans l'eau** to gaze at one's reflection in the water; ~ **réelle/ virtuelle** real/virtual image.
  (e) (*vision mentale*) image, picture. ~ **visuelle/auditive** visual/ auditory image; **se faire une** ~ **fausse/idéalisée de qch** to have a false/an idealized picture of sth.
  2: image d'Épinal (*lit*) popular *18th/19th century print depicting traditional scenes of French life*; (*fig*) **cette réunion familiale était une touchante image d'Épinal** the family reunion was a touching scene of traditional family life; **image de marque** (*produit*) brand image; [*parti, firme, politicien*] public image; **image pieuse** holy picture.
imagé, e [imaʒe] (*ptp de* **imager**) *adj* full of imagery (*attrib*).
imager [imaʒe] (3) *vt* *style, langage* to embellish with images.
imagerie [imaʒRi] *nf* (*Hist: commerce*) coloured-print trade; (*images, gravures*) prints; (*Littérat: images*) imagery.
imagier [imaʒje] *nm* (*Hist*) (*peintre*) painter of popular pictures; (*sculpteur*) sculptor of figurines; (*imprimeur*) coloured-print maker; (*vendeur*) print seller.
imaginable [imaʒinabl(ə)] *adj* conceivable, imaginable. **difficilement** ~ hard to imagine; **un tel comportement n'était pas** ~ **il y a 50 ans** such behaviour was inconceivable 50 years ago; *V* **possible**.
imaginaire [imaʒinɛR] *adj* (*fictif*) imaginary; *monde* make-believe, imaginary. **ces persécutés/incompris** ~**s** these people who (falsely) believe they are *ou* believe themselves persecuted/misunderstood; *V* **malade, nombre**.
imaginairement [imaʒinɛRmɑ̃] *adv* in (one's) imagination.
imaginatif, -ive [imaʒinatif, iv] *adj* imaginative.
imagination [imaʒinasjɔ̃] *nf* (*faculté*) imagination; (*chimère, rêve*) imagination (*U*), fancy. **tout ce qu'il avait vécu en** ~ everything he had experienced in his imagination; **ce sont de pures** ~**s** that's sheer imagination, those are pure fancies; **en proie à ses** ~**s** a prey to his fancies *ou* imaginings; **avoir de l'**~ to be imaginative, have a good imagination; **avoir trop d'**~ to be over-imaginative; **une** ~ **débordante** a lively *ou* wild imagination.
imaginer [imaʒine] (1) **1** *vt* **(a)** (*se représenter, supposer*) to imagine. ~ **que** to imagine that; **tu imagines la scène!** you can imagine *ou* picture the scene!; **je l'imaginais plus vieux** I imagined him to be older, I pictured him as being older; **qu'allez-vous** ~ **là?** what on earth are you thinking of?; (*ton de défi*) **et tu vas t'y opposer. j'imagine?** and I imagine *ou* suppose you're going to oppose it?

(b) (*inventer*) *système, plan* to devise, dream up. **qu'est-il en-core allé ~?** now what has he dreamed up? **ou** thought up?; **il a imaginé d'ouvrir un magasin** he has taken it into his head to open up a shop, he has dreamed up the idea of opening a shop.
  2 s'imaginer *vpr* **(a)** (*se figurer*) to imagine. **imagine-toi une île paradisiaque** imagine *ou* picture an island paradise; **comme on peut se l'~** ... as you can (well) imagine ...
  (b) (*se voir*) to imagine o.s., picture o.s. **s'~ à 60 ans/en vacances** to imagine *ou* picture o.s. at 60/on holiday.
  (c) (*croire que*) **s'~ que** to imagine *ou* think that; **il s'imaginait pouvoir faire cela** he imagined *ou* thought he could do that.
imago [imago] *nm ou nf* (*Bio, Psych*) imago.
imam [imam] *nm*, **iman** [imɑ̃] *nm* ima(u)m.
imbattable [ɛ̃batabl(ə)] *adj prix, personne, record* unbeatable.
imbécile [ɛ̃besil] **1** *adj* (*stupide*) stupid, idiotic; (*Méd*) imbecilic (*T*), idiotic.
  2 *nmf* **(a)** (*idiot*) idiot, imbecile. **faire l'~*** to act the fool; **ne fais pas l'~*** (*n'agis pas bêtement*) don't be an idiot* *ou* a fool; (*ne simule pas la bêtise*) stop acting stupid*; **le premier ~ venu te le dira** any fool will tell you; **c'est un ~ heureux** he's living in a fool's paradise.
  (b) (*Méd*) imbecile, idiot.
imbécilement [ɛ̃besilmɑ̃] *adv* stupidly, idiotically.
imbécillité [ɛ̃besilite] *nf* **(a)** [*action, personne*] idiocy; (*Méd*) imbecility, idiocy.
  (b) (*action*) idiotic *ou* stupid *ou* imbecile thing to do; (*propos*) idiotic *ou* stupid *ou* imbecile thing to say; (*film, livre*) rubbish (*U*) (*Brit*), trash (*U*). **tu racontes des ~s** you're talking rot* *ou* rubbish (*Brit*); **ne va pas voir de telles ~s** don't go and see such rubbish (*Brit*) *ou* such an idiotic *ou* such a stupid film (*ou* play *etc*).
imberbe [ɛ̃bɛrb(ə)] *adj personne* beardless, smooth-cheeked; *visage* beardless.
imbiber [ɛ̃bibe] **(1) 1** *vt* (*imprégner*) **~ un tampon/une compresse etc de** to soak *ou* moisten *ou* impregnate a pad/compress *etc* with; **imbibé d'eau** *chaussures, étoffe* saturated (with water), soaked; *terre* saturated, waterlogged.
  2 s'imbiber *vpr*: **s'~ de** to become saturated *ou* soaked with; (*fig*) **s'~ de vin*** to soak up wine; **être imbibé*** to be tipsy.
imbrication [ɛ̃brikɑsjɔ̃] *nf* [*problèmes, souvenirs, parcelles*] interweaving; [*plaques, tuiles*] overlapping.
imbriquer [ɛ̃brike] **(1) 1 s'imbriquer** *vpr* [*problèmes, affaires*] to be linked *ou* interwoven; [*plaques*] to overlap (each other). **ça s'imbrique l'un dans l'autre** [*cubes*] they fit into each other; [*problèmes*] they are linked *ou* interwoven; **cette nouvelle question est venue s'~ dans une situation déjà compliquée** this new issue has arisen to complicate an already complex situation.
  2 *vt cubes* to fit into each other; *plaques* to overlap.
imbroglio [ɛ̃brɔljo] *nm* imbroglio; (*Théât*) theatrical imbroglio.
imbu, e [ɛ̃by] *adj* (*plein de*) **~ de** soi-même, sentiments full of; *préjugés* full of, steeped in; **~ de lui-même** *ou* **de sa personne** pompous, full of himself, full of self-importance.
imbuvable [ɛ̃byvabl(ə)] *adj* (*lit*) undrinkable; (*: *mauvais*) *personne* unbearable, insufferable; *film* unbearably awful*.
imitable [imitabl(ə)] *adj* which can be imitated, imitable. **facilement ~** easy to imitate, easily imitated.
imitateur, -trice [imitatœr, tris] **1** *adj* imitative. **2** *nm, f* imitator; (*Théât*) [*voix, personne*] impersonator; [*bruits etc*] imitator.
imitatif, -ive [imitatif, iv] *adj* imitative.
imitation [imitɑsjɔ̃] *nf* **(a)** (*action*: *V* imiter) imitation; impersonation; mimicry; copying; forgery. **avoir le don d'~** to have a gift for imitating people *ou* for mimicry, be good at taking people off* (*Brit*).
  (b) (*pastiche*) imitation; (*sketch*) impression, imitation, impersonation; (*tableau, bijou, fourrure*) imitation.
  (c) (*loc*) **à l'~ de** in imitation of; **d'~, en ~** imitation (*épith*); **c'est en ~ cuir** it's imitation leather; **un portefeuille ~ cuir** an imitation leather wallet.
imiter [imite] **(1)** *vt* **(a)** *bruit* to imitate; *personnage célèbre* to imitate, impersonate, take off* (*Brit*); *voix, geste* to imitate, mimic; *modèle, héros, style* to imitate, copy; *document, signature* to forge. **il se leva et tout le monde l'imita** he got up and everybody did likewise *ou* followed suit.
  (b) (*avoir l'aspect de*) [*matière, revêtement*] to look like. **un lino qui imite le marbre** an imitation marble lino.
imm *abrév de* **immeuble**.
immaculé, e [imakyle] *adj linge, surface* spotless, immaculate; *blancheur* immaculate; *réputation* spotless, unsullied, immaculate; *honneur* unsullied. **d'un blanc ~** spotlessly white; (*Rel*) **l'~e Conception** the Immaculate Conception.
immanence [imanɑ̃s] *nf* immanence.
immanent, e [imanɑ̃, ɑ̃t] *adj* immanent (*à* in); *V* **justice**.
immangeable [ɛ̃mɑ̃ʒabl(ə)] *adj* uneatable, inedible.
immanquable [ɛ̃mɑ̃kabl(ə)] *adj cible, but* impossible to miss (*attrib*). **c'était ~!** it had to happen!, it was bound to happen!, it was inevitable!
immanquablement [ɛ̃mɑ̃kabləmɑ̃] *adv* inevitably, without fail.
immatérialité [imateRjalite] *nf* immateriality.
immatériel, -elle [imateRjɛl] *adj légèreté, minceur* ethereal; (*Philos*) immaterial.
immatriculation [imatrikylɑsjɔ̃] *nf* registration. **numéro d'~** registration (*Brit*) *ou* license (*US*) number; *V* **carte, plaque**.
immatriculer [imatrikyle] **(1)** *vt véhicule, personne* to register. **faire ~ véhicule** to register; **se faire ~** to register; **une voiture immatriculée dans le Vaucluse/CM 175** a car with a Vaucluse registration (number)/with (the) registration (*Brit*) *ou* license (*US*) number CM 175.
immature [im(m)atyr] *adj* immature.

immaturité [im(m)atyrite] *nf* (*littér*) immaturity.
immédiat, e [im(m)edja, at] **1** *adj* (*Philos, gén*) immediate; *soulagement* immediate, instant (*épith*). **c'est en contact ~ avec le mur** it is in direct contact with the wall; **dans l'avenir ~** in the immediate future. **2** *nm*: **dans l'~** for the time being, for the moment.
immédiatement [im(m)edjatmɑ̃] *adv* immediately, at once, directly.
immédiateté [im(m)edjatte] *nf* (*Philos*) immediacy.
immémorial, e, *mpl* **-aux** [im(m)emɔRjal, o] *adj* age-old. (*littér*) **de temps ~** from time immemorial.
immense [im(m)ɑ̃s] *adj* (*gén*) immense; *mer, espace, horizon* boundless, vast, immense; *foule, fortune, pays* vast, immense, huge; *avenir* boundless; *influence, avantage, succès* immense, tremendous, huge. (*fig*) **un ~ acteur** a stupendous actor.
immensément [im(m)ɑ̃semɑ̃] *adv* immensely, tremendously; hugely.
immensité [im(m)ɑ̃site] *nf* (*V* **immense**) immensity, immenseness; vastness; hugeness. (*littér*) **le regard perdu dans l'~** gazing into infinity.
immergé, e [im(m)ɛRʒe] (*ptp de* **immerger**) *adj terres* submerged. **~ par 100 mètres de fond** lying 100 metres down; *rochers* **~s** submerged *ou* underwater rocks, rocks under water; **la partie ~e de la balise** the part of the buoy which is under water *ou* which is submerged.
immerger [im(m)ɛRʒe] **(3) (1)** *vt objet* to immerse, submerge; *fondations* to build under water; *déchets* to dump at sea, dispose of at sea; *câble* to lay under water; *corps* to bury at sea; (*Rel*) *catéchumène* to immerse.
  2 s'immerger *vpr* [*sous-marin*] to dive, submerge.
immérité, e [im(m)eRite] *adj* undeserved, unmerited.
immersion [im(m)ɛRsjɔ̃] *nf* (*V* **immerger**) immersion; submersion; underwater building; dumping *ou* disposal at sea; underwater laying; burying at sea; diving.
immettable [ɛ̃mɛtabl(ə)] *adj vêtement* unwearable.
immeuble [im(m)œbl(ə)] **1** *nm* **(a)** (*bâtiment*) building; (*à usage d'habitation*) block of flats (*Brit*), apartment building (*US*); *V* **gérant**.
  (b) (*Jur*) real estate (*U*).
  2 *adj* (*Jur*) real, immovable.
  3: immeuble de bureaux office block (*Brit*) *ou* building (*US*); **immeuble de rapport** residential property (for renting), investment property; **immeuble tour** tower block (*Brit*), tower (*US*); **immeuble à usage locatif** block of rented flats (*Brit*), rental apartment building (*US*).
immigrant, e [im(m)igRɑ̃, ɑ̃t] *adj, nm, f* immigrant.
immigration [im(m)igRɑsjɔ̃] *nf* immigration. (**les services de**) **l'~** the immigration department.
immigré, e [im(m)igRe] (*ptp de* **immigrer**) *adj, nm, f* immigrant. **~ de la deuxième génération** second-generation immigrant.
immigrer [im(m)igRe] **(1)** *vi* to immigrate (*à, dans* into).
imminence [im(m)inɑ̃s] *nf* imminence.
imminent, e [im(m)inɑ̃, ɑ̃t] *adj danger, crise, départ* imminent, impending (*épith*).
immiscer (s') [im(m)ise] **(3)** *vpr*: **s'~ dans** to interfere in *ou* with.
immixtion [im(m)ikstjɔ̃] *nf*: **~ dans** interference in *ou* with.
immobile [im(m)ɔbil] *adj personne, eau, air, arbre* motionless, still; *visage* motionless; *pièce de machine* fixed; (*littér, fig*) *dogme* immovable; *institutions* unchanging, permanent. **rester ~** to stay *ou* keep still.
immobilier, -ière [im(m)ɔbilje, jɛR] **1** *adj* (*Comm*) *vente, crise* property (*épith*); (*Jur*) *biens, succession* in real estate (*attrib*). **la situation ~ière est satisfaisante** the property situation is satisfactory, the state of the property market is satisfactory; *V* **société, agence** *etc*.
  2 *nm*: **l'~** (*Comm*) the property business, the real-estate business; (*Jur*) real estate **immovables**.
immobilisation [im(m)ɔbilizɑsjɔ̃] *nf* **(a)** [*membre blessé, circulation, capitaux*] immobilization. **cela a entraîné l'~ totale de la circulation/des affaires** that brought the traffic/brought business to a complete standstill, that brought about the complete immobilization of traffic/of business; **attendez l'~ totale du train/de l'avion** wait until the train is completely stationary/the aircraft has come to a complete standstill *ou* halt *ou* stop; **l'~ de la machine** (*elle s'immobilise*) the stopping of the machine; (*on la stoppe*) bringing the machine to a halt *ou* standstill, the stopping of the machine; (*on l'empêche de fonctionner*) the immobilization of the machine.
  (b) (*Jur*) [*bien*] conversion into an immovable.
  (c) (*Fin*) [*capitaux*] immobilization, tying up. **~s** fixed assets.
immobiliser [im(m)ɔbilize] **(1) 1** *vt troupe, membre blessé* to immobilize; *file, circulation, affaires* to bring to a standstill, immobilize; *machine, véhicule* (*stopper*) to stop, bring to a halt *ou* standstill; (*empêcher de fonctionner*) to immobilize; (*Jur*) *biens* to convert into immovables; (*Fin*) to immobilize, tie up. **ça l'immobilise à son domicile** it keeps him housebound; **la peur l'immobilisait** he was paralyzed with fear, he was rooted to the spot with fear.
  2 s'immobiliser *vpr* [*personne*] to stop, stand still; [*machine, véhicule, échanges commerciaux*] to come to a halt *ou* a standstill.
immobilisme [im(m)ɔbilism(ə)] *nm* [*gouvernement, firme*] opposition to progress *ou* change. **faire de/être partisan de l'~** to try to maintain/support the status quo.
immobiliste [im(m)ɔbilist(ə)] *adj politique* designed to maintain the status quo. **c'est un ~** he is a supporter of the status quo, he is opposed to progress.
immobilité [im(m)ɔbilite] **1** *nf* [*personne, foule, eau, arbre*] stillness, motionlessness; [*visage*] immobility; [*institutions*] unchanging nature, permanence. **le médecin lui ordonna l'~ complète** the doctor ordered him not to move (at all).

2: immobilité forcée forced immobility; **immobilité politique** lack of political change, political inertia.

immodération [im(m)ɔderɑsjɔ̃] nf immoderation.

immodéré, e [im(m)ɔdeʀe] adj immoderate, inordinate.

immodérément [im(m)ɔdeʀemɑ̃] adv immoderately, inordinately.

immodeste [im(m)ɔdɛst(ə)] adj immodest.

immodestement [im(m)ɔdɛstəmɑ̃] adv immodestly.

immodestie [im(m)ɔdɛsti] nf immodesty.

immolateur†† [im(m)ɔlatœʀ] nm immolator (littér).

immolation [im(m)ɔlasjɔ̃] nf (V immoler) (Hist, Rel) immolation; sacrifice; sacrificing; self-sacrifice.

immoler [im(m)ɔle] (1) **1** vt (Hist, Rel) to immolate (littér), sacrifice (à to); (gén) to sacrifice (à to); (littér: massacrer) to slay (littér). **2** **s'immoler** vpr to sacrifice o.s. (à to).

immonde [im(m)ɔ̃d] adj taudis squalid, foul; langage, action, personne base, vile; (Rel) unclean.

immondice [im(m)ɔ̃dis] nf (a) (ordures) ~s refuse (U); (littér) commettre/proférer des ~s to do/say unspeakable things. (b) (littér ou †: saleté) filth (U).

immoral, e, mpl -aux [im(m)ɔʀal, o] adj immoral.

immoralement [im(m)ɔʀalmɑ̃] adv immorally.

immoralisme [im(m)ɔʀalism(ə)] nm immoralism.

immoraliste [im(m)ɔʀalist(ə)] adj, nmf immoralist.

immoralité [im(m)ɔʀalite] nf immorality.

immortaliser [im(m)ɔʀtalize] (1) **1** vt to immortalize. **2 s'immortaliser** vpr to win immortality, win eternal fame.

immortalité [im(m)ɔʀtalite] nf immortality.

immortel, -elle [im(m)ɔʀtɛl] **1** adj immortal. **2** nm: **I~** member of the Académie Française. **3 immortelle** nf (fleur) everlasting flower.

immotivé, e [im(m)ɔtive] adj action, crime unmotivated; réclamation, crainte groundless.

immuabilité [im(m)ɥabilite] nf = **immutabilité**.

immuable [im(m)ɥabl(ə)] adj lois, passion unchanging, immutable; paysage, routine unchanging; sourire unchanging, perpetual. **il est resté ~ dans ses convictions** he remained unchanged in his convictions; **vêtu de son ~ complet à carreaux** wearing that eternal checked suit of his.

immuablement [im(m)ɥabləmɑ̃] adv fonctionner, se passer immutably; triste, grognon perpetually.

immunisation [im(m)ynizasjɔ̃] nf immunization.

immuniser [im(m)ynize] (1) vt (Méd) to immunize. (fig) être immunisé contre les tentations to be immune to temptation; (fig) ça l'immunisera contre le désir de recommencer this'll stop him ever ou this'll cure him of ever wanting to do it again.

immunitaire [im(m)ynitɛʀ] adj immune. **réactions ~s** immune reactions.

immunité [im(m)ynite] nf (Bio, Jur) immunity. **~ diplomatique** diplomatic immunity; **~ parlementaire** ≃ parliamentary privilege; **~ fiscale** immunity from taxation, tax immunity.

immuno-dépresseur [im(m)ynɔdepʀesœʀ] adj, nm immuno-depressant.

immunogène [im(m)ynɔʒɛn] adj immunogenic.

immunoglobine [im(m)ynɔglɔbin] nf immunoglobulin.

immunologie [im(m)ynɔlɔʒi] nf immunology.

immunologique [im(m)ynɔlɔʒik] adj immunological.

immunologiste [im(m)ynɔlɔʒist(ə)] nmf immunologist.

immunothérapie [im(m)ynɔteʀapi] nf immunotherapy.

immutabilité [im(m)ytabilite] nf immutability.

impact [ɛ̃pakt] nm (lit, fig) impact. **l'argument a de l'~** the argument has some impact; (Admin, Écon) **étude d'~** impact study; **V point¹**.

impair, e [ɛ̃pɛʀ] **1** adj nombre odd, uneven; jour odd; vers irregular (with uneven number of syllables); organe unpaired.
2 nm (a) (gaffe) blunder, faux pas. **commettre un ~** to (make a) blunder, make a faux pas.
(b) (Casino) **miser sur l'~** to put one's money on the odd numbers.

impalpable [ɛ̃palpabl(ə)] adj impalpable.

imparable [ɛ̃paʀabl(ə)] adj coup, tir unstoppable. (fig) **une riposte ~** an unanswerable riposte.

impardonnable [ɛ̃paʀdɔnabl(ə)] adj faute unforgivable, unpardonable. **vous êtes ~ (d'avoir fait cela)** you cannot be forgiven (for doing that), it is unforgivable of you (to have done that).

imparfait, e [ɛ̃paʀfɛ, ɛt] **1** adj (gén) imperfect. **2** nm (Ling) **l'~** the imperfect (tense).

imparfaitement [ɛ̃paʀfɛtmɑ̃] adv imperfectly.

impartial, e, mpl -aux [ɛ̃paʀsjal, o] adj impartial, unbiased, unprejudiced.

impartialement [ɛ̃paʀsjalmɑ̃] adv impartially, without bias ou prejudice.

impartialité [ɛ̃paʀsjalite] nf impartiality. **en toute ~** from a completely impartial standpoint.

impartir [ɛ̃paʀtiʀ] (2) vt (littér: attribuer à) **~ des devoirs à** to assign duties to; **~ des pouvoirs à** to invest powers in; **~ des dons à** to bestow gifts upon, impart gifts to; (Jur: accorder à) **~ un délai à** to grant an extension to; **dans les délais impartis** within the time allowed; **les dons que Dieu nous a impartis** the gifts God has bestowed upon us ou has endowed us with ou has imparted to us.

impasse [ɛ̃pas] **1** nf (a) (cul-de-sac) dead end, cul-de-sac; (sur panneau) 'no through road'.
(b) (fig) impasse. **être dans l'~** [négociations] to be at deadlock, have reached deadlock.
(o) (Scol, Univ) **j'ai fait 3 ~s en géographie** I missed out (Brit) ou skipped over 3 topics in my geography revision.

(d) (Cartes) finesse. **faire une ~** to (make a) finesse; **faire l'~ au roi** to finesse against the king.
2: (Fin) **impasse budgétaire** budget deficit.

impassibilité [ɛ̃pasibilite] nf impassiveness, impassivity.

impassible [ɛ̃pasibl(ə)] adj impassive.

impassiblement [ɛ̃pasibləmɑ̃] adv impassively.

impatiemment [ɛ̃pasjamɑ̃] adv impatiently.

impatience [ɛ̃pasjɑ̃s] nf impatience. **il était dans l'~ de la revoir** he was impatient to see her again, he couldn't wait to see her again; **il répliqua avec ~ que** he replied impatiently that; (littér) **se rappelant leurs ~s d'adolescents** remembering their impatient attitudes as teenagers ou the impatient moments of their adolescence; **avoir des ~s dans les jambes†** to have fidgety legs, have the fidgets*.

impatiens [ɛ̃pasjɛ̃s] nf inv = **impatiente**.

impatient, e [ɛ̃pasjɑ̃, ɑ̃t] **1** adj personne, geste, attente impatient. **~ de faire** impatient ou eager to do; **je suis si ~ de vous revoir** I am longing to see you again, I am so impatient to see you again, I just can't wait to see you again*; **quel ~!** what an impatient character!
2 impatiente nf (Bot) busy-lizzy, impatiens (T).

impatientant, e [ɛ̃pasjɑ̃tɑ̃, ɑ̃t] adj irritating, annoying.

impatienter [ɛ̃pasjɑ̃te] (1) **1** vt to irritate, annoy. **2 s'impatienter** vpr to grow ou get impatient, lose patience (contre ou de qn with sb; contre ou de qch at sth).

impavide [ɛ̃pavid] adj (littér) unruffled, impassive, cool. **~ devant le danger** cool ou unruffled in the face of danger.

impayable* [ɛ̃pejabl(ə)] adj (drôle) priceless*. **il est ~!** he's priceless!*, he's a scream!*

impayé, e [ɛ̃peje] **1** adj unpaid. **2** nm: **~s** outstanding payments.

impeccable [ɛ̃pekabl(ə)] adj (a) (parfait) travail, style perfect, faultless, impeccable; employé perfect. **(c'est) ~!*** great!*, smashing!*
(b) (propre) personne impeccable, impeccably dressed; appartement, voiture spotless, spotlessly clean, impeccable.

impeccablement [ɛ̃pekabləmɑ̃] adv (V impeccable) perfectly; faultlessly; impeccably; spotlessly.

impécunieux, -euse [ɛ̃pekynjø, øz] adj (littér) impecunious.

impécuniosité [ɛ̃pekynjozite] nf (littér) impecuniousness.

impédance [ɛ̃pedɑ̃s] nf (Élec) impedance.

impedimenta [ɛ̃pedimɛ̃ta] nmpl (Mil, fig) impedimenta.

impénétrabilité [ɛ̃penetʀabilite] nf (V impénétrable) impenetrability; unfathomableness; inscrutability.

impénétrable [ɛ̃penetʀabl(ə)] adj forêt impenetrable (à to, by); mystère, desseins unfathomable, impenetrable; personnage, caractère inscrutable, impenetrable, unfathomable; visage inscrutable, impenetrable.

impénitence [ɛ̃penitɑ̃s] nf unrepentance, impenitence.

impénitent, e [ɛ̃penitɑ̃, ɑ̃t] adj unrepentant, impenitent. **fumeur ~** unrepentant smoker.

impensable [ɛ̃pɑ̃sabl(ə)] adj événement hypothétique unthinkable; événement arrivé unbelievable.

imper* [ɛ̃pɛʀ] nm (abrév de imperméable) raincoat, mac* (Brit).

impératif, -ive [ɛ̃peʀatif, iv] **1** adj (obligatoire, urgent) besoin, consigne urgent, imperative; (impérieux) geste, ton imperative, imperious, commanding; (Jur) loi mandatory; **V mandat**. **2** nm (a) (Ling) **l'~** the imperative (mood). (b) (prescription) [fonction, charge] requirement; [mode] demand; (nécessité) [situation] necessity; (Mil) imperative. **des ~s d'horaire nous obligent à ... we are** obliged by the demands ou constraints of our timetable to ....

impérativement [ɛ̃peʀativmɑ̃] adv imperatively. **je le veux ~ pour demain** it is imperative that I have it for tomorrow, I absolutely must have it for tomorrow.

impératrice [ɛ̃peʀatʀis] nf empress.

imperceptibilité [ɛ̃pɛʀsɛptibilite] nf imperceptibility.

imperceptible [ɛ̃pɛʀsɛptibl(ə)] adj (a) (non perceptible) son, détail, nuance imperceptible (à to). (b) (à peine perceptible) son, sourire faint, imperceptible; détail, changement, nuance minute, imperceptible.

imperceptiblement [ɛ̃pɛʀsɛptibləmɑ̃] adv imperceptibly.

imperdable [ɛ̃pɛʀdabl(ə)] adj partie, match that cannot be lost.

imperfectible [ɛ̃pɛʀfɛktibl(ə)] adj which cannot be perfected, unperfectible.

imperfectif, -ive [ɛ̃pɛʀfɛktif, iv] **1** adj imperfective, continuous. **2** nm imperfective.

imperfection [ɛ̃pɛʀfɛksjɔ̃] nf (caractère imparfait) imperfection; (défaut) [personne, caractère] shortcoming, imperfection, defect; [ouvrage, dispositif, mécanisme] imperfection, defect, fault.

impérial, e, mpl -aux [ɛ̃peʀjal, o] **1** adj imperial. **2 impériale** nf (a) [autobus] top ou upper deck. **autobus à ~e** ≃ double-decker (bus); **monter à l'~e** to go upstairs ou on top. (b) (barbe) imperial.

impérialement [ɛ̃peʀjalmɑ̃] adv imperially.

impérialisme [ɛ̃peʀjalism(ə)] nm imperialism.

impérialiste [ɛ̃peʀjalist(ə)] **1** adj imperialist(ic). **2** nmf imperialist.

impérieusement [ɛ̃peʀjøzmɑ̃] adv imperiously. **avoir ~ besoin de qch** to need sth urgently, have urgent need of sth.

impérieux, -euse [ɛ̃peʀjø, øz] adj (autoritaire) personne, ton, caractère imperious; (pressant) besoin, nécessité urgent, pressing; obligation pressing.

impérissable [ɛ̃peʀisabl(ə)] adj œuvre imperishable; souvenir, gloire undying (épith), imperishable; monument, valeur undying (épith).

impéritie [ɛ̃peʀisi] nf (littér: incompétence) incompetence.

imperméabilisation [ɛ̃pɛʀmeabilizasjɔ̃] nf waterproofing.

imperméabiliser [ɛ̃pɛʀmeabilize] (1) vt to waterproof.

imperméabilité [ɛ̃pɛʀmeabilite] nf (lit) [terrain] impermeability; [tissu] waterproof qualities, impermeability. (fig littér: insensibilité) **~ à** imperviousness to.

imperméable [ɛ̃pɛʀmeabl(ə)] **1** *adj* (*lit*) *terrain, roches* imperméable; *revêtement, tissu* waterproof; ~ à l'eau waterproof; ~ à l'air airtight; (*fig: insensible*) ~ à impervious to. **2** *nm* (*manteau*) raincoat, mackintosh (*Brit*).

impersonnalité [ɛ̃pɛʀsɔnalite] *nf* impersonality; (*Ling*) impersonal form.

impersonnel, -elle [ɛ̃pɛʀsɔnɛl] *adj* impersonal.

impersonnellement [ɛ̃pɛʀsɔnɛlmɑ̃] *adv* impersonally.

impertinemment [ɛ̃pɛʀtinamɑ̃] *adv* impertinently.

impertinence [ɛ̃pɛʀtinɑ̃s] *nf* (*caractère*) impertinence; (*propos*) impertinent remark, impertinence. **arrête tes ~s!** that's enough impertinence!, that's enough of your impertinent remarks!

impertinent, e [ɛ̃pɛʀtinɑ̃, ɑ̃t] *adj* impertinent. **c'est un petit ~!** he's an impertinent child!

imperturbabilité [ɛ̃pɛʀtyʀbabilite] *nf* imperturbability.

imperturbable [ɛ̃pɛʀtyʀbabl(ə)] *adj* sang-froid, gaieté, sérieux unshakeable; *personne, caractère* imperturbable. **rester ~** to remain unruffled.

imperturbablement [ɛ̃pɛʀtyʀbabləmɑ̃] *adv* imperturbably. **il écouta ~** he listened imperturbably *ou* unperturbed *ou* unruffled.

impétigo [ɛ̃petigo] *nm* impetigo.

impétrant, e [ɛ̃petʀɑ̃, ɑ̃t] *nm,f* (*Jur*) applicant.

impétueusement [ɛ̃petɥøzmɑ̃] *adv* (*littér*) impetuously.

impétueux, -euse [ɛ̃petɥø, øz] *adj* (*littér: fougueux*) *caractère, jeunesse* impetuous, hotheaded; *orateur* fiery; *rythme* impetuous; *torrent, vent* raging.

impétuosité [ɛ̃petɥozite] *nf* (*littér*) [*rythme, personne*] impetuousness, impetuosity. **il faut se méfier de l'~ des torrents de montagne** one must beware of raging mountain streams.

impie [ɛ̃pi] **1** *adj acte, parole* impious, ungodly, irreligious. **2** *nmf* ungodly *ou* irreligious person.

impiété [ɛ̃pjete] *nf* (*caractère*) impiety, ungodliness, irreligiousness; (*parole, acte*) impiety.

impitoyable [ɛ̃pitwajabl(ə)] *adj* (*gén*) merciless, pitiless, ruthless.

impitoyablement [ɛ̃pitwajabləmɑ̃] *adv* mercilessly, pitilessly, ruthlessly.

implacabilité [ɛ̃plakabilite] *nf* implacability.

implacable [ɛ̃plakabl(ə)] *adj* (*impitoyable*) implacable.

implacablement [ɛ̃plakabləmɑ̃] *adv* implacably.

implant [ɛ̃plɑ̃] *nm* (*Méd*) implant.

implantation [ɛ̃plɑ̃tasjɔ̃] *nf* (*V implanter*) (*action*) introduction; settling; setting up; implanting; (*résultat*) introduction; settlement; establishment; implantation.

implanter [ɛ̃plɑ̃te] (1) **1** *vt* (*introduire*) *usage, mode* to introduce; *race, immigrants* to introduce, settle; *usine, industrie* to set up, establish; *idée, préjugé* to implant; (*Méd*) to implant.
2 s'implanter *vpr* [*établissements, usines*] to be set up *ou* established; [*immigrants, race*] to settle; [*idées*] to become implanted; [*parti politique*] to establish itself, become established. **il semble s'~ chez eux** he seems to be making himself quite at home with them; **des traditions solidement implantées** deeply-rooted *ou* deeply-entrenched traditions.

implication [ɛ̃plikasjɔ̃] *nf* (**a**) (*conséquences, répercussions*) ~s implications. (**b**) (*relation logique*) implication. (**c**) ~ **dans** (*mise en cause*) implication in; (*participation à*) implication *ou* involvement in.

implicite [ɛ̃plisit] *adj* condition, foi, volonté implicit. (*Ling*) **connaissance ~** tacit knowledge.

implicitement [ɛ̃plisitmɑ̃] *adv* implicitly.

impliquer [ɛ̃plike] (1) *vt* (**a**) (*supposer*) to imply (*que* that). (**b**) ~ **qn dans** (*mettre en cause*) to implicate sb in; (*mêler à*) to implicate *ou* involve sb in.

implorant, e [ɛ̃plɔʀɑ̃, ɑ̃t] *adj* imploring, beseeching. **me regardant d'un air ~** looking at me imploringly *ou* beseechingly, giving me a beseeching *ou* an imploring look.

imploration [ɛ̃plɔʀasjɔ̃] *nf* entreaty.

implorer [ɛ̃plɔʀe] (1) *vt* (*supplier*) *personne, Dieu* to implore, beseech; (*demander*) *faveur, aide* to implore. ~ **qn de faire** to implore *ou* beseech *ou* entreat sb to do.

imploser [ɛ̃plɔze] (1) *vi* to implode.

implosif, -ive [ɛ̃plɔzif, iv] *adj* implosive.

implosion [ɛ̃plɔzjɔ̃] *nf* implosion.

impoli, e [ɛ̃pɔli] *adj* impolite, rude (*envers* to).

impoliment [ɛ̃pɔlimɑ̃] *adv* impolitely, rudely.

impolitesse [ɛ̃pɔlitɛs] *nf* (*attitude*) impoliteness, rudeness; (*remarque*) impolite *ou* rude remark; (*acte*) impolite thing to do, impolite action. **répondre avec ~** to answer impolitely *ou* rudely; **c'est une ~ que de faire** it is impolite *ou* rude to do.

impolitique [ɛ̃pɔlitik] *adj* impolitic.

impondérabilité [ɛ̃pɔ̃deʀabilite] *nf* imponderability.

impondérable [ɛ̃pɔ̃deʀabl(ə)] **1** *adj* imponderable. **2** *nm:* ~s imponderables.

impopulaire [ɛ̃pɔpylɛʀ] *adj* unpopular.

impopularité [ɛ̃pɔpylaʀite] *nf* unpopularity.

import [ɛ̃pɔʀ] *nm* (*abrév de* **importation**) import. **faire de l'~-export** to be in the import-export business.

importable [ɛ̃pɔʀtabl(ə)] *adj* (*Écon*) importable; *vêtement* unwearable.

importance [ɛ̃pɔʀtɑ̃s] *nf* (**a**) [*problème, affaire, personne*] importance; [*événement, fait*] importance, significance. [*personne, question*] **avoir de l'~** to be important, be of importance; **ça a beaucoup d'~ pour moi** it is very important to me, it matters a great deal to me; **sans ~** *personne* unimportant; *problème, incident, détail* unimportant, insignificant; **c'est sans ~**, **ça n'a pas d'~** it doesn't matter, it's of no importance *ou* consequence; **d'une certaine ~** *problème, événement* fairly *ou* rather important; **de la plus haute ~**, **de la première ~** *problème, affaire* of paramount *ou* of

the highest importance; *événement* momentous, of paramount *ou* of the highest importance.
(**b**) (*taille*) [*somme, effectifs, firme*] size; (*ampleur*) [*dégâts, désastre, retard*] extent. **d'une certaine ~** *firme* sizeable; *dégâts* considerable, extensive.
(**c**) (*loc*) **prendre de l'~** [*question*] to gain in importance, become more important; [*firme*] to increase in size; [*personne*] to become more important; (*péj*) **se donner de l'~**, **prendre des airs d'~** to act important *ou* in a self-important way; (*frm*) **l'affaire est d'~** this is no trivial matter, this is a matter of some seriousness; (*littér*) **tancer/rosser qn d'~** to give sb a thorough dressing-down/trouncing (*littér*).

important, e [ɛ̃pɔʀtɑ̃, ɑ̃t] (**a**) *personnage, question, rôle* important; *événement, fait* important, significant. **peu ~** of little *ou* of no great importance, of little significance; **rien d'~** nothing important *ou* of importance; **l'~ est de** the important thing is to.
(**b**) (*quantitativement*) *somme* considerable, sizeable; *retard* considerable; *dégâts* extensive, considerable. **la présence d'un ~ service d'ordre** the presence of a considerable number *ou* a large contingent of police.
(**c**) (*péj*) *airs* (self-)important; *personnage* self-important. **faire l'~** to act important *ou* in a self-important way.

importateur, -trice [ɛ̃pɔʀtatœʀ, tʀis] **1** *adj* importing. **pays ~ de blé** wheat-importing country. **2** *nm,f* importer.

importation [ɛ̃pɔʀtasjɔ̃] *nf* (**a**) (*Comm*) [*marchandises*] importing, importation. **articles d'~** imported articles. (**b**) [*animal, plante, maladie*] introduction. **le tabac est d'~ récente** tobacco is a recent import. (**c**) (*produit: lit, fig*) import.

importer¹ [ɛ̃pɔʀte] (1) *vt marchandises* to import; *coutumes, danses* to import, introduce (*de* from).

importer² [ɛ̃pɔʀte] (1) *vi* (**a**) (*être important*) to matter. **les conventions importent peu aux jeunes** conventions don't matter much *ou* aren't very important *ou* matter little to young people; **ce qui importe, c'est d'agir vite** the important thing is *ou* what matters is to act quickly; **que lui importe le malheur des autres!** what does he care about other people's unhappiness?, what does other people's unhappiness matter to him?; (*frm*) **il importe de faire** it is important to do; (*frm*) **il importe qu'elle connaisse les risques** it is important that she knows *ou* should know the risks.
(**b**) **peu importe** *ou* (*littér*) **qu'importe qu'il soit absent** what does it matter if he is absent?, it matters little that he is absent (*frm*); **peu importe le temps, nous sortirons** we'll go out whatever the weather *ou* no matter what the weather is like; **peu m'importe** (*je n'ai pas de préférence*) I don't mind; (*je m'en moque*) I don't care; **achetez des pêches ou des poires, peu importe** buy peaches or pears — it doesn't matter which; **quel fauteuil veux-tu?** — oh, n'importe which chair will you have? — it doesn't matter *ou* I don't mind *ou* any one will do; **il ne veut pas? qu'importe!** doesn't he want to? what does it matter! *ou* it doesn't matter!; **les maisons sont chères, n'importe, elles se vendent!** houses are expensive, but no matter *ou* but never mind, they still sell.
(**c**) **n'importe qui** anybody, anyone; **n'importe quoi** anything; **n'importe comment** anyhow; **n'importe où** anywhere; **n'importe quand** anytime; **il a fait cela n'importe comment!** he did that anyhow *ou* any old how* (*Brit*); **il fait/dit n'importe quoi!** he's no idea what he's doing!/saying!; **n'importe lequel** *ou* **laquelle d'entre nous/vous** *etc* any (one) of us/you *etc*; **entrez dans n'importe quelle boutique** go into any shop; **n'importe quel docteur vous dira la même chose** any doctor will tell you the same (thing); **venez à n'importe quelle heure** come (at) any time; **n'importe comment, il part ce soir** he leaves tonight in any case *ou* anyhow; **ce n'est pas n'importe qui** he is not just anybody.

importun, e [ɛ̃pɔʀtœ̃, yn] **1** *adj* (*frm*) *curiosité, présence, pensée, plainte* troublesome, importunate (*frm*); *arrivée, visite* inopportune, ill-timed; *personne* importunate (*frm*), irksome. **je ne veux pas être ~** (*déranger*) I don't wish to disturb you *ou* to intrude; (*irriter*) I don't wish to be importunate (*frm*) *ou* irksome; **se rendre ~ par** to make o.s. objectionable by.
2 *nm,f* (*gêneur*) irksome individual; (*visiteur*) intruder.

importunément [ɛ̃pɔʀtynemɑ̃] *adv* (*frm*) (*de façon irritante*) importunately (*frm*); (*à un mauvais moment*) inopportunely.

importuner [ɛ̃pɔʀtyne] (1) *vt* (*frm*) [*représentant, mendiant*] to importune (*frm*), bother; [*insecte, bruit*] to trouble, bother; [*interruptions, remarques*] to bother. **je ne veux pas vous ~** I don't wish to put you to any trouble *ou* to bother you.

importunité [ɛ̃pɔʀtynite] *nf* (*frm*) [*démarche, demande*] importunity (*frm*). (*sollicitations*) ~s importunities.

imposable [ɛ̃pozabl(ə)] *adj personne, revenu* taxable; *V* **matière**.

imposant, e [ɛ̃pozɑ̃, ɑ̃t] *adj* (*majestueux*) *personnage, stature* imposing; *allure* stately; (*considérable*) *majorité, mise en scène, foule* imposing, impressive; **~e paysanne** (*iro: gros*) peasant woman with an imposing figure; **la présence d'un ~ service d'ordre** the presence of an imposing number *ou* a large contingent of police.

imposer [ɛ̃poze] (1) **1** *vt* (**a**) (*prescrire*) *tâche, travail, date* to set; *règle, conditions* to impose, lay down; *punition, taxe* to impose (*à* on); *prix* to set, fix. **~ ses idées/sa présence à qn** to impose *ou* force one's ideas/one's company on sb; **~ des conditions à qch** to impose *ou* place conditions on sth; **~ un travail/une date à qn** to set sb a piece of work/a date; **~ un régime à qn** to put sb on a diet; **la décision leur a été imposée par les événements** the decision was forced *ou* imposed (up)on them by events; **il nous a imposé son candidat** he has imposed his candidate on us; **on lui a imposé le silence** silence has been imposed upon him; *V* **prix**.
(**b**) (*faire connaître*) **~ son nom** [*candidat*] to come to the fore; [*artiste*] to make o.s. known, compel recognition; [*firme*] to establish itself, become an established name; **il m'impose/sa**

conduite **impose le respect** he commands/his behaviour compels respect.
   (c) (*Fin: taxer*) *marchandise, revenu, salariés* to tax. ~ **insuffisamment** to undertax.
   (d) (*Typ*) to impose.
   (e) (*Rel*) ~ **les mains** to lay on hands.
   (f) en ~ à qn to impress sb; **il en impose** he's an imposing individual; **sa présence/son intelligence en impose** his presence/his intelligence is imposing; **ne vous en laissez pas ~ par ses grands airs** don't let yourself be impressed by his haughty manner.
  2 s'imposer *vpr* **(a)** (*être nécessaire*) *[décision, action]* to be essential *ou* vital *ou* imperative. **dans ce cas, le repos s'impose** in this case rest is essential *ou* vital *ou* imperative; **ces mesures ne s'imposaient pas** these measures were unnecessary; **quand on est à Paris une visite au Louvre s'impose** when in Paris, a visit to the Louvre is imperative *ou* is a must*.
   (b) (*se contraindre à*) **s'~ une tâche** to set o.s. a task; **s'~ de faire** to make it a rule to do.
   (c) (*montrer sa prominence*) **s'~ par ses qualités** to stand out *ou* to compel recognition because of one's qualities; **il s'est imposé dans sa branche** he has made a name for himself in his branch; **il s'est imposé comme le seul susceptible d'avoir le prix** he emerged *ou* he established himself as the only one likely to get the prize.
   (d) (*imposer sa présence à*) **s'~ à qn** to impose (o.s.) upon sb; **je ne voudrais pas m'~** I do not want to impose.
imposition [ε̃pozisjɔ̃] *nf* (*Fin*) taxation; (*Typ*) imposition. (*Rel*) **l'~ des mains** the laying on of hands.
impossibilité [ε̃posibilite] *nf* impossibility. **l'~ de réaliser ce plan** the impossibility of carrying out this plan; **y a-t-il ~ à cela?** is that impossible?; **y a-t-il ~ à ce que je vienne?** is it impossible for me to come?; **être dans l'~ de faire qch** to be unable to do sth, find it impossible to do sth; **l'~ dans laquelle il se trouvait de ...** the fact that he was unable to ..., the fact that he found it impossible to ...; **se heurter à des ~s** to come up against insuperable obstacles.
impossible [ε̃posibl(ə)] **1** *adj* **(a)** (*irréalisable, improbable*) impossible. **~ à faire** impossible to do; **il est ~ de/que** it is impossible to/that; **il est ~ qu'il soit déjà arrivé** he cannot possibly have arrived yet; **il m'est ~ de le faire** it's impossible for me to do it, I can't possibly do it; **pouvez-vous venir lundi? — non, cela m'est ~** can you come on Monday? — no, I can't *ou* no, it's impossible; (*Prov*) **~ n'est pas français** there's no such word as 'can't'.
   (b) (*pénible, difficile*) *enfant, situation* impossible. **rendre l'existence ~ à qn** to make sb's life impossible *ou* a misery; **elle a des horaires ~s** she has impossible *ou* terrible hours; **il mène une vie ~** he leads an incredible life.
   (c) (*invraisemblable*) *nom, titre* ridiculous, impossible. **se lever à des heures ~s** to get up at an impossible *ou* a ridiculous time *ou* hour; **il lui arrive toujours des histoires ~s** impossible things are always happening to him.
  2 *nm* **(a) l'~** the impossible; **tenter l'~** to attempt the impossible; **je ferai l'~ (pour venir)** I'll do my utmost (to come).
   (b) par ~ by some miracle, by some remote chance; **si par ~ je terminais premier ...** if by some miracle *ou* some remote chance I were to finish first ... .
imposte [ε̃post(ə)] *nf* (*fenêtre*) fanlight (*Brit*), transom (window) (*US*).
imposteur [ε̃postœR] *nm* impostor.
imposture [ε̃postyR] *nf* imposture, deception.
impôt [ε̃po] **1** *nm* (*taxe*) tax; (*taxes*) taxes, taxation; (*gén: contributions*) (income) tax. **payer des ~s** to pay tax; **je paye plus de 1.000 F d'~s** I pay more than 1,000 francs in tax *ou* 1,000 francs tax; **frapper d'un ~** to put a tax on; **~ direct/indirect/déguisé** direct/indirect/hidden tax; **bénéfices avant ~** pre-tax profits; **faire un bénéfice de 10.000F avant ~** to make a profit *ou* profits of 10,000 francs; *V* **assiette, déclaration, feuille** *etc*.
  2: impôt sur les bénéfices tax on profits, ≃ corporation tax; **impôt sur le chiffre d'affaires** tax on turnover; **impôt foncier** ≃ land tax; **impôt sur la fortune** *ou* **sur les grandes fortunes** wealth tax; **impôts locaux** rates; **impôt sur les plus-values** ≃ capital gains tax; **impôt sur le revenu (des personnnes physiques)** income tax; **impôt sur le transfert des capitaux** capital transfer tax; (*littér,†*) **impôt de sang** blood tribute; **impôt sur les sociétés** corporate tax.
impotence [ε̃potɑ̃s] *nf* disability.
impotent, e [ε̃potɑ̃, ɑ̃t] **1** *adj* disabled, crippled. **l'accident l'a rendu ~** the accident has disabled *ou* crippled him. **2** *nm,f* disabled person, cripple.
impraticable [ε̃pratikabl(ə)] *adj* *idée* impracticable, unworkable; *tâche* impracticable; (*Sport*) *terrain* unfit for play, unplayable; *route, piste* impassable. **~ pour les** *ou* **aux véhicules à moteur** unfit *ou* unsuitable for motor vehicles, impassable to motor vehicles.
imprécation [ε̃pRekasjɔ̃] *nf* imprecation, curse.
imprécatoire [ε̃pRekatwaR] *adj* (*littér*) imprecatory (*littér*).
imprécis, e [ε̃pResi, iz] *adj* (*gén*) imprecise; *tir* inaccurate.
imprécision [ε̃pResizjɔ̃] *nf* (*V* **imprécis**) imprecision; inaccuracy.
imprégnation [ε̃pReɲasjɔ̃] *nf* (*V* **imprégner**) (*gén*) impregnation; permeation; imbuing. **taux d'~ alcoolique** level of alcohol in the blood; **pour apprendre une langue, rien ne vaut une lente ~** to learn a language, nothing can beat slow immersion in it *ou* nothing can beat gradually immersing oneself in it.
imprégner [ε̃pReɲe] (6) **1** *vt* *tissu, matière* to impregnate, soak (*de* with); *pièce, air* to permeate, fill (*de* with); *esprit* to imbue, impregnate (*de* with). **cette odeur imprégnait toute la rue** the smell filled *ou* pervaded the whole street; **l'amertume qui imprégnait ses**

paroles the bitterness which pervaded his words; **maison imprégnée de lumière** house flooded with light; **imprégné des préjugés de sa caste** imbued with *ou* impregnated with the prejudices of his class.
  2 s'imprégner *vpr*: **s'~ de** *[tissu, substance]* to become impregnated *ou* soaked with; *[local, air]* to become permeated *ou* filled with; *[esprits, élèves]* to become imbued with, absorb; **séjourner à l'étranger pour s'~ de la langue étrangère** to live abroad to immerse o.s in *ou* to absorb the foreign language; (*fig*) **s'~ d'alcool** to soak up alcohol.
imprenable [ε̃pRənabl(ə)] *adj* *forteresse* impregnable. **vue ~ sur la vallée** unimpeded *ou* unrestricted outlook over the valley guaranteed.
impréparation [ε̃pRepaRasjɔ̃] *nf* lack of preparation.
imprésario [ε̃pResaRjo] *nm* impresario.
imprescriptibilité [ε̃pReskriptibilite] *nf* (*Jur*) imprescriptibility.
imprescriptible [ε̃pReskriptibl(ə)] *adj* (*Jur*) imprescriptible.
impression [ε̃pResjɔ̃] *nf* **(a)** (*sensation physique*) feeling, impression; (*sentiment, réaction*) impression. **ils échangèrent leurs ~s (de voyage)** they exchanged their impressions (of the journey); **l'~ que j'ai de lui** the impression I have of him, my impression of him; **ça m'a fait peu d'~/une grosse ~** that made little/a great impression upon me; **faire bonne/mauvaise ~** to create a good/bad impression; **avoir l'~ que** to have a feeling that, get *ou* have the impression that; **il ne me donne** *ou* **fait pas l'~ d'(être) un menteur** I don't get the impression that he is a liar, he doesn't give me the impression of being a liar; **faire ~** *[film, orateur]* to make an impression, have an impact.
   (b) *[livre, tissu, motif]* printing. **~ en couleur** colour printing; **ce livre en est à sa 3e ~** this book is at its 3rd impression *ou* printing; **le livre est à l'~** the book is with the printers; **l'~ de ce livre est soignée** this book is beautifully printed; *V* **faute**.
   (c) (*motif*) pattern. **tissu à ~s florales** floral pattern(ed) fabric, fabric with a floral pattern.
   (d) (*Phot*) *[image]* exposure. **temps d'~** exposure (time); **technique de double ~** technique of double exposure.
   (e) (*Peinture*) undercoat.
   (f) (†: *empreinte, pas*) imprint.
impressionnabilité [ε̃pResjɔnabilite] *nf* (*émotivité*) impressionability, impressionableness.
impressionnable [ε̃pResjɔnabl(ə)] *adj* *personne* impressionable.
impressionnant, e [ε̃pResjɔnɑ̃, ɑ̃t] *adj* (*imposant*) *somme, spectacle, monument* impressive; (*bouleversant*) *scène, accident* upsetting.
impressionner [ε̃pResjɔne] (1) *vt* **(a)** (*frapper*) to impress; (*bouleverser*) to upset. **cela risque d'~ les enfants** this may upset children; **ne te laisse pas ~** don't let yourself be impressed.
   (b) (*Opt, Phot*) *rétine* to show up on. **~ la pellicule** *[image, sujet]* to show up on; *[photographe]* to expose; **la pellicule n'a pas été impressionnée** the film hasn't been exposed.
impressionnisme [ε̃pResjɔnism(ə)] *nm* impressionism.
impressionniste [ε̃pResjɔnist(ə)] **1** *adj* impressionistic; (*Art, Mus*) impressionist. **2** *nmf* impressionist.
imprévisibilité [ε̃pRevizibilite] *nf* unpredictability.
imprévisible [ε̃pRevizibl(ə)] *adj* unforeseeable, unpredictable.
imprévision [ε̃pRevizjɔ̃] *nf* (*littér*) **l'~ d'un événement** the failure to foresee an event.
imprévoyance [ε̃pRevwajɑ̃s] *nf* (*négligence*) lack of foresight; (*en matière d'argent*) improvidence.
imprévoyant, e [ε̃pRevwajɑ̃, ɑ̃t] *adj* (*V* **imprévoyance**) lacking (in) foresight; improvident.
imprévu, e [ε̃pRevy] **1** *adj* *événement, succès, réaction* unforeseen, unexpected; *courage, geste* unexpected; *dépense(s)* unforeseen. **de manière ~e** unexpectedly.
  2 *nm* **(a) l'~** the unexpected, the unforeseen; **j'aime l'~** I like the unexpected, I like not to foresee everything in advance, I like not knowing what's going to happen; **un peu d'~** an element of surprise *ou* of the unexpected *ou* of the unforeseen; **vacances pleines d'~** holidays full of surprises; **en cas d'~** if anything unexpected *ou* unforeseen crops up; **sauf ~** barring any unexpected *ou* unforeseen circumstances, unless anything unexpected *ou* unforeseen crops up.
   (b) (*incident, ennui*) something unexpected *ou* unforeseen, unexpected *ou* unforeseen event. **il y a un ~** something unexpected *ou* unforeseen has cropped up; **tous ces ~s nous ont retardés** all these unexpected *ou* unforeseen events have delayed us.
imprimable [ε̃pRimabl(ə)] *adj* printable.
imprimante [ε̃pRimɑ̃t] *nf* printer. **~ matricielle/ligne par ligne/à jet d'encre/à marguerite/à laser** dot-matrix/line/ink-jet/daisy-wheel/laser printer.
imprimatur [ε̃pRimatyR] *nm inv* imprimatur.
imprimé, e [ε̃pRime] (*ptp de* **imprimer**) **1** *adj* *tissu, feuille* printed.
  2 *nm* (a) (*formulaire*) printed form. (*Poste*) '**~s**' 'printed matter'; **envoyer qch au tarif ~s** to send sth at the printed paper rate; **catalogue/section des ~s** catalogue/department of printed books.
   (b) (*tissu*) **l'~** printed material *ou* fabrics, prints; **~ à fleur** floral print (fabric *ou* material); **l'~ et l'uni** printed and plain fabrics *ou* material.
imprimer [ε̃pRime] (1) *vt* **(a)** *livre, foulard, billets de banque, dessin* to print.
   (b) (*apposer*) *visa, cachet* to stamp (*dans* on, in).
   (c) (*marquer*) *rides, traces, marque* to imprint (*dans* in, on). **une scène imprimée dans sa mémoire** a scene imprinted on his memory.
   (d) (*publier*) *texte, ouvrage* to publish; *auteur* to publish the work of. **la joie de se voir imprimé** the joy of seeing o.s. *ou* one's work in print.

(e) (*communiquer*) ~ un mouvement/une impulsion à to impart *ou* transmit a movement/an impulse to; ~ une direction à to give a direction to.

imprimerie [ɛ̃pʀimʀi] *nf* (*firme, usine*) printing works; (*atelier*) printing house; (*section*) printery; (*pour enfants*) printing outfit *ou* kit. (*technique*) l'~ printing; l'~ nationale ≃ the Government Printing Office; *V* caractère.

imprimeur [ɛ̃pʀimœʀ] *nm* (*directeur*) printer. (ouvrier-)~ printer; ~-éditeur printer and publisher; ~-libraire printer and bookseller.

improbabilité [ɛ̃pʀɔbabilite] *nf* unlikelihood, improbability.

improbable [ɛ̃pʀɔbabl(ə)] *adj* unlikely, improbable.

improbité [ɛ̃pʀɔbite] *nf* (*littér*) lack of integrity.

improductif, -ive [ɛ̃pʀɔdyktif, iv] *adj* unproductive.

improductivité [ɛ̃pʀɔdyktivite] *nf* unproductiveness, lack of productivity.

impromptu, e [ɛ̃pʀɔ̃pty] **1** *adj* (*improvisé*) *départ* sudden (*épith*); *visite* surprise (*épith*); *repas, exposé* impromptu (*épith*). faire un discours ~ sur un sujet to speak off the cuff *ou* make an impromptu speech on a subject, extemporize on a subject.
2 *nm* (*Littérat, Mus*) impromptu.
3 *adv* (à l'improviste) *arriver* impromptu; (*de chic*) *répondre* off the cuff, impromptu. il arriva ~, un soir de juin he arrived impromptu *ou* (quite) out of the blue one evening in June.

imprononçable [ɛ̃pʀɔnɔ̃sabl(ə)] *adj* unpronounceable.

impropre [ɛ̃pʀɔpʀ(ə)] *adj* (a) *terme* inappropriate. (b) ~ à *outil, personne* unsuitable for, unsuited to; eau ~ à la consommation water unfit for (human) consumption.

improprement [ɛ̃pʀɔpʀəmã] *adv nommer* incorrectly, improperly. s'exprimer ~ to express o.s. incorrectly, not to express o.s. properly.

impropriété [ɛ̃pʀɔpʀijete] *nf [forme]* incorrectness, inaccuracy. ~ (de langage) (language) error, mistake.

improuvable [ɛ̃pʀuvabl(ə)] *adj* unprovable.

improvisateur, -trice [ɛ̃pʀɔvizatœʀ, tʀis] *nm, f* improviser.

improvisation [ɛ̃pʀɔvizasjɔ̃] *nf* improvisation. faire une ~ to improvise; (*Jazz*) ~ collective jam session.

improvisé, e [ɛ̃pʀɔvize] (*ptp de* improviser) *adj* (*de fortune*) *équipe* scratch (*épith*); *réforme, table* improvised, makeshift; *cuisinier, infirmier* acting, temporary; (*impromptu*) *pique-nique, discours, leçon* improvised; avec des moyens ~s with whatever means are available *ou* to hand.

improviser [ɛ̃pʀɔvize] (1) **1** *vt* (a) *discours, réunion, pique-nique* to improvise. il a dû ~ *[organisateur]* he had to improvise; *[musicien]* he had to extemporize *ou* improvise; *[acteur, orateur]* he had to improvise *ou* extemporize *ou* ad-lib*.
(b) ~ qn cuisinier/infirmier to get sb to act as cook/nurse.
2 s'improviser *vpr* (a) *[secours, réunion]* to be improvised.
(b) s'~ cuisinier/infirmier to act as cook/nurse; on ne s'improvise pas menuisier you don't just suddenly become a carpenter, you don't become a carpenter just like that.

improviste [ɛ̃pʀɔvist(ə)] *nm*: à l'~ unexpectedly, without warning; je lui ai fait une visite à l'~ I dropped in on him unexpectedly *ou* without warning; prendre qn à l'~ to catch sb unawares.

imprudemment [ɛ̃pʀydamã] *adv circuler, naviguer* carelessly; *parler* unwisely, imprudently. un inconnu qu'il avait ~ suivi a stranger whom he had foolishly *ou* imprudently *ou* unwisely followed; s'engager ~ sur la chaussée to step out carelessly onto the road.

imprudence [ɛ̃pʀydãs] *nf* (a) (*caractère: V* imprudent) carelessness; imprudence; foolishness; foolhardiness. il a eu l'~ de mentionner ce projet he was foolish *ou* unwise *ou* imprudent enough to mention the project; (*Jur*) blessures par ~ injuries through negligence; *V* homicide.
(b) (*action imprudente*) commettre une ~ to do something foolish *ou* imprudent; ne faites pas d'~s don't do anything foolish *ou* silly.

imprudent, e [ɛ̃pʀydã, ãt] **1** *adj conducteur, geste, action* careless; *alpiniste* careless, imprudent; *remarque* imprudent, unwise, foolish; *projet* foolish, foolhardy. il est ~ de se baigner tout de suite après un repas it's unwise *ou* not wise to swim immediately after a meal; il se montra ~ en refusant de porter un gilet de sauvetage he was unwise *ou* silly *ou* foolish to refuse to wear a life jacket.
2 *nm, f* imprudent *ou* careless person. il faut punir ces ~s (*conducteurs*) these careless drivers must be punished.

impubère [ɛ̃pybɛʀ] **1** *adj* below the age of puberty. **2** *nmf* (*Jur*) ≃ minor.

impubliable [ɛ̃pyblijabl(ə)] *adj* unpublishable.

impudemment [ɛ̃pydamã] *adv* (*frm: V* impudent) impudently; brazenly, shamelessly.

impudence [ɛ̃pydãs] *nf* (*frm*) (a) (*caractère: V* impudent) impudence; brazenness, shamelessness. quelle ~! what impudence!
(b) (*acte*) impudent action; (*parole*) impudent remark. je ne tolérerai pas ses ~s I won't put up with *ou* tolerate his impudent behaviour *ou* his insolence.

impudent, e [ɛ̃pydã, ãt] *adj* (*frm*) (*insolent*) impudent; (*cynique*) brazen, shameless.

impudeur [ɛ̃pydœʀ] *nf* (*V* impudique) immodesty; shamelessness.

impudicité [ɛ̃pydisite] *nf* (*V* impudique) immodesty; shamelessness.

impudique [ɛ̃pydik] *adj* (*indécent*) immodest, shameless; (*impudent*) shameless.

impudiquement [ɛ̃pydikmã] *adv* (*V* impudique) immodestly; shamelessly.

impuissance [ɛ̃pɥisãs] *nf* (a) (*faiblesse*) powerlessness, helplessness; (*inutilité*) *[efforts]* ineffectiveness. ~ à faire powerlessness *ou*

incapacity to do; je suis dans l'~ de le faire it is beyond my power to do it, I am incapable of doing it. (b) (*sexuelle*) impotence.

impuissant, e [ɛ̃pɥisã, ãt] **1** *adj* (a) *personne* powerless, helpless; *effort* ineffectual, unavailing. ~ à faire powerless to do, incapable of doing. (b) (*sexuellement*) impotent. **2** *nm* impotent man.

impulsif, -ive [ɛ̃pylsif, iv] *adj* impulsive.

impulsion [ɛ̃pylsjɔ̃] *nf* (a) (*mécanique, électrique*) impulse.
(b) (*fig: élan*) impetus. l'~ donnée à l'économie the boost *ou* impetus given to the economy; sous l'~ de leurs chefs/des circonstances through the impetus given by their leaders/by circumstances; sous l'~ de la vengeance/de la colère driven *ou* impelled by a spirit of revenge/by anger, under the impulse of revenge/anger.
(c) (*mouvement, instinct*) impulse. cédant à des ~s morbides yielding to morbid impulses.

impulsivité [ɛ̃pylsivite] *nf* impulsiveness.

impunément [ɛ̃pynemã] *adv* with impunity. on ne se moque pas ~ de lui one can't make fun of him with impunity, you can't make fun of him and (expect to) get away with it.

impuni, e [ɛ̃pyni] *adj* unpunished.

impunité [ɛ̃pynite] *nf* impunity. en toute ~ with complete impunity.

impur, e [ɛ̃pyʀ] *adj* (a) (*altéré*) *liquide, air* impure; *race* mixed; (*Rel*) *animal* unclean. (b) (*immoral*) *geste, pensée, femme* impure.

impureté [ɛ̃pyʀte] *nf* (*gén*) impurity. vivre dans l'~ to live in a state of impurity; ~s impurities.

imputabilité [ɛ̃pytabilite] *nf* (*Jur*) imputability.

imputable [ɛ̃pytabl(ə)] *adj* (a) ~ à *faute, accident* imputable to, ascribable to, attributable to. (b) (*Fin*) ~ sur chargeable to.

imputation [ɛ̃pytasjɔ̃] *nf* (a) (*accusation*) imputation (*frm*), charge. (b) (*Fin*) *[somme]* ~ à charging to.

imputer [ɛ̃pyte] (1) *vt* (a) (*attribuer à*) ~ à to impute to, attribute to, ascribe to. (b) (*Fin*) ~ à *ou* sur to charge to.

imputrescibilité [ɛ̃pytʀesibilite] *nf* rotproof nature, imputrescibility (*T*).

imputrescible [ɛ̃pytʀesibl(ə)] *adj* rotproof, imputrescible (*T*).

in* [in] *adj* in*, trendy*, with-it*. les bottes sont ~ cette année boots are in* *ou* big* this year.

inabordable [inabɔʀdabl(ə)] *adj personne* unapproachable; *lieu* inaccessible; *prix* prohibitive. maintenant, le beurre est ~ butter is a prohibitive price these days.

inabrité, e [inabʀite] *adj* unsheltered, unprotected.

inabrogeable [inabʀɔʒabl(ə)] *adj* (*Jur*) unrepealable.

in absentia [inapsãsja] *adv* in absentia.

in abstracto [inapstʀakto] *adv* in the abstract.

inaccentué, e [inaksãtɥe] *adj* unstressed, unaccented, unaccentuated.

inacceptable [inakseptabl(ə)] *adj* (*non recevable*) *offre, plan* unacceptable; (*inadmissible*) *propos* unacceptable. c'est ~ it's unacceptable.

inaccessibilité [inaksesibilite] *nf* inaccessibility.

inaccessible [inaksesibl(ə)] *adj* (a) *montagne, personne, but* inaccessible; *objet* inaccessible, out of reach (*attrib*). (b) ~ à (*insensible à*) impervious to.

inaccompli, e [inakɔ̃pli] *adj* (*littér*) *vœux* unfulfilled; *tâche* uncomplished.

inaccomplissement [inakɔ̃plismã] *nm* (*littér*) *[vœux]* non-fulfilment; *[tâche]* non-execution.

inaccoutumé, e [inakutyme] *adj* unusual (*littér*) ~ à unaccustomed to, unused to.

inachevé, e [inaʃve] *adj* unfinished, uncompleted. une impression d'~ a feeling of incompleteness *ou* incompletion.

inachèvement [inaʃevmã] *nm* incompletion.

inactif, -ive [inaktif, iv] **1** *adj* (a) *vie, personne, capitaux, machine* inactive, idle; (*Bourse*) *marché* slack; *population* non-working. (b) (*inefficace*) *remède* ineffective, ineffectual. **2** *nmpl*: les ~s the non-working population, those not in active employment.

inaction [inaksjɔ̃] *nf* (*oisiveté*) inactivity, idleness.

inactivité [inaktivite] *nf* (*non-activité*) inactivity. (*Admin, Mil*) être en ~ to be out of active service.

inactuel, -elle [inaktɥɛl] *adj* irrelevant to the present day.

inadaptation [inadaptasjɔ̃] *nf* maladjustment. ~ à failure to adjust to *ou* adapt to; ~ d'un enfant à la vie scolaire a child's inability to cope with school life.

inadapté, e [inadapte] **1** *adj personne, enfance* maladjusted; *outil, moyens* unsuitable (*à* for). ~ à not adapted *ou* adjusted to; un genre de vie complètement ~ à ses ressources a way of life quite unsuited to his resources; enfant ~ (à la vie scolaire) maladjusted child, child with (school) behavioural problems.
2 *nm, f* (*péj: adulte*) misfit; (*Admin, Psych*) maladjusted person.

inadéquat, e [inadekwa, at] *adj* inadequate.

inadéquation [inadekwasjɔ̃] *nf* inadequacy.

inadmissibilité [inadmisibilite] *nf* (*Jur*) inadmissibility.

inadmissible [inadmisibl(ə)] *adj* (a) *conduite, négligence* inadmissible, intolerable. (b) (*Jur*) *témoignage, preuve* inadmissible.

inadvertance [inadvɛʀtãs] *nf* oversight. par ~ inadvertently, by mistake.

inaliénabilité [inaljenabilite] *nf* inalienability.

inaliénable [inaljenabl(ə)] *adj* inalienable.

inaltérabilité [inalteʀabilite] *nf* (*V* inaltérable) (a) stability; fastness; fade-resistance; permanence. ~ à l'air stability in air, ability to resist exposure to the atmosphere; ~ à la chaleur heat-resistance, ability to withstand heat; (*littér*) l'~ du ciel the unvarying blueness of the sky. (b) unchanging nature; unfailing nature; unshakeable nature; steadfastness. l'~ de son calme his unchanging *ou* unshakeable calmness.

inaltérable [inalteʀabl(ə)] *adj* (**a**) *métal, substance* stable; *couleur (au lavage)* fast; *(à la lumière)* fade-resistant; *vernis, encre* permanent; *(littér) ciel, cycle* unchanging. ~ à l'air/à la chaleur unaffected by air/heat.
  (**b**) *humeur, sentiments* unchanging, unfailing, unshakeable; *santé* unfailing; *principes, espoir* steadfast, unshakeable, unfailing. **leur amitié est restée** ~ their friendship remained unaltered *ou* steadfast.
inaltéré, e [inalteʀe] *adj* unchanged, unaltered.
inamical, e, *mpl* **-aux** [inamikal, o] *adj* unfriendly.
inamovibilité [inamɔvibilite] *nf* (*Jur*) *[fonction]* permanence; *[juge, fonctionnaire]* irremovability.
inamovible [inamɔvibl(ə)] *adj* (**a**) (*Jur*) *juge, fonctionnaire* irremovable; *fonction, emploi* from which one is irremovable.
  (**b**) *(fixe) plaque, panneau* fixed. **cette partie est** ~ this part is fixed *ou* cannot be removed.
  (**c**) *(hum) casquette, sourire* eternal. **il travaille toujours chez X? il est vraiment** ~ is he still with X? — he's a permanent fixture *ou* he's built in with the bricks (*Brit hum*).
inanimé, e [inanime] *adj matière* inanimate; *personne, corps (évanoui)* unconscious, senseless; *(mort)* lifeless; *(Ling)* inanimate. **tomber** ~ to fall senseless to the ground, fall to the ground unconscious.
inanité [inanite] *nf [conversation]* inanity; *[querelle, efforts]* futility, pointlessness; *[espoirs]* vanity, futility.
inanition [inanisjɔ̃] *nf* exhaustion through lack of nourishment. **tomber/mourir d'**~ to faint with/die of hunger.
inapaisable [inapezabl(ə)] *adj colère, chagrin, besoin* unappeasable; *soif* unquenchable.
inapaisé, e [inapeze] *adj* (*V* **inapaisable**) unappeased; unquenched.
inaperçu, e [inapɛʀsy] *adj* unnoticed. **passer** ~ to pass *ou* go unnoticed; **le geste ne passa pas** ~ the gesture did not go unnoticed *ou* unremarked.
inappétence [inapetɑ̃s] *nf (manque d'appétit)* lack of appetite.
inapplicable [inaplikabl(ə)] *adj loi* unenforceable. **dans ce cas, la règle est** ~ in this case, the rule cannot be applied *ou* is inapplicable *(à to)*.
inapplication [inaplikasjɔ̃] *nf* (**a**) *[élève]* lack of application. (**b**) *[loi]* non-application.
inappliqué, e [inaplike] *adj* (**a**) *écolier* lacking in application *(attrib)*. **cet écolier est** ~ this pupil lacks application, this pupil does not apply himself. (**b**) *méthode* not applied *(attrib); loi, règlement* not enforced *(attrib)*.
inappréciable [inapʀesjabl(ə)] *adj* (**a**) *(précieux) aide, service* invaluable; *avantage, bonheur* inestimable. (**b**) *(difficilement décelable) nuance, différence* inappreciable, imperceptible.
inapte [inapt(ə)] *adj (incapable)* incapable. ~ **aux affaires/à certains travaux** unsuited to *ou* unfitted for business/certain kinds of work; **un accident l'a rendu** ~ **au travail** an accident has made him unfit for work; ~ **à faire** incapable of doing; (*Mil*) ~ **(au service)** unfit (for military service).
inaptitude [inaptityd] *nf (mentale)* inaptitude, incapacity; *(physique)* unfitness *(à qch* for sth, *à faire qch* for doing sth). (*Mil*) ~ **(au service)** unfitness (for military service).
inarrangeable [inaʀɑ̃ʒabl(ə)] *adj querelle* beyond reconciliation *(attrib); appareil, outil* beyond repair *(attrib)*.
inarticulé, e [inaʀtikyle] *adj mots, cris* inarticulate.
inassimilable [inasimilabl(ə)] *adj notions, substance, immigrants* that cannot be assimilated.
inassimilé, e [inasimile] *adj notions, immigrants, substance* unassimilated.
inassouvi, e [inasuvi] *adj haine, colère, désir* unappeased; *faim* unsatisfied, unappeased; *soif (lit, fig)* unquenched; *personne* unfulfilled. **vengeance** ~**e** unappeased desire for revenge, unsated lust for revenge *(littér); soif* ~**e de puissance** unappeased *ou* unquenched lust for power.
inassouvissable [inasuvisabl(ə)] *adj faim* insatiable, unappeasable; *désir, soif* unquenchable, insatiable.
inassouvissement [inasuvismɑ̃] *nm:* **l'**~ **de sa faim/son désir** *(action)* the failure to appease his hunger/quench his desire; *(résultat)* his unappeased hunger/unquenched desire.
inattaquable [inatakabl(ə)] *adj poste, position* unassailable; *preuve* irrefutable; *argument* unassailable, irrefutable; *conduite, réputation* irreproachable, unimpeachable; *personne* beyond reproach *(attrib); métal* corrosion-proof, rustproof.
inattendu, e [inatɑ̃dy] **1** *adj* unexpected, unforeseen. **2** *nm:* **l'**~ the unexpected, the unforeseen; **l'**~ **d'une remarque** the unexpectedness of a remark.
inattentif, -ive [inatɑ̃tif, iv] *adj* inattentive. ~ à *(ne prêtant pas attention à)* inattentive to; *(se souciant peu de) dangers, détails matériels* heedless of, unmindful of.
inattention [inatɑ̃sjɔ̃] *nf* (**a**) *(distraction)* lack of attention, inattention. (**b**) **(instant d')**~ moment of inattention, moment's inattention; **(faute d')**~ careless mistake. (**c**) *(littér: manque d'intérêt pour)* ~ à *convenances, détails matériels* lack of concern for.
inaudible [inodibl(ə)] *adj (non ou peu audible)* inaudible; *(péj: mauvais)* unbearable.
inaugural, e, *mpl* **-aux** [inoɡyʀal, o] *adj séance, cérémonie* inaugural; *vol, voyage* maiden *(épith)*. **discours** ~ *[député]* maiden *ou* inaugural speech; *(lors d'une inauguration)* inaugural speech; *(lors d'un congrès)* opening *ou* inaugural speech.
inauguration [inoɡyʀasjɔ̃] *nf* (*V* **inaugurer**) (**a**) *(action)* unveiling; inauguration; opening. **cérémonie/discours d'**~ inaugural ceremony/lecture *ou* speech. (**b**) *(cérémonie)* opening ceremony; inauguration; unveiling ceremony.
inaugurer [inoɡyʀe] (1) *vt* (**a**) *monument, plaque* to unveil; *route,*

bâtiment to inaugurate, open; *manifestation, exposition* to open; *(fig)* ~ **les chrysanthèmes** to be a mere figurehead. (**b**) *(fig: commencer) politique, période* to inaugurate. **nous inaugurions une période de paix** we were entering a time of peace. (**c**) *(fig: utiliser pour la première fois) raquette, bureau, chapeau* to christen*.
inauthenticité [inotɑ̃tisite] *nf* inauthenticity.
inauthentique [inotɑ̃tik] *adj document, fait* not authentic *(attrib); (Philos) existence* unauthentic.
inavouable [inavwabl(ə)] *adj procédé, motifs, mœurs* shameful, too shameful to mention *(attrib); bénéfices* undisclosable.
inavoué, e [inavwe] *adj crime* unconfessed; *sentiments* unconfessed, unavowed.
inca [ɛ̃ka] **1** *adj* Inca. **2** *nmf:* **I**~ Inca.
incalculable [ɛ̃kalkylabl(ə)] *adj (gén)* incalculable. **un nombre** ~ **de** countless numbers of, an incalculable number of.
incandescence [ɛ̃kɑ̃desɑ̃s] *nf* incandescence. **en** ~ white-hot, incandescent; **porter qch à** ~ to heat sth white-hot *ou* to incandescence; *V* **lampe, manchon.**
incandescent, e [ɛ̃kɑ̃desɑ̃, ɑ̃t] *adj substance, filament* incandescent, white-hot; *(fig) imagination* burning.
incantation [ɛ̃kɑ̃tasjɔ̃] *nf* incantation.
incantatoire [ɛ̃kɑ̃tatwaʀ] *adj* incantatory; *V* **formule.**
incapable [ɛ̃kapabl(ə)] **1** *adj* (**a**) *(inapte)* incapable, incompetent, useless*.
  (**b**) ~ **de faire** *(par incompétence, impossibilité morale)* incapable of doing; *(impossibilité physique, physiologique)* unable to do, incapable of doing; **j'étais** ~ **de bouger** I was unable to move, I was incapable of movement *ou* of moving; **elle est** ~ **de mentir** she's incapable of lying, she can't tell a lie.
  (**c**) ~ **d'amour** incapable of loving, unable to love; ~ **de malhonnêteté** incapable of dishonesty *ou* of being dishonest; ~ **du moindre effort** unable to make the least effort, incapable of making the least effort.
  (**d**) (*Jur*) incapable.
  2 *nmf* (**a**) *(incompétent)* incompetent. **c'est un** ~ he's useless* *ou* incapable, he's an incompetent.
  (**b**) (*Jur*) incapable person.
incapacitant, e [ɛ̃kapasitɑ̃, ɑ̃t] *adj gaz, grenade* stun *(épith)*. **bombe** ~**e** stun-gas spray.
incapacité [ɛ̃kapasite] *nf* (**a**) *(incompétence)* incompetence, incapability.
  (**b**) *(impossibilité)* ~ **de faire** incapacity *ou* inability to do; **être dans l'**~ **de faire** to be unable to do, be incapable of doing.
  (**c**) *(invalidité)* disablement, disability. ~ **totale/partielle/permanente** total/partial/permanent disablement *ou* disability; ~ **de travail** industrial disablement *ou* disability.
  (**d**) (*Jur*) incapacity. ~ **de jouissance** incapacity *(by exclusion from a right)*; ~ **d'exercice** incapacity *(by restriction of a right)*; ~ **civile** civil incapacity.
incarcération [ɛ̃kaʀseʀasjɔ̃] *nf* incarceration, imprisonment.
incarcérer [ɛ̃kaʀseʀe] (6) *vt* to incarcerate, imprison.
incarnat, e [ɛ̃kaʀna, at] **1** *adj teint* rosy, pink; *teinture* crimson. **2** *nm* rosy hue, rosiness; crimson tint.
incarnation [ɛ̃kaʀnasjɔ̃] *nf (Myth, Rel)* incarnation. *(fig: image)* **être l'**~ **de** to be the incarnation *ou* embodiment of.
incarné, e [ɛ̃kaʀne] *(ptp de* **incarner**) *adj* (**a**) *(Rel)* incarnate; *(fig: personnifié)* incarnate, personified. **cette femme est la méchanceté** ~**e** this woman is wickedness incarnate *ou* personified, this woman is the embodiment of wickedness.
  (**b**) *ongle* ingrown.
incarner [ɛ̃kaʀne] (1) **1** *vt (représenter) [personne]* to embody, personify, incarnate; *[œuvre]* to embody; *(Théât) [acteur]* to play; *(Rel)* to incarnate.
  2 s'incarner *vpr* (**a**) *(être représenté par)* **s'**~ **dans** *ou* **en** to be embodied in; **tous nos espoirs s'incarnent en vous** you embody all our hopes, you are the embodiment of all our hopes.
  (**b**) *(Rel)* **s'**~ **dans** to become *ou* be incarnate in.
  (**c**) *[ongle]* to become ingrown.
incartade [ɛ̃kaʀtad] *nf* (**a**) *(écart de conduite)* prank, escapade. **ils étaient punis à la moindre** ~ they were punished for the slightest prank; **faire une** ~ to go on an escapade. (**b**) *(Équitation: écart)* swerve. **faire une** ~ to shy.
incassable [ɛ̃kɑsabl(ə)] *adj* unbreakable.
incendiaire [ɛ̃sɑ̃djɛʀ] **1** *nmf* fire-raiser, arsonist. **2** *adj balle, bombe* incendiary; *discours, propos* inflammatory, incendiary; *lettre d'amour, œillade* passionate; *V* **blond.**
incendie [ɛ̃sɑ̃di] **1** *nm* (**a**) *(sinistre)* fire, blaze, conflagration *(littér)*. **un** ~ **s'est déclaré dans ...** a fire broke out in ...; *V* **assurance, foyer, pompe¹.**
  (**b**) *(fig littér)* **l'**~ **du couchant** the blaze of the sunset, the fiery glow of the sunset; **l'**~ **de la révolte/de la passion** the fire of revolt/of passion.
  2: **incendie criminel** arson (*U*), case of arson; **incendie de forêt** forest fire.
incendié, e [ɛ̃sɑ̃dje] *(ptp de* **incendier**) *adj:* **les fermiers** ~**s ont tout perdu** the farmers who were the victims of the fire have lost everything.
incendier [ɛ̃sɑ̃dje] (7) *vt* (**a**) *(mettre le feu à)* to set fire to, set on fire, set alight; *(brûler complètement) bâtiment* to burn down; *voiture* to burn; *ville, récolte, forêt* to burn (to ashes).
  (**b**) *(fig) désir, passion* to kindle, inflame; *imagination* to fire; *bouche, gorge* to burn, set on fire. **la fièvre lui incendiait le visage** *(sensation)* fever made his face burn; *(apparence)* his cheeks were burning *ou* glowing with fever; *(littér)* **le soleil incendie le couchant** the setting sun sets the sky ablaze.
  (**c**) *(*: réprimander)* ~ **qn** to give sb a rocket* *(Brit) ou* a stiff telling-off*, tear a strip off sb*; **tu vas te faire** ~ you'll catch it*,

you'll get a rocket* (*Brit*); **elle l'a incendié du regard** she looked daggers at him, she shot him a baleful look.

incertain, e [ɛ̃sɛʀtɛ̃, ɛn] *adj* (a) *personne* uncertain, unsure (*de qch* about *ou* as to sth). **~ de savoir la vérité, il ... uncertain *ou* unsure** as to whether he knew the truth, he ...; **encore ~ sur la conduite à suivre** still undecided *ou* uncertain about which course to follow. (b) *démarche* uncertain, hesitant. (c) *temps* uncertain, unsettled; *contour* indistinct, blurred; *allusion* vague; *lumière* dim, vague. (d) *succès, entreprise, origine* uncertain, doubtful; *date, durée* uncertain, unspecified; *fait* uncertain, doubtful.

incertitude [ɛ̃sɛʀtityd] *nf* (a) (*U*) [*personne, résultat, fait*] uncertainty. **être dans l'~** to be in a state of uncertainty, feel uncertain; **être dans l'~ sur ce qu'on doit faire** to be uncertain as to the best course to follow. (b) **~s** (*hésitations*) doubts, uncertainties; (*impondérables*) [*avenir, entreprise*] uncertainties.

incessamment [ɛ̃sesamɑ̃] *adv* (*sans délai*) (very) shortly. **il doit arriver ~** he'll be here any minute now *ou* very shortly.

incessant, e [ɛ̃sesɑ̃, ɑ̃t] *adj pluie* incessant, unceasing; *efforts, activité* ceaseless, incessant, unremitting; *bruit, réclamations, coups de téléphone* incessant, unceasing, continual.

incessibilité [ɛ̃sesibilite] *nf* non-transferability.

incessible [ɛ̃sesibl(ə)] *adj* non-transferable.

inceste [ɛ̃sɛst(ə)] *nm* incest.

incestueusement [ɛ̃sɛstɥøzmɑ̃] *adv* incestuously.

incestueux, -euse [ɛ̃sɛstɥø, øz] **1** *adj relations, personne* incestuous; *enfant* born of incest. **2** *nm, f* (*Jur*) person guilty of incest.

inchangé, e [ɛ̃ʃɑ̃ʒe] *adj* unchanged, unaltered. **la situation/son expression reste ~e** the situation/his expression remains unchanged *ou* the same *ou* unaltered.

inchangeable [ɛ̃ʃɑ̃ʒabl(ə)] *adj* unchangeable.

inchantable [ɛ̃ʃɑ̃tabl(ə)] *adj* unsingable.

inchauffable [ɛ̃ʃofabl(ə)] *adj* impossible to heat (*attrib*).

inchavirable [ɛ̃ʃaviʀabl(ə)] *adj* uncapsizable, self-righting.

inchoatif, -ive [ɛ̃kɔatif, iv] *adj* inchoative, inceptive.

incidemment [ɛ̃sidamɑ̃] *adv* incidentally, in passing.

incidence [ɛ̃sidɑ̃s] *nf* (*conséquence*) effect; (*Écon, Phys*) incidence; **avoir une ~ sur** to affect, have an effect (up)on; *V* **angle**.

incident, e [ɛ̃sidɑ̃, ɑ̃t] **1** *adj* (*frm, Jur: accessoire*) incidental; (*Phys*) incident. **puis-je vous demander, de manière toute ~e?** may I ask you, quite incidentally?; **je désirerais poser une question ~e** I'd like to ask a question in connection with this matter, I'd like to interpose a question. **2** *nm* (*gén*) incident; (*Jur*) point of law. **la vie n'est qu'une succession d'~s** life is just a series of minor incidents; **~ imprévu** unexpected incident, unforeseen event; **l'~ est clos** that's an end of the matter. **3 incidente** *nf* (*Ling*) (proposition) **~e** parenthesis, parenthetical clause. **4: incident diplomatique** diplomatic incident; **incident de frontière** border incident; **incident de parcours** (*gén*) (minor *ou* slight) setback, hitch; (*santé*) (minor *ou* slight) setback; (*lit, hum fig*) **incident technique** technical hitch.

incinérateur [ɛ̃sineʀatœʀ] *nm* incinerator.

incinération [ɛ̃sineʀasjɔ̃] *nf* (*V* **incinérer**) incineration; cremation.

incinérer [ɛ̃sineʀe] (6) *vt ordures, cadavre* to incinerate; (*au crématorium*) to cremate. **se faire ~** to be cremated.

incise [ɛ̃siz] *nf* (*Mus*) phrase. (*Ling*) (proposition) **~** interpolated clause; **il m'a dit, en ~, que** he told me in passing *ou* in parenthesis that.

inciser [ɛ̃size] (1) *vt écorce, arbre* to incise, make an incision in; *peau* to incise; *abcès* to lance. **~ un arbre pour en extraire la résine** to tap a tree.

incisif, -ive [ɛ̃sizif, iv] **1** *adj ton, style, réponse* cutting, incisive; *regard* piercing. **2 incisive** *nf* (*dent*) incisor. **~ive supérieure/inférieure** upper/lower incisor.

incision [ɛ̃sizjɔ̃] *nf* (a) (*V* **inciser**) incising; incision; lancing. (b) (*entaille*) incision. **faire une ~ dans** to make an incision in, incise.

incisive [ɛ̃siziv] *V* **incisif**.

incitation [ɛ̃sitasjɔ̃] *nf* (*au meurtre, à la révolte*) incitement; (*à l'effort, au travail*) incentive (*à* to; *a faire* to do).

inciter [ɛ̃site] (1) *vt*: **~ qn à faire** to incite *ou* urge sb to do; **cela m'incite à la méfiance** that prompts me to be on my guard, that puts me on my guard; **cela les incite à la violence/la révolte** that incites them to violence/revolt; **ça n'incite pas au travail** it doesn't (exactly) encourage one to work, it's no incentive to work; **ça vous incite au découragement** it makes you feel (positively) discouraged; **ça vous incite à la paresse** it encourages laziness (in one), it encourages one to be lazy.

incivil, e [ɛ̃sivil] *adj* uncivil, rude.

incivilement [ɛ̃sivilmɑ̃] *adv* uncivilly, rudely.

incivilité [ɛ̃sivilite] *nf* [*attitude, ton*] incivility, rudeness; (*propos impoli*) uncivil *ou* rude remark. **ce serait commettre une ~ que de ...** it would be uncivil to ... .

inclassable [ɛ̃klasabl(ə)] *adj* which cannot be categorized, unclassifiable.

inclémence [ɛ̃klemɑ̃s] *nf* inclemency.

inclément, e [ɛ̃klemɑ̃, ɑ̃t] *adj* inclement.

inclinable [ɛ̃klinabl(ə)] *adj dossier de siège* reclining; *lampe* adjustable.

inclinaison [ɛ̃klinɛzɔ̃] **1** *nf* (a) (*déclivité*) [*plan, pente*] incline; [*route, voie ferrée*] incline, gradient; [*toit*] slope, slant, pitch; [*barre, tuyau*] slope, slant. **l'~ exceptionnelle de la route** the exceptionally steep gradient of the road, the exceptional steepness of the road. (b) (*aspect*) [*mur*] lean; [*mât, tour*] lean, tilt; [*chapeau*] slant, tilt;

[*appareil, tête*] tilt; [*navire*] list. **l'~ comique de son chapeau sur l'oreille gauche** the comic way in which his hat was cocked *ou* tilted over his left ear; **accentuez l'~ de la tête** tilt your head forward more. (c) (*Géom*) [*droite, surface*] angle; *V* **angle**. **2**: (*Phys*) **inclinaison magnétique** magnetic declination.

inclination [ɛ̃klinasjɔ̃] *nf* (a) (*penchant*) inclination. **suivre son ~** to follow one's (own) inclination; **son ~ naturelle au bonheur** his natural inclination *ou* tendency towards happiness; **~s altruistes** altruistic tendencies; **une certaine ~ à mentir** a certain inclination *ou* tendency *ou* propensity to tell lies; **avoir de l'~ pour la littérature** to have a strong liking *ou* a penchant for literature; **~ pour qn†** liking for sb. (b) **~ de (la) tête** (*acquiescement*) nod; (*salut*) inclination of the head; **~ (du buste)** bow.

incliné, e [ɛ̃kline] (*ptp de* **incliner**) *adj* (a) (*raide*) pente, toit steep, (steeply) sloping. (b) (*penché*) tour, mur leaning; *récipient* tilted; *V* **plan¹**. (c) **être ~ à penser que ...** to be inclined to think that ...; **être ~ au mal** to have a leaning *ou* a tendency towards what is bad.

incliner [ɛ̃kline] (1) **1** *vt* (a) (*pencher*) appareil, mât, bouteille to tilt; (*littér: courber*) arbre to bend (over); [*architecte*] toit, surface to slope; *dossier de chaise* to tilt. **le vent incline la barre** the wind heels the boat over; **~ la tête** *ou* **le front** (*pour saluer*) to give a slight bow, incline one's head; (*pour acquiescer*) to nod (one's head), incline one's head; **~ la tête de côté** to tilt *ou* incline one's head on one side; **~ le buste** *ou* **le corps** (*saluer*) to bow, give a bow; **inclinez le corps plus en avant** lean *ou* bend forward more; *V* **plan¹**. (b) (*littér*) **~ qn à l'indulgence** to encourage sb to be indulgent; **ceci m'incline à penser que** that makes me inclined to think that, that leads me to believe that. **2** *vi* (a) **~ à** (*tendre à*) to tend towards; (*pencher pour*) to be *ou* feel inclined towards; **il incline à l'autoritarisme/à l'indulgence** he tends towards authoritarianism/indulgence, he tends to be authoritarian/indulgent; **dans ce cas, il inclinait à la clémence/sévérité** in this instance he felt inclined to be merciful/severe *ou* he inclined towards clemency/severity; **le ministre inclinait vers des mesures très sévères** the minister inclined towards (taking) strong measures; **~ à penser/croire que** to be inclined to think/believe that; **j'incline à accepter cette offre/rejeter cette solution** I'm inclined to accept this offer/reject this solution. (b) (*littér*) [*mur*] to lean; [*arbre*] to bend. **la colline inclinait doucement vers la mer** the hill sloped gently (down) towards the sea. (c) (*bifurquer*) **~ vers** to veer (over) towards *ou* to. **3 s'incliner** *vpr* (a) (*se courber*) to bow (*devant* before). **s'~ jusqu'à terre** to bow to the ground. (b) (*rendre hommage à*) **s'~ devant qn** *ou* **devant la supériorité de qn** to bow before sb's superiority; **devant tant de talent/de noblesse, je m'incline** I bow before such a wealth of talent/such nobleness; **devant un tel homme, on ne peut que s'~** one can only bow (down) before such a man; **il est venu s'~ devant la dépouille mortelle du président** he came to pay his last respects at the coffin of the president. (c) (*céder*) **s'~ devant l'autorité de qn** to yield *ou* bow to sb's authority; **s'~ devant un ordre** to accept an order; **puisque vous me le commandez, je n'ai plus qu'à m'~ et obéir** since you order me to do it, I can only accept it and obey. (d) (*s'avouer battu*) to admit defeat. **le boxeur s'inclina** (devant son adversaire) à la 3e reprise the boxer admitted defeat in the 3rd round; **il dut s'~ devant un adversaire plus fort que lui** faced with an opponent stronger than himself, he was forced to give in *ou* to admit defeat, he had to bow to his opponent who was stronger than him; (*Sport*) **Marseille s'est incliné devant Saint-Étienne** (par) **2 buts à 3** Marseilles went down to *ou* lost to Saint-Étienne by 2 goals to 3. (e) [*arbre*] to bend over; [*mur*] to lean; [*navire*] to heel (over); [*chemin, colline*] to slope; [*toit*] to be sloping. **le soleil s'incline à l'horizon** the sun is sinking (down) towards the horizon.

inclure [ɛ̃klyʀ] (35) *vt* (a) (*insérer*) clause to insert (*dans* in), nom to include (*dans* in); (*joindre à un envoi*) billet, chèque to enclose (*dans* in). (b) (*contenir*) to include. **ce récit en inclut un autre** this is a story within a story.

inclus, e [ɛ̃kly, yz] (*ptp de* **inclure**) *adj* (a) (*joint à un envoi*) enclosed. (b) (*compris*) frais included. **eux ~** including them; **jusqu'au 10 mars ~** until March 10th, up to and including March 10th; **jusqu'au 3e chapitre ~** up to and including the 3rd chapter; **les frais sont ~ dans la note** the bill is inclusive of expenses, expenses are included in the bill; *V* **ci**. (c) (*Math*) (*ensemble*) **~ dans** included in; **A est ~ dans B** A is the subset of B.

inclusif, -ive [ɛ̃klyzif, iv] *adj* (*Gram, Logique*) inclusive.

inclusion [ɛ̃klyzjɔ̃] *nf* (*gén, Math*) inclusion.

inclusivement [ɛ̃klyzivmɑ̃] *adv*: **jusqu'au 16e siècle ~** up to and including the 16th century; **jusqu'au 1er janvier ~** until January 1st inclusive, up to and including January 1st.

incoercible [ɛ̃kɔɛʀsibl(ə)] *adj toux* uncontrollable; *besoin, désir, rire* uncontrollable, irrepressible.

incognito [ɛ̃kɔɲito] **1** *adv* incognito. **2** *nm*: **garder l'~, rester dans l'~** to remain incognito; **laisser l'~ à qn** to allow sb to remain incognito; **l'~ lui plaisait** he liked being incognito; **l'~ dont il s'entourait** the secrecy with which he surrounded himself.

incohérence [ɛ̃kɔeʀɑ̃s] *nf* (a) (*caractère: V* **incohérent**) incoherency, incoherence; inconsistency. **l'~ entre les différentes**

parties du discours the inconsistency of the different parts of the speech.
  (b) *(dans un texte etc)* inconsistency, discrepancy; *(propos, acte etc)* inconsistency. **les ~s de sa conduite** the inconsistency of his behaviour, the inconsistencies in his behaviour.
incohérent, e [ɛ̃kɔeRɑ̃, ɑ̃t] *adj geste, langage, texte* incoherent; *comportement* inconsistent.
incollable [ɛ̃kɔlabl(ə)] *adj* **(a)** *(qui ne colle pas) riz* ~ non-stick rice. **(b)** (*: *imbattable)* unbeatable. **il est ~ (en histoire)** you can't catch him out* (on history) *(Brit)*, he's got all the answers (on history).
incolore [ɛ̃kɔlɔR] *adj ciel, liquide, style* colourless; *verre, vernis* clear; *(littér) sourire* wan.
incomber [ɛ̃kɔ̃be] (1) **incomber à** *vt indir (frm) [devoirs, responsabilité]* to be incumbent on; *[frais, réparations, travail]* to be sb's responsibility; **il m'incombe de faire** it falls to me to do, it is my responsibility to do, it is incumbent upon me to do, the onus is on me to do; **ces frais leur incombent entièrement** these costs are to be paid by them in full *ou* are entirely their responsibility.
incombustibilité [ɛ̃kɔ̃bystibilite] *nf* incombustibility.
incombustible [ɛ̃kɔ̃bystibl(ə)] *adj* incombustible.
incommensurabilité [ɛ̃kɔmɑ̃syRabilite] *nf* incommensurability.
incommensurable [ɛ̃kɔmɑ̃syRabl(ə)] *adj* **(a)** *(immense)* immeasurable. **(b)** *(sans commune mesure: Math, littér)* incommensurable *(avec* with).
incommensurablement [ɛ̃kɔmɑ̃syRabləmɑ̃] *adv (V:* **incommensurable)** immeasurably; incommensurably.
incommodant, e [ɛ̃kɔmɔdɑ̃, ɑ̃t] *adj odeur* unpleasant, offensive; *bruit* annoying, unpleasant; *chaleur* uncomfortable.
incommode [ɛ̃kɔmɔd] *adj* **(a)** *pièce, appartement* inconvenient; *heure* awkward, inconvenient; *armoire, outil* impractical, awkward. **(b)** *siège* uncomfortable; *(fig) position, situation* awkward, uncomfortable.
incommodé, e [ɛ̃kɔmɔde] *(ptp de* **incommoder)** *adj* indisposed, unwell. **elle est ~e par la fumée** the smoke makes her uncomfortable, she is bothered by the smoke.
incommodément [ɛ̃kɔmɔdemɑ̃] *adv installé, assis* awkwardly, uncomfortably; *logé* inconveniently; *situé* inconveniently, awkwardly.
incommoder [ɛ̃kɔmɔde] (1) *vt:* ~ **qn** *[bruit]* to disturb *ou* bother sb; *[odeur, chaleur]* to bother sb; *[comportement]* to make sb feel ill-at-ease *ou* uncomfortable.
incommodité [ɛ̃kɔmɔdite] *nf (V* **incommode)** inconvenience; awkwardness; impracticability; lack of comfort.
incommunicabilité [ɛ̃kɔmynikabilite] *nf* incommunicability.
incommunicable [ɛ̃kɔmynikabl(ə)] *adj* incommunicable.
incommutabilité [ɛ̃kɔmytabilite] *nf* inalienability.
incommutable [ɛ̃kɔmytabl(ə)] *adj* inalienable.
incomparable [ɛ̃kɔ̃paRabl(ə)] *adj (sans pareil)* incomparable, matchless; *(dissemblable)* not comparable.
incomparablement [ɛ̃kɔ̃paRabləmɑ̃] *adv:* ~ **plus/mieux** incomparably more/better.
incompatibilité [ɛ̃kɔ̃patibilite] *nf (gén, Sci)* incompatibility. *(Jur)* ~ **d'humeur** (mutual) incompatibility; **il y a** ~ **d'humeur entre les membres de cette équipe** the members of this team are (temperamentally) incompatible; ~ **de groupes sanguins** incompatibility of blood groups.
incompatible [ɛ̃kɔ̃patibl(ə)] *adj* incompatible *(avec* with).
incompétence [ɛ̃kɔ̃petɑ̃s] *nf (incapacité)* incompetence; *(ignorance)* lack of knowledge; *(Jur)* incompetence. **il reconnaît volontiers son** ~ **en musique** he freely admits to his lack of knowledge of music *ou* that he knows nothing about music.
incompétent, e [ɛ̃kɔ̃petɑ̃, ɑ̃t] *adj (incapable)* incompetent; *(ignorant)* ignorant, inexpert; *(Jur)* incompetent. **en ce qui concerne la musique/les maths je suis** ~ as far as music goes/maths go I'm not competent *ou* I'm incompetent to judge.
incomplet, -ète [ɛ̃kɔ̃plɛ, ɛt] *adj* incomplete.
incomplètement [ɛ̃kɔ̃plɛtmɑ̃] *adv renseigné* incompletely; *rétabli, guéri* not completely.
incomplétude [ɛ̃kɔ̃pletyd] *nf (littér: insatisfaction)* non-fulfilment.
incompréhensibilité [ɛ̃kɔ̃pReɑ̃sibilite] *nf* incomprehensibility.
incompréhensible [ɛ̃kɔ̃pReɑ̃sibl(ə)] *adj (gén)* incomprehensible.
incompréhensif, -ive [ɛ̃kɔ̃pReɑ̃sif, iv] *adj* unsympathetic. **il s'est montré totalement** ~ he (just) refused to understand, he was totally unsympathetic; **ses parents se montrent totalement ~s** his parents show a total lack of understanding.
incompréhension [ɛ̃kɔ̃pReɑ̃sjɔ̃] *nf* **(a)** *(V* **incompréhensif)** lack of understanding *(envers* of); unwillingness to understand. **(b)** **l'~ d'un texte** the failure to understand a text, the lack of understanding *ou* comprehension of a text.
incompressibilité [ɛ̃kɔ̃pResibilite] *nf (Phys)* incompressibility. **l'~ du budget** the irreducibility of the budget.
incompressible [ɛ̃kɔ̃pResibl(ə)] *adj (Phys)* incompressible. **nos dépenses sont ~s** our expenses cannot be reduced *ou* cut down.
incompris, e [ɛ̃kɔ̃pRi, iz] *adj* misunderstood. **X fut un grand** ~ **à son époque** X was never understood by his contemporaries.
inconcevable [ɛ̃kɔ̃svabl(ə)] *adj (gén)* inconceivable. **avec un toupet** ~ with unbelievable *ou* incredible cheek *(Brit) ou* nerve.
inconcevablement [ɛ̃kɔ̃svabləmɑ̃] *adv* inconceivably, incredibly.
inconciliabilité [ɛ̃kɔ̃siljabilite] *nf* irreconcilability.
inconciliable [ɛ̃kɔ̃siljabl(ə)] *adj* irreconcilable.
inconditionnalité [ɛ̃kɔ̃disjɔnalite] *nf* unreservedness, wholeheartedness. **l'~ de son soutien au gouvernement** his wholehearted *ou* unreserved support for the government.
inconditionnel, -elle [ɛ̃kɔ̃disjɔnɛl] **1** *adj acceptation, ordre,*

soumission unconditional; *appui* wholehearted, unconditional, unreserved; *partisan, foi* unquestioning.
  2 *nm, f [homme politique, doctrine]* unquestioning *ou* ardent supporter *(de* of); *[écrivain, chanteur]* ardent admirer *(de* of). **les ~s des sports d'hiver** winter sports enthusiasts *ou* fanatics.
inconditionnellement [ɛ̃kɔ̃disjɔnɛlmɑ̃] *adv (V* **inconditionnel)** unconditionally; wholeheartedly; unreservedly; unquestioningly.
inconduite [ɛ̃kɔ̃dɥit] *nf (débauche)* wild *ou* loose *ou* shocking behaviour *(U)*.
inconfort [ɛ̃kɔ̃fɔR] *nm [logement]* lack of comfort, discomfort. **l'~ lui importait peu** discomfort didn't matter to him in the least; **vivre dans l'~** to live in uncomfortable surroundings.
inconfortable [ɛ̃kɔ̃fɔRtabl(ə)] *adj maison, meuble* uncomfortable; *(lit, fig) position* uncomfortable, awkward.
inconfortablement [ɛ̃kɔ̃fɔRtabləmɑ̃] *adv (V* **inconfortable)** uncomfortably; awkwardly.
incongelable [ɛ̃kɔ̃ʒlabl(ə)] *adj* non-freezable, unsuitable for freezing.
incongru, e [ɛ̃kɔ̃gRy] *adj attitude, bruit* unseemly; *remarque* incongruous, ill-placed, ill-chosen; (†, *littér) personne* uncouth.
incongruité [ɛ̃kɔ̃gRɥite] *nf* **(a)** *(caractère)* incongruity, unseemliness. **(b)** *(propos)* unseemly *ou* ill-chosen *ou* ill-placed remark; *(acte)* unseemly action, unseemly behaviour *(U)*.
incongrûment [ɛ̃kɔ̃gRymɑ̃] *adv agir, parler* in an unseemly way.
inconnaissable [ɛ̃kɔnɛsabl(ə)] *adj* unknowable.
inconnu, e [ɛ̃kɔny] **1** *adj destination, fait* unknown; *odeur, sensation* new, unknown; *ville, personne* unknown, strange *(à, de* to). **son visage m'était** ~ his face was new *ou* unknown to me, I didn't know his face; **une joie ~e l'envahit** he was seized with a strange joy *ou* a joy that was (quite) new to him; **on se sent très seul en pays** ~ one feels very lonely in a strange country *ou* in a foreign country *ou* in strange surroundings; **s'en aller vers des contrées ~es** to set off in search of unknown *ou* unexplored *ou* uncharted lands; ~ **à cette adresse** not known at this address; *(fig)* **il est** ~ **au bataillon** no one's ever heard of him; *V* **soldat**.
  2 *nm, f* stranger, unknown person. **pour moi, ce peintre-là, c'est un** ~ I don't know this painter, this painter is unknown to me; **ce roman, écrit par un illustre** ~ this novel, written by some eminent author of whom no one has ever heard *ou* by some person of obscure repute; **le malfaiteur n'était pas un** ~ **pour la police** the culprit was known *ou* was not unknown *ou* was no stranger to the police; **ne parle pas à des ~s** don't talk to strangers.
  3 *nm (ce qu'on ignore)* **l'~** the unknown.
  4 **inconnue** *nf (élément inconnu)* unknown factor *ou* quantity; *(Math)* unknown. **dans cette entreprise, il y a beaucoup d'~es** there are lots of unknowns *ou* unknown factors in this venture.
inconsciemment [ɛ̃kɔ̃sjamɑ̃] *adv (involontairement)* unconsciously, unwittingly; *(à la légère)* thoughtlessly, recklessly, rashly.
inconscience [ɛ̃kɔ̃sjɑ̃s] *nf* **(a)** *(physique)* unconsciousness. **sombrer dans l'~** to lose consciousness, sink into unconsciousness. **(b)** *(morale)* thoughtlessness, recklessness, rashness. **mais c'est de l'~!** that's sheer madness! *ou* stupidity!
inconscient, e [ɛ̃kɔ̃sjɑ̃, ɑ̃t] **1** *adj (évanoui)* unconscious; *(échappant à la conscience) sentiment* subconscious; *(machinal) mouvement* unconscious, automatic; *(irréfléchi) décision, action, personne* thoughtless, reckless, rash; (*: *fou)* mad*, crazy. ~ **de événements extérieurs** unaware of, not aware of; *conséquence* unaware of, not aware of, oblivious to; **c'est un ~*** he's mad* *ou* crazy, he's a madman*.
  2 *nm (Psych)* **l'~** the subconscious, the unconscious.
inconséquence [ɛ̃kɔ̃sekɑ̃s] *nf (manque de logique)* inconsistency, inconsequence; *(légèreté)* thoughtlessness *(U)*, fecklessness *(U)*.
inconséquent, e [ɛ̃kɔ̃sekɑ̃, ɑ̃t] *adj (illogique) comportement, personne* inconsistent, inconsequent; *(irréfléchi) démarche, décision, personne* thoughtless.
inconsidéré, e [ɛ̃kɔ̃sideRe] *adj* ill-considered, thoughtless, rash.
inconsidérément [ɛ̃kɔ̃sideRemɑ̃] *adv* thoughtlessly, rashly, without thinking.
inconsistance [ɛ̃kɔ̃sistɑ̃s] *nf (V* **inconsistant)** flimsiness; weakness; colourlessness; runniness; watery *ou* thin consistency.
inconsistant, e [ɛ̃kɔ̃sistɑ̃, ɑ̃t] *adj (a) preuve, idée, espoir* flimsy; *argumentation, intrigue de roman* flimsy, weak; *personne* colourless; *caractère* colourless, weak. **(b)** *crème* runny; *bouillie, soupe* watery, thin.
inconsolable [ɛ̃kɔ̃sɔlabl(ə)] *adj personne* disconsolate, inconsolable; *chagrin* inconsolable.
inconsolé, e [ɛ̃kɔ̃sɔle] *adj personne* disconsolate; *chagrin* unconsoled.
inconsommable [ɛ̃kɔ̃sɔmabl(ə)] *adj* unfit for consumption *(attrib)*.
inconstance [ɛ̃kɔ̃stɑ̃s] *nf [conduite, temps, fortune]* fickleness; *[amour]* inconstancy, fickleness. *(littér)* ~**s** *(dans le comportement)* inconsistencies; *(en amour)* infidelities, inconstancies.
inconstant, e [ɛ̃kɔ̃stɑ̃, ɑ̃t] *adj (V* **inconstance)** fickle; inconstant.
inconstatable [ɛ̃kɔ̃statabl(ə)] *adj* impossible to ascertain *(attrib)*, unascertainable.
inconstitutionnalité [ɛ̃kɔ̃stitysjɔnalite] *nf* unconstitutionality.
inconstitutionnel, -elle [ɛ̃kɔ̃stitysjɔnɛl] *adj* unconstitutional.
inconstitutionnellement [ɛ̃kɔ̃stitysjɔnɛlmɑ̃] *adv* unconstitutionally.
incontestabilité [ɛ̃kɔ̃tɛstabilite] *nf* incontestability.
incontestable [ɛ̃kɔ̃tɛstabl(ə)] *adj (indiscutable)* incontestable, unquestionable, indisputable. **il a réussi, c'est** ~ he's succeeded, there is no doubt about that, it's undeniable that he has succeeded; **il est** ~ **qu'elle est la meilleure** she is incontestably *ou* indisputably *ou* unquestionably the best.

incontestablement [ɛ̃kɔ̃tɛstabləmɑ̃] *adv* incontestably, unquestionably, indisputably. **c'est prouvé? — ~ is it proved? —** beyond
any shadow of doubt.
incontesté, e [ɛ̃kɔ̃tɛste] *adj autorité, principe, fait* uncontested,
undisputed. **le chef/maître ~** the undisputed chief/master; **le
gagnant ~** the undisputed *ou* outright winner.
incontinence [ɛ̃kɔ̃tinɑ̃s] **1** *nf* (a) (*Méd*) incontinence. **~ (d'urine)**
incontinence, enuresis (*T*); **~ nocturne** bedwetting, enuresis (*T*).
(b) (†, *littér: luxure*) incontinence.
2: incontinence de langage lack of restraint in speech; **incontinence verbale** garrulousness, verbal diarrhoea*.
incontinent¹, e [ɛ̃kɔ̃tinɑ̃, ɑ̃t] *adj* (a) (*Méd*) personne incontinent,
enuretic (*T*); *vessie* weak. **(b)** (†, *littér: débauché*) incontinent (†,
littér).
incontinent² [ɛ̃kɔ̃tinɑ̃] *adv* (†, *littér: sur-le-champ*) forthwith (†,
littér).
incontrôlable [ɛ̃kɔ̃tʀolabl(ə)] *adj* (*non vérifiable*) unverifiable;
(*irrépressible*) uncontrollable.
incontrôlé, e [ɛ̃kɔ̃tʀole] *adj* (*V* incontrôlable) unverified; uncontrolled. **un groupe ~ de manifestants** an uncontrolled *ou* undisciplined group of demonstrators.
inconvenance [ɛ̃kɔ̃vnɑ̃s] *nf* (a) (*caractère*) impropriety, unseemliness. **(b)** (*acte*) impropriety, indecorous *ou* unseemly behaviour
(*U*); (*remarque*) impropriety, indecorous *ou* unseemly language
(*U*).
inconvenant, e [ɛ̃kɔ̃vnɑ̃, ɑ̃t] *adj comportement, parole* improper,
indecorous, unseemly; *question* improper; *personne* ill-mannered.
inconvénient [ɛ̃kɔ̃venjɑ̃] *nm* (a) (*désavantage*) *[situation, plan]*
disadvantage, drawback, inconvenience.
(b) (*conséquences fâcheuses*) **~s** (unpleasant) consequences,
drawbacks; **il subit maintenant les ~s d'une situation qu'il a
lui-même créée** he now has to put up with the consequences *ou*
drawbacks of a situation which he himself created; **tu feras ce que
tu voudras mais nous ne voulons pas en supporter les ~s** you
can do what you like but we don't want to have to suffer the
consequences.
(c) (*risque*) **n'y a-t-il pas d'~ à mettre ce plat en faïence au
four?** isn't there a risk in putting this earthenware plate in the
oven?; **peut-on sans ~ prendre ces deux médicaments ensemble?** can one safely take these two medicines together?, is there
any danger in taking these two medicines together?; **on peut
modifier sans ~ notre itinéraire** we can easily change our route,
we can change our route without any difficulty *ou* inconvenience.
(d) (*obstacle, objection*) **l'~ c'est que je ne serai pas là** the snag
ou the annoying thing *ou* the one drawback is that I won't be there;
pouvez-vous sans ~ vous libérer jeudi? would it be convenient
for you to get away on Thursday?, will you be able to get away on
Thursday without any difficulty?; **voyez-vous un ~** *ou* **y a-t-il un
~ à ce que je parte ce soir?** have you *ou* is there any objection to
my leaving this evening?; **si vous n'y voyez pas d'~** ... if you have
no objections... .
inconvertibilité [ɛ̃kɔ̃vɛʀtibilite] *nf* inconvertibility.
inconvertible [ɛ̃kɔ̃vɛʀtibl(ə)] *adj* (*Fin*) inconvertible.
incoordination [ɛ̃kɔɔʀdinasjɔ̃] *nf [idées, opération]* lack of coordination; (*Méd*) incoordination, lack of coordination.
incorporable [ɛ̃kɔʀpɔʀabl(ə)] *adj* incorporable.
incorporalité [ɛ̃kɔʀpɔʀalite] *nf* incorporeality.
incorporation [ɛ̃kɔʀpɔʀasjɔ̃] *nf* (a) (*V* incorporer) mixing; blending; incorporation; insertion; integration. **(b)** (*Mil*) (*appel*) enlistment (*à* into); (*affectation*) posting; *V* sursis.
incorporéité [ɛ̃kɔʀpɔʀeite] *nf* = incorporalité.
incorporel, -elle [ɛ̃kɔʀpɔʀɛl] *adj* (*immatériel*) incorporeal.
incorporer [ɛ̃kɔʀpɔʀe] (1) *vt* (a) *substance, aliment* to mix (*à, avec*
with, into), blend (*à, avec* with).
(b) *territoire* to incorporate (*dans, à* into); *chapitre* to incorporate (*dans* in, into), insert (*dans* in).
(c) *personne* to incorporate, integrate (*dans, à* into). **il a très
bien su s'~ à notre groupe** he was very easily incorporated into
our group, he fitted very easily into our group.
(d) (*Mil*) (*appeler*) to recruit. (*affecter*) **~ qn dans** to enrol *ou*
enlist sb into; **on l'a incorporé dans l'infanterie** he was recruited
ou drafted into the infantry.
incorrect, e [ɛ̃kɔʀɛkt, ɛkt(ə)] *adj* (a) (*fautif*) *réglage, interprétation* faulty; *solution* incorrect, wrong.
(b) (*inconvenant*) *terme, langage* improper, impolite; *tenue* incorrect, indecent.
(c) (*mal élevé*) *personne* discourteous, impolite.
(d) (*déloyal*) *personne, procédé* underhand. **être ~ avec qn** to
treat sb in an underhand way, behave in an underhand way
towards sb.
incorrectement [ɛ̃kɔʀɛktəmɑ̃] *adv* (*V* incorrect) faultily; incorrectly; wrongly; improperly; impolitely; indecently; discourteously; in an underhand way.
incorrection [ɛ̃kɔʀɛksjɔ̃] *nf* (a) (*U*) (*impropriété*) *[terme]* impropriety; (*inconvenance*) *[tenue, personne, langage]* impropriety, incorrectness; (*déloyauté*) *[procédés, concurrent]* dishonesty, underhand
nature.
(b) (*terme impropre*) impropriety; (*action inconvenante*) incorrect *ou* improper *ou* impolite behaviour (*U*); (*remarque inconvenante*) impolite *ou* improper remark.
incorrigible [ɛ̃kɔʀiʒibl(ə)] *adj enfant, distraction* incorrigible. **cet
enfant est ~!** this child is incorrigible!, this child will never learn!
incorruptibilité [ɛ̃kɔʀyptibilite] *nf* incorruptibility.
incorruptible [ɛ̃kɔʀyptibl(ə)] *adj* incorruptible.
incrédibilité [ɛ̃kʀedibilite] *nf* incredibility.
incrédule [ɛ̃kʀedyl] **1** *adj* (*sceptique*) incredulous; (*Rel*) unbelieving. **2** *nmf* (*Rel*) unbeliever, non-believer.

incrédulité [ɛ̃kʀedylite] *nf* (*V* incrédule) incredulity; unbelief,
lack of belief. **avec ~** incredulously, with incredulity.
incrément [ɛ̃kʀemɑ̃] *nm* (*Ordin*) increment.
incrémentation [ɛ̃kʀemɑ̃tasjɔ̃] *nf* (*Ordin*) incrementation.
incrémenter [ɛ̃kʀemɑ̃te] (1) *vt* (*Ordin*) to increment.
incrémentiel, -elle [ɛ̃kʀemɑ̃sjɛl] *adj* (*Ordin*) incremental.
increvable [ɛ̃kʀəvabl(ə)] *adj ballon* which cannot be burst,
unburstable; *pneu* unpuncturable, puncture-proof; (**‡**: *infatigable*)
animal, travailleur tireless; *moteur* which will never wear out *ou*
pack in* (*Brit*).
incriminer [ɛ̃kʀimine] (1) *vt* (*mettre en cause*) *personne* to incriminate, accuse; *action, conduite* to bring under attack; (*mettre en
doute*) *honnêteté, bonne foi* to call into question. **après avoir
analysé la clause incriminée du contrat** ... after having analysed
the offending clause *ou* the clause in question *ou* at issue in the
contract...; **il cherche à m'~ dans cette affaire** he's trying to
incriminate *ou* implicate me in this business.
incrochetable [ɛ̃kʀɔʃtabl(ə)] *adj serrure* burglar-proof, which
cannot be picked.
incroyable [ɛ̃kʀwajabl(ə)] **1** *adj* (*invraisemblable*) incredible,
unbelievable; (*inouï*) incredible, amazing. **~ mais vrai** incredible
ou unbelievable but true. **2** *nmf* (*Hist*) **les ~s** the Incroyables
(*young dandies of the French Revolution*).
incroyablement [ɛ̃kʀwajabləmɑ̃] *adv* (*étonnamment*) incredibly,
unbelievably, amazingly.
incroyance [ɛ̃kʀwajɑ̃s] *nf* (*Rel*) unbelief. **être dans l'~** to be in a
state of unbelief, be a non-believer.
incroyant, e [ɛ̃kʀwajɑ̃, ɑ̃t] **1** *adj* unbelieving. **2** *nm, f* unbeliever,
non-believer.
incrustation [ɛ̃kʀystasjɔ̃] *nf* (a) (*Art*) (*technique*) inlaying; (*ornement*) inlay. **des ~s d'ivoire** inlaid ivory work, ivory inlays; **table
à ~s d'ivoire** table inlaid with ivory; **~s de dentelle** lace panels.
(b) (*croûte*) (*dans un récipient*) fur (*Brit*), residue (*US*); (*dans une
chaudière*) scale; (*sur une roche*) incrustation. **pour empêcher l'~**
to prevent furring (*Brit*), to prevent the formation of scale.
incruster [ɛ̃kʀyste] (1) **1** *vt* (a) (*Art*) (*insérer*) **~ qch dans** to inlay
sth into; (*décorer*) **~ qch de** to inlay sth with; **incrusté de** inlaid
with.
(b) *chaudière* to coat with scale, scale up; *récipient* to fur up
(*Brit*), become coated with residue (*US*).
2 s'incruster *vpr* (a) *[corps étranger, caillou]* **s'~ dans** to
become embedded in; (*travail de marqueterie*) **l'ivoire s'incruste
dans l'ébène** the ivory is inlaid in ebony.
(b) (*fig*) *[invité]* to take root (*fig*). **il va s'~ chez nous** he'll get
himself settled down in our house and we'll never move him.
(c) *[radiateur, conduite]* to become incrusted (*de* with), fur up
(*Brit*).
incubateur, -trice [ɛ̃kybatœʀ, tʀis] **1** *adj* incubating. **2** *nm* incubator.
incubation [ɛ̃kybasjɔ̃] *nf* (*Méd*) incubation; *[œuf]* incubation; (*fig*)
[révolte] incubation, hatching. **période d'~** incubation period; **~
artificielle** artificial incubation; **une ~ de 21 jours** 3 weeks' incubation, an incubation period of 3 weeks.
incuber [ɛ̃kybe] (1) *vt* to hatch, incubate.
inculcation [ɛ̃kylkasjɔ̃] *nf* inculcation, instilling.
inculpation [ɛ̃kylpasjɔ̃] *nf* (*chef d'accusation*) charge (*de* of);
(*action*) charging. **sous l'~ de** on a charge of; **notifier à qn son ~**
to inform sb of the charge against him.
inculpé, e [ɛ̃kylpe] (*ptp de* inculper) *nm, f:* **l'~** ≃ the accused; **les
deux ~s** the two accused, the two men accused.
inculper [ɛ̃kylpe] (1) *vt* to charge (*de* with), accuse (*de* of).
inculquer [ɛ̃kylke] (1) *vt:* **~ à qn** *principes, politesse, notions* to
inculcate in sb, instil into sb.
inculte [ɛ̃kylt(ə)] *adj terre* uncultivated; *chevelure, barbe* unkempt;
esprit, personne uneducated.
incultivable [ɛ̃kyltivabl(ə)] *adj* unfarmable, unworkable.
inculture [ɛ̃kyltyʀ] *nf [personne]* lack of education; *[terre]* lack of
cultivation.
incunable [ɛ̃kynabl(ə)] *nm* early printed book, incunabulum.
incurabilité [ɛ̃kyʀabilite] *nf* incurability, incurableness.
incurable [ɛ̃kyʀabl(ə)] **1** *adj* (*Méd*) incurable; (*fig*) *bêtise, ignorance*
incurable (*épith*), hopeless (*épith*). **les malades ~s** the incurably
ill. **2** *nmf* (*Méd*) incurable.
incurablement [ɛ̃kyʀabləmɑ̃] *adv* incurably; (*fig*) hopelessly, incurably.
incurie [ɛ̃kyʀi] *nf* (*frm: négligence*) carelessness, negligence.
incursion [ɛ̃kyʀsjɔ̃] *nf* (*lit, fig*) incursion, foray (*en, dans* into). **faire
une ~ dans** to make an incursion *ou* a foray into.
incurvé, e [ɛ̃kyʀve] (*ptp de* incurver) *adj* curved.
incurver [ɛ̃kyʀve] (1) **1** *vt pied de chaise, fer forgé* to form *ou* bend
into a curve, curve. **2 s'incurver** *vpr* (a) *[barre]* to bend, curve;
[poutre] to sag. **(b)** *[ligne, profil, route]* to curve.
indatable [ɛ̃databl(ə)] *adj* undatable.
Inde [ɛ̃d] *nf* India. **les ~s** the Indies; (†† *Pol: Antilles*) **les ~s occidentales** the West Indies; (††: *Indonésie*) **les ~s orientales** the
East Indies; *V* cochon¹.
indébrouillable [ɛ̃debʀujabl(ə)] *adj affaire* almost impossible *ou*
difficult to sort out (*attrib*).
indécemment [ɛ̃desamɑ̃] *adv* indecently.
indécence [ɛ̃desɑ̃s] *nf* (a) (*caractère: V* indécent) indecency; obscenity; impropriety. **(b)** (*action*) act of indecency, indecency;
(*propos*) obscenity, indecency. **se livrer à des ~s** to indulge in
indecent behaviour *ou* acts of indecency.
indécent, e [ɛ̃desɑ̃, ɑ̃t] *adj* (*impudique*) indecent; (*grivois*) *chanson*
obscene, dirty*; (*déplacé*) improper, indecent; (*insolent*) *chance* disgusting. **il a une chance ~e** he's disgustingly lucky; **habille-toi, tu
es ~!** get dressed, you're indecent! *ou* you're not decent!

indéchiffrable [ɛ̃deʃifrabl(ə)] *adj* (*illisible*) *texte, partition* indecipherable; (*incompréhensible*) *traité, pensée* incomprehensible; (*impénétrable*) *personne, regard* inscrutable.

indéchirable [ɛ̃deʃirabl(ə)] *adj* tear-proof.

indécis, e [ɛ̃desi, iz] **1** *adj* (a) *personne* (*par nature*) indecisive; (*temporairement*) undecided. ~ **sur** *ou* **devant** undecided *ou* uncertain about.

(b) (*douteux*) *temps, paix* unsettled; *bataille* indecisive; *problème* undecided, unsettled; *victoire* undecided. **le résultat est encore** ~ the result is as yet undecided.

(c) (*vague*) *réponse, sourire* vague; *pensée* undefined, vague; *forme, contour* indecisive, indistinct.

2 *nm,f* (*gén*) indecisive person; (*Sondages*) 'don't know'; (*dans une élection*) floating voter.

indécision [ɛ̃desizjɔ̃] *nf* (*irrésolution chronique*) indecisiveness; (*temporaire*) indecision, uncertainty (*sur* about). **je suis dans l'~ quant à nos projets pour l'été** I'm uncertain *ou* undecided about our plans for the summer.

indéclinable [ɛ̃deklinabl(ə)] *adj* indeclinable.

indécollable [ɛ̃dekɔlabl(ə)] *adj objet* that won't come unstuck *ou* come off, that cannot be unstuck. **ces invités sont** ~**s*** you can't get rid of these guests.

indécomposable [ɛ̃dekɔ̃pozabl(ə)] *adj* (*gén*) that cannot be broken down (*en* into).

indécrochable [ɛ̃dekrɔʃabl(ə)] *adj* (*lit*) that won't come unhooked *ou* come off; (**fig*) *diplôme* which it's impossible to get.

indécrottable* [ɛ̃dekrɔtabl(ə)] *adj* (*borné*) hopelessly thick* (*Brit*), dumb*. (*incorrigible*) **c'est un paresseux** ~ he's hopelessly lazy.

indéfectibilité [ɛ̃defɛktibilite] *nf* (*frm*) indestructibility.

indéfectible [ɛ̃defɛktibl(ə)] *adj foi, confiance* indestructible, unshakeable; *soutien, attachement* unfailing.

indéfectiblement [ɛ̃defɛktibləmɑ̃] *adv* unfailingly.

indéfendable [ɛ̃defɑ̃dabl(ə)] *adj* (*lit, fig*) indefensible.

indéfini, e [ɛ̃defini] *adj* (*vague*) *sentiment* undefined; (*indéterminé*) *quantité, durée* indeterminate, indefinite; (*Ling*) indefinite.

indéfiniment [ɛ̃definimɑ̃] *adv* indefinitely.

indéfinissable [ɛ̃definisabl(ə)] *adj mot, charme, saveur* indefinable.

indéformable [ɛ̃defɔrmabl(ə)] *adj* that will keep its shape.

indéfrisable† [ɛ̃defrizabl(ə)] *nf* perm, permanent (*US*).

indélébile [ɛ̃delebil] *adj* (*lit, fig*) indelible.

indélébilité [ɛ̃delebilite] *nf* indelibility.

indélicat, e [ɛ̃delika, at] *adj* (a) (*mufle*) indelicate, tactless. (b) (*malhonnête*) *employé* dishonest; *procédé* dishonest, underhand.

indélicatement [ɛ̃delikatmɑ̃] *adv* (*V* indélicat) indelicately, tactlessly; dishonestly.

indélicatesse [ɛ̃delikatɛs] *nf* (*V* indélicat) indelicacy, tactlessness (*U*); dishonesty (*U*).

indémaillable [ɛ̃demɑjabl(ə)] *adj* ladderproof (*Brit*), run-resistant, run-proof. **en** ~ in run-resistant *ou* run-proof material; *jersey, bas* run-resistant, run-proof.

indemne [ɛ̃dɛmn(ə)] *adj* (*sain et sauf*) unharmed, unhurt, unscathed. **il est sorti** ~ **de l'accident** he came out of the accident unharmed *ou* unscathed.

indemnisable [ɛ̃dɛmnizabl(ə)] *adj personne* entitled to compensation (*attrib*); *dommage* indemnifiable.

indemnisation [ɛ̃dɛmnizasjɔ̃] *nf* (*action*) indemnification; (*somme*) indemnity, compensation. **l'~ a été fixée à 10 F** the indemnity *ou* compensation was fixed at 10 francs; **10 F d'~** 10 francs compensation.

indemniser [ɛ̃dɛmnize] (1) *vt* (*dédommager*) to indemnify (*de* for); (*d'une perte*) to compensate (*de* for); (*de frais*) to indemnify, reimburse (*de* for). **se faire** ~ to get indemnification *ou* compensation, get reimbursed; ~ **qn en argent** to pay sb compensation in cash; ~ **qn de ses frais** to reimburse sb for his expenses.

indemnité [ɛ̃dɛmnite] *nf* (*dédommagement*) [*perte*] (*U*), indemnity; [*frais*] allowance; ~ **de guerre** war indemnity; ~ **de logement/de transport/de résidence** housing/travel/weighting allowance; ~ **de licenciement** redundancy payment *ou* money; ~ **parlementaire** M.P.'s salary; (*Jur*) ~ **pour charges de famille** dependency allowance.

indémontable [ɛ̃demɔ̃tabl(ə)] *adj* which cannot be taken apart *ou* dismantled; (*fixé à une paroi etc*) which cannot be taken down; (*fig*) *argument* unanswerable, watertight.

indémontrable [ɛ̃demɔ̃trabl(ə)] *adj* indemonstrable, unprovable.

indéniable [ɛ̃denjabl(ə)] *adj* undeniable, indisputable, unquestionable. **vous avez grossi, c'est** ~ there's no doubt that *ou* it's undeniable that you have put on weight.

indéniablement [ɛ̃denjabləmɑ̃] *adv* undeniably, indisputably, unquestionably.

indentation [ɛ̃dɑ̃tasjɔ̃] *nf* indentation.

indépassable [ɛ̃depasabl(ə)] *adj limite* impassable. **en plongée sous-marine, 800 mètres est la limite** ~ in deep-sea diving 800 metres is the very deepest one can go; **au 100 mètres, 9 secondes est la limite** ~ in the 100 metres race, 9 seconds cannot be bettered *ou* is unbeatable.

indépendamment [ɛ̃depɑ̃damɑ̃] *adv* (a) (*abstraction faite de*) ~ **de** irrespective *ou* regardless of. (b) (*outre*) ~ **de** apart from, over and above. (c) (†: *de façon indépendante*) independently.

indépendance [ɛ̃depɑ̃dɑ̃s] *nf* (*gén*) independence. ~ **d'esprit** independence of mind.

indépendant, e [ɛ̃depɑ̃dɑ̃, ɑ̃t] *adj* (*gén*) independent (*de* of). **pour des causes** *ou* **raisons** ~**es de notre volonté** for reasons beyond *ou* outside our control; **'à louer: chambre** ~**e'** 'to let: self-contained bedsitter'; **maison** ~**e** detached house; **travailler en** ~ to work freelance, be self-employed; **travailleur** ~ freelance *ou* self-employed worker.

indépendantiste [ɛ̃depɑ̃dɑ̃tist(ə)] **1** *adj:* **mouvement** ~ independence movement. **2** *nmf* member of an independence movement, freedom fighter. **les** ~**s (corses) ont revendiqué l'attentat** the (Corsican) independence movement claimed responsibility for the attack.

indéracinable [ɛ̃derasinabl(ə)] *adj* ineradicable.

indéréglable [ɛ̃dereglabl(ə)] *adj* which will not break down.

Indes [ɛ̃d] *nfpl V* Inde.

indescriptible [ɛ̃deskriptibl(ə)] *adj* indescribable. **dans un désordre** ~ in an indescribable mess.

indésirable [ɛ̃dezirabl(ə)] *adj, nmf* undesirable.

indestructibilité [ɛ̃destryktibilite] *nf* indestructibility.

indestructible [ɛ̃destryktibl(ə)] *adj objet, sentiment, matériau* indestructible; (*fig*) *marque, impression* indelible.

indéterminable [ɛ̃determinabl(ə)] *adj* indeterminable.

indétermination [ɛ̃determinasjɔ̃] *nf* (a) (*imprécision*) vagueness. (b) (*irrésolution*) (*chronique*) indecisiveness; (*temporaire*) indecision, uncertainty.

indéterminé, e [ɛ̃determine] *adj* (a) (*non précisé*) *date, cause, nature* unspecified; *forme, longueur, quantité* indeterminate. **pour des raisons** ~**es** for reasons which were not specified; **à une date encore** ~**e** at a date to be specified *ou* as yet unspecified *ou* as yet undecided.

(b) (*imprécis*) *impression, sentiment* vague; *contours, goût* indeterminable, vague.

(c) (*irrésolu*) **je suis encore** ~ **sur ce que je vais faire** I'm still undecided *ou* uncertain about what I'm going to do.

index [ɛ̃dɛks] *nm* (a) (*doigt*) forefinger, index finger; (*repère*) [*instrument*] pointer; (*aiguille*) [*cadran*] needle, pointer; (*liste alphabétique*) index; (*indice*) index.

(b) (*Rel*) **l'~** the Index; (*fig*) **mettre qn/qch à l'~** to blacklist sb/sth.

indexation [ɛ̃dɛksasjɔ̃] *nf* (*Écon*) indexing, indexation.

indexé, e [ɛ̃dɛkse] (*ptp de* indexer) *adj prix* indexed; *prêt* index-linked, index-tied.

indexer [ɛ̃dɛkse] (1) *vt* (*Écon*) to index (*sur* to).

Indiana [ɛ̃djana] *nm* Indiana.

indic [ɛ̃dik] *nm* (*arg Police: abrév de* indicateur) (copper's) nark (*Brit arg*), grass (*arg*), informer, fink‡ (*US*).

indicateur, -trice [ɛ̃dikatœr, tris] **1** *adj V* panneau, poteau.

2 *nm,f:* ~ (**de police**) (police) informer.

3 *nm* (a) (*guide*) guide; (*horaire*) timetable.

(b) (*Tech:* compteur, cadran) gauge, indicator.

(c) (*Chim: substance*) ~ (**coloré**) indicator.

4: indicateur d'altitude altimeter; **indicateur des chemins de fer** railway timetable; (*Naut*) **indicateur de direction** direction finder; [*voitures*] (direction) indicator; (*Écon*) **indicateur économique** *ou* **de conjoncture** economic indicator; **indicateur immobilier** property gazette; **indicateur de niveau d'eau** water(-level) gauge; **indicateur de pression** pressure gauge; **indicateur des rues** street directory; **indicateur de vitesse** (*Aut*) speedometer; (*Aviat*) airspeed indicator.

indicatif, -ive [ɛ̃dikatif, iv] **1** *adj* indicative (*de* of); (*Ling*) indicative; *V* titre.

2 *nm* (a) (*Rad: mélodie*) theme *ou* signature tune.

(b) [*Télex*] answer-back code. [*poste émetteur*] ~ (**d'appel**) call sign; (*Télec*) ~ **téléphonique** (dialling) code; (*Téléc*) ~ **départemental** area code.

(c) (*Ling*) **l'~** the indicative.

indication [ɛ̃dikasjɔ̃] **1** *nf* (a) (*renseignement*) piece of information, information (*U*). **qui vous a donné cette** ~? who gave you that (piece of) information?, who told you that?

(b) (*mention*) **quelle** ~ **porte la pancarte?** what does the notice say?, what has the notice got on it?; **sans** ~ **de date/de prix** with no indication of the date/price, without a date stamp/price label; **les** ~**s du compteur** the reading on the meter; **l'annuaire portait l'~ du téléphone** the directory gave the phone number.

(c) (*notification*) [*prix, danger, mode d'emploi*] indication. **l'~ du virage dangereux a permis d'éviter les accidents** signposting the dangerous bend has prevented accidents; **l'~ d'une date est impérative** a date stamp must be shown, the date must be indicated; **l'~ de l'heure vous sera fournie ultérieurement** you will be given the time *ou* informed of the time later; **rendre obligatoire l'~ des prix** to make it compulsory to mark *ou* show prices.

(d) (*indice*) indication (*de* of). **c'est une** ~ **suffisante de sa culpabilité** that's a good enough indication of his guilt.

(e) (*directive*) instruction, direction. **sauf** ~ **contraire** unless otherwise stated *ou* indicated; **sur son** ~ on his instruction.

2: (*Comm*) **indication d'origine** place of origin; **on doit faire figurer l'indication d'origine** one must show the place of origin; (*Théât*) **indications scéniques** stage directions; (*Méd*) **indication** (*thérapeutique*) [*remède, traitement*] indication.

indice [ɛ̃dis] *nm* (a) (*signe*) indication, sign. **être l'~ de** to be an indication *ou* a sign of; **il n'y avait pas le moindre** ~ **de leur passage** there was no sign *ou* evidence *ou* indication that they had been there.

(b) (*élément d'information*) clue; (*Jur: preuve*) piece of evidence. **rechercher des** ~**s du crime** to look for clues about the crime.

(c) (*Math*) suffix; (*degré de racine*) index; [*fonctionnaire*] rating, grading. (*Math*) **'a'** ~ **2** a (suffix) two; ~ **des prix/du coût de la vie** price/cost of living index; **l'~ de l'INSEE** ≃ the retail price index; (*TV, Rad*) ~ **d'écoute** audience rating; (*TV, Rad*) **avoir un excellent** ~ **d'écoute** to have a high rating, get good ratings; (*Aut*) ~ **d'octane** octane rating; (*Admin*) ~ **de traitement** salary grading; (*Phot*) ~ **de lumination/de pose** exposure value/index.

indiciaire [ɛ̃disjɛʀ] *adj* **traitement** grade-related. **classement ∼ d'un fonctionnaire** grading of a civil servant.

indicible [ɛ̃disibl(ə)] *adj* inexpressible, unspeakable.

indiciblement [ɛ̃disibləmɑ̃] *adv* inexpressibly, unspeakably.

indien, -ienne [ɛ̃djɛ̃, jɛn] **1** *adj* Indian; *V* **chanvre, file, océan.**

   2 *nm, f:* **I∼(ne)** *[Inde]* Indian; *[Amérique]* (Red *ou* American) Indian.

   3 indienne *nf* **(a)** *(Hist: tissu)* printed calico.

   (b) overarm sidestroke. **nager** *ou* **faire l'∼ne** to swim with an overarm stroke.

indifféremment [ɛ̃difeʀamɑ̃] *adv* **(a)** *(indistinctement)* **supporter ∼ le froid et le chaud** to stand heat and cold equally well, stand either heat or cold; **fonctionner ∼ au gaz ou à l'électricité** to run on either gas or electricity, run equally well on gas or electricity; **manger de tout ∼** to eat indiscriminately, eat (just) anything; **il est impoli ∼ avec ses chefs et ses subordonnés** he is equally impolite to those above him and to those below him; **sa haine se portait ∼ sur les blancs et les noirs** his hatred was directed indiscriminately at blacks and whites *ou* was directed at blacks and whites alike.

   (b) *(littér: avec indifférence)* indifferently.

indifférence [ɛ̃difeʀɑ̃s] *nf* **(a)** *(désintérêt)* indifference *(à l'égard de, pour* to, towards), lack of concern *(à l'égard de* for). **il les a regardés se battre en jouant l'∼** he watched them fight with an air of indifference. **(b)** *(froideur)* indifference *(envers* to, towards).

indifférenciable [ɛ̃difeʀɑ̃sjabl(ə)] *adj* which cannot be differentiated.

indifférenciation [ɛ̃difeʀɑ̃sjɑsjɔ̃] *nf* lack of differentiation.

indifférencié, e [ɛ̃difeʀɑ̃sje] *adj (Bio, Sci)* undifferentiated.

indifférent, e [ɛ̃difeʀɑ̃, ɑ̃t] **1** *adj* **(a)** *(sans importance)* **il est ∼ de faire ceci ou cela** it doesn't matter *ou* it's immaterial whether one does this or that; **elle m'est/ne m'est pas ∼e** I am/am not indifferent to her; **son sort m'est ∼** his fate is of no interest to me *ou* is a matter of indifference to me; **il m'est ∼ de partir ou de rester** it is indifferent *ou* immaterial to me *ou* it doesn't matter to me whether I go or stay; **parler de choses ∼es** to talk of this and that.

   (b) *(peu intéressé)* **spectateur** indifferent *(à* to, towards), unconcerned *(à* about). **il était ∼ à tout ce qui ne concernait pas sa spécialité** he was indifferent to *ou* unconcerned about everything outside his own speciality; **ça le laisse ∼** it doesn't touch him in the least, he is quite unconcerned about it.

   2 *nm, f* unconcerned person.

indifférer [ɛ̃difeʀe] (6) *vt:* **ceci/mon opinion l'indiffère (profondément)** he's (quite) indifferent to this/my opinion, he couldn't care less about this/my opinion.

indigence [ɛ̃diʒɑ̃s] *nf* *(misère)* poverty, destitution, indigence *(frm)*; *(fig) [style]* poverty. **tomber/être dans l'∼** to become/be destitute; **∼ intellectuelle** intellectual penury, poverty of intellect; **∼ d'idées** poverty *ou* paucity of ideas.

indigène [ɛ̃diʒɛn] **1** *nmf* *(aux colonies)* native; *(personne du pays)* local.

   2 *adj* **(a)** *(des non-colons)* **coutume** native; *population* native, indigenous; *(Bot, Zool: non importé)* indigenous, native. **visitez la ville ∼** visit the old town.

   (b) *(des gens du pays)* **main d'œuvre, population** local.

indigent, e [ɛ̃diʒɑ̃, ɑ̃t] **1** *adj* **personne** destitute, poverty-stricken, indigent *(frm)*; *imagination* poor; *végétation* poor, sparse. **2** *nm, f* pauper. **les ∼s** the destitute, the poor, the indigent *(frm)*.

indigeste [ɛ̃diʒɛst(ə)] *adj (lit, fig)* indigestible, difficult to digest *(attrib)*.

indigestion [ɛ̃diʒɛstjɔ̃] *nf* attack of indigestion, indigestion *(U)*. **il s'est donné une ∼ de pâtisseries** *(lit)* he gave himself *ou* he got indigestion from eating too many cakes; *(fig: manger à satiété)* he sickened himself of cakes, he had a surfeit of cakes; *(fig)* **avoir/se donner une ∼ de romans policiers** to be sick of/sicken o.s. of detective stories; **j'en ai une ∼, de toutes ces histoires*** I'm sick (and tired) of all these complications*, I'm fed up with all these complications*.

indignation [ɛ̃diɲasjɔ̃] *nf* indignation. **avec ∼** indignantly.

indigne [ɛ̃diɲ] *adj* **(a)** *(pas digne de)* **∼ de amitié, confiance, personne** unworthy of, not worthy of; **il est ∼ de ton amitié** he is unworthy of *ou* does not deserve your friendship; **il est ∼ de vivre** he doesn't deserve to live, he's not fit to live; **ce livre est ∼ de figurer dans ma bibliothèque** this book is not worthy of a place in my library; **c'est ∼ de vous** *(travail, emploi)* it is beneath you; *(conduite, attitude)* it is unworthy of you.

   (b) *(abject)* **acte** shameful; *(lit, fig)* **personne** unworthy. **mère/époux ∼** unworthy mother/husband; **c'est un père ∼** he's not fit to be a father.

indigné, e [ɛ̃diɲe] *(ptp de* **indigner)** *adj* indignant *(par* at).

indignement [ɛ̃diɲmɑ̃] *adv* shamefully.

indigner [ɛ̃diɲe] (1) **1** *vt:* **∼ qn** to make sb indignant.

   2 s'indigner *vpr (se fâcher)* to become *ou* get indignant *ou* annoyed *(de* about, at; *contre* with, about, at). *(être écœuré)* **s'∼ que/de, être indigné que/de** to be indignant that/about *ou* at; **je l'écoutais s'∼ contre les spéculateurs** I listened to him waxing indignant *ou* going on* *ou* sounding off* indignantly about speculators; **je m'indigne de penser/voir que** it makes me indignant *ou* it fills me with indignation *ou* it annoys me to think/see that.

indignité [ɛ̃diɲite] *nf* **(a)** *(caractère) [personne]* unworthiness; *[conduite]* baseness, shamefulness. **(b)** *(acte)* shameful act. **c'est une ∼!** it's a disgrace!, it's shameful!

indigo [ɛ̃digo] **1** *nm (matière, couleur)* indigo. **2** *adj inv* indigo (blue).

indigotier [ɛ̃digɔtje] *nm (Bot)* indigo-plant.

indiqué, e [ɛ̃dike] *(ptp de* **indiquer)** *adj* **(a)** *(conseillé)* advisable. **ce n'est pas très ∼** it's not really advisable, it's really not the best thing to do.

   (b) *(adéquat)* **prenons ça, c'est tout ∼** let's take that — it's just the thing *ou* it's just what we need; **pour ce travail M X est tout ∼** Mr X is the obvious choice *ou* is just the man we need for that job; **c'est le moyen ∼** it's the best *ou* right way to do it; **c'était un sujet tout ∼** it was obviously an appropriate *ou* a suitable subject.

   (c) *(prescrit)* **médicament, traitement** appropriate. **le traitement ∼ dans ce cas est ...** the appropriate *ou* correct *ou* prescribed treatment in this case is ...; **ce remède est particulièrement ∼ dans les cas graves** this drug is particularly appropriate *ou* suitable for serious cases.

indiquer [ɛ̃dike] (1) *vt* **(a)** *(désigner)* to point out, indicate. **∼ qch/qn du doigt** to point sth/sb out *(à qn* to sb), to point to sth/sb, indicate sth/sb; **∼ qch de la main/tête** to indicate sth with one's hand/with a nod; **il m'indiqua du regard le coupable** his glance *ou* look directed me towards the culprit; **∼ la réception/les toilettes à qn** to direct sb to *ou* show sb the way to the reception desk/the toilets.

   (b) *(montrer) [flèche, aiguille, voyant, écriteau]* to show, indicate. *[montre]* **∼ l'heure** to give *ou* show *ou* tell the time; **la petite aiguille indique les heures** the small hand shows *ou* marks the hours; **l'horloge indiquait 2 heures** the clock said *ou* showed it was 2 o'clock; **qu'indique la pancarte?** what does the sign say?

   (c) *(recommander)* **∼ à qn livre, hôtel, médecin** to tell sb of, suggest to sb.

   (d) *(dire) [personne]* **heure, solution** to tell; **dangers, désavantages** to point out, show. **il m'indiqua comment le réparer** he told me how to mend it; **il m'en indiqua le mode d'emploi** he told me how to use it.

   (e) *(fixer)* **heure, date, rendez-vous** to give, name. **à l'heure indiquée, je ...** at the time indicated *ou* stated, I ...; at the agreed *ou* appointed time, I ...; **à la date indiquée** on the given *ou* agreed day.

   (f) *(faire figurer) [étiquette, plan, cartographe]* to show; *[table, index]* to give, show. **est-ce indiqué sur la facture/dans l'annuaire?** is it given *ou* mentioned on the invoice/in the directory?; **il a sommairement indiqué les fenêtres sur le plan** he quickly marked *ou* drew in the windows on the plan; **quelques traits pour ∼ les spectateurs/ombres** a few strokes to give an impression of spectators/shadows; **quelques rapides croquis pour ∼ le jeu de scène** a few rapid sketches to give a rough idea of the action.

   (g) *(dénoter)* to indicate, point to. **tout indique que les prix vont augmenter** everything indicates that prices are going to rise, everything points to a forthcoming rise in prices; **cela indique une certaine négligence/hésitation de sa part** that shows *ou* points to a certain carelessness/hesitation on his part.

indirect, e [ɛ̃diʀɛkt, ɛkt(ə)] *adj (gén)* indirect; *(Jur)* **ligne, héritier** collateral. **d'une manière ∼e** in a roundabout *ou* an indirect way; **apprendre qch de manière ∼e** to hear of sth in a roundabout way; *V* **discours, éclairage, impôt.**

indirectement [ɛ̃diʀɛktəmɑ̃] *adv (gén)* indirectly; *(de façon détournée)* **faire savoir, apprendre** in a roundabout way.

indiscernable [ɛ̃disɛʀnabl(ə)] *adj* indiscernible, imperceptible.

indiscipline [ɛ̃disiplin] *nf (insubordination)* indiscipline, lack of discipline. **faire preuve d'∼** to behave in an undisciplined *ou* unruly manner.

indiscipliné, e [ɛ̃disipline] *adj* **troupes, écolier** undisciplined; **cheveux** unmanageable.

indiscret, -ète [ɛ̃diskʀɛ, ɛt] *adj* **(a)** *(trop curieux)* **personne** inquisitive; **question, curiosité** indiscreet; **regard, yeux** inquisitive, prying. **à l'abri des regards ∼s/des oreilles ∼ètes** out of the reach of *ou* away from prying *ou* inquisitive eyes/of inquisitive eavesdroppers; **serait-ce ∼ de vous demander?** would it be indiscreet to ask you?; **mettre des documents à l'abri des ∼s** to put documents out of the reach of inquisitive people. **(b)** *(qui divulgue)* **personne, bavardage** indiscreet. **secret révélé par des langues ∼ètes** secret revealed by wagging tongues *ou* indiscreet prattlers; **ne confiez rien aux ∼s** don't entrust anything to people who can't keep quiet.

indiscrètement [ɛ̃diskʀɛtmɑ̃] *adv (V* **indiscret)** indiscreetly; inquisitively.

indiscrétion [ɛ̃diskʀesjɔ̃] *nf* **(a)** *(curiosité: V* **indiscret)** indiscreetness, indiscretion; inquisitiveness. **excusez mon ∼** forgive my indiscretion; *(suivi d'une question)* forgive me for asking; **elle pousse l'∼ jusqu'à lire mon courrier** her inquisitiveness is such that she even reads my mail; **sans ∼, peut-on savoir si ...** without wanting to be *ou* without being indiscreet, may we ask whether ... .

   (b) *(tendance à divulguer)* indiscretion. **il est d'une telle ∼!** he's so indiscreet!

   (c) *(action ou parole indiscrète)* indiscreet word *ou* act, indiscretion. **son sort dépend d'une ∼** it needs only one indiscreet remark to seal his fate; **la moindre ∼ vous perdrait** the slightest indiscretion would finish you.

indiscutable [ɛ̃diskytabl(ə)] *adj* indisputable, unquestionable.

indiscutablement [ɛ̃diskytabləmɑ̃] *adv* indisputably, unquestionably.

indiscuté, e [ɛ̃diskyte] *adj* undisputed.

indispensable [ɛ̃dispɑ̃sabl(ə)] **1** *adj* essential. **ces outils/précautions sont ∼s** these tools/precautions are essential; **ce collaborateur m'est ∼** this collaborator is indispensable to me, I cannot do without this collaborator; **il est ∼ que/de faire** it is essential *ou* absolutely necessary *ou* vital that/to do; **je crois qu'il est ∼ qu'ils y aillent** I think it's vital *ou* essential that they (should) go; **emporter les vêtements ∼s (pour le voyage)** to take the clothes which are essential *ou* indispensable (for the journey); **prendre les précautions ∼s** to take the necessary precautions;

crédits/travaux ∼s à la construction d'un bâtiment funds/work essential *ou* vital for the construction of a building; **l'eau est un élément** ∼ à la vie water is an indispensable *ou* essential element for life; **savoir se rendre** ∼ to make o.s. indispensable.
  2 *nm*: **nous n'avions que l'**∼ we only had what was absolutely essential *ou* necessary *ou* indispensable; **faire l'**∼ **d'abord** to do what is essential *ou* absolutely necessary first; **l'**∼ **est de ... il is** absolutely necessary *ou* essential to .... .
indisponibilité [ɛ̃dispɔnibilite] *nf* unavailability.
indisponible [ɛ̃dispɔnibl(ə)] *adj* (*gén*) not available (*attrib*), unavailable; (*Jur*) unavailable.
indisposé, e [ɛ̃dispoze] (*ptp de* **indisposer**) *adj* (*fatigué, malade*) indisposed, unwell; (*euph*) *femme* indisposed.
indisposer [ɛ̃dispoze] (1) *vt* (*rendre malade*) [*aliment, chaleur*] to upset, indispose; (*mécontenter*) [*personne, remarque*] to antagonize. **il a des allures qui m'indisposent** his way of behaving irritates me *ou* puts me off him* (*Brit*); ∼ **qn contre soi** to antagonize sb, set sb against one, alienate sb; **tout l'indispose!** anything annoys him, he takes a dislike to everything; **cette scène trop violente risque d'**∼ **les spectateurs** this very violent scene is likely to alienate *ou* antagonize the audience.
indisposition [ɛ̃dispozisjɔ̃] *nf* (*malaise*) (slight) indisposition, upset; (*euph: règles*) period.
indissociable [ɛ̃disɔsjabl(ə)] *adj* *problèmes* indissociable.
indissolubilité [ɛ̃disɔlybilite] *nf* indissolubility.
indissoluble [ɛ̃disɔlybl(ə)] *adj* indissoluble.
indissolublement [ɛ̃disɔlybləmɑ̃] *adv* indissolubly. ∼ **liés** *problèmes* indissolubly linked (*à* to).
indistinct, e [ɛ̃distɛ̃(kt), ɛ̃kt(ə)] *adj* *forme, idée, souvenir* indistinct, vague; *rumeur, murmure* indistinct, confused; *couleurs* vague. **des voix** ∼**es** a confused murmur of voices.
indistinctement [ɛ̃distɛ̃ktəmɑ̃] *adv* (**a**) (*confusément: V* **indistinct**) indistinctly; vaguely. **des bruits qui me provenaient** ∼ **du jardin** confused noises which reached my ears from the garden.
  (**b**) (*ensemble*) indiscriminately. **confondus** ∼ **dans la réprobation générale** indiscriminately included in the general criticism; **tuant** ∼ **femmes et enfants** killing women and children indiscriminately *ou* without distinction.
  (**c**) (*indifféremment*) **cette cuisinière marche** ∼ **au gaz ou à l'électricité** this cooker runs either on gas or on electricity *ou* runs equally well on gas or on electricity; **sa haine se portait** ∼ **sur les blancs et les noirs** his hatred was directed indiscriminately at blacks and whites *ou* was directed at blacks and whites alike.
indium [ɛ̃djɔm] *nm* indium.
individu [ɛ̃dividy] *nm* (**a**) (*gén, Bio: unité*) individual.
  (**b**) (*hum: anatomie*) **fort occupé de son** ∼ very taken up with himself, very preoccupied with his own little self; **dans la partie la plus charnue de son** ∼ in the fleshiest part of his anatomy.
  (**c**) (*péj: homme*) fellow, individual, character. **un** ∼ **l'aborda** a fellow came up to him; **il aperçut un drôle d'**∼**/un** ∼ **chevelu** he noticed an odd-looking/a long-haired character *ou* individual.
individualisation [ɛ̃dividɥalizasjɔ̃] *nf* (**a**) (*V* **individualiser**) individualization; personalization; tailoring to (suit) individual *ou* particular requirements. (*Jur*) ∼ **d'une peine** sentencing according to the characteristics of the offender.
  (**b**) (*V s'individualiser*) individualization.
individualisé, e [ɛ̃dividɥalize] (*ptp de* **individualiser**) *adj* *caractères, groupe* distinctive; *objet personnel, voiture* personalized. **groupe fortement** ∼ highly distinctive group, group with a distinctive identity; **des solutions** ∼**es selon les différents besoins** solutions which are tailored to suit individual *ou* particular requirements.
individualiser [ɛ̃dividɥalize] (1) **1** *vt* (*caractériser*) to individualize; (*personnaliser*) *objet personnel, voiture* to personalize; *solutions, horaire* to tailor to (suit) individual *ou* particular requirements; (*Jur*) *peine* to match with the characteristics of the offender.
  2 s'individualiser *vpr* [*personne, groupe, région*] to acquire an identity of one's ou its own, become more individual.
individualisme [ɛ̃dividɥalism(ə)] *nm* individualism.
individualiste [ɛ̃dividɥalist(ə)] **1** *adj* individualistic. **2** *nmf* individualist.
individualité [ɛ̃dividɥalite] *nf* (*caractère individuel*) individuality; (*personne*) individual; (*personnalité*) personality.
individuel, -elle [ɛ̃dividɥɛl] *adj* (**a**) (*propre à l'individu*) (*gén*) individual; *responsabilité, défaut, contrôle, livret* personal, individual; *caractères* distinctive, individual. **propriété** ∼**le** personal *ou* private property; **liberté** ∼**le** personal freedom, freedom of the individual.
  (**b**) (*isolé*) *fait* individual, isolated; *sachet* individual. **les cas** ∼**s seront examinés** individual cases *ou* each individual case will be examined.
  (**c**) (*Sport*) **épreuve** ∼**le** individual event.
individuellement [ɛ̃dividɥɛlmɑ̃] *adv* individually.
indivis, e [ɛ̃divi, iz] *adj* (*Jur*) *propriété, succession* undivided, joint (*épith*); *propriétaires* joint (*épith*). **par** ∼ **posséder** jointly; *transmettre* to be held in common.
indivisaire [ɛ̃divizɛʀ] *nmf* (*Jur*) tenant in common.
indivisément [ɛ̃divizemɑ̃] *adv* (*Jur*) jointly. **posséder qch** ∼ **to** have joint ownership of sth, own sth jointly.
indivisibilité [ɛ̃divizibilite] *nf* indivisibility.
indivisible [ɛ̃divizibl(ə)] *adj* indivisible.
indivisiblement [ɛ̃divizibləmɑ̃] *adv* indivisibly.
indivision [ɛ̃divizjɔ̃] *nf* (*Jur*) joint possession *ou* ownership. **propriété en** ∼ jointly-held property.

Indochine [ɛ̃dɔʃin] *nf* Indo-china.
indochinois, e [ɛ̃dɔʃinwa, waz] **1** *adj* Indo-chinese. **2** *nm,f*: **I**∼**(e)** Indo-chinese.
indocile [ɛ̃dɔsil] *adj* *enfant* unruly, recalcitrant, intractable; *mémoire* intractable.
indocilité [ɛ̃dɔsilite] *nf* (*V* **indocile**) unruliness, recalcitrance; intractability.
indo-européen, -éenne [ɛ̃dɔœʀɔpeɛ̃, eɛn] **1** *adj* Indo-European. **2** *nm* (*Ling*) Indo-European. **3** *nm,f*: **Indo-Européen(ne)** Indo-European.
indolemment [ɛ̃dɔlamɑ̃] *adv* indolently.
indolence [ɛ̃dɔlɑ̃s] *nf* [*élève*] idleness, indolence; [*pouvoirs publics*] apathy, lethargy; [*air, geste, regard*] indolence, languidness.
indolent, e [ɛ̃dɔlɑ̃, ɑ̃t] *adj* (*V* **indolence**) idle; indolent; apathetic; lethargic; languid.
indolore [ɛ̃dɔlɔʀ] *adj* painless.
indomptable [ɛ̃dɔ̃tabl(ə)] *adj* *animal, adversaire, peuple, (hum) femme* untameable, which (*ou* who) cannot be tamed; *cheval* untameable, which cannot be broken *ou* mastered; *enfant* unmanageable, uncontrollable; *caractère, courage, volonté* indomitable, invincible; *passion, haine* ungovernable, invincible, uncontrollable.
indompté, e [ɛ̃dɔ̃te] *adj* *enfant, animal, peuple* untamed, wild; *cheval* unbroken, untamed; *courage* undaunted; *énergie* unharnessed, untamed; *passion* ungoverned, unsuppressed.
Indonésie [ɛ̃dɔnezi] *nf* Indonesia.
indonésien, -enne [ɛ̃dɔnezjɛ̃, ɛn] **1** *adj* Indonesian. **2** *nm,f*: **I**∼**(ne)** Indonesian.
indou, e [ɛ̃du] = **hindou**.
indu, e [ɛ̃dy] *adj* (*hum, littér: déplacé*) *joie* unseemly; *dépenses* unwarranted, unjustified. **sans optimisme** ∼ without undue optimism; *V* **heure**.
indubitable [ɛ̃dybitabl(ə)] *adj* *preuve* indubitable, undoubted. **c'est** ∼ there is no doubt about it, it's beyond doubt, it's indubitable; **il est** ∼ **qu'il a tort** he is undoubtedly wrong, there's no doubt (that) he's wrong.
indubitablement [ɛ̃dybitabləmɑ̃] *adv* (*assurément*) undoubtedly, indubitably. **vous vous êtes** ∼ **trompé** you have undoubtedly made a mistake.
inducteur, -trice [ɛ̃dyktœʀ, tʀis] **1** *adj* (*gén*) inductive. **2** *nm* (*aimant*) inductor.
inductif, -ive [ɛ̃dyktif, iv] *adj* (*gén*) inductive.
induction [ɛ̃dyksjɔ̃] *nf* (*gén*) induction. **raisonnement par** ∼ reasoning by induction.
induire [ɛ̃dɥiʀ] (38) *vt* (**a**) ∼ **qn en erreur** to mislead sb, lead sb astray.
  (**b**) (†: *inciter*) ∼ **qn à** *péché, gourmandise* to lead sb into; ∼ **qn à faire** to induce sb to do.
  (**c**) (*inférer*) to infer, induce (*de* from). **j'en induis que** I infer from it that.
  (**d**) (*Élec*) to induce.
induit, e [ɛ̃dɥi, it] (*Élec*) **1** *adj* induced. **2** *nm* armature.
indulgence [ɛ̃dylʒɑ̃s] *nf* (**a**) (*caractère: V* **indulgent**) indulgence; leniency. **une erreur qui a rencontré l'**∼ **du jury** a mistake for which the jury made allowances *ou* which the jury was prepared to overlook *ou* be lenient about; **il a demandé l'**∼ **du jury pour son client** he asked the jury to make allowances for *ou* to show leniency towards his client; **avec** ∼ leniently, with leniency, indulgently; **sans** ∼ (*adj*) unsympathetic; (*adv*) unsympathetically; **regard plein d'**∼ indulgent look.
  (**b**) (*Rel*) indulgence.
indulgent, e [ɛ̃dylʒɑ̃, ɑ̃t] *adj* *parent* indulgent (*avec* with); *juge, examinateur* lenient (*envers* towards); *critique, commentaire* indulgent; *regard* indulgent. **15, c'est une note trop** ∼**e** 15 is (far) too lenient *ou* kind a mark; **se montrer** ∼ [*juge*] to show leniency; [*examinateur*] to be lenient.
indûment [ɛ̃dymɑ̃] *adv* *protester* unduly; *détenir* without due cause *ou* reason, wrongfully. **s'ingérer** ∼ **dans les affaires de qn** to interfere unnecessarily in sb's business.
induration [ɛ̃dyʀasjɔ̃] *nf* induration (*T*), hardening.
induré, e [ɛ̃dyʀe] (*ptp de* **indurer**) *adj* indurate (*T*), hardened.
indurer [ɛ̃dyʀe] (1) **1** *vt* to indurate (*T*), harden. **2 s'indurer** *vpr* to indurate (*T*), become indurate (*T*), harden.
Indus [ɛ̃dys] *nm*: **l'**∼ the Indus.
industrialisation [ɛ̃dystʀijalizasjɔ̃] *nf* industrialization.
industrialiser [ɛ̃dystʀijalize] (1) **1** *vt* to industrialize. **2 s'industrialiser** *vpr* to become industrialized.
industrie [ɛ̃dystʀi] **1** *nf* (**a**) (*activité, secteur, branche*) industry. ∼ **légère/lourde** light/heavy industry; ∼ **chimique/automobile** chemical/car *ou* automobile (*US*) industry; ∼ **naissante** infant industry; **doter un pays d'une** ∼ to provide a country with an industrial structure; **Ministère de l'I**∼ ≃ Department of Industry; *V* **pointe**.
  (**b**) (*entreprise*) industry, industrial concern; *V* **capitaine**.
  (**c**) (*littér, †*) (*ingéniosité*) ingenuity; (*ruse*) cunning.
  (**d**) (*activité*) **exerçant sa coupable** ∼ practising his disreputable business *ou* trade; *V* **chevalier**.
  2: industrie alimentaire food (processing) industry; **industries du livre** book-related industries; **industrie de luxe** luxury goods industry; **industrie de précision** precision tool industry; **l'industrie du spectacle** the entertainment business, show business; **industrie de transformation** processing industry.
industriel, -elle [ɛ̃dystʀijɛl] **1** *adj* industrial. **pain** ∼ factory-baked bread; **équipement à usage** ∼ heavy-duty equipment; *V* **quantité**. **2** *nm* (*chef d'industrie*) industrialist, manufacturer. **les** ∼**s du textile/de l'automobile** textile/car *ou* automobile (*US*) manufacturers.

industriellement [ɛ̃dystʀijɛlmɑ̃] *adv* industrially. **géré** ~ run on *ou* along industrial lines.

industrieux, -euse [ɛ̃dystʀijø, øz] *adj* (*littér: besogneux*) industrious.

inébranlable [inebʀɑ̃labl(ə)] *adj* (**a**) *adversaire, interlocuteur* steadfast, unwavering; *personne, foi, résolution* unshakeable, steadfast, unwavering; *certitude* unshakeable, unwavering. **il était** ~ **dans sa conviction que** ... he was steadfast *ou* unshakeable *ou* unwavering in his belief that ... .
(**b**) *objet massif, monumental* solid; *objet fixé ou encastré* immovable, solidly *ou* firmly fixed. **il avait si bien enfoncé le pieu qu'il était maintenant** ~ he had hammered the post in so hard that it was now as firm *ou* solid as a rock *ou* that it was now quite immovable.

inébranlablement [inebʀɑ̃lablmɑ̃] *adv* unshakeably.

inéchangeable [ineʃɑ̃ʒabl(ə)] *adj* (*Comm*) *article* not exchangeable (*attrib*).

inécoutable [inekutabl(ə)] *adj musique* unbearable, unbearable to listen to (*attrib*).

inécouté, e [inekute] *adj avis* unheeded; *prophète, expert* unlistened to (*attrib*), unheeded.

inédit, e [inedi, it] **1** *adj* (**a**) (*non publié*) *texte, auteur* (previously *ou* hitherto) unpublished.
(**b**) (*nouveau*) *méthode, trouvaille* novel, new, original.
2 *nm* (**a**) (*texte inédit*) (previously *ou* hitherto) unpublished material (*U*) *ou* work.
(**b**) (*le neuf*) (*U*) novelty (*U*); **c'est de l'**~ that's novel.

inéducable [inedykabl(ə)] *adj* ineducable.

ineffable [inefabl(ə)] *adj* ineffable.

ineffablement [inefablmɑ̃] *adv* ineffably.

ineffaçable [inefasabl(ə)] *adj* indelible, ineffaceable.

inefficace [inefikas] *adj remède, mesure* ineffective, ineffectual, inefficacious; *machine, employé* inefficient.

inefficacement [inefikasmɑ̃] *adv* (*V* **inefficace**) ineffectively, ineffectually, inefficaciously; inefficiently.

inefficacité [inefikasite] *nf* (*V* **inefficace**) ineffectiveness, ineffectualness, inefficacy; inefficiency.

inégal, e, *mpl* **-aux** [inegal, o] *adj* (**a**) (*différent*) unequal. **d'**~**e grosseur** of unequal size; **de force** ~**e** of unequal strength; **les hommes sont** ~**aux** men are not equal.
(**b**) (*irrégulier*) *sol, pas, rythme, mouvement* uneven; *pouls* irregular, uneven; *artiste, sportif* erratic; *œuvre, jeu* uneven; *étalement, répartition* uneven; *humeur, caractère* uneven, changeable; *conduite* changeable. **d'intérêt** ~ of varying *ou* mixed interest.
(**c**) (*disproportionné*) *lutte, partage* unequal.

inégalable [inegalabl(ə)] *adj* incomparable, matchless.

inégalé, e [inegale] *adj* unequalled, unrivalled, unmatched.

inégalement [inegalmɑ̃] *adv* (*différemment, injustement*) unequally; (*irrégulièrement*) unevenly. **livre** ~ **apprécié** book which met (*ou* meets) with varying approval.

inégalité [inegalite] *nf* (**a**) (*différence*) [*hauteurs, volumes*] difference (*de* between); [*sommes, parts*] difference, disparity (*de* between). **cette** ~ **d'âge ne les gênait pas** this difference *ou* disparity in their ages didn't worry them; **l'**~ **de l'offre et de la demande** the difference *ou* disparity between supply and demand; **l'**~ **sociale** social inequality.
(**b**) (*Math*) inequality.
(**c**) (*injustice*) inequality.
(**d**) (*irrégularité*) [*sol, pas, rythme, répartition*] unevenness; [*humeur, caractère*] unevenness, changeability; [*conduite*] changeability. **dans ce livre il y a des** ~**s** there are weak parts in this book, the book is a bit patchy (*Brit*); ~**s de terrain** unevenness of the ground, bumps in the ground; ~**s d'humeur** unevenness of temper.

inélégamment [inelegamɑ̃] *adv* inelegantly.

inélégance [inelegɑ̃s] *nf* (*V* **inélégant**) inelegance; ungainliness; discourtesy.

inélégant, e [inelegɑ̃, ɑ̃t] *adj* (**a**) (*sans grâce*) *geste, toilette, femme* inelegant; *allure* inelegant, ungainly. (**b**) (*indélicat*) *procédés* discourteous. **c'était très** ~ **de sa part d'agir ainsi** it was very poor taste on his part to behave like this.

inéligibilité [ineliʒibilite] *nf* (*Pol*) ineligibility.

inéligible [ineliʒibl(ə)] *adj* (*Pol*) ineligible.

inéluctabilité [inelyktabilite] *nf* inescapability, ineluctability (*frm*).

inéluctable [inelyktabl(ə)] *adj, nm* inescapable, ineluctable (*frm*).

inéluctablement [inelyktablmɑ̃] *adv* inescapably, ineluctably (*frm*).

inemployable [inɑ̃plwajabl(ə)] *adj procédé* unusable.

inemployé, e [inɑ̃plwaje] *adj* (*sans utilisation présente*) *méthode, outil, argent, talent* unused; (*gâché*) *dévouement, énergie* unchannelled, unused.

inénarrable [inenaʀabl(ə)] *adj* (**a**) (*désopilant*) *incident, scène* hilarious, priceless*, too funny for words (*attrib*); *vêtement, démarche* incredibly funny, priceless*. **son** ~ **mari** her incredible husband*. (**b**) (*incroyable*) *péripéties, aventure* incredible.

inentamé, e [inɑ̃tame] *adj réserve d'essence, d'argent* intact (*attrib*); *victuailles* intact (*attrib*), untouched; *bouteille* unopened; *énergie, moral* (as yet) intact (*attrib*).

inenvisageable [inɑ̃vizaʒabl(ə)] *adj* which cannot be considered, unthinkable.

inéprouvé, e [inepʀuve] *adj méthode, vertu, procédé* untested, untried, not yet put to the test (*attrib*); *émotion* not yet experienced (*attrib*).

inepte [inɛpt(ə)] *adj personne* inept, useless*, hopeless*; *histoire, raisonnement* inept.

ineptie [inɛpsi] *nf* (**a**) (*caractère: gén*) ineptitude. (**b**) (*acte, propos*) ineptitude; (*idée, œuvre*) nonsense (*U*), rubbish (*Brit*) (*U*). **dire des** ~**s** to talk nonsense; **ce qu'il a fait est une** ~ what he did was utterly stupid.

inépuisable [inepɥizabl(ə)] *adj* inexhaustible. **il est** ~ **sur ce sujet** he could talk for ever on that subject.

inéquation [inekwasjɔ̃] *nf* (*Math*) inequation.

inéquitable [inekitabl(ə)] *adj* inequitable.

inerte [inɛʀt(ə)] *adj* (*immobile*) *corps, membre* lifeless; *visage* expressionless; (*sans réaction*) *personne* passive, inert; *esprit, élève* apathetic; (*Sci*) inert. **réagis, ne reste pas** ~ **sur ta chaise, à ne rien faire** do something — don't just sit there passively as if there's nothing to do.

inertie [inɛʀsi] *nf* [*personne*] inertia, passivity, apathy; [*service administratif*] apathy, inertia; [*élève*] apathy; (*Phys*) inertia; *V* **force**.

inescompté, e [inɛskɔ̃te] *adj* unexpected, unhoped-for.

inespéré, e [inɛspeʀe] *adj* unexpected, unhoped-for.

inesthétique [inɛstetik] *adj pylône, usine, cicatrice* unsightly; *démarche, posture* ungainly.

inestimable [inɛstimabl(ə)] *adj aide* inestimable, invaluable; *valeur* priceless, incalculable, inestimable.

inévitable [inevitabl(ə)] *adj obstacle, accident* unavoidable; (*fatal*) *résultat* inevitable, inescapable; (*hum*) *chapeau, cigare* inevitable. **c'était** ~! it was inevitable!, it was bound to happen!, it had to happen!; **l'**~ the inevitable.

inévitablement [inevitablmɑ̃] *adv* inevitably.

inexact, e [inɛgza(kt), akt(ə)] *adj* (**a**) *renseignement, calcul, traduction, historien* inaccurate, inexact. **non, c'est** ~ no, that's not correct *ou* that's wrong. (**b**) (*sans ponctualité*) unpunctual. **être** ~ **à un rendez-vous** to be late for an appointment.

inexactement [inɛgzaktəmɑ̃] *adv traduire, relater* inaccurately, incorrectly.

inexactitude [inɛgzaktityd] *nf* (**a**) (*manque de précision*) inaccuracy. (**b**) (*erreur*) inaccuracy. (**c**) (*manque de ponctualité*) unpunctuality (*U*).

inexaucé, e [inɛgzose] *adj prière* (as yet) unanswered; *vœu* (as yet) unfulfilled.

inexcusable [inɛkskyzabl(ə)] *adj faute, action* inexcusable, unforgivable. **vous êtes** ~ (**d'avoir fait cela**) you had no excuse (for doing that), it was inexcusable *ou* unforgivable of you (to have done that).

inexécutable [inɛgzekytabl(ə)] *adj projet* impractical, impracticable, unworkable, not feasible (*attrib*); *travail* which cannot be carried out, impractical, impracticable; *musique* unplayable; *ordre* which cannot be carried out *ou* executed.

inexécution [inɛgzekysjɔ̃] *nf* [*contrat, obligation*] non-fulfilment.

inexercé, e [inɛgzɛʀse] *adj soldats* inexperienced, untrained; *oreille* unpractised, untrained.

inexistant, e [inɛgzistɑ̃, ɑ̃t] *adj* (*absent*) *service d'ordre, réseau téléphonique, aide* non-existent; (*imaginaire*) *difficultés* imaginary, non-existent. (*péj*) **quant à son mari, il est** ~ as for her husband, he's a (complete) nonentity *ou* cipher.

inexistence [inɛgzistɑ̃s] *nf* non-existence.

inexorabilité [inɛgzɔʀabilite] *nf* (*V* **inexorable**) inexorability; inflexibility.

inexorable [inɛgzɔʀabl(ə)] *adj destin, vieillesse* inexorable; *juge* unyielding, inflexible, inexorable (*littér*). **il fut** ~ **à leurs prières** he was unmoved by their entreaties; **elle va échouer, c'est** ~ she'll fail, it's inevitable.

inexorablement [inɛgzɔʀabləmɑ̃] *adv* inexorably.

inexpérience [inɛkspeʀjɑ̃s] *nf* inexperience, lack of experience.

inexpérimenté, e [inɛkspeʀimɑ̃te] *adj personne* inexperienced; *mouvements, gestes* inexpert; *arme, produit* untested.

inexpiable [inɛkspjabl(ə)] *adj* inexpiable.

inexpié, e [inɛkspje] *adj* unexpiated.

inexplicable [inɛksplikabl(ə)] *adj* inexplicable.

inexplicablement [inɛksplikabləmɑ̃] *adv* inexplicably.

inexpliqué, e [inɛksplike] *adj* unexplained.

inexploitable [inɛksplwatabl(ə)] *adj* unexploitable.

inexploité, e [inɛksplwate] *adj* unexploited; (*Fin*) *ressources* untapped.

inexplorable [inɛksplɔʀabl(ə)] *adj* unexplorable.

inexploré, e [inɛksplɔʀe] *adj* unexplored.

inexplosible [inɛksplozibl(ə)] *adj* non-explosive.

inexpressif, -ive [inɛkspʀesif, iv] *adj visage* expressionless, inexpressive, blank; *style, mots* inexpressive.

inexpressivité [inɛkspʀesivite] *nf* inexpressiveness, expressionlessness.

inexprimable [inɛkspʀimabl(ə)] *adj, nm* inexpressible.

inexprimé, e [inɛkspʀime] *adj sentiment* unexpressed; *reproches, doutes* unspoken.

inexpugnable [inɛkspygnabl(ə)] *adj citadelle* impregnable, unassailable.

inextensible [inɛkstɑ̃sibl(ə)] *adj matériau* that does not stretch, unstretchable; *étoffe* non-stretch.

in extenso [inɛkstɛ̃so] **1** *loc adv publier, lire* in full. **2** *loc adj texte, discours* full (*épith*).

inextinguible [inɛkstɛ̃gibl(ə)] *adj* (*littér*) *passion* inextinguishable; *haine, besoin, soif* unquenchable; *rire* uncontrollable.

in extremis [inɛkstʀemis] **1** *loc adv sauver, arriver* at the last minute. **2** *loc adj sauvetage, succès* last-minute (*épith*). **faire un mariage/testament** ~ to marry/to make a will on one's deathbed.

inextricable [inɛkstʀikabl(ə)] *adj* inextricable.

inextricablement [inɛkstʀikabləmɑ̃] *adv* inextricably.

infaillibilité [ɛ̃fajibilite] *nf* infallibility.

infaillible [ɛ̃fajibl(ə)] *adj méthode, remède, personne* infallible; *instinct* unerring, infallible.

infailliblement [ɛ̃fajiblemɑ̃] adv (à coup sûr) inevitably, without fail; (sans erreur) infallibly.

infaisable [ɛ̃fazabl(ə)] adj impossible, impracticable, not feasible (attrib). ce n'est pas ~ it's not impossible, it's (just about) feasible.

infamant, e [ɛ̃famɑ̃, ɑ̃t] adj acte infamous, ignominious; accusation libellous; propos defamatory; terme derogatory; (Jur) peine infamous (involving exile or deprivation of civil rights).

infâme [ɛ̃fam] adj (gen) vile, loathsome; métier, action, trahison unspeakable, vile, loathsome; traître infamous, vile; complaisance, servilité shameful, vile; entremetteur, spéculateur despicable; odeur, taudis revolting, vile, disgusting.

infamie [ɛ̃fami] nf (a) (honte) infamy. couvert d'~ covered with infamy.
  (b) (caractère infâme) [personne, acte] infamy.
  (c) (insulte) vile abuse (U); (action infâme) infamous ou vile ou loathsome deed; (ragot) slanderous gossip (U). c'est une ~ it's absolutely scandalous, it's an absolute scandal; dire des ~s sur le compte de qn to make slanderous remarks about sb.

infant [ɛ̃fɑ̃] nm infante.

infante [ɛ̃fɑ̃t] nf infanta.

infanterie [ɛ̃fɑ̃tri] nf infantry. avec une ~ de 2.000 hommes with 2,000 foot, with an infantry of 2,000 men; ~ de marine marines; d'~ bataillon etc infantry (épith).

infanticide [ɛ̃fɑ̃tisid] 1 adj infanticidal. 2 nmf (personne) infanticide, child-killer. 3 nm (acte) infanticide.

infantile [ɛ̃fɑ̃til] adj (Méd, Psych) maladie infantile; médecine, clinique child (épith); (puéril) infantile, childish, babyish.

infantilisme [ɛ̃fɑ̃tilism(ə)] nm (Méd, Psych) infantilism; (puérilité) infantile ou childish ou babyish behaviour. c'est de l'~! how childish!

infarctus [ɛ̃faʀktys] nm (Méd) infarction (T), infarct (T). ~ du myocarde coronary thrombosis, myocardial infarction (T); il a eu ou fait trois ~ he has had three coronaries.

infatigable [ɛ̃fatigabl(ə)] adj indefatigable, tireless, untiring.

infatigablement [ɛ̃fatigabləmɑ̃] adv indefatigably, tirelessly, untiringly.

infatuation [ɛ̃fatɥasjɔ̃] nf (frm: vanité) self-conceit, self-importance.

infatué, e [ɛ̃fatɥe] (ptp de s'infatuer) adj air, personne conceited, vain. être ~ de son importance to be full of one's own importance; être ~ de son physique to be vain ou conceited about one's looks; ~ de sa personne ou de lui-même full of himself ou of self-conceit, self-important.

infatuer (s') [ɛ̃fatɥe] (1) vpr (a) (s'engouer de) s'~ de personne, choses to become infatuated with.
  (b) (tirer vanité de) s'~ de son importance to become full of one's own importance; s'~ de son physique to become vain ou conceited about one's looks; s'~ (de soi-même) to become full of o.s. ou of self-conceit.

infécond, e [ɛ̃fekɔ̃, ɔ̃d] adj terre, femme, animal barren, sterile, infertile; esprit infertile, sterile.

infécondité [ɛ̃fekɔ̃dite] nf (V infécond) barrenness; sterility; infertility.

infect, e [ɛ̃fɛkt, ɛkt(ə)] adj (gen) vile, loathsome; goût, nourriture, vin, attitude, revolting; temps filthy, foul; taudis, chambre revolting, disgusting; livre, film (très mauvais) rotten*, appalling; (scandaleux) revolting. odeur ~e stench, vile ou foul ou loathsome smell.

infecter, e [ɛ̃fɛkte] (1) 1 vt (gén) atmosphère, eau to contaminate; (Méd) personne, plaie to infect; (fig littér) to poison, infect. 2 s'infecter vpr [plaie] to become infected, turn septic.

infectieux, -euse [ɛ̃fɛksjø, øz] adj (Méd) infectious.

infection [ɛ̃fɛksjɔ̃] nf (Méd) infection; (puanteur) stench. quelle ~!, c'est une ~! what a stench!

inféodation [ɛ̃feɔdasjɔ̃] nf (Pol) allegiance (à to); (Hist) infeudation, enfeoffment.

inféoder [ɛ̃feɔde] (1) 1 vt (Hist) to enfeoff. 2 s'inféoder vpr: s'~ à to give one's allegiance to, pledge allegiance ou o.s. to; être inféodé à to be pledged to.

inférence [ɛ̃feʀɑ̃s] nf inference.

inférer [ɛ̃feʀe] (6) vt to infer, gather (de from). j'infère de ceci que ..., j'en infère que ... I infer ou gather from this that ..., this leads me to conclude that ... .

inférieur, e [ɛ̃feʀjœʀ] 1 adj (a) (dans l'espace) (gén) lower; mâchoire, lèvre lower, bottom; planètes inferior. la partie ~e de l'objet the bottom part of the object; le feu a pris dans les étages ~s fire broke out on the lower floors; descendez à l'étage ~ go down to the next floor ou the floor below, go to the next floor down; le cours ~ d'un fleuve the lower course ou stretches of a river.
  (b) (dans une hiérarchie) classes sociales, animaux, végétaux lower. à l'échelon ~ on the next rung down; d'un rang ~ of a lower rank, lower in rank.
  (c) qualité inferior, poorer; vitesse lower; nombre smaller, lower; quantité smaller; intelligence, esprit inferior. forces ~es en nombre forces inferior ou smaller in number(s).
  (d) ~ à nombre less ou lower ou smaller than, below; somme smaller ou less than; production inferior to, less ou lower than; note ~e à 20 mark below 20 ou less than 20; intelligence/qualité ~e à la moyenne below average ou lower than average intelligence/quality; travail d'un niveau ~ à ... work of a lower standard than ... ou below the standard of ...; roman/auteur ~ à un autre novel/author inferior to another; être hiérarchiquement ~ à qn to be lower (down) than sb ou be below sb in the hierarchy; (fig) il est ~ à sa tâche he isn't equal to his task, he isn't up to his task.
  2 nm,f inferior.

inférieurement [ɛ̃feʀjœʀmɑ̃] adv (moins bien) less well. ~ équipé armée, laboratoire, bateau less well-equipped.

infériorité [ɛ̃feʀjɔʀite] nf inferiority. ~ en nombre numerical inferiority, inferiority in numbers; en état ou position d'~ in an inferior position, in a position of inferiority; V comparatif, complexe.

infermentescible [ɛ̃fɛʀmɑ̃tesibl(ə)] adj which cannot be fermented.

infernal, e, mpl -aux [ɛ̃fɛʀnal, o] adj (a) (intolérable) bruit, allure, chaleur infernal. cet enfant est ~ this child is absolutely poisonous ou a little fiend.
  (b) (satanique) caractère, personne, complot diabolical, infernal, devilish.
  (c) (effrayant) vision, supplice diabolical; V machine³.
  (d) (Myth) divinité infernal.

infertile [ɛ̃fɛʀtil] adj (lit, fig) infertile.

infertilité [ɛ̃fɛʀtilite] nf (littér: lit, fig) infertility.

infestation [ɛ̃fɛstasjɔ̃] nf (Méd) infestation.

infester [ɛ̃fɛste] (1) vt (gén) to infest, overrun; (Méd) to infest. infesté de moustiques infested with mosquitoes, mosquito-infested ou -ridden; infesté de souris/pirates infested with ou overrun with ou by mice/pirates.

infidèle [ɛ̃fidɛl] 1 adj (a) ami unfaithful, disloyal (à qn to sb); époux unfaithful (à qn to sb). (littér) être ~ à une promesse to be untrue ou faithless (littér) to one's promise.
  (b) récit, traduction, traducteur unfaithful, inaccurate; mémoire unreliable.
  (c) (Rel) infidel.
  2 nmf (Rel) infidel.

infidèlement [ɛ̃fidɛlmɑ̃] adv traduire, raconter unfaithfully, inaccurately.

infidélité [ɛ̃fidelite] nf (a) (inconstance) [ami] disloyalty, unfaithfulness; [époux] infidelity, unfaithfulness (à to). (littér) ~ à une promesse faithlessness (littér) to a promise.
  (b) (acte déloyal) [époux] elle lui pardonna ses ~s she forgave him his infidelities; faire une ~ à qn to be unfaithful to sb; il a fait bien des ~s à sa femme he has been unfaithful (to his wife) on many occasions, he has been guilty of infidelity (to his wife) on many occasions; (hum) faire des ~s à son boucher/éditeur to be unfaithful to ou forsake one's butcher/publisher (hum).
  (c) (manque d'exactitude) [description, historien] inaccuracy; [mémoire] unreliability.
  (d) (erreur) [description, traducteur] inaccuracy. on trouve beaucoup d'~s dans cette traduction we find many inaccuracies in this translation.

infiltration [ɛ̃filtʀasjɔ̃] nf [hommes, idées] infiltration; [liquide] percolation, infiltration; (Méd) infiltration. il y a une ~ ou des ~s dans la cave there are leaks in the cellar, water is leaking into the cellar; (Méd) se faire faire des ~s to have injections.

infiltrer (s') [ɛ̃filtʀe] (1) vpr [hommes, idées] to infiltrate; [liquide] to percolate (through), infiltrate; [lumière] to filter through. s'~ dans [personne] to infiltrate; [idées] to filter into, infiltrate (into); [liquide] to percolate (through), infiltrate; [lumière] to filter into; s'~ dans un groupe/chez l'ennemi to infiltrate a group/the enemy.

infime [ɛ̃fim] adj (minuscule) tiny, minute, minuscule; (inférieur) lowly, inferior.

infini, e [ɛ̃fini] 1 adj (a) (Math, Philos, Rel) infinite.
  (b) (sans limites) espace infinite, boundless; patience, bonté infinite, unlimited, boundless; douleur immense; prudence, soin infinite, immeasurable; quantité infinite, unlimited; bêtise infinite, immeasurable. avec d'~s précautions with infinite ou endless precautions.
  (c) (interminable) luttes, propos interminable, never-ending. un temps ~ me parut s'écouler an eternity seemed to pass.
  2 nm: l'~ (Philos) the infinite; (Math, Phot) infinity; (Phot) faire la mise au point à ou sur l'~ to focus to infinity; l'~ des cieux heaven's immensity, the infinity of heaven; à l'~ discourir ad infinitum, endlessly; multiplier to infinity; se diversifier, faire varier infinitely; les blés s'étendaient à l'~ the corn stretched away endlessly into the distance; droite prolongée à l'~ straight line tending towards infinity.

infiniment [ɛ̃finimɑ̃] adv (a) (immensément) infinitely.
  (b) (sens affaibli: beaucoup) infinitely. ~ long/grand immensely ou infinitely long/large; je vous suis ~ reconnaissant I am immensely ou extremely ou infinitely grateful (to you); je regrette ~ I'm extremely sorry; ça me plaît ~ I like it immensely; ~ meilleur/plus intelligent infinitely better/more intelligent; avec ~ de soin/de tendresse with infinite care/tenderness.
  (c) l'~ grand the infinitely great; l'~ petit the infinitesimal.

infinité [ɛ̃finite] nf (littér) infinity. (quantité infinie) une ~ de an infinite number of.

infinitésimal, e, mpl -aux [ɛ̃finitezimal, o] adj (Math, gén) infinitesimal.

infinitif, -ive [ɛ̃finitif, iv] adj, nm infinitive. ~ de narration historic infinitive.

infirmatif, -ive [ɛ̃fiʀmatif, iv] adj (Jur) invalidating. ~ de invalidating, annulling, quashing.

infirmation [ɛ̃fiʀmasjɔ̃] nf (Jur) invalidation, annulment, quashing.

infirme [ɛ̃fiʀm(ə)] 1 adj personne crippled, disabled; (avec l'âge) infirm. l'accident l'avait rendu ~ the accident had left him crippled ou disabled; il est ~ du bras droit he's crippled in his right arm, he has a crippled ou disabled right arm; être ~ de naissance to be disabled from birth, be born disabled.
  2 nmf cripple, disabled person. les ~s the crippled ou disabled; ~ mental/moteur mentally/physically handicapped ou disabled

person; ~ **du travail** industrially disabled person; ~ **de guerre** war cripple.

infirmer [ɛ̃fiRme] (1) *vt* (*démentir*) to invalidate; (*Jur*) *décision, jugement* to invalidate, annul, quash.

infirmerie [ɛ̃fiRməRi] *nf* (*gén*) infirmary; *[école]* sickroom, sick bay, infirmary; (*Univ*) health centre (*Brit*), health service (*US*); *[navire]* sick bay.

infirmier [ɛ̃fiRmje] *nm* (male) nurse. ~ **en chef** charge nurse (*Brit*), head nurse (*US*).

infirmière [ɛ̃fiRmjɛR] *nf* nurse; *[internat]* matron (*Brit*), nurse (*US*). ~ **chef** sister (*Brit*), charge nurse (*Brit*), head nurse (*US*); ~ **diplômée** registered nurse; ≃ **diplômée d'état** ≃ state registered nurse; ~**-major** matron; ~ **visiteuse** visiting nurse, ≃ district nurse; *V* **élève.**

infirmité [ɛ̃fiRmite] *nf* (a) (*invalidité*) disability. **les** ~**s de la vieillesse** the infirmities of old age. (b) (†: *imperfection*) weakness, failing.

infixe [ɛ̃fiks(ə)] *nm* (*Ling*) infix.

inflammable [ɛ̃flamabl(ə)] *adj* inflammable, flammable.

inflammation [ɛ̃flamɑsjɔ̃] *nf* (*Méd*) inflammation.

inflammatoire [ɛ̃flamatwaR] *adj* (*Méd*) inflammatory.

inflation [ɛ̃flɑsjɔ̃] *nf* (*Écon*) inflation; (*fig*) (excessive) growth *ou* increase (*de* in).

inflationniste [ɛ̃flɑsjɔnist(ə)] **1** *adj tendance, danger* inflationary; *politique, économiste* inflationist. **2** *nmf* inflationist.

infléchi, e [ɛ̃fleʃi] (*ptp de* **infléchir**) *adj voyelle* inflected.

infléchir [ɛ̃fleʃiR] (2) **1** *vt* (*lit*) *rayon* to inflect, bend; (*fig*) *politique* to reorientate, bend. **2 s'infléchir** *vpr [route]* to bend, curve round; *[poutre]* to sag; (*fig*) *[politique]* to shift, move.

infléchissement [ɛ̃fleʃismɑ̃] *nm* (*V* **infléchir** (*fig*)) reorientation; (*V* **s'infléchir** (*fig*)) (slight) shift (*de* in).

inflexibilité [ɛ̃flɛksibilite] *nf* (*V* **inflexible**) inflexibility; rigidity.

inflexible [ɛ̃flɛksibl(ə)] *adj caractère, personne* inflexible, rigid, unyielding; *volonté* inflexible; *règle* inflexible, rigid. **il demeura** ~ **dans sa résolution** he remained inflexible *ou* unyielding *ou* unbending in his resolution.

inflexiblement [ɛ̃flɛksibləmɑ̃] *adv* (*V* **inflexible**) inflexibly; rigidly.

inflexion [ɛ̃flɛksjɔ̃] *nf* (a) (*inclinaison*) bend. **d'une légère** ~ **de la tête/du corps** with a slight nod/bow.
(b) *[voix]* inflexion, modulation.
(c) (*Ling*) ~ **vocalique** vowel inflexion.
(d) (*déviation*) *[route, direction]* bend, curve (*de* in); (*Phys*) *[rayon]* deflection; (*Math*) *[courbe]* inflexion.
(e) (*fig*) *[politique]* reorientation (*de* of), shift (*de* in).

infliger [ɛ̃fliʒe] (3) *vt punition, tâche* to inflict (*à* on); *amende* to impose (*à* on); *affront* to deliver (*à* to). ~ **sa présence à qn** to inflict one's presence *ou* o.s. on sb; ~ **un démenti à qn** to contradict sb's assertions; (*Scol*) ~ **un avertissement** *ou* **un blâme à qn** to give sb an order mark (*Brit*) *ou* a bad mark (*Brit*) *ou* a demerit point (*US*).

inflorescence [ɛ̃floResɑ̃s] *nf* inflorescence.

influençable [ɛ̃flyɑ̃sabl(ə)] *adj* easily influenced.

influence [ɛ̃flyɑ̃s] *nf* influence (*sur* on, upon). **c'est quelqu'un qui a de l'**~ he's a person of influence, he's an influential person; **avoir une** ~ **bénéfique/néfaste sur** *[climat, médicament]* to have a beneficial/harmful effect on; **être sous l'**~ **de l'alcool** to be under the influence of alcohol; **être sous l'**~ **de la colère** to be in the grip of anger; **zone/sphère d'**~ zone/sphere of influence; **ces fréquentations ont une mauvaise** ~ **sur ses enfants** these friends are a bad influence on her children; *V* **trafic.**

influencer [ɛ̃flyɑ̃se] (3) *vt* (*gén*) to influence; (*agir sur*) to act upon. **il ne faut pas se laisser** ~ **par lui** you mustn't let yourself be influenced by him, you mustn't let him influence you.

influent, e [ɛ̃flyɑ̃, ɑ̃t] *adj* influential.

influenza [ɛ̃flyɑ̃za] *nf* influenza.

influer [ɛ̃flye] (1) *vi*: ~ **sur** to influence, have an influence on.

influx [ɛ̃fly] *nm* (a) (*Méd*) ~ **nerveux** (nerve) impulse; **il manque d'**~ **nerveux** he lacks go *ou* drive. (b) (*fig: fluide*) influx††, inflow††.

infographie [ɛ̃fɔgRafi] *nf* computer graphics.

in-folio, pl in-folio(s) [infɔljo] *nm, adj* folio.

informateur, -trice [ɛ̃fɔRmatœR, tRis] *nm,f* (*gen*) informant; (*Police*) informer.

informaticien, -ienne [ɛ̃fɔRmatisjɛ̃, jɛn] *nm,f* computer scientist, computerist (*US*); (*pupitreur*) computer *ou* keyboard operator, keyboarder.

informatif, -ive [ɛ̃fɔRmatif, iv] *adj brochure* informative. **campagne de publicité** ~**ive pour un produit/une chaîne d'hôtels** advertising campaign giving information on a product/a hotel chain.

information [ɛ̃fɔRmɑsjɔ̃] *nf* (a) (*renseignement*) piece of information; (*Presse, TV: nouvelle*) piece of news, news (*sg*). **voilà une** ~ **intéressante** here's an interesting piece of information *ou* some interesting information; **recueillir des** ~**s sur** to gather information on; **voici nos** ~**s** here *ou* this is the news; ~**s politiques** political news; ~**s télévisées** television news; **écouter/regarder les** ~**s** to listen to/watch the news (bulletins); **nous recevons une** ~ **de dernière minute** we've just received some last-minute *ou* late news; **aller aux** ~**s** to go (and) find out the news.
(b) (*diffusion de renseignements*) information. **pour votre** ~**, sachez que** for your (own) information you should know that; **pour l'**~ **des voyageurs** for the information of travellers; **assurer l'**~ **du public en matière d'impôts** to ensure that the public is informed *ou* has information on the subject of taxation; **l'opposition a la main sur l'**~ the opposition has got hold of the information network; **journal/presse d'**~ serious newspaper/press.

(c) (*connaissances*) information, knowledge. **c'est un homme qui a une grande** ~ he is a mine of information, he's a man with a great fund of information *ou* knowledge.
(d) (*Ordin, Sci*) **l'**~ information; **traitement de l'**~ data processing, processing of information; **théorie de l'**~ information theory.
(e) (*Jur*) ~ **officielle** (judicial) inquiry; **ouvrir une** ~ to start an initial *ou* a preliminary investigation.

informatique [ɛ̃fɔRmatik] **1** *nf* (*science*) computer science, computing; (*techniques*) data processing. **il est dans l'**~ he's in computers; **l'ère de l'**~ the age of the computer. **2** *adj* computer (*épith*).

informatiquement [ɛ̃fɔRmatikmɑ̃] *adv*: **traiter qch** ~ to use a computer to solve sth, process sth on a computer.

informatisation [ɛ̃fɔRmatizasjɔ̃] *nf* computerization.

informatiser [ɛ̃fɔRmatize] (1) *vt* to computerize.

informe [ɛ̃fɔRm(ə)] *adj masse, tas* shapeless, formless; *vêtement* shapeless; *visage, être* misshapen, ill-shaped, ill-formed; (*inachevé*) *projet* rough, undefined.

informé [ɛ̃fɔRme] *nm V* **jusque.**

informer [ɛ̃fɔRme] (1) **1** *vt* (a) (*d'un fait*) to inform, tell (*de* of, about); (*au sujet d'un problème*) to inform (*sur* about). **m'ayant informé de ce fait** having informed *ou* told me of this fact, having acquainted me with this fact; **nous vous informons que nos bureaux ouvrent à 8 heures** we are pleased to inform you that *ou* for your information our offices open at 8 a.m.; **informez-vous s'il est arrivé** find out *ou* ascertain whether he has arrived; **s'il vient, vous voudrez bien m'en** ~ if he comes, please let me know *ou* inform me *ou* tell me; **on vous a mal informé** (*faussement*) you've been misinformed *ou* wrongly informed; (*imparfaitement*) you've been badly informed *ou* ill-informed; **journaux/milieux bien informés** well-informed *ou* authoritative newspapers/circles.
(b) (*Philos*) **les concepts informent la matière** concepts impart *ou* give form to matter.
2 *vi* (*Jur*) ~ **sur un crime** to inquire into *ou* investigate a crime; ~ **contre X** to start inquiries concerning X.
3 s'informer *vpr* (*d'un fait*) to inquire, find out, ask (*de* about). (*dans une matière*) to inform o.s. (*sur le sujet de* about). **où puis-je m'**~ **de l'heure/à ce sujet/si?** where can I inquire *ou* find out *ou* ask about the time/about this matter/whether?; **s'**~ **de la santé de qn** to ask after *ou* inquire after *ou* about sb's health; **la nécessité pour l'homme moderne de s'**~ (*sur certains sujets*) the necessity for modern man to inform himself (about certain topics).

informulé, e [ɛ̃fɔRmyle] *adj* unformulated.

infortune [ɛ̃fɔRtyn] *nf* (*revers*) misfortune; (*adversité*) ill fortune, misfortune. ~**s conjugales** marital misfortunes; **le récit de ses** ~**s** the tale of his woes *ou* misfortunes; *V* **compagnon.**

infortuné, e [ɛ̃fɔRtyne] **1** *adj personne* hapless (*épith*), ill-fated, luckless, wretched; *démarche, décision* ill-fated, wretched. **2** *nm,f* (poor) wretch.

infra [ɛ̃fRa] *adv*: **voir** ~ see below.

infraction [ɛ̃fRaksjɔ̃] *nf* (*délit*) offence. (*Aut*) **être en** ~ to be committing an offence, be in breach of the law; ~ **à la loi** breach *ou* violation *ou* infraction of the law; ~ **au code de la route** offence against the Highway Code; ~ **à la coutume** breach *ou* violation of custom; **règle qui ne souffre aucune** ~ rule which suffers *ou* allows no infringement.

infranchissable [ɛ̃fRɑ̃ʃisabl(ə)] *adj* (*lit*) impassable; (*fig*) insurmountable, insuperable.

infrangible [ɛ̃fRɑ̃ʒibl(ə)] *adj* (*littér*) infrangible (*littér*).

infrarouge [ɛ̃fRaRuʒ] *adj, nm* infrared. **missile guidé par** ~ heatseeking missile.

infrason [ɛ̃fRasɔ̃] *nm* infrasonic vibration.

infrastructure [ɛ̃fRastRyktyR] *nf* (*Constr*) substructure, understructure; (*Écon, fig*) infrastructure; (*Aviat*) ground installations.

infréquentable [ɛ̃fRekɑ̃tabl(ə)] *adj* not to be associated with. **ce sont des gens** ~**s** they're people you just don't associate with *ou* mix with.

infroissable [ɛ̃fRwasabl(ə)] *adj* uncrushable, crease-resistant.

infructueux, -euse [ɛ̃fRyktɥø, øz] *adj* fruitless, unfruitful, unsuccessful.

infumable [ɛ̃fymabl(ə)] *adj* unsmokable.

infus [ɛ̃fy, yz] *adj* (*littér*) innate, inborn (*à* in); *V* **science.**

infuser [ɛ̃fyze] (1) *vt* (a) (*plus gén faire* ~) *tisane* to infuse; *thé* to brew, infuse. **laisser** ~ **le thé quelques minutes** leave the tea to brew *ou* infuse *ou* draw a few minutes; **le thé est-il assez infusé?** has the tea brewed *ou* infused (long) enough?
(b) (*fig*) to infuse (*à* into). ~ **un sang nouveau à qch/à qn** to infuse *ou* inject *ou* instil new life into sth/sb.

infusette [ɛ̃fyzɛt] *nf* (tea *ou* coffee *etc*) bag.

infusion [ɛ̃fyzjɔ̃] *nf* (a) (*tisane*) infusion, herb tea. ~ **de tilleul** lime tea; **boire une** ~ to drink some herb tea *ou* an infusion. (b) (*action*) infusion. **préparé par** ~ prepared by infusion.

ingambe [ɛ̃gɑ̃b] *adj* spry, nimble.

ingénier (s') [ɛ̃ʒenje] (7) *vpr*: **s'**~ **à faire** to strive (hard) to do, try hard to do; (*iro*) **chaque fois qu'on range ses affaires, il s'ingénie à les remettre en désordre** every time you tidy up his belongings, he goes out of his way *ou* he contrives to mess them up again.

ingénierie [ɛ̃ʒeniRi] *nf* engineering.

ingénieur [ɛ̃ʒenjœR] *nm* engineer. ~ **chimiste/des mines/agronome** chemical/mining/agricultural engineer; ~ **électricien/en génie civil** electrical/civil engineer; ~ **système** system(s) engineer; ~**-conseil** engineering consultant; ~ **du son** sound engineer; ~ **des eaux et forêts** forestry expert; ~ **des travaux publics** construction *ou* civil engineer.

ingénieusement [ɛ̃ʒenjøzmɑ̃] *adv* ingeniously, cleverly.

ingénieux, -euse [ɛ̃ʒenjø, øz] *adj* ingenious, clever.

ingéniosité [ɛ̃ʒenjozite] *nf* ingenuity, cleverness.

ingénu, e [ɛ̃ʒeny] **1** *adj* ingenuous, artless, naïve. **2** *nm,f* ingenuous *ou* artless *ou* naïve person. **3 ingénue** *nf* (*Théât*) ingénue. **jouer les ~es** to play ingénue roles.
ingénuité [ɛ̃ʒenɥite] *nf* ingenuousness, artlessness, naïvety.
ingénument [ɛ̃ʒenymɑ̃] *adv* ingenuously, artlessly, naïvely.
ingérence [ɛ̃ʒerɑ̃s] *nf* interference, interfering (*U*), meddling (*U*) (*dans* in).
ingérer [ɛ̃ʒere] (6) **1** *vt* to ingest. **2 s'ingérer** *vpr*: **s'~ dans** to interfere in, meddle in.
ingestion [ɛ̃ʒestjɔ̃] *nf* ingestion.
ingouvernable [ɛ̃guvɛrnabl(ə)] *adj* (*Pol*) ungovernable.
ingrat, e [ɛ̃gra, at] *adj personne* ungrateful (*envers* to, towards); *tâche, métier, sujet* thankless (*épith*), unrewarding; *sol* stubborn, barren, sterile; *visage* unprepossessing, unattractive; *contrée* bleak, hostile; *mémoire* unreliable, treacherous. **tu es un ~** you're an ungrateful person *ou* so-and-so*; V **âge.**
ingratement [ɛ̃gratmɑ̃] *adv* (*littér*) ungratefully.
ingratitude [ɛ̃gratityd] *nf* ingratitude, ungratefulness (*envers* to, towards). **avec ~** ungratefully.
ingrédient [ɛ̃gredjɑ̃] *nm* ingredient; (*fig*) ingredient, component.
inguérissable [ɛ̃gerisabl(ə)] *adj* (*lit*) incurable; (*fig*) *habitude, paresse* incurable; *chagrin, amour* inconsolable.
inguinal, e, *mpl* **-aux** [ɛ̃gɥinal, o] *adj* inguinal.
ingurgitation [ɛ̃gyrʒitasjɔ̃] *nf* ingurgitation.
ingurgiter [ɛ̃gyrʒite] (1) *vt nourriture* to swallow, ingurgitate (*frm*); *vin* to gulp (down), swill (*péj*); (*fig*) to ingest, ingurgitate. **faire ~ de la nourriture/une boisson à qn** to make sb swallow food/a drink, force food/a drink down sb; **faire ~ des connaissances à qn** to force sb to take in facts, force *ou* stuff knowledge into sb; **~ des connaissances pour un examen** to cram *ou* stuff one's head with facts for an exam.
inhabile [inabil] *adj* (a) *politicien, discours* inept; *manœuvre* inept, clumsy. **se montrer ~ dans la conduite des négociations** to mishandle the conduct of the negotiations, show a certain ineptitude in the handling of the negotiations.
    (b) (*manuellement*) *ouvrier* unskilful, clumsy; *gestes, mains, dessin, travail* clumsy.
    (c) (*Jur*) incapable. **~ à tester** incapable of making a will.
inhabilement [inabilmɑ̃] *adv* ineptly.
inhabileté [inabilte] *nf* (*littér*: V **inhabile**) ineptitude; clumsiness; unskilfulness.
inhabilité [inabilite] *nf* (*Jur*) incapacity (*à* to).
inhabitable [inabitabl(ə)] *adj* uninhabitable. **cet appartement est ~** it's impossible to live in this flat, this flat is uninhabitable.
inhabité, e [inabite] *adj région* uninhabited; *maison* uninhabited, unoccupied. **la maison a l'air ~e** the house looks uninhabited *ou* unoccupied *ou* unlived-in.
inhabituel, -elle [inabitɥɛl] *adj* unusual, unaccustomed.
inhalateur, -trice [inalatœr, tris] **1** *nm* inhaler. (*Aviat*) **~ d'oxygène** oxygen mask. **2** *adj* inhaling.
inhalation [inalasjɔ̃] *nf* (*Méd*) inhalation. **faire** *ou* **prendre une** *ou* **des ~(s)** to have *ou* use an inhalation bath.
inhaler [inale] (1) *vt* (*Méd*) to inhale; (*littér*) to inhale, breathe (in).
inharmonieux, -euse [inarmɔnjø, øz] *adj* (*littér*) inharmonious.
inhérence [inerɑ̃s] *nf* (*Philos*) inherence.
inhérent, e [inerɑ̃, ɑ̃t] *adj* inherent (*à* in).
inhiber [inibe] (1) *vt* (*Physiol, Psych*) to inhibit.
inhibiteur, -trice [inibitœr, tris] *adj* inhibitory, inhibitive.
inhibition [inibisjɔ̃] *nf* (*Physiol, Psych*) inhibition.
inhospitalier, -ière [inɔspitalje, jɛr] *adj* inhospitable.
inhumain, e [inymɛ̃, ɛn] *adj* inhuman.
inhumainement [inymɛnmɑ̃] *adv* (*littér*) inhumanly.
inhumanité [inymanite] *nf* (*littér*) inhumanity.
inhumation [inymasjɔ̃] *nf* burial, interment, inhumation (*frm*).
inhumer [inyme] (1) *vt* to bury, inter; *V* **permis.**
inimaginable [inimaʒinabl(ə)] *adj* unimaginable, unbelievable.
inimitable [inimitabl(ə)] *adj* inimitable.
inimité, e [inimite] *adj*: **artiste qui est resté ~** artist who has never been imitated.
inimitié [inimitje] *nf* enmity.
ininflammable [inɛ̃flamabl(ə)] *adj* non-flammable, non-inflammable.
inintelligemment [inɛ̃teliʒamɑ̃] *adv* unintelligently.
inintelligence [inɛ̃teliʒɑ̃s] *nf* [*personne, esprit*] lack of intelligence, unintelligence. (*incompréhension*) **l'~ du problème** the failure to understand the problem, the lack of understanding of the problem.
inintelligent, e [inɛ̃teliʒɑ̃, ɑ̃t] *adj* unintelligent.
inintelligibilité [inɛ̃teliʒibilite] *nf* unintelligibility.
inintelligible [inɛ̃teliʒibl(ə)] *adj* unintelligible.
inintelligiblement [inɛ̃teliʒibləmɑ̃] *adv* unintelligibly.
inintéressant, e [inɛ̃teresɑ̃, ɑ̃t] *adj* uninteresting.
ininterrompu, e [inɛ̃terɔ̃py] *adj suite, ligne* unbroken; *file de voitures* unbroken, steady (*épith*), uninterrupted; *flot, vacarme* steady (*épith*), uninterrupted, non-stop; *effort, travail* unremitting, continuous, steady (*épith*). **12 heures de sommeil ~** 12 hours' uninterrupted *ou* unbroken sleep; **programme de musique ~e** programme of continuous music.
inique [inik] *adj* iniquitous.
iniquement [inikmɑ̃] *adv* iniquitously.
iniquité [inikite] *nf* (*gén, Rel*) iniquity.
initial, e, *mpl* **-aux** [inisjal, o] **1** *adj* initial. **2 initiale** *nf* initial. **mettre ses ~es sur qch** to put one's initials on sth, initial sth; *V* **vitesse.**
initialement [inisjalmɑ̃] *adv* initially.
initialisation [inisjalisasjɔ̃] *nf* (*Ordin*) initialization.
initialiser [inisjalize] (1) *vt* (*Ordin*) to initialize.
initiateur, -trice [inisjatœr, tris] **1** *adj* innovatory. **2** *nm,f*

(*maître, précurseur*) initiator; [*mode, technique*] innovator, pioneer; [*idée*] initiator, originator.
initiation [inisjasjɔ̃] *nf* initiation (*à* into). (*titre d'ouvrage*) **~ à la linguistique/philosophie** introduction to linguistics/philosophy.
initiatique [inisjatik] *adj rite* initiatory.
initiative [inisjativ] *nf* (*gén, Pol*) initiative. **prendre l'~ d'une action/de faire** to take the initiative for an action/in doing; **garder l'~** to keep the initiative; **avoir de l'~** to have *ou* show initiative *ou* enterprise; **à** *ou* **sur l'~ de qn** on sb's initiative; **de sa propre ~** on one's own initiative; **elle manque d'~** she lacks initiative *ou* enterprise; **~ de paix** peace initiative; **conférence à l'~ des USA** conference initiated by the USA; **à l'~ de la France ...** following France's initiative ... ; *V* **droit³, syndicat.**
initié, e [inisje] (*ptp de* **initier**) **1** *adj* initiated. **le lecteur ~/non ~** the initiated/uninitiated reader.
    2 *nm,f* initiated person, initiate (*frm*). **les ~s** the initiated *ou* initiates (*frm*); **les non ~s** the uninitiated; **art réservé aux ~s** art accessible only to the initiated.
initier [inisje] (7) **1** *vt* to initiate (*à* into). **~ qn aux joies de la voile** to introduce sb to the joys of sailing. **2 s'initier** *vpr* to become initiated, initiate o.s. (*à* into).
injectable [ɛ̃ʒɛktabl(ə)] *adj* injectable.
injecté, e [ɛ̃ʒɛkte] (*ptp de* **injecter**) *adj* (*Méd, Tech*) injected (*de* with); *visage* congested. **yeux ~s de sang** bloodshot eyes.
injecter [ɛ̃ʒɛkte] (1) *vt* (*Méd, Tech*) to inject. **~ des fonds dans une entreprise** to pump money into a project.
injecteur, -trice [ɛ̃ʒɛktœr, tris] **1** *adj* injection (*épith*). **2** *nm* injector.
injection [ɛ̃ʒɛksjɔ̃] *nf* (*action, produit, piqûre*) injection; (*avec une poire etc*) douche; (*Géol, Tech*) injection. **à ~s seringue, tube** injection (*épith*); **à ~ moteur, système** fuel injection (*épith*).
injonction [ɛ̃ʒɔ̃ksjɔ̃] *nf* injunction, command, order.
injouable [ɛ̃ʒwabl(ə)] *adj musique* unplayable; *pièce* unperformable.
injure [ɛ̃ʒyr] *nf* (a) (*insulte*) abuse (*U*), insult. **'espèce de salaud' est une ~** 'bastard' is a swearword *ou* an insult; **bordée d'~s** string of abuse *ou* insults; (*Jur*) **l'~ et la diffamation** abuse and slander.
    (b) (*littér: affront*) **faire ~ à qn** to wrong sb, affront sb; **il m'a fait l'~ de ne pas venir** he insulted *ou* affronted me by not coming.
    (c) (*littér: dommage*) **l'~ des ans/du sort** the injury *ou* assault of years/of fate (*littér*).
injurier [ɛ̃ʒyrje] (7) *vt* to abuse, insult, revile (*frm*).
injurieusement [ɛ̃ʒyrjøzmɑ̃] *adv* (*V* **injurieux**) abusively; offensively; insultingly.
injurieux, -euse [ɛ̃ʒyrjø, øz] *adj termes, propos* abusive, offensive; (*littér*) *attitude, article* insulting, offensive (*pour, à l'égard de* to).
injuste [ɛ̃ʒyst(ə)] *adj* (*contraire à la justice, manquant d'équité*) unjust; (*partial, tendancieux*) unfair (*avec, envers à* towards).
injustement [ɛ̃ʒystəmɑ̃] *adv* (*V* **injuste**) unjustly; unfairly.
injustice [ɛ̃ʒystis] *nf* (a) (*caractère: V* **injuste**) injustice; unfairness. (b) (*acte*) injustice.
injustifiable [ɛ̃ʒystifjabl(ə)] *adj* unjustifiable.
injustifié, e [ɛ̃ʒystifje] *adj* unjustified, unwarranted.
inlassable [ɛ̃lasabl(ə)] *adj personne* tireless, untiring; *zèle* unflagging, tireless.
inlassablement [ɛ̃lasabləmɑ̃] *adv* (*V* **inlassable**) tirelessly; untiringly; unflaggingly.
inné, e [in(n)e] *adj* innate, inborn. **idées ~es** innate ideas.
innervation [in(n)ɛrvasjɔ̃] *nf* innervation.
innerver [in(n)ɛrve] (1) *vt* to innervate.
innocemment [inɔsamɑ̃] *adv* innocently.
innocence [inɔsɑ̃s] *nf* (*gén*) innocence. **l'~ de ces farces** the innocence *ou* harmlessness of these pranks; **il l'a fait en toute ~** he did it in all innocence, he meant no harm (by it).
innocent, e [inɔsɑ̃, ɑ̃t] **1** *adj* (*Jur, Rel, gén*) innocent. **être ~ de qch** to be innocent of sth; **remarque/petite farce bien ~e** quite innocent *ou* harmless remark/little prank; **il est vraiment ~!** he is a real innocent!; **~ comme l'enfant** *ou* **l'agneau qui vient de naître** as innocent as a new-born babe.
    2 *nm,f* (a) (*Jur*) innocent person; *V* **massacre.**
    (b) (*candide*) innocent (person); (*niais*) simpleton. **ne fais pas l'~** don't act *ou* play the innocent, don't come the innocent with me* (*Brit*), don't put on an air of innocence; **quel ~ tu fais!** how innocent can you be?*, how innocent can you are!; **l'~ du village** the village simpleton *ou* idiot; (*Prov*) **aux ~s les mains pleines** fortune favours the innocent.
Innocent [inɔsɑ̃] *nm* Innocent.
innocenter [inɔsɑ̃te] (1) *vt* (*Jur: disculper*) to clear, prove innocent (*de* of); (*fig: excuser*) to excuse, justify.
innocuité [in(n)ɔkɥite] *nf* (*frm*) innocuousness (*frm*), harmlessness.
innombrable [in(n)ɔ̃brabl(ə)] *adj détails, péripéties, variétés* innumerable, countless; *foule* vast.
innomé, e [in(n)ɔme] *adj* = **innommé.**
innommable [in(n)ɔmabl(ə)] *adj conduite, action* unspeakable, loathsome, unmentionable; *nourriture, ordures* foul, vile.
innommé, e [in(n)ɔme] *adj* (*non dénommé*) unnamed; (*obscur, vague*) nameless.
innovateur, -trice [in(n)ɔvatœr, tris] **1** *adj* innovatory, innovative. **2** *nm,f* innovator.
innovation [in(n)ɔvasjɔ̃] *nf* innovation.
innover [in(n)ɔve] (1) **1** *vi* to innovate. **~ en matière de mode/d'art** *etc* to break new ground *ou* innovate in the field of fashion/art *etc*; **ce peintre innove par rapport à ses prédécesseurs** this painter is breaking new ground compared with his predecessors. **2** *vt* to create, invent.

inobservable [inɔpsɛʀvabl(ə)] *adj* unobservable.

inobservance [inɔpsɛʀvɑ̃s] *nf* (*littér*) inobservance, non-observance.

inobservation [inɔpsɛʀvasjɔ̃] *nf* (*littér, Jur*) non-observance, inobservance.

inobservé, e [inɔpsɛʀve] *adj* (*littér, Jur*) unobserved.

inoccupation [inɔkypasjɔ̃] *nf* (*littér*) inoccupation (*littér*), inactivity.

inoccupé, e [inɔkype] *adj* (a) (*vide*) *appartement* unoccupied, empty; *siège, emplacement, poste* vacant, unoccupied, empty. (b) (*oisif*) unoccupied, idle.

in-octavo [inɔktavo] *adj, nm inv* octavo.

inoculable [inɔkylabl(ə)] *adj* inoculable.

inoculation [inɔkylasjɔ̃] *nf* (*Méd: volontaire*) (preventive) inoculation; (*accidentelle*) infection. **l'~** (accidentelle) d'un virus/d'une maladie dans l'organisme par blessure the (accidental) infection of the organism by a virus/by disease as a result of an injury.

inoculer [inɔkyle] (1) *vt* (a) **~ un virus/une maladie à qn** (*Méd: volontairement*) to inoculate sb with a virus/a disease; (*accidentellement*) to infect sb with a virus/a disease; **~ un malade** to inoculate a patient (*contre* against).
   (b) (*fig: communiquer*) **~ une passion** *etc* **à qn** to infect *ou* imbue sb with a passion *etc*; **~ un vice/des opinions à qn** to inoculate sb with a vice/ideas.

inodore [inɔdɔʀ] *adj gaz* odourless; *fleur* scentless.

inoffensif, -ive [inɔfɑ̃sif, iv] *adj personne, plaisanterie* inoffensive, harmless, innocuous; *piqûre, animal, remède* harmless, innocuous.

inondable [inɔ̃dabl(ə)] *adj* liable to flooding.

inondation [inɔ̃dasjɔ̃] *nf* (a) (*V inonder*) flooding; swamping; inundation. (b) (*lit*) flood; (*fig: afflux*) flood, deluge (*U*).

inonder [inɔ̃de] (1) *vt* (a) (*lit: d'eau*) to flood; (*fig: de produits*) to flood, swamp, inundate (*de* with). **tu as inondé toute la cuisine*** you've flooded the whole kitchen, you've literally swamped the kitchen; **nous sommes inondés de lettres** we have been inundated with letters, we have received a flood of letters; **les populations inondées** the flood victims; **inondé de soleil** bathed in sunlight; **inondé de lumière** suffused *ou* flooded with light; **la joie inonda son cœur** joy flooded into his heart.
   (b) (*tremper*) to soak, drench. **se faire ~ (par la pluie)** to get soaked *ou* drenched (by the rain); **je suis inondé** I'm soaked (through) *ou* drenched *ou* saturated*; **~ ses cheveux de parfum** to saturate one's hair with scent; **la sueur inondait son visage** sweat was streaming down his face, his face was bathed in sweat; **inondé de larmes** *joues* streaming with tears; *yeux* full of tears.

inopérable [inɔpeʀabl(ə)] *adj* inoperable.

inopérant, e [inɔpeʀɑ̃, ɑ̃t] *adj* ineffectual, ineffective, inoperative.

inopiné, e [inɔpine] *adj rencontre* unexpected. **mort ~e** sudden death.

inopinément [inɔpinemɑ̃] *adv* unexpectedly.

inopportun, e [inɔpɔʀtœ̃, yn] *adj demande, remarque* ill-timed, inopportune, untimely. **le moment est ~** it is not the right *ou* best moment, it's not the most opportune moment.

inopportunément [inɔpɔʀtynemɑ̃] *adv* inopportunely.

inopportunité [inɔpɔʀtynite] *nf* (*littér*) inopportuneness, untimeliness.

inopposabilité [inɔpozabilite] *nf* (*Jur*) non-invocability.

inopposable [inɔpozabl(ə)] *adj* (*Jur*) non-invocable.

inorganique [inɔʀganik] *adj* inorganic.

inorganisé, e [inɔʀganize] *adj compagnie, industrie* unorganized; *personne* disorganized, unorganized; (*Sci*) unorganized.

inoubliable [inublijabl(ə)] *adj* unforgettable, never to be forgotten.

inouï, e [inwi] *adj événement, circonstances* unprecedented, unheard-of; *nouvelle* extraordinary, incredible; *vitesse, audace, force* incredible, unbelievable. **c'est/il est ~!*** it's/he's incredible! *ou* unbelievable!

inox [inɔks] *adj, nm* (*abrév de* **inoxydable**) stainless steel. **couteau/évier (en) ~** stainless steel knife/sink.

inoxydable [inɔksidabl(ə)] **1** *adj acier, alliage* stainless; *couteau* stainless steel (*épith*). **2** *nm* stainless steel.

inqualifiable [ɛ̃kalifjabl(ə)] *adj conduite, propos* unspeakable. **d'une ~ bassesse** unspeakably low.

in-quarto [inkwaʀto] *adj, nm inv* quarto.

inquiet, -ète [ɛ̃kjɛ, ɛt] *adj personne* (*momentanément*) worried, anxious; (*par nature*) anxious; *gestes* uneasy; *attente, regards* uneasy, anxious; *sommeil* uneasy, troubled; (*littér*) *curiosité, amour* restless. **je suis ~ de son absence** I'm worried at his absence, I'm worried *ou* anxious that he's not here; **je suis ~ de ne pas le voir** I'm worried *ou* anxious at not seeing him, I'm worried not to be able to see him; **je suis ~ qu'il ne m'ait pas téléphoné** I'm worried that he hasn't phoned me; **c'est un (éternel) ~** he's a (perpetual) worrier.
   2 s'inquiéter *vpr* (a) (*s'alarmer*) to worry. **ne t'inquiète pas** don't worry; **il n'y a pas de quoi s'~** there's nothing to worry about *ou* get worried about.
   (b) (*s'enquérir*) **s'~ de** to inquire about; **s'~ de l'heure/de la santé de qn** to inquire what time it is/about sb's health.
   (c) (*se soucier*) **s'~ de** to worry about, trouble (o.s.) about,

bother about; **ne t'inquiète pas de ça, je m'en occupe** don't (you) trouble yourself *ou* worry *ou* bother about that — I'll see to it; **sans s'~ des circonstances/conséquences** without worrying *ou* bothering about the circumstances/consequences; **sans s'~ de savoir si ...** without troubling *ou* bothering to find out if ... ; **je ne m'inquiète pas pour elle, elle se débrouille toujours** I'm not worried about her *ou* I'm not fretting about her, she always manages somehow.

inquiétude [ɛ̃kjetyd] *nf* anxiety; (*littér: agitation*) restlessness. **donner de l'~** *ou* **des ~s à qn** to worry sb, give sb cause for worry *ou* anxiety; **éprouver des ~s au sujet de** to feel anxious *ou* worried about, feel some anxiety about; **soyez sans ~** have no fear; **fou d'~** mad with worry.

inquisiteur, -trice [ɛ̃kizitœʀ, tʀis] **1** *adj* inquisitive, prying. **2** *nm* inquisitor.

inquisition [ɛ̃kizisjɔ̃] *nf* (a) (*Hist*) **la (Sainte) I~** the Inquisition, the Holy Office. (b) (*péj: enquête*) inquisition.

inquisitorial, e, *mpl* **-aux** [ɛ̃kizitɔʀjal, o] *adj* inquisitorial.

inracontable [ɛ̃ʀakɔ̃tabl(ə)] *adj* (*trop osé*) unrepeatable; (*trop compliqué*) unrecountable.

insaisissabilité [ɛ̃sezisabilite] *nf* (*Jur*) non-seizability.

insaisissable [ɛ̃sezisabl(ə)] *adj fugitif, ennemi* elusive; *nuance, différence* imperceptible, indiscernible; (*Jur*) biens non-seizable.

insalissable [ɛ̃salisabl(ə)] *adj* dirt-proof.

insalubre [ɛ̃salybʀ(ə)] *adj climat* insalubrious, unhealthy; *bâtiment* insalubrious.

insalubrité [ɛ̃salybʀite] *nf* (*V insalubre*) insalubrity; unhealthiness.

insanité [ɛ̃sanite] *nf* (*caractère*) insanity, madness; (*acte*) insane act; (*propos*) insane talk (*U*). **proférer des ~s** to talk insanely.

insatiabilité [ɛ̃sasjabilite] *nf* insatiability.

insatiable [ɛ̃sasjabl(ə)] *adj* insatiable.

insatiablement [ɛ̃sasjabləmɑ̃] *adv* insatiably.

insatisfaction [ɛ̃satisfaksjɔ̃] *nf* dissatisfaction.

insatisfait, e [ɛ̃satisfɛ, ɛt] *adj personne* (*non comblé*) unsatisfied; (*mécontent*) dissatisfied; *désir, passion* unsatisfied. **c'est un éternel ~** he's never satisfied, he's perpetually dissatisfied.

inscriptible [ɛ̃skʀiptibl(ə)] *adj* inscribable.

inscription [ɛ̃skʀipsjɔ̃] **1** *nf* (a) (*écrit*) (*gravée, imprimée, officielle*) inscription; (*manuscrite*) writing (*U*), inscription. **mur couvert d'~s** wall covered in writing *ou* inscriptions.
   (b) (*action*) **l'~ du texte n'est pas comprise dans le prix** the inscription *ou* engraving of the text is not included in the price; **l'~ d'une question à l'ordre du jour** putting *ou* placing a question on the agenda; **cela a nécessité l'~ de nouvelles dépenses au budget** this necessitated adding further expenditure to the budget.
   (c) (*immatriculation*) enrolment, registration, admission; (*à l'université*) matriculation (*Brit*), registration (*à* at); (*à un concours*) enrolment (*à*, entering (*à* for). **l'~ à un parti/club** joining a party/club; **l'~ des enfants à l'école est obligatoire** it is compulsory to enrol *ou* register children for school; **il y a déjà 20 ~s pour la sortie de jeudi** 20 people have already signed on *ou* enrolled for Thursday's outing; **les ~s (en faculté) seront closes le 30 octobre** the closing date for enrolment *ou* matriculation (*Brit*) *ou* registration (at the university) is October 30th; **votre ~ sur la liste dépend de ...** the inclusion of your name on the list depends on ...; **faire son ~** *ou* **prendre ses ~s en faculté** to register (o.s.) *ou* enrol (o.s.) at the university; **les ~s sont en baisse de 5%** the intake is down by 5%; **droits d'~** enrolment fee.
   2: (*Jur*) **inscription en faux** challenge (*to validity of document*); (*Jur*) **inscription hypothécaire** mortgage registration; **inscription maritime** registration of sailors; (*service*) **l'Inscription maritime** the Register of Sailors.

inscrire [ɛ̃skʀiʀ] (39) **1** *vt* (a) (*marquer*) *nom, date* to note down, write down; (*Ftbl*) *but* to score, notch up. **~ des dépenses au budget** to list expenses in the budget; **~ une question à l'ordre du jour** to put *ou* place a question on the agenda; **ce n'est pas inscrit à l'ordre du jour** it isn't (down) on the agenda; **~ qch dans la pierre/le marbre** to inscribe *ou* engrave sth on stone/marble; (*fig*) **c'est demeuré inscrit dans ma mémoire** it has remained inscribed *ou* etched on my memory; (*fig*) **sa culpabilité est inscrite sur son visage** his guilt is written all over his face *ou* on his face; **greffier, inscrivez (sous ma dictée)** clerk, take *ou* note this down; **son nom est** *ou* **il est inscrit sur la liste des gagnants** his name is (written) on the list of winners.
   (b) (*enrôler*) *client* to put down; *soldat* to enlist; *étudiant* to register, enrol. **~ qn sur une liste d'attente/pour un rendez-vous** to put sb down *ou* put sb's name down on a waiting list/for an appointment; **je ne peux pas vous ~ avant le 3 août, le docteur est en vacances** I can't put you down for an appointment *ou* I can't give you an appointment before August 3rd as the doctor is on holiday; (*faire*) **~ un enfant à l'école** to put a child *ou* child's name down for school, enrol *ou* register a child for school; (*faire*) **~ qn à la cantine/pour une vaccination** to register sb at the canteen/for a vaccination.
   (c) (*Math*) to inscribe.
   2 s'inscrire *vpr* (a) (*s'enrôler*) (*gén*) to join; (*sur la liste électorale*) to put one's name down (*sur* on); (*à l'université*) to register, enrol (*à* at); (*à un examen*) to register, enrol, enter (*à* for); (*à une épreuve sportive*) to put o.s. down, put one's name down, enter (*à* for). **s'~ à un parti/club** to join a party/club; **je me suis inscrit pour des cours du soir** I've enrolled in *ou* for some evening classes; **s'~ avant le 9 octobre** to enrol *ou* register before October 9th.
   (b) (*s'insérer dans*) **ces réformes s'inscrivent dans le cadre de notre nouvelle politique** these reforms lie *ou* come within the scope *ou* framework of our new policy; **cette décision s'inscrit**

dans la lutte contre le chômage this decision fits in with *ou* is in line *ou* in keeping with the general struggle against unemployment.

(c) (*Math*) to be inscribed. (*fig*) **l'avion ennemi s'inscrivit dans le viseur** the enemy aircraft came up on the viewfinder; **la tour Eiffel s'inscrivait tout entière dans la fenêtre** the Eiffel Tower was framed in its entirety by the window.

(d) (*Jur*) **s'~ en faux** to lodge a challenge; **je m'inscris en faux contre de telles assertions** I strongly deny such assertions.

inscrit, e [ɛ̃skʀi, it] (*ptp de* **inscrire**) **1** *adj* (a) *étudiant* registered, enrolled; *candidat, électeur* registered; **V non**.

(b) (*Math*) inscribed.

2 *nm,f* (*membre d'un parti etc*) registered member; (*étudiant*) registered student; (*concurrent*) (registered) entrant; (*candidat*) registered candidate; (*électeur*) registered elector. **~ maritime** registered sailor.

insécable [ɛ̃sekabl(ə)] *adj* indivisible, undividable.

insecte [ɛ̃sɛkt(ə)] *nm* insect.

insecticide [ɛ̃sɛktisid] **1** *nm* insecticide. **2** *adj* insecticide (*épith*), insecticidal.

insectivore [ɛ̃sɛktivɔʀ] **1** *nm* insectivore. **~s** insectivores, Insectivora (*T*). **2** *adj* insectivorous.

insécurité [ɛ̃sekyʀite] *nf* insecurity.

INSEE [inse] *nm abrév de* **Institut national de la statistique et des études économiques** (*French national institute of economic and statistical information*).

inséminateur [ɛ̃seminatœʀ] *nm* inseminator.

insémination [ɛ̃seminasjɔ̃] *nf* insemination. **~ artificielle** artificial insemination.

inséminer [ɛ̃semine] (1) *vt* to inseminate.

insensé, e [ɛ̃sɑ̃se] *adj* (a) (*fou*) *projet, action, espoir* insane; *personne, propos* insane, demented. **vouloir y aller seul, c'est ~!** it's insane *ou* crazy to want to go alone!; **c'est un ~!** he's demented! *ou* insane!, he's a madman!

(b) (*bizarre*) *architecture, arabesques* weird, extravagant.

insensibilisation [ɛ̃sɑ̃sibilizasjɔ̃] *nf* anaesthesia.

insensibiliser [ɛ̃sɑ̃sibilize] (1) *vt* to anaesthetize. (*fig*) **nous sommes insensibilisés aux atrocités de la guerre** we've become insensitive to the atrocities of war.

insensibilité [ɛ̃sɑ̃sibilite] *nf* (*morale*) insensitivity, insensibility; (*physique*) numbness. **~ au froid/à la douleur/aux reproches** insensitivity *ou* insensibility to cold/pain/blame.

insensible [ɛ̃sɑ̃sibl(ə)] *adj* (a) (*moralement*) insensible, insensitive (*à* to); (*physiquement*) numb. **~ au froid/à la douleur/à la poésie** insensible *ou* insensitive to cold/pain/poetry. (b) (*imperceptible*) imperceptible, insensible.

insensiblement [ɛ̃sɑ̃sibləmɑ̃] *adv* imperceptibly, insensibly.

inséparable [ɛ̃sepaʀabl(ə)] *adj* inseparable (*de* from). **ce sont des ~s** they are inseparable; (*chez l'oiselier*) **acheter des ~s** to buy a pair of lovebirds.

inséparablement [ɛ̃sepaʀabləmɑ̃] *adv* inseparably.

insérable [ɛ̃seʀabl(ə)] *adj* insertable.

insérer [ɛ̃seʀe] (6) **1** *vt feuillet* to insert (*dans* into); *annonce* to put, insert (*dans* in).

2 s'insérer *vpr* (a) (*faire partie de*) **s'~ dans** to fit into; **ces changements s'insèrent dans le cadre d'une restructuration de notre entreprise** these changes come within *ou* tie within *ou* fit into our overall plan for restructuring the firm.

(b) (*s'introduire dans*) **s'~ dans** to filter into; **le rêve s'insère parfois dans la réalité** sometimes dreams invade reality.

(c) (*s'attacher*) to be inserted *ou* attached.

insertion [ɛ̃sɛʀsjɔ̃] *nf* (*action*) insertion, inserting; (*résultat*) insertion. **~ sociale** social integration.

insidieusement [ɛ̃sidjøzmɑ̃] *adv* insidiously.

insidieux, -euse [ɛ̃sidjø, øz] *adj maladie, question* insidious.

insigne[1] [ɛ̃siɲ] *adj* (*éminent*) *honneur* distinguished; *service* notable, distinguished; *faveur* signal (*épith*), notable; (*iro*) *maladresse, mauvais goût* remarkable.

insigne[2] [ɛ̃siɲ] *nm* (*cocarde*) badge. (*frm: emblème*) **l'~ de, les ~s de** the insignia of; **portant les ~s de sa fonction** wearing the insignia of his office.

insignifiance [ɛ̃siɲifjɑ̃s] *nf* (*V* **insignifiant**) insignificance; triviality.

insignifiant, e [ɛ̃siɲifjɑ̃, ɑ̃t] *adj personne, visage, œuvre* insignificant; *affaire, somme* insignificant, trivial, trifling; *paroles* insignificant, trivial.

insinuant, e [ɛ̃sinɥɑ̃, ɑ̃t] *adj façons, ton, personne* ingratiating.

insinuation [ɛ̃sinɥasjɔ̃] *nf* insinuation, innuendo.

insinuer [ɛ̃sinɥe] (1) **1** *vt* to insinuate, imply. **que voulez-vous ~?** what are you insinuating? *ou* implying? *ou* suggesting?

2 s'insinuer *vpr*: **s'~ dans** [*personne*] to worm one's way into, insinuate o.s. into; [*eau, odeur*] to seep *ou* creep into; **l'humidité s'insinuait partout** the dampness was creeping in everywhere; **les idées qui s'insinuent dans mon esprit** the ideas that steal *ou* creep into my mind; **ces arrivistes s'insinuent partout** these opportunists worm their way in everywhere; **s'~ dans les bonnes grâces de qn** to worm one's way into *ou* insinuate o.s. into sb's favour.

insipide [ɛ̃sipid] *adj plat, boisson* insipid, tasteless; *goût* insipid; *conversation, style* insipid, wishy-washy, vapid; *écrivain, film, œuvre* insipid, wishy-washy.

insipidité [ɛ̃sipidite] *nf* (*V* **insipide**) insipidness, insipidity; tastelessness; vapidity.

insistance [ɛ̃sistɑ̃s] *nf* insistence (*sur qch* on sth; *à faire* on doing). **avec ~ répéter, regarder** insistently.

insistant, e [ɛ̃sistɑ̃, ɑ̃t] *adj* insistent.

insister [ɛ̃siste] (1) *vi* (a) **~ sur** *sujet, détail* to stress, lay stress on; *syllabe, note* to accentuate, emphasize, stress; **j'insiste beaucoup**

sur la ponctualité I lay great stress upon punctuality; **frottez en insistant (bien) sur les taches** rub hard, paying particular attention to stains; **c'est une affaire louche, enfin n'insistons pas!** it's a shady business — however let us not dwell on it *ou* don't let us keep on about it*; **je préfère ne pas ~ là-dessus!** I'd rather not dwell on it, I'd rather let the matter drop; **j'ai compris, inutile d'~!** I understand, no need to dwell on it!

(b) (*s'obstiner*) to be insistent (*auprès de* with), insist. **il insiste pour vous parler** he is insistent about wanting to talk to you; **comme ça ne l'intéressait pas, je n'ai pas insisté** since it didn't interest him I didn't push the matter *ou* I didn't insist; **sonnez encore, insistez, elle est un peu sourde** ring again and keep (on) trying because she's a little deaf; **bon, je n'insiste pas, je m'en vais*** O.K., I won't insist — I'll go.

insociable [ɛ̃sɔsjabl(ə)] *adj* unsociable.

insolation [ɛ̃sɔlasjɔ̃] *nf* (a) (*malaise*) sunstroke (*U*). **j'ai eu une ~** I had a touch of sunstroke.

(b) (*ensoleillement*) (period of) sunshine. **ces stations ont malheureusement une ~ très faible** unfortunately these resorts get very little sun(shine); **cette région reçoit habituellement une ~ de 1.000 heures par an** this region regularly has 1,000 hours of sunshine a year.

(c) (*exposition au soleil*) [*personne*] exposure to the sun; [*pellicule*] exposure.

insolemment [ɛ̃sɔlamɑ̃] *adv* (*V* **insolent**) insolently; arrogantly; unashamedly; blatantly; brazenly.

insolence [ɛ̃sɔlɑ̃s] *nf* (*caractère: impertinence*) insolence; (*littér: morgue*) arrogance; (*remarque*) insolent remark. **encore une ~ comme celle-ci et je te renvoie** one more insolent remark like that *ou* any more of your insolence and I'll send you out.

insolent, e [ɛ̃sɔlɑ̃, ɑ̃t] *adj* (a) (*impoli*) *personne, attitude, réponse* insolent; (*littér*) *parvenu, vainqueur* arrogant. **tu es un ~** you're an insolent fellow. (b) (*inouï*) *luxe, succès* unashamed, blatant; *joie* brazen, unashamed. **il a une chance ~e!** he has the luck of the devil!

insolite [ɛ̃sɔlit] *adj* unusual, strange.

insolubilité [ɛ̃sɔlybilite] *nf* (*V* **insoluble**) insolubility; insolvability.

insoluble [ɛ̃sɔlybl(ə)] *adj problème* insoluble, insolvable. **~ (dans l'eau)** *substance* insoluble (in water).

insolvabilité [ɛ̃sɔlvabilite] *nf* insolvency.

insolvable [ɛ̃sɔlvabl(ə)] *adj* insolvent.

insomniaque [ɛ̃sɔmnjak] *nmf* insomniac. **c'est un ~, il est ~** he's an insomniac.

insomnie [ɛ̃sɔmni] *nf* insomnia (*U*). **ses nuits d'~** his sleepless nights; **ses ~s** his (periods of) insomnia.

insondable [ɛ̃sɔ̃dabl(ə)] *adj gouffre, mystère, douleur* unfathomable; *stupidité* immense, unimaginable.

insonore [ɛ̃sɔnɔʀ] *adj* soundproof.

insonorisation [ɛ̃sɔnɔʀizasjɔ̃] *nf* soundproofing.

insonoriser [ɛ̃sɔnɔʀize] (1) *vt* to soundproof. **immeuble mal insonorisé** badly soundproofed building.

insouciance [ɛ̃susjɑ̃s] *nf* (*nonchalance*) unconcern, lack of concern; (*manque de prévoyance*) heedless *ou* happy-go-lucky attitude. **vivre dans l'~** to live a carefree life.

insouciant, e [ɛ̃susjɑ̃, ɑ̃t] *adj* (*sans-souci*) *personne, vie, humeur* carefree, happy-go-lucky; *rire, paroles* carefree; (*imprévoyant*) heedless, happy-go-lucky. **quel ~ (tu fais)!** what a heedless *ou* happy-go-lucky person you are!; **~ du danger** heedless of (the) danger.

insoucieux, -euse [ɛ̃susjø, øz] *adj* carefree. **~ du lendemain** unconcerned about the future, not caring about what tomorrow may bring.

insoumis, e [ɛ̃sumi, iz] **1** *adj caractère, enfant* refractory, rebellious, insubordinate; *tribu, peuple, région* undefeated, unsubdued; (*Mil*) *soldat* absent without leave (*failing to report as instructed*). **2** *nm* (*Mil*) absentee.

insoumission [ɛ̃sumisjɔ̃] *nf* insubordination, rebelliousness; (*Mil*) absence without leave.

insoupçonnable [ɛ̃supsɔnabl(ə)] *adj* above *ou* beyond suspicion (*attrib*).

insoupçonné, e [ɛ̃supsɔne] *adj* unsuspected, undreamt-of (*de* by).

insoutenable [ɛ̃sutnabl(ə)] *adj spectacle, douleur, chaleur* unbearable; *théorie* untenable.

inspecter [ɛ̃spɛkte] (1) *vt* (*contrôler*) to inspect; (*scruter*) to inspect, examine.

inspecteur, -trice [ɛ̃spɛktœʀ, tʀis] *nm,f* (*gén*) inspector. **~ des finances** ≃ tax inspector; **~ de police** police inspector, ≃ detective constable (*Brit*), detective sergeant (*Brit*), lieutenant (*US*); **~ de police principal** detective chief inspector (*Brit*), lieutenant (*US*); **~ de police judiciaire** police inspector from the criminal investigation department; **~ du travail** factory inspector; **~ des travaux finis*** skiver* (*Brit*), layabout* (*who returns to work when there is nothing left to do*); **~ primaire** primary school inspector; **~ d'Académie, ~ pédagogique régional** ≃ inspector of schools (*Brit*), accreditation officer (*US*); **~ général de l'instruction publique** ≃ chief inspector of schools.

inspection [ɛ̃spɛksjɔ̃] *nf* (a) (*examen*) inspection. **faire l'~ de** to inspect; **soumettre qch à une ~ en règle** to give sth a good *ou* thorough inspection *ou* going-over*.

(b) (*inspectorat*) inspectorship; (*inspecteurs*) inspectorate. (*service*) **~ académique** school inspectorate, ≃ education authority (*Brit*); **~ du Travail/des Finances** ≃ factory/tax inspectorate; (*Police*) **l'~ générale des services** the police monitoring service, ≃ the Police Complaints Board (*Brit*).

inspectorat [ɛ̃spɛktɔʀa] *nm* inspectorship.

inspirateur, -trice [ɛ̃spiʀatœʀ, tʀis] **1** *adj idée, force* inspiring;

(*Anat*) inspiratory. **2** *nm, f* (*animateur*) inspirer; (*instigateur*) instigator. **le poète et son ~trice** the poet and the woman who inspires him.

inspiration [ɛ̃spiʀasjɔ̃] *nf* **(a)** (*divine, poétique etc*) inspiration. **avoir de l'~** to have inspiration, be inspired; **selon l'~ du moment** according to the mood of the moment, as the mood takes me (*ou* you *etc*); **cela ne s'est pas fait par l'~ du Saint-Esprit** somebody must have had a hand in it.

(b) (*idée*) inspiration, brainwave*. **par une heureuse ~** thanks to a flash of inspiration; **j'eus la bonne/mauvaise ~ de refuser** I had the bright idea/bad idea of refusing.

(c) (*instigation*) instigation; (*influence*) inspiration. **sous l'~ de qn** at sb's instigation, prompted by sb; **style/tableau d'~ romantique** style/picture of romantic inspiration.

(d) (*respiration*) inspiration.

inspiré, e [ɛ̃spiʀe] (*ptp de* **inspirer**) *adj* **(a)** *poète, œuvre, air* inspired. **d'où qu'est-ce que c'est que cet ~!** whoever's this cranky fellow? *ou* this weirdo?* (*péj*).

(b) (*: avisé*) **il serait bien ~ de partir** he'd be well advised *ou* he'd do well to leave; **j'ai été bien/mal ~ de refuser son chèque** *ou* **quand j'ai refusé son chèque** I was truly inspired/ill inspired when I refused his cheque.

(c) ~ de inspired by; **une tragédie ~e des poèmes antiques** a tragedy inspired by the ancient poems; **une mode ~e des années cinquante** a style inspired by the Fifties.

inspirer [ɛ̃spiʀe] (1) **1** *vt* **(a)** *poète, prophète* to inspire. **sa passion lui a inspiré ce poème** his passion inspired him to write this poem; **cette idée ne m'inspire pas beaucoup*** I'm not very taken with that idea, I'm not all that keen on this idea* (*Brit*).

(b) (*susciter*) *acte, personne* to inspire. **~ un sentiment à qn** to inspire sb with a feeling; **sa santé m'inspire des inquiétudes** his health gives me cause for concern; **il ne m'inspire pas confiance** he doesn't inspire confidence in me, he doesn't inspire me with confidence, I don't really trust him; **toute l'opération était inspirée par un seul homme** the whole operation was inspired by one man; **l'horreur qu'il m'inspire** the horror he fills me with.

(c) (*insuffler*) **~ de l'air dans qch** to breathe air into sth.

2 *vi* (*respirer*) to breathe in, inspire (*T*).

3 s'inspirer *vpr*: **s'~ d'un modèle** [*artiste*] to draw one's inspiration from a model, be inspired by a model; [*mode, tableau, loi*] to be inspired by a model.

instabilité [ɛ̃stabilite] *nf* (*V* **instable**) instability; (emotional) instability; unsteadiness. **l'~ du temps** the unsettled (nature of the) weather; **l'~ d'une population nomade** the unsettled pattern of life of a nomadic population.

instable [ɛ̃stabl(ə)] *adj* (*Chim, Phys*) unstable; *opinions, situation, régime politique, prix* unstable; *personne, caractère* (emotionally) unstable; *temps* unsettled, unstable; *population nomade* unsettled; *meuble, échafaudage* unsteady; *V* **équilibre**.

installateur [ɛ̃stalatœʀ] *nm* fitter.

installation [ɛ̃stalasjɔ̃] *nf* **(a)** (*V* **installer**) installation, installing; putting in; putting up; pitching; fitting out. **il lui fallait maintenant songer à l'~ de son fils** he now had to think about setting his son up; **l'~ du téléphone devrait être gratuite pour les retraités** the telephone should be put in *ou* installed free for pensioners; **ils s'occupent aussi de l'~ du mobilier** they also take care of moving the furniture in *ou* of installing the furniture.

(b) (*V* **s'installer**) setting up, setting up shop; settling; settling in. **il voulait fêter son ~** he wanted to celebrate moving in; **leur ~ terminée** when they had finally settled in.

(c) (*appareils etc: gén pl*) [*usine*] plant (*U*). **l'~ électrique est défectueuse** the wiring is faulty; **~(s) sanitaire(s)/électrique(s)** sanitary/electrical fittings *ou* installations; **les ~s industrielles d'une région** the industrial installations *ou* plant of a region; **~s portuaires** port installations; **le camping est doté de toutes les ~s nécessaires** the camping site is equipped with all the necessary facilities.

(d) (*ameublement etc*) living arrangements, setup*. **ils ont une ~ provisoire** they have temporary living arrangements *ou* a temporary setup*; **qu'est-ce que vous avez comme ~?** what kind of a setup* do you have?

installé, e [ɛ̃stale] (*ptp de* **installer**) *adj* (*aménagé*) **bien/mal ~** *appartement* well/badly fitted out; *atelier, cuisine* well/badly equipped *ou* fitted out; **ils sont très bien ~s** they have a comfortable *ou* nice home; **c'est un homme ~** he is well-established.

installer [ɛ̃stale] (1) **1** *vt* **(a)** (*poser*) *électricité, chauffage central, téléphone, eau courante* to install, put in. **faire ~ le gaz/le téléphone** to have (the) gas/the telephone put in *ou* installed.

(b) (*accrocher*) *rideaux, étagère* to put up; (*placer, fixer*) *applique* to put in; *meuble* to put in, install; (*monter*) *tente* to put up, pitch. **où va-t-on ~ le lit?** where shall we put the bed?

(c) (*aménager*) *pièce, appartement* to fit out. **ils ont très bien installé leur petit appartement** they've got their flat well fitted out; **ils ont installé leur bureau dans le grenier, ils ont installé le grenier en bureau** they've turned the attic into a study, they've made a study in the attic; **comment la cuisine est-elle installée?** how is the kitchen laid out? *ou* fitted out?

(d) *malade, jeune couple etc* to get settled, settle. **ils installèrent leurs hôtes dans une aile du château** they installed their guests in a wing of the château, they put their guests in a wing of the château; **il a installé son fils dentiste/à son compte** he set his son up as a dentist/in his own business.

(e) (*Admin: nommer*) *fonctionnaire, évêque* to install. **il a été officiellement installé dans ses fonctions** he has been officially installed in his post.

(f) (*: faire de l'épate*) **en ~** to make *ou* cause a stir, show off.

2 s'installer *vpr* **(a)** [*artisan, commerçant, médecin*] to set o.s up (*comme* as), set up shop (*comme* as). **s'~ à son compte** to set up on one's own, set up one's own business; **un dentiste s'est installé dans l'immeuble** a dentist has set himself up *ou* opened up in the building.

(b) (*se loger*) to settle; (*emménager*) to settle in. **laisse-leur le temps de s'~** give them time to settle in; **ils se sont installés à la campagne/à Lyon** they've settled *ou* set up house in the country/ in Lyons; **pendant la guerre ils s'étaient installés chez des amis** during the war they moved in *ou* lived with friends; **s'~ dans une maison abandonnée** to set up home *ou* make one's home in an empty house; **ils sont bien installés dans leur nouvelle maison** they have made themselves very comfortable in their new home.

(c) (*sur un siège, à un emplacement*) to settle down. **s'~ commodément** to settle (down) comfortably; **s'~ par terre/dans un fauteuil** to settle down on the floor/in an armchair; **installe-toi comme il faut** (*confortablement*) make yourself comfortable; (*tiens-toi bien*) sit properly; **installons-nous près de cet arbre** let's sit down near this tree; **partout où il va il s'installe comme chez lui** wherever he goes he makes himself at home; **les forains se sont installés sur un terrain vague** the fairground people have set themselves up *ou* have parked on a piece of wasteland; **le fête s'est installée sur la place du marché** the fair has set up *ou* has been set up in the marketplace.

(d) (*fig*) [*grève, maladie*] to take a firm hold, become firmly established; [*personne*] **s'~ dans** *inertie* to sink into, be sunk in; *malhonnêteté* to entangle o.s. in, get entangled in; **s'~ dans la guerre** to settle into *ou* become accustomed to the state of war.

instamment [ɛ̃stamɑ̃] *adv* insistently, earnestly.

instance [ɛ̃stɑ̃s] *nf* **(a)** (*autorité*) authority. **les ~s internationales** the international authorities; **les ~s communautaires** the E.E.C. authorities; **le conflit devra être tranché par l'~ supérieure** the dispute will have to be resolved by a higher authority.

(b) (*Jur*) (legal) proceedings. **introduire une ~** to institute (legal) proceedings; **en seconde ~** on appeal; **tribunal de première ~** court of first instance; **tribunal d'~** ≃ magistrates' court; **tribunal de grande ~** ≃ County court, ≃ High court.

(c) (*prière, insistance*) **demander qch avec ~** to ask for something with insistence *ou* earnestness; **~s** entreaties; **sur *ou* devant les ~s de ses parents** in the face of his parents' entreaties.

(d) (*en cours*) **l'affaire est en ~** the matter is pending; **être en ~ de divorce** to be waiting for a divorce; **le train est en ~ de départ** the train is on the point of departure; **courrier en ~** mail ready for posting *ou* due to be dispatched.

instant¹ [ɛ̃stɑ̃] *nm* **(a)** (*moment*) moment, instant. **des ~s de tendresse** tender moments, moments of tenderness; **j'ai cru (pendant) un ~ que** I thought for a moment *ou* a second *ou* one instant that; (*attendez*) **un ~!** wait *ou* just a moment!, wait one instant!

(b) (*le présent*) **il faut vivre dans l'~** you must live in the present (moment).

(c) (*loc*) **je l'ai vu à l'~** I've just this instant *ou* minute *ou* second seen him; **il faut le faire à l'~** we must do it this instant *ou* minute; **à l'~** (*présent*) at this very instant *ou* moment *ou* minute; **à l'~ où je vous parle** as I'm speaking to you now; **à l'~ (même) où il sortit** just as he went out, (just) at the very moment *ou* instant he went out; **à chaque ~, à tout ~** (*d'un moment à l'autre*) at any moment *ou* minute; (*tout le temps*) all the time, every minute; **au même ~** at the (very) same moment *ou* instant; **d'~ en ~** from moment to moment, every moment; **dans l'~ (même)** the next instant, in (next to) no time (at all); **dans un ~** in a moment *ou* minute; **en un ~** in an instant, in no time (at all); **de tous les ~s** perpetual, constant; **par ~s** at times; **pour l'~** for the moment, for the time being; **je n'en doute pas un (seul) ~** I don't doubt it for a (single) moment; **dès l'~ où vous êtes d'accord** (*puisque*) since you agree; **dès l'~ où je l'ai vu** (*dès que*) as soon as I saw him, from the moment I saw him.

instant², e [ɛ̃stɑ̃, ɑ̃t] *adj* (*littér: pressant*) insistent, pressing, earnest.

instantané, e [ɛ̃stɑ̃tane] **1** *adj* *lait, café* instant; *mort, réponse, effet* instantaneous; (*littér: bref*) *vision* momentary. **2** *nm* (*Phot*) snapshot, snap*.

instantanément [ɛ̃stɑ̃tanemɑ̃] *adv* instantaneously. **dissoudre dans de l'eau pour préparer ~ un bon café** dissolve in water to make good coffee instantly.

instar [ɛ̃staʀ] *nm*: **à l'~ de** following the example of, after the fashion of.

instauration [ɛ̃stɔʀasjɔ̃] *nf* institution.

instaurer [ɛ̃stɔʀe] (1) *vt* to institute. **la révolution a instauré la république** the revolution established the republic; **le doute s'est instauré dans les esprits** doubts began to creep into *ou* be raised in people's minds.

instigateur, -trice [ɛ̃stigatœʀ, tʀis] *nm, f* instigator.

instigation [ɛ̃stigasjɔ̃] *nf* instigation. **à l'~ de qn** at sb's instigation.

instillation [ɛ̃stilasjɔ̃] *nf* instillation.

instiller [ɛ̃stile] (1) *vt* (*Méd, littér*) to instil (*dans* in, into). **il m'a instillé la passion du jeu** he instilled the love of gambling in *ou* into me.

instinct [ɛ̃stɛ̃] *nm* (*gén*) instinct. **~ grégaire** gregarious *ou* herd instinct; **~ de conservation** instinct of self-preservation; **il a l'~ des affaires** he has an instinct for business; **faire qch d'~** to do sth instinctively; **d'~, il comprit la situation** intuitively *ou* instinctively he understood the situation; **céder à ses (mauvais) ~s** to yield to one's (bad) instincts.

instinctif, -ive [ɛ̃stɛ̃ktif, iv] *adj* (*gén*) instinctive, instinctual.

instinctivement [ɛ̃stɛ̃ktivmɑ̃] *adv* instinctively.

instituer [ɛ̃stitɥe] (1) *vt* *règle, pratique* to institute; (*Rel*) *évêque* to institute; (*Jur*) *héritier* to appoint, institute.

institut [ɛ̃stity] *nm* institute; (*Univ*) institute, school (*Brit*). **l'I~ (de France)** the Institut de France (*the five French Academies*, ≃ Royal Society (*Brit*)); **membre de l'I ~** member of the Institut, ≃ Fellow of the Royal Society (*Brit*); **~ de beauté** beauty salon *ou* parlor (*US*); **I~ Universitaire de Technologie** ≃ polytechnic (*Brit*), ≃ technical school *ou* institute (*US*); **~ médico-légal** mortuary.

instituteur, -trice [ɛ̃stitytœR, tRis] **1** *nm,f* (primary school) teacher. **~ spécialisé** teacher in special school (for the handicapped) (*Brit*), E.M.H. teacher (*US*). **2 institutrice** *nf* (*Hist: gouvernante*) governess.

institution [ɛ̃stitysjɔ̃] **1** *nf* (*gén*) institution; (*école*) private school. (*Pol*) **nos ~s sont menacées** our institutions are threatened. **2: institution canonique** institution (*Rel*); (*Jur*) **institution d'héritier** appointment of an heir; **institution religieuse** (*pour filles*) convent school; (*pour garçons*) Catholic boys' school.

institutionnalisation [ɛ̃stitysjɔnalizasjɔ̃] *nf* institutionalization.

institutionnaliser [ɛ̃stitysjɔnalize] (1) **1** *vt* to institutionalize. **2 s'institutionnaliser** *vpr* to become institutionalized.

institutionnel, -elle [ɛ̃stitysjɔnɛl] *adj* institutional.

institutrice [ɛ̃stitytRis] *nf V* **instituteur.**

instructeur [ɛ̃stryktœR] **1** *nm* instructor. **2** *adj* (*Jur*) **juge** *ou* **magistrat ~** examining magistrate; **capitaine/sergent ~** drill captain/sergeant.

instructif, -ive [ɛ̃stryktif, iv] *adj* instructive.

instruction [ɛ̃stryksjɔ̃] *nf* (a) (*enseignement*) education. **l'~ que j'ai reçue** the teaching *ou* education I received; **niveau d'~** academic standard; **~ civique** civics (*sg*); **~ militaire** army training; **~ religieuse** religious instruction, religious education *ou* studies; **l'~ publique/privée/primaire/secondaire** state/private/primary/secondary education.
(b) (*culture*) education. **avoir de l'~** to be well educated; **être sans ~** to have no education.
(c) (*Jur*) pretrial investigation of a case. **ouvrir une ~** to initiate an investigation into a crime; V **juge.**
(d) (*Admin: circulaire*) directive. **~ ministérielle/préfectorale** ministerial/prefectural directive.
(e) (*ordres*) **~s** instructions; (*mode d'emploi*) instructions, directions; (*étiquette*) **~s de lavage** care label, washing instructions; (*Informatique*) instruction; **suivre les ~s données sur le paquet** to follow the instructions *ou* directions given on the packet; **conformément/contrairement à vos ~s** in accordance with/contrary to your instructions.

instruire [ɛ̃stRɥiR] (38) **1** *vt* (a) (*former*) (*gén*) to teach, educate; *recrue* to train. **l'école où elle instruit ces enfants** the school where she teaches those children; **~ qn dans l'art oratoire** to educate *ou* instruct sb in the art of oratory; **c'est la vie qui m'a instruit** life has educated me, life has been my teacher; **~ qn par l'exemple** to teach *ou* educate sb by example; **instruit par son exemple** having learnt from his example; **ces émissions ne visent pas à ~ mais à divertir** these broadcasts are not intended to teach *ou* educate *ou* instruct but to entertain.
(b) (*informer*) **~ qn de qch** to inform *ou* advise sb of sth; **on ne nous a pas instruits des décisions à prendre** we haven't been informed *ou* advised of the decisions to be taken.
(c) (*Jur*) *affaire* to conduct the investigation for. **~ contre qn** to conduct investigations concerning sb.
2 s'instruire *vpr* (*apprendre*) to educate o.s. (*hum*) **c'est comme ça qu'on s'instruit!** that's how you improve your knowledge!; **s'~ de qch** (*frm: se renseigner*) to obtain information about sth, find out about sth; **s'~ auprès de qn des heures d'arrivée** to obtain information *ou* find out from sb about the times of arrival.

instruit, e [ɛ̃stRɥi, it] (*ptp de* **instruire**) *adj* educated. **peu ~** uneducated.

instrument [ɛ̃strymɑ̃] *nm* (*lit, fig*) instrument. **~ de musique/de chirurgie/de mesure/à vent** musical/surgical/measuring/wind instrument; **~s aratoires** ploughing implements; **~s de travail** tools; (*Aviat*) **les ~s de bord** the controls; (*fig*) **être l'~ de qn** to be sb's tool; **le président fut l'~ de/servit d'~ à la répression** the president was the instrument *ou* tool of/served as an *ou* the instrument of repression; **elle a été l'~ de sa réussite** she was instrumental in his success.

instrumental, e, mpl -aux [ɛ̃strymɑ̃tal, o] **1** *adj* (*Ling, Mus*) instrumental. **2** *nm* (*Ling*) instrumental.

instrumentation [ɛ̃strymɑ̃tasjɔ̃] *nf* instrumentation, orchestration.

instrumenter [ɛ̃strymɑ̃te] (1) **1** *vi* (*Jur*) to draw up a formal document (*deed, contract etc*). **2** *vt* (*Mus*) to orchestrate.

instrumentiste [ɛ̃strymɑ̃tist(ə)] *nmf* instrumentalist.

insu [ɛ̃sy] *nm* (a) (*en cachette de*) **à l'~ de qn** without sb's knowledge, without sb's knowing. (b) (*inconsciemment*) **à mon** (*ou* **ton** *etc*) **~** without my *ou* me (*ou* your *ou* you *etc*) knowing it; **je souriais à mon ~** I was smiling without knowing it.

insubmersible [ɛ̃sybmɛRsibl(ə)] *adj* unsinkable.

insubordination [ɛ̃sybɔRdinasjɔ̃] *nf* (*gén*) insubordination, rebelliousness; (*Mil*) insubordination.

insubordonné, e [ɛ̃sybɔRdɔne] *adj* (*gén*) insubordinate, rebellious; (*Mil*) insubordinate.

insuccès [ɛ̃syksɛ] *nm* failure.

insuffisamment [ɛ̃syfizamɑ̃] *adv* (*V* **insuffisant**) insufficiently; inadequately. **tu dors ~** you're not getting adequate *ou* sufficient sleep.

insuffisance [ɛ̃syfizɑ̃s] *nf* (a) (*médiocrité*) inadequacy; (*manque*) insufficiency, inadequacy. **l'~ de nos ressources** the inadequacy of our resources, the shortfall in our resources, our inadequate *ou* insufficient resources; **nous souffrons d'une (grande) ~ de moyens** we are suffering from a (great) inadequacy *ou* insufficiency *ou* shortage of means; **une ~ de personnel** a shortage of staff.

(b) (*faiblesses*) **~s** inadequacies; **avoir des ~s en math** to be weak in *ou* at maths; **il y a des ~s dans son travail** there are inadequacies in his work, his work has shortcomings.
(c) (*Méd*) **~(s)** cardiaque(s)/thyroïdienne(s) cardiac/thyroid insufficiency (*U*).

insuffisant, e [ɛ̃syfizɑ̃, ɑ̃t] *adj* (*en quantité*) insufficient; (*en qualité, intensité, degré*) inadequate; (*Scol*) (*sur une copie*) poor. **ce qu'il nous donne est ~** what he gives us is insufficient *ou* inadequate *ou* not enough; **il est ~ en math** he's weak in *ou* at maths, he's not up to standard in maths; **nous travaillons avec un personnel ~** we're working with inadequate staffing *ou* with insufficient staff; **nous sommes en nombre ~** we are insufficient in number.

insufflation [ɛ̃syflasjɔ̃] *nf* (*Méd*) insufflation.

insuffler [ɛ̃syfle] (1) *vt* (a) **~ le courage/le désir à qn** to inspire sb with courage/desire, breathe courage/desire into sb; (*Rel*) **~ la vie à** to breathe life into. (b) (*Méd*) *air* to blow, insufflate (*T*) (*dans* into).

insulaire [ɛ̃sylɛR] **1** *adj* administration, population island (*épith*); *attitude* insular. **2** *nmf* islander.

insularité [ɛ̃sylaRite] *nf* insularity.

insuline [ɛ̃sylin] *nf* insulin.

insultant, e [ɛ̃sylta, ɑ̃t] *adj* insulting (*pour* to).

insulte [ɛ̃sylt(ə)] *nf* (*grossièreté*) abuse (*U*), insult; (*affront*) insult. (*frm*) **c'est me faire ~ que de ne pas me croire** you insult me by not believing me; (*fig*) **c'est une ~ ou c'est faire ~ à son intelligence** it's an insult *ou* affront to his intelligence.

insulté, e [ɛ̃sylte] (*ptp de* **insulter**) **1** *adj* insulted. **2** *nm* (*en duel*) injured party.

insulter [ɛ̃sylte] (1) *vt* (*faire affront à*) to insult; (*injurier*) to abuse, insult. (*fig littér*) **~ à** to be an insult to.

insulteur [ɛ̃syltœR] *nm* insulter.

insupportable [ɛ̃sypɔRtabl(ə)] *adj* douleur, bruit, personne, spectacle unbearable, intolerable, insufferable.

insupportablement [ɛ̃sypɔRtabləmɑ̃] *adv* unbearably, intolerably, insufferably.

insupporter [ɛ̃sypɔRte] (1) *vt* (*hum*) **cela m'insupporte/l'insupporte** I/he can't stand this.

insurgé, e [ɛ̃syRʒe] (*ptp de* **s'insurger**) *adj, nm, f* rebel, insurgent.

insurger (s') [ɛ̃syRʒe] (3) *vpr* (*lit, fig*) to rebel, rise up, revolt (*contre* against).

insurmontable [ɛ̃syRmɔ̃tabl(ə)] *adj* difficulté, obstacle insurmountable, insuperable; peur, dégoût unconquerable.

insurmontablement [ɛ̃syRmɔ̃tabləmɑ̃] *adv* (*V* **insurmontable**) insurmountably, insuperably; unconquerably.

insurpassable [ɛ̃syRpasabl(ə)] *adj* unsurpassable, unsurpassed.

insurrection [ɛ̃syRɛksjɔ̃] *nf* (*lit*) insurrection, revolt, uprising; (*fig*) revolt. **mouvement/foyer d'~** movement/nucleus of revolt.

insurrectionnel, -elle [ɛ̃syRɛksjɔnɛl] *adj* mouvement, gouvernement, force insurrectionary.

intact, e [ɛ̃takt, akt(ə)] *adj* objet, réputation, argent intact (*attrib*).

intangibilité [ɛ̃tɑ̃ʒibilite] *nf* inviolability.

intangible [ɛ̃tɑ̃ʒibl(ə)] *adj* (*impalpable*) intangible; (*sacré*) inviolable.

intarissable [ɛ̃taRisabl(ə)] *adj* (*lit, fig*) inexhaustible. **il est ~** he could talk for ever (*sur* about).

intarissablement [ɛ̃taRisabləmɑ̃] *adv* inexhaustibly.

intégrable [ɛ̃tegRabl(ə)] *adj* integrable.

intégral, e, mpl -aux [ɛ̃tegRal, o] **1** *adj* complete. **le remboursement ~ de qch** the repayment in full of sth, the full *ou* complete repayment of sth; **publier le texte ~ d'un discours** to publish the text of a speech in full *ou* the complete text of a speech; (*Ciné*) **version ~e** uncut version; (*Presse*) **texte ~** unabridged version; **'texte ~'** 'unabridged'; **le nu ~** complete *ou* total nudity; V **calcul.**
2 intégrale *nf* (*Math*) integral; (*Mus*) (*série*) complete series; (*œuvre*) complete works. **l'~e des symphonies de Sibelius** the complete set of the symphonies of Sibelius.

intégralement [ɛ̃tegRalmɑ̃] *adv* in full, fully.

intégralité [ɛ̃tegRalite] *nf* whole. **l'~ de la somme vous sera remboursée** the whole of the sum will be repaid to you, the whole *ou* entire *ou* full sum *ou* amount will be repaid to you; **la somme vous sera remboursée dans son ~** the sum will be repaid to you in its entirety *ou* in toto *ou* in full; **l'~ de mon salaire** the whole of my salary, my whole *ou* entire salary; **votre salaire vous sera versé en ~ en francs français** you will be paid the whole of your salary *ou* your entire salary in French francs.

intégrant, e [ɛ̃tegRɑ̃, ɑ̃t] *adj* V **partie².**

intégration [ɛ̃tegRasjɔ̃] *nf* (*V* **intégrer**) (*gén*) integration (*à, dans* into), (*arg Univ*) **après son ~ à Polytechnique** after getting into the École Polytechnique; (*Ordin*) **~ à très grande échelle** very large-scale integration.

intègre [ɛ̃tɛgR(ə)] *adj* upright, honest.

intégrer [ɛ̃tegRe] (6) **1** *vt* (*Math*) to integrate; (*incorporer*) idées, personne to integrate (*à, dans* into). **2** *vi* (*arg Univ*) **~ à Polytechnique** *etc* to get into the École Polytechnique *etc.* **3 s'intégrer** *vpr* to become integrated (*à, dans* into). **cette maison s'intègre mal dans le paysage** this house doesn't really fit into the surrounding countryside.

intégrisme [ɛ̃tegRism(ə)] *nm* Muslim fundamentalism.

intégriste [ɛ̃tegRist(ə)] *adj, nmf* Muslim fundamentalist.

intégrité [ɛ̃tegRite] *nf* (*totalité*) integrity; (*honnêteté*) integrity, honesty, uprightness.

intellect [ɛ̃telɛkt] *nm* intellect.

intellectualisation [ɛ̃telɛktɥalizasjɔ̃] *nf* intellectualization.

intellectualiser [ɛ̃telɛktɥalize] (1) *vt* to intellectualize.

intellectualisme [ɛ̃telɛktɥalism(ə)] *nm* intellectualism.

intellectualiste [ɛ̃telɛktɥalist(ə)] *adj, nmf* intellectualist.

intellectualité [ɛ̃telɛktɥalite] *nf* (*littér*) intellectuality.

intellectuel, -elle [ɛ̃telɛktɥɛl] **1** *adj facultés, effort, supériorité* mental, intellectual; *fatigue* mental; *personne, mouvement, œuvre, vie* intellectual; (*péj*) highbrow (*péj*), intellectual. **activité** ~le mental *ou* intellectual activity, brainwork*; **les travailleurs** ~s non-manual workers.
　2 *nm, f* intellectual; (*péj*) highbrow (*péj*), intellectual.
intellectuellement [ɛ̃telɛktɥɛlmɑ̃] *adv* (*V* **intellectuel**) mentally; intellectually.
intelligemment [ɛ̃teliʒamɑ̃] *adv* (*V* **intelligent**) intelligently; cleverly.
intelligence [ɛ̃teliʒɑ̃s] *nf* **(a)** (*aptitude, ensemble des facultés mentales*) intelligence. **avoir l'**~ **vive** to have a sharp *ou* quick mind, be sharp *ou* quick; **faire preuve d'**~ to show intelligence; **avoir l'**~ **de faire** to have the intelligence *ou* the wit to do, be intelligent enough to do; **travailler avec** ~/**sans** ~ to work intelligently/unintelligently; **il met beaucoup d'**~ **dans ce qu'il fait** he applies great intelligence to what he does; **c'est une** ~ **exceptionnelle** he has a great intellect *ou* mind *ou* brain, he is a person of exceptional intelligence; **les grandes** ~s the great minds *ou* intellects; ~ **artificielle** artificial intelligence.
　(b) (*compréhension*) ~ **de** understanding of; **pour l'**~ **du texte** for a clear understanding of the text, in order to understand the text; **avoir l'**~ **des affaires** to have a good grasp *ou* understanding of business matters, have a good head for business.
　(c) (*complicité*) secret agreement. **agir d'**~ **avec qn** to act in (secret) agreement with sb; **signe/sourire d'**~ sign/smile of complicity; **être d'**~ **avec qn** to have a (secret) understanding *ou* agreement with sb; **vivre en bonne/mauvaise** ~ **avec qn** to be on good/bad terms with sb.
　(d) (*relations secrètes*) ~s secret relations; **avoir des** ~s **dans la place** to have secret relations *ou* contacts in the place; **entretenir des** ~s **avec l'ennemi** to have secret dealings with the enemy.
intelligent, e [ɛ̃teliʒɑ̃, ɑ̃t] *adj* (*doué d'intellect*) intelligent; (*à l'esprit vif, perspicace*) intelligent, clever, bright. **peu** ~ unintelligent; **ce chien est (très)** ~ this dog is (very) clever; **son livre est** ~ his book shows intelligence.
intelligentsia [ɛ̃teligɛntsja] *nf*: **l'**~ the intelligentsia.
intelligibilité [ɛ̃teliʒibilite] *nf* intelligibility.
intelligible [ɛ̃teliʒibl(ə)] *adj* intelligible. **à haute et** ~ **voix** loudly and clearly; **s'exprimer de façon peu** ~ to express o.s. unintelligibly *ou* in an unintelligible manner.
intelligiblement [ɛ̃teliʒibləmɑ̃] *adv* intelligibly.
intempérance [ɛ̃tɑ̃perɑ̃s] *nf* (*V* **intempérant**) intemperance; overindulgence. ~s excesses; **une telle** ~ **de langage** such excessive language; **de telles** ~s **de langage** such excesses of language.
intempérant, e [ɛ̃tɑ̃perɑ̃, ɑ̃t] *adj* (*immodéré*) intemperate; (*sensuel*) overindulgent, intemperate.
intempéries [ɛ̃tɑ̃peri] *nfpl* bad weather. **nous allons affronter les** ~ we're going to brave the (bad) weather.
intempestif, -ive [ɛ̃tɑ̃pɛstif, iv] *adj* untimely. **pas de zèle** ~! no misplaced *ou* excessive zeal!
intempestivement [ɛ̃tɑ̃pɛstivmɑ̃] *adv* at an untimely moment.
intemporalité [ɛ̃tɑ̃pɔralite] *nf* (*V* **intemporel**: *littér*) timelessness; immateriality.
intemporel, -elle [ɛ̃tɑ̃pɔrɛl] *adj* (*littér*) (*sans durée*) timeless; (*immatériel*) immaterial.
intenable [ɛ̃tnabl(ə)] *adj* (*intolérable*) *chaleur, situation* intolerable, unbearable; *personne* unruly; (*indéfendable*) *position, théorie* untenable.
intendance [ɛ̃tɑ̃dɑ̃s] *nf* (*Mil*) (*service*) Supply Corps; (*bureau*) Supplies office; (*Scol*) (*métier*) school management, financial administration; (*bureau*) bursar's office; (*Hist: province*) intendancy. **les problèmes d'**~ the problems of supply.
intendant [ɛ̃tɑ̃dɑ̃] *nm* (*Mil*) quartermaster; (*Scol*) bursar; (*Hist*) intendant; (*régisseur*) steward.
intendante [ɛ̃tɑ̃dɑ̃t] *nf* **(a)** (*épouse*) intendant's wife. **(b)** (*Scol*) bursar; (*régisseur*) stewardess. **(c)** (*Rel*) Superior.
intense [ɛ̃tɑ̃s] *adj lumière, moment etc* intense; *froid, douleur* severe, intense; *circulation* dense, heavy.
intensément [ɛ̃tɑ̃semɑ̃] *adv* intensely.
intensif, -ive [ɛ̃tɑ̃sif, iv] **1** *adj* (*gén, Agr, Ling*) intensive; *V* **culture. 2** *nm* (*Ling*) intensive.
intensification [ɛ̃tɑ̃sifikasjɔ̃] *nf* intensification.
intensifier *vt*, **s'intensifier** *vpr* [ɛ̃tɑ̃sifje] (7) to intensify.
intensité [ɛ̃tɑ̃site] *nf* **(a)** (*force: V* **intense**) intensity; severity; density, heaviness. **l'**~ **de la lumière me força à fermer les yeux** the intensity of the light forced me to shut my eyes; **mesurer l'**~ **d'une source lumineuse** to measure the intensity of a light source; **moment d'une grande** ~ moment of great intensity *ou* feeling.
　(b) (*Ling*) accent d'~ stress accent.
intensivement [ɛ̃tɑ̃sivmɑ̃] *adv* intensively.
intenter [ɛ̃tɑ̃te] (1) *vt*: ~ **un procès contre** *ou* **à qn** to start *ou* institute proceedings against sb; ~ **une action contre** *ou* **à qn** to bring an action against sb.
intention [ɛ̃tɑ̃sjɔ̃] *nf* **(a)** intention. **agir dans une bonne** ~ to act with good intentions; **c'est l'**~ **qui compte** it's the thought that counts; **il n'entre** *ou* **n'est pas dans ses** ~s **de démissionner** it's not his intention to resign, he has no intention of resigning; **à cette** ~ with this intention, to this end; **avoir l'**~ **de faire** to intend *ou* mean to do, have the intention of doing; **je n'ai pas l'**~ **de le faire** I don't intend to do it, I have no intention of doing it; **avec** *ou* **dans l'**~ **de faire** with the intention of doing, with a view to doing; **avec** *ou* **dans l'**~ **de tuer** with intent to kill; *V* **enfer, procès.**
　(b) **à l'**~ **de qn** *collecte* for the benefit of sb, in aid of sb; *renseignement* for the benefit of sb, for the information of sb; *cadeau, prières, messe* for sb; *fête* in sb's honour; **livre/film à l'**~ **des**

enfants/du grand public book/film aimed at children/the general public; **je l'ai acheté à votre** ~ I bought it just *ou* specially for you.
intentionné, e [ɛ̃tɑ̃sjɔne] *adj*: **bien** ~ well-meaning, well-intentioned; **mal** ~ ill-intentioned.
intentionnel, -elle [ɛ̃tɑ̃sjɔnɛl] *adj* intentional, deliberate.
intentionnellement [ɛ̃tɑ̃sjɔnɛlmɑ̃] *adv* intentionally, deliberately.
inter [ɛ̃tɛʀ] *nm* (*Téléc*) = **interurbain**; (*Sport*) ~ **gauche/droit** inside-left/-right.
inter ... [ɛ̃tɛʀ] *préf* inter....
interactif, -ive [ɛ̃tɛʀaktif, iv] *adj* interactive.
interactivement [ɛ̃tɛʀaktivmɑ̃] *adv* (*gén, Ordin*) interactively.
interaction [ɛ̃tɛʀaksjɔ̃] *nf* interaction.
interallié, e [ɛ̃tɛʀalje] *adj* inter-Allied.
interarmes [ɛ̃tɛʀaʀm(ə)] *adj inv opération* combined arms (*épith*), interservice (*épith*).
intercalaire [ɛ̃tɛʀkalɛʀ] *adj*: **feuillet** ~ inset, insert; **fiche** ~ divider; **jour** ~ intercalary day.
intercalation [ɛ̃tɛʀkalasjɔ̃] *nf* (*V* **intercaler**) insertion; interpolation; intercalation.
intercaler [ɛ̃tɛʀkale] (1) **1** *vt mot, exemple* to insert, interpolate; *feuillet* to inset, insert; *jour d'année bissextile* to intercalate. ~ **quelques jours de repos dans un mois de stage** to fit a few days' rest into a month of training; **on a intercalé dans le stage des visites d'usines** the training course was interspersed with *ou* broken by visits to factories.
　2 **s'intercaler** *vpr*: **s'**~ **entre** [*coureur, voiture, candidat*] to come in between.
intercéder [ɛ̃tɛʀsede] (6) *vi* to intercede (*en faveur de* on behalf of; *auprès de* with).
intercellulaire [ɛ̃tɛʀselylɛʀ] *adj* intercellular.
intercensitaire [ɛ̃tɛʀsɑ̃sitɛʀ] *adj* intercensal.
intercepter [ɛ̃tɛʀsɛpte] (1) *vt ballon, message, ennemi* to intercept; *lumière, chaleur* to cut *ou* block off.
intercepteur [ɛ̃tɛʀsɛptœʀ] *nm* interceptor (plane).
interception [ɛ̃tɛʀsɛpsjɔ̃] *nf* (*V* **intercepter**) interception; cutting *ou* blocking off. (*Mil*) **avion** *ou* **chasseur d'**~ interceptor (-plane).
intercesseur [ɛ̃tɛʀsesœʀ] *nm* (*Rel, littér*) intercessor.
intercession [ɛ̃tɛʀsesjɔ̃] *nf* (*Rel, littér*) intercession.
interchangeabilité [ɛ̃tɛʀʃɑ̃ʒabilite] *nf* interchangeability.
interchangeable [ɛ̃tɛʀʃɑ̃ʒabl(ə)] *adj* interchangeable.
interclasse [ɛ̃tɛʀklɑs] *nm* (*Scol*) break (*between classes*).
interclubs [ɛ̃tɛʀklœb] *adj inv tournoi, rencontre* interclub.
intercommunal, e, *mpl* **-aux** [ɛ̃tɛʀkɔmynal, o] *adj décision, stade* ≃ intervillage, ≃ intermunicipal (*shared by several French communes*).
intercommunication [ɛ̃tɛʀkɔmynikasjɔ̃] *nf* intercommunication.
interconnecter [ɛ̃tɛʀkɔnɛkte] (1) *vt* (*Élec*) to interconnect.
interconnexion [ɛ̃tɛʀkɔnɛksjɔ̃] *nf* (*Élec*) interconnection.
intercontinental, e, *mpl* **-aux** [ɛ̃tɛʀkɔ̃tinɑ̃tal, o] *adj* intercontinental.
intercostal, e, *mpl* **-aux** [ɛ̃tɛʀkɔstal, o] **1** *adj* intercostal. **2** *nmpl* intercostal muscles, intercostals.
interdépartemental, e, *mpl* **-aux** [ɛ̃tɛʀdepaʀtəmɑ̃tal, o] *adj* shared by several French departments.
interdépendance [ɛ̃tɛʀdepɑ̃dɑ̃s] *nf* interdependence.
interdépendant, e [ɛ̃tɛʀdepɑ̃dɑ̃, ɑ̃t] *adj* interdependent.
interdiction [ɛ̃tɛʀdiksjɔ̃] *nf* **(a)** ~ **de** banning of, ban on; **l'**~ **du col roulé/des cheveux longs dans cette profession** the ban on polo necks/long hair in this profession; **l'**~ **de coller des affiches/ de servir de l'alcool** the ban on the posting of bills/the serving of alcohol, the ban on posting bills/serving alcohol; **'**~ **de coller des affiches'** '(stick *ou* post) no bills', 'bill-sticking (*Brit*) *ou* bill-posting prohibited'; **'**~ **formelle** *ou* **absolue de fumer'** 'strictly no smoking', 'smoking strictly prohibited'; **'**~ **de tourner à droite'** 'no right turn'; ~ **d'en parler à quiconque/de modifier quoi que ce soit** it is (strictly) forbidden to talk to anyone/to alter anything; **malgré l'**~ **d'entrer** despite the fact that it was forbidden to enter *ou* that there was a 'no entry' sign; **renouveler à qn l'**~ **de faire** to reimpose a ban on sb's doing; ~ **lui a été faite de sortir** he has been forbidden to go out; **l'**~ **faite aux fonctionnaires de cumuler plusieurs emplois** the banning of civil servants from holding several positions.
　(b) (*interdit*) ban. **enfreindre/lever une** ~ to break/lift a ban; **écriteau portant une** ~ notice prohibiting *ou* forbidding something; **un jardin public plein d'**~s a park full of notices *ou* signs forbidding this and that.
　(c) (*suspension*) [*livre, film*] banning (*de* of), ban (*de* on); [*fonctionnaire*] banning from office; [*prêtre*] interdiction. (*Jur*) ~ **de séjour** *order denying former prisoner access to specified places.*
interdigital, e, *mpl* **-aux** [ɛ̃tɛʀdiʒital, o] *adj* interdigital.
interdire [ɛ̃tɛʀdiʀ] (37) **1** *vt* **(a)** (*prohiber*) to forbid; (*Admin*) *stationnement, circulation* to prohibit, ban. ~ **l'alcool/le tabac à qn** to forbid sb alcohol/tobacco, forbid sb to drink/smoke; ~ **à qn de faire qch** to tell sb not to do sth, forbid sb to do sth, prohibit (*frm*) sb from doing sth; **elle nous a interdit d'y aller seuls, elle a interdit que nous y allions seuls** she forbade us to go on our own; **on a interdit les camions dans le centre de la ville** lorries have been barred from *ou* banned from *ou* prohibited in the centre of the town.
　(b) (*empêcher*) [*contretemps, difficulté*] to preclude, prevent; [*obstacle physique*] to block. **son état de santé lui interdit tout travail/effort** his state of health does not allow *ou* permit him to do any work/to make any effort; **sa maladie ne lui interdit pas le travail** his illness does not prevent him from working; **la gravité de la crise (nous) interdit tout espoir** the gravity of the crisis

leaves us no hope, the gravity of the crisis precludes all hope; **leur attitude interdit toute négociation** their attitude precludes *ou* prevents any possibility of negotiation; **une porte blindée interdisait le passage** an armoured door blocked *ou* barred the way.

(c) (*frapper d'interdiction*) *fonctionnaire, prêtre* to ban from office; *film, réunion, journal* to ban. (*fig*) **on lui a interdit le club** he has been barred *ou* banned from the club; **~ sa porte aux intrus** to bar one's door to intruders.

2 s'interdire *vpr*: **s'~ toute remarque** to refrain *ou* abstain from making any remark; **nous nous sommes interdit d'intervenir** we have not allowed ourselves to intervene, we have refrained from intervening; **s'~ la boisson/les cigarettes** to abstain from drink *ou* drinking/smoking; **il s'interdit d'y penser** he doesn't let himself think about it *ou* allow himself to think about it; **il s'est interdit toute possibilité de revenir en arrière** he has (deliberately) denied himself *ou* not allowed himself any chance of going back on his decision.

interdisciplinaire [ɛ̃tɛʀdisiplinɛʀ] *adj* interdisciplinary.
interdisciplinarité [ɛ̃tɛʀdisiplinaʀite] *nf* interdisciplinarity.
interdit, e¹ [ɛ̃tɛʀdi, it] (*ptp de* **interdire**) **1** *adj film, livre* banned. **film ~ aux moins de dix-huit ans** ≃ X film†, ≃ 18 film (*Brit*); **film ~ aux moins de treize ans** ≃ A film†, ≃ PG film (*Brit*); **passage/stationnement ~** no entry/parking; **il est strictement ~ de faire** it is strictly forbidden *ou* prohibited to do; (**il est**) **~ de fumer** no smoking, smoking (is) prohibited; **être ~ de chéquier** to have chequebook facilities withdrawn; **V reproduction**.

2 *nm, f, adj*: **~ de séjour** (*person*) under interdiction de séjour.
3 *nm* (*interdiction*) (*Rel*) interdict; (*social*) prohibition. (*fig*) **jeter l'~ sur** *ou* **contre qn** to bar sb.
interdit, e² [ɛ̃tɛʀdi, it] *adj* dumbfounded, taken aback (*attrib*), disconcerted. **la réponse le laissa ~** the answer took him aback, he was dumbfounded *ou* disconcerted by *ou* at the answer.
intéressant, e [ɛ̃teʀesɑ̃, ɑ̃t] *adj* (a) (*captivant*) *livre, détail, visage* interesting. **peu ~** (*ennuyeux*) *conférencier* uninteresting, dull; (*négligeable*) *personne* not worth bothering about (*attrib*); (*péj*) (*pēj*) **il faut toujours qu'il cherche à se rendre ~** *ou* **qu'il fasse son ~** he always has to be the centre of attraction *ou* focus of attention; **V position**.

(b) (*avantageux*) *offre, affaire* attractive, worthwhile; *prix* favourable, attractive. **ce n'est pas très ~ pour nous** it's not really worth our while, it's not really worth it for us; **c'est une personne ~e à connaître** he's someone worth knowing.
intéressé, e [ɛ̃teʀese] (*ptp de* **intéresser**) *adj* (a) (*qui est en cause*) concerned, involved. **les ~s, les parties ~es** the interested parties, the parties involved *ou* concerned; **dans cette affaire, c'est lui le principal ~** in this matter, he is the person *ou* party principally involved *ou* concerned.

(b) (*qui cherche son intérêt personnel*) *personne* self-seeking, self-interested; *motif* interested. **une visite ~e** a visit motivated by self-interest; **rendre un service ~** to do a good turn out of self-interest; **ce que je vous propose, c'est très ~** my suggestion to you is strongly motivated by self-interest.
intéressement [ɛ̃teʀesmɑ̃] *nm* (*Écon: système*) profit-sharing (scheme). **l'~ des travailleurs aux bénéfices de l'entreprise** (*action*) the workers' participation in *ou* sharing of the firm's profits.
intéresser [ɛ̃teʀese] (1) **1** *vt* (a) (*captiver*) to interest. **~ qn à qch** to interest sb in sth; **cela m'intéresserait de faire** I would be interested to do *ou* in doing, it would interest me to do; **ça ne m'intéresse pas** I'm not interested, it doesn't interest me; **rien ne l'intéresse** he is not interested *ou* takes no interest in anything; **le film l'a intéressé** he found the film interesting, the film interested him; **ça pourrait vous ~** this might interest you *ou* be of interest to you; **cette question n'intéresse pas (beaucoup) les jeunes** this matter is of no (great) interest to *ou* doesn't (greatly) interest young people; **il ne sait pas ~ son public** he doesn't know how to interest his audience; (*iro*) **continue, tu m'intéresses** do go on — I find that very interesting *ou* I'm all ears!*

(b) (*concerner*) to affect, concern. **la nouvelle loi intéresse les petits commerçants** the new law affects *ou* concerns the small shopkeeper (*Brit*) *ou* merchant.
(c) (*Comm, Fin*) **~ le personnel de l'usine aux bénéfices** to give the factory employees a share *ou* an interest in the profits, operate a profit-sharing scheme in the factory; **être intéressé dans une affaire** to have a stake *ou* a financial interest in a business.
2 s'intéresser *vpr*: **s'~ à qch/qn** to be interested in sth/sb, take an interest in sth/sb; **il s'intéresse vivement/activement à cette affaire** he is taking a keen/an active interest in this matter; **il ne s'intéresse pas à nos activités** he is not interested in our activities, he doesn't concern himself with our activities; **il mérite qu'on s'intéresse à lui** he deserves one's *ou* people's interest; **il s'intéresse beaucoup à cette jeune fille** he is very interested in *ou* he is taking *ou* showing a great deal of interest in that girl.
intérêt [ɛ̃teʀɛ] *nm* (a) (*attention*) interest. **écouter avec ~/(un) grand ~** to listen with interest/with great interest; **prendre ~ à qch** to take an interest in sth; **il a perdu tout ~ à son travail** he has lost all interest in his work.

(b) (*bienveillance*) interest. **porter/témoigner de l'~ à qn** to take/show an interest in sb.
(c) (*originalité*) interest. **film dénué d'~** *ou* **sans aucun ~** film devoid of interest; **tout l'~ réside dans le dénouement** the interest is all in the ending.
(d) (*importance*) significance, importance, relevance. **l'~ des recherches spatiales** the significance *ou* importance *ou* relevance of space research; **après quelques considérations sans ~** after a few unimportant *ou* minor considerations *ou* considerations of

minor interest *ou* importance; **c'est sans ~ pour la suite de l'histoire** it's of no relevance *ou* consequence *ou* importance for the rest of the story; **une découverte du plus haut ~** a discovery of the greatest *ou* utmost importance *ou* significance *ou* relevance; **la nouvelle a perdu beaucoup de son ~** the news has lost much of its significance *ou* interest; **être déclaré d'~ public** to be officially recognized as of benefit to the country, to be officially declared a national asset.

(e) (*avantage*) interest. **ce n'est pas (dans) leur ~ de le faire** it is not in their interest to do it; **agir dans/contre son ~** to act in/against one's own interests; **dans l'~ général** in the general interest; **il y trouve son ~** he finds it to his (own) advantage, he finds it worth his while; **il sait où est son ~** he knows where his interest lies, he knows which side his bread is buttered; **avoir tout ~ à faire qch** to be well advised to do sth; **il a (tout) ~ à accepter** it's in his interest to accept, he'd be well advised to accept, he'd do well to accept; **tu aurais plutôt ~ à te taire!*** you'd be well advised *ou* you'd do very well to keep quiet!; **y a-t-il (un) ~ quelconque à se réunir?** is there any point at all in getting together?; **dépêche-toi, il y a ~*** you'd better hurry up.
(f) (*Fin*) interest. **7% d'~** 7% interest; **prêt à ~ élevé** high-interest loan; **prêter à** *ou* **avec ~** to lend at *ou* with interest; **~s simples/composés** simple/compound interest; **~s courus** accrued interest; **V taux.**
(g) (*recherche d'avantage personnel*) self-interest. **agir par ~** to act out of self-interest; **V mariage.**
(h) **~s** interest(s); **la défense de nos ~s** the defence of our interests; (*Écon, Fin*) **il a des ~s dans l'affaire** he has a stake *ou* an interest *ou* a financial interest in the deal.
interface [ɛ̃tɛʀfas] *nf* interface. **~ utilisateur** user interface.
interfacer *vt*, **s'interfacer** *vpr* [ɛ̃tɛʀfase] (3) to interface (*avec* with).
interférence [ɛ̃tɛʀfeʀɑ̃s] *nf* (*Phys*) interference; (*fig*) (*conjonction*) conjunction; (*immixtion*) [*problème*] intrusion (*dans* into); [*personne, pays*] interference (*U*) (*dans* in). **l'~ des problèmes économiques et politiques** the conjunction of economic and political problems; **l'~ des problèmes économiques dans la vie politique** the intrusion of economic problems into political life; **il se produit des ~s entre les deux services gouvernementaux** there's interference between the two government services.
interférent, e [ɛ̃tɛʀfeʀɑ̃, ɑ̃t] *adj* (*Phys*) interfering.
interférer [ɛ̃tɛʀfeʀe] (6) *vi* to interfere (*avec* with; *dans* in). **les deux procédures interfèrent** the two procedures interfere with each other.
interféron [ɛ̃tɛʀfeʀɔ̃] *nm* interferon. **~ humain** human interferon.
interfluve [ɛ̃tɛʀflyv] *nm* interfluve.
intergouvernemental, e, *mpl* **-aux** [ɛ̃tɛʀguvɛʀnəmɑ̃tal, o] *adj* intergovernmental. (*Québec*) **Affaires ~es** Intergovernmental Affairs.
intérieur, e [ɛ̃teʀjœʀ] **1** *adj paroi, escalier* inner, interior, inside; *cour* inner; (*fig*) *vie, monde, voix* inner; *sentiment* inner, inward; (*Écon, Pol*) *politique, dette* domestic, internal; *marché* home (*épith*), domestic, internal; (*Transport*) *communication, réseau, navigation* inland; (*Aviat*) *vol* domestic. **le commerce ~** domestic trade; **mer ~e** inland sea; **la poche ~e de son manteau** the inside pocket of his coat; (*Géom*) **angle/point ~ à un cercle** angle/point interior to a circle; **V conduite, for.**

2 *nm* (a) [*tiroir*] inside; [*maison*] inside, interior. **l'~ de la maison était lugubre** the house was gloomy inside, the inside *ou* the interior of the house was gloomy; **l'~ de la ville** the inner town; **écrin avec un ~ de satin** case with a satin lining; **fermé de l'~** locked from the inside; **à l'~** (*lit*) inside; (*fig*) within; **je vous attends à l'~** I'll wait for you inside; **à l'~ de la ville** inside the town; (*fig*) **à l'~ de lui-même**, **il pensait que** he thought inwardly *ou* within himself that; **rester à l'~** (*gén*) to stay inside; (*de la maison*) to stay inside *ou* indoors; **vêtement/veste d'~** indoor garment/jacket; **chaussures d'~** indoor *ou* house shoes; **V femme.**

(b) [*pays*] interior. **l'~ (du pays) est montagneux** the interior (of the country) is mountainous, the inland part of the country is mountainous; **les villes de l'~** the inland cities *ou* towns, the cities *ou* towns of the interior; **la côte est riante mais l'~ est sauvage** the coast is pleasant, but it's wild further inland *ou* the hinterland is wild; **en allant vers l'~** going inland; **les ennemis de l'~** the enemies within (the country); **le moral de l'~** the morale at home, the country's morale, the morale within the country; **à l'~ de nos frontières** within *ou* inside our frontiers; **V ministère, ministre.**
(c) (*décor, mobilier*) interior. **un ~ bourgeois/douillet** a comfortable middle-class/cosy interior.
(d) (*Ftbl*) **~ gauche/droit** inside-left/-right.
intérieurement [ɛ̃teʀjœʀmɑ̃] *adv* inwardly. **rire ~** to laugh inwardly *ou* to us.
intérim [ɛ̃teʀim] *nm* (a) (*période*) interim period. **il prendra toutes les décisions dans** *ou* **pendant l'~** he will make all the decisions in the interim; **il assure l'~ en l'absence du directeur** he deputizes for the manager in his absence *ou* in the interim; **diriger une firme par ~** to run a firm temporarily *ou* in a temporary capacity; **président/ministre par ~** acting *ou* interim president *ou* chairman/minister.
(b) (*travail à temps partiel*) temporary work, temping. **société d'~** temping agency, temporary employment office (*US*); **faire de l'~** to temp.
intérimaire [ɛ̃teʀimɛʀ] **1** *adj directeur, ministre* acting (*épith*), interim (*épith*); *secrétaire, personnel, fonctions* temporary; *mesure, solution* interim (*épith*), temporary; (*Pol*) *gouvernement, chef de parti* caretaker (*épith*).

2 *nmf* (*secrétaire*) temporary secretary, temp (*Brit*), Kelly girl

(US); (fonctionnaire) deputy; (médecin, prêtre) locum (tenens). **travailler comme** ~ to temp.

interindividuel, -elle [ɛ̃tɛʀɛ̃dividɥɛl] adj interpersonal. **psychologie** ~**le** psychology of interpersonal relationships.

intériorisation [ɛ̃teʀjɔʀizasjɔ̃] nf (V intérioriser) internalization; interiorization.

intérioriser [ɛ̃teʀjɔʀize] (1) vt conflit, émotion to internalize, interiorize; (Ling) règles to internalize.

intériorité [ɛ̃teʀjɔʀite] nf interiority.

interjectif, -ive [ɛ̃tɛʀʒɛktif, iv] adj interjectional.

interjection [ɛ̃tɛʀʒɛksjɔ̃] nf (Ling) interjection; (Jur) lodging of an appeal.

interjeter [ɛ̃tɛʀʒəte] (4) vt (Jur) ~ **appel** to lodge an appeal.

interlignage [ɛ̃tɛʀliɲaʒ] nm (Typ) interline spacing.

interligne [ɛ̃tɛʀliɲ] **1** nm (espace) space between the lines; (annotation) insertion between the lines. **double** ~ double spacing; **écrire qch dans l'**~ to write ou insert sth between the lines ou in the space between the lines; **taper un texte en double** ~ to type a text in double spacing. **2** nf (Typ) lead.

interligner [ɛ̃tɛʀliɲe] (1) vt (espacer) to space; (inscrire) to write between the lines.

interlocuteur, -trice [ɛ̃tɛʀlɔkytœʀ, tʀis] nm,f speaker, interlocutor (frm). **son/mon** ~ the person he/I was speaking to; (Pol) ~ **valable** valid negotiator ou representative; **les syndicats sont les** ~**s privilégiés d'un gouvernement de gauche** the unions have a privileged relationship with ou tend to have the ear of a left-wing government.

interlope [ɛ̃tɛʀlɔp] adj **(a)** (équivoque) shady. **(b)** (illégal) illicit, unlawful. **navire** ~ ship carrying illicit merchandise.

interloquer [ɛ̃tɛʀlɔke] (1) vt to take aback.

interlude [ɛ̃tɛʀlyd] nm (Mus, TV) interlude.

intermariage [ɛ̃tɛʀmaʀjaʒ] nm intermarriage.

intermède [ɛ̃tɛʀmɛd] nm (Théât, interruption) interlude.

intermédiaire [ɛ̃tɛʀmedjɛʀ] **1** adj niveau, choix, position intermediate, middle (épith), intermediary. **une solution/couleur** ~ **entre a** solution/colour halfway between; **une date** ~ **entre le 25 juillet et le 3 août** a date midway between 25th July and 3rd August. **2** nm: **sans** ~ vendre, négocier directly; **par l'**~ **de qn** through (the intermediary ou agency of) sb; **par l'**~ **de la presse** through the medium of the press. **3** nmf (médiateur) intermediary, mediator, go-between; (Comm, Écon) middleman.

intermezzo [ɛ̃tɛʀmɛdzo] nm intermezzo.

interminable [ɛ̃tɛʀminabl(ə)] adj conversation, série endless, interminable, never-ending; (hum) jambes, mains extremely long.

interminablement [ɛ̃tɛʀminabləmɑ̃] adv endlessly, interminably.

interministériel, -elle [ɛ̃tɛʀministeʀjɛl] adj interdepartmental.

intermission [ɛ̃tɛʀmisjɔ̃] nf (Méd) intermission.

intermittence [ɛ̃tɛʀmitɑ̃s] nf **(a) par** ~ travailler in fits and starts, sporadically, intermittently; pleuvoir on and off, sporadically, intermittently; **le bruit nous parvenait par** ~ the noise reached our ears at (sporadic) intervals. **(b)** (Méd) (entre deux accès) remission; [pouls, cœur] irregularity. **(c)** (littér) intermittence, intermittency.

intermittent, e [ɛ̃tɛʀmitɑ̃, ɑ̃t] adj fièvre, lumière intermittent; douleur sporadic, intermittent; travail, bruit sporadic, periodic; pouls irregular, intermittent.

intermoléculaire [ɛ̃tɛʀmɔlekylɛʀ] adj intermolecular.

intermusculaire [ɛ̃tɛʀmyskylɛʀ] adj intermuscular.

internat [ɛ̃tɛʀna] nm **(a)** (Scol) (établissement) boarding school; (système) boarding; (élèves) boarders; V **maître**. **(b)** (Univ Méd) (concours) entrance examination (for hospital work); (stage) hospital training (as a doctor), period ou time as a houseman (Brit) ou an intern (US), internship (US).

international, e, mpl -aux [ɛ̃tɛʀnasjɔnal, o] **1** adj international. **2** nm,f (Ftbl, Tennis etc) international player; (Athlétisme) international athlete. **3 Internationale** nf (association) International; (hymne) Internationale.

internationalement [ɛ̃tɛʀnasjɔnalmɑ̃] adv internationally.

internationalisation [ɛ̃tɛʀnasjɔnalizasjɔ̃] nf internationalization.

internationaliser [ɛ̃tɛʀnasjɔnalize] (1) vt to internationalize.

internationalisme [ɛ̃tɛʀnasjɔnalism(ə)] nm internationalism.

internationaliste [ɛ̃tɛʀnasjɔnalist(ə)] nmf internationalist.

internationalité [ɛ̃tɛʀnasjɔnalite] nf internationality.

interne [ɛ̃tɛʀn(ə)] **1** adj partie, politique, organe, hémorragie internal; oreille inner; angle interior. **médecine** ~ internal medicine. **2** nmf (Scol) boarder. **être** ~ to be at boarding school; (Univ Méd) ~ (des hôpitaux) house doctor (Brit), houseman (Brit), intern (US); ~ **en médecine/chirurgie** house physician/surgeon.

interné, e [ɛ̃tɛʀne] (ptp de **interner**) nm,f (Pol) internee; (Méd) inmate (of a mental hospital).

internement [ɛ̃tɛʀnəmɑ̃] nm (Pol) internment; (Méd) confinement (to a mental hospital).

interner [ɛ̃tɛʀne] (1) vt (Pol) to intern. (Méd) ~ **qn** (dans un hôpital psychiatrique) to confine sb to a mental hospital, institutionalize sb (US); **on devrait l'**~ he ought to be locked up ou certified* (Brit), he should be put away* (Brit).

interocéanique [ɛ̃tɛʀɔseanik] adj interoceanic.

interosseux, -euse [ɛ̃tɛʀɔsø, øz] adj interosseous.

interparlementaire [ɛ̃tɛʀpaʀləmɑ̃tɛʀ] adj interparliamentary.

interpellateur, -trice [ɛ̃tɛʀpelatœʀ, tʀis] nm,f (V interpeller) interpellator; questioner; heckler.

interpellation [ɛ̃tɛʀpelasjɔ̃] nf (V interpeller) hailing (U); interpellation; questioning (U); heckling (U). (Police) **il y a eu une**

dizaine d'~**s** about ten people were detained ou taken in for questioning.

interpeller [ɛ̃tɛʀpele] (1) vt (appeler) to call out to, shout out to, hail; (apostropher) to shout at; (à la Chambre) to interpellate, question; (dans une réunion) to question; (avec insistence) to heckle; (Police) to question. **les automobilistes se sont interpellés grossièrement** the motorists shouted insults at each other.

interpénétration [ɛ̃tɛʀpenetʀasjɔ̃] nf interpenetration.

interpénétrer (s') [ɛ̃tɛʀpenetʀe] (6) vpr to interpenetrate.

interphone [ɛ̃tɛʀfɔn] nm intercom, interphone; [immeuble] entry phone.

interplanétaire [ɛ̃tɛʀplanetɛʀ] adj interplanetary.

Interpol [ɛ̃tɛʀpɔl] nm Interpol.

interpolation [ɛ̃tɛʀpɔlasjɔ̃] nf interpolation.

interpoler [ɛ̃tɛʀpɔle] (1) vt to interpolate.

interposer [ɛ̃tɛʀpoze] (1) **1** vt (lit, fig) to interpose (entre between); V **personne**. **2 s'interposer** vpr to intervene, interpose o.s. (frm) (dans in). **elle s'interposa entre le père et le fils** she intervened ou came between ou interposed herself (frm) between father and son.

interposition [ɛ̃tɛʀpozisjɔ̃] nf (V interposer) interposition; intervention; (Jur) fraudulent representation of one's identity (by use of a third party's identity).

interprétable [ɛ̃tɛʀpʀetabl(ə)] adj interpretable.

interprétariat [ɛ̃tɛʀpʀetaʀja] nm interpreting. **école d'**~ interpreting school.

interprétation [ɛ̃tɛʀpʀetasjɔ̃] nf (V interpréter) rendering, interpretation. **donner de qch une** ~ **fausse** to give a false interpretation of sth, misinterpret sth; **l'**~ **des rêves** the interpretation of dreams; **c'est une erreur d'**~ it's a mistake in interpretation; V **prix**.

interprète [ɛ̃tɛʀpʀɛt] nmf (**a**) (Mus, Théât) performer, interpreter; (gén) player (ou singer etc). (Théât) **les** ~**s par ordre d'entrée en scène** ... the cast in order of appearance ...; **un** ~ **de Molière/Bach** a performer ou an interpreter of Molière/Bach; **un** ~ **de Macbeth** a performer ou an interpreter of Macbeth, a Macbeth; **Paul était l'**~ **de cette sonate** Paul played this sonata; **Paul était l'**~ **de cette chanson** Paul was the singer of ou sang this song. (**b**) (traducteur) interpreter. **faire l'**~, **servir d'**~ to act as an interpreter. (**c**) (porte-parole) **servir d'**~ **à qn/aux idées de qn** to act ou serve as a spokesman for sb/for sb's ideas; **je me ferai votre** ~ **auprès du ministre** I'll speak to the minister on your behalf; (fig) **les gestes et les yeux sont les** ~**s de la pensée** gestures and the look in one's eyes express ou interpret one's thoughts. (**d**) (exégète) [texte] interpreter, exponent; [rêves, signes] interpreter.

interpréter [ɛ̃tɛʀpʀete] (6) vt (**a**) (Mus, Théât) to perform, interpret. **il va (vous)** ~ **Hamlet/une sonate** he's going to play Hamlet/ a sonata (for you); **il va (vous)** ~ **une chanson** he's going to sing (you) a song. (**b**) (comprendre) to interpret. **il a mal interprété mes paroles** he misinterpreted my words; ~ **qch en bien/mal** to take sth the right/wrong way.

interprofessionnel, -elle [ɛ̃tɛʀpʀɔfesjɔnɛl] adj réunion interprofessional; V **salaire**.

interrègne [ɛ̃tɛʀʀɛɲ] nm interregnum.

interrogateur, -trice [ɛ̃teʀɔgatœʀ, tʀis] **1** adj air, regard, ton questioning (épith), inquiring (épith). **d'un air ou ton** ~ questioningly, inquiringly. **2** nm,f (oral) examiner.

interrogatif, -ive [ɛ̃teʀɔgatif, iv] **1** adj air, regard questioning (épith), inquiring (épith); (Ling) interrogative. **2** nm interrogative (word). **mettre à l'**~ to put into the interrogative. **3 interrogative** nf interrogative clause.

interrogation [ɛ̃teʀɔgasjɔ̃] nf (**a**) (V interroger) questioning; interrogation; examination; consultation; testing. (**b**) (question) question. (Scol) ~ (écrite) short (written) test (Brit), quiz (US); (Scol) **il y a 15 minutes d'**~ (orale) there's a 15-minute oral (test); (Gram) ~ **directe/indirecte** direct/indirect question; **les sourcils levés, en signe d'**~ his eyebrows raised questioningly ou inquiringly; **les yeux pleins d'une** ~ **muette** his eyes silently questioning; V **point¹**. (**c**) (réflexions) ~**s** questioning; **ces** ~**s continuelles sur la destinée humaine** this continual questioning about human destiny.

interrogatoire [ɛ̃teʀɔgatwaʀ] nm (Police) questioning; (au tribunal) cross-examination, cross-questioning (U); (compterendu) statement; (fig: série de questions) cross-examination, interrogation. **subir une** ~ **en règle** to undergo a thorough ou detailed interrogation.

interroger [ɛ̃teʀɔʒe] (3) **1** vt (gén) to question; (pour obtenir un renseignement) to ask; (Police) to interview, question; (de manière serrée, prolongée) to interrogate (sur about); ciel, conscience to examine; mémoire to search; (sondage) to poll; (Ordin) données to interrogate. ~ **un élève** to test ou examine a pupil (orally); ~ **par écrit les élèves** to give a written test to the pupils; ~ **qn du regard** to give sb a questioning ou an inquiring look, look questioningly ou inquiringly at sb; **elle a été interrogée sur un sujet difficile** she was examined ou questioned on a difficult subject; (sondage) **personne interrogée** respondent. **2 s'interroger** vpr (sur un problème) to question o.s., wonder (sur about). **s'**~ **sur la conduite à tenir** to ponder over ou ask o.s. (about) ou wonder what course to follow.

interrompre [ɛ̃teʀɔ̃pʀ(ə)] (41) **1** vt (**a**) (arrêter) voyage, circuit électrique to break, interrupt; conversation (gén) to interrupt, break off; (pour s'interposer) to break into, cut into; études to break off, interrupt. **il a interrompu la conversation pour téléphoner**

he broke off *ou* interrupted his conversation to telephone; (*Méd*) ~ **une grossesse** to terminate a pregnancy.
 (b) (*couper la parole à, déranger*) ~ **qn** to interrupt sb; **je ne veux pas qu'on m'interrompe** (dans mon travail) I don't want to be interrupted (in my work); **je ne veux pas** ~ **mais ... I** don't want to cut in *ou* interrupt but ... .
 2 s'interrompre *vpr [personne, conversation]* to break off.
interrupteur, -trice [ɛ̃teʀyptœʀ, tʀis] **1** *nm* (*Élec*) switch. **2** *nm, f* interrupter.
interruption [ɛ̃teʀypsjɔ̃] *nf* (*action*) interruption (*de* of); (*état*) break (*de* in), interruption (*de* of, in); (*Jur*) interruption of prescription. **une** ~ **de deux heures/trois mois** a break *ou* an interruption of two hours/three months; (*Méd*) ~ **(volontaire) de grossesse** termination (of pregnancy); **il y a eu une** ~ **de courant** there has been a power cut; **après l'**~ **des hostilités** after hostilities had ceased; **sans** ~ *parler* without a break *ou* an interruption, uninterruptedly, continuously; *pleuvoir* without stopping, without a break, continuously; **un moment d'**~ a moment's break.
interscolaire [ɛ̃teʀskɔlɛʀ] *adj* inter-schools.
intersection [ɛ̃teʀsɛksjɔ̃] *nf* intersection; *V* **point[1]**.
intersexualité [ɛ̃teʀsɛksɥalite] *nf* intersexuality.
intersexuel, -elle [ɛ̃teʀsɛksɥɛl] *adj* intersexual.
intersidéral, e, *mpl* **-aux** [ɛ̃teʀsideʀal, o] *adj* intersidereal.
interstellaire [ɛ̃teʀstelɛʀ] *adj* interstellar.
interstice [ɛ̃teʀstis] *nm* crack, chink, interstice. **à travers les** ~**s des rideaux** through the slits in the curtains.
intersubjectif, -ive [ɛ̃teʀsybʒɛktif, iv] *adj* intersubjective.
intersubjectivité [ɛ̃teʀsybʒɛktivite] *nf* intersubjectivity.
intersyndical, e, *mpl* **-aux** [ɛ̃teʀsɛ̃dikal, o] *adj* interunion.
intertropical, e, *mpl* **-aux** [ɛ̃teʀtʀɔpikal, o] *adj* intertropical.
interurbain, e [ɛ̃teʀyʀbɛ̃, ɛn] **1** *adj* **(a)** *relations* interurban. **(b)** (*Téléc*) *communication* trunk (*Brit, épith*), long-distance; *téléphone* long-distance (*épith*). **2** *nm*: **l'**~ the trunk call service (*Brit*), the long-distance telephone service.
intervalle [ɛ̃teʀval] *nm* **(a)** (*espace*) space, distance; (*entre 2 mots, 2 lignes*) space; (*temps*) interval; (*Mus*) interval.
 (b) (*loc*) **c'est arrivé à 2 jours/mois d'**~ it happened after a space *ou* an interval of two days/months; **à** ~**s réguliers/ rapprochés** at regular/close intervals; **par** ~**s** at intervals; **dans l'**~ (*temporel*) in the meantime, meanwhile; (*spatial*) in between.
intervenant, e [ɛ̃teʀvənɑ̃, ɑ̃t] *nm, f* (*Jur*) intervener; (*conférencier*) contributor. **inviter un** ~ **extérieur** to invite an outside contributor.
intervenir [ɛ̃teʀvəniʀ] (22) *vi* **(a)** (*entrer en action*) to intervene. **il est intervenu en notre faveur** he interceded *ou* intervened on our behalf; ~ **militairement dans un pays** to intervene militarily in the affairs of a country; **on a dû faire** ~ **l'armée** the army had to be brought in *ou* called in.
 (b) (*Méd*) to operate.
 (c) (*survenir*) [*fait, événement*] to take place, occur; [*accord*] to be reached, be entered into; [*décision, mesure*] to be taken; [*élément nouveau*] to arise, come up. **cette mesure intervient au moment où ...** this measure is being taken *ou* comes at a time when ... .
 (d) (*Jur*) to intervene.
intervention [ɛ̃teʀvɑ̃sjɔ̃] *nf* (*gén, Jur*) intervention; (*Méd*) operation; (*discours*) speech. **cela a nécessité l'**~ **de la police** the police had to be brought in, the police had to intervene; **son** ~ **en notre faveur** his intercession *ou* intervention on our behalf; ~ **chirurgicale** surgical operation; ~ **armée** armed intervention; ~ **de l'État** state intervention; (*Écon*) **prix d'**~ intervention price; **beurre d'**~ (*EEC*) subsidized butter; *V* **force**.
interventionnisme [ɛ̃teʀvɑ̃sjɔnism(ə)] *nm* interventionism.
interventionniste [ɛ̃teʀvɑ̃sjɔnist(ə)] *adj, nmf* interventionist.
interversion [ɛ̃teʀveʀsjɔ̃] *nf* inversion. ~ **des rôles** reversal *ou* inversion of roles.
intervertir [ɛ̃teʀveʀtiʀ] (2) *vt* to invert *ou* reverse the order of, invert. ~ **les rôles** to reverse *ou* invert roles.
interview [ɛ̃teʀvju] *nf* (*Presse, TV*) interview.
interviewé, e [ɛ̃teʀvjuve] (*ptp de* **interviewer**) *nm, f* (*Presse, TV*) interviewee.
interviewer[1] [ɛ̃teʀvjuve] (1) *vt* (*Presse, TV*) to interview.
interviewer[2] [ɛ̃teʀvjuvœʀ] *nm* (*journaliste*) interviewer.
intervocalique [ɛ̃teʀvɔkalik] *adj* intervocalic.
intestat [ɛ̃testa] **1** *adj* (*Jur*) **mourir** ~ to die intestate. **2** *nmpl* intestates.
intestin[1] [ɛ̃testɛ̃] *nm* intestine. ~**s** intestines, bowels; ~ **grêle** small intestine; **gros** ~ large intestine.
intestin[2], e [ɛ̃testɛ̃, in] *adj* (*fig*) *querelle, guerre* internal.
intestinal, e, *mpl* **-aux** [ɛ̃testinal, o] *adj* intestinal.
intimation [ɛ̃timasjɔ̃] *nf* (*Jur*) (*assignation*) summons (*sg*) (*before an appeal court*); (*signification*) notification.
intime [ɛ̃tim] **1** *adj* **(a)** (*privé*) *hygiène* personal, intimate; *vie* private, *chagrin, confidences* intimate; *secret* close, intimate; *cérémonie, mariage* quiet; *salon, atmosphère* intimate, cosy. **carnet** *ou* **journal** ~ private diary; **un dîner** ~ (*entre amis*) a dinner with (old) friends; (*entre amoureux*) a romantic dinner.
 (b) (*étroit*) *mélange, relation* intimate; *union* close; *ami* close, intimate, bosom (*épith*). **être** ~ **avec qn** to be intimate with *ou* close to sb; **avoir des relations** *ou* **rapports** ~**s avec qn** to be on intimate terms with sb, have close relations with sb.
 (c) (*profond*) *nature, structure* intimate, innermost; *sens, sentiment, conviction* inner(most), inmost, intimate.
 2 *nmf* close friend. **seuls les** ~**s sont restés dîner** only those who were close friends stayed to dinner; (*hum*) **Jo pour les** ~**s*** Jo to his friends *ou* buddies* (*hum*).
intimé, e [ɛ̃time] (*ptp de* **intimer**) *nm, f* (*Jur*) respondent, appellee.

intimement [ɛ̃timmɑ̃] *adv* intimately. ~ **persuadé** deeply *ou* firmly convinced.
intimer [ɛ̃time] (1) *vt* **(a)** ~ **à qn l'ordre de faire** to order sb to do. **(b)** (*Jur*) (*assigner*) to summon (*before an appeal court*); (*signifier*) to notify.
intimidable [ɛ̃timidabl(ə)] *adj* easily intimidated.
intimidant, e [ɛ̃timidɑ̃, ɑ̃t] *adj* intimidating.
intimidateur, -trice [ɛ̃timidatœʀ, tʀis] *adj* intimidating.
intimidation [ɛ̃timidasjɔ̃] *nf* intimidation. **manœuvre/moyens d'**~ device/means of intimidation; **on l'a fait parler en usant d'**~ they scared *ou* frightened him into talking.
intimider [ɛ̃timide] (1) *vt* to intimidate. **ne te laisse pas** ~ **par lui** don't let him intimidate you, don't let yourself be intimidated by him.
intimisme [ɛ̃timism(ə)] *nm* (*Art, Littérat*) intimism.
intimiste [ɛ̃timist(ə)] *adj, nmf* (*Art, Littérat*) intimist.
intimité [ɛ̃timite] *nf* **(a)** (*vie privée*) privacy. **dans l'**~ **c'est un homme très simple** in private life, he's a man of simple tastes; **nous serons dans l'**~ there will only be a few of us *ou* a few close friends or relatives; **se marier dans l'**~ to have a quiet wedding; **la cérémonie a eu lieu dans la plus stricte** ~ the ceremony took place in the strictest privacy; **pénétrer dans l'**~ **de qn** to be admitted into sb's private life; **vivre dans l'**~ **de qn** to share sb's private life.
 (b) (*familiarité*) intimacy. **dans l'**~ **conjugale** in the intimacy of one's married life; **vivre dans la plus grande** ~ **avec qn** to live on very intimate terms with sb.
 (c) (*confort*) [*atmosphère, salon*] cosiness, intimacy.
 (d) (*litter: profondeur*) depths. **dans l'**~ **de sa conscience** in the depths *ou* innermost recesses of one's conscience.
intitulé [ɛ̃tityle] *nm* [*livre, loi, jugement*] title; [*chapitre*] heading, title.
intituler [ɛ̃tityle] (1) **1** *vt* to entitle, call. **2 s'intituler** *vpr* [*livre, chapitre*] to be entitled *ou* called; [*personne*] to call o.s., give o.s. title of.
intolérable [ɛ̃tɔleʀabl(ə)] *adj* intolerable.
intolérablement [ɛ̃tɔleʀabləmɑ̃] *adv* intolerably.
intolérance [ɛ̃tɔleʀɑ̃s] *nf* intolerance. ~ **à un médicament** inability to tolerate a drug.
intolérant, e [ɛ̃tɔleʀɑ̃, ɑ̃t] *adj* intolerant.
intonation [ɛ̃tɔnasjɔ̃] *nf* (*Ling, Mus*) intonation. **voix aux** ~**s douces** soft-toned voice.
intouchable [ɛ̃tuʃabl(ə)] *adj, nmf* untouchable.
intox(e)* [ɛ̃tɔks] *nf* (*Pol: abrév de* **intoxication**) brainwashing. **il nous fait de l'**~ **pour avoir un magnétoscope** he's trying to brainwash us into getting (him) a video recorder.
intoxication [ɛ̃tɔksikasjɔ̃] *nf* (*V* **intoxiquer**) poisoning (*U*); brainwashing, indoctrination. ~ **alimentaire** food poisoning (*U*).
intoxiqué, e [ɛ̃tɔksike] (*ptp de* **intoxiquer**) *nm, f* (*par la drogue*) drug addict; (*par l'alcool*) alcoholic.
intoxiquer [ɛ̃tɔksike] (1) **1** *vt* (*lit*) to poison; (*fig*) (*Pol*) to brainwash, indoctrinate; (*corrompre*) to poison the mind of. **être intoxiqué par le tabac/l'alcool/la drogue** to be poisoned by the effects of tobacco/alcohol/drugs; **intoxiqué par la publicité** brainwashed by publicity.
 2 s'intoxiquer *vpr* to poison o.s.
intracellulaire [ɛ̃traselylɛʀ] *adj* intracellular.
intradermique [ɛ̃traderik] *adj* intradermal, intradermic, intracutaneous.
intradermo(-réaction) [ɛ̃tradermɔ(ʀeaksjɔ̃)] *nf* skin test.
intraduisible [ɛ̃tradɥizibl(ə)] *adj texte* untranslatable; *sentiment, idée* inexpressible. **il eut une intonation** ~ his intonation was impossible to reproduce.
intraitable [ɛ̃tʀɛtabl(ə)] *adj* uncompromising, inflexible. **il est** ~ **sur la discipline** he's a stickler for discipline, he's uncompromising *ou* inflexible about discipline.
intra-muros [ɛ̃tʀamyʀos] *adv:* **habiter** ~ to live inside the town (*ou* city *etc*); **Paris** ~ **comprend 3 millions d'habitants** the inner-city area of Paris has 3 million inhabitants.
intramusculaire [ɛ̃tʀamyskylɛʀ] *adj* intramuscular.
intransigeance [ɛ̃tʀãziʒɑ̃s] *nf* intransigence.
intransigeant, e [ɛ̃tʀãziʒã, ɑ̃t] *adj personne* uncompromising, intransigent, hard-nosed*; *morale* uncompromising. **se montrer** ~ *ou* **adopter une ligne (de conduite)** ~**e envers qn** to take a hard line with sb; **les** ~**s** the intransigents.
intransitif, -ive [ɛ̃tʀãzitif, iv] *adj, nm* intransitive.
intransitivement [ɛ̃tʀãzitivmɑ̃] *adv* intransitively.
intransitivité [ɛ̃tʀãzitivite] *nf* intransitivity, intransitiveness.
intransmissibilité [ɛ̃tʀãsmisibilite] *nf* intransmissibility; (*Jur*) untransferability, non-transferability.
intransmissible [ɛ̃tʀãsmisibl(ə)] *adj* intransmissible; (*Jur*) untransferable, non-transferable.
intransportable [ɛ̃tʀãspɔʀtabl(ə)] *adj objet* untransportable; *malade* who is unfit *ou* unable to travel.
intra-utérin, e [ɛ̃tʀayteʀɛ̃, in] *adj* intra-uterine.
intraveineux, -euse [ɛ̃tʀavɛnø, øz] **1** *adj* intravenous. **2 intraveineuse** *nf* intravenous injection.
intrépide [ɛ̃tʀepid] *adj* (*courageux*) intrepid, dauntless, bold; (*résolu*) dauntless; *bavard* unashamed; *menteur* barefaced (*épith*), unashamed.
intrépidement [ɛ̃tʀepidmɑ̃] *adv* intrepidly, dauntlessly, boldly.
intrépidité [ɛ̃tʀepidite] *nf* intrepidity, dauntlessness, boldness. **avec** ~ intrepidly, dauntlessly, boldly.
intrigant, e [ɛ̃tʀigã, ɑ̃t] **1** *adj* scheming. **2** *nm, f* schemer, intriguer.
intrigue [ɛ̃tʀig] *nf* (*manœuvre*) intrigue, scheme; (*liaison*) (love) affair, intrigue; (*Ciné, Littérat, Théât*) plot.
intriguer [ɛ̃tʀige] (1) **1** *vt* to intrigue, puzzle. **2** *vi* to scheme, intrigue.

intrinsèque [ɛ̃tRɛ̃sɛk] *adj* intrinsic.
intrinsèquement [ɛ̃tRɛ̃sɛkmã] *adv* intrinsically.
introducteur, -trice [ɛ̃tRɔdyktœR, tRis] *nm, f (initiateur)* initiator.
introduction [ɛ̃tRɔdyksjɔ̃] *nf* (a) introduction (*à, auprès de* to). **paroles/chapitre d'~** introductory words/chapter; **lettre/mot d'~** letter/note of introduction.
   (b) (*V* **introduire**) insertion; introduction; launching; smuggling; institution.
   (c) (*V* **s'introduire**) admission, introduction.
   (d) (*Rugby*) put-in.
introduire [ɛ̃tRɔdɥiR] (38) **1** *vt* (a) (*faire entrer*) *objet* to place (*dans* in), insert, introduce (*dans* into); *liquide* to introduce (*dans* into); *visiteur* to show in; *mode* to launch, introduce; *idées nouvelles* to bring in, introduce; (*Ling*) *mot* to introduce (*dans* into). **il introduisit sa clef dans la serrure** he placed his key in the lock, he introduced *ou* inserted his key into the lock; **on m'introduisit dans le salon/auprès de la maîtresse de maison** I was shown into *ou* ushered into the lounge/shown in *ou* ushered in to see the mistress of the house; **~ des marchandises en contrebande** to smuggle in goods; (*Rugby*) **~ la balle en mêlée** to put the ball into the scrum.
   (b) (*présenter*) *ami, protégé* to introduce. **il m'introduisit auprès du directeur/dans le groupe** he put me in contact with *ou* introduced me to the manager/the group.
   (c) (*Jur*) *instance* to institute.
   2 s'introduire *vpr* (a) (*lit*) **s'~ dans un groupe** to work one's way into a group, be *ou* get o.s. admitted *ou* accepted into a group; **s'~ chez qn par effraction** to break into sb's home; **s'~ dans une pièce** to get into *ou* enter a room; **les prisonniers s'introduisaient un à un dans le tunnel** one by one the prisoners worked *ou* wriggled their way into the tunnel; **l'eau/la fumée s'introduisait partout** the water/smoke was getting in *ou* penetrating everywhere.
   (b) (*fig*) [*usage, mode, idée*] to be introduced (*dans* into).
introduit, e [ɛ̃tRɔdɥi, it] (*ptp de* **introduire**) *adj* (*frm*) **être bien ~ dans un milieu** to be well received in a certain milieu.
intromission [ɛ̃tRɔmisjɔ̃] *nf* intromission.
intronisation [ɛ̃tRɔnizasjɔ̃] *nf* (*V* **introniser**) enthronement; establishment.
introniser [ɛ̃tRɔnize] (1) *vt roi, pape* to enthrone; (*fig*) to establish.
introspectif, -ive [ɛ̃tRɔspɛktif, iv] *adj* introspective.
introspection [ɛ̃tRɔspɛksjɔ̃] *nf* introspection.
introuvable [ɛ̃tRuvabl(ə)] *adj* which (*ou* who) cannot be found. **ma clef est ~** I can't find my key anywhere, my key is nowhere to be found; **l'évadé demeure toujours ~** the escaped prisoner has still not been found *ou* discovered, the whereabouts of the escaped prisoner remain unknown; **ces meubles sont ~s aujourd'hui** furniture like this is unobtainable *ou* just cannot be found these days; **l'accord ~ entre les deux pays** the unattainable agreement between the two countries.
introversion [ɛ̃tRɔvɛRsjɔ̃] *nf* introversion.
introverti, e [ɛ̃tRɔvɛRti] **1** *adj* introverted. **2** *nm, f* introvert.
intrus, e [ɛ̃tRy, yz] **1** *adj* intruding, intrusive. **2** *nm, f* intruder. (*jeu*) **cherchez l'~** find the odd one out.
intrusion [ɛ̃tRyzjɔ̃] *nf* (*gén, Géol*) intrusion. **~ dans les affaires de qn** interference *ou* intrusion in sb's affairs; (*Géol*) **roches d'~** intrusive rocks.
intubation [ɛ̃tybasjɔ̃] *nf* (*Méd*) intubation.
intuitif, -ive [ɛ̃tɥitif, iv] *adj* intuitive.
intuition [ɛ̃tɥisjɔ̃] *nf* intuition. **avoir de l'~** to have intuition; **l'~ féminine** feminine intuition; **elle eut l'~ que/de** she had an intuition that/of.
intuitivement [ɛ̃tɥitivmã] *adv* intuitively.
intumescence [ɛ̃tymesãs] *nf* (*Anat*) intumescence.
intumescent, e [ɛ̃tymesã, ãt] *adj* intumescent.
inusable [inyzabl(ə)] *adj vêtement* hard-wearing.
inusité, e [inyzite] *adj mot* uncommon, not in (common) use (*attrib*). **ce mot est pratiquement ~** this word is practically never used.
inusuel, -elle [inyzɥɛl] *adj* (*littér*) unusual.
inutile [inytil] *adj* (a) (*qui ne sert pas*) *objet* useless; *effort, parole* pointless. **amasser des connaissances ~s** to gather a lot of useless knowledge; **sa voiture lui est ~ maintenant** his car is (of) no use *ou* is no good *ou* is useless to him now; **c'est ~ (d'insister)!** it's useless *ou* no use *ou* no good (insisting)!, there's no point *ou* it's pointless (insisting)!; **c'est un ~** he's a useless character, he's useless *ou* no use.
   (b) (*superflu*) *paroles, crainte, travail, effort* needless, unnecessary. **~ de vous dire que je ne suis pas resté** needless to say I didn't stay, I hardly need tell you I didn't stay; *V* **bouche**.
inutilement [inytilmã] *adv* needlessly, unnecessarily.
inutilisable [inytilizabl(ə)] *adj* unusable.
inutilisé, e [inytilize] *adj* unused.
inutilité [inytilite] *nf* (*V* **inutile**) uselessness; pointlessness; needlessness.
invaincu, e [ɛ̃vɛ̃ky] *adj* unconquered, unvanquished; (*Sport*) unbeaten.
invalidant, e [ɛ̃validã, ãt] *adj maladie* incapacitating, disabling.
invalidation [ɛ̃validasjɔ̃] *nf [contrat, élection]* invalidation; *[député]* removal (from office).
invalide [ɛ̃valid] **1** *nmf* disabled person. **~ de guerre** disabled ex-serviceman, invalid soldier; **~ du travail** industrially disabled person. **2** *adj* (*Méd*) disabled.
invalider [ɛ̃valide] (1) *vt* (*Jur*) to invalidate; (*Pol*) *député* to remove from office; *élection* to invalidate.
invalidité [ɛ̃validite] *nf* disablement, disability.
invariabilité [ɛ̃vaRjabilite] *nf* invariability.

invariable [ɛ̃vaRjabl(ə)] *adj* (*gén, Ling*) invariable; (*littér*) unvarying.
invariablement [ɛ̃vaRjabləmã] *adv* invariably.
invariant, e [ɛ̃vaRjã, ãt] *adj, nm* invariant.
invasion [ɛ̃vazjɔ̃] *nf* invasion.
invective [ɛ̃vɛktiv] *nf* invective. **~s** abuse, invectives.
invectiver [ɛ̃vɛktive] (1) **1** *vt* to hurl *ou* shout abuse at. **ils se sont violemment invectivés** they hurled *ou* shouted violent abuse at each other. **2** *vi* to inveigh, rail (*contre* against).
invendable [ɛ̃vãdabl(ə)] *adj* (*gén*) unsaleable; (*Comm*) unmarketable.
invendu, e [ɛ̃vãdy] **1** *adj* unsold. **2** *nm* unsold article. **retourner les ~s** (*magazines etc*) to return (the) unsold copies.
inventaire [ɛ̃vãtɛR] *nm* (*gén, Jur*) inventory; (*Comm*) (*liste*) stocklist; (*opération*) stocktaking; (*fig: recensement*) *[monuments, souvenirs]* survey. (*gén, Jur*) **faire un ~** to make an inventory; (*Comm*) to take stock, do the stocktaking; (*fig*) **faire l'~ de** to assess, make an assessment of, take stock of; *V* **bénéfice**.
inventer [ɛ̃vãte] (1) *vt* (a) (*créer, découvrir*) (*gén*) to invent; *moyen, procédé* to devise; *mot* to coin. **il n'a pas inventé la poudre** *ou* **le fil à couper le beurre** he'll never set the Thames on fire, he's no bright spark.
   (b) (*imaginer, trouver*) *jeu* to think up, make up; *mot* to make up; *excuse, histoire fausse* to invent, make up *ou* think up. **il ne sait plus quoi ~ pour échapper à l'école** he doesn't know what to think up *ou* dream up next to get out of school; **ils avaient inventé de faire entrer les lapins dans le salon** they hit upon the idea *ou* they had the bright idea of bringing the rabbits into the drawing room; **je n'invente rien** I'm not making anything up, I'm not inventing a thing; **ce sont des choses qui ne s'inventent pas** those are things people just don't make up; *V* **pièce**.
   (c) (*Jur*) *trésor* to find.
inventeur, -trice [ɛ̃vãtœR, tRis] *nm, f* inventor; (*Jur*) finder.
inventif, -ive [ɛ̃vãtif, iv] *adj esprit* inventive; *personne* resourceful, inventive.
invention [ɛ̃vãsjɔ̃] *nf* (*gén, péj*) invention; (*ingéniosité*) inventiveness, spirit of invention; (*Jur*) *[trésor]* finding. **cette excuse est une pure** *ou* **de la pure ~** that excuse is a pure invention *ou* fabrication; **l'histoire est de son ~** the story was made up *ou* invented by him *ou* was his own invention; **un cocktail de mon ~** a cocktail of my own creation; *V* **brevet**.
inventivité [ɛ̃vãtivite] *nf* (*V* **inventif**) inventiveness; resourcefulness.
inventorier [ɛ̃vãtɔRje] (7) *vt* (*gén, Jur*) to make an inventory of; (*Comm*) to make a stocklist of.
invérifiable [ɛ̃veRifjabl(ə)] *adj* unverifiable.
inverse [ɛ̃vɛRs(ə)] **1** *adj* (*gén*) opposite; (*Logique, Math*) inverse. **arriver en sens ~** to arrive from the opposite direction; **l'image apparaît en sens ~ dans le miroir** the image is reversed in the mirror; **dans l'ordre ~** in (the) reverse order; **dans le sens ~ des aiguilles d'une montre** anticlockwise, counterclockwise.
   2 *nm*: **l'~** (*gén*) the opposite, the reverse; (*Philos*) the converse; **tu as fait l'~ de ce que je t'ai dit** you did the opposite to *ou* of what I told you; **t'a-t-il attaqué ou l'~?** did he attack you or vice versa?, did he attack you or was it the other way round?; **à l'~** conversely; **cela va à l'~ de nos prévisions** that goes contrary to our plans.
inversé, e [ɛ̃vɛRse] (*ptp de* **inverser**) *adj image* reversed; *relief* inverted.
inversement [ɛ̃vɛRsəmã] *adv* (*gén*) conversely; (*Math*) inversely. **... et/ou ~ ...** and/or vice versa.
inverser [ɛ̃vɛRse] (1) *vt ordre* to reverse, invert; *courant électrique* to reverse.
inverseur [ɛ̃vɛRsœR] *nm* (*Élec, Tech*) reverser.
inversion [ɛ̃vɛRsjɔ̃] *nf* (*gén, Anat, Ling, Psych*) inversion; (*Élec*) reversal. (*Mét*) **~ thermique** temperature inversion.
invertase [ɛ̃vɛRtaz] *nf* sucrase.
invertébré, e [ɛ̃vɛRtebRe] *adj, nm* invertebrate. **~s** invertebrates, Invertebrata (*T*).
inverti, e [ɛ̃vɛRti] (*ptp de* **invertir**) *nm, f* homosexual, invert (*T*).
invertir† [ɛ̃vɛRtiR] (2) *vt* to invert.
investigateur, -trice [ɛ̃vɛstigatœR, tRis] **1** *adj technique* investigative; *esprit* inquiring (*épith*); *regard* searching (*épith*), scrutinizing (*épith*). **2** *nm, f* investigator.
investigation [ɛ̃vɛstigasjɔ̃] *nf* investigation. **~s** investigations; **après une minutieuse ~** *ou* **de minutieuses ~s le médecin diagnostiqua du diabète** after (a) thorough inspection the doctor diagnosed diabetes; **au cours de ses ~s le savant découvrit que ... in** the course of his research *ou* investigations the scientist discovered that ....
investir [ɛ̃vɛstiR] (2) *vt* (a) (*Fin*) *capital* to invest.
   (b) *fonctionnaire* to induct; *évêque* to invest. **~ qn de pouvoirs/droits** to invest sb with powers/rights, vest powers/rights in sb; **~ qn de sa confiance** to place one's trust in sb.
   (c) (*Mil*) *ville, forteresse* to invest.
investissement [ɛ̃vɛstismã] *nm* (*Écon, Méd, Psych*) investment; (*Mil*) investing.
investisseur [ɛ̃vɛstisœR] *nm* investor.
investiture [ɛ̃vɛstityR] *nf [candidat]* nomination; *[président du Conseil]* appointment; *[évêché]* investiture.
invétéré, e [ɛ̃vetere] *adj fumeur, joueur, menteur* inveterate, confirmed; *habitude* inveterate, deep-rooted.
invincibilité [ɛ̃vɛ̃sibilite] *nf [adversaire, nation]* invincibility.
invincible [ɛ̃vɛ̃sibl(ə)] *adj adversaire, nation* invincible, unconquerable; *courage* invincible, indomitable; *charme* irresistible; *difficultés* insurmountable, insuperable; *argument* invincible, unassailable.
invinciblement [ɛ̃vɛ̃sibləmã] *adv* invincibly.

inviolabilité [ɛ̃vjɔlabilite] *nf [droit]* inviolability; *[serrure]* impregnability.

inviolable [ɛ̃vjɔlabl(ə)] *adj droit* inviolable; *serrure* impregnable; *parlementaire, diplomate* immune (*épith*).

inviolablement [ɛ̃vjɔlabləmã] *adv* inviolably.

inviolé, e [ɛ̃vjɔle] *adj* inviolate, unviolated.

invisibilité [ɛ̃vizibilite] *nf* invisibility.

invisible [ɛ̃vizibl(ə)] **1** *adj (impossible à voir)* invisible; *(minuscule)* barely visible (*à to*); *(Écon)* invisible. **la maison était** ~ **derrière les arbres** the house was invisible *ou* couldn't be seen behind the trees; **danger** ~ unseen *ou* hidden danger; **il est** ~ **pour l'instant** he can't be seen *ou* he's unavailable at the moment; **il est** ~ **depuis 2 mois** he hasn't been seen (around) for 2 months. **2** *nm:* **l'**~ the invisible.

invisiblement [ɛ̃vizibləmã] *adv* invisibly.

invitation [ɛ̃vitasjɔ̃] *nf* invitation, invite* (*à to*). **carte** *ou* **carton d'**~ invitation card; **lettre d'**~ letter of invitation; **faire une** ~ **à qn** to invite sb, extend an invitation to sb; **venir sans** ~ to come uninvited *ou* without (an) invitation; **à** *ou* **sur son** ~ at his invitation; *(fig)* **une** ~ **à déserter** *etc* an (open) invitation to desert *etc*.

invite [ɛ̃vit] *nf (littér)* invitation.

invité, e [ɛ̃vite] *(ptp de* **inviter**) *nm, f* guest.

inviter [ɛ̃vite] **(1)** *vt* **(a)** *(convier)* to invite, ask (*à to*). ~ **qn chez soi/à dîner** to invite *ou* ask sb to one's house/to *ou* for dinner; **elle ne l'a pas invité à entrer/monter** she didn't invite *ou* ask him (to come) in/up; **il s'est invité** he invited himself.

(b) *(engager)* ~ **à** to invite to; ~ **qn à démissionner** to invite sb to resign; **il l'invita de la main à s'approcher** he beckoned *ou* motioned (to) her to come nearer; **ceci invite à croire que ...** this induces *ou* leads us to believe that ...; **this suggests that ...; la chaleur invitait au repos** the heat tempted one to rest.

in vitro [invitro] *adj, adv* in vitro.

invivable [ɛ̃vivabl(ə)] *adj* unbearable.

in vivo [invivo] *adj, adv* in vivo.

invocation [ɛ̃vɔkasjɔ̃] *nf* invocation (*à to*).

invocatoire [ɛ̃vɔkatwar] *adj (littér)* invocatory (*littér*).

involontaire [ɛ̃vɔlɔ̃tɛʀ] *adj sourire, mouvement* involuntary; *peine, insulte* unintentional, unwitting; *témoin, complice* unwitting.

involontairement [ɛ̃vɔlɔ̃tɛʀmã] *adv sourire* involuntarily; *bousculer qn* unintentionally, unwittingly. **l'accident dont je fus (bien)** ~ **le témoin** the accident to *ou* of which I was an *ou* the unwitting witness.

invoquer [ɛ̃vɔke] **(1)** *vt* **(a)** *(alléguer) argument* to put forward; *témoignage* to call upon; *excuse, jeunesse, ignorance* to plead; *loi, texte* to cite, refer to. *(Jur)* ~ **les règles de compétence** to avail o.s. of the rules of jurisdiction; **les arguments de fait et de droit invoqués** the points of fact and law relied on.

(b) *(appeler à) Dieu* to invoke, call upon. ~ **le secours de qn** to call upon sb for help; ~ **la clémence de qn** to beg sb *ou* appeal to sb for clemency.

invraisemblable [ɛ̃vʀɛsɑ̃blabl(ə)] *adj (improbable) fait, nouvelle* unlikely, improbable; *argument* implausible; *(extravagant) insolence, habit* incredible.

invraisemblablement [ɛ̃vʀɛsɑ̃blabləmã] *adv (V* **invraisemblable**) improbably; implausibly; incredibly.

invraisemblance [ɛ̃vʀɛsɑ̃blɑ̃s] *nf (V* **invraisemblable**) unlikelihood (*U*), unlikeliness (*U*), improbability; implausibility. **plein d'**~**s** full of improbabilities *ou* implausibilities.

invulnérabilité [ɛ̃vylneʀabilite] *nf* invulnerability.

invulnérable [ɛ̃vylneʀabl(ə)] *adj (lit)* invulnerable. *(fig)* ~ **à** not vulnerable to, immune to.

iode [jɔd] *nm* iodine; *V* **phare, teinture.**

ioder [jɔde] **(1)** *vt* to iodize.

iodler [jɔdle] **(1)** *vt* = **jodler.**

iodoforme [jɔdɔfɔʀm(ə)] *nm* iodoform.

ion [jɔ̃] *nm* ion.

ionien, -ienne [jɔnjɛ̃, jɛn] **1** *adj* Ionian. **2** *nm (Ling)* Ionic.

ionique [jɔnik] **1** *adj (Archit)* Ionic; *(Sci)* ionic. **2** *nm (Archit)* **l'**~ the Ionic.

ionisation [jɔnizasjɔ̃] *nf* ionization.

ioniser [jɔnize] **(1)** *vt* to ionize.

ionosphère [jɔnɔsfɛʀ] *nf* ionosphere.

iota [jɔta] *nm* iota. **je n'y ai pas changé un** ~ I didn't change it one iota, I didn't change one *ou* an iota of it.

iourte [juʀt(ə)] *nf* = **yourte.**

Iowa [ajɔwa] *nm* Iowa.

ipéca [ipeka] *nm* ipecacuanha, ipecac (*US*).

IPES [ipɛs] *nm abrév de* **Institut de préparation aux enseignements du second degré** *(scholarship system for trainee teachers).*

IPR [ipeɛʀ] *nm abrév de* **inspecteur pédagogique régional;** *V* **inspecteur.**

ipso facto [ipsofakto] *adv* ipso facto.

IRA [iʀa] *nf (abrév de* **Irish Republican Army**) IRA.

Irak [iʀak] *nm* Iraq, Irak.

irakien, -ienne [iʀakjɛ̃, jɛn] **1** *adj* Iraqi. **2** *nm (Ling)* Iraqi. **3** *nm, f:* **I**~**(ne)** Iraqi.

Iran [iʀã] *nm* Iran.

iranien, -ienne [iʀanjɛ̃, jɛn] **1** *adj* Iranian. **2** *nm (Ling)* Iranian. **3** *nm, f:* **I**~**(ne)** Iranian.

Iraq [iʀak] *nm* = **Irak.**

iraquien, -ienne [iʀakjɛ̃, jɛn] = **irakien.**

irascibilité [iʀasibilite] *nf* short- *ou* quick-temperedness, irascibility.

irascible [iʀasibl(ə)] *adj:* **(d'humeur)** ~ short- *ou* quick-tempered, irascible.

ire [iʀ] *nf (littér)* ire (*littér*).

iridié, e [iʀidje] *adj V* **platine.**

iridium [iʀidjɔm] *nm* iridium.

iris [iʀis] *nm (Anat, Phot)* iris; *(Bot)* iris, flag.

irisation [iʀizasjɔ̃] *nf* iridescence, irisation.

irisé, e [iʀize] *(ptp de* **iriser**) *adj* iridescent.

iriser [iʀize] **(1)** **1** *vt* to make iridescent. **2 s'iriser** *vpr* to become iridescent.

irlandais, e [iʀlɑ̃dɛ, ɛz] **1** *adj* Irish. **2** *nm* **(a)** *(Ling)* Irish. **(b) I**~ Irishman; **les I**~ the Irish; **les I**~ **du Nord** the Northern Irish. **3 Irlandaise** *nf* Irishwoman.

Irlande [iʀlɑ̃d] *nf (pays)* Ireland; *(État)* Irish Republic, Republic of Ireland, Eire. **I'**~ **du Nord** Northern Ireland, Ulster; **de l'**~ **du Nord** Northern Irish.

ironie [iʀɔni] *nf (lit, fig)* irony. **par une curieuse** ~ **du sort** by a strange irony of fate.

ironique [iʀɔnik] *adj* ironic(al).

ironiquement [iʀɔnikmã] *adv* ironically.

ironiser [iʀɔnize] **(1)** *vi* to be ironic(al) (*sur* about). **ce n'est pas la peine d'**~ there's no need to be ironic(al) (about it).

ironiste [iʀɔnist(ə)] *nmf* ironist.

iroquois, e [iʀɔkwa, waz] **1** *adj peuplade* Iroquoian; *(Hist)* Iroquois. **2** *nm (Ling)* Iroquoian. **3** *nm, f:* **I**~**(e)** Iroquoian; Iroquois.

irradiation [iʀ(ʀ)adjasjɔ̃] *nf (action)* irradiation; *(halo)* irradiation; *(rayons)* radiation, irradiation; *(Méd)* radiation.

irradier [iʀ(ʀ)adje] **(7) 1** *vt* to irradiate. **2** *vi [lumière etc]* to radiate, irradiate; *[douleur]* to radiate; *(fig)* to radiate.

irraisonné, e [iʀ(ʀ)ɛzɔne] *adj mouvement* irrational; *crainte* irrational, unreasoning.

irrationalisme [iʀ(ʀ)asjɔnalism(ə)] *nm* irrationalism.

irrationalité [iʀ(ʀ)asjɔnalite] *nf* irrationality.

irrationnel, -elle [iʀ(ʀ)asjɔnɛl] *adj (gén, Math)* irrational.

irrationnellement [iʀ(ʀ)asjɔnɛlmã] *adv* irrationally.

irrattrapable [iʀ(ʀ)atʀapabl(ə)] *adj bévue* irretrievable.

irréalisable [iʀ(ʀ)ealizabl(ə)] *adj (gén)* unrealizable, unachievable; *projet* impracticable, unworkable. **c'est** ~ it's unfeasible *ou* unworkable.

irréalisé, e [iʀ(ʀ)ealize] *adj (littér)* unrealized, unachieved.

irréalisme [iʀ(ʀ)ealism(ə)] *nm* lack of realism, unrealism.

irréaliste [iʀ(ʀ)ealist(ə)] *adj* unrealistic.

irréalité [iʀ(ʀ)ealite] *nf* unreality.

irrecevabilité [iʀ(ʀ)əsvabilite] *nf (V* **irrecevable**) inadmissibility; unacceptability.

irrecevable [iʀ(ʀ)əsvabl(ə)] *adj (Jur)* inadmissible. **témoignage** ~ inadmissible evidence.

irréconciliable [iʀ(ʀ)ekɔ̃siljabl(ə)] *adj* irreconcilable, unreconcilable.

irréconciliablement [iʀ(ʀ)ekɔ̃siljabləmã] *adv* irreconcilably, unreconcilably.

irrécouvrable [iʀ(ʀ)ekuvrabl(ə)] *adj* irrecoverable.

irrécupérable [iʀ(ʀ)ekypeʀabl(ə)] *adj (gén)* irretrievable; *ferraille, meubles* unreclaimable; *voiture* beyond repair (*attrib*). **il est** ~ he's beyond redemption.

irrécusable [iʀ(ʀ)ekyzabl(ə)] *adj témoin, juge* unimpeachable; *témoignage, preuve* incontestable, indisputable.

irréductibilité [iʀ(ʀ)edyktibilite] *nf (V* **irréductible**) irreducibility; insurmountability, invincibility; indomitability; implacability.

irréductible [iʀ(ʀ)edyktibl(ə)] *adj fait, élément* irreducible; *(Chim, Math, Méd)* irreducible; *(invincible) obstacle* insurmountable, invincible; *volonté* insuperable, invincible; *(farouche) opposition, ennemi* out-and-out (*épith*), implacable.

irréductiblement [iʀ(ʀ)edyktibləmã] *adv* implacably. **être** ~ **opposé à une politique** *etc* to be in out-and-out opposition to *ou* implacably opposed to a policy *etc*.

irréel, -elle [iʀ(ʀ)eɛl] *adj* unreal. *(Ling)* **(mode)** ~ *mood expressing unreal condition*.

irréfléchi, e [iʀ(ʀ)efleʃi] *adj geste, paroles, action* thoughtless, unconsidered; *personne* unthinking, hasty; *enfant* impulsive, hasty; *courage, audace* reckless, impetuous.

irréflexion [iʀ(ʀ)eflɛksjɔ̃] *nf* thoughtlessness.

irréfutabilité [iʀ(ʀ)efytabilite] *nf* irrefutability.

irréfutable [iʀ(ʀ)efytabl(ə)] *adj* irrefutable.

irréfutablement [iʀ(ʀ)efytabləmã] *adv* irrefutably.

irréfuté, e [iʀ(ʀ)efyte] *adj* unrefuted.

irrégularité [iʀ(ʀ)egylaʀite] *nf* **(a)** *(V* **irrégulier**) irregularity; unevenness; variation; fitfulness; erratic performance; dubiousness.

(b) *(action, caractéristique: gén pl)* irregularity. **les** ~**s du terrain/de ses traits** the irregularities of the land/in his features.

irrégulier, -ière [iʀ(ʀ)egylje, jɛʀ] **1** *adj* **(a)** *(non symétrique etc) polygone, façade, traits* irregular; *écriture, terrain* irregular, uneven.

(b) *(non constant) développement, accélération* irregular; *rythme, courant, vitesse* irregular, varying (*épith*); *sommeil, pouls, respiration* irregular, fitful; *vent* fitful; *travail, effort, qualité* uneven; *élève, athlète* erratic.

(c) *(en fréquence) horaire, service, visites, intervalles* irregular.

(d) *(peu honnête ou légal) tribunal, troupes, opération, situation* irregular; *vie* unorthodox, irregular; *agent, homme d'affaires* dubious; *(Jur) absence* ~ unauthorized absence.

(e) *(Ling) verbe, construction* irregular.

2 *nm (Mil: gén pl)* irregular.

irrégulièrement [iʀ(ʀ)egyljɛʀmã] *adv (V* **irrégulier**) irregularly; unevenly; fitfully; erratically; dubiously.

irréligieusement [iʀ(ʀ)eliʒjøzmã] *adv* irreligiously.

irréligieux, -euse [iʀ(ʀ)eliʒjø, øz] *adj* irreligious.

irréligion [iʀ(ʀ)eliʒjɔ̃] *nf* irreligiousness, irreligion.

irrémédiable [iʀ(ʀ)emedjabl(ə)] *adj dommage, perte* irreparable;

mal, vice incurable, irremediable, beyond remedy (*attrib*). **essayer d'éviter l'~** to try to avoid reaching the point of no return.
irrémédiablement [iʀ(ʀ)emedjabləmã] *adv* (*V* **irrémédiable**) irreparably; incurably, irremediably.
irrémissible [iʀ(ʀ)emisibl(ə)] *adj* (*littér*) irremissible.
irrémissiblement [iʀ(ʀ)emisibləmã] *adv* (*littér*) irremissibly.
irremplaçable [iʀ(ʀ)ãplasabl(ə)] *adj* irreplaceable.
irréparable [iʀ(ʀ)epaʀabl(ə)] *adj objet* irreparable, unmendable, beyond repair (*attrib*); *dommage, perte, gaffe* irreparable; *désastre* irretrievable. **la voiture est ~** the car is beyond repair *ou* is a write-off.
irréparablement [iʀ(ʀ)epaʀabləmã] *adv* (*V* **irréparable**) irreparably; irretrievably.
irrépréhensible [iʀ(ʀ)epʀeãsibl(ə)] *adj* (*littér*) irreprehensible.
irrépressible [iʀ(ʀ)epʀesibl(ə)] *adj* irrepressible.
irrépressiblement [iʀ(ʀ)epʀesibləmã] *adv* irrepressibly.
irréprochable [iʀ(ʀ)epʀɔʃabl(ə)] *adj personne, conduite, vie* irreproachable, beyond reproach (*attrib*); *tenue* impeccable, faultless.
irréprochablement [iʀ(ʀ)epʀɔʃabləmã] *adv* (*V* **irréprochable**) irreproachably; impeccably, faultlessly.
irrésistible [iʀ(ʀ)ezistibl(ə)] *adj femme, charme, plaisir, force* irresistible; *besoin, désir, preuve, logique* compelling. **il est ~!** (*amusant*) he's hilarious!
irrésistiblement [iʀ(ʀ)ezistibləmã] *adv* irresistibly.
irrésolu, e [iʀ(ʀ)ezɔly] *adj personne* irresolute, indecisive; *problème* unresolved, unsolved.
irrésolution [iʀ(ʀ)ezɔlysjɔ̃] *nf* irresolution, irresoluteness, indecisiveness.
irrespect [iʀ(ʀ)ɛspɛ] *nm* disrespect.
irrespectueusement [iʀ(ʀ)ɛspɛktɥøzmã] *adv* disrespectfully.
irrespectueux, -euse [iʀ(ʀ)ɛspɛktɥø, øz] *adj* disrespectful (*envers* s, towards).
irrespirable [iʀ(ʀ)ɛspiʀabl(ə)] *adj air* unbreathable; (*fig: étouffant*) oppressive, stifling; (*dangereux*) unsafe, unhealthy. (*fig*) **l'atmosphère était ~** you could have cut the atmosphere with a knife*, the atmosphere was oppressive *ou* stifling.
irresponsabilité [iʀ(ʀ)ɛspɔ̃sabilite] *nf* irresponsibility.
irresponsable [iʀ(ʀ)ɛspɔ̃sabl(ə)] *adj* irresponsible (*de* for).
irrétrécissable [iʀ(ʀ)etʀesisabl(ə)] *adj* (*sur étiquette, publicité*) unshrinkable, non-shrink.
irrévérence [iʀ(ʀ)eveʀãs] *nf* (*caractère*) irreverence; (*propos*) irreverent word; (*acte*) irreverent act.
irrévérencieusement [iʀ(ʀ)eveʀãsjøzmã] *adv* irreverently.
irrévérencieux, -euse [iʀ(ʀ)eveʀãsjø, øz] *adj* irreverent.
irréversibilité [iʀ(ʀ)eveʀsibilite] *nf* irreversibility.
irréversible [iʀ(ʀ)eveʀsibl(ə)] *adj* irreversible.
irrévocabilité [iʀ(ʀ)evɔkabilite] *nf* (*Jur, littér*) irrevocability.
irrévocable [iʀ(ʀ)evɔkabl(ə)] *adj* (*gén*) irrevocable; *temps, passé* beyond *ou* past recall (*attrib*), irrevocable. **l'~** the irrevocable.
irrévocablement [iʀ(ʀ)evɔkabləmã] *adv* irrevocably.
irrigable [iʀigabl(ə)] *adj* irrigable.
irrigateur [iʀ(ʀ)igatœʀ] *nm* (*Agr, Méd*) irrigator (*machine*).
irrigation [iʀ(ʀ)igasjɔ̃] *nf* (*Agr, Méd*) irrigation.
irriguer [iʀ(ʀ)ige] (1) *vt* (*Agr, Méd*) to irrigate.
irritabilité [iʀitabilite] *nf* irritability.
irritable [iʀitabl(ə)] *adj* irritable.
irritant, e [iʀitã, ãt] **1** *adj* irritating, annoying, irksome; (*Méd*) irritant. **2** *nm* irritant.
irritation [iʀitasjɔ̃] *nf* (*colère*) irritation, annoyance; (*Méd*) irritation.
irrité, e [iʀite] (1) (*ptp de* **irriter**) *adj gorge* irritated, inflamed; *geste, regard* irritated, annoyed, angry. **être ~ contre qn** to be annoyed *ou* angry with sb.
irriter [iʀite] (1) **1** *vt* (a) (*agacer*) to irritate, annoy, irk. (b) (*enflammer*) *œil, peau, blessure* to make inflamed, irritate. **il avait la gorge irritée par la fumée** the smoke irritated his throat. (c) (*littér: aviver*) *intérêt, curiosité* to arouse.
2 s'irriter *vpr* (a) (*s'agacer*) **s'~ de qch/contre qn** to get annoyed *ou* angry at sth/with sb, feel irritated at sth/with sb. (b) *[œil, peau, blessure]* to become inflamed *ou* irritated.
irruption [iʀypsjɔ̃] *nf* (*entrée subite ou hostile*) irruption (*U*). **faire ~ (chez qn)** to burst in (on sb); **les eaux firent ~ dans les bas quartiers** the waters swept into *ou* flooded the low-lying parts of the town.
Isaac [izak] *nm* Isaac.
Isabelle [izabɛl] *nf* Isabel.
isabelle [izabɛl] **1** *adj* light-tan. **2** *nm* light-tan horse.
Isaïe [izai] *nm* Isaiah. (**le livre d'**)**~** (the Book of) Isaiah.
isard [izaʀ] *nm* izard.
isba [izba] *nf* isba.
ISBN [iɛsbeɛn] *adj, nm* ISBN.
ischion [iskjɔ̃] *nm* ischium.
Iseu(l)t [izø] *nf* Isolde.
Isis [izis] *nf* Isis.
Islam [islam] *nm:* **l'~** Islam.
islamique [islamik] *adj* Islamic. **la République ~ de ...** the Islamic Republic of ... .
islamisation [islamizasjɔ̃] *nf* Islamization.
islamiser [islamize] (1) *vt* to Islamize.
islamisme [islamism(ə)] *nm* Islamism.
islandais, e [islãdɛ, ɛz] **1** *adj* Icelandic. **2** *nm* (*Ling*) Icelandic. **3** *nm, f:* **I~(e)** Icelander.
Islande [islãd] *nf* Iceland.
isobare [izɔbaʀ] **1** *adj* isobaric. **2** *nf* isobar.
isocèle [izɔsɛl] *adj* isoceles.
isochrone [izɔkʀɔn] *adj* isochronal, isochronous.
isoglosse [izɔglɔs] *nf* isogloss.

isolable [izɔlabl(ə)] *adj* isolable.
isolant, e [izɔlã, ãt] **1** *adj* (*Constr, Élec*) insulating; (*insonorisant*) soundproofing, sound-insulating; (*Ling*) isolating. **2** *nm* insulator, insulating material. **~ thermique/électrique** heat/electrical insulator.
isolateur [izɔlatœʀ] *nm* (*support*) insulator.
isolation [izɔlasjɔ̃] *nf* (*Élec*) insulation. **~ phonique** *ou* **acoustique** soundproofing, sound insulation; **~ thermique** thermal *ou* heat insulation.
isolationnisme [izɔlasjɔnism(ə)] *nm* isolationism.
isolationniste [izɔlasjɔnist(ə)] *adj, nmf* isolationist.
isolé, e [izɔle] (*ptp de* **isoler**) **1** *adj cas, personne, protestation* isolated; *lieu* isolated, lonely, remote; *philosophe, tireur, anarchiste* lone (*épith*); (*Élec*) insulated. **se sentir ~** to feel isolated; **vivre ~** to live in isolation.
2 *nm, f* (*théoricien*) loner; (*personne délaissée*) lonely person. **le problème des ~s** the problem of the lonely *ou* isolated; **on a rencontré quelques ~s** we met a few isolated people.
isolement [izɔlmã] *nm* [*personne délaissée, maison*] loneliness, isolation; *[théoricien, prisonnier, malade]* isolation; (*Pol*) *[pays]* isolation; (*Élec*) *[câble]* insulation. **sortir de son ~** to come out of one's isolation.
isolément [izɔlemã] *adv* in isolation, individually. **chaque élément pris ~** each element considered separately *ou* individually *ou* in isolation.
isoler [izɔle] (1) **1** *vt* (a) *prisonnier* to place in solitary confinement; *malade, citation, fait, mot* to isolate; *ville* to cut off, isolate. **ville isolée du reste du monde** town cut off from the rest of the world; **ses opinions l'isolent** his opinions isolate him *ou* set him apart. (b) (*Élec*) to insulate; (*contre le bruit*) to soundproof, insulate; (*Bio, Chim*) to isolate.
2 s'isoler *vpr* (*dans un coin, pour travailler*) to isolate o.s. **s'~ du reste du monde** to cut o.s. off *ou* isolate o.s. from the rest of the world; **ils s'isolèrent quelques instants** they stood aside for a few seconds.
isoloir [izɔlwaʀ] *nm* polling booth.
isomère [izɔmɛʀ] **1** *adj* isomeric. **2** *nm* isomer.
isométrique [izɔmetʀik] *adj* (*Math, Sci*) isometric.
isomorphe [izɔmɔʀf(ə)] *adj* (*Chim*) isomorphic, isomorphous; (*Math, Ling*) isomorphic.
isomorphisme [izɔmɔʀfism(ə)] *nm* isomorphism.
isorel [izɔʀɛl] *nm* ® hardboard.
isotherme [izɔtɛʀm(ə)] **1** *adj* isothermal. **camion ~** refrigerated lorry (*Brit*) *ou* truck (*US*). **2** *nf* isotherm.
isotope [izɔtɔp] **1** *adj* isotopic. **2** *nm* isotope.
Israël [israɛl] *nm* Israel. **en ~** in Israel; **l'État d'~** the state of Israel.
israélien, -ienne [israeljɛ̃, jɛn] **1** *adj* Israeli. **2** *nm, f:* **I~(ne)** Israeli.
israélite [israelit] **1** *adj* Jewish. **2** *nm* (*gén*) Jew; (*Hist*) Israelite. **3** *nf* Jewess; Israelite.
issu, e[1] [isy] *adj:* **~ de** (*résultant de*) stemming from; (*né de*) descended from, born of; **être ~ de** (*résulter de*) to stem from; (*être né de*) to be descended from *ou* born of.
issue[2] [isy] *nf* (a) (*sortie*) exit; *[eau, vapeur]* outlet. **voie sans ~** (*lit, fig*) dead end; (*panneau*) 'no through road'; **~ de secours** emergency exit; (*fig*) **il a su se ménager une ~** he has managed to leave himself a way out.
(b) (*solution*) way out, solution. **la situation est sans ~** there is no way out of *ou* no solution to the situation; **un avenir sans ~** a future which has no prospect *ou* which leads nowhere *ou* without prospects.
(c) (*fin*) outcome. **heureuse ~** happy outcome *ou* issue; **~ fatale** fatal outcome; **à l'~ de** at the conclusion *ou* close of.
Istamboul, Istambul [istãbul] *n* Istanbul.
isthme [ism(ə)] *nm* (*Anat, Géog*) isthmus.
isthmique [ismik] *adj* isthmian.
Istrie [istri] *nf* Istria.
italianisant, e [italjanizã, ãt] *nm, f* (*Univ*) italianist; (*artiste*) italianizer.
italianisme [italjanism(ə)] *nm* (*Ling*) italianism.
Italie [itali] *nf* Italy.
italien, -ienne [italjɛ̃, jɛn] **1** *adj* Italian. **2** *nm* (*Ling*) Italian. **3** *nm, f:* **I~(ne)** Italian.
italique [italik] **1** *nm* (a) (*Typ*) italics. **mettre un mot en ~(s)** to put a word in italics, italicize a word. (b) (*Hist, Ling*) Italic. **2** *adj* (*Typ*) italic; (*Hist, Ling*) Italic.
item [itɛm] **1** *adv* (*Comm*) ditto. **2** *nm* (*Ling, Psych*) item.
itératif, -ive [iteratif, iv] *adj* (*gén, Gram*) iterative; (*Jur*) reiterated, repeated.
itération [iterasjɔ̃] *nf* iteration.
Ithaque [itak] *nf* Ithaca.
itinéraire [itineʀɛʀ] *nm* (*chemin*) route, itinerary; (*Alpinisme*) route. (*fig*) **son ~ philosophique/religieux** his philosophical/religious path; **faire** *ou* **tracer un ~** to map out a route *ou* an itinerary.
itinérant, e [itineʀã, ãt] *adj* itinerant, travelling. **ambassadeur ~** roving ambassador; **troupe ~e** (band of) strolling players.
itou[*] [itu] *adv* likewise. **et moi ~!** (and) me too!*
IUT [iyte] *nm abrév de* **institut universitaire de technologie** polytechnic (*Brit*), technical institute (*US*).
Ivan [ivã] *nm* Ivan. **~ le Terrible** Ivan the Terrible.
IVG [iveʒe] *abrév de* **interruption volontaire de grossesse**; *V* **interruption**.
ivoire [ivwaʀ] *nm* ivory. **en** *ou* **d'~** ivory (*épith*); *V* **côte, tour**[1].
ivoirien, -ienne [ivwaʀjɛ̃, jɛn] **1** *adj* of *ou* from the Ivory Coast. **2** *nm, f:* **I~(ne)** inhabitant *ou* native of the Ivory Coast.

ivraie [ivʀɛ] *nf* (*Bot*) rye grass; *V* **séparer**.
ivre [ivʀ(ə)] *adj* drunk, intoxicated. ~ **de colère/de vengeance/ d'espoir** wild with anger/vengeance/hope; ~ **de joie** wild with joy, beside o.s. with joy; ~ **de sang** thirsting for blood; ~ **mort** dead *ou* blind drunk; **légèrement** ~ slightly drunk, tipsy.
ivresse [ivʀɛs] *nf* (*ébriété*) drunkenness, intoxication. **dans l'**~ **du combat/de la victoire** in the exhilaration of the fight/of victory; **l'**~ **du plaisir** the (wild) ecstasy of pleasure; **avec** ~ rapturously, ecstatically; **instants/heures d'**~ moments/hours of rapture *ou* (wild) ecstasy; ~ **chimique** drug dependence; *V* **état**.
ivrogne [ivʀɔɲ] **1** *nmf* drunkard; *V* **serment**. **2** *adj* drunken (*épith*).
ivrognerie [ivʀɔɲʀi] *nf* drunkenness.

J

J, j [ʒi] *nm* (*lettre*) J, j; *V* **jour**.
j' [ʒ(ə)] *V* **je**.
jabot [ʒabo] *nm* (a) *[oiseau]* crop. (b) (*Habillement*) jabot.
jacasse [ʒakas] *nf* (*Zool*) magpie.
jacassement [ʒakasmɑ̃] *nm [pie]* chatter (*U*); (*péj*) *[personnes]* jabber(ing) (*U*), chatter(ing) (*U*).
jacasser [ʒakase] (1) *vi [pie]* to chatter; (*péj*) *[personne]* to jabber, chatter.
jacasserie [ʒakasʀi] *nf* = **jacassement**.
jacasseur, -euse [ʒakasœʀ, øz] **1** *adj* jabbering, prattling. **2** *nm,f* chatterbox, prattler.
jachère [ʒaʃɛʀ] *nf* fallow; (*procédé*) practice of fallowing land. **laisser une terre en** ~ to leave a piece of land fallow, let a piece of land lie fallow; **rester en** ~ to lie fallow.
jacinthe [ʒasɛ̃t] *nf* hyacinth. ~ **des bois** bluebell.
jack [ʒak] *nm* (*Téléc, Tex*) jack.
Jacob [ʒakɔb] *nm* Jacob. **l'échelle de** ~ Jacob's ladder.
jacobin, e [ʒakɔbɛ̃, in] **1** *adj* Jacobinic(al). **2** *nm* (*Hist*) **J**~ Jacobin.
jacobinisme [ʒakɔbinism(ə)] *nm* Jacobinism.
jacobite [ʒakɔbit] *nm* Jacobite.
Jacot [ʒako] *nm* = **Jacquot**.
jacquard [ʒakaʀ] **1** *adj pull* Fair Isle. **2** *nm* (*métier*) Jacquard loom; (*tissu*) Jacquard (weave).
Jacqueline [ʒaklin] *nf* Jacqueline.
jacquerie [ʒakʀi] *nf* jacquerie. (*Hist*) **J**~ Jacquerie.
Jacques [ʒak] *nm* James. **faire le** ~* to play *ou* act the fool, fool about.
jacquet [ʒakɛ] *nm* backgammon.
Jacquot [ʒako] *nm* (*personne*) Jimmy; (*perroquet*) Polly.
jactance [ʒaktɑ̃s] *nf* (a) (‡: *bavardage*) chat. (b) (*littér: vanité*) conceit.
jacter‡ [ʒakte] (1) *vi* to jabber, gas*; (*arg Police*) to talk, come clean‡.
jacuzzi [ʒakyzi] *nm* jacuzzi.
jade [ʒad] *nm* (*pierre*) jade; (*objet*) jade object *ou* ornament. **de** ~ jade.
jadis [ʒadis] **1** *adv* in times past, formerly, long ago. **mes amis de** ~ my friends of long ago *ou* of old; ~ **on se promenait dans ces jardins** in olden days *ou* long ago they used to walk in these gardens.
2 *adj*: **dans le temps** ~, **au temps** ~ in days of old, in days gone by, once upon a time; **du temps** ~ of times gone by, of olden days.
jaguar [ʒagwaʀ] **1** *nm* (*animal*) jaguar. **2** *nf* (*voiture*: ®) **J**~ Jaguar ®.
jaillir [ʒajiʀ] (2) *vi* (a) *[liquide, sang]* to spurt out, gush forth; *[larmes]* to flow; *[geyser]* to spout up, gush forth; *[vapeur, source]* to gush forth; *[flammes]* to shoot up, spurt out; *[étincelles]* to fly out; *[lumière]* to flash on (*de* from, out of). **faire** ~ **des étincelles** to make sparks fly; **un éclair jaillit dans l'obscurité** a flash of lightning split the darkness, lightning flashed in the darkness.
(b) (*apparaître*) *[des soldats jaillirent de tous côtés* soldiers sprang out *ou* leapt out from all directions; **le train jaillit du tunnel** the train shot *ou* burst out of the tunnel; **des montagnes jaillissaient au-dessus de la plaine** mountains reared up over the plain *ou* towered above the plain.
(c) *[cris, rires, réponses]* to burst forth *ou* out.
(d) *[idée]* to spring up; *[vérité, solution]* to spring (*de* from).
jaillissement [ʒajismɑ̃] *nm [liquide, vapeur]* spurt, gush; *[idées]* springing up, outpouring.
jais [ʒɛ] *nm* (*Minér*) jet. **perles de** ~ jet beads; **bijoux en** ~ jet jewellery; **des cheveux de** ~ jet-black hair; *V* **noir**.
jalon [ʒalɔ̃] *nm* (*lit*) ranging-pole; *[arpenteur]* surveyor's staff; (*fig*) step, milestone. (*fig*) **planter** *ou* **poser les premiers** ~**s de qch** to prepare the ground for sth, pave the way for sth; **il commence à poser des** ~**s** he's beginning to prepare the ground.
jalonnement [ʒalɔnmɑ̃] *nm [route]* marking out.
jalonner [ʒalɔne] (1) *vt* (a) (*déterminer un tracé*) *route, chemin de fer* to mark out *ou* off. **il faut d'abord** ~ first the ground must be marked out.
(b) (*border, s'espacer sur*) to line, stretch along. **des champs de fleurs jalonnent la route** fields of flowers line the road; (*fig*) **carrière jalonnée de succès/d'obstacles** career punctuated with successes/obstacles.

jalousement [ʒaluzmɑ̃] *adv* jealously.
jalouser [ʒaluze] (1) *vt* to be jealous of.
jalousie [ʒaluzi] *nf* (a) (*sentiment*) jealousy. **des petites** ~**s mesquines entres femmes** petty jealousies between women; **être malade de** ~, **crever de** ~* to be green with envy. (b) (*persienne*) slatted blind, jalousie.
jaloux, -ouse [ʒalu, uz] *adj* (a) (*gén*) jealous. ~ **de qn/de la réussite de qn** jealous of sb/of sb's success; ~ **de son autorité** jealous of his authority; ~ **comme un tigre** madly jealous; **observer qn d'un œil** ~ to keep a jealous eye on sb, watch sb jealously; **faire des** ~ to make people jealous.
(b) (*littér: désireux*) ~ **de** intent upon, eager for; ~ **de perfection** eager for perfection.
jamaïquain, e [ʒamaikɛ̃, ɛn] **1** *adj* Jamaican. **2** *nm,f*: **J**~(**e**) Jamaican.
Jamaïque [ʒamaik] *nf* Jamaica.
jamais [ʒamɛ] *adv* (a) (*avec ou sans ne: négatif*) never, not ever. **il n'a** ~ **avoué** he never confessed; **n'a-t-il** ~ **avoué?** did he never confess?, didn't he ever confess?; **il travaille comme** ~ **il n'a travaillé** he's working as he's never worked before; **il n'a** ~ **autant travaillé** he has never worked as hard (before), he has never done so much work (before); ~ **il n'ai vu un homme si égoïste** I have never met *ou* seen such a selfish man (before), never (before) have I met *ou* seen such a selfish man; ~ **mère ne fut plus heureuse** there was never a happier mother; **il n'est** ~ **trop tard** it's never too late; **il ne lui a** ~ **plus écrit** he never wrote to her again, he has never *ou* he hasn't ever written to her since; **on ne l'a** ~ **encore entendu se plaindre** he's never yet been heard to complain; **ne dites** ~ **plus cela!** never say that again!, don't you ever say that again!; **il partit pour ne** ~ **plus revenir** he departed never (more) to return; ~ **plus** *ou* ~ **au grand** ~ **on ne me prendra à le faire** you'll never *ou* you won't ever catch me doing it again; **nous sommes restés 2 ans sans** ~ **recevoir de nouvelles** we were *ou* went 2 years without ever hearing any news, for 2 years we never (once) heard any news; **elle sort souvent mais** ~ **sans son chien** she often goes out but never without her dog; **il n'a** ~ **fait que critiquer (les autres)** he's never done anything but criticize (others); **ça ne fait** ~ **que 2 heures qu'il est parti** it's no more than 2 hours since he left; **ce n'est** ~ **qu'un enfant** he is only *ou* but a child (after all); **je n'ai** ~ **de ma vie vu un chien aussi laid** never in my life have I *ou* I have never in my life seen such an ugly dog; **accepterez-vous?** — — **de la vie!** will you accept? — never! *ou* not on your life!*; **le ferez-vous encore?** — — **plus!** *ou* **plus** ~! will you do it again? — never (again)!; **c'est ce que vous avez dit** — ~! that's what you said — never! *ou* I never did!* *ou* I never said that!; **presque** ~ hardly *ou* scarcely ever, practically never; **c'est maintenant ou** ~, **c'est le moment ou** ~ it's now or never; **c'est le moment ou** ~ **d'acheter** now is the time to buy, if ever there was a time to buy it's now; **une symphonie** ~ **jouée/terminée** an unplayed/unfinished symphony; ~ **deux sans trois!** there's always a third time!; (*iro*) **alors,** ~ **on ne dit 'merci'?*** did nobody ever teach you to say 'thank you'? (*iro*); *V* **mieux, savoir**.
(b) (*sans ne: temps indéfini*) ever. **a-t-il** ~ **avoué?** did he ever confess?; **si** ~ **vous passez par Londres venez nous voir** if ever you're passing *ou* if ever you should pass *ou* should you ever pass through London come and see us; **si** ~ **j'avais un poste pour vous je vous préviendrais** if ever I had *ou* if I ever had a job for you I'd let you know; **si** ~ **tu rates le train, reviens** if by (any) chance you miss *ou* if you (should) happen to miss the train, come back; **si** ~ **tu recommences, gare!** watch out if you ever start that again!; **les œufs sont plus chers que** ~ eggs are more expensive than ever (before); **c'est pire que** ~ it's worse than ever; **avez-vous** ~ **vu ça?** have you ever seen *ou* did you ever see such a thing?; **c'est le plus grand que j'aie** ~ **vu** it's the biggest I've ever seen; **il désespère d'avoir** ~ **de l'avancement** he despairs of ever getting promotion *ou* of ever being promoted; **à** ~ for good, for ever; **à tout** ~, **pour** ~ for ever (and ever), for ever and all*, for evermore (*littér*); **renonce à tout** ~ **à le lui faire comprendre** I've given up ever trying to make him understand it; **leur amitié est à** ~ **compromise** their friendship will never be the same again.
jambage [ʒɑ̃baʒ] *nm* (a) *[lettre]* downstroke. (b) (*Archit*) jamb.

jambe [ʒɑ̃b] *nf* (a) (*Anat, Habillement, Zool*) leg. remonte ta ~ (de pantalon) roll up your trouser leg; (*Méd*) ~ de bois/artificielle/articulée wooden/artificial/articulated leg; *V* mi-.
  (b) (*loc*) avoir les ~s comme du coton *ou* en coton to have legs like *ou* of jelly *ou* cotton wool; avoir les ~s brisées, n'avoir plus de ~s, en avoir plein les ~s* to be worn out *ou* on one's last legs* *ou* on one's knees*; avoir 20 km dans les ~s to have walked 20 km; la peur/l'_____ i donnait des ~s fear/impatience lent new strength _____ *ou* lent him speed; tirer *ou* traîner la ~ (*par fatigue*) to drag one's steps; (*boiter*) to limp along; elle ne peut plus (se) tenir sur ses ~s her legs are giving way under her, she can hardly stand; tomber les ~s en l'air to fall over backwards; prendre ses ~s à son cou to take to one's heels; traiter qn par dessous *ou* par dessus la ~ to treat sb offhandedly; faire qch par dessous *ou* par dessus la ~* to do sth carelessly *ou* in a slipshod way; il m'a tenu la ~ pendant des heures* he kept me hanging about talking for hours*; tirer dans les ~s de qn* to make life difficult for sb; il s'est jeté dans nos ~s* he got under our feet; elle est toujours dans mes ~s* she's always getting in my way *ou* under my feet; *V* beau, dégourdir *etc*.
  (c) (*Tech*) [*compas*] leg; (*étai*) prop, stay. ~ de force (*Constr*) strut; (*Aut*) torque rod.
jambier, -ière[1] [ʒɑ̃bje, jɛʀ] *adj, nm*: (muscle) ~ leg muscle.
jambière[2] [ʒɑ̃bjɛʀ] *nf* (*gén*) legging, gaiter; (*Sport*) pad; (*armure*) greave. (en laine) ~s leg-warmers.
jambon [ʒɑ̃bɔ̃] *nm* (a) (*Culin*) ham. ~ cru salé/fumé salted/smoked (raw) ham; ~ blanc *ou* de Paris boiled *ou* cooked ham; ~ de pays = ~ cru; ~ de Parme Parma ham. (b) (‡: *cuisse*) thigh.
jambonneau, *pl* ~x [ʒɑ̃bɔno] *nm* knuckle of ham.
jamboree [ʒɑ̃bɔre] *nm* (*Scoutisme*) jamboree.
janissaire [ʒanisɛʀ] *nm* janissary.
jansénisme [ʒɑ̃senism(ə)] *nm* Jansenism; (*fig*) austere code of morals.
janséniste [ʒɑ̃senist(ə)] **1** *adj* Jansenist. **2** *nmf*: J~ Jansenist.
jante [ʒɑ̃t] *nf* [*charrette*] felly; [*bicyclette, voiture*] rim. (*Aut*) ~s alu alloy wheels.
Janus [ʒanys] *nm* Janus.
janvier [ʒɑ̃vje] *nm* January; *pour loc V* septembre.
Japon [ʒapɔ̃] *nm* Japan.
japonais, e [ʒapɔnɛ, ɛz] **1** *adj* Japanese. **2** *nm* (*Ling*) Japanese. **3** *nm,f*: J~(e) Japanese.
japonaiserie [ʒapɔnɛzʀi] *nf*, **japonerie** [ʒapɔnʀi] *nf* Japanese curio.
jappement [ʒapmɑ̃] *nm* yap, yelp.
japper [ʒape] (1) *vi* to yap, yelp.
jaquette [ʒakɛt] *nf* [*homme*] morning coat; [*femme*] jacket; [*livre*] (dust) jacket, (dust) cover; [*dent*] crown.
jardin [ʒardɛ̃] *nm* garden, yard (*US*). rester au ~ to stay in the garden; siège/table de ~ garden seat/table; ~ d'acclimatation zoological garden(s); ~ d'agrément pleasure garden; ~ anglais *ou* à l'anglaise landscape garden; ~ botanique botanical garden(s); ~ d'enfants kindergarten, ≃ playschool (*Brit*); ~ à la française formal garden; ~ d'hiver winter garden; ~ japonais Japanese garden; (*Bible*) le ~ des Oliviers the Mount of Olives, the Garden of Gethsemane; ~ potager vegetable *ou* kitchen garden; ~ public (public) park, public gardens; ~ de rapport market garden; ~s suspendus terraced gardens, hanging gardens; ~ zoologique = ~ d'acclimatation; *V* côté, cultiver, pierre.
jardinage [ʒardinaʒ] *nm* gardening.
jardiner [ʒardine] (1) *vi* to garden, do some gardening.
jardinerie [ʒardinʀi] *nf* garden centre.
jardinet [ʒardinɛ] *nm* small garden. les ~s des pavillons de banlieue the small gardens *ou* the little patches of garden round suburban houses.
jardinier, -ière [ʒardinje, jɛʀ] **1** *adj* garden (*épith*). culture ~ière horticulture; plantes ~ières garden plants.
  2 *nm,f* gardener.
  3 jardinière *nf* (a) (*caisse à fleurs*) window box; (*d'intérieur*) jardinière. (b) (*Culin*) ~ière (de légumes) mixed vegetables, jardiniere. (c) (*Scol*) ~ière d'enfants kindergarten teacher, ≃ playschool supervisor (*Brit*).
jargon [ʒargɔ̃] *nm* (a) (*baragouin*) gibberish (*U*), double Dutch* (*U*) (*Brit*).
  (b) (*langue professionnelle*) jargon (*U*), lingo*† (*U*). il ne connaît pas encore le ~ he doesn't know the jargon yet; ~ administratif officialese (*U*), official jargon; ~ informatique computerese*; ~ de la médecine medical jargon; ~ de métier trade jargon *ou* slang.
jargonner [ʒargɔne] (1) *vi* to jabber, (*utiliser un jargon*) to talk (*professional etc*) jargon.
Jarnac [ʒarnak] *n V* coup.
jarre [ʒar] *nf* (earthenware) jar.
jarret [ʒarɛ] *nm* (a) (*Anat*) [*homme*] back of the knee, ham; [*animal*] hock. avoir des ~s d'acier to have strong legs. (b) (*Culin*) ~ de veau knuckle *ou* shin of veal, veal shank (*US*).
jarretelle [ʒartɛl] *nf* suspender (*Brit*), garter (*US*).
jarretière [ʒartjɛr] *nf* garter; *V* ordre[1].
jars [ʒar] *nm* (*animal*) gander.
jaser [ʒaze] (1) *vi* (a) [*enfant*] to chatter, prattle; [*personne*] to chat away, chat on*; [*oiseau*] to twitter; [*jet d'eau, ruisseau*] to babble, sing. on entend ~ la pie/le geai you can hear the magpie/jay chattering.
  (b) (*arg Police*) to talk, give the game away*. essayer de faire ~ qn to try to make sb talk.
  (c) (*médire*) to gossip. cela va faire ~ les gens that'll set tongues wagging, that'll set people talking *ou* gossiping.
jaseur, -euse [ʒazœr, øz] **1** *adj* enfant chattering (*épith*), prattling (*épith*); oiseau chattering (*épith*), twittering (*épith*); ruisseau, jet

d'eau singing (*épith*), babbling (*épith*); personne (*médisant*) tittle-tattling (*épith*), gossipy.
  2 *nm* (*bavard*) gasbag*, chatterbox; (*médisant*) gossip, tittle-tattle; (*Zool*) waxwing.
jasmin [ʒasmɛ̃] *nm* (*arbuste*) jasmine. (*parfum*) (essence de) ~ jasmine (perfume).
Jason [ʒazɔ̃] *nm* Jason.
jaspe [ʒasp(ə)] *nm* (*matière*) jasper; (*objet*) jasper ornament. ~ sanguin bloodstone.
jaspé, e [ʒaspe] *adj* mottled, marbled.
jaspiner‡ [ʒaspine] (1) *vi* to natter* (*Brit*), chatter.
jatte [ʒat] *nf* (shallow) bowl, basin.
jauge [ʒoʒ] *nf* (a) (*instrument*) gauge. ~ d'essence petrol gauge; ~ (de niveau) d'huile (oil) dipstick. (b) (*capacité*) [*réservoir*] capacity; [*navire*] tonnage, burden; (*Tex*) tension.
jaugeage [ʒoʒaʒ] *nm* [*navire, réservoir*] gauging.
jauger [ʒoʒe] (3) **1** *vt* (a) (*lit*) réservoir to gauge the capacity of; navire to measure the tonnage of.
  (b) (*fig*) personne to size up. il le jaugea du regard he gave him an appraising look; ~ qn d'un coup d'œil to size sb up at a glance.
  2 *vi* to have a capacity of. navire qui jauge 500 tonneaux ship with a tonnage of 500, ship of 500 tonnes *ou* tons burden.
jaunâtre [ʒonɑtr(ə)] *adj* lumière couleur yellowish; teint sallow, yellowish.
jaune [ʒon] **1** *adj* couleur, race yellow; (*littér*) blés golden. il a le teint ~ (*mauvaise mine*) he looks yellow *ou* sallow; (*basané*) he has a sallow complexion; dents ~s yellow teeth; ~ citron lemon, lemon yellow; ~ d'or golden yellow; ~ paille straw coloured; ~ serin *ou* canari canary yellow; ~ comme un citron *ou* un coing as yellow as a lemon; *V* corps, fièvre, nain *etc*.
  2 *nm* (a) J~ Asian (man); les J~s the yellow races; *V* péril.
  (b) (*couleur*) yellow.
  (c) ~ (d'œuf) (egg) yolk, yellow of an egg.
  (d) (*péj: non gréviste*) blackleg (*Brit*), scab‡.
  3 *nf* (a) J~ Asian woman.
  (b) (*péj: non gréviste*) blackleg (*Brit*), scab‡.
jaunet, -ette [ʒonɛ, ɛt] **1** *adj* slightly yellow, yellowish. **2** *nm* (††) gold coin.
jaunir [ʒonir] (2) **1** *vt* feuillage, vêtements to turn yellow. doigts jaunis par la nicotine fingers yellowed *ou* discoloured with nicotine. **2** *vi* to yellow, turn *ou* become yellow.
jaunissant, e [ʒonisɑ̃, ɑ̃t] *adj* (*littér*) papier, feuillage yellowing; blé ripening, yellowing (*littér*).
jaunisse [ʒonis] *nf* (*Méd*) jaundice. en faire une ~* (de dépit) to have one's nose put out of joint, be pretty miffed*; (de jalousie) to be *ou* turn green with envy.
jaunissement [ʒonismɑ̃] *nm* yellowing.
Java [ʒava] *nf* Java.
java [ʒava] *nf* (*danse*) popular waltz. (*fig*) faire la ~‡ to live it up*, have a rave-up‡ (*Brit*); ils ont fait une de ces ~s they had a really wild time* *ou* a real rave-up‡.
javanais, e [ʒavanɛ, ɛz] **1** *adj* Javanese. **2** *nm* (*Ling*) Javanese; (*argot*) 'av' slang; (*charabia*) double Dutch* (*Brit*), gibberish. **3** *nm,f*: J~(e) Javanese; les J~ the Javanese.
javel [ʒavɛl] *nf V* eau.
javeline [ʒavlin] *nf* javelin.
javelle [ʒavɛl] *nf* [*céréales*] swath. mettre en ~s to lay in swathes.
javellisation [ʒavelizasjɔ̃] *nf* chlorination.
javelliser [ʒavelize] (1) *vt* to chlorinate. cette eau est trop javellisée there's too much chlorine in this water; eau très javellisée heavily chlorinated water.
javelot [ʒavlo] *nm* (*Mil, Sport*) javelin; *V* lancement.
jazz [dʒaz] *nm* jazz. la musique de ~ jazz (music).
jazzman [dʒazman], *pl* **jazzmen** [dʒazmɛn] *nm* jazzman, jazz player.
J-C *abrév de* Jésus-Christ.
je, j' [ʒ(ə)] **1** *pron pers* I.
  2 *nm*: le ~ (*Ling*) the I-form, the 1st person; (*Philos*) the I.
  3: je-m'en-fichisme* *nm* (I-)couldn't-care-less attitude*; je-m'en-fichiste* (*adj*) (I-)couldn't-care-less* (*épith*); (*nmf*) couldn't-care-less type*; je-m'en-foutisme‡ *nm* (I-)couldn't-give-a-damn attitude‡; je-m'en-foutiste‡ (*adj*) (I-)couldn't-give-a-damn‡ (*épith*); (*nmf*) couldn't-give-a-damn type‡; je ne sais quoi *nm inv* (certain) something; elle a un je ne sais quoi qui attire there's (a certain) something about her that is very attractive.
Jean [ʒɑ̃] *nm* John. (St) ~-Baptiste (St) John the Baptist; (St) ~ de la Croix St John of the Cross.
jean [dʒin] *nm* (pair of) jeans.
jean-foutre [ʒɑ̃futr(ə)] *nm inv* (*péj*) jackass (*péj*).
Jeanne [ʒan] *nf* Jane, Joan, Jean. ~ d'Arc Joan of Arc; coiffure à la ~ d'Arc bobbed hair with a fringe (*Brit*) *ou* with bangs (*US*).
jeannette [ʒanɛt] *nf* (a) (*croix à la*) ~ gold cross (*worn around neck*). (b) (*planche à repasser*) sleeve-board. (c) (*prénom*) J~ Janet, Jenny.
Jeannot [ʒano] *nm* Johnny. ~ lapin bunny (rabbit), Mr Rabbit.
jeep [ʒip] *nf* jeep.
Jéhovah [ʒeova] *nm* Jehovah.
jéjunum [ʒeʒynɔm] *nm* jejunum.
jennérien, -ienne [ʒenerjɛ̃, jɛn] *adj* Jennerian.
jenny [ʒeni] *nf* spinning jenny.
jérémiades* [ʒeremjad] *nfpl* moaning, whining.
Jérémie [ʒeremi] *nm* Jeremy; (*prophète*) Jeremiah.
Jéricho [ʒeriko] *n* Jericho.
Jéroboam [ʒerɔbɔam] *nm* Jeroboam. j~ (*bouteille*) jeroboam (*bottle containing 3 litres*).
Jérôme [ʒerom] *nm* Jerome.
jerrycan [ʒerikan] *nm* jerry can.

J-O

Jersey [ʒɛrzɛ] nf Jersey.
jersey [ʒɛrzɛ] nm (a) (chandail) jersey, jumper (Brit),sweater. (b) (tissu) jersey (cloth). ~ de laine/de soie jersey wool/silk; point de ~ stocking stitch; tricoter un pull en ~ to knit a jersey in stocking stitch.
jersiais, e [ʒɛrzjɛ, ɛz] 1 adj Jersey (épith), of ou from Jersey. (Agr) race ~e Jersey breed; (vache) ~e Jersey, Jersey cow. 2 nm,f: J~(e) inhabitant ou native of Jersey.
Jérusalem [ʒeryzalɛm] n Jerusalem. la ~ nouvelle/céleste the New/Heavenly Jerusalem.
jésuite [ʒezɥit] 1 nm (Rel) Jesuit. 2 adj air, parti Jesuit.
jésuitique [ʒezɥitik] adj Jesuitical.
jésuitiquement [ʒezɥitikmɑ̃] adv Jesuitically.
jésuitisme [ʒezɥitism(ə)] nm Jesuitism, Jesuitry.
jésus [ʒezy] nm (a) J~ Jesus; J~-Christ Jesus Christ; en 300 avant/après J~-Christ in 300 B.C. A.D.
(b) (papier) ~ super royal (printing paper); (papier) petit ~ super royal (writing paper).
(c) (statue) statue of the infant Jesus.
(d) (terme d'affection) mon ~ (my) darling.
(e) (saucisson) kind of pork sausage.
jet¹ [ʒɛ] 1 nm (a) (jaillissement) [eau, gaz, flamme] jet; [sang] spurt, gush; [salive] stream; [pompe] flow. ~ de lumière beam of light.
(b) [pierre, grenade] (action) throwing; (résultat) throw. à un ~ de pierre at a stone's throw, a stone's throw away; un ~ de 60 mètres au disque a 60-metre discus throw; V arme.
(c) (loc) premier ~ first sketch, rough outline; du premier ~ at the first attempt ou shot ou go; écrire d'un (seul) ~ to write in one go; à ~ continu in a continuous ou an endless stream.
(d) (Tech) (coulage) casting; (masselotte) head. couler une pièce d'un seul ~ to produce a piece in a single casting.
(e) (Bot) (pousse) main shoot; (rameau) branch.
2: **jet d'eau** (fontaine) fountain; (gerbe) spray; (au bout d'un tuyau) nozzle; (Archit) weathering; (Naut) jet à la mer jettison(ing).
jet² [dʒɛt] nm (Aviat) jet.
jeté [ʒ(ə)te] 1 nm (a) (Danse) ~ (simple) jeté; ~ battu grand jeté. (b) (Sport) snatch; V épaulé. (c) (Tricot) ~ (simple) make one. 2: jeté de lit bedspread; jeté de table table runner.
jetée [ʒ(ə)te] nf jetty; (grande) pier. ~ flottante floating bridge.
jeter [ʒ(ə)te] (4) 1 vt (a) (lancer) to throw; (avec force) to fling, hurl, sling. ~ qch à qn (pour qu'il l'attrape) to throw sth to sb; (agressivement) to throw ou fling ou hurl sth at sb; ~ qch par terre/par la fenêtre to throw sth on the ground ou down/out of the window; ~ dehors ou à la porte visiteur to throw out, chuck out‡ (Brit); employé to fire, sack (Brit), give the push to* (Brit); il s'est fait ~‡ he got thrown out; ~ qn en prison to throw ou sling* (Brit) sb into prison; il a jeté son agresseur à terre he threw his opponent to the ground; ~ bas qch to throw sth down; [cheval] ~ qn à terre ou à bas to throw sb; elle lui a jeté son cadeau à la tête she threw ou hurled his present at him; (Naut) ~ à la mer personne to throw overboard; objet to throw overboard, jettison; (Naut) le navire a été jeté à la côte the ship was driven towards the coast; V ancre.
(b) (mettre au rebut) papiers, objets to throw away ou out; (Cartes) to discard. ~ qch au panier/à la poubelle/au feu to throw sth into the wastepaper basket/in the dustbin/in ou on the fire; jette l'eau sale dans l'évier pour ou to tip (away) the dirty water down the sink; V bon¹.
(c) (construire) pont to throw (sur over, across); fondations to lay. ~ un pont sur une rivière to bridge a river, throw a bridge over a river; (fig) ~ les bases d'une nouvelle Europe to lay the foundations of a new Europe; (Naut) jetez la passerelle! set up the gangway!
(d) (émettre) lueur to give, give out, cast, shed; son to let out, give out. le diamant jette mille feux the diamond flashes ou sparkles brilliantly; ce nouveau tapis dans le salon, ça jette du jus‡ this new carpet really does something for the sitting room*, the new carpet in the sitting room is really quite something*; en jette, cette voiture! that's a really smart car!, that's some car!*.
(e) (*: mettre rapidement) ~ des vêtements dans un sac to sling ou throw some clothes into a bag; va ~ cette carte à la boîte go and slip ou pop* this card into the postbox; ~ une veste sur ses épaules to slip a jacket over ou round one's shoulders; ~ une idée sur le papier to jot down an idea.
(f) (fig: mettre, plonger) to plunge, throw. ~ qn dans le désespoir to plunge sb into despair; ~ qn dans les frais to plunge sb into ou involve sb in a lot of expense; ~ qn dans l'embarras to throw sb into confusion; son obstination me jette hors de moi his stubbornness drives me frantic ou wild.
(g) (répandre) to cast. ~ l'effroi chez/parmi to sow alarm and confusion in/among; ~ le trouble chez qn to disturb ou trouble sb; ~ le discrédit sur qn/qch to cast discredit on sb/sth; ~ un sort à qn to cast a spell on sb; sa remarque a jeté un froid his remark cast a chill.
(h) (dire) to say (à to). il me jeta en passant que c'était commencé he said to me as he went by that it had begun; ~ des remarques dans la conversation to throw in ou toss in remarks; ~ un cri to let out ou give ou utter a cry; ~ des cris to cry out, scream; ~ des insultes/menaces to hurl insults/threats; je lui ai jeté la vérité/l'accusation à la figure ou à la tête I hurled ou flung the truth/accusation at him; il lui jeta à la tête qu'il n'était qu'un imbécile he burst out at him that he was nothing but a fool; ils se jetèrent des injures à la tête they hurled insults at each other.
(i) (prendre une attitude) ~ les épaules/la tête en avant to throw out ou thrust one's shoulders/head forward; ~ les bras autour du cou de qn to throw ou fling one's arms round sb's neck; elle lui

jeta un regard plein de mépris she cast a withering look at him, she looked ou glanced witheringly at him; elle lui jeta un coup d'œil ironique she flashed ou threw him an ironical glance, she glanced at him ironically.
(j) (loc) ~ les yeux sur qn (frm: regarder) to cast a glance at sb; (fig: vouloir épouser) to have one's eye on sb; ~ un coup d'œil sur un livre to glance at a book, take a quick look at a book; ~ un coup d'œil sur les enfants to take ou check up on the children; ~ un œil (sur qch)* to take a look (at sth); ~ son bonnet par-dessus les moulins to kick over the traces, have one's fling; ~ la première pierre to cast the first stone; je ne veux pas lui ~ la pierre I don't want to be too hard on him; ~ son dévolu sur qch/qn to set one's heart on sth/sb; ~ du lest (lit) to dump ballast; (fig) to ditch ou sacrifice sth, make concessions; on va s'en ~ un derrière la cravate‡ we'll have a quick one*; n'en jetez plus!* cut it out!*, pack it in!* (Brit); ~ l'argent par les fenêtres to spend money like water, throw money down the drain; ~ la soutane ou le froc aux orties to unfrock o.s., leave the priesthood; ~ sa gourme to sow one's wild oats; ~ le manche après la cognée to throw in one's hand; ~ de la poudre aux yeux de qn to impress sb; (Boxe) ~ l'éponge to throw in the sponge ou towel; V huile, masque.
2 **se jeter** vpr (a) (s'élancer) se ~ par la fenêtre to throw o.s. out of the window; se ~ dans les bras/aux pieds de qn to throw o.s. into sb's arms/at sb's feet; se ~ du douzième étage to throw o.s. off the twelfth floor; se ~ à genoux to throw o.s. down on one's knees; se ~ sur qn to launch o.s. at sb, rush at sb; se ~ sur sa proie to swoop down ou pounce on one's prey; il se jette sur la nourriture comme un affamé he falls (up)on ou goes at the food like a starving man; un chien s'est jeté sous les roues de notre voiture a dog rushed out under the wheels of our car; sa voiture s'est jetée contre un arbre his car crashed into a tree; se ~ à l'eau (lit) to launch o.s. ou plunge into the water; (fig) to take the plunge; (fig) se ~ à corps perdu dans une entreprise/dans la mêlée to throw o.s. wholeheartedly into an enterprise/into the fray; (fig) se ~ dans la politique/les affaires to launch out into politics/business.
(b) [rivière] to flow (dans into). le Rhône se jette dans la Méditerranée the Rhone flows into the Mediterranean.
jeteur [ʒ(ə)tœr] nm: ~ de sort wizard.
jeteuse [ʒ(ə)tøz] nf: ~ de sort witch.
jeton [ʒ(ə)tɔ̃] nm (a) (pièce) (gén) token; (Jeu) counter; (Roulette) chip. ~ de téléphone telephone token; ~ (de présence) (argent) director's fees; (objet) token; (somme) toucher ses ~s to draw one's fees; V faux².
(b) (‡) (coup) biff*, bang. recevoir un ~ to get a biff* ou bang; avoir les ~s to have the jitters* ou the willies‡; ça lui a fichu les ~s he got the wind up* (Brit), it gave him the jitters* ou the willies‡.
jeu, pl ~x [ʒø] 1 nm (a) (amusement, divertissement) le ~ play; le ~ fait partie de l'éducation du jeune enfant play forms part of the young child's education; elle ne prend jamais part au ~ de ses camarades she never joins in her friends' play; (fig) le ~ du soleil sur l'eau the play of the sun on the water.
(b) (gén avec règles) game. ~ d'intérieur/de plein air indoor/outdoor game; ~ d'adresse game of skill; ~ de cartes card game; le ~ d'échecs/de boules/de quilles the game of chess/bowls/skittles; V règle.
(c) (Sport: partie) game. (Tennis) il mène par 5 ~x à 2 he leads by 5 games to 2; ~ blanc love game; '~, set, et match' 'game, set and match'; la pluie a ralenti le ~ the rain slowed down play (in the game); (Rugby) jouer un ~ ouvert to keep the game open.
(d) (Sport: limites du terrain) en ~ in play; hors ~ (Tennis) out (of play); (Rugby, Ftbl) offside; la balle est sortie du ~ the ball has gone out of play; mettre ou remettre en ~ to throw in; remise en ~ throw-in; (Rugby, Ftbl) mettre qn hors ~ to put sb offside.
(e) (Casino) gambling. il a perdu toute sa fortune au ~ he has gambled away his entire fortune, he lost his fortune (at) gambling; V heureux, jouer.
(f) (ensemble des pions, boîte) game, set. ~ d'échecs/de boules/de quilles chess/bowls/skittle set; ~ de 52 cartes pack of 52 cards.
(g) (lieu) ~ de boules bowling ground; ~ de quilles skittle alley.
(h) (série complète) [clefs, aiguilles] set. ~ d'orgue(s) organ stop.
(i) (Cartes) hand. il laisse voir son ~ he shows his hand; je n'ai jamais de ~ I never have a good hand; (fig) cacher/dévoiler son ~ to conceal/show one's hand.
(j) (façon de jouer) (Sport) game; (Mus) technique, (manner of) playing; (Ciné, Théât) acting. (Sport) il a un ~ rapide/lent/efficace he plays a swift/a slow/an effective game; (Mus) elle a un ~ saccadé/dur she plays jerkily/harshly, her playing is jerky/harsh.
(k) (Admin, Pol: fonctionnement) working, interaction, interplay. le ~ des alliances/des institutions the interplay of alliances/of institutions; V mise.
(l) (manège) j'observais le ~ de l'enfant I watched the child's little game; c'est un ~ de dupes it's a fool's ou mug's* (Brit) game; le ~ muet de deux complices the silent exchanges of two accomplices.
(m) (Tech) play. le ~ des pistons the play of the pistons; donner du ~ à qch to loosen sth up a bit; la vis a pris du ~ the screw has worked loose; la porte ne ferme pas bien, il y a du ~ the door doesn't shut tight — there's a bit of play.
(n) (loc) le ~ n'en vaut pas la chandelle the game is not worth the candle; il a beau ~ de protester maintenant it's easy for him to complain now; les forces en ~ the forces at work; être en ~ to be at stake; entrer/mettre en ~ to come/bring into play; entrer dans le ~ de qn to play sb's game, join in sb's game; faire le ~ de

qn to play into sb's hands; **faire ~ égal avec** qn to be evenly matched; **il s'est fait un ~ de résoudre la difficulté** he made light work *ou* easy work of the problem; **c'est le ~** it's fair (play); **ce n'est pas de ~*** that's not (playing) fair; **c'est un ~ d'enfant** it's child's play, it's a snap* (*US*); **ce n'est qu'un ~** it's just a game; **par ~** for fun; **se piquer/se prendre au ~** to get excited over/get caught up in *ou* involved in the game; **être pris à son propre ~** to be caught out at one's own game, be hoist with one's own petard; **il mettra tout en ~ pour nous aider** he'll risk everything to help us; **~x de main, ~x de vilain!** stop fooling around or it will end in tears!; **les ~x sont faits** (*Casino*) 'les jeux sont faits'; (*fig*) the die is cast; *V* **beau, double, entrée** etc.

2: (*Hist*) **jeux du cirque** circus games; (*Presse, Rad, TV*) **jeu-concours** nm, pl **jeux-concours** competition; **jeu de construction** building *ou* construction set; **jeux d'eau** dancing waters, fountains; (*Comm*) **jeu d'écritures** dummy entry; (*Ordin*) **jeu d'essai** benchmark; **jeu de hasard** game of chance; (*Sport*) **jeu de jambes** leg movement; **jeux de lumière** (*artificiels*) lighting effects; (*naturels*) play of light (*U*); (*pianiste*) **jeu de mains** playing, technique; **jeu de massacre** (*à la foire*) Aunt Sally; (*fig*) wholesale massacre *ou* slaughter; **jeu de mots** play on words (*U*), pun; **jeu de l'oie** ≃ snakes and ladders; **Jeux olympiques** Olympic games, **Jeux olympiques d'hiver** Winter Olympics; **Jeux olympiques pour handicapés** wheelchair Olympics; **jeu de patience** puzzle; **jeux de physionomie** facial expressions; **jeu radiophonique** radio game; **jeu de rôle** role play; (*Théât*) **jeu de scène** stage business (*U*); **jeu de société** parlour game; (*Hist*) **jeux du stade** (ancient) Olympic games; **jeu télévisé** television game; (*questions*) (television) quiz; **jeu vidéo** video game.

jeudi [ʒødi] nm Thursday. **le ~ de l'Ascension** Ascension Day; **le ~ saint** Maundy Thursday; *pour autres loc V* **samedi**.

jeun [ʒœ̃] *adv*: **à ~** with *ou* on an empty stomach; **être à ~** (*n'avoir rien mangé/bu*) to have eaten/drunk nothing, have let nothing pass one's lips; (*ne pas être ivre*) to be sober; **rester à ~** to remain without eating anything, not to eat anything; **boire à ~** to drink on an empty stomach; (*Méd*) **à prendre à ~** to be taken on an empty stomach.

jeune [ʒœn] **1** *adj* (a) (*âge*) young. **c'est un homme ~** he's a young man; **mes ~s années** my youth, the years of my youth; **dans mon ~ âge** *ou* **temps** in my younger days, when I was younger; **vu son ~ âge** in view of his youth; **il n'est plus tout** *ou* **très ~** he's not as young as he was, he's not the young man he was, he's not in his first youth; **il est plus ~ que moi de 5 ans** he's 5 years younger than me, he's 5 years my junior; **~ chien** puppy, pup.

(b) (*qualité*) (*après n*) new, young; *industrie* new; (*dynamique*) forward-looking; *vin* young; *apparence, visage* youthful; *couleur, vêtement* young, which makes one look young. **soyez/restez ~s!** be/stay young! **ou** youthful!; **s'habiller ~** to dress young for one's age, dress in a young *ou* with-it* style.

(c) **être ~ d'allure** to be young-looking, be youthful in appearance, have a youthful look about one; **être ~ de caractère** *ou* **d'esprit** (*puéril*) to have a childish outlook, be immature; (*dynamique*) to have a youthful *ou* fresh outlook; **être ~ de cœur** to be young at heart; **être ~ de corps** to have a youthful figure.

(d) (*avoir l'air jeune*) **ils font ~** *ou* **~s** they look young; **il fait plus ~ que son âge** he looks younger than his age, he doesn't look his age; **qu'est-ce que ça le fait ~, ce costume!** how youthful *ou* young that suit makes him look!

(e) (*inexpérimenté*) raw, inexperienced, green*. **il est encore bien ~** he's still very inexperienced; **être ~ dans le métier** to be new *ou* a newcomer to the trade.

(f) (*cadet*) junior. **mon ~ frère** my younger brother; **mon plus ~ frère** my youngest brother; **Durand ~** Durand junior.

(g) (*: insuffisant*) short, skimpy. **ça fait ~, c'est un peu ~** [*temps*] it's cutting it a bit short *ou* fine; [*argent*] it's a bit on the short side, it's pretty tight*.

2 nm youngster, youth, young man. **~** (*homme*) young man; **les ~s de maintenant** young people *ou* the young *ou* the youth of today; **club** *ou* **maison de ~s** youth club.

3 nf girl.

4: **jeune femme** young woman; **jeune fille** girl; **jeune garçon** boy, lad, young fellow; **jeune génération** younger generation; **jeunes gens** (*gén*) young people; (*garçons*) boys; **jeune homme** young man; (*fig*) **jeune loup** young Turk; **jeune marié** bridegroom; **jeune mariée** bride; **les jeunes mariés** the newlyweds; **ils sont jeunes mariés** they are young marrieds *ou* newlyweds; **un couple de jeunes mariés** a couple of newly-weds; (*Ciné, Théât*) **jeune premier** leading man; **jeune première** leading lady.

jeûne [ʒøn] nm fast. **rompre le ~** to break one's fast; **jour de ~** fast day.

jeûner [ʒøne] (1) *vi* (*gén*) to go without food; (*Rel*) to fast. **faire ~ un malade** to make a sick person go without food; **laisser ~ ses enfants** to let one's children go hungry.

jeunesse [ʒœnɛs] nf (a) (*période*) youth. (*littér*) **la ~ du monde** the dawn of the world; **en pleine ~** in the prime of youth; **dans ma ~** in my youth, in my younger days; **folie/erreur/péché de ~** youthful prank/mistake/indiscretion; **en raison de son extrême ~** owing to his extreme youth; (*Prov*) **il faut que ~ se passe** youth must have its fling; *V* **fou, œuvre, premier** etc.

(b) (*qualité*) youth, youthfulness. **~ de cœur** youthfulness of heart; **la ~ de son visage/de son corps peut vous tromper** his youthful face/figure may mislead you; **la ~ de ce vin** the youngness of this wine; **avoir un air de ~** to have a youthful look (about one); **sa ~ d'esprit** his youthfulness of mind.

(c) (*personnes jeunes*) youth, young people. **la ~ dorée** the young jet set; **la ~ ouvrière** (the) young workers; **la ~ étudiante/des écoles** young people at university/at school; **livres pour la ~**

books for the young *ou* for young people; **la ~ est partie devant** the young ones *ou* the young people have gone on ahead; (*Prov*) **si ~ savait, si vieillesse pouvait** if youth but knew, if old age but could; *V* **auberge, voyage**.

(d) (**†: jeune fille*) (young) girl.

(e) (*gén pl: groupe*) youth. **les ~s communistes** the Communist Youth Movement.

jeunet, -ette* [ʒœnɛ, ɛt] *adj* (*péj*) rather young. **il est un peu ~ pour lire ce roman** he's rather young *ou* he's a bit on the young side to be reading this novel.

jeûneur, -euse [ʒœnœʀ, øz] nm, f person who fasts *ou* is fasting.

jeunot, -otte* [ʒœno, ɔt] **1** *adj* = **jeunet***. **2** nm (*péj*) young fellow*.

Jézabel [ʒezabɛl] nf Jezabel.

jf *abrév de* **jeune fille, jeune femme**; *V* **jeune**.

jh *abrév de* **jeune homme**; *V* **jeune**.

jiu-jitsu [ʒyʒitsy] nm jujitsu.

J.O. [ʒio] **1** *nmpl abrév de* **Jeux olympiques**; *V* **jeu**. **2** nm *abrév de* **Journal officiel**; *V* **journal**.

joaillerie [ʒɔajʀi] nf (a) (*travail*) jewelling; (*commerce*) jewel trade. **travailler dans la ~** to work in jewellery *ou* in the jewel trade. (b) (*marchandise*) jewellery. (c) (*magasin*) jeweller's (shop).

joaillier, -ière [ʒɔaje, jɛʀ] nm, f jeweller.

Job [ʒɔb] nm (*Rel*) Job.

job* [dʒɔb] nm (*travail*) (temporary) job.

jobard, e* [ʒɔbaʀ,aʀd(ə)] **1** *adj* gullible. **2** nm, f (*dupe*) sucker*, mug* (*Brit*), wally‡.

jobarderie* [ʒɔbaʀdʀi] nf, **jobardise*** [ʒɔbaʀdiz] nf gullibility.

jockey [ʒɔkɛ] nm jockey.

Joconde [ʒɔkɔ̃d] nf: **la ~** the Mona Lisa.

jocrisse† [ʒɔkʀis] nm (*niais*) simpleton.

jodler [ʒɔdle] (1) *vt* to yodel.

Joël [ʒɔɛl] nm Joel.

Joëlle [ʒɔɛl] nf Joelle.

jogging [dʒɔgiŋ] nm jogging. **faire du ~** to go jogging.

Johannesburg [ʒɔanɛsbuʀ] n Johannesburg.

joie [ʒwa] nf (a) (*sentiment*) joy; (*sens diminué*) pleasure. **à ma grande ~** to my great joy *ou* delight; **fou** *ou* **ivre de ~** wild with joy *ou* delight; **la nouvelle le mit au comble de la ~** he was overjoyed at hearing the news *ou* to hear the news; **accueillir une nouvelle avec une ~ bruyante** to greet the news with great shouts of joy; **ses enfants sont sa plus grande ~** his children are his greatest delight *ou* joy; **c'était une ~ de le regarder** it was a joy *ou* delight to look at him, he was a joy to look at; **quand aurons-nous la ~ de vous revoir?** when shall we have the pleasure of seeing you again?; **il accepta avec ~** he accepted with delight; **sauter** *ou* **bondir de ~** to jump for joy; *V* **cœur, feu¹, fille**.

(b) **les ~s de la vie** the joys of life; (*Rel*) **les ~s du monde** *ou* **de la terre** worldly *ou* earthly pleasures *ou* joys; **les ~s du mariage** the joys of marriage; (*iro*) **encore une panne, ce sont les ~s de la voiture** another breakdown, that's one of the joys *ou* delights of motoring (*iro*).

(c) (*loc*) **de vivre** joy in life, joie de vivre; **être plein de ~ de vivre** to be full of joie de vivre *ou* the joys of life; **cela le mit en ~** he was overjoyed at this; **ce livre a fait la ~ de tous** this book has delighted *ou* has given great pleasure to everyone; **le clown tomba pour la plus grande ~ des enfants** the clown fell over to the (great) delight of the children; **il se faisait une telle ~ d'y aller** he was so looking forward to going; **je me ferai une ~ de le faire** I shall be delighted *ou* only too pleased to do it.

joindre [ʒwɛ̃dʀ(ə)] (49) **1** *vt* (a) (*mettre ensemble*) to join, put together. **~ 2 tables/planches** to put 2 tables/planks together; **~ 2 bouts de ficelle** to join 2 pieces of string; **~ un bout de ficelle à un autre** to join one piece of string to another; **~ les mains** to put *ou* bring one's hands together, clasp one's hands; **~ les talons/les pieds** to put one's heels/feet together; **il se tenait debout les talons joints** he was standing with his heels together.

(b) (*relier*) to join, link. **une digue/un câble joint l'île au continent** a dyke/a cable links the island with the mainland.

(c) (*unir*) *efforts* etc to combine, join; *personnes* (*en mariage*) to join. **~ l'utile à l'agréable** to combine business with pleasure; **elle joint l'intelligence à la beauté** she combines intelligence and beauty; **~ le geste à la parole** to suit the action to the word; (*fig*) **~ les deux bouts*** to make (both) ends meet.

(d) (*ajouter*) to add, attach (*à* to); (*inclure*) *timbre, chèque* etc to enclose (*à* with). **les avantages joints à ce poste** the advantages attached to this post, the fringe benefits of this post; **carte jointe à un bouquet/cadeau** card attached to a bouquet/a gift; *V* **ci**.

(e) (*communiquer avec*) *personne* to get in touch with, contact. **essayez de le ~ par téléphone** try to get in touch with *ou* try to get hold of *ou* to contact him by telephone.

2 *vi* (*fenêtre, porte*) to shut, close. **ces fenêtres joignent mal** these windows don't shut *ou* close properly; *[planches etc]* **est-ce que ça joint bien?** does it make a good join?, does it join well?

3 **se joindre** *vpr* (a) (*s'unir à*) **se ~ à** to join; **se ~ à la procession** to join the procession; **se ~ à la foule** to mingle *ou* mix with the crowd; **voulez-vous vous ~ à nous?** would you like to join us?; **se ~ à la discussion** to join in the discussion; **mon mari se joint à moi pour vous exprimer notre sympathie** my husband and I wish to express our sympathy, my husband joins me in offering our sympathy (*frm*).

(b) *[mains]* to join.

joint [ʒwɛ̃] nm (a) (*Anat, Géol, Tech: assemblage, articulation*) joint; (*ligne de jonction*) join; (*en ciment, mastic*) pointing. **~ de robinet** washer; **~ de cardan** cardan joint; **~ de culasse** cylinder head gasket; **~ d'étanchéité** seal.

(b) (*arg Drogue*) joint (*arg*).

(c) (*loc*) **faire le ~*** *[provisions]* to last *ou* hold out; *[argent]* to bridge the gap (*jusqu'à* until); **chercher/trouver le ~*** to look (around) for/come up with the solution.

jointé, e [ʒwẽte] *adj*: **cheval court-~/long-~** short-/long-pasterned horse, horse with short/long pasterns.

jointif, -ive [ʒwẽtif, iv] *adj* joined, contiguous; *planches* butt-jointed. **(cloison) ~ive** butt-jointed partition.

jointure [ʒwẽtyʀ] *nf* **(a)** (*Anat*) joint. **~ du genou** knee joint; **à la ~ du poignet** at the wrist joint; **faire craquer ses ~s** to crack one's knuckles; **à la ~ de 2 os** at the joint between 2 bones; **les ~s du cheval** fetlock-joints, pastern-joints. **(b)** (*Tech*) (*assemblage*) joint; (*ligne de jonction*) join.

joker [ʒɔkɛʀ] *nm* (*Cartes*) joker.

joli, e [ʒɔli] *adj* **(a)** *enfant, femme* pretty, attractive; *chanson, objet* pretty, nice; *pensée, promenade, appartement* nice. **d'ici la vue est très ~e** you get a very nice *ou* attractive view from here; **~ comme un cœur** pretty as a picture; **il est ~ garçon** he is (quite) good-looking; **le ~ et le beau sont deux choses bien différentes** prettiness and beauty are two very different things.

(b) (*: non négligeable*) *revenu, profit* nice (*épith*), good, handsome (*épith*); *résultat* nice (*épith*), good. **ça fait une ~e somme** it's quite a tidy sum of money, it's a handsome sum of money, it's a good bit of money; **il a une ~e situation** he has a good position.

(c) (*iro: déplaisant*) nasty, unpleasant, fine (*iro*), nice (*iro*). **embarquez tout ce ~ monde!** take the whole nasty bunch *ou* crew* away!; **un ~ gâchis** a fine mess (*iro*); **un ~ coco*** *ou* **monsieur** a nasty character, a nasty piece of work* (*Brit*); **être dans un ~ pétrin** *ou* **de ~s draps** to be in a fine mess (*iro*).

(d) (*loc*) **tout ça c'est bien ~ mais** that's all very well but; **le plus ~ (de l'histoire) c'est que** the best bit of it all *ou* about it all is that; **vous avez fait du ~!** you've made a fine mess of things!; **tu as encore menti, c'est du ~!** you've lied again — that's great!* *ou* that's a great help!; **faire le ~ cœur** to play the ladykiller; **ce n'est pas ~ de mentir** it's not nice to tell lies; **ce n'était pas ~ à voir it** wasn't a pleasant *ou* pretty sight; (*iro*) **elle est ~e, votre idée!** that's a nice *ou* great* idea! (*iro*); (*iro*) **c'est ~ de dire du mal des gens!** that's nice spreading nasty gossip about people!

joliesse [ʒɔljɛs] *nf* (*littér*) *[personne]* prettiness; *[gestes]* grace.

joliment [ʒɔlimɑ̃] *adv* **(a)** (*d'une manière jolie*) nicely. **pièce ~ décorée** attractively *ou* nicely decorated room; **enfant ~ habillé** prettily *ou* attractively dressed child; (*iro*) **il l'a ~ arrangé** he sorted him out nicely *ou* good and proper*.

(b) (*: très, beaucoup*) pretty*, jolly* (*Brit*). **il a ~ raison** he's quite right, he's dead right* (*Brit*); **il était ~ content/en retard** he was pretty* *ou* jolly* (*Brit*) glad/late.

Jonas [ʒɔnas] *nm* Jonah, Jonas.

Jonathan [ʒɔnatɑ̃] *nm* Jonathan.

jonc [ʒɔ̃] *nm* **(a)** (*plante*) rush, bulrush; (*canne*) cane, rattan. **corbeille** *ou* **panier de ~** rush basket. **(b)** (*Aut*) trim. **(c)** (*bijou*) ~ **(d'or)** (plain gold) bangle *ou* ring.

jonché, e [ʒɔ̃ʃe] (*ptp de* **joncher**) **1** *adj*: **~ de** littered *ou* strewn with. **2 jonchée** *nf* spray *ou* swath of flowers *ou* leafy branches (*for strewing*). **des ~es de feuilles mortes couvraient la pelouse** dead leaves lay in drifts on *ou* lay scattered *ou* strewn over the lawn.

joncher [ʒɔ̃ʃe] (1) *vt*: **~ qch de** to strew sth with.

jonchets [ʒɔ̃ʃɛ] *nmpl* spillikins.

jonction [ʒɔ̃ksjɔ̃] *nf* (*action*) joining, junction; (*état*) junction. **à la ~ des 2 routes** at the junction of the 2 roads, where the 2 roads meet; (*Mil*) **opérer une ~** to effect a junction, link up; **point de ~** junction, meeting point; (*Jur*) **~ d'instance** joinder.

joncture [ʒɔ̃ktyʀ] *nf* (*Ling*) juncture.

jongler [ʒɔ̃gle] (1) *vi* (*lit*) to juggle (*avec* with). (*fig*) **~ avec** *chiffres* to juggle with, play with; *difficultés* to juggle with.

jonglerie [ʒɔ̃gləʀi] *nf* jugglery, juggling.

jongleur, -euse [ʒɔ̃glœʀ, øz] *nm,f* **(a)** (*gén*) juggler. **(b)** (*Hist*) (wandering) minstrel, jongleur.

jonque [ʒɔ̃k] *nf* (*Naut*) junk.

jonquille [ʒɔ̃kij] **1** *nf* daffodil, jonquil. **2** *adj inv* (bright) yellow.

Jordanie [ʒɔʀdani] *nf* Jordan.

jordanien, -ienne [ʒɔʀdanjɛ̃, jɛn] **1** *adj* Jordanian. **2** *nm,f*: **J~(ne)** Jordanian.

Joseph [ʒozɛf] *nm* Joseph.

Joséphine [ʒozefin] *nf* Josephine.

Josué [ʒozɥe] *nm* Joshua.

jouable [ʒwabl(ə)] *adj* playable.

joual [ʒwal] *nm* (*Can Ling*) joual (*Can*).

joue [ʒu] *nf* **(a)** (*Anat*) cheek. **~ contre ~** cheek to cheek; **tendre la ~** to offer one's cheek; **présenter** *ou* **tendre l'autre ~** to turn the other cheek.

(b) (*Mil*) **en ~!** take aim!; **coucher** *ou* **mettre une cible/une personne en ~** to aim at *ou* take aim at a target/a person; **coucher** *ou* **mettre en ~ un fusil** to take aim with a rifle, aim a rifle.

(c) (*Naut*) **~s d'un navire** bows of a ship.

jouer [ʒwe] (1) **1** *vi* **(a)** (*s'amuser*) to play (*avec* with). **arrête, je ne joue plus** stop it, I'm not playing any more; **elle jouait avec son crayon/son collier** she was toying *ou* fiddling with her pencil/necklace; (*fig*) **~ avec une idée** to toy with an idea; (*fig*) **~ avec les sentiments de qn** to play *ou* trifle with sb's feelings; (*fig*) **~ avec sa vie/sa santé** to gamble with one's life/health; (*fig*) **on ne joue pas avec ces choses-là** matters like these are not to be treated lightly.

(b) **~ à la poupée** to play with one's dolls; **~ aux soldats/aux cowboys et aux Indiens** to play (at) soldiers/(at) cowboys and Indians; **~ à qui sautera le plus loin** to play at seeing who can jump the furthest; **~ à faire des bulles de savon** to play at making *ou* blowing soap bubbles; **~ aux cartes/aux échecs** to play cards/chess; **~ au chat et à la souris (avec qn)** to play cat and mouse

with sb; **il joue bien (au tennis)** he is a good (tennis) player, he plays (tennis) well, he plays a good game (of tennis); **il a demandé à ~ avec** *ou* **contre X aux échecs** he asked to play X at chess; (*fig*) **~ au héros/à l'aristocrate** to play the hero/the aristocrat; *V* **bille** etc.

(c) (*Mus*) to play. **~ du piano/de la guitare** to play the piano/the guitar; **l'orchestre joue ce soir à l'opéra** the orchestra is playing at the opera this evening; **ce pianiste joue bien/mal** this pianist plays well/badly.

(d) (*Casino*) to gamble. **et en plus, il joue** and on top of that, he gambles; **~ à la Bourse** to speculate *ou* gamble on the Stock Exchange; **~ sur les valeurs minières** to speculate in mining stock; **~ sur la hausse/la baisse d'une matière première** to gamble on the rise/the fall of a commodity; **~ à la roulette** to play roulette; **~ pair/impair** to play (on) the even/odd numbers; **~ aux courses** to bet on the horses; **ils ont joué sur la faiblesse/la pauvreté des paysans** they reckoned on *ou* were banking *ou* relying on the peasants' weakness/poverty.

(e) (*Ciné, Théât, TV*) to act. **il joue dans 'Hamlet'** he is acting *ou* he is in 'Hamlet'; **il joue au théâtre X** he is playing *ou* acting at the X theatre; **elle joue très bien** she is a very good actress, she acts very well; **on joue à guichets fermés** the performance is fully booked *ou* is booked out (*Brit*).

(f) (*fonctionner*) to work. **la clef joue mal dans la serrure** the key doesn't fit (in) the lock very well; **faire ~ un ressort** to activate *ou* trigger a spring; **la barque jouait sur son ancre** the boat bobbed about at anchor.

(g) (*joindre mal*) to fit loosely, be loose; *[bois]* (*travailler*) to warp. **la clef joue dans la serrure** the key fits loosely in the lock.

(h) *[soleil, lumière etc]* to play. **la lumière jouait au plafond** the light played *ou* danced on the ceiling.

(i) (*intervenir, s'appliquer*) to apply (*pour* to). **l'âge ne joue pas** age doesn't come into it *ou* is of no consequence; **cet argument joue à plein** this argument is entirely applicable; **cette augmentation joue pour tout le monde** this rise applies to *ou* covers everybody; **l'augmentation joue depuis le début de l'année** the rise has been operative from *ou* since the beginning of the year; **les préférences des uns et des autres jouent finalement** different people's preferences are what matter *ou* what count in the end; **cet élément a joué en ma faveur** this factor worked in my favour; **il a fait ~ ses appuis politiques pour obtenir ce poste** he made use of his political connections to get this post; **le temps joue contre lui** time is against him *ou* is not on his side.

(j) (*loc*) **~ sur les mots** to play with words; **faire qch pour ~** to do sth for fun; **~ serré** to play (it) tight, play a close game; **~ perdant/gagnant** to play a losing/winning game; **~ au plus fin** *ou* **malin** to try to outsmart sb, see who can be the smartest; **faire ~ la corde sensible** to appeal to the emotions; **~ de malheur** *ou* **de malchance** to be dogged by ill luck; (*lit, fig*) **à vous** (*ou* **moi** *etc*) **de ~!** your (*ou* my *etc*) go! *ou* turn!; (*Échecs*) **your** (*ou* my *etc*) **move!; bien joué!** (*lit*) well played!; (*lit, fig*) well done!; **~ avec le feu** to play with fire.

2 *vt* **(a)** (*Ciné, Théât*) *rôle* to play, act; (*représenter*) *pièce, film* to put on, show. **on joue 'Macbeth' ce soir** 'Macbeth' is on *ou* being played this evening; **elle joue toujours les soubrettes** she always has the maid's part; (*fig*) **~ un rôle** to play a part, put on an act; (*fig*) **~ la comédie** to put on an act, put it on*; **il a joué un rôle ridicule dans cette affaire** he acted like a fool *ou* he made himself look ridiculous in that business; **la pièce se joue au théâtre X** the play is on at the X theatre; (*fig*) **le drame s'est joué très rapidement** the tragedy happened very quickly.

(b) (*simuler*) **~ les héros/les victimes** to play the hero/the victim; **~ la surprise/le désespoir** to affect *ou* feign surprise/despair.

(c) (*Mus*) *concerto, valse* to play. **il va ~ du Bach** he is going to play (some) Bach; **il joue très mal Chopin** he plays Chopin very badly.

(d) (*Jeux, Sport*) *partie d'échecs, de tennis* to play; *carte* to play; *pion* to play, move. (*Ftbl*) **il est interdit de ~ le ballon à la main** it is forbidden to handle the ball; (*Rugby*) **préférer ~ le ballon à la main** to prefer to throw the ball; **jouez le ballon plutôt que l'adversaire** play the ball, not your opponent; **~ atout** to play trumps; **~ un coup facile/difficile** (*Sport*) to play an easy/a difficult shot; (*Échecs*) to make an easy/a difficult move; **~ la montre** to play for time, kill the clock (*US*).

(e) (*Casino*) *argent* to stake, wager; (*Courses*) *argent* to bet, stake (*sur* on); *cheval* to back, bet on; (*fig*) *fortune, possessions, réputation* to wager. **~ les consommations** to play for drinks; **~ gros jeu** *ou* **un jeu d'enfer** to play for high stakes; **il ne joue que des petites sommes** he only places small bets *ou* plays for small stakes; **il a joué et perdu une fortune** he gambled away a fortune; **~ sa réputation sur qch** to stake *ou* wager one's reputation on sth; (*fig: décidé*) **rien n'est encore joué** nothing is settled *ou* decided yet; **tout va se ~ demain** everything will be settled *ou* decided tomorrow.

(f) (*frm: tromper*) *personne* to deceive, dupe.

(g) (*loc*) **il faut ~ le jeu** you've got to play the game; **~ franc jeu** to play fair; **~ un double jeu** to play a double game; **~ son va-tout** *ou* **le tout pour le tout** to stake one's all; **~ un (mauvais) tour/une farce à qn** to play a (dirty) trick/a joke on sb; **cela te jouera un mauvais** *ou* **vilain tour** you'll get your comeuppance,* you'll be sorry for it; **~ sa dernière carte** to play one's last card; **~ la fille de l'air** to vanish into thin air*; *V* **gros**.

3 jouer de *vt indir* **(a)** (*manier*) to make use of, use. **ils durent ~ du couteau/du revolver pour s'enfuir** they had to use knives/revolvers to get away; **ils jouent trop facilement du couteau** they are too quick with their knives, they use knives *ou* the knife too readily; (*hum*) **~ de la fourchette** to tuck in* (*Brit*), dig in*; **~ des**

jambes* *ou* des flûtes‡ to run away, take to one's heels; (*hum*) ~ de l'œil to wink; ~ des coudes pour parvenir au bar/pour entrer to elbow one's way to the bar/one's way in.

(**b**) (*utiliser*) to make use of. il joue de sa maladie pour ne rien faire he plays on his illness to get out of doing anything; ~ de son influence pour obtenir qch to use *ou* make use of one's influence to get sth.

4 se jouer *vpr* (*frm*) se ~ de: (*tromper*) se ~ de qn to deceive sb, dupe sb; (*moquer*) se ~ des lois/de la justice to scoff at the law/at justice; (*triompher facilement de*) se ~ des difficultés to make light of the difficulties; il fait tout cela en se jouant he does it all without trying; il a réussi cet examen comme en se jouant he waltzed through that exam*, that exam was a walkover for him* (*Brit*).

jouet [ʒwɛ] *nm* (**a**) (*lit*) toy, plaything. (**b**) (*fig*) navire qui est le ~ des vagues ship which is the plaything of the waves; être le ~ d'une illusion/hallucination to be the victim of an illusion/a hallucination; être/devenir le ~ du hasard to be/become a hostage to fortune.

joueur, -euse [ʒwœʀ, øz] *nm, f* (*Échecs, Mus, Sport*) player; (*Jeu*) gambler. ~ de golf golfer; ~ de cornemuse (bag)piper; ~ de cartes card player; être beau/mauvais ~ to be a good/bad loser; il a un tempérament ~, il est très ~ [*enfant, animal*] he loves to play, he's very playful; [*parieur*] he's very keen on gambling (*Brit*), he's a keen gambler.

joufflu, e [ʒufly] *adj personne* chubby-cheeked, round-faced; *visage* chubby.

joug [ʒu] *nm* (**a**) (*Agr, fig*) yoke. tomber sous le ~ de to come under the yoke of; mettre sous le ~ to yoke, put under the yoke. (**b**) [*balance*] beam. (**c**) (*Antiq*) yoke.

jouir [ʒwiʀ] (2) **1 jouir de** *vt indir* (*frm: savourer, posséder*) to enjoy. il jouissait de leur embarras évident he delighted at *ou* enjoyed their evident embarrassment; ~ de toutes ses facultés to be in full possession of one's faculties; cette pièce jouit d'une vue sur le jardin this room commands a view of the garden; le Midi jouit d'un bon climat the South of France has a good climate.

2 *vi* (‡) (*plaisir sexuel*) to come*‡*; (*douleur*) to suffer agonies. on va ~! we're going to have a hell of a time!‡, we aren't half going to have fun!*; ça me fait ~ de les voir s'empoigner I get a great kick out of seeing them at each other's throats‡.

jouissance [ʒwisɑ̃s] *nf* (**a**) (*volupté*) pleasure, enjoyment, delight; (*sensuelle*) sensual pleasure; (*: orgasme*) climax. (*frm*) cela lui a procuré une vive ~ this afforded him intense pleasure. (**b**) (*Jur: usage*) use, possession; [*propriété, bien*] use, enjoyment. avoir la ~ de certains droits to enjoy certain rights.

jouisseur, -euse [ʒwisœʀ, øz] **1** *adj* sensual. **2** *nm, f* sensualist.

joujou, *pl* ~x [ʒuʒu] *nm* (*langage enfantin*) toy; (*: revolver*) gun. faire ~ avec une poupée to play with a doll; cette voiture est son nouveau ~ this car is his new toy.

joule [ʒul] *nm* joule.

jour [ʒuʀ] **1** *nm* (**a**) (*lumière*) day(light); (*période*) day(time). il fait ~ it is daylight; je fais ça le ~ I do it during the day *ou* in the daytime; voyager de ~ to travel by day; service de ~ day service; (*Mil*) être de ~ to be on day duty; ~ et nuit day and night; se lever avant le ~ to get up *ou* rise before dawn *ou* daybreak; un faible ~ filtrait à travers les volets a faint light filtered through the shutters; le ~ entra à flots daylight streamed *ou* flooded in; le ~ tombe it's getting dark; avoir le ~ dans les yeux to have the light in one's eyes; (*fig*) ces enfants sont le ~ et la nuit these children are as different as chalk and cheese (*Brit*) *ou* night and day; (*fig*) ça va mieux avec le nouveau produit? — c'est le ~ et la nuit! is it better with this new product? — there's absolutely no comparison!; *V* demain, grand, lumière *etc*.

(**b**) (*espace de temps*) day. quinze ~s a fortnight (*Brit*), two weeks; dans huit ~s in a week, in a week's time; tous les ~s every day; elle a mis sa robe de tous les ~s she put on her ordinary *ou* her every-day dress; tous les deux ~s every other day, every two days; tous les ~s que (le bon) Dieu fait every blessed day, day in day out; c'était il y a 2 ~s it was 2 days ago; des poussins d'un ~ day-old chicks; (*fig*) d'un ~ célébrité, joie short-lived, fleeting; c'est à 2 ~s de marche/de voiture de ... it is a 2 days' walk/drive from ..., faire 30 ~s (de prison) to do 30 days (in jail *ou* inside*); dans 2 ~s in 2 days' time, in 2 days; (*Prov*) les ~s se suivent et ne se ressemblent pas time goes by and every day is different, the days go by and each is different from the last.

(**c**) (*époque précise*) day. un ~ viendra où ... a day will come when ...; le ~ n'est pas loin où ... the day is not far off when ..., un de ces ~s one of these (fine) days; à un de ces ~s! see you again sometime!, be seeing you!*; un ~ il lui écrivit one day he wrote to her; par un ~ de pluie/de vent on a rainy/windy day; le ~ d'avant the day before, the previous day; le ~ d'après the day after, the next day, the following day; le ~ de Noël/de Pâques Christmas/Easter Day; le ~ du marché market day; il m'a téléphoné l'autre ~ he phoned me the other day; prendre ~ avec qn to fix a day with sb, make a date with sb; (*iro*) décidément c'est mon ~! I'm having a real day of it today!, really it's just not my day today!; ce n'est vraiment pas le ~! you (*ou* we *etc*) have picked the wrong day! (*de ou pour faire* qch to do); le goût/la mode du ~ the style/the fashion of the day; l'homme du ~ the man of the moment; nouvelles du ~ news of the day, the day's news; un œuf du ~ a new-laid egg, a freshly-laid egg; *V* cours, grand, plat².

(**d**) ~s (*époque indéterminée, vie*) time, days, life. la fuite des ~s the swift passage of time; finir ses ~s à l'hôpital to end one's days in hospital; attenter à/mettre fin à ses ~s to make an attempt on/put an end to one's life; nous gardons cela pour nos vieux ~s/pour les mauvais ~s we're keeping that for our old age/for a rainy day *ou* for hard times; il faut attendre des ~s meilleurs we

must wait for better times *ou* days; nous connaissons des ~s bien anxieux this is an anxious time for us, we're going through an anxious time; il est dans (un de) ses bons ~s/ses mauvais ~s he's having a good spell/a bad spell, it's one of his good/bad days; *V* beau, couler.

(**e**) (*éclairage: lit, fig*) light. le tableau est dans un mauvais ~ the picture is in a bad light; montrer/présenter/voir qch sous un ~ favorable/flatteur to show/present/see sth in a favourable/flattering light; jeter un ~ nouveau sur to throw (a) new light on; se présenter sous un ~ favorable [*projet*] to look promising *ou* hopeful; [*personne*] to show o.s. to advantage *ou* in a favourable light; nous le voyons maintenant sous son véritable ~ now we see him in his true colours *ou* see what he is really like; *V* faux.

(**f**) (*ouverture*) [*mur*] gap, chink; [*haie*] gap. clôture à ~ openwork fence.

(**g**) (*Couture*) ~ simple openwork, drawn-threadwork; drap à ~ sheets with an openwork border; faire des ~s dans un drap/dans un mouchoir to hemstitch a sheet/handkerchief.

(**h**) (*loc*) donner le ~ à to give birth to, bring into the world; voir le ~ [*enfant*] to be born, come into the world; [*projet*] to be born, come into being; venir au ~ [*enfant*] to be born, come into the world; mettre au ~ (*révéler*) to bring to light; se faire ~ to become clear, come out*; il se fit ~ dans mon esprit it all became clear to me, the light dawned on me; vivre au ~ le ~ (*sans soucis*) to live from day to day; (*pauvrement*) to live from hand to mouth; (être/mettre/tenir) à ~ (to be/bring/keep) up to date; mise à ~ (*action*) updating; (*résultat*) update; la mise à ~ d'un compte/dossier the updating of an account/a file; la mise à ~ d'un dictionnaire the revision *ou* updating of a dictionary; de ~ en ~ day by day, from day to day; on l'attend d'un ~ à l'autre he is expected any day (now); ~ après ~ day after day; (il change d'avis) d'un ~ à l'autre (he changes his mind) from one day to the next; un ~ ou l'autre sometime or other, sooner or later; du ~ au lendemain overnight; être dans un bon/mauvais ~ to be in a good/bad mood; cela arrive tous les ~s it happens every day, it's an everyday occurrence; de tous les ~s everyday (*épith*), ordinary; de nos ~s these days, nowadays, in this day and age; à ce ~ nous n'avons rien reçu to date we have received nothing; (†, *hum*) au ~ d'aujourd'hui in this day and age; (à prendre) 3 fois par ~ (to be taken) 3 times a day; il y a 2 ans ~ pour ~ 2 years ago to the day.

2: le jour de l'An New Year's day; (*Mil*) jour d'arrêt day of detention; donner 8 jours d'arrêt to give a week's detention; jour de congé day off, holiday; jour de deuil day of mourning; jour férié public *ou* Bank holiday; jour de fête feastday, holiday; le jour du Grand Pardon the Day of Atonement; le jour J D-day; le jour des Morts All Souls' Day; jour ouvrable weekday, working day; le jour de la Pentecôte Whitsunday; (*Scol*) jour des prix prize (giving) day; jour de réception (*Admin*) day of opening (to the public); [*dame du monde*] 'at home' day; le jour de réception du directeur est le lundi the director is available to see people on Mondays; jour de repos [*ouvrier*] day off; le jour des Rois Epiphany, Twelfth Night; le jour du Seigneur Sunday, the Sabbath†; jour de sortie [*domestique*] day off, day out; [*élève*] day out; jour de travail working day.

Jourdain [ʒuʀdɛ̃] *nm* (*fleuve*) Jordan.

journal, *pl* -aux [ʒuʀnal, o] **1** *nm* (**a**) (*Presse*) (news)paper; (*magazine*) magazine; (*bulletin*) journal. (*bureaux*) je suis passé au ~ I dropped by at the office *ou* paper; dans *ou* sur le ~ in the (news)paper; un grand ~ a big *ou* national (*Brit*) paper *ou* daily*; ~ du matin/du soir morning/evening paper.

(**b**) (*intime*) diary, journal. tenir son ~ intime to keep a private *ou* personal diary.

2: (*Naut*) journal de bord (ship's) log; journal d'enfants *ou* pour enfants children's comic *ou* paper; journal littéraire literary journal; journal de mode fashion magazine; le Journal officiel (de la République Française) *bulletin issued by the French Republic giving details of laws and official announcements*, ≃ the gazette (*Brit*); (*Rad*) journal parlé radio news; journal sportif sporting magazine; (*TV*) journal télévisé television news; le journal (télévisé) de 20 heures the 8 o'clock (television) news.

journalier, -ière [ʒuʀnalje, jɛʀ] **1** *adj* (*de chaque jour*) travail, trajet daily (*épith*); (*banal*) existence everyday (*épith*); humdrum (*épith*). c'est ~ it happens every day. (**b**) (†: *changeant*) changing, changeable. **2** *nm* (*Agr*) day labourer.

journalisme [ʒuʀnalism(ə)] *nm* (*métier, style*) journalism. faire du ~ to be in journalism, be a journalist.

journaliste [ʒuʀnalist(ə)] *nmf* journalist. ~ sportif/parlementaire sports/parliamentary correspondent; ~ de radio/de télévision radio/television reporter; il est ~ à la radio he's a reporter on the radio, he's a radio reporter.

journalistique [ʒuʀnalistik] *adj* journalistic. style ~ journalistic style; (*péj*) journalese (*U*).

journée [ʒuʀne] *nf* (**a**) (*jour*) day. dans *ou* pendant la ~ during the day, in the daytime; (dans) la ~ d'hier yesterday, in the course of yesterday; passer sa ~/toute sa ~ à faire qch to spend the day/one's entire day doing sth; passer des ~s entières à rêver to daydream for whole days on end; les ~s parlementaires de ce parti ≃ the parliamentary conference of this party; (*grève*) ~ d'action day of action; ~ portes ouvertes open day.

(**b**) [*ouvrier*] ~ (de travail) day's work; ~ (de salaire) day's wages *ou* pay; faire de dures ~s to put in a heavy day's work, work long hours; faire des ~s *ou* aller en ~ chez les autres to work as a domestic help *ou* daily help; il se fait de bonnes ~s he gets a good daily wage, he makes good money (every day); travailler/être payé à la ~ to work/be paid by the day; faire la ~ continue [*bureau, magasin*] to remain open over lunch *ou* all day; [*personne*] work over lunch; **la ~ de 8 heures** the 8-hour day; **~ de repos** day off, rest day.

(c) (*événement*) day. **~s historiques** historic days; **~s d'émeute** days of rioting; (*Mil*) **la ~ a été chaude, ce fut une chaude ~** it was a hard struggle *ou* a stiff fight.

(d) (*distance*) **à 3 ~s de voyage/de marche** 3 days' journey/ walk away; **voyager à petites ~s†** to travel in short *ou* easy stages.

journellement [ʒuʀnɛlmɑ̃] *adv* (*quotidiennement*) daily; (*souvent*) every day.

joute [ʒut] *nf* **(a)** (*Hist, Naut*) joust, tilt. **(b)** (*fig*) duel, joust, tilt. **~s oratoires** verbal sparring match; **~s d'esprit** battle of wits; **~s nautiques** water tournament.

jouter [ʒute] (1) *vi* (*Hist*) to joust, tilt; (*fig*) to joust (**contre** against), spar (**contre** with).

jouteur [ʒutœʀ] *nm* jouster, tilter.

jouvence [ʒuvɑ̃s] *nf*: **Fontaine de J~** Fountain of Youth; **eau de ~** waters of youth; *V* **bain**.

jouvenceau, pl ~x [ʒuvɑ̃so] *nm* (††, *hum*) stripling††, youth.

jouvencelle [ʒuvɑ̃sɛl] *nf* (††, *hum*) damsel (††, *hum*).

jouxter [ʒukste] (1) *vt* to adjoin, be next to, abut on.

jovial, e, mpl -aux *ou* **~s** [ʒɔvjal, o] *adj* jovial, jolly. **d'humeur ~e** in a jovial mood; **avoir la mine ~e** to look jolly *ou* jovial.

jovialement [ʒɔvjalmɑ̃] *adv* jovially.

jovialité [ʒɔvjalite] *nf* joviality, jollity.

joyau, pl ~x [ʒwajo] *nm* (*lit, fig*) gem, jewel. **les ~x de la couronne** the crown jewels; **c'est un ~ de l'art gothique** it's a jewel of gothic art.

joyeusement [ʒwajøzmɑ̃] *adv* **célébrer** merrily, joyfully; *accepter* gladly, gaily.

joyeux, -euse [ʒwajø, øz] *adj* **(a)** *personne, groupe* merry, joyful, joyous; *repas* cheerful; *cris* joyful, merry; *musique* joyful, joyous; *visage* joyful. **c'est un ~ luron** *ou* **drille** he's a great one for laughs*, he is a jolly fellow; **être en ~euse compagnie** to be in merry company *ou* with a merry group; **mener ~euse vie** to lead a merry life; **être d'humeur ~euse** to be in a joyful mood; **ils étaient partis ~** they had set out merrily *ou* in a merry group; **il était tout ~ à l'idée de partir** he was overjoyed *ou* (quite) delighted at the idea of going.

(b) *nouvelle* joyful. **~ Noël!** merry *ou* happy Christmas!; **~euse fête!** many happy returns!

jubé [ʒybe] *nm* jube, rood-loft; rood-screen.

jubilaire [ʒybilɛʀ] *adj* (*Rel*) jubilee (*épith*).

jubilation [ʒybilasjɔ̃] *nf* jubilation, exultation.

jubilé [ʒybile] *nm* jubilee.

jubiler* [ʒybile] (1) *vi* to be jubilant, exult, gloat (*péj*).

jucher *vt*, **se jucher** *vpr* [ʒyʃe] (1) to perch (**sur** on, upon).

Juda [ʒyda] *nm* Judah.

judaïque [ʒydaik] *adj* (*loi*) Judaic; (*religion*) Jewish.

judaïsme [ʒydaism(ə)] *nm* Judaism.

judas [ʒyda] *nm* (*fourbe*) Judas; (*Archit*) judas hole. (*Bible*) **J~** Judas; **le baiser de J~** the kiss of Judas.

Jude [ʒyd] *nm* Jude.

Judée [ʒyde] *nf* Judaea, Judea.

judéo- [ʒydeo] *préf*: **judéo-allemand, e** *adj, nm* Yiddish; **judéo-christianisme** *nm* Judeo-Christianity; **judéo-espagnol, e** *adj, nm* Judeo-Spanish.

judiciaire [ʒydisjɛʀ] *adj* judicial. **pouvoir ~** judicial power; **poursuites ~s** judicial *ou* legal proceedings; **vente ~** sale by order of the court; **enquête ~** judicial inquiry, legal examination; **actes ~s et extra-~s** judicial and extrajudicial documents; *V* **casier**.

judiciairement [ʒydisjɛʀmɑ̃] *adv* judicially.

judicieusement [ʒydisjøzmɑ̃] *adv* judiciously.

judicieux, -euse [ʒydisjø, øz] *adj* judicious. **faire un emploi ~ de son temps** to use one's time judiciously, make judicious use of one's time.

Judith [ʒydit] *nf* Judith.

judo [ʒydo] *nm* judo.

judoka [ʒydɔka] *nmf* judoka.

juge [ʒyʒ] **1** *nm* (*Jur, Rel, Sport, fig*) judge. **oui, Monsieur le J~** yes, your Honour; (*madame*)/(*monsieur*) **le ~ X** Mrs/Mr Justice X; **prendre qn pour ~** to appeal to sb's judgment, ask sb to be (the) judge; **être bon/mauvais ~** to be a good/bad judge; **être à la fois ~ et partie** to be both judge and judged; **je vous fais ~ (de tout ceci)** I'll let you be the judge (of it all); **se faire ~ de ses propres actes/de qch** to be the judge of one's own actions/of sth; **il est seul ~ en la matière** he is the only one who can judge; **aller devant le ~** to go before the judge; (*Bible*) **le livre des J~s** the Book of Judges.

2: **juge de l'application des peines** *judge responsible for overseeing the terms and conditions of a prisoner's sentence;* (*Boxe, Tennis*) **juge-arbitre** referee; (*Sport*) **juge d'arrivée** finishing judge; (*Tennis*) **juge de fond** foot-fault judge; **juge des enfants** children's judge, ≃ juvenile magistrate (*Brit*); (*Tennis*) **juge de filet** net-call judge; **juge d'instruction** examining judge *ou* magistrate (*Brit*), committing magistrate (*US*); (*Tennis*) **juge de ligne** line judge, linesman; **juge de paix** justice of the peace, magistrate; (*fig*) **cette épreuve sera le juge de paix** this test will be the determining factor *ou* will determine the outcome; **juge de touche** (*Rugby*) touch judge, linesman; (*Ftbl*) linesman.

jugé [ʒyʒe] *nm*: **au ~** (*lit, fig*) by guesswork; **tirer au ~** to fire blind; **faire qch au ~** to do sth by guesswork.

jugeable [ʒyʒabl(ə)] *adj* (*Jur*) subject to judgment in court. (*évaluable*) **difficilement ~** difficult to judge.

jugement [ʒyʒmɑ̃] *nm* **(a)** (*Jur*: *décision, verdict*) [*affaire criminelle*] sentence; [*affaire civile*] decision, award. **prononcer** *ou* **rendre un ~** to pass sentence; **passer en ~** to be brought for *ou* stand trial; **faire passer qn en ~** to put sb on trial; **poursuivre qn en ~** to sue sb, take legal proceedings against sb; **on attend le ~**

du procès we (*ou* they) are awaiting the verdict; **~ par défaut** judgment by default; **~ déclaratoire** declaratory judgment.

(b) (*opinion*) judgment, opinion. **~ de valeur** value judgment; **exprimer/formuler un ~** to express/formulate an opinion; **porter un ~ (sur)** to pass judgment (on); **s'en remettre au ~ de qn** to defer to sb's judgment; **~ préconçu** prejudgment, preconception.

(c) (*discernement*) judgment. **avoir du/manquer de ~** to have/ lack (good) judgment; **on peut faire confiance à son ~** you can trust his judgment; **il a une grande sûreté de ~** he has very sound judgment.

(d) (*Rel*) judgment. **le ~ de Dieu** the will of the Lord; (*Hist*) the Ordeal; **le J~ dernier** the Last Judgment, Doomsday.

jugeote* [ʒyʒɔt] *nf* commonsense, gumption* (*Brit*). **ne pas avoir deux sous de ~** to have not an ounce of commonsense, have no gumption* (*Brit*).

juger [ʒyʒe] (3) **1** *vt* (*Jur*) *affaire* to judge, try; *accusé* to try. **le tribunal jugera** the court will decide; **être jugé pour meurtre** to be tried for murder; **le jury a jugé qu'il n'était pas coupable** the jury found him not guilty; **l'affaire doit se ~ à l'automne** the case is to come before the court *ou* is to be heard in the autumn.

(b) (*décider, statuer*) to judge, decide. **à vous de ~ (ce qu'il faut faire/si c'est nécessaire)** it's up to you to decide *ou* to judge (what must be done/whether *ou* if it is necessary); **~ un différend** to arbitrate in a dispute.

(c) (*apprécier*) *livre, film, personne, situation* to judge. **~ qn sur la mine/d'après les résultats** to judge sb by his appearance/by *ou* on his results; **il ne faut pas ~ d'après les apparences** you must not judge from *ou* go by appearances; **~ qch/qn à sa juste valeur** to judge sth/sb at its/his real value; **jugez combien j'étais surpris** *ou* **si ma surprise était grande** imagine how surprised I was *ou* what a surprise I got.

(d) (*estimer*) **~ qch/qn ridicule** to consider *ou* find *ou* think sth/sb ridiculous; **~ que** to think *ou* consider that; **nous la jugeons stupide** we consider her stupid, we think she's stupid; **pourquoi est-ce que vous me jugez mal?** why do you think badly of me?, why do you have a low opinion of me?; **si vous le jugez bon** if you think it's a good idea *ou* it's advisable; **~ bon/malhonnête de faire** to consider it a good thing *ou* advisable/dishonest to do; **il se jugea perdu** he thought *ou* considered himself lost; **il se juge capable de le faire** he thinks *ou* reckons he is capable of doing it.

2 juger de *vt indir* to appreciate, judge. **si j'en juge par mon expérience/mes sentiments** judging by *ou* if I (can) judge by my experience/my feelings; **à en ~ par ce résultat, il ...** if this result is any indication, he...; **lui seul peut ~ de l'urgence** only he can appreciate the urgency, only he can tell how urgent it is; **autant que je puisse en ~** as far as I can judge; **jugez de ma surprise!** imagine my surprise!

3 *nm*: **au ~** = **au jugé**; *V* **jugé**.

jugulaire [ʒygylɛʀ] **1** *adj* *veines, glandes* jugular. (*hum*) **il est ~ ~*** he's a stickler for the rules. **2** *nf* **(a)** (*Mil*) chin strap. **(b)** (*Anat*) jugular vein.

juguler [ʒygyle] (1) *vt* *maladie* to arrest, halt; *envie, désirs* to suppress, repress; *inflation* to curb, stamp out; *révolte* to put down, quell, repress; *personne* to stifle, sit upon*.

juif, juive [ʒɥif, ʒɥiv] **1** *adj* Jewish. **2** *nm*: **J~** Jew; **le J~ errant** the Wandering Jew. **3 Juive** *nf* Jew, Jewess, Jewish woman.

juillet [ʒɥijɛ] *nm* July. **la révolution/monarchie de J~** the July revolution/monarchy; *pour autres loc V* **septembre** *et* **quatorze**.

juin [ʒɥɛ̃] *nm* June; *pour loc V* **septembre**.

juive [ʒɥiv] *V* **juif**.

juiverie [ʒɥivʀi] *nf* (*péj*) **la ~** the Jews, the Jewish people.

jujube [ʒyʒyb] *nm* (*fruit, pâte*) jujube.

juke-box, pl juke-boxes [ʒykbɔks] *nm* jukebox.

julep [ʒylɛp] *nm* julep.

jules [ʒyl] *nm* **(a)** (*nom*) **J~** Julius; (*: amoureux*) man, bloke* (*Brit*), guy*; (*arg Crime*) gangster. **J~ César** Julius Caesar. **(b)** (*: vase de nuit*) chamberpot, jerry‡ (*Brit*).

julien, -ienne [ʒyljɛ̃, jɛn] **1** *adj* (*Astron*) Julian. **2** *nm*: **J~** Julian. **3 julienne** *nf* **(a)** **J~ne** Juliana, Gillian. **(b)** (*Culin*) (*légumes*) julienne; (*poisson*) ling. **(c)** (*Bot*) rocket.

Juliette [ʒyljɛt] *nf* Juliet.

jumeau, -elle, mpl ~x [ʒymo, ɛl] **1** *adj* *lit, frère, sœur* twin. **c'est mon frère ~** he is my twin (brother); **fruits ~x** double fruits; **maisons ~elles** semidetached houses; **muscles ~x** gastrocnemius (*sg*).

2 *nm,f* **(a)** (*personne*) twin. **vrais/faux ~x, vraies/fausses ~elles** identical/fraternal twins.

(b) (*sosie*) double. **c'est mon ~/ma ~elle** he's/she's my double; **j'aimerais trouver le ~ de ce vase ancien** I'd like to find the partner to this antique vase.

3 *nm* (*Culin*) clod of beef.

4 jumelle *nf* (*gén pl*) **(a)** (*genér*) binoculars. **~elles de spectacle** *ou* **théâtre de campagne** opera/field glasses; **~elle marine** binoculars.

(b) [*mât*] fish. (*Aut*) **~elle de ressort** shackle.

jumelage [ʒymlaʒ] *nm* twinning.

jumelé, e [ʒymle] (*ptp de* **jumeler**) *adj*: **colonnes ~es** twin pillars; **roues ~es** double wheels; (*loterie*) **billets ~s** double series ticket; **vergue ~e** twin yard; **mât ~** twin mast; **villes ~es** twin towns.

jumeler [ʒymle] (4) *vt* *villes* to twin; *efforts* to join; *mâts, poutres* to double up, fish (*T*).

jument [ʒymɑ̃] *nf* mare.

jumping [dʒœmpiŋ] *nm* (*gén*) jumping; (*concours équestre*) show-jumping.

jungle [ʒœ̃gl(ə)] *nf* (*lit, fig*) jungle. **la ~ des affaires** the jungle of the business world, the rat race of business.

junior [ʒynjɔʀ] **1** adj (Comm, Sport, hum) junior. **Dupont ~** Dupont junior; **équipe ~** junior team; **mode ~** young ou junior fashion.
2 nmf (Sport) junior.
Junon [ʒynɔ̃] nf Juno.
junte [ʒœt] nf junta.
jupe [ʒyp] **1** nf (Habillement, Tech) skirt. **~ plissée/droite** pleated/straight skirt; **~s** skirts; (fig) **être toujours dans les ~s de sa mère** to cling to one's mother's apron strings; **il est toujours dans mes ~s** he's always under my feet.
2: **jupe-culotte** nf, pl **jupes-culottes** culotte, culottes, divided skirt; **jupe portefeuille** wrap-around skirt.
jupette [ʒypɛt] nf (short) skirt.
Jupiter [ʒypitɛʀ] nm (Astron) Jupiter; (Myth) Jove, Jupiter.
jupon [ʒypɔ̃] nm **(a)** (Habillement) waist petticoat ou slip, underskirt. **(b)** (fig†: femme) bit of skirt*. **aimer le ~** to love anything in a skirt; V **courir**.
juponné, e [ʒypɔne] adj: **robe ~e** dress worn with a full petticoat.
Jura [ʒyʀa] nm: **le ~** the Jura (Mountains).
jurassien, -ienne [ʒyʀasjɛ̃, jɛn] **1** adj of the Jura Mountains, Jura (épith). **2** nm, f: **J~(ne)** inhabitant ou native of the Jura Mountains.
jurassique [ʒyʀasik] adj, nm Jurassic.
juré, e [ʒyʀe] (ptp de **jurer**) **1** adj (qui a prêté serment) sworn. (fig) **ennemi ~** sworn enemy.
2 nm juror, juryman. **Messieurs les ~s apprécieront** the members of the jury will bear that in mind; **être convoqué comme ~** to have to report for jury duty.
3 jurée nf juror, jurywoman.
jurer [ʒyʀe] (1) **1** vt **(a)** (promettre, prêter serment) to swear, vow. **~ fidélité/obéissance/amitié à qn** to swear ou pledge loyalty/obedience/friendship to sb; **~ la perte de qn** to swear to ruin sb ou bring about sb's downfall; **je jure que je me vengerai** I swear ou vow I'll get ou have my revenge; **faire ~ à qn de garder le secret** to swear ou pledge sb to secrecy; **jure-moi que tu reviendras** swear (to me) you'll come back; **'levez la main droite et dites je le jure'** 'raise your right hand and say I swear'; **~ sur la Bible/sur la croix/(devant)** Dieu to swear on the Bible/on the cross/to God; **~ sur la tête de ses enfants** ou **de sa mère** to swear by all that one holds dearest ou with one's hand on one's heart; **il jurait ses grands dieux qu'il n'avait rien fait** he swore blind* ou by all the gods† ou to heaven that he hadn't done anything; **je vous jure que ce n'est pas facile** I can tell you ou assure you that it isn't easy; **ah! je vous jure!** honestly!; **il faut de la patience, je vous jure, pour la supporter!** it takes ou you need patience, I can assure you, to put up with her.
(b) (admiration) **on ne jure plus que par lui** everyone swears by him; **on ne jure plus que par ce nouveau remède** everyone swears by this new medicine.
2 jurer de vt indir to swear to. **j'en jurerais** I could swear to it, I'd swear to it; **je suis prêt à ~ de son innocence** I'm willing to swear to his innocence; (Prov) **il ne faut ~ de rien** you never can tell.
3 vi **(a)** (pester) to swear, curse. **~ après** ou **contre qch/qn** to swear ou curse at sth/sb; **~ comme un charretier** to swear like a trooper.
(b) [couleurs] to clash, jar; [propos] to jar.
4 se jurer vpr **(a)** (à soi-même) to vow to o.s., promise o.s. **il se jura bien que c'était la dernière fois** he vowed it was the last time.
(b) (réciproquement) to pledge (to) each other, swear, vow. **ils se sont juré un amour éternel** they pledged ou vowed ou swore (each other) eternal love.
juridiction [ʒyʀidiksjɔ̃] nf **(a)** (compétence) jurisdiction. **hors de/sous sa ~** beyond/within his jurisdiction; **exercer sa ~** to exercise one's jurisdiction; **tombant sous la ~ de** falling ou coming within the jurisdiction of. **(b)** (tribunal) court(s) of law.
juridique [ʒyʀidik] adj legal, juridical. **études ~s** law ou legal studies.
juridiquement [ʒyʀidikmɑ̃] adv juridically, legally.
jurisconsulte [ʒyʀiskɔ̃sylt(ə)] nm jurisconsult.
jurisprudence [ʒyʀispʀydɑ̃s] nf **la ~** (source de droit) ≃ case law, jurisprudence; (décisions) precedents, judicial precedent. **faire ~** to set a precedent; **cas qui fait ~** test case.
juriste [ʒyʀist(ə)] nm [compagnie] lawyer; (auteur, légiste) jurist. **un esprit de ~** a legal turn of mind.
juron [ʒyʀɔ̃] nm oath, curse, swearword. **dire des ~s** to swear, curse.
jury [ʒyʀi] nm (Jur) jury; (Art, Sport) panel of judges; (Scol) board of examiners, jury. (Jur) **président du ~** foreman of the jury; (Jur) **membre du ~** member of the jury, juror; (Univ) **~ de thèse** Ph.D. examining board.
jus [ʒy] nm **(a)** (liquide) juice. **~ de fruit** fruit juice; **~ de raisin** grape juice; **~ de viande** juice(s) from the meat, ≃ gravy; **plein de ~** juicy; **~ de la treille*** juice of the vine (hum), wine; V **cuire, jeter, mijoter** etc.
(b) (*) (café) coffee; (courant) juice*; (discours, article) talk. **c'est un ~ infâme** it's a foul brew*; **au ~!** coffee's ready!, coffee's up!*
(c) (*loc) **jeter/tomber au ~** ou **dans le ~** to throw/fall into the water ou drink*; **au ~!** into the water with him!, in he goes!
(d) (arg Mil) **soldat de 1er ~** ≃ lance corporal (Brit); **soldat de 2e ~** ≃ private; **c'est du 8 au ~** only a week to go (to the end of military service).
jusant [ʒyzɑ̃] nm ebb tide.
jusque [ʒysk(ə)] **1** prép **(a)** (lieu) **jusqu'à la, jusqu'au** to, as far as, (right) up to, all the way to; **j'ai couru jusqu'à la maison/l'école** I ran all the ou right the way home/to school; **j'ai marché jusqu'au village puis j'ai pris le car** I walked to ou as far as the village then I took the bus; **ils sont montés jusqu'à 2.000 mètres** they climbed

up to 2,000 metres; **il s'est avancé jusqu'au bord du précipice** he walked (right) up to the edge of the precipice; **il a rampé jusqu'à nous** he crawled up to us; **il avait de la neige jusqu'aux genoux** he had snow up to his knees, he was knee-deep in snow; **la nouvelle est venue jusqu'à moi** the news has reached me; (fig) **il menace d'aller jusqu'au ministre** he's threatening to go right to the minister.
(b) (temps) **jusqu'à, jusqu'en** until, till, up to; **jusqu'en mai** until May; **jusqu'à samedi** until Saturday; **du matin jusqu'au soir** from morning till night; **jusqu'à 5 ans il vécut à la campagne** he lived in the country until ou up to the age of 5; **les enfants restent dans cette école jusqu'à (l'âge de) 10 ans** (the) children stay at this school until they are 10 ou until the age of 10; **marchez jusqu'à ce que vous arriviez à la mairie** walk until you reach the town hall, walk as far as the town hall; **rester jusqu'au bout** ou **à la fin** to stay till ou to the end; **de la Révolution jusqu'à nos jours** from the Revolution (up) to the present day.
(c) (limite) **jusqu'à 20 kg** up to 20 kg, not exceeding 20 kg; **véhicule transportant jusqu'à 15 personnes** vehicle which can carry up to ou as many as 15 people; **pousser l'indulgence jusqu'à la faiblesse** to carry indulgence to the point of weakness; **aller jusqu'à dire/faire** to go so far as to say/do; **j'irai jusqu'à lui prêter 50 F** I am prepared to lend him ou I'll go as far as to lend him 50 francs; **j'irai jusqu'à 100** I'll go as far as ou up to 100.
(d) (y compris) even. **il a mangé jusqu'aux arêtes** he ate everything including ou even the bones, he ate the lot — bones and all; **ils ont regardé ~ sous le lit** they even looked under the bed; **tous jusqu'au dernier l'ont critiqué** they all criticized him to a man, every single ou last one of them criticized him.
(e) (avec prép ou adv) **accompagner qn ~ chez lui** to take ou accompany sb (right) home; **veux-tu aller ~ chez le boucher pour moi?** would you go (along) to the butcher's for me?; **jusqu'où?** how far?; **jusqu'à quand?** until when?, how long?; **jusqu'à quand restez-vous?** how long ou till when are you staying?; **jusqu'ici** (temps présent) so far, until now; (au passé) until then; (lieu) up to ou as far as here; **~-là** (temps) until then; (lieu) up to there; **jusqu'alors, ~s alors** until then; **en avoir ~-là*** to be sick and tired (de of), be fed up to the (back) teeth* (de with) (Brit); **j'en ai ~-là!** I'm sick and tired of it!, I've had about as much as I can take!; **s'en mettre ~-là*** to stuff o.s. to the gills*; **jusqu'à maintenant, jusqu'à présent** until now, so far; **~ (très) tard** until (very) late; **~ vers 9 heures** until about 9 o'clock.
(f) (loc) **jusqu'au bout** to the (very) end; **jusqu'à concurrence de 100 F** to the amount of 100 francs; **vrai jusqu'à un certain point** true up to a certain point; **jusqu'au fond** to the (very) bottom; **elle a été touchée jusqu'au fond du cœur** she was most deeply touched; **rougir jusqu'aux oreilles** to blush to the roots of one's hair; **il avait un sourire jusqu'aux oreilles** he was grinning ou beaming from ear to ear; (Admin) **jusqu'à nouvel ordre** until further notice; **jusqu'à plus ample informé** until further information is available, pending further information; **tu vois jusqu'à quel point tu t'es trompé** you see how wrong you were; **jusqu'au moment où** until, till; **faire qch jusqu'à plus soif*** to do sth until one has had more than enough; **jusqu'à la gauche*** to the (bitter) end.
2 adv: **~(s) et y compris** up to and including; **jusqu'à (même)** even; **j'ai vu jusqu'à des enfants tirer sur des soldats** I even saw children shooting at soldiers; **il n'est pas jusqu'au paysage qui n'ait changé** the very landscape ou even the landscape has changed.
3 conj: **jusqu'à ce que, jusqu'à tant que** until; **sonnez jusqu'à ce qu'on vienne ouvrir** ring until someone answers the door; **il faudra le lui répéter jusqu'à ce** ou **jusqu'à tant qu'il ait compris** you'll have to keep on telling him until he's understood.
4: **jusqu'au-boutisme** nm (politique) hard-line policy; (attitude) extremist attitude; **jusqu'au-boutiste** nmf, pl **jusqu'au-boutistes** extremist, hard-liner; **c'est un jusqu'au-boutiste** he takes things to the bitter end, he always goes the whole hog*.
jusques [ʒysk(ə)] (†, littér) = **jusque**.
justaucorps [ʒystokɔʀ] nm (Hist) jerkin.
juste [ʒyst(ə)] **1** adj **(a)** (équitable) personne, notation just, fair; sentence, guerre, cause just. **être ~ pour** ou **envers qn à l'égard de qn** to be fair to sb; **c'est un homme ~** he is a just man; **il faut être ~ one** must be fair; **pour être ~ envers lui** in fairness to him, to be fair to him; **il n'est pas ~ de l'accuser** it is unfair to accuse him; **la conscience du ~** a clear ou an untroubled conscience; **les ~s** (gén) the just; (Rel) the righteous; **par un ~ retour des choses** by a fair ou just twist of fate.
(b) (légitime) revendication, vengeance, fierté just; colère righteous, justifiable. **à ~ titre** justly, rightly; **il en est fier, et à ~ titre** he's proud of it and rightly ou understandably so; **la ~ récompense de son travail** the just reward for his work.
(c) (exact) addition, réponse, heure right, exact. **à l'heure ~** right on time, dead on time* (Brit); **à 6 heures ~s** on the stroke of 6, dead on 6 o'clock*; **apprécier qch à son ~ prix/sa ~ valeur** to appreciate the true price/the true worth of sth; **le ~ milieu** the happy medium, the golden mean; (Pol) the middle course ou way.
(d) (pertinent, vrai) idée, raisonnement sound; remarque, expression apt. **il a dit des choses très ~s** he said some very sound things; **très ~!** good point!, quite right!!; **c'est ~** that's right, that's a fair point.
(e) (qui apprécie avec exactitude) appareil, montre accurate, right (attrib); esprit sound; balance accurate, true; **coup d'œil ~** appraising; oreille good.
(f) (Mus) note right, true; voix true; instrument in tune (attrib), well-tuned. **il a une voix ~** he has a true voice, he sings in tune; **quinte ~** perfect fifth.

(g) (*trop court, étroit*) *vêtement, chaussure* tight; (*longueur, hauteur*) on the short side. (*quantité*) **1 kg pour 6, c'est un peu** ~ 1 kg for 6 people — it's barely enough *ou* it's a bit on the short *ou* skimpy side; **3 heures pour faire cette traduction, c'est** ~ 3 hours to do that translation — it's barely (allowing) enough; **elle n'a pas raté son train mais c'était** ~ she didn't miss her train but it was a close thing.

(h) (*excl*) ~ **ciel!**† heavens (above)!; ~ **Dieu!**† almighty God!, ye Gods!

2 adv (a) (*avec exactitude*) *compter, viser* accurately; *raisonner* soundly; *deviner* rightly, correctly; *chanter* in tune. **tomber** ~ (*deviner*) to say just the right thing, hit the nail on the head; **division qui tombe** ~ division which works out exactly; **la pendule va** ~ the clock is keeping good time.

(b) (*exactement*) just, exactly. ~ **au-dessus** just above; ~ **au coin** just on *ou* round the corner; **il a dit** ~ **ce qu'il fallait** he said exactly *ou* just what was needed; **c'est** ~ **le contraire** it's exactly *ou* just the opposite; ~ **au moment où j'entrais, il sortait** (just) at the very moment when I was coming in, he was going out; **je suis arrivé** ~ **quand/comme il sortait** I arrived just when/as he was leaving; **j'ai** ~ **assez** I have just enough; **3 kg** ~ 3 kg exactly.

(c) (*seulement*) only, just. **j'ai** ~ **à passer un coup de téléphone** I only *ou* just have to make a telephone call; **il est parti il y a** ~ **un moment** he left just *ou* only a moment ago.

(d) (*un peu*) ~ *compter, prévoir* not quite enough, too little; **il est arrivé un peu** ~ *ou* **bien** ~ he cut it a bit too fine* (*Brit*) *ou* close, he arrived at the last minute; **il a mesuré trop** ~ he didn't allow quite enough, he cut it a bit too fine* (*Brit*).

(e) (*loc*) **que veut-il au** ~? what exactly does he want? *ou* is he after?*, what does he actually want?; **au plus** ~ **prix** at the lowest *ou* minimum price; **calculer au plus** ~ to work things out to the minimum; **comme de** ~ as usual, of course, naturally; **comme de** ~ **il pleuvait!** and of course *ou* inevitably it was raining!; **tout** ~ (*seulement*) only just; (*à peine*) hardly, barely; (*exactement*) exactly; **c'est tout** ~ **si je ne me suis pas fait insulter!** what I got was little more than a string of insults flung at me, I barely escaped insult; **son livre vaut tout** ~ **la peine qu'on le lise** his book is barely worth reading; **c'est tout** ~ **passable** it's just *ou* barely passable.

2 nm (*Rel*) just man. **les** ~**s** the just; *V* **dormir**.

justement [ʒystəmɑ̃] *adv* **(a)** (*précisément*) exactly, just, precisely. **il ne sera pas long,** ~, **il arrive** he won't be long, in fact he's just coming; **on parlait** ~ **de vous** we were just talking about you.

(b) (*à plus forte raison*) **puisque vous me l'interdisez ... eh bien,** ~ **je le lui dirai** since you forbid me to ... just for that I'll tell him.

(c) (*avec justesse, justice*) *raisonner, remarquer* rightly, justly, soundly. ~ **puni** justly punished; ~ **inquiet/fier** justifiably anxious/proud; **on peut dire** ~ **que** ... one would be right in saying that ..., one could justifiably say that ... .

justesse [ʒystɛs] *nf* **(a)** (*exactitude*) [*appareil, montre, balance, tir*] accuracy, precision; [*calcul*] accuracy, correctness; [*réponse, comparaison, observation*] exactness; [*coup d'œil, oreille*] accuracy.

(b) [*note, voix, instrument*] accuracy.

(c) (*pertinence*) [*idée, raisonnement*] soundness; [*remarque, expression*] aptness, appropriateness. **on est frappé par la** ~ **de son esprit** one is struck by the soundess of his judgment *ou* by how sound his judgment is.

(d) (*loc*) **de** ~ just, barely; **gagner de** ~ to win by a narrow margin; **j'ai évité l'accident de** ~ I barely *ou* only just escaped an accident, I avoided the accident by a hair's breadth, I had a narrow escape; **il s'en est tiré de** ~ he got out of it by the skin of his teeth; **il a eu son examen de** ~ he only just passed his exam, he scraped through his exam.

justice [ʒystis] *nf* **(a)** (*équité*) fairness, justice. **en bonne** *ou* **toute** ~ in all fairness; **on lui doit cette** ~ **que** ... it must be said in fairness to him that ...; **ce n'est que** ~ **qu'il soit récompensé** it's only fair *ou* just that he should have his reward; **il a la** ~ **pour lui** justice is on his side; **traiter qn avec** ~ to treat sb justly *ou* fairly.

(b) (*fait de juger*) justice. **exercer la** ~ to exercise justice; **passer en** ~ to stand trial; **les décisions de la** ~ judicial *ou* juridical decisions; **aller en** ~ to take a case to court; **demander/obtenir** ~ to demand/obtain justice; **être traduit en** ~ to be brought

before the court(s); ~ **de paix** court of first instance; (*Rel, Philos*) ~ **immanente** immanent justice; (*fig*) **sans le vouloir, il s'est puni lui-même, il y a une sorte de** ~ **immanente** there's a sort of poetic justice in the fact that, without meaning to, he punished himself; *V* **déni, palais, repris** *etc*.

(c) (*loi*) **la** ~ **the law; la** ~ **le recherche** he is wanted by the law; **il a eu des démêlés avec la** ~ he's had a brush *ou* he's had dealings with the law; **la** ~ **de notre pays** the law of our country; **c'est du ressort de la** ~ **militaire** it comes under military law.

(d) rendre ~ **à qn** to do sb justice; **rendre la** ~ to dispense justice; **faire** ~ **de qch** (*récuser*) to refute sth; (*réfuter*) to disprove sth; **il a pu faire** ~ **des accusations** he was able to refute the accusations; **se faire** ~ (*se venger*) to take the law into one's own hands, take (one's) revenge; (*se suicider*) to take one's life; **il faut lui rendre cette** ~ **qu'il n'a jamais cherché à nier** we must do him justice in one respect and that is that he's never tried to deny it, in fairness to him it must be said that he's never tried to deny it; **on n'a jamais rendu** ~ **à son talent** his talent has never had fair *ou* due recognition.

justiciable [ʒystisjabl(ə)] **1** *adj*: **criminel** ~ **de la cour d'assises** criminal subject to the criminal court *ou* to trial in the assizes; (*fig*) **l'homme politique est** ~ **de l'opinion publique** politicians are answerable to public opinion; (*fig*) **situation** ~ **de mesures énergiques** situation where strong measures are indicated *ou* required, situation requiring strong measures.

2 *nmf* (*Jur*) *person subject to trial*. **les** ~**s** those to be tried.

justicier, -ière [ʒystisje, jɛR] *nm,f* **(a)** (*gén*) upholder of the law, dispenser of justice. **(b)** (*Jur*††) dispenser of justice.

justifiable [ʒystifjabl(ə)] *adj* justifiable. **cela n'est pas** ~ that is unjustifiable, that can't be justified.

justificateur, -trice [ʒystifikatœR, tRis] *adj raison, action* justificatory, justifying.

justificatif, -ive [ʒystifikatif, iv] *adj démarche, document* supporting, justificatory. **pièce** ~**ive** written proof *ou* evidence; **il faut fournir un** ~ written proof must be given.

justification [ʒystifikɑsjɔ̃] *nf* **(a)** (*explication*) justification. ~ **de la guerre** justification of war; **fournir des** ~**s** to give some justification. **(b)** (*preuve*) proof. **(c)** (*Typ*) justification.

justifier [ʒystifje] (7) **1** *vt* **(a)** (*légitimer*) *personne, attitude, action* to justify. **rien ne justifie cette colère** such anger is quite unjustified.

(b) (*donner raison*) *opinion* to justify, bear out, vindicate; *espoir* to justify. **ça justifie mon point de vue** it bears out *ou* vindicates my opinion; ~ **qn d'une erreur** to clear sb of having made a mistake; **les faits ont justifié son inquiétude** events justified his anxiety.

(c) (*prouver*) to prove, justify. **pouvez-vous** ~ **ce que vous affirmez?** can you justify *ou* prove your assertions?; **cette quittance justifie du paiement** this invoice is evidence *ou* proof of payment.

(d) (*Typ*) to justify.

2 justifier de *vt indir* to prove. ~ **de son identité** to prove one's identity.

3 se justifier *vpr* to justify o.s. **se** ~ **d'une accusation** to clear o.s. of an accusation.

jute [ʒyt] *nm* jute; *V* **toile**.

juter [ʒyte] (1) *vi* **(a)** [*fruit*] to be juicy, drip with juice. **pipe qui jute*** dribbling pipe. **(b)** (*: faire un discours etc*) to spout*, hold forth.

juteux, -euse [ʒytø, øz] **1** *adj fruit* juicy; (*) *affaire* lucrative. **2 nm** (*arg Mil: adjutant*) adjutant.

Juvénal [ʒyvenal] *nm* Juvenal.

juvénile [ʒyvenil] *adj allure* young, youthful. **plein de fougue** ~ full of youthful enthusiasm.

juvénilité [ʒyvenilite] *nf* (*litter*) youthfulness.

juxtalinéaire [ʒykstalineɛR] *adj* (*littér*) **traduction** ~ line by line translation.

juxtaposer [ʒykstapoze] (1) *vt* to juxtapose, place side by side. **propositions juxtaposées** juxtaposed clauses; **son francais se réduit à des mots juxtaposés** his French is little more than a string of unconnected words.

juxtaposition [ʒykstapozisjɔ̃] *nf* juxtaposition.

K

K, k [kɑ] *nm* (*lettre*) K, k; (*Ordin*) K.
kabbale [kabal] *nf* = **cabale**.
Kaboul, Kabul [kabul] *n* Kabul.
kabyle [kabil] **1** *adj* Kabyle. **2** *nm* (*Ling*) Kabyle. **3** *nmf*: **K~** Kabyle.
Kabylie [kabili] *nf* Kabylia.
kafkaïen, -ïenne [kafkajɛ̃, jɛn] *adj* Kafkaesque.
kakatoès [kakatɔɛs] *nm* = **cacatoès**.
kaki [kaki] **1** *adj* khaki. **2** *nm* (**a**) (*couleur*) khaki. (**b**) (*Agr*) persimmon.
Kalahari [kalaaʀi] *n*: **désert du ~** Kalahari Desert.
kaléidoscope [kaleidɔskɔp] *nm* kaleidoscope.
kaléidoscopique [kaleidɔskɔpik] *adj* kaleidoscopic.
kamikaze [kamikaze] *nm* kamikaze.
Kampuchéa [kɑ̃putʃea] *nm*: **~ (démocratique)** Democratic Kampuchea.
kampuchéen, -enne [kɑ̃putʃeɛ̃, ɛn] **1** *adj* Kampuchean. **2** *nm,f*: **K~(ne)** Kampuchean.
kangourou [kɑ̃guʀu] *nm* kangaroo.
Kansas [kɑ̃sas] *nm* Kansas.
kantien, -ienne [kɑ̃tjɛ̃, jɛn] *adj* Kantian.
kantisme [kɑ̃tism(ə)] *nm* Kantianism.
kaolin [kaɔlɛ̃] *nm* kaolin.
kapok [kapɔk] *nm* kapok.
karaté [kaʀate] *nm* karate.
karateka [kaʀateka] *nm* karate expert.
karstique [kaʀstik] *adj* karstic.
kart [kaʀt] *nm* go-cart, kart.
karting [kaʀtiŋ] *nm* go-carting, karting. **faire du ~** to go-cart, go karting.
kasbah [kazba] *nf* = **casbah**.
kascher [kaʃɛʀ] *adj* kasher, kosher.
kayak [kajak] *nm* (*eskimo*) kayak; (*Sport*) canoe, kayak. **faire du ~** to go canoeing.
Kentucky [kɛntyki] *nm* Kentucky.
Kenya [kenja] *nm* Kenya. **le mont ~** Mount Kenya.
kényen, -yenne [kenjɛ̃, jɛn] **1** *adj* Kenyan. **2** *nm,f*: **K~(ne)** Kenyan.
képi [kepi] *nm* kepi.
kermesse [kɛʀmɛs] *nf* (*fête populaire*) fair; (*fête de charité*) bazaar, charity fête. (*fig*) **c'est une vraie ~ là-dedans*** it's absolute bedlam in there; **~ paroissiale** church fête *ou* bazaar.
kératine [keʀatin] *nf* keratin.
kérosène [keʀozɛn] *nm* [*avion*] aviation fuel, kerosene (*US*); [*jet*] jet fuel; [*fusée*] rocket fuel.
kg *abrév de* **kilogramme**.
KGB [kaʒebe] *nm* KGB.
khâgne [kaɲ] *nf* = **cagne**.
khâgneux, -euse [kaɲø] *nm,f* = **cagneux²**.
khalife [kalif] *nm* = **calife**.
khan [kɑ̃] *nm* khan.
Khartoum [kaʀtum] *n* Khartoum.
khédive [kediv] *nm* khedive.
khmer, -ère [kmɛʀ] **1** *adj* Khmer. **République ~ère** Khmer Republic. **2** *nmpl*: **les K~s** the Khmers; **K~ rouge** Khmer Rouge.
khôl [kol] *nm* khol, kajal.
kibboutz [kibuts] *nm inv* kibbutz.
kidnappage [kidnapaʒ] *nm* = **kidnapping**.
kidnapper [kidnape] (1) *vt* to kidnap.
kidnapping [kidnapiŋ] *nm* (*rare*) kidnapping.
kidnappeur, -euse [kidnapœʀ, øz] *nm,f* kidnapper.
kief [kjɛf] *nm*, **kif¹** [kif] *nm* kef, kif. **kif²*** [kif] *nm*: **c'est du ~** it's all the same, it's all one, it makes no odds* (*Brit*).
kif-kif* [kifkif] *adj inv*: **c'est ~** it's all the same, it's all one, it makes no odds* (*Brit*).
kiki* [kiki] *nm*: **serrer le ~ à qn** to throttle sb, grab sb by the throat; **V partir**.
kil‡ [kil] *nm*: **~ de rouge** bottle of plonk* (*Brit*) *ou* cheap wine.
Kilimandjaro [kilimɑ̃dʒaʀo] *nm*: **le ~** Mount Kilimanjaro.
kilo [kilo] *nm* kilo.
kilo ... [kilo] *préf* kilo ... .
kilobar [kilobaʀ] *nm* kilobar.
kilocalorie [kilokalɔʀi] *nf* kilocalory.
kilocycle [kilosikl(ə)] *nm* kilocycle.
kilogramme [kilogʀam] *nm* kilogramme.

kilohertz [kilɔɛʀts] *nm* kilohertz.
kilométrage [kilometʀaʒ] *nm* ≃ [*voiture, distance*] mileage; (*route*) marking with milestones.
kilomètre [kilɔmɛtʀ(ə)] *nm* kilometre.
kilométrer [kilɔmetʀe] (6) *vt route* ≃ to mark with milestones.
kilométrique [kilɔmetʀik] *adj*: **distance ~** distance in kilometres; **borne ~** ≃ milestone.
kilo-octet [kilɔɔktɛ] *nm* kilobyte.
kilotonne [kilɔtɔn] *nf* kiloton.
kilowatt [kilowat] *nm* kilowatt.
kilowatt-heure, *pl* **kilowatts-heures** [kilɔwatœʀ] *nm* kilowatt-hour.
kilt [kilt] *nm* kilt; (*pour femme*) pleated *ou* kilted skirt.
kimono [kimɔno] *nm* kimono.
kinase [kinaz] *nf* kinase.
kinésithérapeute [kineziteʀapøt] *nmf* physiotherapist (*Brit*), physical therapist (*US*).
kinésithérapie [kineziteʀapi] *nf* physiotherapy (*Brit*), physical therapy (*US*).
kinesthésique [kinɛstezik] *adj* kinaesthetic.
kiosque [kjɔsk(ə)] *nm* [*fleurs etc*] kiosk, stall; [*jardin*] pavilion, summerhouse; [*sous-marin*] conning tower; [*bateau*] wheelhouse. **~ à musique** bandstand; **~ à journaux** newsstand, newspaper kiosk.
kirsch [kiʀʃ] *nm* kirsch.
kit [kit] *nm* kit. **en ~** in kit form.
kitchenette [kitʃenɛt] *nf* kitchenette.
kitsch [kitʃ] *adj inv* kitsch.
kiwi [kiwi] *nm* (**a**) (*oiseau*) kiwi. (**b**) (*arbre*) kiwi tree; (*fruit*) kiwi (fruit), Chinese gooseberry.
klaxon, Klaxon [klaksɔn] *nm* ® (*Aut*) horn.
klaxonner [klaksɔne] (1) *vt* (*fort*) to hoot (one's horn), sound one's horn, (*doucement*) to toot (the horn). **klaxonne, il ne t'a pas vu** give a hoot *ou* toot on your horn *ou* give him a toot*, he hasn't seen you.
kleb(s)* [klɛp(s)] *nm* = **clebs***.
kleenex [klinɛks] *nm* ® tissue, paper hanky, Kleenex ®.
kleptomane [klɛptɔman] *adj, nmf* kleptomaniac.
kleptomanie [klɛptɔmani] *nf* kleptomania.
km *abrév de* **kilometre(s)**.
km/h (*abrév de* **kilomètres/heure**) ≃ mph.
knock-out [nɔkawt] (*Boxe*, ‡) **1** *adj* knocked out, out for the count*. **mettre qn ~** to knock sb out; **il est complètement ~** he's out cold*. **2** *nm* knock-out.
knout [knut] *nm* knout.
K.-O. [kao] *nm* (*abrév de* **knock out**) K.O. **perdre par ~** to be knocked out; **gagner par ~** to win by a knockout.
Ko *abrév de* **kilo-octet**.
koala [kɔala] *nm* koala (bear).
kola [kɔla] *nm* = **cola**.
kolkhoze [kɔlkoz] *nm* kolkhoz, Russian collective farm.
kolkhozien, -ienne [kɔlkozjɛ̃, jɛn] *adj, nm,f* kolkhozian.
kopeck [kɔpɛk] *nm* kopeck. **je n'ai plus un ~*** I haven't got a sou.
koran [kɔʀɑ̃] *nm* = **coran**.
kouglof [kuglɔf] *nm* kugelhopf (*kind of bun*).
Koweit [kɔwɛt] *nm* Kuwait.
koweitien, -ienne [kɔwetjɛ̃, jɛn] **1** *adj* Kuwaiti. **2** *nm,f*: **K~(ne)** Kuwaiti, inhabitant of Kuwait.
krach [kʀak] *nm* (*Bourse*) crash.
kraft [kʀaft] *nm*: **V papier**.
Kremlin [kʀɛmlɛ̃] *nm*: **le ~** the Kremlin.
krypton [kʀiptɔ] *nm* krypton.
Ku Klux Klan [ky klyks klɑ̃] *nm* Ku Klux Klan.
kummel [kymɛl] *nm* kümmel.
kumquat [kumkwat] *nm* kumquat.
kurde [kyʀd(ə)] **1** *adj* Kurdish. **2** *nm* (*Ling*) Kurdish. **3** *nmf*: **K~** Kurd.
Kurdistan [kyʀdistɑ̃] *nm* Kurdistan.
kyrie [kiʀje], **kyrie eleison** [kiʀjeeleisɔn] *nm, inv* (*Rel, Mus*) Kyrie (eleison).
kyrielle [kiʀjɛl] *nf* [*injures, réclamations*] string, stream; [*personnes*] crowd, stream; [*objets*] pile.
kyste [kist(ə)] *nm* cyst.
kystique [kistik] *adj* cystic.

L

L, l [ɛl] *nm ou nf* (*lettre*) L, l.
l *abrév de* **litre(s)**.
l' [l(ə)] *V* **le¹**, **le²**.
la¹ [la] *V* **le¹**, **le²**.
la² [la] *nm inv* (*Mus*) A; (*en chantant la gamme*) lah. **donner le ~** (*lit*) to give an A; (*fig*) to set the tone *ou* the fashion.
là [la] **1** *adv* **(a)** (*par opposition à ici*) there; (*là-bas*) over there. **~, on s'occupera bien de vous** you will be well looked after there; **je le vois ~, sur la table** I can see it (over) there, on the table; **c'est ~ où** *ou* **que je suis né** that's where I was born; **il est allé à Paris, et de ~ à Londres** he went to Paris, and then from there to London *ou* and then (from there) on to London; **c'est à 3 km de ~** it's 3 km away (from there); **quelque part par ~** somewhere around there *ou* near there; **passez par ~** go that way; *V* **çà**.
(b) (*ici*) here, there. **ne restez pas ~ au froid** don't stand here *ou* there in the cold; **M X n'est pas ~** Mr X isn't here *ou* in; **c'est ~ qu'il est tombé** that's *ou* this is where he fell; **déjà ~!** (are) you here already?; **qu'est-ce que tu fais ~?** (*lit*) what are you doing here?; (*fig: manigancer*) what are you up to?; **les faits sont ~** there's no getting away from the facts, those are the facts.
(c) (*dans le temps*) then, (at) this *ou* that moment. **c'est ~ qu'il comprit qu'il était en danger** that was when he realized *ou* it was then that he realized he was in danger; **à partir de ~** from then on, after that; **jusque-~** until then, until that moment *ou* time; **à quelques jours de ~** a few days later *ou* after(wards); *V* **ici**.
(d) (*dans cette situation*) **tout cela pour en arriver** *ou* **en venir ~!** all that effort just for this!; **il faut s'en tenir** *ou* **en rester ~** we'll have to leave it at that *ou* stop there; **la situation en est ~** that's how the situation stands at the moment, that's the state of play at present; **ils en sont ~** (*lit*) that's how far they've got up to, that's the stage they've reached; (*péj*) that's how low they've sunk; **ils n'en sont pas encore ~** they haven't got that far yet *ou* reached that stage yet; (*péj*) they haven't reached that stage yet *ou* come to that yet; **~ est la difficulté, c'est ~ qu'est la difficulté** that's where the difficulty lies; **il a bien fallu en passer par ~** it had to come (to that) in the end; **c'est bien ~ qu'on voit les paresseux!** that's where *ou* when you see who the lazy ones are!; **c'est ~ où** *ou* **que nous ne sommes plus d'accord** that's where I take issue *ou* start to disagree with you.
(e) (*intensif*) that. **ce jour-~** that day; **en ce temps-~** in those days; **cet homme-~ est détesté par tout le monde** everybody hates that man; **je veux celui-~** I want that one; **celui-/celle-~ alors!** (*irritation*) oh, that one!, oh him/her!; (*surprise*) how does he/she manage!, he/she is a wonder!; **c'est à ce point-~?** it's as bad as that, is it?; **ce qu'il dit ~ n'est pas bête** what he has just said isn't a bad idea; **la question n'est pas ~** that's not the point; **ne croyez pas ~ qu'on ne veuille pas de vous** don't get the idea that you're not wanted; **il y a ~ une contradiction** there's a contradiction in that; **il est entré dans une rage, mais ~, une de ces rages!** he flew into a rage, and what a rage!
(f) (*loc*) **de ~ son désespoir** hence his despair; **de ~ vient que nous ne le voyons plus** that's why we no longer see him; **de ~ à croire qu'il ment, il n'y a qu'un pas** there isn't much difference between saying that and thinking he's lying, that's tantamount to saying he's a liar; **de ~ à prétendre qu'il a tout fait seul, il y a loin** there's a big difference between saying that and claiming that he did it all himself; **il n'a pas travaillé, de ~ son échec** he didn't work, hence his failure *ou* which explains his failure; **qu'entendez-vous par ~?** what do you mean by that?; **loin de ~** far from it; **tout est ~** that's the whole question; **il est (~ et) un peu ~*** you can't miss him, he makes his presence felt; **comme menteur, il est** *ou* **se pose ~ et un peu ~** he's an absolutely shameless liar, he's some liar*, he isn't half a liar* (*Brit*); **oh ~ ou alors ~, ça ne me surprend pas** (oh) now, that doesn't surprise me; **hé ~!** (*appel*) hey!; (*surprise*) good grief!; **~, du calme now**, now calm down, there, there calm down; **oh ~ ~ (~ ~)** dear! dear!, dear *ou* dearie me!
2: là-bas (over) there, yonder (†, *littér*); **là-bas aux USA** over in the USA; **là-bas dans le nord** up (there) in the north; **là-dedans** (*lit*) inside, in there; **je ne comprends rien là-dedans** I don't understand a thing about it; **il n'a rien à voir là-dedans** it's nothing to do with him; **il a voulu mettre de l'argent là-dedans** he wanted to put some money into it; **quand il s'est embarqué là-dedans** when he got involved in that *ou* in it; **là-dessous** underneath, under there, under that; (*fig*) **il y a quelque chose là-dessous** there's something odd about it *ou* that, there's more to it than meets the eye; **là-dessus** (*lieu*) on that, on there; (*sur ces mots*) at that point, thereupon (*frm*); (*à ce sujet*) about that, on that point; **vous pouvez compter là-dessus** you can count on that; **là-haut** up there; (*dessus*) up on top; (*à l'étage*) upstairs; (*fig: au ciel*) on high, in heaven above.
labbe [lab] *nm* skua. **~ parasite** Arctic skua.
label [label] *nm* (*Comm*) stamp, seal. **~ d'origine/de qualité** stamp *ou* seal of origin/quality; **~ politique** political label.

labeur [labœʀ] *nm* (*littér*) labour, toil (*U*). **c'est un dur ~** it's hard work.
labial, e, *mpl* **-aux** [labjal, o] **1** *adj consonne* labial; *muscle* lip (*épith*), labial (*T*). **2 labiale** *nf* labial.
labialisation [labjalizasjɔ̃] *nf* (*V* **labialiser**) labialization; rounding.
labialiser [labjalize] (1) *vt consonne* to labialize; *voyelle* to labialize, round.
labié, e [labje] *adj* (*Bot*) labiate.
labiodental, e *mpl* **-aux** [labjodɑ̃tal, o] *adj, nf* labiodental.
labo* [labo] (*abrév de* **laboratoire**) lab*.
laborantin, e [labɔʀɑ̃tɛ̃, in] *nm,f* laboratory *ou* lab* assistant.
laboratoire [labɔʀatwaʀ] *nm* laboratory. **~ de langues/de recherches** language/research laboratory; **~ d'analyses (médicales)** (medical) analysis laboratory.
laborieusement [labɔʀjøzmã] *adv* laboriously, with much effort. **gagner ~ sa vie** to earn a *ou* one's living by the sweat of one's brow.
laborieux, -euse [labɔʀjø, øz] *adj* **(a)** (*pénible*) laborious, painstaking; *entreprise, recherches* laborious; *style, récit* laboured, laborious; *digestion* heavy. **il a enfin fini, ça a été ~!*** he has finished at long last, it has been heavy going *ou* he made heavy weather of it.
(b) (*travailleur*) hard-working, industrious. **les classes ~euses** the working *ou* labouring classes; **les masses ~euses** the toiling masses; **une vie ~euse** a life of toil *ou* hard work.
labour [labuʀ] *nm* (*avec une charrue*) ploughing (*Brit*), plowing (*US*); (*avec une bêche*) digging (over). **cheval de ~** plough-horse, cart-horse; **bœuf de ~** ox; **champ en ~** ploughed field; **marcher dans les ~s** to walk in the ploughed fields.
labourable [labuʀabl(ə)] *adj* (*V* **labour**) ploughable (*Brit*), plowable (*US*), which can be ploughed; which can be dug.
labourage [labuʀaʒ] *nm* (*V* **labour**) ploughing (*Brit*), plowing (*US*), digging.
labourer [labuʀe] (1) *vt* **(a)** (*avec une charrue*) to plough (*Brit*), plow (*US*); (*avec une bêche*) to dig (over). **terre qui se laboure bien** land which ploughs well *ou* is easy to plough; (*Naut*) **~ le fond** [*navire*] to scrape *ou* graze the bottom; [*ancre*] to drag; **terrain labouré par les sabots des chevaux** ground churned *ou* ploughed up by the horses' hooves.
(b) *visage* to make deep gashes in, rip *ou* slash into. **la balle lui avait labouré la jambe** the bullet had ripped into *ou* gashed his leg; **labouré de rides** lined *ou* furrowed with wrinkles; **ce corset me laboure les côtes** this corset is digging into my sides; **se ~ le visage/les mains** to gash *ou* lacerate one's face/hands.
laboureur [labuʀœʀ] *nm* ploughman (*Brit*), plowman (*US*); (*Hist*) husbandman.
Labrador [labʀadɔʀ] *nm* (*Géog, chien*) Labrador.
labyrinthe [labiʀɛ̃t] *nm* (*lit, fig*) maze, labyrinth; (*Méd*) labyrinth.
labyrinthique [labiʀɛ̃tik] *adj* labyrinthine.
lac [lak] *nm* lake. **le ~ Léman** *ou* **de Genève** Lake Geneva; **le ~ Majeur** Lake Maggiore; **les ~s écossais** the Scottish lochs; **le L~ des Cygnes** Swan Lake; (*fig*) **être (tombé) dans le ~*** to have fallen through, have come to nothing; **un ~ de sang** a pool *ou* lake of blood.
laçage [lɑsaʒ] *nm* lacing(-up).
Lacédémone [lasedemɔn] *n* Lacedaemonia.
lacédémonien, -ienne [lasedemɔnjɛ̃, jɛn] *adj, nm,f* Lacedaemonian.
lacement [lɑsmɑ̃] *nm* = **laçage**.
lacer [lɑse] (3) *vt chaussure* to tie (up); *corset* to lace up; (*Naut*) *voile* to lace. **lace tes chaussures** *ou* **tes lacets** do up *ou* tie your shoelaces; **ça se lace (par) devant** it laces up at the front.
lacération [laseʀasjɔ̃] *nf* (*V* **lacérer**) ripping up, tearing up; ripping *ou* tearing to shreds; laceration; shredding. **détruire des documents par ~** to put documents through the shredder, shred documents.
lacérer [laseʀe] (6) *vt vêtement* to tear *ou* rip up, tear to shreds; *corps, visage* to lacerate; *papier* to tear up, shred.
lacet [lɑsɛ] *nm* **(a)** [*chaussure*] (shoe)lace; [*corset*] lace. **chaussures à ~s** lace-up shoes, shoes with laces.
(b) [*route*] (sharp) bend, twist. **en ~** winding, twisty; **la route fait des ~s** *ou* **monte en ~s** the road twists *ou* winds steeply up(wards).
(c) (*piège*) snare. **prendre des lièvres au ~** to trap *ou* snare hares.
(d) (*Couture*) braid.
lâchage* [lɑʃaʒ] *nm* (*abandon*) desertion. **écœuré par le ~ de ses amis** disgusted at the way his friends had deserted him *ou* run out on him.
lâche [lɑʃ] **1** *adj* **(a)** (*détendu*) *corde, ressort* slack; *nœud* loose; *vêtement* loose(-fitting); *tissu* loosely-woven, open-weave (*épith*); *discipline, morale* lax; *règlement, canevas* loose; *style, expression* loose, woolly. **dans ce roman, l'intrigue est ~** the plot is loose *ou* rather diffuse in this novel.

(b) (*couard*) *personne, fuite, attitude* cowardly, craven (*littér*). **se montrer** ~ to show o.s. a coward; **c'est assez** ~ **de sa part d'avoir fait ça** it was pretty cowardly of him to do that.
(c) (*bas,vil*) *attentat* vile, despicable; *procédés* low.
(d) (*littér: faible*) weak, feeble.
2 *nmf* coward.

lâchement [lɑʃmɑ̃] *adv* (*V* **lâche**) loosely; in a cowardly way. **il a** ~ **refusé** like a coward, he refused.

lâcher [lɑʃe] (1) **1** *vt* (a) *ceinture* to loosen, let out, slacken. ~ **la taille d'une jupe** to let a skirt out at the waist; (*Pêche*) ~ **du fil** to let out some line.
(b) *main, proie* to let go of; *bombes* to drop, release; *pigeon, ballon* to release; *chien de garde* to unleash, set loose; *frein* to release, let out; (*Naut*) *amarres* to cast off; (*Chasse*) *chien, faucon* to slip. **lâche-moi!** let *ou* leave go (of me)!; **attention! tu vas** ~ **le verre** careful, you're going to drop the glass; ~ **un chien sur qn** to set a dog on sb; **s'il veut acheter ce tableau, il va falloir qu'il les lâche*** *ou* **qu'il lâche ses sous*** if he wants this picture, he'll have to part with the cash*; **il les lâche difficilement*** he hates to part with his money.
(c) *bêtise, juron* to come out with; *pet* to let out; (†) *coup de fusil* to fire. **voilà le grand mot lâché!** there's the fatal word!; ~ **un coup de poing/pied à qn†** to deal *ou* fetch (*Brit*) sb a blow with one's fist/foot, let fly at sb with one's fist/foot.
(d) (*: *abandonner*) *époux* to leave, walk out on; *amant* to throw over*, jilt, drop*; *copain* to chuck up‡ (*Brit*), throw over*, drop*; *études, métier* to give up, throw up*, chuck up‡ *ou* in‡ (*Brit*); *avantage* to give up. (*Sport*) ~ **le peloton** to leave the rest of the field behind, build up a good lead (over the rest of the pack); **ne pas** ~ **qn** [*poursuivant, créancier*] to stick to sb; [*importun, représentant*] not to leave sb alone; [*mal de tête*] not to let up on* *ou* leave sb; **il nous a lâché en plein milieu du travail** he walked out on us right in the middle of the work; **il ne m'a pas lâché d'une semelle** he stuck close all the time, he stuck (to me) like a leech; **une bonne occasion, ça ne se lâche pas** *ou* **il ne faut pas la** ~ you don't miss *ou* pass up* an opportunity like that.
(e) (*loc*) ~ **prise** (*lit*) to let go; (*fig*) to loosen one's grip; ~ **pied** to fall back, give way; ~ **la proie pour l'ombre** to chase shadows, give up what one has (already) for some uncertain *ou* fanciful alternative; ~ **du lest** (*Naut*) to throw out ballast; (* *fig*) to climb down; (*fig*) ~ **du lot** to make concessions; ~ **le morceau*** *ou* **le paquet*** to come clean*, sing‡; ~ **la bride** *ou* **les rênes à cheval** to give a horse its head; (*fig*) ~ **la bride à qn** *ou* **lui let sb have his head** *ou* **laisser**; **il les lâche avec des élastiques‡** he's as stingy as hell‡, he's a tight-fisted so-and-so*.
2 *vi* [*corde*] to break, give way; [*frein*] to fail. (*fig*) **ses nerfs ont lâché** he broke down, he couldn't stand the strain.
3 *nm:* ~ **de ballons** release of balloons; ~ **de pigeons** release of pigeons.

lâcheté [lɑʃte] *nf* (a) (*couardise*) cowardice, cowardliness; (*bassesse*) lowness. **par** ~ **through** *ou* **out of cowardice**. **(b)** (*acte*) cowardly act, act of cowardice; low deed. **(c)** (*littér: faiblesse*) weakness, feebleness.

lâcheur, -euse* [lɑʃœʀ, øz] *nm,f* unreliable *ou* fickle so-and-so*. **alors, tu n'es pas venu,** ~**!** so you didn't come then — you're a dead loss!*, so you deserted us *ou* you let us down, you old so-and-so!*; **c'est une** ~**euse, ta sœur** your sister's a right one (*Brit*) for letting people down*, your sister's a so-and-so the way she lets people down*.

lacis [lɑsi] *nm* [*ruelles*] maze; [*veines*] network; [*scie*] web.

laconique [lakɔnik] *adj personne, réponse, style* laconic, terse.

laconiquement [lakɔnikmɑ̃] *adv* laconically, tersely.

laconisme [lakɔnism(ə)] *nm* terseness.

lacrymal, e, *mpl* **-aux** [lakʀimal, o] *adj* lachrymal (*T*), tear (*épith*).

lacrymogène [lakʀimɔʒɛn] *adj V* **gaz, grenade.**

lacs [lɑ] *nmpl* (††, *littér*) snare. ~ **d'amour** lover's *ou* love knot.

lactaire [laktɛʀ] **1** *adj* (*Anat*) lacteal. **2** *nm* (*Bot*) (*lacteous*) mushroom.

lactalbumine [laktalbymin] *nf* lactalbumin.

lactase [laktɑz] *nf* lactase.

lactation [laktasjɔ̃] *nf* lactation.

lacté, e [lakte] *adj sécrétion* milky, lacteal (*T*); *couleur, suc* milky; *régime, farine* milk (*épith*); *V* **voie.**

lactifère [laktifɛʀ] *adj* lactiferous.

lactique [laktik] *adj* lactic.

lactogène [laktɔʒɛn] *adj* lactogenic.

lactose [laktoz] *nm* lactose.

lacunaire [lakynɛʀ] *adj* (*Bio*) *tissu* lacunary, lacunal; *documentation* incomplete, deficient.

lacune [lakyn] *nf* (a) [*texte, mémoire*] gap, blank; [*manuscrit*] lacuna; [*connaissances*] gap, deficiency. **il y a de sérieuses** ~**s dans ce livre** this book has some serious deficiencies *ou* leaves out *ou* overlooks some serious points *ou* things.
(b) (*Anat, Bot*) lacuna.

lacuneux, -euse [lakynø, øz] *adj* = **lacunaire.**

lacustre [lakystʀ(ə)] *adj* lake (*épith*), lakeside (*épith*).

lad [lad] *nm* (*Équitation*) stable-lad.

ladite [ladit] *adj V* **ledit.**

ladre [ladʀ(ə)] **1** *adj* (*littér: avare*) mean, miserly. **2** *nmf* (*littér*) miser.

ladrerie [ladʀəʀi] *nf* (a) (*littér: avarice*) meanness, miserliness.
(b) (*Hist: hôpital*) leper-house.

lagon [lagɔ̃] *nm* lagoon.

lagopède [lagɔpɛd] *nm:* ~ **d'Écosse** (red) grouse; ~ **des Alpes** ptarmigan.

lagunaire [lagynɛʀ] *adj* lagoon (*épith*), of a lagoon.

lagune [lagyn] *nf* lagoon.

lai¹ [lɛ] *nm* (*Poésie*) lay.

lai², e [lɛ] *adj* (*Rel*) lay. **frère** ~ lay brother.

laïc [laik] = **laïque.**

laîche [lɛʃ] *nf* sedge.

laïcisation [laisizasjɔ̃] *nf* secularization.

laïciser [laisize] *vt institutions* to secularize. **l'enseignement est aujourd'hui laïcisé** education is now under secular control.

laïcisme [laisism(ə)] *nm* secularism.

laïcité [laisite] *nf* (*caractère*) secularity; (*Pol: système*) secularism. **préserver la** ~ **de l'enseignement** to maintain the non-religious nature of the education system, keep religion out of education.

laid, e [lɛ, lɛd] *adj* (a) (*physiquement*) *personne, visage, animal* ugly(-looking); *ville, région* ugly, unattractive; *bâtiment, meubles, dessin* ugly, unattractive, unsightly, awful*. ~ **comme un singe** *ou* **un pou** *ou* **à faire peur** ugly as sin; **il est très** ~ **de visage** he's got a terribly ugly face.
(b) (*frm: moralement*) *action* despicable, disgusting, wretched, low, mean; *vice* ugly, loathsome. **c'est** ~ **de montrer du doigt** it's rude *ou* not nice to point; **c'est** ~, **ce que tu as fait** that was a nasty *ou* disgusting thing to do.

laidement [lɛdmɑ̃] *adv* (*sans beauté*) in an ugly way; (*littér: bassement*) despicably, disgustingly, wretchedly, meanly.

laideron [lɛdʀɔ̃] *nm* ugly girl *ou* woman. **c'est un vrai** ~ she's a real ugly duckling.

laideur [lɛdœʀ] *nf* (*V* **laid**) (a) (*caractère*) ugliness; unattractiveness; unsightliness; wretchedness; lowness; meanness. **la guerre/ l'égoïsme dans toute sa** ~ the full horror of war/selfishness, war/ selfishness in all its ugliness.
(b) **les** ~**s de la vie** the ugly side of life, the ugly things in life; **les** ~**s de la guerre** the ugliness of war.

laie¹ [lɛ] *adj f V* **lai².**

laie² [lɛ] *nf* (*Zool*) wild sow.

laie³ [lɛ] *nf* (*sentier*) forest track *ou* path.

lainage [lɛnaʒ] *nm* (a) (*vêtement*) woollen (garment), woolly*. **la production des** ~**s** the manufacture of woollens *ou* of woollen goods.
(b) (*étoffe*) woollen material *ou* fabric. **un beau** ~ fine quality woollen material.

laine [lɛn] **1** *nf* (*matière*) wool. **de** ~ *vêtement, moquette* wool, woollen; *tapis de haute* ~ deep *ou* thick pile wool carpet; (*vêtement*) **il faut mettre une petite** ~ you'll need a woolly* *ou* a cardigan; *V* **bas².**
2: **laine à matelas** flock; **laine peignée** [*pantalon, veston*] worsted wool; [*pull*] combed wool; **laine à tricoter** knitting wool; **laine de verre** glass wool; **laine vierge** new wool.

laineux, -euse [lɛnø, øz] *adj tissu, plante* woolly.

lainier, -ière [lɛnje, jɛʀ] **1** *adj industrie* woollen (*épith*); *région* wool-producing. **2** *nm, f* (*marchand*) wool merchant; (*ouvrier*) wool worker.

laïque [laik] **1** *adj tribunal* lay, civil; *vie* secular; *habit* ordinary; *collège* non-religious. **l'enseignement** *ou* **l'école** ~ state education (*in France*). **2** *nm* layman. **les** ~**s** laymen, the laity. **3** *nf* laywoman.

laisse [lɛs] *nf* (a) (*attache*) leash, lead. **tenir en** ~ *chien* to keep on a leash *ou* lead; (*fig*) *personne* to keep on a lead *ou* in check. **(b)** (*Géog*) foreshore. ~ **de haute/basse mer** high-/low-water mark.
(c) (*Poésie*) laisse.

laissé-pour-compte, *f* **laissée-pour-compte,** *pl* **laissés-pour-compte** [lesepuʀkɔ̃t] **1** *adj* (a) (*Comm*) (*refusé*) rejected, returned; (*invendu*) unsold, left over.
(b) (*fig*) *personne* rejected; *chose* rejected, discarded.
2 *nm* (*refusé*) reject; (*invendu*) unsold article. **vendre à bas prix les laissés-pour-compte** to sell off old *ou* leftover stock cheaply; (*fig*) **les laissés-pour-compte de la société** society's rejects; (*fig*) **les ouvriers ne veulent pas être des laissés-pour-compte maintenant que la mécanisation supprime de la main-d'œuvre** workers don't want to find themselves left on the scrap heap *ou* cast to one side now that mechanization is replacing manual labour; (*fig*) **ce sont les laissés-pour-compte du progrès** these people are the casualties of progress, progress has left these people out in the cold *ou* on the scrap heap.

laisser [lese] (1) **1** *vt* (a) (*abandonner*) *place, fortune, femme, objet* to leave. ~ **sa clef au voisin** to leave one's key with the neighbour, leave the neighbour one's key; **laisse-lui du gâteau** leave *ou* save him some cake, leave *ou* save some cake for him; **il m'a laissé ce vase pour 10 F** he let me have this vase for 10 francs; **laisse-moi le soin de lui dire** leave it to me to tell him; **laissez, je vais le faire/c'est moi qui paie** leave that, I'll do it/I'm paying; **laisse-moi le temps d'y réfléchir** give me time to think about it; **laisse-moi devant la banque** drop *ou* leave me at the bank; **il a laissé un bras/la vue dans l'accident** he lost an arm/his sight in the accident; **l'expédition était dangereuse: il y a laissé sa vie** it was a dangerous expedition and it cost him his life; **elle l'a laissé de meilleure humeur** she left him in a better mood; **au revoir, je vous laisse bye-bye,** I must leave you; **je l'ai laissé à son travail** I left him to get on with his work.
(b) (*faire demeurer*) *trace, regrets, goût* to leave. ~ **qn indifférent/dans le doute** to leave sb unmoved/in doubt; ~ **qn debout** to keep sb standing (up); **on lui a laissé ses illusions, on l'a laissé à ses illusions** we didn't disillusion him; **elle m'a laissé une bonne impression** she left *ou* made a good impression on me; **on l'a laissé dans l'erreur** we didn't tell him that he was mistaken; **il vaut mieux le** ~ **dans l'ignorance de nos projets** it is best to leave him in the dark *ou* not to tell him about our plans; ~ **un enfant à ses parents** (*gén*) to leave a child with his parents; (*Jur*) to leave a child in the custody of his parents; **vous laissez le village sur votre droite** you go past the village on your right; ~ **la vie à qn** to spare sb's life; ~ **qn en liberté** to allow sb to stay free; **cette opération**

ne doit pas laisser de séquelles this operation should leave ou have no aftereffects.

 (c) (*loc*) ~ la porte ouverte (*lit*, *fig*) to leave the door open; il ne laisse jamais rien au hasard he never leaves anything to chance; c'était à prendre ou à ~ it was a case of take it or leave it; avec lui il faut en prendre et en ~ you can only believe half of what he says, you must take what he tells you with a pinch of salt; on l'a laissé pour mort he was left for dead; il laisse tout le monde derrière lui pour le ou par son talent/courage he puts everyone else in the shade with his talent/courage; il laisse tout le monde derrière en math he is head and shoulders above ou streets* (*Brit*) ou miles ahead of the others in maths; ~ le meilleur pour la fin to leave the best till last; (*littér*) il n'a pas laissé de me le dire he didn't fail to tell me, he could not refrain from telling me; (*littér*) cela n'a pas laissé de me surprendre I couldn't fail to be surprised by ou at that; (*littér*) ça ne laisse pas d'être vrai it is true nonetheless; je le laisse à penser combien il était content you can imagine ou I don't need to tell you how pleased he was; *V* champ, désirer, plan¹ *etc*.

 2 *vb aux*: ~ (qn) faire qch to let sb do sth; laisse-le entrer/partir let him in/go; laisse-le monter/descendre let him come ou go up/down; laissez-moi rire don't make me laugh; ~ voir ses sentiments to let one's feelings show; il n'en a rien laissé voir he showed no sign of it, he gave no inkling of it; laisse-le faire (*sans l'aider*) let him alone, let him do it himself; (*à sa manière*) let him do it his own way; (*ce qui lui plaît*) let him do (it) as he likes ou wants; il faut ~ faire le temps we must let things take their course; laisse faire! oh, never mind!, don't bother!; j'ai été attaqué dans la rue et les gens ont laissé faire I was attacked in the street and people did nothing ou people just stood by; *V* courir, penser, tomber.

 3 se laisser *vpr*: se ~ persuader/exploiter/duper to let o.s. be persuaded/exploited/fooled; il s'est laissé attendrir par leur pauvreté he was moved by their poverty; il ne faut pas se ~ décourager/abattre you mustn't let yourself become ou allow yourself to become discouraged/downhearted; je me suis laissé surprendre par la pluie I got caught in the rain; il se laisse mener par le bout du nez he lets himself be led by the nose ou be pushed around; ce petit vin se laisse boire* this wine goes down well ou nicely; se ~ aller to let o.s. go; se ~ aller à mentir to stoop to telling lies; je me suis laissé faire* I let myself be persuaded, I let myself be talked into it; je n'ai pas l'intention de me ~ faire I'm not going to let myself be pushed around; laisse-toi faire! (*à qn qu'on soigne, habille etc*) oh come on, it won't hurt (you)! ou let me do it!; (*en offrant une liqueur etc*) oh come on, it won't do you any harm! ou be a devil!*; laisse-toi faire, je vais te peigner just let me comb your hair, keep still while I comb your hair; *V* conter, dire, vivre *etc*.

 4: laisser-aller *nm inv* (*gén*) casualness, carelessness; [*travail, langage, vêtements*] slovenliness, carelessness; laisser-faire *nm* (*Econ*) laissez-faire policy; laissez-passer *nm inv* (*gén*) pass; (*Comm*) transire.

lait [lɛ] 1 *nm* milk. ~ de vache/de chèvre/d'ânesse cow's/goat's/ass's milk; ~ concentré/condensé non sucré/entier/écrémé condensed / (unsweetened) evaporated / unskimmed / skimmed milk; ~ cru milk straight from the cow; mettre qn au ~ to put sb on a milk diet; (*fig*) boire du (petit) ~ to lap it up (*fig*); cela se boit comme du petit ~ you don't notice you're drinking it; frère/sœur de ~ foster brother/sister; chocolat au ~ milk chocolate; *V* café, cochon¹, dent.

 2: lait d'amande almond oil; lait de beauté beauty lotion; lait caillé curds; lait de chaux lime water; lait de coco coconut milk; lait démaquillant cleansing milk; lait maternel mother's milk, breast milk; lait en poudre dried ou powdered milk; (*Culin*) lait de poule eggflip; lait solaire sun cream.

laitage [lɛtaʒ] *nm* (*lait*) milk; (*produit laitier*) milk ou milk-based product.

laitance [lɛtɑ̃s] *nf* soft roe.

laiterie [lɛtʀi] *nf* (*usine, magasin*) dairy; (*industrie*) dairy industry.

laiteux, -euse [lɛtø, øz] *adj couleur, liquide* milky; *chair* creamy.

laitier, -ière [lɛtje, lɛtjɛʀ] 1 *adj industrie, produit* dairy (*épith*); *production, vache* milk (*épith*), dairy (*épith*).
 2 *nm* (a) (*livreur*) milkman; (*vendeur*) dairyman.
 (b) (*Ind*) slag.
 3 laitière *nf* (*vendeuse*) dairywoman. (*vache*) une (bonne) ~ière a (good) milker.

laiton [lɛtɔ̃] *nm* (*alliage*) brass; (*fil*) brass wire.

laitue [lɛty] *nf* lettuce. ~ romaine cos lettuce (*Brit*), romaine lettuce (*US*).

laïus* [lajys] *nm inv* (*discours*) long-winded speech; (*verbiage*) verbiage (*U*), padding (*U*). faire un ~ to hold forth at great length, give a long-winded speech.

laïusser* [lajyse] (1) *vi* to expatiate, hold forth, spout* (*sur on*).

lama [lama] *nm* (*Zool*) llama; (*Rel*) lama.

lamaïsme [lamaism(ə)] *nm* Lamaism.

lamaïste [lamaist(ə)] *adj, nm, f* Lamaist.

lamaserie [lamazʀi] *nf* lamasery.

lambda [lɑ̃bda] *nm* lambda. le citoyen ~ the uninformed citizen.

lambeau, pl ~x [lɑ̃bo] *nm* scrap. en ~x vêtements in tatters ou rags, tattered; *affiche* in tatters, tattered; mettre en ~x to tear to shreds ou bits; tomber en ~x to fall to pieces ou bits; (*fig*) ~x de conversation scraps of conversation; ~x du passé fragments ou remnants of the past.

lambic [lɑ̃bik] *nm* kind of strong Belgian beer; *V* gueuse.

lambin, e* [lɑ̃bɛ̃, in] 1 *adj* slow. que tu es ~ what a dawdler ou slowcoach* (*Brit*) ou slowpoke* (*US*) you are. 2 *nm, f* dawdler*, slowcoach* (*Brit*), slowpoke* (*US*).

lambiner* [lɑ̃bine] (1) *vi* to dawdle, dillydally*.

lambourde [lɑ̃buʀd(ə)] *nf* (*pour parquet*) backing strip (*on joists*); (*pour solive*) wall-plate.

lambrequin [lɑ̃bʀəkɛ̃] *nm* [*fenêtre*] pelmet.

lambris [lɑ̃bʀi] *nm* (*gén*) panelling (*U*); (*bois*) panelling (*U*), wainscoting (*U*).

lambrisser [lɑ̃bʀise] (1) *vt* (*V* lambris) to panel; to wainscot.

lame [lam] 1 *nf* (a) [*métal, verre*] strip; [*bois*] strip, lath; (*Aut*) [*ressort*] leaf; (*pour microscope*) slide.
 (b) [*poignard, tondeuse*] blade. (*fig*) visage en ~ de couteau hatchet face.
 (c) (*fig*) (*épée*) sword; (*escrimeur*) swordsman.
 (d) (*vague*) wave.
 (e) (*partie de la langue*) blade.
 2: lame de fond ground swell (*U*); lame de parquet floorboard, strip of parquet flooring; lame de rasoir razor blade.

lamé, e [lame] 1 *adj* lamé (*épith*). robe ~e (d')or gold lamé dress. 2 *nm* lamé.

lamelle [lamɛl] *nf* (*gén: de métal, plastique*) (small) strip; [*persiennes*] slat; [*champignon*] gill; (*pour microscope*) coverglass. ~ de mica mica flake; couper en ~s légumes to cut into thin strips ou slices.

lamellibranches [lamelibʀɑ̃ʃ] *nmpl* lamellibranchia.

lamentable [lamɑ̃tabl(ə)] *adj résultat, état* lamentable, appalling, awful; *concurrent* appalling, awful; *sort, spectacle* miserable, pitiful; *cri* pitiful, woeful.

lamentablement [lamɑ̃tabləmɑ̃] *adv échouer* miserably, lamentably.

lamentation [lamɑ̃tasjɔ̃] *nf* (*cri de désolation*) lamentation, wailing (*U*); (*péj: jérémiade*) moaning (*U*). (*Bible*) le livre des L~s (the Book of) Lamentations; *V* mur.

lamenter (se) [lamɑ̃te] (1) *vpr* to moan, lament. se ~ sur qch to moan over sth, bemoan sth; se ~ sur son sort to bemoan ou bewail ou lament one's fate; arrête de te ~ sur ton propre sort stop feeling sorry for yourself; il se lamente d'avoir échoué he is moaning over his failure.

lamento [lamɛnto] *nm* lament.

laminage [laminaʒ] *nm* lamination.

laminer [lamine] (1) *vt métal* to laminate. (*fig*) ses marges bénéficiaires ont été laminées par les hausses his profit margins have been eaten away ou eroded by price rises; (*fig*) les petites formations politiques ont été laminées aux dernières élections the small political groupings were wiped out ou obliterated at the last election.

lamineur [laminœʀ] 1 *adj m*: cylindre ~ roller. 2 *nm* rolling mill operator.

laminoir [laminwaʀ] *nm* rolling mill. (*fig*) passer/passer qn au ~ to go/put sb through the mill ou through it*.

lampadaire [lɑ̃padɛʀ] *nm* (*maison*) [*intérieur*] standard lamp; [*rue*] street lamp. (pied du) ~ [*intérieur*] lamp standard; [*rue*] lamppost.

lampant [lɑ̃pɑ̃] *adj m* *V* pétrole.

lamparo [lɑ̃paʀo] *nm* lamp. pêche au ~ fishing by lamplight (*in Mediterranean*).

lampe [lɑ̃p(ə)] 1 *nf* lamp, light; (*ampoule*) bulb; (*Rad*) valve. éclairé par une ~ lit by lamplight ou by the light of a lamp; *V* mettre.
 2: lampe à acétylène acetylene lamp (*Brit*) ou torch (*US*); lampe à alcool spirit lamp; lampe à arc arc light ou lamp; lampe d'architecte Anglepoise lamp®; lampe à bronzer sun-lamp; lampe de bureau desk lamp ou light; lampe à carbure carbide lamp; lampe de chevet bedside lamp ou light; lampe-éclair *nf, pl* lampes-éclair, lampe-flash *nf, pl* lampes-flash flashlight; lampe électrique torch (*Brit*), flashlight; lampe à huile oil lamp; lampe à incandescence incandescent lamp; lampe halogen ou à iode halogen lamp; lampe de lecture reading lamp; lampe de mineur (miner's) safety lamp; lampe au néon neon light; lampe à pétrole paraffin (*Brit*) ou kerosene (*US*) ou oil lamp; lampe de poche torch (*Brit*), flashlight (*US*); lampe à souder (*lit*) blowlamp (*Brit*), blowtorch; (*arg Mil*) machine gun; lampe-témoin *nf, pl* lampes-témoin warning light; lampe-tempête *nf, pl* lampes-tempête storm lantern, hurricane lamp.

lampée* [lɑ̃pe] *nf* gulp, swig*. boire qch à grandes ~s to gulp ou swig* sth down.

lamper*† [lɑ̃pe] (1) *vt* to gulp down, swig (down)*.

lampion [lɑ̃pjɔ̃] *nm* Chinese lantern; *V* air³.

lampiste [lɑ̃pist(ə)] *nm* (*lit*) light (maintenance) man; (**hum: subalterne*) underling, dogsbody* (*Brit*), toady* (*US*). c'est toujours la faute du ~* it's always the underling who gets the blame.

lampisterie [lɑ̃pistəʀi] *nf* lamp store.

lamproie [lɑ̃pʀwa] *nf* lamprey. ~ de mer lamprey; ~ de rivière river lamprey, lampern.

Lancastre [lɑ̃kastʀ(ə)] *n* Lancaster.

lance [lɑ̃s] *nf* (a) (*arme*) spear; [*tournoi*] lance. donner un coup de ~ à qn, frapper qn d'un coup de ~ to hit sb with one's lance; *V* fer, rompre. (b) (*tuyau*) hose; (*embout*) nozzle. ~ à eau water hose; ~ d'arrosage garden hose; ~ d'incendie fire hose.

lance- [lɑ̃s] *préf V* lancer.

lancée [lɑ̃se] *nf*: être sur sa ~ to be ou have got under way; continuer sur sa ~ to keep going, forge ahead; il a encore travaillé 3 heures sur sa ~ once he was under way ou he'd got going he worked for another 3 hours; je peux encore courir 2 km sur ma ~ now I'm in my stride I can run another 2 km.

lancement [lɑ̃smɑ̃] *nm* (a) (*V* lancer 1 (d) et (e)) launching; sending up; starting up; issuing; floating. (b) (*Sport*) throwing. ~ du disque/du javelot/du marteau throwing the discus/javelin/hammer, discus/javelin/hammer throwing; ~ du poids putting the shot, shot put; (*Espace*) fenêtre ou créneau de ~ launch window.

lancer [lɑ̃se] (3) 1 *vt* (a) (*jeter*) (*gén*) to throw (à to); *bombes* to drop (sur on); (Sport) disque, marteau, javelot to throw. ~ **une balle/son chapeau en l'air** to throw ou toss a ball/one's hat into the air ou up in the air; **lance-moi mes clefs** throw me my keys; (Pêche) ~ **sa ligne** to cast one's line; (agressivement) ~ **une pierre à qn** to hurl ou fling a stone at sb; **il lança sa voiture dans la foule** he launched ou hurled his car into the crowd; ~ **son chien contre qn** to set one's dog on sb; (Mil) ~ **ses hommes contre l'ennemi/à l'assaut** to launch one's men against the enemy/into the assault; ~ **les jambes en avant** to fling one's legs forward; ~ **son poing dans la figure de qn** to thump sb in the face; ~ **un coup de poing** to lash out with one's fist, throw a punch; ~ **un coup de pied** to kick out, lash out with one's foot; ~ **une ruade** to buck; (Sport) ~ **le poids** to put the shot; **il lance à 15 mètres** he can throw 15 metres; (fig) ~ **un pont sur une rivière** to throw a bridge across a river; **la tour lance ses flèches de béton vers le ciel** the concrete spires of the tower thrust up into the sky.

(b) (projeter) fumée to send up ou out; flammes, lave to throw out. [yeux, bijoux] ~ **des éclairs** to flash (fire).

(c) (émettre) accusations, menaces, injures to hurl, fling; avertissement, proclamation, mandat d'arrêt to issue, put out; S.O.S. to send out; fausse nouvelle to put out; hurlement to give out. ~ **un cri** to cry out; **elle lui lança un coup d'œil furieux** she flashed ou darted a furious glance at him; **'je refuse' lança-t-il fièrement** 'I refuse' he retorted proudly; **'salut' me lança-t-il du fond de la salle** 'hello' he called out to me from the far end of the room.

(d) (faire démarrer) fusée to launch, send up; obus to launch; navire, attaque, campagne électorale to launch; souscription, idée to launch, float; affaire, entreprise to launch, start up; emprunt to issue, float. ~ **une idée** en l'air to toss out an idea; **il a lancé son parti dans une aventure dangereuse** he has launched his party into ou set his party off on a dangerous venture; **ne le lancez pas sur son sujet favori** don't set him off on ou don't let him get launched on his pet subject; **une fois lancé, on ne peut plus l'arrêter!** once he gets the bit between his teeth ou once he gets warmed up ou launched there's no stopping him!

(e) (mettre en renom) vedette to launch; produit to launch, bring out. ~ **une nouvelle mode** to launch ou start a new fashion; ~ **qn dans la politique/les affaires/le monde** to launch sb into politics/ in business/in society; **ce chanteur est lancé maintenant** this singer has made a name for himself ou has made his mark now.

(f) (donner de l'élan) moteur to open up; voiture to get up to full speed; balançoire to set going. ~ **un cheval** to give a horse its head; **lance le balancier de l'horloge** set the pendulum in the clock going; **la voiture lancée à fond, dévala la pente** the car roared away at top speed and hurtled down the slope; **la voiture une fois lancée** once the car gets up speed ou builds up speed.

2 se lancer vpr (a) (prendre de l'élan) to build up ou get up momentum ou speed. **il recula pour se ~** he moved back to get up speed ou momentum; **pour faire la balançoire, il faut bien se ~** to get a swing going you have to give yourself a good push forward.

(b) (sauter) to leap, jump; (se précipiter) to dash, rush. **se ~ dans le vide** to leap ou jump into space; **se ~ contre un obstacle** to dash ou rush at an obstacle; **se ~ en avant** to dash ou rush ou run forward; **se ~ à l'assaut d'une forteresse** to launch an assault on a fortress; **se ~ à l'assaut** to leap to the attack; **se ~ dans la bagarre** to pitch into the fight; **n'hésite pas, lance-toi** don't hesitate, off you go ou let yourself go.

(c) (s'engager) **se ~ dans** discussion to launch (forth) into, embark on; aventure to embark on, set off on; dépenses to embark on, take on; passe-temps to take up; **se ~ dans la politique/les affaires** (essayer) to launch out into politics/business; (comme métier) to take up politics/business; **se ~ dans la lecture d'un roman** to set about ou begin reading a novel; **il construit un bateau, il se lance*** he's building a boat — he's aiming high! ou he's thinking big!*

(d) (*: se faire une réputation) **il cherche à se ~** he's trying to make a name for himself.

3 nm (a) (Sport) (gén) throw. **il a droit à 3 ~s** he is allowed 3 attempts ou throws; ~ **annulé** no throw; (Basketball) ~ **franc** free throw, charity toss (US); (Alpinisme) ~ **de corde** lassoing (U), lasso; **le ~ du poids** etc V **lancement**.

(b) (Pêche) (attirail) rod and reel. (pêche au) ~ rod and reel fishing.

4: lance-flammes nm inv flamethrower; **lance-fusées** nm inv rocket launcher; **lance-grenades** nm inv grenade launcher; **lance-missiles** nm inv missile launcher; **lance-pierre(s)** nm inv catapult; **lance-roquettes** nm inv rocket launcher; **lance-satellites** nm inv satellite launcher; **lance-torpilles** nm inv torpedo tube.

lancette [lãsɛt] nf (Archit, Méd) lancet.

lanceur, -euse [lãsœʀ, øz] **1** nm,f (a) [javelot etc] thrower; (Baseball) pitcher. (b) [entreprise, actrice] promoter. **2** nm (Espace) launcher. ~ **de satellites** satellite launcher.

lancier [lãsje] nm (Mil) lancer. (danse) **les ~s** the lancers.

lancinant, e [lãsinã, ãt] adj (a) douleur shooting (épith), throbbing (épith), piercing (épith).

(b) (obsédant) souvenir haunting; musique insistent, monotonous. **ce que tu peux être ~ à toujours réclamer*** you are a real pain* ou you get on my nerves the way you're always asking for things.

lanciner [lãsine] (1) **1** vi to throb.

2 vt [pensée] to obsess, trouble, haunt, plague; (*) [enfant] to torment, plague. **il nous a lancinés pendant 3 jours** pour aller au cirque he tormented ou plagued us for 3 days about going to the circus.

lançon [lãsõ] nm sand-eel.

landais, e [lãdɛ, ɛz] adj from the Landes (region) (south-west France).

landau [lãdo] nm (voiture d'enfant) pram, baby carriage US); (carrosse) landau.

lande [lãd] nf moor. **les L~s** (Géog) the Landes (region) (south-west France); (Admin) the Landes department.

landgrave [lãdgʀav] nm (Hist) landgrave.

langage [lãgaʒ] **1** nm (Ling, style) language. **le ~ de l'amour/des fleurs** the language of love/of flowers; **en ~ administratif/ technique** in administrative/technical jargon ou language; **quel ~!** what language!; **son ~ est incompréhensible** what he says ou the language he uses is incomprehensible; **je n'aime pas qu'on me tienne ce ~** I don't like being spoken to like that; **il m'a tenu un drôle de ~** he said some odd things to me; **quel ~ me tenez-vous là?** what do you mean by saying that?, what sort of a way is that to speak?; **changer de ~** to change one's tune.

2: le langage des animaux animal language; **langage argotique** slang speech; **langage chiffré** cipher, code (language); (Ordin) **langage de contrôle de travaux** job control language; **le langage enfantin** childish ou children's language; (Ordin) **langage de haut/bas niveau** high-/low-level language; (Philos) **langage intérieur** inner language; (Ordin) **langage machine** machine language; **langage parlé** spoken language, speech; **langage populaire** popular speech; (Ordin) **langage de programmation** programming language.

langagier, -ière [lãgaʒje, jɛʀ] adj linguistic, of language (épith).

lange [lãʒ] nm (baby's) small flannel blanket. ~**s†† swaddling clothes††; il faut lui mettre un ~** we must put an extra cover round him ou wrap him up (in an extra cover); (fig) **dans les ~s** in (its) infancy.

langer [lãʒe] (3) vt bébé to change (the nappy (Brit) ou diaper (US) of); (††) to wrap an extra blanket round. **table/matelas à ~** changing table/mat.

langoureusement [lãguʀøzmã] adv languorously, languishingly.

langoureux, -euse [lãguʀø, øz] adj languorous.

langouste [lãgust(ə)] nf crayfish (Brit), spiny ou rock lobster.

langoustier [lãgustje] nm (filet) crayfish net; (bateau) fishing boat (for crayfish).

langoustine [lãgustin] nf Dublin bay prawn. (Culin) ~**s (frites)** (fried) scampi.

langue [lãg] **1** nf (a) (Anat) tongue. ~ **de bœuf/veau** ox/veal tongue; **avoir la ~ blanche** ou **chargée** ou **pâteuse** to have a coated ou furred tongue; **tirer la ~** (au médecin) to stick out ou put out one's tongue (à qn for sb); (par impolitesse) to stick out ou put out one's tongue (à qn at sb); (*: être dans le besoin) to have a rough time of it*; (*: être frustré) to be green with envy; (*: avoir soif) **il tirait la ~** his tongue was hanging out*, he was dying of thirst*; V **coup**.

(b) (organe de la parole) tongue. **avoir la ~ déliée** ou **bien pendue** to have a ready tongue; **avoir la ~ bien affilée** to have a quick ou sharp tongue; (hum) **avoir la ~ fourchue** to speak with a forked tongue; **il a la ~ trop longue** he talks too much, he doesn't know how to keep his mouth shut; **il ne sait pas tenir sa ~** he can't hold his tongue, he doesn't know when to hold his tongue; **il n'a pas la ~ dans sa poche** he's never at a loss for words; **perdre/retrouver sa ~** to lose/find one's tongue; **délier** ou **dénouer la ~ à qn** to loosen sb's tongue; **donner sa ~ au chat** to give in ou up; **j'ai le mot sur (le bout de) la ~** the word is on the tip of my tongue; **prendre ~ avec qn†** to make contact with sb; (hum) **les ~s vont aller bon train** tongues will start ou be set wagging.

(c) (personne) **mauvaise** ou **méchante ~** spiteful ou malicious gossip; (iro) **les bonnes ~s diront que ...** worthy ou upright folk will remark earnestly that ....

(d) (Ling) language, tongue (frm). **la ~ française/anglaise** the French/English language; **les gens de ~ anglaise/française** English-speaking/French-speaking people; ~ **maternelle** mother tongue; **une ~ vivante/morte/étrangère** a living/dead/foreign language; **la ~ écrite/parlée** the written/spoken language; (Ling: en traduction) ~ **source** ou **de départ/cible** ou **d'arrivée** source ou departure/target language; ~ **vernaculaire** vernacular language; **la ~ de Blake** the language of Blake; **il parle une ~ très pure** his use of the language is very pure, his spoken language is very pure; (litt, fig) **nous ne parlons pas la même ~** we don't speak the same language.

2: la langue du barreau legal parlance, the language of the courts; (péj) **langue de bois** set language, stereotyped formal language; **langue-de-chat** nf, pl **langues-de-chat** finger biscuit, langue de chat; **la langue diplomatique** the language of diplomacy; **langue de feu** tongue of fire; **la langue journalistique** journalistic language, journalese (péj); **langue d'oc** langue d'oc, southern French; **langue d'oïl** langue d'oïl, northern French; **langue populaire** (idiome) popular language; (usage) popular speech; **langue de terre** strip ou spit of land; **langue de travail** working language; **langue verte** underworld slang; **langue de vipère** spiteful gossip.

Languedoc [lãgdɔk] nm: **le ~** (the) Languedoc.

languedocien, -ienne [lãgdɔsjẽ, jɛn] **1** adj of ou from (the) Languedoc. **2** nm,f: **L~(ne)** inhabitant ou native of (the) Languedoc.

languette [lãgɛt] nf [bois, cuir] tongue.

langueur [lãgœʀ] nf languidness, languor; (fig) [style] languidness. **regard plein de ~** languid ou languishing look; V **maladie**.

languide [lãgid] adj (littér) languid, languishing.

languir [lãgiʀ] (2) vi (dépérir) to languish. ~ **dans l'oisiveté/ d'ennui** to languish in idleness ou in boredom; (se) ~ **d'amour pour qn** to be languishing with love for sb.

(b) [conversation, affaires, intrigue] to flag.

(c) (littér: désirer) ~ **après qn/qch** to languish for ou pine for ou long for sb/sth.

(d) (*: *attendre*) to wait, hang around*. **je ne languirai pas longtemps ici** I'm not going to hang around here for long*; **faire ~ qn** to keep sb waiting; **ne nous fais pas ~, raconte!** don't keep us in suspense, tell us about it!

languissamment [lɑ̃gisamɑ̃] *adv* (*littér*) languidly.

languissant, e [lɑ̃gisɑ̃, ɑ̃t] *adj personne* languid, listless; *regard* languishing (*épith*); *conversation, industrie* flagging (*épith*); *récit, action* dull; *affaires* slack, flat.

lanière [lanjɛʀ] *nf* [*cuir*] thong, strap; [*étoffe*] strip; [*fouet*] lash; [*appareil photo*] strap.

lanoline [lanɔlin] *nf* lanolin.

lansquenet [lɑ̃skɔnɛ] *nm* (*Cartes, Hist*) lansquenet.

lanterne [lɑ̃tɛʀn(ɔ)] **1** *nf* lantern; (*électrique*) lamp, light; (*Hist: réverbère*) street lamp; (*Archit*) lantern. (*Aut*) **se mettre en ~s, allumer ses ~s** to switch on one's (side)lights; **éclairer la ~ de qn** to enlighten sb; **éclairer sa propre ~** to make o.s. clear; **les aristocrates à la ~!** string up the aristocracy!; *V* **vessie**.
2: (*Aut*) **lanterne arrière** rear light; **lanterne de bicyclette** bicycle lamp; **lanterne magique** magic lantern; **lanterne de projection** slide projector; **lanterne rouge** [*convoi*] rear *ou* tail light; [*maison close*] red light; (*fig: dernier*) tail-ender; **lanterne sourde** dark lantern; **lanterne vénitienne** Chinese lantern.

lanterneau, *pl* **~x** [lɑ̃tɛʀno] *nm* [*coupole*] lantern; [*escalier, atelier*] skylight.

lanterner [lɑ̃tɛʀne] **(1)** *vi* (*traîner*) to dawdle. **sans ~!** be quick about it!; (*faire*) **~ qn** to let sb cool his heels, keep sb hanging about (*Brit*) *ou* waiting around.

lanthane [lɑ̃tan] *nm* lanthanum.

Laos [laos] *nm* Laos.

laotien, -ienne [laɔsjɛ̃, jɛn] **1** *adj* Laotian. **2** *nm* (*Ling*) Laotian. **3** *nm,f*: **L~(ne)** Laotian.

Lao-Tseu [laɔtsø] *nm* Lao-tze.

lapalissade [lapalisad] *nf* statement of the obvious.

laparoscopie [lapaʀɔskɔpi] *nf* laparoscopy.

laparotomie [lapaʀɔtɔmi] *nf* laparotomy.

lapement [lapmɑ̃] *nm* lapping (*U*); (*gorgée*) lap.

laper [lape] **(1)** *vt* to lap up. **2** *vi* to lap.

lapereau, *pl* **~x** [lapʀo] *nm* young rabbit.

lapidaire [lapidɛʀ] **1** *adj* (*lit*) lapidary; (*fig: concis*) *style, formule* succinct, terse. **2** *nm* (*artisan*) lapidary.

lapidation [lapidasjɔ̃] *nf* stoning.

lapider [lapide] **(1)** *vt* (*Hist: tuer*) to stone; (*attaquer*) to stone, throw *ou* hurl stones at.

lapin [lapɛ̃] *nm* (*animal*) (buck) rabbit; (*fourrure*) rabbitskin. **manteau en ~** rabbitskin coat; **~ domestique/de garenne** domestic/ wild rabbit; **c'est un fameux ~!*** he's quite a lad!*; (*terme d'affection*) **mon petit ~** my lamb, my sweetheart; *V* **chaud, courir, poser**.

lapine [lapin] *nf* (doe) rabbit.

lapiner [lapine] **(1)** *vi* to litter, give birth.

lapinière [lapinjɛʀ] *nf* rabbit hutch.

lapis(-lazuli) [lapis(lazyli)] *nm inv* lapis lazuli.

lapon, e [lapɔ̃, ɔn] **1** *adj* Lapp, Lappish. **2** *nm* (*Ling*) Lappish. **3** *nm,f*: **L~(e)** Lapp, Laplander.

Laponie [laponi] *nf* Lapland.

laps [laps] *nm*: **~ de temps** lapse of time.

lapsus [lapsys] *nm* (*parlé*) slip of the tongue; (*écrit*) slip of the pen; (*révélateur*) Freudian slip. **faire un ~** to make a slip of the tongue (*ou* of the pen).

laquage [laka3] *nm* lacquering.

laquais [lakɛ] *nm* lackey, footman; (*fig, péj*) lackey (*péj*), flunkey (*péj*).

laque [lak] **1** *nf* (*produit brut*) lac, shellac; (*vernis*) lacquer; (*pour les cheveux*) (hair) lacquer, hair spray. (*peinture*) **~ (brillante)** gloss paint. **2** *nm ou f* (*de Chine*) lacquer. **3** *nm* (*objet d'art*) piece of lacquer ware.

laqué, e [lake] (*ptp de* **laquer**) *adj* lacquered. **meuble (en) ~ blanc** piece of furniture with a white gloss finish; **murs ~s blanc** walls painted in white gloss; (*Culin*) **canard ~** Peking duck.

laquelle [lakɛl] *V* **lequel**.

laquer [lake] **(1)** *vt* to lacquer.

larbin* [laʀbɛ̃] *nm* (*péj*) servant, flunkey (*péj*).

larcin [laʀsɛ̃] *nm* (*littér*) (*vol*) theft; (*butin*) spoils (*pl*), booty. **dissimuler son ~** to hide one's spoils *ou* what one has stolen.

lard [laʀ] *nm* (*gras*) fat (of pig); (*viande*) bacon. **~ fumé** ≃ smoked bacon; **~ (maigre)** ≃ streaky bacon (*usually diced or in strips*); (*fig*) **se faire du ~‡** to lie back *ou* sit around and grow fat; (*fig*) **un gros ~‡** a fat lump‡ (*Brit*), a clod‡ (*US*); **on ne sait jamais avec lui si c'est du ~ ou du cochon*** you never know where you are with him* *ou* whether or not he's being serious; *V* **rentrer, tête**.

larder [laʀde] **(1)** *vt* (*Culin*) *viande* to lard. (*fig*) **~ qn de coups de couteau** to hack at sb with a knife; (*fig*) **texte lardé de citations** text larded *ou* loaded with quotations.

lardoire [laʀdwaʀ] *nm* (*Culin*) larding-needle, larding-pin; (*: *épée*) sword, steel.

lardon [laʀdɔ̃] *nm* (*Culin*) (*pour larder*) lardon, lardoon; (*: *enfant*) kid*.

lares [laʀ] *nmpl, adj pl*: (**dieux**) **~ lares**.

largable [laʀgabl(ɔ)] *adj* releasable.

largage [laʀga3] *nm* [*étage de fusée*] staging; [*travailleurs*] dropping.

large [laʀ3(ɔ)] **1** *adj* **(a)** (*gén, dans la mensuration*) wide; (*impression visuelle d'étendue*) broad; *pantalon, meuble* wide; *dos, lame* broad, wide; *visage, main* broad. **à cet endroit, le fleuve est le plus ~** at this point the river is at its widest; **le ~ ruban d'argent du Rhône** the broad silver ribbon of the Rhône; **trop ~ de 3 mètres** 3 metres too wide; **chapeau à ~s bords** broad-brimmed *ou* wide-

brimmed hat; **décrire un ~ cercle** to describe a big *ou* wide circle; **ouvrir une ~ bouche** to open one's mouth wide; **d'un geste ~** with a broad *ou* sweeping gesture; **avec un ~ sourire** with a broad smile, smiling broadly; **ce veston est trop ~** this jacket is too big *ou* wide; **cette robe est trop juste, avez-vous quelque chose d'un peu plus ~?** this dress is too tight, do you have anything slightly looser? *ou* fuller?; **pantalon ~** baggy trousers (*Brit*) *ou* pants (*US*); **être ~ d'épaules** [*personne*] to be broad-shouldered; [*vêtements*] to be wide *ou* broad at the shoulders; **être ~ de dos/de hanches** [*personne*] to have a broad back/wide hips; [*vêtement*] to be wide at the back/the hips.
(b) (*important*) *concession, amnistie* broad, wide; *pouvoirs, diffusion* wide, extensive. **retransmettre de ~s extraits d'un match** to show extensive (recorded) extracts of a match; **faire une ~ part à qch** to give great weight to sth; **dans une ~ mesure** to a great *ou* large extent; **il a une ~ part de responsabilité dans l'affaire** he must take a large share of the responsibility *ou* blame in this matter.
(c) (*généreux*) *personne* generous. **1 kg de viande pour 4, c'est ~ 1 kg** of meat for 4 is ample *ou* plenty; **une vie ~** a life of ease.
(d) (*non borné*) *opinion, esprit* broad (*épith*); *conscience* accommodating. **~s vues** liberal views; **il est ~ d'idées** he is broad-minded; **dans son acception *ou* sens ~** in the broad sense of the term.
2 *adv*: **voir ~** to think big; **prends un peu plus d'argent, il vaut mieux prévoir ~** take a bit more money, it's better to be on the generous side *ou* to allow a bit extra *ou* too much (than too little); **calculer/mesurer ~** to be generous *ou* allow a bit extra in one's calculations/measurements; **cette marque taille *ou* habille ~** the sizes in this brand tend to be on the large side.
3 *nm* **(a)** (*largeur*) width. **une avenue de 8 mètres de ~** an avenue 8 metres wide *ou* 8 metres in width; **être au ~** (*avoir de la place*) to have plenty of room *ou* space; (*avoir de l'argent*) to be well-provided for, have plenty of money; **acheter une moquette en 2 mètres de ~** to buy a carpet 2 metres wide; **cela se fait en 2 mètres et 4 mètres de ~** that comes in 2-metre and 4-metre widths; *V* **long, mener**.
(b) (*Naut*) **le ~** the open sea; **se diriger vers le/gagner le ~** to head for/reach the open sea; **au ~ de Calais** off Calais; **l'appel du ~** the call of the sea; (*fig*) **prendre le ~*** to clear off*, hop it* (*Brit*), **make o.s. scarce; ils ont pris le ~ avec les bijoux** they made off with the jewels.

largement [laʀ3ɔmɑ̃] *adv* **(a)** (*lit*) *écarter* widely. **~ espacés** *arbres, maisons* widely spaced, wide apart; **fenêtre ~ ouverte** wide open window; **robe ~ décolletée** dress with a very open *ou* very scooped neckline.
(b) (*sur une grande échelle*) *répandre, diffuser* widely. **amnistie ~ accordée** wide *ou* widely-extended amnesty; **idée ~ répandue** widespread *ou* widely held view; **bénéficier de pouvoirs ~ étendus** to hold greatly increased powers.
(c) (*de loin*) considerably, greatly. **succès qui dépasse ~ nos prévisions** success which greatly exceeds our expectations *ou* is far beyond our expectations; **ce problème dépasse ~ ses compétences** this problem is altogether beyond *ou* is way beyond* his capabilities; **vous débordez ~ le sujet** you are greatly overstepping the subject, you are going well beyond the limits of the subject; **elle vaut ~ son frère** she's every bit as *ou* at least as good (*ou* as bad) as her brother.
(d) (*amplement*) **vous avez ~ le temps** you have ample time *ou* plenty of time; **il y en a ~ (assez)** there's more than enough; **c'est ~ suffisant** that's plenty, that's more than enough; **cela me suffit ~** that's plenty *ou* ample *ou* more than enough for me; **il est ~ temps de commencer** it's high time we started; **j'ai été ~ récompensé de ma patience** my patience has been amply rewarded; **ça vaut ~ la peine/la visite** it's well worth the trouble/the visit.
(e) (*généreusement*) *payer, donner* generously. **ils nous ont servis/indemnisés ~** they gave us generous *ou* ample helpings/ compensation; **vivre ~** to live handsomely.
(f) (*au moins*) easily, at least. **il gagne ~ 8.000 F par mois** he earns easily *ou* at least 8,000 francs a month; **il est ~ 2 heures** it's well past 2 o'clock; **il a ~ 50 ans** he is well past 50, he is well into his fifties; **c'est à 5 minutes/5 km d'ici, ~** it's easily *ou* a good 5 minutes/5 km from here.

largesse [laʀ3ɛs] *nf* **(a)** (*caractère*) generosity. **avec ~** generously.
(b) (*dons*) **~s** liberalities. **faire des ~s** to make generous gifts.

largeur [laʀ3œʀ] *nf* **(a)** (*gén*: *V* **large**) width; breadth; [*voie ferrée*] gauge. **sur toute la ~** right across, all the way across; **dans le sens de la ~** widthways, widthwise; **quelle est la ~ de la fenêtre?** what is the width of the window?, how wide is the window?; **tissu en grande/petite ~** double width/single width material.
(b) (*idées*) broadness. **~ d'esprit** broad-mindedness; **~ de vues** broadness of outlook.
(c) (‡ *loc*) **dans les grandes ~s** with a vengeance, well and truly; **il s'est trompé dans les grandes ~s** he has slipped up with a vengeance, he has boobed this time, and how!‡; **cette fois on les a eus dans les grandes ~s** we didn't half put one over on them this time‡ (*Brit*), we had them well and truly this time*.

largué, e [laʀge] (*ptp de* **larguer**) *adj*: **être ~*** to be all at sea.

larguer [laʀge] **(1)** *vt* **(a)** (*Naut*) *cordage* to loose, release; *voile* to let out, unfurl; *amarres* to cast off, slip.
(b) *parachutiste, bombe* to drop; *cabine spatiale* to release.
(c) (*: *se débarrasser de*) *ami, emploi* to drop, throw over*, chuck‡; *collaborateur* to drop, get rid of, dump*; *objet* to chuck out‡, get rid of; *principes* to jettison, chuck (out)‡.

larigot [laʀigo] *nm V* **tirer**.

larme [laʀm(ɔ)] **1** *nf* **(a)** tear. **en ~s** in tears; **au bord des ~s** on the verge of tears; **~s de joie/de colère** tears of joy/rage; **verser**

toutes les ~s de son corps to cry one's eyes out; avec des ~s dans la voix with tears in his voice, with a tearful voice; avoir les ~s aux yeux to have tears in one's eyes; ça lui a fait venir les ~s aux yeux it brought tears to his eyes; elle a la ~ facile she is easily moved to tears, tears come easily to her; y aller de sa ~* to have a good cry; avoir toujours la ~ à l'œil to be a real cry-baby ou weeper; V fondre, rire, vallée etc.
(b) (*: goutte) [vin] drop.
2: larmes de crocodile crocodile tears; larmes de sang tears of blood.
larmier [laʀmje] nm (Archit) dripstone.
larmoiement [laʀmwamɑ̃] nm (V larmoyer) watering (of the eyes); whimpering (U), snivelling (U).
larmoyant, e [laʀmwajɑ̃, ɑ̃t] adj yeux tearful, watery; voix tearful, whimpering; récit maudlin.
larmoyer [laʀmwaje] (8) vi (a) (involontairement) [yeux] to water, run. (b) (pleurnicher) to whimper, snivel.
larron [laʀɔ̃] nm (†, Bible) thief. s'entendre comme ~s en foire to be as thick as thieves; V occasion, troisième.
larvaire [laʀvɛʀ] adj (Zool) larval; (fig) embryonic.
larve [laʀv(ə)] nf (Zool) larva; (asticot) grub. (péj) ~ (humaine) worm (péj), creature.
larvé, e [laʀve] adj guerre, dictature latent, (lurking) below the surface (attrib); (Méd) fièvre, maladie larvate (T). inflation ~e creeping inflation.
laryngé, e [laʀɛ̃ʒe] adj, laryngien, -ienne [laʀɛ̃ʒjɛ̃, jɛn] adj laryngeal.
laryngectomie [laʀɛ̃ʒɛktɔmi] nf laryngectomy.
laryngite [laʀɛ̃ʒit] nf laryngitis.
laryngologie [laʀɛ̃ɡɔlɔʒi] nf laryngology.
laryngologiste [laʀɛ̃ɡɔlɔʒist(ə)] nmf, laryngologue [laʀɛ̃ɡɔlɔɡ] nmf throat specialist, laryngologist.
laryngoscope [laʀɛ̃ɡɔskɔp] nm laryngoscope.
laryngoscopie [laʀɛ̃ɡɔskɔpi] nf laryngoscopy.
laryngotomie [laʀɛ̃ɡɔtɔmi] nf laryngotomy.
larynx [laʀɛ̃ks] nm larynx, voice-box*.
las¹, lasse [lɑ, lɑs] adj (frm) weary, tired. ~ de qn/de faire qch/de vivre tired ou weary of sb/of doing sth/of life; V guerre.
las²†† [lɑs] excl alas!
lasagne [lazaɲ] nf lasagne.
lascar* [laskaʀ] nm (type louche) character; (malin) rogue; (hum. enfant) terror. drôle de ~ (louche) doubtful character ou customer*; (malin) real rogue, smart customer*; je vous aurai, mes ~s! I'll have you yet, you old rogues!*
lascif, -ive [lasif, iv] adj lascivious, lustful.
lascivement [lasivmɑ̃] adv lasciviously, lustfully.
lascivité [lasivite] nf lasciviousness, lustfulness.
laser [lazɛʀ] nm laser.
lassant, e [lɑsɑ̃, ɑ̃t] adj (frm) wearisome, tiresome.
lasser [lɑse] (1) 1 vt (frm) auditeur, lecteur to weary, tire. ~ la patience/bonté de qn to try ou tax sb's patience/goodness; sourire lassé weary smile; lassé de tout weary of everything.
2 se lasser vpr: se ~ de qch/de faire qch to (grow) weary of sth/of doing sth, tire ou grow tired of sth/of doing sth; parler sans se ~ to speak without tiring ou flagging.
lassitude [lɑsityd] nf (frm) weariness (U), lassitude (U).
lasso [laso] nm lasso. prendre au ~ to lasso.
latence [latɑ̃s] nf latency. temps de ~ latent period; période de ~ latency period.
latent, e [latɑ̃, ɑ̃t] adj (gén) latent. à l'état ~ latent, in the latent state.
latéral, e, mpl -aux [lateʀal, o] 1 adj side (épith), lateral (frm). 2 **latérale** [f] lateral (consonant).
latéralement [lateʀalmɑ̃] adv (gén) laterally; être situé on the side; arriver, souffler from the side; diviser sideways.
latérite [lateʀit] nf laterite.
latéritique [lateʀitik] adj lateritic.
latex [latɛks] nm inv latex.
latin, e [latɛ̃, in] 1 adj (gén) Latin; (Rel) croix, église, rite Latin. (Ling) les langues ~es the romance ou latin languages; V Amérique, quartier, voile¹.
2 nm (Ling) Latin. ~ vulgaire vulgar Latin; (péj) ~ de cuisine dog Latin; V bas¹, perdre.
3 nm,f: L~(e) Latin; les L~s the Latin people, the Latins.
latinisation [latinizasjɔ̃] nf latinization.
latiniser [latinize] (1) vti to latinize.
latinisme [latinism(ə)] nm latinism.
latiniste [latinist(ə)] nmf (spécialiste) latinist, Latin scholar; (enseignant) Latin teacher; (étudiant) Latin student.
latinité [latinite] nf (Ling: caractère) latinity; (civilisation) Latin world.
latino-américain, e [latinoameʀikɛ̃, ɛn] 1 adj Latin-American, Hispanic. 2 nm,f: L~(e) Latin-American, Hispanic.
latitude [latityd] nf (a) (Astron, Géog) latitude. Paris est à 48° de ~ Nord Paris is situated at latitude 48° north.
(b) (région: gén pl) latitude. sous toutes les ~s in all latitudes, in all parts of the world.
(c) (fig) latitude, scope. avoir toute ~ de faire qch to be quite free ou at liberty to do sth; laisser/donner toute ~ à qn to allow/ give sb full scope; on a une certaine ~ we have some latitude ou some freedom of movement.
latitudinaire [latitydinɛʀ] adj, nmf (littér) latitudinarian.
latrines [latʀin] nfpl latrines.
lattage [lataʒ] nm lathing.
latte [lat] nf (gén) lath; [plancher] board. (Ski) ~s* boards*.
latter [late] (1) vt to lath.
lattis [lati] nm lathing (U), lathwork (U).

laudanum [lodanɔm] nm laudanum.
laudateur, -trice [lodatœʀ, tʀis] nm,f (littér) adulator, laudator (frm).
laudatif, -ive [lodatif, iv] adj laudatory. parler de qn en termes ~s to speak highly ou in laudatory terms of sb, be full of praise for sb.
Laure [lɔʀ] nf Laura.
lauréat, e [lɔʀea, at] 1 adj (prize)winning. 2 nm,f (prize)winner, award winner. les ~s du prix Nobel the Nobel prizewinners.
Laurence [lɔʀɑ̃s] nf Laurence.
Laurent [lɔʀɑ̃] nm Lawrence, Laurence. ~ le Magnifique Lorenzo the Magnificent.
laurier [lɔʀje] 1 nm bay-tree, (sweet) bay. (Culin) feuille de ~ bay leaf; (Culin) mettre du ~ to put in some bay leaves; (fig) ~s laurels; s'endormir ou se reposer sur ses ~s to rest on one's laurels; être couvert de ~s to be showered with praise.
2: laurier-cerise nm, pl lauriers-cerises cherry laurel; laurier commun = laurier sauce; laurier-rose nm, pl lauriers-roses oleander; laurier-sauce nm, pl lauriers-sauce (sweet) bay, bay-tree.
lavable [lavabl(ə)] adj washable. vêtement ~ en machine machine-washable garment; papier peint ~ (et lessivable) washable wallpaper.
lavabo [lavabo] nm washbasin. (euph) ~s toilets, loo* (Brit).
lavage [lavaʒ] 1 nm (a) [plaie] bathing; [corps, cheveux] washing. (Méd) ~ d'intestin intestinal wash; on lui a fait un ~ d'estomac he had his stomach pumped out.
(b) [murs, vêtement, voiture] washing (U); [tache] washing off ou out (U). après le ~ vient le rinçage after the wash comes the rinse; pour un meilleur ~, utilisez ... for a better wash, use ...; le ~ des sols à la brosse/à l'éponge scrubbing/sponging (down) floors; on a dû faire 3 ~s: c'était si sale! it had to be washed 3 times ou it had to have 3 washes it was so dirty!; le ~ de la vaisselle dish-washing, washing-up (Brit).
(c) (Tech) [gaz, charbon, laine] washing.
2: lavage de cerveau brainwashing; on lui a fait subir un lavage de cerveau he was brainwashed; ~ de tête* telling-off*, dressing down*.
lavallière [lavaljɛʀ] nf: (cravate) ~ lavallière.
lavande [lavɑ̃d] nf lavender. (eau de) ~ lavender water; bleu ~ lavender blue.
lavandière [lavɑ̃djɛʀ] nf (laveuse) washerwoman; (oiseau) wagtail.
lavaret [lavaʀɛ] nm (poisson) pollan.
lavasse [lavas] nf dishwater* (fig). ce café, c'est de la ~ ou une vraie ~ this coffee tastes like dishwater*.
lave [lav] nf lava (U); V coulée.
lave- [lav] préf V laver.
lavé, e [lave] (ptp de laver) adj couleur watery, washy, washed-out; (Art) wash (épith); (fig) ciel, yeux pale, colourless.
lavement [lavmɑ̃] nm (Méd) enema, rectal injection.
laver [lave] (1) 1 vt (a) (gén) to wash; mur to wash (down); plaie to bathe, cleanse; tache to wash out ou off; (Méd) intestin to wash out. ~ avec une brosse to scrub (down); ~ avec une éponge to wash with a sponge; ~ à grande eau to swill down; ~ la vaisselle to wash the dishes, wash up (Brit), do the washing-up (Brit); (fig) il faut ~ son linge sale en famille it doesn't do to wash one's dirty linen in public; (fig) ~ la tête à qn to haul sb over the coals, give sb a dressing down*; V machine³.
(b) (emploi absolu) [personne] to do the washing. ce savon lave bien this soap washes well.
(c) (fig) affront, injure to avenge; péchés, honte to cleanse, wash away. ~ qn d'une accusation/d'un soupçon to clear sb of an accusation/of suspicion.
(d) (Art) couleur to dilute; dessin to wash.
2 se laver vpr (a) to wash, have a wash. se ~ la figure/les mains to wash one's face/hands; se ~ les dents to clean ou brush one's teeth; se ~ dans un lavabo/une baignoire to have a stand-up wash/a bath, wash (o.s.) at the basin/in the bath; ce tissu se lave bien this material washes well; le cuir ne se lave pas leather isn't washable ou won't wash.
(b) se ~ de accusation to clear o.s. of; affront to avenge o.s. of; (fig) je m'en lave les mains I wash my hands of the matter.
3: lave-glace nm, pl lave-glaces windscreen (Brit) ou windshield (US) washer, screen wash(er) (Brit); lave-linge nm inv washing machine; lave-mains nm inv wash-stand; lave-vaisselle nm inv dishwasher.
laverie [lavʀi] nf (a) laundry. ~ (automatique) launderette. (b) (Ind) washing ou preparation plant.
lavette [lavɛt] nf (chiffon) dish cloth; (brosse) dish mop; (fig, péj: homme) wimp*, weak-kneed individual, drip*.
laveur [lavœʀ] nm washer. ~ de carreaux ou de vitres window cleaner; V raton.
laveuse [lavøz] nf washerwoman.
lavis [lavi] nm (procédé) washing. (dessin au) ~ wash drawing; colorier au ~ to wash-paint.
lavoir [lavwaʀ] nm (dehors) washing-place; (édifice) wash house; (bac) washtub; (Tech) (machine) washer; (atelier) washing plant; V bateau.
lavure [lavyʀ] nf (a) (lit, fig) ~ (de vaisselle) dishwater. (b) (Min) [minerai] washing. ~s washings.
lawrencium [lɔʀɑ̃sjɔm] nm lawrencium.
laxatif, -ive [laksatif, iv] adj, nm laxative.
laxisme [laksism(ə)] nm latitudinarianism. le gouvernement est accusé de ~ à l'égard des syndicats the government is accused of being too soft ou lax with ou too easy on the trade unions.
laxiste [laksist(ə)] adj, nmf latitudinarian.
layette [lɛjɛt] nf baby clothes (pl), layette. rayon ~ d'un grand magasin babywear department in a large store.

layon [lɛjɔ̃] nm (forest) track ou trail.
Lazare [lazaʀ] nm Lazarus.
lazaret [lazaʀɛ] nm lazaret.
lazulite [lazylit] nf lazulite.
lazzi [la(d)zi] nm gibe. être l'objet des ~(s) des spectateurs to be gibed at by the onlookers.
le[1] [l(ə)], **la** [la], **les** [le] art déf (contraction avec à, de **au**, **aux**, **du**, **des**) (a) (détermination) the; (devant nom propre: sg) non traduit; (pl) the. ~ propriétaire de l'auto bleue the owner of the blue car; la femme de l'épicier the grocer's wife; les commerçants de la ville sont en grève the town's tradesmen are on strike; je suis inquiète, les enfants sont en retard I'm worried because the children are late; ~ thé/~ café que je viens d'acheter the tea/coffee I have just bought; allons à la gare/à l'église ensemble let's go to the station/to the church together; il n'a pas ~ droit/l'intention de le faire he has no right to do it/no intention of doing it; il n'a pas eu la patience/l'intelligence d'attendre he didn't have the patience/the sense to wait; il a choisi ~ tableau ~ plus original de l'exposition he chose the most original picture in the exhibition; ~ plus petit des deux frères est ~ plus solide the smaller of the two brothers is the more robust ou the stronger; l'Italie de Mussolini Mussolini's Italy; l'Angleterre que j'ai connue the England (that) I knew.
(b) (détermination: temps) the (souvent omis). ~ dimanche de Pâques Easter Sunday; venez ~ dimanche de Pâques come on Easter Sunday; ne venez pas ~ jour de la lessive don't come on wash(ing) day; l'hiver dernier/prochain last/next winter; l'hiver **1973** the winter of 1973; ~ premier/dernier lundi du mois the first/last Monday of ou in the month; il ne travaille pas ~ samedi he doesn't work on Saturdays ou on a Saturday; il ne sort jamais ~ matin he never goes out in the morning; elle travaille ~ matin she works mornings ou in the morning; vers les **5 heures** at about 5 o'clock; il est parti ~ **5 mai** he left on the 5th of May ou on May the 5th (style parlé); he left on May 5th (style écrit); il n'a pas dormi de la nuit he didn't sleep (a wink) all night.
(c) (distribution) a, an. **5 F** ~ mètre/~ kg/~ litre/la pièce 5 francs a metre/a kg/a litre/each ou a piece; **60 km** à l'heure 60 km an ou per hour; deux fois la semaine/l'an twice a week/year.
(d) (fraction) a, an. ~ tiers/quart a third/quarter; j'en ai fait à peine la moitié/~ dixième I have barely done a half/a tenth of it.
(e) (généralisation, abstraction) gén non traduit. ~ hibou vole surtout la nuit owls fly ou the owl flies mainly at night; l'homme est un roseau pensant man is a thinking reed; les femmes détestent la violence women hate violence; les enfants sont méchants avec les animaux children are cruel to animals; l'enfant ou les enfants n'aime(nt) pas l'obscurité children don't like the dark; la tuberculose tuberculosis; la grippe flu; la jeunesse est toujours pressée youth is ou the young are always in a hurry; les prix montent en flèche prices are rocketing; ~ thé et ~ café sont chers tea and coffee are expensive; il apprend l'histoire et l'anglais he is learning history and English; j'aime la musique/la poésie/la danse I like music/poetry/dancing; ~ beau/grotesque the beautiful/grotesque; les riches the rich; il aime la bagarre* he loves a fight; aller au concert/au restaurant to go to a concert/out for a meal.
(f) (possession) gén adj poss, parfois art indéf. elle ouvrit les yeux/la bouche she opened her eyes/mouth; elle est sortie ~ manteau sur ~ bras she went out, with her coat over her arm; la tête baissée, elle pleurait she hung her head and wept; assis, (les) jambes pendantes sitting with one's legs dangling; j'ai mal à la main droite/au pied I've a pain in my right hand/in my foot, my right hand/my foot hurts; il a la jambe cassée he has got a broken leg; avoir mal à la tête/à la gorge to have a headache/a sore throat; croisez les bras cross your arms; levez tous la main all put your hands up, hands up everyone; il a ~ visage fatigué/~ regard malin he has a tired look/a mischievous look; il a les cheveux noirs/~ cœur brisé he has black hair/a broken heart; il n'a pas la conscience tranquille he has a guilty conscience; il a l'air hypocrite he looks a hypocrite.
(g) (valeur démonstrative) il ne faut pas agir de la sorte you must not do that kind of thing ou things like that; que pensez-vous de la pièce/de l'incident? what do you think of the play/incident?; faites attention, les enfants! be careful children!; oh ~ beau chien! what a lovely dog!; (just) look at that lovely dog!
le[2] [l(ə)], **la** [la], **les** [le] pron m, f, pl (a) (homme) him; (femme, nation, bateau) her; (animal, bébé) it, him, her; (chose) it. les them; je ne ~/la/les connais pas I don't know him/her/them; regarde-~/-la/-les look at him ou it/her ou it/them; ce sac/cette écharpe est à vous, je l'ai trouvé(e) par terre this bag/scarf is yours, I found it on the floor; voulez-vous ces fraises? je les ai apportées pour vous would you like these strawberries? I brought them for you; le Canada demande aux USA de ~ soutenir Canada is asking the USA to give them their support.
(b) (emphatique) il faut ~ féliciter ce garçon! you must congratulate this boy!; cette femme-là, je la déteste I can't bear that woman; cela vous ~ savez aussi bien que moi you know that as well as I; vous l'êtes, beau you really do look smart; V copier, voici, voilà.
(c) (neutre: souvent non traduit) vous savez qu'il est malade? — je l'ai entendu dire did you know he's ill? — I have heard it said ou I had heard; elle n'est pas heureuse, mais elle ne l'a jamais été et elle ne ~ sera jamais she is not happy but she never has been and never will be; pourquoi il n'est pas venu? — demande-~-lui/je me ~ demande why hasn't he come? — ask him/I wonder; il était ministre, il ne l'est plus he was a minister but he isn't (one) any longer; elle sera punie comme elle ~ mérite she'll be punished as she deserves, she'll get her just deserts.

lé [le] nm [étoffe] width; [papier peint] length, strip.
leader [lidœʀ] nm (Pol, Presse, Sport) leader.
leasing [lizin] nm leasing.
léchage [leʃaʒ] nm (gén) licking. ~ (de bottes)* bootlicking*, toadying; le ~ d'un tableau* putting the finishing touches to a picture.
lèche‡ [lɛʃ] nf bootlicking*, toadying. faire de la ~ to be a bootlicker*; faire de la ~ à qn to suck up to sb‡, lick sb's boots*.
lèche- [lɛʃ] préf V **lécher**.
lèchefrite [lɛʃfʀit] nf dripping-pan.
lécher [leʃe] (6) **1** vt (a) (gén) to lick; assiette to lick clean; lait to lick ou lap up. se ~ les doigts to lick one's fingers; ~ la confiture d'une tartine to lick the jam off a slice of bread; V ours.
(b) [flammes] to lick; [vagues] to wash against, lap against.
(c) (*: fignoler) to polish up. trop léché overdone, overpolished.
(d) (loc) ~ les bottes* à qn to suck up to sb‡, lick sb's boots*; ~ le cul à ou de qn*‡ to lick sb's arse*‡ (Brit), kiss sb's ass*‡ (US); ~ les vitrines* to go window-shopping; s'en ~ les doigts/babines to lick one's lips/chops over it.
2: lèche-bottes* nmf inv bootlicker*, toady; **lèche-cul** ≃ nm inv arse-licker*‡ (Brit), brown nose‡ (US); **lèche-vitrines*** nm: faire du lèche-vitrines to go window-shopping.
lécheur, -euse* [leʃœʀ, øz] nm,f bootlicker*, toady. il est du genre ~ he's the bootlicking type*, he's always sucking up to someone‡.
leçon [l(ə)sɔ̃] nf (a) (Scol) (cours) lesson, class; (à apprendre) lesson, homework. ~ de danse/de français/de piano dancing/French/piano lesson; ~s particulières private lessons ou tuition (Brit); ~s de choses general science; faire la ~ to teach; réciter sa ~ (lit) to recite one's lesson; (fig) to repeat something parrot fashion, rattle something off; (fig) il peut vous donner des ~s he could teach you a thing or two.
(b) (conseil) advice, teaching. suivre les ~s de qn to heed sb's advice, take a lesson from sb; faire la ~ à qn (endoctriner) to tell sb what he must do, give sb instructions; (réprimander) to give sb a lecture; faire des ~s de morale à qn to sit in judgment on sb.
(c) (enseignement) [fable, parabole] lesson. les ~s de l'expérience the lessons of experience ou that experience teaches; que cela te serve de ~ let that be a lesson to you, that will teach you a lesson; cela m'a servi de ~ that taught me a lesson; nous avons tiré la ~ de notre échec we learnt a lesson from our failure; maintenant que notre plan a échoué, il faut en tirer la ~ now that our plan has failed we should draw a lesson from it; cela lui donnera une ~ that'll teach him a lesson.
(d) [manuscrit, texte] reading.
lecteur, -trice [lɛktœʀ, tʀis] **1** nm,f (a) (gén) reader. c'est un grand ~ de poésie he's a great poetry-reader; 'avis au ~' foreword, 'to the reader'; le nombre de ~s de ce journal a doublé the readership of this paper has doubled.
(b) (Univ) university assistant (Brit), lector (Brit), (foreign language) assistant, (foreign) teaching assistant (US).
2: (Aut) lecteur de cartes map-light; (Ordin) lecteur de cartes perforées card reader; lecteur de cassettes cassette player; (Ordin) lecteur de disquettes disk drive; (Ordin) lecteur de document document reader; (Ordin) lecteur optique optical character reader; lecteur de son (reading) head.
lecture [lɛktyʀ] nf (a) [carte, texte] reading. la ~ de Proust est difficile reading Proust is difficult to read; Proust is difficult to read; aimer la ~ to like reading; d'une ~ facile easy to read, very readable; livre d'une ~ agréable book that makes pleasant reading; ~ à haute voix reading aloud; faire la ~ à qn to read to sb; (frm) donner ou faire ~ de qch to read sth out (à qn to sb); (Mus) à vue sight-reading; méthode de ~ method of teaching reading; ~ rapide speed reading; V cabinet, livre[1].
(b) (livre) reading (U), book. c'est une ~ à recommander it is recommended reading ou it's a book to be recommended (à for); apportez-moi de la ~ bring me something to read ou some reading matter; ~s pour la jeunesse books for children; quelles sont vos ~s favorites? what do you like reading best?; enrichi par ses ~s enriched by his reading ou by what he has read; (interprétation) il y a plusieurs ~s possibles de ce texte there are several possible readings ou interpretations of this text.
(c) [projet de loi] reading. examiner un projet en première ~ to give a bill its first reading; le projet a été accepté en seconde ~ the bill passed its second reading.
(d) (Tech) [disque] reading. (Ordin) ~ optique optical character reading; (Ordin) procédé de ~-écriture read-write cycle; V tête.
Léda [leda] nf (Myth) Leda.
ledit [lədi], **ladite** [ladit], m(f)pl **lesdit(e)s** [ledi(t)] adj (frm) the aforementioned (frm), the aforesaid (frm), the said (frm).
légal, e, mpl **-aux** [legal, o] adj âge, dispositions, formalité legal; armes, moyens legal, lawful; adresse registered, official. cours ~ d'une monnaie official rate of exchange of a currency; monnaie ~e legal tender, official currency; recourir aux moyens ~aux contre qn to take legal action against sb; V fête, heure, médecine.
légalement [legalmɑ̃] adv legally, lawfully.
légalisation [legalizasjɔ̃] nf (V **légaliser**) legalization; authentication.
légaliser [legalize] (1) vt (rendre légal) to legalize; (certifier) to authenticate.
légalisme [legalism(ə)] nm legalism.
légaliste [legalist(ə)] **1** adj legalist(ic). **2** nmf legalist.
légalité [legalite] nf [régime, acte] legality, lawfulness. (loi) la ~ the law; rester dans/sortir de la ~ to keep within/step outside the law.
légat [lega] nm: ~ (du Pape) (papal) legate.
légataire [legatɛʀ] nmf legatee, devisee. ~ universel sole legatee.
légation [legɑsjɔ̃] nf (Diplomatie) legation.

légendaire [leʒɑ̃dɛʀ] *adj* (*gén*) legendary.
légende [leʒɑ̃d] *nf* (a) (*histoire, mythe*) legend. entrer dans la ~ to go down in legend, become legendary; entrer vivant dans la ~ to become a legend in one's own lifetime.
(b) (*inscription*) [*médaille*] legend; [*dessin*] caption; [*liste, carte*] key.
(c) (*péj: mensonge*) fairy tale.
léger, -ère [leʒe, ɛʀ] *adj* (a) (*lit*) *objet, poids, repas, gaz* light; (*délicat*) *parfum, mousseline, style* light. arme/industrie ~ère light weapon/industry; construction ~ère light *ou* flimsy (*péj*) building; cuisine ~ère light cooking; ~ comme une plume as light as a feather; se sentir plus ~ (*fig: être soulagé*) to feel a great weight off one's mind; (*hum*) je me sens plus ~ de 100 F I feel 100 francs lighter; (*fig*) faire qch d'un cœur ~ to do sth with a light heart; *V* poids, sommeil.
(b) (*agile, souple*) *personne, geste, allure* light, nimble; *taille* light, slender. se sentir ~ (comme un oiseau) to feel as light as a bird; il partit d'un pas ~ he walked away with a light *ou* springy step; avec une grâce ~ère with an airy gracefulness; *V* main.
(c) (*faible*) (*gén*) slight; *bruit* slight, faint; *couche* thin, light; *thé* weak; *vin* light; *alcool* not very strong; *tabac* mild; *coup* light; *maladie, châtiment* mild, slight. une ~ère pointe de sel/d'ironie a (light) touch of salt/irony; un blessé ~ a slightly injured person; (*Mus*) soprano/tenor ~ light soprano/tenor; il a été condamné à une peine ~ère he was given a mild *ou* light (prison) sentence.
(d) (*superficiel*) *personne* light-minded, thoughtless; *preuve, argument* lightweight, flimsy; *jugement, propos* thoughtless, flippant, careless. se montrer ~ dans ses actions to act without proper thought; pour une thèse, c'est un peu ~ it's rather lightweight *ou* a bit on the flimsy side for a thesis; parler/agir à la ~ère to speak/ act rashly *ou* thoughtlessly *ou* without giving the matter proper consideration; il prend toujours tout à la ~ère he never takes anything seriously.
(e) (*frivole*) *personne, caractère, humeur* fickle; *propos, plaisanterie* ribald, broad. femme ~ère *ou* de mœurs ~ères loose woman, woman of easy virtue; avoir la cuisse ~ère to be free with one's favours; *V* musique.
légèrement [leʒɛʀmɑ̃] *adv* (a) *habillé, armé, poser* lightly. il a mangé ~ he ate a light meal, he didn't eat much.
(b) *courir* lightly, nimbly.
(c) *blesser, bouger, surprendre* slightly. ~ plus grand slightly bigger.
(d) *agir* thoughtlessly, rashly, without thinking (properly). parler ~ de la mort de qn to speak flippantly *ou* lightly of sb's death, speak of sb's death in an offhand way *ou* a flippant way.
légèreté [leʒɛʀte] *nf* (a) [*objet, tissu, style, repas*] lightness.
(b) [*démarche*] lightness, nimbleness. ~ de main lighthandedness; avec une ~ d'oiseau with the lightness of a bird; marcher/danser avec ~ to walk/dance lightly *ou* with a light step.
(c) [*vin, punition, coup*] lightness, mildness; [*tabac*] mildness; [*thé*] weakness.
(d) (*superficialité*) [*conduite, personne, propos*] thoughtlessness; [*preuves, argument*] flimsiness. faire preuve de ~ to speak (*ou* behave) rashly *ou* irresponsibly *ou* without due thought.
(e) (*frivolité*) [*personne*] fickleness, flightiness; [*propos*] flippancy; [*plaisanterie*] ribaldry. sa ~ est bien connue she is wellknown for her free-and-easy morals.
légiférer [leʒifeʀe] (6) *vi* (*lit*) to legislate, make legislation; (*fig*) to lay down the law.
légion [leʒjɔ̃] *nf* (*Hist, fig*) legion. ~ de gendarmerie corps of gendarmes; la L~ (étrangère) the Foreign Legion; L~ d'honneur Legion of Honour; ils sont ~ they are legion, there are any number of them.
légionnaire [leʒjɔnɛʀ] 1 *nm* (*Hist*) legionary; [*Légion étrangère*] legionnaire. 2 *nmf* [*Légion d'honneur*] holder of the Legion of Honour.
législateur, -trice [leʒislatœʀ, tʀis] *nm, f* legislator, lawmaker. (*la loi*) le ~ a prévu ce cas the law has allowed for *ou* foreseen this case.
législatif, -ive [leʒislatif, iv] 1 *adj* legislative. élections ~ives elections to the legislature, ≃ general election (*Brit*). 2 *nm* legislature.
législation [leʒislasjɔ̃] *nf* legislation.
législature [leʒislatyʀ] *nf* (*Parl*) (*durée*) term (of office); (*corps*) legislature.
légiste [leʒist(ə)] *nm* legist, jurist; *V* médecin.
légitimation [leʒitimasjɔ̃] *nf* [*enfant*] legitimatization; [*pouvoir*] recognition; (*littér*) [*action, conduite*] legitimatization, justification.
légitime [leʒitim] 1 *adj* (a) (*légal*) *droits* legitimate, lawful; *union, femme* lawful; *enfant* legitimate. j'étais en état de ~ défense I was acting in self-defence.
(b) (*juste*) *excuse* legitimate; *colère* justifiable, justified; *revendication* legitimate, rightful; *récompense* just, legitimate. rien de plus ~ que ... nothing could be more justified than ... .
2 *nf* (†*) missus*. ma ~ the missus*, the wife*.
légitimement [leʒitimmɑ̃] *adv* (*gén*) rightfully; (*Jur*) legitimately.
légitimer [leʒitime] (1) *vt enfant* to legitimate, legitimatize; *conduite, action* to legitimate, justify; *titre, pouvoir* to recognize.
légitimisme [leʒitimism(ə)] *nm* (*Hist*) legitimism.
légitimiste [leʒitimist(ə)] (*Hist*) *nmf, adj* legitimist.
légitimité [leʒitimite] *nf* (*gén*) legitimacy.
Le Greco [ləgʀeko] *nm* El Greco.
legs [lɛg] *nm* (*Jur*) legacy, bequest; (*fig: héritage*) legacy, heritage. faire un ~ à qn to leave sb a legacy; ~ (de biens immobiliers) devise; ~ (de biens mobiliers) legacy.
léguer [lege] (6) *vt* (*Jur*) to bequeath: *tradition, vertu, tare* to hand

down *ou* on, pass on. ~ qch à qn par testament to bequeath sth to sb (in one's will); (*fig*) la mauvaise gestion qu'on nous a léguée the bad management which we inherited.
légume [legym] 1 *nm* vegetable. ~s secs pulses; ~s verts green vegetables; *V* bouillon. 2 *nf:* une grosse ~* a bigwig*.
légumier, -ière [legymje, jɛʀ] 1 *adj* vegetable (*épith*). 2 *nm* vegetable dish.
légumineuse [legyminøz] *nf* legume, leguminous plant.
Le Havre [ləavʀ(ə)] *n* Le Havre.
leibnizien, -ienne [lajbnitsjɛ̃, jɛn] *adj, nm, f* Leibnitzian.
leitmotiv [lajtmɔtif] *nm* (*lit, fig*) leitmotiv, leitmotif.
Léman [lemɑ̃] *nm V* lac.
lemmatisation [lematizasjɔ̃] *nf* lemmatization.
lemmatiser [lematize] (1) *vt* to lemmatize.
lemme [lɛm] *nm* lemma.
lemming [lemiŋ] *nm* lemming.
lémurien [lemyʀjɛ̃] *nm* lemur.
lendemain [lɑ̃dmɛ̃] *nm* (a) (*jour suivant*) le ~ the next *ou* following day, the day after; le ~ de son arrivée/du mariage the day after he arrived/after the marriage, the day following his arrival/ the marriage; le ~ matin/soir the next *ou* following morning/ evening; (*Prov*) il ne faut jamais remettre au ~ ce qu'on peut faire le jour même never put off till tomorrow what you can do today (*Prov*); ~ de fête day after a holiday; au ~ d'un si beau jour on the morrow of such a glorious day (*littér*); au ~ de la défaite/de son mariage soon after *ou* in the days following the defeat/his marriage; *V* jour.
(b) (*avenir*) le ~ tomorrow, the future; penser au ~ to think of tomorrow *ou* the future, take thought for the morrow (*littér*); bonheur/succès sans ~ short-lived happiness/success.
(c) ~s (*conséquences*) consequences, repercussions; (*perspectives*) prospects, future. cette affaire a eu de fâcheux ~s this business had unfortunate consequences *ou* repercussions; des ~s qui chantent a brighter *ou* better future; ça nous promet de beaux ~s the future looks very promising for us.
lénifiant, e [lenifjɑ̃, ɑ̃t] *adj médicament, propos* soothing.
lénifier [lenifje] (7) *vt* to soothe.
Lénine [lenin] *nm* Lenin.
Leningrad [leningʀad] *n* Leningrad.
léninisme [leninism(ə)] *nm* Leninism.
léniniste [leninist(ə)] *adj, nmf* Leninist.
lénitif, -ive [lenitif, iv] *adj, nm* lenitive.
lent, e[1] [lɑ̃, lɑ̃t] *adj* (*gén*) slow; *poison* slow, slow-acting; *mort* slow, lingering; (*Fin*) *croissance* sluggish, slow. à l'esprit ~ slow-witted, dim-witted; il est ~ à comprendre he is slow to understand *ou* slow on the uptake*; marcher d'un pas ~ to walk at a slow pace *ou* slowly.
lente[2] [lɑ̃t] *nf* (*Zool*) nit.
lentement [lɑ̃tmɑ̃] *adv* slowly. progresser ~ to make slow progress; ~ mais sûrement slowly but surely.
lenteur [lɑ̃tœʀ] *nf* slowness. avec ~ slowly; ~ d'esprit slow-wittedness; la ~ de la construction the slow progress of the building; les ~s du procès the slowness of the trial.
lentigo [lɑ̃tigo] *nm* lentigo.
lentille [lɑ̃tij] *nf* (*Bot, Culin*) lentil; (*Opt*) lens. gros comme une ~ as big as a small pea; ~s (cornéennes) contact lenses; ~s (cornéennes) dures/souples hard/soft contact lenses; ~ micro-cornéenne microcorneal lens; ~s d'eau duckweed.
Léon [leɔ̃] *nm* Leo.
Léonard [leonaʀ] *nm* Leonard. ~ de Vinci Leonardo da Vinci.
Léonie [leɔni] *nf* Leonie.
léonin, e [leɔnɛ̃, in] *adj mœurs, aspect, rime* leonine; (*fig*) *contrat, partage* one-sided.
Léonore [leɔnɔʀ] *nf* Leonora.
léopard [leopaʀ] *nm* leopard. manteau de ~ leopard-skin coat.
Léopold [leopɔl(d)] *nm* Leopold.
L.E.P. [lɛp] *nm abrév de* lycée d'enseignement professionnel; *V* lycée.
lépidoptère [lepidɔptɛʀ] 1 *adj* lepidopterous. 2 *nm* lepidopteran, lepidopterous insect. les ~s the Lepidoptera.
lèpre [lɛpʀ(ə)] *nf* (*Méd*) leprosy; (*fig: mal*) plague. mur rongé de ~ flaking *ou* scaling *ou* peeling wall.
lépreux, -euse [lepʀø, øz] 1 *adj* (*lit*) leprous, suffering from leprosy; *mur* flaking, scaling, peeling. 2 *nm, f* (*lit, fig*) leper.
léproserie [lepʀozʀi] *nf* leper-house.
lequel, laquelle [ləkɛl], *m(f)pl* lesquel(le)s [lekɛl] (*contraction avec à, de* auquel, auxquels, auxquelles, duquel, desquels, desquelles) 1 *pron* (a) (*relatif*) (*personne: sujet*) who; (*personne: objet*) whom; (*chose*) which. j'ai écrit au directeur de la banque, ~ n'a jamais répondu I wrote to the bank manager, who has never answered; la patience avec laquelle il écoute the patience with which he listens; le règlement d'après ~ ... the ruling whereby ...; la découverte sur laquelle on a tant parlé the discovery which has been so much talked about *ou* about which there has been so much talk; la femme à laquelle j'ai acheté mon chien the woman from whom I bought my dog; c'est un problème auquel je n'avais pas pensé that's a problem I hadn't thought of *ou* which hadn't occurred to me; le pont sur ~ vous êtes passé the bridge you came over *ou* over which you came; le docteur/le traitement sans ~ elle serait morte the doctor without whom/the treatment without which she would have died; cette société de laquelle on dit tant de mal this society about which so much ill is spoken; la plupart desquels (*personnes*) most of whom; (*choses*) most of which; les gens chez lesquels j'ai logé the people at whose house I stayed; *V* importer[2].
(b) (*interrogatif*) which. ~ des 2 acteurs préférez-vous? which of the 2 actors do you prefer?; dans ~ de ces hôtels avez-vous

logé? in which of these hotels did you stay?; **laquelle des sonates de Mozart avez-vous entendue?** which of Mozart's sonatas *ou* which Mozart sonata did you hear?; **laquelle des chambres est la sienne?** which is his room?, which of the rooms is his?; **je ne sais à laquelle des vendeuses m'adresser** I don't know which saleswoman I should speak to *ou* which saleswoman to speak to; **devinez lesquels de ces tableaux elle aimerait avoir** guess which of these pictures she would like to have; **donnez-moi 1 melon/2 melons — ~?/lesquels?** give me 1 melon/2 melons — which one?/ which ones? *ou* which (2)?; **va voir ma sœur — laquelle?** go and see my sister — which one?

2 *adj:* **son état pourrait empirer, auquel cas je reviendrais** his condition could worsen, in which case I would come back; (*littér, iro*) **il écrivit au ministre, ~ ministre ne répondit jamais** he wrote to the minister but the said (*littér, iro*) minister never replied.

lerch(e)* [lɛʀʃ(ə)] *adv:* **pas ~** not much; **il n'y en a pas ~** there's not much of it; **c'est pas ~** that's not much.

les [le] *V* **le¹, le².**

lesbianisme [lɛsbjanism(ə)] *nm* lesbianism.

lesbienne [lɛsbjɛn] *nf* lesbian.

lesbisme [lɛsbism(ə)] *nm* = **lesbianisme.**

lèse-majesté [lɛzmaʒɛste] *nf* lese-majesty; *V* **crime.**

léser [leze] (6) *vt* (a) (*Jur: frustrer*) *personne* to wrong; *intérêts* to damage. **la partie lésée** the injured party; **~ les droits de qn** to infringe on sb's rights. (b) (*Méd: blesser*) *organe* to injure.

lésiner [lezine] (1) *vi* to skimp (*sur qch* on sth).

lésinerie [lezinʀi] *nf* (*avarice*) stinginess; (*action avare*) stingy act.

lésion [lezjɔ̃] *nf* (*Jur, Méd*) lesion. (*Med*) **~s internes** internal injuries.

lésionnel, -elle [lezjɔnɛl] *adj* *trouble* caused by a lesion; *syndrome* of a lesion.

Lesotho [lezoto] *nm:* **le royaume du ~** the kingdom of Lesotho.

lessivable [lesivabl(ə)] *adj* *papier peint* washable.

lessivage [lesivaʒ] *nm* (*gén*) washing; (*Chim*) leaching.

lessive [lesiv] *nf* (a) (*produit*) (*gén*) washing powder; (*Tech: soude*) lye.

(b) (*lavage*) washing, wash. **mon jour de ~** my wash *ou* washing day; **faire la ~** to do the washing; **faire 4 ~s par semaine** to do 4 washes a week.

(c) (*linge*) washing (*U*). **porter sa ~ à la blanchisserie** to take one's washing to the laundry.

lessiver [lesive] (1) *vt* (a) (*lit*) *mur, plancher, linge* to wash. (b) (*Chim*) to leach. (c) (‡: *battre*) (*au jeu*) to clean out*; *adversaire* to lick‡. (d) (*: *fatiguer*) to tire out, exhaust. **être lessivé** to be deadbeat* *ou* all-in* *ou* tired out.

lessiveuse [lesivøz] *nf* boiler (*for washing laundry*).

lessiviel [lesivjɛl] *adj m:* **produit ~** detergent product.

lest [lɛst] *nm* ballast. (*Naut*) **sur son ~** in ballast; **garnir un bateau de ~** to ballast a ship; *V* **jeter.**

lestage [lɛstaʒ] *nm* ballasting.

leste [lɛst(ə)] *adj* (a) *animal* nimble, agile; *personne* sprightly, agile; *démarche* sprightly, light, nimble; *V* **main.** (b) (*grivois*) *plaisanterie* risqué; (*cavalier*) *ton, réponse* offhand.

lestement [lɛstəmɑ̃] *adv* (*V* **leste**) nimbly, agilely; in a sprightly manner; lightly; offhandedly. **plaisanter ~** to make (rather) risqué jokes; **mener ~ une affaire** to conduct a piece of business briskly.

lester [lɛste] (1) *vt* (a) (*garnir de lest*) to ballast. (b) (*: *remplir*) *portefeuille, poches* to fill, cram. **~ son estomac, se ~ (l'estomac)** to fill one's stomach; **lesté d'un repas copieux** weighed down with a heavy meal.

let [lɛt] *nm* (*Tennis*) let. **jouer un ~** to play a let.

letchi [lɛtʃi] *nm* = **litchi.**

léthargie [letaʀʒi] *nf* (*apathie, Méd*) lethargy. **tomber en ~** to fall into a state of lethargy.

léthargique [letaʀʒik] *adj* lethargic. **état ~** lethargic state, state of lethargy.

lette [lɛt] **1** *adj* Latvian. **2** *nm* (*Ling*) Latvian. **3** *nmf:* **L~** Latvian.

letton, -onne [lɛtɔ̃, ɔn] **1** *adj* Latvian, Lett, Lettish. **2** *nm* (*Ling*) Latvian, Lett, Lettish. **3** *nm, f:* **L~(ne)** Latvian, Lett.

Lettonie [lɛtɔni] *nf* Latvia.

lettre [lɛtʀ(ə)] **1** *nf* (a) (*caractère*) letter. **~ majuscule/minuscule** capital/small letter; **c'est en toutes ~s dans les journaux** it's there in black and white *ou* it's there for all to read in the newspapers; **c'est en grosses ~s dans les journaux** it's splashed across the newspapers, it has made headlines in the papers; **écrire un nom en toutes ~s** to write (out) a name in full; **écrivez la somme en (toutes) ~s** write out the sum in words; **un mot de 6 ~s** a 6-letter word, a word of 6 letters; **c'est écrit en toutes ~s sur sa figure** it's written all over his face; **c'est à écrire en ~s d'or** it is a momentous event, it is something to celebrate; **inscrit** *ou* **gravé en ~s de feu** written in letters of fire; **cette lutte est écrite en ~s de sang** this gory struggle will remain engraved on people's minds; *V* **cinq.**

(b) (*missive*) letter. **~s** (*courrier*) letters, mail; **jeter** *ou* **mettre une ~ à la boîte** *ou* **à la poste** to post a letter; **est-ce qu'il y avait des ~s aujourd'hui?** were there any letters today?, was there any mail today?; **écris-lui donc une petite ~** write him a note, drop him a line*; **il a reçu une ~ d'injures** he got a rude letter *ou* an abusive letter; **~ de condoléances/de félicitations/de réclamation** letter of condolence/of congratulations/of complaint; **~ d'amour/d'affaires** love/business letter.

(c) (*sens strict*) **prendre qch au pied de la ~** to take sth literally; **suivre la ~ de la loi** to follow the letter of the law; **exécuter des ordres à la ~** to carry out orders to the letter.

(d) **les ~s, les belles ~s** (*culture littéraire*) literature; **femme/homme/gens de ~s** woman/man/men of letters; **le monde des ~s**

the literary world; **avoir des ~s** to be well-read.

(e) (*Scol, Univ*) arts (subjects). **il est très fort en ~s** he's very good at arts subjects; **il fait des ~s** he's doing an arts degree; **professeur de ~s** teacher of French, French teacher (*in France*); **~s classiques** classics (*sg*); *V* **faculté, licence.**

(f) (*loc*) **rester ~ morte** [*remarque, avis, protestation*] to go unheeded; **devenir ~ morte** [*loi, traité*] to become a dead letter; **c'est passé comme une ~ à la poste*** it went off smoothly *ou* without a hitch; *V* **avant.**

2: (*Hist*) **lettre de cachet** lettre de cachet; (*Comm*) **lettre de change** bill of exchange; (*Admin*) **lettre circulaire** circular; **lettres de créance** credentials; (*Fin*) **lettre de crédit** letter of credit; **lettre exprès** express letter; **lettre de faire-part (de mariage)** formal announcement of a wedding, ≃ wedding invitation; (*Fin*) **lettre d'intention** letter of intent; (*Admin*) **lettre missive** letter(s) missive; (*Univ*) **section de lettres modernes** French department, department of French (language and literature); (*lit*) **lettres de noblesse** letters patent of nobility; (*fig*) **gagner ses lettres de noblesse** to win acclaim, establish one's pedigree; (*Presse*) **lettre ouverte** open letter; **lettres patentes** letters (of) patent; **lettre de recommandation** letter of recommendation, reference; **lettre recommandée** (*attestant sa remise*) recorded delivery letter; (*assurant sa valeur*) registered letter; **lettre de service** notification of command; (*Scol*) **lettres supérieures** preparatory class (*after the baccalauréat*) *leading to the École Normale Supérieure;* (*Comm*) **lettre de voiture** consignment note, waybill.

lettré, e [letʀe] *adj* well-read.

lettrine [letʀin] *nf* (a) [*dictionnaire*] headline. (b) [*chapitre*] dropped initial.

leu [lø] *nm V* **queue.**

leucémie [løsemi] *nf* leukaemia.

leucémique [løsemik] **1** *adj* leukaemic. **2** *nmf* person suffering from leukaemia.

leucocyte [løkɔsit] *nm* leucocyte. **~ mononucléaire** monocyte; **~ polynucléaire** polymorphonuclear leucocyte.

leucorrhée [løkɔʀe] *nf* leucorrhoea.

leucotomie [løkɔtɔmi] *nf* leucotomy.

leur [lœʀ] **1** *pron pers mf* them. **je le ~ ai dit** I told them; **il ~ est facile de le faire** it is easy for them to do it; **elle ~ serra la main** she shook their hand, she shook them by the hand; **je ~ en ai donné** I gave them some, I gave some to them.

2 *adj poss* (a) their. **~ jardin à eux est une vraie forêt vierge** their own garden is a real jungle; **à ~ vue** at the sight of them, on seeing them; **~ maladroite de sœur** that clumsy sister of theirs; **ils ont passé tout ~ dimanche à travailler** they spent the whole of *ou* all Sunday working; **ils ont ~s petites manies** they have their little fads.

(b) (*littér*) theirs, their own. **un ~ cousin** a cousin of theirs; **ils ont fait ~ ces idées** they made theirs these ideas, they made these ideas their own; **ces terres qui étaient ~** these estates of theirs *ou* which were theirs.

3 *pron poss:* **le ~, la ~, les ~s** theirs, their own; **ces sacs sont les ~s** these bags are theirs, these are their bags; **ils sont partis dans une voiture qui n'était pas la ~** they left in a car which wasn't theirs *ou* their own; **à la (bonne) ~!** their good health!, here's to them!; *pour autres exemples V* **sien.**

4 *nm* (a) **ils ont mis du ~** they pulled their weight, they did their bit*; *V aussi* **sien.**

(b) **les ~s** (*famille*) their family, their (own) folks*; (*partisans*) their own people; **ils ont encore fait des ~s*** they've (gone and) done it again*, they've been at it again*; **nous étions des ~s** we were with them.

leurre [lœʀ] *nm* (*illusion*) delusion, illusion; (*duperie*) deception; (*piège*) trap, snare; (*Fauconnerie, Pêche: appât*) lure; (*Chasse*) decoy, lure.

leurrer [lœʀe] (1) *vt* to deceive, delude. **ils nous ont leurrés par des promesses fallacieuses** they deluded us with false promises; **ils se sont laissé ~** they let themselves be taken in *ou* deceived; **ne vous leurrez pas** don't delude yourself; **ne nous leurrons pas sur leurs intentions** we should not delude ourselves about their intentions.

levage [ləvaʒ] *nm* (*Tech*) lifting; (*Culin*) rising, raising; *V* **appareil.**

levain [ləvɛ̃] *nm* leaven. **sans ~** unleavened; **pain au ~** leavened bread; (*fig*) **~ de haine/de vengeance** seed of hate/of vengeance.

levant [ləvɑ̃] **1** *adj:* **soleil ~** rising sun; **au soleil ~** at sunrise. **2** *nm:* **du ~ au couchant** from the rising to the setting sun; **les chambres sont au ~** the bedrooms are on the east side; **le ~** the Levant.

levantin, -ine [ləvɑ̃tɛ̃, in] **1** *adj* Levantine. **2** *nm, f:* **L~(e)** Levantine.

levé¹ [l(ə)ve] *nm* (*plan*) survey. **un ~ de terrain** a land survey; **faire un ~ de terrain** to survey a piece of land.

lève- [lɛv] *préf V* **lever.**

levé², e¹ [l(ə)ve] (*ptp de* **lever**) **1** *adj:* **être ~** to be up; **sitôt ~ as soon as he is** (*ou* was *etc*) up; **il n'est pas encore ~** he is not up yet; **toujours le premier ~** always the first up; *V* **pierre. 2** *nm* (*Mus*) up-beat.

levée² [l(ə)ve] **1** *nf* (a) [*blocus, siège*] raising; [*séance*] closing; [*interdiction, punition*] lifting.

(b) (*Poste*) collection. **la ~ du matin est faite** the morning collection has been made, the morning post has gone (*Brit*); **dernière ~ à 19h** last collection (at) 7 p.m.

(c) (*Cartes*) trick. **faire une ~** to take a trick.

(d) [*impôts*] levying; [*armée*] raising, levying.

(e) (*remblai*) levee.

2: (*fig*) **levée de boucliers** general outcry, hue and cry; **la levée du corps aura lieu à 10 heures** the funeral will start from the house at 10 o'clock; (*Jur*) **levée d'écrou** release (from prison); (*Jur*) levée de jugement transcript (of a verdict); (*Mil*) **levée en masse** levy en masse; (*Jur*) **levée des scellés** removal of the seals; **levée de terre** levee.

lever [l(ə)ve] (5) **1** *vt* (a) (*soulever, hausser*) *poids, objet* to lift; *vitre* to put up, raise; *tête* to raise, lift up; *main, bras* (*pour prendre qch, saluer, voter, prêter serment*) to raise; (*en classe*) to put up. **lève ton coude, je veux prendre le papier** lift *ou* raise your elbow, I want to take the paper away; ~ **les yeux** to lift up *ou* raise one's eyes, look up (*de* from); ~ **les yeux sur qn** (*lit: regarder*) to look at sb; (*fig: vouloir épouser*) to set one's heart on marrying sb; ~ **le visage vers** qn to look up at sb; ~ **un regard suppliant/éploré vers qn** to look up imploringly/tearfully at sb; (*en classe*) **levez le doigt pour répondre** put up your hand to answer.

(b) (*faire cesser, supprimer*) *blocus* to raise; *séance, audience* to close; *obstacle, difficulté* to remove; *interdiction, punition* to lift; (*Comm, Jur*) *option* to exercise, take up. ~ **les scellés** to remove the seals; **cela a levé tous ses scrupules** that has removed all his scruples; **on lève la séance?*** shall we break up?, shall we call it a day?

(c) (*ramasser*) *impôts* to levy; *armée* to raise, levy; (*Cartes*) *pli* to take; [*facteur*] *lettres* to collect.

(d) (*Chasse*) *lièvre* to start; *perdrix* to flush; (‡*fig*) *femme* to pick up*, pull‡ (*US*). (*fig*) ~ **un lièvre** to uncover sth by chance.

(e) (*établir*) *plan* to draw (up); *carte* to draw.

(f) (†: *prélever*) to cut off.

(g) (*sortir du lit*) *enfant, malade* to get up. **le matin, pour le faire** ~, **il faut se fâcher** in the morning, you have to get angry before he'll get up *ou* to get him out of bed.

(h) (*prélever*) *morceau de viande etc* to take off, remove.

(i) (*loc*) ~ **l'ancre** (*Naut*) to weigh anchor; (*fig*) to make tracks*; ~ **les bras au ciel** to throw one's arms up in the air; ~ **les yeux au ciel** to raise one's eyes heavenwards; ~ **le camp** (*lit*) to strike *ou* break camp; (*fig: partir*) to clear off*; ~ **le siège** (*lit*) to lift *ou* raise the siege; (*fig: partir*) to clear off*; **il lève bien le coude*** he enjoys a drink, he drinks a fair bit*; **il n'a pas levé le petit doigt pour m'aider** he didn't lift a finger to help me; ~ **l'étendard de la révolte** to raise the standard of revolt; **il ne lève jamais le nez de ses livres** he never takes his nose out of his books; **il ne lève jamais le nez de son travail/son pupitre** he never lifts his nose from his work/his desk; [*chien*] ~ **la patte** (*pour pisser*) to cock *ou* lift its leg; (*pour dire bonjour*) to give a paw; ~ **le pied** (*disparaître*) to vanish; (*Aut: ralentir*) to slow down; ~ **le poing** to raise one's fist; ~ **la main sur qn** to raise one's hand to sb; (*Théât*) ~ **le rideau** to raise the curtain; ~ **le voile** to reveal the truth (*sur* about); ~ **le masque** to unmask o.s.; ~ **son verre à la santé de qn** to raise one's glass to sb, drink to sb's health.

2 *vi* (a) [*plante, blé*] to come up.

(b) (*Culin*) to rise. **faire** ~ **la pâte** to make the dough rise, leave the dough to rise.

3 se lever *vpr* (a) [*rideau, main*] to go up. **toutes les mains se levèrent** every hand went up.

(b) (*se mettre debout*) to get up. **se** ~ **de table/de sa chaise** to get up from the table/from one's chair; **le maître les fit se lever** the teacher made them stand up *ou* get up *ou* get to their feet.

(c) (*sortir du lit*) to get up. **se** ~ **tôt** to get up early, rise early; **le convalescent commence à se** ~ the convalescent is starting to get up (and about); **c'est l'heure de se** ~ it's time to get up; **ce matin, il s'est levé du pied gauche** this morning he got out of bed on the wrong side; **se** ~ **sur son séant** to sit up.

(d) [*soleil, lune*] to rise; [*jour*] to break. **le soleil n'était pas encore levé** the sun had not yet risen *ou* was not yet up.

(e) (*Mét*) [*vent, orage*] to get up, rise; [*brume*] to lift, clear. **le temps se lève, cela se lève** the weather *ou* it is clearing.

4 *nm* (a) ~ **du soleil** sunrise, sunup*; ~ **du jour** daybreak, dawn.

(b) (*au réveil*) **prenez 3 comprimés au** ~ take 3 tablets when you get up *ou* on rising; **au** ~, **à son** ~ (*présent*) when he gets up; (*passé*) when he got up; **le** ~ **du roi** the levee of the king.

(c) (*Théât*) **le** ~ **du rideau** (*commencement d'une pièce*) the curtain; (*action de lever le rideau*) the raising of the curtain; (*pièce*) un ~ **de rideau** a curtain raiser.

(d) = **levé[1]**.

5: lève-glace *nm inv*, **lève-vitre** *nm inv* (window) winder; **lève-tôt** *nm inv* early riser; **lève-tard** *nm inv* late riser.

levier [ləvje] *nm* lever. ~ **de commande/de changement de vitesse** control/gear lever; ~ **de frein** handbrake (lever); **faire** ~ **sur qch** to lever sth up (*ou* off *etc*); (*fig*) **être aux** ~**s de commande** to be in control *ou* command; (*fig*) **l'argent est un puissant** ~ money is a powerful lever.

lévitation [levitasjɔ̃] *nf* levitation.

lévite [levit] *nm* Levite.

Lévitique [levitik] *nm* Leviticus.

levraut [ləvro] *nm* leveret.

lèvre [lɛvʀ(ə)] *nf* (*gén*) lip; [*plaie*] edge; [*vulve*] lip, labium (*T*); (*Géog*) [*faille*] side. (*Géog*) ~ **soulevée/abaissée** upthrow/downthrow side; **le sourire aux** ~**s** with a smile on one's lips; **la cigarette aux** ~**s** with a cigarette between one's lips; **son nom est sur toutes les** ~**s** his name is on everyone's lips; (*fig*) **j'ai les** ~**s scellées** my lips are sealed; **petites/grandes** ~**s** labia minora/majora (*T*); *V* **bout, pincer, rouge**.

levrette [ləvʀɛt] *nf* (*femelle*) greyhound bitch; (*variété de lévrier*) Italian greyhound.

lévrier [levʀije] *nm* greyhound. **courses de** ~**s** greyhound racing; **courir comme un** ~ to run like the wind.

levure [l(ə)vyʀ] *nf* (*ferment*) yeast. ~ **de bière** brewers' yeast; ~ **chimique** brewers' yeast, dried yeast.

lexème [lɛksɛm] *nm* lexeme.

lexémique [lɛksemik] *adj* lexemic.

lexical, e, *mpl* **-aux** [lɛksikal, o] *adj* lexical.

lexicalisation [lɛksikalizɑsjɔ̃] *nf* lexicalization.

lexicaliser [lɛksikalize] (1) *vt* to lexicalize.

lexicographe [lɛksikɔgʀaf] *nmf* lexicographer.

lexicographie [lɛksikɔgʀafi] *nf* lexicography.

lexicographique [lɛksikɔgʀafik] *adj* lexicographical.

lexicologie [lɛksikɔlɔʒi] *nf* lexicology.

lexicologique [lɛksikɔlɔʒik] *adj* lexicological.

lexicologue [lɛksikɔlɔg] *nmf* lexicologist.

lexie [lɛksi] *nf* lexical item.

lexique [lɛksik] *nm* vocabulary, lexis; (*glossaire*) lexicon.

lézard [lezaʀ] *nm* (*animal*) lizard; (*peau*) lizardskin. ~ **vert** green lizard; **sac/gants en** ~ lizardskin bag/gloves; **faire le** ~ (**au soleil**)* to bask in the sun.

lézarde [lezaʀd(ə)] *nf* (*fissure*) crack.

lézarder[1] [lezaʀde] (1) *vi* to bask in the sun.

lézarder[2] *vt*, **se lézarder** *vpr* [lezaʀde] (1) to crack.

liaison [ljɛzɔ̃] *nf* (a) (*fréquentation*) ~ (*amoureuse*) (love) affair; ~ (*d'affaires*) business relationship *ou* connection; ~ **d'amitié†** friendship; **avoir/rompre une** ~ to have/break off an affair *ou* a love affair; **avoir une** *ou* **être en** ~ **d'affaires avec qn** to have business relations with sb.

(b) (*contact*) **entrer/être en** ~ **étroite avec qn** to get/be in close contact with sb; **travailler en** ~ **étroite avec qn** to work closely with *ou* in close collaboration with sb; **en** ~ (**étroite**) **avec nos partenaires, nous avons décidé de…** in (close) collaboration with *ou* after close consultation with our partners, we have decided to…; **établir une** ~ **radio avec un pilote** to establish radio contact with a pilot; **les** ~**s téléphoniques avec le Japon** telephone links with Japan; (*péj*) **avoir des** ~**s avec** to have links *ou* dealings with; (*Mil*) **se tenir en** ~ **avec l'état-major** to keep in contact with headquarters, liaise with headquarters; (*Mil*) **officier** *ou* **agent de** ~ liaison officer; **j'espère que nous allons rester en** ~ I hope that we shall remain in contact.

(c) (*rapport, enchaînement*) connection. **manque de** ~ **entre 2 idées** lack of connection between 2 ideas; **il n'y a aucune** ~ **entre les 2 idées/événements** there is no connection *ou* link between the 2 ideas/events; **la** ~ **des idées n'est pas évidente** the connection of ideas isn't obvious.

(d) (*Phonétique*) liaison. **consonne de** ~ linking consonant; (*Gram*) **mot** *ou* **terme de** ~ link-word; (*Phonétique*) **en français il ne faut pas faire la** ~ **devant un h aspiré** in French one mustn't make a liaison before an aspirate h.

(e) (*Transport*) link. ~ **aérienne/routière/ferroviaire/maritime** air/road/rail/sea link.

(f) (*Culin*) liaison.

(g) (*Ordin*) ~ **de transmission** data link.

(h) (*Mus*) tie.

liane [ljan] *nf* creeper, liana.

liant, e [ljã, ãt] **1** *adj* sociable.

2 *nm* (a) (*littér: affabilité*) sociable disposition. **il a du** ~ he has a sociable disposition *ou* nature, he is sociable.

(b) (*Métal: souplesse*) flexibility.

(c) (*substance*) binder.

liard† [ljaʀ] *nm* farthing. (*fig*) **je n'ai pas un** ~ I haven't (got) a farthing.

lias [ljas] *nm* (*Géol*) Lias.

liasique [ljazik] *adj* (*Géol*) Liassic.

liasse [ljas] *nf* [*billets, papiers*] bundle, wad.

Liban [libã] *nm*: (**le**) ~ (the) Lebanon.

libanais, e [libanɛ, ɛz] **1** *adj* Lebanese. **2** *nm,f*: **L~(e)** Lebanese.

libations [libɑsjɔ̃] *nfpl* (*Antiq*) libations. (*fig*) **faire de copieuses** ~ to indulge in great libations (*hum*).

libelle [libɛl] *nm* (*satire*) lampoon. **faire des** ~**s contre qn** to lampoon sb.

libellé [libele] *nm* wording.

libeller [libele] (1) *vt acte* to draw up; *chèque* to make out (*au nom de* to); *lettre, demande, réclamation* to word. **sa lettre était ainsi libellée** so went his letter, his letter was worded thus.

libelliste [libelist(ə)] *nm* (*littér*) lampoonist.

libellule [libelyl] *nf* dragonfly.

liber [libɛʀ] *nm* (*Bot*) phloem.

libérable [libeʀabl(ə)] *adj militaire* dischargeable. **permission** ~ leave in hand (*allowing early discharge*).

libéral, e, *mpl* **-aux** [libeʀal, o] *adj, nm,f* (*gén*) liberal; (*Can Pol*) Liberal; *V* **profession**.

libéralement [libeʀalmã] *adv* liberally.

libéralisation [libeʀalizɑsjɔ̃] *nf* [*lois, régime*] liberalization. **la** ~ **du commerce** the easing of restrictions on trade.

libéraliser [libeʀalize] (1) *vt* (*V* **libéralisation**) to liberalize.

libéralisme [libeʀalism(ə)] *nm* (*tous sens*) liberalism. **être partisan du** ~ **économique** to be a supporter of economic liberalism *ou* of free enterprise.

libéralité [libeʀalite] *nf* (*littér*) (*générosité*) liberality; (*gén pl: don*) generous *ou* liberal gift, liberality. **vivre des** ~**s d'un ami** to live off a friend's generosity.

libérateur, -trice [libeʀatœʀ, tʀis] **1** *adj* (*Pol*) **guerre/croisade** ~**trice** war/crusade of liberation; (*Psych*) **rire** ~ liberating laugh; **expérience** ~**trice** liberating experience. **2** *nm,f* liberator.

libération [libeʀasjɔ̃] *nf* (*V* **libérer**) discharge; release; freeing; liberation; decontrolling. ~ **anticipée** early release; ~ **conditionnelle** release on parole; ~ **de la femme** Women's Liberation; (*Hist*) **la L~** the Liberation; *V* **vitesse**.

libératoire [libeʀatwaʀ] *adj* (*Fin*) **paiement** ~ payment in full discharge; **prélèvement** ~ levy at source (*on share dividends*).

libéré, e [libeʀe] (*ptp de* **libérer**) *adj* liberated.

libérer [libeRe] (6) **1** *vt* **(a)** (*relâcher*) *prisonnier* to discharge, release (*de* from); *soldat* to discharge (*de* from). (*Jur*) **être libéré sous caution/sur parole** to be released on bail/on parole.

(b) (*délivrer*) *pays, peuple* to free, liberate; (*fig*) *esprit, personne* (*de soucis etc*) to free (*de* from); (*d'inhibitions etc*) to liberate (*de* from); **~ qn de liens** to release *ou* free sb from; *promesse* to release sb from; *dette* to free sb from.

(c) (*Tech*) *levier, cran d'arrêt* to release; (*Écon*) *échanges commerciaux* to ease restrictions on; *prix* to decontrol; (*Méd*) *intestin* to unblock. (*fig*) **~ le passage** to free *ou* unblock the way.

(d) (*soulager*) **~ son cœur/sa conscience** to unburden one's heart/conscience; **~ ses instincts** to give free rein to one's instincts.

(e) (*Phys*) *énergie, électrons* to release; (*Chim*) *gaz* to release, give off.

2 se libérer *vpr* (*de ses liens*) to free o.s. (*de* from); (*d'une promesse*) to release o.s. (*de* from); (*d'une dette*) to clear o.s. (*de* of). **se ~ d'un rendez-vous** to get out of a meeting; **désolé, jeudi je ne peux pas me ~** I'm sorry I can't be free *ou* I'm not free on Thursday; **se ~ du joug de l'oppresseur** to free o.s. from the yoke of one's oppressor.

Libéria [libeRja] *nm* Liberia.

libérien, -ienne [libeRjɛ̃, jɛn] **1** *adj* Liberian. **2** *nm,f*: **L~(ne)** Liberian.

libériste [liberist(ə)] **1** *nmf* hang-glider. **2** *adj* hang-gliding.

libertaire [libɛRtɛR] *adj, nmf* libertarian.

liberté [libɛRte] **1** *nf* **(a)** (*gén, Jur*) freedom, liberty. **mettre en ~** to free, release, set free; **mise en ~** [*prisonnier*] discharge, release; **être en ~** to be free; *animaux en ~* animals in freedom, animals in the wild *ou* natural state; **le voleur est encore en ~** the thief is still at large; **rendre la ~ à un prisonnier** to free *ou* release a prisoner, set a prisoner free; **remettre un animal en ~** to set an animal free (again); **elle a quitté son mari et repris sa ~** she has left her husband and regained her freedom *ou* her independence; **agir en toute *ou* pleine ~** to act with complete freedom, act quite freely; **sans la ~ de critiquer/de choisir aucune opinion n'a de valeur** without the freedom to criticize/to choose any opinion is valueless; **avoir toute ~ pour agir** to have full liberty *ou* freedom to act; **donner à qn toute ~ d'action** to give sb complete freedom of action, give sb a free hand to act, give sb carte blanche.

(b) (*gén, Pol: indépendance*) freedom. **~ de la presse/d'opinion/de conscience** freedom of the press/of thought/of conscience *etc*; **~ du culte/d'expression** freedom of worship/of expression; **~ individuelle** personal freedom; **~ d'information** freedom of information; **~ religieuse** religious freedom, freedom of worship; **vive la ~!** long live freedom!; **~, égalité, fraternité** liberty, equality, fraternity.

(c) (*loisir*) **heures/moments de ~** free hours/moments; **ils ont droit à 2 jours de ~ par semaine** they are allowed 2 free days a week *ou* 2 days off each week; **son travail ne lui laisse pas beaucoup de ~** his work doesn't leave him much free time.

(d) (*absence de retenue, de contrainte*) liberty. **~ d'esprit/de jugement** independence of mind/judgment; **~ de langage/de mœurs** freedom of language/of morals; **s'exprimer avec (grande) ~** to express o.s. very freely; (*formule*) **prendre la ~ de faire** to take the liberty of doing; **prendre *ou* se permettre des ~s avec personne, texte** to take liberties with.

(e) (*droit*) **la ~ du travail** the right *ou* freedom to work; **~ d'association/de réunion** right of association/to meet *ou* hold meetings; **les ~s syndicales** union rights; (*Hist*) **~s des villes** borough franchises.

2: (*Jur*) **liberté sous caution** release on bail; **mise en liberté sous caution** release on bail; (*Jur*) **liberté conditionnelle** parole; **mettre en liberté conditionnelle** to release on parole; **être mis en liberté conditionnelle** to be granted parole, be released on parole; **mise en liberté conditionnelle** release on parole; (*Jur*) **liberté provisoire** bail; **être mis en liberté provisoire** to be granted bail, be released on bail; (*Jur*) **liberté surveillée** release on probation; **être mis en liberté surveillée** to be put on probation.

libertin, e [libɛRtɛ̃, in] **1** *adj* (*littér*) (*dissolu*) *personne* libertine, dissolute; (*grivois*) *roman* licentious; (*Hist: irréligieux*) *philosophe* libertine.

2 *nm,f* (*littér: dévergondé*) libertine.

3 *nm* (*Hist: libre-penseur*) libertine, freethinker.

libertinage [libɛRtinaʒ] *nm* (*littér*) (*débauche*) [*personne*] debauchery, dissoluteness; (*grivoiserie*) [*roman*] licentiousness; (*Hist: impiété*) [*philosophe*] libertine outlook *ou* philosophy.

libidineux, -euse [libidinø, øz] *adj* (*littér, hum*) libidinous, lustful.

libido [libido] *nf* libido.

libraire [libRɛR] *nmf* bookseller. **~-éditeur** publisher and bookseller.

librairie [libRɛRi] *nf* **(a)** (*magasin*) bookshop. **~ d'art** art bookshop; **~-papeterie** bookseller's and stationer's; **ça ne se vend plus en ~** it's no longer in the bookshops, the bookshops no longer sell it; **ce livre va bientôt paraître en ~** this book will soon be on sale (in the shops) *ou* will soon be published *ou* out*.

(b) **la ~** (*activité*) bookselling (*U*); (*corporation*) the book trade.

libre [libR(ə)] **1** *adj* **(a)** (*gén, Pol: sans contrainte*) *personne, presse, commerce, prix* free; *vente* unrestricted. **médicament en vente ~** medicine on open sale *ou* on unrestricted sale *ou* on sale without prescription; **il est difficile de garder l'esprit *ou* la tête ~ quand on a des ennuis** it's difficult to keep one's mind free of worries *ou* to keep a clear mind when one is in trouble; **être ~ comme l'air** to be as free as a bird; **rester ~** (*non marié*) to remain unattached; **il n'est plus ~** (*de lui-même*) he is no longer a free agent; **être ~ de ses mouvements** to be free to do what one pleases; (*Jur*) **avoir la ~ disposition de ses biens** to have free disposal of one's goods; **un**

partisan de la ~ entreprise *ou* **concurrence** a supporter of the free-market economy *ou* of free enterprise; (*Pol*) **le monde ~** the free world.

(b) ~ de free from; **~ de tout engagement/préjugé** free from any commitment/all prejudice; **~ de faire** free to do; **~ à vous de poser vos conditions** you are free to *ou* it's (entirely) up to you to state your conditions; **vous êtes parfaitement ~ de refuser l'invitation** you're quite free *ou* at liberty to refuse the invitation.

(c) (*non occupé*) *passage, voie* clear; *taxi* empty; *personne, place* free; *salle* free, available. **appartement ~ à la vente** flat for sale with vacant possession *ou* immediate entry; (*Télec*) **la ligne n'est pas ~** the line *ou* number is engaged (*Brit*) *ou* busy; (*Télec*) **ça ne sonne pas ~** the engaged tone (*Brit*) *ou* busy signal (*US*) is ringing, it's giving *ou* I'm getting the engaged tone (*Brit*) *ou* busy signal (*US*); **est-ce que cette place est ~?** is this seat free? *ou* empty? *ou* vacant?; **avoir du temps ~** to have some spare *ou* free time; **avoir des journées ~s** to have some free days; **êtes-vous ~ ce soir?** are you free this evening?; **vous ne pouvez pas voir M X, il n'est pas ~ aujourd'hui** you can't see Mr X, he is not free *ou* available today; **le jeudi est son jour ~** Thursday is his free day *ou* his day off; **je vais essayer de me rendre ~ pour demain** I'm going to try to make myself free tomorrow *ou* to keep tomorrow free; *V* **air¹, champ**.

(d) (*Scol: non étatisé*) *enseignement* private and Roman Catholic. **école ~** private *ou* independent Roman Catholic school.

(e) (*autorisé, non payant*) *entrée, accès* free. **'entrée ~'** (*exposition etc*) 'entrance free'; (*galerie d'artisanat, magasin d'exposition-vente etc*) 'please walk round', 'please come in and look around'; (*Univ*) **auditeur ~** non-registered student.

(f) (*lit, fig: non entravé*) *mouvement, respiration* free; *traduction, improvisation, adaptation* free; (*Tech*) *pignon, engrenage* disengaged. **robe qui laisse le cou ~** dress which leaves the neck bare *ou* which shows the neck; **robe qui laisse la taille ~** dress which is not tight-fitting round the waist *ou* which fits loosely at the waist; **avoir les cheveux ~s** to have one's hair loose; **de nos jours on laisse les jambes ~s aux bébés** nowadays we leave babies' legs free; **le sujet de la dissertation est ~** the subject of this essay is left open; *V* **main, roue, vers².**

(g) (*sans retenue*) *personne* free *ou* open in one's behaviour; *plaisanteries* broad. **tenir des propos assez ~s sur la politique du gouvernement** to be fairly plain-spoken *ou* make fairly candid remarks about the policies of the government; **être très ~ avec qn** to be very free with sb; **donner ~ cours à sa colère/son indignation** to give free rein *ou* vent to one's anger/indignation.

2: libre arbitre free will; **libre-échange** *nm* free trade; **libre-échangiste,** *pl* **libre-échangistes** (*nm*) free-trader; (*adj*) free-market (*épith*), free-trade (*épith*); **libre entreprise** free enterprise; **libre pensée** freethinking; **libre penseur, -euse** freethinker; **libre-service** *nm, pl* **libres-services** (*restaurant*) self-service restaurant; (*magasin*) self-service store.

librement [libRəmɑ̃] *adv* freely.

librettiste [libretist(ə)] *nmf* librettist.

libretto† [libreto], *pl* **~s** *ou* **libretti** [libreti] *nm* libretto.

Libye [libi] *nf* Libya.

libyen, -enne [libjɛ̃, ɛn] **1** *adj* Libyan. **2** *nm,f*: **L~(ne)** Libyan.

lice [lis] *nf* (*Hist*) lists (*pl*). (*fig*) **entrer en ~** to enter the lists.

licence [lisɑ̃s] *nf* **(a)** (*Univ*) degree; ≃ bachelor's degree. **~ ès lettres** Arts degree, ≃ B.A.; **~ ès sciences** Science degree, ≃ B.Sc.; **faire une ~ d'anglais** to do a degree course in English.

(b) (*autorisation*) permit; (*Comm, Jur*) licence; (*Sport*) permit (*showing membership of a federation and giving the right of entry into competitions*). **produit sous ~** licensed product.

(c) (*littér: liberté*) (*des mœurs*) licentiousness (*U*); **prendre des ~s avec qn** to take liberties with sb; (*Littérat*) **~ poétique** poetic licence; **encor écrit au lieu de encore est une ~ orthographique** writing encor instead of encore is an example of the liberties one can take with spelling.

licencié, e [lisɑ̃sje] **1** *adj*: *professeur* ~ graduate teacher; **elle est ~e** she is a graduate (*Brit*) *ou* a college graduate.

2 *nm,f* (*Univ*) **~ ès lettres/ès sciences/en droit** Bachelor of Arts/of Science/of Law, arts/science/law graduate.

(b) (*Sport*) permit-holder.

(c) (*Jur*) licensee.

licenciement [lisɑ̃simɑ̃] *nm* (*V* **licencier**) making redundant (*Brit*), redundancy (*Brit*), lay-off; dismissal. **il y a eu des centaines de ~s** hundreds of people were made redundant (*Brit*) *ou* were laid off, there were hundreds of redundancies; **~ collectif** mass redundancy *ou* redundancies (*Brit*) *ou* lay-offs; **~ (pour raison) économique** lay-off, redundancy (*Brit*); **lettre de ~** letter of dismissal, pink slip (*US*).

licencier [lisɑ̃sje] (7) *vt* (*débaucher*) to make redundant (*Brit*), lay off; (*renvoyer*) to dismiss.

licencieusement [lisɑ̃sjøzmɑ̃] *adv* licentiously.

licencieux, -euse [lisɑ̃sjø, øz] *adj* (*littér*) licentious.

lichen [likɛn] *nm* (*Bot, Méd*) lichen.

licher* [liʃe] (1) *vt* (*boire*) to drink; (*lécher*) to lick.

lichette* [liʃɛt] *nf*: **~ de pain/de fromage** nibble of bread/cheese; **tu en veux une ~?** do you want a nibble?; **il n'en restait qu'une ~** there was only a (tiny) taste left.

licite [lisit] *adj* lawful, licit.

licitement [lisitmɑ̃] *adv* lawfully, licitly.

licol† [likɔl] *nm* halter.

licorne [likɔRn(ə)] *nf* unicorn. **~ de mer** narwhal, sea unicorn.

licou [liku] *nm* halter.

licteur [liktœR] *nm* lictor.

lie [li] **1** *nf* (*vin*) dregs, sediment. (*fig*) **la ~ (de la société)** the dregs of society. **2: lie de vin** *adj* wine(-coloured); *V* **boire.**

lié, e [lje] (*ptp de* **lier**) *adj*: être très ~ avec qn to be very friendly with sb; **ils sont très ~s** they're very close *ou* friendly, they're very close friends; (*Mus*) **note ~e** tied note; (*Ling*) **morphème ~** bound morpheme.

Liechtenstein [liʃtɛnʃtajn] *nm* Liechtenstein.

liechtensteinois, e [liʃtɛnʃtajnwa, waz] **1** *adj* of Liechtenstein. **2** *nm,f*: **L~(e)** inhabitant *ou* native of Liechtenstein.

Lieder [lidɛʀ] *nmpl* Lieder.

liège [ljɛʒ] *nm* cork. **semelle** *etc* **de ~** cork sole *etc*; V **bout**.

liégeois, e [ljeʒwa, waz] **1** *adj* of *ou* from Liège. **café/chocolat ~** coffee/chocolate ice cream with crème Chantilly *ou* whipped cream. **2** *nm,f*: **L~(e)** inhabitant *ou* native of Liège.

lien [ljɛ̃] *nm* (a) (*lit,fig: attache*) bond. **le prisonnier se libéra de ses ~s** the prisoner freed himself from his bonds; **de solides ~s de cuir** strong leather straps; (*fig*) **les ~s du serment** the bonds of an oath; **un ~ très fort l'attache à son pays** he has a very strong bond with his home country.
(b) (*corrélation*) link, connection. **il y a un ~ entre les 2 événements** there's a link *ou* connection between the 2 events; **servir de ~ entre 2 personnes** to act as a link between 2 people; **idées sans ~** unconnected *ou* unrelated ideas.
(c) (*relation*) tie. **~s affectifs** emotional ties *ou* bonds; **~s de parenté/de sang** family/blood ties; **~s d'amitié** bonds of friendship; **~ qui unit 2 personnes** bond which unites 2 people; **~s du mariage** marriage bonds *ou* ties.

lier [lje] (7) **1** *vt* (a) (*attacher*) mains, pieds to bind, tie up; *fleurs, bottes de paille* to tie up. **~ la paille en bottes** to bind *ou* tie the straw into bales; **~ qn à un arbre/une chaise** to tie sb to a tree/chair; **~ avec une ficelle** to tie with a piece of string; (*fig*) **~ qn par un serment/une promesse** to bind sb with an oath/a promise; V **fou, partie², pied**.
(b) (*relier*) mots, phrases to link up, join up. **~ la cause à l'effet** to link cause to effect; **tous ces événements sont étroitement liés** all these events are closely linked *ou* connected; **cette maison est liée à tout un passé** this house has a whole history; **tout est lié** everything links up *ou* ties up; (*Mus*) **~ les notes** to slur the notes.
(c) (*unir*) personnes to bind, unite. **l'amitié qui nous lie à lui** the friendship which binds us to him; **l'amitié qui les lie** the friendship which unites them; **un goût/un mépris commun pour le théâtre les liait** they were united by a common liking/scorn for the theatre.
(d) (*Culin*) sauce to thicken. (*Constr*) **~ des pierres avec du mortier** to bind stones with mortar.
(e) (*loc*) **~ amitié/conversation** to strike up a friendship/conversation; **~ la langue à qn** to make sb tongue-tied.
2 se lier *vpr* to make friends (*avec qn* with sb). **se ~ d'amitié avec qn** to strike up a friendship with sb; **il ne se lie pas facilement** he doesn't make friends easily; **se ~ par un serment** to bind o.s. by an oath.

lierre [ljɛʀ] *nm* ivy. **~ terrestre** ground ivy.

liesse [ljɛs] *nf* (*littér: joie*) jubilation. **en ~** jubilant.

lieu¹, pl ~x [ljø] **1** *nm* (a) (*gén: endroit*) place; [*événement*] scene. (*Gram*) **adverbe de ~** adverb of place; **~ de pèlerinage/ résidence/retraite/travail** place of pilgrimage/residence/retreat/work; **en quelque ~ qu'il soit** wherever he (may) be, wherever he is; **sur les ~x du crime** at the scene of the crime; **en tous ~x** everywhere; **en aucun ~** (*du monde*) nowhere (in the world); **cela varie avec le ~** it varies from place to place; **en ~ sûr** in a safe place; V **haut, nom**.
(b) **sur les ~x: se rendre sur les ~x de crime** to go to the scene of the crime; **être sur les ~x de l'accident** to be at *ou* on the scene of the accident; **notre envoyé est sur les ~x** our special correspondent is on the spot *ou* at the scene.
(c) (*locaux*) **les ~x** the premises; **quitter** *ou* **vider les ~x** (*gén*) to get out, leave; (*Admin*) to vacate the premises; V **état**.
(d) (*avec notion temporelle*) **en premier/second ~** in the first/ second place, firstly/secondly; **en dernier ~** lastly; **ce n'est pas le ~ d'en parler** this isn't the place to speak about it; **en son ~** in due course; V **temps¹**.
(e) **au ~ de qch** instead of sth, in place of sth; **tu devrais téléphoner au ~ d'écrire** you should telephone instead of writing; **il devrait se réjouir, au ~ de cela, il se plaint** he should be glad, instead of which he complains *ou* (but) instead he complains; **signer en ~ et place de qn** to sign for and on behalf of sb; **au ~ qu'ils partent** instead of leaving.
(f) (*loc*) **avoir ~** (*se produire*) to take place; **avoir ~ d'être inquiet/de se plaindre** to have (good) grounds for being worried/for complaining, have (good) reason to be worried/to complain; **il y a ~ d'être inquiet** there is cause *ou* good reason for anxiety; **vous appellerez le docteur, s'il y a ~** you must send for the doctor if necessary; **donner ~ à des critiques** to give rise to criticism; **ça donne ~ de craindre le pire** that tends to make one fear *ou* leads one to fear the worst; **tenir ~ de** to take the place of; **elle lui a tenu ~ de mère** she took the place of his mother; **ce vieux manteau tient ~ de couverture** this old overcoat serves as a blanket *ou* does instead of a blanket.
2: lieux d'aisances† lavatory; **lieu commun** commonplace; († *ou* *hum*) **lieu de débauche** den of iniquity; **lieu-dit, lieudit**, *pl* **lieux-dits, lieuxdits** locality; (*Math*) **lieu géométrique** locus; **lieu de naissance** (*gén*) birthplace; (*Admin*) place of birth; **lieu de passage** (*entre régions*) crossing point; (*dans un bâtiment*) place where people are constantly coming and going; **lieu de perdition** den of iniquity; **lieu de promenade** place *ou* spot for walking; **lieu public** public place; **les Lieux saints** the Holy Places; **lieu de vacances** (*gén*) place *ou* spot for (one's) holidays (*Brit*) *ou* vacation (*US*); (*ville*) holiday (*Brit*) *ou* vacation (*US*) resort.

lieu² [ljø] *nm* (*poisson*) **~ jaune** pollack, pollock; **~ noir** saithe, coley, coalfish.

lieue [ljø] *nf* league. **j'étais à mille ~s de penser à vous** I was far from thinking of you, you were far from my mind; **j'étais à mille ~s de penser qu'il viendrait** it never occurred to me *ou* I never dreamt for a moment that he'd come; **j'étais à cent ~s de supposer cela** that never occurred to me; **il sent son marin d'une ~** you can tell he's a sailor a mile off*, the fact that he's a sailor sticks out a mile; **à 20 ~s à la ronde** for 20 leagues round about.

lieuse [ljøz] *nf* (*Agr*) binder; V **moissonneur**.

lieutenant [ljøtnɑ̃] **1** *nm* (*armée de terre*) lieutenant (*Brit*), first lieutenant (*US*); (*armée de l'air*) flying officer (*Brit*), first lieutenant (*US*); (*marine marchande*) mate; (*gén: second*) lieutenant, second in command.
2: lieutenant-colonel *nm, pl* **lieutenants-colonels** (*armée de terre*) lieutenant colonel; (*armée de l'air*) wing commander (*Brit*), lieutenant colonel (*US*); **lieutenant de vaisseau** (*marine nationale*) lieutenant.

lièvre [ljɛvʀ(ə)] *nm* (*Zool*) hare; (*Sport*) pacemaker; V **lever**.

liftier [liftje] *nm* lift boy (*Brit*), elevator boy (*US*).

lifting [liftiŋ] *nm* face lift. **se faire faire un ~** to have a face lift.

ligament [ligamɑ̃] *nm* ligament.

ligamenteux, -euse [ligamɑ̃tø, øz] *adj* ligamentous, ligamentary.

ligature [ligatyʀ] *nf* (a) (*Méd: opération, lien*) ligature. (b) (*Agr*) (*opération*) tying up; (*lien*) tie. (c) (*Typ*) ligature. (d) (*Mus*) ligature, tie.

ligaturer [ligatyʀe] (1) *vt* (*Méd*) to ligature, tie up; (*Agr*) to tie up. (*Méd*) **se faire ~ les trompes** to have one's tubes tied.

lige [liʒ] *adj* liege. **homme ~** (*Hist*) liegeman; (*fig*) **être l'homme ~ de qn** to be sb's faithful henchman.

lignage [liɲaʒ] *nm* (a) lineage. **de haut ~** of noble lineage. (b) (*Typ*) number of printed lines.

ligne¹ [liɲ] **1** *nf* (a) (*trait, limite*) line; (*Mil*) line. **~ droite/brisée** straight/broken *ou* dotted line; **~ de départ/d'arrivée/de partage** starting/finishing/dividing line; (*Rugby*) **la ~ des 10/22 mètres** the 10/22 metre line; **~ de fortifications** line of fortifications; **~ de tranchées** trench line; **les ~s de la main** the lines of the hand; **~ de vie/de cœur** life/love line; **la ~ des collines dans le lointain** the line of hills in the distance; (*Math*) **la ~ des x/des y** the X/Y axis; (*Math*) **la ~ des abscisses** the abscissa; (*Math*) **la ~ des ordonnées** the ordinate axis; (*Mus*) **~ supplémentaire** ledger line; **passer la ~** (*de l'équateur*) to cross the line; **courir en ~ droite** to run in a straight line; **en ~ droite, la ville est à 10 km** the town is 10 km from here as the crow flies; (*Aut*) **~ droite** stretch of straight road; (*lit, fig*) **la dernière ~ droite avant l'arrivée** the final *ou* home straight.
(b) (*contour*) [*meuble, voiture*] line(s); (*silhouette*) [*femme*] figure. **avoir la ~** to have a slim figure; **garder/perdre la ~** to keep/lose one's figure; **elle mange peu pour (garder) la ~** she doesn't eat much because she's watching her figure; **la ~ lancée par la dernière mode** the look launched by the most recent collections; **voiture aux ~s aérodynamiques** streamlined car, car built on aerodynamic lines.
(c) (*règle*) line. **~ de conduite/d'action** line of conduct/of action; **~ politique** political line; **la ~ du devoir** the path of duty; **la ~ du parti** the party line; **ne pas dévier de la ~ droite** to keep to the straight and narrow; **les grandes ~s d'un programme** the broad lines *ou* outline of a programme.
(d) (*suite de personnes, de choses*) line; (*rangée*) row. (*Sport*) **la ~ d'avants** *ou* **des avants/d'arrières** *ou* **des arrières** (*Rugby*) the front/back row; (*Ftbl*) **the forwards/backs**; (*Rugby*) **la première/ deuxième/troisième ~** (*de mêlée*) the front/second/back row (of the scrum); **un premier ~** a man in the front row; **enfants placés en ~** children in a line *ou* lined up; **coureurs en ~** runners lined up for the start *ou* on the starting line; **une ~ d'arbres le long de l'horizon** a line *ou* row of trees on the horizon; **mettre des personnes en ~** to line people up, get people lined up; **se mettre en ~** to line up, get lined up, get into line; (*Ordin*) **en ~** on line.
(e) (*Rail*) line. (*Aut*) **~ d'autobus** (*service*) bus service; (*parcours*) bus route; (*Aviat, Naut*) **~ d'aviation** *ou* **aérienne/de navigation** (*compagnie*) air/shipping line; (*service*) (air/shipping) service; (*trajet*) (air/shipping) route; **~ de chemin de fer/de métro** railway/underground *ou* subway line; **la ~ d'autobus passe dans notre rue** the bus (route) goes along our street; **quelle ~ faut-il prendre?** which train (*ou* bus) should I take?; **il faut prendre la ~ (d'autobus) numéro 12 pour y aller** you have to take the number 12 bus to go there; **~ secondaire** branch line; **~ de banlieue** suburban line; V **avion, grand, pilote**.
(f) (*Élec, Téléc*) (*gén*) line; (*câbles*) wires; (*TV: définition*) line. **la ~ est occupée** the line is engaged (*Brit*) *ou* busy (*US*); **être en ~** to be connected; **vous êtes en ~** you're connected *ou* through now, I am connecting you now; **M X est en ~** Mr X's line is engaged (*Brit*) *ou* busy (*US*); **la ~ passe dans notre jardin** the wires go through our garden.
(g) [*texte écrit*] line. (*dictée*) **'à la ~'** 'new paragraph', 'new line'; **aller à la ~** to start on the next line, begin a new paragraph; **écrire quelques ~s** to write a few lines; **donner 100 ~s à faire à un élève** to give a pupil 100 lines to do; (*Presse*) **tirer à la ~** to pad out an article; **je vous envoie ces quelques ~s** I'm sending you these few lines *ou* this short note; **lire entre les ~s** to read between the lines.
(h) (*Pêche*) fishing line; V **pêche²**.
(i) (*série de générations*) **~ directe/collatérale** direct/collateral line.
(j) (*loc*) **mettre sur la même ~** to put on the same level; **entrer en ~ de compte** to be taken into account *ou* consideration; **mettre** *ou* **faire entrer en ~ de compte** to take into account *ou* consideration; **votre vie privée n'entre pas en ~ de compte** your private life doesn't come *ou* enter into it; **sur toute la ~** from start to finish.

2: (*Rugby*) **ligne de ballon mort** dead-ball line; (*Aut*) **ligne blanche** white line (*in the centre of the road*); **ligne blanche continue/discontinue** solid/broken *ou* dotted white line; **ligne de but** goal line; (*Tennis*) **lignes de côté** tramlines; **ligne de crête** = **ligne de faîte**; **ligne de démarcation** (*gén*) boundary; (*Mil*) line of demarcation, demarcation line; (*fig*) guiding line; **ligne de faille** fault line; **ligne de faîte** watershed; **ligne de feu** line of fire; **ligne de flottaison** water line; **ligne de flottaison en charge** load line, Plimsoll line; **ligne de fond** (*Pêche*) ledger line; (*Basketball*) end line; (*Tennis*) baseline; **lignes de force** (*Phys*) lines of force; (*fig*) [*discours, politique*] main themes; **ligne à haute tension** high-tension line; **ligne d'horizon** skyline; (*Aut*) **ligne jaune** = **ligne blanche**; (*Sport*) **ligne médiane** halfway line; **ligne de mire** line of sight; **ligne de partage des eaux** watershed; (*Tennis*) **ligne de service** service line; **ligne de tir** = **ligne de feu**; **ligne de touche** (*Ftbl, Rugby etc*) touchline; (*Basketball*) boundary line; **ligne de visée** = **ligne de mire**.

ligne² [liɲ] *nf* (*Can*) line (*3,175 mm*).

lignée [liɲe] *nf* (*postérité*) descendants (*pl*); (*race, famille*) line, lineage. **laisser une nombreuse ~** to leave a lot of descendants; **le dernier d'une longue ~** the last (one) of a long line; **de bonne ~ irlandaise** of good Irish stock *ou* lineage; (*fig*) **la ~ des grands romanciers** the tradition of the great novelists.

ligneur [liɲœʀ] *nm* eyeliner.

ligneux, -euse [liɲø, øz] *adj* woody, ligneous (*T*).

lignifier (se) [liɲifje] (1) *vpr* to lignify.

lignite [liɲit] *nm* lignite, brown coal.

ligoter [ligɔte] (1) *vt personne* to bind hand and foot. **~ à un arbre** to tie to a tree.

ligue [lig] *nf* league.

liguer [lige] (1) **1** *vt* to unite (*contre* against). **être ligué avec** to be in league with.
2 se liguer *vpr* to league, form a league (*contre* against). **tout se ligue contre moi** everything is in league *ou* is conspiring against me.

ligueur, -euse [ligœʀ, øz] *nm,f* member of a league.

Ligurie [ligyʀi] *nf* Liguria.

lilas [lila] *nm, adj inv* lilac.

lilliputien, -ienne [lilipysjɛ̃, jɛn] **1** *adj* Lilliputian. **2** *nm,f*: **L~(ne)** Lilliputian.

lillois, e [lilwa, waz] **1** *adj* of *ou* from Lille. **2** *nm,f*: **L~(e)** inhabitant *ou* native of Lille.

limace [limas] *nf* (*Zool*) slug; (‡: *chemise*) shirt. (*fig*) **quelle ~!** (*personne*) what a sluggard! *ou* slowcoach! (*Brit*); (*train etc*) this train is just crawling along!, what a dreadfully slow train!

limaçon [limasɔ̃] *nm* (††) snail; (*Anat*) cochlea.

limage [limaʒ] *nm* (*V* **limer**) filing down; filing off.

limaille [limaj] *nf* filings (*pl*). **~ de fer** iron filings.

limande [limɑ̃d] *nf* (*poisson*) dab. **~-sole** lemon sole; *V* **plat¹**.

limbe [lɛ̃b] *nm* (a) (*Astron, Bot, Math*) limb. (b) (*Rel*) **les ~s** limbo; **dans les ~s** (*Rel*) in limbo; (*fig*) [*projet, science*] **c'est encore dans les ~s** it is still in the air.

lime [lim] *nf* (a) (*Tech*) file. **~ douce** smooth file; **~ à ongles** nail file. (b) (*Zool*) lima. (c) (*Bot*) (*fruit*) lime; (*arbre*) lime (tree).

limer [lime] (1) *vt ongles* to file; *métal* to file (down); *aspérité* to file off. **le prisonnier avait limé un barreau pour s'échapper** the prisoner had filed through a bar to escape.

limier [limje] *nm* (*Zool*) bloodhound; (*fig*) sleuth, detective. **c'est un fin ~** he's a really good sleuth.

liminaire [liminɛʀ] *adj discours, note* introductory.

limitable [limitabl(ə)] *adj* capable of being limited (*attrib*).

limitatif, -ive [limitatif, iv] *adj* restrictive. **liste ~ive/non-~ive** open/closed list.

limitation [limitasjɔ̃] *nf* limitation, restriction. **~ des prix/des naissances** price/birth control; **un accord sur la ~ des armements** an agreement on arms limitation *ou* control; **sans ~ de temps** without a *ou* with no time limit; (*Aut*) **une ~ de vitesse (à 60 km/h)** a (60 km/h) speed limit; **l'introduction de ~s de vitesse** the introduction of speed restrictions *ou* limits.

limite [limit] **1** *nf* (a) [*pays, jardin*] boundary; [*pouvoir, période*] limit. **~ d'âge/de poids** age/weight limit; **~ des arbres** tree line; **~ des neiges** snow line; **sans ~** boundless, limitless; **homme qui connaît ses ~s** man who knows his limits; **ma patience a des ~s!** there's a limit to my patience!; **la bêtise a des ~s!** foolishness has its limits!; **sa joie ne connaissait pas de ~s** his joy knew no bounds; **sa colère ne connaît pas de ~s** his anger knows no limits; **ce crime atteint les ~s de l'horreur** this crime is too horrible to imagine; **il franchit *ou* dépasse les ~s!** he's going a bit too far! (b) (*Math*) limit.
(c) (*loc*) **à la ~ on croirait qu'il le fait exprès** you'd almost think he is doing it on purpose; **à la ~, j'accepterais ces conditions, mais pas plus** if pushed *ou* if absolutely necessary, I'd accept those conditions, but no more; **à la ~ tout roman est réaliste** ultimately *ou* at a pinch you could say any novel is realistic; **dans une certaine ~** up to a point, to a certain extent *ou* degree; **dans les ~s du possible/du sujet** within the limits of what is possible/of the subject; **dans les ~s de mes moyens** (*aptitude*) within (the limits of) my capabilities; (*argent*) within my means; **jusqu'à la dernière ~ rester, résister** to the bitter end, till the end; **se battre** to the death; **jusqu'à la ~ de ses forces** to the point of exhaustion, until his strength is (*ou* was *etc*) exhausted; (*Boxe*) **avant la ~** inside *ou* within the distance; (*Boxe*) **aller *ou* tenir jusqu'à la ~** to go the distance.
2 *adj*: **cas ~** borderline case; **prix ~** upper price limit; **valeur ~** limiting value; **vitesse/âge ~** maximum speed/age; **date ~** (*pour s'inscrire*) deadline, closing date; (*pour finir*) deadline; **hauteur/longueur/charge ~** maximum height/length/load.

3: **limite d'élasticité** elastic limit; **limite de rupture** breaking point.

limité, e [limite] (*ptp de* **limiter**) *adj durée, choix, portée* limited; *nombre* limited, restricted. **je n'ai qu'une confiance ~e en ce remède** I've got limited confidence in this cure; *V* **société, tirage**.

limiter [limite] (1) **1** *vt* (a) (*restreindre*) *dépenses, pouvoirs, temps* to limit, restrict. **ils en étaient à s'arracher les cheveux quand je suis intervenu pour ~ les dégâts*** they were practically tearing each other's hair out when I intervened before things got even worse *ou* to stop things getting any worse; **ils ont dû liquider leur affaire pour ~ les dégâts** they had to sell up the business to cut *ou* minimize their losses; **l'équipe du Brésil menait par 5 à 0 — heureusement on a réussi à ~ les dégâts en marquant 3 buts à la fin du match** the Brazilian team was leading by 5 to nil but fortunately we managed to limit the damage *ou* avert disaster by scoring 3 goals at the end of the match; **nous limiterons notre étude à quelques cas généraux** we'll limit *ou* restrict our study to a few general cases.
(b) (*délimiter*) [*frontière, montagnes*] to border. **les collines qui limitent l'horizon** the hills which bound the horizon.
2 se limiter *vpr [personne]* **se ~ (à qch/à faire)** to limit *ou* confine o.s. (to sth/to doing); *[chose]* **se ~ à** to be limited to.

limitrophe [limitʀɔf] *adj département, population* border (*épith*). **provinces ~s de la France** (*françaises*) border provinces of France; (*étrangères*) provinces bordering on France.

limogeage [limɔʒaʒ] *nm* dismissal.

limoger [limɔʒe] (3) *vt* (*destituer*) to dismiss, fire*.

limon [limɔ̃] *nm* (a) (*Géog*) alluvium; (*gén*) silt. (b) *[attelage]* shaft; (*Constr*) string-board.

limonade [limɔnad] *nf* (a) (*gazeuse*) (fizzy) lemonade (*Brit*), Seven-Up ® (*US*). (b) (†: *citronnade*) (home-made) lemonade *ou* lemon drink.

limonadier, -ière [limɔnadje, jɛʀ] *nm,f* (a) soft drinks manufacturer. (b) café owner.

limoneux, -euse [limɔnø, øz] *adj* silt-laden, muddy.

limousin, e¹ [limuzɛ̃, in] **1** *adj* of *ou* from Limousin. **2** *nm* (a) (*Ling*) Limousin dialect. (b) (*région*) Limousin. **3** *nm,f*: **L~(e)** inhabitant *ou* native of Limousin.

limousine² [limuzin] *nf* (*pèlerine*) cloak; (†: *voiture*) limousine.

limpide [lɛ̃pid] *adj eau, air, ciel, regard* limpid; *explication* lucid; *style* lucid, limpid.

limpidité [lɛ̃pidite] *nf [eau, air, ciel]* clearness; *[regard]* limpidity; *[explication]* clarity, lucidity; *[style]* lucidity, limpidity.

lin [lɛ̃] *nm* (*plante, fibre*) flax; (*tissu*) linen; *V* **huile, toile**.

linceul [lɛ̃sœl] *nm* (*lit, fig*) shroud.

linéaire [lineɛʀ] *adj* linear.

linéament [lineamɑ̃] *nm* (*littér, gén pl*) (a) (*ligne*) [*visage*] lineament, feature; [*chose*] line, outline. (b) (*ébauche*) outline.

linge [lɛ̃ʒ] **1** *nm* (a) **le ~, du ~** (*draps, serviettes*) linen; (*sous-vêtements*) underwear; **le gros ~** the household linen, the main items of linen; **le petit ~** the small *ou* light items for washing, the small items of linen.
(b) (*lessive*) **le ~** the washing; **laver/tendre le *ou* son ~** to wash/hang out the *ou* one's washing.
(c) (*morceau de tissu*) cloth. **essuyer avec un ~** to wipe with a cloth; **blanc *ou* pâle comme un ~** as white as a sheet.
2: (*Rel*) **linges d'autel** altar cloths; **linge de corps** body linen; **linge de maison** household linen; **linge de table** table linen; **linge de toilette** bathroom linen.

lingère [lɛ̃ʒɛʀ] *nf* (*personne*) linen maid; (*meuble*) linen cupboard.

lingerie [lɛ̃ʒʀi] *nf* (a) (*local*) linen room. (b) (*sous-vêtements féminins*) lingerie, underwear. **rayon ~** lingerie department.

lingot [lɛ̃go] *nm* ingot. **~ d'or** gold ingot.

lingual, e, *pl* -aux [lɛ̃gwal, o] *adj* lingual.

lingue [lɛ̃g] *nf* (*poisson*) ling.

linguiste [lɛ̃gɥist(ə)] *nmf* linguist, specialist in linguistics.

linguistique [lɛ̃gɥistik] **1** *nf* linguistics (*sg*). **2** *adj* linguistic. **communauté ~** speech community.

linguistiquement [lɛ̃gɥistikmɑ̃] *adv* linguistically.

liniment [linimɑ̃] *nm* liniment.

lino [lino] *nm* (*abrév de* **linoléum**) lino.

linoléum [linɔleɔm] *nm* linoleum.

linon [linɔ̃] *nm* (*tissu*) lawn.

linotte [linɔt] *nf* linnet; *V* **tête**.

Linotype [linɔtip] *nf* Linotype ®.

linteau, *pl* -x [lɛ̃to] *nm* lintel.

lion [ljɔ̃] *nm* (*Zool, fig*) lion. (*Astron*) **le L~** Leo, the Lion; **être (du) L~** to be Leo; **~ de mer** sea lion; *V* **fosse, part**.

lionceau, *pl* -x [ljɔ̃so] *nm* lion cub.

lionne [ljɔn] *nf* lioness.

lipase [lipaz] *nf* lipase.

lipide [lipid] *nm* lipid.

lippe [lip] *nf* (*littér*) (fleshy) lower lip. **faire la ~** (*bouder*) to sulk; (*faire la moue*) to pout; (*faire la grimace*) to make *ou* pull a face.

lippu, e [lipy] *adj* thick-lipped.

liquéfaction [likefaksjɔ̃] *nf* liquefaction.

liquéfiable [likefjabl(ə)] *adj* liquefiable.

liquéfiant, e [likefjɑ̃, ɑ̃t] *adj* liquefying.

liquéfier [likefje] (7) **1** *vt* to liquefy. **2 se liquéfier** *vpr* (*lit*) to liquefy; (*fig*) (*avoir peur*) to turn to a jelly; (*se dégonfler*) to wilt.

liquette* [likɛt] *nf* shirt.

liqueur [likœʀ] *nf* (*boisson*) liqueur; (††: *liquide*) liquid. (*Méd*) **~ titrée/de Fehling** standard/Fehling's solution.

liquidateur, -trice [likidatœʀ, tʀis] *nm,f* (*Jur*) ≃ liquidator, receiver. **~ judiciaire** ≃ official liquidator; **placer une entreprise entre les mains d'un ~** to put a company into the hands of a receiver *ou* into receivership.

liquidatif, -ive [likidatif, iv] *adj*: valeur ~ive market price *ou* value.

liquidation [likidɑsjɔ̃] *nf* (a) (*règlement légal*) [*dettes, compte*] settlement, payment; [*société*] liquidation; [*biens, stock*] selling off, liquidation; [*succession*] settlement; (*fig*) [*problème*] elimination; (*fig*) [*compte*] settling. ~ **judiciaire** compulsory liquidation; **mettre une compagnie en** ~ to put a company into liquidation *ou* receivership, liquidate a company; **la** ~ **de vos impôts doit se faire avant la fin de l'année** your taxes must be paid before the end of the year; **afin de procéder à la** ~ **de votre retraite** in order to commence payment of your pension; *V* **bilan**.
  (b) (*vente*) selling (off), sale.
  (c) (‡: *meurtre*) liquidation, elimination.
  (d) (*Bourse*) ~ **de fin de mois** (monthly) settlement.

liquide [likid] **1** *adj corps, son* liquid. **sauce trop** ~ sauce which is too runny *ou* too thin; **argent** ~ cash.
  2 *nm* (a) (*substance*) liquid. ~ **de frein** brake fluid; ~ **correcteur** correction fluid.
  (b) (*argent*) **du** ~ cash; **je n'ai pas beaucoup de** ~ I haven't much ready money *ou* ready cash.
  3 *nf* (*Ling*) liquid.

liquider [likide] (1) *vt* (a) (*Jur: régler légalement*) *succession, dettes, compte* to settle, pay; *société* to liquidate; *biens, stock* to liquidate, sell off; (*fig*) *problème* to eliminate; (*fig*) *compte* to settle.
  (b) (*vendre*) to sell (off).
  (c) (‡: *tuer*) to liquidate, eliminate; (*se débarrasser de*) to get rid of; (*finir*) to finish off. **c'est liquidé maintenant** it is all finished *ou* over now.

liquidité [likidite] *nf* (*Chim, Jur*) liquidity. ~s liquid assets.

liquoreux, -euse [likɔʀø, øz] *adj vin* syrupy, sweet and cloying.

lire¹ [liʀ] (43) *vt* (a) *roman, journal, partition, carte géographique* to read. **à 5 ans, il ne lit pas encore** *ou* **il ne sait pas encore** ~ he's 5 and he still can't read; ~ **ses notes avant un cours** to read over *ou* read through *ou* go over one's notes before a lecture; ~ **un discours/un rapport devant une assemblée** to read (out) a speech/a report at a meeting; **il l'a lu dans le journal** he read (about) it in the paper; **chaque soir, elle lit des histoires à ses enfants** every night she reads stories to her children; **à le** ~, **on croirait que ...** from what he writes *ou* from reading what he writes one would think that ...; **ce roman se lit bien** *ou* **se laisse** ~ this novel is very readable; **ce roman se lit très vite** this novel makes quick reading; **ce roman mérite d'être lu** *ou* **est à** ~ this novel is worth reading; **elle a continué à** ~ **malgré le bruit** she continued to read *ou* she went on reading despite the noise; (*fig*) ~ **entre les lignes** to read between the lines; **lu et approuvé** read and approved.
  (b) (*fig: deviner*) to read. ~ **dans le cœur de qn** to see into sb's heart; **la peur se lisait** *ou* **on lisait la peur sur son visage/dans ses yeux** you could see *ou* read fear in her face/eyes; **la peur se lisait sur son visage** fear showed on her face/in her eyes; ~ **l'avenir dans les lignes de la main de qn** to read the future in sb's hand; ~ **l'avenir dans le marc de café** ≃ to read (the future in) tea leaves; **elle m'a lu les lignes de la main** she read my hand; ~ **dans le jeu de qn** to see sb's (little) game, see what sb is up to.
  (c) (*formule de lettre*) **nous espérons vous** ~ **bientôt** we hope to hear from you soon; **à bientôt de vous** ~ hoping to hear from you soon.

lire² [liʀ] *nf* lira.

lis [lis] *nm* lily; *V* **fleur**.

Lisbonne [lisbɔn] *n* Lisbon.

liseré [lizʀe] *nm*, **liséré** [lizeʀe] *nm* (*bordure*) border, edging. **un** ~ **de ciel bleu** a strip of blue sky.

lisérer [lizeʀe] (6) *vt* to edge with ribbon.

liseron [lizʀɔ̃] *nm* bindweed, convolvulus.

liseur, -euse [lizœʀ, øz] **1** *nm, f* reader. **2: liseuse** *nf* (*couvre-livre*) binder, folder, book-cover; (*vêtement*) bed jacket; (*lampe*) reading light; (*signet*) paper knife(-cum-bookmark).

lisibilité [lizibilite] *nf* (*V* lisible) legibility; readability.

lisible [lizibl(ə)] *adj écriture* legible; *livre* (*facile*) which reads easily, readable; (*intéressant*) worth reading.

lisiblement [lizibləmɑ̃] *adv* legibly.

lisière [lizjɛʀ] *nf* (*Tex*) selvage; [*bois, village*] edge.

lissage [lisaʒ] *nm* smoothing.

lisse¹ [lis] *adj peau, surface* smooth; *cheveux* sleek, smooth.

lisse² [lis] *nf* (*Naut*) (*rambarde*) handrail; (*de la cage*) ribband.

lisser [lise] (1) *vt cheveux* to smooth (down); *moustache* to smooth, stroke; *papier, drap froissé* to smooth out; *vêtement* to smooth (out). **l'oiseau lisse ses plumes** *ou* **se lisse les plumes** the bird is preening itself *ou* its feathers.

listage [listaʒ] *nm* (*action*) listing; (*liste*) list; (*Ordin*) listing.

liste [list(ə)] **1** *nf* list. **en tête/en fin de** ~ at the top *ou* head/at the bottom *ou* foot of the list; **faire la** ~ **de** to make out a list of, list; **s'il fallait faire la** ~ **de tous ses défauts!** if one had to list *ou* make out a list of all his faults!; **faites-moi la** ~ **des absents** make me out a list of those absent; ~ **nominative des élèves** class roll *ou* list; *V* **scrutin**.
  2: liste civile civil list; **liste électorale** electoral roll; **liste noire** blacklist; (*pour élimination*) hit list; (*Télec*) **demander à être sur la liste rouge** (to ask) to go ex-directory (*Brit*) *ou* unlisted (*US*).

listel, pl ~s *ou* **-eaux** [listɛl, o] *nm* (*Archit*) listel, fillet; [*monnaie*] rim.

lister [liste] (1) *vt* to list.

listing [listiŋ] *nm* = **listage**.

lit [li] **1** *nm* (a) [*personne, rivière*] bed. ~ **d'une/de deux personne(s)** single/double bed; ~ **de fer/de bois** iron/wooden bedstead; **les** ~s **d'hôpital/d'hôtel sont souvent durs** hospital/hotel beds are often hard; **aller** *ou* **se mettre au** ~ to go to bed; **prendre le** ~

to take to one's bed; **être/lire au** ~ to be/read in bed; **faire le** ~ to make the bed; **faire** ~ **à part** to sleep in separate beds; **le** ~ **n'avait pas été défait** the bed had not been slept in, the bedclothes hadn't been disturbed; **au** ~ **les enfants!** bedtime *ou* off to bed children!; **arracher** *ou* **sortir** *ou* **tirer qn du** ~ to drag *ou* haul sb out of bed; (*littér,* †) **sur son** ~ **de misère** in childbed††; **les pluies ont fait sortir le fleuve de son** ~ the river has burst *ou* overflowed its banks because of the rains; *V* **jumeau, saut** *etc.*
  (b) (*couche, épaisseur*) bed, layer. ~ **d'argile** bed *ou* layer of clay; ~ **de cendres** *ou* **de braises** bed of hot ashes.
  (c) (*Jur: mariage*) **enfants du premier/deuxième** ~ children of the first/second marriage; **enfants d'un autre** ~ children of a previous marriage.
  2: lit à baldaquin canopied fourposter bed; **lit-cage** *nm, pl* **lits-cages** (folding metal) cot; **lit de camp** campbed; **lit-clos** *nm, pl* **lits-clos** box bed; **lit de coin** bed (standing) against the wall; **lit à colonnes** fourposter bed; **lit de douleur** bed of pain; **lit d'enfant** cot; **lit gigogne** pullout *ou* stowaway bed; **lits jumeaux** twin beds; **lit de milieu** bed (standing) away from the wall *ou* in the middle of a room; **lit de mort** deathbed; **lit de noces** wedding-bed; **lit-pliant** *nm, pl* **lits-pliants** folding bed; **lit en portefeuille** apple pie bed; **lit de repos** couch; **lit de sangle** trestle bed; **lits superposés** bunk beds; (*Naut*) **le lit du vent** the set of the wind.

litanie [litani] *nf* (*Rel, fig péj*) litany.

litchi [litʃi] *nm* litchi.

liteau [lito] *nm* (*pour toiture*) batten; (*pour tablette*) bracket; (*dans tissu*) stripe.

litée [lite] *nf* (*jeunes animaux*) litter.

literie [litʀi] *nf* bedding.

lithiné, e [litine] **1** *adj*: **eau** ~e lithia water. **2** *nmpl:* ~s lithium salts.

lithium [litjɔm] *nm* lithium.

litho [lito] *nf* (*abrév de* **lithographie**) litho.

lithographe [litɔgraf] *nmf* lithographer.

lithographie [litɔgrafi] *nf* (*technique*) lithography; (*image*) lithograph.

lithographier [litɔgrafje] (7) *vt* to lithograph.

lithographique [litɔgrafik] *adj* lithographic.

lithosphère [litɔsfɛʀ] *nf* lithosphere.

litière [litjɛʀ] *nf* (*couche de paille*) litter (*U*); (*Hist: palanquin*) litter. **il s'était fait une** ~ **avec de la paille** he had made himself a bed of sorts in some straw; ~ **pour chats** cat litter (*Brit*), kitty litter (*US*).

litige [litiʒ] *nm* (*gén*) dispute; (*Jur*) lawsuit. **être en** ~ (*gén*) to be in dispute; (*Jur*) to be at law *ou* in litigation; (*Jur*) **les parties en** ~ the litigants, the disputants (*US*); **point/objet de** ~ point/object of contention.

litigieux, -ieuse [litiʒjø, jøz] *adj* litigious, contentious.

litorne [litɔʀn(ə)] *nf* fieldfare.

litote [litɔt] *nf* (*Littérat*) litotes, understatement. (*hum*) **quand je dis pas très belle, c'est une** ~ when I say it's not very beautiful, I'm not exaggerating *ou* that's putting it mildly *ou* that's an understatement.

litre [litʀ(ə)] *nm* (*mesure*) litre; (*récipient*) litre bottle.

litron‡ [litʀɔ̃] *nm:* ~ (*de vin*) litre of wine.

littéraire [liteʀɛʀ] **1** *adj* (*gén*) literary; *personne, esprit* with a literary bent; *souffrance, passion* affected.
  2 *nmf* (*par don, goût*) literary *ou* arts person; (*étudiant*) arts student; (*enseignant*) arts teacher, teacher of arts subjects.

littérairement [liteʀɛʀmɑ̃] *adv* in literary terms.

littéral, e, mpl -aux [literal, o] *adj* (*littér, Math*) literal. **arabe** ~ written Arabic.

littéralement [literalmɑ̃] *adv* (*lit, fig*) literally.

littérateur [literatœʀ] *nm* (*péj: écrivain*) literary hack.

littérature [literatyʀ] *nf* (a) **la** ~ (*art*) (*profession*) writing; **faire de la** ~ to go in for writing, write; (*péj*) **tout cela, c'est de la** ~ it's of trifling importance; **écrire de la** ~ **alimentaire** to write potboilers; ~ **de colportage** chapbooks.
  (b) (*manuel*) history of literature; (*ensemble d'ouvrages*) literature; (*bibliographie*) literature. **il existe une abondante** ~ **sur ce sujet** there's a wealth of literature *ou* material on this subject.

littoral, e, mpl -aux [litɔral, o] *adj* coastal, littoral (*T*); *V* **cordon**. **2** *nm* coast, littoral (*T*).

Lituanie [litɥani] *nf* Lithuania.

lituanien, -ienne [litɥanjɛ̃, jɛn] **1** *adj* Lithuanian. **2** *nm* (*Ling*) Lithuanian. **3** *nm, f:* **L~(ne)** Lithuanian.

liturgie [lityʀʒi] *nf* liturgy.

liturgique [lityʀʒik] *adj* liturgical.

livarde [livaʀd(ə)] *nf* sprit.

livide [livid] *adj* (*pâle*) pallid; (*littér: bleuâtre*) livid.

lividité [lividite] *nf* lividness.

living [liviŋ] *nm*, **living-room, pl living-rooms** [liviŋʀum] *nm* (*pièce*) living room; (*meuble*) living room unit.

Livourne [livuʀn(ə)] *n* Leghorn, Livorno.

livrable [livrabl(ə)] *adj* which can be delivered. **cet article est** ~ **dans les 10 jours/à domicile** this article will be delivered within 10 days/can be delivered to your home.

livraison [livʀɛzɔ̃] *nf* (a) [*marchandise*] delivery. (*avis*) ~ **à domicile** 'we deliver', 'deliveries carried out'; **payable à la** ~ payable on delivery; **la** ~ **à domicile est comprise dans le prix** the price includes (the cost of) delivery.
  (b) [*revue*] part, number, issue, fascicule.

livre¹ [livʀ(ə)] **1** *nm* (a) (*ouvrage*) book. (*commerce*) **le** ~ the book trade (*Brit*), the book industry; ~ **de géographie** geography book; (*Scol*) ~ **du maître/de l'élève** teacher's/pupil's text book; **il a toujours le nez dans les** ~s, **il vit dans les** ~s he's always got his nose in a book; **écrire/faire un** ~ **sur** to write/do a book on;

traduire l'anglais à ~ ouvert to translate English off the cuff *ou* at sight; *V* grand.
  (b) (*partie: volume*) book. le ~ 2 *ou* le second ~ de la Genèse book 2 of Genesis, the second book of Genesis.
  2: livre blanc official report (*published by independent organization, following war, famine etc*); (*Naut*) livre de bord logbook; (*Comm*) livre de caisse cashbook; livre de chevet bedside book; livre de classe schoolbook; (*Comm*) les livres de commerce the books; livre de comptes account(s) book; livre de cuisine cookery book (*Brit*), cookbook; livre d'enfant children's book; livre d'heures book of hours; livre d'images picture book; (*Comm*) livre journal daybook; livre de lecture reader, reading book; livre de messe mass book, missal, prayer book; livre d'or visitors' book; livre de poche paperback; livre de prières prayer book; livre scolaire schoolbook, textbook; livre à succès bestseller.
livre² [livʀ(ə)] *nf* **(a)** (*poids*) ≃ pound, half a kilo; (*Can*) pound (*0,453 kg*). **(b)** (*monnaie*) pound; (*Hist française*) livre. ~ sterling pound sterling; ~ égyptienne Egyptian pound; ce chapeau coûte 6 ~s this hat costs £6.
livrée [livʀe] *nf* (*uniforme*) livery.
livrer [livʀe] (1) **1** *vt* **(a)** (*Comm*) commande, marchandises to deliver. ~ un paquet à domicile to deliver a packet to the home.
  (b) (*abandonner*) (*à la police, à l'ennemi*) to hand over (*à* to). ~ qn à la mort to send sb to his death; ~ qn au bourreau to deliver sb up *ou* hand sb over to the executioner; ce pays a été livré au pillage/à l'anarchie this country was given over to pillage/to anarchy; ~ son âme au diable to give one's soul to the devil; être livré à soi-même to be left to o.s. *ou* to one's own devices.
  (c) (*confier*) ~ les secrets de son cœur to give away the secrets of one's heart; il m'a livré un peu de lui-même he revealed a bit of himself to me.
  (d) (*loc*) ~ bataille to do *ou* join battle (*à* with); ~ passage à qn to let sb pass.
  2 se livrer *vpr* **(a)** (*se laisser aller à*) se ~ à destin to abandon o.s. to; *plaisir, excès, douleur* to give o.s. over to; se ~ à des pratiques répréhensibles to indulge in undesirable practices; se ~ à la police to give o.s. up to the police; elle s'est livrée à son amant she gave herself to her lover; se ~ à un ami to bare one's heart to a friend; il ne se livre pas facilement he doesn't unburden himself easily *ou* open up easily.
  (b) (*se consacrer à*) se ~ à *sport* to practise; *occupation* to be engaged in; *recherches* to do, engage in; *enquête* to hold, set up; se ~ à l'étude to study, devote o.s. to study.
livresque [livʀɛsk(ə)] *adj* (*gén péj*) bookish.
livret [livʀɛ] **1** *nm* **(a)** (*Mus*) libretto. **(b)** (†: *petit livre*) booklet; (*catalogue*) catalogue. ~ de caisse d'épargne (savings) bankbook; ~ de famille (official) family record book (*containing registration of births and deaths in a family*); ~ militaire military record; ~ scolaire (school) report book, (school) report. **2:** (*Mil*) livret matricule army file.
livreur [livʀœʀ] *nm* delivery man.
livreuse [livʀøz] *nf* delivery girl.
lob [lɔb] *nm* (*Tennis*) lob. ~ lifté top spin lob.
lobe [lɔb] *nm* **(a)** (*Anat, Bot*) lobe. ~ de l'oreille ear lobe. **(b)** (*Archit*) foil.
lobé, e [lɔbe] **1** *ptp de* lober. **2** *adj* (*Bot*) lobed; (*Archit*) foiled.
lobectomie [lɔbɛktɔmi] *nf* lobectomy.
lobélie [lɔbeli] *nf* lobelia.
lober [lɔbe] (1) **1** *vi* (*Tennis*) to lob. **2** *vt* (*Ftbl, Tennis*) to lob (over).
lobotomie [lɔbɔtɔmi] *nf* lobotomy.
lobule [lɔbyl] *nm* lobule.
local, e, *mpl* **-aux** [lɔkal, o] **1** *adj* local. éclaircies ~es bright spells in places; averses ~es scattered *ou* local showers, rain in places; anesthésie ~e local anaesthetic; *V* couleur.
  2 *nm* **(a)** (*salle*) premises. ~ à usage commercial shop *ou* commercial premises; ~ d'habitation domestic premises, private (dwelling) house; le club cherche un ~ the club is looking for premises, the club is looking for a place in which to meet; il a un ~ au fond de la cour qui lui sert d'atelier he has got a place *ou* room at the far end of the yard which he uses as a workshop.
  (b) (*bureaux*) ~aux offices, premises; dans les ~aux de la police on police premises; les ~aux de la compagnie sont au deuxième étage the company's offices *ou* premises are on the second floor.
localement [lɔkalmɑ̃] *adv* (*ici*) locally; (*par endroits*) in places.
localisable [lɔkalizabl(ə)] *adj* localizable.
localisation [lɔkalizasjɔ̃] *nf* localization. ~s graisseuses fatty patches *ou* areas.
localiser [lɔkalize] (1) *vt* **(a)** (*circonscrire*) (*gén*) to localize; *épidémie, incendie* to confine. l'épidémie s'est localisée dans cette région the epidemic was confined to this district; conflit localisé localized conflict. **(b)** (*repérer*) to locate.
localité [lɔkalite] *nf* (*ville*) town; (*village*) village.
locataire [lɔkatɛʀ] *nmf* (*gén*) tenant; (*habitant avec le propriétaire*) lodger, roomer (*US*). les ~s de mon terrain the people who rent land from me, the tenants of my land; avoir/prendre des ~s to have/take in tenants.
locatif, -ive [lɔkatif, iv] **1** *adj* **(a)** local à usage ~ premises for letting (*Brit*) *ou* renting (*US*); risques ~s tenant's risks; réparations ~ives repairs incumbent upon the tenant; valeur ~ive rental value; *V* charges.
  (b) (*Gram*) préposition ~ive preposition of place.
  2 *nm* (*Gram*) locative (case).
location [lɔkasjɔ̃] **1** *nf* **(a)** (*par le locataire*) [*maison, terrain*] renting; [*voiture*] hiring (*Brit*), renting (*US*). prendre en ~ maison to rent; *bateau* to hire (*Brit*), rent (*US*); c'est pour un achat ou pour une ~? is it to buy or to rent?

  (b) (*par le propriétaire*) [*maison, terrain*] renting (out), letting (*Brit*); [*voiture*] hiring (out) (*Brit*), renting (*US*). donner en ~ maison to rent out, let (*Brit*); *véhicule* to hire out (*Brit*), rent (*US*); ~ de voitures (*écriteau*) 'cars for hire', 'car-hire' (*Brit*), 'car rental' (*US*); (*métier*) car rental, car hiring (*Brit*); c'est pour une vente ou pour une ~? is it to sell or to let? (*Brit*) *ou* to rent? (*US*).
  (c) (*bail*) lease. contrat de ~ lease.
  (d) (*maison*) il a 3 ~s dans la région he has got 3 properties (for letting) in the nearby region; il a pris une ~ pour un mois au bord de la mer he has taken *ou* rented a house by the sea for a month; habiter en ~ to live in rented accommodation.
  (e) (*réservation*) bureau de ~ (advance) booking office; (*Théât*) box office, booking office.
  (f) ~ d'utérus womb-leasing.
  2: ~ location saisonnière holiday let (*Brit*), vacation rental (*US*), summer rental (*US*); location-vente *nf* hire purchase; (*Brit*), instalment plan (*US*); acheter un appartement en location-vente to buy a flat on instalments.
loch [lɔk] *nm* (*Naut*) log.
loche [lɔʃ] *nf* **(a)** (*poisson*) ~ (de rivière) loach; ~ de mer rockling. **(b)** (*limace*) grey slug.
lock-out [lɔkawt] *nm inv* lockout.
lock-outer [lɔkawte] (1) *vt* to lock out.
locomoteur, -trice¹ [lɔkɔmɔtœʀ, tʀis] *adj* locomotive. ataxie ~trice locomotor ataxia.
locomotion [lɔkɔmosjɔ̃] *nf* locomotion; *V* moyen.
locomotive [lɔkɔmɔtiv] *nf* (*Rail*) locomotive, engine; (*fig*) (*personnalité mondaine*) pace-setter; (*leader, groupe ou région de pointe*) dynamo, pacemaker, powerhouse; (*coureur*) pacer. (*Rail*) ~ haut le pied light engine (*Brit*), wildcat (*US*).
locomotrice² [lɔkɔmɔtʀis] *nf* motive *ou* motor unit.
locuste [lɔkyst(ə)] *nf* locust.
locuteur, -trice [lɔkytœʀ, tʀis] *nm,f* (*Ling*) speaker. ~ natif native speaker.
locution [lɔkysjɔ̃] *nf* phrase, locution, idiom. ~ figée set phrase; ~ verbale/adverbiale verbal/adverbial phrase.
loden [lɔdɛn] *nm* (*tissu*) loden. (*manteau*) il avait mis son ~ he was wearing his loden coat.
lœss [løs] *nm* loess.
lof [lɔf] *nm* (*Naut*) windward side. aller *ou* venir au ~ to luff; virer ~ pour ~ to wear (ship).
lofer [lɔfe] (1) *vi* (*Naut*) to luff.
logarithme [lɔgaʀitm(ə)] *nm* logarithm.
logarithmique [lɔgaʀitmik] *adj* logarithmic.
loge [lɔʒ] *nf* **(a)** [*concierge, francs-maçons*] lodge; (†) [*bûcheron*] hut.
  (b) (*Théât*) [*artiste*] dressing room; [*spectateur*] box. secondes ~s boxes in the upper circle; premières ~s boxes in the grand (*Brit*) *ou* dress circle; (*fig*) être aux premières ~s to have a ring-side seat (*fig*).
  (c) (*Scol: salle de préparation*) (individual) exam room (*for Prix de Rome*).
  (d) (*Archit*) loggia.
logé, e [lɔʒe] (*ptp de* loger) *adj:* être ~ rue X to live in X street; être ~, nourri, blanchi to have board and lodging and one's laundry done; être bien/mal ~ (*appartement etc*) to have good *ou* comfortable/poor lodgings *ou* accommodation; (*maison*) to be well *ou* comfortably/badly housed; (*fig*) être ~ à la même enseigne to be in the same boat (*fig*).
logeable [lɔʒabl(ə)] *adj* (*habitable*) habitable, fit to live in (*attrib*); (*spacieux, bien conçu*) roomy.
logement [lɔʒmɑ̃] *nm* **(a)** (*hébergement*) housing. le ~ était un gros problème en 1950 housing was a great problem in 1950; trouver un ~ provisoire chez des amis to find temporary accommodation *ou* lodging with friends.
  (b) (*appartement*) flat (*Brit*), apartment (*US*), accommodation (*U*), lodgings. construire des ~s ouvriers to build flats (*Brit*) *ou* apartments (*US*) *ou* accommodation for workers; il a réussi à trouver un ~ he managed to find lodgings.
  (c) (*Mil*) [*troupes*] (*à la caserne*) quartering; (*chez l'habitant*) billeting. ~s (*à la caserne*) quarters; (*chez l'habitant*) billet.
  (d) (*Tech*) housing, case.
loger [lɔʒe] (3) **1** *vi* to live (*dans* in; *chez* with, at). ~ à l'hôtel/rue X to live in a hotel/in X street; ~ à la belle étoile to sleep out in the open; (*Mil*) ~ chez l'habitant to be billeted on the local inhabitants.
  2 *vt* **(a)** *amis* to put up; *clients, élèves* to accommodate; *objet* to put; *soldats* (*chez l'habitant*) to billet. ~ les malles dans le grenier to put *ou* store the trunks in the loft.
  (b) (*contenir*) to accommodate. hôtel qui peut ~ 500 personnes hotel which can accommodate *ou* take (in) 500 people; salle qui loge beaucoup de monde room which can hold *ou* accommodate a lot of people.
  (c) (*envoyer*) ~ une balle/une bille dans to lodge a bullet/a marble in; il s'est logé une balle dans la tête he shot himself in the head, he put a bullet through his head.
  3 se loger *vpr* **(a)** (*habiter*) [*jeunes mariés*] to find a house (*ou* flat etc), find somewhere to live; [*touristes*] to find accommodation; [*étudiant, saisonnier*] to find lodgings *ou* accommodation. il n'a pas trouvé à se ~ he hasn't found anywhere to live *ou* any accommodation; il a trouvé à se ~ chez un ami he found accommodation with a friend, he was put up by a friend; il a trouvé à se ~ dans un vieil immeuble he found lodgings *ou* accommodation in an old block of flats; (*fig*) la haine se logea dans son cœur hatred filled his heart.
  (b) (*tenir*) crois-tu qu'on va tous pouvoir se ~ dans la voiture? do you think that we'll all be able to fit into the car?
  (c) (*se ficher ou coincer dans*) [*balle, ballon*] se ~ dans/entre to

lodge itself in/between; **le ballon alla se ~ entre les barreaux de la fenêtre** the ball went and lodged itself *ou* got stuck between the bars of the window; **le chat est allé se ~ sur l'armoire** the cat sought refuge on top of the cupboard; *[objet tombé]* **où est-il allé se ~?** where has it gone and hidden itself?, where has it got to?

logeur [lɔʒœʀ] *nm* landlord *(who lets furnished rooms).*

logeuse [lɔʒøz] *nf* landlady.

loggia [lɔdʒja] *nf* loggia.

logiciel [lɔʒisjɛl] *nm* software *(U),* application program *ou* package. **acheter un ~** to buy software *ou* an application program; **~ intégré** integrated software.

logicien, -ienne [lɔʒisjɛ̃, jɛn] *nm,f* logician.

logique [lɔʒik] **1** *nf* (a) logic. **cela manque un peu de ~** that's not very logical; **cela est dans la ~ des choses** it's in the nature of things.
  (b) *(façon de raisonner)* logic. **~ déductive** deductive reasoning.
  (c) *(science)* **la ~** logic.
  2 *adj* logical. **ce n'est pas ~** it's not logical; *V* **analyse.**
  3: logique formelle *ou* **pure** formal logic; *(Math)* **logique moderne** modern logic.

logiquement [lɔʒikmɑ̃] *adv* logically.

logis [lɔʒi] *nm (littér)* dwelling, abode *(littér).* **rentrer au ~** to return to one's abode *(littér);* **quitter le ~ paternel** to leave the paternal home; *V* **corps, fée, fou, maréchal.**

logistique [lɔʒistik] **1** *adj* logistic. **2** *nf* logistics *(sg).*

logithèque [lɔʒitɛk] *nf* software library.

logo [lɔgo] *nm* logo.

logomachie [lɔgɔmaʃi] *nf (verbiage)* overweening verbosity.

logomachique [lɔgɔmaʃik] *adj* verbose.

loi [lwa] **1** *nf* (a) **la ~ the law; la ~ du plus fort** the law of the strongest; **c'est la ~ de la jungle** it's the law of the jungle; **la ~ naturelle** *ou* **de la nature** natural law; *(frm)* **subir la ~ de qn** to be ruled by sb; *(frm)* **se faire une ~ de faire** to make a point *ou* rule of doing, make it a rule to do; **avoir la ~ pour soi** to have the law on one's side; **il n'a pas la ~ chez lui!** he's not the boss in his own house!*; **tu ne feras pas la ~ ici!** you're not going to lay down the law here!; **ce qu'il dit fait ~** his word is law, what he says goes*; *(fig)* **c'est la ~ et les prophètes** it's taken as gospel; *V* **coup, force, nom** *etc.*
  (b) *(décret)* law, act. **voter une ~** to pass a law *ou* an act; **les ~s de la République** the laws of the Republic.
  (c) *(vérité d'expérience)* law. **la ~ de la chute des corps** the law of gravity; **la ~ de Faraday** Faraday's law.
  (d) *(fig: code humain)* **les ~s de la mode** the dictates of fashion; **les ~s de l'honneur** the code of honour; **les ~s de l'hospitalité** the laws of hospitality; **la ~ du milieu** the law of the underworld; **la ~ du silence** the law of silence; **les ~s de l'étiquette** the rules of etiquette.
  2: loi-cadre *nf, pl* **lois-cadres** outline *ou* blueprint law; **loi de finances** finance law; **loi martiale** martial law; **la loi d'orientation** *the law governing higher education;* **loi-programme** *nf, pl* **lois-programmes** *act providing framework for government programme (financial, social etc);* **loi salique** salic law; **la loi du talion** *(Hist)* lex talionis; *(fig)* **appliquer la loi du talion** to demand an eye for an eye.

loin [lwɛ̃] *adv* (a) *(distance)* far, a long way. **est-ce ~?** is it far?; **ce n'est pas très ~** it's not very far; **c'est assez ~ d'ici** it's quite a long way from here; **plus ~** further, farther; **moins ~** not so far; **la gare n'est pas ~ du tout** the station is no distance at all *ou* isn't far at all; **vous nous gênez, mettez-vous plus ~** you're in our way, go further away *ou* move away; **il est ~ derrière/devant** he's a long way behind/in front, he's far behind/ahead; **aussi ~ que vous alliez, vous ne trouverez pas d'aussi beaux jardins** however far you go *ou* wherever you go, you won't find such lovely gardens; **au ~ in the distance, far off; **partir au ~** to leave for distant parts *ou* places; **de ~** from a distance; **de très ~** from a great distance, from afar *(littér);* **il voit mal de ~** he can't see distant objects very easily; **d'aussi ~** *ou* **de plus ~ qu'elle le vit, elle courut vers lui** seeing him from afar *ou* seeing him a long way off *ou* seeing him a long way in the distance she ran towards him; **de ~ en ~ brillaient quelques lumières** a few lights shone at distant intervals *ou* here and there; **nous n'avons pas ~ à aller** we don't have far to go, we have no distance to go; **il ne doit pas y avoir de 5 km d'ici à la gare** there can't be much less than 5 km *ou* it can't be far off 5 km *ou* far short of 5 km from here to the station; *V* **aller, pousser.**
  (b) *(temps)* **le temps est ~ où cette banlieue était un village** it's a long time since this suburb was a village; **c'est ~ tout cela!, comme c'est ~!** *(passé)* that was a long time ago!, what a long time ago that was!; *(futur)* that's a long way in the future!, that's (still) a long way off!; **l'été n'est plus ~** maintenant summer's not far off now, summer's just around the corner; **Noël est encore ~** Christmas is still a long way off!; **en remontant plus ~** encore dans le passé (by) looking even further back into the past; **~ dans le passé** in the remote past, in far-off times, a long time ago; **voir** *ou* **prévoir ~** to see a long way ahead, see far *ou* a long way into the future; **d'aussi ~ que je me rappelle** for as long as I can remember; **en remontant ~ dans le temps** if you go back a long way in time; **de ~ en ~** every now and then, every now and again, at scattered intervals; **il n'y a pas ~ de 5 ans qu'ils sont partis** it's not far off 5 years since they left.
  (c) *(fig)* far. **il faudrait aller** *ou* **chercher (très) ~ pour trouver un si bon secrétaire** you'd have to look far and wide *ou* far afield to find such a good secretary; **j'irais même plus ~** I would go even further; **une histoire** *ou* **une affaire qui peut mener (très) ~ a matter that could lead us (on a long way *ou* which could have unforeseen repercussions; **il est de (très) ~ le meilleur** he is by far the best, he is far and away the best; **le directeur voit ces

problèmes pratiques de très ~** the manager sees these practical problems from a great distance *ou* from afar; **suivre de ~ les événements** to follow events from a distance; **d'ici à l'accuser de vol il n'y a pas ~** it's tantamount to an accusation of theft, it's practically an accusation of theft; **il leur doit pas ~ de 1,000F** he owes them little short of *ou* not far off 1,000 francs.
  (d) **~ de far from, a long way from, far away from; ~ de là** *(lieu)* far from there; *(fig)* far from it; **non ~ de là** not far from there; **il n'est pas ~ de minuit** it isn't far off *ou* far from midnight; **leur maison est ~ de toute civilisation** their house is far *ou* remote from all civilization; **on est encore ~ de la vérité/d'un accord** we're still a long way from the truth/from reaching an agreement; *(fig)* **on est ~ du compte** it falls far short of the target *ou* of what is needed; **être très ~ du sujet** to be way off the subject; **~ de moi/de lui la pensée de vous blâmer!** far be it from me/him to blame you!; *(littér, hum)* **~ de moi/de nous!** begone from me/us! *(littér, hum);* **elle est ~ d'être certaine de réussir** she is far from being certain of success, she is by no means assured of success; **ils ne sont pas ~ de le croire coupable** they almost believe him to be guilty; **ceci est ~ de lui plaire** he's far from pleased with this; **c'est très ~ de ce que nous attendions de lui** this is a far cry from what we expected of him.
  (e) *(Prov)* **~ des yeux, ~ du cœur** out of sight, out of mind *(Prov);* *(Prov)* **il y a ~ de la coupe aux lèvres** there's many a slip 'twixt (the) cup and (the) lip *(Prov).*

lointain, e [lwɛ̃tɛ̃, ɛn] **1** *adj* (a) *(espace)* **région** faraway, distant, remote; **musique** faraway, distant; **horizons, exil** distant.
  (b) *(temps)* **passé** distant, remote; **avenir** distant. **les jours ~s** far-off days.
  (c) *(vague)* **parent** remote, distant; **regard** faraway; **cause** indirect, distant; **rapport** distant, remote; **ressemblance** remote.
  2 *nm* (a) **au ~, dans le ~** in the distance.
  (b) *(Peinture)* background.

loir [lwaʀ] *nm* dormouse; *V* **dormir.**

Loire [lwaʀ] *nf:* **la ~** *(fleuve, département)* the Loire.

loisible [lwazibl(ə)] *adj (frm)* **il m'est/il vous est ~ de faire** I am/you are at liberty *ou* quite free to do.

loisir [lwaziʀ] *nm* (a) *(gén pl: temps libre)* leisure *(U),* spare time *(U).* **pendant mes heures de ~** in my spare *ou* free time, in my leisure hours *ou* time; **que faites-vous pendant vos ~s?** what do you do in your spare *ou* free time?
  (b) *(activités)* **~s** leisure *ou* spare-time activities; **quels sont vos ~s préférés?** what are your favourite leisure(-time) activities?, what do you like doing best in your spare *ou* free time?; **~s dirigés** (organized) leisure activities.
  (c) *(loc frm)* **avoir ~ (tout) le ~ de faire** to have leisure *(frm) ou* time to do; **je n'ai pas eu le ~ de vous écrire** I have not had the leisure *ou* time to write to you; **(tout) à ~** *(en prenant son temps)* at leisure; *(autant qu'on veut)* at will, at one's pleasure *(frm),* as much as one likes; **donner** *ou* **laisser à qn le ~ de faire** to allow sb (the opportunity) to do.

lolo [lolo] *nm* (a) *(langage enfantin)* milk. (b) (‡ : *sein)* tit‡, boob‡.

lombago [lɔ̃bago] *nm* = **lumbago.**

lombaire [lɔ̃bɛʀ] **1** *adj* lumbar; *V* **ponction. 2** *nf* lumbar vertebra.

lombalgie [lɔ̃balʒi] *nf* lumbago.

lombard, e [lɔ̃baʀ, aʀd(ə)] **1** *adj* Lombard. **2** *nm (Ling)* Lombard dialect. **3** *nm,f:* **L~(e)** Lombard.

Lombardie [lɔ̃baʀdi] *nf* Lombardy.

lombes [lɔ̃b] *nmpl* loins.

lombric [lɔ̃bʀik] *nm* earthworm.

lompe [lɔ̃p] *nm* lumpfish, lumpsucker.

londonien, -ienne [lɔ̃dɔnjɛ̃, jɛn] **1** *adj* London *(épith),* of London. **2** *nm,f:* **L~(ne)** Londoner.

Londres [lɔ̃dʀ(ə)] *n* London.

long, longue [lɔ̃, lɔ̃g] **1** *adj* (a) *(dans l'espace)* **cheveux, liste, robe** long. **un pont ~ de 30 mètres** a 30-metre bridge, a bridge 30 metres long; **2 cm plus ~/trop ~** 2 cm longer/too long; **plus ~/trop ~ de 2 cm** longer/too long by 2 cm; **elle avait de longues jambes maigres** she had long skinny legs; **la mode est aux jupes longues** long skirts are the fashion *ou* in fashion; *V* **chaise, culotte.**
  (b) *(dans le temps)* **voyage etc** long, lengthy; **amitié, habitude** long-standing. **il écouta (pendant) un ~ moment le bruit** he listened to the noise for a long while; **l'attente fut longue** there was a long *ou* lengthy wait, I *(ou* they *etc)* waited a long time; **la conférence lui parut longue** he found the lecture long; **les heures lui paraissaient longues** the hours seemed long to him *ou* seemed to drag by; **faire de longues phrases** to produce long-winded sentences; **avoir une longue habitude de qch/de faire** to be long accustomed to sth/to doing; **ce travail est ~ à faire** this work takes a long time; **il fut ~ à se mettre en route/à s'habiller** he took a long time *ou* it took him a long time to get started/to get dressed; **il/la réponse était ~/longue à venir** he/the reply was a long time coming; **5 heures, c'est ~** 5 hours is a long time; **ne sois pas trop ~ don't be too long; **nous pouvons vous avoir ce livre, mais ce sera ~** we can get you the book, but it will take some time *ou* a long time.
  (c) *(Culin)* **sauce** thin.
  (d) *(loc)* **au ~ cours** *voyage* ocean *(épith); navigation* deep-sea *(épith),* ocean *(épith); capitaine* seagoing *(épith),* ocean-going *(épith);* **ils se connaissent de longue date** they have known each other for a very long time; **un ami de longue date** a long-standing friend; **à longue échéance, à ~ terme** *prévoir* in the long term *ou* run; *projet, emprunt* long-term; **à plus ou moins longue échéance, à plus ou moins ~ terme** sooner or later; **faire ~ feu** *[projet]* to fall through; **ce pot de confiture n'a pas fait ~ feu** that jar of jam didn't last long; **de longue haleine** *travail* longterm; **préparé de longue main** prepared well beforehand *ou* in advance; **les

chômeurs de longue durée the long-term unemployed; **à longue portée** *canon* long-range; **boire qch à ~s traits** to drink sth in long draughts *ou* big gulps; **respirer l'air à ~s traits** to breathe the air in deeply; **il est ~ comme un jour sans pain** he's like a beanpole.
2 *adv*: **s'habiller ~** to wear long clothes; **s'habiller trop ~** to wear one's clothes too long; **en savoir ~/trop ~/plus ~** to know a lot/too much/more (*sur* about); [*attitude etc*] **en dire ~** to speak volumes; **regard qui en dit ~** meaningful *ou* eloquent look, look that speaks volumes; **cela en dit ~ sur ses intentions** that tells you a good deal *ou* speaks volumes about his intentions.
3 *nm* **(a) un bateau de 7 mètres de ~** a boat 7 metres long; **en ~ lengthways**, lengthwise; **ils sont venus par le plus ~** they came the longest *ou* long way, they took the longest route.
  (b) (*vêtements*) long clothes.
  (c) (*loc*) **tomber de tout son ~** to measure one's length, go full length; **étendu de tout son ~** spread out at full length; **(tout) le ~ du fleuve/de la route** (all) along the river/the road; **tout le ~ du jour/de la nuit** all *ou* the whole day/night long; **tout au ~ de sa carrière/son récit** throughout his career/his story; **l'eau coule le ~ de la gouttière** the water flows down *ou* along the gutter; **grimper le ~ d'un mât** to climb up a mast; **tirer un trait tout du ~ (de la page)** to draw a line right along the page; **tout du ~** throughout the whole time, all along; **tout au ~ du parcours** all along the route, the whole way along the route; **de ~ en large** back and forth, to and fro, up and down; **en ~ et en large** in great detail, at great length.
4 longue *nf* (*Ling: voyelle*) long vowel; (*Poésie: syllabe*) long syllable; (*Mus: note*) long note. (*Cartes*) **avoir une longue à carreaux** to have a long suit of diamonds; **à la longue: à la longue il s'est calmé** at long last *ou* in the end he calmed down; **à la longue, ça a fini par coûter cher** in the long run *ou* in the end it turned out very expensive; **à la longue ça s'arrangera/ça s'usera** it will sort itself out/wear out in time *ou* eventually.
5: long-courrier, *pl* **long-courriers** (*adj*) (*Naut*) ocean-going (*épith*); (*Aviat*) long-haul (*épith*), long-distance (*épith*); (*nm*) (*Naut*) ocean liner, ocean-going ship; (*Aviat*) long-haul *ou* long-distance aircraft; **long métrage** full-length film; **longue-vue** *nf*, *pl* **longues-vues** telescope.
longanimité [lɔ̃ganimite] *nf* (*littér*) long suffering, forbearance.
longe [lɔ̃ʒ] *nf* **(a)** (*pour attacher*) tether; (*pour mener*) lead. **(b)** (*Boucherie*) loin.
longer [lɔ̃ʒe] (3) *vt* [*mur, bois*] to border; [*sentier, voie ferrée*] to border, run along(side); [*personne*] to go along, walk along *ou* alongside; [*voiture, train*] to go *ou* pass along *ou* alongside. **le bois longe la voie ferrée** the wood borders the railway line; **la voie ferrée longe la nationale** the railway line runs along(side) the main road; **naviguer en longeant la côte** to sail along *ou* hug the coast; **~ les murs pour ne pas se faire voir** to keep close to the walls to stay out of sight.
longeron [lɔ̃ʒrɔ̃] *nm* **(a)** [*pont*] (central) girder. **(b)** [*châssis*] side frame; [*fuselage*] longeron; [*aile*] spar.
longévité [lɔ̃ʒevite] *nf* longevity. **il attribue sa ~ à la pratique de la bicyclette** he attributes his long life *ou* longevity to cycling; **étudier la ~ de certaines espèces/races** to study the longevity of certain species/the life expectancy of certain races; **tables de ~** life-expectancy tables.
longiligne [lɔ̃ʒiliɲ] *adj forme, silhouette* rangy.
longitude [lɔ̃ʒityd] *nf* longitude. **à** *ou* **par 50° de ~ ouest/est** at 50° longitude west/east.
longitudinal, e, *mpl* **-aux** [lɔ̃ʒitydinal, o] *adj section, coupe* longitudinal; *vallée, poutre, rainure* running lengthways. **moteur ~** front-to-back engine.
longitudinalement [lɔ̃ʒitydinalmɑ̃] *adv* (*V* longitudinal) longitudinally; lengthways.
longtemps [lɔ̃tɑ̃] *adv* **(a)** *parler, attendre etc* (for) a long time; (*dans phrase nég ou interrog*) (for) long. **pendant ~** (for) a long time; **(for) long**; **absent pendant ~** absent (for) a long time; **pendant ~ ils ne sont pas sortis** for a long time *ou* while they didn't go out; **avant ~** (*sous peu*) before long; (*dans phrase nég*) **pas avant ~** not for a long time; **~ avant/après long** before/after; **on ne le verra pas de ~** we won't see him for a long time *ou* for ages; **il ne reviendra pas d'ici ~** he won't be back for a long time *ou* for ages yet; **il vivra encore ~** he'll live (for) a long time yet; **il n'en a plus pour ~** (*pour finir*) he hasn't much longer to go *ou* he won't take much longer now; (*avant de mourir*) he can't hold out *ou* last much longer now; **y a-t-il ~ à attendre?** is there long to wait?, is there a long wait?, will it be long?; **je n'en ai pas pour ~** I won't be long, it won't take me long; **il a mis** *ou* **été ~, ça lui a pris ~** it took him a long time, he was a long time over it *ou* doing it; **il arrivera dans ~?** will it be long before he gets here?; **rester assez ~ quelque part** (*trop*) to stay somewhere (for) quite *ou* rather a long time *ou* (for) quite a while; (*suffisamment*) to stay somewhere long enough; **tu es resté si ~!** you've stayed so long! *ou* (for) such a long time!
  (b) (*avec depuis, il y a etc*) (*indiquant une durée*) (for) a long time; (for) long; (*indiquant une action terminée*) (for) a long time. **il habite ici depuis ~, il y a** *ou* **cela fait** *ou* **voilà ~ qu'il habite ici** he has been living here (for) a long time; **il n'était pas là depuis ~ quand je suis arrivé** he hadn't been here (for) long when I arrived; **c'était il y a ~/il n'y a pas ~** that was a long time ago/not long ago; **j'ai fini depuis ~** I finished a long time ago; **il y a** *ou* **cela fait** *ou* **voilà ~ que j'ai fini** I have been finished for a long time *ou* for ages now; **ça fait ~ qu'il n'est plus venu** it's (been) a long time now since he came, he hasn't been coming for a long time *ou* for ages now; **je n'y mangeais plus depuis ~** I had given up eating there long before then *ou* ages ago.
longue [lɔ̃g] *V* long.
longuement [lɔ̃gmɑ̃] *adv* (*longtemps*) *regarder, parler* for a long

time; (*en détail*) *expliquer, étudier, raconter* at length. **plus ~ for** longer; (*en plus grand détail*) at greater length; **plan ~ médité** long-considered plan, plan pondered over at length.
longuet, -ette* [lɔ̃gɛ, ɛt] *adj* a bit long (*attrib*), a bit on the long side* (*attrib*).
longueur [lɔ̃gœʁ] *nf* **(a)** (*espace*) length. **mesures/unités de ~** measures/units of length, linear measures/units; **la pièce fait 3 mètres de** *ou* **en ~** the room is 3 metres in length *ou* 3 metres long; **la plage s'étend sur une ~ de 7 km** the beach stretches for 7 km; **dans le sens de la ~** lengthways, lengthwise; **s'étirer en ~** to stretch out lengthways; **pièce tout en ~** long narrow room; (*lit, fig*) **~ d'onde** wavelength.
  (b) (*durée*) length. **à ~ de journée/de semaine/d'année** all day/week/year long; **à ~ de temps** all the time; **traîner** *ou* **tirer en ~** to drag on; **tirer les choses en ~** to drag things out; **attente qui tire** *ou* **traîne en ~** long-drawn-out wait; **les ~s de la justice** the slowness of the judicial process.
  (c) (*courses, natation*) length. **saut en ~** long jump; **l'emporter de plusieurs ~s** to win by several lengths; **prendre 2 ~s d'avance** to go into a 2-length lead; (*Alpinisme*) **~ de corde** (*passage*) pitch; (*distance*) rope-length.
  (d) (*remplissage*) **~s** boringly long moments *ou* passages, over-long passages; **ce film/livre a des ~s** there are some episodes which are overlong *ou* which are too dragged out in this film/book.
look* [luk] *nm* (*style, allure*) look, image. **soigner son ~** to pay great attention to one's look *ou* one's image.
looping [lupiŋ] *nm* (*Aviat*) looping the loop. **faire des ~s** to loop the loop.
lope‡ [lɔp] *nf*, **lopette‡** [lɔpɛt] *nf* queer‡ (*péj*), fag‡ (*péj, surtout US*).
lopin [lɔpɛ̃] *nm*: **~ (de terre)** patch of land, plot (of land).
loquace [lɔkas] *adj* talkative, loquacious (*frm*).
loquacité [lɔkasite] *nf* talkativeness, loquacity (*frm*).
loque [lɔk] *nf* **(a)** (*vêtements*) **~s** rags, rags and tatters; **être en ~s** to be in rags; **vêtu de ~s** dressed in rags; **tomber en ~s** to be in tatters *ou* all tattered. **(b)** (*fig péj*) **une ~** (*humaine*) a (human) wreck; **je suis une vraie ~ ce matin** I feel a wreck *ou* like a wet rag this morning.
loquet [lɔkɛ] *nm* latch.
loqueteau, *pl* **~x** [lɔkto] *nm* (small) latch, catch.
loqueteux, -euse [lɔktø, øz] *adj personne* ragged, (dressed) in rags *ou* in tatters (*attrib*); *vêtement, livre* tattered, ragged.
lordose [lɔʁdoz] *nf* hollow-back (*U*), lordosis (*T*).
lorgner* [lɔʁɲe] (1) *vt objet* to peer at, eye; *femme* to ogle, eye up* (*Brit*); *poste, décoration, héritage* to have one's eye on. **~ qch du coin de l'œil** to look *ou* peer at sth out of the corner of one's eye, cast sidelong glances at sth.
lorgnette [lɔʁɲɛt] *nf* spyglass. (*fig*) **regarder par le petit bout de la ~** to take a very limited *ou* narrow view of things.
lorgnon [lɔʁɲɔ̃] *nm* (*face-à-main*) lorgnette; (*pince-nez*) pince-nez.
lori [lɔʁi] *nm* (*oiseau*) lory.
loriot [lɔʁjo] *nm*: **~ jaune** golden oriole.
lorrain, e [lɔʁɛ̃, ɛn] **1** *adj* of *ou* from Lorraine; *V* quiche. **2** *nm* (*Ling*) Lorraine dialect. **3** *nm, f*: **L~(e)** inhabitant *ou* native of Lorraine. **4 Lorraine** *nf* (*région*) Lorraine.
lors [lɔʁ] *adv* (*littér*) **~ de** at the time of; **~ de sa mort** at the time of his death; **~ même que** even though *ou* if; **~ même que la terre croulerait** even though *ou* if the earth should crumble; *V* **dès**.
lorsque [lɔʁsk(ə)] *conj* when. **lorsqu'il entra/entrera** when *ou* as he came/comes in.
losange [lɔzɑ̃ʒ] *nm* diamond, lozenge. **en forme de ~** diamond-shaped; **dallage en ~s** diamond tiling.
losangé, e [lɔzɑ̃ʒe] *adj morceau* diamond-shaped; *dessin, tissu* with a diamond pattern.
Los Angeles [lɔsɑ̃ʒələs] *n* Los Angeles.
lot [lo] *nm* **(a)** (*Loterie*) prize. **le gros ~** the first prize, the jackpot; **~ de consolation** consolation prize.
  (b) (*portion*) share. **~ (de terre)** plot (of land).
  (c) (*assortiment*) [*livres, chiffons*] batch; [*draps, vaisselle*] set; (*aux enchères*) lot. **~ de 10 chemises** set of 10 shirts; **dans le ~, il n'y avait que 2 candidats valables** in the whole batch there were only 2 worthwhile applicants.
  (d) (*fig littér: destin*) lot (*littér*), fate.
loterie [lɔtʁi] *nf* (*lit, fig*) lottery; (*avec billets*) raffle, tombola, lottery. **mettre qch en ~** to put sth up to be raffled; **la L~ nationale** the French national lottery *ou* sweepstake; **jouer à la ~** to buy tickets for the raffle *ou* lottery *ou* tombola; **gagner à la ~** to win on the raffle *ou* lottery *ou* tombola; (*fig*) **c'est une vraie ~** it's (all) the luck of the draw; **la vie est une ~** life is a game of chance, life is a lottery.
Loth [lɔt] *nm* Lot.
loti, e [lɔti] (*ptp de* **lotir**) *adj*: **être bien/mal ~** to be well-/badly off.
lotion [lɔsjɔ̃] *nf* lotion. **~ capillaire** hair lotion; **~ après rasage** after-shave lotion; **~ avant rasage** preshave lotion.
lotionner [lɔsjɔne] (1) *vt* to apply (a) lotion to.
lotir [lɔtiʁ] (2) *vt terrain* (*diviser*) to divide into plots; (*vendre*) to sell by lots; (*Jur*) *succession* to divide up, share out. **~ qn de qch** to allot sth to sb, provide sb with sth.
lotissement [lɔtismɑ̃] *nm* **(a)** (*terrains à bâtir*) housing estate *ou* site; (*terrains bâtis*) (housing) development *ou* estate; (*parcelle*) plot, lot. **(b)** (*action: V* **lotir**) division; sale (by lots); sharing out.
loto [lɔto] *nm* (*jeu traditionnel*) lotto; (*matériel pour ce jeu*) lotto set; (*loterie à numéros*) national bingo game. **le ~ sportif** ≃ the pools.
lotte [lɔt] *nf* (*de rivière*) burbot; (*de mer*) angler (fish), devilfish, monkfish.
lotus [lɔtys] *nm* lotus.
louable [lwabl(ə)] *adj* **(a)** praiseworthy, commendable, laudable.

(b) *maison* rentable. **appartement difficilement** ~ **à cause de sa situation** flat that is hard to let (*Brit*) *ou* rent (*US*) because of its situation.

louablement [lwabləmã] *adv* commendably.

louage [lwaʒ] *nm* hiring. **(contrat de)** ~ rental contract; ~ **de services** work contract.

louange [lwãʒ] *nf* praise. **il méprise les** ~**s** he despises praise; **chanter les** ~**s de qn** to sing sb's praises; **faire un discours à la** ~ **de qn** to make a speech in praise of sb; **je dois dire, à sa** ~**, que** ... I must say, to his credit *ou* in his praise, that ... .

louangeur, -euse [lwãʒœʀ, øz] *adj* (*littér*) laudatory (*frm*), laudative (*frm*).

loubar(d) [lubaʀ] *nm* hooligan, thug.

louche¹ [luʃ] *adj* (a) *affaire, manœuvre, milieu, passé* shady; *individu* shifty, shady, dubious; *histoire* dubious, fishy*; *conduite, acte, établissement* dubious, suspicious, shady; *réaction, attitude* dubious, suspicious. **j'ai entendu du bruit, c'est** ~ I heard a noise, that's funny *ou* odd; **il y a du** ~ **dans cette affaire** this business is a bit shady *ou* fishy* *ou* isn't quite above board.
  (b) (†) *liquide* cloudy; *couleur, éclairage* murky.
  (c) *œil, personne* squinting (*épith*).

louche² [luʃ] *nf* ladle.

loucher [luʃe] (1) *vi* (*lit*) to squint, have a squint. (*fig*) ~ **sur*** *objet* to eye; *personne* to ogle, eye up* (*Brit*); *poste, héritage* to have one's eye on.

louer¹ [lwe] (1) **1** *vt* to praise. ~ **qn de** *ou* **pour qch** to praise sb for sth; **on ne peut que le** ~ **d'avoir agi ainsi** he deserves only praise *ou* one can only praise him for acting in this way; (*Rel*) **louons le Seigneur!** (let us) praise the Lord!; (*fig*) **Dieu soit loué!** thank God!
  2 se louer *vpr*: **se** ~ **de** *employé, appareil* to be very happy *ou* pleased with; *action, mesure* to congratulate o.s. on; **se** ~ **d'avoir fait qch** to congratulate o.s. on *ou* for having done sth; **n'avoir qu'à se** ~ **de** *employé, appareil* to have every cause for satisfaction with, be completely satisfied with, have nothing but praise for; **nous n'avons qu'à nous** ~ **de ses services** we have nothing but praise for the service he gives, we have every cause for satisfaction with his services.

louer² [lwe] (1) *vt* (a) *[propriétaire] maison, chambre* to let (out) (*Brit*), rent; *voiture, tente, téléviseur* to hire out (*Brit*), rent (out). ~ **ses services** *ou* **se** ~ **à un fermier** to hire o.s. (out) to a farmer.
  (b) *[locataire] maison, chambre* to rent; *voiture, tente* to hire (*Brit*), rent; *place* to book. **ils ont loué une maison au bord de la mer** they took *ou* rented a house by the sea; **à** ~ *chambre etc* to let (*Brit*), to rent (*US*); *voiture etc* for hire (*Brit*), for rent (*US*); **cet appartement doit se** ~ **cher** that flat must be expensive to rent.

loueur, -euse [lwœʀ, øz] *nm,f* (*propriétaire*) hirer out (*Brit*), renter out. **c'est un** ~ **de chevaux** he hires out (*Brit*) *ou* rents out horses.

loufiat‡ [lufja] *nm* waiter.

loufoque* [lufɔk] *adj* wild, crazy, barmy*.

loufoquerie [lufɔkʀi] *nf* (a) (*caractère*) craziness, barminess*. (b) (*acte*) bit of daftness*, crazy goings-on (*pl*).

louis [lwi] *nm:* ~ **(d'or)** (gold) louis.

Louis [lwi] *nm* Lewis; (*Hist française*) Louis.

louise-bonne, *pl* **louises-bonnes** [lwizbɔn] *nf* louise-bonne pear.

Louisiane [lwizjan] *nf* Louisiana.

louis-philippard, e [lwifilipaʀ, aʀd(ə)] *adj* (*péj*) of *ou* relating to the reign of Louis Philippe.

loukoum [lukum] *nm* Turkish delight (*U*). **manger 3** ~**s** to eat 3 pieces of Turkish delight.

loulou¹ [lulu] *nm* (*chien*) spitz. ~ **de Poméranie** Pomeranian dog, Pom.

loulou²* [lulu] *nm,* **louloutte*** [lulut] *nf* (a) darling; (*péj*) fishy customer*, oddball*, nasty bit of work (*Brit*). (b) = **loubar(d)**.

loup [lu] *nm* (a) (*carnassier*) wolf; (*poisson*) bass; (*masque*) (eye) mask. **mon (gros** *ou* **petit)** ~*** (my) pet* *ou* love; (*Prov*) **les** ~**s ne se mangent pas** *ou* **ne se dévorent pas entre eux** dog does not eat dog, there is honour among thieves (*Prov*); **l'homme est un** ~ **pour l'homme** brother will turn on brother; **enfermer** *ou* **mettre le** ~ **dans la bergerie** to set the fox to mind the geese; V **gueule, hurler** etc.
  (b) (*malfaçon*) flaw.
  2: loup-cervier *nm, pl* **loups-cerviers** lynx; (*Hist*) **loup-garou** *nm, pl* **loups-garous** werewolf; **le loup-garou va te manger!** Mr Bogeyman will get you!; **loup de mer** (*: marin*) old salt*, old seadog*; (*vêtement*) (short-sleeved) jersey.

loupage* [lupaʒ] *nm* (V **louper**) missing; messing up*; flunking*; spoiling. **après plusieurs** ~**s** after several failures.

loupe [lup] *nf* (*Opt*) magnifying glass; (*Méd*) wen; (*sur un arbre*) burr. (*fig*) **regarder qch à la** ~ to put sth under a microscope; **table en** ~ **de noyer** table in burr walnut.

loupé* [lupe] (*ptp de* **louper**) *nm* (*échec*) failure; (*défaut*) defect, flaw.

louper* [lupe] (1) **1** *vt* (*rater*) *occasion, train, personne* to miss; *travail, gâteau* to mess up*, make a mess of; *examen* to flunk*. **ma sauce est loupée** my sauce hasn't come off, I spoilt my sauce; **ma soirée est loupée** my party is spoilt *ou* is a flop*; **loupé!** missed!; (*iro*) **il n'en loupe pas une!** he's forever putting his big foot in it!*; **la prochaine fois je ne te louperai pas** I'll get you next time; ~ **son entrée** to fluff* *ou* bungle one's entrance; **il a loupé son coup/ suicide** he botched* it/his suicide bid.
  2 *vi*: **je t'ai dit qu'il ferait une erreur; ça n'a pas loupé!** I told you that he'd make a mistake and sure enough he did!; **ça va tout faire** ~ that'll put everything up the spout* (*Brit*), that'll muck everything up*.

loupiot, -iotte* [lupjo, jɔt] *nm,f* kid*.

loupiote* [lupjɔt] *nf* (*lampe*) (small) light.

lourd, e¹ [luʀ, luʀd(ə)] *adj* (a) (*lit, fig: pesant*) *objet, poids, vêtement* heavy; *silence, sommeil* heavy, deep; *chagrin* deep; *ciel, nuage* heavy; *temps, chaleur* sultry, close; *parfum, odeur* heavy, strong; *aliment, vin* heavy; *repas* heavy, big; *paupières* heavy; (*Bourse*) *marché* slack, sluggish; *artillerie, industrie* heavy. **terrain** ~ heavy *ou* soft ground; **marcher d'un pas** ~ to tread heavily, walk with a heavy step; **yeux** ~**s de sommeil/de fatigue** eyes heavy with sleep/tiredness; **c'est** ~ **(à digérer)** it's heavy (on the stomach *ou* the digestion); **se sentir** ~, **avoir l'estomac** ~ to feel bloated; **j'ai** *ou* **je me sens les jambes** ~**es** my legs feel heavy; **j'ai** *ou* **je me sens la tête** ~**e** my head feels fuzzy, I feel a bit headachy; **3 enfants à élever, c'est** ~/**trop** ~ (**pour elle**) bringing up 3 children is a lot/too much (for her) *ou* is a big responsibility/is too heavy a responsibility (for her); V **eau, franc², hérédité** etc.
  (b) (*important*) *dettes, impôts, tâche* heavy, weighty; *pertes* heavy, severe, serious; *faute* serious, grave; *responsabilité, charge* heavy, weighty. **de** ~**es présomptions pèsent sur lui** suspicion falls heavily on him.
  (c) (*massif, gauche*) *construction* heavy(-looking), massive; *silhouette* heavy; *démarche* heavy, cumbersome; *mouvement, style* heavy, ponderous; *plaisanterie, compliment* heavy-handed, clumsy. **oiseau au vol** ~ bird with a heavy *ou* clumsy flight; **avoir l'esprit** ~ to be slow-witted *ou* dull-witted.
  (d) (*loc*) **le silence était** ~ **de menaces** the silence was heavy with threat, there was a threatening *ou* an ominous silence; **le silence était** ~ **de sous-entendus** the silence was heavy with insinuations; **décision** ~**e de conséquences** decision charged *ou* fraught with consequences; **en avoir** ~ **sur la conscience** to have a heavy conscience (about sth); **il n'y a pas** ~ **de pain*** there isn't much bread; **du bon sens, il n'en a pas** ~!* he hasn't got much common sense, he isn't overendowed with common sense; **il n'en sait/ne fait pas** ~ he doesn't know/do much; (*Mét*) **il fait** ~ the weather is close, it's sultry; V **main, peser**.

lourdaud, e [luʀdo, od] **1** *adj* oafish, clumsy. **2** *nm,f* oaf.

lourde‡ [luʀd(ə)] *nf* (*porte*) door.

lourdement [luʀdəmã] *adv* (*gén*) heavily. **marcher** ~ to walk with a heavy tread; **se tromper** ~ to be sadly mistaken, commit a gross error (*frm*), make a big mistake; **insister** ~ **sur qch/pour faire** to insist strenuously on sth/on doing; **il cligna** ~ **de l'œil** he gave a laboured wink.

lourder‡ [luʀde] (1) *vt* to kick out*, boot out‡. **se faire** ~ to get kicked out* *ou* booted out‡.

lourdeur [luʀdœʀ] *nf* (a) (*pesanteur*) *[objet, fardeau]* heaviness, weight; (*Bourse*) *[marché]* slackness, sluggishness.
  (b) *[édifice]* heaviness, massiveness; *[démarche]* heaviness; *[style, forme]* heaviness, ponderousness. ~ **d'esprit** dull-wittedness, slow-wittedness; **s'exprimer avec** ~ to express o.s. clumsily *ou* ponderously; **avoir des** ~**s de tête** to have a fuzzy head, feel headachy; **avoir des** ~**s d'estomac** to have indigestion, feel a bit bloated.
  (c) *[temps]* sultriness, closeness.

loustic* [lustik] *nm* (*enfant*) kid*; (*taquin*) villain* (*hum*); (*type*) (funny) chap* (*Brit*) *ou* fellow* *ou* guy*, oddbod* (*Brit*). **faire le** ~ to act the goat*, play the fool; **un drôle de** ~ (*type*) an oddball*, an oddbod* (*Brit*); (*enfant*) a little villain* (*hum*) *ou* rascal.

loutre [lutʀ(ə)] *nf* (*animal*) otter; (*fourrure*) otter-skin. ~ **de mer** sea otter.

louve [luv] *nf* she-wolf.

louveteau, *pl* ~**x** [luvto] *nm* (*Zool*) (wolf) cub; (*scout*) cub scout, cub.

louvoiement [luvwamã] *nm* (*Naut*) tacking (*U*); (*fig*) hedging (*U*), evasion. **assez de** ~**s** stop hedging, stop beating about the bush.

louvoyer [luvwaje] (8) *vi* (*Naut*) to tack; (*fig*) to hedge, evade the issue, beat about the bush.

Louxor [luksɔʀ] *n* Luxor.

lover [lɔve] (1) **1** *vt* to coil. **2 se lover** *vpr [serpent]* to coil up.

loyal, e, *mpl* **-aux** [lwajal, o] *adj* (a) (*fidèle*) *sujet, ami* loyal, faithful, trusty. **après 50 ans de bons et** ~**aux services** after 50 years of good and faithful service.
  (b) (*honnête*) *personne, procédé* fair, honest; *conduite* upright, fair; *jeu* fair, straight*. **se battre à la** ~**e*** to fight cleanly.

loyalement [lwajalmã] *adv* **agir** fairly, honestly; **servir** loyally, faithfully; **se battre** cleanly. **accepter** ~ **une défaite** to take a defeat sportingly *ou* in good part *ou* like a gentleman.

loyalisme [lwajalism(ə)] *nm* loyalty.

loyaliste [lwajalist(ə)] **1** *adj* loyal. **2** *nmf* loyal supporter.

loyauté [lwajote] *nf* (a) (*fidélité*) loyalty, faithfulness. (b) (*honnêteté*) honesty, fairness; *[conduite]* fairness, uprightness. **avec** ~ fairly.

loyer [lwaje] *nm* rent. (*Fin*) ~ **de l'argent** rate of interest, interest rate; ~ **matriciel** ≃ rateable value.

L.S.D. [ɛlɛsde] *nm* LSD.

lubie [lybi] *nf* whim, craze, fad. **avoir des** ~**s** to have *ou* get whims *ou* crazes *ou* fads; **il lui a pris la** ~ **de ne plus manger de pain** he has taken it into his head not to eat bread any more, he has got the mad idea of not eating bread any more; **c'est sa dernière** ~ it's his latest craze.

lubricité [lybʀisite] *nf [personne]* lustfulness, lechery; *[propos, conduite]* lewdness.

lubrifiant, e [lybʀifjã, ãt] **1** *adj* lubricating. **2** *nm* lubricant.

lubrification [lybʀifikasjɔ̃] *nf* lubrication.

lubrifier [lybʀifje] (7) *vt* to lubricate.

lubrique [lybʀik] *adj personne* lustful, lecherous; *propos* lewd, libidinous; *danse* lewd; *amour* lustful, carnal. **regarder qch d'un œil** ~ to gaze at sth with a lustful eye.

lubriquement [lybʀikmɑ̃] *adv* (*V* **lubrique**) lustfully; lecherously; lewdly; libidinously.

Luc [lyk] *nm* Luke.

lucarne [lykaʀn(ə)] *nf* [*toit*] skylight; (*en saillie*) dormer window; (*Mus*) opening. (*Ftbl*) **envoyer la balle dans la ~** to send the ball into the top corner of the net.

lucide [lysid] *adj* (**a**) (*conscient*) *malade, vieillard* lucid; *accidenté* conscious. (**b**) (*perspicace*) *personne* lucid, clear-minded, clear-headed; *esprit, analyse, raisonnement* lucid, clear. **le témoin le plus ~ de son temps** the most clear-sighted *ou* perceptive observer of the times he lived in; **juger qch d'un œil ~** to judge sth with a lucid *ou* clear eye.

lucidement [lysidmɑ̃] *adv* lucidly, clearly.

lucidité [lysidite] *nf* (*V* **lucide**) lucidity; consciousness; clear-mindedness, clear-headedness; clearness. **un vieillard qui a gardé sa ~** an old man who has retained (the use of) his faculties *ou* has remained quite clear-thinking.

Lucie [lysi] *nf* Lucy.

Lucien [lysjɛ̃] *nm* Lucian.

Lucifer [lysifɛʀ] *nm* Lucifer.

luciole [lysjɔl] *nf* firefly.

lucratif, -ive [lykʀatif, iv] *adj entreprise* lucrative, profitable; *emploi* lucrative, well-paid. **association créée dans un but ~/non ~** profit-making/non-profit-making organization.

lucrativement [lykʀativmɑ̃] *adv* lucratively.

lucre [lykʀ(ə)] *nm* (*péj*) lucre (*péj*).

Lucrèce [lykʀɛs] **1** *nm* Lucretius. **2** *nf* Lucretia.

ludiciel [lydisjɛl] *nm* computer game. **~s** computer games, game software (*U*).

ludion [lydjɔ̃] *nm* Cartesian diver.

ludique [lydik] *adj* (*Psych*) play (*épith*). **activité ~** play activity.

luette [lɥɛt] *nf* uvula.

lueur [lɥœʀ] *nf* (**a**) [*flamme*] glimmer (*U*); [*étoile, lune, lampe*] (faint) light; [*braises*] glow (*U*). **à la ~ d'une bougie** by candlelight *ou* candle-glow; **les ~s de la ville** the city lights, the glow of the city; **les premières ~s de l'aube/du jour** the first light of dawn/of day; **les ~s du couchant** the glow of sunset, the sunset glow. (**b**) (*fig*) [*désir, colère*] gleam; [*raison, intelligence*] glimmer. **une ~ malicieuse dans le regard** a malicious gleam in one's eyes; **pas la moindre ~ d'espoir** not the faintest glimmer of hope.

luge [lyʒ] *nf* sledge (*Brit*), sled (*US*), toboggan. **faire de la ~** to sledge (*Brit*), sled (*US*), toboggan.

luger [lyʒe] (3) *vi* to sledge (*Brit*), sled (*US*), toboggan.

lugeur, -euse [lyʒœʀ, øz] *nm,f* tobogganist.

lugubre [lygybʀ(ə)] *adj personne, pensée, ambiance, récit* lugubrious, gloomy, dismal; *prison, paysage* gloomy, dismal.

lugubrement [lygybʀəmɑ̃] *adv* lugubriously, gloomily, dismally.

lui [lɥi] **1** *pron pers mf* (*objet indirect*) (*homme*) him; (*femme*) her; (*animal, bébé*) it, him, her; (*bateau, nation*) her, it; (*insecte, chose*) it. **je le ~ ai dit** (*à un homme*) I told him; (*à une femme*) I told her; **tu ~ as donné de l'eau?** (*à un animal*) have you given it *ou* him *ou* her some water?; (*à une plante*) have you watered it?; **je ne le ~ ai jamais caché** I have never kept it from him *ou* her; **il ~ est facile de le faire** it's easy for him *ou* her to do it; **elle ~ serra la main** she shook his *ou* her hand, she shook him *ou* her by the hand; **je ne ~ connais pas de défauts** I know of no faults in him *ou* her; **je ~ ai entendu dire que** I heard him *ou* her say that; **la tête ~ a tourné et elle est tombée** her head spun and she fell; **le bateau est plus propre depuis qu'on ~ a donné un coup de peinture** the boat is cleaner now they've given her *ou* it a coat of paint.

2 *pron m* (**a**) (*fonction objet*) (*personne*) him; (*animal*) him, her, it; (*chose*) it; (*pays, bateau*) her, it. **elle n'admire que ~** she only admires him; **à ~ elle n'a pas dit un mot** she never said a word to him; **~ le revoir?, jamais!** see him again?, never!; **c'est ~, je le reconnais** it's him, I recognize him; **je l'ai bien vu ~!** I saw him all right!, I definitely saw him!; **si j'étais ~ j'accepterais** if I were him *ou* he (*frm*) I would accept; *V aussi* **même, non, seul**. (**b**) (*sujet, gén emphatique*) (*personne*) he; (*chose*) it; (*animal*) it, he, she. **elle est vendeuse, ~ et maçon** she's a saleswoman and he's a mason; **~, furieux, a refusé** furious, he refused; **le Japon, ~, serait d'accord** Japan, for its *ou* her part, would agree; **l'enfant, ~, avait bien vu les bonbons** the child had seen the sweets all right; **qu'est-ce qu'ils ont dit? — ~ rien** what did they say? — he said nothing; **elle est venue mais pas ~** she came but not him *ou* but he didn't; **mon frère et ~ sont partis ensemble** my brother and he went off together; **~ parti, j'ai pu travailler** with him gone *ou* after he had gone I was able to work; **~ (il) n'aurait jamais fait ça, il n'aurait jamais fait ça ~** he would never have done that; **est-ce qu'il le sait ~?, est-ce que ~ (il) le sait?** does he know about it?; **~ se marier?, pas si bête!** him get married?, not likely!

(**c**) (*emphatique avec qui, que*) **c'est ~ que nous avions invité** it's *ou* it was him we had invited; **c'est à ~ que je veux parler** it's him I want to speak to, I want to speak to him; **il y a un hibou dans le bois, c'est ~ que j'ai entendu** there is an owl in the wood — that's what I heard; **c'est ~ qui me l'a dit** he told me himself, it's he who told me; (*iro*) **c'est ~ qui le dit!** that's his story!, that's what he says!; (*frm*) **ce fut ~ qui le premier découvrit ...** it was he *ou* he it was (*frm*) who first discovered ...; **chasse le chien, c'est ~ qui m'a mordu** chase that dog away — it's the one that bit me; **de tous les arbres c'est ~ qui a le bois le plus dur** of all the trees it's this one that has the hardest wood; **ils ont 3 chats et ~ qui ne voulait pas d'animaux!** they have 3 cats and to think that he didn't want any animals!

(**d**) (*avec prép*) (*personne*) him; (*animal*) him, it; (*chose*) it. **ce livre est à ~** this book belongs to him *ou* is his; **il a un appartement à ~** he has a flat of his own; **c'est gentil à ~ d'avoir écrit** it

was kind of him to write; **un ami à ~** a friend of his, one of his friends; **il ne pense qu'à ~** he only thinks of himself; **qu'est-ce qu'elle ferait sans ~!** what would she do without him!; **ce poème n'est pas de ~** this poem is not one of his *ou* not one he wrote; **elle veut une photo de ~** she wants a photo of him; **vous pouvez avoir toute confiance en ~** (*homme*) he is thoroughly reliable, you can have complete confidence in him; (*machine etc*) it is thoroughly reliable.

(**e**) (*dans comparaisons*) (*sujet*) he, him*; (*objet*) him. **elle est plus mince que ~** she is slimmer than he is *ou* than him*; **j'ai mangé plus/moins que ~** I ate more/less than he did *ou* than him*; **ne fais pas comme ~** don't do as he does *ou* did, don't do like him* *ou* the same as he did; **je ne la connais pas aussi bien que ~** (*que je le connais*) I don't know her as well as (I know) him; (*qu'il la connaît*) I don't know her as well as he does *ou* as him*.

luire [lɥiʀ] (38) *vi* (*gén*) to shine, gleam; [*surface mouillée*] to glisten; [*reflet intermittent*] to glint; (*en scintillant*) to glimmer, shimmer; (*en rougeoyant*) to glow. **l'herbe couverte de rosée/l'étang luisait au soleil du matin** the dew-covered grass/the pond glistened in the morning sunlight; **yeux qui luisent de colère/d'envie** eyes which gleam with anger/desire; **le lac luisait sous la lune** the lake shimmered *ou* glimmered *ou* gleamed in the moonlight; **l'espoir luit encore** there is still a gleam *ou* glimmer of hope.

luisant, e [lɥizɑ̃, ɑ̃t] **1** *adj* (*V* **luire**) gleaming; shining; glowing. **front ~ de sueur** forehead gleaming *ou* glistening with sweat; **vêtements ~s d'usure** clothes shiny with wear; **yeux ~s de fièvre** eyes bright with fever; *V* **ver**.

2 *nm* [*étoffe*] sheen; [*poil d'animal*] gloss.

lumbago [lɔ̃bago] *nm* lumbago.

lumière [lymjɛʀ] *nf* (**a**) (*Phys, gén*) light. **la ~ du jour** daylight; **la ~ du soleil l'éblouit** he was dazzled by the sunlight; **à la ~ des étoiles** by the light of the stars, by starlight; **à la ~ artificielle/électrique** by artificial/electric light; **la ~ entrait à flots dans la pièce** daylight streamed into the room; **il n'y a pas beaucoup/ça ne donne guère de ~** there isn't/it doesn't give much light; **donne-nous de la ~** switch *ou* put the light on, will you?; **il y a de la ~ dans sa chambre** there's a light on in his room; **les ~s de la ville** the lights of the town; *V* **effet**.

(**b**) (*fig*) light. (*littér*) **avoir/acquérir quelque ~ sur qch** to have/gain some knowledge of sth, have/gain some insight into sth; **avoir des ~s sur une question** to have some ideas *ou* some knowledge on a question, know something about a question; **aidez-nous de vos ~s** give us the benefit of your wisdom *ou* insight; **mettre qch en ~** to bring sth to light, bring sth out; **jeter une nouvelle ~ sur qch** to throw *ou* shed new light on sth; **à la ~ des récents événements** in the light of recent events; **faire (toute) la ~ sur qch** to get right to the bottom of sth; **la ~ de la foi/de la raison** the light of faith/reason; **entrevoir la ~ au bout du tunnel** to see the light at the end of the tunnel; *V* **siècle**[1].

(**c**) (*personne*) light. **il fut une des ~s de son siècle** he was one of the (shining) lights of his age; **le pauvre garçon, ce n'est pas une ~** the poor boy, he's no bright spark*.

(**d**) (*Tech*) [*machine à vapeur*] port; [*canon*] sight. (*Aut*) **~ d'admission/d'échappement** inlet/exhaust port *ou* valve.

2: (*Phys*) **lumière blanche** white light; (*Astron*) **lumière cendrée** earth-light, earthshine; (*Phys*) **lumière noire** *ou* **de Wood** black light; **lumière stroboscopique** strobe lighting.

lumignon [lymiɲɔ̃] *nm* (*lampe*) (small) light; (*bougie*) candle-end.

luminaire [lyminɛʀ] *nm* (*gén*) light, lamp; (*cierge*) candle. **magasin de ~s** lighting shop, shop selling lighting fitments.

lumination [lyminasjɔ̃] *nf* (*Phot*) indice de ~ exposure value.

luminescence [lyminesɑ̃s] *nf* luminescence.

luminescent, e [lyminesɑ̃, ɑ̃t] *adj* luminescent.

lumineusement [lyminøzmɑ̃] *adv* **expliquer** lucidly, clearly.

lumineux, -euse [lyminø, øz] *adj* (**a**) *corps, intensité* luminous; *fontaine, enseigne* illuminated; *rayon, faisceau, source* of light; *cadran, aiguille* luminous. **onde/source ~euse** light wave/source; **intensité ~euse** luminous intensity; *V* **flèche**[1]. (**b**) *teint, regard* radiant; *ciel, couleur* luminous. (**c**) (*littér: pur, transparent*) luminous (*littér*), lucid; (*iro*) *exposé* limpid, brilliant. **j'ai compris, c'est ~** I understand, it's as clear as daylight *ou* it's crystal clear; *V* **idée**.

luminosité [lyminozite] *nf* (**a**) [*teint, regard*] radiance; [*ciel, couleur*] luminosity. **il y a beaucoup de ~** the light is very bright. (**b**) (*Phot, Sci*) luminosity.

lump [lœp] *nm* lumpfish, lump-sucker; *V* **œuf**.

lunaire[1] [lynɛʀ] *adj* (*Astron*) *paysage* lunar; (*fig*) *visage* moonlike.

lunaire[2] [lynɛʀ] *nf* (*Bot*) honesty.

lunaison [lynɛzɔ̃] *nf* lunar month.

lunapark [lynapaʀk] *nm* (fun) fair.

lunatique [lynatik] *adj* quirky, whimsical, temperamental.

lunch [lœntʃ] *nm* buffet.

lundi [lœdi] *nm* Monday. **le ~ de Pâques/de Pentecôte** Easter/Whit Monday; *pour autres loc V* **samedi**.

lune [lyn] *nf* (**a**) (*lit*) moon. **pleine/nouvelle ~** full/new moon; **nuit sans ~** moonless night; **~ rousse** April moon; **croissant/quartier de ~** crescent/quarter moon; *V* **clair**[1]. (**b**) (*: derrière*) bottom*, backside*. (**c**) (*loc*) **~ de miel** honeymoon; **être dans la ~** to have one's head in the clouds, be in a dream; **demander** *ou* **vouloir la ~** to ask *ou* cry for the moon; **promettre la ~** to promise the moon *ou* the earth; **il y a (bien) des ~s†** many moons ago; **vieilles ~s** outdated notions; *V* **face**.

luné, e* [lyne] *adj:* **être bien/mal ~** to be in a good/bad mood.

lunetier, -ière [lyntje, jɛʀ] **1** *adj* spectacle manufacturing. **2** *nm,f* optician, spectacle manufacturer.

lunette [lynɛt] **1** *nf* (**a**) **~s** (*correctives*) glasses, specs*, spectacles†;

(*de protection*) goggles, glasses; (*fig*) **mets tes ~s!** put your specs* on!

  (b) (*Astron: télescope*) telescope; [*fusil*] sight(s). **fusil à ~ rifle** equipped with sights.

  (c) (*Archit*) lunette.

  2: lunette d'approche telescope; (*Aut*) **lunette arrière** rear window; **lunette astronomique** astronomical telescope; **lunette des cabinets** (*cuvette*) toilet bowl; (*siège*) toilet rim; **lunettes d'écaille** horn-rimmed spectacles; **lunette méridienne** meridian circle; **lunettes noires** dark glasses; **lunettes de plongée** swimming *ou* diving goggles; **lunettes de soleil** sunglasses, shades*.

lunetterie [lynɛtʀi] *nf* spectacle trade.

lunule [lynyl] *nf* [*ongle*] half-moon, lunula (*T*); (*Math*) lune.

lupanar [lypanaʀ] *nm* (*littér*) brothel.

lupin [lypɛ̃] *nm* lupin.

lupus [lypys] *nm* lupus.

lurette [lyʀɛt] *nf* V **beau**.

lurex [lyʀɛks] *nm* lurex.

luron* [lyʀɔ̃] *nm*: (joyeux *ou* gai) **~** gay dog; **c'est un (sacré) ~** he's quite a lad*.

luronne* [lyʀɔn] *nf*: (gaie) **~** (lively) lass; **c'est une (sacrée) ~** she's quite a lass*.

lusitanien, -ienne [lyzitanjɛ̃, jɛn] **1** *adj* Lusitanian. **2** *nm, f*: **L~(ne)** Lusitanian.

lustrage [lystʀaʒ] *nm* (*Tech*) [*étoffe, peaux, fourrures*] lustring; [*glace*] shining.

lustral, e, mpl -aux [lystʀal, o] *adj* (*littér*) lustral (*littér*).

lustre [lystʀ(ə)] *nm* **(a)** [*objet, peaux, vernis*] lustre, shine; (*fig*) [*personne, cérémonie*] lustre. **redonner du ~ à une institution** to give new lustre to an institution. **(b)** (*luminaire*) centre light (*with several bulbs*). **(c)** (*littér: 5 ans*) lustrum (*littér*). (*fig*) **depuis des ~s** for ages, for aeons.

lustré, e [lystʀe] (*ptp de* **lustrer**) *adj cheveux, fourrure, poil* glossy; *manche usée* shiny.

lustrer [lystʀe] (1) *vt* (*Tech*) *étoffe, peaux, fourrures* to lustre; *glace* to shine; (*gén: faire briller*) to shine, put a shine on; (*par l'usure*) to make shiny. **le chat lustre son poil** the cat is licking its fur; **la pluie lustrait le feuillage** the rain put a sheen on the leaves; **tissu qui se lustre facilement** fabric that soon becomes shiny.

lustrerie [lystʀəʀi] *nf* lighting (appliance) trade.

lustrine [lystʀin] *nf* (*Tex*) lustre.

Lutèce [lytɛs] *nf* Lutetia.

lutécien, -ienne [lytesjɛ̃, jɛn] **1** *adj* Lutetian. **2** *nm, f*: **L~(ne)** Lutetian.

lutétium [lytesjɔm] *nm* lutetium.

luth [lyt] *nm* lute.

Luther [lytɛʀ] *nm* Luther.

luthéranisme [lyteʀanism(ə)] *nm* Lutheranism.

luthérien, -ienne [lyteʀjɛ̃, jɛn] **1** *adj* Lutheran. **2** *nm, f*: **L~(ne)** Lutheran.

luthier [lytje] *nm* (stringed-)instrument maker.

luthiste [lytist(ə)] *nm* lutanist.

lutin, e [lytɛ̃, in] **1** *adj* impish, mischievous. **2** *nm* (*esprit*) imp, sprite, goblin. (*fig*) (*petit*) **~** (little) imp.

lutiner [lytine] (1) *vt femme* to fondle, tickle. **il aimait ~ les servantes** he enjoyed a bit of slap and tickle (*Brit*) *ou* fooling around with the serving girls.

lutrin [lytʀɛ̃] *nm* lectern.

lutte [lyt] *nf* **(a)** (*gén: combat*) struggle, fight (*contre* against). **les ~s politiques qui ont déchiré le pays** the political struggles which have torn the country apart; **~ antipollution** fight against pollution; **~ contre l'alcoolisme** struggle *ou* fight against alcoholism; **~ contre le crime** crime prevention; **~ anti-drogue** battle *ou* fight against drugs; **~ pour la vie** (*Bio, fig*) struggle for existence, struggle *ou* fight for survival; **aimer la ~** to enjoy a struggle; **entrer/être en ~ (contre qn)** to enter into/be in conflict (with sb); **en ~ ouverte contre sa famille** in open conflict with his family; **travailleurs en ~** (*en grève*) striking workers; **engager/abandonner la ~** to take up/give up the struggle *ou* fight; **nous soutenons une ~ inégale** we're fighting an uneven battle, it's an unequal struggle; **après plusieurs années de ~** after several years of struggling; (*Mil*) **le pays en ~** the country at war; (*Pol*) **les partis en ~** the opposing parties; **gagner *ou* conquérir qch de haute ~** to win sth by a hard-fought struggle *ou* after a brave fight *ou* struggle; **~ entre le bien et le mal** conflict *ou* struggle between good and evil; **~ de l'honneur et de l'intérêt** conflict between honour and self-interest.

  (b) (*Sport*) wrestling. **~ libre/gréco-romaine** all-in/Graeco-Roman wrestling.

  2: lutte armée armed struggle; **en lutte armée** in armed conflict; **lutte des classes** class struggle *ou* war; **lutte d'intérêts** conflict *ou* clash of interests.

lutter [lyte] (1) *vi* (*se battre*) to struggle, fight. **~ contre un adversaire** to struggle *ou* fight against an opponent; **~ contre le vent** to fight against *ou* battle with the wind; **~ contre l'ignorance/un incendie** to fight ignorance/a fire; **~ contre l'adversité/le sommeil** to fight off adversity/sleep; **~ contre la mort** to fight *ou* struggle for one's life; **~ avec sa conscience** to struggle *ou* wrestle with one's conscience; **les deux navires luttaient de vitesse** the two ships were racing each other.

lutteur, -euse [lytœʀ, øz] *nm, f* (*Sport*) wrestler; (*fig*) fighter.

lux [lyks] *nm* lux.

luxation [lyksasjɔ̃] *nf* dislocation, luxation (*T*).

luxe [lyks(ə)] *nm* **(a)** (*richesse*) wealth, luxury; [*maison, objet*] luxuriousness, sumptuousness. **vivre dans le ~** to live in (the lap of) luxury; **de ~** *voiture, appartement* luxury (*épith*); (*Aut*) **modèle (de) grand ~** de luxe model; (*Comm*) **produits de luxe**; **boutique de ~** shop selling luxury goods; **2 salles de bain dans un appartement, c'est du ~!** 2 bathrooms in a flat, it's the height of luxury! *ou* what luxury!; **je me suis acheté un nouveau manteau, ce n'était pas du ~** I had to have one *ou* I really needed one *ou* it was a basic necessity.

  (b) (*plaisir coûteux*) luxury. **il s'est offert *ou* payé le ~ d'aller au casino** he allowed himself the indulgence *ou* luxury of a trip to the casino; **je ne peux pas me payer le ~ d'être malade/d'aller au restaurant** I can't afford the luxury of being ill/eating out.

  (c) (*fig: profusion*) wealth, host. **un ~ de détails/précautions** a host *ou* wealth of details/precautions.

Luxembourg [lyksɑ̃buʀ] *nm*: (**le grand-duché de**) **~** (the Grand Duchy of) Luxembourg; (*Pol*) **le palais du ~** the seat of the French Senate.

luxembourgeois, e [lyksɑ̃buʀʒwa, waz] **1** *adj* of *ou* from Luxembourg. **2** *nm, f*: **L~(e)** inhabitant *ou* native of Luxembourg.

luxer [lykse] (1) *vt* to dislocate, luxate (*T*). **se ~ un membre** to dislocate a limb; **avoir l'épaule luxée** to have a dislocated shoulder.

luxueusement [lyksɥøzmɑ̃] *adv* luxuriously.

luxueux, -euse [lyksɥø, øz] *adj* luxurious.

luxure [lyksyʀ] *nf* lust.

luxuriance [lyksyʀjɑ̃s] *nf* luxuriance.

luxuriant, e [lyksyʀjɑ̃, ɑ̃t] *adj végétation* luxuriant, lush; (*fig*) *imagination* fertile, luxuriant (*littér*).

luxurieux, -euse [lyksyʀjø, øz] *adj* lustful, lascivious, sensual.

luzerne [lyzɛʀn(ə)] *nf* lucerne, alfalfa.

lycanthropie [likɑ̃tʀɔpi] *nf* lycanthropy.

lycée [lise] *nm* lycée, ≃ secondary school (*Brit*), high school (*US*). **~ technique, ~ d'enseignement professionnel** technical school.

lycéen [liseɛ̃] *nm* secondary school (*Brit*) *ou* high-school (*US*) boy *ou* pupil. **lorsque j'étais ~** when I was at secondary school; **quelques ~s étaient attablés à la terrasse** some boys from the secondary school were sitting at a table outside the café; **les ~s sont en grève** pupils at secondary schools are on strike.

lycéenne [liseɛn] *nf* secondary school (*Brit*) *ou* high-school (*US*) girl *ou* pupil.

lymphatique [lɛ̃fatik] *adj* (*Bio*) lymphatic; (*fig*) lethargic, sluggish, lymphatic (*frm*).

lymphe [lɛ̃f] *nf* lymph.

lymphocyte [lɛ̃fɔsit] *nm* lymphocyte.

lymphoïde [lɛ̃fɔid] *adj* lymphoid.

lynchage [lɛ̃ʃaʒ] *nm* lynching.

lyncher [lɛ̃ʃe] (1) *vt* to lynch.

lynx [lɛ̃ks] *nm* lynx.

Lyon [ljɔ̃] *n* Lyons.

lyonnais, e [ljɔnɛ, ɛz] **1** *adj* of *ou* from Lyons; (*Culin*) Lyonnaise. **2** *nm, f*: **L~(e)** inhabitant *ou* native of Lyons.

lyophiliser [ljɔfilize] (1) *vt* to freeze-dry, lyophilize (*T*). **café lyophilisé** freeze-dried coffee.

lyre [liʀ] *nf* (*Mus*) lyre; V **oiseau**.

lyrique [liʀik] *adj* **(a)** (*Poésie*) lyric. **(b)** (*Mus, Théât*) **artiste/théâtre ~** opera singer/house; **ténor/soprano ~** lyric tenor/soprano; **drame ~** lyric drama, opera; **comédie ~** comic opera. **(c)** (*enthousiaste*) lyrical.

lyrisme [liʀism(ə)] *nm* lyricism. **s'exprimer avec ~ sur** to wax lyrical about, enthuse over.

lys [lis] *nm* = **lis**.

M

M, m [ɛm] **1** *nm ou nf (lettre)* M, m. **2**: M *abrév de* Monsieur; M Martin Mr Martin.
m' [m(ə)] *V* me.
ma [ma] *adj poss V* mon.
maboul, e*† [mabul] *adj, nm, f (fou)* loony*, crackpot*.
mac‡ [mak] *nm (souteneur)* pimp, ponce‡.
macabre [makabʀ(ə)] *adj histoire, découverte* macabre, gruesome; *humour* macabre, ghoulish.
macache‡† [makaʃ] *adv*: ~! tu ne l'auras pas not flipping likely!‡ *(Brit) ou* nothing doing!* you're not getting it; ~ (bono!) il n'a pas voulu nothing doing!* *ou* not a chance!* he wouldn't have it.
macadam [makadam] *nm* **(a)** *(substance) [pierres]* macadam; *[goudron]* Tarmac(adam) ®. ~ goudronné Tarmac(adam) ®. **(b)** *(fig: rue, route)* road.
macadamisage [makadamizaʒ] *nm*, macadamisation [makadamizasjɔ̃] *nf (V* macadamiser) macadamization, macadamizing; tarmacking.
macadamiser [makadamize] (1) *vt (empierrer)* to macadamize; *(goudronner)* to tarmac. chaussée *ou* route macadamisée macadamized road; tarmac road.
macaque [makak] *nm (Zool)* macaque. ~ rhésus rhesus monkey; *(fig)* qui est ce (vieux) ~?* who's that ugly (old) ape?‡
macareux [makaʀø] *nm* puffin.
macaron [makaʀɔ̃] *nm* **(a)** *(Culin)* macaroon. **(b)** *(insigne)* (round) badge; *(autocollant)* (round) sticker; (*: *décoration*) medal, gong*. ~ publicitaire publicity badge; *(sur voiture)* advertising sticker. **(c)** *(Coiffure)* ~s coils, earphones*. **(d)** (‡: *coup*) blow, cuff, clout* *(Brit)*.
macaroni [makaʀɔni] *nm* **(a)** *(Culin)* piece of macaroni. manger des ~s to eat macaroni; ~(s) au gratin macaroni cheese *(Brit)*, macaroni and cheese *(US)*. **(b)** *(péj: Italien)* (mangeur de) ~‡ Eyeti(e)‡ *(péj)*, wop‡ *(péj)*.
macaronique [makaʀɔnik] *adj vers etc* macaronic.
macchabée‡ [makabe] *nm* stiff‡ *(corpse)*.
macédoine [masedwan] *nf* **(a)** *(Culin)* ~ de légumes mixed vegetables, macedoine (of vegetables); ~ de fruits *(gén)* fruit salad; *(en boîte)* fruit cocktail. **(b)** (*fig: mélange)* jumble, hotchpotch. ~ M~ Macedonia.
macédonien, -ienne [masedɔnjɛ̃, jɛn] **1** *adj* Macedonian. **2** *nm, f*: M~(ne) Macedonian.
macération [maseʀasjɔ̃] *nf (V* macérer) **(a)** *(procédé)* maceration, steeping, soaking. pendant leur ~ dans le vinaigre while they are soaking in vinegar.
(b) *(Rel: mortification)* mortification, scourging (of the flesh). s'infliger des ~s to scourge one's body *ou* flesh.
macérer [maseʀe] (6) **1** *vt* **(a)** *(aussi* faire *ou* laisser ~) to macerate, steep, soak.
(b) *(Rel: mortifier)* ~ sa chair to mortify one's *ou* the flesh.
2 *vi* **(a)** *[aliment]* to macerate, steep, soak.
(b) *(fig péj)* ~ dans son ignorance to wallow in one's ignorance; *(faire attendre)* laisser ~ qn *(dans son jus)** to keep sb hanging about*, keep sb waiting.
macfarlane [makfarlan] *nm (manteau)* Inverness cape.
Mach [mak] *nm* mach. voler à ~ 2 to fly at mach 2; nombre de ~ mach (number).
mâche [maʃ] *nf* corn salad, lambs' lettuce.
mâchefer [maʃfɛʀ] *nm* clinker *(U)*, cinders.
mâcher [maʃe] (1) *vt [personne]* to chew; *(avec bruit)* to munch; *[animal]* to chomp; *(Tech)* to chew up. il faut lui ~ tout le travail you have to do half his work for him *ou* to spoon-feed him*; il ne mâche pas ses mots he doesn't mince his words; *V* papier.
machette [maʃɛt] *nf* machete.
Machiavel [makjavɛl] *nm* Machiavelli.
machiavélique [makjavelik] *adj* Machiavellian.
machiavélisme [makjavelism(ə)] *nm* Machiavell(ian)ism.
mâchicoulis [maʃikuli] *nm* machicolation. à ~ machicolated.
machin, e*¹* [maʃɛ̃, in] **1** *nm, f (chose, truc) (dont le nom échappe)* thingummyjig* *(Brit)*, thingamajig *(US)*, whatsit*, what-d'you-call-it*; *(qu'on n'a jamais vu avant)* thing, contraption; *(tableau, statue etc)* thing. passe-moi ton ~ give me your whatsit*; les antibiotiques! il faut te méfier de ces ~s-là antibiotics! you should beware of those things; espèce de vieux ~! you doddering old fool!*
2 *nm (personne)* M~ what's-his-name*, what-d'you-call-him*, thingumabob*; hé! M~! hey (you), what's-your-name!*; le père/la mère M~ Mr/Mrs what's-his-/her-name*.
3 Machine *nf (personne)* what's-her-name*, what-d'you-call-her*; hé! M~e! hey! (you) what's-your-name!*
machinal, e, *mpl* -aux [maʃinal, o] *adj (automatique)* mechanical, automatic; *(involontaire)* automatic, unconscious.
machinalement [maʃinalmã] *adv (V* machinal) mechanically; automatically; unconsciously. j'ai fait ça ~ I did it automatically *ou* without thinking.
machination [maʃinasjɔ̃] *nf (frm: complot)* plot, machination; *(coup monté)* put up job*, frame-up. être l'objet d'odieuses ~s to

be the victim of foul machinations *ou* schemings.
machine² [maʃin] *nf V* machin.
machine³ [maʃin] **1** *nf* **(a)** *(Tech)* machine; *(locomotive)* engine, locomotive; *(avion)* plane, machine; (*: *bicyclette, moto*) bike*, machine. *(fig)* il n'est qu'une ~ à penser he's nothing more than a sort of thinking machine; le siècle de la ~ the century of the machine.
(b) *(structure)* machine; *(processus)* machinery. la ~ politique/parlementaire the political/parliamentary machine; la ~ de l'État the machinery of state; la ~ humaine the human body; la ~ administrative the bureaucratic machine *ou* machinery.
(c) faire qch à la ~ to machine sth, do sth on a machine; fait à la ~ machine-made, done *ou* made on a machine; cousu/tricoté à la ~ machine-sewn/-knitted; *V* taper.
(d) *(Naut)* engine. faire ~ arrière *(lit)* to go astern; *(fig)* to back-pedal, draw back, retreat; le gouvernement a dû faire ~ arrière the government was forced to retreat; *V* salle.
2: machine à affranchir franking machine; machine agricole agricultural machine; machine de bureau business *ou* office machine; machine à calculer calculating machine; machine à coudre sewing machine; machine à écrire typewriter; machine de guerre *(gén)* machine of war, instrument of warfare; machine infernale† time bomb, (explosive) device; machine à laver washing machine; machine à laver la vaisselle dishwasher; machine-outil *nf, pl* machines-outils machine tool; machine simple simple machine; machine à sous *(pour parier de l'argent)* one-armed bandit, fruit machine *(Brit)*; *(distributeur automatique)* slot machine; machine à timbrer = machine à affranchir; machine à tisser power loom; machine à traduire translating machine; machine à traitement de texte (dédiée) word processor; machine à tricoter knitting machine; machine à vapeur steam engine; machine à vapeur à simple effet simple steam engine; machine à vapeur à double effet double-acting engine.
machiner [maʃine] (1) *vt trahison* to plot; *complot* to hatch. tout était machiné d'avance the whole thing was fixed beforehand *ou* was prearranged, it was all a put-up job*; c'est lui qui a tout machiné he engineered the whole thing; qu'est-ce qu'il est en train de ~? what is he hatching?*
machinerie [maʃinʀi] *nf* **(a)** *(équipement)* machinery, plant *(U)*. **(b)** *(salle) (Naut)* engine room; *(atelier)* machine room.
machinisme [maʃinism(ə)] *nm* mechanization.
machiniste [maʃinist(ə)] *nm* **(a)** *(Théât)* scene shifter, stagehand; *(Ciné)* (special) effects man; *(Transport)* driver *(of bus, underground train etc)*. 'faire signe au ~' ≃ 'request stop'.
machisme [matʃism(ə)] *nm* **(a)** *(phallocratie)* male chauvinism. **(b)** *(virilité)* machismo.
machiste [matʃist(ə)] *adj* (male) chauvinist.
macho* [matʃo] *nm* **(a)** *(phallocrate)* male chauvinist (pig)*. il est ~, c'est un ~* he's a male chauvinist pig*. **(b)** *(viril)* macho.
mâchoire [maʃwaʀ] *nf (Anat, Tech, Zool)* jaw. *(Aut)* ~s de frein brake shoes; *V* bâiller.
mâchonnement [maʃɔnmã] *nm* chewing; *(Méd)* bruxism *(T)*.
mâchonner [maʃɔne] (1) *vt* **(a)** (*) *[personne]* to chew (at); *[cheval]* to munch. ~ son crayon to chew *ou* bite one's pencil. **(b)** *(fig: marmonner)* to mumble, mutter.
mâchouiller* [maʃuje] (1) *vt* to chew at *ou* on.
mâohure [maʃyʀ] *nf [drap, velours]* flaw.
mâchurer [maʃyʀe] (1) *vt* **(a)** *(salir)* papier, habit to stain (black); visage to blacken; *(Typ)* to mackle, blur. **(b)** *(Tech: écraser)* to dent. **(c)** *(mâcher)* to chew.
macle¹ [makl(ə)] *nf* water chestnut.
macle² [makl(ə)] *nf (cristal)* twin; *(Hér)* mascle.
maclé, e *adj cristal* twinned, hemitrope.
Mâcon [makɔ̃] *nm* Mâcon (wine).
maçon [masɔ̃] *nm* **(a)** *(gén)* builder; *(qui travaille la pierre)* (stone)mason; *(qui pose les briques)* bricklayer. ouvrier *ou* compagnon ~ bricklayer's mate. **(b)** = franc-maçon; *V* franc¹.
maçonnage [masɔnaʒ] *nm (travail)* building; *(en briques)* bricklaying; *(ouvrage)* masonry, stonework; brickwork; *(revêtement)* facing.
maçonne [masɔn] *adj f V* abeille, fourmi.
maçonner [masɔne] (1) *vt (construire)* to build; *(consolider)* to build up; *(revêtir)* to face; *(boucher) (avec briques)* to brick up; *(avec pierres)* to block up (with stone).
maçonnerie [masɔnʀi] *nf* **(a)** *[pierres]* masonry, stonework; *[briques]* brickwork. ~ de béton concrete; ~ en blocage *ou* de moellons rubble work.
(b) *(travail)* building; *(avec briques)* bricklaying. entrepreneur/entreprise de ~ building contractor/firm; grosse ~ erection of the superstructure; petite ~ finishing and interior building.
(c) = franc-maçonnerie; *V* franc¹.
maçonnique [masɔnik] *adj* masonic, Masonic.
macramé [makʀame] *nm* macramé.
macre [makʀ(ə)] *nf* = macle¹.

416

macreuse [makʀœz] *nf* (*Culin*) shoulder of beef; (*Orn*) scoter.
macro ... [makʀɔ] *préf* macro ... .
macrobiotique [makʀɔbjɔtik] **1** *adj* macrobiotic. **2** *nf* macrobiotics.
macrocéphale [makʀɔsefal] *adj* macrocephalic.
macrocosme [makʀɔkɔsm(ə)] *nm* macrocosm.
macro-économie [makʀɔekɔnɔmi] *nf* macroeconomics (*sg*).
macro-économique [makʀɔekɔnɔmik] *adj* macroeconomic.
macrographie [makʀɔgʀafi] *nf* macrography.
macromolécule [makʀɔmɔlekyl] *nf* macromolecule.
macrophage [makʀɔfaʒ] **1** *adj* macrophagic. **2** *nm* macrophage.
macrophotographie [makʀɔfɔtɔgʀafi] *nf* macrophotography.
macroscopique [makʀɔskɔpik] *adj* macroscopic.
maculage [makylaʒ] *nm*, **maculation** [makylasjɔ̃] *nf* (**a**) (*gén*) maculation. (**b**) (*Typ*) (*action*) offsetting; (*tache*) offset, set-off.
maculature [makylatyʀ] *nf* (*Typ*) spoil (sheets), waste (sheets); (*feuille intercalaire*) interleaf.
macule [makyl] *nf* [*encre*] mackle, smudge; (*Astron, Méd*) macula; (*Typ*) smudge, set-off, blot, mackle.
maculer [makyle] (1) *vt* to stain (*de* with); (*Typ*) to mackle, blur. **une chemise maculée de boue** a shirt spattered *ou* covered with mud.
Madagascar [madagaskaʀ] *nf* Madagascar. **République démocratique de ~** Malagasy Republic.
Madame [madam], *pl* **Mesdames** [medam] *nf* (**a**) (*s'adressant à qn*) **bonjour ~** (*courant*) good morning; (*nom connu*) good morning, Mrs X; (*frm*) good morning, Madam; **bonjour Mesdames** good morning (ladies); **~, vous avez oublié quelque chose** excuse me *ou* Madam (*frm*) you've forgotten something; (*devant un auditoire*) **Mesdames** ladies; **Mesdames, Mesdemoiselles, Messieurs** ladies and gentlemen; **~ votre mère†** your dear mother; **~ la Présidente** [*société, assemblée*] Madam Chairman; [*gouvernement*] Madam President; **oui ~ la Générale/la Marquise** yes Mrs X/ Madam; (*Scol*) **~!** please Mrs X!, please Miss!; (*au restaurant*) **et pour (vous) ~?** and for (you) madam?; (*frm*) **~ est servie** dinner is served (Madam); (*iro*) **~ n'est pas contente!** her ladyship *ou* Madam isn't pleased! (*iro*).
  (**b**) (*parlant de qn*) **~ X est malade** Mrs X is ill; **~ votre mère†** your dear *ou* good mother; (*frm*) **~ est sortie** Madam *ou* the mistress is not at home; **je vais le dire à ~** (*parlant à un visiteur*) I will inform Madam (*frm*) *ou* Mrs X; (*parlant à un autre domestique*) I'll tell Mrs X *ou* the missus*†; **~ dit que c'est à elle** the lady says it belongs to her; **~ la Présidente** the chairperson, the chairman; **veuillez vous occuper de ~** please attend to this lady('s requirements).
  (**c**) (*sur une enveloppe*) **~ X** Mrs X; (*Admin*) **~ veuve X** Mrs X, widow of the late John *etc* X; **Mesdames X** the Mrs X; **Mesdames X et Y** Mrs X and Mrs Y; **Monsieur X et ~** Mr and Mrs X; **~ la Maréchale X** Mrs X; **~ la Marquise de X** the Marchioness of X; **Mesdames les employées du service de comptabilité** (the ladies on) the staff of the accounts department.
  (**d**) (*en-tête de lettre*) Dear Madam. **Chère ~** Dear Mrs X; (*Admin*) **~, Mademoiselle, Monsieur** Dear Sir or Madam; **~ la Maréchale/Présidente/Duchesse** Dear Madam.
  (**e**) (*Hist: parente du roi*) Madame.
  (**f**) (*sans majuscule, pl* **madames**) (* *ou péj*) lady. **jouer à la m~** to play the fine lady, put on airs and graces; **toutes ces (belles) madames** all these fine ladies; **c'est une petite m~ maintenant** she's quite a (grown-up) young lady now.
madeleine [madlɛn] *nf* (**a**) (*Culin*) madeleine. (**b**) **M~** Magdalen(e), Madel(e)ine; **pleurer comme une M~*** to cry one's eyes out, weep buckets*.
Madelinot, e [madlino, ɔt] *nm,f* inhabitant *ou* native of the Magdalen Islands.
Madelon [madlɔ̃] *nf dim de* **Madeleine**.
Mademoiselle [madmwazɛl], *pl* **Mesdemoiselles** [medmwazɛl] *nf* (**a**) (*s'adressant à qn*) **bonjour ~** (*courant*) good morning; (*nom connu: frm*) good morning, Miss X; **bonjour Mesdemoiselles** good morning ladies; (*jeunes filles*) good morning young ladies; **~, vous avez oublié quelque chose** excuse me miss, you've forgotten something; (*au restaurant*) **et pour vous ~?** and for the young lady?, and for you, miss?; (*devant un auditoire*) **Mesdemoiselles** ladies; (*iro*) **~ n'est pas contente!** her ladyship isn't pleased!
  (**b**) (*parlant de qn*) **~ X est malade** Miss X is ill; **~ votre sœur†** your dear sister; (*frm*) **~ est sortie** the young lady (of the house) is out; **je vais le dire à ~** I shall tell Miss X; **~ dit que c'est à elle** the young lady says it's hers.
  (**c**) (*sur une enveloppe*) **~ X** Miss X; **Mesdemoiselles X** the Misses X; **Mesdemoiselles X et Y** Miss X and Miss Y.
  (**d**) (*en-tête de lettre*) Dear Madam. **Chère ~** Dear Miss X.
  (**e**) (*Hist: parente du roi*) Mademoiselle.
Madère [madɛʀ] *nf*: (l'île de) **~** Madeira.
madère [madɛʀ] *nm* Madeira (wine); *V* **sauce.**
madériser (se) [madeʀize] (1) *vpr* [*eau-de-vie, vin*] to oxidize.
Madone [madɔn] *nf* (**a**) (*Art, Rel*) Madonna. (**b**) (*fig*) **m~** beautiful woman, madonna-like woman; **elle a un visage de m~** she has the face of a madonna.
madras [madʀɑs] **1** *nm* (*étoffe*) madras (cotton); (*foulard*) (madras) scarf. **2** *n*: **M~** Madras.
madré, e [madʀe] *adj paysan* crafty, wily, sly. (*hum*) **c'est une petite ~e!** she is a crafty *ou* fly* (*Brit*) one! (*hum*).
madrépore [madʀepɔʀ] *nm* madrepore. **~s** Madrepora.
Madrid [madʀid] *n* Madrid.
madrier [madʀije] *nm* beam.
madrigal, pl -aux [madʀigal, o] *nm* (*Littérat, Mus*) madrigal; (†: *propos galant*) compliment.

madrilène [madʀilɛn] **1** *adj* of *ou* from Madrid. **2** *nmf*: **M~** inhabitant *ou* native of Madrid.
maelstrom [malstʀɔm] *nm* (*lit, fig*) maelstrom.
maestria [maɛstʀija] *nf* (masterly) skill, mastery (*à faire qch* in doing sth). **avec ~** brilliantly, in a masterly fashion, with consummate skill.
maestro [maɛstʀo] *nm* (*Mus*) maestro.
maf(f)ia [mafja] *nf* (**a**) **la M~** the Maf(f)ia. (**b**) (*fig*) [*bandits, trafiquants*] gang, ring. **~ d'anciens élèves** old boys' network; **c'est une vraie ~!** what a bunch* *ou* shower‡ (*Brit*) of crooks!
maf(f)ioso, pl maf(f)iosi [mafjozo, i] *nm* maf(f)ioso.
mafflu, e [mafly] *adj* (*littér*) *visage, joues* round, full.
magasin [magazɛ̃] **1** *nm* (**a**) (*boutique*) shop, store; (*entrepôt*) warehouse. **faire ou courir les ~s** to go shopping, go (a)round *ou* do the shops; **nous ne l'avons pas en ~** we haven't got it in stock; *V* **chaîne, grand.**
  (**b**) (*Tech*) [*fusil, appareil-photo*] magazine.
  2: (*Théât*) **magasin des accessoires** prop room; **magasin d'alimentation** grocery store; (*Mil*) **magasin d'armes** armoury; **magasin de confection** (ready-to-wear) dress shop *ou* tailor's (*Brit*), clothing store (*US*); (*Théât*) **magasin des décors** scene dock; (*Comm, Jur*) **magasins généraux** bonded warehouse; **magasin à grande surface** hypermarket (*Brit*), supermarket; (*Mil*) **magasin d'habillement** quartermaster's stores; **magasin (à) libre service** self-service store; **magasin à prix unique** one-price store, dime store (*US*), ten-cent store (*US*); **magasin à succursales (multiples)** chain store; (*Mil*) **magasin de vivres** quartermaster's stores.
magasinage [magazinaʒ] *nm* (**a**) (*Comm*) warehousing. **frais de ~** storage costs. (**b**) (*Can*) shopping. **faire son ~** to do one's shopping.
magasiner [magazine] (1) *vi* (*Can*) to go shopping.
magasinier [magazinje] *nm* [*usine*] storekeeper, storeman; [*entrepôt*] warehouseman.
magazine [magazin] *nm* (*Presse*) magazine. (*Rad, TV*) **~ féminin/ pour les jeunes** woman's/children's hour; **~ d'actualités** news magazine; **~ hebdomadaire/mensuel** weekly/monthly (magazine); **~ de luxe** glossy* (magazine).
mage [maʒ] *nm* (*Antiq, fig*) magus; (*devin, astrologue*) witch. (*Rel*) **les (trois) Rois ~s** the Magi, the (Three) Wise Men.
Maghreb [magʀeb] *nm*: **le ~** the Maghreb, NW Africa.
maghrébin, e [magʀebɛ̃, in] **1** *adj* of *ou* from the Maghreb *ou* North Africa. **2** *nm,f*: **M~(e)** North African.
magicien, -ienne [maʒisjɛ̃, jɛn] *nm,f* (*sorcier, illusionniste*) magician; (*fig*) wizard, magician.
magie [maʒi] *nf* magic. **~ noire** black magic; **la ~ du verbe** the magic of words; **comme par ~** like magic, (as if) by magic; **c'est de la ~** it's (like) magic; [*prestidigitateur*] **faire de la ~** to perform *ou* do magic tricks.
magique [maʒik] *adj mot, baguette* magic; (*enchanteur*) *spectacle* magical; *V* **lanterne.**
magiquement [maʒikmɑ̃] *adv* magically.
magister† [maʒistɛʀ] *nm* (*village*) schoolmaster; (*péj*) pedant.
magistral, e, mpl -aux [maʒistʀal, o] *adj* (**a**) (*éminent*) *œuvre* masterly, brilliant; *réussite* brilliant, magnificent; *adresse* masterly.
  (**b**) (*hum: gigantesque*) *claque, râclée* thorough, colossal, sound.
  (**c**) (*doctoral*) *ton* authoritative, masterful; (*Univ*) *cours ~* lecture; *enseignement ~* lecturing.
  (**d**) (*Pharm*) magistral.
  (**e**) (*Tech*) **ligne ~e** magistral line.
magistralement [maʒistʀalmɑ̃] *adv* (*V* **magistral**) in a masterly manner; brilliantly; magnificently.
magistrat [maʒistʀa] *nm* magistrate.
magistrature [maʒistʀatyʀ] *nf* (**a**) (*Jur*) magistracy, magistrature. **la ~ assise** *ou* **du siège** the judges, the bench; **la ~ debout** the state prosecutors. (**b**) (*Admin, Pol*) public office. **la ~ suprême** the supreme *ou* highest office.
magma [magma] *nm* (*Chim, Géol*) magma; (*fig: mélange*) jumble, muddle.
magmatique [magmatik] *adj* magmatic.
magnanime [maɲanim] *adj* magnanimous. **se montrer ~** to show magnanimity.
magnanimement [maɲanimmɑ̃] *adv* magnanimously.
magnanimité [maɲanimite] *nf* magnanimity.
magnat [magna] *nm* tycoon, magnate. **~ de la presse/du textile** press/textile baron *ou* lord *ou* tycoon; **~ du pétrole** oil tycoon.
magner (se)‡ [maɲe] (1) *vpr* to get a move on*, hurry up. **magne-toi (le train** *ou* **le popotin)!** get a move on!*, get moving!*, hurry up!
magnésie [maɲezi] *nf* magnesia.
magnésium [maɲezjɔm] *nm* magnesium; *V* **éclair.**
magnétique [maɲetik] *adj* (*Phys, fig*) magnetic. **champ/pôle ~** magnetic field/pole; *V* **bande¹.**
magnétisable [maɲetizabl(ə)] *adj* (*V* **magnétiser**) magnetizable; hypnotizable.
magnétisation [maɲetizasjɔ̃] *nf* (*V* **magnétiser**) magnetization; mesmerization, hypnotization.
magnétiser [maɲetize] (1) *vt* (**a**) (*Phys, fig*) to magnetize. (**b**) (*hypnotiser*) to mesmerize, hypnotize.
magnétiseur, -euse [maɲetizœʀ, øz] *nm,f* hypnotizer.
magnétisme [maɲetism(ə)] *nm* (*Phys, charme*) magnetism; (*hypnotisme*) hypnotism, mesmerism. **~ terrestre** terrestrial magnetism; **le ~ d'un grand homme** the magnetism *ou* charisma of a great man.
magnétite [maɲetit] *nf* lodestone, magnetite.
magnéto¹ [maɲeto] *nm abrév de* **magnétophone**.

magnéto² [maɲeto] *nf* (*Élec*) magneto.
magnéto-cassette, *pl* **magnéto-cassettes** [maɲetɔkasɛt] *nm* cassette deck.
magnéto-électrique [maɲetɔelɛktʀik] *adj* magnetoelectric.
magnétophone [maɲetɔfɔn] *nm* tape recorder. ~ à cassette(s) cassette recorder; **enregistré au** ~ (tape-)recorded, taped.
magnétoscope [maɲetɔskɔp] *nm* (*appareil*) video (tape *ou* cassette) recorder; (*bande*) video-tape. **enregistrer au** ~ to video, video-tape, take a video (recording) of.
magnétoscoper [maɲetɔskɔpe] (1) *vt* to video, video-tape, take a video (recording) of.
magnétoscopique [maɲetɔskɔpik] *adj:* **enregistrement** ~ video (tape *ou* cassette) recording.
magnificat [maɲifikat] *nm inv* magnificat.
magnificence [maɲifisɑ̃s] *nf* (*littér*) (a) (*faste*) magnificence, splendour. (b) (*prodigalité*) munificence (*littér*), lavishness.
magnifier [maɲifje] (7) *vt* (*littér: louer*) to magnify (*littér*), glorify; (*idéaliser*) to idealize.
magnifique [maɲifik] *adj* (a) (*somptueux*) *appartement, repas* magnificent, sumptuous; *cortège* splendid, magnificent; *cadeau, réception* magnificent, lavish.
 (b) (*splendide*) *femme, fleur* gorgeous, superb; *paysage, temps* magnificent, glorious, gorgeous; *projet, situation* magnificent, marvellous. ~!* fantastic!*, great!*; **il a été** ~ **hier soir!** he was magnificent *ou* fantastic* *ou* great* last night!
 (c) **Soliman le M**~ Soliman the Magnificent.
magnifiquement [maɲifikmɑ̃] *adv* (V **magnifique**) magnificently; sumptuously; lavishly; gorgeously; superbly; marvellously.
magnitude [maɲityd] *nf* (*Astron*) magnitude.
magnolia [maɲɔlja] *nm,* **magnolier** [maɲɔlje] *nm* magnolia.
magnum [magnɔm] *nm* magnum.
magot [mago] *nm* (a) (*Zool*) Barbary ape, magot.
 (b) (*Sculp*) magot.
 (c) (*) (*somme d'argent*) pile (of money)*, packet*; (*économies*) savings, nest egg. **ils ont amassé un joli** ~ they've made a nice little pile* *ou* packet*, they've got a tidy sum put by *ou* a nice little nest egg.
magouillage* [magujaʒ] *nm,* **magouille*** [maguj] *nf* (*péj*) scheming (*péj*). **c'est le roi de la magouille** he's a born schemer; **magouillage électoral** pre-election scheming; **sombre magouille** dirty bit of business.
magouiller* [maguje] (1) *vi* (*péj*) to scheme (*péj*).
magret [magʀɛ] *nm:* ~ (**de canard**) steaklet of duck, duck cutlet.
magyar, e [magjaʀ] **1** *adj* Magyar. **2** *nm, f:* **M**~(**e**) Magyar.
mahara(d)jah [maaʀa(d)ʒa] *nm* Maharajah.
maharani [maaʀani] *nf,* **maharané** [maaʀane] *nf* Maharanee.
mahatma [maatma] *nm* mahatma.
mah-jong [maʒɔ̃g] *nm* mah-jong(g).
mahous* [maus] *adj* = **maous***.
Mahomet [maɔmɛt] *nm* Mahomet, Mohammed.
mahométan, -ane [maɔmetɑ̃, an] *adj* Mahometan, Mohammedan.
mahométisme [maɔmetism(ə)] *nm* Mohammedanism.
mai [mɛ] *nm* May; *pour loc* V **septembre** *et* **premier**.
maie [mɛ] *nf* (*huche*) bread box; (*pour pétrir*) dough trough.
maïeutique [majøtik] *nf* maieutics (*sg*).
maigre [mɛgʀ(ə)] **1** *adj* (a) *personne* thin, skinny (*péj*); *animal* thin, scraggy; *visage, joue* thin, lean; *membres* thin, scrawny (*péj*), skinny. ~ **comme un clou** *ou* **un chat de gouttière*** as thin as a rake *ou* a lath (*Brit*) *ou* a rail (*US*).
 (b) (*Culin: après n*) *bouillon* clear; *viande* lean; *fromage* low-fat.
 (c) (*Rel*) **repas** ~ meal without meat; **faire** ~ (**le vendredi**) (*gén*) to abstain from meat (on Fridays); (*manger du poisson*) to eat fish (on Fridays); **le vendredi est un jour** ~ people don't eat meat on Fridays.
 (d) (*peu important*) *profit, revenu* meagre, small, slim, scanty; *ration, salaire* meagre, poor; *résultat* poor; *exposé, conclusion* sketchy, skimpy, slight; *espoir, chance* slim, slight. **comme dîner, c'est un peu** ~ it's a bit of a skimpy *ou* meagre dinner, it's not much of a dinner.
 (e) (*peu épais*) *végétation* thin, sparse; *récolte, terre* poor. **un** ~ **filet d'eau** a thin trickle of water; ~ **eau** shallow water; (*hum*) **avoir le cheveu** ~ to be a bit thin on top.
 (f) (*Typ*) **caractère** ~ light-faced letter.
 2 *nmf:* **grand/petit** ~ tall/small thin person; **les gros et les** ~**s** fat people and thin people; **c'est une fausse** ~ she looks deceptively thin.
 3 *nm* (a) (*Culin*) (*viande*) lean meat; (*jus*) thin gravy.
 (b) (*Géog*) [*fleuve*] ~**s** shallows.
 (c) (*Typ*) light face.
 (d) (*poisson*) meagre.
maigrelet, -ette [mɛgʀəlɛ, ɛt] *adj* thin, scrawny, skinny. **un gamin** ~ a skinny little kid*; **un petit** ~ a skinny little chap *ou* fellow *ou* man.
maigrement [mɛgʀəmɑ̃] *adv* poorly, meagrely. **être** ~ **payé** to be badly *ou* poorly paid.
maigreur [mɛgʀœʀ] *nf* [*personne*] thinness, leanness; [*animal*] thinness, scrawniness, scragginess; [*membre*] thinness, scrawniness, skinniness; [*végétation*] thinness, sparseness; [*sol*] poverty; [*profit*] meagreness, smallness, scantiness; [*salaire*] meagreness, poorness; [*réponse, exposé*] sketchiness, poverty; [*preuve, sujet, auditoire*] thinness; [*style*] thinness, baldness. **il est d'une** ~! he's so thin! *ou* skinny!
maigrichon, -onne* [mɛgʀiʃɔ̃, ɔn] *adj,* **maigriot, -otte*** [mɛgʀio, ɔt] *adj* = **maigrelet**.
maigrir [megʀiʀ] (2) **1** *vi* to grow *ou* get thinner, lose weight. **je l'ai trouvé maigri** I thought he had got thinner *ou* he was thinner *ou* he

had lost weight; **il a maigri de visage** his face has got thinner; **il a maigri de 5 kg** he has lost 5 kg; **régime/pastilles pour** ~ slimming (*Brit*) *ou* reducing (*US*) diet/tablets; **se faire** ~ to slim (*Brit*), diet (to lose weight).
 2 *vt:* ~ **qn** [*vêtement*] to make sb look slim(mer); (**faire**) ~ **qn** [*maladie, régime*] to make sb lose weight; **faire** ~ **qn** [*médecin*] to make sb take off *ou* lose weight.
mail [maj] *nm* (a) (*promenade*) mall†, (riverside) tree-lined walk.
 (b) (††) (*jeu, terrain*) (pall-)mall; (*maillet*) mall.
mailing [mɛliŋ] *nm* mailing. **faire un** ~ to do a mailing *ou* a mailshot.
maille [maj] *nf* (a) (*Couture*) stitch. [*tissu, tricot*] ~ **qui a filé** stitch which has run; [*bas*] ~ **filée** ladder (*Brit*), run; **une** ~ **à l'endroit, une** ~ **à l'envers** knit one, purl one; **tissu à fines** ~**s** fine-knit material.
 (b) [*filet*] mesh. (*lit, fig*) **passer à travers les** ~**s** (**du filet**) to slip through the net; **à larges/fines** ~**s** wide/fine mesh (*épith*).
 (c) [*armure, grillage*] link; V **cotte**.
 (d) **avoir** ~ **à partir avec qn** to get into trouble with sb, have a brush with sb.
maillechort [majʃɔʀ] *nm* nickel silver.
maillet [majɛ] *nm* mallet.
mailloche [majɔʃ] *nf* (*Tech*) beetle, maul; (*Mus*) bass drumstick.
maillon [majɔ̃] *nm* (a) (*anneau*) link. (*fig*) **il n'est qu'un** ~ **de la chaîne** he's just one link in the chain. (b) (*petite maille*) small stitch.
maillot [majo] **1** *nm* (a) (*gén*) vest; (*Danse*) leotard; [*footballeur*] (football) shirt *ou* jersey; [*coureur*] vest, singlet. (*Sport*) **porter le** ~ **jaune, être** ~ **jaune** to wear the yellow jersey, be leader of the Tour (de France *etc*).
 (b) [*bébé*] swaddling clothes (*Hist*), baby's wrap. **enfant** *ou* **bébé au** ~ babe in arms.
 2: maillot de bain [*homme*] swimming *ou* bathing trunks, bathing suit†; [*femme*] swimming *ou* bathing costume, swimsuit; **maillot de bain une pièce/deux pièces** one-piece/two-piece swimsuit; **maillot de corps** vest (*Brit*), undershirt (*US*).
main [mɛ̃] **1** *nf* (a) hand. **serrer la** ~ **à** *ou* **de qn** to shake hands with sb; **se donner** *ou* **se serrer la** ~ to shake hands; **tendre la** ~ **à qn** to hold out one's hand to sb; **donner la** ~ **à qn, tenir la** ~ **à** *ou* **de qn** to hold sb's hand; **donne-moi la** ~ **pour traverser** give me your hand *ou* let me hold your hand to cross the street; **ils se tenaient (par) la** ~ *ou* **se donnaient la** ~ they were holding hands; **il me salua de la** ~ he waved to me; **il me fit adieu de la** ~ he waved goodbye to me; **il entra le chapeau à la** ~ he came in with his hat in his hand; **être adroit/maladroit de ses** ~**s** to be clever/clumsy with one's hands; **d'une** ~ **experte** with an expert hand; **à** ~**s nues** *boxer* without gloves, with bare fists *ou* hands; **les** ~**s nues** (*sans gants*) with bare hands; **prendre des deux** ~**s/de la** ~ **gauche** to take with both hands/with one's left hand; (*Ftbl*) **il y a** ~! hands!, hand ball!; **de** ~ **en** ~ from hand to hand; **la** ~ **dans la** ~ [*promeneurs*] hand in hand; [*escrocs*] hand in glove; **regarde, sans les** ~**s!** look, no hands!; **les** ~**s en l'air!** hands up!, stick 'em up!
 (b) (*symbole d'autorité, de possession, d'aide*) hand. **la** ~ **de Dieu/de la fatalité** the hand of God/of fate; **trouver une** ~ **secourable** to find a helping hand; (*aider*) **donner la** ~ **à qn** to give sb a hand; (*s'aider*) **donner la** ~ to give one another a helping hand; **tu es aussi maladroit que moi, on peut se donner la** ~ you're as clumsy as me, we're two of a kind; **il lui faut une** ~ **ferme** he needs a firm hand; **une** ~ **de fer dans un gant de velours** an iron hand in a velvet glove; **dans des** ~**s indignes** in unworthy hands; **tomber aux** *ou* **dans les** ~**s de l'ennemi** to fall into the hands of the enemy; **obtenir la** ~ **d'une jeune fille (en mariage)** to win a girl's hand (in marriage); **accorder la** ~ **de sa fille à qn** to give sb one's daughter's hand in marriage.
 (c) (*manière, habileté*) **de la** ~ **de Cézanne** by Cézanne; **reconnaître la** ~ **de l'artiste/de l'auteur** to recognize the artist's/ writer's stamp; **de** ~ **de maître** with a master's hand; **perdre la** ~ to lose one's touch; **s'entretenir la** ~ to keep one's hand in; **se faire la** ~ to get one's hand in.
 (d) (*Cartes*) **avoir/perdre la** ~ to have/lose the lead; V *aussi* (h).
 (e) (*écriture*) hand (*writing*).
 (f) (*Comm*) [*papier*] ≃ quire (25 sheets).
 (g) (*loc*) **à** ~ **droite/gauche** on the right-/left-hand side; **ce livre est en** ~ this book is in use *ou* is out; **l'affaire est en** ~ the matter is being dealt with *ou* attended to; **en** ~**s sûres** in(to) safe hands; (*Fin*) **en** ~ **tierce** in escrow; **avoir une voiture bien en** ~ to have the feel of a car; **avoir la situation bien en** ~ to have the situation well in hand *ou* well under control; **de la** ~ **à la** ~ directly (*without receipt*); **préparé de longue** ~ prepared long beforehand; **de première/seconde** ~ *information, ouvrage* firsthand/secondhand; (*Comm*) **de première** ~ secondhand (*only one previous owner*); **fait (à la)** ~ handmade, done *ou* made by hand; **cousu (à la)** ~ hand-sewn; **vol/attaque à** ~ **armée** armed robbery/attack; **(pris) la** ~ **dans le sac** caught red-handed, caught in the act; **(en) sous** ~ négocier, *agir* secretly; **les** ~**s vides** empty-handed; **avoir tout sous la** ~ to have everything to hand *ou* at hand *ou* handy; **on prend ce qui tombe sous la** ~ we take whatever comes to hand; **ce papier m'est tombé sous la** ~ I came across this paper; **à** ~ **levée** *vote* on *ou* by a show of hands; *dessin* freehand.
 (h) (*loc verbales*) **il a eu la** ~ **heureuse: il a choisi le numéro gagnant** it was a lucky shot his picking the winning number; **en engageant cet assistant on a vraiment eu la** ~ **heureuse** when we took on that assistant we really picked a winner; **avoir la** ~ **malheureuse** to be heavy-handed *ou* clumsy; **avoir la** ~ **lourde** [*commerçant*] to be heavy-handed *ou* over-generous; [*juge*] to mete out justice with a heavy hand; **ce boucher a toujours la** ~ **lourde** this butcher always gives *ou* cuts you more than you ask for; **le**

juge a eu la ~ lourde the judge gave him a stiff sentence; avoir la ~ légère to rule with a light hand; avoir la ~ leste to be free *ou* quick with one's hands; (*fig*) avoir les ~s liées to have one's hands tied; il faudrait être à sa ~ pour réparer ce robinet you'd have to be able to get at this tap properly to mend it; je ne suis pas à ma ~ I can't get a proper hold *ou* grip, I'm not in the right position; se faire la ~ to get one's hand in; faire ~ basse sur qch* to run off *ou* make off with sth, help o.s. to sth; laisser les ~s libres à qn to give sb a free hand *ou* rein; mettre la ~ au collet de qn to arrest sb, collar* sb; en venir aux ~s to come to blows; mettre la ~ sur *objet, livre* to lay hands on; *coupable* to arrest, lay hands on, collar*; je ne peux pas mettre la ~ sur mon passeport I can't lay hands on my passport; mettre la ~ à la pâte to lend a hand, set one's hand to the plough (*fig, littér*); mettre la dernière ~ à to put the finishing *ou* crowning touches to; passer la ~ to stand down, make way for someone else; passer la ~ dans le dos à qn to rub sb up the right way; se passer la ~ dans le dos to pat one another on the back; perdre la ~ to lose one's touch; si tu en veux, tu n'as qu'à te prendre par la ~ if you want some you just have to go and get it; prendre qch/qn en ~ to take sth/sb in hand; il me l'a remis en ~s propres he handed *ou* gave it to me personally; reprendre qn/qch en ~ to take sb/sth in hand again; il n'y va pas de ~ morte (*exagérer*) he doesn't do things by halves; (*frapper*) he doesn't pull his punches; j'en mettrais ma ~ au feu *ou* à couper I'd stake my life on it.

2: (*Jeux*) la main chaude hot cockles; main courante (*câble*) handrail; (*Comm*) rough book, daybook; (*Police*) faire établir une main courante to notify the police of a complaint; main de Fatma hand of Fatima; prêter *ou* donner main-forte à qn to come to sb's assistance, come to help sb; main-d'œuvre *nf* labour, manpower, labour force, workforce; (*Aut*) main de ressort dumb iron.

mainate [menat] *nm* myna(h) bird.

Maine [mɛn] *nm* Maine.

mainlevée [mɛ̃lve] *nf* (*Jur*) withdrawal. (*Fin*) ~ d'hypothèque release of mortgage.

mainmise [mɛ̃miz] *nf* (*Jur, Pol*) seizure. la ~ de l'État sur cette entreprise the seizure of this company by the state.

maint, e [mɛ̃, ɛ̃t] *adj* (*littér*) (a great *ou* good) many (+ *npl*), many a (+ *n sg*). ~ étranger many a foreigner; ~s étrangers many foreigners; à ~es reprises, (~es et) ~es fois time and (time) again, many a time.

maintenance [mɛ̃tnãs] *nf* maintenance, servicing.

maintenant [mɛ̃tnã] *adv* (a) (*en ce moment*) now. que fait-il ~? what's he doing now?; il doit être arrivé ~ he must have arrived by now; ~ qu'il est grand now that he's bigger; *V* dès, jusque, partir¹.

(b) (*à ce moment*) now, by now. ils devaient ~ chercher à se nourrir they had now to try and find something to eat; ils étaient ~ très fatigués by now they were very tired; ils marchaient ~ depuis 2 heures they had (by) now been walking for 2 hours.

(c) (*actuellement*) today, nowadays. les jeunes de ~ young people nowadays *ou* today.

(d) (*ceci dit*) now (then). ~ ce que j'en dis c'est pour ton bien now (then) what I say is for your own good; il y a un cadavre, certes: ~, y a-t-il un crime? we're agreed there's a corpse, now the question is, is there a crime?

maintenir [mɛ̃tniʀ] (22) **1** *vt* (a) (*soutenir, contenir*) *édifice* to hold *ou* keep up, support; *cheville, os* to give support to, support; *cheval* to hold in. ~ qch fixe/en équilibre to keep *ou* hold sth in position/balanced; les oreillers le maintiennent assis the pillows keep him in a sitting position *ou* keep him sitting up; ~ la tête hors de l'eau to keep one's head above water; ~ la foule to keep *ou* hold the crowd back *ou* in check; ~ les prix to keep prices steady *ou* in check.

(b) (*garder*) (*gén*) to keep; *statu quo, tradition* to maintain, preserve, uphold; *régime* to uphold, support; *décision* to maintain, stand by, uphold; *candidature* to maintain. ~ des troupes en Europe to keep troops in Europe; ~ l'ordre/la paix to keep *ou* maintain law and order/the peace; ~ qn en poste to keep sb on, keep sb at *ou* in his job.

(c) (*affirmer*) to maintain. je l'ai dit et je le maintiens! I've said it and I'm sticking to it! *ou* I'm standing by it!; ~ que to maintain *ou* hold that.

2 se maintenir *vpr* [*temps*] to stay fair; [*amélioration*] to persist; [*préjugé*] to live on, persist, remain; [*malade*] to hold one's own. se ~ en bonne santé to keep in good health, manage to keep well; les prix se maintiennent prices are keeping *ou* holding steady; cet élève devrait se ~ dans la moyenne this pupil should be able to keep up with the middle of the class; comment ça va? — ça se maintient* how are you getting on? — bearing up* *ou* so-so* *ou* not too badly; se ~ en équilibre sur un pied/sur une poutre to balance on one foot/on a beam; se ~ sur l'eau pendant plusieurs minutes sans bouée to stay afloat for several minutes without a lifebelt.

maintien [mɛ̃tjɛ̃] *nm* (a) (*sauvegarde*) [*tradition*] preservation, upholding, maintenance; [*régime*] upholding. assurer le ~ de *tradition* to maintain, preserve, uphold; *régime* to uphold, support; le ~ des prix/de troupes/de l'ordre the maintenance of prices/of troops/of law and order; qu'est-ce qui a pu justifier le ~ de sa décision/candidature? what(ever) were his reasons for standing by his decision/for maintaining his candidature?

(b) (*posture*) bearing, deportment. leçon de ~ lesson in deportment; professeur de ~ teacher of deportment.

maire [mɛʀ] *nm* mayor. (*hum*) passer devant (monsieur) le ~ to get hitched‡, get married; *V* adjoint, écharpe.

mairesse† [mɛʀɛs] *nf* mayoress.

mairie [meʀi] *nf* (*bâtiment*) town hall, city hall; (*administration*) town council, municipal corporation; (*charge*) mayoralty, office of mayor; la ~ a décidé que ... the (town) council has decided that ... ; *V* secrétaire.

mais¹ [mɛ] **1** *conj* (a) (*objection, restriction, opposition*) but. ce n'est pas bleu ~ (bien) mauve it isn't blue, it's (definitely) mauve; non seulement il boit ~ (encore *ou* en outre) il bat sa femme not only does he drink but on top of that *ou* even worse he beats his wife; il est peut-être le patron ~ tu as quand même des droits he may be the boss but you've still got your rights; il est parti? ~ tu m'avais promis qu'il m'attendrait! he has left? but you promised he'd wait for me!

(b) (*renforcement*) je n'ai rien mangé hier, ~ vraiment rien I ate nothing at all yesterday, absolutely nothing; tu me crois? — ~ oui *ou* ~ bien sûr *ou* ~ certainement do you believe me? — (but) of course *ou* of course I do; ~ je te jure que c'est vrai! but I swear it's true!; ~ si je veux bien! but of course I agree!, sure, I agree!; ~ ne te fais pas de soucis! don't you worry!

(c) (*transition, surprise*) ~ qu'arriva-t-il? but what happened (then)?; ~ alors qu'est-ce qui est arrivé? well then *ou* for goodness' sake what happened?; ~ dites-moi, c'est intéressant tout ça! well, well *ou* well now that's all very interesting!; ~ j'y pense, vous n'avez pas déjeuné by the way I've just thought, you haven't had any lunch; ~, vous pleurez good Lord *ou* gracious, you're crying; ~ enfin, tant pis! well, too bad!

(d) (*protestation, indignation*) ah ~! il verra de quel bois je me chauffe I can tell you he'll soon see what I have to say about it; non ~ (des fois)! *ou* (alors)!* hey look here!*, for goodness sake!*; non ~ (des fois)‡ tu me prends pour un imbécile? I ask you* *ou* come off it‡, do you think I'm a complete idiot?; ~ enfin tu vas te taire?‡ look here, are you going to *ou* will you shut up?*

2 *nm* (*sg*) objection, snag; (*pl*) buts. je ne veux pas de ~ I don't want any buts; il n'y a pas de ~ qui tienne there's no but about it; il y a un ~ there's one snag *ou* objection; il va y avoir des si et des ~ there are sure to be some ifs and buts.

mais² [mɛ] *adv* (*littér, †*) il n'en pouvait ~ (*impuissant*) he could do nothing about it; (*épuisé*) he was exhausted *ou* worn out.

maïs [mais] *nm* maize (*Brit*), Indian corn (*Brit*), corn (*US*); *V* farine.

maison [mɛzɔ̃] **1** *nf* (a) (*bâtiment*) house; (*immeuble*) building; (*locatif*) block of flats (*Brit*), apartment building (*US*). ~ (d'habitation) dwelling house, private house; une ~ de 5 pièces a 5-roomed house; ~ individuelle detached house; (*secteur*) la ~ individuelle private housing; ils ont une petite ~ à la campagne they have a cottage in the country; *V* pâté.

(b) (*logement, foyer*) home. être/rester à la ~ to be/stay at home *ou* in; rentrer à la ~ to go (back) home; quitter la ~ to leave home; tenir la ~ de qn to keep house for sb; les dépenses de la ~ household expenses; fait à la ~ home-made; c'est la ~ du bon Dieu, c'est une ~ accueillante they keep open house, their door is always open; *V* linge, maître, train.

(c) (*famille, maisonnée*) family. quelqu'un de la ~ m'a dit someone in the family told me; un ami de la ~ a friend of the family; il n'est pas heureux à la ~ he doesn't have a happy home life *ou* family life; nous sommes 7 à la ~ there are 7 of us at home.

(d) (*entreprise commerciale*) firm, company; (*magasin de vente*) (*grand*) store, (*petit*) shop. il est dans la ~ depuis 3 ans he's been *ou* he has worked with the firm for 3 years; la ~ n'est pas responsable de ... the company *ou* management accepts no responsibility for ... ; la ~ ne fait pas crédit no credit (given); la M~ du Disque/du Café the Record/Coffee Shop; *V* confiance.

(e) (*famille royale*) House. la ~ des Hanovre/des Bourbon the House of Hanover/of Bourbon.

(f) (*place de domestiques, domesticité*) household. la ~ du Roi/du Président de la République the Royal/Presidential Household; ~ civile/militaire civil/military household; gens† *ou* employés de ~ servants, domestic staff.

(g) (*Astrol*) house, mansion; (*Rel*) house.

2 *adj inv* (a) (*fait à la maison*) *gâteau* home-made; (*: formé sur place*) *ingénieur* trained by the firm. (*Comm: spécialité*) pâté ~ pâté maison, chef's own pâté.

(b) (*: très réussi*) first-rate. il y a eu une bagarre ~ *ou* une bagarre quelque chose de ~ there was an almighty* *ou* a stand up row.

3: maison d'arrêt prison; la Maison Blanche the White House; maison de campagne (*grande*) house in the country, (*petite*) (country) cottage; maison centrale prison, (state) penitentiary (*US*); maison close brothel; maison de commerce (commercial) firm; (*Jur*) maison de correction† reformatory (*Brit†*), industrial training school†; maison de couture couture house; maison d'éducation surveillée ≃ approved school (*Brit*), reformatory (*US*); maison de fous madhouse, lunatic asylum; maison de jeu gambling *ou* gaming club *ou* den; maison des jeunes et de la culture ≃ community arts centre, youth club and arts centre; maison jumelle semi-detached (house) (*Brit*), duplex (*US*); maison de maître family mansion; maison mère (*Comm*) parent company; (*Rel*) mother house; maison de passe *hotel used as a brothel*; maison de poupée doll's house; maison de rapport block of flats for letting (*Brit*), rental apartment building (*US*); maison de redressement† reformatory (*Brit†*), industrial training school†; maison religieuse convent; maison de rendez-vous *house used by lovers as a discreet meeting-place*; maison de repos convalescent home; maison de retraite old people's home; maison de santé (*clinique*) nursing home; (*asile*) mental home; maison de tolérance = maison close.

maisonnée [mɛzɔne] *nf* household, family.

maisonnette [mɛzɔnɛt] *nf* small house, maisonette; (*rustique*) cottage.

maistrance [mɛstʀãs] *nf* petty officers.

maître, maîtresse [mɛtR(ə), mɛtRɛs] **1** *adj* **(a)** (*principal*) *branche* main; *pièce, œuvre* main, major; *qualité* chief, main, major; (*Cartes*) *atout, carte* master (*épith*). **c'est une œuvre maîtresse** it's a major work; **c'est la pièce maîtresse de la collection** it's the major *ou* main *ou* principal piece in the collection; **poutre maîtresse** main beam; **position maîtresse** major *ou* key position; **idée maîtresse** principal *ou* governing idea.

(b) (*avant n: intensif*) **un ~ filou** *ou* **fripon** an arrant *ou* out-and-out rascal; **une maîtresse femme** a managing woman.

2 *nm* **(a)** (*gén*) master; (*Art*) master; (*Pol: dirigeant*) ruler. **parler/agir en ~** to speak/act authoritatively; **ils se sont installés en ~s dans ce pays** they have set themselves up as the ruling power in the country, they have taken command of the country; **d'un ton de ~** in an authoritative *ou* a masterful tone; **je vais t'apprendre qui est le ~ ici!** I'll teach you who is the boss* round here *ou* who's in charge round here!; **la main/l'œil du ~** the hand/eye of a master; (*fig*) **le grand ~ des études celtiques** the greatest authority on Celtic studies; **le ~ de céans** the master of the house; (*Naut*) **seul ~ à bord après Dieu** sole master on board under God; *V* **chauffeur, coup, toile** *etc*.

(b) (*Scol*) **~ (d'école)** teacher, (school)master; **~ de piano/d'anglais** piano/English teacher.

(c) (*artisan*) **~ charpentier/maçon** master carpenter/mason *ou* builder.

(d) (*titre*) **M~** *term of address given to lawyers, artists, professors etc*; (*dans la marine*) petty officer; **mon cher M~** Dear Mr *ou* Professor *etc* X; (*Art*) maestro; (*Jur*) **M~ X** Mr X.

(e) (*loc*) (*Cartes*) **être ~ à cœur** to have *ou* hold the master *ou* best heart; **le roi de cœur est ~** the king of hearts is master, the king is the master *ou* best heart; **être ~ chez soi** to be master in one's own home; **être son (propre) ~** to be one's own master; **être ~ de refuser/de faire** to be free to refuse/do; **rester ~ de soi** to retain *ou* keep one's self-control; **être ~ de soi** to be in control *ou* have control of o.s.; **être/rester ~ de la situation** to be/remain in control of the situation, have/keep the situation under control; **être/rester ~ de sa voiture** to be/remain in control of one's car; **être ~ de sa destinée** to be the master of one's fate; **être/rester ~ du pays** to be/remain in control *ou* command of the country; **être ~ d'un secret** to be in possession of a secret; **se rendre ~ de ville, pays** to gain control *ou* possession of; *personne, animal, incendie, situation* to bring *ou* get under control; **il est passé ~ dans l'art de mentir** he's a past master in the art of lying.

3 maîtresse *nf* **(a)** (*gén*) mistress; (*amante, petite amie*) mistress.

(b) (*Scol*) **maîtresse (d'école)** teacher, (school)mistress; **maîtresse!** Miss!

(c) (*loc*) **être/rester/se rendre/passer maîtresse (de)** *V* **maître** *nm*.

4 (*Sport*) **maître d'armes** fencing master; (*Univ*) **maître assistant** ≃ (senior) lecturer (*Brit*), assistant professor (*US*); (*Rel*) **maître-autel** *nm, pl* **maîtres-autels** high altar; (*Scol*) **maître auxiliaire** supply teacher (*Brit*), substitute teacher (*US*); (*Danse*) **maître/maîtresse de ballet** ballet master/mistress; **maître de cérémonie** master of ceremonies; **maître chanteur** blackmailer; (*Mus*) Meistersinger, mastersinger; (*Mus*) **maître de chapelle** choirmaster, precentor; **maître-chien** *nm, pl* **maîtres-chiens** dog handler; (*Univ*) **maître de conférences** *mf* ≃ (senior) lecturer (*Brit*), assistant professor (*US*); **maître d'équipage** boatswain; (*Scol*) **maître/maîtresse d'études** master/mistress in charge of homework preparation; **maître de forges†** ironmaster; **maître d'hôtel** *[maison]* butler; *[hôtel, restaurant]* head waiter; (*Naut*) chief steward; (*Culin*) **pommes de terre maître d'hôtel** maître d'hôtel potatoes; **maître/maîtresse d'internat** house master/mistress; **maître Jacques** jack-of-all-trades; **maître de maison** host; **maîtresse de maison** housewife; (*hôtesse*) hostess; **maître nageur** swimming teacher *ou* instructor; (*Constr*) **maître d'œuvre** project manager; **la mairie est maître d'œuvre de ce projet** the town council is in charge of the project; (*Constr*) **maître d'ouvrage** owner; **maître à penser** intellectual guide *ou* leader; (*Culin*) **maître queux** chef; (*Admin*) **maître des requêtes** *nf counsel of the Conseil d'État*; **maître titulaire** permanent teacher (*in primary school*).

maîtrisable [metRizabl(ə)] *adj* (*gén nég*) controllable. **difficilement** *ou* **guère ~** almost uncontrollable, scarcely controllable.

maîtrise [metRiz] *nf* **(a)** (*sang-froid*) **~ (de soi)** self-control, self-command, self-possession.

(b) (*contrôle*) mastery, command, control. (*Mil*) **avoir la ~ de la mer** to have control *ou* mastery of the sea; **avoir le contrôle the sea;** (*Comm*) **avoir la ~ d'un marché** to control *ou* have control of a market; **sa ~ du français** his mastery *ou* command of the French language; **avoir la ~ de l'atome** to have mastered the atom.

(c) (*habileté*) skill, mastery, expertise. **faire** *ou* **exécuter qch avec ~** to do sth with skill *ou* skilfully.

(d) (*Ind*) supervisory staff; *V* **agent**.

(e) (*Rel*) (*école*) choir school; (*groupe*) choir.

(f) (*Univ*) research degree ≃ master's degree. **~ de conférence** ≃ senior lectureship.

maîtriser [metRize] (1) **1** *vt* **(a)** (*soumettre*) *cheval, feu, foule, forcené* to control, bring under control; *adversaire* to overcome, overpower; *émeute, révolte* to suppress, bring under control; *problème, difficulté* to master, overcome; *inflation* to curb; *langue* to master.

(b) (*contenir*) *émotion, geste, passion* to control, master, restrain; *larmes, rire* to force back, restrain, control. **il ne peut plus ~ ses nerfs** he can no longer control *ou* contain his temper.

2 se maîtriser *vpr* to control o.s. **elle ne sait pas se ~** she has no self-control.

---

maïzena [maizena] *nf* ® cornflour (*Brit*), cornstarch (*US*).

majesté [maʒɛste] *nf* **(a)** (*dignité*) majesty; (*splendeur*) majesty, grandeur. **la ~ divine** divine majesty; (*Art*) **de** *ou* **en ~** in majesty, enthroned.

(b) Votre M~ Your Majesty; **Sa M~** (*roi*) His Majesty; (*reine*) Her Majesty; *V* **lèse-majesté, pluriel**.

majestueusement [maʒɛstɥøzmã] *adv* majestically, in a stately way.

majestueux, -euse [maʒɛstɥø, øz] *adj* (*solennel*) *personne, démarche* majestic, stately; (*imposant*) *taille* imposing, impressive; (*beau*) *fleuve, paysage* majestic, magnificent.

majeur, e [maʒœR] **1** *adj* **(a)** *ennui, empêchement* (*très important*) major; (*le plus important*) main, major, greatest. **ils ont rencontré une difficulté ~e** they came up against a major *ou* serious difficulty; **sa préoccupation ~e** his major *ou* main *ou* greatest concern; **pour des raisons ~es** for reasons of the greatest importance; **en ~e partie** for the most part; **la ~e partie de** the greater *ou* major part of, the bulk of; **la ~e partie des gens sont restés** most *ou* the majority of the people have stayed on; *V* **cas**.

(b) (*Jur*) *of age* (*attrib*). **il sera ~ en l'an 2000** he will come of age in the year 2000; (*hum*) **il est ~ et vacciné** he's old enough to look after himself; (*fig*) **peuple ~** responsible *ou* adult nation; (*fig*) **électorat ~** adult electorate.

(c) (*Mus*) *intervalle, mode* major. **en sol ~** in G major.

(d) (*Logique*) *terme, prémisse* major.

(e) (*Rel*) **ordres ~s** major orders; **causes ~es** causae majores.

(f) (*Cartes*) **tierce/quarte ~e** tierce/quart major.

2 *nm, f* person who has come of *ou* who is of age, person who has attained his *ou* her majority, major (*T*).

3 *nm* middle finger.

major [maʒɔR] **1** *nm* **(a)** (*Mil*) ≃ adjutant. (*Mil*) (*médecin*) **~** medical officer, M.O.; **~ général** (*Mil*) ≃ deputy chief of staff (*Brit*), major general (*US*); (*Naut*) **~** rear admiral.

(b) (*Univ etc*) **être ~ de promotion** ≃ to be *ou* come first in one's year.

2 *adj inv* *V* **état-major, infirmière, sergent¹, tambour**.

majoration [maʒɔRasjɔ̃] *nf* (*hausse*) rise, increase (*de* in); (*supplément*) surcharge; (*surestimation*) overvaluation, overestimation. **~ sur une facture** surcharge on a bill.

majordome [maʒɔRdɔm] *nm* majordomo.

majorer [maʒɔRe] (1) *vt impôt, prix* to increase, raise, put up (*de* by); *facture* to increase, put a surcharge on.

majorette [maʒɔRɛt] *nf* majorette.

majoritaire [maʒɔRitɛR] **1** *adj* majority (*épith*). **vote ~** majority vote. **2** *nmf* (*Pol*) member of the majority party. **les socialistes sont ~s dans le pays** the socialists are the majority *ou* largest party in the country; **ils sont ~s à l'assemblée** they are the majority party *ou* in the majority in parliament; **dans ce vote, nous serons sûrement ~s** we shall certainly have a majority on this vote.

majorité [maʒɔRite] *nf* **(a)** (*électorale*) majority. **~ absolue/relative/simple** absolute/relative/simple majority; **élu à une ~ de** elected by a majority of; **avoir la ~** to have the majority.

(b) (*parti majoritaire*) government, party in power. **député de la ~** member of the governing party *ou* of the party in power, ≃ government backbencher (*Brit*), majority party Representative (*US*); **la ~ et l'opposition** the government (*Brit*) *ou* the majority party and the opposition.

(c) (*majeure partie*) majority. **la ~ silencieuse** the silent majority; **être en ~** to be in (the) majority; **la ~ est d'accord** the majority agree; **les hommes dans leur grande ~** the great majority of mankind; **dans la ~ des cas** in the majority of cases, in most cases; **groupe composé en ~ de** group mainly *ou* mostly composed of.

(d) (*Jur*) **atteindre sa ~** to come of age, reach one's majority; **jusqu'à sa ~** until he comes of age *ou* reaches his majority.

Majorque [maʒɔRk(ə)] *nf* Majorca.

majorquin, e [maʒɔRkɛ̃, in] **1** *adj* Majorcan. **2** *nm, f*: **M~(e)** Majorcan.

majuscule [maʒyskyl] **1** *adj* capital; (*Typ*) upper case. **A ~** capital A. **2** *nf*: (*lettre*) **~** capital letter; (*Typ*) upper case letter; **en ~s d'imprimerie** in block *ou* capital letters; **écrivez votre nom en ~s** (*d'imprimerie*) please print your name in block letters.

makaire [makɛR] *nm* (*poisson*) marlin.

mal [mal] **1** *adv* **(a)** (*de façon défectueuse*) *jouer, dormir* badly; *fonctionner* not properly, badly. **cette porte ferme ~** this door shuts badly *ou* doesn't shut properly; **il parle ~ l'anglais** he speaks English badly; **elle est ~ coiffée aujourd'hui** her hair's a mess today, her hair is not well *ou* nicely done today; **ce travail est ~ fait** this work is badly done; **c'est du travail ~ fait** this is poor *ou* shoddy work; **nous sommes ~ nourris/logés à l'hôtel** the food/accommodation is poor *ou* bad at the hotel, we don't find the food good at the hotel/the hotel comfortable; **ils vivent très ~ avec une seule paye** they live very meagrely on *ou* off just one wage; **redresse-toi, tu te tiens ~** stand up straight, you're not holding yourself properly; **il a ~ pris ce que je lui ai dit** he took exception *ou* did not take kindly to what I said to him; **il s'y est ~ pris (pour le faire)** he set about (doing) it *ou* he went about it the wrong way; **tu le connais ~** you don't know him; **de ~ en pis** from bad to worse.

(b) ~ choisi/informé/inspiré *etc* ill-chosen/-informed/-advised *etc*; **~ acquis** ill-gotten; **~ à l'aise** (*gêné*) ill-at-ease; (*malade*) unwell; **~ avisé** ill-advised; **~ embouché** coarse, ill-spoken; **~ famé** of ill fame, disreputable; **~ pensant** heretical, unorthodox; **~ en point** in a bad *ou* sorry state, in a poor condition; **~ à propos** at the wrong moment; **avoir l'esprit ~ tourné** to have a low *ou* dirty mind *ou* that sort of mind; **il est ~ venu de se plaindre** he is scarcely in a position to complain, he should be the last (one) to complain; *V* **ours, vu²**.

(c) ~ **comprendre** to misunderstand; ~ **interpréter** to misinterpret; ~ **renseigner** to misinform; **il comprend** ~ **ce qu'on lui dit** he doesn't understand properly what he is told; **il a** ~ **compris ce qu'ils lui ont dit** he didn't understand properly *ou* he misunderstood what they told him; **j'ai été** ~ **renseigné** I was misinformed *ou* given (the) wrong information; **phrase** ~ **formée** ill-formed sentence; *V* **juger** *etc.*

(d) *(avec difficulté)* with difficulty. **il respire** ~ he has difficulty in breathing, he can't breathe properly; **on s'explique** *ou* **comprend** ~ **pourquoi** it is not easy *ou* it is difficult to understand why; **nous voyons très** ~ **comment ...** we fail to see how ....

(e) *(de façon répréhensible)* **se conduire** badly, wrongly. **il ne pensait pas** ~ **faire** he didn't think he was doing the wrong thing *ou* doing wrong; **il ne pense qu'à** ~ **faire** he's always looking for trouble, he's always thinking up some nasty trick; **se tenir** ~ **à table** to have bad table manners, behave badly at table; **trouves-tu** ~ **qu'il y soit allé?** do you think it was wrong of him to go?; **ça va** ~ **d'accuser les autres** who is he to accuse others?, it all becomes him to accuse others (*littér*).

(f) *(malade)* **se sentir** ~ to feel ill *ou* unwell *ou* sick, not to feel very well; **aller** *ou* **se porter** ~, **être** ~ **portant** to be in poor health; **elle s'est trouvée** ~ **à cause de la chaleur/en entendant la nouvelle** she fainted *ou* passed out in the heat/on hearing the news.

(g) **pas** ~ *(assez bien)* not badly, rather well; **c'est pas** ~* it's quite good, it's not bad*; **il n'a pas** ~ **travaillé ce trimestre** he's worked quite well this term; **vous (ne) vous en êtes pas** ~ **tirés** you haven't done too *ou* come off badly, you've done rather well; **vous (ne) feriez pas** ~ **de le surveiller** you would be well-advised to keep *ou* it wouldn't be a bad thing if you kept an eye on him; **ça va?** — **pas** ~ how are you? — not (too) bad* *ou* pretty good* *ou* pretty well*.

(h) **pas** ~ **(de)*** *(beaucoup)* quite a lot (of); **il y a pas** ~ **de temps qu'il est parti** it's quite a time since he left, he's been away for quite a time; **on a pas** ~ **travaillé aujourd'hui** we've done quite a lot of work today, we've worked pretty hard today*; **il est pas** ~ **fatigué** he is rather *ou* pretty* tired; **je m'en fiche pas** ~**!** I couldn't care less!, I don't give a damn!‡

2 *adj inv* **(a)** *(contraire à la morale)* wrong, bad. **il est** *ou* **c'est** ~ **de mentir/de voler** it is bad *ou* wrong to lie/to steal; *(iro)* **(pour elle) il ne peut rien faire de** ~ (in her eyes) he can do no wrong; **c'est** ~ **à lui de dire cela** it's bad *ou* wrong of him to say this.

(b) *(malade)* ill. **il va** *ou* **est (très)** ~ **ce soir** he is (very) ill tonight; **il est au plus** ~ he is very close to death, he's on the point of death.

(c) *(mal à l'aise)* uncomfortable. **vous devez être** ~ **sur ce banc** you must be uncomfortable on that seat, that seat can't be comfortable (for you); **je marche beaucoup, je ne m'en suis jamais trouvé** ~ I walk a lot and I'm none the worse for *ou* and it's never done me any harm; **il est** ~ **dans sa peau** he's at odds with himself; **on est pas** ~ **(assis) dans ces fauteuils** these armchairs are quite comfortable.

(d) **être** ~ **avec qn** to be on bad terms with sb, be in sb's bad books*; **se mettre** ~ **avec qn** to get on the wrong side of sb, get into sb's bad books*; **il sont au plus** ~ they are at daggers drawn.

(e) **pas** ~ *(bien)* not bad, quite *ou* rather good; *(assez beau)* quite attractive; *(compétent)* quite competent; **vous n'êtes pas** ~ **sur cette photo** this photo is not bad of you *ou* is rather good of you; *V* **bon¹**.

3 *nm, pl* **maux** [mo] **(a)** *(ce qui est contraire à la morale)* **le** ~ evil; **le bien et le** ~ good and evil, right and wrong; **faire le** ~ **pour le** ~ to do *ou* commit evil for its own sake *ou* for evil's sake.

(b) *(souffrance morale)* sorrow, pain. *(littér)* **le** ~ **du siècle** world-weariness; ~ **du pays** homesickness; **des paroles qui font du** ~ words that hurt, hurtful words; *(fig)* **journaliste en** ~ **de copie** journalist short of copy; **en** ~ **d'argent** short of money; **être en** ~ **de tendresse** to yearn for a little tenderness.

(c) *(travail pénible, difficulté)* difficulty, trouble. **ce travail/cet enfant m'a donné du** ~ this work/child gave me some trouble; **se donner du** ~ **à faire qch** to take trouble *ou* pains over sth, go to great pains to do sth; **se donner un** ~ **de chien à faire qch*** to bend over backwards *ou* go to great lengths to do sth; **avoir du** ~ **à faire qch** to have trouble *ou* difficulty doing sth; **ne vous donnez pas le** ~ **de faire ça** don't bother to do that; **on n'a rien sans** ~ you get nothing without (some) effort; **faire qch sans trop de** ~/**non sans** ~ to do sth without undue difficulty/not without difficulty; **il a dû prendre son** ~ **en patience** *(attendre)* he had to put up with the delay; *(supporter)* he had to grin and bear it.

(d) *(ce qui cause un dommage, de la peine)* harm. **mettre qn à** ~ to harm sb; **faire du** ~ **à qn** to harm, hurt; **il ne ferait pas de** ~ **à une mouche** he wouldn't hurt *ou* harm a fly; **il n'y a pas de** ~ **à cela** there's no harm in that; ~ **lui en pris!** he's had cause to rue it!; ~ **m'en a pris de sortir** going out was a grave mistake (on my part).

(e) *(ce qui est mauvais)* evil, ill. **les maux dont souffre notre société** the ills *ou* evils afflicting our society; **c'est un** ~ **nécessaire** it's a necessary evil; **de deux maux, il faut choisir le moindre** one must choose the lesser of two evils; **penser/dire du** ~ **de qn/qch** to think/speak ill of sb/sth; *V* **penser, peur**.

(f) *(douleur physique)* pain, ache; *(maladie)* illness, disease, sickness. **prendre** ~ to be taken ill, feel unwell; **avoir** ~ **partout** to be aching all over; **où avez-vous** ~? where does it hurt?, where is the pain?; **le** ~ **s'aggrave** *(lit)* the disease is getting worse, he *(ou* she *etc)* is getting worse; *(fig)* the situation is deteriorating, things are getting worse; **j'ai** ~ **dans le dos/à l'estomac** I've got a pain in my back/in my stomach, my back/stomach hurts *ou* aches; **avoir un** ~ **de tête**, **avoir** ~ **à la tête** to have a headache *ou* a bad head*; **avoir** ~ **à la gorge** to have a sore throat; **avoir** ~ **aux dents/aux oreilles**

to have toothache/earache; **avoir** ~ **au pied** to have a sore foot; **des maux d'estomac** stomach pains, an upset stomach; **un** ~ **blanc** a whitlow; **il s'est fait (du)** ~ **en tombant** he hurt himself in falling *ou* when he fell; **se faire** ~ **au genou** to hurt one's knee; **ces chaussures me font** ~ **(au pied)** these shoes hurt *ou* pinch (my feet); **avoir le** ~ **de mer/de l'air/de la route** to be seasick/airsick/carsick; **contre le** ~ **de mer/de l'air/de la route** against seasickness/airsickness/carsickness; ~ **des montagnes/de l'espace** mountain/space sickness; **les transports** travel *ou* motion (*US*) sickness; **pilule contre le** ~ **des transports** travel-sickness pill, anti-motion-sickness pill (*US*); ~ **des grands ensembles** depression resulting from life in a high-rise flat; *(hum)* **le** ~ **joli** the pains of (giving) birth; *V* **cœur, ventre**.

Malabar [malabaʀ] *nm*: **le** ~, **la côte de** ~ the Malabar (Coast).

malabar* [malabaʀ] *nm* muscle man*, hefty fellow*.

Malachie [malaʃi] *nm* Malachi.

malade [malad] **1** *adj* **(a)** *(atteint)* **homme** ill, sick, unwell *(attrib)*; **organe** diseased; **plante** diseased; **dent, poitrine** bad; **jambe, bras** bad, game* *(épith)*, gammy* (*Brit*) *(épith)*. **être bien/gravement/sérieusement** ~ to be really/gravely/seriously ill; **être du cœur, avoir le cœur** ~ to have heart trouble *ou* a bad heart *ou* a heart condition; **être** ~ **des reins** to have kidney trouble; **tomber** ~ to fall ill *ou* sick; **se faire porter** ~ to report *ou* go sick; **je me sens (un peu)** ~ I feel (a bit) peculiar* *ou* sick, I don't feel very well; **être** ~ **comme un chien** *ou* **une bête** to be dreadfully ill; *(euph: vomir)* to be as sick as a dog; **être** ~ **à crever**‡ to be dreadfully ill, feel ghastly* *ou* like death (warmed up (*Brit*) *ou* warmed over (*US*))*; **j'ai été** ~ **après avoir mangé des huîtres** I was ill after eating oysters.

(b) *(fou)* mad. **tu n'es pas (un peu)** ~?‡ are you quite right in the head?*, are you out of your mind?; **être** ~ **d'inquiétude** to be sick *ou* ill with worry; **être** ~ **de jalousie** to be mad *ou* sick with jealousy; **rien que d'y penser j'en suis** ~, **ça me rend** ~ **rien que d'y penser*** the very thought of it makes me sick *ou* ill, I'm sick at the very thought of it.

(c) *(en mauvais état)* **objet** in a sorry state. **l'entreprise étant** ~ **ils durent licencier** the business was failing *ou* was in a dicky* (*Brit*) *ou* shaky state and they had to pay people off; **le gouvernement est trop** ~ **pour durer jusqu'aux élections** the government is too shaky to last till the elections.

2 *nmf* **(a)** *(gén)* invalid, sick person; *(d'un médecin)* patient. **grand** ~ seriously ill person; ~ **imaginaire** hypochondriac; ~ **mental** mentally sick *ou* ill person; **les** ~**s** the sick; **les grands** ~**s** the seriously *ou* critically ill; **le médecin et ses** ~**s** the doctor and his patients.

maladie [maladi] **1** *nf* **(a)** *(Méd)* illness, disease; *[plante, vin]* disease. ~ **bénigne** minor *ou* slight illness, minor complaint; ~ **grave** serious illness; ~ **de cœur/foie** heart/liver complaint *ou* disease; **ces enfants ont eu une** ~ **après l'autre** these children have had one sickness *ou* illness after another; **le cancer est la** ~ **du siècle** cancer is the disease of this century; **il a fait une petite** ~* he's been slightly ill, he's had a minor illness; *(*fig*)* **il en a fait une** ~ he was in a terrible state about it; *(*fig*)* **tu ne vas pas en faire une** ~**!** don't you get in (such) a state over it!, don't let it get you down!*

(b) **la** ~ sickness, illness, ill health, disease; *V* **assurance**.

(c) *(Vét)* **la** ~ distemper.

(d) *(*: obsession)* mania. **avoir la** ~ **de la vitesse** to be a speed maniac; **quelle** ~ **as-tu de toujours intervenir!** what a mania you have for interfering!; **c'est une** ~ **chez lui** it's a mania with him.

2: **la maladie bleue** the blue disease; **maladie contagieuse** contagious illness *ou* disease; **maladie honteuse**† = **maladie vénérienne**; **maladie infantile** *ou* **d'enfant** childhood *ou* infantile disease *ou* complaint; **maladie infectieuse** infectious disease; **maladie de langueur** wasting disease; **maladie des légionnaires** legionnaires' disease; **maladie mentale** mental illness; **maladie mortelle** fatal illness *ou* disease; **maladie de Parkinson** Parkinson's disease; **maladie de peau** skin disease *ou* complaint; **la maladie du sommeil** sleeping sickness; **maladies du travail** occupational diseases; **maladie tropicale** tropical disease; **maladie vénérienne** venereal disease, V.D.

maladif, -ive [maladif, iv] *adj* **personne** sickly, weak; **air, pâleur** sickly, unhealthy; **obsession, peur** pathological *(fig)*. **il faut qu'il mente, c'est** ~ **chez lui** he has to lie, it's compulsive with him, he has a pathological need to lie.

maladivement [maladivmɑ̃] *adv* (*V* **maladif**) unhealthily; pathologically.

maladrerie† [maladʀəʀi] *nf* lazaret†, lazar house†.

maladresse [maladʀɛs] *nf* **(a)** *(caractère: V* **maladroit**) clumsiness; awkwardness; tactlessness. **(b)** *(gaffe)* blunder, gaffe. ~**s de style** awkward *ou* clumsy turns of phrase.

maladroit, e [maladʀwa, wat] **1** *adj* **(a)** *(inhabile)* **personne** clumsy; *(embarrassé)* awkward; **ouvrage, style** clumsy. **il est vraiment** ~ **de ses mains** he's really useless with his hands.

(b) *(indélicat)* **personne, remarque** clumsy, tactless. **ce serait** ~ **de lui en parler** it would be tactless *ou* ill-considered to mention it to him.

2 *nm, f* *(inhabile)* clumsy person *ou* oaf*; *(qui fait tout tomber)* butterfingers; *(indélicat)* tactless person *ou* blunderer*.

maladroitement [maladʀwatmɑ̃] *adv* **marcher, dessiner** clumsily, awkwardly; **agir** clumsily, tactlessly.

malaga [malaga] *nm* *(vin)* Malaga (wine); *(raisin)* Malaga grape.

malais, e [malɛ, ɛz] **1** *adj* Malay(an). **2** *nm* *(Ling)* Malay. **3** *nm, f*: **M**~**(e)** Malay(an).

malaise² [malɛz] *nm* **(a)** *(Méd)* feeling of sickness *ou* faintness; *(gén)* feeling of general discomfort *ou* ill-being. **être pris d'un** ~, **avoir un** ~ to feel faint *ou* dizzy, come over faint *ou* dizzy. **(b)** *(fig:*

trouble) uneasiness, disquiet. **éprouver un** ~ to feel uneasy, feel a sense of disquiet; **le** ~ **étudiant/politique** student/political discontent *ou* unrest.

malaisé, e [maleze] *adj* difficult.

malaisément [malezemɑ̃] *adv* with difficulty.

Malaisie [malɛzi] *nf* Malaya, Malaysia.

malaisien, -ienne [malɛzjɛ̃, jɛn] **1** *adj* Malaysian. **2** *nm,f*: **M~(ne)** Malaysian.

malandrin [malɑ̃drɛ̃] *nm* (†: *littér*) brigand (*littér*), bandit.

malappris, e [malapri, iz] **1** *adj* ill-mannered, boorish. **2** *nm* ill-mannered lout, boor, yob‡ (*Brit*).

malard [malaR] *nm* drake; (*sauvage*) mallard.

malaria [malaRja] *nf* malaria (*U*).

malavisé, e [malavize] *adj* *personne, remarque* ill-advised, injudicious, unwise.

Malawi [malawi] *nm* Malawi.

malawien, -ienne [malawjɛ̃, jɛn] **1** *adj* Malawian. **2** *nm,f*: **M~(ne)** Malawian.

malaxage [malaksaʒ] *nm* (*V* **malaxer**) kneading; massaging; creaming; blending; mixing.

malaxer [malakse] (1) *vt* (a) (*triturer*) *argile, pâte* to knead; *muscle* to massage. ~ **du beurre** to cream butter.
   (b) (*mélanger*) *plusieurs substances* to blend, mix; *ciment, plâtre* to mix.

malaxeur, -euse [malaksœʀ, øz] **1** *adj* mixing. **2** *nm* mixer.

malchance [malʃɑ̃s] *nf* (*déveine*) bad *ou* ill luck, misfortune; (*mésaventure*) misfortune, mishap. **il a beaucoup de** ~ he's had a lot of bad luck; **j'ai eu la** ~ **de** I had the misfortune to, I was unlucky enough to; **par** ~ unfortunately, as ill luck would have it; *V* **jouer**.

malchanceux, -euse [malʃɑ̃sø, øz] *adj* unlucky.

malcommode [malkɔmɔd] *adj* *objet, vêtement* impractical, unsuitable; *horaire* awkward, inconvenient; *outil, meuble* inconvenient, impractical; (†) *personne* awkward. **ça m'est vraiment très** ~ it's really most inconvenient for me, it really doesn't suit me at all.

Maldives [maldiv] *nfpl*: **les** ~ the Maldives.

maldonne [maldɔn] *nf* (*Cartes*) misdeal. **faire (une)** ~ to misdeal, deal the cards wrongly; **il y a** ~ (*lit*) there's been a misdeal, the cards have been dealt wrongly; (*fig*) there's been a misunderstanding *ou* a mistake somewhere.

mâle [mɑl] **1** *adj* (a) (*Bio, Tech*) male.
   (b) (*viril*) *voix, courage* manly; *style, peinture* virile, strong, forceful.
   2 *nm* male. **c'est un** ~ **ou une femelle?** is it a he or a she?*, is it a male or a female?; **c'est un beau** ~* he's a real he-man* (*hum*); **(éléphant)** ~ bull (elephant); (*lapin*) ~ buck (rabbit); (*moineau*) ~ cock (sparrow); **(ours)** ~ he-bear; **souris** ~ male mouse.

malédiction [malediksjɔ̃] *nf* (*Rel: imprécation, adversité*) curse, malediction (*littér*). **la** ~ **divine** the curse of God; **n'écoute pas les** ~**s de cette vieille folle** don't listen to the curses of that old fool; **la** ~ **pèse sur nous** a curse hangs over us; **donner sa** ~ **à qn**, **appeler la** ~ **sur qn** to call down curses upon sb.
   2 *excl* (††, *hum*) curse it!*, damn!* ~! **j'ai perdu la clef** curse it!* I've lost the key.

maléfice [malefis] *nm* evil spell.

maléfique [malefik] *adj* *étoile* malefic (*littér*), unlucky; *pouvoir* evil, baleful.

malemort [malmɔR] *nf* (††, *littér*) cruel death. **mourir de** ~ to die a cruel *ou* violent death.

malencontreusement [malɑ̃kɔ̃tRøzmɑ̃] *adv arriver* at the wrong moment, inopportunely, inconveniently; *faire tomber* inadvertently. **faire** ~ **remarquer que** to make the unfortunate *ou* untoward remark that.

malencontreux, -euse [malɑ̃kɔ̃tRø, øz] *adj* unfortunate, awkward, untoward.

malentendant [malɑ̃tɑ̃dɑ̃] *nm*: **les** ~**s** the hard of hearing.

malentendu [malɑ̃tɑ̃dy] *nm* misunderstanding. **il y a un** ~ **entre nous** we are at cross purposes.

malfaçon [malfasɔ̃] *nf* fault, defect (*due to bad workmanship*).

malfaisant, e [malfəzɑ̃, ɑ̃t] *adj* *personne* evil, wicked, harmful; *influence* evil, harmful, baleful; *animal, théories* harmful.

malfaiteur [malfɛtœR] *nm* (*gén*) criminal; (*gangster*) gangster; (*voleur*) burglar, thief. **dangereux** ~ dangerous criminal.

malformation [malfɔRmasjɔ̃] *nf* malformation.

malfrat [malfRa] *nm* (*escroc*) crook; (*bandit*) thug, gangster.

malgache [malgaʃ] **1** *adj* Malagasy, Madagascan. **2** *nm* (*Ling*) Malagasy. **3** *nmf*: **M~** Malagasy, Madagascan.

malgracieux, -euse [malgRasjø, øz] *adj* (*littér*) *silhouette* ungainly, clumsy; (†) *caractère* loutish, churlish, boorish.

malgré [malgRe] **1** *prép* (a) (*en dépit de*) in spite of, despite. ~ **son père/l'opposition de son père**, **il devint avocat** despite his *ou* in spite of his father's objections he became a barrister; ~ **son intelligence, il n'a pas réussi** in spite of *ou* for all *ou* notwithstanding (*frm*) his undoubted intelligence he hasn't succeeded; **j'ai signé ce contrat** ~ **moi** (*en hésitant*) I signed the contract reluctantly *ou* against my better judgment; (*contraint et forcé*) I signed the contract against my will; **j'ai fait cela presque** ~ **moi** I did it almost in spite of myself.
   (b) (*loc*) ~ **tout** (*en dépit de tout*) in spite of everything, despite everything; (*concession: quand même*) all the same, even so, after all; ~ **tout, c'est dangereux** all the same *ou* after all it's dangerous; **il a continué** ~ **tout** he went on in spite of *ou* despite everything; **je le ferai** ~ **tout** I'll do it all the same *ou* come what may.
   2 *conj*: ~ **que*** in spite of the fact that, despite the fact that, although; (*littér*) ~ **qu'il en ait** whether he likes it or not.

malhabile [malabil] *adj* clumsy, awkward. ~ **à (faire) qch** unskilful *ou* bad at (doing) sth.

malhabilement [malabilmɑ̃] *adv* clumsily, awkwardly, unskilfully.

malheur [malœR] *nm* (a) (*événement pénible*) misfortune; (*très grave*) calamity; (*épreuve*) ordeal, hardship; (*accident*) accident, mishap. **il a supporté ses** ~**s sans se plaindre** he suffered his misfortunes *ou* his hardships without complaint; **cette famille a eu beaucoup de** ~**s** this family has had a lot of misfortune *ou* hardship; **un** ~ **est si vite arrivé** accidents *ou* mishaps happen so easily; (*Prov*) **un** ~ **ne vient jamais seul** troubles never come singly, it never rains but it pours (*Prov*); **cela a été le grand** ~ **de sa vie** it was the great tragedy of his life; **ce n'est pas un gros** ~!, **c'est un petit** ~! it's not such a calamity! *ou* tragedy! *ou* disaster!
   (b) **le** ~ (*adversité*) adversity; (*malchance*) ill luck, misfortune; **ils ont eu le** ~ **de perdre leur mère** they had the misfortune to lose their mother; **une famille qui est dans le** ~ a family in misfortune *ou* faced with adversity; **le** ~ **des uns fait le bonheur des autres** one man's joy is another man's sorrow; **c'est dans le** ~ **qu'on connaît ses amis** a friend in need is a friend indeed (*Prov*); **le** ~ **a voulu qu'un agent le voie** as ill luck would have it a policeman saw him; *V* **arriver**.
   (c) **de** ~* (*maudit*) wretched; **cette pluie de** ~ **a tout gâché** this wretched rain has spoilt everything; *V* **oiseau**.
   (d) (*loc*) ~! oh, lord!*, hell!‡; ~ **à (celui) qui†** woe betide him who; ~ **à toi si tu y touches!** woe betide you if you touch it!; **par** ~ unfortunately, as ill luck would have it; **le** ~ **c'est que ..., il n'y a qu'un** ~, **c'est que ...** the trouble *ou* snag is that ...; **son** ~ **c'est qu'il boit** his trouble is that he drinks; **faire le** ~ **de ses parents** to bring sorrow to one's parents, cause one's parents nothing but unhappiness; **faire un** ~ (*avoir un gros succès*) [*spectacle*] to be a big hit; [*artiste, joueur*] to make a great hit, be a sensation; **s'il continue à m'ennuyer je fais un** ~* if he carries on annoying me I'll do something violent *ou* I shall go wild; **quel** ~ **qu'il ne soit pas venu** what a shame *ou* pity he didn't come; **il a eu le** ~ **de dire que cela ne lui plaisait pas** he made the big mistake of saying he didn't like it, he was unlucky enough to say he didn't like it; **pour son** ~ for his sins; *V* **comble, jouer**.

malheureusement [malœRøzmɑ̃] *adv* unfortunately.

malheureux, -euse [malœRø, øz] **1** *adj* (a) (*infortuné*) unfortunate. **les** ~**euses victimes des bombardements** the unfortunate *ou* unhappy victims of the bombings.
   (b) (*regrettable, fâcheux*) *résultat, jour, geste* unfortunate. **pour un mot** ~ because of an unfortunate remark; **c'est bien** ~ **qu'il ne puisse pas venir** it's very unfortunate *ou* it's a great shame *ou* it's a great pity that he can't come; **si c'est pas** ~ **d'entendre ça!*** makes you sick to hear that!*; **ah te voilà enfin, c'est pas** ~!* oh there you are at last and about time too!*
   (c) (*triste, qui souffre*) *enfant, vie* unhappy, miserable. **on a été très** ~ **pendant la guerre** we had a miserable life during the war; **il était très** ~ **de ne pouvoir nous aider** he was most distressed *ou* upset at not being able to help us; **prendre un air** ~ to look unhappy *ou* distressed; **rendre qn** ~ to make sb unhappy; **être** ~ **comme les pierres** to be wretchedly unhappy *ou* utterly wretched.
   (d) (*après n*) (*malchanceux*) *candidat* unsuccessful, unlucky; *tentative* unsuccessful. **il prit une initiative** ~**euse** he took an unfortunate step; **X a été félicité par ses adversaires** ~ X was congratulated by his defeated opponents; **être** ~ **au jeu/en amour** to be unlucky at gambling/in love; **amour** ~ unhappy love affair; *V* **heureux, main**.
   (e) (*: avant n: insignifiant*) wretched, miserable. **toute une histoire pour un** ~ **billet de 100 F/pour une** ~**euse erreur** such a to-do for a wretched *ou* mouldy* (*Brit*) *ou* measly* 100-franc note/ for a miserable mistake; **il y avait 2 ou 3** ~ **spectateurs** there was a miserable handful of spectators; **sans même un** ~ **coup de fil** without so much as a phone call.
   2 *nm,f* (*infortuné*) poor wretch *ou* soul *ou* devil*; (*indigent*) needy person. **il a tout perdu? le** ~! did he lose everything? the poor man!; **un** ~ **de plus** another poor devil*; **ne fais pas cela, (petit)** ~! don't do that, you little devil!* *ou* horror!*; **aider les** ~ (*indigents*) to help the needy *ou* those who are badly off; **la** ~**euse** a **agonisé pendant des heures** the poor woman *ou* the unfortunate victim suffered for hours before she died.

malhonnête [malɔnɛt] *adj* (a) (*déloyal, voleur*) *personne, procédé* dishonest, crooked. (b) (*impoli*) rude.

malhonnêtement [malɔnɛtmɑ̃] *adv* (*V* **malhonnête**) dishonestly, crookedly; rudely.

malhonnêteté [malɔnɛtte] *nf* (a) (*improbité*) dishonesty, crookedness. **faire des** ~**s** to carry on dishonest *ou* crooked dealings. (b) (*manque de politesse*) rudeness. **dire des** ~**s** to make rude remarks, say rude things.

Mali [mali] *nm* Mali.

malice [malis] *nf* (a) (*espièglerie*) mischief, mischievousness; roguishness (*littér*). **dit-il non sans** ~ he said somewhat mischievously; **petites** ~**s†** mischievous little ways; **boîte** *ou* **sac à** ~ box *ou* bag of tricks.
   (b) (*méchanceté*) malice, spite. **par** ~ out of malice *ou* spite; **il est sans** ~ he is quite guileless; **il n'y voit** *ou* **entend pas** ~ he means no harm by it.

malicieusement [malisjøzmɑ̃] *adv* mischievously, roguishly.

malicieux, -euse [malisjø, øz] *adj* *personne, remarque* mischievous, roguish; *sourire* mischievous, impish, roguish. **notre oncle est très** ~ our uncle is a great tease; **petit** ~! little imp! *ou* monkey!

malien, -enne [maljɛ̃, ɛn] **1** *adj* of *ou* from Mali, Malian. **2** *nm,f*: **M~(ne)** Malian, inhabitant *ou* native of Mali.

maligne [maliɲ] *V* **malin**.

malignement [maliɲmɑ̃] *adv* (*rare*) maliciously, spitefully.

malignité [maliɲite] *nf* (a) (*malveillance*) malice, spite. (b) (*Méd*) malignancy.

malin, -igne [malɛ̃, iɲ] *ou* **-ine*** [in] 1 *adj* (a) (*intelligent*) *personne, air* smart, shrewd, cunning. **sourire ~** cunning *ou* knowing *ou* crafty smile; **il est ~ comme un singe** (*gén*) he is as artful as a cartload of monkeys; [*enfant*] he is an artful little monkey; **bien ~ qui le dira** it'll take a clever man to say that; **il n'est pas bien ~** he isn't very bright; (*iro*) **c'est ~!** that's clever *ou* bright, isn't it? (*iro*); **si tu te crois ~ de faire ça!** do you think it's *ou* you're clever to do that?; *V* **jouer**.
   (b) (*: difficile*) **ce n'est pourtant pas bien ~** but it isn't so difficult *ou* tricky; **ce n'est pas plus ~ que ça** it's as easy *ou* simple as that, it's as easy as pie*, that's all there is to it.
   (c) (*mauvais*) *influence* malignant, baleful, malicious. **prendre un ~ plaisir à** to take a malicious pleasure in; **l'esprit ~** the devil.
   (d) (*Méd*) malignant.
   2 *nm, f*: **c'est un (petit) ~** he's a crafty one, he knows a thing or two, there are no flies on him (*Brit*); **gros ~!** you're a bright one! (*iro*); **ne fais pas ton** *ou* **le ~*** don't try to show off; **à ~, ~ et demi** there's always someone cleverer than you; **le M~** the Devil.

malingre [malɛ̃gʀ(ə)] *adj personne* sickly, puny; *corps* puny.

malinois [malinwa] *nm* police dog, ≃ Alsatian (*Brit*), German shepherd.

malintentionné, e [malɛ̃tɑ̃sjɔne] *adj* ill-intentioned, malicious, spiteful (*envers* towards).

malle [mal] 1 *nf* (a) (*valise*) trunk. **faire sa** *ou* **ses ~(s)** to pack one's trunk; **ils se sont fait la ~, ils ont fait la ~*** they've high-tailed it*, they've scarpered* (*Brit*), they've done a bunk* (*Brit*); **on a intérêt à (se) faire la ~*** we'd better scarper* (*Brit*) *ou* make ourselves scarce*; **il a quitté sa famille avec sa ~ à quatre nœuds** he left home with all his worldly possessions tied up in a bundle.
   (b) (*Aut*) ~ (*arrière*) boot (*Brit*), trunk (*US*).
   2: (*Hist*) **malle-poste** *nf, pl* **malles-poste** (*diligence*) mail coach; (*bateau*) packet.

malléabilité [maleabilite] *nf* [*métal*] malleability, pliability, flexibility; [*caractère*] malleability, pliability, flexibility.

malléable [maleabl(ə)] *adj métal* malleable; *caractère* malleable, pliable, flexible.

mallette [malɛt] *nf* (*valise*) (small) suitcase; (*porte-documents*) briefcase, attaché case. **~ de voyage** overnight case, grip.

malmener [malməne] (5) *vt* (*brutaliser*) *personne* to manhandle, handle roughly; (*Mil, Sport*) *adversaire* to give a rough time *ou* handling to. (*fig*) **être malmené par la critique** to be given a rough ride *ou* handling by the critics.

malnutrition [malnytʀisjɔ̃] *nf* malnutrition.

malodorant, e [malɔdɔʀɑ̃, ɑ̃t] *adj personne, pièce* foul- *ou* ill-smelling, malodorous (*frm*), smelly; *haleine* foul (*Brit*), bad.

malotru, e [malɔtʀy] *nm, f* lout, boor, yob* (*Brit*).

malouin, e [malwɛ̃, in] 1 *adj* *ou* from Saint Malo. 2 *nm, f*: **M~(e)** inhabitant *ou* native of Saint Malo. 3 *nf*: **les (îles) M~es** the Falkland Islands.

malpoli, e [malpɔli] *adj* impolite, discourteous.

malpropre [malpʀɔpʀ(ə)] 1 *adj* (a) (*sale*) *personne, objet* dirty, grubby, grimy; *travail* shoddy, slovenly, sloppy.
   (b) (*indécent*) *allusion, histoire* smutty, dirty, unsavoury.
   (c) (*indélicat*) *conduite, personne, action* unsavoury, dishonest, despicable.
   2 *nmf* (*hum*) swine (*pl inv*). **se faire chasser comme un ~*** to be thrown *ou* kicked* out, be sent packing.

malproprement [malpʀɔpʀəmɑ̃] *adv* in a dirty way. **manger ~** to be a messy eater.

malpropreté [malpʀɔpʀəte] *nf* (a) **la ~** dirtiness, grubbiness, griminess. (b) (*acte*) low *ou* shady *ou* despicable trick; (*parole*) low *ou* unsavoury remark. **raconter** *ou* **dire des ~s** to talk smut, tell dirty stories.

malsain, e [malsɛ̃, ɛn] *adj logement* unhealthy; *influence, littérature, curiosité* unhealthy, unwholesome; *esprit, mentalité* nasty, unhealthy. (**fig*) **sauvons-nous, ça devient ~** let's get out of here, things are turning nasty *ou* things aren't looking too healthy*.

malséant, e [malseɑ̃, ɑ̃t] *adj* (*littér*) unseemly, unbecoming, improper.

malsonnant, e [malsɔnɑ̃, ɑ̃t] *adj* (*littér*) *propos* offensive.

malt [malt] *nm* malt. **whisky pur ~** malt (whisky).

maltage [maltaʒ] *nm* malting.

maltais, e [maltɛ, ɛz] 1 *adj* Maltese. 2 *nm* (*Ling*) Maltese. 3 *nm, f*: **M~(e)** Maltese.

maltase [maltaz] *nf* maltase.

Malte [malt] *nf* Malta.

malter [malte] (1) *vt* to malt.

malthusianisme [maltyzjanism(ə)] *nm* (*Sociol*) Malthusianism. **~ économique** Malthusian economics (*sg*).

malthusien, -ienne [maltyzjɛ̃, jɛn] 1 *adj* (*Écon, Sociol*) Malthusian. 2 *nm, f* Malthusian.

maltose [maltoz] *nm* maltose, malt sugar.

maltraitant, e [maltʀɛtɑ̃, ɑ̃t] *adj*: **parents ~s** parents who ill-treat their children.

maltraiter [maltʀɛte] (1) *vt* (a) (*brutaliser*) to manhandle, handle roughly, ill-treat.
   (b) (*mal user de*) *langue, grammaire* to misuse.
   (c) (*critiquer*) *œuvre, auteur* to slate* (*Brit*), pan, run down*.

malus [malys] *nm* car insurance surcharge.

malveillance [malvɛjɑ̃s] *nf* (*méchanceté*) spite, malevolence; (*désobligeance*) ill will (*pour, envers* towards). (*Jur*) **avoir agi sans ~** to have acted without malicious intent; **propos dûs à la ~ publique** spiteful *ou* malicious public rumour; **regarder qn avec**

~ to look at sb malevolently; **je dis cela sans ~ à son égard** I say that without wishing to be spiteful to him; **c'est par pure ~ qu'il a agi ainsi** he did that out of sheer spite *ou* malevolence.

malveillant, e [malvɛjɑ̃, ɑ̃t] *adj personne, regard, remarque* malevolent, malicious, spiteful.

malvenu, e [malvəny] *adj* (*déplacé*) out of place (*attrib*), out-of-place (*épith*); (*mal développé*) malformed; *V* **aussi mal 1 (b)**.

malversation [malvɛʀsasjɔ̃] *nf* (*gén pl*) embezzlement, misappropriation of funds.

malvision [malvizjɔ̃] *nf* defective eyesight.

malvoisie [malvwazi] *nm* malmsey (wine).

malvoyant, e [malvwajɑ̃] *nm*: **les ~s** the partially sighted.

maman [mamɑ̃] *nf* mummy, mother, mum* (*Brit*), mom* (*US*). '**~**', '**M~**' 'mummy', mum* (*Brit*), mom* (*US*); **les ~s attendaient devant l'école** the mothers *ou* mums* (*Brit*) were waiting outside the school; *V* **futur**.

mambo [mɑ̃mbo] *nm* mambo.

mamelle [mamɛl] *nf* (a) (*Zool*) teat; (*pis*) udder, dug. (b) (†) [*femme*] breast; (*péj*) tit‡; [*homme*] breast. **à la ~** at the breast; (*fig*) **dès la ~** from infancy; (*fig*) **les deux ~s de** the lifeblood of.

mamelon [mamlɔ̃] *nm* (a) (*Anat*) nipple. (b) (*Géog*) knoll, hillock.

mamelonné, e [mamlɔne] *adj* hillocky.

mamel(o)uk [mamluk] *nm* Mameluke.

mamie¹ [mami] *nf* (*grand-mère*) granny*, gran*.

mamie², m'amie [mami] *nf* (††) = **ma mie**; *V* **mie²**.

mammaire [mamɛʀ] *adj* mammary.

mammifère [mamifɛʀ] 1 *nm* mammal. **les ~s** mammals. 2 *adj* mammalian.

mammographie [mamɔgʀafi] *nf* mammography.

Mammon [mamɔ̃] *nm* Mammon.

mammouth [mamut] *nm* mammoth.

mamours* [mamuʀ] *nmpl* (*hum*) **faire des ~ à qn** to caress *ou* fondle sb; **se faire des ~** to bill and coo.

mam'selle*, mam'zelle* [mamzɛl] *nf abrév de* **mademoiselle**.

manade [manad] *nf* (*Provence*) [*taureaux*] herd of bulls; [*chevaux*] herd of horses.

management [manaʒmɛnt] *nm* management.

manager [manadʒɛʀ] *nm* (*Écon, Sport*) manager; (*Théât*) agent.

manant [manɑ̃] *nm* (a) (†, *littér*) churl††. (b) (*Hist: villageois*) yokel; (*vilain*) villein.

manceau, -elle, *mpl* -x [mɑ̃so, ɛl] 1 *adj* of *ou* from Le Mans. 2 *nm, f*: **M~(-elle)** inhabitant *ou* native of Le Mans.

manche¹ [mɑ̃ʃ] 1 *nf* (a) (*Habillement*) sleeve. **à ~s courtes/longues** short-/long-sleeved; **sans ~s** sleeveless; (*fig*) **avoir qn dans sa ~** to be well in with sb*, have sb in one's pocket; **faire la ~*** to pass the hat round; *V* **autre, chemise, effet**.
   (b) (*partie*) (*gén, Pol, Sport*) round (*fig*); (*Bridge*) game; (*Tennis*) set. (*fig*) **pour obtenir ce contrat on a gagné la première ~** we've won the first round in the battle for this contract.
   (c) (*Aviat*) [*ballon*] neck.
   (d) (*Géog*) **la M~** the English Channel.
   2: **manche à air** (*Aviat*) wind sock; (*Naut*) airshaft; **manche ballon** *inv* puff sleeve; **manche à crevés** slashed sleeve; **manche gigot** *inv* leg-of-mutton sleeve; **manche kimono** *inv* kimono *ou* loose sleeve; **manche montée** set-in sleeve; **manche raglan** *inv* raglan sleeve; **manche trois-quarts** three-quarter sleeve; **manche à vent** airshaft.

manche² [mɑ̃ʃ] 1 *nm* (a) (*gén*) handle; (*long*) shaft; (*Mus*) neck. (*fig*) **être du côté du ~** to have the whip hand; *V* **branler, jeter**.
   (b) (*: incapable*) clumsy fool *ou* oaf, clot (*Brit*). **conduire comme un ~** to be a hopeless *ou* rotten* driver; **s'y prendre comme un ~ pour faire qch** to set about (doing) sth in a ham-fisted* *ou* ham-handed* way.
   2: **manche à balai** (*gén*) broomstick, broomshaft (*Brit*); (*Aviat*) joystick; **manche à gigot** leg of mutton holder; **manche de gigot** knuckle (of a leg-of-mutton).

manchette [mɑ̃ʃɛt] *nf* (a) [*chemise*] cuff; (*protectrice*) oversleeve. (b) (*Presse*) (*titre*) headline. **mettre en ~** to headline, put in headlines. (c) (*note*) marginal note. **en ~** in the margin. (d) (*coup*) forearm blow.

manchon [mɑ̃ʃɔ̃] *nm* (a) muff; *V* **chien**. (b) **~ à incandescence** incandescent (gas) mantle.

manchot, -ote [mɑ̃ʃo, ɔt] 1 *adj* (*d'un bras*) one-armed; (*des deux bras*) armless; (*d'une main*) one-handed; (*des deux mains*) with no hands, handless. (*fig*) **il n'est pas ~!*** (*adroit*) he's clever *ou* he's no fool with his hands!
   2 *nm, f* (*d'un bras*) one-armed person; (*des deux bras*) person with no arms.
   3 *nm* (*Orn*) penguin. **~ royal/empereur** king/emperor penguin.

manchou, e [mɑ̃ʃu] *adj, nm, f* = **mandchou**.

mandale‡ [mɑ̃dal] *nf* biff*, clout (*Brit*), cuff.

mandant, e [mɑ̃dɑ̃, ɑ̃t] *nm, f* (*Jur*) principal. (*Pol frm*) **je parle au nom de mes ~s** I speak on behalf of those who have given me a mandate *ou* of my electors *ou* of my constituents.

mandarin [mɑ̃daʀɛ̃] *nm* (*Hist, péj*) mandarin; (*Orn*) mandarin duck.

mandarinal, e, *mpl* -aux [mɑ̃daʀinal, o] *adj* mandarin.

mandarinat [mɑ̃daʀina] *nm* (a) (*Hist*) mandarinate. (b) (*péj*) academic Establishment (*péj*).

mandarine [mɑ̃daʀin] 1 *nf* mandarin (orange), tangerine. 2 *adj inv* tangerine.

mandarinier [mɑ̃daʀinje] *nm* mandarin (orange) tree.

mandat [mɑ̃da] 1 *nm* (a) (*gén, Pol*) mandate. **donner à qn ~ de faire** to mandate sb to do, give sb a mandate to do; **obtenir le renouvellement de son ~** to be re-elected, have one's mandate renewed; **territoires sous ~** mandated territories, territories under mandate.

(b) (*Comm: aussi* ~-**poste**) postal order (*Brit*), money order. **(c)** (*Jur: procuration*) power of attorney, proxy; (*Police etc*) warrant.
2: (*Jur*) **mandat d'amener** ≃ summons; **mandat d'arrêt** ≃ warrant for arrest; (*Comm*) **mandat-carte** *nm, pl* **mandats-cartes** money order (*in postcard form*); (*Jur*) **mandat de comparution** ≃ summons (to appear), subpoena; (*Jur*) **mandat de dépôt** ≃ committal order; **placer qn sous mandat de dépôt** ≃ to place sb under a committal order; **mandat d'expulsion** eviction order; (*Fin*) **mandat international** international money order; (*Comm*) **mandatlettre** *nm, pl* **mandats-lettres** money order (*with space for correspondence*); (*Jur*) **mandat de perquisition** search warrant.
mandataire [mɑ̃datɛʀ] *nmf* (*Jur*) proxy, attorney; (*représentant*) representative. **je ne suis que son** ~ I'm only acting as a proxy for him; ~ **aux Halles** (sales) agent (at the Halles).
mandatement [mɑ̃datmɑ̃] *nm [somme]* payment (by money order).
mandater [mɑ̃date] (1) *vt* **(a)** (*donner pouvoir à*) *personne* to appoint, commission; (*Pol*) *député* to give a mandate to, elect. **(b)** (*Fin*) ~ **une somme** (*écrire*) to write out a money order for a sum; (*payer*) to pay a sum by money order.
mandchou, e [mɑ̃dʃu] **1** *adj* Manchu(rian). **2** *nm* (*Ling*) Manchu. **3** *nm, f*: **M**~**(e)** Manchu.
Mandchourie [mɑ̃dʃuʀi] *nf* Manchuria.
mandement [mɑ̃dmɑ̃] *nm* **(a)** (*Rel*) pastoral. **(b)** (††) (*ordre*) mandate, command; (*Jur: convocation*) subpoena.
mander [mɑ̃de] (1) *vt* **(a)** (††) (*ordonner*) to command; (*convoquer*) to summon. **(b)** (*littér: dire par lettre*) ~ **qch à qn** to send *ou* convey the news of sth to sb, inform sb of sth.
mandibule [mɑ̃dibyl] *nf* mandible. (*fig*) **jouer des** ~**s*** to nosh* (*Brit*), chow down* (*US*).
mandoline [mɑ̃dɔlin] *nf* mandolin(e).
mandragore [mɑ̃dʀagɔʀ] *nf* mandrake.
mandrill [mɑ̃dʀil] *nm* mandrill.
mandrin [mɑ̃dʀɛ̃] *nm* (*pour serrer*) chuck; (*pour percer, emboutir*) punch; (*pour élargir, égaliser des trous*) drift.
manducation [mɑ̃dykasjɔ̃] *nf* manducation.
manécanterie [manekɑ̃tʀi] *nf* (*parish*) choir school.
manège [manɛʒ] *nm* **(a)** ~ (**de chevaux de bois**) roundabout (*Brit*), merry-go-round, carousel (*US*); *V* **tour²**.
(b) (*Équitation*) (*centre, école*) riding school; (*piste, salle*) ring, school.
(c) (*fig: agissements*) game, ploy. **j'ai deviné son petit** ~ I guessed what he was up to, I saw through his little game.
mânes [mɑn] *nmpl* (*Antiq Rel*) manes. (*littér, fig*) **les** ~ **de ses ancêtres** the shades of his ancestors (*littér*), the spirits of the dead.
maneton [mantɔ̃] *nm* (*Aut*) clankpin.
manette [manɛt] *nf* lever, tap. (*Aut*) ~ **des gaz** throttle lever.
manganate [mɑ̃ganat] *nm* manganate.
manganèse [mɑ̃ganɛz] *nm* manganese.
mangeable [mɑ̃ʒabl(ə)] *adj lit*, (*fig*) edible, eatable.
mangeaille [mɑ̃ʒaj] *nf* (*péj*) (*nourriture mauvaise*) pigswill, disgusting food; (*grande quantité de nourriture*) mounds of food. **il nous venait des odeurs de** ~ we were met by an unappetizing smell of food (cooking).
mange-disques [mɑ̃ʒdisk] *nm inv* slot-in record player.
mangeoire [mɑ̃ʒwaʀ] *nf* trough, manger.
mangeotter* [mɑ̃ʒɔte] (1) *vt* to nibble.
manger [mɑ̃ʒe] (3) **1** *vt* **(a)** ~ **(de)** *soupe* to drink, eat. ~ **dans une assiette/dans un bol** to eat off *ou* from a plate/out of a bowl; **il mange peu** he doesn't eat much; **il ne mange pas** *ou* **rien en ce moment** he's off his food at present, he is not eating at all at present; **ils ont mangé tout ce qu'elle avait** (à la maison) they ate her out of house and home; **vous mangerez bien un morceau avec nous?*** won't you have a bite (to eat) with us?; **il a mangé tout ce qui restait** he has eaten (up) all that was left; **cela se mange?** can you eat it?, is it edible?; **ce plat se mange très chaud** this dish should be eaten piping hot; **ils leur ont fait** *ou* **donné à** ~ **un excellent poisson** they served *ou* gave them some excellent fish to eat; **faire** ~ **qn** to feed sb; **faire** ~ **qch à qn** to give sb sth to eat, make sb eat sth; **donner à** ~ **à un bébé/un animal** to feed a baby/an animal; ~ **goulûment** to wolf down one's food, eat greedily; ~ **salement** to be a messy eater; ~ **comme un cochon*** to eat like a pig*; **finis de** ~!, **mange!** eat up!; **on mange bien/mal à cet hôtel** the food is good/bad at this hotel; **les enfants ne mangent pas à leur faim à l'école** the children don't get *ou* are not given enough to eat at school.
(b) (*emploi absolu: faire un repas*) ~ **dehors** *ou* **au restaurant** to eat out, have a meal out; **c'est l'heure de** ~ (*midi*) it's lunchtime; (*soir*) it's dinnertime; **inviter qn à** ~ to invite sb for a meal; **boire en mangeant** to drink with a meal; ~ **sur le pouce** to have a (quick) snack, snatch a bite (to eat); *V* **carte**.
(c) (*fig: dévorer*) ~ **qn des yeux** to gaze hungrily at sb, devour sb with one's eyes; ~ **qn de baisers** to smother sb with kisses; **allez le voir, il ne vous mangera pas** go and see him, he won't eat you; **il va te** ~ **tout cru** he'll make mincemeat of you, he'll swallow you whole; (*iro*) ~ **du curé** to be a priest hater.
(d) (*ronger*) to eat (away). **mangé par les mites** *ou* **aux mites** moth-eaten; **la grille (de fer) a été mangée par la rouille** the (iron) railing is eaten away with *ou* by rust; **le soleil a mangé la couleur** the sun has taken out *ou* faded the colour.
(e) (*faire disparaître, consommer*) **ce poêle mange beaucoup de charbon** this stove gets through *ou* uses a lot of coal *ou* is heavy on coal; **toutes ces activités lui mangent son temps** all these activities take up his time; (*avaler*) ~ **ses mots** to swallow one's words; **de nos jours les grosses entreprises mangent les petites** nowadays the big firms swallow up the smaller ones; **une barbe**

touffue lui mangeait le visage his face was half hidden under a bushy beard; **des yeux énormes lui mangeaient le visage** his face seemed to be just two great eyes.
(f) (*dilapider*) *fortune, capital, économies* to go through, squander. **l'entreprise mange de l'argent** the business is eating money; **dans cette affaire il mange de l'argent** he's spending more than he earns *ou* his outgoings are more than his income in this business.
(g) (*loc*) ~ **la consigne** *ou* **la commission** to forget one's errand; ~ **comme quatre/comme un oiseau** to eat like a horse/like a bird; ~ **du bout des dents** to pick *ou* nibble at one's food; (*fig*) ~ **le morceau‡** to spill the beans‡, talk, come clean*; ~ **son pain blanc le premier** to have it easy at the start; **je ne mange pas de ce pain-là!** I'm having nothing to do with that!, I'm not stooping to anything like that!; ~ **de la vache enragée** to have a very lean time of it; ~ **son blé en herbe** to spend one's money in advance *ou* before one gets it; ~ **à tous les rateliers** to cash in* on all sides; *V* **sang**.
2 *nm* food. **préparer le** ~ **des enfants*** to get the children's food *ou* meal ready; **'ici on peut apporter son** ~**'*** 'customers may consume their own food on the premises'; **à prendre après** ~ to be taken after meals; *V* **perdre**.
mange-tout [mɑ̃ʒtu] *nm inv*: **pois** ~ mange-tout peas; **haricots** ~ runner beans, string beans.
mangeur, -euse [mɑ̃ʒœʀ, øz] *nm, f* eater. **être gros** *ou* **grand/petit** ~ to be a big/small eater; **c'est un gros** ~ **de pain** he eats a lot of bread, he's a big bread-eater*; ~ **d'hommes** man-eater.
manglier [mɑ̃glije] *nm* mangrove tree.
mangoustan [mɑ̃gustɑ̃] *nm* mangosteen.
mangouste [mɑ̃gust(ə)] *nf* (*animal*) mongoose; (*fruit*) mangosteen.
mangrove [mɑ̃gʀɔv] *nf* mangrove swamp.
mangue [mɑ̃g] *nf* mango (*fruit*).
manguier [mɑ̃gje] *nm* mango (tree).
maniabilité [manjabilite] *nf [objet]* handiness, manageability; *[voiture]* driveability; *[avion]* manœuvrability. **appareil d'une grande** ~ implement which is very easy to handle, very handy implement; **c'est un véhicule d'une étonnante** ~ this vehicle is incredibly easy to handle *ou* drive.
maniable [manjabl(ə)] *adj* **(a)** *objet, taille* handy, manageable, easy to handle (*attrib*); *véhicule* easy to handle *ou* drive (*attrib*); *avion* easy to manoeuvre (*attrib*). **(b)** (*influençable*) *électeur* easily swayed *ou* influenced (*attrib*). **(c)** (*accommodant*) *homme, caractère* accommodating, amenable.
maniaco-dépressif, -ive [manjakɔdepʀɛsif,iv] *adj* manicdepressive.
maniaque [manjak] **1** *adj personne* finicky, fussy, pernickety. **faire qch avec un soin** ~ to do sth with almost fanatical care.
2 *nmf* **(a)** (†: *Admin, Presse: fou*) maniac, lunatic. ~ **sexuel** sex maniac.
(b) (*méticuleux*) fusspot; (*fanatique*) fanatic, enthusiast. **c'est un** ~ **de la propreté** he's fanatical about cleanliness, cleanliness is an obsession with him; **c'est un** ~ **de l'exactitude** he is fanatical about punctuality, he's a stickler for punctuality; **c'est un** ~ **de la voile** he's sailing mad *ou* a sailing fanatic.
maniaquerie [manjakʀi] *nf* fussiness, pernicketiness.
manichéen, -enne [manikeɛ̃, ɛn] *adj, nm, f* Manich(a)ean.
manichéisme [manikeism(ə)] *nm* (*Philos*) Maniche(an)ism; (*péj*) over-simplification. (*fig*) **il fait du** ~ he sees everything in black and white, everything is either good or bad to him.
manie [mani] *nf* **(a)** (*habitude*) odd *ou* queer habit. **elle est pleine de** (*petites*) ~**s** she's got all sorts of funny little ways *ou* habits; **mais quelle** ~ **tu as de te manger les ongles!** you've got a terrible habit of biting your nails!; **elle a la** ~ **de tout nettoyer** she's a compulsive *ou* obsessive cleaner. **(b)** (*obsession*) mania. (*Méd*) ~ **de la persécution** persecution mania.
maniement [manimɑ̃] *nm* **(a)** handling. **d'un** ~ **difficile** difficult to handle; **le** ~ **de cet objet est pénible** this object is difficult to handle; **il possède à fond le** ~ **de la langue** he has a thorough understanding of how to use *ou* handle the language.
(b) (*Mil*) ~ **d'armes** arms drill (*Brit*), manual of arms (*US*).
manier [manje] (7) **1** *vt objet, langue, foule* to handle; *personne* to handle; (*péj*) to manipulate. ~ **l'aviron** to pull *ou* ply (*littér*) the oars; ~ **de grosses sommes d'argent** to handle large sums of money; **cheval/voiture facile à** ~ horse/car which is easy to handle; **il sait** ~ **le pinceau, il manie le pinceau avec adresse** he knows how to handle a brush, he's a painter of some skill; **savoir** ~ **la plume** to be a good writer; **savoir** ~ **l'ironie** to handle irony skilfully.
2 se manier *vpr* = **se magner**.
manière [manjɛʀ] *nf* **(a)** (*façon*) way. **sa** ~ **d'agir/de parler** the way he behaves/speaks; **il le fera à sa** ~ he'll do it (in) his own way; ~ **de vivre** way of life; ~ **de voir (les choses)** outlook (on things); **c'est sa** ~ **d'être habituelle** that's just the way he is, that's just how he usually is; **ce n'est pas la bonne** ~ **de s'y prendre** this is not the right *ou* best way to go about it; **d'une** ~ **efficace** in an efficient way; **de quelle** ~ **as-tu fait cela?** how did you do that?; **à la** ~ **d'un singe** like a monkey, as a monkey would do.
(b) (*Art: style*) **c'est un Matisse dernière** ~ it's a late Matisse *ou* an example of Matisse's later work; **dans la** ~ **classique** in the classical style; **à la** ~ **de Racine** in the style of Racine.
(c) (*loc*) **employer la** ~ **forte** to use strong measures *ou* strongarm tactics, take a tough line*; **il l'a giflé de belle** ~! he gave him a sound *ou* good slap; **en** ~ **d'excuse** by way of (an) excuse; **d'une certaine** ~, **il a raison** in a way *ou* in some ways he's right; **d'une** ~ **générale** generally speaking, as a general rule; **de toute(s)** ~**(s)** in any case, at any rate, anyway; **de cette** ~ (in) this way; **de telle** ~ **que** in such a way that; **d'une** ~ **ou d'une autre** somehow

or other; **en aucune ~** in no way, under no circumstances; **je n'accepterai en aucune ~** I shall not agree on any account; **de ~ à faire** so as to do; **de ~ (à ce) que nous arrivions à l'heure, de ~ à arriver à l'heure** so that we get there on time.

    (d) ~s: **avoir de bonnes/mauvaises ~s** to have good/bad manners; **apprendre les belles ~s** to learn good manners; **il n'a pas de ~s**, **il est sans ~s** he has no manners; **ce ne sont pas des ~s!** that's no way to behave!; **en voilà des ~s!** what a way to behave!; **je n'aime pas ces ~s!** I don't like this kind of behaviour!; **faire des ~s** (*minauderies*) to be affected, put on airs; (*chichis*) to make a fuss.

    (e) (†: *genre*) **une ~ de pastiche** a kind of pastiche; **quelle ~ d'homme est-ce?** what kind *ou* sort of a man is he?, what manner of man is he?†

maniéré, e [manjeʀe] *adj* **(a)** (*péj: affecté*) *personne, style, voix* affected. **(b)** (*Art*) *genre* mannered. **les tableaux très ~s de ce peintre** the mannered style of this painter.

maniérisme [manjeʀism(ə)] *nm* (*Art*) mannerism.

manieur, -euse [manjœʀ, øz] *nm,f* manager. **~ d'argent** *ou* **de fonds** big businessman.

manif* [manif] *nf* (*abrév de* **manifestation**) demo*.

manifestant, e [manifɛstɑ̃, ɑ̃t] *nm,f* demonstrator, protester.

manifestation [manifɛstasjɔ̃] *nf* **(a)** (*Pol*) demonstration.

    (b) (*expression*) [*opinion, sentiment*] expression; [*maladie*] (*apparition*) appearance; (*symptômes*) outward sign *ou* symptom. **~ de mauvaise humeur** show of bad temper; **~ de joie** demonstration *ou* expression of joy; **accueillir qn avec de grandes ~s d'amitié** to greet sb with great demonstrations of friendship.

    (c) [*Dieu, vérité*] revelation.

    (d) (*réunion, fête*) event. **~ artistique/culturelle/sportive** artistic/cultural/sporting event; **le maire assistait à cette sympathique ~** the mayor was present at this happy gathering *ou* on this happy occasion.

manifeste [manifɛst(ə)] **1** *adj vérité* manifest, obvious, evident; *sentiment, différence* obvious, evident. **erreur ~** glaring error; **il est ~ que vous n'y avez pas réfléchi** obviously you haven't *ou* it is quite obvious *ou* evident that you haven't given it much thought.

    2 *nm* (*Littérat, Pol*) manifesto; (*Aviat, Naut*) manifest.

manifestement [manifɛstəmɑ̃] *adv* (*V* **manifeste**) manifestly; obviously, evidently.

manifester [manifɛste] **(1)** **1** *vt opinion, intention, sentiment* to show, indicate; *courage* to show, demonstrate. **il m'a manifesté son désir de** he indicated to me his wish to, he signified his wish to; (*frm*) **par ce geste la France tient à nous ~ son amitié** France intends this gesture as a demonstration *ou* an indication of her friendship towards us.

    2 *vi* (*Pol*) to demonstrate.

    3 se manifester *vpr* **(a)** (*se révéler*) [*émotion*] to show itself, express itself; [*difficultés*] to emerge, arise. **en fin de journée une certaine détente se manifesta** at the end of the day there was evidence of *ou* there were indications of a certain thaw in the atmosphere, at the end of the day a more relaxed atmosphere could be felt; **la crise se manifeste par des troubles sociaux** the crisis shows itself in social unrest; (*Rel*) **Dieu s'est manifesté aux hommes** God revealed himself to mankind.

    (b) (*se présenter*) [*personne*] to appear, turn up; [*candidat, témoin*] to come forward. **depuis son échec il n'ose pas se ~ ici** since his defeat he dare not show his face here.

    (c) (*se faire remarquer*) [*personne*] to make o.s. known, come to the fore. **cette situation difficile lui a permis de se ~ this** difficult situation gave him the chance to make himself known *ou* to come to the fore *ou* to make his mark; **il n'a pas eu l'occasion de se ~ dans le débat** he didn't get a chance to assert himself *ou* to make himself heard in the discussion; **il s'est manifesté par une déclaration fracassante** he came to public notice *ou* he attracted attention with a sensational statement.

manifold [manifɔld] *nm* (*carnet*) duplicate book; (*tuyaux*) manifold.

manigance [manigɑ̃s] *nf* (*gén pl*) scheme, trick, ploy. **encore une de ses ~s** another of his little schemes *ou* tricks *ou* ploys.

manigancer [manigɑ̃se] **(3)** *vt* to plot, devise. **qu'est-ce qu'il manigance maintenant?** what's he up to now?, what's his latest little scheme?; **c'est lui qui a tout manigancé** he set the whole thing up*, he engineered it all.

manille¹ [manij] **1** *nm* Manila cigar. **2** *n*: **M~** Manila.

manille² [manij] *nf* **(a)** (*Cartes*) (*jeu*) manille; (*dix*) ten. **(b)** (*Tech*) shackle.

manillon [manijɔ̃] *nm* ace (*in game of manille*).

manioc [manjɔk] *nm* manioc, cassava.

manipulateur, -trice [manipylatœʀ, tʀis] **1** *nm,f* **(a)** (*technicien*) technician. **~ de laboratoire** laboratory technician. **(b)** (*péj*) manipulator. **(c)** (*prestidigitateur*) conjurer. **2** *nm* (*Téléc*) key.

manipulation [manipylasjɔ̃] *nf* **(a)** (*maniement*) handling. **ces produits chimiques sont d'une ~ délicate** these chemicals should be handled with great care, great care should be taken in handling these chemicals.

    (b) (*Scol: Chim, Phys*) **~s** experiments.

    (c) (*Pol: fig, péj*) manipulation (*U*). **il y a eu des ~s électorales** there was rigging of the elections, some elections were rigged.

    (d) (*prestidigitation*) sleight of hand.

    (e) (*Méd: gén pl*) manipulation (*U*). **obtenu par ~ génétique** genetically engineered; **les ~s génétiques posent des problèmes éthiques** genetic engineering poses ethical problems.

manipule [manipyl] *nm* (*Antiq, Rel*) maniple.

manipuler [manipyle] **(1)** *vt* **(a)** *objet, produit* to handle.

    (b) (*fig, péj*) *électeurs* to manipulate. **~ une élection** to rig an

election; **~ les écritures** to rig *ou* fiddle* (*Brit*) the accounts, cook the books* (*Brit*).

Manitoba [manitɔba] *nm* Manitoba.

manitobain, e [manitɔbɛ̃, ɛn] **1** *adj* Manitoban. **2** *nm,f*: **M~(e)** Manitoban.

manitou [manitu] *nm* **(a)** **grand ~*** big shot*, big noise* (*Brit*). **le grand ~ de la firme** the big shot* in the firm. **(b)** (*Rel*) manitou.

manivelle [manivɛl] *nf* (*gén*) crank; (*pour changer une roue*) wheel crank; (*pour démarrer*) crank, starting handle. **faire partir à la ~** to crank, give a crankstart to; *V* **retour.**

manne [man] *nf* **(a)** (*Rel*) **la ~** manna; **recevoir la ~ (céleste)** (*la bonne parole*) to receive the word from on high.

    (b) (*fig*) (*aubaine*) godsend, manna. **ça a été pour nous une ~ (providentielle** *ou* **céleste)** that was a godsend for us, it was heaven-sent.

    (c) (*Bot*) manna.

    (d) (*panier*) large wicker basket.

mannequin [mankɛ̃] *nm* **(a)** (*personne*) model, mannequin†; *V* **défilé, taille¹.**

    (b) (*objet*) [*couturière*] dummy; [*vitrine*] model, dummy; [*peintre*] model; (*fig: pantin*) stuffed dummy.

    (c) (*panier*) small (gardener's) basket.

manœuvrabilité [manœvʀabilite] *nf* (*gén*) manœuvrability; (*Aut*) driveability.

manœuvrable [manœvʀabl(ə)] *adj* (*gén*) manœuvrable, easy to handle; *voiture* easy to handle *ou* drive.

manœuvre [manœvʀ(ə)] **1** *nf* **(a)** (*opération*) manœuvre, operation; (*Rail*) shunting. **diriger/surveille la ~** to control/supervise the manœuvre *ou* operation; **la ~ d'un bateau n'est pas chose facile** manœuvring a boat is no easy thing to do, it's not easy to manœuvre a boat; (*Aut, Naut*) **il a manqué sa ~** he mishandled *ou* muffed* the manœuvre; **il a réussi sa ~** he carried off the manœuvre successfully; (*Rail*) **faire la ~** to shunt.

    (b) (*Mil*) manœuvre. **champ** *ou* **terrain de ~s** parade ground; **~ d'encerclement** encircling movement; **les grandes ~s de printemps** spring army manœuvres *ou* exercises.

    (c) (*agissement, combinaison*) manœuvre; (*machination, intrigue*) manœuvring, ploy. **il a toute liberté de ~** he has complete freedom to manœuvre; **~s électorales** vote-catching manœuvres *ou* ploys; **~s frauduleuses** fraudulent schemes *ou* devices; **~ d'obstruction** obstructive move; **il a été victime d'une ~ de l'adversaire** he was caught out by a clever move *ou* trick on the part of his opponents.

    (d) (*Naut*) **~s dormantes/courantes** standing/running rigging.

    2 *nm* (*gén*) labourer; (*en usine*) unskilled worker. **c'est un travail de ~** it's unskilled labour *ou* work; **~ agricole** farm labourer *ou* hand.

manœuvrer [manœvʀe] **(1)** **1** *vt véhicule* to manœuvre; *machine* to operate, work; (*fig: manipuler*) *personne* to manipulate. **se laisser ~ par sa femme** to allow o.s. to be manipulated by one's wife. **2** *vi* (*gén*) to manœuvre. (*fig*) **il a manœuvré habilement** he moved *ou* manœuvred skilfully.

manœuvrier, -ère [manœvʀije, ɛʀ] **1** *adj* manœuvring. **2** *nm,f* (*Mil*) tactician; (*Pol*) manœuvrer.

manoir [manwaʀ] *nm* manor *ou* country house.

manomètre [manɔmɛtʀ(ə)] *nm* gauge, manometer.

manométrique [manɔmetʀik] *adj* manometric.

manouche [manuʃ] *nmf* (*péj*) gipsy.

manouvrier† [manuvʀije] *nm* (casual) labourer.

manquant, e [mɑ̃kɑ̃, ɑ̃t] *adj* missing.

manque [mɑ̃k] *nm* **(a) ~ de** (*pénurie*) lack of, shortage of, want of; (*faiblesse*) lack of, want of; **~ de nourriture/d'argent** lack *ou* shortage *ou* want of food/money; **~ d'intelligence/de goût** lack *ou* want of intelligence/taste; **son ~ de sérieux** his lack of seriousness, his flippancy; **par ~ de** through lack *ou* shortage of, for want of; **quel ~ de chance!** *ou* **de pot!‡** what bad *ou* hard luck!; **~ à gagner** loss of profit *ou* earnings; **cela représente un sérieux ~ à gagner pour les cultivateurs** that means a serious loss of income *ou* a serious drop in earnings *ou* income for the farmers.

    (b) ~s (*défauts*) [*roman*] faults; [*personne*] failings, shortcomings; [*mémoire, connaissances*] gaps.

    (c) (*vide*) gap, emptiness; (*Drogue*) withdrawal. **je ressens comme un grand ~** it's as if there were a great emptiness inside me; **un ~ que rien ne saurait combler** a gap which nothing could fill; **symptômes de ~** withdrawal symptoms; **être en état de ~** to be experiencing withdrawal symptoms.

    (d) (*Tex*) flaw. **il faut faire un raccord (de peinture), il y a des ~s** we'll have to touch up the paintwork, there are bare patches.

    (e) (*Roulette*) manque.

    (f) (‡) **à la ~**: **un chanteur à la ~** a crummy‡ *ou* second-rate singer; **lui et ses idées à la ~** him and his half-baked* *ou* crummy‡ ideas.

manqué, e [mɑ̃ke] (*ptp de* **manquer**) *adj essai* failed, abortive; *rendez-vous* missed; *photo* spoilt; *vie* wasted; (*Tech*) *pièce* faulty. **occasion ~e** lost *ou* wasted opportunity; **un roman ~** a novel which doesn't quite succeed *ou* come off*; **c'est un écrivain ~** (*mauvais écrivain*) he is a failure as a writer; (*il aurait dû être écrivain*) he should have been a writer; (*Culin*) **(gâteau) ~** ≃ sponge cake; *V* **garçon.**

manquement [mɑ̃kmɑ̃] *nm* (*frm*) **~ à discipline, règle** breach of; **~ au devoir** dereliction of duty; **au moindre ~** at the slightest lapse; (*Jur*) **~ (à des obligations contractuelles)** default.

manquer [mɑ̃ke] **(1)** **1** *vt* **(a)** (*ne pas atteindre ou saisir*) *but, occasion, train* to miss; (*ne pas tuer; ne pas atteindre ou rencontrer*) *personne* to miss. **~ une marche** to miss a step; **~ qn de peu** (*en lui* *tirant dessus*) to miss sb by a fraction, just to miss sb; (*à un rendez-vous*) just to miss sb; **je l'ai manqué de 5 minutes** I missed him by 5 minutes; **c'est un film/une pièce à ne pas ~** this film/play is a must*, it's a film/play that shouldn't be missed; (*iro*) **il n'en manque jamais une*!** he blunders *ou* boobs‡ every time!, he puts his foot in it every time!*; **vous n'avez rien manqué (en ne venant pas)** you didn't miss anything (by not coming); **je ne le manquerai pas** (*je vais lui donner une leçon*) I won't let him get away with it; (*fig*) ~ **le coche** to miss one's chance *ou* the bus* (*Brit*).

  (b) (*ne pas réussir*) *photo, gâteau* to spoil, make a mess of*, botch*; *examen* to fail. **il a manqué sa vie** he has wasted his life; **ils ont (complètement) manqué leur coup** their attempt failed completely, they completely botched* the attempt *ou* the job*.

  (c) (*être absent de*) to be absent from, miss. ~ **l'école** to be absent from *ou* miss school; **il a manqué deux réunions** he missed two meetings.

2 *vi* (a) (*faire défaut*) to be lacking. **l'argent/la nourriture vint à ~** money/food ran out *ou* ran short; **rien ne manque** nothing is lacking; **les occasions ne manquent pas (de faire)** there is no lack of *ou* there are endless opportunities (to do).

  (b) (*être absent*) to be absent; (*avoir disparu*) to be missing. **il ne manque jamais** he's never absent, he never misses; **rien ne manque** nothing is missing.

  (c) (*échouer*) [*expérience etc*] to fail.

  (d) ~ **à** (*faire défaut à*): **ce qui lui manque, c'est l'argent** what he lacks *ou* what he hasn't got is (the) money; **les mots me manquent pour exprimer** I can't find the words to express, I am at a loss for words to express; **le temps me manque pour m'étendre sur ce sujet** there's no time for me to enlarge on this theme; **ce n'est pas l'envie** *ou* **le désir qui me manque d'y aller** it's not that I don't want to go, it's not that I am unwilling to go; **le pied lui manqua** his foot slipped, he missed his footing; **la voix lui manqua** words failed him, he stood speechless; **un carreau manquait à la fenêtre** there was a pane missing in *ou* from the window; (*hum*) **qu'est-ce qui manque à ton bonheur?** is there something not to your liking?, what are you unhappy about?

3 manquer à *vt indir* (a) (*ne pas respecter*) ~ **à son honneur/son devoir** to fail in one's honour/duty; ~ **à ses promesses** to renege on one's promises, fail to keep one's word; ~ **à tous les usages** to flout every convention; **il manque à tous ses devoirs** he neglects all his duties; **sa femme lui a manqué, il l'a battue†** his wife wronged him so he beat her; ~ **à qn†** (*être impoli envers qn*) to be disrespectful to sb.

  (b) (*être absent de*) *réunion* to be absent from, miss. ~ **à l'appel** (*lit*) to be absent from roll call; (*fig*) to be missing.

  (c) (*être regretté*) ~ **à qn: il nous manque, sa présence nous manque** we miss him; **la campagne nous manque** we miss the country.

4 manquer de *vt indir* (a) (*être dépourvu de*) *intelligence, générosité* to lack; *argent, main-d'œuvre* to be short of, lack. **ils ne manquent de rien** they want for nothing, they lack nothing; **le pays ne manque pas d'un certain charme** the country is not without a certain charm; **on manque d'air ici** there's no air in here; **nous manquons de personnel** we're short-staffed, we're short of staff, we lack staff; **il ne manque pas d'audace** he's got a nerve*!

  (b) (*faillir*) **elle a manqué (de) se faire écraser** she nearly got run over; **il a manqué mourir** he nearly *ou* almost died.

  (c) (*formules nég*) **ne manquez pas de le remercier pour moi** don't forget to thank him for me, be sure to thank him for me; **je ne manquerai pas de le lui dire** I'll be sure to tell him; **nous ne manquerons pas de vous en informer** we shall inform you without fail; **il n'a pas manqué de le lui dire** he made sure he told him; **remerciez-la — je n'y manquerai pas** thank her — I won't forget; **on ne peut ~ d'être frappé par** one cannot fail to marvel at, one cannot help but be struck by; **ça ne va pas ~ (d'arriver)*** it's bound to happen; **ça n'a pas manqué (d'arriver)*!** sure enough it was bound to happen!

5 *vb impers*: **il manque un pied à la chaise** there's a leg missing from the chair; **il (nous) manque 10 personnes/2 chaises** (*elles ont disparu*) there are 10 people/2 chairs missing; (*on en a besoin*) we are 10 people/2 chairs short, we are short of 10 people/2 chairs; **il ne manquera pas de gens pour dire** there'll be no shortage *ou* lack of people to say; **il ne lui manque que d'être intelligent** the only thing he's lacking in is intelligence; **il ne manquait plus que ça** that's all we needed, that beats all*, that's the last straw*; **il ne manquerait plus qu'il parte sans elle!** it would be the last straw if he went off without her!*

6 se manquer *vpr* (*rater son suicide*) to fail (in one's attempt to commit suicide).

mansarde [mãsaʀd(ə)] *nf* (*pièce*) attic, garret.
mansardé, e [mãsaʀde] *adj chambre, étage* attic (*épith*). **la chambre est ~e** the room has a sloping ceiling, it is an attic room.
mansuétude [mãsɥetyd] *nf* leniency, indulgence.
mante [mãt] *nf* (a) (*Zool*) mantis. ~ **religieuse** (*lit*) praying mantis; (*fig*) man-eater (*fig hum*). (b) (†: *manteau*) (woman's) mantle, cloak.
manteau, pl ~x [mãto] **1** *nm* (a) (*Habillement*) coat. ~ **de pluie** raincoat; ~ **trois-quarts** three-quarter length coat; (*loc*) **sous le ~** clandestinely, on the sly.

  (b) (*fig littér*) [*neige*] mantle, blanket; [*ombre, hypocrisie*] cloak. **sous le ~ de la nuit** under cover of night, under the cloak of darkness.

  (c) (*Zool*) [*mollusque*] mantle.

  (d) (*Hér*) mantle, mantling.

  (e) (*Géol*) mantle.

  2: manteau d'Arlequin proscenium arch; **manteau de cheminée** mantelpiece.

mantelet [mãtlɛ] *nm* (*Habillement*) short cape, mantelet; (*Naut*) deadlight.
mantille [mãtij] *nf* mantilla.
mantisse [mãtis] *nf* mantissa.
Mantoue [mãtu] *n* Mantua.
manucure [manykyʀ] *nmf* manicurist.
manucurer [manykyʀe] (1) *vt* to manicure.
manuel, -elle [manɥɛl] **1** *adj* manual. **2** *nm, f* (*travailleur manuel*) manual worker; (*qui a du sens pratique*) practical man (*ou* woman). **3** *nm* (*livre*) manual, handbook. ~ **de lecture** reader; ~ **scolaire** textbook.
manuellement [manɥɛlmã] *adv* **fabriquer** by hand, manually. **être bon ~** to be good with one's hands.
manufacturable [manyfaktyʀabl(ə)] *adj* manufacturable.
manufacture [manyfaktyʀ] *nf* (a) (*usine*) factory. ~ **d'armes/de porcelaine/de tabac** munitions/porcelain/tobacco factory; ~ **de tapisserie** tapestry workshop. (b) (*fabrication*) manufacture.
manufacturer [manyfaktyʀe] (1) *vt* to manufacture; *V* **produit.**
manufacturier, -ière [manyfaktyʀje, jɛʀ] **1** *adj* manufacturing (*épith*). **2** *nm* (†) factory owner.
manu militari [manymilitaʀi] *adv* by (main) force.
manuscrit, e [manyskʀi, it] **1** *adj* (*écrit à la main*) handwritten. **pages ~es** manuscript pages. **2** *nm* manuscript; (*dactylographie*) manuscript, typescript. **les ~s de la mer Morte** the Dead Sea Scrolls.
manutention [manytãsjɔ̃] *nf* (*opération*) handling; (*local*) storehouse. (*Comm*) **frais de ~** handling charges.
manutentionnaire [manytãsjɔnɛʀ] *nmf* packer.
manutentionner [manytãsjɔne] (1) *vt* to handle, pack.
maoïsme [maɔism(ə)] *nm* Maoism.
maoïste [maɔist(ə)] *adj, nmf* Maoist.
Mao (Tsé-Tung) [mao(tsetuŋ)] *nm* Mao (Tse Tung).
maous, -ousse* [maus] *adj personne* hefty; *animal, objet* whacking great‡ (*Brit, épith*), colossal.
mappemonde [mapmɔ̃d] *nf* (*carte*) map of the world (in two hemispheres); (*sphère*) globe.
maquer (se)‡ [make] (1) *vpr*: **se ~ avec qn** to live with sb, be shacked up with sb‡ (*péj*); **elle est maquée avec lui** she's living with him, she's shacked up with him‡ (*péj*).
maquereau¹, pl ~x [makʀo] *nm* (*poisson*) mackerel; *V* **groseille.**
maquereau²‡, pl ~x [makʀo] *nm* (*proxénète*) pimp, ponce‡ (*Brit*).
maquerelle‡ [makʀɛl] *nf* madam*.
maquette [makɛt] *nf* (a) (*à échelle réduite*) (*Archit, Ind*) (scale) model; (*Art, Théât*) model.

  (b) (*grandeur nature*) (*Ind*) mock-up, model; (*livre*) dummy.

  (c) (*Peinture: carton*) sketch.

  (d) (*Typ*) (*mise en pages*) paste-up; (*couverture*) artwork.
maquettiste [maketist(ə)] *nmf* model maker.
maquignon [makiɲɔ̃] *nm* (*lit*) horse dealer; (*péj*) shady *ou* crooked dealer.
maquignonnage [makiɲɔnaʒ] *nm* (*lit*) horse dealing; (*fig, péj*) sharp practice, underhand dealings.
maquignonner [makiɲɔne] (1) *vt* (*péj*) *animal* to sell by shady methods; *affaire* to rig, fiddle.
maquillage [makijaʒ] *nm* (a) (*résultat*) make-up. **passer du temps à son ~** to spend a long time putting on one's make-up *ou* making up.

  (b) (*péj*) [*voiture*] disguising, doing over*; [*document, vérité, faits*] faking, doctoring.
maquiller [makije] (1) **1** *vt* (a) *visage, personne* to make up. **très maquillé** heavily made-up.

  (b) (*fig*) *document, vérité, faits* to fake, doctor; *résultats, chiffres* to juggle (with), fiddle* (*Brit*); *voiture* to do over*, disguise. **meurtre maquillé en accident** murder faked up to look like an accident.

  2 se maquiller *vpr* to make up, put on one's make-up. **elle est trop jeune pour se ~** she is too young to use make-up.
maquilleur [makijœʀ] *nm* make-up artist, make-up man.
maquilleuse [makijøz] *nf* make-up artist, make-up girl.
maquis [maki] *nm* (a) (*Géog*) scrub, bush. **le ~ corse** the Corsican scrub; **prendre le ~** to take to the bush.

  (b) (*fig: labyrinthe*) tangle, maze. **le ~ de la procédure** the minefield *ou* jungle of legal procedure.

  (c) (*Hist: 2e guerre mondiale*) maquis. **prendre le ~** to take to the maquis, go underground.
maquisard, e [makizaʀ, aʀd(ə)] *nm, f* maquis, member of the Resistance.
marabout [maʀabu] *nm* (*Orn*) marabou(t); (*Rel*) marabout.
maraîchage [maʀɛʃaʒ] *nm* market gardening (*Brit*), truck farming (*US*). ~ **sous verre** glasshouse cultivation.
maraîcher, -ère [maʀeʃe, maʀɛʃɛʀ] **1** *nm, f* market gardener (*Brit*), truck farmer (*US*). **2** *adj*: **culture ~ère** market gardening (*U*) (*Brit*), truck farming (*U*) (*US*); **produit ~** market garden produce (*U*) (*Brit*), truck (*U*) (*US*); **jardin ~** market garden (*Brit*), truck farm (*US*).
marais [maʀɛ] *nm* (a) marsh, swamp. ~ **salant** saltern; *V* **gaz.** (b) **le M~** the Marais (*district of Paris*).
marasme [maʀasm(ə)] *nm* (a) (*Écon, Pol*) stagnation, slump, paralysis. **les affaires sont en plein ~** business is completely stagnant, there is a complete slump in business.

  (b) (*accablement*) dejection, depression.

  (c) (*Méd*) marasmus.
marasquin [maʀaskɛ̃] *nm* maraschino.
marathon [maʀatɔ̃] *nm* (*Sport, fig*) marathon. (*ville*) **M~** Marathon.
marathonien [maʀatɔnjɛ̃] *nm* marathon runner.
marâtre [maʀɑtʀ(ə)] *nf* (*mauvaise mère*) cruel *ou* unnatural mother; (††: *belle-mère*) stepmother.

maraud, e¹†† [maʀo, od] *nm, f* rascal, rogue, scoundrel.

maraudage [maʀodaʒ] *nm* pilfering, thieving (*of poultry, crops etc*).

maraude² [maʀod] *nf* **(a)** (*vol*) thieving, pilfering (*of poultry, crops etc*); pillaging (*from farms, orchards*).
  (b) taxi en ~ *ou* qui fait la ~ cruising *ou* prowling taxi, taxi cruising *ou* prowling for fares; vagabond en ~ tramp on the prowl.

marauder [maʀode] **(1)** *vi* [*personne*] to thieve, pilfer; [*taxi*] to cruise *ou* prowl for fares.

maraudeur, -euse [maʀodœʀ, øz] *nm, f* (*voleur*) prowler; (*soldat*) marauder. oiseau ~ thieving bird; taxi ~ cruising *ou* prowling taxi.

marbre [maʀbʀ(ə)] *nm* **(a)** (*Géol*) marble. ~ de Carrare Carrara marble; (*fig*) rester de ~, garder un visage de ~ to remain stonily indifferent; avoir un cœur de ~ to have a heart of stone; (*Aut*) passer une voiture au ~ to check a car for structural damage; *V* froid.
  (b) (*surface*) marble top; (*statue*) marble (statue).
  (c) (*Typ*) stone, bed. être sur le ~ [*journal*] to be put to bed, be on the stone; [*livre*] to be on the press; rester sur le ~ to be excess copy.

marbrer [maʀbʀe] **(1)** *vt* **(a)** (*Tech*) papier, cuir to marble.
  (b) peau [*froid*] to blotch, mottle; [*coup*] to mark, leave marks on; [*coup violent*] to mottle. peau naturellement marbrée naturally mottled skin; visage marbré par le froid face blotchy *ou* mottled with cold.
  (c) (*gén: veiner*) bois, surface to vein, mottle. (*gâteau*) marbré marble cake.

marbrerie [maʀbʀəʀi] *nf* (*atelier*) marble mason's workshop *ou* yard; (*industrie*) marble industry. travailler dans la ~ to be a marble mason; (*funéraire*) to be a monumental mason.

marbrier, -ière [maʀbʀije, jɛʀ] **1** *adj* industrie marble (*épith*).
  2 *nm* (*funéraire*) monumental mason. **3 marbrière** *nf* marble quarry.

marbrure [maʀbʀyʀ] *nf* (*gén pl*) (*V* marbrer) marbling; blotch; mottling; mark; vein.

marc¹ [maʀ] *nm* (*poids, monnaie*) mark. (*Jur*) au ~ le franc pro rata, proportionally.

marc² [maʀ] *nm* [*raisin, pomme*] marc. ~ (de café) (coffee) grounds *ou* dregs; (eau de vie de) ~ marc brandy.

Marc [maʀk] *nm* Mark. ~ Aurèle Marcus Aurelius; ~-Antoine Mark Antony.

marcassin [maʀkasɛ̃] *nm* young wild boar.

marchand, e [maʀʃɑ̃, ɑ̃d] **1** *adj* valeur market (*épith*); prix trade (*épith*). navire ~ merchant ship; *V* galerie, marine².
  2 *nm, f* (*boutiquier*) shopkeeper, tradesman (*ou* tradeswoman); (*sur un marché*) stallholder; [*vins, fruits, charbon, grains*] merchant; [*meubles, bestiaux, cycles*] dealer. ~ au détail retailer; ~ en gros wholesaler; la ~e de chaussures me l'a dit the woman in the shoeshop *ou* the shoeshop owner told me; rapporte-le chez le ~/chez le ~ de fromages take it back to the shop *ou* shopkeeper/ to the cheese merchant's; (*hum, péj*) c'est un ~ de vacances he is in the holiday business *ou* racket (*péj*).
  3: marchand ambulant hawker, pedlar (*Brit*), peddler (*US*), door-to-door salesman; (*hum*) marchande d'amour lady of pleasure (*hum*); marchand de biens estate agent (*Brit*), realtor (*US*); (*péj*) marchand de canons arms dealer; marchand de couleurs ironmonger (*Brit*), hardware dealer; marchand de fromages cheesemonger (*Brit*), cheese merchant; marchand de fruits fruiterer (*Brit*), fruit merchant; marchand d'illusions purveyor of illusions, illusionmonger; marchand de journaux newsagent; marchand de légumes greengrocer, produce dealer (*US*); marchand de marée fish merchant; marchand de marrons chestnut seller; marchand de poissons fishmonger (*Brit*), fish merchant; marchand de quatre saisons costermonger (*Brit*), street merchant (selling fresh fruit and vegetables); marchand de rêves dream-merchant; (*fig*) marchand de sable sandman; (*péj*) marchand de sommeil slum landlord, slumlord (*US*); (*péj*) marchand de soupe (*restaurateur*) low-grade restaurateur, profiteering café owner; (*Scol*) money grubbing *ou* profit-minded headmaster (of a private school); marchand de tableaux art dealer; marchand de tapis carpet dealer; (*péj*) c'est un vrai marchand de tapis he drives a really hard bargain, he haggles over everything; des discussions de marchand de tapis fierce bargaining, endless haggling; marchand de voyages tour operator.

marchandage [maʀʃɑ̃daʒ] *nm* **(a)** (*au marché*) bargaining, haggling; (*péj: aux élections*) bargaining. se livrer à de sordides ~s to get down to some sordid bargaining. **(b)** (*Jur*) le ~ ≃ the lump (*illegal subcontracting of labour*).

marchander [maʀʃɑ̃de] **(1)** *vt* **(a)** objet to haggle over, bargain over. il a l'habitude de ~ he is used to haggling *ou* bargaining. **(b)** (*fig*) il ne marchande pas sa peine he spares no pains, he grudges no effort; il ne m'a pas marchandé ses compliments he wasn't sparing of his compliments. **(c)** (*Jur*) to subcontract.

marchandeur, -euse [maʀʃɑ̃dœʀ, øz] *nm, f* **(a)** haggler. **(b)** (*Jur*) subcontractor (of labour).

marchandisage [maʀʃɑ̃dizaʒ] *nm* marketing.

marchandise [maʀʃɑ̃diz] *nf* **(a)** (*article, unité*) commodity. ~s goods, merchandise (*U*), wares†; train/gare de ~s goods train/ station; ~s en gros/au détail wholesale/retail goods; il a de la bonne ~ he has *ou* sells good stuff.
  (b) (*cargaison, stock*) la ~ the goods, the merchandise; la ~ est dans l'entrepôt the goods are *ou* the merchandise is in the warehouse; faire valoir *ou* vanter la ~* to show o.s. off *ou* to show off one's wares to advantage, make the most of o.s. *ou* one's wares;

tromper *ou* rouler qn sur la ~* to sell sb a pup* (*Brit*) *ou* a dud*; elle étale la ~* she displays her charms (*hum*), she shows you all she's got*.

marchante [maʀʃɑ̃t] *adj f V* aile.

marche¹ [maʀʃ(ə)] **1** *nf* **(a)** (*action, Sport*) walking. il fait de la ~ he goes in for walking, he does quite a bit of walking; poursuivre sa ~ to walk on; chaussures de ~ walking shoes.
  (b) (*allure, démarche*) walk, step, gait; (*allure, rythme*) pace, step. une ~ pesante a heavy step *ou* gait; régler sa ~ sur celle de qn to adjust one's pace *ou* step to sb else's.
  (c) (*trajet*) walk. faire une longue ~ to go for a long walk; le village est à 2 heures/à 10 km de ~ d'ici the village is a 2-hour walk/a 10-km walk from here; une ~ de 10 km a 10-km walk.
  (d) (*mouvement d'un groupe, Mil, Pol*) march. air/chanson de ~ marching tune/song; fermer la ~ to bring up the rear; ouvrir la ~ to lead the way; faire ~ sur to march upon; ~ victorieuse sur la ville victorious march on the town; en avant, ~! quick march!, forward march!; *V* ordre¹.
  (e) (*mouvement, déplacement d'un objet*) (*Aut, Rail*) [*véhicule*] running; (*Tech*) [*machine*] running, working; (*Naut*) [*navire*] sailing; (*Astron*) [*étoile*] course; [*horloge*] working; (*Admin*) [*usine, établissement*] running, working, functioning. dans le sens de la ~ facing the engine; dans le sens contraire de la ~ with one's back to the engine; ne montez pas dans un véhicule en ~ do not board a moving vehicle; en (bon) état de ~ in (good) working order; régler la ~ d'une horloge to adjust the workings *ou* movement of a clock; assurer la bonne ~ d'un service to ensure the smooth running of a service; (*Tech*) ~ — arrêt on — off.
  (f) (*développement*) [*maladie*] progress; [*affaire, événements, opérations*] course; [*histoire, temps, progrès*] march. la ~ de l'intrigue the unfolding *ou* development of the plot.
  (g) (*loc*) être en ~ [*personnes, armées*] to be on the move; [*moteur etc*] to be running; se mettre en ~ [*personne*] to make a move, get moving; [*machine*] to start; mettre en ~ moteur, voiture to start (up); machine to put on, turn on, set going; pendule to start going; *V* train.
  (h) (*Mus*) march. ~ funèbre/militaire/nuptiale funeral/ military/wedding march.
  2: (*Aut*) marche arrière reverse; entrer/sortir en marche arrière to reverse in/out, back in/out; faire marche arrière (*Aut*) to reverse; (*fig*) to back-pedal, to backtrack; (*Mil*) marche forcée forced march; se rendre vers un lieu à marche(s) forcée(s) to get to a place by forced marches; marche à suivre (correct) procedure; (*mode d'emploi*) directions (for use).

marche² [maʀʃ(ə)] *nf* [*véhicule*] step; [*escalier*] step, stair. manquer une ~ to miss a step; attention à la ~ mind the step; les ~s (*de l'escalier*) on the stairs; (*de l'escalier extérieur, de l'escabeau*) on the steps.

marche³ [maʀʃ(ə)] *nf* (*gén pl*) (*Géog, Hist*) march. les ~s the Marches.

marché [maʀʃe] **1** *nm* **(a)** (*lieu*) market; (*ville*) trading centre. ~ aux bestiaux/aux fleurs/aux poissons cattle/flower/fish market; ~ couvert/en plein air covered/open-air market; aller au ~, aller faire le ~ to go to (the) market; aller faire son ~ to go to the market; (*plus gén*) to go shopping; [*marchand, acheteur*] faire les ~s to go round *ou* do the markets; vendre/acheter au ~ *ou* sur les ~s to buy/sell at the market; Lyon, le grand ~ des soieries Lyons, the great trading centre for silk goods.
  (b) (*Comm, Écon: débouchés, opérations*) market. ~ monétaire money market; ~ libre/des valeurs open/securities market; (*Pétrole*) le ~ libre de Rotterdam the Rotterdam spot market; acquérir *ou* trouver de nouveaux ~s (pour) to find new markets (for); lancer/offrir qch sur le ~ to launch/put sth on the market; analyse/étude de ~ market analysis/research; le ~ du travail the labour market; étudier un produit en fonction d'un ~ to do research on a product with a view to the possible market; il n'y a pas de ~ pour ces produits there is no market for these goods.
  (c) (*transaction, contrat*) bargain, transaction, deal. faire un ~ avantageux to make *ou* strike a good bargain; un ~ de dupes a fool's bargain *ou* deal; conclure *ou* passer un ~ avec qn to make a deal with sb; ~ conclu! it's a deal!; ~ ferme firm deal; (*fig*) mettre le ~ en main à qn to force sb to accept or refuse; *V* bon¹.
  (d) (*Bourse*) market. le ~ est animé the market is lively; le ~ des valeurs the stock market; le ~ des changes *ou* des devises the foreign exchange market; ~ à prime option (bargain); ~ au comptant/à terme *ou* à règlement mensuel spot *ou* cash/forward market.
  2: Marché commun Common Market; marché-gare *nm, pl* marchés-gares wholesale food market; marché noir black market; faire du marché noir to buy and sell on the black market; marché aux puces flea market.

marchepied [maʀʃəpje] *nm* (*Rail*) step; (*Aut*) running board; (*fig*) stepping stone.

marcher [maʀʃe] **(1)** *vi* **(a)** to walk; [*soldats*] to march. ~ à grandes enjambées *ou* à grands pas to stride (along); il marche en boitant he walks with a limp; venez, on va ~ un peu come on, let's have a walk *ou* let's go for a walk; il marchait lentement par les rues he strolled *ou* wandered along the streets; il marchait sans but he walked (along) aimlessly; (*fig*) ~ sur des œufs to walk (along) gingerly *ou* cautiously; faire ~ un bébé to get a baby to walk, help a baby walk; *V* pas¹.
  (b) (*mettre le pied sur, dans*) ~ dans une flaque d'eau to step in a puddle; défense de ~ sur les pelouses keep off the grass; (*lit*) ~ sur les pieds de qn/sur sa robe to stand *ou* tread on sb's toes/on one's dress; (*fig*) ne te laisse pas ~ sur les pieds don't let anyone tread on your toes (*fig*) *ou* take advantage of you; (*fig*) ~ sur les plates-bandes *ou* les brisées de qn* to poach *ou* intrude on sb's

preserves; ~ sur les pas de qn to follow in sb's footsteps; il marche à côté de ses pompes‡ he doesn't know what he's doing, he's completely lost the place*.

(c) (*fig: progresser*) ~ à la conquête de la gloire/vers le succès to be on the road to fame/success, step out *ou* stride towards fame/success; ~ au supplice to walk to one's death *ou* to the stake; ~ au combat to march into battle; (*Mil*) ~ sur une ville/sur un adversaire to advance on *ou* march against a town/an enemy.

(d) (*fig: obéir*) to toe the line; (*: *consentir*) to agree, play*. (*: *croire naïvement*) il marche à tous les coups he is taken in *ou* falls for it* every time; on lui raconte n'importe quoi et il marche you can tell him anything and he'll swallow it*; il n'a pas voulu ~ dans la combine he did not want to touch the job* *ou* get mixed up in it; faire ~ qn (*taquiner*) to pull sb's leg; (*tromper*) to take sb for a ride*, lead sb up the garden path*; il sait faire ~ sa grand-mère he knows how to get round his grandmother; son père saura le faire ~ (*droit*) his father will soon have him toeing the line.

(e) (*avec véhicule*) le train a/nous avons bien marché jusqu'à Lyon the train/we made good time as far as Lyons; nous marchions à 100 à l'heure we were doing a hundred.

(f) (*fonctionner*) [*appareil*] to work; [*ruse*] to work, come off; [*usine*] to work (well); [*affaires, études*] to go (well). faire ~ *appareil* to work, operate; *entreprise* to run; ça fait ~ les affaires it's good for business; ça marche à l'électricité it works by *ou* on electricity; est-ce que le métro marche aujourd'hui? is the underground running today?; ces deux opérations marchent ensemble these two procedures go *ou* work together; les affaires marchent mal things are going badly, business is bad; les études, ça marche?* how's the work going? ; rien ne marche nothing's going right, nothing's working; (*dans un restaurant*) 'ça marche!' 'coming up!'; V roulette.

marcheur, -euse [maʁʃœʁ, øz] *nm, f* (*gén*) walker; (*Pol, etc*) marcher.

Marco Polo [maʁkɔpolo] *nm* Marco Polo.

marcottage [maʁkɔtaʒ] *nm* (*Bot*) layering.

marcotte [maʁkɔt] *nf* (*Bot*) layer, runner.

marcotter [maʁkɔte] (1) *vt* (*Bot*) to layer.

mardi [maʁdi] *nm* Tuesday. M~ gras Shrove *ou* Pancake (*Brit*) Tuesday; (*hum*) elle se croit à ~ gras! she's dressed up like a dog's dinner!; *pour autres loc* V samedi.

mare [maʁ] *nf* (a) (*étang*) pond. ~ aux canards duck pond. (b) (*flaque*) pool. ~ de sang/d'huile pool of blood/oil.

marécage [maʁekaʒ] *nm* marsh, swamp, bog.

marécageux, -euse [maʁekaʒø, øz] *adj terrain* marshy, swampy, boggy; *plante* marsh (*épith*).

maréchal, *pl* -aux [maʁeʃal, o] *nm* (*armée française*) marshal (of France); (*armée britannique*) field marshal. (*Hist*) ~ de camp brigadier; ~-ferrant blacksmith, farrier; M~ de France Marshal of France; ~ des logis sergeant (*artillery, cavalry etc*); ~ des logis-chef battery *ou* squadron sergeant-major; V bâton.

maréchalat [maʁeʃala] *nm* rank of marshal, marshalcy.

maréchale [maʁeʃal] *nf* marshal's wife; V Madame.

maréchalerie [maʁeʃalʁi] *nf* (*atelier*) smithy, blacksmith's (shop); (*métier*) blacksmith's trade.

maréchaussée [maʁeʃose] *nf* (*hum*) constabulary, police (force); (*Hist*) mounted constabulary.

marée [maʁe] *nf* (a) tide. ~ montante/descendante flood *ou* rising/ebb tide; à la ~ montante/descendante when the tide goes in/out, when the tide is rising/ebbing *ou* falling; (à) ~ haute (at) high tide *ou* water; (à) ~ basse (at) low tide *ou* water; grande ~ spring tide; faible *ou* petite ~ neap tide; ~ noire oil slick, black tide.

(b) (*fig*) [*bonheur, colère*] surge, wave; [*nouveaux immeubles, supermarchés*] flood. ~ humaine great flood *ou* surge *ou* influx of people.

(c) (*Comm: poissons de mer*) la ~ fresh catch, fresh (sea) fish; V marchand.

marelle [maʁɛl] *nf* (*jeu*) hopscotch; (*dessin*) (drawing of a) hopscotch game.

marémoteur, -trice [maʁemɔtœʁ, tʁis] *adj* (*Élec*) *énergie* tidal. usine ~trice tidal power station.

marengo [maʁɛɡo] **1** *adj inv* (*Culin*) poulet/veau (à la) ~ chicken/veal marengo. **2** *nm* black flecked cloth.

marennes [maʁɛn] *nf* Marennes oyster.

mareyeur, -euse [maʁɛjœʁ, øz] *nm, f* wholesale fish merchant.

margarine [maʁɡaʁin] *nf* margarine, marge* (*Brit*). ~ de régime low-fat margarine.

marge [maʁʒ(ə)] **1** *nf* (*gén*) margin. faire des annotations en ~ to make notes in the margin; donner de la ~ à qn (*temps*) to give sb a reasonable margin of time; (*latitude*) to give sb some leeway *ou* latitude *ou* scope; je ne suis pas pressé, j'ai encore de la ~ I'm not in a hurry, I still have time to spare; en ~ (de la société) on the fringe (of society); il a décidé de vivre en ~ de la société he has opted out (of society); vivre en ~ du monde/des affaires to live cut off from the world/from business; activités en ~ du festival fringe activities; en ~ de cette affaire, on peut aussi signaler que with the *ou* this subject, one might also point out that.

2: marge (*bénéficiaire*) (profit) margin, mark-up; **marge brute d'autofinancement** cash flow; **marge d'erreur** margin of error; (*Fin*) **marge de garantie** margin; **marge de manœuvre** room to manœuvre; leur attitude ne nous laisse pas une grande marge de manœuvre their attitude doesn't leave us much room for manœuvre; **marge de sécurité** safety margin; **marge de tolérance** tolerance.

margelle [maʁʒɛl] *nf*: ~ (de puits) coping (of a well).

marger [maʁʒe] (3) *vt machine à écrire, feuille* to set the margins on; (*Typ*) to feed (in).

margeur [maʁʒœʁ] *nm* [*machine à écrire*] margin stop.

marginal, e, *mpl* -aux [maʁʒinal, o] *adj* (*gén, Écon*) marginal; *coût* incremental. récifs ~aux fringing reefs; notes ~es marginal notes, marginalia (*pl*).

2 *nm* (*artiste, homme politique*) independent; (*déshérité*) dropout. (*contestataires*) les ~aux the dissident minority *ou* fringe.

marginaliser [maʁʒinalize] (1) **1** *vt* to marginalize, edge out*. **2 se marginaliser** *vpr* to put o.s. on the fringe.

margis [maʁʒi] *nm* (*arg Mil abrév de* maréchal des logis) sarge (*arg*).

Margot [maʁɡo] *nf* (*dim de* Marguerite) Maggie.

margoulette [maʁɡulɛt] *nf* (*mâchoires, visage*) face, mug‡.

margoulin [maʁɡulɛ̃] *nm* (*péj*) swindler, shark (*fig*).

margrave [maʁɡʁav] *nm* (*Hist*) margrave.

marguerite [maʁɡəʁit] *nf* (a) (*Bot*) marguerite, (oxeye) daisy; V effeuiller, reine. (b) M~ Margaret. (c) (*Typ*) daisywheel. imprimante à ~ daisywheel printer.

marguillier [maʁɡije] *nm* (*Hist*) churchwarden.

mari [maʁi] *nm* husband.

mariable [maʁjabl(ə)] *adj* marriageable.

mariage [maʁjaʒ] *nm* **1** (a) (*institution, union*) marriage; (*Rel*) matrimony. **50 ans de** ~ 50 years of married life *ou* of marriage; au début de leur ~ when they were first married, at the beginning of their marriage; on parle de ~ entre eux there is talk of their getting married; il avait un enfant d'un premier ~ he had a child from his first marriage; né hors du ~ born out of wedlock; promettre/donner qn en ~ à to promise/give sb in marriage to; elle lui a apporté beaucoup d'argent en ~ she brought him a lot of money when she married him; faire un riche ~ to marry into money; faire un ~ d'amour to marry for love, make a love match; faire un ~ d'argent *ou* d'intérêt to marry for money; V acte, demande *etc.*

(b) (*cérémonie*) wedding. grand ~ society wedding; cadeau/faire-part/messe de ~ wedding present/invitation/service; V corbeille.

(c) (*fig: mélange*) [*couleurs, parfums*] marriage, blend.

(d) (*Cartes*) avoir le ~ à cœur to have *ou* hold (the) king and queen *ou* king-queen of hearts; faire des ~s to collect kings and queens.

2: mariage d'amour love match; **mariage d'argent** marriage for money, money match; **mariage blanc** unconsummated marriage; **mariage en blanc** white wedding; **mariage civil** civil wedding; **mariage de convenance** marriage of convenience; **mariage à l'essai** trial marriage; **mariage d'intérêt** money *ou* social match; **mariage mixte** mixed marriage; **mariage de raison** marriage of convenience; **mariage religieux** church wedding.

marial, e, *mpl* ~s [maʁjal] *adj* (*Rel*) culte Marian.

Marianne [maʁjan] *nf* (*prénom*) Marion; (*Pol*) Marianne (*symbol of the French Republic*).

marie [maʁi] **1** *nf*: M~ Mary; ~-Madeleine Mary Magdalene; ~ Stuart Mary Queen of Scots, Mary Stuart. **2: marie-couche-toi-là‡†** *nf inv* (*prostituée*) harlot†, strumpet†; (*marijuana*) marie-jeanne Mary Jane (*arg*), pot (*arg*); **marie-salope** *nf, pl* maries-salopes (*bateau*) mud dredger; (‡: *souillon*) slut.

marié, e [maʁje] (*ptp de* marier) **1** *adj* married. non ~ unmarried, single.

2 *nm* (bride)groom. les ~s (*jour du mariage*) the bride and (bride)groom; (*après le mariage*) the newly-weds; V jeune, nouveau.

3 mariée *nf* bride. trouver *ou* se plaindre que la ~e est trop belle to object that everything's too good to be true; couronne/robe/voile *etc* de ~e wedding headdress/dress/veil *etc*; V jeune.

marier [maʁje] (7) **1** *vt* (a) [*maire, prêtre*] to marry. il a marié sa fille à un homme d'affaires he married his daughter to a businessman; il a fini par ~ sa fille he finally got his daughter married, he finally married off his daughter; (*hum*) demain, je marie mon frère tomorrow I see my brother (get) married; nous sommes mariés depuis 15 ans we have been married for 15 years; il a encore 2 filles à ~ he still has 2 unmarried daughters, he still has 2 daughters to marry off; fille à ~ daughter of marriageable age, marriageable daughter; (*fig*) on n'est pas mariés avec lui!* we don't have to suit him all the time!, we're not obliged to do as he says!

(b) [*couleurs, goûts, parfums, styles*] to blend, harmonize.

2 se marier *vpr* (a) [*personne*] to get married. se ~ à *ou* avec qn to marry sb, get married to sb; se ~ de la main gauche to live as man and wife.

(b) [*couleurs, goûts, parfums, styles*] to blend, harmonize.

marieur, -euse [maʁjœʁ, øz] *nm, f* matchmaker.

marigot [maʁiɡo] *nm* backwater, creek.

marihuana [maʁiɥana] *nf*, **marijuana** [maʁiɥana] *nf* marijuana, pot (*arg*).

marin, e¹ [maʁɛ̃, in] **1** *adj* air sea (*épith*); faune, flore marine (*épith*), sea (*épith*). bateau (très) ~ seaworthy ship; missile ~ sea-based missile; sciences ~es marine science; costume ~ sailor suit; V mille², pied *etc.*

2 *nm* sailor. (*grade*) (simple) ~ ordinary seaman; ~ d'eau douce landlubber; un peuple de ~s a seafaring nation, a nation of seafarers; béret/tricot de ~ sailor's hat/jersey; V fusilier.

marina [maʁina] *nf* marina.

marinade [maʁinad] *nf* (a) marinade. ~ de viande meat in (a) marinade, marinaded meat. (b) (*Can*) ~s pickles.

marine² [maʁin] **1** *nf* (a) (*flotte, administration*) navy. terme de ~ nautical term; au temps de la ~ à voiles in the days of sailing ships; ~ (de guerre) navy; ~ marchande merchant navy; V lieutenant, officier¹.

(b) (*tableau*) seascape.

2 *nm* (*soldat*) (US) marine.
3 *adj inv* (*couleur*) navy (blue); **V bleu.**
mariner [maʀine] (1) **1** *vt* (*Culin: aussi* faire ~) to marinade, marinate. **2** *vi* (**a**) (*Culin*) to marinade, marinate. **harengs marinés** soused (*Brit*) *ou* pickled herrings. (**b**) (*: attendre*) to hang about*. ~ **en prison** to stew* in prison; **faire** *ou* **laisser** ~ **qn** to keep sb hanging about* *ou* kicking his heels (*Brit*), let sb stew* for a bit.
maringouin [maʀɛ̃gwɛ̃] *nm* (*Can*) mosquito.
marinier [maʀinje] *nm* bargee (*Brit*), bargeman (*US*).
marinière [maʀinjɛʀ] *nf* (*Habillement*) overblouse, smock; (*Nage*) sidestroke; **V moule².**
mariol(le)* [maʀjɔl] *nm*: **c'est un** ~ (*malin*) he is a crafty *ou* sly one; (*peu sérieux*) he's a bit of a joker *ou* a waster*; (*incompétent*) he's a bungling idiot*; (**ne**) **fais pas le** ~ stop trying to be clever *ou* smart*, stop showing off.
marionnette [maʀjɔnɛt] *nf* (*lit, fig: pantin*) puppet. (*spectacle*) ~**s** puppet show; ~ **à fils** marionette; ~ **à gaine** glove puppet; **V montreur, théâtre.**
marionnettiste [maʀjɔnetist(ə)] *nmf* puppeteer, puppet-master (*ou* -mistress).
mariste [maʀist(ə)] *nmf* Marist. **frère/sœur** ~ Marist brother/ sister.
marital, e, *mpl* **-aux** [maʀital, o] *adj* (*Jur*) **autorisation** ~**e** husband's permission *ou* authorization.
maritalement [maʀitalmɑ̃] *adv*: **vivre** ~ to live as husband and wife, cohabit.
maritime [maʀitim] *adj* (**a**) *localisation* maritime; *ville* seaboard, coastal, seaside; *province* seaboard, coastal, maritime; **V gare¹, pin, port¹.** (**b**) *navigation* maritime; *commerce, agence* shipping; *droit* shipping, maritime. **affecté à la navigation** ~ sea-going; **V arsenal.**
maritorne† [maʀitɔʀn(ə)] *nf* (*souillon*) slut, slattern.
marivaudage [maʀivodaʒ] *nm* (*littér: badinage*) light-hearted gallantries; (*Littérat*) sophisticated banter in the style of Marivaux.
marivauder [maʀivode] (1) *vi* (*littér*) to engage in lively sophisticated banter; (*Littérat*) to write in the style of Marivaux.
marjolaine [maʀʒɔlɛn] *nf* marjoram.
mark [maʀk] *nm* (*Fin*) mark.
marketing [maʀkɛtiŋ] *nm* marketing.
marlin [maʀlɛ̃] *nm* marlin.
marlou‡ [maʀlu] *nm* pimp.
marmaille* [maʀmɑj] *nf* gang *ou* horde of kids* *ou* brats* (*péj*). **toute la** ~ **était là** the whole brood was there.
marmelade [maʀmalad] *nf* (**a**) (*Culin*) stewed fruit, compote. ~ **de pommes/poires** stewed apples/pears, compote of apples/pears; ~ **d'oranges** (orange) marmalade.
(**b**) (*) **en** ~ *légumes, fruits (cuits)* cooked to a mush; (*crus*) reduced to a pulp; **avoir le nez en** ~ to have one's nose reduced to a pulp; **réduire qn en** ~ to smash sb to pulp, reduce sb to a pulp.
(**c**) (*fig: gâchis*) mess.
marmite [maʀmit] **1** *nf* (*Culin*) (cooking-)pot; (*arg Mil*) heavy shell. **une** ~ **de soupe** a pot of soup; **V bouillir, nez.**
2: (*Géog*) **marmite (de géants)** pothole; **marmite norvégienne** ≃ haybox.
marmitée [maʀmite] *nf* (††, *hum*) pot(ful).
marmiton [maʀmitɔ̃] *nm* kitchen boy.
marmonnement [maʀmɔnmɑ̃] *nm* mumbling, muttering.
marmonner [maʀmɔne] (1) *vti* to mumble, mutter. ~ **dans sa barbe** to mutter into one's beard, mutter to o.s.
marmoréen, -éenne [maʀmɔʀeɛ̃, ɛn] *adj* (*littér*) marble (*épith*), marmoreal (*littér*).
marmot* [maʀmo] *nm* kid*, brat* (*péj*); **V croquer.**
marmotte [maʀmɔt] *nf* (*Zool*) marmot; (*fig*) sleepyhead, dormouse; **V dormir.**
marmottement [maʀmɔtmɑ̃] *nm* mumbling, muttering.
marmotter [maʀmɔte] (1) *vti* to mumble, mutter. **qu'est-ce que tu as à** ~**?*** what are you mumbling (on) about? *ou* muttering about?
marmouset [maʀmuzɛ] *nm* (*Sculp*) quaint *ou* grotesque figure; (*†: enfant*) pipsqueak*.
marnage¹ [maʀnaʒ] *nm* marling.
marnage² [maʀnaʒ] *nm* tidal range.
marne [maʀn(ə)] *nf* (*Géol*) marl, calcareous clay.
marner [maʀne] (1) **1** *vt* (*Agr*) to marl. **2** *vi* (*: travailler dur*) to slog*. **faire** ~ **qn** to make sb slog*.
marneux, -euse [maʀnø, øz] *adj* marly.
marnière [maʀnjɛʀ] *nf* marlpit.
Maroc [maʀɔk] *nm* Morocco.
marocain, e [maʀɔkɛ̃, ɛn] **1** *adj* Moroccan. **2** *nm, f*: **M~(e)** Moroccan.
maronite [maʀɔnit] **1** *adj* Maronite. **2** *nmf*: **M~** Maronite.
maronner* [maʀɔne] (1) *vi* to grouse*, moan*.
maroquin [maʀɔkɛ̃] *nm* (**a**) (*cuir*) morocco (leather). **relié en** ~ morocco-bound. (**b**) (*fig: portefeuille*) (minister's) portfolio. **obtenir un** ~ to be made a minister.
maroquinerie [maʀɔkinʀi] *nf* (*boutique*) shop selling fancy *ou* fine leather goods; (*atelier*) tannery; (*Ind*) fine leather craft; (*préparation*) tanning. (**articles de**) ~ fancy *ou* fine leather goods; **il travaille dans la** ~ (*artisan*) he does fine leatherwork; (*commerçant*) he is in the (fine) leather trade.
maroquinier [maʀɔkinje] *nm* (*marchand*) dealer in fine leather goods; (*fabricant*) leather worker *ou* craftsman.
marotte [maʀɔt] *nf* (**a**) (*dada*) hobby, craze. **c'est sa** ~**!** it's his pet craze!; **il a la** ~ **des jeux de patience** he has a craze for jigsaw puzzles; **le voilà lancé sur sa** ~**!** there he goes on his pet hobbyhorse!
(**b**) (*Hist: poupée*) fool's bauble; (*Coiffure, Habillement: tête*)

(milliner's, hairdresser's) dummy head, (milliner's, hairdresser's) model.
marquage [maʀkaʒ] *nm* (**a**) *[linge, marchandises]* marking; *[animal]* branding; *[arbre]* blazing; (*Sport*) *[joueur]* marking. (**b**) (*Aut: sur la chaussée*) road-marking.
marquant, e [maʀkɑ̃, ɑ̃t] *adj personnage, événement* outstanding; *souvenir* vivid. **je n'ai rien vu de très** ~ I saw nothing very striking *ou* nothing worth talking about; **le fait le plus** ~ the most significant *ou* striking fact.
marque [maʀk(ə)] *nf* (**a**) (*repère, trace*) mark; (*signe*) (*lit, fig*) mark, sign; (*fig*) token; *[livre]* bookmark; *[linge]* name tab. ~**s de doigts** fingermarks, fingerprints; ~**s de pas** footmarks, footprints; ~**s d'une blessure/de coups/de fatigue** marks of a wound/of blows/ of fatigue; **il porte encore les** ~**s de son accident** he still bears the scars from his accident; **faites une** ~ **au crayon devant chaque nom** put a pencil mark beside each name; (*Sport*) **à vos** ~**s! prêts! partez!** on your marks!, get set!, go!, ready, steady, go!; (*fig*) ~ **de confiance/de respect** sign *ou* token *ou* mark of confidence/ respect; **porter la** ~ **du pluriel** to be in the plural (form).
(**b**) (*estampille*) *[or, argent]* hallmark; *[meubles, œuvre d'art]* mark; *[viande, œufs]* stamp. (*fig*) **la** ~ **du génie** the hallmark *ou* stamp of genius.
(**c**) (*Comm*) *[nourriture, produits chimiques]* brand; *[automobiles, produits manufacturés]* make. ~ **de fabrique** *ou* **de fabrication** *ou* **du fabricant** trademark, trade name, brand name; ~ **d'origine** maker's mark; ~ **déposée** registered trademark *ou* trade name *ou* brand name; **une grande** ~ **de vin/de voiture** a well-known brand of wine/make of car; **produits de** ~ high-class products; (*fig*) **un personnage de** ~ a distinguished person, a V.I.P.; **visiteur de** ~ important *ou* distinguished visitor; **V image.**
(**d**) (*insigne*) *[fonction, grade]* badge. (*frm*) **les** ~**s de sa fonction** the insignia *ou* regalia of his office.
(**e**) (*Sport, Cartes: décompte*) **la** ~ the score; **tenir la** ~ to keep (the) score; **mener à la** ~ to lead on the scoresheet, be ahead on goals, be in the lead.
marqué, e [maʀke] (*ptp de* **marquer**) *adj* (**a**) (*accentué*) marked, pronounced; (*Ling*) marked.
(**b**) (*signalé*) **le prix** ~ the price on the label; **au prix** ~ at the labelled price, at the price shown on the label; (*fig*) **c'est un homme** ~ he's a marked man; **il est** ~ **par la vie** life has left its mark on him.
marquer [maʀke] (1) **1** *vt* (**a**) (*par un signe distinctif*) *objet personnel* to mark (*au nom de qn* with sb's name); *animal, criminel* to brand; *arbre* to blaze; *marchandise* to label, stamp.
(**b**) (*indiquer*) *limite, position* to mark; (*sur une carte*) *village, accident de terrain* to mark, show, indicate; *[horloge]* to show; *[thermomètre]* to show, register; *[balance]* to register. **marquez la longueur voulue d'un trait de crayon** mark off the length required with a pencil; **j'ai marqué nos places avec nos valises** I've reserved our seats with our cases; **j'ai marqué ce jour-là d'une pierre blanche/noire** I'll remember it as a red-letter day/black day; **marquez d'une croix l'emplacement du véhicule** mark the position of the vehicle with a cross; **la pendule marque 6 heures** the clock points to *ou* shows *ou* says 6 o'clock; (*Couture*) **des pinces marquent/une ceinture marque la taille** darts emphasize/a belt emphasizes the waist(line); **une robe qui marque la taille** a dress which shows off the waistline; **cela marque (bien) que le pays veut la paix** that definitely indicates *ou* shows that the country wants peace, that's a clear sign that the country wants peace.
(**c**) *événement* to mark. **un bombardement a marqué la reprise des hostilités** a bomb attack marked the renewal *ou* resumption of hostilities; **des réjouissances populaires ont marqué la prise de pouvoir par la junte** the junta's takeover was marked by public celebrations; **pour** ~ **cette journée on a distribué ...** to mark *ou* commemorate this day they distributed ... .
(**d**) (*écrire*) *nom, rendez-vous, renseignement* to write down, note down, make a note of. ~ **les points** *ou* **les résultats** to keep *ou* note the score; **on l'a marqué absent** he was marked absent; **j'ai marqué 3 heures sur mon agenda** I've got 3 o'clock (noted) down in my diary; **il a marqué qu'il fallait prévenir les élèves** he noted down that the pupils should be told, he made a note to tell the pupils; **qu'y a-t-il de marqué?** what does it say?, what's written (on it)?
(**e**) (*endommager*) *glace, bois* to mark; (*fig: affecter*) *personne* to mark. (*influencer*) ~ **son époque** to put one's mark *ou* stamp on one's time; **la souffrance l'a marqué** suffering has left its mark on him; **visage marqué par la maladie** face marked by illness; **visage marqué par la petite vérole** face pitted *ou* scarred with smallpox; **la déception se marquait sur son visage** disappointment showed in his face *ou* was written all over his face.
(**f**) (*manifester, montrer*) *désapprobation, fidélité, intérêt* to show.
(**g**) (*Sport*) *joueur* to mark; *but, essai* to score. ~ **qn de très près** to mark sb very closely *ou* tightly.
(**h**) (*loc*) ~ **le coup*** (*fêter un événement etc*) to mark the occasion; (*accuser le coup*) to react; **j'ai risqué une allusion, mais il n'a pas marqué le coup*** I made an allusion to it, but he showed no reaction; ~ **un point/des points (sur qn)** to be one up/a few points up (on sb); ~ **la mesure** to keep the beat; ~ **le pas** (*lit*) to beat *ou* mark time; (*fig*) to mark time; ~ **un temps d'arrêt** to pause momentarily.
2 *vi* (**a**) *[événement, personnalité]* to stand out, be outstanding; *[coup]* to reach home, tell. **cet incident a marqué dans sa vie** that particular incident stood out in *ou* had a great impact on his life.
(**b**) *[crayon]* to write; *[tampon]* to stamp. **ne pose pas le verre sur ce meuble, ça marque** don't put the glass down on that piece of furniture, it will leave a mark.
marqueté, e [maʀkəte] *adj bois* inlaid.

marqueterie [maʀkətʀi] *nf* (*Art*) marquetry, inlaid work; (*fig*) mosaic. **table en ~** inlaid table.

marqueur [maʀkœʀ] *nm* [*bétail*] brander; (*Sport, Jeux*) [*points*] score-keeper, scorer; (*buteur*) scorer; (*stylo effaçable*) felt-tip pen; (*stylo indélible*) marker pen; (*Ling*) marker. (*Ling*) **~ syntagmatique** phrase marker.

marqueuse [maʀkøz] *nf* (*Comm: appareil*) (price) labeller.

marquis [maʀki] *nm* marquis, marquess.

marquisat [maʀkiza] *nm* marquisate.

marquise [maʀkiz] *nf* (a) (*noble*) marchioness; *V* **Madame**. (b) (*auvent*) glass canopy *ou* awning. (c) **les (îles) M~s** the Marquesas Islands. (d) (*Culin*) **~ au chocolat** *type of chocolate ice-cream*.

marraine [maʀɛn] *nf* [*enfant*] godmother; [*navire*] christener, namer. **~ de guerre** (*woman*) *penfriend to soldier etc on active service*.

marrant, e* [maʀɑ̃, ɑ̃t] *adj* (a) (*amusant*) funny, killing*. **c'est un ~, il est ~** he's a scream* *ou* a great laugh*; **ce n'est pas ~** it's not funny, it's no joke; **il n'est pas ~** (*ennuyeux, triste*) he's pretty dreary*, he's not much fun; (*sévère*) he's pretty grim*; (*empoisonnant*) he's a pain in the neck*. (b) (*étrange*) funny, odd.

marre‡ [maʀ] *adv*: **en avoir ~** to be fed up* *ou* cheesed off‡ (*Brit*) (*de* with), be sick* (*de* of); **j'en ai ~ de toi** I've just about had enough of you*, I am fed up with you*; **c'est ~!, il y en a ~!** enough's enough, I'm packing it in!*

marrer (se)‡ [maʀe] (1) *vpr* to laugh, have a good laugh*. **il se marrait comme un fou** he was in fits* *ou* kinks‡ (*Brit*); **tu me fais ~ avec ta démocratie!** you make me laugh with all your talk about democracy!

marri, e [maʀi] *adj* (*littér*, †) (*triste*) sad, doleful; (*désolé*) sorry, grieved†.

marron¹ [maʀɔ̃] **1** *nm* (a) (*Bot, Culin*) chestnut. **~ d'Inde** horse chestnut; **~s chauds** roast chestnuts; **~ glacé** marron glacé; **tirer les ~s du feu** (*être le bénéficiaire*) to reap the benefits; (*être la victime*) to be sb's cat's paw; *V* **purée**.
(b) (*couleur*) brown.
(c) (‡: *coup*) blow, thump, cuff, clout (*Brit*). **tu veux un ~?** do you want a thick ear?* (*Brit*) *ou* a cuff?
2 *adj inv* (a) (*couleur*) brown.
(b) (‡) **être ~** (*être trompé*) to be the sucker‡, be had*.

marron², -onne [maʀɔ̃, ɔn] *adj*: **médecin ~** (*sans titres*) quack, unqualified doctor; **notaire/avocat ~** (*sans scrupules*) crooked notary/lawyer; (*Hist*) **esclave ~** runaway *ou* fugitive slave.

marronnier [maʀɔnje] *nm* chestnut tree. **~ (d'Inde)** horse chestnut tree.

Mars [maʀs] **1** *nm* (*Myth*) Mars; *V* **champ. 2** *nf* (*planète*) Mars.

mars [maʀs] *nm* (*mois*) March; *pour loc V* **septembre** *et* **arriver**.

marseillais, e [maʀsɛjɛ, ɛz] **1** *adj ou* from Marseilles; *V* **histoire**. **2** *nm, f*: **M~(e)** inhabitant *ou* native of Marseilles. **3** *nf*: **la M~e** the Marseillaise (*French national anthem*).

Marseille [maʀsɛj] *n* Marseilles.

marsouin [maʀswɛ̃] *nm* (*Zool*) porpoise; (*Mil*†) marine.

marsupial, e, *mpl* **-aux** [maʀsypjal, o] *adj, nm* marsupial. **poche ~e** marsupium.

marte [maʀt(ə)] *nf* = **martre**.

marteau, *pl* **~x** [maʀto] **1** *nm* (*Anat, Menuiserie, Mus, Sport*) hammer; [*enchères, médecin*] hammer; [*président, juge*] gavel; [*horloge*] striker; [*porte*] knocker; [*forgeron*] (sledge)hammer. (*fig*) **entre le ~ et l'enclume** between the devil and the deep blue sea; (*fig*) **être ~** to be nuts* *ou* bats* *ou* cracked*; **passer sous le ~ du commissaire-priseur** to be put up for auction, go under the (auctioneer's) hammer; *V* **coup, faucille, requin**.
2: **marteau-perforateur** *nm, pl* **marteaux-perforateurs** hammer drill; **marteau-pilon** *nm, pl* **marteaux-pilons** power hammer; **marteau-piolet** *nm, pl* **marteaux-piolets** ice-hammer, north-wall hammer; **marteau-piqueur** *nm, pl* **marteaux-piqueurs, marteau pneumatique** pneumatic drill.

martel [maʀtɛl] *nm*: **se mettre ~ en tête** to worry o.s. sick, get worked up*.

martelage [maʀtəlaʒ] *nm* (*Métal*) hammering, planishing.

martelé, e [maʀtəle] (*ptp de* **marteler**) *adj*: **cuivre ~** planished *ou* beaten copper; (*Mus*) **notes ~es** martelé notes.

martèlement [maʀtɛlmɑ̃] *nm* [*bruit, obus*] hammering, pounding; [*pas*] pounding, clanking; [*mots*] hammering out, rapping out.

marteler [maʀtəle] (5) *vt* [*marteau, obus, coups de poings*] to hammer, pound; *objet d'art* to planish, beat. **~ ses mots** to hammer out *ou* rap out one's words; **ce bruit qui me martèle la tête** that noise hammering *ou* pounding through my head; **ses pas martelaient le sol gelé** his footsteps were pounding on the frozen ground.

martellement [maʀtɛlmɑ̃] *nm* = **martèlement**.

Marthe [maʀt] *nf* Martha.

martial, e, *mpl* **-aux** [maʀsjal, o] *adj* (*hum, littér*) *peuple, discours* martial, warlike, soldier-like; *allure* soldierly, martial. **arts ~aux** martial arts; *V* **cour, loi**.

martialement [maʀsjalmɑ̃] *adv* (*hum, littér*) martially, in a soldierly manner.

martien, -ienne [maʀsjɛ̃, jɛn] *adj, nm, f* Martian.

Martin [maʀtɛ̃] *nm* Martin; (*âne*) Neddy.

martinet [maʀtinɛ] *nm* (a) small whip (*used on children*), strap. (b) (*Orn*) swift. (c) (*Tech*) tilt hammer.

martingale [maʀtɛ̃gal] *nf* (*Habillement*) half belt; (*Équitation*) martingale; (*Roulette*) (*combinaison*) winning formula; (*mise double*) doubling-up.

martiniquais, e [maʀtinikɛ, ɛz] **1** *adj of ou* from Martinique. **2** *nm, f*: **M~(e)** inhabitant *ou* native of Martinique.

Martinique [maʀtinik] *nf* Martinique.

martin-pêcheur, *pl* **martins-pêcheurs** [maʀtɛ̃pɛʃœʀ] *nm* kingfisher.

martre [maʀtʀ(ə)] *nf* marten. **~ zibeline** sable.

martyr, e¹ [maʀtiʀ] **1** *adj soldats, peuple* martyred. **mère ~e** stricken mother; **enfant ~** battered child. **2** *nm, f* martyr (*d'une cause* in *ou* to a cause). **ne prends pas ces airs de ~!** stop acting the martyr, it's no use putting on your martyred look; **c'est le ~ de la classe** he's always being bullied *ou* baited by the class.

martyre² [maʀtiʀ] *nm* (*Rel*) martyrdom; (*fig: souffrance*) martyrdom, agony. **le ~ de ce peuple** the martyrdom *ou* suffering of this people; **sa vie fut un long ~** his life was one long agony; **cette longue attente est un ~** it's agony waiting so long; **mettre au ~** to martyrize, torture; **souffrir le ~** to suffer agonies, go through torture.

martyriser [maʀtiʀize] (1) *vt* (a) (*faire souffrir*) *personne, animal* to torture, martyrize; *élève* to bully, bait; *enfant, bébé* to batter. (b) (*Rel*) to martyr.

marxien, -ienne [maʀksjɛ̃, jɛn] *adj* Marxian.

marxisant, e [maʀksizɑ̃, ɑ̃t] *adj* leaning toward Marxism.

marxisme [maʀksism(ə)] *nm* Marxism. **~-léninisme** *nm* Marxism-Leninism.

marxiste [maʀksist(ə)] *adj, nmf* Marxist. **~-léniniste** (*adj, nmf*) Marxist-Leninist.

maryland [maʀilɑ̃d] *nm type of Virginia tobacco* ≃ virginia. (*État*) **le M~** Maryland.

mas [mɑ] *nm* mas (*house or farm in South of France*).

mascabina [maskabina] *nm* (*Can*) service tree.

mascara [maskaʀa] *nm* mascara.

mascarade [maskaʀad] *nf* (a) (*péj: tromperie*) farce, masquerade. **ce procès est une ~** this trial is a farce. (b) (*réjouissance, déguisement*) masquerade.

mascaret [maskaʀɛ] *nm* (tidal) bore.

mascotte [maskɔt] *nf* mascot.

masculin, e [maskylɛ̃, in] **1** *adj mode, hormone, population, sexe* male; *force, courage* manly; (*péj: hommasse*) *femme, silhouette* mannish, masculine; (*Gram*) masculine. **voix ~e** [*homme*] male voice; [*femme*] masculine *ou* gruff voice; (*virile*) manly voice; *V* **rime**.
2 *nm* (*Gram*) masculine. **'fer' est (du) ~** 'fer' is masculine.

masculiniser [maskylinize] (1) *vt* (a) **~ qn** to make sb look mannish *ou* masculine. (b) (*Bio*) to make masculine.

masculinité [maskylinite] *nf* masculinity; (*virilité*) manliness.

maskinongé [maskinɔ̃ʒe] *nm* (*Can: brochet*) muskellunge, muskie (*Can**), maskinonge.

masochisme [mazɔʃism(ə)] *nm* masochism.

masochiste [mazɔʃist(ə)] **1** *adj* masochistic. **2** *nmf* masochist.

masquage [maskaʒ] *nm* masking.

masque [mask(ə)] **1** *nm* (a) (*objet, Méd, Ordin*) mask.
(b) (*faciès*) mask-like features, mask; (*expression*) mask-like expression.
(c) (*fig: apparence*) mask, façade, front. **ce n'est qu'un ~** it's just a mask *ou* front *ou* façade; **présenter un ~ d'indifférence** to put on an air *ou* appearance of indifference; **sous le ~ de la respectabilité** beneath the façade of respectability; **lever ou jeter le ~** to unmask o.s., reveal o.s. in one's true colours; **arracher son ~ à qn** to unmask sb.
(d) (*Hist: personne déguisée*) mask, masker.
2: **masque antirides, masque de beauté** face pack; **masque de carnaval** mask; **masque funéraire** funeral mask; **masque à gaz** gas mask; **masque mortuaire** death mask; **masque à oxygène** oxygen mask; **masque de plongée** diving mask.

masqué, e [maske] (*ptp de* **masquer**) *adj bandit* masked; *enfant* wearing *ou* in a mask. (*Aut*) **sortie ~e** concealed exit; (*Aut*) **virage ~** blind corner *ou* bend; (*Naut*) **tous feux ~s** with all lights obscured; *V* **bal**.

masquer [maske] (1) **1** *vt* (*lit, fig: cacher*) to hide, mask, conceal (*à qn* from sb). **~ un goût** (*exprès*) to hide *ou* disguise *ou* mask a taste; (*involontairement*) to obscure a flavour; **~ la lumière** to screen *ou* shade the light; **~ la vue** to block (out) the view; (*Mil*) **~ des troupes** to screen *ou* mask troops; **ces questions secondaires ont masqué l'essentiel** these questions of secondary importance masked *ou* obscured the essential point.
2 se masquer *vpr* (a) (*mettre un masque*) to put on a mask.
(b) (*se cacher*) [*sentiment*] to be hidden; [*personne*] to hide, conceal o.s. (*derrière* behind).

Massachusetts [masaʃysɛts] *nm* Massachusetts.

massacrante [masakʀɑ̃t] *adj f V* **humeur**.

massacre [masakʀ(ə)] *nm* (a) (*tuerie*) [*personnes*] slaughter (*U*), massacre; [*animaux*] slaughter (*U*). **c'est un véritable ~** [*prisonniers*] it is an absolute massacre; [*gibier*] **c'est du ~** it is sheer butchery; **échapper au ~** to escape the massacre *ou* slaughter; (*Bible*) **le ~ des innocents** the massacre of the innocents; *V* **jeu**.
(b) (*: sabotage*) **quel ~!, c'est un vrai ~!** it's a complete botch-up!*; it's a real mess!; (*Sport*) **what a massacre!***
(c) (*Chasse*) stag's head, stag's antlers.
(d) (*Hér*) attire.

massacrer [masakʀe] (1) *vt* (a) (*tuer*) *personnes* to slaughter, massacre; *animaux* to slaughter, butcher. **se ~** to massacre *ou* slaughter one another.
(b) (*: saboter*) *opéra, pièce* to murder, botch up; *travail* to make a mess *ou* hash* of; (*mal découper, scier*) *viande, planche* to hack to bits, make a mess of; *candidat* to make mincemeat* of; *adversaire* to massacre, slaughter, make mincemeat* of. **il s'est fait ~ par son adversaire** he was massacred by his opponent, his opponent made mincemeat* of him.

massacreur, -euse [masakʀœʀ, øz] *nm, f* (*: saboteur*) bungler, botcher; (*tueur*) slaughterer, butcher.

massage [masaʒ] *nm* massage. **faire à qn un ~ cardiaque** to give sb a cardiac massage.

masse [mas] *nf* **(a)** (*volume, Phys*) mass; (*forme*) massive shape *ou* bulk. **~ d'eau** *[lac]* body *ou* expanse of water; *[chute]* mass of water; **~ de nuages** bank of clouds; **la ~ de l'édifice** the massive structure of the building; **pris** *ou* **taillé dans la ~** carved from the block; **la ~ instrumentale/vocale** the massed instruments/voices; **s'écrouler** *ou* **tomber comme une ~** to slump down *ou* fall in a heap.
(b) (*foule*) **les ~s (laborieuses)** the (working) masses; **les ~s paysannes** the agricultural work force; (†) the peasantry; **la (grande) ~ des lecteurs** the (great) majority of readers; (*péj*) **c'est ce qui plaît à la ~** *ou* **aux ~s** that's the kind of thing that appeals to the masses; **culture/manifestation** *etc* **de ~** mass culture/demonstration *etc.*
(c) une ~ de*, des ~s* de masses of, loads of*; **des ~s de touristes*** crowds *ou* masses of tourists; **des gens comme lui, je n'en connais pas des ~s*** I don't know many people like him, you don't meet his sort every day; **tu as aimé ce film? — pas des ~s!**‡ did you like that film? — not desperately!* *ou* not all that much!; **il n'y en a pas des ~s*** *[eau, argent]* there isn't much; *[chaises, spectateurs]* there aren't many.
(d) (*Élec*) earth (*Brit*), ground (*US*). **mettre à la ~** to earth (*Brit*), ground (*US*); **faire ~** to act as an earth (*Brit*) *ou* a ground (*US*).
(e) (*Fin*) (*caisse commune*) kitty; (*Mil*) fund; (*Prison*) prisoner's earnings. (*Fin*) **~ monétaire** money supply; (*Comm*) **~ salariale** wage bill; (*Jur*) **~ active** assets; **~ passive** liabilities.
(f) (*maillet*) sledgehammer, beetle; *[huissier]* mace. (*Hist*) **~ d'armes** mace.
(g) en ~: exécutions/production *etc* **en ~** mass executions/production *etc*; **fabriquer** *ou* **produire en ~** to mass-produce; **acheter/vendre en ~** to buy/sell in bulk; **venir en ~** to come in a body *ou* en masse; **il en a en ~** he has masses *ou* lots *ou* loads* (of them).

masselotte [maslɔt] *nf* (*Aut*) lead (for wheel balancing).
massepain [maspɛ̃] *nm* marzipan.
masser¹ [mase] (1) **1** *vt* **(a)** (*grouper*) *gens* to assemble, bring *ou* gather together; *choses* to put *ou* gather together; *troupes* to mass. **(b)** (*Art*) to group. **2 se masser** *vpr [foule]* to mass, gather, assemble.
masser² [mase] (1) *vt* **(a)** (*frotter*) *personne* to massage. **se faire ~** to have a massage, be massaged; **masse-moi le dos!** massage *ou* rub my back! **(b)** (*Billard*) to play a massé shot.
massette [masɛt] *nf* **(a)** (*Tech*) sledgehammer. **(b)** (*Bot*) bulrush, reed mace.
masseur [masœʀ] *nm* (*personne*) masseur; (*machine*) vibrator. **~ kinésithérapeute** physiotherapist.
masseuse [masøz] *nf* masseuse.
massicot [masiko] *nm* (*Typ*) guillotine; (*Chim*) massicot.
massicoter [masikɔte] (1) *vt papier* to guillotine.
massif, -ive [masif, iv] **1** *adj* **(a)** (*d'aspect*) *meuble, bâtiment, porte* massive, solid, heavy; *personne, carrure* sturdily built; *visage* large, heavy. **front ~** massive forehead. **(b)** (*pur*) *or/argent/chêne* **~** solid gold/silver/oak. **(c)** (*intensif*) *bombardements, dose* massive, heavy. **manifestation ~ive** mass demonstration; **départs ~s** mass exodus (*sg*). **2** *nm* (*Géog*) massif; (*Bot*) *[fleurs]* clump, bank; *[arbres]* clump. **le M~ central** the Massif Central.
massique [masik] *adj*: **puissance ~** power-weight ratio; **volume ~** mass volume.
massivement [masivmɑ̃] *adv démissionner, partir, répondre* en masse; *injecter, administrer* in massive doses. **ils ont ~ approuvé le projet** the overwhelming *ou* massive majority was in favour of the project.
mass(-)media [masmedja] *nmpl* mass media.
massue [masy] *nf* club, bludgeon. **~ de gymnastique** (Indian) club; **V argument, coup.**
mastic [mastik] **1** *nm* **(a)** *[vitrier]* putty; *[menuisier]* filler, mastic. **(b)** (*Bot*) mastic. **(c)** (*Typ*) *[caractères, pages]* (faulty) transposition. **2** *adj* putty-coloured. **imperméable (couleur) ~** light-coloured *ou* off-white raincoat.
masticage [mastikaʒ] *nm [vitre]* puttying; *[fissure]* filling.
masticateur, -trice [mastikatœʀ, tʀis] *adj* chewing (*épith*), masticatory.
mastication [mastikasjɔ̃] *nf* chewing, mastication.
masticatoire [mastikatwaʀ] **1** *adj* chewing, masticatory. **2** *nm* masticatory.
mastiquer¹ [mastike] (1) *vt* (*mâcher*) to chew, masticate.
mastiquer² [mastike] (1) *vt* (*Tech*) *vitre* to putty, apply putty to; *fissure* to fill, apply filler to.
mastoc* [mastɔk] *adj inv personne* hefty*, strapping (*épith*); *chose* large and cumbersome. **c'est un (type) ~** he's a big hefty bloke‡ (*Brit*), he's a great strapping fellow*; **une statue ~** a great hulking statue.
mastodonte [mastɔdɔ̃t] *nm* (*Zool*) mastodon; (*fig hum*) (*personne, animal*) colossus, mountain of a man (*ou* of an animal); (*véhicule*) great bus (*hum*) *ou* tank (*hum*); (*camion*) huge vehicle, juggernaut (*Brit*).
mastoïde [mastɔid] *nf (os)* mastoid.
mastroquet*† [mastʀɔkɛ] *nm* (*bar*) pub, bar; (*tenancier*) publican.
masturbation [mastyʀbasjɔ̃] *nf* masturbation.
masturber *vt*, **se masturber** *vpr* [mastyʀbe] (1) to masturbate.
m'as-tu-vu, e* [matyvy] *nm, f (pl inv)* show-off*, swank*. **il est du genre ~** he's a real show-off*.
masure [mazyʀ] *nf* tumbledown *ou* dilapidated cottage *ou* house, hovel.

mat¹ [mat] **1** *adj inv* (*Échecs*) checkmated. **être ~** to be checkmate; **faire ~** to checkmate; **(tu es) ~!** (you're) checkmate!; **tu m'as fait ~ en 10 coups** you've (check)mated me in 10 moves. **2** *nm* checkmate; *V* **échec².**
mat², e [mat] *adj* (*sans éclat*) *métal* mat(t), unpolished, dull; *couleur* mat(t), dull, flat; *peinture, papier* mat(t). **bruit ~** dull noise, thud; **teint ~** mat complexion.
mât [mɑ] **1** *nm* (*Naut*) mast; (*pylône, poteau*) pole, post; (*hampe*) flagpole; (*Sport*) climbing pole; *V* **grand, trois. 2: mât d'artimon** mizzenmast; **mât de charge** derrick; **mât de cocagne** greasy pole; **mât de misaine** foremast.
matador [matadɔʀ] *nm* matador, bullfighter.
mataf [mataf] *nm* (*arg Marine*) sailor.
matage [mataʒ] *nm [dorure, verre]* matting; *[soudure]* caulking.
matamore [matamɔʀ] *nm (fanfaron)* bully boy. **faire le ~** to throw one's weight around.
match [matʃ] *nm* (*Sport*) match (*surtout Brit*), game (*US*). **~ aller** first leg; **~ retour** return match, second leg; **~ nul** draw, tie (*US*); **~ sur terrain adverse** *ou* **à l'extérieur** away match; **~ sur son propre terrain** *ou* **à domicile** home match; **ils ont fait ~ nul** they drew (*Brit*), they tied (*US*); *V* **disputer.**
maté [mate] *nm* maté.
matelas [matla] *nm* mattress. **~ de laine/à ressorts** wool/(interior-)spring mattress; **~ d'air** space *ou* cavity; **~ (de billets)*** wad of notes; **il a un joli petit ~*** he's got a cosy sum put by*; **dormir sur un ~ de feuilles mortes** to sleep on a carpet of dead leaves; **~ pneumatique** air mattress *ou* bed, Lilo ®; *V* **toile.**
matelasser [matlase] (1) *vt meuble, porte* to pad, upholster; *tissu* to quilt; *vêtement (rembourrer)* to pad; (*doubler*) to line; (*avec tissu matelassé*) to quilt. **veste matelassée** quilted *ou* padded jacket.
matelassier, -ière [matlasje, jɛʀ] *nm, f* mattress maker.
matelassure [matlasyʀ] *nf (rembourrage)* padding; (*doublure*) quilting, lining.
matelot [matlo] *nm* (a) (*gén: marin*) sailor, seaman; (*dans la Marine de guerre*) ordinary rating (*Brit*), seaman recruit (*US*). **~ de première/deuxième/troisième classe** leading/able/ordinary seaman; **~ breveté** able rating (*Brit*), seaman apprentice (*US*). **(b)** (*navire*) **~ d'avant/d'arrière** (next) ship ahead/astern.
matelote [matlɔt] *nf* (a) (*plat*) matelote; (*sauce*) matelote sauce (*made with wine*). **~ d'anguille** eels stewed in wine sauce. **(b)** (*danse*) hornpipe.
mater¹ [mate] (1) *vt* (a) *rebelles* to bring to heel, subdue; *terroristes* to bring *ou* get under control; *enfant* to take in hand, curb; *révolution* to put down, quell, suppress; *incendie* to bring under control, check. **(b)** (*Échecs*) to checkmate, mate.
mater² [mate] (1) *vt* (a) (*marteler*) to caulk (*riveted joint*). **(b)** = **matir.**
mater³‡ [matɛʀ] *nf* mum* (*Brit*), mom* (*US*). **ma ~** my old woman *ou* mum‡ (*Brit*) *ou* mom* (*US*).
mâter [mɑte] (1) *vt* (*Naut*) to mast.
matérialisation [mateʀjalizasjɔ̃] *nf [projet, promesse, doute]* materialization; (*Phys*) mass energy conversion; (*Spiritisme*) materialization.
matérialiser [mateʀjalize] (1) **1** *vt* (*concrétiser*) *projet, promesse, doute* to make materialize; (*symboliser*) *vertu, vice* to embody; (*Philos*) to materialize. **2 se matérialiser** *vpr* to materialize.
matérialisme [mateʀjalism(ə)] *nm* materialism. **~ dialectique** dialectic materialism.
matérialiste [mateʀjalist(ə)] **1** *adj* materialistic. **2** *nmf* materialist.
matérialité [mateʀjalite] *nf* materiality.
matériau [mateʀjo] *nm inv* (*Constr*) material. **un ~ moderne** a modern (building) material.
matériaux [mateʀjo] *nmpl* (a) (*Constr*) material(s). **~ de construction** building material; *V* **résistance. (b)** (*documents*) material (*U*).
matériel, -elle [mateʀjɛl] **1** *adj* (a) (*gén, Philos: effectif*) *monde, preuve* material. **être ~** material *ou* physical being; **erreur ~le** material error; **dégâts ~s** material damage; **j'ai la preuve ~le de son crime** I have tangible *ou* material proof of his crime; **je suis dans l'impossibilité ~le de le faire** it's materially impossible for me to do it; **je n'ai pas le temps ~ de le faire** I simply have not the time to do it.
(b) *bien-être, confort* material; (*du monde*) *plaisirs, biens, préoccupations* material; (*terre à terre*) *esprit* material, down-to-earth. **sa vie ~le est assurée** she is provided for materially, her material needs are provided for.
(c) (*financier*) *gêne, problèmes* financial; (*pratique*) *organisation, obstacles* practical. **aide ~le** material aid; **de nombreux avantages ~s** a number of material advantages.
2 *nm* (*Agr, Mil*) equipment (*U*), materials; (*Tech*) equipment (*U*), plant (*U*); (*attirail*) gear (*U*), kit (*U*); (*fig: corpus, donnée*) material (*U*). (*Ordin*) **le ~** the hardware; **~ de bureau/d'imprimerie** *etc* office/printing *etc* equipment; **tout son ~ d'artiste** all his artist's materials *ou* gear*.
3: matériel d'enregistrement recording equipment; **matériel d'exploitation** plant (*U*); **matériel de guerre** weaponry (*U*); **matériel humain** human material, labour force; **matériel de pêche** fishing tackle; **matériel pédagogique** teaching equipment *ou* aids; (*Rail*) **matériel roulant** rolling stock; **matériel scolaire** (*livres, cahiers*) school (reading *ou* writing) materials; (*pupitres, projecteurs*) school equipment.
matériellement [mateʀjɛlmɑ̃] *adv* (*V* **matériel**) materially; financially; practically. **c'est ~ impossible** it's materially impossible.
maternage [matɛʀnaʒ] *nm* (*V* **materner**) mothering, babying*, cosseting; spoonfeeding.
maternel, -elle [matɛʀnɛl] *adj* (a) (*d'une mère*) *instinct, amour*

maternal, motherly; *(comme d'une mère) geste, soin* motherly.

(b) *(de la mère)* of the mother, maternal. *(Généalogie)* du côté ~ on the maternal side; **grand-père** ~ maternal grandfather; **il avait gardé les habitudes** ~**les** he had retained his mother's habits; **écoute les conseils** ~**s!** listen to your mother's advice!; *(Admin)* **la protection** ~**le et infantile** ≃ mother and infant welfare; *V* **allaitement, lait, langue.**

(c) *(école)* ~**le** (state) nursery school.

maternellement [matɛʀnɛlmɑ̃] *adv* maternally, like a mother.

materner [matɛʀne] (1) *vt* to mother, baby*, cosset; *(mâcher le travail)* to spoonfeed. **se faire** ~ to be babied*; to be spoonfed.

maternité [matɛʀnite] *nf* **(a)** *(bâtiment)* maternity hospital *ou* home.

(b) *(Bio)* pregnancy. **fatiguée par plusieurs** ~**s** tired after several pregnancies *ou* after having had several babies.

(c) *(état de mère)* motherhood, maternity. **la** ~ **l'a mûrie** motherhood *ou* being a mother has made her more mature; *V* **allocation.**

(d) *(Art)* painting of mother and child or children.

math(s)* [mat] *nfpl* *(abrév de* **mathématiques)** maths* *(Brit)*, math* *(US).*

mathématicien, -ienne [matematisjɛ̃, jɛn] *nm, f* mathematician.

mathématique [matematik] **1** *adj* *problème, méthode, (fig) précision, rigueur* mathematical. **c'est** ~**!*** it's bound to happen!, it's logical!, it's a dead cert!‡ *(Brit).*

2 *nfpl:* **les** ~**s** mathematics; ~**s appliquées** applied maths *(Brit)* *ou* math *(US)*; ~**s supérieures, math(s) sup*** *first year advanced maths class preparing for the Grandes Écoles;* ~**s spéciales, math(s) spé*** *second year advanced maths class preparing for the Grandes Écoles.*

mathématiquement [matematikmɑ̃] *adv* *(Math, fig)* mathematically. ~**, il n'a aucune chance** logically he hasn't a hope.

matheux, -euse [matø, øz] *nm, f* (*) mathematician, maths *(Brit) ou* math *(US)* specialist; *(arg Scol)* maths *(Brit) ou* math *(US)* student. **leur fille, c'est la** ~**euse de la famille** their daughter is the mathematician *ou* maths expert in the family.

Mathieu [matjø] *nm* Matthew; *V* **fesse.**

Mathilde [matild] *nf* Matilda.

matière [matjɛʀ] **1** *nf* **(a)** *(Philos, Phys)* **la** ~ **matter; la** ~ **vivante** living matter.

(b) *(substance(s))* matter *(U)*, material. ~ **combustible/inflammable** combustible/inflammable material; ~ **organique** organic matter; ~**s colorantes** *[aliments]* colouring (matter); *[tissus]* dye stuff; ~ **précieuse** precious substance; *(Méd)* ~**s (fécales)** faeces.

(c) *(fond, sujet)* material, matter, subject matter; *(Scol)* subject. **cela lui a fourni la** ~ **de son dernier livre** that gave him the material *ou* the subject matter for his latest book; *(Scol)* **il est bon dans toutes les** ~**s** he is good at all subjects; **il est très ignorant en la** ~ he is completely ignorant on the subject, it's a matter *ou* subject he knows nothing about; *V* **entrée, table.**

(d) *(loc)* **en** ~ **poétique/commerciale** where *ou* as far as poetry/commerce is concerned, in the matter of poetry/commerce *(frm)*; **en** ~ **d'art/de jardinage** as regards art/gardening; **donner** ~ **à plaisanter** to give cause for laughter; **il y a là** ~ **à réflexion** this is a matter for serious thought; **ça lui a donné** ~ **à réflexion** it gave him food for thought; **il n'y a pas là** ~ **à rire** this is no laughing matter; **il n'y a pas là** ~ **à se réjouir** this is no matter for rejoicing.

2: matière(s) grasse(s) fat content, fat; *(lit, fig)* **matière grise** grey matter; **matière plastique** plastic; **matière première** raw material.

Matignon [matiɲɔ̃] *nm:* **(l'hôtel)** ~ the Hotel Matignon *(the offices of the Prime Minister of the French Republic).*

matin [matɛ̃] **1** *nm* **(a)** morning. **par un** ~ **de juin** on a June morning, one June morning; **le 10 au** ~, **le** ~ **du 10** on the morning of the 10th; **2h du** ~ 2 a.m., 2 in the morning; **du** ~ **au soir** from morning till night, morning noon and night; **je ne travaille que le** ~ I only work mornings* *ou* in the morning; *(Méd)* **à prendre** ~ **midi et soir** to be taken three times a day; **jusqu'au** ~ until morning; **de bon** *ou* **de grand** ~ early in the morning; **être du** ~ to be an early riser, be *ou* get up early; *V* **quatre.**

(b) *(littér)* **au** ~ **de sa vie** in the morning of one's life.

2 *adv:* **partir/se lever** ~ to leave/get up very early *ou* at daybreak.

mâtin, e [mɑtɛ̃, in] **1** *nm, f* (†: *coquin)* cunning devil‡, sly dog*. *(hum)* ~**e** hussy, minx. **2** *nm* *(chien) (de garde)* big watchdog; *(de chasse)* hound. **3** *excl†* by Jove!, my word!

matinal, e *mpl* -**aux** [matinal, o] *adj* *tâches, toilette* morning *(épith)*. **gelée** ~**e** early morning frost; **heure** ~**e** early hour; **être** ~ to be an early riser, get up early; **il est bien** ~ **aujourd'hui** he's up early today.

matinalement [matinalmɑ̃] *adv* *(littér)* early (in the morning), betimes *(littér).*

mâtiné, e [matine] *(ptp de* **mâtiner)** *adj* animal crossbred. **chien** ~ **mongrel** (dog); ~ **de** *(Zool)* crossed with; *(fig)* mixed with; **il parle un français** ~ **d'espagnol** he speaks a mixture of French and Spanish; *(péj)* **il est** ~ **cochon d'Inde*** he's a bit of a half-breed *(péj).*

matinée [matine] *nf* **(a)** *(matin)* morning. **je le verrai demain dans la** ~ I'll see him sometime (in the course of) tomorrow morning; **en début/en fin de** ~ at the beginning/at the end of the morning; **après une** ~ **de chasse** after a morning's hunting; *V* **gras.**

(b) *(Ciné, Théât)* matinée, afternoon performance. **j'irai en** ~ I'll go to the matinée; **une** ~ **dansante** an afternoon dance; ~ **enfantine** children's matinée.

mâtiner [matine] (1) *vt* chien to cross.

matines [matin] *nfpl* matins.

matir [matiʀ] (2) *vt* verre, argent to mat(t), dull.

matois, e [matwa, waz] *adj* *(littér: rusé)* wily, sly, crafty. **c'est**

---

un(e) ~**(e)** he's (she's) a sly character *ou* a crafty one *ou* a sly one.

maton [matɔ̃] *nm* *(arg Prison)* screw.

matou [matu] *nm* tomcat, tom.

matraquage [matʀakaʒ] *nm* **(a)** *(par la police)* beating (up) *(with a truncheon).* **(b)** *(Presse, Rad)* plugging. **le** ~ **publicitaire** media hype* *ou* overkill; **mettre fin au** ~ **du public par la chanson** to stop bombarding the public with songs.

matraque [matʀak] *nf [police]* truncheon *(Brit)*, billy *(US)*, night stick *(US)*; *[malfaiteur]* cosh *(Brit)*, club. **coup de** ~ blow from *ou* with a truncheon *ou* cosh *(Brit) ou* club.

matraquer [matʀake] (1) *vt* **(a)** *[police]* to beat up *(with a truncheon)*; *[malfaiteur]* to cosh *(Brit)*, club. *(*fig*)* **le client** to soak‡ *ou* overcharge customers.

(b) *(Presse, Rad)* chanson, publicité to plug, hype*; public to bombard *(de* with).

matraqueur [matʀakœʀ] *nm* *(arg Sport)* dirty player, hatchetman*; *(policier, malfaiteur)* dirty worker‡.

matriarcal, e, *mpl* -**aux** [matʀijaʀkal, o] *adj* matriarchal.

matriarcat [matʀijaʀka] *nm* matriarchy.

matrice [matʀis] *nf* **(a)** *(utérus)* womb.

(b) *(Tech)* mould, die; *(Typ)* matrix.

(c) *(Ling, Math)* matrix. ~ **réelle/complexe** matrix of real/ complex numbers.

(d) *(Admin)* register. ~ **cadastrale** cadastre; ~ **du rôle des contributions** ≃ original of register of taxes.

matricide [matʀisid] **1** *adj* matricidal. **2** *nmf* matricide. **3** *nm* *(crime)* matricide.

matriciel, -ielle [matʀisjɛl] *adj* *(Math)* matrix *(épith)*, done with a matrix; *(Admin)* pertaining to assessment of taxes. **loyer** ~ rent assessment *(to serve as basis for calculation of rates (Brit) ou taxes (US))*; **imprimante** ~**le** dot-matrix printer.

matricule [matʀikyl] **1** *nm* *(Mil)* regimental number; *(Admin)* administrative *ou* official *ou* reference number. **dépêche-toi sinon ça va barder pour ton** ~!‡ hurry up or your number'll be up!* *ou* you'll really get yourself bawled out!‡ **2** *nf* roll, register. **3** *adj:* **numéro** ~ = **matricule** *nm*; **registre** ~ = **matricule** *nf*; *V* **livret.**

matrimonial, e, *mpl* -**aux** [matʀimɔnjal, o] *adj* matrimonial, marriage *(épith)*; *V* **agence, régime¹.**

matrone [matʀɔn] *nf* *(péj)* *(mère de famille)* matronly woman; *(grosse femme)* stout woman.

Matthieu [matjø] *nm* Matthew.

maturation [matyʀasjɔ̃] *nf* *(Bot, Méd)* maturation; *(Tech) [fromage]* maturing, ripening.

mature [matyʀ] *adj* *(mûr)* mature.

mâture [mɑtyʀ] *nf* masts. **dans la** ~ aloft.

maturité [matyʀite] *nf* *(Bio, Bot, fig)* maturity. **venir à** ~ *[fruit, idée]* to come to maturity; **manquer de** ~ to be immature; **un homme en pleine** ~ a man in his prime *ou* at the height of his powers; ~ **d'esprit** maturity of mind.

maudire [modiʀ] (2) *vt* to curse.

maudit, e [modi, it] *(ptp de* **maudire) 1** *adj* **(a)** (*) *(avant n)* blasted*, beastly* *(Brit)*, confounded*.

(b) *(littér: réprouvé) (après n)* (ac)cursed *(by God, society). (Littérat)* **poète/écrivain** ~ accursed poet/writer.

(c) *(littér)* ~**e soit la guerre!, la guerre soit** ~**e!** cursed be the war!; ~ **soit le jour où ...** cursed be the day on which ... , a curse *ou* a plague on the day on which ....

2 *nm, f* damned soul. **les** ~**s** the damned.

3 *nm:* **le M**~ the Devil.

maugréer [mogʀee] (1) *vi* to grouse, grumble *(contre* about, at).

maul [mol] *nm* *(Rugby)* loose scrum, maul, ruck. **faire un** ~ to make *ou* form a loose scrum.

maure, mauresque [mɔʀ, mɔʀɛsk(ə)] **1** *adj* Moorish. **2** *nm:* **M**~ Moor. **3 Mauresque** *nf* Moorish woman.

Maurice [mɔʀis] *nm* Maurice, Morris; *V* **île.**

mauricien, -ienne [mɔʀisjɛ̃, jɛn] **1** *adj* Mauritian. **2** *nm, f:* **M**~**(ne)** Mauritian.

Mauritanie [mɔʀitani] *nf* Mauritania.

mauritanien, -ienne [mɔʀitanjɛ̃, jɛn] **1** *adj* Mauritanian. **2** *nm, f:* **M**~**(ne)** Mauritanian.

mausolée [mozole] *nm* mausoleum.

maussade [mosad] *adj* personne sullen, glum, morose; *ciel, temps, paysage* gloomy, sullen.

maussadement [mosadmɑ̃] *adv* sullenly, glumly, morosely.

maussaderie [mosadʀi] *nf* sullenness, glumness, moroseness.

mauvais, e [mɔvɛ, ɛz] **1** *adj* **(a)** *(défectueux)* appareil, instrument bad, faulty; *marchandise* inferior, shoddy, bad; *route* bad, in bad repair; *santé, vue, digestion, mémoire* poor, bad; *roman, film* poor, bad, feeble. **elle a de** ~ **yeux** her eyes are *ou* her eyesight is bad, she has bad eyes; ~ **e excuse** poor *ou* bad *ou* lame excuse; *(Elec)* **un** ~ **contact** a faulty contact; *(Tennis)* **la balle est** ~**e** the ball is out; **son français est bien** ~ his French is very bad *ou* poor; **son français est plus** ~ **qu'à son arrivée** his French is worse *ou* poorer than when he arrived.

(b) *(inefficace, incapable)* père, élève, acteur, ouvrier poor, bad. **il est** ~ **en géographie** he's bad *ou* weak at geography; *(Prov)* **les** ~ **ouvriers ont toujours de** ~ **outils** a bad workman always blames his tools *(Prov).*

(c) *(erroné)* méthode, moyens, direction, date wrong. **le** ~ **numéro/cheval** the wrong number/horse; **il roulait sur le** ~ **côté de la route** he was driving on the wrong side of the road; **c'est un** ~ **calcul de sa part** he's badly misjudged it *ou* things; **il ne serait pas** ~ **de se renseigner** *ou* **que nous nous renseignions** it wouldn't be a bad idea *ou* it would be no bad thing if we found out more about this.

(d) *(inapproprié)* jour, heure awkward, bad, inconvenient. **il a**

choisi un ~ moment he picked an awkward *ou* a bad time; il a choisi le ~ moment he picked the wrong time.

(e) *(dangereux, nuisible) maladie, blessure* nasty, bad. il a fait une ~e grippe/rougeole he's had a bad *ou* nasty *ou* severe attack *ou* bout of flu/measles; la mer est ~e the sea is rough; c'est ~ pour la santé it's bad for one's *ou* the health; il est ~ de se baigner en eau froide it's bad *ou* it's a bad idea to bathe in cold water; vous jugez ~ qu'il sorte le soir? do you think it's a bad thing his going out at night?; être en ~e posture to be in a dangerous *ou* tricky *ou* nasty position.

(f) *(défavorable) rapport, critique* unfavourable, bad; *(Scol) bulletin, note* bad.

(g) *(désagréable) temps* bad, unpleasant, nasty; *nourriture, repas* bad, poor; *odeur* bad, unpleasant, offensive; *(pénible) nouvelle, rêve* bad. la soupe a un ~ goût the soup has an unpleasant *ou* a nasty taste, the soup tastes nasty; ce n'est qu'un ~ moment à passer it's just a bad spell *ou* patch you've got to get through; il a passé un ~ quart d'heure he had a nasty *ou* an uncomfortable time of it; ils lui ont fait passer un ~ quart d'heure they (fairly) put him through it*, they gave him a rough time of it*; *V* caractère, gré, volonté *etc*.

(h) *(immoral, nuisible) instincts, action, fréquentations, livre, film* bad. il n'a pas un ~ fond he's not bad at heart; *V* génie.

(i) *(méchant) sourire, regard etc* nasty, malicious, spiteful; *personne, joie* malicious, spiteful. être ~ comme la gale* to be perfectly poisonous *(fig)*; ce n'est pas un ~ garçon he's not a bad boy.

(j) *(loc)* ce n'est pas ~! it's not bad!, it's quite good!; quand on l'a renvoyé, il l'a trouvée ~e* when he was dismissed he didn't appreciate it one little bit *ou* he was very put out about it *ou* he took it very badly; aujourd'hui il fait ~ today the weather is bad; il fait ~ le contredire it is not advisable to contradict him; prendre qch en ~e part to take sth in bad part, take sth amiss; faire contre ~e fortune bon cœur to put a brave face on things; se faire du ~ sang to worry, get in a state.

2 *nm* **(a)** enlève le ~ et mange le reste cut out the bad part and eat the rest; la presse ne montre que le ~ the press only shows the bad side (of things).

(b) *(personnes)* les ~ the wicked; *V* bon[1].

3: mauvais coucheur awkward customer; recevoir un mauvais coup to get a nasty blow; un mauvais coup porté à nos institutions a blow to *ou* an attack on our institutions; faire un mauvais coup to commit a crime; mauvais esprit troublemaker; faire du mauvais esprit to make snide remarks; mauvais garçon tough; c'est de la mauvaise graine he's *(ou* she's *ou* they're) a bad lot; mauvaise herbe weed; enlever *ou* arracher les mauvaises herbes du jardin to weed the garden; *(hum)* la mauvaise herbe, ça pousse! kids grow like weeds! *(hum)*; mauvaise langue gossip, scandalmonger; je ne voudrais pas être mauvaise langue mais ... I don't want to tittle-tattle *ou* to spread scandal but ...; mauvais lieu place of ill repute; **(avoir)** le mauvais œil (to have) the evil eye; tirer qn d'un mauvais pas to get sb out of a tight spot *ou* corner; mauvaise passe difficult situation, awkward spot*; mauvais plaisant hoaxer; mauvaise plaisanterie rotten trick; mauvais rêve bad dream, nightmare; mauvaise saison rainy season; mauvais sort misfortune, ill fate; mauvais sujet bad lot; mauvaise tête: c'est une mauvaise tête he's headstrong; faire la mauvaise tête to sulk; mauvais traitement ill treatment; subir de mauvais traitements to be ill-treated; mauvais traitements à enfants child abuse, child battering; faire subir de mauvais traitements à to ill-treat.

mauve [mov] **1** *adj, nm (couleur)* mauve. **2** *nf (Bot)* mallow.
mauviette [movjɛt] *nf (péj)* weakling.
mauvis [movi] *nm* redwing.
maxi [maksi] **1** *préf*: maxi ... maxi .... ~-jupe *nf* maxi; ~-bouteille/paquet giant-size bottle/packet.
  2 *adj inv*: la mode ~ the maxi-length fashion.
  3 *nf (robe)* maxi.
  4 *nm (mode)* maxi. elle s'habille en ~ she wears maxis; la mode est au ~ maxis are in (fashion).
maxillaire [maksilɛR] **1** *adj* maxillary. os ~ jawbone. **2** *nm* jaw, maxilla *(T)*. ~ supérieur/inférieur upper/lower maxilla *(T) ou* jawbone.
maxima [maksima] *V* appel, maximum.
maximal, e, *mpl* **-aux** [maksimal, o] *adj* maximal.
Maxime [maksim] *nm* Maximus.
maxime [maksim] *nf* maxim.
maximiser [maksimize] (1) *vt* to maximize.
maximum [maksimɔm], *f* ~ *ou* **maxima** [maksima], *pl* **maximum(s)** *ou* **maxima 1** *adj* maximum. la température ~ the maximum *ou* highest temperature; j'attends de vous une aide ~ I expect a maximum of help *ou* maximum help from you.
  2 *nm* **(a)** *(gén, Math)* maximum; *(Jur)* maximum sentence. avec le ~ de profit with the maximum (of) profit, with the highest profit, with the greatest possible profit; il faut travailler au ~ one must work to the utmost of one's ability; atteindre son ~ *[production]* to reach its maximum, reach an all-time high*; *[valeur]* to reach its highest *ou* maximum point; *V* thermomètre.
  (b) *(loc)* au **(grand)** ~ at the (very) maximum, at the (very) most; il faut rester au *ou* le ~ à l'ombre one must stay as much as possible in the shade.
mayday [mɛde] *nm (Naut)* Mayday.
Mayence [majɑ̃s] *n* Mainz.
mayonnaise [majɔnɛz] *nf* mayonnaise. **poisson/œufs (à la)** ~ fish/eggs (with *ou* in) mayonnaise.
mazagran [mazagrɑ̃] *nm* pottery goblet *(for coffee)*.
mazette† [mazɛt] **1** *excl (admiration, étonnement)* my!, my goodness! **2** *nf (incapable)* weakling.

mazout [mazut] *nm* heating oil. **chaudière/poêle à** ~ oil-fired boiler/stove; **chauffage central au** ~ oil-fired central heating.
me, m' [m(ə)] *pron pers (objet direct ou indirect)* me; *(réfléchi)* myself. ~ voyez-vous? can you see me?; elle m'attend she is waiting for me; il ~ l'a dit he told me (it), he told me about it; il m'en a parlé he spoke to me about it; il ~ l'a donné he gave it to me, he gave it me; je ne ~ vois pas dans ce rôle-là I can't see myself in that part.
Me *abrév de* **Maître** *(barrister's title)*. ~ **Martin** ≃ Mr *(ou* Mrs) Martin Q.C. *(Brit)*.
mea-culpa* [meakylpa] *excl* my fault!, my mistake! **faire son** ~ *(lit)* to say one's mea culpa; *(fig)* to blame oneself.
méandre [meɑ̃dR(ə)] *nm (Art, Géog)* meander; *(fig) [politique]* twists and turns. **les** ~s **de sa pensée** the twists and turns *ou* ins and outs *ou* complexities of his thought.
méat [mea] *nm (Anat)* meatus; *(Bot)* lacuna.
mec‡ [mɛk] *nm* guy*, bloke* *(Brit)*.
mécanicien, -ienne [mekanisjɛ̃, jɛn] **1** *adj civilisation* mechanistic.
  2 *nm,f* **(a)** *(Aut)* (garage *ou* motor) mechanic. **ouvrier** ~ garage hand; **c'est un bon** ~ he is a good mechanic, he is good with cars *ou* with machines.
  (b) *(Naut)* engineer. *(Aviat)* ~ navigant, ~ de bord flight engineer.
  (c) *(Rail)* train *ou* engine driver *(Brit)*, engineer *(US)*.
  (d) *(Méd)* ~-dentiste dental technician *ou* mechanic.
mécanique [mekanik] **1** *adj* **(a)** *(Tech, gén)* mechanical; *dentelle* machine-made; *jouet* clockwork *(épith)*. **les industries** ~s mechanical engineering industries; *(Aut, Aviat)* avoir des ennuis ~s to have engine trouble; *V* escalier, piano, rasoir.
  (b) *(machinal) geste, réflexe* mechanical.
  (c) *(Philos, Sci)* mechanical. **énergie** ~ mechanical energy; **lois** ~s laws of mechanics.
  2 *nf* **(a)** *(Sci)* (mechanical) engineering; *(Aut, Tech)* mechanics *(sg)*. **la** ~, **ça le connaît*** he knows what he's doing in mechanics; ~ **céleste/ondulatoire** celestial/wave mechanics; ~ **hydraulique** hydraulics *(sg)*.
  (b) *(mécanisme)* **la** ~ **d'une horloge** the mechanism of a clock; **cette voiture, c'est de la belle** ~ this car is a fine piece of engineering.
mécaniquement [mekanikmɑ̃] *adv* mechanically. **objet fait** ~ machine-made object.
mécanisation [mekanizasjɔ̃] *nf* mechanization.
mécaniser [mekanize] (1) *vt* to mechanize.
mécanisme [mekanism(ə)] *nm (Bio, Philos, Psych, Tech)* mechanism. **les** ~s **psychologiques/biologiques** psychological/biological workings *ou* mechanisms; **le** ~ **administratif** the administrative mechanism; ~(s) **politique(s)** political machinery, mechanism of politics; **le** ~ **d'une action** the mechanics of an action.
mécaniste [mekanist(ə)] *adj* mechanistic.
mécano* [mekano] *nm (abrév de* **mécanicien)** mechanic, grease monkey‡ *(US)*.
mécanographe [mekanɔgraf] *nmf* comptometer operator, punch card operator.
mécanographie [mekanɔgrafi] *nf (procédé)* (mechanical) data processing; *(service)* comptometer department.
mécanographique [mekanɔgrafik] *adj classement* mechanized, automatic. **service** ~ comptometer department, (mechanical) data processing department; **machine** ~ calculator.
meccano [mɛkano] *nm ®* meccano ®.
mécénat [mesena] *nm (Art)* patronage.
mécène [mesɛn] *nm (Art)* patron. *(Antiq)* **M**~ Maecenas.
méchamment [meʃamɑ̃] *adv* **(a)** *(cruellement) rire, agir* spitefully, nastily, wickedly.
  (b) *(*: *très)* fantastically*, terrifically*. **c'est** ~ **bon** it's fantastically* *ou* bloody*‡ *(Brit)* good; **c'est** ~ **abîmé** it's really badly damaged; **ça fait** ~ **mal** it's terribly painful, it hurts like mad*; **il a été** ~ **surpris** he got one hell *ou* heck of a surprise*.
méchanceté [meʃɑ̃ste] *nf* **(a)** *(caractère) [personne, action]* nastiness, spitefulness, wickedness. **faire qch par** ~ to do sth out of spite.
  (b) *(action, parole)* mean *ou* spiteful *ou* nasty *ou* wicked action *ou* remark. ~ **gratuite** unwarranted piece of unkindness *ou* spitefulness; **dire des** ~s **à qn** to say spiteful things to sb.
méchant, e [meʃɑ̃, ɑ̃t] **1** *adj* **(a)** *(malveillant)* spiteful, nasty, wicked. **devenir** ~ to turn *ou* get nasty; **la mer est** ~e there is a nasty sea; **arrête, tu es** ~ stop it, you're wicked *ou* you're (being) horrid *ou* nasty; **ce n'est pas un** ~ **homme** he's not such a bad fellow; *V* chien.
  (b) *(dangereux, désagréable)* **ce n'est pas bien** ~* *[blessure, difficulté, dispute]* it's not too serious; *[examen]* it's not too difficult *ou* stiff*; **s'attirer une** ~e **affaire** *(dangereuse)* to get mixed up in a nasty business; *(désagréable)* to get mixed up in an unpleasant *ou* unsavoury (bit of) business.
  (c) *(†: médiocre, insignifiant) (avant n)* miserable, pathetic*, mediocre, sorry-looking. ~ **vers/poète** poor *ou* second-rate verse/poet; **un** ~ **morceau de fromage** one miserable *ou* sorry-looking bit of cheese; **que de bruit pour une** ~e **clef perdue** what a fuss over one wretched lost key.
  (d) *(‡: sensationnel) (avant n)* **il avait (une)** ~e **allure** he looked terrific*; **il a une** ~e **moto** he's got a fantastic* *ou* bloody marvellous*‡ *(Brit)* bike; **une** ~e **cicatrice** a hell of a scar‡; **un** ~ **cigare** a bloody great (big) cigar‡ *(Brit)*, a hell of a big cigar‡.
  2 *nm,f*: **tais-toi,** ~! be quiet you naughty boy!; **les** ~s the wicked; *(dans un western)* the baddies*, the bad guys* *(US)*; **faire le** ~* to be difficult, be nasty.

mèche [mɛʃ] nf (a) (inflammable) [bougie, briquet, lampe] wick; [bombe, mine] fuse. ~ **fusante** safety fuse; V **vendre**.
(b) [cheveux] tuft of hair, lock; (sur le front) forelock, lock of hair. ~ **postiche, fausse** ~ hairpiece; ~s **folles** straggling locks ou wisps of hair; ~ **rebelle** cowlick; **se faire faire des** ~s to have highlights put in, have one's hair streaked (blond).
(c) (Méd) pack, dressing; [fouet] lash; [perceuse] bit.
(d) (*loc) **être de** ~ **avec qn*** to be hand in glove with sb*, be in collusion ou league with sb; **y a pas** ~‡ nothing doing*, it's no go*, you're not in‡.
mécher [meʃe] (6) vt (Tech) to sulphurize; (Méd) to pack with gauze.
méchoui [meʃwi] nm (repas) barbecue of a whole roast sheep.
mécompte [mekɔ̃t] nm (frm) (a) (désillusion) (gén pl) disappointment. (b) (erreur de calcul) miscalculation, miscount.
méconnaissable [mekɔnɛsabl(ə)] adj (impossible à reconnaître) unrecognizable; (difficile à reconnaître) hardly recognizable.
méconnaissance [mekɔnɛsɑ̃s] nf (ignorance) lack of knowledge (de about), ignorance (de of); (mauvais jugement: littér) lack of comprehension, misappreciation (de of); (refus de reconnaître) refusal to take into consideration.
méconnaître [mekɔnɛtʀ(ə)] (57) vt (frm) (a) (ignorer) faits to be unaware of, not to know. **je ne méconnais pas que** I am fully ou quite aware that, I am alive to the fact that.
(b) (mésestimer) situation, problème to misjudge; mérites, personne to underrate, underestimate.
(c) (ne pas tenir compte de) lois, devoirs to ignore.
méconnu, e [mekɔny] (ptp de **méconnaître**) adj talent, génie unrecognized; musicien, inventeur unrecognized, misunderstood. **il se prend pour un** ~ he sees himself as a misunderstood man.
mécontent, e [mekɔ̃tɑ̃, ɑ̃t] **1** adj (insatisfait) discontented, displeased, dissatisfied (de with); (contrarié) annoyed (de with, at). **il a l'air très** ~ he looks very annoyed ou displeased; **il n'est pas** ~ **de** he is not altogether dissatisfied ou displeased with.
2 nm,f grumbler*; (Pol) malcontent.
mécontentement [mekɔ̃tɑ̃tmɑ̃] nm (Pol) discontent; (déplaisir) dissatisfaction, displeasure; (irritation) annoyance.
mécontenter [mekɔ̃tɑ̃te] (1) vt to displease, annoy.
Mecque [mɛk] nf: **la** ~ (lit) Mecca; (fig) the Mecca.
mécréant, e [mekʀeɑ̃, ɑ̃t] adj, nm,f (a) (†, hum: non-croyant) infidel, non-believer. (b) (†péj: bandit) scoundrel, miscreant†.
médaille [medaj] nf (a) (pièce, décoration) medal; (*fig: tache) stain, mark. ~ **militaire** military decoration; ~ **pieuse** medal (of a saint etc); ~ **du travail** long-service medal (in industry etc); V **revers**.
(b) (insigne d'identité) [employé] badge; [chien] identification disc, name tag; [volaille] guarantee tag.
médaillé, e [medaje] (ptp de **médailler**) **1** adj (Admin, Mil) decorated (with a medal); (Sport) holding a medal. **2** nm,f medal-holder. **il est** ou **c'est un** ~ **olympique** he is an Olympic medallist, he is the holder of an Olympic medal.
médailler [medaje] (1) vt (Admin, Sport etc) to award a medal to; (Mil) to decorate, award a medal to. (se tacher) **se** ~* to get a stain ou mark on one's clothing.
médaillon [medajɔ̃] nm (Art) medallion; (bijou) locket; (Culin) médaillon (thin, round slice of meat etc).
mède [mɛd] **1** adj of Media. **2** nmf: **M**~ Mede.
médecin [medsɛ̃] nm doctor, physician (frm). (fig) ~ **de l'âme** confessor; (Naut) ~ **de bord** ship's doctor; ~ **-chef** head doctor; ~ **de famille** family practitioner ou doctor; ~ **d'hôpital** ou **des hôpitaux** ≃ consultant, doctor ou physician with a hospital appointment; ~ **légiste** forensic surgeon, expert in forensic medicine, medical examiner (US); ~ **généraliste** ou **de médecine générale** general practitioner, G.P.; ~ **militaire** army medical officer; ~ **scolaire** school doctor, schools medical officer (Brit Admin); ~ **traitant** attending physician; **votre** ~ **traitant** your (usual ou family) doctor.
médecine [medsin] nf (a) (Sci) medicine. ~ **alternative** ou **douce** alternative medicine; ~ **curative** remedial medicine; ~ **générale** general ou community medicine; ~ **infantile** paediatrics (sg); ~ **légale** forensic medicine ou science; ~ **opératoire** surgery; ~ **préventive** preventive medicine; ~ **du travail** occupational ou industrial medicine; **faire des études de** ~, **faire sa** ~ to study ou do medicine; **pratiquer une** ~ **révolutionnaire** to practise a revolutionary type of medicine; **il exerçait la** ~ **dans un petit village** he had a (medical) practice ou he was a doctor in a small village; V **docteur, étudiant, faculté**.
(b) (†: médicament) medicine.
medecine-ball, pl **medecine-balls** [medsinbol] nm medicine ball.
Médée [mede] nf Medea.
media [medja] nm: **les** ~s the media; **dans les** ~s in the media.
médial, e, mpl **-aux** [medjal, o] adj medial.
médian, e, an] **1** adj (Math, Statistique) median; (Ling) medial. **2 médiane** nf (Math, Statistique) median; (Ling) medial sound, mid vowel; V **ligne¹**.
médiante [medjɑ̃t] nf (Mus) mediant.
médiat, e [medja, at] adj mediate.
médiateur, -trice [medjatœʀ, tʀis] **1** adj (gén, Pol) mediatory, mediating; (Ind) arbitrating. **2** nm,f (gén) mediator; (Ind) arbitrator; (Pol) ≃ Parliamentary Commissioner (Brit), Ombudsman. (Méd) ~ **chimique** transmitter substance. **3 médiatrice** nf (Géom) median.
médiation [medjasjɔ̃] nf (a) (gén, Philos, Pol) mediation; (Ind) arbitration. **offrir sa** ~ **dans un conflit** (Pol) to offer to mediate in a conflict; (Ind) to offer to arbitrate ou intervene in a dispute. (b) (Logique) mediate inference.
médiatique [medjatik] adj media (épith).
médiatisation [medjatizasjɔ̃] nf (V **médiatiser**) mediatization; promotion through the media.

médiatiser [medjatize] (1) vt (Hist, Philos) to mediatize; (à la TV etc) to promote through the media.
médiator [medjatɔʀ] nm plectrum.
médiatrice [medjatʀis] V **médiateur**.
médical, e, mpl **-aux** [medikal, o] adj medical; V **examen, visite**.
médicalement [medikalmɑ̃] adv medically.
médicalisation [medikalizasjɔ̃] nf (V **médicaliser**) medicalization; bringing medical care to. **la** ~ **des populations touchées par la faim** the provision of medical care for the famine victims.
médicaliser [medikalize] (1) vt: ~ **la maternité** to medicalize childbirth; ~ **la population rurale** to provide the rural population with medical care.
médicament [medikamɑ̃] nm medicine, drug.
médicamenteux, -euse [medikamɑ̃tø, øz] adj plante, substance medicinal.
médicastre [medikastʀ(ə)] nm (†, hum) medical charlatan, quack.
médication [medikasjɔ̃] nf (medical) treatment, medication.
médicinal, e, mpl **-aux** [medisinal, o] adj plante, substance medicinal.
medicine-ball, pl **medicine-balls** [medisinbol] nm medicine ball.
Médicis [medisis] nmf Medici. **les** ~ the Medicis.
médico- [mediko-] préf: ~**-légal** medico-legal, forensic; ~**social** medico-social; V **institut**.
Médie [medi] nf Media.
médiéval, e, mpl **-aux** [medjeval, o] adj medieval.
médiéviste [medjevist(ə)] nmf medievalist.
médina [medina] nf medina.
Médine [medin] n Medina.
médiocre [medjɔkʀ(ə)] **1** adj travail, roman, élève mediocre, indifferent, second-rate; (sur copie d'élève) poor; intelligence, qualité poor, mediocre, inferior; revenu, salaire meagre, poor; vie, existence mediocre, narrow. **il occupe une situation** ~ he holds some second-rate position; **gagner un salaire** ~ to earn a mere pittance ou a poor ou meagre wage; **il a montré un intérêt** ~ **pour ce projet** he showed little or no interest in the project; **génie incompris par les esprits** ~s genius misunderstood by the petty-minded ou those with small minds.
2 nm nonentity, second-rater*.
médiocrement [medjɔkʀəmɑ̃] adv: **gagner** ~ **sa vie** to earn a poor living; **être** ~ **intéressé par** not to be particularly interested in; ~ **intelligent** not very ou not particularly intelligent; ~ **satisfait** barely satisfied, not very well satisfied; **il joue** ~ **du piano** he plays the piano indifferently, he's not very good at (playing) the piano.
médiocrité [medjɔkʀite] nf [travail] poor quality, mediocrity; [élève, homme politique] mediocrity; [copie d'élève] poor standard; [revenu, salaire] meagreness, poorness; [intelligence] mediocrity, inferiority; [vie] narrowness, mediocrity. **les politiciens de maintenant, quelle** ~! what mediocrity ou poor quality in present-day politicians!; **étant donné la** ~ **de ses revenus** given the slimness of his resources, seeing how slight ou slim his resources are ou were; **cet homme, c'est une (vraie)** ~ this man is a complete mediocrity ou second-rater.
médique [medik] adj (Antiq) Median.
médire [mediʀ] (37) vi: ~ **de qn** to speak ill of sb; (à tort) to malign sb; **elle est toujours en train de** ~ she's always running people down; **je ne voudrais pas** ~ **mais** ... I don't want to tittle-tattle ou to spread scandal, but ....
médisance [medizɑ̃s] nf (a) (diffamation) scandalmongering. **être en butte à la** ~ to be made a target for scandalmongering ou for malicious gossip.
(b) (propos) piece of scandal. ~ (U), gossip (U); **ce sont des** ~s! that's just scandal! ou malicious gossip!; **arrête de dire des** ~s stop spreading scandal ou gossip.
médisant, e [medizɑ̃, ɑ̃t] **1** adj paroles slanderous. **les gens sont** ~s people say nasty things ou spread scandal.
2 nm,f scandalmonger, slanderer.
méditatif, -ive [meditatif, iv] adj caractère meditative, thoughtful; air musing, thoughtful.
méditation [meditasjɔ̃] nf (pensée) meditation, (recueillement) meditation (U). **après de longues** ~s **sur le sujet** after giving the subject much ou deep thought, after lengthy meditation on the subject; **il était plongé dans la** ~ ou **une profonde** ~ he was sunk in deep thought, he was deep in thought.
méditer [medite] (1) **1** vt pensée to meditate on, ponder (over); livre, projet, vengeance to meditate. ~ **de faire qch** to contemplate doing sth, plan to do sth.
2 vi to meditate, ponder ou muse over sth.
Méditerranée [mediteʀane] nf: **la mer** ~, **la** ~ the Mediterranean (Sea).
méditerranéen, -enne [mediteʀaneɛ̃, ɛn] **1** adj Mediterranean. **2** nm,f: **M**~**(ne)** (gén) inhabitant ou native of a Mediterranean country; (en France) (French) Southerner.
médium [medjɔm] nm (Spiritisme) medium; (Mus) middle register; (Logique) middle term.
médiumnique [medjɔmnik] adj dons, pouvoir of a medium.
médius [medjys] nm middle finger.
médoc [medɔk] nm Médoc (wine). (région) **le M**~ the Médoc.
médullaire [medylɛʀ] adj medullary.
méduse [medyz] nf jellyfish. (Myth) **M**~ Medusa.
méduser [medyze] (1) vt (gén pass) to dumbfound, paralyze. **je suis resté médusé par ce spectacle** I was rooted to the spot ou dumbfounded by this sight.
meeting [mitiŋ] nm (Pol, Sport) meeting. ~ **d'aviation** air show ou display; ~ **d'athlétisme** athletics meeting.
méfait [mefɛ] nm (a) (ravage) (gén pl) [temps, drogue] damage (U), ravages; [passion, épidémie] ravages, damaging effect. **l'un des**

nombreux ~s de l'alcoolisme one of the numerous damaging *ou* ill effects of alcoholism.

(b) (*acte*) wrongdoing; (*hum*) misdeed.
méfiance [mefjɑ̃s] *nf* distrust, mistrust, suspicion. avoir de la ~ envers qn to mistrust *ou* distrust sb; apaiser/éveiller la ~ de qn to allay/arouse sb's suspicion(s); être sans ~ (*avoir toute confiance*) to be completely trusting; (*ne rien soupçonner*) to be quite unsuspecting.
méfiant, e [mefjɑ̃, ɑ̃t] *adj personne* distrustful, mistrustful, suspicious. air *ou* regard ~ distrustful *ou* mistrustful *ou* suspicious look, look of distrust *ou* mistrust *ou* suspicion.
méfier (se) [mefje] (7) *vpr* **(a)** se ~ de qn/des conseils de qn to mistrust *ou* distrust sb/sb's advice; je me méfie de lui I mistrust him, I do not trust him, I'm suspicious of him; méfiez-vous de lui, il faut vous ~ de lui do not trust him, beware of him, be on your guard against him; je ne me méfie pas assez de mes réactions I should be more wary of my reactions.

(b) (*faire attention*) se ~ de qch to be careful about sth; il faut vous ~ you must be careful, you've got to be on your guard; méfie-toi de cette marche mind (*Brit*) *ou* watch the step, look out for that step*; méfie-toi, tu vas tomber look out* *ou* be careful or you'll fall.
méforme [mefɔʀm(ə)] *nf* (*Sport*) lack of fitness, unfitness. traverser une période de ~ to be (temporarily) off form.
méga [mega] **1** *préf* mega. **2** *adj inv* (*arg Scol*) ~ -dissertation hell of a long essay‡; un ~-cigare à la bouche a whopping great cigar in his mouth‡; recevoir une ~-dérouillée to get a hell of a thrashing‡ *ou* a thrashing and a half*.
mégacycle [megasikl(ə)] *nm* megacycle.
mégahertz [megaɛʀts] *nm* megahertz.
mégalithe [megalit] *nm* megalith.
mégalithique [megalitik] *adj* megalithic.
mégalomane [megalɔman] *adj, nmf* megalomaniac.
mégalomanie [megalɔmani] *nf* megalomania.
mégalopole [megalɔpɔl] *nf* megalopolis.
mégaoctet [megaɔktɛ] *nm* megabyte.
mégaphone† [megafɔn] *nm* (*porte-voix*) megaphone.
mégarde [megaʀd(ə)] *nf*: par ~ (*accidentellement*) accidentally, by accident; (*par erreur*) by mistake, inadvertently; (*par négligence*) accidentally; un livre que j'avais emporté par ~ a book which I had accidentally *ou* inadvertently taken away with me.
mégatonne [megaton] *nf* megaton.
mégère [meʒɛʀ] *nf* (*péj: femme*) shrew. (*Théât*) la M~ apprivoisée the Taming of the Shrew.
mégot* [mego] *nm* (*cigarette*) cigarette butt *ou* end, fag end‡ (*Brit*); (*cigare*) stub, butt.
mégotage* [megotaʒ] *nm* cheeseparing *ou* miserly attitude.
mégoter* [megote] (1) *vi* to skimp. le patron mégote sur des détails et dépense des fortunes en repas d'affaires the boss is cheeseparing over *ou* skimps over small items and spends a fortune on business lunches; pour marier leur fille ils n'ont pas mégoté they really went to town* for *ou* they spent a small fortune on their daughter's wedding.
méhari [meaʀi] *nm* fast dromedary, mehari.
méhariste [mearist(ə)] *nm* meharist (*rider of mehari or soldier of French Camel corps*).
meilleur, e [mejœʀ] **1** *adj* (*comp, superl de bon*) better. le ~ des deux the better of the two; le ~ de tous, la ~e de toutes the best of the lot; c'est le ~ des hommes, c'est le ~ homme du monde he is the best of men, he's the best man in the world; (*plus charitable*) il est ~ que moi he's a better person than I am; (*plus doué*) il est ~ que moi (en) he's better than I am (at); (*aliment*) avoir ~ goût to taste better; ce gâteau est (bien) ~ avec du rhum this cake tastes *ou* is (much) better with rum; il est ~ chanteur que compositeur he makes a better singer than (a) composer, he is better at singing than (at) composing; de ~e qualité of better *ou* higher quality; tissu de la ~e qualité best quality material; les ~s spécialistes the best *ou* top specialists; son ~ ami his best *ou* closest friend; servir les ~s mets/vins to serve the best *ou* finest dishes/wines; information tirée des ~es sources information from the most reliable sources; ~ marché cheaper; le ~ marché the cheapest; (*Comm*) acheter au ~ prix to buy at the lowest price; être en ~e santé to be better, be in better health; (*Sport*) faire un ~ temps au deuxième tour to put up *ou* do a better time on the second lap; partir de ~e heure to leave earlier; prendre (une) ~e tournure to take a turn for the better; ~s vœux best wishes; ce sera pour des jours/des temps ~s that will be for better days/happier times; il n'y a rien de ~ there is nothing better, there's nothing to beat it.

2 *adv*: il fait ~ qu'hier it's better *ou* nicer (weather) than yesterday; sentir ~ to smell better *ou* nicer.

3 *nm,f* (*celui qui est meilleur*) le ~, la ~e the best one; ce ne sont pas toujours les ~s qui sont récompensés it is not always the best (people) who win *ou* who reap the rewards; que le ~ gagne may the best man win; j'en passe et des ~es and that's not all — I could go on, and that's the least of them; tu connais la ~e? il n'est même pas venu! haven't you heard the best (bit) though? he didn't even come!; *V* raison.

4 *nm* (*ce qui est meilleur*) le ~ the best; il a choisi le ~ he took the best (one); pour le ~ et pour le pire for better or for worse; donner le ~ de soi-même to give of one's best; passer le ~ de sa vie à faire to spend the best days *ou* years of one's life doing; le ~ de notre pays fut tué pendant la guerre the finest *ou* best men of our country were killed during the war; (*Sport*) prendre le ~ sur qn to get the better of sb; garder *ou* réserver le ~ pour la fin to keep the best (bit *ou* part) till *ou* for the end; et le ~ dans tout ça, c'est qu'il avait raison! and the best bit about it all was that he was right!

meistre [mɛstʀ(ə)] *nm* = mestre.
méjuger [meʒyʒe] (3) (*littér*) **1** *vt* to misjudge. **2** *vi*: ~ de to underrate, underestimate. **3 se méjuger** *vpr* to underestimate o.s.
Mékong [mekɔ̃g] *nm* Mekong.
mélamine [melamin] *nf* melamine.
mélaminé, e [melamine] *adj* melamine-coated.
mélancolie [melɑ̃kɔli] *nf* melancholy, gloom; (*Méd*) melancholia; *V* engendrer.
mélancolique [melɑ̃kɔlik] *adj personne, paysage, musique* melancholy; (*Méd*) melancholic.
mélancoliquement [melɑ̃kɔlikmɑ̃] *adv* with a melancholy air, melancholically.
Mélanésie [melanezi] *nf* Melanesia.
mélanésien, -ienne [melanezjɛ̃, jɛn] **1** *adj* Melanesian. **2** *nm* (*Ling*) Melanesian. **3** *nm,f*: M~(ne) Melanesian.
mélange [melɑ̃ʒ] *nm* **(a)** (*opération*) [*produits*] mixing; [*vins, tabacs*] blending. faire un ~ de *substances* to make a mixture of; *idées* to mix up; quand on boit il ne faut pas faire de ~s you shouldn't mix your drinks.

(b) (*résultat*) (*gén, Chim, fig*) mixture; (*vins, tabacs, cafés*) blend. ~ détonant explosive mixture; ~ réfrigérant freezing mixture; (*Aut etc*) ~ pauvre/riche weak/rich mixture; joie sans ~ unalloyed *ou* unadulterated joy; (*littér*) sans ~ de free from, unadulterated by; (*Littérat*) ~s miscellanies, miscellany.
mélanger [melɑ̃ʒe] (3) **1** *vt* (*gén, Chim, Culin*) to mix; *couleurs, vins, parfums, tabacs* to blend; *dates, idées* to mix (up), muddle up, confuse; *documents* to mix up, muddle up. ~ du beurre et de la farine to rub butter in with flour, mix butter and flour together; tu mélanges tout! you're getting it all mixed up! *ou* muddled up!; un public très mélangé a very varied *ou* mixed public; (*fig*) il ne faut pas ~ les torchons et les serviettes we (*ou* you *etc*) must divide *ou* separate the sheep from the goats.

2 se mélanger *vpr* [*produits*] to mix; [*vins*] to mix, blend. les dates se mélangent dans ma tête I'm confused about the dates, I've got the dates mixed up *ou* in a muddle.
mélangeur, -euse [melɑ̃ʒœʀ, øz] **1** *nm,f* (*appareil*) mixer. **2** *nm* (*Plomberie*) mixer tap (*Brit*), mixing faucet (*US*); (*Ciné, Rad*) mixer.
mélanine [melanin] *nf* melanin.
mélasse [melas] *nf* (*Culin*) treacle (*Brit*), molasses (*US*); (*péj: boue*) muck; (*brouillard*) murk. (*fig*) quelle ~! what a mess!; être dans la ~* (*avoir des ennuis*) to be in the soup*, be in a sticky situation*; (*être dans la misère*) to be down and out, be on one's beam ends* (*Brit*).
Melba [mɛlba] *adj inv* Melba. pêche/ananas ~ peach/pineapple Melba.
Melbourne [mɛlbuʀn] *n* Melbourne.
mêlé, e [mele] (*ptp de* mêler) **1** *adj* **(a)** *sentiments* mixed, mingled; *couleurs, tons* mingled, blending; *monde, société* mixed; *V* sang.

(b) ~ de mingled with; joie ~e de remords pleasure mixed with *ou* tinged with remorse; vin ~ d'eau wine mixed with water.

2 mêlée *nf* **(a)** (*bataille*) mêlée; (*fig hum*) fray, kerfuffle* (*Brit*). ~e générale free-for-all; la ~e devint générale it developed into a free-for-all, scuffles broke out all round *ou* on all sides; (*lit, fig*) se jeter dans la ~e to plunge into the fray; (*fig*) rester au-dessus de *ou* à l'écart de la ~e to stay aloof, keep out of the fray.

(b) (*Rugby*) pack, scrum, scrummage. ~ ordonnée set scrum; ~ ouverte *ou* spontanée ruck, loose scrum; dans la ~ ouverte in the loose.
mêlé-casse† [melekas] *nm* blackcurrant and brandy cocktail.
mêlée [mele] *V* mêlé.
mêler [mele] (1) **1** *vt* **(a)** (*unir, mettre ensemble*) *substances* to mingle, mix together; *races* to mix; (*Vét*) to cross; (*Culin: amalgamer, mélanger*) to mix, blend; (*joindre, allier*) *traits de caractère* to combine, mingle. les deux fleuves mêlent leurs eaux the two rivers mingle their waters; elles mêlèrent leurs larme/leurs soupirs their tears/their sighs mingled.

(b) (*mettre en désordre, embrouiller*) *papiers, dossiers* to muddle (up), mix up; (*battre*) *cartes* to shuffle. ~ la réalité et le rêve to confuse reality and dream.

(c) ~ à *ou* avec (*ajouter*) to mix *ou* mingle with; ~ la douceur à la fermeté to combine gentleness with firmness; ~ du feuillage à un bouquet to put some greenery in with a bouquet; un récit mêlé de détails comiques a story interspersed with comic(al) details.

(d) (*impliquer*) ~ à to involve in; (*fig*) ~ qn à une affaire to involve sb in some business, get sb mixed up *ou* involved in an affair; j'y ai été mêlé contre mon gré I was dragged into it against my wishes, I got mixed up *ou* involved in it against my will; ~ qn à la conversation to bring *ou* draw sb into the conversation.

2 se mêler *vpr* **(a)** to mix, mingle, combine. ces deux races ne se mêlent jamais these two races never mix.

(b) se ~ à (*se joindre à*) to join; (*s'associer à*) to mix with; [*cris, sentiments*] to mingle with; il se mêla à la foule he joined the crowd, he mingled with the crowd; il ne se mêle jamais aux autres enfants he never mixes with other children; se ~ à une querelle to get mixed up *ou* involved in a quarrel; il se mêlait à toutes les manifestations he got involved *ou* took part in all the demonstrations; des rires se mêlaient aux applaudissements there was laughter mingled with the applause; se ~ à la conversation to join in *ou* come in on* the conversation.

(c) se ~ à *ou* de (*s'occuper de*) to meddle with, get mixed up in; se ~ des affaires des autres *ou* d'autrui to interfere in other people's business *ou* affairs; ne vous mêlez pas d'intervenir! don't you take it into your head to interfere!, just you keep out of it!; mêle-toi de ce qui te regarde! *ou* de tes affaires! *ou* de tes oignons!* mind your own business!; (*iro*) de quoi je me mêle!* what business is it of yours?, what's it got to do with you?; se ~ de

faire qch to take it upon o.s. to do sth, make it one's business to do sth; **voilà qu'il se mêle de nous donner des conseils!** who is he to give us advice!, look at him butting in with his advice!

mélèze [melɛz] *nm* larch.

méli-mélo* [melimelo] *nm [situation]* muddle; *[objets]* jumble. **cette affaire est un véritable ∼!** what a terrible muddle this business is!

mélisse [melis] *nf (Bot)* balm.

mélo* [melo] **1** *adj (abrév de* **mélodramatique)** *film, roman* soppy*, sentimental. **feuilleton ∼** *(gén)* sentimental serial; *(TV)* soap (opera). **2** *nm abrév de* **mélodrame.**

mélodie [melɔdi] *nf* **(a)***(motif, chanson)* melody, tune. **les ∼s de Debussy** Debussy's melodies *ou* songs; **une petite ∼ entendue à la radio** a little tune heard on the radio. **(b** *(qualité)* melodiousness.

mélodieusement [melɔdjøzmɑ̃] *adv* melodiously, tunefully.

mélodieux, -euse [melɔdjø, øz] *adj* melodious, tuneful.

mélodique [melɔdik] *adj* melodic.

mélodramatique [melɔdramatik] *adj (Littérat, péj)* melodramatic.

mélodrame [melɔdram] *nm (Littérat, péj)* melodrama.

mélomane [melɔman] **1** *adj* music-loving *(épith)*, keen on music *(attrib)*. **2** *nmf* music lover.

melon [m(ə)lɔ̃] *nm* **(a)** *(Bot)* melon. **∼ d'Espagne** ≃ honeydew melon; **∼ (cantaloup)** cantaloupe melon; **∼ d'eau** watermelon. **(b** *(Habillement) (chapeau)* ∼ bowler (hat).

mélopée [melɔpe] *nf* **(a)** *(gén: chant monotone)* monotonous chant, threnody *(littér).* **(b)** *(Hist Mus)* recitative.

membrane [mɑ̃bran] *nf* membrane.

membraneux, -euse [mɑ̃branø, øz] *adj* membran(e)ous.

membre [mɑ̃bʀ(ə)] *nm* **(a)** *(Anat, Zool)* limb. **∼ inférieur/supérieur/antérieur/postérieur** lower/upper/fore/rear limb; **∼ (viril)** male member *ou* organ.
(b) *[groupe, société savante]* member; *[académie]* fellow. **∼ fondateur** founder member; **∼ perpétuel** life member; **∼ actif/associé** active/associate member; **un ∼ de la société/du public** a member of society/of the public; **être ∼ de** to be a member of; **devenir ∼ d'un club** to become a member of a club, join a club; **ce club a 300 ∼s** this club has a membership of 300 *ou* has 300 members; **pays/États ∼s (de la Communauté)** member countries/states (of the Community).
(c) *(Math)* member. **premier/second ∼** left-hand/right-hand member.
(d) *(Ling)* **∼ de phrase** (sentence) member.
(e) *(Archit)* member.
(f) *(Naut)* timber, rib.

membré, e [mɑ̃bre] *adj* limbed. **bien/mal ∼** strong-/weak-limbed.

membru, e [mɑ̃bry] *adj (littér)* strong-limbed.

membrure [mɑ̃bryr] *nf (Anat)* limbs, build; *(Naut)* rib; *(collectif)* frame. **homme à la ∼ puissante** strong-limbed *ou* powerfully built man.

même [mɛm] **1** *adj* **(a)** *(identique, semblable: avant n)* same, identical. **des bijoux de ∼ valeur** jewels of equal *ou* of the same value; **ils ont la ∼ taille/la ∼ couleur, ils sont de ∼ taille/de ∼ couleur** they are the same size/the same colour; **j'ai exactement la ∼ robe qu'hier** I am wearing the very same dress I wore yesterday *ou* exactly the same dress as yesterday; **nous sommes du ∼ avis** we are of the same mind *ou* opinion, we agree; **ils ont la ∼ voiture que nous** they have the same car as we have *ou* as us*; **que vous veniez ou non c'est la ∼ chose** whether you come or not it's all one, it makes no odds whether you come or not; **c'est toujours la ∼ chose!** it's always the same (old story)!; **arriver en ∼ temps (que)** to arrive at the same time (as); **en ∼ temps qu'il le faisait l'autre s'approchait** as *ou* while he was doing it the other drew nearer.
(b) *(après n ou pron)* very, actual. **ce sont ses paroles ∼s** those are his very *ou* actual words; **il est la générosité ∼** he is generosity itself, he is the soul of generosity; **la grande maison, celle-là ∼ que vous avez visitée** the big house, the very one you visited *ou* precisely the one you visited.
(c) *moi-∼* myself; *toi-∼* yourself; *lui-∼* himself; *elle-∼* herself; *nous-∼s* ourselves; *vous-∼* yourself; *vous-∼s* yourselves; *eux- ou elles-∼s* themselves; **on est soi-∼ conscient de ses propres erreurs** one is aware (oneself) of one's own mistakes; **nous devons y aller nous-∼s** we must go ourselves; **s'apitoyer sur soi-∼** to feel sorry for oneself; **tu n'as aucune confiance en toi-∼** you have no confidence in yourself; **c'est lui-∼ qui l'a dit, il l'a dit lui-∼** he said it himself, he himself said it; **au plus profond d'eux-∼s/de nous-∼s** in their/our heart of hearts; **elle fait ses habits elle-∼** she makes her own clothes, she makes her clothes herself; **c'est ce que je me dis en ou à moi-∼** that's what I tell myself (inwardly), that's what I think to myself; **elle se disait en elle-∼ que ...** she thought to herself that ..., she thought privately *ou* inwardly that ...; **faire qch de soi-∼** to do sth on one's own initiative *ou* off one's own bat* *(Brit)*; **faire qch (par) soi-∼** to do sth (by) oneself.
2 *pron indéf (avec le, la, les)* **ce n'est pas le ∼** it's not the same (one); **la réaction n'a pas été la ∼ qu'à Paris** the reaction was not the same as in Paris; **elle est bien toujours la ∼!** she's just the same as ever!; *(fig)* **ce sont toujours les ∼s qui se font prendre** it's always the same ones who catch it*; *V* **pareil, revenir.**
3 *adv* **(a)** even. **ils sont tous sortis, ∼ les enfants** they are all out, even the children; **il n'a ∼ pas de quoi écrire ou pas ∼ de quoi écrire** he hasn't even got anything to write with; **il est intéressant et ∼ amusant** he is interesting and amusing too *ou* besides; **elle ne me parle ∼ plus** she no longer even speaks to me, she doesn't even speak to me anymore; **∼ lui ne sait pas** even he doesn't know; **personne ne sait, ∼ pas lui** nobody knows, not even him; **∼ si**

even if, even though; **c'est vrai, ∼ que je peux le prouver!*** it's true, and what's more I can prove it!
(b) *(précisément)* **aujourd'hui ∼** this very day; **ici ∼** in this very place, on this very spot; **c'est celui-là ∼ qui** he's the very one who; **c'est cela ∼** that's just *ou* exactly it.
(c) *(loc)* **boire à ∼ la bouteille** to drink (straight) from the bottle; **coucher à ∼ le sol** to lie on the bare ground; **à ∼ la peau** next to the skin; **mettre qn à ∼ de faire** to enable sb to do; **être à ∼ de faire** to be able *ou* to be in a position to do; **je ne suis pas à ∼ de juger** I am in no position to judge; **il fera de ∼** he'll do the same, he'll do likewise, he'll follow suit; **vous le détestez? moi de ∼** you hate him? so do I *ou* I do too *ou* me too* *ou* same here*; **de ∼ qu'il nous a dit que ...** just as he told us that ...; **il en est ou il en va de ∼ pour moi** it's the same for me, same here*; **quand ∼, tout de ∼** all the same, for all that, even so; **tout de ∼ ou quand ∼, il aurait pu nous prévenir** all the same *ou* even so he might have warned us; **il exagère tout de ∼!** well really he's going too far!; **il a tout de ∼ réussi à s'échapper** he managed to escape nevertheless *ou* all the same.

mémé* [meme] *nf (langage enfantin: grand-mère)* granny*, grandma; *(péj: vieille dame)* old girl*, old dear*.

mêmement [mɛmmɑ̃] *adv (frm)* likewise.

mémento [memɛ̃to] *nm (agenda)* engagement diary; *(Scol: aide-mémoire)* summary. *(Rel)* **∼ des vivants/des morts** prayers for the living/the dead; **le ∼ de l'homme d'affaires/de l'étudiant** the businessman's/student's handbook *ou* guide.

mémère* [memɛr] *nf (langage enfantin)* granny*, grandma; *(péj: vieille dame)* old girl* *ou* dear*. **le petit chien à sa ∼** mummy's little doggy *(hum)*; **elle fait ∼ avec ce chapeau** she looks ancient in that hat*.

mémo* [memo] *nm (abrév de* **mémorandum)** memo.

mémoire¹ [memwar] *nf* **(a)** *(Psych)* memory. **citer de ∼** to quote from memory; **de ∼ d'homme** in living memory; **de ∼ de Parisien, on n'avait jamais vu ça!** no one could remember such a thing happening in Paris before; **pour ∼** *(gén)* as a matter of interest; *(Comm)* for the record; **∼ associative** associative memory; *V* **effort, rafraîchir, trou.**
(b) *(loc)* **avoir la ∼ des noms** to have a good memory for names; **je n'ai pas la ∼ des dates** I have no memory for dates, I can never remember dates; **si j'ai bonne ∼** if I remember rightly, if my memory serves me right; **avoir la ∼ courte** to have a short memory; **avoir une ∼ d'éléphant** to have a memory like an elephant('s); **j'ai gardé la ∼ de cette conversation** I remember *ou* recall this conversation, this conversation remains in my memory; **perdre la ∼** to lose one's memory; **chercher un nom dans sa ∼** to try to recall a name, rack one's brains to remember a name; **ça me revient en ∼** it comes back to me; **il me l'a remis en ∼** he reminded me of it, he brought it back to me; **son nom restera (gravé) dans notre ∼** his name will remain (engraved) in our memories.
(c) *(réputation)* memory, good name; *(renommée)* memory, fame, renown. **soldat de glorieuse ∼** soldier of blessed memory; **de sinistre ∼** of evil memory, remembered with fear *ou* horror; *(hum)* fearful, ghastly; **salir la ∼ de qn** to sully the memory of sb; **à la ∼ de** in memory of, to the memory of.
(d) *(Ordin)* memory, store, storage. **∼ vive** RAM, random access memory; **∼ morte** ROM, read only memory; **∼ volatile** volatile memory; **∼ de masse, ∼ auxiliaire** mass memory; **avoir 512 K de ∼ centrale** to have 512 K of main memory; **capacité de ∼** storage capacity, memory size; **machine à écrire à ∼** memory typewriter.

mémoire² [memwar] *nm (requête)* memorandum; *(rapport)* report; *(exposé)* dissertation, paper; *(facture)* bill; *(Jur)* statement of case. *(souvenirs)* **∼s** memoirs; *(hum)* **tu écris tes ∼s?** are you writing your life story? *(hum)*; *(Univ)* **∼ de maîtrise** dissertation *(Brit)*, master's paper *ou* essay *ou* thesis *(US)*.

mémorable [memɔrabl(ə)] *adj* memorable, unforgettable.

mémorablement [memɔrabləmɑ̃] *adv* memorably.

mémorandum [memɔrɑ̃dɔm] *nm (Pol)* memorandum; *(Comm)* order sheet, memorandum; *(carnet)* notebook, memo book.

mémorial, pl -aux [memɔrjal, o] *nm (Archit)* memorial. *(Littérat)* **M∼** Chronicles.

mémorialiste [memɔrjalist(ə)] *nmf* memorialist, writer of memoirs.

mémorisation [memɔrizasjɔ̃] *nf* memorization, memorizing; *(Ordin)* storage.

mémoriser [memɔrize] (1) *vt* to memorize, commit to memory; *(Ordin)* to store.

menaçant, e [mənasɑ̃, ɑ̃t] *adj geste, paroles, foule, orage* threatening, menacing; *regard, ciel* lowering *(épith)*, threatening, menacing.

menace [mənas] *nf* **(a)** *(intimidation)* threat. **il eut un geste de ∼** he made a threatening gesture; **il eut des paroles de ∼** he said some threatening words; **par/sous la ∼** by/under threat; **∼ en l'air** idle threat; **la ∼ y a des ∼s de grève** there's a threat of strike action.
(b) *(danger)* imminent *ou* impending danger *ou* threat. **∼ d'épidémie** impending epidemic, threat of an epidemic.
(c) *(Jur)* **∼s** intimidation, threats; **recevoir des ∼s de mort** to receive death threats *ou* threats on one's life.

menacer [mənase] (3) *vt* **(a)** to threaten, menace *(gén pass)*. **∼ qn de mort/d'un revolver** to threaten sb with death/with a gun; **∼ de faire qch** to threaten to do sth; **ses jours sont menacés** his life is threatened *ou* in danger; **la guerre menaçait le pays** the country was threatened *ou* menaced by *ou* with war; **espèces menacées** threatened *ou* endangered species; **la paix est menacée** peace is endangered.
(b) *(fig)* **orage qui menace d'éclater** storm which is about to break *ou* is threatening to break; **la pluie menace** it looks like rain, it is threatening rain; **le temps menace** the weather looks

threatening; **chaise qui menace de se casser** chair which is showing signs of *ou* looks like breaking (*Brit*) *ou* looks like it will break; **pluie/discours qui menace de durer** rain/speech which threatens to last some time; **la maison menace ruine** the house is in danger of falling down.

ménage [menaʒ] *nm* (a) (*entretien d'une maison*) housekeeping; (*nettoyage*) housework. **les soins du** ~ the housework, the household duties; **s'occuper de son** ~, **tenir son** ~ to look after one's house, keep house; **faire du** ~ to do some housework *ou* cleaning; **faire le** ~ (*lit: nettoyer*) to do the housework; (*fig: Pol*) to get rid of the lame ducks *etc* in a party; (*fig: Sport*) to sort out the opposition; **faire le** ~ **à fond** to clean the house from top to bottom, do the housework thoroughly; **faire des** ~**s** to go out charring (*Brit*), work as a cleaning woman; (*Can*) **le grand** ~ the spring-cleaning; *V* **femme, monter²**.

  (b) (*couple, communauté familiale*) married couple, household. ~ **sans enfant** childless couple; ~ **à trois** eternal triangle, ménage à trois; **jeune/vieux** ~ young/old couple; **ils font un gentil petit** ~ they make a nice (young) couple; **cela ne va pas dans le** ~ they don't get on* in that household, their marriage is a bit shaky *ou* isn't really working; **être heureux/malheureux en** ~ to have a happy/an unhappy married life; **se mettre en** ~ **avec qn** to set up house with sb, move in with sb*; **querelles/scènes de** ~ domestic quarrels/rows; **il lui a fait une scène de** ~ he had a row* with her; (*fig*) **faire bon/mauvais** ~ **avec qn** to get on well/badly with sb, hit it off/not hit it off with sb*; **notre chat et la perruche font très bon** ~ our cat and the budgie get on famously *ou* like a house on fire*.

  (c) (†: *ordinaire*) **de** ~ **chocolat** for ordinary *ou* everyday consumption; *pain* homemade.

ménagement [menaʒmɑ̃] *nm* (a) (*douceur*) care; (*attention*) attention. **traiter qn avec** ~ to treat sb considerately *ou* tactfully; (*brutaliser*) **traiter qn sans** ~**s** to manhandle sb; **il les a congédiés sans** ~ he dismissed them without further ado *ou* with scant ceremony; **annoncer qch sans** ~ **à qn** to break the news of sth bluntly to sb, tell sb sth bluntly; **il lui annonça la nouvelle avec** ~ he broke the news to her gently *ou* cautiously; **elle a besoin de** ~ **car elle est encore très faible** being still very weak she needs care and attention.

  (b) (*égards*) ~**s** (respectful) consideration (*U*) *ou* attention.

ménager¹, -ère [menaʒe, ɛʀ] **1** *adj* (a) *ustensiles, appareils* household (*épith*), domestic (*épith*). **travaux** ~**s** housework, domestic chores; **école/collège d'enseignement** ~ school/college of domestic science; *V* **art, eau, ordure**.

  (b) († *économe*) ~ **de** *forces, efforts* sparing of; **être** ~ **de son argent** to be thrifty with one's money.

2 ménagère *nf* (a) (*femme d'intérieur*) housewife.

  (b) (*couverts*) canteen of cutlery.

ménager² [menaʒe] (3) *vt* (a) (*traiter avec prudence*) *personne puissante, adversaire* to handle carefully, treat tactfully *ou* considerately, humour; *sentiments, susceptibilité* to spare, show consideration for. **elle est très sensible, il faut la** ~ she is very sensitive, you must treat her gently; ~ **les deux partis** to humour both parties; (*fig*) ~ **la chèvre et le chou** (*rester neutre*) to sit on the fence; (*être conciliant*) to keep both parties sweet*.

  (b) (*utiliser avec économie ou modération*) *réserves* to use carefully *ou* sparingly; *vêtement* to use carefully, treat with care; *argent, temps* to be sparing in the use of, use carefully, economize; *expressions* to moderate, tone down. **c'est un homme qui ménage ses paroles** he is a man of few words; ~ **ses forces** to conserve one's strength; ~ **sa santé** to take great care of one's health, look after o.s.; **il faut** *ou* **vous devriez vous** ~ **un peu** you should take things easy, you should try not to overtax yourself; **l'athlète se ménage pour la finale** the athlete is conserving his energy *ou* is saving himself for the final; **il n'a pas ménagé ses efforts** he spared no effort; **nous n'avons rien ménagé pour vous plaire** we have spared no pains to please you; **il ne lui a pas ménagé les reproches** he didn't spare him his complaints.

  (c) (*préparer*) *entretien, rencontre* to arrange, organize, bring about; *transition* to contrive, bring about. ~ **l'avenir** to prepare for the future; **il nous ménage une surprise** he has a surprise in store for us; **se** ~ **une revanche** to plan one's revenge.

  (d) (*disposer, pratiquer*) *porte, fenêtre* to put in; *chemin* to cut. ~ **un espace entre** to make a space between; ~ **une place pour** to make room for; (*fig*) **se** ~ **une porte de sortie** to leave o.s. a way out *ou* a loophole.

ménagère [menaʒɛʀ] *V* **ménager¹**.

ménagerie [menaʒʀi] *nf* (*lit*) menagerie; (*fig*) zoo.

mendélévium [mɛ̃delevjɔm] *nm* mendelevium.

mendiant, e* [mɑ̃djɑ̃, ɑ̃t] *nm, f* beggar, mendicant (†, *littér*). (*Culin*) ~, **(quatre)** ~**s** mixed dried fruit(s) and nuts (*raisins, hazelnuts, figs, almonds*); *V* **frère, ordre¹**.

mendicité [mɑ̃disite] *nf* begging. **arrêter qn pour** ~ to arrest sb for begging; **être réduit à la** ~ to be reduced to beggary *ou* begging; **la** ~ **est interdite** it is forbidden to beg, no begging allowed.

mendier [mɑ̃dje] (7) **1** *vt* *argent, nourriture, caresse* to beg (for); (*Pol*) *voix* to solicit, canvass. ~ **qch à qn** to beg sb for sth, beg sth from sb; ~ **des compliments** to fish for compliments.

  2 *vi* to beg (for alms).

mendigot, e* [mɑ̃digo, ɔt] *nm, f* (*péj*) beggar.

mendigoter* [mɑ̃digɔte] (1) *vti* to beg. **toujours à** ~ **(quelque chose)** always begging (for something).

meneau, *pl* ~**x** [məno] *nm* (*horizontal*) transom; (*vertical*) mullion; *V* **fenêtre**.

menées [məne] *nfpl* (*machinations*) intrigues, manœuvres, machinations. **déjouer les** ~ **de qn** to foil sb's manœuvres *ou* little game*; ~ **subversives** subversive activities.

Ménélas [menelas] *nm* Menelaus.

mener [məne] (5) *vt* (a) (*conduire*) *personne* to take, lead; (*en voiture*) to drive, take (*à to, dans* into). ~ **un enfant à l'école/chez le médecin** to take a child to school/to the doctor; ~ **la voiture au garage** to take the car to the garage; **mène ton ami à sa chambre** show *ou* take *ou* see your friend to his room; ~ **promener le chien** to take the dog for a walk; (*fig*) ~ **qn en bateau*** to take sb for a ride*, lead sb up the garden path*, have sb on*.

  (b) [*véhicule*] *personne* to take; [*route etc*] to lead, go, take; [*profession, action etc*] to lead, get (*à to, dans* into). **c'est le chemin qui mène à la mer** this is the path (leading) to the sea; **le car vous mène à Chartres en 2 heures** the bus will take *ou* get you to Chartres in 2 hours; **cette route vous mène à Chartres** this road will take you to Chartres, you'll get to Chartres on this road; **où tout cela va-t-il nous** ~? where's all this going to get us?, where does all this lead us?; **cela ne (nous) mène à rien** this won't get us anywhere, this will get us nowhere; **ces études te mènent à de beaux postes** this training will get them good jobs; **le journalisme mène à tout** all roads are open to you in journalism; **de telles infractions pourraient le** ~ **loin** offences such as these could get him into trouble *ou* into deep water; ~ **qn à faire** ... to lead sb to do ...; *V* **tout**.

  (c) (*commander*) *personne, cortège* to lead; *pays* to run, rule; *entreprise* to manage, run; *navire* to command. **il sait** ~ **les hommes** he knows how to lead men, he is a good leader; ~ **qn par le bout du nez** to lead sb by the nose; **il est mené par le bout du nez par sa femme** his wife has got him on a string; ~ **qn à la baguette** *ou* **au doigt et à l'œil** to have sb under one's thumb, rule sb with an iron hand; **elle se laisse** ~ **par son frère** she lets herself be led *ou* (*péj*) bossed about* by her brother; **l'argent mène le monde** money rules the world, money makes the world go round; ~ **le jeu** *ou* **la danse** to call the tune, say what goes*; ~ **les débats** to chair the discussion.

  (d) (*Sport, gén: être en tête*) to lead; (*emploi absolu*) to lead, be in the lead. **il mène par 3 jeux à 1** he is leading by 3 games to 1; **la France mène (l'Écosse par 2 buts à 1)** France is in the lead (by 2 goals to 1 against Scotland), France is leading (Scotland by 2 goals to 1).

  (e) (*orienter*) *vie* to lead, live; *négociations, lutte, conversation* to carry on; *enquête* to carry out, conduct; *affaires* to manage, run. ~ **les choses rondement** to manage things efficiently, make short work of things; ~ **qch à bien** *ou* **à bonne fin** *ou* **à terme** to see sth through, carry sth through to a successful conclusion; (*fig*) **il mène bien sa barque** he manages his affairs efficiently; **il mène 2 affaires de front** he runs *ou* manages 2 businesses at once; ~ **la vie dure à qn** to rule sb with an iron hand, keep a firm hand on sb; **il n'en menait pas large** his heart was in his boots; ~ **grand bruit** *ou* **tapage autour d'une affaire** to give an affair a lot of publicity, make a great hue and cry about an affair.

  (f) (*Math*) ~ **une parallèle à une droite** to draw a line parallel to a straight line.

ménestrel [menɛstʀɛl] *nm* minstrel.

ménétrier† [menetʀije] *nm* (strolling) fiddler.

meneur, -euse [mənœʀ, øz] *nm, f* (*chef*) (ring)leader; (*agitateur*) agitator. ~ **d'hommes** born leader, popular leader; ~ **de jeu** [*spectacles, variétés*] compère (*Brit*), master of ceremonies; [*jeux-concours*] quizmaster; (*Music-hall*) ~**euse de revue** captain (*of chorus girls*).

menhir [meniʀ] *nm* menhir, standing stone.

méninge [menɛ̃ʒ] *nf* (a) (*) ~**s** brain; **se creuser les** ~**s** to rack one's brains; **tu ne t'es pas fatigué les** ~**s!** you didn't strain yourself*, you didn't overtax your brain!

  (b) (*Méd*) meninx. ~**s** meninges.

méningé, e [menɛ̃ʒe] *adj* meningeal.

méningite [menɛ̃ʒit] *nf* meningitis. **faire une** ~ to have meningitis; **ce n'est pas lui qui attrapera une** ~*! he's not one to strain himself!* (*iro*), there's no fear of his getting brain fever!

ménisque [menisk(ə)] *nm* (*Anat, Opt, Phys*) meniscus; (*Bijouterie*) crescent-shaped jewel.

ménopause [menɔpoz] *nf* menopause.

ménopausique [menɔpozik] *adj troubles* menopausal.

menotte [mənɔt] *nf* (a) ~**s** handcuffs; **mettre** *ou* **passer les** ~**s à qn** to handcuff sb. (b) (*langage enfantin*) little *ou* tiny hand, handy (*langage enfantin*).

mensonge [mɑ̃sɔ̃ʒ] *nm* (a) (*contre-vérité*) lie, fib*, falsehood (*frm*), untruth. **faire** *ou* **dire un** ~ to tell a lie; **pieux** ~ white lie; (*hum*) **c'est vrai, ce** ~? sure you're telling the truth?; **tout ça, c'est des** ~**s*** it's all a pack of lies.

  (b) **le** ~ lying, untruthfulness; **je hais le** ~ I hate untruthfulness *ou* lies; **il vit dans le** ~ his whole life is a lie.

  (c) (*littér: illusion*) illusion.

mensonger, -ère [mɑ̃sɔ̃ʒe, ɛʀ] *adj* (*faux*) *rapport, nouvelle* untrue, false; *promesse* deceitful, false; (*littér: trompeur*) *bonheur* illusory, delusive, deceptive.

mensongèrement [mɑ̃sɔ̃ʒɛʀmɑ̃] *adv* untruthfully, falsely, deceitfully.

menstruation [mɑ̃stʀɥasjɔ̃] *nf* menstruation.

menstruel, -elle [mɑ̃stʀɥɛl] *adj* menstrual.

menstrues [mɑ̃stʀy] *nfpl* menses.

mensualisation [mɑ̃sɥalizasjɔ̃] *nf* (changeover to a) monthly payment of salaries. **effectuer la** ~ **des salaires** to put workers on monthly salaries, pay salaries monthly; **la** ~ **de l'impôt** the monthly payment of tax.

mensualiser [mɑ̃sɥalize] (1) *vt salaires, employés* to pay on a monthly basis. **être mensualisé** [*salaire, employé*] to be paid monthly *ou* on a monthly basis; [*employé*] to be on a monthly salary; [*contribuable*] to pay income tax monthly, ≃ be on P.A.Y.E. (*Brit*).

mensualité [mɑ̃sɥalite] *nf* (*traite*) monthly payment *ou* instalment; (*salaire*) monthly salary.

mensuel, -elle [mɑ̃sɥɛl] **1** *adj* monthly. **2** *nm, f* employee paid by the month. **3** *nm* (*Presse*) monthly (magazine).

mensuellement [mɑ̃sɥɛlmɑ̃] *adv payer* monthly, every month. être payé ∼ to be paid monthly *ou* every month.

mensuration [mɑ̃syRɑsjɔ̃] *nf* (*mesure, calcul*) mensuration. (*mesures*) ∼s measurements.

mental, e, *mpl* **-aux** [mɑ̃tal, o] *adj maladie, âge, processus* mental; *V* calcul, malade.

mentalement [mɑ̃talmɑ̃] *adv* mentally.

mentalité [mɑ̃talite] *nf* mentality. (*iro*) quelle ∼!, jolie ∼! what an attitude of mind!, nice mind you've (*ou* he's *etc*) got!* (*iro*).

menterie [mɑ̃tRi] *nf* (†: *mensonge*) untruth, falsehood. (*hum*) ce sont des ∼s it's all a pack of lies.

menteur, -euse [mɑ̃tœR, øz] **1** *adj proverbe* fallacious, false; *rêve, espoir* delusive, illusory, false; *enfant* untruthful, lying. il est très ∼ he is a great liar. **2** *nm, f* liar, fibber*.

menthe [mɑ̃t] *nf* (a) (*Bot*) mint. ∼ poivrée peppermint; ∼ verte spearmint, garden mint; de ∼, à la ∼ mint (*épith*); *V* alcool, pastille, thé.
  (b) (*boisson*) peppermint cordial. une ∼ à l'eau a glass of peppermint cordial; *V* diabolo.

menthol [mɑ̃tɔl] *nm* menthol.

mentholé [mɑ̃tɔle] *adj* mentholated, menthol (*épith*).

mention [mɑ̃sjɔ̃] *nf* (a) (*note brève*) mention. faire ∼ de to mention, make mention of; la ∼ de son nom dans la liste the mention of his name in the list; faire l'objet d'une ∼ to be mentioned.
  (b) (*annotation*) note, comment. le paquet est revenu avec la ∼ 'adresse inconnue' the parcel was returned marked 'address unknown'; (*Admin*) 'rayer la ∼ inutile' 'delete as appropriate'.
  (c) (*Scol: examen*) ∼ passable/assez bien/bien/très bien ≃ grade D/C/B/A pass; (*Univ: licence, maitrise*) IIIrd class/lower IInd class/upper IInd class/Ist class Honours; (*doctorat*) ∼ très honorable (with) distinction; (*Scol*) être reçu avec ∼ to pass with flying colours *ou* with distinction.

mentionner [mɑ̃sjɔne] (1) *vt* to mention. la personne mentionnée ci-dessus the above-mentioned person.

mentir [mɑ̃tiR] (16) **1** *vi* (a) to lie (*à qn* to sb, *sur* about). tu mens! you're a liar!, you're lying!; ∼ effrontément to lie boldly, be a barefaced liar; je t'ai menti I lied to you, I told you a lie; sans ∼ (quite) honestly; il ment comme il respire *ou* comme un arracheur de dents he's a compulsive liar, he lies in *ou* through his teeth*; (*Prov*) a beau ∼ qui vient de loin long ways long lies (*Prov*).
  (b) faire ∼: ne me fais pas ∼! don't prove me wrong!; faire ∼ le proverbe to give the lie to the proverb, disprove the proverb; *V* bon¹.
  (c) (*littér*) ∼ à (*manquer à*) to betray; (*démentir*) to belie; il ment à sa réputation he belies *ou* does not live up to his reputation; (†, *hum*) vous en avez menti you told an untruth.
  2 se mentir *vpr*: se ∼ à soi-même to fool o.s.; il se ment à lui-même he's not being honest with himself, he's fooling himself.

menton [mɑ̃tɔ̃] *nm* chin. ∼ en galoche protruding *ou* jutting chin; ∼ fuyant receding chin, weak chin; double/triple ∼ double/treble chin.

mentonnière [mɑ̃tɔnjɛR] *nf* (*coiffure*) (chin) strap; (*Hist*) [*casque*] chin piece; (*Mus*) chin rest; (*Méd*) chin bandage.

mentor [mɑ̃tɔR] *nm* (*littér*) mentor.

menu¹ [məny] *nm* (a) (*repas*) meal; (*carte*) menu; (*régime*) diet. faites votre ∼ à l'avance plan your meal in advance; quel est le *ou* qu'y a-t-il au ∼? what's on the menu?; vous prenez le ∼ (à prix fixe) ou la carte? are you having the set menu or the (menu) à la carte?; ∼ du jour today's menu; ∼ touristique economy(-price) *ou* standard menu; ∼ gastronomique gourmet's menu.
  (b) (*Ordin*) menu.

menu², e [məny] **1** *adj* (a) (*fin*) *doigt, tige, taille* slender, slim; *personne* slim, slight; *herbe* fine; *écriture, pas* small, tiny; *voix* thin. en ∼s morceaux in tiny pieces.
  (b) (*peu important*) *difficultés, incidents, préoccupations* minor, petty, trifling. dire/raconter dans les ∼s détails to tell/relate in minute detail; ∼s frais incidental *ou* minor expenses; (*lit, fig*) ∼ fretin small fry; ∼ gibier small game; ∼ monnaie small *ou* loose change; ∼ peuple humble folk; (*Hist*) M∼s Plaisirs (royal) entertainment (*U*); se réserver de l'argent pour ses ∼s plaisirs to keep some money by for (one's) amusements; ∼ propos small talk (*U*).
  (c) (*loc*) par le ∼ in detail; raconter qch par le ∼ to relate sth in great detail; on fit par le ∼ la liste des fournitures they made a detailed list of the supplies.
  2 *adv couper, hacher, piler* fine. écrire ∼ to write small.

menuet [mənɥɛ] *nm* minuet.

menuiserie [mənɥizRi] *nf* (a) (*métier*) joinery, carpentry. ∼ d'art cabinetwork; spécialiste en ∼ métallique specialist in metal (door and window *etc*) fittings; (*passe-temps*) faire de la ∼ to do woodwork *ou* carpentry *ou* joinery.
  (b) (*atelier*) joiner's workshop.
  (c) (*ouvrage*) (piece of) woodwork (*U*) *ou* joinery (*U*) *ou* carpentry (*U*).

menuisier [mənɥizje] *nm* [*meubles*] joiner; [*bâtiment*] carpenter. ∼ d'art cabinet-maker.

Méphistophélès [mefistɔfelɛs] *nm* Mephistopheles.

méphistophélique [mefistɔfelik] *adj* Mephistophelean.

méphitique [mefitik] *adj* noxious, noisome†, mephitic.

méphitisme [mefitism(ə)] *nm* sulphurous (air) pollution.

méplat [mepla] *nm* (*Anat, Archit*) plane.

méprendre (se) [mepRɑ̃dR(ə)] (58) *vpr* (*litter*) to make a mistake, be mistaken (*sur* about). se ∼ sur qn to misjudge sb, be mistaken

about sb; se ∼ sur qch to make a mistake about sth, misunderstand sth; ils se ressemblent tellement que c'est à s'y ∼ *ou* qu'on pourrait s'y ∼ they are so alike that you can't tell them apart *ou* that it's difficult to tell which is which.

mépris [mepRi] *nm* (a) (*mésestime*) contempt, scorn. avoir *ou* éprouver du ∼ pour qn to despise sb, feel contempt for sb; sourire/regard de ∼ scornful *ou* contemptuous smile/look; avec ∼ contemptuously, scornfully, with contempt, with scorn.
  (b) (*indifférence*) ∼ de contempt for, disregard for; avoir le ∼ des convenances/traditions to have no regard for conventions/traditions; au ∼ du danger/des lois regardless *ou* in defiance of danger/the law.

méprisable [mepRizabl(ə)] *adj* contemptible, despicable.

méprisant, e [mepRizɑ̃, ɑ̃t] *adj* contemptuous, scornful; (*hautain*) disdainful.

méprise [mepRiz] *nf* (*erreur de sens*) mistake, error; (*malentendu*) misunderstanding. par ∼ by mistake.

mépriser [mepRize] (1) *vt personne* to scorn, despise (*Brit*), look down on; *danger, conseil, offre* to scorn, spurn; *vice, faiblesse* to scorn, despise (*Brit*). ∼ les conventions to scorn *ou* spurn convention.

mer [mɛR] **1** *nf* (a) (*océan, aussi fig*) sea. ∼ fermée inland *ou* land-locked sea; ∼ de sable sea of sand; naviguer sur une ∼ d'huile to sail on a glassy sea *ou* on a sea as calm as a millpond; vent/port *etc* de ∼ sea breeze/harbour *etc*; gens de ∼ sailors, seafarers, sea-faring men; *V* bras, coup, mal *etc*.
  (b) (*marée*) tide. la ∼ est haute *ou* pleine/basse the tide is high *ou* in/low *ou* out; c'est la haute *ou* pleine/basse ∼ it is high/low tide.
  (c) (*loc*) en ∼ at sea; les pêcheurs sont en ∼ aujourd'hui the fishermen are out today *ou* at sea today; en haute *ou* pleine ∼ out at sea, on the open sea; prendre la ∼ to put out to sea; mettre (une) embarcation) à la ∼ to bring *ou* get out a boat; bateau qui tient bien la ∼ good seagoing boat; aller/voyager par ∼ to go/travel by sea; (*fig*) ce n'est pas la ∼ à boire! it's no great hardship!, it's not asking the impossible!
  2: la mer des Antilles *ou* des Caraïbes the Caribbean (Sea); la mer Adriatique the Adriatic Sea; la mer Baltique the Baltic Sea; la mer Caspienne the Caspian Sea; la mer de Chine the China Sea; la mer Égée the Aegean Sea; la mer d'Irlande the Irish Sea; la mer de Marmara the Marmara Sea; la mer Morte the Dead Sea; la mer Noire the Black Sea; la mer du Nord the North Sea; la mer Rouge the Red Sea; la mer des Sargasses the Sargasso Sea; les mers du Sud the South Seas; la mer Tyrrhénienne the Tyrrhenian Sea.

mercanti [mɛRkɑ̃ti] *nm* (*péj*) profiteer, swindler, shark*; (*marchand oriental ou africain*) bazaar merchant.

mercantile [mɛRkɑ̃til] *adj* mercenary, venal.

mercantilisme [mɛRkɑ̃tilism(ə)] *nm* (*péj*) mercenary *ou* venal attitude; (*Écon, Hist*) mercantile system, mercantilism.

mercenaire [mɛRsənɛR] **1** *adj* (*péj*) attitude mercenary; *soldat* hired. **2** *nm* (*Mil*) mercenary; (*fig péj: salarié*) hireling.

mercerie [mɛRsəRi] *nf* (*boutique*) haberdasher's shop (*Brit*), notions store (*US*); (*articles*) haberdashery (*Brit*), notions (*US*). (*profession*) la ∼ the haberdashery (*Brit*) *ou* notions (*US*) (trade).

merceriser [mɛRsəRize] (1) *vt* to mercerize. coton mercerisé mercerized cotton.

merci [mɛRsi] **1** *excl* (a) (*pour remercier*) thank you. ∼ bien thank you, many thanks; ∼ beaucoup thank you very much, thanks a lot*; ∼ mille fois thank you (ever) so much; ∼ de *ou* pour votre carte thank you for your card; ∼ d'avoir répondu thank you for replying; sans même me dire ∼ without even thanking me, without even saying thank you; (*iro*) ∼ du compliment! thanks for the compliment!; *V* dieu.
  (b) (*pour refuser*) Cognac? — (non,) ∼ Cognac? — no thank you; y retourner? — (bien), pour me faire traiter comme un chien! go back there? what, and be treated like a dog?, no thank you!
  2 *nm* thank-you. je n'ai pas eu un ∼ I didn't get *ou* hear a word of thanks; nous vous devons/nous devons vous dire un grand ∼ pour we owe you/we must say a big thank-you for; et encore un grand ∼ pour votre cadeau and once again thank you so much *ou* many thanks for your present; mille ∼s (very) many thanks.
  3 *nf* (a) (*pitié*) mercy. crier/implorer ∼ to cry/beg for mercy; sans ∼ *combat etc* merciless, ruthless.
  (b) (*risque, éventualité, pouvoir*) à la ∼ de qn at the mercy of sb, in sb's hands; tout le monde est à la ∼ d'une erreur anyone can make a mistake; chaque fois que nous prenons la route nous sommes à la ∼ d'un accident every time we go on the road we expose ourselves *ou* lay ourselves open to accidents *ou* we run the risk of an accident; exploitable à ∼ liable to be ruthlessly exploited, open to ruthless exploitation; *V* taillable.

mercier, -ière [mɛRsje, jɛR] *nm, f* haberdasher (*Brit*), notions dealer (*US*).

mercredi [mɛRkRədi] *nm* Wednesday. ∼ des Cendres Ash Wednesday; *pour autres loc V* samedi.

mercure [mɛRkyR] **1** *nm* (a) (*Chim*) mercury. (b) (*Myth*) M∼ Mercury.
  2 *nf* (*Astron*) M∼ Mercury.

mercuriale¹ [mɛRkyRjal] *nf* (*littér: reproche*) reprimand, rebuke.

mercuriale² [mɛRkyRjal] *nf* (*Bot*) mercury.

mercuriale³ [mɛRkyRjal] *nf* (*Comm*) market price list.

mercurochrome [mɛRkyRɔkRɔm] *nm* mercurochrome.

merde [mɛRd(ə)] **1** *nf* (**⁕⁕**) (*excrément*) shit⁕⁕; (*étron*) turd⁕⁕; (*livre, film*) crap⁕⁕. il y a une ∼ (de chien) devant la porte there's some dog('s) shit⁕⁕ *ou* a dog turd⁕⁕ in front of the door; son dernier bouquin est de la vraie *ou* une vraie ∼ his most recent book is a load of crap⁕⁕; quelle voiture de ∼! what a fucking awful car!⁕⁕;

(*fig*) **il ne se prend pas pour de la** *ou* **une ~** he thinks the sun shines out of his arse!❊❊, he thinks he's one hell of a big nob‡ (*Brit*); (*fig*) **on est dans la ~** we're in a bloody mess❊❊ (*Brit*) *ou* one hell of a mess‡.

2 *excl* (‡) (*impatience, contrariété*) hell!‡, shit!❊‡; (*indignation, surprise*) bloody hell!❊❊ (*Brit*), shit!❊❊ **~ alors!** hell's bells*!; **~ pour X!** to hell with X!‡

merdeux, -euse❊❊ [mɛʀdø, øz] **1** *adj* shitty❊❊, filthy. **2** *nm,f* squirt‡, twerp*.

merdier❊❊ [mɛʀdje] *nm* muck-up‡, shambles (*sg*). **être dans un beau ~** to be in a fine bloody mess❊❊ (*Brit*) *ou* one hell of a mess‡.

merdique‡ [mɛʀdik] *adj* film, discours, idée pathetic, moronic, crappy❊❊. **c'était ~,** cette soirée that party was the pits‡ *ou* was bloody awful❊❊ (*Brit*).

merdoyer❊❊ [mɛʀdwaje] (8) *vi* to be *ou* get in a hell of a mess‡, be *ou* get all tied up.

mère [mɛʀ] **1** *nf* (a) (*génitrice*) mother. **elle est ~ de 4 enfants** she is a *ou* the mother of 4 (children); (*fig hum*) **tu es une ~ pour moi** you are like a mother to me; (*littér*) **la France, ~ des arts** France, mother of the arts; **frères par la ~** half-brothers (on the mother's side); **devenir ~** to become a mother; **rendre qn ~**† to get sb with child (†, *littér*); *V* **fille, Madame, reine** *etc*.

(b) (*fig: femme*) (*péj*) **la ~ X*** old mother X, old Ma X (*péj*); **allons la petite ~, dépêchez-vous***! come on missis, hurry up!*; (*affectueux: à une enfant, un animal*) **ma petite ~** my little pet *ou* love; (*dial*) **bonjour, ~ Martin** good day to you, Mrs Martin.

(c) (*Rel*) mother. (**la**) **M~ Catherine** Mother Catherine; **oui, ma ~** yes, Mother.

(d) (*Tech: moule*) mould.

(e) (*apposition: après n*) cellule, compagnie parent. (*Comm*) **maison ~** parent company, head office; (*Ordin*) **disquette ~** master disk; (*Ling*) **langue ~** mother tongue *ou* language.

2: (*Rel*) **Mère abbesse** mother abbess; **mère d'accueil** = **mère porteuse**; (*Admin*) **mère célibataire** unmarried mother; **mère de famille** mother, housewife; **mère-grand**† *nf* grandmama‡; **mère patrie** motherland; **mère porteuse** surrogate mother; **mère poule*** motherly mum* (*Brit*) *ou* mom* (*US*); **c'est une vraie mère poule*, elle est très mère poule*** she's a real mother hen, she's a very motherly type; **mère de substitution** = **mère porteuse**; (*Rel*) **Mère supérieure** Mother Superior; (*Chim*) **mère de vinaigre** mother of vinegar.

merguez [mɛʀgɛz] *nf* merguez sausage (*type of spicy sausage from N Africa*).

mergule [mɛʀgyl] *nm*: **~ (nain)** little auk.

méridien, -enne [meʀidjɛ̃, ɛn] **1** *adj* (*Sci*) meridian; (*littér*) meridian (*littér*), midday (*épith*).

2 *nm* (*Astron, Géog*) meridian. **~ d'origine** prime meridian.

3 méridienne *nf* (*Astron*) meridian line; (*Géodésie*) line of triangulation points.

méridional, e, *mpl* **-aux** [meʀidjɔnal, o] **1** *adj* (*du Sud*) southern; (*du Sud de la France*) Southern (French).

2 *nm,f*: **M~(e)** (*du Sud*) Southerner; (*du Sud de la France*) Southern Frenchman *ou* Frenchwoman, Southerner.

meringue [məʀɛ̃g] *nf* meringue. **un dessert avec de la ~/des petites ~s** a dessert with meringue/little meringues.

meringuer [məʀɛ̃ge] (1) *vt* (*gén ptp*) to coat *ou* cover with meringue.

mérinos [meʀinos] *nm* merino; *V* **pisser**.

merise [məʀiz] *nf* wild cherry.

merisier [məʀizje] *nm* (*arbre*) wild cherry (tree); (*bois*) cherry.

méritant, e [meʀitɑ̃, ɑ̃t] *adj* deserving.

mérite [meʀit] *nm* (a) (*vertu intrinsèque*) merit; (*respect accordé*) credit. **le ~ de cet homme est grand** that man has great merit, he is a man of great merit; **il n'en a que plus de ~** he deserves all the more credit, it's all the more to his credit; **il n'y a aucun ~ à cela** there's no merit in that, one deserves no credit for that; **tout le ~ lui revient** all the credit is due to him, he deserves all the credit; **il a le grand ~ d'avoir réussi** it's greatly to his credit that *ou* his great merit is that he succeeded; **il a au moins le ~ d'être franc** there's one thing to his credit *ou* in his favour that at least he's frank.

(b) (*valeur*) merit, worth; (*qualité*) quality. **de grand ~** of great worth *ou* merit; **ce n'est pas sans ~** it's not without merit; **si nombreux que soient ses ~s** however many qualities he may have; **son intervention n'a eu d'autre ~ que de faire suspendre la séance** the only good point *ou* merit in his intervention was that the sitting was adjourned.

(c) (*décoration*) **l'ordre national du M~** the national order of merit (*French decoration*).

(d) (*Rel*) **~(s) du Christ** merits of Christ.

mériter [meʀite] (1) *vt* (a) louange, châtiment to deserve, merit. **tu mériterais qu'on t'en fasse autant** you deserve (to get) the same treatment; **cette action mérite des louanges/une punition** this action deserves *ou* merits *ou* warrants praise/punishment; **~ l'estime de qn** to be worthy of *ou* deserve *ou* merit sb's esteem; **tu n'as que ce que tu mérites** you've got (just) what you deserved, it serves you right; **il mérite la prison/la corde** he deserves to go to prison/to be hanged; **repos/blâme bien mérité** well-deserved rest/reprimand.

(b) (*valoir*) to merit, deserve, be worth; (*exiger*) to call for, require. **le fait mérite d'être noté** the fact is worth noting, the fact is worthy of note; **ceci mérite réflexion** *ou* **qu'on y réfléchisse** (*exiger*) this calls for *ou* requires careful thought; (*valoir*) this merits *ou* deserves careful thought; **ça lui a mérité le respect de tous** this earned him everyone's respect.

(c) **il a bien mérité de la patrie** (*frm*) he deserves well of his country; (*hum*) he deserves a (putty) medal for that.

méritocratie [meʀitɔkʀasi] *nf* meritocracy.

méritoire [meʀitwaʀ] *adj* meritorious, praiseworthy, commendable.

merlan [mɛʀlɑ̃] *nm* (a) (*Zool*) whiting. (b) (†*: coiffeur*) barber, hairdresser.

merle [mɛʀl(ə)] *nm* (a) (*Orn*) blackbird. **~ à plastron** ring ouzel; (*fig*) **chercher le ~ blanc** to seek (for) the impossible; **elle cherche toujours le ~ blanc** she's still looking for her wonder man *ou* dream man.

(b) (*péj*) vilain *ou* (*iro*) beau **~** nasty customer.

(c) (*Can Orn*) (American) robin.

merlette [mɛʀlɛt] *nf* female blackbird, she-blackbird.

merlin [mɛʀlɛ̃] *nm* (a) [*bûcheron*] axe; (*Boucherie*) cleaver. (b) (*Naut*) marline.

merlu [mɛʀly] *nm* hake.

merluche [mɛʀly ʃ] *nf* (a) (*Culin*) dried cod, stockfish. (b) = merlu.

merluchon [mɛʀly ʃɔ̃] *nm* small hake.

mérou [meʀu] *nm* grouper.

mérovingien, -ienne [meʀɔvɛ̃ʒjɛ̃, jɛn] **1** *adj* Merovingian. **2** *nm,f*: **M~(ne)** Merovingian.

merveille [mɛʀvɛj] *nf* (a) marvel, wonder. **les ~s de la technique moderne** the wonders *ou* marvels of modern technology; **cette montre est une ~ de précision** this watch is a marvel of precision; **les ~s de la nature** the wonders of nature; **cette machine est une (petite) ~** this machine is a (little) marvel.

(b) (*loc*) **à ~** perfectly, wonderfully, marvellously; **cela te va à ~** it suits you perfectly *ou* to perfection; **se porter à ~** to be in excellent health, be in the best of health; **ça s'est passé à ~** it went off like a dream *ou* without a single hitch; **ça tombe à ~** this comes at an ideal moment *ou* just at the right time; **faire ~ ou des ~s** to work wonders; **c'est ~ que vous soyez vivant** it's a wonder *ou* a marvel that you are alive; **on en dit ~ ou des ~s** it's praised to the skies *ou* said to be marvellous; *V* **huitième, sept.**

merveilleusement [mɛʀvɛjøzmɑ̃] *adv* marvellously, wonderfully.

merveilleux, -euse [mɛʀvɛjø, øz] **1** *adj* (*magnifique*) marvellous, wonderful; (*après n: surnaturel*) magic.

2 *nm* (a) **le ~** the supernatural; (*Art, Littérat*) the fantastic element.

(b) (*Hist*) coxcomb††, fop†.

3 merveilleuse *nf* (*Hist*) fine lady, belle.

mes [me] *adj poss* *V* **mon.**

mésalliance [mezaljɑ̃s] *nf* misalliance, marriage beneath one's station†. **faire une ~** to marry beneath o.s. *ou* one's station†.

mésallier (se) [mezalje] (7) *vpr* to marry beneath o.s. *ou* one's station†.

mésange [mezɑ̃ʒ] *nf* tit(mouse). **~ bleue** blue tit; **~ charbonnière** great tit; **~ huppée** crested tit; **~ à longue queue** long-tailed tit; **~ noire** coal tit.

mésaventure [mezavɑ̃tyʀ] *nf* misadventure, misfortune.

mescaline [mɛskalin] *nf* mescaline.

Mesdames [medam] *nfpl* *V* **Madame.**

Mesdemoiselles [medmwazɛl] *nfpl* *V* **Mademoiselle.**

mésencéphale [mezɑ̃sefal] *nm* midbrain, mesencephalon (*T*).

mésentente [mezɑ̃tɑ̃t] *nf* dissension, disagreement. **la ~ règne dans leur famille** there is constant disagreement in their family, they are always at loggerheads (with each other) in that family.

mésentère [mezɑ̃tɛʀ] *nm* mesentery.

mésentérique [mezɑ̃teʀik] *adj* mesenteric.

mésestimation [mezɛstimasjɔ̃] *nf* (*littér*) [*chose*] underestimation.

mésestime [mezɛstim] *nf* (*littér*) [*personne*] low regard, low esteem. **tenir qn en ~** to have little regard for sb.

mésestimer [mezɛstime] (1) *vt* (*littér: sous-estimer*) difficulté, adversaire to underestimate, underrate; *opinion* to set little store by, have little regard for; *personne* to have little regard for.

mésintelligence [mezɛ̃teliʒɑ̃s] *nf* disagreement (*entre* between), dissension, discord.

mesmérisme [mɛsmeʀism(ə)] *nm* mesmerism.

Mésopotamie [mezɔpɔtami] *nf* Mesopotamia.

mésopotamien, -ienne [mezɔpɔtamjɛ̃, jɛn] **1** *adj* Mesopotamian. **2** *nm,f*: **M~(ne)** Mesopotamian.

mesquin, e [mɛskɛ̃, in] *adj* (*avare*) mean, stingy; (*vil*) mean, petty. **c'est un esprit ~** he is a mean-minded *ou* small-minded *ou* petty person; **le repas faisait un peu ~** the meal was a bit stingy.

mesquinement [mɛskinmɑ̃] *adv* agir meanly, pettily; *distribuer* stingily.

mesquinerie [mɛskinʀi] *nf* [*personne, procédé*] (*étroitesse*) meanness, pettiness; (*avarice*) stinginess, meanness; (*procédé*) mean *ou* petty trick.

mess [mɛs] *nm* mess (*Mil*).

message [mesaʒ] *nm* (*gén, Jur, Littérat, Tech*) message. **~ chiffré** coded message, message in code *ou* cipher; **~ publicitaire** advertisement; **~ téléphoné** telegram (*dictated by telephone*).

messager, -ère [mesaʒe, ɛʀ] *nm,f* messenger. (*littér*) **~ de bonheur/du printemps** harbinger of glad tidings/of spring (*littér*); **~ de malheur** bearer of bad tidings.

messageries [mesaʒʀi] *nfpl*: **(service de) ~** parcels service; (*Hist*) mail-coach service; **~ aériennes/maritimes** air freight/shipping company; **~ de presse** press distributing service.

messe [mɛs] **1** *nf* (*Mus, Rel*) mass. **aller à la ~** to go to mass; **célébrer la ~** to celebrate mass; *V* **entendre, livre¹** *etc*.

2: (*Rel*) **messe basse** low mass; (*fig péj*) **messes basses** muttering, muttered conversation *ou* talk; **finissez vos messes basses** stop muttering *ou* whispering together; **messe de minuit** midnight mass; **messe des morts** mass for the dead; (*Spiritisme*) **messe noire** black mass.

Messeigneurs [mesɛɲœʀ] *nmpl* *V* **monseigneur.**

messeoir [meswaʀ] (26) *vi* (††, *littér*) (*moralement*) to be unseemly (*à for*) (*littér*), ill befit (*littér*); (*pour l'allure*) (*pour l'allure*) to ill become (*littér*), be unbecoming (*à to*) (*littér*). **avec un air qui ne lui messied pas** with a look that does not ill become him *ou* that is not unbecoming to him; **il vous messiérait de le faire** it would be unseemly for you to do it.

messianique [mesjanik] *adj* messianic.

messianisme [mesjanism(ə)] *nm* (*Rel*) messianism. (*fig*) **la tendance au ~ de certains révolutionnaires** the messianic tendencies of certain revolutionaries.

messidor [mesidɔʀ] *nm* Messidor (*tenth month in the French Republican Calendar*).

messie [mesi] *nm* messiah. **le M~** the Messiah.

Messieurs [mesjø] *nmpl* V **Monsieur**.

messin, e [mesɛ̃, in] **1** *adj* of *ou* from Metz. **2** *nm,f*: **M~(e)** inhabitant *ou* native of Metz.

messire†† [mesiʀ] *nm* (*noblesse*) my lord; (*bourgeoisie*) Master. **oui ~** yes my lord, yes sir; **~ Jean** my lord *ou* master John.

mestrance [mɛstʀɑ̃s] *nf* = **maistrance**.

mestre [mɛstʀ(ə)] *nm* (*Naut*) mainmast.

mesurable [məzyʀabl(ə)] *adj grandeur* measurable; *quantité* measurable. **c'est difficilement ~** it is hard to measure.

mesurage [məzyʀaʒ] *nm* measuring, measurement.

mesure [m(ə)zyʀ] *nf* **(a)** (*évaluation, dimension*) measurement. **appareil de ~** gauge; **système de ~** system of measurement; **prendre les ~s de qch** to take the measurements of sth; *V* **poids**.
    (b) (*fig: taille*) **la ~ de ses forces/sentiments** the measure of his strength/feelings; **monde/ville à la ~ de l'homme** world/town on a human scale; **il est à ma ~** [*travail*] it's within my capabilities, I am able to do it; [*adversaire*] he's a match for me; **prendre la (juste) ~ de qn** to size sb up (exactly), get the measure of sb; **donner (toute) sa ~** to show one's worth, show what one is capable of *ou* made of.
    (c) (*unité, récipient, quantité*) measure. **~ de capacité** (*pour liquides*) liquid measure; (*pour poudre, grains*) dry measure; **~ de superficie/volume** square/cubic measure; **~ de longueur** measure of length; **~ à grains/à lait** corn/milk measure; **~ graduée** measuring jug; **~ d'un demi-litre** half-litre measure; **donne-lui 2 ~s d'avoine** give him 2 measures of oats; **faire bonne ~** to give good measure; (*fig*) **pour faire bonne ~** for good measure.
    (d) (*quantité souhaitable*) **la juste** *ou* **bonne ~** the happy medium; **la ~ est comble** that's the limit; **dépasser** *ou* **excéder** *ou* **passer la ~** to overstep the mark, go too far; **boire outre** *ou* **~** to drink immoderately *ou* to excess.
    (e) (*modération*) moderation. **le sens de la ~** a sense of moderation; **il n'a pas le sens de la ~** he has no sense of moderation, he knows no measure; **avec ~** with *ou* in moderation; **il a beaucoup de ~** he's very moderate; **orgueil sans ~** immoderate *ou* measureless pride, pride beyond measure; **se dépenser sans ~** (*se dévouer*) to give one's all; (*se fatiguer*) to overtax one's strength *ou* o.s.
    (f) (*disposition, moyen*) measure, step. **prendre des ~s d'urgence** to take emergency action *ou* measures; **des ~s d'ordre social** social measures; **des ~s de rétorsion** reprisals, retaliatory measures; **j'ai pris mes ~s pour qu'il vienne** I have made arrangements for him to come, I have taken steps to ensure that he comes; **par ~ de restriction** as a restrictive measure; *V* **contre, demi²**.
    (g) (*Mus*) (*cadence*) time, tempo; (*division*) bar; (*Poésie*) metre. **en ~** in time *ou* tempo; **~ composée/simple/à deux temps/à quatre temps** compound/simple/duple/common *ou* four-four time; **être/ne pas être en ~** to be in/out of time; **jouer quelques ~s** to play a few bars; **2 ~s pour rien** 2 bars for nothing; *V* **battre**.
    (h) (*Habillement*) measure, measurement. **prendre les ~s de** qn to take sb's measurements; **ce costume est bien à ma ~?** *ou* **à mes ~s?** is this suit my size?, will this suit fit me?; **acheter** *ou* **s'habiller sur ~** to have one's clothes made to measure; **costume fait à la ~** *ou* **sur ~** made-to-measure suit; **tailleur à la ~** bespoke tailor; (*fig*) **j'ai un emploi du temps/un patron sur ~** my schedule/boss suits me down to the ground.
    (i) (*loc*) **dans la ~ de ses forces** *ou* **capacités** as far as *ou* insofar as one is able, to the best of one's ability; **dans la ~ de ses moyens** as far as one's circumstances permit, as far as one is able; **dans la ~ du possible** as far as possible; **dans la ~ où** inasmuch as, insofar as; **dans une certaine ~** to some *ou* a certain extent; **dans une large ~** to a large extent, to a great extent; **être en ~ de faire qch** to be in a position to do sth; **(au fur et) à ~ que** as; **il les pliait et me les passait (au fur et) à ~** he folded them and handed them to me one by one *ou* as he went along; *V* **commun**.

mesuré, e [məzyʀe] (*ptp de* **mesurer**) *adj ton* steady; *pas* measured; *personne* moderate. **il est ~ dans ses paroles/ses actions** he is moderate *ou* temperate in his language/actions.

mesurément [məzyʀemɑ̃] *adv* with *ou* in moderation.

mesurer [məzyʀe] (1) **1** *vt* **(a)** *chose* to measure; *personne* to take the measurements of, measure (up); (*par le calcul*) *distance, pression, volume* to calculate; *longueur à couper* to measure off *ou* out. **il mesura 3 cl d'acide** he measured out 3 cl of acid; **il me mesura 3 mètres de tissu** he measured me off *ou* out 3 metres of fabric.
    (b) (*évaluer, juger*) *risque, efficacité* to assess, weigh up; *valeur d'une personne* to assess, rate. **vous n'avez pas mesuré la portée de vos actes!** you did not weigh up *ou* consider the consequences of your actions!; **on n'a pas encore mesuré l'étendue des dégâts** the extent of the damage has not yet been assessed; **~ les efforts aux** *ou* **d'après les résultats (obtenus)** to gauge *ou* assess the effort expended by *ou* according to the results (obtained); **~ ses forces avec qn** to pit oneself against sb, measure one's strength

with sb; **~ qn du regard** to look sb up and down; **se ~ des yeux** to weigh *ou* size each other up.
    (c) (*avoir pour mesure*) to measure. **cette pièce mesure 3 mètres sur 10** this room measures 3 metres by 10; **il mesure 1 mètre 80** [*personne*] he's 1 metre 80 tall; [*objet*] it's 1 metre 80 long *ou* high, it measures 1 metre 80.
    (d) (*avec parcimonie*) to limit. **elle leur mesure la nourriture** she rations them on food, she limits their food; **le temps nous est mesuré** our time is limited, we have only a limited amount of time.
    (e) (*avec modération*) **~ ses paroles** (*savoir rester poli*) to moderate one's language; (*être prudent*) to weigh one's words.
    (f) (*proportionner*) to match (*à, sur* to), gear (*à, sur* to). **~ le travail aux forces de qn** to match *ou* gear the work to sb's strength; **~ le châtiment à l'offense** to make the punishment fit the crime, match the punishment to the crime; *V* **brebis**.
    2 se mesurer *vpr*: **se ~ avec** *personne* to have a confrontation with, pit o.s. against; *difficulté* to confront, tackle.

mesureur [məzyʀœʀ] *nm* (*personne*) measurer; (*appareil*) gauge, measure.

mésuser [mezyze] (1) **mésuser de** *vt indir* (*littér*) (*gén*) to misuse. **~ de son pouvoir** to abuse one's power.

métabolique [metabɔlik] *adj* metabolic.

métabolisme [metabɔlism(ə)] *nm* metabolism.

métacarpe [metakaʀp(ə)] *nm* metacarpus.

métacarpien, -ienne [metakaʀpjɛ̃, jɛn] **1** *adj* metacarpal. **2** *nmpl*: **~s** metacarpals, metacarpal bones.

métairie [meteʀi] *nf* smallholding, farm (*held on a métayage agreement*); *V* **métayage**.

métal, pl -aux [metal, o] *nm* **(a)** (*gén, Chim, Fin, Min*) metal. (*Fin*) **le ~ jaune** gold; **les ~aux précieux comme l'or et l'argent** precious metals such as gold and silver. **(b)** (*littér*) metal (*littér*), stuff.

métalangue [metalɑ̃g] *nf*, **métalangage** [metalɑ̃gaʒ] *nm* metalanguage.

métalinguistique [metalɛ̃gµistik] **1** *adj* metalinguistic. **2** *nf* metalinguistics (*sg*).

métallifère [metalifɛʀ] *adj* metalliferous (*T*), metal-bearing.

métallique [metalik] *adj* **(a)** (*gén, Chim*) metallic; *voix, couleur* metallic; *objet* (*en métal*) metal (*épith*); (*qui ressemble au métal*) metallic. **bruit** *ou* **son ~** [*clefs*] jangle, clank; [*épée*] clash. **(b)** (*Fin*) *V* **encaisse, monnaie**.

métallisation [metalizasjɔ̃] *nf* [*métal*] plating; [*miroir*] silvering.

métallisé, e [metalize] (*ptp de* **métalliser**) *adj bleu, gris* metallic; *peinture, couleur* metallic, with a metallic finish; *miroir* silvered.

métalliser [metalize] (1) *vt métal* to plate; *miroir* to silver.

métallo* [metalo] *nm* (*abrév de* **métallurgiste**) steelworker, metalworker.

métallographie [metalɔgʀafi] *nf* metallography.

métallographique [metalɔgʀafik] *adj* metallographic.

métalloïde [metalɔid] *nm* metalloid.

métalloplastique [metalɔplastik] *adj* copper asbestos (*épith*).

métallurgie [metalyʀʒi] *nf* (*industrie*) metallurgical industry; (*technique, travail*) metallurgy.

métallurgique [metalyʀʒik] *adj* metallurgic.

métallurgiste [metalyʀʒist(ə)] *nm* **(a)** (*ouvrier*) **~** steelworker, metalworker. **(b)** (*industriel*) **~** metallurgist.

métamorphique [metamɔʀfik] *adj* metamorphic, metamorphous.

métamorphiser [metamɔʀfize] (1) *vt* (*Géol*) to metamorphose.

métamorphisme [metamɔʀfism(ə)] *nm* metamorphism.

métamorphosable [metamɔʀfozabl(ə)] *adj* that can be transformed (*en* into).

métamorphose [metamɔʀfoz] *nf* (*Bio, Myth*) metamorphosis; (*fig*) transformation, metamorphosis.

métamorphoser [metamɔʀfoze] (1) **1** *vt* (*Myth, fig*) to transform, metamorphose (*gén pass*) (*en* into). **son succès l'a métamorphosé** his success has transformed him *ou* made a new man of him.
    2 se métamorphoser *vpr* (*Bio*) to be metamorphosed; (*Myth, fig*) to be transformed (*en* into).

métaphore [metafɔʀ] *nf* metaphor.

métaphorique [metafɔʀik] *adj expression, emploi, valeur* metaphorical, figurative; *style* metaphorical.

métaphoriquement [metafɔʀikmɑ̃] *adv* metaphorically, figuratively.

métaphysicien, -ienne [metafizisjɛ̃, jɛn] **1** *adj* metaphysical. **2** *nm,f* metaphysician, metaphysicist.

métaphysique [metafizik] **1** *adj* (*Philos*) metaphysical; *amour* spiritual; (*péj*) *argument* abstruse, obscure. **2** *nf* (*Philos*) metaphysics (*sg*).

métaphysiquement [metafizikmɑ̃] *adv* metaphysically.

métapsychique [metapsiʃik] *adj* psychic. **recherches ~s** psychic(al) research.

métapsychologie [metapsikɔlɔʒi] *nf* parapsychology, metapsychology.

métastase [metastaz] *nf* metastasis. **il y a des ~s** there are metastases.

métatarse [metataʀs(ə)] *nm* metatarsus.

métatarsien, -ienne [metataʀsjɛ̃, jɛn] **1** *adj* metatarsal. **2** *nmpl*: **~s** metatarsals, metatarsal bones.

métathèse [metatɛz] *nf* (*Ling*) metathesis.

métayage [meteja3] *nm* métayage system (*farmer pays rent in kind*), sharecropping (*US*).

métayer [meteje] *nm* (*tenant*) farmer (*paying rent in kind*), sharecropper (*tenant*) (*US*).

métayère [metejɛʀ] *nf* (*épouse*) farmer's *ou* sharecropper's (*US*) wife; (*paysanne*) (woman) farmer *ou* sharecropper (*US*).

métazoaire [metazɔɛʀ] *nm* metazoan. **~s** Metazoa.

méteil [metɛj] *nm mixed crop of wheat and rye.*

métempsycose [metɑ̃psikoz] *nf* metempsychosis.

météo [meteo] **1** *adj abrév de* **météorologique. 2** *nf* **(a)** (*Sci, services*) = **météorologie. (b)** (*bulletin*) (weather) forecast, weather report. **la ~ est bonne/mauvaise** the weather forecast is good/bad.

météore [meteɔR] *nm* (*lit*) meteor. (*fig*) **passer comme un ~** to have a brief but brilliant career.

météorique [meteɔRik] *adj* (*Astron*) meteoric.

météorite [meteɔRit] *nm ou f* meteorite.

météorologie [meteɔRɔlɔʒi] *nf* (*Sci*) meteorology; (*services*) Meteorological Office, Met Office*.

météorologique [meteɔRɔlɔʒik] *adj phénomène, observation* meteorological; *carte, prévisions, station* weather (*épith*); *V* **bulletin.**

météorologiste [meteɔRɔlɔʒist(ə)] *nmf*, **météorologue** [meteɔRɔlɔg] *nmf* meteorologist.

métèque [metɛk] *nmf* **(a)** (*péj*) wog** (*Brit péj*), wop** (*péj*). **(b)** (*Hist*) metic.

méthane [metan] *nm* methane.

méthanier [metanje] *nm* (liquefied) gas carrier *ou* tanker.

méthanol [metanɔl] *nm* methanol.

méthode [metɔd] *nf* **(a)** (*moyen*) method. **de nouvelles ~s d'enseignement du français** new methods of *ou* for teaching French, new teaching methods for French; **avoir une bonne ~ de travail** to have a good way *ou* method of working; **avoir sa ~ pour faire qch** to have one's own way of *ou* method for *ou* of doing sth. **(b)** (*ordre*) **il a beaucoup de ~** he's very methodical, he's a man of method; **il n'a aucune ~** he's not in the least methodical, he has no (idea of) method; **faire qch avec/sans ~** to do sth methodically *ou* in a methodical way/unmethodically. **(c)** (*livre*) manual, tutor. **~ de piano** piano manual *ou* tutor; **~ de latin** latin primer.

méthodique [metɔdik] *adj* methodical.

méthodiquement [metɔdikmɑ̃] *adv* methodically.

méthodisme [metɔdism(ə)] *nm* Methodism.

méthodiste [metɔdist(ə)] *adj, nmf* Methodist.

méthodologie [metɔdɔlɔʒi] *nf* methodology.

méthodologique [metɔdɔlɔʒik] *adj* methodological.

méthyle [metil] *nm* methyl.

méthylène [metilɛn] *nm* (*Comm*) methyl alcohol; (*Chim*) methylene; *V* **bleu.**

méthylique [metilik] *adj* methyl.

méticuleusement [metikyløzmɑ̃] *adv* meticulously.

méticuleux, -euse [metikylø, øz] *adj soin, propreté* meticulous, scrupulous; *personne* meticulous.

méticulosité [metikylozite] *nf* meticulousness.

métier [metje] *nm* **(a)** (*gén: travail*) job; (*Admin*) occupation (*commercial*) trade; (*artisanal*) craft; (*intellectuel*) profession. **les ~s manuels** (the) manual occupations; **donner un ~ à son fils** to have one's son learn a job (*ou* trade *ou* craft *ou* profession); **enseigner son ~ à son fils** to teach one's son one's trade; **il a fait tous les ~s** he has tried his hand at everything, he has been everything; **après tout ils font leur ~** they are (only) doing their job after all; (*fig*) **le ~ de femme est ardu** a woman's lot is an exacting one; **prendre le ~ des armes** to become a soldier, join the army; **apprendre son ~ de roi** to learn one's job as king; *V* **corps, gâcher** *etc.* **(b)** (*technique, expérience*) (acquired) skill, (acquired) technique, experience. **avoir du ~** to have practical experience; **manquer de ~** to be lacking in expertise *ou* in practical technique; **avoir 2 ans de ~** to have been 2 years in the job (*ou* trade *ou* profession). **(c)** (*loc*) **homme de ~** expert, professional, specialist; **il est plombier de son ~** he is a plumber by *ou* to trade; **il est du ~** he is in the trade *ou* profession *ou* business; **il connaît son ~** he knows his job (all right)*; **je connais mon ~!, tu ne vas pas m'apprendre mon ~!** I know what I'm doing!, you're not going to teach me my job!; **ce n'est pas mon ~*** it's not my job *ou* line; **quel ~!*** what a job!; (*hum*) **c'est rien, c'est le ~ qui rentre*** it's just learning the hard way. **(d)** (*Tech: machine*) loom. **~ à tisser** (weaving) loom; **~ à filer** spinning frame; **~ (à broder)** embroidery frame; (*fig, littér*) **remettre qch sur le ~** to make some improvements to sth.

métis, -isse [metis] **1** *adj personne* half-caste, half-breed; *animal* crossbreed, mongrel; *plante* hybrid; *tissu, toile* made of cotton and linen. **2** *nm, f* (*personne*) half-caste, half-breed; (*animal, plante*) mongrel. **3** *nm* (*Tex*) (toile/drap de) **~** fabric/sheet made of cotton and linen mixture.

métissage [metisaʒ] *nm* [*gens*] interbreeding; [*animaux*] crossbreeding, crossing; [*plantes*] crossing.

métisser [metise] (1) *vt* to crossbreed, cross.

métonymie [metɔnimi] *nf* metonymy.

métonymique [metɔnimik] *adj* metonymical.

métrage [metRaʒ] *nm* **(a)** (*Couture*) length, yardage. **grand ~** long length; **petit ~** short length; **quel ~ vous faut-il, Madame?** what yardage do you need, madam? **(b)** (*mesure*) measurement, measuring (in metres). **procéder au ~ de qch** to measure sth out. **(c)** (*Ciné*) footage, length; *V* **court¹, long, moyen.**

mètre [mɛtR(ə)] *nm* **(a)** (*Math*) metre. **~ carré/cube** square/cubic metre; **vendre qch au ~ linéaire** to sell sth by the metre. **(b)** (*instrument*) (metre) rule. **~ étalon** standard metre; **~ pliant** folding rule; **~ à ruban** tape measure, measuring tape. **(c)** (*Sport*) **un 100 ~s** a 100-metre race; **le 100/400 ~s** the 100/400 metres, the 100-/400-metre race.

(d) (*Littérat*) metre.

métré [metRe] *nm* (*métier*) quantity surveying; (*mesure*) measurement; (*devis*) estimate of cost.

métrer [metRe] (6) *vt* (*Tech*) to measure (in metres); [*vérificateur*] to survey.

métreur, -euse [metRœR, øz] *nm, f*: **~ (vérificateur** (*f* **-trice**)) quantity surveyor.

métrique [metRik] **1** *adj* (*Littérat*) metrical, metric; (*Mus*) metrical; (*Math*) *système, tonne* metric. **géométrie ~** metrical geometry. **2** *nf* (*Littérat*) metrics; (*Math*) metric theory.

métro [metRo] *nm* underground, subway (*surtout US*). **~ aérien** elevated railway; **le ~ de Paris** the Paris metro *ou* underground; **le ~ de Londres** the London tube *ou* underground.

métrologie [metRɔlɔʒi] *nf* (*Sci*) metrology; (*traité*) metrological treatise, treatise on metrology.

métrologique [metRɔlɔʒik] *adj* metrological.

métrologiste [metRɔlɔʒist(ə)] *nmf* metrologist.

métronome [metRɔnɔm] *nm* metronome. (*fig*) **avec la régularité d'un ~** with clockwork regularity, like clockwork.

métropole [metRɔpɔl] *nf* **(a)** (*ville*) metropolis; (*état*) home country. **quand est prévu votre retour en ~?** when do you go back home? *ou* back to the home country?; **en ~ comme à l'étranger** at home and abroad. **(b)** (*Rel*) metropolis.

métropolitain, e [metRɔpɔlitɛ̃, ɛn] **1** *adj* (*Admin, Rel*) metropolitan. **la France ~e** metropolitan France; **troupes ~es** home troops. **2** *nm* **(a)** (*Rel*) metropolitan. **(b)** (†: *métro*) underground, subway (*surtout US*).

mets [mɛ] *nm* dish (*Culin*).

mettable [mɛtabl(ə)] *adj* (*gén nég*) wearable, decent. **ça n'est pas ~** this is not fit to wear *ou* to be worn; **je n'ai rien de ~** I've got nothing (decent) to wear *ou* nothing that's wearable; **ce costume est encore ~** you can still wear that suit, that suit is still decent *ou* wearable.

metteur [mɛtœR] *nm* (*Bijouterie*) **~ en œuvre** mounter; (*Rad*) **~ en ondes** producer; (*Typ*) **~ en pages** compositor (responsible for upmaking); (*Tech*) **~ au point** adjuster; **~ en scène** (*Théât*) producer; (*Ciné*) director.

mettre [mɛtR(ə)] (56) **1** *vt* **(a)** (*placer*) to put (*dans* in, into, *sur* on); (*fig: classer*) to rank, rate. **~ une assiette/une carte sur une autre** to put one *ou* a plate/card on top of another; **elle lui mit la main sur l'épaule** she put *ou* laid her hand on his shoulder; **elle met son travail avant sa famille** she puts her work before her family; **je mets Molière parmi les plus grands écrivains** I rank *ou* rate Molière among the greatest writers; **~ qch debout** to stand sth up; **~ qn sur son séant/sur ses pieds** to sit/stand sb up; **~ qch à ou par terre** to put sth down (on the ground); **~ qch à l'ombre/au frais** to put sth in the shade/in a cool place; **~ qch à plat** to lay sth down (flat); **~ qch droit** to put *ou* set sth straight *ou* to rights, straighten sth out *ou* up; **~ qn au ou dans le train** to put sb on the train; **mettez-moi à la gare*, s'il vous plaît** take me to *ou* drop me at the station please; **elle a mis la tête à la fenêtre** she put *ou* stuck her head out of the window; **mettez les mains en l'air** put your hands up, put your hands in the air; **mets le chat dehors** *ou* **à la porte** put the cat out.

(b) (*ajouter*) **~ du sucre dans son thé** to put sugar in one's tea; **~ une pièce à un drap** to put a patch in *ou* on a sheet, patch a sheet; **~ une idée dans la tête de qn** to put an idea into sb's head; **ne mets pas d'encre sur la nappe** don't get ink on the tablecloth.

(c) (*placer dans une situation*) **~ un enfant à l'école** to send a child to school; **~ qn au régime** to put sb on a diet; **~ qn dans la nécessité** *ou* **l'obligation de faire** to oblige *ou* compel sb to do; **~ au désespoir** to throw into despair; **cela m'a mis dans une situation difficile** that has put me in *ou* got me into a difficult position; **on l'a mis* à la manutention/aux réclamations** he was put in the handling/complaints department; **~ qn au pas** to bring sb into line, make sb toe the line; *V* **aise, contact, présence** *etc.*

(d) (*revêtir*) *vêtements, lunettes* to put on. **~ une robe/du maquillage** to put on a dress/some make-up; **depuis qu'il fait chaud je ne mets plus mon gilet** since it has got warmer I've stopped wearing *ou* I've left off my cardigan; **elle n'a plus rien à ~ sur elle** she's got nothing (left) to wear; **mets-lui son chapeau et on sort** put his hat on (for him) and we'll go; **il avait mis un manteau** he was wearing a coat, he had a coat on; **elle avait mis du bleu** she was wearing blue, she was dressed in blue.

(e) (*consacrer*) **j'ai mis 2 heures à le faire** I took 2 hours to do it *ou* 2 hours over it, I spent 2 hours on *ou* over it *ou* 2 hours doing it; **le train met 3 heures** it takes 3 hours by train, the train takes 3 hours; **~ toute son énergie à faire** to put all one's effort *ou* energy into doing; **~ tous ses espoirs dans** to pin all one's hopes on; **~ beaucoup de soin à faire** to take great care in doing, take great pains to do; **~ de l'ardeur à faire qch** to do sth eagerly *ou* with great eagerness; **il y a mis le temps!** he's taken his time (about it)!, he's taken an age *ou* long enough!; *V* **cœur.**

(f) (*faire fonctionner*) **~ la radio/le chauffage** to put *ou* switch *ou* turn the radio/heating on; **~ les nouvelles** to put *ou* turn the news on; **~ le réveil (à 7 heures)** to set the alarm (for 7 o'clock); **~ le réveil à l'heure** to put the alarm clock right; **~ le verrou** to bolt (*Brit*) *ou* lock the door; **mets France Inter/la 2e chaîne** put on France Inter/the 2nd channel; **~ une machine en route** to start up a machine.

(g) (*installer*) *eau* to lay on; *placards* to put in, build, install; *étagères* to put up in, build; *moquette* to fit, lay; *rideaux* to put up. **~ du papier peint** to hang some wallpaper; **~ de la peinture** to put on a coat of paint.

(h) (*avec à + infin*) **~ qch à cuire/à chauffer** to put sth on to cook/heat; **~ du linge à sécher** (*à l'intérieur*) to put *ou* hang washing up to dry; (*à l'extérieur*) to put *ou* hang washing out to dry.

(i) (*écrire*) ~ en anglais/au pluriel to put into English/the plural; ~ des vers en musique to set verse to music; ~ sa signature (à) to put *ou* append one's signature (to); ~ un mot/une carte à qn* to drop a line/card to sb; mets 100 F, ils ne vérifieront pas put (down) 100 francs, they'll never check up; mettez bien clairement que put (down) quite clearly that; il met qu'il est bien arrivé he says in his letter *ou* writes that he arrived safely.

(j) (*dépenser*) ~ de l'argent sur un cheval to lay money (down) *ou* put money on a horse; ~ de l'argent dans une affaire to put money into a business; combien avez-vous mis pour cette table? how much did you give for that table?; ~ de l'argent sur son compte to put money into one's account; je suis prêt à ~ 500 F I'm willing to give *ou* I don't mind giving 500 francs; si on veut du beau il faut y ~ le prix if you want something nice you have to pay the price *ou* pay for it; *V* caisse.

(k) (*lancer*) ~ la balle dans le filet to put the ball into the net; ~ une balle dans la peau de qn‡ to put a bullet through sb *ou* in sb's hide*; ~ son poing dans la figure de qn to punch sb in the face, give sb a punch in the face.

(l) (*supposer*) mettons que je me suis *ou* sois trompé let's say *ou* (just) suppose *ou* assume I've got it wrong; nous arriverons vers 10 heures, mettons, et après? say we arrive about 10 o'clock then what?, we'll arrive about 10 o'clock, say, then what?

(m) (‡*loc*) ~ les bouts, les ~ to clear off‡, beat it‡, scarper‡ (*Brit*); qu'est-ce qu'ils nous ont mis! what a licking* *ou* hiding* they gave us!

2 se mettre *vpr* (a) (*se placer*) [*personne*] to put o.s.; [*objet*] to go. mets-toi là (*debout*) (go and) stand there; (*assis*) (go and) sit there; se ~ au piano/dans un fauteuil to sit down at the piano/in an armchair; se ~ au chaud/à l'ombre to come *ou* go into the warmth/into the shade; (*fig*) elle ne savait plus où se ~ she didn't know where to hide herself *ou* what to do with herself; il s'est mis dans une situation délicate he's put himself in *ou* got himself into an awkward situation; se ~ une idée dans la tête to get an idea into one's head; il s'est mis de l'encre sur les doigts he's got ink on his fingers; il s'en est mis partout* he's covered in it, he's got it all over him; se ~ autour (de) to gather round; ces verres se mettent dans le placard these glasses go in the cupboard; l'infection s'y est mise it has become infected; les vers s'y sont mis the maggots have got at it; il y a un bout de métal qui s'est mis dans l'engrenage a piece of metal has got caught in the works; se ~ au vert to lie low for a while; *V* poil, rang, table *etc*.

(b) [*temps*] se ~ au froid/au chaud/à la pluie to turn cold/warm/wet; on dirait que ça se met à la pluie it looks like rain, it looks as though it's turning to rain.

(c) (*s'habiller*) se ~ en robe/en short, se ~ une robe/un short to put on a dress/a pair of shorts; se ~ en bras de chemise to take off one's jacket; se ~ nu to strip (off *ou* naked), take (all) one's clothes off; elle s'était mise très simplement she was dressed very simply; elle s'était mise en robe du soir she was wearing *ou* she had on an evening dress; se ~ une veste/du maquillage to put on a jacket/some make-up; elle n'a plus rien à se ~ she's got nothing (left) to wear.

(d) se ~ à: se ~ à rire/à manger to start laughing/eating, start *ou* begin to laugh/eat; se ~ au régime to go on a diet; se ~ au travail to set to work, get down to work, set about one's work; se ~ à une traduction to start *ou* set about (doing) a translation; se ~ à traduire to start to translate, start translating, set about translating; il est temps de s'y ~ it's (high) time we got down to it *ou* got on with it; se ~ à boire to take to drink *ou* the bottle*; se ~ à la peinture *ou* à peindre to take up painting, take to painting; se ~ au latin to take up Latin; il s'est bien mis à l'anglais he's really taken to English; voilà qu'il se met à pleuvoir! and now it's coming on to (*Brit*) *ou* beginning *ou* starting to rain!

(e) (*se grouper*) ils se sont mis à plusieurs/2 pour pousser la voiture several of them/the 2 of them joined forces to push the car; se ~ avec qn (*faire équipe*) to team up with sb; (*prendre parti*) to side with sb; (*: en ménage*) to move in with sb*, shack up‡ (*péj*) with sb; se ~ d'un parti/d'une société to join a party/a society; *V* partie².

(f) (*loc*) on s'en est mis jusque-là *ou* plein la lampe* we had a real blow-out‡; qu'est-ce qu'ils se sont mis!* they didn't half (*Brit*) lay into each other!* *ou* have a go at each other!*, they really laid into each other!* *ou* had a go at each other!*; *V* dent.

meublant, e [mœblã, ãt] *adj papier, étoffe* decorative, effective. ce papier est très ~ this paper finishes off the room nicely, this paper really makes* the room; *V* meuble.

meuble [mœbl(ə)] **1** *nm* (a) (*objet*) piece of furniture. (les) ~s (the) furniture; se cogner à *ou* dans un ~ to bump into a *ou* some piece of furniture; ~ de rangement cupboard, storage unit; faire la liste des ~s to make a list *ou* an inventory of the furniture, list each item of furniture; nous sommes dans nos ~s we have our own home.

(b) (*ameublement*) le ~ furniture; le ~ de jardin garden furniture.

(c) (*Jur*) movable. ~s meublants furniture, movables.

(d) (*Hér*) charge.

2 *adj* (a) *terre, sol* loose, soft; *roche* soft, crumbly.

(b) (*Jur*) biens ~s movables, personal estate, personalty.

meublé, e [mœble] (*ptp de* **meubler**) **1** *adj* furnished. non-~ unfurnished.

2 *nm* (*pièce*) furnished room; (*appartement*) furnished flat. être *ou* habiter en ~ to be *ou* live in furnished accommodation *ou* rooms.

meubler [mœble] (1) **1** *vt pièce, appartement* to furnish (*de* with); *pensée, mémoire, loisirs* to fill (*de* with); *dissertation* to fill out, pad out (*de* with). ~ la conversation to keep the conversation going;

une table et une chaise meublaient la pièce the room was furnished with a table and chair; étoffe/papier qui meuble bien decorative *ou* effective material/paper.

2 se meubler *vpr* to buy *ou* get (some) furniture, furnish one's home. ils se sont meublés dans ce magasin/pour pas cher they got *ou* bought their furniture from this shop/for a very reasonable price.

meuglement [mœgləmã] *nm* mooing (*U*), lowing (*U*).

meugler [mœgle] (1) *vi* to moo, low.

meulage [mœlaʒ] *nm* grinding.

meule¹ [mœl] *nf* (*à moudre*) millstone; (*à polir*) buff wheel. ~ (à aiguiser) grindstone; ~ courante *ou* traînante upper (mill)stone; (*Culin*) ~ (de gruyère) round of gruyère.

meule² [mœl] *nf* (*Agr*) stack, rick. ~ de foin haystack, hayrick; ~ de paille stack of straw; mettre en ~s to stack, rick.

meuler [mœle] (1) *vt* (*Tech*) to grind down.

meulière [mœljɛʀ] *nf*: (pierre) ~ millstone, buhrstone.

meunerie [mønʀi] *nf* (*industrie*) flour trade; (*métier*) milling. opérations de ~ milling operations.

meunier, -ière [mønje, jɛʀ] **1** *adj* milling. sole/truite ~ière sole/trout meunière. **2** *nm* miller. **3** **meunière** *nf* miller's wife.

meurt-de-faim [mœʀdəfɛ̃] *nmf inv* pauper.

meurtre [mœʀtʀ(ə)] *nm* murder. au ~! murder!; *V* incitation.

meurtrier, -ière [mœʀtʀije, ijɛʀ] **1** *adj intention, fureur* murderous; *arme* deadly, lethal, murderous; *combat* bloody, deadly; *épidémie* fatal; (†) *personne* murderous. cette route est ~ière this road is lethal *ou* a deathtrap.

2 *nm* murderer.

3 meurtrière *nf* (a) murderess. (b) (*Archit*) loophole.

meurtrir [mœʀtʀiʀ] (2) *vt* (a) (*lit*) *chair, fruit* to bruise. être tout meurtri to be covered in bruises, be black and blue all over. (b) (*fig littér*) *personne, âme* to wound, bruise (*littér*).

meurtrissure [mœʀtʀisyʀ] *nf* (a) (*lit*) [*chair, fruit*] bruise. (b) (*fig littér*) [*âme*] scar, bruise. les ~s laissées par la vie/le chagrin the scars *ou* bruises left by life/sorrow.

Meuse [møz] *nf*: la ~ the Meuse, the Maas.

meute [møt] *nf* (*Chasse, fig*) pack.

mévente [mevãt] *nf* (a) slump. une période de ~ a period of poor sales; à cause de la ~ because of the slump in sales. (b) (*vente à perte*) sale *ou* selling at a loss.

mexicain, e [mɛksikɛ̃, ɛn] **1** *adj* Mexican. **2** *nm, f*: M~(e) Mexican.

Mexico [mɛksiko] *n* Mexico City.

Mexique [mɛksik] *nm* Mexico.

mézigue‡ [mezig] *pron pers* me, yours truly*, number one*. c'est pour ~ it's for yours truly*.

mezzanine [mɛdzanin] *nf* (*Archit*) (*étage*) mezzanine (floor); (*fenêtre*) mezzanine window; (*Théât*) mezzanine.

mezza-voce [mɛdzavɔtʃe] *adv* (*littér*) in an undertone.

mezzo [mɛdzo] **1** *nm* mezzo (voice). **2** *nf* mezzo.

mezzo-soprano, *pl* **mezzo-sopranos** [mɛdzosɔpʀano] **1** *nm* mezzo-soprano (voice). **2** *nf* mezzo-soprano.

mezzo-tinto [mɛdzotinto] *nm inv* mezzotint.

MF *abrév de* **modulation de fréquence**; *V* modulation.

Mgr. *abrév de* **Monseigneur** (*title given to French bishops*).

mi [mi] *nm* (*Mus*) E; (*en chantant la gamme*) mi, me.

mi- [mi] **1** *préf* half, mid-. la mi-janvier *etc* the middle of January *etc*, mid-January *etc*; pièce mi-salle à manger mi-salon room which is half dining room half lounge, dining room cum living room, lounge-diner* (*Brit*); mi-riant mi-pleurant half-laughing half-crying, halfway between laughing and crying.

2: mi-bas *nm inv* knee *ou* long socks; la mi-carême the third Thursday in Lent; je l'ai rencontré à mi-chemin I met him half-way there; la poste est à mi-chemin the post office is halfway there *ou* is halfway *ou* midway between the two; (*lit, fig*) à mi-chemin entre halfway *ou* midway between; mi-clos, e *adj* half-closed; les yeux mi-clos with half-closed eyes, with one's eyes half-closed; à mi-combat halfway through the match; à mi-corps up to *ou* down to the waist; portrait à mi-corps half-length portrait; à mi-côte halfway up *ou* down the hill; à mi-course halfway through the race, at the halfway mark; des bottes qui lui venaient à mi-cuisses boots that came up to his thighs *ou* over his knees; ils avaient de l'eau (jusqu')à mi-cuisses they were thigh-deep in water, they were up to their thighs in water; à mi-distance halfway (along), midway; mi-figue mi-raisin *adj inv* sourire wry; *remarque* half-humorous, wry; on leur fit un accueil mi-figue mi-raisin they received a mixed reception; mi-fil, mi-coton 50% linen 50% cotton, half-linen half-cotton; mi-fin *adj* medium; à mi-hauteur halfway up (*ou* down); à mi-jambes (up *ou* down) to the knees; mi-long, mi-longue *adj bas* knee-length; *manteau, jupe* calf-length; *manche* elbow-length; (*Boxe*) mi-lourd *nm, adj* light heavyweight; (*Boxe*) mi-moyen *nm, adj* welterweight; à mi-pente = à mi-côte; mi-souriant with a half-smile, half-smiling; mi-temps *V* mi-temps; à mi-vitesse at half speed; à mi-voix in a low *ou* hushed voice, in an undertone.

miam-miam* [mjamjam] *excl* yum-yum*.

miaou [mjau] *nm* miaow. faire ~ to miaow.

miasmatique [mjasmatik] *adj* (*littér*) miasmic, miasmatic.

miasme [mjasm(ə)] *nm* (*gén pl*) miasma. ~s putrid fumes, miasmas.

miaulement [mjolmã] *nm* (*V* miauler) mewing; caterwauling.

miauler [mjole] (1) *vi* to mew; (*fortement*) to caterwaul.

mica [mika] *nm* (*roche*) mica; (*vitre*) Muscovy glass.

micacé, e [mikase] *adj couleur* mica-tinted; *substance* mica-bearing.

micaschiste [mikaʃist(ə)] *nm* mica schist.

miche [miʃ] *nf* round loaf, cob loaf (*Brit*). (‡) ~s (*fesses*) bum‡ (*Brit*), butt‡; (*seins*) boobs*.

Michel [miʃɛl] *nm* Michael.
Michel-Ange [mikɛlɑ̃ʒ] *nm* Michelangelo.
Michèle [miʃɛl] *nf* Michel(l)e.
micheline [miʃlin] *nf* railcar.
Michelle [miʃɛl] *nf* = **Michèle**.
Michigan [miʃigã] *nm* Michigan. **le lac** ~ Lake Michigan.
micmac* [mikmak] *nm* (*péj*) (*intrigue*) (little) game* (*péj*), funny business* (*péj*); (*complications*) fuss*, carry-on‡ (*Brit péj*). **je devine leur petit** ~ I can guess their little game* *ou* what they're playing at*; **tu parles d'un** ~! what a carry-on!‡ (*Brit péj*) *ou* fuss!* *ou* mix-up!
micro [mikʀo] **1** *nm* (a) (*abrév de* **microphone**) microphone, mike*. (*Rad, TV*) **dites-le au** ~ *ou* **devant le** ~ say it in front of the mike*; ~-**cravate** *nm* lapel microphone, lapel mike*.
  (b) = **micro-ordinateur**.
  2 *nf* = **micro-informatique**.
micro... [mikʀo] *préf* micro ....
micro-ampère [mikʀoɑ̃pɛʀ] *nm* microamp.
microbalance [mikʀobalɑ̃s] *nf* microbalance.
microbe [mikʀob] *nm* (a) germ, microbe (*T*). (b) (*: *enfant*) tiddler*, tich‡ (*Brit*); (*péj: nabot*) little runt‡ (*péj*).
microbicide [mikʀobisid] **1** *adj* germ-killing. **2** *nm* germ-killer, microbicide (*T*).
microbien, -ienne [mikʀobjɛ̃, jɛn] *adj culture* microbial, microbic; *infection* bacterial. **maladie** ~**ne** bacterial disease.
microbiologie [mikʀobjɔlɔʒi] *nf* microbiology.
microbiologique [mikʀobjɔlɔʒik] *adj* microbiological.
microbiologiste [mikʀobjɔlɔʒist] *nmf* microbiologist.
microcéphale [mikʀosefal] *adj, nmf* microcephalic.
microchirurgie [mikʀoʃiʀyʀʒi] *nf* microsurgery.
microcircuit [mikʀosiʀkɥi] *nm* microchip.
microclimat [mikʀoklima] *nm* microclimate.
micrococque [mikʀokɔk] *nm* micrococcus.
microcosme [mikʀokɔsm(ə)] *nm* microcosm. **en** ~ in microcosm.
microcosmique [mikʀokɔsmik] *adj* microcosmic.
microculture [mikʀokyltyʀ] *nf* (*Bio*) microculture.
micro-économie [mikʀoekɔnɔmi] *nf* microeconomics (*sg*).
micro-économique [mikʀoekɔnɔmik] *adj* microeconomic.
micro-électronique [mikʀoelɛktʀonik] *nf* microelectronics (*sg*).
microfiche [mikʀofiʃ] *nf* microfiche.
microfilm [mikʀofilm] *nm* microfilm.
micrographie [mikʀogʀafi] *nf* micrography.
micrographique [mikʀogʀafik] *adj* micrographic.
micro-informatique [mikʀoɛ̃fɔʀmatik] *nf* microcomputing.
micromètre [mikʀomɛtʀ(ə)] *nm* micrometer.
micrométrie [mikʀometʀi] *nf* micrometry.
micrométrique [mikʀometʀik] *adj* micrometric(al).
micron [mikʀɔ̃] *nm* micron.
micro-onde [mikʀoɔ̃d] *nf* microwave; *V* four.
micro-ordinateur [mikʀoɔʀdinatœʀ] *nm* microcomputer.
micro-organisme [mikʀoɔʀganism(ə)] *nm* microorganism.
microphone [mikʀofɔn] *nm* microphone.
microphotographie [mikʀofɔtogʀafi] *nf* (*procédé*) photomicrography; (*image*) photomicrograph.
microphysique [mikʀofizik] *nf* microphysics (*sg*).
microplaquette [mikʀoplakɛt] *nf* (*Ordin*) microchip.
microprisme [mikʀopʀism(ə)] *nm* microprism.
microprocesseur [mikʀopʀɔsɛsœʀ] *nm* microprocessor.
microscope [mikʀoskɔp] *nm* microscope. **examiner au** ~ (*lit*) study under *ou* through a microscope; (*fig*) to study in microscopic detail, subject to a microscopic examination; ~ **électronique** electron microscope.
microscopique [mikʀoskɔpik] *adj* microscopic.
microseconde [mikʀosgɔ̃d] *nf* microsecond.
microsillon [mikʀosijɔ̃] *nm* (*sillon*) microgroove. (**disque**) ~ long-playing record, L.P.
miction [miksjɔ̃] *nf* micturition.
midi [midi] *nm* (a) (*heure*) midday, 12 (o'clock), noon. ~ **dix** 10 past 12, **de** ~ **à 2 heures** from 12 *ou* (12) noon to 2; **entre** ~ **et 2 heures** between 12 *ou* (12) noon and 2; **hier à** ~ yesterday at 12 o'clock *ou* at noon *ou* at midday; **pour le ravoir, le** ~ **(sonné)*** there isn't a hope in hell‡ of getting it back, as for getting it back not a hope* *ou* you've had it*; *V* chercher, coup.
  (b) (*période du déjeuner*) lunchtime, lunch hour; (*période de la plus grande chaleur*) midday, middle of the day. **à/pendant** ~ at/during lunchtime, at/during the lunch hour; **demain** ~ tomorrow lunchtime; **tous les** ~**s** every lunchtime *ou* lunch hour; **que faire ce** ~? what shall we do at lunchtime? *ou* midday?, what shall we do this lunch hour?; **le repas de** ~ the midday meal, lunch; **qu'est-ce que tu as eu à** ~? what did you have for lunch?; **à** ~ **on va au café Duval** we're going to the Café Duval for lunch (today); **ça s'est passé en plein** ~ it happened right in the middle of the day; **en plein** ~ **on étouffe de chaleur** at midday *ou* in the middle of the day it's stiflingly hot; *V* démon.
  (c) (*Géog: sud*) south. **exposé au** *ou* **en plein** ~ facing south; **le M**~ (**de la France**) the South of France, the Midi; *V* accent.
midinette [midinɛt] *nf* (†: *vendeuse*) shopgirl (*esp in the dress industry*); (†: *ouvrière*) dressmaker's apprentice. (*péj*) **elle a des goûts de** ~ she has the tastes of a sixteen-year-old office girl.
mie¹ [mi] *nf* soft part of the bread, crumb (of the loaf); (*Culin*) bread with crusts removed; **il a mangé la croûte et laissé la** ~ he's eaten the crust and left the soft part *ou* the inside (of the bread); **faire une farce avec de la** ~ **de pain** to make stuffing with breadcrumbs; *V* pain.
mie² [mi] *nf* (††, *littér: bien-aimée*) lady-love†, beloved (*littér*).
mie³†† [mi] *adv* not. **ne le croyez** ~ believe it not††.
miel [mjɛl] **1** *nm* honey. **bonbon/boisson au** ~ honey sweet (*Brit*)

ou candy (*US*)/drink; [*personne*] **être tout** ~ to be syrupy, have a rather unctuous manner; ~ **rosat** rose honey; *V* gâteau, lune.
  2 *excl* (*euph**) sugar!*
miellé, e [mjele] *adj* (*littér*) honeyed.
mielleusement [mjɛløzmã] *adv* (*péj*) unctuously.
mielleux, -euse [mjɛlø, øz] *adj* (*péj*) *personne* unctuous, syrupy, smooth-faced, smooth-tongued; *paroles* honeyed, smooth; *ton* honeyed, sugary; *sourire* sugary, sickly sweet; *saveur* sickly sweet.
mien, mienne [mjɛ̃, mjɛn] **1** *pron poss:* **le** ~, **la mienne, les** ~**s, les miennes** mine, my own; **ce sac n'est pas le** ~ this bag is not mine, this is not my bag; **vos fils/filles sont sages comparé(e)s aux** ~**s/miennes** your sons/daughters are well-behaved compared to mine *ou* my own.
  2 *nm* (a) **il n'y a pas à distinguer le** ~ **du tien** what's mine is yours; *pour autres exemples V* sien.
  (b) **les** ~**s** my family, my (own) folks*.
  3 *adj poss* (*littér*) **un** ~ **cousin** a cousin of mine; **je fais miennes vos observations** I agree wholeheartedly (with you); *V* sien.
miette [mjɛt] *nf* [*pain, gâteau*] crumb. **en** ~**s** *verre* in bits *ou* pieces; *gâteau* in crumbs *ou* pieces; (*fig*) *bonheur* in pieces *ou* shreds; (*fig*) **les** ~**s de sa fortune** the (tattered) remnants of his fortune; **je n'en prendrai qu'une** ~ I'll just have a tiny bit *ou* a sliver; **il n'en a pas laissé une** ~ (*repas*) he didn't leave a scrap; (*fortune*) he didn't leave a ha'penny (*Brit*) *ou* cent (*US*); **mettre** *ou* **réduire en** ~**s** to break *ou* smash to bits *ou* to smithereens; **il ne s'en fait pas une** ~† he doesn't care a jot; **il ne perdait pas une** ~ **de la conversation/du spectacle** he didn't miss a scrap of the conversation/the show.
mieux [mjø] (*comp, superl de* **bien**) **1** *adv* (a) better. **aller** *ou* **se porter** ~ to be better; **il ne s'est jamais** ~ **porté** he's never been in such fine form, he's never been *ou* felt better in his life; **plus il s'entraîne** ~ **il joue** the more he practises the better he plays; **elle joue** ~ **que lui** she plays better than he does; **c'est (un peu/beaucoup)** ~ **expliqué** it's (slightly/much) better explained; **il n'écrit pas** ~ **qu'il ne parle** he writes no better than he speaks; **s'attendre à** ~ to expect better; **espérer** ~ to hope for better (things); **il peut faire** ~ he can do *ou* is capable of better; *V* reculer, tant, valoir *etc*.
  (b) **le** ~, **la** ~, **les** ~ (the) best; (*de deux*) (the) better; **c'est à Paris que les rues sont le** ~ **éclairées** it is Paris that has the best street lighting, it is in Paris that the streets are (the) best lit; **en rentrant je choisis les rues les** ~ **éclairées** when I come home I choose the better *ou* best lit streets; **c'est ici qu'il dort le** ~ he sleeps best here, this is where he sleeps best; **tout va le** ~ **du monde** everything's going beautifully; **un lycée des** ~ **conçus/aménagés** one of the best planned/best equipped schools; **un dîner des** ~ **réussis** a most *ou* highly successful dinner; **j'ai fait le** ~ *ou* **du** ~ **que j'ai pu** I did my best *ou* the best I could; **des deux, elle est la** ~ **habillée** of the two, she is the better dressed.
  (c) (*loc*) ~ **que jamais** better than ever; (*Prov*) ~ **vaut tard que jamais** better late than never (*Prov*); (*Prov*) ~ **vaut prévenir que guérir** prevention is better than cure (*Prov*); **il va de** ~ **en** ~ he's getting better and better, he goes from strength to strength; (*iro*) **de** ~ **en** ~! maintenant il s'est mis à boire that's great *ou* terrific (*iro*), now he has even taken to the bottle*; **il nous a écrit,** ~ **il est venu nous voir** he wrote to us, and better still he came to see us; **ils criaient à qui** ~ ~ they vied with each other in shouting, each tried to outdo the other in shouting; **c'est on ne peut** ~ it's (just) perfect.
  2 *adj inv* (a) (*plus satisfaisant*) better. **le** ~, **la** ~, **les** ~ (*de plusieurs*) (the) best; (*de deux*) (the) better; **c'est la** ~ **de nos secrétaires*** (*de toutes*) she is the best of our secretaries, she's our best secretary; (*de deux*) she's the better of our secretaries; **il est** ~ **qu'à son arrivée** he's improved since he (first) came, he's better than when he (first) came *ou* arrived; **c'est beaucoup** ~ **ainsi** it's (much) better this way; **le** ~ **serait de the best** (thing *ou* plan) would be to; **c'est ce qu'il pourrait faire de** ~ it's the best thing he could do.
  (b) (*en meilleure santé*) better; (*plus à l'aise*) better, more comfortable. **le** ~, **la** ~, **les** ~ (the) best, (the) most comfortable; **être** ~/**le** ~ **du monde** to be better/in perfect health *ou* excellent form; **je le trouve** ~ **aujourd'hui** I think he ls looking better *ou* he seems better today; **ils seraient** ~ **à la campagne qu'à la ville** they would be better (off) in the country than in (the) town; **c'est à l'ombre qu'elle sera le** ~ she'll be best *ou* most comfortable in the shade; *V* sentir.
  (c) (*plus beau*) better looking, more attractive. **le** ~, **la** ~, **les** ~ (*de plusieurs*) (the) best looking, (the) most attractive; (*de deux*) (the) better looking, (the) more attractive; **elle est** ~ **les cheveux longs** she looks better with her hair long *ou* with long hair, long hair suits her better; **c'est avec les cheveux courts qu'elle est le** ~ she looks best with her hair short *ou* with short hair, short hair suits her best; **il est** ~ **que son frère** he's better looking than his brother.
  (d) (*loc*) **au** ~ (*gén*) at best; (*pour le mieux*) for the best; **en mettant les choses au** ~ at (the very) best; **faites pour le** ~ *ou* **au** ~ do what you think best *ou* whatever is best; (*Fin*) **acheter/vendre au** ~ to buy/sell at the best price; **être le** ~ **du monde** *ou* **au** ~ **avec qn** to be on the best of terms with sb; **c'est ce qui se fait de** ~ it's the best there is *ou* one can get; **tu n'as rien de** ~ **à faire que (de) traîner dans les rues?** haven't you got anything better to do than hang around the streets?; **partez tout de suite, c'est le** ~ it's best (that) you leave immediately, the best thing would be for you to leave immediately; **c'est son frère, en** ~ he's (just) like his brother only better looking; **ce n'est pas mal, mais il y a** ~ it's not bad, but I've seen better; **qui** ~ **est** even better, better still; **au** ~ **de sa forme** in peak condition; **au** ~ **de nos intérêts** in our best interests.

3 nm (a) best. (Prov) le ~ est l'ennemi du bien (it's better to) let well alone; (loc) faire de son ~ to do one's best ou the best one can; aider qn de son ~ to do one's best to help sb, help sb the best one can ou to the best of one's ability; V changer, faute.
(b) (amélioration, progrès) improvement. il y a un ~ ou du ~ there's (been) some improvement.
4: mieux-être nm greater welfare; (matériel) improved standard of living; mieux-vivre nm improved standard of living.

mièvre [mjɛvʀ(ə)] adj roman, genre precious, sickly sentimental; tableau pretty-pretty; sourire mawkish; charme vapid. elle est un peu ~ she's a bit colourless ou insipid.

mièvrerie [mjɛvʀəʀi] nf (a) (caractère: V mièvre) preciousness, sickly sentimentality; pretty-prettiness; mawkishness; vapidity; colourlessness, insipidness.
(b) (œuvre d'art) insipid creation; (comportement) childish ou silly behaviour (U); (propos) insipid ou sentimental talk (U).

mignard, e [miɲaʀ, aʀd(ə)] adj style mannered, precious; décor pretty-pretty, over-ornate; musique pretty-pretty, over-delicate; manières precious, dainty, simpering (péj).

mignardise [miɲaʀdiz] nf (a) [tableau, poème, style] preciousness; [décor] ornateness; [manières] preciousness (péj), daintiness, affectation (péj). (b) (fleur) de la ~, des œillets ~ pinks.

mignon, -onne [miɲɔ̃, ɔn] **1** adj (joli) enfant, objet sweet, cute*; bras, pied, geste dainty; femme sweet, pretty; (gentil, aimable) nice, sweet. donne-le-moi, tu seras ~ne* give it to me there's a dear* ou love* (Brit), be a dear* and give it to me; c'est ~ chez vous you've got an adorable little place; V péché.
2 nm,f (little) darling, cutie* (US), poppet*. mon ~, ma ~ne sweetheart, pet*, lovie* (Brit).
3 nm (††: favori) minion; V filet.

mignonnement† [miɲɔnmɑ̃] adv prettily.

migraine [migʀɛn] nf (gén) headache; (Méd) migraine, sick headache. j'ai la ~ I've got a bad headache, my head aches.

migrant, e [migʀɑ̃, ɑ̃t] adj, nm,f migrant.

migrateur, -trice [migʀatœʀ, tʀis] **1** adj migratory.
2 nm migrant, migratory bird.

migration [migʀasjɔ̃] nf (gén) migration; (Rel) transmigration. oiseau en ~ migrating bird.

migratoire [migʀatwaʀ] adj migratory.

migrer [migʀe] (1) vi to migrate (vers to).

mijaurée [miʒoʀe] nf pretentious ou affected woman ou girl. faire la ~ to give oneself airs (and graces); regarde-moi cette ~! just look at her with her airs and graces!; petite ~! little madam!

mijoter [miʒɔte] (1) **1** vt (a) (Culin: cuire) plat, soupe to simmer; (préparer avec soin) to cook ou prepare lovingly. un plat mijoté a dish which has been slow-cooked ou simmered; (faire) ~ un plat to simmer a dish, allow a dish to simmer; elle lui mijote des petits plats she cooks (up) ou concocts tempting ou tasty dishes (for him).
(b) (*fig: tramer) to plot, scheme, cook up*. ~ un complot to hatch a plot; il mijote un mauvais coup he's cooking up* ou plotting some mischief; qu'est-ce qu'il peut bien ~? what's he up to?*, what's he cooking up?*; il se mijote quelque chose something's brewing ou cooking*.
(c) laisser qn ~ dans son jus* to leave sb to stew*, let sb stew in his own juice.
2 vi [plat, soupe] to simmer; [complot] to be brewing.

mijoteuse [miʒøtøz] nf slow cooker.

mil¹ [mil] nm (dans une date) a ou one thousand.

mil² [mij] nm = millet.

milady [miledi] nf (dame anglaise de qualité) une ~ a (titled English) lady; oui ~ yes my lady.

Milan [milɑ̃] n Milan.

milan [milɑ̃] nm (Orn) kite.

milanais, e [milanɛ, ɛz] **1** adj Milanese. (Culin) escalope etc (à la) ~e escalope etc milanaise. **2** nm,f: M~(e) Milanese.

mildiou [mildju] nm (Agr) mildew.

mildiousé, e [mildjuze] adj (Agr) mildewed.

mile [majl] nm mile (1609 m).

milice [milis] nf militia.

milicien [milisjɛ̃] nm militiaman.

milicienne [milisjɛn] nf woman serving in the militia.

milieu, pl ~x [miljø] nm (a) (centre) middle. casser/couper/scier qch en son ~ ou par le ~ to break/cut/saw sth down ou through the middle; le bouton/la porte du ~ the middle ou centre knob/door; je prends celui du ~ I'll take the one in the middle ou the middle one; tenir le ~ de la chaussée to keep to the middle of the road; (Ftbl) ~ de terrain midfield player; (Ftbl) le ~ du terrain the midfield; il est venu vers le ~ de l'après-midi/la matinée he came towards the middle of the afternoon/morning, he came about mid-afternoon/mid-morning; vers/depuis le ~ du 15e siècle towards/since the mid-15th century, towards/since the mid-1400s.
(b) au ~ de (au centre de) in the middle of; (parmi) amid, among, in the midst of, amidst (littér). il est là au ~ de ce groupe he's over there in the middle of that group; au beau ~ (de), en plein ~ (de) right ou slap bang* in the middle (of), in the very middle (of); au ~ de toutes ces difficultés/aventures in the middle ou midst of ou amidst all these difficulties/adventures; au ~ de son affolement in the middle ou midst of his panic; elle n'est heureuse qu'au ~ de sa famille/de ses enfants she's only happy when she's among ou surrounded by her family/children ou with her family/children around her; au ~ de la journée in the middle of the day; au ~ de la nuit in the middle of the night, at dead of night; comment travailler au ~ de ce vacarme? how can anyone work in ou surrounded by this din?; au ~ de la descente halfway down (the hill); au ~ de la page in the middle of the page, halfway down the page, au ~ ~ /en plein ~ de l'hiver in mid-winter/the depth of winter; au ~ de l'été in mid-summer, at the height of summer; il est parti au

beau ~ de la réception he left when the party was in full swing, he left right in the middle of the party.
(c) (état intermédiaire) middle course ou way. il n'y a pas de ~ (entre) there is no middle course ou way (between); c'est tout noir ou tout blanc, il ne connaît pas de ~ he sees everything as either black or white, he knows no mean (frm) ou there's no happy medium (for him); le juste ~ the happy medium, the golden mean; un juste ~ a happy medium; il est innocent ou coupable, il n'y a pas de ~ he is either innocent or guilty, he can't be both; tenir le ~ to steer a middle course.
(d) (Bio, Géog) environment. (Phys) ~ réfringent refractive medium; ~ physique/géographique/humain physical/geographical/human environment; les animaux dans leur ~ naturel animals in their natural surroundings ou environment ou habitat.
(e) (entourage social, moral) milieu, environment; (groupe restreint) set, circle; (provenance) background. le ~ familial the family circle; (Sociol) the home background, the home environment; s'adapter à un nouveau ~ to adapt to a different milieu ou environment; il ne se sent pas dans son ~ he feels out of place, he doesn't feel at home; elle se sent ou est dans son ~ chez nous she feels (quite) at home with us; de quel ~ sort-il? what is his (social) background?; les ~x littéraires/financiers literary/financial circles; de ~x autorisés/bien informés from official/well-informed sources; c'est un ~ très fermé it is a very closed circle ou exclusive set.
(f) (Crime) le ~ the underworld; les gens du ~ (people of) the underworld; membre du ~ gangster, mobster.

militaire [militɛʀ] **1** adj military, army (épith). la vie ~ military ou army life; camion ~ army lorry (Brit) ou truck (US); V attaché, service etc.
2 nm serviceman. il est ~ he is in the forces ou services; ~ de carrière (terre) regular (soldier); (air) (serving) airman.

militairement [militɛʀmɑ̃] adv mener une affaire, saluer in military fashion ou style. la ville a été occupée ~ the town was occupied by the army; occuper ~ une ville to (send in the army to) occupy a town.

militant, e [militɑ̃, ɑ̃t] adj, nm,f militant. ~ de base rank and file ou grassroots militant.

militantisme [militɑ̃tism(ə)] nm militancy.

militarisation [militaʀizasjɔ̃] nf militarization.

militariser [militaʀize] (1) vt to militarize.

militarisme [militaʀism(ə)] nm militarism.

militariste [militaʀist(ə)] **1** adj militaristic. **2** nmf militarist.

militer [milite] (1) vi (a) [personne] to be a militant. il milite au parti communiste he is a communist party militant, he is a militant in the communist party; ~ pour les droits de l'homme to campaign for human rights.
(b) [arguments, raisons] ~ en faveur de ou pour to militate in favour of, argue for; ~ contre to militate ou tell against.

millage [milaʒ] nm (Can) mileage.

mille¹ [mil] **1** adj inv (a) a ou one thousand. ~ un ou one thousand and one; trois ~ three thousand; deux ~ neuf cents two thousand nine hundred; page ~ page a ou one thousand; (dans les dates: aussi mil) l'an ~ the year one thousand; un billet de ~* a thousand-franc note; V donner.
(b) (nombreux) ~ regrets I'm ou we're terribly ou extremely sorry; ~ baisers fondest love; je lui ai dit ~ fois I've told him a thousand times; c'est ~ fois trop grand it's far too big.
(c) (loc) ~ et un problèmes/exemples a thousand and one problems/examples; les ~ et une nuits the Thousand and One Nights, the Arabian Nights; les contes des ~ et une nuits tales from the Arabian Nights.
2 nm inv (a) (Comm, Math) a ou one thousand. 5 pour ~ d'alcool 5 parts of alcohol to a thousand; 5 enfants sur ~ 5 children out of ou in every thousand; vendre qch au ~ to sell sth by the thousand; (Comm) 2 ~ de boulons 2 thousand bolts; ouvrage qui en est à son centième ~ book which has sold 100,000 copies; V gagner.
(b) (Sport) [cible] bull (Brit), bull's-eye. mettre ou taper dans le ~ (lit) to hit the bull (Brit) ou bull's-eye, hit the spot*; (fig) to score a bull's-eye, be bang on target*; tu as mis dans le ~ en lui faisant ce cadeau you were bang on target with the present you gave him*.
3: (Culin) mille-feuille nm, pl mille-feuilles mille feuilles, cream ou vanilla slice (Brit); mille-pattes nm inv centipede; mille-raies nm inv (tissu) finely-striped material; velours mille-raies needlecord.

mille² [mil] nm (a) ~ (marin) nautical mile. (b) (Can) mile (1609 m).

millénaire [milenɛʀ] **1** nm (période) millennium, a thousand years; (anniversaire) thousandth anniversary, millennium. c'est le deuxième ~ ou le bi-~ de it is the two-thousandth anniversary of.
2 adj (lit) thousand-year-old (épith), millenial; (fig: très vieux) ancient, very old. des rites plusieurs fois ~s rites several thousand years old, age-old rites; ce monument ~ this thousand-year-old monument.

millénium [milenjɔm] nm millennium.

mille(-)pertuis [milpɛʀtɥi] nm St.-John's-wort.

millésime [milezim] nm (Admin, Fin: date) year, date; [vin] year, vintage. vin d'un bon ~ vintage wine; quel est le ~ de ce vin? what is the vintage ou year of this wine?

millésimé, e [milezime] adj vintage. bouteille ~e bottle of vintage wine; on a bu un bordeaux ~ we had a vintage Bordeaux.

millet [mijɛ] nm (Agr) millet. donner des grains de ~ aux oiseaux to give the birds some millet ou (bird)seed.

milli ... [mili] *préf* milli ....
milliaire [miljɛʀ] *adj* (*Antiq*) milliary. **borne** ~ milliary column.
milliampère [miliɑ̃pɛʀ] *nm* milliamp.
milliard [miljaʀ] *nm* thousand million, milliard (*Brit*), billion (*US*). **un** ~ **de gens** a thousand million *ou* a billion (*US*) people; **10** ~**s de francs** 10 thousand million francs, 10 billion francs (*US*); **des** ~**s de** thousands of millions of, billions of.
milliardaire [miljaʀdɛʀ] *nmf* multimillionaire (*Brit*), billionaire (*US*). **il est** ~ he's a multimillionaire (*Brit*), he's worth millions; **une compagnie plusieurs fois** ~ **en dollars** a company worth (many) millions of dollars.
milliardième [miljaʀdjɛm] *adj, nm* thousand millionth, billionth (*US*).
millibar [milibaʀ] *nm* millibar.
millième [miljɛm] *adj, nm* thousandth.
millier [milje] *nm* thousand. **un** ~ **de têtes** a thousand (or so) heads, (about) a thousand heads; **par** ~**s** in (their) thousands, by the thousand; **il y en a des** ~**s** there are thousands (of them).
milligramme [miligʀam] *nm* milligram(me).
millilitre [mililitʀ(ə)] *nm* millilitre.
millimètre [milimɛtʀ(ə)] *nm* millimetre.
millimétré, e [milimetʀe] *adj* graduated (*in millimetres.*)
millimétrique [milimetʀik] *adj* millimetric.
million [miljɔ̃] *nm* million. **2** ~**s de francs** 2 million francs; **être riche à** ~**s** to be a millionaire, have millions, be worth millions.
millionième [miljɔnjɛm] *adj, nm* millionth.
millionnaire [miljɔnɛʀ] *nmf* millionaire. **la société est** ~ the company is worth millions *ou* worth a fortune; **il est plusieurs fois** ~ he's a millionaire several times over; **un** ~ **en dollars** a dollar millionaire.
millivolt [milivɔlt] *nm* millivolt.
milord†[*milɔʀ] *nm* (*noble anglais*) lord, nobleman; (*riche étranger*) immensely rich foreigner. **oui** ~! yes my lord!
mime [mim] *nm* (**a**) (*personne*) (*Théât: professionnel*) mimer, mime; (*gén: imitateur*) mimic.
　(**b**) (*Théât: art*) (*action*) mime, miming; (*pièce*) mime. **le** ~ **est un art difficile** miming is a difficult art; **il fait du** ~ he is a mime; **aller voir un spectacle de** ~ to go to watch *ou* see a mime.
mimer [mime] (1) *vt* (*Théât*) to mime; (*singer*) to mimic, imitate; (*pour ridiculiser*) to take off.
mimétique [mimetik] *adj* mimetic.
mimétisme [mimetism(ə)] *nm* (*Bio*) (protective) mimicry; (*fig*) unconscious mimicry, mimetism. **par un** ~ **étrange, il en était venu à ressembler à son chien** through some strange process of imitation he had grown to look just like his dog; **le** ~ **qui finit par faire se ressembler l'élève et le maître** the unconscious imitation through which the pupil grows like his master.
mimique [mimik] *nf* (**a**) (*grimace comique*) comical expression, funny face. **ce singe a de drôles de** ~**s**! this monkey makes such funny faces!
　(**b**) (*signes, gestes*) gesticulations (*pl*), sign language (*U*). **il eut une** ~ **expressive pour dire qu'il avait faim** his gestures *ou* gesticulations made it quite clear that he was hungry.
mimodrame [mimɔdʀam] *nm* (*Théât*) mimodrama.
mimolette [mimɔlɛt] *nf* type of Dutch cheese.
mimosa [mimoza] *nm* mimosa; *V* œuf.
minable [minabl(ə)] **1** *adj* (*décrépit*) lieu, aspect, personne shabby (-looking), seedy(-looking); (*médiocre*) devoir, film, personne hopeless*, useless*, pathetic*; salaire, vie miserable, wretched. **l'histoire** ~ **de cette veuve avec 15 enfants à nourrir** the sorry *ou* dismal tale of that widow with 15 children to feed; **habillé de façon** ~ seedily dressed.
　2 *nmf* (*péj*) dead loss*, second-rater*, washout*. **c'est un** ~ he's a dead loss*, he's (just) hopeless* *ou* pathetic*; **une bande de** ~**s** a pathetic *ou* useless bunch*.
minage [minaʒ] *nm* [pont, tranchée] mining.
minaret [minaʀɛ] *nm* minaret.
minauder [minode] (1) *vi* to mince, simper. **elle minaudait auprès ou autour de ses invités** she was fluttering round *ou* mincing around among her guests; **je n'aime pas sa façon de** ~ I don't like her (silly) mincing ways.
minauderie [minodʀi] *nf* mincing *ou* simpering ways *ou* manner. ~**s** mincing ways, (silly) fluttering(s); **faire des** ~**s** to flutter about, mince around.
minaudier, -ière [minodje, jɛʀ] *adj* affected, simpering.
mince [mɛ̃s] **1** *adj* (**a**) (*peu épais*) thin; (*svelte, élancé*) slim, slender. **tranche** ~ [*pain*] thin slice; [*saucisson, jambon*] sliver, thin slice; ~ **comme une feuille de papier à cigarette** *ou* **comme une pelure d'oignon** paper-thin, wafer-thin; **avoir la taille** ~ to be slim *ou* slender.
　(**b**) (*fig*) faible, insignifiant profit slender; salaire meagre, small; prétexte lame, weak, slight; preuve, chances slim, slender, slight; connaissances, rôle, mérite slight, small. **l'intérêt du film est bien** ~ the film is decidedly lacking in interest *ou* is of very little interest; **le prétexte est bien** ~ it's a very weak *ou* lame pretext; **ce n'est pas une** ~ **affaire que de faire** it's quite a job *ou* business doing, it's no easy task to do; **c'est un peu** ~ **comme réponse** that's a rather lame *ou* feeble reply, that's not much of an answer.
　2 *adv* **couper** thinly, in thin slices.
　3 *excl* (*) ~ (**alors**)! drat (it)!*, darn (it)!*, blow (it)!* (*Brit*).
minceur [mɛ̃sœʀ] *nf* (*V* mince) thinness; slimness, slenderness. **la** ~ **des preuves** the slimness *ou* the insufficiency of the evidence; **cuisine** ~ cuisine minceur.
mincir [mɛ̃siʀ] (2) *vi* to get slimmer, get thinner.
mine¹ [min] *nf* (**a**) (*physionomie*) expression, look. **dit-il, la** ~ **réjouie** he said with a cheerful *ou* delighted expression; **ne fais pas**

cette ~**-là** stop making *ou* pulling that face; **elle avait la** ~ **longue** she was pulling a long face; **avoir** *ou* **faire triste** ~, **avoir** *ou* **faire piètre** ~ to cut a sorry figure, look a sorry sight; **faire triste** ~ **à qn** to give sb a cool reception, greet sb unenthusiastically; *V* gris.
　(**b**) ~**s** [*femme*] simpering airs; [*bébé*] expressions; **faire des** ~**s** to put on simpering airs, simper; [*bébé*] **il fait ses petites** ~**s** he makes (funny) little faces, he gives you these funny looks.
　(**c**) (*allure*) exterior, appearance. **ne vous fiez pas à sa** ~ **affairée/tranquille** don't be taken in by his busy/calm exterior *ou* appearance; **tu as la** ~ **de quelqu'un qui n'a rien compris** you look as if you haven't understood a single thing; **il cachait sous sa** ~ **modeste un orgueil sans pareil** his appearance of modesty *ou* his modest exterior concealed an overweening pride; **votre poulet/rôti a bonne** ~ your chicken/roast looks good *ou* lovely *ou* inviting; (*iro*) **tu as bonne** ~ **maintenant**! now you look an utter *ou* a right* idiot! (*Brit*) *ou* a fine fool!; *V* juger, payer.
　(**d**) (*teint*) **avoir bonne** ~ to look well; **il a mauvaise** ~ he doesn't look well, he looks unwell *ou* poorly; **avoir une sale** ~ to look awful* *ou* dreadful; **avoir une** ~ **de papier mâché/de déterré** to look washed out/like death warmed up* (*Brit*) *ou* warmed over* (*US*); **il a meilleure** ~ **qu'hier** he looks better than (he did) yesterday.
　(**e**) (*loc*) **faire** ~ **de faire** to make a show *ou* pretence of doing, go through the motions of doing; **j'ai fait** ~ **de le croire** I acted as if I believed it, I made a show *ou* pretence of believing it; **j'ai fait** ~ **de lui donner une gifle** I made as if to slap him; **il n'a même pas fait** ~ **de résister** he didn't even put up a token resistance, he didn't offer even a show of resistance; **il est venu nous demander comment ça marchait,** ~ **de rien*** he came and asked us with a casual air *ou* all casually* *ou* all casual like* how things were going; ~ **de rien, tu sais qu'il n'est pas bête*** though you wouldn't think it to look at him, he's not daft* *ou* he's no dummy* you know.
mine² [min] *nf* (**a**) (*gisement*) deposit, mine; (*exploité*) mine. (*lit, fig*) ~ **d'or** gold mine; **région de** ~**s** mining area *ou* district; ~ **à ciel ouvert** opencast mine; **la nationalisation des** ~**s** (*gén*) the nationalization of the mining industry; (*charbon*) the nationalization of coal *ou* of the coalmining industry; ~ **de charbon** (*gén*) coalmine; (*puits*) pit, mine; (*entreprise*) colliery; **descendre dans la** ~ to go down the mine *ou* pit; *V* carreau, galerie, puits.
　(**b**) (*Admin*) **les M**~**s** ≃ the (National) Mining and Geological service; **École des M**~**s** ≃ (National) School of Mining Engineering; **ingénieur des M**~**s** (state qualified) mining engineer; **le service des M**~**s** the French government vehicle testing service, ≃ M.O.T. (*Brit*).
　(**c**) (*fig: source*) mine, source, fund (*de* of). ~ **de renseignements** mine of information; **une** ~ **inépuisable de documents** an inexhaustible source of documents.
　(**d**) ~ (**de crayon**) lead (of pencil); **crayon à** ~ **dure/douce** hard/soft pencil, pencil with a hard/soft lead; ~ **de plomb** black lead, graphite; *V* porter.
　(**e**) (*Mil*) (*galerie*) gallery, sap, mine; (*explosif*) mine. ~ **dormante** unexploded mine; ~ **terrestre** landmine; *V* champ, détecteur *etc*.
miner [mine] (1) *vt* (**a**) (*garnir d'explosifs*) to mine. **ce pont est miné** this bridge has been mined.
　(**b**) (*ronger*) falaise, fondations to undermine, erode, eat away; (*fig*) société, autorité, santé to undermine, erode; force, énergie to sap, drain, undermine. **la maladie l'a miné** his illness has left him drained (of energy) *ou* has sapped his strength; **être miné par le chagrin/l'inquiétude** to be worn down by grief/anxiety; **miné par la jalousie** wasting away *ou* consumed with jealousy; **ses cours sont vraiment minants*** his classes are a real bore *ou* are really deadly*.
minerai [minʀɛ] *nm* ore. ~ **de fer/cuivre** iron/copper ore.
minéral, e, mpl -aux [mineʀal, o] **1** *adj* huile, sel mineral; (*Chim*) inorganic; *V* chimie, eau. **2** *nm* mineral.
minéralier [mineʀalje] *nm* ore tanker.
minéralisation [mineʀalizasjɔ̃] *nf* mineralization.
minéraliser [mineʀalize] (1) *vt* to mineralize.
minéralogie [mineʀalɔʒi] *nf* mineralogy.
minéralogique [mineʀalɔʒik] *adj* (*Géol*) mineralogical. (*Aut*) **numéro** ~ registration (*Brit*) *ou* license (*US*) number; (*Aut*) **plaque** ~ number (*Brit*) *ou* license (*US*) plate.
minéralogiste [mineʀalɔʒist(ə)] *nmf* mineralogist.
minerve [minɛʀv(ə)] *nf* (*Méd*) (surgical) collar; (*Typ*) platen machine. (*Myth*) **M**~ Minerva.
minet, -ette [minɛ, ɛt] **1** *nm,f* (*langage enfantin: chat*) puss*, pussy(-cat) (*langage enfantin*). (*terme affectif*) **mon** ~, **ma** ~**te** (my) pet*, sweetie(-pie)*.
　2 *nm* (*péj: jeune élégant*) young dandy *ou* trendy* (*Brit*).
　3 **minette** *nf* (*: jeune fille*) dollybird* (*Brit*), (cute) chick* (*US*).
mineur¹, e [minœʀ] **1** *adj* (**a**) (*Jur*) minor. **enfant** ~ minor; **être** ~ to be underage, be a minor.
　(**b**) (*peu important*) soucis, œuvre, artiste minor; *V* Asie.
　(**c**) (*Mus*) gamme, intervalle minor. **en do** ~ in C minor.
　(**d**) (*Logique*) minor. **terme** ~ minor term; **proposition** ~**e** minor premise.
　2 *nm,f* (*Jur*) minor. **un** ~ **de moins de 18 ans** a minor, a young person under 18 (years of age); **établissement interdit aux** ~**s** no person under 18 allowed on the premises; *V* détournement.
　3 *nm* (*Mus*) minor. **en** ~ in a minor key.
　4 **mineure** *nf* (*Logique*) minor premise.
mineur² [minœʀ] *nm* (**a**) (*Ind*) miner; [*houille*] (coal)miner. ~ **de fond** pitface *ou* underground worker, miner at the pitface; **village de** ~**s** mining village. (**b**) (*Mil*) sapper (*who lays mines*).
mini [mini] **1** *préf* mini... mini.... **on va faire un** ~**-repas** we'll have a snack lunch.

2 *adj inv:* **la mode** ~ the mini-length fashion; **c'est** ~ **chez eux*** they've got a minute *ou* tiny (little) place; **partir en vacances avec un** ~ **budget** *ou* **un budget** ~ to go off on holiday on a tiny budget. **3** *nf* = **mini-informatique.**
4 *nm inv* **(a)** *(Mode)* **elle s'habille (en)** ~ she wears minis; **la mode est au** ~ minis are in (fashion).
(b) = **mini-ordinateur.**
miniature [minjatyʀ] **1** *nf* **(a)** *(gén)* miniature. **en** ~ in miniature; **cette province, c'est la France en** ~ this province is a miniature France *ou* France in miniature.
(b) *(Art)* miniature; *(lettre)* miniature.
(c) (*: *nabot*) (little) shrimp* *ou* tich* *(Brit)*, tiddler*. **tu as vu cette** ~? did you see that little shrimp?*
2 *adj* miniature. **train/lampes** ~(s) miniature train/lights.
miniaturisation [minjatyʀizasjɔ̃] *nf* miniaturization.
miniaturiser [minjatyʀize] (1) *vt* to miniaturize. **transistor miniaturisé** miniaturized transistor.
miniaturiste [minjatyʀist(ə)] *nmf* miniaturist.
mini-boom [minibum] *nm* mini boom.
minibus [minibys] *nm* minibus.
minier, -ière [minje, jɛʀ] *adj* mining.
mini-informatique [miniɛ̃fɔʀmatik] *nf* minicomputing.
mini-jupe [miniʒyp] *nf* miniskirt.
minima [minima] *V* **minimum.**
minimal, e, *mpl* **-aux** [minimal, o] *adj* **température, pension** minimal, minimum. *(Phon)* **paire** ~**e** minimal pair.
minime [minim] **1** *adj* **dégât, rôle, différence** minor, minimal; **fait** trifling, trivial; **salaire, somme** paltry. **2** *nmf* **(a)** *(Sport)* junior *(13-15 years).* **(b)** *(Rel)* Minim.
minimisation [minimizasjɔ̃] *nf* minimization.
minimiser [minimize] (1) *vt* to minimize.
minimum [minimɔm], *f* ~ *ou* **minima** [minima], *pl* ~(s) *ou* **minima 1** *adj* minimum. **vitesse/âge** ~ minimum speed/age; **un bikini** ~ a scanty bikini; *V* **salaire.**
2 *nm* *(gén, Math)* minimum; *(Jur)* minimum sentence. **dans le** ~ **de temps** in the shortest time possible; **il faut un** ~ **de temps/ d'intelligence pour le faire** you need a minimum amount of time/ a modicum of intelligence to be able to do it; **il faut quand même travailler un** ~ you still have to do a minimum (amount) of work; **avec un** ~ **d'efforts il aurait réussi** with a minimum of effort he would have succeeded; **il n'a pris que le** ~ **de précautions** he took only minimum *ou* minimal precautions; **la production/la valeur des marchandises a atteint son** ~ the production/the value of the goods has sunk to its lowest level (yet) *ou* an all-time low; **dépenses réduites au/à un** ~ expenditure cut (down) to the/a minimum; **avoir tout juste le** ~ **vital** *(salaire)* to earn barely a living wage; *(subsistence)* to be *ou* live at subsistence level, be on the bread line*; **ça coûte au** ~ **100 F** it costs at least 100 francs *ou* a minimum of 100 francs; **au (grand)** ~ at the very least; **il faut rester le** ~ **(de temps) au soleil** you must stay in the sun as little as possible.
mini-ordinateur [miniɔʀdinatœʀ] *nm* minicomputer.
ministère [ministɛʀ] **1** *nm* **(a)** *(département)* ministry *(Brit)*, department *(surtout US).* **employé de** ~ government *ou* Crown *(Brit)* employee; ~ **de l'Agriculture/de la Culture/de l'Éducation (nationale)** *etc* ministry *(Brit)* *ou* department *(surtout US)* of Agriculture/Arts/Education *etc; V aussi* **2.**
(b) *(cabinet)* government, cabinet. **sous le** ~ **(de) Pompidou** under the premiership of Pompidou, under Pompidou's government; **le premier** ~ **Poincaré** Poincaré's first government *ou* cabinet; **former un** ~ to form a government *ou* a cabinet; ~ **de coalition** coalition government.
(c) *(Jur)* **le** ~ **public** *(partie)* the Prosecution; *(service) the public prosecutor's office;* **par** ~ **d'huissier** served by a bailiff.
(d) *(Rel)* ministry. **exercer son** ~ **à la campagne** to have a country parish.
(e) *(littér: entremise)* agency. **proposer son** ~ **à qn** to offer to act for sb.
2: ministère des Affaires étrangères *ou* **des Relations extérieures** Ministry of Foreign Affairs, Foreign Office *(Brit)*, Department of State *(US)*, State Department *(US)*; **ministère des Anciens combattants** *Ministry responsible for ex-servicemen*, Veterans Administration *(US)*; **ministère du Commerce** Ministry of Trade, Department of Trade and Industry *(Brit)*, Department of Commerce *(US)*; **ministère du Commerce extérieur** Ministry of Foreign Trade, Board of Trade *(Brit)*; **ministère de la Défense nationale** Ministry of Defence *(Brit)*, Department of Defense *(US)*; **ministère de l'Économie et des Finances** Ministry of Finance, Treasury *(Brit)*, Treasury Department *(US)*; **ministère de l'Environnement** Ministry of the Environment, Department of the Environment *(Brit)*, Environmental Protection Agency *(US)*, *(Eaux et Forêts)* Department of the Interior *(US)*; **ministère de l'Interieur** Ministry of the Interior, Home Office *(Brit)*; **ministère de la Justice** Ministry of Justice, Lord Chancellor's Office *(Brit)*; **ministère de la Santé (et de la Sécurité sociale)** Ministry of Health, Department of Health and Social Security *(Brit)*, Department of Health and Human Services *(US)*; **ministère des Transports** Ministry of Transport *(Brit)*, Department of Transportation *(US)*; **ministère du Travail** Ministry of Employment *(Brit)*, Department of Labor *(US)*.
ministériel, -elle [ministeʀjel] *adj* **fonction, circulaire** ministerial; **crise, remaniement** cabinet *(épith).* **solidarité** ~**le** ministerial solidarity; **département** ~ ministry *(Brit)*, department *(surtout US)*; **journal** ~ pro-government newspaper, newspaper which backs *ou* supports the government; *V* **arrêté, officier[1].**
ministrable [ministʀabl(ə)] *adj:* **il est** ~, **c'est un** ~ he's a potential minister *ou* likely to be appointed minister, he's in line for a ministerial post.

ministre [ministʀ(ə)] **1** *nm* **(a)** *[gouvernement]* minister *(Brit)*, secretary *(surtout US).* **pourriez-vous nous dire Monsieur le** ~ *ou* **Madame le** ~ ... could you tell us Minister *(Brit)* *ou* Mr (*ou* Madam) Secretary *(US)* ...; **les** ~**s** the members of the cabinet; ~ **de l'Agriculture/de la Culture/de l'Éducation (nationale)** *etc* minister *(Brit)* *ou* secretary *(surtout US)* of Agriculture/Arts/ Education *etc*, Agriculture/Arts/Education *etc* minister *(Brit)* *ou* secretary *(surtout US)*; ~ **délégué** minister of state *(auprès de* to); ~ **d'État** *(sans portefeuille)* minister without portfolio; *(de haut rang)* senior minister; ~ **sans portefeuille** minister without portfolio; *V aussi* **2 et bureau, conseil, papier, premier.**
(b) *(envoyé, ambassadeur)* envoy. ~ **plénipotentiaire** (minister) plenipotentiary *(Brit)*, ambassador plenipotentiary *(US).*
(c) *(Rel)* *(protestant)* minister, clergyman; *(catholique)* priest. ~ **du culte** minister of religion; ~ **de Dieu** minister of God.
(d) *(littér: représentant)* agent.
2: ministre des Affaires étrangères *ou* **des Relations extérieures** Minister of Foreign Affairs, Foreign Secretary *(Brit)*, Secretary of State *(US)*, State Secretary *(US)*; **ministre du Commerce** Minister of Trade *(Brit)*, Secretary of Commerce *(US)*; **ministre de la Défense nationale** Defence Minister *(Brit)*, Defense Secretary *(US)*; **ministre de l'Économie et des Finances** Finance Minister *ou* Secretary, Chancellor of the Exchequer *(Brit)*, Secretary of the Treasury *(US)*; **ministre de l'Environnement** Minister of the Environment *(Brit)*, Director of the Environmental Protection Agency *(US)*, *(Eaux et Forêts)* secretary of the Interior *(US)*; **ministre de l'Intérieur** Minister of the Interior, Home Secretary *(Brit)*; **ministre de la Justice** Minister of Justice, Lord Chancellor *(Brit)*, Attorney General *(US)*; **ministre de la Santé (et de la Sécurité sociale)** minister of Health and Social Security *(Brit)*, Secretary of Health and Human Services *(US)*; **ministre des Transports** Minister of Transport *(Brit)*, Transportation Secretary *(US)*; **ministre du Travail** Minister of Employment *(Brit)*, Labor Secretary *(US).*
ministresse [ministʀes] *nf* *(femme de ministre)* minister's wife *(Brit)*, secretary's wife *(surtout US)*; *(ministre femme)* woman minister *(Brit)*, woman secretary *(surtout US).*
minitel [minitel] *nm* ® *home terminal of the French telecommunications system.* **obtenir un renseignement par le** ~ to get information on minitel ®.
minium [minjɔm] *nm* *(Chim)* red lead, minium; *(Peinture)* red lead paint.
Minnesota [minezɔta] *nm* Minnesota.
minois [minwa] *nm* *(visage)* little face. **son joli** ~ her pretty little face.
minoration [minɔʀasjɔ̃] *nf* cut, reduction *(de* in).
minorer [minɔʀe] (1) *vt* **taux, impôts** to cut, reduce.
minoritaire [minɔʀitɛʀ] **1** *adj* minority *(épith).* **groupe** ~ minority group; **ils sont** ~**s** they are a minority *ou* in the minority. **2** *nmf* member of a minority party *(ou* group *etc).* **les** ~**s** the minority (party).
minorité [minɔʀite] *nf* **(a)** *(âge)* *(gén)* minority; *(Jur)* minority, (legal) infancy, nonage. **pendant sa** ~ while he is *ou* was under age, during his minority *ou* infancy *(Jur)*; *(Jur)* ~ **pénale** ≃ legal infancy.
(b) *(groupe)* minority, minority group. ~ **ethnique/nationale** racial *ou* ethnic/national minority; ~ **opprimée** oppressed minority; ~ **agissante** active minority.
(c) ~ **de** minority of; **dans la** ~ **des cas** in the minority of cases; **je m'adresse à une** ~ **d'auditeurs** I'm addressing a minority of listeners.
(d) **être en** ~ to be in the minority, be a minority; **le gouvernement a été mis en** ~ **sur la question du budget** the government was defeated on the budget.
Minorque [minɔʀk] *nf* Minorca.
minorquin, e [minɔʀkɛ̃, in] **1** *adj* Minorcan. **2** *nm, f:* **M**~**(e)** Minorcan.
Minos [minɔs] *nm* Minos.
Minotaure [minotɔʀ] *nm* Minotaur.
minoterie [minotʀi] *nf* *(industrie)* flour-milling (industry); *(usine)* (flour-)mill.
minotier [minotje] *nm* miller.
minou [minu] *nm* *(langage enfantin)* pussy(-cat) *(langage enfantin)*, puss*. *(terme d'affection)* **oui mon** ~ yes sweetie(-pie)* *ou* (my) pet*.
minuit [minɥi] *nm* midnight, twelve (o'clock) (at night), twelve midnight. ~ **vingt** twenty past twelve *ou* midnight; *V* **messe.**
minus [minys] *nmf* *(péj)* dead loss*, second-rater*, washout*. ~ **habens** moron; **leur fils est un** ~ their son is a useless specimen* *ou* a waster.
minuscule [minyskyl] **1** *adj* **(a)** *(très petit)* minute, tiny, minuscule. **(b)** *(Écriture)* small; *(Typ)* lower case. **h** ~ small h. **2** *nf:* *(lettre)* ~ small letter; *(Typ)* lower case letter.
minutage [minytaʒ] *nm* minute by minute timing, (strict *ou* precise) timing.
minute [minyt] *nf* **(a)** *(division de l'heure, d'un degré)* minute; *(moment)* minute, moment. **je n'ai pas une** ~ **à moi/à perdre** I don't have a minute *ou* moment to myself/to lose; **une** ~ **d'inattention a suffi** a moment's inattention was enough; ~ **(papillon)!*** not so fast!, hey, just a minute!*, hold *ou* hang on (a minute)!*; **une** ~ **de silence** a minute's silence, a minute of silence; **la** ~ **de vérité** the moment of truth; **steak** *ou* **entrecôte** ~ minute steak; **talons** ~ on-the-spot heel repairs, heels repaired while you wait; *V* **cocotte.**
(b) **à la** ~: **on me l'a apporté à la** ~ it has just this instant *ou* moment been brought to me; **avec toi il faut toujours tout faire à la** ~ you always have to have things done there and then *ou* on the spot; **réparations à la** ~ on the spot repairs, repairs while you

wait; **elle arrive toujours à la ~ (près)** she's always there on the dot*, she always arrives to the minute *ou* right on time*.
   (c) *(Jur)* minute. **les ~s de la réunion** the minutes of the meeting; **rédiger les ~s de qch** to minute sth.

minuter [minyte] (1) *vt* **(a)** *(organiser)* to time (carefully *ou* to the last minute); *(chronométrer, limiter)* to time. **dans son emploi du temps tout est minuté** everything's worked out *ou* timed down to the last second in his timetable; **emploi du temps minuté** strict schedule *ou* timetable. **(b)** *(Jur)* to draw up, draft.

minuterie [minytRi] *nf [lumière]* time switch; *[horloge]* regulator. **allumer/éteindre la ~** to switch on/off the (automatic) light *(on stairs, in passage etc)*.

minutie [minysi] *nf* **(a)** *[personne, travail]* meticulousness; *[ouvrage, inspection]* minute detail. **j'ai été frappé par la ~ de son inspection** I was amazed by the detail of his inspection, I was amazed how detailed his inspection was; **l'horlogerie demande beaucoup de ~** clock-making requires a great deal of precision; **avec ~** *(avec soin)* meticulously; *(dans le détail)* in minute detail. **(b)** *(détails: péj)* **~s** trifles, trifling details, minutiae.

minutieusement [minysjøzmɑ̃] *adv (avec soin)* meticulously; *(dans le détail)* in minute detail.

minutieux, -euse [minysjø, øz] *adj personne, soin* meticulous; *ouvrage, dessin* minutely detailed; *description, inspection* minute. **il s'agit d'un travail ~** it's a job that demands painstaking attention to detail; **c'est une opération ~euse** it's an operation demanding great care, it's an extremely delicate *ou* finicky operation; **il est très ~** he is very meticulous *ou* careful of detail.

miocène [mjɔsɛn] *adj, nm* Miocene.

mioche [mjɔʃ] *nmf (*: gosse)* kid*, nipper* *(Brit)*; *(péj)* brat*. sale **~!** dirty *ou* horrible little brat!*.

mirabelle [miRabɛl] *nf (prune)* (cherry) plum; *(alcool)* plum brandy.

mirabellier [miRabelje] *nm* cherry-plum tree.

miracle [miRakl(ə)] **1** *nm* **(a)** *(lit)* miracle; *(fig)* miracle, marvel. **~ économique** economic miracle; **son œuvre est un ~ d'équilibre** his work is a miracle *ou* marvel of balance; **cela tient du ~** it's a miracle; **faire** *ou* **accomplir des ~s** *(lit)* to work *ou* do *ou* accomplish miracles; *(fig)* to work wonders *ou* miracles; **c'est ~ qu'il résiste dans ces conditions** it's a wonder *ou* a miracle he manages to cope in these conditions; **par ~** miraculously, by a miracle; *V* crier.
   (b) *(Hist, Littérat)* miracle (play).
   2 *adj inv:* **le remède/la solution** *etc* **~** the miracle cure/solution *etc*.

miraculé, e [miRakyle] *adj, nm,f:* **(malade) ~** (person) who has been miraculously cured *ou* who has been cured by a miracle; **les 3 ~s de la route** the 3 (people) who miraculously *ou* who by some miracle survived the accident; *(hum)* **voilà le ~!** here comes the miraculous recovery!

miraculeusement [miRakyløzmɑ̃] *adv* miraculously, (as if) by a miracle.

miraculeux, -euse [miRakylø, øz] *adj guérison* miraculous; *progrès, réussite* wonderful. **traitement** *ou* **remède ~** miracle cure; **ça n'a rien de ~** there's nothing so miraculous *ou* extraordinary about that.

mirador [miRadɔR] *nm (Mil)* watchtower, mirador; *(Archit)* mirador.

mirage [miRaʒ] *nm* **(a)** *(lit, fig)* mirage. **tu rêves! c'est un ~*** you're dreaming! you're seeing things! **(b)** *[œufs]* candling.

miraud, e‡ [miro, od] *adj (myope)* short-sighted. **tu es ~!** you need glasses!

mire [miR] *nf* **(a)** *(TV)* test card; *(Arpentage)* surveyor's rod. *(viser)* **prendre sa ~** to take aim; *V* cran, ligne¹, point¹.

mire-œufs [miRø] *nm inv* light *(for testing eggs)*.

mirer [miRe] (1) *vt* **(a)** *œufs* to candle. **(b)** *(littér)* to mirror. **2 se mirer** *vpr (littér) [personne]* to gaze at o.s. *(in the mirror, water etc)*; *[chose]* to be mirrored *ou* reflected *(in the water etc)*.

mirettes* [miRɛt] *nfpl* eyes, peepers* *(hum)*.

mirifique [miRifik] *adj (hum)* wonderful, fantabulous*, fantastic.

mirliflore†† [miRlifloR] *nm* fop†, coxcomb††. *(péj)* **faire le ~** to put on foppish airs†, play the fine fellow

mirliton [miRlitɔ̃] *nm (Mus)* reed pipe, mirliton; *[carnaval]* novelty whistle, kazoo.

mirmidon [miRmidɔ̃] *nm* = myrmidon.

mirobolant, e* [miRɔbɔlɑ̃, ɑ̃t] *adj (hum)* fabulous, fantastic.

miroir [miRwaR] *nm (lit)* mirror; *(fig)* mirror, reflection. *(littér)* **le ~ des eaux** the glassy waters; **ce roman est-il bien le ~ de la réalité?** is this novel a true reflection of reality?, does this novel really mirror reality?; **~ déformant** distorting mirror; **~ grossissant** magnifying mirror; **~ aux alouettes** *(lit)* decoy; *(fig)* lure; *(Aut)* **~ de courtoisie** vanity mirror.

miroitement [miRwatmɑ̃] *nm (V miroiter)* sparkling *(U)*, gleaming *(U)*; shimmering *(U)*.

miroiter [miRwate] (1) *vi (étinceler)* to sparkle, gleam; *(chatoyer)* to shimmer. *(fig)* **il lui fit ~ les avantages qu'il aurait à accepter ce poste** he painted in glowing colours the advantages *ou* he painted an enticing picture of the advantages he would gain from taking the job.

miroiterie [miRwatRi] *nf* **(a)** *(Comm)* mirror trade; *(Ind)* mirror industry. **(b)** *(usine)* mirror factory.

miroitier, -ière [miRwatje, jɛR] *nm,f (vendeur)* mirror dealer; *(fabricant)* mirror manufacturer; *(artisan)* mirror cutter, silverer.

miroton [miRɔtɔ̃] *nm*, **mironton*** [miRɔ̃tɔ̃] *nm:* **(bœuf) ~** boiled beef in onion sauce.

mis, e¹ [mi, miz] *(ptp de mettre) adj (†: vêtu)* attired†, clad. **bien ~** nicely turned out.

misaine [mizɛn] *nf:* **(voile de) ~** foresail; *V* mât.

misanthrope [mizɑ̃tRɔp] *nmf* misanthropist, misanthrope. **il est devenu très ~** he's come to dislike everyone *ou* to hate society, he's turned into a real misanthropist; **une attitude (de) ~** a misanthropic attitude.

misanthropie [mizɑ̃tRɔpi] *nf* misanthropy.

misanthropique [mizɑ̃tRɔpik] *adj (littér)* misanthropic, misanthropical.

miscible [misibl(ə)] *adj* miscible.

mise² [miz] **1** *nf* **(a)** *(action de mettre)* putting, setting. **~ en bouteilles** bottling; **~ en sacs** packing; **~ en gage** pawning; **la ~ en service des nouveaux autobus est prévue pour le mois prochain** the new buses are due to be put into service next month; **la ~ en pratique ne sera pas aisée** putting it into practice won't be easy, it won't be easy to put it into practice *ou* to carry it out in practice; **la ~ à jour de leurs registres sera longue** it will be a lengthy business updating their registers, the updating of their registers will take a long time; **lire les instructions avant la ~ en marche de l'appareil** read the instructions before starting the machine; *V aussi* **2** *et* **accusation, bière², condition** *etc*.
   (b) *(enjeu)* stake, ante; *(Comm)* outlay. **récupérer sa ~** to recoup one's outlay; **gagner 1000F pour une ~ de 100F** to make 1000 francs on an outlay of 100 francs; *V* sauver.
   (c) *(habillement)* attire, clothing, garb *(hum)*. **avoir une ~ débraillée** to be untidily dressed, have an untidy appearance; **juger qn sur** *ou* **à sa ~** to judge sb by his clothes *ou* by what he wears; **soigner sa ~** to take pride in one's appearance.
   (d) **être de ~** *(†† Fin)* to be in circulation, be legal currency; *(fig)* to be acceptable, be in place *ou* season *(fig)*; **ces propos ne sont pas de ~** those remarks are out of place.
   2: *(Vét)* **mise-bas** dropping, birth; *(lit)* **mise en boîte** canning; *(fig)* **la mise en boîte* du gouvernement par les journaux satiriques** the ridiculing of the government by the satirical press; **il ne supporte pas la mise en boîte*** he can't stand having his leg pulled, he can't stand being made a joke of; **mise en demeure** formal demand, notice; **mise à exécution** *[projet, idée]* implementation, implementing, execution; *[loi]* implementation, enforcement; *(Fin)* **mise de fonds** capital outlay; *(Fin)* **mise de fonds initiale** seed money, venture capital; **faire une mise de fonds** to lay out capital; *(Typ)* **mise en forme** imposition; **mise en jeu** involvement, bringing into play; *(Mil)* **mise en ligne** alignment; **mise au monde** birth; **mise à mort** kill; *(Rad)* **mise en ondes** production; *(Typ)* **mise en page** make-up, making up, up-making; *(Ind)* **mise à pied** *(licenciement)* laying off; *(disciplinaire)* dismissal; **mise sur pied** setting up; *(Coiffure)* **mise en plis** set; **se faire faire une mise en plis** to have a set, have one's hair set; **mise au point** *(Aut)* tuning; *(Phot)* focusing; *(Tech)* adjustment; *(Ordin)* debugging; *[affaire]* finalizing, settling; *[procédé technique]* perfecting; *(fig: explication, correction)* clarification; **publier une mise au point** to issue a statement (setting the record straight *ou* clarifying a point); **mise à prix** *(enchères)* reserve price *(Brit)*, upset price *(US)* *(V aussi* prix*)*; *(Ciné, Théât)* **mise en scène** production; *(fig)* **son indignation n'est qu'une mise en scène** his indignation is just for show *ou* is just put on; *(fig)* **toute cette mise en scène pour nous faire croire que ...** this great build-up *ou* performance just to make us believe that ...; **mise en valeur** *[terre]* development; *[maison]* improvement; *[meuble, tableau]* setting-off; **mise en vigueur** enforcement.

miser [mize] (1) *vt* **(a)** *argent* to stake, bet *(sur* on). **~ sur un cheval** to bet on a horse, put money on a horse; **~ à 8 contre 1** to bet at *ou* accept odds of 8 to 1, take 8 to 1; *(fig)* **il a misé sur le mauvais cheval** he backed the wrong horse *(fig)*; *V* tableau.
   (b) *(*: compter sur)* **~ sur** to bank on, count on.

misérabilisme [mizeRabilism(ə)] *nm (Littérat)* preoccupation with the sordid aspects of life.

misérabiliste [mizeRabilist(ə)] *adj (Littérat)* who *ou* which concentrates on the sordid aspects of life.

misérable [mizeRabl(ə)] **1** *adj* **(a)** *(pauvre)* famille, personne destitute, poverty-stricken; région impoverished, poverty-stricken; logement seedy, mean, shabby, dingy; vêtements shabby. **d'aspect ~** of mean appearance, seedy-looking.
   (b) *(pitoyable)* existence, conditions miserable, wretched, pitiful; personne, famille pitiful, wretched.
   (c) *(sans valeur, minable)* somme d'argent paltry, miserable. **un salaire ~** a pittance, a miserable salary; **ne te mets pas en colère pour un ~ billet de 20 F** don't get angry about a measly* *ou* mouldy* 20-franc note.
   (d) *(††, littér: méprisable)* vile†, base†, contemptible.
   2 *nmf (†, littér: méchant)* wretch, scoundrel; *(pauvre)* poor wretch. **petit ~!** you (little) rascal! *ou* wretch!

misérablement [mizeRabləmɑ̃] *adv (pitoyablement)* miserably, wretchedly; *(pauvrement)* in great *ou* wretched poverty.

misère [mizɛR] *nf* **(a)** *(pauvreté)* (extreme) poverty, destitution *(frm)*. **la ~ en gants blancs** *ou* **en faux-col** genteel poverty; **être dans la ~** to be destitute *ou* poverty-stricken; **vivre dans la ~** to live in poverty; **tomber dans la ~** to fall on hard *ou* bad times, become impoverished *ou* destitute; **crier** *ou* **pleurer ~** to bewail *ou* bemoan one's poverty; **traitement** *ou* **salaire de ~** starvation wage; **~ dorée** splendid poverty; **~ noire** utter destitution; **réduire qn à la ~** to make sb destitute, reduce sb to a state of (dire) poverty.
   (b) *(malheur)* **~s** woes, miseries, misfortunes; *(*: ennuis)* petites **~s** little troubles *ou* adversities, mild irritations; **faire des ~s à qn*** to be nasty to sb; **les ~s de la guerre** the miseries of war; **c'est une ~ de le voir s'anémier** it's pitiful *ou* wretched to see her growing weaker; **quelle ~!** what a wretched shame!; *(†, hum)* **~!**, **~ de nous!** woe is me! *(†, hum)*, misery me! *(†, hum)*; *(Rel)* **la ~ de l'homme** man's wretchedness; *V* collier, lit.

(c) (*somme négligeable*) **il l'a eu pour une ~** he got it for a song *ou* for next to nothing.
(d) (*plante*) wandering sailor.

miserere, miséréré [mizerere] *nm* (*psaume, chant*) Miserere.

miséreux, -euse [mizerø, øz] **1** *adj* poverty-stricken. **2** *nm, f:* **un ~** a down-and-out, a poverty-stricken man; **les ~** the down-and-out(s), the poverty-stricken.

miséricorde [mizerikɔrd(ə)] **1** *nf* **(a)** (*pitié*) mercy, forgiveness. **la ~ divine** divine mercy; **V péché. (b)** (*Constr*) misericord. **2** *excl* (†) mercy me!†, mercy on us!†

miséricordieusement [mizerikɔrdjøzmɑ̃] *adv* mercifully.

miséricordieux, -ieuse [mizerikɔrdjø, jøz] *adj* merciful, forgiving.

misogyne [mizɔʒin] **1** *adj* misogynous. **2** *nmf* misogynist, woman-hater.

misogynie [mizɔʒini] *nf* misogyny.

miss [mis] *nf* **(a)** beauty queen. **M~** France Miss France. **(b)** (*nurse*) English *ou* American governess. **2 enfants et leur ~ 2** children and their (English) governess. **(c)** (*vieille demoiselle*) **~ anglaise** old English spinster.

missel [misɛl] *nm* missal.

missile [misil] *nm* (*Aviat*) missile. **~ antimissile** antimissile missile; **~ autoguidé/balistique** self-guiding/ballistic missile; **~ sol-sol/sol-air** *etc* ground-to-ground/ground-to-air *etc* missile; **~ de moyenne portée** intermediate-range weapon *ou* missile.

mission [misjɔ̃] *nf* **(a)** (*charge*) (*Pol*) mission, assignment; (*Rel*) mission; (*groupe: Pol, Rel*) mission; (*Rel: bâtiment*) mission (station). **~ lui fut donnée de** he was commissioned to; **partir/être en ~** (*Admin, Mil*) to go/be on an assignment; [*prêtre*] to go/be on a mission; **toute la ~ fut massacrée** the entire mission was slaughtered; **~ accomplie** mission accomplished; (*Mil*) **~ de reconnaissance** reconnaissance (mission), recce*; **V chargé, ordre**[2].
(b) (*but, vocation*) task, mission. **la ~ de la littérature** the task of literature; **il s'est donné pour ~ de faire** he set himself the task of doing, he has made it his mission (in life) to do.

missionnaire [misjɔnɛr] *adj, nmf* missionary.

Mississippi [misisipi] *nm* Mississippi.

missive [misiv] *adj, nf* missive.

Missouri [misuri] *nm* Missouri.

mistoufle†* [mistufl(ə)] *nf:* **être dans la ~** to be on one's beam ends* (*Brit*), have hit hard *ou* bad times, be on one's uppers* (*Brit*); **faire des ~s à qn** to play (nasty) tricks on sb.

mistral [mistral] *nm* mistral.

mitaine [mitɛn] *nf* (fingerless) mitten *ou* mitt.

mitan [mitɑ̃] *nm* (†† *ou dial*) middle, centre. **dans le ~ de** in the middle of.

mite [mit] *nf* clothes moth. **mangé aux ~s** moth-eaten; **~ du fromage** cheese-mite; **avoir la ~ à l'œil**††* to have sleep in one's eyes (*fig*).

mité, e [mite] *adj* moth-eaten.

mi-temps [mitɑ̃] *nf inv* (*a*) (*Sport*) (*période*) half; (*repos*) half-time. **à la ~** at half-time; **première/seconde ~** first/second half; **l'arbitre a sifflé la ~** the referee blew (the whistle) for half-time.
(b) à ~ part-time; **le travail à ~** part-time work; **travailler à ~** to work part-time, do part-time work; **elle est dactylo à ~** she's a part-time typist.

miter (se) [mite] (1) *vpr* to be *ou* become moth-eaten. **pour éviter que les vêtements se mitent** to stop the moths getting at the clothes.

miteux, -euse [mitø, øz] *adj lieu* seedy, dingy, grotty‡ (*Brit*); *vêtement* shabby, tatty*, grotty‡ (*Brit*); *personne* shabby(-looking), seedy(-looking). **un ~*** a seedy(-looking) character.

Mithridate [mitridat] *nm* Mithridates.

mithridatiser [mitridatize] (1) *vt* to mithridatize.

mitigation [mitigasjɔ̃] *nf* (*Jur*) mitigation.

mitigé, e [mitiʒe] (*ptp de* **mitiger**) *adj ardeur* mitigated; *convictions* lukewarm, reserved. **sentiments ~s** mixed feelings; **joie ~e de regrets** joy mixed *ou* mingled with regret.

mitiger† [mitiʒe] (3) *vt* to mitigate.

mitigeur [mitiʒœr] *nm* mixer tap (*Brit*) *ou* faucet (*US*).

mitonner [mitɔne] (1) *vt* **(a)** (*Culin*) (*à feu doux*) to simmer, cook slowly; (*avec soin*) to prepare *ou* cook with loving care. **elle (lui) mitonne des petits plats** she cooks (up) *ou* concocts tempting *ou* tasty dishes (for him).
(b) (*) *affaire* to cook up quietly*; *personne* to cosset.
2 *vi* to simmer, cook slowly.

mitose [mitoz] *nf* mitosis. **se reproduire par ~** to replicate; **reproduction par ~** replication.

mitoyen, -enne [mitwajɛ̃, ɛn] *adj:* **mur ~** party *ou* common wall; **le mur est ~** it is a party wall; **cloison ~ne** partition wall; **maisons ~nes** (*deux*) semi-detached houses (*Brit*), duplex houses (*US*); (*plus de deux*) terraced houses (*Brit*), town houses (*US*); **notre jardin est ~ avec le leur** our garden adjoins theirs.

mitoyenneté [mitwajɛnte] *nf [mur]* common ownership. **la ~ des maisons** the (existence of a) party wall between the houses.

mitraillade [mitrajad] *nf* **(a)** (*coups de feu*) (volley of) shots; (*échauffourée*) exchange of shots. **(b)** = **mitraillage.**

mitraillage [mitrajaʒ] *nm* machine-gunning; (*Scol etc*) quick-fire questioning. **~ au sol** strafing.

mitraille [mitraj] *nf* **(a)** (*Mil*) (†: *projectiles*) grapeshot; (*décharge*) volley of shots, hail of bullets. **fuir sous la ~** to flee under a hail of bullets.
(b) (*: *petite monnaie*) loose *ou* small change.

mitrailler [mitraje] (1) *vt* **(a)** (*Mil*) to machine-gun. **~ au sol** to strafe; **~ qn avec des élastiques*** to pelt sb with rubber bands.
(b) (*Phot*) *monument* to take shot after shot of. **les touristes mitraillaient la cathédrale** the tourists' cameras were clicking

away madly at the cathedral; **être mitraillé par les photographes** to be bombarded by the photographers.
(c) (*fig*) **~ qn de questions** to bombard sb with questions, fire questions at sb.

mitraillette [mitrajɛt] *nf* submachine gun, tommy gun*.

mitrailleur [mitrajœr] *nm* (*Mil*) machine gunner; (*Aviat*) air gunner; **V fusil, pistolet.**

mitrailleuse [mitrajøz] *nf* machine gun. **~ légère/lourde** light/heavy machine gun.

mitral, e, *mpl* -aux [mitral, o] *adj* (*Anat*) mitral. **valvule ~** mitral valve.

mitre [mitr] *nf* **(a)** (*Rel*) mitre. **recevoir la ~** to be appointed bishop, be mitred. **(b)** (*Tech*) [*cheminée*] cowl.

mitré, e [mitre] *adj* mitred; **V abbé.**

mitron [mitrɔ̃] *nm* (*boulanger*) baker's boy; (*pâtissier*) pastrycook's boy.

mixage [miksaʒ] *nm* (*Ciné, Rad*) (sound) mixing.

mixer[1] [mikse] (1) *vt* (*Ciné, Rad*) to mix.

mixer[2]**, mixeur** [miksœr] *nm* (*Culin*) mixer, liquidizer, blender, juicer (*US*).

mixité [miksite] *nf* (*présence des deux sexes*) coeducation, coeducational system; (*programme intégré*) ≃ comprehensive education *ou* schooling *ou* teaching.

mixte [mikst(ə)] *adj* **(a)** (*deux sexes*) *équipe* mixed; *classe, école, enseignement* mixed, coeducational, coed*; **V double.**
(b) (*comportant éléments divers*) *mariage, train* mixed (*épith*); *équipe* combined (*épith*); *tribunal, commission* joint; *rôle* dual (*épith*); *appareil électrique* dual voltage; *radio, électrophone* battery-mains (operated) (*Brit*), electrically-operated (*US*); (*Chim, Géog*) *roche, végétation* mixed. (*Scol*) **enseignement ~** ≃ comprehensive education; **lycée ~** *secondary school offering comprehensive range of subjects*, ≃ comprehensive school (*Brit*); **outil à usage ~** dual-purpose tool; **navire *ou* cargo ~** cargo-passenger ship *ou* vessel; **cuisinière ~** combined gas and electric cooker (*Brit*) *ou* stove; **l'opéra-bouffe est un genre ~** comic opera is a mixture of genres.

mixtion [mikstjɔ̃] *nf* (*Chim, Pharm*) (*action*) blending, compounding; (*médicament*) mixture.

mixture [mikstyr] *nf* (*Chim, Pharm*) mixture; (*Culin*) mixture, concoction; (*péj, fig*) concoction.

MJC [ɛmʒise] *nf abrév de* **maison des jeunes et de la culture**; *V* **maison.**

MLF [ɛmɛlɛf] *nm* (*abrév de* **Mouvement de liberation de la femme**) Women's Liberation Movement, Women's Lib*.

Mlle *abrév de* **Mademoiselle. ~ Martin** Miss Martin.

Mlles *abrév de* **Mesdemoiselles.**

MM (*abrév de* **Messieurs**) Messrs.

Mme *abrév de* **Madame. ~ Martin** Mrs Martin.

Mmes *abrév de* **Mesdames.**

mnémonique [mnemɔnik] *adj* mnemonic.

mnémotechnique [mnemɔtɛknik] **1** *adj* mnemonic. **2** *nf* mnemonics (*sg*), mnemotechnics (*sg*).

mobile [mɔbil] **1** *adj* **(a)** *pièce de moteur* moving; *élément de meuble, casier, panneau* movable; *feuillets (de cahier, calendrier)* loose; *V* **fête.**
(b) *main-d'œuvre, population* mobile.
(c) *reflet* changing; *traits* mobile, animated; *regard, yeux* mobile, darting (*épith*); *esprit* nimble, agile.
(d) *troupes* mobile. **boxeur très ~** boxer who is very quick on his feet, nimble-footed boxer; **avec la voiture on est très ~** you can really get around *ou* about with a car, having a car makes you very mobile; **V garde**[1]**, garde**[2]**.**
2 *nm* **(a)** (*impulsion*) motive (*de* for). **quel était le ~ de son action?** what was the motive for *ou* what prompted his action?; **chercher le ~ du crime** to look for the motive for the crime.
(b) (*Art*) mobile.
(c) (*Phys*) moving object *ou* body.

mobilier, -ière [mɔbilje, jɛr] **1** *adj* (*Jur*) *propriété, bien* movable, personal; *valeurs* transferable. **saisie/vente ~ière** seizure/sale of personal *ou* movable property; **contribution *ou* cote ~ière†** property tax.
2 *nm* **(a)** (*ameublement*) furniture. **le ~ du salon** the lounge furniture; **nous avons un ~ Louis XV** our furniture is Louis XV, our house is furnished in Louis XV (style); (*fig hum*) **il fait partie du ~** he's part of the furniture (*hum*); **le M~** national State-owned furniture (*used to furnish buildings of the State*).
(b) (*Jur*) personal *ou* movable property.

mobilisable [mɔbilizabl(ə)] *adj soldat* who can be called up *ou* mobilized; *énergie, ressources* that can be mobilized, that can be summoned up, summonable; *capitaux* mobilizable. (*Mil*) **il n'est pas ~** he cannot be called up.

mobilisateur, -trice [mɔbilizatœr, tris] *adj:* **un slogan ~** a rallying call *ou* cry, a slogan which will stir people into action.

mobilisation [mɔbilizasjɔ̃] *nf [citoyens]* mobilization, calling up; *[troupes, ressources]* mobilization. **~ générale/partielle** general/partial mobilization; **la ~ de la gauche contre le racisme** the mobilization *ou* rallying of the left against racism.

mobiliser [mɔbilize] (1) *vt citoyens* to call up, mobilize; *troupes, ressources, adhérents* to mobilize; *fonds* to raise, mobilize. **~ les enthousiasmes** to summon up *ou* mobilize people's enthusiasm; **~ les esprits** (*en faveur d'une cause*) to rally people's interest (in a cause); **les (soldats) mobilisés** the mobilized troops; (*fig*) **tout le monde était mobilisé pour la servir** everyone had to be put to work attending to her needs, everyone had to jump to (it) and attend to her needs; **le gouvernement mobilise** the government is mobilizing; **il faut se ~ contre le chômage** we must take action *ou* mobilize to fight unemployment.

mobilité [mɔbilite] *nf* (*gén*) mobility. ~ **sociale** social mobility; ~ **sociale ascendante** upward (social) mobility; **la ~ de son regard** his darting eyes; **la voiture nous permet une plus grande ~** having the car means we can get around more easily *ou* makes us more mobile *ou* gives us greater mobility.

mobylette [mɔbilɛt] *nf* ® Mobylette ®, moped.

mocassin [mɔkasɛ̃] *nm* moccasin.

moche* [mɔʃ] *adj* (a) (*laid*) ugly, awful, ghastly*. **elle est ~ comme un pou** she's got a face like the back of a bus* (*Brit*), she's as ugly as sin.
(b) (*mauvais*) rotten*, lousy‡; (*méchant*) rotten*, nasty. **tu es ~ avec elle** you're rotten* to her; **il a la grippe, c'est ~ pour lui** he's got flu, that's hard on him *ou* that's rotten for him*.

mocheté* [mɔʃte] *nf* (a) (*laideur*) ugliness. (b) (*femme*) fright; (*objet*) eyesore. **c'est une vraie ~!** she's an absolute fright! *ou* as ugly as sin!

modal, e, *mpl* **-aux** [mɔdal, o] **1** *adj* modal. **2** *nm* (*verbe*) modal (verb).

modalité [mɔdalite] *nf* (a) (*forme*) form, mode. ~ **d'application de la loi** mode of enforcement of the law; ~**s de paiement** methods *ou* modes of payment; (*Jur*) ~**s de mise en œuvre** details of implementation; (*Scol*) ~**s de contrôle** methods of assessment.
(b) (*Ling, Mus, Philos*) modality. **adverbe de ~** modal adverb.
(c) (*Jur: condition*) clause.

mode¹ [mɔd] **1** *nf* (a) fashion. **suivre la ~** to keep in fashion, keep up with the fashions; (*péj*) **une de ces nouvelles ~s** one of these new fads *ou* crazes; **à la ~** fashionable, in fashion; **une femme très à la ~** a very fashionable woman; **c'est la ~ des boucles d'oreilles**, **les boucles d'oreilles sont à la ~** earrings are in fashion *ou* are in* *ou* are all the rage*; **être habillé très à la ~** (*gén*) to be very fashionably dressed; (*jeunes*) to be very trendily* (*Brit*) dressed; **habillé à la dernière ~** dressed in the latest fashion *ou* style; **mettre qch à la ~** to make sth fashionable, bring sth into fashion; **revenir à la ~** to come back into fashion *ou* vogue, to come back (in)*; **marchande de ~s**†† milliner.
(b) (*Comm, Ind: Habillement*) fashion industry *ou* business. **travailler dans la ~** to work *ou* be in the fashion world *ou* industry *ou* business; **journal/présentation de ~** fashion magazine/show; *V* **gravure.**
(c) (†: *mœurs*) custom; (*goût, style*) style, fashion. **selon la ~ de l'époque** according to the custom of the day; (*habillé*) **à l'ancienne ~** (dressed) in the old style; (*hum*) **cousin à la ~ de Bretagne** distant cousin, cousin six times removed (*hum*); (*Jur, hum*) **oncle** *ou* **neveu à la ~ de Bretagne** first cousin once removed; **à la ~ du 18e siècle** in the style of *ou* after the fashion of the 18th century, in 18th century style; *V* **bœuf, tripe.**
2 *adj inv*: **tissu ~** fashion fabric; **coloris ~** fashion *ou* fashionable colours.

mode² [mɔd] *nm* (a) (*méthode*) form, mode, method; (*genre*) way. **quel est le ~ d'action de ce médicament?** how does this medicine work?; ~ **de gouvernement/de transport** form *ou* mode of government/of transport; ~ **de pensée/de vie** way of thinking/of life; ~ **de paiement** method *ou* mode of payment; ~ **d'emploi** directions for use.
(b) (*Gram, Ling*) mood; (*Ordin, Mus, Philos*) mode. (*Ordin*) ~ **synchrone/asynchrone/interactif** synchronous/asynchronous/interactive mode; (*Ordin*) **fonctionner en ~ local** to operate in local mode.

modelage [mɔdlaʒ] *nm* (*activité*) modelling; (*ouvrage*) (piece of) sculpture; piece of pottery.

modèle [mɔdɛl] **1** *nm* (a) (*chose*) (*gén, Écon*) model; (*Tech*) pattern; (*type*) type; (*Habillement*) design, style; (*exemple*) example, model; (*Ling*) model, pattern; (*Scol: corrigé*) fair copy. **nous avons tous nos ~s en vitrine** our full range is *ou* all our models are in the window; **petit/grand ~** small/large version *ou* model; (*boîte*) **voulez-vous le petit ou le grand ~?** do you want the small or the big size (box)?; (*voiture*) **il a le ~ 5 portes** he has the 5-door hatchback model *ou* version; (*Mode*) **X présente ses ~s d'automne** X presents his autumn models *ou* styles; **fabriquer qch d'après le ~** to make sth from the model *ou* pattern; **faire qch sur le ~ de** to model sth on, make sth on the pattern *ou* model of; (*Gram*) ~ **de conjugaison/déclinaison** conjugation/declension pattern; **son courage devrait nous servir de ~** his courage should be a model *ou* an example to us.
(b) (*personne*) (*gén*) model, example; (*Art*) model. ~ **de vertu** paragon of virtue; **X est le ~ du bon élève/ouvrier** X is a model pupil/workman, X is the epitome of the good pupil/workman; **elle est un ~ de loyauté** she is a model of *ou* the very model of loyalty; **il restera pour nous un ~** he will remain an example to us; **prendre qn pour ~** to model *ou* pattern o.s. upon sb.
2 *adj* **conduite, ouvrier model** (*épith*). **c'est une ferme/usine ~** it's a show *ou* model farm/factory.
3: modèle courant *ou* **de série** standard *ou* production model; **modèle déposé** registered design; **modèle de fabrique** factory model; **modèle réduit** small-scale model; **modèle réduit au 1/100** model on the scale (of) 1 to 100; **modèle réduit d'avion, avion modèle réduit** scale model of an aeroplane; **il aime monter des modèles réduits d'avions/de bateaux** he likes to build model aircraft/ships.

modelé [mɔdle] *nm* [*peinture*] relief; [*sculpture, corps*] contours; (*Géog*) relief.

modeler [mɔdle] (5) *vt* (a) (*façonner*) *statue, poterie, glaise* to model, fashion, mould; *intelligence, caractère* to shape, mould. **l'exercice physique peut ~ les corps jeunes** exercise can shape young bodies; (*Géol*) **le relief a été modelé par la glaciation** the ground *ou* the terrain was moulded *ou* shaped by glaciation; **cuisse bien modelée** shapely *ou* well-shaped *ou* nicely shaped thigh; *V* **pâte.**

(b) (*conformer*) ~ **ses attitudes/réactions sur** to model one's attitudes/reactions on; **se ~ sur qn/qch** to model *ou* pattern o.s. (up)on sb/sth.

modeleur, -euse [mɔdlœʀ, øz] *nm, f* (*Art*) modeller; (*Tech*) pattern maker.

modéliste [mɔdelist(ə)] *nmf* (a) [*mode*] (dress) designer. **ouvrière ~** dress designer's assistant. (b) [*maquette*] model builder.

modem [mɔdɛm] *nm* modem.

Modène [mɔdɛn] *n* Modena.

modérantisme [mɔdeʀɑ̃tism(ə)] *nm* (*Hist*) moderantism.

modérantiste [mɔdeʀɑ̃tist(ə)] *adj, nmf* (*Hist*) moderantist.

modérateur, -trice [mɔdeʀatœʀ, tʀis] **1** *adj action, influence* moderating (*épith*), restraining (*épith*). **2** *nm* (*Tech*) regulator. ~ **de pile atomique** moderator (of nuclear reactor); *V* **ticket.**

modération [mɔdeʀasjɔ̃] *nf* (a) (*retenue*) moderation, restraint. **avec ~** in moderation.
(b) (*gén, Sci: diminution*) reduction, diminution, lessening.
(c) (*Jur: diminution*) [*peine*] mitigation; [*impôt*] reduction.

modéré, e [mɔdeʀe] (*ptp de* **modérer**) *adj personne* (*dans ses opinions, idées*) moderate; (*dans ses sentiments, désirs*) moderate, restrained; (*Pol*) moderate (*dans in*); *prix* reasonable, moderate; *chaleur, vent* moderate. (*Pol*) **les ~s** the moderates; **il a tenu des propos très ~s** he took a very moderate line in the discussion, he was very restrained in what he said; *V* **habitation.**

modérément [mɔdeʀemɑ̃] *adv boire, manger* in moderation, a moderate amount. **être ~ satisfait** to be moderately *ou* fairly satisfied.

modérer [mɔdeʀe] (6) **1** *vt colère, passion, ambitions, dépenses* to restrain, curb, moderate; *vitesse* to reduce. **modérez vos expressions!** moderate *ou* mind your language!
2 se modérer *vpr* (*s'apaiser*) to calm down, control o.s.; (*montrer de la mesure*) to restrain o.s.

moderne [mɔdɛʀn(ə)] **1** *adj* (a) (*gén*) modern; *cuisine, équipement* up-to-date, modern; *méthode, idées* progressive, modern; (*opposé à classique*) *études* modern. **la jeune fille ~ se libère** the young woman of today *ou* today's young woman is becoming more liberated; *V* **confort.**
2 *nm* (*style*) modern style; (*meubles*) modern furniture. **aimer le ~** to like modern style *ou* furniture *ou* the contemporary style of furniture; **meublé en ~** with modern furniture, furnished in contemporary style; **ce peintre/romancier est un ~** he is a modern painter/novelist; *V* **ancien.**

modernisateur, -trice [mɔdɛʀnizatœʀ, tʀis] **1** *adj* modernizing. **2** *nm, f* modernizer.

modernisation [mɔdɛʀnizasjɔ̃] *nf* modernization.

moderniser [mɔdɛʀnize] (1) *vt* to modernize, bring up to date.

modernisme [mɔdɛʀnism(ə)] *nm* modernism.

moderniste [mɔdɛʀnist(ə)] **1** *nmf* modernist. **2** *adj* modernistic.

modernité [mɔdɛʀnite] *nf* modernity.

modern style [mɔdɛʀnstil] *nm* ≃ art nouveau.

modeste [mɔdɛst(ə)] *adj* (a) (*simple*) *vie, appartement, salaire, tenue* modest. **c'est un cadeau bien ~** it's a very modest gift *ou* thing, it's not much of a present; **un train de vie ~** an unpretentious *ou* a modest way of life; **je ne suis qu'un ~ ouvrier** I'm only a simple *ou* modest working man; **être d'un milieu *ou* d'origine ~** to have *ou* come from a modest *ou* humble background; **il est ~ dans ses ambitions** his ambitions are modest, he has modest ambitions.
(b) (*sans vanité*) *héros, attitude* modest. **faire le ~** to put on *ou* make a show of modesty; **tu fais le ~** you're just being modest; **avoir le triomphe ~** to be a modest winner, be modest about one's triumphs *ou* successes.
(c) (*réservé, effacé*) *personne, air* modest, unassuming, self-effacing.
(d) († *ou littér: pudique*) modest.

modestement [mɔdɛstəmɑ̃] *adv* (*V* **modeste**) modestly; unassumingly, self-effacingly.

modestie [mɔdɛsti] *nf* (*absence de vanité*) modesty; (*réserve, effacement*) self-effacement; (*littér: pudeur*) modesty; **fausse ~** false modesty.

modicité [mɔdisite] *nf* [*prix*] lowness; [*salaire*] lowness, smallness.

modifiable [mɔdifjabl(ə)] *adj* modifiable.

modifiant, e [mɔdifjɑ̃, ɑ̃t] *adj* modifying.

modificateur, -trice [mɔdifikatœʀ, tʀis] **1** *adj* modifying, modificatory. **2** *nm* modifier.

modificatif, -ive [mɔdifikatif, iv] *adj* modifying.

modification [mɔdifikasjɔ̃] *nf* modification, alteration. (*Psych*) ~ **du comportement** behaviour modification.

modifier [mɔdifje] (7) **1** *vt* (*gén, Gram*) to modify, alter. **2 se modifier** *vpr* to alter, be modified.

modique [mɔdik] *adj salaire, prix* modest. **pour la ~ somme de** for the modest sum of; **il ne recevait qu'une pension ~** he received only a modest *ou* meagre pension.

modiquement [mɔdikmɑ̃] *adv* poorly, meagrely.

modiste [mɔdist(ə)] *nf* milliner.

modulaire [mɔdylɛʀ] *adj* modular.

modulateur, -trice [mɔdylatœʀ, tʀis] *nm, f* (*Rad, Élec*) modulator.

modulation [mɔdylasjɔ̃] *nf* (*Ling, Mus, Rad*) modulation. ~ **d'amplitude** amplitude modulation; ~ **de fréquence** frequency modulation; **poste à ~ de fréquence** VHF *ou* FM radio; **écouter une émission sur ~ de fréquence** to listen to a programme on VHF *ou* on FM.

module [mɔdyl] *nm* (*Archit, Espace, étalon*) module; (*Math, Phys*) modulus; (*éléments d'un ensemble*) unit. ~ **lunaire** lunar module, mooncraft; **acheter une cuisine par ~s** to buy a kitchen in separate units.

moduler [mɔdyle] (1) **1** *vt voix* to modulate, inflect; *air* to warble; *son* to modulate; (*Mus, Rad*) to modulate. **les cris modulés des marchands** the singsong cries of the tradesmen; **~ les peines en fonction des délits** to adjust the punishment to fit the crime. **2** *vi* (*Mus*) to modulate.

modus vivendi [mɔdysvivɛ̃di] *nm inv* modus vivendi, working arrangement.

moelle [mwal] *nf* (*Anat*) marrow, medulla (*T*); (*Bot*) pith; (*fig*) pith, core. (*fig*) **être transi jusqu'à la ~ (des os)** to be frozen to the marrow; **frissonner jusqu'à la ~** to tremble to the very depths of one's being; **~ épinière** spinal chord; (*Culin*) **~ (de bœuf)** beef marrow; *V* **os, substantifique.**

moelleusement [mwaløzmɑ̃] *adv* s'étendre luxuriously.

moelleux, -euse [mwalø, øz] **1** *adj forme, tapis, lit, couleur* soft; *aliment* creamy, smooth; *couleur, son, vin* mellow. **2** *nm* [*lit, tapis*] softness; [*vin*] mellowness; [*aliment*] smoothness.

moellon [mwalɔ̃] *nm* (*Constr*) rubble stone.

mœurs [mœʀ(s)] *nfpl* (**a**) (*morale*) morals. **avoir des ~ sévères** to have high morals *ou* strict moral standards; **soupçonner les ~ de qn** to have doubts about sb's morals *ou* standards of behaviour; (*euph*) **il a des ~ particulières** he has certain tendencies (*euph*); **contraire aux bonnes ~** contrary to accepted standards of (good) behaviour; **femme de ~ légères** *ou* **faciles** woman of easy virtue; **femme de mauvaises ~** loose woman; (*Jur, Presse*) **affaire** *ou* **histoire de ~** sex case; **la police des ~, les M~*** ≃ the vice squad; *V* **certificat, outrage.**

(**b**) (*coutumes, habitudes*) [*peuple, époque*] customs, habits; [*abeilles, fourmis*] habits. **c'est (entré) dans les ~** it's (become) normal practice, it's (become) a standard *ou* an everyday feature of life; **il faut vivre avec les ~ de son temps** one must keep up with present-day customs *ou* habits; **les ~ politiques/littéraires de notre siècle** the political/literary practices *ou* usages of our century; **avoir des ~ simples/aristocratiques** to lead a simple/an aristocratic life, have a simple/an aristocratic life style; *V* **autre.**

(**c**) (*manières*) manners, ways; (*Littérat*) manners. **ils ont de drôles de ~** they have some peculiar ways *ou* manners; **quelles ~!, drôles de ~!** what a way to behave! *ou* carry on!, what manners!; **peinture/comédie de ~** portrayal/comedy of manners.

mohair [mɔɛʀ] *nm* mohair.

Mohammed [mɔamɛd] *nm* Mohammed.

moi [mwa] **1** *pron pers* (**a**) (*objet direct ou indirect*) me. **aide-~** help me, give me a hand; **donne-~ ton livre** give me your book, give your book to me; **donne-le-~** give it to me, give me it*, give it me*; **si vous étiez ~** que **feriez vous?** if you were me, what would you do?; **il nous a regardés ma femme et ~** he looked at my wife and me; **écoute-~ ça!*** just listen to that!; **elle me connaît bien, ~** she knows me all right!; **il n'obéit qu'à ~** he only obeys me, I'm the only one he obeys; **~, elle me déteste** she hates me; *V* **aussi même, non, seul.**

(**b**) (*sujet*) I (*emphatique*), I myself (*emphatique*), me*. **qui a fait cela? — (c'est) ~/(ce n'est) pas ~** who did this? — I did/I didn't *ou* me*/not me*; **~, le saluer? jamais!** me, greet him?, never!; **mon mari et ~ (nous) refusons** my husband and I refuse; **~ parti/malade que ferez-vous?** when I'm gone/ill what will you do?, what will you do when me away/ill?; **et ~ de rire de plus belle!** and so I (just) laughed all the more!; **je ne l'ai pas vu, ~** I didn't see him myself, I myself didn't see him; **~, je ne suis pas d'accord** for my part I don't agree; **alors ~, je ne compte pas?** hey, what about me? *ou* where do I come in?*

(**c**) (*emphatique avec qui, que*) **c'est ~ qui vous le dis!** you can take it from me!, I'm telling you!; **merci — c'est ~ (qui vous remercie)** thank you — thank you; **et ~ qui n'avais pas le sou!** there was me without a penny!*, and to think I didn't have a penny!; **~ qui vous parle, je l'ai vu** I saw him personally; **c'est ~ qu'elle veut voir** it's me she wants to see; **il me dit cela à ~ qui l'ai tant aidé** he says that to me after I've helped him so much; **et ~ qui avais espéré gagner!** and to think that I had hoped to win!; **~, que le théâtre passionne, je n'ai jamais vu cette pièce** even I, with all my great love for the theatre, have never seen this play.

(**d**) (*avec prép*) **à ~** il le dira he'll tell me (all right); **avec/sans ~** with/without me; **sans ~ il ne les aurait jamais retrouvés** but for me *ou* had it not been for me, he would never have found them; **venez chez ~** come to my place; **le poème n'est pas de ~** the poem isn't one I wrote *ou* isn't one of mine; **un élève à ~** a pupil of mine; **j'ai un appartement à ~** I have a flat of my own; **ce livre est à ~** this book belongs to me *ou* is mine; **mes livres à ~ sont bien rangés** my books are arranged tidily; **elle l'a appris par ~** she heard about it from me *ou* through me; **cette lettre ne vient pas de ~** this letter isn't from me *ou* isn't one I wrote; **il veut une photo de ~** he wants a photo of me; **c'est à ~ de décider** it's up to me to decide.

(**e**) (*dans comparaisons*) I, me. **il est plus grand que ~** he is taller than I (am) *ou* than me; **il mange plus/moins que ~** he eats more/less than I (do) *ou* than me; **fais comme ~** do as I do, do like me*, do the same as me; **il l'aime plus que ~** (*plus qu'il ne m'aime*) he loves her more than (he loves) me; (*plus que je ne l'aime*) he loves her more than I do.

2 *nm*: **le ~** the self, the ego; **le ~ est haïssable** the ego *ou* the self is detestable; **notre vrai ~** our true self.

moignon [mwaɲɔ̃] *nm* stump. **il n'avait plus qu'un ~ de bras** he had just the *ou* a stump of an arm left.

moi-même [mwamɛm] *pron V* **autre, même.**

moindre [mwɛ̃dʀ(ə)] *adj* (**a**) (*comp*) (*moins grand*) less, lesser; (*inférieur*) lower, poorer. **les dégâts sont bien** *ou* **beaucoup ~s** the damage is much less; **à un ~ degré, à un degré ~** to a lesser degree *ou* extent; **à ~ prix** at a lower price; **de ~ qualité, de qualité ~** of lower *ou* poorer quality; **enfant de ~ intelligence** child of lower

intelligence; **une épidémie de ~ étendue** a less widespread epidemic; **c'est un inconvénient ~** it's less of a drawback, it's a lesser drawback; *V* **mal.**

(**b**) (*superl*) **le ~, la ~, les ~s** the least, the slightest; (*de deux*) the lesser; **le ~ bruit** the slightest noise; **la ~ chance/idée** the slightest *ou* remotest chance/idea; **jusqu'au ~ détail** down to the smallest detail; **le ~ de deux maux** the lesser of two evils; **sans se faire le ~ souci** without worrying in the slightest; **c'est la ~ de mes difficultés** that's the least of my difficulties; **merci — c'est la ~ des choses!** thank you — it's a pleasure! *ou* you're welcome! *ou* not at all!; **remerciez-le de m'avoir aidé — c'était la ~ des choses** thank him for helping me — it was the least he could do; **certains spécialistes et non des ~s** disent que some specialists and important ones at that say that; **la ~ des politesses veut que ... common politeness demands that ...** ; **il n'a pas fait le ~ commentaire** he didn't make a single comment; **la loi du ~ effort** the line of least resistance *ou* effort, the law of least effort.

moindrement [mwɛ̃dʀəmɑ̃] *adv* (*littér*) (*avec nég*) **il n'était pas le ~ surpris** he was not in the least surprised, he was not surprised in the slightest; **sans l'avoir le ~ voulu** without having in any way wanted this.

moine [mwan] *nm* (**a**) (*Rel*) monk, friar. **~ bouddhiste** buddhist monk; *V* **habit.**

(**b**) (*Zool*) monk seal; (*Orn*) black vulture.

(**c**) (*Hist: chauffe-lit*) bedwarmer.

moineau, pl ~x [mwano] *nm* (*Orn*) sparrow. **~ domestique** house sparrow; (*péj*) **sale** *ou* **vilain ~** dirty dog (*péj*).

moinillon [mwaniʃɔ̃] *nm* (*hum*) little monk (*hum*).

moins [mwɛ̃] **1** *adv emploi comparatif* (**a**) (*avec adj ou adv*) less. **~ que ...** less ... than, not so ... as; **beaucoup/un peu ~** much/a little less; **tellement ~** so much less; **encore ~** even less; **3 fois ~** 3 times less; **il est ~ grand/intelligent que son frère/que nous/que je ne pensais** he is not as *ou* so tall/intelligent as his brother/as us *ou* as we are/as I thought, he is less tall/intelligent than his brother/than us *ou* than we are/than I thought; **rien n'est ~ sûr, il n'y a rien de ~ sûr** nothing is less certain; **c'est tellement ~ cher** it's so much cheaper *ou* less expensive; **il ressemble à son père, en ~ grand** he looks like his father only he's not so tall, he looks like a smaller version of his father; **c'est le même genre de livre, en ~ bien** it's the same kind of book, only (it's) not so good *ou* but not so good.

(**b**) (*avec vb*) less. **exiger/donner ~** to demand/give less; **je gagne (un peu) ~ que lui** I earn (a little) less than him *ou* than he does; **cela m'a coûté ~ que rien** it cost me next to nothing; **vous ne l'obtiendrez pas à ~** you won't get it for less; **cela coûtait trois fois ~** it was one-third as expensive; **il travaille ~/~ vite que vous** he works less/less quickly than you (do), he does not work as hard/as quickly as you do; **il a fait encore ~ beau en août qu'en juillet** the weather was even worse in August than in July; **sortez ~ (souvent)** go out less often, don't go out so often *ou* so much; **j'aime ~ la campagne en hiver (qu'en été)** I don't like the country as *ou* so much in winter (as in summer), I like the country less in winter (than in summer).

(**c**) **~ de** (*quantité*) less, not so much; (*nombre*) fewer, not so many; (*heure*) before, not yet; (*durée, âge, distance*) less than, under; **mange ~ de bonbons et de chocolat** eat fewer sweets and less chocolate; **il y a ~ de 2 ans qu'il vit ici** he has been living here (for) less than 2 years; **les enfants de ~ de 4 ans voyagent gratuitement** children under 4 *ou* of less than 4 years of age travel free; **il est ~ de minuit** it is not yet midnight; **il était un peu ~ de 6 heures** it was a little before 6 o'clock; **vous ne pouvez pas lui donner ~ de 100 F** you can't give him less than 100 francs; **vous ne trouverez rien à ~ de 100 F** you won't find anything under 100 francs *ou* for less than 100 francs; **il a eu ~ de mal que nous à trouver une place** he had less trouble than we had *ou* than us (in) finding a seat; **ils ont ~ de livres que de jouets** they have fewer books than toys; **nous l'avons fait en ~ de 5 minutes** we did it in less than *ou* in under 5 minutes; **en ~ de deux*** in a flash *ou* a trice, in the twinkling of an eye; **il y aura ~ de monde demain** there will be fewer people tomorrow, there will not be so many people tomorrow; **il devrait y avoir ~ de 100 personnes** there should be under 100 people *ou* less than 100 people; **en ~ de rien** in less than no time.

(**d**) **de ~, en ~**: **il gagne 500 F de ~ qu'elle** he earns 500 francs less than she does; **vous avez 5 ans de ~ qu'elle** you are 5 years younger than her *ou* than she is; **il y a 3 verres en ~** (*qui manquent*) there are 3 glasses missing; (*trop peu*) we are 3 glasses short; **c'est le même climat, le brouillard en ~** it's the same climate except for the fog *ou* minus the fog.

(**e**) **~ ...~** the less... the less; **~ ...plus** the less ... the more; **~ je mange, ~ j'ai d'appétit** the less I eat the less hungry I feel; **~ je fume, plus je mange** the less I smoke the more I eat.

(**f**) (*loc*) **à ~ qu'il ne vienne** unless he comes; **à ~ de faire une bêtise** il devrait gagner unless he does something silly he should win; **à ~ d'un accident** ça devrait marcher barring accidents *ou* accidents apart it should work; **c'est de ~ en ~ bon** it's less and less good; *V* **autant, plus.**

2 *adv emploi superlatif* (**a**) (*avec adj ou adv*) **le ~, la ~** (*de plusieurs*) the least; (*de deux*) the less; **c'est la ~ douée de mes élèves** she's the least gifted of my pupils; **c'est le ~ doué des deux** he's the less gifted of the two; **la température la ~ haute de l'été** the lowest temperature of the summer; **ce sont les fleurs les ~ chères** they are the least expensive *ou* the cheapest flowers.

(**b**) (*avec vb*) **le ~** least; **c'est celui que j'aime le ~** it's the one I like (the) least; **l'émission que je regarde le ~ souvent** the programme I watch (the) least often; **de nous tous c'est lui qui a bu le ~ (d'alcool)** he's the one who drank the least (alcohol) of us all, of all of us he drank the least (alcohol).

(c) *(loc)* c'est bien le ~ que l'on puisse faire it's the least one can do; c'est le ~ que l'on puisse dire! that's the least one can say!; si vous êtes le ~ du monde soucieux if you are in the slightest bit *ou* in the least bit *ou* in the least worried; au ~ at (the) least; elle a payé cette robe au ~ 3.000 F she paid at least 3,000 francs for this dress; 600 au ~ at least 600, fully 600; la moitié au ~ at least half, fully half; cela fait au ~ 10 jours qu'il est parti it is at least 10 days since he left; vous avez (tout) au ~ appris la nouvelle you must at least have heard the news; à tout le ~, pour le ~ to say the least, at the very least; sa décision est pour le ~ bizarre his decision is odd to say the least; du ~ *(restriction)* at least; il ne pleuvra pas, du ~ c'est ce qu'annonce la radio it's not going to rain, at least that's what it says on the radio *ou* at least so the radio says; si du ~ that is if; laissez-le sortir, si du ~ il ne fait pas froid let him go out, that is (only) if it is not cold.

3 *prép* **(a)** *(soustraction)* 6 ~ 2 font 4 6 minus 2 equals 4, 2 from 6 makes 4; j'ai retrouvé mon sac, ~ le portefeuille I found my bag, minus the wallet.

(b) *(heure)* to. il est 4 heures ~ 5 (minutes) it is 5 (minutes) to 4; nous avons le temps, il n'est que ~ 10* we have plenty of time, it's only 10 to*; *(fig)* il s'en est tiré, mais il était ~ cinq* *ou* ~ une* he got out of it but it was a close shave* *ou* a near thing*.

(c) *(température)* below. il fait ~ 5° it is 5° below freezing *ou* minus 5°.

4 *nm* *(Math)* (le signe) the minus sign.

5: moins que rien* *nmf* *(péj : minable)* dead loss*, second-rater*, washout*; *(Comm)* moins-value *nf* depreciation.

moirage [mwaraʒ] *nm* *(procédé)* watering; *(reflet)* watered effect.

moire [mwar] *nf* *(tissu)* moiré, watered fabric; *(procédé)* watering. on voit la ~ du papier you can see the mottled effect in the paper.

moiré, e [mware] *(ptp de moirer)* **1** *adj* *(Tech)* watered, moiré; *(fig)* shimmering. **2** *nm* *(Tech)* moiré, water; *(littér)* shimmering ripples.

moirer [mware] (1) *vt* *(Tech)* to water. *(littér)* la lune moirait l'étang de reflets argentés the moon cast a shimmering silvery light over the pool.

moirure [mwaryr] *nf* *(Tech)* moiré; *(littér)* shimmering ripples.

mois [mwa] *nm* **(a)** *(période)* month. *(Rel)* le ~ de Marie the month of Mary; *(Culin)* les ~ en R when there is an R in the month; au ~ de janvier in (the month of) January; dans un ~ in a month('s time); *(Comm)* le 10 de ce ~ the 10th inst(ant) *(Brit)*, the 10th of this month; être payé au ~ to be paid monthly; louer au ~ to rent by the month; 30 F par ~ 30 francs a *ou* per month; *(Comm)* billet à 3 ~ bill at 3 months; un bébé de 6 ~ a 6-month(-old) baby; tous les 4 ~ every 4 months; devoir 3 ~ de loyer to owe 3 months' rent; devoir 3 ~ de factures to owe 3 months' bills; V enceinte¹, tout.

(b) *(salaire)* monthly pay, monthly salary. toucher son ~* to draw one's pay *ou* salary for the month *ou* one's month's pay *ou* salary; ~ double extra month's pay *(as end-of-year bonus)*; V fin².

Moïse [mɔiz] *nm* Moses.

moïse [mɔiz] *nm* *(berceau)* Moses basket.

moisi, e [mwazi] *(ptp de moisir)* **1** *adj* mouldy, mildewed **2** *nm* mould *(U)*, mildew *(U)*. odeur de ~ musty *ou* fusty smell; goût de ~ musty taste; ça sent le ~ it smells musty *ou* fusty.

moisir [mwazir] (2) **1** *vt* to make mouldy.

2 *vi* **(a)** to go mouldy, mould.

(b) *(fig)* ~ en province to stagnate in the country; ~ dans un cachot to rot in a dungeon; on ne va pas ~ ici jusqu'à la nuit!* we're not going to hang around here till night-time!*

moisissure [mwazisyr] *nf* *(gén)* mould *(pour l'humidité)* mould *(U)*, mildew *(U)*. enlever les ~s sur un fromage to scrape the mould off a piece of cheese.

moisson [mwasɔ̃] *nf* *(saison, travail)* harvest; *(récolte)* harvest; *(fig)* wealth, crop. à l'époque de la ~ at harvest time; la ~ est en avance/en retard the harvest is early/late; rentrer la ~ to bring in the harvest; faire la ~ to harvest, reap; *(fig)* faire (une) ample ~ de renseignements/souvenirs to gather *ou* amass a wealth *ou* a good crop of information/memories; *(fig)* faire une ample ~ de lauriers to carry off a fine crop of prizes.

moissonner [mwasɔne] (1) *vt* *(Agr)* céréale to harvest, reap, gather in; champ to reap; († *ou littér)* récompenses to collect, carry off; renseignements, souvenirs to gather, collect. *(littér)* cette génération moissonnée par la guerre this generation cut down by the war.

moissonneur, -euse [mwasɔnœr, øz] **1** *nm, f* harvester, reaper († *ou littér)*.

2 moissonneuse *nf* *(machine)* harvester.

3: moissonneuse-batteuse(-lieuse) *nf, pl* moissonneuses-batteuses-(lieuses) combine harvester; moissonneuse-lieuse *nf, pl* moissonneuses-lieuses self-binder.

moite [mwat] *adj* peau, mains sweaty, sticky; atmosphère sticky, muggy; chaleur sticky.

moiteur [mwatœr] *nf* *(V moite)* sweatiness; stickiness; mugginess. essuyer la ~ de ses paumes to wipe the sweatiness *ou* stickiness from one's hands.

moitié [mwatje] *nf* **(a)** *(partie)* half. partager qch en deux ~s to halve sth, divide sth in half *ou* into (two) halves; quelle est la ~ de 40? what is half of 40?; donne-m'en la ~ give me half (of) it; faire la ~ du chemin avec qn to go halfway *ou* half of the way with sb; la ~ des habitants a été sauvée *ou* ont été sauvés half (of) the inhabitants were rescued; la ~ du temps half the time; il en faut ~ plus/moins you need half as much again/half (of) that; ~ anglais, ~ français half English, half French.

(b) *(milieu)* halfway mark, half. parvenu à la ~ du trajet having completed half the journey, having reached halfway *ou* the halfway mark; parvenu à la ~ de la vie when one reaches the middle of one's life, when one has completed half one's lifespan; arrivé à la ~ du travail having done half the work *ou* got halfway through the work, having reached the halfway point *ou* mark in the work.

(c) *(hum: épouse)* ma/sa ~ my/his better half* *(hum)*; ma tendre ~ my ever-loving wife *(hum)*.

(d) à ~ half; il a fait le travail à ~ he has (only) half done the work; il a mis la table à ~ he has half set the table; il ne fait jamais rien à ~ he never does things by halves; à ~ plein/mûr half-full/-ripe; à ~ chemin (at) halfway, at the halfway mark; à ~ prix (at) half-price.

(e) *(loc)* de ~ by half; réduire de ~ trajet, production, coût to cut *ou* reduce by half, halve; plus grand de ~ half as big again, bigger by half; être/se mettre de ~ dans une entreprise to have half shares/go halves in a business; par ~ in two, in half; diviser qch par ~ to divide sth in two *ou* in half; il est pour ~ dans cette faillite he is half responsible *ou* half to blame for this bankruptcy; on a partagé le pain ~ ~ we halved the bread between us, we shared the bread half-and-half *ou* fifty-fifty*; ils ont partagé *ou* fait ~ ~ they went halves; ça a marché? — ~ ~* how did it go? — so-so*.

moka [mɔka] *nm* *(gâteau à la crème)* cream gâteau; *(gâteau au café)* mocha *(Brit)* *ou* coffee gâteau; *(café)* mocha coffee.

mol [mɔl] *adj m* V mou¹.

molaire¹ [mɔlɛr] *nf* *(dent)* molar.

molaire² [mɔlɛr] *adj* *(Chim)* molar.

molasse [mɔlas] *nf* = mollasse².

moldave [mɔldav] **1** *adj* Moldavian. **2** *nmf*: M~ Moldavian.

Moldavie [mɔldavi] *nf* Moldavia.

mole [mɔl] *nf* *(Chim)* mole, mol.

môle [mɔl] *nm* *(digue)* breakwater, mole, jetty; *(quai)* pier, jetty.

moléculaire [mɔlekylɛr] *adj* molecular.

molécule [mɔlekyl] *nf* molecule. ~-gramme gram molecule.

moleskine [mɔleskin] *nf* imitation leather. il avait usé ses pantalons sur la ~ des cafés he had spent half his life sitting around in cafés.

molester [mɔlɛste] (1) *vt* to manhandle, maul (about). molesté par la foule mauled by the crowd.

moleté, e [mɔlte] *adj* roue, vis milled, knurled.

molette [mɔlɛt] *nf* **(a)** *(Tech)* toothed wheel, cutting wheel; V clef.

(b) *[briquet, clef]* knurl; *[éperon]* rowel.

moliéresque [mɔljerɛsk(ə)] *adj* Molieresque.

mollard‡ [mɔlar] *nm* *(crachat)* gob of spit‡.

mollasse¹* [mɔlas] **1** *adj* **(a)** *(péj)* *(léthargique)* sluggish, lethargic; *(flasque)* flabby, flaccid. une grande fille ~ a great lump* *(Brit)* *ou* pudding* of a girl. **2** *nmf* lazy lump* *(Brit)*, lazybones.

mollasse² [mɔlas] *nf* *(Géol)* molasse.

mollasserie [mɔlasri] *nf* sluggishness, lethargy.

mollasson, -onne* [mɔlasɔ̃, ɔn] *(péj)* **1** *adj* sluggish, lethargic. **2** *nm, f* lazy lump* *(Brit)*, lazybones.

molle [mɔl] *adj f* V mou¹.

mollement [mɔlmɑ̃] *adv* *(doucement)* tomber softly; couler gently, sluggishly; *(paresseusement)* travailler half-heartedly, lethargically, unenthusiastically; *(faiblement)* réagir, protester feebly, weakly. les jours s'écoulaient ~ the days slipped gently by.

mollesse [mɔlɛs] *nf* **(a)** *(au toucher)* *[substance, oreiller]* softness; *[poignée de main]* limpness, flabbiness.

(b) *(à la vue)* *[contours, lignes]* softness; *[relief]* softness, gentleness; *[traits du visage]* flabbiness, sagginess; *(Peinture)* *[dessin, traits]* lifelessness, weakness.

(c) *(manque d'énergie)* *[geste]* lifelessness, feebleness; *[protestations, opposition]* weakness, feebleness; (†) *[vie]* indolence, softness; *[style]* woolliness; *(Mus)* *[exécution]* lifelessness, dullness; *[personne]* *(indolence)* sluggishness, lethargy; *(manque d'autorité)* spinelessness; *(grande indulgence)* laxness. vivre dans la ~ to live the soft life; la ~ de la police face aux manifestants the feebleness of the police's response to the demonstrators.

mollet¹, -ette [mɔlɛ, ɛt] *adj* V œuf.

mollet² [mɔlɛ] *nm* *(Anat)* calf. *(fig)* ~s de coq wiry legs.

molletière [mɔltjɛr] *nf* *(jambière)* leggings; V bande¹.

molleton [mɔltɔ̃] *nm* *(tissu)* flannelette; *(pour table etc)* felting.

molletonner [mɔltɔne] (1) *vt* to line with flannelette, put a warm lining in. gants molletonnés fleece-lined gloves; anorak molletonné quilted anorak, anorak with a warm lining.

mollir [mɔlir] (2) *vi* **(a)** *(fléchir)* *[sol]* to give (way), yield; *[ennemi]* to yield, give way, give ground; *[père, créancier]* to come round, relent; *[courage]* to be failing, flag. nos prières l'ont fait ~ our pleas softened his attitude *ou* made him relent; *(fig)* il a senti ses jambes/genoux ~ sous lui he felt his legs/knees give way beneath him.

(b) *[substance]* to soften, go soft.

(c) *[vent]* to abate, die down.

mollo‡ [mɔlo] *adv*: (vas-y) ~!* take it easy!*, (go) easy*!, easy does it!

mollusque [mɔlysk(ə)] *nm* *(Zool)* mollusc; (* *péj)* lazy lump* *(Brit)*, lazybones.

molosse [mɔlɔs] *nm* *(littér)* big (ferocious) dog, huge hound *(hum)*.

molybdène [mɔlibdɛn] *nm* molybdenum.

môme [mom] *nmf* (*: enfant) kid*; *(péj)* brat*; (‡: fille) bird‡ *(Brit)*, chick‡ *(US)*. belle ~‡ nice-looking piece‡ *(Brit)* *ou* chick‡ *(US)*.

moment [mɔmɑ̃] *nm* **(a)** *(long instant)* while, moment. pendant un court ~ elle le crut for a moment *ou* a few moments she believed him; je ne l'ai pas vu depuis un (bon) ~ I haven't seen him for a (good) while *ou* for quite a time *ou* while; cette réparation va prendre un ~ this repair job will take some time *ou* a good while; elle en a pour un petit ~ *(lit)* she won't be long *ou* a moment, it'll only take her a moment; *(iro)* she'll be some *ou* a little while.

(b) *(court instant)* moment. il réfléchit un ~ he thought for a moment; c'est l'affaire d'un ~ it won't take a minute *ou* moment, it will only take a minute, it'll be done in a jiffy*; ça ne dure qu'un ∼ it doesn't last long, it (only) lasts a minute; a moment of silence, a moment's silence; j'ai eu un ∼ de panique I had a moment's panic, for a moment I panicked; en un ∼ in a matter of minutes; dans un ∼ de colère in a moment of anger, in a momentary fit of anger; dans un ∼ in a little while, in a moment; un ∼, il arrive! just a moment *ou* a minute *ou* a mo'* (*Brit*), he's coming!

(**c**) (*période*) time. à quel ∼ est-ce arrivé? at what point in time *ou* when exactly did this occur?; connaître/passer de bons ∼s to have/spend (some) happy times; les ∼s que nous avons passés ensemble the times we spent together; il a passé un mauvais *ou* sale ∼* he went through *ou* had a difficult time, he had a rough time *ou* passage; je n'ai pas un ∼ à moi I haven't a moment to myself; le ∼ présent the present time; à ses ∼s perdus in his spare time; les grands ∼s de l'histoire the great moments of history; il a ses bons et ses mauvais ∼s he has his good times and his bad (times); il est dans un de ses mauvais ∼s it's one of his off *ou* bad spells, he's having one of his off *ou* bad spells; la célébrité/le succès du ∼ the celebrity/success of the moment *ou* day.

(**d**) (*occasion*) il faut profiter du ∼ you must take advantage of *ou* seize the opportunity; ce n'est pas le ∼ (de protester) this is no time *ou* not the time (to protest *ou* for protesting), this is not the (right) moment (to protest); tu arrives au bon ∼ you've come just at the right time; c'était le ∼ de réagir it was time to react, a reaction was called for; le ∼ psychologique the psychological moment; *V* jamais.

(**e**) (*Tech*) moment; (*Phys*) momentum.

(**f**) (*loc*) en ce ∼ at the moment, at present, just now; au ∼ de l'accident at the time of the accident, when the accident happened; au ∼ de partir just as I (*ou* he *etc*) was about to leave, just as I (*ou* he *etc*) was on the point of leaving; au ∼ où elle entrait, lui sortait as she was going in he was coming out; au ∼ où il s'y attendait le moins (at a time) when he was least expecting it; à un ∼ donné il cesse d'écouter at a certain point he stops listening; il se prépare afin de savoir quoi dire le ∼ venu he's getting ready so that he'll know what to say when the time comes; le ∼ venu ils s'élancèrent when the time came they hurled themselves forward; des voitures arrivaient à tout ∼ *ou* à tous ∼s cars were constantly *ou* continually arriving, cars kept on arriving; il peut arriver à tout ∼ he may arrive (at) any time (now) *ou* any moment (now); à ce ∼-là (*temps*) at that point *ou* time; (*circonstance*) in that case, if that's the case, if that's so; à aucun ∼ je n'ai dit que I never at any time said that, at no point did I say that; le bruit grandissait de ∼ en ∼ the noise grew louder every moment *ou* grew ever louder; on l'attend d'un ∼ à l'autre he is expected any moment now *ou* (at) any time now; du ∼ où *ou* que since, seeing that; dès le ∼ que *ou* où as soon as, from the moment *ou* time when; par ∼s now and then, at times, every now and again; pour le ∼ for the time being *ou* the moment, at present; sur le ∼ at the time.

momentané, e [mɔmɑ̃tane] *adj* gêne, crise, arrêt momentary (*épith*); espoir, effort short-lived, brief. cette crise n'est que ∼e this is only a momentary crisis.

momentanément [mɔmɑ̃tanemɑ̃] *adv* (*en ce moment*) at *ou* for the moment, at present; (*un court instant*) for a short while, momentarily.

momeries [mɔmʀi] *nfpl* (*littér*) mumbo jumbo.

momie [mɔmi] *nf* mummy. (*fig*) ne reste pas là comme une ∼ don't stand there like a stuffed dummy*.

momification [mɔmifikasjɔ̃] *nf* mummification.

momifier [mɔmifje] (7) **1** *vt* to mummify. **2 se momifier** *vpr* (*fig*) to atrophy, fossilize.

mon [mɔ̃], **ma** [ma], **mes** [me] *adj poss* (**a**) (*possession, relation*) my, my own (*emphatique*). ∼ fils et ma fille my son and (my) daughter; j'ai ∼ idée là-dessus I have my own ideas *ou* views about that; *pour autres exemples V* son[1].

(**b**) (*valeur affective, ironique, intensive*) alors voilà ∼ type/∼ François qui se met à m'injurier* and then the fellow/our François starts bawling insults at me; voilà ∼ mal de tête qui me reprend that's my headache back again; on a changé ∼ Paris they've changed the Paris I knew *ou* what I think of as Paris; j'ai ∼ samedi cette année* I've got Saturday(s) off this year*, I have my Saturdays free this year; *V* son[1].

(**c**) (*dans termes d'adresse*) my. viens ∼ petit/ma chérie come along lovie*/(my) darling; ∼ cher ami my dear friend; ∼ cher Monsieur my dear sir; ∼ vieux my dear fellow; ma vieille my dear girl; eh bien ∼ vieux, si j'avais su!* well I can tell you old chap* (*Brit*) *ou* fellow*, if I'd known!; (*Rel*) oui ∼ père/ma sœur/ma mère yes Father/Sister/Mother; (*Rel*) mes (bien chers) frères my (dear) brethren; (*Rel*) ∼ Dieu, ayez pitié de nous dear Lord *ou* O God, have mercy upon us; (*Mil*) oui ∼ lieutenant/général yes sir/sir *ou* general; eh bien ∼ salaud *ou* cochon, tu as du toupet‡ you so-and-so *ou* you old devil, you've got some nerve!‡; ∼ Dieu, j'ai oublié mon portefeuille oh dear, *ou* heavens, I've forgotten my wallet.

monacal, e, *mpl* -aux [mɔnakal, o] *adj* (*lit, fig*) monastic.

Monaco [mɔnako] *nm*: (la principauté de) ∼ (the principality of) Monaco.

monade [mɔnad] *nf* monad.

monarchie [mɔnaʀʃi] *nf* monarchy. ∼ absolue/constitutionnelle/élective absolute/constitutional/elective monarchy.

monarchique [mɔnaʀʃik] *adj* monarchistic, monarchial.

monarchisme [mɔnaʀʃism(ə)] *nm* monarchism.

monarchiste [mɔnaʀʃist(ə)] *adj, nmf* monarchist.

monarque [mɔnaʀk(ə)] *nm* monarch. ∼ absolu absolute monarch; ∼ de droit divin monarch *ou* king by divine right.

monastère [mɔnastɛʀ] *nm* monastery.

monastique [mɔnastik] *adj* monastic.

monaural, e, *mpl* -aux [mɔnɔʀal, o] *adj* monophonic, monaural.

monceau, *pl* ∼x [mɔ̃so] *nm*: un ∼ de (*amoncellement*) a heap *ou* pile of; (*accumulation*) a heap *ou* load* of; des ∼x de heaps *ou* piles of; heaps *ou* loads* *ou* stacks* of.

mondain, e [mɔ̃dɛ̃, ɛn] **1** *adj* (**a**) réunion, vie society (*épith*); public fashionable. plaisirs ∼s pleasures of society; mener une vie ∼e to lead a busy social life, be in the social round, move in fashionable circles; goût pour la vie ∼e taste for society life *ou* living; carnet/romancier ∼ society news/novelist; soirée ∼e evening reception (*with people from high society*); chronique ∼e society gossip column; leurs obligations ∼es their social obligations; ils sont très ∼s they are great society people *ou* great socialites, they like moving in fashionable society *ou* circles.

(**b**) politesse, ton refined, urbane, sophisticated. il a été très ∼ avec moi he treated me with studied politeness *ou* courtesy.

(**c**) (*Philos*) mundane; (*Rel*) worldly, earthly.

(**d**) la police *ou* brigade ∼e, la M∼e* ≃ the vice squad.

2 *nm, f* society man (*ou* woman), socialite.

mondanité [mɔ̃danite] *nf* (**a**) ∼s (*divertissements, soirées*) society life; (*politesses, propos*) society *ou* polite small talk; (*Presse: chronique*) society gossip column; toutes ces ∼s sont fatigantes we are exhausted by this social whirl *ou* round.

(**b**) (*goût*) taste for society life, love of society life; (*habitude, connaissance des usages*) savoir-faire.

(**c**) (*Rel*) worldliness.

monde [mɔ̃d] *nm* (**a**) (*univers, terre*) world. dans le ∼ entier, (*littér*) de par le ∼ all over the world, the world over, throughout the world; le ∼ entier s'indigna the whole world was outraged; le ∼ des vivants the land of the living; il se moque *ou* se fiche* *ou* se fout‡ du ∼ he's got a nerve* *ou* cheek* (*Brit*), he's got a damn‡ *ou* bloody‡* (*Brit*) nerve; venir au ∼ to come into the world; mettre un enfant au ∼ to bring a child into the world; si je suis encore de ce ∼ if I'm still here *ou* in the land of the living *ou* of this world; depuis qu'il est de ce ∼ since he was born; rêver à un ∼ meilleur to dream of a better world; où va le ∼? whatever is the world coming to?; dans ce (bas) ∼ here below, in this world; l'Ancien/le Nouveau M∼ the Old/New World; le Tiers-/Quart-∼ the Third/Fourth World; *V* unique.

(**b**) (*ensemble, groupement spécifique*) world. le ∼ végétal/animal the vegetable/animal world; le ∼ des affaires/du théâtre the world of business/(the) theatre, the business/theatre world; le ∼ chrétien/communiste/capitaliste the Christian/communist/capitalist world.

(**c**) (*domaine*) world, realm. le ∼ de l'illusion/du rêve the realm of illusion/dreams; le ∼ de la folie the world *ou* realm of madness.

(**d**) (*intensif*) du ∼, au ∼ in the world, on earth; produit parmi les meilleurs au *ou* du ∼ product which is among the best in the world *ou* among the world's best; (*littér*) au demeurant, le meilleur homme du *ou* au ∼ otherwise, the finest man alive; tout s'est passé le mieux du ∼ everything went (off) perfectly *ou* like a dream*; il n'était pas le moins du ∼ anxieux he was not the slightest *ou* least bit worried, he wasn't worried in the slightest *ou* least; je ne m'en séparerais pour rien au ∼ I wouldn't part with it for anything (in the world) *ou* for all the world *ou* for all the tea in China; nul au ∼ ne peut ... nobody in the world can ...; j'en pense tout le bien du ∼ I have the highest opinion of him *ou* her *ou* it.

(**e**) (*loc*) c'est le ∼ à l'envers *ou* renversé it's a topsy-turvy *ou* crazy world; c'est le ∼ est petit! it's a small world!; se faire (tout) un ∼ de qch to make a (great deal of) fuss about *ou* a (great) song and dance about sth; se faire un ∼ de rien to make a mountain out of a molehill, make a fuss over nothing; se faire un ∼ de tout to make a fuss over everything, make everything into a great issue; c'est un ∼!* if that doesn't beat all!*; il y a un ∼ entre ces deux personnes/conceptions these two people/concepts are worlds apart, there is a world of difference between these two people/concepts.

(**f**) (*gens*) j'entends du ∼ à côté I can hear people in the next room; est-ce qu'il y a du ∼? (*qn est-il présent*) is there anybody there?; (*y a-t-il foule*) are there many there?, are there a lot of people there?; il y a du ∼ (*ce n'est pas vide*) there are some people there; (*il y a foule*) there's quite a crowd; il y a beaucoup de ∼ there's a real crowd, there are a lot of people; il y avait un ∼! *ou* un ∼ fou!* there were crowds!, the place was packed!; ils voient beaucoup de ∼ they have a busy social life; ils reçoivent beaucoup de ∼ they entertain a lot, they do a lot of entertaining; ce week-end nous avons du ∼ we have people coming *ou* visitors *ou* company this weekend; (*fig*) il y a ∼ au balcon!‡ what a figure!, what a frontage‡ she's got! (*Brit*); elle promène tout son petit ∼ she's out with all her brood; tout ce petit ∼ s'est bien amusé? and did everyone have a nice time?, did we all enjoy ourselves?; il connaît son ∼ he knows the people he deals with; je n'ai pas encore tout mon ∼ my set *ou* group *ou* lot* (*Brit*) isn't all here yet; *V* Monsieur, tout.

(**g**) (*Rel*) le ∼ the world; les plaisirs du ∼ worldly pleasures, the pleasures of the world.

(**h**) (*milieu social*) set, circle. (la bonne société) le (grand *ou* beau) ∼ (high) society; aller dans le ∼ to mix with high society; appartenir au meilleur ∼ to move in the best circles; il n'est pas de notre ∼ he is from a different set, he's not one of our set *ou* crowd*; nous ne sommes pas du même ∼ we don't move in *ou* belong to the same circles (of society); cela ne se fait pas dans le ∼ that isn't done in the best of circles *ou* in polite society; homme/femme/gens du ∼ society man/woman/people; *V* beau, grand *etc*.

monder [mɔ̃de] (1) *vt* orge to hull.

mondial, e, *mpl* -aux [mɔ̃djal, o] *adj* world (*épith*), world-wide. guerre/population/production ∼e world war/population/

production; **influence/crise** ~**e** world-wide influence/crisis; à
l'**échelle** ~**e** on a world-wide scale, world-wide; **une célébrité** ~**e**
a world-famous personality *ou* celebrity.
mondialement [mɔ̃djalmɑ̃] *adv* throughout the world, the (whole)
world over. **il est** ~ **connu** he is known the (whole) world over *ou*
throughout the world, he is world-famous.
mondialisation [mɔ̃djalizasjɔ̃] *nf [technique]* world-wide application. **redoutant la** ~ **du conflit** fearing that the conflict will (*ou*
would) spread throughout the world, fearing the spread of the
conflict world-wide *ou* throughout the world.
mond(i)ovision [mɔ̃d(j)ovizjɔ̃] *nf* television broadcast by satellite.
monégasque [monegask(ə)] **1** *adj* Monegasque, Monacan. **2** *nmf*:
M~ Monegasque, Monacan.
monème [monɛm] *nm* moneme.
monétaire [monetɛR] *adj valeur, unité, système* monetary. **la circulation** ~ the circulation of currency; *V* **masse.**
monétarisme [monetarism(ə)] *nm* monetarism.
monétariste [monetarist(ə)] *adj, nmf* monetarist.
monétique [monetik] *nf* use of plastic money.
monétiser [monetize] (1) *vt* to monetize.
mongol, e [mɔ̃gɔl] **1** *adj* Mongol, Mongolian. **la République
populaire** ~ the Mongolian People's Republic. **2** *nm (Ling)* Mongolian. **3** *nm,f (Géog)* **M**~**(e)** (*gén*) Mongol, Mongoloid; (*habitant
ou originaire de la Mongolie*) Mongolian.
Mongolie [mɔ̃gɔli] *nf* Mongolia. **République populaire de** ~ Mongolian People's Republic, People's Republic of Mongolia; ~**-
Extérieure** Outer Mongolia; ~**-Intérieure** Inner Mongolia.
mongolien, -ienne [mɔ̃gɔljɛ̃, jɛn] *adj, nm,f (Méd)* mongol.
mongolique [mɔ̃gɔlik] *adj (Géog)* Mongol(ic), Mongolian.
mongolisme [mɔ̃gɔlism(ə)] *nm* mongolism, Down's syndrome.
Monique [mɔnik] *nf* Monica.
monisme [mɔnism(ə)] *nm* monism.
moniste [mɔnist(ə)] **1** *adj* monistic. **2** *nmf* monist.
moniteur [mɔnitœR] *nm* **(a)** (*Sport*) instructor, coach; *[colonie de
vacances]* supervisor (*Brit*), (camp) counsellor (*US*). ~ **de ski** skiing instructor; ~ **d'auto-école** driving instructor. **(b)** (*Tech,
Ordin: appareil*) monitor. ~ **cardiaque** heart-rate monitor. **(c)**
(*Univ*) graduate assistant.
monitorat [mɔnitɔra] *nm (formation)* training to be an instructor;
(*fonction*) instructorship.
monitrice [mɔnitRis] *nf (Sport)* instructress; *[colonie de vacances]*
supervisor (*Brit*), (camp) counsellor (*US*); (*Univ*) graduate assistant.
monnaie [mɔnɛ] **1** *nf* **(a)** (*Écon, Fin: espèces, devises*) currency. **une**
~ **forte** a strong currency; ~ **d'or/d'argent** gold/silver currency;
~ **décimale** decimal coinage *ou* currency; (*Bourse*) **la** ~
américaine the American dollar; *V* **battre, faux².**
  (b) (*pièce, médaille*) coin. **une** ~ **d'or** a gold coin; **émettre/
retirer une** ~ to issue/withdraw a coin.
  (c) (*pièces inférieures à l'unité, appoint*) change; (*petites pièces*)
(loose) change. **petite** *ou* **menue** ~ small change; **vous n'avez pas
de** ~? (*pour payer*) haven't you got (the) change? *ou* any change?;
auriez-vous de la ~?, **pourriez-vous me faire de la** ~? could you
give me some change?; **faire de la** ~ to get (some) change; **faire la**
~ **de 100 F** to get change for *ou* to change a 100-franc note *ou* 100
francs; **faire** *ou* **donner à qn la** ~ **de 50 F** to change 50 francs for sb,
give sb change for 50 francs; **elle m'a rendu la** ~ **sur 50 F** she gave
me the change out of *ou* from 50 francs; **passez la** ~!* let's have the
money!, cough up* everyone!
  (d) (*bâtiment*) **la M**~, **l'hôtel des** ~**s** the mint, the Mint (*Brit*).
  (e) (*loc*) **c'est** ~ **courante** *[faits, événements]* it's common *ou*
widespread, it's a common occurrence; *[actions, pratiques]* it's
common practice; (*fig*) **donner** *ou* **rendre à qn la** ~ **de sa pièce** to
pay sb back in the same *ou* in his own coin, repay sb in kind; **à
l'école les billes servent de** ~ **d'échange** at school marbles are
used as, money *ou* as a currency; **ôtages qui servent de** ~
d'échange hostages who are used as bargaining counters; **payer
qn en** ~ **de singe** to fob sb off with empty promises.
  2: (*Fin*) **monnaie divisionnaire** fractional currency; **monnaie
électronique** plastic money; (*Fin*) **monnaie fiduciaire** fiduciary
currency, paper money; (*Fin*) **monnaie légale** legal tender; (*Fin*)
monnaie locale local currency; (*Fin*) **monnaie métallique** coin
(*U*); (*Bot*) **monnaie-du-pape** *nf*, *pl* **monnaies-du-pape** honesty;
(*Fin*) **monnaie de papier** paper money; (*Fin*) **monnaie scripturale**
ou **de banque** representative *ou* bank money; (*Écon*) **monnaie
verte** green currency.
monnayable [mɔnɛjabl(ə)] *adj* (*V* **monnayer**) convertible into
cash.
monnayer [mɔneje] (8) *vt terres, titres* to convert into cash. (*fig*) ~
son talent/ses capacités to make money *ou* earn a living from
one's talents/abilities.
monnayeur [mɔnɛjœR] *nm V* **faux².**
mono [mɔno] **1** *nm (arg Scol) abrév de* **moniteur. 2** *nf (abrév de*
monophonie) **en** ~ in mono. **3** *adj disque, électrophone* mono.
mono... [mɔno] *préf* mono... .
monoacide [mɔnoasid] *adj* mon(o)acid.
monobasique [mɔnobazik] *adj* monobasic.
monobloc [mɔnoblɔk] *adj* cast in one piece.
monocaméral, pl -aux [mɔnokameral, o] *adj m* unicameral.
monocamérisme [mɔnokamerism(ə)] *nm* unicameralism.
monochrome [mɔnokRom] *adj* monochrome, monochromatic.
monocle [mɔnokl(ə)] *nm* monocle, eyeglass.
monocoque [mɔnokok] **1** *adj voiture, avion* monocoque. **voilier** ~
monohull *ou* single-hull sailing dinghy. **2** *nm (voilier)* monohull.
monocorde [mɔnokɔRd(ə)] **1** *adj instrument* with a single chord;
voix, timbre, discours monotonous. **2** *nm* monochord.
monoculture [mɔnokyltyR] *nf* single-crop farming, monoculture.

monocycle [mɔnosikl(ə)] *nm* unicycle.
monocyte [mɔnosit] *nm* monocyte.
monodie [mɔnodi] *nf* monody.
monogame [mɔnogam] *adj* monogamous. (*Zool*) **union** ~ pair-
bonding.
monogamie [mɔnogami] *nf* monogamy.
monogamique [mɔnogamik] *adj* monogamistic.
monogramme [mɔnogram] *nm* monogram.
monographie [mɔnografi] *nf* monograph.
monokini [mɔnokini] *nm* topless swimsuit, monokini.
monolingue [mɔnolɛ̃g] *adj* monolingual.
monolinguisme [mɔnolɛ̃gɥism(ə)] *nm* monolingualism.
monolithe [mɔnolit] **1** *nm* monolith. **2** *adj* monolithic.
monolithique [mɔnolitik] *adj (lit, fig)* monolithic.
monolithisme [mɔnolitism(ə)] *nm (Archit, Constr)* monolithism.
monologue [mɔnolɔg] *nm* monologue, soliloquy. (*Littérat*) ~
intérieur stream of consciousness.
monologuer [mɔnologe] (1) *vi* to soliloquize. (*péj*) **il monologue
pendant des heures** he talks away *ou* holds forth for hours.
monomane [mɔnoman] *nmf*, **monomaniaque** [mɔnomanjak] *nmf*
nmf monomaniac.
monomanie [mɔnomani] *nf* monomania.
monôme [mɔnom] *nm (Math)* monomial; (*arg Scol*) students' rag
procession (*in single file through the streets*).
monométallisme [mɔnometalism(ə)] *nm (Écon)* monometallism.
monomoteur, -trice [mɔnomɔtœR, tRis] **1** *adj* single-engined. **2**
nm single-engined aircraft.
mononucléaire [mɔnonykleɛR] **1** *adj (Bio)* mononuclear. **2** *nm*
mononucléaire (cell), mononucleate.
mononucléose [mɔnonykleoz] *nf* mononucleosis (*T*), glandular
fever.
monoparental, e, mpl -aux [mɔnoparɑ̃tal, o] *adj*: **familles** ~**es**
single-parent *ou* one-parent families.
monophasé, e [mɔnofaze] **1** *adj* single-phase (*épith*).
  2 *nm* single-phase current.
monophonie [mɔnofoni] *nf* monaural reproduction.
monophonique [mɔnofonik] *adj* monaural, monophonic.
monophtongue [mɔnoftɔ̃g] *nf* monophthong.
monoplace [mɔnoplas] *nmf (Aut, Aviat)* single-seater, one-seater.
monoplan [mɔnoplɑ̃] *nm* monoplane.
monopole [mɔnopɔl] *nm (Écon, fig)* monopoly. **avoir le** ~ **de** to
have the monopoly of; **avoir un** ~ **sur** to have a monopoly in.
monopolisateur, -trice [mɔnopolizatœR, tRis] *nm,f* monopolizer.
monopolisation [mɔnopolizasjɔ̃] *nf* monopolization.
monopoliser [mɔnopolize] (1) *vt (lit, fig)* to monopolize.
monopoliste [mɔnopolist(ə)] *adj*, **monopolistique** [mɔnopolis-
tik] *adj* monopolistic.
monoprix [mɔnopri] *nm* ® department store (*for inexpensive
goods*), ≃ five and ten (*US*), ≃ Woolworth's ® (*Brit*).
monorail [mɔnoraj] *nm (voie)* monorail; (*voiture*) monorail coach.
monosyllabe [mɔnosilab] *nm (lit, fig)* monosyllable.
monosyllabique [mɔnosilabik] *adj (lit, fig)* monosyllabic.
monosyllabisme [mɔnosilabism(ə)] *nm* monosyllabism.
monothéique [mɔnoteik] *adj* monotheistic.
monothéisme [mɔnoteism(ə)] *nm* monotheism.
monothéiste [mɔnoteist(ə)] **1** *adj* monotheistic. **2** *nmf* monotheist.
monotone [mɔnoton] *adj son, voix* monotonous; *spectacle, style,
discours* monotonous, dull, dreary, drab; *existence, vie*
monotonous, humdrum, dull, dreary, drab.
monotonie [mɔnotoni] *nf [son, voix]* monotony; *[discours, spectacle, vie]* monotony, dullness, dreariness, drabness.
monotype [mɔnotip] *nm* monotype.
monovalent, e [mɔnovalɑ̃, ɑ̃t] *adj (Chim)* monovalent, univalent.
Monseigneur [mɔ̃sɛɲœR], *pl* **Messeigneurs** [mesɛɲœR] *nm* **(a)**
(*formule d'adresse*) (*à archevêque, duc*) Your Grace; (*à cardinal*)
Your Eminence; (*à évêque*) Your Grace, Your Lordship, My Lord
(Bishop); (*à prince*) Your (Royal) Highness. **(b)** (*à la troisième personne*) His Grace; His Eminence; His Lordship; His (Royal) Highness. **(c)** *V* **pince.**
Monsieur [məsjø], *pl* **Messieurs** [mesjø] *nm* **(a)** (*s'adressant à
qn*) **bonjour** ~ (*courant*) good morning; (*nom connu*) good morning
Mr X; (*nom inconnu*) good morning, good morning sir (*frm*); **bonjour Messieurs** good morning (gentlemen); (*hum*) (bonjour)
Messieurs Dames* morning all *ou* everyone*; ~, **vous avez
oublié quelque chose** excuse me, you've forgotten something; (*au
restaurant*) **et pour (vous)** ~/**Messieurs?** and for you, sir/gentle-
men?; (*devant un auditoire*) **Messieurs** gentlemen; **Messieurs et
chers collègues** gentlemen; ~ **le Président** *[gouvernement]* Mr
President; *[compagnie]* Mr Chairman; **oui,** ~ **le Juge** ≃ yes, Your
Honour *ou* My Lord *ou* Your Worship; ~ **l'abbé** Father; ~ **le curé**
Father; ~ **le ministre** Minister; ~ **le duc** Your Grace; ~ **le comte**
etc Your Lordship, my Lord; (*frm*) ~ **devrait prendre son
parapluie** I suggest you take your umbrella, sir (*frm*); (*frm*) ~ **est
servi** dinner is served, sir (*frm*); (*iro*) ~ **n'est pas content?** is
something not to Your Honour's (*iro*) *ou* Your Lordship's (*iro*)
liking?; **mon bon** *ou* **pauvre** ~* my dear sir; *V* **Madame.**
  (b) (*parlant de qn*) ~ **X est malade** Mr X is ill; (*† ou iro*) ~ **votre
fils** your dear son; (*frm*) ~ **est sorti** Mr X *ou* the Master (of the
house) is not in; (*frm*) ~ **dit que c'est à lui** the gentleman says it's
his; ~ **le Président** the President; the Chairman; ~ **le juge X** ≃
(His Honour) Judge X; ~ **le duc de X** (His Grace) the Duke of X; ~
l'abbé (X) Father X; ~ **le curé** the parish priest; ~ **le curé X** Father
X; ~ **tout le monde** the average man.
  (c) (*sur une enveloppe*) ~ **John X** Mr John X, John X Esq.; (*à un
enfant*) Master John X; **Messieurs Dupont** Messrs Dupont and

Dupont; **Messieurs J et M Dupont** Messrs J and M Dupont; (*Comm*) **MM Dupont et fils** Messrs Dupont and Son; **Messieurs X et Y** Messrs X and Y; *V* **Madame**.

(d) (*en-tête de lettre*) ～ (*gén*) Dear Sir; (*personne connue*) Dear Mr X; **cher ～** Dear Mr X; **～ et cher collègue** My dear Sir, Dear Mr X; **～ le Président** Dear Mr President; **～ le Président** Dear Mr Chairman.

(e) (*Hist: parent du roi*) Monsieur.

(f) (*sans majuscule*) gentleman; (*personnage important*) great man. **ces messieurs désirent?** what would you like, gentlemen?, what is it for you, gentlemen?; **maintenant il se prend pour un m～** he thinks he's quite the gentleman now, he fancies himself as a (proper) gentleman now (*Brit*); **c'est un grand m～** he is a great man, he's quite someone.

monstre [mɔ̃stʀ(ə)] **1** *nm* **(a)** (*Bio, Zool*) (*par la difformité*) freak (of nature), monster; (*par la taille*) monster.

(b) (*Myth*) monster.

(c) (*fig péj*) monster, brute. **c'est un ～ de laideur** he is monstrously *ou* hideously ugly, he is a hideous brute; **c'est un ～ (de méchanceté)** he is a wicked *ou* an absolute monster; **quel ～ d'égoïsme/d'orgueil!** what fiendish *ou* monstrous egoism/pride!

(d) (*: *affectueux*) **viens ici, petit ～!** come here, you little monster* *ou* horror!*

(e) (*Ciné, Théât*) ～ **sacré** superstar, public idol.

2 *adj* (*) monstrous, colossal, mammoth. **rabais ～s** gigantic *ou* colossal *ou* mammoth reductions; **succès ～** runaway *ou* raving* success; **elle a un culot ～** she's got fantastic cheek*; **faire une publicité ～ à qch** to launch a massive publicity campaign for sth; **j'ai un travail ～** I've got loads* of work to do *ou* a monstrous amount of work to do; **un dîner ～** a whacking* great dinner (*Brit*), a colossal dinner.

monstrueusement [mɔ̃stʀyøzmɑ̃] *adv* laid monstrously, hideously; *intelligent* prodigiously, stupendously.

monstrueux, -euse [mɔ̃stʀyø, øz] *adj* (*difforme*) monstrous, freakish, freak (*épith*); (*abominable*) monstrous, outrageous; (*: *gigantesque*) monstrous.

monstruosité [mɔ̃stʀyozite] *nf* **(a)** (*caractère criminel*) monstrousness, monstrosity.

(b) (*acte*) outrageous *ou* monstrous act, monstrosity; (*propos*) monstrous *ou* horrifying remark. **dire des ～s** to say monstrous *ou* horrifying things, make monstrous *ou* horrifying remarks.

(c) (*Méd*) deformity.

mont [mɔ̃] **1** *nm* **(a)** (*montagne: littér*) mountain. (*avec un nom propre*) **le ～ X** Mount X; (*littér*) **par ～s et par vaux** up hill and down dale; **être toujours par ～s et par vaux*** to be always on the move*; *V* **promettre**.

(b) [*main*] mount (*Palmistry*).

2: **les monts d'Auvergne** the mountains of Auvergne, the Auvergne mountains; **le mont Blanc** Mont Blanc; (*Culin*) **montblanc** *nm, pl* **monts-blancs** chestnut cream dessert (*topped with cream*); **le mont Carmel** Mount Carmel; **le mont Everest** Mount Everest; **le mont des Oliviers** the Mount of Olives; **mont-de-piété** *nm, pl* **monts-de-piété** (state-owned) pawnshop *ou* pawnbroker's; **mettre qch au mont-de-piété** to pawn sth; (*Anat*) **mont de Vénus** mons veneris.

montage [mɔ̃taʒ] *nm* **(a)** (*assemblage*) [*appareil, montre*] assembly; [*bijou*] mounting, setting; [*manche*] setting in; [*tente*] pitching, putting up. **le ～ d'une opération publicitaire** the mounting *ou* organization of an advertising campaign; **trouver un ～ financier pour développer un produit** en commun to set up a financial deal *ou* arrangement to enable (the) joint development of a product; *V* **chaîne**.

(b) (*Ciné*) (*opération*) editing. **ce film est un bon ～** this film has been well edited *ou* is a good piece of editing; **～ réalisé par** edited by, editing by; **～ de photographies** photomontage.

(c) (*Élec*) wiring (up); (*Rad etc*) assembly. **～ en parallèle/en série** connection in parallel/series.

(d) (*Typ*) page make-up.

montagnard, e [mɔ̃taɲaʀ, aʀd(ə)] **1** *adj* mountain (*épith*), highland (*épith*); (*Hist*) Mountain (*épith*). **2** *nm,f* **(a)** mountain dweller. **～s** mountain people *ou* dwellers. **(b)** (*Hist*) **M～(e)** Montagnard.

montagne [mɔ̃taɲ] **1** *nf* **(a)** (*sommet*) mountain. (*région montagneuse*) **la ～** the mountains; **vivre à *ou* habiter la ～** to live in the mountains; **haute/moyenne/basse ～** high/medium/low mountains; **plantes des ～s** mountain plants; *V* **chaîne, guide**.

(b) (*fig*) **une ～ de** a mountain of, masses* *ou* mountains of; **une ～ de travail l'attendait** a mountain of work was waiting for him, there was masses* of work waiting for him; **recevoir une ～ de lettres/cadeaux** to receive a whole stack of *ou* a (great) mountain of letters/presents.

(c) (*loc*) **se faire une ～ de rien** to make a mountain out of a molehill; **il se fait une ～ de cet examen** he's making a great song and dance *ou* a great fuss over this exam; (*Prov*) **il n'y a que les ～s qui ne se rencontrent pas** there are none so distant that fate cannot bring them together; **c'est la ～ qui accouche d'une souris** after all that it's (a bit of) an anticlimax, what a great to-do with precious little to show for it.

(d) (*Hist*) **la M～** the Mountain.

2: **les montagnes Rocheuses** the Rocky Mountains, the Rockies; **montagnes russes** roller-coaster, big dipper; (*hum*) **nous ne faisons que de la montagne à vaches***, **mais pas d'escalade** we only go hill walking, not rock climbing.

montagneux, -euse [mɔ̃taɲø, øz] *adj* (*gén, Géog*) mountainous; (*basse montagne: accidenté*) hilly.

Montana [mɔ̃tana] *nm* Montana.

montant, e [mɔ̃tɑ̃, ɑ̃t] **1** *adj* *mouvement* upward, rising; *bateau* (*travelling*) upstream; *col* high; *robe, corsage* high-necked; *chemin*

---

uphill. **chaussures ～es** boots; **train/voie ～(e)** up train/line; *V* **colonne, garde[1]**.

2 *nm* **(a)** (*portant*) [*échelle*] upright; [*lit*] post. **les ～s de la fenêtre** the uprights of the window frame; (*Ftbl*) **～ (de but)** (goal) post.

(b) (*somme*) (sum) total, total amount. **le ～ s'élevait à** the total added up to, the total (amount) came to *ou* was; (*Marché Commun*) **～ compensatoire** subsidy; **supprimer les ～s compensatoires en matière agricole** to eliminate farming subsidies; (*Fin, Jur*) **～ dû/forfaitaire** outstanding/flat-rate amount; (*Fin, Jur*) **～ nominal** par value; (*Jur*) **～ net d'une succession** residuary estate.

(c) (*Équitation*) cheek-strap.

monte [mɔ̃t] *nf* **(a)** (*Équitation*) horsemanship. **(b)** (*Vét*) **station/ service de ～** stud farm/service; **mener une jument à la ～** to take a mare to be covered.

monte- [mɔ̃t] *V* **monter[1]**.

montée [mɔ̃te] *nf* **(a)** (*escalade*) climb, climbing. **la ～ de la côte** the ascent of the hill, the climb up the hill, climbing *ou* going up the hill; **la ～ de l'escalier** climbing the stairs; **c'est une ～ difficile** it's a hard *ou* difficult climb; **en escalade, la ～ est plus facile que la descente** when you're climbing, going up is easier than coming down; **la côte était si raide qu'on a fait la ～ à pied** the hill was so steep that we walked up *ou* we went up on foot.

(b) (*ascension*) [*ballon, avion*] ascent. **pendant la ～ de l'ascenseur** while the lift is (*ou* was) going up.

(c) (*mouvement ascendant*) [*eaux*] rise, rising; [*lait*] inflow; [*sève, homme politique, colère, hostilités*] rise. **la soudaine ～ des prix/de la température** the sudden rise in prices/(the) temperature; **la ～ du mécontentement populaire** the rise of *ou* growth in popular discontent; **la ～ des périls en Europe** the rising *ou* growing danger in Europe, the rising threat of war in Europe.

(d) (*côte, pente*) hill, uphill slope. **la maison était en haut de la ～** the house stood at the top of the hill *ou* rise; **une petite ～ mène à leur maison** there is a little slope leading up to their house.

monter[1] [mɔ̃te] **(1) 1** *vi* (*avec auxiliaire être*) **(a)** (*gén*) to go up (*à *ou* dans* into); [*oiseau*] to fly up; [*avion*] to climb. **～ à pied/à bicyclette/en voiture** to walk/cycle/drive up; **～ en courant/en titubant** to run/stagger up; **～ en train/par l'ascenseur** to go up by train/in the lift; **～ dans *ou* à sa chambre** to go up(stairs) to one's room; **～ sur la colline** to go up *ou* climb up *ou* walk up the hill; **j'ai dû ～ en courant de la cave au grenier** I had to run upstairs from the cellar (up) to the attic; **monte me voir** come up and see me; **monte le prévenir** go up and tell him; **～ à Paris** (*en voyage*) to go up *ou* drive up to Paris; (*pour travailler*) to go to work in Paris.

(b) **～ sur** *table, rocher, toit* to climb (up) on *ou* on to; **monté sur une chaise**, **il accrochait un tableau** he was standing on a chair hanging a picture; **～ sur une échelle** to climb up a ladder; **monté sur un cheval gris** riding *ou* on a grey horse.

(c) (*moyen de transport*) **～ en voiture** to get into a car; **～ dans un train/un avion** to get on *ou* into a train/an aircraft, board a train/an aircraft; **beaucoup de voyageurs sont montés à Lyon** a lot of people got on at Lyons; (*Naut*) **～ à bord (d'un navire)** to go on board *ou* aboard (a ship); **～ à cheval** (*se mettre en selle*) to get on *ou* mount a horse; (*faire du cheval*) to ride, go riding; **～ à bicyclette** to get on a bicycle; to ride a bicycle.

(d) (*progresser*) [*vedette*] to be on the way up; [*réputation*] to rise, go up. **～ en grade** to be promoted; **artiste qui monte** up-and-coming artist; **les générations montantes** the rising generations.

(e) [*eau, vêtements*] **～ à *ou* jusqu'à** to come up to; **robe qui monte jusqu'au cou** high-necked dress; **la vase lui montait jusqu'au genoux** the mud came right up to his knees, he was knee-deep in the mud.

(f) (*s'élever*) [*colline, route*] to go up, rise; [*soleil, flamme, brouillard*] to rise. **～ en pente douce** to slope gently upwards, rise gently; **le chemin monte en lacets** the path winds *ou* twists upwards; **de nouveaux gratte-ciel montent chaque jour** new skyscrapers are going *ou* springing up every day; **un bruit/une odeur montait de la cave** there was a noise/a smell coming from (down) in the cellar, noise was drifting up/a smell was wafting up from the cellar.

(g) (*hausser de niveau*) [*mer, marée*] to come in; [*fleuve*] to rise; [*prix, température, baromètre*] to rise, go up; (*Mus*) [*voix, note*] to go up. **le lait monte** (*sur le feu*) the milk is on the boil; (*dans le sein*) the milk is coming in; **～ dans l'estime de qn** to go up *ou* rise in sb's estimation; **les prix montent en flèche** prices are rocketing (up) *ou* soaring; **ça a fait ～ les prix** it sent *ou* put *ou* pushed prices up; **la colère monte** tempers are rising; **le ton monte** (*colère*) the discussion is getting heated, voices are beginning to be raised; (*animation*) voices are rising, the conversation is getting noisier; **le tricot monte vite avec cette laine*** this wool knits up quickly, the knitting grows quickly with this wool; (*Culin*) **les blancs montent/n'arrivent pas à ～** the egg whites are whipping up/won't whip up *ou* are going stiff/won't go stiff.

(h) (*exprimant des émotions*) **le sang *ou* le rouge lui monta au visage** the blood rushed to his face; **les larmes lui montent aux yeux** tears are welling up in her eyes, tears come into her eyes; **le succès/le vin lui monte à la tête** success/wine goes to his head; **un cri lui monta à la gorge** a cry rose (up) in his throat; **ça lui a fait ～ le rouge aux joues** it made him blush; **ça lui a fait ～ les larmes aux yeux** it brought tears to his eyes; *V* **moutarde**.

(i) (*Agr*) [*plante*] to bolt, go to seed. **salade qui monte en graine** lettuce which bolts *ou* goes to seed; **la salade est (toute) montée** the lettuce has (all) bolted.

(j) (*loc*) (*Mil*) **～ à l'assaut *ou* à l'attaque** to go into the attack; **à l'assaut de la forteresse** to launch an attack on the fortress; **～ en chaire** to go up into *ou* ascend the pulpit; **～ au créneau pour défendre sa politique** to come to the defence of one's policies; **～ à**

l'échafaud to climb the scaffold; (*fig*) faire ~ qn à l'échelle* to have sb on*, pull sb's leg*; ~ sur ses ergots to get one's hackles up; (*Tennis*) ~ au filet to go up to the net; (*Mil*) ~ au front, ~ en ligne to go to the front (line); ~ sur les grands chevaux to get on one's high horse; (*Théât*) ~ sur les planches to go on the stage; (*Parl etc*) ~ à la tribune to come forward to speak, ≃ take the floor; ~ sur le trône to come to *ou* ascend the throne.

2 *vt* (*avec auxiliaire avoir*) **(a)** to go up. ~ l'escalier *ou* les marches précipitamment to rush upstairs *ou* up the steps; ~ l'escalier *ou* les marches quatre à quatre to go upstairs *ou* up the steps four at a time; ~ la rue to walk *ou* go *ou* come up the street; (*en courant*) to run up the street; (*Mus*) ~ la gamme to go up the scale.

(b) (*porter*) *valise, meuble* to take *ou* carry *ou* bring up. **montez-lui** son petit déjeuner take his breakfast up to him; faire ~ ses valises to have one's luggage brought *ou* taken *ou* sent up.

(c) ~ un cheval to ride a horse; ce cheval n'a jamais été monté this horse has never been ridden.

(d) (*exciter*) ~ qn contre qn to set sb against sb; être monté contre qn to be dead set against sb; quelqu'un lui a monté la tête someone has put the wrong idea into his head; il se monte la tête pour un rien he gets het up* *ou* worked up over nothing.

(e) (*organiser*) *opération, campagne publicitaire* to mount, organize, set up. c'est lui qui a tout monté he organized *ou* set up the whole thing.

(f) (*Vét: couvrir*) to cover, serve.

(g) (*Mil*) ~ la garde to mount guard, go on guard.

(h) (*Culin*) (faire) ~ les blancs en neige to whip *ou* beat *ou* whisk (up) the egg whites (until they are stiff).

3 se monter *vpr* **(a)** [*prix, frais*] se ~ à to come to, amount to; ça va se ~ à 2.000 F it will come to *ou* amount to *ou* add up to 2,000 francs.

(b) se ~ la tête *ou* le bourrichon* to get (all) worked up *ou* het up*.

4: ~ monte-charge *nm inv* goods lift (*Brit*), hoist, service elevator (*US*); (*:* *voleur*) monte-en-l'air *nm inv* cat burglar; monte-plats *nm inv* service lift (*Brit*), dumbwaiter.

monter² [mɔ̃te] **(1)** *vt* (*avec auxiliaire avoir*) **(a)** (*assembler*) *machine* to assemble; *tente* to pitch, put up; *film* to edit, cut; *robe* to assemble, sew together. ~ des mailles to cast on stitches; (*Élec, Rad*) ~ en parallèle/en série to connect in parallel/in series.

(b) (*organiser*) *pièce de théâtre* to put on, produce, stage; *affaire* to set up; *farce, canular* to play. ~ un coup to plan a job; ~ le coup à qn* to take sb for a ride*; ~ un bateau (à qn) to play a practical joke (on sb); coup monté put-up job*, frame-up*; ~ un complot to hatch a plot; ~ une histoire pour déshonorer qn to cook up* *ou* fix* a scandal to ruin sb's good name.

(c) (*pourvoir, équiper*) to equip. ~ son ménage *ou* sa maison to set up house; être bien/mal monté en qch to be well-/ill-equipped with sth; tu es bien montée, avec deux garnements pareils!* you're well set up with that pair of rascals!*; se ~ en linge to equip o.s. with linen; se ~ to get o.s. (well) set up.

(d) (*fixer*) *diamant, perle* to set, mount; *pneu* to put on. (*fig*) ~ qch en épingle to blow sth up out of all proportion, make a thing of sth*.

monteur, -euse [mɔ̃tœʀ, øz] *nm,f* **(a)** (*Tech*) fitter. **(b)** (*Ciné*) (film) editor. **(c)** (*Typ*) paste-up artist.

montgolfière [mɔ̃gɔlfjɛʀ] *nf* montgolfier, hot air balloon.

monticule [mɔ̃tikyl] *nm* (*colline*) hillock, mound; (*tas*) mound, heap.

montmartrois, e [mɔ̃maʀtʀwa, waz] **1** *adj* of *ou* from Montmartre. **2** *nm,f:* **M~(e)** inhabitant *ou* native of Montmartre.

montmorency [mɔ̃mɔʀɑ̃si] *nf inv* morello cherry.

montrable [mɔ̃tʀabl(ə)] *adj* fit to be seen (*attrib*).

montre¹ [mɔ̃tʀ(ə)] *nf* **(a)** watch. ~ analogique analogue watch; ~-bracelet wrist watch; ~ digitale *ou* à affichage numérique digital watch; ~ de gousset fob watch; ~ de plongée diver's watch; ~ de précision precision watch; ~ à quartz quartz watch; ~ à remontoir stem-winder, stem-winding watch; ~ à répétition repeating *ou* repeater watch.

(b) (*loc*) il est 2 heures à ma ~ it is 2 o'clock by my watch; (*fig*) j'ai mis 2 heures ~ en main it took me exactly *ou* precisely 2 hours, it took me 2 hours exactly by the clock; V chaîne, course, sens.

montre² [mɔ̃tʀ(ə)] *nf* **(a)** faire ~ de *courage, ingéniosité* to show, display.

(b) (*littér: ostentation*) pour la ~ for show, for the sake of appearances.

(c) (*Comm†: en vitrine*) display, show. publication interdite à la ~ publication banned from public display; un ouvrage qu'il avait en ~ a work that he had on display *ou* show.

Montréal [mɔ̃ʀeal] *n* Montreal.

montréalais, e [mɔ̃ʀeale, ɛz] **1** *adj* of *ou* from Montreal. **2** *nm,f:* **M~(e)** Montrealer.

montrer [mɔ̃tʀe] **(1)** **1** *vt* **(a)** (*gén*) to show (à to); (*par un geste*) to point to; (*faire remarquer*) *détail, personne, faute* to point out (à to); (*avec ostentation*) to show off, display (à to). (*faire visiter*) je vais vous ~ le jardin I'll show you (round) the garden; ~ un enfant au docteur to let the doctor see a child; l'aiguille montre le nord the needle points north.

(b) (*laisser voir*) to show. jupe qui montre le genou skirt which leaves the knee uncovered *ou* bare; elle montrait ses jambes en s'asseyant she showed her legs as she sat down; (*hum*) elle montre ses charmes she's showing off *ou* displaying her charms (*hum*).

(c) (*mettre en évidence*) to show, prove. il a montré que l'histoire était fausse he has shown *ou* proved the story to be false *ou* that the story was false; l'avenir montrera qui avait raison the future will show *ou* prove who was right; ~ la complexité d'un problème to show how complex a problem is, demonstrate the complexity of a problem; l'auteur montre un pays en décadence the author shows *ou* depicts a country in decline; ... ce qui montre bien que j'avais raison ... which just goes to show that I was right.

(d) (*manifester*) *humeur, surprise, courage* to show, display. son visage montra de l'étonnement his face registered (his) surprise.

(e) (*apprendre*) ~ à qn à faire qch, ~ à qn la manière de faire qch to show sb how *ou* the way to do sth.

(f) (*loc*) c'est l'avocat/le maître d'école qui montre le bout de l'oreille it's the lawyer/the schoolteacher coming out in him, it's the lawyer/the schoolteacher in him showing through; je lui montrerai de quel bois je me chauffe I'll show him (what I'm made of), I'll give him something to think about; (*lit, fig*) ~ les dents to bare one's teeth; ~ le bon exemple to set a good example; (*lit, fig*) ~ digne de sa famille to show o.s. (to be) *ou* prove o.s. worthy of one's family; ~ le chemin to show the way; ~ le *ou* son nez, ~ le bout du nez to put in an appearance, show one's face; ~ patte blanche to show one's pass; ~ le poing to shake one's fist; ~ la porte à qn to show sb the door.

2 se montrer *vpr* **(a)** [*personne*] to appear, show o.s.; [*chose*] to appear. se ~ à son avantage to show o.s. (off) to advantage; (*fig*) ton père devrait se ~ davantage your father should assert himself more *ou* show his authority more; sa lâcheté s'est montrée au grand jour his cowardice was plain for all to see.

(b) (*s'avérer*) [*personne*] to show o.s. (to be), prove (o.s.) (to be); [*chose*] to prove (to be). se ~ digne de sa famille to show o.s. (to be) *ou* prove o.s. worthy of one's family; il s'est montré très désagréable he was very unpleasant, he behaved very unpleasantly; il s'est montré intraitable avec les fautifs he was *ou* he showed himself quite unrelenting with the culprits; le traitement s'est montré efficace the treatment proved (to be) effective; se ~ d'une lâcheté révoltante to show *ou* display despicable cowardice; si les circonstances se montrent favorables if conditions prove (to be) *ou* turn out to be favourable; il faut se ~ ferme you must appear firm, you must show firmness.

montreur, -euse [mɔ̃tʀœʀ, øz] *nm,f:* ~ de marionnettes puppet master (*ou* mistress), puppeteer; ~ d'ours bear leader.

montueux, -euse [mɔ̃tɥø, øz] *adj* (*littér*) (very) hilly.

monture [mɔ̃tyʀ] *nf* **(a)** (*cheval*) mount. **(b)** (*Tech*) mounting; [*lunettes*] frame; [*bijou, bague*] setting.

monument [mɔnymɑ̃] *nm* **(a)** (*statue, ouvrage commémoratif*) monument, memorial. ~ élevé à la gloire d'un grand homme monument *ou* memorial erected in remembrance of a great man; ~ (funéraire) monument; ~ aux morts (de la guerre) war memorial.

(b) (*bâtiment, château*) monument, building. ~ historique ancient monument, historic building; ~ public public building; visiter les ~s de Paris to go sight-seeing in Paris, see the sights of Paris.

(c) (*fig*) (*roman, traité scientifique*) monument. la 'Comédie humaine' est un ~ de la littérature française the 'Comédie Humaine' is one of the monuments of French literature; ce buffet est un ~, on ne peut pas le soulever this sideboard is colossal, we can't shift it*; c'est un ~ de bêtise!* what colossal *ou* monumental stupidity!

monumental, e, mpl -aux [mɔnymɑ̃tal, o] *adj* **(a)** *taille, erreur* monumental, colossal; *œuvre* monumental. être d'une bêtise ~e to be incredibly *ou* monumentally *ou* unbelievably stupid. **(b)** (*Archit*) monumental.

moquer [mɔke] **(1)** *vt* († *ou littér*) to mock. j'ai été moqué I was laughed at *ou* mocked.

2 se moquer *vpr:* se ~ de **(a)** (*ridiculiser*) to make fun of, laugh at, poke fun at. tu vas te faire ~ de toi, on va se ~ de toi people will laugh at you *ou* make fun of you, you'll make yourself a laughing stock; († *ou frm*) vous vous moquez, j'espère I trust that you are not in earnest (*frm*).

(b) (*tromper*) non mais, vous vous moquez du monde! really you've got an absolute nerve! *ou* a damn‡ cheek! (*Brit*) *ou* nerve!

(c) (*mépriser*) il se moque bien de nous maintenant qu'il est riche he looks down on us *ou* looks down his nose at us now that he's rich; je m'en moque (pas mal)* I couldn't care less*; je m'en moqué comme de l'an quarante *ou* comme de ma première chemise* I don't care twopence (*Brit*) *ou* a damn‡ *ou* a hoot*; il se moque du tiers comme du quart* he doesn't care about anything or anybody; je me moque d'y aller* I'm darned* if I'll go; elle se moque du qu'en-dira-t-on she doesn't care what people say (about her).

moquerie [mɔkʀi] *nf* **(a)** (*caractère*) mockery, mocking. **(b)** (*quolibet, sarcasme*) mockery (*U*), barracking (*U*). en butte aux ~s continuelles de sa sœur the target of constant mockery from his sister *ou* of his sister's constant mockery.

moquette [mɔkɛt] *nf* (*tapis*) fitted carpet (*Brit*), wall-to-wall carpeting (*U*); (*Tex*) moquette. faire poser une ~ *ou* de la ~ to have a fitted (*Brit*) *ou* a wall-to-wall carpet laid.

moquetter [mɔkete] **(1)** *vt* to carpet (with a fitted (*Brit*) *ou* wall-to-wall carpet). chambre moquettée bedroom with (a) fitted carpet *ou* a wall-to-wall carpet.

moqueur, -euse [mɔkœʀ, øz] *adj* *remarque, sourire* mocking. il est très ~, c'est un ~ he's always making fun of people.

moqueusement [mɔkøzmɑ̃] *adv* mockingly.

moraine [mɔʀɛn] *nf* moraine.

morainique [mɔʀenik] *adj* morainic, morainal.

moral, e, mpl -aux [mɔʀal, o] **1** *adj* **(a)** (*éthique*) *valeurs, problème* moral. j'ai pris l'engagement ~ de faire I'm morally committed to doing it; avoir l'obligation ~e de faire to be under a moral obligation *ou* be morally obliged to do; sens/conscience ~(e) moral sense/conscience; conduite ~e moral *ou* ethical behaviour.

(b) (*mental, psychologique*) *courage, support, victoire* moral. il a fait preuve d'une grande force ~e he showed great moral fibre; j'ai la certitude ~e que I am morally certain that, I feel deep down that; les douleurs ~es et physiques mental and physical pain.

2 *nm* **(a)** au ~ comme au physique mentally as well as physically; au ~ il est irréprochable morally he is beyond reproach.

(b) *(état d'esprit)* morale. avoir un ~ d'acier to be in fighting form; les troupes ont bon/mauvais ~ the morale of the troops is high/low; le malade a bon ~ *ou* le va ~* the patient is in good spirits; le malade a mauvais ~ the patient is in low *ou* poor spirits; avoir le ~ à zéro* to be (feeling) down in the dumps*; le ~ est atteint it has shaken *ou* undermined his morale *ou* his confidence; V remonter.

3 morale *nf* **(a)** *(doctrine)* moral doctrine *ou* code, ethic *(Philos)*; *(mœurs)* morals; *(valeurs traditionnelles)* morality, moral standards, ethic *(Philos)*. *(Philos)* la ~e moral philosophy, ethics; action conforme à la ~e act in keeping with morality *ou* moral standards; faire la ~e à qn to lecture sb, preach at sb; avoir une ~e relâchée to have loose morals; ~ protestante Protestant ethic.

(b) *[fable]* moral. la ~e de cette histoire the moral of this story.

moralement [mɔralmɑ̃] *adv* agir, se conduire morally. une action ~ bonne a morally *ou* an ethically sound act; il était ~ vainqueur he scored a moral victory.

moralisant, e [mɔralizɑ̃, ɑ̃t] *adj* moralizing.

moralisateur, -trice [mɔralizatœr, tris] **1** *adj ton* moralizing, sententious, sanctimonious; *histoire* edifying, elevating. **2** *nm,f* moralizer.

moralisation [mɔralizasjɔ̃] *nf* raising of moral standards.

moraliser [mɔralize] (1) **1** *vi* to moralize, sermonize *(péj)*. **2** *vt* (†: *sermonner*) ~ qn to preach at sb, lecture sb.

moralisme [mɔralism(ə)] *nm* moralism.

moraliste [mɔralist(ə)] **1** *adj* moralistic. **2** *nmf* moralist.

moralité [mɔralite] *nf* **(a)** *(mœurs)* morals, morality, moral standards. d'une ~ douteuse *personne* of doubtful morals; *film* of dubious morality; d'une haute ~ *personne* of high moral standards; *discours* of a high moral tone; la ~ publique public morality; V témoin.

(b) *(valeur)* *[attitude, action]* morality.

(c) *(enseignement)* *[fable]* moral. ~: il ne faut jamais mentir! the moral is: never tell lies!; ~, j'ai eu une indigestion* the result was (that) I had indigestion.

(d) *(Littérat)* morality play.

morasse [mɔras] *nf (Typ)* final *ou* foundry proof.

moratoire¹ [mɔratwaʀ] *adj* moratory. intérêts ~s interest on arrears.

moratoire² [mɔratwaʀ] *nm*, **moratorium** [mɔratɔrjɔm] *nm (Jur)* moratorium.

morave [mɔrav] **1** *adj* Moravian. **2** *nmf*: M~ Moravian.

Moravie [mɔravi] *nf* Moravia.

morbide [mɔrbid] *adj curiosité, goût, imagination* morbid, unhealthy; *littérature, personne* morbid; *(Méd)* morbid.

morbidement [mɔrbidmɑ̃] *adv* morbidly.

morbidité [mɔrbidite] *nf* morbidity.

morbleu††† [mɔrblø] *excl* zounds!†††, gadzooks!†††

morceau, *pl* ~x [mɔrso] *nm* **(a)** *(comestible)* *[pain]* piece, bit; *[sucre]* lump; *[viande]* (à table) piece, bit; *(chez le boucher)* piece, cut. ~ de choix choice cut *ou* piece; c'était un ~ de roi it was fit for a king; manger *ou* prendre un ~ to have a bite (to eat) *ou* a snack; *(fig)* manger *ou* lâcher le ~* to spill the beans*, come clean*, talk*; *(fig: gagner)* il a emporté le ~* he carried it off; V bas¹, sucre.

(b) *(gén)* piece; *[bois]* piece, lump; *[fer]* block; *[ficelle]* bit, piece; *[terre]* piece, patch, plot; *[tissu]* piece, length. en ~x in pieces; couper en ~x to cut into pieces; mettre qch en ~x to pull sth to bits *ou* pieces; essayant d'assembler les ~x du vase trying to piece together the bits of the vase *ou* the broken vase.

(c) *(Littérat)* passage, extract, excerpt; *(Art, Mus)* piece, item, passage; *(poème)* piece. **(recueil de)** ~x choisis (collection of) selected extracts *ou* passages; un beau ~ d'éloquence a fine piece of eloquence; ~ de bravoure purple passage; ~ de concours competition piece; ~ pour piano/violon piece for piano/violin.

(d) *(*loc)* beau ~ *(femme)* nice bit of stuff‡ *(Brit)*, nice chick‡ *(US)*; c'est un sacré ~ he *(ou* it *etc)* is a hell of a size*.

morceler [mɔrsəle] (4) *vt domaine, terrain* to parcel out, break up, divide up; *troupes, territoire* to divide up, split up.

morcellement [mɔrsɛlmɑ̃] *nm (V morceler)* *(action)* parcelling (out); division; dividing (up); splitting (up); *(état)* division.

mordant, e [mɔrdɑ̃, ɑ̃t] **1** *adj* **(a)** *(caustique)* *ton, réplique* cutting, scathing, mordant, caustic; *pamphlet* scathing, cutting; *polémiste, critique* scathing. avec une ironie ~e with caustic *ou* biting *ou* mordant irony.

(b) *froid* biting *(épith)*.

2 *nm* **(a)** *(dynamisme, punch)* *[personne]* spirit, drive; *[troupe, équipe]* spirit, keenness; *[style, écrit]* bite, punch. discours plein de ~ speech full of bite *ou* punch.

(b) *[scie]* bite.

(c) *(Tech)* mordant.

(d) *(Mus)* mordent.

mordicus* [mɔrdikys] *adv* soutenir, affirmer obstinately, stubbornly.

mordieu††† [mɔrdjø] *excl* 'sdeath!†††

mordillage [mɔrdijaʒ] *nm*, **mordillement** [mɔrdijmɑ̃] *nm* nibble, nibbling *(U)*.

mordiller [mɔrdije] (1) *vt* to chew at, nibble at.

mordoré, e [mɔrdɔre] *adj, nm* (lustrous) bronze. les tons ~s de l'automne the glowing bronze tones *ou* the browns and golds of autumn.

mordorer [mɔrdɔre] (1) *vt (littér)* to bronze.

mordorure [mɔrdɔryr] *nf (littér)* bronze. les ~s de l'étoffe the bronze lustre of the cloth.

mordre [mɔrdr(ə)] (41) **1** *vt* **(a)** *[animal, insecte, personne]* to bite; *[oiseau]* to peck. ~ qn à la main to bite sb's hand; un chien l'a mordu à la jambe, il s'est fait ~ à la jambe par un chien a dog bit him on the leg, he was bitten on the leg by a dog; ~ une pomme (à belles dents) to bite (deeply) into an apple; ~ un petit bout de qch to bite off a small piece of sth, take a small bite (out) of sth; le chien l'a mordu (jusqu'au sang the dog bit him and drew blood; approche, il ne mord pas come closer, he doesn't *ou* won't bite; *(fig)* ~ la poussière to bite the dust; faire ~ la poussière à qn to make sb bite the dust.

(b) *[lime, vis]* to bite into; *[acide]* to bite (into), eat into; *[froid]* to bite, nip. les crampons mordaient la glace the crampons gripped the ice *ou* bit into the ice; l'inquiétude/la jalousie lui mordait le cœur worry/jealousy was eating at *ou* gnawing at his heart.

(c) *(empiéter sur)* la balle a mordu la ligne the ball (just) touched the line; ~ (sur) la ligne de départ to be touching the starting line.

2 mordre sur *vt indir (empiéter sur)* to cut into, go over into, overlap into; *(corroder)* to bite into. ça va ~ sur l'autre semaine that will go over into *ou* overlap into *ou* cut into the following week; ~ sur la marge to go over into the margin.

3 *vi* **(a)** ~ dans une pomme to bite into an apple; *(Naut)* *[ancre]* ~ dans le sable to grip *ou* hold the sand.

(b) *(Pêche, fig)* to bite. *(lit, fig)* ~ (à l'hameçon *ou* à l'appât) to bite, rise (to the bait); *(Pêche)* ça mord aujourd'hui? are the fish biting *ou* rising today?; *(fig)* il a mordu au latin/aux maths* he's taken to Latin/maths.

(c) *(Gravure)* to bite; *(Tex)* *[étoffe]* to take the dye; *[teinture]* to take.

(d) *(Tech)* l'engrenage ne mord plus the gear won't mesh any more.

4 se mordre *vpr:* se ~ la langue *(lit)* to bite one's tongue; *(fig)* *(se retenir)* to hold one's tongue; *(se repentir)* to bite one's tongue; *(fig)* se ~ *ou* s'en ~ les doigts to kick o.s.* *(fig)*; maintenant il s'en mord les doigts he could kick himself now*; tu t'en mordras les doigts you'll live to regret it, you'll rue the day.

mordu, e [mɔrdy] *(ptp de mordre)* **1** *adj* **(a)** *(*: amoureux)* madly in love *(de* with). il en est bien ~ he is mad* *ou* wild* about her, he is crazy* over *ou* about her.

(b) *(*: fanatique)* ~ de football/jazz crazy* *ou* mad* about *ou* mad keen* on football/jazz.

2 *nm,f* *(*: fanatique)* enthusiast, buff*, fan. un ~ de la voile a sailing enthusiast; un ~ de la musique a great music lover; un ~ de l'ordinateur a computer buff* *ou* freak*; il aime le sport, c'est un ~ he loves sport, he's an enthusiast; c'est un ~ du football he is a great one for football, he is a great football fan *ou* buff*.

more, moresque [mɔr, mɔresk(ə)] = **maure**.

morfal, e, *mpl* ~s‡ [mɔrfal] *nm,f* greedy guts‡, pig‡.

morfondre (se) [mɔrfɔdr(ə)] (42) *vpr (après une déception)* to mope, fret; *(dans l'attente de qch)* to fret. il se morfondait en attendant le résultat des examens he fretted as he waited for the exam results.

morfondu, e [mɔrfɔdy] *(ptp de morfondre)* *adj* dejected, crestfallen.

morganatique [mɔrganatik] *adj* morganatic.

morganatiquement [mɔrganatikmɑ̃] *adv* morganatically.

morgue¹ [mɔrg(ə)] *nf (littér: orgueil)* pride, haughtiness. il me répondit plein de ~ que he answered me haughtily that.

morgue² [mɔrg(ə)] *nf (Police)* morgue; *[hôpital]* mortuary.

moribond, e [mɔribɔ̃, ɔ̃d] **1** *adj (lit, fig)* dying, moribund. **2** *nm,f:* un ~ a dying man; les ~s the dying.

moricaud, e [mɔriko, od] **1** *adj* dark(-skinned). **2** *nm,f (péj)* darkie *(péj)*, wog‡ *(péj)*.

morigéner [mɔriʒene] (6) *vt (littér)* to take to task, reprimand, sermonize. il faut le ~ he will have to be taken to task (over it) *ou* reprimanded (for it).

morille [mɔrij] *nf* morel.

morillon [mɔrijɔ̃] *nm (Zool)* tufted duck.

mormon, e [mɔrmɔ̃, ɔn] *adj, nm,f* Mormon. la secte ~e the Mormon sect.

mormonisme [mɔrmɔnism(ə)] *nm* Mormonism.

morne [mɔrn(ə)] *adj personne, visage* doleful, glum, gloomy; *ton, temps* gloomy, dismal; *silence* mournful, gloomy, dismal; *conversation, vie, paysage, ville* dismal, dreary. passer un après-midi ~ to spend a dreary *ou* dismal afternoon.

mornifle‡ [mɔrnifl(ə)] *nf* clout*, clip* on the ear.

morose [mɔroz] *adj humeur, personne, ton* sullen, morose.

morosité [mɔrozite] *nf* sullenness, moroseness. climat de ~ économique/sociale gloomy *ou* depressed economic/social climate.

morphe [mɔrf(ə)] *nm* morph.

Morphée [mɔrfe] *nm* Morpheus.

morphème [mɔrfɛm] *nm* morpheme. ~ libre/lié free/bound morpheme.

morphémique [mɔrfemik] *nf*, **morphématique** [mɔrfematik] *nf* morphemics *(sg)*.

morphine [mɔrfin] *nf* morphine. ~-base base-morphium.

morphinisme [mɔrfinism(ə)] *nm* morphinism.

morphinomane [mɔrfinɔman] **1** *adj* addicted to morphine. **2** *nmf* morphine addict.

morphinomanie [mɔrfinɔmani] *nf* morphine addiction, morphinomania.

morphologie [mɔrfɔlɔʒi] *nf* morphology.

morphologique [mɔrfɔlɔʒik] *adj* morphological.

morphologiquement [mɔrfɔlɔʒikmɑ̃] *adv* morphologically.

morphophonémique [mɔrfɔfɔnemik] *nf* morphophonemics (*sg*).
morphophonologie [mɔrfɔfɔnɔlɔʒi] *nf* morphophonology.
morphosyntaxe [mɔrfɔsɛ̃taks(ə)] *nf* morphosyntax.
morphosyntaxique [mɔrfɔsɛ̃taksik] *adj* morphosyntactical.
morpion [mɔrpjɔ̃] *nm* (*Jeux*) ≃ noughts and crosses (*Brit*), tic tac toe (*US*); (**⁂**: *pou du pubis*) crab⁑; (*péj: gamin*) brat*.
mors [mɔr] *nm* (a) (*Équitation*) bit. **prendre le ~ aux dents** *[cheval]* to take the bit between its teeth; (*fig*) (*agir*) to take action; (*s'emporter*) to fly off the handle*, blow one's top* (*Brit*) *ou* stack* (*US*); (*prendre l'initiative*) to take the matter into one's own hands. (b) (*Tech*) jaw; (*Reliure*) joint.
morse¹ [mɔrs(ə)] *nm* (*Zool*) walrus.
morse² [mɔrs(ə)] *nm* (*code*) Morse (code).
morsure [mɔrsyr] *nf* bite.
mort¹ [mɔr] *nf* (a) death. **~ relative, ~ cerebrale** *ou* **clinique** brain death; **~ absolue, ~ définitive** clinical death; **~ apparente** apparent death; **~ naturelle** natural death; **souhaiter la ~ to** long for death, long to die; **souhaiter la ~ de qn** to wish death upon sb (*littér*), wish sb (were) dead; **donner la ~ (à qn)** to kill (sb); **se donner la ~** to take one's own life, kill o.s.; **il est en danger** *ou* **en péril de ~** he is in danger of dying *ou* of his life; **périr** *ou* **mourir de ~ violente** to die a violent death; **~ volontaire** suicide; **mourir dans son sommeil, c'est une belle ~** dying in one's sleep is a good way to go; **à la ~ de sa mère** on the death of his mother, when his mother died; **il a vu la ~ de près** he has been face to face with death; **il n'y a pas eu ~ d'homme** no one was killed, there was no loss of life; **être à la ~** to be at death's door; *V* **hurler, pâle** *etc*.
(b) **le ~: silence de ~** deathly *ou* deathlike hush; **d'une pâleur de ~** deathly *ou* deadly pale; **engin de ~** lethal *ou* deadly weapon; **arrêt/peine de ~** death warrant/penalty; (*fig*) **il avait signé son arrêt de ~** he had signed his own death warrant; **menaces de ~** threats of death; **proférer des menaces de ~ (contre qn)** to threaten (sb with) death.
(c) **à ~: lutte à ~** fight to the death; **détester qn à ~** to hate sb like poison; **blessé à ~** (*dans un combat*) mortally wounded; (*dans un accident*) fatally injured; **condamnation à ~** death sentence; **frapper qn à ~** to strike sb dead; **mettre qn à ~** to put sb to death; (*fig*) **nous sommes fâchés à ~** we're at daggers drawn (with each other); (*fig*) **en vouloir à qn à ~** to be bitterly resentful of sb; **il m'en veut à ~** he hates me *ou* my guts⁑ (for it); (*fig*) **défendre qch à ~** to defend sth to the bitter end; **freiner à ~** to jam on the brakes *ou* the anchors* (*Brit*); **s'ennuyer à ~** to be bored to death; **visser qch à ~*** to screw sth right home, screw sth tight; *V* **mise²**.
(d) (*destruction, fin*) death, end. **c'est la ~ de ses espoirs** that puts paid to his hopes (*Brit*), that puts an end to *ou* is the end of his hopes; **le supermarché sera la ~ du petit commerce** supermarkets will mean the end *ou* the death of *ou* will put an end to small businesses; **notre secrétaire est la ~ des machines à écrire*** our secretary is lethal to *ou* the ruin of typewriters; **cet enfant sera ma ~!*** this child will be the death of me!*
(e) (*douleur*) **souffrir mille ~s** to suffer agonies, be in agony; **la ~ dans l'âme** with an aching *ou* a heavy heart, grieving inwardly; **il avait la ~ dans l'âme** his heart ached.
(f) **~ au tyran!, à ~ le tyran!** down with the tyrant!, death to the tyrant!; **~ aux vaches!⁑** down with the cops!* *ou* pigs!⁑; *V* **mort²**.
mort², **e** [mɔr, mɔrt(ə)] (*ptp de* **mourir**) **1** *adj* (a) *être animé, arbre, feuille* dead. **il est ~ depuis 2 ans** he's been dead (for) 2 years, he died 2 years ago; **laissé pour ~** left for dead; **il est ~ et bien ~, il est ~ et enterré** he's dead and gone, he's dead and buried; **ramenez-les ~s ou vifs** bring them back dead or alive; (*Mil*) **~ au champ d'honneur** killed in action; **il était comme ~** he looked (as though he were) dead; **tu es un homme ~!*** you're a dead man!*
(b) (*fig*) **je suis ~ (de fatigue)!** I'm dead (tired)! *ou* dead beat!*, I'm all in!*; **il était ~ de peur** *ou* **plus ~ que vif** he was frightened to death *ou* scared stiff*; *V* **ivre**.
(c) (*inerte, sans vie*) *chair, peau* dead; *pied, doigt etc* dead, numb; (*yeux*) lifeless, dull; (*Fin*) *marché* dead. **la ville est ~e le dimanche** the town is dead on a Sunday; *V* **poids, point¹, temps¹** *etc*.
(d) (*qui n'existe plus*) *civilisation* extinct, dead; *langue* dead. **vieille amitié est ~e** their old friendship is dead; **le passé est bien ~** the past is over and done with *ou* is dead and gone.
(e) (*⁑: usé, fini*) *pile, radio, moteur* dead.
2 *nm* (a) dead man. **les ~s** the dead; **les ~s de la guerre** those *ou* the men killed in the war, the war dead; **il y a eu un ~ one** man was killed; **il y a eu de nombreux ~s** many (people) were killed, there were many killed; **jour** *ou* **fête des ~s** All Souls' Day; (*Rel*) **office/messe/prière des ~s** office/mass/prayer for the dead; **cet homme est un ~ vivant/un ~ en sursis** this man is more dead than alive/is living on borrowed time; **faire le ~** (*lit*) to pretend to be dead, sham death; (*fig: ne pas se manifester*) to lie low; (*Aut*) **la place du ~** the (front) seat next to the driver; *V* **monument, tête**.
(b) (*Cartes*) dummy. **être le ~** to be dummy.
3 morte *nf* dead woman.
4: morte-eau *nf, pl* **mortes-eaux** neap tide; **mort-né, mort-née**, *mpl* **mort-nés** *adj enfant* stillborn; *projet* abortive, stillborn; **mort-aux-rats** *nf* rat poison; **morte-saison** *nf, pl* **mortes-saisons** slack *ou* off season.
mortadelle [mɔrtadɛl] *nf* mortadella.
mortaise [mɔrtɛz] *nf* (*Menuiserie*) mortise.
mortaiser [mɔrteze] (1) *vt* to mortise.
mortalité [mɔrtalite] *nf* mortality, death rate. **taux de ~** death rate, mortality (rate); **~ infantile** infant mortality; **régression de la ~** fall in the death rate.
mortel, -elle [mɔrtɛl] **1** *adj* (a) (*sujet à la mort*) mortal; *V* **dépouille**.
(b) (*entraînant la mort*) *chute* fatal; *blessure, plaie* fatal, mortal,

lethal; *poison* deadly, lethal. **être en danger ~** to be in mortal danger; **coup ~** lethal *ou* fatal *ou* mortal blow, death-blow; **cette révélation lui serait ~e** such a discovery would kill him *ou* would be fatal to him.
(c) (*intense*) *frayeur, jalousie* mortal; *pâleur, silence* deadly, deathly; *ennemi, haine* mortal, deadly. **il fait un froid ~** it is deathly cold, it is as cold as death; **cette attente ~e se prolongeait** this deadly wait dragged on; **allons, ce n'est pas ~!*** come on, it's not all that bad! *ou* it's not the end of everything!*
(d) (*⁑: ennuyeux*) *livre, soirée* deadly*, deadly boring *ou* dull. **il est ~** he's a deadly* *ou* crashing* bore.
2 *nm, f* (*littér, hum*) mortal. **heureux ~!*** lucky chap!* (*Brit*) *ou* fellow!*; *V* **commun**.
mortellement [mɔrtɛlmɑ̃] *adv blesser* fatally, mortally; (*fig*) *offenser, vexer* mortally, deeply. **~ pâle** deadly *ou* deathly pale; (*fig*) **c'est ~ ennuyeux** it's deadly boring *ou* dull.
mortier [mɔrtje] *nm* (*Constr, Culin, Mil, Pharm*) mortar; (*toque*) cap (*worn by certain French judges*).
mortification [mɔrtifikasjɔ̃] *nf* mortification.
mortifier [mɔrtifje] (7) *vt* (*Méd, Rel, aussi vexer*) to mortify.
mortinatalité [mɔrtinatalite] *nf* rate of stillbirths.
mortuaire [mɔrtɥer] *adj chapelle* mortuary (*épith*); *rites* mortuary (*épith*); *cérémonie* funeral (*épith*); **acte/avis ~** death certificate/announcement; **drap ~** pall; (*Can*) **salon ~** funeral home *ou* parlor (*US, Can*); **la chambre ~** the death chamber; **la maison ~** the house of the departed *ou* deceased; *V* **couronne**.
morue [mɔry] *nf* (a) (*Zool*) cod. **~ fraîche/séchée/salée** fresh/dried/salted cod; *V* **brandade, huile**. (b) (**⁑**: *prostituée*) tart⁑, whore.
morutier, -ière [mɔrytje, jɛr] **1** *adj* cod-fishing. **2** *nm* (*pêcheur*) cod-fisherman; (*bateau*) cod-fishing boat.
morvandeau, -elle, *mpl* **-x** [mɔrvɑ̃do, ɛl] **1** *adj of ou* from the Morvan region. **2** *nm, f*: **M~(-elle)** inhabitant *ou* native of the Morvan region.
morve [mɔrv(ə)] *nf* snot⁑, (nasal) mucus; (*Zool*) glanders (*sg*).
morveux, -euse [mɔrvø, øz] **1** *adj* (a) *enfant* snotty(-nosed)⁑. (*Prov*) **qui se sent ~ qu'il se mouche** if the cap fits wear it (*Prov*). (b) (*Zool*) glandered. **2** *nm, f* (**⁑**: *personne*) (little) jerk⁑.
mosaïque¹ [mozaik] *nf* (*Art, Bot*) mosaic; (*états, champs*) chequered pattern, patchwork; (*idées, peuples*) medley.
mosaïque² [mozaik] *adj* (*Bible*) Mosaic(al), of Moses.
Moscou [mɔsku] *n* Moscow.
moscovite [mɔskɔvit] **1** *adj of ou* from Moscow, Moscow (*épith*), Muscovite. **2** *nmf*: **M~** Muscovite.
Moselle [mozɛl] *nf* Moselle.
mosquée [mɔske] *nf* mosque.
mot [mo] **1** *nm* (a) (*gén*) word. **le ~ (d')orange** the word 'orange'; **les ~s me manquent pour exprimer** words fail me when I try to express, I can't find the words to express; **ce ne sont que des ~s** it's just (so many) empty words; **je n'en crois pas un (traître) ~** I don't believe a (single) word of it; **qu'il soit paresseux, c'est bien le ~!** lazybones is the right word to describe him!; **ça alors, c'est bien le ~!** you've said it!, you never spoke *ou* said a truer word!; **à/sur ces ~s** at/with these words; **à ~s couverts** in veiled terms; **en d'autres ~s** in other words; **en un ~** in a word; **en un ~ comme en cent** in a nutshell, in brief; **faire du ~ à ~, traduire ~ à ~** to translate word for word; **c'est du ~ à ~** it's a word for word rendering *ou* translation; **rapporter une conversation ~ pour ~** to give a word for word *ou* a verbatim report of a conversation; (*Ling*) **~ apparenté** cognate.
(b) (*message*) word; (*courte lettre*) note, line. (*Scol*) **~ d'excuse** excuse note; **en dire** *ou* **en toucher un ~ à qn** to have a word with sb about it; **glisser un ~ à qn** to have a word in sb's ear; **se donner** *ou* **se passer le ~** to send *ou* pass the word round, pass the word on; **mettez-lui un petit ~** drop him a line *ou* note, write him a note.
(c) (*expression frappante*) saying. **~s célèbres/historiques** famous/historic sayings.
(d) (*loc*) **avoir des ~s avec qn** to have words with sb; **avoir toujours le ~ pour rire** to be a born joker, always be able to raise a laugh; **avoir ou tenir le ~ de l'énigme** to have *ou* hold the key to the mystery; **avoir le ~ de la fin** to have the last word; **vous n'avez qu'un ~ à dire et je le ferai** you have only to say the word and I'll do it; **j'estime avoir mon ~ à dire dans cette affaire** I think I'm entitled to have my say in this matter; **je vais lui dire deux ~s** I'll give him a piece of my mind; **prendre qn au ~** to take sb at his word; **il ne sait pas le premier ~ de sa leçon** he doesn't know a word of his lesson; **il ne sait pas un (traître) ~ d'allemand** he doesn't know a (single) word of German; **je n'ai pas pu lui tirer un ~** I couldn't get a word out of him; **il lui a dit le ~ de Cambronne** ≃ he said a four-letter word to him.
2: mot d'auteur revealing *ou* witty remark from the author; **c'est un mot d'auteur** it's the author having his say; **mot-clé** *nm, pl* **mots-clés** keyword; **c'est ça le mot-clé** that's the operative *ou* key word; **mot composé** compound; **mots croisés** crossword (puzzle); **faire les mots croisés** (*en général*) to do crosswords; *[journal particulier]* to do the crossword (puzzle); **mot d'emprunt** loanword; **mot d'enfant** child's (funny) remark *ou* saying; **mot d'esprit, bon mot** witticism, witty remark; **mot d'ordre** watchword, slogan; **mot-outil** *nm, pl* **mots-outils** grammatical word; **mot de passe** password; **mot souche** root-word; **mot-valise** *nm, pl* **mot-valises** portmanteau word.
motard [mɔtar] *nm* (*gén*) motorcyclist, biker*; (*Police*) motorcycle policeman *ou* cop*; (*Mil: dans l'armée*) motorcyclist. **les ~s de l'escorte** the motorcycle escort.
motel [mɔtɛl] *nm* motel.
motet [mɔtɛ] *nm* motet, anthem.

moteur¹ [mɔtœʀ] *nm* (a) (*gén*) engine; (*électrique*) motor. ~ à combustion interne, ~ à explosion internal combustion engine; ~ diesel diesel engine; ~ électrique electric motor; ~ à injection fuel injection engine; ~ à réaction jet engine; ~ turbo turbo (-charged) engine; ~ à 2/4 temps 2-/4-stroke engine; à ~ power-driven, motor (*épith*); *V* bloc, frein.

(b) (*fig*) mover, mainspring. (*littér*) le grand ~ de l'univers the prime mover of the universe; être le ~ de qch to be the mainspring of sth, be the driving force behind sth.

moteur², **-trice¹** [mɔtœʀ, tʀis] *adj* (a) (*Anat*) muscle, nerf, troubles motor (*épith*).

(b) (*Tech*), force (*lit, fig*) driving. arbre ~ driving shaft; voiture à roues ~trices avant/arrière front-/rear-wheel drive car.

motif [mɔtif] *nm* (a) (*raison*) motive (*de* for), grounds (*de* for); (*but*) purpose (*de* of). quel est le ~ de votre visite? what is the motive for *ou* the purpose of your visit?; quel ~ as-tu de te plaindre? what grounds have you got for complaining?; il a de bons ~s pour le faire he has good grounds for doing it; († *ou hum*) fréquenter une jeune fille pour le bon ~ to court a girl with honourable intentions; faire qch sans ~ to have no motive for doing sth; colère sans ~ groundless *ou* irrational anger.

(b) (*ornement*) motif, design, pattern; (*Peinture, Mus*) motif. papier peint à ~ de fleurs flower-patterned wallpaper, wallpaper with a pattern *ou* design of flowers.

(c) (*Jur*) [*jugement*] grounds (*de* for).

motion [mosjɔ̃] *nf* motion. déposer une ~ de censure to table a censure motion *ou* a motion of censure; voter la ~ de censure to pass a vote of no confidence *ou* of censure.

motivant, e [mɔtivɑ̃, ɑ̃t] *adj* rewarding, satisfying.

motivation [mɔtivasjɔ̃] *nf* (*justification*) motivation (*de* for); (*dynamisme*) motivation. (*raisons personnelles*) quelles sont ses ~s? what are his motives? (*pour* for); études *ou* recherche de ~ motivational research.

motivé, e [mɔtive] (*ptp de* motiver) *adj* (a) action (*dont on donne les motifs*) reasoned, justified; (*qui a des motifs*) well-founded, motivated. non ~ unexplained, unjustified; (*Scol*) absence ~e legitimate *ou* genuine absence.

(b) personne (well-)motivated. non ~ unmotivated.

motiver [mɔtive] (1) *vt* (a) (*justifier, expliquer*) action, attitude, réclamation to justify, account for. il a motivé sa conduite en disant que he justified his behaviour by saying that; rien ne peut ~ une telle conduite nothing can justify *ou* warrant such behaviour.

(b) (*fournir un motif à*) décision, refus, intervention, (*Jur*) jugement to motivate, found; (*Psych*) to motivate.

moto* [mɔto] *nf* (*abrév de* motocyclette) (motor)bike*. ~ de trial trail bike (*Brit*), dirt bike (*US*).

moto-cross [mɔtokʀɔs] *nm inv* motocross, motorbike scramble (*Brit*).

motoculteur [mɔtokyltœʀ] *nm* (motorized) cultivator.

motocycle [mɔtosikl(ə)] *nm* (*Admin*) motor bicycle.

motocyclette [mɔtosiklɛt] *nf* motorcycle.

motocyclisme [mɔtosiklism(ə)] *nm* motorcycle racing.

motocycliste [mɔtosiklist(ə)] *nmf* motorcyclist.

motonautique [mɔtonotik] *adj*: sport ~ speedboat *ou* motorboat racing.

motonautisme [mɔtonotism(ə)] *nm* speedboat *ou* motorboat racing.

motoneige [mɔtonɛʒ] *nf* snow-bike, skidoo (*Can*).

motopompe [mɔtopɔ̃p] *nf* motor-pump, power-driven pump.

motopropulseur [mɔtopʀopylsœʀ] *adj m*: groupe ~ power unit.

motorisation [mɔtoʀizasjɔ̃] *nf* motorization.

motoriser [mɔtoʀize] (1) *vt* (*Mil, Tech*) to motorize. être motorisé* to have transport, have one's *ou* a car, be car-borne*.

motrice¹ [mɔtʀis] *adj V* moteur².

motrice² [mɔtʀis] *nf* power unit.

motricité [mɔtʀisite] *nf* motivity.

motte [mɔt] *nf* (a) (*Agr*) ~ (de terre) lump of earth, clod (of earth); ~ de gazon turf, sod.

(b) (*Culin*) ~ de beurre lump *ou* block of butter; acheter du beurre en *ou* à la ~ to buy a slab of butter (*from a large block, not prewrapped*).

motus* [mɔtys] *excl*: ~ (et bouche cousue)! mum's the word!*, keep it under your hat!, don't breathe a word!

mou¹, **molle** [mu, mɔl] (*masculin*: mol [mɔl] *devant voyelle ou h muet*) **1** *adj* (a) (*au toucher*) substance, oreiller soft; tige, tissu limp; chair, visage flabby. ce melon est tout ~ this melon has gone all soft *ou* mushy; *V* chapeau.

(b) (*à la vue*) contours, lignes, relief, collines soft, gentle; traits du visage, (*Art*) dessin, trait weak, slack.

(c) (*à l'oreille*) bruit ~ muffled noise, soft thud; voix aux molles inflexions gently lilting voice.

(d) (*sans énergie*) geste, poignée de main limp, lifeless; protestations, opposition weak, feeble; (†) vie soft, indolent; (*Littérat*) style feeble, dull, woolly; (*Mus*) exécution dull, lifeless. personne molle (*apathique*) indolent *ou* lethargic *ou* sluggish person; (*sans autorité*) spineless character; (*trop indulgent*) lax *ou* soft person; il est ~ comme une chiffe *ou* chique, c'est un ~ he is spineless *ou* a spineless character.

(e) *temps* muggy; *tiédeur* languid.

2 *adv*: jouer/dessiner ~ to play/draw without energy, play/draw languidly; (‡) vas-y ~ go easy*, take it easy*.

3 *nm* (a) (*qualité*) softness.

(b) [*corde*] avoir du ~ to be slack *ou* loose; donner du ~ to slacken, loosen; (*Aut*) il y a du ~ dans la pédale de frein the brakes are soft *ou* spongy; donne un peu de ~ pour que je puisse faire un

nœud let the rope out a bit *ou* give a bit of play on the rope so that I can make a knot.

mou² [mu] *nm* (a) (*Boucherie*) lights, lungs; *V* rentrer. (b) (‡*loc*) bourrer le ~ à qn to have sb on* (*Brit*), take sb in.

mouchard [muʃaʀ] *nm* (a) (*) (*Scol*) sneak*; (*Police*) grass (*Brit arg*), fink (*US arg*), informer. (b) (*Tech*) [*avion, train*] black box; [*veilleur de nuit*] control clock; (*Mil*) spy plane.

mouchardage* [muʃaʀdaʒ] *nm* (*V* moucharder) sneaking*; grassing (*Brit arg*), informing.

moucharder* [muʃaʀde] (1) *vt* (*Scol*) to split on*, sneak on*; (*arg Police*) to grass on (*Brit arg*), inform on. arrête de ~! stop sneaking!*

mouche [muʃ] **1** *nf* (a) (*Zool*) fly. quelle ~ t'a piqué? what has bitten you?*, what has got into you?; il faut toujours qu'il fasse la ~ du coche he's always fussing around as if he's indispensable; mourir/tomber comme des ~s to die (off)/fall like flies; prendre la ~ to take the huff* (*Brit*), get huffy (*Brit*), go off in the sulks; (*Prov*) on ne prend pas les ~s avec du vinaigre you won't get him (*ou* me *etc*) to swallow that bait; *V* entendre, fin¹, mal.

(b) (*Sport*) (*Escrime*) button; (*Pêche*) fly. faire ~ (*Tir*) to score a *ou* hit the bull's-eye; (*fig*) to score, hit home; *V* poids.

(c) (*en taffetas*) patch, beauty spot; (*touffe de poils sous la lèvre*) short goatee.

(d) (*Opt*) ~s specks, spots.

2: mouche bleue = mouche de la viande; (*Naut*) mouche d'escadre advice boat; (*Can*) mouche à feu firefly; mouche tsé-tsé tsetse fly; mouche à vers blowfly; mouche de la viande bluebottle; mouche du vinaigre fruit fly.

moucher [muʃe] (1) **1** *vt* (a) ~ (le nez de) qn to blow sb's nose; mouche ton nez* blow your nose; il mouche du sang there are traces of blood (in his handkerchief) when he blows his nose.

(b) (*fig: remettre à sa place*) ~ qn to put sb in his place; se faire ~ to get put in one's place.

(c) *chandelle* to snuff (out).

2 se moucher *vpr* to blow one's nose. mouche-toi blow your nose; (*loc*) il ne se mouche pas du coude* he thinks he's it* *ou* the cat's whiskers*, he thinks himself no small beer; *V* morveux.

moucheron [muʃʀɔ̃] *nm* (*: enfant*) kid*, nipper* (*Brit*).

moucheté, e [muʃte] (*ptp de* moucheter) *adj* œuf speckled; poisson spotted; laine flecked; fleuret buttoned.

moucheter [muʃte] (4) *vt* (*tacheter: V* moucheté) to speckle; to spot; to fleck (*de* with); to button.

mouchetis [muʃti] *nm* (*Constr*) roughcast.

mouchettes [muʃɛt] *nfpl* (*Hist*) snuffers.

moucheture [muʃtyʀ] *nf* (*sur les habits*) speck, spot, fleck; (*sur un animal*) spot, patch. (*Hér*) ~s d'hermine ermine tips.

mouchoir [muʃwaʀ] *nm* (*dans la poche*) handkerchief; (†: autour du cou*) neckerchief. ~ en papier tissue, paper hanky; jardin grand comme un ~ de poche garden as big as *ou* the size of *ou* no bigger than a pocket handkerchief; cette pièce est grande comme un ~ de poche there's no room to swing a cat in this room; (*fig*) ils sont arrivés dans un ~ it was a close finish; *V* nœud.

moudre [mudʀ(ə)] (47) *vt* blé to mill, grind; café, poivre to grind; (†: *Mus*) air to grind out. ~ qn de coups† to thrash sb, give sb a drubbing; *V* moulu.

moue [mu] *nf* pout. faire la ~ (*gén: tiquer*) to pull a face; [*enfant gâté*] to pout; faire une ~ de dédain/de dégoût to give a disdainful pout/a pout of disgust.

mouette [mwɛt] *nf* (sea)gull. ~ rieuse black-headed gull; ~ tridactyle kittiwake.

mouf(e)ter‡ [mufte] (1 *ou* 4) *vi* to blink. il n'a pas moufté he didn't blink, he didn't bat an eyelid.

mou(f)fette [mufɛt] *nf* skunk.

moufle [mufl(ə)] **1** *nf* mitt, mitten. **2** *nm ou f* (*Tech*) pulley block.

mouflet, -ette [muflə, ɛt] *nm,f* brat* (*péj*), kid*.

mouflon [muflɔ̃] *nm* mouf(f)lon.

mouillage [mujaʒ] *nm* (a) (*Naut: action*) [*navire*] anchoring, mooring; [*ancre*] casting; [*mine*] laying. (b) (*Naut: abri, rade*) anchorage, moorage. (c) (*Tech*) [*cuir, linge*] moistening, damping; [*vin, lait*] watering(-down).

mouillé, e [muje] (*ptp de* mouiller) *adj* (a) herbe, vêtement, personne wet. tout ~, ~ comme une soupe *ou* jusqu'aux os soaked through (and through), soaked *ou* drenched to the skin; tu sens le chien ~ you smell like a wet dog; ne marche pas dans le ~ don't walk in the wet; *V* poule¹.

(b) (*Ling*) l ~ palatalized l, palatal l.

mouillement [mujmɑ̃] *nm* (*Ling*) palatalization.

mouiller [muje] (1) **1** *vt* (a) (*gén*) to wet. ~ son doigt pour tourner la page to moisten one's finger to turn the page.

(b) (*pluie: tremper*) route to wet; personne to wet; (*complètement*) to drench, soak. se faire ~ to get wet *ou* drenched *ou* soaked; un sale brouillard qui mouille a horrible wetting (*Brit*) *ou* wet fog.

(c) (*Culin*) vin, lait to water (down); viande to cover with stock *ou* wine etc, add stock *ou* wine etc to.

(d) (*Naut*) mine to lay; sonde to heave. ~ l'ancre to cast *ou* drop anchor.

(e) (*Ling*) to palatalize.

2 *vi* (a) (*Naut*) to lie *ou* be at anchor. ils mouillèrent 3 jours à Papeete they anchored *ou* they lay at anchor at Papeete for 3 days.

(b) (‡*: avoir peur*) to be scared out of one's mind, be shit-scared*‡.

3 se mouiller *vpr* (a) (*au bord de la mer: se tremper*) (*accidentellement*) to get o.s. wet; (*volontairement: pour un bain rapide*) to have a quick dip. se ~ les pieds (*sans faire exprès*) to get one's feet wet; (*exprès*) to dabble one's feet in the water, have a little paddle.

(b) [*yeux*] to fill *ou* brim with tears.

(c) (‡ *fig: prendre des risques*) to get one's feet wet, commit o.s.

mouillette [mujɛt] *nf* finger of bread, sippet††, soldier* (*Brit*).
mouilleur [mujœR] *nm* (a) *[timbres]* (stamp) sponge. (b) (*Naut*) *[ancre]* tumbler. ~ **de mines** minelayer.
mouillure [mujyR] *nf* (a) (*trace*) wet mark. (b) (*Ling*) palatalization.
mouise‡ [mwiz] *nf*: **être dans la** ~ to be flat broke*, be on one's beam-ends* (*Brit*); **c'est la** ~ **chez eux** they've hit hard times.
moujik [muʒik] *nm* mujik, muzhik.
moujingue‡ [muʒɛ̃g] *nmf* brat* (*péj*), kid*.
moukère [mukɛR] *nf* Arab woman; (†‡) woman, female.
moulage¹ [mulaʒ] *nm* (a) (*V* **mouler**) moulding; casting. **le** ~ **d'un bas-relief** making *ou* taking a cast of a bas-relief.
  (b) (*objet*) cast. **sur la cheminée il y avait le** ~ **en plâtre d'une statue** there was a plaster (of Paris) figure on the mantelpiece; **prendre un** ~ **de** to take a cast of; (*Art*) **ce n'est qu'un** ~ it is only a copy.
moulage² [mulaʒ] *nm [grain]* milling, grinding.
moule¹ [mul] **1** *nm* (*lit, fig*) mould; (*Typ*) matrix. **il n'a jamais pu sortir du** ~ **étroit de son éducation** he has never been able to free himself from the straitjacket of his education; (*lit, fig*) **fait sur le même** ~ cast in the same mould; (*être beau*) **être fait au** ~ to be shapely.
  2: moule à briques brick mould; **moule à beurre** butter print; **moule à gâteaux** cake tin (*for baking*) (*Brit*), cake pan (*US*); **moule à gaufre** waffle-iron; **moule à manqué** (deep) sandwich tin (*Brit*), deep cake pan (*US*); **moule à pisé** clay mould; **moule à tarte** pie plate, flan dish.
moule² [mul] *nf* (a) (*Zool*) mussel. ~**s marinières** moules marinières (*mussels cooked in their own juice with onions*). (b) (*:* *idiot*) idiot, twit*.
mouler [mule] (1) *vt* (a) (*faire*) **briques** to mould; **caractères d'imprimerie** to cast; **statue, buste** to cast. ~ **un buste en plâtre** to cast a bust in plaster.
  (b) (*reproduire*) **bas-relief, buste** to make *ou* take a cast of. ~ **en plâtre** **visage, buste** to make a plaster cast of.
  (c) (*écrire avec soin*) **lettre, mot** to shape *ou* form with care.
  (d) (*conformer à*) ~ **son style/sa conduite sur** to model one's style/conduct on.
  (e) (*coller à*) **cuisses, hanches** to hug, fit closely round. **une robe qui moule** a close-fitting *ou* tight-fitting dress, a dress which hugs the figure; **des pantalons qui moulent** tight(-fitting) trousers; **une robe qui lui moulait les hanches** a dress which clung to *ou* around her hips, a dress which fitted closely round her hips; **son corps se moulait au sien** her body pressed closely against his.
mouleur [mulœR] *nm* caster, moulder.
moulin [mulɛ̃] *nm* (a) (*instrument, bâtiment*) mill. ~ **à eau** water mill; ~ **à vent** windmill; ~ **à café/poivre** coffee/pepper mill; ~ **à légumes** vegetable mill; (*fig*) ~ **à paroles** chatterbox; ~ **à prières** prayer wheel; *V* **entrer**.
  (b) (*:* *moteur*) engine.
mouliner [muline] (1) *vt* (*Culin*) to put through a vegetable mill; (*Pêche*) to reel in.
moulinet [mulinɛ] *nm* (*Pêche*) reel; (*Tech*) winch; (*Escrime*) flourish. **faire des** ~**s avec une canne** to twirl *ou* whirl a walking stick; **faire des** ~**s avec les bras** to whirl one's arms about *ou* round.
moulinette [mulinɛt] *nf* ® vegetable mill. **passer qch à la** ~ to put sth through the vegetable mill.
moult [mult] *adv* (†† *ou* *hum*) (*beaucoup*) many; (*très*) very. ~ (**de**) **gens** many people, many a person; ~ **fois** oft(en)times (*hum*), many a time.
moulu, e [muly] (*ptp de* **moudre**) *adj* (†: *meurtri*) bruised, black and blue. ~ (**de fatigue**)* dead-beat*, worn-out, all-in*; **ils l'ont** ~ **de coups** they thrashed him black and blue.
moulure [mulyR] *nf* moulding.
moulurer [mulyRe] (1) *vt* to decorate with mouldings. **machine à** ~ moulding machine; **panneau mouluré** moulded panel.
moumoute* [mumut] *nf* (a) (*hum: perruque*) wig. (b) (*veste*) fleece-lined *ou* fleecy jacket.
mouquère [mukɛR] *nf* = **moukère**.
mourant, e [muRɑ̃, ɑ̃t] **1** *adj* (a) *personne* dying; *voix* faint; *regard* languishing; *feu, jour* dying.
  (b) (*:* *lent, ennuyeux*) *rythme, allure, soirée* deadly* (dull). **il est** ~ **avec ses histoires** he's a deadly bore with his stories.
  2 *nm, f*: **un** ~ a dying man; **les** ~**s** the dying.
mourir [muRiR] (19) *vi* (a) *[être animé, plante]* to die. ~ **dans son lit** to die in one's bed; ~ **de sa belle mort** to die a natural death; ~ **avant l'âge** to die young *ou* before one's time; ~ **à la peine** *ou* **à la tâche** to die in harness (*fig*); ~ **assassiné** to be murdered; ~ **empoisonné** (*crime*) to be poisoned (and die); (*accident*) to die of poisoning; ~ **en héros** to die a hero's death; **il est mort très jeune** he died very young, he was very young when he died; **faire** ~ **qn** to kill sb; (*fig*) **cet enfant me fera** ~ this child will be the death of me; **une simple piqûre, tu n'en mourras pas!** it's only a little injection, it won't kill you!; **s'ennuyer à** ~ to be bored to death *ou* to tears; **ennuyeux à** ~ deadly boring; **il attend que le patron meure pour prendre sa place** he is waiting to step into his dead boss's shoes; (*littér*) **se** ~ to be dying.
  (b) *[civilisation, empire, coutume]* to die out; *[bruit]* to die away; *[jour]* to fade, die; *[feu]* to die out, die down. **la vague vint** ~ **à ses pieds** the wave died away at his feet; **le ballon vint** ~ **à ses pieds** the ball came to rest at his feet.
  (c) ~ **de qch** ~ **de vieillesse/chagrin** *etc* to die of old age/grief *etc*; ~ **d'une maladie/d'une blessure** to die of a disease/from a wound; ~ **de froid** (*lit*) to die of exposure; (*fig*) **on meurt de froid ici** it's freezing *ou* perishing (*Brit*) cold in here; ~ **de faim** (*lit*) to starve to death, die of hunger; (*fig: avoir faim*) to be starving *ou*

famished *ou* ravenous; **faire** ~ **qn de faim** to starve sb to death; ~ **de soif** (*lit*) to die of thirst; (*fig: avoir soif*) to be parched; (*fig*) ~ **de tristesse** to be weighed down with sadness; ~ **d'inquiétude** to be worried to death; **il me fera** ~ **d'inquiétude** he'll drive me to my death with worry; ~ *ou* **être mort de peur** to be scared to death, be dying of fright; **il me fera** ~ **de peur** he'll frighten the life out of me; ~ **d'ennui** to be bored to death *ou* to tears; **il meurt d'envie de le faire** he's dying to do it; **faire** ~ **qn d'impatience** to keep sb on tenterhooks; **c'est à** ~ **de rire** it would make you die laughing, it's hilarious; **faire** ~ **qn à petit feu** (*lit*) to kill sb slowly *ou* by inches; (*fig*) to torment the life out of sb; (*littér*) (**se**) ~ **d'amour pour qn** to pine for sb.
mouroir [muRwaR] *nm* (*péj*) old people's home.
mouron [muRɔ̃] *nm* pimpernel. ~ **rouge** scarlet pimpernel; ~ **blanc** *ou* **des oiseaux** chickweed; (*fig*) **se faire du** ~* to worry o.s. sick*.
mouscaille* [muskɑj] *nf*: **être dans la** ~ (*misère*) to be down and out, be stony broke*, be on one's beam-ends* (*Brit*); (*ennuis*) to be up the creek‡.
mousquet [muskɛ] *nm* musket.
mousquetaire [muskətɛR] *nm* musketeer.
mousqueterie [muskətRi] *nf* (†† *salve*) musketry.
mousqueton [muskətɔ̃] *nm* (*boucle*) snap hook, clasp; (*fusil*) carbine; (*Alpinisme*) crab, karabiner.
moussaillon* [musajɔ̃] *nm* ship's boy.
moussaka [musaka] *nf* moussaka.
moussant, e [musɑ̃, ɑ̃t] *adj* *savon, crème à raser* foaming, lathering. **bain** ~ bubble bath.
mousse¹ [mus] **1** *nf* (a) (*Bot*) moss; *V* **pierre**.
  (b) (*écume*) *[bière, eau]* froth, foam; *[savon]* lather; *[champagne]* bubbles. **la** ~ **sur le verre de bière** the head on the beer.
  (c) (*Culin*) mousse. ~ **au chocolat** chocolate mousse.
  (d) (*caoutchouc*) **balle (en)** ~ rubber ball; (*nylon*) **collant/bas** ~ stretch tights (*Brit*) *ou* pantyhose (*US*)/stockings; ~ **de caoutchouc** foam rubber.
  (e) **se faire de la** ~* to worry o.s. sick*, get all het up*.
  2: mousse carbonique (fire-fighting) foam; **mousse de nylon** (*tissu*) stretch nylon; (*pour rembourrer*) foam; **mousse de platine** platinum sponge; *V* **point²**.
mousse² [mus] *nm* ship's boy.
mousseline [muslin] *nf* (*Tex*) (*coton*) muslin; (*soie, tergal*) chiffon; *V* **pomme, sauce**.
mousser [muse] (1) *vi* (a) *[bière, eau]* to froth, foam; *[champagne]* to bubble, sparkle; *[détergent]* to foam, lather; *[savon]* to lather.
  (b) **faire** ~ **qn**‡ (*vanter*) to lay off about sb‡, boost sb*, puff sb up* (*US*); (*mettre en colère*) to make sb mad* *ou* wild*; **se faire** ~‡ (*auprès d'un supérieur, d'un ami*) to give o.s. a boost* (*auprès de* with); (*auprès d'un supérieur*) to sell o.s. hard* (*auprès de* to).
mousseron [musRɔ̃] *nm* meadow mushroom.
mousseux, -euse [musø, øz] **1** *adj* *vin* sparkling (*épith*); *bière, chocolat* frothy. **eau** ~**euse** soapy water. **2** *nm* sparkling wine.
Moussorgski [musɔRgski] *nm* Mussorgsky.
moussu, e [musy] *adj* *sol, arbre* mossy; *banc* moss-covered.
moustache [mustaʃ] *nf [homme]* moustache, mustache (*US*). *[animal]* ~**s** whiskers; **porter la** ~ *ou* **des** ~**s** to have *ou* wear a moustache; ~ **en brosse** toothbrush moustache; ~ **en croc** *ou* **en guidon de vélo** handlebar moustache; ~ (**à la**) **gauloise** walrus moustache.
moustachu, e [mustaʃy] *adj* with a moustache. **c'est un** ~ he has a moustache.
moustiquaire [mustikɛR] *nf [rideau]* mosquito net; *[fenêtre, porte]* screen; (*Can*) (window *ou* door) screen.
moustique [mustik] *nm* (*Zool*) mosquito; (*:* *enfant*) tich* (*Brit*), (little) kid*, nipper* (*Brit*).
moût [mu] *nm [raisin etc]* must; *[bière]* wort.
moutard* [mutaR] *nm* brat* (*péj*), kid*.
moutarde [mutaRd(ə)] **1** *nf* mustard. ~ (**extra-)forte** English mustard; ~ **à l'estragon** *ou* **aux aromates** French mustard; (*fig*) **la** ~ **me monta au nez!** I flared up!, I lost my temper! **2** *adj inv* mustard(-coloured); *V* **gaz**.
moutardier [mutaRdje] *nm* (*pot*) mustard pot; (*avec salière etc*) cruet; (*fabricant*) mustard maker *ou* manufacturer.
mouton¹ [mutɔ̃] **1** *nm* (a) (*animal*) sheep; (*peau*) sheepskin. **doublé de** ~ lined with sheepskin; **relié en** ~ bound in sheepskin, sheepskin-bound; (*fig*) **il compte les** ~**s pour s'endormir** he counts sheep to help himself get to sleep; *V* **revenir, sauter**.
  (b) (*viande*) mutton. **c'est du** ~ it's mutton; **côte de** ~ mutton chop.
  (c) (*:* *personne*) (*grégaire, crédule*) sheep; (*doux, passif*) sheep, lamb. **c'est un** ~ (*grégaire*) he is easily led, he goes with the crowd; (*doux*) he is as mild *ou* gentle as a lamb; **il m'a suivi comme un** ~ he followed me like a lamb; **se conduire en** ~**s de Panurge** to behave like a lot of sheep, follow one another (around) like sheep.
  (d) (*arg Police: dans une prison*) stool pigeon (*arg*), grass (*Brit arg*).
  (e) ~**s** (*sur la mer*) white horses (*Brit*), caps (*US*); (*sur le plancher*) (bits of) fluff; (*dans le ciel*) fluffy *ou* fleecy clouds.
  (f) (*Constr*) ram, monkey.
  2: mouton à cinq pattes rara avis (*littér*), world's wonder; **mouton à laine** sheep reared for wool; **mouton à viande** sheep reared for meat.
mouton², -onne [mutɔ̃, ɔn] *adj* sheeplike.
moutonnant, e [mutɔnɑ̃, ɑ̃t] *adj* *mer* flecked with white horses (*Brit*) *ou* with caps (*US*); (*littér*) *collines* rolling (*épith*).
moutonné, e [mutɔne] (*ptp de* **moutonner**) *adj* *ciel* flecked with fleecy *ou* fluffy clouds.

moutonnement [mutɔnmɑ̃] *nm [mer]* breaking into *ou* becoming flecked with white horses (*Brit*) *ou* with caps (*US*) *ou* foam. (*littér*) le ~ des collines the rolling hills.

moutonner [mutɔne] (1) **1** *vi [mer]* to be covered in white horses (*Brit*) *ou* in caps (*US*), be flecked with foam; (*littér*) *[collines]* to roll.
2 se moutonner *vpr [ciel]* to be flecked with fleecy *ou* fluffy clouds.

moutonneux, -euse [mutɔnø, øz] *adj mer* flecked with white horses (*Brit*) *ou* with caps (*US*); *ciel* flecked with fleecy *ou* fluffy clouds.

moutonnier, -ière [mutɔnje, jɛʀ] *adj* (*fig*) sheeplike.

mouture [mutyʀ] *nf* (**a**) (*action*) [blé] milling, grinding; [café] grinding. (**b**) (*résultat*) [café] une ~ fine finely ground coffee; (*fig péj*) c'est la 3e ~ du même livre it's the 3rd rehash of the same book.

mouvance [muvɑ̃s] *nf* (*Hist*) tenure; (*Philos*) mobility; (*fig littér*) domain, sphere of influence.

mouvant, e [muvɑ̃, ɑ̃t] *adj situation* unsettled, fluid; *ombre, flamme* moving, changing; *pensée, univers* changing; *terrain* unsteady, shifting. (*fig*) être en terrain ~ to be on shaky *ou* uncertain ground; V **sable¹**.

mouvement [muvmɑ̃] *nm* (**a**) (*geste*) movement, motion. ~s de gymnastique (physical) exercises; il a des ~s très lents he is very slow in his movements; il approuva d'un ~ de tête he nodded his approval, he gave a nod of approval; elle refusa d'un ~ de tête she shook her head in refusal, she refused with a shake of her head; elle eut un ~ de recul she started back; un ~ de dégoût *etc* a movement of disgust *etc*; le ~ des lèvres the movement of the lips; V **temps¹**.
(**b**) (*impulsion, réaction*) impulse, reaction. avoir un bon ~ to make a nice *ou* kind gesture; dans un bon ~ on a kindly impulse; dans un ~ de colère/d'indignation in a fit *ou* a burst *ou* an upsurge of anger/indignation; les ~s de l'âme the impulses of the soul; ~s dans l'auditoire a stir in the audience; discours accueilli avec des ~s divers speech which got a mixed reception; son premier ~ fut de refuser his first impulse was to refuse; agir de son propre ~ to act of one's own accord.
(**c**) (*activité*) [ville, entreprise] activity, bustle. une rue pleine de ~ a busy *ou* lively street; prendre *ou* se donner du ~ to take some exercise; il aime le ~ he likes to be on the move.
(**d**) (*déplacement*) (*Astron, Aviat, Naut*) movement; (*Mil*) (*déplacement*) movement; (*manœuvre*) move. être sans cesse en ~ to be constantly on the move *ou* on the go; mettre qch en ~ to set sth in motion, set sth going; se mettre en ~ to set off, get going; suivre le ~ to follow the general movement; le ~ perpétuel perpetual motion; ~ de foule movement *ou* sway in the crowd; (*Sociol*) ~s de population shifts in population; d'importants ~s de troupes à la frontière large-scale troop movements at *ou* along the frontier; (*Mil*) ~ de repli withdrawal; ~ tournant (out)flanking movement; (*Écon*) ~ de marchandises/de capitaux *ou* de fonds movement of goods/capital; (*Admin*) ~ de personnel changes in staff *ou* personnel; V **guerre**.
(**e**) (*Philos, Pol etc: évolution*) le ~ des idées the evolution of ideas; le parti du ~ the party in favour of change, the party of progress; être dans le ~ to keep up-to-date; un ~ d'opinion se dessine en faveur de one can detect a trend of opinion in favour of; (*Fin*) le ~ des prix the trend of prices; (*Fin*) ~ de baisse/de hausse (sur les ventes) downward/upward movement *ou* trend (in sales).
(**f**) (*rythme*) [phrase] rhythm; [tragédie] movement, action; [mélodie] tempo.
(**g**) (*Pol, Sociol: groupe*) movement. ~ politique/de jeunesse political/youth movement; le ~ ouvrier the labour movement; M~ de libération de la femme Women's Liberation Movement, Women's Lib*; le ~ syndical the trade-union *ou* labor-union (*US*) movement.
(**h**) (*Mus*) [symphonie etc] (*section*) movement; (*style*) movement, motion.
(**i**) (*Tech: mécanisme*) movement. par un ~ d'horlogerie by clockwork; fermeture à ~ d'horlogerie time lock.
(**j**) (*ligne, courbe*) [sculpture] contours; [draperie, étoffe] drape; [collines] undulations, rise and fall (*U*).

mouvementé, e [muvmɑ̃te] *adj vie, poursuite, récit* eventful; *séance* turbulent, stormy; *terrain* rough.

mouvoir [muvwaʀ] (27) **1** *vt* (*gén fig*) (**a**) *machine* to drive, power; *bras, levier* to move. faire ~ to drive, power; to move; il se leva comme mû par un ressort he sprang up as if propelled by a spring *ou* like a Jack-in-the-box.
(**b**) [motif, sentiment] to drive, prompt.
2 se mouvoir *vpr* to move.

moyen, -enne [mwajɛ̃, ɛn] **1** *adj* (**a**) (*qui tient le milieu*) taille medium (*épith*), average; *prix* moderate, medium (*épith*). de taille ~ne of medium height; une maison de dimensions ~nes a medium-sized *ou* moderate-sized house; (*Comm*) il ne reste plus de tailles ~nes there are no medium sizes left; les régions de la Loire ~ne the middle regions of the Loire, the mid-Loire regions; la solution ~ne the middle-of-the-road solution; une ~ne entreprise a medium-sized company; V **cours, onde, poids**.
(**b**) (*du type courant*) average. le Français/le lecteur ~ the average Frenchman/reader.
(**c**) (*ni bon ni mauvais*) *résultats, intelligence* average; (*Scol*) (*sur copie d'élève*) fair, average. nous avons eu un temps ~ we had mixed weather, the weather was so-so*; un élève qui est ~ en géographie a pupil who is average at geography; bien ~ mediocre, très ~ pretty poor*.
(**d**) (*d'après des calculs*) *température* average, mean (*épith*); *âge, prix etc* average.

(**e**) (*Ling*) voyelle ~ne mid *ou* central vowel.
2 *nm* (**a**) (*possibilité, manière*) means, way. il y a toujours un ~ there's always a way, there are ways and means; par quel ~ allez-vous le convaincre? how will you manage to convince him?; connaissez-vous un bon ~ pour ...? do you know a good way to ...?; (*péj*) par tous les ~s by fair means or foul, by hook or by crook; j'ai essayé par tous les ~s de le convaincre I've done everything to try and convince him; tous les ~s lui sont bons he'll stick at nothing; tous les ~s seront mis en œuvre pour réussir we shall use all possible means to succeed; c'est l'unique ~ de s'en sortir it's the only way out, it's the only way we can get out of it; employer les grands ~s to have to resort to drastic means *ou* measures; se débrouiller avec les ~s du bord to get by as best one can, make do and mend; au ~ de, par le ~ de by means of, with the help of; V **fin²**.
(**b**) est-ce qu'il y a ~ de lui parler? is it possible to speak to him?; il n'y a pas ~ de sortir par ce temps you can't get out in this weather; (*Téléc*) pas ~ d'obtenir la communication I can't get through, the number is unobtainable; le ~ de dire autre chose! what else could I say!; le ~ de lui refuser! how could I possibly refuse!; non, il n'y a pas ~! no, nothing doing!*; il n'y a jamais ~ qu'il fasse attention you will never get him to take care, he'll never take care; V **trouver**.
(**c**) (*capacités intellectuelles, physiques*) il a de grands ~s (intellectuels) he has great powers of intellect *ou* intellectual powers; ça lui a enlevé tous ses ~s it left him completely at a loss, it completely threw him*; il était en (pleine) possession de tous ses ~s his powers were at their peak; c'est au-dessus de ses ~s it's beyond him; par ses propres ~s all by himself, on his own; ils ont dû rentrer par leurs propres ~s they had to go home under their own steam*, they had to make their own way home; V **perdre**.
(**d**) (*ressources financières*) ~s means; il n'a pas les ~s de s'acheter une voiture he can't afford to buy a car; c'est au-dessus de ses ~s he can't afford it, it's beyond his means; il a les ~s he's got the means, he can afford it; avoir de petits ~s to have a large/small income, be well/badly off; il vit au-dessus de ses ~s he lives beyond his means *ou* income.

3 moyenne *nf* (**a**) (*gén*) average; (*Aut*) average speed. au-dessus/au-dessous de la ~ne above/below average; faites-moi la ~ne de ces chiffres work out the average of these figures; la ~ne d'âge the average age; la ~ne des températures the mean *ou* average temperature; la ~ne des gens pensent que most people think that, the broad mass of people think that; faire du 100 de ~ne to average 100 km/h, drive at an average speed of 100 km/h, do 100 km/h on average; (*Math*) ~ne géométrique/arithmétique geometric/arithmetic mean; en ~ne on (an) average.
(**b**) (*Scol*) avoir la ~ne (*devoir*) to get fifty per cent, get half marks (*Brit*); (*examen*) to get a pass *ou* a passmark (*Brit*); ~ne générale (de l'année) average (for the year); cet élève est dans la ~ne/la bonne ~ne this pupil is about/above average.

4: moyen d'action measures, means of action; le moyen âge the Middle Ages (V **haut**); moyenâgeux, -euse *ville, costumes* medieval, historic, quaint; (*péj*) *attitudes, théories* antiquated, outdated, old-fashioned; moyen anglais Middle English; moyens audio-visuels audio-visual aids; (*Aviat*) moyen-courrier *nm, pl* moyens-courriers medium-haul (aeroplane); moyen de défense means of defence; moyen d'existence means of existence; moyen d'expression means of expression; moyen de fortune makeshift device *ou* means; moyen de locomotion means of transport; (*Ciné*) moyen métrage medium-length film; le Moyen-Orient the Middle East; moyen de pression means of applying pressure; nous n'avons aucun moyen de pression sur lui we have no means of applying pressure on him *ou* no hold on him; moyen de production means of production; moyen terme (*gén*) middle course; (*Logique*) middle term; moyen de transport means of transport; moyens de trésorerie means of raising revenue.

moyennant [mwajɛnɑ̃] *prép argent* for; *service* in return for; *travail, effort* with. ~ finance for a fee *ou* a consideration; ~ quoi in return for which, in consideration of which.

moyenne [mwajɛn] V **moyen**.

moyennement [mwajɛnmɑ̃] *adv bon, satisfaisant* fairly, moderately; *s'entendre, travailler* fairly well, moderately well. ça va? — ~* how are things? — so-so* *ou* not too bad* *ou* average.

moyeu, pl ~x [mwajø] *nm [roue]* hub; *[hélice]* boss.

Mozambicain, e [mɔzɑ̃bikɛ̃, ɛn] **1** *adj* Mozambican. **2** *nm, f:* M~(e) Mozambican.

Mozambique [mɔzɑ̃bik] *nm* Mozambique.

Mozart [mɔzaʀ] *nm* Mozart.

mozartien, -ienne [mɔzaʀtjɛ̃, jɛn] *adj* Mozartian, of Mozart.

mû, mue¹ [my] *ptp de* **mouvoir**.

mucosité [mykozite] *nf* (*gén pl*) mucus (*U*).

mucus [mykys] *nm* mucus (*U*).

mue² [my] *nf* (**a**) (*transformation*) [oiseau] moulting; [serpent] sloughing; [mammifère] shedding, moulting; [cerf] casting; [voix] breaking (*Brit*), changing (*US*). la ~ (de la voix) intervient vers 14 ans the voice breaks (*Brit*) *ou* changes (*US*) at round about 14 years of age.
(**b**) (*époque*) moulting *etc* season. [voix] au moment de la ~ when the voice is breaking (*Brit*) *ou* changing (*US*).
(**c**) (*peau, plumes*) [serpent] slough; [oiseau, mammifère] moulted *ou* shed hair, feathers *etc*.
(**d**) (*Agr: cage*) coop.

muer [mɥe] (1) **1** *vi [oiseau]* to moult; *[serpent]* to slough; *[mammifère]* to moult, shed hair *ou* skin *etc*. sa voix mue, il mue his voice is breaking (*Brit*) *ou* changing (*US*).
2 *vt* (*littér*) ~ qch en to transform *ou* change *ou* turn sth into.

3 se muer *vpr* (*littér*) se ~ en to transform *ou* change *ou* turn into.
müesli [myɛsli] *nm* muesli.
muet, -ette [mɥɛ, ɛt] **1** *adj* (a) (*infirme*) dumb; *V* sourd.
　(b) (*silencieux*) colère, prière, personne silent, mute; (*littér*) forêt silent. ~ de colère/surprise speechless with anger/surprise; ~ de peur dumb with fear; le code est ~ à ce sujet the law is silent on this matter; en rester ~ (d'étonnement) to stand speechless, be struck dumb (with astonishment); ~ comme une tombe (as) silent as the grave; il est resté ~ comme une carpe he never opened his mouth.
　(c) (*Ciné*) film, cinéma silent; *V* jeu, rôle.
　(d) (*Ling*) mute, silent.
　(e) (*Scol*) (*Géog*) carte, clavier de machine à écrire blank. (*Mus*) clavier ~ dummy keyboard.
2 *nm* (a) (*infirme*) mute, dumb man.
　(b) (*Ciné*) le ~ the silent cinema.
3 muette *nf* mute, dumb woman; *V* grand.
muezzin [mɥɛdzin] *nm* muezzin.
mufle [myfl(ə)] *nm* (a) (*Zool: museau*) [*bovin*] muffle; [*chien, lion*] muzzle. (b) (‡: *goujat*) boor, lout, yob‡ (*Brit*). ce qu'il est ~ alors!‡ what a yob‡ (*Brit*) ou lout he is!, what a boorish fellow he is!
muflerie [myflaʀi] *nf* boorishness (*U*), loutishness (*U*).
muflier [myflije] *nm* antirrhinum, snapdragon.
mufti [myfti] *nm* (*Rel*) mufti.
muge [myʒ] *nm* grey mullet
mugir [myʒiʀ] (2) *vi* (a) [*vache*] to low, moo; [*bœuf*] to bellow. (b) (*littér*) [*vent*] to howl, roar, bellow; [*mer*] to howl, roar, boom; [*sirène*] to howl.
mugissement [myʒismɑ̃] *nm* (*V* mugir) lowing, mooing; bellowing; howling; roaring; booming.
muguet [mygɛ] *nm* (*Bot*) lily of the valley; (*Méd*) thrush; (†: *élégant*) fop, coxcomb††, popinjay††.
muid [mɥi] *nm* (†: *tonneau*) hogshead.
mulâtre, -esse [mylɑtʀ(ə), ɛs] *nm,f*, **mulâtre** *adj inv* mulatto.
mule [myl] *nf* (a) (*Zool*) (she-)mule; *V* tête, têtu. (b) (*pantoufle*) mule.
mulet [mylɛ] *nm* (*Zool*) (he-)mule; (*poisson*) mullet.
muletier, -ière [myltje, jɛʀ] **1** *adj*: sentier *ou* chemin ~ mule track. **2** *nm,f* mule-driver, muleteer.
mulot [mylo] *nm* field mouse.
multi ... [mylti] *préf* multi ... .
multicellulaire [myltiselylɛʀ] *adj* multicellular.
multicolore [myltikɔlɔʀ] *adj* multicoloured, many-coloured.
multicoque [myltikɔk] *adj, nm*: (voilier) ~ multihull.
multicouche [myltikuʃ] *adj*: objectif ~ lens with multiple coatings.
multiculturalisme [myltikyltyʀalism(ə)] *nm* multiculturalism.
multiculturel, -elle [myltikyltyʀɛl] *adj* multicultural.
multidimensionnel, -elle [myltidimɑ̃sjɔnɛl] *adj* multidimensional.
multidisciplinaire [myltidisiplinɛʀ] *adj* multidisciplinary.
multiflore [myltiflɔʀ] *adj* multiflora.
multiforme [myltifɔʀm(ə)] *adj* apparence multiform; problème many-sided.
multigrade [myltigʀad] *adj*: huile ~ multigrade oil.
multilatéral, e, *mpl* -aux [myltilateʀal, o] *adj* multilateral.
multilingue [myltilɛ̃g] *adj* multilingual.
multilinguisme [myltilɛ̃gɥism(ə)] *nm* multilingualism.
multimédia [myltimedja] *adj* multimedia. campagne de publicité ~ multimedia advertising campaign.
multimilliardaire [myltimiljaʀdɛʀ] *adj, nmf* **multimillionnaire** [myltimiljɔnɛʀ] *adj, nmf* multimillionaire.
multinational, e, *mpl* -aux [myltinasjɔnal, o] **1** *adj* multinational. **2 multinationale** *nf* multinational (company).
multiniveaux [myltinivo] *adj* multilevel.
multipartisme [myltipaʀtizm(ə)] *nm* (*Pol*) multiparty system.
multipare [myltipaʀ] **1** *adj* multiparous. **2** *nf* (*femme*) multipara; (*animal*) multiparous animal.
multiplace [myltiplas] *adj, nm*: cet avion est (un) ~ it's a passenger aircraft.
multiple [myltipl(ə)] **1** *adj* (a) (*nombreux*) numerous, multiple, many; (*Méd*) fracture, blessures multiple. dans de ~s cas in numerous *ou* many instances; en de ~s occasions on numerous *ou* many multiple occasions; pour des raisons ~s *ou* de ~s raisons for multiple reasons; à de ~s reprises time and again, repeatedly; à têtes ~s missile multiple-warhead; outil with (a range of) attachments; outil à usages ~s multi-purpose tool; choix ~ multiple choice; *V* magasin.
　(b) (*variés*) activités, aspects many, multifarious, manifold.
　(c) (*complexe*) pensée, problème, homme many-sided, multifaceted; monde complex, mixed.
　(d) (*Math*) **100 est ~ de 10** 100 is a multiple of 10.
2 *nm* multiple. plus petit commun ~ lowest common multiple.
multiplex [myltipleks] *adj, nm* (*Télec*) multiplex.
multiplexage [myltipleksaʒ] *nm* (*Télec*) multiplexing.
multiplexeur [myltipleksœʀ] *nm* (*Télec*) multiplexer.
multipliable [myltiplijabl(ə)] *adj* multipli(c)able.
multiplicande [myltiplikɑ̃d] *nm* multiplicand.
multiplicateur, -trice [myltiplikatœʀ, tʀis] **1** *adj* multiplying. effet ~ multiplier effect. **2** *nm* multiplier.
multiplicatif, -ive [myltiplikatif, iv] *adj* (*Math*) multiplying; (*Gram*) multiplicative.
multiplication [myltiplikasjɔ̃] *nf* (a) (*prolifération*) increase in the number of. (*Bible*) **la ~ des pains** the miracle of the loaves and fishes. (b) (*Bot, Math*) multiplication. (*Math*) faire une ~ to do a multiplication. (c) (*Tech*) gear ratio.

multiplicité [myltiplisite] *nf* multiplicity.
multiplier [myltiplije] (7) **1** *vt* (*Math*) to multiply (*par* by); attaques, difficultés, avertissements to multiply, increase. malgré nos efforts multipliés in spite of our increased efforts.
2 se multiplier *vpr* (a) [*incidents, attaques, difficultés*] to multiply, increase, grow in number; [*progrès*] to expand, increase.
　(b) (*se reproduire*) [*animaux*] to multiply.
　(c) (*fig: se donner à fond*) [*infirmier, soldat*] to do one's utmost, give of one's best (*pour faire* in order to do).
multipolaire [myltipɔlɛʀ] *adj* multipolar.
multiposte [myltipɔst(ə)] *adj V* configuration.
multiprogrammation [myltipʀɔgʀamɑsjɔ̃] *nf* (*Ordin*) multiprogramming.
multipropriété [myltipʀɔpʀijete] *nf* timesharing. acheter un studio en ~ to buy a timeshare in a flatlet.
multiracial, e, *mpl* -aux [myltiʀasjal,o] *adj* multiracial.
multirisque [myltiʀisk(ə)] *adj* multiple-risk (*épith*).
multisalles [myltisal] *adj*: (cinéma) ~ film centre, cinema complex.
multistandard [myltistɑ̃daʀ] *adj*: (téléviseur) ~ multichannel television.
multitraitement [myltitʀɛtmɑ̃] *nm* (*Ordin*) multiprocessing.
multitude [myltityd] *nf* (a) (*grand nombre*) (toute) une ~ de personnes a multitude of, a vast number of; objets, idées a vast number of; la ~ des gens the (vast) majority of people.
　(b) (*ensemble, masse*) mass. on pouvait voir d'en haut la ~ des champs from the air you could see the mass of fields.
　(c) († *ou littér: foule de gens*) multitude, throng.
mumuse* [mymyz] *nf*: faire ~ avec to play with.
Munich [mynik] *n* Munich.
munichois, e [mynikwa, waz] **1** *adj* of *ou* from Munich, Munich (*épith*). bière ~e Munich beer. **2** *nm,f*: M~(e) inhabitant *ou* native of Munich; (*Pol*) les ~ the men of Munich.
municipal, e, *mpl* -aux [mynisipal, o] *adj* élection, taxe, théâtre, stade municipal; conseil, conseiller local, town (*épith*), borough (*épith*). règlement/arrêté ~ local by-law; piscine/bibliothèque ~e public swimming pool/library.
municipalité [mynisipalite] *nf* (a) (*ville*) town, municipality. (b) (*conseil*) town council, corporation.
munificence [mynifisɑ̃s] *nf* (*littér*) munificence.
munificent, e [mynifisɑ̃,ɑ̃t] *adj* munificent.
munir [myniʀ] (2) **1** *vt*: ~ de: ~ un objet de to provide *ou* fit an object with; ~ une machine de to equip *ou* fit a machine with; ~ un bâtiment de to equip *ou* fit up *ou* fit out a building with; ~ qn de to provide *ou* supply *ou* equip sb with; canne munie d'un bout ferré walking stick with an iron tip; muni de ces conseils armed with this advice; (*Rel*) muni des sacrements de l'Église fortified with the rites of the Church.
2 se munir *vpr*: se ~ de papiers, imperméable to provide *ou* equip o.s. with; argent, nourriture to provide *ou* supply o.s. with; se ~ de patience to arm o.s. with patience; se ~ de courage to pluck up one's courage.
munitions [mynisjɔ̃] *nfpl* (a) ammunition (*U*), munitions. dépôt de ~ munitions *ou* ammunition dump. (b) († *ressources*) supplies. ~ de bouche food supplies.
munster [mœstɛʀ] *nm* Munster (cheese).
muphti [myfti] *nm* = mufti.
muqueux, -euse [mykø, øz] **1** *adj* mucous. **2 muqueuse** *nf* mucous membrane.
mur [myʀ] **1** *nm* (a) (*gén*) wall. leur jardin est entouré d'un ~ their garden is walled *ou* is surrounded by a wall; une maison aux ~s de brique a brick house; ~ d'appui parapet; mettre/pendre qch au ~ to put/hang sth on the wall; sauter *ou* faire le ~* to leap over *ou* jump the wall; (*Sport*) faire le ~ to make a wall; ils n'ont laissé que les (quatre) ~s they left nothing but the bare walls; ils l'ont collé au ~ they stuck him up against a wall and put a bullet in him; l'ennemi est dans nos ~s the enemy is within our gates; M X est dans nos ~s aujourd'hui we have Mr X with us today; (*fig*) les ~s ont des oreilles walls have ears; (*Mil, Pol*) le ~ de Berlin/de l'Atlantique the Berlin/the Atlantic Wall; le ~ d'Hadrien Hadrian's Wall.
　(b) (*obstacle*) [*feu, pluie*] wall; [*silence, hostilité*] barrier, wall. il y a un ~ entre nous there is a barrier between us; se heurter à *ou* se trouver devant un ~ to come up against a stone *ou* a brick wall; être *ou* avoir le dos au ~ to have one's back to the wall; on parle à un ~ it's like talking to a brick wall; *V* pied.
　(c) (*Aviat*) ~ du son/de la chaleur sound/heat barrier; passer *ou* franchir le ~ du son to break the sound barrier.
2: mur de clôture enclosing wall; mur d'enceinte outer wall(s); le Mur des Lamentations the Wailing Wall; mur mitoyen party wall; mur de pierres sèches dry-stone wall; mur portant load-bearing wall; mur de refend supporting (partition) wall; mur de séparation dividing wall; mur de soutènement retaining *ou* breast wall.
mûr, e¹ [myʀ] *adj* (a) fruit, projet ripe; toile, tissu worn. fruit pas ~ /trop ~ unripe/overripe fruit.
　(b) personne (*sensé*) mature; (*âgé*) middle-aged. il est ~ pour le mariage he is ready for marriage; il n'est pas encore assez ~ he's not yet mature enough, he's still rather immature; une femme assez ~e a woman of mature years.
　(c) (‡: *ivre*) tight*, plastered*.
　(d) après ~e réflexion after mature reflection, after (giving the subject) much thought, after careful consideration (of the subject).
murage [myʀaʒ] *nm* [*ouverture*] walling up, bricking up, blocking up.
muraille [myʀaj] *nf* (high) wall. la Grande M~ de Chine the Great

Wall of China; ~ **de glace/roche** wall of ice/rock, ice/rock barrier; **couleur (de)** ~ (stone) grey.

mural, e, *mpl* **-aux** [myʀal, o] *adj* wall (*épith*); (*Art*) mural.

mûre² [myʀ] *nf [ronce]* blackberry, bramble; *[mûrier]* mulberry.

mûrement [myʀmɑ̃] *adv*: **ayant** ~ **réfléchi** *ou* **délibéré sur cela** after giving it much thought, after mature reflection *ou* lengthy deliberation.

murène [myʀɛn] *nf* moray (eel), mur(a)ena.

murer [myʀe] (1) *vt* **(a)** *ouverture* to wall up, brick up, block up; *lieu, ville* to wall (in).
(b) *personne (lit)* to wall in, wall up; (*fig*) to isolate.
2 se murer *vpr (chez soi)* to shut o.s. away. **se** ~ **dans sa douleur/son silence** to immure o.s. in one's grief/in silence.

muret [myʀɛ] *nm,* **murette** [myʀɛt] *nf* low wall.

murex [myʀɛks] *nm* murex.

mûrier [myʀje] *nm (arbre)* mulberry tree; *(ronce)* blackberry bush, bramble bush.

mûrir [myʀiʀ] (2) **1** *vt [fruit]* to ripen; *[idée]* to mature, develop; *[personne]* to mature; *[abcès, bouton]* to come to a head.
2 *vt fruit* to ripen; *idée, projet* to nurture; *personne* to (make) mature. **faire** ~ *fruit* to ripen.

mûrissage [myʀisaʒ] *nm [fruits]* ripening.

mûrissant, e [myʀisɑ̃, ɑ̃t] *adj fruit* ripening; *personne* of mature years.

mûrissement [myʀismɑ̃] *nm [fruit]* ripening; *[idée]* maturing, development; *[projet]* nurturing.

mûrisserie [myʀisʀi] *nf [bananes]* ripening room.

murmure [myʀmyʀ] *nm* **(a)** *(chuchotement) [personne]* murmur; *[ruisseau]* murmur(ing), babble; *[vent]* murmur(ing); *[oiseaux]* twitter(ing).
(b) *(commentaire)* murmur. ~ **d'approbation/de protestation** murmur of approval/of protest; **obéir sans** ~ to obey without a murmur; ~**s** *(protestations)* murmurings, mutterings, grumblings; *(objections)* objections.

murmurer [myʀmyʀe] (1) **1** *vt* to murmur. **on murmure que ... it's** whispered that ..., rumour has it that ... .
2 *vi* **(a)** *(chuchoter) [personne, vent]* to murmur; *[ruisseau]* to murmur, babble; *[oiseaux]* to twitter.
(b) *(protester)* to mutter, complain, grumble (*contre* about). **il a consenti sans** ~ he agreed without a murmur (of protest).

musaraigne [myzaʀɛɲ] *nf (Zool)* shrew.

musarder [myzaʀde] (1) *vi (littér) (en se promenant)* to dawdle (along); *(en perdant son temps)* to idle (about).

musc [mysk] *nm* musk.

muscade [myskad] *nf* **(a)** *(Culin)* nutmeg; *V* **noix.**
(b) *(conjurer's)* ball. **passez** ~**!** *(lit) [jongleur]* hey presto!; (*fig*) quick as a flash!

muscadet [myskadɛ] *nm* muscadet (wine).

muscadier [myskadje] *nm* nutmeg (tree).

muscadin [myskadɛ̃] *nm (Hist††): élégant* fop, coxcomb††, popinjay††.

muscari [myskaʀi] *nm* grape hyacinth.

muscat [myska] *nm (raisin)* muscat grape; *(vin)* muscatel (wine).

muscle [myskl(ə)] *nm* muscle. (*Anat*) ~**s lisses/striés** smooth/striated muscles; **il est tout en** ~ he's all muscle; **il a des** ~**s** *ou* **du** ~***** he is brawny, he's got plenty of beef*.

musclé, e [myskle] *(ptp de muscler) adj corps, membre* muscular; *homme* brawny; (*fig*) *style* sinewy; *pièce de théâtre* powerful; *régime, appariteur* strong-arm (*épith*). (*arg Scol*) **un problème** ~ a stinker‡ of a problem, a stiff problem.

muscler [myskle] (1) *vt* to develop the muscle of.

musculaire [myskylɛʀ] *adj force* muscular. **fibre** ~ muscle fibre.

musculation [myskylasjɔ̃] *nf*: **(exercices de)** ~ muscle-development exercises.

musculature [myskylatyʀ] *nf* muscle structure, musculature (*T*). **il a une** ~ **imposante** he has an impressive set of muscles.

musculeux, -euse [myskylø, øz] *adj corps, membre* muscular; *homme* muscular, brawny.

muse [myz] *nf (Littérat, Myth)* Muse. **les (neuf)** ~**s** the Muses; *(hum)* **cultiver** *ou* **taquiner la** ~ to court the Muse (*hum*).

museau, *pl* ~**x** [myzo] *nm* **(a)** *[chien, bovin]* muzzle; *[porc]* snout.
(b) *(Culin)* brawn (*Brit*), headcheese (*US*).
(c) (*: *visage*) face, snout*.

musée [myze] *nm (art, peinture)* art gallery; *(technique, scientifique)* museum. **Nîmes est une ville-**~ Nîmes is a historical town, Nîmes is a town of great historical interest; *(hum)* ~ **des horreurs** junkshop *(hum)*; **elle ferait bien dans un** ~ **des horreurs** she should be in a chamber of horrors; *(lit, fig)* **objet** *ou* **pièce de** ~ museum piece.

museler [myzle] (4) *vt (lit) animal* to muzzle; *(fig) personne, liberté, presse* to muzzle, gag, silence.

muselière [myzəljɛʀ] *nf* muzzle. **mettre une** ~ **à** to muzzle.

musellement [myzɛlmɑ̃] *nm (lit) [animal]* muzzling; *(fig) [personne, liberté, presse]* muzzling, gagging, silencing.

muséobus [myzeobys] *nm* mobile museum.

muser [myze] (1) *vi* († *ou littér) (en se promenant)* to dawdle (along); *(en perdant son temps)* to idle (about).

musette [myzɛt] **1** *nf* **(a)** *(sac) [ouvrier]* lunchbag; (††) *[écolier]* satchel; *[soldat]* haversack.
(b) *(Mus: instrument, air)* musette.
(c) *(Zool)* common shrew.
2 *nm (bal)* popular dance *(to the accordion)*. *(genre)* **le** ~ accordion music.
3 *adj inv genre, style, orchestre* accordion (*épith*); *V* **bal.**

muséum [myzeɔm] *nm*: ~ **(d'histoire naturelle)** (natural history) museum.

musical, e, *mpl* **-aux** [myzikal, o] *adj* musical. **avoir l'oreille** ~**e**

to have a good ear for music; *V* **comédie.**

musicalement [myzikalmɑ̃] *adv* musically.

musicalité [myzikalite] *nf* musicality, musical quality.

music-hall, *pl* **music-halls** [myzikol] *nm (salle)* variety theatre, music hall. **faire du** ~ to be in *ou* do variety; **spectacle/numéro de** ~ variety show/turn *ou* act *ou* number.

musicien, -ienne [myzisjɛ̃, jɛn] **1** *adj* musical. **2** *nm, f* musician.

musicographe [myzikɔgʀaf] *nm* musicographer.

musicographie [myzikɔgʀafi] *nf* musicography.

musicologie [myzikɔlɔʒi] *nf* musicology.

musicologue [myzikɔlɔg] *nmf* musicologist.

musique [myzik] **1** *nf* **(a)** *(art, harmonie, notations)* music. ~ **militaire/sacrée** military/sacred music; ~ **pour piano** piano music; *(Rad)* **programme de** ~ **variée** programme of selected music; **la** ~ **adoucit les mœurs** music has a civilizing influence; **elle fait de la** ~ she does music, she plays an instrument; **si on faisait de la** ~ let's make some music; **mettre un poème en** ~ to set a poem to music; **déjeuner en** ~ to lunch against a background of music; **travailler en** ~ to work to music; **je n'aime pas travailler en** ~ I don't like working against music *ou* with music playing; *(fig)* **c'est toujours la même** ~***** it's always the same old refrain *ou* song; *V* **boîte, papier.**
(b) *(orchestre, fanfare)* band. ~ **militaire** military band; *(Mil)* **marcher** *ou* **aller** ~ **en tête** to march with the band leading; *V* **chef¹.**
2: musique d'ambiance background music; **musique de ballet** ballet music; **musique de chambre** chamber music; **musique classique** classical music; **musique concrète** concrete music, musique concrète; **musique douce** soft music; **musique folklorique** folk music; **musique de fond** background music; **musique légère** light music; **musique noire** negro music; **musique pop** pop music; **musique de scène** incidental music.

musiquette [myzikɛt] *nf* rubbishy* music.

musoir [myzwaʀ] *nm (Naut)* pierhead.

musqué, e [myske] *adj odeur, goût* musky. **rat** ~ muskrat; **bœuf** ~ musk ox; **rose** ~**e** musk rose.

musulman, e [myzylmɑ̃, an] *adj, nm, f* Moslem, Muslim.

mutabilité [mytabilite] *nf (Bio, Jur etc)* mutability.

mutant, e [mytɑ̃, ɑ̃t] *adj, nm, f* mutant.

mutation [mytasjɔ̃] *nf* **(a)** *(transfert) [employé]* transfer. **(b)** *(changement) (gén)* transformation; *(Bio)* mutation. **société en** ~ changing society. **(c)** *(Jur)* transfer; *(Mus)* mutation. *(Ling)* ~ **consonantique/vocalique/phonétique** consonant/vowel/sound shift.

muter [myte] (1) *vt (Admin)* to transfer, move.

mutilateur, -trice [mytilatœʀ, tʀis] *(littér)* **1** *adj* mutilating, mutilative. **2** *nm, f* mutilator.

mutilation [mytilasjɔ̃] *nf [corps]* mutilation, maiming; *[texte, statue, arbre]* mutilation. ~ **volontaire** self-inflicted injury.

mutilé, e [mytile] *(ptp de mutiler) nm, f (infirme)* cripple, disabled person. **les (grands)** ~**s** the (badly *ou* severely) disabled; ~ **de la face** disfigured person; ~ **de guerre** disabled ex-serviceman; ~ **du travail** disabled worker.

mutiler [mytile] (1) *vt personne* to mutilate, maim; *tableau, statue, arbre* to mutilate, deface; *texte* to mutilate. **gravement mutilé** badly disabled; **être mutilé des deux jambes** to have lost both legs; **se** ~ **(volontairement)** to injure o.s. (on purpose), inflict an injury on o.s.

mutin, e [mytɛ̃, in] **1** *adj (espiègle)* mischievous, impish. **2** *nm (Mil, Naut)* mutineer; *(gén: révolté)* rebel.

mutiné, e [mytine] *(ptp de se mutiner)* **1** *adj marin, soldat* mutinous. **2** *nm (Mil, Naut)* mutineer; *(gén)* rebel.

mutiner (se) [mytine] (1) *vpr (Mil, Naut)* to mutiny; *(gén)* to rebel, revolt.

mutinerie [mytinʀi] *nf (Mil, Naut)* mutiny; *(gén)* rebellion, revolt.

mutisme [mytism(ə)] *nm* **(a)** silence. **la presse observe un** ~ **total** the press is maintaining a complete silence *ou* blackout on the subject. **(b)** *(Méd)* dumbness, muteness; *(Psych)* mutism.

mutité [mytite] *nf (Méd)* muteness.

mutualiste [mytɥalism(ə)] *nm* mutual (benefit) insurance system.

mutualiste [mytɥalist(ə)] **1** *adj* mutualistic. **2** *nmf* mutualist.

mutualité [mytɥalite] *nf* **(a)** *(système d'entraide)* mutual (benefit) insurance system. **(b)** *(réciprocité)* mutuality.

mutuel, -elle [mytɥɛl] **1** *adj (réciproque)* mutual; *V* **pari. 2 mutuelle** *nf* mutual benefit society, mutual (benefit) insurance company. *(Hist)* ~ Friendly Society (*Brit*). **payer sa cotisation à la** ~**le** ≃ to pay one's insurance contribution.

mutuellement [mytɥɛlmɑ̃] *adv* one another, each other. ~ **ressenti** mutually felt; **s'aider** ~ to give each other mutual help, help one another.

mycélium [miseljɔm] *nm* mycelium.

mycénien, -ienne [misenjɛ̃, jɛn] **1** *adj* Mycenaean. **2** *nm, f*: **M**~**(ne)** Mycenaean.

mycologie [mikɔlɔʒi] *nf* mycology.

mycologique [mikɔlɔʒik] *adj* mycologic(al).

mycologue [mikɔlɔg] *nmf* mycologist.

mycose [mikoz] *nf* mycosis. **la** ~ **du pied** athlete's foot.

myéline [mjelin] *nf* myelin.

myélite [mjelit] *nf* myelitis.

myocarde [mjɔkaʀd(ə)] *nm* myocardium.

myope [mjɔp] *adj* short-sighted, near-sighted, myopic (*T*). ~ **comme une taupe*** (as) blind as a bat*.

myopie [mjɔpi] *nf* short-sightedness, near-sightedness, myopia (*T*).

myosotis [mjɔzɔtis] *nm* forget-me-not.

myriade [miʀjad] *nf* myriad.

myriapode [miʀjapɔd] *nm* myriapod. ~**s** Myriapoda.

myrmidon [miʀmidɔ̃] *nm* († *péj: nabot*) pipsqueak*.
myrrhe [miʀ] *nf* myrrh.
myrte [miʀt(ə)] *nm* myrtle.
myrtille [miʀtij] *nf* bilberry (*Brit*), blueberry (*US*), whortleberry.
mystère [mistɛʀ] *nm* (a) (*énigme, dissimulation*) mystery. **pas tant de ~(s)!** don't be so mysterious! *ou* secretive!; **faire (un) ~ de** to make a mystery out of.
   (b) (*Littérat, Rel*) mystery, mystery play. **les ~s du moyen âge** the mediaeval mystery plays; **le ~ de la passion** the Mystery of the Passion.
   (c) (*glace*) ® ice-cream covered in meringue and decorated with flaked almonds.
mystérieusement [misteʀjøzmɑ̃] *adv* mysteriously.
mystérieux, -euse [misteʀjø, øz] *adj* (*secret, bizarre*) mysterious; (*cachottier*) secretive.
mysticisme [mistisism(ə)] *nm* mysticism.
mystificateur, -trice [mistifikatœʀ, tʀis] **1** *adj*: j'ai reçu un coup

de fil ~ I had a phone call which was a hoax; **tenir des propos ~s à qn** to say things to trick sb.
   2 *nm, f* (*farceur*) hoaxer, practical joker.
mystification [mistifikasjɔ̃] *nf* (*farce*) hoax, practical joke; (*péj: mythe*) myth.
mystifier [mistifje] (7) *vt* to fool, take in, bamboozle*.
mystique [mistik] **1** *adj* mystic(al). **2** *nmf* (*personne*) mystic. **3** *nf* (*science, pratiques*) mysticism; (*péj: vénération*) blind belief (*de* in). **avoir la ~ du travail** to have a blind belief in work.
mystiquement [mistikmɑ̃] *adv* mystically.
mythe [mit] *nm* (*gén*) myth.
mythique [mitik] *adj* mythical.
mythologie [mitɔlɔʒi] *nf* mythology.
mythologique [mitɔlɔʒik] *adj* mythological.
mythomane [mitɔman] *adj, nmf* mythomaniac.
mythomanie [mitɔmani] *nf* mythomania.
myxomatose [miksɔmatoz] *nf* myxomatosis.

N

N, n [ɛn] *nm* (*lettre*) N, n; (*Math*) n.
n' [n] *V* **ne**.
na [na] *excl* (*langage enfantin*) so there! **je n'en veux pas, ~!** I don't want any, so there!
nabab [nabab] *nm* (*Hist ou* †) nabob.
nabot, e [nabo, ɔt] **1** *adj* dwarfish, tiny. **2** *nm, f* (*péj*) dwarf, midget.
nabuchodonosor [nabykɔdɔnɔzɔʀ] *nm* (*bouteille*) nebuchadnezzar. **N~** Nebuchadnezzar.
nacelle [nasɛl] *nf* (*ballon*) nacelle; (*landau*) carriage; (*engin spatial*) pod; (*littér: bateau*) skiff.
nacre [nakʀ(ə)] *nf* mother-of-pearl.
nacré, e [nakʀe] (*ptp de nacrer*) *adj* pearly.
nacrer [nakʀe] (1) *vt* (*iriser*) to cast a pearly sheen over; (*Tech*) to give a pearly gloss to.
nadir [nadiʀ] *nm* nadir.
nævus [nevys], *pl* **nævi** [nevi] *nm* naevus.
Nagasaki [nagazaki] *n* Nagasaki.
nage [naʒ] *nf* (a) (*activité*) swimming; (*manière*) stroke, style of swimming. **~ sur le dos** backstroke; **~ indienne** sidestroke; **~ libre** freestyle; **faire un 100 m ~ libre** to swim a 100 m (in) freestyle; **~ sous-marine** underwater swimming, skin diving; **~ de vitesse** speed stroke; **~ synchronisée** synchronized swimming.
   (b) **à la ~:** **se sauver à la ~** to swim away *ou* off; **gagner la rive/traverser une rivière à la ~** to swim to the bank/across a river; **faire traverser son chien à la ~** to get one's dog to swim across; *V* **homard**.
   (c) **il était tout en ~** he was pouring with sweat *ou* bathed in sweat; **cela m'a mis en ~** that made me sweat; **ne te mets pas en ~** don't get yourself in a lather.
   (d) (*Naut*) **à couple/en pointe** double-/single-banked rowing; **chef de ~** coxswain, cox.
nageoire [naʒwaʀ] *nf* (*poisson*) fin; (*phoque etc*) flipper. **~ anale/dorsale/ventrale** *etc* anal/dorsal/ventral *etc* fin.
nager [naʒe] (3) **1** *vi* (a) (*personne, poisson*) to swim; (*objet*) to float. **~ comme un fer à repasser*/comme un poisson** to swim like a brick/like a fish; **~ entre deux eaux** to swim *ou* float under water; **la viande nage dans la graisse** the meat is swimming in fat; **attention, tes manches nagent dans la soupe** look out, your sleeves are dipping *ou* getting in the soup; **on nageait dans le sang** the place was swimming in *ou* with blood, the place was awash with blood; *V* **apprendre, savoir**.
   (b) (*fig*) **il nage dans la joie** he is overjoyed, his joy knows no bounds; **~ dans l'opulence** to be rolling in money*; **il nage dans ses vêtements** he is lost in his clothes; **en allemand, je nage complètement*** I'm completely at sea* *ou* lost in German.
   (c) (*Naut*) to row.
   2 *vt* to swim. **~ la brasse/le 100 mètres** to swim breast-stroke/the 100 metres.
nageur, -euse [naʒœʀ, øz] *nm, f* swimmer; (*rameur*) rower. (*Mil*) **~ de combat** naval frogman.
naguère [nagɛʀ] *adv* (*frm*) (*il y a peu de temps*) not long ago, a short while ago, of late; (*autrefois*) formerly.
naïade [najad] *nf* (*Bot, Myth*) naïad; (*hum, littér*) nymph.
naïf, naïve [naif, naiv] **1** *adj personne* (*ingénu*) innocent, naïve; (*crédule*) naïve, gullible; *réponse, foi, gaieté* naïve. (*Art*) **peintre/art ~** naïve painter/art.
   2 *nm, f* gullible fool, innocent. **vous me prenez pour un ~** you must think I'm a gullible fool *ou* a complete innocent.
nain, e [nɛ̃, nɛn] **1** *adj* dwarfish, dwarf (*épith*). **chêne/haricot ~**

dwarf oak/runner bean; (*Astron*) **étoile ~e** dwarf star. **2** *nm, f* dwarf. (*Cartes*) **le ~** jaune pope Joan.
naissain [nesɛ̃] *nm* seed oyster, spat.
naissance [nesɑ̃s] *nf* (a) (*personne, animal*) birth. **à la ~** at birth; **il est aveugle/muet/sourd de ~** he has been blind/dumb/deaf from birth, he was born blind/dumb/deaf; **français de ~** French by birth; **chez lui, c'est de ~*** he was born like that; **~ double** birth of twins; *V* **contrôle, extrait, limitation** *etc*.
   (b) (*frm: origine, source*) **de ~ obscure/illustre** of obscure/illustrious birth; **de haute** *ou* **bonne ~** of high birth; **peu importe sa ~** no matter what his birth *ou* parentage (is).
   (c) (*point de départ*) (*rivière*) source; (*langue, ongles*) root; (*cou, colonne*) base. **à la ~ des cheveux** at the roots of the hair.
   (d) (*littér: commencement*) (*printemps, monde, idée, amour*) dawn, birth. **la ~ du jour** daybreak.
   (e) (*loc*) **prendre ~** (*projet, idée*) to originate, take form; (*rivière*) to rise, originate; (*soupçon*) to arise, take form; **donner ~ à** *enfant* to give birth to; *rumeurs* to give rise to.
naissant, e [nesɑ̃, ɑ̃t] *adj* (*littér, Chim*) nascent.
naître [nɛtʀ(ə)] (59) **1** *vi* (a) (*personne, animal*) to be born. **quand l'enfant doit-il ~?** when is the child to be born? when is the child due?; **il vient tout juste de ~** he has only just been born, he is just newly born; **X est né** *ou* **X naquit** (*frm*) **le 4 mars** X was born on March 4; **l'homme naît libre** man is born free; **il est né poète** he is a born *ou* natural poet; **l'enfant qui naît aveugle/infirme** the child who is born blind/disabled *ou* a cripple; **l'enfant qui va ~**, **l'enfant à ~** the unborn child; **l'enfant qui vient de ~** the newborn child; **en naissant** at birth; **prématuré né à 7 mois** baby born prematurely at 7 months, premature baby born at 7 months; **né sous le signe du Verseau** born under (the sign of) Aquarius; **enfant né de père inconnu** child of an unknown father; **Mme Durand, née Dupont** Mme Durand, née Dupont *ou* maiden name Dupont; **être né de parents français** to be of French parentage, be born of French parents; **être né d'une mère anglaise** to be born of an English mother; (*Bible*) **un sauveur nous est né** a saviour is born to us; (*Méd*) **être né coiffé** to be born with a caul; (*fig*) **être né coiffé** *ou* **sous une bonne étoile** to be born lucky *ou* under a lucky star; (*fig*) **il n'est pas né d'hier** *ou* **de la dernière pluie** he wasn't born yesterday, he is not as green as he looks; *V* **femme**.
   (b) (*fig*) (*sentiment, craintes*) to arise, be born; (*idée, projet*) to be born; (*ville, industrie*) to spring up; (*jour*) to break; (*difficultés*) to arise; (*fleur, plante*) to burst forth. **la rivière naît au pied de ces collines** the river has its source *ou* rises at the foot of these hills; **je vis ~ un sourire sur son visage** I saw the beginnings of a smile on his face, I saw a smile creep over *ou* dawn on his face; **faire ~ une industrie/des difficultés** to create an industry/difficulties; **faire ~ des soupçons/le désir** to arouse suspicions/desire.
   (c) **~ de** (*résulter de*) to spring from, arise from; **la haine née de ces querelles** the hatred arising from *ou* which sprang from these quarrels; **de cette rencontre naquit le mouvement qui ... from** this meeting sprang the movement which ....
   (d) (*être destiné à*) **il était né pour commander/pour la magistrature** he was born to command/to be a magistrate; **ils sont nés l'un pour l'autre** they were made for each other.
   (e) (*littér: s'éveiller à*) **~ à l'amour/la poésie** to awaken to love/poetry.
   2 *vb impers*: **il naît plus de filles que de garçons** there are more girls born than boys, more girls are born than boys; (*littér*) **il vous est né un fils** a son has been born to you (*littér*); *V aussi* **né**.
naïvement [naivmɑ̃] *adv* (*V* **naïf**) innocently; naïvely.

naïveté [naivte] *nf* (*V* **naïf**) innocence; naïvety, gullibility. **il a eu la ∼ de le croire** he was naïve enough to believe him (*ou* it).

naja [naʒa] *nm* cobra.

Namibie [namibi] *nf* Namibia.

namibien, -ienne [namibjɛ̃, jɛn] **1** *adj* Namibian. **2** *nm,f:* **N∼(e)** Namibian.

nana* [nana] *nf* (*femme*) bird‡ (*Brit*), chick‡.

nanan* [nanã] *nm:* **c'est du ∼** (*agréable*) it's a bit of all right*; (*facile*) it's a walkover* *ou* a doddle* (*Brit*); (*succulent*) it's scrumptious*.

nanar* [nanaʀ] *nm* (*péj*) (*objet invendable*) piece of junk. (*film démodé*) **∼ des années 30** second-rate film from the 1930s.

nanisme [nanism(ə)] *nm* dwarfism, nanism (*T*).

Nankin [nãkɛ̃] *n* (*ville*) Nanking.

nankin [nãkɛ̃] *nm* (*tissu*) nankeen.

nano ... [nano] *préf* nano ... .

nanoseconde [nanos(ə)gɔ̃d] *nf* nanosecond.

nantais, e [nãtɛ, ɛz] **1** *adj* of *ou* from Nantes. **2** *nm,f:* **N∼(e)** inhabitant *ou* native of Nantes.

nanti, e [nãti] (*ptp de* **nantir**) *adj* rich, affluent, well-to-do. **les ∼s** the rich, the affluent, the well-to-do.

nantir [nãtiʀ] (2) **1** *vt* († *Jur*) créancier to secure. (*fig, littér: munir*) **∼ qn de** to provide sb with. **2 se nantir** *vpr* († *Jur*) to secure o.s. (*fig, littér*) **se ∼ de** to provide o.s. with, equip o.s. with.

nantissement [nãtismã] *nm* (*Jur*) security.

napalm [napalm] *nm* napalm.

naphthaline [naftalin] *nf* (*antimite*) mothballs (*pl*).

naphte [naft(ə)] *nm* naphtha.

Naples [napl(ə)] *n* Naples.

Napoléon [napɔleɔ̃] *nm* Napoleon.

napoléon [napɔleɔ̃] *nm* (*Fin*) napoleon.

napoléonien, -ienne [napɔleɔnjɛ̃, jɛn] *adj* Napoleonic.

napolitain, e [napɔlitɛ̃, ɛn] **1** *adj* Neapolitan. **2** *nm,f:* **N∼(e)** Neapolitan.

nappage [napaʒ] *nm* (*Culin*) coating.

nappe [nap] **1** *nf* tablecloth. **∼ de gaz/de pétrole** *etc* layer of gas/oil *etc*; **∼ d'eau** sheet *ou* expanse of water; **mettre la ∼** to put the tablecloth on. **2: nappe d'autel** altar cloth; **nappe de brouillard** blanket *ou* layer of fog; **des nappes de brouillard** fog patches; **nappe de charriage** nappe; **nappe de feu** sheet of flame; **nappe de mazout** oil slick; **nappe phréatique** ground water.

napper [nape] (1) *vt* (*Culin*) to coat (*de* with). **se faire ∼*** to get drenched *ou* soaked.

napperon [napʀɔ̃] *nm* doily, tablemat; (*pour vase, lampe etc*) mat. **∼ individuel** place mat.

narcisse [naʀsis] *nm* (*Bot*) narcissus; (*péj: égocentrique*) narcissus, narcissistic individual. (*Myth*) **N∼** Narcissus.

narcissique [naʀsisik] **1** *adj* narcissistic. **2** *nmf* narcissist.

narcissisme [naʀsisism(ə)] *nm* narcissism.

narcose [naʀkoz] *nf* narcosis.

narcotique [naʀkɔtik] *adj, nm* narcotic.

narghileh [naʀgilɛ] *nm* hookah, nargileh, narghile.

narguer [naʀge] (1) *vt* danger, traditions to flout, thumb one's nose at; *personne* to deride, scoff at.

narguilé [naʀgile] *nm* = **narghileh**.

narine [naʀin] *nf* nostril.

narquois, e [naʀkwa, waz] *adj* (*railleur*) mocking, derisive, sardonic.

narquoisement [naʀkwazmã] *adv* mockingly, derisively, sardonically.

narrateur, -trice [naʀatœʀ, tʀis] *nm,f* narrator.

narratif, -ive [naʀatif, iv] *adj* narrative.

narration [naʀasjɔ̃] *nf* (**a**) (*U*) narration; *V* **infinitif**. (**b**) (*récit*) narration, narrative, account; (*Scol: rédaction*) essay, composition; (*Rhétorique*) narration.

narrer [naʀe] (1) *vt* (*frm*) to narrate, relate.

narthex [naʀtɛks] *nm* narthex.

narval [naʀval] *nm* narwhal.

nasal, e, *mpl* **-aux** [nazal, o] **1** *adj* nasal. **2 nasale** *nf* nasal; *V* **fosse**.

nasalisation [nazalizasjɔ̃] *nf* nasalization.

nasaliser [nazalize] (1) *vt* to nasalize.

nasalité [nazalite] *nf* nasality.

nasarde [nazaʀd(ə)] *nf* (*littér: chiquenaude*) flick on the nose, tweak of the nose; (*fig: affront*) snub.

nase‡ [naz] *adj* bust*, kaput. **ma télé est ∼** my TV has conked out‡ *ou* gone bust*.

naseau, *pl* **∼x** [nazo] *nm* [*cheval, bœuf*] nostril.

nasillard, e [nazijaʀ, aʀd(ə)] *adj* voix, instrument nasal; *gramophone* whiny.

nasillement [nazijmã] *nm* [*voix*] (nasal) twang; [*microphone, gramophone*] whine; [*instrument*] nasal sound; [*canard*] quack.

nasiller [nazije] (1) **1** *vt* to say (*ou* sing *ou* intone) with a (nasal) twang. **2** *vi* [*personne*] to have a (nasal) twang, speak with *ou* in a nasal voice; [*instrument*] to give a whiny *ou* twangy sound; [*microphone, gramophone*] to whine; [*canard*] to quack.

nasse [nas] *nf* hoop net.

natal, e, *mpl* **∼s** [natal] *adj* native. **ma maison ∼e** the house where I was born; **ma terre ∼e** my native soil.

Natal [natal] *nm* Natal.

nataliste [natalist(ə)] *adj* politique which supports a rising birth rate.

natalité [natalite] *nf* birth rate.

natation [natasjɔ̃] *nf* swimming.

natatoire [natatwaʀ] *adj* swimming (*épith*); *V* **vessie**.

natif, -ive [natif, iv] *adj, nm,f* (*gén*) native. **∼ de Nice** native of Nice; **locuteur ∼** native speaker.

nation [nɑsjɔ̃] *nf* (*pays, peuple*) nation. **les N∼s Unies** the United Nations; *V* **société**.

national, e, *mpl* **-aux** [nasjɔnal, o] **1** *adj* (*gén*) national; économie, monnaie domestic. **au plan ∼ et international** at home and abroad, at the national and international level; (*Écon*) **entreprise ∼e** state-owned company; **grève ∼e** nation-wide *ou* national strike; **obsèques ∼es** state funeral; **l'éducation ∼e** (*enseignement*) state education; (*ministère*) the Department of Education; (*route*) **∼e** ≃ 'A' *ou* trunk road (*Brit*), state highway (*US*); *V* **assemblée, fête**.

2 nationaux *nmpl* (*citoyens*) nationals.

3: national-socialisme *nm* national socialism; **national(e)-socialiste,** *mpl* **nationaux-socialistes** *adj, nm,f* national socialist.

nationalement [nasjɔnalmã] *adv* nationally.

nationalisable [nasjɔnalizabl(ə)] *adj* targetted for nationalization.

nationalisation [nasjɔnalizasjɔ̃] *nf* nationalization.

nationaliser [nasjɔnalize] (1) *vt* to nationalize. **les (entreprises) nationalisées** the nationalized companies.

nationalisme [nasjɔnalism(ə)] *nm* nationalism.

nationaliste [nasjɔnalist(ə)] *adj, nmf* nationalist.

nationalité [nasjɔnalite] *nf* nationality.

nativisme [nativism(ə)] *nm* (*Philos*) nativism.

nativiste [nativist(ə)] *adj* (*Philos*) nativistic.

nativité [nativite] *nf* nativity; (*Art*) (painting of the) nativity, nativity scene.

natte [nat] *nf* (*tresse*) pigtail, plait, braid; (*paillasse*) mat, matting (*U*).

natter [nate] (1) *vt* cheveux to plait, braid; laine etc to weave.

naturalisation [natyʀalizasjɔ̃] *nf* (*Bot, Ling, Pol*) naturalization; [*animaux morts*] stuffing; [*plantes séchées*] pressing, drying.

naturalisé, e [natyʀalize] (*ptp de* **naturaliser**) **1** *adj:* **Français ∼** naturalized Frenchman; **il est ∼ (français)** he's a naturalized Frenchman. **2** *nm,f* naturalized person.

naturaliser [natyʀalize] (1) *vt* (*Bot, Ling, Pol*) to naturalize; animal mort to stuff; plante séchée to press, dry. **se faire ∼ français** to become a naturalized Frenchman.

naturalisme [natyʀalism(ə)] *nm* naturalism.

naturaliste [natyʀalist(ə)] **1** *adj* naturalistic. **2** *nmf* (*Littérat, Sci*) naturalist; (*empailleur*) taxidermist; (*pour les plantes*) flower-preserver.

nature [natyʀ] **1** *nf* (**a**) (*caractère*) [*personne, substance, sentiment*] nature. **la ∼ humaine** human nature; **c'est une** *ou* **il est de** *ou* **d'une ∼ arrogante** he has an *ou* he is of an arrogant nature; **il est arrogant de** *ou* **par ∼** he is naturally arrogant *ou* arrogant by nature; **ce n'est pas dans sa ∼** it is not (in) his nature (*d'être* to be); **c'est/ce n'est pas de ∼ à arranger les choses** it's liable to/not likely to make things easier; **il n'est pas de ∼ à accepter** he's not the sort of person who would agree; **avoir une heureuse ∼** to have a happy nature, be of a happy disposition; **c'est dans la ∼ des choses** it's in the nature of things; *V* **habitude, second**.

(**b**) (*monde physique, principe fondamental*) **la ∼** nature; **vivre (perdu) dans la ∼** to live (out) in the country *ou* in the wilds *ou* at the back of beyond (*Brit*) *ou* in the boondocks (*US*); **la ∼ a horreur du vide** nature abhors a vacuum; **laisser agir la ∼** to leave it to nature, let nature take its course; **lâcher qn dans la ∼*** (*sans indication*) to send sb off without any directions; (*pour commettre un crime*) to let sb loose; **disparaître dans la ∼*** [*personne*] to vanish into thin air; [*ballon*] to disappear into the undergrowth *ou* bushes; **actions/crimes/vices/goûts contre ∼** unnatural acts/crimes/vices/tastes, acts/crimes/vices/tastes which go against nature *ou* which are contrary to nature; *V* **force, retour**.

(**c**) (*sorte*) nature, kind, sort. **de toute(s) ∼(s)** of all kinds, of every kind.

(**d**) (*Art*) **peindre d'après ∼** to paint from life; **plus grand que ∼** more than life-size, larger than life; **∼ morte** still life; *V* **grandeur**.

(**e**) (*Fin*) **en ∼** payer, don in kind.

2 *adj inv* (**a**) **café ∼** black coffee; **eau ∼** plain water; **thé ∼** tea without milk, plain tea; **boire le whisky ∼** to drink whisky neat *ou* straight; **manger les fraises** *etc* **∼** to eat strawberries *etc* without anything on them.

(**b**) **il est ∼!*** he is completely uninhibited!

naturel, -elle [natyʀɛl] **1** *adj* caractère, frontière, produit, phénomène natural; besoins, fonction bodily (*épith*); soie, laine pure. **aliments/produits ∼s** natural *ou* organic foods/products.

(**b**) (*inné*) natural. **son intelligence ∼le** his natural intelligence, his native wit; **elle a un talent ∼ pour le piano** playing the piano comes naturally to her, she has a natural talent for the piano.

(**c**) (*normal, habituel*) natural. **avec sa voix ∼le** in his normal voice; **c'est un geste ∼ chez lui** it's a natural gesture *ou* quite a normal gesture for him, this gesture comes (quite) naturally to him; **votre indignation est bien ∼le** your indignation is quite *ou* very natural *ou* understandable; **je vous remercie! — c'est (tout) ∼** thank you! — don't mention it *ou* you're welcome; **ne me remerciez pas, c'est bien** *ou* **tout ∼** don't thank me, anybody would have done the same *ou* it was the obvious thing to do; **il est bien ∼ qu'on en vienne à cette décision** it's only natural that this decision should have been reached; **il trouve ça tout ∼** he finds it the most natural thing in the world *ou* perfectly normal.

(**d**) (*simple, spontané*) voix, style, personne natural, unaffected. **elle sait rester très ∼le** she manages to stay very natural; **être ∼ sur les photos** to be very natural in photos, take a good photo.

(**e**) (*Mus*) natural.

2 *nm* (**a**) (*caractère*) nature, disposition. **être d'un** *ou* **avoir un bon ∼** to have a good *ou* happy nature *ou* disposition; *V* **chasser**.

(**b**) (*absence d'affectation*) naturalness. **avec (beaucoup de) ∼**

(completely) naturally; **il manque de** ~ he's not very natural, he has a rather self-conscious manner.
(c) (*indigène*) native.
(d) (*loc*) **au** ~ (*Culin: sans assaisonnement*) water-packed; (*en réalité*) **elle est mieux en photo qu'au** ~ she's better in photos than in real life.

naturellement [natyʀɛlmã] *adv* **(a)** (*sans artifice, normalement*) naturally; (*avec aisance*) naturally, unaffectedly. **(b)** (*bien sûr*) naturally, of course.

naturisme [natyʀism(ə)] *nm* (*nudisme*) naturism; (*Philos*) naturism; (*Méd*) naturopathy.

naturiste [natyʀist(ə)] *adj, nmf* (*nudiste*) naturist; (*Philos*) naturist; (*Méd*) naturopath.

naufrage [nofʀaʒ] *nm* **(a)** [*bateau*] wreck. **le** ~ **de ce navire** the wreck of this ship; **un** ~ **a shipwreck**; **faire** ~ [*bateau*] to be wrecked; [*marin etc*] to be shipwrecked.
(b) (*fig: déchéance*) [*ambitions, réputation*] ruin, ruination; [*projet, pays*] foundering, ruination. **sauver du** ~ *personne* to save from disaster; *argent, biens* to salvage (from the wreckage).

naufragé, e [nofʀaʒe] **1** *adj marin* shipwrecked; *bateau* wrecked. **2** *nm,f* shipwrecked person; (*sur une île*) castaway.

naufrageur, -euse [nofʀaʒœʀ, øz] *nm,f* (*lit, fig*) wrecker.

nauséabond, e [nozeabɔ̃, ɔ̃d] *adj* (*lit*) putrid, evil-smelling, foul-smelling, nauseating, sickening; (*fig*) nauseating, sickening.

nausée [noze] *nf* (*sensation*) nausea (*U*); (*haut-le-cœur*) bout of nausea. **avoir la** ~ to feel sick; **avoir des** ~**s** to have bouts of nausea; (*lit, fig*) **ça me donne la** ~ it makes me (feel) sick.

nautile [notil] *nm* (*Zool*) nautilus.

nautique [notik] *adj science* nautical. **sports** ~**s** water sports; **fête** ~ water festival; *V* **ski.**

nautisme [notism(ə)] *nm* water sport(s).

naval, e, mpl ~**s** [naval] *adj combat, base* naval; *industrie* shipbuilding. **école** ~**e** naval college; *V* **chantier, construction, force.**

navarin [navaʀɛ̃] *nm* navarin lamb, ≃ mutton stew (*Brit*).

navarrais, e [navaʀɛ, ɛz] **1** *adj* Navarrian. **2** *nm,f*: **N**~**(e)** Navarrian.

Navarre [navaʀ] *nf* Navarre.

navet [navɛ] *nm* **(a)** (*légume*) turnip; *V* **sang.** **(b)** (*péj*) (*film*) rubbishy *ou* third-rate film; (*roman*) rubbishy *ou* third-rate novel; (*tableau*) daub. **c'est un** ~ it's (a piece of) rubbish, it's tripe, it's a turkey* (*US*).

navette¹ [navɛt] *nf* **(a)** (*Tex*) shuttle.
(b) (*service de transport*) shuttle (service). ~ **diplomatique** diplomatic shuttle; **faire la** ~ **entre** [*banlieusard, homme d'affaires*] to commute between; [*véhicule*] to operate a shuttle (service) between; [*bateau*] to ply between; [*projet de loi, circulaire*] to be sent backwards and forwards between; **elle fait la** ~ **entre la cuisine et la chambre** she comes and goes between the kitchen and the bedroom.
(c) (*Espace*) ~ **spatiale** space shuttle.

navette² [navɛt] *nf* (*Bot*) rape.

navigabilité [navigabilite] *nf* [*rivière*] navigability; [*bateau*] seaworthiness; [*avion*] airworthiness.

navigable [navigabl(ə)] *adj rivière* navigable.

navigant, e [navigã, ɑ̃t] *adj, nm*: **le personnel** ~, **les** ~**s** (*Aviat*) flying personnel; (*Naut*) seagoing personnel.

navigateur [navigatœʀ] *nm* (*littér, Naut: marin*) navigator, sailor; (*Aut, Aviat: co-pilote*) navigator. ~ **solitaire** single-handed sailor.

navigation [navigasjɔ̃] *nf* **(a)** (*Naut*) sailing (*U*), navigation (*U*); (*voyage*) voyage, trip; (*trafic*) (sea) traffic (*U*); (*pilotage*) navigation, sailing (*U*). **les récifs rendent la** ~ **dangereuse/difficile** the reefs make sailing *ou* navigation dangerous/difficult; **canal ouvert/fermé** *ou* **interdit à la** ~ canal open/closed to shipping *ou* ships; ~ **côtière/intérieure** coastal/inland navigation; ~ **de plaisance** (pleasure) sailing; ~ **à voiles** sailing, yachting; **compagnie de** ~ shipping company; **terme de** ~ nautical term.
(b) (*Aviat*) (*trafic*) (air) traffic (*U*); (*pilotage*) navigation, flying (*U*). ~ **aérienne** aerial navigation; **compagnie de** ~ **aérienne** airline company.

naviguer [navige] (1) *vi* **(a)** (*voyager*) [*bateau, passager, marin*] to sail; [*avion, passager, pilote*] to fly. ~ **à la voile** to sail; **ce bateau/marin a beaucoup/n'a jamais navigué** this ship/sailor has been to sea a lot *ou* has done a lot of sailing/has never been to sea *ou* has never sailed; **bateau en état de** ~ seaworthy ship; ~ **à 800 mètres d'altitude** to fly at an altitude of 800 metres.
(b) (*piloter*) [*marin*] to navigate, sail; [*aviateur*] to navigate, fly. ~ **au compas/aux instruments/à l'estime** to navigate (by the) compass/by instruments/by dead reckoning; ~ **à travers Glasgow** (*en voiture*) to find one's way through *ou* make one's way across Glasgow; (*fig*) **pour réussir ici, il faut savoir** ~ to succeed here you need to know how to get around *ou* you need to know the ropes.
(c) (*: errer*) **c'est un type qui a beaucoup navigué** he's a guy* who has been around a lot *ou* who has knocked about quite a bit*; **après avoir navigué pendant une heure entre les rayons du supermarché** after having spent an hour finding one's way around the supermarket shelves; **le dossier a navigué de bureau en bureau** the file found its way from office to office, the file went the rounds of the offices.

navire [naviʀ] *nm* (*bateau*) ship; (*Jur*) vessel. ~ **amiral** flagship; ~**-citerne** tanker; ~ **marchand** *ou* **de commerce** merchant ship, merchantman; ~**-école** training ship; ~ **de guerre** warship; ~**-hôpital** hospital ship; ~**-usine** factory ship.

navrant, e [navʀã, ɑ̃t] *adj* (*V navrer*) distressing, upsetting; (most) annoying. **tu es** ~! you're hopeless!

navré, e [navʀe] (*ptp de navrer*) *adj* sorry (*de* to). **je suis** (*vraiment*) ~ I'm (so *ou* terribly) sorry; **avoir l'air** ~ (*pour s'excuser,*

compatir) to look sorry; (*d'une nouvelle*) to look distressed *ou* upset; **d'un ton** ~ (*pour s'excuser*) in an apologetic tone, apologetically; (*pour compatir*) in a sympathetic tone; (*par l'émotion*) in a distressed *ou* an upset voice.

navrer [navʀe] (1) *vt* (*désoler*) [*spectacle, conduite, nouvelle*] to grieve, distress, upset; [*contretemps, malentendu*] to annoy.

nazaréen, enne [nazaʀeɛ̃, ɛn] **1** *adj* Nazarene. **2** *nm,f*: **N**~**(ne)** Nazarene.

Nazareth [nazaʀɛt] *n* Nazareth.

naze‡ [naz] *adj* = **nase‡.**

nazi, e [nazi] *adj, nm,f* Nazi.

nazisme [nazism(ə)] *nm* Nazism.

N.B. [ɛnbe] *nm* (*abrév de nota bene*) N.B.

N.D. *abrév de* Notre-Dame; *V* **notre.**

N.D.L.R. *abrév de* note de la rédaction; *V* **note.**

ne [n(ə)] *adv nég*, **n'** *devant voyelles et h muet* **(a)** (*valeur nég: avec nég avant ou après*) **il n'a rien dit** he didn't say anything, he said nothing; **elle** ~ **nous a pas vus** she didn't *ou* did not see us, she hasn't *ou* has not seen us; **personne** *ou* (*frm*) **nul n'a compris** nobody *ou* no one *ou* not a soul understood; **il n'y a aucun mal à ça** there's no harm *ou* there's nothing wrong in that; **il n'est pas du tout** *ou* **nullement idiot** he's no fool, he is by no means stupid; **s'il n'est jamais monté en avion ce n'est pas qu'il n'en ait jamais eu l'occasion** if he has never been up in an aeroplane it's not that he has never had the opportunity *ou* it's not for lack of opportunities; **je n'ai pas** *ou* (†*ou hum*) **point d'argent** I have no money, I haven't (got) any money; **il** ~ **sait plus ce qu'il dit** he no longer knows what he's saying; **plus rien** ~ **l'intéresse, rien** ~ **l'intéresse plus** nothing interests him any more, he's not interested in anything any more; ~ **me dérangez pas** don't *ou* do not disturb me; **je** ~ **connais ni son fils ni sa fille** I know neither his son nor his daughter, I don't know (either) his son or his daughter; **je n'ai pas du tout** *ou* **aucunement l'intention de refuser** I have not the slightest *ou* least intention of refusing; **je n'ai guère le temps** I have scarcely *ou* hardly the time; **il** ~ **sait pas parler** he can't *ou* cannot speak; **pas un seul** ~ **savait sa leçon** not (a single) one (of them) knew his lesson.
(b) (*valeur nég: sans autre nég: gén littér*) **il** ~ **cesse de se plaindre** he's constantly complaining, he keeps on complaining, he does not stop complaining; **je** ~ **sais qui a eu cette idée** I do not know who had that idea; **elle** ~ **peut jouer du violon sans qu'un voisin** (~) **proteste** she cannot play her violin without some neighbour's objecting; **il n'a que faire de vos conseils** he has no use for your advice, he's not interested in your advice; **que n'a-t-il songé à me prévenir** if only he had thought to warn me; **n'était la situation internationale, il serait parti** had it not been for *ou* were it not for the international situation he would have left; **il n'est de paysage qui** ~ **soit maintenant gâché** nowadays not a patch of countryside remains unspoilt *ou* there is no unspoilt countryside left; **il n'est de jour qu'elle** ~ **se plaigne** not a day goes by but she complains (about something), not a day goes by without her complaining; **cela fait des années que je n'ai été au cinéma** it's years since I (last) went to the cinema; **il a vieilli depuis que je** ~ **l'ai vu** he has aged since I (last) saw him; **si je** ~ **me trompe** if I'm not mistaken; *V* **cure², empêcher, importer².**
(c) ~ **...que** only; **elle n'a confiance qu'en nous** she trusts only us, she only has confidence in us; **c'est mauvais de** ~ **manger que des conserves** it is bad to eat only tinned foods *ou* nothing but tinned foods; **il n'a que trop d'assurance** he is only too self-assured; **il n'a d'autre idée en tête que de se lancer dans la politique** his (one and) only thought is to embark upon politics; **il n'y a que lui pour dire des choses pareilles!** only he *ou* nobody but he would say such things!; **il n'y a pas que vous qui le dites!** you're not the only one who says so! *ou* to say this!; **et il n'y a pas que ça!** and that's not all!; *V* **demander.**
(d) (*explétif sans valeur nég, gén omis dans la langue parlée*) **je crains** *ou* **j'ai peur** *ou* **j'appréhende qu'il** ~ **vienne** I am afraid *ou* I fear (that) he is coming *ou* (that) he will come; **je** ~ **doute pas/je** ~ **nie pas qu'il** ~ **soit compétent** I don't doubt/deny that he is competent; **empêche que les enfants** ~ **touchent aux animaux** stop the children touching *ou* prevent the children from touching the animals; **mangez avant que la viande** ~ **refroidisse** do eat before the meat gets cold; **j'irai la voir avant qu'il** ~ **pleuve** I shall go and see her before/unless it rains; **il est parti avant que je** ~ **l'aie remercié** he left before I had thanked him; **il est parti sans que je** ~ **l'aie remercié** he left without my having thanked him; **peu s'en faut qu'il** ~ **ait oublié la réunion** he all but *ou* he very nearly forgot the meeting; **il est plus/moins malin qu'on** ~ **pense** he is more cunning than/not as cunning as you think.

né, e [ne] (*ptp de* **naître**) *adj, nm,f* born; (*fig: causé*) caused (*de* by), due (*de* to). **orateur/acteur** ~ born orator/actor; **bien/mal** ~ of noble *ou* high/humble *ou* low birth; **Paul est son premier/dernier** ~ Paul is her first-/last-born *ou* her first/last child; *V* **mort²**, **naître, nouveau.**

néanmoins [neɑ̃mwɛ̃] *adv* (*pourtant*) nevertheless, yet. **il était malade, il est** ~ **venu** he was ill, (and) nevertheless *ou* (and) yet he came; **c'est incroyable mais** ~ **vrai** it's incredible but nonetheless true *ou* but it's true nevertheless; **il est agressif et** ~ **patient** he is aggressive yet patient, he is aggressive but nevertheless patient.

néant [neɑ̃] *nm*: **le** ~ nothingness (*U*); **le** ~ **de la vie/de l'homme** the emptiness of life/man; **signes particuliers:** ~ distinguishing marks: none; *V* **réduire.**

Nébraska [nebʀaska] *nm* Nebraska.

nébuleuse¹ [nebylø] *nf* (*Astron*) nebula.

nébuleusement [nebyløzmã] *adv* nebulously, vaguely.

nébuleux, -euse² [nebylø, øz] *adj* (*lit*) *ciel* cloudy, overcast; (*fig*) *écrivain* nebulous, obscure; *projet, idée, discours* nebulous, vague, woolly.

nébulosité [nebylozite] *nf [ciel]* cloud covering, nebulosity (*T*); *[discours]* obscureness, vagueness, woolliness.

nécessaire [neseseR] **1** *adj* **(a)** (*gén, Math, Philos*) necessary. il est ~ de le faire it needs to be done, it has (got) to be done, it must be done, it's necessary to do it; il est ~ qu'on le fasse we need to do it, we have (got) to do it, we must do it, it's necessary *ou* essential for us to do it; est-ce (bien) ~ (de le faire)? have we (really) got to (do it)?, do we (really) need *ou* have to (do it)?, is it (really) necessary (for us to do it)?; non, ce n'est pas ~ (de le faire) no, there's no need to (do it), no, you don't need *ou* have to (do it), it's not (really) necessary (for you to do it); l'eau est ~ à la vie/aux hommes/pour vivre water is necessary for life/to man/to live; un bon repos vous est ~ you need a good rest; cette attitude lui est ~ pour réussir he has to have *ou* maintain this attitude to succeed; cette attitude est ~ pour réussir this is a necessary attitude *ou* this attitude is necessary *ou* needed if one wants to get on; c'est une condition ~ it's a necessary condition (*pour faire* for doing; *de qch* for sth); c'est une conséquence ~ it's a necessary consequence (*de qch* of sth); avoir le talent/le temps/l'argent ~ (pour qch/pour faire) to have the (necessary *ou* requisite) talent/time/money (for sth/to do), have the talent/time/money (required) (for sth/to do); a-t-il les moyens ~s? does he have the necessary *ou* requisite means?, does he have the means required?; faire les démarches ~s to take the necessary *ou* requisite steps.

(b) *personne* indispensable (*à* to). se sentir ~ to feel indispensable.

2 *nm* **(a)** (*l'indispensable*) as-tu emporté le ~? have you got all *ou* everything we need?; je n'ai pas le ~ pour le faire I haven't got what's needed *ou* the necessary stuff to do it; il peut faire froid, prenez le ~ it may be cold so take the necessary clothes *ou* so take what's needed to keep warm; emporter le strict ~ to take the bare *ou* absolute necessities *ou* essentials; il faut d'abord penser au ~ one must first consider the essentials; manquer du ~ to lack the (basic) necessities of life; faire le ~ to do what is necessary *ou* what has to be done; j'ai fait le ~ I've settled it *ou* seen to it, I've done what was necessary; je vais faire le ~ I'll see to it, I'll make the necessary arrangements, I'll do the necessary*.

(b) (*Philos*) le ~ the necessary.

3: nécessaire à couture workbag, sewing box; nécessaire à ongles manicure set; nécessaire à ouvrage = nécessaire à couture; nécessaire de toilette toilet *ou* sponge (*Brit*) bag; nécessaire de voyage overnight bag, grip.

nécessairement [neseseRmɑ̃] *adv* necessarily. dois-je ~ m'en aller? is it (really) necessary for me to go?, must I (really) go?, do I (really) have to go?; passeras-tu par Londres? — oui, ~ will you go via London? — yes, it's unavoidable *ou* you have to; il devra ~ s'y faire he will (just) have to get used to it; il y a ~ une raison there must (needs) be a reason; ce n'est pas ~ faux it isn't necessarily wrong; s'il s'y prend ainsi, il va ~ échouer if he sets about it this way, he's bound to fail *ou* he'll inevitably fail; (*Philos*) causes et effets sont liés ~ causes and effects are necessarily linked *ou* are of necessity linked.

nécessité [nesesite] *nf* **(a)** (*obligation*) necessity. c'est une ~ absolue it's an absolute necessity; sévère sans ~ unnecessarily severe; je ne vois pas la ~ de le faire I don't see the necessity of doing that *ou* the need for (doing) that; se trouver *ou* être dans la ~ de faire qch to have no choice *ou* alternative but to do sth; mettre qn dans la ~ de faire to make it necessary for sb to do; la ~ où je suis de faire cela having no choice *ou* alternative but to do that; la ~ d'être le lendemain à Paris nous fit partir de très bonne heure the need to be *ou* our having to be in Paris the next day made us leave very early.

(b) les ~s de la vie the necessities *ou* essentials of life; les ~s du service the demands *ou* requirements of the job; ~s financières (financial) liabilities.

(c) (*Philos*) la ~ necessity; la ~ de mourir the inevitability of death.

(d) (††: *pauvreté*) destitution. être dans la ~ to be in need, be poverty-stricken.

(e) (*loc*) faire qch par ~ to do sth out of necessity; faire de ~ vertu to make a virtue of necessity; (*Prov*) ~ fait loi necessity knows no law (*Prov*).

nécessiter [nesesite] (1) *vt* (*requérir*) to require, necessitate, make necessary, call for.

nécessiteux, -euse [nesesitø, øz] **1** *adj* needy, necessitous. **2** *nm,f* needy person. les ~ the needy, the poor.

nec plus ultra [nekplysyltRa] *nm*: c'est le ~ it's the last word (*de* in).

nécrologie [nekRɔlɔʒi] *nf* (*liste*) obituary column; (*notice biographique*) obituary.

nécrologique [nekRɔlɔʒik] *adj* obituary (*épith*).

nécromancie [nekRɔmɑ̃si] *nf* necromancy.

nécromancien, -ienne [nekRɔmɑ̃sjɛ̃, jɛn] *nm,f* necromancer.

nécrophage [nekRɔfaʒ] *adj* necrophagous.

nécropole [nekRɔpɔl] *nf* necropolis.

nécrose [nekRoz] *nf* necrosis.

nécroser *vt*, **se nécroser** *vpr* [nekRoze] (1) to necrose.

nectar [nektaR] *nm* (*Bot, Myth, fig*) nectar.

nectarine [nɛktaRin] *nf* nectarine.

néerlandais, e [neeRlɑ̃dɛ, ɛz] **1** *adj* Dutch, of the Netherlands. **2** *nm* **(a)** N~ Dutchman; les N~ the Dutch. **(b)** (*Ling*) Dutch. **3** Néerlandaise *nf* Dutchwoman.

nef [nɛf] *nf* **(a)** (*Archit*) nave. ~ latérale side aisle. **(b)** († *ou littér*: *bateau*) vessel, ship.

néfaste [nefast(ə)] *adj* (*nuisible*) harmful (*à* to); (*funeste*) ill-fated,

unlucky. cela lui fut ~ it had disastrous consequences for him.

nèfle [nɛfl(ə)] *nf* medlar. des ~s!‡ nothing doing!*, not likely!*

néflier [neflije] *nm* medlar (tree).

négateur, -trice [negatœR, tRis] (*littér*) **1** *adj* given to denying, contradictory. **2** *nm,f* denier.

négatif, -ive [negatif, iv] **1** *adj* negative; *quantité, nombre* negative, minus (*épith*). particule ~ive negative particle. **2** *nm* (*Phot, Ling*) negative. au ~ in the negative. **3** négative *nf*: répondre par la ~ive to reply in the negative; dans la ~ive if not.

négation [negasjɔ̃] *nf* negation.

négativement [negativmɑ̃] *adv* negatively.

négativisme [negativism(ə)] *nm* negativism, negativity.

négativité [negativite] *nf* (*Phys*) negativity; *[attitude]* negativeness, negativity.

négaton [negatɔ̃] *nm* negatron.

négligé, e [negliʒe] (*ptp de négliger*) **1** *adj* épouse, ami neglected; *personne, tenue* slovenly, sloppy; *travail* slapdash, careless; *style* slipshod; *occasion* missed (*épith*).

2 *nm* (*laisser-aller*) slovenliness; (*vêtement*) négligée. je suis en ~ I'm not smartly dressed; il était en ~ he was casually dressed *ou* wearing casual clothes; le ~ de sa tenue the slovenliness of his dress.

négligeable [negliʒabl(ə)] *adj* (*gén*) negligible; *détail* unimportant, trivial, trifling; *adversaire* insignificant. qui n'est pas ~, non ~ *facteur, élément* not inconsiderable; *adversaire, aide, offre* which (*ou* who) is not to be sneezed at; *détail, rôle* not insignificant; *V* quantité.

négligemment [negliʒamɑ̃] *adv* (*sans soin*) carelessly, negligently, in a slovenly way; (*nonchalamment*) casually.

négligence [negliʒɑ̃s] *nf* (*manque de soin*) negligence, slovenliness; (*faute, erreur*) omission, piece of negligence. il est d'une (telle) ~! he's so careless!; c'est une ~ de ma part it's an oversight *ou* a careless mistake on my part; par ~ out of carelessness; ~ (de style) stylistic blunder, carelessness (*U*) of style.

négligent, e [negliʒɑ̃, ɑ̃t] *adj* (*sans soin*) negligent, careless; (*nonchalant*) casual.

négliger [negliʒe] (3) **1** *vt* **(a)** (*gén*) to neglect; *style, tenue* to be careless about; *conseil* to neglect, pay no attention *ou* no heed to, disregard; *occasion* to miss, fail to grasp, pass up‡. il néglige ses amis he neglects his friends; une plaie négligée peut s'infecter a wound if neglected *ou* if left unattended can become infected, if you don't attend to a wound it can become infected; ce n'est pas à ~ (*offre*) it's not to be sneezed at; (*difficulté*) it mustn't be overlooked; rien n'a été négligé nothing has been missed, no stone has been left unturned, nothing has been left to chance (*pour* to); ne rien ~ pour réussir to leave no stone unturned *ou* leave nothing to chance in an effort to succeed.

(b) ~ de (*ne pas prendre la peine de*) il a négligé de faire he did not bother *ou* he neglected to do it; ne négligez pas de prendre vos papiers be sure to *ou* don't neglect to take your papers.

2 se négliger *vpr* (*santé*) to neglect o.s., not to look after o.s.; (*tenue*) to neglect *ou* not to look after one's appearance.

négoce [negos] *nm* († : *commerce*) trade, commerce, business. faire du ~ to be in business; faire du ~ avec un pays to trade with a country; dans mon ~ in my trade *ou* business; il fait le ~ de he trades *ou* deals in; il tenait un ~ de fruits et légumes he had a greengrocery business, he dealt in fruit and vegetables.

négociabilité [negɔsjabilite] *nf* negotiability.

négociable [negɔsjabl(ə)] *adj* negotiable.

négociant, e [negɔsjɑ̃, ɑ̃t] *nm,f* merchant. ~ en gros wholesaler; ~ en vin wine merchant.

négociateur, -trice [negɔsjatœR, tRis] *nm,f* (*Comm, Pol*) negotiator.

négociation [negɔsjasjɔ̃] *nf* (*Comm, Pol*) negotiation. engager des ~s to enter into negotiations; ~s commerciales trade talks.

négocier [negɔsje] (7) **1** *vi* (*Pol*) to negotiate; (†† *Comm*) to trade. **2** *vt* (*Fin, Pol*) to negotiate. ~ un virage to negotiate a bend.

nègre [nɛgR(ə)] **1** *nm* (†*péj: indigène*) Negro, nigger (*péj*); (*Littérat: péj: écrivain*) ghost (writer). travailler comme un ~ to work like a slave; ~ blanc white Negro; (*Culin*) ~ en chemise chocolate and cream dessert.

2 *adj* tribu, art Negro (*épith*); *couleur* nigger brown (*Brit*), dark brown; *V* petit.

négresse [negRɛs] *nf* Negress. ~ blanche white Negress.

négrier [negRije] *nm* (*marchand d'esclaves*) slave trader; (*fig péj: patron*) slave driver*. **(bateau)** ~ slave ship; (*capitaine*) ~ slave-ship captain.

négrillon [negRijɔ̃] *nm* piccaninny, Negro boy.

négrillonne [negRijɔn] *nf* piccaninny, Negro girl.

négritude [negRityd] *nf* negritude.

négro [negRo] *nm* († *péj*) nigger (*péj*), negro.

négroïde [negRoid] *adj* negroid.

negro-spiritual, *pl* ~s [negRospiRityɔl] *nm* Negro spiritual.

Néguev [negɛv] *nm*: le désert du ~ the Negev desert.

négus [negys] *nm* (*titre*) Negus.

neige [nɛʒ] **1** *nf* snow; (*arg Drogue: cocaïne*) snow (*arg*). aller à la ~* to go to the ski resorts, go on a skiing holiday; cheveux/teint de ~ snow-white hair/complexion.

2: neige artificielle artificial snow; neige carbonique dry ice; neiges éternelles eternal *ou* everlasting snow(s); neige fondue (*pluie*) sleet; (*par terre*) slush; neige poudreuse powder snow; neige de printemps spring snow; *V* bonhomme, train *etc*.

neiger [neʒe] (3) *vb impers* to snow, be snowing.

neigeux, -euse [neʒø, øz] *adj* sommet snow-covered, snow-clad; *temps* snowy; *aspect* snowy.

Némésis [Nemezis] *nf* Nemesis.

néné‡ [nene] *nm* boob‡, tit‡.

nenni [nani] *adv* (†† *ou dial: non*) nay.
nénuphar [nenyfaʀ] *nm* water lily.
néo- [neɔ] *préf* neo-.
Néo-Canadien, -ienne [neɔkanadjɛ̃, jɛn] *nm, f* New Canadian.
néo-capitalisme [neɔkapitalism(ə)] *nm* neocapitalism.
néo-capitaliste [neɔkapitalist(ə)] *adj* neocapitalist.
néo-classicisme [neɔklasisism(ə)] *nm* neoclassicism.
néo-classique [neɔklasik] *adj* neoclassic(al).
néo-colonialisme [neɔkɔlɔnjalism(ə)] *nm* neocolonialism.
néo-colonialiste [neɔkɔlɔnjalist(ə)] *adj* neocolonialist.
Néo-Écossais, e [neɔekɔsɛ, ɛz] *nm, f* Nova Scotian.
néo-gothique [neɔgɔtik] *adj, nm* neogothic.
néo-libéralisme [neɔliberalism(ə)] *nm* neoliberalism.
néolithique [neɔlitik] *adj, nm* neolithic.
néologie [neɔlɔʒi] *nf* neology.
néologique [neɔlɔʒik] *adj* neological.
néologisme [neɔlɔʒism(ə)] *nm* neologism.
néon [neɔ̃] *nm* (*gaz*) neon; (*éclairage*) neon lighting (*U*).
néo-natal, e, *mpl* ~s [neɔnatal] *adj* neonatal.
néophyte [neɔfit] *nmf* (*Rel*) neophyte; (*fig*) novice, neophyte (*frm*).
néoplasique [neɔplazik] *adj* neoplastic.
néoplasme [neɔplasm(ə)] *nm* neoplasm.
néo-platonicien, -ienne [neɔplatɔnisjɛ̃, jɛn] **1** *adj* neoplatonic. **2** *nm, f* neoplatonist.
néo-platonisme [neɔplatɔnism(ə)] *nm* Neo-Platonism.
néo-positivisme [neɔpozitivism(ə)] *nm* logical positivism.
néo-positiviste [neɔpozitivist(ə)] *adj, nmf* logical positivist.
néoprène [neɔpʀɛn] *nm*: colle au ~ neoprene glue.
Néo-québécois, e [neɔkebekwa, waz] *nm, f* New-Quebec(k)er, New Québécois.
néo-réalisme [neɔʀealism(ə)] *nm* neorealism.
néo-réaliste [neɔʀealist(ə)] *adj* neorealist.
néo-zélandais, e [neɔzelɑ̃dɛ, ɛz] **1** *adj* New Zealand (*épith*). **2** *nm, f*: **Néo-Zélandais(e)** New Zealander.
Népal [nepal] *nm* Nepal.
népalais, e [nepalɛ, ɛz] **1** *adj* Nepalese, Nepali. **2** *nm* (*Ling*) Nepalese, Nepali. **3** *nm, f*: **N~(e)** Nepalese, Nepali.
néphrétique [nefʀetik] *adj, nmf* nephritic; *V* colique.
néphrite [nefʀit] *nf* (a) (*Méd*) nephritis. **avoir une ~** to have nephritis. (b) (*jade*) nephrite.
néphrologie [nefʀɔlɔʒi] *nf* nephrology.
néphrologue [nefʀɔlɔg] *nmf* nephrologist, kidney specialist.
népotisme [nepotism(ə)] *nm* nepotism.
Neptune [nɛptyn] *nm* Neptune.
neptunium [nɛptynjɔm] *nm* neptunium.
néréide [neʀeid] *nf* (*Myth, Zool*) nereid.
nerf [nɛʀ] **1** *nm* (a) (*Anat*) nerve.
(b) **~s**: **avoir les ~s malades** to suffer with one's nerves *ou* from nerves; **avoir les ~s fragiles** to have sensitive nerves; **avoir les ~s à vif** to be very nervy (*Brit*) *ou* edgy, be on edge; **avoir les ~s à fleur de peau** to be nervy (*Brit*) *ou* excitable; **avoir les ~s en boule*** *ou* **en pelote*** to be very tensed up *ou* tense up, be in a nervy (*Brit*) state; **avoir les ~s à toute épreuve** *ou* **des ~s d'acier** to have nerves of steel; **avoir ses ~s** to have an attack *ou* a fit of nerves, have a temperamental outburst; **être sur les ~s** to be all keyed up*; **vivre sur les ~s** to live on one's nerves; **porter** *ou* **taper* sur les ~s de qn** to get on sb's nerves; **ça me met les ~s à vif** that gets on my nerves; **ça va te calmer les ~s** that will calm you down, that will calm *ou* settle your nerves; **ses ~s ont été ébranlés** that shook him *ou* his nerve; **ses ~s ont craqué*** *ou* **lâché*** his nerves have gone to pieces, he has cracked up*; *V* bout, crise, guerre.
(c) (*vigueur*) **allons du ~!** *ou* **un peu de ~!** come on, buck up!* *ou* show some spirit!; **ça a du ~** it has really got some go* about it; **ça manque de ~** it has got no go* about it; **l'argent est le ~ de la guerre** money is the sinews of war.
(d) (*Typ*) cord.
2: nerf de bœuf cosh (*Brit*), ≃ blackjack (*US*); **nerf centrifuge** centrifugal nerve; **nerf centripète** centripetal nerve; **nerf gustatif** gustatory nerve; **nerf moteur** motor nerve; **nerf optique** optic nerve; **nerf pneumogastrique** vagus; **nerf sensitif** sensory nerve; **nerf vague** vagus.
Néron [neʀɔ̃] *nm* Nero.
nerveusement [nɛʀvøzmɑ̃] *adv* (*d'une manière excitée*) nervously, tensely; (*de façon irritable*) irritably, touchily, nervily; (*avec vigueur*) energetically, vigorously. **ébranlé ~** shaken, with shaken nerves.
nerveux, -euse [nɛʀvø, øz] *adj* (a) (*Méd*) tension, dépression nervous; (*Anat*) cellule, centre, tissu nerve (*épith*). **système ~** nervous system; **grossesse ~euse** false pregnancy, phantom pregnancy.
(b) (*agité*) personne, animal, rire nervous, tense; (*irritable*) irritable, touchy, nervy (*Brit*), nervous. **ça me rend ~** it makes me nervous; **c'est un grand ~** he's very highly strung.
(c) (*vigoureux*) corps energetic, vigorous; *animal* spirited, energetic, skittish; *moteur, voiture* responsive; *style* energetic, vigorous. **pas très ~ dans ce qu'il fait** not very energetic in what he does, not doing anything with very much dash *ou* spirit.
(d) (*sec*) personne, main wiry; muscle fibrous, stringy.
nervi [nɛʀvi] *nm* (*gén pl*) bully boy, hatchet man.
nervosité [nɛʀvozite] *nf* (a) (*agitation*) (*permanente*) nervousness, excitability; (*passagère*) agitation, tension. **dans un état de grande ~** in a state of great agitation *ou* tension.
(b) (*irritabilité*) (*permanente*) irritability; (*passagère*) irritability, nerviness, touchiness.
(c) [*moteur*] responsiveness. **manque de ~** sluggishness.
nervure [nɛʀvyʀ] *nf* (*Bot, Zool*) nervure, vein; (*Archit, Tech*) rib; (*Typ*) raised band.

nervurer [nɛʀvyʀe] (1) *vt feuille, aile* to vein; (*Archit, Tech*) to rib; (*Typ*) to put raised bands on.
n'est-ce pas [nɛspɑ] *adv* (a) (*appelant l'acquiescement*) isn't it?, doesn't he? *etc* (*selon le verbe qui précède*). **il est fort, ~?** he is strong, isn't he?; **c'est bon, ~?** it's nice, isn't it? *ou* don't you think?; **il n'est pas trop tard, ~?** it's not too late, is it?
(b) (*intensif*) **~ que c'est bon/difficile?** it is nice/difficult, isn't it?; (*iro*) **eux, ~, ils peuvent se le permettre** of course THEY can afford to do it.
net, nette [nɛt] **1** *adj* (a) (*propre*) (*après n*) surface, ongles, mains clean; intérieur, travail, copie clean, neat, tidy. **elle est toujours très nette (dans sa tenue)** she is always neatly dressed *ou* turned out, she is always very neat and tidy; **avoir la conscience nette** to have a clear conscience; **mettre au ~** rapport, devoir to copy out, make a neat *ou* fair copy of; plan, travail to tidy up; **mise au ~** copying out; tidying up; *V* cœur, place.
(b) (*Comm, Fin*) (*après n*) bénéfice, prix, poids net. **~ de** free of; **emprunt ~ de tout impôt** tax-free loan; **revenu ~** disposable income.
(c) (*clair, précis*) (*après n*) idée, explication, esprit clear; (*sans équivoque*) réponse straight, clear, plain; refus flat (*épith*); situation, position clear-cut. **je serai ~ avec vous** I shall be (quite) plain *ou* straight *ou* candid *ou* frank with you; **sa conduite** *ou* **son attitude dans cette affaire n'est pas très nette** his behaviour *ou* attitude in this matter is slightly questionable; (*bizarre*) **ce type n'est pas très ~*** this guy is slightly odd *ou* strange*.
(d) (*marqué, évident*) différence, amélioration *etc* marked, distinct, sharp; distinction marked, sharp, clear(-cut). **il y a une très nette odeur** *ou* **une odeur très nette de brûlé** there's a distinct *ou* a very definite smell of burning; **il est très ~ qu'il n'a aucune intention de venir** it is quite clear *ou* obvious *ou* plain that he does not intend to come *ou* has no intention of coming.
(e) (*distinct*) (*après n*) dessin, écriture clear; ligne, contour, (*Phot*) image sharp; voix, son clear, distinct; cassure, coupure clean. **j'ai un souvenir très ~ de sa visite** I have a very clear *ou* vivid memory of his visit.
2 *adv* (a) (*brusquement*) s'arrêter dead. **se casser ~** to snap *ou* break clean through; **il a été tué ~** he was killed outright.
(b) (*franchement, carrément*) bluntly; dire, parler frankly, bluntly; refuser flatly. **il (m')a dit tout ~ que** he made it quite clear (to me) that, he told me frankly *ou* bluntly that; **je vous le dis tout ~** I'm telling you *ou* I'm giving it to you straight*, I'm telling you bluntly *ou* frankly; **à** *ou* **pour vous parler ~** to be blunt *ou* frank with you.
(c) (*Comm*) net. **il reste 200 F ~** there remains 200 francs net; **cela pèse 2 kg ~** it weighs 2 kg net.
nettement [nɛtmɑ̃] *adv* (a) (*clairement, sans ambiguïté*) expliquer, répondre clearly. **il refusa ~** he flatly refused, he refused point-blank; **je lui ai dit ~ ce que j'en pensais** I told him bluntly *ou* frankly *ou* plainly *ou* straight* what I thought of it; **il a ~ pris position contre nous** he has clearly *ou* quite obviously taken up a stance against us.
(b) (*distinctement*) apercevoir, entendre clearly, distinctly; se détacher, apparaître clearly, distinctly, sharply; se souvenir clearly, distinctly.
(c) (*incontestablement*) s'améliorer, se différencier markedly, decidedly, distinctly; mériter decidedly, distinctly. **j'aurais ~ préféré ne pas venir** I would have definitely *ou* distinctly preferred not to come; **ça va ~ mieux** things are going decidedly *ou* distinctly better; **~ fautif** distinctly *ou* decidedly faulty; **~ meilleur/plus grand** markedly *ou* decidedly *ou* distinctly better/bigger.
netteté [nɛtte] *nf* (a) (*propreté*) [tenue, travail] neatness.
(b) (*clarté*) [explication, expression, esprit, idées] clearness, clarity.
(c) (*caractère distinct*) [dessin, écriture] clearness; [contour, image] sharpness, clarity, clearness; [souvenir, voix, son] clearness, clarity; [cassure] cleanness.
nettoiement [nɛtwamɑ̃] *nm* [rues] cleaning; (*Agr*) [terre] clearing. **service du ~** refuse disposal *ou* collection service, cleansing department.
nettoyage [nɛtwajaʒ] *nm* (*gén*) cleaning; (*Mil, Police*) cleaning up, cleaning out. **faire le ~ par le vide*** to throw everything out; **~ de printemps** spring-cleaning; **~ à sec** dry cleaning; **un ~ complet a** thorough cleanup; (*Mil*) **opération de ~** mopping-up operation.
nettoyer [nɛtwaje] (8) *vt* (a) (*gén*) objet to clean; jardin to clear; canal etc to clean up. **~ au chiffon** *ou* **avec un chiffon** to dust; **~ au balai** to sweep (out); **~ à l'eau/avec du savon** to wash in water/ with soap; **~ à la brosse** to brush (out); **~ à l'éponge** to sponge (down); **~ à sec** to dry-clean; **~ une maison à fond** to clean a house from top to bottom; **nettoyez-vous les mains au robinet** wash *ou* run your hands under the tap, give your hands a rinse under the tap; (*hum*) **le chien avait nettoyé le réfrigérateur*** the dog had cleaned out *ou* emptied the fridge.
(b) (*) personne (*tuer*) to kill, finish off*; (*ruiner*) to clean out; (*fatiguer*) to wear out. **il a été nettoyé en 15 jours par la grippe** the flu finished him off* *ou* did for him* in a fortnight; **~ son compte en banque** to clear one's bank account; **se faire ~ au jeu** to be cleaned out at gambling.
(c) (*Mil, Police*) to clean out *ou* up.
nettoyeur, -euse [nɛtwajœʀ, øz] *nm, f* (*rare*) cleaner.
Neuchâtel [nøʃatɛl] *n* Neuchâtel. **le lac de ~** Neuchâtel Lake.
neuf¹ [nœf] *adj inv, nm inv* (*chiffre*) nine; **pour loc** *V* **six** *et* preuve.
neuf², neuve [nœf, nœv] **1** *adj* (*gén*) new; vision, esprit, pensée fresh, new, original; pays young, new. **quelque chose de ~** something new; **regarder qch avec un œil ~** to look at sth with a new *ou* fresh eye; **être ~ dans le métier/en affaires** to be new to the

trade/to business; **à l'état ~, comme ~** as good as new, as new; *V* **flambant, peau, tout.**
   2 *nm* new. **il y a du ~** something new has turned up, there has been a new development; **quoi de/rien de ~?** what's/nothing new?; **faire du ~** (*politique*) to introduce new *ou* fresh ideas; (*artisanat*) to make new things; **être vêtu** *ou* **habillé de ~** to be dressed in new clothes, be wearing new clothes, have new clothes on; **remettre** *ou* **refaire à ~** to do up like new *ou* as good as new; **repeindre un appartement à ~** to redecorate a flat; **on ne peut pas faire du ~ avec du vieux** you can't make new things out of old.
neufchâtel [nøʃatɛl] *nm type of soft cream cheese.*
neurasthénie [nørasteni] *nf* (*gén*) depression; (*Méd*) neurasthenia (*T*). **faire de la ~** to be depressed, be suffering from depression.
neurasthénique [nørastenik] **1** *adj* depressed, depressive; (*Méd*) neurasthenic (*T*). **2** *nmf* depressed person, depressive; (*Méd*) neurasthenic (*T*).
neuro... [nøro] *préf* neuro ... .
neurochirurgical, e, *mpl* **-aux** [nøroʃiryrʒikal, o] *adj* neurosurgical.
neurochirurgie [nøroʃiryrʒi] *nf* neurosurgery.
neurochirurgien, -ienne [nøroʃiryrʒjɛ̃, jɛn] *nm,f* neurosurgeon.
neurologie [nørolɔʒi] *nf* neurology.
neurologique [nørolɔʒik] *adj* neurological.
neurologiste [nørolɔʒist(ə)] *nmf*, **neurologue** [nørolɔg] *nmf* neurologist.
neurone [nøron] *nm* neuron.
neuropathie [nøropati] *nf* neuropathy.
neuropathologie [nøropatolɔʒi] *nf* neuropathology.
neurophysiologie [nørofizjolɔʒi] *nf* neurophysiology.
neurophysiologique [nørofizjolɔʒik] *adj* neurophysiological.
neurophysiologiste [nørofizjolɔʒist(ə)] *nmf* neurophysiologist.
neuropsychiatre [nøropsikjatr(ə)] *nmf* neuropsychiatrist.
neuropsychiatrie [nøropsikjatri] *nf* neuropsychiatry.
neuropsychiatrique [nøropsikjatrik] *adj* neuropsychiatric.
neuropsychologie [nøropsikolɔʒi] *nf* neuropsychology.
neuropsychologue [nøropsikolɔg] *nmf* neuropsychologist.
neutralisation [nøtralizasjɔ̃] *nf* neutralization.
neutraliser [nøtralize] (1) *vt* (*Mil, Pol, Sci*) to neutralize. **les deux influences/produits se neutralisent** the two influences/products neutralize each other *ou* cancel each other out.
neutralisme [nøtralism(ə)] *nm* neutralism.
neutraliste [nøtralist(ə)] *adj, nmf* neutralist.
neutralité [nøtralite] *nf* neutrality. **rester dans la ~** to remain neutral.
neutre [nøtr(ə)] **1** *adj* (*gén, Chim, Élec, Pol, Phon*) neutral; (*Ling, Zool*) neuter; *style* neutral, colourless; (*sans excès*) middle-of-the-road. **rester ~ (dans)** to remain neutral (in), not to take sides (in).
   2 *nm* (*Ling*) (*genre*) neuter; (*nom*) neuter noun; (*Élec*) neutral; (*Zool*) neuter (animal); (*Pol*) neutral (country). **les ~s** the neutral nations.
neutron [nøtrɔ̃] *nm* neutron.
neuvaine [nœvɛn] *nf* novena. **faire une ~** to make a novena.
neuvième [nœvjɛm] *adj, nmf* ninth; *pour loc V* **sixième.**
neuvièmement [nœvjɛmmã] *adv* ninthly, in the ninth place; *pour loc V* **sixièmement.**
Nevada [Nevada] *nm* Nevada.
névé [neve] *nm* névé, firn.
neveu, *pl* **~x** [n(ə)vø] *nm* nephew; (*††: descendant*) descendant. **un peu, mon ~!*** you bet!*, of course!, and how!*
névralgie [nevralʒi] *nf* neuralgia. **~ dentaire** dental neuralgia; **avoir des ~s** to suffer from neuralgia.
névralgique [nevralʒik] *adj* neuralgic. **centre** *ou* **point ~** (*Méd*) nerve centre; (*fig*) (*point sensible*) sensitive spot; (*point capital*) nerve centre.
névrite [nevrit] *nf* neuritis.
névritique [nevritik] *adj* neuritic.
névropathe [nevropat] **1** *adj* neuropathic, neurotic. **2** *nmf* neuropath, neurotic.
névropathie [nevropati] *nf* neuropathy.
névrose [nevroz] *nf* neurosis.
névrosé, e [nevroze] *adj, nm,f* neurotic.
névrotique [nevrotik] *adj* neurotic.
New Delhi [njudɛli] *n* New Delhi.
New Hampshire [njuãpʃœr] *nm* New Hampshire.
New Jersey [njuzɛrze] *nm* New Jersey.
new-look* [njuluk] *adj, nm inv* new look.
Newton [njutɔn] *nm* (*savant*) Newton. (*unité*) **n~** newton.
newtonien, -ienne [njutɔnjɛ̃, jɛn] *adj* Newtonian.
New York [njujɔrk] **1** *n* (*ville*) New York. **2** *nm:* **l'État de ~** New York State.
new yorkais, e [njujɔrkɛ, ɛz] **1** *adj of ou* from New York. **2** *nm,f:* **New Yorkais(e)** New Yorker.
nez [ne] *nm* (**a**) (*organe*) nose. **avoir le ~ grec/aquilin** to have a Grecian/an aquiline nose; **~ en pied de marmite** *ou* **en trompette** turned-up nose; **ton ~ remue, tu mens** I can tell by looking at you that you're fibbing*; **parler du ~** to talk through one's nose; **cela se voit comme le ~ au milieu du visage** it's as plain as the nose on your face *ou* as a pikestaff, it sticks out a mile; **cela sent le brûlé à plein ~** there's a strong smell of burning.
   (**b**) (*visage, face*) **le ~ en l'air** with one's nose in the air; **où est mon sac? — tu as le ~ dessus!** where's my bag? — under your nose!; **baisser/lever le ~** to bow/raise one's head; **il ne lève jamais le ~ de son travail** he never looks up from his work; **mettre le ~** *ou* **son ~ à la fenêtre/au bureau** to show one's face at the window/at the office; **je n'ai pas mis le ~ dehors hier** I didn't put my nose outside the door yesterday; **il fait un temps à ne pas mettre le ~ dehors** it's weather you wouldn't put a dog out in; **rire/fermer la porte au ~ de qn** to laugh/shut the door in sb's face; **faire qch au ~ et à la barbe de qn** to do sth under sb's very nose; **regarder qn sous le ~** to stare sb in the face; **sous son ~** (right) under his nose, under his (very) nose; **se trouver ~ à ~ avec qn** to find o.s. face to face with sb; **faire un (drôle de) ~** to pull a (funny) face.
   (**c**) (*flair*) flair. **avoir du ~, avoir le ~ fin** to have flair; **j'ai eu le ~ creux de m'en aller*** I was quite right to leave, I did well to leave; *V* **vue².**
   (**d**) (*Aviat, Naut*) nose. (*Naut*) **sur le ~** down at the bows; *V* **piquer.**
   (**e**) (*loc*) **avoir qn dans le ~*** to have something against sb; **il m'a dans le ~*** he can't stand me*, he has got something against me; **se manger** *ou* **se bouffer le ~*** to be at each others' throats; **mettre** *ou* **fourrer*** **le** *ou* **son ~ dans qch** to poke *ou* stick* one's nose into sth, nose *ou* pry into sth; **l'affaire lui est passée sous le ~*** the bargain slipped through his fingers; **se promener le ~ au vent** to walk along aimlessly; *V* **bout, casser, doigt** *etc.*
NF *abrév de* **norme française. avoir le label ~** to have the mark of the approved French standard of manufacture, ≃ have the British Standard mark (*Brit*).
ni [ni] *conj* (*après la négation*) nor, or. **ni ... ni ...** neither ... nor ... ; **il ne boit ~ ne fume** he doesn't drink or smoke, he neither drinks nor smokes; **il ne pouvait (~) parler ~ entendre** he could neither speak nor hear, he couldn't speak or hear; **il ne pouvait pas parler ~ son frère entendre** he couldn't speak nor could his brother hear; **personne ne l'a (jamais) aidé ~ (même) encouragé** nobody (ever) helped or (even) encouraged him; **je ne veux ~ ne peux accepter** I neither wish to nor can accept, I don't wish to accept, nor can I; **elle est secrétaire, ~ plus ~ moins** she's just a secretary, no more no less; **il n'est ~ plus bête ~ plus paresseux qu'un autre** he is neither more stupid nor lazier than anyone else, he's no more stupid and no lazier than anyone else; **il ne veut pas, ~ moi non plus** he doesn't want to and neither do I *ou* and nor do I; **~ lui ~ moi** neither he nor I, neither of us, neither him nor me*; **~ l'un ~ l'autre** neither one nor the other, neither of them; **d'un côté ~ de l'autre** on neither one side nor the other, on neither side; **il n'a dit ~ oui ~ non** he didn't say either yes or no; **~ vu ~ connu (je t'embrouille)*** no one'll be any the wiser*; **cela ne me fait ~ chaud ~ froid** it makes no odds to me, I don't feel strongly (about it) one way or the other; *V* **feu¹, foi.**
niable [njabl(ə)] *adj* deniable. **cela n'est pas ~** that cannot be denied, you can't deny that.
Niagara [njagara] *nm* Niagara. **le ~** the Niagara (river); *V* **chute.**
niais, e [njɛ, ɛz] **1** *adj personne* silly, simple; *air, sourire* simple; *rire* silly, inane. **2** *nm,f* simpleton. **pauvre ~** poor innocent *ou* fool.
niaisement [njɛzmã] *adv* inanely.
niaiserie [njɛzri] *nf* (*V* **niais**) silliness; simpleness; inaneness; (*action*) foolish *ou* inane behaviour (*U*); (*parole*) foolish *ou* inane talk (*U*). **dire des ~s** to talk rubbish *ou* twaddle (*Brit*) *ou* nonsense.
niaule* [njol] *nf* = **gnôle*.**
Nicaragua [nikaragwa] *nm* Nicaragua.
nicaraguayen, -enne [nikaragwajɛ̃, jɛn] **1** *adj* Nicaraguan. **2** *nm,f:* **N~(ne)** Nicaraguan.
niche [niʃ] *nf* (**a**) (*alcôve*) niche, recess; [*chien*] kennel. **à la ~!** (*à un chien*) (into your) kennel!; (**hum:** *d'une personne*) scram!‡, make yourself scarce!* (**b**) (*farce*) trick, hoax. **faire des ~s à qn** to play tricks on sb.
nichée [niʃe] *nf* [*oiseaux*] brood. **~ de chiens** litter of puppies; **une ~ de pinsons** a nest *ou* brood of chaffinches; **la mère/l'instituteur et toute sa ~** (*d'enfants*)* the mother/teacher and her/his entire brood.
nicher [niʃe] (1) **1** *vi* [*oiseau*] to nest; (*) [*personne*] to hang out‡.
   2 se nicher *vpr* [*oiseau*] to nest; (*littér: se blottir*) [*village etc*] to nestle (*dans* in); (*: se cacher*) [*personne*] to stick* *ou* put o.s.; [*objet*] to lodge itself. (*hum*) **où la vertu va-t-elle se ~!** of all the unlikely places to find such virtue!; **les cerises nichées dans les feuilles** the cherries nestling among the leaves.
nichon‡ [niʃɔ̃] *nm* tit‡, boob‡.
nickel [nikɛl] **1** *nm* nickel. **2** *adj* (*: impeccable*) **chez eux, c'est ~** their home is always spick and span.
nickelage [niklaʒ] *nm* nickel-plating.
nickeler [nikle] (4) *vt* to nickel-plate. **en acier nickelé** nickel-plated steel.
Nicodème [nikodɛm] *nm* Nicodemus.
niçois, e [niswa, waz] **1** *adj of ou* from Nice. **2** *nm,f:* **N~(e)** inhabitant *ou* native of Nice.
Nicolas [nikola] *nm* Nicholas.
nicotine [nikotin] *nf* nicotine.
nid [ni] **1** *nm* (**a**) (*Zool*) nest. **~ d'oiseau/de vipères/de guêpes** bird's/vipers'/wasps' nest.
   (**b**) (*fig: maison*) cosy little nest; (*repaire*) den. **trouver le ~ vide** to find the bird has *ou* the birds have flown, find the nest empty; **surprendre qn au ~, trouver l'oiseau au ~** to find *ou* catch sb at home *ou* in.
   2: **nid(s) d'abeilles** (*point*) honeycomb stitch; (*tissu*) waffle cloth; **radiateur en nid(s) d'abeilles** cellular radiator; (*Zool, fig*) **nid d'aigle** eyrie; **nid d'amoureux** love nest; **nid de brigands** robbers' den; (*Culin*) **nids d'hirondelles** birds' nest; **potage aux nids d'hirondelles** birds' nest soup; **nid de mitrailleuses** nest of machine guns; (*Naut*) **nid de pie** crow's-nest; **nid de poule** pothole; **nid à poussière** dust trap; (*Mil*) **nid de résistance** pocket of resistance.
nidification [nidifikasjɔ̃] *nf* nesting.
nidifier [nidifje] (7) *vi* to nest.
nièce [njɛs] *nf* niece.

nielle [njɛl] **1** nf (Agr) (plante) corn-cockle. (maladie) ~ (du blé) blight. **2** nm (incrustation) niello.
nieller [njele] (1) vt (Agr) to blight; (Tech) to niello.
niellure [njelyʀ] nf (Agr) blight; (Tech) niello.
nième [ɛnjɛm] adj nth. x à la ~ puissance x to the power (of) n, x to the nth power; **je te le dis pour la ~ fois** I'm telling you for the nth ou umpteenth time.
nier [nje] (7) vt (gén) to deny; (Jur††: désavouer) dette, fait to repudiate. **il nie l'avoir fait** he denies having done it; ~ **l'évidence** to deny the obvious; **je ne (le) nie pas** I'm not denying it, I don't deny it; **on ne peut ~ que** one cannot deny that; **l'accusé nia** the accused denied the charges.
nietzschéen, -éenne [nitʃeɛ̃, eɛn] adj, nm, f Nietzschean.
nigaud, e [nigo, od] **1** adj silly, simple. **2** nm, f simpleton. **grand** ou **gros ~**! big silly!, big ninny!*
nigauderie [nigodʀi] nf (caractère) silliness, simpleness; (action) silly action.
Niger [niʒɛʀ] nm: **le ~** the Niger.
Nigéria [niʒeʀja] nm ou f Nigeria.
nigérian, e [niʒeʀjɑ̃, an] **1** adj Nigerian. **2** nm, f: N~(e) Nigerian.
nigérien, -ienne [niʒeʀjɛ̃, jɛn] **1** adj of ou from Niger. **2** nm, f: N~(ne) inhabitant ou native of Niger.
night-club, pl ~s [najtklœb] nm nightclub.
nihilisme [niilism(ə)] nm nihilism.
nihiliste [niilist(ə)] **1** adj nihilistic. **2** nmf nihilist.
Nil [nil] nm: **le ~** the Nile. **le ~ Blanc/Bleu** the White/Blue Nile.
nilotique [nilɔtik] adj of ou from the Nile, Nile (épith).
nimbe [nɛ̃b] nm (Rel, fig) nimbus, halo.
nimber [nɛ̃be] (1) vt (auréoler) to halo. **nimbé de lumière** radiant ou suffused with light.
nimbo-stratus [nɛ̃bɔstʀatys] nm inv nimbostratus.
nimbus [nɛ̃bys] nm (Mét) nimbus.
n'importe [nɛ̃pɔʀt(ə)] V importer².
ninas [ninas] nm small cigar.
niobium [njɔbjɔm] nm niobium.
niôle [njol] nf = **gnôle*.**
nipper* [nipe] (1) **1** vt (habiller) to tog out* (Brit), deck out. **bien/mal nippé** well/badly got up*, in a nice/an awful getup* ou rig-out*. **2 se nipper** vpr to get togged up* (Brit), get decked out.
nippes†* [nip] nfpl togs* (Brit), gear*. **de vieilles ~** old togs* (Brit), old clothes.
nippon, e ou **-onne** [nipɔ̃, ɔn] **1** adj Japanese, Nippon(ese). **2** nm, f: N~(e), N~(ne) Japanese, Nippon(ese). **3** nm (pays) N~ Nippon.
nique [nik] nf (†: lit, fig) **faire la ~ à qn** to thumb one's nose at sb, cock a snook at sb.
niquedouille* [nikduj] = **nigaud.**
nirvana [niʀvana] nm nirvana.
nitouche [nituʃ] nf V **saint.**
nitrate [nitʀat] nm nitrate. ~ **d'argent** silver nitrate.
nitreux, -euse [nitʀø, øz] adj nitrous.
nitrifier [nitʀifje] (1) vt to nitrify.
nitrique [nitʀik] adj nitric.
nitrite [nitʀit] nm nitrite.
nitrobenzène [nitʀɔbɛzɛn] nm nitrobenzene.
nitroglycérine [nitʀɔgliseʀin] nf nitroglycerine.
nival, e, mpl **-aux** [nival, o] adj nival.
niveau, pl ~x [nivo] **1** nm (a) (hauteur) [huile, eau] level. **le ~ de l'eau** the water level; **au ~ de l'eau/du sol** at water/ground level; ~ **de la mer** sea level; **cent mètres au-dessus du ~ de la mer** a hundred metres above sea level; **l'eau est arrivée au ~ du quai** the water has risen to the level of the embankment; **la neige m'arrivait au ~ des genoux** the snow came up to my knees ou was knee-deep; **une tache au ~ du coude** a mark at the elbow; **serré au ~ de la taille** tight at the waist; **il avait une cicatrice sur la joue au ~ de la bouche** he had a scar on his cheek about level with his mouth; **au ~ du village,** il s'arrêta once level with the village, he stopped; **de ~ avec,** au **même ~ que** level with; **les deux vases sont au même ~** the two vases are level ou at the same height; **de ~** level; **mettre qch de** ou **à ~** to make sth level; **le plancher n'est pas de ~** the floor isn't level; **les deux pièces ne sont pas de ~** the two rooms are not on a level; V **courbe, passage.**
(b) (degré) [connaissances, études] standard; [intelligence, qualité] level. **le ~ des études en France** the standard of French education; **le ~ d'instruction baisse** educational standards are falling; **cet élève est d'un bon ~** this pupil keeps up a good level of attainment ou a good standard; **son anglais est d'un bon ~** his English is of a good standard; **ils ne sont pas du même ~** they're not (of) the same standard, they're not on a par ou on the same level; **le ~ intellectuel de la classe moyenne** the intellectual level of the lower middle class; **le franc a atteint son ~ le plus haut/bas depuis 3 ans** the franc has reached its highest/lowest point for 3 years; **la production littéraire a atteint son ~ le plus bas** literary production has reached its lowest ebb ou level; (Scol) **au ~** up to standard; **les cours ne sont pas à son ~** the classes aren't up to his standard; **il faut se mettre au ~ des enfants** you have to put yourself on the same level as the children; (Écon, Pol) **au ~ de l'usine/des gouvernements** at factory/government level; **au ~ européen** at the European level; **négociations au plus haut ~** top-level negotiations; **cela exige un haut ~ de concentration** it demands a high level ou degree of concentration.
(c) (objet) (Constr) level; (Aut: jauge) gauge.
2: (Géog) **niveau de base** base level; (Tech) **niveau à bulle (d'air)** spirit level; (Tech) **niveau d'eau** water level; (Phys) **niveau d'énergie** energy level; **niveau hydrostatique** water table; (Ling) **niveau de langue** register (Ling); (Constr) **niveau de maçon** plumb level; (Psych) **niveau mental** mental age; (Écon) **niveau social** social standing ou rank; (Écon) **niveau de vie** standard of living; **le**

niveau de vie a monté/baissé the standard of living has gone up ou risen/gone down ou dropped.
nivelage [nivlaʒ] nm (V niveler) levelling; levelling out, evening out, equalizing.
niveler [nivle] (4) vt (a) (égaliser) surface to level; fortunes, conditions sociales to level ou even out, equalize. **l'érosion nivelle les montagnes** erosion wears down ou wears away the mountains; **sommets nivelés** mountain tops worn down ou worn away by erosion; ~ **par le bas** to level down.
(b) (mesurer avec un niveau) to measure with a spirit level, level.
niveleuse [nivløz] nf (Constr) grader.
nivellement [nivɛlmɑ̃] nm (a) (V niveler) levelling; levelling out, evening out, equalizing. ~ **par le bas** levelling down. (b) (mesure) surveying.
nivo-glaciaire [nivoglasjɛʀ] adj snow and ice (épith).
nivo-pluvial, e, mpl **-aux** [nivoplyvjal, o] adj snow and rain (épith).
nivôse [nivoz] nm Nivôse (fourth month of French Republican calendar).
No. abrév de **numéro.**
nobélium [nɔbeljɔm] nm nobelium.
nobiliaire [nɔbiljɛʀ] **1** adj nobiliary. **2** nm (livre) peerage list.
noble [nɔbl(ə)] **1** adj (a) (de haute naissance) noble. (fig) **l'or est une matière ~** gold is a noble metal.
(b) (généreux, digne) ton, attitude noble, dignified. **une âme/un cœur ~** a noble spirit/heart; **le ~ art (de la boxe)** the noble art (of boxing).
2 nm (a) (personne) nobleman. **les ~s** the nobility.
(b) (monnaie) noble.
3 nf noblewoman.
noblement [nɔbləmɑ̃] adv (généreusement) nobly; (dignement) with dignity.
noblesse [nɔblɛs] nf (a) (générosité, dignité) nobleness, nobility. ~ **d'esprit/de cœur** nobleness ou nobility of spirit/heart.
(b) (caste) **la ~** the nobility; **la ~ d'épée** the old nobility ou aristocracy; **la ~ de robe** the noblesse de robe; **la ~ de cour** the courtiers, the nobility at court; **la haute ~** the nobility; ~ **oblige** noblesse oblige; **la petite ~** the gentry; ~ **terrienne** landed gentry.
nobliau, pl ~x [nɔblijo] nm (péj) one of the lesser nobility, petty noble.
noce [nɔs] nf (a) (cérémonie) wedding; (cortège, participants) wedding party. (frm) ~s wedding, nuptials (frm); **être de la ~** to be a member of the wedding party, be among the wedding guests; **être de ~** to be invited to a wedding; **aller à la ~ de qn** to go to sb's wedding; **repas/robe/nuit** etc **de ~(s)** wedding banquet/dress/night etc; ~s **d'argent/d'or/de diamant** silver/golden/diamond wedding; (Bible) **les ~s de Cana** the wedding at Cana; **il l'avait épousée en premières/secondes ~s** she was his first/second wife; (†, hum) **épouser qn en justes ~s** to take sb as one's lawful wedded wife; V **convoler.**
(b) (loc) **faire la ~*** to live it up*, have a wild time; **je n'étais pas à la ~** I wasn't exactly enjoying myself, I was having a pretty uncomfortable time; **il n'avait jamais été à pareille ~** he'd never been so happy, he was having the time of his life.
noceur, -euse* [nɔsœʀ, øz] nm, f fast liver, reveller. **il est assez ~** he likes to live it up*.
nocif, -ive [nɔsif, iv] adj noxious, harmful.
nocivité [nɔsivite] nf noxiousness, harmfulness.
noctambule [nɔktɑ̃byl] **1** adj: **il est ~** (gén) he's a night owl ou night hawk; (††: somnambule) he's a sleepwalker; **des viveurs ~s** night revellers.
2 nmf (noceur) night reveller; (qui veille la nuit) night bird, night owl; (††: somnambule) noctambulist†.
noctambulisme [nɔktɑ̃bylism(ə)] nm (rare: débauche) night-time revelling, night revels; (habitudes nocturnes) nocturnal habits; (††: somnambulisme) noctambulism†.
nocturne [nɔktyʀn(ə)] **1** adj nocturnal, night (épith); V **tapage. 2** nm (a) (oiseau) night hunter. (b) (Rel) nocturn. (c) (Mus) nocturne; (Peinture) nocturne, night scene. **3** nf ou m (Sport) evening fixture; [magasin] late opening. **réunion en ~** evening meeting; (Sport) **la rencontre sera jouée en ~** the game will be played under floodlights.
nodal, e, mpl **-aux** [nɔdal, o] adj (Phys, Ling) nodal.
nodosité [nɔdozite] nf (corps dur) node, nodule; (état) knottiness, nodosity (T).
nodule [nɔdyl] nm nodule.
Noé [nɔe] nm Noah.
Noël [nɔɛl] nm (fête) Christmas; (chant) (Christmas) carol; (cadeau) Christmas present. **à la (fête de) ~** at Christmas (time); **que faites-vous pour (la) ~?** what are you doing for ou at Christmas?; **pendant (l'époque de) ~** during Christmas ou the Christmas period; **que veux-tu pour ton (petit) n~?** what would you like for Christmas?; **joyeux ~!** merry ou happy Christmas!; ~ **au balcon, Pâques au tison** a warm Christmas means a cold Easter; V **bûche, sapin, veille** etc.
Noémi [nɔemi] nf Naomi.
nœud [nø] **1** nm (a) (gén: pour attacher etc) knot; (ornemental: de ruban) bow. **faire/défaire un ~** to make ou tie/untie ou undo a knot ou bow; **la fillette avait des ~s dans les cheveux** the little girl had bows ou ribbons in her hair; **fais un ~ à ton mouchoir!** tie ou make a knot in your hanky!; (fig) **avoir un ~ dans la gorge** to have a lump in one's throat; (fig) **il y a un ~!*** there's a hitch! ou snag!; **les ~s d'un serpent** the coils of a snake; ~ **de perles/de diamants** pearl/diamond knot; V **corde.**
(b) (Naut: vitesse) knot; V **filer.**
(c) (protubérance) [planche, canne] knot; [branche, tige] knot, node.

(d) (*fig*) le ~ de *problème, débat* the crux of; (*Littérat, Théât*) le ~ de l'intrigue the knot of the intrigue.

(e) (*littér: lien*) le (saint) ~ du mariage the bonds of (holy) wedlock; les ~s de l'amitié the bonds *ou* ties of friendship.

(f) (*Astron, Élec, Géog, Ling, Phys, Tech*) node.

(g) (‡: *pénis*) cock⁑, dick⁑, prick⁑.

2: nœud coulant slipknot, running knot; nœud de cravate tie knot; faire son nœud de cravate to knot one's tie; (*ville*) nœud ferroviaire rail junction; nœud gordien Gordian knot; couper *ou* trancher le nœud gordien to cut the Gordian knot; nœud papillon bow tie; nœud plat reef knot; (*ville*) nœud routier crossroad(s); nœud de vache granny knot; nœud de vipères nest of vipers; nœud vital nerve centre.

noir, e [nwaʀ] **1** *adj* **(a)** (*couleur*) black; *peau, personne* (*par le soleil*) tanned; (*par les coups etc*) black and blue (*attrib*); *yeux, cheveux* dark; *fumée, mer, ciel, nuage, temps* black, dark. ~ comme du jais/de l'encre jet/ink(y) black, black as jet/ink; ~ comme du cirage as black as boot-polish *ou* as soot; ~ comme l'ébène jet-black; mets-moi ça ~ sur blanc put it down in black and white for me; je l'ai vu/c'est écrit ~ sur blanc I saw it/it is (down) in black and white; les murs étaient ~s de saleté/suie the walls were black with dirt/soot; avoir les mains ~es to have dirty *ou* grubby hands; *V* beurre, blé, lunette *etc*.

(b) *personne, race* black, coloured. l'Afrique ~e black Africa; le problème ~ the colour problem; *V* musique.

(c) (*obscur*) dark. il faisait ~ comme dans un four* it was as black as pitch; il faisait nuit ~e it was pitch-dark *ou* pitch-black; dans/à la nuit ~e in the/at dead of night; (*fig*) rue ~e de monde street teeming *ou* swarming with people; *V* chambre.

(d) (*fig*) *désespoir* black, deep; *humeur, pressentiment, colère* black; *idée* gloomy, sombre; (*macabre*) *film* macabre. faire un tableau assez ~ de la situation to paint a rather black *ou* gloomy picture of the situation; plongé dans le plus ~ désespoir *ou* le désespoir le plus ~ plunged in the depths of despair; être dans la misère ~e to be in utter *ou* abject poverty; *V* bête, humour, série *etc*.

(e) (*hostile, mauvais*) *âme, ingratitude, trahison* black; *regard* black. regarder qn d'un œil ~ to give sb a black look; il se trame un ~ complot some dark plot is being hatched.

(f) (*: ivre*) drunk, sloshed‡, tight.

2 *nm* **(a)** (*couleur*) black, blackness; (*matière colorante*) black. une photo en ~ et blanc a black and white *ou* monochrome photo; le ~ et blanc black and white *ou* monochrome photography; le ~ de ses cheveux accentuait sa pâleur her dark *ou* black hair accentuated her pallor, the blackness of her hair accentuated her pallor; la mer était d'un ~ d'encre the sea was inky black; elle avait du ~ sur le menton she had a black mark *ou* smudge on her chin; se mettre du ~ aux yeux to put on eye make-up; ~ de fumée lampblack.

(b) (*Habillement*) elle ne porte jamais de ~, elle n'est jamais en ~ she never wears black; elle est en ~ she is in *ou* is wearing black; (*en deuil*) she is in mourning.

(c) (*obscurité*) dark, darkness. avoir peur du ~ to be afraid of the dark; dans le ~ in the dark *ou* darkness.

(d) (*pessimisme*) peindre les choses en ~ to paint things black, paint a black picture; voir les choses en ~ to look on the black side; *V* broyer, pousser, voir.

(e) (*: café*) black coffee.

(f) (*illégalement*) acheter/vendre au ~ to buy/sell on the black market; travailler au ~ to work on the side, moonlight*; le travail au ~ moonlighting*.

(g) N~ black; les N~s d'Amérique the blacks of America.

3 noire *nf* **(a)** (*personne*) Noire black, black woman.

(b) (*Mus*) crotchet (*Brit*), quarter note (*US*).

noirâtre [nwaʀɑtʀ(ə)] *adj* blackish.

noiraud, e [nwaʀo, od] **1** *adj* dark, swarthy. **2** *nm,f* dark *ou* swarthy person.

noirceur [nwaʀsœʀ] *nf* (*littér*) **(a)** (*U: V* noir) blackness; darkness.

(b) (*acte perfide*) black *ou* evil deed.

noircir [nwaʀsiʀ] (2) **1** *vt* **(a)** (*salir*) [*fumée*] to blacken; [*encre, charbon*] to dirty. (*fig*) ~ du papier to write page after page.

(b) (*colorer*) to blacken; (*à la cire, peinture*) to darken. le soleil l'a noirci/lui a noirci le visage the sun has tanned him/his face.

(c) (*fig*) *réputation* to blacken. ~ qn to blacken sb's reputation *ou* name; ~ la situation to paint a black picture of the situation.

2 *vi* [*personne, peau*] to tan; [*fruit*] (*mûrir*) to ripen; (*se tacher*) to go black; [*ciel*] to darken, grow black *ou* dark; [*couleur*] to darken.

3 se noircir *vpr* [*ciel*] to darken, grow black *ou* dark; [*temps*] to turn stormy; [*couleur, bois*] to darken.

noircissement [nwaʀsismɑ̃] *nm* (*V* noircir) blackening; dirtying; darkening.

noircissure [nwaʀsisyʀ] *nf* black smudge.

noise [nwaz] *nf*: chercher ~ à qn to try to pick a quarrel with sb.

noisetier [nwaztje] *nm* hazel tree.

noisette [nwazɛt] **1** *adj inv* hazel. **2** *nf* (*fruit*) hazel(nut). (*morceau*) ~ de beurre knob of butter.

noix [nwa] **1** *nf* (*fruit*) walnut; (‡: *idiot*) nut*; (*Culin*) [*côtelette*] eye. à la ~* rubbish, crummy‡; *V* brou, coquille, gri*.

2: noix de beurre knob of butter; noix du Brésil Brazil nut; noix de cajou cashew nut; noix de coco coconut; noix de galle oak apple, oak-gall; noix (de) muscade nutmeg; noix pâtissière, noix de veau cushion of veal; noix vomique nux vomica.

noliser [nɔlize] (1) *vt* to charter. avion nolisé charter plane.

nom [nɔ̃] **1** *nm* **(a)** (*nom propre*) name. petit ~ Christian *ou* first name, given name (*US*); Henri le troisième du ~ Henry III; un homme du ~ de Dupont *ou* qui a ~ Dupont a man called Dupont, a man with *ou* by the name of Dupont; il ne connaît pas ses élèves

par leur ~ he doesn't know his pupils by (their) name; je le connais de ~ I know him by name; il écrit sous le ~ de X he writes under the name of X; c'est un ~ *ou* ce n'est qu'un ~ pour moi! he *ou* it is just a name to me!; (*péj*) un ~ à coucher dehors an unpronounceable *ou* an impossible-sounding name; (*péj*) ~ à charnière *ou* à rallonge *ou* à tiroirs double-barrelled name; sous un ~ d'emprunt under an assumed name; *V* faux², répondre.

(b) (*désignation*) name. quel est le ~ de cet arbre? what is the name of this tree?, what's this tree called?; c'est une sorte de fascisme qui n'ose pas dire son ~ it's fascism of a kind hiding under *ou* behind another name; c'est du dirigisme qui n'ose pas dire son ~ it's covert *ou* disguised state control; comme son ~ l'indique as is indicated by its *ou* his name, as the name indicates; il appelle les choses par leur ~ he's not afraid to call a spade a spade *ou* to call things by their proper name; le ~ ne fait rien à la chose what's in a name?; les beaux ~s de justice, de liberté these fine-sounding words of justice and liberty; il n'est spécialiste que de ~ he is only nominally a specialist, he is a specialist in name only; un crime sans ~ an unspeakable crime; ce qu'il a fait n'a pas de ~ what he did was unspeakable.

(c) (*célébrité*) name; (*noblesse*) name. se faire un ~ to make a name for o.s.; laisser un ~ to make one's mark; c'est un (grand) ~ dans l'histoire he's one of the great names of history.

(d) (*Gram*) noun; *V* complément.

(e) (*loc*) en mon/votre ~ in my/your name; il a parlé au ~ de tous les employés he spoke for all *ou* on behalf of all the employees; au ~ de la loi, ouvrez open up in the name of the law; au ~ de quoi vous permettez-vous ...? whatever gives you the right to ...?; au ~ du Père, du Fils ... in the name of the Father and of the Son ...; au ~ du ciel! in heaven's name!; au ~ de ce que vous avez de plus cher in the name of everything you hold most dear; ~ de Dieu!‡ bloody hell!⁑ (*Brit*), God damn it!‡; ~ de ~ *ou* d'un chien *ou* d'une pipe *ou* d'un petit bonhomme* jings!* (*Brit*), heck!*, blimey!* (*Brit*), strewth!* (*Brit*); donner à qn des ~s d'oiseaux to call sb names; traiter qn de tous les ~s to call sb everything under the sun.

2: nom de baptême Christian name, given name (*US*); nom de chose concrete noun; nom commun common noun; nom composé compound (word *ou* noun); nom déposé (registered) trade name; nom d'emprunt (*gén*) alias, assumed name; [*écrivain*] pen name, nom de plume; nom de famille surname; nom de femme mariée married name; nom de fille/garçon girl's/boy's name; nom de guerre nom de guerre; nom de jeune fille maiden name; nom de lieu place-name; nom de marque trade name; nom propre proper noun; nom de rue street name; nom de théâtre stage name.

nomade [nɔmad] **1** *adj* nomadic; (*Zool*) migratory. **2** *nmf* nomad.

nomadisme [nɔmadism(ə)] *nm* nomadism.

no man's land [nomanslɑ̃d] *nm* no-man's-land.

nombrable [nɔ̃bʀabl(ə)] *adj* countable, numerable. difficilement ~ difficult to count.

nombre [nɔ̃bʀ(ə)] **1** *nm* **(a)** (*Ling, Math*) number. (*Bible*) les N~s (the Book of) Numbers; (*Gram*) s'accorder en ~ to agree in number.

(b) (*quantité*) number. le ~ des victimes the number of victims; un certain/grand ~ de a certain/great number of; (un) bon ~ de a good *ou* fair number of; je lui ai dit ~ de fois que ... I've told him many *ou* a number of times that ...; depuis ~ d'années for many years, for a number of years; les gagnants sont au ~ de 3 there are 3 winners, the winners are 3 in number; être supérieur en ~ to be superior in numbers; être en ~ suffisant to be in sufficient number *ou* sufficient in number; ils sont en ~ égal their numbers are equal *ou* even, they are equal in number; des ennemis sans ~ innumerable *ou* countless enemies.

(c) (*masse*) numbers. être/venir en ~ to be/come in large numbers; faire ~ to make up the numbers; être submergé par le ~, succomber sous le ~ to be overcome by sheer weight of *ou* force of numbers; il y en avait dans le ~ qui riaient there were some among them who were laughing; ça ne se verra pas dans le ~ it won't be seen among all the rest *ou* when they're all together; le (plus) grand ~ the (great) majority (of people).

(d) au ~ de, du ~ de (*parmi*): je le compte au ~ de mes amis I count him as *ou* consider him one of my friends, I number him among my friends; il n'est plus du ~ des vivants he is no longer of this world; est-il du ~ des reçus? is he among those who passed?, he is one of the ones who passed?

2: (*Ordin*) nombre aléatoire random number; nombre atomique atomic number; nombre complexe complex number; nombre entier whole number, integer; (*Ordin*) nombre au hasard random number; nombre imaginaire imaginary number; nombre de Mach Mach number; nombre d'or golden section; nombre parfait perfect number; nombre premier prime number.

nombrer [nɔ̃bʀe] (1) *vt* (†, *littér*) to number†, count.

nombreux, -euse [nɔ̃bʀø, øz] *adj* **(a)** (en grand nombre) être ~ [*exemples, visiteurs*] to be numerous; [*accidents*] to be numerous *ou* frequent; les gens étaient venus ~ a great number of people had come, people had come in great numbers; certains, et ils sont ~ certain people, and there are quite a few of them; peu ~ few; le public était moins/plus ~ hier there were fewer/more spectators yesterday; les visiteurs arrivaient sans cesse plus ~/de plus en plus ~ visitors kept on arriving in greater *ou* increasing numbers/ in greater and greater *ou* in ever-increasing numbers.

(b) (le grand nombre de) numerous, many. parmi les ~euses personnalités amongst the numerous *ou* many personalities.

(c) (un grand nombre de) de ~ many, numerous; de ~ accidents se sont produits many *ou* numerous accidents have occurred; ça se voit à de ~ exemples many *ou* numerous examples illustrate this.

(d) (*important*) foule, assistance, collection large.

(e) (*littér: harmonieux*) vers, style harmonious, rounded, rich.

nombril [nɔ̃bʀi] *nm* [*personne*] navel, belly button*. il se prend pour le ~ du monde* he thinks he is the cat's whiskers *ou* God's gift to mankind.

nombrilisme* [nɔ̃bʀilism(ə)] *nm* (*péj*) faire du ~ to be self-centred, be wrapped up in o.s. *ou* one's own concerns.

nomenclature [nɔmɑ̃klatyʀ] *nf* (*gén: liste*) list; (*Ling, Sci*) nomenclature; [*dictionnaire*] word list.

nominal, e, *mpl* **-aux** [nɔminal, o] **1** *adj* (*gén*) nominal; (*Ling*) groupe, phrase noun (*épith*). liste ~e list of names; procéder à l'appel ~ to call the register *ou* the roll, do the roll call; expression ~e nominal expression; syntagme ~ noun phrase; (*Fin*) valeur ~e face value. **2** *nm* (*Ling*) pronoun.

nominalement [nɔminalmɑ̃] *adv* (*gén, Ling*) nominally. appeler qn ~ to call sb by name.

nominalisation [nɔminalizasjɔ̃] *nf* nominalization.

nominalisme [nɔminalism(ə)] *nm* nominalism.

nominaliste [nɔminalist(ə)] *adj, nmf* nominalist.

nominatif, -ive [nɔminatif, iv] **1** *adj* (*Fin*) titre, action registered. (*Comm*) état ~ list of items; liste ~ive list of names. **2** *nm* (*Ling*) nominative.

nomination [nɔminasjɔ̃] *nf* (*promotion*) appointment, nomination (à to); (*titre, acte*) appointment *ou* nomination papers. obtenir sa ~ to be nominated *ou* appointed (*au poste de* to the post of).

nominativement [nɔminativmɑ̃] *adv* by name.

nominé, e [nɔmine] *adj* film, acteur, auteur (*vainqueur possible*) nominated. être ~ à qch to be nominated *ou* shortlisted for sth.

nommément [nɔmemɑ̃] *adv* **(a)** (*par son nom*) by name. **(b)** (*spécialement*) notably, especially, particularly.

nommer [nɔme] (1) **1** *vt* **(a)** (*promouvoir*) fonctionnaire to appoint; candidat to nominate. ~ qn à un poste to appoint *ou* nominate sb to a post; ~ qn son héritier to name *ou* appoint sb (as) one's heir; il a été nommé gérant/ministre he was appointed *ou* made manager/minister.

(b) (*appeler*) personne to call; name; (*dénommer*) découverte, produit to name, give a name to. ils l'ont nommé Richard they called *ou* named him Richard, they gave him the name of Richard; un homme nommé Martin a man named *ou* called Martin; le nommé Martin the man named *ou* called Martin; ce que nous nommons le bonheur what we name *ou* call happiness; V point¹.

(c) (*citer*) fleuves, batailles, auteurs, complices to name, give the name(s) of. M Martin, pour ne pas le ~ ... without mentioning any names, Mr Martin ...; quelqu'un que je ne nommerai pas somebody who shall remain nameless, somebody whose name I shall not mention.

2 se nommer *vpr* **(a)** (*s'appeler*) to be called. comment se nomme-t-il? what is he called?, what is his name?; il se nomme Paul he's called Paul, his name is Paul.

(b) (*se présenter*) to introduce o.s. il entra et se nomma he came in and gave his name *ou* introduced himself.

non [nɔ̃] **1** *adv* **(a)** (*réponse négative*) no. le connaissez-vous? — ~ do you know him? — no (I don't); est-elle chez elle? — ~ is she at home? — no (she isn't *ou* she's not); je vais ouvrir la fenêtre — ~ il y aura des courants d'air I'll open the window — no (don't), it'll make a draught; il n'a pas encore dit ~! he hasn't said no yet!, he hasn't refused (as) yet; je ne dis pas ~ (*ce n'est pas de refus*) I wouldn't say no; (*je n'en disconviens pas*) I don't disagree; ah ça ~! certainly *ou* definitely not!, I should say not!; ~ et ~! no, no, no!, absolutely not!; que ~! I should say not!, definitely not!; ~ merci! no thank you!; certes ~! most certainly *ou* definitely not!, indeed no!, no indeed!; vous n'y allez pas? — mais ~! *ou* bien sûr que ~! aren't you going? — of course not! *ou* I (most) certainly shall not! *ou* I should think not!; répondre (par) ~ à toutes les questions to answer no *ou* answer in the negative to all the questions; faire ~ de la tête to shake one's head; dire/répondre que ~ to say/answer it isn't (*ou* it won't *etc, selon le contexte*).

(b) (*remplaçant une proposition*) not. faire signe que ~ (*de la main*) to make a gesture of refusal (*ou* disagreement *ou* disapproval); (*de la tête*) to shake one's head; est-ce que c'est nécessaire? — je pense *ou* crois que ~ is that necessary? — I don't think so *ou* I don't think it is *ou* I think not; je crains que ~ I fear not, I am afraid not; il nous quitte? — j'espère que ~ is he leaving us? — I hope not *ou* I hope he isn't; je le crois — moi ~ I believe him — I (*emphatique*) don't *ou* not me*; vous avez aimé le film? — moi ~ mais les autres oui did you like the film? — (no) I didn't *ou* not me* but the others did; il l'aime bien, moi ~ he likes him but I don't *ou* not me*; j'ai demandé si elle était venue, lui dit que ~ I asked if she had been — he says not *ou* he says no *ou* he says she hasn't; ah ~? really?, no?; partez-vous ou ~? are you going or not?, are you going or aren't you?; il se demandait s'il irait ou ~ he wondered whether to go or not; erreur ou ~/qu'il l'ait voulu ou ~ le mal est fait mistake or no mistake/whether he meant it or not the damage is done.

(c) (*frm: pas*) not. c'est par paresse et ~ (pas) par prudence que ... it is through laziness and not caution that ...; je veux bien le leur aide mais ~ (pas) de leur argent I am willing to accept their help but not their money *ou* but I want none of their money; c'est mon avis ~ (pas) le vôtre it's my opinion not yours; ~ (pas) que ... not that ...; ~ (pas) qu'il eût peur mais ... not that he was frightened but ...; il n'a pas reculé, ~ plus qu'eux d'ailleurs he didn't go back any more than they did in fact.

(d) (*exprimant l'impatience, l'indignation*) tu vas cesser de pleurer ~? will you stop crying?, just stop that crying (will you?); ~ par exemple! for goodness sake!, good gracious!; ~ mais alors*, ~ mais (des fois)* for goodness sake!*, honestly!; ~ mais des fois,

tu me prends pour qui?* look here* *ou* for God's sake‡ what do you take me for?

(e) (*exprimant le doute*) no? il me l'a dit lui-même — ~? he told me so himself — no!; c'est bon ~? it's good isn't it?

(f) ~ plus neither, not either; il ne l'a pas vu ni moi ~ plus he didn't see him — (and) neither did I *ou* (and) I didn't either; nous ne l'avons pas vu — nous ~ plus we didn't see him — neither did we *ou* we didn't either; nous ~ plus nous ne l'avons pas vu we didn't see him either; il n'a pas compris lui — lui ~ plus he didn't understand either; il parle ~ plus en médecin mais en ami he is talking now not as a doctor but as a friend.

(g) (*modifiant adv*) not. ~ loin de là il y a ... not far from there there's ...; c'est une expérience ~ moins intéressante it's an experience that is no less interesting; je l'aime ~ moins que toi I love him no less than you (do), I do not love him less than you (do); un homme ~ pas érudit mais instruit a man (who is) not (at all) erudite but well-informed; il continue ~ plus en auto mais en train he continued on his way not by car (any more) but by train; il l'a fait ~ sans raison/~ sans peine he did it not without reason/difficulty; il y est allé ~ sans protester he went (but) not without protest *ou* protesting; ~ seulement il est impoli mais ... not only is he *ou* he is not only impolite but ...; ~ seulement il ne travaille pas mais (encore) il empêche les autres de travailler not only does he not work but he (also) stops the others working too; ~ seulement le directeur mais aussi *ou* encore les employés not only the manager but the employees too *ou* as well.

(h) (*modifiant adj ou participe*) les objets ~ réclamés unclaimed items; produit ~ polluant non-polluting product; une quantité ~ négligeable an appreciable amount; toutes les places ~ réservées all the unreserved seats, all seats not reserved; les travaux ~ terminés the unfinished work; ~ coupable not guilty.

2 *nm inv* no. répondre par un ~ catégorique to reply with a categorical no; il y a eu 30 ~ there were 30 votes against *ou* 30 noes; V oui.

3 *préf* non-, un-. ~-ferreux/-gazeux non-ferrous/-gaseous; ~-vérifié unverified; ~-spécialisé unspecialized, non-specialized.

4: non-activité *nf* inactivity; non-agression *nf* non-aggression; non-aligné, e *adj* nonaligned; les pays non-alignés the nonaligned countries; non-alignement *nm* nonalignment; (*Phon*) non arrondi, e *adj* spread; (*Jur*) non-assistance *nf*: non-assistance à personne en danger failure to render assistance to a person in danger; non-belligérance *nf* nonbelligerence; non-belligérant, e *adj* nonbelligerent; non-combattant, e *nm, f, adj, mpl* non-combattants noncombatant; (*Jur*) non-comparution *nf* nonappearance; non-conformisme *nm* nonconformism; non-conformiste *adj, nmf, pl* non-conformistes nonconformist; non-conformité *nf* nonconformity; non-croyant, e *nm, f, mpl* non-croyants unbeliever, non-believer; (*Jur*) non-cumul *nm*: non-cumul de peines sentences to run concurrently; (*Ling*) non-dénombrable *adj* uncountable; le non-dit what is unspoken, the unspoken *ou* unvoiced comment; non(-)engagé, e *adj* nonaligned; les pays non(-)engagés the nonaligned countries; non-engagement *nm* nonalignment; (*Philos*) non-être *nm* non-being; (*Jur*) non-exécution *nf* failure to carry out (*de qch* sth); non-existant, e *adj* nonexistent; non(-)figuratif, -ive *adj* nonrepresentational; non-fumeur (*adj*) no-smoking (*épith*); (*nm*) non-smoker; non-ingérence *nf* noninterference; non-initié, e *nm, f* lay person; non-inscrit, e (*Pol*) (*adj*) independent; (*nm, f*) independent (member); non-intervention *nf* nonintervention; non-interventionniste *nmf, adj, pl* non-interventionnistes noninterventionist; (*Jur*) non-jouissance *nf* nonenjoyment; (*Jur*) non-lieu *nm, pl* non-lieux: bénéficier d'un non-lieu to be discharged *ou* have one's case dismissed for lack of evidence; (*Ling*) non-marquée *adj* unmarked; (*Philos*) non-moi *nm* nonego; non-paiement *nm* nonpayment; non-parution *nf* failure to appear *ou* be published; non-prolifération *nf* nonproliferation; non-recevoir *nf* fin²; non-retour *nm* no return (V point¹); non-rétroactivité *nf* (*Jur*) nonretroactivity; non-sens *nm inv* (*absurdité*) (piece of) nonsense; (*erreur de traduction etc*) meaningless word (*ou* phrase *etc*); non-stop *adj inv* nonstop; non-syndiqué, e, *mpl* non-syndiqués (*nm, f*) nonunion member, nonmember (of a *ou* the union); (*adj*) nonunion; non-valeur *nf* (*Jur*) unproductiveness; (*Fin*) bad debt; (*fig*) nonproductive asset, wasted asset; non-violence *nf* nonviolence; non-violent, e (*adj*) nonviolent; (*nm, f*) advocate *ou* supporter of nonviolence; (*Phon*) non-voisé, e *adj* unvoiced, voiceless.

nonagénaire [nɔnaʒeneʀ] *adj, nmf* nonagenarian, ninety-year-old.

nonante [nɔnɑ̃t] *adj* (*Belgique, Suisse*) ninety.

nonantième [nɔnɑ̃tjɛm] *adj* (*Belgique, Suisse*) ninetieth.

nonce [nɔ̃s] *nm* nuncio. ~ apostolique apostolic nuncio.

nonchalamment [nɔ̃ʃalamɑ̃] *adv* nonchalantly.

nonchalance [nɔ̃ʃalɑ̃s] *nf* nonchalance.

nonchalant, e [nɔ̃ʃalɑ̃, ɑ̃t] *adj* nonchalant.

nonciature [nɔ̃sjatyʀ] *nf* nunciature.

nonne [nɔn] *nf* (†, *hum*) nun.

nonnette [nɔnɛt] *nf* (*Culin*) spiced bun (*made of pain d'épice*).

nonobstant [nɔnɔpstɑ̃] **1** *prép* († *ou Jur: malgré*) notwithstanding, despite, in spite of. **2** *adv* (†: *néanmoins*) notwithstanding†, nevertheless.

nonpareil, -eille†† [nɔ̃paʀɛj] *adj* nonpareil, peerless.

noosphère [nɔosfɛʀ] *nf* noosphere.

nord [nɔʀ] **1** *nm* **(a)** (*point cardinal*) north. ~ géographique/magnétique true/magnetic north; le vent du ~ the north wind; un vent du ~ (*gén*) a north(erly) wind; (*Naut*) a northerly; le vent tourne/est au ~ the wind is veering north(-wards) *ou* towards the north/is blowing from the north; regarder vers le ~ *ou* dans la

direction du ~ to look north(wards) *ou* towards the north; **au** ~ *(situation)* in the north; *(direction)* to the north, north(wards); **au** ~ **de** north of, to the north of; **l'appartement est (exposé) au** ~/ **en plein** ~ the flat faces (the) north *ou* northwards/due north, the flat looks north(-wards)/due north; **l'Europe/l'Italie/la Bourgogne du** ~ Northern Europe/Italy/Burgundy; *V* **mer**.
(b) *(partie, régions septentrionales)* north. **pays/peuples du** ~ northern countries/peoples, countries/peoples of the north; **le** ~ **de la France, le N**~ the North (of France); *V* **grand**.
2 *adj inv* région, partie northern *(épith)*; *entrée, paroi* north *(épith)*; *versant, côte* north(ern) *(épith)*; *côté* north(ward) *(épith)*; *direction* northward *(épith)*, northerly *(Mét)*; *V* **hémisphère, latitude, pôle**.
3: nord-africain, e *adj* North African; **Nord-Africain, e** *nm,f, mpl* **Nord-Africains** North African; **nord-américain, e** *adj* North American; **Nord-Américain, e** *nm,f, mpl* **Nord-Américains** North American; **nord-coréen, -enne** *adj* North Korean; **Nord-Coréen, -enne** *nm,f, mpl* **Nord-Coréens** North Korean; **nord-est** *adj inv, nm* north-east; **nord-nord-est** *adj inv, nm* north-north-east; **nord-ouest** *adj inv, nm* north-west; **nord-nord-ouest** *adj inv, nm* north-north-west; **nord-ouest** *adj inv, nm* north-west; **nord-vietnamien, -ienne** *adj* North Vietnamese; **Nord-Vietnamien, -ienne** *nm,f, mpl* **Nord-Vietnamiens** North Vietnamese.
nordique [nɔʀdik] **1** *adj* pays, race Nordic; *langues* Scandinavian, Nordic. **2** *nmf*: **N**~ Scandinavian.
nordiste [nɔʀdist(ə)] *(Hist USA)* **1** *adj* Northern, Yankee. **2** *nmf*: **N**~ Northerner, Yankee.
noria [nɔʀja] *nf* noria, bucket waterwheel. *(fig)* **une** ~ **d'hélicoptères a transporté les blessés vers les hôpitaux** a fleet of helicopters shuffled *ou* ferried the wounded to the hospitals.
normal, e, *mpl* **-aux** [nɔʀmal, o] **1** *adj (gén, Chim, Math, Méd)* normal; *(courant, habituel)* normal, usual. **de dimension** ~ normal-sized, standard-sized; **c'est une chose très** ~, **ça n'a rien que de très** ~ that's quite usual *ou* normal, it's quite the usual thing, it's the normal thing; **il n'est pas** ~ he's not normal, there's something wrong with him; **c'est** ~! it's (quite) natural!; **ce n'est pas** ~ there must be something wrong; *V* **école, état, temps¹**.
2 normale *nf* **(a) s'écarter de la** ~**e** to diverge from the norm; **revenir à la** ~**e** to return to normality, get back to normal; **au-dessus de la** ~**e** above average; **température voisine des** ~**es saisonnières** temperature close to the seasonal average.
(b) *(Math)* normal *(à to)*.
(c) N~**e** *(sup)* abrév *de* **École normale supérieure**; *V* **école**.
normalement [nɔʀmalmɑ̃] *adv (comme prévu)* normally; *(habituellement)* normally, usually, ordinarily. ~, **il devrait être là demain** normally he'd be there tomorrow, in the usual *ou* ordinary course of events he'd be there tomorrow; ~ **il vient le jeudi** as a rule *ou* normally *ou* generally he comes on a Thursday.
normalien, -ienne [nɔʀmaljɛ̃, jɛn] *nm,f (instituteur)* student at teachers' training college; *(professeur)* student at the *École normale supérieure.*
normalisation [nɔʀmalizasjɔ̃] *nf (V normaliser)* normalization; standardization.
normaliser [nɔʀmalize] (1) *vt* situation, relations to normalize; *produit* to standardize.
normalité [nɔʀmalite] *nf* normality.
normand, e [nɔʀmɑ̃, ɑ̃d] **1** *adj (de Normandie)* Norman; *(Hist: scandinave)* Norse; *V* **armoire, trou**.
2 *nm* **(a)** *(Ling)* Norman (French).
(b) N~ *(de Normandie)* Norman; *(Hist: Scandinave)* Norseman, Northman; **faire une réponse de N**~ to give a non-committal answer.
3 *nf*: **N**~**e** Norman; Norsewoman.
Normandie [nɔʀmɑ̃di] *nf* Normandy.
normatif, -ive [nɔʀmatif, iv] *adj* prescriptive, normative.
normativisme [nɔʀmativism(ə)] *nm* prescriptivism.
norme [nɔʀm(ə)] *nf (gén)* norm; *(Tech)* standard. ~**s de fabrication** standards of manufacture, manufacturing standards; **tant que ça reste dans la** ~ as long as it is kept within limits; **pourvu que vous restiez dans la** ~ provided you do not overdo it *ou* you don't overstep the limits, provided you keep within the norm.
normé, e [nɔʀme] *adj (Math)* normed.
norois¹, e [nɔʀwa, waz] *adj, nm* Old Norse.
norois², noroît [nɔʀwa] *nm (vent)* northwester.
Norvège [nɔʀvɛʒ] *nf* Norway.
norvégien, -ienne [nɔʀveʒjɛ̃, jɛn] **1** *adj* Norwegian; *V* **marmite**. **2** *nm (Ling)* Norwegian. **3** *nm,f*: **N**~**(ne)** Norwegian.
nos [no] *adj poss V* **notre**.
nostalgie [nɔstalʒi] *nf* nostalgia. **avoir la** ~ **de** to feel nostalgia for; **garder la** ~ **de** to retain a nostalgia for.
nostalgique [nɔstalʒik] **1** *adj* nostalgic. **2** *nmf*: **les** ~**s du nazisme** those who long for the return of the Nazis.
nota (bene) [nɔta(bene)] *nm inv* nota bene.
notabilité [nɔtabilite] *nf* notability.
notable [nɔtabl(ə)] **1** *adj* fait notable, noteworthy; *changement, progrès* notable. **c'est quelqu'un de** ~ he's somebody of note. **2** *nm* notable, worthy.
notablement [nɔtabləmɑ̃] *adv* notably.
notaire [nɔtɛʀ] *nm* ≃ lawyer, solicitor *(Brit)*.
notamment [nɔtamɑ̃] *adv (entre autres)* notably, among others; *(plus particulièrement)* notably, in particular, particularly.
notarial, e, *mpl* **-aux** [nɔtaʀjal, o] *adj* notarial.
notariat [nɔtaʀja] *nm (fonction)* profession of (a) notary (public); *(corps des notaires)* body of notaries (public).
notarié, e [nɔtaʀje] *adj* drawn up by a notary (public) *ou* by a solicitor, notarized *(T)*.
notation [nɔtasjɔ̃] *nf* **(a)** *(symboles, système)* notation.

(b) *(touche, note) [couleurs]* touch; *[sons]* variation. *(Littérat)* **une** ~ **intéressante** an interesting touch *ou* variation.
(c) *(transcription) [sentiment, geste, son]* expression.
(d) *(jugement) [devoir]* marking, grading; *[employé]* assessment.
note [nɔt] **1** *nf* **(a)** *(remarque, communication)* note. ~ **diplomatique/officielle** diplomatic/official note; **prendre des** ~**s** to take notes; **prendre (bonne)** ~ **de qch** to take (good) note of sth; **prendre qch en** ~ to make a note of sth, write sth down; *(hâtivement)* to jot sth down; **relire ses** ~**s** to read over one's notes *ou* jottings; **remarque en** ~ marginal comment, comment in the margin; **c'est écrit en** ~ it's written in the margin.
(b) *(appréciation chiffrée)* mark, grade. **mettre une** ~ **à une dissertation** to mark an essay; **avoir de bonnes/mauvaises** ~**s** to have good/bad marks *ou* grades; **avoir une bonne/mauvaise** ~ **à un devoir/en histoire** to have a good/bad mark for a homework exercise/for *ou* in history; **c'est une mauvaise** ~ **pour lui** it's a black mark against him.
(c) *(compte) [gaz, blanchisserie]* bill, account; *[restaurant, hôtel]* bill, check *(US)*. **demander/présenter/régler la** ~ to ask for/present/settle the bill *(Brit) ou* check *(US)*; **vous me donnerez la** ~, **s'il vous plaît** may I have the bill *(Brit) ou* check *(US)* please?, I'd like my bill *(Brit) ou* check *(US)* please; **je vais vous faire la** ~ I'll make out the bill *(Brit) ou* check *(US)* for you; **mettez-le sur ma** ~ put it on my bill *(Brit) ou* check *(US)*; ~ **de frais** *(bulletin)* claim form (for expenses); *(argent dépensé)* expenses; ~ **d'honoraires** (doctor's *ou* lawyer's) account.
(d) *(Mus, fig)* note. **donner la** ~ *(Mus)* to give the key; **la** ~ **juste** the right note; **c'est tout à fait dans la** ~ it fits in perfectly with the rest; **ses paroles étaient tout à fait dans la** ~/**n'étaient pas dans la** ~ his words struck exactly the right note/struck the wrong note (altogether); **ce n'est pas dans la** ~ it doesn't strike the right note at all; **mettre une** ~ **triste** *ou* **de tristesse dans qch** to lend a touch *ou* note of sadness to sth; **une** ~ **de fierté perçait sous ses paroles** a note of pride was discernible in his words; *V* **faux², forcer**.
2: note en bas de page footnote; **note marginale** marginal note, note in the margin; *(Mus)* **note de passage** passing note; **note de la rédaction** editor's note; **note de service** memorandum.
noter [nɔte] (1) *vt* **(a)** *(inscrire)* adresse, rendez-vous to write down, note down, make a note of; *idées* to jot down, write down, note down; *(Mus)* air to write down, take down. **si vous pouviez le** ~ **quelque part** could you make a note of it *ou* write it down somewhere; **notez que nous serons absents** note that we'll be away.
(b) *(remarquer)* faute, progrès to notice. **notez (bien) que je n'ai rien dit, je n'ai rien dit notez-le** *ou* **notez (bien)** note that I didn't say anything, mark you, I didn't say anything; **il faut** ~ **qu'il a des excuses** admittedly he has an excuse, he has an excuse mark you *ou* mind you; **ceci est à** *ou* **mérite d'être noté** this is worth noting, this should be noted.
(c) *(cocher, souligner)* citation, passage to mark. ~ **d'une croix** to mark with a cross, put a cross against *(Brit)*, check off.
(d) *(juger)* devoir to mark, grade; *élève, employé* to give a mark to, grade. ~ **sur 10/20** to mark out of 10/20; **devoir bien/mal noté** homework with a good/bad mark *ou* grade; **employé bien/mal noté** highly/poorly rated employee, employee with a good/bad record.
notice [nɔtis] *nf (préface)* note; *(résumé)* note; *(mode d'emploi)* directions, instructions. ~ **biographique/bibliographique** biographical/bibliographical note; ~ **explicative** directions for use, explanatory leaflet; ~ **nécrologique** obituary.
notificatif, -ive [nɔtifikatif, iv] *adj* notifying. **lettre** ~**ive** letter of notification.
notification [nɔtifikasjɔ̃] *nf (Admin)* notification. ~ **vous a été envoyée de vous présenter** notification has been sent to you to present yourself; **recevoir** ~ **de** to be notified of, receive notification of; *(Jur)* ~ **d'actes** service of documents.
notifier [nɔtifje] (7) *vt* to notify. ~ **qch à qn** to notify sb of sth, notify sth to sb; **on lui a notifié que ...** he was notified that ..., he received notice that ... .
notion [nɔsjɔ̃] *nf* **(a)** *(conscience)* notion. **je n'ai pas la moindre** ~ **de** I haven't the faintest notion of; **perdre la** ~ **du temps** *ou* **de l'heure** to lose all notion *ou* idea of time.
(b) *(connaissances)* ~**s** notion, elementary knowledge; **avoir quelques** ~**s de grammaire** to have some notion of grammar, have a smattering of grammar; *(titre)* ~**s d'algèbre/d'histoire** algebra/history primer.
notionnel, -elle [nɔsjɔnɛl] *adj* notional.
notoire [nɔtwaʀ] *adj* criminel, méchanceté notorious; *fait, vérité* well-known, acknowledged *(épith)*. **il est** ~ **que** it is common *ou* public knowledge that, it's an acknowledged fact that.
notoirement [nɔtwaʀmɑ̃] *adv*: **c'est** ~ **reconnu** it's generally recognized, it's well known; **il est** ~ **malhonnête** he's notoriously dishonest.
notoriété [nɔtɔʀjete] *nf [fait]* notoriety; *(renommée)* fame. **c'est de** ~ **publique** that's common *ou* public knowledge.
notre [nɔtʀ(ə)], *pl* **nos** [no] *adj poss* **(a)** *(possession, relation)* our; *(emphatique)* our own; *(majesté ou modestie de convention = mon, ma, mes)* our; *(emphatique)* our own. ~ **fils et** ~ **fille** our son and daughter; **nous avons tous laissé** ~ **manteau et** ~ **chapeau au vestiaire** we have all left our coats and hats in the cloakroom; ~ **bonne ville de Tours est en fête** our fine city of Tours is celebrating; **car tel est** ~ **bon plaisir** for such is our wish, for so it pleases us; **dans cet exposé** ~ **intention est de ...** in this essay we intend to ...; *pour autres exemples V* **son¹**.
(b) *(valeur affective, ironique, intensive)* **et comment va** ~ **malade aujourd'hui?** and how's the *ou* our patient today?; ~ **héros décide alors ...** and so our hero decides ...; ~ **homme a filé**

sans demander son reste the chap *ou* fellow has run off without asking for his due; *(dial)* ~ **maître** the master; *V* **son¹**.
(c) *(représentant la généralité des hommes)* ~ **planète** our planet; ~ **corps/esprit** our bodies/minds; ~ **maître à tous** our master, the master of us all; **N~ Seigneur/Père** Our Lord/Father; **N~-Dame** Our Lady; *(église)* **Notre Dame, Our Lady; N~ Dame de Paris** Notre Dame of Paris; **N~ Dame de Chartres/Lourdes** Our Lady of Chartres/Lourdes; **le N~ Père** the Lord's Prayer, Our Father.

nôtre [notʀ(ə)] **1** *pron poss:* **le ~, la ~, les ~s** ours, our own; **cette voiture n'est pas la ~** this car is not ours, this is not our car; **leurs enfants sont sortis avec les ~s** their children are out with ours *ou* our own; **à la (bonne) ~!** our good health!, here's to us!; *pour autres exemples V* **sien**.
2 *nm* **(a) nous y mettrons du ~** we'll pull our weight, we'll do our bit*; *V aussi* **sien**.
(b) les ~s *(famille)* our family, our (own) folks*; *(partisans)* our own people; **j'espère que vous serez des ~s ce soir** I hope you will join our party *ou* join us tonight.
3 *adj poss (littér)* ours, our own. **ces idées ne sont plus exclusivement ~s** these ideas are no longer ours alone *ou* exclusively; **ces principes, nous les avons faits ~s** we have made these principles our own.

noubaǂ [nuba] *nf:* **faire la ~** to live it up*, have a rave-upǂ.

nouer [nwe] **(1) 1** *vt* **(a)** *(faire un nœud avec) ficelle* to tie, knot; *lacets, ceinture* to tie, fasten; *cravate* to knot, fasten. ~ **les bras autour de la taille de qn** to put one's arms round sb's waist; **l'émotion lui nouait la gorge** his throat was tight with emotion; **avoir la gorge nouée (par l'émotion)** to have a lump in one's throat.
(b) *(entourer d'une ficelle) bouquet, paquet* to tie up, do up; *cheveux* to tie up *ou* back.
(c) *(former) complot* to hatch; *alliance* to make, form; *amitié* to form, build up. ~ **conversation avec qn** to start (up) *ou* strike up a conversation with sb.
(d) *(Tech)* ~ **la chaîne/la trame** to splice the warp/weft.
(e) *(Littérat) action, intrigue* to build up, bring to a head *ou* climax.
2 *vi (Bot)* to set.
3 se nouer *vpr* **(a)** *(s'unir) [mains]* to join together. **sa gorge se noua** a lump came to his throat.
(b) *(se former) [complot]* to be hatched; *[alliance]* to be made, be formed; *[amitié]* to be formed, build up; *[conversation]* to start, be started.
(c) *(Littérat)* (*pièce de théâtre) c'est là où l'intrigue se noue* it's at that point that the plot takes shape.

noueux, -euse [nwø, øz] *adj branche* knotty, gnarled; *main* gnarled; *vieillard* wizened.

nougat [nuga] *nm (Culin)* nougat. *(pieds)* ~sǂ feet; **c'est du ~*** it's dead easy* *(Brit)*, it's a cinch* *ou* a piece of cake* *(Brit)*; **c'est pas du ~*** it's not so easy.

nougatine [nugatin] *nf* nougatine.

nouille [nuj] *nf* **(a)** *(Culin)* piece *ou* bit of pasta. ~s pasta, noodles.
(b) (*) *(imbécile)* noodle* *(Brit)*, idiot; *(mollasson)* big lump*. **ce que c'est ~*** how idiotic (it is).

noumène [numɛn] *nm* noumenon.

nounou* [nunu] *nf* nanny.

nounours [nunuʀs] *nm* teddy (bear).

nourri, e [nuʀi] *(ptp de* **nourrir** *) adj fusillade* heavy; *applaudissements* hearty, prolonged; *conversation* lively; *style* rich.

nourrice [nuʀis] *nf* **(a)** *(gardienne)* child-minder, nanny; *(qui allaite)* wet nurse. ~ **sèche** dry nurse; **mettre un enfant en ~** to put a child out to nurse *ou* in the care of a nurse; *V* **épingle. (b)** *(bidon)* jerrycan *(Brit)*, can *(US)*.

nourricier, -ière [nuʀisje, jɛʀ] **1** *adj (Anat) canal, artère* nutrient; *(Bot) suc, sève* nutritive; *(††: adoptif) mère, père* foster *(épith)*. *(littér)* **la terre ~ière** the nourishing earth. **2** *nm* foster father. **les ~s** the foster parents.

nourrir [nuʀiʀ] **(2) 1** *vt* **(a)** *(alimenter) animal, personne* to feed; *feu* to stoke; *récit, devoir* to fill out. ~ **au biberon** to bottle-feed; ~ **au sein** to breast-feed; ~ **à la cuiller** to spoon-feed; ~ **un oiseau au grain** to feed a bird (on) seed, **les régions qui nourrissent la capitale** the areas which provide food for the capital *ou* provide the capital with food; **bien/mal nourri** well-/poorly-fed; *V* **logé.**
(b) *(faire vivre) famille, pays* to feed, provide for. **cette entreprise nourrit 10.000 ouvriers** this firm gives work to *ou* provides work for 10,000 workers; **ce métier ne nourrit pas son homme** this job doesn't earn a man his bread *ou* doesn't give a man a living wage.
(c) *(fig: caresser) projet* to nurse; *désir, espoir, illusion* to nourish, nurture, cherish, foster; *haine* to nourish, harbour a feeling of; *vengeance* to nourish, harbour thoughts of.
(d) *(littér: former)* **être nourri dans les bons principes** to be nurtured on good principles; **la lecture nourrit l'esprit** reading improves the mind.
2 *vi* to be nourishing.
3 se nourrir *vpr* to eat. **se ~ de viande** to feed (o.s.) on, eat; *illusions* to feed on, live on; *(fig)* **il se nourrit de romans** novels are his staple diet.

nourrissant, e [nuʀisã, ãt] *adj* nourishing, nutritious.

nourrisson [nuʀisɔ̃] *nm* (unweaned) infant, nursling *(littér)*.

nourriture [nuʀityʀ] *nf* **(a)** *(aliments, fig)* food. **assurer la ~ de qn** to provide sb's meals *ou* do sb with food. **(b)** *(alimentation)* food. **il lui faut une ~ saine** he needs a healthy diet; **la ~ des poissons se compose de ...** the food of fish is made up of ... ; **la lecture est une bonne ~ pour l'esprit** reading is good nourishment for the mind.

nous [nu] **1** *pron pers* **(a)** *(sujet)* we. ~ **vous écrirons** we'll write *ou*

be writing to you; ~ **avons bien ri tous les deux** the two of us had a good laugh, we both had a good laugh; **eux ont accepté,** ~ **non** *ou* **pas** ~ they accepted but we didn't, they accepted but not us*; **c'est enfin ~,** ~ **voilà enfin here we are at last; qui l'a vu?** — ~/**pas** ~ **who saw him?** — we did/we didn't *ou* us/not us*; ~ **accepter?, jamais!** us accept that?, never!, you expect us to accept that?, never!; *V aussi* **même**.
(b) *(objet dir ou indir, complément)* us. **aide-~** help us, give us a hand; **donne-~ ton livre** give us your book, give your book to us; **si vous étiez** ~ **que feriez-vous?** if you were us *ou* if you were in our shoes what would you do?; **donne-le-~** give it to us, give us it; **écoutez-~** listen to us; **il n'obéit qu'à** ~ we are the only ones he obeys, he obeys only us.
(c) *(emphatique: insistance) (sujet)* we, we ourselves; *(objet)* us. ~, **nous le connaissons bien** — **mais** ~ **aussi** we know him well ourselves — but so do we *ou* we do too; **pourquoi ne le ferait-il pas?, nous l'avons bien fait,** ~ why shouldn't he do it?, we did it (all right); **alors** ~, **nous restons pour compte?** and what about us, are we to be left out?; ~, **elle nous déteste** she hates us; **elle nous connaît bien,** ~ she knows us all right.
(d) *(emphatique avec qui, que) (sujet)* we; *(objet)* us. **c'est** ~ **qui sommes fautifs** we are the culprits, we are the ones to blame; **merci** — **c'est** ~ **qui vous remercions** thank you — it's we who should thank you; **et** ~ **(tous) qui vous parlons l'avons vu** we (all) saw him personally; **est-ce** ~ **qui devons vous le dire?** do we have to tell you?; **et** ~ **qui n'avions pas le sou!** and there were we without a penny!, and to think we didn't have a penny!; ~ **que le théâtre passionne, nous n'avons jamais vu cette pièce** great theatre lovers that we are we have still never seen that play; **nous with all our great love for the theatre have never seen that play; il nous dit cela à** ~ **qui l'avons tant aidé** and that's what he says to us who have helped him so much; **c'est** ~ **qu'il veut voir** it's us she wants to see.
(e) *(avec prép)* us. **à** ~ **cinq, nous devrions pouvoir soulever ça** between the 5 of us we should be able to lift that; **cette maison est à** ~ this house belongs to us *ou* is ours; **nous avons une maison à** ~ we have a house of our own, we have our own house; **avec/sans** ~ with/without us; **c'est à** ~ **de décider** it's up to us *ou* to ourselves to decide; **elle l'a appris par** ~ she heard about it through *ou* from us; **un élève à** ~ one of our pupils; **l'un de** ~ *ou* **d'entre** ~ **doit le savoir** one of us must know (it); **nos enfants à** ~ our children; **l'idée vient de** ~ the idea comes from us *ou* is ours; **elle veut une photo de** ~ **tous** she wants a photo of us all *ou* of all of us.
(f) *(dans comparaisons)* we, us. **il est aussi fort que** ~ he is as strong as we are *ou* as us*; **il mange plus/moins que** ~ he eats more/less than we do *ou* than us*; **faites comme** ~ do as we do, do like us*, do the same as us*; **il vous connaît aussi bien que** ~ *(aussi bien que nous vous connaissons)* he knows you as well as we do *ou* as us*; *(aussi bien qu'il nous connaît)* he knows you as well as (he knows *ou* does) us.
(g) *(avec vpr)* ~ ~ **sommes bien amusés** we had a good time, we thoroughly enjoyed ourselves; **(lui et moi)** ~ ~ **connaissons depuis le lycée** we have known each other since we were at school; ~ ~ **détestons** we hate (the sight of) each other; **asseyons-~ donc** let's sit down, shall we sit down?; ~ ~ **écrirons** we'll write to each other.
(h) *(pl: de majesté, modestie etc = moi)* we. ~, **préfet de X, décidons que** we, (the) prefect of X, decide that; **dans cet exposé,** ~ **essaierons d'expliquer** in this paper, we shall try to explain.
2 *nm:* **le** ~ **de majesté** the royal we.

nous-même, pl nous-mêmes [numɛm] *pron V* **même.**

nouveau, nouvelle [nuvo, nuvɛl] **(nouvel** [nuvɛl] *devant nm commençant par une voyelle ou h muet), mpl* **nouveaux** [nuvo] **1** *adj* **(a)** *(gén après n: qui apparaît pour la première fois)* new. **pommes de terre nouvelles** new potatoes; **vin** ~ **new wine; carottes nouvelles** spring carrots; **la mode nouvelle** the latest fashion; **la mode nouvelle du printemps** the new spring fashion(s); **un sentiment si** ~ **pour moi** such a new feeling for me; **montrez-moi le chemin, je suis** ~ **ici** show me the way, I'm new here; *V* **art, quoi, tout.**
(b) *(après n: original) idée* novel, new, original; *style* new, original; *(moderne) méthode* new, up-to-date, new-fangled *(péj)*. **le dernier de ses romans, et le plus** ~ his latest and most original novel; **présenter qch sous un jour** ~ to present sth in a new light; **c'est tout** ~, **ce projet** this project is brand-new; **il n'y a rien de/ce n'est pas** ~! there's/it's nothing new!
(c) *(inexpérimenté)* new *(en, dans* to). **il est** ~ **en affaires** he's new to business; **ce métier est** ~ **pour lui** he's new to this job, this work is new to him.
(d) *(avant n: qui succède)* new; *(qui s'ajoute)* new, fresh. **le** ~ **président** the new president, the newly-elected president; **le nouvel élu** the newly-elected representative; **nous avons un** ~ **président/une nouvelle voiture** we have a new president/car; **avez-vous lu son** ~ **livre?** have you read his new *ou* latest book?; **un** ~ **Napoléon** a second Napoleon; **les ~x philosophes** the new philosophers; **les ~x pauvres** the new poor; **les ~x parents** today's parents, the parents of today; **il y a eu un** ~ **tremblement de terre** there has been a further *ou* a new *ou* a fresh earthquake; **c'est là une nouvelle preuve que** it's fresh proof *ou* further proof that; **je ferai un nouvel essai** I'll make another *ou* a new *ou* a fresh attempt; *(fig)* **c'est la nouvelle mode maintenant** it's the new fashion now, it's the latest thing *ou* fashion; *V* **jusque.**
2 *nm* **(a)** *(homme, ouvrier etc)* new man; *(Scol)* new boy.
(b) du ~: y a-t-il du ~ **à ce sujet?** is there anything new on this?; **il y a du** ~ **dans cette affaire** there has been a fresh *ou* new *ou* further development in this business; **le public veut sans cesse du** ~ the public always wants something new; **il n'y a rien de** ~

sous le soleil there's nothing new under the sun. **(c)** (*loc*) **de** ~ again; **faire qch de** ~ to do sth again, repeat sth; **à** ~ (*d'une manière différente*) anew, afresh, again; (*encore une fois*) again; **nous examinerons la question à** ~ we'll examine the question anew *ou* afresh *ou* again.

3 nouvelle *nf* **(a)** (*femme, ouvrière etc*) new woman *ou* girl; (*Scol*) new girl.

(b) (*écho*) news (*U*). **une nouvelle** a piece of news; **une bonne/mauvaise nouvelle** some good/bad news; **ce n'est pas une nouvelle!** that's not news!, that's nothing new!; **vous connaissez la nouvelle?** have you heard the news?; **la nouvelle de cet événement nous a surpris** we were surprised by the news of this event; **annoncer/apprendre la nouvelle de la mort de qn** to announce/hear the news of sb's death; **aller aux nouvelles** to go and find out what is (*ou* was *etc*) happening; *V* **dernier, faux², premier.**

(c) nouvelles news (*U*); **avez-vous de ses nouvelles?** (*de sa propre main*) have you heard from him?, have you had any news from him?; (*par un tiers*) have you heard anything about *ou* of him?, have you had any news of him?; **j'irai prendre de ses nouvelles** I'll go and see how he's getting on (*Brit*) *ou* how he's doing; **il a fait prendre de mes nouvelles (par qn)** he asked for news of me (from sb); **il ne donne plus de ses nouvelles** you never hear from him any more; **je suis sans nouvelles (de lui) depuis huit jours** I haven't heard anything (of him) for a week, I've had no news (of him) for a week; **pas de nouvelles, bonnes nouvelles** no news is good news; **il aura** *ou* **entendra de mes nouvelles!** * I'll give him a piece of my mind!*, I'll give him what for!*; **(goûtez mon vin) vous m'en direz des nouvelles** (taste my wine,) I'm sure you'll like it.

(d) (*Presse, Rad, TV*) **les nouvelles** the news (*U*); **écouter/entendre les nouvelles** to listen to/hear the news; **voici les nouvelles** here is the news; **les nouvelles sont bonnes** the news is good.

(e) (*court récit*) short story.

4: Nouvel An, Nouvelle Année New Year; **pour le/au Nouvel An** for/at New Year; **le Nouvel An juif** the Jewish New Year; **Nouvelle-Angleterre** *nf* New England; **Nouveau-Brunswick** *nm* New Brunswick; **Nouvelle-Calédonie** *nf* New Caledonia; **nouvelle cuisine** nouvelle cuisine; **Nouvelle-Écosse** *nf* Nova Scotia; **Nouvelle-Galles du Sud** *nf* New South Wales; **Nouvelle-Guinée** *nf* New Guinea; **Nouvelles-Hébrides** *nfpl* New Hebrides; **nouvelle lune** new moon; **nouveaux mariés** newly-weds, newly married couple; **Nouveau-Mexique** *nm* New Mexico; **Nouveau Monde** New World; **nouveau-né,** *f* **nouveau-née,** *mpl* **nouveau-nés** (*adj*) newborn; (*nm, f*) newborn child; **La Nouvelle-Orléans** New Orleans; **nouveau riche** nouveau riche; **Nouveau Testament** New Testament; **nouvelle vague** (*adj*) (*gén*) with-it*; (*Ciné*) nouvelle vague; (*nf*) (*nouvelle génération*) new generation; (*Ciné*) nouvelle vague; **nouveau venu, nouvelle venue,** *mpl* **nouveaux venus** newcomer; **Nouvelle-Zélande** *nf* New Zealand.

nouveauté [nuvote] *nf* **(a)** (*actualité*) novelty, newness; (*originalité*) novelty; (*chose*) new thing, something new. **il n'aime pas la** ~ he hates anything new *ou* new ideas, he hates change; **il travaille? c'est une** ~! he's working? that's new! *ou* that's a new departure!

(b) (*Habillement*) ~**s de printemps** new spring fashions; **le commerce de la** ~ the fashion trade; **magasin de** ~**s** draper's shop (*Brit*), fabric store (*US*).

(c) (*objet*) new thing *ou* article. (*disque*) **les** ~**s du mois** the month's new releases; (*machine, voiture*) **les** ~**s du salon 88** the new models of the 1988 show; **la grande** ~ **de cet automne** the latest thing this autumn; **une** ~ **en matière électronique** a new thing in electronics, a new electronic invention.

nouvel [nuvɛl] *adj m* **V nouveau.**

nouvellement [nuvɛlmɑ̃] *adv* recently, newly.

nouvelliste [nuvelist(ə)] *nmf* short story writer, writer of short stories.

nova [nɔva], *pl* **novae** [nɔve] *nf* nova.

novateur, -trice [nɔvatœʀ, tʀis] **1** *adj* innovatory, innovative. **2** *nm, f* innovator.

novembre [nɔvɑ̃bʀ(ə)] *nm* November; *pour loc V* **septembre et onze.**

novice [nɔvis] **1** *adj* inexperienced (*dans* in), green* (*dans* at). **2** *nmf* (*débutant*) novice, beginner, greenhorn*; (*Rel*) novice, probationer.

noviciat [nɔvisja] *nm* (*bâtiment, période*) noviciate, novitiate. (*Rel*) **de** ~ probationary.

novocaïne [nɔvɔkain] *nf* novocaine.

novotique [nɔvɔtik] *nf* new technology.

noyade [nwajad] *nf* (*événement*) drowning accident, death by drowning. **il y a eu de nombreuses** ~**s à cet endroit** there have been many drowning accidents *ou* many deaths by drowning *ou* many people drowned at this spot; **sauver qn de la** ~ to save sb from drowning.

noyau, *pl* ~**x** [nwajo] *nm* **(a)** (*lit*) (*fruit*) stone, pit; (*Astron, Bio, Phys*) nucleus; (*Géol*) core; (*Ling*) kernel, nucleus; (*Ordin*) kernel; (*Art*) centre, core; (*Élec*) core (*of induction coil etc*); (*Constr*) newel. **enlevez les** ~**x** remove the stones (from the fruit), pit the fruit.

(b) (*fig*) [*personnes*] (*cellule originelle*) nucleus; (*groupe de fidèles*) circle; (*groupe de manifestants*) small group; (*groupe d'opposants*) cell, small group. **il ne restait maintenant qu'un** ~ **d'opposants** now there only remained a hard core of opponents; ~ **de résistance** centre of resistance.

noyautage [nwajotaʒ] *nm* (*Pol*) infiltration.

noyauter [nwajote] (1) *vt* (*Pol*) to infiltrate.

noyé, e [nwaje] (*ptp de noyer²*) **1** *adj* **(a) être** ~ (*fig: ne pas comprendre*) to be out of one's depth, be all at sea (*en* in).

(b) avoir le regard ~ to have a faraway *ou* vague look in one's eyes; **regard** ~ **de larmes** tearful look, eyes swimming with tears. **2** *nm, f* drowned person.

noyer¹ [nwaje] *nm* (*arbre*) walnut (tree); (*bois*) walnut.

noyer² [nwaje] (8) **1** *vt* **(a)** (*gén*) *personne, animal, flamme* to drown; (*Aut*) *moteur* to flood. **la crue a noyé les champs riverains** the high water has flooded *ou* drowned *ou* swamped the riverside fields; **il avait les yeux noyés de larmes** his eyes were brimming *ou* swimming with tears; **la nuit noyait la campagne** darkness shrouded the countryside; ~ **une révolte dans le sang** to put down a revolt violently, spill blood in quelling a revolt; (*Mil*) ~ **la poudre** to wet the powder; ~ **son chagrin dans l'alcool** to drown one's sorrows; (*fig*) ~ **le poisson** to duck *ou* sidestep the question, introduce a red herring into the discussion.

(b) (*gén pass: perde*) ~ **qn sous un déluge d'explications** to swamp sb with explanations; (*Scol*) **quelques bonnes idées noyées dans des détails inutiles** a few good ideas lost in *ou* buried in *ou* swamped by a mass of irrelevant detail; **être noyé dans l'obscurité** to be shrouded in darkness; **être noyé dans la foule** to be lost in the crowd; **noyé dans la masse, cet écrivain n'arrive pas à percer** because he's (just) one amongst (so) many, this writer can't manage to make a name for himself; **cette dépense ne se verra pas, noyée dans la masse** this expense won't be noticed when it's lumped *ou* put together with the rest; **ses paroles furent noyées par** *ou* **dans le vacarme** his words were drowned in the din.

(c) (*Culin*) *alcool, vin* to water down; *sauce* to thin too much, make too thin.

(d) (*Tech*) *clou* to drive right in; *pilier* to embed. **noyé dans la masse** embedded.

(e) (*effacer*) *contours, couleur* to blur.

2 se noyer *vpr* **(a)** (*lit*) (*accidentellement*) to drown; (*volontairement*) to drown o.s. **une personne qui se noie** a drowning person; **il s'est noyé** (*accidentellement*) he drowned *ou* was drowned; (*volontairement*) he drowned himself.

(b) (*fig*) **se** ~ **dans un raisonnement** to become tangled up *ou* bogged down in an argument; **se** ~ **dans les détails** to get bogged down in details; **se** ~ **dans un verre d'eau** to make a mountain out of a molehill, make heavy weather of the simplest thing; **se** ~ **l'estomac** to overfill one's stomach (*by drinking too much liquid*).

nu, e¹ [ny] **1** *adj* **(a)** (*sans vêtement*) *personne* naked, nude, bare; *torse, membres* naked, bare; *crâne* bald. ~**-pieds, (les) pieds** ~**s** barefoot, with bare feet; ~**-tête, (la) tête** ~**e** bareheaded; ~**-jambes, (les) jambes** ~**es** barelegged, with bare legs; **(les) bras** ~**s** barearmed, with bare arms; **(le) torse** ~, ~ **jusqu'à la ceinture** stripped to the waist, naked from the waist up; **à moitié** ~, **à demi** ~ half-naked; **il est** ~ **comme un ver** *ou* **comme la main** he is as naked as the day he was born; **tout** ~ stark naked; **se mettre** ~ to strip (off), take one's clothes off; **se montrer** ~ **à l'écran** to appear in the nude on the screen; *V* **épée, main, œil.**

(b) (*sans ornement*) *mur, chambre* bare; *arbre, pays, plaine* bare, naked; *style* plain; *vérité* plain, naked.

(c) (*Bot, Zool*) naked.

(d) (*loc*) **à** ~: **mettre à** ~ *fil électrique* to strip; *erreurs, vices* to expose, lay bare; **mettre son cœur à** ~ to lay bare one's heart *ou* soul; **monter un cheval à** ~ to ride bareback.

2 *nm* (*Peinture, Phot*) nude.

3: nu-pieds *nmpl* (*sandales*) beach sandals, flip-flops (*Brit*); (*Jur*) **nu-propriétaire, nue-propriétaire** *nm, f* owner without usufruct; **nue-propriété** *nf*: **avoir un bien en nue-propriété** to have property without usufruct.

nuage [nɥaʒ] *nm* (*lit, fig*) cloud. ~ **de grêle/de pluie** hail/rain cloud; ~ **de fumée/de tulle/de poussière/de sauterelles** cloud of smoke/tulle/dust/locusts; (*lit, fig*) **il y a des** ~**s noirs à l'horizon** there are dark clouds on the horizon; **le ciel se couvre de** ~**s/est couvert de** ~**s** the sky is clouding over/is clouding *ou* overcast *ou* has clouded over; **juste un** ~ **(de lait)** just a drop (of milk); (*fig*) **il est (perdu) dans les** ~**s** he has his head *ou* he is in the clouds; **sans** ~**s** *ciel* cloudless; *bonheur* unmarred, unclouded; **une amitié qui n'est pas sans** ~**s** a friendship which is not entirely untroubled *ou* is not entirely quarrelfree.

nuageux, -euse [nɥaʒø, øz] *adj* **(a)** *temps* cloudy; *ciel* cloudy, overcast; *zone, bande* cloud (*épith*). **système** ~ cloud system. **(b)** (*vague*) nebulous, hazy.

nuance [nɥɑ̃s] *nf* **(a)** [*couleur*] shade, hue; (*Littérat, Mus*) nuance. ~ **de sens** shade of meaning, nuance; ~ **de style** nuance of style.

(b) (*différence*) slight difference. **il y a une** ~ **entre mentir et se taire** there's a slight difference between lying and keeping quiet; **je ne lui ai pas dit non,** ~! **je lui ai dit peut-être** I didn't say no to him, I understand, I said perhaps, I didn't say no to him, I said perhaps and there's a difference between the two; **d'une** ~ **politique différente** of a different shade of political opinion; **de toutes les** ~**s politiques** of all shades of political opinion.

(c) (*subtilité, variation*) **les** ~**s du cœur/de l'amour** the subtleties of the heart/of love; **apporter des** ~**s à une affirmation** to qualify a statement; **faire ressortir les** ~**s** to bring out the finer *ou* subtler points; **tout en** ~**s** *esprit, discours, personne* very subtle, full of nuances; **sans** ~ *discours* unsubtle, cut and dried; *esprit, personne* unsubtle.

(d) (*petit élément*) touch. **avec une** ~ **de tristesse** with a touch *ou* a slight note of sadness.

nuancé, e [nɥɑ̃se] (*ptp de nuancer*) *adj tableau* finely shaded; *opinion* qualified; (*Mus*) nuanced.

nuancer [nɥɑ̃se] (3) *vt tableau* to shade; *opinion* to qualify; (*Mus*) to nuance.

nuancier [nɥɑ̃sje] *nm* (display of) make-up testers.

Nubie [nybi] *nf* Nubia.

nubile [nybil] *adj* nubile.
nubilité [nybilite] *nf* nubility.
nucléaire [nykleɛʀ] **1** *adj* nuclear. **2** *nm*: le ~ *(énergie)* nuclear energy; *(technologie)* nuclear technology.
nucléé, e [nyklee] *adj* nucleate(d).
nucléine [nyklein] *nf* nuclein.
nucléique [nykleik] *adj* nucleic.
nucléon [nykleɔ̃] *nm* nucleon.
nudisme [nydism(ə)] *nm* nudism.
nudiste [nydist(ə)] *adj, nmf* nudist.
nudité [nydite] *nf [personne]* nakedness, nudity; *(fig) [mur]* bareness; *(Art)* nude. **la laideur des gens s'étale dans toute sa ~** people are exposed in all their ugliness, people's ugliness is laid bare for all to see.
nue² [ny] *nf* **(a)** (†† *ou littér) (nuage)* ~, ~s clouds; *(ciel)* la ~, les ~s the skies.
    (b) porter *ou* **mettre qn aux** ~s to praise sb to the skies; **tomber des** ~s to be completely taken aback *ou* flabbergasted; **je suis tombé des** ~s you could have knocked me down with a feather, I was completely taken aback.
nuée [nɥe] *nf (littér: nuage)* thick cloud. ~s **d'orage** storm clouds; ~ **ardente** nuée ardente, glowing cloud.
    (b) *(multitude) [insectes]* cloud, horde; *[flèches]* cloud; *[photographes, spectateurs, ennemis]* horde, host. *(fig)* **comme une** ~ **de sauterelles** like a plague *ou* swarm of locusts.
nuer [nɥe] *vt couleurs* to blend *ou* match the different shades of.
nuire [nɥiʀ] (38) **1 nuire à** *vt indir (desservir) personne* to harm, injure; *santé, réputation* to damage, harm, injure; *action* to prejudice. **sa laideur lui nuit beaucoup** his ugliness is very much against him *ou* is a great disadvantage to him; **il a voulu le faire mais ça va lui** ~ he wanted to do it, but it will bring him into discredit *ou* it will go against him *ou* do him harm; **chercher à** ~ **à qn** to try to harm sb, try to do *ou* run sb down; **cela risque de** ~ **à nos projets** there's a risk that it will damage *ou* harm our plans.
    2 se nuire *vpr (à soi-même)* to do o.s. a lot of harm; *(l'un l'autre)* to work against each other's interests, harm each other.
nuisance [nɥizɑ̃s] *nf (gén pl)* (environmental) pollution *(U) ou* nuisance *(U)*. **les** ~s **(sonores)** noise pollution.
nuisible [nɥizibl(ə)] *adj climat, temps* harmful, injurious *(à* to); *influence, gaz* harmful, noxious *(à* to). **animaux** ~s vermin, pests; **insectes** ~s pests; ~ **à la santé** harmful *ou* injurious to (the) health.
nuit [nɥi] **1** *nf* **(a)** *(obscurité)* darkness, night. **il fait** ~ it is dark; **il fait** ~ **à 5 heures** it gets dark at 5 o'clock; **il fait** ~ **noire** it's pitch dark *ou* black; **la** ~ **tombe** it's getting dark, night is falling; **la** ~ **tombante** at nightfall, at dusk; **pris** *ou* **surpris par la** ~ overtaken by darkness *ou* night; **rentrer avant la** ~ to come home before dark; **rentrer à la** ~ to come home in the dark; **la** ~ **polaire** polar night *ou* darkness; *(Prov)* **la** ~ **tous les chats sont gris** every cat in the twilight is grey.
    (b) *(espace de temps)* night. **cette** ~ *(passée)* last night; *(qui vient)* tonight; **dans la** ~ **de jeudi** during Thursday night; **dans la** ~ **de jeudi à vendredi** during Thursday night, during the night of Thursday to Friday; **souhaiter (une) bonne** ~ **à qn** to wish sb goodnight; *(Prov)* **la** ~ **porte conseil** let's (let them *etc*) sleep on it; **une** ~ **blanche** *ou* **sans sommeil** a sleepless night; **faire sa** ~* to go through the night; ~ **et jour** night and day; **au milieu de la** ~, **en pleine** ~ in the middle of the night, at dead of night; **elle part cette** ~ *ou* **dans la** ~ she's leaving tonight; **ouvert la** ~ open at night; **sortir/travailler la** ~ to go out/work at night; **rouler** *ou* **conduire la** ~ *ou* **de** ~ to drive at night; **conduire la** ~ **ne me gêne pas** I don't mind night-driving *ou* driving at night; **de** ~ *service, travail, garde, infirmière etc* night *(épith)*.
    (c) *(littér)* darkness. **dans la** ~ **de ses souvenirs** in the darkness of his memories; **ça se perd dans la** ~ **des temps** is lost in the mists of time; **ça remonte à la** ~ **des temps** that goes back to the dawn of time, that's as old as the hills; **la** ~ **du tombeau/de la mort** the darkness of the grave/of death.
    2: nuit d'hôtel night spent in a hotel room, overnight stay in a hotel; **payer sa nuit (d'hôtel)** to pay one's hotel bill; **nuit de noces** wedding night; **nuit de Noël** Christmas Eve; **la nuit des Rois** Twelfth Night.
nuitamment [nɥitamɑ̃] *adv* by night.
nuitée [nɥite] *nf (gén pl)* ~s overnight stays, beds occupied *(in statistics for tourism)*; **3** ~s 3 nights (in a hotel room).
nul, nulle [nyl] **1** *adj indéf* **(a)** *(aucun: devant n)* no. **il n'avait** ~ **besoin/nulle envie de sortir** he had no need/no desire to go out at all; ~ **doute qu'elle ne l'ait vu** there is no doubt (whatsoever) that she saw him; ~ **autre que lui (n'aurait pu le faire)** no one (else) but he (could have done it); **il ne l'a trouvé nulle part** he couldn't find it anywhere, he could find it nowhere; **sans** ~ **doute/nulle exception** without any doubt/any exception.
    (b) *(après n) (proche de zéro) résultat, différence, risque* nil *(attrib); (invalidé) testament, élection* null and void *(attrib); (inexistant) récolte etc* non-existent. *(Sport)* **le résultat** *ou* **le score est** ~

(zéro à zéro) the result is a goalless *ou* a nil draw; *(2 à 2 etc)* the result is a draw, the match ended in a draw; *(Math)* **pour toute valeur non nulle de x** where x is not equal to zero; *(Jur)* ~ **et non avenu** invalid, null and void; *(Jur)* **rendre** ~ to annul, nullify; **nombre** ~/non-~ zero/non-zero number; *V* **match**.
    (c) *(qui ne vaut rien) personne* useless, hopeless; *intelligence* nil; *travail* worthless, useless. **être** ~ **en géographie** to be hopeless *ou* useless at geography; **il est** ~ **pour** *ou* **dans tout ce qui est manuel** he's hopeless *ou* useless at anything manual; **ce devoir est** ~ this piece of work is worth nothing *ou* doesn't deserve any marks.
    2 *pron indéf (sujet sg: personne, aucun)* no one. *(Prov)* ~ **n'est prophète en son pays** no man is a prophet in his own country; ~ **n'est censé ignorer la loi** ignorance of the law is no excuse; ~ **d'entre vous n'ignore que** ... none of you is ignorant of the fact that ...; *V* **à**.
nullard, e* [nylaʀ, aʀd(ə)] **1** *adj* hopeless, useless *(en* at). **2** *nm,f* dunce, numskull. **c'est un** ~ he's a complete numskull, he's a dead loss*.
nullement [nylmɑ̃] *adv* not at all, not in the least.
nullité [nylite] *nf* **(a)** *(Jur)* nullity; *[personne]* uselessness; incompetence; *[raisonnement, objection]* invalidity; *V* **entacher. (b)** *(personne)* nonentity, wash-out*.
nûment [nymɑ̃] *adv (littér) (sans fard)* plainly, frankly; *(crûment)* bluntly. **dire (tout)** ~ **que** ... to say (quite) frankly that ... .
numéraire [nymeʀɛʀ] **1** *adj*: **pierres** ~s milestones; **espèces** ~s legal tender *ou* currency; **valeur** ~ face value. **2** *nm* specie *(T)*, cash. **paiement en** ~ cash payment, payment in specie *(T)*.
numéral, e, *mpl* **-aux** [nymeʀal, o] *adj, nm* numeral.
numérateur [nymeʀatœʀ] *nm* numerator.
numération [nymeʀasjɔ̃] *nf (comptage)* numeration; *(code)* notation. *(Méd)* ~ **globulaire** blood count; *(Math, Ordin)* ~ **binaire** binary notation.
numérique [nymeʀik] *adj* numerical.
numériquement [nymeʀikmɑ̃] *adv* numerically.
numériseur [nymeʀizœʀ] *nm* digitizer.
numéro [nymeʀo] *nm* **(a)** *(gén, Aut, Phys)* number. **j'habite au** ~ **6** I live at number 6; ~ **atomique** atomic number; ~ **d'ordre** queue ticket *(Brit)*, number; ~ **minéralogique** *ou* **d'immatriculation** *ou* **de police** registration *(Brit) ou* license *(US)* number, car number; ~ **(de téléphone)**, ~ **d'appel** (tele)phone number; **faire** *ou* **composer un** ~ to dial a number; **tirer un bon/mauvais** ~ to draw a lucky/an unlucky number; **notre ennemi/problème** ~ **un** our number one enemy/problem.
    (b) *(Presse)* issue, number. **le** ~ **du jour** the day's issue; **vieux** ~ back number, back issue; *V* **suite**.
    (c) *(spectacle) [chant, danse]* number; *[cirque, music-hall]* act, turn. *(fig)* **il nous a fait son** ~ **habituel** *ou* **son petit** ~ he gave us *ou* put on his usual (little) act.
    (d) *(personne)* **quel** ~!*, **c'est un drôle de** ~!*, **c'est un sacré** ~!* what a character!
numérotage [nymeʀotaʒ] *nm* numbering, numeration.
numérotation [nymeʀotasjɔ̃] *nf* numbering, numeration. ~ **téléphonique** telephone number system.
numéroter [nymeʀote] (1) *vt* to number. **si tu continues, tu as intérêt à** ~ **tes abattis!*** if you go on like this you'll get what's coming to you!*
numerus clausus [nymeʀys klozys] *nm* restricted intake.
numide [nymid] **1** *adj* Numidian. **2** *nmf*: **N**~ Numidian.
Numidie [nymidi] *nf* Numidia.
numismate [nymismat] *nmf* numismatist.
numismatique [nymismatik] **1** *adj* numismatic. **2** *nf* numismatics *(sg)*, numismatology.
nuptial, e, *mpl* **-aux** [nypsjal, o] *adj bénédiction, messe* nuptial *(littér); robe, marche, anneau, cérémonie* wedding *(épith); lit, chambre* bridal, nuptial *(littér)*.
nuptialité [nypsjalite] *nf* marriage rate.
nuque [nyk] *nf* nape of the neck.
nurse [nœʀs(ə)] *nf* nanny, (children's) nurse.
nutritif, -ive [nytʀitif, iv] *adj (nourrissant)* nourishing, nutritious; *(Méd) besoins, fonction, appareil* nutritive. *(Bio)* **qualité** *ou* **valeur** ~**ive** food value, nutritional value.
nutrition [nytʀisjɔ̃] *nf* nutrition.
nutritionnel, -elle [nytʀisjɔnɛl] *adj* nutritional.
Nyasaland, Nyassaland [njasalɑ̃d] *nm* Nyasaland.
nyctalope [niktalɔp] **1** *adj* day-blind, hemeralopic *(T)*. **2** *nmf* day-blind *ou* hemeralopic *(T)* person. **les chats sont** ~s cats see well in the dark.
nyctalopie [niktalɔpi] *nf* day blindness, hemeralopia *(T)*.
nylon [nilɔ̃] *nm* ® nylon. **bas (de)** ~ *(pl)* nylons, nylon stockings.
nymphe [nɛ̃f] *nf (Myth, fig)* nymph; *(Zool)* nymph, nympha, pupa; *(Anat)* nymphae, labia minora.
nymphéa [nɛ̃fea] *nm* white water lily.
nymphomane [nɛ̃fɔman] *adj, nf* nymphomaniac.
nymphomanie [nɛ̃fɔmani] *nf* nymphomania.

O, o [o] *nm (lettre)* O, o.
ô [o] *excl* oh!, O!
O.A.S. [ɔɑɛs] *nf (abrév de* **Organisation de l'armée secrète)** OAS *(illegal military organization supporting French rule of Algeria).*
oasis [ɔɑzis] *nf (lit)* oasis; *(fig)* oasis, haven. ~ **de paix** haven of peace.
obédience [ɔbedjɑ̃s] *nf* **(a)** *(appartenance)* **d'~ communiste** of Communist allegiance; **de même ~ religieuse** of the same religious persuasion. **(b)** *(Rel, littér: obéissance)* obedience.
obéir [ɔbeiʀ] (2) **obéir à** *vt indir* **(a)** *personne* to obey; *ordre* to obey, comply with; *loi, principe* to obey. **il sait se faire ~ de ses élèves** he knows how to command *ou* make his pupils obey him *ou* how to get his pupils to obey him *ou* how to make his pupils obey him; **on lui obéit** *ou* **il est obéi au doigt et à l'œil** he commands strict obedience; **je lui ai dit de le faire mais il n'a pas obéi** I told him to do it but he took no notice *ou* didn't obey (me); **ici, il faut ~** you have to toe the line *ou* obey orders here.
(b) *(fig)* **~ à** *conscience, mode* to follow the dictates of; **~ à une impulsion** to act on an impulse; **obéissant à un sentiment de pitié** prompted *ou* moved by a feeling of pity; **~ à ses instincts** to submit to *ou* obey one's instincts.
(c) *[voilier, moteur, monture]* to respond to. **le cheval obéit au mors** the horse responds to the bit; **le moteur/voilier obéit bien** the engine/boat responds well.
obéissance [ɔbeisɑ̃s] *nf [animal, personne]* obedience *(à* to). **le refus d'~ est puni** any refusal to obey will be punished.
obéissant, e [ɔbeisɑ̃, ɑ̃t] *adj* obedient *(à* to, towards).
obélisque [ɔbelisk(ə)] *nm (monument)* obelisk.
obérer [ɔbeʀe] (6) *vt (frm)* to burden with debt. **obéré (de dettes)** burdened with debt.
obèse [ɔbɛz] *adj* obese.
obésité [ɔbezite] *nf* obesity.
objecter [ɔbʒɛkte] (1) *vt* **(a)** *(à une suggestion ou opinion)* **~ une raison à un argument** to put forward a reason against an argument; **il m'objecta une très bonne raison, à savoir que ...** against that he argued convincingly that ..., he gave me *ou* he put forward a very sound reason against (doing) that, namely that ...; **~ que ...** to object that ...; **il m'objecta que ...** he objected to me that ..., the objection he mentioned *ou* raised to me was that ...; **je n'ai rien à ~** I have no objection (to make); **elle a toujours quelque chose à ~** she always has some objection or other (to make), she always raises some objection or other.
(b) *(à une demande)* **il objecta le manque de temps/la fatigue pour ne pas y aller** he pleaded lack of time/tiredness to save himself going; **quand je lui ai demandé de m'emmener, il m'a objecté mon manque d'expérience/le manque de place** when I asked him to take me with him, he objected on the grounds of my lack of experience/on the grounds that there was not enough space *ou* he objected that I lacked experience/that there was not enough space.
objecteur [ɔbʒɛktœʀ] *nm:* **~ (de conscience)** conscientious objector.
objectif, -ive [ɔbʒɛktif, iv] **1** *adj* **(a)** *article, jugement, observateur* objective, unbiased.
(b) *(Ling, Philos)* objective; *(Méd)* symptôme objective. **2** *nm* **(a)** *(but)* objective, purpose; *(Mil: cible)* objective, target.
(b) *[télescope, lunette]* objective, object glass, lens; *[caméra]* lens, objective. **~ grand-angulaire** *ou* **(à) grand-angle** wide-angle lens; **~ traité** coated lens; **braquer son ~ sur** to train one's camera on.
objection [ɔbʒɛksjɔ̃] *nf* objection. **faire une ~** to raise *ou* make an objection, object; **si vous n'y voyez aucune ~** if you have no objection (to that); **~ de conscience** conscientious objection.
objectivement [ɔbʒɛktivmɑ̃] *adv* objectively.
objectiver [ɔbʒɛktive] (1) *vt* to objectivize.
objectivisme [ɔbʒɛktivism(ə)] *nm* objectivism.
objectivité [ɔbʒɛktivite] *nf* objectivity.
objet [ɔbʒɛ] **1** *nm* **(a)** *(article)* object, thing. **emporter quelques ~s de première nécessité** to take a few basic essentials *ou* a few essential items *ou* things; **femme-/homme-~** woman/man as an object; **~ sexuel** sex object; *V* **bureau.**
(b) *(sujet)* [*méditation, rêve, désir]* object; *[discussion, recherches, science]* subject. **l'~ de la psychologie est le comportement humain** human behaviour forms the subject matter of psychology, psychology is the study of human behaviour.
(c) *(cible)* **un ~ de raillerie/de grande admiration** an object of fun/great admiration; **il était l'~ de la curiosité/de l'envie des autres** he was an object of curiosity/an object of envy to (the) others.
(d) **faire** *ou* **être l'~ de** *discussion, recherches* to be *ou* form the subject of; *surveillance, enquête* to be subjected to; *soins, dévouement* to be given *ou* shown; **les prisonniers font l'~ d'une surveillance constante** the prisoners are subject *ou* subjected to constant supervision; **le malade fit ou fut l'~ d'un dévouement de tous les instants** the patient was shown *ou* was given every care and attention; **les marchandises faisant l'~ de cette facture** goods covered by this invoice.

(e) *(but)* *[visite, réunion, démarche]* object, purpose. **cette enquête a rempli son ~** the investigation has achieved its purpose *ou* object *ou* objective; **craintes sans ~** unfounded *ou* groundless fears; **votre plainte est dès lors sans ~** your complaint therefore no longer applies *ou* is no longer applicable.
(f) *(Ling, Philos)* object; *V* **complément.**
(g) *(Jur)* *[procès, litige]* **l'~ du litige** the matter at issue, the subject of the case.
2: (†† *ou hum)* **l'objet aimé** the beloved one; **objet d'art** objet d'art; **objets de toilette** toilet requisites *ou* articles; **objets trouvés** lost property (office) *(Brit)*, lost and found *(US)*.
objurgations [ɔbʒyʀɡɑsjɔ̃] *nfpl (exhortations)* objurgations *(frm)*; *(prières)* pleas, entreaties.
oblat, e [ɔbla, at] *nm, f* oblate.
oblation [ɔblɑsjɔ̃] *nf* oblation.
obligataire [ɔbligatɛʀ] **1** *adj* **marché** debenture *(épith)*. **2** *nmf* debenture holder.
obligation [ɔbligɑsjɔ̃] *nf* **(a)** *(devoir moral ou réglementaire)* obligation. **avoir l'~ de faire** to be under an obligation to do, be obliged to do; **il se fait une ~ de cette visite/lui rendre visite** he feels himself obliged *ou* he feels he is under an obligation to make this visit/to visit him; **être** *ou* **se trouver dans l'~ de faire** to be obliged to do; **sans ~ d'achat** with no *ou* without obligation to buy; **c'est sans ~ de votre part** there's no obligation on your part, you're under no obligation.
(b) *(gén pl: devoirs)* obligation, duty. **~s sociales/professionnelles** social/professional obligations; **~s de citoyen/de chrétien** one's obligations *ou* responsibilities *ou* duties as a citizen/Christian; **~s militaires** military obligations *ou* duties, duties *ou* obligations as a soldier; **~s scolaires** *[professeur]* teaching obligations; *[élève]* obligations *ou* duties as a pupil; **~s familiales** family obligations *ou* responsibilities; **avoir des ~s envers une autre firme** to have a commitment to another firm; *(Pol)* **remplir ses ~s vis à vis d'un autre pays** to discharge one's commitments towards another country.
(c) *(littér: devoir de reconnaissance)* **~(s)** obligation; **avoir de l'~ à qn** to be under an obligation to sb.
(d) *(Jur)* obligation; *(dette)* obligation. **faire face à ses ~s (financières)** to meet one's liabilities; **~ légale** legal obligation; **~ alimentaire** maintenance obligation; **contracter une ~ envers qn** to contract an obligation towards sb.
(e) *(Fin: titre)* bond, debenture. **~ d'État** government bond.
obligatoire [ɔbligatwaʀ] *adj* **(a)** compulsory, obligatory, mandatory. **le service militaire est ~ pour tous** military service is obligatory *ou* compulsory for all.
(b) *(*: inévitable)* **il est arrivé en retard? — c'était ~!** he arrived late? — he was bound to! *ou* it was inevitable!; **c'était ~ qu'il rate son examen** it was inevitable *ou* a foregone conclusion that he would fail his exam, he was bound to fail his exam.
obligatoirement [ɔbligatwaʀmɑ̃] *adv* **(a)** *(frm)* **devoir ~ faire** to be under a strict obligation to do, be strictly obliged to do.
(b) *(*: sans doute)* inevitably. **il aura ~ des ennuis s'il continue comme ça** he's bound to *ou* he'll be bound to *ou* he'll inevitably make trouble for himself if he carries on like that.
obligé, e [ɔbliʒe] *(ptp de* **obliger)** **1** *adj* **(a)** *(forcé de)* **~ de faire** obliged *ou* compelled to do; **j'étais bien ~** I was forced to, I had to.
(b) *(frm: redevable)* **être ~ à qn** to be (most) obliged to sb, be indebted to sb *(de qch* for sth; *d'avoir fait* for having done, for doing).
(c) *(*: inévitable)* **c'est ~!** it never fails!, it's inevitable!; **c'était ~** it had to happen!, it was sure *ou* bound to happen!
2 *nm, f* **(a)** *(Jur)* obligee, debtor. *(Jur)* **le principal ~** the principal obligee.
(b) *(frm)* **être l'~ de qn** to be under an obligation to sb.
obligeamment [ɔbliʒamɑ̃] *adv* obligingly.
obligeance [ɔbliʒɑ̃s] *nf:* **ayez l'~ de vous taire pendant que je parle** (kindly) oblige me by keeping quiet while I'm speaking, have the goodness *ou* be good enough to keep quiet while I'm speaking; **il a eu l'~ de me reconduire en voiture** he was obliging *ou* kind enough to take me back in the car *ou* to drive me back.
obligeant, e [ɔbliʒɑ̃, ɑ̃t] *adj offre* kind, helpful; *personne, paroles, termes* kind, obliging, helpful.
obliger [ɔbliʒe] (3) *vt* **(a)** *(forcer)* **~ qn à faire** *[règlement, autorités]* to require sb to do, make it compulsory for sb to do; *[principes moraux]* to oblige sb to do; *[circonstances, parents, agresseur]* to force *ou* oblige sb to do; **le règlement vous y oblige** you are required to *ou* bound to by the regulation; **mes principes m'y obligent** I'm bound by my principles (to do it); **l'honneur m'y oblige** I'm honour bound to do it; **quand le temps l'y oblige, il travaille dans sa chambre** when forced *ou* obliged to by the weather, he works in his room; **ses parents l'obligent à aller à la messe** her parents make her go *ou* force her to go to mass; **rien ne l'oblige à partir** nothing's forcing him to leave, he's under no obligation to leave; **le manque d'argent l'a obligé à emprunter** lack of money obliged *ou* compelled *ou* forced him to borrow; **je**

suis obligé de vous laisser I have to *ou* I must leave you, I'm obliged to leave you; il va accepter? — il (y) est bien obligé is he going to accept? — he has no choice! *ou* alternative! *ou* he jolly* (*Brit*) *ou* damned‡ well has to!; tu vas m'~ à me mettre en colère you'll force me to lose my temper; *V* noblesse.
   (b) (*Jur*) to bind.
   (c) (*rendre service à*) to oblige. vous m'obligeriez en acceptant *ou* si vous acceptiez you would greatly oblige me by accepting *ou* if you accepted; (*formule de politesse*) je vous serais très obligé de bien vouloir I should be greatly obliged if you would kindly; nous vous serions obligés de bien vouloir nous répondre dans les plus brefs délais we should appreciate an early reply, we should be grateful to receive an early reply; entre voisins, il faut bien s'~ neighbours have to help each other *ou* be of service to each other.
oblique [ɔblik] 1 *adj* (*gén, Ling, Math*) oblique. regard ~ sidelong *ou* side glance; en ~ obliquely; il a traversé la rue en ~ he crossed the street diagonally. 2 *nf* (*Math*) oblique line.
obliquement [ɔblikmɑ̃] *adv* planter, fixer at an angle, slantwise, obliquely; se diriger, se mouvoir obliquely. regarder qn ~ to look sideways *ou* sidelong at sb, give sb a sidelong look *ou* glance.
obliquer [ɔblike] (1) *vi*: obliquez juste avant l'église turn off just before the church; ~ à droite to turn off *ou* bear right; obliquez en direction de la ferme (*à travers champs*) cut across towards the farm; (*sur un sentier*) turn off towards the farm.
obliquité [ɔblikɥite] *nf [rayon] (Math)* obliqueness, obliquity; (*Astron*) obliquity.
oblitérateur [ɔbliteʀatœʀ] *nm* canceller.
oblitération [ɔbliteʀasjɔ̃] *nf* (*V oblitérer*) cancelling, cancellation; obliteration; obstruction. (*Poste*) cachet d'~ postmark.
oblitérer [ɔbliteʀe] (6) *vt* (a) *timbre* to cancel. (b) († *ou littér: effacer*) to obliterate. (c) (*Méd*) *artère* to obstruct.
oblong, -ongue [ɔblɔ̃, ɔ̃g] *adj* oblong.
obnubiler [ɔbnybile] (1) *vt* to obsess. se laisser ~ par to become obsessed by; elle a l'esprit obnubilé par l'idée que her mind is obsessed with the idea that, she is possessed with the idea that; il a l'esprit obnubilé par les préjugés his mind is clouded by prejudice.
obole [ɔbɔl] *nf* (a) (*contribution*) mite, offering. verser *ou* apporter son ~ à qch to make one's small (financial) contribution to sth. (b) (*monnaie française*) obole; (*monnaie grecque*) obol.
obscène [ɔpsɛn] *adj film, propos, geste* obscene, lewd.
obscénité [ɔpsenite] *nf* (a) (*caractère: V obscène*) obscenity, lewdness. (b) (*propos, écrit*) obscenity. dire des ~s to make obscene remarks.
obscur, e [ɔpskyʀ] *adj* (a) (*sombre*) dark; *V* salle.
   (b) (*fig*)(*incompréhensible*) obscure; (*vague*) *malaise* vague; *pressentiment* vague, dim; (*méconnu*) *œuvre, auteur* obscure; (*humble*) *vie, situation, besogne* obscure, humble, lowly. des gens ~s humble folk; de naissance ~e of obscure *ou* lowly *ou* humble birth.
obscurantisme [ɔpskyʀɑ̃tism(ə)] *nm* obscurantism.
obscurantiste [ɔpskyʀɑ̃tist(ə)] *adj, nmf* obscurantist.
obscurcir [ɔpskyʀsiʀ] (2) 1 *vt* (a) (*rendre obscur*) to darken. ce tapis obscurcit la pièce this carpet makes the room (look) dark *ou* darkens the room; des nuages obscurcissent le ciel clouds darken the sky.
   (b) (*rendre inintelligible*) to obscure. ce critique aime ~ les choses les plus simples this critic likes to obscure *ou* cloud the simplest issues; cela obscurcit encore plus l'énigme that deepens the mystery even more; le vin obscurcit les idées wine muddles one's brain.
   2 s'obscurcir *vpr* (a) *[ciel]* to darken, grow dark; *[temps, jour]* to grow dark.
   (b) *[style]* to become obscure; *[esprit]* to become confused; *[vue]* to grow dim.
obscurcissement [ɔpskyʀsismɑ̃] *nm* (*V obscurcir, s'obscurcir*) darkening; obscuring; confusing; dimming.
obscurément [ɔpskyʀemɑ̃] *adv* obscurely. il sentait ~ que he felt in an obscure way *ou* a vague (sort of) way that, he felt obscurely that.
obscurité [ɔpskyʀite] *nf* (a) (*V obscur*) darkness; obscurity. (*lit*) dans l'~ in the dark, in darkness; (*fig*) vivre/travailler dans l'~ to live/work in obscurity; il a laissé cet aspect du problème dans l'~ he did not cast *ou* throw any light on that aspect of the problem, he passed over *ou* neglected that aspect of the problem.
   (b) (*littér: passage peu clair*) obscurity.
obsédant, e [ɔpsedɑ̃, ɑ̃t] *adj musique, souvenir* haunting, obsessive; *question, idée* obsessive.
obsédé, e [ɔpsede] (*ptp de obséder*) *nm, f* obsessive. (*Psych, hum*) un ~ (*sexuel*) a sex maniac; (*hum*) un ~ du tennis/de l'alpinisme a tennis/climbing fanatic.
obséder [ɔpsede] (6) *vt* (a) (*obnubiler*) to haunt, obsess. le remords l'obsédait he was haunted *ou* obsessed by remorse; être obsédé par *souvenir, peur* to be haunted *ou* obsessed by; *idée, problème* to be obsessed with *ou* by; (*hum*) il est obsédé (*sexuellement*) he's obsessed, he's got a one-track mind (*hum*).
   (b) (*littér: importuner*) ~ qn de ses assiduités to pester *ou* importune sb with one's attentions.
obsèques [ɔpsɛk] *nfpl* funeral. ~ civiles/religieuses/nationales civil/religious/state funeral.
obséquieusement [ɔpsekjøzmɑ̃] *adv* obsequiously.
obséquieux, -euse [ɔpsekjø, øz] *adj* obsequious.
obséquiosité [ɔpsekjozite] *nf* obsequiousness.
observable [ɔpsɛʀvabl(ə)] *adj* observable.
observance [ɔpsɛʀvɑ̃s] *nf* observance.
observateur, -trice [ɔpsɛʀvatœʀ, tʀis] 1 *adj personne, esprit, regard* observant, perceptive. 2 *nm, f* observer. avoir des talents d'~ to have a talent for observation.

observation [ɔpsɛʀvasjɔ̃] *nf* (a) (*obéissance*) *[règle]* observance.
   (b) (*examen, surveillance*) observation. (*Méd*) être/mettre en ~ to be/put under observation; (*Mil*) ~ aérienne aerial observation; (*Sport*) round/set d'~ round/set in which one plays a guarded *ou* a wait-and-see game; *V* poste².
   (c) (*chose observée*) *[savant, auteur*] observation. il consignait ses ~s dans son carnet he noted down his observations *ou* what he had observed in his notebook.
   (d) (*remarque*) observation, remark; (*objection*) remark; (*reproche*) reproof. il fit quelques ~s judicieuses he made one or two judicious remarks *ou* observations; je lui en fis l'~ I pointed it out to him; ce film appelle quelques ~s this film calls for some comment; pas d'~s je vous prie no remarks *ou* comments please; faire une ~ à qn to reprove sb.
observatoire [ɔpsɛʀvatwaʀ] *nm* (a) (*Astron*) observatory.
   (b) (*Mil, gén: lieu*) observation *ou* look-out post.
observer [ɔpsɛʀve] (1) 1 *vt* (a) (*gén: regarder*) to observe, watch; *adversaire, proie* to watch; (*Sci*) *phénomène, réaction* to observe; (*au microscope*) to examine. les invités s'observaient avec hostilité the guests examined *ou* observed each other hostilely; se sentant observée, elle se retourna feeling she was being watched *ou* observed she turned round; il ne dit pas grand-chose mais il observe he doesn't say much but he observes what goes on around him *ou* he watches keenly what goes on around him.
   (b) (*contrôler*) ~ ses manières/ses gestes to be mindful of *ou* watch one's manners/one's gestures.
   (c) (*remarquer*) to notice, observe. elle n'observe jamais rien she never notices anything.
   (d) faire ~ que to point out *ou* remark *ou* observe that; faire ~ un détail à qn to point out a detail to sb, bring a detail to sb's attention; je vous ferai ~ que vous n'avez pas le droit de fumer ici I should like to *ou* I must point out (to you) that you're not allowed to smoke here.
   (e) (*respecter*) *règlement* to observe, abide by; *fête, jeûne* to keep, observe; *coutume* to observe. ~ une minute de silence to observe a minute's silence.
   (f) (*littér*) *attitude, maintien* to keep (up), maintain.
   2 s'observer *vpr* (*surveiller sa tenue, son langage*) to keep a check on o.s., be careful of one's behaviour. il ne s'observe pas assez en public he's not careful enough of his behaviour in public, he doesn't keep sufficient check on himself in public.
obsession [ɔpsesjɔ̃] *nf* obsession. il avait l'~ de la mort/l'argent he had an obsession with death/money, he was obsessed by death/money.
obsessionnel, -elle [ɔpsesjɔnɛl] *adj* obsessional.
obsidienne [ɔpsidjɛn] *nf* obsidian, volcanic glass.
obsolescence [ɔpsɔlesɑ̃s] *nf* (*Tech*) obsolescence.
obsolescent, e [ɔpsɔlesɑ̃, ɑ̃t] *adj* (*Tech*) obsolescent.
obsolète [ɔpsɔlɛt] *adj* obsolete.
obstacle [ɔpstakl(ə)] *nm* (*lit*) obstacle; (*lit, fig*) obstacle, hurdle, impediment; (*Équitation*) jump, fence. course d'~s obstacle race; faire ~ à la lumière to block (out) *ou* obstruct the light; (*fig*) faire ~ à un projet to hinder a plan, put obstacles *ou* an obstacle in the way of a plan; tourner l'~ (*Équitation*) to go round *ou* outside the jump; (*fig*) to get round the obstacle *ou* difficulty; (*lit, fig*) progresser sans recontrer d'~s to make progress without meeting any obstacles *ou* hitches; son âge n'est pas un ~ pour s'engager dans ce métier his age is no impediment *ou* obstacle to his taking on this job.
obstétrical, e, *mpl* -aux [ɔpstetʀikal, o] *adj* obstetric(al).
obstétricien, -ienne [ɔpstetʀisjɛ̃, jɛn] *nm, f* obstetrician.
obstétrique [ɔpstetʀik] 1 *adj* obstetric(al). clinique ~ obstetric clinic. 2 *nf* obstetrics (*sg*).
obstination [ɔpstinasjɔ̃] *nf [personne, caractère]* obstinacy, stubbornness. ~ à faire obstinate *ou* stubborn determination to do; son ~ au refus his persistency in refusing, his persistent refusal.
obstiné, e [ɔpstine] (*ptp de s'obstiner*) *adj personne, caractère* obstinate, stubborn, unyielding, mulish (*péj*); *efforts, résistance* obstinate, dogged, persistent; *travail, demandes* persistent, obstinate; (*fig*) *brouillard, pluie, malchance* persistent, unyielding, relentless.
obstinément [ɔpstinemɑ̃] *adv* (*V obstiné*) obstinately; stubbornly; doggedly; persistently; relentlessly.
obstiner (s') [ɔpstine] (1) *vpr* to insist, dig one's heels in (*fig*). s'~ sur un problème to keep working *ou* labour away stubbornly at a problem; s'~ dans une opinion to cling stubbornly *ou* doggedly to an opinion; s'~ à faire to persist obstinately *ou* stubbornly in doing, obstinately *ou* stubbornly insist on doing; s'~ au silence to remain obstinately silent, maintain an obstinate *ou* a stubborn silence; j'ai dit non mais il s'obstine! I said no but he insists!
obstruction [ɔpstʀyksjɔ̃] *nf* (a) (*blocage: V obstruer*) obstruction, blockage.
   (b) (*tactique*) obstruction. faire de l'~ (*Pol*) to obstruct (the passage of) legislation; (*gén*) to use obstructive tactics, be obstructive; (*Ftbl*) to obstruct; faire de l'~ parlementaire to filibuster.
obstructionnisme [ɔpstʀyksjɔnism(ə)] *nm* obstructionism, filibustering.
obstructionniste [ɔpstʀyksjɔnist(ə)] 1 *adj* obstructionist, filibustering (*épith*). 2 *nmf* obstructionist, filibuster, filibusterer.
obstruer [ɔpstʀye] (1) *vt passage, circulation, artère* to obstruct, block. ~ la vue/le passage to block *ou* obstruct the view/the way. 2 s'obstruer *vpr [passage]* to get blocked up; *[artère]* to become blocked.
obtempérer [ɔptɑ̃peʀe] (6) obtempérer à *vt indir* to obey, comply with. il refusa d'~ he refused to comply *ou* obey.
obtenir [ɔptəniʀ] (22) *vt* (a) *permission, explication, diplôme* to obtain, get. ~ satisfaction to obtain satisfaction; ~ la main de qn

to gain *ou* win sb's hand; **je peux vous ~ ce livre rapidement** I can get you this book promptly, I can obtain this book promptly for you; **il m'a fait ~** *ou* **il m'a obtenu de l'avancement** he got promotion for me, he got me promoted; **il obtint de lui parler** he was (finally) allowed to speak to him; **elle a obtenu qu'il paie** she got him to pay up, she managed to make him pay up; **j'ai obtenu de lui qu'il ne dise rien** I managed to induce him *ou* to get him to agree not to say anything.
  (b) *résultat, température* to achieve, obtain; *total* to reach, arrive at. **~ un corps à l'état gazeux** to obtain a body in the gaseous state; **~ un succès aux élections** to have *ou* achieve a success in the elections; **cette couleur s'obtient par un mélange** this colour is obtained through *ou* by mixing; **en additionnant ces quantités, on obtient 2.000** when you add these amounts together you arrive at *ou* get 2,000.

obtention [ɔptɑ̃sjɔ̃] *nf* (*V* **obtenir**) obtaining; achievement. **pour l'~ du visa** to obtain the visa.

obturateur, -trice [ɔptyRatœR, tRis] **1** *adj* (*Tech*) *plaque* obturating; *membrane, muscle* obturator (*épith*). **2** *nm* **(a)** (*Phot*) shutter. **~ à secteur** rotary shutter; **~ à rideau** focal plane shutter; **~ à tambour** *ou* **à boisseaux** drum shutter. **(b)** (*Tech*) obturator; *[fusil]* gas check.

obturation [ɔptyRasjɔ̃] *nf* **(a)** (*V* **obturer**) closing (up), sealing; filling. **faire une ~ (dentaire)** to fill a tooth, do a filling. **(b)** (*Phot*) **vitesse d'~** shutter speed.

obturer [ɔptyRe] (1) *vt conduit, ouverture* to close (up), seal; *fuite* to seal *ou* block off; *dent* to fill.

obtus, e [ɔpty, yz] *adj* (*Math*) *angle* obtuse; (*fig: stupide*) dull-witted, obtuse.

obus [ɔby] *nm* shell. **~ explosif** high-explosive shell; **~ fumigène** smoke bomb; **~ incendiaire** incendiary *ou* fire bomb; **~ de mortier** mortar shell; **~ perforant** armour-piercing shell; *V* **éclat, trou**.

obusier [ɔbyzje] *nm* howitzer. **~ de campagne** field howitzer.

obvier [ɔbvje] (7) **obvier à** *vt indir danger, mal* to take precautions against, obviate (*frm*); *inconvénient* to overcome, obviate (*frm*).

OC *abrév de* **ondes courtes**; *V* **onde**.

oc [ɔk] *nm V* **langue**.

ocarina [ɔkaRina] *nm* ocarina.

occase‡ [ɔkaz] *nf* (*abrév de* **occasion**) bargain, snip* (*Brit*).

occasion [ɔkazjɔ̃] *nf* **(a)** (*circonstance*) occasion; (*conjoncture favorable*) opportunity, chance. **avoir l'~ de faire** to have the *ou* a chance *ou* the *ou* an opportunity of doing *ou* to do; **sauter sur*** *ou* **saisir l'~** to jump at *ou* seize *ou* grab* the opportunity *ou* chance; **laisser échapper** *ou* **passer l'~** to let the opportunity pass one by *ou* slip; (*iro*) **tu as manqué une belle ~ de te taire** you should have held your tongue, why couldn't you have kept quiet *ou* kept your mouth shut; **cela a été l'~ d'une grande discussion** it gave rise to *ou* occasioned a great discussion; **à l'~ de** on the occasion of; **à cette ~** on that occasion; **si l'~ se présente** if the opportunity arises, should the opportunity arise; **je l'ai rencontré à plusieurs ~s** I've met him on several occasions; **dans/pour les grandes ~s** on/for important *ou* special occasions; **la bouteille/la robe des grandes ~s** the bottle put by/the dress kept for special *ou* great occasions.
  (b) (*Comm*) secondhand buy, bargain; (*:* *acquisition très avantageuse*) bargain, snip* (*Brit*). **(le marché de) l'~** the second-hand market; **faire le neuf et l'~** to deal in new and secondhand goods; **d'~** (*adj, adv*) secondhand.
  (c) (*loc*) **à l'~** sometimes, on occasions; **à l'~ venez dîner** come and have dinner some time; **à la première ~** at the earliest *ou* first opportunity; **d'~ amitié, rencontre** casual; (*frm*) **passer par ~** to chance *ou* pass by, happen to be passing by; (*Prov*) **l'~ fait le larron** opportunity makes the thief.

occasionnel, -elle [ɔkazjɔnɛl] *adj* **(a)** (*non régulier*) *rencontres, disputes* occasional (*épith*); *client, visiteur* casual, occasional (*épith*); (*fortuit*) *incidents, rencontre* chance (*épith*). **(b)** (*Philos*) occasional.

occasionnellement [ɔkazjɔnɛlmɑ̃] *adv* occasionally, from time to time.

occasionner [ɔkazjɔne] (1) *vt frais, dérangement* to occasion, cause; *accident* to cause, bring about. **en espérant ne pas vous ~ trop de dérangement** hoping not to put you to *ou* to cause you a great deal of trouble; **cet accident va m'~ beaucoup de frais** this accident is going to involve me in *ou* to cause me a great deal of expense.

occident [ɔksidɑ̃] *nm* (*littér: ouest*) west. **l'O~** the West, the Occident (*littér*); *V* **empire**.

occidental, e, *mpl* **-aux** [ɔksidɑ̃tal, o] **1** *adj* (*littér: d'ouest*) western; (*Pol*) *pays, peuple* Western, Occidental (*littér*). **les Indes ~es** the West Indies. **2** *nm, f:* **O~(e)** Westerner, Occidental (*littér*).

occidentaliser [ɔksidɑ̃talize] (1) *vt* to westernize.

occipital, e, *mpl* **-aux** [ɔksipital, o] **1** *adj* occipital. **2** *nm* occipital bone.

occiput [ɔksipyt] *nm* back of the head, occiput (*T*).

occire [ɔksiR] *vt* (†† *ou hum*) to slay.

occitan, e [ɔksitɑ̃, an] *adj littérature* of the langue d'oc, of Provençal French.

occitaniste [ɔksitanist(ə)] *nmf* specialist in (the literature of) the langue d'oc.

occlure [ɔklyR] (35) *vt* (*Chim, Méd*) to occlude.

occlusif, -ive [ɔklyzif, iv] *adj, nf* (*Ling*) occlusive, plosive. **(consonne) ~ve** occlusive, stop (consonant).

occlusion [ɔklyzjɔ̃] *nf* (*Ling, Méd, Mét, Tech*) occlusion. (*Méd*) **~ intestinale** intestinal blockage, obstruction of the bowels *ou* intestines, ileus (*T*).

occultation [ɔkyltasjɔ̃] *nf* (*Astron*) occultation; (*fig*) overshadowing, eclipse. **l'~ du problème de chômage pendant la campagne**

électorale the temporary eclipse of the issue of unemployment during the election campaign.

occulte [ɔkylt(ə)] *adj* **(a)** (*surnaturel*) supernatural, occult. **les sciences ~s** the occult, the occult sciences. **(b)** (*secret*) hidden, secret.

occulter [ɔkylte] (1) *vt* (*Astron, Tech*) to occult; (*fig*) to overshadow, eclipse.

occultisme [ɔkyltism(ə)] *nm* occultism.

occultiste [ɔkyltist(ə)] *adj, nmf* occultist.

occupant, e [ɔkypɑ̃, ɑ̃t] **1** *adj* (*Pol*) *autorité, puissance* occupying. **l'armée ~e** the army of occupation, the occupying army.
  2 *nm, f [maison]* occupant, occupier; *[place, compartiment, voiture]* occupant. (*gén, Jur*) **le premier ~** the first occupier.
  3 *nm:* **l'~** the occupying forces.

occupation [ɔkypasjɔ̃] *nf* **(a)** (*Mil, Pol*) occupation. **les forces/l'armée d'~** the forces/army of occupation, the occupying forces/army; **durant l'~** during the Occupation; **grève avec ~ des locaux** sit-in, sit-down strike.
  (b) (*Jur*) *[logement]* occupancy, occupation.
  (c) (*passe-temps*) occupation; (*emploi*) occupation, job. **vaquer à ses ~s** to go about one's business, attend to one's affairs; **une ~ fixe/temporaire** a permanent/temporary job *ou* occupation.

occupé, e [ɔkype] (*ptp de* **occuper**) *adj* **(a)** (*affairé*) busy; (*non disponible*) busy, engaged. **je suis très ~ en ce moment** I'm very busy at present; **il ne peut pas vous recevoir, il est ~** he cannot see you as he is busy *ou* engaged.
  (b) *ligne téléphonique* engaged (*Brit*) (*attrib*), busy (*US*) (*attrib*); *toilettes* engaged (*attrib*) (*Brit*), occupied; *places, sièges* taken (*attrib*). **c'est ~** it's engaged; it's taken.
  (c) (*Mil, Pol*) *zone, usine* occupied.

occuper [ɔkype] (1) **1** *vt* **(a)** *endroit, appartement* to occupy; *place, surface* to occupy, take up. **le bureau occupait le coin de la pièce** the desk stood in *ou* occupied the corner of the room; **leurs bureaux occupent tout l'étage** their offices take up *ou* occupy the whole floor; **le piano occupe très peu/trop de place** the piano takes up very little/too much room; **l'appartement qu'ils occupent est trop exigu** the flat they are living in *ou* occupying is too small.
  (b) *moment, période (prendre)* to occupy, fill, take up; (*faire passer*) to occupy, spend, employ. **cette besogne occupait le reste de la journée** this task took (up) *ou* occupied the rest of the day; **la lecture occupe une trop petite/très grande part de mon temps** reading takes up *ou* fills *ou* occupies far too little/a great deal of my time; **comment ~ ses loisirs?** how should one spend *ou* occupy *ou* employ one's free time?
  (c) *poste, fonction* to hold, occupy.
  (d) (*absorber*) to occupy; (*employer*) *main d'œuvre* to employ. **mon travail m'occupe beaucoup** my work keeps me very busy; **la ganterie occupait naguère un millier d'ouvriers dans cette région** the glove industry used to employ *ou* give employment to about a thousand workers in this area; **le sujet qui nous occupe aujourd'hui** the matter which concerns us today, the matter we are dealing with today, the matter before us today.
  (e) (*Mil, Pol*) (*envahir*) to take over, occupy; (*être maître de*) to occupy. **ils ont occupé tout le pays/l'immeuble** they took over *ou* occupied the whole country/the whole building; **les forces qui occupaient le pays** the forces occupying the country.
  2 s'occuper *vpr* **(a)** **s'~ de qch** (*s'attaquer*) to deal with sth, take care *ou* charge of sth; (*être chargé de*) to be in charge of sth, be dealing with *ou* taking care of sth; (*s'intéresser à*) to take an interest in sth, interest o.s. in sth; **je vais m'~ de ce problème/cette affaire** I'll deal with *ou* take care of this problem/this matter; **c'est lui qui s'occupe de cette affaire** he's the one in charge of *ou* who is dealing with this matter; **il s'occupe de vous trouver un emploi** he is undertaking to find you a job, he'll see about finding you a job; **je vais m'~ de rassembler les documents nécessaires** I'll set about *ou* see about gathering (together) the necessary documents, I'll undertake to get the necessary documents together; **il s'occupe un peu de politique** he takes a bit of an interest *ou* he dabbles a bit in politics; **je m'occupe de tout** I'll see to everything, I'll take care of everything; **il veut s'~ de trop de choses à la fois** he tries to take on *ou* to do too many things at once; **occupe-toi de tes affaires*** *ou* **oignons*** mind your own business; **t'occupe (pas)!‡** don't worry yourself!*
  (b) **s'~ de** (*se charger de*) *enfants, malades* to take charge *ou* care of, look after; *client* to attend to; (*être responsable de*) *enfants, malades* to be in charge of, look after; **je vais m'~ des enfants** I'll take charge *ou* care of *ou* I'll look after the children; **qui s'occupe des malades?** who is in charge of *ou* looks after the patients?; **un instant et je m'occupe de vous** one moment and I'll attend to you *ou* and I'll be with you; **est-ce qu'on s'occupe de vous Madame?** is someone serving you?, are you being attended to? I'll look after you.
  (c) (*s'affairer*) to occupy o.s., keep o.s. busy. **s'~ à faire qch/à qch** to busy o.s. doing sth/with sth; **il a trouvé à s'~** he has found something to do *ou* to occupy his time *ou* to fill his time with; **il y a de quoi s'~** there is plenty to do *ou* to keep one busy *ou* occupied; **je ne sais pas à quoi m'~** I don't know what to do with myself *ou* how to keep myself busy *ou* occupied.

occurrence [ɔkyRɑ̃s] *nf* **(a)** (*frm*) instance, case. **en cette/toute autre ~** in this/in any other instance; **en l'~** in this case; **en pareille ~** in such circumstances, in such a case; (*frm*) **suivant ou selon l'~** according to the circumstances.
  (b) (*Ling*) occurrence, token.

O.C.D.E. [ɔsedeα] *nf* (*abrév de* **Organisation de coopération et de développement économique**) O.E.C.D.

océan [ɔseɑ̃] *nm* (*lit*) ocean. (*comparé à la Méditerranée*) **l'O~** the Atlantic (Ocean); **un ~ de verdure/de sable** a sea of greenery/

sand; I'∼ **Antarctique** ou **Austral** the Antarctic (Ocean); I'∼ **Arctique** the Arctic (Ocean); I'∼ **Atlantique** the Atlantic (Ocean); I'∼ **glacial** the polar sea; I'∼ **Indien** the Indian Ocean; I'∼ **Pacifique** the Pacific (Ocean).

océanaute [ɔseanot] *nm* deep-sea diver.

Océanie [ɔseani] *nf*: I'∼ Oceania, the South Sea Islands.

océanien, -ienne [ɔseanjɛ̃, jɛn] **1** *adj* Oceanian, Oceanic. **2** *nm,f* Oceanian, South Sea Islander.

océanique [ɔseanik] *adj* oceanic.

océanographe [ɔseanɔgraf] *nm,f* oceanographer. ·

océanographie [ɔseanɔgrafi] *nf* oceanography.

océanographique [ɔseanɔgrafik] *adj* oceanographical.

océanologie [ɔseanɔlɔʒi] *nf* oceanology.

ocelot [ɔslo] *nm* (*Zool*) ocelot; (*fourrure*) ocelot fur.

ocre [ɔkʀ(ə)] *nf, adj inv* ochre.

ocré, e [ɔkʀe] *adj* ochred.

ocreux, -euse [ɔkʀø, øz] *adj* (*littér*) ochreous.

octaèdre [ɔktaɛdʀ(ə)] **1** *adj* octahedral. **2** *nm* octahedron.

octaédrique [ɔktaedʀik] *adj* octahedral.

octal [ɔktal] *nm* octal notation.

octane [ɔktan] *nm* octane; *V* **indice**.

octante [ɔktɑ̃t] *adj inv* (*dial*) eighty.

octave [ɔktav] *nf* (a) (*Mus*) octave. **jouer à l'**∼ to play an octave higher (*ou* lower). (b) (*Escrime, Rel*) octave.

octet [ɔktɛt] *nm* byte.

octobre [ɔktɔbʀ(ə)] *nm* October; *pour loc V* **septembre**.

octogénaire [ɔktɔʒenɛʀ] *adj, nmf* octogenarian.

octogonal, e, *mpl* **-aux** [ɔktɔgɔnal, o] *adj* octagonal, eight-sided.

octogone [ɔktɔgɔn] *nm* octagon.

octopode [ɔktɔpɔd] **1** *adj* (*Zool*) octopod. **2** *nm* octopod. ∼**s** Octopoda.

octosyllabe [ɔktɔsilab] **1** *adj* octosyllabic. **2** *nm* octosyllable.

octosyllabique [ɔktɔsilabik] *adj* octosyllabic.

octroi [ɔktʀwa] *nm* (a) (*V* **octroyer**) granting; bestowing. (b) (*Hist*) octroi, city toll.

octroyer [ɔktʀwaje] (8) **1** *vt* (*frm*) *charte* to grant (à to); *faveur, pardon* to bestow (à on, upon), grant (à to); *répit, permission* to grant (à to). **2 s'octroyer** *vpr répit, vacances* to treat o.s. to, grant o.s.

octuor [ɔktyɔʀ] *nm* (*Mus*) octet.

oculaire [ɔkylɛʀ] **1** *adj* (*Anat*) ocular; *V* **globe, témoin**. **2** *nm* (*Opt*) eyepiece, ocular (*T*).

oculiste [ɔkylist(ə)] *nmf* eye specialist, oculist, eye doctor (*US*).

odalisque [ɔdalisk(ə)] *nf* odalisque.

ode [ɔd] *nf* ode.

odeur [ɔdœʀ] *nf* (a) (*gén: bonne ou mauvaise*) smell, odour (*frm*); (*agréable: de fleurs etc*) fragrance, scent. **sans** ∼ odourless, which has no smell; **produit qui combat les (mauvaises)** ∼**s** air freshener; **mauvaise** ∼ bad *ou* unpleasant smell; ∼ **suave/ délicieuse** sweet/delicious smell *ou* scent; **à l'**∼ **fétide** stinking, evil-smelling; ∼ **de brûlé/de moisi** smell of burning/of damp; ∼ **de renfermé** musty *ou* fusty smell; **avoir une bonne/une mauvaise** ∼ to smell nice/bad; *V* **argent**.
(b) (*loc*) **être en** ∼ **de sainteté auprès de qn** to be in sb's good graces; **ne pas être en** ∼ **de sainteté auprès de qn** not to be well looked upon by sb, be out of favour with sb; (*Rel*) **mourir en** ∼ **de sainteté** to die in the odour of sanctity.

odieusement [ɔdjøzmɑ̃] *adv* (*V* **odieux**) hatefully; obnoxiously; odiously.

odieux, -euse [ɔdjø, øz] *adj* (a) (*infâme*) *personne, caractère, tâche* hateful, obnoxious, odious; *conduite* odious, obnoxious, *crime* heinous, odious. **la vie m'est** ∼**euse** life is unbearable to me; **cette personne m'est** ∼**euse** I cannot bear this person, I find this person (quite) unbearable.
(b) (*insupportable*) *gamin, élève* obnoxious, unbearable.

odontologie [ɔdɔ̃tɔlɔʒi] *nf* odontology.

odorant, e [ɔdɔʀɑ̃, ɑ̃t] *adj* sweet-smelling, odorous (*littér*).

odorat [ɔdɔʀa] *nm* (sense of) smell. **avoir l'**∼ **fin** to have a keen sense of smell.

odoriférant, e [ɔdɔʀiferɑ̃, ɑ̃t] *adj* sweet-smelling, fragrant, odoriferous (*littér*).

odyssée [ɔdise] *nf* odyssey. (*littér*) **l'O**∼ the Odyssey.

œcuménique [ekymenik] *adj* ecumenical; *V* **concile**.

œcuménisme [ekymenism(ə)] *nm* ecumenicalism, ecumenism.

œcuméniste [ekymenist(ə)] *adj, nmf* ecumenist.

œdémateux, -euse [edematø, øz] *adj* oedematous, oedematose.

œdème [edɛm] *nm* oedema.

Œdipe [edip] *nm* Oedipus; *V* **complexe**.

œil [œj], *pl* **yeux** [jø] **1** *nm* (a) (*Anat*) eye. **avoir les yeux bleus/ bridés** to have blue/slit eyes; **il a les yeux bleus** he has blue eyes, his eyes are blue; **aux yeux bleus** blue-eyed, with blue eyes; **avoir les yeux faits** to have make-up on one's eyes; **aux grands yeux** wide-eyed, with big eyes; **des yeux de biche** *ou* **de gazelle** doe eyes; **avoir de bons/mauvais yeux** to have good/bad eyes *ou* eyesight; (*fig*) **les yeux lui sortaient de la tête** his eyes were (nearly) popping out of his head, his eyes were out on stalks* (*Brit*); **je l'ai vu de mes (propres) yeux** I saw it with my own eyes; **visible à l'**∼ **nu** visible to the naked eye; **avoir un** ∼ **au beurre noir** *ou* **un** ∼ **poché*** to have a black eye; **avoir un** ∼ **qui dit merde à l'autre‡**, **avoir les yeux qui se croisent (les bras)*** to be boss-eyed*, have a squint.
(b) (*fig: expression*) look. **il a un** ∼ **malin/spirituel/méchant** there's a mischievous/humorous/malicious look in his eye; **il a l'**∼ **vif** he has a lively look about him *ou* a lively expression; **il le regardait l'**∼ **méchant** *ou* **d'un** ∼ **méchant** he fixed him with a threatening stare *ou* look, he looked *ou* stared at him threateningly.

(c) (*fig: jugement*) **considérer** *ou* **voir qch d'un bon/mauvais** ∼ to look on *ou* view sth favourably/unfavourably, view sth in a favourable/unfavourable light; **considérer qch d'un** ∼ **critique** to consider sth with a critical eye, look at sth critically; **il ne voit pas cela du même** ∼ **qu'elle** he doesn't see *ou* view that in the same light as she does, he doesn't take the same view of that as she does.
(d) (*fig: coup d'œil*) **avoir l'**∼ **du spécialiste/du maitre** to have a trained/an expert eye, have the eye of a specialist/an expert; **il a l'**∼ he has sharp *ou* keen eyes; **avoir l'**∼ **américain** to have a quick eye; **risquer un** ∼ **au dehors/par-dessus la barrière** to take a peep *ou* a quick look outside/over the fence, poke one's nose outside/ over the fence; *V* **compas**.
(e) (*fig: regard*) **se consulter de l'**∼ to exchange glances, glance questioningly at one another; **attirer** *ou* **tirer l'**∼ **(de qn)** to catch the eye (of sb); **sous l'**∼ **(vigilant/inquiet) de** under the (watchful/ anxious) eye *ou* gaze of; **ils jouaient sous l'**∼ **de leur mère** they played under the watchful eye of their mother *ou* with their mother looking on; **faire qch aux yeux de tous** to do sth in full view of everyone; **sous les yeux de** before the very eyes of; **cela s'est passé devant** *ou* **sous nos yeux** it happened in front of *ou* before our very eyes; **vous avez l'article sous les yeux** you have the article there before you *ou* right in front of you *ou* your eyes; **couver/dévorer qn des yeux** to gaze devotedly/hungrily at sb, fix sb with a devoted/hungry look; **chercher qn des yeux** to glance *ou* look (a)round for sb; **suivre qn des yeux** to watch sb; **n'avoir d'yeux que pour qch/qn** to have eyes only for sth/sb, have eyes for nothing/nobody else but sth/sb.
(f) [*aiguille, marteau*] eye; [*porte d'entrée*] spyglass; (*Typ*) *caractère*] (*pl* **œils**) face; [*fromage, pain*] eye, hole; [*pomme de terre*] eye; (*Mét*) [*cyclone*] eye; (*Bot: bourgeon*) bud; (*Naut: boucle*) eye, loop. **les yeux du bouillon** the globules *ou* droplets of fat in the stock.
(g) (*loc avec œil*) **à l'**∼* (*gratuitement*) for nothing, for free*; **mon** ∼!* (*je n'y crois pas*) my eye!*, my foot!*; (*je ne le donnerai pas*) nothing doing!*, not likely!*; **avoir l'**∼ **à qch** to keep an eye on sth; **garder l'**∼ **ouvert** to keep one's eyes open, stay on the alert; **avoir** *ou* **tenir qn à l'**∼ to keep a watch *ou* an eye on sb; **je vous ai à l'**∼! I've got my eye on you!; **faire de l'**∼ **à qn** to make eyes at sb, give sb the eye*; (*Prov*) ∼ **pour** ∼, **dent pour dent** an eye for an eye, a tooth for a tooth; *V* **clin, coin, rincer** *etc*.
(h) (*loc avec yeux*) **à ses yeux, cela n'a aucune valeur** in his eyes that has no value; **faire** *ou* **ouvrir de grands yeux** to look surprised, stare in amazement; **coûter/payer les yeux de la tête** to cost/pay the earth *ou* a (small) fortune; (*fig*) **faire/acheter qch les yeux fermés** to do/buy sth with one's eyes closed *ou* shut; **il a les yeux plus grands que le ventre** [*affamé*] his eyes are bigger than his belly *ou* stomach; [*ambitieux*] he has bitten off more than he can chew; **voir avec** *ou* **avoir les yeux de la foi** to see with the eyes of a believer; **ne pas avoir les yeux dans sa poche** to be very observant; **il n'a pas les yeux en face des trous** he's half asleep, he's not thinking straight; **faire des yeux de velours à qn**, **faire les yeux doux à qn** to make sheep's eyes at sb; **faire** *ou* **ouvrir des yeux comme des soucoupes** to stare with eyes like saucers; **faire** *ou* **ouvrir des yeux ronds** to stare round-eyed *ou* wide-eyed; **avoir les yeux battus** to have blue rings under one's eyes.
2: **œil-de-bœuf** *nm, pl* **œils-de-bœuf** bull's-eye (window), œil-de-bœuf; **œil cathodique** cathode eye, magic eye; (*Minér*) **œil-de-chat** *nm, pl* **œils-de-chat** tiger's eye; **œil électrique** electric eye; **œil magique†** = **œil cathodique**; **œil-de-perdrix** *nm, pl* **œils-de-perdrix** (*cor, au pied*) soft corn; (*Naut*) **œil-de-pie** *nm, pl* **œils-de-pie** eyelet; **œil-de-tigre** *nm, pl* **œils-de-tigre** = **œil-de-chat**; **œil de verre** glass eye.

œillade [œjad] *nf* wink. **faire des** ∼**s à qn** to make eyes at sb, give sb the eye*; **jeter** *ou* **décocher une** ∼ **à qn** to wink at sb, give sb a wink.

œillère [œjɛʀ] *nf* (a) ∼**s** [*cheval*] blinkers; (*fig péj*) **avoir des** ∼**s** to wear blinkers, be blinkered. (b) (*Méd*) eyebath, eyecup.

œillet [œjɛ] *nm* (a) [*fleur*] carnation. ∼ **d'Inde** French marigold; ∼ **mignardise** pink; ∼ **de poète** sweet william. (b) (*petit trou*) eyelet; (*bordure*) grommet.

œilleton [œjtɔ̃] *nm* [*télescope*] eyepiece.

œnologie [enɔlɔʒi] *nf* oenology.

œnologique [enɔlɔʒik] *adj* oenological.

œnologue [enɔlɔg] *nmf* oenologist.

œsophage [ezɔfaʒ] *nm* oesophagus.

œsophagien, -ienne [ezɔfaʒjɛ̃, jɛn] *adj*, **œsophagique** [ezɔfaʒik] *adj* oesophageal.

œstral, e, *mpl* **-aux** [ɛstʀal, o] *adj*: **cycle** ∼ oestrous cycle.

œstrogène [ɛstʀɔʒɛn] *nm* oestrogen.

œstrus [ɛstʀys] *nm* oestrus.

œuf [œf], *pl* ∼**s** [ø] **1** *nm* (a) (*Bio, Culin*) egg. ∼ **du jour/frais** new-laid/fresh egg; **en (forme d')**∼ egg-shaped; ∼**s de marbre/de faïence** marble/china eggs; *V* **blanc, jaune**.
(b) (*idiot*) **quel** ∼ **ce type!** what a blockhead* this fellow is!
(c) (*loc*) **étouffer** *ou* **écraser** *ou* **détruire qch dans l'**∼ to nip sth in the bud; **mettre tous ses** ∼**s dans le même panier** to put all one's eggs in one basket; **c'est comme l'**∼ **de Colomb (fallait y penser)!** it's simple when you know how!, it's easy once you think of it!; **va te faire cuire un** ∼!‡ (go and) take a running jump!*, get stuffed!‡; *V* **marcher, omelette**.
2: **œufs brouillés** scrambled eggs; **œuf en chocolat** chocolate egg; **œuf à la coque** (soft-)boiled egg; **œuf dur** hard-boiled egg; **œufs au lait** ≃ egg custard; **œufs de lump** lumpfish roe; **œufs mimosa** eggs mimosa (*hors d'œuvre made with chopped egg yolks*); **œuf mollet** soft-boiled egg; **œufs à la neige** œufs à la neige, floating islands; **œufs montés** *ou* **battus en neige** beaten *ou* stiff egg whites; **battre des œufs en neige** to whip (up) *ou* beat (up) egg whites until they are stiff; **œuf de Pâques** Easter egg; **œuf sur le**

plat *ou* **au plat** fried egg; **œuf poché** poached egg; **œuf à repriser** darning egg.

œuvre [œvR(ə)] **1** *nf* **(a)** (*livre, tableau etc*) work; (*production artistique ou littéraire*) works. **c'est une ~ de jeunesse** it's an early work; **toute l'~ de Picasso** Picasso's entire works; **les ~s complètes/choisies de Victor Hugo** the complete/selected works of Victor Hugo; **l'~ romanesque de Balzac** the novels of Balzac, Balzac's works of fiction; *V* **chef¹**.
(b) (*tâche*) undertaking, task; (*travail achevé*) work. **ce sera une ~ de longue haleine** it will be a long-term task *ou* undertaking; **admirant leur ~** admiring their work; **la satisfaction de l'~ accomplie** the satisfaction of seeing the *ou* a task complete *ou* well done; **ce beau gâchis, c'est l'~ des enfants** this fine mess is the children's doing *ou* work; **ces formations sont l'~ du vent et de l'eau** these formations are the work of wind and water; *V* **main, maître, pied**.
(c) (*acte*) **~(s)** deed, work; **être jugé selon ses ~s** to be judged by one's works *ou* deeds; (*frm, hum*) **enceinte de ses ~s** with child by him, bearing his child; (*bonnes*) **~s** good *ou* charitable works; (*littér*) **faire ~ pie** to do a pious deed; **aide-le, ce sera une bonne ~** help him, that will be a kind act *ou* an act of kindness; *V* **fils**.
(d) (*organisation*) **~ (de bienfaisance ou de charité)** charitable organization, charity; **les ~s** charity, charities.
(e) (*loc*) **être/se mettre à l'~** to be at/get down to work; **voir qn à l'~** (*lit*) to see sb at work; (*iro*) to see sb in action; **faire ~ utile** to do worthwhile *ou* valuable work; **faire ~ de pionnier/médiateur** to act as a pioneer/mediator; **la mort avait fait son ~** death had (already) claimed its own; **le feu avait fait son ~** the fire had wrought its havoc *ou* had done its work; **faire ~ durable** to create a work of lasting significance *ou* importance; **faire ~ utile** to do something worthwhile *ou* useful; **mettre en ~ moyens** to implement, make use of, bring into play; **il avait tout mis en ~ pour éviter la dévaluation/pour les aider** he had done everything possible *ou* had taken all possible steps to avoid devaluation/to help them; **la mise en ~ d'importants moyens** the implementation *ou* the bringing into play of considerable resources; (*Prov*) **à l'~ on *ou* c'est à l'~ qu'on connaît l'ouvrier** a man is judged *ou* known by his works *ou* by the work he does.
2 *nm* (*littér*) **l'~ gravé/sculpté de Picasso** the etchings/sculptures of Picasso; *V* **grand, gros**.
3: (*lit, fig*) **œuvre d'art** work of art; (*Naut*) **œuvres mortes** deadwork; **œuvres vives** (*Naut*) quickwork; (*fig littér*) vitals.
œuvrer [œvRe] (1) *vi* (*littér*) to work.

off [ɔf] *adj inv* (*Ciné*) **voix, son** off; *concert, festival* fringe, alternative. **dire qch en voix ~** to say sth in a voice off.
offensant, e [ɔfɑ̃sɑ̃, ɑ̃t] *adj* insulting, offensive.
offense [ɔfɑ̃s] *nf* **(a)** (*frm: affront*) insult. **faire ~ à** to offend, insult; (*hum*) **il n'y a pas d'~** no offence (taken); (*frm*) **soit dit sans ~** let this not be taken amiss.
(b) (*Rel: péché*) transgression, trespass, offence. **pardonnez-nous nos ~s** forgive us our trespasses; **~ à *ou* envers chef d'État** libel against; *Dieu* offence against.
offensé, e [ɔfɑ̃se] (*ptp de* **offenser**) **1** *adj* offended, hurt, insulted.
2 *nm, f* offended *ou* injured party.
offenser [ɔfɑ̃se] (1) **1** *vt* **(a)** *personne* to offend, hurt (the feelings of), insult, give offence to. **je n'ai pas voulu vous ~** I didn't mean to give offence (to you) *ou* to offend you; **~ Dieu** to offend *ou* trespass against God.
(b) (*littér*) *sentiments, souvenir* to offend, insult; *personne, bon goût* to offend; *règles, principes* to offend against.
2 s'offenser *vpr* to take offence (*de qch* at sth).
offenseur [ɔfɑ̃sœR] *nm* offender.
offensif, -ive [ɔfɑ̃sif, iv] **1** *adj* (*Mil, Pol*) offensive.
2 offensive *nf* offensive. **prendre l'~ive** to take the offensive; **passer à l'~ive** to go into the attack *ou* offensive; (*fig*) **l'~ive de l'hiver/du froid** the onslaught of winter/of the cold; **~ diplomatique/de paix** diplomatic/peace offensive; **une ~ commerciale de grande envergure** a large-scale commercial offensive.
offertoire [ɔfɛRtwaR] *nm* (*Rel*) offertory.
office [ɔfis] **1** *nm* **(a)** (*littér: tâche*) duties, office; (*Hist*) charge, office; (*Admin*) office. **remplir l'~ de directeur/chauffeur** to hold the office *ou* post of manager/chauffeur; **~ ministériel** ministerial office; **~ d'avoué** office of solicitor.
(b) (*usage*) **faire ~ de** to act *ou* serve as; **faire ~ de chauffeur** to act as (a) chauffeur; [*appareil, loi*] **remplir son ~** to fulfil its function, do its job*.
(c) (*bureau*) office, bureau, agency. **~ national/départemental** national/regional office; **~ de publicité** advertising agency *ou* organization; **~ du tourisme/des changes** tourist/foreign exchange bureau; **~ de commerce** trade organization.
(d) (*Rel*) (*messe*) prayers. **l'~ (divin)** the (divine) office; **l'~ des morts** the office *ou* service for the dead; **aller à/manquer l'~** to go to/miss church *ou* the church service.
(e) (*loc*) **d'~**: **être nommé/mis à la retraite d'~** to be appointed/retired automatically *ou* as a matter of course; **faire qch d'~** (*Admin*) to do sth automatically; (*gén*) to do sth as a matter of course *ou* automatically; **avocat/expert (commis) d'~** officially appointed lawyer/expert.
(f) (*littér: service*) office. (*Pol*) **bons ~s** good offices; **Monsieur bons ~s*** mediator.
2 *nm ou nf* (*cuisine*) pantry, staff dining quarters.
officialisation [ɔfisjalizasjɔ̃] *nf* officializing, officialization.
officialiser [ɔfisjalize] (1) *vt* to make official, officialize.
officiant, e [ɔfisjɑ̃, ɑ̃t] (*Rel*) **1** *adj m, nm*: (*prêtre*) **~** officiant, officiating priest. **2** *adj f, nf* (*sœur*) **~e** officiating sister.

officiel, -elle [ɔfisjɛl] **1** *adj* (*gén*) official. (*c'est*) **~!*** it's no joke!, it's for sure!* **2** *nm, f* official.
officiellement [ɔfisjɛlmɑ̃] *adv* officially.
officier¹ [ɔfisje] *nm* officer. **~ subalterne/supérieur/général** junior/field/general officer; **~ de marine** naval officer; **~ marinier** petty officer; **~ mécanicien** engineer officer; **~ d'ordonnance** aide-de-camp; **~ de paix** (police) inspector (*Brit*), lieutenant (*US*); **~ de police** senior police officer; **~ de police judiciaire** *official empowered to make arrests and act as a policeman*; **~ de semaine** ≃ orderly officer; **~ ministériel** member of the legal profession; **~ de l'état civil** (mayor considered in his capacity as) registrar.
officier² [ɔfisje] (7) *vi* (*Rel, hum*) to officiate.
officieusement [ɔfisjøzmɑ̃] *adv* unofficially.
officieux, -euse [ɔfisjø, øz] *adj* unofficial. **à titre ~** unofficially, in an unofficial capacity.
officinal, e, *mpl* **-aux** [ɔfisinal, o] *adj plante* medicinal.
officine [ɔfisin] *nf* [*pharmacie*] dispensary; (*Admin, Jur: pharmacie*) pharmacy; (*péj: repaire*) headquarters, agency.
offrande [ɔfRɑ̃d] *nf* (*don*) offering. (*Rel: cérémonie*) **l'~** the offertory.
offrant [ɔfRɑ̃] *nm* (*Jur, Fin*) offerer, bidder. **au plus ~** to the highest bidder; (*petites annonces*) **'au plus ~'** 'highest offer secures sale'.
offre [ɔfR(ə)] *nf* (*gén*) offer; (*aux enchères*) bid; (*Admin: soumission*) tender. (*Econ*) **l'~ et la demande** supply and demand; **appel d'~s** invitation to tender; **il m'a fait une ~ (de prix *ou* d'emploi)** he made me an offer; **as-tu regardé les ~s d'emploi?** have you checked the situations vacant column? *ou* the job ads?*; **il y avait plusieurs ~s d'emploi pour des ingénieurs** there were several jobs advertised for engineers, there were several advertisements *ou* ads* for engineering jobs; (*Fin*) **~ publique d'achat** takeover bid (*Brit*), tender offer (*US*); (*frm*) **~(s) de service** offer of service; (*Pol*) **~s de paix** peace overtures; (*Econ*) **théorie de l'~** supply-side economics.
offrir [ɔfRiR] (18) **1** *vt* **(a)** (*donner*) to give (*à* to); (*acheter*) to buy (*à* for). **c'est pour ~?** is it for a present? *ou* a gift?; **la joie d'~** the joy of giving; **il lui a offert un bracelet** he gave her a bracelet, he presented her with a bracelet; **il nous a offert à boire** (*chez lui*) he gave us a drink; (*au café*) he bought *ou* stood us a drink.
(b) (*proposer*) *aide, marchandise, excuse* to offer; *sacrifice* to offer up; *choix, possibilité* to offer, give; *démission* to tender, offer. **puis-je vous ~ à boire/une cigarette?** can I offer you a drink/a cigarette?; **~ l'hospitalité à qn** to offer sb hospitality; **~ le mariage à qn** to offer to marry sb; **il m'offrit un fauteuil** he offered me a chair; **~ son bras à qn** to offer sb one's arm; **~ de faire** to offer to do; **combien m'en offrez-vous?** how much will you give me for it? *ou* will you offer for it?; **~ sa vie à la patrie/à Dieu** to offer up one's life to the homeland/to God.
(c) (*présenter*) *spectacle, image* to present, offer; *vue* to offer. **~ son corps aux ravages** to expose one's body to the world at large; **~ sa poitrine aux balles** to proffer (*frm*) *ou* present one's chest to the bullets; **le paysage n'offrait rien de particulier** the countryside had no particular features.
(d) (*apporter*) *avantage, inconvénient* to offer, present; *exemple, explication* to provide, afford (*frm*); *analogie* to offer, have; *échappatoire* to offer. **cela n'offre rien de condamnable** there is nothing blameworthy about that; **~ de la résistance** [*coffre-fort*] to resist, offer resistance; [*personne*] to put up *ou* offer resistance (*à* to).
2 s'offrir *vpr* **(a)** [*femme*] to offer o.s. **s'~ à Dieu** to offer o.s. (up) to God; **s'~ aux regards** [*personne*] to expose *ou* reveal o.s. to the public gaze; [*spectacle*] to present itself to the gaze, meet *ou* greet our (*ou* your *etc*) eyes; **la première idée qui s'est offerte à mon esprit** the first idea that occurred to me *ou* that came into my mind; **s'~ comme guide** to volunteer to act as a guide; **s'~ aux coups** to let the blows rain down on one, submit to the blows.
(b) *repas, vacances* to treat o.s. to; *disque* to buy o.s., treat o.s. to.
(c) **s'~ à faire qch** to offer *ou* volunteer to do sth.
offset [ɔfsɛt] *nm, adj inv* (*Typ*) offset. **journal tiré en ~** offset (litho-) printed newspaper.
offusquer [ɔfyske] (1) **1** *vt* to offend. **ses manières offusquent beaucoup de gens** his manners offend many people. **2 s'offusquer** *vpr* to take offence *ou* umbrage (*de* at), be offended (*de* at, by).
oflag [ɔflag] *nm* oflag.
ogival, e, *mpl* **-aux** [ɔʒival, o] *adj voûte* rib (*épith*), ogival (*T*); *arc* pointed, ogival (*T*); *architecture, art* gothic (*medieval*).
ogive [ɔʒiv] *nf* **(a)** (*Archit*) diagonal rib. **croisée d'~s** intersection of the ribs (*of a vault*); **arc d'~s** pointed *ou* equilateral arch; **voûte en ~** rib vault; **arc en ~** lancet arch.
(b) (*Mil*) [*fusée etc*] nose cone. **~ nucléaire** nuclear warhead.
ogre [ɔgR(ə)] *nm* ogre. **manger comme un ~, être un vrai ~** to eat like a horse.
ogresse [ɔgRɛs] *nf* ogress. **elle a un appétit d'~** she's got an appetite like a horse.
oh [o] *excl* oh! **pousser des ~** to exclaim.
ohé [ɔe] *excl* hey (there)! **~ du bateau!** ahoy (there)!, hey (there)!, hullo (there)!
Ohio [ɔjo] *nm* Ohio.
ohm [om] *nm* ohm.
ohmmètre [ommɛtR(ə)] *nm* ohmmeter.
oïdium [ɔidjɔm] *nm* powdery mildew.
oie [wa] *nf* (*Zool*) goose; (*péj: niaise*) silly goose. **~ cendrée** greylag goose; **~ sauvage** wild goose; **~ des neiges** snow goose; (*péj*) **~ blanche** innocent young thing; *V* **caca, jeu, patte** *etc*.
oignon [ɔɲɔ̃] *nm* (*légume*) onion; [*tulipe etc*] bulb; (*Méd*) bunion; (*montre*) turnip watch. **petits ~s** pickling onions, *(Culin*) **~s** (with (pickling) onions; (*fig*) **être soigné aux petits ~s** to be looked after really well, be given first-rate attention; **ce n'est pas**

ou ce ne sont pas mes ~s⁑ it's no business of mine, it's nothing to do with me; occupe-toi de tes ~s⁑ mind your own business; *V* pelure, rang.

oïl [ɔjl] *nm V* langue.

oindre [wɛ̃dʀ(ə)] (49) *vt* to anoint.

oint, e [wɛ̃, wɛ̃t] (*ptp de* oindre) *adj* anointed.

oiseau, *pl* ~x [wazo] **1** *nm* (*Zool*) bird; (*gén péj: personne*) customer*, fellow*. être comme l'~ sur la branche to be here today and gone tomorrow, be very unsettled (*in a place*); trouver l'~ rare to find the man (*ou* woman) in a million; (*fig*) l'~ s'est envolé the bird has flown; drôle d'~ queer fish* (*Brit*) *ou* bird* *ou* customer*; *V* appétit, cervelle, petit, vol.
2: oiseau chanteur songbird; oiseau des îles exotic bird; oiseau-lyre *nm, pl* oiseaux-lyres lyrebird; (*fig*) oiseau de malheur *ou* de mauvais augure bird of ill omen; oiseau-mouche *nm, pl* oiseaux-mouches hummingbird; oiseau de nuit bird of the night, night-bird; oiseau de paradis bird of paradise; oiseau de proie bird of prey.

oiseleur [wazlœʀ] *nm* bird-catcher.

oiselier, -ière [wazəlje, jɛʀ] *nm, f* bird-seller.

oisellerie [wazɛlʀi] *nf* (*magasin*) birdshop; (*commerce*) bird-selling.

oiseux, -euse [wazø, øz] *adj* dispute, digression, commentaire pointless; *propos* idle (*épith*), pointless; *question* trivial, trifling.

oisif, -ive [wazif, iv] **1** *adj* idle. une vie ~ive a life of leisure, an idle life. **2** *nm, f* man (*ou* woman) of leisure. les ~s (*gén*) the idle; (*Écon: non-actifs*) those not in active employment.

oisillon [wazijɔ̃] *nm* young bird, fledgling.

oisivement [wazivmɑ̃] *adv* idly. vivre ~ to live a life of leisure *ou* idleness.

oisiveté [wazivte] *nf* idleness. (*Prov*) l'~ est la mère de tous les vices idleness is the root of all evil (*Prov*); ~ forcée forced idleness *ou* inactivity.

oison [wazɔ̃] *nm* gosling.

O.K.* [oke] *excl* O.K.!*, right-oh!*

okapi [ɔkapi] *nm* okapi.

Oklahoma [ɔklaɔma] *nm* Oklahoma.

okoumé [ɔkume] *nm* gaboon (mahogany).

oléacée [ɔlease] *nf* member of the Oleaceae family. ~s Oleaceae.

oléagineux, -euse [ɔleaʒinø, øz] **1** *adj* oil-producing, oleaginous (*T*). **2** *nm* oil-producing *ou* oleaginous (*T*) plant.

oléfine [ɔlefin] *nf* olefine, alkene.

oléiculteur [ɔleikyltœʀ] *nm* olive grower.

oléiculture [ɔleikyltyʀ] *nf* olive growing.

oléifère [ɔleifɛʀ] *adj* oil-producing, oleiferous (*T*).

oléine [ɔlein] *nf* olein, triolein.

oléoduc [ɔleodyk] *nm* oil pipeline.

oléum [ɔleɔm] *nm* oleum.

olfactif, -ive [ɔlfaktif, iv] *adj* olfactory.

olfaction [ɔlfaksjɔ̃] *nf* olfaction.

olibrius [ɔlibʀijys] *nm* (*péj*) (queer) customer* *ou* fellow*.

olifant [ɔlifɑ̃] *nm* (*ivory*) horn.

oligarchie [ɔligaʀʃi] *nf* oligarchy.

oligarchique [ɔligaʀʃik] *adj* oligarchic.

oligarque [ɔligaʀk(ə)] *nm* oligarch.

oligo-élément, *pl* oligo-éléments [ɔligoelemɑ̃] *nm* trace element.

oligopole [ɔligɔpɔl] *nm* oligopoly.

olivaie [ɔlivɛ] *nf* = oliveraie.

olivâtre [ɔlivɑtʀ(ə)] *adj* (*gén*) olive-greenish; *teint* sallow.

olive [ɔliv] **1** *nf* (a) (*fruit*) olive; *V* huile. (b) (*ornement*) bead *ou* pearl moulding; (*interrupteur*) switch. (c) (*Anat*) olivary body. **2** *adj inv* olive(-green).

oliveraie [ɔlivʀɛ] *nf* olive grove.

olivette [ɔlivɛt] *nf* plum tomato.

Olivier [ɔlivje] *nm* Oliver.

olivier [ɔlivje] *nm* (*arbre*) olive tree; (*bois*) olive(-wood); *V* jardin, mont, rameau.

olivine [ɔlivin] *nf* olivine.

olographe [ɔlɔgʀaf] *adj V* testament.

O.L.P. [oɛlpe] *nf* (*abrév de* Organisation de libération de la Palestine*) P.L.O.

Olympe¹ [ɔlɛ̃p] *nm* Mount Olympus.

Olympe² [ɔlɛ̃p] *nf* Olympia.

olympiade [ɔlɛ̃pjad] *nf* Olympiad.

olympien, -ienne [ɔlɛ̃pjɛ̃, jɛn] *adj* (*Myth*) les dieux ~s the Olympic gods; (*fig*) un calme ~ an Olympian calm; (*fig*) un air ~ an air of Olympian aloofness.

olympique [ɔlɛ̃pik] *adj* Olympic; *V* jeu.

OM *abrév de* ondes moyennes; *V* onde.

Oman [ɔman] *nm*: (le Sultanat d')~ (the Sultanate of) Oman.

omanais, e [ɔmanɛ, ɛz] **1** *adj* Omani. **2** *nm, f*: O~(e) Omani.

ombelle [ɔbɛl] *nf* umbel. en ~ umbellate (*T*), parasol-shaped.

ombellifère [ɔbelifɛʀ] **1** *adj* umbelliferous. **2** *nf* member of the Umbelliferae family. ~s Umbelliferae.

ombilic [ɔbilik] *nm* (a) (*nombril*) umbilicus, navel. (b) (*plante*) navelwort. (c) (*Bot*) hilum; (*renflement*) [*bouclier etc*] boss; (*Math*) umbilic.

ombilical, e, *mpl* -aux [ɔbilikal, o] *adj* (*Anat*) umbilical; (*Sci, Tech*) navel-like; *V* cordon.

omble(-chevalier), *pl* ombles(-chevaliers) [ɔbl(ə)(ʃ(ə) valje] *nm* char(r) (*fish*).

ombrage [ɔbʀaʒ] *nm* (a) (*ombre*) shade. (*feuillage*) sous les ~s (du parc) in the shade of the trees (in the park), in the leafy shade (of the park).
(b) (*loc frm*) prendre ~ de qch to take umbrage *ou* offence at sth; porter ~ à qn, († *ou littér*) causer *ou* donner de l'~ à qn to offend sb.

ombragé, e [ɔbʀaʒe] (*ptp de* ombrager) *adj* shaded, shady.

ombrager [ɔbʀaʒe] (3) *vt* [*arbres*] to shade. (*fig littér*) une mèche ombrageait son front a lock of hair shaded his brow.

ombrageux, -euse [ɔbʀaʒø, øz] *adj* (a) *personne* touchy, prickly, quick to take offence (*attrib*), easily offended; *caractère* touchy, prickly. (b) *âne, cheval* skittish, nervous.

ombre¹ [ɔbʀ(ə)] **1** *nf* (a) (*lit*) shade (*U*); (*ombre portée*) shadow; (*littér: obscurité*) darkness. 25° à l'~ 25° in the shade; dans l'~ de l'arbre/du vestibule in the shade of the tree/of the hall; ces arbres font de l'~ these trees give (us) shade; enlève-toi, tu me fais de l'~ get out of my light, move — you're in my light; places sans ~/pleines d'~ shadeless/shady squares; tapi dans l'~ crouching in the darkness *ou* in the shadows; *V* théâtre.
(b) (*forme vague*) shadow, shadowy figure *ou* shape.
(c) (*fig*) (*anonymat*) obscurity; (*secret, incertitude*) dark. laisser une question dans l'~ to leave a question in the dark, deliberately ignore a question; tramer quelque chose dans l'~ to plot something in the dark; travailler dans l'~ to work behind the scenes; sortir de l'~ [*auteur*] to emerge from one's obscurity; [*terroriste*] to come out into the open; rester dans l'~ [*artiste*] to remain in obscurity; [*meneur*] to keep in the background; [*détail*] to be still obscure, remain unclear.
(d) (*soupçon*) une ~ de moustache a hint *ou* suspicion of a moustache; il n'y a pas l'~ d'un doute there's not the (slightest) shadow of a doubt; (*littér*) une ~ de tristesse passa sur son visage a shadow of sadness passed over his face; (*littér*) il y avait dans sa voix l'~ d'un reproche there was a hint of reproach in his voice.
(e) (*fantôme*) shade.
(f) (*loc*) à l'~ de (*tout près de*) in the shadow of, close beside; (*à l'abri de*) in the shade of; vivre dans l'~ de qn to live in the shadow of sb; être l'~ de qn to be sb's (little) shadow; mettre qn à l'~* to put sb behind bars, lock sb up; il y a une ~ au tableau there's a fly in the ointment; n'être plus que l'~ de soi-même to be the mere shadow of one's former self; *V* peur, proie, suivre.
2: ombres chinoises (*improvisées*) shadowgraph; (*spectacle*) shadow show *ou* pantomime; ombre méridienne noonday shadow; ombre à paupières eye shadow; ombre portée shadow.

ombre² [ɔbʀ(ə)] *nm* (*poisson*) grayling.

ombre³ [ɔbʀ(ə)] *nf* (*terre, couleur*) umber. terre d'~ umber.

ombrelle [ɔbʀɛl] *nf* (*parasol*) parasol, sunshade; (*Zool*) [*méduse*] umbrella.

ombrer [ɔbʀe] (1) *vt dessin* to shade. ~ les paupières to put eyeshadow on; un maquillage qui ombre les paupières a make-up which darkens the eyelids.

ombreux, -euse [ɔbʀø, øz] *adj* (*littér*) *pièce, forêt* shady.

Ombrie [ɔbʀi] *nf* Umbria.

ombrien, -ienne [ɔbʀijɛ̃, jɛn] *adj* Umbrian.

oméga [ɔmega] *nm* omega; *V* alpha.

omelette [ɔmlɛt] *nf* omelette. ~ aux fines herbes omelette with herbs; ~ aux champignons/au fromage mushroom/cheese omelette; ~ baveuse runny omelette; ~ norvégienne baked Alaska; (*Prov*) on ne fait pas d'~ sans casser des œufs you can't make an omelette without breaking eggs.

omettre [ɔmetʀ(ə)] (56) *vt* to leave out, miss out, omit. ~ de faire qch to fail *ou* omit *ou* neglect to do sth.

omission [ɔmisjɔ̃] *nf* (*action*) omission; (*chose oubliée*) omission, oversight. pêcher par ~ to commit the sin of omission.

omnibus [ɔmnibys] *nm* (*aussi train* ~) slow *ou* local train; (*Hist: bus*) omnibus.

omnidirectionnel, -elle [ɔmnidiʀɛksjɔnɛl] *adj* omnidirectional.

omnipotence [ɔmnipɔtɑ̃s] *nf* omnipotence.

omnipotent, e [ɔmnipɔtɑ̃, ɑ̃t] *adj* omnipotent, all-powerful.

omnipraticien, -ienne [ɔmnipʀatisjɛ̃, jɛn] *nm, f* general practitioner.

omniprésence [ɔmnipʀezɑ̃s] *nf* omnipresence.

omniprésent, e [ɔmnipʀezɑ̃, ɑ̃t] *adj* omnipresent.

omniscience [ɔmnisjɑ̃s] *nf* omniscience.

omniscient, e [ɔmnisjɑ̃, ɑ̃t] *adj* omniscient.

omnisports [ɔmnispɔʀ] *adj inv salle* multi-purpose (*épith*); *terrain* general-purpose (*épith*). association ~ (general) sports club.

omnium [ɔmnjɔm] *nm* (a) (*Cyclisme*) prime; (*Courses*) open handicap. (b) (*Comm*) corporation.

omnivore [ɔmnivɔʀ] **1** *adj* omnivorous. **2** *nm* omnivorous creature, omnivore (*T*).

omoplate [ɔmɔplat] *nf* shoulder blade, scapula (*T*).

O.M.S. [ɔɛmɛs] *nf* (*abrév de* Organisation mondiale de la Santé) W.H.O.

on [ɔ̃] *pron* (a) (*indétermination: souvent traduit par pass*) ~ les interrogea sans témoins they were questioned without (any) witnesses; ~ va encore augmenter l'essence (the price of) petrol is going up again, they are putting up the price of petrol again; (*annonce*) ~ demande jeune fille young girl wanted *ou* required; ~ ne nous a pas demandé notre avis nobody asked our opinion, our opinion wasn't asked; ~ ne devrait pas poser des questions si ambiguës *you ou* one shouldn't ask such ambiguous questions; dans cet hôtel ~ ne vous permet pas d'avoir des chiens you aren't allowed to *ou* they won't let you keep a dog in this hotel; ~ prétend que they say that, it is said that; ~ se précipita sur les places vides there was a rush for the empty seats; (*Prov*) ~ n'est jamais si bien servi que par soi-même a job is never so well done as when you do it yourself; *V* dire.
(b) (*quelqu'un*) someone, anyone. ~ a déposé ce paquet pendant que vous étiez sorti someone left this parcel *ou* this parcel was left while you were out; qu'est-ce je dis si (l')~ demande à vous parler? what shall I say if someone *ou* anyone asks to speak to you?; ~ vous demande au téléphone you're wanted on the phone, there's someone on the phone for you; ~ frappa à la porte

there was a knock at the door; **est-ce qu'~ est venu réparer la porte?** has anyone *ou* someone been to repair the door?; **~ peut très bien aimer la pluie** some people may well like the rain; **je n'admets pas qu'~** *ou* **que l'~ ne sache pas nager** I can't understand how (some) people can't swim.

(c) (*indéf: celui qui parle*) you, one, we. **~ ne dort pas par cette chaleur** you (*ou* one) can't sleep in this heat; **est-ce qu'~ est censé s'habiller pour le dîner?** is one *ou* are we expected to dress for dinner?; **~ aimerait être sur que** ... one *ou* we would like to be sure that ...; **de nos fenêtres, ~ voit les collines** from our windows you (*ou* we) can see the hills; **~ a trop chaud ici** it's too hot here; **quand ~ est inquiet rien ne peut vous** *ou* **nous distraire** when you are (*ou* one is) worried nothing can take your (*ou* one's) mind off it; **~ comprend difficilement pourquoi** it is difficult to undestand why; **~ ne pense jamais à tout** one (*ou* you) can't think of everything; **~ ne lui donnerait pas 70 ans** you wouldn't think she was 70; **~ ne dirait pas que** you wouldn't think that.

(d) (*éloignement dans temps, espace*) they, people. **autrefois, ~ se préoccupait peu de l'hygiène** years ago, they (*ou* people) didn't worry about hygiene; **en Chine ~ mange avec des baguettes** in China they eat with chopsticks; **dans aucun pays ~ ne semble pouvoir arrêter l'inflation** it doesn't seem as if inflation can be stopped in any country, no country seems (to be) able to stop inflation.

(e) (*: *nous*) we. **~ a décidé tous les trois de partir chacun de son côté** the three of us decided to go (each) our separate ways; **chez nous ~ mange beaucoup de pain** we eat a lot of bread in our family; **lui et moi ~ n'est pas d'accord** we don't see eye to eye, him and me*; **nous, ~ a amené notre chien** we've brought along the dog; **nous, ~ a tous réclamé une augmentation** we all (of us) demanded a rise; **~ fait ce qu'~ peut** *ou* **de son mieux** you can only do your best; **il faut bien qu'~ vive a fellow** (*ou* a girl) has got to eat*; **dans ce chapitre ~ essaiera de prouver** in this chapter we (*frm*) shall attempt to prove.

(f) (*gén langue parlée: familiarité, reproche etc*) **~ est bien sage aujourd'hui!** aren't we a good boy (*ou* girl) today!, we are a good boy (*ou* girl) today!; **alors ~ ne dit plus bonjour aux amis!** don't we say hello to our friends any more?; **alors, ~ est content?** well, are you pleased?; (*iro*) **~ n'a pas un sou mais ~ s'achète une voiture!** he hasn't (*ou* they haven't *etc*) a penny to his (*ou* their *etc*) name but he goes and buys (*ou* they go and buy *etc*) a car!; **~ parle ~ parle et puis ~ finit par dire des sottises** talk, talk, talk and it's all nonsense in the end.

(g) (*intensif*) **c'est ~ ne peut plus beau/ridicule** it couldn't be lovelier/more ridiculous; **je suis ~ ne peut plus heureux de vous voir** I couldn't be more delighted to see you, I'm absolutely delighted to see you.

onagre[1] [ɔnagʀ(ə)] *nm* (*Archéol, Zool*) onager.

onagre[2] [ɔnagʀ(ə)] *nf* (*Bot*) oenothera, evening primrose.

onanisme [ɔnanism(ə)] *nm* onanism.

once[1] [ɔ̃s] *nf* (*mesure, aussi Can*) ounce. **il n'a pas une ~ de bon sens** he hasn't an ounce of common sense.

once[2] [ɔ̃s] *nf* (*Zool*) ounce, snow leopard.

oncial, e, *mpl* **-aux** [ɔ̃sjal, o] **1** *adj* uncial. **2 onciale** *nf* uncial.

oncle [ɔ̃kl(ə)] *nm* uncle. (*fig*) **~ d'Amérique** rich uncle; **l'O~ Sam** Uncle Sam; **l'O~ Tom** Uncle Tom; **V héritage.**

oncologie [ɔ̃kɔlɔʒi] *nf* oncology.

oncologiste [ɔ̃kɔlɔʒist(ə)] *nmf* oncologist.

oncques†† [ɔ̃k] *adv* never.

onction [ɔ̃ksjɔ̃] *nf* (*Rel, fig*) unction; **~ des malades** anointing of the sick; **V extrême.**

onctueusement [ɔ̃ktɥøzmɑ̃] *adv couler* unctuously; *parler* with unction, suavely.

onctueux, -euse [ɔ̃ktɥø, øz] *adj crème* smooth, creamy, unctuous; *manières, voix* unctuous, smooth.

onctuosité [ɔ̃ktɥozite] *nf* (*V onctueux*) unctuousness, smoothness, creaminess.

onde [ɔ̃d] *nf* **(a)** (*gén, Phys*) wave. **~s herziennes** *ou* **radioélectriques/sonores** Hertzian *ou* radio/sound waves; (*Rad*) **~s courtes** short waves; **petites ~s, ~s moyennes** medium waves; **grandes ~s** long waves; **transmettre sur ~s courtes/ petites ~s/grandes ~s** to broadcast on short/medium/long wave; *V* **longueur.**

(b) (*loc Rad*) **sur les ~s et dans la presse** on the radio and in the press; **nous espérons vous retrouver sur les ~s demain à 6 heures** we hope to join you again on the air tomorrow at 6 o'clock; **il passe sur les ~s demain** he's going on the air tomorrow; **mettre en ~s** *pièce etc* to produce for the radio; **par ordre d'entrée en ~s** in order of appearance.

(c) (*littér: lac, mer*) **l'~** the waters; **l'~ amère** the briny deep (*littér*).

ondé, e[1] [ɔ̃de] *adj* (*littér*) *tissu* watered; *cheveux* wavy.

ondée[2] [ɔ̃de] *nf* shower (*of rain*).

ondin, e [ɔ̃dɛ̃, in] *nm,f* water sprite.

on-dit [ɔ̃di] *nm inv* rumour, hearsay (*U*). **ce ne sont que des ~** it's only hearsay.

ondoiement [ɔ̃dwamɑ̃] *nm* **(a)** (*littér*) *[blés, surface moirée]* undulation. **(b)** (*Rel*) provisional baptism.

ondoyant, e [ɔ̃dwajɑ̃, ɑ̃t] *adj* **(a)** *eaux, blés* undulating; *flamme* wavering; *reflet* shimmering; *démarche* swaying, supple. **(b)** († *ou littér*) *caractère, personne* unstable, changeable.

ondoyer [ɔ̃dwaje] (8) **1** *vi* *[blé]* to undulate, ripple; *[drapeau]* to wave, ripple. **2** *vt* (*Rel*) to baptize (*in an emergency*).

ondulant, e [ɔ̃dylɑ̃, ɑ̃t] *adj* **(a)** *démarche* swaying, supple; *ligne, profil, surface* undulating. **(b)** (*Méd*) *pouls* uneven.

ondulation [ɔ̃dylasjɔ̃] *nf* **(a)** *[vagues, blés, terrain]* undulation. **~s** *[sol]* undulations; *[cheveux]* waves.

(b) (†: *coiffure*) **~ indéfrisable** *ou* **permanente** permanent wave; **se faire faire une ~** to have one's hair waved *ou* permed.

ondulatoire [ɔ̃dylatwaʀ] *adj* (*Phys*) undulatory, wave (*épith*); *V* **mécanique.**

ondulé, e [ɔ̃dyle] (*ptp de* **onduler**) *adj surface* undulating; *chevelure* wavy; *carton, tôle* corrugated.

onduler [ɔ̃dyle] (1) **1** *vi* (*gén*) to undulate; *[drapeau]* to ripple, wave; *[route]* to snake up and down, undulate; *[cheveux]* to be wavy, wave. **2** *vt* (†) *cheveux* to wave.

onduleux, -euse [ɔ̃dylø, øz] *adj courbe, ligne* wavy; *plaine* undulating; *silhouette, démarche* sinuous, swaying, supple.

onéreux, -euse [ɔneʀø, øz] *adj* expensive, costly; *V* **titre.**

ongle [ɔ̃gl(ə)] *nm* *[personne]* (finger)nail; *[animal]* claw. **~ des pieds** toenail; **porter** *ou* **avoir les ~s longs** to have long nails **vernis/ciseaux à ~s** nail varnish/scissors; **avoir les ~s en deuil*** to have dirty (finger)nails; **avoir bec et ~s** *ou* **dents et ~s** to be well-equipped to hit back; **avoir les ~s faits** to have painted nails; *V* **bout, payer.**

onglée [ɔ̃gle] *nf*: **avoir l'~** to have fingers numb with cold.

onglet [ɔ̃glɛ] *nm* **(a)** *[tranche de livre]* (*dépassant*) tab; (*en creux*) thumb index. **dictionnaire à ~s** dictionary with a thumb index. **(b)** *[lame de canif]* (thumbnail) groove. **(c)** (*Menuiserie*) mitre, mitred angle. **boîte à ~s** mitre box. **(d)** (*Math*) ungula; (*Bot*) unguis; (*Reliure*) guard. **(e)** (*Boucherie*) prime cut of beef.

onglier [ɔ̃glije] **1** *nm* manicure set. **2** *nmpl*: **~s** nail scissors.

onguent [ɔ̃gɑ̃] *nm* **(a)** (*Pharm*) ointment, salve. **(b)** (†: *parfum*) unguent.

ongulé, e [ɔ̃gyle] **1** *adj* hoofed, ungulate (*T*). **2** *nm* hoofed *ou* ungulate (*T*) animal. **~s** Ungulata.

onirique [ɔniʀik] *adj* (*Art, Littérat*) dreamlike, dream (*attrib*).

onirisme [ɔniʀism(ə)] *nm* (*Psych*) hallucinosis; (*Littérat*) fantasizing.

onomasiologie [ɔnɔmazjɔlɔʒi] *nf* onomasiology.

onomastique [ɔnɔmastik] **1** *adj* onomastic. **2** *nf* onomastics (*sg*).

onomatopée [ɔnɔmatɔpe] *nf* onomatopoeia.

onomatopéique [ɔnɔmatɔpeik] *adj* onomatopoeic.

ontarien, -ienne [ɔ̃taʀjɛ̃, jɛn] **1** *adj* Ontarian. **2** *nm,f*: **O~(ne)** Ontarian.

Ontario [ɔ̃taʀjo] *nm* Ontario. **le lac ~** Lake Ontario.

ontogenèse [ɔ̃tɔʒənɛz] *nf*, **ontogénie** [ɔ̃tɔʒeni] *nf* ontogeny, ontogenesis.

ontogénétique [ɔ̃tɔʒenetik] *adj*, **ontogénique** [ɔ̃tɔʒenik] *adj* ontogenetic, ontogenic.

ontologie [ɔ̃tɔlɔʒi] *nf* ontology.

ontologique [ɔ̃tɔlɔʒik] *adj* ontological.

O.N.U. [ɔny] *nf* (*abrév de* **Organisation des Nations Unies**) U.N.O. **l'~** the UN, the U.N.O.

onusien, -ienne [ɔnyzjɛ̃, jɛn] **1** *adj* of the UN. **la diplomatie ~ne** UN diplomacy. **2** *nm,f* UN official.

onyx [ɔniks] *nm* onyx.

onze [ɔ̃z] **1** *adj inv* eleven. **le ~ novembre** Armistice Day; *pour autres loc V* **six. 2** *nm inv* (*Sport*) **le ~ de France** the French eleven *ou* team; *pour autres loc V* **six.**

onzième [ɔ̃zjɛm] *adj, nmf* eleventh. (*péj*) **les ouvriers de la ~ heure** last-minute helpers; *pour autres loc V* **sixième.**

onzièmement [ɔ̃zjɛmmɑ̃] *adv* in the eleventh place; *pour loc V* **sixièmement.**

oocyte [ɔɔsit] *nm* = **ovocyte.**

oolithe [ɔɔlit] *nm* oolite.

oolithique [ɔɔlitik] *adj* oolitic.

O.P.A. [ɔpea] *nf abrév de* **offre publique d'achat;** *V* **offre.**

opacifier [ɔpasifje] (7) *vt* to make opaque.

opacité [ɔpasite] *nf* (*V opaque*) opaqueness; impenetrableness.

opale [ɔpal] *nf* opal.

opalescence [ɔpalesɑ̃s] *nf* opalescence.

opalescent, e [ɔpalesɑ̃, ɑ̃t] *adj* opalescent.

opalin, e[1] [ɔpalɛ̃, in] *adj* opaline.

opaline[2] [ɔpalin] *nf* opaline.

opaque [ɔpak] *adj verre, corps* opaque (*à* to); *brouillard, nuit* impenetrable.

op' art [ɔpaʀt] *nm* op art.

open [ɔpɛn] *adj inv, nm* open. (*Sport*) (**tournoi**) **~ open** (tournament).

O.P.E.P. [ɔpɛp] *nf* (*abrév de* **Organisation des pays exportateurs de pétrole**) OPEC.

opéra [ɔpeʀa] *nm* (*œuvre, genre, spectacle*) opera; (*édifice*) opera house. **~ bouffe** opéra bouffe, comic opera; **grand ~** grand opera; **~-ballet** opéra ballet; **~-comique** light opera, opéra comique.

opérable [ɔpeʀabl(ə)] *adj* operable. **le malade est-il ~?** can the patient be operated on?; **ce cancer n'est plus ~** this cancer is too far advanced for an operation *ou* to be operable.

opérant, e [ɔpeʀɑ̃, ɑ̃t] *adj* (*efficace*) effective.

opérateur, -trice [ɔpeʀatœʀ, tʀis] **1** *nm,f* (*sur machine*) operator. **~ (de prise de vue)** cameraman. **2** *nm* (*Math*) operator. **(b)** *[calculateur]* processing unit. **3** *nm,f* (*Ordin*) (computer) operator.

opération [ɔpeʀasjɔ̃] *nf* **(a)** (*Méd*) operation. **~ à cœur ouvert** open heart surgery (*U*); **salle/table d'~** operating theatre/table. **(b)** (*Math*) (*calcul*) (sum, calculation); (*processus*) operation; **les 4 ~s fondamentales** the fundamental operations; **ça peut se résoudre en 2 ou 3 ~s** that can be solved in 2 or 3 calculations *ou* operations. **(c)** (*Mil, gén*) operation. **~ de police/de sauvetage** police/ rescue operation; (*fig Comm*) **'~ baisse des prix'** 'operation price cut'; *V* **théâtre.**

(d) (*Comm*) deal. ~ financière/commerciale financial/commercial deal; ~s de bourse stock exchange dealings.

(e) (*Tech, gén*) process, operation. les diverses ~s de la fabrication du papier the different operations *ou* processes in the making of paper; l'~ de la digestion the operation of the digestive system; les ~s de la raison the processes of thought; par l'~ du Saint-Esprit (*Rel*) through the workings of the Holy Spirit; (*iro*) by magic.

opérationnel, -elle [ɔpeʀasjɔnɛl] *adj* operational.

opératoire [ɔpeʀatwaʀ] *adj* (*Méd*) méthodes, techniques operating; *maladie, commotion, dépression* post-operative; *V* bloc.

opercule [ɔpeʀkyl] *nm* (*Bot, Zool*) operculum; (*Tech*) protective cap *ou* cover.

opéré, e [ɔpeʀe] (*ptp de* **opérer**) *nm,f* (*Méd*) patient (*who has undergone an operation*).

opérer [ɔpeʀe] (6) 1 *vt* (a) (*Méd*) malade, organe to operate on (*de* for); *tumeur* to remove. on l'a opéré d'une tumeur he had an operation for a tumour *ou* to remove a tumour; ~ qn de l'appendicite to operate on sb for appendicitis, take sb's appendix out; se faire ~ to have an operation, have surgery; se faire ~ des amygdales to have one's tonsils removed *ou* out*; il faut ~ we'll have to operate.

(b) (*exécuter*) transformation, réforme to carry out, implement; *choix* to make. la Bourse a opéré un redressement spectaculaire the Stock Exchange made a spectacular recovery; cette méthode a opéré des miracles this method has worked wonders; seule la foi peut ~ la salut des fidèles faith alone can bring about the salvation of the faithful; ce traitement a opéré sur lui un changement remarquable this treatment has brought about an amazing change in him; un changement considérable s'était opéré in him; a major change had taken place *ou* occurred.

2 *vi* (*agir*) [*remède*] to act, work, take effect; (*procéder*) [*photographe, technicien etc*] to proceed. comment faut-il ~ pour nettoyer le moteur? how does one go about *ou* what's the procedure for cleaning the engine?, how does one proceed to clean the engine?

opérette [ɔpeʀɛt] *nf* operetta, light opera.

Ophélie [ɔfeli] *nf* Ophelia.

ophidien [ɔfidjɛ̃] *nm* ophidian. ~s Ophidia.

ophtalmie [ɔftalmi] *nf* ophthalmia.

ophtalmique [ɔftalmik] *adj* ophthalmic.

ophtalmologie [ɔftalmɔlɔʒi] *nf* ophthalmology.

ophtalmologique [ɔftalmɔlɔʒik] *adj* ophthalmological.

ophtalmologiste [ɔftalmɔlɔʒist(ə)] *nmf*, **ophtalmologue** [ɔftalmɔlɔg] *nmf* ophthalmologist.

ophtalmoscope [ɔftalmɔskɔp] *nm* ophthalmoscope.

ophtalmoscopie [ɔftalmɔskɔpi] *nf* opthalmoscopy.

opiacé, e [ɔpjase] *adj* médicament, substance opiate, opium-containing. odeur ~e smell of *ou* like opium.

opimes [ɔpim] *adj pl* (*hum, littér*) dépouilles ~ rich booty *ou* spoils.

opiner [ɔpine] (1) *vi* (*littér*) (*se prononcer*) ~ pour/contre qch to come out in favour of/come out against sth, pronounce o.s. in favour of/against sth; (*acquiescer*) ~ de la tête to nod one's agreement, nod assent; (*hum*) ~ du bonnet to bow assent; ~ à qch to give one's consent to sth.

opiniâtre [ɔpinjɑtʀ(ə)] *adj* personne, caractère stubborn, obstinate; *efforts, haine* unrelenting, persistent; *résistance* stubborn, dogged (*épith*), obstinate, persistent; *fièvre* persistent; *toux* persistent, obstinate, stubborn.

opiniâtrement [ɔpinjɑtʀəmɑ̃] *adv* (*V* opiniâtre) stubbornly; obstinately; unrelentingly; persistently; doggedly.

opiniâtrer (s') [ɔpinjɑtʀe] (1) *vpr* († *ou littér*) s'~ dans son erreur/dans un projet to persist in one's mistaken belief/in pursuing a project.

opiniâtreté [ɔpinjɑtʀəte] *nf* (*V* opiniâtre) stubbornness; obstinacy; unrelentingness; persistency; doggedness.

opinion [ɔpinjɔ̃] *nf* (a) (*jugement, conviction, idée*) opinion (*sur* on, about). avoir une ~/des ~s to have an opinion *ou* a point of view/ (*definite*) opinions *ou* views *ou* points of view; se faire une ~ to form an opinion (*sur* on), make up one's mind (*sur* about); mon ~ est faite sur son compte I've made up my mind about him; c'est une affaire d'~ it's a matter of opinion; j'ai la même ~ I hold *ou* I am of the same opinion *ou* view, I agree with your (*ou* their *etc*) views; avoir l'~ *ou* être de l'~ que to be of the opinion that; être de l'~ du dernier qui a parlé to agree with whoever spoke last; avoir bonne/mauvaise ~ de qn/de soi to have a good/bad opinion of sb/o.s.; ~s toutes faites cut-and-dried opinions, uncritical opinions.

(b) (*manière générale de penser*) l'~ publique public opinion; l'~ ouvrière working-class opinion; l'~ française French public opinion; informer l'~ to inform the public; braver l'~ to defy public opinion; l'~ est unanime/divisée opinion is unanimous/divided; il se moque de l'~ des autres he doesn't care what (other) people think; avoir l'~ pour soi to have public opinion on one's side; *V* presse.

opiomane [ɔpjɔman] *nmf* opium addict.

opiomanie [ɔpjɔmani] *nf* opium addiction.

opium [ɔpjɔm] *nm* opium.

opossum [ɔpɔsɔm] *nm* opossum.

opportun, e [ɔpɔʀtœ̃, yn] *adj* démarche, visite, remarque timely, opportune. il serait ~ de faire it would be appropriate *ou* advisable to do; nous le ferons en temps ~ we shall do it at the appropriate *ou* right time.

opportunément [ɔpɔʀtynemɑ̃] *adv* opportunely. il est arrivé ~ his arrival was timely *ou* opportune, he arrived opportunely *ou* just at the right time.

opportunisme [ɔpɔʀtynism(ə)] *nm* opportunism.

opportuniste [ɔpɔʀtynist(ə)] *adj, nmf* opportunist.

opportunité [ɔpɔʀtynite] *nf* [*mesure, démarche*] (*qui vient au bon moment*) timeliness, opportuneness; (*qui est approprié*) appropriateness.

opposabilité [ɔpozabilite] *nf* (*Jur*) opposability.

opposable [ɔpozabl(ə)] *adj* opposable (*à* to).

opposant, e [ɔpozɑ̃, ɑ̃t] 1 *nm,f* opponent (*à* of). 2 *adj* (a) minorité, (*Jur*) partie opposing (*épith*). (b) (*Anat*) muscle opponent.

opposé, e [ɔpoze] (*ptp de* opposer) 1 *adj* (a) rive, direction opposite; *parti, équipe* opposing (*épith*). venant en sens ~ coming in the opposite *ou* other direction; garé en sens ~ parked facing the wrong way, parked on the wrong side of the road; la maison ~e à la nôtre the house opposite *ou* facing ours; l'équipe ~e à la nôtre the team playing against ours.

(b) (*contraire*) intérêts conflicting, opposing; *opinions* conflicting; *caractères* opposite; *forces, pressions* opposing; *couleurs, styles* contrasting; (*Math*) nombres, angles opposite. ~ à conflicting *ou* contrasting with, opposed to; opinions totalement ~es totally conflicting *ou* opposed opinions, opinions totally at variance; ils sont d'un avis ~ (*au nôtre*) they are of a different *ou* the opposite opinion; (*l'un à l'autre*) they are of conflicting opinions, their opinions are at variance with each other; (*Math*) angles ~s par le sommet vertically opposite angles; *V* diamétralement.

(c) (*hostile à*) ~ à opposed to, against; je suis ~ à la publicité/à ce mariage I am opposed to *ou* I am against advertising/this marriage.

2 *nm* (a) (*contraire*) l'~ the opposite, the reverse; il fait tout l'~ de ce qu'on lui dit he does the opposite *ou* the reverse of what he is told; à l'~, il serait faux de dire ... on the other hand *ou* conversely it would be wrong to say ...; ils sont vraiment à l'~ l'un de l'autre they are totally unalike; à l'~ de Paul, je pense que ... contrary to *ou* unlike Paul, I think that ... .

(b) (*direction*) à l'~ (*dans l'autre direction*) the other *ou* opposite way (*de* from); (*de l'autre côté*) on the other *ou* opposite side (*de* from).

opposer [ɔpoze] (1) 1 *vt* (a) équipes, boxeurs to bring together; *rivaux, pays* to bring into conflict (*à* with); *idées, personnages* to contrast (*à* with); *couleurs* to contrast (*à* with); *objets, meubles* to place opposite each other. le match opposant l'équipe de Lyon et *ou* à celle de Reims the match bringing together the team from Lyons and the team from Rheims; on m'a opposé à un finaliste olympique they pitted me *ou* put me against an Olympic finalist; des questions d'intérêts les ont opposés/les opposent matters of personal interest have brought them into conflict/divide them; quel orateur peut-on ~ à Cicéron? what orator could be put *ou* set beside Cicero?; ~ un vase à une statue to place *ou* set a vase opposite a statue.

(b) (*utiliser comme défense contre*) ~ à qn/qch armée, tactique to set against sb/sth; ~ son refus le plus net to give an absolute refusal (*à* to); ~ de véhémentes protestations à une accusation to protest vehemently at an accusation; opposant son calme à leurs insultes setting his calmness against their insults; il nous opposa une résistance farouche he put up a fierce resistance to us; il n'y a rien à ~ à cela there's nothing you can say (*ou* do) against that, there's no answer to that; ~ la force à la force to match strength with strength.

(c) (*objecter*) ~ des raisons à to put forward objections to, raise objections to; ~ des prétextes à to put forward pretexts for; que va-t-il ~ à notre propositions/nous ~? what objections will he make *ou* raise to our proposals/to us?; il nous opposa que cela coûtait cher he objected that it was expensive.

2 s'opposer *vpr* (a) [*équipes, boxeurs*] to confront each other, meet; [*rivaux, partis*] to clash (*à* with); [*opinions, théories*] to conflict; [*couleurs, styles*] to contrast (*à* with); [*immeubles*] to face each other. haut s'oppose à bas high is the opposite of low; (*dans un combat*) il s'est opposé à plus fort que lui he took on *ou* he pitted himself against an opponent who was stronger than him.

(b) (*se dresser contre*) s'~ à parents to rebel against; mesure, mariage, progrès to oppose; je m'oppose à lui en tout I am opposed to him in everything; rien ne s'oppose à leur bonheur nothing stands in the way of their happiness; je m'oppose formellement à ce que vous y alliez I am strongly opposed to *ou* I am strongly against your going there; ma conscience s'y oppose it goes against my conscience; sa religion s'y oppose it is against his religion, his religion doesn't allow it; votre état de santé s'oppose à tout excès your state of health makes any excess extremely inadvisable.

opposite [ɔpozit] *nm* (*frm*) à l'~ on the other *ou* opposite side (*de* from).

opposition [ɔpozisjɔ̃] 1 *nf* (a) (*résistance*) opposition (*à* to). faire de l'~ systématique (à tout ce qu'on propose) to oppose systematically (everything that is put forward); (*Jur, Pol*) loi passée sans ~ law passed unopposed.

(b) (*conflit, contraste*) (*gén*) opposition; [*idées, intérêts*] conflict; [*couleurs, styles, caractères*] contrast. l'~ des 2 partis en cette circonstance ... (*divergence de vue*) the opposition between the 2 parties on that occasion ...; (*affrontement*) the clash *ou* confrontation between the 2 parties on that occasion ...; l'~ du gris et du noir a permis de ... contrasting grey with *ou* and black has made it possible to ...; mettre 2 styles/théories en ~ to oppose *ou* contrast 2 styles/theories.

(c) (*Pol*) l'O~ the opposition; les partis de l'~ the opposition parties; l'~ parlementaire the parliamentary opposition, the opposition in parliament.

(d) (*loc*) entrer en ~ sur un point to come into conflict over a point; en ~ avec (*contraste, divergence*) in opposition to, at

variance with; (*résistance, rébellion*) in conflict with; (*situation dans l'espace*) in apposition to; **agir en ~ avec ses principes** to act contrary to one's principles; **ceci est en ~ avec les faits** this conflicts with the facts; **faire** *ou* **mettre ~ à** *loi, décision* to oppose; *chèque* to stop; **par ~** in contrast; **par ~ à** as opposed to, in contrast with.
2: (*Jur*) **opposition à mariage** objection to a marriage; (*Jur*) **opposition à paiement** *objection by unpaid creditor to payment being made to debtor.*
oppositionnel, -elle [ɔpozisjɔnɛl] **1** *adj* oppositional. **2** *nm,f* oppositionist.
oppressant, e [ɔpʀɛsɑ̃, ɑ̃t] *adj temps, souvenirs, ambiance* oppressive.
oppresser [ɔpʀese] (1) *vt [chaleur, ambiance, souvenirs]* to oppress; *[poids, vêtement serré]* to suffocate; *[remords, angoisse]* to oppress, weigh heavily on, weigh down. **avoir une respiration oppressée** to have difficulty with one's breathing; **se sentir oppressé** to feel breathless.
oppresseur [ɔpʀesœʀ] **1** *nm* oppressor. **2** *adj* oppressive.
oppressif, -ive [ɔpʀesif, iv] *adj* oppressive.
oppression [ɔpʀesjɔ̃] *nf* (*asservissement*) oppression; (*gêne, malaise*) feeling of suffocation *ou* oppression.
opprimer [ɔpʀime] (1) *vt* **(a)** *peuple* to oppress; *opinion, liberté* to suppress, stifle. **les opprimés** (*gén*) the oppressed; (*socialement*) the downtrodden, the oppressed classes. **(b)** (*oppresser*) *[chaleur etc]* to suffocate, oppress.
opprobre [ɔpʀɔbʀ(ə)] *nm* (*littér: honte*) opprobrium (*littér*), obloquy (*littér*), disgrace. **accabler** *ou* **couvrir qn d'~** to cover sb with opprobrium; **jeter l'~ sur** to heap opprobrium on; **être l'~ de la famille** to be a source of shame to the family; **vivre dans l'~** to live in infamy.
optatif, -ive [ɔptatif, iv] *adj, nm* optative.
opter [ɔpte] (1) *vi* (*se décider*) **~ pour** *carrière, solution* to opt for, decide upon; (*choisir*) **~ entre** *nationalité* to choose *ou* decide between.
opticien, -ienne [ɔptisjɛ̃, jɛn] *nm,f* optician.
optimal, e, *mpl* **-aux** [ɔptimal, o] *adj* optimal, optimum (*épith*).
optimisation [ɔptimizɑsjɔ̃] *nf* optimization.
optimiser [ɔptimize] (1) *vt* to optimize.
optimisme [ɔptimism(ə)] *nm* optimism.
optimiste [ɔptimist(ə)] **1** *adj* optimistic. **2** *nmf* optimist.
optimum, *pl* **~s** *ou* **optima** [ɔptimɔm, a] **1** *nm* optimum. **2** *adj* optimum (*épith*), optimal.
option [ɔpsjɔ̃] **1** *nf* (*littér: choix*) option, choice; (*Comm, Jur, Scol*) option; (*accessoire auto*) optional extra. (*Scol*) **matière à ~** optional subject (*Brit*), option (*Brit*), elective (*US*); **texte à ~** optional text; (*Scol*) **avec ~ mathématique(s)** with a mathematical option, with optional mathematics; (*Fin*) **prendre une ~ sur** to take (out) an option on; (*Pol*) **l'~ zéro** the zero option; (*Aut*) **boîte 5 vitesses (vendue) en ~** 5-speed gearbox available as an optional extra.
2: (*Fin*) **option d'achat** option to buy *ou* call; (*Fin*) **option de vente** option to sell *ou* put.
optionnel, -elle [ɔpsjɔnɛl] *adj* optional. **matière ~le** optional subject (*Brit*), option (*Brit*), elective (*US*).
optique [ɔptik] **1** *adj verre* optical; *nerf* optic. **une bonne qualité ~** a good optical quality; *V* **angle, télégraphie**.
2 *nf* **(a)** (*science, technique, commerce*) optics (*sg*). **~ médicale/photographique** medical/photographic optics; **instrument d'~** optical instrument; *V* **illusion**.
(b) *[lentilles etc] [caméra, microscope]* optics (*pl*).
(c) (*manière de voir*) perspective. **il faut situer ses arguments dans une ~ sociologique** we must situate his arguments in a sociological perspective; **voir qch avec** *ou* **dans une certaine ~** to look at sth from a certain angle *ou* viewpoint.
opulence [ɔpylɑ̃s] *nf* **(a)** (*richesse*) (*V* **opulent**) wealthiness; richness; opulence. **vivre dans l'~** to live an opulent life. **(b)** **~ des formes** richness *ou* fullness of form; **l'~ de sa poitrine** the ampleness of her bosom.
opulent, e [ɔpylɑ̃, ɑ̃t] *adj* **(a)** (*riche*) *province, région, pays* wealthy, rich, *prairie* rich; *personne* opulent, wealthy, rich; *luxe, vie* opulent. **(b)** *femme* buxom; *poitrine* ample, generous.
opus [ɔpys] *nm* opus.
opuscule [ɔpyskyl] *nm* (*pamphlet*) opuscule.
or¹ [ɔʀ] *nm* **(a)** (*métal*) gold; (*dorure*) gilt, gilding, gold. **~ blanc** *ou* **gris** white gold; **~ fin** fine gold; **~ massif** solid gold; **bijoux en ~ massif** solid gold jewellery, jewellery in solid gold; **~ jaune/rouge** yellow/red gold; **~ noir** (*fig: pétrole*) oil, black gold; **en lettres d'~** in gilt *ou* gold lettering; **ses cheveux d'~** his golden hair; **les blés d'~** the golden cornfields; **les ~s des coupoles/de l'automne** the golden tints of the cupolas/of autumn; **peinture/étalon/franc ~** gold paint/standard/franc; *V* **cœur, cousu, étalon, lingot** *etc*.
(b) (*loc*) **en ~** *objet* gold; *occasion* golden (*épith*); *mari, enfant, sujet* marvellous, wonderful; **c'est une affaire en ~** (*achat*) it's a real bargain!; (*commerce, magasin*) it's a gold mine; **c'est de l'~ en barre** (*commerce, investissement*) it's a rock-solid investment, it's as safe as houses (*Brit*); **pour (tout) l'~ du monde** for all the money in the world, for all the tea in China (*hum*); **faire des affaires d'~** to run a gold mine; *V* **pesant, pont, rouler** *etc*.
or² [ɔʀ] *conj* (*gén*) now; (*dans un syllogisme*) *non traduit*. **ceci n'aurait pas manqué de provoquer des jalousies, ~ nous ne désirions nullement nous brouiller avec eux** this would unfailingly have led to jealousy, when in fact *ou* whereas we had not the slightest wish to quarrel with them; († *ou frm*) **~ donc** thus, therefore.
oracle [ɔʀakl(ə)] *nm* (*gén*) oracle. **rendre un ~** to pronounce an oracle; (*hum*) **l'oncle Jean était l'~ de la famille** Uncle John was

the oracle of the family; **il parlait en ~** *ou* **comme un ~** he talked like an oracle.
orage [ɔʀaʒ] **1** *nm* **(a)** (*tempête*) thunderstorm, (electric) storm. **pluie/temps d'~** thundery *ou* stormy shower/weather; **vent d'~** stormy wind; **il va y avoir de l'~** *ou* **un ~** there's going to be a (thunder)storm.
(b) (*fig: dispute*) upset. **un ~ familial** a family row *ou* upset; **elle sentait venir l'~** she could sense the storm brewing.
(c) (*fig littér: tumulte*) **les ~s de la vie** the turmoils of life; **les ~s des passions** the tumult *ou* storm of the passions.
(d) (*loc*) **il y a de l'~ dans l'air** (*lit*) there is a (thunder)storm brewing; (*fig*) there is trouble *ou* a storm brewing; **le temps est à l'~** there's thunder in the air, the weather is thundery; **sa voix est à l'~** his tone is ominous.
2: orage de chaleur heat storm; **orage magnétique** magnetic storm.
orageusement [ɔʀaʒøzmɑ̃] *adv* (*fig*) tempestuously.
orageux, -euse [ɔʀaʒø, øz] *adj* **(a)** (*lit*) *ciel* stormy, lowering (*épith*); *région, saison* stormy; *pluie, chaleur, atmosphère* thundery. **temps ~** thundery weather, threatening weather.
(b) (*fig: mouvementé*) *époque, vie, adolescence, discussion* turbulent, stormy, tempestuous.
oraison [ɔʀɛzɔ̃] *nf* orison, prayer. **l'~ dominicale** the Lord's Prayer; **~ funèbre** funeral oration.
oral, e, *mpl* **-aux** [ɔʀal, o] **1** *adj tradition, littérature, épreuve* oral; *confession, déposition* verbal, oral; (*Ling, Méd, Psych*) oral; *V* **stade, voie. 2** *nm* (*Scol*) oral, viva (voce).
oralement [ɔʀalmɑ̃] *adv* **transmettre des contes, des rumeurs** orally, by word of mouth; *conclure un accord, confesser* verbally, orally; (*Méd, Scol*) orally.
orange [ɔʀɑ̃ʒ] **1** *nf* (*fruit*) orange. **2** *nm* (*couleur*) orange. **3** *adj inv* orange. **4: orange amère** bitter orange; **orange douce** sweet orange; **orange sanguine** blood orange.
orangé, e [ɔʀɑ̃ʒe] **1** *adj* orangey, orange-coloured. **2** *nm* orangey colour. **l'~ de ces rideaux** ... the orangey shade of these curtains ... .
orangeade [ɔʀɑ̃ʒad] *nf* orangeade.
oranger [ɔʀɑ̃ʒe] *nm* orange tree; *V* **fleur**.
orangeraie [ɔʀɑ̃ʒʀɛ] *nf* orange grove.
orangerie [ɔʀɑ̃ʒʀi] *nf* (*serre*) orangery.
Orangiste [ɔʀɑ̃ʒist(ə)] (*Hist, Pol*) **1** *nm* Orangeman. **2** *nf* Orangewoman.
orang-outan(g), *pl* **orangs-outan(g)s** [ɔʀɑ̃utɑ̃] *nm* orang-outang.
orateur, -trice [ɔʀatœʀ, tʀis] *nm,f* (*homme politique, tribun*) orator, speaker; (*à un banquet etc*) speaker; (*Can*) Speaker (of House of Commons).
oratoire [ɔʀatwaʀ] **1** *adj art, morceau* oratorical, of oratory; *ton, style* oratorical; *V* **joute, précaution. 2** *nm* (*lieu, chapelle*) oratory, small chapel; (*au bord du chemin*) (wayside) shrine.
oratorio [ɔʀatɔʀjo] *nm* oratorio.
orbe¹ [ɔʀb(ə)] *nm* (*littér: globe*) orb; (*Astron*) (*surface*) plane of orbit; (*orbite*) orbit.
orbe² [ɔʀb(ə)] *adj:* **mur ~** blind wall.
orbital, e, *mpl* **-aux** [ɔʀbital, o] *adj* orbital.
orbite [ɔʀbit] *nf* **(a)** (*Anat*) (eye-)socket, orbit (*T*). **aux yeux enfoncés dans les ~s** with sunken eyes.
(b) (*Astron, Phys*) orbit. **mettre** *ou* **placer sur ~, mettre en ~** *satellite* to put into orbit; **la mise en ~ d'un satellite** the putting into orbit of a satellite, putting a satellite into orbit; **être sur** *ou* **en ~** *[satellite]* to be in orbit.
(c) (*fig: sphère d'influence*) sphere of influence, orbit. **être/entrer dans l'~ de** to be in/enter the sphere of influence of; **vivre dans l'~ de** to live in the sphere of influence of; **attirer qn dans son ~** to draw sb into one's orbit.
(d) (*loc*) **mettre** *ou* **placer sur ~** *auteur, projet, produit* to launch; **être sur ~** *[auteur, produit, méthode, projet]* to be successfully launched; **se mettre** *ou* **se placer sur ~** *[auteur, région]* to launch o.s. *ou* itself.
orbiter [ɔʀbite] (1) *vt [satellite]* to orbit.
Orcades [ɔʀkad] *nfpl:* **les ~** Orkney, the Orkneys, the Orkney Islands.
orchestral, e, *mpl* **-aux** [ɔʀkɛstʀal, o] *adj* orchestral.
orchestrateur, -trice [ɔʀkɛstʀatœʀ, tʀis] *nm,f* orchestrator.
orchestration [ɔʀkɛstʀasjɔ̃] *nf* (*V* **orchestrer**) orchestration; scoring; organization. (*Mus*) **une bonne ~** good scoring, a good orchestration.
orchestre [ɔʀkɛstʀ(ə)] **1** *nm* **(a)** (*musiciens*) *[grande musique, bal]* orchestra; *[jazz, danse]* band. **grand ~** full orchestra; *V* **chef¹, homme**.
(b) (*Ciné, Théât: emplacement*) stalls (*Brit*), orchestra (*US*); *(fauteuil)* lingot in the (orchestra) stalls (*Brit*), seat in the orchestra (*US*). **l'~ applaudissait** applause came from the stalls (*Brit*) *ou* orchestra (*US*); *V* **fauteuil, fosse**.
2: orchestre de chambre chamber orchestra; **orchestre à cordes** string orchestra; **orchestre de danse** dance band; **orchestre de jazz** jazz band; **orchestre symphonique** symphony orchestra.
orchestrer [ɔʀkɛstʀe] (1) *vt* **(a)** (*Mus*) (*composer*) to orchestrate; (*adapter*) to orchestrate, score. **(b)** (*fig*) *couleurs* to orchestrate; *propagande* to organize, orchestrate. **l'opération a été bien orchestrée** the operation was well organized.
orchidée [ɔʀkide] *nf* orchid.
ordalie [ɔʀdali] *nf* (*Hist*) ordeal.
ordinaire [ɔʀdinɛʀ] **1** *adj* **(a)** (*habituel*) ordinary, normal; (*Jur*) **session ~** ordinary. **avec sa maladresse ~** with his customary *ou* usual clumsiness; **personnage/fait peu ~** unusual character/fact; **avec un courage pas** *ou* **peu ~*** with incredible *ou*

extraordinary courage; **ça alors, ce n'est pas ~!*** that's (really) unusual *ou* out of the ordinary.

　(b) (*courant*) *vin* ordinary; *vêtement* ordinary, everyday (*épith*); *service de table* everyday (*épith*); *qualité* standard; *essence* two-star (*Brit*), 2-star (*Brit*), regular (*US*).

　(c) (*péj: commun*) *personne, manière* common; *conversation* ordinary, run-of-the-mill. **un vin très ~** a very indifferent wine; **mener une existence très ~** to lead a humdrum existence.

　2 *nm* **(a)** (*la banalité*) **l'~** the ordinary; **qui sort de l'~** which is out of the ordinary.

　(b) (*nourriture, menu ordinaire*) **l'~** ordinary *ou* everyday fare.

　(c) (*loc*) (*littér*) **à l'~** usually, ordinarily; **comme à l'~** as usual; **d'~** ordinarily, usually, normally, as a rule; **il fait plus chaud que d'~** *ou* **qu'à l'~** it's warmer than usual; **il a une intelligence très au-dessus de l'~** he is of far higher than average *ou* of much above average intelligence; **(comme) à son/mon ~** in his/my usual way, as was his/my wont (*littér, hum*).

　3: l'ordinaire de la messe the ordinary of the Mass.

ordinairement [ɔrdinɛrmɑ̃] *adv* ordinarily, usually, normally, as a rule.

ordinal, e, *mpl* **-aux** [ɔrdinal, o] **1** *adj* ordinal. **2** *nm* ordinal number.

ordinateur [ɔrdinatœr] *nm* computer. **~ familial** *ou* **domestique** home computer; **~ individuel** *ou* **personnel** personal computer; **~ de première/seconde** *etc* **génération** first/second *etc* generation computer; **mettre sur ~** to computerize, put onto a computer; **mise sur ~** computerization; **la facturation est faite à l'~** the invoicing is computerized *ou* done by computer.

ordination [ɔrdinɑsjɔ̃] *nf* (*Rel*) ordination.

ordinogramme [ɔrdinɔgram] *nm* flow chart *ou* sheet.

ordonnance [ɔrdɔnɑ̃s] **1** *nf* **(a)** (*Méd*) prescription. **préparer une ~** to make up a prescription.

　(b) (*Jur: arrêté*) [*gouvernement*] order, edict; [*juge*] (judge's) order, ruling.

　(c) (*disposition*) [*poème, phrase, tableau*] organization, layout; [*bâtiment*] plan, layout; [*cérémonie*] organization; [*repas*] order.

　2 *nm ou nf* (*Mil*) **(a)** (*subalterne*) orderly, batman (*Brit*).

　(b) d'~ *revolver, tunique* regulation (*épith*); *V* officier.

　3: ordonnance de paiement authorization of payment; **ordonnance de police** police regulation; **ordonnance royale** royal decree *ou* edict.

ordonnancement [ɔrdɔnɑ̃smɑ̃] *nm* **(a)** (*Fin*) order to pay. **(b)** (*disposition*) [*phrase, tableau*] organization, layout; [*cérémonie*] organization.

ordonnancer [ɔrdɔnɑ̃se] (3) *vt* (*Fin*) *dépense* to authorize.

ordonnateur, -trice [ɔrdɔnatœr, tris] *nm, f* **(a)** [*fête, cérémonie*] organizer, arranger. **~ des pompes funèbres** funeral director (*in charge of events at the funeral itself*). **(b)** (*Fin*) official with power to authorize expenditure. (*Hist Mil*) **commissaire ~** ≃ ordnance officer.

ordonné, e [ɔrdɔne] (*ptp de* **ordonner**) **1** *adj* **(a)** (*méthodique*) *enfant* tidy; *employé* methodical.

　(b) (*bien arrangé*) *maison* orderly, tidy; *vie* (well-)ordered, orderly; *discours* well-ordered; *V* charité.

　(c) (*Math*) ordered. **couple ~** ordered pair.

　2 ordonnée *nf* (*Math*) ordinate, Y-axis.

ordonner [ɔrdɔne] (1) **1** *vt* **(a)** (*arranger*) *espace, idées, éléments* to arrange, organize; *discours, texte* to organize; (*Math*) *polynôme* to arrange in (*ascending ou descending*) order. **il avait ordonné sa vie de telle façon que ...** he had arranged *ou* organized his life in such a way that ... .

　(b) (*commander*) (*Méd*) *traitement, médicament* to prescribe; (*Jur*) *huis-clos etc* to order. **~ à qn de faire qch** to order sb to do sth, give sb orders to do sth; **il nous ordonna le silence** he ordered us to be quiet; **ils ordonnèrent la fermeture des cafés** *ou* **qu'on fermât les cafés** they ordered the closure of the cafés *ou* that the cafés be closed; **le travail qui m'a été ordonné** the work which I've been ordered to do; **je vais ~ que cela soit fait immédiatement** I'm going to order that that be done immediately.

　(c) (*Rel*) *prêtre* to ordain. **être ordonné prêtre** to be ordained priest.

　2 s'ordonner *vpr* [*idées, faits*] to organize themselves. **les idées s'ordonnèrent dans sa tête** the ideas began to organize themselves *ou* sort themselves out in his head.

ordre¹ [ɔrdr(ə)] *nm* **(a)** (*succession régulière*) order. (*Ling*) **l'~ des mots** word order; **par ~ alphabétique** in alphabetical order; **par ~ d'ancienneté** in order of seniority; **alignez-vous par ~ de grandeur** line up in order of height *ou* size; **par ~ d'importance** in order of importance; **dans l'~** in order; **dans le bon ~** in the right order; **par ~** *ou* **dans l'~ d'entrée** en scène in order of appearance; (*Mil*) **en ~ de bataille/de marche** in battle/marching order; **en ~ dispersé** (*Mil*) in extended order; (*fig*) without a common line *ou* plan of action; (*Jur*) **~ des descendants** *ou* **héritiers** order of descent; *V* **numéro, procéder.**

　(b) (*Archit, Bio: catégorie*) order. (*Archit*) **l'~ ionique/dorique** Ionic/Doric order.

　(c) (*nature, catégorie*) **dans le même ~ d'idées** similarly; **dans un autre ~ d'idées** in a different *ou* another connection; **pour des motifs d'~ personnel/différent** for reasons of a personal/different nature; **c'est dans l'~ des choses** it's in the nature of things; **une affaire/un chiffre du même ~** a matter/figure of the same nature *ou* order; **un chiffre de l'~ de 2 millions** a figure in the region of *ou* of the order of 2 millions; **avec une somme de cet ~** with a sum of this order; (*prix*) **donnez-nous un ~ de grandeur** give us a rough estimate *ou* a rough idea; **dans cet ~ de grandeur** in this region; **de premier/deuxième/troisième ~** first-/second-/

third-rate; **de dernier ~** third-rate; **considérations d'~ pratique/général** considerations of a practical/general nature.

　(d) (*légalité*) **l'~** order; **l'~ établi** the established order; **l'~ public** law and order; **le maintien de l'~** (public) the maintenance of law and order *ou* of public order; **quand tout fut rentré dans l'~** when order had been restored, when all was back to order; **le parti de l'~** the party of law and order; **un partisan de l'~** a supporter of law and order; **la remise en ~ du pays** restoring the country to order; *V* **force, rappeler, service** *etc.*

　(e) (*méthode, bonne organisation*) [*personne, chambre*] tidiness, orderliness. **sans ~** untidy, disorderly; **avoir de l'~** (*rangements*) to be tidy *ou* orderly; (*travail*) to have method, be systematic *ou* methodical; **manquer d'~** to be untidy *ou* disorderly; to have no method, be unsystematic *ou* unmethodical; **en ~** *tiroir, maison, bureau* tidy, orderly; *comptes* in order; **tenir en ~** *chambre* to keep tidy; *comptes* to keep in order; **(re)mettre en ~, (re)mettre de l'~ dans** *affaires* to sort *ou* put in order, tidy up; *papiers, bureau* to tidy (up), clear up; **mettre bon ~ à qch** to put sth to rights, sort out sth; **défiler en ~** to go past in an orderly manner; **travailler avec ~ et méthode** to work in an orderly *ou* a methodical *ou* systematic way; **un homme d'~** a man of order.

　(f) (*condition, état*) **en ~ de marche** in (full) working order.

　(g) (*association, congrégation*) order; [*profession libérale*] ≃ professional association. **les ~s de chevalerie** the orders of knighthood; **les ~s monastiques** the monastic orders; **les ~s mendiants** the mendicant orders; **l'~ de la jarretière/du mérite** the Order of the Garter/of Merit; (*Rel*) **les ~s** (holy) orders; (*Rel*) **les ~s majeurs/mineurs** major/minor orders; (*Rel*) **entrer dans les ~s** to take (holy) orders, to go into the Church; **l'~ des architectes** *etc* the association of architects *etc*; **l'~ des avocats** the association of barristers, ≃ the Bar (*Brit*), ≃ American Bar Association (*US*); **l'~ des médecins** the medical association, ≃ the British Medical Association (*Brit*), ≃ the American Medical Association (*US*); [*dentiste etc*] **être rayé de l'~** to be struck off the list *ou* register.

　(h) ~ du jour [*conférence etc*] agenda; (*en fin de programme*) **'autres questions à l'~ du jour'** 'any other business'; (*Admin*) **l'~ du jour de l'assemblée** the business before the meeting; **passons à l'~ du jour** let us turn to the business of the day; **inscrit à l'~ du jour** on the agenda; **être à l'~ du jour** (*lit*) to be on the agenda; (*fig: être d'actualité*) to be (very) topical; *V aussi* **ordre².**

ordre² [ɔrdr(ə)] **1** *nm* **(a)** (*commandement, directive*) (*gén*) order; (*Mil*) order, command. **je n'ai pas d'~ à recevoir de vous** I won't take orders from you; **donner (l')~ de** to give an order *ou* the order to, give orders to; **par ~** *ou* **sur les ~s du ministre** by order of the minister, on the orders of the minister; **j'ai reçu des ~s formels** I have formal instructions; **je n'ai d'~ à recevoir de personne** I don't take orders from anyone; **être aux ~s de qn** to be at sb's disposal; (*formule de politesse*) **je suis à vos ~s** I am at your service; **dis donc, je ne suis pas à tes ~s!** you can't give me orders!, I don't take orders from you!, I'm not at your beck and call!; (*Mil*) **à vos ~s!** yes sir!; **être/combattre sous les ~s de qn** to be/fight under sb's command; *V* **désir, jusque, mot.**

　(b) (*Comm, Fin*) order. **à l'~ de** payable to, to the order of; **chèque à mon ~** cheque made out to me; *V* **billet, chèque, citer.**

　2: (*Fin*) ordre d'achat buying order; (*Mil*) **ordre d'appel** call-up papers (*Brit*), draft notice (*US*); (*Fin*) **ordre de Bourse** Stock Exchange order; **ordre de grève** strike call; (*Mil*) **ordre du jour** order of the day; **citer qn à l'ordre du jour** to mention sb in dispatches; (*Mil*) **ordre de mission** orders (*for a mission*); (*Mil*) **ordre de route** marching orders (*pl*); (*Fin*) **ordre de vente** sale order.

ordure [ɔrdyr] *nf* **(a)** (*saleté, immondices*) dirt (*U*), filth (*U*). **les chiens qui font leurs ~s sur le trottoir** dogs which leave their dirt *ou* messes on the pavement.

　(b) (*détritus*) **~s** rubbish (*U*) (*Brit*), refuse (*U*), garbage (*U*) (*US*); **~s ménagères** household refuse; **l'enlèvement** *ou* **le ramassage des ~s** refuse *ou* rubbish (*Brit*) *ou* garbage (*US*) collection; **jeter qch aux ~s** to throw sth into the dustbin (*Brit*) *ou* rubbish bin (*Brit*) *ou* garbage can (*US*); **c'est juste bon à mettre aux ~s** it's fit for the dustbin (*Brit*) *ou* rubbish bin (*Brit*) *ou* garbage can (*US*); *V* **boîte, vider.**

　(c) (*péj: chose, personne abjecte*) **ce film est une ~** this film is pure filth; **ce type est une belle ~** this guy is a real bastard‡; **cette ~ a fait tirer dans la foule** this bastard‡ had them shoot into the crowd.

　(d) (*grossièretés*) **~s** obscenities, filth; **dire des ~s** to utter obscenities, talk filth; **écrire des ~s** to write filth.

　(e) (*littér: abjection*) mire (*littér*). **il aime à se vautrer dans l'~** he likes to wallow in filth.

ordurier, -ière [ɔrdyrje, jɛr] *adj* lewd, filthy.

orée [ɔre] *nf* (*littér*) [*bois*] edge.

Oregon [ɔregɔ̃] *nm* Oregon.

oreillard [ɔrejar] *nm* (*chauve-souris*) long-eared bat.

oreille [ɔrɛj] *nf* **(a)** (*Anat*) ear. **l'~ moyenne/interne** the middle/inner ear; **l'~ externe** the outer *ou* external ear, the auricle (*T*); **~s décollées** protruding *ou* sticking-out ears; **~s en feuille de chou** big flappy ears, cauliflower ears*; **le béret sur l'~** his beret cocked over one ear *ou* tilted to one side; **avoir des bourdonnements d'~**, **avoir les ~s qui bourdonnent** to have (a) buzzing *ou* (a) ringing in the ears; (*fig hum*) **les ~s ont dû lui tinter** his ears must have been burning; *animal* **aux longues ~s** long-eared animal; **aux ~s pointues** with pointed ears; *V* **boucher*, boucle, dresser** *etc.*

　(b) (*ouïe*) hearing, ear. **avoir l'~ fine** to be sharp of hearing, have a sharp ear; **avoir de l'~** to have a good ear (for music); **ne pas avoir d'~** to have no ear for music; *V* **casser, écorcher, écouter.**

　(c) (*comme organe de communication*) ear. **avoir l'~ de qn** to have sb's ear; **écouter de toutes ses ~s** to be all ears; **porter**

qch/venir aux ∼s de qn to let sth be/come to be known to sb, bring sth/come to sb's attention; **dire qch à l'∼ de qn**, **dire qch à qn dans le creux** ou **dans le tuyau de l'∼** to have a word in sb's ear about sth; **cela entre par une ∼ et ressort par l'autre** it goes in (at) one ear and out (at) the other; **n'écouter que d'une ∼** to listen with (only) one ear, only half listen; **écouter d'une ∼ distraite** to only half listen, listen with (only) one ear; V **bouche, prêter, sourd**.

(d) *[écrou, fauteuil]* wing; *[soupière]* handle.

(e) *(loc)* **avoir les ∼s rebattues de qch** to have heard enough of sth, be sick of hearing sth; **tirer les ∼s à qn** *(lit)* to pull ou tweak sb's ears; *(fig)* to give sb a (good) telling off*, tell sb off*; *(fig)* **se faire tirer l'∼** to take ou need a lot of persuading; **ouvre tes ∼s** (will you) listen to what you are told; **l'∼ basse** crestfallen, (with) one's tail between one's legs; **ferme tes ∼s** don't (you) listen!; V **échauffer, montrer, puce** etc.

oreiller [ɔreje] nm pillow. **se raccommoder sur l'∼** to make it up in bed; V **confidence, taie**.

oreillette [ɔrejɛt] nf *[cœur]* auricle; *[casquette]* ear-flap. **orifice de l'∼** atrium.

oreillons [ɔrejɔ̃] nmpl: **les ∼** (the) mumps.

ores [ɔr] adv: **d'∼ et déjà** already.

Oreste [ɔrɛst(ə)] nm Orestes.

orfèvre [ɔrfɛvr(ə)] nm silversmith, goldsmith. *(fig)* **M X, qui est ∼ en la matière, va nous éclairer** Mr X, who's an expert (on the subject) is going to enlighten us.

orfèvrerie [ɔrfɛvrɔri] nf *(art, commerce)* silversmith's *(ou* goldsmith's) trade; *(magasin)* silversmith's *(ou* goldsmith's) shop; *(ouvrage)* (silver) plate, (gold) plate.

orfraie [ɔrfrɛ] nf white-tailed eagle.

organdi [ɔrgãdi] nm organdie.

organe [ɔrgan] **1** nm (a) *(Anat, Physiol)* organ. **∼s des sens/ sexuels** sense/sexual organs; V **fonction, greffe¹**.

(b) *(fig)* *(véhicule, instrument)* instrument, medium, organ; *(institution, organisme)* organ. **le juge est l'∼ de la loi** the judge is the instrument of the law; **la parole est l'∼ de la pensée** speech is the medium ou vehicle of thought; **un des ∼s du gouvernement** one of the organs of government.

(c) *(porte-parole)* *(magistrat, fonctionnaire)* representative, spokesman; *(journal)* mouthpiece, organ.

(d) *(† ou littér: voix)* voice.

2: organes de commande *[machine]* controls; **organes de transmission** *[machine]* transmission system.

organigramme [ɔrganigram] nm *(tableau hiérarchique, structurel)* organization chart; *(tableau des opérations, de synchronisation, Ordin)* flow chart ou diagram ou sheet.

organique [ɔrganik] adj *(Chim, Jur, Méd)* organic; V **chimie**.

organiquement [ɔrganikmã] adv organically.

organisateur, -trice [ɔrganizatœr, tris] **1** adj **faculté, puissance** organizing *(épith)*. **2** nm, f organizer.

organisation [ɔrganizasjɔ̃] **1** nf (a) *(action)* (V **organiser**) organization; arranging; getting up; setting up; setting up. **il a l'esprit d'∼** he has an organizing mind ou a mind for organization.

(b) *(arrangement)* *[soirée, manifestation]* organization.

(c) *(structure)* *[service]* organization, setup; *[armée, travail]* organization; *[texte]* organization, layout. **une ∼ syndicale encore primitive** a still primitive union setup; **l'∼ infiniment complexe du corps humain** the infinitely complex organization of the human body.

(d) *(parti, syndicat)* organization.

2: Organisation de coopération et de développement économique Organization for Economic Cooperation and Development; **Organisation de libération de la Palestine** Palestine Liberation Organization; **Organisation mondiale de la santé** World Health Organization; **Organisation des Nations Unies** United Nations Organization; **Organisation des pays exportateurs de pétrole** Organization of Petroleum Exporting Countries; **Organisation du Traité de l'Atlantique Nord** North Atlantic Treaty Organization; **Organisation des territoires de l'Asie du Sud-Est** South-East Asia Treaty Organization; **Organisation de l'unité africaine** Organization of African Unity.

organisationnel, -elle [ɔrganizasjɔnɛl] adj **problème, moyens** organizational.

organisé, e [ɔrganize] *(ptp de* **organiser**) adj **foule, groupe, citoyens** organized; **travail, affaire** organized; **esprit** organized, methodical. **personne bien ∼e** well-organized person; **c'est du vol ∼!** it's organized robbery; V **voyage**.

organiser [ɔrganize] (1) **1** vt (a) *(préparer)* **voyage, fête, réunion** to organize, arrange; **campagne** to organize; **pétition** to organize, get up; **service, coopérative** to organize, set up.

(b) *(structurer)* **travail, opérations, armée, parti** to organize; **emploi du temps** to organize, set out; **journée** to organize.

2 s'organiser vpr *(personne, société)* to organize o.s. *(ou* itself), get (o.s. ou itself) organized. **il ne sait pas s'∼** he does not know how to organize himself, he can't get (himself) organized.

organisme [ɔrganism(ə)] nm (a) *(organes, corps)* body, organism *(T)*. **les besoins/les fonctions de l'∼** the needs/functions of the body ou organism, bodily needs/functions.

(b) *(Zool: individu)* organism. **un pays est un ∼ vivant** a country is a living organism.

(c) *(institution, bureaux)* body, organism. **un ∼ nouvellement mis sur pied** a recently established body ou organism; **∼ de droit public** statutory body.

organiste [ɔrganist(ə)] nmf organist.

orgasme [ɔrgasm(ə)] nm orgasm, climax.

orge [ɔrʒ(ə)] nf barley; V **sucre**.

orgeat [ɔrʒa] nm orgeat; V **sirop**.

orgelet [ɔrʒəlɛ] nm *(Méd)* sty(e).

orgiaque [ɔrʒjak] adj orgiastic.

orgie [ɔrʒi] nf (a) *(Hist, repas)* orgy; *(beuverie)* drinking orgy. **faire une ∼** to have an orgy; **faire des ∼s de gâteaux** to have an orgy of cakes ou of cake-eating.

(b) *(fig)* **∼ de** profusion of; **∼ de fleurs** profusion of flowers; **∼ de couleurs** riot of colour.

orgue [ɔrg(ə)] nm *(V aussi* **orgues**) organ. **tenir l'∼** to play the organ; **∼ de chœur/de cinéma/électrique/portatif** choir/ theatre/electric/portable organ; **∼ de Barbarie** barrel organ, hurdy-gurdy; V **point¹**.

orgueil [ɔrgœj] nm *(défaut: fierté exagérée)* pride, arrogance; *(justifiable: amour-propre)* pride. **gonflé d'∼** puffed up ou bursting with pride; **∼ démesuré** overweening pride ou arrogance; **il a l'∼ de son rang** he has all the arrogance associated with his rank; **avec l'∼ légitime du vainqueur** with the victor's legitimate pride; **le péché d'∼** the sin of pride.

(b) *(loc)* **ce tableau,** ou **de la collection** this picture, pride of the collection; **l'∼ de se voir confier les clefs lui fit oublier sa colère** his pride at being entrusted with the keys made him forget his anger; **avoir l'∼ de qch** to take pride in sth, pride o.s. on sth; **tirer ∼ de qch** to take pride in sth; **mettre son ∼ à faire qch** to take a pride in doing sth.

orgueilleusement [ɔrgœjøzmã] adv *(V* **orgueilleux**) proudly, arrogantly.

orgueilleux, -euse [ɔrgœjø, øz] adj *(défaut)* proud, arrogant; *(qualité)* proud. **∼ comme un paon** as proud as a peacock; **c'est un ∼** he's a (very) proud man; **c'est une ∼euse** she's a (very) proud woman; *(littér)* **un chêne ∼** a proud oak.

orgues [ɔrg(ə)] nfpl (a) *(Mus)* organ. **les grandes ∼** the great organs. (b) *(Géol)* **∼ basaltiques** basalt columns. (c) *(Mil)* **∼ de Staline** rocket launcher *(mounted on truck)*.

oriel [ɔrjɛl] nm oriel window.

orient [ɔrjã] nm (a) *(littér: est)* orient *(littér)*, east. **l'O∼** the Orient *(littér)*, the East; **les pays d'O∼** the countries of the Orient *(littér)*, the oriental countries; V **extrême, moyen, proche**.

(b) *[perle]* orient.

(c) V **grand**.

orientable [ɔrjãtabl(ə)] adj **bras d'une machine** swivelling, rotating; **lampe, antenne, lamelles de store** adjustable.

oriental, e, mpl -aux [ɔrjãtal, o] **1** adj **côte, frontière, région** eastern; **langue, produits** oriental; **musique, arts** oriental, eastern; V **Inde. 2** nm: **O∼** Oriental. **3** nf: **O∼e** Oriental woman.

orientalisme [ɔrjãtalism(ə)] nm orientalism.

orientaliste [ɔrjãtalist(ə)] nmf, adj orientalist.

orientation [ɔrjãtasjɔ̃] nf (a) *(V* **orienter**) positioning; adjusting; adjustment; directing; orientating, orientation. *(Scol)* **l'∼ professionnelle** careers advising ou guidance *(Brit)*; **l'∼ scolaire** guidance *(Brit)* ou advice on courses to be followed; **conseiller d'∼** careers adviser.

(b) *(V s'orienter)* **∼ vers** *[science]* trend towards; *[parti]* move towards; *[étudiant]* specializing in, turning to; V **sens, table**.

(c) *(position)* *[maison]* aspect; *[phare, antenne]* direction. **l'∼ du jardin au sud** the garden's southern aspect ou the fact that the garden faces south.

(d) *(tendance, direction)* *[science]* trends, orientation; *[magazine]* leanings, (political) tendencies. **l'∼ générale de notre enquête/de ses recherches** the general direction ou orientation of our inquiry/of his research.

orienté, e [ɔrjãte] *(ptp de* **orienter**) adj (a) *(disposé)* **∼ à l'est/au sud maison** facing east/south, with an eastern/a southern aspect; **antenne** directed ou turned towards the east/the south; **bien/mal ∼ maison** well/badly positioned; **antenne** properly/badly directed.

(b) *(tendancieux, partial)* **article** slanted, biased.

(c) *(marqué)* **plan, carte** orientated; *(Math)* **droite, vecteur** oriented.

orienter [ɔrjãte] (1) **1** vt (a) *(disposer)* **maison** to position; **lampe, phare** to adjust; **miroir, bras de machine** to position, adjust; **antenne** to direct, adjust, turn. **∼ un transistor pour améliorer la réception** to turn a transistor round to get better reception; **∼ vers** to turn (on)to; **∼ une maison vers le** ou **au sud** to build a house facing south; **∼ une antenne vers le** ou **au nord** to turn ou direct an aerial towards the north; **∼ la lampe** ou **la lumière vers** ou **sur son livre** to turn ou direct the light onto one's book; **la lampe peut s'∼ dans toutes les positions** the lamp can be put into any position, the light can be turned in all directions.

(b) *(guider)* **touristes, voyageurs** to direct *(vers* to); **science, recherches** to direct *(vers* towards). **∼ un élève** to advise a pupil on what courses to follow ou what subjects to specialize in; **∼ la conversation vers un sujet** to turn the conversation onto a subject.

(c) *(marquer)* **carte** to orientate; *(Math)* **droite** to orient.

(d) *(Naut)* **voiles** to trim.

2 s'orienter vpr (a) *(trouver son chemin)* *[touriste, voyageur]* to find one's bearings.

(b) *(se diriger vers)* **s'∼ vers** *(lit)* to turn towards; *(fig)* *[science, goûts]* to turn towards; *[chercheur, parti, société]* to move towards; *[étudiant]* **s'∼ vers les sciences** to specialize in science, turn to science.

orienteur, -euse [ɔrjãtœr, øz] **1** nm, f *(Scol)* careers adviser. **2** nm *(Tech)* orientator.

orifice [ɔrifis] nm *[mur de caverne, digue]* opening, orifice, aperture; *[puits, gouffre, four, tuyau, canalisation]* opening, mouth; *[organe]* orifice; *[Phon]* cavity. *(Tech)* **∼ d'admission/d'échappement (des gaz)** intake/exhaust port.

oriflamme [ɔriflam] nf *(bannière)* banner, standard; *(Hist)* oriflamme.

origan [ɔrigã] nm oregano.

originaire [ɔriʒinɛr] *adj* (a) ～ de (*natif de*) *famille, personne* originating from; (*provenant de*) *plante, coutume, mets* native to; **il est ～ de** he is a native of, he was born in.
(b) (*originel*) *titulaire, propriétaire* original, first; *vice, défaut* innate, inherent.
originairement [ɔriʒinɛrmɑ̃] *adv* originally, at first.
original, e, *mpl* **-aux** [ɔriʒinal, o] **1** *adj* (*premier, originel*) original; (*neuf, personnel*) *idée, décor* original, novel; *artiste, talent* original; (*péj: bizarre*) eccentric, odd, freaky*. **édition ～e** original *ou* first edition; *V* version.
2 *nm,f* (*péj: excentrique*) eccentric; (*fantaisiste*) clown*, joker*. **c'est un ～** he's a (real) character *ou* a bit of an eccentric.
3 *nm* (*exemplaire premier*) original; (*document*) original (copy); (*texte dactylographié*) top copy, original (*US*). **l'～ de ce personnage** the model for *ou* the original of this character.
originalement [ɔriʒinalmɑ̃] *adv* (*de façon personnelle*) originally, in an original way; (*originellement*) originally.
originalité [ɔriʒinalite] *nf* (a) (*caractère: V* original) originality; novelty; eccentricity, oddness. **(b)** (*élément, caractéristique*) original aspect *ou* feature; (*action*) eccentric behaviour (*U*).
origine [ɔriʒin] *nf* (a) (*gén*) origin; (*commencement*) origin, beginning. **les ～s de la vie** the origins of life; **cette coutume a son ～ dans** ... this custom has its origins in *ou* originated in ...; **tirer son ～ de,** **avoir son ～ dans** to have one's origins in, originate in; (*titre d'ouvrage*) **'l'Automobile, des ～s à nos jours'** 'the Motor Car, from its Origins to the Present Day'; **ce coup de chance, ainsi que ses relations, sont à l'～ de sa fortune** this lucky break, as well as his connections, are at the origin *ou* root of his wealth; **quelle est l'～ de ce coup de téléphone?** who made this phonecall?
(b) **d'～** *nationalité, pays, appellation, région de production* of origin; *pneus, garniture* original; (*Sci*) *méridien* prime, zero; **d'～ française/noble** of French/noble origin *ou* extraction; **être d'～ paysanne/ ouvrière** to come of farming/working-class stock; **mot d'～ française** word of French origin; **coutume d'～ ancienne** long-standing custom, custom of long standing.
(c) (*loc*) **à l'～** originally, to begin with; **dès l'～** at *ou* from the outset, at *ou* from the very beginning; **à l'～ de** *maladie, évolution* at the origin of; **souvent de telles rencontres sont à l'～ d'une vocation** such encounters are often the origin of a vocation.
originel, -elle [ɔriʒinɛl] *adj* *innocence, pureté, beauté* original, primeval; *état, sens* original; *V* péché.
originellement [ɔriʒinɛlmɑ̃] *adv* (*primitivement*) originally; (*dès le début*) from the (very) beginning, from the outset.
orignal, *pl* **-aux** [ɔriɲal, o] *nm* moose, Canadian elk.
oripeaux [ɔripo] *nmpl* (*haillons*) rags; (*guenilles clinquantes*) showy *ou* flashy rags.
O.R.L. [ɔɛrɛl] *nmf abrév de* oto-rhino-laryngologie *et de* oto-rhino-laryngologiste.
orlon [ɔrlɔ̃] *nm* ® Orlon ®.
orme [ɔrm(ə)] *nm* elm; *V* attendre.
ormeau, *pl* **～x** [ɔrmo] *nm* (*Bot*) (young) elm; (*Zool*) ormer, abalone, ear shell.
orné, e [ɔrne] (*ptp de* orner) *adj* *style* ornate, florid. **lettres ～es** illuminated letters.
ornement [ɔrnəmɑ̃] *nm* (*gén*) ornament; (*Archit, Art*) embellishment, adornment; (*Mus*) grace note(s), ornament. **sans ～(s)** *élégance, toilette, style* plain, unadorned; **d'～** *arbre, jardin* ornamental; **les ～s du style** the ornaments *ou* ornamentation of style; (*Rel*) **～s** sacerdotaux vestments.
ornemental, e, *mpl* **-aux** [ɔrnəmɑ̃tal, o] *adj* *style, plante* ornamental; *motif* decorative.
ornementation [ɔrnəmɑ̃tasjɔ̃] *nf* ornamentation.
ornementer [ɔrnəmɑ̃te] (1) *vt* to ornament.
orner [ɔrne] (1) *vt* (a) (*décorer*) *chambre, vêtement* to decorate (*de* with); (*embellir*) *discours, récit* to embellish (*de* with). **～ une rue de drapeaux** to deck out a street with flags; **sa robe était ornée d'un galon** her dress was trimmed with braid; **discours orné de citations** speech embellished with quotations; **livre orné de dessins** book illustrated with drawings; (*littér*) **～ la vérité** to adorn *ou* embellish the truth; (*littér*) **～ son esprit** to enrich one's mind.
(b) (*servir d'ornement à*) to adorn, decorate, embellish. **la fleur qui ornait sa boutonnière** the flower which adorned *ou* decorated his buttonhole; **les sculptures qui ornaient la façade** the sculpture which adorned *ou* decorated *ou* embellished the façade.
ornière [ɔrnjɛr] *nf* (*lit*) rut. (*fig*) **il est sorti de l'～ maintenant** he's made the grade now.
ornithologie [ɔrnitɔlɔʒi] *nf* ornithology.
ornithologique [ɔrnitɔlɔʒik] *adj* ornithological.
ornithologiste [ɔrnitɔlɔʒist(ə)] *nmf,* **ornithologue** [ɔrnitɔlɔg] *nmf* ornithologist.
ornithorynque [ɔrnitɔrɛ̃k] *nm* duck-billed platypus, ornithorhynchus (*T*).
orogénèse [ɔrɔʒenɛz] *nf* (*processus*) orogenesis; (*période*) orogeny.
orogénie [ɔrɔʒeni] *nf* orogeny.
orogénique [ɔrɔʒenik] *adj* orogenic, orogenetic.
orographie [ɔrɔgrafi] *nf* or(e)ography.
orographique [ɔrɔgrafik] *adj* or(e)ographic(al).
oronge [ɔrɔ̃ʒ] *nf* agaric. **～ vraie** imperial mushroom; **fausse ～** fly agaric.
orpaillage [ɔrpajaʒ] *nm* gold washing.
orpailleur [ɔrpajœr] *nm* gold washer.
Orphée [ɔrfe] *nm* Orpheus.
orphelin, e [ɔrfəlɛ̃, in] **1** *adj* orphan(ed). **2** *nm,f* orphan. **être ～ de père/de mère** to be fatherless/motherless, have lost one's father/mother; *V* veuf.

orphelinat [ɔrfəlina] *nm* (*lieu*) orphanage; (*orphelins*) children of the orphanage.
orphéon [ɔrfeɔ̃] *nm* (*fanfare*) (village *ou* town) band.
orphie [ɔrfi] *nf* garfish.
orpin [ɔrpɛ̃] *nm* (*Bot*) stonecrop.
orque [ɔrk(ə)] *nf* killer whale.
ORSEC [ɔrsɛk] *nf abrév de* Organisation de secours; *V* plan.
orteil [ɔrtɛj] *nm* toe. **gros ～** big toe.
O.R.T.F.† [ɔɛrteɛf] *nf* (*abrév de* Office de radiodiffusion-télévision française*) French broadcasting service.
orthocentre [ɔrtɔsɑ̃tr(ə)] *nm* orthocentre.
orthodontie [ɔrtɔdɔ̃ti] *nf* orthodontics (*sg*), dental orthopaedics (*sg*).
orthodoxe [ɔrtɔdɔks(ə)] **1** *adj* (a) (*Rel, gén*) orthodox; *V* église.
(b) **peu ～, pas très ～** rather unorthodox, not very orthodox.
2 *nmf* (*Rel*) orthodox; (*Pol*) one who follows the orthodox (party) line. **les ～s grecs/russes** the Greek/Russian orthodox.
orthodoxie [ɔrtɔdɔksi] *nf* orthodoxy.
orthogénèse [ɔrtɔʒenɛz] *nf* orthogenesis.
orthogénie [ɔrtɔʒeni] *nf* family planning. **centre d'～** family planning *ou* birth control centre.
orthogonal, e, *mpl* **-aux** [ɔrtɔgɔnal, o] *adj* orthogonal.
orthographe [ɔrtɔgraf] *nf* (*gén*) spelling, orthography (*T*); (*forme écrite correcte*) spelling; (*système*) spelling (system). **réforme de l'～** spelling *ou* orthographical reform, reform of the spelling system; **quelle est l'～ de votre nom?** how is your name spelt?, what is the spelling of your name?; **～ d'usage** spelling; **～ d'accord** spelling of grammatical agreements; *V* faute.
orthographier [ɔrtɔgrafje] (7) *vt* to spell (*in writing*). **un mot mal orthographié** a word incorrectly *ou* wrongly spelt.
orthographique [ɔrtɔgrafik] *adj* (*Ling*) spelling (*épith*), orthographical. **signe ～** orthographical sign.
orthonormé, e [ɔrtɔnɔrme] *adj* orthonormal.
orthopédie [ɔrtɔpedi] *nf* orthopaedics (*sg*).
orthopédique [ɔrtɔpedik] *adj* orthopaedic.
orthopédiste [ɔrtɔpedist(ə)] *nmf* orthopaedic specialist, orthopaedist. **chirurgien ～** orthopaedic surgeon.
orthophonie [ɔrtɔfɔni] *nf* (*Ling: prononciation correcte*) correct pronunciation; (*Méd: traitement*) speech therapy.
orthophoniste [ɔrtɔfɔnist(ə)] *nmf* speech therapist.
ortie [ɔrti] *nf* (*stinging*) nettle. **～ blanche** white dead-nettle; *V* jeter, piqûre.
ortolan [ɔrtɔlɑ̃] *nm* ortolan (bunting).
orvet [ɔrvɛ] *nm* slow worm.
os [ɔs] **1** *nm* (a) (*gén*) bone. **avoir de petits/gros ～** to be small-boned/big-boned; **viande avec ～** meat on the bone; **viande sans ～** boned meat, meat off the bone; **fait en ～** made of bone; **jetons/manche en ～** bone counters/handle; **à manche en ～** bone-handled.
(b) (*loc*) **c'est un paquet** *ou* **sac d'～** he's a bag of bones, he's (mere) skin and bone(s); **mouillée** *ou* **trempé jusqu'aux ～** soaked to the skin, wet through; **donner** *ou* **jeter un ～ à ronger à qn** to give sb something to keep him occupied *ou* quiet; **l'avoir dans l'～***‡ (*être roulé*) to be done‡ (*Brit*) *ou* had‡; (*être bredouille*) to get egg all over one's face‡; **il y a un ～** there's a snag *ou* hitch; **il va trouver un** *ou* **tomber sur un ～*** he'll come across *ou* hit* a snag; *V* chair, rompre, vieux.
2: os à moelle marrowbone; **os de seiche** cuttle-bone.
O.S. [ɔɛs] *nm abrév de* ouvrier spécialisé; *V* ouvrier.
oscar [ɔskar] *nm* (*Ciné*) Oscar; (*autres domaines*) prize, award (*de* for).
oscillateur [ɔsilatœr] *nm* (*Phys*) oscillator.
oscillation [ɔsilasjɔ̃] *nf* (*Elec, Phys*) oscillation; [*pendule*] swinging (*U*), oscillation; [*navire*] rocking (*U*); [*température, grandeur variable, opinion*] fluctuation, variation (*de* in). **les ～s de son esprit** his (mental) fluctuations.
oscillatoire [ɔsilatwar] *adj* (*Sci*) oscillatory; *mouvement* swinging, oscillatory (*T*).
osciller [ɔsile] (1) *vi* (*Sci*) to oscillate; [*pendule*] to swing, oscillate; [*navire*] to rock. **le vent fit ～ la flamme/la statue** the wind made the flame flicker/made the statue rock; **sa tête oscillait de droite à gauche** his head rocked from side to side; **il oscillait sur ses pieds** he rocked on his feet; (*fig*) **～ entre** [*personne*] to waver *ou* oscillate between; [*prix, température*] to fluctuate *ou* vary between.
oscillogramme [ɔsilɔgram] *nm* oscillogram.
oscillographe [ɔsilɔgraf] *nm* oscillograph.
oscilloscope [ɔsilɔskɔp] *nm* oscilloscope.
osé, e [oze] (*ptp de* oser) *adj* tentative, *démarche, toilette* bold, daring; *sujet, plaisanterie* risqué, daring.
Osée [oze] *nm* Hosea.
oseille [ozɛj] *nf* (a) (*Bot*) sorrel. **(b)** (‡: *argent*) dough‡, lolly‡, bread‡. **avoir de l'～** to be in the money*, have plenty of dough‡ *ou* bread‡.
oser [oze] (1) *vt* (a) to dare. **il faut ～!** one must take risks; **～ faire qch** to dare (to) do sth; (*littér*) **～ qch** to dare sth; **il n'osait (pas) bouger** he didn't dare (to) move; **je voudrais bien mais je n'ose pas** I'd like to but I dare not *ou* I daren't; **ose le répéter!** I dare you to repeat it!; **approche si tu l'oses!** come over here if you dare!; **il a osé m'insulter** he dared *ou* presumed to insult me; *V* qui.
(b) (*loc*) **si j'ose dire** if I may say so, if I may make so bold; **si j'ose m'exprimer ainsi** if I can put it that way, if you'll pardon the expression; (*j'ose espérer/croire que** I like to hope/think that); **j'ose l'espérer** I like to hope so; **je n'ose y croire** I dare not *ou* daren't believe it; **j'oserais même dire que** I'd even venture to *ou* go as far as to say that.
oseraie [ozrɛ] *nf* osier plantation.
osier [ozje] *nm* (*Bot*) willow, osier; (*fibres*) wicker (*U*). **corbeille en**

~ wicker(work) basket; **fauteuil en** ~ wicker(work) chair, basket chair; *V* **brin.**

Osiris [ɔziʀis] *nm* Osiris.

Oslo [ɔslo] *n* Oslo.

osmium [ɔsmjɔm] *nm* osmium.

osmose [ɔsmoz] *nf (lit, fig)* osmosis.

osmotique [ɔsmɔtik] *adj* osmotic.

ossature [ɔsatyʀ] *nf [corps]* frame, skeletal structure *(T); [tête, visage]* bone structure; *[machine, appareil, immeuble]* framework; *[voûte]* frame(work); *(fig) [société, texte, discours]* framework, structure. **à** ~ **grêle/robuste** slender-/heavy-framed.

osselet [ɔslɛ] *nm* **(a)** *(jeu)* ~**s** knucklebones. **(b)** *(Anat) [oreille]* ossicle. **(c)** *(Vét)* osselet.

ossements [ɔsmɑ̃] *nmpl (squelettes)* bones.

osseux, -euse [ɔsø, øz] *adj* **(a)** *(Anat) tissu* bone *(épith)*, osseus *(T); charpente, carapace* bony; *(Méd) greffe* bone *(épith); maladie* bone *(épith)*, of the bones. **(b)** *(maigre) main, visage* bony.

ossification [ɔsifikasjɔ̃] *nf* ossification *(Méd)*.

ossifier *vt*, **s'ossifier** *vpr* [ɔsifje] (7) *(lit, fig)* to ossify.

ossu, e [ɔsy] *adj (littér)* large-boned.

ossuaire [ɔsɥɛʀ] *nm (lieu)* ossuary.

ostéite [ɔsteit] *nf* osteitis.

Ostende [ɔstɑ̃d] *n* Ostend.

ostensible [ɔstɑ̃sibl(ə)] *adj (bien visible) mépris, indifférence* conspicuous, patent; *charité, compassion, attitude, geste* conspicuous. **de façon** ~ conspicuously.

ostensiblement [ɔstɑ̃sibləmɑ̃] *adv* conspicuously.

ostensoir [ɔstɑ̃swaʀ] *nm* monstrance.

ostentation [ɔstɑ̃tasjɔ̃] *nf* ostentation. **il détestait toute** ~ he hated all ostentation *ou* show, he hated all manner of ostentation *ou* display; **agir avec** ~ to act with ostentation *ou* ostentatiously; **courage/élégance sans** ~ unostentatious courage/elegance; **faire qch sans** ~ to do sth without ostentation *ou* unostentatiously; *(littér)* **faire** ~ **de qch** to make a display *ou* show of sth, parade sth.

ostentatoire [ɔstɑ̃tatwaʀ] *adj (littér)* ostentatious.

ostéoblaste [ɔsteɔblast] *nm* osteoblast.

ostéogenèse [ɔsteɔʒɛnɛz] *nf*, **ostéogénie** [ɔsteɔʒeni] *nf* osteogenesis.

ostéologie [ɔsteɔlɔʒi] *nf* osteology.

ostéomalacie [ɔsteɔmalasi] *nf* osteomalacia.

ostéomyélite [ɔsteɔmjelit] *nf* osteomyelitis.

ostéopathe [ɔsteɔpat] *nmf* osteopath.

ostéopathie [ɔsteɔpati] *nf* osteopathy.

ostéophyte [ɔsteɔfit] *nm* osteophyte.

ostéoplastie [ɔsteɔplasti] *nf* osteoplasty.

ostéoporose [ɔsteɔpoʀoz] *nf* osteoporosis.

ostéotomie [ɔsteɔtɔmi] *nf* osteotomy.

ostraciser [ɔstʀasize] (1) *vt* to ostracize.

ostracisme [ɔstʀasism(ə)] *nm* ostracism. **être frappé d'**~ to be ostracized; **leur** ~ **m'était indifférent** being ostracised by them didn't bother me.

ostréicole [ɔstʀeikɔl] *adj* oyster-farming *(épith)*.

ostréiculteur, -trice [ɔstʀeikyltœʀ, tʀis] *nm,f* oyster-farmer, ostreiculturist *(T)*.

ostréiculture [ɔstʀeikyltyʀ] *nf* oyster-farming, ostreiculture *(T)*.

ostrogot(h), e [ɔstʀogo, ɔt] **1** *adj* Ostrogothic. **2** *nm,f:* O~(e) Ostrogoth. **3** *nm* († *ou* hum) *(mal élevé)* barbarian; *(original, olibrius)* queer fish* *ou* fellow.

otage [ɔtaʒ] *nm* hostage. **prendre qn en** *ou* **comme** ~ to take sb hostage; *V* **prise.**

O.T.A.N. [ɔtɑ̃] *nf (abrév de* **Organisation du Traité de l'Atlantique Nord)** NATO.

otarie [ɔtaʀi] *nf* sea-lion, otary *(T)*, eared seal *(T)*.

O.T.A.S.E. [ɔtaz] *nf (abrév de* **Organisation des territoires de l'Asie du Sud-Est)** SEATO.

ôter [ote] (1) **1** *vt* **(a)** *(enlever) ornement* to take away, remove *(de* from); *vêtement* to take off, remove; *arêtes* to take out *(de* of), remove *(de* from); *tache* to take out *(de* of), remove *(de* from), lift *(de* from); *hésitation, scrupule* to remove, take away; *remords* to take away. **ôte les assiettes (de la table)** clear the table, clear the dishes off the table; **un produit qui ôte l'acidité (à une** *ou* **d'une substance)** a product which removes the acidity (from a substance); **ôte tes mains de la porte!** take your hands off the door!; **ôte tes pieds de là!** get your feet off there!; **cela lui a ôté un gros poids (de dessus la poitrine)** that took a great weight off his chest *ou* lifted a great weight from his chest; **comment est-ce que ça s'ôte?** how do you remove it? *ou* take it off?; **on lui ôta ses menottes** they took his handcuffs off, they unhandcuffed him.

(b) *(retrancher) somme* to take away; *paragraphe* to remove, cut out *(de* from). ~ **un nom d'une liste** to remove a name from a list, take a name off a list; **5 ôté de 8 égale 3** 5 (taken away) from 8 equals *ou* leaves 3.

(c) *(prendre)* ~ **qch à qn** to take sth (away) from sb; ~ **un enfant à sa mère** to take a child (away) from its mother; **s'**~ **la vie** to take one's (own) life; ~ **à qn ses illusions** to rid *ou* deprive sb of his illusions; ~ **à qn ses forces/son courage** to deprive sb of his strength/his courage; **ça lui ôtera toute envie de recommencer** that will stop him wanting to do it again, that will rid him of any desire to do it again; **ôte-lui le couteau, ôte-lui le couteau des mains** take the knife (away) from him, take the knife out of *ou* from his hands; **on m'ôte le pain de la bouche** they are taking the bread out of my mouth; **on ne m'ôtera pas de l'idée que ...**, **je ne peux m'**~ **de l'idée que ...** I can't get it out of my mind *ou* head that ...; **il faut absolument lui** ~ **cette idée de la tête** we must get this idea out of his head.

2 s'ôter *vpr:* **ôtez-vous de là** move yourself!, get out of there!;

ôtez-vous de la lumière, *(hum)* **ôte-toi de mon soleil** get out of my light; *(hum)* **ôte-toi de là (que je m'y mette)!*** (get) out of the way!, move *ou* shift* out of the way (and give me some room)!

Othon [ɔtɔ̃] *nm* = **Otton.**

otite [ɔtit] *nf* ear infection, otitis *(T)*. ~ **moyenne/interne** otitis media/interna.

oto-rhino, *pl* **oto-rhinos** [ɔtoʀino] *nmf* = **oto-rhino-laryngologiste.**

oto-rhino-laryngologie [ɔtoʀinolaʀɛ̃gɔlɔʒi] *nf* otorhinolaryngology.

oto-rhino-laryngologiste, *pl* **oto-rhino-laryngologistes** [ɔtoʀinolaʀɛ̃gɔlɔʒist(ə)] *nmf* ear, nose and throat specialist.

otoscope [ɔtoskɔp] *nm* otoscope.

Ottawa [ɔtawa] *n* Ottawa.

ottoman, e [ɔtomɑ̃, an] **1** *adj* Ottoman. **2** *nm* **(a)** *(personne)* O~ Ottoman. **(b)** *(tissu)* ottoman. **3 ottomane** *nf* **(a)** *(personne)* O~**e** Ottoman woman. **(b)** *(canapé)* ottoman.

Otton [ɔtɔ̃] *nm* Otto.

ou [u] *conj* **(a)** *(alternative)* or. **est-ce qu'il doit venir aujourd'hui** ~ **demain?** is he coming today or tomorrow?; **il faut qu'il vienne aujourd'hui** ~ **demain** he must come (either) today or tomorrow; **vous le préférez avec** ~ **sans sucre?** do you prefer it with or without sugar?; **que vous alliez chez cet épicier** ~ **chez l'autre, c'est le même prix** it's the same price whether you go to this grocer or (to) the other one; **un kilo de plus** ~ **de moins, cela ne se sent pas** one kilo more or less doesn't show up; **que vous le vouliez** ~ **non** whether you like it or not; **jolie** ~ **non elle plaît** (whether she's) pretty or not, she's attractive; **est-ce qu'elle veut se lever** ~ **préfère-t-elle attendre demain?** does she want to get up or does she prefer to wait until tomorrow?; **il nous faut 3 pièces,** ~ **plutôt/**~ **même 4** we need 3 rooms, or preferably/or even 4; **apportez-moi une bière,** ~ **plutôt non, un café** bring me a beer, or rather a coffee, bring me a beer or no, a coffee instead; ~ **pour mieux dire** or rather, or I should say.

(b) *(approximation)* or. **à 5** ~ **6 km d'ici** 5 or 6 km from here; **ils étaient 10** ~ **12 (à vouloir parler à la fois)** there were (some) 10 or 12 of them (wanting to speak at the same time).

(c) *(alternative avec exclusion)* ~ **...** ~ either ... or; ~ **il est malade** ~ **(bien) il est fou** he's either sick or mad, either he's sick or (else) he's mad; ~ **(bien) tu m'attends** ~ **(bien) alors tu pars à pied** either you wait for me or (else) you'll have to walk, you (can) either wait for me or (else) go on foot; **il faut qu'il travaille** ~ **(bien) il échouera à son examen** he'll have to work or (else) *ou* otherwise he'll fail his exam; **donne-moi ça** ~ **je me fâche** give me that or I'll get cross; *V* **tôt.**

où [u] **1** *pron* **(a)** *(lit: situation, direction)* where. **l'endroit** ~ **je vais/je suis** the place where I'm going/I am, the place I'm going to/I'm in; **l'endroit idéal** ~ **s'établir** the ideal place to settle; **je cherche un endroit** ~ **m'asseoir** I'm looking for a place to sit down *ou* for somewhere to sit; **la ville** ~ **j'habite** the town I live in *ou* where I live; **la maison** ~ **j'habite** the house I live in; **le mur** ~ **il est accoudé** the wall he's leaning against; **le tiroir** ~ **tu as rangé le livre** the drawer you put the book in *ou* where you put the book; **le tiroir** ~ **tu a pris le livre** the drawer (where) you took the book from; **le livre** ~ **il a trouvé ce renseignement** the book where *ou* in which he found this piece of information; **le livre** ~ **il a copié ceci** the book he copied this from *ou* from which he copied this; **le chemin par** ~ **il est passé** the road he went along *ou* he took; **le village par** ~ **il est passé** the village he went through; **l'endroit d'**~ **je viens** the place I've come from; **la pièce d'**~ **il sort** the room he's come out of; **la crevasse d'**~ **on l'a retiré** the crevasse they pulled him out of; **une chambre d'**~ **s'échappent des gémissements** a room from which moans are coming; **l'endroit jusqu'**~ **ils ont grimpé** the place (where) they have climbed to *ou* to which they've climbed; *V* **là, partout.**

(b) *(antécédent abstrait: institution, groupe, état, condition)* **la famille** ~ **il est entré** the family he has become part of, the family he has joined; **la famille/la firme d'**~ **il sort** the family/firm he comes *ou* has come from; **la ville d'**~ **il vient** *(origine)* the town he comes from; **l'école** ~ **il est inscrit** the school where *ou* in which he is enrolled; **les mathématiques, branche** ~ **je ne suis guère compétent** mathematics, a branch in which I have little skill; **dans l'état** ~ **il est** in the state he is in *ou* in which he is; **la colère** ~ **il est entré** the rage he went into; **l'obligation** ~ **il se trouve de partir** the fact that he finds himself obliged to leave; **dans l'embarras** ~ **j'étais** in the embarrassed state I was in; **les conditions** ~ **ils travaillent** the conditions they work in *ou* in which they work; **la rêverie** ~ **il est plongé/d'**~ **je l'ai tiré** the daydream he's in/ from which I roused him; **les extrêmes** ~ **il s'égare** the extremes into which he is straying; **le but** ~ **tout homme tend** the goal towards which all men strive; **la mélancolie** ~ **il se complaît** the melancholy in which he wallows; **au rythme/train** ~ **ça va** at the speed/rate it's going; **au prix** ~ **c'est** at the price it is; **au tarif** ~ **ils font payer** *ou* **ça** at the rate they charge for it; **à l'allure** ~ **ils vont** at the rate they're going; **voilà** ~ **nous en sommes** that's the position to date *ou* so far, that's where we're at*; *V* **prix, train** *et pour autres constructions V* **vbs appropriés.**

(c) *(temporel)* **le siècle** ~ **se passe cette histoire** the century in which this story takes place; **le jour** ~ **je l'ai rencontré** the day (on which) I met him; **à l'instant** ~ **il est arrivé** the moment he arrived; **mais là** ~ **je me suis fâché** **c'est** quand il a recommencé but what (finally) made me explode was when he started doing it again; *V* **moment.**

2 *adv rel* **(a)** *(situation et direction)* where. **j'irai** ~ **il veut** I'll go where *ou* wherever he wants; **s'établir** ~ **l'on veut** to settle where one likes; **je ne sais pas d'**~ **il vient** I don't know where he comes from; **on ne peut pas passer par** ~ **on veut** you can't just go where you like; **d'~ je suis on voit la mer** you can see the sea from where I am; **~ que l'on aille/soit** wherever one goes/is; **d'~ que l'on vienne** wherever one comes from; **par ~ que l'on passe** wherever one goes.

  (b) (*abstrait*) **~ cela devient grave, c'est lorsqu'il prétend que ...** where it gets serious is when he claims that ...; **savoir ~ s'arrêter** to know where *ou* when to stop; **d'~ l'on peut conclure que ...** from which one may conclude that ...; **d'~ son silence/ma méfiance** hence his silence/my wariness; (*titre de chapitre*) **'~ l'on voit que ...'** 'in which the reader sees *ou* learns that ...'; (*littér*) **les récriminations sont vaines ~ les malheurs viennent de notre propre incurie** recrimination is in vain when misfortune comes of our own negligence; (*Prov*) **~ il y a de la gêne, il n'y a pas de plaisir** comfort comes first, there's no sense in being uncomfortable; (*péj*) talk about making yourself at home!, some people think only of their own comfort.

  3 *adv interrog* **(a)** (*situation et direction*) where. **~ vas-tu/es-tu/l'as-tu mis?** where are you going/are you/did you put it?; **d'~ viens-tu?** where have you come from?; **par ~ y aller?** which way should we (*ou* I *etc*) go?; **~ aller?** where should I (*ou* he *etc*) go?; **~ ça?*** where's that?

  (b) (*abstrait*) **~ en étais-je?** where was I?, where had I got to?; **~ en êtes-vous?** where are you up to?; **~ allons-nous?** where are we going?; **d'~ vient cette attitude?** what's the reason for this attitude?; **d'~ vient qu'il n'a pas répondu?** how come he hasn't replied?*, what's the reason for his not having replied?; **d'~ le tenez-vous?** where did you hear that?; **~ voulez-vous en venir?** what are you leading up to? *ou* getting at?

O.U.A. [ɔya] *nf* (*abrév de* **Organisation de l'unité africaine**) O.A.U.
ouailles [waj] *nfpl* (*Rel, hum*) flock. **l'une de ses ~** one of his flock.
ouais* [wɛ] *excl* (*oui*) yeah*; (*sceptique*) oh yeah?*
ouananiche [wananiʃ] *nm* (*Can*) lake trout *ou* salmon.
ouaouaron* [wawarɔ̃] *nm* (*Can*) bull frog.
ouate [wat] **1** *nf* **(a)** (*pour pansement*) cotton wool (*Brit*), cotton (*US*). (*fig*) **élever un enfant dans de la ~** *ou* **dans l'~** to keep a child (wrapped up) in cotton wool (*Brit*) *ou* in cotton (*US*).
  (b) (*pour rembourrage*) padding, wadding. **doublé d'~** quilted.
  2: ouate hydrophile cotton wool (*Brit*), absorbent cotton (*US*); **ouate thermogène** Thermogene ®.
ouaté, e [wate] (*ptp de* **ouater**) *adj* **(a)** (*lit*) *pansement* cotton-wool (*épith*) (*Brit*), cotton (*US*); *vêtement* quilted. **(b)** (*fig*) *pas, bruit* muffled; *ambiance* cocoon-like.
ouater [wate] (1) *vt manteau, couverture* to quilt. **les collines ouatées de neige** the hills covered *ou* blanketed in snow.
ouatine [watin] *nf* wadding, padding.
ouatiner [watine] (1) *vt* to quilt.
oubli [ubli] *nm* **(a)** (*V* oublier) forgetting; leaving behind; missing; leaving-out; neglecting. **l'~ de cette date/cet objet a eu des conséquences graves** forgetting this date/forgetting *ou* leaving behind this thing has had serious repercussions; **l'~ de soi(-même)** self-effacement, self-negation; **l'~ de tout problème matériel** disregard for all material problems.
  (b) (*trou de mémoire, omission*) lapse of memory. **ses ~s répétés m'inquiètent** his constant lapses of memory worry me, his constant forgetfulness worries me; **réparer un ~** to make up for having forgotten something *ou* for a lapse of memory; **cet ~ lui coûta la vie** this omission *ou* oversight cost him his life; **il y a des ~s dans ce récit** there are gaps *ou* things missed out in this account.
  (c) **l'~** oblivion, forgetfulness; **tirer qch de l'~** to bring sth out of oblivion; **l'~ guérit toutes les blessures** oblivion *ou* forgetfulness heals all wounds.
oublier [ublije] (7) *vt* **(a)** (*ne pas se souvenir de*) to forget; (*ne plus penser à*) *soucis, chagrin, client, visiteur* to forget (about). **~ de faire/pourquoi** to forget to do/why; **ça s'oublie facilement** it's easily forgotten; **j'ai oublié qui je dois prévenir** I can't remember who (it is) *ou* I've forgotten who (it is) I should warn; **j'ai complètement oublié l'heure** I completely forgot about the time; **j'ai oublié si j'ai bien éteint le gaz** I can't remember if I turned off the gas; **n'oublie pas que nous sortons ce soir** remember *ou* don't forget we're going out tonight; **il oubliera avec le temps** he'll forget in time, time will help him forget; **oublions le passé** let's forget about the past, let's let bygones be bygones; **j'avais complètement oublié sa présence** I had completely forgotten that he was there *ou* forgotten his presence; **sa gentillesse fait ~ sa laideur** his niceness makes you forget (about) his ugliness; **il essaie de se faire ~** he's trying to keep out of the limelight; **mourir oublié** to die forgotten.
  (b) (*laisser*) *chose* to forget, leave behind; *fautes d'orthographe* to miss; *virgule, phrase* to leave out. **tu as oublié (de laver) une vitre** you forgot *ou* have forgotten (to wash) one of the panes.
  (c) (*négliger*) *famille, devoir, travail, promesse* to forget, neglect. **~ les règles de la politesse** to forget *ou* neglect the rules of etiquette; **n'oubliez pas le guide!** don't forget the guide!; **il ne faut pas ~ que c'est un pays pauvre** we must not lose sight of the fact *ou* forget that it's a poor country; **~ qn dans son testament** to leave sb out of one's will, forget (to include) sb in one's will; **~ qn dans ses pensées** to forget (to include) sb in one's thoughts, forget to think about sb; **il ne vous oublie pas** he hasn't forgotten (about) you; **on l'a oublié sur la liste** he's been left off the list; (*iro*) **il ne s'est pas oublié (dans le partage)** he didn't forget himself (in the share-out); **vous vous oubliez!** you're forgetting yourself!; **le chien s'est oublié sur la moquette** the dog had an accident on the carpet.
oubliettes [ublijɛt] *nfpl* oubliettes.
oublieux, -euse [ublijø, øz] *adj* forgetful (*de* of).
oued [wɛd] *nm* wadi.

ouest [wɛst] **1** *nm* **(a)** (*point cardinal*) west. **le vent d'~** the west wind; **un vent d'~** a west(erly) wind, a westerly (*T*); **le vent tourne/est à l'~** the wind is veering west(wards) *ou* towards the west/is blowing from the west; **regarder vers l'~** *ou* **dans la direction de l'~** to look west(wards) *ou* towards the west; **à l'~** (*situation*) in the west; (*direction*) to the west, west(wards); **le soleil se couche à l'~** the sun sets in the west; **à l'~ de** west of, to the west of; **la maison est (exposée) à l'~/exposée plein ~** the house faces (the) west *ou* westwards/due west, the house looks west(wards)/due west; **l'Europe/la France/la Bourgogne de l'~** Western Europe/France/Burgundy; *V* **Allemagne**.
  (b) (*partie, régions occidentales*) west. (*Pol*) **l'O~** the West; **l'O~ de la France, l'O~** the West of France; **les rapports entre l'Est et l'O~** East-West relations, relations between the East and the West.
  2 *adj inv* *région, partie* western; *entrée, paroi* west; *versant, côte* west(ern); *côté* west(ward); *direction* westward, westerly; *V* **longitude**.
  3: ouest-allemand, e *adj* West German; **Ouest-allemand, e** *nm, f* O~(e) Ugandan.
ougrien, -ienne [ugʀijɛ̃, ijɛn] *V* **finno-ougrien**.
oui [wi] **1** *adv* **(a)** (*réponse affirmative*) yes, aye (*Naut, régional*), yea (†† *ou littér*). **le connaissez-vous? — ~** do you know him? — yes (I do); **est-elle chez elle? — ~** is she at home? — yes (she is); **vous avez aimé le film? — ~ et non** did you like the film? — yes and no *ou* I did and I didn't; **je vais ouvrir la fenêtre — ~ cela fera un peu d'air** I'll open the window — yes (do), we could do with some fresh air; **il n'a pas encore dit ~!** he hasn't said yes yet, he hasn't agreed *ou* accepted (as) yet; **ah, ça ~!** you can say that again!*, and how!*; **que ~!** rather! (*Brit*), **I shou.' say so!**; **certes ~!** (yes) most definitely *ou* certainly, yes indeed; **vous en voulez? — mais ~!** *ou* **bien sûr que ~** *ou* **~, bien sûr** do you want some? — of course (I do) *ou* I most certainly do; **~ mais, il y a un obstacle** yes but there is a difficulty; **eh bien ~, j'avoue** all right (then), I confess; **contraception ~, avortement non** yes to contraception, no to abortion, contraception — yes, abortion — no; **répondre (par) ~ à toutes les questions** to answer yes *ou* answer in the affirmative to all the questions; **répondez par ~ ou par non** answer yes *ou* no; **faire ~ de la tête, faire signe que ~** to nod (one's head); **ah ~?** really?, yes?; (†, *hum*) **~-da** yes indeed, absolutely; (*Naut*) **~, capitaine** aye aye captain.
  (b) (*remplaçant une proposition*) **est-il chez lui?/est-ce qu'il travaille? — je pense** *ou* **crois que ~** is he at home?/is he working? — (yes) I think so *ou* believe he is; **il nous quitte? — je crains bien/j'espère que ~** is he leaving us? — I am afraid so *ou* I am afraid he is/I hope so *ou* I hope he is; **est-ce qu'elle sort souvent? — j'ai l'impression que ~** does she often go out? — I have an idea *ou* the impression that she does; **tu as aimé ce film? — moi ~/moi non** did you like the film? — I did/I didn't; **j'ai demandé si elle était venue, lui dit que ~** I asked if she had been and he says she has.
  (c) (*intensif*) **c'est un escroc, ~, un escroc** he's a rogue, an absolute rogue; **~ vraiment, il a répondu ça?** (really), did he really answer that?; **tu vas cesser de pleurer, ~?** have you quite finished crying?, will you stop crying?; **~ (évidemment), c'est toujours bien facile de critiquer** of course it's always easy enough to criticize; **c'est bon, ~?** isn't that good?; **il va accepter, ~ ou non?** is he or isn't he going to accept?; **tu te presses, ~ ou non?** will you please hurry up, will you hurry up?; **tu te décides ~ ou merde!‡** are you going to damn well decide or not?‡, make up your bloody mind!‡ (*Brit*).
  2 *nm inv* yes, aye. **il y a eu 30 ~** there were 30 votes for, there were 30 ayes; **j'aimerais un ~ plus ferme** I should prefer a more definite yes; **il ne dit ni ~ ni non** he's not saying either yes or no, he's not committing himself either way; **pleurer/réclamer pour un ~ ou pour un non** to cry/protest at the drop of a hat.
ouï-dire [widiʀ] *nm inv*. **par ~** by hearsay.
ouïe¹ [uj] *excl* = **ouille**.
ouïe² [wi] *nf* hearing (*U*). **avoir l'~ fine** to have sharp hearing, have a keen sense of hearing; *V* **tout**.
ouïes [wi] *nfpl* (*Zool*) gills; (*Mus*) sound holes.
ouille [uj] *excl* ouch!
ouïr [wiʀ] (10) *vt* (††, *littér, hum*) to hear; (*Jur*) *témoins* to hear. **j'ai ouï dire à mon père que ...** I've heard my father say that ...; **j'ai ouï dire que it** has come to my ears that, I've heard it said that; (*hum*) **oyez!** harken! († *ou hum*), hear ye! († *ou hum*).
ouistiti [wistiti] *nm* (*Zool*) marmoset. (*type*) **un drôle de ~*** a queer bird*.
oukase [ukaz] *nm* = **ukase**.
ouragan [uʀagɑ̃] *nm* **(a)** (*lit*) hurricane.
  (b) (*fig*) storm. **cet homme est un véritable ~** he's like a whirlwind, he's a human tornado; **ce livre va déchaîner un ~** this book is going to create a storm; **arriver en** *ou* **comme un ~** to arrive like a whirlwind *ou* tornado.
Oural [uʀal] *nm* (*fleuve*) **l'~** the Ural; **l'~, les monts ~** the Urals, the Ural Mountains.
ouralo-altaïque [uʀaloaltaik] *adj, nm* Ural-Altaic.
ourdir [uʀdiʀ] (2) *vt complot* to hatch; *intrigue* to weave.
ourdou [uʀdu] **1** *adj inv* Urdu. **2** *nm* (*Ling*) Urdu.
ourlé, e [uʀle] (*ptp de* **ourler**) *adj* hemmed. **oreilles délicatement ~es** delicately rimmed ears.
ourler [uʀle] (1) *vt* (*Couture*) to hem. (*fig littér*) **~ de** to fringe with.

ourlet [uʀlɛ] *nm* (a) (*Couture*) hem. **faux ~** false hem; **faire un ~ à** to hem. (b) (*Tech*) hem. (c) (*Anat*) [*oreille*] rim, helix (*T*).

ours [uʀs] **1** *nm* (a) (*Zool*) bear. **tourner comme un ~ en cage** to pace up and down like a caged animal; *V* **fosse, montreur, vendre**. (b) (*jouet*) **~ (en peluche)** teddy bear. (c) (*péj: misanthrope*) (old) bear. **vivre comme un ou en ~** to live at odds with the world; **elle est un peu ~** she's a bit of a bear **ou** a gruff individual.
2: ours blanc polar bear; **ours brun** brown bear; (*péj*) **ours mal léché** uncouth fellow; **ours marin** fur-seal; **ours polaire = ours blanc; ours savant** trained *ou* performing bear.
ourse [uʀs(ə)] *nf* (a) (*Zool*) she-bear. (b) (*Astron*) **la Petite O~** the Little Bear, Ursa Minor, the Little Dipper (*US*); **la Grande O~** the Great Bear, Ursa Major, the Plough (*Brit*), the Big Dipper (*US*).
oursin [uʀsɛ̃] *nm* sea urchin, sea hedgehog.
ourson [uʀsɔ̃] *nm* bear cub.
oust(e)* [ust(ə)] *excl* hop it!* (*Brit*), buzz off!*, off with you!
outarde [utaʀd(ə)] *nf* bustard; (*Can: bernache*) Canada goose.
outil [uti] *nm* (*lit, fig*) tool; (*agricole, de jardin*) implement, tool. **~ de travail** tool; **~ pédagogique** teaching aid; (*Ordin*) **~ de programmation** programming tool; *V* **machine³, mauvais**.
outillage [utijaʒ] *nm* [*mécanicien, bricoleur*] (set of) tools; [*fermier, jardinier*] implements (*pl*), equipment (*U*); [*atelier, usine*] equipment (*U*).
outiller [utije] (1) *vt* **ouvrier** to supply *ou* provide with tools, equip, kit out (*Brit*), outfit (*US*); **atelier** to fit out, equip. **je suis bien/mal outillé pour ce genre de travail** I'm well-/badly-equipped for this kind of work; **pour ce travail, il faudra qu'on s'outille** to do this job, we'll have to kit ourselves out (*Brit*) *ou* equip ourselves properly; **les ouvriers s'outillent à leurs frais** the workers buy their own tools.
outilleur [utijœʀ] *nm* tool-maker.
outrage [utʀaʒ] **1** *nm* insult. **accabler qn d'~s** to heap insults on sb; **faire ~ à** *réputation, mémoire* to dishonour; *pudeur, honneur* to outrage, be an outrage to; (*fig*) **~ au bon sens/à la raison** insult to common sense/reason; (*fig littér*) **les ~s du temps** the ravages of time; *V* **dernier**.
2: (*Jur*) **outrage à agent** insulting behaviour (*to police officer*); (*Jur*) **outrage aux bonnes mœurs** outrage *ou* affront to public decency; (*Jur*) **outrage à magistrat** contempt of court; (*Jur*) **outrage à la pudeur** indecent behaviour (*U*).
outragé, e [utʀaʒe] (*ptp de* **outrager**) *adj* **air, personne** gravely offended.
outrageant, e [utʀaʒɑ̃, ɑ̃t] *adj* offensive.
outrager [utʀaʒe] (3) *vt* (*littér*) **personne** to offend gravely; *mœurs, morale* to outrage; *bon sens, raison* to insult. **outragée dans son honneur** with outraged honour.
outrageusement [utʀaʒøzmɑ̃] *adv* (*excessivement*) outrageously, excessively.
outrageux, -euse [utʀaʒø, øz] *adj* (*excessif*) outrageous, excessive. **de manière ~euse** outrageously, excessively.
outrance [utʀɑ̃s] *nf* (a) (*caractère*) extravagance. **pousser le raffinement jusqu'à l'~** to take refinement to extremes *ou* to excess.
(b) (*excès*) excess. **il y a des ~s dans ce roman** there are some extravagant passages in this novel; **ses ~s de langage** his outrageous language.
(c) **à ~: raffiner à ~** to refine excessively *ou* to excess; **dévot/méticuleux à ~** excessively pious/meticulous, pious/meticulous in the extreme *ou* to excess; *V* **guerre**.
outrancier, -ière [utʀɑ̃sje, jɛʀ] *adj* **personne, propos** extreme. **son caractère ~** the extreme nature of his character, the extremeness of his character.
outre¹ [utʀ(ə)] *nf* goatskin, wine *ou* water skin. **gonflé ou plein comme une ~** full to bursting.
outre² [utʀ(ə)] **1** *prép* (a) (*en plus de*) as well as, besides. **~ sa cargaison, le bateau transportait des passagers** besides *ou* as well as its cargo the boat was carrying passengers; **~ son salaire, il a des pourboires** on top of *ou* in addition to his salary, he gets tips; **~ le fait que** as well as *ou* besides the fact that.
(b) (*loc*) **en ~** moreover, besides, further(more); **en ~ de** over and above, on top of; **~ mesure** to excess, overmuch, inordinately; **manger/boire ~ mesure** to eat/drink to excess *ou* immoderately; **cela ne lui plaît pas ~ mesure** he doesn't like that overmuch, he's not overkeen on that (*Brit*); **cet auteur a été louangé ~ mesure** this author has been praised overmuch *ou* unduly; **passer ~ to** carry on regardless, let it pass; **passer ~ à un ordre** to disregard an order, carry on regardless of an order; **~ qu'il a le temps, il a les capacités pour le faire** not only does he have the time but he also has the ability to do it, apart from having the time he also has the ability to do it; (†) **d'~ en ~** through and through.
2: outre-Atlantique across the Atlantic; **outre-Manche** across the Channel; **outre-mer** overseas; **les territoires d'outre-mer** overseas territories; **outre-Rhin** across the Rhine; **les pays d'outre-rideau de fer** the iron curtain countries, the countries behind the iron curtain; **outre-tombe** beyond the grave; **d'une voix d'outre-tombe** in a lugubrious voice; *V* **outrecuidance, outremer, outrepasser** *etc*.
outré, e [utʀe] (*ptp de* **outrer**) *adj* (a) (*littér: exagéré*) **éloges, flatterie** excessive, exaggerated, overdone (*attrib*); **description** exaggerated, extravagant, overdone (*attrib*). (b) (*indigné*) outraged (*de, par* at, by).
outrecuidance [utʀəkɥidɑ̃s] *nf* (a) (*littér: présomption*) presumptuousness. **parler avec ~** to speak presumptuously.
(b) (*effronterie*) impertinence. **répondre à qn avec ~** to answer sb impertinently; **~s** impudence (*U*), impertinences.

outrecuidant, e [utʀəkɥidɑ̃, ɑ̃t] *adj* (a) (*présomptueux*) presumptuous. (b) (*effronté*) **attitude, réponse** impertinent.
outremer [utʀəmɛʀ] **1** *nm* (*pierre*) lapis lazuli; (*couleur*) ultramarine. **2** *adj inv* ultramarine.
outrepassé [utʀəpase] (*ptp de* **outrepasser**) *adj* *V* **arc**.
outrepasser [utʀəpase] (1) *vt* **droits** to go beyond; *pouvoir, ordres* to exceed; *limites* to go beyond, overstep.
outrer [utʀe] (1) *vt* (a) (*littér*) (*exagérer*) to exaggerate. **cet acteur outre son jeu** this actor overacts.
(b) (*indigner*) to outrage. **votre ingratitude m'a outré** your ingratitude has outraged me, I am outraged at *ou* by your ingratitude.
outsider [awtsajdœʀ] *nm* (*Sport, fig*) outsider.
ouvert, e [uvɛʀ, ɛʀt(ə)] (*ptp de* **ouvrir**) *adj* (a) **porte, magasin, valise, lieu, espace** open; **voiture** open, unlocked; (*Ling*) **voyelle, syllabe** open; **angle** wide; **série, ensemble** open-ended; **robinet** on, running; **col, chemise** open, undone (*attrib*). **la bouche ~e** open-mouthed, with open mouth; **entrez, c'est ~!** come in, the door isn't locked! *ou* the door's open!; **~ au public** open to the public; **bibliothèque ~e à tous** library open to all members of the public; (*Comm*) **je suis ~ jusqu'à Noël** I'm open till Christmas; **~ à la circulation** open to traffic; **le col du Simplon est ~** the Simplon pass is open (to traffic); **~ à la navigation** open to ships *ou* for sailing; **une rose trop ~e** a rose which is too (far) open; **elle est partie en laissant le robinet/gaz ~** she went away leaving the tap *ou* the water on *ou* running/the gas on; *V* **bras, ciel** *etc*.
(b) (*commencé*) open. **la chasse/pêche est ~e** the shooting season/fishing season is open; *V* **pari**.
(c) (*percé, incisé*) **plaie** open. **il a le crâne/le bras ~** he has a gaping wound in his head/arm; *V* **cœur, fracture**.
(d) **débat**, (*Sport*) **compétition** open. **une partie très ~e** an open-ended game; **pratiquer un jeu ~** to play an open game.
(e) (*déclaré, non dissimulé*) **guerre, haine** open. **de façon ~e** openly, overtly.
(f) (*communicatif, franc*) **personne, caractère** open, frank; **visage, physionomie** open; (*éveillé, accessible*) **esprit, intelligence, milieu** open. **à l'esprit ~** open-minded.
ouvertement [uvɛʀtəmɑ̃] *adv* **dire, avouer** openly; **agir** openly, overtly.
ouverture [uvɛʀtyʀ] *nf* (a) (*action: V* **ouvrir**) opening; unlocking; opening up; opening out; unfastening; cutting open; starting up; turning on; switching on. (*Comm*) **jours d'~** days of opening; (*Comm*) **heures d'~** [*magasin*] opening hours, hours of business *ou* of opening; [*musée*] opening hours, hours of opening; **'~ de 10h à 15h'** 'open from 10 till 3'; **à l'heure d'~, à l'~** at opening time; **l'~ de la porte est automatique** the door opens *ou* is operated automatically; **cérémonie d'~** opening ceremony; **c'est demain l'~ de la chasse** tomorrow sees the opening of *ou* the first day of the shooting season; (*Chasse*) **faire l'~** to go on *ou* be at the first shoot.
(b) (*passage, issue, accès*) opening; [*puits*] mouth, opening. **toutes les ~s sont gardées** all the openings *ou* all means of access (*ou* exit) are guarded, all the access points (*ou* exit points) are guarded.
(c) (*avances*) **~s** overtures; **faire des ~s à qn** to make overtures to sb; **faire des ~s de paix/conciliation** to make peace/conciliatory overtures; **faire des ~s de négociation** to make steps towards instigating negotiations.
(d) (*fig: largeur, compréhension*) open-mindedness. (*Pol*) **l'~** the opening up of the political spectrum; **il a une grande ~ d'esprit** he is extremely open-minded; (*Pol*) **être partisan de l'~** *ou* **au centre** to be in favour of an alliance with the centre; **adopter une politique de plus grande ~ avec l'Est** to develop a more open relationship with the East; **le besoin d'(une) ~ sur le monde** the need for an opening onto the world.
(e) (*Mus*) overture. **l'O~ solennelle** the 1812 Overture.
(f) (*Math*) [*angle*] magnitude; [*compas*] degree of opening; (*Phot*) aperture.
(g) (*Cartes*) opening. (*Échecs*) **avoir l'~** to have the first *ou* opening move.
(h) (*Ftbl, Rugby*) forward kick *ou* pass; *V* **demi²**.
ouvrable [uvʀabl(ə)] *adj*: **jour ~** weekday, working day; **heures ~s** business hours.
ouvrage [uvʀaʒ] **1** *nm* (a) (*travail*) work (*U*). **se mettre à l'~** to set to *ou* get (down) to *ou* start work; (*littér*) **l'~ du temps/du hasard** the work of time/chance; *V* **cœur**.
(b) (*objet produit*) piece of work; (*Couture*) work (*U*). **~ d'orfèvrerie** piece of goldwork; **~ à l'aiguille** (piece of) needlework; *V* **boîte, corbeille, panier** *etc*.
(c) (*livre*) (*œuvre, écrit*) work; (*volume*) book.
(d) (*Constr*) work.
2 *nf* (†, *hum: travail*) **de la belle ~** a nice piece of work.
3: (*Génie civil*) **ouvrage d'art** structure (*bridge or tunnel etc*); (*Mil*) **ouvrage avancé** outwork; **ouvrage de dames** fancy work (*U*); (*Mil*) **ouvrage défensif** defences, defence work(s); **ouvrage de maçonnerie** masonry work; **ouvrage militaire** fortification.
ouvragé, e [uvʀaʒe] *adj* **meuble, bois** (finely) carved; **napperon** (finely) embroidered; **signature** elaborate; **métal, bijou** finely worked.
ouvrant, e [uvʀɑ̃, ɑ̃t] *adj* *V* **toit**.
ouvré, e [uvʀe] *adj* (a) (*Tech, littér*) **meuble, bois** (finely) carved; **napperon** (finely) embroidered; **métal, bijou** finely worked. (b) **30 jours ~s de vacances par an** 30 working days' holiday per year.
ouvre-boîte, *pl* **ouvre-boîtes** [uvʀəbwat] *nm* tin-opener (*Brit*), can-opener.
ouvre-bouteille, *pl* **ouvre-bouteilles** [uvʀəbutɛj] *nm* bottle opener

ouvreur [uvRŒR] *nm* (*Cartes*) opener; (*Ski*) forerunner, vorläufer.
ouvreuse [uvRøz] *nf* usherette.
ouvrier, -ière [uvRije, ijɛR] **1** *adj enfance, éducation, quartier* working-class; *conflit, agitation, législation* industrial (*épith*); (*épith*); *questions, mouvement* labour (*épith*). **association** ∼**ière** workers' *ou* working men's association; *V* **cité, classe, syndicat.**
　2 *nm* (*gén, Pol, Sociol*) worker; (*membre du personnel*) workman. ∼ **d'usine** factory worker *ou* hand; **les revendications des** ∼**s** the workers' claims; **il a 15** ∼**s** he has 15 workmen, he has 15 men working for him; **des mains d'**∼ workman's hands; **150** ∼**s ont été mis en chômage technique** 150 men *ou* workers have been laid off; **comme** ∼, **dans un petit atelier, il …** as a workman *ou* worker in a small workshop, he …; *V* **mauvais, œuvre.**
　3 ouvrière *nf* (**a**) (*gén, Admin*) female worker. ∼**ière** (**d'usine**) female factory worker *ou* factory hand; (*jeune*) factory girl, young factory hand; **il allait à l'usine attendre la sortie des** ∼**ières** he went to the factory to wait for the women *ou* girls to come out; **on voyait à son visage fatigué que c'était une** ∼**ière** you could see by her tired look that she was a factory worker *ou* factory hand.
　(**b**) (*Zool*) (*abeille*) ∼**ière** worker (bee).
　4: ouvrier agricole agricultural *ou* farm worker, farm labourer, farmhand; **ouvrier de chantier** labourer; **ouvrier à la journée** day labourer; **ouvrier qualifié** skilled workman; **ouvrier spécialisé** unskilled *ou* semiskilled worker.
ouvriérisme [uvRijeRism(ə)] *nm* worker control, worker power.
ouvriériste [uvRijeRist(ə)] **1** *adj doctrine, attitude* which gives power to the workers *ou* supports control by the workers. **2** *nmf* supporter of control by the workers.
ouvrir [uvRiR] (18) **1** *vt* (**a**) *fenêtre, porte, tiroir, paquet, bouteille, magasin, chambre* to open; *rideaux* to open, draw back; *porte fermée à clef* to unlock; *huîtres, coquillages* to open (up). ∼ **par** *ou* **avec effraction** *porte, coffre* to break open; ∼ **la porte toute grande/le portail tout grand** to open the door/gate wide; **il a ouvert brusquement la porte** he opened the door abruptly, he threw *ou* flung the door open; (*fig*) ∼ **sa porte ou sa maison à qn** to throw open one's doors *ou* one's house to sb; (*fig*) **ça lui a ouvert toutes les portes** this opened all doors to him; (*fig*) ∼ **la porte toute grande aux abus/excès** to throw the door wide open to abuses/excesses; **on a frappé: va** ∼! there was a knock: go and open *ou* answer the door!; **ouvrez, au nom de la loi!** open up, in the name of the law!; **fais-toi** ∼ **par la concierge** ask *ou* get the caretaker to let you in; **le boulanger ouvre de 7 heures à 19 heures** the baker('s shop) is open *ou* opens from 7 a.m. till 7 p.m.; **ils ouvrent leur maison au public tous les étés** they open up their house to the public every summer, they throw their house open to the public every summer; *V* **parenthèse.**
　(**b**) *bouche, yeux, paupières* to open. ∼ **le bec, l'**∼‡ to open one's trap‡; ∼ **la** *ou* **sa gueule**‡‡ to open one's gob‡ (*Brit*) *ou* trap‡; (*fig*) ∼ **l'œil** to keep one's eyes open (*fig*); (*lit*) ∼ **les yeux** to open one's eyes; (*fig*) **ce voyage en Asie m'a ouvert les yeux** this trip through Asia opened my eyes *ou* was an eye-opener (to me); **ouvre l'œil, et le bon!*** keep your eyes peeled!*; ∼ **les oreilles** to pin back one's ears; **elle m'a ouvert son cœur** she opened her heart to me; **ça m'a ouvert l'appétit** that whetted my appetite; **ce séjour à l'étranger lui a ouvert l'esprit** this spell abroad has enlarged *ou* widened his horizons.
　(**c**) *journal, couteau* to open; *parapluie* to open (out), put up; *éventail, bras, ailes, main* to open (out); *manteau, gilet* to undo, unfasten, open; *lit, drap* to turn down. (*Mil*) **ouvrez les rangs!** dress!; (*fig*) ∼ **ses rangs à qn** to welcome sb among one's ranks; (*fig*) ∼ **sa bourse** (**à qn**) to put one's hand in one's pocket (to help sb).
　(**d**) (*faire un trou dans*) *chaussée, mur* to open up; *membre, ventre* to open up, cut open. **les roches lui ont ouvert la jambe** he has cut his leg open on the rocks; **le médecin pense qu'il faudra** ∼ the doctor thinks that they will have to operate.
　(**e**) (*faire, construire*) *porte, passage* to open up, make; *autoroute* to build; (*fig*) *horizons, perspectives* to open up. **il a fallu** ∼ **une porte dans ce mur** a doorway had to be opened up *ou* made in this wall; ∼ **un passage dans le roc à la dynamite** to open up a blast a passage in the rock with dynamite; **cette autoroute a été ouverte pour desservir la nouvelle banlieue** this motorway has been built to serve the new suburb; **ils lui ont ouvert un passage** *ou* **le passage dans la foule** they made way for him through the crowd; **s'**∼ **un passage à travers la forêt** to open up *ou* cut a path for o.s. through the forest; (*fig*) ∼ **des horizons à qn** to give sb a new insight into sth.
　(**f**) (*débloquer*) *chemin, passage* to open. **le chasse-neige a ouvert la route** the snowplough opened up the road; (*Sport*) ∼ **le jeu** to open up the game; (*fig*) ∼ **la voie (à qn)** to lead the way (for sb).
　(**g**) (*autoriser l'accès de*) *route, col, frontière* to open (up).
　(**h**) (*commencer l'exploitation de*) *restaurant, théâtre, magasin* to open (up), start up; *école, succursale* to open (up).
　(**i**) (*constituer*) *souscription, compte bancaire, enquête* to open; (*inaugurer*) *festival, exposition, bal* to open. ∼ **un compte à un client** to open an account for a customer *ou* in a customer's name; ∼ **les hostilités** to start up *ou* begin hostilities; ∼ **le feu** to open fire, open up; (*Ski*) ∼ **la piste** to open the piste *ou* run (*Cartes*) ∼ **le jeu** to open play; (*Cartes*) **il a ouvert à pique** he opened on *ou* with spades; (*Ftbl*) ∼ **la marque** à **la 16 ème minute du jeu** to open the scoring after 16 minutes of play; (*Ftbl, Rugby*) **il ouvre toujours sur un joueur faible** he always passes to a weak player.
　(**j**) (*être au début de*) *liste, œuvre* to head; *procession* to lead. ∼ **la marche** to take the lead, walk in front; ∼ **la danse** to lead off the dance.
　(**k**) *électricité, gaz, radio* to turn on, switch on, put on; *eau, robinet* to turn on; *vanne* to open.
　2 *vi* (**a**) (*fenêtre, porte*) to open. **cette fenêtre ouvre sur la cour** this window opens onto the yard; **la porte de derrière n'ouvre pas** the back door doesn't open.

　(**b**) (*magasin*) to open. **ça ouvre de 2 à 5** they open *ou* are open from 2 to 5.
　(**c**) (*commencer*) to open. **la pièce ouvre par un discours du vainqueur** the play opens with a speech from the victor.
　3 s'ouvrir *vpr* (**a**) (*porte, fenêtre, parapluie, livre*) to open; (*fleur, coquillage*) to open (out); (*bouche, yeux*) to open; (*bras, main, ailes*) to open (out); (*esprit*) to open up; (*gouffre*) to open. **robe qui s'ouvre par devant** dress that undoes *ou* unfastens at the front; **sa robe s'est ouverte** her dress came undone *ou* unfastened; **la fenêtre s'ouvre sur une cour** the window opens (out) onto a courtyard; **la foule s'ouvrit pour le laisser passer** the crowd parted to let him through; **la porte s'ouvrit violemment** the door flew open *ou* was flung open *ou* was thrown open; **la porte/boîte a dû s'**∼ the door/box must have come open.
　(**b**) (*commencer*) (*récit, séance, exposition*) to open (*par* with). **la séance s'ouvrit par un chahut** the meeting opened in (an) uproar *ou* with an uproar.
　(**c**) (*se présenter*) *devant* [*paysage, vie*] to open in front of *ou* before; **un chemin poussiéreux s'ouvrit devant eux** a dusty path opened in front of *ou* before them; **la vie qui s'ouvre devant elle est pleine d'embûches** the life which is opening in front of *ou* before her is full of pitfalls.
　(**d**) (*béer*) to open (up). **la terre s'ouvrit devant eux** the ground opened up before them; **le gouffre s'ouvrait à leurs pieds** the chasm lay open *ou* gaped at their feet.
　(**e**) (*devenir sensible à*) **s'**∼ **à** *amour, art, problèmes économiques* to open one's mind to, become aware of; **pays qui s'ouvre sur le monde extérieur** country which is opening up to the outside world; **son esprit s'est ouvert aux souffrances d'autrui** his mind opened to *ou* he became aware of others' suffering.
　(**f**) (*se confier*) **s'**∼ **à qn de** to open one's heart to sb about; **il s'en est ouvert à son confesseur** he opened his heart to his confessor about it.
　(**g**) (*se blesser*) to cut open. **elle s'est ouvert les veines** she slashed *ou* cut her wrists; **il s'ouvrit la jambe en tombant sur une faux** he cut open his leg by falling on a scythe.
ouvroir [uvRwaR] *nm* [*couvent*] workroom; [*paroisse*] sewing room.
ovaire [ɔvɛR] *nm* ovary.
ovale [ɔval] **1** *adj table, surface* oval; *volume* egg-shaped; *V* **ballon. 2** *nm* oval. **l'**∼ **du visage** the oval of the face; **en** ∼ oval(-shaped).
ovalisé, e [ɔvalize] *adj* which has become oval.
ovariectomie [ɔvaRjɛktɔmi] *nf* ovariectomy, oophorectomy.
ovarien, -ienne [ɔvaRjɛ̃, jɛn] *adj* ovarian.
ovariotomie [ɔvaRjɔtɔmi] *nf* ovariotomy.
ovarite [ɔvaRit] *nf* ovaritis, oophoritis.
ovation [ɔvasjɔ̃] *nf* ovation. **faire une** ∼ **à qn** to give sb an ovation; **ils se levèrent pour lui faire une** ∼ they gave him a standing ovation.
ovationner [ɔvasjɔne] (1) *vt:* ∼ **qn** to give sb an ovation.
ove [ɔv] *nm* ovum (*Archit*).
ové, e [ɔve] *adj* egg-shaped.
overdose [ɔvɛRdoz] *nf* (drug) overdose.
overdrive [ɔvɛRdRajv] *nm* overdrive.
Ovide [ɔvid] *nm* Ovid.
ovin, e [ɔvɛ̃, in] **1** *adj* ovine. **2** *nm:* **les** ∼**s** the ovine race.
ovipare [ɔvipaR] **1** *adj* oviparous. **2** *nm* oviparous animal. ∼**s** ovipara.
ovni [ɔvni] *nm* (*abrév de* objet volant non identifié) UFO.
ovocyte [ɔvɔsit] *nm* oocyte.
ovoïde [ɔvɔid] *adj* egg-shaped, ovoid (*T*).
ovulaire [ɔvylɛR] *adj* ovular.
ovulation [ɔvylasjɔ̃] *nf* ovulation.
ovule [ɔvyl] *nm* (*Physiol*) ovum; (*Bot*) ovule; (*Pharm*) pessary.
ovuler [ɔvyle] (1) *vi* to ovulate.
oxacide [ɔksasid] *nm* oxyacid, oxygen acid.
Oxford [ɔksfɔRd] *n* Oxford.
oxford [ɔksfɔR] *nm* (*Tex*) oxford.
oxfordien, -ienne [ɔksfɔRdjɛ̃, jɛn] **1** *adj* Oxonian. **2** *nm, f:* O∼(ne) Oxonian.
oxhydrique [ɔksidRik] *adj* oxyhydrogen (*épith*).
oxonien, ienne [ɔksɔnjɛ̃, jɛn] **1** *adj* Oxonian. **2** *nm, f:* O∼(ne) Oxonian.
oxyacétylénique [ɔksiasetilenik] *adj* oxyacetylene (*épith*).
oxydable [ɔksidabl(ə)] *adj* liable to rust, oxidizable (*T*).
oxydant, e [ɔksidɑ̃, ɑ̃t] **1** *adj* oxidizing. **2** *nm* oxidizer, oxidizing agent.
oxydase [ɔksidaz] *nf* oxidase.
oxydation [ɔksidasjɔ̃] *nf* oxidization, oxidation.
oxyde [ɔksid] *nm* oxide. ∼ **de carbone** carbon monoxide; ∼ **de plomb** lead oxide *ou* monoxide; ∼ **de cuivre/de fer** copper/iron oxide.
oxyder [ɔkside] (1) **1** *vt* to oxidize. **2 s'oxyder** *vpr* to become oxidized.
oxydoréduction [ɔksidɔRedyksjɔ̃] *nf* oxidation-reduction.
oxygénation [ɔksiʒenasjɔ̃] *nf* oxygenation.
oxygène [ɔksiʒɛn] *nm* oxygen. **masque/tente à** ∼ oxygen mask/tent.
oxygéner [ɔksiʒene] (6) *vt* (*Chim*) to oxygenate; *cheveux* to peroxide, bleach. **s'**∼ (**les poumons**)* to get some fresh air (into one's lungs); *V* **blond, eau.**
oxyhémoglobine [ɔksiemɔglɔbin] *nf* oxyhaemoglobin.
oxymore [ɔksimɔR] *nm*, **oxymoron** [ɔksimɔRɔ̃] *nm* oxymoron.
oyez [ɔje] *V* **ouïr.**
ozone [ozɔn] *nm* ozone.
ozonisation [ozɔnizasjɔ̃] *nf* ozonization.
ozoniser [ozɔnize] (1) *vt* to ozonize.

P

P, p [pe] *nm* (*lettre*) P, p.
pacage [pakaʒ] *nm* pasture *ou* grazing (land).
pacager [pakaʒe] (3) **1** *vt* to pasture, graze. **2** *vi* to graze.
pacha [paʃa] *nm* pasha. **mener une vie de ~, faire le ~** (*vivre richement*) to live like a lord; (*se prélasser*) to live a life of ease.
pachyderme [paʃidɛRm(ə)] *nm* (*éléphant*) elephant; (*ongulé*) pachyderm (*T*). (*fig*) **de ~** elephantine, heavy.
pacificateur, -trice [pasifikatœR, tRis] **1** *adj* pacificatory. **2** *nm,f* (*personne*) peacemaker; (*chose*) pacifier.
pacification [pasifikɑsjɔ̃] *nf* pacification. **mesures de ~** pacification *ou* pacificatory measures.
pacifier [pasifje] (7) *vt pays* to pacify, bring peace to; (*fig*) *esprits* to pacify.
pacifique [pasifik] **1** *adj* (a) *coexistence, manifestation* peaceful; *humeur* peaceable; *personne* peace-loving, peaceable; *mesure, intention* pacific. **utilisé à des fins ~s** used for peaceful purposes. (b) (*Géog*) Pacific. **2** *nm* (*Géog*) **le P~** the Pacific.
pacifiquement [pasifikmã] *adv* (*V* **pacifique**) peacefully; peaceably; pacifically.
pacifisme [pasifism(ə)] *nm* pacifism.
pacifiste [pasifist(ə)] **1** *nmf* pacifist. **2** *adj doctrine* pacifistic, pacifist. **manifestation ~** (*en faveur de la paix*) peace march *ou* demonstration.
pack [pak] *nm* (*Rugby*) pack.
pacotille [pakɔtij] *nf* (a) (*de mauvaise qualité*) poor-quality stuff, cheap and nasty goods; (*clinquant*) showy stuff. (*péj*) **c'est de la ~** it's rubbishy stuff, it's cheap rubbish; **leur maison, c'est de la ~** it's just a jerry-built house, their house is just a shack; **meubles/bijoux de ~** cheap(-jack) furniture/jewellery. (b) (*Hist*) goods carried free of freightage.
pacson‡ [paksɔ̃] *nm* packet.
pacte [pakt(ə)] *nm* pact, treaty. **~ d'alliance** treaty of alliance; **~ de non-agression** non-aggression pact.
pactiser [paktize] (1) *vi* (*péj*) (*se liguer*) to take sides (*avec* with); (*transiger*) to come to terms (*avec* with). **c'est ~ avec le crime** it amounts to being in league *ou* to colluding with crime.
pactole [paktɔl] *nm* (*fig*) gold mine. (*Géog*) **le P~** the Pactolus.
paddock [padɔk] *nm* (a) (*champ de courses*) paddock. (b) (‡: *lit*) bed. **aller au ~** to hit the sack* *ou* the hay*, turn in*.
Padoue [padu] *n* Padua.
paella [paela] *nf* paella.
paf [paf] **1** *excl* (*chute*) bam!; (*gifle*) slap!, wham! **2** *adj inv* (‡: *ivre*) tight*. **complètement ~** plastered‡.
pagaie [pagɛ] *nf* paddle.
pagaïe, pagaille [pagaj] *nf* (a) (*objets en désordre*) mess, shambles (*U*); (*cohue, manque d'organisation*) chaos (*U*). **quelle ~ dans la pièce!** what a mess this room is in!, what a shambles in this room!; **c'est la ~ sur les routes/dans le gouvernement!** there is (complete) chaos on the roads/in the government!; **il a mis la ~ dans mes affaires/dans la réunion** he has messed up all my things/the meeting. (b) (*beaucoup*) **il y en a en ~** there are loads* *ou* masses of them.
paganiser [paganize] (1) *vt* to paganize, heathenize.
paganisme [paganism(ə)] *nm* paganism, heathenism.
pagaye [pagaj] *nf* = **pagaie**.
pagayer [pageje] (8) *vi* to paddle.
pagayeur, -euse [pagejœR, øz] *nm,f* paddler.
page¹ [paʒ] **1** *nf* (a) (*feuillet*) page; (*fig*) (*passage*) passage, page; (*événement*) page, chapter, episode. (*Typ*) **belle/fausse ~** right-hand/left-hand page; **une ~ d'écriture** a page of writing; **les plus belles ~s de Corneille** the finest passages of Corneille; **une ~ glorieuse de l'histoire de France** a glorious page *ou* chapter in the history of France; **une ~ est tournée** a page has been turned; (*Typ*) **mettre en ~** to make up (into pages); *V* **mise², tourner**. (b) (*loc*) **être à la ~** (*mode*) to be up-to-date *ou* with it*; (*actualité*) to keep in touch *ou* up-to-date, keep up with what's new; **ne plus être à la ~** to be out of touch *ou* behind the times. **2**: **page blanche** blank page; **page de garde** flyleaf; **pages jaunes** (*de l'annuaire*) yellow pages (*Brit*); (*Presse*) **page des petites annonces** small-ads page.
page² [paʒ] *nm* (*Hist*) page (boy).
page³‡ [paʒ] *nm*, **pageot‡** [paʒo] *nm* bed. **se mettre au ~** to hit the sack* *ou* the hay*, turn in*.
pageoter (se)‡ [paʒɔte] (1) *vpr* to turn in*, hit the sack* *ou* the hay*.
pagination [paʒinɑsjɔ̃] *nf* (*gén*) pagination; (*Ordin*) paging.
paginer [paʒine] (1) *vt* (*gén*) to paginate; (*Ordin*) to page.
pagne [paɲ] *nm* (*en tissu*) loincloth; (*en paille etc*) grass skirt.
pagode [pagɔd] *nf* pagoda. **manche ~** pagoda sleeve.
paie [pɛ] *nf* [*militaire*] pay; [*ouvrier*] pay, wages. **jour de ~** payday; **bulletin** *ou* **feuille de ~** payslip; **toucher sa ~** to be paid, get one's wages; (*fig*) **il y a** *ou* **ça fait une ~ que nous ne nous sommes pas vus*** it's ages *ou* donkey's years* (*Brit*) since we last saw each other, we haven't seen each other for yonks‡.
paiement [pɛmã] *nm* payment (*de* for). **faire un ~** to make a

payment; **~ comptant** payment in full; **~ en liquide** cash payment; **~ par chèque/d'avance** payment by cheque/in advance; *V* **facilité**.
païen, -ïenne [pajɛ̃, jɛn] *adj, nm,f* pagan, heathen.
paierie [pɛRi] *nf*: **~ (générale)** local office of the treasury (*paying salaries, state bills etc*).
paillage [pɑjaʒ] *nm* mulching.
paillard, e* [pajaR, aRd(ə)] *adj personne* bawdy, coarse; *histoire* bawdy, lewd, dirty. **chanson ~e** bawdy song.
paillardise [pajaRdiz] *nf* (*débauche*) bawdiness; (*plaisanterie*) dirty *ou* lewd joke (*ou* story *ou* remark *etc*).
paillasse¹ [pɑjas] *nf* (a) (*matelas*) straw mattress. **crever la ~ à qn*** to do sb in*. (b) [*évier*] draining board. (c) (†: *prostituée*) trollop†.
paillasse² [pɑjas] *nm* (*clown*) clown.
paillasson [pɑjasɔ̃] *nm* [*porte*] doormat; (*péj: personne*) doormat (*fig*); (*Agr*) matting; *V* **clef**.
paille [pɑj] **1** *nf* (a) (*pour boire*) (drinking) straw. **chapeau/panier de ~** straw hat/basket; **botte de ~** bale of straw; **boire avec une ~** to drink through a straw. (b) (*loc*) **être sur la ~** to be penniless; **mettre sur la ~** to reduce to poverty; **mourir sur la ~** to die penniless *ou* in poverty; **voir la ~ dans l'œil du prochain** to see the mote in one's neighbour's eye *ou* one's brother's eye; **c'est la ~ et la poutre** it's the pot calling the kettle black; **2 millions de francs? une ~!*** 2 million francs? that's peanuts!*; *V* **court¹, homme**. (c) (*Tech: défaut*) flaw. **2** *adj inv* straw-coloured. **3**: **paille de fer** steel wool; **paille de riz** straw; **balai en paille de riz** straw broom.
pailler [pɑje] (1) *vt chaise* to put a straw bottom in; *arbre, fraisier* to mulch. **chaise paillée** straw-bottomed chair.
pailleté, e [pɑjte] (*ptp de* **pailleter**) *adj robe* sequined.
pailleter [pɑjte] (4) *vt* (*gén*) to spangle; *robe* to sew sequins on.
paillette [pɑjɛt] *nf* (a) (*Habillement*) sequin, spangle. (b) [*or*] speck; [*mica, lessive*] flake. **savon en ~s** soapflakes.
paillis [pɑji] *nm* mulch.
paillon [pɑjɔ̃] *nm* [*bouteille*] straw case *ou* wrapping.
paillote [pɑjɔt] *nf* straw hut.
pain [pɛ̃] **1** *nm* (a) (*substance*) bread (*U*). **du gros ~** bread sold by weight; **du ~ frais/dur/rassis** fresh/dry/stale bread; **~ de ménage/de boulanger** home-made/baker's bread; (*Rel*) **le ~ et le vin** the bread and wine; **notre ~ quotidien** our daily bread; **mettre qn au ~ sec** to put sb on dry bread. (b) (*miche*) loaf. **un ~ (de 2 livres)** a (2-lb) loaf; **un ~ long/rond** a long/round loaf; **2 ~s** two loaves (of bread). (c) (*en forme de pain*) [*cire*] bar; [*savon*] bar, cake. (*Culin*) **~ de poisson/de légumes** *etc* fish/vegetable *etc* loaf; **~ de glace** block of ice; **le liquide s'est pris en ~** (*dans le congélateur*) the liquid has frozen into a block of ice in the deep-freeze. (d) (*: gifle*) clip on the ear*. (e) (*loc*) **avoir du ~ sur la planche*** to have a lot to do, have a lot on one's plate (*Brit*); **ôter** *ou* **retirer le ~ de la bouche de qn** to take the bread out of sb's mouth; **ôter** *ou* **faire passer le goût du ~ à qn*** to do sb in*; *V* **bouchée, gagner, manger** *etc*. **2**: **pain azyme** unleavened bread; **pain bénit** consecrated bread, (*fig*) **c'est pain bénit** it's a godsend (*pour* for); **pain bis** brown bread; **pain brioché** brioche bread; (*miche*) brioche loaf; **pain à cacheter** bar of sealing wax; **pain de campagne** farmhouse bread; (*miche*) farmhouse loaf; **pain au chocolat** croissant with a chocolate filling; **pain complet** wholemeal (*Brit*) *ou* wholewheat bread, granary bread; **pain d'épice(s)** *kind of cake made with honey, rye, aniseed etc*, ≃ gingerbread; **pain de Gênes** sponge cake; **pain grillé** toast; **pain de gruau** = **pain viennois**; **pain au lait** *kind of sweet bun*; **pain au levain** leavened bread; **pain de mie** sandwich bread; (*miche*) sandwich loaf; **pain parisien** *long loaf of bread*; **pain perdu** French toast; **pain de plastic** stick of gelignite; **pain au raisin** currant (*Brit*) *ou* raisin bun; **pain de seigle** rye bread; (*miche*) rye loaf; **pain de son** = **pain complet**; **pain de sucre** sugar loaf; **montagne en pain de sucre** sugar-loaf mountain; **tête en pain de sucre** egg-shaped head; **pain viennois** Vienna bread; (*miche*) Vienna loaf.
pair¹ [pɛR] *nm* (a) (*dignitaire*) peer. (b) (*égaux*) **~s** peers. (c) (*Fin*) par. **valeur remboursée au ~** stock repayable at par; **cours au ~** par rate. (d) **travailler au ~** to work in exchange for board and lodging; **jeune fille au ~** au pair girl. (e) **ces 2 conditions/qualités vont** *ou* **marchent de ~** these 2 conditions/qualities go hand in hand *ou* go together; **ça va de ~ avec it** goes hand in hand with; *V* **hors**.
pair², e¹ [pɛR] *adj nombre* even. **le côté ~ de la rue** the even-numbers side of the street; **jours ~s** even dates; **jouer ~** to bet on the even numbers.
paire² [pɛR] *nf* (a) [*ciseaux, lunettes, tenailles, chaussures*] pair;

[bœufs] yoke; *[pistolets, pigeons]* brace. ils forment une ~ d'amis the two of them are great friends; donner une ~ de gifles à qn to box sb's ears; avoir une bonne ~ de joues to be chubby-cheeked.

(b) *(loc)* les deux font la ~ they're two of a kind; c'est une autre ~ de manches* that's another story; se faire la ~‡ to clear off‡, beat it‡.

pairesse [pɛʀɛs] *nf* peeress.

pairie [peʀi] *nf* peerage.

paisible [pezibl(ə)] *adj (sans remous)* peaceful, calm, quiet; *(sans agressivité)* peaceful, peaceable, quiet. dormir d'un sommeil ~ to be sleeping peacefully.

paisiblement [peziblǝmɑ̃] *adv (V paisible)* peacefully; calmly; quietly; peaceably.

paître [pɛtʀ(ə)] (57) *1 vi* to graze. le pâturage où ils font ~ leur troupeau pendant l'été the pasture where they graze their herd in the summer; envoyer ~ qn‡ to send sb packing*.

2 vt: ~ l'herbe d'un pré to graze in a meadow.

paix [pɛ] *nf* (a) *(Mil, Pol)* peace. ~ armée armed peace; demander la ~ to sue for peace; signer la ~ to sign the *ou* a peace treaty; en temps de ~ in peacetime; traité/pourparlers de ~ peace treaty/ talks; soldats de la ~ peacekeeping force; Mouvement pour la ~ Peace Movement; *(Prov)* si tu veux la ~, prépare la guerre if you wish to have peace, prepare for war.

(b) *(état d'accord)* peace. ramener la ~ entre to make peace between; il a fait la ~ avec son frère he has made his peace with his brother, he and his brother have made it up *(Brit) ou* made up *(US)*; *V* baiser, gardien, juge.

(c) *(tranquillité)* peace, quiet; *(silence)* stillness, peacefulness. tout le monde est sorti, quelle ~ dans la maison! how peaceful *ou* quiet it is in the house now everyone has gone out!; est-ce qu'on pourrait avoir la ~? could we have a bit of peace and quiet? *ou* a bit of hush?* *(Brit)*.

(d) *(calme intérieur)* peace. la ~ de l'âme inner peace; *(Rel)* allez *ou* partez en ~ go in peace; *(hum)* ~ à sa mémoire *ou* à ses cendres God rest his soul; avoir la conscience en ~, être en ~ avec sa conscience to have a clear conscience, be at peace with one's conscience; qu'il repose en ~ may he rest in peace; laisser qn en ~, laisser la ~ à qn to leave sb alone *ou* in peace; fous-moi‡ *ou* fiche-moi* la ~! stop pestering me!, clear off!‡; la ~! shut up!*, quiet!

Pakistan [pakistɑ̃] *nm* Pakistan.

pakistanais, e [pakistanɛ, ɛz] *1 adj* Pakistani. *2 nm,f:* P~(e) Pakistani.

pal, *pl* ~s [pal] *nm (Hér)* pale; *(pieu)* stake. le (supplice du) ~ torture by impalement.

palabrer [palabʀe] (1) *vi (parlementer)* to palaver, argue endlessly; *(bavarder)* to chat, waffle on* *(Brit)*.

palabres [palabʀ(ə)] *nmpl ou nfpl* palaver, never-ending *ou* interminable discussions.

palace [palas] *nm* luxury hotel.

paladin [paladɛ̃] *nm* paladin.

palais [palɛ] *1 nm* (a) *(édifice)* palace.

(b) *(Jur)* law courts. en argot du P~, en termes de P~ in legal parlance.

(c) *(Anat)* palate. ~ dur/mou hard/soft palate; avoir le ~ desséché to be parched, be dying of thirst; *(fig)* avoir le ~ fin to have a delicate palate; *V* flatter, voile².

2: le Palais-Bourbon *the seat of the French National Assembly;* palais des expositions exhibition centre; le Palais de Justice the Law Courts; le Palais du Luxembourg *the seat of the French Senate;* palais des sports sports stadium.

palan [palɑ̃] *nm* hoist.

palanque [palɑ̃k] *nf* stockade.

palanquin [palɑ̃kɛ̃] *nm* palanquin, palankeen.

palatal, e, *mpl* -aux [palatal, o] *1 adj (Ling)* consonne palatal *(épith)*; voyelle front *(épith)*; *(Anat)* palatal. *2* palatale *nf (consonne)* palatal consonant; *(voyelle)* front vowel.

palatalisation [palatalizasjɔ̃] *nf* palatalization.

palataliser [palatalize] (1) *vt* to palatalize.

palatin, e [palatɛ̃, in] *1 adj* (a) *(Hist)* Palatine. le Comte/ l'Électeur ~ the Count/Elector Palatine. (b) *(Géog)* le (mont) P~ the Palatine Hill. *2 nm (Hist)* palatine.

Palatinat [palatina] *nm:* le ~ the Palatinate.

pale [pal] *nf [hélice, rame]* blade; *[roue, écluse]* paddle.

pâle [pɑl] *adj* (a) *teint, personne* pale; *(maladive)* pallid, pale. ~ comme un linge as white as a sheet; ~ comme la mort deathly pale *ou* white; ~ de peur white with fear; ~ de colère white *ou* livid with anger; se faire porter ~‡ to report *ou* go* sick; *V* visage.

(b) *lueur* pale, weak, faint; *couleur, soleil, ciel* pale.

(c) *style* weak; *imitation* pale, poor; *sourire* faint, wan. *(péj)* un ~ crétin a downright *ou* an utter fool.

palefrenier [palfʀənje] *nm [auberge]* ostler; *[château]* groom.

palefroi [palfʀwa] *nm (Hist)* palfrey.

paléochrétien, -ienne [paleokʀetjɛ̃, jɛn] *adj* early Christian.

paléographe [paleogʀaf] *nmf* paleographer.

paléographie [paleogʀafi] *nf* paleography.

paléographique [paleogʀafik] *adj* paleographic(al).

paléolithique [paleolitik] *1 adj* Paleolithic. *2 nm* Paleolithic (age).

paléomagnétisme [paleomaɲetizm(ə)] *nm* paleomagnetism.

paléontologie [paleɔ̃tɔlɔʒi] *nf* paleontology.

paléontologique [paleɔ̃tɔlɔʒik] *adj* paleontologic(al).

paléontologiste [paleɔ̃tɔlɔʒist(ə)] *nmf,* **paléontologue** [paleɔ̃tɔlɔg] *nmf* paleontologist.

paléozoïque [paleozɔik] *adj* Paleozoic.

Palerme [palɛʀm(ə)] *n* Palermo.

paleron [palʀɔ̃] *nm (Boucherie)* chuck.

Palestine [palɛstin] *nf* Palestine.

palestinien, -ienne [palɛstinjɛ̃, jɛn] *1 adj* Palestinian. *2 nm,f:* P~(ne) Palestinian.

palet [palɛ] *nm (gén)* (metal *ou* stone) disc; *[hockey]* puck.

paletot [palto] *nm* (thick) cardigan. il m'est tombé sur le ~‡ he jumped on me.

palette [palɛt] *nf* (a) *(Peinture: lit, fig)* palette. (b) *(Boucherie)* shoulder. (c) *(aube de roue)* paddle; *(battoir à linge)* beetle; *(Manutention, Constr)* pallet.

palétuvier [paletyvje] *nm* mangrove.

pâleur [pɑlœʀ] *nf [teint]* paleness; *(maladive)* pallor, paleness; *[couleur, ciel]* paleness.

pâlichon, -onne* [pɑliʃɔ̃, ɔn] *adj personne* (a bit) pale *ou* peaky* *(Brit);* soleil sorry-looking, weakish, watery.

palier [palje] *nm* (a) *[escalier]* landing. être voisins de ~, habiter sur le même ~ to live on the same floor. (b) *(fig: étape)* stage. les prix ont atteint un nouveau ~ prices have found a *ou* risen to a new level; procéder par ~s to proceed in stages. (c) *[route, voie]* level, flat. *(Aviat)* voler en ~ to fly level. (d) *(Tech)* bearing. ~ de butée thrust bearing.

palière [paljɛʀ] *adj f V* porte.

palinodie [palinɔdi] *nf (Littérat)* palinode. *(fig)* ~s recantations.

pâlir [pɑliʀ] (2) *1 vi [personne]* to turn *ou* go pale; *[lumière, étoiles]* to grow dim; *[ciel]* to grow pale; *[couleur, encre]* to fade; *(fig) [souvenir]* to fade (away), dim. ~ de colère to go *ou* turn pale *ou* white *ou* livid with anger; ~ de crainte to turn pale *ou* white with fear, blench (with fear); faire ~ qn (d'envie) to make sb green with envy. *2 vt* to turn pale.

palissade [palisad] *nf [pieux]* fence; *[planches]* boarding; *(Mil)* stockade.

palissandre [palisɑ̃dʀ(ə)] *nm* rosewood.

pâlissant, e [pɑlisɑ̃, ɑ̃t] *adj teinte, lumière* wan, fading.

palladium [paladjɔm] *nm (Chim, fig)* palladium.

Pallas Athena [palasatena] *nf* Pallas Athena.

palliatif, -ive [paljatif, iv] *1 adj (Méd)* palliative. *2 nm (Méd)* palliative; *(mesure)* palliative, stopgap measure; *(réparation sommaire)* makeshift repair.

pallier [palje] (7) *1 vt difficulté* to overcome, get round; *manque* to offset, compensate for, make up for; *(littér) défaut* to palliate, disguise.

2 **pallier à** *vt indir difficulté, manque* = **pallier**.

palmarès [palmaʀɛs] *nm (Scol)* prize list; *(Sport)* (list of) medal winners; *[athlète etc]* record (of achievements). il a de nombreux exploits à son ~ he has a number of exploits to his credit; tu peux ajouter cela à ton ~ you can add that to your record of achievements.

palme [palm(ə)] *nf* (a) *(Archit, Bot)* palm leaf; *(symbole)* palm *(de of)*. vin/huile de ~ palm wine/oil; ~s académiques *decoration for services to education in France;* *(lit, fig)* la ~ revient à ... the prize goes to ...; disputer la ~ à qn to compete with sb; elle a remporté la ~ she was the winner; *(Ciné)* la P~ d'or the Palme d'or; la ~ du martyre the crown of martyrdom; *(Mil)* décoration avec ~ ≃ decoration with a bar. (b) *[nageur]* flipper.

palmé, e [palme] *adj feuille* palmate *(T);* patte webbed; oiseau web-footed, palmate *(T)*.

palmer [palmɛʀ] *nm (Tech)* micrometer.

palmeraie [palmǝʀɛ] *nf* palm grove.

palmier [palmje] *nm* (a) *(Bot)* palm tree. (b) *(gâteau)* palmier.

palmipède [palmipɛd] *1 nm* palmiped *(T)*. *2 adj* webfooted.

palmiste [palmist(ə)] *adj m V* chou¹.

palois, e [palwa, waz] *1 adj* of *ou* from Pau. *2 nm,f:* P~(e) inhabitant *ou* native of Pau.

palombe [palɔ̃b] *nf* woodpigeon, ringdove.

palonnier [palɔnje] *nm (Aviat)* rudder bar; *(Aut)* compensator; *[cheval]* swingletree.

palot‡ [palo] *nm (baiser)* kiss.

pâlot, -otte* [pɑlo, ɔt] *adj personne* (a bit) pale *ou* peaky* *(Brit)*.

palourde [paluʀd(ə)] *nf* clam.

palpable [palpabl(ə)] *adj (lit, fig)* palpable.

palpation [palpasjɔ̃] *nf* palpation.

palper [palpe] (1) *vt objet* to feel, finger; *(Méd)* to palpate; *(‡) argent* to get, make. qu'est-ce qu'il a dû ~ (comme argent)!‡ he must have made a fortune *ou* a mint out of it!*

palpeur [palpœʀ] *nm [chaleur, lumière]* sensor.

palpitant, e [palpitɑ̃, ɑ̃t] *1 adj livre, moment* thrilling, exciting. d'un intérêt ~, ~ d'intérêt terribly exciting, thrilling; être ~ d'émotion to be quivering with emotion. *2 nm (‡: cœur)* ticker*.

palpitation [palpitasjɔ̃] *nf [cœur]* pounding *(U)*, throbbing *(U);* *[paupières]* fluttering *(U);* *[lumière, flamme]* quivering *(U)*. *(Méd)* avoir des ~s to have palpitations; *(fig)* ça m'a donné des ~s it gave me quite a turn.

palpiter [palpite] (1) *vi [cœur]* (battre) to beat; *(battre violemment)* to pound, throb; *[paupières]* to flutter; *[cadavre]* to twitch; *[chair]* to quiver; *[blessure]* to throb; *[narines, lumière, flamme]* to quiver.

palsambleu†† [palsɑ̃blø] *excl* zounds!††

paltoquet [paltɔkɛ] *nm (littér péj) (rustre)* boor; *(freluquet)* pompous fool.

paluche‡ [palyʃ] *nf (main)* hand, paw*. serrer la ~ à qn to shake hands with sb.

paludéen, -éenne [palydeɛ̃, eɛn] *adj (gén, Méd)* paludal.

paludisme [palydism(ə)] *nm* paludism *(T)*, malaria.

palustre [palystʀ(ə)] *adj (gén, Méd)* paludal.

pâmer (se) [pame] (1) *vpr (littér)* to swoon†. *(fig)* se ~ *ou* être pâmé devant qch to swoon *ou* be in raptures *ou* be ecstatic over sth; se ~ d'admiration/d'amour to be overcome with admiration/love; se ~ de rire to be convulsed with laughter.

pâmoison [pamwazɔ̃] *nf (littér, hum)* swoon. *(lit)* tomber en ~ to swoon†; (*fig*) tomber en ~ devant un tableau to swoon over *ou* go into raptures over a painting.

pampa [pɑ̃pa] *nf* pampas (*pl*).

pamphlet [pɑ̃flɛ] *nm* satirical tract, lampoon.

pamphlétaire [pɑ̃fletɛʀ] *nmf* lampoonist.

pampille [pɑ̃pij] *nf* (*lustre*] pendant.

pamplemousse [pɑ̃pləmus] *nm* grapefruit.

pamplemoussier [pɑ̃pləmusje] *nm* grapefruit tree.

pampre [pɑ̃pʀ(ə)] *nm* (*littér*) vine branch.

pan¹ [pɑ̃] 1 *nm* (*lit, fig: morceau*) piece; (*basque*) tail; (*face, côté*) side, face.

   2: **pan de chemise** shirt tail; **se promener en pan de chemise** to wander about with just one's shirt on; **pan de ciel** patch of sky; **pan coupé** cut-off corner (*of room*); **maison en pan coupé** house with a slanting *ou* cut-off corner; **mur en pan coupé** wall with a cut-off corner; **pan de mur** (section of) wall.

pan² [pɑ̃] *excl* [*coup de feu*] bang!; [*gifle*] slap!, whack! (*langage enfantin*) **je vais te faire ~ ~** you'll get your bottom smacked.

Pan [pɑ̃] *nm* Pan.

panacée [panase] *nf* panacea.

panachage [panaʃaʒ] *nm* (a) (*Pol*) voting for candidates from different parties instead of for the set list of one party. (b) (*mélange*) [*couleurs*] blend; [*programmes, plats*] selection.

panache [panaʃ] *nm* (a) (*plumet*) plume, panache. (*fig*) ~ **de fumée** plume of smoke. (b) (*héroïsme*) gallantry. **se battre avec ~** to fight gallantly, put up a spirited resistance.

panaché, e [panaʃe] (*ptp de panacher*) 1 *adj* (a) *fleur* variegated, many-coloured. (b) *foule, assortiment* motley; *glace* two- *ou* mixed-flavour (*épith*); *salade* mixed. **bière ~e** shandy. 2 *nm* (*boisson*) shandy.

panacher [panaʃe] (1) *vt* (a) (*Pol*) ~ **une liste électorale** to vote for candidates from different parties instead of for the set list of one party. (b) (*mélanger*) *couleurs* to blend; (*varier*) *programmes, exercices* to vary, give variety to. **dois-je prendre l'un des menus ou puis-je ~ (les plats)?** do I have to take a set menu or can I make my own selection (of courses)?

panachure [panaʃyʀ] *nf* (*gén pl*) motley colours.

panade [panad] *nf* bread soup. (*fig*) **être dans la ~‡** (*avoir des ennuis*) to be in the soup*, be in a sticky situation; (*avoir des ennuis d'argent*) to be on one's beam-ends* (*Brit*), be down to one's last dollar (*US*).

panafricain, e [panafʀikɛ̃, ɛn] *adj* Pan-African.

panafricanisme [panafʀikanism(ə)] *nm* Pan-Africanism.

panais [panɛ] *nm* parsnip.

panama [panama] *nm* (a) (*Géog*) P~ Panama. (b) (*chapeau*) Panama hat.

panaméen, -enne [panameɛ̃, ɛn] 1 *adj* Panamanian. 2 *nm,f*: P~(ne) Panamanian.

panaméricain, e [panameʀikɛ̃, ɛn] *adj* Pan-American. **route ~e** Pan-American Highway.

panaméricanisme [panameʀikanism(ə)] *nm* Pan-Americanism.

panarabe [panaʀab] *adj* Pan-Arab(ic).

panarabisme [panaʀabism(ə)] *nm* Pan-Arabism.

panard‡ [panaʀ] *nm* foot, hoof‡. **~s** plates of meat‡ (*Brit*), hooves‡.

panaris [panaʀi] *nm* whitlow.

pancarte [pɑ̃kaʀt(ə)] *nf* (*gén*) sign, notice; (*Aut*) (road)sign; [*manifestant*] placard.

pancréas [pɑ̃kʀeɑs] *nm* pancreas.

pancréatique [pɑ̃kʀeatik] *adj* pancreatic.

panda [pɑ̃da] *nm* panda.

pandit [pɑ̃di(t)] *nm* pandit, pundit.

pandore*† [pɑ̃dɔʀ] *nm* (*gendarme*) cop*, gendarme.

Pandore [pɑ̃dɔʀ] *nf* (*Myth*) Pandora. **boîte de ~** Pandora's box.

panégyrique [paneʒiʀik] *nm* (*frm*) panegyric. **faire le ~ de qn** to extol sb's merits; (*fig péj*) **quel ~ de sa belle-mère il a fait!** what a tribute to pay to his mother-in-law!

panel [panɛl] *nm* (*jury*) panel; (*échantillon*) sample group.

paner [pane] (1) *vt* to coat *ou* dress with breadcrumbs. **escalope panée** escalope (coated) with breadcrumbs.

pangermanisme [pɑ̃ʒɛʀmanism(ə)] *nm* Pan-Germanism.

pangermaniste [pɑ̃ʒɛʀmanist(ə)] 1 *nmf* Pan-German. 2 *adj* Pan-German(ic).

panhellénique [panelenik] *adj* Panhellenic.

panhellénisme [panelenism(ə)] *nm* Panhellenism.

panier [panje] 1 *nm* (a) (*gén, Sport*) basket; (*contenu*) basket(ful). (*fig*) **ils sont tous à mettre dans le même ~** they are all much of a muchness (*Brit*), there's not much to choose between them; **mettre** *ou* **jeter au ~** to throw out, throw in the dustbin (*Brit*) *ou* garbage can (*US*) *ou* wastepaper basket; (*Sport*) **réussir** *ou* **marquer un ~** to score *ou* make a basket; *V* **anse, dessus, œuf.**

   (b) (*Phot: pour diapositives*) magazine. **~ circulaire** rotary magazine.

   (c) (*vêtement*) pannier. **robe à ~s** dress with panniers.

   2: **panier à bouteilles** bottle-carrier; (*fig*) **c'est un panier de crabes** they're always fighting among themselves, they're always at each other's throats; **panier à frites** basket of a deep fryer; **panier à linge** linen basket; (*Écon*) **le panier de la ménagère** the housewife's shopping basket; **panier à ouvrage** workbasket; (*fig*) **c'est un panier percé** he's a spendthrift; **panier à provisions** shopping basket; **panier-repas** *nm, pl* **paniers-repas** packed lunch; **panier à salade** (*Culin*) salad shaker *ou* basket; (*‡fig*) police van, Black Maria* (*Brit*), paddy waggon‡.

panière [panjɛʀ] *nf* large basket.

panifiable [panifjabl(ə)] *adj* (suitable for) bread-making.

panification [panifikasjɔ̃] *nf* bread-making.

panifier [panifje] (7) *vt* to make bread from.

paniquard* [panikaʀ] *nm* (*péj*) coward, yellow belly‡.

panique [panik] 1 *nf* panic. **pris de ~** panic-stricken; **un vent de ~** a wave of panic; **c'est la ~!*** everything's in a state of panic *ou* chaos!; **pas de ~!*** no need to panic! 2 *adj* panic. **terreur** *ou* **peur ~** panic fear.

paniquer* [panike] (1) 1 *vt*: ~ **qn** to put the wind up sb*, give sb a scare; **il a essayé de me ~** he tried to put the wind up me*.

   2 *vi*, **se paniquer** *vpr* to panic, get the wind up*. **commencer à ~** *ou* **à se ~** to get panicky; **il n'a pas paniqué, il ne s'est pas paniqué** he didn't panic, he kept his head; **être paniqué** to be in a panic; **être paniqué à l'idée de faire qch** to be scared stiff at the idea of doing sth.

panislamique [panislamik] *adj* Panislamic.

panislamisme [panislamism(ə)] *nm* Panislamism.

panne¹ [pan] *nf* (a) (*incident*) breakdown. [*machine*] **être** *ou* **tomber en ~** to break down; **je suis tombé en ~ (de moteur)** my car has broken down; **je suis tombé en ~ sèche** *ou* **d'essence** I have run out of petrol (*Brit*) *ou* gas (*US*); ~ **de courant** *ou* **d'électricité** power *ou* electrical failure; [*avion, voiture de course*] ~ **de moteur** engine failure.

   (b) (*‡fig*) **être en ~** to be *ou* get stuck; **je suis en ~ de cigarettes** I've run out of *ou* I'm out of* cigarettes; **rester en ~ devant une difficulté** to be stumped* (by a problem), stick at a difficulty; **les travaux sont en ~** work has come to a halt; **laisser qn en ~** to leave sb in the lurch.

   (c) (*Naut*) **mettre en ~** to bring to.

panne² [pan] *nf* (a) (*graisse*) fat. (b) (*étoffe*) panne. (c) (*poutre*) purlin.

panneau, *pl* **~x** [pano] 1 *nm* (*Art, Couture, Menuiserie*) panel; (*écriteau*) sign, notice; (*Constr*) prefabricated section; (*Basketball*) backboard. **les ~x qui ornent la salle** the panelling round the room; **à ~x** panelled; (*fig*) **tomber** *ou* **donner dans le ~*** to fall *ou* walk (right) into the trap, fall for it*.

   2: **panneau d'affichage** (*pour résultats etc*) notice board (*Brit*), bulletin board (*US*); (*pour publicité*) hoarding (*Brit*), billboard (*US*); (*Naut*) **panneau d'écoutille** hatch cover; **panneaux électoraux** notice boards for election posters; **panneau indicateur** signpost; **panneau de particules** chipboard (*U*); **panneau publicitaire**, **panneau-réclame** *nm, pl* **panneaux-réclame** hoarding (*Brit*), billboard (*US*); **panneau de signalisation** roadsign; **panneau solaire** solar panel; **panneau de stop** halt sign; **panneau vitré** glass panel.

panonceau, *pl* **~x** [panɔ̃so] *nm* (*plaque de médecin*) plaque; (*écriteau publicitaire*) sign.

panoplie [panɔpli] *nf* (a) (*jouet*) outfit. ~ **d'Indien** Red Indian outfit; ~ **d'armes** (*sur un mur*) display of weapons; [*gangster, policier*] armoury; (*hum: instruments*) **il a sorti toute sa ~** he brought out all his equipment.

   (b) (*fig: gamme*) [*arguments, médicaments*] range; [*mesures*] package.

panorama [panɔrama] *nm* (*lit, fig*) panorama.

panoramique [panɔramik] 1 *adj* *vue* panoramic; *carrosserie* with panoramic *ou* wrap-round windows. (*Ciné*) **écran ~** wide *ou* panoramic screen. 2 *nm* (*Ciné, TV*) panoramic shot.

pansage [pɑ̃saʒ] *nm* grooming.

panse [pɑ̃s] *nf* [*ruminant*] paunch; (*) [*personne*] paunch, belly‡; (*fig*) [*bouteille*] belly. **s'en mettre plein la ~*** to stuff o.s.* *ou* one's belly‡; **je me suis bien rempli la ~*** I've eaten my fill, I'm full to busting*.

pansement [pɑ̃smɑ̃] *nm* (*V panser*) dressing; bandage; plaster. **faire un ~** to dress a wound; **refaire un ~** to put a clean dressing on a wound; **couvert de ~s** all bandaged up; ~ **adhésif** sticking *ou* adhesive plaster (*Brit*), Band Aid ® (*US*).

panser [pɑ̃se] (1) *vt* (a) (*Méd*) *plaie* to dress; *bras, jambe* to put a dressing on; (*avec un bandage*) to bandage; (*avec du sparadrap*) to put a plaster (*Brit*) *ou* a Band Aid ® (*US*) on; *blessé* to dress the wounds of. (*fig*) **le temps panse les blessures (du cœur)** time heals the wounds of the heart; (*fig*) ~ **ses blessures** to lick one's wounds.

   (b) *cheval* to groom.

panslavisme [pɑ̃slavism(ə)] *nm* Pan-Slavism.

panslaviste [pɑ̃slavist(ə)] 1 *adj* Pan-Slav(onic). 2 *nmf* Pan-Slavist.

pansu, e [pɑ̃sy] *adj* *personne* potbellied, paunchy; *vase* potbellied.

pantagruélique [pɑ̃tagʀyelik] *adj* pantagruelian.

pantalon [pɑ̃talɔ̃] *nm* (a) (*Habillement*) [*homme*] (pair of) trousers (*Brit*), (pair of) pants* (*US*); [*femme*] (pair of) trousers (*Brit*) *ou* pants (*US*) *ou* slacks; (†: *sous-vêtement*) knickers. **un ~ neuf** a new pair of trousers (*Brit*) *ou* pants (*US*), new trousers (*Brit*) *ou* pants (*US*); **10 ~s** 10 pairs of trousers (*Brit*) *ou* pants (*US*); ~ **court** short trousers *ou* pants*; ~ **de ski** ski pants.

   (b) (*Théât*) P~ Pantaloon.

pantalonnade [pɑ̃talɔnad] *nf* (*Théât*) knockabout farce (*Brit*), slapstick comedy; (*péj*) tomfoolery (*U*).

pantelant, e [pɑ̃tlɑ̃, ɑ̃t] *adj* *personne* gasping for breath (*attrib*), panting (*attrib*); *gorge* heaving; *cadavre, animal* twitching; *chair* throbbing, heaving. ~ **de peur** panting with fear.

panthéisme [pɑ̃teism(ə)] *nm* pantheism.

panthéiste [pɑ̃teist(ə)] 1 *nmf* pantheist. 2 *adj* pantheistic.

panthéon [pɑ̃teɔ̃] *nm* pantheon.

panthère [pɑ̃tɛʀ] *nf* panther. **sa femme est une vraie ~** his wife is a real hellcat*.

pantin [pɑ̃tɛ̃] *nm* (*jouet*) jumping jack; (*péj: personne*) puppet.

pantographe [pɑ̃tɔgʀaf] *nm* pantograph.

pantois [pɑ̃twa] *adj m* flabbergasted. **j'en suis resté ~** I was flabbergasted.

pantomime [pɑ̃tɔmim] *nf* (*art*) mime (*U*); (*spectacle*) mime show; (*fig*) pantomime, scene, fuss (*U*). **il nous a fait la ~ pour avoir un vélo** he made a great pantomime *ou* fuss about having a bike.

pantouflard, e* [pɑ̃tuflaʀ, aʀd(ə)] 1 *adj* *personne, caractère* stay-at-home (*épith*); *vie* quiet, uneventful, humdrum. **2** *nm* stay-at-home.

pantoufle [pɑ̃tufl(ə)] *nf* slipper. **il était en ~s** he was in his slippers.

panure [panyʀ] *nf* breadcrumb dressing.

paon [pɑ̃] *nm* peacock; *V* **parer¹**.

paonne [pan] *nf* peahen.

papa [papa] *nm* (*gén*) dad; (*langage enfantin*) daddy; (*langage de bébé*) dada. **la musique/les voitures de ~*** old-fashioned music/cars; **c'est vraiment l'usine de ~!*** this factory is really antiquated! **ou behind the times!; conduire à la ~*** to potter along, drive at a snail's pace; **alors ~, tu avances?*** come on grandad, get a move on*; **c'est un ~ gâteau** he spoils his (grand)children, he's a doting (grand)father; *V* **fils**.

papal, e, *mpl* **-aux** [papal, o] *adj* papal.

papauté [papote] *nf* papacy.

papaye [papaj] *nf* pawpaw, papaya.

papayer [papaje] *nm* pawpaw *ou* papaya (tree).

pape [pap] *nm* pope; (*fig*) [*école littéraire etc*] leading light. **le ~ Jean XXIII** Pope John XXIII; **du ~** papal.

papelard¹* [paplaʀ] *nm* (*feuille*) (bit of) paper; (*article de journal*) article; (*journal*) paper.

papelard², e [paplaʀ, aʀd(ə)] *adj* (*littér*) suave, smarmy (*Brit*).

papelardise [paplaʀdiz] *nf* (*littér*) suavity, suaveness, smarminess (*Brit*).

paperasse [papʀas] *nf* (*péj*) **~(s)** (wretched papers; (*à remplir*) forms; **je n'ai pas le temps de lire toutes les ~s** *ou* **toute la ~** qu'on m'envoie I've no time to read all the bumf‡ (*Brit*) *ou* stuff* that people send me.

paperasserie [papʀasʀi] *nf* (*péj*) (*à lire*) bumf‡ (*Brit*); (*à remplir*) forms; (*tracasserie, routine*) red tape. **il y a trop de ~ à faire dans ce travail** there's too much paperwork in this job.

paperassier, -ière [papʀasje, jɛʀ] (*péj*) **1** *adj personne* fond of red tape *ou* paperwork; *administration* cluttered with red tape (*attrib*), obsessed with form filling (*attrib*).
   2 *nm,f* (*bureaucrate*) penpusher (*péj*). **quel ~!** he's forever poring over his old papers *ou* scribbling away on his papers.

papeterie [papetʀi] *nf* (*magasin*) stationer's (shop); (*fourniture*) stationery; (*fabrique*) paper mill; (*fabrication*) paper-making industry; (*commerce*) stationery trade.

papetier, -ière [paptje, jɛʀ] *nm,f* (*vendeur*) stationer; (*fabricant*) paper-maker.

papi [papi] *nm* (*langage enfantin*) grandad*, grandpa*.

papier [papje] **1** *nm* **(a)** (*matière*) paper. **morceau/bout de ~** piece/bit *ou* slip of paper; **de ou en ~** paper (*épith*); **mets-moi cela sur ~** (*pour ne pas oublier*) write that down for me; (*pour confirmation écrite*) let me have that in writing; **écrire qch sur ~ libre** to write sth on plain paper; **sur le ~** (*en projet, théoriquement*) on paper; **jeter une idée sur le ~** to jot down an idea; *V* **pâte**.
   (b) (*feuille écrite*) paper; (*feuille blanche*) sheet *ou* piece of paper; (*Presse: article*) article. **papiers d'affaires** personal/business papers; **un ~ à signer/à remplir** a form to be signed/filled in; (*Presse: article*) **faire un ~ sur qn** to do an article on sb.
   (c) ~s (*d'identité*) (identity) papers; **vos ~s, s'il vous plaît!** could I see your identity papers, please?; (*Aut*) may I see your driving licence (*Brit*) *ou* driver's license (*US*), please?; **ses ~s ne sont pas en règle** his papers are not in order; (*fig*) **rayez cela de vos ~s!** you can forget about that!; *V* **petit**.
   2: papier aluminium aluminium (*Brit*) *ou* aluminum (*US*) foil, tinfoil; **papier d'argent** silver foil *ou* paper, tinfoil; **papier d'Arménie** incense paper; **papier bible** bible paper, India paper; **papier buvard** blotting paper; **papier calque** tracing paper; **papier carbone** carbon paper; **papier chiffon** rag paper; **papier à cigarettes** cigarette paper; **papier collant** gummed paper; (*transparent*) Sellotape ® (*Brit*), Scotch tape (*US*), sticky tape; (*Ordin*) **papier en continu** continuous stationery; **papier couché** art paper; **papier crépon** crêpe paper; **papier cul‡** bog-paper‡ (*Brit*), bumf‡ (*Brit*), TP* (*US*); **papier à dessin** drawing paper; **papier d'emballage** wrapping paper; **papier-émeri** emery paper; **papier à en-tête** headed notepaper, letterhead (*Comm*); **papier d'étain** tinfoil, silver paper; **papier filtre** filter paper; **papier glacé** glazed paper; (*ordures*) **papiers gras** litter, rubbish; **papier hygiénique** toilet paper; **papier journal** newspaper; **papier kraft** ® brown wrapping paper; **papier à lettres** writing paper, notepaper; **papier mâché** papier-mâché; (*fig*) **mine de papier mâché** pasty complexion; **papier machine** typing paper; **papiers militaires** army papers; **papier millimétré** graph paper; **papier ministre** official paper (*approx quarto size*); **écrit sur papier ministre** written on official paper; **papier monnaie** paper money; **papier à musique** manuscript (*Brit*) *ou* music (*US*) paper; **papier paraffiné** (*gén*) wax paper; (*Culin*) greaseproof (*Brit*) *ou* wax (*US*) paper; **papier peint** wallpaper; **papier pelure** India paper; (*Phot*) **papier sensible** bromide paper; **papier de soie** tissue paper; **papier timbré** stamped paper; **papier de tournesol** litmus paper; **papier de verre** glass-paper, sandpaper.

papille [papij] *nf* papilla. **~s gustatives** taste buds.

papillon [papijɔ̃] *nm* (*insecte*) butterfly; (*fig: personne*) fickle person; (*Tech: écrou*) wing *ou* butterfly nut; (*Police: contravention*) (parking) ticket; (*autocollant*) sticker. **~ de nuit** moth; (*Aut*) **~ des gaz** throttle valve; *V* **brasse, minute, nœud**.

papillonnant, e [papijɔnɑ̃, ɑ̃t] *adj esprit* fickle; *personne* fickle-minded.

papillonnement [papijɔnmɑ̃] *nm* (*V* **papillonner**) flitting about *ou* around; chopping and changing (*Brit*), hopping around (from one thing to another).

papillonner [papijɔne] (1) *vi* (*entre personnes, objets*) to flit about *ou* around (*entre* between); (*entre activités diverses*) to chop and

change (*Brit*) (*entre* between), hop around from one thing to another. **~ d'un sujet/d'une femme à l'autre** to flit from one subject/woman to another; **~ autour d'une femme** to hover round a woman.

papillote [papijɔt] *nf* [*cheveux*] curlpaper; [*bonbon*] (sweet (*Brit*) *ou* candy (*US*)) paper, (sweet) wrapper (*Brit*); [*gigot*] frill; (*papier beurré*) buttered paper; (*papier aluminium*) tinfoil. **poisson en ~** fish cooked in tinfoil.

papillotement [papijɔtmɑ̃] *nm* (*V* **papilloter**) twinkling; sparkling; fluttering, flickering; blinking.

papilloter [papijɔte] (1) *vi* [*lumière, étoiles*] to twinkle; [*reflets*] to sparkle; [*paupières*] to flutter, flicker; [*yeux*] to blink.

papisme [papism(ə)] *nm* papism, popery.

papiste [papist(ə)] *nmf* papist.

papotage [papɔtaʒ] *nm* (*action*) chattering (*U*); (*propos*) (idle) chatter (*U*).

papoter [papɔte] (1) *vi* to chatter, have a natter* (*Brit*).

papou, e [papu] **1** *adj* Papuan. **2** *nm* (*Ling*) Papuan. **3** *nm,f:* **P~(e)** Papuan.

papouan-néo-guinéen, -enne [papwɑ̃neɔginēẽ, ɛn] **1** *adj* Papoua-New-Guinean, (of) Papua New Guinea **2** *nm,f:* **Papouan-Néo-Guinéen(ne)** Papua-New-Guinean.

Papouasie-Nouvelle-Guinée [papwazinuvɛlgine] *nf* Papua New Guinea.

papouille* [papuj] *nf* tickling (*U*). **faire des ~s à qn** to touch sb up‡, give sb a bit of a feel‡.

paprika [papʀika] *nm* paprika (pepper).

papule [papyl] *nf* papule.

papyrus [papiʀys] *nm* papyrus.

pâque [pak] *nf:* **la ~** Passover; *V aussi* **Pâques**.

paquebot [pakbo] *nm* liner, (steam)ship.

pâquerette [pakʀɛt] *nf* daisy.

Pâques [pak] **1** *nm* Easter. (*fig*) **à ~ ou à la Trinité** never in a month of Sundays; *V* **dimanche, île, œuf. 2** *nfpl:* **bonnes ou joyeuses ~** Happy Easter; **faire ses ~** to go to Easter mass (and take communion).

paquet [pakɛ] *nm* **(a)** (*pour emballer etc*) [*sucre, café*] bag; [*cigarettes*] packet, pack (*US*); [*cartes*] pack; [*linge*] bundle. **il fume deux ~s par jour** he smokes forty a day (*Brit*), he smokes two packs a day (*US*); (*fig*) **malmener ou secouer qn comme un ~ de linge sale** to shake *ou* handle sb roughly; **~-cadeau** gift-wrapped parcel; **faites moi un ~-cadeau** put it in gift-wrapping for me, gift-wrap it for me; (*fig*) **c'est un vrai ~ de nerfs** he's a bag *ou* bundle of nerves; **c'est un vrai ~ d'os** he's a bag of bones.
   (b) (*colis*) parcel. **mettre en ~** to parcel up, bundle up; **faire un ~** to make up a parcel.
   (c) (*fig: tas*) **~ de** *neige* pile *ou* mass of; *boue* lump of; *billets, actions* wad of; **il a touché un bon ~*** he got a fat sum*; **par ~s** in waves.
   (d) (*Rugby*) **~** (*d'avants*) pack (of forwards).
   (e) (*Naut*) **~ de mer** heavy sea (*U*), big wave.
   (f) (*loc) **faire son ~ ou ses ~s** to pack one's bags; **y mettre le ~** (*argent*) to spare no expense; (*efforts*) to give all one has got; **lâcher son ~ à qn*** to tell sb a few home truths; *V* **risquer**.

paquetage [pakta3] *nm* (*Mil*) pack, kit. **faire son ~** to get one's pack *ou* kit ready.

par [paʀ] *prép* **(a)** (*agent, cause*) by. **le carreau a été cassé ~ l'orage/un enfant** the pane was broken by the storm/a child; **accablé ~ le désespoir** overwhelmed with despair; **elle nous a fait porter des fraises ~ son jardinier** she got her gardener to bring us some strawberries, she had her gardener bring us some strawberries; **il a appris la nouvelle ~ le journal/~ un ami** he learned the news from the paper/from *ou* through a friend; **elle veut tout faire ~ elle-même** she wants to do everything (for) herself; **la découverte ~ Fleming de la pénicilline** Fleming's discovery of penicillin, the discovery of penicillin by Fleming.
   (b) (*manière, moyen*) by, with, through. **obtenir qch ~ la force/la torture/la persuasion/la ruse** to obtain sth by force/by torture/with persuasion/by *ou* through cunning; **essayer ~ tous les moyens** to try every possible means; **arriver ~ l'intelligence/le travail** to succeed through intelligence/hard work; **la porte ferme ~ un verrou** the gate is locked with *ou* by means of a bolt; **prendre qn ~ le bras/la main/la taille** to take sb by the arm/hand/waist; **payer ~ chèque** to pay by cheque; **prendre qn ~ les sentiments/son faible** to appeal to sb's feelings/weak spot; **~ le train/l'avion** by rail *ou* train/air *ou* plane; **~ la poste** by post *ou* mail, through the post; **ils se ressemblent ~ leur sens de l'humour** they are alike in their sense of humour; **il descend des Bourbon ~ sa mère** he is descended from the Bourbons through his mother *ou* on his mother's side; **ils diffèrent ~ bien des côtés** they are different *ou* they differ in many ways *ou* aspects; **il est honnête ~ nature** he is honest by nature, he is naturally honest; **il ne jure que ~ elle** he swears by her alone; *V* **cœur, excellence, mégarde** etc.
   (c) (*gén sans art: cause, motif etc*) through, out of, from, by. **étonnant ~ son érudition** amazing for his learning; **~ manque de temps** owing to lack of time, because time is (*ou* was) short *ou* lacking; **~ habitude** by *ou* out of *ou* from (sheer) habit; **faire qch ~ plaisir/pitié** to do sth for pleasure/out of pity; **~ souci d'exactitude** for the sake of accuracy, out of a concern for accuracy; **~ hasard/erreur** by chance/mistake; **~ pure bêtise/négligence** through *ou* out of sheer stupidity/negligence; *V* **principe**.
   (d) (*lit, fig: lieu, direction*) by (way of), through, across, along. **il est sorti ~ la fenêtre** he went out by (way of) *ou* through the window; **il est venu ~ le chemin le plus court** he came (by) the shortest way; **je dois passer ~ le bureau avant de rentrer** I must drop in at the office on my way home; **nous sommes venus ~ la côte/~ Lyon/~ l'Espagne** we came along (by) the coast/via *ou* by

way of Lyons/via *ou* through Spain; ~ **terre ou** ~ **mer** by land or (by) sea; **se promener** ~ **les rues/les champs** to walk through the streets/through *ou* across the fields; ~ **tout le pays** throughout *ou* all over the (entire) country; **il habite** ~ **ici** he lives round *ou* around here *ou* here somewhere; **sortez** ~ **ici/là** go out this/that way; ~ **où sont-ils entrés?** which way *ou* how did they get in?; ~ **où est-il venu?** which way did he come (by)?; **passer** ~ **de dures épreuves** to go through some very trying times; **la rumeur s'était répandue** ~ **la ville** the rumour had spread (a)round the town; **elle est passée** ~ **toutes les couleurs de l'arc-en-ciel** she went through all the colours of the rainbow; ~ **5 mètres de fond** at a depth of 5 metres; ~ **10° de latitude sud** at a latitude of 10° south; **arriver** ~ **le nord/la gauche/le haut** *ou* **en haut** to arrive from the north/the left/the top; *V* **ailleurs**, **mont** *etc et aussi* **par-devant** *etc.*

(e) *(distribution, mesure)* a, per, by. **marcher 2** ~ **2/3** ~ **3** to/ walk 2 by 2/3 by 3 *ou* in 2's/3's; **faites-les entrer un** ~ **un** let them in one at a time *ou* one by one; **nous avons payé 90 F** ~ **personne** we paid 90 francs per person *ou* a head *ou* apiece; **3 fois** ~ **jour/ semaine/mois** 3 times daily *ou* a day/weekly *ou* a week/monthly *ou* a month; **6 étudiants** ~ **appartement** 6 students to a flat *ou* per flat; **gagner tant** ~ **semaine/mois** to earn so much a *ou* per week/ month; ~ **an a** *ou* per year, per annum; **ils déduisent 20F** ~ **enfant** they take off 20 francs for each child *ou* per child; ~ **moments** *ou* **instants**, **je crois rêver** at times I think I'm dreaming; **ils s'abattirent sur les plantes** ~ **milliers** they swooped down onto the plants in their thousands; **il y en avait** ~ **milliers** there were thousands of them; ~ **poignées/charretées** in handfuls/ cartloads, by the handful/cartload; ~ **3 fois, on lui a demandé** 3 times he has been asked.

(f) *(atmosphère)* in, on; *(moment)* on. ~ **une belle nuit d'été** on a beautiful summer('s) night; **il partit** ~ **une pluvieuse journée de mars** he left on a rainy *ou* wet March day; **ne restez pas dehors** ~ **ce froid/cette chaleur** don't stay out in this cold/heat; **évitez cette route** ~ **temps de pluie/de brouillard** avoid that road in wet weather/in fog *ou* when it's wet/foggy; **sortir** ~ **moins 10°** to go out when it's minus 10°; ~ **les temps qui courent** these days.

(g) *(avec finir, commencer etc)* with, by. **commencer** ~ **qch/**~ **faire** to begin with sth/by doing; **il a fini** ~ **ennuyer tout le monde** he ended up *ou* finished up boring everyone; ~ **où allons-nous commencer?** where shall we begin?; **on a clôturé la séance** ~ **des élections** elections brought the meeting to a close, the meeting closed with elections; **il finit** ~ **m'agacer avec ses plaisanteries!** I've really had enough of his jokes!

(h) *(dans exclamations, serments)* by. ~ **tous les dieux du ciel** by *ou* in the name of heaven; ~ **tout ce que j'ai de plus cher**, **je vous promets** I promise you by all that I hold most dear; *V* **jurer**, **pitié** *etc.*

(i) *(loc frm)* ~ **trop** far too, excessively; **de** ~ **le roi** in the name of the king, by order of the king; **de** ~ **le monde** throughout the world, the world over.

para* [paʀa] *nm (abrév de* **parachutiste***)* para*.
parabellum [paʀabelɔm] *nm* big automatic pistol.
parabole [paʀabɔl] *nf (Math)* parabola; *(Rel)* parable.
parabolique [paʀabɔlik] **1** *adj* parabolic. **antenne** ~ parabolic *ou* dish aerial. **2** *nm (radiateur)* electric fire.
paracenthèse [paʀasɛtɛz] *nf* paracentesis.
parachèvement [paʀaʃɛvmɑ̃] *nm* perfection, perfecting.
parachever [paʀaʃve] (5) *vt* to perfect, put the finishing touches to.
parachutage [paʀaʃytaʒ] *nm* parachuting, dropping *ou* landing by parachute. (*fig) **les électeurs n'ont pas apprécié le** ~ **d'un ministre dans leur département** the voters in that region didn't like the way a minister was suddenly landed on them.
parachute [paʀaʃyt] *nm* parachute. ~ **ventral/dorsal** lap-pack/ back-type parachute; **faire** du ~ to go parascending.
parachuter [paʀaʃyte] (1) *vt* to parachute, drop *ou* land by parachute. (*fig) **ils m'ont parachuté à ce poste** I was pitch-forked into this job; **ils nous ont parachuté un nouveau directeur de Paris** a new manager from Paris has suddenly been landed on us.
parachutisme [paʀaʃytism(ə)] *nm* parachuting. ~ **ascensionnel** parascending; **faire du** ~ to go parachuting; **faire du** ~ **on chute libre** to skydive, do skydiving.
parachutiste [paʀaʃytist(ə)] **1** *nmf* parachutist; *(Mil)* paratrooper. **nos unités de** ~**s** our paratroops. **2** *adj* **unité** paratrooper *(épith)*.
parade [paʀad] *nf* (a) *(ostentation)* show, ostentation. **faire** ~ **de** *érudition* to parade, display, show off; *relations* to boast about, brag about; **de** ~ *uniforme, épée* ceremonial; *(péj)* **afficher une générosité de** ~ to make an outward *ou* a superficial show *ou* display of generosity; **ce n'est que de la** ~ it's just done for show.
(b) *(spectacle)* parade. ~ **militaire/foraine** military/circus parade; **les troupes s'avancèrent comme à la** ~ the troops moved forward as if they were (still) on the parade ground *ou* on parade.
(c) *(Équitation)* pulling up.
(d) *(Escrime)* parry, parade; *(Boxe)* parry; *(fig)* answer, reply; *(orale)* riposte, rejoinder. **trouver la bonne** ~ (à une attaque/un argument) to find the right answer *ou* reply (to an attack/an argument).
parader [paʀade] (1) *vi* to strut about, show off.
paradigmatique [paʀadigmatik] **1** *adj* paradigmatic. **2** *nf* study of paradigmatic relationships.
paradigme [paʀadigm(ə)] *nm* paradigm.
paradis [paʀadi] *nm* (a) *(lit, fig)* paradise, heaven. **le P**~ **terrestre** *(Bible)* the Garden of Eden; *(fig)* heaven on earth; ~ **fiscal** tax haven. (b) *(Théât***)* **le** ~ the gods* *(Brit)*, the gallery.
paradisiaque [paʀadizjak] *adj* heavenly, paradisiacal.
paradisier [paʀadizje] *nm* bird of paradise.
paradoxal, e, mpl -aux [paʀadɔksal, o] *adj* paradoxical.

paradoxalement [paʀadɔksalmɑ̃] *adv* paradoxically.
paradoxe [paʀadɔks(ə)] *nm* paradox.
parafe [paʀaf] *nm* = **paraphe**.
parafer [paʀafe] (1) *vt* = **parapher**.
paraffinage [paʀafinaʒ] *nm* paraffining.
paraffine [paʀafin] *nf (gén: solide)* paraffin wax; *(Chim)* paraffin *(Chim)*.
paraffiner [paʀafine] (1) *vt* to paraffin(e); *V* **papier**.
parafiscal, e, mpl -aux [paʀafiskal, o] *adj*: **taxe** ~**e** additional levy *(road-fund tax, stamp duty etc)*.
parages [paʀaʒ] *nmpl* (a) **dans les** ~ *(dans la région)* in the area, in the vicinity; (**pas très loin)* round about; **dans ces** ~ in these parts; **dans les** ~ **de** near, round about, in the vicinity of.
(b) *(Naut)* waters, region.
paragraphe [paʀagʀaf] *nm* paragraph; *(Typ)* section (mark).
paragrêle [paʀagʀɛl] *adj* anti-hail *(épith)*.
Paraguay [paʀagwɛ] *nm* Paraguay.
paraguayen, -enne [paʀagwajɛ̃, ɛn] **1** *adj* Paraguayan. **2** *nm, f*: **P**~**(ne)** Paraguayan.
paraître [paʀɛtʀ(ə)] (57) **1** *vi* (a) *(se montrer)* *(gén)* to appear; *[personne]* to appear, to make one's appearance. ~ **en scène /à** *ou* **sur** l'écran/au balcon to appear on stage/on the screen/on the balcony; **il n'a pas paru de la journée I** *(ou* we *etc)* haven't seen him all day, he hasn't shown up* *ou* appeared all day; **il n'a pas paru à la réunion** he didn't appear *ou* turn up *or* show up* at the meeting; ~ **en public** to appear in public, make a public appearance; **un sourire parut sur ses lèvres** a smile appeared on his lips.
(b) *(Presse)* to appear, be published, come out. **faire** ~ **qch** *[éditeur]* to bring out *ou* publish sth; *[auteur]* to have sth published; **'vient de** ~**'** 'just out', 'just published'; **à** ~**'** 'forthcoming'.
(c) *(briller)* to be noticed. **chercher à** ~ to show off; **le désir de** ~ the desire to be noticed *ou* to show off.
(d) *(être visible)* to show (through). **il en paraît toujours quelque chose** one can always see some sign of it *ou* traces of it; **il n'y paraîtra bientôt plus** *(tache, cicatrice)* there will soon be no trace left of it *ou* nothing left to show (of it); *(maladie)* soon no one will ever know you've had it; **laisser** ~ **ses sentiments/son irritation** to let one's feelings/one's annoyance show; **sans qu'il y paraisse** rien without anything being obvious, without letting anything show; **sans qu'il y paraisse, elle a obtenu ce qu'elle voulait** without it appearing so, she got what she wanted.
(e) *(sembler)* to look, seem, appear. **elle paraît heureuse** she seems (to be) happy; **cela me paraît une erreur** it looks *ou* seems like a mistake to me; **elle paraissait l'aimer** she seemed *ou* appeared to love him; **il paraît 20 ans** *(il est plus jeune)* he looks (at least) 20; *(il est plus âgé)* he only looks 20; **le voyage a paru long** the journey seemed long; **cette robe la fait** ~ **plus grand** that dress makes her looks taller; **essayer de** ~ **ce qu'on n'est pas** to try to appear to be what *ou* something one isn't.
2 *vb impers* (a) *(il semble)* **il me paraît difficile qu'elle puisse venir** it seems to me that it will be difficult for her to come; **il ne lui paraît pas essentiel qu'elle sache** he doesn't think it essential for her to know; **il lui paraissait impossible de refuser** he didn't see how he could refuse; **il paraîtrait ridicule de s'offenser** it would seem stupid to take offence.
(b) *(le bruit court)* **il va se marier, paraît-il** *ou* **à ce qu'il paraît** he's apparently getting married; **il paraît** *ou* **il paraîtrait qu'on va construire une autoroute** apparently *ou* it seems they're going to build a motorway, they're going to build a motorway, so they say; **il paraît que oui** so it seems *ou* appears, apparently so.
3 *nm*: **le** ~ appearance(s).
paralangage [paʀalɑ̃gaʒ] *nm* paralanguage.
paralinguistique [paʀalɛ̃gɥistik] *adj* paralinguistic.
paralittérature [paʀaliteʀatyʀ] *nf* marginal literature.
parallactique [paʀalaktik] *adj* parallactic.
parallaxe [paʀalaks(ə)] *nf* parallax.
parallèle [paʀalɛl] **1** *adj* (a) *(Math)* parallel *(à* to); *V* **barre**.
(b) *(fig) (comparable)* parallel, similar; *(indépendant)* separate; *(non officiel)* marché, cours, police unofficial; *énergie, société* alternative. **mener une action** ~ to take similar action, act on *ou* along the same lines; *(Comm)* **circuits** ~**s de distribution** parallel distribution circuits.
2 *nf (Math)* parallel (line). *(Élec)* **monté en** ~ wired (up) in parallel.
3 *nm (Géog, fig)* parallel. ~ **de latitude** parallel of latitude; **établir un** ~ **entre 2 textes** to draw a parallel between 2 texts; **mettre en** ~ *choses opposées* to compare; *choses semblables* to parallel; **mettre en** ~ **deux problèmes semblables** to parallel one problem with another.
parallèlement [paʀalɛlmɑ̃] *adv (lit)* parallel *(à* to); *(fig) (ensemble)* at the same time; *(similairement)* in the same way.
parallélépipède [paʀalelepiped] *nm* parallelepiped.
parallélisme [paʀalelism(ə)] *nm (lit, fig)* parallelism; *(Aut)* wheel alignment.
parallélogramme [paʀalelɔgʀam] *nm* parallelogram.
paralysé, e [paʀalize] *(ptp de* **paralyser***)* **1** *adj* paralyzed. **rester** ~ to be left paralyzed; **il est** ~ **des jambes** his legs are paralyzed; *[aéroport]* ~ **par le brouillard** fogbound; ~ **par la neige** snowbound; ~ **par la grève** *[gare]* strike-bound; *[hôpital]* crippled by the strike. **2** *nm, f* paralytic.
paralyser [paʀalize] (1) *vt (Méd, fig)* to paralyze.
paralysie [paʀalizi] *nf (Méd, fig)* paralysis; palsy *(Bible)*. ~ **infantile** infantile paralysis; **être frappé de** ~ to be struck down with paralysis.
paralytique [paʀalitik] *adj, nmf* paralytic.
paramécie [paʀamesi] *nf* paramecium.
paramédical, e, mpl -aux [paʀamedikal, o] *adj* paramedical.

paramètre [paramɛtr(ə)] *nm* parameter.
paramilitaire [paramilitɛr] *adj* paramilitary.
parangon [parãgɔ̃] *nm* paragon. ~ **de vertu** paragon of virtue.
paranoïa [paranɔja] *nf* paranoia.
paranoïaque [paranɔjak] *adj, nmf* paranoiac.
paranoïde [paranɔid] *adj* paranoid.
paranormal,e, *mpl* **-aux** [paranɔrmal,o] *adj* paranormal.
parapet [parapɛ] *nm* parapet.
paraphe [paraf] *nm* (*trait*) paraph, flourish; (*initiales*) initials; (*littér: signature*) signature.
parapher [parafe] (1) *vt* (*Admin*) to initial; (*littér: signer*) to sign.
paraphrase [parafrɑz] *nf* paraphrase.
paraphraser [parafrɑze] (1) *vt* to paraphrase.
paraphrastique [parafrastik] *adj* paraphrastic.
paraplégie [parapleʒi] *nf* paraplegia.
paraplégique [parapleʒik] *adj, nmf* paraplegic.
parapluie [paraplɥi] *nm* umbrella. ~ **atomique** nuclear shield *ou* umbrella; (*fig*) **ouvrir le** ~ to protect o.s. against criticism.
parapsychique [parapsiʃik] *adj* parapsychological.
parapsychologie [parapsikɔlɔʒi] *nf* parapsychology.
parapsychologue [parapsikɔlɔg] *nmf* parapsychologist.
parascolaire [paraskɔlɛr] *adj* extracurricular.
parasite [parazit] **1** *nm* (*Bot, Vét*) parasite; (*fig: personne*) parasite, sponger‡, scrounger*. (*Rad, TV*) ~**s** interference, atmospherics (*Brit*), static; **la machine à laver fait des** ~**s dans la télévision** the washing machine causes interference on the television.
   2 *adj* parasitic(al). (*Rad, TV*) **bruits** ~**s** interference, atmospherics (*Brit*), static.
parasiter [parazite] (1) *vt* (*Bot, Vét*) to live as a parasite on; (*Rad, TV*) to cause interference on.
parasitique [parazitik] *adj* parasitic(al).
parasitisme [parazitism(ə)] *nm* parasitism.
parasitose [parazitoz] *nf* parasitosis.
parasol [parasɔl] *nm* [*plage*] beach umbrella, parasol; [*café, terrasse*] sunshade, parasol; (†: *ombrelle*) parasol, sunshade; *V* **pin.**
parasympathique [parasɛ̃patik] *adj* parasympathetic.
parataxe [parataks(ə)] *nf* parataxis.
parathyroïde [paratirɔid] *nf* parathyroid (gland).
paratonnerre [paratɔnɛr] *nm* lightning conductor.
paratyphique [paratifik] *adj* paratyphoid.
paratyphoïde [paratifɔid] *nf* paratyphoid fever.
paravent [paravã] *nm* folding screen *ou* partition; (*fig*) screen.
parbleu†† [parblø] *excl* of course!
parc [park] **1** *nm* (*jardin public*) park; (*jardin de château*) grounds; (*Mil: entrepôt*) depot; (*fig, Écon: ensemble*) stock. **le** ~ **français des ordinateurs individuels** the total number of personal computers owned in France.
   2: parc à l'anglaise landscaped garden; **parc d'attractions** amusement park; **parc automobile** [*pays*] number of vehicles on the road; [*entreprise*] car (*ou* bus *etc*) fleet; **parc à bébé** playpen; **parc à bestiaux** cattle pen *ou* enclosure; **parc ferroviaire** rolling stock; **parc à la française** formal garden (in the French style); **parc à huîtres** oyster bed; **parc à moules** mussel bed; **parc à moutons** sheep pen, sheepfold; **parc national** national park; **parc naturel** nature reserve; **parc de stationnement** car park (*Brit*), parking lot (*US*); **parc zoologique** zoological gardens.
parcage [parkaʒ] *nm* [*moutons*] penning; [*voitures*] parking.
parcellaire [parselɛr] *adj* (*fig: fragmentaire*) plan, travail fragmented, bitty* (*Brit*).
parcelle [parsɛl] *nf* fragment, particle, bit; (*sur un cadastre*) parcel (*of land*). ~ **de terre** plot of land; ~ **de vérité/bon sens** grain of truth/commonsense; **pas la moindre** ~ **de vérité** not a grain *ou* scrap of truth; **une** ~ **de bonheur/gloire** a bit of happiness/fame.
parcellisation [parselizasjɔ̃] *nf* breakdown into individual operations.
parcelliser [parselize] (1) *vt* to break down into individual operations.
parce que [parsk(ə)] *conj* because. **Robert, de mauvaise humeur** ~ **fatigué, répondit que ...** Robert, being tired, was in a bad temper and replied that ..., Robert was in a bad temper because he was tired and replied that ...; **pourquoi n'y vas-tu pas?** — ~! why aren't you going? — (just) because (I'm not!).
parchemin [parʃəmɛ̃] *nm* parchment (*U*), piece of parchment; (*Univ fig*) diploma, degree.
parcheminé [parʃəmine] (*ptp de* **parcheminer**) *adj peau* wrinkled; *visage* wizened.
parcheminer [parʃəmine] (1) **1** *vt* to give a parchment finish to. **2 se parcheminer** *vpr* to wrinkle up.
parcimonie [parsimɔni] *nf* parsimony, parsimoniousness. **distribuer qch avec** ~ (*par économie*) to dole sth out sparingly *ou* parsimoniously; (*à contrecœur*) to dole sth out grudgingly.
parcimonieusement [parsimɔnjøzmã] *adv* (*V* **parcimonie**) parsimoniously; sparingly; grudgingly.
parcimonieux, -euse [parsimɔnjø, øz] *adj personne* parsimonious; *distribution* niggardly, stingy.
par-ci par-là [parsiparla] *adv* (*espace*) here and there; (*temps*) now and then, from time to time. **il m'agace avec ses bien sûr par-ci, bien sûr par-là** he gets on my nerves saying of course, right, left and centre.
parcmètre [parkmɛtr(ə)] *nm*, **parcomètre** [parkɔmɛtr(ə)] *nm* (parking) meter.
parcourir [parkurir] (11) *vt* (**a**) *trajet, distance* to cover, travel; (*en tous sens*) *lieu* to go all over; *pays* to travel up and down. **ils ont parcouru toute la région en un mois** they travelled the length and breadth of the region *ou* they've covered the whole region in a month; ~ **la ville à la recherche de qch** to search for sth all over

(the) town, scour the town for sth; **les navires parcourent les mers** ships sail all over the seas; **un frisson parcourut tout son corps a** shiver ran through his body; **le ruisseau parcourt toute la vallée** the stream runs along *ou* through the whole valley *ou* right along the valley; **l'obus parcourut le ciel** the shell flew through *ou* across the sky.
   (**b**) (*regarder rapidement*) *lettre, livre* to glance *ou* skim through. **il parcourut la foule des yeux** he ran his eye over the crowd.
parcours [parkur] *nm* (**a**) (*distance*) distance; (*trajet*) journey; (*itinéraire*) route; [*fleuve*] course. **le prix du** ~ the fare. (**b**) (*Sport*) course. **sur un** ~ **difficile** over a difficult course; ~ **de golf** (*terrain*) golf course; (*partie, trajet*) round of golf; (*Mil*) **faire le** ~ **du combattant** to go round an assault course; *V* **accident.**
par-delà [pardəla] *prép* beyond. ~ **les montagnes/les mers** beyond the mountains/the seas; ~ **les querelles, la solidarité demeure** there is a feeling of solidarity which goes beyond the quarrels, underneath the quarrelling there remains a feeling of solidarity.
par-derrière [pardɛrjɛr] **1** *prép* (round) behind, round the back of. **2** *adv passer* round the back; *attaquer, emboutir* from behind, from the rear; *être endommagé* at the back *ou* rear; *se boutonner* at the back. **dire du mal de qn** ~ to speak ill of sb behind his back.
par-dessous [pard(ə)su] *prép, adv* under(neath); *V* **jambe.**
pardessus [pardəsy] *nm* overcoat.
par-dessus [pard(ə)sy] **1** *prép* over (the top of). **il a mis un pullover** ~ **sa chemise** he has put a pullover over *ou* on top of his shirt; ~ **tout** above all; **j'en ai** ~ **la tête de toutes ces histoires** I'm sick and tired of all this business; ~ **le marché** into the bargain, on top of all that; ~ **bord** overboard; *V* **jambe.**
   2 *adv* over (the top).
par-devant [pard(ə)vã] **1** *prép* (*Jur*) ~ **notaire** in the presence of *ou* before a lawyer. **2** *adv passer* round the front; *attaquer, emboutir* from the front; *être abîmé, se boutonner* at the front.
par-devers [pardəvɛr] *prép* (*Jur*) before. (*frm*) ~ **soi** (*en sa possession*) in one's possession; (*fig: dans son for intérieur*) to *ou* within oneself.
pardi† [pardi] *excl* of course!
pardieu†† [pardjø] *excl* of course!
pardon [pardɔ̃] *nm* (**a**) (*grâce*) forgiveness, pardon (*frm, Jur*).
   (**b**) (*en Bretagne*) pardon (*religious festival*).
   (**c**) (*loc*) **demander** ~ **à qn d'avoir fait qch** to apologize to sb for doing *ou* having done sth; **demande** ~! say you're sorry!; (**je vous demande**) ~ (I'm) sorry, I beg your pardon, excuse me; ~ **Monsieur, avez-vous l'heure?** excuse me, have you got the time?; **tu n'y es pas allé — (je te demande bien)** ~, **j'y suis allé ce matin** you didn't go — oh yes I did *ou* excuse me, I went this morning *ou* I certainly did go this morning; **et puis** ~!* **il travaille dur** he works hard, I'm telling you *ou* I can tell you *ou* you can take it from me*; **je suis peut-être un imbécile mais alors lui,** ~!* maybe I'm stupid but he's even worse! *ou* he takes the biscuit!* (*Brit*) *ou* cake!* (*US*).
pardonnable [pardɔnabl(e)] *adj* pardonable, forgivable, excusable. **il l'a oublié mais c'est** ~ he can be forgiven *ou* excused for forgetting it, he has forgotten it but you have to forgive *ou* excuse him.
pardonner [pardɔne] (1) **1** *vt péché* to forgive, pardon; *indiscrétion* to forgive, excuse. ~ (**à**) **qn** to forgive sb, let sb off; ~ **qch à qn/à qn d'avoir fait qch** to forgive sb for sth/for doing sth; **pour se faire** ~ **son erreur** to try to win forgiveness for his mistake, so as to be forgiven for his mistake; **pardonnez-moi de vous avoir dérangé** I'm sorry to have disturbed you, excuse me for disturbing you, excuse my disturbing you; **vous êtes tout pardonné** I'll let you off, you're forgiven (*hum*); **on lui pardonne tout** he gets away with everything; **je ne me le pardonnerai jamais** I'll never forgive myself; **ce genre d'erreur ne se pardonne pas** this is an unforgivable *ou* inexcusable mistake; **pardonnez-moi, mais je crois que ...** excuse me but I think that ...; *V* **faute.**
   2 *vi* to forgive. (*fig*) **c'est une maladie/une erreur qui ne pardonne pas** it's a fatal illness/mistake.
pare- [par] *préf V* **parer².**
paré, e [pare] (*ptp de* **parer²**) *adj* (*prêt*) ready, all set; (*préparé*) prepared. **être** ~ **contre le froid** to be prepared for the cold weather.
parégorique [paregɔrik] *adj, nm* paregoric; *V* **élixir.**
pareil, -eille [parɛj] **1** *adj* (**a**) (*identique*) the same, similar, alike (*attrib*). **il n'y en a pas deux** ~**s** there aren't two the same *ou* alike; ~ **que**, ~ **à** the same as, similar to, just like; **comment va-t-elle?** — **c'est toujours** ~ how is she? — (she's) just the same (as ever) *ou* there's no change (in her); **c'est toujours** ~, **il ne peut pas être à l'heure** it's always the same, he never manages to be on time; **il est** ~ **à lui-même** he doesn't change, he's the same as ever; **tu as vu son sac? j'en ai un** ~**/presque** ~ have you seen her bag? I've got one the same *ou* just one like it/one very similar *ou* almost identical; (*littér*) **à nul autre** ~ peerless (*littér, épith*), unrivalled, unmatched; **l'an dernier à** ~**le époque** this time last year.
   (**b**) (*tel*) such (a), of the sort. **je n'ai jamais entendu** ~ **discours** *ou* **un discours** ~ I've never heard such a speech *ou* a speech like it *ou* a speech of the sort (*péj*); **en** ~ **cas** in such a case; **en** ~**le occasion** on such an occasion; **à** ~**le heure, il devrait être debout** he ought to be up at this hour; **se coucher à une heure** ~**le!** what a time to be going to bed (at)!
   2 *nm, f:* **nos** ~**s** (*semblables*) our fellow men; (*égaux*) our equals *ou* peers; **je ne retrouverai jamais son** ~ (*chose*) I'll never find another one like it; (*employé*) I'll never find another one like him *ou* to match him; **ne pas avoir son** ~ (*ou* **sa** ~**le**) to be second to none; **vous et vos** ~**s** you and your kind, people like you; **sans** ~ unparalleled, unequalled; **c'est du** ~ **au même*** it doesn't make the

slightest difference, it comes to the same thing, it makes no odds, it's six (of one) and half-a-dozen (of the other); *V* rendre.

3 *adv* (*) *s'habiller* the same, in the same way, alike. faire ~ to do the same thing (*que* as).

pareillement [paʀɛjmɑ̃] *adv* (*de la même manière*) *s'habiller* in the same way (*à* as); (*également*) likewise, also, equally. cela m'a ~ surpris it surprised me also *ou* too; ~ heureux equally happy; mon père va bien et ma mère ~ my father is well and so is my mother *ou* and my mother too; à vous ~! the same to you!

parement [paʀmɑ̃] *nm* (*Constr, Habillement*) facing.

parenchyme [paʀɑ̃ʃim] *nm* parenchyma.

parent, e [paʀɑ̃, ɑ̃t] **1** *adj* related (*de* to).

2 *nm,f* (a) relative, relation. être ~ de qn to be related to *ou* a relative of sb; nous sommes ~s par alliance/par ma mère we are related by marriage/on my mother's side; ~s en ligne directe blood relations; ~s proches close relations *ou* relatives; ~s et amis friends and relations *ou* relatives; nous ne sommes pas ~s we aren't related; (*fig*) traiter qn en ~ pauvre to treat sb like a poor relation; les devoirs des ~s parental duties.

(b) (*Bio*) parent.

3 *nmpl*: ~s (*père et mère*) parents; (*littér: ancêtres*) ancestors, forefathers; accompagné de l'un de ses ~s accompanied by one parent *ou* one of his parents; nos premiers ~s our first parents, Adam and Eve.

parental, e, *mpl* **-aux** [paʀɑ̃tal, o] *adj* parental. retrait d'autorité ~e loss of parental rights; participation ~e parental involvement.

parenté [paʀɑ̃te] *nf* (*rapport*) relationship, kinship; (*ensemble des parents*) relations, relatives, kith and kin (*pl*). ces deux langues n'ont aucune ~ these two languages are not in any way related *ou* have no common roots.

parenthèse [paʀɑ̃tɛz] *nf* (*digression*) parenthesis, digression; (*signe*) bracket (*Brit*), parenthesis. ouvrir/fermer la ~ to open/close the brackets (*Brit*) *ou* parentheses; mettre qch entre ~s to put sth in *ou* between brackets (*Brit*) *ou* parentheses; entre ~s (*lit*) in brackets (*Brit*) *ou* parentheses; (*fig*) incidentally, in parenthesis; il vaut mieux mettre cet aspect entre ~s it would be better to leave that aspect aside; par ~ incidentally, in passing; soit dit par ~, elle aurait mieux fait de rester it could be said incidentally *ou* in passing that she would have done better to stay; (*fig*) ouvrir une ~ to digress, make a digression; je me permets d'ouvrir une ~ pour dire ... may I interrupt *ou* digress for a moment to say .... .

parenthétisation [paʀɑ̃tetizasjɔ̃] *nf* bracketing (*Brit*), parenthesizing.

paréo [paʀeo] *nm* pareo.

parer¹ [paʀe] (1) **1** *vt* (a) (*orner*) *chose* to adorn, bedeck; *personne* to adorn, deck out (*de* with). robe richement parée richly trimmed *ou* ornamented dress; (*fig*) ~ qn de toutes les vertus to attribute every virtue to sb.

(b) (*préparer*) *viande* to dress, trim; *cuir* to dress.

2 se parer *vpr* (*littér: se faire beau*) to put on all one's finery. se ~ de bijoux to adorn o.s. with; (*péj*) *faux titre* to assume, invest o.s. with; (*fig*) se ~ des plumes du paon to take all the credit (for o.s.).

parer² [paʀe] (1) **1** *vt* (*se protéger de*) *coup* to ward off, stave off, fend off; (*Boxe, Escrime*) to parry; (*fig*) *attaque* to stave off, parry.

2 parer à *vt indir* (a) (*remédier*) *inconvénient* to deal with, remedy, overcome; *danger* to ward off. (b) (*pourvoir à*) *éventualité* to prepare for, be prepared for. ~ au plus pressé to attend to the most urgent things first; il faut ~ au plus pressé first things first.

3: pare-avalanches *nm inv* avalanche barrier; pare-balles (*nm inv*) bullet shield; (*adj inv*) bulletproof; pare-boue *nm inv* mud flap; pare-brise *nm inv* windscreen (*Brit*), windshield (*US*); pare-chocs *nm inv* (*Aut*) bumper (*Brit*), fender (*US*); pare-étincelles *nm inv* fireguard; pare-feu *nm inv* [*forêt*] firebreak; [*foyer*] fireguard; pare-soleil *nm inv* sun visor.

paresse [paʀɛs] *nf* (*V paresseux*) laziness; idleness; slowness; sluggishness; (*défaut*) laziness; (*péché*) sloth. ~ d'esprit laziness *ou* sluggishness of mind; ~ intestinale sluggishness of the digestive system.

paresser [paʀese] (1) *vi* to laze about *ou* around. ~ au lit to laze in bed.

paresseusement [paʀesøzmɑ̃] *adv* (*V paresseux*) lazily; idly; sluggishly.

paresseux, -euse [paʀesø, øz] **1** *adj personne* lazy, idle; *esprit* slow; *allure, pose* lazy; *attitude mentale* casual; *estomac, intestin* sluggish; *fleuve* lazy, sluggish. solution ~euse easy way out, line of least resistance; ~ comme une couleuvre * *ou* un loir* *ou* un lézard* bone-idle* (*Brit*), lazy; il est ~ pour se lever he's not very good at getting up, he's a bit of a lie-abed*.

2 *nm,f* lazy *ou* idle person, lazybones*.

3 *nm* (*Zool*) sloth.

parfaire [paʀfɛʀ] (60) *vt travail* to perfect, bring to perfection; *connaissances* to perfect, round off; *décor, impression* to complete, put the finishing touches to; *somme* to make up.

parfait, e [paʀfɛ, ɛt] (*ptp de parfaire*) **1** *adj* (a) (*impeccable*) (*gén*) *travail, condition, exemple, crime* perfect; *exécution, raisonnement* perfect, flawless; *manières* perfect, faultless; *V filer*.

(b) (*absolu*) *bonne foi, tranquillité* complete, total, perfect; *ressemblance* perfect. il a été d'une discrétion ~e *ou* (*frm*) ~ de discrétion he has shown absolute discretion, he has been the soul of discretion; dans la plus ~e ignorance in total *ou* utter *ou* complete ignorance; en ~ accord avec in perfect *ou* total agreement with; en ~e harmonie in perfect harmony.

(c) (*accompli, achevé*) *élève, employé* perfect; (*péj*) *crétin, crapule* utter, downright, perfect. le type même du ~ mari the epitome of the perfect husband; ~ homme du monde perfect gentleman.

(d) (*à son plein développement*) *fleur, insecte* perfect; *V accord, gaz, nombre.*

(e) (*très bon*) (*c'est*) ~! (that's) perfect! *ou* excellent! *ou* great!*; (*iro*) (that's) marvellous! *ou* great!*; vous refusez? (voilà qui est) ~, vous l'aurez voulu! you won't? (that's) fine — it's your own affair!; vous avez été ~! you were fantastic!

2 *nm* (a) (*Culin*) parfait. ~ au café coffee parfait.

(b) (*Ling*) perfect.

parfaitement [paʀfɛtmɑ̃] *adv* (a) (*très bien*) connaître perfectly. je comprends ~ I quite understand, I understand perfectly.

(b) (*tout à fait*) *heureux, clair, exact* perfectly, quite; *hermétique, étanche* completely; *idiot* utterly, absolutely, perfectly. cela m'est ~ égal that makes absolutely no difference to me, it's all the same to me; vous avez ~ le droit de le garder you have a perfect right to keep it, you're perfectly entitled to keep it.

(c) (*certainement*) (most) certainly, oh yes. tu as fait ce tableau tout seul? — ~! you did this picture all on your own? — I (most) certainly did! *ou* I did indeed!; tu ne vas pas partir sans moi! — ~! you're not going to leave without me! — oh yes *ou* indeed I am!; je refuse d'obéir, ~, et j'en suis fier I'm refusing to obey, most certainly *ou* definitely, and I'm proud of it.

parfois [paʀfwa] *adv* (*dans certains cas*) sometimes; (*de temps en temps*) sometimes, occasionally, at times. ~ je lis, ~ je sors sometimes I (may) read, other times I (may) go out; il y a ~ du brouillard en hiver occasionally *ou* sometimes there's fog in winter.

parfum [paʀfœ̃] *nm* (a) (*substance*) perfume, scent, fragrance. (b) (*odeur*) [*fleur, herbe*] scent, fragrance; [*tabac, vin, café*] aroma; [*glace*] flavour; [*savon*] scent, fragrance; (*fig littér*) [*louanges, vertu*] odour. (*fig*) ceci a un ~ de scandale/d'hérésie that has a whiff of scandal/heresy about it. (c) (*arg Crime*) être au ~ to be in the know*; mettre qn au ~ to put sb in the picture*, give sb the lowdown (*on* sth)‡, gen sb up‡ (*Brit*).

parfumé, e [paʀfyme] (*ptp de parfumer*) *adj papier à lettres, savon* scented; *air, fleur* scented, fragrant, sweet-smelling; *vin* fragrant; *effluves* aromatic. femme trop ~e woman wearing too much scent; ~ au citron *glace* lemon-flavour(ed); *savon* lemon-scented; fraises très ~es very sweet strawberries.

parfumer [paʀfyme] (1) **1** *vt pièce, air* [*fleurs*] to perfume, scent; [*café, tabac*] to fill with its aroma; *mouchoir* to put scent *ou* perfume on; (*Culin*) to flavour (*à* with). **2 se parfumer** *vpr* to use *ou* wear perfume *ou* scent. elle se parfuma rapidement she quickly put *ou* dabbed some scent *ou* perfume on.

parfumerie [paʀfymʀi] *nf* (*usine, industrie*) perfumery; (*boutique*) perfume shop; (*rayon*) perfumery (department); (*produits*) perfumery, perfumes, fragrances.

parfumeur, -euse [paʀfymœʀ, øz] *nm,f* perfumer.

pari [paʀi] *nm* bet, wager; (*Sport*) bet; (*activité*) betting. faire/tenir un ~ to make *ou* lay/take up a bet; ~ mutuel (urbain) ≃ tote, parimutuel; (*fig*) les ~s sont ouverts there's no knowing, it's anyone's bet*.

paria [paʀja] *nm* (social) outcast, pariah; [*Indes*] Pariah.

parier [paʀje] (7) *vt* (a) (*gager*) to bet, wager. je (te) parie que c'est lui/tout ce que tu veux I bet you it's him/anything you like; il y a gros à ~ que ... the odds are that ..., ten to one it's ...; je l'aurais parié I might have known; tu as faim, je parie? I bet you're hungry.

(b) (*Courses*) *argent* to bet, lay, stake. ~ 100 F sur le favori to bet *ou* lay 100 francs on the favourite; ~ gros sur un cheval to bet heavily on *ou* lay a big bet on a horse; (*emploi absolu*) ~ sur un cheval to bet on a horse, back a horse; ~ aux courses to bet on the races.

pariétal, e, *mpl* **-aux** [paʀjetal, o] **1** *adj* (*Anat*) parietal; (*Art*) wall (*épith*). **2** *nm* parietal bone.

parieur [paʀjœʀ, øz] *nm,f* punter.

parigot, e* [paʀigo, ɔt] **1** *adj* Parisian. **2** *nm,f*: P~(e) Parisian. **Paris** [paʀi] *n* Paris.

paris-brest [paʀibʀɛst] *nm* pastry filled with praline-flavoured cream.

parisianisme [paʀizjanism(ə)] *nm* (*habitude*) Parisian habit; (*façon de parler*) Parisian way of speaking.

parisien, -ienne [paʀizjɛ̃, jɛn] **1** *adj* (*gén*) Paris (*épith*), of Paris; *société, goûts, ambiance* Parisian. le bassin ~ the Paris basin; la région ~ne the Paris region *ou* area, the region *ou* area around Paris; la vie ~ne Paris *ou* Parisian life, life in Paris. **2** *nm,f*: P~(ne) Parisian.

paritaire [paʀitɛʀ] *adj commission* joint (*épith*), with equal representation of both sides; *représentation* equal.

parité [paʀite] *nf* parity. la ~ des changes exchange parity; réclamer la ~ des *ou* entre les salaires to demand equal pay.

parjure [paʀʒyʀ] **1** *adj personne* faithless, disloyal; *serment* false. **2** *nm* (*violation de serment*) betrayal. **3** *nmf* traitor.

parjurer (se) [paʀʒyʀe] (1) *vpr* (*V parjure*) to be faithless *ou* a traitor to one's oath *ou* promise.

parka [paʀka] *nm ou f* parka.

parking [paʀkiŋ] *nm* (*lieu*) car park (*Brit*), parking lot (*US*); (*action*) parking. ~ souterrain/à étages underground/multistorey car park (*Brit*) *ou* parking lot (*US*); ~ payant paying car park (*Brit*) *ou* parking lot (*US*).

Parkinson [paʀkinsɔn] *nm*: (la maladie de) ~ Parkinson's disease. **parkinsonien, -ienne** [paʀkinsɔnjɛ̃, jɛn] **1** *adj* associated with Parkinson's disease. **2** *nm,f* patient suffering from Parkinson's disease.

parlant, e [paʀlɑ̃, ɑ̃t] **1** *adj* (a) (*doué de parole*) speaking (*épith*), talking (*épith*). il n'est pas très ~ he's not very talkative; *V* cinéma. (b) (*fig*) *portrait* lifelike; *comparaison, description* graphic, vivid; *geste, regard* eloquent, meaningful. les chiffres sont ~s the figures speak for themselves. **2** *adv*:

scientifiquement/économiquement *etc* ~ scientifically/economically *etc* speaking.

parlé, e [parle] (*ptp de* **parler**) **1** *adj* **langue** spoken; *V* **chaîne**, **journal. 2** *nm* (*Théât*) spoken part.

parlement [parləmã] *nm* parliament. **le P~** (britannique) Parliament; **le ~ américain** the American parliament, the US Congress.

parlementaire [parləmãtɛr] **1** *adj* (*Pol*) parliamentary. **2** *nmf* (a) (*Pol*) member of Parliament; (*aux USA*) member of Congress; (*Brit Hist: partisan*) Parliamentarian. **(b)** (*négociateur*) negociator, mediator.

parlementairement [parləmãtɛrmã] *adv* parliamentarily.

parlementarisme [parləmãtarism(ə)] *nm* parliamentary government.

parlementer [parləmãte] (1) *vi* (*négocier*) to parley; (*: discuter*) to argue things over. (*hum: palabrer*) ~ **avec qn** to argue endlessly with sb.

parler [parle] (1) **1** *vi* (a) (*faculté physique*) to talk, speak. **il a commencé à ~ à 2 ans** he started talking when he was 2; **votre perroquet parle?** can your parrot talk?; **~ du nez** to talk through one's nose; **~ distinctement** to speak distinctly; **il parle entre ses dents** he talks between his teeth, he mumbles; **je n'aime pas sa façon de ~** I don't like the way he talks *ou* speaks; **parlez plus fort!** talk *ou* speak louder!, speak up!; *V* **façon.**

(b) (*exprimer sa pensée*) to speak; (*bavarder*) to talk. **~ franc/crûment** to speak frankly/bluntly; **~ bien/mal** to be a good/not to be a (very) good speaker; **~ d'or** to speak words of wisdom; **~ avec les mains** to speak with one's hands; (*péj*) **~ comme un livre** to talk like a book; **~ par paraboles** *ou* **par énigmes** to talk *ou* speak in riddles; **il aime s'écouter ~** he likes the sound of his own voice; **~ pour qn** to speak for sb; (*iro*) **parle pour toi!** speak for yourself!; (*Cartes*) **c'est à vous de ~** it's your bid; **au lieu de ~ en l'air,** **renseigne-toi/agis** instead of coming out with a lot of vague talk, find out/do something; **plutôt que de ~ en l'air, allons lui demander** instead of talking (wildly) let's go and ask him; **~ à tort et à travers** to blether, talk drivel*, talk through one's hat; **~ pour ne rien dire** to talk for the sake of talking, say nothing at great length; **voilà qui est (bien) parlé!** hear hear!, well said!

(c) (*converser*) **~ à qn** to talk *ou* speak to sb; **il faut que je lui parle** I must talk to him *ou* have a word with him; **nous ne nous parlons pas** we're not on speaking terms; **moi qui vous parle I** myself; (*fig*) **trouver à qui ~** to meet one's match; (*fig*) **c'est ~ à un mur** it's like talking to a (brick) wall; **se ~ à soi-même** to talk to o.s.

(d) (*s'entretenir*) **~ de qch/qn** to talk about sth/sb; (*fig*) **~ de la pluie et du beau temps, ~ de choses et d'autres** to talk about the weather (*fig*), to talk of this and that; **faire ~ de soi** to get o.s. talked about; **~ mal de qn** to speak ill of sb; **on parle beaucoup de lui comme ministre** he is being talked about *ou* spoken of as a possible *ou* future minister, he's tipped as a likely minister; **on ne parle que de ça** it's the only topic of conversation, it's the only thing people are talking about; **tout le monde en parle** everybody's talking about it, it's common gossip; **toute la ville en parle** it's the talk of the town; **il n'en parle jamais** he never mentions it *ou* refers to it *ou* talks about it; **quand on parle du loup (on en voit la queue)** talk (*Brit*) *ou* speak of the devil (and he will appear).

(e) (*entretenir*) **~ de qch à qn** to tell sb about sth; **parlez-nous de vos vacances/projets** tell us about your holidays/plans; **on m'avait parlé d'une vieille maison** I had been told about an old house; **je lui parlerai de cette affaire** I'll speak to him *ou* I'll have a word with him about this business; (*soutenir*) **il a parlé de moi au patron** he put in a word for me with the boss; **on m'a beaucoup parlé de vous** I've heard a lot about you.

(f) (*annoncer l'intention*) **~ de faire qch** to talk of doing sth; **elle a parlé d'aller voir un docteur** she has talked of going to see a doctor; **on parle de construire une route** they're talking of building a road, there is talk of a road being built *ou* of building a road.

(g) (*fig*) **~ par gestes** to use sign language; **~ aux yeux/à l'imagination** to appeal to the eye/the imagination; **~ au cœur** to speak to the heart; **les faits parlent (d'eux-mêmes)** the facts speak for themselves; **faire ~ la poudre** (*se battre*) to start a gunfight; (*faire la guerre*) to resort to war; **do quoi ça parle, ton livre?** — **ça parle de bateaux*** what is your book about? — it's about ships; **le jardin lui parlait de son enfance** the garden brought back memories of his childhood (to him); **le devoir a parlé** I (*ou* he *etc*) heard the call of duty, duty called; **son cœur a parlé** he heeded the call of his heart.

(h) (*révéler les faits*) to talk. **faire ~ suspect** to make talk, loosen the tongue of; *introverti, timide* to draw out.

(i) (*loc*) **tu parles!*, vous parlez!*** (*bien sûr*) you're telling me!*, you bet!*; (*iro*) no chance!*, you must be joking!*; **tu as été dédommagé, non?** — **parlons-en!** (*ça ne change rien*) you've been compensated, haven't you? — some good *ou* a lot of use that is (to me)!*; (*pas du tout*) you've been compensated, haven't you? — not likely!* *ou* you must be joking!*; **tu parles** *ou* **vous parlez d'une brute!** talk about a brute!; **leur proposition, tu parles si on s'en fiche!*** a fat lot we think of their idea!*; (*iro*) **tu parles si ça nous aide/c'est pratique*** that helps us/it's very helpful and I don't think!*; **ne m'en parlez pas!** you're telling me!*, I don't need telling!*; **n'en parlons plus!** let's forget (about) it, let's not mention it again; **sans ~ de ... not to mention ...,** to say nothing of ..., let alone ...; **tu peux ~!*** you can talk!*; **vous n'avez qu'à ~** just say the word, you've only to say the word.

2 *vt* (a) *langue* to speak. **~ (l')anglais** to speak English.

(b) **~ politique/affaires** to talk politics/business; **~ chiffon*/boutique*** to talk clothes/shop; (*hum*) **si nous parlions finances?** how about talking cash?*

3 *nm* (a) (*manière de parler*) speech. **le ~ de tous les jours** everyday speech, common parlance; **il a un ~ vulgaire** he has a coarse way of speaking; *V* **franc¹.**

(b) (*langue régionale*) dialect.

parleur, -euse [parlœr, øz] *nm, f* talker. **beau ~** fine talker.

parloir [parlwar] *nm [école, prison]* visiting room; *[couvent]* parlour.

parlot(e)* [parlot] *nf* chitchat* (*U*). **toutes ces ~s ne mènent à rien** all this chitchat* is a waste of time; **faire la ~ avec qn** to have a natter* (*Brit*) *ou* rap* (*US*) with sb.

Parme [parm(ə)] **1** *n* (*ville*) Parma. **2** *nm*: (jambon de) **~** Parma ham. **3** *adj* (*couleur*) **p~** violet.

Parmentier [parmãtje] *adj inv V* **hachis.**

parmesan [parməzã] *nm* (*Culin*) Parmesan (cheese).

parmi [parmi] *prép* among(st). **~ la foule** among *ou* in the crowd; **venez ici ~ nous** come over here with us; **c'est un cas ~ d'autres** it's one case among many, it's one of many cases; **allant ~ les ruelles désertes** going through the deserted alleys.

Parnasse [parnas] *nm* Parnassus. **le Mont ~** (Mount) Parnassus.

parnassien, -ienne [parnasjɛ̃, jɛn] *adj, nm, f* Parnassian.

parodie [parɔdi] *nf* parody. (*fig*) **une ~ de procès** a parody *ou* mockery of a trial.

parodier [parɔdje] (7) *vt* to parody.

parodique [parɔdik] *adj style* parodic(al).

parodiste [parɔdist(ə)] *nmf* parodist.

paroi [parwa] *nf* (*gén, Anat, Bot*) wall; *[récipient]* (inside) surface, (inner) wall; *[véhicule, baignoire]* side; (*cloison*) partition. **~ rocheuse** rock face.

paroisse [parwas] *nf* parish.

paroissial, e, *mpl* **-aux** [parwasjal, o] *adj* parish (*épith*). **salle ~e** church hall; **à l'échelon ~** at the parochial *ou* parish level.

paroissien, -ienne [parwasjɛ̃, jɛn] **1** *nm, f* parishioner. (*fig*) **un drôle de ~*** a funny customer*. **2** *nm* (*missel*) prayer book, missal.

parole [parɔl] *nf* (a) (*mot*) word. **comprenez-vous le sens de ses ~s?** can you understand (the meaning of) what he says?; **assez de ~s, des actes!** enough talking, now it's time to act!; (*Prov*) **les ~s s'envolent, les écrits restent** verba volant, scripta manent; (*hum*) **voilà une bonne ~!** sound thinking!, that's what I like to hear!; **la ~ de Dieu** the word of God; **c'est ~ d'évangile** it's the gospel truth, it's gospel*; (*iro*) **de belles ~s** fair *ou* fine words! (*iro*); **~ célèbre** famous words *ou* saying; **prononcer une ~ historique** to make a historic remark; **ce sont des ~s en l'air** it's just idle talk; **il est surtout courageux en ~s** he's brave enough when it's just a matter of words *ou* talking about it; **tout cela est bien joli en ~s mais ...** this sounds all very well but ...; *V* **boire, moulin, payer.**

(b) (*texte*) **~s** *[chanson]* words, lyrics; *[dessin]* words; **histoire sans ~s** wordless cartoon; (*légende*) **'sans ~s'** 'no caption'.

(c) (*promesse*) word. **tenir ~** to keep one's word; **il a tenu ~** he kept his word, he was as good as his word; **c'est un homme de ~,** **il est de ~, il n'a qu'une ~** he's a man of his word, his word is his bond; **il n'a aucune ~** you (just) can't trust a word he says; **je l'ai cru sur ~** I took his word for it; (**je vous donne** *ou* **vous avez ma**) **~ d'honneur!** I give you *ou* you have my word (of honour), cross my heart!*; **manquer à sa ~** to fail to keep one's word, go back on one's word; (*fig*) **ma ~!*** (upon) my word!, well I never!*; **prisonnier sur ~** prisoner on parole.

(d) (*faculté d'expression*) speech. **l'homme est doué de ~** man is endowed with speech; **avoir la ~ facile** to be a fluent speaker, have the gift of the gab*; **avoir le don de la ~** to be a gifted speaker; (*Prov*) **la ~ est d'argent, le silence est d'or** speech is silver, silence is golden; *[animal]* **il ne lui manque que la ~** it *ou* he does everything but talk; **perdre/retrouver la ~** to lose/recover one's speech; (*fig*) to lose/find one's tongue*; **il n'a jamais droit à la ~** he's never allowed to get a word in edgeways.

(e) (*Ling*) speech, parole (*T*). **acte de ~** speech act.

(f) (*Cartes*) **~!** (I) pass!

(g) (*dans un débat*) **droit de ~** right to speak; **temps de ~** speaking time; **vous avez la ~** you have the floor, over to you*; **passer la ~ à qn** to hand over to sb; **prendre la ~** to speak; **prendre la ~ pour dire** to take the floor to say.

parolier, -ière [parɔlje, jɛr] *nm, f [chanson]* lyric writer; *[opéra]* librettist.

paronyme [parɔnim] *nm* paronym.

paronymie [parɔnimi] *nf* paronymy.

paronymique [parɔnimik] *adj* paronymic.

parotide [parɔtid] *nf*: (**glande**) **~** parotid gland.

paroxysme [parɔksism(ə)] *nm [maladie]* crisis (point); *[sensation, sentiment]* paroxysm, height. **être au ~ de la joie/colère** to be in a paroxysm of joy/anger, be beside o.s. with joy/anger; **le bruit était au ~** the noise was at its height; **l'incendie/la douleur avait atteint son ~** the fire/pain was at its height *ou* at its fiercest; **le combat avait atteint son ~** the fight had reached fever pitch *ou* its height *ou* a climax.

parpaillot, e [parpajo, ɔt] *nm, f* (*Hist, péj*) Protestant.

parpaing [parpɛ̃] *nm* (*pierre pleine*) perpend (*Brit*), parpen (*US*); (*aggloméré*) breeze-block.

Parque [park(ə)] *nf* (*Myth*) Fate. **les ~s** the Parcae, the Fates.

parquer [parke] (1) **1** *vt voiture, artillerie* to park; *moutons, bétail* to pen (in *ou* up); (*fig*) *personnes* to pen *ou* pack in; (*à l'intérieur*) to pack in, shut up. **2 se parquer** *vpr* (*Aut*) to park.

parquet [parke] *nm* (a) (*plancher*) (wooden *ou* parquet) floor. **(b)** (*Jur*) public prosecutor's department *ou* office. **(c)** (*Bourse*) **le ~** (*enceinte*) the (dealing) floor; (*agents*) the stock exchange *ou* market.

parqueter [parkəte] (4) *vt* to lay a wooden *ou* parquet floor in. **pièce parquetée** room with a (polished) wooden *ou* parquet floor.

parrain [parɛ̃] *nm* (a) (*Rel, fig*) godfather. **accepter d'être le ~**

d'un enfant to agree to be a child's godfather *ou* to stand godfather to a child; un ~ de la Maffia a godfather in the Mafia. (b) (*dans un cercle, une société*) sponsor, proposer; *[navire]* christener, namer; *[entreprise, initiative]* promoter; *[œuvre, fondation]* patron.

parrainage [paʀɛnaʒ] *nm* (*V* **parrain**) sponsorship, proposing (for membership); christening, naming; promoting; patronage.

parrainer [paʀene] (1) *vt* (*V* **parrain**) to sponsor, propose (for membership); to christen, name; to promote; to patronize.

parricide [paʀisid] **1** *adj* parricidal. **2** *nmf* parricide. **3** *nm* (*crime*) parricide.

parsec [paʀsɛk] *nm* parsec.

parsemer [paʀsəme] (5) *vt* (a) (*répandre*) ~ de to sprinkle with, strew with; ~ le sol de mines to scatter mines over the ground, strew the ground with mines; ~ un tissu de paillettes d'or to sprinkle material with gold sequins, strew gold sequins over material; (*fig*) ~ un texte de citations to scatter quotations through a text.
　(b) (*être répandu sur*) to be scattered *ou* sprinkled over. les feuilles qui parsèment le gazon the leaves which are scattered *ou* which lie scattered over the lawn; ciel parsemé d'étoiles sky sprinkled *ou* strewn *ou* studded with stars; champ parsemé de fleurs field dotted with flowers; (*fig*) parsemé de difficultés/de fautes riddled with difficulties/mistakes.

parsi, e [paʀsi] **1** *adj* Parsee. **2** *nm* (*Ling*) Parsee. **3** *nm,f*: P~(e) Parsee.

part [paʀ] *nf* (a) (*portion*) (*gén*) share; *[légumes, gâteau]* portion. ~ d'héritage/de soucis share of the inheritance/of worries; (*fig*) vouloir sa ~ du gâteau to want one's slice *ou* share of the cake, want one's share of the spoils; la ~ du lion the lion's share; ~ à deux! share and share alike!; chacun paie sa ~ everyone pays his share, everyone chips in*; les ~s de l'impôt sur le revenu *tax allowances based on the number of people in the household.*
　(b) (*participation*) part. prendre ~ à *travail* to take part in, join in, collaborate in; *frais* to share in, contribute to; *manifestation* to join in, take part in; cela prend une grande ~ dans sa vie it plays a great part in his life; il a pris une ~ importante dans l'élaboration du projet he played an important part in the development of the project; prendre ~ à un débat to participate in *ou* take part in a debate; je prends ~ à vos soucis I share (in) your worries; avoir ~ à to have a share in; faire la ~ de la fatigue/du hasard to take tiredness/chance into account *ou* consideration, allow for *ou* make allowance(s) for tiredness/chance; faire la ~ des choses to take things into account *ou* consideration, make allowances; (*fig*) faire la ~ du feu to cut one's losses, make a deliberate sacrifice; faire la ~ belle à qn to give sb more than his (*ou* her) due.
　(c) (*partie*) part, portion. c'est une toute petite ~ de sa fortune it's only a tiny fraction *ou* part of his fortune; pour une bonne *ou* large ~ largely, to a great extent; pour une ~ partly, to some extent; pour une petite ~ in a small way.
　(d) (*Fin*) ≃ share (*giving right to participate in profits but not running of firm*).
　(e) à ~ (*de côté*) aside, on one side; (*séparément*) separately, on its (*ou* their) own; (*excepté*) except for, apart from, aside from (*surtout US*); (*exceptionnel*) special, extraordinary; nous mettrons ces livres à ~ pour vous we'll put these books aside on one side for you; prendre qn à ~ to take sb aside; étudier chaque problème à ~ to study each problem separately *ou* on its own; à ~ vous, je ne connais personne ici apart from *ou* aside from *ou* except for you I don't know anyone here; à ~ cela apart *ou* aside from that, otherwise; plaisanterie à ~ joking apart *ou* aside; c'est un homme à ~ he's an extraordinary *ou* exceptional man, he's in a class of his own; un cas/une place à ~ a special case/place; il est vraiment à ~* there aren't many like him around, he's one on his own*; (*littér*) garder qch à ~ soi to keep sth to o.s.; (*littér*) je pensais à ~ moi I thought within *ou* to myself; *V* **bande²**, **chambre**.
　(f) (*loc*) faire ~ de qch à qn to announce sth to sb, inform sb of sth, let sb know *ou* tell sb about sth; de la ~ de (*provenance*) from; (*au nom de*) on behalf of; il vient de la ~ de X he has been sent by X; cette machine demande un peu de bon sens de la ~ de l'utilisateur this machine requires a little commonsense on the part of the user *ou* from the user; cela m'étonne de sa ~ I'm surprised at that (coming) from him; pour ma ~ as for me, for my part (*frm*), as far as I'm concerned; dites-lui bonjour de ma ~ give him my regards; c'est gentil de sa ~ that's nice of him; (*Téléc*) c'est de la ~ de qui? who's calling? *ou* speaking?; prendre qch en bonne ~ to take sth in good part; prendre qch en mauvaise ~ to take sth amiss, take offence at sth; de toute(s) ~(s) from all sides *ou* quarters; d'autre ~ (*de plus*) moreover; d'une ~ ... d'autre ~ on the one hand ... on the other hand; de ~ et d'autre on both sides, on either side; de ~ en ~ right through; membre/citoyen à ~ entière full member/citizen; Français à ~ entière person with full French citizenship, fully-fledged French citizen; *V* **nul**, **quelque**.

partage [paʀtaʒ] *nm* (a) (*fractionnement, division*) *[terrain, surface]* dividing up, division; *[gâteau]* cutting; (*Math*) *[nombre]* factorizing. faire le ~ de qch to divide sth up; le ~ du pays en 2 camps the division of the country into 2 camps; *V* **ligne¹**.
　(b) (*distribution*) *[butin, héritage]* sharing out. procéder au ~ de qch to share sth out; le ~ n'est pas juste the way it's shared out isn't fair, it isn't fairly shared out; j'ai été oublié, dans le ~ I've been forgotten in the share-out; quel a été le ~ des voix entre les candidats? how were the votes divided among the candidates?; (*Pol*) en cas de ~ des voix in the event of a tie in the voting.
　(c) (*participation*) sharing. l'enquête a conclu au ~ des responsabilités the inquiry came to the conclusion that the responsibility was shared; le ~ du pouvoir avec nos adversaires the sharing of power with our opponents; (*fig*) fidélité sans ~ undivided loyalty.

(d) (*part*) share; (*fig: sort*) portion, lot. donner/recevoir qch en ~ to give/receive sth in a will; la maison lui échut en ~ the house came to him in the will; (*fig*) le bon sens qu'il a reçu en ~ the commonsense with which he has been endowed.

partagé, e [paʀtaʒe] (*ptp de* **partager**) *adj* (a) (*divisé*) avis, opinions divided. les experts sont ~s the experts are divided. (b) (*littér: doté*) endowed. il est bien/mal ~ par le sort fate has been/has not been kind to him.

partageable [paʀtaʒabl(ə)] *adj* divisible, which can be shared out *ou* divided up. frais ~s entre tous costs that are shared by all; votre gaieté est difficilement ~ it is difficult to share (in) your merriment.

partager [paʀtaʒe] (3) **1** *vt* (a) (*fractionner*) terrain, feuille, gâteau to divide up. ~ en 2/en 2 bouts/par moitié to divide in 2/into 2 pieces *ou* bits/in half.
　(b) (*distribuer, répartir*) butin, gâteau to share (out) (*entre 2/plusieurs personnes* between 2/among several people). il partage son temps entre son travail et sa famille he divides his time between his work and his family; il partage son affection entre plusieurs personnes several people have to share his affections.
　(c) (*avoir une part de, avoir en commun*) héritage, gâteau, appartement, sort to share (*avec* with). voulez-vous ~ notre repas? will you share our meal?; ~ le lit de qn to share sb's bed; il n'aime pas ~ he doesn't like sharing; les torts sont partagés both (*ou* all) parties are at fault, there are faults on both (*ou* all) sides.
　(d) (*s'associer à*) sentiments, bonheur, goûts to share (in); opinion, idée to share, agree with. je partage votre douleur/bonheur/surprise I share your sorrow/happiness/surprise; amour partagé mutual love.
　(e) (*fig: diviser*) *[problème, conflit]* to divide. partagé entre l'amour et la haine torn between love and hatred.
　(f) (*frm: douer*) to endow. la nature l'a bien partagé Nature has been generous to him.
　2 se partager *vpr* (a) (*se fractionner*) to be divided. ça peut facilement se ~ en 3/en 3 morceaux it can easily be divided (up) *ou* cut in 3/into 3 pieces *ou* bits; *[vote]* se ~ entre diverses tendances to be divided between different groups; le monde se partage en deux: les bons et les méchants the world falls *ou* can be divided into two groups, the good and the wicked; à l'endroit où les branches se partagent where the branches fork *ou* divide; le reste des voix s'est partagé entre les autres candidats the remaining votes are distributed *ou* shared among the other candidates; le pouvoir ne se partage pas power is not something which can be shared; il se partage entre son travail et son jardin he divides his time between his work and his garden.
　(b) (*se distribuer*) se ~ qch to share *ou* divide sth between *ou* among themselves; (*fig*) se ~ le gâteau to share out the cake; ils se sont partagé le butin they shared the booty between them; nous nous sommes partagé le travail we shared the work between us; les 3 meilleurs candidats se sont partagé les suffrages the votes were divided among the 3 best candidates; se ~ les faveurs du public to vie for the public's favour.

partageur, -euse [paʀtaʒœR, øz] *adj* ready *ou* willing to share. il n'est pas ~ he doesn't like sharing (his things), he's not a good sharer.

partageux, -euse† [paʀtaʒø, øz] *nm,f* distributionist.

partance [paʀtãs] *nf*: en ~ *train* due to leave; *avion* outward bound; *bateau* sailing (*attrib*), outward bound; en ~ pour Londres *train, avion* for London, London (*épith*); *bateau* bound *ou* sailing for London.

partant¹ [paʀtã] *nm* (a) (*coureur*) starter; (*cheval*) runner. tous ~s all horses running; non ~ non-runner. (b) (*personne*) person leaving, departing traveller *ou* visitor *etc.* les ~s et les arrivants the departures and arrivals; je suis ~ I'm quite prepared to join in; il est toujours ~ pour un bon repas* he's always ready for a good meal.

partant² [paʀtã] *conj* (*littér*) hence, therefore, consequently.

partenaire [paʀtənɛR] *nmf* partner. ~s sociaux ≃ unions and management, management and labour; ~s commerciaux trading partners.

parterre [paʀtɛR] *nm* (a) (*plate-bande*) border, (flower)bed; (*: plancher*) floor. (b) (*Théât*) (*emplacement*) stalls (*Brit*), orchestra (*US*); (*public*) (audience in the) stalls (*Brit*) *ou* orchestra (*US*).

Parthe [paʀt] *nm* Parthian; *V* **flèche¹**.

parthénogénèse [paʀtenɔʒenɛz] *nf* parthenogenesis.

parthénogénétique [paʀtenɔʒenetik] *adj* parthenogenetic.

parthénogénétiquement [paʀtenɔʒenetikmã] *adv* parthenogenetically.

Parthénon [paʀtenɔ̃] *nm*: le ~ the Parthenon.

parti¹ [paʀti] **1** *nm* (a) (*groupe*) (*gén, Pol*) party. le ~ des mécontents the malcontents; le ~ de la défaite the defeatists; se mettre *ou* se ranger du ~ de qn to take sides with sb, side with sb; prendre le ~ de qn to stand up for sb; prendre ~ pour qn to take sb's side; prendre ~ (*dans une affaire*) (*se rallier*) to take sides (on *ou* in a matter); (*dire ce qu'on pense*) to take a stand (on a matter); le ~ (*communiste*) the Communist party.
　(b) (*solution*) option, course of action. hésiter entre 2 ~s to wonder which of 2 courses *ou* which course to follow; prendre un ~ to come to *ou* make a decision, make up one's mind; prendre le ~ de faire to make up one's mind to do, decide *ou* resolve to do; mon ~ est pris my mind is made up; crois-tu que c'est le meilleur ~ (à prendre)? do you think that's the best course (to take)? *ou* the best idea?; prendre son ~ de qch to come to terms with sth, reconcile o.s. to sth; il faut bien en prendre son ~ you just have to come to terms with it *ou* put up with it.
　(c) (*personne à marier*) match. beau *ou* bon *ou* riche ~ good match.

(d) (*loc*) tirer ~ de *situation, occasion* to take advantage of, turn to (good) account; *outil, ressources* to put to (good) use; **tirer le meilleur ~ possible d'une situation** to turn a situation to best account, get the most one can out of a situation; **il sait tirer ~ de tout** (*situation*) he can turn anything to his advantage, he can make capital out of anything; (*objets*) he can put everything to good use; **faire un mauvais ~ à qn** to beat sb up, give sb rough treatment.

2: parti pris prejudice, bias; **je crois, sans parti pris** ... I think without bias (on my part) ... *ou* being quite objective about it ...; **juger sans parti pris** to take an unbiased *ou* objective view; **être de/éviter le parti pris** to be/avoid being prejudiced *ou* biased.

parti², e¹* [paʀti] (*ptp de* **partir**) *adj* (*ivre*) tipsy, tight*. **il est bien ~** he's well away*.

partial, e, *mpl* **-aux** [paʀsjal, o] *adj* biased, prejudiced, partial. **être ~ envers qn** to be biased *ou* prejudiced against sb.

partialement [paʀsjalmɑ̃] *adv* in a biased way. **juger qch ~** to take a biased view of sth.

partialité [paʀsjalite] *nf:* **~ (en faveur de qn)** partiality (for sb); **~ (contre qn)** bias (against sb); **faire preuve de ~ envers** *ou* **contre qn** to be unfair to sb, be biased against sb, show bias against sb; **elle a montré dans cette affaire une regrettable ~** her attitude was dreadfully biased in that business.

participant, e [paʀtisipɑ̃, ɑ̃t] **1** *adj* participant, participating.
2 *nm,f* (*à un concours, une course*) entrant (*à in*); (*à un débat, un projet*) participant, person taking part (*à in*); (*à une association*) member (*à of*); (*à une cérémonie, un complot*) person taking part (*à in*). **~s aux bénéfices** those sharing in the profits; **les ~s à la manifestation/au concours** those taking part in the demonstration/competition.

participation [paʀtisipasjɔ̃] *nf* **(a)** (*action: V* **participer**) **~ à** taking part in; participation in; joining in; appearance in; involvement in; sharing in; contributing to; **la réunion aura lieu sans leur ~** the meeting will take place without their taking part *ou* without them; **peu importe l'habileté: c'est la ~ qui compte** skill doesn't really matter: what counts is taking part *ou* joining in; **nous nous sommes assurés la ~ de 2 équilibristes** we have arranged for 2 tightrope walkers to appear; **c'est la ~ de X qui va attirer les spectateurs** it's X (performing) who'll *ou* it's the fact that X is appearing *ou* performing that will draw the crowds; **ce soir grand gala avec la ~ de plusieurs vedettes** tonight, grand gala with appearances by several stars; **'~ aux frais: 50F'** 'cost: 50 francs'; **~ électorale** turnout at the polls (*Brit*), voter turnout (*US*); **fort/faible taux de ~ électorale** high/low turnout at the polls.
(b) (*Écon*) (*détention d'actions*) interest. **prendre une ~ majoritaire dans une firme** to acquire a majority interest in a firm; **la ~ (ouvrière)** worker participation; **~ aux bénéfices** profit-sharing; **~ du personnel à la marche d'une entreprise** staff participation *ou* involvement in the running of a firm.

participe [paʀtisip] *nm* participle.

participer [paʀtisipe] (1) **1 participer à** *vt indir* **(a)** (*prendre part à*) *concours, colloque, cérémonie* to take part in. **je compte ~ au concours/à l'épreuve de fond** I intend to take part in *ou* enter the competition/the long-distance event; **peu d'électeurs ont participé au scrutin** there was a low turnout at the polls *ou* a low poll (*Brit*), there was a low voter turnout (*US*).
(b) (*prendre une part active à*) *entreprise, discussion, jeu* to participate in, take part in, join in; *spectacle [artiste]* to appear in; *aventure, complot, escroquerie* to take part in, be involved in. **en sport, l'important n'est pas de gagner mais de ~** in sport the important thing is not winning but taking part *ou* but joining in; **~ à la joie/au chagrin de qn** to share sb's joy/sorrow; **ils ont participé à l'allégresse générale** they joined in the general mood of joyfulness; **on demande aux élèves de ~ davantage pendant le cours** pupils are asked to be more actively involved during the class.
(c) (*payer sa part de*) *frais, dépenses* to share in, contribute to. **~** (*financièrement*) **à** *entreprise, projet* to cooperate in.
(d) (*avoir part à*) *profits, pertes, succès* to share (in).
2 participer de *vt indir* (*littér: tenir de*) to partake of (*frm*), have something of the nature of.

participial, e, *mpl* **-iaux** [paʀtisipjal, jo] **1** *adj* participial. **2 participiale** *nf* participial phrase *ou* clause.

particularisation [paʀtikylaʀizasjɔ̃] *nf* particularization.
particulariser [paʀtikylaʀize] (1) **1** *vt* to particularize.
2 se particulariser *vpr* to be distinguished *ou* characterized (*par by*).

particularisme [paʀtikylaʀism(ə)] *nm* **(a)** (*Pol: attitude*) sense of identity. (*particularité*) **~(s)** specific (local) character (*U*), specific characteristic(s); (*Pol, Sociol*) **~s régionaux** regional idiosyncracies. **(b)** (*Rel*) particularism.

particularité [paʀtikylaʀite] *nf* **(a)** (*caractéristique*) *[individu, caractère, religion]* particularity, (*distinctive*) characteristic; *[texte, paysage]* (distinctive) characteristic *ou* feature; *[appareil, modèle]* (distinctive) feature. **ces modèles ont en commun la ~ d'être** ... these models all have the distinctive feature of being ..., these models are all distinguished by being ...; **cet animal présente la ~ d'être herbivore** a distinctive feature *ou* characteristic of this animal is that it is herbivorous.
(b) (†, *littér: détail*) particular.
(c) (*littér: unicité*) particularity.

particule [paʀtikyl] *nf* (*Ling, Phys*) particle. **~ (nobiliaire)** nobiliary particle; **nom à ~** *name with a 'de' usually belonging to a noble family*, ≃ name with a handle; **il a un nom à ~** he has a handle to his name.

particulier, -ière [paʀtikylje, jɛʀ] **1** *adj* **(a)** (*spécifique*) *aspect, point, exemple* particular, specific; *trait, style, manière de parler*

characteristic, distinctive. **dans ce cas ~** in this particular case; **il n'avait pas d'aptitudes ~ières** he had no particular *ou* special aptitudes; **cette habitude lui est ~ière** this habit is peculiar to him; **signes ~s** (*gén*) distinctive signs; (*sur un passeport*) distinguishing marks.
(b) (*spécial*) exceptional, special, particular. **la situation est un peu ~ière** the situation is rather exceptional; **ce que j'ai à dire est un peu ~** what I have to say is slightly unusual; **cela constitue un cas ~** this is a special *ou* an unusual *ou* an exceptional case; **rien de ~ à signaler** nothing in particular *ou* unusual to report; **je l'ai préparé avec un soin tout ~** I prepared it with very special care *ou* with particular care.
(c) (*étrange*) *mœurs* peculiar, odd. **il a toujours été un peu ~** he has always been a bit peculiar *ou* odd.
(d) (*privé*) *voiture, secrétaire, conversation, intérêt* private. **l'entreprise a son service ~ de livraison** the company has its own delivery service; **intervenir à titre ~** to intervene in a private capacity; *V* **hôtel, leçon.**
(e) en ~ (*en privé*) *parler* in private; (*séparément*) *examiner* separately; (*surtout*) in particular, particularly, especially; (*entre autres choses*) in particular.
2 *nm* **(a)** (*personne*) person; (*Admin, Comm*) private individual. **comme un simple ~** like any ordinary person; (*petites annonces*) **vente/location de ~ à ~** private sale/let (*Brit*) *ou* rental (*US*).
(b) (*: *individu*) individual, character. **un drôle de ~** an odd character *ou* individual.
(c) (*chose*) **le ~** the particular; **du général au ~** from the general to the particular.

particulièrement [paʀtikyljɛʀmɑ̃] *adv* particularly, especially, specially. **~ bon/évolué** particularly *ou* specially good/developed; **je ne le connais pas ~** I don't know him very *ou* particularly well; **il aime tous les arts et tout ~ la peinture** he is keen on all the arts, especially *ou* specially painting; **une tâche ~ difficile** a particularly *ou* specially difficult task; **je voudrais plus ~ vous faire remarquer ce détail** I'd particularly like to draw your attention to this detail; **voulez-vous du café?** — **je n'y tiens pas ~** would you like a coffee? — not particularly *ou* specially.

partie² [paʀti] **1** *nf* **(a)** (*portion, fraction*) (*quantité*) part, amount. **diviser en trois ~s** to divide into three parts; **il y a des ~s amusantes dans le film** the film is funny in parts, the film has its funny moments; **il ne possède qu'une ~ du terrain** he only owns (one) part of the land; **une petite ~ de l'argent** a small part *ou* amount of the money; **une grande** *ou* **bonne ~ du travail** a large *ou* good part of *ou* a good deal of the work; **la majeure** *ou* **plus grande ~ du temps/du pays** most of *ou* the greater *ou* the best part of the time/the country; **la plus grande ~ de ce qu'on vous a dit** the greater part *ou* most of what you were told; **tout** *ou* **~ de** all or part of; **en ~** partly, in part; **en grande** *ou* **majeure ~** largely, in large part, mainly, for the most part; **faire ~ de** *ensemble, obligations, risques* to be part of; *club, association* to belong to, be a member of; *catégorie, famille* to belong to; *élus, gagnants* to be among, be one of; **la rivière fait ~ du domaine** the river is part of the estate; **elle fait ~ de notre groupe** she belongs to our group, she's one of our group; **faire ~ intégrante de** to be an integral part of, be part and parcel of.
(b) (*spécialité*) field, subject. **moi qui suis de la ~** knowing the field *ou* subject as I do; **ce n'est pas dans** *ou* **de la ~** it's not his line *ou* field; **quand on lui parle électricité, il est dans sa ~** when it's a matter of electricity, he knows what he's talking about; **demande à ton frère, c'est sa ~** *ou* **il est de la ~** ask your brother — it's his field *ou* his line.
(c) (*Cartes, Sport*) game; (*Golf*) round; (*fig: lutte*) struggle, fight. **faisons une ~ de** ... let's have a game of ...; **on a fait une bonne ~** we had a good game; (*fig*) **abandonner la ~** to give up the fight; **la ~ est délicate** it's a tricky situation *ou* business; **la ~ n'est pas égale** it's an unequal *ou* uneven match, it's not a fair match.
(d) (*Jur*) [*contrat*] party; [*procès*] litigant; (*Mil: adversaire*) opponent. **la ~ adverse** the opposing party; **les ~s en présence** the parties; **les ~s belligérantes** the warring factions; **avoir affaire à forte ~** to have no mean opponent *ou* a tough opponent to contend with; **être ~ prenante dans une négociation** to be a party to a negotiation; *V* **juge.**
(e) (*Mus*) part.
(f) (*Anat euph*) **~s sexuelles** *ou* **génitales, ~s honteuses†** private parts; **~s viriles** male organs; **les ~s*** the privates*.
(g) (*loc*) **avoir la ~ belle** to be sitting pretty*; **se mettre de la ~** to join in; **je veux être de la ~** I don't want to miss this, I want to be in on this*; (*littér*) **avoir ~ liée (avec qn)** to be hand in glove (with sb); **ce n'est que ~ remise** it will be for another time, we'll take a raincheck on it* (*US*); **prendre qn à ~** (*apostropher*) to take sb to task; (*malmener*) to set on sb; (*Comm*) **comptabilité en ~ simple/double** single-/double-entry book-keeping.
2: partie de campagne day *ou* outing in the country; **partie carrée** wife-swapping party; **partie de chasse** shooting party *ou* expedition; (*Jur*) **partie civile** *private party associating in a court action with public prosecutor*; **se porter** *ou* **se constituer partie civile** *to associate in a court action with the public prosecutor*; (*Ling*) **les parties du discours** the parts of speech; **partie fine** pleasure party; **partie de pêche** fishing party *ou* trip; **partie de plaisir** (†: *sortie*) outing; (*fig*) **ce n'est pas une partie de plaisir!** it's no holiday! (*Brit*) *ou* vacation! (*US*), it's not my idea of fun!

partiel, -elle [paʀsjɛl] **1** *adj* (*gén*) partial. **paiement ~** part payment; *V* **élection. 2** *nm* (*Univ*) class exam.

partiellement [paʀsjɛlmɑ̃] *adv* partially, partly.

partir¹ [paʀtiʀ] (16) *vi* **(a)** (*quitter un lieu*) to go, leave; (*se mettre en route*) to leave, set off, set out; (*s'éloigner*) to go away *ou* off; (*disparaître*) to go. **pars, tu vas être en retard** go *ou* off you go, you're going to be late; **pars, tu m'embêtes** go away, you're annoying me; **es-tu prêt à ~?** are you ready to go?; **allez, je pars** I'm off now; **il est parti sans laisser d'adresse** he left without leaving an address; **nos voisins sont partis il y a 6 mois** our neighbours left *ou* moved *ou* went (away) 6 months ago; **depuis que mon pauvre mari est parti** since my poor husband passed on, since the departure of my poor husband; **ma lettre ne partira pas ce soir** my letter won't go this evening; **quand partez-vous (pour Paris)?** when are you going off (to Paris)? *ou* leaving (for Paris)?, when are you off (to Paris)?*; **~ pour le bureau** to leave *ou* set off for the office; **elle est partie de Nice à 9 heures** she left Nice *ou* set off from Nice at 9 o'clock; **sa femme est partie de la maison** his wife has left home; **sa femme est partie avec un autre** his wife has gone off with another man; *(fig)* **~ en fumée** to go up in smoke; **le mauvais temps a fait ~ les touristes** the bad weather has driven the tourists away; **j'espère que je ne vous fais pas ~** I hope I'm not chasing you away; **ceux-là, quand ils viennent bavarder, c'est dur de les faire ~** when that lot come round to talk it's a hard job to get rid of them*; **fais ~ le chat de ma chaise** get the cat off my chair.

(b) *(aller)* to go. **il est parti dans sa chambre/acheter du pain** he has gone to his room/to buy some bread; **~ faire des courses/se promener** to go (out) shopping/for a walk; **pars devant acheter les billets** go on ahead and buy the tickets; **~ à la chasse/à la pêche** to go shooting/fishing; **~ en vacances/en voyage** to go (off) on holiday/on a journey; **~ à pied** to set off on foot; **tu pars en avion ou en voiture?** are you flying or driving?, are you going by plane or by car?; **~ à la guerre/au front** to go (off) to the war/to the front; **~ en guerre contre les abus** to mount a campaign against abuses; **~ à la recherche de** to go in search of; **~ à la conquête d'un pays/de la gloire** to set off to conquer a country/to win glory.

(c) *(démarrer)* *[moteur]* to start; *[avion]* to take off; *[train]* to leave; *[coureur]* to be off; *[plante]* to take. **la voiture partit sous son nez** the car started up *ou* drove off and left him standing; **il partit en courant** he dashed *ou* ran off; **il partit en trombe** *ou* **comme une flèche** he was off *ou* set off like a shot; **attention, le train va ~** look out, the train's leaving; **l'avion va ~ dans quelques minutes** the plane is taking off in a few minutes; **ce cheval est bien/mal parti** that horse got off to a good/bad start; **~ battu d'avance/gagnant** to begin as if one is already beaten/as if one is sure of success; **les voilà partis!** they're off!; **attention, prêts? partez!** ready, steady, go!, on your marks, get set, go!; *(fig)* **il faut ~ du bon pied** one must set off on the right foot; **c'est parti mon kiki!*** here we go!*; **faire ~ une voiture/un moteur** to start (up) a car/an engine.

(d) *(être lancé)* *[fusée]* to go off *ou* up; *[fusil, coup de feu]* to go off; *[bouchon]* to pop *ou* shoot out. **le coup est parti tout seul** the gun went off on its own; **le coup ne partit pas** the shot didn't go off, the shot misfired; **le bouchon est parti au plafond** the cork shot up to the ceiling; **ces cris partaient de la foule** these cries came from the crowd; **l'obus qui part du canon** the shell fired from the gun; **le pétard n'a pas voulu ~** the banger wouldn't go off; **le mot partit malgré lui** the word came out before he could stop it; **le ballon partit comme un boulet de canon** the ball shot off like a bullet; **faire ~ fusée** to launch; *pétard* to set off, light.

(e) *(être engagé)* **~ sur une idée fausse/une mauvaise piste** to start off with the wrong idea/on the wrong track; **~ bien/mal** to be *ou* get off to a good/bad start, start (off) well/badly; **le pays est mal parti** the country is in a bad way *ou* in a mess *ou* in a sorry state; **nous sommes mal partis pour arriver à l'heure** we've made a bad start as far as arriving on time is concerned; **son affaire est bien partie** his business has got off to a good start; **il est bien parti pour gagner** he's all set to win; **~ dans des digressions sans fin** to wander off *ou* launch into endless digressions; **quand ils sont partis à discuter, il y en a pour des heures*** once they're off* *ou* launched on one of their discussions they'll be at it for hours*; **~ à rire*** *ou* **d'un éclat de rire** to burst out laughing; **il est (bien) parti pour parler deux heures** the way he's going, he'll be talking for *ou* he looks all set to talk for two hours; **la pluie est partie pour (durer)** toute la journée the rain has set in for the day; **on est parti pour ne pas déjeuner** at this rate *ou* the way things are going, we won't get any lunch.

(f) *(commencer)* **~ de** *[contrat, vacances]* to begin on, run from; *[course, excursion]* to start *ou* leave from; **l'autoroute part de Lille** the motorway starts at Lille; **un chemin qui part de l'église** a path going from *ou* leaving the church; **les branches qui partent du tronc** the branches going out from the trunk; **cet industriel est parti de rien** *ou* **de zéro** this industrialist started from scratch *ou* from *ou* with nothing; **cette rumeur est partie de rien** this rumour grew up out of nothing; **notre analyse part de cette constatation** our analysis is based on this observation *ou* takes this observation as its starting point; **si tu pars du principe que tu as toujours raison/qu'ils ne peuvent pas gagner** if you start from the notion that *ou* if you start off by assuming that you're always right/that they can't win, if you take as your starting point the idea that you're always right/that they can't win; **en partant de ce principe, rien n'est digne d'intérêt** on that basis, nothing's worthy of interest; **en partant de là, on peut faire n'importe quoi** looking at things that way, one can do anything.

(g) *(provenir)* **~ de** to come from; **mot qui part du cœur** word which comes from the heart; **cela part d'un bon sentiment/d'un bon naturel** that comes from his *(ou* her *etc)* kindness/good nature.

(h) *(disparaître)* *[tache]* to go, come out; *[bouton, crochet]* to go, come off; *[douleur]* to go; *[rougeurs, boutons]* to go, clear up; *[odeur]* to go, clear. **la tache est partie au lavage** the stain has come out in the wash *ou* has washed out; **toute la couleur est partie** all the colour has gone *ou* faded; **faire ~ tache** to remove; **odeur** to clear,

get rid of; **lessive qui fait ~ la couleur** washing powder which fades *ou* destroys the colours.

(i) *(loc)* **à ~ de** from; **à ~ d'aujourd'hui** (as) from today, from today onwards; **à ~ de maintenant** from now on; **à ~ de 4 heures** from 4 o'clock on(wards); **à ~ d'ici** le pays est plat from here on(wards) the land is flat; **à ~ de** *ou* **en partant de la gauche, c'est le troisième** it is (the) third along from the left; **pantalons à ~ de 300 F** trousers from 300 francs (upwards); **lire à ~ de la page 5** to start reading at page 5; **allez jusqu'à la poste et à ~ de là, c'est tout droit** go as far as the post office and after that it's straight ahead; **à ~ de ces 3 couleurs vous pouvez obtenir toutes les nuances** with *ou* from these 3 colours you can get any shade; **c'est fait à ~ de produits chimiques** it's made from chemicals; **à ~ de ce moment-là, ça ne sert à rien de discuter plus longtemps** once you've reached that stage, it's no use discussing things any further.

partir² [partiʀ] *vt* V **maille.**

partisan, e [partizɑ̃, an] **1** *adj* **(a)** *(partial)* partisan.
(b) **être ~ de qch/de faire qch** to be in favour of sth/of doing sth; **être ~ du moindre effort** to be a believer in (taking) the line of least resistance.
2 *nm,f [personne, thèse, régime]* supporter; *[action]* supporter, advocate, proponent; *[doctrine, réforme]* partisan, supporter, advocate; *(Mil)* partisan. **c'est un ~ de la fermeté** he's an advocate of *ou* a believer in firm measures, he supports *ou* advocates firm measures.

partita [partita] *nf (Mus)* partita.

partitif, -ive [partitif, iv] **1** *adj* partitive. **2** *nm* partitive (article).

partition [partisjɔ̃] *nf* **(a)** *(Mus)* score. **as-tu ta ~?** have you got your score? *ou* music?*; **grande ~** full score. **(b)** *(frm, gén Pol: division)* partition.

partouse‡ [partuz] *nf* orgy.

partout [partu] *adv* everywhere, everyplace (*US*). **~ où** everywhere (that), wherever; **avoir mal ~** to ache all over; **tu as mis des papiers ~** you've put papers all over the place; *(Sport)* **2/15 ~** 2/15 all; *(Tennis)* **40 ~** deuce.

partouze‡ [partuz] *nf* = **partouse‡.**

parturition [partyʀisjɔ̃] *nf* parturition.

parure [paʀyʀ] *nf* **(a)** *(toilette)* costume, finery (*U*); *(bijoux)* jewels; *(sous-vêtements)* set of lingerie; *(fig littér)* finery, livery *(littér)*. **~ de table/de lit** set of table/bed linen; **~ de salle de bain** bathroom set; **~ de diamants** set of diamonds, diamond ornament; **les arbres ont revêtu leur ~ de feuilles** the trees have put on their leafy finery *(littér)*. **(b)** *(déchet)* trimming.

parution [paʀysjɔ̃] *nf* appearance, publication.

parvenir [paʀvəniʀ] (22) **1 parvenir à** *vt indir* **(a)** *(arriver)* sommet to get to, reach; *honneurs* to achieve; *état, âge* to reach. **~ aux oreilles de qn** to reach sb's ears; **~ à maturité** to become ripe; **ma lettre lui est parvenue** my letter reached him, he got my letter; **ses ordres nous sont parvenus** his orders reached us; **faire ~ qch à qn** to send sth to sb; **~ à ses fins** to achieve one's ends; **sa renommée est parvenue jusqu'à notre époque** *ou* **nous** his fame has come down to our own day *ou* to us.
(b) *(réussir)* **~ à faire qch** to manage to do sth, succeed in doing sth; **il y est parvenu** he managed it; **il n'y parvient pas tout seul** he can't manage on his own.
2 *vi* *(parfois péj: faire fortune)* to succeed *ou* get on in life, arrive.

parvenu, e [paʀvəny] *(ptp de* **parvenir)** **1** *adj* upstart. **2** *adj, nm,f (péj)* parvenu, upstart.

parvis [paʀvi] *nm* square *(in front of church)*.

pas¹ [pɑ] **1** *nm* **(a)** *(gén)* step; *(bruit)* footstep; *(trace)* footprint. **faire un ~ en arrière/en avant, reculer/avancer d'un ~** to step back/forward, take a step *ou* a pace back/forward; **faire de grands/petits ~** to take long strides/short steps; **marcher à grands ~** to stride along; **il reconnut son ~ dans le couloir** he recognized his footsteps *ou* his step in the corridor; **revenir** *ou* **retourner sur ses ~** to retrace one's steps *ou* path; **je vais là où me conduisent mes ~** I am going where my steps take me; **à ~ mesurés** *ou* **comptés** with measured steps; *(lit, fig)* **à ~ step by step**; *(lit, fig)* **à chaque ~** at every step; **il ne peut pas faire un ~ sans elle/sans la rencontrer** he can't go anywhere without her/without meeting her; **ne le quittez pas d'un ~** follow him wherever he goes; **arriver sur les ~ de qn** to arrive just after sb, follow close on sb's heels; **~ marcher.**

(b) *(distance)* pace. **à 20 ~** at 20 paces; **c'est à deux ~ d'ici** it's only a minute away, it's just a stone's throw from here.

(c) *(vitesse)* pace; *(Mil)* step; *[cheval]* walk. **aller bon ~, aller** *ou* **marcher d'un bon ~** to walk at a good *ou* brisk pace; **marcher d'un ~ lent** to walk slowly; **changer de ~** to change step; **allonger** *ou* **hâter** *ou* **presser le ~** to hurry on, quicken one's step *ou* pace; **ralentir le ~** to slow down; **marcher au ~** to march; **se mettre au ~** to get in step; **mettre son cheval au ~** to walk one's horse; *(Aut)* **rouler** *ou* **aller au ~** to crawl along, go dead slow *(Brit)*, go at a walking pace; **au ~ cadencé** in quick time; **au ~ de charge** at the charge; **au ~ de course** at a run; **au ~ de gymnastique** at a jog trot; **au ~ redoublé** in double time, double-quick.

(d) *(démarche)* tread. **d'un ~ lourd** *ou* **pesant** with a heavy tread; **~ d'éléphant** elephantine tread.

(e) *(Danse)* step. **~ de danse/valse** dance/waltz step; **esquisser un ~ de danse** to do a little dance, dance a few steps.

(f) *(Géog: passage)* *[montagne]* pass; *[mer]* strait.

(g) *(Tech)* *[vis, écrou]* thread.

(h) *(loc)* **faire un grand ~ en avant** to take a big step *ou* a great leap forward; **la science avance à grands ~/à ~ de géant** science is taking great/gigantic steps forward, science is striding foward/advancing by leaps and bounds; **à ~ de loup, à ~ feutrés** stealthily, with (a) stealthy tread; **d'un ~ léger** *(agilement)* with an airy tread; (*avec insouciance*) airily, blithely; (*joyeusement*) with a spring in one's step; **j'y vais de ce ~** I'll go straightaway *ou* at once; **mettre qn au ~** to bring sb to heel, make sb toe the line; **avoir le ~ sur qn** to rank before sb; **prendre le ~ sur** *considérations, préoccupations* to override; *théorie, méthode* to supplant; *personne* to steal a lead over; **franchir** *ou* **sauter le ~** to take the plunge; **du mensonge à la calomnie il n'y a qu'un ~** it's a short *ou* small step from lies to slander; *V* **céder, cent¹, faux², premier** *etc*.

2: (*Danse*) **pas battu** pas battu; **le pas de Calais** (*détroit*) the Straits of Dover; **le Pas de Calais** (*département*) the Pas de Calais; (*littér*) **pas de clerc** blunder; (*Danse*) **pas de deux** pas de deux; (*Mil*) **pas de l'oie** goose-step; (*Mil*) **faire le pas de l'oie** to goose-step; (*Jur*) **pas de porte** ≃ key money (*for shop etc*); **pas de la porte** doorstep; **sur le pas de la porte** on the doorstep, in the doorway; **~ de tir** (*champ de tir*) shooting range; (*Espace*) launching pad; **pas de vis** thread.

pas² [pɑ] **1** *adv nég* **(a)** (*avec ne: formant nég verbale*) not, n't (*dans la langue courante*). **je ne vais ~ à l'école** (*aujourd'hui*) I'm not *ou* I am not going to school; (*habituellement*) I don't *ou* I do not go to school; **ce n'est ~ vrai, c'est ~ vrai*** it isn't *ou* it's not *ou* it is not true; **je ne suis ~/il n'est ~ allé à l'école** I/he didn't *ou* did not go to school; **je ne trouve ~ mon sac** I can't *ou* cannot find my bag; **je ne vois ~** I can't *ou* cannot *ou* don't see; **c'est ~ vrai!*** no kidding!*, you don't say!*; **je ne prends ~/je ne veux ~ de pain** I won't have/I don't want any bread; **ils n'ont ~ de voiture/ d'enfants** they don't have *ou* haven't got a car/any children, they have no car/children; **il m'a dit de (ne) ~ le faire** he told me not to do it; **ça me serait insupportable de ne ~ le voir, ne ~ le voir me serait insupportable** it would be unbearable not to see him, not to see him would be unbearable; **je pense qu'il ne viendra ~** I don't think he'll come; **ce n'est ~ sans peine que je l'ai convaincu** it was not without (some) difficulty that I convinced him; **non ~ ou ce n'est ~ qu'il soit bête** (it's) not that he's a fool; **ce n'est ~ que je refuse** it's not that I refuse; **il n'y a ~ que ça** it's not just that; **il n'y a ~ que lui** he's not the only one; **je n'en sais ~ plus que vous** I know no more *ou* I don't know any more about it than you (do); **il n'y avait ~ plus de 20 personnes** there weren't *ou* were not more than 20 people; **il n'est ~ plus/moins intelligent que vous** he is no more/no less intelligent than you.

(b) (*indiquant ou renforçant opposition*) **elle travaille, (mais) lui ~** she works, but he doesn't; **il aime ça, ~ toi?** he likes it, don't you?; **ils sont 4 et non (~) 3** there are 4 of them, not 3; **vient-il ou (ne vient-il) ~?** is he coming or (is he) not?, is he coming or isn't he?; **leur maison est chauffée, la nôtre ~** their house is heated but ours isn't *ou* is not.

(c) (*dans réponses négatives*) not. **~ de sucre, merci!** no sugar, thanks!; **~ du tout** not at all, not a bit; **il t'a remercié, au moins? — ~ du tout** *ou* **absolument ~** he did at least thank you? — he certainly didn't *ou* did not; **~ encore** not yet; **~ plus que ça so-so***; **~ tellement***, **~ tant que ça** not (all) that much*, not so very much; **~ des masses‡** not a lot*, not an awful lot*; **qui l'a prévenu? — ~ moi/elle** *etc* who told him? — not me/she *etc ou* I didn't/she didn't *etc*.

(d) (*devant adj, n, dans excl, souvent **) **ce sont des gens ~ fiers** they're not proud people; **elle est ~ mal*** **cette secrétaire!** she's not bad at all*, that secretary!; **il est dans une situation ~ banale** *ou* **ordinaire** he's in an unusual situation; **~ un n'est venu** not one *ou* none (of them) came; **~ possible!** no!, you don't say!*; **~ de chance*** hard *ou* bad luck*!, too bad*; **~ vrai?*** isn't that so?, (isn't that) right?; **tu es content, ~ vrai?!*** you're pleased, aren't you? *ou* admit it; **t'es ~ un peu fou?*** you must be *ou* you are off (*Brit*) *ou* out of (*US*) your head!*; **~ d'histoires** *ou* **de blagues, il faut absolument que j'arrive à l'heure** (now) no nonsense, I absolutely must be on time; **(c'est) ~ bête, cette idée!** that's not a bad idea (at all)!; **si c'est ~ malheureux!*** *ou* **honteux!*** isn't that *ou* it a shame!; **tu viendras, ~?*** you're coming, aren't you?, you'll come, won't you?; **~ de ça!** none of that!; *V* **falloir, fou**.

(e) (*loc*) **je ne reviendrai ~ de sitôt, ce n'est ~ de sitôt que je reviendrai** I (certainly) shan't be coming back *ou* I'm (certainly) not coming back for a long time *ou* for quite some time; **il ne recommencera ~ de sitôt** he won't do that again in a hurry*, he won't be in a hurry to do that again; **ce n'est ~ trop tôt!** it's not before time!, about time too!*; **~ plus tard qu'hier/que l'an dernier** only *ou* just yesterday/last year; **~ mal (de)*** (*quantité*) quite a lot (of), quite a bit (of)*; (*nombre*) quite a few, a fair number (of), quite a lot (of); **il gagne ~ mal*** he earns quite a bit* *ou* quite a lot, he doesn't get a bad wage; **il a ~ mal vieilli ces derniers temps** he's aged quite a lot *ou* a good bit* lately; **ils ont ~ mal d'argent/ d'enfants** they have quite a lot of money/children, they have a fair bit* of money/a fair number of quite a few children.

2: (*péj*) **pas grand-chose** *nmf inv* good-for-nothing.

pascal¹, e, *mpl* **-aux** [paskal, o] *adj* **agneau** paschal; **messe** Easter.
pascal², pl ~s [paskal] *nm* (*Phys*) pascal.
pascalien, -ienne [paskaljɛ̃, jɛn] *adj* of Pascal.
passable [pɑsabl(ə)] *adj* passable, tolerable; (*sur copie d'élève*) fair. (*Univ*) **mention ~** ≃ pass(mark); **à peine ~** barely passable, not so good (*attrib*).
passablement [pɑsabləmɑ̃] *adv* (*moyennement*) **jouer, travailler** tolerably *ou* reasonably well; (*assez*) **irritant, long** rather, fairly, pretty*; (*beaucoup*) quite a lot *ou* a bit*. **il faut ~ de courage pour** ... it requires a fair amount of courage to ...
passade [pɑsad] *nf* passing fancy, whim, fad; (*amoureuse*) passing fancy.
passage [pɑsaʒ] **1** *nm* **(a)** (*venue*) **guetter le ~ du facteur** to watch for the postman to come by, be on the look-out for the postman; **attendre le ~ de l'autobus** to wait for the bus to come; **agrandir une voie pour permettre le ~ de gros camions** to widen a road to

allow heavy vehicles to use it *ou* to allow heavy vehicles through; **observer le ~ des oiseaux dans le ciel** to watch the birds fly by *ou* over; **pour empêcher le ~ de l'air sous la porte** to stop draughts (coming in) under the door; **lors de votre ~ à la douane** when you go *ou* pass through customs; **lors d'un récent ~ à Paris** when I (*ou* he *etc*) was in *ou* visiting Paris recently, on a recent trip to Paris; **la navette d'autobus fait 4 ~s par jour** the bus goes past *ou* does a shuttle service 4 times a day; **prochain ~ de notre représentant le 8 mai** our representative will call next *ou* will next be in the area on May 8th; **'~ de troupeaux'** 'cattle crossing'; **livrer ~** to make way; **il y a beaucoup de ~ l'été** there are a lot of people passing *ou* coming through here in the summer; **commerçant qui travaille avec le ~** *ou* **les clients de ~** shopkeeper catering for passing trade *ou* the casual trade; **Dijon est un lieu de ~** Dijon is a stopping-off place (on the way to other destinations); **il est de ~ à Paris** he is in *ou* visiting *ou* passing through Paris at the moment; **amours/amant de ~** casual *ou* passing affairs/lover; **je l'ai saisi au ~** (*je passais devant*) I grabbed him as I went by *ou* past; (*il passait devant*) I grabbed him as he went by *ou* past.

(b) (*transfert*) **le ~ de l'état solide à l'état gazeux** the change from the solid to the gaseous state; **le ~ de l'enfance à l'adolescence** the transition *ou* passage from childhood to adolescence; **le ~ du jour à la nuit** the change from day to night; **le ~ du grade de capitaine à celui de commandant** promotion from captain to major; **le ~ de l'alcool dans le sang** the entry of alcohol into the bloodstream; **son ~ en classe supérieure est problématique** there are problems about his moving up (*Brit*) *ou* promotion (*US*) to the next class (*Brit*) *ou* grade (*US*); **~ à l'acte** taking action, acting; *V* **examen**.

(c) (*lieu*) passage; (*chemin*) way, passage; (*itinéraire*) route; (*rue*) passage(way), alley(way). **un ~ dangereux sur la falaise** a dangerous section on the cliff; **il faut trouver un ~ dans ces broussailles** we must find a way through this undergrowth; **on a mis des barrières sur le ~ de la procession** barriers have been put up along the route of *ou* taken by the procession; **on se retourne sur son ~** people turn round and look when he goes past; **l'ennemi dévasta tout sur son ~** the enemy left total devastation in their wake; **barrer le ~ à qn** to block sb's way; **laisser le ~ à qn** to let sb pass *ou* past; **va plus loin, tu gênes le ~** move along, you're in the way; **ne laissez pas vos valises dans le ~** don't leave your cases in the passage; **~ du Nord-Ouest** North-West Passage; *V* **frayer**.

(d) (*Naut*) **payer son ~** to pay for one's passage, pay one's fare.
(e) (*fragment*) [*livre, symphonie*] passage.
(f) (*traversée*) [*rivière, limite, montagnes*] crossing. (*Naut*) **le ~ de la ligne** crossing the Line.
(g) (*loc*) **il a eu un ~ à vide** (*syncope*) he felt a bit faint; (*baisse de forme*) he went through a bad patch *ou* spell.

2: passage clouté pedestrian crossing; **'passage interdit'** 'no entry', 'no thoroughfare'; **passage à niveau** level crossing (*Brit*), grade crossing (*US*); **passage pour piétons** pedestrian walkway; (*Aut*) **passage protégé** priority *ou* right of way over secondary roads; **passage souterrain** subway (*Brit*), underpass; **passage à tabac** beating up.

passager, -ère [pɑsaʒe, ɛʀ] **1** *adj* **(a)** (*de passage*) **hôte** making a short stay (*attrib*), staying (only) a short while (*attrib*); **oiseau** migrating (*épith*), migratory.
(b) (*de courte durée*) **malaise** passing (*épith*), brief; **inconvénient** temporary; **bonheur, beauté** passing (*épith*), transient, ephemeral. **j'avais cru à un malaise ~** I thought this malaise would quickly pass over, I thought this would be a temporary malaise; **pluies ~ères** intermittent *ou* occasional showers *ou* rain.
(c) **rue** busy.
2 *nm, f* passenger. **~ clandestin** stowaway.
passagèrement [pɑsaʒɛʀmɑ̃] *adv* for a short while, temporarily.
passant, e [pɑsɑ̃, ɑ̃t] **1** *adj* **rue** busy. **2** *nm, f* passer-by. **3** *nm* [*ceinture*] loop.
passation [pɑsɑsjɔ̃] *nf* [*contrat*] signing; (*Comm*) [*écriture*] entry. **~ de pouvoirs** handing over of office *ou* power, transfer of power.
passavant [pɑsavɑ̃] *nm* **(a)** (*Comm, Jur*) transire, carnet. **(b)** (*Naut*) catwalk.
passe¹ [pɑs] **1** *nf* **(a)** (*Escrime, Ftbl, Tauromachie*) pass. **faire une ~ en avant** to make a forward pass; **~ en retrait** back pass.
(b) [*magnétiseur*] pass.
(c) (*Roulette*) passe.
(d) (*Naut: chenal*) pass, channel.
(e) [*prostituée*] **faire 20 ~s par jour** to have 20 clients *ou* customers a day; *V* **hôtel, maison**.
(f) (*loc*) **être en ~ de faire** to be on one's *ou* the way to doing; **il est en ~ de réussir** he is poised to succeed; **cette espèce est en ~ de disparaître** this species is on the way to dying out *ou* looks likely to die out; **être dans une bonne ~** to be in a healthy situation; **être dans** *ou* **traverser une mauvaise ~** (*gén*) to be going through a bad patch (*Brit*), be having a rough time; (*santé*) to be in a poor state; **est-ce qu'il va sortir de cette mauvaise ~?** will he manage to pull through (this time)?; *V* **mot**.
2: (*fig*) **passe d'armes** heated exchange; (*Comm*) **passe de caisse** sum allowed for cashier's errors; **passes magnétiques** hypnotic passes.
passe²* [pɑs] *nm abrév de* **passe-partout**; *V* **passer**.
passe- [pɑs] *préf V* **passer**.
passé, e [pɑse] (*ptp de* **passer**) **1** *adj* **(a)** (*dernier*) last. **c'est arrivé le mois ~/l'année ~e** it happened last month/last year; **au cours des semaines/années ~es** over these last *ou* the past (few) weeks/ years.
(b) (*révolu*) **action, conduite** past. **~ de mode** out of fashion, out of date; **songeant à sa gloire/ses angoisses ~e(s)** thinking of his

past *ou* former glory/distress; **regrettant sa jeunesse/sa beauté** ~e yearning for her departed *ou* vanished youth/beauty; **si l'on se penche sur les événements** ~s if one looks back over past events; **cette époque est** ~e maintenant that era is now over; **ce qui est** ~ **est** ~ what is past is dead and gone, what is over is over; **où sont mes années** ~es? where has my life gone?; **il se rappelait le temps** ~ he was thinking back to days *ou* time gone by.

    (c) *(fané) couleur, fleur* faded. **tissu** ~ **de ton** material that has lost its colour, faded material.

    (d) *(plus de)* **il est 8 heures** ~es it's past *ou* gone (*Brit*) 8 o'clock; **il est rentré à 9 heures** ~es it was past *ou* gone (*Brit*) 9 o'clock when he got back; **ça fait une heure** ~e **que je t'attends** I've been waiting for you for more than *ou* over an hour.

  2 *nm* **(a) le** ~ the past; **il faut oublier le** ~ the past should be forgotten; **c'est du** ~, **n'en parlons plus** it's (all) in the past now, let's not say any more about it; **il est revenu nous voir comme par le** ~ he came back to see us as he used to in the past; **il a eu plusieurs condamnations dans le** ~ he has several previous convictions.

    (b) *(vie écoulée)* past. **pays fier de son** ~ country proud of its past; **bandit au** ~ **chargé** gangster with a past; **son** ~ **m'est inconnu** I know nothing of his past.

    (c) *(Gram)* past tense. **les temps du** ~ the past tenses; **mettez cette phrase au** ~ put this sentence into the past (tense); ~ **antérieur** past anterior; ~ **composé** perfect; ~ **simple** past historic, preterite.

  3 *prép* after. ~ **6 heures on ne sert plus les clients** after 6 o'clock we stop serving (customers); ~ **cette maison, on quitte le village** after this house, you are out of the village.

passéisme [paseism(ə)] *nm (péj)* attachment to the past.
passéiste [paseist(ə)] **1** *adj (péj)* backward-looking. **2** *nmf (péj)* devotee of the past.
passement [pasmã] *nm* braid (*U*).
passementer [pasmãte] (1) *vt* to braid.
passementerie [pasmãtʀi] *nf (objets)* braid (*U*), trimmings; *(commerce)* sale of furnishing *etc* trimmings. **rayon de** ~ department selling furnishing *etc* trimmings.
passementier, -ière [pasmãtje, jɛʀ] **1** *adj:* **industrie** ~ière furnishing trimmings industry.
  2 *nm,f (fabricant)* manufacturer of furnishing *etc* trimmings; *(vendeur)* salesman (*ou* woman) specialising in furnishing trimmings.
passepoil [paspwal] *nm* piping.
passepoilé, e [paspwale] *adj* piped.
passeport [paspɔʀ] *nm* passport.
passer [pase] (1) **1** *vi (avec aux être)* **(a)** to pass, go *ou* come past. ~ **en courant** to run past; ~ **à pas lents** to go slowly past; **les camions ne passent pas dans notre rue** lorries don't come along *ou* down our street; **il passait dans la rue avec son chien/en voiture** he was walking down the street with his dog/driving down the street; **le train va bientôt** ~ the train will soon come past; **où passe la route?** where does the road go?; **la Seine passe à Paris** the Seine flows through Paris; **faire** ~ **les piétons** to let the pedestrians cross; **faire** ~ **les femmes et les enfants d'abord** to let the women and children go first; **une lueur cruelle passa dans son regard** a cruel gleam came into his eyes; *V* **bouche, coup, main.**

    (b) *(faire une halte rapide)* ~ **au bureau/chez un ami** to call (in *ou* by) *ou* drop in *ou* by at the office/at a friend's; **je ne fais que** ~ I'm not stopping*, I can't stay, I'm just calling in; ~ **à la radio/à la visite médicale** to go for an X-ray/one's medical (examination); ~ **à la douane** to go *ou* pass through customs, clear customs; ~ **chercher** *ou* **prendre qn** to call for sb, (go *ou* come and) pick sb up; ~ **voir qn** *ou* **rendre visite à qn** to call (in) on sb, call to see sb; **le facteur est passé** the postman has been; **à quelle heure passe le laitier?** what time does the milkman come?; **le releveur du gaz passera demain** the gasman will call tomorrow; **j'irai le voir en passant** I'll call to see him *ou* I'll call in and see him on my way.

    (c) *(changer de lieu, d'attitude, d'état)* to go. ~ **d'une pièce dans une autre** to go from one room to another; **si nous passions au salon?** shall we go into the sitting room?; ~ **à table** to sit down to eat; ~ **en Belgique** to go over to Belgium; ~ **à l'ennemi/l'opposition** to go over *ou* defect to the enemy/the opposition; **la photo passa de main en main** the photo was passed *ou* handed round; ~ **d'un extrême à l'autre** to go from one extreme to the other; ~ **de l'état solide à l'état liquide** to pass *ou* change from the solid to the liquid state; ~ **du rire aux larmes** to switch from laughter to tears; ~ **à un ton plus sévère** to take a harsher tone; ~ **à l'action** to go into action; ~ **aux actes** to go into action; ~ **aux ordres** to collect one's orders; ~ **aux aveux** to make a confession; ~ **dans les mœurs/les habitudes** to become the custom/the habit; ~ **dans la langue** to pass *ou* come into the language; ~ **en proverbe** to become proverbial; **son argent de poche passe en bonbons** his pocket money (all) goes on sweets; **l'alcool passe dans le sang** alcohol enters the bloodstream; **le restant des légumes est passé dans le potage** the left-over vegetables went into the soup.

    (d) *(franchir un obstacle) [véhicule]* to get through; *[cheval, sauteur]* to get over; *(Alpinisme)* to get up.

    (e) *[temps]* to go by, pass. **comme le temps passe!** how time flies!; **cela fait** ~ **le temps** it passes the time.

    (f) *[liquide]* to go *ou* come through, seep through; *[café]* to go through; *[courant électrique]* to get through.

    (g) *(être digéré, avalé)* to go down. **mon déjeuner ne passe pas** my lunch won't settle; **prendre un cachet pour faire** ~ **le déjeuner** to take a tablet to help one's lunch down; **ce vin passe bien** this wine goes down nicely.

    (h) *(être accepté) [demande, proposition]* to pass; *(réussir un*

examen) to pass, get through. **je ne pense pas que ce projet de loi passera** I don't think this bill will be passed *ou* will go through; **cette plaisanterie ne passe pas dans certains milieux** that joke doesn't go down well *ou* isn't appreciated in some circles; **il y a des plaisanteries/des erreurs qui passent dans certaines circonstances mais pas dans d'autres** there are some jokes/mistakes which are all right in some circumstances but not in others; **le gouvernement se demande comment faire** ~ **les hausses de prix** the government is concerned at how to get (an) acceptance of the price increases *ou* how to get the price increases through; **il est passé de justesse à l'examen** he only just scraped through *ou* passed the exam; **il est passé dans la classe supérieure** he's moved up to the next class (*Brit*), he's passed *ou* been promoted to the next grade (*US*).

    (i) *(devenir)* to become. ~ **directeur/président** to become *ou* be appointed director/president.

    (j) *(Ciné) [film]* to be showing, be on; *(TV) [émission]* to be on; *[personne]* to be on, appear. ~ **à la radio/à la télé*** to be on the radio/on TV*; ~ **sur l'antenne** to go on the air.

    (k) *(dépasser)* **le panier est trop petit, la queue du chat passe** the basket is too small — the cat's tail is sticking out; **son manteau est trop court, la robe passe** her coat is too short — her dress shows underneath *ou* below (it); **ne laisse pas** ~ **ton bras par la portière** don't put your arm out of the window.

    (l) *(disparaître) [couleur]* to fade; *[mode]* to die out; *[douleur]* to pass (off), wear off; *[colère]* to die down; *(lit, fig) [orage]* to blow over, die down; *[beauté]* to fade; *[jeunesse]* to pass (away) *[personne]* to pass on *ou* away. **faire** ~ **à qn le goût** *ou* **l'envie de faire** to cure sb of doing, make sb give up doing; **il voulait être pompier mais ça lui a passé** he wanted to be a fireman but he got over it; **cela fera** ~ **votre rhume** that will get you over your cold *ou* get rid of your cold for you; **le plus dur est passé** the worst is over now; *(fig)* **ça lui passera!*** *(habitude)* he'll get over it!; *(sentiment)* he'll grow out of it!

    (m) *(Cartes)* to pass.

    (n) *(Jur, Parl: être présenté)* to come up. **le projet de loi va** ~ **devant la Chambre** the bill will come *ou* be put before Parliament; **il est passé devant le conseil de discipline de l'école** he came up *ou* was brought up before the school disciplinary committee; ~ **en justice** to (come) up before the courts.

    (o) *(Aut)* ~ **en première/marche arrière** to go into first/reverse; ~ **en seconde/quatrième** to change into second/fourth *ou* top; **les vitesses passent mal** the gears are stiff.

    (p) ~ **par** *lieu* to go *ou* come through; *intermédiaire* to go through; *expérience* to go through, undergo; **par où êtes-vous passé?** which way did you go? *ou* come?; **le chien est trop gros pour** ~ **par le trou** the dog is too big to get through the hole; ~ **par l'université/par un collège technique** to go through university/technical school; **pour lui parler, j'ai dû** ~ **par sa secrétaire** I had to go through *ou* via his secretary before I could speak to him; **pour téléphoner, il faut** ~ **par le standard** you have to go through the switchboard to make a call; ~ **par des difficultés** to have difficulties *ou* a difficult time; **il est passé par des moments difficiles** he had some hard times; **nous sommes tous passés par là** we've all been through that, that's happened to all of us; **il faudra bien en** ~ **par là** there's no way round it; **il faudra bien en** ~ **par ce qu'il demande** we'll have to give him what he wants, we'll have to comply with *ou* give in to his request; **une idée m'est passée par la tête** an idea occurred to me; **elle dit tout ce qui lui passe par la tête** she says whatever comes into her head; **ça fait du bien par où ça passe!*** that's just what the doctor ordered!*

    (q) ~ **pour: je ne voudrais pas** ~ **pour un imbécile** I wouldn't like to be taken for a fool; **il pourrait** ~ **pour un Allemand** you could take him for a German, he could pass as a German; **auprès de ses amis, il passait pour un séducteur/un excentrique** he was regarded by his friends as (being) a lady's man/an eccentric; **il passe pour intelligent** he is thought of as intelligent, he's supposed to be intelligent; **il passe pour beau auprès de certaines femmes** some women think *ou* find him good-looking, he's considered good-looking by some women; **cela passe pour vrai** it's thought to be true; **se faire** ~ **pour** to pass o.s. off as; **faire** ~ **qn pour** to make sb out to be.

    (r) ~ **sous/sur/devant/derrière** *etc* to go under/over/in front of/behind *etc*; ~ **devant la maison/sous les fenêtres de qn** to pass *ou* go past sb's house/sb's window; **l'air passe sous la porte** a draught comes in under the door; **la voie ferrée passe le long du fleuve** the railway line runs alongside the river; **je passe devant vous pour vous montrer le chemin** I'll go in front to show you the way; **passez donc devant** you go first; **l'autobus lui est passé dessus, il est passé sous l'autobus** he was run over by the bus; **le travail passe avant tout/avant les loisirs** work comes first/before leisure; ~ **devant un jury** to go before a jury; *(fig)* ~ **devant Monsieur le maire** to get married or hitched*; **ma famille passe en premier** my family comes first; **le confort, ça passe après** comfort is less important *ou* comes second; **les poissons sont passés au travers du filet** the fish slipped through the net; *(fig)* ~ **sur** *faute* to pass over, overlook; *détail inutile ou scabreux* to pass over; **je veux bien** ~ **sur cette erreur** I'm willing to pass over *ou* overlook this mistake; **je passerai sur les détails** I shall pass over *ou* leave out *ou* skip the details; *V* **corps, côté, nez, ventre.**

    (s) **y** ~*: **on a eu la grippe, tout le monde y a** *ou* **est passé** we've had the flu and everybody got it *ou* nobody escaped it; **si tu conduis comme ça on va tous y** ~ if you go on driving like that, we've all had it*; **toute sa fortune y a passé** *ou* **est passée** he spent all his fortune on it, his whole fortune went on it.

    (t) **laisser** ~ *air, lumière* to let in; *personne, procession* to let through (*ou* past, in, out *etc*); *erreur* to overlook, miss; *occasion* to let slip, miss; **s'écarter pour laisser** ~ **qn** to move back to let sb (get) through *ou* past; **nous ne pouvons pas laisser** ~ **cette affaire sans protester** we cannot let this matter pass without a protest, we can't let this matter rest there — we must make a protest.

(u) (*loc*) **en passant** (*accessoirement*) in passing, by the way; **soit dit en passant** let me say in passing; **qu'il soit menteur, passe (encore), mais voleur c'est plus grave** he may be a liar, that's one thing but a thief, that's more serious; **passe pour cette erreur, mais une malhonnêteté, c'est impardonnable** a mistake is one thing, but being dishonest is unforgivable; **passons** let's say no more (about it).

2 *vt* (*avec aux avoir*) **(a)** *rivière, frontière, seuil* to cross; *porte* to go through; *haie* to jump *ou* get over. ~ **une rivière à la nage/en bac** to swim across/take the ferry across a river.

(b) *examen* to sit, take; *douane* to go through, clear. ~ **son permis (de conduire)** to take one's driving test; ~ **une visite médicale** to have a medical (examination); ~ **un examen avec succès** to pass an exam.

(c) *temps, vacances* to spend. ~ **le temps/sa vie à faire** to spend the time/one's life doing; ~ **son temps à ne rien faire** to idle one's time away; **(faire qch) pour** ~ **le temps** (to do sth) to while away *ou* pass the time; ~ **la soirée chez qn** to spend the evening at sb's (house); *V* **mauvais**.

(d) (*assouvir*) ~ **sa colère/sa mauvaise humeur sur qn** to work off *ou* vent one's anger/one's bad temper on sb; ~ **son envie de gâteaux** to satisfy one's urge for cakes.

(e) (*omettre*) *mot, ligne* to miss out (*Brit*), leave out. ~ **son tour** to miss one's turn; **et j'en passe!** and that's not all!; **j'en passe, et des meilleures!** and that's not all — I could go on!, and that's the least of them!; *V* **silence**.

(f) (*permettre*) ~ **une faute à qn** to overlook sb's mistake; ~ **un caprice à qn** to humour *ou* indulge sb's whim; **on lui passe tout** *bêtises* he gets away with anything; *désirs* he gets everything he wants; **il faut bien se** ~ **quelques fantaisies** you've got to allow yourself a few *ou* indulge in a few extravagances; **passez-moi l'expression** (if you'll) pardon the expression.

(g) (*transmettre*) *consigne, message, maladie* to pass on; (*Sport*) *ballon* to pass. ~ **qch à qn** to give *ou* hand sth to sb; **tu (le) fais** ~ **pass** *ou* hand it round; ~ **une affaire/un travail à qn** to hand a matter/a job over to sb; **passe-moi une cigarette** pass *ou* give me a cigarette; **passez-moi du feu** give me a light; **il m'a passé un livre** he's lent me a book; **je suis fatigué, je vous passe le volant** I am tired, you take the wheel *ou* you drive; (*au téléphone*) **je vous passe M X** (*standard*) I'm putting you through to Mr X; (*je lui passe l'appareil*) here's Mr X; **passe-lui un coup de fil** give him a ring (*Brit*) *ou* call, phone *ou* ring (*Brit*) *ou* call him (up); **passez-moi tous vos paquets** let me have all your parcels.

(h) (*Douane*) ~ **des marchandises en transit** to carry goods in transit; ~ **qch en fraude** to smuggle sth (in, out, through *etc*); ~ **des faux billets** to pass forged notes.

(i) (*enfiler*) *pull* to slip on; *robe* to slip into. ~ **une bague au doigt de qn** to slip a ring on sb's finger; ~ **un lacet dans qch** to thread a lace through sth; ~ **la corde au cou de qn** to put the rope round sb's neck.

(j) ~ **la tête à la porte** to poke one's head round the door; ~ **la main/la tête à travers les barreaux** to stick one's hand/head through the bars.

(k) (*dépasser*) *gare, maison* to pass, go past. ~ **le poteau** to pass the post, cross the finishing line; ~ **les limites** *ou* **les bornes** to go too far (*fig*); **tu as passé l'âge (de ces jeux)** you are too old (for these games); **il ne passera pas la nuit/la semaine** he won't last the night/the week *ou* see the night/week out; *V* **cap**.

(l) (*Culin*) *thé* to strain; *café* to pour the water on. ~ **la soupe** (à la passoire) to strain the soup; (*au mixer*) to blend the soup, put the soup through the blender.

(m) (*Aut*) ~ **la seconde/la troisième** to go *ou* change (up *ou* down) into second/third (gear).

(n) *film, diapositives* to show; *disque* to put on, play. **que passent-ils au cinéma?** what's on *ou* showing at the cinema?

(o) (*Comm*) *écriture* to enter; *commande* to place; *marché, accord* to reach, come to; *contrat* to sign. (*lit, fig*) ~ **qch aux profits et pertes** to write sth off.

(p) (*faire subir une action*) ~ **le balai/l'aspirateur/le chiffon** to sweep up/hoover (*Brit*) ® *ou* vacuum/dust; **passe le chiffon dans le salon** dust the sitting room, give the sitting room a dust; ~ **une pièce à l'aspirateur** to hoover (*Brit*) ® *ou* vacuum a room, go over a room with the vacuum cleaner; ~ **la serpillière dans la cuisine**, ~ **la cuisine à la serpillière** to wash (down) the kitchen floor; ~ **une couche de peinture sur qch** to give sth a coat of paint; ~ **un mur à la chaux** to whitewash a wall; ~ **qch sous le robinet** to rinse *ou* run sth under the tap; **elle lui passa la main dans les cheveux** she ran her hand through his hair; **se** ~ **les mains à l'eau** to rinse one's hands; **passe-toi de l'eau sur le visage** give your face a (quick) wash; **qu'est-ce qu'il lui a passé (comme savon)!** he gave him a really rough time!*, he really laid into him!*; *V* **arme, éponge, menotte, revue, tabac**.

3 se passer *vpr* **(a)** (*avoir lieu*) to take place; (*arriver*) to happen. **la scène se passe à Paris** the scene takes place in Paris; **qu'est-ce qui s'est passé?** what (has) happened?; **que se passe-t-il?, qu'est-ce qu'il se passe?** what's going on?; **ça ne s'est pas passé comme ça** it didn't work out as I'd hoped; **tout s'est bien passé** everything went off smoothly; **ça s'est mal passé** it turned out badly, it went badly; **je ne sais pas ce qui se passe en lui** I don't know what's the matter with him *ou* what's come over him *ou* what's got into him; **cela ne se passera pas ainsi!** I shan't

stand for that!, I shan't let it rest at that!; **il ne se passe pas un seul jour sans qu'il ne pleuve** not a day goes by *ou* passes without it *ou* its raining.

(b) (*finir*) to pass off, be over. **il faut attendre que ça se passe** you'll have to wait till it passes off *ou* is over.

(c) se ~ **de qch** to do without sth; **on peut se** ~ **d'aller au théâtre** we can do without going to the theatre; **se** ~ **de qn** to manage without sb; (*iro*) **je peux me** ~ **de ta présence** I can manage without you around; **je me passerais bien d'y aller!** I could do without having to go; **s'il n'y en a plus, je m'en passerai** if there isn't any more, I'll do without; **nous nous voyons dans l'obligation de nous** ~ **de vos services** we find ourselves obliged to dispense with your services; **il se passerait de manger plutôt que de faire la cuisine** he'd go without eating *ou* without food rather than cook; (*iro*) **tu pourrais te** ~ **de fumer** you could refrain from smoking; **la citation se passe de commentaires** the quotation needs no comment *ou* speaks for itself.

4: passe-crassane *nf, pl* **passe-crassanes** type of winter pear; **passe-droit** *nm, pl* **passe-droits** (undeserved) privilege, favour; **il a eu un passe-droit** he got preferential treatment; **passe-lacet** *nm, pl* **passe-lacets** bodkin (*V* **raide**); **passe-montagne** *nm, pl* **passe-montagnes** balaclava; **passe-partout** (*nm inv: clef*) master *ou* skeleton key; (*adj inv*) *tenue* for all occasions, all-purpose (*épith*); *formule* all-purpose (*épith*), catch-all (*épith*); **passe-plat** *nm, pl* **passe-plats** serving hatch; **passe-temps** *nm inv* pastime; **ses passe-temps préférés** his favourite outside interests *ou* pastimes; **passe-thé** *nm inv* tea strainer; **passe-vues** *nm inv* slide changer; *V* **tour**.

passereau, pl ~**x** [pasʀo] *nm* (*Orn*) passerine; (†: *moineau*) sparrow.

passerelle [pasʀɛl] *nf* (*pont*) footbridge; (*Naut: pont supérieur*) bridge; (*Aviat, Naut: voie d'accès*) gangway; (*fig: passage*) (inter-) link. (*Scol*) (*classe*) ~ reorientation class (*facilitating change of course at school*).

passeur [pasœʀ] *nm* [*rivière*] ferryman, boatman; [*frontière*] smuggler (*of drugs, refugees etc*).

passible [pasibl(ə)] *adj*: ~ **d'une amende/peine** *personne* liable to a fine/penalty; *délit* punishable by a fine/penalty; ~ **d'un impôt** liable for (a) tax; (*Comm*) ~ **de droits** liable to duty.

passif, -ive [pasif, iv] **1** *adj* (*gén*) passive. **rester** ~ **devant une situation** to remain passive in the face of a situation; *V* **défense**[1]. **2** *nm* **(a)** (*Ling*) passive. **au** ~ in the passive voice. **(b)** (*Fin*) liabilities. **le** ~ **d'une succession** the liabilities on an estate.

passing-shot [pasinʃɔt] *nm* passing shot.

passion [pasjɔ̃] *nf* **(a)** passion. **avoir la** ~ **du jeu/des voitures** to have a passion for gambling/cars; **le sport est sa** ~ he is mad* *ou* crazy* about sport, his one passion is sport.

(b) (*amour*) passion. **déclarer sa** ~ to declare one's love; **aimer avec** *ou* **à la** ~ to love passionately.

(c) (*émotion, colère*) passion. **emporté par la** ~ carried away by passion; **discuter avec/sans** ~ to argue passionately *ou* heatedly/ dispassionately *ou* coolly; **œuvre pleine de** ~ work full of passion.

(d) (*Mus, Rel*) **P**~ Passion; **le dimanche de la P**~ Passion Sunday; **le jour de la P**~ the day of the Passion; **la semaine de la P**~ Passion week; **la P**~ **selon saint Matthieu** (*Rel*) the Passion according to St Matthew; (*Mus*) the St Matthew Passion.

passionnant, e [pasjɔnɑ̃, ɑ̃t] *adj personne* fascinating; *livre, match, film* fascinating, gripping, enthralling, exciting.

passionné, e [pasjɔne] (*ptp de* **passionner**) **1** *adj personne, tempérament, haine* passionate; *description, orateur, jugement* impassioned. **être** ~ **de** *ou* **pour** to have a passion for; **un photographe** ~ **a** (**mad***) keen photographer; **débat** ~ heated *ou* impassioned debate.

2 *nm,f* **(a)** (*artiste, jeune homme*) passionate person.

(b) ~ **de: c'est un** ~ **de voitures de course** he's a racing car fanatic.

passionnel, -elle [pasjɔnɛl] *adj sentiment* passionate; *crime* of passion.

passionnément [pasjɔnemɑ̃] *adv* passionately, with passion. ~ **amoureux de** madly *ou* passionately in love with.

passionner [pasjɔne] (1) **1** *vt personne* [*mystère, match*] to fascinate, grip; [*livre, sujet*] to fascinate; [*sport, science*] to be a passion with; *débat* to inflame. **ce film/ce roman m'a passionné** I found that film/novel fascinating; **la musique le passionne** music is his passion, he has a passion for music.

2 se passionner *vpr*: **se** ~ **pour** *livre, mystère* to be fascinated by; *sport, science* to have a passion for, be mad keen on*.

passivement [pasivmɑ̃] *adv* passively.

passivité [pasivite] *nf* passivity, passiveness.

passoire [paswaʀ] *nf* (*gén*) sieve; [*thé*] strainer; [*légumes*] colander. (*fig*) **être une (vraie)** ~ to be like a sieve; **avoir la tête comme une** ~ to have a head like a sieve; **troué comme une** ~ with as many holes as a sieve.

pastel [pastɛl] **1** *nm* (*Bot*) woad, pastel; (*teinture bleue*) pastel; (*bâtonnet de couleur*) pastel (crayon); (*œuvre*) pastel. **au** ~ in pastels. **2** *adj inv tons* pastel. **un bleu/vert** ~ a pastel blue/green.

pastelliste [pastelist(ə)] *nmf* pastellist.

pastenague [pastənag] *nf* stingray.

pastèque [pastɛk] *nf* watermelon.

pasteur [pastœʀ] *nm* **(a)** (*Rel: prêtre*) minister, pastor, clergyman, preacher (*US*). **(b)** (*littér, Rel: berger*) shepherd. **le bon P**~ the Good Shepherd.

pasteurisation [pastœʀizasjɔ̃] *nf* pasteurization.

pasteuriser [pastœʀize] (1) *vt* to pasteurize.

pastiche [pastiʃ] *nm* (*imitation*) pastiche.

pasticher [pastiʃe] (1) *vt* to write a pastiche of.

pasticheur, -euse [pastiʃœʀ, øz] *nm,f* author of pastiches.

pastille [pastij] *nf [médicament, sucre]* pastille, lozenge; *[encens, couleur]* block; *[papier, tissu]* disc. ~s de menthe mints; ~s pour la toux cough pastilles (*Brit*) *ou* drops *ou* lozenges; ~s pour la gorge throat pastilles (*Brit*) *ou* lozenges; ~ de silicium silicon chip.

pastis [pastis] *nm (boisson)* pastis; (‡*dial: ennui*) fix*. être dans le ~ to be in a fix* *ou* a jam*.

pastoral, e, *mpl* **-aux** [pastɔral, o] **1** *adj (gén)* pastoral. **2** **pastorale** *nf (Littérat, Peinture, Rel)* pastoral; (*Mus*) pastorale.

pastorat [pastɔra] *nm* pastorate.

pastoureau, *pl* ~**x** [pasturo] *nm (littér)* shepherd boy.

pastourelle [pasturɛl] *nf (littér)* shepherd girl; (*Mus*) pastourelle.

pat [pat] **1** *adj inv* stalemate(d). **2** *nm:* le ~ stalemate; faire ~ (*vi*) to end in (a) stalemate; (*vt*) to stalemate.

patachon [pataʃɔ̃] *nm V* vie.

patagon, -onne [patagɔ̃, ɔn] **1** *adj* Patagonian. **2** *nm,f:* P~(ne) Patagonian.

Patagonie [patagɔni] *nf* Patagonia.

patagonien, -ienne [patagɔnjɛ̃, jɛn] **1** *adj* Patagonian. **2** *nm,f:* P~(ne) Patagonian.

pataphysique [patafizik] *nf* pataphysics (*sg*).

patapouf [patapuf] **1** *excl (langage enfantin)* whoops! faire ~ to tumble (down). **2** *nmf* (*) fatty*.

pataquès [patakɛs] *nm* malapropism.

patata* [patata] *excl V* patati*.

patate [patat] *nf* (* *: pomme de terre*) spud‡; (‡: *imbécile*) fathead‡, chump‡, clot‡. (*Bot*) ~ (douce) sweet potato; *V* gros.

patati* [patati] *excl:* et ~ et patata and so on and so forth.

patatras! [patatra] *excl* crash!

pataud, e [pato, od] **1** *adj* lumpish (*Brit*), clumsy. **2** *nm,f* lump. **3** *nm (chien)* pup(py) (*with large paws*).

pataugeoire [patoʒwar] *nf* paddling pool.

patauger [patoʒe] (3) *vi (avec effort)* to wade about; (*avec plaisir*) to splash about; (*fig: être perdu*) to flounder. on a dû ~ dans la boue pour y aller we had to wade *ou* flounder *ou* squelch (*Brit*) through the mud to get there.

patchouli [patʃuli] *nm* patchouli.

patchwork [patʃwœrk] *nm* patchwork.

pâte [pat] *nf* **(a)** (*Culin*) (*à tarte*) pastry; (*à gâteaux*) mixture; (*à pain*) dough; (*à frire*) batter. (*fig*) il est de la ~ dont sont faits les héros* he's (of) the stuff heroes are made of; *V* bon[1], coq[1], main.
(**b**) *[fromage]* cheese. (fromage à) ~ dure/molle/cuite/fermentée hard/soft/cooked/fermented cheese.
(**c**) ~s (*alimentaires*) pasta; (*dans la soupe*) noodles.
(**d**) (*gén: substance*) paste; (*crème*) cream.
(**e**) (*Art*) paste.
2: pâte d'amandes almond paste; pâte brisée shortcrust (*Brit*) *ou* pie crust (*US*) pastry; pâte à choux choux pastry; pâte à crêpes pancake batter; pâte dentifrice toothpaste; pâte feuilletée puff *ou* flaky pastry; pâte à frire batter; pâte de fruits crystallised fruit (*U*); **2** pâtes de fruits 2 pieces of crystallised fruit; une framboise en pâte de fruit a raspberry jelly, a crystallized raspberry; pâte à modeler modelling clay, Plasticine ®; (*péj*) pâte molle milksop, spineless individual; pâte à pain (bread) dough; pâte à papier paper pulp; pâtes pectorales cough drops *ou* pastilles (*Brit*); pâte sablée sablé (*Brit*) *ou* sugar crust (*US*) pastry; pâte de verre molten glass.

pâté [pate] *nm* **(a)** (*Culin*) pâté. ~ en croûte ≃ meat pie; petit ~ meat patty, small pork pie; ~ de campagne pâté de campagne, farmhouse pâté; ~ de foie liver pâté. **(b)** (*tache d'encre*) (ink) blot. **(c)** ~ de maisons block (of houses). **(d)** ~ (de sable) sandpie, sandcastle.

pâtée [pate] *nf* **(a)** *[chien, volaille]* mash (*U*), feed (*U*); *[porcs]* swill (*U*). **(b)** (*) hiding*. recevoir la *ou* une ~ to get a hiding*; donner la *ou* une ~ à qn to give sb a hiding*.

patelin¹* [patlɛ̃] *nm* village.

patelin², e [patlɛ̃, in] *adj (littér péj)* bland, smooth, ingratiating.

patelinerie [patlinri] *nf (littér péj)* blandness (*U*), smoothness (*U*).

patelle [patɛl] *nf (Zool)* limpet.

patène [patɛn] *nf* paten.

patenôtre [patnotr(ə)] *nf* (†, *péj*) (*prière*) paternoster, oraison (†: *littér*); (*marmonnement*) gibberish (*U*).

patent, e¹ [patã, ãt] *adj* obvious, manifest, patent (*frm*). il est ~ que it is patently obvious that; *V* lettre.

patentable [patãtabl(ə)] *adj (Comm)* liable to trading dues, subject to a (trading) licence.

patente² [patãt] *nf (Comm)* trading dues *ou* licence; (*Naut*) bill of health.

patenté, e [patãte] *adj (Comm)* licensed; (*fig hum: attitré*) established, officially recognized. c'est un menteur ~ he's a thoroughgoing liar.

pater [patɛr] *nm inv* **(a)** (‡: *père*) old man‡, pater* (*Brit*), governor† (*Brit hum*). **(b)** (*Rel*) P~ pater, paternoster. **(c)** (*Antiq, fig*) ~ familias paterfamilias.

patère [patɛr] *nf* (hat- *ou* coat-)peg.

paternalisme [patɛrnalism(ə)] *nm* paternalism.

paternaliste [patɛrnalist(ə)] *adj* paternalistic.

paterne [patɛrn(ə)] *adj (littér)* fatherly, avuncular.

paternel, -elle [patɛrnɛl] **1** *adj (amour, descendance)* paternal; (*bienveillant*) *personne, regard, conseil* fatherly. quitter le domicile ~ to leave one's father's house; du côté ~ on one's father's side, on the paternal side; ma tante ~le my aunt on my father's side, my paternal aunt.
2 *nm* (‡) old man‡, pater* (*Brit*), governor† (*Brit hum*).

paternellement [patɛrnɛlmã] *adv* (*V* paternel) paternally; in a fatherly way.

paternité [patɛrnite] *nf (lit)* paternity, fatherhood; (*fig*) paternity, authorship.

pâteux, -euse [patø, øz] *adj (gén)* pasty; *pain* doughy; *langue* coated, furred (*Brit*); *voix* thick, husky; *style* woolly. avoir la bouche ~euse to have a furred (*Brit*) *ou* coated tongue.

pathétique [patetik] **1** *adj* moving, pathetic; (*Anat*) pathetic. **2** *nm* pathos.

pathétiquement [patetikmã] *adv* movingly, pathetically.

pathétisme [patetism(ə)] *nm (littér)* pathos.

pathogène [patɔʒɛn] *adj* pathogenic.

pathologie [patɔlɔʒi] *nf* pathology.

pathologique [patɔlɔʒik] *adj* pathological.

pathologiquement [patɔlɔʒikmã] *adv* pathologically.

pathologiste [patɔlɔʒist(ə)] *nmf* pathologist.

pathos [patos] *nm* (overdone) pathos, emotionalism. rédigé avec un ~ irritant written with irritating pathos *ou* emotionalism; l'avocat faisait du ~ the lawyer was making a strong emotional appeal.

patibulaire [patibylɛr] *adj* sinister. avoir une mine ~ to be sinister-looking.

patiemment [pasjamã] *adv* patiently.

patience¹ [pasjãs] *nf* **(a)** (*gén*) patience; (*résignation*) long-suffering. souffrir avec ~ to bear one's sufferings with patience *ou* patiently; perdre ~ to lose (one's) patience; prendre *ou* s'armer de ~ to be patient, have patience; il faut avoir une ~ d'ange pour le supporter it takes the patience of a saint *ou* of Job to put up with him; je suis à bout de ~ my patience is exhausted, I'm at the end of my patience; ma ~ a des limites! there are limits to my patience!; *V* mal.
(**b**) (*Cartes*) (*jeu*) patience (*U*); (*partie*) game of patience. faire des ~s to play patience.
(**c**) (*loc*) ~, j'arrive wait a minute! *ou* hang on!*, I'm coming; ~, j'aurai ma revanche I'll get even in the end.

patience² [pasjãs] *nf (Bot)* (patience) dock.

patient, e [pasjã, ãt] **1** *adj* patient; *travail* patient, laborious. **2** *nm,f (Méd)* patient.

patienter [pasjãte] (1) *vi* to wait. faites-le ~ ask him to wait, have him wait; si vous voulez ~ un instant could you wait *ou* hang on* *ou* hold on* a moment?; lisez ce journal, ça vous fera ~ read this paper to fill in *ou* pass the time; pour ~ il regardait les tableaux to fill in *ou* pass the time he looked at the paintings.

patin [patɛ̃] *nm* **(a)** *[patineur]* skate; *[luge]* runner; *[rail]* base; (*pour le parquet*) cloth pad (*used as slippers on polished wood floors*). ~ (de frein) brake block; ~s à glace iceskates; ~s à roulettes roller skates; faire du ~ à glace/à roulettes to go ice-skating/roller-skating.
(**b**) (‡: *baiser*) French kiss.

patinage¹ [patinaʒ] *nm (Sport)* skating; (*Aut*) *[roue]* spinning; *[embrayage]* slipping. ~ artistique figure skating; ~ à roulettes roller-skating; ~ de vitesse speed skating.

patinage² [patinaʒ] *nm (Tech)* patination.

patine [patin] *nf* patina, sheen.

patiner¹ [patine] (1) *vi (Sport)* to skate; (*Aut*) *[roue]* to spin; *[embrayage]* to slip. la voiture patina sur la chaussée verglacée the wheels of the car spun on the icy road; faire ~ l'embrayage to slip the clutch.

patiner² [patine] (1) *vt (naturellement)* *bois, bronze, pierre* to give a sheen to; (*artificiellement*) to patinate, give a patina to.

patinette [patinɛt] *nf* scooter. ~ à pédale pedal scooter.

patineur, -euse [patinœr, øz] *nm,f* skater.

patinoire [patinwar] *nf* skating rink, ice rink. (*fig*) cette route est une vraie ~ this road is like an ice rink *ou* a skidpan (*Brit*).

patio [patjo] *nm* patio.

pâtir [patir] (2) *vi (littér)* to suffer (*de* because of, on account of).

pâtisserie [patisri] *nf* **(a)** (*magasin*) cake shop, confectioner's; (*gâteau*) cake, pastry; (*art ménager*) cake-making, pastry-making, baking; (*métier, commerce*) confectionery. apprendre la ~ (*comme métier*) to learn to be a pastrycook, learn confectionery; faire de la ~ (*en amateur*) to do some baking, make cakes and pastries; moule/ustensiles à ~ pastry dish/utensils; *V* rouleau.
(**b**) (*stuc*) fancy (plaster) moulding.

pâtissier, -ière [patisje, jɛr] *nm,f* confectioner, pastrycook. ~-glacier confectioner and ice-cream maker; *V* crème.

patois, e [patwa, waz] **1** *adj* patois (*épith*), dialectal, dialect (*épith*). **2** *nm* patois, (provincial) dialect. parler (en) ~ to speak (in) patois.

patoisant, e [patwazã, ãt] **1** *adj* patois-speaking, dialect-speaking. **2** *nm,f* patois *ou* dialect speaker.

patoiser [patwaze] (1) *vi* to speak (in) dialect *ou* patois.

patraque* [patrak] **1** *adj* peaky* (*Brit*), off-colour (*Brit*) (*attrib*), peaked* (*US*), out of sorts (*attrib*). **2** *nf* (†: *montre*) timepiece, ticker*.

pâtre [patr(ə)] *nm (littér)* shepherd.

patriarcal, e, *mpl* **-aux** [patrijarkal, o] *adj* patriarchal.

patriarcat [patrijarka] *nm (Rel)* patriarchate; (*Sociol*) patriarchy, patriarchate.

patriarche [patrijarʃ(ə)] *nm* patriarch.

Patrice [patris] *nm* Patrick.

patricien, -ienne [patrisjɛ̃, jɛn] *adj, nm,f* patrician.

Patrick [patrik] *nm* Patrick.

patrie [patri] *nf* homeland, fatherland; (*berceau*) homeland, home. mourir pour la ~ to die for one's homeland *ou* country; la Grèce, ~ de l'art Greece, the homeland of art; Limoges, ~ de la porcelaine Limoges, the home of porcelain.

patrimoine [patrimwan] *nm* (*gén*) inheritance, patrimony (*frm*); (*Jur*) patrimony; (*Fin: biens*) property; (*bien commun*) (*fig*) heritage, patrimony (*frm*). (*Bio*) ~ héréditaire *ou* génétique genetic inheritance, genotype; ~ national national heritage.

patriotard, e [patrijotar, ard(ə)] (*péj*) **1** *adj* jingoistic. **2** *nm,f* jingoist.

patriote [patrijɔt] **1** *adj* patriotic. **2** *nmf* (*gén*) patriot. (*Hist*) **les ~s** the Patriots.

patriotique [patrijɔtik] *adj* patriotic.

patriotiquement [patrijɔtikmã] *adv* patriotically.

patriotisme [patrijɔtism(ə)] *nm* patriotism.

patron¹ [patrɔ̃] **1** *nm* **(a)** (*propriétaire*) owner, boss*; (*gérant*) manager, boss*; (*employeur*) employer. **le ~ est là?** is the boss* *ou* governor†‡ (*Brit*) in?; **le ~ de l'usine** the factory owner; the factory manager; **le ~ du restaurant** the proprietor of the restaurant, the restaurant owner; **il est ~ d'hôtel** he's a hotel proprietor; **la bonne garde la maison quand ses ~s sont absents** the maid looks after the house when her employers are away; **~ boulanger/ boucher** master baker/butcher.
(b) (*Hist, Rel: protecteur*) patron. **saint ~** patron saint.
(c) (*‡: mari*) (old) man‡. **il est là, le ~?** is your (old) man in?‡
(d) (*Hôpital*) ≃ senior consultant (*of teaching hospital*).
2: (*Naut*) patron (*pêcheur*) skipper; **patron de presse** press baron *ou* tycoon *ou* magnate; (*Univ*) **patron de thèse** supervisor *ou* director of postgraduate doctorate.

patron² [patrɔ̃] *nm* (*Couture*) pattern; (*pochoir*) stencil. **~ de robe** dress pattern; **(taille) demi-~/~/grand ~** small/medium/large (size).

patronage [patrɔnaʒ] *nm* **(a)** (*protection*) patronage. **sous le (haut) ~ de** under the patronage of. **(b)** (*organisation*) youth club; (*Rel*) youth fellowship.

patronal, e, *mpl* **-aux** [patrɔnal, o] *adj* (*Ind*) **responsabilité, cotisation** employer's, employers'; (*Rel*) **fête** patronal.

patronat [patrɔna] *nm* (*Ind*) **le ~** the employers.

patronne [patrɔn] *nf* **(a)** (*V patron*) (lady) owner, boss*; (lady) manager; (lady) employer; proprietress. **(b)** (*‡: épouse*) missus‡, old lady‡. **(c)** (*sainte*) patron saint.

patronner [patrɔne] (1) *vt personne* to patronize, sponsor; *entreprise* to patronize, support; *candidature* to support.

patronnesse [patrɔnɛs] *nf V* **dame.**

patronyme [patrɔnim] *nm* patronymic.

patronymique [patrɔnimik] *adj* patronymic.

patrouille [patruj] *nf* patrol. **partir** *ou* **aller en/être de ~** to go/be on patrol; **~ de reconnaissance/de chasse** reconnaissance/fighter patrol.

patrouiller [patruje] (1) *vi* to patrol, be on patrol. **~ dans les rues** to patrol the streets.

patrouilleur [patrujœr] *nm* (*soldat*) soldier on patrol (duty), patroller; (*Naut*) patrol boat; (*Aviat*) patrol *ou* scout plane.

patte [pat] **1** *nf* **(a)** (*jambe d'animal*) leg; (*pied*) [*chat, chien*] paw; [*oiseau*] foot. **~s de devant** forelegs; forefeet; **~s de derrière** hindlegs; hind feet; **le chat retomba sur ses ~** the cat fell on its feet; **le chien tendit la ~** the dog put its paw out *ou* gave a paw; **faire ~ de velours** [*chat*] to draw in *ou* sheathe its claws; [*hypocrite*] to hide one's true intentions behind a show of goodwill; *V* **bas¹, mille¹, mouton¹.**
(b) (*‡: jambe*) leg. **nous avons 50 km dans les ~** we've walked 50 km; **à ~s** on foot; **nous y sommes allés à ~s** we walked *ou* hoofed‡ it, we went on Shanks' pony* (*Brit*) *ou* mare* (*US*); **bas** *ou* **court sur ~s** *personne* short-legged; *table, véhicule* low; **il est toujours dans mes ~s** he's always under my feet.
(c) (*‡: main*) hand, paw*. **ce peintre a de la ~** *ou* **un bon coup de ~** this painter has real talent; **s'il me tombe sous la ~, gare à lui!** if I get my hands *ou* paws* on him he'd better look out!; **tomber dans les/se tirer des ~s de qn** to fall into/get out of sb's clutches.
(d) (*ancre*) palm, fluke; (*languette*) [*poche*] flap; [*vêtement*] strap; (*sur l'épaule*) epaulette; [*porte-feuilles*] tongue; [*chaussure*] tongue.
(e) (*favoris*) **~s** (de lapin) sideburns; *V* **fil, graisser, quatre** etc.
2: **pantalon (à) pattes d'éléphant** bell-bottom *ou* flared trousers, bell-bottoms, flares; **patte folle** gammy (*Brit*) *ou* game leg; **patte à glace** mirror clamp; **patte(s) de mouche** spidery scrawl; **faire des pattes de mouche** to write (in) a spidery scrawl; **patte-d'oie** *nf, pl* **pattes-d'oie** (*à l'œil*) crow's-foot; (*carrefour*) branching crossroads *ou* junction.

pattemouille [patmuj] *nf* damp cloth (*for ironing*).

pâturage [pɑtyraʒ] *nm* (*lieu*) pasture; (*action*) grazing, pasturage; (*droits*) grazing rights.

pâture [pɑtyr] *nf* **(a)** (*nourriture*) food. (*fig*) **il fait sa ~ de romans noirs** he is an avid reader of detective stories, detective stories form his usual reading matter; (*lit, fig*) **donner qn en ~ aux fauves** to throw sb to the lions.
(b) (*pâturage*) pasture.

pâturer [pɑtyre] (1) **1** *vi* to graze. **2** *vt:* **~ l'herbe** to graze.

paturon [patyrɔ̃] *nm* pastern.

Paul [pɔl] *nm* Paul.

Paule [pɔl] *nf* Paula.

Pauline [pɔlin] *nf* Pauline.

paulinien, -ienne [pɔlinjɛ̃, jɛn] *adj* of Saint Paul, Pauline.

paulownia [pɔlɔnja] *nm* paulownia.

paume [pom] *nf* (*main*) palm. (*Sport*) **jouer à la ~** to play real tennis.

paumé, e‡ [pome] (*ptp de paumer*) *adj* (*péj*) (*dans un lieu*) lost; (*dans une explication*) lost, at sea*; (*dans un milieu inconnu*) bewildered. **un pauvre ~** a poor bum*‡; **habiter un bled** *ou* **trou ~** (*isolé*) to live in a godforsaken place *ou* hole‡; (*sans attrait*) to live in a real dump *ou* a godforsaken hole‡; (*fig: socialement inadapté*) **la jeunesse ~e d'aujourd'hui** the young wasters* *ou* drop-outs* of today; **il est complètement ~** he's all screwed up‡.

paumelle [pomɛl] *nf* (*gond*) split hinge.

paumer‡ [pome] (1) **1** *vt* (*perdre*) to lose. **2 se paumer** *vpr* to get lost.

paupérisation [poperizasjɔ̃] *nf* pauperization, impoverishment.

paupériser [poperize] (1) *vt* to pauperize, impoverish.

paupérisme [poperism(ə)] *nm* pauperism.

paupière [popjɛr] *nf* eyelid.

paupiette [popjɛt] *nf* (*Culin*) **~ de veau** veal olive.

pause [poz] *nf* (*arrêt*) break; (*en parlant*) pause; (*Mus*) pause; (*Sport*) half-time. **faire une ~** to have a break, break off; **~-café** coffee break.

pauser*† [poze] *vi:* **faire ~ qn** to keep sb waiting.

pauvre [povr(ə)] **1** *adj* **(a)** *personne, pays, sol* poor; *végétation* sparse; *minerai, gisement* poor; *style,* (*Aut*) *mélange* weak; *mobilier, vêtements* cheap-looking; *nourriture, salaire* meagre, poor. **minerai ~ en cuivre** ore with a low copper content, ore poor in copper; **air ~ en oxygène** air low in oxygen; **pays ~ en ressources/en hommes** country short of *ou* lacking resources/men; **nourriture ~ en calcium** (*par manque*) diet lacking in calcium; (*par ordonnance*) low-calcium diet; **un village ~ en distractions** a village which is lacking in *ou* short of amusements; **~ comme Job** as poor as a church mouse; **les couches ~s de la population** the poorer *ou* deprived sections of the population; *V* **rime.**
(b) (*avant n: piètre*) *excuse, argument* weak, pathetic; *devoir* poor; *orateur* weak, bad. **de ~s chances de succès** only a slim *ou* slender chance of success; **il esquissa un ~ sourire** he smiled weakly *ou* gave a weak smile.
(c) (*avant n: malheureux*) poor. **~ type*** (*pauvre, malheureux*) poor chap* (*Brit*) *ou* guy*; (*paumé*) poor bum‡; (*minable*) dead loss*; (*salaud*) swine‡; (*crétin*) poor sod‡* (*Brit*) *ou* bastard*‡; **~ con!**‡* you poor sod!*‡ (*Brit*) *ou* bastard*‡; (*littér, hum*) **~ hère** down-and-out; **~ d'esprit** (*simple d'esprit*) half-wit; (*Rel*) **les ~s d'esprit** the poor in spirit; **comme disait mon ~** mes as my poor (dear) husband used to say; (*hum*) **~ de moi!** poor (little) me!; **mon ~ ami** my dear friend; **elle me faisait pitié, avec son ~ petit air** I felt sorry for her, she looked so wretched *ou* miserable.
2 *nmf* **(a)** (*personne pauvre*) poor man *ou* woman, pauper††. **les ~s** the poor; **ce pays compte encore beaucoup de ~s** there's still a lot of poverty *ou* there are still many poor people in this country.
(b) (*‡: marquant dédain ou commisération*) **mon** (*ou* **ma**) **~, si tu voyais comment ça se passe ...** but my dear fellow (*ou* girl *etc*) *ou* friend, if you saw what goes on...; **le ~, il a dû en voir!** the poor chap* (*Brit*) *ou* guy*, he must have had a hard time of it!

pauvrement [povrəmã] *adv* **meublé, éclairé, vivre** poorly; **vêtu** poorly, shabbily.

pauvresse† [povrɛs] *nf* poor woman *ou* wretch.

pauvret, -ette [povrɛ, ɛt] **1** *adj visage, air* pathetic. **2** *nm, f* poor (little) thing.

pauvreté [povrəte] *nf* [*personne*] poverty; [*mobilier*] cheapness; [*langage*] weakness, poorness; [*sol*] poverty, poorness. (*Prov*) **~ n'est pas vice** poverty is not a vice, there is no shame in being poor; *V* **vœu.**

pavage [pavaʒ] *nm* (*V paver*) (*action*) paving; cobbling; (*revêtement*) paving; cobbles.

pavane [pavan] *nf* pavane.

pavaner (se) [pavane] (1) *vpr* to strut about. **se ~ comme un dindon** to strut about like a turkey-cock.

pavé [pave] *nm* [*chaussée*] cobblestone; [*cour*] paving stone; (*fig péj: livre*) hefty tome*. **déraper sur le ~** *ou* **les ~s** to skid on the cobbles; **~ de viande** thick piece of steak; **être sur le ~** (*sans domicile*) to be on the streets *ou* homeless; (*sans emploi*) to be out of a job; **mettre** *ou* **jeter qn sur le ~** (*domicile*) to turn *ou* throw sb out (onto the streets); (*emploi*) to give sb the sack*, throw sb out; **j'ai l'impression d'avoir un ~ sur l'estomac*** I feel as if I've got a great *ou* lead weight in my stomach; (*fig*) **c'est l'histoire du ~ de l'ours** it's another example of misguided zeal; (*fig*) **jeter un ~ dans la mare** to set the cat among the pigeons; *V* **battre, brûler, haut.**

pavement [pavmã] *nm* ornamental tiling.

paver [pave] (1) *vt cour* to pave; *chaussée* to cobble. **cour pavée** paved yard; *V* **enfer.**

paveur [pavœr] *nm* paver.

pavillon [pavijɔ̃] **1** *nm* **(a)** (*villa*) house; (*loge de gardien*) lodge; (*section d'hôpital*) ward, pavilion; (*corps de bâtiment*) wing, pavilion.
(b) (*Naut*) flag. **sous ~ panaméen** *etc* under the Panamanian *etc* flag; *V* **baisser, battre.**
(c) (*Mus*) [*instrument*] bell; [*phonographe*] horn.
(d) [*oreille*] pavilion, pinna.
2: **pavillon de banlieue** house in the suburbs; **pavillon de chasse** hunting lodge; **pavillon de complaisance** flag of convenience; **pavillon de détresse** flag of distress; **pavillon de guerre** war flag; **pavillon noir** *ou* **à tête de mort** Jolly Roger; **pavillon de quarantaine** yellow flag; **pavillon de verdure** leafy arbour *ou* bower.

pavillonnaire [pavijɔnɛr] *adj:* **lotissement ~** private housing estate; **banlieue ~** residential suburb with exclusively low-rise housing.

pavlovien, -ienne [pavlɔvjɛ̃, jɛn] *adj* Pavlovian.

pavois [pavwa] *nm* (*Naut: bordage*) bulwark; (*Hist: bouclier*) shield. (*lit*) **hisser qn sur le ~** to carry sb shoulder-high.

pavoiser [pavwaze] (1) **1** *vt navire* to dress; *monument* to deck with flags.
2 *vi* to put out flags; (*fig: Sport*) [*supporters*] to rejoice, wave the banners, exult. **toute la ville a pavoisé** there were flags out all over the town; (*fig*) **il pavoise maintenant qu'on lui a donné raison publiquement** he's rejoicing openly now that he has been publicly acknowledged to be in the right.

pavot [pavo] *nm* poppy.

payable [pɛjabl(ə)] *adj* payable. **~ en 3 fois** *somme* payable in *ou* that must *ou* may be paid in 3 instalments; *objet* that must *ou* can be paid for in 3 instalments; **l'impôt est ~ par tous** taxes must be paid by everyone; (*Fin*) **billet ~ à vue** bill payable at sight;

appareil ~ **à crédit** piece of equipment which can be paid for on credit.

payant, e [pɛjɑ̃, ɑ̃t] *adj spectateur* who pays (for his seat); *billet, place* which one must pay for, not free (*attrib*); *spectacle* where one must pay to go in, where there is a charge for admission; (*rentable*) *affaire* profitable; *politique, conduite, effort* which pays off.

paye [pɛj] *nf* = **paie.**

payement [pɛjmɑ̃] *nm* = **paiement.**

payer [peje] (8) **1** *vt* (a) *somme, cotisation, intérêt* to pay; *facture, dette* to pay, settle. ~ **comptant** to pay cash; ~ **rubis sur l'ongle†** to pay cash on the nail; **c'est lui qui paie** he's paying.
   (b) *employé* to pay; *entrepreneur* to pay, settle up with. **être payé par chèque/en espèces/en nature/à l'heure** to be paid by cheque/ in cash/in kind/by the hour; **être payé à la pièce** to be on piecework; ~ **qn de** *ou* **en paroles/promesses** to fob sb off with (empty) words/promises; **je ne suis pas payé pour ça*** that's not what I'm paid for; (*fig iro*) **il est payé pour le savoir** he has learnt the hard way, he has learnt that to his cost.
   (c) *travail, service, maison, marchandise* to pay for. **je l'ai payé de ma poche** I paid for it out of my own pocket; **les réparations ne sont pas encore payées** the repairs haven't been paid for yet; **il m'a fait** ~ **50F** he charged me 50 francs (*pour* for); ~ **le déplacement de qn** to pay sb's travelling expenses; ~ **la casse** *ou* **les pots cassés** (*lit*) to pay for the damage; (*fig*) to pick up the pieces, carry the can* (*Brit*); **travail bien/mal payé** well-paid/badly-paid work; *V* **congé.**
   (d) (*: *offrir*) ~ **qch à qn** to buy sth for sb; **c'est moi qui paie (à boire)** the drinks are on me*, have this one on me*; ~ **des vacances/un voyage à qn** to pay for sb to go on holiday/on a trip; ~ **à boire à qn** to stand *ou* buy sb a drink; **sa mère lui a payé une voiture** his mother bought him a car.
   (e) (*récompenser*) to reward. **le succès le paie de tous ses efforts** his success makes all his efforts worthwhile *ou* rewards him for all his efforts; **il l'aimait et elle le payait de retour** he loved her and she returned his love.
   (f) (*expier*) *faute, crime* to pay for. ~ **qch de 5 ans de prison** to get 5 years in jail for sth; **il l'a payé de sa vie/santé** it cost him his life/health; **il a payé cher son imprudence** he paid dearly for his rashness, his rashness cost him dearly; (*en menace*) **il me le paiera!** he'll pay for this!, I'll make him pay for this!
   2 *vi* (a) [*effort, tactique*] to pay off; [*métier*] to be well-paid. **le crime ne paie pas** crime doesn't pay; ~ **pour qn** (*lit*) to pay for sb; (*fig*) to pick up the pieces (for sb), carry the can (*Brit*) for sb*.
   (b) ~ **de: pour y parvenir il a dû** ~ **de sa personne** he had to sacrifice himself in order to succeed; **ce poisson ne paie pas de mine, mais il est très bon** this fish isn't much to look at *ou* doesn't look very appetizing but it's very tasty; ~ **d'audace** to take a gamble *ou* a risk.
   3 se payer *vpr* (a) **payez-vous et rendez-moi la monnaie** take what is owed you and give me the change; **tout se paie** (*lit*) everything must be paid for; (*fig*) everything has its price.
   (b) (*: *s'offrir*) *objet* to buy o.s., treat o.s. to me. **on va se** ~ **un bon dîner/le restaurant** we're going to treat ourselves to a slap-up* meal/to a meal out; **se** ~ **une pinte de bon sang** to have a good laugh*; **se** ~ **la tête de qn** (*ridiculiser*) to put sb down*, take the mickey* out of sb (*Brit*); (*tromper*) to have sb on*, take sb for a ride*; **se** ~ **une bonne grippe** to get a bad dose of flu; **se** ~ **une bonne cuite‡** to get plastered‡; **il s'est payé un arbre/le trottoir/ un piéton** he has wrapped his car round a tree/run into the pavement/mown a pedestrian down; **j'ai glissé et je me suis payé la chaise** I slipped and banged *ou* crashed into the chair; **ils s'en sont drôlement payé, ils s'en sont payé une bonne tranche** they had (themselves) a good time *ou* a whale of a time*.
   (c) **se** ~ **d'illusions** to delude o.s.; **se** ~ **de culot** to use one's nerve; **il se paie de mots** he's talking a lot of hot air*.

payeur, -euse [pɛjœʀ, øz] **1** *adj:* **organisme/service** ~ **payments** department/office. **2** *nm, f* payer; (*Mil, Naut*) paymaster. **mauvais** ~ bad debtor.

pays¹ [pei] **1** *nm* (a) (*contrée, habitants*) country. **des** ~ **lointains** far-off countries *ou* lands; **les** ~ **membres du marché commun** the countries which are members of *ou* the member countries of the Common Market; **la France est le** ~ **du vin** France is the land of wine; *V* **mal.**
   (b) (*région*) region. **il est du** ~ he's from these parts *ou* this area; **les gens du** ~ the local people, the locals; **revenir au** ~ to go back home; **un** ~ **de légumes, d'élevage et de lait** a vegetable-growing, cattle-breeding and dairy region; **c'est le** ~ **de la tomate** it's famous tomato-growing country; **nous sommes en plein** ~ **du vin** we're in the heart of the wine country; **vin de** *ou* **du** ~ local wine; **melons/pêches de** *ou* **du** ~ local-grown melons/peaches.
   (c) (*village*) village.
   (d) (*loc*) (*fig*) **le** ~ **des rêves** the land of dreams, dreamland; **voir du** ~ to travel around (a lot); **se comporter comme en** ~ **conquis** to lord it over everyone, act all high and mighty; **être en** ~ **de connaissance** (*dans une réunion*) to be among friends *ou* familiar faces; (*sur un sujet, dans un lieu*) to be on home ground *ou* on familiar territory.
   2: pays d'accueil [*conférences, jeux*] host country; [*réfugiés*] country of refuge; **le pays Basque** the Basque country; **pays de Cocagne** land of plenty, land of milk and honey; **pays développé** developed country *ou* nation; **le pays de Galles** Wales; **pays industrialisé** industrialized country *ou* nation; **pays en voie de développement** developing country.

pays², e [pei, peiz] *nm, f* (*dial: compatriote*) **nous sommes** ~ we come from the same village *ou* region *ou* part of the country; **elle est ma** ~**e** she comes from the same village *ou* region *ou* part of the country as me.

paysage [peizaʒ] *nm* (*gén*) landscape, scenery (*U*); (*Peinture*) landscape painting. **on découvrait un** ~ **magnifique/un** ~ **de montagne** a magnificent/mountainous landscape lay before us; **nous avons traversé des** ~**s magnifiques** we drove through (some) magnificent scenery; **les** ~**s orientaux** the landscape *ou* the scenery of the East; **le** ~ **urbain** the urban landscape; **le** ~ **politique/ associatif** the political/community scene; (*gén iro*) **ça fait bien dans le** ~**!** it adds a nice touch!

paysagé, e [peizaʒe] *adj:* **bureaux** ~**s** open-plan offices; **jardin** ~ landscaped garden.

paysager, -ère [peizaʒe, ɛʀ] *adj:* **parc** ~ landscaped garden.

paysagiste [peizaʒist(ə)] *nmf* (*Peinture*) landscape painter. (*Agr*) (*jardinier*) ~ landscape gardener.

paysan, -anne [peizɑ̃, an] **1** *adj* (*agricole*) *monde, problème* farming (*épith*); *agitation, revendications* farmers', of the farmers; (*rural*) *vie, coutumes* country (*épith*); (*péj*) *air, manières* peasant (*épith*), rustic.
   2 *nm* countryman, farmer; (*péj*) peasant.
   3 paysanne *nf* peasant woman, countrywoman; (*péj*) peasant.

paysannerie [peizanʀi] *nf* peasantry, farmers.

Pays-Bas [peiba] *nmpl:* **les** ~ the Netherlands.

P.C. [pese] *nm* (a) *abrév de* **Parti communiste**; *V* **parti¹.** (b) *abrév de* **Poste de commandement**; *V* **poste².** (c) (*Ordin*) PC.

P.c.c. *abrév de* **pour copie conforme**; *V* **copie.**

P.C.F. [peseɛf] *nm abrév de* **parti communiste français.**

P.C.V. [peseve] *nm* (*Télec*) *abrév de* **percevoir** ≃ transfer charge call (*Brit*), collect call (*US*); **appeler en** ~ to make a transfer charge call (*Brit*) *ou* a collect call (*US*).

P.D.G. [pedeʒe] *nm inv abrév de* **président-directeur général**; *V* **président.**

péage [peaʒ] *nm* (*droit*) toll; (*barrière*) tollgate. **autoroute à** ~ toll motorway (*Brit*), expressway (*US*); **pont à** ~ toll bridge; **poste de** ~ tollbooth.

péagiste [peaʒist(ə)] *nmf* tollbooth attendant.

peau, pl ~**x** [po] **1** *nf* (a) [*personne*] skin. **avoir une** ~ **de pêche** to have a peach-like complexion; **soins de la/maladie de** ~ skin care/ disease; **n'avoir que la** ~ **et les os** to be all skin and bones; **attraper qn par la** ~ **du cou** *ou* **du dos** *ou* **des fesses‡** (*empoigner rudement*) to grab sb by the scruff of his *ou* her neck; (*s'en saisir à temps*) to grab hold of sb in the nick of time; **faire** ~ **neuve** [*parti politique, administration*] to adopt *ou* find a new image; [*personne*] (*en changeant d'habit*) to change (one's clothes); (*en changeant de conduite*) to turn over a new leaf; *V* **fleur.**
   (b) (*: *corps, vie*) **jouer** *ou* **risquer sa** ~ to risk one's neck* *ou* hide*; **sauver sa** ~ to save one's skin *ou* hide*; **tenir à sa** ~ to value one's life; **se faire crever** *ou* **trouer la** ~‡ to get killed, get a bullet in one's hide*; **recevoir douze balles dans la** ~ to be gunned down by a firing *ou* an execution squad; **on lui fera la** ~‡ we'll bump him off‡; **je veux/j'aurai sa** ~**!** I'm out to get him!*, I'll have his hide for this!*; **être bien/mal dans sa** ~ (*physiquement*) to feel great*/ awful; (*mentalement*) to be quite at ease/ill-at-ease, be at peace/at odds with o.s.; **avoir qn dans la** ~* to be crazy about sb*; **avoir le jeu** *etc* **dans la** ~ to have gambling *etc* in one's blood; **se mettre dans la** ~ **de qn** to put o.s. in sb's place *ou* shoes; **entrer dans la** ~ **du personnage** to get (right) into the part; **je ne voudrais pas être dans sa** ~ I wouldn't like to be in his shoes *ou* place.
   (c) [*animal*] (*gén*) skin; (*cuir*) hide; (*fourrure*) pelt; [*éléphant, buffle*] hide. **gants/vêtements de** ~ leather gloves/clothes; *V* **vendre.**
   (d) [*fruit, lait, peinture*] skin; [*fromage*] rind; (*épluchure*) peel. (*lit, fig*) **glisser sur une** ~ **de banane** to slip on a banana skin; **enlever la** ~ **de fruit** to peel; *fromage* to take the rind off.
   (e) ~ **de balle!‡** nothing doing!*, not a chance!*, no way!‡
   2: peau d'âne† (*diplôme*) diploma, sheepskin (*US*); (*lit*) **peau de chagrin** shagreen; (*fig*) **diminuer comme une peau de chagrin** to shrink away; **peau de chamois** chamois leather, shammy; **peau de mouton** sheepskin; **en peau de mouton** sheepskin (*épith*); **peau de porc** pigskin; (*Physiol*) **peau d'orange** orange peel; **Peau-Rouge** *nmf, pl* **Peaux-Rouges** Red Indian, redskin; **peau de serpent** snakeskin; **tendu comme une peau de tambour** stretched as taut as a drumskin; **peau de vache: c'est une peau de vache*** (*homme*) he's a bastard‡; (*femme*) she's a bitch‡; **c'est en peau de zénana** *ou* **de zébi** it's made of some sort of cheap stuff.

peaucier [posje] *adj m, nm:* (**muscle**) ~ platysma.

peaufiner [pofine] (1) *vt* to polish up, put the finishing touches to.

peausserie [posʀi] *nf* (*articles*) leatherware (*U*); (*commerce*) skin trade; (*boutique*) suede and leatherware shop.

peaussier [posje] **1** *adj m* leather (*épith*). **2** *nm* (*ouvrier*) leather-worker; (*commerçant*) leather dealer.

pébroque* [pebʀɔk] *nm* brolly* (*Brit*), umbrella.

pécari [pekaʀi] *nm* peccary.

peccadille [pekadij] *nf* (*vétille*) trifle; (*délit*) peccadillo.

pechblende [pɛʃblɛd] *nf* pitchblende.

pêche¹ [pɛʃ] *nf* (*fruit*) peach; (*: *coup*) slap, clout*. ~**-abricot,** ~ **jaune** *ou* **abricotée** yellow peach; ~ **blanche** white peach; ~ **de vigne** bush peach; **donner une** ~ **à qn‡** to slap *ou* clout* sb across the face; **avoir la** ~* to be on top form; *V* **melba, fendre, peau.**

pêche² [pɛʃ] *nf* (a) (*activité*) fishing; (*saison*) fishing season. ~ **à la ligne** (*mer*) line fishing; (*rivière*) angling; **la** ~ **à la baleine** whaling; **grande** ~ **au large** deep-sea fishing; **la** ~ **au harpon** harpoon fishing; **la** ~ **à la truite** trout fishing; **la** ~ **aux moules** the gathering of mussels; **aller à la** ~ to go fishing, go angling; **filet/barque de** ~ fishing net/boat; *V* **canne.**
   (b) (*poissons*) catch. **faire une belle** ~ to have *ou* make a good catch; **la** ~ **miraculeuse** (*Rel*) the miraculous draught of fishes; (*fête foraine*) the bran tub.

péché [peʃe] **1** *nm* sin. **pour mes** ~**s** for my sins; **à tout** ~

miséricorde every sin can be forgiven *ou* pardoned; vivre dans le ~ (*gén*) to lead a sinful life; (*sans être marié*) to live in sin; mourir en état de ~ to die a sinner.
2: péché capital: les sept péchés capitaux the seven deadly sins; **péché de chair†** sin of the flesh; **péché de jeunesse** youthful indiscretion; **péché mignon: c'est son péché mignon** he is partial to it, he has a weakness for it; **péché mortel** mortal sin; **le péché d'orgueil** the sin of pride; **le péché originel** original sin; **péché véniel** venial sin.
pécher [peʃe] (6) *vi* (a) (*Rel*) to sin. ~ **par orgueil** to commit the sin of pride.
   (b) ~ **contre la politesse/l'hospitalité** to break the rules of courtesy/hospitality; ~ **par négligence/imprudence** to be too careless/reckless; ~ **par ignorance** to err through ignorance; ~ **par excès de prudence/d'optimisme** to be over-careful/over-optimistic, err on the side of caution/optimism; **ça pèche par bien des points** *ou* **sur bien des côtés** it has a lot of weaknesses *ou* shortcomings.
pêcher¹ [peʃe] (1) **1** *vt* (*être pêcheur de*) to fish for; (*attraper*) to catch, land. ~ **des coquillages** to gather shellfish; ~ **la baleine/la crevette** to go whaling/shrimping; ~ **la truite/la morue** to fish for trout/cod, go trout-/cod-fishing; ~ **qch à la ligne/à l'asticot** to fish for *ou* catch sth with rod and line/with maggots; ~ **qch au chalut** to trawl for sth; (*fig*) **où as-tu été** ~ **cette idée/cette boîte?*** where did you dig that idea/box up from?*
   2 *vi* to go fishing; (*avec un chalut*) to trawl, go trawling. ~ **à la ligne** to go angling; ~ **à l'asticot** to fish with maggots; ~ **à la mouche** to fly-fish; (*fig*) ~ **en eau trouble** to fish in troubled waters.
pêcher² [peʃe] *nm* (*arbre*) peach tree.
pêcheresse [peʃʀɛs] *nf* V **pécheur**.
pêcherie [peʃʀi] *nf* fishery, fishing ground.
pécheur, pécheresse [peʃœʀ, peʃʀɛs] **1** *adj* sinful. **2** *nm, f* sinner.
pêcheur [peʃœʀ] **1** *nm* fisherman; (*à la ligne*) angler. ~ **de crevettes** shrimper; ~ **de baleines** whaler; ~ **de perles** pearl diver; ~ **de corail** coral fisherman; **c'est un** ~ **de coquillages** he gathers shellfish. **2** *adj bateau* fishing.
pêcheuse [peʃøz] *nf* fisherwoman; (*à la ligne*) (woman) angler.
pécore [pekɔʀ] **1** *nf* (*péj: imbécile*) silly goose*. **2** *nmf* (*péj: paysan*) country bumpkin.
pectine [pɛktin] *nf* pectin.
pectique [pɛktik] *adj* pectic.
pectoral, e, *mpl* **-aux** [pɛktɔʀal, o] **1** *adj* (a) (*Anat, Zool*) pectoral. (b) (*Méd*) *sirop* throat (*épith*), cough (*épith*). **2** *nm* (a) (*Anat*) pectoral muscle. (b) (*Méd*) throat *ou* cough mixture.
pécule [pekyl] *nm* (*économies*) savings, nest egg; (*détenu, soldat*) earnings, wages (*paid on release or discharge*).
pécuniaire [pekynjɛʀ] *adj embarras* financial, pecuniary (*frm*); *aide, avantage, situation* financial.
pécuniairement [pekynjɛʀmɑ̃] *adv* financially.
pédagogie [pedagɔʒi] *nf* (*éducation*) education; (*art d'enseigner*) teaching skills; (*méthodes d'enseignement*) educational methods. **avoir beaucoup de** ~ to have great teaching skills, be a skilled teacher; ~ **de la réussite/de l'échec** positive/negative teaching attitude.
pédagogique [pedagɔʒik] *adj intérêt, contenu, théorie* educational; *moyens, méthodes* educational. **stage (de formation)** ~ teacher-training course; **il a fait un exposé très** ~ he gave a very clear lecture; **sens** ~ teaching ability; **cet instituteur a un grand sens** ~ this teacher is very skilled at his job.
pédagogiquement [pedagɔʒikmɑ̃] *adv* (V **pédagogique**) pedagogically (T); from an educational standpoint; clearly.
pédagogue [pedagɔg] *nmf* (*professeur*) teacher; (*spécialiste*) teaching specialist, educationalist. **c'est un bon** ~, **il est bon** ~ he's a good teacher.
pédale [pedal] *nf* (a) (*bicyclette, piano, voiture*) pedal; (*machine à coudre, tour*) treadle. (*Mus*) ~ **douce/forte** soft/sustaining pedal; V **perdre.** (b) (‡ *péj: homosexuel*) queer‡, poof‡, fag‡ (*US*). **être de la** ~ to be (a) queer‡ *ou* a poof‡ *ou* a fag‡ (*US*).
pédaler [pedale] (1) *vi* to pedal; (*fig: se dépêcher*) to hurry; ~ **dans la choucroute‡** *ou* **la semoule‡** *ou* **le yaourt‡** to be all at sea, be at a complete loss.
pédaleur, -euse [pedalœʀ, øz] *nm, f* (*Cyclisme*) pedaler.
pédalier [pedalje] *nm* (*bicyclette*) pedal and gear mechanism; (*orgue*) pedal-board, pedals.
pédalo [pedalo] *nm* pedalo, pedal-boat.
pédant, e [pedɑ̃, ɑ̃t] **1** *adj* pedantic. **2** *nm, f* pedant.
pédanterie [pedɑ̃tʀi] *nf* (*littér*) pedantry.
pédantesque [pedɑ̃tɛsk(ə)] *adj* pedantic.
pédantisme [pedɑ̃tism(ə)] *nm* pedantry.
pédé‡ [pede] *nm* (*abrév de* **pédéraste**) queer‡, gay*.
pédéraste [pedeʀast(ə)] *nm* homosexual, pederast.
pédérastie [pedeʀasti] *nf* homosexuality, pederasty.
pédérastique [pedeʀastik] *adj* homosexual.
pédestre [pedɛstʀ(ə)] *adj* (*littér, hum*) **promenade** *ou* **circuit** ~ walk, ramble, hike.
pédestrement [pedɛstʀəmɑ̃] *adv* (*littér, hum*) on foot.
pédiatre [pedjatʀ(ə)] *nmf* paediatrician.
pédiatrie [pedjatʀi] *nf* paediatrics (*sg*).
pédibus (cum jambis) [pedibys(kumʒɑ̃bis)] *adv* on foot, on Shanks' pony* (*Brit*) *ou* mare* (*US*).
pédicule [pedikyl] *nm* (*Anat*) pedicle; (*Bot, Zool*) peduncle.
pédicure [pedikyʀ] *nmf* chiropodist.
pedigree [pedigʀi] *nm* pedigree.
pédologie [pedɔlɔʒi] *nf* (a) (*Géol*) pedology. (b) (*Méd*) p(a)edology.
pédologique [pedɔlɔʒik] *adj* (*Géol*) pedological.
pédologue [pedɔlɔg] *nmf* (*Géol*) pedologist.

pédoncule [pedɔ̃kyl] *nm* (*Anat, Bot, Zool*) peduncle.
pédonculé, e [pedɔ̃kyle] *adj* pedunculate(d).
pédophile [pedɔfil] **1** *nm* p(a)edophile, p(a)edophiliac. **2** *adj* p(a)edophile (*épith*).
pédophilie [pedɔfili] *nf* p(a)edophilia.
pedzouille‡ [pɛdzuj] *nm* (*péj*) peasant, country bumpkin.
peeling [piliŋ] *nm* skin peeling treatment.
Pégase [pegaz] *nm* Pegasus.
P.E.G.C. [peəʒese] *nm abrév de* **professeur d'enseignement général des collèges**; V **professeur**.
pègre [pɛgʀ(ə)] *nf*: **la** ~ the underworld; **membre de la** ~ gangster, mobster.
peignage [pɛɲaʒ] *nm* [*laine*] carding; [*lin, chanvre*] carding, hackling.
peigne [pɛɲ] *nm* [*cheveux*] comb; (*Tex*) [*laine*] card; [*lin, chanvre*] card, hackle; [*métier*] reed. ~ **de poche** pocket comb; (*fig*) **passer qch au** ~ **fin** to go through sth with a fine-tooth comb; **se donner un coup de** ~ to run a comb through one's hair.
peigne-cul‡, *pl* **peigne-culs** [pɛɲky] *nm* (*péj*) (*mesquin*) creep‡; (*inculte*) yob‡ (*Brit*), lout, boor.
peignée* [pɛɲe] *nf* (*raclée*) thrashing, hiding*. **donner/recevoir une** *ou* **la** ~ to give/get a thrashing *ou* hiding.
peigner [pɛɲe] (1) *vt cheveux* to comb; *enfant* to comb the hair of; (*Tex*) *laine* to card; *lin, chanvre* to card, hackle. **mal peigné** dishevelled, tousled; **laine peignée** [*pantalon, veston*] worsted wool; [*pull*] combed wool; (*hum*) ~ **la girafe** to fill in time on a pointless task. **2 se peigner** *vpr* to comb one's hair, give one's hair a comb.
peignoir [pɛɲwaʀ] *nm* (*robe de chambre*) dressing gown; [*boxeur*] (boxer's) dressing gown. ~ **(de bain)** bathrobe.
peinard, e* [penaʀ, ard(ə)] *adj* (*tranquille*) *vie* cushy‡ (*Brit*), easy. **on est** ~ **dans l'armée** it's a cushy‡ (*Brit*) *ou* soft life in the army; **rester** *ou* **se tenir** ~ to keep out of trouble, keep one's nose clean‡; **on va être** ~ (*pour se reposer*) we'll have a bit of peace, we can take it easy; (*pour agir*) we'll be left in peace.
peinardement* [penaʀdəmɑ̃] *adv* quietly.
peindre [pɛ̃dʀ(ə)] (52) **1** *vt* (*gén*) to paint; (*fig*) *mœurs* to paint, depict. ~ **qch en jaune** to paint sth yellow; ~ **à la chaux** to whitewash; *tableau* **peint à l'huile** picture painted in oils; ~ **au pinceau/au rouleau** to paint with a brush/a roller; **se faire** ~ **par X** to have one's portrait painted by X; (*fig*) **romancier qui sait bien** ~ **ses personnages** novelist who portrays his characters well; **il l'avait peint sous les traits d'un vieillard dans son livre** he had depicted *ou* portrayed him as an old man in his book.
   2 se peindre *vpr* (*se décrire*) to portray o.s. **Montaigne s'est peint dans 'Les Essais'** 'Les Essais' are a self-portrayal of Montaigne; **le désespoir se peignait sur leur visage** despair was written on their faces; **la cruauté était peinte sur ses traits** cruelty was reflected in his features.
peine [pɛn] *nf* (a) (*chagrin*) sorrow, sadness (U). **avoir de la** ~ to be sad *ou* (*moins fort*) upset; **être dans la** ~ to be grief-stricken; **faire de la** ~ **à qn** to upset sb, make sb sad, distress sb; **je m'a fait de la** ~ **et je lui ai donné de l'argent** I felt sorry for her and gave her some money; **je ne voudrais pas te faire de (la)** ~* **mais ...** I don't want to disappoint you but ...; **avoir des** ~**s de cœur** to have an unhappy love life; **cela fait** ~ **à voir** it hurts to see it; **il faisait** ~ **à voir** he looked a sorry *ou* pitiful sight; V **âme.**
   (b) (*effort*) effort, trouble (U). **il faut se donner de la** ~, **cela demande de la** ~ that requires an effort, you have to make an effort; **se donner de la** ~ **pour faire** to go to a lot of trouble to do; **si tu te mettais seulement en** ~ **d'essayer, si tu te donnais seulement la** ~ **d'essayer** if you would only bother to try *ou* take the trouble to try; **il ne se donne aucune** ~ he just doesn't try *ou* bother; (*formule de politesse*) **donnez-vous** *ou* **prenez donc la** ~ **d'entrer/de vous asseoir** please *ou* do come in/sit down; **ne vous donnez pas la** ~ **de venir me chercher** please don't bother to come and collect me; **est-ce que c'est la** ~ **d'y aller?** is it worth going?; **ce n'est pas la** ~ **de me le répéter** there's no point in repeating that, you've no need to repeat that; **ce n'est pas la** ~ don't bother; (*iro*) **c'était bien la** ~ **de sortir!** *ou* **qu'il sorte!** it was a waste of time (his) going out, he wasted his time going out; **c'est la** ~ **perdue** it's a waste of time (and effort); **on lui a donné 500 F pour sa** ~ he was given 500 francs for his trouble; **en être pour sa** ~ to get nothing for one's pains *ou* trouble; **tu as été sage, pour la** ~, **tu auras un bonbon** here's a sweet for being good; **ne vous mettez pas en** ~ **pour moi** don't go to *ou* put yourself to any trouble for me; V **bout, mourir, valoir.**
   (c) (*difficulté*) difficulty. **il a eu de la** ~ **à finir son repas/la course** he had difficulty finishing his meal/the race; **il a eu de la** ~ **mais il y est arrivé** it wasn't easy (for him) but he managed it; **avoir de la** ~ **à faire** to have difficulty in doing, find it difficult *ou* hard to do; **j'avais (de la)** ~ **à croire** I found it hard to believe, I could hardly believe it; **avec** ~ with difficulty; **à grand-** ~ with great difficulty; **sans** ~ without (any) difficulty, easily; **il n'est pas en** ~ **pour trouver des secrétaires** he has no difficulty *ou* trouble finding secretaries; **j'ai eu toutes les** ~**s du monde à le convaincre/à démarrer** I had no end of a job* *ou* a hell of a job‡ convincing him/getting the car started; **je serais bien en** ~ **de vous le dire/d'en trouver** I'd be hard pushed* *ou* hard pressed to tell you/to find any.
   (d) (*punition*) punishment, penalty; (*Jur*) sentence. ~ **capitale** *ou* **de mort** capital punishment, death sentence *ou* penalty; ~ **de prison** prison sentence; ~ **de substitution** alternative sentence; **sous** ~ **de mort** on pain of death; **défense d'afficher sous** ~ **d'amende** billposters will be fined; **défense d'entrer sous** ~ **de poursuites** trespassers will be prosecuted; **la** ~ **n'est pas toujours proportionnée au délit** the punishment is not always proportional to the crime; **on ne peut rien lui dire, sous** ~ **d'être renvoyé**

you daren't *ou* can't say anything to him for fear of dismissal *ou* the sack*; **pour la** *ou* **ta ~ tu mettras la table** for that you can set the table.

(e) à ~ hardly, only just, scarcely, barely; **il est à ~ 2 heures** it's only just 2 o'clock, it's only just turned 2 (*Brit*); **il leur reste à ~ de quoi manger** they've scarcely *ou* hardly any food left; **il gagne à ~ de quoi vivre** he hardly earns enough to keep body and soul together; **il parle à ~** *[personne silencieuse]* he hardly says anything; *[enfant]* he can hardly *ou* barely talk; **il était à ~ rentré qu'il a dû ressortir** he had only just got in *ou* he had scarcely got in when he had to go out again; **à ~ dans la voiture, il s'est endormi** no sooner had he got in the car than he fell asleep; **c'est à ~ si on l'entend** you can hardly hear him; **il était à ~ aimable** he was barely *ou* scarcely civil.

peiner [pene] (1) **1** *vi* *[personne]* to work hard, toil; *[moteur]* to labour. **~ sur un problème** to toil *ou* struggle with a problem; **le coureur peinait dans les derniers mètres** the runner had a hard time *ou* was struggling *ou* toiling over the last few metres.

2 *vt* to grieve, sadden, distress. **j'ai été peiné de l'apprendre** I was upset *ou* distressed to hear it; **dit-il d'un ton peiné** (*gén*) he said in a sad tone; (*vexé*) he said in a hurt *ou* an aggrieved tone; **il avait un air peiné** he looked upset.

peintre [pɛ̃tʀ(ə)] *nmf* (*lit*) painter; (*fig: écrivain*) portrayer. **~ en bâtiment** house painter, painter and decorator; **~-décorateur** painter and decorator.

peinture [pɛ̃tyʀ] **1** *nf* **(a)** (*action, art*) painting. **faire de la ~ (à l'huile/à l'eau)** to paint (in oils/in watercolours).

(b) (*ouvrage*) painting, picture. **vendre sa ~** to sell one's paintings.

(c) (*surface peinte*) paintwork. **la ~ est craquelée** the paintwork is cracked.

(d) (*matière*) paint. **attention à la ~!**, **~ fraîche!** wet paint!

(e) (*fig*) (*action*) portrayal; (*résultat*) portrait. **c'est une ~ des mœurs de l'époque** it is the portrait of *ou* it portrays *ou* depicts the social customs of the period.

2: peinture abstraite (*U*) abstract art; (*tableau*) abstract (painting); **peinture en bâtiment** house painting, painting and decorating; **peinture brillante** gloss paint; **peinture à l'eau** (*tableau, matière*) watercolour; (*pour le bâtiment*) water paint; **peinture à l'huile** (*tableau*) oil painting; (*matière*) oil paint; (*pour le bâtiment*) oil-based paint; **peinture laquée** gloss paint; **peinture mate** matt emulsion (paint); **peinture murale** mural; **peinture au pinceau** painting with a brush; **peinture au pistolet** spray painting; **peinture au rouleau** roller painting; **peinture satinée** satin-finish paint.

peinturlurer [pɛ̃tyʀlyʀe] (1) *vt* to daub (with paint). **~ qch de bleu** to daub sth with blue paint; **visage peinturluré** painted face; **se ~ le visage** to plaster make-up on one's face.

péjoratif, -ive [peʒɔʀatif, iv] **1** *adj* derogatory, pejorative. **2** *nm* (*Ling*) pejorative word.

péjoration [peʒɔʀasjɔ̃] *nf* pejoration.

péjorativement [peʒɔʀativmɑ̃] *adv* in a derogatory fashion, pejoratively.

pékin [pekɛ̃] *nm* (*arg Mil*) civvy (*arg*), mufti (*arg*). **s'habiller en ~** to dress in civvies *ou* mufti.

Pékin [pekɛ̃] *n* Peking.

pékinois, e [pekinwa, waz] **1** *adj* Pekinese. **2** *nm* **(a)** (*chien*) pekinese, peke*. **(b)** (*Ling*) Mandarin (Chinese), Pekinese. **3** *nm, f:* **P~(e)** Pekinese.

pelade [pəlad] *nf* alopecia.

pelage [pəlaʒ] *nm* coat, fur.

pélagique [pelaʒik] *adj* pelagic.

pélargonium [pelaʀgɔnjɔm] *nm* pelargonium.

pelé, e [pəle] (*ptp de* **peler**) **1** *adj* *personne* bald(-headed); *animal* hairless; *vêtement* threadbare; *terrain* bare.

2 *nm* (*) bald-headed man, baldie‡. (*fig*) **il n'y avait que quatre ~s et un tondu** there was hardly anyone there, there was only a handful of people there.

pêle-mêle [pɛlmɛl] **1** *adv* any old how, higgledy-piggledy*. **ils s'on tassaient ~ dans l'autobus** they piled into the bus one on top of the other. **2** *nm inv* jumble.

peler [pəle] (5) *vti* (*gén*) to peel. **ce fruit se pèle bien** this fruit peels easily *ou* is easy to peel.

pèlerin [pɛlʀɛ̃] *nm* pilgrim. (**faucon**) **~** peregrine falcon; (**requin**) **~** basking shark.

pèlerinage [pɛlʀinaʒ] *nm* (*voyage*) pilgrimage; (*lieu*) place of pilgrimage, shrine. **aller en** *ou* **faire un ~ à** to go on a pilgrimage to.

pèlerine [pɛlʀin] *nf* cape.

pélican [pelikɑ̃] *nm* pelican.

pelisse [pəlis] *nf* pelisse.

pellagre [pəlagʀ(ə)] *nf* pellagra.

pelle [pɛl] **1** *nf* (*gén*) shovel; *[enfant, terrassier]* spade. (*fig*) **on en ramasse** *ou* **il y en a à la ~** there are loads of them*; (*fig*) **avoir de l'argent** *ou* **remuer l'argent à la ~** to have pots* *ou* loads* of money, be rolling (in money)*; **ramasser** *ou* **prendre une ~‡** to fall flat on one's back *ou* face, come a cropper* (*Brit*).

2: pelle à charbon coal shovel; **pelle mécanique** mechanical shovel *ou* digger; **pelle à ordures** dustpan; **pelle à tarte** cake *ou* pie server.

pelletée [pɛlte] *nf* (*V* **pelle**) shovelful; spadeful.

pelleter [pɛlte] (4) *vt* to shovel (up).

pelleterie [pɛlʀi] *nf* (*commerce*) fur trade, furriery; (*préparation*) fur dressing; (*peau*) pelt.

pelleteur [pɛltœʀ] *nm* workman *who does the digging*.

pelleteuse [pɛltøz] *nf* mechanical shovel *ou* digger, excavator.

pelletier, -ière [pɛltje, jɛʀ] *nm, f* furrier.

pellicule [pelikyl] *nf* (*couche fine*) film, thin layer; (*Phot*) film. (*Méd*) **~s** dandruff (*U*); **lotion contre les ~s** dandruff lotion; (*Phot*) **~ couleur/noir et blanc** colour/black and white film.

Péloponnèse [pelɔpɔnɛz] *nm:* **le ~** the Peloponnese; **la guerre du ~** the Peloponnesian War.

pelotage* [p(ə)lɔtaʒ] *nm* petting* (*U*).

pelotari [p(ə)lɔtaʀi] *nm* pelota player.

pelote [p(ə)lɔt] *nf* **(a)** *[laine]* ball. (*fig*) **faire sa ~** to feather one's nest, make one's pile*; **~ d'épingles** pin cushion; (*fig*) **c'est une vraie ~ d'épingles** he (*ou* she) is really prickly; *V* **nerf. (b)** (*Sport*) **~ (basque)** pelota.

peloter [p(ə)lɔte] (1) *vt* **(a)** (*: *caresser*) to pet*, paw*, touch up*; (*fig: flatter*) to fawn on, suck up to*. **arrêtez de me ~!** stop pawing me!*, keep your hands to yourself!; **ils se pelotaient** they were petting* *ou* necking*.

(b) (†) *laine* to wind into a ball.

peloteur, -euse [p(ə)lɔtœʀ, øz] **1** *adj* **(a)** (*vicieux*) **il a des gestes ~s** *ou* **des manières ~euses** he can't keep his hands to himself.

(b) (*flatteur*) fawning.

2 *nm* (*) *(a)* (*vicieux*) dirty old man*. **c'est un ~** he can't keep his hands to himself.

(b) (*flatteur*) fawner.

peloton [p(ə)lɔtɔ̃] **1** *nm* **(a)** *[laine]* small ball.

(b) (*groupe*) cluster, group; *[pompiers, gendarmes]* squad; (*Mil*) platoon; (*Sport*) pack, main body of runners *ou* riders *etc*.

2: peloton d'exécution firing squad; (*Sport*) **peloton de tête** leaders, leading runners *ou* riders *etc*; **être dans le peloton de tête** (*Sport*) to be up with the leaders; (*en classe*) to be among the top few; *[pays, entreprise]* to be one of the front runners.

pelotonner [p(ə)lɔtɔne] (1) **1** *vt* *laine* to wind into a ball. **2 se pelotonner** *vpr* to curl (o.s.) up. **se ~ contre qn** to snuggle up to sb, nestle close to sb.

pelouse [p(ə)luz] *nf* lawn; (*Courses*) *area for spectators inside racetrack*; (*Ftbl, Rugby*) field, ground.

peluche [p(ə)lyʃ] *nf* (*Tex*) plush; (*poil*) fluff (*U*), bit of fluff. **~s, jouets en ~** soft *ou* fluffy toys; **chien/lapin en ~** fluffy (*Brit*) *ou* stuffed dog/rabbit; *V* **ours.**

pelucher [p(ə)lyʃe] (1) *vi* (*par l'aspect*) to become *ou* go fluffy; (*perdre des poils*) to leave fluff.

pelucheux, -euse [p(ə)lyʃø, øz] *adj* fluffy.

pelure [p(ə)lyʀ] *nf* (*épluchure*) peel (*U*), peeling, piece of peel; (‡: *manteau*) (over)coat. (*Bot*) **~ d'oignon** onion skin; *V* **papier.**

pelvien, -enne [pɛlvjɛ̃, ɛn] *adj* pelvic; *V* **ceinture.**

pelvis [pɛlvis] *nm* pelvis.

pénal, e, *mpl* **-aux** [penal, o] *adj* penal. **le droit ~** (the) criminal law; *V* **clause, code.**

pénalisation [penalizasjɔ̃] *nf* (*Sport*) (*action*) penalization; (*sanction*) penalty. **points de ~** penalty points.

pénaliser [penalize] (1) *vt* *contrevenant, faute, joueur* to penalize.

pénalité [penalite] *nf* (*Fin, Sport: sanction*) penalty. (*Rugby*) **coup de pied de ~** penalty kick.

penalty [penalti], *pl* **penalties** [penaltiz] *nm* (*Ftbl*) penalty (kick). **siffler le** *ou* **un ~** to award a penalty.

pénard, e [penaʀ, aʀd(ə)] *adj* = **peinard.**

pénardement [penaʀdəmɑ̃] *adv* = **peinardement.**

pénates [penat] *nmpl* (*Myth*) Penates; (*fig hum*) home. **regagner ses ~** to go back home.

pence [pɛns] *nmpl* pence.

penchant [pɑ̃ʃɑ̃] *nm* (*tendance*) tendency, propensity (*à faire* to do); (*faible*) liking, fondness (*pour qch* for sth). **avoir un ~ à faire qch** to be inclined *ou* have a tendency to do sth; **avoir un ~ pour qch** to be fond of *ou* have a liking *ou* fondness for sth; **avoir un ~ pour la boisson** to be partial to drink; (*littér*) **avoir du ~ pour qn** to be in love with sb; **le ~ qu'ils ont l'un pour l'autre** the fondness they have for each other; **mauvais ~s** baser instincts.

penché, e [pɑ̃ʃe] (*ptp de* **pencher**) *adj* *tableau* slanting, tilted, lop-sided; *mur, poteau* slanting, leaning over (*attrib*); *objet* déséquilibré tilting, tipping; *écriture* sloping, slanting. *[personne]* **être ~ sur ses livres** to be bent over one's books; *V* **tour¹.**

pencher [pɑ̃ʃe] (1) **1** *vt* *meuble, bouteille* to tip up, tilt. **~ son assiette** to tip one's plate up; **~ la tête** (*en avant*) to bend one's head forward; (*sur le côté*) to lean *ou* tilt one's head to one side.

2 *vi* **(a)** (*être incliné*) *[mur]* to lean over, be slanting; *[arbre]* to tilt, lean over; *[navire]* to list; *[objet en déséquilibre]* to tilt, tip (to one side). **le tableau penche un peu de ce côté** the picture is slanting *ou* tilting a bit this way; (*fig*) **faire ~ la balance** to tip the scales.

(b) (*être porté à*) **je penche pour la première hypothèse** I'm inclined to favour the first hypothesis; **je penche à croire qu'il est sincère** I'm inclined to believe he is sincere.

3 se pencher *vpr* **(a)** (*s'incliner*) to lean over; (*se baisser*) to bend down. **se ~ en avant** to lean forward; **se ~ par-dessus bord** to lean overboard; **se ~ sur un livre** to bend *ou* be bent over a book; **défense de se ~ (au dehors** *ou* **par la fenêtre)** do not lean out, do not lean out of the window.

(b) (*examiner*) **se ~ sur un problème/cas** to study *ou* look into a problem/case; **se ~ sur les malheurs de qn** to turn one's attention to sb's misfortunes.

pendable [pɑ̃dabl(ə)] *adj V* **cas, tour².**

pendaison [pɑ̃dɛzɔ̃] *nf* hanging. **~ de crémaillère** house warming, house-warming party.

pendant¹, e [pɑ̃dɑ̃, ɑ̃t] *adj* **(a)** (*qui pend*) *bras, jambes* hanging, dangling; *langue* hanging out (*attrib*); *oreilles* drooping; (*Jur*) *fruits* on the tree (*attrib*). **ne reste pas là les bras ~s** don't just stand there (with your arms at your sides); **assis sur le mur les jambes**

~es sitting on the wall with his legs hanging down; le chien haletait la langue ~e the dog was panting with its tongue hanging out; chien aux oreilles ~es dog with drooping ears; les branches ~es du saule the hanging ou drooping branches of the willow.

   (b) (*Admin: en instance*) *question* outstanding, in abeyance (*attrib*); *affaire* pending (*attrib*); (*Jur*) *procès* pending (*attrib*).

pendant² [pɑ̃dɑ̃] *nm* **(a)** (*objet*) ~ (*d'oreille*) drop earring, pendant earring; ~ d'épée frog.

   (b) (*contrepartie*) le ~ de *œuvre d'art, meuble* the matching piece to; *personne, institution* the counterpart of; **faire ~ à** to match, be matched by; to be the counterpart of, parallel; **se faire ~** to match; to be counterparts, parallel each other; **j'ai un chandelier et je cherche le ~** I've got a candlestick and I'm looking for one to match it *ou* and I'm trying to make up a pair.

pendant³ [pɑ̃dɑ̃] **1** *prép* (*au cours de*) during; (*indique la durée*) for. ~ **la journée/son séjour** during the day/his stay; ~ **ce temps Paul attendait** during this time *ou* meanwhile Paul was waiting; **qu'est-ce qu'il faisait ~ ce temps-là?** what was he doing during that time? *ou* meanwhile? *ou* in the meantime?; *[médicament]* à **prendre ~** le repas to be taken at mealtimes *ou* during meals; **on a marché ~ des kilomètres** we walked for miles; **il a vécu en France ~** plusieurs années he lived in France for several years; ~ **quelques mois, il n'a pas pu travailler** for several months he was unable to work; **on est resté sans nouvelles de lui ~ longtemps** we had no news from him for a long time; ~ **un moment on a cru qu'il ne reviendrait pas** for a while we thought he would not return; **avant la guerre et ~,** il ... before and during the war, he ...; **before the war and while it was on*,** he ...; **il n'a pas fait ses devoirs après les cours, mais ~!** he didn't do his homework after school but in class!

   2: ~ **que** *conj* while, whilst (*frm*); ~ **qu'elle se reposait, il écoutait la radio** while she was resting he would listen to the radio; ~ **que vous serez à Paris, pourriez-vous aller le voir?** while you're in Paris could you go and see him?; ~ **que j'y pense, n'oubliez pas de fermer la porte à clef** while I think of it, don't forget to lock the door; **arrosez le jardin et ~ que vous y êtes, arrachez les mauvaises herbes** water the garden and do some weeding while you're at it; (*iro*) **finissez le plat ~ que vous y êtes** why don't you eat it all (up) while you're at it (*iro*); **dire que des gens doivent suivre un régime pour maigrir ~ que des enfants meurent de faim** to think that some people have to go on a diet to lose weight while there are children dying of hunger.

pendard, e [pɑ̃dar, aʀd(ə)] *nm, f* (††, *hum*) scoundrel.

pendeloque [pɑ̃dlɔk] *nf [boucle d'oreille]* pendant; *[lustre]* lustre, pendant.

pendentif [pɑ̃dɑ̃tif] *nm* (*bijou*) pendant; (*Archit*) pendentive.

penderie [pɑ̃dʀi] *nf* (*meuble*) wardrobe (*only for hanging things up*). **le placard du couloir nous sert de ~** we hang our clothes in the hall cupboard (*Brit*) *ou* closet (*US*).

pendiller [pɑ̃dije] (1) *vi* to flap about.

Pendjab [pɛ̃dʒab] *nm*: **le ~** the Punjab.

pendouiller* [pɑ̃duje] (1) *vi* to dangle (about *ou* down), hang down.

pendre [pɑ̃dʀ(ə)] (41) **1** *vt* **(a)** *rideau* to hang, put up (*à* at); *tableau, manteau* to hang (up) (*à* on); *lustre* to hang (up) (*à* from). ~ **le linge pour le faire sécher** (*dans la maison*) to hang up the washing to dry; (*dehors*) to hang out the washing to dry; ~ **la crémaillère** to have a house-warming party *ou* a house warming.

   (b) *criminel* to hang. (*Hist*) ~ **qn haut et court** to hang sb; ~ **qn en effigie** to hang sb in effigy; **qu'il aille se faire ~ ailleurs!*** he can go hang!*, he can take a running jump!*; **je veux être pendu si** ... I'll be hanged if ...; **dussé-je être pendu** over my dead body; *V* **pis².**

   2 *vi* **(a)** (*être suspendu*) to hang (down). **des fruits pendaient aux branches** there was fruit hanging from the branches; **cela lui pend au nez*** he's got it coming to him*, it's staring him in the face.

   (b) (*fig*) *[bras, jambes]* to dangle; *[joue]* to sag; *[robe]* to dip, hang down; *[cheveux]* to hang down. **un lambeau de papier pendait à** a strip of wallpaper was hanging off; **laisser ~ ses jambes** to dangle one's legs.

   3 se pendre *vpr* **(a)** (*se tuer*) to hang o.s.

   (b) (*se suspendre*) **se ~ à une branche** to hang from a branch; **se ~ au cou de qn** to throw one's arms round sb *ou* sb's neck.

pendu, e [pɑ̃dy] (*ptp de* **pendre**) **1** *adj* **(a)** *chose* hung up, hanging up. ~ **à** hanging from; *V* **langue.**

   (b) *personne* hanged. **être toujours ~ aux basques de qn** to keep pestering sb; **il est toujours ~ aux jupes** *ou* **jupons de sa mère** he's always clinging to his mother's skirts *ou* to his mother's apron strings; ~ **au bras de qn** holding on to sb's arm; **être ~ au téléphone*** to spend all one's time on the telephone; **être ~ aux lèvres de qn** to drink in sb's words, hang on sb's every word.

   2 *nm, f* hanged man (*ou* woman). **le (jeu du) ~** (the game of) hangman; **jouer au ~** to play hangman.

pendulaire [pɑ̃dylɛʀ] *adj* pendular.

pendule [pɑ̃dyl] **1** *nf* clock. ~ **à coucou** cuckoo clock; (*fig*) **remettre les ~s à l'heure** to set the record straight. **2** *nm* pendulum.

pendulette [pɑ̃dylɛt] *nf* small clock. ~ **de voyage** travelling clock.

pêne [pɛn] *nm* bolt (*of lock*).

Pénélope [penelɔp] *nf* Penelope.

pénéplaine [peneplɛn] *nf* peneplain, peneplane.

pénétrabilité [penetʀabilite] *nf* penetrability.

pénétrable [penetʀabl(ə)] *adj matière* penetrable (*à* by); (*fig*) *mystère, mobile* penetrable, understandable (*à* by). **peu ou difficilement ~** difficult to penetrate; (*fig*) impenetrable, enigmatic.

pénétrant, e [penetʀɑ̃, ɑ̃t] **1** *adj* **(a)** (*lit*) *pluie* drenching, that soaks right through you; *froid* piercing, biting, bitter; *odeur* penetrating, pervasive; *crème* penetrating.

   (b) (*fig*) *regard* penetrating, searching, piercing; *esprit* penetrating, keen, shrewd; *analyse, remarque* penetrating, shrewd; *personne* shrewd.

   2 pénétrante *nf* urban motorway (*Brit*) *ou* freeway (*US*) (*linking centre of town to inter-city routes*).

pénétration [penetʀasjɔ̃] *nf* **(a)** (*action*) penetration. (*Mil*) **force de ~** force of penetration; **la ~ des mobiles/pensées d'autrui** the divination of others' motives/thoughts; **la ~ des idées nouvelles** the establishment *ou* penetration of new ideas. **(b)** (*sagacité*) penetration, perception.

pénétré, e [penetʀe] (*ptp de* **pénétrer**) *adj* **(a)** (*convaincu*) **être ~ de son importance** *ou* **de soi-même** to be full of one's own importance, be full of o.s.; **être ~ de ses obligations/de la nécessité de faire** to be (fully) alive to *ou* highly conscious of one's obligations/ of the need to do.

   (b) (*sérieux*) *air, ton* earnest, of deep conviction.

pénétrer [penetʀe] (6) **1** *vi* **(a)** *[personne, véhicule]* ~ **dans** *pièce, bâtiment, pays* to enter; (*fig*) *groupe, milieu* to penetrate; **personne ne doit ~ ici** nobody must be allowed to enter; ~ **chez qn par la force** to force an entry *ou* one's way into sb's home; **les envahisseurs/les troupes ont pénétré dans le pays** the invaders/ the troops have entered the country; **il est difficile de ~ dans les milieux de la finance** it is hard to penetrate financial circles; **faire ~ qn dans le salon** to show *ou* let sb into the lounge; **des voleurs ont pénétré dans la maison en son absence** thieves broke into his house while he was away; **l'habitude n'a pas encore pénétré dans les mœurs** the habit hasn't established itself yet *ou* made its way into general behaviour yet; **faire ~ une idée dans la tête de qn** to instil an idea in sb, get an idea into sb's head.

   (b) *[soleil]* to shine *ou* come in; *[vent]* to blow *ou* come in; *[air, liquide, insecte]* to come *ou* get in. ~ **dans** to shine into; to come into; to blow into; to get into; **la lumière pénétrait dans la cellule** (*par une lucarne*) light came into *ou* entered the cell (through a skylight); **le liquide pénètre à travers une membrane** the liquid comes *ou* penetrates through a membrane; **la fumée/l'odeur pénètre par tous les interstices** the smoke/the smell comes *ou* gets in through all the gaps; **faire ~ de l'air (dans)** to let fresh air in(to).

   (c) (*en s'enfonçant*) ~ **dans** *[balle, verre]* to penetrate; *[habitude]* to make its way into; *[huile, encre]* to soak into; *[idée]* to get fixed in; **ce vernis pénètre dans le bois** this varnish soaks (down) into the wood; **faire ~ une crème (dans la peau)** to rub a cream in(to the skin).

   2 *vt* **(a)** (*percer*) *froid, air* to penetrate; *odeur* to spread through, fill; *[liquide]* to penetrate, soak through; *[regard]* to penetrate, go through. **le froid les pénétrait jusqu'aux os** the cold cut *ou* went right through them.

   (b) (*découvrir*) *mystère, secret* to penetrate, fathom; *intentions, idées, plans* to penetrate, fathom, perceive. **il est difficile à ~** it is difficult to fathom him.

   (c) (*fig*) **son sang-froid me pénètre d'admiration** his composure fills me with admiration; **il se sentait pénétré de pitié/ d'effroi** he was filled with pity/fright; **le remords pénétra sa conscience** he was filled with remorse, he was conscience-stricken.

   3 se pénétrer *vpr* **(a)** **se ~ d'une idée** to get an idea firmly fixed *ou* set in one's mind; **s'étant pénétré de l'importance de qch** firmly convinced of *ou* with a clear realization of the importance of sth; **il faut bien vous ~ du fait que** ... you must be absolutely clear in your mind that *ou* have it firmly in your mind that ...; **j'ai du mal à me ~ de l'utilité de cette mesure** I find it difficult to convince myself of the usefulness of this measure.

   (b) (*s'imbiber*) **se ~ d'eau/de gaz** to become permeated with water/gas.

pénibilité [penibilite] *nf* hardness.

pénible [penibl(ə)] *adj* **(a)** (*fatigant, difficile*) *travail, voyage, ascension* hard; *personne* tiresome. ~ **à lire/supporter** hard *ou* difficult to read/bear; **les derniers kilomètres ont été ~s (à parcourir)** the last few kilometres were heavy going *ou* hard going; **l'hiver a été ~** the winter has been unpleasant; **tout effort lui est ~** any effort is difficult for him, he finds it hard to make the slightest effort; **il est vraiment ~*** *[enfant]* he's a real nuisance; *[personne]* he's a real pain in the neck*.

   (b) (*douloureux*) *sujet, séparation, moment, maladie* painful (*à* to); *nouvelle, spectacle* sad, painful; *respiration* laboured. **la lumière violente lui est ~** bright light hurts his eyes, he finds bright light painful (to his eyes); **ce bruit est ~ à supporter** this noise is unpleasant *ou* painful to listen to; **il m'est ~ de constater/ d'avoir à vous dire que** I am sorry to find/to have to tell you that.

péniblement [peniblǝmɑ̃] *adv* (*difficilement*) with difficulty; (*tristement*) painfully; (*tout juste*) just about, only just.

péniche [penif] *nf* (*bateau*) barge. (*Mil*) ~ **de débarquement** landing craft; (*: grosse voiture*) **il a une vraie ~*** he has a great boat of a car.

pénicilline [penisilin] *nf* penicillin.

pénil [penil] *nm* mons pubis.

péninsulaire [penɛ̃sylɛʀ] *adj* peninsular.

péninsule [penɛ̃syl] *nf* peninsula. **la ~ ibérique** the Iberian Peninsula; **la ~ balkanique** the Balkan Peninsula.

pénis [penis] *nm* penis.

pénitence [penitɑ̃s] *nf* **(a)** (*Rel*) (*repentir*) penitence; (*peine, sacrement*) penance. **faire ~** to repent (*de* of); **pour votre ~** as a penance.

   (b) (*gén, Scol: châtiment*) punishment. **infliger une ~ à qn** to punish sb; **mettre qn en ~** to make sb stand in the corner; **pour ta ~** as a punishment (to you).

   (c) *[jeux]* forfeit.

pénitencier [penitãsje] *nm* (a) (*prison*) prison, penitentiary (*US*). (b) (*Rel*) penitentiary.
pénitent, e [penitã, ãt] *adj, nm, f* penitent.
pénitentiaire [penitãsjɛʀ] *adj* penitentiary, prison (*épith*). **établissement** ~ penal establishment, prison; *V* **colonie**.
penne [pɛn] *nf* large feather, penna (*T*).
Pennines [penin] *nfpl* Pennines. **chaîne Pennine** Pennine Chain *ou* Range.
Pennsylvanie [pɛnsilvani] *nf* Pennsylvania.
penny, *pl* pennies [peni] *nm* penny.
pénombre [penɔ̃bʀ(ə)] *nf* (*faible clarté*) half-light, shadowy light; (*obscurité*) darkness; (*Astron*) penumbra. (*fig*) **demeurer dans la** ~ to stay in the background.
pensable [pãsabl(ə)] *adj* thinkable. **ce n'est pas** ~ it's unthinkable.
pensant, e [pãsã, ãt] *adj* thinking; *V* **bien, mal**.
pense-bête, *pl* pense-bêtes [pãsbɛt] *nm* aide-mémoire, crib*.
pensée¹ [pãse] *nf* (a) (*ce que l'on pense*) thought. **sans déguiser sa** ~ without hiding one's thoughts *ou* feelings; **je l'ai fait dans la seule** ~ **de vous être utile** I only did it thinking it would help you, my only thought in doing it was to help you; **recevez mes plus affectueuses** ~s with fondest love; **saisir/deviner les** ~s **de qn** to grasp/guess sb's thoughts *ou* what sb is thinking (about); **si vous voulez connaître le fond de ma** ~ if you want to know what I really think (about it) *ou* how I really feel about it; **à la** ~ **de faire qch** at the thought of doing sth; **à la** ~ **que** ... to think that ..., when one thinks that ... .
(b) (*faculté, fait de penser*) thought. **la dignité de l'homme est dans la** ~ human dignity lies in man's capacity for thought; (*littér*) **arrêter sa** ~ **sur qch** to pause to think about sth.
(c) (*manière de penser*) thinking. ~ **claire/obscure** clear/muddled thinking.
(d) (*esprit*) thought, mind. **venir à la** ~ **de qn** to occur to sb; **se représenter qch par la** ~ *ou* **en** ~ to imagine sth in one's mind, conjure up a mental picture of sth; **les soucis qui hantent sa** ~ the worries that haunt his thoughts *ou* his mind.
(e) (*doctrine*) thought, thinking. **la** ~ **marxiste** Marxist thinking; **la** ~ **de Gandhi** the thought of Gandhi; **la** ~ **de cet auteur est difficile à comprendre** it is difficult to understand what this author is trying to say.
(f) (*maxime*) thought. **les** ~s **de Pascal** the thoughts of Pascal.
pensée² [pãse] *nf* (*Bot*) pansy. ~ **sauvage** wild pansy.
penser [pãse] (1) **1** *vi* (a) (*réfléchir*) to think. **façon de** ~ way of thinking; **une nouvelle qui donne** *ou* **laisse à** ~ a piece of news which makes you (stop and) think *ou* which gives (you) food for thought; ~ **tout haut** to think out loud.
(b) ~ **à** (*songer à*) **ami** to think of *ou* about; (*réfléchir à*) **problème, offre** to think about *ou* over, turn over in one's mind; **pensez donc à ce que vous dites** just think about what you're saying; ~ **aux autres/aux malheureux** to think of others/of those who are unhappy; **faire** ~ **à** to make one think of, remind one of; **cette mélodie fait** ~ **à Debussy** this tune reminds you of Debussy *ou* is reminiscent of Debussy; **il ne pense qu'à jouer** playing is all he ever thinks about; **pensez-y avant d'accepter** think it over *ou* give it some thought before you accept; (*hum*) **il ne pense qu'à ça*** he's got a one-track mind*; **il lui à donné un coup de pied où je pense*** he gave him a kick you know where*; **fais m'y** ~ don't let me forget, remind me about that; **faire/dire qch sans y** ~ to do/say sth without thinking about it; **n'y pensons plus!** let's forget it!, let's not dwell on it!; **c'est simple mais il fallait y** ~ it's simple when you think of it but the idea has to occur to you first.
(c) ~ **à** (*prévoir*) to think of; (*se souvenir de*) to remember; **il pense à tout** he thinks of everything; ~ **à l'avenir/aux conséquences** to think of the future/of the consequences; **a-t-il pensé à rapporter du pain?** did he think of bringing *ou* did he remember to bring some bread?; **pense à l'anniversaire de ta mère** remember *ou* don't forget your mother's birthday; **il suffisait d'y** ~ it was just a matter of thinking of it; **sans** ~ **à mal** without meaning any harm; **voyons, pense un peu au danger!** just think of *ou* consider the danger!
(d) (*loc excl*) **il vient? — penses-tu!** *ou* **pensez-vous!** is he coming? — is he heck!* *ou* you must be joking!*; **tu penses!** *ou* **vous pensez!** **je le connais trop bien pour le croire** not likely!* I know him too well to believe him; **il va accepter? — je pense bien!** will he accept? — of course he will! *ou* I should hope so!
2 *vt* (a) (*avoir une opinion*) to think (*de* of, about). ~ **du bien/du mal de qch/qn** to have a high/poor opinion of sth/sb, think highly/not think much of sth/sb; **que pense-t-il du film?** what does he think of the film?; **que pensez-vous de ce projet?** what do you think *ou* how do you feel about this plan?; **il est difficile de savoir ce qu'il pense** it's difficult to know what he's thinking *ou* what's in his mind; **que penseriez-vous d'un voyage à Rome?** what would you say to *ou* how would you fancy *ou* how about a trip to Rome?
(b) (*supposer*) to think, suppose, believe; (*imaginer*) to think, expect, imagine. **il n'aurait jamais pensé qu'elle ferait cela** he would never have thought *ou* imagined *ou* dreamt she would do that, he would never have expected her to do that; **quand on lui dit musique, il pense ennui** when you mention the word music to him it just spells boredom for him *ou* his only thought is that it's boring; **je pense que non** I don't think so, I think not; **je pense que oui** I think so; **ce n'est pas si bête qu'on le pense** it's not such a silly idea as you might think *ou* suppose; **pensez-vous qu'il vienne?** *ou* **viendra?** do you think he'll come?, are you expecting him to come?; **je vous laisse à** ~ **s'il était content** you can imagine how pleased he was; **pensez qu'il est encore si jeune!** to think that he's still so young!; **ils pensent avoir trouvé une maison** they think *ou* believe they've found a house; **c'est bien ce que je pensais!** I

thought as much!, just as *ou* what I thought!; **vous pensez bien qu'elle a refusé** you can well imagine (that) she refused, as you may well expect, she refused; **j'ai pensé mourir/m'évanouir** I thought I was going to die/faint; **tout laisse à** ~ **qu'elle l'a quitté** there is every indication that she has left him.
(c) ~ **faire** (*avoir l'intention de*) to be thinking of doing, consider doing; (*espérer*) to hope *ou* expect to do; **il pense partir jeudi** he's thinking of going *ou* he intends to leave on Thursday; **il pense arriver demain** he's hoping *ou* expecting to arrive tomorrow.
(d) (*concevoir*) **problème, projet, machine** to think out. **c'est bien/fortement pensé** it's well/very well thought out.
3 *nm* (*littér*) thought.
penseur [pãsœʀ] **1** *nm* thinker; *V* **libre**. **2** *adj m* (†) thoughtful.
pensif, -ive [pãsif, iv] *adj* pensive, thoughtful.
pension [pãsjɔ̃] **1** *nf* (a) (*allocation*) pension. ~ **de guerre** war pension; ~ **d'invalidité** disablement pension; ~ **de retraite** old age pension, retirement pension; **toucher sa** ~ to draw one's pension.
(b) (*hôtel*) boarding house.
(c) (*Scol*) (boarding) school. **mettre qn en** ~ to send sb to boarding school.
(d) (*hébergement*) board and lodgings, bed and board. **la** ~ **coûte 80 F par jour** board and lodging is 80 francs a day; **être en** ~ **chez qn** to board with sb *ou* at sb's, be in digs* at sb's; **prendre** ~ **chez qn** to take board and lodgings at sb's; **prendre qn en** ~ to take sb (in) as a lodger, board sb; **chambre sans** ~ room (*with no meals provided*); **chambre avec demi-**~ room with half-board; **chambre avec** ~ **complète** full board; (*Scol*) **être en demi-**~ to be a day boarder, be a day boy *ou* girl.
2: pension alimentaire [*étudiant*] living allowance; [*divorcée*] alimony, maintenance allowance; **pension de famille** ≃ boarding house, guesthouse.
pensionnaire [pãsjɔnɛʀ] *nmf* (*Scol*) boarder; [*famille*] lodger; [*hôtel*] resident; [*sanatorium*] patient; *V* **demi-**.
pensionnat [pãsjɔna] *nm* (boarding) school.
pensionné, e [pãsjɔne] (*ptp de* **pensionner**) **1** *adj* who gets *ou* draws a pension. **2** *nm, f* pensioner.
pensionner [pãsjɔne] (1) *vt* to give a pension to.
pensivement [pãsivmã] *adv* pensively, thoughtfully.
pensum [pɛ̃sɔm] *nm* (*Scol*) lines (*Brit*), punishment; (*fig*) chore.
pentaèdre [pɛ̃taɛdʀ(ə)] **1** *nm* pentahedron. **2** *adj* pentahedral.
pentagonal, e, *mpl* -aux [pɛ̃tagɔnal, o] *adj* pentagonal.
pentagone [pɛ̃tagɔn] **1** *nm* pentagon. (*Mil*) **le P**~ the Pentagon. **2** *adj* pentagonal.
pentamètre [pɛ̃tamɛtʀ(ə)] *adj, nm* pentameter.
Pentateuque [pɛ̃tatøk] *nm* Pentateuch.
pentathlon [pɛ̃tatlɔ̃] *nm* pentathlon.
pentatonique [pɛ̃tatɔnik] *adj* pentatonic.
pente [pãt] *nf* (*gén*) slope. **être en** ~ **douce/raide** to slope (down) gently/steeply; **la** ~ **d'un toit** the pitch *ou* slope of a roof; **en** ~ **toit** sloping; **allée, pelouse** on a slope (*attrib*); **de petites rues en** ~ steep little streets; **garé dans une rue en** ~ parked on a slope; (*fig*) **être sur une mauvaise** ~ to be going downhill, be on a downward path; (*fig*) **remonter la** ~ to get on one's feet again, fight one's way back again; (*fig*) **être sur une** ~ **glissante** to be on a slippery slope (*fig*); **suivre sa** ~ **naturelle** to follow one's natural bent *ou* inclination; *V* **dalle, rupture**.
Pentecôte [pãtkot] *nf* (a) (*Rel: dimanche*) Whit Sunday, Pentecost; (*gén: période*) Whit(suntide), Whitsun. **lundi de** ~ Whit Monday; **de la** ~ Pentecostal, Whit (*épith*). (b) (*fête juive*) Pentecost.
penthotal [pɛ̃tɔtal] *nm* ® penthotal ®.
pentu, e [pãty] *adj* sloping.
penture [pãtyʀ] *nf* [*volet, porte*] strap hinge.
pénultième [penyltjɛm] **1** *adj* penultimate. **2** *nf* penultimate (syllable).
pénurie [penyʀi] *nf* shortage. ~ **de** shortage *ou* lack of; ~ **de main-d'œuvre/sucre** labour/sugar shortage; **on ne peut guère qu'organiser la** ~ we must just make the best of a bad job* *ou* the best of what we've got.
pépé* [pepe] *nm* grandad*, grandpa*.
pépée‡ [pepe] *nf* (*fille*) bird‡ (*Brit*), chick‡.
pépère* [pepɛʀ] **1** *nm* (a) (*pépé*) grandad*, grandpa*.
(b) **un gros** ~ (*enfant*) a bonny (*Brit*) *ou* cute (*US*) child; (*homme*) an old fatty*; **un petit** ~ à **vélo** a little (old) man on a bike.
2 *adj* (a) (*tranquille*) quiet, cosy. **un petit coin** ~ a nice quiet spot.
(b) (*peinard*) **vie** quiet, uneventful; (*Aut*) **conduite** pottering, dawdling; **travail** cushy‡ (*Brit*), easy.
pépettes‡ [pepɛt] *nfpl* dough‡, lolly‡ (*Brit*), bread‡.
pépie [pepi] *nf* (*Orn*) pip. (*fig*) **avoir la** ~ to have a terrible thirst, be parched.
pépiement [pepimã] *nm* chirping (*U*), chirruping (*U*), tweeting (*U*).
pépier [pepje] (7) *vi* to chirp, chirrup, tweet.
pépin [pepɛ̃] *nm* (a) (*Bot*) pip. **sans** ~s seedless. (b) (* *fig: ennui*) snag, hitch. **avoir un** ~ to hit a snag*, have a spot of bother (*Brit*).
(c) (*: parapluie*) brolly* (*Brit*), umbrella.
pépinière [pepinjɛʀ] *nf* (*lit*) tree nursery; (*fig*) breeding-ground, nursery (*de* for).
pépiniériste [pepinjeʀist(ə)] *nm* nurseryman.
pépite [pepit] *nf* nugget.
péplum [peplɔm] *nm* peplos.
pepsine [pɛpsin] *nf* pepsin.
peptique [pɛptik] *adj* peptic.
péquenaud, e‡ [pɛkno, od] **1** *adj* peasant (*épith*). **2** *nm, f* country bumpkin.
pequenot [pɛkno] *adj, nm* = **péquenaud**.

péquin [pekɛ̃] nm (arg Mil) = **pékin**.
péquiste [pekist(ə)] (Québec) **1** adj of the Parti Québécois. **2** nmf member of the Parti Québécois.
perborate [pɛʀbɔʀat] nm perborate.
perçage [pɛʀsaʒ] nm [trou] boring, drilling; [matériau] boring through.
percale [pɛʀkal] nf percale, percaline.
perçant, e [pɛʀsɑ̃, ɑ̃t] adj cri, voix piercing, shrill; froid piercing, biting, bitter; vue sharp, keen; (fig) regard piercing; esprit penetrating.
perce [pɛʀs(ə)] nf: mettre en ~ tonneau, vin to broach, tap.
perce- [pɛʀs(ə)] préf V percer.
percée [pɛʀse] nf (dans un forêt) opening, clearing; (dans un mur) breach, gap; (Mil, Sci, Écon) breakthrough; (Rugby) break.
percement [pɛʀsəmɑ̃] nm [trou] piercing; (avec perceuse) drilling, boring; [rue, tunnel] building, driving; [fenêtre] making.
percepteur, -trice [pɛʀsɛptœʀ, tʀis] **1** adj perceptive, of perception. **2** nm tax collector, tax man*.
perceptibilité [pɛʀsɛptibilite] nf perceptibility.
perceptible [pɛʀsɛptibl(ə)] adj (son, ironie perceptible (à to). **(b)** impôt collectable, payable.
perceptiblement [pɛʀsɛptibləmɑ̃] adv perceptibly.
perceptif, -ive [pɛʀsɛptif, iv] adj perceptive.
perception [pɛʀsɛpsjɔ̃] nf **(a)** (sensation) perception. ~ extrasensorielle extrasensory perception. **(b)** [impôt, amende, péage] collection; (bureau) tax (collector's) office.
percer [pɛʀse] (3) **1** vt **(a)** (gén: perforer) to pierce, make a hole in; (avec perceuse) to drill ou bore through, drill ou bore a hole in; lobe d'oreille to pierce; chaussette, chaussure to wear a hole in; coffre-fort to break open, crack*; tonneau to broach, tap; (Méd) abcès to lance, burst; tympan to burst. **avoir une poche/une chaussure percée** to have a hole in one's pocket/shoe; **percé de trous** full of holes, riddled with holes; **il a eu le bras percé par une balle** his arm was pierced by a bullet; **la rouille avait percé le métal** rust had eaten into the metal; **on a retrouvé son corps percé de coups de couteau** his body was found full of stab wounds; V **chaise, panier**.
(b) fenêtre, ouverture to pierce, make; canal to build; tunnel to build, bore, drive (dans through). ~ **un trou dans** to pierce ou make a hole in; (avec perceuse) to drill ou bore a hole through ou in; **ils ont percé une nouvelle route à travers la forêt** they have driven ou built a new road through the forest; ~ **une porte dans un mur** to make ou open a doorway in a wall; **mur percé de petites fenêtres** wall with (a number of) small windows set in it.
(c) (fig: traverser) ~ **l'air/le silence** to pierce the air/the silence; ~ **les nuages/le front ennemi** to pierce ou break through the clouds/the enemy lines; ~ **la foule** to force ou elbow one's way through the crowd; **bruit qui perce les oreilles** ear-piercing ou ear-splitting noise; ~ **qn du regard** to give sb a piercing look; **ses yeux essayaient de** ~ **l'obscurité** he tried to peer through the darkness; **cela m'a percé le cœur** it cut me to the heart.
(d) (découvrir) mystère to penetrate; complot to uncover. ~ **qch à jour** to see (right) through sth.
(e) ~ **des** ou **ses dents** to be teething, cut one's teeth; **il a percé 2 dents** he has cut 2 teeth, he has got 2 teeth through.
2 vi **(a)** [abcès] to burst; [plante] to come up; [soleil] to come out, break through; (Mil) to break through; (Sport) to make a break. **il a une dent qui perce** he's cutting a tooth; (Comm) ~ **sur un nouveau marché** to break into a new market.
(b) [sentiment, émotion] to show; [nouvelle] to filter through ou out. **rien n'a percé des négociations** no news of the negotiations has filtered through; **il ne laisse jamais** ~ **ses sentiments** he never lets his feelings show.
(c) (réussir, acquérir la notoriété) to make a name for o.s., become famous.
3: perce-neige nm inv snowdrop; **perce-oreille** nm, pl **perce-oreilles** earwig.
perceur [pɛʀsœʀ] nm driller. ~ **de muraille** burglar; ~ **de coffre-fort** safe-breaker.
perceuse [pɛʀsøz] nf drill. ~ **à percussion** hammer drill.
percevable [pɛʀsəvabl(ə)] adj impôt collectable, payable.
percevoir [pɛʀsəvwaʀ] (28) vt **(a)** (ressentir) to perceive, detect, sense, make out. **(b)** (faire payer) taxe, loyer to collect; (recevoir) indemnité to receive, be paid, get.
perche[1] [pɛʀʃ(ə)] nf (poisson) perch. ~ **de mer** sea perch.
perche[2] [pɛʀʃ(ə)] nf **(a)** (gén) pole; [tuteur] stick; (Ciné, Rad, TV) boom; V **saut, tendre**[1]. **(b)** (*: personne) (grande) ~ beanpole*.
percher [pɛʀʃe] (1) **1** vi [oiseau] to perch; [volailles] to roost; (‡) [personne] to live, hang out‡; (pour la nuit) to stay, kip* (Brit), crash‡; V **chat**.
2 vt to stick. ~ **qch sur une armoire** to stick sth up on top of a cupboard; **la valise est perchée sur l'armoire** the case is perched up on top of the wardrobe; **village perché sur la montagne** village set high up ou perched in the mountains.
3 se percher vpr [oiseau] to perch; (*: se jucher) to perch.
percheron, -onne [pɛʀʃəʀɔ̃, ɔn] **1** adj of ou from the Perche. **2** nm, f: P~(ne) inhabitant ou native of the Perche. **3** nm (cheval) Percheron.
percheur, -euse [pɛʀʃœʀ, øz] adj: oiseau ~ perching bird.
perchiste [pɛʀʃist(ə)] nmf (Sport) pole vaulter; (Ciné, Rad, TV) boom operator.
perchoir [pɛʀʃwaʀ] nm (lit, fig) perch; [volailles] roost; (Pol) seat of the president of the French National Assembly.
perclus, e [pɛʀkly, yz] adj (paralysé) crippled, paralyzed (de with); (ankylosé) stiff; (fig) paralyzed.
percolateur [pɛʀkɔlatœʀ] nm commercial (coffee) percolating machine.
perçu, e [pɛʀsy] ptp de **percevoir**; V **trop-perçu**.

percussion [pɛʀkysjɔ̃] nf (Méd, Mus, Phys) percussion. **instrument à** ou **de** ~ percussion instrument.
percussionniste [pɛʀkysjɔnist(ə)] nmf percussionist.
percutant, e [pɛʀkytɑ̃, ɑ̃t] adj **(a)** (Mil) percussion (épith); (Phys) percussive. **(b)** (fig) argument, discours forceful, powerful.
percuter [pɛʀkyte] (1) **1** vt (Mil, Phys) to strike; (Méd) to percuss. ~ **un arbre** [voiture] to smash into ou strike a tree. **2** vi: ~ **contre** [avion, voiture] to crash into; [obus] to strike, thud into.
percuteur [pɛʀkytœʀ] nm firing pin, hammer.
perdant, e [pɛʀdɑ̃, ɑ̃t] **1** adj numéro, cheval losing (épith). **je suis** ~ (gén) I lose out*; (financièrement) I'm out of pocket. **2** nm, f loser.
partir ~ to have lost before one starts.
perdition [pɛʀdisjɔ̃] nf **(a)** (Rel) perdition. **lieu de** ~ den of vice ou iniquity. **(b)** (Naut) en ~ in distress.
perdre [pɛʀdʀ(ə)] (41) **1** vt **(a)** match, guerre, procès to lose; situation, avantage to lose; habitude to lose, get out of; (volontairement) to break, get out of. **vous n'avez rien à** ~ you've (got) nothing to lose; **il a perdu son père à la guerre** he lost his father in the war; **ce quartier est en train de** ~ **son cachet** this district is losing its distinctive charm; ~ **qn/qch de vue** to lose sight of sb/sth; ~ **/ne pas** ~ **un ami de vue** to lose touch/keep in touch with a friend; **j'ai perdu le goût de rire/de manger** I've lost all interest in jokes and laughter/food, I don't feel like laughing/eating any longer; (fig) **n'avoir rien à** ~ to have nothing to lose; (Tennis) ~ **un set/son service** to drop ou lose a set/one's serve.
(b) objet (ne plus trouver) to lose; (égarer) to mislay; (oublier) nom, date to forget. ~ **sa page** ou **place** (en lisant) to lose one's place; ~ **son chemin** to lose one's way; **j'ai perdu le nom de cet auteur** I've forgotten ou I can't recall the name of this author.
(c) bras, cheveux, dent to lose. ~ **du poids** to lose weight; ~ **l'appétit/la mémoire/la vie** to lose one's appetite/one's memory/one's life; **il perd la vue** his sight is failing; **il a perdu le souffle** he's out of breath; **courir à** ~ **haleine** to run until one pants for breath ou until one is quite out of breath; ~ **la parole** to lose the power of speech; **ce tableau a perdu beaucoup de valeur** this painting has lost a lot of its value; ~ **l'équilibre** to lose one's balance; ~ **espoir/patience** to lose hope/(one's) patience; ~ **l'esprit** ou **la raison** to go out of one's mind, take leave of one's senses; ~ **connaissance** to lose consciousness, pass out; ~ **courage** to lose heart, be downhearted; (Méd) **elle a perdu les eaux** her waters have broken; (hum) **as-tu perdu ta langue?** have you lost your tongue?; **la voiture perd de la vitesse** the car is losing speed.
(d) feuille, pétale, [animal] corne to lose, shed. **il perd son pantalon** his trousers are falling down; **il perd sa chemise** his shirt is sticking out (of his trousers); **ce réservoir perd beaucoup d'eau** this tank leaks badly ou loses a lot of water.
(e) (gaspiller) temps, peine, souffle, argent to waste (à qch on sth); (abîmer) aliments, vêtements to spoil. **il a perdu une heure à la chercher** he wasted an hour looking for her; **vous n'avez pas une minute à** ~ you haven't (got) a minute to lose; **sans** ~ **une minute** without wasting a minute.
(f) (manquer) occasion to lose, miss. **tu ne l'as jamais vu? tu n'y perds rien!** you've never seen him? you haven't missed anything!; **il n'a pas perdu un mot/une miette de la conversation** he didn't miss a single word/syllable of the conversation; **elle a perdu l'occasion de se taire** she'd have done better to keep quiet, it was a pity she didn't keep quiet; **il ne perd rien pour attendre!** I can wait!, he won't get off lightly when I get hold of him!
(g) (causer préjudice à) to ruin, be the ruin of. ~ **qn dans l'esprit de qn** to send sb down in sb's esteem; **son ambition l'a perdu** ambition was his downfall ou the ruin of him, ambition proved his undoing; **c'est le témoignage de son cousin qui l'a perdu** it was his cousin's evidence which was his undoing.
(h) (loc fig) ~ **la boule*** ou **la boussole*** to go round the bend* (Brit), go crazy*; ~ **le fil*** to lose the thread (of an explanation), lose one's train of thought, forget where one is up to (Brit); ~ **le nord*** to lose the place*; **il ne perd pas le nord*** he keeps his wits about him; ~ **les pédales** (dans une explication) to get all mixed-up; (s'affoler) to lose one's head ou one's grip; **j'y perds mon latin** I can't make head nor tail of it; ~ **ses moyens** to crack up*; ~ **pied** (en nageant, fig) to be ou get out of one's depth; (en montagne) to lose one's tooting; ~ **la tête** (s'affoler) to lose one's head; (devenir fou) to go mad ou crazy*; V **face, terrain**.
2 vi **(a)** (gén) to lose. (Comm) ~ **sur un article** to lose on an article, sell an article at a loss; **vous y perdez** you lose on ou by it, you lose out on it; **tu as perdu en ne venant pas** you missed something by not coming; **tu ne perds pas au change** you get the better of the deal; **il a perdu au change** he lost out (on the deal), he came off worst.
(b) [citerne, réservoir] to leak.
3 se perdre vpr **(a)** (s'égarer) to get lost, lose one's way.
(b) (fig) **se** ~ **dans les détails/dans ses explications** to get bogged down ou get lost in the details/in one's explanations; **se** ~ **en conjectures** to become lost in conjecture; **se** ~ **dans ses pensées** to be lost in thought; **il y a trop de chiffres, je m'y perds** there are too many figures, I'm all confused ou all at sea*.
(c) (disparaître) to disappear, vanish; [coutume] to be dying out; (Naut) to sink, be wrecked. **se** ~ **dans la foule** to disappear ou vanish into the crowd; **son cri se perdit dans le vacarme** his shout was lost in the din ou was drowned by the din; **leurs silhouettes se perdirent dans la nuit** their figures vanished into the night ou were swallowed up by the darkness; **ce sens s'est perdu** this meaning has died out ou has been lost.
(d) (devenir inutilisable) to be wasted, go to waste; [denrées] to go bad. (fig) **il y a des gifles/des coups de pied qui se perdent** he (ou she etc) deserves to be slapped ou a good slap/deserves a kick in the pants*.

perdreau, pl ∼x [pɛrdro] nm (young) partridge.

perdrix [pɛrdri] nf partridge.

perdu, e [pɛrdy] (ptp de **perdre**) **1** adj (a) bataille, cause, réputation, aventurier lost; malade done for (attrib). **je suis** ∼! I'm done for!, it's all up with me!* (Brit); **quand il se vit** ∼ when he saw he was lost ou done for; **tout est** ∼ all is lost; **rien n'est** ∼ nothing's lost, there's no harm done; V **corps**.

(**b**) (égaré) personne, objet lost; balle, chien stray. **ce n'est pas** ∼ **pour tout le monde** somebody's made good use of it, somebody's been glad to get their hands on it; **une de** ∼**e, dix de retrouvées** there are lots of ou plenty of good fish in the sea, there are plenty more as good as her; V **salle**.

(**c**) (gaspillé) occasion lost, wasted, missed; temps wasted. **c'était une soirée de** ∼**e** it was a waste of an evening; **c'est de l'argent** ∼ it's money down the drain; **il y a trop de place** ∼**e** there's too much space wasted; **pendant ses moments** ∼**s, à temps** ∼ in his spare time; V **pain, peine**.

(**d**) (abîmé) aliment spoilt, wasted; vêtement ruined, spoilt. **ma récolte est** ∼**e** my harvest is ruined.

(**e**) (écarté) pays, endroit out-of-the-way, isolated, miles from anywhere (attrib).

(**f**) (non consigné) emballage, verre non-returnable, no-deposit (épith).

(**g**) personne (embrouillé) lost, all at sea* (attrib); (absorbé) lost, plunged (dans in).

2 nm (††) madman. **crier/rire comme un** ∼ to shout/laugh like a madman.

père [pɛr] **1** nm (a) father. **marié et** ∼ **de 3 enfants** married with 3 children ou and father of 3 children; **il est** ∼ **depuis hier** he became a father yesterday; **Martin (le)** ∼ Martin senior; **de** ∼ **en fils** from father to son, from one generation to the next; **ils sont bouchers de** ∼ **en fils** they've been butchers for generations.

(**b**) (pl: ancêtres) ∼**s** forefathers, ancestors.

(**c**) (fondateur) father.

(**d**) (Zool) [animal] sire.

(**e**) (Rel) father. **le P**∼ **X** Father X; **mon P**∼ Father; V **dieu**.

(**f**) (*: monsieur) **le** ∼ **Benoit** old (man) Benoit*; **le** ∼ **Hugo** old Hugo*; **un gros** ∼ (enfant) a bonny (Brit) ou cute (US) child; (homme) a big fat guy*, a lump of a fellow*; **dis-donc, petit** ∼ tell me old man (Brit) ou buddy*.

(**g**) (*: enfant) **un brave petit** ∼ a fine little fellow*; **un bon gros** ∼ a fine chubby fellow*.

2: (Rel) **père abbé** abbot; (Rel) **les Pères de l'Église** the Church Fathers; (Rel) **le Père éternel** our Heavenly Father; (Jur) **père de famille** father; **tu es père de famille, ne prends pas de risques** you have a wife and family to think about ou you're a family man, don't take risks; **en bon père de famille, il s'occupait de l'éducation de ses enfants** as a good father should, he looked after his children's upbringing; (hum) **maintenant, c'est le vrai père de famille** now he's the sober head of the family ou the serious family man; **le père Fouettard** Mr Bogeyman; **le père Noël** Father Christmas, Santa Claus; **père peinard, père tranquille: sous ses allures de père tranquille** ou **de père peinard, c'était en fait un redoutable malfaiteur** he seemed on the surface a genial ou benign sort of fellow but was in fact a fearsome criminal; V **placement**.

pérégrination [peregrinasjɔ̃] nf peregrination.

péremption [perãpsjɔ̃] nf lapsing. **date de** ∼ expiry date.

péremptoire [perãptwar] adj argument, ton peremptory.

péremptoirement [perãptwarmã] adv peremptorily.

pérenniser [perenize] (1) vt to perpetuate.

pérennité [perenite] nf durability.

péréquation [perekwasjɔ̃] nf [prix, impôts] balancing out, evening out; [notes] coordination, adjustment; [salaires] adjustment, realignment.

perfectibilité [pɛrfɛktibilite] nf perfectibility.

perfectible [pɛrfɛktibl(ə)] adj perfectible.

perfectif, -ive [pɛrfɛktif, iv] adj, nm perfective.

perfection [pɛrfɛksjɔ̃] nf perfection. **à la** ∼ to perfection; **c'est une** ∼! it's (just) perfect!

perfectionné, e [pɛrfɛksjone] (ptp de **perfectionner**) adj dispositif, machine advanced, sophisticated.

perfectionnement [pɛrfɛksjonmã] nm perfection, perfecting (U) (de of); improvement (de in). **cours de** ∼ proficiency course.

perfectionner [pɛrfɛksjone] (1) **1** vt (améliorer) to improve, perfect. **2 se perfectionner** vpr [chose] to improve; [personne] to improve o.s., increase one's knowledge. **se** ∼ **en anglais** to improve one's English.

perfectionnisme [pɛrfɛksjonism(ə)] nm perfectionism.

perfectionniste [pɛrfɛksjonist(ə)] nmf perfectionist.

perfide [pɛrfid] **1** adj (littér) personne, manœuvre, promesse perfidious, treacherous, deceitful, false; chose treacherous. **2** nmf (littér) traitor; (en amour) perfidious ou false-hearted person.

perfidement [pɛrfidmã] adv (littér) perfidiously, treacherously.

perfidie [pɛrfidi] nf (caractère) perfidy, treachery; (acte) act of perfidy ou treachery.

perforage [pɛrfɔraʒ] nm (V **perforer**) punching; perforation.

perforant, e [pɛrfɔrã, ãt] adj instrument perforating; balle, obus armour-piercing.

perforateur, -trice [pɛrfɔratœr, tris] **1** adj perforating. **2** nm, f (ouvrier) punch-card operator. **3 perforatrice** nf (perceuse) drilling ou boring machine; (Ordinateurs) card punch. ∼ **à clavier** key punch; ∼ **à air comprimé** compressed-air drill. **4** nm (Méd) perforator.

perforation [pɛrfɔrasjɔ̃] nf (Méd) perforation; (Ordinateurs) punch.

perforer [pɛrfɔre] (1) vt (trouer) to pierce; (poinçonner) to punch;

(Méd) to perforate. (Ordinateurs) **carte perforée** punch card; **bande perforée** punched tape.

perforeuse [pɛrfɔrøz] nf card punch.

performance [pɛrfɔrmãs] nf (a) (résultat) result, performance (U); (exploit) feat, achievement. **ses** ∼**s en anglais** his results ou performance in English; **s'il y parvient, ce sera une** ∼ **remarquable** if he manages it that will be an outstanding feat ou achievement; **réussir une bonne** ∼ to achieve a good result.

(**b**) [voiture, machine] ∼**s** performance (U).

(**c**) (Ling) **la** ∼ performance.

performant, e [pɛrfɔrmã, ãt] adj machine high-performance (épith); résultat outstanding, impressive; investissement high-return (épith); administrateur effective.

performatif, -ive [pɛrfɔrmatif, iv] adj, nm performative.

perfusion [pɛrfyzjɔ̃] nf (Méd) drip, perfusion. **mettre qn/être sous** ∼ to put sb/be on a drip.

pergola [pɛrgɔla] nf pergola.

péri [peri] adj m, nm: (marin) ∼ **en mer** sailor lost at sea; **au profit des** ∼**s en mer** in aid of those lost at sea.

périanthe [perjãt] nm (Bot) perianth.

péricarde [perikard(ə)] nm pericardium.

péricarpe [perikarp] nm (Bot) pericarp.

péricliter [periklite] (1) vi [affaire] to be in a state of collapse, collapse.

péridot [perido] nm peridot.

péridural, e, mpl -**aux** [peridyral, o] **1** adj epidural. **2 péridurale** nf epidural.

périgée [periʒe] nm perigee.

périglaciaire [periglasjɛr] adj periglacial.

périgourdin, e [perigurdɛ̃, in] **1** adj of ou from the Perigord. **2** nm, f: **P**∼(e) inhabitant ou native of the Perigord.

péril [peril] nm (littér) peril, danger. **mettre en** ∼ to imperil, endanger, jeopardize; **au** ∼ **de sa vie** at the risk of one's life; (fig) **il n'y a pas** ∼ **en la demeure** there's no great need to hurry; **il y a** ∼ **à faire** it is perilous to do; **le** ∼ **rouge/jaune** the red/yellow peril; V **risque**.

périlleusement [perijøzmã] adv (littér) perilously.

périlleux, -euse [perijø, øz] adj perilous; V **saut**.

périmé, e [perime] (ptp de **périmer**) adj billet, bon out-of-date (épith), expired, no longer valid (attrib); idée dated, outdated. **ce billet/bon est** ∼ this ticket/voucher is out of date ou has expired.

périmer [perime] (1) **1** vi: **laisser** ∼ **un passeport/un billet** to let a passport/ticket expire. **2 se périmer** vpr (Jur) to lapse; [passeport, billet] to expire; [idée] to date, become outdated.

périmètre [perimɛtr(ə)] nm (Math) perimeter; (zone) area.

périnatal, e, mpl -**s** [perinatal] adj perinatal.

périnéal, e, mpl -**aux** [perineal, o] adj perineal.

périnée [perine] nm perineum.

période [perjɔd] nf (gén) period; (Math) [fraction] repetend; (Méd: intervalle) intermission. **pendant la** ∼ **des vacances** during the holiday period; **une** ∼ **de chaleur** a hot spell, a heat wave; **pendant la** ∼ **électorale** at election time; (Mil) ∼ (**d'instruction**) training (U).

périodicité [perjɔdisite] nf periodicity.

périodique [perjɔdik] **1** adj (gén, Chim, Phys) periodic; (Presse) periodical; (Méd) fièvre recurring. (Math) **fraction** ∼ recurring decimal; (Math) **fonction** ∼ periodic function; V **garniture**. **2** nm (Presse) periodical.

périodiquement [perjɔdikmã] adv periodically.

périoste [perjɔst(ə)] nm periosteum.

péripatéticien, -ienne [peripatetisjɛ̃, jɛn] **1** adj, nm, f (Philos) peripatetic. **2 péripatéticienne** nf (hum: prostituée) streetwalker.

péripétie [peripesi] n (a) (épisode) event, episode. **les** ∼**s d'une révolution/d'une exploration** the turns taken by a revolution/an exploration; **après bien des** ∼**s** after all sorts of incidents; **voyage plein de** ∼**s** eventful journey. (b) (Littérat) peripeteia.

périphérie [periferi] nf (limite) periphery; (banlieue) outskirts.

périphérique [periferik] **1** adj (Anat, Math) peripheral; quartier outlying (épith). **poste** ou **radio** ou **station** ∼ private radio station (broadcasting from a neighbouring country). **2** nm (Ordin) peripheral. (boulevard) ∼ ring road (Brit), circular route (US); (boulevard) ∼ **intérieur/extérieur** inner/outer ring road (Brit) ou circular route (US); (Ordin) ∼ **entrée-sortie** input-output device.

périphrase [perifraz] nf circumlocution, periphrasis (T), periphrase (T).

périphrastique [perifrastik] adj circumlocutory, periphrastic.

périple [peripl(ə)] nm (par mer) voyage; (par terre) tour, trip, journey. **au cours de son** ∼ **américain** during his tour of the U.S.A.

périr [perir] (2) vi (littér) to perish (littér), die; [navire] to go down, sink; [empire] to perish, fall. ∼ **noyé** to drown, be drowned; **faire** ∼ **personne, plante** to kill; **son souvenir ne périra jamais** his memory will never die ou perish (littér); (fig) ∼ **d'ennui** to die of boredom.

périscolaire [periskɔlɛr] adj extracurricular.

périscope [periskɔp] nm periscope.

périscopique [periskɔpik] adj periscopic.

périssable [perisabl(ə)] adj perishable. **denrées** ∼**s** perishable goods, perishables.

périssoire [periswar] nf canoe.

péristaltisme [peristaltism(ə)] nm peristalsis.

péristyle [peristil] nm peristyle.

péritoine [peritwan] nm peritoneum.

péritonite [peritɔnit] nf peritonitis.

perle [pɛrl(ə)] **1** nf (a) (bijou) pearl; (boule) bead. **jeter** ou **donner des** ∼**s aux pourceaux** to cast pearls before swine; V **enfiler**.

(**b** littér: goutte) [eau, sang] drop(let); [sueur] bead.

(**c**) (fig: personne, chose de valeur) gem. **la cuisinière est une** ∼ the cook is an absolute gem ou a perfect treasure; **c'est la** ∼ **des maris** he's the best of husbands, you couldn't hope for a better

husband; **vous êtes une ~** you're a (real) gem; **la ~ d'une collection** the gem of a collection.
    (d) (*erreur*) gem, howler.
    2: perle de culture cultured pearl; **perle fine, perle naturelle** natural pearl; **perle de rosée** dewdrop.
perlé, e [pɛRle] (*ptp de perler*) *adj orge* pearl (*épith*); *riz* polished; *tissu* beaded; *travail* perfect, exquisite; *rire* rippling; *V* **grève.**
perler [pɛRle] (1) **1** *vi* [*sueur*] to form. **la sueur perlait sur son front** beads of sweat stood out *ou* formed on his forehead. **2** *vt travail* to take great pains over.
perlier, -ière [pɛRlje, jɛR] *adj* pearl (*épith*).
perlimpinpin [pɛRlɛ̃pɛ̃pɛ̃] *nm V* **poudre.**
perlouse‡, perlouze‡ [pɛRluz] *nf* pearl.
permanence [pɛRmanɑ̃s] *nf* **(a)** (*durée*) permanence, permanency. **en ~ siéger** permanently; *crier* continuously; **dans ce pays ce sont des émeutes/c'est la guerre en ~** in that country there are constant *ou* continuous riots/there is a permanent state of war.
    (b) (*service*) **être de ~** to be on duty *ou* on call; **une ~ est assurée le dimanche** there is someone on duty on Sundays, the office is manned on Sundays.
    (c) (*bureau*) (duty) office; (*Pol*) committee room; (*Scol*) study room *ou* hall (*US*).
permanent, e [pɛRmanɑ̃, ɑ̃t] **1** *adj* (*gén*) permanent; *armée, comité* standing (*épith*); *spectacle* continuous; (*Presse*) *envoyé, correspondant* permanent; (*Phys*) *aimantation, gaz* permanent. (*Ciné*) **~ de 2 heures à minuit** continuous showings from 2 o'clock to midnight; **un cinéma ~** a cinema showing a continuous programme.
    2 *nm* (*Pol*) (paid) official (*of union, political party*); **un ~ du parti** a party worker.
    3 permanente *nf* (*Coiffure*) perm, permanent wave.
permanenter [pɛRmanɑ̃te] (1) *vt* to perm. **se faire ~** to have a perm; **cheveux permanentés** permed hair.
permanganate [pɛRmɑ̃ganat] *nm* permanganate.
perme [pɛRm(ə)] *nf* (*arg Mil*) leave.
perméabilité [pɛRmeabilite] *nf* (*lit*) (*Phys*) permeability; (*à l'eau*) perviousness, permeability; (*fig*) [*personne*] receptiveness, openness; [*frontière etc*] openness.
perméable [pɛRmeabl(ə)] *adj* (*V* **perméabilité**) permeable; pervious; receptive, open (*à* to).
permettre [pɛRmɛtR(ə)] (56) **1** *vt* **(a)** (*tolérer*) to allow, permit, let. **~ à qn de faire, ~ que qn fasse** to allow *ou* permit sb to do, let sb do; **la loi le permet** it is allowed *ou* permitted by law, the law allows *ou* permits it; **le docteur me permet l'alcool** the doctor allows *ou* permits me to drink *ou* lets me drink; **il se croit tout permis** he thinks he can do what he likes *ou* as he pleases; **est-il permis d'être aussi bête!** how can anyone be so stupid!; **il est permis à tout le monde de se tromper!** anyone can make a mistake!; **le professeur lui a permis de ne pas aller à l'école aujourd'hui** the teacher has given him permission to stay off school *ou* not to go to school today.
    (b) (*rendre possible*) to allow, permit. **ce diplôme va lui ~ de trouver du travail** this qualification will allow *ou* enable *ou* permit him to find a job; **mes moyens ne me le permettent pas** I cannot afford it; **mes occupations ne me le permettent pas** I'm too busy to be able to do it; **sa santé ne le lui permet pas** his health doesn't allow *ou* permit him to do it; **son attitude permet tous les soupçons** his attitude gives cause for suspicion *ou* reinforces one's suspicions; **si le temps le permet** weather permitting; **autant qu'il est permis d'en juger** as far as one can tell.
    (c) (*donner le droit*) to entitle. **cette carte lui permet d'obtenir des réductions** this card entitles *ou* enables him to get reductions; **être majeur permet de voter** being over 18 entitles one *ou* makes one eligible to vote.
    (d) (*idée de sollicitation*) **vous permettez?** may I?; **permettez-moi de vous présenter ma sœur/de vous interrompre** may I introduce my sister/interrupt (you)?; **s'il m'est permis de faire une objection** if I may *ou* might (be allowed to) raise an objection; **vous permettez que je fume?** do you mind if I smoke?; **vous permettez que je passe!*** if you don't mind I'd like to come past!, do you mind if I come past!; **permettez! je ne suis pas d'accord** if you don't mind me! I disagree; **permets-moi de te le dire** let me tell you.
    2 se permettre *vpr* **(a)** (*s'offrir*) *fantaisie, excès* to allow o.s., indulge o.s. in. **je ne peux pas me ~ d'acheter ce manteau** I can't afford to buy this coat.
    (b) (*risquer*) *grossièreté, plaisanterie* to allow o.s. to make, dare to make. **ce sont des plaisanteries qu'on ne peut se ~ qu'entre amis** these jokes are only acceptable among friends; **je me suis permis de sourire** *ou* **un sourire** I had *ou* gave *ou* ventured a smile, I ventured to *ou* allowed myself to smile; **il s'est permis de partir sans permission** he took the liberty of going without permission; **il se permet bien des choses** he takes a lot of liberties; **je me permettrai de vous faire remarquer que ...** I'd like to point out (to you) that ...; **puis-je me ~ de vous offrir un whisky?** will you have a whisky?; (*formule épistolaire*) **je me permets de vous écrire au sujet de ...** I am writing to you in connection with ....
permien, -ienne [pɛRmjɛ̃, jɛn] **1** *adj* permian. **2** *nm*: **le ~** the Permian era.
permis, e [pɛRmi, iz] (*ptp de* **permettre**) **1** *adj limites* permitted. (*frm*) **il est ~ de s'interroger sur la nécessité de ...** one might *ou* may well question the necessity of ... .
    2 *nm* permit, licence. **~ de chasse** hunting permit; **~** (**de conduire**) driving licence (*Brit*), driver's license (*US*); (*épreuve*) driving test; **~ de construire** planning permission; **~ d'inhumer** burial certificate; **~ moto** motorbike licence; **~ de**

pêche fishing permit; **~ poids lourd** heavy-goods vehicle licence; **~ de séjour** residence permit; **~ de travail** work permit.
permissif, -ive [pɛRmisif, iv] *adj* permissive.
permission [pɛRmisjɔ̃] **(a)** *nf* permission. **avec votre ~** with your permission; **accorder à qn la ~ de faire** to give sb permission to do; **demander la ~ à** to ask permission (*de* to); **demander à qn la ~** to ask sb his permission (*de* to); **est-ce qu'il t'a donné la ~ (de le faire)?** did he give you permission (to do it)?
    (b) (*Mil*) (*congé*) leave; (*certificat*) pass. **en ~** on leave; **~ de minuit** late pass.
permissionnaire [pɛRmisjɔnɛR] *nm* soldier on leave.
permissivité [pɛRmisivite] *nf* permissiveness.
permutabilité [pɛRmytabilite] *nf* permutability.
permutable [pɛRmytabl(ə)] *adj* which can be changed *ou* swapped *ou* switched round; (*Math*) permutable.
permutation [pɛRmytasjɔ̃] *nf* permutation.
permuter [pɛRmyte] (1) **1** *vt* (*gén*) to change *ou* swap *ou* switch round, permutate; (*Math*) to permutate, permute. **2** *vi* to change, swap, switch (seats *ou* positions *ou* jobs *etc*).
pernicieusement [pɛRnisjøzmɑ̃] *adv* (*littér*) perniciously.
pernicieux, -euse [pɛRnisjø, øz] *adj* (*gén, Méd*) pernicious. **~ pour** injurious *ou* harmful to.
péroné [peRɔne] *nm* fibula.
péroniste [peRɔnist(ə)] **1** *adj* Peronist. **2** *nmf*: **P~** Peronist.
péronnelle [peRɔnɛl] *nf* (*péj*) silly goose* (*péj*).
péroraison [peRɔREzɔ̃] *nf* (*Littérat: conclusion*) peroration, summing up; (*péj: discours*) windy discourse (*péj*).
pérorer [peRɔRe] (1) *vi* to hold forth (*péj*), declaim (*péj*).
Pérou [peRu] *nm* Peru. (*fig*) **ce qu'il gagne, ce n'est pas le ~** it's no great fortune what he earns.
Pérouse [peRuz] *n* Perugia.
peroxyde [peRɔksid] *nm* peroxide. **~ d'hydrogène** hydrogen peroxide.
perpendiculaire [pɛRpɑ̃dikylɛR] *adj, nf* perpendicular (*à* to).
perpendiculairement [pɛRpɑ̃dikylɛRmɑ̃] *adv* perpendicularly. **~ à** at right angles to, perpendicular to.
perpète [pɛRpɛt] *nf* (*arg Prison: perpétuité*) **il a eu la ~** he got life (*arg*); (*loin*) **à ~*** miles away*; (*longtemps*) **jusqu'à ~*** till doomsday*, till the cows come home*.
perpétration [pɛRpetRasjɔ̃] *nf* perpetration.
perpétrer [pɛRpetRe] (6) *vt* to perpetrate.
perpette [pɛRpɛt] *nf* = **perpète.**
perpétuation [pɛRpetɥasjɔ̃] *nf* (*littér*) perpetuation.
perpétuel, -elle [pɛRpetɥɛl] *adj* (*pour toujours*) perpetual, everlasting; (*incessant*) perpetual, never-ending; *fonction, secrétaire* permanent; *rente* life (*épith*), for life (*attrib*); *V* **calendrier, mouvement.**
perpétuellement [pɛRpetɥɛlmɑ̃] *adv* perpetually.
perpétuer [pɛRpetɥe] (1) **1** *vt* (*immortaliser*) to perpetuate; (*maintenir*) to perpetuate, carry on.
    2 se perpétuer *vpr* [*usage, abus*] to be perpetuated, be carried on; [*espèce*] to survive. **se ~ dans son œuvre/dans ses enfants** to live on in one's work/children.
perpétuité [pɛRpetɥite] *nf* perpetuity, perpetuation. **à ~ condamnation** for life; *concession* in perpetuity.
perplexe [pɛRplɛks(ə)] *adj* perplexed, confused, puzzled. **rendre** *ou* **laisser ~** to perplex, confuse, puzzle.
perplexité [pɛRplɛksite] *nf* perplexity, confusion. **je suis dans une grande ~** I just don't know what to think, I'm greatly perplexed *ou* highly confused; **être dans la plus complète ~** to be completely baffled *ou* utterly perplexed *ou* confused, be at an absolute loss (to know what to think).
perquisition [pɛRkizisjɔ̃] *nf* (*Police*) search. **ils ont fait une ~** they've carried out *ou* made a search, they've searched the premises; *V* **mandat.**
perquisitionner [pɛRkizisjɔne] (1) **1** *vi* to carry out a search, make a search. **~ au domicile de qn** to search sb's house, carry out *ou* make a search of sb's house. **2** *vt* (*) to search.
perron [peRɔ̃] *nm* steps (*leading to entrance*), perron (*T*).
perroquet [peRɔkɛ] *nm* **(a)** (*Orn, fig*) parrot. **~ de mer** puffin; **répéter qch comme un ~** to repeat sth parrot fashion. **(b)** (*Naut*) topgallant (sail). **(c)** (*boisson*) apéritif made of pastis and mint syrup.
perruche [peRyʃ] *nf* **(a)** (*Orn*) budgerigar, budgie*; (*femelle du perroquet*) female parrot; (*fig: femme bavarde*) chatterbox*, gas bag‡ (*péj*), windbag‡ (*péj*). **(b)** (*Naut*) mizzen topgallant (sail).
perruque [peRyk] *nf* (*gén*) wig; (*Hist*) wig, periwig, peruke; (*Pêche*: *enchevêtrement*) bird's nest.
perruquier, -ière [peRykje, jɛR] *nm, f* wigmaker.
pers [pɛR] *adj yeux* greenish-blue, blue-green.
persan, e [pɛRsɑ̃, an] **1** *adj* Persian. (*chat*) **~** Persian (cat); *V* **tapis. 2** *nm* (*Ling*) Persian. **3** *nm, f*: **P~(e)** Persian.
perse [pɛRs(ə)] **1** *adj* Persian. **2** *nm* (*Ling*) Persian. **3** *nmf*: **P~** Persian. **4** *nf* (*Geog*) **P~** Persia.
persécuter [pɛRsekyte] (1) *vt* (*opprimer*) to persecute; (*harceler*) to harass, plague.
persécuteur, -trice [pɛRsekytœR, tRis] **1** *adj* persecuting. **2** *nm, f* persecutor.
persécution [pɛRsekysjɔ̃] *nf* persecution. **délire** *ou* **folie de la ~** persecution mania.
Persée [pɛRse] *nm* Perseus.
Perséphone [pɛRsefɔn] *nf* Persephone.
persévérance [pɛRseveRɑ̃s] *nf* perseverance.
persévérant, e [pɛRseveRɑ̃, ɑ̃t] *adj* persevering. **être ~** to persevere, be persevering.
persévérer [pɛRseveRe] (6) *vi* to persevere. **~ dans** *effort, entreprise, recherches* to persevere with *ou* in, persist in; *erreur,*

voie to persevere in; **je persévère à le croire coupable** I continue to believe he's guilty.
persienne [pɛʀsjɛn] *nf* (metal) shutter.
persiflage [pɛʀsiflaʒ] *nm* mockery (*U*).
persifler [pɛʀsifle] (1) *vt* to mock, make mock of (*littér*), make fun of.
persifleur, -euse [pɛʀsiflœʀ, øz] **1** *adj* mocking. **2** *nm, f* mocker.
persil [pɛʀsi] *nm* parsley.
persillade [pɛʀsijad] *nf* (*sauce*) parsley vinaigrette; (*viande*) cold beef served with parsley vinaigrette.
persillé, e [pɛʀsije] *adj plat* sprinkled with chopped parsley; *viande* marbled; *fromage* veined.
persillère [pɛʀsijɛʀ] *nf* parsley pot.
persique [pɛʀsik] *adj* Persian; *V* **golfe.**
persistance [pɛʀsistɑ̃s] *nf [pluie, fièvre, douleur, odeur]* persistence; *[personne]* persistence, persistency (*à faire* in doing). **sa ~ dans l'erreur** his persistently mistaken attitude; **cette ~ dans le mensonge** this persistence in lying, this persistent lying; **avec ~** (*tout le temps*) persistently; (*avec obstination*) persistently, doggedly, stubbornly.
persistant, e [pɛʀsistɑ̃, ɑ̃t] *adj* (*gén*) persistent; *feuilles* evergreen, persistent (*T*). **arbre à feuillage ~** evergreen (tree).
persister [pɛʀsiste] (1) *vi [pluie]* to persist, keep up; *[fièvre, douleur, odeur]* to persist, linger; *[personne]* to persist. **~ dans qch/à faire** to persist in sth/in doing; **la pluie/la douleur n'a pas persisté** the rain/the pain didn't last *ou* persist; **il persiste dans son refus** he won't go back on *ou* he persists in his refusal; **~ dans son opinion/ses projets** to stick to one's opinion/one's plans; **il persiste dans son silence** he persists in keeping quiet; **il persiste à faire cela** he persists in doing *ou* keeps (on) doing that, he does that persistently; **je persiste à croire que ...** I still believe that ...; **il persistait une odeur de moisi** a musty smell persisted; **il persiste un doute** a doubt remains.
persona [pɛʀsɔna] *nf:* **~ grata/non grata** persona grata/non grata.
personnage [pɛʀsɔnaʒ] *nm* (**a**) (*individu*) character, individual.
(**b**) (*célébrité*) (very) important person, personage (*frm, hum*). **~ influent/haut placé** influential/highly placed person; **~ connu** celebrity, well-known person *ou* personage (*frm, hum*); **~ officiel** V.I.P.; **un grand ~** a great figure; **grands ~s de l'État** State dignitaries; **~s de l'Antiquité/historiques** great names of Antiquity/ of history; **il est devenu un ~** he's become a very important person *ou* a big name*; **il se prend pour un grand ~** he really thinks he is someone important, he really thinks he's somebody*.
(**c**) (*Littérat*) character. **liste des ~s** dramatis personae, list of characters; **~ principal** principal character; (*lit, fig*) **jouer un ~** to play a part, act a part *ou* role; *V* **peau.**
(**d**) (*Art*) *[tableau]* figure.
personnalisation [pɛʀsɔnalizasjɔ̃] *nf* personalization.
personnaliser [pɛʀsɔnalize] (1) *vt* (*gén*) to personalize; *voiture, appartement* to give a personal touch to, personalize. **service personnalisé** personalized service.
personnalité [pɛʀsɔnalite] *nf* (*gén*) personality. **avoir une forte ~/de la ~** to have a strong personality/lots of personality; **un être sans ~** somebody who is lacking in personality; **il y aura de nombreuses ~s pour l'inauguration** there will be a number of key figures *ou* personalities at the opening.
personne [pɛʀsɔn] **1** *nf* (**a**) (*être humain*) person. **deux ~s** two people; **le respect de la ~ humaine** respect for human dignity; (*Jur*) **les droits de la ~** the rights of the individual; **les ~s qui ...** those who ..., the people who ...; **c'est une ~ sympathique** he *ou* she is a very pleasant person; **une ~ de connaissance m'a dit** someone *ou* a person I know told me; **il n'y a pas ~ de plus discrète que lui** there is no one more discreet than he; **c'est une drôle de petite/une jolie ~†** she's a funny little/a pretty little thing; **3 gâteaux par ~** 3 cakes per person, 3 cakes each; **100 F par ~** 100 francs each *ou* per head *ou* a head *ou* per person; **par ~ interposée** through an intermediary, through a third party *ou* person; *V* **grand, tierce².**
(**b**) (*personnalité*) **toute sa ~ inspire confiance** his whole being inspires confidence; **j'admire son œuvre mais je le méprise en tant que ~** I admire his works but I have no opinion of him *ou* I have no time for him as a person; **la ~ et l'œuvre de Balzac** Balzac, the man and his work.
(**c**) (*corps*) **être bien (fait) de sa ~** to be good-looking; **exposer *ou* risquer sa ~** to risk one's life *ou* one's neck; **sur ma ~ on my person; il semble toujours très content de sa petite ~** he always seems very pleased with his little self *ou* with himself; **il prend soin de sa petite ~** he looks after himself; **je l'ai vu en ~** I saw him in person; **je m'en occupe en ~** I'll see to it personally; **c'est la paresse/la bonté en ~** he's *ou* she's laziness/kindness itself *ou* personified; *V* **payer.**
(**d**) (*Gram*) person. **à la première/troisième ~** in the first/third person.
2 *pron* (**a**) (*quelqu'un*) anyone, anybody. **elle le sait mieux que ~** (*au monde*) she knows that better than anyone *ou* anybody (else); **il est entré sans que ~ le voie** he came in without anyone *ou* anybody seeing him; **~ de blessé?** is anyone *ou* anybody injured?, no one hurt?; **elle sait faire le café comme ~** she makes better coffee than anyone (else).
(**b**) (*avec ne: aucun*) no one, nobody. **presque ~** hardly anyone *ou* anybody, practically no one *ou* nobody; **~ (d'autre) ne l'a vu** no one *ou* nobody (else) saw him; **il n'a vu ~ (d'autre)** he didn't see anyone *ou* anybody (else), he saw no one *ou* nobody (else); **~ d'autre que lui** no one *ou* nobody but he; **il n'y a ~** there's no one *ou* nobody in, there isn't anyone *ou* anybody in; **il n'y a eu ~ de blessé** no one *ou* nobody was injured, there wasn't anyone *ou* anybody injured; **à qui as-tu demandé? — à ~** who did you ask? —

— no one *ou* nobody *ou* I didn't ask anyone *ou* anybody; **ce n'est la faute de ~** it's no one's *ou* nobody's fault; **il n'y avait ~ d'intéressant à qui parler** there was no one *ou* nobody interesting to talk to; **il n'y est pour ~** he doesn't want to see anyone *ou* anybody; (*iro*) **pour le travail, il n'y a plus ~*** as soon as there's a bit of work to be done, everyone disappears *ou* clears off* *ou* there's suddenly no one *ou* nobody around; **n'y a-t-il ~ qui sache où il est?** doesn't anyone *ou* anybody know where he is?
3: personne âgée elderly person; **mesure en faveur des personnes âgées** measure benefiting the elderly; **personne à charge** dependent; (*Jur*) **personne civile** legal entity; (*Pol*) **personnes déplacées** displaced persons; (*Jur*) **personne morale = personne civile;** (*Jur*) **personne physique** individual.
personnel, -elle [pɛʀsɔnɛl] **1** *adj* (**a**) (*particulier, privé*) personal; **fortune ~le** personal *ou* private fortune; **strictement ~** *lettre* highly confidential, private and personal; *billet* not transferable (*attrib*); **il a des idées/des opinions très ~les sur la question** he has (clear) ideas/opinions of his own *ou* he has his own ideas/ opinions on the subject; **critiques ~les** personal criticism.
(**b**) (*égoïste*) selfish, self-centred.
(**c**) (*Gram*) *pronom, nom, verbe* personal; **mode** finite.
2 *nm [école]* staff; *[château, hôtel]* staff, employees; *[usine]* workforce, employees, personnel; *[service public]* personnel, employees. **manquer de ~** to be shortstaffed *ou* understaffed; **faire partie du ~** to be on the staff; **l'usine a 60 membres de ~** *ou* **un ~ de 60** the factory has 60 people on the payroll, the factory has a workforce *ou* payroll of 60; (*Aviat, Mil*) **~ à terre/navigant** ground/flight personnel *ou* staff; **~ en civil/en tenue** plain-clothes/uniformed staff; **bureau/chef du ~** personnel office/officer.
personnellement [pɛʀsɔnɛlmɑ̃] *adv* personally. **je lui dirai ~** I'll tell him myself *ou* personally; **~ je veux bien** personally I don't mind, I for one don't mind.
personnification [pɛʀsɔnifikasjɔ̃] *nf* personification. **c'est la ~ de la cruauté** he's the personification *ou* the embodiment of cruelty.
personnifier [pɛʀsɔnifje] (7) *vt* to personify. **cet homme personnifie le mal** this man is the embodiment of evil *ou* is evil itself *ou* is evil personified; **être la bêtise personnifiée** to be stupidity itself *ou* personified; **il personnifie son époque** he personifies *ou* typifies his age, he's the embodiment of his age.
perspectif, -ive [pɛʀspɛktif, iv] **1** *adj* perspective.
2 perspective *nf* (**a**) (*Art*) perspective.
(**b**) (*point de vue*) (*lit*) view; (*fig*) angle, viewpoint. **dans une ~ive historique** from a historical angle *ou* viewpoint, in a historical perspective; **examiner une question sous des ~ives différentes** to examine a question from different angles *ou* viewpoints.
(**c**) (*événement en puissance*) prospect; (*idée*) prospect, thought. **en ~ive** in prospect; **des ~ives d'avenir** future prospects; **quelle ~ive!** what a thought! *ou* prospect!; **à la ~ive de** at the prospect *ou* thought *ou* idea of.
perspicace [pɛʀspikas] *adj* clear-sighted, penetrating, perspicacious.
perspicacité [pɛʀspikasite] *nf* clear-sightedness, insight, perspicacity.
persuader [pɛʀsɥade] (1) **1** *vt* (*convaincre*) to persuade, convince (*qn de qch* sb of sth). **~ qn (de faire qch)** to persuade sb (to do sth); **il les a persuadés que tout irait bien** he persuaded *ou* convinced them that all would be well; **on l'a persuadé de partir** he was persuaded to leave; **j'en suis persuadé** I'm quite sure *ou* convinced (of it); **il sait ~** he's very persuasive, he knows how to convince people.
2 *vi:* **~ à qn (de faire)** to persuade sb (to do); **on lui a persuadé de rester** he was persuaded to stay.
3 se persuader *vpr* to be persuaded, be convinced. **il s'est persuadé qu'on le déteste** he is persuaded *ou* convinced that everyone hates him, he has convinced *ou* persuaded himself that everyone hates him; **elle s'est persuadée de l'inutilité de ses efforts** she has persuaded *ou* convinced herself of the uselessness of her efforts.
persuasif, -ive [pɛʀsɥazif, iv] *adj ton, éloquence* persuasive; *argument, orateur* persuasive, convincing.
persuasion [pɛʀsɥazjɔ̃] *nf (action, art)* persuasion; (*croyance*) conviction, belief.
perte [pɛʀt(ə)] **1** *nf* (**a**) (*gén*) loss, losing (*U*); (*Comm*) loss. **vendre à ~** to sell at a loss; **la ~ d'une bataille/d'un procès** the loss of a battle/court case, losing a battle/court case; **essuyer une ~ importante** to suffer heavy losses; (*Mil*) **de lourdes ~s** (**en hommes**) heavy losses (in men); **ce n'est pas une grosse ~** it's not a serious loss; **la ~ cruelle d'un être cher** the cruel *ou* grievous loss of a loved one; *V* **profit.**
(**b**) (*ruine*) ruin. **il a juré sa ~** he has sworn to ruin him; **il court à sa ~** he is on the road to ruin.
(**c**) (*déperdition*) loss; (*gaspillage*) waste. **~ de chaleur/d'énergie** loss of heat/energy, heat/energy loss; **~ de lumière** loss of light; **c'est une ~ de temps** it's a waste of time; **il devrait s'économiser: c'est une ~ d'énergie** he ought to save his efforts; **he's wasting energy *ou* it's a waste of energy.**
(**d**) (*loc*) **à ~ de vue** (*lit*) as far as the eye can see; (*fig*) interminably; **mis à la porte avec ~ et fracas** thrown out.
2: (*Méd*) pertes blanches vaginal discharge, leucorrhœa (*T*); **perte de charge** pressure drop, drop in *ou* loss of pressure; **perte de connaissance** loss of consciousness, fainting (*U*); **perte de mémoire** loss of memory, memory loss; (*Méd*) **pertes de sang** heavy bleeding, flooding (*during menstruation*); (*Fin*) **perte sèche** dead loss (*Fin*), absolute loss; (*Elec*) **perte à la terre** earth (*Brit*) *ou* ground (*US*) leakage; **être en perte de vitesse** (*Aviat*) to lose lift; (*fig*) to be losing momentum.

pertinemment [pɛʀtinamã] *adv parler* pertinently, to the point. il a répondu ~ his reply was to the point; **savoir** ~ **que** to know full well that, know for a fact that.

pertinence [pɛʀtinãs] *nf* (*V* **pertinent**) aptness, pertinence, appositeness; judiciousness; relevance; significance, distinctive nature.

pertinent, e [pɛʀtinã, ãt] *adj remarque* apt, pertinent, apposite; *analyse, jugement, esprit* judicious, discerning; *idée* relevant, apt, pertinent; (*Ling*) significant, distinctive.

pertuis [pɛʀtɥi] *nm* (*détroit*) strait(s), channel; *[fleuve]* narrows.

pertuisane [pɛʀtɥizan] *nf partisan* (*weapon*).

perturbateur, -trice [pɛʀtyʀbatœʀ, tʀis] **1** *adj* disruptive.
  2 *nm,f* (*gén*) troublemaker, rowdy; (*dans un débat*) heckler.

perturbation [pɛʀtyʀbasjõ] *nf* (*V* **perturber**) disruption, disturbance; perturbation. **jeter la** ~ **dans** to disrupt; to disturb; **facteur de** ~ disruptive factor; ~**s dans l'acheminement du courrier** disruption(s) of the mail.
  (b) (*Mét*) ~ (**atmosphérique**) (atmospheric) disturbance.

perturber [pɛʀtyʀbe] (1) *vt services publics, travaux* to disrupt; *cérémonie, réunion* to disrupt, disturb; (*Rad, TV*) *transmission* to disrupt; *personne* to perturb, disturb; (*Astron*) to perturb; (*Mét*) to disturb.

péruvien, -ienne [peʀyvjɛ̃, jɛn] **1** *adj* Peruvian. **2** *nm* (*Ling*) Peruvian. **3** *nm,f*: **P~(ne)** Peruvian.

pervenche [pɛʀvãʃ] **1** *nf* periwinkle (*plant*); (*: contractuelle*) female traffic warden (*Brit*), meter maid (*US*).
  2 *adj inv* periwinkle blue.

pervers, e [pɛʀvɛʀ, ɛʀs(ə)] **1** *adj* (*littér: diabolique*) perverse; (*vicieux*) perverted, depraved. **2** *nm,f* pervert.

perversion [pɛʀvɛʀsjõ] *nf* perversion, corruption; (*Méd, Psych*) perversion.

perversité [pɛʀvɛʀsite] *nf* perversity, depravity.

perverti, e [pɛʀvɛʀti] (*ptp de* **pervertir**) *nm,f*: ~(**e**) (**sexuel(le)**) (sexual) pervert.

pervertir [pɛʀvɛʀtiʀ] (2) **1** *vt* (*dépraver*) to corrupt, pervert, deprave; (*altérer*) to pervert. **2 se pervertir** *vpr* to become corrupt(ed) *ou* perverted *ou* depraved.

pesage [pəzaʒ] *nm* weighing; *[jockey]* weigh-in; (*salle*) weighing room; (*enceinte*) enclosure.

pesamment [pəzamã] *adv chargé, tomber* heavily; *marcher* with a heavy step *ou* tread, heavily.

pesant, e [pəzã, ãt] **1** *adj paquet* heavy, weighty; (*lit, fig*) *fardeau, joug, charge* heavy; *sommeil* deep; *démarche, pas* heavy; *esprit* slow, sluggish; *architecture* massive; *style, ton* heavy, weighty, ponderous; *présence* burdensome; *silence* heavy.
  2 *nm*: **valoir son** ~ **d'or** to be worth its (*ou* one's) weight in gold.

pesanteur [pəzãtœʀ] *nf* (**a**) (*Phys*) gravity.
  (b) (*lourdeur: V* **pesant**) heaviness; weightiness; depth; slowness, sluggishness; massiveness; ponderousness; burdensomeness. **avoir des** ~**s d'estomac** to have problems with one's digestion.

pèse- [pɛz] *préf V* **peser**.

pesée [pəze] *nf* (*action*) *[objet]* weighing; (*fig*) *[motifs, termes]* weighing up; (*pression, poussée*) push, thrust. **effectuer une** ~ to carry out a weighing operation.

peser [pəze] (5) **1** *vt* (**a**) *objet, personne* to weigh. ~ **qch dans sa main** to feel the weight of sth (in one's hand); **se** ~ to weigh o.s.
  (b) (*évaluer*) to weigh (up). ~ **le pour et le contre** to weigh (up) the pros and cons; ~ **ses mots/chances** to weigh one's words/ chances; **tout bien pesé** having weighed everything up, everything considered; **ce qu'il dit est toujours pesé** what he says is always carefully weighed up.
  2 *vi* (**a**) to weigh. **cela pèse beaucoup** it weighs a lot; **cela pèse peu** it doesn't weigh much; ~ **60 kg** to weigh 60 kg; ~ **lourd** to be heavy; (*fig*) **ce ministre ne pèse pas lourd** this minister doesn't carry much weight *ou* doesn't count for much; (*fig*) **il n'a pas pesé lourd** (**devant son adversaire**) he was no match for his (opponent).
  (b) (*appuyer*) to press, push; (*fig*) to weigh heavy. ~ **sur/contre qch** (*de tout son poids*) to press *ou* push down on/against sth (with all one's weight); (*fig*) *[aliment, repas]* ~ **sur l'estomac** to lie (heavy) on the stomach. (*fig*) **cela lui pèse sur le cœur** that makes him heavy-hearted; **les remords lui pèsent sur la conscience** remorse lies heavy on his conscience, his conscience is weighed down by remorse; **cela pèsera sur la décision** that will influence the decision; **le soupçon/l'accusation qui pèse sur lui** the suspicion/the accusation which hangs over him; **la menace/sentence qui pèse sur sa tête** the threat/sentence which hangs over his head; **toute la responsabilité pèse sur lui** *ou* **sur ses épaules** all the responsibility is on him *ou* on his shoulders, he has to shoulder all the responsibility.
  (c) (*accabler*) ~ **à qn** to weigh sb down, weigh heavy on sb; **le silence/la solitude lui pèse** the silence/solitude is getting him down* *ou* weighs heavy on him; **le temps lui pèse** time hangs heavy on his hands; **ses responsabilités de maire lui pèsent** he feels the weight of *ou* weighed down by his responsibilities as mayor, his responsibilities as mayor weigh heavy on him.
  (d) (*avoir de l'importance*) to carry weight. **cela va** ~ (**dans la balance**) that will carry some weight; **sa timidité a pesé dans leur décision** his shyness influenced their decision.
  3: pèse-acide *nm, pl* **pèse-acides** acidimeter; **pèse-alcool** *nm, pl* **pèse-alcools** alcoholometer; **pèse-bébé** *nm, pl* **pèse-bébés** (baby) scales; **pèse-lait** *nm, pl* **pèse-laits** lactometer; **pèse-lettre** *nm, pl* **pèse-lettres** letter scales; **pèse-personne** *nm, pl* **pèse-personnes** scales; *[salle de bains]* (bathroom) scales.

peseta [pezeta] *nf* peseta.

pessaire [pesɛʀ] *nm* pessary.

pessimisme [pesimism(ə)] *nm* pessimism.

pessimiste [pesimist(ə)] **1** *adj* pessimistic (*sur* about). **2** *nmf* pessimist.

peste [pɛst(ə)] **1** *nf* (*Méd*) plague; (*fig: personne*) pest, nuisance, menace. **la** ~ **bubonique** the bubonic plague; **la** ~ **noire** the Black Death; (*fig*) **fuir qch/qn comme la** ~ to avoid sth/sb like the plague. **2** *excl* (*littér*) good gracious! ~ **soit de** ... a plague on ... .

pester [pɛste] (1) *vi* to curse. ~ **contre qn/qch** to curse sb/sth.

pesticide [pɛstisid] **1** *adj* pestical. **2** *nm* pesticide.

pestiféré, e [pɛstifeʀe] **1** *adj* plague-stricken.
  2 *nm,f* plague victim. (*fig*) **fuir qn comme un** ~ to avoid sb like the plague.

pestilence [pɛstilãs] *nf* stench.

pestilentiel, -elle [pɛstilãsjɛl] *adj* stinking, foul(-smelling).

pet [pɛ] **1** *nm* (**a**) (*: gaz*) fart*:*. **ça ne vaut pas un** ~ (**de lapin**):* it's worth (sweet) F.A.:* *ou* **damn all:** (*Brit*); **faire un** ~ to fart*:*.
  (b) **faire le** ~* to be on (the) watch *ou* on (the) look-out; ~! **les voilà!*** look out! here they come!
  2: pet-de-nonne *nm, pl* **pets-de-nonne** fritter (*made with choux pastry*); **pet-en-l'air†** bumfreezer*.

pétainiste [petenist(ə)] **1** *adj* Pétain (*epith*). **2** *nmf*: **P~** Pétain supporter.

pétale [petal] *nm* petal.

pétanque [petãk] *nf* petanque (*type of bowls played in the South of France*).

pétant, e* [petã, ãt] *adj*: **à deux heures** ~**es** at two on the dot*, on the dot of two*.

pétaradant, e [petaʀadã, ãt] *adj moto* noisy, spluttering, backfiring.

pétarade [petaʀad] *nf [moteur, véhicule]* backfire (*U*); *[feu d'artifice, fusillade]* crackling.

pétarader [petaʀade] (1) *vi [moteur, véhicule]* to backfire. **il les entendait** ~ **dans la cour** he could hear them revving up their engines in the backyard.

pétard [petaʀ] *nm* (**a**) (*feu d'artifice*) banger (*Brit*), firecracker; (*accessoire de cotillon*) cracker; (*Rail*) detonator (*Brit*), torpedo (*US*); (*Mil*) petard, explosive charge. **tirer** *ou* **faire partir un** ~ to let off a banger (*Brit*) *ou* firecracker.
  (b) (*: tapage*) din*, racket*, row*. **il va y avoir du** ~ sparks will fly, there's going to be a hell of a row*:*; **faire du** ~ */nouvelle]* to cause a stir, raise a stink:*; *[personne]* to kick up a row* *ou* **fuss*** *ou* stink:*; **être en** ~ to be raging mad*, be in a flaming temper (*contre* at).
  (c) (*: revolver*) gun.
  (d) (*: derrière*) bum:* (*Brit*), ass:* (*US*), bottom*, rump*.

pétaudière [petodjɛʀ] *nf* bedlam, bear garden.

péter [pete] (6) **1** *vi* (**a**) (*:*) to fart*:*. (*fig*) **il veut** ~ **plus haut que son cul** he tries to seem a damned:* sight better than he really is; (*fig*) **il m'a envoyé** ~ he told me to go to hell:* *ou* to bugger off*:* (*Brit*) *ou* **fuck off*:**; ~ **dans la soie** to ponce around:* in fine clothes.
  (b) (*:) [détonation]* to go off; *[tuyau]* to burst, bust; *[ballon]* to pop, burst; *[ficelle]* to bust*, snap. **l'affaire lui a pété dans la main** the deal fell through.
  2 *vt* (*:*) (**a**) *ficelle* to bust*, snap; *transistor, vase* to bust*. (*tomber*) **se** ~ **la gueule:** to fall flat on one's face; **il s'est pété la gueule en vélo:** he smashed himself up when he came off his bike:*; (*saoul*) **il est complètement pété:** he's pissed out of his brains:*.
  (b) (*fig*) ~ **du feu** *ou* **des flammes** to be full of go* *ou* beans*; ~ **la** *ou* **de santé** to be bursting with health; **ça va** ~ **des flammes** there's going to be a heck of a row*.

pète-sec* [pɛtsɛk] *nmf inv, adj inv*: **c'est un** ~, **il est très** ~ he has a very abrupt manner, he is very sharp-tongued.

péteux, -euse* [petø, øz] **1** *adj* cowardly, yellow(-bellied):*. **2** *nm,f* coward, yellowbelly:*.

pétillant, e [petijã, ãt] *adj eau* bubbly, (slightly) fizzy; *vin* bubbly, sparkling; *yeux* sparkling, twinkling. **discours** ~ **d'esprit** speech sparkling with wit.

pétillement [petijmã] *nm* (*action: V* **pétiller**) crackling; bubbling; sparkling; twinkling. **entendre des** ~**s** to hear crackling *ou* crackles *ou* a crackle; **ce** ~ **de malice qui animait son regard** this mischievous sparkle in his eye; **un** ~ **de lumière envahit la pièce** the room was filled with (a) sparkling light.

pétiller [petije] (1) *vi [feu]* to crackle; *[champagne, vin, eau]* to bubble; *[joie]* to sparkle (*dans* in); *[yeux]* (*de malice*) to sparkle, glisten; (*de joie*) to sparkle, twinkle (*de* with). **ses yeux pétillaient de malice** his eyes were sparkling mischievously; **il pétillait de bonne humeur** he was bubbling (over) with good humour; ~ **d'esprit** to sparkle with wit.

pétiole [pesjol] *nm* leafstalk, petiole (*T*).

petiot, e* [pətjo, ɔt] **1** *adj* weeny (little)*, teenyweeny*, tiny (little). **2** *nm* little laddie*. **3 petiote** *nf* little lassie*.

petit, e [p(ə)ti, it] **1** *adj* (**a**) (*gén*) *main, personne, objet, colline* small, little (*épith*); *pointure* small. ~ **et mince** short and thin; ~ **et carré** squat; ~ **et rond** dumpy; **il est tout** ~ he's very small *ou* a very small man; (*nuance affective*) he's a little *ou* a tiny (little) man; (*fig*) **se faire tout** ~ to try not to be noticed, make o.s. as inconspicuous as possible; **être de** ~ **e taille** to be short *ou* small; **un vieux** ~ **e homme** a little old man; **ces chaussures sont un peu/trop** ~**es pour moi** these shoes are a bit small *ou* rather a small fit/too small for me.
  (b) (*mince*) *personne, taille* slim, slender; *membre* thin, slender. **avoir de** ~**s os** to be small-boned *ou* slight-boned; **avoir une** ~**e figure/de** ~**s bras** to have a thin face/slender *ou* thin arms; **une** ~**e pluie (fine) tombait** a (fine) drizzle was falling.
  (c) (*jeune*) small, young; (*avec nuance affective*) little. **quand il était** ~ when he was small *ou* little; **son** ~ **frère** his younger *ou* little brother, (*très petit*) his baby *ou* little brother; ~ **chat/chien**

(little) kitten/puppy; un ~ Anglais an English boy; les ~s Anglais English children; ~ lion/tigre/ours little lion/tiger/bear, lion/tiger/bear cub; dans sa ~e enfance when he was very small, in his early childhood; le ~ Jésus Infant Jesus, baby Jesus; comment va la ~e famille? how are the young ones?; tout ce ~ monde s'amusait all these youngsters were enjoying themselves; (péj) je vous préviens mon ~ ami ou monsieur I warn you my good man ou dear fellow.

(d) (court) promenade, voyage short, little. par ~es étapes in short ou easy stages; sur une ~e distance over a short distance; il est resté deux (pauvres) ~es heures he only stayed for two short hours; il en a pour une ~e heure it will take him an hour at the most, it won't take him more than an hour; attendez une ~e minute can you wait just a ou half a minute?; j'en ai pour un ~ moment (longtemps) it'll take me quite a while; (peu de temps) it won't take me long, I shan't be long over it; elle est sortie pour un bon ~ moment she won't be back for a (good) while ou for quite a while yet; écrivez-lui un ~ mot write him a (short) note ou a line; c'est à un ~ kilomètre d'ici it's no more than ou just under a kilometre from here.

(e) (faible) bruit faint, slight; cri little, faint; coup, tape light, gentle; pente gentle, slight; somme d'argent small. on entendit 2 ~s coups à la porte we heard 2 light ou gentle knocks on the door; il a un ~ appétit he has a small appetite, he hasn't much of an appetite; avoir une ~e santé to be in poor health, be frail; c'est une ~e nature he's (ou she's) slightly built; une toute ~e voix a tiny voice.

(f) (minime) opération, détail small, minor; inconvénient slight, minor; espoir, chance faint, slight; cadeau, bibelot little; odeur, rhume slight. avec un ~ effort with a bit of an ou with a little effort; ce n'est pas une ~e affaire que de le faire obéir getting him to obey is no easy matter ou no mean task; ce n'est qu'une ~e robe d'été it's just a light summer dress.

(g) (peu important) commerçant, pays, firme small; fonctionnaire, employé, romancier minor; soirée, réception little. la ~e industrie light industry; le ~ commerce small businesses; les ~es et moyennes entreprises small and medium-sized businesses; il est entré dans la firme par la ~e porte he started work for the firm on the bottom rung of the ladder, he started out doing a very humble job in the firm; les ~es gens ordinary people; le ~ épicier du coin the small street-corner grocer('s); la ~e noblesse minor nobility; la ~e histoire the footnotes of history.

(h) (peu nombreux) groupe small. cela n'affecte qu'un ~ nombre it only affects a small number of people ou a few people.

(i) (péj: mesquin) attitude, action mean, petty, low; personne petty. c'est ~ ce qu'il a fait là that was a mean thing to do, that was mean of him.

(j) (avec nuance affective ou euph) little. vous prendrez bien un ~ dessert/verre you'll have a little dessert/drink won't you?; faire une ~e partie de cartes to play a little game of cards; 'juste une ~e signature' 'can I just have your signature'; un ~ coup de rouge* a (little) glass of red wine; comment va la ~e santé? how are you keeping?*; ma ~e maman my mummy; mon ~ papa my daddy; mon ~ chou ou rat etc (my little) pet*, darling; un ~ coin tranquille a nice quiet spot; on va se faire un bon ~ souper we'll make ourselves a nice little (bit of) supper; (euph) le ~ coin ou endroit the bathroom (euph); (euph) faire son ~ besoin ou sa ~e commission to spend a penny (Brit), go to the toilet; un ~ chapeau ravissant a lovely little hat; avoir ses ~es habitudes/manies to have one's little habits/ways; espèce de ~ impertinent you cheeky little so-and-so*; cela coûte une ~e fortune it costs a small fortune.

(k) (loc) (fig hum) le ~ oiseau va sortir watch the birdie!; être/ne pas être dans les ~s papiers de qn to be in sb's good/bad books; c'est de la ~e bière it's small beer (Brit), it's small potatoes (US); ce n'est pas de la ~e bière it's not without importance; se réunir en ~ comité to have a small get-together; à ~s pas (lit) with short steps; (fig) slowly but surely; un ~ peu a little (bit); un Balzac/un Versailles au ~ pied a poor man's Balzac/Versailles; mettre les ~s plats dans les grands to lay on a first-rate meal, go to town on the meal*; à la ~e semaine (adj) small-time; être aux ~s soins pour qn to dance attendance on sb, lavish attention on sb, wait on sb hand and foot; être dans ses ~s souliers to be shaking in one's shoes; (Prov) les ~s ruisseaux font les grandes rivières little streams make big rivers; V tenu etc.

2 adv: ~ à ~ little by little, gradually.

3 nm (a) (enfant) (little) boy; (Scol) junior (boy). les ~s children; viens ici, ~ come here, son; pauvre ~ poor little thing; le ~ Durand young Durand, the Durand boy; les ~s Durand the Durand children; les tout ~s the very young, the tiny tots; (Scol) the infants; jeu pour ~s et grands game for old and young (alike).

(b) (jeune animal) (gén) young. la chatte et ses ~s the cat and her kittens; la lionne et ses ~s the lioness and her young ou cubs; faire des ~s to have little kittens (ou puppies ou lambs etc); (fig) son argent a fait des ~s his money has made more money.

(c) (personne de petite taille) small man; (personne inférieure) little man. les ~s small people; c'est toujours le ~ qui a tort it's always the little man who's in the wrong.

(d) une cour d'école, c'est le monde en ~ a school playground is the world in miniature.

4 petite nf (enfant) (little) girl; (femme) small woman. la ~e Durand (la fillette des Durand) the Durand's daughter; (péj: Mlle Durand) the Durand girl; pauvre ~e poor little thing; viens ici, ~e come here little one.

5: petit ami boyfriend; petite amie girlfriend; petit banc low bench; petit-beurre nm, pl petits-beurre petit beurre biscuit (Brit), butter cookie (US); les petits blancs poor white settlers;

petit bleu† wire (telegram); petit bois kindling (U); petit-bourgeois, petite-bourgeoise, mpl petits-bourgeois (adj) petit-bourgeois, middle-class; (nm) petit-bourgeois, middle-class man; (nf) petit-bourgeois ou middle-class woman; le Petit Chaperon Rouge Little Red Riding Hood; petits chevaux: jouer aux petits chevaux to play ludo (Brit); petite classe junior form (Brit), lower grade (US); les petites classes the junior ou lower school; (euph) le petit coin the smallest room (euph), the toilet; petit cousin, petite cousine (enfant) little ou young cousin; (enfant du cousin germain) second cousin; (parent éloigné) distant cousin; petit déjeuner breakfast; le petit doigt the little finger; mon petit doigt me l'a dit a little bird told me; le petit écran television, TV; petit-enfant nm, pl petits-enfants grandchild; petite-fille nf, pl petites-filles granddaughter; petit-fils nm, pl petits-fils grandson; petit four petit four; petit garçon little boy; il fait très petit garçon there's something of the little boy about him; (fig) à côté de lui, c'est un petit garçon next to him, he's a babe in arms; petit gâteau (sec) biscuit; petit-gris nm, pl petits-gris (escargot) garden snail; (écureuil) Siberian squirrel; (fourrure) squirrel fur; petit-lait nm whey (V boire); petit-maître† nm, pl petits-maîtres dandy, toff† (Brit), fop†; (péj) petit-nègre nm pidgin French; (péj: galimatias) gibberish, gobbledygook*; petit-neveu nm, pl petits-neveux great-nephew, grand-nephew; petite-nièce nf, pl petites-nièces great-niece, grand-niece; petit nom* Christian name (Brit), first name; (Couture) petit point petit point; petit-pois nm, pl petits-pois (garden) pea; le Petit Poucet Tom Thumb; (fig) la petite reine the bicycle; (Culin) petit salé salted port; petit-suisse nm, pl petits-suisses petit-suisse (kind of cream cheese eaten as a dessert); la petite vérole smallpox; petite voiture (d'infirme) (gén) wheel-chair; (à moteur) invalid carriage.

petitement [pətitmā] adv (chichement) poorly; (mesquinement) meanly, pettily. nous sommes ~ logés our accommodation is cramped.

petitesse [p(ə)titɛs] nf [taille, endroit] smallness, small size; [somme] smallness, modesty; (fig) [esprit, acte] meanness (U), pettiness (U).

pétition [petisjõ] nf (a) petition. faire une ~ auprès de qn to petition sb; faire signer une ~ to set up a petition. (b) (Philos) ~ de principe petitio principii (T), begging the question (U).

pétitionnaire [petisjɔnɛʀ] nmf petitioner.

pétochard, e‡ [petɔʃaʀ, aʀd(ə)] 1 adj cowardly, yellow-bellied‡. 2 nm, f funker‡, coward, yellow-belly‡.

pétoche‡ [petɔʃ] nf: avoir la ~ to be scared silly* ou witless, be in a blue funk‡ (Brit), have the wind up‡ (Brit); flanquer la ~ à qn to scare the living daylights out of sb*, put the wind up sb‡ (Brit).

pétoire [petwaʀ] nf (sarbacane) peashooter; (péj: fusil) peashooter (péj), popgun (péj); (mobylette) (motor) scooter.

peton* [pətõ] nm (pied) foot, tootsy*.

pétoncle [petõkl(ə)] nm queen scallop.

Pétrarque [petʀaʀk] nm Petrarch.

pétrarquisme [petʀaʀkism(ə)] nm Petrarchism.

pétrel [petʀɛl] nm (stormy) petrel.

pétri, e [petʀi] (ptp de pétrir) adj: ~ d'orgueil filled with pride; ~ d'ignorance steeped in ignorance.

pétrifiant, e [petʀifjã, ãt] adj petrifactive.

pétrification [petʀifikasjõ] nf (a) (Géol) petrifaction, petrification. (b) (fig) [cœur] hardening; [idées] fossilization.

pétrifier [petʀifje] (7) 1 vt (a) (Géol) to petrify.
(b) (fig) personne to paralyze, transfix; cœur to freeze; idées to fossilize, ossify. être pétrifié de terreur to be petrified (with terror), be paralyzed ou transfixed with terror.
2 se pétrifier vpr (a) (Géol) to petrify, become petrified.
(b) (fig) [sourire] to freeze; [personne] to be paralyzed ou transfixed; [cœur] to freeze; [idées] to become fossilized ou ossified.

pétrin [petʀɛ̃] nm (a) (*: ennui) mess*, jam*, fix*. tirer qn du ~ to get sb out of a mess* ou fix* ou tight spot*; laisser qn dans le ~ to leave sb in a mess* ou jam* ou fix*; se mettre dans un beau ~ to get (o.s.) into a fine mess*; être dans le ~ to be in a mess* ou jam* ou fix*.
(b) (Boulangerie) kneading-trough; (mécanique) kneading-machine.

pétrir [petʀiʀ] (2) vt pâte, argile to knead; muscle, main to knead; personne, esprit to mould, shape.

pétrochimie [petʀɔʃimi] nf petrochemistry.

pétrochimique [petʀɔʃimik] adj petrochemical.

pétrochimiste [petʀɔʃimist(ə)] nmf petrochemist.

pétrodollar [petʀɔdɔlaʀ] nm petrodollar.

pétrographie [petʀɔgʀafi] nf petrography.

pétrographique [petʀɔgʀafik] adj petrographic(al).

pétrole [petʀɔl] nm (brut) oil, petroleum. ~ (lampant) paraffin (oil) (Brit), kerosene (US); ~ brut crude (oil), petroleum; puits de ~ oil well; gisement de ~ oilfield; lampe/réchaud à ~ paraffin (Brit) ou kerosene (US) oil lamp/heater.

pétrolette† [petʀɔlɛt] nf moped.

pétroleuse [petʀɔløz] nf (Hist) pétroleuse (female fire-raiser during the Commune); (fig) agitator.

pétrolier, -ière [petʀɔlje, jɛʀ] 1 adj industrie, produits petroleum (épith), oil (épith); société oil (épith); pays oil-producing (épith).
2 nm (navire) (oil) tanker; (personne) (financier) oil magnate, oilman; (technicien) petroleum engineer.

pétrolifère [petʀɔlifɛʀ] adj roches, couches oil-bearing. gisement ~ oilfield.

pétulance [petylãs] nf exuberance, vivacity.

pétulant, e [petylã, ãt] adj exuberant, vivacious.

pétunia [petynja] nm petunia.

peu [pø] 1 adv (a) (petite quantité) little, not much. il gagne/mange/lit (assez) ~ he doesn't earn/eat/read (very) much; il gagne/mange/lit très ~ he earns/eats/reads very little *ou* precious little*; il s'intéresse ~ à la peinture he isn't very *ou* greatly interested in painting, he takes little interest in painting; il se contente de ~ he is satisfied with little, it doesn't take much to satisfy him; il a donné 50 F, c'est ~ he gave 50 francs, which isn't (very) much; il y a (bien) ~ à faire/à voir ici there's very little *ou* precious little* to do/see here, there's not much (at all) to do/see here; il mange trop ~ he doesn't eat (nearly) enough; je le connais trop ~ pour le juger I don't know him (nearly) well enough to judge him.

    (b) (*modifiant adj etc*) (a) little, not very. il est (très) ~ sociable he is not very sociable (at all), he is (very) unsociable; fort ~ intéressant decidedly uninteresting, of very little interest; il conduit ~ prudemment he drives carelessly *ou* with little care, he doesn't drive very carefully; ils sont (bien) trop ~ nombreux there are (far) too few of them; un auteur assez ~ connu a relatively little-known *ou* relatively unknown author; c'est un ~ grand/ petit it's a little *ou* a bit (too) big/small; elle n'est pas ~ soulagée d'être reçue she's more than a little relieved *ou* not a little relieved at passing her exam; ~ avant shortly before, a little while earlier.

    (c) ~ de (*quantité*) little, not much; (*nombre*) few, not (very) many; nous avons eu (très) ~ de soleil/d'orages we had (very) little sunshine/(very) few storms, we didn't have (very) much sunshine/(very) many storms; je peux vous céder du pain, bien qu'il m'en reste ~ I can let you have some bread though I haven't (very) much left; on attendait des touristes mais il en est venu (très) ~ we expected tourists but not (very) many came *ou* but (very) few came; ~ de monde *ou* de gens few people, not many people; il est ici depuis ~ de temps he hasn't been here long, he has been here (only) for a short while *ou* time; il est ici pour ~ de temps he isn't here for long, he is here for (only) a short time *ou* while; en ~ de mots briefly, in a few words; cela a ~ d'importance that's not (very) important, that doesn't matter (very) much, that's of little importance.

    (d) (*employé seul: personnes*) ils sont ~ à croire que few believe that, there are few *ou* there aren't many who believe that; bien ~/trop ~ le savent very few/too few (people) know; ~ d'entre eux sont restés few (of them) stayed, not many (of them) stayed.

    (e) de ~: il est le plus âgé de ~ he is slightly *ou* a little older, he is just older; il l'a battu de ~ he just beat him; il a manqué le train de ~ he just missed the train; *V* falloir.

    (f) (*loc*) à ~ près (just) about, near enough*; à ~ près terminé/ cuit almost finished/cooked, more or less finished/cooked; à ~ près 10 minutes/kilos roughly *ou* approximately 10 minutes/kilos; rester dans l'à ~ près to remain vague; c'est terminé à ~ de chose près it's more or less *ou* pretty well* finished, it's finished as near as damn it‡ (*Brit*); (c'est) ~ de chose it's nothing; c'est pas ~ dire!* and that's saying something!; (*littér*) c'est ~ dire que it is an understatement to say that; à ~ gradually, little by little, bit by bit; (*littér*) ~ ou prou to a greater or lesser degree, more or less; *V* avant, gradus, si¹ *etc*.

2 nm (a) little. j'ai oublié le ~ (de français) que j'avais appris I have forgotten the little (French) I had learnt; elle se contente du ~ (d'argent) qu'elle a she is satisfied with what little (money) *ou* the little (money) she has; son ~ de compréhension/patience lui a nui his lack of understanding/patience has done him harm; elle s'est aliéné le ~ d'amis qu'elle avait she has alienated the few friends *ou* the one or two friends she had; le ~ de cheveux qui lui restent sont blancs the bit of hair he has left is white.

    (b) un ~ (*avec vb, modifiant adv mieux, moins, plus, trop etc*) a little, slightly, a bit; un (tout) petit ~ a little, a trifle; essaie de manger un ~ try to eat a little *ou* a bit; il boite un ~ he limps slightly *ou* a little *ou* a bit, he is slightly *ou* a bit lame; elle va un tout petit ~ mieux she is a trifle better, she is ever so slightly better; il est un ~ artiste he's a bit of an artist, he's something of an artist; il travaille un ~ trop/un ~ trop lentement he works a little *ou* a bit too much/too slowly; restez encore un ~ stay a little longer; il y a un ~ moins de bruit it is slightly *ou* a little less noisy, there's slightly *ou* a little less noise; nous avons un ~ moins/plus de clients aujourd'hui we have slightly fewer/more customers today; (*en effeuillant la marguerite*) un ~, passionnément, pas du tout he loves me, he loves me not; un ~ plus il écrasait le chien/ oubliait son rendez-vous he all but *ou* he very nearly ran over the dog/forgot his appointment; pour un ~ il m'aurait accusé d'avoir volé he all but *ou* just about* accused me of stealing; pour un ~ je l'aurais giflé for two pins (*Brit*) *ou* cents (*US*) I'd have slapped his face.

    (c) un ~ de a little, a bit of; un ~ d'eau a little water, a drop of water; un ~ de patience a little patience, a bit of patience; un ~ de silence/de calme, s'il vous plaît! let's have some quiet *ou* a bit of quiet/some peace please!; il a un ~ de sinusite/ bronchite he has a touch of sinusitis/bronchitis.

    (d) (*: intensif*) un ~! and how!* ; tu as vraiment vu l'accident? — un ~! *ou* un ~ mon neveu!‡† did you really see the accident? — you bet!* *ou* and how!* *ou* I sure did!* (*US*); je me demande un ~ où sont les enfants I just wonder where the children are *ou* can be; montre-moi donc un ~ comment tu fais just (you) show me then how you do it; va-t-en voir un ~ si c'est vrai! just you go and see if it's true!; comme menteur il est un ~ là! as liars go, he must be hard to beat!*; un ~ qu'il nous a menti! he didn't half lie to us!* (*Brit*), I'll say he lied to us!*; on en trouve un ~ partout you find them just about everywhere; c'est un ~ beaucoup* that's a bit much*.

peuchère [pøʃɛʀ] *excl* (*dial Midi*) well! well!
peuh [pø] *excl* pooh!, bah!, phooey* (*US*).
peuplade [pœplad] *nf* (small) tribe, people.
peuple [pœpl(ə)] *nm* **(a)** (*Pol, Rel: communauté*) people, nation. les

~s d'Europe the peoples *ou* nations of Europe; (*Rel*) le ~ élu the chosen people.

    (b) (*prolétariat*) le ~ the people; les gens du ~ the common people, ordinary people; (††, *péj*) le bas *ou* petit ~ the lower classes (*péj*); (*fig*) il se moque du ~ who does he think he is?, he's trying it on* (*Brit*); (*péj*) faire ~ (*ne pas être distingué*) to be common (*péj*); (*vouloir paraître simple*) to try to appear working-class.

    (c) (*foule*) crowd (of people). (*littér*) un ~ de badauds/ d'admirateurs a crowd of onlookers/of admirers; il y a du ~!* there's a big crowd!
peuplé, e [pœple] (*ptp de peupler*) *adj* ville, région populated, inhabited. très/peu/sous-~ densely-/sparsely-/underpopulated.
peuplement [pœpləmã] *nm* **(a)** (*action*) /*colonie*/ populating; /*étang*/ stocking; /*forêt*/ planting (with trees). **(b)** (*population*) population.
peupler [pœple] (1) **1** *vt* **(a)** (*pourvoir d'une population*) colonie to populate; *étang* to stock; *forêt* to plant out, plant with trees; (*fig littér*) to fill (*de* with). les rêves/les souvenirs qui peuplent mon esprit the dreams/memories that dwell in my mind (*littér*) *ou* that fill my mind.

    (b) (*habiter*) terre to inhabit, populate; *maison* to live in, inhabit. maison peuplée de souvenirs house filled with *ou* full of memories.

2 se peupler *vpr* [*ville, région*] to become populated; (*fig: s'animer*) to fill (up), be filled (*de* with). la rue se peuplait de cris/ de boutiques the street filled with shouts/shops.
peupleraie [pœpləʀɛ] *nf* poplar grove.
peuplier [pœplije] *nm* poplar (tree).
peur [pœʀ] *nf* **(a)** la ~ fear; inspirer de la ~ to cause *ou* inspire fear; ressentir de la ~ to feel fear; la ~ lui donnait des ailes fear lent him wings; être vert *ou* mort de ~ to be frightened *ou* scared out of one's wits, be petrified (with fear); la ~ de la punition/de mourir/du qu'en-dira-t-on (the) fear of punishment/of dying/of what people might say; prendre ~ to take fright; la ~ du gendarme* the fear of being caught; cacher sa ~ to hide one's fear; sans ~ (*adj*) fearless (*de* of); (*adv*) fearlessly.

    (b) une ~ a fear; une ~ irraisonnée de se blesser s'empara de lui he was seized by *ou* with an irrational fear of injuring himself; je n'ai qu'une ~, c'est qu'il ne revienne pas I have only one fear, that he doesn't *ou* won't come back; il a eu une ~ bleue he had a bad fright *ou* scare; des ~s irraisonnées/enfantines irrational/ childish fears; il a une ~ bleue de sa femme he's scared stiff* of his wife, he goes in fear and trembling of his wife; il m'a fait une de ces ~s! he gave me a dreadful fright *ou* scare, he didn't half* give me a fright! *ou* scare! (*Brit*).

    (c) avoir ~ to be frightened *ou* afraid *ou* scared (*de* of); avoir ~ pour qn to be afraid for sb *ou* on sb's behalf, fear for sb; n'ayez pas ~ (*craindre*) don't be afraid *ou* frightened *ou* scared; (*s'inquiéter*) have no fear; il veut faire ce voyage en 2 jours, il n'a pas ~, lui au moins!* he wants to do the trip in 2 days — you can't say he hasn't got nerve!; il prétend qu'il a téléphoné, il n'a pas ~, lui, au moins!* he says he phoned — he has some nerve! *ou* you can't say he hasn't got nerve!; n'ayez pas ~ de dire la vérité don't be afraid *ou* frightened *ou* scared to tell *ou* of telling the truth; il n'a ~ de rien he's afraid of nothing, nothing frightens him; avoir ~ d'un rien to frighten easily; avoir ~ de son ombre to be frightened *ou* scared of one's own shadow; je n'ai pas ~ des mots I'm not afraid of using plain language; j'ai bien ~/très ~ qu'il ne pleuve I'm afraid/very much afraid it's going to rain *ou* it might rain; il va échouer? — j'en ai (bien) ~ is he going to fail? — I'm (very much) afraid so *ou* I'm afraid he is; j'ai ~ qu'il ne vous ait menti/que cela ne vous gêne I'm afraid *ou* worried *ou* I fear that he might have lied to you/that it might inconvenience you; je n'ai pas ~ qu'il dise la vérité I'm not afraid *ou* frightened of his telling the truth; il a eu plus de ~ que de mal he was more frightened than hurt, he wasn't hurt so much as frightened; il y a eu *ou* ça a fait plus de ~ que de mal it caused more fright than real harm, it was more frightening than anything else.

    (d) faire ~ à qn (*intimider*) to frighten *ou* scare sb; (*causer une frayeur à*) to give sb a fright, frighten *ou* scare sb; pour faire ~ aux oiseaux to frighten *ou* scare the birds away *ou* off; l'idée de l'examen lui fait ~ the idea of sitting the exam frightens *ou* scares him, he's frightened *ou* scared at the idea of sitting the exam; cette pensée fait ~ the thought is frightening, it's a frightening thought; tout lui fait ~ he's afraid *ou* frightened *ou* scared of everything; le travail ne lui fait pas ~ he's not scared *ou* afraid of hard work; laid *ou* hideux à faire ~ frighteningly ugly; (*iro*) il fait chaud, ça fait ~! it's not exactly roasting!* (*iro*).

    (e) de ~ de faire for fear of doing, for fear that one might *ou* should do, lest one should do (*littér*); il a couru de ~ de manquer le train he ran for fear of missing the train, he ran for fear that he might *ou* should miss the train, he ran because he was afraid he might miss the train; il a accepté de ~ de les vexer he accepted for fear of annoying them *ou* lest he (should) annoy them (*littér*); ferme la porte, de ~ qu'il ne prenne froid close the door so that he doesn't catch cold; il renonça, de ~ du ridicule he gave up for fear of ridicule.
peureusement [pœʀøzmã] *adv* fearfully, timorously.
peureux, -euse [pœʀø, øz] **1** *adj* fearful, timorous.

    2 *nm, f* fearful *ou* timorous person.
peut-être [pøtɛtʀ(ə)] *adv* perhaps, maybe. il est ~ intelligent, ~ est-il intelligent he's perhaps clever, perhaps he's clever, he may *ou* might (well) be clever, maybe he's clever; il n'est ~ pas beau mais il est intelligent he may *ou* might not be handsome but he is clever, perhaps *ou* maybe he's not handsome but he's clever; c'est ~ encore plus petit it is if anything even smaller; ~ bien perhaps (so), it could well be; ~ pas perhaps *ou* maybe not; ~ bien mais ...

that's as may be *ou* perhaps so but ...; ~ **que** ... perhaps ...; ~ **bien qu'il pleuvra** it may well rain; ~ **que oui** perhaps so, perhaps he will (*ou* they are *etc*); **je ne sais pas conduire** ~? who's (doing the) driving? (*iro*), I do know how to drive, you know!; **tu le sais mieux que moi** ~? so (you think) you know more about it than I do, do you?, I do know more about it than you, you know!

pèze‡ [pɛz] *nm* (*argent*) dough‡, bread‡.

pff(t) [pf(t)] *excl*, **pfut** [pfyt] *excl* pooh!, bah!

pH [peaʃ] *nm* pH.

phacochère [fakɔʃɛʀ] *nm* wart hog.

phaéton [faetɔ̃] *nm* (*calèche*) phaeton. (*Myth*) **P~** Phaëthon.

phagocyte [fagɔsit] *nm* phagocyte.

phagocyter [fagɔsite] (1) *vt* (*Bio*) to phagocytose; (*fig*) to absorb, engulf.

phagocytose [fagɔsitoz] *nf* phagocytosis.

phalange [falɑ̃ʒ] *nf* (*Anat*) phalanx; (*Antiq, littér: armée*) phalanx. (*Pol espagnole*) **la** ~ the Falange.

phalangien, -ienne [falɑ̃ʒjɛ̃, jɛn] *adj* (*Anat*) phalangeal.

phalangiste [falɑ̃ʒist(ə)] *adj, nmf* Falangist.

phalanstère [falɑ̃stɛʀ] *nm* phalanstery.

phalène [falɛn] *nf* emerald, geometrid (*T*).

phallique [falik] *adj* phallic.

phallocrate [falɔkʀat] *nm* male chauvinist pig*.

phallocratie [falɔkʀasi] *nf* male chauvinism.

phalloïde [falɔid] *adj* phalloid; *V* **amanite**.

phallus [falys] *nm* phallus.

phantasme [fɑ̃tasm(ə)] *nm* = **fantasme**.

pharamineux, -euse [faʀaminø, øz] *adj* = **faramineux**.

pharaon [faʀaɔ̃] *nm* (*Antiq*) Pharaoh.

pharaonien, -ienne [faʀaɔnjɛ̃, jɛn] *adj*, **pharaonique** [faʀaɔnik] *adj* Pharaonic.

phare [faʀ] *nm* (a) (*tour*) lighthouse; (*Aviat, fig*) beacon. (*Naut*) ~ **à feu fixe/tournant** fixed/revolving light *ou* beacon.
 (b) (*Aut*) headlight, headlamp. **rouler pleins** ~**s** *ou* **en** ~**s** to drive on full beam (*Brit*) *ou* high beams (*US*) *ou* on full headlights *ou* with headlights full on; **mettre ses** ~**s en veilleuse** to switch to sidelights; **mettre ses** ~**s en code** to dip one's headlights (*Brit*), put on the low beams (*US*); ~**s code** dipped headlights (*Brit*), low beams (*US*); ~ **antibrouillard** fog lamp; ~**s longue portée** high intensity lights; ~ **de recul** reversing light (*Brit*), back-up light (*US*); ~ **à iodes** quartz halogen lamp; *V* **appel**.

pharisaïque [faʀizaik] *adj* (*Hist*) Pharisaic; (*fig*) pharisaic(al).

pharisaïsme [faʀizaism(ə)] *nm* (*Hist*) Pharisaism, Phariseeism; (*fig*) pharisaism, phariseeism.

pharisien, -ienne [faʀizjɛ̃, jɛn] *nm,f* (*Hist*) Pharisee; (*fig*) pharisee.

pharmaceutique [faʀmasøtik] *adj* pharmaceutical, pharmaceutic.

pharmacie [faʀmasi] *nf* (a) (*magasin*) chemist's (shop) (*Brit*), pharmacy, drugstore (*Can, US*); (*officine*) dispensary; [*hôpital*] dispensary, pharmacy (*Brit*), formulary (*US*).
 (b) (*science*) pharmacology; (*profession*) pharmacy. **laboratoire de** ~ pharmaceutical laboratory; **préparateur en** ~ pharmacist.
 (c) (*produits*) pharmaceuticals, medicines. (**armoire à**) ~ medicine chest *ou* cabinet *ou* cupboard, first-aid cabinet *ou* cupboard; ~ **portative** first-aid kit.

pharmacien, -ienne [faʀmasjɛ̃, jɛn] *nm,f* (*qui tient une pharmacie*) (dispensing) chemist (*Brit*), pharmacist, druggist (*US*); (*préparateur*) pharmacist, chemist (*Brit*).

pharmacodépendance [faʀmakɔdepɑ̃dɑ̃s] *nf* drug dependency.

pharmacologie [faʀmakɔlɔʒi] *nf* pharmacology.

pharmacologique [faʀmakɔlɔʒik] *adj* pharmacological.

pharmacopée [faʀmakɔpe] *nf* pharmacopoeia.

pharyngal, e, *mpl* **-aux** [faʀɛ̃gal, o] **1** *adj* pharyngeal. **2 pharyngale** *nf* (*Ling*) pharyngeal.

pharyngé, e [faʀɛ̃ʒe] *adj*, **pharyngien, -ienne** [faʀɛ̃ʒjɛ̃, jɛn] *adj* pharyngeal, pharyngal.

pharyngien, -ienne [faʀɛ̃ʒjɛ̃, jɛn] *adj* pharyngeal.

pharyngite [faʀɛ̃ʒit] *nf* pharyngitis (*U*). **il a fait 3** ~**s** he had 3 bouts of pharyngitis.

pharynx [faʀɛ̃ks] *nm* pharynx.

phase [faz] *nf* (*gén, Méd*) phase, stage; (*Astron, Chim, Phys*) phase. (*Élec*) **la** ~ the live wire; **être en** ~ (*Phys*) to be in phase; (*fig*) to be on the same wavelength.

Phébus [febys] *nm* Phoebus.

Phèdre [fɛdʀ(ə)] *nf* Phaedra.

Phénicie [fenisi] *nf* Phoenicia.

phénicien, -ienne [fenisjɛ̃, jɛn] **1** *adj* Phoenician. **2** *nm* (*Ling*) Phoenician. **3** *nm,f*: **P~(ne)** Phoenician.

phénix [feniks] *nm* (*Myth*) phoenix; (*fig†, littér*) paragon.

phénobarbital, *pl* ~**als** [fenɔbaʀbital] *nm* phenobarbital, phenobarbitone.

phénol [fenɔl] *nm* carbolic acid, phenol.

phénoménal, e, *mpl* **-aux** [fenɔmenal, o] *adj* (*gén*) phenomenal.

phénoménalement [fenɔmenalmɑ̃] *adv* phenomenally.

phénomène [fenɔmɛn] *nm* (*gén, Philos*) phenomenon; (*monstre de foire*) freak (of nature); (*: personne*) (*génial*) phenomenon; (*excentrique*) character*; (*anormal*) freak*.

phénoménologie [fenɔmenɔlɔʒi] *nf* phenomenology.

phénoménologique [fenɔmenɔlɔʒik] *adj* phenomenological.

phénoménologue [fenɔmenɔlɔg] *nmf* phenomenologist.

phénotype [fenɔtip] *nm* phenotype.

phéromone [feʀɔmɔn] *nf*, **phérormone** [feʀɔʀmɔn] *nf* pheromone.

philanthrope [filɑ̃tʀɔp] *nmf* philanthropist.

philanthropie [filɑ̃tʀɔpi] *nf* philanthropy.

philanthropique [filɑ̃tʀɔpik] *adj* philanthropic(al).

philatélie [filateli] *nf* philately, stamp collecting.

philatélique [filatelik] *adj* philatelic.

philatéliste [filatelist(ə)] *nmf* philatelist, stamp collector.

Philémon [filemɔ̃] *nm* Philemon.

philharmonie [filaʀmɔni] *nf* (*local*) philharmonic society.

philharmonique [filaʀmɔnik] *adj* philharmonic.

philhellène [filelɛn] **1** *adj* philhellenic. **2** *nmf* philhellene, philhellenist.

philhellénique [filelenik] *adj* philhellenic.

philhellénisme [filelenism(ə)] *nm* philhellenism.

Philippe [filip] *nm* Philip.

philippin, e [filipɛ̃, in] **1** *adj* Philippine. **2** *nm, f*: **P~(e)** Filipino.

Philippines [filipin] *nfpl*: **les** ~ the Philippines.

philippique [filipik] *nf* (*littér*) diatribe, philippic (*littér*).

philistin [filistɛ̃] *adj m, nm* (*Hist*) Philistine; (*fig*) philistine.

philistinisme [filistinism(ə)] *nm* philistinism.

philo [filo] *nf* (*arg Scol*) *abrév de* **philosophie**.

philodendron [filɔdɛ̃dʀɔ̃] *nm* philodendron.

philologie [filɔlɔʒi] *nf* philology.

philologique [filɔlɔʒik] *adj* philological.

philologiquement [filɔlɔʒikmɑ̃] *adv* philologically.

philologue [filɔlɔg] *nmf* philologist.

philosophale [filɔzɔfal] *adj f V* **pierre**.

philosophe [filɔzɔf] **1** *nmf* philosopher. **2** *adj* philosophical.

philosopher [filɔzɔfe] (1) *vi* to philosophize.

philosophie [filɔzɔfi] *nf* philosophy; (*Scol*) (*enseignement*) philosophical studies; (†: *classe*) philosophy class, ≃ arts sixth (form) (*Brit*), senior humanities class (*US*).

philosophique [filɔzɔfik] *adj* philosophical.

philosophiquement [filɔzɔfikmɑ̃] *adv* philosophically.

philtre [filtʀ(ə)] *nm* philtre, love potion.

phlébite [flebit] *nf* phlebitis.

phlébologie [flebɔlɔʒi] *nf* phlebology.

phlébologue [flebɔlɔg] *nmf* vein specialist.

phlébotomie [flebɔtɔmi] *nf* phlebotomy.

phlegmon [flɛgmɔ̃] *nm* abscess, phlegmon (*T*).

phlox [flɔks] *nm inv* phlox.

Phnom Penh [pnɔmpɛn] *n* Phnom Penh.

phobie [fɔbi] *nf* phobia. **avoir la** ~ **de** to have a phobia about.

phobique [fɔbik] *adj, nmf* phobic.

phocéen, -enne [fɔseɛ̃, ɛn] **1** *adj* Phocaean. **la cité** ~**ne** Marseilles. **2** *nm, f*: **P~(ne)** Phocaean.

phonateur, -trice [fɔnatœʀ, tʀis] *adj* phonatory.

phonation [fɔnasjɔ̃] *nf* phonation.

phonatoire [fɔnatwaʀ] *adj* = **phonateur**.

phone [fɔn] *nm* phone.

phonématique [fɔnematik] *nf* phonology, phonemics (*sg*).

phonème [fɔnɛm] *nm* phoneme.

phonémique [fɔnemik] **1** *adj* phonemic. **2** *nf* = **phonématique**.

phonéticien, -ienne [fɔnetisjɛ̃, jɛn] *nm,f* phonetician.

phonétique [fɔnetik] **1** *nf* phonetics (*sg*). ~ **articulatoire/acoustique/auditoire** articulatory/acoustic/auditory phonetics. **2** *adj* phonetic. **changement/loi/système** ~ sound change/law/system.

phonétiquement [fɔnetikmɑ̃] *adv* phonetically.

phoniatre [fɔnjatʀ(ə)] *nmf* speech therapist.

phoniatrie [fɔnjatʀi] *nf* speech therapy.

phonie [fɔni] *nf* wireless telegraphy (*Brit*), radiotelegraphy.

phonique [fɔnik] *adj* phonic.

phono [fɔno] *nm* (*abrév de* **phonographe**) (*phonographe*) (wind-up) gramophone (*Brit*), phonograph (*US*); (*électrophone*) record player.

phonographe [fɔnɔgʀaf] *nm* (wind-up) gramophone (*Brit*), phonograph (*US*).

phonographique [fɔnɔgʀafik] *adj* phonographic.

phonologie [fɔnɔlɔʒi] *nf* phonology.

phonologique [fɔnɔlɔʒik] *adj* phonological.

phonologue [fɔnɔlɔg] *nmf* phonologist.

phonothèque [fɔnɔtɛk] *nf* sound archives.

phoque [fɔk] *nm* (*animal*) seal; (*fourrure*) sealskin; *V* **souffler**.

phosphatage [fɔsfataʒ] *nm* treating with phosphates.

phosphate [fɔsfat] *nm* phosphate.

phosphaté, e [fɔsfate] (*ptp de* **phosphater**) *adj* phosphatic, phosphated. **engrais** ~**s** phosphate-enriched fertilizers.

phosphater [fɔsfate] (1) *vt* to phosphate, treat with phosphates.

phosphène [fɔsfɛn] *nm* phosphene.

phosphine [fɔsfin] *nf* phosphine.

phosphore [fɔsfɔʀ] *nm* phosphorus.

phosphoré, e [fɔsfɔʀe] *adj* phosphorous.

phosphorer* [fɔsfɔʀe] (1) *vi* to beaver away, work hard.

phosphorescence [fɔsfɔʀesɑ̃s] *nf* luminosity, phosphorescence (*T*).

phosphorescent, e [fɔsfɔʀesɑ̃, ɑ̃t] *adj* luminous, phosphorescent (*T*).

phosphoreux, -euse [fɔsfɔʀø, øz] *adj* **acide** phosphorous; *bronze* phosphor (*épith*).

phosphorique [fɔsfɔʀik] *adj* phosphoric.

phosphure [fɔsfyʀ] *nm* phosphide.

phot [fɔt] *nm* (*Phys*) phot.

photo [fɔto] *nf* (*abrév de* **photographie**) (*image*) photo, snap(shot), shot. **prendre qn en** ~ to take a photo *ou* snap(shot) *ou* shot of sb; **en** ~ ça rend bien it looks good in *ou* on a photo; *V* **appareil**.

photochimie [fɔtɔʃimi] *nf* photochemistry.

photochimique [fɔtɔʃimik] *adj* photochemical.

photocomposer [fɔtɔkɔ̃poze] (1) *vt* to photocompose, filmset.

photocomposeuse [fɔtɔkɔ̃pozøz] *nf* (*machine*) photocomposer, filmsetter.

photocomposition [fɔtɔkɔ̃pozisjɔ̃] *nf* photocomposition, filmsetting.

photoconducteur, -trice [fɔtɔkɔ̃dyktœʀ, tʀis] *adj* photoconductive.

photocopie [fɔtɔkɔpi] *nf* (*action*) photocopying, photostatting; (*copie*) photocopy, photostat (*copy*).

photocopier [fɔtɔkɔpje] (7) *vt* to photocopy, photostat.

photocopieur [fɔtɔkɔpjœʀ] *nm*, **photocopieuse** [fɔtɔkɔpjøz] *nf* photocopier, photostat.

photodissociation [fɔtɔdisɔsjɑsjɔ̃] *nf* photodistintegration.

photo-élastimétrie [fɔtɔelastimetʀi] *nf* photoelasticity.

photo-électricité [fɔtɔelɛktʀisite] *nf* photoelectricity.

photo-électrique [fɔtɔelɛktʀik] *adj* photoelectric. **cellule** ~ photoelectric cell, photocell.

photo-finish [fɔtɔfiniʃ] *nf*: **l'arrivée de la deuxième course a dû être contrôlée au** ~ the second race was a photo finish.

photogénique [fɔtɔʒenik] *adj* photogenic.

photographe [fɔtɔgʀaf] *nmf* (*artiste*) photographer; (*commerçant*) camera dealer. **vous trouverez cet article chez un** ~ you will find this item at a camera shop (*Brit*) *ou* store (*US*).

photographie [fɔtɔgʀafi] *nf* **(a)** (*art*) photography. **faire de la** ~ (*comme passe-temps*) to be an amateur photographer, take photographs; (*en vacances*) to take photographs.
  (b) (*image*) photograph. ~ **d'identité/en couleur/aérienne** passport/colour/aerial photograph; **prendre une** ~ to take a photograph *ou* a picture; **prendre qn en** ~ to take a photograph *ou* a picture of sb, photograph sb.

photographier [fɔtɔgʀafje] (7) *vt* to photograph, take a photo(graph) of, take a picture of. **se faire** ~ to have one's photo(graph) *ou* picture taken; (*fig: mémoriser*) **il avait photographié l'endroit** he had got the place firmly fixed in his mind *ou* in his mind's eye.

photographique [fɔtɔgʀafik] *adj* photographic; *V* **appareil**.

photographiquement [fɔtɔgʀafikmɑ̃] *adv* photographically.

photograveur [fɔtɔgʀavœʀ] *nm* photoengraver.

photogravure [fɔtɔgʀavyʀ] *nf* photoengraving.

photolithographie [fɔtɔlitɔgʀafi] *nf* photolithography.

photoluminescence [fɔtɔlyminesɑ̃s] *nf* photoluminescence.

photolyse [fɔtɔliz] *nf* photolysis.

photomaton [fɔtɔmatɔ̃] *nm* ® automatic photo booth, five-minute photo machine.

photomètre [fɔtɔmɛtʀ(ə)] *nm* photometer.

photométrie [fɔtɔmetʀi] *nf* photometry.

photométrique [fɔtɔmetʀik] *adj* photometric(al).

photomontage [fɔtɔmɔ̃taʒ] *nm* photomontage.

photomultiplicateur [fɔtɔmyltiplikatœʀ] *nm* photomultiplier.

photon [fɔtɔ̃] *nm* photon.

photopériode [fɔtɔpeʀjɔd] *nf* photoperiod.

photopériodique [fɔtɔpeʀjɔdik] *adj* photoperiodic.

photopériodisme [fɔtɔpeʀjɔdism(ə)] *nm* photoperiodism.

photophobie [fɔtɔfɔbi] *nf* photophobia.

photopile [fɔtɔpil] *nf* solar cell.

photoréalisme [fɔtɔʀealism(ə)] *nm* photorealism.

photo-robot, *pl* **photos-robot** [fɔtɔʀobo] *nm* Identikit (picture) ®, Photofit (picture) ®.

photoroman [fɔtɔʀɔmɑ̃] *nm* photo love story.

photosensible [fɔtɔsɑ̃sibl(ə)] *adj* photosensitive. **dispositif** ~ photosensor.

photostat [fɔtɔsta] *nm* photostat.

photostoppeur, -euse [fɔtɔstɔpœʀ, øz] *nm,f* street photographer.

photostyle [fɔtɔstil] *nm* light pen.

photosynthèse [fɔtɔsɛ̃tɛz] *nf* photosynthesis.

photothèque [fɔtɔtɛk] *nf* photographic library, picture library.

phrase [fʀɑz] *nf* (*Ling*) sentence; (*propos*) phrase; (*Mus*) phrase. **faire des** ~**s** to talk in flowery language; ~ **tout faite** stock phrase; **citer une** ~ **célèbre** to quote a famous phrase *ou* saying; **sans** ~**s** without mincing matters; (*Ling*) ~ **clivée/-noyau** *ou* **nucléaire** cleft/kernel sentence; (*Pol*) **les petites** ~**s de la semaine** the sayings of the week; *V* **membre**.

phrasé [fʀɑze] *nm* (*Mus*) phrasing.

phraséologie [fʀɑzeɔlɔʒi] *nf* (*vocabulaire spécifique*) phraseology; (*péj*) fine words (*péj*), high-flown language (*péj*).

phraséologique [fʀɑzeɔlɔʒik] *adj* **dictionnaire** of phrases; (*péj*) style high-flown (*péj*), pretentious.

phraser [fʀɑze] (1) *vt* (*Mus*) to phrase. **2** *vi* (*péj*) to use fine words (*péj*) *ou* high-flown language (*péj*).

phraseur, -euse [fʀɑzœʀ, øz] *nm,f* man (*ou* woman) of fine words (*péj*).

phrastique [fʀastik] *adj* phrasal.

phréatique [fʀeatik] *adj V* **nappe**.

phrénique [fʀenik] *adj* phrenic.

phrénologie [fʀenɔlɔʒi] *nf* phrenology.

phrénologue [fʀenɔlɔg], **phrénologiste** [fʀenɔlɔʒist(ə)] *nmf* phrenologist.

Phrygie [fʀiʒi] *nf* Phrygia.

phrygien, -ienne [fʀiʒjɛ̃, jɛn] **1** *adj* Phrygian; *V* **bonnet**. **2** *nm,f*: **P**~**(ne)** Phrygian.

phtaléine [ftalein] *nf* phthalein.

phtisie [ftizi] *nf* consumption, phthisis (*T*). ~ **galopante** galloping consumption.

phtisiologie [ftizjɔlɔʒi] *nf* phthisiology.

phtisiologue [ftizjɔlɔg] *nmf* phthisiologist.

phtisique [ftizik] *adj* consumptive, phthisical (*T*).

phycologie [fikɔlɔʒi] *nf* phycology.

phylactère [filaktɛʀ] *nm* phylactery.

phylloxéra [filɔkseʀa] *nm* phylloxera.

phylogenèse [filɔʒənɛz] *nf* phylogenesis.

phylogénique [filɔʒenik] *adj* phylogenetic, phyletic.

physicien, -ienne [fizisjɛ̃, jɛn] *nm,f* physicist. ~ **de l'atome** atomic *ou* nuclear physicist.

physico-chimie [fizikoʃimi] *nf* physical chemistry.

physico-chimique [fizikoʃimik] *adj* physico-chemical.

physico-mathématique [fizikomatematik] *adj* of mathematical physics.

physiocrate [fizjɔkʀat] **1** *nmf* physiocrat. **2** *adj* physiocratic.

physiocratie [fizjɔkʀasi] *nf* physiocracy.

physiologie [fizjɔlɔʒi] *nf* physiology.

physiologique [fizjɔlɔʒik] *adj* physiological.

physiologiquement [fizjɔlɔʒikmɑ̃] *adv* physiologically.

physiologiste [fizjɔlɔʒist(ə)] **1** *nmf* physiologist. **2** *adj* physiological.

physionomie [fizjɔnɔmi] *nf* (*traits du visage*) facial appearance (*U*), physiognomy (*frm*); (*expression*) countenance (*frm*), face; (*fig: aspect*) face. **d'après la** ~ **des événements** according to the look of events, the way events are looking.

physionomiste [fizjɔnɔmist(ə)] *adj, nmf*: **c'est un** ~, **il est** ~ (*bon jugement*) he's a good judge of faces; (*bonne mémoire*) he has a good memory for faces.

physiothérapie [fizjɔteʀapi] *nf* natural medicine.

physique [fizik] **1** *adj* (*gén*) physical; *V* **amour, culture, personne**. **2** *nm* (*aspect*) physique; (*visage*) face. **au** ~ physically; **avoir un** ~ **agréable** to be quite good-looking; **avoir le** ~ **de l'emploi** to look the part. **3** *nf* physics (*sg*). ~ **mathématique** mathematical physics (*sg*).

physiquement [fizikmɑ̃] *adv* physically. **il est plutôt bien** ~ physically he's quite attractive.

phytobiologie [fitɔbjɔlɔʒi] *nf* phytology.

phytogéographie [fitɔʒeɔgʀafi] *nf* phytogeography.

phytopathologie [fitɔpatɔlɔʒi] *nf* phytopathology.

phytoplancton [fitɔplɑ̃ktɔ̃] *nm* phytoplankton.

phytothérapie [fitɔteʀapi] *nf* herbal medicine.

pi [pi] *nm* (*lettre, Math*) pi.

piaf* [pjaf] *nm* sparrow.

piaffement [pjafmɑ̃] *nm* [*cheval*] stamping, pawing.

piaffer [pjafe] (1) *vi* [*cheval*] to stamp, paw the ground; [*personne*] to stamp one's feet. ~ **d'impatience** to fidget with impatience *ou* impatiently.

piaillard, e* [pjajaʀ, aʀd(ə)] (*V* **piailler**) **1** *adj* squawking (*épith*); screeching (*épith*); squealing (*épith*). **2** *nm,f* squawker, squealer.

piaillement* [pjajmɑ̃] *nm* (*V* **piailler**) squawking (*U*); screeching (*U*); squealing (*U*).

piailler* [pjaje] (1) *vi* [*oiseau*] to squawk, screech; [*personne*] to squawk, squeal.

piaillerie* [pjajʀi] *nf* = **piaillement***.

piailleur, -euse* [pjajœʀ, øz] = **piaillard***.

piane-piane* [pjanpjan] *adv* gently. **allez-y** ~ go gently *ou* easy*, easy *ou* gently does it*.

pianiste [pjanist(ə)] *nmf* pianist, piano player.

pianistique [pjanistik] *adj* pianistic.

piano [pjano] **1** *nm* piano. ~ **droit/à queue/de concert/demi-queue/quart de queue** upright/grand/concert grand/boudoir grand/baby grand (piano); ~ **mécanique** player piano, Pianola ®; **se mettre au** ~ (*apprendre*) to take up *ou* start the piano; (*s'asseoir*) to sit down at the piano.
  2 *adv* (*Mus*) piano; (**fig*) gently. **allez-y** ~ easy *ou* gently does it*, go easy* *ou* gently.

piano(-)forte [pjanofɔʀte] *nm* pianoforte.

pianotage [pjanotaʒ] *nm* (*V* **pianoter**) tinkling (at the piano *ou* typewriter *etc*); drumming.

pianoter [pjanɔte] (1) **1** *vi* (*sur un clavier*) to tinkle away (at the piano *ou* typewriter *etc*); (*fig*) to drum one's fingers. **2** *vt* **signal, code** to tap out. ~ **un air** to strum (out) *ou* tinkle out a tune on the piano.

piastre [pjastʀ(ə)] *nf* piastre; (*Can: dollar*) (Canadian) dollar.

piaule* [pjol] *nf* pad‡.

piaulement [pjolmɑ̃] *nm* (*V* **piauler**) cheeping (*U*); whimpering (*U*); singing (*U*).

piauler [pjole] (1) *vi* [*oiseau*] to cheep; [*enfant*] to whimper; (*fig*) [*balle de fusil*] to sing.

P.I.B. [peibe] *nm* (*abrév de produit intérieur brut*) GDP.

pic [pik] *nm* **(a)** (*montagne, cime*) peak.
  (b) (*pioche*) pick(axe). ~ **à glace** ice pick.
  (c) (*oiseau*) ~ (**vert**) (green) woodpecker.
  (d) (*loc*) **à** ~ (*adv*) vertically, sheer, straight down; (*adj*) sheer; **couler à** ~ to go straight down; (*fig*) **arriver** *ou* **tomber à** ~* to come just at the right time *ou* moment; **vous arrivez à** ~* you couldn't have come at a better time *ou* moment, you've come just at the right time *ou* moment.

pica [pika] *nm* (*Typ*) pica.

picaillons* [pikajɔ̃] *nmpl* cash* (*U*).

picard, e [pikaʀ, aʀd(ə)] **1** *adj* Picardy. **2** *nm* (*Ling*) Picardy dialect. **3** *nm,f*: **P**~(**e**) inhabitant *ou* native of Picardy.

Picardie [pikaʀdi] *nf* Picardy.

picaresque [pikaʀɛsk(ə)] *adj* picaresque.

piccolo [pikɔlo] *nm* piccolo.

pichenette* [piʃnɛt] *nf* flick. **faire tomber d'une** ~ to flick off *ou* away.

pichet [piʃɛ] *nm* pitcher, jug.

pickpocket [pikpɔkɛt] *nm* pickpocket.

pick-up*† [pikœp] *nm inv* (*bras*) pickup; (*électrophone*) record player.

pico- [piko] *préf* pico. ~**seconde** picosecond.

picoler‡ [pikɔle] (1) *vi* to booze‡, knock it back‡, tipple*. **qu'est-ce**

qu'il peut ~! he fairly knocks it back!‡ (*Brit*), he sure can knock it back!‡ (*US*); ~ dur to hit the bottle* (*Brit*) *ou* sauce* (*US*).
picoleur, -euse [pikɔlœʀ, øz] *nm,f* tippler*, boozer‡.
picorer [pikɔʀe] (1) **1** *vi* to peck (about); (*manger très peu*) to nibble. **2** *vt* to peck, peck (away) at.
picot [piko] *nm* [*dentelle*] picot; [*planche*] burr; (*petite pointe*) spike. (*Ordin*) dispositif d'**entraînement à** ~s tractor drive.
picotement [pikɔtmɑ̃] *nm* [*gorge*] tickle (*U*), tickling (*U*); [*peau, membres*] smarting (*U*), prickling (*U*); [*yeux*] smarting (*U*), stinging (*U*).
picoter [pikɔte] (1) **1** *vt* (a) (*piquer*) gorge to tickle; *peau* to make smart *ou* prickle; *yeux* to make smart, sting; (*avec une épingle*) to prick. la fumée lui picote les yeux the smoke is making his eyes smart *ou* is stinging his eyes; j'ai les yeux qui me picotent my eyes are smarting *ou* stinging.
(b) (*picorer*) to peck, peck (away) at.
2 *vi* [*gorge*] to tickle; [*peau*] to smart, prickle; [*yeux*] to smart, sting.
picotin [pikɔtɛ̃] *nm* (*ration d'avoine*) oats (*pl*), ration of oats; (*mesure*) peck.
picouse* [pikuz] *nf* (*piqûre*) shot*, jab* (*Brit*).
picrate* [pikʀat] *nm* (*péj*) plonk* (*Brit*), cheap wine.
picrique [pikʀik] *adj*: acide ~ picric acid.
Pictes [pikt(ə)] *nmpl* Picts.
pictogramme [piktɔgʀam] *nm* pictogram.
pictographie [piktɔgʀafi] *nf* pictography.
pictographique [piktɔgʀafik] *adj* pictographic.
pictural, e, *mpl* -aux [piktyʀal, o] *adj* pictorial.
pidgin [pidʒin] *nm* pidgin. ~-english pidgin English.
pie¹ [pi] **1** *nf* (*oiseau*) magpie; (**fig: bavarde*) chatterbox*, gasbag* (*péj*), windbag*. **2** *adj inv* cheval piebald; *vache* black and white; *V* voiture.
pie² [pi] *adj f V* œuvre.
Pie [pi] *nm* Pius.
pièce [pjɛs] **1** *nf* (a) (*fragment*) piece. en ~s in pieces; mettre en ~s (*lit*) (*casser*) to smash to pieces; (*déchirer*) to pull *ou* tear to pieces; (*fig*) to tear *ou* pull to pieces; c'est inventé *ou* forgé de toutes ~s it's made up from start to finish, it's a complete fabrication; fait d'une seule ~ made in one piece; fait de ~s et de morceaux (*lit*) made with *ou* of bits and pieces; (*fig péj*) cobbled together; il est tout d'une ~ he's very cut and dried about things; *V* tailler, tout.
(b) (*gén: unité, objet*) piece; [*jeu d'échecs, de dames*] piece; [*tissu, drap*] length, piece; (*Mil*) gun; (*Chasse, Pêche: prise*) specimen. (*Comm*) se vendre à la ~ to be sold separately *ou* individually; 2 F (la) ~ 2 francs each *ou* apiece; travail à la ~ *ou* aux ~s piecework; payé à la ~ *ou* aux ~s on piece rate, on piecework; (*fig*) on n'est pas aux ~s! there's no rush!; (*Habillement*) un deux ~s (*costume, tailleur*) a two-piece (suit); (*maillot de bain*) a two-piece (swimsuit); *V* chef¹.
(c) [*machine, voiture*] part, component. ~s (de rechange) spares, (spare) parts; ~ d'origine guaranteed genuine spare part.
(d) (*document*) paper, document. avez-vous toutes les ~s nécessaires? have you got all the necessary papers? *ou* documents?; juger/décider sur ~s to judge/decide on actual evidence; avec ~s à l'appui with supporting documents; (*Jur*) les plaintes doivent être accompagnées de ~s justificatives complaints must be documented *ou* accompanied by supporting documents.
(e) (*Couture*) patch. mettre une ~ à qch to put a patch on sth.
(f) [*maison*] room. appartement de 5 ~s 5-room(ed) flat; un deux-~s cuisine a 2-room(ed) flat (*Brit*) *ou* apartment (*US*) with kitchen.
(g) (*Théât*) play; (*Littérat, Mus*) piece. jouer *ou* monter une ~ de Racine to put on a Racine play; une ~ pour hautbois a piece for oboe.
(h) ~ (de monnaie) coin; ~ d'argent/d'or silver/gold coin; une ~ de 5 francs/de 50 centimes a 5-franc/50-centime piece *ou* coin; donner la ~ à qn* to give *ou* slip* sb a tip, tip sb; *V* rendre.
2: pièce d'artifice firework; **pièce d'artillerie** piece of ordnance; **pièce de bétail** head of cattle; **50 pièces de bétail** 50 head of cattle; **pièce de blé** wheat field, cornfield (*Brit*); **pièce de bois** piece of wood *ou* timber (*for joinery etc*); **pièce de charpente** member; **pièce de collection** collector's item *ou* piece; **pièce comptable** accounting record; (*Jur*) **pièce à conviction** exhibit; **pièce détachée** spare, (spare) part; **livré en pièces détachées** (delivered) in kit form; **pièce d'eau** ornamental lake *ou* pond; **pièce d'identité** identity paper; avez-vous une pièce d'identité? have you (got) any identification? *ou* some means of identification?; (*Admin*) **pièces jointes** enclosures; (*Culin*) **pièce montée** elaborately constructed and decorated cake, ≃ tiered cake; (*à une noce*) wedding cake; **pièce de musée** museum piece; **pièce rapportée** (*Couture*) patch; [*marqueterie, mosaïque*] insert, piece; **pièce de résistance** main dish, pièce de résistance; **pièce de terre** piece *ou* patch of land; **pièce de théâtre** play; **pièce de vers** piece of poetry, short poem; **pièce de viande** side of meat; **pièce de vin** cask of wine.
piécette [pjesɛt] *nf* small coin.
pied [pje] **1** *nm* (a) (*gén*) [*personne, animal*] foot; (*sabot*) [*cheval, bœuf*] hoof; (*Zool*) [*mollusque*] foot. aller ~ nu-pieds to go barefoot(ed); avoir les ~s plats to have flat feet, be flatfooted; avoir les ~s en dedans/dehors to have turned-in/turned-out feet, be pigeon-toed/splay-footed; marcher les ~s en dedans/dehors to walk with one's feet turned in/turned out, walk pigeon-toed/splay-footed; à ~s joints with one's feet together; le ~ lui a manqué he lost his footing, his foot slipped; aller à ~ to go on foot, walk; nous avons fait tout le chemin à ~ we walked all the way, we came all the way on foot; il est incapable de mettre un ~ devant l'autre he

can't walk straight, he can't put one foot in front of the other; il ne tient pas sur ses ~s (*alcool*) he can hardly stand up; (*maladie*) he's dead on his feet; sauter d'un ~ sur l'autre to hop from one foot to the other; (*lit, fig*) ~s et poings liés tied *ou* bound hand and foot.
(b) [*table*] leg; [*arbre, colline, échelle, lit, mur*] foot, bottom; [*appareil-photo*] stand, tripod; [*lampe*] base; [*lampadaire*] stand; [*verre*] stem; [*colonne*] base, foot; [*chaussette*] foot; (*Math*) [*perpendiculaire*] foot.
(c) (*Agr*) [*salade, tomate*] plant. ~ de laitue lettuce (plant); ~ de céleri head of celery; ~ de vigne vine; blé sur ~ standing *ou* uncut corn (*Brit*) *ou* wheat (*US*).
(d) (*Culin*) [*porc, mouton, veau*] trotter.
(e) (*mesure, aussi Can*) foot. un poteau de 6 ~s a 6-foot pole.
(f) (*Poésie*) foot.
(g) (*niveau*) vivre sur un grand ~ to live in (great *ou* grand) style; sur un ~ d'amitié on a friendly footing; sur un ~ d'égalité on an equal footing, as equals.
(h) (‡: *idiot*) twit* (*Brit*), idiot. quel ~! what a useless twit!* (*Brit*), what an idiot!; jouer comme un ~ to be a useless* *ou* lousy* player; il s'y prend comme un ~ he hasn't a clue how to go about it*; il conduit/chante comme un ~ he hasn't a clue about driving/singing*.
(i) (*loc: avec prép*) à ~ se défendre, lutter every inch of the way; au ~ de la lettre literally; remplacer qn au ~ levé to stand in for sb at a moment's notice; à ~ d'œuvre ready to get down to the job; à ~ sec without getting one's feet wet; de ~ ferme resolutely; en ~ portrait full-length; statue full-scale, full-size; se jeter aux ~s de qn to throw o.s. at sb's feet; des ~s à la tête from head to foot; de ~ en cap from head to foot, from top to toe; sur le ~ de guerre (all) ready to go, ready for action; *V* petit.
(j) (*loc: avec verbes*) avoir ~ to be able to touch the bottom (*in swimming*); je n'ai plus ~ I'm out of my depth (*lit*); perdre ~ (*lit: en nageant, aussi fig*) to be *ou* get out of one's depth; (*en montagne*) to lose one's footing; avoir bon ~ bon œil to be as fit as a fiddle, be fighting fit; avoir le ~ léger to be light of step; avoir le ~ marin to be a good sailor; avoir les (deux) ~s sur terre to have one's feet firmly (planted) on the ground; avoir le ~ à l'étrier to be well on the way; (*fig*) prendre ~ sur un marché to gain *ou* get a foothold in a market; (*fig*) avoir un ~ dans la firme to have a foothold *ou* a toehold in the firm; (*fig*) mettre le ~ à l'étrier à qn to give sb a leg up (*Brit*) *ou* a boost; avoir un ~ dans la tombe to have one foot in the grave; être sur ~ [*projet*] to be under way; [*malade*] to be up and about; faire du ~ à qn (*prévenir*) to give sb a warning kick; (*galamment*) to play footsy with sb*; faire le ~ de grue to stand about (waiting), kick one's heels (*Brit*); faire des ~s et des mains pour faire qch* to move heaven and earth to do sth, pull out all the stops to do sth*; faire un ~ de nez à qn to thumb one's nose at sb, cock a snook at sb (*Brit*); cela lui fera les ~s* that'll teach him (a thing or two)*; mettre qn à ~ to dismiss sb; mettre ~ à terre to dismount; mettre les ~s chez qn to set foot in sb's house; je n'y remettrai jamais le(s) ~(s) I'll never set foot (in) there again; je n'ai pas mis les ~s dehors aujourd'hui I haven't stepped *ou* been outside all day; mettre qn au ~ du mur to get sb with his back to the wall (*fig*); mettre les ~s dans le plat* (*se fâcher*) to put one's foot down; (*gaffer*) to boob*, put one's foot in it; mettre qch sur ~ to set sth up; remettre qn sur ~ to set sb back on his feet again; (*mourir*) partir *ou* sortir les ~s devant* to go out feet first; prendre ~ dans/sur to get a foothold in/on; (*sur une annonce*) 'les ~s dans l'eau' 'on the waterfront'; prendre son ~‡ to get a real kick (out of something)*; c'est le ~!‡ it's a real turn-on!‡, it's great!*; *V* casser, lâcher, retomber *etc*.
2: (*Bot*) **pied d'alouette** *nm, pl* **pieds-d'alouette** larkspur; **pied-de-biche** *nm, pl* **pieds-de-biche** [*machine à coudre*] presser foot; [*meuble*] cabriole leg; (*levier*) claw; **pied-bot** *nm, pl* **pieds-bots** person with a club-foot; **pied-de-cheval** *nm, pl* **pieds-de-cheval** native oyster; **pied à coulisse** calliper rule; **pied de fer** (cobbler's) last; **pied de lit** footboard; (*Bot*) **pied-de-loup** *nm, pl* **pieds-de-loup** club moss; (*sur un meuble*) **pied de nivellement** *ou* autoréglable self-levelling foot; **pied-noir** *nm, pl* **pieds-noirs** pied-noir (*Algerian born Frenchman*); (*Bot*) **pied d'oiseau** *nm, pl* **pieds-d'oiseau** bird's foot; **pied-plat** *nm, pl* **pieds-plats** (*littér*) lout; **pied-de-poule** (*adj inv*) hound's-tooth; (*nm, pl* **pieds-de-poule**) hound's-tooth cloth (*U*) *ou* material (*U*); (*Can*) **pied-de-roi** *nm, pl* **pieds-de-roi** folding foot-rule; **pied-à-terre** *nm inv* pied-à-terre; (*Bot*) **pied-de-veau** *nm, pl* **pieds-de-veau** lords and ladies, cuckoopint.
piédestal, pl -aux [pjedɛstal, o] *nm* (*lit, fig*) pedestal.
piège [pjɛʒ] *nm* (*lit, fig*) trap; (*fosse*) pit; (*collet*) snare. les ~s d'une version/dictée the pitfalls of a translation/dictation; ~ à rats/à moineaux rat-/sparrow-trap; prendre au ~ to (catch in a) trap; être pris à son propre ~ to be caught in *ou* fall into one's own trap; tendre un ~ (à qn) to set a trap (for sb); traduction pleine de ~s translation full of tricks *ou* traps; donner *ou* tomber dans le ~ to fall into the trap, be trapped; ~ à loups mantrap.
piégé, e [pjeʒe] (*ptp de* **piéger**) *adj*: engin ~ booby trap; lettre ~e letter bomb; colis ~ parcel *ou* mail bomb; voiture ~e car bomb.
piégeage [pjeʒaʒ] *nm* (*V* **piéger**) trapping; setting of traps (*de* in); setting of booby traps (*de* in).
piéger [pjeʒe] (3) *vt* (a) *animal*, (*fig*) *personne* to trap. se faire ~ to be trapped, find o.s. in a trap; se faire ~ par un radar to get caught in a radar trap. (b) *bois, arbre* to set a trap *ou* traps in; (*avec des explosifs*) *engin, porte* to booby-trap.
pie-grièche, pl pies-grièches [piɡʀijɛʃ] *nf* shrike.
pie-mère, pl pies-mères [pimɛʀ] *nf* pia mater.
Piémont [pjemɔ̃] *nm* Piedmont.
piémontais, e [pjemɔ̃tɛ, ɛz] **1** *adj* Piedmontese. **2** *nm* (*Ling*) Piedmontese. **3** *nm,f*: P~(e) Piedmontese.

piéride [pjerid] *nf* pierid, pieridine butterfly. ~ **du chou** cabbage white (butterfly).

pierraille [pjeRaj] *nf [route, sentier]* loose stones (*pl*), chippings (*pl*); *[pente, montagne]* scree (*U*), loose stones (*pl*), chippings (*pl*).

pierre [pjeR] **1** *nf* (**a**) (*gén, Méd*) stone. */fruits/* ~† grit (*U*); **maison de** *ou* **en** ~ stone(-built) house, house built of stone; **attaquer qn à coups de** ~**s** to throw stones at sb, stone sb; (*fig*) **il resta** *ou* **son visage resta de** ~ he remained stony-faced; (*fig*) **cœur de** ~ heart of stone, stony heart; **V âge, casseur,** *etc.*

(**b**) (*loc*) **faire d'une** ~ **deux coups** to kill two birds with one stone; (*Prov*) ~ **qui roule n'amasse pas mousse** a rolling stone gathers no moss (*Prov*); **c'est une** ~ **dans son jardin** it's directed at him, it's a dig at him; **jour à marquer d'une** ~ **blanche** red-letter day; **jour à marquer d'une** ~ **noire** black day; **bâtir qch** ~ **à** ~ to build sth up piece by piece *ou* stone by stone; **ils n'ont pas laissé** ~ **sur** ~ they didn't leave a stone standing; **apporter sa** ~ **à qch** to add one's contribution to sth; **aimer les vieilles** ~**s** to like old buildings.

2: pierre d'achoppement stumbling block; **pierre à aiguiser** whetstone; (*lit, fig*) **pierre angulaire** cornerstone; **pierre à bâtir** building stone; **pierre à briquet** flint; **pierre à chaux** limestone; **pierre à feu** flint; **pierre fine** semiprecious stone; **pierre funéraire** tombstone, gravestone; **pierre à fusil** gunflint; **pierre de lard** French chalk, tailor's chalk; **pierre levée** standing stone; **pierre ollaire** soapstone, steatite (*T*); **pierre philosophale** philosopher's stone; **pierre ponce** pumice stone, pumice (*U*); **pierre précieuse** precious stone, gem; **mur en pierres sèches** drystone wall *ou* dyke; **pierre de taille** freestone; **pierre tombale** tombstone, gravestone; (*lit, fig*) **pierre de touche** touchstone.

Pierre [pjeR] *nm* Peter.

pierreries [pjeRRi] *nfpl* gems, precious stones.

pierreux, -euse [pjeRø, øz] *adj terrain* stony; *fruit* gritty; (*Méd*) calculous (*T*).

pierrot [pjeRo] *nm* (**a**) (*Théât*) pierrot. (**b**) (*Orn*) sparrow.

Pierrot [pjeRo] *nm* (**a**) (*prénom*) Pete. (**b**) (*Théât*) Pierrot.

pietà [pjeta] *nf* pietà.

piétaille [pjetaj] *nf* (*Mil péj*) rank and file; (*fig: subalternes*) rank and file, menials; (*fig: piétons*) pedestrians.

piété [pjete] *nf* (*Rel*) piety; (*attachement*) devotion, reverence. ~ **filiale** filial devotion *ou* respect; **articles/livre de** ~ devotional articles/book; **images de** ~ pious images; **V mont.**

piètement [pjetmɑ̃] *nm [meuble]* base.

piétinement [pjetinmɑ̃] *nm* (**a**) (*stagnation*) **le** ~ **de la discussion** the fact that the discussion is not (*ou* was not) making (any) progress; **vu le** ~ **de l'enquête** given that the investigation is (*ou* was) at a virtual standstill.

(**b**) (*marche sur place*) standing about. **le** ~ **auquel nous contraignait la foule** being forced to stand about because of the crowd.

(**c**) (*bruit*) stamping.

piétiner [pjetine] (**1**) *vi* (**a**) (*trépigner*) to stamp (one's foot *ou* feet). ~ **de colère/d'impatience** to stamp (one's feet) angrily/impatiently.

(**b**) (*ne pas avancer*) *[personne]* to stand about; *[cortège]* to mark time; *[discussion]* to make no progress; *[affaire, enquête]* to be at a virtual standstill, hang fire, mark time; *[économie, science]* to stagnate, be at a standstill. ~ **dans la boue** to trudge through the mud.

2 *vt sol* to trample on; *victime,* (*fig*) *adversaire* to trample underfoot; *parterres, fleurs* to trample on, trample underfoot, tread on. **plusieurs personnes furent piétinées** several people were trampled on *ou* trampled underfoot; (*fig*) ~ **les principes de qn** to trample sb's principles underfoot, ride roughshod over sb's principles; **V plat¹.**

piétisme [pjetism(ə)] *nm* pietism.

piétiste [pjetist(ə)] **1** *adj* pietistic. **2** *nmf* pietist.

piéton¹ [pjetɔ̃] *nm* pedestrian.

piéton², -onne [pjetɔ̃, ɔn] *adj,* **piétonnier, -ière** [pjetɔnje, jeR] *adj* pedestrian (*épith*). **rue** ~**ne** *ou* ~**ière** pedestrianized street; **zone** ~**ne** *ou* ~**ière** pedestrian precinct, mall (*US*).

piètre [pjetR(ə)] *adj* (*frm*) *adversaire, écrivain, roman* very poor, mediocre; *excuse* paltry, lame. **c'est une** ~ **consolation** it's small *ou* little comfort; **faire** ~ **figure** to cut a sorry figure; **avoir** ~ **allure** to be a sorry *ou* wretched sight.

piètrement [pjetRəmɑ̃] *adv* very poorly, mediocrely.

pieu, *pl* ~**x** [pjø] *nm* (**a**) (*poteau*) post; (*pointu*) stake, pale; (*Constr*) pile. (**b**) (‡: *lit*) bed. **se mettre au** ~ to hit the hay* *ou* sack*, turn in*.

pieusement [pjøzmɑ̃] *adv* (*Rel*) piously; (*respectueusement*) reverently. (*hum*) **un vieux tricot qu'il avait** ~ **conservé** an old sweater which he had religiously kept.

pieuter‡ [pjøte] (**1**) **1** *vi:* (aller) ~ **chez qn** to kip (*Brit*) *ou* crash at sb's place‡. **2 se pieuter** *vpr* to hit the hay* *ou* sack*, turn in*.

pieuvre [pjœvR(ə)] *nf* (*animal*) octopus; (*sandow*) spider.

pieux, -euse [pjø, øz] *adj personne* (*religieux*) pious, devout; (*dévoué*) devoted, dutiful; *pensée, souvenir, lecture, image* pious; *silence* reverent, respectful. ~ **mensonge** white lie (*told out of pity etc*).

piézo-électricité [pjezoelektrisite] *nf* piezoelectricity.

piézo-électrique [pjezoelektrik] *adj* piezoelectric.

piézomètre [pjezɔmetR(ə)] *nm* piezometer.

pif¹‡ [pif] *nm* (*nez*) conk‡ (*Brit*), hooter‡ (*Brit*), beak‡. **au** ~ at a rough guess.

pif² [pif] *excl:* ~! *ou* ~ **paf!** (*explosion*) bang! bang!; (*gifle*) smack! smack!, slap! slap!

pif(f)er‡ [pife] *vt:* **je ne peux pas le** ~ I can't stand‡ *ou* stick‡ (*Brit*) him.

pifomètre‡ [pifɔmetR(ə)] *nm* intuition, instinct. **au** ~ at a rough

guess; **faire qch au** ~ to do sth by guesswork; **aller (quelque part) au** ~ to follow one's nose*.

pige [piʒ] *nf* (**a**) (‡: *année*) **avoir 40/50** ~**s** to be 40/50, have 40/50 years behind one; **à 60** ~**s** at 60, when one is 60.

(**b**) (*Presse, Typ*) **être payé à la** ~ *[typographe]* to be paid at piecework rates; *[journaliste]* to be paid by the line.

(**c**) (‡: *réussir*) **il nous fait la** ~ he leaves us standing*, he puts us all in the shade.

pigeon [piʒɔ̃] **1** *nm* (*oiseau*) pigeon; (*: dupe*) mug‡, sucker‡. **2: pigeon d'argile** clay pigeon; **pigeon ramier** woodpigeon, ring dove; (*jeu*) **pigeon vole** *game of forfeits* ≃ Simon says; **pigeon voyageur** carrier *ou* homing pigeon; **par pigeon voyageur** by pigeon post.

pigeonnant, e [piʒɔnɑ̃, ɑ̃t] *adj soutien-gorge* uplift (*épith*). **poitrine** ~**e** high rounded bust.

pigeonne [piʒɔn] *nf* hen-pigeon.

pigeonneau, *pl* ~**x** [piʒɔno] *nm* young pigeon, squab (*T*).

pigeonner‡ [piʒɔne] (**1**) *vt:* ~ **qn** to do sb‡, take sb for a ride‡; **se laisser** *ou* **se faire** ~ to be done‡, be taken for a ride‡, be had*.

pigeonnier [piʒɔnje] *nm* pigeon house *ou* loft, dovecot(e); (*: logement*) garret, attic room.

piger‡ [piʒe] (**3**) *vi* (*comprendre*) to twig‡ (*Brit*), get it*. **il a pigé** he has twigged‡ (*Brit*), the penny has dropped* (*Brit*), he has cottoned on* (*Brit*) *ou* caught on*; **tu piges?** (d'you) get it?*, dig? ‡; **je ne pige pas** I don't get it*, I don't twig‡; **je ne pige rien à la chimie** chemistry's all Greek* *ou* double Dutch* (*Brit*) to me, chemistry just doesn't register with me*; **je n'y pige rien** I just don't get it (at all)*, I can't make head nor tail of it; **tu y piges quelque chose, toi?** do you get it?*, can you make anything of it?

pigiste [piʒist(ə)] *nmf* (*typographe*) (piecework) typesetter; (*journaliste*) freelance journalist (*paid by the line*).

pigment [pigmɑ̃] *nm* pigment.

pigmentaire [pigmɑ̃teR] *adj* pigmentary, pigmental.

pigmentation [pigmɑ̃tasjɔ̃] *nf* pigmentation.

pigmenter [pigmɑ̃te] (**1**) *vt* to pigment.

pignocher [piɲɔʃe] (**1**) *vi* to pick *ou* nibble at one's food.

pignon [piɲɔ̃] *nm* (**a**) (*Archit*) gable. **à** ~ gabled; (*fig*) **avoir** ~ **sur rue** to be prosperous and highly respected. (**b**) (*roue dentée*) cog(-wheel), gearwheel; (*petite roue*) pinion. (**c**) (*Bot*) pine kernel.

pignouf‡ [piɲuf] *nm* peasant*, boor.

pilaf [pilaf] *nm* pilaf(f), pilau.

pilage [pilaʒ] *nm* crushing, pounding.

pilastre [pilastR(ə)] *nm* pilaster.

Pilate [pilat] *nm* Pilate.

pilchard [pilʃaR] *nm* pilchard.

pile [pil] **1** *nf* (**a**) (*tas*) pile, stack.

(**b**) *[pont]* support, pile, pier.

(**c**) (*Elec*) battery. **à** ~(**s**) battery (*épith*), battery-operated; ~ **sèche** dry cell *ou* battery; ~ **bâton** pencil battery; ~ **rechargeable** rechargeable battery; ~ **atomique** nuclear reactor, (atomic) pile; ~ **solaire** solar cell; **appareil à** ~**s** *ou* **fonctionnant sur** ~**s** battery-operated *ou* battery-driven appliance, cordless appliance.

(**d**) (‡: *volée*) belting‡, hammering‡; (*défaite*) hammering‡, thrashing*, licking*. **donner une** ~ **à qn** (*rosser*) to give sb a belting‡ *ou* hammering‡, lay into sb‡; (*vaincre*) to lick sb*, beat sb hollow* (*Brit*) *ou* caught on*; **prendre** *ou* **recevoir une** ~ (*volée*) to get a belting* *ou* hammering‡; (*défaite*) to be licked*, be beaten hollow* (*Brit*).

(**e**) *[pièce]* **c'est tombé sur (le côté)** ~ it came down tails; ~ **ou face?** heads or tails?; ~ **c'est moi, face c'est toi** tails it's me, heads it's you; **sur le côté** ~ **il y a** ... on the reverse side there's ...; **on va jouer** *ou* **tirer ça à** ~ **ou face** we'll toss (up) for it, we'll toss up to decide that; **tirer à** ~ **ou face pour savoir si** ... to toss up to find out if ...

2 *adv* (*: net*) dead*; (*juste*) just, right. **s'arrêter** ~ to stop dead*; **ça l'a arrêté** ~ it stopped him dead* *ou* in his tracks, it brought him up short*; **tomber** ~: *[personne]* **vous êtes tombé** ~ **en m'offrant ce cadeau** you've chosen exactly the right present for me; **j'ai ouvert le bottin et je suis tombé** ~ **sur le numéro** I opened the directory and came straight (*Brit*) *ou* right upon the number *ou* came up with* the number straight away (*Brit*) *ou* right away; *[chose]* **il lâcha sa gomme qui tomba** ~ **dans l'encrier** he let go of his rubber which fell straight *ou* right into the inkwell; **ça tombe** ~**!** that's just *ou* exactly what I (*ou* we *etc*) need(ed)!; (*survenir*) **tomber** *ou* **arriver** ~ *[personne]* to turn up* just at the right moment *ou* time; *[chose]* to come just at the right moment *ou* time; **à 2 heures** ~ (at) dead on 2*, at 2 on the dot*, on the dot of 2*; **il est 11 heures** ~ it's dead on 11*, its 11 o'clock exactly.

piler [pile] (**1**) **1** *vt* (**a**) (*lit*) to crush, pound. (**b**) (*fig*) ~ **qn** (*rosser*) to lay into sb‡, give sb a hammering‡ *ou* belting‡; (*vaincre*) to beat sb hollow* (*Brit*), lick sb*. **2** *vi* (*: freiner*) to jam on the brakes.

pileux, -euse [pilø, øz] *adj follicule* hair (*épith*); **V système.**

pilier [pilje] *nm* (*Anat, Constr, fig*) pillar; (*Rugby*) prop (forward). **c'est un** ~ **de cabaret** *ou* **de bistro** he spends his life propping up a bar, he spends his life in the pub.

pillage [pijaʒ] *nm* (*V piller*) pillaging; plundering; looting; fleecing; wholesale borrowing (*de* from); plagiarizing; pirating. **mettre au** ~ to pillage; to plunder; to loot; to borrow wholesale from; to plagiarize; to pirate.

pillard, e [pijaR, aRd(ə)] (*V piller*) **1** *adj nomades, troupes* pillaging (*épith*); looting (*épith*); *oiseau* thieving (*épith*). **2** *nm,f* pillager; plunderer; looter.

piller [pije] (**1**) *vt ville* to pillage, plunder; *magasin, maison* to loot; (*voler*) *objet* to plunder, take as booty; *personne* to fleece; (*fig: plagier*) *ouvrage, auteur* to borrow wholesale from, plagiarize, pirate.

pilleur, -euse [pijœR, øz] (*V piller*) **1** *adj* pillaging; plundering;

looting. **2** *nm, f* pillager; plunderer; looter; (†) literary pirate, plagiarist. ~ **d'épaves** wrecker (*of ships*).

pilon [pilɔ̃] *nm* (*instrument*) pestle; (*jambe*) wooden leg, pegleg*; *[poulet]* drumstick. (*Typ*) **mettre un livre au ~** to pulp a book.

pilonnage [pilɔnaʒ] *nm* (*V* **pilonner**) pounding; crushing; shelling, bombardment.

pilonner [pilɔne] (1) *vt* (*Culin, Pharm*) to pound, crush; (*Mil*) to pound, shell, bombard; (*Typ*) to pulp.

pilori [pilɔri] *nm* pillory, stocks (*pl*). **mettre** *ou* **clouer au ~** (*lit*) to put in the stocks; (*fig*) to pillory; **être condamné au ~** to be put in the stocks.

pilosité [pilɔzite] *nf* pilosity.

pilotage [pilɔtaʒ] *nm* (*Aviat*) piloting, flying; (*Naut*) piloting. **école de ~** flying school; **~ automatique** automatic piloting; **véhicule à ~ automatique** self-steering vehicle; **~ sans visibilité** flying blind; *V* **poste²**.

pilote [pilɔt] **1** *adj* (*expérimental*) *école, ferme, réalisation* experimental; (*Comm*) *magasin* cut-price (*épith*); *boisson* low-priced; *projet* ~ pilot project; *V* **bateau**.
    2 *nm* (*Aviat, Naut*) pilot; (*Aut*) driver; (*poisson*) pilotfish; (*fig: guide*) guide. **servir de ~ à qn** to show *ou* guide sb round, serve as a guide for sb.
    3: **pilote automatique** automatic pilot, autopilot; **pilote automobile** racing driver; **pilote de chasse** fighter pilot; **pilote de course** = **pilote automobile**; **pilote d'essai** test pilot; **pilote de guerre** fighter pilot; **pilote de ligne** airline pilot.

piloter [pilɔte] (1) *vt* *avion* to pilot, fly; *navire* to pilot; *voiture* to drive. (*fig*) ~ **qn** to show *ou* guide *ou* pilot sb round.

pilotis [pilɔti] *nm* pile, pilotis (*T*). **sur ~** on piles.

pilou [pilu] *nm* flannelette.

pilule [pilyl] *nf* pill. **prendre la ~** (*contraceptive*) to be on *ou* take the pill; **~ du lendemain** morning-after pill; (‡*fig*) **prendre une** *ou* **la ~** to take a hammering*, be thrashed*; *V* **avaler, dorer**.

pimbêche [pɛ̃bɛʃ] **1** *adj f* stuck-up*, full of herself (*attrib*). **2** *nf* stuck-up thing*. **cette jeune fille est une horrible ~** that girl is full of herself *ou* is horribly stuck-up*.

pimbina [pɛ̃bina] *nm* (*Can*) pembina (*Can*) (*type of cranberry*).

piment [pimɑ̃] *nm* **(a)** (*plante*) pepper, capsicum. (*Culin*) **~ rouge** chilli, hot red pepper; **~ doux** pepper, capsicum.
    (b) (*fig*) spice, piquancy. **avoir du ~** to be spicy *ou* piquant; **donner du ~ à une situation** to add *ou* give spice to a situation; **trouver du ~ à qch** to find sth spicy *ou* piquant.

pimenté, e [pimɑ̃te] (*ptp de* **pimenter**) *adj plat* hot; (*fig*) *récit* spicy.

pimenter [pimɑ̃te] (1) *vt* (*Culin*) to put chillis in; (*fig*) to add *ou* give spice to.

pimpant, e [pɛ̃pɑ̃, ɑ̃t] *adj robe, femme,* spruce.

pimprenelle [pɛ̃prənɛl] *nf* (*à fleurs verdâtres*) (salad) burnet; (*à fleurs rouges*) great burnet.

pin [pɛ̃] *nm* (*arbre*) pine (tree); (*bois*) pine(wood). **~ maritime/parasol** *ou* **pignon** maritime/umbrella pine; **~ sylvestre** Scotch fir, Scots pine; *V* **aiguille, pomme**.

pinacle [pinakl(ə)] *nm* (*Archit*) pinnacle. (*fig*) **être au ~** to be at the top; (*fig*) **porter qn au ~** to praise sb to the skies.

pinacothèque [pinakɔtɛk] *nf* art gallery.

pinaillage* [pinajaʒ] *nm* hair-splitting, quibbling.

pinailler* [pinaje] (1) *vi* to quibble, split hairs. **~ sur** to pick holes in*.

pinailleur, -euse* [pinajœr, øz] **1** *adj* pernickety, fussy, nitpicking* (*épith*), hair-splitting (*épith*). **2** *nm, f* nitpicker*, quibbler, fusspot*.

pinard‡ [pinar] *nm* plonk* (*Brit*), (cheap) wine.

pinardier [pinardje] *nm* wine tanker.

pinasse [pinas] *nf* fishing smack.

pince [pɛ̃s] **1** *nf* **(a)** (*outil*) **~(s)** (*gén*) pair of pliers, pliers (*pl*); (*à charbon*), *[forgeron]* pair of tongs, tongs (*pl*).
    (b) (*levier*) crowbar.
    (c) (*Zool*) *[crabe]* pincer, claw.
    (d) (*Couture*) dart. **faire des ~s à** to put darts in; **~ de poitrine** bust darts.
    (e) (‡: *main*) mitt‡, paw‡. **je lui ai serré la ~** I shook hands with him.
    (f) (‡: *jambe*) leg. **aller à ~s** to foot* *ou* hoof* it; **j'ai fait 15 km à ~s** I footed it for 15 km*.
    2: **pince à billets** note (*Brit*) *ou* bill (*US*) clip; **pince à cheveux** hair clip (*Brit*), bobby pin (*US*); **pince de chirurgien** forceps (*pl*); **pince crocodile** crocodile clips (*pl*); **pince de cycliste** bicycle clip; **pince à épiler** (eyebrow) tweezers (*pl*); **pince à glace** ice tongs (*pl*); **pince à linge** clothes peg; **pince-monseigneur** *nf, f* (*pl* **pinces-monseigneur**) jemmy (*Brit*), crowbar; **pince multiprise** = **pince crocodile**; **pince à ongles** nail clippers (*pl*); **pince à sucre** sugar tongs (*pl*); **pince universelle** (universal) pliers (*pl*).

pince- [pɛ̃s] *préf V* **pincer**.

pincé, e¹ [pɛ̃se] (*ptp de* **pincer**) *adj personne, air* stiff, starchy; *sourire* stiff, tight-lipped; *ton* stiff. **d'un air ~** stiffly; **les lèvres ~es** with pursed lips, tight-lipped; (*minces*) thin-lipped; (*Mus*) **instrument à cordes ~es** plucked stringed instrument.

pinceau, pl ~x [pɛ̃so] *nm* (*gén*) brush; (*Peinture*) (paint)brush; (*fig: manière de peindre*) brushwork; (‡: *pied*) foot, hoof‡. **~ lumineux** pencil of light; *V* **coup**.

pincée² [pɛ̃se] *nf* *[sel, poivre]* pinch.

pincement [pɛ̃smɑ̃] *nm* (*Mus*) plucking; (*Agr*) pinching out. **elle a eu un ~ de cœur** she felt a twinge of sorrow.

pincer [pɛ̃se] (3) **1** *vt* **(a)** (*accidentellement, pour faire mal*) to pinch, nip; *[froid, chien]* to nip. **je me suis pincé dans la porte/avec l'ouvre-boîte** I caught myself in the door/with the can opener; **se ~ le doigt** to catch one's finger; **se ~ le doigt dans la porte** to trap

ou catch one's finger in the door; **~ son manteau dans la porte** to catch one's coat in the door; **il s'est fait ~ par un crabe/un chien** he was nipped by a crab/a dog.
    (b) (*tenir, serrer*) to grip. **~ les lèvres** to purse (up) one's lips; **~ la bouche** to screw up one's mouth; **se ~ le nez** to hold one's nose; **une robe qui pince la taille** a dress which is tight at the waist.
    (c) (*Mus*) to pluck.
    (d) (*Couture*) *veste* to put darts in.
    (e) (*‡fig: arrêter, prendre*) to catch, cop‡; *[police]* to nick‡ (*Brit*), cop‡, catch.
    (f) (*Agr*) to pinch out.
    (g) **en ~ pour qn‡** to be stuck on sb‡, be mad about sb*; **il est pincé*** he's hooked*.
    2 *vi* (‡) **ça pince (dur)** it's freezing (cold), it's biting *ou* hellish‡ cold.
    3: **pince-fesse(s)‡** *nm inv* dance, hop*; **pince-nez** *nm inv* pince-nez; **pince-sans-rire** (*nm inv*): **c'est un pince-sans-rire** he's the deadpan type; (*adj inv*) deadpan.

pincette [pɛ̃sɛt] *nf* (*gén pl*) (*pour le feu*) pair of (fire) tongs, (fire) tongs; *[horloger]* pair of tweezers, tweezers. **il n'est pas à toucher avec des ~s** (*sale*) he's filthy dirty; (*mécontent*) he's like a bear with a sore head.

pinçon [pɛ̃sɔ̃] *nm* pinch-mark.

Pindare [pɛ̃dar] *nm* Pindar.

pindarique [pɛ̃darik] *adj* Pindaric.

pine‡ [pin] *nf* cock‡, prick‡.

pinède [pinɛd] *nf, pineraie* [pinrɛ] *nf* pinewood, pine forest.

pingouin [pɛ̃gwɛ̃] *nm [arctique]* auk; (*emploi gén*) penguin. (**petit**) **~** razorbill.

ping-pong [piŋpɔ̃g] *nm* table tennis, ping-pong.

pingre [pɛ̃gr(ə)] (*péj*) **1** *adj* stingy, niggardly. **2** *nmf* skinflint, niggard.

pingrerie [pɛ̃grəri] *nf* (*péj*) stinginess, niggardliness.

Pinocchio [pinɔkjo] *nm* Pinocchio.

pin-pon [pɛ̃pɔ̃] *excl* sound made by two-tone siren.

pinson [pɛ̃sɔ̃] *nm* chaffinch. **~ du nord** brambling; *V* **gai**.

pintade [pɛ̃tad] *nf* guinea-fowl.

pintadeau, pl ~x [pɛ̃tado] *nm* young guinea-fowl, guinea-poult (*T*).

pinte [pɛ̃t] *nf* (*ancienne mesure*) ≃ quart (0.93 litre); (*mesure anglo-saxonne*) pint; (*Can*) quart (1,136 litre). (*fig*) **se payer une ~ de bon sang** (*s'amuser*) to have a good time; (*rire*) to have a good laugh.

pinté, e‡ [pɛ̃te] (*ptp de* **pinter**) *adj* sloshed‡, smashed‡, plastered‡.

pinter‡ [pɛ̃te] (1) **1** *vi, se pinter‡* *vpr* to booze‡, liquor up‡ (*US*). **2** *vt* to knock back‡.

pin up [pinœp] *nf inv* (*personne*) sexy-looking bird* (*Brit*) *ou* chick* (*US*); (*photo*) pinup.

pioche [pjɔʃ] *nf* **(a)** (*à deux pointes*) pick, pickaxe; (*à pointe et à houe*) mattock, pickaxe; *V* **tête. (b)** (*tas de dominos, cartes*) stack, pile.

piocher [pjɔʃe] (1) **1** *vt terre* to dig up *ou* over (with a pick), use a pick on; (*) *sujet* to swot at* (*Brit*), cram for, slave *ou* slog away at*; *examen* to swot (*Brit*) *ou* cram for*; (*Jeu*) *carte, domino* to take (from the stack *ou* pile).
    2 *vi* (*creuser*) to dig (with a pick); (*: *bûcher*) to swot* (*Brit*), slave* *ou* slog* away; (*Jeu*) to pick up *ou* take a card (*ou* domino) (from the stack *ou* pile). **~ dans le tas** (*nourriture*) to dig in; (*objets*) to dig into the pile; **~ dans ses économies** to dip into *ou* dig into one's savings.

piocheur, -euse* [pjɔʃœr, øz] **1** *adj* hard-working. **2** *nm, f* swot* (*Brit*), crammer, slogger*.

piolet [pjɔlɛ] *nm* ice axe; *V* **marteau**.

pion [pjɔ̃] *nm* **(a)** (*Échecs*) pawn; (*Dames*) piece, draught (*Brit*), checker (*US*). (*fig*) **n'être qu'un ~** (*sur l'échiquier*) to be nothing but a pawn; *V* **damer**.
    (b) (*Scol: surveillant*) supervisor (*student paid to supervise schoolchildren*).

pioncer‡ [pjɔ̃se] (3) *vi* to get some shut-eye*. **je n'ai pas pioncé de la nuit** I didn't sleep a wink last night; **laisse-le ~** leave him to his kip‡ (*Brit*), let him have his sleep; **je vais ~** I'm going for some shut-eye‡.

pionne [pjɔn] *nf* (*Scol: V* **pion**) (female) supervisor.

pionnier [pjɔnje] *nm* (*lit, fig*) pioneer.

pioupiou*† [pjupju] *nm* young soldier, tommy*† (*Brit*).

pipe [pip] *nf* pipe. **fumer la ~** to smoke a pipe, be a pipe-smoker; **~ de bruyère/de terre** briar/clay pipe; *V* **casser, fendre, tête**.

pipeau, pl ~x [pipo] *nm* (*Mus*) (reed-)pipe; *[oiseleur]* bird call. (*gluaux*) **~x** limed twigs.

pipelet, -ette* [piplɛ, ɛt] *nm, f* (*péj*) concierge.

pipe-line, pl pipe-lines [pajplajn, piplin] *nm* pipeline.

piper [pipe] (1) *vt cartes* to mark; *dés* to load. (*fig*) **les dés sont pipés** the dice are loaded; **ne pas ~ (mot)*** not to breathe a word, keep mum*.

piperade [piperad] *nf* piperade (*kind of omelette with tomatoes and peppers*).

pipette [pipɛt] *nf* pipette.

pipi* [pipi] *nm* wee(wee)* (* ou langage enfantin*). **faire ~: va faire ~** go and (have a) wee(wee)*; **j'irais bien faire ~** I want to go to the loo* (*Brit*) *ou* john* (*US*); **faire ~ au lit** to wet the bed; **le chien a fait ~ sur le tapis** the dog has made a puddle* on *ou* his done a wee* on the carpet; (*fig*) **c'est du ~ de chat** *[boisson]* it's just coloured water, it's absolute dishwater*; *[livre, film, théorie]* it's pathetic*, it's a waste of time.

pipi-room* [pipirum] *nm* loo* (*Brit*), restroom (*US*). **aller au ~** to go and spend a penny* (*Brit*), go to the restroom (*US*).

pipit [pipit] *nm* pipit. **~ des arbres** tree pipit.

piquage [pikaʒ] *nm* (*Couture*) sewing up, stitching, machining.

piquant, e [pikɑ̃, ɑ̃t] **1** adj **(a)** barbe prickly; (Bot) tige thorny, prickly.
  (b) sauce, moutarde hot, pungent; goût, odeur, fromage pungent; vin sour, tart; radis hot. **eau ~e*** fizzy water (hum), soda water; (Culin) **sauce ~e** sauce piquante, piquant sauce.
  (c) air, froid biting.
  (d) détail titillating; description, style racy, piquant, titillating; conversation, charme, beauté piquant, titillating.
  (e) (mordant) mot, réplique biting, cutting.
  2 nm **(a)** [hérisson] quill, spine; [oursin] spine, prickle; [rosier] thorn, prickle; [chardon] prickle; [barbelé] barb.
  (b) (fig) [style, description] raciness; [conversation] piquancy; [aventure] spice. **le ~ de l'histoire, c'est que ..., et, détail qui ne manque pas de ~, ...** the most entertaining thing (about it) is that ... .

pique [pik] **1** nf (arme) pike; [picador] lance; (fig: parole blessante) cutting remark. **lancer des ~s à qn** to make cutting remarks to sb.
  2 nm (carte) spade; (couleur) spades (pl).

pique- [pik] préf V **piquer**.

piqué, e [pike] (ptp de **piquer**) **1** adj **(a)** (Couture) (cousu) (machine-)stitched; couvre-lit quilted.
  (b) (marqué) glace, livre, linge mildewed, mildewy; meuble worm-eaten; (aigre) vin sour. **visage ~ de taches de rousseur** freckled face, face dotted with freckles; **~ par la rouille** métal pitted with rust; linge covered in rust spots; **~ par l'acide** pitted with acid marks; (fig) **ce problème n'était pas ~ des hannetons!*** ou **des vers!*** it was one heck of a problem!*
  (c) (*: fou) nuts*, barmy* (Brit). **il est ~, c'est un ~** he's a nutter* (Brit), he's nuts* ou barmy* (Brit).
  (d) (Mus) note staccato.
  2 nm **(a)** (Aviat) dive. **attaque** ou **bombardement en ~** dive bombing; **faire un ~** to (go into a) dive.
  (b) (tissu) piqué.

piquer [pike] (1) **1** vt **(a)** [guêpe] to sting; [moustique, serpent] to bite; (avec une épingle, une pointe) to prick; (Méd) to give an injection to, give a jab* (Brit) ou shot* to. **se faire ~ contre la variole** to have a smallpox injection ou jab* (Brit) ou shot*; **faire ~ qn contre qch** to have sb vaccinated ou inoculated against sth; (euph) **faire ~ un chat/un chien** to have a cat/dog put down (Brit) (euph) ou put to sleep (euph); **se ~ le doigt** to prick one's finger; **les ronces, ça pique** brambles prickle ou scratch; (drogue) **se ~** to shoot up; V **mouche**.
  (b) aiguille, fourche, fléchette to stick, stab, jab (dans into). **rôti piqué d'ail** joint stuck with cloves of garlic; **piqué de lardons** larded; **~ la viande avec une fourchette** to prick the meat with a fork; **~ des petits pois avec une fourchette** to stab peas with a fork; **~ qch au mur** to put ou stick sth up on the wall; **~ une fleur sur un corsage** to pin a flower on(to) a blouse; **~ une fleur dans ses cheveux** to stick a flower in one's hair; **~ (une frite/un haricot) dans le plat*** to help o.s. (to a chip/a bean or two); **~ au hasard*** ou **dans le tas*** to choose ou pick at random.
  (c) (Couture) **~ qch (à la machine)** to machine sth, (machine) stitch sth, sew sth up; **ta mère sait-elle ~?** can your mother use a sewing machine?
  (d) [barbe] to prick, prickle; [ortie] to sting. **tissu qui pique (la peau)** prickly cloth, cloth that prickles the skin ou is prickly on the skin; **moutarde/liqueur qui pique la gorge** mustard/liqueur which burns the throat; **la fumée me pique les yeux** the smoke is stinging my eyes ou making my eyes smart; **le froid/le vent nous piquait le** ou **au visage** the cold/the wind was biting ou stinging our faces; [démangeaison] **ça (me) pique** it's itching ou it's making me itch; **les yeux me piquent, j'ai les yeux qui piquent** my eyes are smarting ou stinging; **ma gorge me pique** my throat's burning; **tu piques avec ta barbe** you're all prickly with that beard of yours, your beard prickles ou is prickly; **attention, ça pique** [alcool sur une plaie] careful, it's going to sting; [liquide dans la bouche] careful, it burns your throat; V **qui**.
  (e) (exciter) bœufs to goad; curiosité to arouse, excite; intérêt to arouse, stir up; (†: vexer) personne to pique, nettle; amour-propre to pique, hurt. **~ qn au vif** to cut sb to the quick.
  (f) (*: faire brusquement) **~ un cent mètres** ou **un sprint** to (put on a) sprint, put on a burst of speed; **~ un roupillon** ou **un somme** to have forty winks* ou a nap, get a bit of shut-eye*; **~ un galop** to break into a gallop; **~ une** ou **sa crise** to throw a fit; **~ une crise de larmes** to have a fit of tears; **~ une colère** to fly into a rage, have a fit*; **~ un soleil** ou **un fard** to go (bright) red; **~ une suée** to break out in a sweat; **~ un plongeon** to dive; **~ une tête dans la piscine** to dive (headfirst) into the pool.
  (g) (*: attraper) accent to pick up; manie, maladie to pick up, catch, get.
  (h) (*: voler) portefeuille to pinch*, swipe*, nick‡ (Brit), whip‡ (Brit); idée to pinch*, steal (à qn from sb).
  (i) (‡: arrêter) voleur to cop‡, nab‡, nick‡ (Brit).
  (j) (Mus) to play staccato.
  2 vi **(a)** [avion] to go into a dive; [oiseau] to swoop down. **le cavalier piqua droit sur nous** the horseman came straight towards us; **il faudrait ~ vers le village** we'll have to head towards the village; **~ du nez** [avion] to go into a nose-dive; [bateau] to dip her head; [fleurs] to droop; [personne] to fall headfirst; **~ du nez dans son assiette*** (s'endormir) to nod off* ou doze off* (during a meal); (avoir honte) to hang one's head in shame; **~ des deux** to go full tilt.
  (b) [moutarde, radis] to be hot; [vin] to be sour, have a sour taste; [fromage] to be pungent. **eau qui pique*** aerated water, fizzy water (hum), soda water.
  3 **se piquer** vpr **(a)** (se blesser) (avec une aiguille) to prick o.s.; (dans les orties) to get stung, sting o.s.

  (b) [morphinomane] to shoot up, give o.s. a shot of ou inject o.s. with heroin (ou morphine etc); [diabétique] to give o.s. an injection, inject o.s.
  (c) [livres, miroir, bois, linge] to go mildewed ou mildewy; [métal] to be pitted; [vin, cidre] to go ou turn sour.
  (d) (avoir la prétention) **se ~ de littérature/psychologie** to like to think one knows a lot about literature/psychology, pride o.s. on one's knowledge of literature/psychology; **se ~ de faire qch** to pride o.s. on one's ability to do sth.
  (e) (se vexer) to take offence.
  (f) (loc) **il s'est piqué au jeu** it grew on him; **c'est quelqu'un qui se pique le nez‡** he's a real boozer‡, he's on the bottle*; **il se pique le nez toute la journée‡** he knocks it back‡ ou boozes‡ all day long.
  4: pique-assiette* nmf inv scrounger*, sponger* (for a free meal); **pique-feu** nm inv poker; **pique-fleurs** nm inv flower-holder; **pique-fruit(s)** nm inv cocktail stick; **pique-nique** nm, pl **pique-niques** picnic; **faire un pique-nique** to have a picnic, picnic; **demain nous allons faire un pique-nique** tomorrow we're going for ou on a picnic; **pique-niquer** to have a picnic, picnic; **pique-niqueur, -euse** nm,f, mpl pique-niqueurs picnicker.

piquet [pikɛ] nm **(a)** (pieu) post, stake, picket; [tente] peg; (Ski) (marker) pole; V **raide**. **(b)** (personne) (Ind) **~ (de grève)** (strike-)picket; (Mil) **~ d'incendie** fire-fighting squad. **(c)** (Scol) **mettre qn au ~** to make sb stand ou put sb in the corner. **(d)** (Cartes) piquet.

piquetage [pikta ʒ] nm staking (out).

piqueter [pikte] (4) vt **(a)** allée to stake out, put stakes along. **(b)** (moucheter) to dot (de with). **ciel piqueté d'étoiles** star-studded ou star-spangled sky, sky studded with stars.

piquette [pikɛt] nf **(a)** (cru local) local wine; (mauvais vin) (cheap) wine, plonk* (Brit). **(b)** (‡: défaite) hammering*, licking*, thrashing*. **prendre une ~** to be hammered‡ ou thrashed* ou licked*.

piqueur, -euse [pikœʀ, øz] **1** adj insecte stinging (épith). **2** nm **(a)** [écurie] groom; (Chasse) whip. **(b)** (mineur) hewer. **(c)** (surveillant) foreman. (*: voleur) thief. **3** nm,f (Couture) machinist.

piquier [pikje] nm pikeman.

piqûre [pikyʀ] nf **(a)** [épingle] prick; [guêpe, ortie] sting; [moustique] bite. **~ d'épingle** pinprick; (plaie) **la ~ faite par l'aiguille** the hole made by the needle; (fig) **~ d'amour-propre** injury to one's pride.
  (b) (Méd) injection, jab* (Brit), shot*. **faire une ~ à qn** to give sb an injection ou a jab* (Brit) ou shot*; **se faire faire une ~** to have an injection ou a jab* (Brit).
  (c) [miroir, papier] spot of mildew, mildew (U); [métal] hole, pitting (U); [bois] hole. **~ de ver** wormhole.
  (d) (Couture) (point) (straight) stitch; (rang) (straight) stitching (U). **rang de ~s** row ou line of straight stitching.

piranha [piʀana] nm piranha.

piratage [piʀataʒ] nm pirating, piracy.

pirate [piʀat] **1** adj bateau, émission, disque pirate (épith). **2** nm pirate; (fig: escroc) swindler, shark*. **~ de l'air** hijacker, skyjacker*.

pirater [piʀate] (1) vi to pirate. **~ une bande magnétique** to pirate a tape.

piraterie [piʀatʀi] nf (U) piracy; (acte) act of piracy; (fig) swindle, swindling (U). **acte de ~** act of piracy; **~ aérienne** hijacking, skyjacking*; **c'est de la ~!** it's daylight robbery!

piraya [piʀaja] nm = **piranha**.

pire [piʀ] **1** adj **(a)** (comp) worse. **c'est bien ~** it's even worse; **quelque chose de ~** something worse; **il y a quelque chose de ~** there is worse; **c'est ~ que jamais** it's worse than ever; (Prov) **il n'est ~ eau que l'eau qui dort** still waters run deep (Prov); (Prov) **il n'est ~ sourd que celui qui ne veut pas entendre** there is none so deaf as he who will not hear (Prov).
  (b) (superl) **le ~, la ~** the worst.
  2 nm: **le ~** the worst; **le ~ de tout c'est de ...** the worst thing of all is to ...; **le ~ c'est que ...** the worst of it (all) is that ...; **pour le meilleur et pour le ~** for better or for worse; **(en mettant les choses) au ~** at (the very) worst; **je m'attends au ~** I expect the worst; V **politique**.

Pirée [piʀe] nm Piraeus.

piriforme [piʀifɔʀm(ə)] adj pear-shaped.

pirogue [piʀɔg] nf dugout (canoe), pirogue.

piroguier [piʀɔgje] nm boatman (in a pirogue).

pirouette [piʀwɛt] nf [danseuse] pirouette; (fig: volte-face) about-turn (fig); (fig: faux-fuyant) evasive reply. (fig) **répondre par une ~** to side-step ou evade the question by a clever, light-hearted answer.

pirouetter [piʀwete] (1) vi to pirouette.

pis¹ [pi] nm [vache] udder.

pis² [pi] (littér) **1** adj worse. **qui ~ est** what is worse.
  2 adv worse. **aller de ~ en ~** to get worse and worse; **dire ~ que pendre de qn** to sling mud at sb (fig), have nothing good to say about sb; V **mal, tant**.
  3 nm: **le ~** the worst (thing); **au ~ aller** if the worst comes to the worst.
  4: pis-aller nm inv (personne, solution) last resort, stopgap; (chose) makeshift, stopgap; (mesure) stopgap measure.

piscicole [pisikɔl] adj piscicultural (T), fish-breeding (épith).

pisciculteur [pisikyltœʀ] nm pisciculturist (T), fish breeder.

pisciculture [pisikyltyʀ] nf pisciculture (T), fish breeding.

pisciforme [pisifɔʀm(ə)] adj pisciform.

piscine [pisin] nf swimming pool; (publique) (swimming) baths (pl), swimming pool.

piscivore [pisivɔʀ] **1** adj fish-eating (épith), piscivorous (T). **2** nm fish eater.

Pise [piz] n Pisa.

pisé [pize] *nm* cob (*Brit*), adobe, pisé (*T*).
pisse‡ [pis] *nf* pee‡, piss*‡*. (*fig*) de la ~ d'âne duck's *ou* cat's piss*‡* (*fig*), a disgusting brew.
pisse-froid‡ [pisfʀwa] *nm inv* wet blanket*.
pissement [pismã] *nm* (‡) peeing‡, pissing*‡*. (*Méd*) ~ de sang passing of blood (with the urine).
pissenlit [pisãli] *nm* dandelion. **manger les ~s par la racine** to be pushing up the daisies.
pisser‡ [pise] (1) **1** *vi* (*uriner*) [*personne*] to (have a) pee‡ *ou* piss*‡*; [*animal*] to pee‡, piss*‡*; (*couler*) to gush; (*fuir*) to gush out, piss out*‡*. **je vais** ~ **un coup** I'm going out for a pee‡ *ou* a slash*‡* (*Brit*) *ou* a piss*‡*; **il a pissé dans sa culotte** he wet his trousers, he peed in his pants‡; ~ **au lit** to wet the *ou* one's bed, pee in the bed‡; **ça pisse** (*il pleut*) it's chucking it down* (*Brit*), it's coming down in buckets*, it's pissing down*‡* (*Brit*); **ça l'a pris comme une envie de** ~ he suddenly got an urge to do it*; **les principes, je leur pisse dessus!** principles, I spit on them!; **c'est comme si on pissait dans un violon** it's like banging your head against a brick wall; **laisse** ~ **(le mérinos)** forget it!*, let him (*ou* them *etc*) get on with it!
2 *vt* (*Méd*) ~ **du sang** to pass blood (with the urine); **son nez pisse le sang** his nose is gushing *ou* pouring blood, blood's gushing from his nose; **réservoir qui pisse l'eau** tank which is gushing *ou* pissing‡ out water.
pissette* [piset] *nf* (*filet de liquide*) trickle.
pisseur, -euse¹ [pisœʀ, øz] **1** *nm,f* (‡) weak-bladdered individual, person who is always going for a pee‡ *ou* a piss*‡*. **2 pisseuse‡** *nf* female (*péj*). **3: pisseur de copie*** writer who churns out rubbish.
pisseux, -euse²* [pisø, øz] *adj couleur* wishy-washy*, insipid; *aspect* tatty*, scruffy*. **odeur ~euse** smell of pee‡ *ou* piss*‡*.
pisse-vinaigre‡ [pisvinegʀ(ə)] *nm inv* (*rabat-joie*) wet blanket; (*avare*) skinflint.
pissoir [piswaʀ] *nm* (*dial*) urinal.
pissotière‡ [pisɔtjɛʀ] *nf* (street) urinal, ≃ (public) loo* (*Brit*) *ou* john* (*US*) *ou* bog‡ (*Brit*).
pistache [pistaʃ] **1** *nf* pistachio (nut). **2** *adj inv* pistachio (green).
pistachier [pistaʃje] *nm* pistachio (tree).
pistage [pistaʒ] *nm* (*V* pister) tracking; trailing; tailing, tagging.
pistard [pistaʀ] *nm* track cyclist, track racer *ou* specialist.
piste [pist(ə)] *nf* (**a**) (*traces*) [*animal, suspect*] track, tracks, trail. **suivre/perdre la** ~ to follow/lose the trail; **être/mettre qn sur la (bonne)** ~ to be/put sb on the right track; **être sur/perdre la** ~ **du meurtrier** to be on/lose the murderer's trail; **se lancer sur la** ~ **de qn** to follow sb's trail, set out to track sb down; *V* brouiller, faux².
(**b**) (*Police: indice*) lead. **nous avons plusieurs ~s** we have several leads.
(**c**) [*hippodrome*] course; [*vélodrome, autodrome, stade*] track; [*patinage*] rink; [*danse*] (dance) floor; (*Ski*) (ski) run, piste; (*ski de fond*) trail; [*cirque*] ring. (*Ski*) ~ **artificielle** dry ski slope; ~ **cavalière** bridle path; ~ **cyclable** cycle track, bikeway (*US*); (*Ski*) ~ **pour débutants** nursery slope; (*Athlétisme*) ~ **3 lane** 3; **en** ~! (*lit*) into the ring!; (*fig*) set to it!; (*fig*) **se mettre en** ~ to get down to it.
(**d**) (*Aviat*) runway; [*petit aéroport*] airstrip. ~ **d'atterrissage/ d'envol** landing/takeoff runway.
(**e**) (*sentier*) track; [*désert*] trail.
(**f**) [*magnétophone*] track. **à 2/4 ~s** 2/4 track; (*Ciné*) ~ **sonore** sound track.
pister [piste] (1) *vt gibier* to track, trail; [*police*] *personne* to tail, tag.
pisteur [pistœʀ] *nm* (member of the) ski patrol. **les ~s** the ski patrol.
pistil [pistil] *nm* pistil.
pistole [pistɔl] *nf* pistole.
pistolet [pistɔlɛ] **1** *nm* (*arme*) pistol, gun; (*jouet*) (toy) pistol, (toy) gun; [*peintre*] spray gun; (*: urinal*) bed-bottle. **peindre au** ~ to spray-paint; (*fig*) **un drôle de** ~ a queer fish* (*Brit*) *ou* duck* (*US*) *ou* customer*.
2: pistolet à air comprimé airgun; **pistolet d'alarme** alarm gun; **pistolet d'arçon** horse pistol; **pistolet à bouchon** popgun; **pistolet à capsules** cap gun; **pistolet à eau** water pistol; **pistolet-mitrailleur** *nm, pl* **pistolets-mitrailleurs** submachine gun, sten gun (*Brit*), tommy gun.
piston [pistɔ̃] *nm* (**a**) (*Tech*) piston.
(**b**) (*) string-pulling*. **avoir du** ~ to have friends in the right places* *ou* who can pull strings*; **il a eu le poste par** ~ someone pulled strings to get him the job*, he got the job through a bit of string-pulling*.
(**c**) (*Mus*) (*valve*) valve; (*instrument*) cornet.
pistonner* [pistɔne] (1) *vt* to pull strings for* (*auprès de* with). **se faire** ~ to get sb to pull (some) strings (for one)*.
pistou [pistu] *nm*: **soupe au** ~ *vegetable soup with basil*.
pitance [pitãs] *nf* (*, péj, †*) (means of) sustenance (†, *frm*).
pitchpin [pitʃpɛ̃] *nm* pitch pine.
piteusement [pitøzmã] *adv* pathetically; *échouer* miserably.
piteux, -euse [pitø, øz] *adj* (*minable*) *apparence* sorry (*épith*), pitiful, pathetic; *résultats* pitiful, pathetic; (*honteux*) *personne, air* ashamed, shamefaced. **en** ~ **état** in a sorry *ou* pitiful state; **faire ~euse figure** to cut a sorry figure, be a sorry *ou* pitiful sight; **avoir ~euse mine** to be shabby-looking; **avoir la mine ~euse** to be shamefaced.
pithécanthrope [pitekãtʀɔp] *nm* pithecanthrope.
pithiviers [pitivje] *nm cake with an almond paste filling*.
pitié [pitje] *nf* (*compassion*) pity. **avoir** ~ **de qn** to pity sb, feel pity for sb; **prendre qn/le sort de qn en** ~ to take pity on sb/sb's fate, pity sb/sb's fate; **faire** ~ **à qn** to inspire pity in sb; **il me fait** ~ I feel sorry for him, I pity him; **cela nous faisait** ~ **de les voir si mal vêtus** we felt great pity to see them so badly dressed; **son sort me fit** ~ I pitied his fate; **c'est (une vraie)** ~ *ou* **quelle** ~ **de voir**

ça it's pitiful to see (that); cela fait plus peur que ~ it inspires more fear than pity *ou* fear more than pity; **il était si maigre que c'en était** ~ *ou* **que c'était à faire** ~ he was so thin it was pitiful (to see him), he was pitifully *ou* pathetically thin; **chanter à faire** ~ to sing pitifully *ou* pathetically.
(**b**) (*miséricorde*) pity, mercy. **avoir** ~ **d'un ennemi** to take pity on an enemy, have pity *ou* mercy on an enemy; ~! (*lit: grâce*) (have) mercy!; (*: assez*) for goodness' *ou* pity's *ou* Pete's sake!*; **par** ~! for pity's sake!; **sans** ~ *agir* pitilessly, mercilessly, ruthlessly; *regarder* pitilessly; **il est sans** ~ he's pitiless *ou* merciless *ou* ruthless.
piton [pitɔ̃] *nm* (**a**) (*à anneau*) eye; (*à crochet*) hook; (*Alpinisme*) piton, peg. (**b**) (*Géog*) peak.
pitoyable [pitwajabl(ə)] *adj* (*gén*) pitiful, pitiable.
pitoyablement [pitwajabləmã] *adv* pitifully.
pitre [pitʀ(ə)] *nm* (*lit, fig*) clown. **faire le** ~ to clown *ou* fool about *ou* around, act the fool.
pitrerie [pitʀəʀi] *nf* tomfoolery (*U*). **il n'arrête pas de faire des ~s** he's always *ou* he never stops clowning around *ou* acting the fool; **arrête de faire des ~s** stop your silly antics.
pittoresque [pitɔʀɛsk(ə)] **1** *adj site* picturesque; *personnage, tenu* picturesque, colourful; *récit, style, détail* colourful, picturesque, vivid. **2** *nm*: **le** ~ the picturesque; **le** ~ **de qch** the picturesque quality of sth; the colourfulness *ou* vividness of sth; (*fig*) **le** ~ **dans tout cela ...** the amusing *ou* ironic thing about all that ... .
pittoresquement [pitɔʀɛskəmã] *adv* picturesquely.
pivert [pivɛʀ] *nm* green woodpecker.
pivoine [pivwan] *nf* peony; *V* rouge.
pivot [pivo] *nm* (*gén, Mil*) pivot; (*fig*) mainspring, pivot; [*dent*] post; (*Bot*) taproot.
pivotant, e [pivɔtã, ãt] *adj bras, panneau* pivoting (*épith*), revolving (*épith*); *fauteuil* swivel (*épith*); *V* racine.
pivoter [pivɔte] (1) *vi* [*porte*] to revolve, pivot; (*Mil*) to wheel round. [*personne*] ~ (*sur ses talons*) to turn *ou* swivel round, turn on one's heels; **faire** ~ **qch** to pivot *ou* swivel sth round.
pixel [piksɛl] *nm* pixel.
pizza [pidza] *nf* pizza.
pizzeria [pidzeʀja] *nf* pizzeria.
pizzicato [pidzikato], *pl* **~s, pizzicati** [pidzikati] *nm* pizzicato.
P.J. [peʒi] *nf* (*abrév de police judiciaire*) ≃ C.I.D. (*Brit*), F.B.I. (*US*).
placage [plakaʒ] *nm* (**a**) (*en bois*) veneering (*U*), veneer; (*en marbre, pierre*) facing. ~ **en acajou** mahogany veneer. (**b**) (*Rugby*) = plaquage.
placard [plakaʀ] *nm* (**a**) (*armoire*) cupboard. ~ **à balai/de cuisine** broom/kitchen cupboard.
(**b**) (*affiche*) poster, notice. [*journal*] ~ **publicitaire** display advertisement; (*fig péj*) **écrire un grand** ~ **sur qch** to write screeds *ou* a great tome about sth.
(**c**) (*Typ*) galley (proof).
(**d**) (*: couche*) thick layer, thick coating (*U*).
(**e**) (*loc*) **metter qn au ~‡** (*en prison*) to put sb away*, send sb down*; (*renvoyer*) to fire sb, give sb the push*; (*mettre à l'écart*) to push sb to one side; (*arg Police*) **3 ans de** ~ 3 years inside* *ou* in the clink (*arg*).
placarder [plakaʀde] (1) *vt* to stick up, put up; *mur* to stick posters on, placard. **mur placardé d'affiches** wall covered with *ou* placarded with posters.
place [plas] *nf* (**a**) (*esplanade*) square. **la p~ Rouge** Red Square; (*fig*) **étaler ses divergences sur la** ~ **publique** to wash one's dirty linen in public; (*fig*) **clamer qch sur la** ~ **publique** to proclaim sth from the roof-tops.
(**b**) [*objet*] place. **remettre qch à sa** ~ *ou* **en** ~ to put sth back where it belongs *ou* in its proper place; **la** ~ **des mots dans la phrase** word order in sentences; **changer la** ~ **de qch** to move *ou* shift sth, put sth in a different place, change the place of sth.
(**c**) [*personne*] (*lit, fig*) place; (*assise*) seat. ~ **d'honneur** place *ou* seat of honour; **à vos ~s!**, **en** ~! to your places! *ou* seats!; **tout le monde est en** ~ everyone is in (his) place *ou* is seated; **prenez** ~ take your place *ou* seat; **prendre la** ~ **de qn** to take sb's place; (*remplacer*) to take over from sb, take sb's place; **il ne tient pas en** ~ he can't keep still, he's always fidgeting; (*fig*) **remettre qn à sa** ~ to put sb in his place; **laisser la** ~ **à qn** (*lit*) to give (up) one's seat to sb; (*fig*) to hand over to sb; **savoir rester à sa** ~ to know one's place; **tenir sa** ~ (*faire bonne figure*) to put up a good show, hold one's own; **il n'est pas à sa** ~ **dans ce milieu** he feels out of place in this setting; **se faire une** ~ **dans le monde/dans la littérature** to carve out a place *ou* niche for o.s. in society/in literature; **avoir sa** ~ **dans la littérature** to have found a place in literature; **se faire une** ~ **au soleil** to find o.s. a place in the sun (*fig*); **avoir sa** ~ **dans le cœur de qn** to have a place in sb's heart; **trouver** *ou* **prendre** ~ **parmi/dans** to find a place (for o.s.) among/in; **il ne donnerait pas sa** ~ **pour un empire** *ou* **pour un boulet de canon*** he wouldn't change places with anyone for all the tea in China* *ou* for the world; **être en bonne** ~ **pour gagner** to be well-placed ou in a good position to win; **se mettre à la** ~ **de qn** to put o.s. in sb's place *ou* in sb's shoes; **à votre/sa** ~ if I were you/him *ou* he (*frm*), in your/ his place.
(**d**) (*espace libre*) room, space. **tenir** *ou* **prendre de la** ~ to take up a lot of room *ou* space; **faire de la** ~ to make room *ou* space; **j'ai trouvé une** ~ *ou* **de la** ~ **pour me garer** I've found room *ou* (a) space to park; **pouvez-vous me faire une petite ~?** can you make a bit of room for me?; **on n'a pas de** ~ **pour se retourner** there's no room to move *ou* not enough room to swing a cat* (*Brit*).
(**e**) (*siège, billet*) seat; (*prix, trajet*) fare; (*emplacement réservé*) space. **louer** *ou* **réserver sa** ~ to book one's seat; **il n'a pas payé sa** ~ he hasn't paid for his seat; he hasn't paid his fare; **payer** ~ **entière** (*au cinéma etc*) to pay full price; (*dans le tram etc*) to pay full

fare; ~ **de parking** parking space; **parking de 500** ~s parking (space) for 500 cars; **cinéma de 400** ~s cinema seating 400 (people) *ou* with a seating capacity of 400; ~ **assise** seat; ~s **assises 20,** ~s **debout 40** seating capacity 20, standing passengers 40; **il n'y a que des** ~s **debout** it's standing room only; **une (voiture de) 4** ~s a 4-seater (car); (*Aut*) **la** ~ **du mort** the (front) seat beside the driver; **tente à 4** ~s tent that sleeps 4, 4-man tent; **j'ai 3** ~s **dans ma voiture** I've room for 3 in my car.

(**f**) (*rang*) (*Scol*) place (in class); (*Sport*) place, placing. **il a eu une bonne** ~ he got a good place, he got a good placing; **être reçu dans les premières** ~s to get one of the top places, be amongst the top; **il a eu une 2e** ~ *ou* **une** ~ **de 2e en histoire** he came (*Brit*) *ou* came out *ou* was 2nd in history.

(**g**) (*emploi*) job; [*domestique*] position, situation. **une** ~ **d'employé/de dactylo** a job as a clerk/a typist; [*domestique*] **être en** ~ to be in service (*chez* with); (*Pol*) **les gens en** ~ influential people, people with influence.

(**h**) (*Mil*) ~ (**forte** *ou* **de guerre**) fortified town; **le commandant de la** ~ the fortress commander; **s'introduire/avoir des contacts dans la** ~ to get/have contacts on the inside; (*fig*) **maintenant il est dans la** ~ now he's on the inside; ~ **d'armes** parade ground.

(**i**) (*Comm, Fin*) market. **vous n'en trouverez pas de moins cher sur la** ~ **de Paris** you won't find cheaper on the Paris market; **dans toutes les** ~s **financières du monde** in all the money markets of the world.

(**j**) (*loc*) **par** ~s, **de** ~ **en** ~ here and there, in places; **rester sur/se rendre sur** ~ to stay on/go to the spot, stay/go there; **on peut faire la réparation sur** ~ we can repair it right here *ou* on the spot; **être cloué sur** ~ to be stand rooted to the spot; **faire du sur** ~* [*cycliste*] to balance; [*automobilistes*] to move at a snail's pace; [*enquête*] to hang fire, mark time; **à la** ~ (**de**) (*en échange*) instead (of), in place (of); **faire une démarche à la** ~ **de qn** to take steps on sb's behalf; **répondre à la** ~ **de qn** to reply in sb's place *ou* on sb's behalf; **être en** ~ [*plan*] to be ready; [*forces de l'ordre*] to be in place *ou* stationed; **mettre en** ~ *plan* to set up, organize; *marchandises* to put on the shelves; *service d'ordre* to deploy; *mécanisme* to install; **mise en** ~ [*plan*] setting up; [*service d'ordre*] deployment; **faire** ~ **à qch** to give way to sth; **faire** ~ **à qn** (*lit*) to let sb pass; (*fig*) to give way to sb; **faire** ~ **nette** to make a clean sweep; ~ **aux jeunes!** make way for the young!; **pour entrer dans cette université les** ~s **sont chères** it's difficult to get into this university.

placé, e [plase] (*ptp de* **placer**) *adj* (**a**) (*gén*) **la fenêtre/leur maison est** ~**e à gauche** the window/their house is (situated) on the left; **je suis** *ou* **je me trouve** ~ **dans une position délicate** I am (placed) in *ou* I find myself (placed) in a tricky position; **être bien/mal** ~ [*terrain*] to be well/badly situated, be favourably/unfavourably situated; [*objet*] to be well/badly placed; [*spectateur*] to have a good/a poor seat; [*concurrent*] to be in a good/bad position, be well/badly placed; **leur confiance a été bien/mal** ~**e** their trust was justified/misplaced; **sa fierté est mal** ~**e** his pride is misplaced *ou* out of place; **il est bien** ~ **pour gagner** he is in a good position *ou* well placed to win; **il est bien** ~ **pour le savoir** he is in a position to know; **je suis bien/mal** ~ **pour vous répondre** I'm in a/in no position to answer; **tu es mal** ~ **pour te plaindre!** * you've got nothing to complain about!, you have scarcely cause for complaint!; *V* **haut**.

(**b**) (*Courses*) **arriver** ~ to be placed; **jouer (un cheval)** ~ to back a horse each way (*Brit*) *ou* to win, put an each-way (*Brit*) bet on (a horse).

placebo [plasebo] *nm* placebo.

placement [plasmã] *nm* (**a**) (*Fin*) investment. **faire un** ~ **d'argent** to invest (some) money; ~ **de père de famille** gilt-edged investment, safe investment. (**b**) [*employés*] placing. **l'école assure le** ~ **des élèves** the school ensures that the pupils find employment; *V* **bureau**.

placenta [plasẽta] *nm* placenta; (*arrière-faix*) afterbirth, placenta.

placentaire [plasẽtɛʀ] *adj* placental.

placer [plase] (3) **1** *vt* (**a**) (*assigner une place à*) *objet* , *personne* to place, put; *invité* to seat, put; *spectateur* to seat, give a seat to, put; *sentinelle* to post, station; (*Ftbl*) *balle* to place; (*Boxe*) *coup* to land, place; (*Tech: installer*) to put in, fit in. **vous me placez dans une situation délicate** you're placing *ou* putting me in a tricky position; ~ **sa voix** to pitch one's voice; ~ **ses affaires bien en ordre** to put one's things tidy *ou* straight.

(**b**) (*situer*) to place, set, put. **il a placé l'action de son roman en Provence** he has set *ou* situated the action of his novel in Provence; **où placez-vous Lyon?** whereabouts do you think Lyons is?, where would you put Lyons?; ~ **l'honnêteté avant l'intelligence** to set *ou* put *ou* place honesty above intelligence; ~ **le bonheur dans la vie familiale** to consider that happiness is found in family life; ~ **un nom sur un visage** to put a name to a face; **je ne peux pas** ~ **de nom sur son visage** I can't place him *ou* his face, I can't put a name to his face *ou* to him; ~ **ses espérances en qn/qch** to set *ou* pin one's hopes on sb/sth.

(**c**) (*introduire*) *remarque, anecdote, plaisanterie* to come out with, put in, get in. **il n'a pas pu** ~ **un mot** he couldn't get a word in (edgeways).

(**d**) *ouvrier, malade, écolier* to place (*dans* in). ~ **qn comme vendeur/chez X** to get *ou* find sb a job as a salesman/with X; ~ **qn comme apprenti** (**chez X**) to apprentice sb (to X); ~ **qn à la comptabilité** to give sb a job *ou* place sb in the accounts department; ~ **qn à la tête d'une entreprise** to put sb at the head of a business, put sb in charge of a business; (*hum*) **ils n'ont pas encore pu** ~ **leur fille** they've still not been able to marry off their daughter (*hum*) *ou* to get their daughter off their hands (*hum*); **l'orchestre est placé sous la direction de ...** the orchestra is under the direction of ... *ou* conducted by ...; ~ **qn/qch sous l'autorité/les ordres de** to place

ou put sb/sth under the authority/orders of.

(**e**) (*Comm: vendre*) *marchandise* to place, sell. (*fig hum*) **elle a réussi à** ~ **sa vieille machine à laver** she managed to find a home (*hum*) *ou* a buyer for her old washing machine.

(**f**) *argent* (*à la Bourse*) to invest; (*à la Caisse d'Épargne, sur un compte*) to deposit. ~ **une somme sur son compte** to put *ou* pay a sum into one's account.

2 se placer *vpr* (**a**) [*personne*] to take up a position; (*debout*) to stand; (*assis*) to sit (down); [*événement, action*] to take place. **se** ~ **de face/contre le mur/en cercle** to stand face on/against the wall/ in a circle; **se** ~ **sur le chemin de qn** to stand in sb's path; **cette démarche se place dans le cadre de nos revendications** these steps should be seen in the context of our claims; **ça se place bien avant sa mort** this took place *ou* occurred *ou* happened long before he died; (*fig*) **si nous nous plaçons à ce point de vue** *ou* **dans cette perspective** if we look at things from this point of view, if we view the situation in this way; **plaçons-nous dans le cas où cela arriverait** let us suppose that this happens, let us put ourselves in the situation where this actually happens.

(**b**) (*Scol, Sport*) **se** ~ **2e** to be *ou* come 2nd, be in 2nd place; **il s'est bien placé dans la course** he was well placed in the race.

(**c**) (*prendre une place*) **se** ~ **comme vendeuse** to get *ou* find a job as a salesgirl; **retraité qui voudrait bien se** ~ (**dans une institution**) pensioner who would like to find a place in a home; (*hum*) **ce célibataire n'a pas encore réussi à se** ~ this bachelor still hasn't been able to find anyone willing to marry him *ou* give him a home (*hum*).

placet [plase] *nm* (*Hist, Jur*) petition.

placeur [plasœʀ] *nm* [*spectateurs, invités*] usher; [*domestiques*] (domestic) employment agent.

placeuse [plasøz] *nf* (*au cinéma*) usherette.

placide [plasid] *adj* placid, calm.

placidement [plasidmã] *adv* placidly, calmly.

placidité [plasidite] *nf* placidity, placidness, calmness.

placier [plasje] *nm* travelling salesman, traveller. ~ **en assurances** insurance broker.

plafond [plafõ] *nm* (**a**) (*lit*) [*salle*] ceiling; [*voiture, caverne*] roof. ~ **à caissons** coffered ceiling; **pièce haute/basse de** ~ high-ceilinged/low-ceilinged room, room with a high/low ceiling; *V* **araignée**.

(**b**) (*fig: limite*) [*prix, loyer*] ceiling; (*Mét: nuages*) ceiling, cloud cover; (*Aviat*) ceiling, maximum height; (*Aut*) top *ou* maximum speed. **prix** ~ ceiling, ceiling *ou* maximum price; ~ **de crédit** lending *ou* credit limit; (*Mét*) **le** ~ **est bas** the cloud cover is low.

plafonnement [plafonmã] *nm*: **il y a un** ~ **des salaires/cotisations** there is an upper limit on salaries/contributions.

plafonner [plafone] (1) **1** *vi* [*prix, écolier, salaire*] to reach a ceiling *ou* maximum; (*Aviat*) to reach one's ceiling; (*Aut*) to reach one's top speed *ou* maximum speed.

2 *vt* (**a**) (*Constr*) to put a ceiling in. **grenier plafonné** loft which has had a ceiling put in.

(**b**) *salaires* to put an upper limit on.

plafonnier [plafonje] *nm* [*voiture*] courtesy *ou* interior light; [*chambre*] ceiling light *ou* lamp.

plagal, e, *mpl* -**aux** [plagal,o] *adj* plagal.

plage [plaʒ] **1** *nf* (**a**) [*mer, rivière, lac*] beach. ~ **de sable/de galets** sandy/pebble beach; **sac/serviette/robe de** ~ beach bag/towel/ robe.

(**b**) (*ville*) (seaside) resort.

(**c**) (*zone*) (*dans un barème, une progression*) range, bracket; (*dans un horaire*) (time) segment. ~ **d'ombre** band of shadow (*fig*), shadowy area (*fig*); **temps d'écoute divisé en** ~s (**horaires**) listening time divided into segments; (*Scol*) ~ **horaire** slot (in timetable); ~ **de prix** price range *ou* bracket.

(**d**) [*disque*] track.

2: **plage arrière** (*Naut*) quarter-deck; (*Aut*) parcel *ou* back shelf; (*Naut*) **plage avant** forecastle (head *ou* deck), fo'c'sle; **plage lumineuse** illuminated area.

plagiaire [plaʒjɛʀ] *nmf* plagiarist, plagiarizer.

plagiat [plaʒja] *nm* plagiarism, plagiary. **c'est un véritable** ~ it's absolute plagiarism.

plagier [plaʒje] (7) *vt* to plagiarize.

plagiste [plaʒist(ə)] *nm* beach manager *ou* attendant.

plaid [plɛd] *nm* (tartan) car rug, lap robe (*US*).

plaidant, e [plɛdã, ãt] *adj partie* litigant; *avocat* pleading.

plaider [plede] (1) **1** *vt* to plead. ~ **coupable/non-coupable/la légitime défense** to plead guilty/not guilty/self-defence; ~ **la cause de qn** (*fig*) to plead sb's cause, argue *ou* speak in favour of sb; (*Jur*) to plead for sb, plead sb's case, defend sb; ~ **sa propre cause** to speak in one's own defence; (*fig*) ~ **le faux pour savoir le vrai** to tell a lie (in order) to get at the truth; **l'affaire s'est plaidée à Paris/à huis clos** the case was heard in Paris/in closed court *ou* in camera.

2 *vi* (**a**) [*avocat*] to plead (*pour* for, on behalf of, *contre* against).

(**b**) (*intenter un procès*) to go to court, litigate. ~ **contre qn** to take sb to court, take (out) proceedings against sb; **ils ont plaidé pendant des années** their case has dragged on for years.

(**c**) (*fig*) ~ **pour** *ou* **en faveur de qn** [*personne*] to speak for sb, defend sb; [*mérites, qualités*] to be a point in sb's favour.

plaideur, -euse [plɛdœʀ, øz] *nm, f* litigant.

plaidoirie [plɛdwaʀi] *nf* (*Jur*) speech for the defence, defence speech; (*fig*) plea, appeal (*en faveur de* on behalf of).

plaidoyer [plɛdwaje] *nm* (*Jur*) speech for the defence; (*fig*) defence, plea. (*fig*) ~ **en faveur de/contre qch** plea for/against sth.

plaie [plɛ] *nf* (*physique, morale*) wound; (*coupure*) cut; (*fig: fléau*) scourge. (*fig*) **rouvrir une** ~ to reopen an old sore; **quelle** ~!* (*personne*) what a bind* (*Brit*) *ou* nuisance he is!, what a pest* (he is)!; (*chose*) what a bind!* (*Brit*) *ou* pest!* *ou* nuisance (it is)!; **remuer *ou* tourner le couteau *ou* le fer dans la ~** to twist *ou* turn the knife in the wound; (*Prov*) **~ d'argent n'est pas mortelle** money isn't everything; (*Bible*) **les ~s d'Égypte** the plagues of Egypt; *V* **rêver.**

plaignant, e [plɛɲɑ̃, ɑ̃t] **1** *adj partie* litigant. **2** *nm, f* plaintiff, complainant.

plain [plɛ̃] *nm* (*Naut*) **le ~** high tide.

plain-chant, *pl* **plains-chants** [plɛ̃ʃɑ̃] *nm* plainchant (*U*), plainsong (*U*).

plaindre [plɛ̃dʀ(ə)] (52) **1** *vt* (a) *personne* to pity, feel sorry for. **aimer se faire ~** to like to be pitied; **il est bien à ~** he is to be pitied; **elle n'est pas à ~** (*c'est bien fait*) she doesn't deserve (any) sympathy, she doesn't deserve to be pitied; (*elle a de la chance*) she's got nothing to complain about; **je vous plains de vivre avec elle** I pity you *ou* I sympathize with you (for) having to live with her.
  (b) (*: donner chichement*) to begrudge, grudge. **donne-moi plus de papier, on dirait que tu le plains** give me some more paper — anybody would think you begrudged it (me); **il ne plaint pas son temps/sa peine** he doesn't grudge his time/his efforts.
2 se plaindre *vpr* (*gémir*) to moan; (*protester*) to complain, grumble, moan* (*de* about); (*frm, Jur: réclamer*) to make a complaint (*de* about, *auprès de* to). (*souffrir*) **se ~ de** *maux de tête etc* to complain of; **se ~ de qn/qch à qn** to complain to sb about sb/sth; **de quoi te plains-tu?** (*lit*) what are you complaining *ou* grumbling *ou* moaning* about?; (*iro*) what have you got to complain *ou* grumble *ou* moan* about?; **il se plaint que les prix montent** he's complaining about rising prices *ou* that prices are going up; **ne viens pas te ~ si tu es puni** don't come and complain *ou* moan* (to me) if you're punished; **se ~ à qui de droit** to make a complaint *ou* to complain to the appropriate person.

plaine [plɛn] *nf* plain.

plain-pied [plɛ̃pje] *adv*: **de ~** (*pièce*) on the same level (*avec* as); (*maison*) (built) at street-level; (*fig*) **entrer de ~ dans le sujet** to come straight to the point; (*fig*) **être de ~ avec qn** to be on an equal footing with sb.

plainte [plɛ̃t] *nf* (a) (*gémissement*) moan, groan; (*littér*) [*vent*] moaning. (b) (*doléance*) complaint, moaning (*U: péj*). (c) (*Jur*) complaint. **porter ~ *ou* déposer une ~ contre qn** to lodge a complaint against *ou* about sb.

plaintif, -ive [plɛ̃tif, iv] *adj* plaintive, sorrowful, doleful.

plaintivement [plɛ̃tivmɑ̃] *adv* plaintively, sorrowfully, dolefully.

plaire [plɛʀ] (54) **1** *vi* (a) (*être apprécié*) **ce garçon me plaît** I like that boy; **ce garçon ne me plaît pas** I don't like that boy, I don't care for that boy; **ce spectacle/dîner/livre m'a plu** I liked *ou* enjoyed that show/dinner/book; **ce genre de musique ne me plaît pas beaucoup** I'm not (very *ou* terribly) keen on (*Brit*) *ou* I don't (really) care for *ou* go for* that kind of music, that kind of music doesn't appeal to me very much; **ton nouveau travail te plaît?** (how) do you like your new job?, how are you enjoying your new job?; **les brunes me plaisent** I like *ou* go for* dark-haired girls, dark-haired girls appeal to me; **tu ne me plais pas avec cette coiffure** I don't like you with your hair like that *ou* with that hairstyle; **c'est une chose qui me plairait beaucoup à faire** it's something I'd very much like to do *ou* I'd love to do; **on ne peut ~ à tout le monde** one cannot be liked by everyone; **il cherche à ~ à tout le monde** he tries to please everyone; **il cherchait à ~ à toutes les femmes** he was trying to impress all the women *ou* appeal to all the women; **c'est le genre d'homme qui plaît aux femmes** he's the sort of man that women like *ou* who appeals to women; **le désir de ~** the desire to please; **c'est le genre de personne qui plaît en société** he's the type of person who gets on well with people *ou* that people like.
  (b) (*convenir à*) **ce plan me plaît** this plan suits me; **ça te plairait d'aller au cinéma?** would you like to go to the pictures?, do you fancy* (*Brit*) *ou* do you feel like going to the pictures?; **ce qui vous plaira le mieux** whichever *ou* whatever suits you best; **j'irai si ça me plaît** I'll go if I feel like it *ou* if it suits me; **je travaille quand ça me plaît** I work when I feel like it *ou* when it suits me *ou* when the fancy takes me* (*Brit*); **je fais ce qui me plaît** I do what I like *ou* as I please; **si ça ne te plaît pas c'est le même prix!*** if you don't like it (that's just) too bad!* *ou* that's tough!*
  (c) (*réussir*) **fais un gâteau, cela plaît toujours** make a cake, it's always welcome *ou* popular; **achète des fleurs, cela plaît toujours** buy some flowers, they're always appreciated *ou* welcome; **la pièce a plu** the play was a success *ou* hit* *ou* went down well *ou* was well-received; **cette réponse a plu** this reply went down well *ou* was appreciated *ou* was well-received.
2 *vb impers* (a) **ici, je fais ce qu'il me plaît** I do as I please *ou* like here; **et s'il me plaît d'y aller?** and what if I want to go?; **vous plairait-il de venir dîner ce soir?** would you care *ou* like to come for dinner this evening?; (*littér*) **il lui plaît de croire que ...** he likes to think that ...; **comme il vous plaira** just as you like *ou* please *ou* choose.
  (b) (*loc*) **s'il te plaît, s'il vous plaît** please; **et elle a un manteau de vison, s'il vous plaît!*** and she's got a mink coat if you please! *ou* no less!; (*littér*) **plaise *ou* plût à Dieu ou au ciel, qu'il réussisse!** please God that *ou* would to God that *ou* heaven grant that he succeeds! (*littér*) **plaît-il?** I beg your pardon? (*frm*); *V* **dieu.**
3 se plaire *vpr* (a) (*se sentir bien, à l'aise*) **il se plaît à Londres** he likes *ou* enjoys being in London, he likes it in London; **j'espère qu'il s'y plaira** I hope he'll like it there; **se ~ avec qn** to enjoy being with sb, enjoy sb's company; **te plais-tu avec tes nouveaux amis?** do you like being with your new friends?; **les fougères se plaisent dans les sous-bois** ferns do *ou* grow well *ou* thrive *ou* flourish in the undergrowth.
  (b) (*s'apprécier*) **je me plais en robe longue** I like myself in *ou*

I like wearing a long dress; **tu te plais avec ton chapeau?** do you like *ou* fancy* (*Brit*) yourself in your hat?; **ces deux-là se plaisent** those two get on well together *ou* are drawn to each other, those two (have) hit it off (together)*.
  (c) (*littér: prendre plaisir à*) **se ~ à lire** to take pleasure in reading, like *ou* be fond of reading; **se ~ à tout critiquer** to delight in criticizing everything.

plaisamment [plɛzamɑ̃] *adv* (*V* **plaisant**) pleasantly; attractively; agreeably; amusingly; laughably, ridiculously.

plaisance [plɛzɑ̃s] *nf*: **la (navigation de) ~** boating; (*à voile*) sailing, yachting; **bateau de ~** yacht; **port de ~** (*bassin*) sailing *ou* yachting harbour; (*ville*) sailing *ou* yachting resort; **maison de ~** country cottage.

plaisancier [plɛzɑ̃sje] *nm* (*amateur*) sailor, yachtsman.

plaisant, e [plɛzɑ̃, ɑ̃t] *adj* (a) (*agréable*) *personne, séjour* pleasant, agreeable; *maison* attractive, pleasant; *souvenir* pleasant, agreeable. **~ à l'œil** pleasing to *ou* on the eye, nice *ou* attractive to look at; **ce n'est guère ~** it's not exactly pleasant, it's not very nice; *V* **mauvais.**
  (b) (*amusant*) *histoire, aventure* amusing, funny. **le ~ de la chose** the funny side *ou* part of it, the funny thing about it.
  (c) (*ridicule*) laughable, ridiculous.
  (d) (†: *bizarre*) bizarre, singular. **voilà qui est ~!** it's quite bizarre!; **je vous trouve bien ~ de parler de la sorte** I consider it most bizarre *ou* singular of you to speak in that way.

plaisanter [plɛzɑ̃te] (1) **1** *vi* to joke, make a joke (*sur* about). **je ne suis pas d'humeur à ~** I'm in no mood for jokes *ou* joking, I'm not in a joking mood; **et je ne plaisante pas!** and I mean it!, and I'm not joking!, and I'm serious!; **c'est quelqu'un qui ne plaisante pas** he's not the sort you can have a joke with; **vous plaisantez** you must be joking *ou* kidding*, you're joking *ou* kidding*; **pour ~** for fun *ou* a joke *ou* a laugh*; **on ne plaisante pas avec cela** it's no joking *ou* laughing matter, this is a serious matter; **il ne faut pas ~ avec les médicaments** you shouldn't mess around* with medicines; **il ne plaisante pas sur la discipline/cette question** there's no joking with him over matters of discipline/this subject; **on ne plaisante pas avec la police** there's no joking where the police are concerned, the police are not to be trifled with.
2 *vt* to make fun of, tease. **~ qn sur qch** to tease sb about sth.

plaisanterie [plɛzɑ̃tʀi] *nf* (a) (*blague*) joke (*sur* about). **aimer la ~** to be fond of a joke; **~ de corps de garde** barrack-room joke; **par ~ for fun** *ou* a joke *ou* a laugh*; **faire une ~** to tell *ou* crack a joke; **tourner qch en ~** to make a joke of sth, laugh sth off.
  (b) (*raillerie*) joke. **il est en butte aux ~s de ses amis** his friends are always making fun of him *ou* poking fun at him, his friends treat him as a figure of fun; **faire des ~s sur** to joke *ou* make jokes about *ou* at the expense of; **il comprend *ou* prend bien la ~** he knows how to *ou* he can take a joke; **il ne faudrait pas pousser la ~ trop loin** we mustn't take the joke too far.
  (c) (*farce*) (practical) joke, prank. **mauvaise ~** (nasty) practical joke.
  (d) (*loc fig*) **c'est une ~ pour lui de résoudre ce problème/gagner la course** he could solve this problem/win the race with his eyes shut *ou* standing on his head*; **lui, se lever tôt? c'est une ~!** him, get up early? what a joke! *ou* you must be joking! *ou* you must be kidding!*

plaisantin [plɛzɑ̃tɛ̃] *nm* (a) (*blagueur*) joker. **c'est un petit ~** he's quite a joker. (b) (*fumiste*) phoney*.

plaisir [plɛziʀ] *nm* (a) (*joie*) pleasure. **avoir du ~ *ou* prendre ~ à faire qch** to find *ou* take pleasure in doing sth, delight in doing sth; **prendre (un malin) ~ à faire qch** to take (a mischievous) delight in doing sth; **j'ai le ~ de vous annoncer que ...** it is with great pleasure that I am able to announce that ...; **M. et Mme X ont le ~ de vous faire part de ...** M. and Mme X have pleasure in announcing ..., M. and Mme X are pleased to announce ...; **c'est un ~ de le voir** it's a pleasure to see him; **par ~, pour le ~** (*gén*) for pleasure; **bricoler, peindre** as a hobby; **ranger pour le ~ de ranger** to tidy up just for the sake of it; (*iro*) **je vous souhaite bien du ~!** good luck to you! (*iro*), I wish you (the best of) luck! (*iro*); (*iro*) **ça nous promet du ~ (en perspective)** I can hardly wait! (*iro*); **avec (le plus grand) ~** with (the greatest of) pleasure; **au ~ de vous revoir, au ~*** (I'll) see you again sometime, (I'll) be seeing you*; **le ~ solitaire** self-abuse; **les ~s de la chair** the pleasures of the flesh; *V* **durer, gêne.**
  (b) (*distraction*) pleasure. **les ~s de la vie** life's (little) pleasures; **courir après les ~s** to be a pleasure-seeker; **le tennis est un ~ coûteux** tennis is an expensive hobby *ou* pleasure; **lieu de ~** house of pleasure.
  (c) (*littér: volonté*) pleasure (*littér*), wish. **si c'est votre (bon) ~** if such is your will *ou* wish, if you so desire; **les faits ont été grossis à ~** the facts have been wildly exaggerated; **il s'inquiète à ~** he seems to take a perverse delight in worrying himself; **il ment à ~** he lies for the sake of lying *ou* for the sake of it.
  (d) (*loc*) **faire ~ à qn** to please sb; **ce cadeau m'a fait ~** I was very pleased with this gift, this gift gave me great pleasure; **cela me fait ~ de vous entendre dire cela** I'm pleased *ou* delighted to hear you say that, it gives me great pleasure to hear you say that; **mine/appétit qui fait ~ à voir** healthy face/appetite that is a pleasure to see *ou* to behold; **pour me faire ~** (just) to please me; **fais-moi ~: mange ta soupe/arrête la radio** do me a favour, eat your soup/turn off the radio, be a dear and eat your soup/turn off the radio; (*frm*) **voulez-vous me faire le ~ de venir dîner?** I should be most pleased if you would come to dinner, would you do me the pleasure of dining with me (*ou* us)? (*frm*); **fais-moi le ~ de te taire!** would you mind just being quiet!, do me a favour and shut up!*; **il se fera un ~ de vous reconduire** he'll be (only too) pleased *ou* glad to drive you back, it will be a pleasure for him to drive you

back; **bon, c'est bien pour vous faire** ~ *ou* **si cela peut vous faire** ~ all right, if it will make you happy *ou* give you pleasure; **j'irai, mais c'est bien pour vous faire** ~ I'll go (just) to keep you happy.
plan¹ [plɑ̃] **1** *nm* **(a)** *[maison]* plan, blueprint; *[machine]* plan, scale drawing; *[ville, métro]* map, plan; *[région]* map. **acheter une maison sur** ~ to buy a house while it's still only a plan on paper; **tirer des** ~**s** to draw up plans; *(fig)* **tirer des** ~**s sur la comète*** to count one's chickens before they are hatched.
  (b) *(Math, Phys: surface)* plane.
  (c) *(Ciné, Phot)* shot. *(Peinture, Phot)* **premier** ~ foreground; **dernier** ~ background; *(Peinture)* **au deuxième** ~ in the middle distance; *V* **gros**.
  (d) *(fig: niveau)* plane, level. **mettre qch au deuxième** ~ to consider sth of secondary importance; **ce problème est au premier** ~ **de nos préoccupations** this problem is uppermost in our minds *ou* is one of our foremost preoccupations; **parmi toutes ces questions, l'inflation vient au premier** ~ *ou* **nous mettons l'inflation au premier** ~ of all these questions, inflation is the key *ou* priority issue *ou* we consider inflation to be the most important; **personnalité de premier** ~ key figure; **personnalité de second** ~ minor figure; **un savant de tout premier** ~ a scientist of the first rank, one of our foremost scientists; **au premier** ~ **de l'actualité** at the forefront of the news, very much in the news; **mettre sur le même** ~ to put on the same plane *ou* level; **au** ~ **national/ international** at the national/international level; **sur le** ~ **du confort** as far as comfort is concerned, as regards comfort; **sur le** ~ **moral/intellectuel** morally/intellectually speaking, on the moral/ intellectual plane; *V* **arrière**.
  (e) *(projet)* plan; *(Écon)* plan, programme. **avoir/exécuter un** ~ to have/carry out a plan; ~ **de cinq ans** five-year plan; ~ **de relance de l'économie** plan to reflate the economy.
  (f) *[livre, dissertation, devoir]* plan, outline, framework. **faire un** ~ **de qch** to make a plan for sth, plan sth out.
  (g) *(*loc)* **rester en** ~ *[personne]* to be left stranded, be left high and dry; *[voiture]* to be abandoned *ou* ditched*; *[projets]* to be abandoned in midstream, be left (hanging) in mid air; **laisser en** ~ *personne* to leave in the lurch *ou* high and dry *ou* stranded; *voiture* to leave (behind), abandon, ditch*; *affaires* to abandon; *projet, travail* to drop, abandon; **il a tout laissé en** ~ **pour venir me voir** he dropped everything to come and see me.
  2: **plan d'action** plan of action *ou* campaign; **plan directeur** *(Mil)* map of the combat area; *(Écon)* blueprint, master plan; **plan d'eau** *(lac)* lake; *(sur un cours d'eau)* stretch of smooth water; **plan d'équipement** industrial development programme; **plan d'études** study plan *ou* programme; *(Géol)* **plan de faille** fault plane; *(Ciné)* **plan fixe** static shot; **plan incliné** inclined plane; **en plan incliné** sloping; **plan de modernisation** modernization plan *ou* project; **plan ORSEC** *scheme set up to deal with major civil emergencies*; *(Ciné)* **plan rapproché** close-up (shot); *(Ciné)* **plan séquence** sequence shot; **plan de travail** *(dans une cuisine)* work-top, work(ing) surface; *(planning)* work plan *ou* programme *ou* schedule; *V* **plan-concave, plan-convexe**.
plan², **plane** [plɑ̃, plan] *adj* **miroir** flat; *surface* flat, level, plane; *(Math)* **angle, géométrie** plane.
planche [plɑ̃ʃ] **1** *nf* **(a)** *(en bois)* plank; *(plus large)* board; *(rayon)* shelf; *(Naut: passerelle)* gangplank; *(plongeoir)* diving board; *(*: ski)* ski. **cabine/sol en** ~**s** wooden hut/floor; **dormir sur une** ~ to sleep on a wooden board; *V* **pain**.
  (b) *(Typ, illustration)* plate.
  (c) *(Horticulture)* bed.
  (d) *(Théât)* **les** ~**s** the boards, the stage *(U)*; **monter sur les** ~**s** *(entrer en scène)* to go on stage; *(faire du théâtre)* to go on the stage; *V* **brûler**.
  (e) *(Natation)* floating (on one's back). **faire la** ~ to float on one's back.
  2: **planche à billets** banknote plate; **faire marcher la planche à billets*** to print money; **planche à découper** *[cuisinière]* chopping board; *[boucher]* chopping block; **planche à dessin** *ou* **à dessiner** drawing board; **planche à laver** washboard; **planche à pain** *(lit)* breadboard; *(péj)* flat-chested woman, woman who is as flat as a board *(péj)*; **planche à pâtisserie** pastry board; **planche à repasser** ironing board; **planche à roulettes** *(objet)* skateboard; *(sport)* skateboarding; **faire de la planche à roulettes** to skateboard, go skateboarding; **planche de salut** *(appui)* mainstay; *(dernier espoir)* last hope, sheet anchor; *(Brit)*; **planche à voile** *(objet)* windsurfing; board, sailboard; *(sport)* windsurfing; **faire de la planche à voile** to windsurf, go windsurfing.
planchéié, e [plɑ̃ʃeje] *adj* floored *(lit)*.
plancher¹ [plɑ̃ʃe] *nm* **(a)** *(Constr)* floor. *(Aut)* **mettre le pied au** ~ to put one's foot down to the floor, step on it* *ou* on the gas*; *(fig)* **le** ~ **des vaches*** dry land. **(b)** *(limite)* lower limit. ~ **des cotisations** lower limit on contributions; **prix** ~ minimum *ou* floor *ou* bottom price. **(c)** *(Anat)* floor. ~ **pelvien** pelvic floor.
plancher² [plɑ̃ʃe] **(1)** *vi* *(arg Scol)* to talk, spout* *(Brit)*. **sur quoi as-tu planché?** what did they get you to talk on *ou* spout *(Brit)* on?*
planchette [plɑ̃ʃɛt] *nf* *(gén)* (small) board; *(rayon)* (small) shelf.
planchiste [plɑ̃ʃist(ə)] *nmf* windsurfer.
plan-concave [plɑ̃kɔkav] *adj* plano-concave.
plan-convexe [plɑ̃kɔ̃vɛks(ə)] *adj* plano-convex.
plancton [plɑ̃ktɔ̃] *nm* plankton.
planéité [planeite] *nf* *(V* **plan²***)* flatness; levelness; planeness.
planer [plane] **(1)** *vi* **(a)** *[oiseau]* to glide, soar; *(en tournoyant)* to hover; *[avion]* to glide, volplane; *[fumée]* to float, hover; *V* **vol**.
  (b) *[danger, soupçons]* ~ **sur** to hang *ou* hover over; **laisser** ~ **le mystère (sur)** to let mystery hang (over).
  (c) *(se détacher)* *[savant]* to take a detached view, be detached; *[rêveur]* to have one's head in the clouds. ~ **au-dessus de** *querelles,*

détails to be above; **il plane dans un univers de rêve** he is lost in a dream world.
  (d) *(littér)* *[regard]* ~ **sur** to look down on *ou* over; **le regard planait au loin sur la mer** one had a commanding view over the sea.
  (e) *(arg Drogue)* to be high* *ou* stoned*.
planétaire [planetɛʀ] *adj* *(Astron, Tech)* planetary.
planétarium [planetaʀjɔm] *nm* planetarium.
planète [planɛt] *nf* planet.
planétologie [planetɔlɔʒi] *nf* planetology.
planeur [planœʀ] *nm* *(Aviat)* glider.
planificateur, -trice [planifikatœʀ, tʀis] *(Écon)* **1** *adj* economic. **2** *nm, f* planner.
planification [planifikɑsjɔ̃] *nf* (economic) planning. ~ **démographique** population planning.
planifier [planifje] **(7)** *vt* to plan. **économie planifiée** planned *ou* controlled economy.
planimétrie [planimetʀi] *nf* planimetry.
planimétrique [planimetʀik] *adj* planimetric(al).
planisphère [planisfɛʀ] *nm* planisphere.
planning [planiŋ] *nm* *(Écon, Ind)* programme, schedule. ~ **familial** family planning.
planque [plɑ̃k] *nf* *(cachette)* hideaway, hideout, hidey-hole* *(Brit)*; *(travail tranquille)* cushy job*, cushy *ou* soft *(Brit)* *ou* real easy number. **c'est la** ~! it's dead cushy!, it's a real cushy number!
planqué [plɑ̃ke] *nm* *(arg Mil)* funker* *(Brit)*.
planquer [plɑ̃ke] **(1)** **1** *vt* to hide (away), stash away*. **2 se planquer** *vpr* to take cover.
plant [plɑ̃] *nm* *(plante)* *[légume]* seedling, young plant; *[fleur]* bedding plant; *(plantation)* *[légumes]* bed, (vegetable) patch; *[fleurs]* (flower) bed; *[arbres]* plantation. **un** ~ **de salade** a lettuce seedling, a young lettuce (plant); **un** ~ **de vigne/de bégonia** a young vine/ begonia.
Plantagenêt [plɑ̃taʒnɛ] *nmf* Plantagenet.
plantain [plɑ̃tɛ̃] *nm* plantain.
plantaire [plɑ̃tɛʀ] *adj* plantar. **verrue** ~ verruca on the sole of the foot *(Brit)*, plantar wart *(US)*; *V* **voûte**.
plantation [plɑ̃tɑsjɔ̃] *nf* **(a)** *(Horticulture)* *(action)* planting; *(culture)* plant; *(terrain)* *[légumes]* bed, (vegetable) patch; *[fleurs]* (flower) bed; *[arbres, café, coton]* plantation. **faire des** ~**s de fleurs** to plant flowers (out).
  (b) *(exploitation agricole)* plantation.
  (c) *(Théât)* *[décor]* setting up.
plante¹ [plɑ̃t] *nf* *(Bot)* plant. ~ **d'appartement** house *ou* pot plant; ~ **à fleurs** flowering plant; ~ **fourragère** fodder plant; ~ **grasse** succulent (plant); ~ **grimpante** creeper; ~ **de serre** *(lit)* greenhouse *ou* hothouse plant; *(fig)* hothouse plant, delicate flower; ~ **textile** fibre plant; ~ **verte** house plant, green (foliage) plant.
plante² [plɑ̃t] *nf* *(Anat)* ~ **(des pieds)** sole (of the foot).
planté, e [plɑ̃te] *(ptp de* **planter***)* *adj:* **mal** ~ *enfant* sturdy; *dents* straight; **mal** ~ **dents** uneven; **ses cheveux sont** ~**s très bas** he has a very low hairline; **être bien** ~ **(sur ses jambes)** to be sturdily built; **il est resté** ~ **au milieu de la rue** he stood stock-still in the middle of the road; **ne restez pas** ~ **(debout** *ou* **comme un piquet) à ne rien faire!** don't just stand there doing nothing!; **rester** ~ **devant une vitrine** to stand looking in a shop window.
planter [plɑ̃te] **(1)** *vt* **(a)** *plante, graine* to plant, put in; *jardin* to put plants in; *(repiquer)* to plant out. ~ **une région en vignes** to plant a region with vines; ~ **un terrain en gazon** to plant out a piece of ground with grass, grass a piece of ground; **avenue plantée d'arbres** tree-lined avenue; *(fig)* **aller** ~ **ses choux** to retire to the country.
  (b) *(enfoncer)* *clou* to hammer in, knock in; *pieu* to drive in. ~ **un poignard dans le dos de qn** to stick a knife into sb's back, knife *ou* stab sb in the back; **l'ours planta ses griffes dans le bras de l'enfant** the bear stuck its claws into the child's arm; **se** ~ **une épine dans le doigt** to get a thorn stuck in one's finger; **la flèche se planta dans la cible** the arrow sank into the target.
  (c) *(mettre)* to stick, put. ~ **son chapeau sur sa tête** to stick one's hat on one's head; **il a planté sa voiture au milieu de la rue et il est parti** he stuck *ou* dumped* his car in the middle of the road and went off; **il nous a plantés sur le trottoir pour aller chercher un journal** he left us hanging about* *ou* standing on the pavement while he went to get a paper; ~ **un baiser sur la joue de qn** to plant a kiss on sb's cheek; ~ **son regard** *ou* **ses yeux sur qn** to fix one's eyes on sb; **il se planta devant moi** he planted *ou* plonked* himself in front of me; ~ **là** *(laisser sur place)* *personne* to dump*, leave behind; *voiture* to dump*, ditch*; *travail, outils* to dump*, drop; *(délaisser)* *épouse* to walk out on*, ditch*; *travail* to pack in; *(se tromper)* **se** ~* to get it all wrong; **il s'est planté dans ses calculs** he got his calculations wrong, he was way out* in his calculations.
  (d) *(installer)* *échelle, drapeau* to put up; *tente* to put up, pitch; *(Théât)* *décors* to put *ou* set up. ~ **une échelle contre un mur** to put a ladder (up) *ou* stand a ladder (up) against a wall; *(fig)* **cet auteur sait** ~ **ses personnages** this author is good at characterization, this author knows how to build up *ou* give substance to his characters.
planteur [plɑ̃tœʀ] *nm* *(colon)* planter.
planteuse [plɑ̃tøz] *nf* *(Agr)* (potato) planter.
plantigrade [plɑ̃tigʀad] *adj, nm* plantigrade.
plantoir [plɑ̃twaʀ] *nm* dibble.
planton [plɑ̃tɔ̃] *nm* *(Mil)* orderly. **être de** ~ to be on orderly duty; *(fig)* **faire le** ~* to hang about*, stand around *ou* about (waiting).
plantureusement [plɑ̃tyʀøzmɑ̃] *adv* **manger, boire** copiously.
plantureux, -euse [plɑ̃tyʀø, øz] *adj* **(a)** *repas* copious, lavish; *femme* buxom; *poitrine* ample. **(b)** *région, terre* fertile. **récolte/ année** ~**euse** bumper crop/year.

plaquage [plaka3] *nm* **(a)** (*Rugby*) tackling (*U*), tackle. ~ à retardement late tackle.

(b) (‡: *abandon:* V **plaquer**) jilting*; ditching*; chucking (in *ou* up)*; packing in.

plaque [plak] **1** *nf* **(a)** [*métal, verre*] sheet, plate; [*marbre*] slab; [*chocolat*] block, slab; (*revêtement*) plate, cover(ing).

(b) [*verglas*] sheet, patch; [*boue*] patch.

(c) (*tache sur la peau*) patch, blotch, plaque (*T*); [*eczéma*] patch; V **sclérose.**

(d) (*portant une inscription*) plaque; (*insigne*) badge; (*au casino*) chip.

(e) (*Élec, Phot*) plate.

2: plaque de blindage armour-plate (*U*), armour-plating (*U*); (*Culin*) **plaque chauffante** *ou* **de cuisson** hotplate; **plaque de cheminée** fireback; **plaque commémorative** commemorative plaque *ou* plate; **plaque dentaire** dental plaque; **plaque d'égout** manhole cover; **plaque d'identité** [*soldat*] identity disc; [*chien*] name tag, identity disc; [*bracelet*] nameplate; (*Aut*) **plaque d'immatriculation** *ou* **minéralogique** *ou* **de police** number plate (*Brit*), license plate (*US*), registration plate (*Brit*); **plaque de propreté** fingerplate; (*Phot*) **plaque sensible** sensitive plate; **plaque tournante** (*Rail*) turntable; (*fig*) centre.

plaqué, e [plake] (*ptp de* **plaquer**) **1** *adj* bracelet plated; *poches* patch (*épith*); *accord* non-arpeggiated. ~ **or/argent** gold-/silver-plated; ~ **chêne** oak-veneered. **2** *nm* plate. **en** ~ plated; **c'est du** ~ it's plated.

plaquer [plake] (1) *vt* **(a)** *bois* to veneer; *bijoux* to plate. ~ **du métal sur du bois** to plate wood with metal; ~ **des bijoux d'or/d'argent** to plate jewellery with gold/silver, gold-plate/silver-plate jewellery; (*fig*) **ce passage semble plaqué sur le reste du texte** this passage seems to be stuck on *ou* tacked on to the rest of the text.

(b) (‡: *abandonner*) *fiancé* to jilt*, ditch*, chuck*; *épouse* to ditch*, chuck*, walk out on; *emploi* to chuck (in *ou* up)*, pack in* (*Brit*). **elle a tout plaqué pour le suivre** she chucked up* *ou* packed in* everything to follow him.

(c) (*aplatir*) *cheveux* to plaster down. **la sueur plaquait sa chemise contre son corps** the sweat made his shirt cling *ou* stick to his body; ~ **une personne contre un mur/au sol** to pin a person to a wall/to the ground; **se** ~ **les cheveux** to plaster one's hair down (*sur* on, over); **se** ~ **au sol/contre un mur** to flatten o.s. on the ground/against a wall; **le vent plaquait la neige contre le mur** the wind was flattening *ou* plastering the snow up against the wall.

(d) (*Rugby*) to tackle, bring down.

(e) (*Mus*) *accord* to strike, play.

plaquette [plakɛt] *nf* **(a)** (*petite plaque*) [*métal*] plaque; [*marbre*] tablet; [*chocolat*] block, bar; [*sang*] platelet; [*pilules*] blister *ou* bubble pack *ou* package. (*Aut*) ~ **de frein** brake pad. **(b)** (*livre*) small volume.

plasma [plasma] *nm* (*Anat, Phys*) plasma. ~ **sanguin** blood plasma.

plastic [plastik] *nm* gelignite.

plasticage [plastika3] *nm* bombing (*de* of), bomb attack (*de* on).

plasticien [plastisjɛ̃] *nm* (*chirurgien*) plastic surgeon.

plasticité [plastisite] *nf* (*lit*) plasticity; (*fig*) malleability, plasticity.

plastifiant, e [plastifjɑ̃, ɑ̃t] **1** *adj* plasticizing. **2** *nm* plasticizer.

plastification [plastifikasjɔ̃] *nf*: ~ **de documents** plastic coating of documents.

plastifier [plastifje] (7) *vt* to coat with plastic. **plastifié** plastic-coated.

plastiquage [plastika3] *nm* = **plasticage.**

plastique [plastik] **1** *adj* **(a)** (*Art*) plastic. **chirurgie** ~ plastic surgery. **(b)** (*malléable*) malleable, plastic. **en matière** ~ plastic. **2** *nm* plastic. **en** ~ plastic. **3** *nf* [*sculpteur*] art of modelling, plastic art; [*statue*] modelling; (*arts*) plastic arts (*pl*).

plastiquement [plastikmɑ̃] *adv* from the point of view of form, plastically (*T*).

plastiquer [plastike] (1) *vt* to blow up, carry out a bomb attack on.

plastiqueur [plastikœr] *nm* terrorist (*planting a plastic bomb*).

plastron [plastrɔ̃] *nm* (*Habillement*) [*corsage*] front; [*chemise*] shirt front; (*amovible*) false shirt front, dicky*; [*escrimeur*] plastron; [*armure*] plastron, breastplate.

plastronner [plastrone] (1) **1** *vi* to swagger. **2** *vt* to put a plastron on.

plat¹, plate [pla, plat] **1** *adj* **(a)** *surface, pays, casquette, couture, pli* flat; *mer* smooth, still; *eau* plain, non-fizzy; (*Géom*) *angle* straight; *ventre, poitrine* flat; *cheveux* straight. **bateau à fond** ~ flat-bottomed boat; **chaussure plate** *ou* **à talon** ~ flat(-heeled) *ou* low (-heeled) shoe; **elle est plate de poitrine, elle a la poitrine plate** she is flat-chested; **elle est plate comme une galette*** *ou* **une limande*** *ou* **une planche à pain*** she's as flat as a board*; V **assiette, battre** *etc.*

(b) (*fade*) *style* flat, dull, unimaginative; *dissertation, livre* dull, unremarkable, unimaginative; *adaptation* unimaginative, unremarkable; *voix* flat, dull; *vin* weak-tasting, flat; *personne, vie* dull, uninteresting. **ce qu'il écrit est très** ~ what he writes is very dull *ou* flat.

(c) (*obséquieux*) *personne* obsequious, ingratiating (*épith*). **il nous a fait ses plus plates excuses** he made the humblest of apologies to us.

(d) à ~: **mettre** *ou* **poser qch à** ~ to lay sth (down) flat; (*fig*) **mettre qch à** ~ to send sth back to the drawing board, go back to square one with sth (*Brit*); **poser la main à** ~ **sur qch** to lay one's hand flat on sth; **être à** ~ [*pneu, batterie*] to be flat; [*personne*] to be washed out* *ou* run down; **la grippe l'a mis à** ~* he was laid low by (the) flu; (*Aut*) **être/rouler à** ~ to have a/drive on a flat (tyre); (*fig*) **tomber à** ~ [*remarque, plaisanterie, pièce*] to fall flat; **tomber à** ~ ~ **ventre** to fall flat on one's face, fall full-length; **se mettre à** ~ ~ **ventre** to lie face down; (*fig*) **se mettre à** ~ **ventre devant qn** to crawl *ou* grovel *ou* toady to sb.

2 *nm* (*partie plate*) flat (part); [*main*] flat. **une course de** ~ **a flat race;** (*Natation*) **faire un** ~ to (do a) belly flop; (*fig*) **faire du** ~ **à*** *supérieur* to crawl *ou* grovel *ou* toady to; *femme* to chat up* (*Brit*), sweet-talk*.

3 plate *nf* (*bateau*) punt, flat-bottomed boat.

4: plate-bande *nf*, *pl* **plates-bandes** (*Horticulture*) flower bed; (*fig*) **marcher sur** *ou* **piétiner les plates-bandes de qn*** to trespass on sb's preserves, tread on sb else's patch; **plat-bord** *nm*, *pl* **plats-bords** gunwale; **plat de côtes, plates côtes** middle *ou* best rib; **plate-forme** *nf*, *pl* **plates-formes** (*gén:* terrasse, estrade) platform; [*autobus*] platform; (*Rail: wagon*) flat wagon (*Brit*) *ou* car (*US*); (*Pol, fig*) platform; **toit en plate-forme** flat roof; (*Géog*) **plate-forme continentale** continental shelf; (*Pol*) **plate-forme électorale** election platform; **plate-forme (de forage en mer)** (*off-shore*) oil rig; **plate-forme flottante** floating rig.

plat² [pla] **1** *nm* (*récipient, mets*) dish; (*partie du repas*) course; (*contenu*) dish, plate(ful). ~ **à légumes/à poisson** vegetable/fish dish; **on en était au** ~ **de viande** we had reached the meat course; **2** ~ **de viande au choix** a choice of 2 meat dishes *ou* courses; (*fig*) **il en a fait tout un** ~* he made a song and dance* *ou* a great fuss* about it; **il voudrait qu'on lui apporte tout sur un** ~ (*d'argent*) he wants everything handed to him on a plate, he expects to be waited on hand and foot; **mettre les petits** ~**s dans les grands** to put on a first-rate meal, go to town on the meal*; **elle lui prépare de bons petits** ~**s** she makes tasty little dishes for him; (*Bible, fig*) **pour un** ~ **de lentilles** for a mess of potage; V **œuf, pied.**

2: plat à barbe shaving mug; **plat garni** main course (served with vegetables); **plat du jour** today's special, ≃ (today's) set menu, plat du jour; **plat de résistance** main course; (*fig*) pièce de résistance.

platane [platan] *nm* plane tree. (*Aut*) **rentrer dans un** ~ to crash into a tree.

plateau, pl ~**x** [plato] **1** *nm* **(a)** tray. ~ **de fromages** cheese-board, choice of cheeses (*on a menu*); ~ **d'huîtres/de fruits de mer** plate of oysters/seafood; (*fig*) **il faut tout lui apporter sur un** ~ (*d'argent*) he expects everything to be handed to him on a plate, he wants to be waited on hand and foot.

(b) [*balance*] pan; [*électrophone*] turntable, deck; [*table*] top; [*graphique*] plateau, tableland (*U*). **la courbe fait un** ~ **avant de redescendre** the curve levels off *ou* reaches a plateau before falling again.

(c) (*Géog*) plateau. **haut** ~ high plateau.

(d) (*Théât*) stage; (*Ciné, TV*) set.

(e) (*Rail: wagon*) flat wagon (*Brit*) *ou* car (*US*); (*plate-forme roulante*) trailer.

2: plateau continental continental shelf; (*Aut*) **plateau d'embrayage** pressure plate; **plateau à fromages** cheese-board; **plateau-repas** *nm*, *pl* **plateaux-repas** tray meal; **plateau sousmarin** submarine plateau; (*Ciné*) **plateau de tournage** film set.

platée [plate] *nf* (*Culin*) dish(ful), plate(ful).

platement [platmɑ̃] *adv* *écrire, s'exprimer* dully, unimaginatively. **s'excuser** humbly, obsequiously.

platine¹ [platin] **1** *nm* platinum. ~ **iridié** platinum-iridium alloy. **2** *adj inv* (*couleur*) platinum (*épith*). **blond** ~ platinum blond.

platine² [platin] *nf* [*électrophone*] deck, turntable; [*microscope*] stage; [*presse*] platen; [*montre, serrure*] plate; [*machine à coudre*] throat plate.

platiné, e [platine] *adj cheveux* platinum (*épith*). **une blonde** ~**e a** platinum blonde; V **vis¹.**

platitude [platityd] *nf* **(a)** [*style*] flatness, dullness; [*livre, film, discours, remarque*] dullness, lack of imagination (*de in, of*); [*vie, personnage*] dullness.

(b) (*propos*) platitude. **dire des** ~**s** to make trite remarks, utter platitudes.

(c) (†: *servilité*) [*personne*] obsequiousness; [*excuse*] humility; (*acte*) obsequiousness (*U*).

Platon [platɔ̃] *nm* Plato.

platonicien, -ienne [platɔnisjɛ̃, jɛn] **1** *adj* Platonic. **2** *nm, f* Platonist.

platonique [platɔnik] *adj amour* platonic; *protestation* futile, vain (*épith*).

platoniquement [platɔnikmɑ̃] *adv* (V **platonique**) platonically; vainly.

platonisme [platɔnism(ə)] *nm* Platonism.

plâtrage [platra3] *nm* (V **plâtrer**) plastering; liming; setting *ou* putting in plaster; lining.

plâtras [platra] *nm* (*débris*) rubble; (*morceau de plâtre*) chunk *ou* lump of plaster.

plâtre [platr(ə)] *nm* **(a)** (*matière*) (*Chirurgie, Constr, Sculp*) plaster; (*Agr*) lime. (*Méd*) **mettre dans le** ~ to put *ou* set in plaster; (*fig: fromage*) **c'est du** ~! it's like chalk!; V **battre.**

(b) (*Chirurgie, Sculp: objet*) plaster cast. (*Constr*) **les** ~**s** the plasterwork (*U*); (*Chirurgie*) ~ **de marche** walking plaster (*Brit*) *ou* cast (*US*); V **essuyer.**

(c) (††péj: *maquillage*) war paint (*hum péj*).

plâtrer [platre] (1) *vt mur* to plaster; *prairie* to lime; *jambe* to set *ou* put in plaster; *estomac* to line. **jambe plâtrée** leg in plaster; (*péj*) ~ **son visage**†† to plaster one's face with war paint (*hum péj*).

plâtrerie [platrəri] *nf* (*usine*) plaster works.

plâtreux, -euse [platrø, øz] *adj sol* limey, chalky; *surface* plastered, coated with plaster; (*fig*) *fromage* chalky(-textured).

plâtrier [platrije] *nm* plasterer.

plâtrière [platrijɛr] *nf* (*carrière*) gypsum *ou* lime quarry; (*four*) gypsum kiln.

plausibilité [plozibilite] *nf* plausibility, plausibleness.

plausible [plozibl(ə)] *adj* plausible.
plausiblement [plozibləmã] *adv* plausibly.
Plaute [plot] *nm* Plautus.
playback [plɛbak] *nm* miming. **chanter en ~** to mime to a prerecorded tape.
playboy [plɛbɔj] *nm* playboy.
plèbe [plɛb] *nf (péj)* plebs, proles. *(Hist)* **la ~** the plebeians *(pl)*.
plébéien, -ienne [plebejɛ̃, jɛn] **1** *adj (Hist)* plebeian; *goûts* plebeian, common. **2** *nm, f* plebeian.
plébiscitaire [plebisitɛʀ] *adj* of a plebiscite.
plébiscite [plebisit] *nm* plebiscite.
plébisciter [plebisite] (1) *vt (Pol)* to elect by plebiscite; *(fig: approuver)* to elect by an overwhelming majority. **se faire ~** to be elected by an overwhelming majority, have a landslide victory.
plectre [plɛktʀ(ə)] *nm* plectrum.
pléiade [plejad] *nf* (a) *(groupe)* group, pleiad. *(Littérat)* **la P~** the Pléiade; **une ~ d'artistes** a whole host of stars. (b) *(Astron)* **P~** Pleiad; **la P~** the Pleiades.
plein, pleine [plɛ̃, plɛn] **1** *adj* (a) *(rempli)* boîte full; *bus, salle* full (up); *joue, visage* full, plump; *crustacé, coquillage* full; *vie, journée* full, busy. **~ à déborder** full to overflowing; **~ à craquer** *valise* full to bursting, crammed full; *salle* packed (out), crammed full, full to bursting; **un ~ verre de vin** a full glass of wine; **un ~ panier de pommes** a whole basketful of apples, a full basket of apples; **j'ai les mains pleines** my hands are full, I've got my hands full; **parler la bouche pleine** to speak with one's mouth full; **avoir l'estomac** *ou* **le ventre ~*** to be full, have eaten one's fill; **~ comme un œuf*** *tiroir* chock-a-block* *(Brit)*, chock-full*; *estomac* full to bursting; *nez* stuffed up; **être ~ aux as‡** to be rolling in money* *ou* in it*, be filthy rich‡; *(péj)* **un gros ~ de soupe*** a big fat slob‡ *(péj)*.
(b) **~ de** *bonne volonté, admiration, idées, attentions, fautes, vie* full of; *taches, graisse* covered in *ou* with; **salle pleine de monde** room full of people, crowded room; **journée pleine d'événements** day packed *ou* crowded with events, eventful day; **entreprise pleine de risques** undertaking fraught with risk(s); **voilà une remarque pleine de finesse** that's a very shrewd remark; **il est ~ de santé/d'idées** he's bursting with health/ideas; **il est ~ de son sujet/de sa nouvelle voiture** he's full of his subject/his new car; **être ~ de soi** to be full of o.s. *ou* of one's own importance; **être ~ d'égards pour qn** to shower attention on sb.
(c) *(complet)* succès complete; *confiance* complete, total; *satisfaction* full, complete, total. **vous avez mon accord ~ et entier** you have my wholehearted consent *ou* approval; **absent un jour ~** absent for a whole day; **à ~ temps, à temps ~** *travailler, emploi* full-time; **il a ~ pouvoir pour agir** he has full power *ou* authority to act; **avoir les ~s pouvoirs** to have full powers; **être membre de ~ droit** to be a member in one's own right; *V* arc.
(d) *lune* full. **la mer est pleine, c'est la pleine mer** the tide is in, it is high tide.
(e) *(non creux)* paroi, porte, pneu solid; *roue* solid; *trait* unbroken, continuous; *son* solid; *voix* rich, sonorous. **avec reliure pleine peau** fully bound in leather; **manteau de fourrure pleine peau** fur coat made of solid *ou* full skins; *(fig)* **mot employé dans son sens ~** word used in its full sense *ou* meaning.
(f) (‡: *ivre*) stoned‡, plastered‡. **~ comme une barrique** as drunk as a lord*.
(g) *(Vét)* pregnant, in calf *(ou* foal, lamb *etc)*.
(h) *(indiquant l'intensité)* **la pleine lumière le fatiguait** he found the bright light tiring; **avoir pleine conscience de qch** to be fully aware of sth; **en pleine possession de ses moyens** in full possession of one's faculties; **être en pleine forme*** to be in *ou* on top form; **les heures pleines** peak periods *ou* hours; **de son ~ gré** of one's own free will; **réclamer qch de ~ droit** to claim sth as one's right; **heurter qch de ~ fouet** to crash headlong into sth; **entreprise qui marche à ~ rendement** business that is working at full capacity; **à ~ régime** *(Aut)* at maximum revs; *(fig: à toute vitesse)* at full speed; *(fig)* **la production/l'économie marche à ~ régime** production/the economy is going flat out*; **rouler (à) ~s gaz*** *ou* **tubes‡** to drive flat out*; **rouler ~s phares** to drive on full beam *(Brit) ou* full headlights *(Brit) ou* high beams *(US)*; **rincer le sol à ~s seaux** to rinse the floor with bucketfuls of water; **embrasser qn à pleine bouche** to kiss sb full on the mouth; **ça sent l'ammoniaque à ~ nez** there's a terrible smell of ammonia, it reeks of ammonia; **rire à pleine gorge** to laugh heartily, laugh one's head off; **crier à ~s poumons** *ou* **à ~ gosier** to shout at the top of one's voice, shout one's head off; **respirer l'air frais à ~s poumons** to take deep breaths of fresh air, fill one's lungs with fresh air; **ramasser qch à ~s bras/à pleines mains** to pick up armfuls/handfuls of sth; **prendre qch à pleines mains** to lay a firm hold on sth, grasp sth firmly.
(i) *(au milieu de, au plus fort de)* **en ~ milieu** right *ou* bang* *ou* slap* in the middle; **en pleine poitrine** full *ou* right in the chest; **en pleine tête** right in the head; **arriver en ~ (milieu du) cours/en pleine répétition** to arrive (right) in the middle of the class/rehearsal; **oiseau en ~ vol** bird in full flight; **tué en pleine jeunesse** killed in the bloom *ou* fullness of youth; **c'est arrivé en ~ Paris/en pleine rue** it happened in the middle of Paris/in the middle of the street; **en ~ midi** *(à l'heure du déjeuner)* in the middle of the lunch hour; *(en plein zénith)* at the height of noon *ou* at high noon; *(exposé plein sud)* facing due south, south-facing; **en ~ jour** in broad daylight; **en pleine nuit** in the middle of the night, at dead of night; **en ~ hiver** in the depths *ou* middle of winter; **rester en ~ soleil** to stay (out) in the heat of the sun; **le jardin est en ~ soleil** the garden is in full sun, the sun is shining right on(to) the garden; **son visage était en pleine lumière** the light was shining straight into his face *ou* at him; **enfant en pleine croissance** child who is growing fast *ou* shooting up; **affaire en ~ essor** *ou* **en pleine**

croissance rapidly expanding *ou* growing business; **en ~ vent** right in the wind; **arbre planté en pleine terre** tree planted in open ground *ou* out in the open; **en pleine saison** at the height *ou* peak of the season; *(touristique)* when the season is (*ou* was) in full swing, at the middle *ou* peak of the (tourist) season; **je suis en ~ travail** I'm in the middle of (my) work, I'm hard at work; **en pleine obscurité** in complete *ou* utter darkness; **arriver en ~ drame** to arrive in the middle of a crisis.
2 *adv* (a) **avoir des bonbons ~ les poches** to have one's pockets full of *ou* stuffed with sweets; **avoir de l'encre ~ les mains** to have ink all over one's hands *ou* one's hands covered in ink; **avoir de l'argent ~ les poches** to have plenty of money, be rolling in money*, be a moneybags*; **il a des jouets ~ un placard** he's got a cupboardful *ou* a cupboard full of toys; **se diriger/donner ~ ouest** to head/face due west; **en avoir ~ la bouche de qn/qch** to be full of sb/sth, be always talking about sb/sth; **en avoir ~ le dos*** *ou* **le cul*‡ de qch** to be fed up with sth*, be sick and tired of sth*, be pissed off*‡ with sth; **en avoir ~ les jambes** *ou* **les bottes*** to be all-in*, have walked one's legs off*; **il a voulu nous en mettre ~ la vue*** he wanted to dazzle us (with his brilliance *ou* intelligence *etc)*; **on s'en est mis ~ la lampe*** we had a slap-up meal*; *V* tout.
(b) (*: *beaucoup de*) **~ de** lots of, loads of*; **il y a ~ de bouteilles dans la cave/de gens dans la rue** the cellar/street is full of bottles/people, there are lots *ou* loads* of bottles in the cellar/people in the street; **un gâteau avec ~ de crème** a cake filled with lots of *ou* plenty of cream; **il a mis ~ de chocolat sur sa veste** he has got chocolate all over his jacket.
(c) **en ~:** **la lumière frappait son visage en ~** the light was shining straight *ou* right into his face; **en ~ devant toi** right *ou* straight *ou* bang* in front of you; **en ~ dans l'eau/l'œil** right *ou* straight in the water/eye; **mettre en ~ dans le mille** *(lit)* to strike right *ou* (slap-)bang* in (the middle of) the bull's-eye; *(fig)* to hit the nail on the head.
(d) *(au maximum)* **à ~** at full capacity; **entreprise qui tourne à ~** business that is working at full capacity *ou* flat out*; **les légumes donnent à ~** it is the height of the vegetable season; **utiliser à ~ son potentiel/une machine/ses connaissances** to use one's potential/a machine/one's knowledge to the full, make full use of one's potential/a machine/one's knowledge; **cet argument a porté à ~** this argument struck home *ou* made its point.
3 *nm* (a) **faire le ~** *(d'essence)* *(Aut)* to fill up; **(faites) le ~, s'il vous plaît** fill it *ou* her* up please; **faire le ~ d'eau/d'huile** to top up the water/oil; *(fig)* **théâtre qui fait le ~ (de monde) tous les soirs** theatre which has a full house every night; *(fig)* **la gauche a fait le ~ des voix aux élections** the left got their maximum possible vote in the elections.
(b) *(plénitude)* *[animation, fête]* height. **donner son ~** to do one's utmost, give one's all, give of one's best; *V* battre.
(c) *(Archit)* solid; *(Calligraphie)* downstroke.
4: plein air open air; *(Scol)* **les enfants ont plein air le mercredi** the children have games *ou* sport on Wednesdays; **jeux de plein air** outdoor games; **en plein air** *spectacle, cirque* open-air *(épith)*; **s'asseoir (out)** in the open (air); **plein-emploi** *nm* full employment; **pleine mer** *(le large)* open sea; *(la marée haute)* high tide; **en pleine mer** out at sea, on the open sea.
pleinement [plɛnmã] *adv* vivre, jouir to the full; *approuver* wholeheartedly, fully. **utiliser qch ~** to make full use of sth, use sth to the full *ou* fully; **~ responsable/satisfait de** wholly *ou* entirely *ou* fully responsible for/satisfied with.
pléistocène [pleistosɛn] *adj, nm* Pleistocene.
plénier, -ière [plenje, jɛʀ] *adj* plenary.
plénipotentiaire [plenipɔtɑ̃sjɛʀ] *adj, nm* plenipotentiary; *V* ministre.
plénitude [plenityd] *nf [forme]* plenitude *(littér)*, fullness; *[son]* fullness, richness; *[droit]* completeness. **réaliser ses désirs dans leur ~** to realize one's desires in their entirety; **vivre la vie avec ~** to live one's life to the full; **dans la ~ de sa jeunesse/de sa beauté** in the fullness of his youth/beauty *(littér)*.
plenum [plenɔm] *nm* plenary session *ou* meeting.
pléonasme [pleɔnasm(ə)] *nm* pleonasm.
pléonastique [pleɔnastik] *adj* pleonastic.
plésiosaure [plezjɔzɔʀ] *nm* plesiosaurus.
pléthore [pletɔʀ] *nf* overabundance, plethora.
pléthorique [pletɔʀik] *adj* nombre excessive; *effectifs, documentation* overabundant; *classe* overcrowded.
pleur [plœʀ] *nm* (a) *(littér)* *(larme)* tear; *(sanglot)* sob. *(hum)* **verser un ~** to shed a tear.
(b) *(loc)* **en ~s** in tears; **il y aura des ~s et des grincements de dents quand ...** there'll be much wailing and gnashing of teeth when ... .
pleurage [plœʀaʒ] *nm (Élec)* wow.
pleural, e, aux [plœʀal, o] *adj* pleural.
pleurard, e [plœʀaʀ, aʀd(ə)] *(péj)* **1** *adj enfant* whining *(épith)*, who never stops crying; *ton* whimpering *(épith)*, whining *(épith)*, grizzling* *(Brit)* *(épith)*. **2** *nm, f* crybaby*, whiner, grizzler* *(Brit)*.
pleurer [plœʀe] (1) *vi* (a) *(larmoyer)* *[personne]* to cry, weep; *[yeux]* to water, run. **~ bruyamment** to cry noisily, howl*, bawl‡; **~ de rire** to shed tears of laughter, laugh until one cries; **~ de rage** to weep *ou* cry with rage, shed tears of rage; **~ de joie** to cry for joy, shed tears of joy; **~ d'avoir fait qch** to cry *ou* weep at *ou* over having done sth; **j'ai perdu mon sac, j'en aurais pleuré** I lost my bag — I could have cried *ou* wept; **il vaut mieux en rire que d'en ~** it's better to laugh (about it) than cry about *ou* over it; **faire ~ qn** to make sb cry, bring tears to sb's eyes; **les oignons me font ~** onions make my eyes water *ou* make me cry *ou* bring tears to my eyes; **~ comme un veau** *(péj) ou* **une madeleine** *ou* **à chaudes larmes** to cry one's eyes *ou* one's heart out; **être sur le point de ~**

to be almost in tears, be on the point *ou* verge of tears; **aller ~ dans le gilet de qn*** to run crying to sb; **triste à (faire)** ~ dreadfully *ou* terribly sad; **bête à (faire)** ~ pitifully stupid; **c'est bête à (faire)** ~ it's enough to make you weep.

(**b**) ~ **sur** to lament (over); ~ **sur son propre sort** to bemoan one's lot.

(**c**) (*péj: réclamer*) **elle est tout le temps à** ~ she's always whining *ou* begging for something; ~ **après qn** to shout for sth; **il a été** ~ **à la direction pour obtenir une augmentation** he has been moaning *ou* complaining to the management about getting a rise.

(**d**) (*littér*) [*sirène, violon*] to wail.

2 *vt* (**a**) *personne* to mourn (for); *chose* to bemoan; *faute* to bewail, bemoan, lament. **mourir sans être pleuré** to die unlamented *ou* unmourned; ~ **des larmes de joie** to weep *ou* shed tears of joy, weep for joy; ~ **des larmes de sang** to shed tears of blood; ~ **tout son soûl** to have a good cry; ~ **toutes les larmes de son corps** to cry one's eyes out; ~ **misère** to bewail *ou* bemoan one's destitution *ou* impoverished state; ~ **sa jeunesse** to mourn *ou* lament the loss of one's youth, mourn for one's lost youth.

(**b**) (*péj*) (*quémander*) *augmentation, objet* to beg for; (*lésiner sur*) *nourriture, fournitures* to begrudge, stint. **il ne pleure pas sa peine*** he spares no effort, he doesn't stint his efforts; **il ne pleure pas son argent*** he doesn't stint his money.

pleurésie [plœʀezi] *nf* pleurisy.

pleurétique [plœʀetik] *adj* pleuritic.

pleureur, -euse [plœʀœʀ, øz] **1** *adj enfant* whining (*épith*), always crying (*attrib*); *ton* tearful, whimpering (*épith*). **c'est un ~/une ~euse** (*pleurard*) he/she is always crying; (*péj: quémandeur*) he/she is always begging for something; *V* **saule**.

2 pleureuse *nf* (hired) mourner.

pleurnichard, e [plœʀniʃaʀ, aʀd(ə)] = **pleurnicheur**.

pleurnichement [plœʀniʃmã] *nm* = **pleurnicherie**.

pleurnicher [plœʀniʃe] (1) *vi* to snivel*, grizzle* (*Brit*), whine.

pleurnicherie [plœʀniʃʀi] *nf* snivelling* (*U*), grizzling* (*Brit*) (*U*), whining (*U*).

pleurnicheur, -euse [plœʀniʃœʀ, øz] **1** *adj enfant* snivelling* (*épith*), grizzling* (*Brit*) (*épith*), whining (*épith*); *ton* whining (*épith*), grizzling* (*Brit*) (*épith*). **2** *nm,f* crybaby*, grizzler* (*Brit*), whiner.

pleuropneumonie [plœʀɔpnømɔni] *nf* pleuropneumonia.

pleurote [plœʀɔt] *nf* pleurotus.

pleurotomie [plœʀɔtɔmi] *nf* pleurotomy.

pleutre [pløtʀ(ə)] (*littér*) **1** *adj* cowardly. **2** *nm* coward.

pleutrerie [pløtʀəʀi] *nf* (*littér*) (*caractère*) cowardice; (*acte*) act of cowardice.

pleuvasser [pløvase] (1) *vi*, **pleuviner** [pløvine] (1) *vi* (*crachiner*) to drizzle, spit (with rain); (*par averses*) to be showery.

pleuvoir [pløvwaʀ] (23) **1** *vb impers* to rain. **il pleut** it's raining; **les jours où il pleut** on rainy days; **on dirait qu'il va** ~ it looks like rain; **il pleut à grosses gouttes** heavy drops of rain are falling; **il pleut à flots** *ou* **à torrents** *ou* **à seaux** *ou* **à verse, il pleut des cordes** *ou* **des hallebardes** it's pouring (down) *ou* it's teeming down (*Brit*) (with rain), it's raining cats and dogs*; **qu'il pleuve ou qu'il vente** rain or shine, come wind or foul weather; **il ramasse de l'argent comme s'il en pleuvait*** he's raking it in*, he's raking in the money*.

2 *vi* [*coups, projectiles*] to rain down; [*critiques, invitations*] to shower down. **faire** ~ **des coups sur qn** to rain blows (up)on sb; **faire** ~ **des injures sur qn** to shower insults (up)on sb, subject sb to a torrent of insults *ou* abuse; **les invitations pleuvaient sur lui** he was showered with invitations, invitations were showered (up)on him.

pleuvoter [pløvɔte] (1) *vi* = **pleuvasser**.

plèvre [plɛvʀ(ə)] *nf* pleura.

plexiglas [plɛksiglas] *nm* ® plexiglass ®.

plexus [plɛksys] *nm* plexus. ~ **solaire** solar plexus.

pli [pli] **1** *nm* (**a**) [*tissu, rideau, ourlet, accordéon*] fold; (*Couture*) pleat. (**faux**) ~ crease; **jupe/robe à** ~s pleated skirt/dress; **son manteau est plein de** ~s his coat is all creased; **ton manteau fait un** ~ **dans le dos** your coat has a crease at the back, your coat creases (up) at the back; **ton corsage est trop étroit, il fait des** ~s her blouse is too tight — it's all puckered (up); **les** ~s **et les replis de sa cape** the many folds of her cloak; (*fig*) **il va refuser, cela ne fait pas un** ~* he'll refuse, no doubt about it.

(**b**) (*jointure*) [*genou, bras*] bend; (*bourrelet*) [*menton, ventre*] (skin-)fold; (*ligne*) [*bouche, yeux*] crease; (*ride*) [*front*] crease, furrow, line. **sa peau faisait des** ~s **au coin des yeux/sur son ventre** his skin was creased round his eyes/made folds on his stomach; **le** ~ **de l'aine** (the fold of the) groin; **les** ~s **et les replis de son menton** the many folds under his chin, his quadruple chin (*hum*).

(**c**) (*forme*) [*vêtement*] shape. **suspends ton manteau pour qu'il garde un beau** ~ hang up your coat so that it will keep its shape; **garder un bon** ~ to keep its shape; **prendre un mauvais** ~ [*vêtement*] to get crushed; [*cheveux*] to twist *ou* curl the wrong way; *V* **mise².**

(**d**) (*fig: habitude*) habit. **prendre le** ~ **de faire** to get into the habit of doing; **il a pris un mauvais** ~ he has got into a bad habit; **c'est un** ~ **à prendre!** you get used to it!

(**e**) (*enveloppe*) envelope; (*Admin: lettre*) letter. **sous ce** ~ enclosed, herewith; **sous** ~ **cacheté** in a sealed envelope.

(**f**) (*Cartes*) trick. **faire un** ~ to win a trick, take a trick.

(**g**) (*Géol*) fold.

2: (*Couture*) **pli d'aisance** inverted pleat; (*Couture*) **pli creux** box pleat; **pli de pantalon** trouser crease; (*Couture*) **pli plat** flat pleat; **pli de terrain** fold in the ground, undulation.

pliable [plijabl(ə)] *adj* pliable, flexible.

pliage [plijaʒ] *nm* folding.

pliant, e [plijã, ãt] **1** *adj lit, table, vélo* collapsible, folding (*épith*); *mètre* folding (*épith*); *canot* collapsible. **2** *nm* folding *ou* collapsible (canvas) stool, campstool.

plie [pli] *nf* plaice.

plier [plije] (7) **1** *vt* (**a**) *papier, tissu* (*gén*) to fold; (*ranger*) to fold up. ~ **le coin d'une page** to fold over *ou* fold down *ou* turn down the corner of a page.

(**b**) (*rabattre*) *lit, table, tente* to fold up; *éventail* to fold; *livre, cahier* to close (up); *volets* to fold back. (*fig*) ~ **bagage** to pack up (and go); **on leur fit rapidement** ~ **bagage** we quickly sent them packing *ou* made them clear out*.

(**c**) (*ployer*) *branche* to bend; *genou, bras* to bend, flex. (*fig*) ~ **le genou devant qn** to bow before sb, bend the knee before sb; **être plié par l'âge** to be bent (double) with age; **être plié (en deux) de rire/par la douleur** to be doubled up with laughter/pain.

(**d**) ~ **qn à une discipline** to force a discipline upon sb; ~ **qn à sa volonté** to bend sb to one's will; ~ **qn à sa loi** to lay down the law to sb; ~ **ses désirs à la situation** to adjust *ou* adapt one's desires to suit the situation.

2 *vi* (**a**) [*arbre, branche*] to bend (over); [*plancher, paroi*] to sag, bend over. **faire** ~ **le plancher sous son poids** to make the floor sag beneath one's weight; ~ **sous le poids des soucis/des ans** to be weighed down by worry/years.

(**b**) (*céder*) [*personne*] to yield, give in, knuckle under; [*armée*] to give way, lose ground; [*résistance*] to give way. ~ **devant l'autorité** to yield *ou* bow to authority; **faire** ~ **qn** to make sb give in *ou* knuckle under.

3 se plier *vpr* (**a**) [*lit, chaise*] to fold (up).

(**b**) **se** ~ **à** *règle* to submit to, abide by; *discipline* to submit to.s. to; *circonstances* to bow to, submit to, yield to; *désirs, caprices de qn* to give in to, submit to.

Pline [plin] *nm* Pliny.

plinthe [plɛ̃t] *nf* (*gén*) skirting (board); (*Archit*) plinth.

pliocène [plijɔsɛn] *adj, nm* Pliocene.

plissage [plisaʒ] *nm* pleating.

plissé, e [plise] (*ptp de* **plisser**) **1** *adj jupe* pleated; *terrain* folded; *peau* creased, wrinkled. **2** *nm* pleats. ~ **soleil** sunray pleats.

plissement [plismã] *nm* (*V* **plisser**) puckering (up); screwing up; creasing; folding. (*Géol*) ~ **de terrain** fold; **le** ~ **alpin** the folding of the Alps.

plisser [plise] (1) **1** *vt* (**a**) (*froncer*) *jupe* to pleat, put pleats in; *papier* to fold (over).

(**b**) (*rider*) *lèvres* to pucker (up); *yeux* to screw up; *front* to crease. **un sourire plissa son visage** his face creased into a smile; **il plissa le front** he knit *ou* creased his brow; **une ride lui plissa le front** a wrinkle furrowed his brow.

(**c**) (*chiffonner*) to crease.

(**d**) (*Géol*) to fold.

2 *vi* to become creased.

3 se plisser *vpr* [*front*] to crease, furrow; [*lèvres*] to pucker (up).

plissure [plisyʀ] *nf* pleats.

pliure [plijyʀ] *nf* fold; [*bras, genou*] bend; (*Typ*) folding.

ploc [plɔk] *excl* plop!, plip plop!, plop plop!

ploiement [plwamã] *nm* bending.

plomb [plɔ̃] *nm* (**a**) (*métal*) lead. **de** ~ *tuyau* lead; *soldat* tin; *ciel* leaden; *soleil* blazing; *sommeil* deep, heavy; **j'ai des jambes de** ~ my legs are *ou* feel like lead; **il n'a pas de** ~ **dans la tête** he's featherbrained; **cela lui mettra du** ~ **dans la tête** that will knock some sense into him; **avoir du** ~ **dans** *ou* **sur l'estomac** to have something lying heavy on one's stomach, have a lump in one's stomach.

(**b**) (*Chasse*) (lead) shot (*U*). **j'ai trouvé 2** ~s **dans le lièvre en le mangeant** I found 2 pieces of (lead) shot in the hare when I was eating it; **du gros** ~ buckshot; **du petit** ~ small shot; (*fig*) **avoir du** ~ **dans l'aile** to be in a bad way.

(**c**) (*Pêche*) sinker; (*Typ*) type; [*vitrail*] lead; (*sceau*) (lead) seal; (*Élec: fusible*) fuse; (*Couture*) lead weight. (*Naut*) ~ **(de sonde)** sounding lead.

(**d**) (*loc*) **mettre un mur à** ~ to plumb a wall; **le soleil tombe à** ~ the sun is blazing straight down.

plombage [plɔ̃baʒ] *nm* (**a**) (*action: V* **plomber**) weighting (with lead); filling, stopping; sealing (with lead).

(**b**) (*sur une dent*) filling.

plombe‡ [plɔ̃b] *nf* hour. **ça fait deux** ~s **que j'attends** I've been waiting two hours now; **à trois** ~s **du matin** at three o'clock in the morning.

plombé, e [plɔ̃be] (*ptp de* **plomber**) **1** *adj teint, couleur* leaden. **canne** ~**e** *ou* **à bout** ~ walking stick with a lead(en) tip. **2 plombée** *nf* (*arme*) bludgeon; (*Pêche*) sinkers, weights.

plomber [plɔ̃be] (1) **1** *vt canne, ligne* to weight (with lead); *dent* to fill, stop, put a filling in; *colis* to seal (with lead), put a lead seal on; *mur* to plumb; (*Agr*) to roll; (*colorer*) to turn leaden. (*Pêche*) **ligne pas assez plombée** insufficiently weighted line, line that hasn't enough weights on it.

2 se plomber *vpr* to turn leaden.

plomberie [plɔ̃bʀi] *nf* (*métier, installations*) plumbing; (*atelier*) plumber's (work)shop; (*industrie*) lead industry.

plombier [plɔ̃bje] *nm* plumber. **c'est le** ~! plumber!

plombières [plɔ̃bjɛʀ] *nf inv* tutti-frutti (ice cream).

plombifère [plɔ̃bifɛʀ] *adj* plumbiferous.

plonge [plɔ̃ʒ] *nf* washing-up (*Brit*), dishwashing (*in restaurant*). **faire la** ~ to be a washer-up (*Brit*) *ou* dishwasher.

plongé, e¹ [plɔ̃ʒe] (*ptp de* **plonger**) *adj:* ~ **dans** *obscurité, désespoir, misère* plunged in; *vice* steeped in; *méditation, pensées* immersed in, deep in; ~ **dans la lecture d'un livre** engrossed in reading a book, buried *ou* immersed in a book; ~ **dans le sommeil** sound asleep, in a deep sleep.

plongeant, e [plɔ̃ʒɑ̃, ɑ̃t] *adj décolleté, tir* plunging. **vue** ~**e** view from above.

plongée² [plɔ̃ʒe] *nf* **(a)** *(action) [nageur]* diving; *[sous-marin]* submersion. **effectuer plusieurs** ~**s** to make several dives; to carry out several submersions; **sous-marin en** ~ submerged submarine; ~ **sous-marine** *(gén)* diving; *(sans scaphandre)* skin diving, scuba diving; ~ **de haut vol** platform high diving. **(b)** *(Ciné: prise de vue)* high angle shot.

plongeoir [plɔ̃ʒwar] *nm* diving board.

plongeon [plɔ̃ʒɔ̃] *nm* **(a)** *(Ftbl, Natation)* dive. **faire un** ~ *[nageur]* to dive; *[gardien de but]* to make a dive, dive; *(fig)* **faire le** ~ to make heavy losses. **(b)** *(oiseau)* diver.

plonger [plɔ̃ʒe] (3) **1** *vi* **(a)** *(gén) [personne, sous-marin, avion]* to dive *(dans* into, *sur* on, onto). **avion qui plonge sur son objectif** plane that dives (down) onto its target; **oiseau qui plonge sur sa proie** bird that dives *ou* plunges onto its prey; **il plongea dans sa poche pour prendre son mouchoir** he plunged his hand *ou* he dived into his pocket to get his handkerchief out. **(b)** *(fig) [route, terrain]* to go down, dip (sharply *ou* steeply); *[racines]* to go down. **l'origine de cette coutume plonge dans la nuit des temps** the origin of this custom is buried in the mists of time; ~ **dans le sommeil** to fall (straight) into a deep sleep; **mon regard plongeait sur la vallée** I cast my eyes down upon the valley.

2 *vt:* ~ **qch dans** *sac* to plunge *ou* thrust sth into; *eau* to plunge sth into; ~ **qn dans** *obscurité, misère* to plunge sb into; *désespoir* to throw *ou* plunge sb into; *sommeil, méditation, vice* to plunge sb into; ~ **qn dans la surprise** to surprise sb greatly; **vous me plongez dans l'embarras** you have thrown me into a difficult position; **il lui plongea un poignard dans le cœur** he plunged *ou* thrust a dagger into his heart; **plante qui plonge ses racines dans le sol** plant that thrusts its roots deep into the ground; ~ **son regard sur/vers** to cast one's eyes at/towards; **il plongea son regard dans mes yeux** he looked deeply into my eyes.

3 se plonger *vpr:* **se** ~ **dans** *études, lecture* to bury *ou* immerse o.s. in, throw o.s. into; **plunge** into; *eau, bain* to plunge into, immerse o.s. in; **se** ~ **dans le vice** to throw *ou* hurl o.s. into a life of vice.

plongeur, -euse [plɔ̃ʒœr, øz] **1** *adj* diving. **2** *nm,f* **(a)** *(Sport)* diver. ~ **sous-marin** *(gén)* diver; *(sans scaphandre)* skin diver; *V* **cloche. (b)** *[restaurant]* washer-up *(Brit)*, dishwasher. **3** *nm (Orn)* diver.

plosive [ploziv] *nf* plosive.

plot [plo] *nm (Élec)* contact; *(butée)* pin.

plouc* [pluk] **1** *nm (péj) (paysan)* country bumpkin; *(crétin)* ninny*. **2** *adj:* **il est** ~ he's a ninny*; **sa robe fait** ~ her dress looks dowdy.

plouf [pluf] *excl* splash! **il est tombé dans l'eau avec un gros** ~ he slipped and fell into the water with a splash; **la pierre a fait** ~ **en tombant dans l'eau** the stone made a splash as it fell into the water.

ploutocrate [plutokrat] *nm* plutocrat.

ploutocratie [plutokrasi] *nf* plutocracy.

ploutocratique [plutokratik] *adj* plutocratic.

ployer [plwaje] (8) *(littér)* **1** *vi [branche, dos]* to bend; *[poutre, plancher]* to sag; *[genoux, jambes]* to give way, bend; *[armée]* to yield, give in; *[résistance]* to give way. **faire** ~ **le plancher sous son poids** to make the floor sag beneath one's weight; ~ **sous l'impôt** to be weighed down by taxes; *(fig)* ~ **sous le joug** to bend beneath the yoke.

2 *vt* to bend. ~ **un pays sous son autorité** to make a country bow down *ou* submit to one's authority.

plucher [plyʃe] (1) *vi* = **pelucher.**

pluches [plyʃ] *nfpl (arg Mil)* potato-peeling, spud-bashing *(Brit arg)*. **être de (corvée de)** ~ to be on potato-peeling *ou* spud-bashing *(Brit arg)*.

plucheux, -euse [plyʃø, øz] *adj* = **pelucheux.**

pluie [plɥi] *nf* **(a)** rain; *(averse)* shower (of rain). **les** ~**s** the rains; **la saison des** ~**s** the rainy season; **le temps est à la** ~ we're in for rain, it looks like rain; **jour/temps de** ~ wet *ou* rainy day/weather; ~ **battante** driving *ou* lashing rain; ~ **diluvienne** pouring rain *(U)* downpour; ~ **fine** drizzle; **une** ~ **fine tombait** it was drizzling; ~ **jaune/acide** yellow/acid rain. **(b)** *(fig) [cadeaux, cendres]* shower; *[balles, pierres, coups]* hail, shower. **en** ~ in a shower; **tomber en** ~ to shower down; *(Culin)* **jeter le riz en** ~ to sprinkle in *ou* on the rice. **(c)** *(loc)* **après la** ~ **le beau temps** *(lit)* the sun is shining again after the rain; *(fig)* everything's fine again; *(fig)* **faire la** ~ **et le beau temps** to rule the roost; **il n'est pas né** *ou* **tombé de la dernière** ~ he wasn't born yesterday; *V* **ennuyeux, parler.**

plum(-pudding) [plumpudiŋ] *nm (rich)* fruit cake.

plumage [plymaʒ] *nm* plumage *(U)*, feathers *(pl)*.

plumard [plymar] *nm* bed. **aller au** ~ to turn in*, hit the hay* *ou* the sack*.

plume [plym] **1** *nf* **(a)** *[oiseau]* feather. **chapeau à** ~**s** feathered hat, hat with feathers; **oreiller/lit de** ~**s** feather pillow/bed; **ne pas peser plus lourd qu'une** ~ to be as light as a feather; **soulever qch comme une** ~ to lift sth up as if it were a featherweight; **il y a laissé des** ~**s*** *(gén)* he came off badly; *(financièrement)* he got his fingers burnt; **il perd ses** ~**s** his hair is falling out, he's going bald; *V* **gibier, poids.**

(b) *(pour écrire) (d'oiseau)* quill (pen); *(en acier)* (pen) nib. ~ **d'oie** goose quill; **dessin à la** ~ pen and ink drawing; **écrire au courant de la** ~ to write just as the ideas come to one *ou* come into one's head; **il a la** ~ **facile** writing comes easy to him; **vivre de sa** ~ to live by writing *ou* by one's pen; **prendre la** ~ **pour...** to take up one's pen to...; **put pen to paper to...**; *(dans une lettre)* **je lui**

passe la ~ I'll hand over to him, I'll let him carry on; *(fig)* **tremper sa** ~ **dans le poison** to steep one's pen in venom; *V* **homme.**

2 *nm* = **plumard.**

3: plume à vaccin vaccine point.

plumeau, pl ~**x** [plymo] *nm* feather duster.

plumer [plyme] (1) *vt volaille* to pluck; *(‡fig) personne* to fleece*.

plumet [plyme] *nm* plume.

plumetis [plymti] *nm (tissu)* Swiss muslin; *(broderie)* raised satin stitch.

plumeux, -euse [plymø, øz] *adj* feathery.

plumier [plymje] *nm* pencil box.

plumitif [plymitif] *nm (péj) (employé)* penpusher *(péj)*; *(écrivain)* scribbler *(péj)*.

plupart [plypar] *nf:* **la** ~: **la** ~ **des gens** most people, the majority of people; **la** ~ **des gens qui se trouvaient là** most of the people there; **la** ~ **(d'entre eux) pensent que** ... most (of them) *ou* the majority (of them) think that ...; **dans la** ~ **des cas** in most cases, in the majority of cases; **pour la** ~ mostly, for the most part; **ces gens qui, pour la** ~, **avaient tout perdu** these people who, for the most part, had lost everything, these people, most of whom had *ou* who had mostly lost everything; **la** ~ **du temps** most of the time; **la** ~ **de mon temps** most of my time, the greater part of my time.

plural, e, *mpl* **-aux** [plyral, o] *adj vote* plural.

pluralisme [plyralism(ə)] *nm* pluralism.

pluraliste [plyralist(ə)] **1** *adj* pluralistic. **2** *nmf* pluralist.

pluralité [plyralite] *nf* multiplicity, plurality.

pluriannuel, -elle [plyrianɥɛl] *adj* which lasts several years.

pluridisciplinaire [plyridisipliner] *adj (Scol)* pluridisciplinary, multidisciplinary.

pluridisciplinarité [plyridisiplinarite] *nf* pluridisciplinarity, multidisciplinary system.

pluriel, -elle [plyrjɛl] **1** *adj* plural.

2 *nm* plural. **au** ~ in the plural; **la première personne du** ~ the first person plural; **le** ~ **de majesté** the royal plural, the royal 'we'; **le** ~ **de 'cheval' est 'chevaux'** the plural of 'cheval' is 'chevaux'.

plurifonctionnalité [plyrifɔ̃ksjɔnalite] *nf* commercial flexibility.

plurilatéral, e, *mpl* **-aux** [plyrilateral, o] *adj* multilateral.

plurilingue [plyrilɛ̃g] *adj* multilingual.

plurilinguisme [plyrilɛ̃gɥism(ə)] *nm* multilingualism.

pluripartisme [plyripartism(ə)] *nm (Pol)* multi-party system.

plurivalent, e [plyrivalɑ̃, ɑ̃t] *adj* multivalent, polyvalent.

plus 1 *adv nég* [ply] **(a)** *(temps)* **ne ...** ~ not any longer *ou* any more, no longer; **il ne la voit** ~ he no longer sees her, he doesn't see her any more; **je ne reviendrai** ~/~ **jamais** I shan't/I'll never come back again *ou* any more; **il n'a** ~ **besoin de son parapluie** he doesn't need his umbrella any longer *ou* any more; **il n'a** ~ **à s'inquiéter/travailler maintenant** he does not need to worry/work any more now; **il n'a** ~ **un mot** he didn't say another word *(after that)*; **il n'est** ~ **là** he's gone (away); *(euph)* **son père n'est** ~ his father has passed away *(euph)*; **elle n'est** ~ **très jeune** she's not as young as she was, she's getting on in years; ~ **de doute** no doubt now, no longer any doubt about it; ~ **besoin de rester*** no need to stay now; *(hum)* **il n'y a** ~ **d'enfants/de jeunesse!** children/young people aren't what they used to be.

(b) *(quantité)* **ne ...** ~ no more, not any more; **elle n'a** ~ **de pain/d'argent** she's got no more *ou* she hasn't got any more bread/money, she's got no (more) bread/money left; **elle ne veut** ~ **de pain** she doesn't want any more bread; **des fruits? il n'y en a** ~ fruit? there is none left *ou* there isn't any (more) left; ~ **de vin, merci** no more wine, thank you; **(il n'y a)** ~ **personne à la maison** there's no one left in the house, they've all left the house, they've all gone (away); **il n'y a** ~ **rien** there's nothing left; **il n'y a** ~ **rien d'autre à faire** there's nothing else to do; **il n'y a** ~ **guère** *ou* **beaucoup de pain** there's hardly any bread left; **on n'y voit presque** ~ **rien** you can hardly see anything now; *V* **non.**

(c) *(avec que: seulement)* **il n'y a** ~ **que des miettes** there are only crumbs left, there's nothing left but crumbs; **cela ne tient** ~ **qu'à elle** it's up to her now; **il n'y a (guère)** ~ **que huit jours avant les vacances** there's only (about) a week to go before the holidays; ~ **que 5 km à faire** only another 5 km to go.

2 *adv comparatif:* [ply] *devant consonne,* [plyz] *devant voyelle,* [plys] *à la finale* **(a)** *(avec adj)* **il est** ~ **intelligent (que vous/moi)** he is more intelligent (than you (are)/than me *ou* than I am *ou* than I *(frm)*); **il n'est pas** ~ **grande (que sa sœur)** she isn't any taller *ou* she is no taller (than her sister); **il est** ~ **bête que méchant** he's stupid rather than malicious; **il est** ~ **vieux qu'elle de 10 ans** he's 10 years older than her *ou* she is *ou* than she *(frm)*; **il est deux fois** ~ **âgé qu'elle** he's twice as old as her, he's twice her age; **deux ou trois fois** ~ **cher que ...** two or three times more expensive than ... *ou* as expensive as ...; **il est** ~ **qu'intelligent** he's clever to say the least, he isn't just intelligent; **un résultat** ~ **qu'honorable** an honourable result to say the least.

(b) *(avec adv)* **il court** ~ **vite (qu'elle)** he runs faster (than her *ou* than she does); **beaucoup** ~ **facilement** much more *ou* a lot more easily; **une heure** ~ **tôt/tard** an hour earlier/later; **ne venez pas** ~ **tard que 6 heures** don't come any later than 6 o'clock; **deux fois** ~ **souvent que ...** twice as often as ...; **j'en ai** ~ **qu'assez!** I've had more than enough!

(c) [ply(s)] *(avec vb)* **vous travaillez** ~ **(que nous)** you work more *ou* harder (than us); **il ne gagne pas** ~ **(que vous)** he doesn't earn any more (than you); **j'aime la poésie** ~ **que tout au monde** I like poetry more than anything (else) in the world; **j'aime dix fois** ~ **le théâtre que le cinéma** I like the theatre ten times better than the cinema.

(d) [ply(s)] *(davantage de)* ~ **de: (un peu)** ~ **de pain** (a little *ou* a bit) more bread; **j'ai** ~ **de pain que vous** I've got more bread than you (have); **il y aura (beaucoup)** ~ **de monde demain** there will be (a lot *ou* many) more people tomorrow; **il n'y aura pas ~ de monde demain** there won't be any more people tomorrow.

(e) [ply] (*au-delà de*) **~ de:** **il y aura ~ de 100 personnes** there will be more than *ou* over 100 people; **à ~ de 100 mètres d'ici** more than *ou* over 100 metres from here; **les enfants de ~ de 4 ans** children over 4; **il n'y avait pas ~ de 10 personnes** there were no more than 10 people; **il est ~ de 9 heures** it's after *ou* past 9 o'clock; **100.000 F et ~** [ply(s)] 100,000 francs and more *ou* and over; **~ d'un** more than one.

(f) [ply], *devant voyelle* [plyz] **~ ... ~:** **~ on est de fous, ~ on rit** *ou* **s'amuse** the more the merrier; **~ il en a, ~ il en veut** the more he has, the more he wants; **~ on boit, ~ on a soif** the more you drink, the thirstier you get; **~ il gagne, moins il est content** the more he earns, the less happy he is.

(g) [ply(s)] **de ~, en ~: elle a 10 ans de ~ (que lui)** she's 10 years older (than him); **il y a 10 personnes de ~ qu'hier** there are 10 more people than yesterday; **une fois de ~** once more, once again; **les frais de poste en ~** postal charges extra *ou* for that *ou* not included; **on nous a donné deux verres de ~** *ou* **en ~** we were given two more *ou* extra glasses; (*de trop*) we were given two glasses too many; **en ~ de son travail, il prend des cours du soir** on top of *ou* besides his work, he's taking evening classes; **en ~ de cela** on top of (all) that, in addition to that, into the bargain.

(h) (*loc*) **de ~ en ~** more and more; **il fait de ~ en ~ beau chaque jour** the weather gets better and better every day; **aller de ~ en ~ vite** to go faster and faster; **~ ou moins** more or less; **il a réussi ~ ou moins bien** he didn't manage too badly, he just about managed; **~ que jamais** more than ever; **qui ~ est, de ~** furthermore, what is more, moreover, into the bargain; (*Prov*) **~ fait douceur que violence** kindness succeeds where force will fail; V **autant, raison, tant.**

3 (prononciation V **2**) *adv emploi superlatif* **(a)** (*avec adj*) **le ~ beau de tous mes livres** the most beautiful of all my books; **le ~ intelligent des deux** the cleverer *ou* the more intelligent of the two; **le ~ intelligent de tous** the cleverest *ou* most intelligent of all; **l'enfant le ~ doué que je connaisse/de la classe** the most gifted child I've (ever) met/in the class; **il était dans une situation des ~ embarrassantes** he was in a most embarrassing situation *ou* the most embarrassing of situations; **la ~ grande partie de son temps** most of his time, the best part of his time; **c'est ce que j'ai de ~ précieux** it's the most precious thing I possess; **la ~ belle fille du monde ne peut donner que ce qu'elle a** a one can only give as much as one has got.

(b) (*avec adv*) **c'est le livre que je lis le ~ souvent** it's the book I read most often; (*il a couru le ~ vite*) he ran the fastest; **il a couru le ~ vite possible** he ran as fast as possible *ou* as fast as he could; **prends-en le ~ possible** [ply(s)] take as much (*ou* as many) as possible *ou* as you can.

(c) [ply(s)] (*avec vb*) **c'est le livre que j'aime le ~** it's the book I most like *ou* I like (the) most *ou* (the) best; **ce qui nous frappe le ~** what strikes us most.

(d) [ply(s)] **le ~ de: c'est nous qui avons cueilli le ~ de fleurs** we've picked the most flowers; **c'est le samedi qu'il y a le ~ de monde** it's on Saturdays that there are (the) most people; **prends le ~ possible de livres/de beurre** take as many books/as much butter as possible.

(e) [ply(s)] **au ~** at the most, at the outside; **tout au ~** at the very most.

4 *conj* [plys] **(a)** (*addition*) plus, and. **deux ~ deux font quatre** two and two are four, two plus two make four; **tous les voisins, ~ leurs enfants** all the neighbours, plus their children *ou* and their children (as well); **il paie sa chambre, ~ le gaz et l'électricité** he pays for his room, plus gas and electricity.

(b) (*avec un chiffre*) plus. **il fait ~ deux aujourd'hui** it's plus two (degrees) today, it's two above freezing today; (*Math*) **~ cinq** plus five.

5 *nm* [plys] (*Math*) (signe) **~** plus (sign).

6: plus-que-parfait [plyskəparfɛ] *nm* (*Gram*) pluperfect (tense), past perfect; **plus-value** [plyvaly] *nf, pl* **plus-values** [*investissement, terrain*] appreciation (*U*), increase in value; (*excédent*) [*budget*] surplus; (*bénéfice*) profit, surplus; V **impôt.**

plusieurs [plyzjœR] **1** *adj indéf pl* several. **on ne peut pas être en ~ endroits à la fois** you can't be in more than one place at once; **ils sont ~** there are several (of them), there are a number of them; **un ou ~** one or more. **2** *pron indéf pl* several (people). **~ (d'entre eux)** several (of them); **ils se sont mis à ~ pour ...** several people banded *ou* got together to ...; **nous nous sommes mis à ~ pour ...** several of us got together to ... .

Plutarque [plytaRk] *nm* Plutarch.

Pluton [plytɔ̃] *nm* (*Astron, Myth*) Pluto.

plutonium [plytɔnjɔm] *nm* plutonium.

plutôt [plyto] *adv* **(a)** (*de préférence*) rather; (*à la place*) instead. **ne lis pas ce livre, prends ~ celui-ci** don't read that book but rather take this one *ou* take this one instead; **prends ce livre ~ que celui-là** take this book rather than *ou* instead of that one; **cette maladie affecte ~ les enfants** this illness affects children for the most part *ou* tends to affect children; **je préfère ~ celui-ci** (*je voudrais de préférence*) I'd rather *ou* sooner have this one; (*j'aime mieux*) I prefer this one, I like this one better; **~ souffrir que mourir** it is better to suffer (rather) than to die; **~ que de me regarder, viens m'aider** rather than *ou* instead of (just) watching me, come and help; **n'importe quoi ~ que cela!** anything but that!, anything rather than that!

(b) (*plus exactement*) rather. **il n'est pas paresseux mais ~ apathique** he's apathetic rather than *ou* more than lazy, he's not so much lazy as apathetic; **il est ignorant ~ que sot** he's ignorant rather *ou* more than stupid, he's more ignorant than stupid, he's

not so much stupid as ignorant; **ou ~, c'est ce qu'il pense** or rather that's what he thinks; **c'est un journaliste ~ qu'un romancier** he's more of a journalist than a novelist, he's a journalist more *ou* rather than a novelist; **il s'y habitue ~ qu'il n'oublie** he's getting used to it rather than *ou* more than forgetting about it.

(c) (*assez*) *chaud, bon* rather, quite, fairly, pretty*. **il remange, c'est ~ bon signe** he's eating again — that's quite *ou* rather a good sign; **nos vacances sont ~ compromises avec cet événement** our holidays are rather *ou* somewhat in the balance because of this incident; **un homme brun, ~ petit** a dark man, rather *ou* somewhat on the short side *ou* rather short; **il est ~ pénible, celui-là!** he's a bit of a pain in the neck, that fellow!*; **il faisait beau?** — non, il faisait ~ frais was the weather good? — no, it was cool if anything; **qu'est-ce qu'il est pénible, celui-là** — ah oui, **~!*** what a pain in the neck he is!* — you said it!* *ou* you're telling me!*

pluvial, e, *mpl* **-aux** [plyvjal, o] *adj régime, écoulement* pluvial. **eau ~e** rainwater.

pluvier [plyvje] *nm* plover. **~** guignard dotterel.

pluvieux, -euse [plyvjø, øz] *adj* rainy, wet.

pluviner [plyvine] (1) *vi* = **pleuvasser.**

pluviomètre [plyvjɔmɛtR(ə)] *nm* pluviometer (*T*), rain gauge.

pluviométrie [plyvjɔmetRi] *nf* pluviometry.

pluviométrique [plyvjɔmetRik] *adj* pluviometric(al). **carte ~** isopluvial map; **courbe ~** rainfall graph.

pluviôse [plyvjoz] *nm* Pluviôse (*fifth month in the French Republican calendar*).

pluviosité [plyvjozite] *nf [temps, saison]* raininess, wetness; (*pluie tombée*) (average) rainfall.

P.M. [peɛm] **1** *nf abrév de* préparation militaire; V **préparation. 2** *nm abrév de* pistolet-mitrailleur; V **pistolet.**

P.M.U. [peɛmy] *nm* (*abrév de* Pari mutuel urbain) state-controlled betting system. **jouer au ~** to bet on the horses; **le bureau du ~** the betting office.

P.N.B. [peɛnbe] *nm* (*abrév de* Produit national brut) GNP.

pneu [pnø] *nm* (*abrév de* pneumatique) **(a)** [*véhicule*] tyre (*Brit*), tire (*US*). **~ clouté** *ou* à clous studded tyre (*Brit*) *ou* tire (*US*); **~-neige** snow tyre (*Brit*) *ou* tire (*US*); **~ plein** solid tyre (*Brit*) *ou* tire (*US*). **(b)** (*message*) letter sent by pneumatic despatch *ou* tube. **par ~** by pneumatic dispatch *ou* tube.

pneumatique [pnømatik] **1** *adj* (*Sci*) pneumatic; (*gonflable*) inflatable; V **canot, marteau, matelas. 2** *nf* pneumatics (*sg*). **3** *nm* = **pneu.**

pneumectomie [pnømɛktomi] *nf* pneumectomy.

pneumoconiose [pnømɔkɔnjoz] *nf* pneumoconiosis.

pneumocoque [pnømɔkɔk] *nm* pneumococcus.

pneumogastrique [pnømɔgastRik] **1** *adj* pneumogastric. **2** *nm* vagus nerve.

pneumologie [pnømɔlɔʒi] *nf* pneumology.

pneumologue [pnømɔlɔg] *nmf* lung specialist.

pneumonectomie [pnømɔnɛktomi] *nf* pneumonectomy.

pneumonie [pnømɔni] *nf* pneumonia (*U*). **faire une ~** to have pneumonia.

pneumonique [pnømɔnik] **1** *adj* pneumonic. **2** *nmf* pneumonia patient.

pneumothorax [pnømɔtɔRaks] *nm* pneumothorax; (*Chirurgie*) artificial pneumothorax.

Pô [po] *nm:* **le ~** the Po.

pochade [pɔʃad] *nf* (*dessin*) quick sketch (in colour); (*histoire*) humorous piece.

pochard, e* [pɔʃaR, aRd(ə)] *nm, f* drunk, soak*, tippler*.

pochardise† [pɔʃaRdiz] *nf* drunkenness.

poche¹ [pɔʃ] *nf* **(a)** [*vêtement, cartable, portefeuille*] pocket. **~ revolver/intérieure** hip/inside pocket; **~ de pantalon** trouser pocket; **~ plaquée** patch pocket; **de ~ sous-marin, couteau, mouchoir** pocket (*épith*); *collection, livre* paperback (*épith*); **format de ~** pocket-size; **j'avais 10 F/je n'avais pas un sou en ~** I had 10 francs/I hadn't a penny on me; **en être de sa ~*** to be out of pocket, lose out* (financially); **il a payé de sa ~** it came *ou* he paid for it out of his (own) pocket; (*fig*) **mettre qn dans sa ~** to twist sb round one's little finger, get sb eating out of one's hand; **il a sa nomination en ~** his appointment is in the bag*; **c'est dans la ~!*** it's in the bag!*; **faire les ~s à qn*** to go through *ou* rifle sb's pockets; **connaître un endroit comme sa ~** to know a place like the back of one's hand *ou* inside out; V **argent, langue** *etc.*

(b) (*déformation*) **faire des ~s** [*veste*] to bag, go out of shape; [*pantalon*] to bag, to go baggy; **avoir des ~s sous les yeux** to have bags *ou* pouches under one's eyes.

(c) (*Comm: sac*) (paper *ou* plastic) bag.

(d) [*kangourou*] pouch.

(e) (*cavité*) pocket. **~ d'air** air pocket; **~ d'eau** pocket of water; **~ de pus** pus sac; **~ de sang** haematoma; **~ des eaux** amniotic sac.

poche² [pɔʃ] *nm* (*livre*) paperback.

pocher [pɔʃe] (1) *vt* (*Culin*) to poach. **~ un œil à qn** to give sb a black eye.

pochetée* [pɔʃte] *nf* oaf, twit* (*Brit*).

pochette [pɔʃɛt] *nf* (*mouchoir*) (breast) pocket handkerchief; (*petite poche*) breast pocket; (*sac*) clutch *ou* envelope bag; [*timbres, photos*] wallet, envelope; [*serviette, aiguilles*] case; [*disque*] sleeve. **~ surprise** lucky bag; **~ d'allumettes** book of matches.

pocheuse [pɔʃøz] *nf* (egg) poacher.

pochoir [pɔʃwaR] *nm* (*cache*) stencil; (*tampon*) transfer.

podagre [pɔdagR(ə)] **1** *nf* (††) gout. **2** *adj* (†) suffering from gout.

podium [pɔdjɔm] *nm* podium. **monter sur le ~** to mount the podium.

podologie [pɔdɔlɔʒi] *nf* chiropody, podiatry (*US*).

podologue [pɔdɔlɔg] *nmf* chiropodist, podiatrist (*US*).

podomètre [pɔdɔmɛtʀ(ə)] *nm* pedometer.
poêle¹ [pwal] *nf*: ~ (à frire) frying pan; **passer à la** ~ to fry.
poêle², **poêle** [pwal] *nm* stove. ~ **à mazout/à pétrole** oil/paraffin (*Brit*) *ou* kerosene (*US*) stove; ~ **à bois** wood (-burning) stove.
poêle³ [pwal] *nm [cercueil]* pall.
poêlée [pwale] *nf*: une ~ **de** a frying pan full of.
poêler [pwale] (1) *vt* to fry.
poêlon [pwalɔ̃] *nm* casserole.
poème [pɔɛm] *nm* poem. ~ **en prose/symphonique** prose/symphonic poem; **c'est tout un** ~* (*c'est compliqué*) it's a real palaver*, what a carry-on* (*Brit*); (*c'est indescriptible*) it defies description.
poésie [pɔezi] *nf* (*art*) poetry; (*poème*) poem, piece of poetry. **faire de la** ~ to write poetry.
poète [pɔɛt] **1** *nm* poet; (*fig: rêveur*) poet, dreamer; V **œillet**.
2 *adj tempérament* poetic. **être** ~ to be a poet; **femme** ~ poetess.
poétesse [pɔetɛs] *nf* poetess.
poétique [pɔetik] **1** *adj* poetic(al). **2** *nf* poetics (*sg*).
poétiquement [pɔetikmɑ̃] *adv* poetically.
poétisation [pɔetizɑsjɔ̃] *nf* (*action*) poetizing; (*résultat*) poetic depiction.
poétiser [pɔetize] (1) *vt* to poetize.
pogne‡ [pɔɲ] *nf* mitt‡, paw‡.
pognon‡ [pɔɲɔ̃] *nm* dough‡, lolly‡ (*Brit*), bread‡.
pogrom(e) [pɔgʀɔm] *nm* pogrom.
poids [pwa] **1** *nm* (a) (*gén*) weight. **prendre/perdre du** ~ to gain/ lose weight; **Georges a encore pris du** ~ George has been putting on *ou* gaining weight again; **vendu au** ~ sold by weight; **quel** ~ **pèse-t-il?** what weight is he?, what does he weigh?, what's his weight?; **quel** ~ **cela pèse!** what a weight this is!; **ces bijoux d'argent seront vendus au** ~ **du métal** this silver jewellery will be sold by the weight of the metal; **la branche pliait sous le** ~ **des fruits** the branch was weighed down with (the) fruit *ou* was bending beneath the weight of the fruit; **elle s'appuyait contre lui de tout son** ~ she leaned against him with all her weight; **elle a ajouté une pomme pour faire le** ~ she put in an extra apple to make up the weight; *[acteur, homme politique]* **il ne fait vraiment pas le** ~ he really doesn't measure up; **il ne fait pas le** ~ **face à son adversaire** he's no match for his opponent; V **bon**¹.
  (b) (*objet*) *[balance, horloge etc]* weight; (*Sport*) shot. (*Sport*) **lancer le** ~ to put(t) the shot; V **deux**.
  (c) (*fig: charge*) weight. **tout le** ~ **de l'entreprise repose sur lui** he carries the weight of the whole business on his shoulders; **syndicat qui a beaucoup de** ~ union which has a lot of muscle *ou* which carries a lot of weight; **plier sous le** ~ **des soucis/des impôts** to be weighed down by worries/taxes, be bent beneath the weight of one's worries/of taxes; **être courbé sous le** ~ **des ans** to be weighed down by (the weight of) years; (*hum*) **c'est le** ~ **des ans** old age never comes alone (*hum*); **enlever un** ~ (**de la conscience**) **à qn** to take a weight *ou* a load off sb's mind; **c'est un** ~ **sur sa conscience** it's a weigh on his conscience, it lies on his conscience; (*fig*) **avoir** *ou* **se sentir un** ~ **sur l'estomac** to have something lying heavy on one's stomach; **j'ai un** ~ **sur la poitrine** my chest feels tight, I have difficulty breathing.
  (d) (*force, influence*) weight. **argument de** ~ weighty *ou* forceful argument, argument of great weight; **homme de** ~ man who carries weight (*fig*); **cela donne du** ~ **à son hypothèse** that gives *ou* lends weight to his hypothesis.
  (e) (*boxeur*) ~ **mi-mouche** light flyweight; ~ **mouche** flyweight; ~ **coq** bantamweight; ~ **plume** featherweight; ~ **léger** lightweight; ~ **super-léger** light welterweight; ~ **welter** *ou* **mi-moyen** welterweight; ~ **super-welter** *ou* **super-mi-moyen** light middleweight; ~ **moyen** middleweight; ~ **mi-lourd** light heavyweight; ~ **lourd** heavyweight; **le championnat du monde** (**des**) ~ **lourds** the world heavyweight championship.
  2: **poids atomique** atomic weight; (*Sport*) **poids et haltères** *nmpl* weight lifting; **faire des poids et haltères** (*spécialité*) to be a weight lifter; (*pour s'entraîner*) to do weight-training *ou* -lifting; **poids lourd** *nm* (*camion*) lorry (*Brit*), truck (*US*), heavy goods vehicle (*Brit*); **poids et mesures** *nmpl* weights and measures; **poids moléculaire** molecular weight; (*Tech, fig*) **poids mort** dead weight; (*fig péj*) **oot** employé **est un poids** mort this employee is not pulling his weight *ou* is a dead weight; **poids net égoutté** drained weight; **poids spécifique** specific gravity; **poids total en charge** gross weight; **poids utile** net weight; *[véhicule]* **poids à vide** tare.
poignant, e [pwaɲɑ̃, ɑ̃t] *adj récit, spectacle, chagrin* poignant, heartrending, agonizing, harrowing.
poignard [pwaɲaʀ] *nm* dagger. **coup de** ~ stab; **frappé d'un coup de** ~ **en plein cœur** stabbed in *ou* through the heart.
poignarder [pwaɲaʀde] (1) *vt* to stab, knife. (*lit, fig*) ~ **qn dans le dos** to stab sb in the back; **la jalousie/la douleur le poignardait** he felt stabs of jealousy/pain, jealousy/pain cut through him like a knife.
poigne [pwaɲ] *nf* (*étreinte*) grip; (*main*) hand; (*fig: autorité*) firm-handedness. **avoir de la** ~ (*lit*) to have a strong grip; (*fig*) to rule with a firm hand; **à** ~ *homme, gouvernement* firm-handed.
poignée [pwaɲe] *nf* (a) (*lit: quantité*) handful, fistful; (*fig: petit nombre*) handful. **à** *ou* **par** ~**s** in handfuls; **ajoutez une** ~ **de sel** add a handful of salt.
  (b) *[porte, tiroir, valise]* handle; *[épée]* handle, hilt.
  (c) ~ **de main** handshake; **donner une** ~ **de main à qn** to shake hands with sb, shake sb's hand *ou* sb by the hand.
poignet [pwaɲɛ] *nm* (*Anat*) wrist; (*Habillement*) cuff; V **force**.
poil [pwal] **1** *nm* (a) (*Anat*) hair. **avoir du** ~ *ou* **des** ~**s sur la poitrine** to have hairs on one's chest, have a hairy chest; **les** ~**s de sa barbe** (*entretenue*) the bristles *ou* hairs of his beard; (*mal rasée*) the stubble on his face; **sans** ~**s** *poitrine, bras* hairless; **il n'a pas un**

~ **sur le caillou*** he's as bald as a coot* *ou* an egg*; **il n'a pas un** ~ **de sec*** (*pluie*) he's drenched, he's soaked to the skin; (*sueur*) he's sweating in streams* *ou* like a pig‡.
  (b) *[animal]* hair; (*pelage*) coat. **monter un cheval à** ~**†† to ride a horse bareback; **en** ~ **de chèvre** goatskin (*épith*); **en** ~ **de lapin** rabbit-skin (*épith*); **en** ~ **de chameau** camelhair (*épith*); **caresser dans le sens du** ~ *chat* to stroke the right way; (*fig*) *personne* to rub up the right way; V **gibier**.
  (c) *[brosse à dents, pinceau]* bristle; *[tapis, étoffe]* strand; (*Bot*) *[plante]* down (*U*); *[artichaut]* choke (*U*). **les** ~**s d'un tapis** the pile of a carpet; **les** ~**s d'un tissu** the pile *ou* nap of a fabric.
  (d) (*: un petit peu*) **s'il avait un** ~ **de bon sens** if he had an iota *ou* an ounce of good sense; **à un** ~ **près, l'armoire ne passait pas sous la porte** a fraction more and the cupboard wouldn't have gone through the doorway; **ça mesure environ un mètre, à un** ~ **près** it measures one metre as near as makes no difference; **il n'y a pas un** ~ **de différence entre les deux** there isn't the slightest difference between the two (of them); **pousser qch d'un** ~ to shift sth a fraction; **il s'en est fallu d'un** ~ it was a near *ou* close thing *ou* a close shave*; V **quart**.
  (e) (*loc*) **à** ~**‡** starkers‡ (*Brit*), in the altogether*, in one's birthday suit*; **se mettre à** ~**‡** to strip off; **au** (**quart de**) ~* (*magnifique*) great*, fantastic*; (*précisément*) perfectly; **tu arrives au** ~, **j'allais partir** you've come just at the right moment — I was just about to leave; **ça me va au** ~* it suits me fine* *ou* to a T*; **de tout** ~ of all kinds, in all shapes and sizes; **avoir un** ~ **dans la main*** to be bone-idle*; (*péj*) **un jeune blanc-bec qui a même pas de** ~ **au menton*** a lad who's still wet behind the ears* (*péj*), a babe in arms (*péj*); **tu parleras quand tu auras du** ~ **au menton** you can have your say when you're out of short pants*; **être de bon/de mauvais** ~* to be in a good/bad mood; **tomber sur le** ~ **à qn** to go for* *ou* lay into* sb; **reprendre du** ~ **de la bête** *[maladie, plante]* to pick up (again), regain strength; *[rebelles]* to regain strength, be on the way up again.
  2: poil de carotte *personne* red-haired, red-headed; *cheveux* red, carroty; **poils follets** down (*U*); **poil à gratter** itching powder.
poilant, e‡ [pwalɑ̃, ɑ̃t] *adj* killing‡, killingly funny*.
poiler (se)‡ [pwale] (1) *vpr* to kill o.s. (laughing)‡.
poilu, e [pwaly] **1** *adj* hairy. **2** *nm* poilu (*French soldier in First World War*).
poinçon [pwɛ̃sɔ̃] *nm* (a) (*outil*) *[cordonnier]* awl; *[menuisier]* awl, bradawl; *[brodeuse]* bodkin; *[graveur]* style; *[bijou, or]* die, stamp. (b) (*estampille*) hallmark. (c) (*matrice*) pattern.
poinçonnage [pwɛ̃sɔnaʒ] *nm*, **poinçonnement** [pwɛ̃sɔnmɑ̃] *nm* (V **poinçonner**) stamping; hallmarking; punching, clipping.
poinçonner [pwɛ̃sɔne] (1) *vt marchandise* to stamp; *pièce d'orfèvrerie* to hallmark; *billet* to punch (a hole in), clip.
poinçonneur, -euse [pwɛ̃sɔnœʀ, øz] **1** *nm, f* (*Hist: personne*) ticket-puncher. **2 poinçonneuse** *nf* (*machine*) punching machine, punch press.
poindre [pwɛ̃dʀ(ə)] (49) **1** *vi* (*littér*) *[jour]* to break, dawn; *[aube]* to break; *[plante]* to come up, peep through. **2** *vt* (†) *[tristesse]* to afflict; *[douleur, amour]* to sting (*littér*).
poing [pwɛ̃] *nm* fist. **taper du** ~ *ou* **donner des coups de** ~ **sur la table** to thump the table (with one's fist), bang *ou* thump one's fist on the table; **les** ~**s sur les hanches** with (one's) hands on (one's) hips, with (one's) arms akimbo; **revolver au** ~ revolver in hand; **je vais t'envoyer** *ou* **te coller*** **mon** ~ **dans la figure** you'll get my fist in your face*, I'm going to thump* *ou* punch you; **montrer les** ~**s** to shake one's fist; **menacer qn du** ~ to shake one's fist at sb; V **dormir, pied, serrer**.
point¹ [pwɛ̃] **1** *nm* (a) (*endroit*) point, place, spot; (*Astron, Géom*) point; (*fig: situation*) point, stage. **pour aller d'un** ~ **à un autre** to go from one point *ou* place *ou* spot to another; **fixer un** ~ **précis dans l'espace** to stare at a fixed point in space; **déborder en plusieurs** ~**s** to overflow at several points *ou* in several places; **ils étaient venus de tous les** ~**s de l'horizon** they had come from all corners of the earth *ou* from all the points of the compass; **je reprends mon discours au** ~ **où je l'ai laissé** I take up my speech where *ou* at the point at which I left off; **avoir atteint le** ~ **où ..., en être arrivé au** ~ **où ...** to have reached the point *ou* stage where ...; **nous en sommes toujours au même** ~ we haven't got any further, we're no further forward; **c'est bête d'en être (arrivé) à ce** ~-**là et de ne pas finir** it's silly to have got so far *ou* to have reached this point *ou* stage and not to finish; **au** ~ **où on en est, cela ne changera pas grand-chose** considering the situation we're in, it won't make much difference.
  (b) (*degré*) (*Sci*) point; (*fig: niveau*) point, stage. ~ **d'ébullition/de congélation** boiling/freezing point; **jusqu'à un certain** ~ to some extent *ou* degree, up to a point, to a certain extent; **au plus haut** ~ *détester, admirer* intensely; **se méfier au plus haut** ~ **de qch** to be extremely mistrustful of *ou* highly sceptical about sth; **être au plus haut** ~ **de la gloire** to be at the peak *ou* summit of glory; **est-il possible d'être bête à ce** ~ (-**là**)! how can anyone be so (incredibly) stupid?, how stupid can you get?*; **vous voyez à quel** ~ **il est généreux** you see how (very) generous he is *ou* the extent of his generosity; **il ne pleut pas au** ~ **de mettre des bottes** it isn't raining enough for you to put boots on, it isn't raining so much that you need boots; **tirer sur une corde au** ~ **de la casser** to pull on a rope so much that it breaks, pull a rope to the point where it breaks; **sa colère avait atteint un** ~ **tel** *ou* **un tel** ~ **que ...** he was so (very) angry that ..., his anger was such that ...; **il en était arrivé à ce** ~ *ou* **à un tel** ~ **d'avarice que ...** he had become so miserly that ..., his avarice had reached such proportions that ...; **il a mangé au** ~ **de se rendre malade** he ate so much that he was sick; **c'était à ce** ~ **absurde que** it was so (very) absurd that.

(c) (*aspect, détail, subdivision*) point. **exposé en 3/4 ~s 3/4 point exposé; ~ de théologie/de philosophie** point of theology/ philosophy; **passons au ~ suivant de l'ordre du jour** let us move on to the next item on the agenda; **~ d'accord/de désaccord** point of agreement/disagreement; **~ mineur** *ou* **de détail** minor point, point of detail; **voilà déjà un ~ acquis** *ou* **de réglé** that's one thing *ou* point settled; **ils sont d'accord sur ce ~/sur tous les ~s** they are agreed on this point *ou* score/on all points *ou* scores *ou* counts; **se ressembler en tout ~** to resemble each other in every respect; **nous avons repris la question ~ par ~** we went over the question point by point; **de ~ en ~** point by point, in every detail, down to the last detail.

(d) (*position*) (*Aviat, Naut*) position. **recevoir le ~ par radio** to be given one's position by radio; (*Naut*) **faire le ~** to take a bearing, plot one's position; **faire le ~ de la situation** to take stock of the situation, review the situation; (*faire un compte rendu*) to sum up the situation.

(e) (*marque*) (*gén, Mus, en morse, sur i*) dot; (*ponctuation*) full stop; (*tache*) spot, speck; [*dé*] pip. **le bateau n'était plus qu'un ~ à l'horizon** the ship was now nothing but a dot *ou* speck *ou* spot on the horizon; (*fig*) **mettre les ~s sur les i** to dot one's i's (and cross one's t's), spell it out; **~, à la ligne** (*lit*) new paragraph; (*fig*) full stop (*Brit*), period; **tu n'iras pas, un ~ c'est tout** you're not going and that's all there is to it *ou* and that's that, you're not going — period *ou* full stop; *V* **deux**.

(f) [*score*] (*Cartes, Sport*) point; (*Scol, Univ*) mark, point; [*retraite*] unit; [*salaire*] point; (*Boxe*) **aux ~s** on points; **il a échoué d'un ~** he failed by one mark *ou* point; **la partie se joue en 15 ~s** the winner is the first person to get to *ou* to score 15 (points); (*fig*) **donner** *ou* **rendre des ~s à qn** to give sb points, give sb a (head) start; **bon/mauvais ~** (*Scol*) good/bad mark (*for conduct etc*); (*fig*) **plus/minus** (mark); **enlever un ~ par faute** to take a mark *ou* point off for every mistake.

(g) (*Méd*) **avoir un ~ dans le dos** to have a twinge (of pain) in one's back; **vous avez un ~ de congestion là** you have a spot of congestion there.

(h) (*Typ*) point.

(i) (*loc*) (*Culin*) **à ~ viande** medium; *fruit* just ripe (*attrib*), nicely ripe; *fromage* just right for eating (*attrib*); **arriver à ~ (nommé)** to arrive just at the right moment *ou* just when needed; **cela tombe à ~** that comes just at the right moment, that's just *ou* exactly what I (*ou* we *etc*) need; **au ~ image, photo** in focus; *affaire* completely finalized *ou* settled; *procédé, technique, machine* perfected; *discours, ouvrage* up to scratch (*attrib*), in its final form; **mettre au ~** to (bring into) focus; to finalize; to settle; to perfect; **mettre une affaire au ~ avec qn** to finalize *ou* settle all the details of a matter with sb; [*machine, spectacle*] **ce n'est pas encore au ~** it isn't quite up to scratch yet; **être sur le ~ de faire qch** to be (just) about to do sth, be just going to do sth, be on the point of doing sth; **j'étais sur le ~ de faire du café** I was just going to *ou* (just) about to make some coffee; *V* **mal, mise²**.

2: (*Aut*) **point d'ancrage** anchorage point; **point d'appui** (*Mil*) base of operations; [*levier*] fulcrum; [*personne*] something to lean on; **chercher un point d'appui** to look for something to lean on; **chercher un point d'appui pour placer une échelle** to look for somewhere to lean a ladder *ou* something to lean a ladder on *ou* against; **l'échelle a glissé de son point d'appui** the ladder slipped from where it was leaning *ou* from its resting place; **point d'attache** [*bateau*] mooring (post); (*fig*) base; (*Tennis*) **point d'avantage** break point; (*Anat*) **point aveugle** blind spot; **points cardinaux** points of the compass, cardinal points; **point chaud** (*Mil*) trouble spot, hot spot; (*fig: endroit*) trouble spot; (*fait*) **c'est un des points chauds de l'actualité** it's one of today's talking points *ou* major issues; **point de chute** (*lit*) landing place; (*fig*) stopping-off place; **point de contrôle** checkpoint; **point de côté** stitch (*pain in the side*); (*Phys, fig*) **point critique** critical point; **point culminant** [*gloire, réussite, panique, épidémie*] height; [*affaire, scandale*] climax, culmination; [*montagne*] peak, summit; [*carrière*] height, zenith; **point de départ** [*train, autobus*] point of departure; [*science, réussite, aventure*] starting point; [*enquête*] point of departure, starting point; (*Sport*) start; **revenir à son point de départ** to come back to where it (*ou* one) started; (*fig*) **nous voilà revenus au point de départ** (so) we're back to square one*, we're back where we started; **point de droit** point of law; **point d'eau** (*source*) watering place; [*camping*] water (supply) point; **point d'exclamation** exclamation mark (*Brit*) *ou* point (*US*); **point faible** weak point; **point de fait** point of fact; **point final** (*lit*) full stop (*Brit*), period (*US*); (*fig*) **mettre un point final à qch** to put an end to sth, bring sth to an end; **point fort** strong point; **point d'honneur** point of honour; **mettre un point d'honneur à** *ou* **se faire un point d'honneur de faire qch** to make it a point of honour to do sth; **point d'impact** point of impact; **point d'information** point of information; **point d'interrogation** question mark; **qui sera élu, c'est là le point d'interrogation** who will be elected — that's the big question (mark) *ou* that's the 64,000-dollar question*; **point d'intersection** point of intersection; **point du jour** daybreak, break of day; **point lumineux** dot *ou* spot of light; **point de mire** (*lit*) target; (*fig*) focal point; **point mort** (*Tech*) dead centre; (*Aut*) neutral; **au point mort** (*Aut*) in neutral; [*négociations, affaires*] at a standstill; **point névralgique** nerve centre; (*fig*) sensitive spot; **point noir** [*visage*] blackhead; (*fig: problème*) problem, difficulty; (*Aut: lieu d'accidents*) blackspot; **point de non-retour** point of no return; **point d'ordre** point of order; (*Mus*) **point d'orgue** pause; **point de ralliement** rallying point; **point de ravitaillement** (*en nourriture*) refreshment point, staging point; (*en essence*) refuelling point; **point de rencontre** meeting point; **point de repère** (*dans l'espace*) landmark; (*dans le temps*) point of reference; (*Mus*) **points de**

reprise repeat marks; **point de rouille** spot *ou* speck of rust; **point de rupture** (*gén*) breaking point; (*Ordin*) breakpoint; (*Sci, fig*) **point de saturation** saturation point; **point sensible** (*sur la peau*) tender spot; (*Mil*) trouble spot; (*fig*) sensitive area, sore point; **point de soudure** spot *ou* blob of solder; **point stratégique** key point; **points de suspension** suspension points; **point de tangence** tangential point; (*Comm*) **point de vente** point of sale, sales outlet; **'points de vente dans toute la France'** 'on sale throughout France'; **liste des ~ de vente** list of stockists *ou* retailers; **point virgule** semicolon; (*Ling*) **point voyelle** vowel point; **point de vue** (*lit*) view(point); (*fig*) point of view, standpoint; **du ou au point de vue argent** from the financial point of view *ou* standpoint *ou* viewpoint, as regards money, moneywise*; **nous aimerions connaître votre point de vue sur ce sujet** we should like to know your point of view *ou* standpoint *ou* where you stand in this matter.

point² [pwɛ̃] **1** *nm* (*Couture, Tricot*) stitch. **bâtir à grands ~s** to tack; **coudre à grands ~s** to sew *ou* stitch using a long stitch; **faire un (petit) ~ à qch** to put a stitch in sth.

2: point d'Alençon Alençon lace; **point d'arrêt** finishing-off stitch; **point arrière** backstitch; **point de chaînette** chain stitch; **point de chausson** (*Couture*) blind hem stitch; (*Broderie*) closed herringbone stitch; **point de couture** stitch; **point de croix** cross-stitch; **point devant** running stitch; **point d'épine** feather stitch; **point de feston** blanket stitch; **point de jersey** stocking stitch; **point mousse** moss stitch; **point d'ourlet** hem-stitch; (*Med*) **point de suture** stitch; **faire des points de suture à** to put stitches in, stitch up; **point de tapisserie** canvas stitch; **point de tige** stem stitch; **point de tricot** knitting stitch; **point de Venise** rose point.

point³ [pwɛ̃] *adv* (*littér, hum*) = **pas²**.

pointage [pwɛtaʒ] *nm* (a) (*action: V* **pointer¹**) ticking *ou* checking *ou* marking off; checking in; checking out; pointing, aiming, levelling; training; directing; dotting; starting off; clocking in; clocking out. **(b)** (*contrôle*) check.

pointe [pwɛ̃t] **1** *nf* (a) (*extrémité*) [*aiguille, épée*] point; [*flèche, lance*] head, point; [*couteau, crayon, clocher, clou*] point, tip; [*canne*] (pointed) end, tip, point; [*montagne*] peak, top; [*menton, nez, langue, ski*] tip; [*moustache, seins, col*] point; [*chaussure*] toe. **à la ~ de l'île** at the tip of the island; **chasser l'ennemi à la ~ de l'épée/de la baïonnette** to chase away the enemy with swords drawn/at bayonet point.

(b) (*partie saillante*) [*grillage*] spike; [*côte*] headland. **la côte forme une ~** *ou* **s'avance en ~ à cet endroit** the coast juts out (into the sea) *ou* forms a headland at that point; **objet qui forme une ~** object that tapers (in)to a point; (*Danse*) **faire des ~s** to dance on points; (*Danse*) **chausson à ~** block *ou* block shoe; **en ~ barbe** in a point, pointed; *col* pointed; **décolleté en ~** plunging V-neckline; **tailler en ~** *arbre, barbe* to cut *ou* trim in a point; *crayon* to sharpen (in)to a point; **clocher/canne qui se termine en ~** bell-tower/stick with a pointed tip *ou* that ends in a point.

(c) (*clou*) tack; (*Sport*) [*chaussure*] spike; (*outil pointu*) point. **tu cours avec des tennis ou avec des ~s?** do you run in trainers or spikes?

(d) (*foulard*) triangular (neck)scarf; (*couche de bébé*) (triangular-)shaped nappy (*Brit*) *ou* diaper (*US*).

(e) (*allusion ironique*) pointed remark; (*trait d'esprit*) witticism.

(f) (*petite quantité*) **~ de ail** touch *ou* dash *ou* hint of; *ironie, jalousie* touch *ou* tinge *ou* hint of; **il a une ~ d'accent** he has a hint of an accent.

(g) (*maximum*) peak. (*Aut*) **faire des ~s (de vitesse) de 140** to have the occasional burst of 140 km/h; **à la ~ du combat** in the forefront of (the) battle; **à la ~ de l'actualité** in the forefront of current affairs *ou* of the news; **à la ~ du progrès** in the forefront *ou* the front line *ou* at the leading edge of progress; **de ~ industrie** leading, high-tech; *technique* latest, ultramodern, advanced; *vitesse* top, maximum; **heure** *ou* **période de ~** [*gaz, électricité*] peak period; [*circulation*] rush *ou* peak hour; **faire** *ou* **pousser une ~ jusqu'à Paris** to push *ou* press on as far as Paris; **faire** *ou* **pousser une ~ de vitesse** [*athlète, cycliste, automobiliste*] to put on a burst of speed, put on a spurt, step on it*; (*Aut*) **faire du 200 km/h en ~** to have a top *ou* maximum speed of 200 km/h.

(h) (*Naut*) [*compas*] point.

2: pointe d'asperge asparagus tip *ou* spear; **pointe Bic** ® biro ® (*Brit*), ball-point (pen), ball pen; (*Méd*) **pointes de feu** ignipuncture (*Brit*); **faire des pointes de feu à qn** to perform ignipuncture (*Brit*) on sb; (*stylo*) **pointe fibre** fibre-tip (pen); (*littér*) **pointe du jour** daybreak; **la pointe des pieds** the toes; **(se mettre) sur la pointe des pieds** (to stand) on tiptoe *ou* on one's toes; **marcher/entrer sur la pointe des pieds** to walk/come in on tiptoe *ou* on one's toes; (*Art*) **pointe sèche** dry-point; **gravure à la pointe sèche** dry-point engraving; **pointe de terre** spit *ou* tongue of land, headland.

pointeau, *pl* **~x** [pwɛto] *nm* (a) [*carburateur, graveur*] needle. **(b)** (*Ind: surveillant*) timekeeper.

pointer¹ [pwɛte] (1) **1** *vt* (a) (*cocher*) to tick off, check off, mark off. (*Naut*) **~ (sa position sur) la carte** to prick off *ou* plot one's position; *V* **zéro**.

(b) (*Ind*) *employé* (*à l'arrivée*) to clock *ou* check in; (*au départ*) to clock *ou* check out.

(c) (*braquer*) *fusil* to point, aim, level (*vers, sur* at); *jumelles* to train (*vers, sur* on); *lampe* to direct (*vers, sur* towards); *boule* (*de pétanque*) to roll (*as opposed to throw*). **il pointa vers elle un index accusateur** he pointed *ou* directed an accusing finger at her.

(d) (*Mus*) *note* to dot. **notes pointées** dotted rhythm.

(e) (*Tech*) *trou de vis* to start off.

2 *vi* [*employé*] (*arrivée*) to clock in, check in; (*départ*) to clock out, check out.

3 se pointer *vpr* (*arriver*) to turn up*, show up*.

pointer² [pwɛ̃te] (1) **1** *vt* (a) (*piquer*) to stick. **il lui pointa sa lance dans le dos** he stuck his lance into his back.

(b) (*dresser*) **église qui pointe ses tours vers le ciel** church whose towers soar (up) into the sky; **chien qui pointe les oreilles** dog which pricks up it ears.

2 *vi* (*littér*) (a) (*s'élever*) [*tour*] to soar up.

(b) (*apparaître*) [*plante*] to peep out; (*fig*) [*ironie*] to pierce through. **ses seins pointaient sous la robe** the points of her breasts showed beneath her dress; **le jour pointait** day was breaking *ou* dawning; **le bateau pointait à l'horizon** the boat appeared as a dot on the horizon.

pointer³ [pwɛ̃tœʀ] *nm* (*chien*) pointer.

pointeur [pwɛ̃tœʀ] *nm* (*Ind, Sport*) timekeeper; [*boules*] *player who rolls the bowl (as opposed to throwing it)*; [*canon*] gun-layer.

pointillage [pwɛ̃tijaʒ] *nm* stipple, stippling.

pointillé, e [pwɛ̃tije] (*ptp de* **pointiller**) **1** *adj* dotted.

2 *nm* (a) (*Art*) (*procédé*) stipple, stippling; (*gravure*) stipple.

(b) (*trait*) dotted line; (*perforations*) perforation(s). **en ~** dotted; **'détacher suivant le ~'** 'tear along the dotted line'.

pointillement [pwɛ̃tijmã] *nm* = **pointillage**.

pointiller [pwɛ̃tije] (1) (*Art*) **1** *vi* to draw (*ou* engrave) in stipple. **2** *vt* to stipple.

pointilleux, -euse [pwɛ̃tijø, øz] *adj* particular, pernickety (*péj*), fussy (*péj*) (*sur* about).

pointillisme [pwɛ̃tijism(ə)] *nm* pointillism.

pointilliste [pwɛ̃tijist(ə)] *adj, nmf* pointillist.

pointu, e [pwɛ̃ty] **1** *adj* (a) (*lit*) (*en forme de pointe*) pointed; (*aiguisé*) sharp.

(b) (*péj*) air touchy, peevish, peeved; *caractère* touchy, peevish, crabbed; *voix, ton* shrill. **accent ~** northern accent (*expression used by people from South of France*).

(c) (*fig*) *analyse* in-depth; *sujet* specialized.

2 *adv*: **parler ~** to speak with *ou* have a northern accent.

pointure [pwɛ̃tyʀ] *nf* [*gant, chaussure*] size. **quelle est votre ~?, quelle ~ faites-vous?** what size do you take *ou* are you?

poire [pwaʀ] **1** *nf* (a) (*fruit*) pear. **il m'a dit cela entre la ~ et le fromage** ≃ he told me that (casually) over coffee (*at the end of a meal*); **V couper, garder**.

(b) (*: tête*) mug‡, face. **il a une bonne ~** he's got a nice enough face; **se ficher de** *ou* **se payer la ~ de qn** (*ridiculiser*) to have a good laugh at sb's expense; (*tromper*) to take sb for a ride*; **en pleine ~** right in the face.

(c) (*: dupe*) mug* (*Brit*), sucker*. **c'est une bonne ~** he's a real mug* (*Brit*) *ou* sucker*.

2 *adj*: **être ~*** to be a mug* (*Brit*) *ou* a sucker*.

3: poire électrique switch (*pear-shaped*); **poire à injections** syringe; **poire à lavement** enema; **poire à poudre** powder horn.

poiré [pwaʀe] *nm* perry.

poireau, *pl* **~x** [pwaʀo] *nm* leek. (*fig*) **faire le ~*** to hang about*; **elle m'a fait faire le ~ pendant 2 heures*** she kept *ou* left me hanging about for 2 hours.

poireauter* [pwaʀote] (1) *vi* to be left kicking *ou* cooling one's heels*. **faire ~ qn** to leave sb to kick *ou* cool his (*ou* her) heels*, leave sb kicking *ou* cooling his (*ou* her) heels*.

poirée [pwaʀe] *nf* (*bette*) Chinese leaves (*pl*).

poirier [pwaʀje] *nm* pear tree. (*fig*) **faire le ~** to do a headstand.

pois [pwa] **1** *nm* (a) (*légume*) pea. **petits ~** (garden) peas. (b) (*Habillement*) (polka) dot, spot. **robe à ~** dotted *ou* spotted *ou* polka dot dress. **2: pois cassés** split peas; **pois chiche** chickpea; **pois de senteur** sweet pea.

poiscaille* [pwaskaj] *nm ou f* (*péj*) fish.

poison [pwazɔ̃] **1** *nm* (*lit, fig*) poison. **on a mis du ~ dans sa soupe** his soup was poisoned. **2** *nmf* (**fig: personne**) misery*, misery-guts‡; (*enfant*) little horror*; (*chose*) drag*, **bad*** (*Brit*).

poissard, e [pwasaʀ, aʀd(ə)] **1** *adj* accet, langage vulgar, coarse. **2 poissarde** *nf*: **parler comme une ~e** to talk like a fishwife.

poisse‡ [pwas] *nf* rotten luck*, bad luck. **avoir la ~** to have rotten* *ou* bad luck; **quelle ~!, c'est la ~!** just my (*ou* our) (rotten) luck!*; **ne le fais pas, ça porte la ~** don't do that — it's bad luck *ou* it's unlucky; **ça leur a porté la ~** that brought them bad luck.

poisser [pwase] (1) *vt* (a) (‡: *attraper*) to nab‡, cop‡. (b) (*salir*) to make sticky; (*engluer*) *cordage* to pitch.

poisseux, -euse [pwasø, øz] *adj* mains, surface sticky.

poisson [pwasɔ̃] **1** *nm* (a) fish. **pêcher du ~** to fish; **2/3 ~s** 2/3 fish *ou* fishes; **fourchette/couteau à ~** fish fork/knife; **être (heureux) comme un ~ dans l'eau** to be in one's element, be as happy as a sandboy; **insulter** *ou* **engueuler qn comme du ~ pourri** to call sb all the names under the sun, bawl at sb; **V queue**.

(b) (*Astron*) **les P~s** Pisces, the Fishes; **être (des) P~s** to be Pisces *ou* a Piscean.

2: poisson d'avril (*excl*) April fool!; (*nm: blague*) April fool's trick; **poisson(-)chat**, *pl* **poissons(-)chats** catfish; **poisson d'eau douce** freshwater fish; **poisson épée** swordfish; **poisson lune** sunfish; **poisson de mer** saltwater fish; **poisson perroquet** parrotfish; **poisson pilote** pilotfish; **poisson plat** flatfish; **poisson rouge** goldfish; **poisson scie** sawfish; **poisson volant** flying fish.

poissonnerie [pwasɔnʀi] *nf* (*boutique*) fishmonger's (shop), fishshop; (*métier*) fish trade.

poissonneux, -euse [pwasɔnø, øz] *adj* full of fish (*attrib*), well-stocked with fish, abounding in fish (*attrib*).

poissonnier [pwasɔnje] *nm* fishmonger.

poissonnière [pwasɔnjɛʀ] *nf* (a) (*personne*) (woman) fishmonger, fishwife. (b) (*ustensile*) fish kettle.

poitevin, e [pwatvɛ̃, in] **1** *adj* Poitou (*épith*), of Poitou; Poitiers (*épith*), of Poitiers. **2** *nm, f*: **P~(e)** inhabitant *ou* native of Poitou *ou* Poitiers.

poitrail [pwatʀaj] *nm* (*Zool*) breast; (*hum: poitrine*) chest.

poitrinaire† [pwatʀinɛʀ] **1** *adj*: **être ~** to have TB, be tuberculous (*T*). **2** *nmf* tuberculosis sufferer.

poitrine [pwatʀin] *nf* (*gén*) chest, breast (*littér*); (*seins*) bust, bosom; (*Culin*) [*veau, mouton*] breast; [*porc*] belly. **~ salée** (*ou* **fumée**) ≃ streaky bacon; **~ de bœuf** brisket (of beef); **maladie de ~†** chest complaint; **elle a beaucoup de ~** she has a big bust *ou* bosom, she's big-busted; **elle n'a pas de ~** she's flat-chested, she has no bust; **V fluxion, tour², voix**.

poivrade [pwavʀad] *nf* (*Culin*) vinaigrette (sauce) with pepper. (**à la**) **~** with salt and pepper.

poivre [pwavʀ(ə)] **1** *nm* pepper; **V moulin, steak**. **2: poivre blanc** white pepper; **poivre de Cayenne** Cayenne pepper; **poivre en grains** whole pepper, peppercorns (*pl*); **poivre gris** black pepper; **poivre moulu** ground pepper; **poivre noir** black pepper; **poivre en poudre** = **poivre moulu**; **poivre rouge** red pepper; **poivre et sel** *adj inv* cheveux pepper-and-salt; **poivre vert** green pepper (*spice*).

poivré, e [pwavʀe] (*ptp de* **poivrer**) *adj* plat, goût, odeur peppery; (*fig*) histoire spicy, juicy*, saucy*; (‡: *soûl*) pickled‡, plastered‡.

poivrer [pwavʀe] (1) **1** *vt* to pepper, put pepper in *ou* on. **2 se poivrer‡** *vpr* (*se soûler*) to get pickled‡ *ou* plastered‡.

poivrier [pwavʀije] *nm* (a) (*Bot*) pepper plant. (b) (*Culin*) pepperpot, pepper shaker (*US*).

poivrière [pwavʀijɛʀ] *nf* (a) (*Culin*) pepperpot, pepper shaker (*US*). (b) (*plantation*) pepper plantation. (c) (*Archit*) pepper-box.

poivron [pwavʀɔ̃] *nm*: **~ (vert)** green pepper, capsicum; **~ rouge** red pepper, capsicum.

poivrot, e* [pwavʀo, ɔt] *nm, f* drunkard, wino‡, tippler*, boozer‡.

poix [pwa] *nf* pitch (*tar*).

poker [pokɛʀ] *nm* (*Cartes*) (*jeu*) poker; (*partie*) game of poker. **faire un ~** to have a game of poker; **~ d'as/de dames** four aces/queens; **~ d'as** (*jeu*) poker dice; (*fig*) coup de **~** gamble.

polaire [polɛʀ] **1** *adj* (*Chim, Géog, Math*) polar. **froid ~** arctic cold; **V cercle, étoile. 2** *nf* (*Math*) polar.

polaque [polak] *nm* (*péj*) Polack (*péj*).

polar* [polaʀ] *nm* (*roman*) whodunnit*, thriller.

polard, e [polaʀ, aʀd(ə)] *nm, f* (*péj, arg Scol*) swot*.

polarisant, e [polaʀizã, ãt] *adj* (*Élec, Phys*) polarizing.

polarisation [polaʀizasjɔ̃] *nf* (*Élec, Phys*) polarization; (*fig*) focusing.

polariser [polaʀize] (1) **1** *vt* (a) (*Élec, Phys*) to polarize.

(b) (*fig: faire converger sur soi*) attention, regards to attract. **problème qui polarise toute l'activité/tout le mécontentement** problem around *ou* upon which all the activity/discontent centres *ou* is centred.

(c) (*fig: concentrer*) **~ son attention sur qch** to focus *ou* centre one's attention on sth; **~ son énergie sur qch** to bring all one's energies to bear on sth.

2 se polariser *vpr* (*Phys*) to polarize. **se ~ sur qch** [*mécontentement, critiques*] to be centred (a)round *ou* upon sth, be focused upon sth; [*personne*] to focus *ou* centre one's attention on sth.

polariseur [polaʀizœʀ] *adj, nm*: (prisme) **~** polarizer.

polarité [polaʀite] *nf* (*Bio, Ling, Math, Phys*) polarity.

polaroïd [polaʀoid] *nm* ® polaroid ®. (**appareil-photo**) **polaroid** ® Polaroïd ® camera.

polder [poldɛʀ] *nm* polder.

pôle [pol] *nm* (*Sci, fig*) pole. **P~ Nord/Sud** North/South Pole; **~ magnétique** magnetic pole; (*fig*) **~ d'attraction** centre of attraction.

polémique [polemik] **1** *adj* controversial, polemic(al).

2 *nf* controversy, argument, polemic. **engager une ~ avec qn** to enter into an argument with sb; **chercher à faire de la ~** to try to be controversial; (*débat*) **une grande ~ s'est engagée sur ...** a great debate has been started about *ou* on ... .

polémiquer [polemike] (1) *vi* to be involved in controversy.

polémiste [polemist(ə)] *nmf* polemist, polemicist.

polémologie [polemɔlɔʒi] *nf* study of war.

poli, e¹ [pɔli] *adj* polite. **être ~ avec qn** to be polite to sb; **il est trop ~ pour être honnête** his politeness makes me suspicious of his motives, he's so polite I smell a rat; **soyez ~!** don't be so rude!

poli, e² [pɔli] (*ptp de* **polir**) **1** *adj* bois, ivoire polished; *métal* burnished, polished; *caillou* smooth. **2** *nm* shine. **donner du ~ à** to put a shine on, polish (up).

police¹ [polis] **1** *nf* (a) (*corps*) police (*U*), police force. **voiture de ~** police car; **être dans** *ou* **de la ~** to be in the police (force), be a policeman; **la ~ est à ses trousses** the police are after him *ou* are on his tail; **la guerre des ~s** the rivalry between different branches of the police; **toutes les ~s de France** the police throughout France; **après avoir passé la douane et les formalités de ~** once you've gone through customs and immigration; **V plaque, salle**.

(b) (*maintien de l'ordre*) policing, enforcement of (law and) order. **les pouvoirs de ~ dans la société** powers to enforce *ou* maintain law and order in society; **exercer** *ou* **faire la ~** to keep (law and) order; **faire la ~ dans une classe** to police a class, keep order in a class, keep a class in order; **faire sa propre ~** to do one's own policing, keep (law and) order for o.s.

(c) (*règlements*) regulations (*pl*). **~ intérieure d'un lycée** internal regulations of a school.

(d) (*tribunal*) **passer en simple ~** to be tried in a police *ou* magistrates' court; **V tribunal**.

2: police de l'air et des frontières border police; **police de la circulation** traffic police; **police judiciaire** ≃ Criminal Investigation Department; **police des mœurs** *ou* **mondaine** ≃ vice squad; (*Can*) **police montée** *ou* **à cheval** mounted police, mounties*; **police nationale** national police force; **police parallèle** *unofficial government police*, parapolice; **police privée** private police force; **police de la route** traffic police (*Brit*), state highway patrol (*US*);

police secours police (*special service for emergencies*), ≃ emergency services (*pl*); **appeler police secours** ≃ to dial 999 (*Brit*); **police secrète** secret police.

police² [pɔlis] *nf* (insurance) policy. ~ **d'assurance vie** life insurance *ou* assurance policy; ~ **d'assurance contre l'incendie** fire insurance policy.

policer [pɔlise] (3) *vt* (*littér*, ††) to civilize.

polichinelle [pɔliʃinɛl] *nm* (a) (*Théât*) P~ Punchinello; *V* secret. (b) (*marionnette*) Punch. (c) (*fig péj: personne*) buffoon. **faire le** ~ to act the buffoon. (d) (‡: *être enceinte*) **avoir un** ~ **dans le tiroir** to have a bun in the oven‡.

policier, -ière [pɔlisje, jɛʀ] **1** *adj* chien, enquête, régime police (*épith*); film, roman detective (*épith*). **2** *nm* (a) (*agent*) policeman, police officer, member of the police force. (b) (*roman*) detective novel; (*film*) detective film.

policlinique [pɔliklinik] *nf* out-patients' clinic.

poliment [pɔlimɑ̃] *adv* politely.

polio [pɔljo] *nf* (*abrév de* **poliomyélite**) (*maladie*) polio; (*malade*) polio victim.

poliomyélite [pɔljɔmjelit] *nf* poliomyelitis.

poliomyélitique [pɔljɔmjelitik] **1** *adj* suffering from polio. **2** *nmf* polio victim.

polir [pɔliʀ] (2) *vt* (a) meuble, objet, souliers to polish (up), put a polish *ou* shine on; pierre, verre to polish; métal to polish, burnish, buff; ongles to polish, buff. (b) (*fig*) discours to polish (up); style to polish; manières to polish, refine.

polissage [pɔlisaʒ] *nm* (*V* **polir**) polishing; shining; burnishing; buffing.

polisseur, -euse [pɔlisœʀ, øz] *nm,f* polisher.

polissoir [pɔliswaʀ] *nm* polisher, polishing machine. ~ **à ongles** nail buffer.

polisson, -onne [pɔlisɔ̃, ɔn] **1** *adj* (a) (*espiègle*) enfant naughty, bad, rascally; air naughty.

(b) (*grivois*) chanson naughty, saucy; regard saucy, randy*. **2** *nm,f* (*enfant*) (little) rascal, (little) devil*; (*personne égrillarde*) saucy *ou* randy devil*; (††: petit vagabond) street urchin.

polissonner [pɔlisɔne] (1) *vi* to be naughty.

polissonnerie [pɔlisɔnʀi] *nf* (a) (*espièglerie*) naughty trick. (b) (*grivoiserie*) (*parole*) naughty *ou* saucy remark; (*action*) naughty thing.

politesse [pɔlitɛs] *nf* (a) (*savoir-vivre*) politeness, courtesy. **par** ~ out of politeness, to be polite; *V* brûler, formule, visite.

(b) (*parole*) polite remark; (*action*) polite gesture. **rendre une** ~ to return a favour; **se faire des** ~**s** (*paroles*) to exchange polite remarks; (*actions*) to make polite gestures to one another.

politicard [pɔlitikaʀ] *nm* (*péj*) politician, political schemer.

politicien, -ienne [pɔlitisjɛ̃, jɛn] (*péj*) **1** *adj* politicking (*péj*). (*péj*) **la politique** ~**ne** politicking, politics for its own sake. **2** *nm,f* politician, political schemer.

politico- [pɔlitiko] *préf* politico-.

politique [pɔlitik] **1** *adj* (a) institutions, économie, parti, prisonnier, pouvoir political; carrière political, in politics. **homme** ~ politician; **compte rendu de la semaine** ~ report on the week in politics.

(b) (*littér: habile*) personne diplomatic; acte, invitation diplomatic, politic.

2 *nf* (a) (*science, carrière*) politics (*sg*). **faire de la** ~ (*militantisme*) to be a political activist; (*métier*) to be in politics.

(b) (*Pol, fig: ligne de conduite*) policy; (*manière de gouverner*) policies. **la** ~ **extérieure du gouvernement** the government's foreign policy; **l'opposition se plaint de la** ~ **du gouvernement** the opposition is complaining about the government's policies; **avoir une** ~ **de gauche/droite** to follow left-/right-wing policies; ~ **des prix et des revenus** prices and incomes policy; (*fig*) **il est de bonne** ~ **de faire** it is good policy to do; **la** ~ **du moindre effort** the principle of least effort; **la** ~ **du pire** the policy of adopting the worst possible line in order to attain one's own ends; **pratiquer la** ~ **de l'autruche** to bury one's head in the sand; **c'est faire la** ~ **de l'autruche** it's like burying one's head in the sand.

3 *nm* (*politicien*) politician; (*aspects politiques*) politics, the political side of things.

politiquement [pɔlitikmɑ̃] *adv* (*lit*) politically; (*fig littér*) diplomatically.

politiquer*† [pɔlitike] (1) *vi* to talk (about) politics.

politisation [pɔlitizasjɔ̃] *nf* politicization.

politiser [pɔlitize] (1) *vt* débat to politicize, bring politics into; événement to make a political issue of.

politologie [pɔlitɔlɔʒi] *nf* political science.

politologue [pɔlitɔlɔg] *nmf* political pundit *ou* analyst *ou* expert.

polka [pɔlka] *nf* polka.

pollen [pɔlɛn] *nm* pollen.

polluant, e [pɔlɥɑ̃, ɑ̃t] *adj* polluting. **produit** ~ pollutant, polluting agent.

polluer [pɔlɥe] (1) *vt* to pollute.

pollueur, -euse [pɔlɥœʀ, øz] **1** *adj* polluting. **2** *nm,f* pollutant, polluting agent.

pollution [pɔlysjɔ̃] *nf* pollution. (*Méd*) ~**s nocturnes** wet dreams.

polo [pɔlo] *nm* (a) (*Sport*) polo. (b) (*chemise*) sports shirt.

polochon* [pɔlɔʃɔ̃] *nm* bolster. **sac** ~ duffel bag.

Pologne [pɔlɔɲ] *nf* Poland.

polonais, e [pɔlɔnɛ, ɛz] **1** *adj* Polish. **2** *nm* (a) P~ Pole; *V* soûl. (b) (*Ling*) Polish. **3** *polonaise* *nf* (a) P~e Pole. (b) (*Mus, danse*) polonaise. (c) (*gâteau*) polonaise (*meringue-covered sponge cake containing preserved fruit*).

polonium [pɔlɔnjɔm] *nm* polonium.

poltron, -onne [pɔltʀɔ̃, ɔn] **1** *adj* cowardly, craven (*littér*). **2** *nm,f* coward.

poltronnerie [pɔltʀɔnʀi] *nf* cowardice.

poly... [pɔli] *préf* poly... .

polyacide [pɔliasid] *adj, nm* polyacid.

polyamide [pɔliamid] *nm* polyamide.

polyandre [pɔljɑ̃dʀ(ə)] *adj* femme, plante polyandrous.

polyandrie [pɔliɑ̃dʀi] *nf* polyandry.

polyarchie [pɔljaʀʃi] *nf* polyarchy.

polyarthrite [pɔliaʀtʀit] *nf* polyarthritis.

polychrome [pɔlikʀom] *adj* polychrome, polychromatic.

polyclinique [pɔliklinik] *nf* private general hospital.

polycopie [pɔlikɔpi] *nf* duplication, stencilling. **tiré à la** ~ duplicated, stencilled.

polycopié [pɔlikɔpje] *nm* (*Univ*) (*payant*) duplicated lecture notes (*sold to students*); (*gratuit*) handout.

polycopier [pɔlikɔpje] (7) *vt* to duplicate, stencil. **cours polycopiés** duplicated lecture notes (*sold to students*); **machine à** ~ duplicator.

polyculture [pɔlikyltyʀ] *nf* mixed farming.

polyèdre [pɔljɛdʀ(ə)] **1** *adj* angle, solide polyhedral. **2** *nm* polyhedron.

polyédrique [pɔliedʀik] *adj* polyhedral.

polyester [pɔliɛstɛʀ] *nm* polyester.

polyéthylène [pɔlietilɛn] *nm* polyethylene.

polygame [pɔligam] **1** *adj* polygamous. **2** *nm* polygamist.

polygamie [pɔligami] *nf* polygamy.

polyglotte [pɔliglɔt] *adj, nmf* polyglot.

polygonal, e, mpl -aux [pɔligɔnal, o] *adj* polygonal, many-sided.

polygone [pɔligɔn] *nm* (*Math*) polygon; (*fig: zone*) area, zone. (*Mil*) ~ **de tir** rifle range.

polygraphe [pɔligʀaf] *nmf* polygraph.

poly-insaturé, e [pɔliɛ̃satyʀe] *adj* polyunsaturated.

polymère [pɔlimɛʀ] *nm* polymer. **2** *nm* polymeric.

polymérisation [pɔlimeʀizasjɔ̃] *nf* polymerization.

polymériser *vt*, **se polymériser** *vpr* [pɔlimeʀize] (1) to polymerize.

polymorphe [pɔlimɔʀf(ə)] *adj* polymorphous, polymorphic.

polymorphie [pɔlimɔʀfi] *nf*, **polymorphisme** [pɔlimɔʀfism(ə)] *nm* polymorphism

Polynésie [pɔlinezi] *nf* Polynesia.

polynésien, -ienne [pɔlinezjɛ̃, jɛn] **1** *adj* Polynesian. **2** *nm* (*Ling*) Polynesian. **3** *nm,f*: P~(ne) Polynesian.

polynévrite [pɔlinevʀit] *nf* polyneuritis.

Polynice [pɔlinis] *nm* Polynices.

polynôme [pɔlinom] *nm* polynomial (*Math*).

polynucléaire [pɔlinykleɛʀ] **1** *adj* polynuclear, multinuclear. **2** *nm* polymorphonuclear leucocyte.

polype [pɔlip] *n* (*Zool*) polyp; (*Méd*) polyp, polypus.

polyphasé, e [pɔlifaze] *adj* polyphase.

Polyphème [pɔlifɛm] *nm* Polyphemus.

polyphonie [pɔlifɔni] *nf* polyphony (*Mus*).

polyphonique [pɔlifɔnik] *adj* polyphonic (*Mus*).

polypier [pɔlipje] *nm* polypary.

polypore [pɔlipɔʀ] *nm* polyporus.

polysémie [pɔlisemi] *nf* polysemy.

polysémique [pɔlisemik] *adj* polysemous, polysemic.

polystyrène [pɔlistiʀɛn] *nm* polystyrene. ~ **expansé** expanded polystyrene.

polysyllabe [pɔlisilab] **1** *adj* polysyllabic. **2** *nm* polysyllable.

polysyllabique [pɔlisilabik] *adj* polysyllabic. **mot** ~ polysyllable.

polytechnicien, -ienne [pɔlitɛknisjɛ̃, jɛn] *nm,f* polytechnicien (*student or ex-student at the Ecole Polytechnique*).

polytechnique [pɔlitɛknik] *adj* (†) polytechnic. (l'**École**) ~ École Polytechnique.

polythéisme [pɔliteism(ə)] *nm* polytheism.

polythéiste [pɔliteist(ə)] **1** *adj* polytheistic. **2** *nmf* polytheist.

polyvalence [pɔlivalɑ̃s] *nf* polyvalency.

polyvalent, e [pɔlivalɑ̃, ɑ̃t] **1** *adj* (*Chim*) corps polyvalent; (*Méd*) sérum, vaccin polyvalent; (*fig*) rôle, traitement varied; attributions, usages various, many; personne versatile. **enseignement** ~ comprehensive education. **2** *nm* tax inspector (*sent to examine company's books*).

polyvinylique [pɔlivinilik] *adj* polyvinyl (*épith*).

pomélo [pomelo] *nm* grapefruit, pomelo (*US*).

Poméranie [pɔmeʀani] *nf* Pomerania; *V* loulou¹.

pommade [pɔmad] *nf* [peau] ointment; [cheveux] cream, pomade. (*fig*) **passer de la** ~ **à qn*** to butter sb up*, soft-soap sb*.

pommader [pɔmade] (1) *vt* (*péj*) cheveux to pomade; joues to paint.

pomme [pɔm] **1** *nf* (a) (*fruit*) apple; (*pomme de terre*) potato. (*fig*) **grand** *ou* **haut comme trois** ~**s*** knee-high to a grasshopper*; (*fig*) **tomber dans les** ~**s*** to faint, pass out.

(b) [chou, laitue] heart; [canne, lit] knob; [arrosoir, douche] rose; [mât] truck.

(c) (*) (tête) head, nut*; (visage) face, mug‡. **c'est pour ma** ~ it's for my own sweet self*.

2: **pomme d'Adam** Adam's apple; **pomme d'api** type of small apple; **pomme cannelle** sweetsop (*Brit*), custard apple; (**pommes**) **chips** (potato) crisps (*Brit*) *ou* chips (*US*); **pomme à cidre** cider apple; **pomme à couteau** eating apple; **pomme à cuire** cooking apple, cooker*; (*fig*) **pomme de discorde** bone of contention; **pommes frites** (*gén*) chips (*Brit*), French fries; (*au restaurant*) French fried potatoes; **bifteck (aux) pommes frites** steak and chips (*Brit*) *ou* French fries; **pomme golden** golden delicious (apple); **pommes mousseline** mashed potatoes; **pomme de pin** pine *ou* fir cone; **pomme de reinette** Cox's orange pippin (*Brit*);

pomme sauvage crab apple; **pomme de terre** potato; **pommes vapeur** boiled potatoes.

pommé, e [pɔme] (*ptp de* **pommer**) *adj chou* firm and round; *laitue* with a good heart.

pommeau, *pl* ~**x** [pɔmo] *nm [épée, selle]* pommel; *[canne]* knob.

pommelé, e [pɔmle] (*ptp de* **pommeler**) *adj cheval* dappled; *ciel* full of fluffy *ou* fleecy clouds, mackerel (*épith*). **gris** ~ dapple-grey.

pommeler (se) [pɔmle] (4) *vpr [ciel]* to become full of fluffy *ou* fleecy clouds; *[chou, laitue]* to form a head *ou* heart.

pommelle [pɔmɛl] *nf* filter (*over a pipe*).

pommer [pɔme] (1) *vi* (*Bot*) to form a head *ou* heart.

pommeraie [pɔmʀɛ] *nf* apple orchard.

pommette [pɔmɛt] *nf* cheekbone. **le rouge lui monta aux** ~**s** a flush came to his cheeks; ~**s saillantes** high cheekbones.

pommier [pɔmje] *nm* apple tree. ~ **sauvage** crab-apple tree.

Pomone [pɔmɔn] *nf* Pomona.

pompage [pɔ̃paʒ] *nm* pumping.

pompe¹ [pɔ̃p] **1** *nf* **(a)** (*machine*) pump. ~ **à air/à vide/de bicyclette** air/vacuum/bicycle pump; *V* **bateau, château, coup.**
(b) (**fig*: *chaussure*) shoe.
(c) (**loc*) **à toute** ~ at top speed, flat out*; (*Mil*) **(soldat de) deuxième** ~ private; (*Sport*) **faire des** ~**s** to do press-ups (*Brit*) *ou* push-ups (*US*).
2: pompe aspirante suction *ou* lift pump; **pompe aspirante et foulante** suction and force pump; **pompe à chaleur** heat pump; **pompe à essence** (*distributeur*) petrol (*Brit*) *ou* gasoline (*US*) pump; (*station*) petrol station (*Brit*), gas station (*US*); **pompe foulante** force pump; **pompe à incendie** fire engine (*apparatus*).

pompe² [pɔ̃p] *nf* **(a)** (*littér*: *solennité*) pomp. **en grande** ~ with great pomp.
(b) (*Rel*: *vanités*) ~**s** pomps and vanities; **renoncer au monde et à ses** ~**s** to renounce the world and all its pomps and vanities.
(c) ~**s funèbres** funeral director's (*Brit*), undertaker's, mortician's (*US*); **entreprise de** ~**s funèbres** funeral director's (*Brit*), funeral parlor (*US*); **employé des** ~**s funèbres** undertaker's (*Brit*) *ou* mortician's (*US*) assistant.

pompé, e [pɔ̃pe] (*ptp de* **pomper**) *adj* (*fatigué*) whacked‡ (*Brit*), pooped‡ (*US*), dead-beat‡, all-in*.

Pompée [pɔ̃pe] *nm* Pompey.

Pompéi [pɔ̃pei] *n* Pompeii.

pompéien, -enne [pɔ̃pejɛ̃, ɛn] **1** *adj* Pompeian. **2** *nm, f*: **P**~**(ne)** Pompeian.

pomper [pɔ̃pe] (1) *vt* **(a)** *air, liquide* to pump; *[moustique]* to suck (up); (*évacuer*) to pump out; (*faire monter*) to pump up. ~ **de l'eau** to get water from the pump, pump water out; **tu nous pompes l'air‡** you're getting us down*, we're getting fed up with you‡.
(b) *[éponge, buvard]* to soak up.
(c) (*arg Scol: copier*) to crib* (*sur* from).
(d) (‡: *boire*) to swill down*, knock back‡. **qu'est-ce qu'il pompe!** he can't half (*Brit*) *ou* he sure can (*US*) knock it back!‡
(e) (‡: *épuiser*) to wear out, tire out. **tout ce travail m'a pompé** I'm worn out* *ou* whacked‡ (*Brit*) *ou* pooped‡ (*US*) after (doing) all that work.

pompette* [pɔ̃pɛt] *adj* tipsy*.

pompeusement [pɔ̃pøzmɑ̃] *adv* pompously, pretentiously.

pompeux, -euse [pɔ̃pø, øz] *adj* (*ampoulé*) pompous, pretentious; (*imposant*) solemn.

pompier, -ière [pɔ̃pje, jɛʀ] **1** *adj* (*) *style, écrivain* pompous, pretentious; *morceau de musique* slushy*; *art* kitsch. **2** *nm* **(a)** fireman. **appeler les** ~**s** to call the fire brigade (*Brit*) *ou* department (*US*). **(b)** (*✲*) blow job‡✲.

pompiste [pɔ̃pist(ə)] *nmf* petrol (*Brit*) *ou* gasoline (*US*) pump attendant.

pompon [pɔ̃pɔ̃] *nm [chapeau, coussin]* pompom; *[frange, instrument]* bobble. **avoir son** ~**!*** to be tipsy*; (*fig iro*) **avoir** *ou* **tenir le** ~ to take the biscuit* (*Brit*) *ou* cake*, be the limit*; **c'est le** ~**!** it's the last straw!, that beats everything!*, that's the limit!*; *V* **rose.**

pomponner [pɔ̃pɔne] (1) *vt* to titivate, doll up*; *bébé* to dress up. **bien pomponné** all dolled up* *ou* dressed up. **2 se pomponner** *vpr* to titivate (o.s.), doll o.s. up*, get dolled up* *ou* dressed up.

ponant [pɔnɑ̃] *nm* (*littér*) west.

ponçage [pɔ̃saʒ] *nm* (*V* **poncer**) sanding (down); rubbing down; sandpapering; pumicing.

ponce [pɔ̃s] *nf* **(a)** (*pierre*) ~ pumice (stone). **(b)** (*Art*) pounce box.

Ponce Pilate [pɔ̃spilat] *nm* Pontius Pilate.

poncer [pɔ̃se] (3) *vt* **(a)** (*décaper*) (*avec du papier de verre*) to sand (down), rub down, sandpaper; (*avec une ponceuse*) to sand (down), rub down; (*avec une pierre ponce*) to pumice. **il faut** ~ **d'abord** it needs sanding down first.
(b) (*Art*) *dessin* to pounce.

ponceuse [pɔ̃søz] *nf* sander.

poncho [pɔ̃tʃo] *nm* (*cape*) poncho; (*chaussette*) slipper sock, Afghan slipper.

poncif [pɔ̃sif] *nm* (*cliché*) commonplace, cliché; (*Art*) stencil (*for pouncing*).

ponction [pɔ̃ksjɔ̃] *nf* (*Méd*) (*lombaire*) puncture; (*pulmonaire*) tapping; (*fig*) *[argent]* withdrawal. **par de fréquentes** ~**s il a épuisé son capital** he has dipped into *ou* drawn on his capital so often he has used it all up; **faire une sérieuse** ~ **dans ses économies** *[impôt]* to make a large hole in *ou* make serious inroads into one's savings; (*pour vacances etc*) to draw heavily on one's savings; (*hum*) **faire une** ~ **dans les bonbons** to raid the sweets; (*hum*) **faire une** ~ **dans une bouteille** to help o.s. to plenty out of a bottle.

ponctionner [pɔ̃ksjɔne] (1) *vt région lombaire* to puncture; *poumon* to tap.

ponctualité [pɔ̃ktɥalite] *nf* (*exactitude*) punctuality; (*assiduité*) punctiliousness (*frm*).

ponctuation [pɔ̃ktɥasjɔ̃] *nf* punctuation.

ponctuel, -elle [pɔ̃ktɥɛl] *adj* **(a)** (*à l'heure*) punctual; (*scrupuleux*) punctilious (*frm*), meticulous. **(b)** (*Phys*) punctual; (*fig: isolé*) limited; *intervention* selective; (*aspect d'un verbe*) punctual. **ces terroristes se livrent à des actions** ~**les** these terrorists strike selectively.

ponctuellement [pɔ̃ktɥɛlmɑ̃] *adv* (*V* **ponctuel**) punctually; punctiliously (*frm*), meticulously; selectively.

ponctuer [pɔ̃ktɥe] (1) *vt* (*lit, fig*) to punctuate (*de* with); (*Mus*) to phrase.

pondérateur, -trice [pɔ̃deratœr, tris] *adj influence* stabilizing, steadying.

pondération [pɔ̃derasjɔ̃] *nf* **(a)** *[personne]* level-headedness **(b)** (*équilibrage*) balancing; (*Écon*) weighting. ~ **des pouvoirs** balance of powers.

pondéré, e [pɔ̃dere] (*ptp de* **pondérer**) *adj personne, attitude* level-headed. **(b)** (*Écon*) **indice** ~ weighed index.

pondérer [pɔ̃dere] (6) *vt* (*équilibrer*) to balance; (*compenser*) to counterbalance (*par* by); (*Écon*) *indice* to weight.

pondéreux, -euse [pɔ̃derø, øz] **1** *adj marchandises, produits* heavy. **2** *nmpl*: **les** ~ heavy goods.

pondeur [pɔ̃dœr] *nm* (*péj*) ~ **de romans** writer who churns out books.

pondeuse [pɔ̃døz] *nf*: (**poule**) ~ good layer; ~ (**d'enfants**)* prolific child-bearer (*hum*).

pondre [pɔ̃dr(ə)] (41) **1** *vt œuf* to lay; (*) *enfant* to produce; *devoir, texte* to produce, turn out*. **œuf frais pondu** new-laid egg. **2** *vi [poule]* to lay; *[poisson, insecte]* to lay its eggs.

poney [pɔnɛ] *nm* pony.

pongé(e) [pɔ̃ʒe] *nm* (*Tex*) pongee.

pongiste [pɔ̃ʒist(ə)] *nmf* table tennis player.

pont [pɔ̃] **1** *nm* **(a)** (*Constr*) bridge; (*fig: lien*) bridge, link. **passer un** ~ to go over *ou* cross a bridge; **vivre** *ou* **coucher sous les** ~**s** to be a tramp; **se porter comme le P~-Neuf*** to be hale and hearty; **faire un** ~ **d'or à qn** (*pour l'employer*) to offer sb a fortune to take on a job; *V* **couper, eau, jeter.**
(b) (*Naut*) deck. ~ **avant/arrière/supérieur** fore/rear/upper *ou* top deck; **navire à 2/3** ~**s** 2/3 decker.
(c) (*Aut*) axle. ~ **avant/arrière** front/rear axle.
(d) (*vacances*) extra day(s) off (*taken between two public holidays or a public holiday and a weekend*). **on a un** ~ **de 3 jours pour Noël** we have 3 extra days (off) for *ou* at Christmas; **faire le** ~ to take the extra day (off), make a long weekend of it.
(e) (*Antiq*) (**royaume du**) **P**~ Pontus.
2: pont aérien airlift; **pont aux ânes** pons asinorum; **pont basculant** bascule bridge; **pont de bateaux** floating bridge, pontoon bridge; **les Ponts et chaussées** (*service*) the highways department, department of civil engineering; (*école*) school of civil engineering; **ingénieur des Ponts et chaussées** civil engineer; (*Aut*) **pont élévateur** hydraulic ramp; (*Naut*) **pont d'envol** flight deck; (*Antiq*) **le Pont-Euxin** the Euxine Sea; **pont l'évêque** pont l'évêque cheese; (*Can*) **pont de glace** ice bridge *ou* road; (*Aut*) **pont de graissage** ramp (*in a garage*); **pont-levis** *nm, pl* **ponts-levis** drawbridge; **pont mobile** movable bridge; **pont à péage** tollbridge; (*Naut*) **pont promenade** promenade deck; (*Rail*) **pont roulant** travelling crane; **pont suspendu** suspension bridge; **pont tournant** swing bridge; **pont transbordeur** transporter bridge.

pontage [pɔ̃taʒ] *nm* decking (*Naut*). (*Méd*) ~ (**cardiaque**) (heart) bypass operation.

ponte¹ [pɔ̃t] *nf* (*action*) laying (of eggs); (*œufs*) eggs, clutch; (*saison*) (egg-)laying season.

ponte² [pɔ̃t] *nm* **(a)** (*: *pontife*) big shot*, big boy*, big noise*. **(b)** (*Jeu*) punter.

ponter¹ [pɔ̃te] (1) *vt* (*Naut*) to deck, lay the deck of.

ponter² [pɔ̃te] (1) (*Jeu*) **1** *vi* to punt. **2** *vt* to bet.

pontife [pɔ̃tif] *nm* **(a)** (*Rel*) pontiff; *V* **souverain. (b)** (**fig*) big shot*, pundit*.

pontifiant, e [pɔ̃tifjɑ̃, ɑ̃t] *adj personne, ton* pontificating.

pontifical, e, *mpl* **-aux** [pɔ̃tifikal, o] *adj* (*Antiq*) pontifical; (*Rel*) *messe* pontifical; *siège, gardes, états* papal.

pontificat [pɔ̃tifika] *nm* pontificate.

pontifier* [pɔ̃tifje] (7) *vi* to pontificate.

ponton [pɔ̃tɔ̃] *nm* (*plate-forme*) pontoon, (floating) landing stage; (*chaland*) lighter; (*navire*) hulk.

pontonnier [pɔ̃tɔnje] *nm* (*Mil*) pontoneer, pontonier.

pool [pul] *nm [producteurs, dactylos]* pool.

pop [pɔp] **1** *adj inv musique, art* pop. **il y avait une ambiance** ~ there was pop music playing (in the background).
2 *nm* (*musique*) pop (music); (*art*) pop art.

pop-corn [pɔpkɔrn] *nm* popcorn.

pope [pɔp] *nm* (Orthodox) priest.

popeline [pɔplin] *nf* poplin.

popote [pɔpɔt] **1** *nf* **(a)** (✲: *cuisine*) cooking. **(b)** (*Mil*) mess, canteen. **2** *adj inv* (*) stay-at-home, home-loving. **il est très** ~ he likes his home comforts.

popotin* [pɔpɔtɛ̃] *nm* bottom*; *V* **magner.**

populace [pɔpylas] *nf* (*péj*) rabble, mob.

populaire [pɔpylɛr] *adj* **(a)** (*du peuple*) *gouvernement, front, croyance, tradition* popular; *démocratie* popular, people's; *république* people's; *mouvement, manifestation* mass, of the people. **la République populaire de ...** the People's Republic of ... .
(b) (*pour la masse*) *roman, art, chanson* popular; *édition* cheap; *V* **bal, soupe.**
(c) (*plébéien*) *goût* common; (*ouvrier*) *milieu, quartier, origines* working-class. **les classes** ~**s** the working classes.
(d) (*qui plaît*) popular, well-liked. **très** ~ **auprès des jeunes** very popular with young people, greatly liked by young people.

(e) (*Ling*) *mot, expression* vernacular; *étymologie* popular; *latin* popular.

populairement [pɔpylɛrmɑ̃] *adv* (*gén*) popularly; *parler* in the vernacular.

populariser [pɔpylaRize] (1) *vt* to popularize.

popularité [pɔpylaRite] *nf* popularity.

population [pɔpylasjɔ̃] *nf* (*gén, Bot, Zool*) population. **région à ~ dense/faible** densely/sparsely populated region *ou* area; **~ active/agricole** working/farming population; **la ~ du globe** the world's population, world population; **la ~ scolaire** the school population.

populeux, -euse [pɔpylø, øz] *adj pays, ville* densely populated, populous; *rue* crowded.

populisme [pɔpylism(ə)] *nm* (*Littérat*) populisme (*a literary movement of the 1920s and 1930s which sets out to describe the lives of ordinary people*).

populiste [pɔpylist(ə)] *adj, nmf* (*V* populisme) populiste.

populo‡ [pɔpylo] *nm* (*péj: peuple*) ordinary people *ou* folks*; (*foule*) crowd (of people).

porc [pɔR] *nm* (*animal*) pig, hog (*US*); (*viande*) pork; (*péj: personne*) pig; (*peau*) pigskin.

porcelaine [pɔRsəlɛn] *nf* (**a**) (*matière*) porcelain, china; (*objet*) a piece of porcelain. **~ vitreuse** vitreous china; **~ de Saxe/de Sèvres** Dresden/Sèvres china; **~ de Limoges** Limoges porcelain *ou* china(ware). (**b**) (*Zool*) cowrie.

porcelainier, -ière [pɔRsəlenje, jɛR] **1** *adj* china (*épith*), porcelain (*épith*). **2** *nm* (*fabricant*) porcelain *ou* china manufacturer.

porcelet [pɔRsəlɛ] *nm* piglet.

porc-épic, *pl* **porcs-épics** [pɔRkepik] *nm* porcupine; (*fig: personne irritable*) prickly customer* *ou* person. (*homme mal rasé*) **tu es un vrai ~** you're all bristly.

porche [pɔRʃ(ə)] *nm* porch. **sous le ~ de l'immeuble** in the porch *ou* porchway of the flats.

porcher, -ère [pɔRʃe, ɛR] *nm, f* pig-keeper, swineherd†.

porcherie [pɔRʃəRi] *nf* (*lit, fig*) pigsty.

porcin, e [pɔRsɛ̃, in] **1** *adj* (*lit*) porcine; (*fig*) piglike. **2** *nm* pig. **les ~s** swine, pigs.

pore [pɔR] *nm* pore. **il sue l'arrogance par tous les ~s** he exudes arrogance from every pore.

poreux, -euse [pɔRø, øz] *adj* porous.

porno* [pɔRno] (*abrév de* pornographique) **1** *adj* pornographic. **film/revue ~** skin flick‡/mag‡. **2** *nm* pornography, porn*.

pornographe [pɔRnɔgraf] **1** *nmf* pornographer. **2** *adj* of pornography, pornographic.

pornographie [pɔRnɔgrafi] *nf* pornography.

pornographique [pɔRnɔgrafik] *adj* pornographic.

porosité [pɔRozite] *nf* porosity.

porphyre [pɔRfiR] *nm* porphyry.

porphyrique [pɔRfiRik] *adj* porphyritic.

port¹ [pɔR] *nm* (**a**) (*bassin*) harbour, port; (*Comm*) port; (*ville*) port; (*fig, littér: abri*) port, haven. **sortir du ~** to leave port *ou* harbour; **arriver au ~** (*Naut*) to dock; (*fig*) to reach the finishing straight (*Brit*), reach the last stretch; **arriver à bon ~** to arrive intact, arrive safe and sound; **~ de commerce/de pêche** commercial/fishing port; (*fig*) **un ~ dans la tempête** a port in a storm.
(**b**) (*Pyrénées*) pass.
(**c**) (*Ordin*) port.
2: port artificiel artificial harbour; **port d'attache** (*Naut*) port of registry; (*fig*) home base; **port fluvial** river port; **port franc** free port; **port maritime** seaport; *V* plaisance.

port² [pɔR] *nm* (**a**) (*fait de porter*) [*objet*] carrying; [*habit, barbe, décoration*] wearing. **le ~ du casque est obligatoire** safety helmets *ou* crash helmets (*Aut*) must be worn; **~ d'armes prohibées** illegal carrying of firearms; (*Mil*) **se mettre au ~ d'armes** to shoulder arms.
(**b**) (*prix*) (*poste*) postage; (*transport*) carriage. **franco** *ou* **franc de ~** carriage paid; **(en) ~ dû/payé** postage due/paid.
(**c**) (*comportement*) bearing, carriage. **elle a un ~ majestueux** *ou* **de reine** she has a noble *ou* majestic *ou* queenly bearing; **elle a un joli ~ de tête** she holds her head very nicely.
(**d**) (*Mus*) **~ de voix** portamento.

portable [pɔRtabl(ə)] *adj vêtement* wearable; (*portatif*) portable.

portage [pɔRtaʒ] *nm* [*marchandise*] porterage; (*Naut, Can*) portage.

portager [pɔRtaʒe] (3) *vi* (*Can*) to portage.

portail [pɔRtaj] *nm* portal.

portance [pɔRtɑ̃s] *nf* (*Aviat*) lift.

portant, e [pɔRtɑ̃, ɑ̃t] **1** *adj* (**a**) *mur* structural, supporting; *roue* running. (*Aviat*) **surface ~e** aerofoil (*Brit*), airfoil (*US*).
(**b**) **être bien/mal ~** to be healthy *ou* in good health/in poor health; *V* bout.
2 *nm* (*anse*) handle; (*Théât*) upright.

portatif, -ive [pɔRtatif, iv] *adj* portable.

porte [pɔRt(ə)] **1** *nf* (**a**) [*maison, voiture, meuble*] door; [*forteresse, jardin, ville*] gate; (*seuil*) doorstep; (*embrasure*) doorway. **~ pliante/coulissante** folding/sliding door; **franchir** *ou* **passer la ~** to go through *ou* come through the door(way); **sonner à la ~** to ring the (door)bell; **c'est à ma ~** it's close by, it's on the doorstep; **le bus me descend à ma ~** the bus stops at my (front) door *ou* takes me to my door; **le bus me met à ma ~** the bus stops at my (front) door *ou* takes me to my door; **j'ai trouvé ce colis à ma ~** I found this parcel on my doorstep; **ils se réfugièrent sous la ~** they took shelter in the doorway; **nous habitons à ~** we live next door to each other, they are our next-door neighbours; **il y a 100 km/j'ai mis 2 heures de ~ à ~** it's 100 km/it took me 2 hours from door to door; **de ~ en ~** from house to house; **faire du ~ à ~** (*vendre*) to sell from door to door, be a door-to-door salesman, do doorstep selling (*Brit*); (*chercher du travail*) to go from firm to firm, go round

all the firms; **l'ennemi est à nos ~s** the enemy is at our gate(s); **Dijon, ~ de la Bourgogne** Dijon, the gateway to Burgundy; *V* aimable, casser, clef *etc*.
(**b**) (*écluse*) (lock) gate; (*Ski*) gate.
(**c**) (*loc*) **à la ~!** (get) out!; **être à la ~** to be locked out; **mettre** *ou* **flanquer* qn à la ~** (*licencier*) to sack sb* (*Brit*), fire sb*, give sb the sack* (*Brit*); (*Scol*) to expel sb; (*Univ*) to send sb down (*Brit*), flunk sb out* (*US*); (*éjecter*) to throw *ou* boot* (*Brit*) sb out; **être mis à la ~** to get the chop‡; **claquer/fermer la ~ au nez de qn** to slam/shut the door in sb's face; (*fig*) **entrer** *ou* **passer par la petite ~/la grande ~** to start at the bottom/at the top; **fermer** *ou* **refuser sa ~ à qn** to close the door to sb, bar sb from one's house; **frapper à la bonne ~** to strike lucky, hit on *ou* get hold of the right person; **frapper à la mauvaise ~** to be out of luck, get hold of the wrong person; **c'est la ~ ouverte** *ou* **c'est ouvrir la ~ à tous les abus** it means leaving the door wide open *ou* the way open to all sorts of abuses, if that happens it'll mean anything goes*; **toutes les ~s lui sont ouvertes** every door is open to him; **laisser la ~ ouverte à un compromis** to leave the door open for a compromise; **aux ~s de la mort** at death's door; **parler à qn entre deux ~s** to have a quick word with sb, speak to sb very briefly *ou* in passing; **recevoir qn entre deux ~s** to meet sb very briefly *ou* in passing; **prendre la ~** to go away, leave; **aimable** *ou* **souriant comme une ~ de prison** like a bear with a sore head.
2 *adj*: **veine ~** portal vein.
3: portes du Ciel gates of Heaven; **porte cochère** carriage entrance, porte-cochère; **porte à deux battants** double door *ou* gate; (*Aviat*) **porte d'embarquement** departure gate; **portes de l'Enfer** gates of Hell; **porte d'entrée** front door; **porte-fenêtre** *nf, pl* **portes-fenêtres** French window; (*Géog*) **les Portes de Fer** Iron Gate(s); **porte palière** landing door, door opening onto the landing; **porte de secours** emergency exit *ou* door; **porte de service** tradesman's (*surtout Brit*) *ou* rear entrance; **porte de sortie** (*lit*) exit, way out; (*fig*) way out, let-out*; (*Hist*) **la Porte Sublime** the Sublime Porte.

porte- [pɔRt(ə)] *préf V* porter.

porté, e¹ [pɔRte] (*ptp de* porter) *adj*: **être ~ à faire** to be apt *ou* inclined to do, tend to do; **nous sommes ~s à croire que ...** we are inclined to believe that ...; **être ~ à la colère/à l'exagération** to be prone to anger/exaggeration; **être ~ sur qch** to be keen on (*Brit*) *ou* fond of sth, be partial to sth; **être ~ sur la chose*** to be always at it* (*Brit*), have a one-track mind, be a randy one*.

portée² [pɔRte] *nf* (**a**) (*distance*) range, reach; [*fusil, radar*] range; [*cri, voix*] carrying-distance, reach. **canon à faible/longue ~** short-/long-range gun; **missile de moyenne ~** intermediate-range weapon; **à ~ de la main** within (arm's) reach, at *ou* on hand; **restez à ~ de voix** stay within earshot; **restez à ~ de vue** don't go out of sight; (*fig*) **cet hôtel est/n'est pas à la ~ de toutes les bourses** this hotel is/is not within everyone's means *ou* reach, this hotel suits/does not suit everyone's purse; **ne laissez pas les médicaments à ~ de main** *ou* **à las des enfants** keep medicines out of reach of children; **hors de ~** out of reach *ou* range; **hors de ~ de fusil/de voix** out of rifle range/earshot.
(**b**) (*capacité*) [*intelligence*] reach, scope, capacity; (*niveau*) level. **ce concept dépasse la ~ de l'intelligence ordinaire** this concept is beyond the reach *ou* scope *ou* capacity of the average mind; **être à la ~ de qn** to be understandable to sb, be at sb's level, be within sb's capability; **il faut savoir se mettre à la ~ des enfants** you have to be able to come down to a child's level.
(**c**) (*effet*) [*parole, écrit*] impact, import; [*acte*] significance, consequences. **il ne mesure pas la ~ de ses paroles/ses actes** he doesn't think about the import of what he's saying/the consequences of his actions; **la ~ de cet événement est incalculable** this event will have far-reaching consequences *ou* incalculable repercussions; **sans ~ pratique** of no practical consequence *ou* importance *ou* significance.
(**d**) (*Archit*) (*poussée*) loading; (*distance*) span.
(**e**) (*Mus*) stave, staff.
(**f**) (*Vét*) litter.

portefaix†† [pɔRtəfɛ] *nm inv* porter.

portefeuille [pɔRtəfœj] *nm* [*argent*] wallet, pocketbook (*US*), billfold (*US*); (*Assurances, Bourse, Pol*) portfolio. **avoir un ~ bien garni** to be well-off; *V* lit, ministre.

portemanteau, *pl* **~x** [pɔRtmɑ̃to] *nm* (**a**) (*cintre*) coat hanger; (*accroché au mur*) coat rack; (*sur pied*) hat stand. **accrocher une veste au ~** to hang up a jacket. (**b**) (††: *malle*) portmanteau.

porter [pɔRte] (1) **1** *vt* (**a**) *parapluie, paquet, valise* to carry; (*fig*) *responsabilité* to bear, carry. **~ un enfant dans ses bras/sur son dos** to carry a child in one's arms/on one's back; **pouvez-vous me ~ ma valise?** can you carry my case for me?; **laisse-toi ~ par la vague pour bien nager** to swim well let yourself be carried by the waves; **ses jambes ne le portent plus** his legs can no longer carry him; **ce pont n'est pas fait pour ~ des camions** this bridge isn't meant to carry lorries *ou* meant for lorries *ou* can't take the weight of a lorry; (*Mil*) **portez ... armes!** present ... arms!; **la tige qui porte la fleur** the stem which bears the flower; **cette poutre porte tout le poids du plafond** this beam bears *ou* carries *ou* takes the whole weight of the ceiling; (*fig*) **~ sa croix** to carry *ou* bear one's cross; (*fig*) **~ le poids de ses fautes** to bear the weight of one's mistakes.
(**b**) (*amener*) to take. **~ qch à qn** to take sth to sb; **porte-lui ce livre** take this book to him, take him this book; **~ des lettres/un colis à qn** to deliver letters/a parcel to sb; **je vais ~ la lettre à la boîte** I'm going to take the letter to the postbox, I'm going to put this letter in the postbox; **~ les plats sur la table** to put the dishes on the table; **~ qn sur le lit** to put *ou* lay sb on the bed; **~ la main à son front** to put one's hand to one's brow; **~ la main à son chapeau** to lift one's hand to one's hat; **~ la main sur qn** to raise

one's hand to sb; ~ qch à sa bouche to lift *ou* put sth to one's lips; ~ de l'argent à la banque to take some money to the bank; se faire ~ à manger to have food brought (to one); ~ l'affaire sur la place publique/devant les tribunaux to take *ou* carry the matter into the public arena/before the courts; ~ la nouvelle à qn to take *ou* carry the news to sb, let sb know *ou* have the news; (*Ciné, Théât*) ~ une œuvre à l'écran/à la scène to transfer a work to the screen/to the stage; cela porte chance/malheur it brings (good) luck/misfortune, it's lucky/unlucky; cela porte bonheur it brings good fortune, it's lucky; ~ chance/malheur à qn to be lucky/unlucky for sb, bring sb (good) luck/misfortune; ~ bonheur à qn to be lucky for sb, bring sb luck; (*Prov*) ~ de l'eau à la rivière to carry coals to Newcastle; (*littér*) portant partout la terreur et la mort carrying fear and death everywhere.

(c) *vêtement, bague, laine, lunettes* to wear; *armes héraldiques* to bear; *barbe* to have, wear; *nom* to have, bear. ~ les cheveux longs to wear one's hair long, have long hair; ~ le nom d'une fleur to be called after a flower, bear the name of a flower (*frm*); ~ le nom de Jérôme to be called Jerome; il porte bien son nom his name suits him; elle porte bien son âge she's wearing well; elle porte bien le pantalon trousers suit her; le chameau porte deux bosses the camel has two humps; les jupes se portent très courtes very short skirts are in fashion *ou* are the fashion, skirts are being worn very short; cela ne se porte plus that's out of fashion, nobody wears that any more; (*fig*) je ne veux pas ~ le chapeau* I don't want to carry the can* *ou* take the rap* (*pour* for); on lui a fait ~ le chapeau* he carried the can* *ou* took the rap*.

(d) (*tenir*) to hold, keep. ~ la tête haute (*lit*) to hold *ou* keep one's head up; (*fig*) to hold one's head high; ~ le corps en avant to lean *ou* stoop forward.

(e) (*montrer*) *signe, trace* to show, bear; *blessure, cicatrice* to bear; *inscription, date* to bear. il porte la bonté sur son visage he has a very kind(-looking) face, his face is a picture of kindness; ce livre porte un beau titre this book has a fine title; la lettre porte la date du 12 mai the letter bears the date of *ou* is dated May 12th; (*Ling*) ~ la marque de to be marked for.

(f) (*inscrire*) *nom* to write down, put down (*sur* on, in); (*Comm*) *somme* to enter (*sur* in). ~ de l'argent au crédit d'un compte to credit an account with some money; nous portons cette somme à votre débit we are debiting this sum to your account; se faire ~ absent to go absent; se faire ~ malade to report *ou* go sick; porté disparu/au nombre des morts reported missing/dead; porté manquant unaccounted for.

(g) (*diriger*) *regard* to direct, turn (*sur, vers* towards); *choix* to direct (*sur* towards); *attention* to turn, give (*sur* to), focus (*sur* on); *effort* to direct (*sur* towards); *pas* to turn (*vers* towards); *coup* to deal (*à* to); *accusation* to make (*contre* against); *attaque* to make (*contre* on). il fit ~ son attention sur ce détail he turned *ou* focused his attention on this detail; il fit ~ son choix sur ce livre his choice fell on this book.

(h) (*ressentir*) *amour, haine* to have, feel, bear (*à* for); *reconnaissance* to feel (*à* to, towards). ~ de l'amitié à qn to feel friendship towards sb.

(i) (*faire arriver*) to bring. ~ qn au pouvoir to bring *ou* carry sb to power; ~ qch à sa perfection/à son paroxysme/à l'apogée to bring sth to perfection/to a peak/to a climax; ~ la température à 800°/le salaire à 16.000 F/la vitesse à 30 nœuds to bring the temperature up to 800°/the salary up to 16,000 francs/the speed up to 30 knots; cela porte le nombre de blessés à 20 that brings the number of casualties (up) to 20.

(j) (*inciter*) ~ qn à faire qch to prompt *ou* induce *ou* lead sb to do sth; cela le portera à l'indulgence that will prompt him to be indulgent *ou* make him indulgent; tout (nous) porte à croire que ... everything leads us to believe that ...; *V* pont.

(k) (*Méd*) *enfant* to carry; (*Vét*) *petits* to carry; (*Fin*) *intérêts* to yield; (*Bot*) *graines, fruit* to bear; *récolte, moisson* to yield. cette ardeur/haine qu'il portait en lui this ardour/hatred which he carried with him; je ne le porte pas dans mon cœur I am not exactly fond of him; idée qui porte en soi les germes de sa propre destruction idea which carries (within itself) *ou* bears the seeds of its own destruction; (*fig*) ~ ses fruits to bear fruit.

(l) (*conduire*) to carry along; (*entraîner*) [*foi*] to carry along; [*vent*] to carry away. se laisser ~ par la foule (let o.s.) be carried away by the crowd.

2 *vi* (a) [*bruit, voix, canon*] to carry. le son/le coup a porté à 500 mètres the sound/the shot carried 500 metres.

(b) [*reproche, coup*] ~ (juste) to hit *ou* strike home; tous les coups portaient every blow told; un coup qui porte a telling blow; ses conseils ont porté his advice had some effect *ou* was of some use.

(c) (*Méd*) [*femme*] to carry her child *ou* baby; (*Vét*) [*animal*] to carry its young.

(d) ~ sur *édifice, pilier* to be supported by *ou* on; (*fig*) [*débat, cours*] to turn on, revolve around, be about; [*revendications, objection*] to concern; [*étude, effort, action*] to be concerned with, focus on; [*accent*] to fall on. tout le poids du plafond porte sur cette poutre the whole weight of the ceiling falls on *ou* is supported by this beam; la question portait sur des auteurs au programme the question was on some of the authors on the syllabus; il a fait ~ son exposé sur la situation économique in his talk he concentrated *ou* focused on the economic situation.

(e) (*frapper*) sa tête a porté sur le bord du trottoir his head struck the edge of the pavement; c'est la tête qui a porté his head took the blow.

(f) ~ à faux [*mur*] to be out of plumb *ou* true; [*rocher*] to be precariously balanced; (*fig*) [*remarque*] to come *ou* go amiss, be out of place.

3 se porter *vpr* (a) [*personne*] se ~ bien/mal to be well/unwell; comment vous portez-vous? — je me porte bien how are you? — I'm fine *ou* I'm very well; se ~ comme un charme to be fighting fit, be as fit as a fiddle*; buvez moins, vous ne vous en porterez que mieux drink less and you'll feel better for it; et je ne m'en suis pas plus mal porté and I didn't come off any worse for it, and I was no worse off for it; *V* pont.

(b) (*se présenter comme*) se ~ candidat to put o.s. up *ou* stand (*Brit*) *ou* run as a candidate; se ~ acquéreur (de) to put in a bid (for).

(c) (*se diriger*) [*soupçon, choix*] se ~ sur to fall on; son regard se porta sur moi his eyes fell on me, his gaze focused on me; son attention se porta sur ce point he focused *ou* concentrated his attention on this point.

(d) (*aller*) to go. se ~ à la rencontre *ou* au-devant de qn to go to meet sb.

(e) (*se laisser aller*) se ~ à *voies de fait, violences* to commit; se ~ à des extrémités to go to extremes.

4: porte-aéronefs *nm inv* aircraft carrier; porte-aiguilles *nm inv* needle case; porte-avions *nm inv* aircraft carrier; porte-bagages *nm inv* (luggage) rack; porte-bébé *nm, pl* porte-bébés baby sling, baby carrier; porte-bonheur *nm inv* lucky charm; acheter du muguet porte-bonheur to buy lily of the valley for good luck; porte-bouteilles *nm inv* (à anse) bottle-carrier; (à casiers) wine rack; (*hérisson*) bottle-drainer; porte-carte(s) *nm inv* [*cartes d'identité*] card wallet *ou* holder; [*cartes géographiques*] map wallet; porte-cigares *nm inv* cigar case; porte-cigarettes *nm inv* cigarette case; porte-clefs *nm inv* (*anneau*) key ring; (*étui*) key case; (††: *geôlier*) turnkey††; (*Naut*) porte-conteneurs *nm inv* container ship; porte-couteau *nm, pl* porte-couteau(x) knife rest; porte-crayon *nm, pl* porte-crayon(s) pencil holder; porte-documents *nm inv* briefcase, attaché case, document case; (*lit, fig*) porte-drapeau *nm, pl* porte-drapeau(x) standard bearer; porte-étendard†† *nm inv* standard bearer; porte-à-faux *nm inv* [*mur*] slant; [*rocher*] precarious balance, overhang; (*Archit*) cantilever; en porte-à-faux slanting, out of plumb; precariously balanced, overhanging; (*fig*) *personne* in an awkward position (*fig*); porte-fusibles *nm inv* fuse box; porte-greffe *nm, pl* porte-greffe(s) stock (*for graft*); porte-hélicoptères *nm inv* helicopter carrier; porte-jarretelles *nm inv* suspender belt (*Brit*), garter belt (*US*); porte-jupe *nm, pl* porte-jupe(s) skirt hanger; porte-menu *nm inv* menu holder; porte-mine *nm, pl* porte-mine(s) propelling pencil; porte-monnaie *nm inv* (*gén*) purse (*Brit*), coin purse (*US*); (*pour hommes*) wallet; faire appel au porte-monnaie de qn to ask sb to dip into his pocket; avoir le porte-monnaie bien garni to be well-off; porte-musique *nm inv* music case; porte-outil *nm, pl* porte-outil(s) chuck (*Tech*); porte-parapluies *nm inv* umbrella stand; porte-parole *nm inv* (*gén*) spokesperson; (*homme*) spokesman; (*femme*) spokeswoman; se faire le porte-parole de qn to act as spokesman for sb, speak on sb's behalf; journal qui est le porte-parole d'un parti newspaper which is the mouthpiece *ou* organ of a party; porte-plume *nm inv* penholder; porte-revues *nm inv* magazine rack; porte-savon *nm, pl* porte-savon(s) soapdish; porte-serviettes *nm inv* towel rail; (*Aut*) porte-skis *nm inv* ski rack; porte-valise *nm, pl* porte-valise(s) luggage stand; (*Aut*) porte-vélos *nm inv* bicycle rack; porte-voix *nm inv* megaphone; (*électrique*) loudhailer; mettre ses mains en porte-voix to cup one's hands round one's mouth.

porteur, -euse [pɔʀtœʀ, øz] 1 *adj* fusée booster; *courant* carrier; (*Écon*) *marché, créneau* strong, buoyant. onde ~euse carrier (wave).

2 *nm,f* [*valise, colis*] porter; [*message*] messenger; [*chèque*] bearer; [*titre, actions*] holder. ~ d'eau water carrier; ~ de journaux newsboy, paper boy; le ~ du message the bearer of the message; il arriva ~ d'une lettre/d'une nouvelle alarmante he came bearing *ou* bringing a letter/an alarming piece of news; il était ~ de faux papiers he was carrying forged papers; (*Méd*) être ~ de germes to be a germ carrier; (*Sport*) le ~ du ballon the holder of the (foot)ball, the person who is holding the (foot)ball; (*Fin*) payable au ~ payable to bearer; (*Fin*) les petits/gros ~s small/big shareholder.

portier [pɔʀtje] *nm* commissionnaire, porter. (*Rel*) (frère) ~ porter; ~ de nuit night porter; ~ électrique entrance intercom, entry phone.

portière [pɔʀtjɛʀ] *nf* (a) (*Aut, Rail*) door. (b) (*rideau*) portiere. (c) (*Rel*) (sœur) ~ portress.

portillon [pɔʀtijɔ̃] *nm* gate; [*métro*] gate, barrier; *V* bousculer.

portion [pɔʀsjɔ̃] *nf* [*héritage*] portion, share; (*Culin*) portion, helping; (*partie*) portion, section, part. (*fig*) être réduit à la ~ congrue to get the smallest *ou* meanest share; bonne/mauvaise ~ de route good/bad stretch of road.

portique [pɔʀtik] *nm* (*Archit*) portico; (*Sport*) crossbar and stands (*for holding gymnastic apparatus*).

porto [pɔʀto] *nm* port (wine).

Porto [pɔʀto] *n* Oporto.

portoricain, e [pɔʀtɔʀikɛ̃, ɛn] 1 *adj* Puerto Rican. 2 *nm,f*: P~(e) Puerto Rican.

Porto Rico [pɔʀtɔʀiko] *nf* Puerto Rico.

portrait [pɔʀtʀɛ] *nm* (a) (*peinture*) portrait; (*photo*) photograph; (*: visage*) face, mug‡. ~ fidèle good likeness; (*Police*) ~-robot Identikit picture ®, Photofit ® (picture); (*fig*) faire le ~-robot du Français moyen to draw the profile of the average Frenchman; ~ en pied full-length portrait; c'est tout le ~ de son père he's the spitting image *ou* the very spit* (*Brit*) of his father; faire le ~ de qn to paint sb's portrait; se faire tirer le ~* to have one's photograph taken; se faire abîmer le ~* to have one's face *ou* head bashed in* *ou* smashed*.

(b) (*description*) portrait, description. **faire** *ou* **tracer le ~ de qn** to draw a portrait of *ou* describe sb; **~-charge** caricature; **jouer aux ~s** to play twenty questions.
(c) (*genre*) **le ~** portraiture.
portraitiste [pɔʀtʀetist(ə)] *nmf* portrait painter, portraitist.
portraiturer [pɔʀtʀetyʀe] (1) *vt* (*lit, fig*) to portray.
port-salut [pɔʀsaly] *nm* port-salut cheese.
portuaire [pɔʀtɥɛʀ] *adj* port (*épith*), harbour (*épith*).
portugais, e [pɔʀtygɛ, ɛz] **1** *adj* Portuguese.
2 *nm* **(a)** P**~** Portuguese.
(b) (*Ling*) Portuguese.
3 portugaise *nf* **(a)** P**~e** Portuguese.
(b) (*huître*) Portuguese oyster. (*: *oreille*) **il a les ~es ensablées** he's a real cloth-ears* (*Brit*), he's as deaf as a post.
Portugal [pɔʀtygal] *nm* Portugal.
pose [poz] *nf* **(a)** (*installation*) [*tableau, rideaux*] hanging, putting up; [*tapis*] laying, putting down; [*moquette*] fitting, laying; [*vitre*] putting in, fixing (in); [*serrure*] fixing (on), fitting; [*chauffage*] installation, putting in; [*gaz, électricité*] laying on, installation; [*canalisations*] laying, putting in; [*fondations, mines, voie ferrée*] laying.
(b) (*attitude*) pose, posture; (*Art*) pose. **garder la ~** to hold the pose; **prendre une ~** to strike a pose.
(c) (*Phot*) (*vue*) [*de*] **36 ~s** a 36-exposure film; **déterminer le temps de ~** to decide on the exposure (time); **indice de ~** exposure index; **mettre le bouton sur ~** to set the button to time exposure; **prendre une photo en ~** *ou* **à la ~** to take a photo in time exposure.
(d) (*fig: affectation*) posing, pretention. **parler avec/sans ~** to speak pretentiously/quite unpretentiously *ou* naturally.
posé, e [poze] (*ptp de* **poser**) *adj* **(a)** (*pondéré*) *personne, caractère, air* serious, sedate, staid; *attitude, allure* steady, sober. **c'est un garçon ~** he has his head firmly on his shoulders, he's level-headed; **d'un ton ~** but calmly but firmly.
(b) (*Mus*) **bien/mal ~** *voix* steady/unsteady.
Poséidon [poseidɔ̃] *nm* Poseidon.
posément [pozemɑ̃] *adv parler* calmly, deliberately, steadily; *agir* calmly, unhurriedly.
posemètre [pozmɛtʀ(ə)] *nm* exposure meter.
poser [poze] (1) **1** *vt* **(a)** (*placer*) *objet* to put (down), lay (down), set down; (*debout*) to stand (up), put (up); (*Math*) *opération, chiffres* to write, set down. (*ôter*) **~ son manteau/chapeau** to take off one's coat/hat; **~ qch sur une table/par terre** to put sth (down) on the table/on the floor; **~ sa main/tête sur l'épaule de qn** to put *ou* lay one's hand/head on sb's shoulder; **~ sa tête sur l'oreiller** to lay one's head on the pillow; **~ une échelle contre un mur** to lean *ou* stand *ou* put (up) a ladder against a wall; **où ai-je posé mes lunettes?** where have I put my glasses?; (*fig*) **il a posé son regard** *ou* **les yeux sur la fille** he looked at the girl, his gaze came to rest on the girl; **le pilote posa son avion en douceur** the pilot brought his plane down *ou* landed his plane gently; (*Mus*) **~ la voix de qn** to train sb's voice; (*Math*) **je pose 4 et je retiens 3** (I) put down 4 and carry 3, 4 and 3 to carry; **~ un lapin à qn*** to stand sb up*.
(b) (*installer*) *tableau, rideaux* to hang, put up; *tapis, carrelage* to lay, put down; *moquette* to fit, lay; *vitre* to put in, fix in; *serrure* to fix on, fit; *chauffage* to put in, install; *gaz, électricité* to lay on, install; *canalisations* to lay, put in; *fondations, mines, voie ferrée* to lay; *bombe* to plant. (*lit, fig*) **~ la première pierre** to lay the foundation stone; **~ des étagères au mur** to fix *ou* put up some shelves *ou* shelving on the wall, fix *ou* put up some wall-shelves; **~ des jalons** (*lit*) to put stakes up; (*fig*) to prepare the ground, pave the way.
(c) (*fig: énoncer*) *principe, condition* to lay *ou* set down, set out, state; *question* to ask; (*à un examen*) to set; *devinette* to set, ask. **le prof nous a posé un problème difficile** the teacher set us a difficult problem; (*formuler*) **il a bien su ~ le problème** he put *ou* formulated the problem well; **ce retard pose un problème** this delay poses a problem *ou* confronts us with a problem; **son admission au club pose des problèmes** his joining the club is problematic *ou* is not straightforward; **~ une question à qn** to ask sb a question, put a question to sb; **l'ambiguïté de son attitude pose la question de son honnêteté** his ambivalent attitude makes you wonder how honest he is *ou* leads one to question his honesty; **son cas nous pose un sérieux problème** his case poses a difficult problem for us, his case presents us with a difficult problem; **la question me semble mal posée** I think the question is badly put; (*Pol*) **~ la question de confiance** to ask for a vote of confidence; **~ sa candidature à un poste** to apply for a post, submit an application for a post; (*Pol*) **~ sa candidature** to put o.s. up *ou* run (*US*) for election; **dire cela, c'est ~ que** ... in saying that, one is supposing that *ou* taking it for granted that ...; **ceci posé** supposing that this is (*ou* was *etc*) the case, assuming this to be the case; **posons que** ... let us suppose *ou* assume *ou* take it that ... .
(d) (*donner de l'importance*) to give standing to; (*professionnellement*) to establish the reputation of. **voilà ce qui pose un homme** that's what sets a man up; **avoir un frère ministre, ça vous pose!*** having a brother who's a cabinet minister really makes people look up to you! *ou* gives you real status!; **une maison comme ça, ça (vous) pose*** with a house like that people really think you are somebody.
2 *vi* **(a)** (*Art, Phot*) to pose, sit (*pour* for); (*fig*) to swank (*Brit*), show off, put on airs. (*hum*) **~ pour la postérité** to pose for posterity; (*fig*) **~ pour la galerie** to play to the gallery.
(b) (*jouer à*) **~ au grand patron/à l'artiste** to play *ou* act *ou* come* the big businessman/the artist, pretend to be a big businessman/an artist.
(c) (*Constr*) [*poutre*] **~ sur** to bear *ou* rest on, be supported by.

3 se poser *vpr* **(a)** [*insecte, oiseau*] to land, settle, alight (*sur* on); [*avion*] to land, touch down; [*regard*] to (come to) rest, settle, fix (*sur* on). (*Aviat*) **se ~ en catastrophe/sur le ventre** to make an emergency landing/a belly-landing; **son regard se posa sur la pendule** he turned his eyes to the clock, his glance fell on the clock; **une main se posa soudain sur son épaule** a hand was suddenly laid on his shoulder; **pose-toi là*** sit down here.
(b) [*personne*] **se ~ comme** *ou* **en tant que victime** to pretend *ou* claim to be a victim; **se ~ en chef/en expert** to pass o.s. off as *ou* pose as a leader/an expert.
(c) [*question, problème*] to come up, crop up, arise. **la question qui se pose** the question which must be asked *ou* considered; **le problème qui se pose** the problem we are faced with *ou* we must face; **le problème ne se pose pas dans ces termes** the problem shouldn't be stated in these terms; **il se pose la question des passeports** the question of passports arises, there's the question of passports; **il se pose la question de savoir s'il viendra** there's the question of (knowing) whether he'll come; **je me pose la question** that's the question, that's what I'm wondering; **il commence à se ~ des questions** he's beginning to wonder *ou* to have his doubts; **il y a une question que je me pose** there's one thing I'd like to know, there's one question I ask myself.
(d) (**loc*) **se ~ là: comme menteur, vous vous posez (un peu) là!** you're a terrible *ou* an awful liar!; **comme erreur, ça se posait (un peu) là!** that was (quite) some mistake!*; **tu as vu leur chien? il se pose là!** have you seen their dog? it's enormous! *ou* a whopper!*
poseur, -euse [pozœʀ, øz] **1** *adj* affected.
2 *nm, f* **(a)** (*péj*) show-off, poseur.
(b) (*ouvrier*) **~ de carrelage/de tuyaux** tile/pipe layer; **~ d'affiches** billsticker (*Brit*), billposter; **~ de bombes** bomb planter.
positif, -ive [pozitif, iv] **1** *adj* (*gén, Ling, Sci*) positive; *cuti* positive; *fait, preuve* positive, definite; *personne, esprit* pragmatic, down-to-earth; *action, idée* positive, constructive; *avantage* positive, real. (*sang*) **Rhésus ~** Rhesus positive.
2 *nm* **(a)** (*réel*) positive, concrete. **je veux du ~!** I want something positive!
(b) (*Mus*) (*clavier d'un orgue*) choir organ (*division of organ*); (*instrument*) positive organ.
(c) (*Phot*) positive.
(d) (*Ling*) positive (degree). **au ~** in the positive (form).
position [pozisjɔ̃] *nf* **(a)** (*gén, Ling, Mil: emplacement*) position; [*navire*] bearings, position. **~ de défense/fortifiée** defensive/fortified position; (*lit*) **rester sur ses ~s** to stand one's ground; (*fig*) **rester** *ou* **camper sur ses ~s** to stand one's ground, stick to one's guns *ou* line; **abandonner ses ~s** to retreat, abandon one's position, withdraw; **se replier** *ou* **se retirer sur des ~s préparées à l'avance** to fall back on positions prepared in advance; **avoir une ~ de repli** (*Mil*) to have a position to fall back on; (*fig*) to have secondary proposals to make, have other proposals to fall back on *ou* other proposals in reserve; **la ville jouit d'une ~ idéale** the town is ideally situated; **les joueurs ont changé de ~** the players have changed position(s); **être en première/seconde/dernière ~** (*dans une course*) to be in the lead/in second place/last; (*sur une liste*) to be at the top of the list/second on the list/at the bottom *ou* end of the list; **arriver en première/deuxième/dernière ~** to come first/second/last; (*Ling*) **syllabe en ~ forte/faible** stressed/unstressed syllable, syllable in (a) stressed/(an) unstressed position; (*Ling*) **voyelle en ~ forte/faible** stressed *ou* strong/unstressed *ou* weak vowel; V **feu¹, guerre**.
(b) (*posture*) position. **dormir dans une mauvaise ~** to sleep in the wrong position; (*Mil, gén*) **se mettre en ~** to take up (one's) position(s), get into position; **en ~!** (get to your) positions!; **en ~ de combat** in a fighting position; **en ~ allongée/assise/verticale** in a reclining/sitting/vertical *ou* upright position; **la ~ du missionnaire** the missionary position.
(c) (*fig: situation*) position, situation; (*dans la société*) position. **être dans une ~ délicate/fausse** to be in a difficult *ou* an awkward position/in a false position; **être en ~ de force pour négocier** to be bargaining from (a position of) strength; **être en ~ de faire** to be in a position to do; **dans sa ~ il ne peut se permettre une incartade** a man in his position dare not commit an indiscretion; **il occupe une ~ importante** he holds an important position; (†, *hum*) **femme dans une ~ intéressante** woman in a certain condition (*hum, euph*).
(d) (*attitude*) position, stance. **le gouvernement doit définir sa ~ sur cette question** the government must make its position *ou* stance on this question clear; **prendre ~** to take a stand, declare o.s.; **prendre (fermement) ~ en faveur de qch** to come down (strongly) in favour of sth; V **pris**.
(e) (*Fin*) [*compte bancaire*] position. **demander sa ~** to ask for the balance of one's account.
positionnement [pozisjɔnmɑ̃] *nm* positioning.
positionner [pozisjɔne] (1) *vt* to position. **comment se positionne ce produit sur le marché?** what slot does this product fill in the market?
positivement [pozitivmɑ̃] *adv* (*gén, Sci*) positively. **je ne le sais pas ~** I'm not positive about it.
positivisme [pozitivism(ə)] *nm* positivism.
positiviste [pozitivist(ə)] *adj, nmf* positivist.
positivité [pozitivite] *nf* positivity.
positon [pozitɔ̃] *nm*, **positron** [pozitʀɔ̃] *nm* (*Phys*) positron.
posologie [pozɔlɔʒi] *nf* (*étude*) posology; (*indications*) directions for use, dosage.
possédant, e [posedɑ̃, ɑ̃t] **1** *adj* propertied, wealthy. **2** *nmpl:* **les ~s** the wealthy, the propertied, the moneyed.

possédé, e [posede] (*ptp de* **posséder**) **1** *adj* possessed (*de* by). ~ **du démon** possessed by the devil. **2** *nm, f* person possessed. **crier comme un** ~ to cry like one possessed.

posséder [posede] (6) **1** *vt* (**a**) *bien, maison, fortune* to possess, own, have. **c'est tout ce que je possède** it's all I possess *ou* all I've got; (*fig*) ~ **une femme** to possess a woman; ~ **le cœur d'une femme** to have captured a woman's heart.

(**b**) *caractéristique, qualité, territoire* to have, possess; *expérience* to have (had); *diplôme* to have, hold. **cette maison possède une vue magnifique/2 entrées** this house has a magnificent view/2 entrances; **il croit** ~ **la vérité** he believes that he is in possession of truth *ou* that he possesses the truth.

(**c**) (*connaître*) *métier, langue* to have a thorough knowledge of, know inside out, know backwards*. ~ **la clef de l'énigme** to possess *ou* have the key to the mystery; **bien** ~ **son rôle** to be really on top of *ou* into* one's role *ou* part.

(**d**) (*égarer*) [démon] to possess. **la fureur/jalousie le possède** he is beside himself with *ou* he is overcome *ou* consumed with rage/ jealousy; **quel démon** *ou* **quelle rage te possède?** what's got into you?*, what's come over you?; *V* **possédé.**

(**e**) (*: duper*) ~ **qn** to take sb in*; **se faire** ~ to be taken in*, be had*.

2 se posséder *vpr:* **elle ne se possédait plus de joie** she was beside herself with joy; **lorsqu'il est en colère, il ne se possède pas** when he's angry he loses all self-control.

possesseur [posesœʀ] *nm* [*bien*] possessor, owner; [*diplôme, titre, secret*] holder, possessor; [*billet de loterie*] holder. **être** ~ **de objet** to have; *diplôme* to hold; *secret* to possess, have.

possessif, -ive [posesif, iv] **1** *adj* (*gén, Ling*) possessive. **2** *nm* (*Ling*) possessive.

possession [posesjɔ̃] *nf* (**a**) (*fait de posséder*) [*bien*] possession, ownership; [*diplôme, titre*] holding, possession; [*billet de loterie*] holding. **la** ~ **d'une arme/de cet avantage le rendait confiant** having a weapon/this advantage made him feel confident; **avoir qch en sa** ~ to have sth in one's possession; **être en** ~ **de qch** to be in possession of sth; **tomber en la** ~ **de qn** to come into sb's possession; **prendre** ~ **de, entrer en** ~ **de** *fonction* to take up; *bien, héritage* to take possession of, enter into possession of; *appartement* to take possession of; *voiture* to take delivery of; **être en** ~ **de toutes ses facultés** to be in possession of all one's faculties; **il était en pleine** ~ **de ses moyens** his intellectual (*ou* physical) powers were at their peak.

(**b**) (*chose possédée*) possession. **nos** ~**s à l'étranger** our overseas possessions.

(**c**) (*maîtrise*) **de soi** self-control; **reprendre** ~ **de soi-même** to regain one's self-control *ou* one's composure.

(**d**) (*connaissance*) [*langue*] command, mastery.

(**e**) (*Rel: envoûtement*) possession.

possibilité [posibilite] *nf* (*gén*) possibility; [*entreprise, projet*] feasibility. **il y a plusieurs** ~**s** there are several possibilities; **je ne vois pas d'autre** ~ **(que de faire)** I don't see any other possibility (than to do); **ai-je la** ~ **de faire du feu/de parler librement?** is it possible for me to light a fire/speak freely?, is there the possibility of (my) lighting a fire/speaking freely?; ~**s** (*moyens*) means; (*potentiel*) possibilities, potential; **quelles sont vos** ~**s financières?** how much money can you put up?, what is your financial situation?; **quelles sont vos** ~**s de logement?** how many people can you accommodate? *ou* put up?; **les** ~**s d'une découverte/d'un pays neuf** the possibilities *ou* potential of a discovery/of a new country.

possible [posibl(ə)] **1** *adj* (**a**) (*faisable*) *solution* possible; *projet, entreprise* feasible. **il est** ~/**il n'est pas** ~ **de faire** it is possible/ impossible to do; **nous avons fait tout ce qu'il était humainement** ~ **de faire** we've done everything that was humanly possible; **lui serait-il** ~ **d'arriver plus tôt?** could he possibly *ou* would it be possible for him to come earlier?; **arrivez tôt si (c'est)** ~ arrive early if possible *ou* if you can; **c'est parfaitement** ~ it's perfectly possible *ou* feasible; **ce n'est pas** ~ **autrement** there's no other way, otherwise it's impossible; **il n'est pas** ~ **qu'il soit aussi bête qu'il en a l'air** he can't possibly be as stupid as he looks; **c'est dans les choses** ~**s** it's a possibility; **la paix a rendu** ~ **leur rencontre** peace has made a meeting between them possible *ou* has made it possible for them to meet.

(**b**) (*éventuel*) (*gén*) possible; *danger* possible, potential. **une erreur est toujours** ~ a mistake is always possible; **il est** ~ **qu'il vienne/qu'il ne vienne pas** he may *ou* might (possibly) come/not come, it's possible (that) he'll come/he won't come; **il est bien** ~ **qu'il se soit perdu en route** he may very well have *ou* it could well be *ou* it's quite possible that he has lost his way; **c'est (bien)** ~/ **très** ~ possibly/very possibly.

(**c**) (*indiquant une limite*) possible. **dans le meilleur des mondes** ~**s** in the best of all possible worlds; **il a essayé tous les moyens** ~**s** he tried every possible means *ou* every means possible; **il a eu toutes les difficultés** ~**s et imaginables à obtenir un visa** he had all kinds of problems getting a visa, he had every possible difficulty getting a visa; **venez aussi vite/aussitôt que** ~ come as quickly as possible *ou* as you (possibly) can/as soon as possible *ou* as you (possibly) can; **venez le plus longtemps** ~ come for as long as you (possibly) can; **venez le plus vite/tôt** ~ come as quickly/as soon as you (possibly) can; **il sort le plus (souvent)** ~ he goes out as often/as little as possible *ou* as he can; **il a acheté la valise la plus légère** ~ he bought the lightest possible suitcase *ou* the lightest suitcase possible; **le plus grand nombre** ~ **de personnes** as many people as possible, the greatest possible number of people; *V* **autant.**

(**d**) (*: nég: acceptable*) **cette situation n'est plus** ~ this situation has become impossible *ou* intolerable *ou* unbearable; **il n'est**

pas ~ **de travailler dans ce bruit** it just isn't possible *ou* it's (quite) impossible to work in this noise.

(**e**) (*loc*) **est-ce** ~**!** I don't believe it!; **c'est pas** ~**!** * (*faux*) that can't be true *ou* right!; (*étonnant*) well I never!*; (*irréalisable*) it's out of the question!, it's impossible!; **ce n'est pas** ~ **d'être aussi bête!** how can anyone be so stupid!, how stupid can you get!*; **elle voudrait vous parler — c'est (bien)** ~, **mais il faut que je parte** she'd like a word with you — that's as may be *ou* quite possibly, but I've got to go; **il devrait se reposer — c'est (bien)** ~, **mais il n'a pas le temps** he ought to take a rest! — maybe (he should), but he's too busy.

2 *nm* what is possible. **il fera le** ~ **et l'impossible pour avoir la paix** he will move heaven and earth *ou* he'll do anything possible to get some peace; **c'est dans le** ~ *ou* **dans les limites du** ~ it is within the realms of possibility; **faire (tout) son** ~ to do one's utmost *ou* one's best, do all one can (*pour* to, *pour que* to make sure that); **il a été grossier/aimable au** ~ he couldn't have been ruder/ nicer (if he'd tried), he was as rude/nice as it's possible to be; **c'est énervant au** ~ it's extremely annoying; *V* **mesure.**

post- [pɔst] *préf* post-. ~**électoral/surréaliste** *etc* post-election/ -surrealist *etc*; *V* **postdater** *etc.*

postal, e, *adj* *service, taxe, voiture* postal (*Brit*), mail; *train, avion* mail; *colis* sent by post (*Brit*) *ou* mail. **sac** ~ postbag, mailbag; *V* **carte, chèque, franchise.**

postcure [pɔstkyʀ] *nf* aftercare.

postdater [pɔstdate] (1) *vt* to postdate.

poste¹ [pɔst(ə)] **1** *nf* (**a**) (*administration, bureau*) post office. **employé/ingénieur des** ~**s** post office worker/engineer; **les Postes, Télécommunications et Télédiffusion** the French post office and telephone service; **la grande** ~, **la** ~ **principale, le bureau de** ~ **principal** the main *ou* head post office.

(**b**) (*service postal*) post (*Brit*), postal (*Brit*) *ou* mail service. **envoyer qch par la** ~ to send sth by post (*Brit*) *ou* mail; **mettre une lettre à la** ~ to post (*Brit*) *ou* mail a letter; *V* **cachet.**

(**c**) (*Hist*) *poste.* **maître de** ~ postmaster; **cheval de** ~ post horse; **courir la** ~ to go posthaste; *V* **chaise, voiture.**

2: poste aérienne airmail; **poste auxiliaire** sub post office; **poste restante** poste restante.

poste² [pɔst(ə)] **1** *nm* (**a**) (*emplacement*) post. ~ **de douane** customs post; **être/rester à son** ~ to be/stay at one's post; **mourir à son** ~ to die at one's post; **à vos** ~**s!** to your stations! *ou* posts!; **à vos** ~**s de combat!** action stations!; (*fig*) **être solide au** ~ to be hale and hearty; (*fig*) **toujours fidèle au** ~**?*** still manning the fort?*

(**b**) (*Police*) ~ **(de police)** (police) station; **conduire** *ou* **emmener qn au** ~ to take sb to the police station; **il a passé la nuit au** ~ he spent the night in the cells.

(**c**) (*emploi*) (*gén*) job; [*fonctionnaire*] post, appointment (*frm*); (*dans une hiérarchie*) position; (*nomination*) appointment. **être en** ~ **à Paris/à l'étranger** to hold an appointment *ou* a post in Paris/ abroad; **il a trouvé un** ~ **de bibliothécaire** he has found a post *ou* job as a librarian; **il a un** ~ **de professeur/en fac** he's a teacher/a university lecturer; **la liste des** ~**s vacants** the list of positions available *ou* of unfilled appointments; ~ **d'enseignant** teaching position *ou* post *ou* job.

(**d**) (*Rad, TV*) set. ~ **émetteur/récepteur** transmitting/receiving set, transmitter/receiver; ~ **de radio/de télévision** radio/ television (set); ~ **portatif** (*radio*) portable radio; (*télévision*) portable television; **éteindre le** ~ to turn the radio (*ou* television) off.

(**e**) (*Télec*) ~ **23** extension 23.

(**f**) (*Fin*) (*opération*) item, entry; [*budget*] item, element.

(**g**) (*Ind*) shift. ~ **de 8 heures** 8-hour shift.

2: (*Rail***) poste d'aiguillage** signal box; (*Mil*) **poste avancé** advanced post; **poste budgétaire** budget heading; **poste de commandement** headquarters; **poste de contrôle** checkpoint; (*Naut*) **poste d'équipage** crew's quarters; **poste d'essence** petrol *ou* filling station, gas station (*US*); **poste frontière** border *ou* frontier post; (*Mil*) **poste de garde** guardroom; **poste d'incendie** fire point; (*Aut*) **poste de lavage** car wash; **poste d'observation** observation post; (*Aviat*) **poste de pilotage** cockpit; **poste de police** (*Police*) police station; (*Mil*) guard-room, guardhouse; **poste de secours** first-aid post; **poste téléphonique** telephone; (*Ordin*) **poste de travail** work station.

posté, e [pɔste] (*ptp de* **poster**) *adj:* *travail/travailleur* ~ shift work/worker.

poster¹ [pɔste] (1) *vt* (**a**) *lettre* to post (*Brit*), mail. (**b**) *sentinelle* to post, station. **2 se poster** *vpr* to take up (a) position, position o.s., station o.s.

poster² [pɔstɛʀ] *nm* poster.

postérieur, e [pɔsteʀjœʀ] **1** *adj* (*dans le temps*) *date, document* later; *événement* subsequent, later; (*dans l'espace*) *partie* back, posterior (*frm*); *membre* hind, rear, back; *voyelle* back. **ce document est légèrement/très** ~ **à cette date** this document dates from slightly later/much later; **l'événement est** ~ **à 1850** the event took place later than *ou* after 1850; ~ **à 1800** after 1800.

2 *nm* (*:) behind*, rear, posterior (*hum*).

postérieurement [pɔsteʀjœʀmɑ̃] *adv* later, subsequently. ~ **à** after.

posteriori [pɔsteʀjɔʀi] *loc adv:* **à** ~ a posteriori.

postériorité [pɔsteʀjɔʀite] *nf* posteriority.

postérité [pɔsteʀite] *nf* (*descendants*) descendants, posterity; (*avenir*) posterity. (*frm*) **mourir sans** ~ to die without issue; **entrer dans la** ~ to come down to posterity.

postface [pɔstfas] *nf* postscript, postface.

postglaciaire [pɔstglasjɛʀ] *adj* postglacial.

posthume [pɔstym] *adj* posthumous.

postiche [pɔstiʃ] **1** adj cheveux, moustache false; (fig) ornement, fioriture postiche, superadded; sentiment pretended; (Ling) élément, symbole dummy. **2** nm (pour homme) toupee; (pour femme) hairpiece, postiche.

postier, -ière [pɔstje, jɛʀ] nm, f post office worker. **grève des ~s** postal (Brit) ou mail strike.

postillon [pɔstijɔ̃] nm (Hist: cocher) postilion; (*: salive) sputter. **envoyer des ~s** to sputter, splutter.

postillonner* [pɔstijɔne] (1) vi to sputter, splutter.

post(-)industriel, -ielle [pɔstɛ̃dystʀijɛl] adj post-industrial.

postnatal, e, mpl **~s** [pɔstnatal] adj postnatal.

postopératoire [pɔstɔpeʀatwaʀ] adj post-operative.

postposer [pɔstpoze] (1) vt to place after. **sujet postposé** post-positive subject, subject placed after the verb.

postposition [pɔstpozisjɔ̃] nf postposition. **verbe à ~** phrasal verb.

postscolaire [pɔstskɔlɛʀ] adj enseignement further (épith), continuing (épith).

post-scriptum [pɔstskʀiptɔm] nm inv postscript.

postsonorisation [pɔstsɔnɔʀizasjɔ̃] nf dubbing.

postsonoriser [pɔstsɔnɔʀize] (1) vt to dub.

postsynchronisation [pɔstsɛ̃kʀɔnizasjɔ̃] nf dubbing (of a film).

postsynchroniser [pɔstsɛ̃kʀɔnize] (1) vt to dub (a film).

postulant, e [pɔstylɑ̃, ɑ̃t] nm, f applicant; (Rel) postulant.

postulat [pɔstyla] nm postulate.

postuler [pɔstyle] (1) **1** vt (a) emploi to apply for, put in for. (b) principe to postulate. **2** vi (Jur) **~ pour** to represent.

posture [pɔstyʀ] nf posture, position. **être en bonne ~** to be in a good position; **être en très mauvaise ~** to be in a really bad position ou a tight corner; (†, littér) **en ~ de faire** in a position to do.

pot [po] **1** nm (a) (récipient) (en verre) jar; (en terre) pot; (en métal) tin (Brit), can; (en carton) carton. **petit ~ pour bébé** jar of baby food; **~ à confiture** jamjar, jampot (Brit); **~ de confiture** jar ou pot (Brit) of jam; **mettre en ~ fleur** to pot; confiture to put in jars, pot (Brit); **plantes en ~** pot plants; **mettre un enfant sur le ~** to put a child on the potty, pot a child; **un particulier qui se bat contre l'administration c'est le ~ de terre contre le ~ de fer** one individual struggling against the authorities can't hope to win; **tu viens prendre ou boire un ~?*** are you coming for a drink? ou for a jar?* (Brit); **V cuiller, découvrir, fortune** etc.

(b) (*: chance) luck. **avoir du ~** to be lucky ou in luck; **manquer de ~** to be unlucky ou out of luck; **pas de ~ ou manque de ~!** just his (ou your etc) luck!; **tu as du ~!** some people have all the luck!, you're a lucky begger!* ou blighter!* (Brit); **c'est un vrai coup de ~!** what a stroke of luck!

(c) (Cartes) (enjeu) kitty; (restant) pile.

2: **pot à bière** (en verre) beer mug; (en terre ou en métal) tankard; **pot de chambre** chamberpot; **pot de colle** (lit) pot of glue; (péj: crampon) leech; **il est du genre pot de colle!** you just can't shake him off!, he sticks like a leech!; **pot à eau** (pour se laver) water jug, pitcher; (pour boire) water jug; (Aut) pot d'échappement exhaust pipe; (silencieux) silencer (Brit), muffler (US); **pot-au-feu** (nm inv) (plat) (beef) stew; (viande) stewing beef; (adj inv) (*) stay-at-home, home-loving; **pot de fleurs** (récipient) plant pot, flowerpot; (fleurs) pot plant, flowering plant; **pot à lait** (pour transporter) milk can; (sur la table) milk jug; **pot-pourri** nm, pl **pots-pourris** (Mus) pot-pourri, medley; **pot à tabac** (lit) tobacco jar; (fig) dumpy little person; **pot de terre** earthenware pot; **pot-de-vin** nm, pl **pots-de-vin** bribe, backhander* (Brit), payola (US); **donner un pot-de-vin à qn** to bribe sb, give sb a backhander* (Brit), grease sb's palm.

potable [pɔtabl(ə)] adj (lit) drinkable; (*fig) reasonable, passable, decent. **eau ~** drinking water; **eau non ~** water which is not for drinking, non-drinking water; **il ne peut pas faire un travail ~** he can't do a decent piece of work; **le film est ~** the film isn't bad; **ce travail est tout juste ~** this piece of work is barely passable ou acceptable.

potache* [pɔtaʃ] nm schoolboy, schoolkid*.

potage [pɔtaʒ] nm soup.

potager, -ère [pɔtaʒe, ɛʀ] **1** adj plante vegetable (épith), edible; jardin kitchen (épith), vegetable (épith). **2** nm kitchen ou vegetable garden.

potard*† [pɔtaʀ] nm (pharmacien) chemist (Brit), pharmacist (US).

potasse [pɔtas] nf (hydroxide) potassium hydroxide, caustic potash; (carbonate) potash (impure potassium carbonate).

potasser* [pɔtase] (1) **1** vt livre, discours to swot up* (Brit) ou cram for; examen to swot* (Brit) ou cram for. **2** vi to swot* (Brit), cram.

potassique [pɔtasik] adj potassic.

potassium [pɔtasjɔm] nm potassium.

pote* [pɔt] nm pal*, mate* (Brit), chum*, buddy* (US). **salut, mon ~!** hi there!*, hi, buster!‡ (US).

poteau, pl **~x** [pɔto] **1** nm (a) post. (Courses) **rester au ~** to be left at the (starting) post; **elle a les jambes comme des ~x*** she's got legs like tree trunks*.

(b) **~ (d'exécution)** execution post, stake (for execution by shooting); **envoyer au ~** to sentence to execution by firing squad; **au ~!** lynch him!, string him up!*; **le directeur au ~!** down with the boss!

(c) (*†: ami) pal*, buddy* (US).

2: **poteau d'arrivée** winning ou finishing post; **poteau de but** goal-post; **poteau de départ** starting post; **poteau indicateur** signpost; **poteau télégraphique** telegraph post ou pole; **poteau de torture** torture post.

potée [pɔte] nf (Culin) ≃ hotpot (of pork and cabbage).

potelé, e [pɔtle] adj enfant plump, chubby; bras plump.

potence [pɔtɑ̃s] nf (a) (gibet) gallows (sg); V gibier. (b) (support) bracket. **en ~** (en équerre) L-shaped, (en T) T-shaped.

potentat [pɔtɑ̃ta] nm (lit) potentate; (fig péj) despot.

potentialité [pɔtɑ̃sjalite] nf potentiality.

potentiel, -elle [pɔtɑ̃sjɛl] adj, nm (gén) potential.

potentiellement [pɔtɑ̃sjɛlmɑ̃] adv potentially.

potentille [pɔtɑ̃tij] nf potentilla.

potentiomètre [pɔtɑ̃sjɔmɛtʀ(ə)] nm potentiometer.

poterie [pɔtʀi] nf (atelier, art) pottery; (objet) earthenware bowl (ou dish ou jug etc), piece of pottery.

poterne [pɔtɛʀn(ə)] nf postern.

potiche [pɔtiʃ] nf (large) oriental vase; (fig) figurehead.

potier [pɔtje] nm potter.

potin* [pɔtɛ̃] nm (a) (vacarme) din*, racket*. **faire du ~** (lit) to make a noise; (fig) to kick up a fuss*; **ça va faire du ~** (lit) there'll be a lot of noise, it'll be noisy; (fig) this is going to stir things up*, there'll be quite a rumpus (over this).

(b) (commérage) **~s** gossip, tittle-tattle.

potiner [pɔtine] (1) vi to gossip.

potion [posjɔ̃] nf (lit) potion. (fig) **~ (amère)** bitter pill.

potiron [pɔtiʀɔ̃] nm pumpkin.

potron-minet* [pɔtʀɔ̃minɛ] nm: **dès ~** at the crack of dawn, at daybreak.

pou, pl **~x** [pu] nm louse. **~ du pubis** pubic louse, crab (louse)‡; **couvert de ~x** covered in lice, lice-ridden; V chercher, laid.

pouah [pwa] excl ugh!, yuk!*

poubelle [pubɛl] nf (ordures) (dust)bin (Brit), trash ou garbage can (US). **c'est bon à mettre à la ~** it's only fit for the dustbin (Brit) ou trash can (US).

pouce [pus] nm (a) (Anat) (main) thumb; (pied) big toe. **se tourner** ou **se rouler les ~s** to twiddle one's thumbs; **mettre les ~s*** to give in ou up; (au jeu) **~!** pax! (Brit), truce!; **on a déjeuné ou on a pris un morceau sur le ~*** we had a quick snack ou a bite to eat* (Can*) faire du ~, voyager sur le ~** to thumb* a lift, hitch-hike; V coup.

(b) (mesure, aussi Can) inch. (fig) **il n'a pas avancé/reculé d'un ~** he refused to budge, he wouldn't budge an inch; **son travail n'a pas avancé d'un ~** his work hasn't progressed at all; **un ~ de terrain** a tiny plot of land; **et le ~!*** and a bit more besides!

Poucet [pusɛ] nm: **le Petit ~** Tom Thumb.

Pouchkine [puʃkin] nm Pushkin.

pouding [pudiŋ] nm = pudding.

poudingue [pudɛ̃g] nm (Géol) conglomerate.

poudre [pudʀ(ə)] **1** nf (gén) powder; (poussière) dust; (fard) (face) powder; (explosif) (gun)powder; (Méd) powder; (arg Drogue: héroïne) stuff*, smack‡, H (arg). **~ d'or/de diamant** gold/diamond dust; **réduire qch en ~** to reduce ou grind sth to powder, powder sth; **en ~** lait, œufs dried, powdered; chocolat drinking (épith); **se mettre de la ~** to powder one's face ou nose; **se mettre de la ~ sur** to powder; **~ libre/compacte** loose/pressed powder; **prendre la ~ d'escampette*** to take to one's heels, skedaddle*; **la ~ de perlimpinpin** the universal remedy (iro), a magic cure-all; V feu¹, inventer, jeter etc.

2: **poudre à canon** gunpowder; **poudre dentifrice** tooth powder; **poudre à éternuer** sneezing powder; **poudre à laver** washing powder (Brit), soap powder (US); **poudre à récurer** scouring powder; **poudre de riz** face powder.

poudrer [pudʀe] (1) **1** vt to powder. **2** vi (Can) (neige) to drift. **3** se **poudrer** vpr to powder one's face ou nose.

poudrerie [pudʀəʀi] nf gunpowder ou explosives factory; (Can) blizzard, drifting snow.

poudreux, -euse [pudʀø, øz] **1** adj (poussiéreux) dusty. **neige ~euse** powder snow; (Can) drifting snow. **2** poudreuse nf powder snow.

poudrier [pudʀije] nm (powder) compact.

poudrière [pudʀijɛʀ] nf powder magazine; (fig) powder keg (fig).

poudroiement [pudʀwamɑ̃] nm dust haze.

poudroyer [pudʀwaje] (8) vi (poussière) to rise in clouds; (neige) to rise in a flurry. **la route poudroie** clouds of dust rise up from the road.

pouf [puf] **1** nm pouffe. **2** excl thud! **faire ~** to tumble (over).

pouffer [pufe] (1) vi: **~ (de rire)** to giggle.

pouffiasse‡ [pufjas] nf (péj) (grosse femme) fat bag‡ ou broad‡ (US); (prostituée) whore (péj), tart‡.

pouh [pu] excl pooh!

pouillerie [pujʀi] nf squalor.

pouilleux, -euse [pujø, øz] **1** adj (a) (lit) lousy, flea-ridden, verminous.

(b) (fig: sordide) quartier, endroit squalid, seedy, shabby; personne dirty, filthy.

2 nm, f (pauvre) down-and-out; (couvert de poux) flea-ridden ou lice-ridden ou verminous person.

pouillot [pujo] nm warbler. **~ fitis** willow warbler; **~ véloce** chiffchaff.

poujadisme [puʒadism(ə)] nm Poujadism.

poujadiste [puʒadist(ə)] adj, nmf Poujadist.

poulailler [pulaje] nm henhouse. (Théât) **le ~*** the gods* (Brit), the gallery.

poulain [pulɛ̃] nm foal; (fig) promising young athlete (ou writer ou singer etc); (protégé) protégé.

poulaine [pulɛn] nf (Hist: soulier) poulaine, long pointed shoe.

poularde [pulaʀd(ə)] nf fatted chicken. (Culin) **~ demi-deuil** poularde demi-deuil.

poulbot [pulbo] nm street urchin (in Montmartre).

poule¹ [pul] nf (Zool) hen; (Culin) (boiling) fowl. (fig) **se lever avec les ~s** to get up with the lark (Brit) ou birds (US), be an early riser; **se coucher avec les ~s** to go to bed early; **quand les ~s auront des dents** when pigs can fly ou have wings; **être comme une ~ qui a trouvé un couteau** to be at a complete loss; V chair, œuf, lait.

(b) (*) (*maîtresse*) mistress; (*fille*) girl, lass*, bird* (*Brit*), broad‡ (*US*), chick*; (*prostituée*), whore, tart‡, hooker‡ (*US*). ma ~ (my) pet.

2: poule d'eau moorhen; **poule faisane** hen pheasant; **poule mouillée** softy*, coward; **la poule aux œufs d'or** the goose that lays the golden eggs; **poule pondeuse** laying hen, layer; (*Culin*) **poule au pot** boiled chicken; (*Hist*) **la ~ au pot tous les dimanches** a chicken in the pot every Sunday; **poule au riz** chicken and rice.

poule² [pul] *nf* **(a)** (*enjeu*) pool, kitty. **(b)** (*tournoi*) (*gén*) tournament; (*Escrime*) pool; (*Rugby*) group.

poulet [pulɛ] *nm* (*Culin, Zool*) chicken; (‡: *flic*) cop‡; (††: *billet doux*) love letter. **~ de grain/fermier** corn-fed/free-range (*Brit*) chicken; (*fig*) **mon (petit) ~!*** (my) pet! *ou* love!

poulette [pulɛt] *nf* (*Zool*) pullet; (*: *fille*) girl, lass*, bird* (*Brit*), chick* (*US*). (*fig*) **ma ~!*** (my) pet! *ou* love!; (*Culin*) **sauce ~** sauce poulette.

pouliche [puliʃ] *nf* filly.

poulie [puli] *nf* pulley; (*avec sa caisse*) block. **~ simple/double/fixe** single/double/fixed block; **~ folle** loose pulley.

pouliner [puline] (1) *vi* to foal.

poulinière [pulinjɛʀ] *adj f, nf:* (*jument*) **~** brood mare.

poulot, -otte†* [pulo, ɔt] *nm, f:* **mon ~!, ma ~te!** poppet!*, (my) pet! *ou* love! (*said to a child*).

poulpe [pulp(ə)] *nm* octopus.

pouls [pu] *nm* pulse. **prendre *ou* tâter le ~ de qn** (*lit*) to feel *ou* take sb's pulse; (*fig*) to sound sb (out); (*fig*) **prendre *ou* tâter le ~ de *l'opinion publique*** to test, sound out; *économie* to feel the pulse of.

poumon [pumɔ̃] *nm* lung. **respirer à pleins ~s** to breathe in deeply, take deep breaths; **chanter/crier à pleins ~s** to sing/shout at the top of one's voice; **avoir des ~s** [*chanteur, coureur*] to have a good pair of lungs; **~ d'acier** iron lung.

poupard [pupaʀ] **1** *adj* (†) chubby(-cheeked). **2** *nm* bonny (*Brit*) baby, bouncing baby.

poupe [pup] *nf* (*Naut*) stern; *V* vent.

poupée [pupe] *nf* **(a)** (*jouet*) doll, dolly*. **~ gigogne** nest of dolls; **~ gonflable** inflatable doll; **elle joue à la ~** she's playing with her doll(s); *V* maison.
(b) (*:fig*) (*femme jolie ou pomponnée*) doll*; (*fille, maîtresse*) bird* (*Brit*), chick* (*US*). **bonjour, ~** hullo, sweetie*.
(c) (*pansement*) finger bandage. **faire une ~ à qn** to bandage sb's finger.

poupin, e [pupɛ̃, in] *adj* chubby.

poupon [pupɔ̃] *nm* little baby, babe-in-arms.

pouponner [pupɔne] (1) *vi* to play mother. **tu vas bientôt ~** (*pouvoir*) ~ soon you'll be fussing around like a fond mother (*ou* father *etc*).

pouponnière [pupɔnjɛʀ] *nf* day nursery, crèche.

pour [puʀ] **1** *prép* **(a)** (*direction*) for, to. **partir ~ l'Espagne** to leave for Spain; **il part ~ l'Espagne demain** he leaves for Spain *ou* he is off to Spain tomorrow; **partir ~ l'étranger** to go abroad; **le train ~ Londres** the London train, the train for London.
(b) (*temps*) for. **demander/promettre qch ~ le mois prochain/ ~ dans huit jours/~ après les vacances** to ask for/promise sth for next month/for next week/for after the holidays; **il lui faut sa voiture ~ demain** he must have his car for *ou* by tomorrow; **ne m'attendez pas, j'en ai encore ~ une heure** don't wait for me, I'll be another hour (yet); **~ le moment *ou* l'instant** for the moment; **~ toujours** for ever; (*iro*) **c'est ~ aujourd'hui ou ~ demain?** are we getting it *ou* is it coming today?, shall we have it this side of Christmas?; **ce sera ~ des jours meilleurs** we'll have to wait for better days; **garder le meilleur ~ la fin** to keep the best till last *ou* till the end.
(c) (*intention, destination*) for. **faire qch ~ qn** to do sth for sb; **il ferait tout ~ elle/sa mère** he would do anything for her/his mother *ou* for her sake/his mother's sake; **faire qch ~ la gloire/le plaisir** to do sth for the glory/for the pleasure of it *ou* for pleasure; **c'est fait ~** that's what it's meant *ou* made for; **son amour ~ les bêtes** his love of animals; **quêter ~ les hôpitaux** to collect for *ou* in aid of hospitals; **il travaille ~ un cabinet d'architectes** he works for a firm of architects; **ce n'est pas un livre ~ (les) enfants** it's not a book for children, it's not a children's book; **coiffeur ~ dames** ladies' hairdresser; **c'est mauvais/bon ~ vous;/~ la santé** it's bad/good for you/for the health; **il a été très gentil ~ ma mère** he was very kind to my mother; **sirop ~ la toux** cough mixture (*Brit*) *ou* syrup (*US*); **pastilles ~ la gorge** throat tablets; **il n'est pas fait ~ le travail de bureau** he's not made for office work; **le plombier est venu/a téléphoné ~ la chaudière** the plumber came/phoned about the boiler; **~ le meilleur et ~ le pire** for better or for worse; **l'art ~ l'art** art for art's sake; *V* amour, craindre *etc*.
(d) (*approbation*) for, in favour of. **être ~ la peine de mort** to be for *ou* in favour of the death penalty; **il est ~ protester** he's in favour of protesting, he's (all) for protesting*; **je suis ~!*** I'm all for it*!, I'm all in favour (of it)!; *V* voter.
(e) (*point de vue*) **~ moi**, le projet n'est pas réalisable as I see it *ou* in my opinion *ou* in my view the plan cannot be carried out; **~ moi, je suis d'accord** personally *ou* for my part I agree; **ce n'est un secret ~ personne** it's no secret from anyone; **sa fille est tout ~ lui** his daughter is everything to him; **c'est trop compliqué ~ elle** it's too complicated for her.
(f) (*cause*) **être condamné ~ vol** to be convicted for theft; **il a été félicité ~ son audace** he was congratulated on his boldness; **fermé ~ cause de maladie** closed owing to *ou* because of illness; **fermé ~ réparations** closed for repairs; **quelle histoire ~ si peu** what a fuss *ou* to-do* over *ou* about such a little thing; **il n'en est pas plus heureux ~ cela!** he is none the happier for all that!; **il est furieux et ~ cause!** he's furious and with good reason!; **pourquoi se faire du souci ~ cela?** why worry about that?; **il est ~ quelque chose/~ beaucoup dans le succès de la pièce** he is partly/largely responsible for the success of the play, he had something/a lot to do with the play's success; *V* beau, oui.
(g) (*à la place de; en échange de*) **payer ~ qn** to pay for sb; **signez ~ moi** sign in my place *ou* for me; (*Comm etc*) **~ le directeur** p.p. Manager; **il a parlé ~ nous tous** he spoke on behalf of all of us *ou* on our behalf, he spoke for all of us; **en avoir ~ son argent** to have *ou* get one's money's worth; **donnez-moi ~ 200 F d'essence** give me 200 francs' worth of petrol; **il l'a eu ~ 5 F/une bouchée de pain** he got it for 5 francs/for a song; *V* chacun.
(h) (*rapport, comparaison*) for. **~ cent/mille** per cent/thousand; **il est petit ~ son âge** he is small for his age; **il fait chaud ~ la saison** it's warm for the time of year; **~ un Anglais, il parle bien le français** he speaks French well for an Englishman; **~ un qu'il s'intéresse, il y en a 6 qui bâillent** for every one that takes an interest there are 6 (who are) yawning; **c'est mot ~ mot ce qu'il a déjà dit** it's word for word what he has already said; **jour/heure ~ jour/heure** to the (very) day/hour; **mourir ~ mourir, je préfère que ce soit ici** if I have to die I should prefer it to be here; *V* coup, œil.
(i) (*rapport d'équivalence: comme*) for, as. **prendre qn ~ femme** to take sb as one's wife; **prendre qn ~ un imbécile** to take sb for an idiot; **il a ~ adjoint son cousin** he has his cousin as his deputy; **il passe ~ filou** he's said to be a crook; **il s'est fait passer ~ fou/~ son patron** he passed himself off as a madman/as his boss; **il a ~ principe/méthode de faire** ... it is his principle/method to do ..., his principle /method is to do ...; **cela a eu ~ effet de** that had the effect of; **~ de bon* *ou* de vrai*** truly, really, for real*; *V* compter, laisser.
(j) (*emphatique*) **~ (ce qui est de) notre voyage, il faut y renoncer** as for our journey *ou* as far as our journey goes, we'll have to forget it, we'll have to give up all idea of going on that journey; **~ une malchance c'est une malchance!** of all the unfortunate things (to happen)!, that was unfortunate and no mistake!; **~ être furieux, je le suis!** talk about furious, I really am!*; **~ sûr*†** for sure *ou* certain.
(k) (+ *infin: but, succession*) to. **trouvez un argument ~ le convaincre** find an argument to convince him *ou* that will convince him; **il est d'accord ~ nous aider** he agrees *ou* he has agreed to help us; **nous avons assez d'argent ~ l'aider** we have enough money to help him; **~ mûrir, les tomates ont besoin de soleil** tomatoes need sunshine to ripen; **je n'ai rien dit ~ ne pas le blesser** I didn't say anything so as not to hurt him; **je n'ai rien dit ~ le blesser** I said nothing to hurt him; **creuser ~ trouver de l'eau/du pétrole** to dig for water/oil; **elle se pencha ~ ramasser son gant** she bent down to pick up her glove; **il étendit le bras ~ prendre la boîte** he reached for the box; **il finissait le soir tard ~ reprendre le travail tôt le lendemain** he used to finish work late at night only to start again early the next morning; **il y a des gens assez innocents ~ le croire** some people are unsuspecting enough to believe him; **le travail n'est pas ~ l'effrayer** *ou* **~ lui faire peur** he's not afraid of hard work *ou* of working hard; **il a dit ça ~ rire** *ou* **~ plaisanter** he said it in fun *ou* as a joke; **il est parti ~ ne plus revenir** he left never to return, he left and never came back again; **j'étais ~ partir*** I was just going, I was just about to go, I was on the point of leaving; *V* assez, trop.
(l) (+ *infin: cause, concession*) **elle a été punie ~ avoir menti** she was punished for lying *ou* having lied; **~ avoir réussi, il n'en est pas plus riche** he's no richer *ou* none the richer for having succeeded *ou* for his success.
(m) **~ que** + *subj* so that, in order that (*frm*); **écris vite ta lettre ~ qu'elle parte ce soir** write your letter quickly so (that) it will go *ou* it goes this evening; **il a mis une barrière ~ que les enfants ne sortent pas** he has put up a fence so that the children won't get out; **il est trop tard ~ qu'on le prévienne** it's too late to warn him *ou* for him to be warned; (*iro*) **c'est ça, laisse ton sac là ~ qu'on te le vole!** that's right, leave your bag there for someone to steal it! *ou* so that someone steals it!; **elle est assez grande ~ qu'on puisse la laisser seule** she is old enough (for her) to be left on her own.
(n) (*restriction, concession*) **~ riche qu'il soit, il n'est pas généreux** (as) rich as he is *ou* rich though he is, he's not generous; **~ peu qu'il soit sorti sans sa clef** ... if he should have come out without his key ...; **~ autant que je sache** as far as I know *ou* am aware, to the best of my knowledge.

2 *nm*: **le ~ et le contre** the arguments for and against, the pros and the cons; **il y a du ~ et du contre** there are arguments on both sides *ou* arguments for and against.

pourboire [puʀbwaʀ] *nm* tip. **~ interdit** tipping not allowed, our staff do not accept gratuities.

pourceau, pl ~x [puʀso] *nm* (*littér, péj*) pig, swine (*inv, littér*); *V* perle.

pourcentage [puʀsɑ̃taʒ] *nm* percentage; (*Comm*) percentage, cut*. **travailler au ~** to work on commission.

pourchasser [puʀʃase] (1) *vt* [*police, chasseur, ennemi*] to pursue, hunt down; [*créancier*] to hound, harry; [*importun*] to hound. **~ la misère/le crime** to hunt out *ou* seek out poverty/crime; **~ les fautes d'orthographe** to hunt out the spelling mistakes.

pourfendeur [puʀfɑ̃dœʀ] *nm* (*hum*) destroyer.

pourfendre [puʀfɑ̃dʀ(ə)] (41) *vt* (*littér*) *adversaire* to set about, assail; (*fig*) *abus* to fight against, combat.

pourlécher (se) [puʀleʃe] (6) *vpr* to lick one's lips.

pourparlers [puʀpaʀle] *nmpl* talks, negotiations, discussions. **entrer en ~ avec** to start negotiations *ou* discussions with, enter into talks with; **être en ~ avec** to negotiate with, have talks *ou* discussions with.

pourpier [puʀpje] *nm* portulaca; (*comestible*) purslane.
pourpoint [puʀpwɛ̃] *nm* doublet, pourpoint.
pourpre [puʀpʀ(ə)] **1** *adj* crimson. **il devint ~** he turned crimson *ou* scarlet.
  2 *nm* (*couleur*) crimson. **le ~ de la honte** the crimson (colour) of shame; **~ rétinien** visual purple.
  3 *nf* (*matière colorante, étoffe, symbole*) purple; (*couleur*) scarlet. **~ royale** royal purple; **accéder à la ~ cardinalice** to be given the red hat; **né dans la ~** born in the purple.
pourpré, e [puʀpʀe] *adj* (*littér*) crimson.
pourquoi [puʀkwa] **1** *conj* why. **~ est-il venu?** why did he come?, **what did he come for?**; **~ les avoir oubliés?** why did he (*ou* they *etc*) forget them?; **c'est *ou* voilà ~ il n'est pas venu** that's (the reason) why he didn't come.
  2 *adv* why. **tu me le prêtes? — ~ (donc)?** can you lend me it? — why? *ou* what for?; **tu viens? — ~ pas?** are you coming? — why not? *ou* why shouldn't I?; **il a réussi, ~ pas vous?** (*dans le futur*) he succeeded so why shouldn't you?; (*dans le passé*) he succeeded so why didn't you? *ou* so how come you didn't?*; **je vais vous dire ~** I'll tell you why; **il faut que ça marche, ou que ça dise ~*** it had better work or else ...*, it had better work, or I'll want to know why (not); **allez savoir *ou* comprendre ~*, je vous demande bien ~** I didn't know why, I just can't imagine why!, don't ask me!, search me!*
  3 *nm inv* (*raison*) reason (*de* for); (*question*) question. **le ~ de son attitude** the reason for his attitude; **il veut toujours savoir le ~ et le comment** he always wants to know the whys and wherefores; **il est difficile de répondre à tous les ~ des enfants** it isn't easy to find an answer for everything children ask you.
pourri, e [puʀi] (*ptp de* **pourrir**) **1** *adj* (a) *fruit* rotten, bad; spoilt; *bois* rotten; *feuille* decayed, rotting; *viande* bad; *œuf* rotten, addled, bad; *enfant* thoroughly spoilt; *cadavre* decomposed, putrefied. **être ~ [pomme]** to have gone rotten *ou* bad; **[œuf]** to have gone bad; *V* **poisson**.
  (b) *roche* crumbling, rotten; *neige* melting, half-melted.
  (c) (*mauvais*) *temps, été* wet, rainy; *personne, société* rotten. **~ de fric‡** stinking‡ *ou* filthy‡ rich, lousy with money‡; **~ de défauts** full of *ou* riddled with faults.
  2 *nm* (a) **enlever le ~** (*d'un fruit etc*) to take out the rotten *ou* bad part; **sentir le ~** to smell rotten *ou* bad.
  (b) (‡: *crapule*) swine‡, sod‡*∗* (*Brit*). **bande de ~s!** (you) bastards!‡, (you) lousy sods!‡*∗* (*Brit*).
pourrir [puʀiʀ] (2) **1** *vi* [*fruit*] to go rotten *ou* bad, spoil; [*bois*] to rot (away); [*œuf*] to go bad; [*cadavre*] to rot away; [*corps, membre*] to be eaten away. **récolte qui pourrit sur pied** harvest which is rotting on the stalk; (*fig*) **~ dans la misère** to languish in poverty; **~ en prison** to rot (away) in prison; **laisser ~ la situation** to let the situation deteriorate *ou* get worse.
  2 *vt* (a) *fruit* to make rotten, rot, spoil; *bois* to make rotten, rot; (*infecter*) *corps* to eat away (at).
  (b) (*fig*) (*gâter*) *enfant* to spoil through and through, ruin; (*corrompre*) *personne* to corrupt, spoil. **les ennuis qui pourrissent notre vie** the worries which spoil our lives.
  3 se pourrir *vpr* [*fruit*] to go rotten *ou* bad, spoil; [*bois*] to rot (away); [*situation*] to deteriorate, get worse.
pourrissement [puʀismɑ̃] *nm* [*situation*] deterioration, worsening (*de* in, of).
pourriture [puʀityʀ] *nf* (a) (*lit, Agr*) rot; [*société*] rottenness. **odeur de ~** putrid smell. (b) (*péj: personne*) louse*, swine‡.
pour-soi [puʀswa] *nm* (*Philos*) pour-soi.
poursuite [puʀsɥit] *nf* (a) (*voleur, animal*) chase (*de* after), pursuit (*de* of); (*fig*) [*bonheur, gloire*] pursuit (*de* of). **se mettre *ou* se lancer à la ~ de qn** to chase *ou* run after sb, go in pursuit of sb.
  (b) (*Jur*) **~s (judiciaires)** legal proceedings; **engager des ~s contre** to start legal proceedings against, take legal action against; **s'exposer à des ~s** to lay o.s. open to *ou* run the risk of prosecution.
  (c) (*continuation*) continuation.
  (d) (*Sport*) (*course*) track race; **~ individuelle** individual pursuit.
poursuiteur [puʀsɥitœʀ] *nm* track rider, track cyclist.
poursuivant, e [puʀsɥivɑ̃, ɑ̃t] **1** *adj* (*Jur*) **partie ~e** plaintiff. **2** *nm, f* (*ennemi*) pursuer; (*Jur*) plaintiff.
poursuivre [puʀsɥivʀ(ə)] (40) **1** *vt* (a) (*courir après*) *fugitif, ennemi* to pursue; *animal* to chase (after), hunt down, pursue; *malfaiteur* to chase (after), pursue. **un enfant poursuivi par un chien** a child (being) chased *ou* pursued by a dog; **les motards poursuivaient la voiture** the police motorcyclists were chasing the car *ou* were in pursuit of the car.
  (b) (*harceler*) [*importun, souvenir*] to hound. **être poursuivi par ses créanciers** to be hounded *ou* harried by one's creditors; **~ qn de sa colère/de sa haine** to hound sb through anger/hatred; **~ une femme de ses assiduités** to force one's attentions on a woman; **cette idée le poursuit** he can't get this idea out of his mind, he's haunted by this idea; **les photographes ont poursuivi l'actrice jusque chez elle** the photographers followed the actress all the way home.
  (c) (*chercher à atteindre*) *fortune, gloire* to seek (after); *vérité* to pursue, seek (after); *rêve* to pursue, follow; *but, idéal* to strive towards, pursue.
  (d) (*continuer*) (*gén*) to continue, go *ou* carry on with; *avantage* to follow up, pursue. **~ sa marche** to keep going, walk on, carry on walking, continue on one's way.
  (e) (*Jur*) **~ qn (en justice)** (*au criminel*) to prosecute sb, bring proceedings against sb; (*au civil*) to sue sb, bring proceedings against sb; **être poursuivi pour vol** to be prosecuted for theft.

2 *vi* (a) (*continuer*) to carry on, go on, continue. **poursuivez, cela m'intéresse** go on *ou* tell me more, it interests me; **puis il poursuivit: 'voici pourquoi ...'** then he went on *ou* continued, 'that's why ...'.
  (b) (*persévérer*) to keep at it, keep it up.
  3 se poursuivre *vpr* [*négociations, débats*] to go on, continue; [*enquête, recherches, travail*] to be going on, be carried out. **les débats se sont poursuivis jusqu'au matin** discussions went on *ou* continued until morning.
pourtant [puʀtɑ̃] *adv* (*néanmoins, en dépit de cela*) yet, nevertheless, all the same, even so; (*cependant*) (and) yet. **et ~** and yet, but nevertheless; **frêle mais ~ résistant** frail but nevertheless *ou* but even so *ou* but all the same *ou* (and *ou* but) yet resilient; **il faut ~ le faire** it's got to be done all the same *ou* even so *ou* nevertheless, (and) yet it's got to be done; **il n'est ~ pas très intelligent** (and) yet he's not very clever, he's not very clever though; (*intensif*) **c'est ~ facile!** but it's easy!, but it's not difficult!; **on lui a ~ dit de faire attention** (and) yet we told him *ou* did tell him to be careful.
pourtour [puʀtuʀ] *nm* [*cercle*] circumference; [*rectangle*] perimeter; [*bord*] surround. **sur le ~ de** around, on the sides of.
pourvoi [puʀvwa] *nm* (*Jur*) appeal. **~ en grâce** appeal for clemency.
pourvoir [puʀvwaʀ] (25) **1** *vt:* **~ qn de qch** to provide *ou* equip *ou* supply sb with sth, provide sth for sb; **~ un enfant de vêtements chauds** to provide a child with warm clothes, provide warm clothes for a child; **la nature l'a pourvu d'une grande intelligence** nature has endowed him with great intelligence, he is gifted with great natural intelligence; **la nature l'a pourvue d'une grande beauté** she is graced with great natural beauty; **~ sa maison de tout le confort moderne** to fit one's house out *ou* equip one's house with all modern conveniences; **~ sa cave de vin** to stock one's cellar with wine; *V* **pourvu¹**.
  2 pourvoir à *vt indir éventualité* to provide for, cater for; *emploi* to fill. **~ aux besoins de qn** to provide for *ou* cater for *ou* supply sb's needs; **~ à l'entretien du ménage** to provide for the upkeep of the household; **j'y pourvoirai** I'll see to it *ou* deal with it.
  3 se pourvoir *vpr* (a) **se ~ de** *argent, vêtements* to provide o.s. with; *provisions, munitions* to provide o.s. with, equip o.s. with, supply o.s. with.
  (b) (*Jur*) to appeal, lodge an appeal. **se ~ en appel** to take one's case to the Court of Appeal.
pourvoyeur, -euse [puʀvwajœʀ, øz] **1** *nm, f* supplier, purveyor; [*drogue*] supplier, pusher*. **2** *nm* (*Mil: servant de pièce*) artilleryman.
pourvu¹, e [puʀvy] (*ptp de* **pourvoir**) *adj* (a) [*personne*] **être ~ de** *intelligence, imagination* to be gifted with, be endowed with; *beauté* to be endowed with, be graced with; **avec ces provisions nous voilà ~s pour l'hiver** with these provisions we're stocked up *ou* well provided for for the winter; **nous sommes très bien/très mal ~s en commerçants** we're very well-off/very badly off for shops, we're very well/very badly provided with shops; **après l'héritage qu'il a fait c'est quelqu'un de bien ~** with the inheritance he's received, he's very well-off *ou* very well provided for.
  (b) [*chose*] **être ~ de** to be equipped *ou* fitted with; **feuille de papier ~e d'une marge** sheet of paper with a margin; **animal (qui est) ~ d'écailles** animal which has scales *ou* which is equipped with scales.
pourvu² [puʀvy] *conj:* **~ que** (*souhait*) let's hope; (*condition*) provided (that), so long as; **~ que ça dure!** let's hope it lasts!, here's hoping it lasts!*
poussa(h) [pusa] *nm* (*jouet*) tumbler; (*péj: homme*) potbellied man.
pousse [pus] *nf* (a) (*bourgeon*) shoot. **~s de bambou** bamboo shoots. (b) (*action*) [*feuilles*] sprouting; [*dent, cheveux*] growth.
poussé, e¹ [puse] (*ptp de* **pousser**) **1** *adj études* advanced; *enquête* extensive, exhaustive. **très ~** *organisation, technique, dessin* elaborate; *technicité, précision* high-level (*épith*), advanced; **une plaisanterie un peu ~e** a joke which goes a bit too far. **2** *nm* (*Mus*) up-bow.
pousse-café [puskafe] *nm inv* liqueur.
poussée² [puse] *nf* (a) (*pression*) [*foule*] pressure, pushing, shoving; (*Archit, Géol, Phys*) thrust (*U*). **sous la ~** under the pressure.
  (b) (*coup*) push, shove; [*ennemi*] thrust. **écarter qn d'une ~** to thrust *ou* push *ou* shove sb aside; **enfoncer une porte d'une ~ violente** to break a door down with a violent heave *ou* shove.
  (c) (*éruption*) [*acné*] attack, eruption; [*prix*] rise, upsurge, increase. **~ de fièvre** (sudden) high temperature; **la ~ de la gauche/droite aux élections** the upsurge of the left/right in the elections; **la ~ révolutionnaire de 1789** the revolutionary upsurge of 1789.
pousse-pousse [puspus] *nm inv* rickshaw.
pousser [puse] (1) **1** *vt* (a) (*gén*) *charrette, meuble, personne* to push; *brouette, landau* to push, wheel; *verrou* (*ouvrir*) to slide, push back; (*fermer*) to slide, push to *ou* home; *objet gênant* to move, shift, push aside. **~ une chaise contre le mur/près de la fenêtre/dehors** to push a chair (up) against the wall/(over) near the window/outside; **~ les gens vers la porte** to push the people towards *ou* to the door; **il me poussa du genou/du coude** he nudged me with his knee/(with his elbow); **~ un animal devant soi** to drive an animal (in front of one); **~ l'aiguille to sew**; **~ la porte/la fenêtre** (*fermer*) to push the door/window to *ou* shut; (*ouvrir*) to push the door/window open; **~ un caillou du pied** to kick a stone (along); **le vent nous poussait vers la côte** the wind was blowing *ou* pushing us towards the shore; **le courant poussait le bateau vers les rochers** the current was carrying the boat towards the rocks; (*balançoire*) **peux-tu me ~?** can you give me a push?; **peux-tu ~ ta voiture?** can you move *ou* shift your car (out of the way)?; **pousse tes fesses!‡** shift your backside!‡, shove over!‡; (ne)

poussez pas, il y a des enfants! don't push *ou* stop pushing, there are children here!; **il m'a poussé** he pushed *ou* jostled me; *(fig)* **faut pas ~ (grand-mère dans les orties)!‡** that *ou* this is going a bit far!, you *(ou* he) must be kidding!‡; *(fig)* **~ un peu loin le bouchon** to push it*, go a bit far; *V* **pointe.**

(b) *(stimuler)* **élève, ouvrier** to urge on, egg on, push; *cheval* to ride hard, push; *moteur* to flog* *(surtout Brit)*, drive hard; *voiture* to drive hard *ou* fast; *machine* to work hard; *feu* to stoke up; *chauffage* to turn up; *(mettre en valeur)* **candidat, protégé** to push. **c'est le même modèle, avec un moteur poussé** it's the same model with a souped-up* *ou* tuned-up engine; **c'est l'ambition qui le pousse** he is driven by ambition, it's ambition which drives him on; **dans ce lycée on pousse trop les élèves** the pupils are worked *ou* driven *ou* pushed too hard in this school; **ce prof l'a beaucoup poussé en maths** this teacher has really pushed him *ou* made him get on in maths; **poussé par ses amis** pushed *ou* persuaded by his friends.

(c) ~ qn à faire qch *[faim, curiosité]* to drive sb to do sth; *[personne]* *(inciter)* to urge *ou* press sb to do sth; *(persuader)* to persuade *ou* induce sb to do sth, talk sb into doing sth; **ses parents le poussent à entrer à l'université/vers une carrière médicale** his parents are urging *ou* encouraging *ou* pushing him to go to university/to take up a career in medicine; **c'est elle qui l'a poussé à acheter cette maison** she talked him into *ou* pushed him into buying this house, she induced him to buy this house; **son échec nous pousse à croire que ...** his failure leads us to think that ..., because of his failure we're tempted to think that ...; **~ qn au crime/au désespoir** to drive sb to crime/to despair; **~ qn à la consommation** to encourage sb to buy *(ou* eat *ou* drink *etc)* more than he wants; **~ qn à la dépense** to encourage sb to spend (more) money, drive sb into spending (more) money; **le sentiment qui le poussait vers la bien-aimée** the feeling which drove him to his beloved; **~ qn sur un sujet** to get sb onto a subject.

(d) *(poursuivre)* **études, discussion** to continue, carry on (with), go *ou* press on with; *avantage* to press (home), follow up; *affaire* to follow up, pursue; *marche, progression* to continue, carry on with. **~ l'enquête/les recherches plus loin** to carry *ou* press on with the inquiry/research; **~ la curiosité/la plaisanterie un peu (trop) loin** to carry *ou* take curiosity/the joke a bit (too) far; **~ les choses au noir** always to look on the black side, always take a black view of things; **~ qch à la perfection** to carry *ou* bring sth to perfection; **il a poussé le dévouement/la gentillesse/la malhonnêteté jusqu'à faire** he was devoted/kind/dishonest enough to do, his devotion/kindness/dishonesty was such that he did; **~ l'indulgence jusqu'à la faiblesse** to carry indulgence to the point of weakness; **~ qn dans ses derniers retranchements** to get sb up against a wall *ou* with his back to the wall; **~ qn à bout** to push sb to breaking point, drive sb to his wits' end *ou* the limit.

(e) cri, hurlement to let out, utter, give; *soupir* to heave, give. **~ des cris** to shout, scream; **~ des rugissements** to roar; **les enfants poussaient des cris perçants** the children were shrieking; **le chien poussait de petits jappements plaintifs** the dog was yelping pitifully; **~ une gueulante‡** *(douleur)* to be screaming with pain; *(colère)* to be shouting and bawling (with anger); *(hum)* **~ sa chanson** *ou* **~ une*** to sing a song.

2 vi (a) *(grandir)* **[barbe, enfant]** to grow; *[dent]* to come through; *[ville]* to grow, expand; *[plante]* *(sortir de terre)* to sprout; *(se développer)* to grow. **[enfant] ~ bien** *ou* **comme un champignon** to be growing well, be shooting up; **alors, les enfants, ça pousse?** and how are the kids doing?*; **mes choux poussent bien** my cabbages are coming on *ou* doing nicely *ou* well; **tout pousse bien dans cette région** everything grows well in this region; **ils font ~ des tomates par ici** they grow tomatoes in these parts, this is a tomato-growing area; **la pluie fait ~ les mauvaises herbes** the rain makes the weeds grow; **ça pousse comme du chiendent** they grow like weeds; **il se fait** *ou* **se laisse ~ la barbe** he's growing a beard; **il se fait** *ou* **se laisse ~ les cheveux** he's letting his hair grow; **il a une dent qui pousse** he's cutting a tooth, he's got a tooth coming through; **de nouvelles villes poussaient comme des champignons** new towns were springing up *ou* sprouting like mushrooms, new towns were mushrooming.

(b) *(faire un effort)* *(pour accoucher, aller à la selle)* to push. *(fig)* **~ à la roue** to do a bit of pushing, push a bit; **~ (à la roue) pour que qn fasse qch** to keep nudging *ou* pushing sb to get him to do sth; *(Fin)* **~ à la hausse/à la baisse** to press for *ou* push for reflation/deflation of the economy.

(c) *(aller)* **nous allons ~ un peu plus avant** we're going to go on *ou* push on a bit further; **~ jusqu'à Lyon** to go on *ou* push on as far as *ou* carry on to Lyons; **l'ennemi poussait droit sur nous** the enemy was coming straight for *ou* towards us.

(d) *(‡ exagérer)* to go too far, overdo it. **tu pousses!** that's going a bit far!; **faut pas ~!** that *ou* this is going a bit far!, that *ou* this is overdoing it a bit!

3 se pousser *vpr (se déplacer)* to move, shift; *(faire de la place)* to move *ou* shift over *(ou* up *ou* along *ou* down); *(en voiture)* to move. *(fig)* **se ~ (dans la société)** to make one's way *ou* push o.s. up in society *ou* in the world.

poussette [puset] *nf* push chair. **~-canne** baby buggy, (folding) stroller *(US).*

poussier [pusje] *nm* coaldust, screenings *(T).*

poussière [pusjɛʀ] *nf* dust. **~ de charbon** coaldust; **~ d'étoiles** stardust; **~ d'or** gold dust; **faire** *ou* **soulever de la ~** to raise a dust; **couvert de ~** dusty, covered in dust; **avoir une ~ dans l'œil** to have a speck of dust in one's eye; *(frm)* **leur ~** **repose dans ces tombes** their ashes *ou* mortal remains lie in these tombs; *(fig)* **3 F et des ~s*** just over 3 francs, 3 and a bit francs*; *(fig)* **une ~ de** a myriad of; **~ radioactive** radioactive particles *ou* dust *(U)*; **~**

volcanique volcanic ash *(U) ou* dust *(U)*; **réduire/tomber en ~** to reduce to/crumble into dust.

poussiéreux, -euse [pusjeʀø, øz] *adj (lit)* dusty; *(fig)* fusty.

poussif, -ive [pusif, iv] *adj* **personne** wheezy, short-winded; *cheval* broken-winded; *moteur* puffing, wheezing; *style* flabby, tame.

poussin [pusɛ̃] *nm* chick. **mon ~!*** pet!, poppet!*

poussivement [pusivmɑ̃] *adv:* **il monta ~ la côte/l'escalier** he wheezed up *ou* puffed up the hill/the stairs.

poussoir [puswaʀ] *nm [sonnette]* button. *(Aut)* **~ (de soupape)** tappet.

poutre [putʀ(ə)] *nf (en bois)* beam; *(en métal)* girder; *(Gym)* beam. **~s apparentes** exposed beams; *V* **paille.**

poutrelle [putʀɛl] *nf* girder.

pouvoir¹ [puvwaʀ] (33) **1** *vb aux* **(a)** *(permission)* can, may *(frm)*, to be allowed to. **il ne peut pas venir** he can't *ou* cannot *ou* may not *(frm)* come, he isn't allowed to come; **peut-il/ne peut-il pas venir?** can he/can't he come?, may he/may he not come? *(frm)*; **il peut ne pas venir** he doesn't have to come, he's not bound to come; **il pourra venir** he will be able *ou* allowed to come; **il pourrait venir s'il nous prévenait** he could come *ou* he would be able *ou* allowed to come if he notified us; **il pouvait venir, il a pu venir** he could come, he was allowed *ou* able to come; **il aurait pu venir** he could have come, he would have been allowed *ou* able to come; **s'il avait pu venir** if they had been allowed *ou* able to come; **les élèves peuvent se promener le dimanche** the pupils may *ou* can go *ou* are allowed to go for walks on Sundays; **maintenant, tu peux aller jouer** now you can *ou* may go and play; **est-ce qu'on peut fermer la fenêtre?** may *ou* can we *ou* do you mind if we shut the window?; **on ne peut pas laisser ces enfants seuls** we can't leave these children on their own; **dans la famille victorienne, on ne pouvait pas jouer du piano le dimanche** in Victorian families, you weren't allowed to *ou* could not play the piano on Sundays.

(b) *(possibilité)* can, to be able to; *(*: réussir)* to manage to. **il ne peut pas venir** he can't come, he isn't able to *ou* is unable to come; **peut-il venir?** can he *ou* is he able to come?; **ne peut-il pas venir?** can't he *ou* isn't he able to *ou* is he unable to come?; **il ne peut pas ne pas venir** he can't not come, he has to *ou* he must come; *(littér)* **je puis venir** I can come; **il aurait pu venir** he could have come, he would have been able to come; **s'il avait pu venir** if he could have come, if had been able to come; **il n'a (pas) pu** *ou (littér)* **ne put venir** he couldn't *ou* wasn't able to *ou* was unable to come; **il ne peut pas s'empêcher de tousser** he can't help coughing; **peut-il marcher sans canne?** can he (manage to) walk *ou* is he able to walk without a stick?; **il peut bien faire cela** that's the least he can do; **venez si vous pouvez/dès que vous pourrez** come if/as soon as you can (manage) *ou* are able; **puis-je vous être utile?** can I be of any help (to you)?, can *ou* may I be of assistance?; **la salle peut contenir 100 personnes** the room can seat *ou* hold 100 people *ou* has a seating capacity of 100; **comme il pouvait comprendre la fiche technique, il a pu réparer le poste** since he could understand the technical information he was able to *ou* he managed to repair the set; **il ne pourra jamais plus marcher** he will never be able to walk again; **il pourrait venir demain si vous aviez besoin de lui** he could come tomorrow if you needed him; **pourriez-vous nous apporter du thé?** could you bring us some tea?

(c) *(éventualité)* **il peut être français** he may *ou* might *ou* could be French; **il ne peut pas être français** he can't be French; **peut-il être français?** could *ou* might he be French?; **ne peut-il pas être français?** couldn't *ou* mightn't he *ou* may he not *(frm)* be French?; **il peut ne pas être français** he may *ou* might not be French; **il ne peut pas ne pas être français** he must be French; **il pourrait être français** he might *ou* could be French; **il aurait pu être français** he might *ou* could have been French; **quel âge peut-il (bien) avoir?** (just) how old might he be?; **l'émeute peut éclater d'un moment à l'autre** rioting may *ou* might *ou* could break out any minute; **qu'est-ce que cela peut bien lui faire?*** what's that (got) to do with him?*; **il peut être très méchant, parfois** he can be very nasty at times; **où ai-je bien pu mettre mon stylo?** where on earth can I have put my pen?; **vous pourrez en avoir besoin** you may *ou* might need it; **les cambrioleurs ont pu entrer par la fenêtre** the burglars could *ou* may *ou* might have got in through the window; **il a très bien pu entrer sans qu'on le voie** he may very well *ou* he could easily have come in unseen; **songez un peu à ce qui pourrait arriver** just imagine what might *ou* could happen; **cela pourrait se faire** that might *ou* could be arranged; **ceci pourrait bien constituer une des questions les plus importantes** this is potentially one of the key issues, this could well be one of the most important issues.

(d) *(suggestion)* might, could. **elle pourrait arriver à l'heure!** she might *ou* could (at least) be punctual!; **il aurait pu me dire cela plus tôt!** he might *ou* could have told me sooner!; **vous pouvez bien lui prêter votre livre** you can lend him your book, can't you?, surely you can lend him your book!

(e) *(littér: souhait)* **puisse Dieu/le ciel les aider!** may God/Heaven help them!; **puisse-t-il guérir rapidement!** would to God *(littér) ou* let us hope he recovers soon!, may he soon recover *(littér)*; **puissiez-vous dire vrai!** let us pray *ou* hope you're right!

2 *vb impers* may, might, could, to be possible. **il peut** *ou* **pourrait pleuvoir** it may *ou* might *ou* could rain, it is possible that it will rain; **il pourrait y avoir du monde** there may *ou* might *ou* could be a lot of people there; **il aurait pu y avoir un accident!** there could *ou* might have been an accident!; **il pourrait se faire qu'elle ne soit pas chez elle** she may *ou* might well not be at home, it may *ou* might well be that she isn't at home.

3 *vt* **(a)** can, to be able to. **est-ce qu'on peut quelque chose pour lui?** is there anything we can do for him?; **il partira dès qu'il le pourra** he will leave as soon as he can *ou* is able (to); **il fait ce**

qu'il peut he does what he can, he does the best he can; **il a fait tout ce qu'il a pu** he did all he could *ou* all that was in his power; **il peut beaucoup** he's very capable; (*frm*) **que puis-je pour vous?** what can I do for you?, can I do anything to assist you?; **personne ne peut rien sur lui** he won't listen to anyone, no one has any hold on him.

(b) (+ *adj ou adv comp*) **il a été on ne peut plus aimable/ compréhensif/impoli** he couldn't have been kinder/more understanding/ruder, he was as kind/understanding/rude as it's possible to be; **elle le connaît on ne peut mieux** she knows him as well as it's possible to know anyone, no one knows him better than she does; **ils sont on ne peut plus mal avec leurs voisins** they couldn't (possibly) be on worse terms with their neighbours, they're on the worst possible terms with their neighbours.

(c) (*loc*) **je n'en peux plus** I can't stand it any longer; **je n'en peux plus d'attendre** I can wait no longer, I can't stand the strain of waiting any longer; **il n'en peut plus** (*fatigué*) he's all-in* *ou* tired out; (*à bout de nerfs*) he can't go on, he's had enough, he can't take any more; **je n'en peux plus de fatigue** I'm all-in* *ou* tired out *ou* worn out; (*littér*) **il n'en pouvait mais** there was nothing he could do about it, he could do nothing about it; **qu'y pouvons-nous?** — **on n'y peut rien** what can we do about it? — there's nothing we can do (about it); **je m'excuse, mais je n'y peux rien** I'm sorry, but it can't be helped *ou* there's nothing I can do *ou* there's nothing to be done.

4 se pouvoir *vpr*: **il se peut/se pourrait qu'elle vienne** she may *ou* could/might *ou* could (well) come; **se peut-il que ...?** is it possible that ...?, could *ou* might it be that ...?; **il se peut, éventuellement, que ...** it may possibly be that ...; **cela se pourrait bien** that's quite possible, that may *ou* could well be, that's a clear possibility; **ça se peut*** possibly, perhaps, maybe, could be*; **ça ne se peut pas*** that's impossible, that's not possible, that can't be so; *V* **autant**.

pouvoir² [puvwaʀ] **1** *nm* **(a)** (*faculté*) (*gén*) power; (*capacité*) ability, capacity; (*Phys, gén: propriété*) power. **avoir le ~ de faire** to have the power *ou* ability to do; **il a le ~ de se faire des amis partout** he has the ability *ou* he is able to make friends everywhere; **il a un extraordinaire ~ d'éloquence/de conviction** he has remarkable exceptional powers of oratory/persuasion; **ce n'est pas en mon ~** it is not within *ou* in my power, it is beyond my power; **il n'est pas en son ~ de vous aider** it is beyond *ou* it does not lie within his power to help you; **il fera tout ce qui est en son ~** he will do everything (that is) in his power *ou* all that he possibly can; **~ couvrant/éclairant** covering/lighting power; **~ absorbant** absorption power, absorption factor (*T*).

(b) (*autorité*) power; (*influence*) influence. **avoir beaucoup de ~** to have a lot of power *ou* influence, be very powerful *ou* influential; **avoir du ~ sur qn** to have influence *ou* power over sb, exert an influence over sb; **le père a ~ sur ses enfants** a father has power over his children; **tenir qn en son ~** to hold sb in one's power; **le pays entier est en son ~** the whole country is in his power, he has the whole country in his power; **avoir du ~ sur soi-même** to have self-control.

(c) (*droit, attribution*) power. **dépasser ses ~s** to exceed one's powers; **en vertu des ~s qui me sont conférés** by virtue of the power which has been vested in me; **séparation des ~s** division of powers; **avoir ~ de faire** (*autorisation*) to have authority to do; (*droit*) to have the right to do; **je n'ai pas ~ pour vous répondre** I have no authority to reply to you; *V* **plein**.

(d) (*Pol*) **le ~** (*direction des pays*) power; (*dirigeants*) government; **le parti (politique) au ~** the (political) party in power *ou* in office, the ruling party; **avoir le ~** to have *ou* hold power; **exercer le ~** to exercise power, rule, govern; **prendre le ~** (*légalement*) to come to power *ou* into office; (*illégalement*) to seize power; **des milieux proches du ~** sources close to the government; **le ~ actuel, dans ce pays** the present régime, in this country; **l'opinion et le ~** public opinion and the authorities, us and them*.

(e) (*Jur: procuration*) proxy. **~ par-devant notaire** power of attorney; **donner ~ à qn de faire** to give sb proxy to do (*Jur*), empower sb to do, give sb authority to do.

2: pouvoir d'achat purchasing power; **pouvoir de concentration** powers of concentration; **pouvoirs constitués** powers that be; **pouvoir de décision** decision-making power(s); **pouvoir disciplinaire** disciplinary power(s); **pouvoirs exceptionnels** emergency powers; **pouvoir exécutif** executive power; **pouvoir judiciaire** judiciary, judicial power; **pouvoir législatif** legislative power; **pouvoirs publics** authorities; **pouvoir spirituel** spiritual power; **pouvoir temporel** temporal power.

P.R. [peɛʀ] *nm abrév de* **parti républicain**.

praesidium [pʀezidjɔm] *nm* praesidium. **le ~ suprême** the praesidium of the Supreme Soviet.

pragmatique [pʀagmatik] **1** *adj* pragmatic. **2** *nf* pragmatics (*sg*).

pragmatisme [pʀagmatism(ə)] *nm* pragmatism.

pragmatiste [pʀagmatist(ə)] **1** *adj* pragmatic, pragmatist. **2** *nmf* pragmatist.

Prague [pʀag] *n* Prague.

praire [pʀɛʀ] *nf* clam.

prairial [pʀeʀjal] *nm* Prairial (*9th month of French Republican calendar*).

prairie [pʀeʀi] *nf* meadow. (*aux USA*) **la ~** the prairie; **des hectares de ~** acres of grassland.

praline [pʀalin] *nf* praline, sugared almond.

praliné, e [pʀaline] **1** *adj amande* sugared; *glace, crème* praline-flavoured. **2** *nm* praline-flavoured ice cream.

prame [pʀam] *nf* (*Naut*) pram, praam.

praséodyme [pʀazeɔdim] *nm* praseodymium.

praticable [pʀatikabl(ə)] **1** *adj* **(a)** *projet, moyen, opération* practicable, feasible; *chemin* passable, negotiable, practicable. **(b)** (*Théât*) *porte, décor* practicable. **2** *nm* (*Théât: décor*) practicable scenery; (*plate-forme*) gantry.

praticien, -ienne [pʀatisjɛ̃, jɛn] *nm,f* (*gén, Méd*) practitioner.

pratiquant, e [pʀatikɑ̃, ɑ̃t] **1** *adj* practising (*épith*). **il est très/peu ~** he goes to *ou* attends church regularly/infrequently, he's a regular/an infrequent attender at church *ou* churchgoer.

2 *nm, f* (regular) churchgoer, practising Christian (*ou* Catholic *etc*); (*adepte*) follower. **cette religion compte 30 millions de ~s** this faith has 30 million followers *ou* 30 million faithful.

pratique [pʀatik] **1** *adj* **(a)** (*non théorique*) *jugement, philosophe, connaissance* practical; (*Scol*) *exercice, cours* practical. **considération d'ordre ~** practical consideration; *V* **travail¹**.

(b) (*réaliste*) *personne* practical(-minded). **il faut être ~ dans la vie** you have to be practical in life; **avoir le sens ~** to be practical-minded; **avoir l'esprit ~** to have a practical turn of mind.

(c) (*commode*) *livre, moyen, vêtement, solution* practical, handy; *emploi du temps* convenient. **c'est très ~, j'habite à côté de bureau** it's very convenient *ou* handy, I live next door to the office.

2 *nf* **(a)** (*application*) practice. **dans la ~** in (actual) practice; **dans la ~ de tous les jours** in the ordinary run of things, in the normal course of events; **en ~** in practice; **mettre qch en ~** to put sth into practice.

(b) (*expérience*) practical experience. **il a une longue ~ des élèves** he has a long practical experience of teaching, he is well-practised at teaching; **il a perdu la ~** he is out of practice, he's lost the knack; **avoir la ~ du monde††** to be well-versed in *ou* have a knowledge of *ou* be familiar with the ways of society.

(c) (*coutume, procédé*) practice. **c'est une ~ générale** it is a widespread practice; **des ~s malhonnêtes** dishonest practices, sharp practice; **~s religieuses** religious practices.

(d) (*exercice, observance*) [*règle*] observance; [*médecine*] practising, exercise; [*sport*] practising; [*vertu*] exercise, practice. **la ~ de l'escrime/du cheval/du golf développe les réflexes** fencing/horse-riding/golfing *ou* (playing) golf develops the reflexes; **la ~ du yoga** the practice of yoga; **~ (religieuse)** church attendance; **condamné pour ~ illégale de la médecine** convicted of the illegal practising of medicine.

(e) (††: *clientèle*) [*commerçant*] custom (*U*), clientèle (*U*); [*avocat*] practice, clientèle (*U*). **donner sa ~ à un commerçant** to give a tradesman one's custom.

(f) (††: *client*) [*commerçant*] customer; [*avocat*] client.

(g) (††: *fréquentation*) [*personne, société*] frequenting, frequentation; [*auteur*] close study.

pratiquement [pʀatikmɑ̃] *adv* (*en pratique*) in practice; (*en réalité*) in (actual) practice; (*presque*) practically, virtually. **c'est ~ la même chose, ça revient ~ au même** it's basically the same (thing).

pratiquer [pʀatike] (1) **1** *vt* **(a)** (*mettre en pratique*) *philosophie, politique* to practise (*Brit*), practice (*US*), put into practice; *règle* to observe; *vertu, charité* to practise, exercise; *religion* to practise.

(b) (*exercer*) *profession, art* to practise; *football, golf* to play. **~ l'escrime/le cheval/la pêche** to go (in for) fencing/horse-riding/fishing; **~ la photo** to go in for photography; **ils pratiquent l'exploitation systématique du touriste** they systematically exploit *ou* make a practice of systematically exploiting the tourist; **il est recommandé de ~ un sport** it is considered advisable to play *ou* practise *ou* do a sport.

(c) (*faire*) *ouverture* to make; *trou* to pierce, bore, open up; *route* to make, build, open up; (*Méd*) *intervention* to carry out (*sur* on).

(d) (*utiliser*) *méthode* to practise, use; *système* to use. **~ le chantage/le bluff** to use blackmail/bluff.

(e) (††: *fréquenter*) *auteur* to study closely; *personne, haute société* to frequent.

2 *vi* **(a)** (*Rel*) to go to church, be a churchgoer, be a practising Christian *etc*.

(b) (*Méd*) to be in practice, have a practice.

3 se pratiquer *vpr* [*méthode*] to be the practice; [*religion*] to be practised. **cela se pratique encore dans les villages** it is still the practice in the villages; **comme cela se pratique en général** as is the usual practice; **les prix qui se pratiquent à Paris** prices which prevail *ou* are current in Paris; **le vaudou se pratique encore dans cette région** voodoo is still practised in this region.

praxis [pʀaksis] *nf* praxis.

Praxitèle [pʀaksitɛl] *nm* Praxiteles.

pré [pʀe] **1** *nm* meadow. **aller sur le ~** to fight a duel. **2: pré-salé** *nm, pl* **prés-salés** (*mouton*) salt meadow sheep; (*viande*) (salt meadow) lamb.

pré ... [pʀe] *préf* **pre ...**.

préalable [pʀealabl(ə)] **1** *adj* *entretien, condition* preliminary; *accord, avis* prior, previous. **~ à** preceding; **lors des entretiens ~s aux négociations** during (the) discussions (which took place) prior to the negotiations; **vous ne pouvez pas partir sans l'accord ~ du directeur** you cannot leave without first obtaining *ou* having obtained the agreement of the director *ou* without the prior *ou* previous agreement of the director; **ceci n'allait pas sans une certaine inquiétude** a certain initial anxiety was experienced; **sans avis ~** without prior *ou* previous notice.

2 *nm* (*condition*) precondition, prerequisite; (†: *préparation*) preliminary. **au ~** first, beforehand.

préalablement [pʀealabləmɑ̃] *adv* first, beforehand. **~ à** prior to; **~ à toute négociation** before any negotiation can take place, prior to any negotiation.

Préalpes [pʀealp(ə)] *nfpl*: **les ~** the Pre-Alps.

préalpin, e [pʀealpɛ̃, in] *adj* of the Pre-Alps.

préambule [pʀeɑ̃byl] *nm [discours, loi]* preamble (*de* to); *[contrat]* recitals (*pl*); (*fig: prélude*) prelude (*à* to). **sans ~** without any preliminaries, straight off.

préau, *pl* **~x** [pʀeo] *nm [école]* covered playground; *[prison]* (exercise) yard; *[couvent]* inner courtyard.

préavis [pʀeavi] *nm* (advance) notice. **un ~ d'un mois** a month's notice *ou* warning; **~ de grève** strike notice; **déposer un ~ de grève** to give notice *ou* warning of strike action; **sans ~ faire grève, partir** without (previous) notice, without advance warning; *retirer de l'argent* on demand, without advance *ou* previous notice.

prébende [pʀebɑ̃d] *nf (Rel)* prebend; (*péj*) emoluments, payment (*U*).

prébendé, e [pʀebɑ̃de] *adj* prebendal.

prébendier [pʀebɑ̃dje] *nm* prebendary.

précaire [pʀekɛʀ] *adj position, situation, bonheur* precarious; *santé* shaky, precarious. *(Jur)* **possesseur/possession (à titre) ~** precarious holder/tenure.

précairement [pʀekɛʀmɑ̃] *adv* precariously.

précambrien, -ienne [pʀekɑ̃bʀijɛ̃, ijɛn] *adj, nm* Precambrian.

précarité [pʀekaʀite] *nf (gén, Jur)* precariousness.

précaution [pʀekosjɔ̃] *nf (a)* (*disposition*) precaution. **prendre des ~s ou ses ~s** to take precautions; **s'entourer de ~s** to take a lot of precautions; **~s oratoires** carefully phrased remarks; **faire qch avec les plus grandes ~s** to do sth with the utmost care *ou* the greatest precaution.
(b) (*prudence*) caution, care. **par ~** as a precaution (*contre* against); **par mesure de ~** as a precautionary measure; **pour plus de ~** to be on the safe side; **avec ~** cautiously.

précautionner (se) [pʀekosjɔne] (1) *vpr* to take precautions (*contre* against).

précautionneusement [pʀekosjɔnøzmɑ̃] *adv* (*par précaution*) cautiously; (*avec soin*) carefully.

précautionneux, -euse [pʀekosjɔnø, øz] *adj* (*prudent*) cautious; (*soigneux*) careful.

précédemment [pʀesedamɑ̃] *adv* before, previously.

précédent, e [pʀesedɑ̃, ɑ̃t] **1** *adj* previous. **un discours/article ~** a previous *ou* an earlier speech/article; **le discours/film ~** the preceding *ou* previous speech/film; **le jour/mois ~** the previous day/month, the day/month before.
2 *nm* (*fait, décision*) precedent. **sans ~** unprecedented, without precedent; **créer un ~** to create *ou* set a precedent.

précéder [pʀesede] (6) **1** *vt* (a) (*venir avant*) (*dans le temps, une hiérarchie*) to precede, come before; (*dans l'espace*) to precede, be in front of, come before; (*dans une file de véhicules*) to be in front *ou* ahead of, precede. **les jours qui ont précédé le coup d'État** the days preceding *ou* leading up to *ou* which led up to the coup d'état; **être précédé de** (*gén*) to be preceded by; *[discours]* to be preceded by, be prefaced with; **faire ~ son discours d'un préambule** to precede one's speech by *ou* preface one's speech with an introduction, give a short introduction at the start of one's speech.
(b) (*devancer*) (*dans le temps, l'espace*) to precede, go in front *ou* ahead of; (*dans une carrière etc*) to precede, get ahead of. **quand j'y suis arrivé, j'ai vu que quelqu'un m'avait précédé** when I got there I saw that someone had got there before me *ou* ahead of me *ou* had preceded me; **il le précéda dans la chambre** he went into the room in front of him, he entered the room ahead of *ou* in front of him; **il m'a précédé de 5 minutes** he got there 5 minutes before me *ou* ahead of me.
2 *vi* to precede, go before. **les jours qui ont précédé** the preceding days; **dans tout ce qui a précédé** in all that has been said (*ou* written *etc*) before *ou* so far; **dans le chapitre/la semaine qui précède** in the preceding chapter/week.

précepte [pʀesɛpt(ə)] *nm* precept.

précepteur [pʀesɛptœʀ] *nm* private tutor.

préceptorat [pʀesɛptɔʀa] *nm* tutorship, tutorage (*frm*).

préceptrice [pʀesɛptʀis] *nf* governess.

prêche [pʀɛʃ] *nm* (*lit, fig*) sermon.

prêcher [pʀeʃe] (1) **1** *vt (Rel, fig)* to preach; *personne* to preach to. **~ un converti** to preach to the converted; (*hum*) **~ la bonne parole** to spread the good word.
2 *vi (Rel)* to preach; (*fig*) to preach, preachify, sermonize. (*fig*) **~ dans le désert** to preach in the wilderness; **~ d'exemple** to practise what one preaches, preach by example; **~ pour son saint** *ou* **sa paroisse** to look after one's own interests, look after *ou* take care of number one*.

prêcheur, -euse [pʀeʃœʀ, øz] **1** *adj personne, ton* moralizing. **frères ~s** preaching friars. **2** *nm, f (Rel)* preacher; (*fig*) moralizer.

prêchi-prêcha [pʀeʃipʀeʃa] *nm inv* (*péj*) preachifying (*U*), continuous moralizing (*U*) *ou* sermonizing (*U*).

précieusement [pʀesjøzmɑ̃] *adv* (*V précieux*) preciously; in an affected way.

précieux, -euse [pʀesjø, øz] **1** *adj* (a) *pierre, métal, temps, qualité, objet* precious; *collaborateur, aide, conseil* invaluable; *ami* valued, precious.
(b) (*Littérat*) *écrivain, salon* précieux, precious; (*fig: affecté*) precious, mannered, affected.
2 précieuse *nf* précieuse.

préciosité [pʀesjozite] *nf* (a) **la ~** (*Littérat*) preciosity; (*affectation*) preciosity, affectation.
(b) (*formule, trait*) stylistic affectation, euphuism.

précipice [pʀesipis] *nm* (a) (*gouffre*) chasm. **un ~ de plusieurs centaines de mètres** a drop of several hundred metres; **la voiture s'immobilisa au bord du ~/tomba dans le ~** the car stopped at the very edge *ou* brink of the precipice/went over the precipice; **d'affreux ~s s'ouvraient de tous côtés** frightful chasms opened up on all sides; **ne t'aventure pas près du ~** you mustn't go too near the edge (of the precipice).

(b) (*fig*) abyss. **être au bord du ~** to be at the edge of the abyss.

précipitamment [pʀesipitamɑ̃] *adv* hurriedly, hastily, precipitately. **sortir ~** to rush *ou* dash out.

précipitation [pʀesipitasjɔ̃] *nf* (a) (*hâte*) haste; (*hâte excessive*) great haste, violent hurry. **avec ~** in great haste, in a great rush *ou* hurry. (b) (*Chim*) precipitation. (c) (*Mét*) **~s** precipitation.

précipité, e [pʀesipite] (*ptp de* **précipiter**) **1** *adj départ, décision* hurried, hasty, precipitate; *personne* hasty, precipitate; *fuite* headlong; *pas* hurried; *pouls, respiration* fast, rapid; *rythme* rapid, fast, swift. **tout cela est trop ~** it's all happening too fast, it's all far too hasty.
2 *nm* (*Chim*) precipitate.

précipiter [pʀesipite] (1) **1** *vt* (a) (*jeter*) *personne* to throw (down), hurl (down), push headlong; *objet* to throw, hurl (*contre* against, at, *vers* towards, at). **~ qn du haut d'une falaise** to hurl *ou* throw sb (down) from the top of a cliff, push sb headlong off a cliff; (*fig*) **~ qn dans le malheur** to plunge sb into misfortune.
(b) (*hâter*) *pas* to quicken, speed up; *événement* to hasten, precipitate; *départ* to hasten. **il ne faut rien ~** we mustn't be hasty, we mustn't rush (into) things.
(c) (*Chim*) to precipitate.
2 *vi* (*Chim*) to precipitate.
3 se précipiter *vpr* (a) (*se jeter*) *[personne]* **se ~ dans le vide** to hurl o.s. *ou* plunge (headlong) into space; **se ~ du haut d'une falaise** to throw o.s. off the edge of *ou* over a cliff.
(b) (*se ruer*) to rush over *ou* forward. **se ~ vers** to rush *ou* race towards; **se ~ sur** to rush at; **se ~ contre** *[personne]* to rush at, throw o.s. against; *[voiture]* to tear into, smash into; **se ~ au devant de qn/aux pieds de qn** to throw o.s. in front of sb/at sb's feet; **se ~ sur l'ennemi** to rush at *ou* hurl o.s. on *ou* at the enemy; **elle se précipita dans ses bras** she rushed into *ou* threw herself into *ou* flew into his arms; **il se précipita à la porte pour ouvrir** he rushed to open the door; **il se précipita sur le balcon** he raced *ou* dashed *ou* rushed out onto the balcony.
(c) (*s'accélérer*) *[rythme]* to speed up; *[pouls]* to quicken, speed up. **les choses** *ou* **événements se précipitaient** things began to happen all at once *ou* in a great rush, events began to move fast *ou* faster.
(d) (*se dépêcher*) to hurry, rush.

précis, e [pʀesi, iz] **1** *adj* (a) (*juste*) *style, témoignage, vocabulaire* precise; *sens* precise, exact; *description, indication* precise, exact, clear, accurate; *instrument, tir* precise, accurate.
(b) (*défini*) *idée, donnée, règle* precise, definite; *heure* precise; *ordre, demande* precise; *fait, raison* precise, particular, specific. **sans raison ~e** for no particular *ou* precise reason; **je ne pense à rien de ~** I'm not thinking of anything in particular; **à cet instant ~** at that precise *ou* very moment; **à 4 heures ~es** at 4 o'clock sharp *ou* on the dot*, at 4 o'clock precisely; **sans que l'on puisse dire de façon ~e** ... although we can't say precisely *ou* with any precision ...; **se référer à un texte de façon ~e** to make precise reference to a text.
(c) (*net*) *point* precise, exact; *contours* precise, distinct; *geste, esprit* precise; *trait* distinct.
2 *nm* (*résumé*) précis, summary; (*manuel*) handbook.

précisément [pʀesizemɑ̃] *adv* (a) (*avec précision: V précis*) precisely; exactly; clearly, accurately; distinctly. **... ou plus ~** ... or more precisely *ou* exactly, ... or to be more precise.
(b) (*justement*) **je venais ~ de sortir** I had in fact just gone out, as it happened I'd just gone out; **c'est lui ~ qui m'avait conseillé de le faire** as a matter of fact it was he *ou* it so happens that it was he who advised me to do it; **c'est ~ la raison pour laquelle** *ou* **c'est ~ pour cela que je viens vous voir** that's precisely *ou* just why I've come to see you, it's for that very *ou* precise reason that I've come to see you; **il fallait ~ ne rien lui dire** in actual fact he shouldn't have been told anything; **mais je ne l'ai pas vu! — ~!** but I didn't see him! — precisely! *ou* exactly! *ou* that's just it! *ou* that's just the point!
(c) (*exactement*) exactly, precisely. **c'est ~ ce que je cherchais** that's exactly *ou* precisely *ou* just what I was looking for; **il est arrivé ~ à ce moment-là** he arrived right *ou* just at that moment *ou* at that exact *ou* precise *ou* very moment; **ce n'est pas ~ ce que j'appelle un chef-d'œuvre** it's not exactly what I'd call a masterpiece.

préciser [pʀesize] (1) **1** *vt idée, intention* to specify, make clear, clarify; *fait, point* to be more specific about, clarify. **je vous préciserai la date de la réunion plus tard** I'll let you know the exact date of the meeting *ou* precisely when the meeting is later; **il a précisé que** ... he explained that ..., he made it clear that ...; **je dois ~ que** ... I must point out *ou* add that ..., I must be specific that ...; **pourriez-vous ~ quand cela est arrivé?** could you be more exact *ou* specific about when it happened?; **pourriez-vous ~?** could you be more precise? *ou* specific? *ou* explicit?
2 se préciser *vpr [idée]* to take shape; *[danger, intention]* to become clear *ou* clearer. **la situation commence à se ~** we are beginning to see the situation more clearly.

précision [pʀesizjɔ̃] *nf* (a) (*gén*) precision, preciseness; *[description, instrument]* precision, preciseness, accuracy; *[contours]* precision, preciseness, distinctness; *[trait]* distinctness. **avec ~** precisely, with precision; **de ~** precision (*épith*).
(b) (*détail*) point, piece of information. **j'aimerais vous demander une ~/des ~s** I'd like to ask you to explain one thing/for further explanation *ou* information; **il a apporté des ~s intéressantes** he revealed some interesting points *ou* facts *ou* information; **encore une ~** one more precise detail.

précité, e [pʀesite] *adj* aforesaid, aforementioned; (*par écrit*) aforesaid, above-(mentioned).

précoce [pʀekɔs] *adj fruit, saison, gelée* early; *plante* early-flowering, early-fruiting, precocious (*T*); *calvitie, sénilité* premature;

mariage young (*épith*), early (*épith*); *enfant* (*intellectuellement*) precocious, advanced for his *ou* her age (*attrib*); (*sexuellement*) sexually precocious *ou* forward.

précocement [pʀekɔsmɑ̃] *adv* precociously.

précocité [pʀekɔsite] *nf [fruit, saison]* earliness; *[enfant]* (*intellectuelle*) precocity, precociousness; (*sexuelle*) sexual precocity, sexual precociousness.

précolombien, -ienne [pʀekɔlɔ̃bjɛ̃, jɛn] *adj* pre-Colombian.

précombustion [pʀekɔ̃bystjɔ̃] *nf* precombustion.

précompte [pʀekɔ̃t] *nm* deduction (from sb's pay).

précompter [pʀekɔ̃te] (1) *vt* to deduct (*sur* from).

préconception [pʀekɔ̃sɛpsjɔ̃] *nf* preconception.

préconçu, e [pʀekɔ̃sy] *adj* preconceived. **idée** ∼e preconceived idea.

préconisation [pʀekɔnizɑsjɔ̃] *nf* recommendation.

préconiser [pʀekɔnize] (1) *vt remède* to recommend; *méthode, mode de vie* to advocate; *plan, solution* to advocate, push.

précontraint, e [pʀekɔ̃tʀɛ̃, ɛ̃t] *adj, nm*: (**béton**) ∼ prestressed concrete.

précuit, e [pʀekɥi, it] *adj* precooked.

précurseur [pʀekyʀsœʀ] **1** *adj m* precursory. ∼ **de** preceding; *V* **signe. 2** *nm* forerunner, precursor.

prédateur, -trice [pʀedatœʀ, tʀis] **1** *adj* predatory. **2** *nm* predator.

prédation [pʀedɑsjɔ̃] *nf* predation.

prédécesseur [pʀedesesœʀ] *nm* predecessor.

prédestination [pʀedɛstinɑsjɔ̃] *nf* predestination.

prédestiné, e [pʀedɛstine] (*ptp de* **prédestiner**) *adj* predestined (*à qch* for sth, *à faire* to do), fated (*à faire* to do).

prédestiner [pʀedɛstine] (1) *vt* to predestine (*à qch* for sth, *à faire* to do).

prédétermination [pʀedetɛʀminɑsjɔ̃] *nf* predetermination.

prédéterminer [pʀedetɛʀmine] (1) *vt* to predetermine.

prédicant [pʀedikɑ̃] *nm* preacher.

prédicat [pʀedika] *nm* predicate.

prédicateur [pʀedikatœʀ] *nm* preacher.

prédicatif, -ive [pʀedikatif, iv] *adj* predicative.

prédication [pʀedikɑsjɔ̃] *nf (activité)* preaching; (*sermon*) sermon.

prédiction [pʀediksjɔ̃] *nf* prediction.

prédigéré, e [pʀediʒeʀe] *adj* predigested.

prédilection [pʀedilɛksjɔ̃] *nf (pour qn, qch)* predilection, partiality (*pour* for). **avoir une** ∼ **pour la cuisine française** to have a partiality for *ou* be partial to French cooking; **de** ∼ favourite, preferred (*frm*).

prédire [pʀediʀ] (37) *vt [prophète]* to foretell; (*gén*) to predict. ∼ **l'avenir à** to tell *ou* predict the future; ∼ **qch à qn** to predict sth for sb; **il m'a prédit que je** ... he predicted (that) I ..., he told me (that) I ....

prédisposer [pʀedispoze] (1) *vt* to predispose (*à qch* to sth, *à faire* to do). **être prédisposé à une maladie** to be predisposed *ou* prone to an illness; **être prédisposé en faveur de qn** to be predisposed in sb's favour.

prédisposition [pʀedispozisjɔ̃] *nf* predisposition (*à qch* to sth, *à faire* to do).

prédominance [pʀedɔminɑ̃s] *nf* (*gén*) predominance, predominancy; *[couleur]* predominance, prominence.

prédominant, e [pʀedɔminɑ̃, ɑ̃t] *adj* (*gén*) predominant, most dominant; *avis, impression* prevailing; *couleur* predominant, most prominent.

prédominer [pʀedɔmine] (1) *vi* (*gén*) to predominate, be most dominant; *[avis, impression]* to prevail; *[couleur]* to predominate, be most prominent. **le souci qui prédomine dans mon esprit** the worry which is uppermost in my mind.

pré-électoral, e, *mpl* -**aux** [pʀeelɛktɔʀal, o] *adj* pre-election (*épith*).

pré-emballé, e [pʀeɑ̃bale] *adj* prepacked, prepackaged.

prééminence [pʀeeminɑ̃s] *nf* pre-eminence.

prééminent, e [pʀeeminɑ̃, ɑ̃t] *adj* pre-eminent.

préemption [pʀeɑ̃psjɔ̃] *nf* pre-emption. **droit de** ∼ pre-emptive right.

préencollé, e [pʀeɑ̃kɔle] *adj* pre-pasted. **papier peint** ∼ pre-pasted *ou* ready-pasted wallpaper.

préétablir [pʀeetabliʀ] (2) *vt* to pre-establish.

préexistant, e [pʀeɛgzistɑ̃, ɑ̃t] *adj* pre-existent, pre-existing.

préexistence [pʀeɛgzistɑ̃s] *nf* pre-existence.

préexister [pʀeɛgziste] (1) *vi* to pre-exist. ∼ **à** to exist before.

préfabrication [pʀefabʀikɑsjɔ̃] *nf* prefabrication.

préfabriqué, e [pʀefabʀike] **1** *adj* prefabricated. **2** *nm* (*maison*) prefabricated house, prefab*; *(matériau)* prefabricated material.

préface [pʀefas] *nf* preface; *(fig: prélude)* preface, prelude (*à* to).

préfacer [pʀefase] (3) *vt livre* to write a preface for, preface.

préfacier [pʀefasje] *nm* preface writer.

préfectoral, e, *mpl* -**aux** [pʀefɛktɔʀal, o] *adj* (*Admin française, Antiq*) prefectorial, prefectural; *V* **arrêté**.

préfecture [pʀefɛktyʀ] *nf* (*Admin française, Antiq*) prefecture. ∼ **de police** Paris police headquarters.

préférable [pʀefeʀabl(ə)] *adj* preferable (*à qch* to sth), better (*à qch* than sth). **il est** ∼ **que je parte** it is preferable *ou* better that I should leave *ou* for me to leave; **il serait** ∼ **d'y aller** *ou* **que vous y alliez** it would be better if you went *ou* for you to go; **il est** ∼ **de faire** it is preferable *ou* better to do.

préférablement [pʀefeʀabləmɑ̃] *adv* preferably. ∼ **à** in preference to.

préféré, e [pʀefeʀe] (*ptp de* **préférer**) **1** *adj* favourite, pet* (*épith*), preferred (*frm*). **2** *nm, f* favourite, pet*. **le** ∼ **du professeur** the teacher's pet*.

préférence [pʀefeʀɑ̃s] *nf* preference. **de** ∼ preferably; **de** ∼ **à** in preference to, rather than; **donner la** ∼ **à** to give preference to;

avoir une ∼ **marquée pour** ... to have a marked preference for ...; **avoir la** ∼ **sur** to have preference over; **je n'ai pas de** ∼ I have no preference, I don't mind; **par ordre de** ∼ in order of preference.

préférentiel, -ielle [pʀefeʀɑ̃sjɛl] *adj* preferential. **tarif** ∼ preferential *ou* special rate.

préférentiellement [pʀefeʀɑ̃sjɛlmɑ̃] *adv* preferentially.

préférer [pʀefeʀe] (6) *vt* to prefer (*à* to). **je préfère ce manteau à l'autre** I prefer this coat to that, I like this coat better than that one *ou* the other; **je te préfère avec les cheveux courts** I like you better *ou* prefer you with short hair; **je préfère aller au cinéma** I prefer to go *ou* I would rather go to the cinema; **il préfère que ce soit vous qui le fassiez** he prefers that you should do it, he would rather you did it; **nous avons préféré attendre avant de vous le dire** we preferred to wait *ou* we thought it better to wait before telling you; **nous avons préféré attendre que d'y aller tout de suite** we preferred to wait *ou* we thought it better to wait rather than go straight away; **que préférez-vous: du thé ou du café?** what would you rather have *ou* would you prefer — tea or coffee?; **si tu préfères** if you prefer, if you like, if you'd rather; **comme vous préférez** as you prefer *ou* like *ou* wish *ou* please.

préfet [pʀefɛ] *nm* (*Admin française, Antiq*) prefect. ∼ **de police** prefect of police, chief of police.

préfète [pʀefɛt] *nf* prefect's wife.

préfiguration [pʀefigyʀɑsjɔ̃] *nf* prefiguration, foreshadowing.

préfigurer [pʀefigyʀe] (1) *vt* to prefigure, foreshadow.

préfixal, e, *mpl* -**aux** [pʀefiksal, o] *adj* prefixal.

préfixation [pʀefiksɑsjɔ̃] *nf* prefixation.

préfixe [pʀefiks] *nm* prefix.

préfixer [pʀefikse] (1) *vt* to prefix.

préglaciaire [pʀeglasjɛʀ] *adj* preglacial.

préhenseur [pʀeɑ̃sœʀ] *adj m* prehensile.

préhensile [pʀeɑ̃sil] *adj* prehensile.

préhension [pʀeɑ̃sjɔ̃] *nf* prehension.

préhistoire [pʀeistwaʀ] *nf* prehistory.

préhistorique [pʀeistɔʀik] *adj* prehistoric; *(fig: suranné)* antediluvian, ancient.

préjudice [pʀeʒydis] *nm* (*matériel, financier*) loss; (*moral*) harm (*U*), damage (*U*), wrong. **subir un** ∼ (*matériel*) to suffer a loss; (*moral*) to be wronged; **porter** ∼ **à qn** (*gén*) to do sb harm, harm sb, do sb a disservice; *[décision]* to be detrimental to *ou* to sb's interests; **ce supermarché a porté** ∼ **aux petits commerçants** this supermarket was detrimental to (the interests of) small tradesmen; **je ne voudrais pas vous porter** ∼ **en leur racontant cela** I wouldn't like to harm you *ou* your case *ou* make difficulties for you by telling them about this; **au** ∼ **de sa santé/de la vérité** to the prejudice (*frm*) *ou* at the expense *ou* the cost of his health/the truth; **au** ∼ **de M X** to the prejudice (*frm*) *ou* at the expense of Mr X; ∼ **moral** moral wrong; ∼ **matériel** material loss *ou* damage; ∼ **financier** financial loss; **sans** ∼ **de** without prejudice to.

préjudiciable [pʀeʒydisjabl(ə)] *adj* prejudicial, detrimental, harmful (*à* to).

préjugé [pʀeʒyʒe] *nm* prejudice. **avoir un** ∼ **contre** to be prejudiced *ou* biased against; **sans** ∼ unprejudiced, unbiased; **bénéficier d'un** ∼ **favorable** to be favourably considered; ∼**s de classe** class bias; ∼ **de race** racial prejudice.

préjuger [pʀeʒyʒe] (3) *vt*, **préjuger (de)** *vt indir* to prejudge. ∼ **d'une réaction** to foresee a reaction, judge what a reaction might be; **autant qu'on peut le** ∼, **à ce qu'on en peut** ∼ as far as it is possible to judge in advance.

prélasser (se) [pʀelase] (1) *vpr* (*dans un fauteuil*) to sprawl, lounge; (*au soleil*) to bask.

prélat [pʀela] *nm* prelate.

prélature [pʀelatyʀ] *nf* prelacy.

prélavage [pʀelavaʒ] *nm* pre-wash.

prélaver [pʀelave] (1) *vt* to pre-wash.

prélèvement [pʀelɛvmɑ̃] *nm* (*V* **prélever**) taking (*U*); levying (*U*), levy, imposition; deduction; withdrawal, drawing out (*U*); removal. **faire un** ∼ **de sang** to take a blood sample; ∼ **bancaire** standing *ou* banker's order (*Brit*), automatic deduction (*US*); ∼ **fiscal/compensatoire/sur le capital/à l'importation** tax/compensatory/capital/import levy.

prélever [pʀelve] (5) *vt échantillon* to take (*sur* from); *impôt* to levy, impose (*sur on*); *retenue, montant* to deduct (*sur* from); *argent* (*sur un compte*) to withdraw, draw out (*sur* from); (*Méd*) *sang* to take (a sample of); *organe* to remove. **ses factures d'électricité sont automatiquement prélevées sur son compte** his electricity bills are automatically deducted from his account.

préliminaire [pʀeliminɛʀ] **1** *adj* (*gén*) preliminary; *discours* introductory. **2** *nmpl*: ∼**s** preliminaries; *[négociations]* preliminary talks.

prélude [pʀelyd] *nm* (*Mus*) (*morceau*) prelude; (*pour se préparer*) warm-up; (*fig*) prelude (*à* to).

préluder [pʀelyde] (1) **1** *vi* (*Mus*) to warm up. ∼ **par** to begin with. **2 préluder à** *vt indir* to be a prelude to, lead up to, prelude.

prématuré, e [pʀematyʀe] **1** *adj bébé, nouvelle* premature; *mort* untimely, premature. **il est** ∼ **de** it is premature to, it's too early to. **2** *nm, f* premature baby.

prématurément [pʀematyʀemɑ̃] *adv* prematurely. **une cruelle maladie l'a enlevé** ∼ **à notre affection** a grievous illness took him too soon from his loving family *ou* brought his untimely departure from our midst.

prémédication [pʀemedikɑsjɔ̃] *nf* premedication, premed*.

préméditation [pʀemeditɑsjɔ̃] *nf* premeditation. **avec** ∼ *crime* premeditated; *tuer* with intent, with malice aforethought†.

préméditer [pʀemedite] (1) *vt* to premeditate. ∼ **de faire** to plan to do.

prémenstruel, -elle [pʀemɑ̃stʀyɛl] *adj* premenstrual. **syndrome** ~ premenstrual tension *ou* syndrome.

prémices [pʀemis] *nfpl* (*littér*) beginnings; [*récolte*] first fruits; [*animaux*] first-born (animals).

premier, -ière [pʀəmje, jɛʀ] **1** *adj* (a) (*dans le temps, l'espace*) (*gén*) first; *impression* first, initial; *enfance, jeunesse* early; *rang* front; *ébauche, projet* first, rough; *branche* lower, bottom; *barreau d'échelle* bottom. **arriver/être** ~ to arrive/be first; **arriver bon** ~ to get there well ahead of the others; (*dans une course*) to come an easy first; **dans le** ~ **café venu** in the first café they came to; **la** ~**ière fille venue** the first girl to come along; (*Sport*) **être en/venir en** ~**ière position** to be in/come into the lead; (*Équitation*) **en** ~**ière position: Brutus** (and it's) Brutus leading *ou* in the lead; (*Presse*) **en** ~**ière page** on the front page; **les 100** ~**ières pages** the first 100 pages; **la** ~**ière marche de l'escalier** (*en bas*) the bottom step; (*en haut*) the top step; **le** ~ **barreau de l'échelle** the bottom *ou* first *ou* lowest rung of the ladder; **le** ~ **mouchoir de la pile** the first handkerchief in the pile, the top handkerchief in the pile; **les** ~**ières heures du jour** the early hours (of the morning), the (wee) small hours*; **dès les** ~**s jours** from the very first days; **ses** ~**s poèmes** his first *ou* early poems; **les** ~**s habitants de la terre** the earliest *ou* first inhabitants of the earth; **les** ~**ières années de sa vie** the first few *ou* the early years of his life; **lire qch de la** ~**ière à la dernière ligne** to read sth from beginning to end *ou* from cover to cover; **c'est la** ~**ière et la dernière fois que je suis tes conseils** it's the first and last time I follow your advice; **acheter une voiture de** ~**ière main** to buy a car which has only had one owner; **poser la** ~**ière pierre** (*lit, fig*) to lay the foundation stone *ou* first stone; **au** ~ **signe de résistance** at the first *ou* slightest sign of resistance; **à mon** ~ **signal** at the first signal from me, as soon as you see my signal; *V* lit, sixième, tête.

(b) (*dans un ordre*) first; (*à un examen*) first, top; (*en importance*) leading, foremost, top*. ~ **secrétaire/lieutenant** first secretary/lieutenant; ~ **commis/clerc** chief shop assistant/clerk; ~ **danseur/rôle** leading dancer/part; **article de** ~**ière qualité** top-quality article, article of the first *ou* highest quality; **de** ~ **ordre** first-rate; (*Rail*) ~**ière classe** first-class; (*Boucherie*) **morceau de** ~ **choix** prime cut; **affaire à traiter en** ~**ière urgence** question to be dealt with as a matter of the utmost urgency *ou* as (a) top priority; (*Gram*) **à la** ~**ière personne (du singulier)** in the first person (singular); **être reçu** ~ to come first *ou* top; **il est toujours** ~ **en classe** he's always top of the class *ou* first in the class; **avoir le** ~ **prix** to get *ou* win first prize; (*Mus*) **c'est un** ~ **prix du conservatoire de Paris** he won first prize at the Paris Conservatoire; **un événement/document de** ~**ière importance** an event/a document of paramount *ou* prime *ou* the highest *ou* the first importance; **de** ~**ière nécessité** absolutely essential; **objets de** ~**ière nécessité** basic essentials; **cela m'intéresse au** ~ **chef** it's of the greatest *ou* utmost interest to me; **c'est lui le** ~ **intéressé dans cette histoire** he's the one who has most at stake in this business; **le** ~ **constructeur automobile du monde** the world's leading car manufacturer; **c'est le** ~ **écrivain français vivant** he's the leading *ou* greatest *ou* foremost *ou* top* French writer alive today; **le** ~ **personnage de l'État** the country's leading *ou* most senior statesman; **la** ~**ière dame de France** France's first lady.

(c) (*du début*) **échelon, grade, prix** bottom. **c'était le** ~ **prix** it was the cheapest; **apprendre les** ~ **rudiments d'une science** to learn the first *ou* basic rudiments of a science.

(d) (*après n: originel, fondamental*) *cause, donnée* basic; *principe* first, basic; *objectif* basic, primary, prime; *état* initial, original. **la qualité** ~**ière d'un chef d'État** the prime *ou* essential quality of a head of state is ... ; **retrouver sa vivacité** ~**ière/son éclat** ~ to regain one's former *ou* initial liveliness/sparkle; *V* matière, nombre, vérité.

(e) (*loc*) **au** ~ **abord** at first sight, to begin with; **au** *ou* **du** ~ **coup** at the first attempt *ou* go *ou* try; **demain, à la** ~**ière heure** tomorrow at first light; **il n'est plus de la** ~**ière jeunesse** he's not as young as he was *ou* as he used to be, he's not in the first flush of youth; **en** ~ **lieu** in the first place; **il veut acheter une maison mais il n'en a pas le** ~ **sou** he wants to buy a house but he hasn't got two pennies (*Brit*) *ou* cents (*US*) to rub together *ou* a penny (*Brit*) *ou* a cent (*US*) (to his name), il n'en connaît *ou* n'est pas le ~ **mot** he doesn't know the first thing about it; **il s'en moque** *ou* **fiche comme de sa** ~**ière chemise*** he doesn't give a damn about it‡, he doesn't care a fig* *ou* a rap* *ou* two hoots* about it; ~**ière nouvelle!** that's the first I've heard about it!, it's news to me!; **à la** ~**ière occasion** at the first opportunity, as soon as one can; **il a fait ses** ~**ières armes dans le métier en 1960/comme manœuvre** he started out on the job in 1960/as an unskilled worker; **faire ses** ~**s pas** to start walking; **faire les** ~**s pas** to take the initiative, make the first move; **il n'y a que le** ~ **pas qui coûte** the first step is the hardest; **dans un** ~ **temps** to start *ou* begin with, as a first step, at first; **dans les** ~**s temps** at the outset, at first; **à** ~**ière vue** at first sight.

2 *nm, f* first (one). **parler/passer/sortir le** ~ to speak/go/go out first; **arriver les** ~**s** to arrive (the) first; **les** ~**s arrivés seront les** ~**s servis** first come, first served; **Pierre et Paul sont cousins, le** ~ **est médecin** Peter and Paul are cousins, the former is a doctor; **il a été le** ~ **à reconnaître ses torts** he was the first to admit that he was in the wrong; **elle sera servie la** ~**ière** she will be served first; **au** ~ **de ces messieurs** next gentleman please; (*Scol, Univ*) **il a été reçu dans ou parmi les** ~**s** he was in the top *ou* first few; **il est le** ~ **de sa classe** he is top of his class; **les** ~**s seront les derniers** the last shall be first, and the first last; **les** ~**s venus** (*lit*) the first to come *ou* to arrive; (*fig*) anybody, anybody who happens by; **il n'est pas le** ~ **venu** he isn't just anyone; **elle n'épousera pas le** ~ **venu** she won't marry the first man that comes along; **le** ~ **semble**

mieux (*entre deux*) the first one seems better; (*dans une série*) the first one seems best; *V* jeune, né.

3 *nm* (*gén*) first; (*étage*) first floor (*Brit*), second floor (*US*). (*enfant*) **c'est leur** ~ it's their first child; **le** ~ **de l'an** New Year's Day; (*charade*) **mon** ~ **est** ... my first is in ... ; **il était arrivé en** ~ he had arrived first; **en** ~ **je dirai que** ... firstly *ou* first *ou* in the first place *ou* to start with I'd like to say that ... .

4 première *nf* (a) (*gén*) first; (*Aut*) first (gear); (*Hippisme*) first (race). (*Aut*) **être en/passer la** ~**ière** to be in/go into first (gear).

(b) (*Théât*) first night; (*Ciné*) première; (*gén: exploit*) first; (*Alpinisme*) first ascent. **le public des grandes** ~**ières** first-nighters; ~**ière mondiale** (*Ciné*) world première; (*gén*) world first.

(c) (*Aviat, Rail etc*) first class. **voyager en** ~**ière** to travel first-class; **billet de** ~**ière** first-class ticket.

(d) (*Scol*) ≃ lower sixth.

(e) (*Couture*) head seamstress.

(f) (*semelle*) insole.

(g) (*loc*) **c'est de** ~**ière!** it's first-class!; **il est de** ~**ière pour trouver les bons restaurants/pour les gaffes!** he's got a great knack* for *ou* he's great* at finding good restaurants/making blunders!

5: le premier âge the first 3 months; **le premier avril** the first of April, April Fool's Day, All Fools' Day; (*Théât*) **premiers balcons** lower circle; (*Rel*) **premier chantre** precentor; (*Mil*) **première classe** *nm* ≃ private (*Brit*), private first class (*US*); **premier communiant/première communiante** young boy/girl making his/her first communion; **première communion** first communion; **faire sa première communion** to make one's first communion; **premier cor** principal horn; (*Alpinisme*) **premier de cordée** leader; (*Typ*) **première épreuve** first proof; **premier jet** first *ou* rough draft; **premier jour** [*exposition*] first *ou* opening day; (*Théât*) **premières loges** first-tier boxes; (*fig*) **être aux premières loges** to have a front seat (*fig*); **le premier Mai** the first of May, May Day; (*Naut*) **premier-maître** *nm, pl* **premiers-maîtres** chief petty officer; **Premier ministre** Prime Minister, Premier; **premier plan** (*Phot*) foreground; (*fig*) forefront; **personnage/rôle de (tout) premier plan** principal character/role; (*Théât*) **premier rôle** leading role *ou* part; (*fig*) **avoir le premier rôle dans une affaire** to play the leading part in an affair; **les premiers secours** first aid; (*chef*) **premier violon** leader (*Brit*), concert master (*US*); (*groupe*) **les premiers violons** the first violins.

premièrement [pʀəmjɛʀmɑ̃] *adv* (*d'abord*) first(ly); (*en premier lieu*) in the first place; (*introduisant une objection*) firstly, for a start. ~ **il ne m'a rien dit** to begin with *ou* first of all *ou* at first he didn't say anything to me.

prémisse [pʀemis] *nf* premise, premiss.

prémolaire [pʀemɔlɛʀ] *nf* premolar (tooth).

prémonition [pʀemɔnisjɔ̃] *nf* premonition.

prémonitoire [pʀemɔnitwaʀ] *adj* premonitory.

prémunir [pʀemyniʀ] (2) **1** *vt* (*littér*) (*mettre en garde*) to warn; (*protéger*) to protect (*contre* against).

2 se prémunir *vpr* to protect o.s. (*contre* from), guard (*contre* against).

prenable [pʀənabl(ə)] *adj ville* pregnable.

prénaissance [pʀenɛsɑ̃s] *nf* pregnancy.

prenant, e [pʀənɑ̃, ɑ̃t] *adj* (a) (*captivant*) *film, livre* absorbing, engrossing, compelling; *voix* fascinating, captivating.

(b) (*absorbant*) *activité* absorbing, engrossing. **ce travail est trop** ~ this job is too absorbing *ou* is over-absorbing.

(c) (*Zool*) *queue* prehensile.

prénatal, e, mpl ~**s** [pʀenatal] *adj* antenatal; *allocation* maternity (*épith*).

prendre [pʀɑ̃dʀ(ə)] (58) **1** *vt* (a) (*saisir*) *objet* to take. **prends-le dans le placard/sur l'étagère** take it out of the cupboard/off *ou* (down) from the shelf; **il l'a pris dans le tiroir** he took *ou* got it out of the drawer; **il prit un journal/son crayon sur la table** he picked up *ou* took a newspaper/his pencil from the table; **prends tes lunettes pour lire** put your glasses on to read; **il la prit par le cou/par la taille** he put his arms round her neck/round her waist; **ils se prirent par le cou/par la taille** they put their arms round one another('s necks/waists); **il y a plusieurs livres, lequel prends-tu?** there are several books — which one are you going to take? *ou* which one do you want?; **il a pris le bleu** he took the blue one; ~ **qch des mains de qn** (*débarrasser*) to take sth out of sb's hands; (*enlever*) to take sth off sb *ou* away from sb.

(b) (*aller chercher*) *chose* to pick up, get, fetch (*Brit*); *personne* to pick up; (*emmener*) to take. **passer** ~ **qn à son bureau** to pick sb up *ou* call for sb at his office; **je passerai les** ~ **chez toi** I'll come and collect *ou* get them *ou* I'll call in for them at your place; **pouvez-vous me** ~ **(dans votre voiture)?** can you give me a lift?; **si tu sors, prends ton parapluie** if you go out, take your umbrella (with you); **as-tu pris les valises?** have you brought the suitcases?; **je ne veux plus de ce manteau, tu peux le** ~ I don't want this coat any more so you can take *ou* have it; **prends ta chaise et viens t'asseoir ici** bring your chair and come and sit over here; **prends du beurre dans le frigo** go and get *ou* go and fetch (*Brit*) some butter from the fridge, get some butter out of the fridge.

(c) (*s'emparer de*) *voleur* to catch; *argent, place, otage* to take; (*Mil*) *ville* to take, capture; (*Cartes, Échecs*) to take. **un voleur lui a pris son portefeuille** a thief has taken *ou* stolen his wallet *ou* has robbed him of his wallet; **il m'a pris mon idée** he has taken *ou* used *ou* pinched* (*Brit*) my idea; **il prend tout ce qui lui tombe sous la main** he takes *ou* grabs everything he can lay his hands on; **le voleur s'est fait** ~ the robber was caught; ~ **une femme** to take a woman; (*Tennis*) ~ **le service de qn** to break sb's service.

(d) (*surprendre*) to catch; (*duper*) to take in. ~ **qn à faire qch** to catch sb doing sth; **je vous y prends!** caught you!; (*menace*) **si je t'y**

prends (encore), que je t'y prenne just *ou* don't let me catch you doing that (again) *ou* at it (again); ~ **qn sur le fait** to catch sb in the act *ou* red-handed; **le brouillard nous a pris dans la descente** we were caught in the fog *ou* overtaken by the fog on the way down the hill; **on ne m'y prendra plus** I won't be taken in again, I won't be had a second time*; **se laisser** ~ **à des paroles aimables** to let o.s. be taken in by soft talk.

(e) *boisson, repas* to have; *médicament* to take; *bain, douche* to take, have. **est-ce que vous prenez du sucre?** do you take sugar?; **est-ce que vous prendrez du café?** will you have *ou* would you like (some) coffee?; **fais-lui** ~ **son médicament** give him his medicine; **à** ~ **avant les repas** to be taken before meals; **ce médicament se prend dans de l'eau** this medicine must be taken in water; **as-tu pris de ce bon gâteau?** have you had some of this nice cake?; **il n'a rien pris depuis hier** he hasn't eaten anything since yesterday; **le docteur m'interdit de** ~ **de l'alcool** the doctor won't allow me *ou* has forbidden me (to drink) alcohol.

(f) *(voyager par) métro, taxi* to take, travel *ou* go *ou* come by; *voiture* to take; *(s'engager dans) direction, rue* to take. **il prend le train puis l'avion de Paris à Londres** he took the train *ou* went by train then flew from Paris to London; **je prends l'avion/le train de 4 heures** I'm catching the 4 o'clock plane/train; *(d'habitude)* I catch the 4 o'clock plane/train; **je préfère** ~ **ma voiture** I'd rather take the car *ou* go in the car; ~ **la mauvaise direction** to take the wrong direction, go the wrong way; **ils prirent un chemin défoncé** they went down a bumpy lane.

(g) *(se procurer) billet, essence* to get; *(acheter) voiture* to buy; *(réserver) couchette, place* to book. **il prend toujours son pain à côté** he always gets *ou* buys his bread from the shop next door; **peux-tu me** ~ **du pain?** can you get me some bread?; **nous avons pris une maison** *(loué)* we have taken *ou* rented a house; *(acheté)* we have bought a house.

(h) *(accepter) client* to take; *passager* to pick up; *locataire* to take (in); *personnel* to take on; *domestique* to engage, take on. **l'école ne prend plus de pensionnaires** the school no longer takes boarders; **ce train ne prend pas de voyageurs** this train does not pick up passengers; **il l'a prise comme interprète** he took her on as an interpreter.

(i) *photo, film* to take. ~ **qn en photo/en film** to take a photo *ou* snap*/a film of sb, photograph sb.

(j) *(noter) renseignement, adresse, nom, rendez-vous* to write down, take down, jot down, make a note of; *mesures, température, empreintes* to take; *(sous la dictée) lettre* to take (down). ~ **des notes** to take notes.

(k) *(adopter, choisir) air, ton* to put on, assume; *décision* to take, make, come to; *risque, mesure* to take; *attitude* to strike, take up. **il prit un ton menaçant** a threatening note crept into his voice, his voice took on a threatening tone.

(l) *(acquérir) assurance* to gain. ~ **du ventre** to get fat; ~ **du poids** *[adulte]* to put on weight; *[bébé]* to gain weight; ~ **de l'autorité** to gain authority; **cela prend un sens** it's beginning to make sense; **les feuilles prenaient une couleur dorée** the leaves were turning golden-brown *ou* taking on a golden-brown colour.

(m) *(Méd) maladie* to catch. ~ **froid** to catch cold; ~ **un rhume** to catch a cold.

(n) *(s'accorder) congé* to take; *vacances* to take, have, go on; *repos* to have, take. **il a pris son temps!** he took his time (over *ou* about it)!; ~ **le temps de faire** to find time to do.

(o) *(coûter) temps, place, argent* to take. **cela me prend tout mon temps** it takes up all my time; **la réparation a pris des heures** the repair took hours *ou* ages.

(p) *(faire payer)* to charge. **ils (m')ont pris 100 F pour une petite réparation** they charged (me) 100 francs for a minor repair; **ce spécialiste prend très cher** this specialist charges very high fees, this specialist's charges *ou* fees are very high; **ce plombier prend cher de l'heure** this plumber's hourly rate is high.

(q) *(prélever) pourcentage* to take. **ils prennent un pourcentage sur la vente** they charge a commission on the sale, they take a percentage on the sale; **il prend sa commission sur la vente** he takes his commission on the sale; ~ **de l'argent à la banque/sur son compte** to draw (out) *ou* withdraw money from the bank/from one's account; **la cotisation à la retraite est prise sur le salaire** the pension contribution is taken off one's salary *ou* deducted from one's salary; **il a dû** ~ **sur ses économies pour payer les dégâts** he had to dip into *ou* go into his savings to pay for the damage; **il a pris sur son temps pour venir m'aider** he gave up some of his time to help me.

(r) *(*: recevoir, subir) coup, choc* to get, receive. **il a pris la porte en pleine figure** the door hit *ou* got* him right in the face; **nous avons pris l'averse sur le dos** we got caught in the shower; **on a pris toute l'averse** we got drenched; **qu'est-ce qu'on a pris!** *(reproches)* we didn't half catch* *ou* cop‡ *(Brit)* it!; *(défaite)* we got hammered!‡; *(averse)* we got drenched!; *(emploi absolu)* **il a pris pour les autres** he took the rap*; **le seau d'eau s'est renversé et c'est moi qui ai tout pris** the bucket of water tipped over and I caught the lot* *(Brit) ou* I caught the whole thing.

(s) *(manier) personne* to handle; *problème* to handle, tackle, deal with, cope with. ~ **qn par la douceur** to use gentle persuasion on sb; ~ **qn par son point faible** to get sb by his weak spot; **elle m'a pris par les sentiments** she appealed to my feelings; **elle sait le** ~ she knows how to handle *ou* approach *ou* get round him; **on ne sait jamais par quel bout le** ~ you never know how to handle him *ou* how he's going to react; **il y a plusieurs façons de** ~ **le problème** there are several ways of going about *ou* tackling the problem.

(t) *(réagir à) nouvelle* to take. **il a bien/mal pris la chose, il l'a bien/mal pris** he took it well/badly; **si vous le prenez ainsi ... if** that's how you want it ...; ~ **qch avec bonne humeur** to take sth

good-humouredly *ou* in good part; ~ **les choses comme elles sont/la vie comme elle vient** to take things as they come/life as it comes.

(u) ~ **qn/qch pour** *(considérer)* to take sb/sth for; *(se servir de)* to take sb/sth as; **pour qui me prenez-vous?** what do you take me for?, what do you think I am?; ~ **qn pour un autre** to take sb for *ou* think sb is somebody else, mistake sb for somebody else; **je n'aime pas qu'on me prenne pour un imbécile** I don't like being taken for a fool; ~ **qch pour prétexte/pour cible** to take sth as a pretext/target.

(v) *(assaillir) [colère]* to come over; *[fièvre]* to strike; *[doute]* to seize, sweep over; *[douleur]* to strike, get*. **la colère le prit soudain** he was suddenly overcome with anger, anger suddenly came over him; **être pris de vertige** to come over* *(Brit) ou* go *(Brit) ou* get dizzy; **être pris de remords** to be stricken by remorse; **être pris de panique** to be panic-stricken; **l'envie me prend** *ou* **il me prend l'envie de faire** I feel like doing, I've got an urge to do; **la douleur m'a pris au genou** the pain got* me in the knee; **les douleurs la prirent** her labour pains started; **qu'est-ce te prend?** what's the matter *ou* what's up* with you?, what's come over you?*; **ça te prend souvent?‡** are you often like that? *(iro)*, do you often get these fits?* *(iro)*; **quand le froid vous prend** when the cold hits you; **ça vous prend aux tripes‡** it gets you right there, it hits you right in the guts‡.

(w) *(accrocher, coincer)* to catch, trap. **le chat s'est pris la patte dans un piège** the cat got its paw trapped, the cat caught its paw in a trap; **le rideau se prend dans la fenêtre** the curtain gets caught (up) *ou* stuck in the window; **j'ai pris mon manteau dans la porte, mon manteau s'est pris dans la porte** I caught *ou* trapped my coat in the door, my coat got stuck *ou* trapped *ou* caught in the door.

(x) *(loc)* **à tout** ~ on the whole, all in all; **c'est à** ~ *ou* **à laisser** (you can) take it or leave it; **avec lui j'en prends et j'en laisse** I take everything he says with a pinch of salt; **c'est toujours ça** *ou* **autant de pris** that's something at least; ~ **qch sur soi** to take sth upon o.s.; ~ **sur soi de faire qch** to take it upon o.s. to do sth.

2 *vi* **(a)** *(durcir) [ciment, pâte, crème]* to set.

(b) *(réussir) [plante]* to take (root); *[vaccin]* to take; *[mouvement, mode]* to catch on; *[livre, spectacle]* to be a success. **la plaisanterie a pris** the joke was a great success; **avec moi, ça ne prend pas*** it won't wash with me* *(Brit)*, it doesn't work with me*.

(c) *[feu] (foyer)* to go; *[incendie]* to start; *[allumette]* to light; *[bois]* to catch fire. **le feu ne veut pas** ~ the fire won't go; **le feu a pris au toit** the fire took hold in the roof.

(d) *(se diriger)* to go. ~ **à gauche** to go *ou* turn *ou* bear left; ~ **par les petites rues** to take to *ou* go along *ou* keep to the side streets.

3 se prendre *vpr* **(a)** *(se considérer)* **se** ~ **au sérieux** to take o.s. seriously; **il se prend pour un intellectuel** he thinks *ou* likes to think he's an intellectual; **pour qui se prend-il?** (just) who does he think he is?

(b) *(littér: commencer)* **se** ~ **à faire qch** to begin to do *ou* begin doing sth, start doing sth; **se** ~ **d'amitié pour qn** to take a liking to sb.

(c) s'y ~ to set about (doing) it; **il fallait s'y** ~ **à temps** you should have set about it *ou* started before it was too late; **s'y** ~ **bien/mal pour faire qch** to set about doing sth the right/wrong way; **il s'y est pris drôlement pour le faire** he chose the oddest way of doing it, he went about it in the strangest way; **s'y** ~ **à deux fois/plusieurs fois pour faire qch** to try twice/several times to do sth, take two/several attempts to do sth; **il faut s'y** ~ **à deux** it needs two of us (to do it); **il ne sait pas s'y** ~ he doesn't know how to do it *ou* set about it; **je ne sais pas comment tu t'y prends** I don't know how you manage it; **il ne s'y serait pas pris autrement s'il avait voulu tout faire échouer** he couldn't have done better if he had actually set out to ruin the whole thing; **s'y** ~ **bien** *ou* **savoir s'y** ~ **avec qn** to handle sb the right way; **il faut s'y** ~ **à l'avance** you have to do it ahead of time *ou* in advance.

(d) s'en ~ **à** *personne (agresser)* to lay into*, set about; *(passer sa colère sur)* to take it out on; *(blâmer)* to lay *ou* put the blame on, attack; *tradition, préjugé (remettre en question)* to challenge; *autorité, organisation (critiquer)* to attack, take on; **s'en** ~ **à qch** to take it out on sth*; **tu ne peux t'en** ~ **qu'à toi** you've only got yourself to blame; **s'en** ~ **aux traditions** to let fly at tradition.

(e) *(se solidifier)* to set hard. **l'eau s'est prise en glace** the water has frozen over.

preneur, -euse [prəncœr, øz] *nm,f (acheteur)* buyer; *(locataire)* lessee *(Jur)*, taker, tenant. **trouver** ~ to find a buyer; *(fig)* **ces restes de gâteau vont vite trouver** ~ someone will soon eat (up) what's left of this cake, there'll be no problem finding a taker for the rest of this cake; **je suis** ~ **à 100 F** I'll buy *ou* take it for 100 francs.

prénom [prenɔ̃] *nm (gén)* Christian name *(Brit)*, first name; *(Admin)* forename, given name *(US)*. ~ **usuel** name by which one is known.

prénommé, e [prenɔme] *(ptp de prénommer)* **1** *adj:* **le** ~ **Paul** the said Paul. **2** *nm,f (Jur)* above-named.

prénommer [prenɔme] **(1)** **1** *vt* to call, name, give a (first) name to. **on l'a prénommé comme son oncle** he was called *ou* named after his uncle, he was given the same name as his uncle.

2 se prénommer *vpr* to be called *ou* named.

prénuptial, e, *mpl* **-aux** [prenypsjal, o] *adj* premarital.

préoccupant, e [preɔkypɑ̃, ɑ̃t] *adj* worrying.

préoccupation [preɔkypasjɔ̃] *nf* **(a)** *(souci)* worry, anxiety. **sa mauvaise santé était une** ~ **supplémentaire pour ses parents** his ill health was a further worry to *ou* cause for concern to his parents.

(b) *(priorité)* preoccupation, concern. **sa seule** ~ **était de** his one concern *ou* preoccupation was to.

préoccupé, e [pReɔkype] (*ptp de* **préoccuper**) *adj* (*absorbé*) preoccupied (*de qch* with sth, *de faire* with doing); (*soucieux*) concerned (*de qch* about sth, *de faire* to do), worried (*de qch* about sth, *de faire* over doing). **tu as l'air ~** you look worried.

préoccuper [pReɔkype] (1) **1** *vt* (a) (*inquiéter*) to worry. **il y a quelque chose qui le préoccupe** something is worrying *ou* bothering him, he has something on his mind; **l'avenir de son fils le préoccupe** he is concerned *ou* anxious *ou* bothered about his son's future.

(b) (*absorber*) to preoccupy. **cette idée lui préoccupe l'esprit** *ou* **le préoccupe** his is preoccupied with that idea; **il est uniquement préoccupé de sa petite personne** he only thinks about himself *ou* number one*, he's totally wrapped up in himself.

2 se préoccuper *vpr* to concern o.s. (*de* with), be concerned (*de* with); to worry (*de* about). **se ~ de la santé de qn** to show (great) concern about sb's health; **il ne se préoccupe pas beaucoup de notre sort** he isn't greatly concerned *ou* very worried *ou* he doesn't care very much about what happens to us; **il ne s'en préoccupe guère** he hardly gives it a thought.

préopératoire [pReɔpeRatwaR] *adj* preoperative.

prépa [pRepa] *nf* (*arg Scol*: *abrév de* **classe préparatoire**) *class preparing for entrance to the grandes écoles.*

préparateur, -trice [pRepaRatœR, tRis] *nm,f* (*gén*) assistant; (*Univ*) demonstrator. **~ en pharmacie** pharmaceutical *ou* chemist's (*Brit*) assistant.

préparatifs [pRepaRatif] *nmpl* preparations (*de* for). **nous en sommes aux ~ de départ** we're getting ready *ou* we're preparing to leave.

préparation [pRepaRasjɔ̃] *nf* (a) (*confection*) (*gén*) preparation; [*repas*] preparation, making; [*médicament*] preparation, making up; [*complot*] laying, hatching; [*plan*] preparation, working out, drawing up. **plat dont la ~ demande des soins minutieux** dish which requires very careful preparation.

(b) (*apprêt*) (*gén*) preparation; [*table*] laying, getting ready; [*peaux, poisson, volaille*] dressing; [*attaque, départ, voyage*] preparation (*de* for). **la ~ de l'avenir** preparing *ou* preparation for the future; **attaque après ~ d'artillerie** attack following initial assault by the artillery; (*fig*) **~ du terrain** preparing the ground; **auteur qui a plusieurs livres en ~** author who has several books in hand *ou* in preparation.

(c) (*étude*) [*examen*] preparation, getting ready (*de* for).

(d) (*entraînement*) [*personne*] (*à un examen*) preparation (*à* for); (*à une épreuve sportive*) preparation, training (*à* for). **annoncer quelque chose sans ~** to announce something abruptly *ou* without preparation, spring something on someone.

(e) (*Chim, Pharm*) preparation.

(f) (*Scol*) (*classe préparatoire*) **faire une ~ à Polytechnique** to prepare for entrance to the École Polytechnique (*in one of the classes préparatoires*); (*devoir*) **une ~ française** a French exercise, a piece of French homework; **faire sa ~ militaire** to do a training course in preparation for one's military service.

préparatoire [pRepaRatwaR] *adj travail, démarche, conversation* preparatory, preliminary; **V cours**.

préparer [pRepaRe] (1) **1** *vt* (a) (*confectionner*) (*gén*) to prepare; *repas* to prepare, make; *médicament* to prepare, make up; *piège, complot* to lay, hatch; *plan* to draw up, work out, prepare; *cours, discours* to prepare; *thèse* to be doing, be working on, prepare. **elle nous prépare une tasse de thé** she's making a cup of tea for us, she's getting us a cup of tea; **elle lui prépare de bons petits plats** she makes *ou* cooks *ou* prepares tasty dishes for him; **acheter un plat tout préparé** to buy a ready-cooked *ou* pre-cooked dish.

(b) (*apprêter*) (*gén*) to prepare; *table* to lay, get ready; *affaires, bagages, chambre* to prepare, get ready; *peaux, poisson, volaille* to dress; (*Agr*) *terre* to prepare; *attaque, rentrée, voyage* to prepare (for), get ready for; *transition* to prepare for. **~ le départ** to get ready *ou* prepare to leave, make ready for one's departure; **~ l'avenir** to prepare for the future; **~ ses effets** to time one's effects carefully, prepare one's effects; **il a préparé la rencontre des 2 ministres** he made the preparations for *ou* he organized *ou* he set up the meeting of the 2 ministers; **l'attaque avait été soigneusement préparée** the attack had been carefully prepared *ou* organized; **le coup avait été préparé de longue main** (*hum etc*) had been preparing for it for a long time; (*Mil, fig*) **~ le terrain** to prepare the ground.

(c) (*Scol*) *examen* to prepare for, study for. **~ Normale Sup** to study for entrance to the École normale supérieure.

(d) (*habituer, entraîner*) **~ qn à qch/à faire qch** to prepare sb for sth/to do sth; **~ les esprits** to prepare people's minds (*à qch* for sth); **~ qn à un examen** to prepare *ou* coach sb for an exam; **il a essayé de la ~ à la triste nouvelle** he tried to prepare her for the sad news; **je n'y étais pas préparé** I wasn't prepared for it, I wasn't expecting it.

(e) (*réserver*) **~ qch à qn** to have sth in store for sb; **on ne sait pas ce que l'avenir nous prépare** we don't know what the future holds (in store) for us *ou* has in store for us, il nous prépare une surprise he has a surprise in store for us, he's got a surprise up his sleeve; (*iro*) **ce temps nous prépare de joyeuses vacances!** if this weather continues, the holidays will be just great!*, this weather bodes well for our holidays! (*iro*); **il nous prépare un bon rhume** he's in for a cold.

2 se préparer *vpr* (a) (*s'apprêter*) to prepare (o.s.), get ready (*à qch* for sth, *à faire* to do). **attendez, elle se prépare** wait a minute, she's getting ready; **se ~ à une mauvaise nouvelle** to prepare o.s. *ou* be prepared for some bad news; **se ~ au combat** *ou* **à combattre** to prepare to fight *ou* to do battle; **se ~ pour les Jeux olympiques** to prepare *ou* train for the Olympics; **préparez-vous au pire** prepare yourself for the worst; **je ne m'y étais pas préparé**

I hadn't prepared myself for it, I wasn't expecting it; **se ~ pour le bal/pour sortir dîner en ville** to get ready *ou* dressed for the dance/ to go out to dinner; **préparez-vous à être appelé d'urgence** be prepared to be called out urgently; **vous vous préparez des ennuis** you are storing up problems for yourself.

(b) (*approcher*) [*orage*] to be brewing. **il se prépare une bagarre** there's going to be a fight, there's a fight brewing; **il se prépare quelque chose de louche** there's something fishy in the air.

prépayé, e [pRepeje] *adj billet* prepaid, paid in advance.

prépondérance [pRepɔ̃deRɑ̃s] *nf* [*nation, groupe*] ascendancy, preponderance, supremacy; [*idée, croyance, théorie*] supremacy; [*trait de caractère*] domination.

prépondérant, e [pRepɔ̃deRɑ̃, ɑ̃t] *adj rôle* dominating, preponderant. **voix ~e** casting vote.

préposé [pRepoze] *nm* (*gén*) employee; (*facteur*) postman (*Brit*), mailman (*US*); [*douane*] official, officer; [*vestiaire*] attendant.

préposée [pRepoze] *nf* (*gén*) employee; (*factrice*) postwoman (*Brit*), mailwoman (*US*); [*vestiaire*] attendant.

préposer [pRepoze] (1) *vt* to appoint (*à* to). **être préposé à** to be in charge of.

prépositif, -ive [pRepozitif, iv] *adj* prepositional.

préposition [pRepozisjɔ̃] *nf* preposition.

prépositionnel, -elle [pRepozisjɔnɛl] *adj* prepositional.

prépositivement [pRepozitivmɑ̃] *adv* prepositionally, as a preposition.

prépuce [pRepys] *nm* foreskin, prepuce (*T*).

préraphaélisme [pReRafaelism(ə)] *nm* Pre-Raphaelitism.

préraphaélite [pReRafaelit] *adj, nm* Pre-Raphaelite.

préretraite [pReR(ə)tRɛt] *nf* (*état*) early retirement; (*pension*) early retirement pension. **être mis en ~** to be given early retirement, be retired early.

préretraité, e [pReRətRɛte] *nm,f* person who takes early retirement.

prérogative [pReRɔgativ] *nf* prerogative.

préromantique [pReRɔmɑ̃tik] *adj* preromantic. **les ~s** the preromantics, the preromantic poets.

préromantisme [pReRɔmɑ̃tism(ə)] *nm* preromanticism.

près [pRɛ] **1** *adv* (a) (*dans l'espace*) near(by), close (by), near *ou* close at hand; (*dans le temps*) near, close. **la gare est tout ~** we're very close to the station, the station is very near by *ou* close at hand; **il habite assez/tout ~** he lives quite/very near *ou* close (by) *ou* near at hand *ou* close at hand; **ne te mets pas trop ~** don't get (*ou* sit *ou* stand) too close *ou* near; **c'est plus/moins ~ que je ne croyais** (*espace*) it's nearer *ou* closer than/further than I thought *ou* not as near *ou* close as I thought; (*temps*) it's nearer *ou* sooner *ou* closer than/not as near *ou* soon as I thought *ou* further off than I thought; **Noël est très ~ maintenant** Christmas is (getting) very near *ou* close now, it'll very soon be Christmas now.

(b) **~ de** (*dans le temps*) close to; (*dans l'espace*) close to, near (to); (*approximativement*) nearly, almost; **leur maison est ~ de l'église** their house is close to *ou* near the church; **le plus/moins ~ possible de la porte/de Noël** as close *ou* near to/as far away as possible from the door/Christmas; **une robe ~ du corps** a slim-fitting dress; **ils étaient très ~ l'un de l'autre** (*lit*) they were very close to each other; (*fig*) [*candidats*] they were very close (to each other); [*enfants*] they were very close (to each other) in age; **il est ~ de minuit** it is close to *ou* on midnight, it's nearly midnight; **elle est ~ de sa mère** she's with her mother; **être très ~ du but** to be very close *ou* near to one's goal; **être très ~ d'avoir trouvé la solution** to have almost *ou* nearly found the solution; **il est ~ de la retraite** he is close to *ou* nearing retirement; **arriver ~ de la fin d'un voyage/des vacances** to be nearing the end *ou* coming near *ou* close to the end of a journey/the holidays; **il est ~ de la cinquantaine** he's nearly *ou* almost fifty, he's coming up to fifty (*Brit*), he's going on fifty; **il a dépensé ~ de la moitié de son mois** he has spent nearly *ou* almost half his month's salary; **il y a ~ de 5 ans qu'ils sont partis** they left nearly *ou* close on 5 years ago, it's nearly 5 years since they left; **il a été très ~ de refuser** he was on the point of *ou* on the verge of refusing *ou* about to refuse; **je suis très ~ de croire que ...** I'm (almost) beginning to think that ...; (*iro*) **je ne suis pas ~ de partir/réussir** at this rate, I'm not likely to be going (yet)/to succeed; (*iro*) **je ne suis pas ~ d'y retourner/de recommencer** I shan't go back there/do that again in a hurry, you won't catch me going back there/doing that again in a hurry; (*fig*) **être ~ de son argent** *ou* **de ses sous*** to be close-fisted, be tight-fisted.

(c) **de (très) ~** (very) closely; **le coup a été tiré de ~** the shot was fired at close range; **il voit mal/bien de ~** he can't see very well/he can see all right close to; **surveiller qn de ~** to keep a close watch on sb, watch carefully over sb; **il faudra examiner cette affaire de plus ~** we must have *ou* take a closer look at *ou* look more closely into this business; **il a vu la mort de ~** he has stared *ou* looked death in the face; **on a frôlé de très ~ la catastrophe** we came within an inch *ou* ace of disaster, we had a close shave *ou* a narrow escape; **V connaître, rasé, regarder** *etc.*

(d) (*loc*) **à peu de chose ~** more or less (*V aussi* **peu**); **ce n'est pas aussi bon, à beaucoup ~** it's nothing like *ou* nowhere near as good, it's not as good by a long way *ou* chalk (*Brit*); **ils sont identiques, à la couleur ~** they are identical apart from *ou* except for the colour, colour apart, they are identical; **à cela ~ que ...** if it weren't for *ou* apart from *ou* aside from the fact that ...; **je vais vous donner le chiffre à un franc/à un centimètre ~** I'll give you the figure to within about a franc/a centimetre; **cela fait 100 F à quelque chose** *ou* **à peu de chose(s) ~** that comes to 100 francs, as near as makes no difference *ou* as near as damn it* (*Brit*); **il n'en est pas à 100 F ~** he's not going to quibble over an odd *ou* a mere 100 francs, he can spare (another) 100 francs, (another) 100 francs isn't

going to ruin him; **il a raté le bus à une minute** ~ he missed the bus by a minute or so; **il n'est pas à 10 minutes/à un kilo de sucre** ~ he can spare 10 minutes/a kilo of sugar; **il n'est pas à un crime** ~ he won't let a crime stop him; **il n'est plus à 10 minutes** ~ he can wait another 10 minutes.
 2 *prép* (*littér*, *Admin*) *lieu* near. **ambassadeur** ~ **le roi de ambassadeur to the king of.**
présage [pʀezaʒ] *nm* omen, sign, forewarning, presage (*littér*), portent (*littér*). **mauvais** ~ ill omen; ~ **de malheur** sign of misfortune.
présager [pʀezaʒe] (3) *vt* (*annoncer*) to be a sign *ou* an omen of, presage (*littér*), portend (*littér*); (*prévoir*) to predict, foresee. **cela ne présage rien de bon** nothing good will come of it, that's an ominous sign; **cela nous laisse** ~ **que** it leads us to predict *ou* expect that; **rien ne laissait** ~ **la catastrophe** there was no inkling *ou* hint of the disaster; **rien ne laissait** ~ **que** there was nothing to hint that.
presbyte [pʀesbit] *adj* long-sighted, far-sighted (*US*), presbyopic (*T*).
presbytère [pʀesbitɛʀ] *nm* presbytery.
presbytérianisme [pʀesbiteʀjanism(ə)] *nm* Presbyterianism.
presbytérien, -ienne [pʀesbiteʀjɛ̃, jɛn] *adj*, *nm*, *f* Presbyterian.
presbytie [pʀesbisi] *n* long-sightedness, far-sightedness (*US*), presbyopia (*T*).
prescience [pʀesjɑ̃s] *nf* prescience, foresight.
prescient, e [pʀesjɑ̃, ɑ̃t] *adj* prescient, far-sighted.
préscolaire [pʀeskɔlɛʀ] *adj* preschool (*épith*). **enfant d'âge** ~ preschool child.
prescriptible [pʀeskʀiptibl(ə)] *adj* prescriptible.
prescription [pʀeskʀipsjɔ̃] nf (*Méd*) prescription, directions; (*Jur*) prescription; (*ordre*) order, instruction; (*morale, règlement*) dictate.
prescrire [pʀeskʀiʀ] (39) *vt* (*Méd*) to prescribe; (*Jur*) *droit* to prescribe; *[morale, honneur, loi]* to stipulate, lay down; (*ordonner*) to order, command. **à la date prescrite** on the prescribed date, on the date stipulated; (*Méd*) **ne pas dépasser la dose prescrite** do not exceed the prescribed dose; *[peine, dette]* **être prescrit, se** ~ to lapse.
préséance [pʀeseɑ̃s] *nf* precedence (*U*).
présélecteur [pʀeselɛktœʀ] *nm* preselector.
présélection [pʀeselɛksjɔ̃] *nf* (*gén*) preselection; *[candidats]* short-listing (*Brit*). (*Aut*) **boîte de vitesses à** ~ preselector (gearbox); (*Rad*) **bouton de** ~ preset switch.
présélectionner [pʀeselɛksjɔne] (1) *vt chaîne de radio* to preset; *candidats* to short-list (*Brit*).
présence [pʀezɑ̃s] nf (a) *[personne, chose, pays]* presence; (*au bureau, à l'école*) attendance; (*Rel*) presence. **fuir la** ~ **de qn** to avoid sb, keep well away from sb; (*frm*) **Monsieur le maire a honoré la cérémonie de sa** ~ the Mayor honoured them with his presence at the ceremony; **j'ai juste à faire de la** ~ I just have to be there; ~ **assidue au bureau** regular attendance at the office; ~ **policière** police presence; *V* **acte, feuille, jeton.**
 (b) (*personnalité*) presence. **avoir de la** ~ to have (a) great presence.
 (c) (*être*) **sentir une** ~ to be aware of sb's presence *ou* of a presence.
 (d) (*loc*) **en** ~ *armées* opposing (each other); *personnes* face to face (with each other); **mettre deux personnes en** ~ to bring two people together *ou* face to face; (*Jur*) **les parties en** ~ the litigants, the opposing parties; **en** ~ **de** in the presence of; **cela s'est produit en ma/hors de ma** ~ it happened while I was there *ou* in my presence/while I was not there *ou* in my absence; **en** ~ **de tels incidents** faced with *ou* in the face of such incidents; **mettre qn en** ~ **de qn/qch** to bring sb face to face with sb/sth.
 2: présence d'esprit presence of mind.
présent¹, e [pʀezɑ̃, ɑ̃t] **1** *adj* (a) *personne* present; (*Rel*) present. (*frm*) **les personnes ici** ~**es** the persons here present (*frm*), the people here present; **les personnes (qui étaient)** ~**es au moment de l'incident** the people who were present *ou* there when the incident occurred; **être** ~ **à une cérémonie** to be present at *ou* attend a ceremony; **être** ~ **à l'appel** to be present at roll call; ~**!** present!; (*hum*) **pour un bon repas, il est toujours** ~**!** you can always count on him to be there for a good meal, he's always around* *ou* there when there's a good meal on the go!; **je suis** ~ **en pensée avec vous** (*ou* him *etc*), I'm thinking of you (*ou* him *etc*).
 (b) *chose* present. **métal** ~ **dans un minerai** metal present *ou* found in an ore; **son pessimisme est partout** ~ **dans son dernier roman** his pessimism runs right through *ou* is evident throughout his latest novel; **sa gentillesse est** ~**e** dans chacun de ses actes his kindness is evident in *ou* is to be found in everything he does; **avoir qch** ~ **à l'esprit** to have sth fresh in one's mind, not to forget about sth; **je n'ai pas les chiffres** ~**s à l'esprit** I can't bring the figures to mind, I can't remember the figures offhand; **j'aurai toujours ce souvenir** ~ **à l'esprit** this memory will be ever-present in my mind *ou* will always be fresh in my mind; **gardez ceci** ~ **à l'esprit** keep *ou* bear this in mind.
 (c) (*actuel*) *circonstances, état, heure, époque* present. **le 15 du mois** ~ on the 15th instant (*Brit Admin*) *ou* of this month.
 (d) (*Gram*) *temps, participe* present.
 (e) (*dont il est question*) present. **le** ~ **récit** the present account, this account; (*Admin*) **par la** ~**e lettre** by the present letter, by this letter.
 2 *nm* (a) (*époque*) **le** ~ the present.
 (b) (*Gram*) present (tense). ~ **de l'indicatif** present indicative; ~ **historique** historic(al) present.
 (c) (*personne*) **les** ~**s et les absents** those present and those absent; **il n'y avait que 5** ~**s** there were only 5 people present *ou* there.

 (d) (*loc*) **à** ~ (*en ce moment*) at present, presently (*US*); (*maintenant*) now; (*de nos jours*) now, nowadays; **à** ~ **que nous savons** now that we know; **la jeunesse/les gens d'à** ~ youngsters/people of today, youngsters/people nowadays; *V* **dès, jusque.**
 3 présente *nf* (*Admin*: *lettre*) **veuillez recevoir par la** ~**e** please accept by the present letter *ou* by this letter.
présent² [pʀezɑ̃] *nm* (*littér*) gift, present. **faire** ~ **de qch à qn** to present sb with sth.
présentable [pʀezɑ̃tabl(ə)] *adj plat, personne* presentable.
présentateur, -trice [pʀezɑ̃tatœʀ, tʀis] *nm, f* (*Rad, TV*) *[spectacle]* presenter, introducer; *[nouvelles]* newscaster, newsreader.
présentation [pʀezɑ̃tasjɔ̃] *nf* (a) (*gén*) presentation. **sur** ~ **d'une pièce d'identité** on presentation of proof of identity.
 (b) *[nouveau venu, conférencier]* introduction; (*frm: à la cour*) presentation. **faire les** ~**s** to make the introductions, introduce people to one another.
 (c) (*au public*) *[tableaux, pièce]* presentation; *[marchandises]* presentation, display; *[film]* presentation, showing; (*Rad, TV*) *[émission]* presentation, introduction. ~ **de mode** fashion show.
 (d) (*manière de présenter*) *[idées, produit, travail]* presentation. (*fig*) *[personne]* **avoir une bonne/mauvaise** ~ to have a good *ou* pleasant/an unattractive *ou* off-putting (*Brit*) appearance.
 (e) (*Rel*) **la P** ~ the Presentation.
 (f) (*Méd*) *[fœtus]* presentation. ~ **par la tête/le siège** head/breech presentation.
présentement [pʀezɑ̃tmɑ̃] *adv* (*en ce moment*) at present, presently (*US*); (*maintenant*) now.
présenter [pʀezɑ̃te] (1) **1** *vt* (a) (*introduire*) *connaissance, conférencier* to introduce (*à* to, *dans* into); (*au roi, à la cour*) to present (*à* to). **je vous présente ma femme** this is my wife, have you met my wife?, may I introduce my wife (to you)?
 (b) (*proposer au public*) *marchandises* to present, display (*à* to), set out (*à* before); (*Théât*) *acteur, pièce* to present; (*Rad, TV*) *émission* to present, introduce, compere; *modes, tableaux* to present. (*TV*) **c'est lui qui présente les nouvelles** he presents *ou* reports the news.
 (c) (*exposer*) *problème* to set out, explain; *idées* to present, set *ou* lay out; *théorie* to expound, set out. **c'est un travail bien/mal présenté** it's a well-/badly presented *ou* well/badly laid-out piece of work; ~ **qch sous un jour favorable** to present sth in a favourable light; **présentez-lui cela avec tact** explain it to him *ou* put it to him tactfully; **il nous a présenté son ami comme un héros** he spoke of his friend as a hero.
 (d) (*montrer*) *billet, passeport* to present, show, produce. **il présentait un tel air de consternation** he presented such a picture of consternation; **il présenta sa joue au baiser de sa mère** he presented *ou* offered his cheek for his mother to kiss.
 (e) (*tourner*) to turn. ~ **le flanc à l'ennemi** to turn one's flank towards the enemy; **bateau qui présente le travers au vent** ship which turns *ou* sails broadside on to the wind.
 (f) (*exprimer*) *excuses* to present, offer, make; *condoléances, félicitations* to present, offer; *respects* to present, pay; *objection* to raise.
 (g) (*laisser paraître*) *avantage, intérêt* to present, afford; *différences* to reveal, present; *danger, difficulté, obstacle* to present. **cette route présente beaucoup de détours** there are a lot of bends on this road; **ce malade présente des symptômes de tuberculose** this patient presents *ou* shows symptoms of tuberculosis; **ce vase présente de nombreux défauts** this vase has *ou* shows a number of flaws.
 (h) (*offrir*) *plat* to present, hold out; *rafraîchissements* to offer, hand round; *bouquet* to present. ~ **son bras à qn** to offer one's arm to sb.
 (i) (*soumettre*) *addition, facture, devis* to present, submit; *thèse* to submit; *motion* to move; *projet de loi* to present, introduce; *rapport, requête* to present, put in, submit. ~ **sa candidature à un poste** to apply for *ou* put in for a job; ~ **un candidat à un concours** to put a candidate in *ou* enter a candidate for a competitive examination; (*Scol*) ~ **un texte de Camus à un examen** to choose *ou* do a text by Camus for an exam.
 (j) (*Mil*) *armes* to present; *troupes* to present (*for inspection*). **présentez armes!** present arms!
 (k) (*Tech: placer*) to position, line up.
 2 *vi* (*personne*) ~ **bien/mal** to have a good *ou* pleasant/an unattractive *ou* off-putting (*Brit*) appearance, be of good/poor appearance.
 3 se présenter *vpr* (a) (*se rendre*) to go, come, appear. **se** ~ **chez qn** to go to sb's house; **il ose encore se** ~ **chez toi!** does he still dare to show himself *ou* to appear at your house!; **il ne s'est présenté personne** no one turned up *ou* came *ou* appeared; **je ne peux pas me** ~ **dans cette tenue** I can't appear dressed like this; (*dans une annonce*) **ne pas écrire, se** ~ (interested) applicants should apply in person; (*Jur*) **se** ~ **à l'audience** to appear in court, make a court appearance.
 (b) (*être candidat*) to come forward. **se** ~ **pour un emploi** to put in for a job; **se** ~ **à élection** to stand at (*Brit*), run for (*surtout US*); **examen** to sit (*Brit*), take; **concours** to go in for, enter (for); **se** ~ **comme candidat** (*à un poste*) to apply, be an applicant (*à* for); (*aux élections*) to be a candidate, stand (*Brit*) *ou* run (*surtout US*) as a candidate (*à* at).
 (c) (*se faire connaître*) (*gén*) to introduce o.s.; (*à un patron*) to introduce o.s., report (*à* to).
 (d) (*surgir*) *[occasion]* to arise, present itself; *[difficulté]* to crop *ou* come up, arise, present itself; *[solution]* to come to mind, present itself. **un problème se présente à nous** we are faced *ou* confronted with a problem; **il lit tout ce qui se présente** he reads everything he can get his hands on, he reads anything that's going*; **il faut**

attendre que quelque chose se présente we must wait until something turns up; **deux noms se présentent à l'esprit** two names come *ou* spring to mind; **un spectacle magnifique se présenta à ses yeux** a magnificent sight met his eyes; **profiter de l'occasion qui se présente** to take advantage of the opportunity that has arisen *ou* that presents itself.
　(e) *(apparaître)* **cela se présente sous forme de cachets** it's presented *ou* it comes in the form of tablets; **l'affaire se présente bien/mal** things are looking good/aren't looking too good; **le problème se présente sous un nouveau jour** the problem takes on (quite) a different aspect *ou* comes/appears in a new light; **comment le problème se présente-t-il?** what exactly is the problem?, what is the nature of the problem?; *(Méd)* **comment l'enfant se présente-t-il?** how is the baby presenting?; **comment cela se présente-t-il?** *(lit)* what does it look like?; (*fig) how's it going?*

présentoir [pʀezɑ̃twaʀ] *nm (étagère)* display shelf.
présérie [pʀeseʀi] *nf* pilot production.
préservateur, -trice [pʀezɛʀvatœʀ, tʀis] *adj* preventive, protective.
préservatif, -ive [pʀezɛʀvatif, iv] **1** *adj* preventive, protective. **2** *nm* condom, sheath.
préservation [pʀezɛʀvasjɔ̃] *nf* preservation, protection.
préserver [pʀezɛʀve] (1) *vt (protéger)* to protect *(de* from, against); *(sauver)* to save *(de* from); *(sauvegarder)* to protect, safeguard. **se ~ du soleil** to protect o.s. from the sun; **le ciel** *ou* **Dieu m'en préserve!** Heaven preserve me! *ou* forbid!
présidence [pʀezidɑ̃s] *nf* (a) *[état, tribunal]* presidency; *[comité, réunion]* chairmanship; *[firme]* chairmanship, directorship; *[université]* vice-chancellorship *(Brit)*, presidency *(US)*. *(Pol)* **candidat à la ~** presidential candidate.
　(b) *(résidence)* presidential residence *ou* palace.
président [pʀezidɑ̃] **1** *nm* (a) *(Pol)* president. **Monsieur le ~** *(gén)* Mr President; *(Jur)* Your Honour.
　(b) *[comité, réunion]* chairman; *[club, société savante]* president; *[commission]* convener; *[firme]* chairman, president; *[jury d'examen]* chairman, chief examiner; *[université]* vice-chancellor *(Brit)*, president *(US)*, chancellor *(US)*.
　(c) *(Jur) [tribunal]* presiding judge *ou* magistrate; *[jury]* foreman.
　2: *(Hist)* **président du conseil** prime minister; **président-directeur général** chairman and managing director *(Brit)*, chairman and chief executive officer *(US)*; **le président Mao** Chairman Mao; **président à vie** life president.
présidente [pʀezidɑ̃t] *nf* (a) *(en titre: V président)* (lady *ou* woman) president; chairwoman; presiding judge *ou* magistrate.
　(b) *(épouse: V président)* president's wife, first lady; president's *ou* chairman's wife.
présidentiable [pʀezidɑ̃sjabl(ə)] *adj*: **être ~** to be in the running as a candidate for the presidency.
présidentialisme [pʀezidɑ̃sjalism(ə)] *nm* presidentialism.
présidentiel, -elle [pʀezidɑ̃sjɛl] **1** *adj* presidential. **2** **présidentielles** *nfpl* presidential election(s).
présider [pʀezide] (1) **1** *vt tribunal, conseil, assemblée* to preside over; *comité, débat, séance* to chair. **~ un dîner** to be the guest of honour at a dinner; **c'est X qui préside** *(séance)* X is in *ou* taking the chair, X is chairing; *(club)* X is the president, X is presiding.
　2 présider à *vt indir préparatifs, décisions, exécution* to direct, be in charge *ou* command of; *destinées* to rule over; *cérémonie* to preside over. **règles qui président à qch** rules which govern sth; **la volonté de conciliation a présidé aux discussions** a conciliatory spirit prevailed throughout the talks.
présidium [pʀezidjɔm] *nm* presidium.
présomptif, -ive [pʀezɔ̃ptif, iv] *adj*: **héritier ~** heir apparent.
présomption [pʀezɔ̃psjɔ̃] *nf* (a) *(supposition)* presumption, assumption; *(Jur)* presumption. (b) *(prétention)* presumptuousness, presumption.
présomptueusement [pʀezɔ̃ptɥøzmɑ̃] *adv* presumptuously.
présomptueux, -euse [pʀezɔ̃ptɥø, øz] *adj* presumptuous, self-assured. **ton/air ~** presumptuous *ou* brash tone/air.
presque [pʀɛsk(ə)] *adv* (a) almost, nearly, virtually. **j'ai ~ terminé** I've almost *ou* nearly *ou* virtually *ou* as good as finished; **~ à chaque pas** at almost every step; **une espèce d'inquiétude, ~ d'angoisse** a kind of anxiety – almost anguish; **c'est ~ de la folie** it's little short of madness; **c'est ~ impossible** it's almost *ou* next to *ou* virtually *ou* well-nigh impossible; **c'est sûr ou ~** it's almost *ou* practically *ou* virtually certain.
　(b) *(contexte négatif)* hardly, scarcely, almost, virtually. **personne/rien ou ~, ~ personne/rien** hardly *ou* scarcely anyone/anything, almost none/nothing, next to nobody/nothing; **as-tu trouvé des fautes?** — **~ pas** did you find any mistakes? — only a few *ou* — no, hardly *ou* scarcely any *ou* — no, practically *ou* virtually none; **a-t-il dormi?** — **~ pas** has he had a sleep? — no, not really, did he sleep? — no, hardly *ou* scarcely at all *ou* no, not really; **je ne l'ai ~ pas entendu** I hardly *ou* scarcely heard him; **il n'y a ~ plus de vin** there's almost no *ou* hardly *ou* scarcely any wine left, the wine has nearly all gone; **ça n'arrive ~ jamais** it hardly *ou* scarcely ever happens, it almost *ou* practically never happens.
　(c) *(avant n)* **dans la ~ obscurité** in the near darkness; **la ~ totalité des lecteurs** almost *ou* nearly all the readers; **j'en ai la ~ certitude** I'm almost *ou* virtually certain.
presqu'île [pʀɛskil] *nf* peninsula.
pressage [pʀesaʒ] *nm [disque, raisin]* pressing.
pressant, e [pʀesɑ̃, ɑ̃t] *adj besoin, danger, invitation* urgent, pressing *(épith)*; *situation, travail, désir* urgent; *demande, personne* insistent, urgent. **demander qch de façon ~e** to ask for sth

urgently; **le créancier a été/s'est fait ~** the creditor was insistent/started to insist *ou* started to press him *(ou* me *etc)*; *(euph)* **avoir un besoin ~** to need to spend a penny *(euph) (Brit)* *ou* go to the restroom *(US)*.
presse [pʀɛs] *nf* (a) *(institution)* press; *(journaux)* (news)papers. **la grande ~, la ~ à grand tirage** the popular press; **c'est dans toute la ~** it's in all the papers; **la ~ périodique** periodicals, journals; **~ régionale/mensuelle** regional/monthly press *ou* papers; **~ féminine/automobile** women's/car magazines; **~ d'opinion** papers specializing in political *etc* analysis and commentary; **~ d'information** newspapers; **avoir bonne/mauvaise ~** *(lit)* to get *ou* have a good/bad press; *(fig)* to be well/badly thought of; **agence/attaché/conférence de ~** press agency/attaché/conference; V **délit, liberté**.
　(b) *(appareil)* *(gén)* press; *(Typ)* (printing) press. **~ à cylindres/à bras** cylinder/hand press; **mettre sous ~ livre** to send to press; *journal* to put to bed; **le livre a été mis sous ~** the book has gone to press; **le journal a été mis sous ~** the (news)paper has gone to bed; **livre sous ~** book in press.
　(c) *(littér: foule)* throng *(littér)*, press *(littér)*.
　(d) *(urgence)* **pendant les moments de ~** when things get busy; **il n'y a pas de ~*** there's no rush *ou* hurry.
presse- [pʀɛs] *préf* V **presser**.
pressé, e [pʀese] *(ptp de* presser*) adj* (a) *pas* hurried. **avoir un air ~** to look as though one is in a hurry; **marcher d'un pas ~** to hurry along; **je suis (très) ~/ne suis pas ~** I'm in a (great) hurry *ou* (very) pressed for time/in no hurry; **être ~ de partir** to be in a hurry to leave.
　(b) *(urgent) travail, lettre* urgent. **c'est ~?** is it urgent?, are you in a hurry for it?; **il n'a eu rien de plus ~ que de faire** ... he wasted no time doing ..., he just couldn't wait to do ...; **si tu n'as rien de plus ~ à faire que de** ... if you have nothing more urgent to do than ...; **il faut parer au plus ~** we must do the most urgent thing(s) first, first things first.
　(c) *citron/orange* ~ freshly-squeezed lemon/orange juice (drink).
pressentiment [pʀesɑ̃timɑ̃] *nm (intuition)* foreboding, presentiment, premonition; *(idée)* feeling. **j'ai comme un ~ qu'il ne viendra pas** I've got a feeling *ou* a premonition he won't come; **avoir le ~ de qch** to have a premonition of sth.
pressentir [pʀesɑ̃tiʀ] (16) *vt* (a) *danger* to sense, have a foreboding *ou* a premonition of. **~ que** ... to have a feeling *ou* a premonition that ...; **j'avais pressenti quelque chose** I had sensed something; **il n'a rien laissé ~ de ses projets** he gave no hint of his plans; **rien ne laissait ~ une mort si soudaine** there was nothing to forewarn of *ou* to hint at such a sudden death.
　(b) *personne* to sound out, approach. **il a été pressenti pour le poste** he has been sounded out *ou* approached about taking the job; **ministre pressenti** prospective minister.
presser [pʀese] (1) **1** *vt* (a) *éponge* to squeeze; *fruit* to squeeze (the juice out of); *raisin* to press. *(fig)* **on presse l'orange** *ou* **le citron et on jette l'écorce** you use people as long as they can be of service to you and then you cast them aside.
　(b) *(serrer) objet* to squeeze. **les gens étaient pressés les uns contre les autres** people were squashed up *ou* crushed up against one another; **~ qn dans ses bras** to squeeze sb in one's arms, hug sb; **~ qn contre sa poitrine** to clasp sb to one's chest; **~ la main de** *ou* **à qn** to squeeze sb's hand, give sb's hand a squeeze.
　(c) *(appuyer sur) bouton, sonnette* to press, push. **~ une matrice dans la cire** to press a mould into the wax; **il faut ~ ici** you must press here.
　(d) *(façonner) disque, pli de pantalon* to press.
　(e) *(inciter à)* **~ qn de faire** to urge *ou* press sb to do.
　(f) *(hâter) affaire* to speed up; *départ* to hasten, speed up. **(faire) ~ qn** to hurry sb (up); **(faire) ~ les choses** to speed things up; **~ le pas** *ou* **l'allure** to speed up, hurry on; **il fit ~ l'allure** he quickened *ou* speeded up the pace; **qu'est-ce qui vous presse?** what's the hurry?; **rien ne vous presse** there's no hurry, we're in no rush.
　(g) *(harceler) débiteur* to press; *(littér: Mil) ennemi* to press. **être pressé par le besoin** to be driven *ou* pressed by need; *(littér)* **le désir qui le presse** the desire which drives him; *(fig)* **~ qn de questions** to bombard *ou* ply sb with questions.
　2 *vi (être urgent)* to be urgent. **l'affaire presse** it's urgent; **le temps presse** time is short, time presses; **cela ne presse pas, rien ne presse** there's no hurry *ou* rush *ou* urgency, there's no need to rush *ou* hurry.
　3 se presser *vpr* (a) *(se serrer)* **se ~ contre qn** to squeeze up against sb; **les gens se pressaient pour entrer** people were pushing to get in, there was a crush to get in; **les gens se pressaient autour de la vedette** people were pressing *ou* crowding round the star.
　(b) *(se hâter)* to hurry (up). **ils allaient/travaillaient sans se ~** they went/were working without hurrying *ou* at a leisurely pace; **pressez-vous, il est tard** hurry up *ou* a move on*, it's getting late; **il faut se ~** we must hurry up *ou* get cracking* *ou* get a move on*; **presse-toi de partir** hurry up and go; **allons, pressons (-nous)!** come on, come on; **presse-toi, come on, we must hurry!**
　4: **presse-ail** *nm inv* garlic press; **presse-bouton** *adj inv* push-button; **presse-citron** *nm inv* lemon squeezer; **presse-livres** *nm inv* book-ends; **presse-papiers** *nm inv* paperweight; **presse-purée** *nm inv* potato-masher; **presse-raquette** *nm inv* racket press.
pressing [pʀesiŋ] *nm* (a) *(repassage)* steam-pressing; *(établissement)* dry-cleaner's. (b) *(Sport)* pressure.
pression [pʀesjɔ̃] *nf* (a) *(action)* pressure. **je sentais la ~ de sa main sur la mienne** I could feel the pressure of his hand on mine *ou* his hand pressing on mine; **une simple ~ du doigt suffit** one push

with the finger is all that is needed; **faire ~ sur le couvercle d'une boîte** (*pour fermer*) to press (down) on the lid of a box; (*pour ouvrir*) to push up the lid of a box; **il inséra le levier sous la pierre et fit ~ pour la lever** he inserted the lever under the stone and pressed on it to lift the stone.

   (b) (*Méd, Phys*) pressure. **~ artérielle/atmosphérique** blood/atmospheric pressure; **à haute/basse ~** high/low pressure (*épith*); **être sous ~** *[machine]* to be under pressure, be at full pressure; *[cabine]* to be pressurized; (*fig*) to be keyed up, be tense; **mettre sous ~** to pressurize.

   (c) (*fig: contrainte*) pressure. **~ sociale/fiscale** social/tax pressure; **sous la ~ des événements** under the pressure of events; **faire ~** *ou* **exercer une ~ sur qn** to put pressure on sb, bring pressure to bear on sb, pressurize sb; **être soumis à des ~s** to be subject to pressures, be under pressure; *V* **groupe.**

   (d) bière à la ~ draught (*US*) draft (*US*) beer, beer on draught (*Brit*) *ou* draft (*US*); **deux ~(s)*** **s'il vous plaît** two (draught) beers, please.

   (e) (*bouton*) press stud (*Brit*), snap (fastener) (*US*), popper* (*Brit*).

pressoir [pʀɛswaʀ] *nm* **(a)** (*appareil*) *[vin]* wine press; *[cidre]* cider press; *[huile]* oil press. **(b)** (*local*) press-house.

pressurage [pʀɛsyʀaʒ] *nm [fruit]* pressing.

pressurer [pʀɛsyʀe] (1) *vt fruit* to press; (*fig: exploiter*) *personne* to squeeze.

pressurisation [pʀɛsyʀizasjɔ̃] *nf* pressurization.

pressuriser [pʀɛsyʀize] (1) *vt* to pressurize.

prestance [pʀɛstɑ̃s] *nf* imposing bearing, presence. **avoir de la ~** to have great presence.

prestataire [pʀɛstatɛʀ] *nm* person receiving benefits *ou* allowances. **~ de service** provider of a service.

prestation [pʀɛstasjɔ̃] **1** *nf* **(a)** (*allocation*) *[assurance]* benefit.

   (b) (*gén pl: services*) *[hôtel, restaurant]* service.

   (c) (*performance*) *[artiste, sportif]* performance. **faire une bonne ~** to put up a good performance, perform well.

   2: prestations familiales State benefits paid to the family (*maternity benefit, family income supplement, rent rebate etc*); **prestation d'invalidité** disablement benefit *ou* allowance; **prestation en nature** payment in kind; **prestation de serment** taking the oath; **la prestation de serment du président a eu lieu hier** the president was sworn in yesterday; **prestations sociales** social security benefits, welfare payments; **prestation de service** provision of a service; **prestation de vieillesse** old age pension.

preste [pʀɛst(ə)] *adj* (*littér*) nimble.

prestement [pʀɛstəmɑ̃] *adv* (*littér*) nimbly.

prestesse [pʀɛstɛs] *nf* (*littér*) nimbleness.

prestidigitateur, -trice [pʀɛstidiʒitatœʀ, tʀis] *nm,f* conjurer, magician.

prestidigitation [pʀɛstidiʒitasjɔ̃] *nf* conjuring. (*fig*) **c'est de la ~!** it's like a conjuring trick!

prestige [pʀɛstiʒ] *nm* (*gén*) prestige. **le ~ de l'uniforme** the glamour of uniforms; **de ~** *politique, opération, voiture* prestige (*épith*).

prestigieux, -euse [pʀɛstiʒjø, øz] *adj* prestigious, (*Comm*) renowned, prestigious. **X est une marque ~euse de voiture** X is a famous *ou* prestigious make of car ou name in cars.

presto [pʀɛsto] *adv* (*Mus*) presto; (*fig) double-quick*.

présumable [pʀezymabl(ə)] *adj* presumable.

présumer [pʀezyme] (1) **1** *vt* to presume, assume. **présumé innocent** presumed innocent; **l'auteur présumé du livre** the presumed author of the book.

   2 présumer de *vt indir*: **trop ~ de qch/qn** to overestimate *ou* overrate sth/sb; **trop ~ de ses forces** to overestimate one's strength.

présupposé [pʀesypoze] *nm* presupposition.

présupposer [pʀesypoze] (1) *vt* to presuppose.

présupposition [pʀesypozisjɔ̃] *nf* presupposition.

présure [pʀezyʀ] *nf* rennet.

prêt¹, e [pʀɛ, ɛt] *adj* **(a)** (*préparé*) *personne, repas* ready. **~ à** *ou* **pour qch/à** *ou* **pour faire qch** ready for sth/to do sth; **~ à fonctionner** ready for use; **poulet ~ à cuire** *ou* **rôti** oven-ready chicken; **~ au départ** *ou* **à partir** ready to go *ou* leave, ready for off* (*Brit*); **être fin ~** (**au départ**) to be all set, be raring* to go; **tout est (fin) ~** everything is (quite) ready *ou* at the ready, everything is in readiness; **se tenir ~ à qch/à faire qch** to hold o.s. *ou* be ready for sth/to do sth; **tiens ta monnaie ~e pour payer** have your money ready to pay; *[criminel]* **il est ~ à tout** he will do anything, he will stop at nothing; **on m'a averti: je suis ~ à tout** they've warned me and I'm ready for anything; *V* **marque.**

   (b) (*disposé*) **~ à** ready *ou* prepared *ou* willing to; **être tout ~ à faire qch** to be quite ready *ou* prepared *ou* willing to do sth.

prêt² [pʀɛ] **1** *nm* **(a)** (*action*) loaning, lending; (*somme*) loan. **le service de ~ d'une bibliothèque** the lending department of a library; **~ sur gages** (*service*) pawnbroking; (*somme*) loan against security; *V* **bibliothèque.**

   (b) (*Mil*) pay.

   (c) (*avance*) advance.

   2: prêt bancaire bank loan; **prêt à la construction** building loan; **prêt d'honneur** (*government*) *loan made with no guarantee of repayment*; **prêt privilégié** guaranteed loan; **prêt relais** bridging loan.

prêt-à-porter [pʀɛtapɔʀte] *nm* ready-to-wear (clothes). **acheter qch en ~** to buy sth ready to wear *ou* off the peg (*Brit*); **je n'achète que du ~** I only buy off-the-peg (*Brit*) clothes *ou* ready-to-wear clothes.

prêté [pʀɛte] *nm:* **c'est un ~** (**pour un**) **rendu** it's tit for tat.

prétendant, e [pʀetɑ̃dɑ̃, ɑ̃t] **1** *nm* (*prince*) pretender; (*littér: galant*) suitor. **2** *nm,f* (*candidat*) candidate (*à* for).

prétendre [pʀetɑ̃dʀ(ə)] (41) **1** *vt* **(a)** (*affirmer*) to claim, maintain, assert, say. **il prétend être** *ou* **qu'il est le premier à avoir trouvé la réponse** he claims to be the first to have found the answer, he claims *ou* maintains (that) he's the first to have found the answer; **il se prétend insulté/médecin** he makes out *ou* claims he's been insulted/he's a doctor; **je ne prétends pas qu'il l'ait fait** I don't say *ou* I'm not saying he did it; **on le prétend très riche** he is said *ou* alleged to be very rich; **en prétendant qu'il venait chercher un livre** on the pretence of coming to get a book, making out *ou* claiming that he had come to get a book; **à ce qu'il prétend** according to him *ou* to what he says, if what he says is true; **à ce qu'on prétend** allegedly, according to what people say.

   (b) (*avoir la prétention de*) to claim. **il prétend savoir jouer du piano** he claims he can play the piano; **tu ne prétends pas le faire tout seul?** you don't pretend *ou* expect to do it on your own?; **je ne prétends pas me défendre** I don't pretend *ou* I'm not trying to justify myself.

   (c) (*littér*) (*vouloir*) to want; (*avoir l'intention de*) to mean, intend. **que prétendez-vous de moi?** what do you want of me? (*littér*); **que prétend-il faire?** what does he mean *ou* intend to do?; **je prétends être obéi** *ou* **qu'on m'obéisse** I mean to be obeyed.

   2 prétendre à *vt indir honneurs, emploi* to lay claim to, aspire to; *femme* to aspire to. **~ à faire** to aspire to do.

prétendu, e [pʀetɑ̃dy] (*ptp de* **prétendre**) **1** *adj* *chose* so-called, alleged; *personne* so-called, would-be; *preuves* alleged. **2** *nm,f* (*fiancé*) intended († , *littér*).

prétendument [pʀetɑ̃dymɑ̃] *adv* supposedly, allegedly.

prête-nom, *pl* **prête-noms** [pʀɛtnɔ̃] *nm* figurehead.

prétentaine† [pʀetɑ̃tɛn] *nf*: **courir la ~** to go gallivanting.

prétentieusement [pʀetɑ̃sjøzmɑ̃] *adv* pretentiously.

prétentieux, -euse [pʀetɑ̃sjø, øz] *adj* *personne, manières, ton* pretentious, conceited; *appellation* pretentious, fancy; *maison* pretentious, showy. **c'est un petit ~!** he's a conceited little blighter!* (*Brit*) *ou* jerk*.

prétention [pʀetɑ̃sjɔ̃] *nf* **(a)** (*exigence*) claim. (*salaire*) **~s** expected salary; **avoir des ~s à** *ou* **sur** to lay claim to; **quelles sont vos ~s?** what sort of salary do you expect? *ou* are you looking for?*

   (b) (*ambition*) pretension, claim (*à* to). **avoir la ~ de faire** to claim to be able to do, (like to) think one can do; **je n'ai pas la ~ de rivaliser avec lui** I don't claim *ou* expect *ou* pretend (to be able) to compete with him; **il n'a pas la ~ de tout savoir** he makes no pretence of knowing everything, he doesn't pretend *ou* claim to know everything; **sa ~ à l'élégance** her claims *ou* pretensions to elegance; **sans ~** *maison, repas* unpretentious; *robe* simple.

   (c) (*vanité*) pretentiousness, pretension, conceitedness. **avec ~** pretentiously, conceitedly.

prêter [pʀɛte] (1) **1** *vt* **(a)** *objet, argent* to lend. **~ qch à qn** to lend sth to sb, lend sb sth; **peux-tu me ~ ton stylo?** can you lend me your pen, can I borrow your pen?; **ils prêtent à 10%** they lend (money) at 10%, they give loans at 10%; **ils m'ont prêté 100 F** they lent me 100 francs; **~ sur gages** to lend against security; (*Prov*) **on ne prête qu'aux riches** reputations shape reactions.

   (b) (*attribuer*) *sentiment, facultés* to attribute, ascribe. **on lui prête l'intention de démissionner** he is alleged *ou* claimed to be intending *ou* going to resign, he is said *ou* supposed to be going to resign; **on me prête des paroles que je n'ai pas dites** people attribute *ou* ascribe to me words that I never said, people put words in my mouth that I never said, people say I said things that I didn't; **nous prêtons une grande importance à ces problèmes** we consider these problems of great importance, we accord a great deal of importance to these problems.

   (c) (*apporter, offrir*) *aide, appui* to give, lend. **~ assistance/secours à qn** to go to sb's assistance/aid; **~ main forte à qn** to lend sb a hand, go to sb's help; **~ son concours à** to give one's assistance to; **~ sa voix à une cause** to speak on behalf of *ou* in support of a cause; **~ sa voix pour un gala** to sing at a gala performance; **dans cette émission il prêtait sa voix à Napoléon** in this broadcast he played *ou* spoke the part of Napoleon; **~ son nom à** to lend one's name to; **~ la main à une entreprise/un complot** to be *ou* get involved in *ou* take part in an undertaking/a plot; **~ attention à** to pay attention to, take notice of; **il faut ~ la plus grande attention à mes paroles** you must listen very closely *ou* you must pay very close attention to what I have to say; **~ le flanc à la critique** to lay o.s. open to criticism, invite criticism; **~ l'oreille** to listen, lend an ear (*à* to); **~ serment** to take an *ou* the oath; **faire ~ serment à qn** to administer the oath to sb; (*hum*) **si Dieu me prête vie** if God grants me life, if I am spared (*hum*).

   2 prêter à *vt indir*: **son attitude prête à équivoque/à la critique/aux commentaires** his attitude is ambiguous/is open to *ou* gives rise to *ou* invites criticism/makes people talk; **décision qui prête à (la) discussion** decision which is open to debate, debatable *ou* controversial decision; **sa conduite prête à rire** his behaviour makes you (want to) laugh *ou* is ridiculous *ou* laughable.

   3 *vi [tissu, cuir]* to give, stretch.

   4 se prêter *vpr* **(a)** (*consentir*) **se ~ à** *expérience, arrangement* to lend o.s. to; *projet, jeu* to fall in with, go along with; **il n'a pas voulu se ~ à leurs manœuvres** he didn't want any part in *ou* wouldn't lend himself to *ou* refused to have anything to do with their schemes.

   (b) (*s'adapter*) *[chaussures, cuir]* to give, stretch. **se ~ (bien) à qch** to lend itself (well) to sth; **la salle se prête mal à une réunion intime** the room doesn't lend itself to an informal meeting.

prétérit [pʀeteʀit] *nm* preterite.

prétérition [pʀeteʀisjɔ̃] *nf* paralipsis, paraleipsis.

préteur [pʀetœʀ] *nm* (*Antiq*) praetor.
préteur, -euse [pʀetœʀ, øz] **1** *adj* unselfish. **il n'est pas ~** *[enfant]* he's possessive about his toys *ou* belongings, he doesn't like lending his things; *[adulte]* he isn't willing to lend things, he doesn't believe in lending (things).
2 *nm,f* (*money*)lender. **~ sur gages** pawnbroker.
prétexte [pʀetɛkst(ə)] *nm* pretext, pretence, excuse. **mauvais ~** poor *ou* lame excuse; **sous ~ d'aider son frère** on the pretext *ou* pretence *ou* under (the) pretext of helping his brother; **sous (le) ~ que** ... *on ou* under the pretext that ..., on the pretence that ...; **sous aucun ~** on no account; **il a pris ~ du froid** *ou* **il a donné le froid comme ~** pour rester chez lui he used *ou* took the cold weather as a pretext *ou* an excuse for staying at home; **servir de ~ à qch/à faire qch** to be a pretext *ou* an excuse for sth/to do sth; **ça lui a servi de ~** *ou* ça lui a donné un ~ pour refuser it provided him with an excuse to refuse *ou* with a pretext for refusing; **il saisit le premier ~ venu** pour partir he made the first excuse he could think of for leaving; **ce n'est qu'un ~** it's just an excuse.
prétexter [pʀetɛkste] (1) *vt* to give as a pretext *ou* an excuse. **il a prétexté/en prétextant qu'il était trop fatigué** he said *ou* he gave as a pretext *ou* as his excuse/on the pretext *ou* excuse that he was too tired; **~ une angine pour refuser une invitation** to plead a bad throat to excuse oneself from an invitation.
prétoire [pʀetwaʀ] *nm* (*Antiq*) praetorium; (*Jur: frm*) court.
prétorien, -ienne [pʀetɔʀjɛ̃, jɛn] *adj, nm* (*Antiq*) praetorian.
prêtraille [pʀetʀɑj] *nf* (*péj*) **la ~** priests, the clergy.
prêtre [pʀetʀ(ə)] *nm* priest.
prêtre-ouvrier, *pl* **prêtres-ouvriers** [pʀetʀuvʀije] *nm* worker priest.
prêtresse [pʀetʀɛs] *nf* priestess.
prêtrise [pʀetʀiz] *nf* priesthood.
preuve [pʀœv] **1** *nf* (a) (*démonstration*) proof, evidence. **faire la ~ de qch/que** to prove sth/that; **avoir la ~ de/que** to have proof *ou* evidence of/that; **sur la ~ de son identité** on proof of one's identity; **pouvez-vous apporter la ~ de ce que vous dites?** can you prove *ou* can you produce proof *ou* evidence of what you're saying?; **c'est la ~ que** that proves that; **j'avais prévu cela, la ~, j'ai déjà mon billet*** I'd thought of that, witness the fact that *ou* and to prove it I've already got my ticket; **jusqu'à ~ (du) contraire** until we find proof *ou* evidence to the contrary, until there's proof *ou* evidence that it's not the case; **n'importe qui peut conduire, à ~ ma femme*** anyone can drive, just look at *ou* take my wife (for instance); **il a réussi, à ~ qu'il ne faut jamais désespérer*** he succeeded, which just goes to show *ou* prove you should never give up hope.
(b) (*indice*) proof, piece of evidence, evidence (*U*). **je n'ai pas de ~s** I have no proof *ou* evidence; **c'est une ~ supplémentaire de sa culpabilité** it's (a) further proof *ou* it's further evidence of his guilt; **il y a 3 ~s irréfutables qu'il ment** there are 3 definite pieces of evidence to show that he's lying *ou* which prove quite clearly that he's lying; **affirmer qch ~s en mains** to back up a statement with concrete proof *ou* evidence.
(c) (*marque*) proof. **c'est une ~ de bonne volonté/d'amour** it's (a) proof of his good intentions/of his love.
(d) (*Math*) *[opération]* proof. **faire la ~ par neuf** to cast out the nines.
(e) (*loc*) **faire ~ de** to show; **faire ses ~s** *[personne]* to prove o.s., show one's ability; *[technique]* to be well-tried, be tried and tested; *[voiture]* to prove itself; **cette nouvelle technique n'a pas encore fait ses ~s** this new technique hasn't yet been thoroughly tested *ou* fully tried and tested; **professeur qui a fait ses ~s** experienced teacher.
2: preuve par l'absurde reductio ad absurdum; **preuve concluante** conclusive *ou* positive proof; **preuve à contrario** contrario proof; **preuve matérielle** material evidence (*U*).
preux†† [pʀø] **1** *adj* valiant†, gallant†. **2** *nm* valiant knight†.
prévaloir [pʀevalwaʀ] (29) **1** *vi* (*littér*) to prevail (*sur ou contre* against). **faire ~ ses droits** to insist upon one's rights; **faire ~ son opinion** to win agreement *ou* acceptance for one's opinion; **son opinion a prévalu sur celle de ses collègues** his opinion prevailed against *ou* overrode that of his colleagues; **rien ne peut ~ contre ces préjugés** nothing can overcome this prejudices.
2 se prévaloir *vpr* (a) (*se flatter*) **se ~ de** to pride o.s. on.
(b) (*profiter*) **se ~ de** to take advantage of.
prévaricateur, -trice [pʀevaʀikatœʀ, tʀis] **1** *adj* corrupt. **2** *nm,f* corrupt official.
prévarication [pʀevaʀikasjɔ̃] *nf* corrupt practices.
prévariquer [pʀevaʀike] (1) *vi* to be guilty of corrupt practices.
prévenance [pʀevnɑ̃s] *nf* thoughtfulness (*U*), consideration (*U*), kindness (*U*). **toutes les ~s que vous avez eues pour moi** all the consideration *ou* kindness you've shown me; **entourer qn de ~s** to be very considerate *ou* towards sb; **il n'a aucune ~ pour les autres** he shows *ou* has no consideration for others, he is quite thoughtless of others.
prévenant, e [pʀevnɑ̃, ɑ̃t] *adj personne* considerate, kind (*envers* to), thoughtful; *manières* kind, attentive.
prévenir [pʀevniʀ] (22) *vt* (a) (*avertir*) to warn (*de qch* about *ou* against sth); (*aviser*) to inform, tell, let know (*de qch* about sth). **qui faut-il ~ en cas d'accident?** who should be informed *ou* told if there's an accident?; **~ le médecin/la police** to call the doctor/the police; **tu es prévenu!** you've been warned!; **partir sans ~** to leave without warning, leave without telling anyone; **il aurait pu ~** he could have let us know.
(b) (*empêcher*) *accident, catastrophe* to prevent, avert, avoid; *maladie* to prevent, guard against; *danger* to avert, avoid; *malheur* to ward off, avoid, provide against. (*Prov*) **mieux vaut ~ que guérir** prevention is better than cure (*Prov*).
(c) (*devancer*) *besoin, désir* to anticipate; *question, objection* to forestall. (*littér*) **il voulait arriver le premier mais son frère l'avait prévenu** he wanted to be the first to arrive but his brother had anticipated him *ou* had got there before him.
(d) (*frm: influencer*) **~ qn contre qn** to prejudice *ou* bias sb against sb; **~ qn en faveur de qn** to prejudice *ou* predispose sb in sb's favour.
préventif, -ive [pʀevɑ̃tif, iv] *adj mesure, médecine* preventive. **à titre ~** as a precaution *ou* preventive; (*Jur*) **il a fait 6 mois de prison ~ive** he was remanded in custody for 6 months (while awaiting trial).
prévention [pʀevɑ̃sjɔ̃] *nf* (a) *[accident, crime]* prevention. **~ routière** road safety. (b) (*Jur*) custody, detention. **mettre en ~** to detain, remand in *ou* take into custody. (c) (*préjugé*) prejudice (*contre* against). **considérer qch sans ~** to take an unprejudiced *ou* unbiased view of sth.
préventivement [pʀevɑ̃tivmɑ̃] *adv agir* preventively,. as a precaution *ou* preventive. (*Jur*) **être incarcéré ~** to be remanded *ou* held in custody *ou* detention (awaiting trial).
préventorium [pʀevɑ̃tɔʀjɔm] *nm* tuberculosis sanatorium.
prévenu, e [pʀevny] (*ptp de* **prévenir**) **1** *adj* (*Jur*) charged. **être ~ d'un délit** to be charged with *ou* accused of a crime. **2** *nm,f* (*Jur*) defendant, accused (person).
préverbe [pʀevɛʀb(ə)] *nm* verbal prefix.
prévisibilité [pʀevizibilite] *nf* foreseeable nature.
prévisible [pʀevizibl(ə)] *adj* foreseeable. **difficilement ~** difficult to foresee.
prévision [pʀevizjɔ̃] *nf* (a) (*gén pl: prédiction*) prediction, expectation; (*Fin*) forecast, estimate, prediction. **~s budgétaires** budget estimates; **~s météorologiques** weather forecast; **~ à court/long terme** short-term/long-term forecast; **il a réussi au-delà de toute ~** he has succeeded beyond all *ou* the wildest expectations.
(b) (*action*) **la ~** du temps weather forecasting, forecasting of the weather; **la ~ de ses réactions est impossible** predicting his reactions is quite impossible, it's impossible to predict his reactions *ou* to foresee what his reactions will be; **en ~ de son arrivée/ d'une augmentation du trafic** in anticipation *ou* expectation of his arrival/of an increase in the traffic.
prévisionnel, -elle [pʀevizjɔnɛl] *adj mesure, budget, plan* forward-looking, orientated towards future requirements.
prévoir [pʀevwaʀ] (24) *vt* (a) (*anticiper*) *événement, conséquence* to foresee, anticipate; *temps* to forecast; *réaction, contretemps* to expect, reckon on, anticipate. **~ le pire** to expect the worst; **il faut ~ les erreurs éventuelles** we must allow for *ou* make provision for possible errors; **nous n'avions pas prévu qu'il refuserait** we hadn't reckoned on his refusing, we hadn't anticipated *ou* foreseen (that) he'd refuse; **cela fait** *ou* **laisse ~ un malheur** it bodes ill; **rien ne laisse ~ une amélioration rapide** there's no prospect *ou* suggestion of a quick improvement; **tout laisse ~ une issue rapide/ qu'il refusera** everything points *ou* all the signs point to a rapid solution/to his refusing; **rien ne faisait** *ou* **ne laissait ~ que** ... there was nothing to suggest *ou* to make us think that ...; **on ne peut pas tout ~** you can't think of everything; **plus tôt que prévu** earlier than expected *ou* anticipated; **ce n'était pas prévu au programme*** we weren't expecting that (to happen) *ou* reckoning on that (happening).
(b) (*projeter*) *voyage, construction* to plan. **~ de faire qch** to plan to do *ou* on doing sth; **pour quand prévoyez-vous votre arrivée?** when do you plan to arrive?; **au moment prévu** at the appointed *ou* scheduled *ou* prescribed time; **comme prévu** as planned, according to plan; *[autoroute]* **ouverture prévue pour la fin de l'année** scheduled to open at the end of the year.
(c) (*préparer, envisager*) to allow. **il faudra ~ des trous pour l'écoulement des eaux** you must leave *ou* provide some holes for the water to drain away; **prévoyez de l'argent en plus pour les faux frais** allow some extra money *ou* put some money on one side for incidental expenses; **il vaut mieux ~ quelques couvertures en plus** you'd better allow a few extra blankets *ou* bring (along) a few extra blankets; **il faudrait ~ un repas** you ought to make plans for *ou* to organize a meal; **tout est prévu pour l'arrivée de nos hôtes** everything is in hand *ou* organized for the arrival of our guests; **cette voiture est prévue pour 4 personnes** this car is designed *ou* supposed to take 4 people; **vous avez prévu grand** you've allowed a lot of (extra) space, you've planned things on a grand scale; **déposez vos lettres dans la boîte prévue à cet effet** put your letters in the box provided; **on a prévu des douches** (*à installer*) they have made provision for showers to be built; (*déjà installées*) they have laid on *ou* provided showers.
(d) (*Jur*) *[loi]* to provide for, make provision for. **c'est prévu à l'article 8** article 8 makes provision for that, it's provided for in article 8; **le code pénal prévoit que** ... the penal code holds that ...; **la loi prévoit une peine de prison** the law makes provision for a prison sentence.
prévôt [pʀevo] *nm* (*Hist, Rel*) provost; (*Mil*) provost marshal.
prévôtal, e, *mpl* **-aux** [pʀevotal, o] *adj* of a provost.
prévôté [pʀevote] *nf* (*Hist*) provostship; (*Mil*) military police.
prévoyance [pʀevwajɑ̃s] *nf* foresight, forethought. **caisse de ~** contingency fund; **société de ~** provident society.
prévoyant, e [pʀevwajɑ̃, ɑ̃t] *adj* provident.
Priam [pʀijam] *nm* Priam.
priapisme [pʀijapism(ə)] *nm* priapism.
prie-Dieu [pʀidjø] *nm inv* prie-dieu.
prier [pʀije] (7) **1** *vt* (a) *Dieu, saint* to pray to. **~ Dieu de faire un miracle** to pray for a miracle; **je prie Dieu que cela soit vrai** pray God that it is true.
(b) (*implorer*) to beg, beseech (*littér*). **elle le pria de rester** she begged *ou* urged *ou* pressed him to stay; **je vous prie de me**

pardonner I beg you to forgive me, please forgive me; **dites oui, je vous en prie** please say yes, say yes I beg *ou* beseech you; **Pierre, je t'en prie, calme-toi** Peter, for heaven's sake, calm down; **je t'en prie, ça suffit!** please, that's quite enough!

(c) (*inviter*) to invite, ask; (*frm*) to request (*frm*). **il m'a prié à déjeuner** *ou* **de venir déjeuner** he has invited *ou* asked me to lunch; **vous êtes prié de vous présenter à 9 heures** you are requested to present yourself at 9 o'clock; **on l'a prié d'assister à la cérémonie** he was invited to be present *ou* his presence was requested at the ceremony; **nous vous prions d'honorer de votre présence la cérémonie** we request the honour *ou* pleasure of your company at the ceremony.

(d) (*ordonner*) **je vous prie de sortir** will you please leave the room; **vous êtes prié de répondre quand on vous parle/de rester assis** please reply when spoken to/remain seated; **taisez-vous, je vous prie** please shut up*, be quiet, will you.

(e) (*formules de politesse*) **je vous en prie** (*faites donc*) please do, of course; (*après vous*) after you; (*idée d'irritation*) would you mind!; **excusez-moi — je vous en prie** I'm sorry — don't mention it *ou* not at all; **voulez-vous ouvrir la fenêtre je vous prie?** would you mind opening the window please?, would you be so kind as to open the window please?; (*formule épistolaire*) **je vous prie d'agréer mes sentiments les meilleurs** yours sincerely.

(f) (*loc*) **se faire ~**: **il s'est fait ~** he needed coaxing *ou* persuading; **il ne s'est pas fait ~** he didn't need persuading, he didn't wait to be asked twice, he was only too willing (to do it); **il a accepté l'offre sans se faire ~** he accepted the offer without hesitation.

2 *vi* to pray (*pour* for). **prions, mes frères** brothers, let us pray.

prière [pʀijɛʀ] *nf* (a) (*Rel: oraison, office*) prayer. **être en ~** to be praying *ou* at prayer; **dire** *ou* **faire ses ~s** to say one's prayers; **se rendre à la ~** to go to prayer; (*fig*) **ne m'oubliez pas dans vos ~s*** remember me in your prayers, pray for me; **V livre¹, moulin**.

(b) (*demande*) plea, entreaty. **céder aux ~s de qn** to give in to sb's requests; **à la ~ de qn** at sb's request *ou* behest (*littér*); **j'ai une ~ à vous adresser** I have a request to make to you; **il est resté sourd à mes ~s** he turned a deaf ear to my pleas *ou* entreaties.

(c) (*loc*) **~ de**: **~ de répondre par retour du courrier** please reply by return of post; **~ de vous présenter à 9 heures** you are requested to present yourself *ou* please present yourself at 9 o'clock; **~ de ne pas fumer** no smoking (please); **~ de ne pas se pencher à la fenêtre** (please) do not lean out of the window.

prieur [pʀijœʀ] *nm*: (**père**) **~** prior.

prieure [pʀijœʀ] *nf*: (**mère**) **~** prioress.

prieuré [pʀijœʀe] *nm* (*couvent*) priory; (*église*) priory (church).

prima donna [pʀimadɔn(n)a] *nf* primadonna.

primaire [pʀimɛʀ] **1** *adj* (a) (*Écon, Élec, Méd, Pol, Scol*) primary; (*Géol*) **ère** primary, palaeozoic; (*Psych*) *personne, caractère, fonction* primary (*T*); *élection* primary. **délinquent ~** first offender.

(b) (*péj: simpliste*) *personne* simple-minded, of limited outlook, limited*; *raisonnement* simplistic.

2 *nm* (*Scol*) primary school *ou* education; (*Élec*) primary; (*Géol*) Primary, Palaeozoic. (*Scol*) **être en ~** to be in primary school.

3 *nf* (*Pol*) primary (election).

primal [pʀimal] *adj m*: **cri ~** primal scream.

primarité [pʀimaʀite] *nf* primarity.

primat [pʀima] *nm* (a) (*Rel*) primate. (b) (*littér: primauté*) primacy.

primate [pʀimat] *nm* (*Zool*) primate.

primauté [pʀimote] *nf* (*Rel*) primacy; (*fig*) primacy, pre-eminence.

prime¹ [pʀim] *nf* (a) (*cadeau*) free gift. **objet donné en ~ avec qch** object given away *ou* given as a free gift with sth.

(b) (*bonus*) bonus; (*subvention*) premium, subsidy; (*indemnité*) allowance. **~ de fin d'année/de rendement** Christmas/productivity bonus; **~ à l'exportation** export premium *ou* subsidy; **~ de transport** transport allowance; **~ d'allaitement** nursing mother's allowance; (*fig*) **c'est donner une ~ à la paresse!** it's like actively encouraging laziness!

(c) (*Assurance, Bourse*) premium. **~ d'émission** issuing share *ou* premium; **~ de remboursement** redemption premium; **V marché**.

(d) **faire ~** to be at a premium.

prime² [pʀim] *adj* (a) **de ~ abord** at first glance, at the outset; **dès sa ~ jeunesse** from his earliest youth; **il n'est plus de ~ jeunesse** he's no longer in the prime *ou* first flush of youth, he's past his first youth. (b) (*Math*) prime. **n ~ n** prime.

prime³ [pʀim] *nf* (*Escrime, Rel*) prime.

primer [pʀime] (1) **1** *vt* (a) (*surpasser*) to outdo, prevail over, take precedence over *ou* of. **chez elle, l'intelligence prime la sagesse** in her case, intelligence is more in evidence *ou* to the fore than wisdom.

(b) (*récompenser*) to award a prize to; (*subventionner*) to subsidize. **invention primée dans un concours** prize-winning invention in a competition; **bête primée** prize(-winning) animal.

2 *vi* (*dominer*) to be the prime *ou* dominant feature, dominate; (*compter, valoir*) to be of prime importance, take first place. **c'est le bleu qui prime dans ce tableau** blue is the prime *ou* dominant colour in this picture; **pour moi ce sont les qualités de cœur qui priment** the qualities of the heart are what take first place for me *ou* are of prime importance to me.

primesautier, -ière [pʀimsotje, jɛʀ] *adj* impulsive.

primeur [pʀimœʀ] **1** *nfpl* (*Comm*) **~s** early fruit and vegetables; **marchand de ~s** greengrocer (*Brit*) (*specializing in early produce*)

2 *nf*: **avoir la ~ d'une nouvelle** to be the first to hear a piece of news; **je vous réserve la ~ de mon manuscrit** I'll let you be the first to read my manuscript.

primevère [pʀimvɛʀ] *nf* (*sauvage*) primrose; (*cultivée*) primula.

primigeste [pʀimiʒɛst(ə)] *nf* primagravida.

primipare [pʀimipaʀ] **1** *adj* primiparous. **2** *nf* primipara.

primitif, -ive [pʀimitif, iv] **1** *adj* (a) (*originel*) *forme, état* original, primitive; *projet, question, préoccupation* original, first; *église* primitive, early; (*Logique*) *proposition, concept* basic; (*Art*) *couleurs* primary; (*Géol*) *terrain* primitive, primeval. **ville construite sur le site ~ d'une cité romaine** town built on the original site of a Roman city; **je préfère revenir à mon projet ~/à mon idée ~ive** I'd rather revert to my original *ou* initial *ou* first plan/idea.

(b) (*Sociol*) *peuple, art, mœurs* primitive.

(c) (*sommaire*) *installation* primitive, crude.

(d) (*Ling*) *temps, langue* basic; *mot* primitive; *sens* original.

(e) (*Math*) *fonction* **~ive** primitive.

2 *nm, f* (*Art, Sociol*) primitive.

3 primitive *nf* (*Math*) primitive.

primitivement [pʀimitivmɑ̃] *adv* originally.

primo [pʀimo] *adv* first (of all), firstly.

primogéniture [pʀimoʒenityʀ] *nf* primogeniture.

primo-infection, *pl* **primo-infections** [pʀimoɛ̃fɛksjɔ̃] *nf* primary infection.

primordial, e, *mpl* **-aux** [pʀimɔʀdjal, o] *adj* (a) (*vital*) essential, primordial. **d'une importance ~e** of the utmost *ou* of paramount *ou* primordial importance. (b) (*littér: originel*) primordial.

primordialement [pʀimɔʀdjalmɑ̃] *adv* essentially.

prince [pʀɛ̃s] **1** *nm* (a) (*lit*) prince. (*fig*) **le ~ des chanteurs** *etc* the prince *ou* king of singers *etc*; **V fait²**.

(b) (*loc*) **être bon ~** to be magnanimous *ou* generous, behave generously; **être habillé comme un ~** to be dressed like a prince.

2: **prince des apôtres** Prince of the apostles; **prince charmant** Prince Charming; **prince consort** Prince Consort; **prince des démons** prince of darkness; **prince de l'Église** prince of the Church; **prince de Galles** Prince of Wales; (*tissu*) check cloth; **prince héritier** crown prince; **prince du sang** prince of royal blood.

princeps [pʀɛ̃sɛps] *adj* **édition** first.

princesse [pʀɛ̃sɛs] *nf* princess; **V frais²**.

princier, -ière [pʀɛ̃sje, jɛʀ] *adj* (*lit, fig*) princely.

princièrement [pʀɛ̃sjɛʀmɑ̃] *adv* in (a) princely fashion.

principal, e, *mpl* **-aux** [pʀɛ̃sipal, o] **1** *adj* (a) *entrée, bâtiment, résidence* main; *clerc, employé* chief, head; *question* main, principal; *raison, but* principal, main; *personnage, rôle* leading, main, principal. **il a eu l'un des rôles ~aux dans l'affaire** he played a major role *ou* he was one of the leading *ou* main figures in the business.

(b) (*Gram*) *proposition* main.

2 *nm* (a) (*Fin*) principal.

(b) (*Scol*) head(master) (*Brit*), principal (*of a college*); (*Admin*) chief clerk.

(c) (*chose importante*) most important thing, main point. **c'est le ~ that's the main thing.

3 principale *nf* (a) (*Gram*) main clause.

(b) (*Scol*) head(mistress) (*Brit*), principal (*of a college*).

principalement [pʀɛ̃sipalmɑ̃] *adv* principally, mainly, chiefly.

principat [pʀɛ̃sipa] *nm* princedom.

principauté [pʀɛ̃sipote] *nf* principality.

principe [pʀɛ̃sip] *nm* (a) (*règle*) [*science, géométrie*] principle. **il nous a expliqué le ~ de la machine** he explained to us the principle on which the machine worked; **le ~ d'Archimède** Archimedes' principle; **V pétition**.

(b) (*hypothèse*) principle, assumption. **partir du ~ que ..., poser comme ~ que ...** to work on the principle *ou* assumption that ...; **V accord**.

(c) (*règle morale*) principle. **il a des ~s** he's a man of principle, he's got principles; **il n'a pas de ~s** he is unprincipled, he has no principles; **avoir pour ~ de faire** to make it a principle to do, make a point of doing; **il n'est pas dans mes ~s de ...** I make it a principle not to ...; **il a manqué à ses ~s** he has abandoned his principles, he has failed to stick to his principles.

(d) (*origine*) principle. **remonter jusqu'au ~ des choses** to go back to first principles.

(e) (*élément*) principle, element, constituent. **~ nécessaire à la nutrition** necessary principle of nutrition.

(f) (*rudiment*) **~s** rudiments, principles.

(g) (*loc*) **par ~** on principle; **en ~** (*d'habitude, en général*) as a rule; (*théoriquement*) in principle, theoretically; **de ~** mechanical, automatic; **faire qch pour le ~** to do sth on principle *ou* for the sake of doing it.

printanier, -ière [pʀɛ̃tanje, jɛʀ] *adj* **soleil** spring; *temps* spring (-like); *vêtement, atmosphère* spring-like.

printemps [pʀɛ̃tɑ̃] *nm* spring. **au ~** in (the) spring(time); (*littér*) **au ~ de la vie** in the springtime of (one's) life; (*hum*) **mes 40 ~s** my 40 summers (*hum*).

priorat [pʀijɔʀa] *nm* priorate.

priori [pʀijɔʀi] **V a priori**.

prioritaire [pʀijɔʀitɛʀ] **1** *adj* (a) *projet* having priority, priority (*épith*); *personne* having priority.

(b) (*Aut*) *véhicule* having priority *ou* right of way. **il était sur une route ~** he had right of way, he was on the main road.

2 *nmf* (*Aut*) person who has right of way *ou* priority.

priorité [pʀijɔʀite] *nf* (a) (*gén*) priority. **discuter qch en ~** to discuss sth as a (matter of) priority; **venir en ~** to come first; **l'une des choses à faire en grande ~, l'une des ~s essentielles** one of the first *ou* top priorities; **il nous faudrait en ~ des vivres** first and foremost we need supplies, we need supplies as a matter of urgency.

(b) (*Aut*) priority, right of way. **avoir la ~** to have right of way; **avoir ~ sur un autre véhicule** to have right of way over another vehicle; ~ à droite (*principe*) *system of giving priority ou right of way to traffic coming from the right;* (*panneau*) *give way to the vehicles on your right;* V **refus.**

pris, prise [pʀi, pʀiz] (*ptp de* **prendre**) **1** *adj* (a) *place* taken. **avoir les mains prises** to have one's hands full; **tous les billets sont** ~ the tickets are sold out, all the tickets have been sold; **toutes les places sont prises** all the seats are taken *ou* have gone; **toute ma journée est prise** I'm busy all day, I have engagements all day.

(b) *personne* busy, engaged (*frm*). **le directeur est très** ~ **cette semaine** the manager is very busy this week; **si vous n'êtes pas** ~ **ce soir ...** if you're free and if you've got nothing on this evening* ...; **désolé, je suis** ~ I'm sorry, but I've got something on*.

(c) (*Méd*) *nez* stuffy, stuffed-up; *gorge* hoarse. **j'ai le nez** ~ **my nose is stuffed up; j'ai la gorge prise** my throat is hoarse; **la paralysie gagne, le bras droit est** ~ the paralysis is spreading, and has reached *ou* taken hold of the right arm; **les poumons sont** ~ the lungs are (now) affected.

(d) **avoir la taille bien prise†** to have a neat waist; **la taille prise dans un manteau de bonne coupe** wearing a well-cut coat to show off a neat waist.

(e) (*fig*) (*Culin*) *crème, mayonnaise* set; (*gelé*) *eau* frozen.

(f) ~ **de peur/remords** stricken with *ou* by fear/remorse; ~ **d'une inquiétude soudaine/d'une envie** seized by a sudden anxiety/a fancy; ~ **de boisson** under the influence*, the worse for drink.

2 prise *nf* (a) (*moyen d'empoigner, de prendre*) hold (*U*), grip (*U*); (*pour soulever, faire levier*) purchase (*U*); (*Catch, Judo*) hold; (*Alpinisme*) hold. **on n'a pas de prise pour soulever la caisse** there's no purchase to lift the chest, you can't get a hold on this chest to lift it; **cette construction offre trop de prise au vent** this building catches the wind very badly; V **lâcher.**

(b) (*Chasse, Pêche: butin*) catch; (*Mil: capture*) capture, seizure; (*Dames, Échecs*) capture. **la** ~ **de la Bastille** the storming of the Bastille.

(c) (*Aut*) **être/mettre en prise** to be in/put the car into gear; **en prise (directe)** in direct drive; (*fig*) **en prise directe avec, en prise (directe)** tuned in to.

(d) (*Élec*) **prise (de courant)** (*mâle*) plug; (*femelle*) socket, point, power point (*T*); (*boîtier*) socket. **prise multiple** adaptor; **prise pour rasoir électrique** razor point.

(e) [*tabac*] pinch of snuff.

(f) (*Méd*) dose. **à administrer en plusieurs** ~**s per jour** to be given *ou* administered at intervals throughout the day.

(g) [*drogue*] snort‡.

(h) (*loc*) **avoir prise sur** to have a hold on *ou* over; **personne n'a aucune prise sur lui** no one has any hold *ou* influence over him; **les passions n'ont que trop de prise sur elle** her passions have all too great a hold *ou* over her; **donner prise à** to give rise to, lay one open to; **son attitude donne prise aux soupçons** his attitude gives rise to *ou* lays him open to suspicion; **être** *ou* **se trouver aux prises avec des difficultés** to be battling *ou* grappling with difficulties; **être** *ou* **se trouver aux prises avec un créancier** to be battling against *ou* doing battle with a creditor; **on les a mis/laissés aux prises** we set them by the ears/left them to fight it out.

3: prise d'air air intake; **prise d'armes** military review *ou* parade; **prise de bec* row*, set-to*; avoir une prise de bec avec qn** to have a row* *ou* a set-to* with *ou* fall out with sb; **prise en charge** (*par taxi*) [*passager*] picking up; (*taxe*) pick-up charge; (*par Sécurité sociale etc*) *undertaking to reimburse medical expenses;* **prise de conscience** awareness, realization; **il faut qu'il y ait une prise de conscience du problème** people must be made aware of *ou* must be alive to the problem, a new awareness *ou* full realization of the problem is needed; **la prise en considération de qch** taking sth into consideration *ou* account; **prise de contact** initial contact *ou* meeting; (*Jur*) **prise de corps** arrest; **prise de courant** V **2d; prise d'eau** water (supply) point; (*robinet*) tap (*Brit*), faucet (*US*); **prise de guerre** spoils of war (*pl*); (*Rel*) **prise d'habit** taking the cloth (*U*); **prise d'otages** taking *ou* seizure of hostages, hostage-taking (*U*); **prise de parole** speech; (*Fin*) **prise de participations** acquisition of holdings; (*Jur*) **prise à partie** *action against a judge*; **prise de position** taking a stand (*U*), stand; **prise de possession** taking possession, taking over; (*Pol*) **prise du pouvoir** seizure of power, political takeover; (*Med*) **prise de sang** blood test, taking a blood sample (*U*); (*Ciné, Rad, TV*) **prise de son** sound recording; **prise de son J Dupont** sound (engineer) J Dupont; (*Élec, Rad*) **prise de terre** earth (*Brit*), ground (*US*); (*Rel*) **prise de voile** taking the veil; **prise de vue(s)** (*opération: Ciné, TV*) filming, shooting; **prise de vue(s) J Dupont** camera(work) J Dupont; **prise de vue** (*photo*) shot.

priser¹ [pʀize] (1) *vt* (*littér*) to prize, value. **je prise fort peu ce genre de plaisanterie** I don't appreciate this sort of joke at all.

priser² [pʀize] (1) **1** *vt tabac* to take; *drogue* to take, snort‡; V **tabac.** **2** *vi* to take snuff.

priseur, -euse [pʀizœʀ, øz] *nm,f* snuff taker; V **commissaire.**

prismatique [pʀismatik] *adj* prismatic.

prisme [pʀism(ə)] *nm* prism.

prison [pʀizɔ̃] *nf* (a) (*lieu*) prison, jail, penitentiary (*US*); (*fig: demeure sombre*) prison. (*Hist*) ~ **pour dettes** debtors' prison; **mettre en** ~ to send to prison *ou* jail, imprison; ~ **ouverte** open prison; V **porte.**

(b) (*emprisonnement*) imprisonment, prison, jail. **peine de** ~ prison sentence; **faire de la** ~ to go to *ou* be in prison; **6 mois de** ~ to spend 6 months in jail *ou* prison; **condamné à 3 mois de** ~ **ferme/à la** ~ à **vie** sentenced to 3 months' imprisonment/to life imprisonment; **faire de la** ~ **préventive** to be remanded in custody.

prisonnier, -ière [pʀizɔnje, jɛʀ] **1** *adj soldat* captive. **être** ~ (*enfermé*) to be trapped, be a prisoner; (*en prison*) to be imprisoned, be

a prisoner; **être** ~ **de ses vêtements** to be imprisoned in *ou* hampered by one's clothes; **être** ~ **de ses préjugés/de l'ennemi** to be a prisoner of one's prejudices/of the enemy.

2 *nm,f* prisoner. ~ **d'opinion** prisoner of conscience; ~ **politique** political prisoner; **faire/retenir qn** ~ to take/hold sb prisoner; ~ **de guerre** prisoner of war; V **camp, constituer.**

prisunic [pʀizynik] *nm* ® department store (*for inexpensive goods*), ≃ Woolworth's ® (*Brit*), ≃ five and ten (*US*).

privatif, -ive [pʀivatif, iv] **1** *adj* (a) (*Gram*) privative. (b) (*Jur: qui prive*) which deprives of rights (*ou* liberties *etc*). (c) (*Jur: privé*) private. **avec jardin** ~ with private garden; **'jardin** ~**'** 'own garden'. **2** *nm* (*Gram*) privative (prefix *ou* element).

privation [pʀivasjɔ̃] *nf* (a) (*suppression*) deprivation, deprival. (*Jur*) **la** ~ **des droits civiques** the forfeiture *ou* deprival *ou* deprivation of civil rights; **la** ~ **de liberté** the loss of liberty; **la** ~ **de la vue/d'un membre** the loss of one's sight/a limb.

(b) (*gén pl: sacrifice*) privation, hardship. **les** ~**s que je me suis imposées** the things I went *ou* did *ou* managed without, the hardships I bore.

privatisation [pʀivatizasjɔ̃] *nf* privatization.

privatiser [pʀivatize] (1) *vt entreprise* to privatize.

privautés [pʀivote] *nfpl* liberties. **prendre des** ~ **avec** to take liberties with; ~ **de langage** familiar *ou* coarse language.

privé, e [pʀive] **1** *adj* (*gén*) (*Presse*) source unofficial; (*Jur*) *droit* civil. **personne** ~**e** private person; **en séjour (à titre)** ~ on a private visit. **2** *nm* (*vie*) private life; (*Comm: secteur*) private sector. **en** ~ in private.

privément [pʀivemã] *adv* (*littér*) privately.

priver [pʀive] (1) **1** *vt* (a) (*délibérément, pour punir*) ~ **qn de** to deprive sb of; **il a été privé de dessert** he was deprived of dessert, he had to go without his dessert; **il a été privé de récréation** he was kept in at playtime; **on l'a privé de sa liberté/de ses droits** he was deprived of his freedom/his rights.

(b) (*faire perdre*) ~ **qn de ses moyens** to deprive sb of *ou* strip sb of his means; **cette perte m'a privé de ma seule joie** this loss has deprived me of my only joy *ou* has taken my only joy from me; **l'accident l'a privé d'un bras** he lost an arm in the accident; **privé de connaissance** unconscious; **privé de voix** speechless, unable to speak; **un discours privé de l'essentiel** a speech from which the main content had been removed *ou* which was stripped of its essential content.

(c) (*supprimer*) **nous avons été privés d'électricité pendant 3 jours** we were without *ou* we had no *ou* we were deprived of electricity for 3 days; **il a été privé de sommeil** he didn't get any sleep; **on m'interdit le sel, ça me prive beaucoup** I'm not allowed salt and I must say I miss it *ou* and I don't like having to go *ou* do without it; **cela ne me prive pas du tout** (*de vous le donner*) I can spare it (quite easily); (*de ne plus en manger*) I don't miss it at all; (*de ne pas y aller*) I don't mind at all.

2 se priver *vpr* (a) (*par économie*) to go without, do without. **se** ~ **de qch** to go without sth, do without sth, manage without sth; **ils ont dû se** ~ **pour leurs enfants** they had to go *ou* do without because of their children; **je n'ai pas l'intention de me** ~ I've no intention of going *ou* doing without, I don't intend to go short (*Brit*).

(b) (*se passer de*) **se** ~ **de** to manage without, do without, deny o.s., forego; **il se prive de dessert par crainte de grossir** he does without dessert *ou* he misses out on the dessert* for fear of putting on weight; **se** ~ **de cigarettes** to deny o.s. cigarettes; **ils ont dû se** ~ **d'une partie de leur personnel** they had to manage without *ou* do without some of their staff; **tu te prives d'un beau spectacle en refusant d'y aller** you'll miss out on* *ou* you'll deprive yourself of a fine show by not going.

(c) (*gén nég: se retenir*) **il ne s'est pas privé de le dire/le critiquer** he made no bones about *ou* he had no hesitation in saying it/criticizing him; **j'aime bien manger et quand j'en ai l'occasion je ne m'en prive pas** I love eating and whenever I get the chance I don't hold back; **si tu veux y aller, ne t'en prive pas pour moi** if you want to go don't hold back for me *ou* don't deny yourself *ou* stop yourself because of me.

privilège [pʀivilɛʒ] *nm* (*gén*) privilege. **j'ai eu le** ~ **d'assister à la cérémonie** I had the privilege of attending *ou* I was privileged to attend the ceremony; **avoir le triste** ~ **de faire** to have the unhappy privilege of doing.

privilégié, e [pʀivileʒje] (*ptp de* **privilégier**) **1** *adj personne* privileged, favoured; *site, climat* privileged; (*Fin*) *action* preference (*épith*); *créancier* preferential. ~ **par le sort** fortunate, lucky; **il a été** ~ **par la nature** he has been favoured by nature; ~ **pour le temps** lucky with the weather; **les classes** ~**es** the privileged classes.

2 *nm,f* privileged person. **c'est un** ~ he is fortunate *ou* lucky; **quelques** ~**s** a privileged *ou* lucky few.

privilégier [pʀivileʒje] (7) *vt* to favour, give greater place *ou* importance to.

prix [pʀi] *nm* (a) (*coût*) [*objet*] price; [*location, transport*] cost. **le** ~ **du pain** the price of bread; **le** ~ **d'un billet Paris-Lyon** the fare between Paris and Lyons, the price of a ticket between Paris and Lyons; **à quel** ~ **vend-il/sont ses tapis?** what price is he asking for/are his carpets?, how much is he charging *ou* asking for/are his carpets?; **au** ~ **que ça coûte** for what it costs, for the price it is; **au** ~ **où sont les choses** *ou* **où est le beurre!*** with prices what they are!; **votre** ~ **sera le mien** name *ou* state your price; **acheter qch à** ~ **d'or** to pay a (small) fortune for sth; **au** ~ **fort** at the highest possible price, for a tremendous price; **ça n'a pas de** ~ it is priceless; **je vous fais un** ~ (*d'ami*) I'll let you have it cheap *ou* at a reduced price, I'll knock a bit off for you*; **'**~ **sacrifiés', '**~ **écrasés'** 'prices slashed', 'rock bottom prices'; **j'y ai mis le** ~ (**qu'il fallait**) I had to pay a lot *ou* quite a price for it, it cost me a lot; **il faut**

y mettre le ~ you have to be prepared to pay for it; **il n'a pas voulu y mettre le** ~ he didn't want to pay that much; **c'est dans mes** ~ that's affordable *ou* within my price-range; (*enchères*) **mettre qch à** ~ to set a reserve price (*Brit*) *ou* an upset price (*US*) on sth; **mettre à** ~ **la tête de qn** to put a price on sb's head, offer a reward for sb's capture; **objet de** ~ expensive *ou* pricey object; ~ **imbattable** *ou* **défiant toute concurrence** unbeatable price; *V* **bas¹, hors, premier.**

(b) (*fig*) price. **le** ~ **du succès/de la gloire** the price of success/glory; **j'apprécie votre geste à son juste** ~ I appreciate your gesture for what it's worth; **donner du** ~ **à** *exploit, aide* to make (even) more worthwhile *ou* impressive; **leur pauvreté donne encore plus de** ~ **à leur cadeau** their poverty makes their present even more precious *ou* impressive, their poverty increases the value *ou* worth of their gift even more; **à tout** ~ at all costs, at any price; **à aucun** ~ on no account, not at any price; **au** ~ **de grands efforts/sacrifices** at the expense of great efforts/sacrifices.

(c) (*Scol, gén: récompense*) prize. (*Scol*) (**livre de**) ~ prize (-book); **le** ~ **Nobel de la paix** the Nobel Peace Prize.

(d) (*vainqueur*) (*personne*) prizewinner; (*livre*) prizewinning book. **premier** ~ **du Conservatoire** first prizewinner at the Conservatoire; **as-tu lu le dernier** ~ **Goncourt?** have you read the book that won the last Prix Goncourt?

(e) (*Courses*) race. (*Aut*) **Grand** ~ (**automobile**) Grand Prix.

2: prix actuel going price (*de* for); **prix de consolation** consolation prize; **prix coûtant** cost price; **prix de départ** asking price; **prix de détail** retail price; **prix d'encouragement** special *ou* consolation prize (*for promising entrant*); (*Scol*) **prix d'excellence** prize for coming first in the class *ou* for being top of the form; **prix de fabrique** factory price; **prix fixe** (*gén*) set price; (*menu*) set (price) menu; (**repas à**) **prix fixe set** (price) meal; **prix forfaitaire** contract price; **prix de gros** wholesale price; (*Comm*) **prix imposé** regulation price; (*Ciné, Théât*) **prix d'interprétation** *prize for the interpretation of a role*; **prix d'intervention** intervention price; **prix marqué** marked price; **prix plafond** ceiling price; **prix plancher** bottom *ou* floor price; **prix à la production** *ou* **au producteur** farm gate price; **prix de revient** cost price; **prix sortie d'usine** factory price; **prix de vertu** paragon of virtue.

pro [pRo] *nm* (*abrév de professionnel*) pro.

pro- [pRo] *préf* pro-. ~**américain/chinois** pro-American/-Chinese.

probabilisme [pRobabilism(ə)] *nm* probabilism.

probabiliste [pRobabilist(ə)] *adj* (*Statistique*) probability (*épith*).

probabilité [pRobabilite] *nf* (*V* **probable**) probability; likelihood; (*chance*) probability. **selon toute** ~, **il est perdu** in all probability *ou* likelihood it has been lost, the chances are it has been lost.

probable [pRobabl(ə)] *adj événement, hypothèse* probable, likely; (*Math, Statistique*) probable. **il est** ~ **qu'il gagnera** it is likely *ou* probable that he will win, he is likely to win, the chances are (that) he'll win; **il est peu** ~ **qu'il vienne** he is unlikely to come, there is little chance of his coming, the chances are (that) he won't come; **il est fort** ~ **qu'il ait raison** in all likelihood he is right, it is highly likely that he's right; **c'est (très)** ~ it's (very *ou* highly) probable, (very) probably, it's (highly) likely.

probablement [pRobabləmã] *adv* probably. **il viendra** ~ he's likely to come, he'll probably come; ~ **pas** probably not.

probant, e [pRobã, ãt] *adj argument, expérience* convincing; (*Jur*) probative.

probation [pRobasjõ] *nf* (*Jur, Rel*) probation. **stage de** ~ trial *ou* probationary period.

probatoire [pRobatwaR] *adj examen, test* grading, preliminary. **stage** ~ trial *ou* probationary period.

probe [pRob] *adj* (*littér*) upright, honest.

probité [pRobite] *nf* probity, integrity.

problématique [pRoblematik] **1** *adj* problematic(al). **2** *nf* (*problème*) problem; (*science*) problematics (*sg*).

problème [pRoblɛm] *nm* (*difficulté*) problem; (*question débattue*) problem, issue; (*Math*) problem. (*Scol*) ~**s de robinets** sums about the volume of water in containers; **c'est tout un** ~ it's a real problem; **le** ~ **du logement** the housing problem, the problem of housing; **enfant/cheveux à** ~**s** problem child/hair; **faire** ~ to pose problems; (**il n'y a**) **pas de** ~**!*** no problem!; *V* **faux².**

procédé [pRosede] *nm* (a) (*méthode*) process. ~ **de fabrication** manufacturing process.

(b) (*conduite*) behaviour (*U*), conduct (*U*). **avoir recours à un** ~ **malhonnête** to do sth in a dishonest way, resort to dishonest behaviour; **ce sont là des** ~**s peu recommandables** that's pretty disreputable behaviour; *V* **échange.**

(c) (*Billard*) tip.

procéder [pRosede] (6) **1** *vi* (*agir*) to proceed; (*moralement*) to behave. ~ **par ordre** to take things one by one, do one thing at a time; ~ **avec prudence/par élimination** to proceed with caution/by elimination; **je n'aime pas sa façon de** ~ (**envers les gens**) I don't like the way he behaves (towards people).

2 procéder à *vt indir* (*opérer*) *enquête, expérience* to conduct, carry out; *dépouillement* to start. ~ **à l'ouverture du coffre** to proceed to open the chest, set about *ou* start opening the chest; **nous avons fait** ~ **à une étude sur** we have initiated *ou* set up a study on; ~ **au vote (sur)** to take a vote (on); ~ **à une élection** to hold an election; ~ **à l'élection du nouveau président** to hold an election for the new president, elect the new president.

3 procéder de *vt indir* (*frm: provenir de*) to come from, proceed from, originate in; (*Rel*) to proceed from. **cette philosophie procède de celle de Platon** this philosophy originates in *ou* is a development from that of Plato; **cela procède d'une mauvaise organisation** it comes from *ou* is due to bad organization.

procédure [pRosedyR] *nf* (a) (*marche à suivre*) procedure. **quelle** ~ **doit-on suivre pour obtenir** ...? what procedure must one

follow to obtain ...?, what's the (usual) procedure for obtaining ...?

(b) (*Jur: règles*) procedure; (*procès*) proceedings. ~ **de conciliation** conciliation procedure; ~ **civile** civil (law) procedure; ~ **pénale** criminal (law) procedure.

procédurier, -ière [pRosedyRje, jɛR] *adj* (*péj*) *tempérament, attitude* quibbling (*épith*), pettifogging (*épith*), nit-picking* (*épith*).

procès [pRosɛ] **1** *nm* (a) (*Jur*) (*poursuite*) (legal) proceedings, (court) action, lawsuit; [*cour d'assises*] trial. **faire/intenter un** ~ **à qn** to take/start *ou* institute (*frm*) (legal) proceedings against sb; **engager un** ~ **contre qn** to take (court) action against sb, bring an action against sb, take sb to court, sue sb; **intenter un** ~ **en divorce** to institute divorce proceedings; **être en** ~ **avec qn** to be involved in a lawsuit with sb; **gagner/perdre son** ~ to win/lose one's case; **réviser un** ~ to review a case *ou* judgment.

(b) (*fig*) **faire le** ~ **de qn/la société capitaliste** to put sb/capitalism on trial *ou* in the dock; **faire le** ~ **de qch** to pick holes in sth, criticize sth; **faire un** ~ **d'intention à qn** to accuse sb on the basis of his supposed intentions, make a case against sb based on assumptions not facts; **vous me faites un mauvais** ~ you're making unfounded *ou* groundless accusations against me; *V* **forme.**

(c) (*Anat*) process.

(d) (*Ling*) process.

2: procès civil civil proceedings *ou* action; **procès criminel** criminal proceedings *ou* trial; **procès-verbal** *nm, pl* **procès-verbaux** (*compte rendu*) minutes; (*Jur: constat*) report, statement; (*de contravention*) statement; **dresser un procès-verbal contre un automobiliste** to book (*Brit*) *ou* give a ticket to a motorist.

processeur [pRosesœR] *nm* processor.

procession [pRosesjõ] *nf* (*gén*) procession. **marcher en** ~ to walk in procession.

processionnaire [pRosesjonɛR] **1** *adj* processionary.

2 *nf* processionary caterpillar.

processionnel, -elle [pRosesjonɛl] *adj* processional.

processionnellement [pRosesjonɛlmã] *adv* in procession.

processus [pRosesys] *nm* (a) (*gén*) process; (*maladie*) progress. ~ **économique** economic process. (b) (*Anat*) process.

prochain, e [pRoʃɛ̃, ɛn] **1** *adj* (a) (*suivant*) *réunion, numéro, semaine* next. **lundi/le mois** ~ next Monday/month; **le 8 septembre** ~ on the 8th September of this year; **la** ~**e rencontre aura lieu à Paris** the next meeting will take place in Paris; **la** ~**e fois que tu viendras** (the) next time you come; **la** ~**e fois** *ou* **la fois** ~**e**, **je le saurai** I'll know next time; **à la** ~**e occasion** at the next *ou* first opportunity; **à la** ~**e!*** be seeing you!*; **au revoir, à la** ~**e fois!** goodbye, see you again!*; **je ne peux pas rester dîner aujourd'hui, ce sera pour une** ~**e fois** I can't stay for dinner today — it'll have to be *ou* I'll have to come some other time; **je descends à la** ~**e*** I'm getting off at the next stop (*ou* station *etc*); **au** ~ (**client**)! next (one) please!

(b) (*proche*) *arrivée, départ* impending, imminent; *mort* imminent; *avenir* near, immediate. **un jour** ~ soon, in the near future; **un de ces** ~**s jours** one of these days, before long.

(c) *village* (*suivant*) next; (*voisin*) neighbouring, nearby; (*plus près*) nearest.

(d) (*littér*) *cause* immediate.

2 *nm* fellow man; (*Rel*) neighbour.

prochainement [pRoʃɛnmã] *adv* soon, shortly. (*Ciné*) ~ (**sur vos écrans**) ... coming soon ... *ou* shortly ... .

proche [pRoʃ] **1** *adj* (a) (*dans l'espace*) *village* neighbouring (*épith*), nearby (*épith*); *rue* nearby (*épith*). **être** (**tout**) ~ to be (very) near *ou* close, be (quite) close by; ~ **de la ville** near the town, close to the town; **le magasin le plus** ~ the nearest shop; **les maisons sont très** ~**s les unes des autres** the houses are very close together; **de** ~ **en** ~ step by step, gradually; **la nouvelle se répandit de** ~ **en** ~ the news spread from one person to the next.

(b) (*imminent*) *mort* close (*attrib*), at hand (*attrib*); *départ* imminent, at hand (*attrib*). **dans un** ~ **avenir** in the near *ou* immediate future; **être** ~ [*fin, but*] to be drawing near, be near at hand; **être** ~ **de** *fin, victoire* to be nearing, be close to; **dénouement** to be reaching, be drawing close to; **être** ~ **de la mort** to be near death *ou* close to death; **la nuit est** ~ it's nearly nightfall; **l'heure est** ~ **où** ... the time is at hand when ...; *V* **futur.**

(c) (*récent*) *événement* close (*attrib*), recent.

(d) *parent* close, near. **mes plus** ~**s parents** my nearest *ou* closest relatives, my next of kin (*Admin*).

(e) ~ **de** (*avoisinant*) close to; (*parent de*) closely related to; **l'italien est** ~ **du latin** Italian is closely related to Latin; **une désinvolture** ~ **de l'insolence** an offhandedness verging on insolence.

2 *nmpl*: ~**s** close relations, nearest and dearest*, next of kin (*Admin*).

3: le Proche-Orient the Near East; **du Proche-Orient** Near Eastern, in *ou* from the Near East.

proclamateur, -trice [pRoklamatœR, tRis] *nm, f* proclaimer.

proclamation [pRoklamasjõ] *nf* (*V* **proclamer**) proclamation; declaration; announcement; (*écrite*) proclamation.

proclamer [pRoklame] (1) *vt* (a) (*affirmer*) *conviction, vérité* to proclaim. ~ **son innocence** to proclaim *ou* declare one's innocence; ~ **que** to proclaim *ou* declare *ou* assert that; **il se proclamait le sauveur du pays** he proclaimed *ou* declared himself (to be) the saviour of the country; (*littér*) **chez eux, tout proclamait la pauvreté** everything in their house proclaimed their poverty.

(b) *république, état d'urgence* to proclaim, declare; *décret* to publish; *verdict, résultats d'élection* to declare, announce; *résultats d'examen* to announce. ~ **qn roi** to proclaim sb king.

proclitique [pRoklitik] *adj, nm* proclitic.

proconsul [prɔkɔ̃syl] *nm* proconsul.
procrastination [prɔkrastinasjɔ̃] *nf* procrastination.
procréateur, -trice [prɔkreatœr, tris] (*littér*) **1** *adj* procreative. **2** *nm, f* procreator.
procréation [prɔkreasjɔ̃] *nf* (*littér*) procreation.
procréer [prɔkree] (1) *vt* (*littér*) to procreate.
procuration [prɔkyrasjɔ̃] *nf* (*Jur*) (*pour voter, représenter qn*) proxy; (*pour toucher de l'argent*) power of attorney. **par ~** by proxy; **avoir une ~** to have power of attorney *ou* an authorization; **donner une ~ à qn** to give sb power of attorney, authorize sb.
procurer [prɔkyre] (1) **1** *vt* (**a**) (*faire obtenir*) ~ **qch à qn** to get *ou* obtain sth for sb, find sth for sb, provide sb with sth.
(**b**) (*apporter*) *joie, ennuis* to bring; *avantage* to bring, give, procure. **le plaisir que procure le jardinage** the pleasure that gardening brings *ou* that one gets from gardening.
2 se procurer *vpr* (*obtenir*) to get, procure, obtain (for o.s.); (*trouver*) to find, come by; (*acheter*) to get, buy (o.s.).
procureur [prɔkyrœr] *nm* (*Jur*) ~ (**de la République**) public *ou* state prosecutor; ~ **général** public prosecutor (*in appeal courts*); (*Can*) ~ **général, juge en chef** Attorney General, Chief Justice (*Can*); (*Can*) ~ **de la Couronne** Crown attorney (*Can*).
prodigalité [prɔdigalite] *nf* (**a**) (*caractère*) prodigality, extravagance. (**b**) (*dépenses*) ~**s** extravagance, extravagant expenditure (*U*). (**c**) (*littér: profusion*) [*détails*] abundance, profusion, wealth.
prodige [prɔdiʒ] **1** *nm* (*événement*) marvel, wonder; (*personne*) prodigy. **un ~ de la nature/science** a wonder of nature/science; **tenir du ~** to be astounding *ou* extraordinary; **faire des ~s** to work wonders; **grâce à des ~s de courage/patience** thanks to his (*ou her etc*) prodigious *ou* extraordinary courage/patience.
2 *adj*: **enfant ~** child prodigy.
prodigieusement [prɔdiʒjøzmɑ̃] *adv* prodigiously, fantastically, incredibly, phenomenally, tremendously.
prodigieux, -euse [prɔdiʒjø, øz] *adj foule, force, bêtise* prodigious, fantastic, incredible, phenomenal; *personne, génie* prodigious, phenomenal; *effort* prodigious, tremendous, fantastic.
prodigue [prɔdig] **1** *adj* (*dépensier*) extravagant, wasteful, prodigal; (*généreux*) generous. **être ~ de ses compliments** to be lavish with one's praise; **être ~ de conseils** to be full of advice *ou* free with one's advice; **lui en général si peu ~ de compliments/conseils** he who is usually so sparing of compliments/advice; **être ~ de son temps** to be unsparing *ou* unstinting of one's time; **être ~ de son bien** to be lavish with one's money; (*Rel*) **l'enfant** *ou* **le fils ~** the prodigal son.
2 *nmf* spendthrift.
prodiguer [prɔdige] (1) *vt énergie, talent* to be unsparing *ou* unstinting of; *compliments, conseils* to be full of, pour out; *argent* to be lavish with. ~ **des compliments/conseils à qn** to lavish compliments/advice on sb, pour out compliments/advice to sb; **elle me prodigua ses soins** she lavished care on me; **malgré les soins que le médecin lui a prodigués** in spite of the care *ou* treatment the doctor gave him; **se ~ sans compter** to spare no efforts, give unsparingly *ou* unstintingly of o.s.
producteur, -trice [prɔdyktœr, tris] **1** *adj* producing (*épith*), growing (*épith*). **pays ~ de pétrole** oil-producing country, oil producer; **pays ~ de blé** wheat-growing country, wheat producer; (*Ciné*) **société ~trice** film company.
2 *nm, f* (**a**) (*Comm*) producer; (*Agr*) [*œufs*] producer; [*blé, tomates*] grower, producer. **du ~ au consommateur** from the producer to the consumer.
(**b**) (*Ciné, TV*) producer. (*TV*) ~**-réalisateur** producer and director.
productible [prɔdyktibl(ə)] *adj* producible.
productif, -ive [prɔdyktif, iv] *adj* productive. (*Fin*) ~ **d'intérêts** that bears interest, interest-bearing.
production [prɔdyksjɔ̃] *nf* (**a**) (*action: V produire*) production; generation; growing; writing; painting.
(**b**) (*rendement, fabrication, récolte*) (*Ind*) production, output; (*Agr*) production, yield. **notre ~ est inférieure à nos besoins** *ou* **our output does not meet our needs** *ou* is lower than our needs; **restreindre la ~** to restrict output *ou* production; ~ **brute** gross output; **la ~ dramatique du 20e siècle** 20th-century plays; ~ **moyen.**
(**c**) (*produit*) product. ~**s** (*Agr*) produce; (*Comm, Ind*) goods; **les ~s de l'esprit** creations of the mind.
(**d**) (*Ciné*) production.
productique [prɔdyktik] *nf* factory *ou* industrial automation.
productivité [prɔdyktivite] *nf* productivity, productiveness; (*Econ, Ind: rendement*) productivity.
produire [prɔdɥir] (38) **1** *vt* (**a**) (*fabriquer*) *acier, voiture* to produce, make, turn out; *électricité* to produce, generate; *maïs, tomates* to produce, grow; *charbon, pétrole* to produce; *rouille, humidité, son* to produce, make; *roman* to produce, write, turn out; *tableau* to produce, paint, turn out; (*Fin*) *intérêt* to yield, return. **arbre/terre qui produit de bons fruits** tree/soil which yields *ou* produces good fruit; **certains sols produisent plus que d'autres** some soils are more productive *ou* give a better yield than others; **un poète qui ne produit pas beaucoup** a poet who doesn't write much *ou* turn out very much; **cette école a produit plusieurs savants** this school has produced several scientists; **pays qui produit du pétrole** oil-producing country, country which produces oil.
(**b**) (*causer*) *effet* to produce, have; *changement* to produce, bring about; *résultat* to produce, give; *sensation* to cause, create. ~ **une bonne/mauvaise impression sur qn** to produce *ou* make a good/bad impression on sb; **il a produit une forte impression sur les examinateurs** he made a great impression on the examiners, the examiners were highly impressed by him.

(**c**) (*présenter*) *document, témoin* to produce.
(**d**) (*Ciné*) *film* to produce.
2 se produire *vpr* (**a**) (*survenir*) to happen, occur, take place. **il s'est produit un revirement dans l'opinion** there has been a complete change in public opinion; **le changement qui s'est produit en lui** the change that has come over him *ou* taken place in him.
(**b**) [*acteur*] to perform, give a performance, appear. **se ~ sur scène** to appear on the stage; **se ~ en public** to appear in public, give a public performance.
produit [prɔdɥi] **1** *nm* (**a**) (*denrée, article*) product. ~**s** (*Agr*) produce; (*Comm, Ind*) goods, products; ~**s finis/semi-finis**, ~**s ouvrés/semi-ouvrés** finished/semi-finished goods *ou* products; ~ **de substitution** alternative product; **il faudrait acheter un ~ pour nettoyer les carreaux** we'll have to buy something to clean the windows (with); (*fig*) **un ~ typique de notre université** a typical product of our university.
(**b**) (*rapport*) product, yield; (*bénéfice*) profit; (*revenu*) income. **le ~ de la collecte sera donné à une bonne œuvre** the proceeds *ou* takings from the collection will be given to charity; **vivre du ~ de sa terre** to live on the produce of *ou* the income from one's land.
(**c**) (*Math*) product.
(**d**) (*Chim*) product, chemical.
(**e**) (*Zool: petit*) offspring (*inv*).
2: produits agricoles agricultural *ou* farm produce; **produits alimentaires** foodstuffs; **produits de beauté** cosmetics, beauty products; **produit brut** (*bénéfice*) gross profit; (*objet*) unfinished product; **produit chimique** chemical; **produit d'entretien** clean(s)ing product; **produit de consommation** consumable; **produit de consommation courante** basic consumable; **produits de grande consommation** consumer goods; **produit de l'impôt** tax yield; **produits industriels** industrial goods *ou* products; **product intérieur brut** gross domestic product; **produits manufacturés** manufactured goods; **produit national brut** gross national product; **produit net** *nu* **profit; produit pharmaceutique** pharmaceutical (product); **produit pour la vaisselle** washing-up (*Brit*) *ou* dishwashing (*US*) liquid; **produit des ventes** income *ou* proceeds from sales.
proéminence [prɔeminɑ̃s] *nf* prominence, protuberance.
proéminent, e [prɔeminɑ̃, ɑ̃t] *adj* prominent, protuberant.
prof* [prɔf] *nmf* (*abrév de* **professeur**) (*Scol*) teacher; (*Univ*) ≃ lecturer (*Brit*), instructor (*US*), prof* (*US*); (*avec chaire*) prof*.
profanateur, -trice [prɔfanatœr, tris] **1** *adj* profaning (*épith*), profane. **2** *nm, f* profaner.
profanation [prɔfanasjɔ̃] *nf* (*V* **profaner**) desecration; profanation; violation; defilement; debasement; prostitution.
profane [prɔfan] **1** *adj* (**a**) (*non-spécialiste*) **je suis ~ en la matière** I'm a layman in the field, I don't know anything about the subject.
(**b**) *fête* secular; *auteur, littérature, musique* secular, profane (*littér*).
2 *nmf* (**a**) (*gén*) layman, lay person. **aux yeux du ~** to the layman *ou* the uninitiated; **un ~ en art** a person who is uninitiated in the field of art, a person who knows nothing about art.
(**b**) (*Rel*) non-believer.
3 *nm* (*Rel*) **le ~** the secular, the profane (*littér*).
profaner [prɔfane] (1) *vt église* to desecrate, profane; *tombe* to desecrate, violate, profane; *sentiments, souvenir, nom* to defile, profane; *institution* to debase; *talent* to prostitute, debase.
proférer [prɔfere] (6) *vt parole* to utter; *injures* to utter, pour out.
professer [prɔfese] (1) *vt* (**a**) *opinion* to profess, declare, state; *théorie* to profess; *sentiment* to profess, declare. ~ **que** ... to profess *ou* declare *ou* claim that .... (**b**) (*Scol*) to teach.
professeur [prɔfesœr] **1** *nm* (*gén*) teacher; [*lycée, collège*] (school)teacher; (*Univ*) ≃ lecturer (*Brit*), instructor (*US*); (*avec chaire*) professor. **elle est ~** she's a (school)teacher *ou* schoolmistress (*Brit*); (*Univ*) (**Monsieur**) **le ~ X** Professor X; ~ **de piano/de chant** piano/singing teacher *ou* master (*Brit*) (*ou* mistress (*Brit*)); ~ **de droit** lecturer in law; professor of law.
2: (*Can Univ*) **professeur adjoint** assistant professor; **professeur agrégé** (*gén*) qualified schoolteacher *who has passed the agrégation*; (*en médecine*) professor of medicine, *holder of the agrégation*; (*Can Univ*) associate professor; **professeur certifié** qualified schoolteacher *who has passed the CAPES*; **professeur d'enseignement général des collèges** basic-grade schoolteacher *in a collège*; **professeur principal** ≃ class teacher (*Brit*), form tutor (*Brit*), homeroom teacher (*US*); (*Can Univ*) **professeur titulaire** full professor.
profession [prɔfesjɔ̃] **1** *nf* (**a**) (*gén*) occupation; (*manuelle*) trade; (*libérale*) profession. **exercer la ~ de médecin** to be a doctor by profession, practise as a doctor (*Brit*), practice medicine (*US*); **menuisier de ~** carpenter by *ou* to trade; (*fig*) **menteur de ~** professional liar; (*Admin*) **'sans ~'** (*gén*) 'unemployed'; (*femme mariée*) 'housewife'.
(**b**) **faire ~ de non-conformisme** to profess nonconformism; **faire ~ d'être non-conformiste** to profess *ou* declare o.s. a nonconformist.
2: (*Rel, fig*) **profession de foi** profession of faith; **profession libérale** (liberal) profession; **les membres des professions libérales** professional people, the members of the (liberal) professions.
professionnalisme [prɔfesjɔnalism(ə)] *nm* professionalism.
professionnel, -elle [prɔfesjɔnɛl] **1** *adj* (**a**) *activité, maladie* occupational (*épith*); *école* technical (*épith*). **faute ~le** (professional) negligence (*U*); (*Méd*) malpractice; **formation/orientation ~le** vocational training/guidance; (**être tenu par**) **le secret ~** (to be bound by) professional secrecy; *V* **certificat, conscience, déformation.**

(b) *écrivain, sportif, (fig) menteur* professional.
2 *nm,f* (a) *(gén, Sport)* professional. **c'est un travail de ~** it's a job for a professional; *(bien fait)* it's a professional job; **passer ~** to turn professional; **les ~s du tourisme** people working in the tourist industry.
(b) *(Ind)* skilled worker.
professionnellement [pʀɔfesjɔnɛlmɑ̃] *adv* professionally.
professoral, e, *mpl* **-aux** [pʀɔfesɔʀal, o] *adj ton, attitude* professorial. **le corps ~** *(gén)* (the) teachers, the teaching profession; *(d'une école)* the teaching staff.
professorat [pʀɔfesɔʀa] *nm:* **le ~** the teaching profession; **le ~ de français** French teaching, the teaching of French.
profil [pʀɔfil] *nm* (a) *(silhouette) [personne]* profile; *[édifice]* outline, profile, contour; *[voiture]* line, contour. **de ~** *dessiner* in profile; *regarder* sideways on, in profile; *(fig)* **un ~ de médaille** a finely chiselled profile; **garder le ~ bas** to keep a low profile.
(b) *(coupe) [bâtiment, route]* profile; *(Géol) [sol]* section.
(c) *(Psych)* profile. **~ de carrière** career profile; **le ~ d'un étudiant** the profile of a student's performance; **il a le bon ~ pour le métier** his previous experience *ou* his career to date *ou* his career profile seems right for the job.
profilé, e [pʀɔfile] *(ptp de* **profiler) 1** *adj (gén)* shaped; *(aérodynamique)* streamlined. **2** *nm (Tech)* **~ (métallique)** metal section.
profiler [pʀɔfile] (1) **1** *vt* (a) *(Tech) (dessiner)* to profile, represent in profile; *(fabriquer)* to shape; *(rendre aérodynamique)* to streamline.
(b) *(faire ressortir)* **la cathédrale profile ses tours contre le ciel** the cathedral towers stand out *ou* stand outlined *ou* are silhouetted against the sky.
2 se profiler *vpr [objet]* to stand out (in profile), be outlined *(sur, contre* against); *(fig) [ennuis, solution]* to emerge. **les obstacles qui se profilent à l'horizon** the obstacles which are looming *ou* emerging *ou* which stand out on the horizon.
profit [pʀɔfi] *nm* (a) *(Comm, Fin: gain)* profit. **c'est une source illimitée de ~** it's an endless source of profit; **compte de ~s et pertes** profit and loss account; *(fig)* **faire passer qch aux ~s et pertes** to write sth off (as a loss).
(b) *(avantage)* benefit, advantage, profit. **être d'un grand ~ à qn** to be of great benefit *ou* most useful to sb; **faire du ~** *(gén)* to be economical, be good value (for money); (*) *[vêtement]* to wear well; *[rôti]* to go a long way; **ce rôti n'a pas fait de ~** that roast didn't go very far; **ses vacances lui ont fait beaucoup de ~** *ou* **lui ont été d'un grand ~** his holiday greatly benefited him *ou* did him a lot of good, he greatly benefited from his holiday; **vous avez ~ à faire cela** it's in your interest *ou* to your advantage to do that; **s'il le fait, c'est qu'il y trouve son ~** if he does it, it's because it's to his advantage *ou* in his interest *ou* because he's getting something out of it*; **il a suivi les cours sans (en tirer) aucun ~/avec ~** he attended the classes without deriving any benefit *ou* advantage *ou* profit from them/and got a lot out of them *ou* and gained a lot from them; **tirer ~ de leçon, affaire** to profit *ou* benefit from; **tirer ~ du malheur des autres** to profit from *ou* take advantage of other people's misfortune; **collecte au ~ des aveugles** collection in aid of the blind; **il fait (son) ~ de tout** he turns everything to (his) advantage; **mettre à ~ idée, invention** to turn to (good) account; *jeunesse, temps libre, sa beauté* to make the most of, take advantage of; **tourner qch à ~** to turn sth to good account; **il a mis à ~ le mauvais temps pour ranger le grenier** he made the most of *ou* took advantage of the bad weather to tidy the attic, he turned the bad weather to (good) account by tidying (up) the attic.
profitable [pʀɔfitabl(ə)] *adj (utile)* beneficial, of benefit *(attrib)*; *(lucratif)* profitable *(à* to).
profitablement [pʀɔfitabləmɑ̃] *adv* profitably.
profiter [pʀɔfite] (1) **1 profiter de** *vt indir (tirer avantage) situation, privilège, occasion, crédulité* to take advantage of; *jeunesse, vacances* to make the most of, take advantage of. **ils ont profité de ce que le professeur était sorti pour se battre** they took advantage of the teacher's being absent *ou* of the fact that the teacher had gone out to have a fight.
2 profiter à *vt indir (rapporter)* **~ à qn** *[affaire, circonstances]* to be profitable *ou* of benefit to sb, be to sb's advantage; *[repos]* to benefit sb, be beneficial to sb; *[conseil]* to benefit *ou* profit sb, be of benefit to sb; **à qui cela profite-t-il?** who stands to gain by it?, who will that help?; *V* **bien.**
3 *vi* (*) *(se développer) [enfant]* to thrive, grow; *(être économique) [plat]* to go a long way, be economical; *[vêtement]* to wear well.
profiterole [pʀɔfitʀɔl] *nf* profiterole.
profiteur, -euse [pʀɔfitœʀ, øz] *nm,f* profiteer. **~ de guerre** war profiteer.
profond, e [pʀɔfɔ̃, ɔ̃d] **1** *adj* (a) *(lit)* deep. **peu ~** shallow; **~ de 3 mètres** 3 metres deep.
(b) *(grand, extrême) soupir* deep, heavy; *sommeil* deep, sound; *silence, mystère* deep, profound; *(littér) nuit* deep *(littér)*, dark; *joie, foi, différence, influence, erreur* profound; *ignorance* profound, extreme; *intérêt, sentiment* profound, keen; *ennui* profound, acute; *forage* penetrating; *révérence* low, deep.
(c) *(caché, secret) cause, signification* underlying, deeper; *(Ling) structure* deep; *tendance* deep-seated, underlying. **la France ~e** the broad mass of French people.
(d) *(pénétrant) penseur, réflexion* profound, deep; *esprit, remarque* profound.
(e) *voix, couleur, regard* deep.
2 *nm:* **au plus ~ de** *forêt, désespoir* in the depths of; **au plus ~ de la mer** at the (very) bottom of the sea, in the depths of the sea; **au plus ~ de la nuit** at dead of night; **au plus ~ de mon être** in the depths of my being, in my deepest being.

3 *adv creuser* deep; *planter* deep (down).
profondément [pʀɔfɔ̃demɑ̃] *adv ému, choqué* deeply, profoundly; *convaincu* deeply, utterly; *différent* profoundly, vastly; *influencer, se tromper* profoundly; *réfléchir* deeply, profoundly; *aimer, ressentir* deeply; *respirer* deep(ly); *creuser, pénétrer* deep; *s'incliner* low. **il dort ~** *(en général)* he sleeps soundly, he is a sound sleeper; *(en ce moment)* he is sound *ou* fast asleep; **s'ennuyer ~** to be utterly *ou* acutely *ou* profoundly bored; **idée ~ ancrée dans les esprits** idea deeply rooted in people's minds; **ça m'est ~ égal** I really couldn't care less.
profondeur [pʀɔfɔ̃dœʀ] *nf* (a) *(lit) [trou, boîte, mer]* depth; *[plaie]* deepness, depth. **à cause du peu de ~** because of the shallowness; **cela manque de ~** it's not deep enough; **creuser en ~** to dig deep; **creuser jusqu'à 3 mètres de ~** to dig down to a depth of 3 metres; **avoir 10 mètres de ~** to be 10 metres deep *ou* in depth; **à 10 mètres de ~** 10 metres down, at a depth of 10 metres; **cette pommade agit en ~** this cream works deep into the skin; *(Phot)* **~ de champ** depth of field.
(b) *(fond) [mine, métro, poche]* ~s depths; *(fig)* **les ~s de l'être** the depths of the human psyche.
(c) *(fig) [personne]* profoundness, profundity, depth; *[esprit, remarque]* profoundness, profundity; *[sentiment]* depth, keenness; *[sommeil]* soundness, depth; *[regard]* depth; *[couleur, voix]* deepness. **en ~** *agir, exprimer* in depth; **c'est une réforme en ~ qu'il faut** what is needed is a radical *ou* thorough(going) reform.
pro forma [pʀɔfɔʀma] *adj inv:* **facture ~** pro forma invoice.
profus, e [pʀɔfy, yz] *adj (littér)* profuse.
profusément [pʀɔfyzemɑ̃] *adv (littér)* profusely, abundantly.
profusion [pʀɔfyzjɔ̃] *nf [fleurs, lumière]* profusion; *[idées, conseils]* wealth, abundance, profusion. **il y a des fruits à ~ sur le marché** there is fruit galore* *ou* in plenty *ou* there is plenty of fruit on the market; **nous en avons à ~** we've got plenty *ou* masses*.
progéniture [pʀɔʒenityʀ] *nf [homme, animal]* offspring, progeny *(littér)*; *(hum: famille)* offspring *(hum)*.
progestérone [pʀɔʒesteʀɔn] *nf* progesterone.
progiciel [pʀɔʒisjɛl] *nm* software package.
programmable [pʀɔgʀamabl(ə)] *adj* programmable. **touche ~** user-definable key.
programmateur, -trice [pʀɔgʀamatœʀ, tʀis] *nm,f (gén)* time switch; *(Rad, TV)* programme planner; *[four]* autotimer.
programmation [pʀɔgʀamasjɔ̃] *nf (Rad, TV)* programming, programme planning; *[ordinateur]* programming.
programme [pʀɔgʀam] *nm* (a) *[concert, spectacle, télévision, radio]* programme *(Brit)*, program *(US)*. **au ~** in the programme; **numéro hors ~** item not (billed *ou* announced) in the programme; **cette excursion n'est pas prévue au ~** this trip is not on the programme; **changement de ~** change in (the) *ou* of programme.
(b) *(calendrier)* programme *(Brit)*, program *(US)*. **quel est le ~ de la journée?** *ou* **des réjouissances?*** what's the programme for the day?, what's on the agenda?*; **j'ai un ~ très chargé** I have a very busy timetable.
(c) *(Scol) (d'une matière)* syllabus; *(d'une classe, d'une école)* curriculum. **le ~ de français** the French syllabus; **quel est le ~ en sixième?** what's (on) the curriculum in the first year?; **les œuvres du ~** the set *(Brit) ou* assigned *(US)* works, the books on the syllabus; **~ de sensibilisation** awareness programme.
(d) *(projet)* programme *(Brit)*, program *(US)*. **~ d'action/de travail** programme of action/work; **il y a un changement de ~** there's a change of plan *ou* programme; **c'est tout un ~!** that'll take some doing!
(e) *[ordinateur]* (computer) program; *[machine à laver]* programme.
programmé, e [pʀɔgʀame] *(ptp de* **programmer)** *adj opération, (Typ) composition* computerized. **~ à l'avance** pre-programmed; *V* **enseignement.**
programmer [pʀɔgʀame] (1) *vt émission* to bill; *ordinateur* to program; (*: *prévoir) vacances* to plan.
programmeur, -euse [pʀɔgʀamœʀ, øz] *nm,f (computer)* programmer.
progrès [pʀɔgʀɛ] *nm* (a) *(amélioration)* progress *(U)*. **faire des ~/de petits ~** to make progress/a little progress; **élève en ~** pupil who is making progress *ou* who is progressing *ou* getting on (well); **il y a du ~** there is some progress *ou* improvement; **c'est un grand ~** it's a great advance, much progress has been made; **il a fait de grands ~** he has made great progress *ou* shown (a) great improvement; **~ scolaires** academic progress; **~ social** social progress.
(b) *(évolution)* progress *(U)*. **croire au ~** to believe in progress; **suivre les ~ de** to follow the progress of; **c'est le ~!** that's progress!
(c) *(progression) [incendie, inondation]* spread, progress; *[maladie]* progression, progress; *[armée]* progress, advance.
progresser [pʀɔgʀese] (1) *vi* (a) *(s'améliorer) [malade, élève]* to progress, make progress, get *ou* come on (well).
(b) *(avancer) [explorateurs, sauveteurs, ennemi]* to advance, make headway *ou* progress; *[maladie]* to progress; *[science, recherches]* to advance, progress; *[idée, théorie]* to gain ground, make headway. **afin que notre monde/la science progresse** so that our world/science goes forward *ou* progresses *ou* makes progress; **les salaires progressent moins vite que les prix** salaries are going up *ou* are rising more slowly than prices.
progressif, -ive [pʀɔgʀesif, iv] *adj (gén, Ling)* progressive.
progression [pʀɔgʀesjɔ̃] *nf (a) [élève, explorateurs]* progress; *[ennemi]* advance; *[maladie]* progression, progress, advance. **la ~ très rapide de ces idées** the rapid progress *ou* advance of these ideas.
(b) *(Math, Mus)* progression. **~ arithmétique/géométrique** arithmetic/geometric progression; **~ économique** economic advance.

progressiste [prɔgresist(ə)] *adj, nmf* progressive.
progressivement [prɔgresivmã] *adv* progressively.
progressivité [prɔgresivite] *nf* progressiveness.
prohibé, e [prɔibe] (*ptp de* **prohiber**) *adj* *marchandise, action* prohibited, forbidden; *arme* illegal.
prohiber [prɔibe] (1) *vt* to prohibit, ban, forbid.
prohibitif, -ive [prɔibitif, iv] *adj* *prix* prohibitive; *mesure* prohibitory, prohibitive.
prohibition [prɔibisjɔ̃] *nf* (*gén, Hist USA*) prohibition (*de* on). **la ~ du port d'armes** a ban on the carrying of weapons.
prohibitionnisme [prɔibisjɔnism(ə)] *nm* prohibitionism.
prohibitionniste [prɔibisjɔnist(ə)] *adj, nmf* prohibitionist.
proie [prwa] *nf* (a) (*lit*) prey (*U*); *V* **oiseau**.
  (b) (*fig*) *[personne]* **être la ~ de** to fall (a) prey *ou* victim to, be the prey of; **le pays fut la ~ des envahisseurs** the country fell (a) prey to invaders; **la maison était la ~ des flammes** the house fell (a) prey to *ou* was claimed by the flames; **c'est une ~ facile pour des escrocs** he's (*ou* she's) easy prey *ou* game* *ou* meat* for swindlers.
  (c) (*loc*) **être en ~ à** *maladie* to be a victim of; *douleur* to be racked *ou* tortured by; *doute, émotion* to be (a) prey to; **il était en ~ au remords** he was (a) prey to remorse, remorse preyed on him; **en ~ au désespoir** racked by despair, a prey to despair; **lâcher *ou* laisser la ~ pour l'ombre** to give up what one has (already) for some uncertain *ou* fanciful alternative.
projecteur [prɔʒɛktœr] *nm* (a) *[diapositive, film]* projector. (b) *[lumière] [théâtre]* spotlight; *[prison, bateau]* searchlight; *[monument public, stade]* floodlight; (*Aut*) headlamp unit *ou* assembly, headlight.
projectif, -ive [prɔʒɛktif, iv] *adj* projective.
projectile [prɔʒɛktil] *nm* (*gén*) missile; (*Mil, Tech*) projectile.
projection [prɔʒɛksjɔ̃] *nf* (a) *[ombre]* casting, projection, throwing; *[film]* (*action*) projection; (*séance*) showing. **appareil de ~** projector, projection equipment (*U*); **salle de ~** film theatre; **cabine de ~** projection room; **conférence avec des ~s (de diapositives)** lecture (illustrated) with slides.
  (b) (*lancement*) *[liquide, vapeur]* discharge, ejection; *[pierre]* throwing (*U*). **~s volcaniques** volcanic ejections *ou* ejecta.
  (c) (*Math, Psych*) projection (*sur* onto).
projectionniste [prɔʒɛksjɔnist(ə)] *nmf* projectionist.
projet [prɔʒɛ] *nm* (a) (*dessein*) plan. **~s criminels/de vacances** criminal/holiday plans; **faire des ~s d'avenir** to make plans for the future, make future plans; **faire ou former le ~ de faire** to make plans to do; **ce ~ de livre/d'agrandissement** this plan for a book/for an extension; **quels sont vos ~s pour le mois prochain?** what are your plans *ou* what plans have you for next month?; **ce n'est encore qu'un ~, c'est encore à l'état de ~ ou encore en ~** it's still only at the planning stage.
  (b) (*ébauche*) *[roman]* (preliminary) draft; *[maison, ville]* plan. **~ de loi** bill; **établir un ~ d'accord/de contrat** to draft an agreement/a contract, produce a draft agreement/contract.
projeter [prɔʒte] (4) **1** *vt* (a) (*envisager*) to plan (*de faire* to do). **as-tu projeté quelque chose pour les vacances?** have you made any plans *ou* have you planned anything for your holidays?
  (b) (*jeter*) *gravillons* to throw up; *étincelles* to throw off; *fumée* to send out, discharge; *lave* to eject, throw out. **attention! la poêle projette de la graisse** careful! the frying pan is spitting (out) fat; **être projeté hors de** to be thrown *ou* hurled *ou* flung out of; **on lui a projeté de l'eau dans les yeux** water was thrown *ou* flung into his eyes.
  (c) (*envoyer*) *ombre, reflet* to cast, project, throw; *film, diapositive* to project; (*montrer*) to show. **on peut ~ ce film sur un petit écran** this film may be projected onto a small screen; **on nous a projeté des diapositives** we were shown some slides.
  (d) (*Math, Psych*) to project (*sur* onto).
  2 se projeter *vpr* *[ombre]* to be cast, fall (*sur* on).
projeteur [prɔʒtœr] *nm* project manager.
prolapsus [prɔlapsys] *nm* prolapse.
prolégomènes [prɔlegɔmɛn] *nmpl* prolegomena.
prolepse [prɔlɛps(ə)] *nf* (*Littérat*) prolepsis.
prolétaire [prɔletɛr] **1** *adj* proletarian. **2** *nmf* proletarian. **les enfants de ~s** children of working-class people; **~s de tous les pays unissez-vous!** workers of the world unite!
prolétariat [prɔletarja] *nm* proletariat.
prolétarien, -ienne [prɔletarjɛ̃, jɛn] *adj* proletarian.
prolétarisation [prɔletarizasjɔ̃] *nf* proletarianization.
prolétariser [prɔletarize] (1) *vt* to proletarianize.
prolifération [prɔliferasjɔ̃] *nf* proliferation.
proliférer [prɔlifere] (6) *vi* to proliferate.
prolifique [prɔlifik] *adj* prolific.
prolixe [prɔliks(ə)] *adj* *orateur, discours* verbose, prolix (*frm*), wordy.
prolixement [prɔliksəmã] *adv* verbosely, prolixly (*frm*), wordily.
prolixité [prɔliksite] *nf* verbosity, prolixity (*frm*), wordiness.
prolo* [prɔlo] **1** *nmf* (*abrév de* **prolétaire**) pleb* (*péj*), prole* (*péj*). **2** *adj* common-looking, plebby*.
prologue [prɔlɔg] *nm* prologue (*à* to).
prolongateur [prɔlɔ̃gatœr] *nm* extension cable *ou* lead.
prolongation [prɔlɔ̃gasjɔ̃] *nf* (a) *[vie, séjour]* prolongation; extension. (*Ftbl*) **~s** extra time (*U*); (*Ftbl*) **ils ont joué les ~s** they played extra time, the game *ou* they went into extra time.
prolonge [prɔlɔ̃ʒ] *nf* d'artillerie gun carriage.
prolongé, e [prɔlɔ̃ʒe] (*ptp de* **prolonger**) *adj* *débat, séjour* prolonged, lengthy; *rire, cri* prolonged; *effort* prolonged, sustained. **exposition ~e au soleil** prolonged exposure to the sun; (*hum*) **jeune fille ~e** old maid, girl left on the shelf; **rue de la Paix ~e**

continuation of Rue de la Paix; **en cas d'arrêt ~** in case of prolonged stoppage.
prolongement [prɔlɔ̃ʒmã] *nm* (a) *[route]* continuation; *[bâtiment]* extension; (*fig*) *[affaire, politique]* extension. **décider le ~ d'une route** to decide to extend *ou* continue a road; **cette rue se trouve dans le ~ de l'autre** this street runs on from the other *ou* is the continuation of the other.
  (b) (*suites*) **~s** repercussions, effects.
prolonger [prɔlɔ̃ʒe] (3) **1** *vt* a (*dans le temps*) *séjour, trêve, séance* to prolong, extend; *billet* to extend; *vie, maladie* to prolong; (*Mus*) *note* to prolong. **nous ne pouvons ~ notre séjour** we cannot stay any longer, we cannot prolong our stay any longer.
  (b) (*dans l'espace*) *rue* to extend, continue; (*Math*) *ligne* to prolong, produce. **on a prolongé le mur jusqu'au garage** we extended *ou* continued the wall as far as *ou* up to the garage; **ce bâtiment prolonge l'aile principale** this building is the *ou* an extension *ou* a continuation of the main wing.
  2 se prolonger *vpr* (a) (*persister*) *[attente]* to go on; *[situation]* to go on, last, persist; *[effet]* to last, persist; *[débat]* to last, go on, carry on; *[maladie]* to continue, persist. **il voudrait se ~ dans ses enfants** he would like to live on in his children.
  (b) (*s'étendre*) *[rue, chemin]* to go on, carry on (*Brit*), continue.
promenade [prɔmnad] *nf* (a) (*à pied*) walk, stroll; (*en voiture*) drive, ride, spin*; (*en bateau*) sail; (*en vélo, à cheval*) ride. **partir en ~, faire une ~** to go for a walk *ou* stroll (*ou* drive *etc*); **être en ~** to be out walking *ou* out for a walk; **faire faire une ~ à qn** to take sb (out) for a walk; (*Sport*) **cette course a été une vraie ~ pour lui** this race was a real walkover for him.
  (b) (*avenue*) walk, esplanade.
promener [prɔmne] (5) **1** *vt* (a) (*emmener*) **~ qn** to take sb (out) for a walk *ou* stroll; **~ le chien** to walk the dog, take the dog out (for a walk); **~ des amis à travers une ville** to show *ou* take friends round a town; **cela te promènera** that will get you out for a while; **il promène son nounours partout*** he trails his teddy bear (around) everywhere with him; **est-ce qu'il va nous ~ encore longtemps à travers ces bureaux?*** is he going to trail us round these offices much longer?; *V* **envoyer**.
  (b) (*fig*) **~ ses regards sur qch** to run *ou* cast one's eyes over sth; **~ ses doigts sur qch** to run *ou* pass one's fingers over sth; **~ sa tristesse** to carry one's sadness around with one.
  2 se promener *vpr* (a) (*V* **promenade**) to go for a walk *ou* stroll (*ou* drive *etc*). **aller se ~** to go (out) for a walk *ou* stroll (*ou* drive *etc*); **viens te ~ avec maman** come for a walk with mummy; **se ~ dans sa chambre** to walk *ou* pace up and down in one's room; **allez vous ~!*** go and take a running jump!*, (go and) get lost!*; **je ne vais pas laisser tes chiens se ~ dans mon jardin** I'm not going to let your dogs wander round my garden; (*Sport*) **il s'est vraiment promené dans cette course** this race was a real walkover for him.
  (b) (*fig*) *[pensées, regards, doigts]* to wander. **son crayon se promenait sur le papier** he let his pencil wander over the paper, his pencil wandered over the paper; **ses affaires se promènent toujours partout*** his things are always lying around all over the place *ou* are always scattered about the place.
promeneur, -euse [prɔmnœr, øz] *nm,f* walker, stroller. **les ~s du dimanche** Sunday strollers, people out for a Sunday walk *ou* stroll.
promenoir [prɔm(ə)nwar] *nm* (*Théât*) promenade gallery, standing gallery; *[école, prison]* (covered) walk.
promesse [prɔmɛs] *nf* (*assurance*) promise; (*parole*) promise, word; (*Comm*) commitment, undertaking. **~ de mariage** promise of marriage; **~ en l'air** *ou* **d'ivrogne** *ou* **de Gascon** empty *ou* vain promise; **~ d'achat/de vente** commitment to buy/to sell; **faire une ~** to make a promise, give one's word; **il m'en a fait la ~** he gave me his word for it; **tenir/manquer à sa ~** to keep/break one's promise *ou* word; **j'ai sa ~** I have his word for it, he has promised me; (*fig*) **auteur plein de ~s** writer showing much promise *ou* full of promise, very promising writer; **sourire plein de ~s** smile that promised (*ou* promises) much.
Prométhée [prɔmete] *nm* Prometheus.
prométhium [prɔmetjɔm] *nm* promethium.
prometteur, -euse [prɔmetœr, øz] *adj* *début, signe* promising; *acteur, politicien* up-and-coming, promising.
promettre [prɔmɛtr(ə)] (56) **1** *vt* a *chose, aide* to promise. **je lui ai promis un cadeau** I promised him a present; **je te le promets** I promise (you); **il n'en osé ~** he couldn't promise anything, he didn't dare commit himself; **il a promis de venir** he promised to come; **il m'a promis de venir** *ou* **qu'il viendrait** he promised me that he would come; **~ la lune, ~ monts et merveilles** to promise the moon *ou* the earth; **tu as promis, il faut y aller** you've promised *ou* you've given your word so you have to go; **il ne faut pas ~ quand on ne peut pas tenir** one mustn't make promises that one cannot keep; **~ le secret** to promise to keep a secret; **~ son cœur/sa main/son amour** to pledge one's heart/hand/love.
  (b) (*prédire*) to promise. **je vous promets qu'il ne recommencera pas** I (can) promise you he won't do that again; **il sera furieux, je te le promets** he will be furious, I (can) promise you I can tell you; **on nous promet du beau temps/un été pluvieux** we are promised *ou* we are in for* some fine weather/a rainy summer; **ces nuages nous promettent de la pluie** these clouds mean *ou* promise rain; **cela ne nous promet rien de bon** this promises to be pretty bad for us, this doesn't look at all hopeful for us.
  (c) (*faire espérer*) to promise. **le spectacle/dîner promet d'être réussi** the show/dinner promises to be a success; **cet enfant promet** this child shows promise *ou* is promising, he's (*ou* she's) a promising child; (*iro*) **ça promet!** that's a good start! (*iro*), that's promising! (*iro*); (*iro*) **ça promet pour l'avenir/pour l'hiver!** that bodes well for the future/(the) winter! (*iro*).

2 se promettre *vpr*: **se ~ de faire qch** to mean *ou* resolve to do sth; **se ~ du bon temps** *ou* **du plaisir** to promise o.s. a good time; **je me suis promis un petit voyage** I've promised myself a little trip.

promis, e [pʀɔmi, iz] (*ptp de* **promettre**) **1** *adj*: **être ~ à qch** to be destined *ou* set for sth; *V* **chose, terre. 2** *nm,f* (††, *dial*) betrothed††.

promiscuité [pʀɔmiskɥite] *nf* [*lieu public*] crowding (*U*) (*de* in); [*chambre*] (degrading) lack of privacy (*U*) (*de* in). **~ sexuelle** (sexual) promiscuity.

promo [pʀɔmo] *nf* (*abrév de* promotion) year (*Brit*), class (*US*).

promontoire [pʀɔmɔ̃twaʀ] *nm* (*Géog*) headland, promontory.

promoteur, -trice [pʀɔmɔtœʀ, tʀis] *nm,f* (*instigateur*) instigator, promoter; (*Chim*) promoter. **~** (*immobilier*) property developer.

promotion [pʀɔmosjɔ̃] *nf* **(a)** (*avancement*) promotion (*à un poste* to a job). **~ sociale** social advancement.
 (b) (*Scol*) year (*Brit*), class (*US*). **être le premier de sa ~** to be first in one's year (*Brit*) *ou* class (*US*).
 (c) (*Comm: réclame*) **notre ~ de la semaine** this week's special offer; **article en ~** item on special offer; (*Comm*) **~ des ventes** sales promotion.

promotionnel, -elle [pʀɔmosjɔnɛl] *adj* article on (special) offer; *vente* promotional. **matériel ~** publicity material.

promouvoir [pʀɔmuvwaʀ] (27) *vt personne* to promote, upgrade (*à* to); *politique, recherche* to promote, further; (*Comm*) *produit* to promote. **il a été promu directeur** he was promoted *ou* upgraded to (the rank of) manager.

prompt, prompte [pʀɔ̃, pʀɔ̃t] *adj* (*gén*) swift, rapid, speedy, quick; *repartie* ready (*épith*), quick; *esprit* ready (*épith*), quick, sharp; *réaction* prompt, swift; *départ, changement* sudden. **~ rétablissement! get well soon!**, I (*ou* we) wish you a speedy recovery; **~ à l'injure/aux excuses/à se décider** quick to insult/to apologize/to make up one's mind; **avoir le geste ~** to be quick to act; **avoir la main prompte** to be quick to raise one's hand; **~ comme l'éclair** *ou* **la foudre** as quick as lightning; (*Comm*) **dans l'espoir d'une prompte réponse** hoping for an early reply.

promptement [pʀɔ̃tmã] *adv* (*V* prompt) swiftly; rapidly; speedily; quickly; promptly; suddenly.

prompteur [pʀɔ̃ptœʀ] *nm* ® teleprompter ®.

promptitude [pʀɔ̃tityd] *nf* (*V* prompt) swiftness; rapidity; speed; quickness; promptness, promptitude (*frm*); suddenness.

promulgation [pʀɔmylgasjɔ̃] *nf* promulgation.

promulguer [pʀɔmylge] (1) *vt* to promulgate.

prône [pʀon] *nm* sermon.

prôner [pʀone] (1) *vt* (*vanter*) to laud, extol; (*préconiser*) to advocate, commend.

pronom [pʀɔnɔ̃] *nm* pronoun.

pronominal, e, *mpl* **-aux** [pʀɔnɔminal, o] *adj* pronominal. (*verbe*) **~** reflexive (verb).

pronominalement [pʀɔnɔminalmã] *adv* (*V* pronominal) pronominally; reflexively.

prononçable [pʀɔnɔ̃sabl(ə)] *adj* pronounceable.

prononcé, e [pʀɔnɔ̃se] (*ptp de* **prononcer**) **1** *adj* accent, goût, trait marked, pronounced, strong. **2** *nm* (*Jur*) pronouncement.

prononcer [pʀɔnɔ̃se] (3) **1** *vt* **(a)** (*articuler*) *mot, son* to pronounce. **son nom est impossible à ~** his name is impossible to pronounce *ou* is unpronounceable; **comment est-ce que ça se prononce?** how is it pronounced?, how do you pronounce it?; **cette lettre ne se prononce pas** that letter is silent *ou* is not pronounced; **tu prononces mal** your pronunciation is bad; **mal ~ un mot** to mispronounce a word; **~ distinctement** to speak clearly, pronounce one's words clearly.
 (b) (*dire*) *parole, nom* to utter; *souhait* to utter, make; *discours* to make, deliver. **~ qch entre ses dents** to mutter *ou* mumble sth; **sortir sans ~ un mot** to go out without uttering a word; **ne prononcez plus jamais ce nom!** don't you ever mention *ou* utter that name again!; (*Rel*) **~ ses vœux** to take one's vows.
 (c) *sentence* to pronounce, pass; *dissolution, excommunication* to pronounce. **~ le huis clos** to order that a case (should) be heard in camera.
 2 *vi* (*Jur*) to deliver *ou* give a verdict. (*littér*) **~ en faveur de/ contre** to come down *ou* pronounce in favour of/against.
 3 se prononcer *vpr* to reach *ou* come to a decision (*sur* on, about), reach *ou* give a verdict (*sur* on). **le médecin ne s'est toujours pas prononcé** the doctor still hasn't given a verdict *ou* a firm opinion *ou* still hasn't come to a decision; **se ~ en faveur de qn/pour qch** to come down *ou* pronounce o.s. in favour of sb/in favour of sth.

prononciation [pʀɔnɔ̃sjasjɔ̃] *nf* **(a)** (*Ling*) pronunciation. **il a une bonne/mauvaise ~** he speaks/doesn't speak clearly, he pronounces/does not pronounce his words clearly; (*dans une langue étrangère*) **il a une good/bad pronunciation; faute** *ou* **erreur de ~** error of pronunciation; **faire une faute de ~** to mispronounce a word (*ou* a sound *etc*); **défaut** *ou* **vice de ~** speech impediment *ou* defect.
 (b) (*Jur*) pronouncement.

pronostic [pʀɔnɔstik] *nm* forecast, prognostication (*frm*); (*Méd*) prognosis; (*Sport*) forecast. **quels sont vos ~s?** what is your forecast?; **au ~ infaillible** unerring in his (*ou* her *etc*) forecasts; **se tromper dans ses ~s** to get one's forecasts wrong.

pronostiquer [pʀɔnɔstike] (1) *vt* (*prédire*) to forecast, prognosticate (*frm*); (*être le signe de*) to foretell, be a sign of.

pronostiqueur, -euse [pʀɔnɔstikœʀ, øz] *nm,f* (*gén*) forecaster, prognosticator (*frm*); (*Courses*) tipster.

pronunciamiento [pʀɔnunsjamjento] *nm* pronunciamento.

propagande [pʀɔpagãd] *nf* propaganda. **film/discours de ~** propaganda film/speech; **faire de la ~ pour qch/qn** to push *ou* plug* sth/sb; **je ne ferai pas de ~ pour ce commerçant/ce**

produit I certainly shan't be doing any advertising for this trader/ product; **~ électorale** electioneering propaganda; **discours de ~** (électorale) electioneering speech; **journal de ~** paper of political propaganda, propaganda sheet.

propagandiste [pʀɔpagãdist(ə)] *nmf* propagandist.

propagateur, -trice [pʀɔpagatœʀ, tʀis] *nm,f* [*méthode, religion, théorie*] propagator; [*nouvelle*] spreader.

propagation [pʀɔpagasjɔ̃] *nf* **(a)** (*V* propager) propagation; spreading (abroad); putting about (*Brit*). **la ~ de l'espèce** the propagation of the species. **(b)** (*V* se propager) spread, spreading; propagation.

propager [pʀɔpaʒe] (3) **1** *vt* **(a)** *foi, idée* to propagate; *nouvelle* to spread (abroad); *maladie* to spread; *fausse nouvelle* to spread (abroad), put about (*Brit*); (*Phys*) *son* to propagate.
 (b) (*Bio*) *espèce* to propagate.
 2 se propager *vpr* [*incendie, idée, nouvelle, maladie*] to spread; (*Phys*) [*onde*] to be propagated; (*Bio*) [*espèce*] to propagate.

propane [pʀɔpan] *nm* propane.

propédeutique† [pʀɔpedøtik] *nf* (*Univ*) foundation course for first-year university students.

propène [pʀɔpɛn] *nm* propene.

propension [pʀɔpãsjɔ̃] *nf* proclivity (*à qch* to *ou* towards sth, *à faire* to do), propensity (*à qch* for sth, *à faire* to do). (*Écon*) **~ à consommer/économiser** propensity to spend/save.

prophète [pʀɔfɛt] *nm* (*gén*) prophet, seer; (*Rel*) prophet. **~ de malheur** prophet of doom, Jeremiah; *V* nul.

prophétesse [pʀɔfetɛs] *nf* (*gén*) prophetess, seer; (*Rel*) prophetess.

prophétie [pʀɔfesi] *nf* (*Rel, gén*) prophecy.

prophétique [pʀɔfetik] *adj* prophetic.

prophétiquement [pʀɔfetikmã] *adv* prophetically.

prophétiser [pʀɔfetize] (1) *vt* to prophesy.

prophylactique [pʀɔfilaktik] *adj* prophylactic.

prophylaxie [pʀɔfilaksi] *nf* disease prevention, prophylaxis (*T*).

propice [pʀɔpis] *adj* circonstance, occasion favourable, auspicious, propitious; *milieu, terrain* favourable. **attendre le moment ~** to wait for the right moment, wait for a favourable *ou* an opportune moment; **être ~ à qch** to favour sth, be favourable to sth; (*littér, hum*) **que les dieux vous soient ~s!** may the gods look kindly *ou* smile upon you! (*littér, hum*).

propitiation [pʀɔpisjasjɔ̃] *nf* propitiation. **victime de ~** propitiatory victim.

propitiatoire [pʀɔpisjatwaʀ] *adj* propitiatory.

proportion [pʀɔpɔʀsjɔ̃] *nf* **(a)** (*gén, Art, Math*) proportion. **selon** *ou* **dans une ~ de 100 contre** *ou* **pour 1** in a proportion of 100 to 1; **quelle est la ~ entre la hauteur et la largeur?** *ou* **de la hauteur et de la largeur?** what is the proportion *ou* relation of height to width?, what's the ratio between height and width?; **~ égale de réussites et d'échecs** equal proportion of success and failures, equal ratio of successes to failures; **il n'y a aucune ~ entre la faute et la peine** the punishment is out of all proportion to the offence, the punishment bears no relation to the offence.
 (b) (*taille, importance*) **~s** proportions; **de vastes ~s** of vast proportions; **édifice de belles ~s** well-proportioned building; **cela a pris des ~s considérables** it took on considerable proportions; **réduire qch à de plus justes ~s** to cut sth down to size.
 (c) (*loc*) **à ~ de** in proportion to, proportionally to; **en ~ de** (*adj*) in proportion *ou* relation to, proportional to; (*adv*) in proportion *ou* relation to, proportionally to; **en ~** in proportion; **on lui a donné un poste élevé et un salaire en ~** he was given a high position and a salary in proportion; **quand on veut avoir des domestiques, il faut avoir des revenus en ~** when you want to have servants you must have a commensurate income *ou* an income to match; **hors de (toute) ~** out of (all) proportion (*avec* to); **toute(s) ~(s) gardée(s)** relatively speaking, making due allowance(s).

proportionnalité [pʀɔpɔʀsjɔnalite] *nf* proportionality; (*Pol*) proportional representation. **~ de l'impôt** proportional taxation (system).

proportionné, e [pʀɔpɔʀsjɔne] (*ptp de* **proportionner**) *adj*: **~ à** proportional *ou* proportionate to; **bien ~** well-proportioned; **admirablement ~** admirably well-proportioned.

proportionnel, -elle [pʀɔpɔʀsjɔnɛl] **1** *adj* (*gén, Math, Pol*) proportional; *impôt, retraite* proportional. **~ à** proportional *ou* proportionate to, in proportion to *ou* with; **directement/inversement ~ à** directly/inversely proportional to, in direct/inverse proportion to.
 2 proportionnelle *nf* (*Math*) proportional. (*Pol*) **la ~le** proportional representation.

proportionnellement [pʀɔpɔʀsjɔnɛlmã] *adv* proportionally, proportionately. **~ plus grand** proportionally *ou* proportionately bigger; **~ à** in proportion to, proportionally to.

proportionner [pʀɔpɔʀsjɔne] (1) *vt* to proportion, make proportional, adjust (*à* to).

propos [pʀɔpo] *nm* **(a)** (*gén pl*) talk (*U*), remarks (*pl*), words (*pl*). **ce sont des ~ en l'air** it's just empty *ou* idle talk *ou* hot air*; **tenir des ~ blessants** to say hurtful things, make hurtful remarks; (*péj*) **des ~ de femme soûle** drunken ramblings; *V* avant.
 (b) (*littér: intention*) intention, aim. **mon ~ est de vous expliquer ...** my intention *ou* aim is to explain to you ...; **avoir le ferme ~ de faire** to have the firm intention of doing; **faire qch de ~ délibéré** to do sth deliberately *ou* on purpose.
 (c) (*sujet*) **à quel ~ voulait-il me voir?** what did he want to see me about?; **à quel ~ est-il venu?** what was his reason for coming?, what brought him?*; **c'est à quel ~?** what is it about?, what is it in connection with?; **à ~ de ta voiture** about your car, on the subject of your car; **je vous écris à ~ de l'annonce** I am writing regarding *ou* concerning the advertisement in connection with the advertisement; **il se plaint à tout ~** he complains at the slightest (little)

thing; **il se met en colère à ~ de tout et de rien** ou **à tout ~** he loses his temper at the drop of a hat ou at the slightest (little) thing ou for no reason at all; **à ce ~** in this connection, (while) on this subject; *V* **hors.**

(d) **à ~** *décision* well-timed, opportune, timely; *remarque* apt, pertinent, apposite; *arriver* at the right moment ou time; **tomber** ou **arriver mal à ~** to happen (just) at the wrong moment ou time; **voilà qui tombe à ~/mal à ~!** it couldn't have come at a better/ worse time! ou moment!; **il a jugé à ~ de nous prévenir** he thought it right to let us know, he thought ou saw fit to let us know; **à ~, dis-moi ...** incidentally ou by the way, tell me ... .

proposable [pʀɔpozabl(ə)] *adj* which may be proposed.

proposer [pʀɔpoze] (1) **1** *vt* (a) (*suggérer*) *arrangement, interprétation, projet, appellation* to suggest, propose; *solution, interprétation* to suggest, put forward, propose; *candidat* to propose, nominate, put forward; (*Scol, Univ*) *sujet, texte* to set (*Brit*), assign (*US*); (*Pol*) *loi* to move, propose. **on a proposé mon nom pour ce poste** my name has been put forward for this post; **~ qch à qn** to suggest ou put sth to sb; **~ de faire qch** to suggest ou propose doing sth; (*TV*) **le film que nous vous proposons (de voir)** ce soir the film which you will be able to watch ou which we are showing this evening; **l'homme propose et Dieu dispose** man proposes, God disposes (*Prov*); **je vous propose de passer me voir** I suggest that you come round and see me; **~ qu'une motion soit mise aux voix** to move that a motion be put to the vote; **~ qu'un comité soit établi** to propose the setting-up of a committee, move ou propose that a committee be set up.

(b) (*offrir*) *aide, prix, situation* to offer. **~ qch à qn** to offer sth to sb, offer sb sth; **~ de faire qch** to offer to do sth; **on me propose une nouvelle voiture** I am being offered ou I have the offer of a new car; **je lui ai proposé de la raccompagner** I offered to see her home.

2 se proposer *vpr* (a) (*offrir ses services*) to offer one's services. **elle s'est proposée pour garder les enfants** she offered to look after the children.

(b) (*envisager*) *but, tâche* to set o.s. **se ~ de faire qch** to intend ou mean ou propose to do sth; **il se proposait de prouver que ...** he set out to prove that ... .

proposition [pʀɔpozisjɔ̃] *nf* (a) (*suggestion, offre*) suggestion, proposal, proposition; (*Pol: recommandation*) proposal. **~s de paix** peace proposals; (*Pol*) **~ de loi** private bill; **sur (la) ~ de** at the suggestion of, on the proposal of; **sur sa ~** il a été décidé d'attendre at his suggestion, it was decided to wait; **la ~ de qn à un grade supérieur** putting sb forward for ou the nomination of sb to a higher grade; **faire des ~s à une femme** to proposition a woman; *V* **contre.**

(b) (*Math, Philos: postulat*) proposition; (*déclaration*) proposition, assertion.

(c) (*Gram*) clause. **~ principale/subordonnée/indépendante** main/subordinate/independent clause; **~ consécutive** ou **de conséquence** consecutive ou result clause.

propositionnel, -elle [pʀɔpozisjɔnɛl] *adj* propositional.

propre¹ [pʀɔpʀ(ə)] **1** *adj* (a) (*pas sali*) *linge, mains, maison* clean; (*net*) *personne, vêtement* neat, tidy; *travail, exécution d'un morceau de musique* neat, neatly done; (*Scol*) *cahier, copie* neat. **~ comme un sou neuf** as neat ou clean as a new pin; **leurs enfants sont toujours (tenus) très ~s** their children are always very neat and tidy ou very neatly turned out; **a-t-il les mains ~s?** are his hands clean?; **ce n'est pas ~ de manger avec les doigts** it's messy ou dirty to eat with your fingers; **nous voilà ~s!*** now we're in a fine ou proper mess!*

(b) (*qui ne salit pas*) *chien, chat* house-trained; *enfant* toilet-trained, potty-trained*, clean (*Brit*). **il n'est pas encore ~** he still isn't clean (*Brit*) ou toilet-trained ou potty-trained*.

(c) (*honnête*) *personne* honest, decent; *affaire, argent* honest; *mœurs* decent. **il n'a jamais rien fait de ~** he's never done a decent ou an honest thing in his life; **une affaire pas très ~** a slightly suspect ou shady piece of business; **ce garçon-là, ce n'est pas grand-chose de ~** that young man hasn't got much to recommend him ou isn't up to much*.

2 *nm*: **sentir le ~** to smell clean; **avoir une apparence de ~** to have a neat ou tidy appearance, (*Scol*) **mettre** ou **recopier qch au ~** to make a fair copy of sth, copy sth out neatly; **c'est du ~!*** (*gâchis*) what a mess!, what a shambles!*; (*comportement*) what a way to behave!, it's an absolute disgrace!

propre² [pʀɔpʀ(ə)] **1** *adj* (a) (*intensif possessif*) own. **il a sa ~ voiture** he's got ou he has his own car ou a car of his own; **par ses ~s moyens** *réussir* on one's own, by oneself; *rentrer* under one's own steam; **ce sont ses ~s mots** those are his own ou his very ou his actual words; **de mes ~s yeux** with my own (two) eyes; **de sa ~ initiative** on his own initiative; (*frm*) **de son ~ chef** on his own initiative, on his own authority; **ils ont leurs caractères/qualités ~s** they have their own (specific) ou their particular characters/ qualities; **au lieu de critiquer nos enfants, il devrait surveiller les siens ~s** instead of criticizing our children, he ought to keep his own in order; *V* **amour, main.**

(b) (*particulier, spécifique*) **c'est un trait qui lui est ~** it's a trait which is peculiar to him; **c'est ~ à** it's a distinctive ou specific characteristic of his; **les coutumes ~s à certaines régions** the customs peculiar to ou characteristic of ou proper to (*frm*) certain regions; (*Jur*) **biens ~s** personal property; *V* **nom, sens.**

(c) (*qui convient*) suitable, appropriate (*à* for). **le mot ~** the right ou proper word; **ce n'est pas un lieu ~ à la conversation** it isn't a suitable ou an appropriate place for talking; **sol ~ à la culture du blé** soil suitable for ou suited to wheat-growing; **on l'a jugé ~ à s'occuper de l'affaire** he was considered the right man for ou suitable for the job.

(d) (*de nature à*) **un poste ~ à lui apporter des satisfactions** a job likely to bring him satisfaction; **exercice ~ à développer les muscles des épaules** exercise that will develop the shoulder muscles; **c'est bien ~ à vous dégoûter de la politique** it's (exactly) the sort of thing that turns you ou to turn you right off politics, it's guaranteed to put you off politics.

2 *nm* (a) (*qualité distinctive*) peculiarity, (exclusive ou distinctive) feature. **la raison est le ~ de l'homme** reason is a peculiarity ou (distinctive) feature of man, reason is peculiar to man; **le rire/la parole est le ~ de l'homme** laughter/speech is man's special gift ou attribute; **c'est le ~ de ce système d'éducation de fabriquer des paresseux** it's a peculiarity ou feature of this educational system that it turns out idlers; **c'est le ~ des ambitieux de vouloir réussir à tout prix** it's a peculiarity ou (specific) feature of ambitious people to want to succeed at any price; **avoir un domaine en ~** to be the sole owner of an estate, have exclusive possession of an estate; **cette caractéristique que la France possède en ~** this feature which is peculiar ou exclusive to France.

(b) (*Ling*) **au ~** in the literal sense ou meaning, literally.

propre-à-rien, *pl* **propres-à-rien** [pʀɔpʀaʀjɛ̃] *nmf* good-for-nothing, ne'er-do-well, waster.

proprement [pʀɔpʀəmã] *adv* (a) (*avec propreté*) cleanly; (*avec netteté*) neatly, tidily; (*comme il faut*) properly; (*fig: décemment*) decently. **tenir une maison très ~** to keep a house very clean; **mange ~!** don't make such a mess (when you're eating)!, eat properly!; **se conduire ~** to behave properly ou correctly.

(b) (*exactement*) exactly, literally; (*exclusivement*) specifically, strictly; (*vraiment*) absolutely. **à ~ parler** strictly speaking; **le village ~ dit** the actual village, the village itself; **la linguistique ~ dite** linguistics proper; **c'est un problème ~ français** it's a specifically French problem; **c'est ~ scandaleux** it's absolutely disgraceful; **il m'a ~ fermé la porte au nez** he simply ou jolly well* (*Brit*) shut the door in my face; **on l'a ~ rossé** he was well and truly beaten up.

propret, -ette [pʀɔpʀɛ, ɛt] *adj personne* neat (and tidy), spruce; *chose* neat (and tidy), spick-and-span (*attrib*).

propreté [pʀɔpʀəte] *nf* (*V* **propre¹**) cleanliness, cleanness; neatness; tidiness. **ils n'ont aucune notion de ~** they have no notion of hygiene; **l'éducation de la ~ chez l'enfant** toilet-training in the child.

propriétaire [pʀɔpʀijetɛʀ] **1** *nm* (a) (*gén*) [*voiture, chien, maison*] owner; [*hôtel, entreprise*] proprietor, owner. **il est ~** (de sa maison) he owns his (own) house; **quand on est ~, il faut ...** when one is a home-owner ou house-owner ou householder one has to ...; **faire le tour du ~** to look ou go round ou over one's property; **je vais te faire faire le tour du ~** I'll show you over ou round the place.

(b) [*location*] landlord, owner. **mis à la porte par son ~** thrown out by one's landlord.

(c) [*terres, immeubles etc*] landowner, owner. **~-éleveur** breeder; **~ récoltant** grower; **achat direct au ~** direct purchase from the grower; **~ terrien** landowner; **~ foncier** property owner; **les petits ~s** (the) smallholders.

2 *nf* (*gén*) owner; [*hôtel, entreprise*] proprietress, owner; [*location*] landlady, owner.

propriété [pʀɔpʀijete] **1** *nf* (a) (*droit*) ownership, property (*frm, Jur*); (*possession*) property. **~ de l'État/collective** state/collective ownership; **posséder en toute ~** to be the sole owner of, have sole ownership of; **accession à la ~** possibility of home-ownership; **la ~ c'est le vol** property is theft; *V* **titre.**

(b) (*immeuble, maison*) property; (*terres*) property (*gén U*), land (*gén U*), estate. **revenu d'une ~** revenue from a property ou a piece of land.

(c) (*gén, Chim, Phys: qualité*) property.

(d) (*correction*) [*mot*] appropriateness, suitability, correctness.

2: propriété artistique artistic copyright; **propriété bâtie** developed property; **propriété commerciale** security of tenure (*of industrial or commercial tenant*); **propriété foncière** property ownership; **propriétés immobilières** real estate (*U*), realty (*U*) (*Jur*); **propriété industrielle** patent rights; **propriété littéraire** author's copyright; **propriété non bâtie** undeveloped ou unbuilt-on property; **propriété privée** private property; **propriété publique** public property.

proprio‡ [pʀɔpʀio] *nm* (*abrév de* **propriétaire**) (*homme*) landlord; (*femme*) landlady.

propulser [pʀɔpylse] (1) **1** *vt* (a) *voiture* to propel, drive (along ou forward); *missile* to propel, power.

(b) (*projeter*) to hurl, fling. (*fig*) **on l'a propulsé chef de service** he was propelled speedily up the ladder to departmental head.

2 se propulser* *vpr* (*aller*) to trot*; (*se hâter*) to shoot*.

propulseur [pʀɔpylsœʀ] **1** *adj* propulsive, driving (*épith*). **2** *nm* propeller.

propulsif, ive [pʀɔpylsif, iv] *adj* propelling, propellent.

propulsion [pʀɔpylsjɔ̃] *nf* propulsion. **à ~ atomique/nucléaire** atomic-/nuclear-powered.

propylène [pʀɔpilɛn] *nm* propylene.

prorata [pʀɔʀata] *nm inv* proportional share, proportion. **au ~ de** in proportion to, on the basis of.

prorogatif, -ive [pʀɔʀɔgatif, iv] *adj* (*V* **proroger**) extending; deferring.

prorogation [pʀɔʀɔgasjɔ̃] *nf* (*V* **proroger**) extension; putting back, deferment; adjournment; prorogation.

proroger [pʀɔʀɔʒe] (3) *vt* (a) *délai, durée* to extend; *échéance* to put back, defer. (b) *séance* to adjourn; (*Parl*) to prorogue.

prosaïque [pʀozaik] *adj esprit, personne, vie* mundane, prosaic; *style* pedestrian, mundane, prosaic; *goûts* mundane, commonplace.

prosaïquement [prozaikmɑ̃] *adv* mundanely, prosaically. **vivre** ~ to lead a mundane life *ou* a prosaic existence.

prosaïsme [prozaism(ə)] *nm* (*V* **prosaïque**) mundaneness; prosaicness; pedestrianism.

prosateur [prozatœr] *nm* prose-writer, writer of prose.

proscription [prɔskripsjɔ̃] *nf* (*V* **proscrire**) banning; prohibition; proscription; outlawing (*U*); banishment, exiling (*U*).

proscrire [prɔskrir] (39) *vt idéologie, activité* to ban, prohibit, proscribe; *drogue, mot* to ban, prohibit the use of, proscribe; *personne* (*mettre hors la loi*) to outlaw, proscribe (*littér*); (*exiler*) to banish, exile. ~ **une expression de son style** to banish an expression from one's style.

proscrit, e [prɔskri, it] (*ptp de* **proscrire**) *nm,f* (*hors-la-loi*) outlaw; (*exilé*) exile.

prose [proz] *nf* (*gén*) prose; (*style*) prose (style). **poème/tragédie en** ~ prose poem/tragedy; **écrire en** ~ to write in prose; **faire de la** ~ to write prose; (*péj*) **la** ~ **administrative** officialese; (*péj*) **je viens de lire sa** ~ (*lettre*) I've just read his epistle (*hum*), (*devoir, roman*) I've just read his great work (*iro, hum*).

prosélyte [prozelit] *nmf* proselyte, convert.

prosélytisme [prozelitism(ə)] *nm* proselytism. **faire du** ~ to proselytize, preach.

prosodie [prozodi] *nf* prosody.

prosodique [prozodik] *adj* prosodic. **trait** ~ prosodic feature.

prosopopée [prozopɔpe] *nf* prosopopoeia, prosopopeia.

prospecter [prɔspɛkte] (1) *vt* (*Min*) to prospect; (*Comm*) to canvass.

prospecteur, -trice [prɔspɛktœr, tris] *nm,f* prospector.

prospectif, -ive [prɔspɛktif, iv] **1** *adj* prospective. **2** **prospective** *nf* futurology.

prospection [prɔspɛksjɔ̃] *nf* (*V* **prospecter**) prospecting; canvassing. (*Comm*) **faire de la** ~ to canvass for business.

prospectus [prɔspɛktys] *nm* (*feuille*) handbill, leaflet, handout; (*dépliant*) prospectus, brochure, leaflet.

prospère [prɔspɛr] *adj* (a) *commerce, pays, collectivité* prosperous, thriving, flourishing; *période* prosperous.
 (b) *santé, mine* flourishing; *personne* in flourishing health (*attrib*), blooming with health (*attrib*).

prospérer [prɔspere] (6) *vi [commerce]* to prosper, thrive, flourish; *[personne]* to prosper, do well; *[animal, activité, plante]* to thrive, flourish.

prospérité [prɔsperite] *nf* (a) (*matérielle*) prosperity; (*économique*) prosperity, affluence. **étant donné la** ~ **de mes finances …** in view of the thriving *ou* flourishing state of my finances …. (b) (*santé*) (flourishing) health.

prostaglandine [prɔstaglɑ̃din] *nf* prostaglandin.

prostate [prɔstat] *nf* prostate (gland).

prostatectomie [prɔstatɛktɔmi] *nf* prostatectomy.

prostatique [prɔstatik] **1** *adj* prostatic. **2** *nm* prostate sufferer.

prosternation [prɔstɛrnasjɔ̃] *nf* prostration.

prosterné, e [prɔstɛrne] (*ptp de* **prosterner**) *adj* prostrate.

prosternement [prɔstɛrnəmɑ̃] *nm* (*action*) prostration; (*attitude*) prostrate attitude; (*fig*) grovelling.

prosterner [prɔstɛrne] (1) **1** *vt* (*littér*) to bow low. **il prosterna le corps** he prostrated himself.
 2 se prosterner *vpr* (*s'incliner*) to bow low, bow down, prostrate o.s. (*devant* before), (*fig: s'humilier*) to grovel (*devant* before), kowtow (*devant* to).

prostitué [prɔstitɥe] *nm* male prostitute.

prostituée [prɔstitɥe] *nf* prostitute.

prostituer [prɔstitɥe] (1) **1** *vt* (*lit*) ~ **qn** to make a prostitute of sb; ~ **qn (à qn)** to prostitute sb to sb); (*fig*) to prostitute. **2 se prostituer** *vpr* (*lit, fig*) to prostitute o.s.

prostitution [prɔstitysjɔ̃] *nf* (*lit, fig*) prostitution.

prostration [prɔstrasjɔ̃] *nf* (*Méd, Rel*) prostration.

prostré, e [prɔstre] *adj* (*fig*) prostrate, prostrated; (*Méd*) prostrate.

protactinium [prɔtaktinjɔm] *nm* protactinium.

protagoniste [prɔtagɔnist(ə)] *nm* protagonist.

protecteur, -trice [prɔtɛktœr, tris] **1** *adj* (a) (*gén, Chim, Écon*) protective (*de* of); *V* **société**.
 (b) *ton, air* patronizing.
 2 *nm,f* (*défenseur*) protector, guardian; *[arts]* patron.
 3 *nm [femme]* (*souteneur*) pimp (*péj*); (†: *galant*) fancy man†. (*Québec*) ~ **du citoyen** ombudsman.

protection [prɔtɛksjɔ̃] **1** *nf* (a) (*défense*) protection (*contre* against, from). **mesures de** ~ protective measures; **sous la** ~ **de** under the protection of; **prendre qn sous sa** ~ to give sb one's protection, take sb under one's wing; **assurer la** ~ **de** to protect; **assurer la** ~ **rapprochée du chef de l'État** to ensure the personal safety of the head of state; **il a demandé à bénéficier d'une** ~ **rapprochée** he asked for 24-hour police protection.
 (b) (*patronage*) patronage. **prendre qn sous sa** ~ to give sb one's patronage, take sb under one's wing; **obtenir une place par** ~ to get a post by pulling strings; **je l'avais pris chez moi par** ~ I'd taken him on to do him a good turn; **air/sourire de** ~ protective air/smile.
 (c) (*blindage*) *[navire]* armour(-plating).
 2: protection civile *state-financed civilians rescue organization;* **protection de l'enfance** child welfare; **protection de la nature** preservation *ou* protection of the countryside; **protection des sites** preservation *ou* protection of beauty spots.

protectionnisme [prɔtɛksjɔnism(ə)] *nm* protectionism.

protectionniste [prɔtɛksjɔnist(ə)] *adj, nmf* protectionist.

protectorat [prɔtɛktɔra] *nm* protectorate.

protège- [prɔtɛʒ] *préf V* **protéger**.

protégé, e [prɔteʒe] (*ptp de* **protéger**) **1** *adj V* **passage**. **2** *nm*

protégé; (**: chouchou*) favourite, pet*. **3 protégée** *nf* protégée; (**: favorite*) favourite, pet*.

protéger [prɔteʒe] (6 *et* 3) **1** *vt* (a) *personne* (*veiller à la sécurité de*) to protect, guard; (*abriter*) to protect, shield; (*moralement*) to protect, guard, shield; *plantes, lieu* (*des éléments*) to protect, shelter; *équipement, matériel, membres* (*des chocs etc*) to protect; *institution, tradition* to protect (*de, contre* from). ~ **les intérêts de qn** to protect sb's interests; **se** ~ **du froid/contre les piqûres d'insectes** to protect o.s. from the cold/against insect bites.
 (b) (*patronner*) *personne* to be a patron of; *carrière* to further; *arts, sports, artisanat* to patronize.
 (c) (*Comm*) *produits locaux* to protect.
 2: protège-cahier *nm, pl* **protège-cahiers** exercise-book cover; **protège-dents** *nm inv* gum-shield; **protège-tibia** *nm, pl* **protège-tibias** shin guard.

protéiforme [prɔteifɔrm(ə)] *adj* protean.

protéine [prɔtein] *nf* protein.

protéique [prɔteik] *adj* protein (*épith*), proteinic.

protestable [prɔtɛstabl(ə)] *adj* protestable, which may be protested.

protestant, e [prɔtɛstɑ̃, ɑ̃t] *adj, nm,f* Protestant.

protestantisme [prɔtɛstɑ̃tism(ə)] *nm* Protestantism.

protestataire [prɔtɛstatɛr] **1** *adj personne* protesting (*épith*); *marche, mesure* protest (*épith*). **2** *nmf* protestor, protester.

protestation [prɔtɛstasjɔ̃] *nf* (*plainte*) protest; (*déclaration*) protestation, profession; (*Jur*) protesting, protestation. **en signe de** ~ as a (sign of) protest; **faire des** ~**s d'amitié à qn** to profess one's friendship to sb.

protester [prɔtɛste] (1) **1** *vi* to protest (*contre* against, about). ~ **de son innocence/de sa loyauté** to protest one's innocence/loyalty; **'mais non', protesta-t-il** 'no' he protested.
 2 *vt* (*Jur*) to protest; (*frm: déclarer*) to declare, affirm, profess. (*frm*) **il protesta la plus vive admiration pour elle** he declared that he had the keenest admiration for her.

protêt [prɔtɛ] *nm* (*Comm, Jur*) protest.

prothèse [prɔtɛz] *nf* (*appareil*) prosthesis; (*science, technique*) prosthetics (*gén sg*), prosthesis. ~ (**dentaire**) denture, dentures (*pl*), false teeth (*pl*); (*appareil de*) ~ artificial limb (*ou* hand *ou* arm *etc*), prosthesis (*T*).

prothésiste [prɔtezist(ə)] *nmf* dental technician.

protide [prɔtid] *nm* protein.

proto … [prɔto] *préf* proto ….

protocolaire [prɔtɔkɔlɛr] *adj invitation, cérémonie* formal. **question** ~ question of protocol; **ce n'est pas très** ~! it's not showing much regard for etiquette!

protocole [prɔtɔkɔl] *nm* (a) (*étiquette*) etiquette; (*Pol, Ordin*) protocol. (b) (*procès-verbal*) protocol. **établir un** ~ **d'accord** to draw up a draft treaty.

proton [prɔtɔ̃] *nm* proton.

protoplasma [prɔtɔplasma] *nm*, **protoplasme** [prɔtɔplasm(ə)] *nm* protoplasm.

protoplasmique [prɔtɔplasmik] *adj* protoplasmic.

prototype [prɔtɔtip] *nm* prototype. ~ **d'avion** prototype aircraft.

protozoaire [prɔtɔzɔɛr] *nm* protozoon. ~**s** protozoa.

protubérance [prɔtyberɑ̃s] *nf* bulge, protuberance.

protubérant, e [prɔtyberɑ̃, ɑ̃t] *adj ventre, yeux* bulging, protuberant, protruding; *nez, menton* protuberant, protruding.

prou [pru] *adv V* **peu**.

proue [pru] *nf* bow, bows (*pl*), prow; *V* **figure**.

prouesse [prues] *nf* (*littér*) feat. (*fig*) **il a fallu faire des** ~**s pour le convaincre** we had to work minor miracles *ou* stand on our heads to convince him.

proustien, -ienne [prustjɛ̃, jɛn] *adj* Proustian, Proust (*épith*).

prout* [prut] *nm*: **faire** ~ to let off*.

prouvable [pruvabl(ə)] *adj* provable. **allégations difficilement** ~**s** allegations which are difficult to prove.

prouver [pruve] (1) *vt* (*gén*) to prove. ~ **qch par l'absurde** to prove sth by reducing it to the absurd; **les faits ont prouvé qu'il avait raison/qu'il était innocent** the facts proved him (to be) right/innocent *ou* proved that he was right/innocent; **il est prouvé que … it** has been proved that …; **cela prouve que …** it proves *ou* shows that …; **il n'est pas prouvé qu'il soit coupable** there is no proof that he is guilty *ou* of his guilt; **cela n'est pas prouvé** there's no proof of it, that hasn't been proved, that remains to be proved; **cette réponse prouve de l'esprit** that answer gives proof of his (*ou* her *etc*) wit *ou* shows wit; **comment vous** ~ **ma reconnaissance?** how can I show *ou* demonstrate my gratitude to you?; **il a voulu se** ~ (à lui-même) **qu'il en était capable** he wanted to prove to himself that he was capable of it; **son efficacité n'est plus à** ~ its effectiveness is no longer in doubt *ou* in question.

provenance [prɔvnɑ̃s] *nf [produit, objet, famille]* origin, provenance (*frm*); *[mot, coutume]* source, provenance (*frm*). **j'ignore la** ~ **de cette lettre** I don't know where this letter comes *ou* came *ou* was sent from; **pays de** ~ country of origin; **des objets de toutes** ~**s** articles of every possible origin; **de** ~ **étrangère** of foreign origin; **en** ~ **de l'Angleterre** from England.

provençal, e, *mpl* **-aux** [prɔvɑ̃sal, o] **1** *adj* Provençal. (*Culin*) (**à la**) ~**e** (à la) Provençale. **2** *nm* (*Ling*) Provençal. **3** *nmf*: **P**~(**e**) Provençal.

Provence [prɔvɑ̃s] *nf* Provence.

provenir [prɔvnir] (22) **provenir de** *vt indir* (*venir de*) *pays* to come from, be from; (*résulter de*) *cause* to be due to, be the result of. **son genre de vie provient de son éducation** his life style is the result of his upbringing; **mot qui provient d'une racine grecque** word which comes *ou* derives from a Greek root *ou* source; **fortune qui provient d'une lointaine cousine** fortune whose source is a distant cousin *ou* that comes from a distant cousin; **vase**

provenant de Chine vase (that comes) from China; **je me demande d'où provient sa fortune** I wonder where he got his money from, I wonder how he came by so much money.

proverbe [pRɔvɛRb(ə)] *nm* proverb. **comme dit le ~** as the saying goes; (*Bible*) **le livre des P~s** (the Book of) Proverbs.

proverbial, e, *mpl* **-aux** [pRɔvɛRbjal, o] *adj* proverbial.

proverbialement [pRɔvɛRbjalmɑ̃] *adv* proverbially.

providence [pRɔvidɑ̃s] *nf* (*Rel*) providence; (*fig: sauveur*) guardian angel. (*fig*) **cette bouteille d'eau a été notre ~** that bottle of water was our salvation *ou* was a lifesaver; **vous êtes ma ~!** you're my salvation!

providentiel, -elle [pRɔvidɑ̃sjɛl] *adj* providential.

providentiellement [pRɔvidɑ̃sjɛlmɑ̃] *adv* providentially.

province [pRɔvɛ̃s] *nf* (a) (*région*) province. **Paris et la ~** Paris and the provinces; **vivre en ~** to live in the provinces; **ville de ~** provincial town; (*péj*) **il arrive de sa ~** where has he been?; (*péj*) **elle fait très ~** she is very provincial; (*Hist: Hollande*) **les P~s Unies** the United Provinces.
    (b) (*Can Pol*) province (*main political division*). **les P~s maritimes** the Maritime Provinces, the Maritimes (*Can*); **habitant des P~s maritimes** Maritimer; **les P~s des prairies** the Prairie Provinces (*Can*); **la Belle P~** Quebec.

provincial, e, *mpl* **-aux** [pRɔvɛ̃sjal, o] **1** *adj* (a) (*gén, Rel*) provincial, small-townish (*péj*).
    (b) (*Can Pol*) **gouvernement ~** Provincial government.
    2 *nm,f* provincial. **les ~aux** people who live in the provinces, provincials.
    3 *nm* (a) (*Rel*) Provincial.
    (b) (*Can*) **le ~** the Provincial Government.

provincialisme [pRɔvɛ̃sjalism(ə)] *nm* provincialism.

proviseur [pRɔvizœR] *nm* head(master) (*Brit*), principal (*of a lycée*).

provision [pRɔvizjɔ̃] *nf* (a) (*réserve*) [*vivres, cartouches*] stock, supply; [*eau*] supply. **faire (une) ~ de nourriture, cartouches** to stock up with, lay *ou* get in a stock of; **énergie, courage** to build up a stock of; **j'ai acheté toute une ~ de bonbons** I've bought in a whole supply *ou* stock of sweets; **j'ai une bonne ~ de conserves** I have a good stock of canned food, I've plenty of canned food in; **avoir une bonne ~ de courage** to have a good stock of courage.
    (b) (*vivres*) **~s** provisions, food (*U*); **faire ses ~s, aller aux ~s*** to go shopping (for groceries *ou* food); **elle posa ses ~s sur la table** she put her groceries on the table; **faire des ~s pour l'hiver** to buy in food *ou* provisions for the winter, stock up (with food *ou* provisions) for the winter; **~s de guerre** war supplies; **~s de bouche** provisions; **filet/panier à ~s** shopping bag/basket; **armoire** *ou* **placard à ~s** food cupboard.
    (c) (*arrhes*) (*chez un avocat*) retainer, retaining fee; (*pour un achat*) deposit. (*Banque*) **y a-t-il ~ au compte?** are there sufficient funds in the account?; (*immeuble d'habitation*) **~s sur charges** interim payment for maintenance *ou* service charges. V **chèque.**

provisionnel, -elle [pRɔvizjɔnɛl] *adj* (*Jur*) provisional; V **tiers.**

provisoire [pRɔvizwaR] **1** *adj* **arrêt, jugement** provisional; **mesure, solution** provisional, temporary; **bonheur, liaison** temporary; **installation** temporary; **adjoint** temporary, acting (*épith*); **gouvernement** provisional, interim (*épith*). **à titre ~** temporarily, provisionally; V **liberté.**
    2 *nm*: **c'est du ~** it's a temporary *ou* provisional arrangement.

provisoirement [pRɔvizwaRmɑ̃] *adv* (*pour l'instant*) for the time being.

provitamine [pRɔvitamin] *nf* provitamin.

provocant, e [pRɔvɔkɑ̃, ɑ̃t] *adj* provocative.

provocateur, -trice [pRɔvɔkatœR, tRis] **1** *adj* provocative; V **agent. 2** *nm* agitator.

provocation [pRɔvɔkasjɔ̃] *nf* provocation. **~ à (faire) qch** incitement to (do) sth; **~ en duel** challenge to a duel; **manifestants qui font de la ~** demonstrators who use tactics of provocation.

provoquer [pRɔvɔke] (1) *vt* (a) (*inciter, pousser à*) **~ qn à** to incite sb to.
    (b) (*défier*) to provoke. **~ qn en duel** to challenge sb to a duel; **elle aime ~ les hommes** she likes to provoke men; **les 2 adversaires s'étaient provoqués** the 2 opponents had provoked each other.
    (c) (*causer*) **accident, incendie, explosion** to cause, **réaction, changement d'attitude** to provoke, prompt, produce; **courant d'air** to create, cause; **révolte** to cause, bring about, instigate; **commentaires** to give rise to, provoke, prompt; **colère** to arouse, spark off; **curiosité** to arouse, excite, prompt; **gaieté** to cause, give rise to, provoke; **aveux, explications** to prompt. **blessures qui ont provoqué la mort** injuries which led to *ou* brought about death; **médicament qui provoque le sommeil** medicine which brings on *ou* induces sleep; **le malade est sous sommeil/évanouissement provoqué** the patient is in an induced sleep/a state of induced unconsciousness; (*Chim*) **l'élévation de température a provoqué cette réaction** the rise in temperature brought about *ou* triggered off *ou* started up this reaction.

proxénète [pRɔksenɛt] *nm* procurer.

proxénétisme [pRɔksenetism(ə)] *nm* procuring.

proximité [pRɔksimite] *nf* (*dans l'espace*) nearness, closeness, proximity; (*dans le temps*) imminence, closeness. **à ~** near *ou* close by, near *ou* close at hand; **à ~ de** near (to), close to, in the vicinity of, in proximity to.

pruche [pRyʃ] *nf* (*Can*) hemlock spruce.

prude [pRyd] **1** *adj* prudish. **2** *nf* prude.

prudemment [pRydamɑ̃] *adv* (V **prudent**) carefully; cautiously; prudently; wisely, sensibly; cagily. **garder ~ le silence** to keep a cautious silence.

prudence [pRydɑ̃s] *nf* (V **prudent**) care; caution, cautiousness; prudence; wisdom; caginess. **manquer de ~** not to be careful *ou*

cautious enough; **par (mesure de) ~** as a precaution; **il a eu la ~ de partir** he had the good sense *ou* he was wise *ou* sensible enough to leave; **il faudra lui annoncer la nouvelle avec beaucoup de ~** the news must be broken to him very carefully; (*Prov*) **~ est mère de sûreté** safety is born of caution.

prudent, e [pRydɑ̃, ɑ̃t] *adj* (*circonspect*) careful, cautious, prudent; (*sage*) wise, sensible; (*réservé*) cautious, cagey. **il est ~ de faire** it is wise *ou* advisable *ou* a good idea to do; **il serait ~ de vous munir d'un parapluie** it would be wise *ou* sensible *ou* a good idea to take an umbrella, you would be well-advised to take an umbrella; **ce n'est pas ~** it's not advisable, it's not a good idea; **ce n'est pas ~ de boire avant de conduire** it's not prudent *ou* sensible *ou* wise *ou* advisable to drink before driving; **c'est plus ~** it's wiser *ou* safer *ou* more sensible; **soyez ~!** be careful!, take care!; **il s'est montré très ~ au sujet du résultat** he was very cautious *ou* cagey about the result; **il jugea plus ~ de se taire** he thought it prudent *ou* wiser *ou* more sensible to keep quiet; **c'est un ~** he's a careful *ou* cautious *ou* prudent type.

pruderie [pRydRi] *nf* (*littér*) prudishness (*U*), prudery.

prud'homal, e, *mpl* **-aux** [pRydɔmal, o] *adj* of an industrial tribunal.

prud'homie [pRydɔmi] *nf* (V **prud'homme**) jurisdiction of an industrial tribunal.

prud'homme [pRydɔm] *nm*: **conseil de ~s** ≃ industrial tribunal (*with wider administrative and advisory powers*).

prudhommerie [pRydɔmRi] *nf* sententiousness, pomposity.

prudhommesque [pRydɔmɛsk(ə)] *adj* sententious, pompous.

prune [pRyn] **1** *nf* (*fruit*) plum; (*alcool*) plum brandy. (*fig*) **pour des ~s*** for nothing; **des ~s!*** not likely!*, not on your life!*, no way!*
    2 *adj inv* plum-coloured.

pruneau, *pl* **~x** [pRyno] *nm* prune; (*: *balle*) slug*.

prunelle [pRynɛl] *nf* (a) (*Bot*) sloe; (*eau-de-vie*) sloe gin.
    (b) (*Anat: pupille*) pupil; (*œil*) eye. **il y tient comme à la ~ de ses yeux** (*objet*) he treasures *ou* cherishes it; (*personne*) she (*ou* he) is the apple of his eye, she (*ou* he) is very precious to him; **jouer de la ~*** to eye up the ladies*.

prunellier [pRynelje] *nm* sloe, blackthorn.

prunier [pRynje] *nm* plum tree; V **secouer.**

prunus [pRynys] *nm* prunus, Japanese flowering cherry.

prurigineux, -euse [pRyRiʒinø, øz] *adj* pruriginous.

prurigo [pRyRigo] *nm* prurigo.

prurit [pRyRit] *nm* pruritus.

Prusse [pRys] *nf* Prussia; V **bleu.**

prussien, -ienne [pRysjɛ̃, jɛn] **1** *adj* Prussian. **2** *nm,f*: **P~(ne)** Prussian.

prussique [pRysik] *adj m*: **acide ~** prussic acid.

prytanée [pRitane] *nm*: **~ militaire** military academy.

P.S. [peɛs] *nm* *abrév de* **parti socialiste.**

P.-S. [peɛs] *nm* (*abrév de* **post-scriptum**) p.s.

psallette [psalɛt] *nf* choir.

psalmiste [psalmist(ə)] *nm* psalmist.

psalmodie [psalmɔdi] *nf* (*Rel*) psalmody, chant; (*fig littér*) drone.

psalmodier [psalmɔdje] (7) **1** *vt* (*Rel*) to chant; (*fig littér*) to drone out. **2** *vi* to chant; to drone (*on ou away*).

psaume [psom] *nm* psalm. (*Bible*) **le livre des P~s** the Book of Psalms.

psautier [psotje] *nm* psalter.

pseudo- [psødɔ] *préf* (*gén*) pseudo-; **employé, officier** bogus.

pseudonyme [psødɔnim] *nm* (*gén*) assumed name, fictitious name; [*écrivain*] pen name, pseudonym, nom de plume; [*comédien*] stage name; (*Jur, hum*) alias.

psi [psi] *nm* psi.

pitt [psit] *excl* ps(s)t!

psittacisme [psitasism(ə)] *nm* (*répétition mécanique*) parrotry; (*Psych*) psittacism.

psittacose [psitakoz] *nf* psittacosis.

psoriasis [psɔRjazis] *nm* psoriasis.

psy* [psi] *nmf* (*psychiatre*) shrink*.

psychanalyse [psikanaliz] *nf* [*personne*] psychoanalysis; [*texte*] psychoanalytical study.

psychanalyser [psikanalize] (1) *vt* **personne** to psychoanalyze; **texte** to study from a psychoanalytical viewpoint. **se faire ~** to have o.s. psychoanalyzed.

psychanalyste [psikanalist(ə)] *nmf* psychoanalyst.

psychanalytique [psikanalitik] *adj* psychoanalytic(al).

psyché [psiʃe] *nf* (a) (*Psych*) psyche. (b) (*miroir*) cheval glass, swing mirror. (c) (*Myth*) **P~** Psyche.

psychédélique [psikedelik] *adj* psychedelic.

psychédélisme [psikedelism(ə)] *nm* psychedelic state.

psychiatre [psikjatR(ə)] *nmf* psychiatrist.

psychiatrie [psikjatRi] *nf* psychiatry.

psychiatrique [psikjatRik] *adj* **troubles** psychiatric; **hôpital** psychiatric, mental (*épith*).

psychique [psiʃik] *adj* psychological, psychic(al).

psychisme [psiʃism(ə)] *nm* psyche, mind.

psychodrame [psikɔdRam] *nm* psychodrama.

psycholinguistique [psikɔlɛ̃gɥistik] **1** *adj* psycholinguistic. **2** *nf* psycholinguistics (*sg*).

psychologie [psikɔlɔʒi] *nf* psychology. **~ de l'enfant** child psychology; **la ~ des foules** crowd psychology; **~ du comportement** behavioural psychology.

psychologique [psikɔlɔʒik] *adj* psychological. **tu sais, mon vieux, c'est ~!** it's psychological *ou* it's all in the mind, old boy!; V **moment.**

psychologiquement [psikɔlɔʒikmɑ̃] *adv* psychologically.

psychologue [psikɔlɔg] **1** *adj*: **il est ~** (*de profession*) he is a psychologist; (*il a de l'intuition*) he is a good psychologist; **il n'est pas (très) ~** he's not much of a psychologist.

2 *nmf* psychologist. ~ d'entreprise industrial psychologist; ~ scolaire educational psychologist.

psychométrie [psikɔmetʀi] *nf* psychometry, psychometrics (*sg*).

psychométrique [psikɔmetʀik] *adj* psychometric.

psychomoteur, -trice [psikɔmɔtœʀ, tʀis] *adj* psychomotor.

psychopathe [psikɔpat] *nmf* person who is mentally ill; (*agressif, criminel*) psychopath.

psychopathie [psikɔpati] *nf* mental illness; psychopathy.

psychopathologie [psikɔpatɔlɔʒi] *nf* psychopathology.

psychopédagogie [psikɔpedagɔʒi] *nf* educational psychology.

psychopédagogique [psikɔpedagɔʒik] *adj*: études ~s studies in educational psychology.

psychophysiologie [psikɔfizjɔlɔʒi] *nf* psychophysiology.

psychophysiologique [psikɔfizjɔlɔʒik] *adj* psychophysiological.

psychose [psikoz] *nf* (*Psych*) psychosis; (*fig: obsession*) obsessive fear (*de* of).

psychosensoriel, -elle [psikɔsɑ̃sɔʀjɛl] *adj* psychosensory.

psychosocial, e, mpl -aux [psikɔsɔsjal, o] *adj* psychosocial.

psychosociologie [psikɔsɔsjɔlɔʒi] *nf* psychosociology.

psychosomatique [psikɔsɔmatik] **1** *adj* psychosomatic. **2** *nf* psychosomatics (*sg*).

psychotechnicien, -ienne [psikɔtɛknisjɛ̃, jɛn] *nm, f* psychotechnician, psychotechnologist.

psychotechnique [psikɔtɛknik] **1** *adj* psychotechnical, psychotechnological. **2** *nf* psychotechnics (*sg*), psychotechnology.

psychothérapeute [psikɔteʀapøt] *nmf* psychotherapist.

psychothérapie [psikɔteʀapi] *nf* psychotherapy.

psychothérapique [psikɔteʀapik] *adj* psychotherapeutic.

psychotique [psikɔtik] *adj, nmf* psychotic.

ptérodactyle [pteʀɔdaktil] *nm* pterodactyl.

Ptolémée [ptɔleme] *nm* Ptolemy.

ptose [ptoz] *nf* ptosis.

P.T.T. [petete] *nf pl abrév de* Postes, Télécommunications et Télédiffusion; *V* poste[1].

ptyaline [ptjalin] *nf* ptyalin.

puant, e [pɥɑ̃, ɑ̃t] *adj* (*lit*) stinking, foul-smelling; (*fig*) *personne, attitude* bumptious, overweening. il est ~, c'est un type ~ he's full of himself, he's a bumptious *ou* an overweening character; ~ d'orgueil bloated with pride.

puanteur [pɥɑ̃tœʀ] *nf* stink, stench.

pub[1] [pœb] *nm* (*bar*) pub.

pub[2]* [pyb] *nf* (*annonce*) ad*, advert* (*Brit*); (*Ciné, TV*) commercial, ad*, advert* (*Brit*). (*métier*) la ~ advertising; faire de la ~ pour qch to plug sth*, give sth a plug*.

pubère [pybeʀ] *adj* pubescent.

puberté [pybeʀte] *nf* puberty.

pubien, -ienne [pybjɛ̃, jɛn] *adj* pubic. région ~ne pubic region, pubes.

pubis [pybis] *nm* (*os*) pubis; (*bas-ventre*) pubes. os ~ pubic bone.

publiable [pyblijabl(ə)] *adj* publishable. ce n'est pas ~ it's not fit for publication.

public, -ique [pyblik] **1** *adj* (a) (*non privé*) *intérêt, lieu, opinion, vie* public; *vente, réunion* public, open to the public (*attrib*). danger/ennemi/homme ~ public danger/enemy/figure; la nouvelle est maintenant ~ique the news is now common knowledge *ou* public knowledge; la nouvelle a été rendue ~ique hier the news was made public *ou* was released yesterday; *V* domaine, droit[3], notoriété.

(b) (*de l'État*) *services, secteur, finances* public; *école, instruction* State (*épith*) (*Brit*), public (*US*); *V* charge, chose, dette *etc*.

2 *nm* (a) (*population*) (general) public. interdit au ~ no admittance to the public.

(b) (*audience, assistance*) audience. œuvre conçue pour un jeune ~ work written for a young audience; en matière d'opéra, le ~ parisien est très exigeant the opera-going public of Paris is very demanding, where opera is concerned Paris audiences are very demanding; des huées s'élevèrent du ~ boos rose from the audience *ou* public; cet écrivain s'adresse à un vaste ~ this author writes for a large readership; cet acteur a son ~ this actor has his fans *ou* followers; cet ouvrage plaira à tous les ~s this work will be appreciated by all types of readership *ou* reading public; un ~ clairsemé assistait au match the match was attended by very few spectators; il ~ est informé que ... the public is advised that ...; en ~ in public; le grand ~ the general public; roman destiné au grand ~ novel written for the general reader *ou* public; appareils électroniques grand ~ consumer electronics; (*fig*) il lui faut toujours un ~ he always needs an audience; ses romans ont conquis un vaste ~ his novels have won a vast readership; être bon/mauvais ~ to be a good/poor audience.

publicain [pyblikɛ̃] *nm* (*Hist romaine*) publican, tax-gatherer.

publication [pyblikɑsjɔ̃] *nf* (*action*) publication, publishing; (*écrit publié*) publication.

publiciste [pyblisist(ə)] *nmf* (*publicitaire*) advertising executive, adman*. il est ~ he's in advertising, he's an adman*.

publicitaire [pyblisiteʀ] **1** *adj* *budget, affiche, agence, campagne* advertising (*épith*); *film, voiture* promotional. annonce ~ advertisement; grande vente ~ big promotional sale; rédacteur ~ copywriter.

2 *nmf* adman*, advertising executive.

publicité [pyblisite] *nf* (a) (*Comm: méthode, profession*) advertising. agence de ~ advertising agency; (*Comm*) matériel de ~ publicity material; (*Comm, fig*) faire de la ~ pour qch to advertise sth; il sait bien faire sa propre ~ he's good at doing his own advertising; cette marque fait beaucoup de ~ this make does a lot of advertising.

(b) (*annonce*) advertisement, ad*, advert* (*Brit*); (*Ciné, TV*) commercial, advertisement. page de ~ page of advertisements; (*Rad*) break for commercials *ou* advertisements.

(c) (*révélations*) publicity. on a fait trop de ~ autour de cette affaire this affair has had *ou* has been given too much publicity.

(d) (*Jur*) la ~ des débats the public nature of the proceedings.

publier [pyblije] (7) *vt* (a) *livre [auteur]* to publish; *[éditeur]* to publish, bring out.

(b) *bans, décret* to publish; (*littér*) *nouvelle* to publish (abroad) (*littér*), make public. ça vient d'être publié it's just out, it has just come out *ou* been published; ~ un communiqué (au sujet de *ou* concernant) to release a statement (about).

publiphone [pyblifɔn] *nm* public telephone, payphone. ~ à carte à mémoire card phone.

publipostage [pyblipɔstaʒ] *nm* mailshot, mass mailing.

publiquement [pyblikmɑ̃] *adv* publicly.

puce [pys] *nf* (a) flea. ~ de mer *ou* de sable sand flea; (*fig*) cela m'a mis la ~ à l'oreille that started me thinking; les ~s, le marché aux ~s the flea market; oui, ma ~* yes, pet* *ou* lovie*; (*fig*) c'est une vraie ~ he's (*ou* she's) a real midget; *V* secouer.

(b) jeu de ~s tiddlywinks; jouer aux ~s to play tiddlywinks.

(c) (*Ordin*) (silicon) chip. ~ électronique microchip; ~ mémoire memory chip.

2 *adj inv* puce.

puceau‡, pl ~x [pyso] **1** *adj m*: être ~ to be a virgin. **2** *nm* virgin.

pucelage‡ [pyslaʒ] *nm* virginity.

pucelle [pysɛl] (††, hum,*) **1** *adj f*: être ~ to be a virgin; elle n'est plus ~ she has lost her virginity, she's not a virgin. **2** *nf* virgin, maid(en) (*littér*). (*Hist*) la ~ d'Orléans the Maid of Orleans.

puceron [pysʀɔ̃] *nm* aphid, greenfly.

pucier‡ [pysje] *nm* bed.

pudding [pudiŋ] *nm* plum pudding.

puddlage [pydlaʒ] *nm* puddling.

pudeur [pydœʀ] *nf* (a) (*sexuelle*) (sense of) modesty, sense of decency. elle a beaucoup de ~ she has a keen sense of modesty *ou* decency; sans ~ (*adj*) immodest; (*adv*) immodestly, unblushingly; *V* attentat, outrage. (b) (*délicatesse*) sense of propriety. agir sans ~ to act with no regard to propriety.

pudibond, e [pydibɔ̃, ɔ̃d] *adj* (excessively) prudish, prim and proper.

pudibonderie [pydibɔ̃dʀi] *nf* (excessive) prudishness, (excessive) primness.

pudicité [pydisite] *nf* (*littér: V* pudique) modesty; discretion.

pudique [pydik] *adj* (*chaste*) modest; (*discret*) discreet.

pudiquement [pydikmɑ̃] *adv* (*V* pudique) modestly; discreetly. ils détournèrent les yeux ~ they looked away discreetly *ou* out of a sense of decency.

puer [pɥe] (1) **1** *vi* to stink, reek, smell foul. (*fig*) il pue de vanité he is bloated with vanity. **2** *vt* to stink *ou* reek of.

puéricultrice [pɥeʀikyltʀis] *nf* (*infirmière*) paediatric nurse; (*institutrice*) nursery nurse.

puériculture [pɥeʀikyltyʀ] *nf* (*V* puéricultrice) paediatric nursing; nursery nursing. donner des cours de ~ aux mamans to give courses on infant care to mothers.

puéril, e [pɥeʀil] *adj* puerile, childish.

puérilement [pɥeʀilmɑ̃] *adv* childishly, puerilely.

puérilité [pɥeʀilite] *nf* (*caractère*) puerility, childishness; (*acte*) childish act.

puerpéral, e, mpl -aux [pɥeʀpeʀal, o] *adj* puerperal.

pugilat [pyʒila] *nm* (fist) fight.

pugiliste [pyʒilist(ə)] *nm* (*littér*) pugilist (*littér*).

pugilistique [pyʒilistik] *adj* (*littér*) pugilistic (*littér, frm*).

pugnace [pygnas] *adj* pugnacious.

pugnacité [pygnasite] *nf* (*littér*) pugnacity.

puîné, e† [pɥine] **1** *adj* (*de deux*) younger; (*de plusieurs*) youngest. **2** *nm, f* younger; youngest.

puis [pɥi] *adv* (*ensuite*) then; (*dans une énumération*) then, next. (*en outre*) et ~ and besides; et ~ ensuite and then, and after that; et ~ c'est tout and that's all *ou* that's it; et ~ après tout and after all; et ~ après? *ou* ensuite? (*ensuite*) and what next?, and then (what)?; (*et alors?*) so what?, what of it?; et ~ quoi? (*quoi d'autre*) well, what?, and then what?; (*et alors?*) so what?, what of it?

puisage [pɥizaʒ] *nm* drawing (of water).

puisard [pɥizaʀ] *nm* (*gén*) cesspool, sink; (*Naut*) well; (*Min*) sump.

puisatier [pɥizatje] *nm* well-digger.

puiser [pɥize] (1) *vt* (*lit*) *eau* to draw (*dans* from); (*fig*) *exemple, renseignement* to draw, take (*dans* from). ~ des exemples dans un auteur to draw examples from an author, draw on an author for one's examples; ~ dans son sac/ses économies to dip into one's bag/one's savings.

puisque [pɥisk(ə)] *conj* (a) (*du moment que*) since, seeing that. ces animaux sont donc des mammifères, puisqu'ils allaitent leurs petits these animals are therefore mammals, seeing that *ou* since they suckle their young; ça doit être vrai, puisqu'il le dit it must be true since he says so.

(b) (*comme*) as, since, seeing that. ~ vous êtes là, venez m'aider as *ou* since *ou* seeing that you're here come and help me; ces escrocs, puisqu'il faut les appeler ainsi, ... these crooks – as *ou* since one must call them that ... .

(c) (*valeur intensive*) ~ je te le dis! I'm telling you (so)!; ~ je te dis que c'est vrai! I'm telling you it's true!

puissamment [pɥisamɑ̃] *adv* (*fortement*) powerfully; (*beaucoup*) greatly. (*iro*) ~ raisonné! powerfully reasoned! (*iro*), what brilliant reasoning! (*iro*).

puissance [pɥisɑ̃s] *nf* (a) (*force*) *[armée, muscle, impulsion]* power, strength; *[moteur]* power; *[haut-parleur, chaîne hi-fi]* power, output; *[éclairage]* brightness, power; *[vent]* strength, force. avoir une grande ~ de travail to have a great capacity for work; avoir une grande ~ d'imagination to have a very powerful imagination *ou* great powers of imagination; la ~ de son regard the power of his gaze; **grâce à la ~ de sa volonté** thanks to his willpower *ou* his strength of will.

(b) (*pouvoir*) [*classe sociale, pays, argent*] power; (*efficacité*) [*exemple*] power. **une grande ~ de séduction/suggestion** great seductive/suggestive power(s), great powers of seduction/suggestion; **user de sa ~ pour faire qch** to use one's power to do sth; **l'or/le pétrole est une ~** gold/oil confers power; **les ~s qui agissent sur le monde** the powers that influence the world.

(c) (*Pol: état*) power. **les grandes ~s** the great powers.

(d) (*Élec, Phys*) power; (*Opt*) [*microscope*] (magnifying) power. (*Math*) **élever un nombre à la ~ 10** to raise a number to the power of 10; **10 ~ 4** 10 to the power of 4, 10 to the 4th.

(e) (*Jur, hum*) **être en ~ de mari** to be under a husband's authority.

(f) (*loc*) **en ~** *adj* potential; **exister en ~** to have a potential existence; **c'est là en ~** it is potentially present; **l'homme est en ~ dans l'enfant** the man is latent in the child.

2: les puissances d'argent the forces of money; (*Mil*) **puissance de feu** fire power; (*Aut*) **puissance fiscale** engine rating; (*Aut*) **puissance au frein** brake horsepower; (*Jur*) **puissance maritale** marital rights; **les puissances occultes** unseen *ou* hidden powers; (*Jur*) **puissance paternelle** parental rights *ou* authority; **exercer/être déchu de sa ~ paternelle** to exercise/have lost one's parental rights; **les puissances des ténèbres** the powers of darkness.

puissant, e [pɥisɑ̃, ɑ̃t] **1** *adj* (*gén*) **drogue, remède** potent, powerful; **grammaire** powerful. **2** *nm*: **les ~s** the mighty *ou* powerful.

puits [pɥi] **1** *nm* [*eau, pétrole*] well; (*Min*) shaft; (*Constr*) well, shaft.

2: puits d'aérage *ou* **d'aération** ventilation shaft; **puits artésien** artesian well; (*Min*) **puits à ciel ouvert** opencast mine; (*fig*) **puits d'érudition** = **puits de science**; **puits d'extraction** winding shaft; **puits de mine** mine shaft; **puits perdu** cesspool, sink; **puits de pétrole** oil well; (*fig*) **puits de science** well of erudition *ou* learning.

pull* [pyl] *nm* sweater, jumper (*Brit*), pullover.

pullman [pulman] *nm* Pullman (car).

pull-over, *pl* **pull-overs** [pulɔvœʀ] *nm* sweater, jumper (*Brit*), jersey, pullover.

pullulation [pylylasjɔ̃] *nf*, **pullulement** [pylylmɑ̃] *nm* (*action*) proliferation; (*profusion*) [*fourmis, moustiques*] swarm, multitude; [*erreurs*] abundance, multitude.

pulluler [pylyle] (1) *vi* (*se reproduire*) to proliferate, multiply, pullulate (*frm*); (*grouiller*) to swarm, pullulate (*frm*); (*fig*) [*erreurs, contrefaçons*] to abound, pullulate (*frm*). **la ville pullule de touristes** the town is swarming with tourists; **la rivière pullule de truites** the river is teeming with trout.

pulmonaire [pylmɔnɛʀ] *adj* **maladie** pulmonary, lung (*épith*); **artère** pulmonary. **congestion ~** congestion of the lungs.

pulpe [pylp(ə)] *nf* [*fruit, dent, bois*] pulp.

pulpeux, -euse [pylpø, øz] *adj* pulpy.

pulsar [pylsaʀ] *nm* pulsar.

pulsation [pylsasjɔ̃] *nf* (*Méd*) [*cœur, pouls*] beating (*U*), beat, pulsation (*T*); (*Phys*) pulsation; (*Élec*) pulsatance. **~s (du cœur)** (*rythme cardiaque*) heartbeat; (*battements*) heartbeats.

pulsé [pylse] *adj m*: **chauffage à air ~** warm-air heating.

pulsion [pylsjɔ̃] *nf* (*Psych*) drive, urge. **la ~ sexuelle** the sex drive; **~s sexuelles** sexual urges.

pulvérisable [pylveʀizabl(ə)] *adj* pulverable.

pulvérisateur [pylveʀizatœʀ] *nm* (*à parfum*) spray, atomizer; (*à peinture*) spray; (*pour médicament*) spray, vaporizer.

pulvérisation [pylveʀizasjɔ̃] *nf* (*V* **pulvériser**) pulverizing, pulverization; spraying; demolition, demolishing; shattering*, smashing*. (*Méd*) **'trois ~s dans chaque narine'** 'spray three times into each nostril'; (*Méd*) **le médecin a ordonné des ~s (nasales)** the doctor prescribed a nasal spray.

pulvériser [pylveʀize] (1) *vt* **(a)** *solide* to pulverize, reduce to powder; *liquide* to spray.

(b) (*fig: anéantir*) *adversaire* to pulverize, demolish; *record* to shatter*, smash*; *argument* to demolish, pull to pieces. **bâtiment pulvérisé par l'explosion** building reduced to rubble by the explosion.

pulvériseur [pylveʀizœʀ] *nm* disc harrow.

pulvérulence [pylveʀylɑ̃s] *nf* pulverulence.

pulvérulent, e [pylveʀylɑ̃, ɑ̃t] *adj* pulverulent.

puma [pyma] *nm* puma, cougar, mountain lion.

punaise [pynɛz] *nf* **(a)** (*Zool*) bug. (*péj*) **c'est une vraie ~** he's a real mischief-maker; (*excl*) **~!*** blimey!* (*Brit*), well!; (*péj*) **~ de sacristie*** church hen. **(b)** (*clou*) drawing pin (*Brit*), thumbtack (*US*).

punaiser [pynɛze] (1) *vt* to pin up.

punch[^1] [pɔ̃ʃ] *nm* (*boisson*) punch.

punch[^2] [pœnʃ] *nm* (*Boxe*) punching ability; (*fig*) punch. **avoir du ~** (*Boxe*) to pack *ou* have a good punch; (*fig*) to have punch *ou* muscle.

puncheur [pœnʃœʀ] *nm* good puncher, hard hitter.

punching-ball, *pl* **punching-balls** [pœnʃiŋbol] *nm* punchball.

punique [pynik] *adj* Punic.

punir [pyniʀ] (2) *vt* **(a)** *criminel, enfant* to punish (*pour* for). **être puni de prison/de mort** to be sentenced to prison/death.

(b) (*faire souffrir*) to punish. **il a été puni de son imprudence** he was punished for his recklessness, he suffered for his recklessness; **tu as été malade, ça te punira de ta gourmandise** you've been ill — that will teach you not to be greedy *ou* that serves you right for being greedy *ou* it's no more than you deserve for being greedy; **il est orgueilleux, et l'en voilà bien puni** he is paying the penalty for *ou* being made to suffer for his pride; **il est puni par où il a péché** he has got his (just) deserts, he is paying for his sins.

(c) (*sanctionner*) *faute, infraction, crime* to punish. **tout abus**

sera puni (de prison) all abuses are punishable *ou* will be punished (by prison); **ce crime est puni par la loi/puni de mort** this crime is punishable by law/by death.

punissable [pynisabl(ə)] *adj* punishable (*de* by).

punitif, -ive [pynitif, iv] *adj* **expédition** punitive.

punition [pynisjɔ̃] *nf* punishment (*de qch* for sth). (*Scol*) **avoir une ~** to be given a punishment; **~ corporelle** corporal punishment (*U*); **en ~ de ses fautes** in punishment for his mistakes; **pour ta ~** for your punishment.

punk [pœnk] *adj inv*, *nmf inv* punk. **le rock ~** punk rock.

pupille[^1] [pypij] *nf* (*Anat*) pupil.

pupille[^2] [pypij] *nmf* (*enfant*) ward. **~ de l'État** child in (local authority) care; **~ de la Nation** war orphan.

pupitre [pypitʀ] *nm* (*Scol*) desk; (*Rel*) lectern; (*Mus*) [*musicien*] music stand; [*piano*] music rest; [*chef d'orchestre*] rostrum; (*Ordin*) console. (*Mus*) **au ~, Henri Dupont** at the rostrum — Henri Dupont, conducting — Henri Dupont; (*Mus*) **chef de ~** head of section.

pupitreur, -euse [pypitʀœʀ, øz] *nm, f* computer operator, keyboard operator, keyboarder.

pur, e [pyʀ] **1** *adj* **(a)** (*sans mélange*) *alcool, eau, race, métal, voix, style* pure; *vin* undiluted; *whisky, gin* neat, straight; *ciel* clear, pure; *voyelle* pure; *diamant* flawless. **~e laine** pure wool; **boire son vin ~** to drink one's wine without water *ou* undiluted; (*Chim*) **à l'état ~** in the pure state; **~ sang** thoroughbred, purebred; **l'air ~ de la campagne** the pure *ou* fresh country air; **V pur-sang**.

(b) (*innocent*) *âme, cœur, fille* pure; *homme* pure-hearted; *intentions* pure, honourable, honest; *regard* frank. **~ de tout soupçon** free of *ou* above all suspicion; **~ de toute tache** free of all blemish, unblemished, unsullied.

(c) (*valeur intensive*) **c'est de la folie ~e** it's pure *ou* sheer *ou* utter madness; **c'est de la poésie/de l'imagination toute ~e** it's pure *ou* sheer poetry/imagination; **c'est de l'insubordination ~e et simple** it's insubordination pure and simple; **c'était du racisme ~ et simple** *ou* **à l'état ~** it was straight *ou* plain racism; **il donna sa démission ~e et simple** he purely and simply gave in his notice; **œuvre de ~e imagination** work of pure imagination; **c'est une question de ~e forme** it's merely *ou* purely a formal question; **c'est par ~ hasard que je l'ai vu** I saw it by sheer chance *ou* purely by chance; **c'est la ~e vérité** it's the plain *ou* simple (unadulterated) truth; **en ~e perte** for absolutely nothing, fruitlessly; **il a travaillé en ~e perte** he worked for absolutely nothing, his work was fruitless.

2 *nm, f* (*Pol*) hard-liner.

purée [pyʀe] *nf*: **~ (de pommes de terre)** mashed potato(es); **~ de marrons/de tomates** chestnut/tomato purée; **~ de pois** peasoup, a peasouper; (*fig*) **être dans la ~*** to be in a real mess*; **~*, je l'ai oublié!*** darn (it)*, I forgot!

purement [pyʀmɑ̃] *adv* purely. **~ et simplement** purely and simply.

pureté [pyʀte] *nf* **(a)** (*perfection*) [*race, style, métal*] purity; [*air, eau, son*] purity, pureness; [*diamant*] flawlessness. **(b)** (*innocence: V* **pur**) purity; honourableness, honesty; frankness.

purgatif, -ive [pyʀgatif, iv] **1** *adj* purgative. **2** *nm* purgative, purge.

purgation [pyʀgasjɔ̃] *nf* (*Méd*) (*action*) purgation; (*remède*) purgative, purge.

purgatoire [pyʀgatwaʀ] *nm* (*Rel, fig*) purgatory.

purge [pyʀʒ(ə)] *nf* (*Méd*) purgative, purge; (*Pol*) purge; (*Tech*) [*conduite*] flushing out, draining; [*freins*] bleeding.

purger [pyʀʒe] (3) **1** *vt* **(a)** (*vidanger*) *conduite, radiateur* to bleed, flush out, drain; *circuit hydraulique, freins* to bleed.

(b) (*Méd*) to purge, give a purgative to.

(c) (*Jur*) *peine* to serve.

(d) (*débarrasser*) to purge, cleanse, rid (*de* of).

2 se purger *vpr* to take a purgative *ou* purge.

purgeur [pyʀʒœʀ] *nm* [*tuyauterie*] drain-cock, tap (*Brit*); [*radiateur*] bleed-tap.

purifiant, e [pyʀifjɑ̃, ɑ̃t] *adj* purifying, cleansing.

purificateur, -trice [pyʀifikatœʀ, tʀis] **1** *adj* purifying, cleansing, purificatory. **2** *nm* (*appareil*) (air) purifier.

purification [pyʀifikasjɔ̃] *nf* (*V* **purifier**) purification, purifying; cleansing; refinement; purging.

purificatoire [pyʀifikatwaʀ] *adj* (*littér*) purificatory, purifying, cleansing.

purifier [pyʀifje] (7) **1** *vt* (*gén*) to purify, cleanse; *air, langue, liquide* to purify; *métal* to refine; *âme* to cleanse, purge. **2 se purifier** *vpr* to cleanse o.s.

purin [pyʀɛ̃] *nm* liquid manure.

purisme [pyʀism(ə)] *nm* purism.

puriste [pyʀist(ə)] **1** *adj* purist. **2** *nmf* purist.

puritain, e [pyʀitɛ̃, ɛn] **1** *adj* puritan(ical); (*Hist*) Puritan. **2** *nm, f* puritan; (*Hist*) Puritan.

puritanisme [pyʀitanism(ə)] *nm* puritanism; (*Hist*) Puritanism.

purpurin, e [pyʀpyʀɛ̃, in] *adj* (*littér*) crimson.

pur-sang [pyʀsɑ̃] *nm inv* thoroughbred, purebred.

purulence [pyʀylɑ̃s] *nf* purulence, purulency.

purulent, e [pyʀylɑ̃, ɑ̃t] *adj* purulent.

pus [py] *nm* pus.

pusillanime [pyzilanim] *adj* (*littér*) pusillanimous (*littér*), fainthearted.

pusillanimité [pyzilanimite] *nf* (*littér*) pusillanimity (*littér*), faintheartedness.

pustule [pystyl] *nf* pustule.

pustuleux, -euse [pystylø, øz] *adj* pustular.

putain‡ [pytɛ̃] *nf* (*prostituée*) pro‡, whore, hustler‡ (*US*); (*fille facile*) whore, tart‡ (*Brit*), tramp‡. (*lit*) **faire la ~** to be a prostitute;

(*fig*) to sell one's soul; **ce ~ de réveil!** that goddamn‡ alarm clock!; **~!** bloody hell!** (*Brit*), bugger me!** (*Brit*), goddamn it!‡; **quelle ~ de vent!‡** what a damned awful wind!‡

putatif, -ive [pytatif, iv] *adj* putative, presumed. **père ~** putative father.

pute** [pyt] *nf* pro‡, whore, hustler‡ (*US*).

putois [pytwa] *nm* (*animal*) polecat; (*fourrure*) polecat (fur); *V* **crier.**

putréfaction [pytrefaksjɔ̃] *nf* putrefaction. **cadavre en ~** body in a state of putrefaction, putrefying *ou* rotting body.

putréfiable [pytrefjabl(ə)] *adj* putrefiable.

putréfier [pytrefje] (7) **1** *vt* to putrefy, rot. **2 se putréfier** *vpr* to putrefy, rot, go rotten.

putrescence [pytresɑ̃s] *nf* putrescence.

putrescent, e [pytresɑ̃, ɑ̃t] *adj* putrescent.

putrescible [pytresibl(ə)] *adj* putrescible.

putride [pytrid] *adj* putrid.

putridité [pytridite] *nf* putridity, putridness.

putsch [putʃ] *nm* putsch.

putschiste [putʃist(ə)] *nm* putschist.

puzzle [pœzl(ə)] *nm* (*lit*) jigsaw (puzzle); (*fig*) jigsaw.

P.-V. [peve] *nm abrév de* **procès-verbal**; *V* **procès.**

pygargue [pigarg(ə)] *nm* white-tailed eagle.

Pygmalion [pigmaljɔ̃] *nm* Pygmalion.

pygmée [pigme] *nm* pygmy, pigmy. (*fig, péj*) **c'est un vrai ~** he's just a little squirt* (*péj*), he's a little runt* (*péj*).

pyjama [piʒama] *nm* pyjamas (*pl*), pajamas (*pl*) (*US*). **il était en ~(s)** he was in his pyjamas; **acheter un ~** to buy a pair of pyjamas, buy some pyjamas; **2 ~s** 2 pairs of pyjamas; *V* **veste.**

pylône [pilon] *nm* pylon.

pylore [pilor] *nm* pylorus.

pylorique [pilorik] *adj* pyloric.

pyorrhée [pjore] *nf* pyorrhoea, pyorrhea.

pyramidal, e, *mpl* **-aux** [piramidal, o] *adj* pyramid-shaped, pyramid-like, pyramidal (*T*).

pyramide [piramid] *nf* (*Anat, Archit, Géom, fig*) pyramid. **~ humaine** human pyramid; **~ des âges** *pyramid-shaped diagram representing population by age-groups.*

pyrénéen, -enne [pireneɛ̃, ɛn] **1** *adj* Pyrenean. **2** *nm,f:* **P~(ne)** inhabitant *ou* native of the Pyrenees, Pyrenean.

Pyrénées [pirene] *nfpl:* **les ~** the Pyrenees.

pyrex [pireks] *nm* ® Pyrex ®. **assiette en ~** Pyrex plate.

pyrite [pirit] *nf* pyrites.

pyrograver [pirɔgrave] (1) *vt* to do pyrography *ou* poker-work.

pyrograveur, -euse [pirɔgravœr, øz] *nm,f* pyrographer.

pyrogravure [pirɔgravyr] *nf* (*Art*) pyrography, poker-work; (*objet*) pyrograph.

pyrolyse [piroliz] *nf* pyrolysis.

pyromane [pirɔman] *nmf* (*Méd*) pyromaniac; (*gén, Jur*) arsonist, fire raiser.

pyromanie [pirɔmani] *nf* pyromania.

pyromètre [pirɔmɛtr(ə)] *nm* pyrometer.

pyrométrie [pirɔmetri] *nf* pyrometry.

pyrométrique [pirɔmetrik] *adj* pyrometric.

pyrotechnie [pirɔtɛkni] *nf* pyrotechnics (*sg*), pyrotechny.

pyrotechnique [pirɔtɛknik] *adj* pyrotechnic.

Pyrrhon [pirɔ̃] *nm* Pyrrho.

pyrrhonien, -ienne [pirɔnjɛ̃, jɛn] **1** *adj* Pyrrhonic, Pyrrhonian. **2** *nm,f* Pyrrhonist, Pyrrhonian.

pyrrhonisme [pirɔnism(ə)] *nm* Pyrrhonism.

Pyrrhus [pirys] *nm* Pyrrhus; *V* **victoire.**

Pythagore [pitagɔr] *nm* Pythagoras.

pythagoricien, -ienne [pitagɔrisjɛ̃, jɛn] *adj, nm,f* Pythagorean.

pythagorique [pitagɔrik] *adj* Pythagorean.

pythagorisme [pitagɔrism(ə)] *nm* Pythagoreanism, Pythagorism.

Pythie [piti] *nf* Pythia. (*fig: devineresse*) **p~** prophetess.

python [pitɔ̃] *nm* python.

pythonisse [pitɔnis] *nf* prophetess.

Q

Q, q [ky] *nm* (*lettre*) Q, q.

Qatar [katar] *nm* Qatar.

qatarien, -ienne [katarjɛ̃, jɛn] **1** *adj* Qatar (*épith*). **2** *nm,f:* **Q~(ne)** Qatar.

qcm [kyseɛm] *nm abrév de* **questionnaire à choix multiple**; *V* **questionnaire.**

Q.G. [kyʒe] *nm* (*abrév de* **quartier général**) HQ.

Q.I. [kyi] *nm* (*abrév de* **quotient intellectuel**) IQ.

qu' [k(ə)] *V* **que.**

quadragénaire [kwadraʒenɛr] **1** *adj* (*de quarante ans*) forty-year-old (*épith*); (*de quarante à cinquante ans*) **il est ~** he is in his forties; (*hum*) **maintenant que tu es ~** now that you're forty (years old), now that you've reached forty. **2** *nmf* forty-year-old man (*ou* woman).

Quadragésime [kwadraʒezim] *nf* Quadragesima.

quadrangle [kwadrɑ̃gl(ə)] *nm* (*Géom*) quadrangle.

quadrangulaire [kwadrɑ̃gylɛr] *adj* quadrangular.

quadrant [kadrɑ̃] *nm* quadrant.

quadrature [kwadratyr] *nf* (*gén*) quadrature. (*Math*) **~ du cercle** quadrature *ou* squaring of the circle; (*fig*) **c'est la ~ du cercle** it's like trying to square the circle, it's attempting the impossible.

quadriceps [kwadrisɛps] *nm* quadriceps.

quadrichromie [kwadrikrɔmi] *nf* four-colour (printing) process.

quadriennal, e, *mpl* **-aux** [kwadrijenal, o] *adj* four-year (*épith*), quadrennial. (*Agr*) **assolement ~** four-year rotation.

quadrijumeaux [kwadriʒymo] *adj mpl:* **tubercules ~** corpora quadrigemina, quadrigeminal *ou* quadrigeminate bodies.

quadrilatère [kadrilatɛr] *nm* (*Géom, Mil*) quadrilateral.

quadrillage [kadrijaʒ] *nm* (**a**) (*action*) (*Mil, Police*) covering, control(ling); (*Admin, Econ*) covering. **la police a établi un ~ serré du quartier** the police have set up a tight control over the area. (**b**) (*dessin*) [*papier*] square pattern; [*tissu*] check pattern; [*rues*] criss-cross *ou* grid pattern *ou* layout.

quadrille [kadrij] *nm* (*danse, danseurs*) quadrille. **~ des lanciers** lancers.

quadrillé, e [kadrije] (*ptp de* **quadriller**) *adj* **papier, feuille** squared.

quadriller [kadrije] (1) *vt* (*Mil, Police*) to cover, control; (*Admin, Econ*) to cover; **papier** to mark out in squares. **la ville est étroitement quadrillée par la police** the town is well covered by the police, the town is under close *ou* tight police control, the police are positioned throughout the whole town; **la ville est quadrillée par**

un réseau de rues the town is criss-crossed by a network of streets, the town has a criss-cross network *ou* a grid pattern of streets.

quadrillion [kadriljɔ̃] *nm* quadrillion (*Brit*), septillion (*US*).

quadrimoteur [kadrimɔtœr] **1** *adj m* four-engined. **2** *nm* four-engined plane.

quadriparti, e [kwadriparti] *adj*, **quadripartite** [kwadripartit] *adj* (*Bot*) quadripartite. (*Pol*) **conférence quadripartite** [*pays*] four-power conference; [*partis*] four-party conference.

quadriphonie [kadrifɔni] *nf* quadraphony.

quadriphonique [kadrifɔnik] *adj* quadraphonic.

quadriréacteur [kadrireaktœr] *nm* four-engined jet.

quadrisyllabe [kwadrisilab] *nm* quadrisyllable.

quadrisyllabique [kwadrisilabik] *adj* quadrisyllabic.

quadrumane [kadryman] **1** *adj* quadrumanous. **2** *nm* quadrumane.

quadrupède [kadryped] **1** *adj* fourfooted, quadruped. **2** *nm* quadruped.

quadruple [kadrypl(ə)] **1** *adj* **quantité, rangée, nombre** quadruple. **une quantité ~ de l'autre** a quantity four times (as great as) the other; **en ~ exemplaire/partie** in four copies/parts; *V* **croche.** **2** *nm* (*Math, gén*) quadruple. **je l'ai payé le ~/le ~ de l'autre** I paid four times as much for it/four times as much as the other for it; **je vous le rendrai au ~** I'll repay you four times over; **augmenter au ~** to increase fourfold.

quadrupler [kadryple] (1) *vti* to quadruple, increase fourfold.

quadruplés, -ées [kadryple] (*ptp de* **quadrupler**) *nm,f pl* quadruplets, quads*.

quadruplex [kwadrypleks] *nm* (*Téléc*) quadruplex system.

quai [ke] **1** *nm* [*port*] (*gén*) quay; (*pour marchandises*) wharf, quay; [*gare*] platform; [*rivière*] embankment. **être à ~** [*bateau*] to be alongside (the quay); [*train*] to be in (the station); **sur les ~s de la Seine** on the banks *ou* embankments of the Seine; *V* **accès, billet.** **2: le Quai des Orfèvres** the police headquarters (*in Paris*), ≃ (New) Scotland Yard (*Brit*), ≃ the FBI (*US*); **le Quai (d'Orsay)** the French Foreign Office.

quaker, -keresse [kwekœr, kres] *nm,f* Quaker.

quakerisme [kwekœrism(ə)] *nm* Quakerism.

qualifiable [kalifjabl(ə)] *adj:* **une telle conduite n'est pas ~** such behaviour is beyond description *ou* defies description.

qualificateur [kalifikatœr] *nm* (*Ling*) qualifier.

qualificatif, -ive [kalifikatif, iv] **1** *adj* **adjectif** qualifying. **2** *nm* (*Ling*) qualifier; (*fig: terme, mot*) term.

qualification [kalifikɑsjɔ̃] *nf* **(a)** *(nom)* label, description.
(b) *(Sport)* obtenir sa ~ to qualify; **épreuves de** ~ qualifying heats *ou* rounds; **la** ~ **de notre équipe demeure incertaine** it's still not certain whether our team will qualify.
(c) *(aptitude)* qualification. ~ **professionnelle** professional qualification.
(d) *(Ling)* qualification.

qualifié, e [kalifje] *(ptp de* **qualifier)** *adj* **(a)** *(compétent)* *(gén)* qualified; *(Ind)* **main d'œuvre, ouvrier** skilled. **non** ~ unskilled.
(b) *(Jur)* **vol, délit** aggravated. *(fig)* **c'est de l'hypocrisie** ~**e** it's blatant hypocrisy; *(fig)* **c'est du vol** ~ it's daylight *ou* sheer robbery.

qualifier [kalifje] (7) **1** *vt* **(a)** *conduite, projets* to describe *(de* as). ~ **qn de menteur** to call *ou* label sb a liar, describe sb as a liar; **sa maison qu'il qualifiait pompeusement (de)** manoir his house which he described pompously as a manor, his house which he pompously labelled *ou* termed *ou* dubbed manor.
(b) *(Sport, gén: rendre apte)* to qualify *(pour* for).
(c) *(Ling)* to qualify.
2 se qualifier *vpr* *(Sport)* to qualify *(pour* for). *(hum)* **il se qualifie d'artiste** he labels *ou* qualifies himself as an artist, he calls himself an artist.

qualitatif, -ive [kalitatif, iv] *adj* qualitative.
qualitativement [kalitativmɑ̃] *adv* qualitatively.
qualité [kalite] *nf* **(a)** *[marchandise]* quality. **de bonne/mauvaise** ~ of good *ou* high/bad *ou* poor quality; **produits de** ~ high-quality products; **fruits de** ~ **supérieure** fruit of superior quality, superior-quality fruit; **la** ~ **de la vie** the quality of life.
(b) *[personne]* *(vertu)* quality; *(don)* skill. **ses** ~**s de cœur l'ont fait aimer de tous** his noble-heartedness made everyone like him; **il a les** ~**s requises pour faire ce travail** he has the necessary skills for this job; **cette œuvre a de grandes** ~**s littéraires** this work has great literary qualities.
(c) *(fonction)* position; *(††: noblesse)* quality. **sa** ~ **de directeur** his position as manager; **en sa** ~ **de maire** in his capacity as mayor; *(Admin)* **vos nom, prénom et** ~ surname, forename and occupation; *(Jur)* **avoir** ~ **pour** to have authority to; *(frm)* **ès** ~**s** in an official capacity; **homme de** ~†† man of quality.

quand [kɑ̃] **1** *conj* **(a)** *(lorsque)* when. ~ **ce sera fini, nous irons prendre un café** when it's finished we'll go and have a coffee; **prête-le-moi pour** ~ **j'en aurai besoin** lend it to me for when I'll (next) need it; **sais-tu de** ~ **était sa dernière lettre?** do you know when his last letter was written? *ou* what was the date of his last letter?; ~ **je te le disais!** didn't I tell you so!, I told you so!; ~ **je pense que ...!** when I think that...; *(hum)* ~ **les poules auront des dents** when pigs learn to fly, when pigs have wings; *(Prov)* ~ **le vin est tiré, il faut le boire** once the wine is drawn it must be drunk, once the first step is taken there's no going back; *(Prov)* ~ **le chat est loin, les souris dansent** when the cat's away the mice will play *(Prov)*.
(b) *(alors que)* when. **pourquoi ne pas acheter une voiture** ~ **nous pouvons nous le permettre?** why not buy a car when we can afford it?; **pourquoi vivre ici** ~ **tu pourrais avoir une belle maison?** why live here when you could have a beautiful house?
(c) ~ **bien même** even though *ou* if; ~ **bien même tu aurais raison, je n'irais pas** even though *ou* even if you were right, I wouldn't go.
(d) ~ **même:** **malgré tous ses défauts elle est** ~ **même gentille** in spite of all her faults she's still nice *ou* she's nice nonetheless; **tu aurais** ~ **même pu me le dire!** even so, you might have told me; ~ **même, il exagère!** really, he overdoes it!; **quel crétin** ~ **même!** what a downright idiot!, really, what an idiot!; *(lit, hum)* **merci** ~ **même** thanks all the same *ou* just the same; **tu aurais pu venir** ~ **même** even so you could have come, you could have come all the same *ou* just the same.
2 *adv* when. ~ **pars-tu?,** ~ **est-ce que tu pars?, tu pars** ~**?** when are you leaving?; **dis-moi** ~ **tu pars** tell me when you're leaving *ou* when you'll be leaving; **à** ~ **le voyage?** when is the journey?; **c'est pour** ~**?** *[devoir]* when is it due? *ou* for?; *[rendez-vous]* when is it?; *[naissance]* when is it to be?; **ça date de** ~**?** *[événement]* when did it take place?; *[lettre]* what's the date of it?, when was it written?; *V* **depuis, importer²**, **jusque.**

quant [kɑ̃] **1** *adv:* ~ **à** *(pour ce qui est de)* as for, as to; *(au sujet de)* as regards, regarding; ~ **à moi** as for me; ~ **à affirmer que** ... as for stating that ...; **je n'ai rien su** ~ **à ce qui s'est passé** I knew nothing about *ou* of what happened; ~ **à cela, tu peux en être sûr** you can be quite sure about that; ~ **à cela, je n'en sais rien** as to that *ou* as regards that *ou* as far as that goes, I know nothing about it.
2: quant-à-moi *nm inv*, **quant-à-soi** *nm inv* reserve; **il est resté sur son quant-à-soi** he remained aloof, he kept his reserve, he held himself aloof.

quanta [kwɑ̃ta] *nmpl de* **quantum.**
quantième [kɑ̃tjɛm] *nm (Admin)* day *(of the month)*.
quantifiable [kɑ̃tifjabl(ə)] *adj* quantifiable. **facteurs non** ~**s** factors which cannot be quantified, unquantifiable factors.
quantificateur [kɑ̃tifikatœʀ] *nm* quantifier.
quantification [kɑ̃tifikɑsjɔ̃] *nf* *(V* **quantifier)** quantification; quantization.
quantifier [kɑ̃tifje] (7) *vt* *(gén, Philos)* to quantify; *(Phys)* to quantize.
quantifieur [kɑ̃tifjœʀ] *nm* = **quantificateur.**
quantique [kɑ̃tik] *adj* quantum *(épith)*.
quantitatif, -ive [kɑ̃titatif, iv] *adj* quantitative.
quantitativement [kɑ̃titativmɑ̃] *adv* quantitatively.
quantité [kɑ̃tite] *nf* **(a)** *(somme, nombre)* quantity, amount. **la** ~ **d'eau nécessaire à l'organisme** the amount *ou* quantity of water

necessary for the body; **il s'indignait de la** ~ **de gens qui ne paient pas leurs impôts** he was outraged by the number of people who don't pay their taxes; **en** ~**s industrielles** in massive *ou* huge amounts.
(b) *(grand nombre)* **(une)** ~ **de** *raisons, personnes* a great many, a lot of; **des** ~**s** *ou* **(une)** ~ **de gens croient que** a great many people *ou* a lot of people believe that; ~ **d'indices révèlent que** many signs *ou* a (great) number of signs indicate that; **il y a des fruits en (grande)** ~ there is fruit in plenty, fruit is in good supply; **il y a eu des accidents en** ~ there have been a great number of *ou* a lot of *ou* a great many accidents; **du travail en** ~ a great deal of work.
(c) *(Ling, Sci)* quantity. *(Sci)* ~ **négligeable** negligible quantity *ou* amount; *(fig)* **considérer qn comme** ~ **négligeable** to consider sb as totally insignificant, consider sb of minimal importance, disregard sb.

quantum [kwɑ̃tɔm], *pl* **quanta** *nm* *(Jur, Phys)* quantum. **la théorie des quanta** the quantum theory.
quarantaine [karɑ̃tɛn] *nf* **(a)** *(âge, nombre)* about forty; *V* **soixantaine. (b)** *(Méd, Naut)* quarantine. **mettre en** ~ *(lit)* *malade, animal, navire* to quarantine, put in quarantine; *(fig: ostraciser)* to send to Coventry; *V* **pavillon.**
quarante [karɑ̃t] *adj, nm inv* forty. **les Q**~**s** the members of the French Academy; *(disque)* **un** ~**-cinq tours** a forty-five, an EP; *pour loc V* **soixante** *et an.*
quarantenaire [karɑ̃tnɛʀ] **1** *adj période* forty-year *(épith)*; *(Méd, Naut)* quarantine *(épith)*. **2** *nm* *(anniversaire)* fortieth anniversary.
quarantième [karɑ̃tjɛm] *adj, nmf* fortieth.
quarantièmement [karɑ̃tjɛmmɑ̃] *adv* in the fortieth place.
quark [kwaʀk] *nm* quark.
quart [kaʀ] **1** *nm* **(a)** *(fraction)* quarter. **un** ~ **de poulet/de fromage** a quarter chicken/cheese; **un** ~ **de beurre** a quarter (kilo) of butter; **un** ~ **de vin** a quarter-litre bottle of wine; **un kilo/une livre un** ~ *ou* **et** ~ a kilo/a pound and a quarter; **on n'a pas fait le** ~ **du travail** we haven't done a quarter of the work; **au** ~ **de poil*** perfectly; **un** ~ **de siècle** a quarter century; *V* **quatre, tiers, trois.**
(b) *(Mil: gobelet)* beaker *(of 1/4 litre capacity)*.
(c) ~ **d'heure** quarter of an hour; **3 heures moins le** ~ **(a)** quarter to 3; **3 heures et** ~, **3 heures un** ~ **(a)** quarter past 3; **il est le** ~**/moins le** ~ it's (a) quarter past/(a) quarter to; **de** ~ **d'heure en** ~ **d'heure** every quarter of an hour; **passer un mauvais** *ou* **sale** ~ **d'heure** to have a bad *ou* nasty time of it; **il lui a fait passer un mauvais** ~ **d'heure** he gave him a bad time.
(d) *(Naut)* watch. **être de** ~ to keep the watch; **prendre le** ~ to take the watch; **de** ~ *homme, matelot* on watch; **officier de** ~ officer of the watch; **petit** ~ dogwatch; **grand** ~ six-hour watch.
2: *(Sport)* **quarts de finale** quarter finals; **le quart-monde** *nm* the Fourth World; **quart-de-rond** *nm, pl* **quarts-de-rond** ovolo, quarter round; *(Mus)* **quart de soupir** semiquaver rest *(Brit)*, sixteenth rest *(US)*; *(Mus)* **quart de ton** quarter tone; **quart de tour** quarter turn; **donner un quart de tour à un bouton** to turn a knob round a quarter (of the way), give a knob a quarter turn; *(Aut)* **partir** *ou* **démarrer au quart de tour** to start (up) first time; **comprendre au quart de tour*** to understand first time off *ou* straight off*, be quick on the uptake.
quarte [kaʀt] **1** *nf* *(Escrime)* quart; *(Cartes)* quart; *(Mus)* fourth; *(Hist: deux pintes)* quart. **2** *adj f* *V* **fièvre.**
quarté [kaʀte] *nm* French system of forecast betting on four horses in a race.
quarteron, -onne [kaʀtəʀɔ̃, ɔn] **1** *nm, f* *(métis)* quadroon. **2** *nm* *(péj: groupe)* small *ou* insignificant band, minor group.
quartette [kwaʀtɛt] *nm* *(Mus)* jazz quartet(te).
quartier [kaʀtje] **1** *nm* **(a)** *[ville]* *(Admin: division)* district, area; *(gén: partie)* neighbourhood, district, area, quarter. ~ **commerçant/résidentiel** shopping/residential area *ou* quarter; **les vieux** ~**s de la ville** the old quarter *ou* part of the town; **les gens du** ~ the local people, the people of the area *ou* district *ou* neighbourhood; **vous êtes du** ~**?** do you come from the area? *ou* district? *ou* neighbourhood?, are you (a) local?*; **de** ~ *cinéma, épicier* local *(épith)*; **le** ~ **est/ouest de la ville** the east/west end *ou* side of (the) town; **le** ~ **des affaires** the business district *ou* quarter; **le** ~ **latin** the Latin Quarter; *V* **bas¹, beau.**
(b) *(Mil)* ~**(s)** quarters; **rentrer au(x)** ~**(s)** to return to quarters; **avoir** ~**(s) libre(s)** *(Mil)* to have leave from barracks; *(Scol)* to be free *ou* off (for a few hours); *(lit, fig)* **prendre ses** ~**s d'hiver** to go into winter quarters; *(fig)* **c'est là que nous tenons nos** ~**s** here's where we have our headquarters *(fig)* *ou* where we hang out‡.
(c) *(portion)* *[bœuf]* quarter; *[viande]* large piece, chunk; *[fruit]* piece, segment. *(lit, fig)* **mettre en** ~**s** to tear to pieces.
(d) *(Astron, Hér)* quarter.
(e) *(†: grâce, pitié)* quarter†. **demander/faire** ~ to ask for/give quarter†; **ne pas faire de** ~ to give no quarter†; **pas de** ~**!** (give) no quarter!†
2: *(Mil, fig)* **quartier général** general headquarters; *(Mil)* **grand quartier général** general headquarters; *[prison]* **quartier de haute surveillance** high *ou* maximum *ou* top security wing; *(Naut)* **quartier-maître** *nm, pl* **quartiers-maîtres** ≃ leading seaman; **quartier-maître de 1ère classe** leading rating *(Brit)*, petty officer third class *(US)*; **quartier de noblesse** *(lit)* degree of noble lineage *(representing one generation)*; *(fig)* **avoir ses quartiers de noblesse** to be well established and respected, have earned one's colours; **quartier réservé** red-light district.
quartile [kwaʀtil] *nm* quartile.
quarto [kwaʀto] *adv* fourthly.

quartz [kwaʀts] *nm* quartz. **montre** *etc* **à ~** quartz watch *etc*.
quartzite [kwaʀtsit] *nm* quartzite.
quasar [kazaʀ] *nm* quasar.
quasi¹ [kazi] *nm* (*Culin*) *cut of meat from upper part of leg of veal*.
quasi² [kazi] **1** *adv* almost, nearly.

2 *préf* near. **~-certitude/-obscurité** near certainty/darkness; (*Aviat*) **~-collision** near miss. **la ~-totalité des dépenses** the near total of the expenditure *ou* expenses, almost the whole of the expenditure.
quasiment [kazimã] *adv* almost, nearly. **c'est ~ fait** it's almost *ou* nearly done, it's as good as done, it's just about done.
Quasimodo [kazimɔdo] *nf*: **la ~, le dimanche de ~** Low Sunday.
quaternaire [kwatɛʀnɛʀ] **1** *adj* (*gén, Chim*) quaternary; (*Géol*) Quaternary. **2** *nm* (*Géol*) Quaternary.
quatorze [katɔʀz(ə)] *adj, nm inv* fourteen. **avant/après (la guerre de) ~** before/after the First World War; **le ~ juillet** the Fourteenth of July, Bastille Day (*French national holiday*); *pour autres loc V* **six** *et* **chercher**.
quatorzième [katɔʀzjɛm] *adj, nmf* fourteenth; *pour loc V* **sixième**.
quatorzièmement [katɔʀzjɛmmã] *adv* in the fourteenth place, fourteenthly.
quatrain [katʀɛ̃] *nm* quatrain.
quatre [katʀ(ə)] **1** *adj, nm inv* four. **une robe de ~ sous** a cheap dress; **il avait ~ sous d'économies** he had a modest amount of savings; **s'il avait ~ sous de bon sens** if he had a scrap *ou* modicum of common sense; **jouer aux ~ coins** to play 'the four corners' game (*the player who is 'he' must try to gain possession of one of the corners*); (*lit, fig*) **aux ~ coins de** in the four corners of; (*Mus*) **à ~ mains** (*adj*) morceau for four hands, four-handed; (*adv*) **jouer** four-handed; **à ~ pattes** on all fours; **se disperser aux ~ vents** to scatter to the four winds; **être tiré à ~ épingles** to be dressed up to the nines; **un de ces ~ (matins)*** one of these (fine) days; **faire les ~ cents coups** to sow one's wild oats, get into a lot of trouble; **tomber les ~ fers en l'air** to fall flat on one's back; **faire ses ~ volontés** to do exactly as one pleases; **faire les ~ volontés de qn** to satisfy sb's every whim; **dire à qn ses ~ vérités** to tell sb a few plain *ou* home truths; (*Pol*) **les ~ grands** the Big Four; **monter/descendre (l'escalier) ~ à ~** to rush up/down the stairs four at a time; **manger comme ~** to eat like a wolf *ou* enough for four (people); **se mettre en ~ pour qn** to go to a great deal of trouble for sb, bend over backwards to help sb*, go out of one's way for sb, put o.s. out for sb; **elle se tenait à ~ pour ne pas rire/pour ne pas le gifler** it was all she could do *ou* she was doing all she could to keep from laughing/smacking him; **ne pas y aller par ~ chemins** not to beat about the bush, make no bones about it; **entre ~ murs** within *ou* between four walls; *V* **couper, entre, trèfle** *etc*; *pour autres loc V* **six**.
2: (*Naut*) **quatre barré** *nm* coxed four; (*Dés*) **quatre(-cent)-vingt-et-un** *nm dice game in casinos and cafés*; **quatre heures** *nm inv* (*children's*) afternoon tea (*Brit*) *ou* snack; (*Mus*) (*mesure à*) **quatre-huit** *nm inv* common time; **quatre-mâts** *nm inv* four-master; (*Culin*) **quatre-quarts** *nm inv* pound cake; (*Naut*) **quatre sans barreur** coxless four; **quatre-vingt-dix** *adj, nm inv* ninety; **quatre-vingt-dixième** *adj, nmf* ninetieth; **quatre-vingtième** *adj, nmf* eightieth; **quatre-vingt-onze** *adj, nm inv* ninety-one; **quatre-vingt-onzième** *adj, nmf* ninety-first; **quatre-vingts** *nm inv* eighty; **quatre-vingt-un** *adj, nm inv* eighty-one; **quatre-vingt-unième** *adj, nmf* eighty-first.
quatrième [katʀijɛm] **1** *adj* fourth. (*fig*) **faire qch en ~ vitesse** to do sth at great speed. **2** *nmf* (*joueur de cartes*) fourth player. **3** *nf* (*Aut: vitesse*) fourth gear; (*Cartes: quarte*) quart; (*Scol: classe*) ≃ third form *ou* year (*Brit*), third year (in junior high school) (*US*); *pour autres loc V* **sixième**.
quatrièmement [katʀijɛmmã] *adv* fourthly, in the fourth place.
quatrillion [katʀiljɔ̃] *nm* quadrillion (*Brit*), septillion (*US*).
quattrocento [kwatʀɔtʃɛnto] *nm*: **le ~** quattrocento.
quatuor [kwatɥɔʀ] *nm* (*œuvre, musiciens, fig*) quartet(te). **~ à cordes** string quartet.
que [k(ə)] **1** *conj* **(a)** (*introduisant subordonnée complétive*) that (*souvent omis; avec vb de volonté on emploie la proposition infinitive*). **elle sait ~ tu es prêt** she knows (that) you're ready; **il est agréable qu'il fasse beau** it's nice that the weather's fine; **il est possible qu'elle vienne** she may be coming, it's possible (that) she'll come; **c'est dommage qu'il pleuve** it's a pity (that) it's raining; **l'idée qu'il pourrait échouer** the idea of him *ou* his failing, the idea that he might fail; **je veux/j'aimerais qu'il vienne** I want him/would like him to come; **je veux qu'il ne vienne pas** I want him not to come; **j'aimerais qu'il ne vienne pas** I'd rather he didn't come; *V* **craindre, douter, peur** *etc*.
(b) (*remplaçant si, quand, comme etc: non traduit*) **si vous êtes sages et qu'il fasse beau, nous sortirons** if you are good and the weather is fine, we'll go out; **si vous le voyez ou ~ vous lui téléphoniez** ... if you see him or phone him ...; **il vous recevra quand il rentrera et qu'il aura déjeuné** he'll see you when he comes home and he's had a meal; **comme la maison était petite et qu'il n'y avait pas de jardin** as the house was small and there was no garden; **bien qu'il soit en retard et ~ nous soyons pressés** although he's late and we're in a hurry.
(c) (*hypothèse*) **il ira qu'il le veuille ou qu'il ne le veuille pas** he'll go whether he wants to or not *ou* whether he likes it or not; (*conséquence*) **il cria si fort qu'on le fit sortir** he shouted so loudly that he was sent out; **la classe n'est pas si avancée qu'il ne puisse suivre** the class is not too advanced for him to keep up *ou* is not so advanced that he can't keep up; (*but*) **tenez-le qu'il ne tombe pas** hold him in case he falls *ou* so that he won't fall; **venez ~ nous causions** come along and we'll have *ou* so that we can have a chat; (*temps*) **elle venait à peine de sortir qu'il se mit à pleuvoir** she had

no sooner gone out than it started raining, she had hardly *ou* just gone out when it started raining; **ils se connaissaient depuis 10 minutes qu'ils étaient déjà amis** they had known each other for only 10 minutes and already they were friends; **ça fait 2 ans qu'il est là** he has been here (for) 2 years; **ça fait 2 ans qu'il est parti** it is 2 years since he left, he left 2 years ago; *V* **attendre, ne**.
(d) (*3e personne: ordre, souhait, résignation etc*) **qu'il se taise!** I wish he would be quiet!; **~ la lumière soit** let there be light; **~ la guerre finisse!** if only the war would end!; **eh bien, qu'il vienne!** all right, he can come *ou* let him come; **~ m'importe!** what do I care?, I don't care!; **~ le Seigneur ait pitié de lui!** (may) the Lord have mercy upon him.
(e) (*comparaison*) (*avec plus, moins*) than; (*avec aussi, autant, tel*) as. **la campagne est plus reposante ~ la mer** the country is more restful than the sea; **il est plus petit qu'elle** he's smaller than her *ou* than she is; **elle est tout aussi capable ~ vous** she's just as capable as you (are); **j'ai laissé la maison telle ~ je l'avais trouvée** I left the house (just) as I found it; *V* **bien, condition, moins** *etc*.
2 *adv* **(a)** (*excl*) (*devant adj, adv*) how; (*devant n sg*) what a; (*devant npl*) what a lot of. **~ tu es lent!** aren't you slow!; **ce ~ tu es lent!*** you're so slow!; **qu'est-ce ~ tu es lent!** how slow you are!; **~ de monde, ce qu'il y a du monde*, qu'est-ce qu'il y a comme monde** what a crowd (there is)!, what a lot of people!; **~ de mal vous vous donnez!** what a lot of trouble you're taking!; **qu'il joue bien!, ce qu'il joue bien!*, qu'est-ce qu'il joue bien!** doesn't he play well!, what a good player he is!
(b) (*avec ne: excl ou interrog*) why. **~ n'es-tu venu me voir?** why didn't you come to see me?
3 *pron* **(a)** (*relatif: objet direct*) (*personne*) that, whom (*frm*); (*chose, animal*) which, that (*gén omis*); (*temps*) when. **Paul, ~ je ne voyais même pas, m'a appelé** Paul, who *ou* whom I couldn't even see, called me; **les enfants ~ tu vois jouer dans la rue** the children (that *ou* whom) you see playing in the street; **c'est le concert le plus beau ~ j'aie jamais entendu** it's the finest concert (that) I have ever heard; **l'étiquette, ~ j'avais pourtant bien collée, est tombée** the label, which I stuck on properly, fell off all the same; **la raison qu'il a donnée** the reason (that) he gave; **tu te souviens de l'hiver qu'il a fait si froid?*** do you remember the winter (when) it was so cold?; **un jour/un été ~ one day/one summer when.**
(b) (*attrib*) **quel homme charmant ~ votre voisin!** what a charming man your neighbour is; **distrait qu'il est, il n'a rien vu** dreamy as he is, he didn't notice anything; **pour ignorante qu'elle soit** ignorant though she may be, however ignorant she is *ou* may be; **c'est un inconvénient ~ de ne pas avoir de voiture** it's inconvenient not having a car; **plein d'attentions qu'il était ce jeune homme*** he was so considerate that young man was*; **de brune qu'elle était, elle est devenue blonde** once brunette *ou* brunette at one time, she has now turned blonde; **en bon fils qu'il est** being the good son (that) he is.
(c) (*interrog: dir, indir*) what; (*discriminatif*) which. **~ fais-tu?, qu'est-ce ~ tu fais?** what are you doing?; **qu'est-ce qui vous prend?** what has come over you?; **qu'en sais-tu?** what do you know?; **qu'est-ce qu'il y a?, qu'est-ce?** what is it?, what's the matter?; **qu'est-ce ~ c'est ~ cette histoire?** what's all this about?, what's it all about?; **il ne dit pas ce qu'il fait** he doesn't say what he's doing; **je pense ~ oui/non** I think/don't think so; **mais il n'a pas de voiture! — il dit ~ si** but he has no car! — he says he has; **qu'est-ce ~ tu préfères, le rouge ou le noir?** which (one) do you prefer, the red or the black?; *V* **ce, depuis, voici** *etc*.
(d) (*loc*) **je ne l'y ai pas autorisé, ~ je sache** I didn't give him permission to do so, as far as I know, I don't know that *ou* I'm not aware that I gave him permission to do so; (**il n'est pas venu) ~ je sache** (he didn't come) as far as I know *ou* am aware; **qu'il dit!*** that's what he says!, that's his story!, so he says!; **~ tu crois!*** that's what you think!; **~ oui!** yes indeed!, quite so!; **~ non!** certainly not!, not at all!; **mais il n'en veut pas! — ~ si/non** but he doesn't want any! — yes, he does/no, he doesn't.
Québec [kebɛk] **1** *n* (*ville*) Quebec. **2** *nm* (*province*) **le ~** Quebec.
québécois, -e [kebekwa, waz] **1** *adj* Quebec. **le Parti ~** the Parti Québécois. **2** *nm* (*Ling*) Quebec French. **3** *nm, f*: **Q~(e)** Quebecker, Quebecer, Québécois (*Can*).
Queensland [kwinzlãd] *nm* Queensland.
quel, quelle [kɛl] **1** *adj* **(a)** (*interrog: dir, indir*) (*être animé: attrib*) who; (*être animé: épith*) what; (*chose*) what. **~ est cet auteur?** who is that author?; **sur ~ auteur va-t-il parler?** what author is he going to talk about?; **quelles ont été les raisons de son départ?** what were the reasons for his leaving? *ou* departure?; **dans ~s pays êtes-vous allé?** what countries have you been to?; **lui avez-vous dit à quelle adresse (il faut) envoyer la lettre?** have you told him the *ou* what address to send the letter to?; **j'ignore ~ est l'auteur de ces poèmes** I don't know who wrote these poems *ou* who the author of these poems is.
(b) (*interrog discriminatif*) which. **~ acteur préférez-vous?** which actor do you prefer?; **~ est le vin le moins cher des trois?** which wine is the cheapest of the three?
(c) (*excl*) what. **quelle surprise/coïncidence!** what a surprise/coincidence!; **~ courage/temps!** what courage/weather!; **~s charmants enfants!** what charming children!; **~ dommage qu'il soit parti!** what a pity he's gone!; **~ imbécile je suis!** what a fool I am!; **quelle chance!** what (a stroke of) luck!; **~ toupet!*** what (a) nerve!; **~ sale temps!** what rotten weather!; **il a vu ~s amis fidèles il avait** he saw what faithful friends he had; **j'ai remarqué avec quelle attention ils écoutaient** I noticed how attentively they were listening.
(d) (*relatif*) (*être animé*) whoever; (*chose*) whatever; (*discriminatif*) whichever, whatever. **quelle que soit** *ou* **quelle**

que puisse être votre décision, écrivez-nous write to us what-ever your decision (may be) *ou* whatever you decide; ~ **que soit le train que vous preniez, vous arriverez trop tard** whichever *ou* whatever train you take, you will be too late; **quelles que soient les conséquences** whatever the consequences; **quelle que soit la personne qui vous répondra** whoever answers you, whichever person answers you; ~ **qu'il soit, le prix sera toujours trop élevé** whatever the price (is), it will still be too high; **les hommes, ~s qu'ils soient men**, whoever they may be.

2 *pron interrog* which. **de tous ces enfants, ~ est le plus intelligent?** of all these children which (one) is the most intelligent?; **des deux solutions quelle est celle que vous préférez?** of the two solutions, which (one) do you prefer?

quelconque [kɛlkɔ̃k] *adj* **(a)** (*n'importe quel*) some (or other), any. **une lettre envoyée par un ami ~ ou par un ~ de ses amis** a letter sent by some friend of his *ou* by some friend or other (of his); **choisis un stylo ~ parmi ceux-là** choose any pen from among those; **sous un prétexte ~** on some pretext or other; **pour une raison ~** for some reason (or other); **à partir d'un point ~ du cercle** from any point on the circle; *V* **triangle**.

(b) (*moindre*) **un ou une ~** any, the least *ou* slightest; **il n'a pas manifesté un désir ~ d'y aller** he didn't show the slightest *ou* least desire *ou* any desire to go; **avez-vous une ~ idée de l'endroit où ça se trouve?** have you any idea where it might be?

(c) (*médiocre*) *repas* poor, indifferent; *élève, devoir* poor; *acteur* poor, second-rate. **c'est un repas/devoir ~** this meal/piece of homework isn't up to much*, this is a poor meal/piece of homework; **c'est quelqu'un de très ~** (*laid*) he's a very plain-look-ing *ou* ordinary-looking sort of person; (*ordinaire*) he's a very ordinary *ou* nondescript sort of person.

quelque [kɛlk(ə)] **1** *adj indéf* **(a)** (*sans pl*) some. **il habite à ~ distance d'ici** he lives some distance *ou* way from here; **cela fait ~ temps que je ne l'ai vu** I haven't seen him for some time *ou* for a while, it's some time *ou* a while since I've seen him; **il faut trouver ~ solution** we'll have to find some other solution; **j'ai ~ peine à croire cela** I find it rather *ou* somewhat *ou* a little difficult to believe; **avec ~ impatience/inquiétude** with some impatience/anxiety; **désirez-vous ~ autre chose?** would you like something *ou* anything else?

(b) (*pl*) **~s** a few, some; **M Dupont va vous dire ~s mots** Mr Dupont is going to say a few words (to you); **~s milliers (de)** a few thousand; **il ne peut rester que ~s instants** he can only stay (for) a few moments; **~s autres some** *ou* a few others; **avez-vous ~s feuilles de papier à me passer?** have you any *ou* some *ou* a few sheets of paper you could let me have?

(c) (*pl avec art: petit nombre*) few. **les ~s enfants qui étaient venus** the few children who had come; **ces ~s poèmes** these few poems; **les ~s centaines/milliers de personnes qui … the few hundred/thousand people who …**.

(d) ~ **… que** whatever; (*discriminatif*) whichever, whatever; **de ~ façon que l'on envisage le problème** whatever *ou* whichever way you look at the problem; **par ~ temps qu'il fasse** whatever the weather (may be *ou* is like).

(e) ~ **part** somewhere; **posez votre paquet ~ part dans un coin** put your parcel down in a corner somewhere; (*euph: = W.C.*) **je vais ~ part** I'm going to wash my hands (*euph*); (*euph: derrière*) **tu veux mon pied ~ part?** do you want a kick somewhere where it hurts?* (*euph*) *ou* you know where?* (*euph*).

(f) **en ~ sorte** (*pour ainsi dire*) as it were, so to speak; (*bref*) in a word; (*d'une certaine manière*) in a way; **le liquide s'était en ~ sorte solidifié** the liquid had solidified as it were *ou* so to speak; **en ~ sorte, tu refuses in a word**, you refuse; **on pourrait dire en ~ sorte que … you could say in a way that …**.

2 *adv* **(a)** (*environ, à peu près*) some, about. **il y a ~ 20 ans qu'il enseigne ici** he has been teaching here for some *ou* about 20 years *ou* for 20 years or so; **ça a augmenté de ~ 50 F** it's gone up by about 50 francs *ou* by 50 francs or so *ou* by some 50 francs.

(b) **et ~s(s)*: 20 kg et ~s(s)** a bit over 20 kg*; **il doit être 3 heures et ~s** it must be a bit after 3*.

(c) ~ **peu** rather, somewhat; ~ **peu déçu** rather *ou* somewhat disappointed; **il est ~ peu menteur** he is something of *ou* a bit of a liar.

(d) (*littér*) ~ **… que** however; ~ **lourde que soit la tâche** however heavy the task may be.

quelque chose [kɛlkəʃoz] *pron indéf* **(a)** something; (*avec interrog*) anything, something. ~ **d'extraordinaire** something extraordinary; ~ **d'autre** something else; **puis-je faire ~ pour vous?** is there anything *ou* something I can do for you?; **il a ~** (*qui ne va pas*) (*maladie*) there's something wrong *ou* the matter with him; (*ennuis*) there's something the matter (with him); **vous prendrez bien ~** (*à boire*) you'll have something to drink; **il est ~ aux PTT*** he has some sort of a job in the Post Office, he's got something to do with the Post Office; **il/ça y est pour ~** he/it has got something to do with it; **il y a ~ comme une semaine** something like a week ago, a week or so ago.

(b) (*: intensif*) **il a plu ~!** it rained something dreadful!*, it didn't half rain!* (*Brit*); **je tiens ~ (de bien) comme rhume!** I've got a really dreadful cold, I don't half have a (dreadful) cold* (*Brit*); **il se prend pour ~** he thinks he's quite something.

(c) (*loc*) (*lit, fig*) **faire ~ à qn** to have an effect on sb; **ça alors, c'est ~!** that's (a bit) too much!, that's a bit stiff!*; **je t'ai apporté un petit ~** I've brought you a little something; *V* **déjà, dire**.

quelquefois [kɛlkəfwa] *adv* sometimes, occasionally, at times.

quelques-uns, -unes [kɛlkəzœ̃, yn] *pron indéf pl* some, a few. ~ **de nos lecteurs/ses amis** some *ou* a few of our readers/his friends; **privilège réservé à ~** a privilege reserved for a very few.

quelqu'un [kɛlkœ̃] *pron indéf* somebody, someone; (*avec interrog*)

anybody, anyone. ~ **d'autre** somebody *ou* someone else; **c'est ~ de sûr/d'important** he's a reliable/an important person, he's someone reliable/important; **il faudrait ~ de plus** one more per-son *ou* somebody *ou* someone else would be needed; ~ **pourrait-il répondre?** could somebody answer?; **ce savant, c'est ~** this scientist is (a) somebody; **ça alors, c'est ~!*†** that's (a bit) too much!, that's a bit stiff!*

quémander [kemɑ̃de] (1) *vt argent, faveur* to beg for; *louanges* to beg *ou* fish *ou* angle for.

quémandeur, -euse [kemɑ̃dœR, øz] *nm,f* (*littér*) beggar.

qu'en-dira-t-on [kɑ̃diRatɔ̃] *nm inv* (*commérage*) gossip. **il se moque du ~** he doesn't care what people say *ou* about gossip.

quenelle [kənɛl] *nf* (*Culin*) quenelle.

quenotte [kənɔt] *nf* (*langage enfantin*) tooth, toothy-peg (*Brit langage enfantin*).

quenouille [kənuj] *nf* distaff; *V* **tomber**.

quéquette‡ [keket] *nf* willy‡, penis.

querelle [kəRɛl] *nf* **(a)** (*dispute*) quarrel. ~ **d'amoureux** lovers' tiff; ~ **d'Allemand, mauvaise ~** quarrel over nothing, unreason-able quarrel; **chercher une ~ d'Allemand** *ou* **une mauvaise ~ à qn** to pick a quarrel with sb for nothing *ou* for no reason at all; ~ **de famille** *ou* **familiale** family quarrel *ou* squabble; (*Pol*) **la ~ sur l'avortement** the abortion debate *ou* issue; *V* **chercher, vider**.

(b) (††, *littér: cause, parti*) cause, quarrel†. **épouser** *ou* **embrasser la ~ de qn** to take up *ou* fight sb's cause, fight sb's quar-rels.

quereller [kəRele] (1) **1** *vt* (†: *gronder*) to scold. **2 se quereller** *vpr* to quarrel (with one another). **se ~ au sujet** *ou* **à propos de qch** to quarrel *ou* squabble over *ou* about sth.

querelleur, -euse [kəRelœR, øz] *adj* quarrelsome.

quérir [keRiR] *vt* (*littér: chercher*) **envoyer** *ou* **faire ~ qn** to summon sb, bid sb (to) come†; **aller ~ qn** to go seek sb†, go in quest of sb†.

questeur [kɥɛstœR] *nm* (*Antiq*) quaestor; (*Pol française*) questeur (*administrative and financial officer elected to the French Parlia-ment*).

question [kɛstjɔ̃] *nf* **(a)** (*demande*) (*gén*) question; (*pour lever un doute*) query, question. (*Pol*) ~ **écrite/orale** written/oral question; **sans (poser de) ~s** without asking any questions; without raising any queries; **évidemment! cette ~!** *ou* **quelle ~!** obviously! what a question!; ~ **piège** (*d'apparence facile*) trick question; (*pour nuire à qn*) loaded question; ~ **subsidiaire** tiebreaker (*decisive question in a competition*); (*Pol*) **poser la ~ de confiance** to ask for a vote of confidence.

(b) (*problème*) question, matter, issue. **la ~ est délicate** it's a delicate question *ou* matter; **la ~ est de savoir si** the question is whether; ~**s économiques/sociales** economic/social questions *ou* matters *ou* issues; (*Presse*) ~ **d'actualité** topical question; **la ~ sociale** the social question *ou* issue; **sortir de la ~** to stray *ou* wander from the point; **la ~ n'est pas là** that's not the point; **c'est toute la ~, c'est la grosse ~*** that's the big question, that's the crux of the matter, that's the whole point; **il n'y a pas de ~, c'est lui le meilleur** he is indisputably *ou* unquestionably the best, without question he's the best, there's no question about it — he's the best; **cela ne fait pas ~** there's no question about it; **c'est une ~ de temps** it's a question *ou* matter of time; **c'est une ~ d'heures/de vie ou de mort/d'habitude** it's a matter *ou* question of hours/of life or death/of habit; (*ordre du jour*) **'autres ~s'** 'any other business'; *V* **autre**.

(c) (*: en ce qui concerne*) ~ **argent** as far as money goes, moneywise*; **l'aider oui, mais ~ de tout faire, sûrement pas** help him I will but as for doing everything for him, I certainly won't.

(d) **de quoi est-il ~?** what is it about?; **il fut d'abord ~ du budget** first they spoke about *ou* discussed the budget; **il est ~ de lui comme ministre** *ou* **qu'il soit ministre** there's some question *ou* talk of his being *ou* becoming a minister; **il n'est plus ~ de ce fait dans la suite** no further mention of this fact is made subsequently, there is no further reference to this fact thereafter; **il n'est pas ~ que nous y renoncions/d'y renoncer** there's no question of our *ou* us giving it up/of giving it up; **il n'en est pas ~!** there's no question of it!; **moi y aller? pas ~!*** me go? nothing doing!* *ou* no way!‡

(e) **en ~** in question; **hors de ~** out of the question; **la personne en ~** the person in question; **mettre** *ou* **remettre en ~** *autorité* to question, challenge; *science* to question, call *ou* bring in(to) ques-tion; **c'est notre vie même qui est en ~ ici** it's our very lives that are at stake here; **tout est remis en ~ à cause du mauvais temps** there is a question mark over the whole plan because of the bad weather, the bad weather throws the whole thing back into ques-tion; **le projet a été remis en ~ une fois de plus** the scheme was back in the melting pot *ou* was called into doubt yet again; **la remise en ~ de nos accords** the renewed doubt surrounding our agreements, the fact that our agreements are once again in doubt *ou* being called into question; **ils veulent remettre en ~ l'entrée de ce pays dans la CEE** they want to revive *ou* reopen the issue of this country's joining the EEC.

(f) (*Hist: torture*) question. **soumettre qn à la ~, infliger la ~ à qn** to put sb to the question.

questionnaire [kɛstjɔnɛR] *nm* questionnaire. (*Scol etc*) ~ **à choix multiple** multiple choice question paper.

questionner [kɛstjɔne] (1) *vt* (*interroger*) to question (*sur* about). **arrête de ~ toujours comme ça** stop pestering me with questions all the time, stop questioning me all the time.

questionneur, -euse [kɛstjɔnœR, øz] *nm,f* questioner.

quête [kɛt] *nf* **(a)** (*collecte*) collection. **faire la ~** [*prêtre*] to take (the) collection; [*jongleur*] to go round with the hat; [*quêteur*] to collect for charity.

(b) *(littér: recherche)* [*Graal*] quest *(de* for); *[absolu]* pursuit *(de* of). **âme en ~ d'absolu** soul in pursuit *ou* quest *ou* search of the absolute.

(c) **se mettre en ~ de** *pain* to set out to look for *ou* to find, go in search of; *appartement* to (go on the) hunt for; **être en ~ de travail** to be looking for *ou* seeking work.

quêter [kete] (1) **1** *vi (à l'église)* to take the collection; *(dans la rue)* to collect money. **~ pour les aveugles** to collect for the blind.

2 *vt louanges* to seek (after); fish *ou* angle for; *suffrages* to seek; *sourire, regard* to seek, try to win.

quêteur, -euse [kɛtœʀ, øz] *nm, f (dans la rue, à l'église)* collector.

quetsche [kwɛtʃ(ə)] *nf* kind of dark-red plum.

queue [kø] **1** *nf* (a) *[animal, lettre, note, avion, comète]* tail; *[orage]* tail end; *[classement]* bottom; *[casserole, poêle]* handle; *[fruit, feuille]* stalk; *[fleur]* stem, stalk; *[train, colonne]* rear. **en ~ de phrase** at the end of the sentence; **en ~ de liste/classe** at the bottom of the list/class; **en ~ (de train)** at the rear of the train; **compartiments de ~** rear compartments; **commencer par la ~** to begin at the end; *V* **diable.**

(b) *(file de personnes)* queue *(Brit)*, line *(US)*. **faire la ~** to queue (up) *(Brit)*, stand in line *(US)*; **il y a 2 heures de ~** there's 2 hours' queuing *(Brit)* ou standing in line *(US)*; **mettez-vous à la ~** join the queue *(Brit)* ou line *(US)*; **à la ~** in the queue *(Brit)*, in line *(US)*.

(c) (✱✱: *pénis*) tool✱✱, cock✱✱, prick✱✱.

(d) *(loc)* **la ~ basse*** *ou* **entre les jambes*** with one's tail between one's legs; **à la ~ leu leu** *marcher, arriver* in single *ou* Indian *(Brit)* file; **venir se plaindre** one after the other; **il n'y en avait pas la ~ d'un*** there wasn't the sniff *ou* glimmer of one*; *(Aut)* **faire une ~ de poisson à qn** to cut in front of sb; **finir en ~ de poisson** to finish up in the air, come to an abrupt end; **histoire sans ~ ni tête*** cock-and-bull story; *[marchand]* **mettre des ~s aux zéros** to overcharge.

2: queue d'aronde dovetail; **assemblage en queue d'aronde** dovetail joint; **queue de billard** (billiard) cue; **queue de cheval** ponytail; **queue-de-morue** *nf, pl* **queues-de-morue** *(pinceau)* (medium) paintbrush; *(habit)* tails *(pl)*, tail coat; **queue-de-pie** *nf, pl* **queues-de-pie** *(basques)* tails *(pl)*; *(habit)* tails *(pl)*, tail coat; **queue-de-rat** *nf, pl* **queues-de-rat** round file; **queue de vache** *adj inv couleur, cheveux* reddish-brown.

queuter✱ [køte] (1) *vi* to go wrong, backfire. **~ à un examen** to fail *ou* flunk* an exam, come down in an exam.

queux [kø] *nm V* **maître.**

qui [ki] **1** *pron* (a) *(interrog sujet)* who. **~ ou ~ est-ce ~ l'a vu?** who saw him?; **~ est-il/elle?** who is he/she?; **on m'a raconté ... — ~ ça?** somebody told me ... — who was that?; **~ d'entre eux/parmi vous saurait?** which of them/of you would know?; **~ va là?** *(Mil)* who goes there?; *(gén)* who's there?; *V* **que.**

(b) *(interrog objet)* who, whom. **elle a vu ~?✱, ~ est-ce qu'elle a vu?*** who did she see?; **~ a-t-elle vu?** who *ou* whom *(frm)* did she see?; *(surprise)* **elle a vu ~?** she saw who?, who did she see?; **à ou avec ~ voulez-vous parler?** who would you like to *ou* do you wish to speak to?, who is it you want to speak to?, to whom *(frm)* do you wish to speak?; **à ~ est-ce sac?** whose bag is this?, who does this bag belong to?, whose is this bag?; **à ~ donc parlais-tu?** who was it you were talking to?, who were you talking to?; **de ~ est la pièce?** who is the play by?; **chez ~ allez-vous?** whose house are you going to?

(c) *(interrog indir)* *(sujet)* who; *(objet)* who, whom. **je ne demande ~ est là/~** il a invité I wonder who's there/who *ou* whom *(frm)* he has invited; **elle ne sait à ~ se plaindre/pour ~ voter** she doesn't know who to complain to/who to vote for, she doesn't know to whom to complain/for whom to vote *(frm)*; **vous devinez ~ me l'a dit!** you can guess who told me!

(d) *(relatif sujet)* *(être animé)* who, that*; *(chose)* which, that. **Paul, ~ traversait le pont, trébucha** Paul, who was crossing the bridge, tripped, Paul was crossing the bridge and tripped; **les amis ~ viennent ce soir sont américains** the friends who *ou* that* are coming tonight are American; **il a un perroquet ~ parle** he's got a talking parrot, he's got a parrot which *ou* that talks; **c'est le plus grand peintre ~ ait jamais vécu** he is the greatest painter that ever lived; **prenez les assiettes ~ sont sur la table** take the plates (which *ou* that are) on the table; **la table, ~ était en acajou, était très lourde** the table, which was mahogany, was very heavy; **je la vis ~ nageait vers le rivage** I saw her (as she was) swimming towards the bank; **j'en connais ~ seraient heureux ...** I know some who would be happy ...; **montre-nous, toi ~ sais tout** show us, since you know it all *ou* since you're so clever; *V* **ce, moi, voici** *etc.*

(e) *(relatif avec prép)* **l'ami de ~ je vous ai parlé** the friend (that *ou* who* *ou* whom *(frm)*) I spoke to you about; **l'auteur sur l'œuvre de ~ elle a écrit une thèse** the author whose work she wrote a thesis on *ou* on whose work she wrote a thesis, the author on the work of whom she wrote a thesis *(frm)*; **le patron pour ~ il travaille** the employer (that *ou* who* *ou* whom *(frm)*) he works for, the employer for whom he works *(frm)*; **les docteurs sans ~ il n'aurait pu être sauvé** the doctors without whom he couldn't have been saved.

(f) *(relatif sans antécédent: être animé)* whoever, anyone who. **amenez ~ vous voulez** bring along whoever *ou* anyone *ou* who you like *ou* please; **cela m'a été dit par ~ vous savez** I was told that by you-know-who*; **ira ~ voudra** let whoever wants *ou* anyone who wants to go go; **c'est à ~ des deux mangera le plus vite** each tries to eat faster than the other, they try to outdo each other in the speed they eat; **il a dit à ~ voulait l'écouter** *ou* l'entendre **que** ... he told anyone who would listen *ou* cared to listen that ...; **je le dirai à ~ de droit** I will tell whoever is concerned *ou* is the proper authority; **j'interdis à ~ que ce soit**

d'entrer ici I'm not letting anybody (come) in here, I forbid anyone to come in here; **(~ que ce soit) ~ a fait cette faute ne va pas aller le dire!** whoever (the person is who) made this mistake is not going to say so!; **~ les verrait ensemble ne devinerait jamais qu'ils se détestent** anyone seeing them together would never guess (that) they can't stand one another; **à ~ mieux mieux** *(gén)* each one more so than the other; *crier* each one louder than the other; *frapper* each one harder than the other; **ils ont sauvé des flammes tout ce qu'ils ont pu: ~ une chaise, ~ une table, ~ une radio** they saved whatever they could from the fire: some took a chair, some a table, others a radio.

(g) *(Prov)* **~ m'aime me suive** come all ye faithful *(hum)*, come along you folks; **~ va lentement va sûrement** more haste less speed *(Prov)*; **~ vivra verra** what will be will be *(Prov)*; **~ a bu boira** a leopard never changes its spots *(Prov)*, once a thief always a thief *(Prov)*; **~ aime bien châtie bien** spare the rod and spoil the child *(Prov)*; **~ donne aux pauvres prête à Dieu** charity will be rewarded in heaven; **~ dort dîne** he who sleeps forgets his hunger; **~ ne dit mot consent** silence gives consent; **~ ne risque rien** *ou* **n'ose rien n'a rien** nothing venture(d) nothing gain(ed); **~ paie ses dettes s'enrichit** the rich man is the one who pays his debts; **~ peut le plus peut le moins** he who can do more can do less; **~ casse les verres les paye** you pay for your mistakes; **~ sème le vent récolte la tempête** he who sows the wind shall reap the whirlwind; **~ se ressemble s'assemble** birds of a feather flock together *(Prov)*; **~ se sent morveux, qu'il se mouche** if the cap *ou* shoe *(US)* fits, wear it *(Prov)*; **~ s'y frotte s'y pique** beware the man who crosses swords with us; **~ trop embrasse mal étreint** he who grasps at too much loses everything; **~ va à la chasse perd sa place** he who leaves his place loses it; **~ veut voyager loin ménage sa monture** he who takes it slow and steady goes a long way; **~ veut la fin veut les moyens** he who wills the end wills the means; **~ veut noyer son chien l'accuse de la rage** give a dog a bad name and hang him; **~ n'entend qu'une cloche n'entend qu'un son** one should hear both sides of a question; **~ vole un œuf vole un bœuf** he that will steal a pin will steal a pound *(surtout Brit)*.

2: qui-vive? *excl* who goes there?; **être sur le qui-vive** to be on the alert.

quia [kɥija] *adv:* **mettre qn à ~** to confound sb†, nonplus sb; **être à ~** to be at a loss for an answer.

quiche [kiʃ] *nf:* **~ (lorraine)** quiche (Lorraine).

quiconque [kikɔ̃k] *(frm)* **1** *pron rel (celui qui)* whoever, anyone who, whosoever†. **~ a tué sera jugé** whoever has killed will be judged; **la loi punit ~ est coupable** the law punishes anyone who is guilty.

2 *pron indéf (n'importe qui, personne)* anyone, anybody. **je le sais mieux que ~** I know better than anyone (else); **il ne veut recevoir d'ordres de ~** he won't take orders from anyone *ou* anybody.

quidam [kɥidam] *nm* (†, *hum: individu)* fellow, chap *(Brit)*, cove *(Brit: †, hum)*.

quiet, quiète [kjɛ, kjɛt] *adj (littér, ††)* calm, tranquil.

quiétisme [kɥijetism(ə)] *nm* quietism.

quiétiste [kɥijetist(ə)] *adj, nmf* quietist.

quiétude [kjetyd] *nf (littér)* *[lieu]* quiet, tranquility; *[personne]* peace (of mind). **en toute ~** *(sans soucis)* with complete peace of mind; *(sans obstacle)* in (complete) peace; **les voleurs ont pu opérer en toute ~** the thieves were able to go about their business undisturbed.

quignon [kiɲɔ̃] *nm:* **~ (de pain)** *(croûton)* crust (of bread), heel of the loaf; *(morceau)* hunk *ou* chunk of bread.

quille [kij] *nf* (a) skittle. **(jeu de) ~s** ninepins, skittles; *V* **chien.** (b) (✱: *jambe*) pin*. **(arg Mil) la ~** demob *(arg Brit)*. (c) *(Naut)* keel. **la ~ en l'air** bottom up(wards), keel up.

quincaillerie [kɛ̃kajʀi] *nf (ustensiles, métier)* hardware, ironmongery *(Brit)*; *(magasin)* hardware shop *ou* store, ironmonger's (shop) *(Brit)*; *(fig péj: bijoux)* jewellery. **elle a sorti toute sa ~** she has decked herself out *ou* loaded herself down with every available piece of jewellery.

quincaillier, -ière [kɛ̃kaje, jɛʀ] *nm, f* hardware dealer, ironmonger *(Brit)*.

quinconce [kɛ̃kɔ̃s] *nm:* **en ~** in staggered rows.

quinine [kinin] *nf* quinine.

quinquagénaire [kɛ̃kwaʒenɛʀ] **1** *adj (de cinquante ans)* fifty-year-old *(épith)*; *(de cinquante à soixante ans)* **il est ~** he is in his fifties; *(hum)* **maintenant que tu es ~** now that you're fifty (years old), now that you've reached fifty. **2** *nmf* fifty-year-old man *(ou* woman).

Quinquagésime [kɛ̃kwaʒezim] *nf* Quinquagesima.

quinquennal, e, *mpl* **-aux** [kɛ̃kɥenal, o] *adj* five-year *(épith)*, quinquennial. *(Agr)* **assolement ~** five-year rotation.

quinquet [kɛ̃kɛ] *nm (Hist)* oil lamp. *(yeux)* **~s*** peepers* *(hum)*.

quinquina [kɛ̃kina] *nm (Bot, Pharm)* cinchona. **(apéritif au) ~** quinine tonic wine.

quint, e¹ [kɛ̃, kɛ̃t] *adj V* **Charles.**

quintal, *pl* **-aux** [kɛ̃tal, o] *nm* quintal *(100 kg)*; *(Can)* hundredweight.

quinte² [kɛ̃t] *nf* (a) *(Méd)* **~ (de toux)** coughing fit. (b) *(Mus)* fifth; *(Escrime)* quinte; *(Cartes)* quint.

quintessence [kɛ̃tesɑ̃s] *nf (Chim, Philos, fig)* quintessence. *(hum)* **abstracteur de ~** hair-splitter.

quintette [kɛ̃tɛt] *nm (morceau, musiciens)* quintet(te). **~ à cordes/à vent** string/wind quintet.

quinteux, -euse [kɛ̃tø, øz] *adj* (††, *littér)* *vieillard* crotchety, crabbed†.

quintillion [kɛ̃tiljɔ̃] *nm* quintillion *(Brit)*, nonillion *(US)*.

quintuple [kɛ̃typl(ə)] **1** *adj* *quantité, rangée, nombre* quintuple.

une quantité ~ de l'autre a quantity five times (as great as) the other; **en ~ exemplaire/partie** in five copies/parts.
 2 *nm* (*Math, gén*) quintuple (*de* of). **je l'ai payé le ~/le ~ de l'autre** I paid five times as much for it/five times as much as the other for it; **je vous le rendrai au ~** I'll repay you five times over; **augmenter au ~** to increase fivefold.
quintupler [kɛ̃typle] (1) *vti* to quintuple, increase fivefold.
quintuplés, -ées [kɛ̃typle] (*ptp de* **quintupler**) *nm,f pl* quintuplets, quins* (*Brit*), quints* (*US*).
quinzaine [kɛ̃zɛn] *nf* (*nombre*) about fifteen, fifteen or so; (*salaire*) fortnightly (*Brit*) *ou* fortnight's (*Brit*) *ou* two weeks' pay. (*deux semaines*) ~ (**de jours**) fortnight (*Brit*), two weeks; **~ publicitaire** *ou* **commerciale** (two-week) sale; **la ~ du blanc** (two-week) white *ou* linen sale; **'~ des soldes'** 'two-week sale', 'sales fortnight' (*Brit*); *pour autres loc V* **soixantaine**.
quinze [kɛ̃z] **1** *nm inv* fifteen. (*Rugby*) **le ~ de France** the French fifteen; *pour autres loc V* **six**.
 2 *adj inv* fifteen. **le ~ août** the 15th August, Assumption; **demain en ~** a fortnight tomorrow (*Brit*), two weeks from tomorrow (*US*); **lundi en ~** a fortnight on Monday (*Brit*), two weeks from Monday (*US*); **dans ~ jours** in a fortnight (*Brit*), in a fortnight's time (*Brit*), in two weeks, in two weeks' time; **tous les ~ jours** every fortnight (*Brit*), every two weeks.
quinzième [kɛ̃zjɛm] *adj, nmf* fifteenth; *pour loc V* **sixième**.
quinzièmement [kɛ̃zjɛmmɑ̃] *adv* in the fifteenth place, fifteenthly.
quiproquo [kiprɔko] *nm* (**a**) (*méprise sur une personne*) mistake; (*malentendu sur un sujet*) misunderstanding. **le ~ durait depuis un quart d'heure, sans qu'ils s'en rendent compte** they had been talking at cross-purposes for a quarter of an hour without realizing it. (**b**) (*Théât*) (case of) mistaken identity.
quittance [kitɑ̃s] *nf* (*reçu*) receipt; (*facture*) bill. (*frm*) **donner ~ à qn de qch** to acquit sb of sth (*frm*).
quitte [kit] *adj* (**a**) **être ~ envers qn** to be quits *ou* all square with sb, be no longer in sb's debt; **être ~ envers sa patrie** to have served one's country; **être ~ envers la société** to have paid one's debt to society; **nous sommes ~s** (*dette*) we're quits *ou* all square; (*méchanceté*) we're even *ou* quits *ou* all square; **tu es ~ pour cette fois** I'll let you off this time, I'll let you get off *ou* away with it this time, you'll get off *ou* away with it this time; **je ne vous tiens pas ~** I don't consider your debt paid.
 (**b**) **être/tenir qn ~ d'une dette/obligation** to be/consider sb rid *ou* clear of a debt/an obligation; **je suis ~ de mes dettes envers vous** I'm clear as far as my debts to you are concerned, all my debts to you are clear *ou* are paid off; **tu en es ~ à bon compte** you got off lightly; **nous en sommes ~s pour la peur/un bain glacé** we got off with a fright/an icy dip.
 (**c**) **~ à** even if it means *ou* does mean, although it may mean; **~ à s'ennuyer, ils préfèrent rester chez eux** they prefer to stay (at) home even if it means *ou* does mean getting bored *ou* although it may mean getting bored.
 (**d**) **~ ou double** (*jeu*) double or quits, go for broke; (*fig*) **c'est du ~ ou double, c'est jouer à ~ ou double** it's a big gamble, it's risking a lot.
quitter [kite] (1) *vt* (**a**) *personne, pays, école* to leave; *métier* to leave, quit, give up. **il n'a pas quitté la maison depuis 3 jours** he hasn't been outside *ou* set foot outside the house for 3 days, he hasn't left the house for 3 days; **je suis pressé, il faut que je vous quitte** I'm in a hurry so I must leave you *ou* I must be off*; **il a quitté sa femme** he's left his wife; **ne pas ~ la chambre** to be confined to one's room; **les clients sont priés de ~ la chambre avant 11 heures** guests are requested to vacate their rooms before 11 o'clock; **le camion a quitté la route** the lorry left *ou* ran off the road; **se ~** [*couple, interlocuteurs*] to part; **nous nous sommes quittés bons amis** we parted good friends; (†, *hum*) **il a quitté ce monde** he has departed this world; (*fig*) **~ la place** to withdraw, retire; **ne pas ~ qn d'un pas** *ou* **d'une semelle** not to leave sb for a second; *V* **lieu**.
 (**b**) (*fig*) *renoncer à*) *espoir, illusion* to give up, forsake; (*abandonner*) [*crainte, énergie*] leave, desert. **tout son courage l'a quitté** all his courage left *ou* deserted him.
 (**c**) (*enlever*) *vêtement* to take off. **~ le deuil** to come out of mourning; (*fig*) **~ l'habit** *ou* **la robe** to leave the priesthood.

 (**d**) (*loc*) **si je le quitte des yeux une seconde** if I take my eyes off him for a second, if I let him out of my sight for a second; (*Téléc*) **ne quittez pas** hold the line, hold on a moment; **ils ne se quittent pas** they are always together, you never see them apart.
quitus [kitys] *nm* (*Comm*) full discharge, quietus.
quoi [kwa] *pron* (**a**) (*interrog*) what. **de ~ parles-tu?, tu parles de ~?*** what are you talking about?, what are you on about?* (*Brit*); **on joue ~ au cinéma?*** what's on at the cinema?; **en ~ puis-je vous aider?** how can I help you?; **en ~ est cette statue?** what is this statue made of?; **vers ~ allons-nous?** what are we heading for?; **à ~ reconnaissez-vous le cristal?** how can you tell (that) it is crystal?; **~ faire/lui dire?** what are we (going) to do/to say to him?; **~ encore?** what else?; (*exaspération*) **~ encore?** what is it now?; **~ de plus beau que ...?** what can be more beautiful than ...?; **~ de neuf?** *ou* **de nouveau?** any news?, what's the news?; **à ~ bon?** what's the use? (*faire* of doing).
 (**b**) (*interrog indir*) what. **dites-nous à ~ cela sert** tell us what that's for; **il voudrait savoir de ~ il est question/en ~ cela le concerne** he would like to know what it's about/what that's got to do with him; **je ne vois pas avec ~/sur ~ vous allez écrire** I don't see what you are going to write with/on; **devinez ~ j'ai mangé*** guess what I've eaten; **je ne sais ~ lui donner** I don't know what to give him.
 (**c**) (*relatif*) **je sais la chose à ~ tu fais allusion** I know what (it is) you're referring to; **c'est en ~ tu te trompes** that's where you're wrong; **as-tu de ~ écrire?** have you got anything to write with?; **ils n'ont même pas de ~ vivre** they haven't even got enough to live on; **il n'y a pas de ~ rire** it's no laughing matter, there's nothing to laugh about; **il n'y a pas de ~ pleurer** it's not worth crying over *ou* about, there's nothing to cry about; **il n'y a pas de ~ s'étonner** there's nothing surprising about *ou* in that; **il n'y a pas de ~ fouetter un chat** it's not worth making a fuss about; **ils ont de ~ occuper leurs vacances** they've got enough *ou* plenty to occupy their holiday; **avoir/emporter de ~ écrire/manger** to have/take something to write with/to eat; *V* **ce**, **comme**, **sans** *etc*.
 (**d**) **~ qu'il arrive** whatever happens; **~ qu'il en soit** be that as it may, however that may be; **~ qu'on en dise/qu'elle fasse** whatever *ou* no matter what people say/she does; **si vous avez besoin de ~ que ce soit** if there's anything (at all) you need.
 (**e**) (*loc*) (*excl*) **~!** tu oses l'accuser? what! you dare to accuse him!; (*pour faire répéter*) **~?** qu'est-ce qu'il a dit? what was it *ou* what was that he said?; (*iro*) **et puis ~ encore!** what next! (*iro*); **puisque je te le dis, ~!*** damn it all! I'm telling you!*; **de ~ (de ~)!*** what's all this nonsense!; **merci beaucoup! — il n'y a pas de ~** many thanks! — don't mention it *ou* (it's) a pleasure *ou* not at all *ou* you're welcome; **ils n'ont pas de ~ s'acheter une voiture** they can't afford to buy a car, they haven't the means *ou* the wherewithal to buy a car; **avoir de ~** to have means; **des gens qui ont de ~** people of means.
quoique [kwak(ə)] *conj* (*bien que*) although, though. **quoiqu'il soit malade et qu'il n'ait pas d'argent** although *ou* though he is ill and has no money.
quolibet† [kɔlibɛ] *nm* (*raillerie*) gibe, jeer. **couvrir qn de ~s** to gibe *ou* jeer at sb.
quorum [kɔrɔm] *nm* quorum. **le ~ a/n'a pas été atteint** there was/was not a quorum, we (*ou* they *etc*) had/did not have a quorum.
quota [kɔta] *nm* (*Admin*) quota.
quote-part, *pl* **quotes-parts** [kɔtpar] *nf* (*lit, fig*) share.
quotidien, -ienne [kɔtidjɛ̃, jɛn] **1** *adj* (*journalier*) *travail, trajet, nourriture* daily (*épith*); (*banal*) *incident* everyday (*épith*), daily (*épith*); *existence* everyday (*épith*), humdrum. **dans la vie ~ne** in everyday *ou* daily life; *V* **pain**.
 2 *nm* (**a**) (*journal*) daily (paper), (news)paper. **les grands ~s** the big national dailies.
 (**b**) (*routine*) **le ~** everyday life.
quotidiennement [kɔtidjɛnmɑ̃] *adv* daily, every day.
quotidienneté [kɔtidjɛnte] *nf* everyday nature.
quotient [kɔsjɑ̃] *nm* (*Math*) quotient. **~ intellectuel** intelligence quotient, IQ; (*impôts*) **~ familial** dependents' allowance set against tax.
quotité [kɔtite] *nf* (*Fin*) quota. (*Jur*) **~ disponible** *portion of estate of which testator may dispose at his discretion.*

R

R, r [ɛʀ] *nm (lettre)* R, r; *V* mois.
rab‡ [ʀab] *nm abrév de* **rabiot‡**.
rabâchage [ʀabɑʃaʒ] *nm* constant harping on (*U*).
rabâcher [ʀabɑʃe] (1) **1** *vt (ressasser) histoire* to rehearse, harp on*, keep (on) repeating; *(réviser) leçon* to go over and over, keep going back over. **il rabâche toujours la même chose** he keeps rehearsing *ou* repeating the same old theme*, he's always harping on the same theme*, he keeps on harping on about the same (old) thing*.
    2 *vi (radoter)* to keep on, keep harping on*, keep repeating o.s.
rabâcheur, -euse [ʀabɑʃœʀ, øz] *nm,f* repetitive *ou* repetitious bore. **il est du genre ~** he's one of these *ou* he's the type who never stops repeating himself *ou* harping on*.
rabais [ʀabɛ] *nm* reduction, discount. **10 centimes de ~, ~ de 10 centimes** reduction *ou* discount of 10 centimes, 10 centimes off; **faire un ~ de 2 F sur qch** to give a reduction *ou* discount of 2 francs on sth, knock 2 francs off (the price of) sth; **au ~** *acheter, vendre* at a reduced price, (on the) cheap; (*péj*) *enseignement/médecine* **au ~** cheap-rate teaching/medicine, teaching/medicine on the cheap; (*péj*) **je ne veux pas travailler au ~** I won't work for a pittance *ou* do underpaid work.
rabaisser [ʀabese] (1) **1** *vt* **(a)** *(dénigrer) personne* to humble, belittle, disparage; *efforts, talent, travail* to belittle, disparage.
    (b) *(réduire) pouvoirs* to reduce, decrease; *orgueil* to humble; *exigences* to moderate, reduce. **ces défauts rabaissent la qualité de l'ensemble** these defects impair the quality of the whole; *V* **caquet.**
    (c) *(diminuer) prix* to reduce, knock down, bring down.
    (d) *(baisser) robe, store* to pull (back) down.
    2 se rabaisser *vpr* to belittle o.s. **elle se rabaisse toujours** she never gives herself enough credit, she always belittles herself; **se ~ devant qn** to humble o.s. *ou* bow before sb.
rabane [ʀaban] *nf* raffia fabric.
rabat [ʀaba] *nm* **(a)** *[table]* flap, leaf; *[poche, enveloppe]* flap; *[drap]* fold (*over the covers*); *[avocat, prêtre]* bands. **poche à ~** flapped pocket. **(b)** = **rabattage.**
rabat-joie [ʀabaʒwa] *nm inv* killjoy, spoilsport, wet blanket. **faire le ~** to spoil the fun, act like *ou* be a spoilsport, be a wet blanket; **il est drôlement ~** he's an awful killjoy *ou* spoilsport *ou* wet blanket.
rabattage [ʀabataʒ] *nm (Chasse)* beating.
rabatteur, -euse [ʀabatœʀ, øz] **1** *nm,f (Chasse)* beater; *(fig péj)* tout; *[prostituée]* procurer, pimp. **le ~ de l'hôtel** the hotel tout. **2** *nm [moissonneuse]* reel.
rabattre [ʀabatʀ(ə)] (41) **1** *vt* **(a)** *capot, clapet* to close *ou* shut down; *couvercle* to put on, close; *drap* to fold over *ou* back; *col* to turn down; *bord de chapeau* to turn *ou* pull down; *strapontin (ouvrir)* to pull down; *(fermer)* to put up; *jupe* to pull down. **le vent rabat la fumée** the wind blows the smoke back down; **il rabattit ses cheveux sur son front** he brushed his hair down over his forehead; **le chapeau rabattu/les cheveux rabattus sur ses yeux** his hat pulled down/hair brushed down over his eyes; **~ les couvertures** *(se couvrir)* to pull the blankets up; *(se découvrir)* to push *ou* throw back the blankets.
    (b) *(diminuer)* to reduce; *(déduire)* to deduct, take off. **il n'a pas voulu ~ un centime (du prix)** he wouldn't take *ou* knock a centime off (the price), he wouldn't come down (by) one centime (on the price); **~ l'orgueil de qn** to humble sb's pride; **en ~** *(de ses prétentions)* to climb down, come down off one's high horse; *(de ses illusions)* to lose one's illusions; *V* **caquet.**
    (c) *(Chasse) gibier* to drive; *terrain* to beat. **~ des clients*** to tout for customers.
    (d) *(Tricot)* **~ des mailles** to decrease; *(Couture)* **~ une couture** to stitch down a seam.
    2 se rabattre *vpr* **(a)** *[voiture]* to cut in; *[coureur]* to cut in, cut across. **se ~ devant qn** *[voiture]* to cut *ou* pull in front of sb; *[coureur]* to cut *ou* swing in front of *ou* across sb; **le coureur s'est rabattu à la corde** the runner cut *ou* swung across to the inside lane.
    (b) *(prendre faute de mieux)* **se ~ sur** *marchandise, personne* to fall back on, make do with.
    (c) *(se refermer) [porte]* to fall *ou* slam shut; *[couvercle]* to close; *[dossier]* to fold down, fold away. **la porte se rabattit sur lui** the door closed *ou* shut on *ou* behind him.
rabattu, e [ʀabaty] *(ptp de* **rabattre***) adj col, bords* turned down; *poche* flapped; *V* **couture.**
rabbin [ʀabɛ̃] *nm* rabbi. **grand ~** chief rabbi.
rabbinat [ʀabina] *nm* rabbinate.
rabbinique [ʀabinik] *adj* rabbinic(al).
rabbinisme [ʀabinism(ə)] *nm* rabbinism.
rabelaisien, -ienne [ʀabləzjɛ̃, jɛn] *adj* Rabelaisian.
rabibochage* [ʀabibɔʃaʒ] *nm (réconciliation)* reconciliation.
rabibocher* [ʀabibɔʃe] (1) **1** *vt (réconcilier) amis, époux* to bring together (again), reconcile, patch things up between. **2 se rabibocher** *vpr* to make it up, patch things up (*avec* with).
rabiot‡ [ʀabjo] *nm (supplément)* **(a)** *[nourriture]* extra. **est-ce qu'il**

---

y a du ~? is there any extra (left)?, is there any extra food (left)?; **qui veut du ~?** anyone for extras? *ou* seconds?*; **va me chercher du ~ de viande** go and get me some extra meat *ou* seconds* of meat; **il reste un ~ de viande, il reste de la viande en ~** there is still (some) extra meat left (over); **que font-ils du ~?** what do they do with the extra (food)?
    (b) *[temps]* (*Mil*) extra time. **un ~ de 5 minutes** *ou* **5 minutes de ~ pour finir le devoir** 5 minutes' extra time *ou* 5 minutes extra to finish off the exercise; **faire du ~** *(travail)* to do *ou* work extra time; (*Mil*) to do *ou* serve extra time.
rabioter‡ [ʀabjɔte] (1) *vt* **(a)** *(s'approprier)* to scrounge* (*qch à qn* sth from sb). **il a rabioté tout le vin** he scrounged* all the extra wine; **~ 5 minutes de sommeil** to snatch 5 minutes' extra sleep.
    (b) *(voler) temps, argent* to fiddle* (*Brit*). **l'ouvrier m'a rabioté 10 F/un quart d'heure** the workman swindled *ou* did* me out of 10 francs/a quarter of an hour; **commerçant qui rabiote** shopkeeper who fiddles* (*Brit*) a bit extra *ou* makes a bit extra on the side; **~ sur la quantité** to give short measure.
rabioteur, -euse‡ [ʀabjɔtœʀ, øz] *nm,f* (*V* **rabioter**) scrounger*; fiddler* (*Brit*).
rabique [ʀabik] *adj* rabies (*épith*).
râble [ʀɑbl(ə)] *nm [lapin, lièvre]* back; (‡: *dos*) small of the back. *(Culin)* **~ de lièvre** saddle of hare; *V* **tomber.**
râblé, e [ʀɑble] *adj homme* well-set (*Brit*), heavy-set (*US*), stocky; *cheval* broad-backed.
rabot [ʀabo] *nm* plane. **passer qch au ~** to plane sth (down).
rabotage [ʀabɔtaʒ] *nm* planing (down).
raboter [ʀabɔte] (1) *vt* **(a)** *(Menuiserie)* to plane (down).
    (b) (*: *racler) chaussure, objet* to scrape, rub; *main* to graze, scrape. **ne rabote pas le mur avec ton manteau** don't brush *ou* rub your coat along the wall; **baisse-toi si tu ne veux pas te ~ la tête contre le plafond** bend down if you don't want to graze your head on the ceiling.
raboteur [ʀabɔtœʀ] *nm (ouvrier)* planer.
raboteuse¹ [ʀabɔtøz] *nf (machine)* planing machine.
raboteux, -euse² [ʀabɔtø, øz] *adj (rugueux) surface, arête* uneven, rough; *chemin* rugged, uneven, bumpy; *(littér) style* rough, rugged; *voix* rough.
rabougri, e [ʀabugʀi] *(ptp de* **rabougrir***) adj (chétif) plante* stunted, scraggy; *personne* stunted, puny; *(desséché) plante* shrivelled; *vieillard* wizened, shrivelled.
rabougrir [ʀabugʀiʀ] (2) **1** *vt personne* to (cause to) shrivel up; *plante (dessécher)* to shrivel (up); *(étioler)* to stunt. **2 se rabougrir** *vpr [personne]* to become shrivelled (with age), become wizened; *[plante]* to shrivel (up), become stunted.
rabougrissement [ʀabugʀismɑ̃] *nm (action)* stunting, shrivelling (up); *(résultat)* scragginess, stunted appearance, shrivelled appearance.
rabouter [ʀabute] (1) *vt tubes, planches* to join (together) (end to end); *étoffes* to seam *ou* sew together.
rabrouer [ʀabʀue] (1) *vt* to snub, rebuff. **elle me rabroue tout le temps** she rebuffs me all the time; **se faire ~** to be rebuffed (*par* by).
racaille [ʀakɑj] *nf* rabble, riffraff, scum.
raccommodable [ʀakɔmɔdabl(ə)] *adj vêtement* repairable, mendable.
raccommodage [ʀakɔmɔdaʒ] *nm* **(a)** *(action) [vêtement, accroc, filet]* mending, repairing; *[chaussettes]* darning, mending. **faire du ~ ou des ~s** *(pour soi)* to do some mending; *(comme métier)* to take in mending. **(b)** *(endroit réparé)* mend; repair; darn.
raccommodement [ʀakɔmɔdmɑ̃] *nm (réconciliation)* reconciliation.
raccommoder [ʀakɔmɔde] (1) **1** *vt* **(a)** *vêtements, accroc* to mend, repair; *chaussette* to mend, darn. **(b)** (*) *ennemis* to bring together again, reconcile. **2 se raccommoder** *vpr* to make it up, be reconciled.
raccommodeur, -euse [ʀakɔmɔdœʀ, øz] *nm,f [linge, filets]* mender. **~ de porcelaines††** china mender *ou* restorer.
raccompagner [ʀakɔ̃paɲe] (1) *vt* to take *ou* see back (*à* to). **~ qn (chez lui)** to take *ou* see *ou* accompany sb home; **~ qn au bureau en voiture/à pied** to drive sb back/walk back with sb to the office; **~ qn à la gare** to see sb off *ou* take sb (back) to the station; **~ qn (jusqu')à la porte** to see sb to the door; **il l'a raccompagnée jusqu'à sa voiture** he walked *ou* saw her to her car.
raccord [ʀakɔʀ] *nm* **(a)** *[papier peint]* join. **~ (de maçonnerie)** pointing (*U*); **~ (de peinture)** *(liaison)* join (*in the paintwork*); *(retouche)* touch up; **on ne voit pas les ~s (de peinture)** you can't see where the paint has been touched up; **elle procéda à un rapide ~ (de maquillage)** she quickly touched up her make-up; **papier peint sans ~s** random match wallpaper.
    (b) *[texte, discours]* link, join; *(Ciné) (séquence)* continuity; *(scène)* link scene. *(Ciné)* **à cause des coupures, nous avons dû faire des ~s** because of the cuts, we had to do some link shots.
    (c) *[pièce, joint]* link.

raccordement [Rakɔrdəmɑ̃] *nm* **(a)** (*V* **raccorder**) linking; joining; connecting. (*Téléc*) ~ **(au réseau)** connection (of one's phone); **ils sont venus faire le** ~ they've come to connect the (*ou* our *etc*) phone; *V* **bretelle, ligne¹, taxe, voie.**
(b) (*soudure, épissure*) join; (*tunnel, passage*) connecting passage; (*carrefour*) junction.

raccorder [Rakɔrde] **(1) 1** *vt* **routes, bâtiments** to link up, join (up), connect (*à* with, to); *fils électriques* to join; *tuyaux* to join, link (*à* to); (*Ciné*) *plans* to link up. (*fig*) ~ **à faits** to link (up) with, tie up with; (*Téléc*) ~ **qn au réseau** to connect sb's phone; **quand les 2 tuyaux seront raccordés** when the 2 pipes are joined *ou* linked (up) *ou* connected together.
2 se raccorder *vpr* [*routes*] to link *ou* join up (*à* with). [*faits*] **se** ~ **à** to tie up *ou* in with.

raccourci [Rakursi] *nm* **(a)** (*chemin*) short cut.
(b) (*fig: formule frappante*) compressed turn of phrase; (*résumé*) summary. **en** ~ (*en miniature*) in miniature; (*dans les grandes lignes*) in (broad) outline; (*en bref*) in a nutshell, in brief.
(c) (*Art*) foreshortening. **figure en** ~ foreshortened figure; *V* **bras.**

raccourcir [Rakursir] **(2) 1** *vt* **distance, temps** to shorten; *vêtement* to shorten, take up; *vacances, textes* to shorten, curtail, cut short. **passons par là, ça (nous) raccourcit** let's go this way, it's shorter *ou* quicker *ou* it cuts a bit off; ~ **qn‡** to chop sb's head off; **les vêtements larges raccourcissent la silhouette** wide clothes make people look shorter.
2 *vi* [*jours*] to grow shorter, draw in; [*vêtement*] (*au lavage*) to shrink. (*Mode*) **les jupes ont raccourci cette année** skirts are shorter *ou* have got shorter this year.

raccourcissement [Rakursismɑ̃] *nm* **(a)** (*V* **raccourcir**) shortening; curtailing, curtailment. **(b)** [*jour*] shortening, drawing in; [*vêtement*] (*au lavage*) shrinkage.

raccoutumer [Rakutyme] **(1)** *vt* = **réaccoutumer.**

raccroc [Rakro] *nm* (*frm*) **par** ~ (*par hasard*) by chance; (*par un heureux hasard*) by a stroke of good fortune.

raccrocher [Rakroʃe] **(1) 1** *vi* (*Téléc*) to hang up, ring off (*surtout Brit*). **ne raccroche pas** hold on, don't hang up *ou* ring off (*surtout Brit*).
2 *vt* **(a)** *vêtement, tableau* to hang back up, put back on the hook; *écouteur* to put down. (*arg Boxe*) ~ **les gants** to hang up one's gloves (*arg*).
(b) (*racoler*) [*vendeur, portier*] to tout for. [*prostituée*] ~ **le client** to solicit, accost customers.
(c) (*attraper*) *personne, bonne affaire* to grab *ou* get hold of. **il m'a raccroché dans la rue** he stopped *ou* waylaid *ou* buttonholed me in the street.
(d) (*relier*) *wagons, faits* to link, connect (*à* to, with).
(e) (*: rattraper*) *affaire, contrat* to save, rescue.
3 se raccrocher *vpr*: **se** ~ **à** *branche* to catch *ou* grab (hold of); *espoir, personne* to cling to, hang on to; **cette idée se raccroche à la précédente** this idea links with *ou* ties in with the previous one.

race [Ras] *nf* **(a)** (*ethnique*) race. **être de** ~ **indienne** to be of Indian stock *ou* blood; **la** ~ **humaine** the human race.
(b) (*Zool*) breed. **de** ~ (*gén*) pedigree (*épith*), purebred (*épith*); *cheval* thoroughbred; **avoir de la** ~ to be of good stock; *V* **bon¹, chien.**
(c) (*ancêtres*) stock, race. **être de** ~ **noble** to be of noble stock *ou* blood *ou* race; **avoir de la** ~ to have a certain (natural) distinction *ou* breeding.
(d) (*catégorie*) breed. **lui et les gens de sa** ~ him and people of the same breed, him and the likes of him*; **les cordonniers, c'est une** ~ **qui disparaît** cobblers are a dying breed *ou* race.

racé, e [Rase] *adj* *animal* purebred (*épith*), pedigree (*épith*); *cheval* thoroughbred; *personne* thoroughbred, of natural distinction *ou* breeding; (*fig*) *voiture, ligne* thoroughbred.

rachat [Raʃa] *nm* (*V* **racheter**) buying back; repurchase; purchase; buying up *ou* out *ou* over; redemption; ransom; ransoming; atonement, expiation.

Rachel [Raʃɛl] *nf* Rachel.

rachetable [Raʃtabl(ə)] *adj* *dette, rente* redeemable; *péché* expiable; *pécheur* redeemable. **cette faute n'est pas** ~ you can't make up for this mistake.

racheter [Raʃte] **(5) 1** *vt* **(a)** *objet qu'on possédait avant* to buy back, repurchase; *nouvel objet* to buy *ou* purchase another; *pain, lait* to buy some more; *objet d'occasion* to buy, purchase; *usine en faillite* to buy up *ou* out *ou* over. **je lui ai racheté son vieux transistor** I've bought his old transistor from *ou* off* him; **il a racheté toutes les parts de son associé** he bought his partner out, he bought up all his partner's shares.
(b) (*se libérer de*) *dette, rente* to redeem.
(c) *esclave, otage* to ransom, pay a ransom for; (*Rel*) *pécheur* to redeem.
(d) (*réparer*) *péché, crime* to atone for, expiate; *mauvaise conduite, faute* to make amends for, make up for; *imperfection* to make up *ou* compensate for (*par* by).
(e) (*Archit*) to modify.
2 se racheter *vpr* [*pécheur*] to redeem o.s.; [*criminel*] to make amends. **essaie de te** ~ **en t'excusant** try and make up for it *ou* try to make amends by apologizing.

rachidien, -ienne [Raʃidjɛ̃, jɛn] *adj* of the spinal column, rachidian (*T*).

rachitique [Raʃitik] *adj* (*Méd*) *personne* suffering from rickets, rachitic (*T*), rickety; *arbre, poulet* scraggy, scrawny. **c'est un** ~, **il est** ~ he suffers from rickets.

rachitisme [Raʃitism(ə)] *nm* rickets (*sg*), rachitis (*T*). **faire du** ~ to have rickets.

racial, e, mpl -aux [Rasjal, o] *adj* racial.

racine [Rasin] **1** *nf* **(a)** (*gén*) root. (*Bot*) **la carotte est une** ~ the carrot is a root *ou* root vegetable, carrots are a root crop; (*fig: attaches*) ~**s** roots; (*fig*) **il est sans** ~**s** he's rootless, he belongs nowhere; **prendre** ~ (*lit*) to take *ou* strike root(s), put out roots; (*fig*) (*s'attacher*) to take root; (*s'établir*) to put down (one's) roots (*fig*); *V* **rougir.**
(b) (*Math*) (*équation*) root. [*nombre*] ~ **carrée/cubique/ dixième** square/cube/tenth root; **prendre** *ou* **extraire la** ~ **de** to take the root of.
(c) (*Ling*) [*mot*] root.
2: **racine adventive** adventitious root; **racine aérienne** aerial root; **racine pivotante** taproot.

racinien, -ienne [Rasinjɛ̃, jɛn] *adj* Racinian.

racisme [Rasism(ə)] *nm* racialism, racism. ~ **antijeunes** anti-youth prejudice.

raciste [Rasist(ə)] *adj, nmf* racialist, racist.

racket [Rakɛt] *nm* (*action*) racketeering (*U*); (*vol*) racket (*extortion through blackmail etc*).

racketter, racketteur [Rakɛtœr] *nm* racketeer.

raclage [Raklaʒ] *nm* (*Tech*) scraping.

raclée* [Rakle] *nf* (*coups*) hiding, thrashing; (*défaite*) hiding*, thrashing*, licking*. **il a pris une** ~ **à l'élection** he got thrashed* *ou* licked* in the election, he got a licking* *ou* a hiding* in the election.

raclement [Rakləmɑ̃] *nm* (*bruit*) scraping (noise). **il émit un** ~ **de gorge** he cleared his throat noisily *ou* raucously.

racler [Rakle] **(1) 1** *vt* **(a)** (*gén, Méd, Tech*) to scrape; *fond de casserole* to scrape out; *parquet* to scrape (down). (*fig*) ~ **les fonds de tiroir** to scrape some money together, raid the piggy bank*; **ce vin racle le gosier** this wine is harsh *ou* rough on the throat, this wine burns your throat.
(b) (*ratisser*) *allée, gravier, sable* to rake.
(c) (*enlever*) *tache, croûte* to scrape away *ou* off; *peinture, écailles* to scrape off. ~ **la boue de ses semelles** to scrape the mud off one's shoes, scrape off the mud from one's shoes.
(d) (*péj*) *violon* to scrape *ou* saw (a tune) on; *guitare* to strum (a tune) on.
2 se racler *vpr*: **se** ~ **la gorge** to clear one's throat.

raclette [Raklɛt] *nf* **(a)** (*outil*) scraper. **(b)** (*Culin*) raclette (*Swiss cheese dish*).

racloir [Raklwar] *nm* scraper.

raclure [Raklyr] *nf* (*gén pl: déchet*) scraping.

racolage [Rakolaʒ] *nm* (*V* **racoler**) soliciting; touting. **faire du** ~ to solicit; to tout.

racoler [Rakole] **(1)** *vt* [*prostituée*] to accost; (*fig péj*) [*agent électoral, portier, vendeur*] to solicit, tout for. **elle racolait** she was soliciting; **she was touting for** *ou* **accosting customers.**

racoleur, -euse [Rakolœr, øz] **1** *nm* tout. **2 racoleuse** *nf* (*prostituée*) streetwalker, whore. **3** *adj* *slogan, publicité* (*gén*) eye-catching, enticing; (*Pol*) vote-catching.

racontable [Rakɔ̃tabl(ə)] *adj* tellable, relatable.

racontar [Rakɔ̃tar] *nm* story, lie.

raconter [Rakɔ̃te] **(1) 1** *vt* **(a)** (*relater*) *histoire, légende* to tell, relate, recount; *vacances, malheurs* to tell about, relate, recount. ~ **qch à qn** to tell sb sth, relate *ou* recount sth to sb; ~ **que** to tell that; **on raconte que** people say that, it is said that, the story goes that; ~ **ce qui s'est passé** to say *ou* relate *ou* recount what happened; ~ **à qn ce qui s'est passé** to tell sb *ou* relate *ou* recount to sb what happened.
(b) (*dire de mauvaise foi*) to tell, say. **qu'est-ce que tu racontes?** what on earth do you think you're talking about? *ou* saying?; **il raconte n'importe quoi** he's talking rubbish *ou* nonsense *ou* through his hat* (*fig*); ~ **des histoires, en** ~ to tell stories, spin yarns.
2 se raconter *vpr* [*écrivain*] to talk about o.s.

raconteur, -euse [Rakɔ̃tœr, øz] *nm,f* storyteller. ~ **de** narrator of.

racornir [Rakɔrnir] **(2) 1** *vt* (*durcir*) to toughen, harden; (*dessécher*) to shrivel (up). **cuir racorni** hardened *ou* dried-up leather; **vieillard racorni** shrivelled(-up) *ou* wizened old man; **dans son cœur racorni** in his hard heart.
2 se racornir *vpr* to become tough *ou* hard; to shrivel (up), become shrivelled (up).

racornissement [Rakɔrnismɑ̃] *nm* (*V* **racornir**) toughening, hardening; shrivelling (up).

rad [Rad] *nm* rad.

radar [Radar] *nm* radar. **système/écran** ~ radar system/screen.

radariste [Radarist(ə)] *nmf* radar operator.

rade [Rad] *nf* **(a)** (*port*) (natural) harbour, roads (*T*), roadstead (*T*). **en** ~ in harbour, in the roads (*T*); **en** ~ **de Brest** in Brest harbour.
(b) (*loc*) **laisser en** ~ *personne* to leave in the lurch, leave high and dry, leave stranded *ou* behind; *projet* to forget about, drop, shelve; *voiture* to leave behind; **elle/sa voiture est restée en** ~ she/her car was left stranded *ou* behind.

radeau, pl -x [Rado] *nm* raft; (*train de bois*) timber float *ou* raft. ~ **de sauvetage/pneumatique** rescue/inflatable raft.

radial, e, mpl -aux [Radjal, o] **1** *adj* (*gén*) radial. **2 radiale** *nf* (*route*) urban motorway (*Brit*) *ou* highway (*US*).

radian [Radjɑ̃] *nm* radian.

radiant, e [Radjɑ̃, ɑ̃t] *adj* *énergie* radiant. (*Astron*) (**point**) ~ radiant.

radiateur [Radjatœr] *nm* (*à eau, à huile*) radiator; (*à gaz, à barres chauffantes*) heater; [*voiture*] radiator. ~ **soufflant** fan heater; ~ **parabolique** electric fire.

radiation [Radjɑsjɔ̃] *nf* **(a)** (*Phys*) radiation. **(b)** [*nom, mention*] crossing *ou* striking off. **sa** ~ **du club** his being struck off *ou* his removal from the club register.

radical, e, *mpl* **-aux** [ʀadikal, o] **1** *adj* (*gén, Bot, Math*) radical; (*Hist, Pol*) Radical. **essayez ce remède, c'est ~** try this remedy, it works like a charm *ou* it really does the trick*; (*Ling*) **voyelle ~e** stem *ou* radical vowel.
  2 *nm* [*mot*] stem, radical, root; (*Pol*) radical; (*Chim*) radical; (*Math*) radical sign.
  3: **radical-socialisme** *nm* radical-socialism; **radical-socialiste** *adj, nmf, mpl* **radicaux-socialistes** radical-socialist.
radicalement [ʀadikalmɑ̃] *adv* **(a)** *modifier* radically; *guérir* completely. **(b) ~ faux** completely wrong; **~ opposé à** radically opposed to.
radicalisation [ʀadikalizasjɔ̃] *nf* (*V* **radicaliser**) toughening; intensification; radicalization.
radicaliser *vt*, **se radicaliser** *vpr* [ʀadikalize] (1) *position* to toughen, harden; *conflit* to intensify; *régime* to radicalize.
radicalisme [ʀadikalism(ə)] *nm* (*Pol*) radicalism.
radicelle [ʀadisɛl] *nf* rootlet, radicle (*T*).
radiculaire [ʀadikylɛʀ] *adj* radicular.
radicule [ʀadikyl] *nf* radicule.
radié, e [ʀadje] **1** *ptp de* **radier. 2** *adj* (*rayonné*) rayed, radiate.
radier [ʀadje] (7) *vt mention, nom* to cross off, strike off. **ce médecin a été radié** this doctor has been struck off (the list).
radiesthésie [ʀadjɛstezi] *nf* (power of) divination (*based on the detection of radiation emitted by various bodies*).
radiesthésiste [ʀadjɛstezist(ə)] *nmf* diviner.
radieusement [ʀadjøzmɑ̃] *adv* radiantly. **~ beau** *personne* radiantly *ou* dazzlingly beautiful; *temps* brilliantly *ou* gloriously fine.
radieux, -euse [ʀadjø, øz] *adj personne* glowing *ou* radiant with happiness, beaming *ou* radiant with joy; *air, sourire* radiant, beaming (*épith*); *soleil, beauté* radiant, dazzling; *journée, temps* brilliant, glorious.
radin, e* [ʀadɛ̃, in] **1** *adj* stingy, tight-fisted. **2** *nm,f* skinflint.
radiner* *vi*, **se radiner*** *vpr* [ʀadine] (1) (*arriver*) to turn up, show up*, roll up*; (*accourir*) to rush over, dash over. **allez, radine (-toi)! come on, step on it!*** *ou* get your skates on!*
radinerie* *nf* stinginess (*U*), tight-fistedness (*U*).
radio [ʀadjo] **1** *nf* **(a)** (*poste*) radio (set), wireless (set)† (*surtout Brit*). **mets la ~** turn *ou* put on the radio; *V* **poste².**
  (b) (*radiodiffusion*) **la ~** (the) radio; **avoir la ~** to have a radio; **parler à la ~** to speak on the radio, broadcast; **passer à la ~** to be on the radio *ou* on the air; **travailler à la ~** to work in broadcasting *ou* on the radio.
  (c) (*station*) radio station. **~ pirate** pirate radio station; **la ~ du Caire** Cairo radio; **~ libre** independent local radio station.
  (d) (*radio téléphonie*) radio. **message ~** radio message; **la ~ de bord du navire** the ship's radio.
  (e) (*radiographie*) X-ray (photograph). **passer une ~** to have an X-ray (taken), be X-rayed.
  2 *nm* (*opérateur*) radio operator; (*message*) radiogram, radiotelegram.
radioactif, -ive [ʀadjoaktif, iv] *adj* radioactive.
radioactivité [ʀadjoaktivite] *nf* radioactivity.
radioalignement [ʀadjoalinmɑ̃] *nm* radio navigation system.
radioamateur [ʀadjoamatœʀ] *nm* radio ham*.
radioastronome [ʀadjoastʀonɔm] *nmf* radio astronomer.
radioastronomie [ʀadjoastʀonɔmi] *nf* radio astronomy.
radiobalisage [ʀadjobalizaʒ] *nm* radio beacon signalling.
radiobalise [ʀadjobaliz] *nf* radio beacon.
radiobaliser [ʀadjobalize] (1) *vt* to equip with a radio beacon system.
radiobiologie [ʀadjobjolɔʒi] *nf* radiobiology.
radiocarbone [ʀadjokaʀbɔn] *nm* radiocarbon, radioactive carbon.
radiocassette [ʀadjokasɛt] *nm* cassette radio, radio cassette player.
radiocobalt [ʀadjokobalt] *nm* radio cobalt, radioactive cobalt.
radiocommunication [ʀadjokɔmynikasjɔ̃] *nf* radio communication.
radiocompas [ʀadjokɔpa] *nm* radio compass.
radioconducteur [ʀadjokɔdyktœʀ] *nm* detector.
radiodiagnostic [ʀadjodjagnostik] *nm* radiodiagnosis.
radiodiffuser [ʀadjodifyze] (1) *vt* to broadcast (*by radio*). **interview radiodiffusé** broadcast *ou* radio interview.
radiodiffusion [ʀadjodifyzjɔ̃] *nf* broadcasting (*by radio*).
radioélectricien, -ienne [ʀadjoelɛktʀisjɛ̃, jɛn] *nm,f* radio-engineer.
radioélectricité [ʀadjoelɛktʀisite] *nf* radio-engineering.
radioélectrique [ʀadjoelɛktʀik] *adj* radio (*épith*).
radioélément [ʀadjoelemɑ̃] *nm* radio-element.
radiofréquence [ʀadjofʀekɑ̃s] *nf* radio frequency.
radiogénique [ʀadjoʒenik] *adj* radiogenic.
radiogoniomètre [ʀadjogonjomɛtʀ(ə)] *nm* direction finder, radiogoniometer.
radiogoniométrie [ʀadjogonjometʀi] *nf* radio direction finding, radiogoniometry.
radiogramme [ʀadjogʀam] *nm* (*télégramme*) radiogram, radiotelegram; (*film*) radiograph, radiogram.
radiographie [ʀadjogʀafi] *nf* **(a)** (*technique*) radiography, X-ray photography. **passer une ~** to have an X-ray (taken). **(b)** (*photographie*) X-ray (photograph), radiograph.
radiographier [ʀadjogʀafje] (7) *vt* to X-ray.
radiographique [ʀadjogʀafik] *adj* X-ray (*épith*).
radioguidage [ʀadjogidaʒ] *nm* (*Aviat*) radio control, radiodirection. (*Rad*) **le ~ des automobilistes** broadcasting traffic reports to motorists.
radioguidé, e [ʀadjogide] *adj* radio-controlled.
radio-isotope, *pl* **radio-isotopes** [ʀadjoizotɔp] *nm* radio-isotope.

radiologie [ʀadjolɔʒi] *nf* radiology.
radiologique [ʀadjolɔʒik] *adj* radiological.
radiologiste [ʀadjolɔʒist(ə)] *nmf*, **radiologue** [ʀadjolɔg] *nmf* radiologist.
radiomètre [ʀadjomɛtʀ(ə)] *nm* radiometer.
radionavigant [ʀadjonavigɑ̃] *nm* radio officer.
radionavigation [ʀadjonavigasjɔ̃] *nf* radio navigation.
radiophare [ʀadjofaʀ] *nm* radio beacon.
radiophonie [ʀadjofoni] *nf* radiotelephony.
radiophonique [ʀadjofonik] *adj* radio (*épith*).
radioreportage [ʀadjoʀ(ə)pɔʀtaʒ] *nm* radio report; *V* **car¹.**
radioreporter [ʀadjoʀəpɔʀtɛʀ] *nm* radio reporter.
radio-réveil, *pl* **radio-réveils** [ʀadjoʀevɛj] *nm* radio-alarm, clock-radio.
radioscopie [ʀadjoskopi] *nf* radioscopy.
radioscopique [ʀadjoskopik] *adj* radioscopic.
radiosondage [ʀadjosɔ̃daʒ] *nm* (*Mét*) radiosonde exploration; (*Géol*) seismic prospecting.
radiosonde [ʀadjosɔ̃d] *nf* radiosonde.
radiosource [ʀadjosuʀs] *nf* radio source, star source.
radio-taxi, *pl* **radio-taxis** [ʀadjotaksi] *nm* radio taxi, radio cab.
radiotechnique [ʀadjoteknik] **1** *nf* radio technology. **2** *adj* radiotechnological.
radiotélégraphie [ʀadjotelegʀafi] *nf* radiotelegraphy, wireless telegraphy.
radiotélégraphique [ʀadjotelegʀafik] *adj* radiotelegraphic.
radiotélégraphiste [ʀadjotelegʀafist(ə)] *nmf* radiotelegrapher.
radiotéléphone [ʀadjotelefɔn] *nm* radiotelephone.
radiotéléphonie [ʀadjotelefoni] *nf* radiotelephony, wireless telephony.
radiotélescope [ʀadjoteleskɔp] *nm* radio telescope.
radiotélévisé, e [ʀadjotelevize] *adj* broadcast on both radio and television, broadcast and televised.
radiothérapeute [ʀadjoteʀapøt] *nmf* radiotherapist.
radiothérapie [ʀadjoteʀapi] *nf* radiotherapy.
radis [ʀadi] *nm* **(a)** radish. **~ noir** horseradish.
  (b) (‡: *sou*) penny (*Brit*), cent (*US*). **je n'ai pas un ~** I haven't got a penny (to my name)* *ou* a cent (*US*) *ou* a bean*; **ça ne vaut pas un ~** it's not worth a penny *ou* a bean*.
radium [ʀadjɔm] *nm* radium.
radius [ʀadjys] *nm* (*Aviat*) radius.
radjah [ʀadʒa] *nm* = **rajah.**
radome [ʀadɔm] *nm* radome.
radon [ʀadɔ̃] *nm* radon.
radotage [ʀadotaʒ] *nm* (*péj*) drivel (*U*), rambling.
radoter [ʀadote] (1) *vi* (*péj*) to ramble on *ou* drivel (on) (in a senile way). **tu radotes‡** you're talking a load of drivel‡.
radoteur, -euse [ʀadotœʀ, øz] *nm,f* (*péj*) drivelling (old) fool, (old) driveller.
radoub [ʀadu] *nm* (*Naut*) refitting. **navire au ~** ship under repair *ou* undergoing a refit; *V* **bassin.**
radouber [ʀadube] (1) *vt* *navire* to repair, refit; *filet de pêche* to repair, mend.
radoucir [ʀadusiʀ] (2) **1** *vt* *personne, voix, ton, attitude* to soften; *temps* to make milder. **2 se radoucir** *vpr* [*personne*] to calm down, be mollified; [*voix*] to soften, become milder; [*temps*] to become milder.
radoucissement [ʀadusismɑ̃] *nm* **(a)** (*Mét*) **à cause du ~ (du temps)** because of the milder weather; **~ (de la température)** rise in (the) temperature; **on prévoit pour demain un léger ~** slightly milder weather *ou* a slightly milder spell (of weather) is forecast *ou* slightly higher temperatures are forecast for tomorrow.
  (b) [*ton, attitude*] softening; [*personne*] calming down.
rafale [ʀafal] *nf* [*vent*] gust, blast; [*pluie*] gust; [*mitrailleuse*] burst; [*neige*] flurry. **une soudaine ~ (de vent)** a sudden gust *ou* blast of wind, a sudden squall; **en** *ou* **par ~s** in gusts; in bursts; **une ~** *ou* **des ~s de balles** a hail of bullets.
raffermir [ʀafɛʀmiʀ] (2) **1** *vt* *muscle* to strengthen, harden, tone up; *chair, sol* to firm up, make firm(er); *peau* to tone up; *voix* to steady; *gouvernement, popularité* to strengthen, reinforce; *courage, résolution* to fortify, strengthen.
  2 se raffermir *vpr* [*muscle*] to grow stronger, harden; [*chair, sol*] to firm up, become firm(er); [*autorité*] to strengthen, become strengthened *ou* reinforced; [*prix*] to strengthen; [*voix*] to become steady *ou* steadier. **ma résolution se raffermit** my resolution grew stronger; **son visage se raffermit** his face became *ou* he looked more composed.
raffermissement [ʀafɛʀmismɑ̃] *nm* (*V* **raffermir**) strengthening; firming; steadying; reinforcement; fortifying.
raffinage [ʀafinaʒ] *nm* (*gén*) refining.
raffiné, e [ʀafine] (*ptp de* **raffiner**) *adj* **(a)** *pétrole, sucre* refined. **(b)** *personne, mœurs, style* refined, polished, sophisticated; *esprit, goûts, gourmet* gourmet; *élégance, cuisine* refined.
raffinement [ʀafinmɑ̃] *nm* **(a)** (*caractère: V* **raffiné**) refinement, sophistication.
  (b) (*gén pl: détail*) [*langage etc*] nicety, subtlety, refinement.
  (c) (*exagération*) **c'est du ~** that's being oversubtle.
  (d) (*surenchère*) **~ de** refinement of; **avec un ~ de luxe/de cruauté** with refinements of luxury/cruelty.
raffiner [ʀafine] (1) **1** *vt* **(a)** *pétrole, sucre, papier* to refine. **(b)** *langage, manières* to refine, polish. **2** *vi* (*dans le raisonnement*) to be oversubtle; (*sur les détails*) to be (over)meticulous.
raffinerie [ʀafinʀi] *nf* refinery.
raffineur, -euse [ʀafinœʀ, øz] *nm,f* refiner.
raffoler [ʀafole] (1) **raffoler de** *vt indir* to be very keen on (*Brit*), be fond of, be wild about*.
raffut* [ʀafy] *nm* (*vacarme*) row, racket, din. **faire du ~** (*être**

bruyant) to kick up* *ou* make a row *ou* racket *ou* din; (*protester*) to kick up* a row *ou* fuss *ou* stink‡; **sa démission va faire du** ~ **his** resignation will cause a row *ou* stink‡.

rafiot [Rafjo] *nm* (*péj: bateau*) (old) tub (*péj*).

rafistolage* [Rafistɔlaʒ] *nm* (*action: lit, fig*) patching up. **ce n'est qu'un** ~ (*lit*) it's only a patched-up *ou* makeshift repair; (*fig*) it's only a patched-up *ou* makeshift solution.

rafistoler* [Rafistɔle] (1) *vt* (*réparer*) to patch up.

rafle [Rɑfl(ə)] *nf* (*police*) roundup *ou* raid. **la police a fait une** ~ **the** police made a roundup (of suspects); (*fig*) **les voleurs ont fait une** ~ **chez le bijoutier/sur les montres** the thieves cleaned out the jewellery shop/cleaned out *ou* made a clean sweep of all the watches.

rafler* [Rɑfle] (1) *vt récompenses, bijoux* to run off with, swipe‡; *place* to bag*, grab, swipe‡. **les ménagères avaient tout raflé** the housewives had swept up *ou* snaffled* everything; **elle a raflé tous les prix** she ran away *ou* off with all the prizes, she made a clean sweep of the prizes.

rafraîchir [RafReʃiR] (2) **1** *vt* (a) (*refroidir*) *air* to cool (down), freshen; *vin* to chill; *boisson* to cool, make cooler. **fruits rafraîchis** fruit salad.
   (b) (*revivifier*) *visage, corps* to freshen (up); [*boisson*] to refresh.
   (c) (*rénover*) *vêtement* to smarten up, brighten up; *tableau, couleur* to brighten up, freshen up; *appartement* to do up, brighten up; *connaissances* to brush up. **se faire** ~ **les cheveux** to have a trim, have one's hair trimmed; (*fig*) ~ **la mémoire** *ou* **les idées à qn** to jog *ou* refresh sb's memory.
   2 *vi* [*vin etc*] to cool (down). **mettre à** ~ *vin, dessert* to chill.
   3 se rafraîchir *vpr* (a) (*Mét*) **le temps/ça*** **se rafraîchit** the weather/it's getting cooler *ou* colder.
   (b) (*en se lavant*) to freshen (o.s.) up; (*en buvant*) to refresh o.s. **on se rafraîchirait volontiers** a cool drink would be most acceptable.

rafraîchissant, e [RafReʃisɑ̃, ɑ̃t] *adj vent* refreshing, cooling; *boisson* refreshing; (*fig*) *idée, œuvre* refreshing.

rafraîchissement [RafReʃismɑ̃] *nm* (a) [*température*] cooling. **dû au** ~ **de la température** due to the cooler weather *ou* the cooling of the weather; **on s'attend à un** ~ **rapide de la température** we expect the weather to get rapidly cooler.
   (b) (*boisson*) cool *ou* cold drink. (*glaces, fruits*) ~**s** refreshments.

ragaillardir [RagajaRdiR] (2) *vt* to perk up, buck up*. **tout ragaillardi par cette nouvelle** bucked up by this news*.

rage [Raʒ] *nf* (a) (*colère*) rage, fury. **la** ~ **au cœur** seething with rage *ou* anger, seething inwardly; **mettre qn en** ~ to infuriate *ou* enrage sb, make sb's blood boil; **être dans une** ~ **folle, être ivre** *ou* **fou** (*f* **folle**) **de** ~ to be mad with rage, be in a furious rage *ou* a raging temper; **suffoquer** *ou* **étouffer de** ~ to choke with anger *ou* rage; **dans sa** ~ **de ne pouvoir l'obtenir, il ...** in his rage *ou* fury at not being able to obtain it, he ...; *V* **amour.**
   (b) (*manie*) **avoir la** ~ **de faire/qch** to have a mania for doing/ sth; **cette** ~ **qu'il a de tout le temps ricaner** this infuriating *ou* maddening habit he has of sniggering all the time.
   (c) **faire** ~ [*incendie, tempête*] to rage.
   (d) (*Méd*) **la** ~ **rabies** (*sg*).
   (e) ~ **de dents** raging toothache.

rageant, e* [Raʒɑ̃, ɑ̃t] *adj* infuriating, maddening.

rager [Raʒe] (3) *vi* to fume. **ça (me) fait** ~**!** it makes me fume! *ou* furious! *ou* mad!; **rageant de voir que les autres n'étaient pas punis** furious *ou* fuming that the others weren't punished.

rageur, -euse [RaʒœR, øz] *adj enfant* hot-tempered, quick-tempered; *ton, voix* bad-tempered, angry. **il était** ~ he was furious *ou* livid.

rageusement [Raʒøzmɑ̃] *adv* angrily.

raglan [Raglɑ̃] *nm, adj inv* raglan.

ragondin [Ragɔ̃dɛ̃] *nm* (*animal*) coypu; (*fourrure*) nutria.

ragot* [Rago] *nm* piece of (malicious) gossip *ou* tittle-tattle. ~**s** gossip, tittle-tattle.

ragougnasse [Raguɲas] *nf* (*péj*) pigswill (*fig: U*).

ragoût [Ragu] *nm* stew. **viande en** ~ meat stew.

ragoûtant, e [Ragutɑ̃, ɑ̃t] *adj:* **peu** ~ *mets* unappetizing, unsavoury, unpalatable; *individu* unsavoury; *travail* unwholesome, unpalatable, unappetizing; **ce n'est guère** ~ that's not very inviting *ou* tempting.

ragrafer [RagRafe] (1) *vt* to do up. **elle se ragrafa** she did herself up (again).

rag-time [Ragtajm] *nm* ragtime.

rahat-lo(u)koum [Raatlukum] *nm* = **loukoum.**

rai [Rɛ] *nm* (*littér: rayon*) ray ; (*Tech*) spoke (*of wooden wheel*).

raid [Rɛd] *nm* (*Mil*) raid, hit-and-run attack. (*Sport: parcours*) ~ **automobile/aérien/à skis** long-distance car trek/flight/ski trek.

raide [Rɛd] **1** *adj* (a) (*rigide*) *corps, membre, geste, étoffe* stiff; *cheveux* straight; *câble* taut, tight. **être** *ou* **se tenir** ~ **comme un échalas** *ou* **un piquet** *ou* **la justice** to be (as) stiff as a poker; **assis** ~ **sur sa chaise** sitting bolt upright on his chair; *V* **corde.**
   (b) (*abrupt*) steep, abrupt.
   (c) (*inflexible*) *attitude, morale, personne* rigid, inflexible; (*guindé*) *manières* stiff, starchy; *démarche* stiff.
   (d) (*fort, âpre*) *alcool* rough.
   (e) (*: difficile à croire*) **l'histoire est un peu** ~ that's a bit hard to swallow (*fig*) *ou* a bit far-fetched; **elle est** ~ **celle-là** (*je n'y crois pas*) that's a bit hard to swallow (*fig*), that's a bit far-fetched; (*ils vont trop loin*) that's a bit steep* *ou* stiff*‡; **il en a vu de** ~**s** he's seen a thing or two; **il (t')en raconte de** ~**s** he's always spinning (you) a yarn.
   (f) (*osé*) **assez** *ou* **un peu** ~ *propos, passage, scène* daring, bold; **il s'en passe de** ~**s, chez eux** all sorts of things go on at their place; **il en raconte de** ~**s** he's always telling pretty daring stories.

(g) (‡: *sans argent*) broke*. **être** ~ **comme un passe-lacet** to be stony (*Brit*) *ou* stone (*US*) *ou* flat broke*.
   2 *adv* (a) (*en pente*) **ça montait/descendait** ~ [*ascension*] it was a steep climb/climb down; [*pente*] it climbed/fell steeply.
   (b) (*net*) **tomber** ~ to drop to the ground *ou* floor; **tomber** ~ **mort** to drop *ou* fall down dead *ou* stone dead (*Brit*); **tuer qn** ~ to kill sb outright *ou* stone dead (*Brit*); **il l'a étendu** ~ **(mort)*** he laid him out cold.

raideur [RɛdœR] *nf* (*V* **raide**) stiffness; straightness; tautness, tightness; steepness, abruptness; rigidity, inflexibility; starchiness; roughness. **avec** ~ *répondre* stiffly, abruptly; *marcher* stiffly.

raidillon [Rɛdijɔ̃] *nm* steep path.

raidir [RediR] (2) **1** *vt drap, tissu* to stiffen; *corde, fil de fer* to pull taut *ou* tight, tighten. ~ **ses muscles** to tense *ou* stiffen one's muscles; **le corps raidi par la mort** his body stiffened by death; (*fig*) ~ **sa position** to harden *ou* toughen one's position, take a hard *ou* tough line.
   2 se raidir *vpr* (a) [*toile, tissu*] to stiffen, become stiff(er); [*corde*] to grow taut; (*fig*) [*position*] to harden.
   (b) [*personne*] (*perdre sa souplesse*) to become stiff(er); (*bander ses muscles*) to tense *ou* stiffen o.s.; (*se préparer moralement*) to brace *ou* steel o.s.; (*s'entêter*) to take a hard *ou* tough line.

raidissement [Redismɑ̃] *nm* (*perte de souplesse*) stiffening. (*fig: intransigeance*) **ce** ~ **soudain du parti adverse** this sudden tough line taken by the opposing party.

raidisseur [RedisœR] *nm* (*tendeur*) tightener.

raie¹ [Rɛ] *nf* (a) (*trait*) line; (*Agr: sillon*) furrow; (*éraflure*) mark, scratch. **faire une** ~ to draw a line; **attention, tu vas faire des** ~**s** careful, you'll make marks *ou* scratches.
   (b) (*bande*) stripe. **chemise avec des** ~**s** striped *ou* stripy (*Brit*) shirt; **les** ~**s de son pelage** the stripes on its fur; (*Phys*) ~ **d'absorption/d'émission** absorption/emission line.
   (c) (*Coiffure*) parting. **avoir la** ~ **au milieu/sur le côté** to have a centre/side parting, have one's hair parted in the middle/to the side.

raie² [Rɛ] *nf* (*Zool*) skate, ray. ~ **bouclée** thornback ray; ~ **électrique** electric ray; *V* **gueule.**

raifort [RɛfɔR] *nm* horseradish.

rail [Rɑj] *nm* rail. (*voie*) **les** ~**s** the rails, the track; ~ **conducteur** live rail; **le** ~ **est plus pratique que la route** the railway (*Brit*) *ou* railroad (*US*) is more practical than the road, rail is more practical than road; (*lit, fig*) **remettre sur les** ~**s** to put back on the rails; **quitter les** ~**s, sortir des** ~**s** to jump the rails, go off the rails; **transport** ~**-route** road-rail transport.

railler [Raje] (1) **1** *vt* (*frm: se moquer de*) *personne, chose* to scoff at, jeer at, mock at. **2** *vi* (††: *plaisanter*) to jest. **... dit-il en raillant** ... he said in jest. **3 se railler** *vpr:* **se** ~ **de**†† to scoff at, jeer at, mock at.

raillerie [RajRi] *nf* (*frm*) (*ironie*) mockery, scoffing; (*remarque*) mocking remark, scoff.

railleur, -euse [RajœR, øz] **1** *adj* mocking, derisive, scoffing. **2** *nmpl:* **les** ~**s** the scoffers, the mockers.

railleusement [Rajøzmɑ̃] *adv répondre, suggérer* mockingly, derisively, scoffingly.

rainer [Rene] (1) *vt* to groove.

rainette [Rɛnɛt] *nf* (a) (*grenouille*) tree frog. (b) = **reinette.**

rainurage [RenyRaʒ] *nm* grooved surface.

rainure [RenyR] *nf* (*gén: longue, formant glissière*) groove; (*courte, pour emboîtage*) slot.

rainurer [RenyRe] (1) *vt* to groove.

rais [Rɛ] *nm* = **rai.**

raisin [Rezɛ̃] *nm* (a) (*gén*) ~**(s)** grapes; ~ **noir/blanc** black/white grape; **c'est un** ~ **qui donne du bon vin** it's a grape that yields a good wine; *V* **grain, grappe, jus.**
   (b) (*papier*) ≈ royal.
   2: raisins de Corinthe currants; **raisins secs** raisins; **raisins de Smyrne** sultanas; **raisins de table** dessert *ou* eating grapes.

raisiné [Rezine] *nm* (*jus*) grape jelly; (*confiture*) pear *ou* quince jam made with grape jelly; (‡†: *sang*) claret‡, blood.

raison [Rezɔ̃] *nf* (a) (*gén, Philos: faculté de discernement*) reason. **seul l'homme est doué de** ~ man alone is endowed with reason; **conforme à la** ~ within the bounds of reason; **contraire à la** ~ contrary to reason; **il n'a plus sa** ~, **il a perdu la** ~ he has lost his reason, he has taken leave of his senses, he is not in his right mind; **si tu avais toute ta** ~ **tu te verrais que ...** if you were in your right mind *ou* right senses, you would see that ...; **manger/boire plus que de** ~ to eat/drink more than is sensible *ou* more than one should *ou* more than is good for one; *V* **âge, mariage, rime.**
   (b) (*motif*) reason. **la** ~ **pour laquelle je suis venu** the reason (why *ou* that *ou* for which) I came; **pour quelles** ~**s l'avez-vous renvoyé?** on what grounds did you sack him?, what were your reasons for sacking him?; **la** ~ **de cette réaction** the reason for this reaction; **il n'y a pas de** ~ **de s'arrêter** there's no reason to stop; **j'ai mes** ~**s** I have my reasons; **pour des** ~**s politiques/de famille** for political/family reasons; **pour** ~**s de santé** for reasons of health, on grounds of (ill) health, for health reasons; ~**s cachées** hidden motives *ou* reasons; **il a refusé pour la simple** ~ **que ...** he refused simply on the grounds that ..., he refused simply because ...; **les** ~**s en sont les suivantes** the reasons (for it) are as follows.
   (c) (*argument, explication, excuse*) reason. **sans** ~ without reason; **sans** ~ **valable** for no valid reason; (*iro*) **il a toujours de bonnes** ~**s!** he's always got a good excuse! *ou* reason!; (*Prov*) **la** ~ **du plus fort est toujours la meilleure** might is right; **ce n'est pas une** ~**!** that's no excuse! *ou* reason!; *V* **comparaison, rendre.**
   (d) (*Math*) ratio. ~ **directe/inverse** direct/inverse ratio *ou* proportion.

(e) *(loc)* **avec (juste)** ~ rightly, justifiably, with good reason; ~ **de plus** all the more reason *(pour faire* for doing); **à plus forte** ~, **je n'irai pas** all the more reason for me not to go; **comme de** ~ **as** one might expect; **pour une** ~ **ou pour une autre** for one *ou* some reason or other *ou* another; **rire sans** ~ to laugh for no reason; **non sans** ~ not without reason; **avoir** ~ to be right *(de faire* in doing, to do); **avoir** ~ **de qn/qch** to get the better of sb/sth; **donner** ~ **à qn** *[événement]* to prove sb right; **tu donnes toujours** ~ **à ta fille** you're always siding with your daughter; **se faire une** ~ to accept it, put up with it; **mettre qn à la** ~ to bring sb to his senses, make sb see reason, talk (some) sense into sb; (†, *littér)* **demander** ~ **à qn de** *offense* to demand satisfaction from sb for (†, *littér)*; **en** ~ **du froid** because of *ou* owing to the cold weather; **en** ~ **de son jeune âge** because of *ou* on the grounds of his youth; **on est payé en** ~ **du travail fourni** we are paid according to *ou* in proportion to the work produced; **à** ~ **de 5 F par caisse** at the rate of 5 francs per crate.
  2: raison d'État reason of State; **cet enfant est toute sa raison d'être** this child is her whole life *ou* her entire reason for living *ou* her entire raison d'être; **cette association n'a aucune raison d'être** this association has no reason for being *ou* no grounds for existence *ou* no raison d'être; *(Comm)* **raison sociale** corporate name.
raisonnable [REzɔnabl(ə)] *adj* **(a)** *(sensé) personne* sensible, reasonable; *conseil* sensible, sound, sane; *opinion, propos, conduite* sensible, sane. **soyez** ~ be reasonable; **elle devrait être plus** ~, **à son âge** she should know better *ou* she should have more sense at her age; **réaction bien peu** ~ very unreasonable reaction; **ce n'est vraiment pas** ~ it's not really sensible *ou* reasonable at all.
  (b) *(décent) prix, demande, salaire, quantité* reasonable, fair. **ils vous accordent une liberté** ~ they grant you reasonable freedom, they grant you a reasonable *ou* fair *ou* tolerable amount of freedom.
  (c) *(littér: doué de raison)* rational, reasoning.
raisonnablement [REzɔnabləmɑ̃] *adv conseiller* sensibly, soundly; *agir* sensibly, reasonably; *dépenser* moderately; *travailler, rétribuer* reasonably, fairly. **tout ce qu'on peut** ~ **espérer est que** ... all that one can reasonably hope for is that ... .
raisonné, e [REzɔne] *(ptp de raisonner) adj* **(a)** *(mûri, réfléchi) attitude, projet* well thought-out, reasoned. **bien** ~! well argued!, well reasoned! **(b)** *(systématique) grammaire/méthode* ~**e de français** reasoned grammar/primer of French.
raisonnement [REzɔnmɑ̃] *nm* **(a)** *(façon de réfléchir)* reasoning *(U)*; *(faculté de penser)* power *ou* faculty of reasoning; *(cheminement de la pensée)* thought process. ~ **analogique/par déduction** analogical/deductive reasoning; **prouver qch par le** ~ to prove sth by one's reasoning *ou* by the use of reason; **ses** ~**s m'étonnent** his reasoning surprises me.
  (b) *(argumentation)* argument. **un** ~ **logique** a logical argument, a logical line *ou* chain of reasoning.
  (c) *(péj: ergotages)* ~**s** arguing, argument, quibbling; **tous les** ~**s ne feront rien pour changer ma décision** no amount of arguing *ou* argument will alter my decision.
raisonner [REzɔne] (1) **1** *vi* **a** *(penser, réfléchir)* to reason *(sur* about). ~ **par induction/déduction** to reason by induction/deduction; **il raisonne mal** he doesn't reason very well, his reasoning *ou* way of reasoning isn't very sound; **il raisonne juste** his reasoning is sound; **il raisonne comme un panier percé*** *ou* **une pantoufle*** he can't follow his own argument; **c'est bien raisonné** it's well *ou* soundly reasoned *ou* argued.
  (b) *(discourir, argumenter)* to argue *(sur* about). **on ne peut pas** ~ **avec lui** you (just) can't argue *ou* reason with him.
  (c) *(péj: ergoter)* to argue, quibble *(avec* with).
  (d) ~ **de†** *question, problème* to argue about.
  2 *vt* **(a)** *(sermonner)* to reason with. **inutile d'essayer de le** ~ it's useless to try and reason with him, it's useless to try and make him listen to *ou* see reason.
  (b) *(justifier par la raison) croyance, conduite, démarche* to reason out. **explication bien raisonnée** well-reasoned explanation.
  3 se raisonner *vpr* to reason with o.s., make o.s. see reason. **raisonne-toi** try to be reasonable *ou* to make yourself see reason; **l'amour ne se raisonne pas** love cannot be reasoned *ou* knows no reason.
raisonneur, -euse [REzɔnœR, øz] **1** *adj* *(péj)* quibbling *(épith)*, argumentative; *(réfléchi)* reasoning *(épith)*.
  2 *nm,f* **(a)** *(péj: ergoteur)* arguer, quibbler. **c'est un** ~ he's always arguing *ou* quibbling, he's an arguer *ou* a quibbler; **ne fais pas le** ~ stop arguing *ou* quibbling.
  (b) *(penseur)* reasoner.
rajah [Radʒa] *nm* rajah.
rajeunir [RaʒœniR] (2) **1** *vt* **(a)** ~ **qn** *[cure]* to rejuvenate sb; *[repos, expérience]* to make sb feel younger; *[soins de beauté, vêtement]* to make sb look younger; **l'amour/ce chapeau la rajeunit de 10 ans** love/this hat takes 10 years off her* *ou* makes her look 10 years younger; **tu le rajeunis (de 5 ans), il est né en 1950** you're making him (5 years) younger than he is — he was born in 1950; *(hum)* **ça ne nous rajeunit pas!** that makes you realize we're not getting any younger!
  (b) *manuel* to update, bring up to date; *institution* to modernize; *installation, mobilier* to modernize, give a new look to; *vieux habits* to give a new look to, brighten up; *personnel* to infuse *ou* bring new *ou* young blood into, recruit younger people into; *thème, théorie* to inject new life into. **firme qui a besoin d'être rajeunie** firm that needs new *ou* young blood (brought *ou* infused into it) *ou* that needs an injection of new blood *ou* an influx of new people.
  2 *vi* *[personne]* *(se sentir plus jeune)* to feel younger; *(paraître*

plus jeune) to look younger; *[institution, quartier]* *(modernisation)* to be modernized; *(membres plus jeunes)* to take on a younger air. **avec les enfants, la vieille demeure rajeunissait** with the children around, the old house seemed to take on a younger air *ou* had a younger atmosphere about it.
  3 se rajeunir *vpr* *(se prétendre moins âgé)* to make o.s. younger; *(se faire paraître moins âgé)* to make o.s. look younger.
rajeunissant, e [Raʒœnisɑ̃, ɑ̃t] *adj traitement, crème* rejuvenating.
rajeunissement [Raʒœnismɑ̃] *nm* *[personne]* rejuvenation; *[manuel]* updating; *[installation, mobilier]* modernization; *[vieux habits]* brightening up. ~ **du personnel** infusion *ou* injection of new *ou* young blood into the staff.
rajout [Raʒu] *nm* addition.
rajouter [Raʒute] (1) *vt sel, sucre* to put on *ou* put in *ou* add (some) more; *commentaire* to add another. **il rajouta que** ... he added that ...; *(fig)* **en** ~* to lay it on (thick)*, exaggerate; **il ne faut pas croire tout ce qu'il dit, il en rajoute toujours** you mustn't believe everything he says, he always exaggerates; **ayant déjà donné 50 F, il rajouta 10 F** having already given 50 francs he added another 10.
rajustement [Raʒystəmɑ̃] *nm* *[salaires, prix]* adjustment.
rajuster [Raʒyste] (1) **1** *vt* **(a)** *(remettre en place) mécanisme* to readjust; *vêtement* to straighten (out), tidy; *cravate, lunettes* to straighten, adjust; *coiffure* to rearrange, tidy. **elle rajusta sa toilette** she arranged *ou* straightened her dress.
  (b) *(recentrer) tir* to (re)adjust; *(fig) prix, salaire* to adjust.
  2 se rajuster *vpr* *[personne]* to tidy *ou* straighten o.s. up, rearrange o.s.
raki [Raki] *nm* raki.
râlant, e* [Rɑlɑ̃, ɑ̃t] *adj* infuriating.
râle¹ [Rɑl] *nm* **(a)** *[blessé]* groan; *[mourant]* (death) rattle. ~ **d'agonie** *ou* **de la mort** death rattle. **(b)** *(Méd)* rale.
râle² [Rɑl] *nm* *(Orn)* rail. ~ **(des genêts)** corncrake; ~ **(d'eau)** water rail.
ralenti, e [Ralɑ̃ti] *(ptp de ralentir)* **1** *adj vie* slow-moving, easy-paced, slow; *mouvement* slow.
  2 *nm* **(a)** *(Ciné)* slow motion. **en** *ou* **au** ~ *filmer, projeter* in slow motion.
  (b) *(Aut)* **régler le** ~ to adjust the tick-over *(Brit)* ou the idle; **le moteur est un peu faible au** ~ the engine doesn't tick over *(Brit)* ou doesn't idle too well; **tourner au** ~ to tick over *(Brit)*, idle.
  (c) *(fig)* **vivre au** ~ to live at a slower pace; **cette existence paisible, au** ~ that peaceful slow *ou* easy-paced existence; **usine qui tourne au** ~ factory which is just ticking over *(Brit)* ou idling.
ralentir [Ralɑ̃tiR] (2) **1** *vt processus, véhicule* to slow down; *mouvement, expansion* to slow down *ou* up; *(Mil) avance* to check, hold up; *effort, zèle* to slacken. ~ **l'allure** to slow down *ou* up, reduce speed; ~ **sa marche** *ou* **le pas** to slacken one's *ou* the pace, slow down.
  2 *vi* *[marcheur]* to slow down, slacken one's pace; *[véhicule, automobiliste]* to slow down, reduce speed. *(Aut)* '~' 'slow', 'reduce speed now'.
  3 se ralentir *vpr* *[production]* to slow down *ou* up, slacken (off), fall off; *(Mil) [offensive]* to let up, ease off; *[ardeur, zèle]* to flag; *(Physiol) [fonctions]* to slow up.
ralentissement [Ralɑ̃tismɑ̃] *nm* **(a)** *(V ralentir)* slowing down; slowing up; checking, holding up; slackening.
  (b) *[marcheur, véhicule, automobiliste]* slowing down.
  (c) *(V se ralentir)* slowing down; slowing up; slackening (off), falling off; letting up, easing off; flagging.
râler [Rɑle] (1) *vi* **(a)** *[blessé]* to groan, moan; *[mourant]* to give the death rattle.
  (b) *(*: rouspéter)* to grouse*, moan (and groan)*. **il est allé** ~ **chez le prof** he went to grouse* *ou* moan* to the teacher; **faire** ~ **qn** to infuriate sb; **ça (vous) fait** ~ it makes you fume, it makes you want to blow your top*; **qu'as tu à** ~? what have you got to grouse* *ou* moan* about?
râleur, -euse [RɑlœR, øz] **1** *adj* grousing* *(épith)*. **il est (trop)** ~ he's (too much of) a grouser* *ou* moaner*. **2** *nm,f* grouser*, moaner*.
ralingue [Ralɛ̃g] *nf* boltrope.
ralliement [Ralimɑ̃] *nm* **(a)** *(V rallier)* rallying; winning over; uniting. **le** ~ **des troupes** the rallying *ou* rally of troops.
  (b) *(V se rallier)* ~ **à** joining; going over to, siding with; rallying round *ou* to; coming over *ou* round *(Brit)* to; being won over to; **je suis étonné de son** ~ **(à notre cause)** I am surprised by the fact that he joined *ou* (our cause).
  (c) *(Mil)* rallying, rally. **signe/cri de** ~ rallying sign/cry.
rallier [Ralje] (7) **1** *vt* **(a)** *(Chasse, Mil, Naut: regrouper)* to rally.
  (b) *(gagner) personne, groupe* to win over, rally *(à* to); *suffrages* to bring in, win. ~ **qn à son avis** to bring sb round *(Brit)* ou win sb over to one's opinion.
  (c) *(unir) groupe, parti* to rally, unite. **groupe rallié autour d'un idéal** group united by an ideal.
  (d) *(rejoindre: Mil, Naut)* to rejoin. *(Pol)* ~ **la majorité** to rejoin the majority; *(Naut)* ~ **le bord** to rejoin ship.
  2 se rallier *vpr* **(a)** *(suivre)* **se** ~ **à** *parti* to join; *ennemi* to go over to, side with; *chef* to rally round *ou* to; *avis* to come over *ou* round *(Brit)* to; *doctrine* to be won over to; *cause* to join, rally to, be won over to.
  (b) *(Mil, Naut: se regrouper)* to rally.
rallonge [Ralɔ̃ʒ] *nf* **(a)** *[table]* (extra) leaf; *[fil électrique]* extension cord *ou* flex *(Brit)*; *[vêtement]* piece *(used to lengthen an item of clothing)*; *[compas]* extension arm; *[perche]* extension piece. **table à** ~**(s)** extendable table.
  (b) *(*: supplément)* **une** ~ **d'argent/de vacances** a bit of extra *ou* some extra money/holiday; **obtenir une** ~ **de crédit** to get an extension of credit; **une** ~ **de deux jours** an extra two days, a two-day extension.

(c) (*péj*) **histoire à ~** never-ending story; **nom à ~** double-barrelled name.

rallongement [Ralɔ̃ʒmã] *nm* (*V* **rallonger**) lengthening; letting down; extension.

rallonger [Ralɔ̃ʒe] (3) **1** *vt vêtement (en ajoutant)* to lengthen, make longer; (*en défaisant l'ourlet*) to let down; *texte, service militaire, piste* to lengthen, extend, make longer; *vacances, fil, table, bâtiment* to extend.
2 *vi* (*) **les jours rallongent** the days are getting longer.

rallumer [Ralyme] (1) **1** *vt* (a) (*lit*) *feu* to light (up) again, relight, rekindle; *cigarette* to relight, light up again; *lampe* to switch *ou* turn *ou* put on again, relight. **~** (**l'électricité** *ou* **la lumière**) to switch *ou* turn *ou* put the light(s) on again; **~** (**dans**) **le bureau** to switch *ou* turn *ou* put the light(s) on again in the office.
(b) (*fig*) *courage, haine, querelle* to revive, rekindle; *conflit, guerre* to stir up again, revive, rekindle.
2 se rallumer *vpr* (*incendie*) to flare up again; (*lampe*) to come on again. **le bureau se ralluma** the light(s) in the office went *ou* came on again.
(b) (*guerre, querelle*) to flare up again; (*haine, courage*) to revive, be revived.

rallye [Rali] *nm*: **~** (**automobile**) (car) rally.

RAM [Ram] *nf* (*Ordin*) RAM.

ramadan [Ramadã] *nm*: (**R**)**~** Ramadan.

ramage [Ramaʒ] *nm* (a) (*littér: chant*) song, warbling (*U*). (b) (*branchages, dessin*) **~**(s) foliage; **tissu à ~s** fabric *ou* material with a leafy design *ou* pattern.

ramassage [Ramasaʒ] *nm* (a) (*gén*) collection. **~ des pommes de terre** lifting *ou* digging up of potatoes; **~ scolaire** (*service*) school bus service; (*action*) picking up of pupils; **point de ~** pick-up point.
(b) (*cueillette*) *[bois mort, coquillages, foin]* gathering; *[épis, fruits tombés]* gathering (up); *[champignons]* picking, gathering; *[pommes de terres]* digging up, lifting; *[balles de tennis]* picking up.

ramasse- [Ramas] *préf V* **ramasser**.

ramassé, e [Ramase] (*ptp de* **ramasser**) *adj* (*pour se protéger*) huddled up; (*pour bondir*) crouched; (*trapu*) squat, stocky; (*concis*) compact, condensed. **le petit village ~ dans le fond de la vallée** the little village nestling in the heart of the valley.

ramasser [Ramase] (1) **1** *vt* (a) (*lit, fig: prendre*) *objet, personne* to pick up. **il l'a ramassée dans le ruisseau** he picked her up out of the gutter; **se faire ~ dans une manif** to get picked up at a demo; **on l'a ramassé à la petite cuiller*** they had to scrape him off the ground; **~ une bûche*** *ou* **une pelle*** to come a cropper* (*Brit*), fall head-long, fall flat on one's face.
(b) (*collecter*) *objets épars* to pick up, gather up; *cartes* to pick up; *élèves* to pick up, collect; *copies, cahiers* to collect, take in, gather up; *cotisations, ordures* to collect; (*) *idée* to pick up; (*) *argent* to pick up, pocket*. (*fig*) **~ ses forces** to gather *ou* muster one's strength.
(c) (*récolter*) *bois, feuilles, coquillages* to gather, collect; *fruits tombés* to gather (up); *foin* to gather; *pommes de terre* to lift, dig up; *champignons* to pick, gather. **~ à la pelle** (*lit*) to shovel up; (*fig: en abondance*) to gather (up) by the shovelful.
(d) (*resserrer*) *jupons, draps* to gather (up); (*fig*) *style* to condense.
(e) (*: attraper*) *rhume, maladie* to pick up, catch, get; *réprimande, coups* to collect, get; *amende* to pick up, collect, get. **il va se faire ~ par sa mère** he'll get told off *ou* ticked off (*Brit*) by his mother*; **il a ramassé 100 F** (**d'amende**) he picked up *ou* collected a 100-franc fine, he was done for 100 francs* (*Brit*).
2 se ramasser *vpr* (*se pelotonner*) to curl up; (*pour bondir*) to crouch; (*: se relever*) to pick o.s. up; (*: tomber*) to come a cropper* (*Brit*), fall over *ou* down. **se faire ~** *[candidat]* to come a cropper* (*Brit*), take a flat beating* (*US*).
3: **ramasse-miettes** *nm inv* table tidy (*Brit*), silent butler (*US*); **ramasse-monnaie** *nm inv* (change-)tray.

ramasseur, -euse [Ramasœʀ, øz] **1** *nm, f* (*personne*) collector. **~ de lait** milk collector; **~ de balles** (*de tennis*) ballboy; **~ de mégots** collector of cigarette ends *ou* butts; **~ de pommes de terre** potato-picker.
2 *nm* (*outil*) *[machine]* pickup.
3 ramasseuse *nf* (*machine*) **~euse-presse** baler.

ramassis [Ramasi] *nm* (*péj*) **~ de** *voyous* pack *ou* bunch *ou* horde of; *doctrines, objets* jumble of.

rambarde [Rãbaʀd(ə)] *nf* guardrail.

ramdam [Ramdam] *nm* (*tapage*) hullabaloo*, row, racket. **faire du ~** (*bruit*) to kick up* *ou* make a racket *ou* row; (*protestation*) to kick up a row*.

rame [Ram] *nf* (a) (*aviron*) oar. **aller à la ~** to row; (*littér*) **faire force de ~s** to ply the oars (*littér*), row hard; **il n'en fiche pas une ~** he doesn't do a damned* *ou* ruddy* (*Brit*) thing.
(b) (*Rail*) train. **~** (**de métro**) (underground (*Brit*) *ou* subway) train.
(c) (*Typ*) ream; (*Tex*) tenter; (*Agr*) stake, stick; *V* **haricot**.

rameau, pl ~x [Ramo] *nm* (*lit*) (small) branch; (*fig*) branch; (*Anat*) ramification. (*lit, fig*) **~ d'olivier** olive branch; (*Rel*) (**dimanche des**) **R~x** Palm Sunday.

ramée [Rame] *nf* (*littér: feuillage*) leafy boughs (*littér*), (*coupé*) leafy *ou* green branches. **il n'en fiche pas une ~** he doesn't do a damned* *ou* ruddy* (*Brit*) thing.

ramener [Ramne] (5) **1** *vt* (a) *personne, objet* to bring back, take back; *paix, ordre* to bring back, restore. **je vais te ~ en voiture** I'll drive you back (home), I'll take you back (home) in the car; **ramène du pain/les enfants** bring *ou* fetch (*Brit*) some bread/the children back (*de* from); **ça l'a ramené en prison** it sent him back to prison, it put *ou* landed* him back in prison; **l'été a ramené les accidents/la mode des chapeaux** summer has brought the return of

accidents/has brought back *ou* brought the return of the fashion for hats.
(b) (*tirer*) *voile* to draw; *couverture* to pull, draw. **~ ses cheveux sur son front** to brush down one's hair onto *ou* over one's forehead; **~ ses cheveux en arrière** to brush one's hair back; **~ ses jambes/épaules en arrière** to draw back one's legs/shoulders.
(c) (*faire revenir à*) **~ à** to bring back to; **~ à la vie** *personne* to revive, bring back to life; *région* to revitalize, bring back to life; **~ qn à la raison** to bring sb to reason *ou* to his senses; **~ le compteur à zéro** to put the meter back to zero, reset the meter at zero; **~ les prix à un juste niveau** to bring prices back (down) *ou* restore prices to a reasonable level; **~ la conversation sur un sujet** to bring *ou* steer *ou* lead the conversation back (on)to a subject; **~ son cheval au pas** to rein in one's horse to a walk; **il ramène toujours tout à lui** he always relates everything to himself; **cela nous ramène 20 ans en arrière** it takes us back 20 years; **~ un incident à de plus justes proportions** to get *ou* bring an incident into proportion; **ils ont ramené ces bagarres au rang de simple incident** they played down the fighting, passing it off as a mere incident.
(d) (*réduire à*) **~ à** to reduce to; **~ l'inflation à moins de 3%** to reduce inflation to less than 3%, bring inflation back down to below 3%.
(e) (*loc*) **~ sa fraise**:, **la ~**: (*protester*) to kick up* a row *ou* fuss; (*intervenir*) to put *ou* shove one's oar in* (*Brit*), put in one's opinion.
2 se ramener *vpr* (a) (*se réduire à*) **se ~ à** *[problèmes]* to come down to, boil down to; (*Math*) *[fraction]* to reduce to, be reduced to.
(b) (*: arriver*) to roll up*, turn up*.

ramequin [Ramkẽ] *nm* ramekin, ramequin.

ramer¹ [Rame] (1) *vi* to row. **~ en couple** to scull.

ramer² [Rame] (1) *vt* (*Agr*) to stake.

ramette [Ramɛt] *nf* *[papier à lettres]* ream.

rameur [Ramœʀ] *nm* (*sportif*) oarsman, rower; (*galérien*) rower.

rameuse [Ramøz] *nf* (*sportive*) oarswoman, rower.

rameuter [Ramøte] (1) *vt foule, partisans* to gather together, round up; *chiens* to round up, form into a pack again. **les gens s'étaient rameutés** people had gathered (themselves) together (again).

rami [Rami] *nm* rummy.

ramier [Ramje] *nm*: (**pigeon**) **~** woodpigeon, ringdove.

ramification [Ramifikasjɔ̃] *nf* (*gén*) ramification.

ramifier (**se**) [Ramifje] (7) *vpr [veines]* to ramify; *[routes, branches, famille]* to branch out (*en* into). **cette science s'est ramifiée en plusieurs autres** this science has branched out into several others.

ramille [Ramij] *nf* (*brindille*) twig.

ramolli, e [Ramɔli] (*ptp de* **ramollir**) **1** *adj biscuit, beurre* soft; *personne (avachi)* soft; (*stupide*) soft (in the head), soft-headed. (*péj*) **il a le cerveau ~** he is *ou* has gone soft in the head.
2 *nm, f* (*péj*) soft-headed fool.

ramollir [Ramɔliʀ] (2) **1** *vt matière* to soften; (*fig*) *courage, résolution* to weaken. **~ qn** *[plaisir]* to soften sb, make sb soft; *[climat]* to enervate sb.
2 se ramollir *vpr* (*lit, fig*) to get *ou* go soft; (*Méd*) to soften. **son cerveau se ramollit** (*hum*) he's going soft in the head; (*Méd*) his brain is softening.

ramollissement [Ramɔlismã] *nm* softening. **~ cérébral** softening of the brain.

ramollo* [Ramɔlo] *adj (avachi)* droopy*; (*gâteux*) soft (in the head), soft-headed.

ramonage [Ramɔnaʒ] *nm* chimney-sweeping; (*Alpinisme*) chimney-climbing.

ramoner [Ramɔne] (1) *vt cheminée* to sweep; *pipe* to clean out; (*Alpinisme*) to climb.

ramoneur [Ramɔnœʀ] *nm* (chimney)sweep.

rampant, e [Rãpã, ãt] **1** *adj* (a) *animal* crawling, creeping; *plante* creeping; *caractère, employé* grovelling, cringing. (*arg Aviat*) *personnel* **~** ground crew *ou* staff; *V* **arc**.
(b) (*Hér*) rampant.
2 *nm* (a) (*arg Aviat*) member of the ground crew *ou* staff. **les ~s** the ground crew *ou* staff.
(b) (*Archit*) pitch.

rampe [Rãp] **1** *nf* (a) (*voie d'accès*) ramp, slope; (*côte*) slope, incline, gradient.
(b) (*escalier*) banister(s); (*chemin, escarpe etc*) handrail.
(c) (*projecteurs*) (*Théât*) **la ~** the footlights, the floats (*Brit*).
(d) (*loc*) (*fig*) **tenez bon la ~*** hold on to your hat*; **elle tient bon la ~*** she's still going strong; (*fig*) **lâcher la ~*** to kick the bucket*:; **passer la ~** to get across to the audience.
2: **rampe d'accès** approach ramp; **rampe de balisage** runway lights (*pl*); **rampe de débarquement** disembarcation ramp; **rampe de graissage** oil gallery; **rampe de lancement** launching pad.

ramper [Rãpe] (1) *vi* (a) *[serpent]* to crawl, slither, slide (along); *[quadrupède, homme]* to crawl; *[plante, ombre, feu]* to creep; *[sentiment, brouillard, mal, maladie]* to lurk. **entrer/sortir en rampant** to crawl in/out; **le lierre rampe contre le mur** the ivy creeps up the wall.
(b) (*fig péj: s'abaisser*) to grovel (*devant* before), crawl *ou* cringe (*devant* to).

ramponneau:, *pl* **~x** [Rãpono] *nm* poke, bump, knock. **donner un ~ à qn** to poke *ou* bump *ou* knock sb.

ramure [Ramyʀ] *nf [cerf]* antlers; *[arbre]* boughs, foliage.

rancard:, [Rãkaʀ] *nm* (a) (*tuyau*) tip; (*explication*) gen* (*Brit*) (*U*), info* (*U*). **il m'avait donné le ~** he had tipped me the wink*, he had given me the tip-off.
(b) (*rendez-vous*) (*gén*) meeting, date; (*amoureux*) date. **donner** (**un**) **~ à qn** to arrange to meet sb, make a date with sb; **avoir** (**un**) **~ avec qn** to have a meeting with sb, have a date with sb.

rancarder‡ [ʀɑ̃kaʀde] (1) *vt* (*V* rancard) to tip off; to give the gen* (*Brit*) *ou* make a date* to; to arrange to meet; to make a date with*. (*s'informer*) se ~ sur to get the info* *ou* gen* (*Brit*) about.

rancart¹‡ [ʀɑ̃kaʀ] *nm* = rancard‡.

rancart²‡ [ʀɑ̃kaʀ] *nm*: mettre au ~ *objet, idée, projet* to chuck out‡, sling out‡, get shot of‡ (*Brit*), scrap; **bon à mettre au ~** ready for the scrap heap.

rance [ʀɑ̃s] *adj beurre* rancid; *odeur* rank, rancid; (*fig*) stale. **sentir le ~** to smell rancid *ou* rank *ou* off* (*Brit*); **odeur de ~** rank *ou* rancid smell.

ranch [ʀɑ̃tʃ] *nm* ranch.

rancir [ʀɑ̃siʀ] (2) *vi [lard, beurre]* to go rancid *ou* off* (*Brit*); (*fig*) to grow stale.

rancœur [ʀɑ̃kœʀ] *nf (frm)* rancour (*U*), resentment (*U*). **avoir de la ~ contre qn** to be full of rancour against sb, feel resentment against sb.

rançon [ʀɑ̃sɔ̃] *nf (lit)* ransom. (*fig*) **c'est la ~ de la gloire** that's the price you have to pay for being famous, that's the price of fame; (*littér*) **mettre à ~** to hold to ransom.

rançonnement [ʀɑ̃sɔnmɑ̃] *nm* (*V* rançonner) demanding a ransom (*de* from); fleecing; holding to ransom.

rançonner [ʀɑ̃sɔne] (1) *vt* (a) (*voler*) *convoi, voyageurs* to demand *ou* exact a ransom from; (*fig*) *contribuables, locataires, clients* to fleece. (b) (†: *exiger une rançon*) *prisonnier* to hold to ransom.

rançonneur, -euse [ʀɑ̃sɔnœʀ, øz] *nm,f (lit)* person demanding a ransom, ransomer; (*fig*) extortioner, extortionist.

rancune [ʀɑ̃kyn] *nf* grudge, rancour (*U: littér*). **avoir *ou* nourrir de la ~ à l'égard de *ou* contre qn** to harbour a grudge *ou* harbour feelings of rancour against sb; **garder ~ à qn (de qch)** to hold a grudge against sb (for sth), bear sb a grudge (for sth); **sans ~!** no hard *ou* ill feelings!

rancunier, -ière [ʀɑ̃kynje, jɛʀ] *adj* vindictive, rancorous (*littér*), spiteful.

randonnée [ʀɑ̃dɔne] *nf*: ~ (en voiture) drive, ride; ~ (à bicyclette) ride; ~ (à pied) (*courte, à la campagne*) walk, ramble; ~ (à ski) cross-country ski run; (*longue, en montagne etc*) hike; **faire une ~ (en voiture)** to go for a drive *ou* ride; **cette ~ nocturne se termina mal** this night escapade ended badly.

randonneur, -euse [ʀɑ̃dɔnœʀ, øz] *nm,f* hiker, walker, rambler.

rang [ʀɑ̃] *nm* (a) (*rangée*) *[maisons]* row, line; *[personnes, objets, tricot]* row. **collier à 3 ~s (de perles)** necklace with 3 rows of pearls; **porter un ~ de perles** to wear a string *ou* rope *ou* row of pearls; **en ~ d'oignons** in a row *ou* line. (b) (*Scol*) row; (*Mil*) rank. **en ~s serrés** in close order, in serried ranks; **en ~ par 2/4 2/4** abreast; **sur 2/4 ~s 2/4** deep; **se mettre sur un ~** to get into *ou* form a line; (*fig*) **grossir les ~s de** to swell the ranks of; **se mettre en ~s par 4** (*Scol*) to get into *ou* form rows of 4; (*Mil*) to form fours; **plusieurs personnes sont sur *ou* se sont mises sur les ~s pour l'acheter** several people are in the running *ou* have got themselves lined up to buy it, several people have indicated an interest in buying it; (*Mil*) **servir dans les ~s de** to serve in the ranks of; (*Mil*) **à vos ~s, marche!** fall in!; (*Mil, fig*) **sortir du ~** to come up *ou* rise *ou* be promoted from the ranks; *V* rentrer, rompre, serrer.

(c) (*Can*) country road (*bordered by farms at right angles*), concession road (*Québec*). **les ~s** the country.

(d) (*condition*) station. **du plus haut ~** of the highest standing *ou* station; **tenir *ou* garder son ~** to maintain one's rank.

(e) (*hiérarchique, grade, place*) rank. **avoir ~ de** to hold the rank of; **avoir ~ parmi** to rank among; **par ~ d'âge/de taille** in order of age/size *ou* height; **13e, c'est un bon ~** that's not bad — 13th place, 13th — that's a good position; **être placé au deuxième ~** to be ranked *ou* placed second; **mettre un écrivain au ~ des plus grands** to rank a writer among the greatest; **c'est au premier/dernier ~ de mes préoccupations** that's the first/last thing on my mind; **il est au premier ~ des artistes contemporains** he is one of the highest ranking of *ou* he ranks among the best of contemporary artists.

rangé, e¹ [ʀɑ̃ʒe] (*ptp de* ranger) *adj* (*ordonné*) orderly; (*sans excès*) settled, steady. **il s'est ~ *ou* il est ~ des voitures‡** he has settled *ou* steadied down now; **petite vie bien ~e** well-ordered existence; **jeune fille ~e** well-behaved young lady; *V* bataille.

rangée² [ʀɑ̃ʒe] *nf [maisons, arbres]* row, line; *[objets, spectateurs]* row.

rangement [ʀɑ̃ʒmɑ̃] *nm* (a) (*action*) *[objets, linge]* putting away; *[pièce, meuble]* tidying (up). **faire du ~ *ou* des ~s** to do some tidying (up).

(b) (*espace*) *[appartement]* cupboard space; *[remise]* storage space. **capacité de ~ d'une bibliothèque** shelf space of a bookcase; *V* meuble.

(c) (*arrangement*) arrangement.

ranger [ʀɑ̃ʒe] (3) (1) *vt* (a) (*mettre en ordre*) *tiroir, maison* to tidy (up); *dossiers, papiers* to tidy (up), arrange; *mots, chiffres* to arrange, order. **tout est toujours bien rangé chez elle** it's always (nice and) tidy at her place; **rangé par ordre alphabétique** listed *ou* arranged alphabetically *ou* in alphabetical order.

(b) (*mettre à sa place*) *papiers, vêtements* to put away; *bateau* to moor, berth; *voiture, vélo ou garage* to put away, park; (*dans la rue*) to park. **où se rangent les tasses?** where do the cups go? *ou* belong?; **je le range parmi les meilleurs** I rank *ou* put it among the best; **ce roman est à ~ parmi les meilleurs** this novel ranks *ou* is to be ranked among the best.

(c) (*disposer*) *écoliers* to line up, put *ou* form into rows; *soldats* to draw up; *invités* to place. (*fig*) **~ qn sous son autorité** to bring sb under one's authority.

2 se ranger *vpr* (a) *[automobiliste]* (*stationner*) to park; (*venir s'arrêter*) to pull in, draw up. **la voiture se rangea contre le trot-**

toir the car pulled in *ou* drew up at the kerb; **le navire se rangea contre le quai** the ship moored *ou* berthed *ou* came alongside the quay.

(b) (*s'écarter*) *[piéton]* to step *ou* stand aside, make way; *[véhicule]* to pull over. **il se rangea pour la laisser passer** he stepped *ou* stood aside to let her go by *ou* past, he made way for her (to get by *ou* past).

(c) (*se mettre en rang*) to line up, get into line *ou* rows. **se ~ par deux/par quatre** to line up in twos/fours, get into rows of two/four.

(d) (*se rallier à*) **se ~ à** *décision* to go along with, abide by; *avis* to come round *ou* over to, fall in with; **se ~ du côté de qn** to side with *ou* take sides with sb.

(e) (*: se caser*) to settle down; *V* rangé.

rani [ʀani] *nf* rani.

ranimation [ʀanimasjɔ̃] *nf* = réanimation.

ranimer [ʀanime] (1) **1** *vt blessé* to revive, restore to consciousness, bring round (*Brit*), bring to; *feu, braises* to rekindle; *région, souvenir, époque, conversation* to revive, bring back to life; *rancune, querelle* to rake up, revive; *forces, ardeur* to renew, restore; *amour, haine* to rekindle, renew; *douleur* to revive, renew; *espoir* to reawaken, rekindle, renew; *couleurs* to brighten up, revive.

2 se ranimer *vpr* (*V* ranimer) to revive, be revived; to come round (*Brit*), come to; to rekindle, be rekindled; to come back to life; to be raked up; to be renewed; to be restored; to reawaken, be reawakened.

Raoul [ʀaul] *nm* Ralph.

raout† [ʀaut] *nm (réception)* rout††.

rapace [ʀapas] **1** *nm (Orn)* bird of prey, raptor (*T*). **2** *adj* predatory, raptorial (*T*); (*fig*) rapacious, grasping, money-grubbing.

rapacité [ʀapasite] *nf (lit, fig)* rapaciousness, rapacity.

râpage [ʀɑpaʒ] *nm* (*V* râper) grating; rasping; grinding.

rapatrié, e [ʀapatʀije] (*ptp de* rapatrier) **1** *adj* repatriated. **2** *nm,f* repatriate. **les ~s d'Algérie** the repatriated settlers from Algeria.

rapatriement [ʀapatʀimɑ̃] *nm* repatriation.

rapatrier [ʀapatʀije] (7) *vt personne* to repatriate; *capital, objet* to bring back (home).

râpe [ʀɑp] *nf* (*V* râper) grater; rasp; grinder.

râpé, e [ʀɑpe] (*ptp de* râper) **1** *adj* (*usé*) *veste, coude* threadbare, worn to threads (*attrib*); *carottes, fromage* grated. (*: raté*) **c'est ~ pour ce soir** we've had it for tonight*. **2** *nm* (*fromage*) grated cheese.

râper [ʀɑpe] (1) *vt carottes, fromage* to grate; *bois* to rasp; *tabac* to grind. (*fig*) **vin qui râpe la gorge** wine that's rough on the throat *ou* that burns the throat.

rapetassage* [ʀaptasaʒ] *nm* patching up.

rapetasser* [ʀaptase] (1) *vt* to patch up.

rapetissement [ʀaptismɑ̃] *nm* (*V* rapetisser) taking up, shortening; taking in; shrinking; belittling; dwarfing. **le ~ des objets dû à la distance** the reduction in the size of objects when seen from a distance.

rapetisser [ʀaptise] (1) **1** *vt* (a) (*raccourcir*) *manteau* to take up, shorten; *taille, encolure* to take in; *objet* to shorten. (*fig*) **l'âge l'avait rapetissé** he had shrunk with age (*fig*).

(b) (*dénigrer*) to belittle.

(c) (*faire paraître plus petit*) to make seem *ou* look small(er). **le château rapetissait toutes les maisons qui l'entouraient** the castle dwarfed all the surrounding houses, the castle made all the surrounding houses look *ou* seem small in *ou* by comparison.

2 *vi*, **se rapetisser** *vpr* (*vieillard*) to shrink, grow shorter *ou* smaller; (*: jours*) to get shorter. **les objets rapetissent à distance** objects look smaller at a distance.

(b) **se ~ aux yeux de qn** to belittle o.s. in sb's eyes.

râpeux, -euse [ʀɑpø, øz] *adj* (*gén*) rough.

Raphaël [ʀafaɛl] *nm* Raphael.

raphaélique [ʀafaelik] *adj* Raphaelesque.

raphia [ʀafja] *nm* raffia.

rapiat, e [ʀapja, at] *(péj)* **1** *adj* niggardly, stingy, tight-fisted. **2** *nm,f* niggard, skinflint.

rapide [ʀapid] **1** *adj* (a) (*en déplacement*) *coureur, marche, pas* fast, quick, rapid, swift, speedy; *véhicule, route* fast; *animal* fast(-moving), swift; *fleuve* fast(-flowing), swift-flowing, rapid. **~ comme l'éclair** (as) quick as a flash; **il est ~ à la course** he's a good *ou* fast runner.

(b) (*dans le temps*) *travail, guérison, progrès, remède, réponse* speedy, quick, rapid, swift, fast; *accord* speedy, swift, rapid; *fortune, recette* quick. **examen (trop) ~ de qch** cursory examination of sth; **décision trop ~** hasty decision.

(c) (*vif*) *mouvement* quick, brisk, rapid, swift; *coup d'œil* rapid, quick, swift; *intelligence* quick, lively, nimble; *travailleur* quick, rapid, fast, swift, speedy. **d'une main ~** (*vite*) quickly, rapidly, swiftly; (*adroitement*) deftly; **tu n'es pas très ~ ce matin** you're not very lively *ou* bright *ou* you're not on the ball* this morning.

(d) (*en fréquence*) *pouls, rythme, respiration* rapid, fast.

(e) (*concis*) *style, récit* brisk, lively, fast-flowing.

(f) (*raide*) *pente* steep, abrupt.

(g) (*Tech*) *film* fast; *ciment* quick-setting.

2 *nm* (a) (*train*) express (train), fast train. **le ~ Paris-Nice** the Paris-Nice express.

(b) *[rivière]* rapid.

rapidement [ʀapidmɑ̃] *adv* (*V* rapide) fast; quickly; rapidly; swiftly; speedily; cursorily; hastily; deftly; steeply; abruptly.

rapidité [ʀapidite] *nf* (*gén*) speed; *[allure, pas, coup d'œil]* speed, rapidity, quickness; *[opération, remède, réponse]* speed, speediness, swiftness, quickness; *[geste, travailleur]* speed, quickness; *[pouls, rythme]* speed, rapidity; *[style]* briskness, liveliness.

rapiéçage [ʀapjesaʒ] *nm*, **rapiècement** [ʀapjɛsmɑ̃] *nm* (a) (*V* rapiécer) patching (up); mending, repairing. (b) (*pièce*) patch.

rapiécer [Rapjese] (3 *et* 6) *vt vêtement, pneu* to patch (up), put a patch in; *chaussure* to mend, repair.

rapière [RapjɛR] *nf* rapier.

rapin [Rapɛ̃] *nm* († *ou péj: artiste peintre*) painter, dauber.

rapine [Rapin] *nf* (*littér*) plundering, plunder. **vivre de ∼(s)** to live by plunder.

rapiner [Rapine] (1) *vti* (*littér*) to plunder.

raplapla‡ [Raplapla] *adj inv* (*fatigué*) washed out*, done in*, tuckered out*; (*plat*) flat.

raplatir* [RaplatiR] (2) *vt* (*aplatir*) to flatten out. (*fig*) **être tout raplati** to be (completely) washed out* *ou* done in*.

rappareiller [RapaReje] (1) *vt* to match up.

rapparier [RapaRje] (7) *vt* to pair up, match up.

rappel [Rapɛl] *nm* (**a**) (*ambassadeur*) recall, recalling; (*Mil*) (*réservistes*) recall; (*marchandises défectueuses*) callback. (*Théât*) **il y a eu 3 ∼s** there were 3 curtain calls; *V* **battre**.

(**b**) (*événement*) reminder; (*Comm*) (*référence*) quote; (*Admin: deuxième avis*) reminder; (*Admin: somme due*) back pay (*U*); (*Méd: vaccination*) booster. **rougissant au ∼ de cette bévue** blushing at being reminded of that blunder; **toucher un ∼ (de salaire)** to get some back pay; (*Aut*) **∼ de limitation de vitesse** speed limit sign, reminder of the speed limit; **∼ à l'ordre** call to order; **∼ de couleur** repeat of colour.

(**c**) (*Tech*) (*pièce, levier*) return. (*Alpinisme*) **∼ (de corde)** (*technique*) abseiling, roping down; (*opération*) abseil; **faire un ∼** to abseil, rope down; (*Naut*) **faire du ∼** to sit out; (*Tech*) **ressort de ∼** return spring; *V* **descente**.

rappelé [Raple] *nm* recalled soldier.

rappeler [Raple] (4) **1** *vt* (**a**) (*faire revenir*) *personne* to call back; (*Mil*) *réserviste, classe* to recall, call up (again); *diplomate* to recall; *acteur* to bring back, call back; *chien* to call back. **∼ qn au chevet d'un malade** *ou* **auprès d'un malade** to call *ou* summon sb back to a sick man's bedside; (*frm*) **Dieu l'a rappelé à lui** he departed this world *ou* life; (*Mil*) **∼ des réservistes au front** to recall reservists to the front; (*Ordin*) **∼ un dossier à l'écran** to call up a file on the screen.

(**b**) **∼ qch à qn** (*évoquer*) to recall sth to sb, remind sb of sth; (*remettre en mémoire*) to remind sb of sth; **il rappela les qualités du défunt** he evoked *ou* mentioned the qualities of the deceased, he reminded the audience of the qualities of the deceased; **faut-il ∼ que ...** must I remind you that ..., must it be repeated that ...; **ces dessins rappellent l'art arabe** those drawings are reminiscent of *ou* remind one of Arabian art; **le motif des poches rappelle celui du bas de la robe** the design on the pockets is repeated round the hem of the dress; **cela ne te rappelle rien?** doesn't that remind you of anything?, doesn't that bring anything to mind?; **tu me rappelles ma tante** you remind me of my aunt; **rappelle-moi mon rendez-vous** remind me about my appointment; **attends, ça me rappelle quelque chose** wait, it rings a bell; (*frm*) **rappelez-moi à son bon souvenir** kindly remember me to him, please give him my kind regards.

(**c**) **∼ qn à la vie** *ou* **à lui** to bring sb back to life, bring sb to *ou* round (*Brit*), revive sb; **∼ qn à l'ordre** to call sb to order; **∼ qn à son devoir** to remind sb of his duty; **∼ qn aux bienséances** to recall sb to a sense of propriety; **∼ qn à de meilleurs sentiments** to bring sb round to (*Brit*) *ou* put sb in a better frame of mind.

(**d**) (*retéléphoner à*) to call *ou* ring (*Brit*) *ou* phone back. **il vient de ∼** he's just called *ou* rung (*Brit*) *ou* phoned back.

(**e**) (*Comm*) *référence* to quote.

(**f**) (*tirer*) (*Tech*) *pièce, levier* to return; (*Alpinisme*) *corde* to pull to *ou* through.

2 se rappeler *vpr* (*gén*) to remember, recollect, recall. **se ∼ que** to remember *ou* recall *ou* recollect that; (*frm*) **je me permets de me ∼ à votre bon souvenir** I am sending you my kindest regards (*frm*); **rappelle-toi que ton honneur est en jeu** remember (that) your honour is at stake; **il ne se rappelle plus (rien)** he doesn't *ou* can't remember *ou* recall anything *ou* a thing.

rappliquer‡ [Raplike] (1) *vi* (*revenir*) to come back; (*arriver*) to turn up, show up*.

rapport [RapɔR] *nm* (**a**) (*lien, corrélation*) connection, relationship, link. **∼ de parenté** relationship, tie of kinship (*frm*); **il y a un ∼ de parenté entre nous** we're related, **établir un ∼/des ∼s entre deux incidents** to establish a link *ou* connection *ou* relation/links *ou* connections between two incidents; **avoir un certain ∼/beaucoup de ∼ avec qch** to have something/a lot to do with sth, have some/a definite connection with sth; **n'avoir aucun ∼ avec** *ou* **être sans ∼ avec qch** to bear no relation to sth, have nothing to do *ou* no connection with sth; **avoir ∼ à qch** to bear some relation to sth, have something to do *ou* some connection with sth; **les deux incidents n'ont aucun ∼** the two incidents have nothing to do with each other *ou* have no connection (with each other), the two incidents are unconnected *ou* unrelated; **être en ∼ avec qch** to be in keeping with sth; **une situation en ∼ avec ses goûts** a job in keeping *ou* in harmony *ou* in line with his tastes; **son train de vie n'est pas en ∼ avec son salaire** his lifestyle doesn't match *ou* isn't in keeping with his salary.

(**b**) **∼s** (*relations*) relations; **ses ∼s avec les autres sont difficiles** he has lots of problems with relationships *ou* in dealing with *ou* getting on with people; **entretenir de bons/mauvais ∼s avec qn** to be on good/bad terms *ou* have good/bad relations with sb; **avoir des ∼s (sexuels)** to have (sexual) intercourse *ou* sexual relations *ou* sex; **les ∼s d'amitié entre les deux peuples** the friendly relations *ou* ties of friendship between the two nations; **les ∼s entre les professeurs et les étudiants** relations between teachers and students, student-teacher *ou* student-staff relations.

(**c**) (*exposé, compte rendu*) report; (*Mil: réunion*) (post-exercise) conference. **∼ de police** police report.

(**d**) (*revenu, profit*) yield, return, revenue. **vivre du ∼ d'une terre** to live from the yield *ou* revenue of *ou* on a piece of land, live from the return on a piece of land; **être d'un bon ∼** to give a good profit, have a good yield, give a good return; **ces champs sont en plein ∼** these fields are bringing in a full yield; *V* **immeuble, maison**.

(**e**) (*Math, Tech*) ratio. **dans le ∼ de 1 à 100/de 100 contre 1** in a *ou* the ratio of 1 to 100/of 100 to 1; **le ∼ qualité-prix** the quality-price ratio; **ce n'est pas d'un bon ∼ qualité-prix** it's not good value for money.

(**f**) (*loc*) **être en ∼ avec qn** to be in touch with sb, have dealings with sb; **nous n'avons jamais été en ∼ avec cette compagnie** we have never had any dealings *ou* anything to do with that company; **se mettre en ∼ avec qn** to get in touch *ou* contact with sb; **mettre qn en ∼ avec qn d'autre** to put sb in touch *ou* contact with sb else; **par ∼ à** (*comparé à*) in comparison with, in relation to; (*en fonction de*) in relation to; (*envers*) with respect *ou* regard to, towards; **la force de la livre par ∼ au dollar** the strength of the pound against the dollar; **le ∼ de** *ou* **des forces entre les 2 blocs** the balance of power between the 2 blocs; **envisager des relations sous l'angle d'un ∼ de forces** to see relationships in terms of a power struggle; **∼ à**‡ about, in connection with, concerning; **je viens vous voir ∼ à votre annonce**‡ I've come (to see you) about your advertisement; **il n'y a aucune inquiétude à avoir sous le ∼ de l'honnêteté** from the point of view of honesty *ou* as far as honesty is concerned there's nothing to worry about; **sous tous les ∼s** in every respect.

rapportage [RapɔRtaʒ] *nm* (*arg Scol: mouchardage*) tale-telling (*U*), tattling (*U*) (*US*).

rapporter [RapɔRte] (1) **1** *vt* (**a**) (*apporter*) *objet, souvenir, réponse* to bring back; (*chien*) *gibier* to retrieve. **∼ qch à qn** to bring *ou* take sth back to sb; **n'oublie pas de lui ∼ son parapluie** don't forget to bring *ou* take him back *ou* return him his umbrella; **il rapportera le pain en rentrant** he'll bring home the bread when he comes in; **∼ une bonne impression de qch** to come back *ou* come away with a good impression of sth; **quand doit il ∼ la réponse?** when does he have to come *ou* be back with the answer?

(**b**) (*Fin, fig: produire un gain*) (*actions, terre*) to yield (a return of), bring in (a yield *ou* revenue of); (*métier*) to bring in; (*vente*) to bring in (a profit *ou* revenue of). **placement qui rapporte 5%** investment that yields (a return of) 5% *ou* that brings in (a yield *ou* revenue of) 5%; **ça rapporte beaucoup d'argent** it's extremely profitable, it brings in a lot of money, it gives a high return; **cette mauvaise action ne lui rapportera rien** that bad deed won't do him any good; **ça leur a rapporté 100 F net** they netted 100 francs, it brought them in 100 francs net.

(**c**) (*faire un compte rendu de*) *fait* to report; (*mentionner*) to mention; (*citer*) *mot célèbre* to quote; (*répéter pour dénoncer*) to report. **on nous a rapporté que son projet n'avait pas été bien accueilli** we were told that *ou* we heard that *ou* it was reported to us that his project hadn't been well received; **∼ à qn les actions de qn** to report sb's actions to sb; **il a rapporté à la maîtresse ce qu'avaient dit ses camarades** he told the teacher what his classmates had said, he reported what his classmates had said to the teacher.

(**d**) (*ajouter*) (*gén*) to add; *bande de tissu, poche* to sew on. **∼ une aile à une maison** to annex a wing to a house; **∼ un peu de terre pour surélever** to bank up with earth *ou* pile up some earth to raise the level of the ground; **c'est un élément rapporté** this element has been added on; **poches rapportées** patch pockets.

(**e**) (*rattacher à*) **∼ à** to relate to; **∼ tout à la même échelle de valeurs** everything has to be related *ou* referred to the same scale of values; **on lui rapporte des découvertes dues à d'autres savants** discoveries are attributed *ou* ascribed to him which have been made by other learned men; **il rapporte tout à lui** he sees everything in relation to himself, he views everything in terms of himself, he brings everything back to himself.

(**f**) (*annuler*) *décret, décision, mesure* to revoke.

(**g**) (*Math*) **∼ un angle** to plot an angle.

2 *vi* (**a**) (*Chasse*) (*chien*) to retrieve.

(**b**) (*Fin*) (*investissement*) to give a good return *ou* yield. **ça rapporte bien** *ou* **gros** it brings in a lot of money, it pays very well, it's very profitable.

(**c**) (*arg Scol: moucharder*) **∼** (*sur ses camarades*) to tell tales *ou* sneak* (on one's friends), tell on* (*Brit*) *ou* sneak on* *ou* tattle on* (*US*) one's friends.

3 se rapporter *vpr* (**a**) **se ∼ à qch** to relate to sth; **se ∼ à** (*Gram*) *antécédent* to relate *ou* refer to; **ce paragraphe ne se rapporte pas du tout au sujet** this paragraph bears no relation *ou* connection at all to the subject, this paragraph is totally irrelevant to *ou* unconnected with the subject; **ça se rapporte à ce que je disais tout à l'heure** that ties *ou* links up with *ou* relates to what I was saying just now.

(**b**) **s'en ∼ à qn** to rely on sb; **s'en ∼ au jugement/au témoignage de qn** to rely on sb's judgment/account.

rapporteur, -euse [RapɔRtœR, øz] **1** *nm, f* (*mouchard*) telltale, sneak*, talebearer (*Brit*), tattler* (*US*). **elle est ∼euse** she's a telltale *ou* sneak* *ou* talebearer (*Brit*) *ou* tattler* (*US*).

2 *nm* (**a**) (*Jur*) (*tribunal*) (court) reporter; (*commission*) rapporteur, reporter (*member acting as spokesman*).

(**b**) (*Géom*) protractor.

rapprendre [RapRɑ̃dR(ə)] (58) *vt* = **réapprendre**.

rapproché, e [RapRɔʃe] (*ptp de* **rapprocher**) *adj* (**a**) *échéance* which is near *ou* close at hand; (*proche*) *objet, date* which is close *ou* near; *bruit* which is close. **il plut le plus ∼ de toi** the closest closest *ou* nearest to you; **à une date ∼e**, **dans un avenir ∼** in the near *ou* not too distant future; **il faut faire un film aussi ∼ de la réalité**

que possible we have to make a film as close *ou* faithful to reality as possible; *V* combat, protection.

(b) (*répété*) *crises, bruits* (increasingly) frequent. **des crises de plus en plus** ~es increasingly frequent crises, crises which have become more and more frequent; **à intervalles** ~s at (increasingly) frequent intervals, at short *ou* close intervals; **grossesses** ~es (a series of) pregnancies at short *ou* close intervals; **échecs** ~s (a series of) failures in close succession.

rapprochement [ʀapʀɔʃmã] *nm* **(a)** (*action: V* rapprocher) *[objet, meuble etc]* bringing closer *ou* nearer; *[objets, meubles]* bringing closer *ou* nearer to each other; (*fig*) *[personnes brouillées, ennemis]* bringing together, reconciliation; *[partis, factions]* bringing together; *[points de vue, textes]* comparison, bringing together, comparing. (*Méd*) le ~ des lèvres d'une plaie joining the edges of a wound, closing (the lips of) a wound.

(b) (*action: V* se rapprocher) *[bruit]* coming closer; *[ennemis, famille]* coming together, reconciliation; *[partis, factions]* coming together, rapprochement. (*Pol*) ce ~ avec la droite nous inquiète their moving closer to the right worries us; le ~ des bruits de pas the noise of footsteps drawing *ou* coming closer.

(c) (*lien, rapport*) parallel. je n'avais pas fait le ~ (entre ces deux affaires) I hadn't made *ou* established the connection *ou* link (between these two matters); il y a de nombreux ~s intéressants/ troublants there are numerous interesting/disquieting parallels *ou* comparisons.

rapprocher [ʀapʀɔʃe] (1) **1** *vt* **(a)** (*approcher*) to bring closer *ou* nearer (*de* to). ~ sa chaise (de la table) to pull *ou* draw one's chair up (to the table); ~ deux objets l'un de l'autre to move two objects (closer) together; ~ les lèvres d'une plaie to join the edges of a wound, close (the lips of) a wound; il a changé de métier: ça le rapproche de chez lui he has changed jobs — that brings him closer *ou* nearer to home.

(b) (*réconcilier, réunir*) *ennemis* to bring together. nous nous sentions rapprochés par un malheur commun we felt drawn together by a common misfortune, we felt that a common misfortune had brought *ou* drawn us together; leur amour de la chasse les rapproche their love of hunting brings them together *ou* draws them to *ou* towards each other.

(c) (*mettre en parallèle, confronter*) *indices, textes* to put together *ou* side by side, compare, bring together; (*établir un lien entre, assimiler*) *indices, textes* to establish a *ou* the connection *ou* link *ou* parallel between. essayons de ~ ces indices de ceux-là let's try and put *ou* bring these two sets of clues together, let's try and compare these two sets of clues; on peut ~ cela du poème de Villon we can relate *ou* connect that to Villon's poem, we can establish a *ou* the connection *ou* link *ou* parallel between that and Villon's poem; c'est à ~ de ce qu'on disait tout à l'heure that ties up *ou* connects with *ou* relates to what was being said earlier.

2 se rapprocher *vpr* **(a)** (*approcher*) *[échéance, personne, véhicule, orage]* to get closer *ou* nearer, approach. rapproche-toi (de moi) come *ou* move *ou* draw closer *ou* nearer (to me); il se rapprocha d'elle sur la banquette he edged his way towards her *ou* drew closer to her on the bench; pour se ~ de chez lui, il a changé de métier to get closer *ou* nearer to home he changed jobs; plus on se rapprochait de l'examen the closer *ou* nearer we came *ou* got to the exam, the nearer *ou* closer the exam got *ou* came; se ~ de la vérité to come close *ou* get near *ou* close to the truth; les bruits se rapprochèrent (*cadence*) the noises became more frequent; (*proximité*) the noises got closer *ou* nearer.

(b) (*se réconcilier*) *[ennemis]* to come together, be reconciled; (*trouver un terrain d'entente*) *[points de vue]* to draw closer together. il s'est rapproché de ses parents he became *ou* drew closer to his parents; (*Pol*) il a essayé de se ~ de la droite he tried to move *ou* draw closer to the right; leur position s'est rapprochée de la nôtre their position has drawn closer to ours.

(c) (*s'apparenter*) à to be close to. ça se rapproche de ce qu'on disait tout à l'heure that's close to *ou* ties up *ou* connects with what was being said earlier; ses opinions se rapprochent beaucoup des miennes his opinions are very close *ou* similar to mine.

rapprovisionnement [ʀapʀɔvizjɔnmã] *nm* = réapprovisionnement.

rapprovisionner [ʀapʀɔvizjɔne] (1) = réapprovisionner.

rapsode [ʀapsɔd] *nm* = rhapsode.

rapsodie [ʀapsɔdi] *nf* = rhapsodie.

rapt [ʀapt] *nm* (*enlèvement*) abduction.

raquer‡ [ʀake] (1) *vi* (*payer*) to cough up*, pay up.

raquette [ʀakɛt] *nf* **(a)** (*Tennis*) racket; (*Ping-Pong*) bat. c'est une bonne ~ he's a good tennis player. **(b)** (*à neige*) snowshoe. **(c)** (*Bot*) nopal, prickly pear.

raquetteur, -euse [ʀakɛtœʀ, øz] *nm,f* (*Can*) snowshoer.

rare [ʀaʀ] *adj* **(a)** (*peu commun*) *objet, mot, édition* rare. ça n'a rien de ~ there's nothing uncommon *ou* unusual about it, it's not a rare occurrence; il ~ qu'il ne sache pas he rarely *ou* seldom did not know; il n'était pas ~ de le rencontrer it was not unusual *ou* uncommon to meet him; c'est ~ de le voir fatigué it's rare *ou* unusual to see him tired, one rarely *ou* seldom sees him tired; c'est bien ~ s'il ne vient pas* I'd be surprised *ou* it would be unusual if he doesn't *ou* didn't come; *V* oiseau.

(b) (*peu nombreux*) *cas, exemples* rare, few; *visites* rare; *passants, voitures* few. les ~s voitures qui passaient the few *ou* odd cars that went by; les ~s amis qui lui restent the few friends still left to him; à de ~s intervalles at rare intervals; il est l'un des ~s qui he's one of the few (people) who; à cette heure les clients sont ~s at this time of day customers are scarce *ou* few and far between; à de ~s exceptions près with one or two odd exceptions.

(c) (*peu abondant*) *nourriture, main d'œuvre* scarce; *barbe,*

cheveux thin, sparse; *végétation* sparse; *gaz* rare. se faire ~ *[argent]* to become scarce, be tight; *[légumes]* to become scarce, be in short supply; (*hum*) vous vous faites ~ we haven't seen a lot of you recently, we rarely see you these days.

(d) (*exceptionnel*) *talent, qualité, sentiment, beauté* rare; *homme, énergie* exceptional, singular; *saveur, moment* exquisite; (*hum*) *imbécile, imprudence* singular. avec un ~ courage with rare *ou* singular *ou* exceptional courage.

raréfaction [ʀaʀefaksjɔ̃] *nf* *[oxygène]* rarefaction; *[nourriture]* (*action*) increased scarcity; (*résultat*) scarcity, short supply.

raréfiable [ʀaʀefjabl(ə)] *adj* rarefiable.

raréfier [ʀaʀefje] (7) **1** *vt air* to rarefy. **2 se raréfier** *vpr [oxygène]* to rarefy; *[argent, nourriture]* to grow *ou* become scarce, become in short supply.

rarement [ʀaʀmã] *adv* rarely, seldom.

rareté [ʀaʀte] *nf* **(a)** (*édition, objet*) rarity; *[mot, cas]* rareness, rarity; *[vivres, argent]* scarcity. la ~ des touristes/visiteurs the small *ou* scattered numbers of tourists/visitors; se plaindre de la ~ des lettres/visites de qn to complain of the infrequency of sb's letters/ visits.

(b) (*objet précieux etc*) rarity, rare object. une telle erreur de sa part, c'est une ~ it's a rare *ou* an unusual occurrence for him to make a mistake like that.

rarissime [ʀaʀisim] *adj* extremely rare.

ras[1] [ʀɑs] *nm* (*titre éthiopien*) ras.

ras[2]**, e** [ʀɑ, ʀɑz] *adj* **(a)** *poil, herbe* short; *cheveux* close-cropped; *étoffe* with a short pile; *mesure* full. il avait la tête ~e he had close-cropped hair; à poil ~ *chien* short-haired; *étoffe* with a short pile.

(b) *ongles/cheveux coupés* ~ *ou* à ~ nails/hair cut short; à ~ de terre, au ~ de la terre level with the ground; au ~ de l'eau level with the water; arbre coupé à ~ de terre tree cut down to the ground; voler au ~ de la terre/au ~ de l'eau to fly close to *ou* just above the ground/water, skim the ground/water; le projectile lui est passé au ~ de la tête/du visage the projectile skimmed his head/face; *[discours]* c'est au ~ des pâquerettes* (*sans prétentions intellectuelles*) it's pretty lowbrow; (*pratique et concret*) it's down-to-earth.

(c) à ~ bords to the brim; remplir un verre à ~ bords to fill a glass to the brim *ou* top; plein à ~ bords *verre* full to the brim, brimful; *baignoire* full to overflowing *ou* to the brim; en ~e campagne in open country; pull ~ du cou crew-neck sweater, round-neck sweater; j'en ai ~ le bol (de tout ça)* I've had my fill (of all that)*, I'm fed up to the teeth (with all that)‡; le ~-le-bol étudiant* the students' discontent *ou* dissatisfaction, student unrest; *V* table.

R.A.S [ɛʀaɛs] *abrév de* rien à signaler; *V* rien.

rasade [ʀɑzad] *nf* glassful.

rasage [ʀɑzaʒ] *nm* **(a)** *[barbe]* shaving; *V* lotion. **(b)** (*Tex*) shearing.

rasant, e [ʀɑzɑ̃, ɑ̃t] *adj* **(a)** (*: ennuyeux*) boring. qu'il est ~! he's a (real) bore! *ou* drag!* **(b)** *lumière* low-angled; (*Mil*) *fortification* low-built. (*Mil*) tir ~ grazing fire.

rascasse [ʀaskas] *nf* scorpion fish.

rasé, e [ʀaze] (*ptp de* raser) *adj menton* (clean-)shaven; *tête* shaven. être bien/mal ~ to be shaven/unshaven; ~ de près close-shaven; avoir les cheveux ~s to have one's hair shaved off *ou* a shaven head.

rase-mottes [ʀɑzmɔt] *nm inv* hedgehopping. faire du ~, voler en ~ to hedgehop; vol en ~ hedgehopping flight.

raser [ʀaze] (1) **1** *vt* **(a)** (*tondre*) *barbe, cheveux* to shave off; *menton, tête* to shave; *malade etc* to shave. ~ un prêtre/condamné to shave a priest's/convict's head; se faire ~ la tête to have one's head shaved; *V* crème.

(b) (*effleurer*) *[projectile, véhicule]* to graze, scrape; *[oiseau, balle de tennis]* to skim (over). ~ les murs to hug the walls.

(c) (*abattre*) *maison* to raze (to the ground).

(d) (*: ennuyer*) to bore. ça me rase! it bores me stiff*, it bores me to tears*.

(e) (*Tech*) *mesure à grains* to strike; *velours* to shear.

2 se raser *vpr* **(a)** (*toilette*) to shave, have a shave. se ~ la tête/les jambes to shave one's head/legs.

(b) (*: s'ennuyer*) to be bored stiff* *ou* to tears*.

raseur, -euse* [ʀazœʀ, øz] *adj, nm,f* (*importun*) bore. qu'il est ~! he's a (real) bore *ou* drag*.

rasibus‡ [ʀazibys] *adv couper* very close *ou* fine. passer ~ *[projectile]* to whizz past very close; avoir un examen ~ to pass an exam by the skin of one's teeth*.

rasoir [ʀazwaʀ] *nm* **(a)** razor. ~ électrique (electric) shaver, electric razor; ~ mécanique *ou* de sûreté safety razor; ~ à main *ou* de coiffeur cut-throat *ou* straight razor; *V* feu[1], fil *etc*. **(b)** (*: importun*) bore. quel ~, qu'il est ~! what a bore *ou* drag* he is!

Raspoutine [ʀasputin] *nm* Rasputin.

rassasier [ʀasazje] (7) (*frm*) **1** *vt* **(a)** (*assouvir*) *faim, curiosité, désirs* to satisfy.

(b) (*nourrir*) ~ qn *[aliment]* to satisfy sb *ou* sb's appetite *ou* sb's hunger; *[hôte, aubergiste]* to satisfy sb's appetite *ou* hunger, nourish sb (*frm*); ~ qn de qch (*lui en donner suffisamment*) to satisfy sb with sth *ou* sb's appetite *ou* hunger with sth; (*lui en donner trop*) to overfeed sb with sth, surfeit sb with sth; être rassasié (*n'avoir plus faim*) to be satisfied, have eaten one's fill; (*en être dégoûté*) to be satiated *ou* sated, have had more than enough; je suis rassasié de toutes ces histoires! I've had quite enough of *ou* I've had more than my fill of all these stories!; on ne peut pas le ~ de petits chocolats you can't give him too many chocolates; (*fig*) ~ ses yeux d'un spectacle to tire one's eyes of a sight.

2 se rassasier *vpr (se nourrir)* to satisfy one's hunger, eat one's fill. **se ~ d'un spectacle** to tire of a sight; **je ne me rassasierai jamais de ...** I'll never tire *ou* have enough of ... .

rassemblement [Rasᾱblǝmᾱ] *nm* **(a)** *(action)* (*V* **rassembler**) rallying; rounding up; gathering, collecting, assembling; (*V* **se rassembler**) gathering. *(Mil)* **le ~ a lieu à 8 heures** parade is at 8 o'clock; *(Mil)* **~! fall in!**; **~ à 9 heures sur le quai** we'll meet at 9 o'clock on the platform.

(b) *(groupe)* gathering; *(parti, organisation)* union.

rassembler [Rasᾱble] (1) **1** *vt* **(a)** *(regrouper) troupes* to rally; *troupeau* to round up; *objets épars* to gather together, collect, assemble. **il rassembla les élèves dans la cour** he gathered *ou* assembled the pupils in the playground.

(b) *(accumuler) documents, manuscrits, notes* to gather together, collect, assemble.

(c) *(fig: faire appel à, reprendre) idées, esprits* to collect; *courage, forces* to summon up, muster (up), gather.

(d) *(après démontage) pièces, mécanisme* to put back together, reassemble.

(e) *(Équitation) cheval* to collect.

2 se rassembler *vpr [foule, badauds]* to gather; *[soldats, participants]* to assemble, gather. **rassemblés autour du feu** gathered round the fire; **toute la famille rassemblée** the whole family gathered together.

rassembleur [RasᾱblœR] *nm* unifier.

rasseoir [RaswaR] (26) **1** *vt bébé* to sit back up (straight); *objet* to put back up straight. **2 se rasseoir** *vpr* to sit down again. **faire (se) ~ qn** to make sb sit down again.

rasséréné, e [RaseRene] *(ptp de* **rasséréner**) *adj ciel, personne, visage* serene.

rasséréner [RaseRene] (6) **1** *vt* to make serene again. **2 se rasséréner** *vpr [personne, visage, ciel]* to become serene again, recover one's *ou* its serenity.

rassir *vi,* **se rassir** *vpr* [RasiR] (2) to go stale.

rassis, e [Rasi, iz] *(ptp de* **rassir, rassoir**) *adj* **(a)** *pain* stale. **(b)** *personne (pondéré)* composed, sober, calm; *(péj)* stale.

rassortiment [RasɔRtimᾱ] *nm* = **réassortiment**.

rassortir [RasɔRtiR] (2) = **réassortir**.

rassurant, e [RasyRᾱ, ᾱt] *adj nouvelle* reassuring, comforting, cheering; *voix* reassuring, comforting; *visage* reassuring; *indice* encouraging. **(iro) c'est ~!** that's very reassuring! *(iro)*, that's a fat lot of comfort!* *(Brit)*.

rassurer [RasyRe] (1) **1** *vt:* **~ qn** to put sb's mind at ease *ou* rest, reassure sb; **je ne me sentais pas rassuré dans sa voiture** I didn't feel easy *ou* at ease in his car; **te voilà rassuré maintenant** you've got nothing to worry about now, your mind's at ease *ou* at rest now, you're reassured now.

2 se rassurer *vpr:* **à cette nouvelle il se rassura** his mind was put at ease *ou* rest *ou* he felt reassured on hearing the news; **il essayait de se ~ en se disant que c'était impossible** he tried to put his mind at ease *ou* rest *ou* to reassure himself by saying it was impossible; **rassure-toi** put your mind at ease *ou* rest, don't worry.

rasta(fari) [Rasta(faRi)] *adj, nm* Rasta(farian).

rastaquouère [Rastakwer] *nm (péj)* flashy wog‡ *(Brit péj)*, flashy foreigner *(péj)*.

rat¹ [Ra] *nm (Zool)* rat; *(péj: avare)* miser. **c'est un vrai ~, ce type** he's really stingy* *ou* he's a real skinflint, that fellow; **il est fait comme un ~** he's cornered, he has no escape; *(fig)* **quand il y a du danger, les ~s quittent le navire** in times of danger the rats leave the sinking ship; *(terme d'affection)* **mon (petit) ~** pet, darling; *V* **à, mort²**.

2: rat d'Amérique musquash *(Brit)*, muskrat; **rat de bibliothèque** bookworm *(who spends all his time in libraries)*; **rat de cave** wax taper *(used for lighting one's way in a cellar or on a staircase)*; **rat des champs** fieldmouse; **rat d'eau** water vole; **rat d'égout** sewer rat; **rat d'hôtel** hotel thief; **rat musqué** muskrat, musquash *(Brit)*; **(petit) rat de l'Opéra** pupil of the Opéra de Paris ballet class *(working as an extra)*.

rata [Rata] *nm (arg Mil) (nourriture)* grub*; *(ragoût)* stew.

ratafia [Ratafja] *nm (liqueur)* ratafia.

ratage* [Rataʒ] *nm (action: V* **rater**) missing; messing up, spoiling, botching, bungling; failing, flunking*. **ces ~s successifs** these successive failures.

rataplan [Rataplᾱ], **rantanplan** [Rᾱtᾱplᾱ] *excl, nm* rat-a-tat-tat.

ratatiner [Ratatine] (1) **1** *vt* **(a)** *pomme* to dry up, shrivel; *visage, personne* to wrinkle, make wrinkled *ou* wizened *ou* shrivelled.

(b) *(‡: détruire) maison* to knock to bits *ou* pieces, wreck; *machine, voiture* to smash to bits *ou* pieces. **se faire ~** *(battre)* to get thrashed *ou* a thrashing; *(tuer)* to get done in‡ *ou* bumped off‡ *(Brit)*; **sa voiture a été complètement ratatinée** his car was completely smashed up *ou* written off, his car was a complete write-off, his car was totaled* *(US)*.

2 se ratatiner *vpr [pomme]* to shrivel *ou* dry up; *[visage]* to become wrinkled *ou* shrivelled *ou* wizened; *[personne] (par l'âge)* to become wrinkled *ou* shrivelled *ou* wizened; *(pour tenir moins de place)* to curl up.

ratatouille [Ratatuj] *nf (Culin)* **~ (niçoise)** ratatouille *(aubergines, courgettes, peppers, tomatoes etc cooked in olive oil)*; *(péj) (ragoût)* bad stew; *(cuisine)* lousy* food.

rate¹ [Rat] *nf (organe)* spleen; *V* **dilater, fouler**.

rate² [Rat] *nf (animal)* she-rat.

raté, e [Rate] *(ptp de* **rater**) **1** *nm,f (personne)* failure. **2** *nm* **(a)** *(Aut: gén pl)* misfiring *(U)*. **avoir des ~s** to misfire; *(fig)* **il y a eu des ~s dans la conduite de cette affaire** there were some hiccups in the handling of this matter. **(b)** *[arme à feu]* misfire.

râteau, *pl* **~x** [Rato] *nm (Agr, Roulette)* rake; *[métier à tisser]* comb.

râtelier [Ratǝlje] *nm [bétail]* rack; *[armes, outils]* rack; *(*: dentier)* (set of) false teeth. **~ à pipes** pipe rack; *V* **manger**.

rater [Rate] (1) **1** *vi [arme, coup]* to misfire, fail to go off; *[projet, affaire]* to go wrong, backfire. **ce contretemps/cette erreur risque de tout faire ~** this hitch/mistake could well ruin everything; **je t'avais dit qu'elle y allait: ça n'a pas raté*** I told you she'd go and (so) she did *ou* and I was dead *(Brit)* right*.

2 *vt (*)* **(a)** *(ne pas attraper ou saisir) balle, cible, occasion, train* to miss. **raté!** missed!; *(iro)* **il n'en rate pas une** he's always putting his foot in it*; **tu crois être le plus fort mais je ne te raterai pas!** you think you're the toughest but don't you worry, I'll get you!* *ou* I'll show you!; **il voulait faire le malin mais je ne l'ai pas raté** he tried to be smart but I soon sorted him out* *(Brit) ou* I didn't let him get away with it.

(b) *(ne pas réussir) travail, affaire* to mess up, spoil, botch, bungle; *mayonnaise, sauce* to spoil; *examen* to fail, flunk*. **~ son effet** to spoil one's effect; **~ sa vie** to mess up *ou* make a mess of one's life; **il a raté son coup** he didn't bring *ou* carry *ou* pull it off; **il a raté son suicide, il s'est raté** he failed in *ou* he bungled his suicide attempt *ou* bid.

ratiboiser‡ [Ratibwaze] (1) *vt* **(a)** *(rafler)* **~ qch à qn** *(au jeu)* to clean sb out of sth*; *(en le volant)* to nick‡ *(Brit) ou* pinch* *ou* swipe* sth from sb; **on lui a ratiboisé son portefeuille, il s'est fait ~ son portefeuille** he got his wallet nicked‡ *(Brit) ou* pinched* *ou* swiped*.

(b) *(dépouiller)* **~ qn** to skin sb (alive)‡, pluck sb‡, clean sb out*.

(c) *(abattre) maison* to knock to bits *ou* pieces, wreck. *[personne]* **il a été ratiboisé en moins de deux** he was done for in no time.

raticide [Ratisid] *nm* rat poison.

ratier [Ratje] *nm:* **(chien) ~** ratter.

ratière [Ratjer] *nf* rattrap.

ratification [Ratifikasjɔ̃] *nf (Admin, Jur)* ratification. **~ de vente** sales confirmation.

ratifier [Ratifje] (7) *vt (Admin, Jur)* to ratify; *(littér: confirmer)* to confirm, ratify.

ratine [Ratin] *nf (Tex)* ratine.

ratio [Rasjo] *nm* ratio.

ratiocination [Rasjɔsinasjɔ̃] *nf (littér péj) (action)* hair-splitting, quibbling; *(raisonnement)* hair-splitting argument, quibbling *(U)*.

ratiociner [Rasjɔsine] (1) *vi (littér péj)* to split hairs, quibble *(sur* over).

ration [Rasjɔ̃] *nf* **(a)** *[soldat]* rations *(pl)*; *[animal]* (feed) intake; *[organisme]* ration, (food) intake. **~ alimentaire** *ou* **d'entretien** food intake; *(Mil etc)* **toucher une ~ réduite** to be on *ou* get short rations.

(b) *(portion)* ration. **~ de viande/fourrage** meat/fodder ration; *(fig)* **il a eu sa ~ d'épreuves/de soucis** he had his share of trials/quota *ou* share of worries.

rationalisation [Rasjɔnalizasjɔ̃] *nf* rationalization.

rationaliser [Rasjɔnalize] (1) *vt* to rationalize.

rationalisme [Rasjɔnalism(ǝ)] *nm* rationalism.

rationaliste [Rasjɔnalist(ǝ)] *adj, nmf* rationalist.

rationalité [Rasjɔnalite] *nf* rationality.

rationnel, -elle [Rasjɔnɛl] *adj* rational.

rationnellement [Rasjɔnɛlmᾱ] *adv* rationally.

rationnement [Rasjɔnmᾱ] *nm* rationing; *V* **carte**.

rationner [Rasjɔne] (1) **1** *vt pain, charbon* to ration; *personne (lit)* to put on rations; *(fig hum: ne pas donner assez)* to give short rations to. **2 se rationner** *vpr* to ration o.s.

ratissage [Ratisaʒ] *nm (Agr)* raking; *(Mil, Police)* combing.

ratisser [Ratise] (1) *vt gravier* to rake; *feuilles* to rake up; *(Mil, Police)* to comb; *(Rugby) ballon* to heel; *(*: dépouiller au jeu)* to clean out*. **il s'est fait ~ (au jeu)** he was cleaned out* *ou* he lost everything at the gambling table.

raton [Ratɔ̃] *nm* **(a)** *(Zool)* young rat. **~ laveur** racoon. **(b)** *(péj) term applied to North African in France*, ≃ coon‡ *(péj)*. **(c)** *(terme d'affection)* **mon ~!** (my) pet!

raton(n)ade [Ratɔnad] *nf:* **~s** attacks on immigrants.

R.A.T.P. [ɛRatepe] *nf abrév de* **régie autonome des transports parisiens;** *V* **régie**.

rattachement [Rataʃmᾱ] *nm (Admin, Pol)* uniting *(à* with), joining *(à* to). **quelle est votre service de ~?** which service are you attached to?

rattacher [Rataʃe] (1) *vt* **(a)** *(attacher de nouveau) animal, prisonnier, colis* to tie up again; *ceinture, lacets, jupe* to do up *ou* fasten again.

(b) *(annexer, incorporer) territoire, commune, service* to join *(à* to), unite *(à* with).

(c) *(comparer, rapprocher) problème, question* to link, connect, tie up *(à* with); *fait* to relate *(à* to). **cela peut se ~ au premier problème** that can be related to *ou* tied up with the first problem; **on peut ~ cette langue au groupe slave** this language can be related to *ou* linked with the Slavonic group.

(d) *(relier) personne* to bind, tie *(à* to). **rien ne le rattache plus à sa famille** he has no more ties with his family, nothing binds *ou* ties him to his family any more.

rattrapable [RatRapabl(ǝ)] *adj* which can be put right.

rattrapage [RatRapaʒ] *nm [maille]* picking up; *[erreur]* making good; *[candidat d'examen]* passing. **le ~ d'une bêtise/d'un oubli** making up for something silly/an omission; **le ~ des salaires sur les prix** an increase in salaries to keep up with *ou* keep pace with prices; **le ~ du retard** *[élève]* catching up, making up (for) lost time; *[conducteur]* making up (for) lost time; **~ scolaire** remedial teaching *ou* classes; **cours de ~** remedial class *ou* course; **suivre des cours de ~** to go to remedial classes.

rattraper [RatRape] (1) **1** *vt* **(a)** *(reprendre) animal échappé, prisonnier* to recapture. *(fig)* **on m'a eu une fois mais on ne m'y**

rattrapera plus I was caught once but I won't be caught (at it) again.

(b) (*retenir*) *objet, enfant qui tombe* to catch (hold of).

(c) (*réparer*) *maille* to pick up; *mayonnaise* to salvage; *erreur* to make good, make up for; *bêtise, parole malheureuse, oubli* to make up for.

(d) (*regagner*) *argent perdu* to recover, get back, recoup; *sommeil* to catch up on; *temps perdu* to make up for. **le conducteur a rattrapé son retard** the driver made up (for) lost time; **cet élève ne pourra jamais ~ son retard** this pupil will never be able to make up (for) lost time *ou* catch up; **ce qu'il perd d'un côté, il le rattrape de l'autre** what he loses on the swings he gains on the roundabout (*Brit*), what he loses in one way he gains in another.

(e) (*rejoindre*) (*lit, fig*) **~ qn** to catch up, catch up with sb; **le coût de la vie a rattrapé l'augmentation de salaire** the cost of living has caught up with the increase in salaries.

(f) (*Scol: repêcher*) **~ qn** to allow sb to pass, pass sb, let sb get through.

2 se rattraper *vpr* **(a)** (*reprendre son équilibre*) to stop o.s. falling, catch o.s. (just) in time. **se ~ à une branche/à qn** to stop o.s. falling by catching hold of a branch/sb.

(b) (*prendre une compensation*) to make up for it. **j'ai dû passer trois nuits sans dormir, mais hier je me suis rattrapé** I had to spend three sleepless nights, but I made up for it last night.

(c) (*se ressaisir*) to make good, make up for it. **il avait perdu gros, mais il s'est rattrapé en un soir à la roulette** he had lost heavily but he pulled back (his losses) *ou* recovered his losses *ou* made up for it in one evening at roulette; **le joueur français avait perdu les deux premiers sets, mais il s'est rattrapé au troisième** the French player had lost the first two sets but he pulled back *ou* made up for it *ou* caught up in the third.

rature [ʀatyʀ] *nf* deletion, erasure, crossing out. **faire une ~** to make a deletion *ou* an erasure; (*Admin*) **sans ~s ni surcharges** without deletions or alterations.

raturer [ʀatyʀe] (1) *vt* (*corriger*) *mot, phrase, texte* to make an alteration *ou* alterations to; (*barrer*) *lettre, mot* to cross out, erase, delete.

raugmenter* [ʀɔgmɑ̃te] (1) *vi* (*augmenter*) to go up again. **le beurre a raugmenté** butter is up again*, butter has gone up again.

rauque [ʀok] *adj voix* (*gén*) hoarse; [*chanteuse de blues etc*] husky, throaty; *cri* raucous.

rauwolfia [ʀovɔlfja] *nf* rauwolfia.

ravage [ʀavaʒ] *nm* **(a)** (*littér: action*) [*pays, ville*] laying waste, ravaging, devastation.

(b) (*gén pl: dévastation*) [*guerre, maladie*] ravages (*pl*), devastation (*U*); [*vieillesse*] ravages (*pl*). **la grêle a fait du ~ dans les vignes** the hailstorm has wrought havoc in the vineyards *ou* played havoc with the vines; **l'épidémie a fait de terribles ~s parmi les jeunes** the epidemic has caused terrible loss among *ou* has destroyed huge numbers of young people; (*fig hum*) **faire des ~s** [*séducteur*] to break hearts (*fig*); [*doctrine*] to gain (too much) ground, win huge numbers of new converts.

ravagé, e [ʀavaʒe] (*ptp de ravager*) *adj* **(a)** (*tourmenté*) *visage* harrowed, haggard. **avoir les traits ~s** to have harrowed *ou* ravaged *ou* haggard features; **visage ~ par la maladie** face ravaged by illness.

(b) (‡: *fou*) **il est complètement ~** he's completely nuts* *ou* bonkers‡ (*Brit*), he's off his head‡.

ravager [ʀavaʒe] (3) *vt pays* to lay waste, ravage, devastate; *maison, ville* to ravage, devastate; *visage* [*maladie*] to ravage; [*chagrin, soucis*] to harrow; *personne, vie* to wreak havoc upon.

ravageur, -euse [ʀavaʒœʀ, øz] **1** *adj passion* devastating. *animaux/insectes* **~s** animals/insects which cause damage to *ou* which devastate the crops. **2** *nm, f* (*pillard*) ravager, devastator.

ravalement [ʀavalmɑ̃] *nm* **(a)** (*V ravaler*) cleaning; restoration; face lift*. **faire le ~ de** to clean; to restore; to give a face lift to*.

(b) (*littér: avilissement*) lowering.

ravaler [ʀavale] (1) *vt* **(a)** (*Constr*) (*nettoyer*) to clean; (*remettre en état*) *façade, mur* to restore; *immeuble* to give a face lift to*. **se faire ~ la façade*** to have a facelift.

(b) (*avaler*) *salive* to swallow; *sanglots* to swallow, choke back; *colère* to stifle; *larmes* to hold *ou* choke back. (*fig*) **faire ~ ses paroles à qn** to make sb take back *ou* swallow his words.

(c) (*littér: rabaisser*) *dignité, personne, mérite* to lower. **~ qn au niveau de la brute** to reduce *ou* lower sb to the level of a brute.

ravaleur [ʀavalœʀ] *nm* (*maçon*) stone restorer.

ravaudage [ʀavodaʒ] *nm* [*vêtement*] mending, repairing; [*chaussette*] darning; [*objet*] makeshift repair. **faire du ~** to mend; to darn.

ravauder [ʀavode] (1) *vt* (*littér: repriser*) *vêtement* to repair, mend; *chaussette* to darn.

rave [ʀav] *nf* (*Bot*) rape; *V* **céleri, chou**[1].

ravenelle [ʀavnɛl] *nf* (*giroflée*) wallflower; (*radis*) wild radish.

Ravenne [ʀavɛn] *n* Ravenna.

ravi, e [ʀavi] (*ptp de ravir*) *adj* (*enchanté*) delighted. **~ de vous connaître** delighted *ou* pleased to meet you.

ravier [ʀavje] *nm* hors d'oeuvres dish.

ravigote [ʀavigɔt] *nf* (*vinaigrette*) (oil and vinegar) dressing (*with hard-boiled eggs, shallot and herbs*).

ravigoter* [ʀavigɔte] (1) *vt* [*alcool*] to buck up*, pick up; [*repas, douche, nouvelle, chaleur*] to buck up*, put new life into. (*tout*) **ravigoté par une bonne nuit** feeling refreshed after a good night's sleep; **ce vin est ravigotant** this wine bucks you up* *ou* puts new life into you.

ravin [ʀavɛ̃] *nm* (*gén*) gully; (*assez encaissé*) ravine.

ravine [ʀavin] *nf* (small) ravine, gully.

ravinement [ʀavinmɑ̃] *nm* (*action*) gullying (*Géog*). (*rigoles*)

---

ravins **~s** gullies; (*aspect*) **le ~ de ces pentes** the (numerous) gullies furrowing these slopes; **le ~ affecte particulièrement ces sols** gully erosion *ou* gullying affects these kinds of soil in particular.

raviner [ʀavine] (1) *vt versant* to gully (*Géog*); *visage* to furrow. **les bords ravinés de la rivière** the gullied (*Géog*) *ou* furrowed banks of the river.

ravioli [ʀavjɔli] *nmpl* ravioli.

ravir [ʀaviʀ] (2) *vt* (*littér*) **(a)** (*charmer*) to delight. **cela lui va à ~** that suits her beautifully, she looks delightful in it.

(b) (*enlever*) **~ à qn** *trésor, être aimé, honneur* to rob sb of, take (away) from sb.

(c) († : *kidnapper*) to ravish†, abduct.

raviser (se) [ʀavize] (1) *vpr* to change one's mind, decide otherwise. **après avoir dit oui, il s'est ravisé** after saying yes he changed his mind *ou* decided otherwise *ou* decided against it; **il s'est ravisé** he decided against it, he thought better of it.

ravissant, e [ʀavisɑ̃, ɑ̃t] *adj beauté* ravishing; *femme, robe* ravishing, beautiful; *maison, tableau* delightful, beautiful.

ravissement [ʀavismɑ̃] *nm* **(a)** (*gén, Rel*) rapture. **plonger qn dans le ~** to send sb into raptures; **plongé dans le ~** in raptures; **regarder qn avec ~** to look at sb rapturously. **(b)** († *ou littér: enlèvement*) ravishing†, abduction.

ravisseur, -euse [ʀavisœʀ, øz] *nm, f* kidnapper, abductor.

ravitaillement [ʀavitajmɑ̃] *nm* **(a)** (*action: V ravitailler*) resupplying; refuelling. **~ en vol** in-flight refuelling; **le ~ des troupes (en vivres/munitions)** resupplying the troops (with food/ammunition), the provision *ou* providing of the troops with fresh supplies (of food/ammunition); **aller au ~** (*Mil*) to go for fresh supplies; (*fig*) [*campeur, ménagère*] to go and stock up, go for fresh supplies.

(b) (*réserves*) supplies.

ravitailler [ʀavitaje] (1) **1** *vt* (*en vivres, munitions*) *armée, ville, navire* to provide with fresh supplies, resupply; *coureurs, skieurs* to give fresh supplies to; (*en carburant*) *véhicule, avion, embarcation* to refuel. **~ une ville en combustible** to provide a town with fresh supplies of fuel, resupply a town with fuel; **~ un avion en vol** to refuel an aircraft in flight.

2 se ravitailler *vpr* [*ville, armée*] to get fresh supplies, be resupplied; [*coureurs, skieurs*] to take on fresh supplies; (*fig hum*) [*campeur, ménagère*] to stock up (*à* at); [*véhicule, avion*] to refuel. (*Sport*) **se ~ à l'étape** to take on fresh supplies at the next leg.

ravitailleur [ʀavitajœʀ] **1** *nm* (*Mil*) (*navire*) supply ship; (*avion*) supply plane; (*véhicule*) supply vehicle. **~ en vol** aerial tanker.

2 *adj navire, avion, véhicule* supply (*épith*).

raviver [ʀavive] (1) *vt feu, sentiment, douleur* to revive, rekindle; *couleur* to brighten up; *souvenir* to revive, bring back to life; (*Méd*) *plaie* to reopen. **sa douleur/sa jalousie s'est ravivée** his grief/jealousy was revived *ou* rekindled.

ravoir [ʀavwaʀ] *vt* (**a**) (*recouvrer*) to have *ou* get back. (**b**) (*: nettoyer: gén nég*) *tissu, métal* to get clean.

rayage [ʀɛjaʒ] *nm* **(a)** [*nom*] crossing *ou* scoring out. **(b)** [*canon*] rifling.

rayé, e [ʀɛje] (*ptp de rayer*) *adj* **(a)** *tissu, pelage* striped; *papier à lettres etc* ruled, lined. **(b)** *surface* scratched; *disque* scratched, scratchy. **(c)** (*Tech*) *canon* rifled.

rayer [ʀɛje] (8) *vt* **(a)** (*marquer de raies*) *papier à lettres etc* to rule, line. **des cicatrices lui rayaient le visage** scars lined *ou* scored his face; (*fig*) **le fouet lui raya le visage** the whip lashed his face.

(b) (*érafler*) to scratch.

(c) (*Tech*) *canon* to rifle.

(d) (*biffer*) to cross *ou* score out.

(e) (*exclure*) **~ qn de** to cross sb *ou* sb's name off; **il a été rayé de la liste** he *ou* his name has been crossed *ou* struck off the list; **~ qch de sa mémoire** to blot out *ou* erase sth from one's memory.

rayon [ʀɛjɔ̃] **1** *nm* **(a)** (*gén: trait, faisceau*) (*Opt, Phys*) ray; [*astre*] ray; [*lumière, jour*] ray, beam; [*phare*] beam.

(b) (*radiations*) **~s** radiation; **~s infrarouges/ultraviolets** infrared/ultraviolet rays; **~s X** X-rays; **traitement par les ~s** radiation treatment; **passer aux ~s X** to be X-rayed.

(c) (*fig: lueur*) ray. **~ d'espoir** ray *ou* gleam of hope.

(d) (*Math*) radius.

(e) [*roue*] spoke.

(f) (*planche*) shelf; [*bibliothèque*] (book)shelf.

(g) (*Comm*) (*section*) department; (*petit: comptoir*) counter. **le ~ (de l')alimentation/(de la) parfumerie** the food/perfume counter; the food/perfume department; (*fig: spécialité*) **c'est (de) son ~/ce n'est pas son ~** that's/that isn't his line; (*fig: responsabilité*) **c'est son ~** that's his concern *ou* responsibility *ou* department* (*fig*); **ce n'est pas son ~** that's not his concern *ou* responsibility *ou* department* (*fig*), that's nothing to do with him; (*fig*) **il en connaît un ~*** he knows masses about it*, he's really clued up about it*.

(h) [*ruche*] (honey)comb.

(i) (*périmètre*) radius. **dans un ~ de 10 km** within a radius of 10 km *ou* a 10-km radius; **il continuait ses excursions, dans le ~ restreint auquel le limitait son grand âge** he continued his walks within the limited range imposed on him by his great age.

(j) (*Agr*) drill.

2: rayon d'action (*lit*) range; (*fig*) field of action, scope, range; **engin à grand rayon d'action** long-range missile; (*Aut*) **rayon de braquage** turning circle, (steering) lock (*Brit*); (*Élec*) **rayon cathodique** cathode ray; **rayons cosmiques** cosmic rays; **rayons gamma** gamma rays *ou* radiation; (*Phys*) **rayon laser** laser beam; **rayon de lune** moonbeam; **le rayon de la mort** the death ray; **rayon de soleil** (*lit*) ray of sunlight *ou* sunshine, sunbeam; (*fig*) ray of sunshine; (*Opt*) **rayon visuel** line of vision *ou* sight.

rayonnage [ʀɛjɔnaʒ] *nm* set of shelves, shelving (*U*). ∾s (sets of) shelves, shelving.

rayonnant, e [ʀɛjɔnɑ̃, ɑ̃t] *adj* (a) (*radieux*) *beauté, air, personne* radiant; *sourire* radiant, beaming (*épith*); *visage* wreathed in smiles, beaming. **visage** ∾ **de joie/santé** face radiant with joy/glowing *ou* radiant with health.
  (b) (*en étoile*) *motif, fleur* radiating. **le style (gothique)** ∾ High Gothic; **chapelles** ∾**es** radiating chapels.
  (c) (*Phys*) *énergie, chaleur* radiant; (*Méd*) *douleur* spreading.

rayonne [ʀɛjɔn] *nf* rayon.

rayonnement [ʀɛjɔnmɑ̃] *nm* (a) (*influence bénéfique*) *[culture, civilisation]* influence; *[influence]* extension; *[magnétisme]* *[personnalité]* radiance. **le** ∾ **de la culture hellénique s'étendit au monde entier** the influence of Greek culture extended over *ou* made itself felt over the whole world.
  (b) (*éclat*) *[jeunesse, beauté]* radiance. **dans tout le** ∾ **de sa jeunesse** in the full radiance of his youth; **le** ∾ **de son bonheur** his radiant happiness.
  (c) (*lumière*) *[astre, soleil]* radiance.
  (d) (*radiations*) *[chaleur, lumière, astre]* radiation.

rayonner [ʀɛjɔne] (1) *vi* (a) (*étinceler*) *[influence, culture, personnalité]* to shine forth. (*se répandre*) ∾ **sur/dans** *[influence, prestige]* to extend over/in, make itself felt over/in; *[culture]* to extend over/in, be influential over/in, exert its influence over/in; *[personnalité]* to be influential over/in.
  (b) (*être éclatant*) *[joie, bonheur]* to shine *ou* beam forth; *[beauté]* to shine forth, be radiant; *[visage, personne]* *[de joie, de beauté]* to be radiant (*de* with). **le bonheur faisait** ∾ **son visage** his face glowed with happiness; **l'amour rayonne dans ses yeux** love shines *ou* sparkles in his eyes; ∾ **de bonheur** to be radiant *ou* glowing *ou* beaming with happiness; ∾ **de beauté** to be radiant *ou* dazzling with beauty.
  (c) (*littér: briller*) *[lumière, astre]* to shine (forth), be radiant.
  (d) (*Phys: émettre un rayonnement*) *[chaleur, énergie, lumière]* to radiate.
  (e) (*faire un circuit*) ∾ **autour d'une ville** *[touristes]* to use a town as a base for touring (around a region); *[cars]* to service the area around a town; ∾ **dans une région** *[touristes]* to tour around a region (from a base); *[cars]* to service a region.
  (f) (*aller en rayons*) *[avenues, lignes]* to radiate (*autour de* from, out from).

rayure [ʀɛjyʀ] *nf* (*dessin*) stripe; (*éraflure*) scratch; *[fusil]* groove. **papier/tissu à** ∾**s** striped paper/material; **à** ∾**s noires** with black stripes, black-striped.

raz-de-marée [ʀɑdmaʀe] *nm inv* (*Géog, fig*) tidal wave. ∾ **électoral** big swing (*to a party in an election*); **le** ∾ **communiste** *ou* **le** ∾ **électoral en faveur des communistes qui s'est produit aux dernières élections** the big swing to the Communists in the last elections, the massive Communist vote *ou* the Communist landslide vote in the last elections.

razzia [ʀazja] *nf* raid, foray, razzia. (*fig*) **faire une** ∾ **dans une maison/le frigo*** to raid *ou* plunder a house/the fridge.

razzier [ʀazje] (7) *vt* (*lit, fig: piller*) to raid, plunder.

R.D.A. [ɛʀdea] *nf* (*abrév de* **République démocratique allemande**) GDR.

rdc *abrév de* **rez-de-chaussée**.

ré [ʀe] *nm* (*Mus*) D; (*en chantant la gamme*) re, ray. **en** ∾ **mineur** in D minor.

réabonnement [ʀeabɔnmɑ̃] *nm* renewal of subscription. **le** ∾ **doit se faire dans les huit jours** renewal of subscription must be made within a week, subscriptions must be renewed within a week.

réabonner [ʀeabɔne] (1) **1** *vt*: ∾ **qn** to renew sb's subscription (*à* to). **2 se réabonner** *vpr* to renew one's subscription, take out a new subscription (*à* to).

réabsorber [ʀeapsɔʀbe] (1) *vt* to reabsorb.

réabsorption [ʀeapsɔʀpsjɔ̃] *nf* reabsorption.

réac* [ʀeak] *abrév de* **réactionnaire**.

réaccoutumer [ʀeakutyme] (1) **1** *vt* to reaccustom. **2 se réaccoutumer** *vpr* to reaccustom o.s., become reaccustomed (*à* to).

réacteur [ʀeaktœʀ] *nm* (*Aviat*) jet engine; (*Chim, Phys nucléaire*) reactor. ∾ **thermique** thermal reactor.

réactif, -ive [ʀeaktif, iv] **1** *adj* reactive. **papier** ∾ reagent *ou* test paper. **2** *nm* (*Chim, fig*) reagent.

réaction [ʀeaksjɔ̃] *nf* (a) (*gén*) reaction. **être** *ou* **rester sans** ∾ to show no reaction; **être en** ∾ **contre** to be in reaction against; ∾ **de défense/en chaîne** defence/chain reaction; (*Méd*) **faire à qn des** ∾**s de floculation** to test sb for a flocculation reaction; *V* **cuti-réaction**.
  (b) (*Pol*) **la** ∾ reaction; **les forces de la** ∾ the forces of reaction.
  (c) (*Aviat*) **moteur à/propulsion par** ∾ jet engine/propulsion (*V* **avion**); **cette voiture a de bonnes** ∾**s** this car responds well.

réactionnaire [ʀeaksjɔnɛʀ] *adj, nmf* reactionary.

réactionnel, -elle [ʀeaksjɔnɛl] *adj* reactional.

réactivation [ʀeaktivasjɔ̃] *nf* reactivation.

réactiver [ʀeaktive] (1) *vt* to reactivate.

réadaptation [ʀeadaptasjɔ̃] *nf* (*V* **réadapter**) readjustment; rehabilitation; re-education.

réadapter [ʀeadapte] (1) **1** *vt personne* to readjust (*à* to); (*Méd*) to rehabilitate; *muscle* to re-educate. **2 se réadapter** *vpr* to readjust, become readjusted (*à* to).

réadmettre [ʀeadmɛtʀ(ə)] (56) *vt* to readmit.

réadmission [ʀeadmisjɔ̃] *nf* readmission, readmittance.

réaffirmer [ʀeafiʀme] (1) *vt* to reaffirm, reassert.

réagir [ʀeaʒiʀ] (2) *vi* to react (*à* to, *contre* against, *sur* upon). **il a réagi de manière exagérée** he overreacted, he went over the top*.

réajustement [ʀeaʒystəmɑ̃] *nm* = **rajustement**.

réajuster [ʀeaʒyste] (1) *vt* = **rajuster**.

---

réalisable [ʀealizabl(ə)] *adj* (*fig*) *rêve* attainable; (*Fin*) *capital* realizable; *projet* workable, feasible.

réalisateur, -trice [ʀealizatœʀ, tʀis] *nm,f* (*Ciné*) (film) director, film-maker; (*Rad, TV*) director; *[plan]* realizer.

réalisation [ʀealizasjɔ̃] *nf* (a) (*action*) (*V* **réaliser**) *[projet]* realization; carrying out; *[rêve]* fulfilment, realization; *[exploit]* achievement; *[valeurs, fortune]* realization; (*Comm*) *[vente, contrat]* conclusion; (*V* **se réaliser**) *[projet, rêve]* fulfilment, realization. **plusieurs projets sont déjà en cours de** ∾ several projects are already in the pipeline *ou* are already under way.
  (b) (*ouvrage*) achievement, creation.
  (c) (*Ciné*) production.

réaliser [ʀealize] (1) **1** *vt* (a) (*concrétiser*) *ambition, rêve* to realize, fulfil; *effort* to make, exercise; *exploit* to achieve, carry off; *projet* to carry out, carry through, realize. **il réalise (en soi) le meilleur exemple de** he is the best (material) example of.
  (b) (*: *se rendre compte de*) to realize. ∾ **l'importance de qch** to realize the importance of sth.
  (c) (*Ciné*) to produce.
  (d) (*Comm*) to realize; *achat, vente, bénéfice* to make; *contrat* to conclude.
  (e) (*Fin*) *capital* to realize.
  (f) (*Mus*) to realize.
  2 se réaliser *vpr* (a) (*se concrétiser*) *[rêve]* to come true, be realized; *[projet]* to be carried out, be achieved, be realized.
  (b) (*s'épanouir*) *[caractère, personnalité]* to fulfil o.s.

réalisme [ʀealism(ə)] *nm* realism.

réaliste [ʀealist(ə)] **1** *adj description, négociateur* realistic; (*Art, Littérat*) realist. **2** *nmf* realist.

réalité [ʀealite] *nf* (a) (*existence effective*) reality (*U*). **différentes** ∾**s** different types of reality; **en** ∾ in (actual) fact, in reality; **parfois la** ∾ **dépasse la fiction** (sometimes) truth can be stranger than fiction.
  (b) (*chose réelle*) reality. **ce que je dis est une** ∾, **pas une chose fictive** what I say is reality *ou* fact, not fiction; **oublieux des** ∾**s de la vie en communauté** neglecting the realities *ou* facts of communal life; **détaché des** ∾**s de ce monde** divorced from the realities of this world; **son rêve est devenu (une)** ∾ his dream became (a) reality *ou* came true; *V* **désir, sens**.

réanimateur, -trice [ʀeanimatœʀ, tʀis] **1** *nm,f* (*personne*) resuscitator. **2** *nm* (*respirateur*) ventilator, respirator.

réanimation [ʀeanimasjɔ̃] *nf* resuscitation. **être en (service de)** ∾ to be in the intensive care unit, be in intensive care.

réanimer [ʀeanime] (1) *vt* to resuscitate, revive.

réapparaître [ʀeapaʀɛtʀ(ə)] (57) *vi* to reappear.

réapparition [ʀeapaʀisjɔ̃] *nf* reappearance.

réapprendre [ʀeapʀɑ̃dʀ(ə)] (58) *vt* (*gén*) to relearn, learn again; (*littér*) *solitude, liberté* to get to know again, relearn (*littér*), learn again (*littér*). ∾ **qch à qn** to teach sth to sb again, teach sb sth again; ∾ **à faire qch** to learn to do sth again.

réapprentissage [ʀeapʀɑ̃tisaʒ] *nm* (*V* **réapprendre**) **le** ∾ **de qch** relearning sth, learning sth again; getting to know sth again; **cela va demander un long** ∾ that will take a long time to relearn *ou* to learn again.

réapprovisionnement [ʀeapʀɔvizjɔnmɑ̃] *nm* (*V* **réapprovisionner**) restocking; stocking up again.

réapprovisionner [ʀeapʀɔvizjɔne] (1) **1** *vt* to restock (*en* with). **2 se réapprovisionner** *vpr* to stock up again (*en* with).

réargenter [ʀeaʀʒɑ̃te] (1) **1** *vt* to resilver. **2 se réargenter*** *vpr* (*se renflouer*) to replenish the coffers, get back on a sound financial footing.

réarmement [ʀeaʀməmɑ̃] *nm* (*V* **réarmer**) reloading; refitting; rearmament.

réarmer [ʀeaʀme] (1) **1** *vt fusil, appareil-photo* to reload; *bateau* to refit. **2** *vi*, **se réarmer** *vpr* *[pays]* to rearm.

réarrangement [ʀeaʀɑ̃ʒmɑ̃] *nm* rearrangement. (*Phys*) ∾ **moléculaire** molecular rearrangement.

réarranger [ʀeaʀɑ̃ʒe] (3) *vt coiffure, fleurs, chambre* to rearrange; *cravate, jupe* to straighten (up) again; *entrevue* to rearrange.

réassignation [ʀeasiɲasjɔ̃] *nf* (*Jur*) resummons (*sg*); (*Fin*) reallocation.

réassigner [ʀeasiɲe] (1) *vt* (*gén*) to reassign; (*Jur*) to resummon; (*Fin*) to reallocate (*pay from other monies*).

réassortiment [ʀeasɔʀtimɑ̃] *nm* *[stock]* replenishment; *[verres]* replacement, matching (up); *[service de table, tissu]* matching (up); *[marchandises]* new *ou* fresh stock.

réassortir [ʀeasɔʀtiʀ] (2) **1** *vt magasin* to restock (*en* with); *stock* to replenish; *service de table, tissu* to match (up); *verres* to replace, match (up).
  2 se réassortir *vpr* (*Comm*) to stock up again (*de* with), replenish one's stock(s) (*de* of).

réassurance [ʀeasyʀɑ̃s] *nf* reinsurance.

réassurer *vt*, **se réassurer** *vpr* [ʀeasyʀe] (1) to reinsure.

réassureur [ʀeasyʀœʀ] *nm* reinsurer.

rebaisser [ʀ(ə)bese] (1) **1** *vi [prix]* to go down again; *[température, niveau d'eau]* to fall again.
  2 *vt prix* to bring back down *ou* down again, lower again; *radio, son, chauffage* to turn down again; *store, levier* to pull down again, lower again.

rebaptiser [ʀ(ə)batize] (1) *vt enfant* to rebaptize; *rue* to rename; *navire* to rechristen.

rébarbatif, -ive [ʀebaʀbatif, iv] *adj* (*rebutant*) *mine* forbidding, unprepossessing; *sujet, tâche* daunting, forbidding; *style* crabbed, off-putting (*Brit*).

rebâtir [ʀ(ə)batiʀ] (2) *vt* to rebuild.

rebattre [ʀ(ə)batʀ(ə)] (41) *vt* (a) (*Cartes*) to reshuffle.
  (b) **il m'a rebattu les oreilles de son succès** he kept harping on

about his success; **il en parlait toute la journée, j'en avais les oreilles rebattues** he talked of it all day long until I was sick and tired of hearing about it*.

rebattu, e [R(ə)baty] (*ptp de* **rebattre**) *adj sujet, citation* hackneyed.

rebec [Rəbɛk] *nm* rebec(k).

Rébecca [Rebeka] *nf* Rebecca.

rebelle [Rəbɛl] **1** *adj* (a) *troupes, soldat* rebel (*épith*); *enfant, cheval* rebellious, refractory; *esprit* intractable, rebellious; (*fig*) *fièvre, maladie* stubborn; (*fig*) *mèche, cheveux* unruly; (*fig hum*) *cœur* rebellious; (*fig*) *matière* unworkable, refractory, stubborn. (*fig hum*) **découragé par un steak ~, il passa aux légumes** disheartened by a steak which refused to allow itself to be cut *ou* which resisted all attempts at being eaten, he turned his attention to the vegetables.

(b) ~ **à** *patrie, souverain* unwilling to serve; *discipline* unamenable to; *maths, latin* unable to understand; **il est ~ à la poésie** poetry is a closed book to him; *virus* ~ **à certains remèdes** virus resistant to certain medicines; **cheveux ~s à la brosse** hair which won't be brushed smooth *ou* which a brush cannot tame.

2 *nmf* rebel.

rebeller (se) [R(ə)bele] (1) *vpr* to rebel (*contre* against).

rébellion [Rebeljɔ̃] *nf* (*révolte*) rebellion. (*rebelles*) **la ~** the rebels.

rebiffer (se)* [R(ə)bife] (1) *vpr* (*résister*) [*personne*] to hit *ou* strike back (*contre* at); (*fig*) [*corps, conscience*] to rebel (*contre* against).

rebiquer* [R(ə)bike] (1) *vi* (*se redresser*) [*mèche de cheveux*] to stick up; [*chaussures, col*] to curl up at the ends.

reblanchir [R(ə)blɑ̃ʃiR] (2) *vt* (*gén*) to rewhiten; *mur* to rewhitewash.

reblochon [Rəblɔʃɔ̃] *nm kind of cheese from Savoie.*

reboisement [R(ə)bwazmɑ̃] *nm* reafforestation.

reboiser [R(ə)bwaze] (1) *vt* to reafforest.

rebond [R(ə)bɔ̃] *nm* (*V* **rebondir**) bounce; rebound. ~ **heureux/malheureux** lucky/unlucky bounce.

rebondi, e [R(ə)bɔ̃di] (*ptp de* **rebondir**) *adj objet, bouteille, forme* potbellied; *croupe* rounded; *poitrine* well-developed; *ventre* fat; *joues, visage* chubby, plump, fat; *femme* curvaceous, amply proportioned; *homme* portly, corpulent; *porte-monnaie* well-lined. **elle avait des formes ~es** she was amply proportioned; **il a un ventre ~** he has a paunch *ou* a corporation (*Brit*), he has a fat stomach.

rebondir [R(ə)bɔ̃diR] (2) *vi* (a) [*balle*] (*sur le sol*) to bounce; (*contre un mur etc*) to rebound.

(b) (*être relancé*) [*conversation*] to get going *ou* moving again; spring to life again; [*scandale, affaire, procès*] to be revived; (*Théât*) [*action, intrigue*] to get moving again, spring to life again, take off again. **faire ~ conversation** to give new impetus to, set *ou* get going again; *action d'une tragédie* to get *ou* set moving again; *scandale, procès* to revive.

rebondissement [R(ə)bɔ̃dismɑ̃] *nm* [*affaire*] (sudden new) development (*de* in), sudden revival (*U*) (*de* of).

rebord [R(ə)bɔR] *nm* (a) [*assiette, tuyau, plat, pot*] rim; [*puits, falaise*] edge; [*corniche, table, buffet*] (projecting) edge. **le ~ de la cheminée** the mantelpiece *ou* mantelshelf; **le ~ de la fenêtre** the windowsill, the window ledge. (b) hem.

reborder [R(ə)bɔRde] (1) *vt vêtement* to put a new edging on; *enfant* to tuck in again.

reboucher [R(ə)buʃe] (1) **1** *vt trou* to fill in again; *bouteille* to recork; *carafe* to restopper; *tube* to put the cap back on. **2 se reboucher** *vpr* [*tuyau*] to get blocked again.

rebours [R(ə)buR] *nm:* **à ~** (a) (*à rebrousse-poil*) **caresser un chat à ~** to stroke a cat the wrong way; **lisser un tissu à ~** to smooth out a fabric against the nap *ou* pile; (*fig*) **prendre qn à ~** to rub sb up the wrong way.

(b) (*à l'envers*) **faire un trajet à ~** to make a journey *ou* trip the other way round; **prendre une rue en sens unique à ~** to go the wrong way up a one-way street; **feuilleter un magazine à ~** to flip through a magazine from back to front; **compter à ~** to count backwards; (*Mil*) **prendre l'ennemi à ~** to surprise the enemy from behind; *V* **compte**.

(c) (*de travers*) **comprendre à ~** to misunderstand, get the wrong idea, get the wrong end of the stick* (*Brit*); **faire tout à ~** to do everything the wrong way round *ou* back to front *ou* upside down.

(d) (*à l'opposé de*) **à ~ de** against; **aller à ~ de la tendance générale** to go against *ou* run counter to the general trend; **c'est à ~ du bon sens!** it goes against *ou* flies in the face of common sense!

rebouteur, -euse [R(ə)butœR, øz] *nm,f,* **rebouteux, -euse** [R(ə)butø, øz] *nm,f* bonesetter.

reboutonner [R(ə)butɔne] (1) **1** *vt* to button up again, rebutton. **2 se reboutonner** *vpr* to do o.s. up again, do up one's buttons again.

rebrousse- [R(ə)bRus] *préf V* **rebrousser**.

rebrousser [R(ə)bRuse] (1) **1** *vt* (a) ~ **chemin** to turn back, turn round and go back, retrace one's steps.

(b) *poil* to brush up; *cheveux* to brush back. **tu as les cheveux tout rebroussés par le vent** your hair is all ruffled up *ou* tousled by the wind.

2: à rebrousse-poil *caresser* the wrong way; **lisser un tissu à rebrousse-poil** to smooth out a fabric against the pile *ou* nap; (*fig*) **prendre qn à rebrousse-poil** to rub sb up the wrong way.

rebuffade [R(ə)byfad] *nf* rebuff. **essuyer une ~** to suffer a rebuff.

rébus [Rebys] *nm* rebus. (*fig*) **sa lettre est un vrai ~** reading his letter is a real puzzle.

rebut [Rəby] *nm* (a) (*déchets*) scrap. **c'est du ~** (*objets*) it's scrap; (*vêtements*) they're just cast-offs; **c'est le ~ de la cave** it's what's to he thrown out of the cellar, it's all the unwanted stuff in the cellar; **mettre** *ou* **jeter au ~** to put on the scrap heap *ou* rubbish heap;

objets to scrap, throw out, discard; *vêtements* to discard, throw out; **ces vieux journaux vont aller au ~** these old papers are going to be thrown out *ou* discarded *ou* are going to be put on the rubbish heap; **marchandises de ~** trash goods; **bois de ~** old wood.

(b) (*péj: racaille*) **le ~ de la société** the scum *ou* dregs of society.

(c) (*Poste*) ~**s** dead letters.

rebutant, e [R(ə)bytɑ̃, ɑ̃t] *adj* (*dégoûtant*) repellent; (*décourageant*) off-putting (*Brit*), disheartening.

rebuter [R(ə)byte] (1) *vt* (*décourager*) to put off (*Brit*), dishearten, discourage; (*répugner*) to repel; (*littér: repousser durement*) to repulse. **il ne faut pas te ~ tout de suite** don't be deterred *ou* put off (*Brit*) straight away.

recacheter [R(ə)kaʃte] (4) *vt* to reseal.

recalage [R(ə)kalaʒ] *nm* (*Scol*) [*candidat*] failure.

récalcitrant, e [Rekalsitrɑ̃, ɑ̃t] **1** *adj* (*indocile*) *animal* refractory, stubborn; *personne* recalcitrant, refractory; (*fig*) *appareil, pièce* unmanageable. **2** *nm,f* recalcitrant.

recaler [R(ə)kale] (1) *vt* (*Scol: ajourner*) to fail. **se faire ~** (**en histoire**) to fail *ou* flunk* (*history*); **j'ai été recalé en histoire** I failed (in) *ou* flunked* history; **les recalés** the failed candidates, the failures.

récapitulatif, -ive [Rekapitylatif, iv] *adj chapitre* recapitulative, recapitulatory; *état, tableau* summary (*épith*). **dresser un état ~** (**d'un compte** *etc*) to draw up a summary statement (of an account *etc*).

récapitulation [Rekapitylasjɔ̃] *nf* recapitulation, summing up, recap*. **faire la ~ de** to recapitulate, sum up, recap*.

récapituler [Rekapityle] (1) *vt* to recapitulate, sum up, recap*.

recarreler [R(ə)kaRle] (4) *vt* to retile.

recaser* [R(ə)kaze] (1) *vt* (a) *travailleur* to find a new job for; *résident* to rehouse. **il a été recasé** [*chômeur*] he has been found a new job; **il a pu se ~** he managed to find a new job.

(b) (*refiler*) ~ **qch à qn** to palm sth off on sb*.

recauser* [R(ə)koze] (1) *vi:* ~ **de qch** to talk about sth again; **je vous en recauserai** we'll talk about it again.

recéder [R(ə)sede] (6) *vt* (*rétrocéder*) to give *ou* sell back; (*vendre*) to resell.

recel [Rəsɛl] *nm:* ~ **d'objets volés** (*action*) receiving stolen goods, receiving (*T*); (*résultat*) possession of *ou* possessing stolen goods; ~ **de malfaiteur** harbouring a wrongdoer; **condamné pour** ~ sentenced for possession of *ou* for receiving stolen goods *ou* for receiving (*T*).

receler [Rəs(ə)le] (5) *vt* (a) (*Jur*) *objet volé* to receive; *voleur* to harbour. (b) (*contenir*) *secret, erreur, trésor* to conceal.

receleur, -euse [Rəs(ə)lœR, øz] *nm,f* (*Jur*) receiver.

récemment [Resamɑ̃] *adv* (a) (*depuis peu*) recently. **la pluie ~ tombée rendait la route glissante** the rain which had fallen recently *ou* had just fallen made the road slippery; **ce livre, ~ publié** *ou* **publié ~** this book which has been published recently *ou* which has just been published.

(b) (*dernièrement*) recently, lately (*gén dans phrases nég ou interrog*). **l'as-tu vu ~?** have you seen him lately? *ou* recently?; **encore ~ il était très en forme** just recently *ou* even quite recently he was still in tiptop form.

recensement [R(ə)sɑ̃smɑ̃] *nm* [*population*] census; [*objets*] inventory. (*Mil*) ~ **du contingent** registration of young men eligible for French military service, carried out by a mayor; **faire le ~** to take a *ou* the census of the population, make *ou* take a population census.

recenser [R(ə)sɑ̃se] (1) *vt population* to take a *ou* the census of, make a census of; *objets* to make *ou* take an inventory of; *futurs conscrits* to compile a register of.

recenseur [R(ə)sɑ̃sœR] *adj m, nm:* (**agent**) ~ census taker.

récent, e [Resɑ̃, ɑ̃t] *adj* (*survenu récemment*) *événement, traces* recent; (*nouveau, de fraîche date*) *propriétaire, bourgeois* new.

recentrage [R(ə)sɑ̃tRaʒ] *nm* [*parti*] movement towards the centre. **le ~ de notre politique** adopting more centrist policies.

récépissé [Resepise] *nm* (*reçu*) (acknowledgment of) receipt.

réceptacle [Reseptakl(ə)] *nm* (*Bot*) [*fleur*] receptacle; (*déversoir*) (*gén*) receptacle; (*Géog*) catchment basin; (*fig*) gathering place; (*péj*) dumping place.

récepteur, -trice [ReseptœR, tRis] **1** *adj* receiving. **poste ~** receiving set, receiver.

2 *nm* (*gén, Télec*) receiver; (*Rad, TV*) (receiving) set, receiver. ~ (**de télévision**) television receiver *ou* (receiving) set.

réceptif, -ive [Reseptif, iv] *adj* receptive (*à* to).

réception [Resepsjɔ̃] *nf* (a) (*réunion, gala*) *V* jour.

(b) (*accueil*) reception, welcome. **faire bonne/mauvaise ~ à qn** to give a good/bad reception *ou* welcome to sb; **un discours de ~** (**à un nouveau sociétaire**) a welcoming speech *ou* an address of welcome (given to a new member of a society).

(c) (*entrée, salon*) [*appartement, villa*] reception room; [*hôtel*] entrance hall; [*bureau*] [*hôtel*] reception desk, reception. **salle de ~** function room, stateroom; **salons de ~** reception rooms.

(d) (*action de recevoir*) [*paquet, lettre*] receipt; (*Bio, Rad, TV*) reception. **à la ~ de sa lettre** on receipt of *ou* on receiving his letter; **c'est lui qui s'occupe de la ~ des marchandises** he is the one who takes delivery of the goods; (*Rad*) **la ~ est mauvaise aujourd'hui** reception is bad *ou* poor today; *V* accusé, accuser.

(e) (*Sport*) (*prise, blocage*) [*ballon*] trapping, catching; (*atterrissage*) [*sauteur, parachutiste*] landing. **le footballeur manqua sa ~ et le ballon roula en touche** the footballer failed to trap *ou* catch the ball and it rolled into touch; **après une bonne ~ du ballon** after trapping *ou* catching the ball well; **le sauteur manqua sa ~** the jumper made a bad landing *ou* landed badly.

(f) (*Constr*) ~ **des travaux** acceptance of work done (*after verification*).

réceptionnaire [ʀesɛpsjɔnɛʀ] *nmf [hôtel]* head of reception; *(Comm) [marchandises]* receiving clerk; *(Jur)* receiving agent.
réceptionner [ʀesɛpsjɔne] (1) *vt marchandises* to receive, take delivery of, check and sign for.
réceptionniste [ʀesɛpsjɔnist(ə)] *nmf* receptionist. ~-standardiste receptionist-telephonist.
réceptivité [ʀesɛptivite] *nf (gén)* receptivity, receptiveness; *(Méd)* sensitivity, liability (à to).
récessif, -ive [ʀesesif, iv] *adj (Bio)* recessive.
récession [ʀesesjɔ̃] *nf* recession. **de** ~ recessionary; ~ **avec infla-tion** slumpflation.
récessivité [ʀesesivite] *nf* recessiveness.
recette [ʀ(ə)sɛt] *nf* (a) *(Culin)* recipe; *(Chim) [teinture, produit]* formula; *(fig: truc, secret)* formula, recipe *(de* for).
(b) *(encaisse)* takings *(pl)*. **aujourd'hui, j'ai fait une bonne** ~ I've made a good day's takings, today the takings were good; *(fig: avoir du succès)* **faire** ~ to be a big success, be a winner.
(c) *(rentrées d'argent)* ~s receipts; **l'excédent des** ~s **sur les dépenses** the excess of receipts *ou* revenue over expenses.
(d) *(Impôts) (fonction)* position of tax *ou* revenue collector; *(bureau)* tax (collector's) office, revenue office. ~-**perception** tax office; ~ **municipale** rates office.
(e) *(recouvrement)* collection. **faire la** ~ **des sommes dues** to collect the money due; *V* **garçon.**
recevabilité [ʀəsvabilite] *nf (Jur) [pourvoi, témoignage]* ad-missibility.
recevable [ʀəsvabl(ə)] *(Jur) adj demande, appel, pourvoi* admis-sible, allowable; *personne* competent. **témoignage non** ~ inadmis-sible evidence.
receveur [ʀəsvœʀ] *nm* (a) *(Méd)* recipient. ~ **universel** universal recipient. (b) ~ **(d'autobus)** conductor; ~ **(des contributions)** tax collector *ou* officer; ~ **(des postes)** postmaster; ~ **municipal** rate collector.
receveuse [ʀəsvøz] *nf* (a) *(Méd)* recipient. ~ **universelle** univer-sal recipient. (b) ~ **(d'autobus)** conductress; ~ **(des contributions)** tax collector *ou* officer; ~ **(des postes)** post-mistress.
recevoir [ʀəsvwaʀ] (28) **1** *vt* (a) *(gén) lettre, ordre, argent, blessure, ovation, compliment etc* to receive, get; *approbation, refus* to meet with, receive, get; *modifications* to undergo, receive; *émission, sta-tion de radio* to get, receive; *(Rel)* confession to hear; *(Rel) vœux, sacrement* to receive. *(Rel)* ~ **les ordres** to take holy orders; **nous avons bien reçu votre lettre du 15 courant** we acknowledge *ou* confirm receipt of your letter of the 15th instant *(Brit) ou* of this month; *(Rad, fig)* **je vous reçois 5 sur 5** I'm reading *ou* receiving you loud and clear; **je n'ai d'ordre à** ~ **de personne** I don't take orders from anyone; **je n'ai pas de leçon à** ~ **de lui!** I don't need to take any lessons from him!; **procédé qui a reçu le nom de son inventeur** process which has taken *ou* got its name from the inven-tor; **l'affaire recevra toute notre attention** the matter will receive our full attention; **nous avons reçu la pluie** we got *ou* had rain; **j'ai reçu le caillou sur la tête** the stone hit me on the head, I got hit on the head by the stone; **il a reçu un coup de pied/un coup de poing dans la figure** he got kicked/punched in the face, he got a kick/punch in the face; **c'est lui qui a tout reçu** *(blâme, coups)* he got the worst of it, he bore *ou* got the brunt of it; *(sauce, éclaboussures)* he got the worst of it; *(formule épistolaire)* **recevez, cher Monsieur (ou chère Madame) l'expression de mes senti-ments distingués/mes salutations sincères/l'assurance de mon dévouement** yours faithfully *(Brit) ou* truly *(US)*/sincerely/truly.
(b) *invité (accueillir)* to receive, welcome, greet; *(traiter)* to entertain; *(loger)* to take in, receive; *(Admin) employé, demandeur* to see; *demande, déposition, plainte* to receive, admit. ~ **qn à dîner** to entertain *ou* invite sb to dinner; **ils ont reçu le roi** they enter-tained the king, they were host to the king; **être bien/mal reçu** *[proposition, nouvelles]* to be well/badly received; *[personne]* to receive a good/bad welcome, get a good/bad reception; *[invités]* to be entertained well/badly; **il est reçu partout dans la haute société** all doors are open to him in society; **les Dupont reçoivent beaucoup** the Duponts entertain a lot; **la baronne reçoit le jeudi** the baroness is at home (to visitors) on Thursdays; **le directeur reçoit le jeudi** the director receives visitors on Thursdays; **le docteur reçoit de 10h à 12h** the doctor's surgery *(Brit) ou* office *(US)* is from 10 a.m. till noon; ~ **la visite de qn/d'un cambrioleur** to receive *ou* have a visit from sb/from a burglar; **elles se connaissent mais ne se reçoivent pas** they know each other but they are not on visiting terms; *V* **chien.**
(c) *(Scol, Univ etc)* candidat to pass. **être reçu à un examen** to pass an exam, be successful in an exam; **il a été reçu dans les premiers/dans les derniers** he was near the top/bottom in the exam; **il a été reçu premier/deuxième/dernier** he came first/second/last *ou* bottom in the exam; *V* **reçu.**
(d) *(contenir) [hôtel, lycée]* to hold, accommodate; *(récolter) [gouttière]* to collect. **par manque de locaux on n'a pas pu** ~ **plus d'élèves cette année** lack of space prevented us from taking *ou* admitting more pupils this year; *(Géog)* ~ **un affluent** to be joined by a tributary; **leur chambre ne reçoit jamais le soleil** their room never gets any sun.
(e) *(Tech)* pièce mobile to take, receive. **cette encoche reçoit le crochet qui assure la fermeture de la porte** this notch receives *ou* takes the hook which keeps the door shut.
2 se recevoir *vpr (tomber)* to land. **se** ~ **sur une jambe/sur les mains** to land on one leg/on one's hands; **il s'est mal reçu** he landed badly.
rechange [ʀ(ə)ʃɑ̃ʒ] *nm* (a) ~ **(de vêtements)** change of clothes; **as-tu ton** ~? have you got a change of clothes?
(b) **de** ~ *(de remplacement)* solution, politique alternative; *(de*

secours) outil spare; **avoir du linge de** ~ to have a change of clothes; **j'ai apporté des chaussures de** ~ I brought a spare *ou* an extra pair of shoes; *V* **pièce.**
rechanger [ʀ(ə)ʃɑ̃ʒe] (3) *vt* to change again.
rechanter [ʀ(ə)ʃɑ̃te] (1) *vt* to sing again.
rechapage [ʀ(ə)ʃapaʒ] *nm* retreading, remoulding *(Brit)*. **le** ~ **n'a pas duré** the retread *ou* remould *(Brit)* didn't last long.
rechaper [ʀ(ə)ʃape] (1) *vt* pneu to retread, remould *(Brit)*. **pneus rechapés** remoulds *(Brit)*, retreads.
réchapper [ʀeʃape] (1) *vi*: ~ **de** *ou* **à** accident, maladie to come through; **tu as eu de la chance d'en** ~ you were lucky to escape with your life; **si jamais j'en réchappe** if ever I come through this.
recharge [ʀ(ə)ʃaʀʒ(ə)] *nf* (a) *(action) (Élec)* recharging; *(Mil)* reloading. (b) *(cartouche) [arme]* reload; *[stylo]* refill.
rechargeable [ʀ(ə)ʃaʀʒabl(ə)] *adj (V recharger)* reloadable; refill-able; rechargeable.
rechargement [ʀ(ə)ʃaʀʒəmɑ̃] *nm (V recharger)* reloading; refill-ing; recharging; refuelling; remetalling; relaying.
recharger [ʀ(ə)ʃaʀʒe] (3) *vt véhicule, arme, appareil-photo* to reload; *stylo* to refill; *briquet* to refill, recharge; *accumulateur* to recharge; *poêle* to refuel; *(Tech)* route to remetal; *(Tech)* voie, rails to relay.
réchaud [ʀeʃo] *nm* (a) *(portable)* stove. (b) *(chauffe-plat)* plate-warmer. (c) *(cassolette)* burner *(for incense etc)*.
réchauffage [ʀeʃofaʒ] *nm [aliment]* reheating.
réchauffé, e [ʀeʃofe] *(ptp de* **réchauffer)** *adj* nourriture reheated, warmed-up, rehashed *(péj)*; *(péj)* plaisanterie stale, old hat *(attrib)*; théories rehashed, old hat *(attrib)*. **c'est du** ~ *[ragoût]* it's reheated *ou* warmed-up *ou* rehashed *(péj)*; *[politique]* it's stale *ou* rehashed *ou* old hat.
réchauffement [ʀeʃofmɑ̃] *nm [eau, membres, personne]* warming (up). **on constate un** ~ **de la température** we notice a rise *ou* an increase in the temperature, we notice the weather's gone warmer; **on espère un** ~ **de la température pour la moisson** we're hoping for warmer weather for the harvest.
réchauffer [ʀeʃofe] (1) **1** *vt* (a) *(Culin)* aliment to reheat, heat *ou* warm up again. **réchauffe** *ou* **fais** ~ **la soupe, mets la soupe à** ~ reheat the soup, heat *ou* warm the soup up again.
(b) *personne* to warm up. **une bonne soupe, ça réchauffe** a good soup warms you up; *(littér, hum)* ~ **un serpent dans son sein** to nurse a viper in one's bosom.
(c) *(réconforter)* cœur to warm; *(ranimer)* courage to stir up, rekindle.
(d) *[soleil]* to heat up, warm up. **le soleil réchauffe la terre** the sun heats up the land; **ce rayon de soleil va** ~ **l'atmosphère** this ray of sunshine will warm up the air.
2 se réchauffer *vpr* (a) *[temps, température]* to get warmer, warm up. **on dirait que ça se réchauffe** it feels as if it's getting warmer *ou* warming up.
(b) *[personne]* to warm o.s. (up). **alors tu te réchauffes un peu?** are you warming up now? *ou* feeling a bit warmer now?; **se** ~ **les doigts,** ~ **ses doigts** to warm one's fingers (up).
réchauffeur [ʀeʃofœʀ] *nm* heater.
rechausser [ʀ(ə)ʃose] (1) **1** *vt*: ~ **un enfant** *(chaussures enlevées)* to put a child's shoes back on; *(chaussures neuves)* to buy a child new shoes; ~ **une voiture** to put new tyres *(Brit) ou* tires *(US)* on a car. **2 se rechausser** *vpr* to put one's shoes back on; to buy (o.s.) new shoes.
rêche [ʀɛʃ] *adj (au toucher)* tissu, peau rough, harsh; *(au goût)* vin rough; *fruit vert* harsh.
recherche [ʀ(ə)ʃɛʀʃ(ə)] *nf* (a) *(action de rechercher)* search *(de* for). **la** ~ **de ce papier m'a pris plusieurs heures** the search for this paper took me several hours; **la** ~ **de l'albumine dans le sang est faite en laboratoire** tests to detect albumin in the blood are performed in the laboratory; **à la** ~ **de** in search of; **À la** ~ **du temps perdu** In Search of Time Lost; **être/se mettre à la** ~ **de qch/qn** to be/go in search of sth/sb, search for sth/sb; **je suis à la** ~ **de mes lunettes** I'm searching *ou* hunting *ou* looking for my glasses; **ils sont à la** ~ **d'un appartement/d'une maison** they are flat-hunting *(Brit) ou* apartment-hunting *(US)*/house-hunting, they're looking for *ou* on the look-out for a flat *(Brit) ou* apartment *(US)*/house; **nous avons fait toute la ville à la** ~ **d'un livre sur la Norvège** we hunted the town for a book on Norway; **il a dû se mettre à la** ~ **d'une nouvelle situation** he had to start looking *ou* hunting for a new job; **il est toujours à la** ~ **d'une bonne excuse** he's always on the look-out for a good excuse, he's always trying to come up with *ou* find a good excuse; **se mettre à la** ~ **de qch** to search sth out.
(b) *(enquête)* ~s investigations; **faire des** ~s to make *ou* pursue investigations; **malgré toutes leurs** ~s, **ils n'ont pas trouvé le document nécessaire** in spite of all their searching *ou* hunting they haven't found the necessary document; **toutes nos** ~s **pour retrouver l'enfant sont demeurées sans résultat** all our inves-tigations *ou* attempts to find the child remained fruitless; **jusqu'ici il a échappé aux** ~s **de la police** until now he has escaped the police hunt *ou* search.
(c) *(fig: poursuite)* pursuit *(de* of), search *(de* for). **la** ~ **des plaisirs** the pursuit of pleasure, pleasure-seeking; **la** ~ **de la gloire** the pursuit of glory; **la** ~ **de la perfection** the search *ou* quest for perfection.
(d) *(Scol, Univ) (métier, spécialité)* **la** ~ research; *(études, en-quêtes)* ~s research; **faire des** ~s **sur un sujet** to do *ou* carry out research into a subject; **que fait-il comme** ~s? what (kind of) research does he do?, what is he doing research on? *ou* in?; **être dans la** ~, **faire de la** ~ to be (engaged) in research, do research (work); **il fait de la** ~ **en maths** he's doing research in maths; **bourse/étudiant de** ~ research grant/student; **c'est un travail de**

~ it's a piece of research (work); ~ **fondamentale** basic research; ~ **opérationnelle** operational research.

(e) (*raffinement*) [*tenue, ameublement*] meticulousness, studied elegance; (*péj: affectation*) affectation. **être habillé avec** ~ to be dressed with studied elegance; **être habillé sans** ~ to be dressed carelessly.

(f) (*Ordin*) search.

recherché, e [R(ə)ʃɛRʃe] (*ptp de* **rechercher**) *adj* **(a)** *édition, tableau, livre* much sought-after; (*très demandé*) *produits, acteur, conférencier* in great demand (*attrib*), much sought-after; (*apprécié des connaisseurs*) *morceau délicat, plaisir* choice (*épith*), exquisite. **c'est quelqu'un de très** ~ he's in great demand, he's much sought-after.

(b) (*étudié, soigné*) *style* mannered; *expression* studied; *tenue* meticulous; (*péj*) affected, studied.

rechercher [R(ə)ʃɛRʃe] (1) *vt* **(a)** (*chercher à trouver*) *objet égaré ou désiré, enfant perdu* to search for, hunt for; *coupable, témoin* to try to trace *ou* find, look for, seek; *cause d'accident* to try to determine *ou* find out *ou* ascertain, inquire into. ~ **l'albumine dans le sang** to look for (evidence of *ou* the presence of) albumin in the blood; ~ **comment/pourquoi** to try to find out how/why; ~ **qch dans sa mémoire** to search one's memory for sth; **il faudra** ~ **ce document dans tous les vieux dossiers** we'll have to search through all the old files to find this document; (*Ordin*) ~ **un mot dans un dossier** to search a file for a word; (*dans une annonce*) **'on recherche femme de ménage'** 'cleaning lady required'; **recherché pour meurtre** wanted for murder; **les policiers le recherchent depuis 2 ans** the police have been looking for him *ou* have been after him for 2 years; **la police recherche ... the police** want to interview ... .

(b) (*viser à*) *honneurs, compliment* to seek; *danger* to court, seek; *succès, plaisir* to pursue. ~ **la perfection** to strive for *ou* seek perfection; ~ **l'amitié/la compagnie de qn** to seek sb's friendship/ company; **un écrivain qui recherche l'insolite** a writer who strives to capture the unusual.

(c) (*chercher à nouveau*) to search for *ou* look for again. **il faudra que je recherche dans mon sac** I must have another look (for it) in my bag, I must look in *ou* search my bag again; **recherche donc cette lettre** search *ou* look for that letter again, have another look *ou* search for that letter.

rechigner [R(ə)ʃiɲe] (1) *vi* (*renâcler*) to balk, jib. **quand je lui ai dit de m'aider, il a rechigné** when I told him to help me he balked *ou* jibbed *ou* made a sour face; **faire qch en rechignant** to do sth with bad grace *ou* with a sour face; **il m'a obéi sans trop** ~ he obeyed me without making too much fuss; ~ **à faire qch** to balk *ou* jib at doing sth; ~ **à** *ou* **devant qch** to balk *ou* jib at sth.

rechute [R(ə)ʃyt] *nf* (*Méd*) relapse; (*fig: dans l'erreur, le vice*) lapse (*dans* into). (*Méd*) **faire** *ou* **avoir une** ~ to have a relapse.

rechuter [R(ə)ʃyte] (1) *vi* (*Méd*) to relapse, have a relapse.

récidivant, e [Residivã, ãt] *adj* (*Méd*) recurring.

récidive [Residiv] *nf* **(a)** (*Jur*) second *ou* subsequent offence (*Brit*) *ou* offense (*US*), second *ou* subsequent crime. **en cas de** ~ in the event of a second *ou* subsequent offence, in the event of a repetition of the offence; **escroquerie avec** ~ second offence of fraud; **être en** ~ to reoffend, be a recidivist; **les cas de** ~ **se multiplient chez les jeunes délinquants** reoffending *ou* recidivism is on the increase among juvenile delinquents; **à la première** ~, **je le fiche à la porte** at the first (sign of) repetition *ou* if he repeats that once again, I shall throw him out.

(b) (*Méd*) recurrence; (*fig: nouvelle incartade*) repetition (*of one's bad ways*).

récidiver [Residive] (1) *vi* (*Jur*) to reoffend, commit a second *ou* subsequent offence (*Brit*) *ou* offense (*US*) *ou* crime; (*fig*) [*enfant, élève*] to do it again; (*Méd*) to recur.

récidiviste [Residivist(ə)] *nmf* second offender, recidivist (*T*); (*plusieurs répétitions*) habitual offender, recidivist (*T*). **un condamné** ~ a recidivist.

récidivité [Residivite] *nf* (*Méd*) recurring nature.

récif [Resif] *nm* reef. ~ **de corail** coral reef; ~ **frangeant** fringing reef; ~-**barrière** barrier reef.

récipiendaire [ResipjãdɛR] *nm* (*Univ*) recipient (*of a diploma*); [*société*] newly elected member, member elect.

récipient [Resipjã] *nm* container, receptacle.

réciprocité [ResipRɔsite] *nf* reciprocity.

réciproque [ResipRɔk] **1** *adj* *sentiments, confiance, tolérance, concessions* reciprocal, mutual; (*Math*) *figure, transformation* reciprocal; (*Ling*) *adjectif, verbe, pronom* reciprocal. (*Logique*) **propositions** ~**s** converse propositions.

2 *nf*: **la** ~ (*l'inverse*) (*Logique*) the converse; (*gén*) the opposite, the reverse; (*la pareille*) the same (treatment); **il me déteste mais la** ~ **n'est pas vraie** he hates me but the opposite *ou* reverse isn't true, he hates me but conversely I don't hate him; **il m'a joué un sale tour, mais je lui rendrai la** ~ he played a dirty trick on me, but I'll be quits with him yet *ou* I'll pay him back (in kind *ou* in his own coin); **encore merci, j'espère qu'un jour j'aurai l'occasion de vous rendre la** ~ thanks again, I hope that one day I'll have the opportunity to do the same for you *ou* to pay you back; **s'attendre à la** ~ to expect the same (treatment) *ou* to be paid back.

réciproquement [ResipRɔkmã] *adv* **(a)** (*l'un l'autre*) each other, one another, mutually. **ils se félicitaient** ~ they congratulated each other *ou* one another.

(b) (*vice versa*) vice versa. **il me déteste et** ~ he hates me and vice versa *ou* and I hate him; **un employé doit avoir de l'estime pour son chef et** ~ an employee must have regard for his boss and the other way round *ou* and vice versa.

récit [Resi] *nm* **(a)** (*action de raconter*) account, story; (*histoire*) story; (*genre*) narrative. ~ **d'aventures** adventure story; **faire le** ~ **de** to give an account of, tell the story of; **au** ~ **de ces exploits** on hearing an *ou* the account of *ou* the story of these exploits.

(b) (*Théât: monologue*) (narrative) monologue.

(c) (*Mus*) solo.

récital, *pl* ~**s** [Resital] *nm* recital. ~ **poétique** poetry recital.

récitant, e [Resitã, ãt] **1** *adj* (*Mus*) solo. **2** *nm,f* (*Mus, Rad, Théât, TV*) narrator.

récitatif [Resitatif] *nm* recitative.

récitation [Resitasjɔ̃] *nf* **(a)** (*matière, classe*) recitation. **composition de** ~ recitation test; **leçon de** ~ lesson to be recited by heart.

(b) (*texte, poème*) recitation, piece (to be recited).

(c) (*action*) recital, reciting.

réciter [Resite] (1) *vt* **(a)** *leçon, chapelet, prière* to recite. **(b)** (*péj*) *profession de foi, témoignage* to trot out, recite.

réclamation [Reklamasjɔ̃] *nf* **(a)** (*plainte*) complaint; (*Sport*) objection. **faire une** ~ to make *ou* lodge a complaint; **adressez vos** ~**s à, pour toute** ~ **s'adresser à** all complaints should be referred to; **'(bureau des)** ~**s'** 'complaints department *ou* office'; (*Téléc*) **téléphonez aux** ~**s** ring the engineers.

(b) (*récrimination*) protest, complaint.

réclame [Reklam] *nf* (*annonce publicitaire*) advertisement, advert (*Brit*), ad*. (*publicité*) **la** ~ advertising, publicity; **faire de la** ~ **pour un produit** to advertise *ou* publicize a product; **ça ne leur fait pas de** ~ that's no advert for them; (*fig*) **je ne vais pas lui faire de la** ~ I'm not going to boost his business for him *ou* spread his name around (for him), I'm not going to give him free publicity; **en** ~ on offer; **article** ~ special offer; ~ **lumineuse** neon sign.

réclamer [Reklame] (1) **1** *vt* **(a)** (*solliciter*) *silence, paix, aide* to ask *ou* call for; *argent* to ask for; *pain* to ask *ou* beg for. ~ **l'indulgence de qn** to beg *ou* crave sb's indulgence; **je réclame la parole!** I ask *ou* beg to speak!; **il m'a réclamé à boire/un jouet** he asked me for a drink/a toy; **je n'aime pas les enfants qui réclament** I don't like children who are always asking for things; **l'enfant malade réclame sa mère** the sick child is calling *ou* asking for his mother, the sick child wants his mother.

(b) (*revendiquer*) *augmentation, droit, dû* to claim, demand; *part* to claim, lay claim to. **je lui ai réclamé le stylo que je lui avais prêté** I asked him for the pen back *ou* I reclaimed the pen which I had lent him.

(c) (*nécessiter*) *patience, soin* to call for, demand, require.

2 *vi* (*protester*) to complain. **si vous n'êtes pas content, allez** ~ **ailleurs** if you're not happy, go and complain *ou* make your complaints elsewhere; ~ **contre** to cry out against.

3 se réclamer *vpr*: **se** ~ **de ses ancêtres** to call on the spirit of one's ancestors; **doctrine politique qui se réclame de la révolution française** political doctrine that claims to go back to the spirit *ou* that claims to have its roots in the French Revolution; **il se réclame de l'école romantique** he claims to draw *ou* take his inspiration from the romantic school; **il s'est réclamé du ministre pour obtenir ce poste** he used the minister's name (as a reference) to obtain this position; **je me réclame de Descartes quand je dis cela** I use Descartes as my authority when I say that.

reclassement [R(ə)klasmã] *nm* (*V* **reclasser**) placement; rehabilitation; regrading; reclassifying.

reclasser [R(ə)klase] (1) *vt* *chômeur* to place, find a new placement for; *ex-prisonnier* to rehabilitate; *fonctionnaire* to regrade; *objet* to reclassify.

reclouer [R(ə)klue] (1) *vt* to nail back on, nail back together.

reclus, e [R(ə)kly, yz] **1** *adj* cloistered. **elle vit** ~**e, elle a** *ou* **mène une vie** ~**e** she leads the life of a recluse, she leads a cloistered life. **2** *nm, f* recluse.

réclusion [Reklyzjɔ̃] *nf* (*littér*) reclusion (*littér*). (*Jur*) ~ (*criminelle*) imprisonment.

réclusionnaire [ReklyzjɔnɛR] *nmf* (*Jur*) convict.

recoiffer [R(ə)kwafe] (1) **1** *vt*: ~ **ses cheveux** to do one's hair; ~ **qn** to do sb's hair. **2 se recoiffer** *vpr* (*se peigner*) to do one's hair; (*remettre son chapeau*) to put one's hat back on.

recoin [Rəkwɛ̃] *nm* (*lit*) nook; (*fig*) hidden *ou* innermost recess. **les** ~**s du grenier** the nooks and crannies of the attic; **dans les** ~**s de sa mémoire** in the recesses of his mind.

recollage [R(ə)kɔlaʒ] *nm*, **recollement** [R(ə)kɔlmã] *nm* (*V* **recoller**) resticking; sticking back together again.

recoller [R(ə)kɔle] (1) **(1)** *vt* **(a)** (*lit*) *étiquette* to stick back on *ou* down, restick; *morceau, vase* to stick back together; *enveloppe* to stick back down, restick. (*fig*) **le coureur recolla au peloton** the runner closed the gap with the rest of the bunch; (*fig: réconcilier*) ~ **les morceaux** to patch things up.

(b) (*remettre*) ~ **son oreille à la porte** to stick one's ear against *ou* to the door again; ~ **qn en prison*** to stick sb back in prison*; **ne recolle pas tes affaires dans ce coin!*** don't stick your things back down in that corner!*

(c) (*: redonner*) ~ **une amende** *etc* **à qn** to give another fine *etc* to sb; **je ne veux pas qu'on nous recolle le grand-père!** I don't want them to dump *ou* palm off grandfather on us again!*

2 se recoller *vpr* **(a)** [*os*] to mend, knit (together).

(b) (*: subir*) **il a fallu se** ~ **la vaisselle** we had to take on washing the dishes again.

(c) (*: se remettre*) **on va se** ~ **au boulot** let's knuckle down to the job again*, let's get back down to the job.

(d) (*: se remettre en ménage*) to go back (to live) together. **après leur brouille ils se sont recollés (ensemble)** after their quarrel they went back (to live) together.

récoltable [Rekɔltabl] *adj* that can be harvested *ou* gathered.

récoltant, e [Rekɔltã, ãt] *adj, nm, f*: (**propriétaire-**)~ farmer (*who harvests his own crop*), grower.

récolte [Rekɔlt(ə)] *nf* **(a)** (*action*) (*V* récolter) harvesting; gathering (in); collecting. **faire la ~ des pommes de terre** to harvest *ou* gather (in) the potatoes *ou* the potato crop; **la saison des ~s** the harvest *ou* harvesting season.

(b) (*produit*) *[blé, pommes de terre]* harvest, crop; *[miel]* crop. **cette année, on a fait une excellente ~ (de fruits)** this year we had an excellent *ou* a bumper crop (of fruit); **~ sur pied** standing crop.

(c) (*fig*) *[documents, souvenirs]* collection, crop (*fig*); (*argent récolté*) takings (*pl*); (*observations récoltées*) findings (*pl*).

récolter [Rekɔlte] (1) *vt* **(a)** *blé, pommes de terre* to harvest, gather (in); *miel* to collect, gather. (*Prov*) **~ ce qu'on a semé** to reap what one has sown; *V* qui.

(b) (*recueillir*) *souvenirs, documents, signatures* to collect, gather; *argent* to collect; (*) *contravention, coups* to get, collect*. **je n'ai récolté que des ennuis** all I got was a lot of trouble.

recommandable [R(ə)kɔmãdabl(ə)] *adj* (*estimable*) commendable. **peu ~** not very commendable.

recommandation [R(ə)kɔmãdasjɔ̃] *nf* **(a)** (*conseil: gén, Pol*) recommendation. **faire des ~s à qn** to make recommendations to sb. **(b)** (*louange*) *[hôtel, livre]* recommendation. **(c)** (*appui*) recommendation. **sur la ~ de qn** on sb's recommendation; **donner une ~ à qn pour un patron** to give sb a recommendation for an employer; *V* **lettre**. **(d)** (*Poste: V* recommander) recording; registration.

recommandé, e [R(ə)kɔmãde] (*ptp de* recommander) *adj* **(a)** (*Poste: V* recommander) recorded; registered. **'envoi ~'** 'recorded delivery' (*Brit*); 'registered post' (*Brit*), 'registered mail'; **envoyer qch en ~** to send sth recorded delivery (*Brit*); to send sth by registered post (*Brit*) *ou* mail; *V* **lettre**.

(b) (*conseillé*) *produit* recommended; *hôtel* approved, recommended; *mesure, initiative* advisable, recommended. **est-ce bien ~?** is it advisable? **ou recommended?** (*de faire* to do); **ce n'est pas très ~** it's not very *ou* really advisable, it's not really recommended.

recommander [R(ə)kɔmãde] (1) **1** *vt* **(a)** (*appuyer*) *candidat* to recommend (*à* to). **est-il recommandé?** has he been recommended?; **un savant que sa probité intellectuelle recommande autant que ses découvertes** a scholar whose intellectual honesty commends him as much as (do) his discoveries.

(b) (*conseiller*) *hôtel, livre, produit* to recommend (*à* to). **~ à qn de faire** to recommend *ou* advise sb to do; **le médecin lui recommande le repos** the doctor advises *ou* recommends (him to) rest; **je te recommande la modération/la discrétion** I advise you to be moderate/discreet, I recommend that you be moderate/discreet; **je te recommande (de lire) ce livre** I recommend you (to read) this book, I recommend that you read this book; (*ton de menace*) **je te recommande de partir** I strongly advise you to leave; **est-ce bien à ~?** is it to be recommended?, is it advisable?

(c) (*Rel*) **~ son âme à Dieu** to commend one's soul to God.

(d) (*tournure impersonnelle*) **il est recommandé de** it's advisable *ou* recommended to.

(e) (*Poste*) *lettre* (*pour attester sa remise*) to record; (*pour assurer sa valeur*) *lettre, paquet* to register.

2 se recommander *vpr*: **se ~ de qn** to give sb's name as a reference; **se ~ à qn/Dieu** to commend o.s. to sb/God; **il se recommande par son talent/son ambition** his talent/ambition commends him.

recommencement [R(ə)kɔmãsmã] *nm*: **le ~ des hostilités/combats** the renewal of hostilities/(the) fighting; **l'histoire est un perpétuel ~** history is a process of constant renewal *ou* a series of new beginnings; **les ~s sont toujours difficiles** beginning again *ou* making a fresh start is always difficult.

recommencer [R(ə)kɔmãse] (3) **1** *vt* **(a)** (*continuer*) *récit, lecture* to begin *ou* start again, resume; *lutte, combat* to start up again, start afresh, renew, resume. **soyez attentifs, ça fait la 3e fois que je recommence** pay attention, that's the 3rd time I've had to start *ou* begin again.

(b) (*refaire*) *travail, expérience* to start (over) again, start afresh. **~ sa vie** to make a fresh start (in life), start *ou* begin one's life (over) again; **si c'était à ~** if I could start *ou* have it over again; **tout est à ~** everything has to begin again *ou* be begun again.

(c) (*répéter*) *erreur* to make *ou* commit again.

2 *vi* **(a)** *[pluie, orage]* to begin *ou* start again; *[combat]* to start up again, start afresh, resume. **la pluie recommence** it's beginning *ou* starting to rain again, the rain is beginning *ou* starting again; **en septembre, l'école recommence** in September school begins *ou* starts again *ou* resumes; **année après année, les saisons recommencent** year after year the seasons begin afresh *ou* anew; **je leur ai dit de se taire, et voilà que ça recommence!** I told them to be quiet and yet there they go again!; **~ à ou de faire** to begin *ou* start to do again, begin *ou* start doing again; **tu ne vas pas ~ de sitôt!** you won't do that again in a hurry!*; **on lui dit de ne pas le faire, mais deux minutes plus tard, il recommence** (à le faire) he is told not to do it but two minutes later he does it again *ou* he's at it again.

recomparaître [R(ə)kɔ̃paRetR(ə)] (57) *vi* (*Jur*) to appear (in court) again.

récompense [Rekɔ̃pãs] *nf* (*action, chose*) reward; (*prix*) award. **en ~ de** in return for, as a reward for; **en ~ de vos services** in return for your services; **je me sacrifie et voilà ma ~** I make sacrifices and that's all the reward I get.

récompenser [Rekɔ̃pãse] (1) *vt* to reward, recompense. **être récompensé d'avoir fait qch** to be rewarded *ou* recompensed for having done sth.

recomposer [R(ə)kɔ̃poze] (1) *vt puzzle* to put together again, reconstruct; (*Chim*) to recompose; (*Téléc*) *numéro* to dial again, redial; (*Typ*) *ligne* to reset. **il parvint à ~ la scène** (*par la mémoire*) he succeeded in reconstructing the scene; **l'œil/la**

télévision recompose l'image the eye/television reconstitutes the image.

recomposition [R(ə)kɔ̃pozisjɔ̃] *nf* (*V* recomposer) reconstruction; recomposition; redialling; resetting; reconstitution.

recompter [R(ə)kɔ̃te] (1) *vt* to count again, recount.

réconciliateur, -trice [Rekɔ̃siljatœʀ, tʀis] *nm,f* reconciler.

réconciliation [Rekɔ̃siljasjɔ̃] *nf* reconciliation.

réconcilier [Rekɔ̃silje] (7) **1** *vt personnes, théories* to reconcile (*avec* with). **~ qn avec une idée** to reconcile sb to an idea. **2 se réconcilier** *vpr* to be *ou* become reconciled (*avec* with). **ils se sont réconciliés** they have been reconciled, they have made their peace with one another; **se ~ avec soi-même** to feel *ou* be at peace with o.s.

reconductible [R(ə)kɔ̃dyktibl(ə)] *adj* renewable.

reconduction [R(ə)kɔ̃dyksjɔ̃] *nf* renewal.

reconduire [R(ə)kɔ̃dɥiR] (38) *vt* **(a)** (*continuer*) *politique, budget, bail* to renew. **commande tacitement reconduite** order renewed by tacit agreement.

(b) (*raccompagner*) **~ qn chez lui/à la gare** to see *ou* take *ou* escort sb (back) home/to the station; **il a été reconduit à la frontière par les policiers** he was escorted (back) to the frontier by the police; **~ qn en voiture chez lui** to walk/drive sb (back) home; **il m'a reconduit à la porte** he showed me to the door.

réconfort [RekɔfɔR] *nm* comfort.

réconfortant, e [Rekɔ̃fɔRtã, ãt] *adj* (*rassurant*) *parole, idée* comforting; (*stimulant*) *remède* tonic (*épith*), fortifying; *aliment* fortifying.

réconforter [Rekɔ̃fɔRte] (1) **1** *vt [paroles, présence]* to comfort; *[alcool, aliment, remède]* to fortify. **2 se réconforter** *vpr* (*boire, manger*) to have *ou* take some refreshment.

reconnaissable [R(ə)kɔnɛsabl(ə)] *adj* recognizable (*à* by, from). **il n'était pas ~** he was unrecognizable, you wouldn't have recognized him.

reconnaissance [R(ə)kɔnɛsãs] **1** *nf* **(a)** (*gratitude*) gratitude, gratefulness (*à qn ou* to towards sb). **avoir/éprouver de la ~ pour qn** to be/feel grateful to sb; **en ~ de ses services/de son aide** in recognition of *ou* acknowledgement of *ou* gratitude for his services/his help; **être pénétré de ~ pour la générosité de qn** to be filled with gratitude to sb for his generosity; (*hum*) **il a la ~ du ventre** he's grateful for what he's been given.

(b) (*Pol: d'un état*) recognition; (*Jur: d'un droit*) recognition, acknowledgement.

(c) (*exploration*) reconnaissance, survey; (*Mil*) reconnaissance, recce*. (*lit, fig*) **envoyer en ~** to send (out) on reconnaissance *ou* on a recce*; (*lit, fig*) **partir en ~** to go and reconnoitre (the ground); (*Mil*) **faire *ou* pousser une ~** to make a reconnaissance, go on reconnaissance; **mission/patrouille de ~** reconnaissance mission/patrol.

(d) (*action de reconnaître*) recognition. **il lui fit un petit signe de ~** he gave her a little sign of recognition; **il tenait un journal en signe de ~** he was carrying a newspaper so that he could be recognized *ou* identified.

(e) (*littér: aveu*) acknowledgement, admission.

(f) (*Ordin*) recognition. **~ de parole** speech recognition.

2: reconnaissance de dette acknowledgement of a debt, IOU; **reconnaissance d'enfant** legal recognition of a child; **reconnaissance du mont-de-piété** pawn ticket.

reconnaissant, e [R(ə)kɔnɛsã, ãt] *adj* grateful (*à qn de qch* to sb for sth). **je vous serais ~ de me répondre rapidement** I would be grateful if you would reply quickly *ou* for a speedy reply.

reconnaître [R(ə)kɔnɛtR(ə)] (57) **1** *vt* **(a)** (*gén: identifier*) to recognize. **je l'ai reconnu à sa voix** I recognized him *ou* I knew it was him *ou* I could tell it was him from *ou* by (the sound of) his voice; **je le reconnaîtrais entre mille** I'd recognize him *ou* pick him out anywhere; **elle reconnut l'enfant à son foulard rouge** she recognized the child by his red scarf; **~ la voix/le pas de qn** to recognize sb's voice/walk; **ces jumeaux sont impossibles à ~** these twins are impossible to tell apart, it's impossible to tell which of these twins is which; **on reconnaît un fumeur à ses doigts jaunis** you can tell *ou* recognize *ou* spot a smoker by his stained fingers; **on reconnaît bien là sa paresse** that's just typical of him and his lazy ways, that's just typical of his laziness; **je le reconnais bien là** that's just like him, that's him all over!; **méfiez-vous, il sait ~ un mensonge** be careful — he knows *ou* recognizes *ou* he can spot a lie when he hears one; **on ne le reconnaît plus** you wouldn't know *ou* recognize him now.

(b) (*convenir de*) *innocence, supériorité, valeur* to recognize, acknowledge; (*avouer*) *torts* to recognize, acknowledge, admit. **il reconnut peu à peu la difficulté de la tâche** he gradually came to realize *ou* recognize the difficulty of the task; **il faut ~ les faits** we must face *ou* recognize the facts; **on lui reconnaît une qualité, il est honnête** he is recognized as having one quality — he is honest; **il faut ~ qu'il faisait très froid** admittedly, it was very cold, you must admit it was very cold; **il a reconnu s'être trompé/qu'il s'était trompé** he admitted to *ou* acknowledged making a mistake/that he had made a mistake; **je reconnais que j'avais tout à fait oublié ce rendez-vous** I must confess *ou* admit (that) I had completely forgotten this appointment.

(c) (*admettre*) *maître, chef* to recognize; (*Pol*) *état, gouvernement* to recognize; (*Jur*) *enfant* to recognize legally, acknowledge; *dette* to acknowledge. **~ qn pour *ou* comme chef** to acknowledge *ou* recognize sb as (one's) leader; (*Jur*) **~ la compétence d'un tribunal** to acknowledge *ou* recognize the competence of a court; (*Jur*) **~ qn coupable** to find sb guilty; **~ sa signature** to acknowledge one's signature; **il ne reconnaît à personne le droit d'intervenir** he doesn't recognize in anyone the right to intervene, he doesn't acknowledge that anyone has the right to intervene.

(d) (*Mil*) *terrain, île, côte* to reconnoitre. **on va aller ∼ les lieux *ou* le terrain** we're going to see how the land lies, we're going to reconnoitre (the ground); **les gangsters étaient certainement venus ∼ les lieux auparavant** the gangsters had certainly been to look over the place *ou* spy out (*Brit*) the land beforehand.
(e) (*littér: montrer de la gratitude*) to recognize, acknowledge.
2 se reconnaître *vpr* **(a)** (*dans la glace*) to recognize o.s.; (*entre personnes*) to recognize each other. **elle ne se reconnaît pas du tout dans ses filles** she just can't see any likeness between herself and her daughters.
(b) (*lit, fig: se retrouver*) to find one's way about *ou* around. **je ne m'y reconnais plus** I'm completely lost; **je commence à me ∼** I'm beginning to find my bearings.
(c) (*être reconnaissable*) to be recognizable (*à* by). **le pêcher se reconnaît à ses fleurs roses** the peach tree is recognizable by its pink flowers, you can tell a peach tree by its pink flowers.
(d) (*s'avouer*) **se ∼ vaincu** to admit *ou* acknowledge defeat; **se ∼ coupable** to admit *ou* acknowledge one's guilt.

reconnu, e [R(ə)kɔny] (*ptp de* **reconnaître**) *adj fait* recognized, accepted; *auteur, chef* recognized. **c'est un fait ∼ que ...** it's a recognized *ou* an accepted fact that ...; **il est ∼ que ...** it is recognized *ou* accepted *ou* acknowledged that ... .

reconquérir [R(ə)kɔ̃keRiR] (21) *vt* (*Mil*) to reconquer, recapture; *femme* to win back; *dignité, liberté* to recover, win back.

reconquête [R(ə)kɔ̃kɛt] *nf* (*Mil*) reconquest, recapture; [*droit, liberté*] recovery.

reconsidérer [R(ə)kɔ̃sideRe] (6) *vt* to reconsider.

reconstituant, e [R(ə)kɔ̃stityɑ̃, ɑ̃t] **1** *adj aliment, régime* which builds up *ou* boosts (up) one's strength. **2** *nm* energy-giving food, energizer.

reconstituer [R(ə)kɔ̃stitye] (1) *vt* **(a)** *parti, armée* to re-form, reconstitute; *fortune* to build up again, rebuild; *crime, faits, puzzle, histoire* to reconstruct, piece together; *texte* to restore, reconstitute; *édifice, vieux quartier* to restore, reconstruct; *objet brisé* to put *ou* piece together again. **le parti s'est reconstitué** the party was re-formed *ou* reconstituted.
(b) (*Bio*) *organisme* to regenerate.

reconstitution [R(ə)kɔ̃stitysjɔ̃] *nf* (*V* **reconstituer**) reformation; reconstitution; rebuilding; reconstruction; piecing together; restoration; regeneration. **∼ historique** reconstruction *ou* recreation of history; (*Scol*) **∼ d'un texte** text reconstitution, rewriting exercise.

reconstruction [R(ə)kɔ̃stRyksjɔ̃] *nf* (*V* **reconstruire**) rebuilding; reconstruction.

reconstruire [R(ə)kɔ̃stRɥiR] (38) *vt maison* to rebuild, reconstruct; *fortune* to build up again, rebuild.

reconversion [R(ə)kɔ̃vɛRsjɔ̃] *nf* (*V* **reconvertir, se reconvertir**) reconversion; redeployment.

reconvertir [R(ə)kɔ̃vɛRtiR] (2) **1** *vt usine* to reconvert (*en* to); *personnel, troupes, véhicules, armes* to redeploy.
2 se reconvertir *vpr* [*usine*] to be reconverted, be turned over to a new type of production; [*personne*] to move into *ou* turn to a new type of employment. **il s'est reconverti dans le secrétariat** he has given up his old job and gone into secretarial work; **nous nous sommes reconvertis dans le textile** we have moved over *ou* gone over into textiles.

recopier [R(ə)kɔpje] (7) *vt* (*transcrire*) to copy out, write out; (*recommencer*) to copy out *ou* write out again. **∼ ses notes au propre** to write up one's notes, make a fair copy of one's notes.

record [R(ə)kɔR] **1** *nm* (*Sport*) record. **∼ masculin/féminin** men's/women's record. **2** *adj inv chiffre, production* record (*épith*). **en un temps ∼** in record time.

recorder [R(ə)kɔRde] (1) *vt raquette* to restring.

recordman [R(ə)kɔRdman], *pl* **recordmen** [R(ə)kɔRdmɛn] *nm* (men's) record holder.

recordwoman [R(ə)kɔRdwoman], *pl* **recordwomen** [R(ə)kɔRdwomɛn] *nf* (women's) record holder.

recorriger [R(ə)kɔRiʒe] (3) *vt* to recorrect, correct again; (*Scol*) to mark again, re-mark.

recors [R(ə)kɔR] *nm* (*Hist*) bailiff's assistant.

recoucher [R(ə)kuʃe] (1) **1** *vt enfant* to put back to bed; *objet* to lay *ou* put down again. **2 se recoucher** *vpr* to go back to bed.

recoudre [R(ə)kudR(ə)] (48) *vt* (*Couture*) *ourlet* to sew up again; *bouton* to sew back on, sew on again; (*Méd*) *plaie* to stitch up (again), put stitches (back) in; *objet* to stitch (back) up.

recoupement [R(ə)kupmɑ̃] *nm* crosscheck, crosschecking (*U*). **par ∼** by crosschecking; **faire un ∼** to crosscheck.

recouper [R(ə)kupe] (1) **1** *vt* **(a)** (*gén*) to cut again; *vêtement* to recut; *vin* to blend; *route* to intersect. **∼ du pain** to cut (some) more bread; **elle m'a recoupé une tranche de viande** she cut me another slice of meat.
(b) [*témoignage*] to tie up *ou* match up with, confirm, support.
2 *vi* (*Cartes*) to cut again.
3 se recouper *vpr* [*faits*] to tie *ou* match up, confirm *ou* support one another; [*droites, cercles*] to intersect; [*chiffres, résultats*] to add up.

recourbé, e [R(ə)kuRbe] (*ptp de* **recourber**) *adj* (*gén*) curved; (*accidentellement*) bent; *bec* curved, hooked. **nez ∼** hooknose.

recourbement [R(ə)kuRbəmɑ̃] *nm* bending.

recourber [R(ə)kuRbe] (1) **1** *vt bois* to bend (over); *métal* to bend, curve. **2 se recourber** *vpr* to curve (up), bend (up).

recourir [R(ə)kuRiR] (11) **1** *vt* (*Sport*) to run again.
2 recourir à *vt indir opération, emprunt* to resort to, have recourse to; *force* to resort to; *personne* to turn to, appeal to. **j'ai recouru à son aide** I turned *ou* appealed to him for help.

3 *vi* **(a)** (*Sport*) to race again, run again. **j'ai recouru le chercher*** I ran back *ou* raced back *ou* nipped back* (*Brit*) to get it.
(b) (*Jur*) **∼ contre qn** to (lodge an) appeal against sb.

recours [R(ə)kuR] **1** *nm* resort, recourse; (*Jur*) appeal. **le ∼ à la violence ne sert à rien** resorting to violence doesn't do any good; **en dernier ∼** as a last resort, in the last resort; **nous n'avons plus qu'un ∼** we've only got one resort *ou* recourse left, there's only one course left open to us; **il n'y a aucun ∼ contre cette décision** there is no way of changing this decision, there is no appeal possible *ou* no recourse against this decision; **il n'y a aucun ∼ contre cette maladie** there is no cure *ou* remedy for this disease; **la situation est sans ∼** there's nothing we can do about the situation, there's no way out of the situation; **avoir ∼ à** *mesure, solution* to resort to, have recourse to; *force* to resort to; *personne* to turn to, appeal to.
2: **recours en cassation** appeal to the Supreme Court; **recours contentieux** *submission for a legal settlement*; **recours en grâce** (*remise de peine*) plea for pardon; (*commutation de peine*) plea for clemency; **recours gracieux** *submission for an out-of-court settlement*; **recours hiérarchique** disciplinary complaint.

recouvrable [R(ə)kuvRabl(ə)] *adj* **(a)** *impôt* collectable, which can be collected; *créance* recoverable, reclaimable, retrievable. **(b)** *peinture* '∼ **après 24 heures**' 'allow to dry 24 hours *ou* leave 24 hours before applying a second coat'.

recouvrement [R(ə)kuvRəmɑ̃] *nm* **(a)** (*couverture: action*) covering (up); (*résultat*) cover. (*Constr*) **assemblage à ∼** lap joint.
(b) (*Fin*) [*cotisations*] collection, payment; [*impôt*] collection, levying; (*littér*) [*créance*] recovery.
(c) (*littér*) [*forces, santé*] recovery.

recouvrer [R(ə)kuvRe] (1) *vt* **(a)** *santé, vue* to recover, regain; *liberté* to regain; *amitié* to win back. **∼ la raison** to recover one's senses, come back to one's senses.
(b) (*Fin*) *cotisation* to collect; *impôt* to collect, levy; (*littér*) *créance* to recover.

recouvrir [R(ə)kuvRiR] (18) **1** *vt* **(a)** (*entièrement*) to cover. **la neige recouvre le sol** snow covers the ground; **recouvert d'écailles/d'eau** covered in *ou* with scales/water; **∼ un mur de papier peint/de carreaux** to paper/tile a wall; **le sol était recouvert d'un tapis** the floor was carpeted, there was a carpet on the floor; **les ouvriers recouvrirent la maison** the workmen put the roof on the house *ou* roofed over the house; **recouvre la casserole/les haricots** put the lid on the saucepan/on *ou* over the beans.
(b) (*à nouveau*) *fauteuil, livre* to re-cover, put a new cover on; *casserole* to put the lid back on. **∼ un enfant qui dort** to cover (up) a sleeping child again.
(c) (*cacher*) *intentions* to conceal, hide, mask; (*englober*) *aspects, questions* to cover.
2 se recouvrir *vpr:* **se ∼ d'eau/de terre** to become covered in *ou* with water/earth; **le ciel se recouvre** the sky is getting cloudy *ou* becoming overcast again; **les 2 feuilles se recouvrent partiellement** the 2 sheets overlap slightly.

recracher [R(ə)kRaʃe] (1) **1** *vt* to spit out (again). **2** *vi* to spit again.

récré [RekRe] *nf* (*arg Scol*) *abrév de* **récréation**.

récréatif, -ive [RekReatif, iv] *adj lecture* light (*épith*). **soirée ∼ive** evening's recreation *ou* entertainment.

récréation [RekReasjɔ̃] *nf* **(a)** (*Scol*) (*au lycée*) break; (*à l'école primaire*) playtime (*Brit*), break, recess (*US*). **aller en ∼** to go out for (the) break; **les enfants sont en ∼** the children are having their playtime (*Brit*) *ou* break; *V* **cour. (b)** recreation, relaxation.

recréer [R(ə)kRee] (1) *vt* to re-create.

récréer [RekRee] (1) (*littér*) **1** *vt* to entertain, amuse. **2 se récréer** *vpr* to amuse o.s.

recrépir [R(ə)kRepiR] (2) *vt* to resurface (with roughcast *ou* pebble dash). **faire ∼ sa maison** to have the roughcast *ou* pebble dash redone on one's house.

recreuser [R(ə)kRøze] (1) *vt* (*lit*) (*de nouveau*) to dig again; (*davantage*) to dig deeper; (*fig*) to go further *ou* deeper into, dig deeper into.

récrier (se) [RekRije] (7) *vpr* to exclaim, cry out in admiration (*ou* indignation, surprise *etc*).

récriminateur, -trice [RekRiminatœR, tRis] *adj* remonstrative, complaining.

récrimination [RekRiminasjɔ̃] *nf* recrimination, remonstration, complaint.

récriminatoire [RekRiminatwaR] *adj discours, propos* remonstrative.

récriminer [RekRimine] (1) *vi* to recriminate, remonstrate (*contre* against), complain bitterly (*contre* about).

récrire [RekRiR] (39) *vt roman, inscription* to rewrite; *lettre* to write again. **il m'a récrit** he has written to me again, he has written me another letter.

recroqueviller (se) [R(ə)kRɔkvije] (1) *vpr* [*papier, fleur*] to shrivel up, curl up; [*personne*] to huddle *ou* curl o.s. up. **il était tout recroquevillé dans un coin** he was all hunched up *ou* huddled up in a corner.

recru, e¹ [R(ə)kRy] *adj* (*littér*) **∼ (de fatigue)** exhausted, tired out.

recrudescence [R(ə)kRydesɑ̃s] *nf* [*criminalité, combats*] (fresh) upsurge, new and more serious wave *ou* outburst; [*épidémie*] (fresh) upsurge, further and more serious outbreak *ou* outburst. **il y a eu une ∼ de froid** the cold weather suddenly set in even worse than before, there was another spell of even colder weather.

recrudescent, e [R(ə)kRydesɑ̃, ɑ̃t] *adj* (*littér*) recrudescent. **épidémie ∼e** epidemic which is on the increase *ou* upsurge again.

recrue² [R(ə)kRy] *nf* (*Mil*) recruit; (*fig*) recruit, new member. (*fig*) **faire une (nouvelle) ∼** to gain a (new) recruit, recruit a new member.

recrutement [R(ə)kRytmɑ̃] *nm* (*action*) recruiting, recruitment; (*recrues*) recruits.

recruter [R(ə)kRyte] (1) *vt* (*Mil, fig*) to recruit. **se ~ dans** *ou* **parmi** to be recruited from; **~ des cadres pour une entreprise** to headhunt for a company.

recruteur [R(ə)kRytœR] **1** *nm* recruiting officer. **2** *adj m* recruiting. **agent ~** recruiting agent.

recta‡ [Rekta] *adv* **payer** promptly, on the nail*; *arriver* on the dot*. **quand j'ai les pieds mouillés, c'est ~, j'attrape un rhume** whenever I get my feet wet that's it*, I catch a cold *ou* I catch a cold straight off (*Brit*) *ou* right off*.

rectal, e, *mpl* -**aux** [Rektal, o] *adj* rectal.

rectangle [Rektãgl(ə)] **1** *nm* (*gén*) rectangle, oblong; (*Math*) rectangle. (*TV*) **~ blanc** 'suitable for adults only' sign. **2** *adj* right-angled.

rectangulaire [RektãgylɛR] *adj* rectangular, oblong.

recteur [RektœR] *nm* (**a**) **~ (d'académie)** ≃ chief education officer (*Brit*), director of education (*Brit*), commissioner of education (*US*). (**b**) (*Rel*) (*prêtre*) priest; (*directeur*) rector.

rectifiable [Rektifjabl(ə)] *adj* **erreur** rectifiable, which can be put right *ou* corrected; *alcool* rectifiable.

rectificateur [RektifikatœR] *nm* (*Chim*) rectifier.

rectificatif, -ive [Rektifikatif, iv] **1** *adj* **compte** rectified, corrected. **acte ~, note ~ive** correction. **2** *nm* correction.

rectification [Rektifikasjɔ̃] *nf* (*V* **rectifier**) rectification; correction; straightening.

rectifier [Rektifje] (7) *vt* **calcul** (*corriger*) to rectify, correct; (*ajuster*) to adjust; *erreur* to rectify, correct, put right; *paroles* to correct; *route, tracé* to straighten; *virage* to straighten (out); *mauvaise position* to correct; (*Tech*) *pièce* to true (up), adjust; (*Chim, Math*) to rectify. **il rectifia la position du rétroviseur/son chapeau** he adjusted *ou* straightened his driving mirror/his hat; **'non, ils étaient deux', rectifia-t-il** 'no, there were two of them' he added, correcting himself; (*Mil*) **~ la position/l'alignement** to correct one's stance/the alignment; **~ le tir** (*lit*) to adjust the fire; (*fig*) to get one's aim right; (*fig: tuer*) **il a été rectifié*, il s'est fait ~*** they did away with him*, he got himself killed *ou* bumped off‡ (*Brit*).

rectifieur, -euse [RektifjœR, øz] **1** *nm, f* (*ouvrier*) grinding machine operator. **2** **rectifieuse** *nf* (*machine*) grinding machine.

rectiligne [Rektiliɲ] **1** *adj* (*gén*) straight; *mouvement* rectilinear; (*Géom*) rectilinear. **2** *nm* (*Géom*) rectilinear angle.

rectitude [Rektityd] *nf* [*caractère*] rectitude, uprightness; [*jugement*] soundness, rectitude; (*littér*) [*ligne*] straightness.

recto [Rekto] *nm* front (of a page), first side, recto (*frm*). **~ verso** on both sides (of the page); **voir au ~** see on first *ou* other side.

rectoral, e, *pl* -**aux** [RektoRal, o] *adj* of the Education Offices.

rectorat [RektoRa] *nm* (*fonction*) rectorship; (*durée*) rector's term of office; (*bureaux*) Education Offices.

rectum [Rektɔm] *nm* rectum.

reçu, e [R(ə)sy] (*ptp de* **recevoir**) **1** *adj* (**a**) *usages, coutumes* accepted; *V* **idée**. (**b**) *candidat* successful. **les ~s** the successful candidates; **il y a eu 50 ~s** there were 50 passes *ou* successful candidates. **2** *nm* (*quittance*) receipt, chit.

recueil [R(ə)kœj] *nm* (*gén*) book, collection; [*documents*] compendium. **~ de poèmes** anthology *ou* collection of poems; **~ de morceaux choisis** anthology; (*fig*) **~ de faits** collection of facts.

recueillement [R(ə)kœjmã] *nm* (*Rel, gén*) meditation, contemplation. **écouter avec un grand ~** to listen reverently; **écouter avec un ~ quasi religieux** to listen with an almost religious respect *ou* reverence.

recueilli, e [R(ə)kœji] (*ptp de* **recueillir**) *adj* meditative, contemplative.

recueillir [R(ə)kœjiR] (12) **1** *vt* (**a**) (*récolter*) *graines* to gather, collect; *argent, documents* to collect; *liquide* to collect, catch; *suffrages* to win; *héritage* to inherit. **~ le fruit de ses efforts** to reap the rewards of one's efforts; [*orateur, discours*] **~ de vifs applaudissements** to be enthusiastically *ou* warmly applauded; **il a recueilli 100 voix** he got *ou* polled 100 votes.
(**b**) (*accueillir*) *réfugié* to take in. **~ qn sous son toit** to receive sb in one's home, welcome sb into one's home.
(**c**) (*enregistrer*) *déposition, chansons anciennes* to take down, take note of; *opinion* to record.
2 se recueillir *vpr* (*Rel, gén*) to collect *ou* gather one's thoughts, commune with o.s. **aller se ~ sur la tombe de qn** to go and meditate at sb's grave.

recuire [R(ə)kɥiR] (38) **1** *vt* **viande** to recook, cook again; *pain, gâteaux* to rebake, bake again; *poterie* to bake *ou* fire again; (*Tech*) *métal* to anneal. **2** *vi* [*viande*] to cook for a further length of time. **faire ~** to recook; to rebake.

recul [R(ə)kyl] *nm* (**a**) (*retraite*) [*armée*] retreat; (*revirement*) [*patron, négociateur*] retreat. **j'ai été étonné de son ~ devant la menace de grève** I was amazed at how he retreated *ou* climbed down at the threat of strike action; **cela constitue un ~ important par rapport aux premières propositions** that represents quite a considerable retreat from the initial proposals; **avoir un mouvement de ~** to recoil, start back, shrink back (*par rapport à* from).
(**b**) (*déclin*) [*épidémie, maladie*] recession; (*civilisation, langue*] decline; [*valeur boursière*] decline. **être en ~** [*épidémie*] to be on the decline, be subsiding; [*chômage*] to be on the decline, be going down *ou* subsiding; [*monnaie*] to be falling; [*parti*] to be losing ground; (*Pol*) **~ de la majorité aux élections** setback for the government in the election; **~ du franc sur les marchés internationaux** setback for the franc *ou* drop in the franc on the international markets; **le ~ de l'influence française en Afrique** the decline in French influence in Africa.
(**c**) (*éloignement dans le temps, l'espace*) distance. **avec le ~ (du temps)**, **on juge mieux les événements** with the passing of time one can stand back and judge events better; **le village paraissait plus petit avec le ~** from a distance *ou* from further away the

village looked smaller; **prendre du ~** (*lit*) to step back, stand back; (*fig*) to stand back (*par rapport à* from); **avec du ~** with (the benefit of) hindsight; **cette salle n'a pas assez de ~** there isn't enough room to move back in this room, you can't move back *ou* get back far enough in this room.
(**d**) [*arme à feu*] recoil, kick.
(**e**) (*report*) [*échéance*] postponement.
(**f**) (*déplacement*) [*véhicule*] backward movement; *V* **phare**.

reculade [R(ə)kylad] *nf* (*Mil*) retreat, withdrawal; (*fig péj*) retreat, climb-down*. **c'est la ~ générale** they're all backing down.

reculé, e [R(ə)kyle] (*ptp de* **reculer**) *adj* **époque** remote, distant; *ville, maison* remote, out-of-the-way.

reculer [R(ə)kyle] (1) **1** *vi* (**a**) [*personne*] to move *ou* step back; (*par peur*) to draw back, back away; [*automobiliste, automobile*] to reverse (*Brit*), back (up), move back; [*cheval*] to back; (*Mil*) to retreat. **~ de 2 pas** to go back *ou* move back 2 paces, take 2 paces back; **~ devant l'ennemi** to retreat from *ou* draw back from the enemy; **~ d'horreur** to draw back *ou* shrink back in horror; (*fig*) **c'est ~ pour mieux sauter** it's just putting off the evil day *ou* delaying the day of reckoning; **faire ~ foule** to move back, force back; *cheval* to move back; *ennemi* to push *ou* force back; **ce spectacle le fit ~** this sight made him draw back *ou* made him back away.
(**b**) (*hésiter*) to shrink back; (*changer d'avis*) to back down, back out. **tu ne peux plus ~ maintenant** you can't back out *ou* back down now; **~ devant la dépense/difficulté** to shrink from the expense/difficulty; **je ne reculerai devant rien, rien ne me fera ~** I'll stop *ou* stick at nothing, nothing will stop me; **il ne faut pas ~ devant ses obligations** you mustn't shrink from your obligations; **il ne recule pas devant la dénonciation** he doesn't flinch at informing on people, he doesn't shrink from informing on people; **cette condition ferait ~ de plus braves** this condition would make braver men (than I *ou* you *etc*) hesitate *ou* draw back.
(**c**) (*diminuer*) (*gén*) to be on the decline; [*patois*] to be on the decline, lose ground; [*chômage*] to decline, subside, go down; [*eaux*] to subside, recede, go down; [*incendie*] to subside, lose ground; [*élève, science, civilisation*] to be on the downgrade, decline. **faire ~ l'épidémie** to get the epidemic under control; **faire ~ le chômage** to reduce the number of unemployed.
(**d**) [*arme à feu*] to recoil.
2 *vt* **chaise, meuble** to move back, push back; *véhicule* to reverse (*Brit*), back (up); *frontières* to extend, push *ou* move back; *livraison, date* to put back, postpone; *décision* to put off, defer, postpone; *échéance* to defer, postpone.
3 se reculer *vpr* to stand *ou* step *ou* move back, take a step back. **se ~ d'horreur** to draw back *ou* shrink back in horror, back away *ou* off in horror.

reculons [R(ə)kylɔ̃] *loc adv*: **à ~**: **aller à ~** (*lit*) to go backwards; (*fig*) to move *ou* go backwards; **sortir à ~ d'une pièce/d'un garage** to back out of a room/a garage.

récupérable [Rekyperabl(ə)] *adj* **créance** recoverable; *heures* which can be made up; *ferraille* which can be salvaged; *vieux habits* retrievable, which are worth rescuing. **délinquant qui n'est plus ~** irredeemable delinquent, delinquent who is beyond redemption.

récupérateur [RekyperatœR] **1** *nm* [*chaleur*] recuperator, regenerator; [*arme*] recuperator. **2** *adj m* (*péj*) *procédé, discours* designed to win over dissenting opinion *ou* groups *etc*.

récupération [Rekyperasjɔ̃] *nf* (**a**) [*argent, biens, forces*] recovery. **la capacité de ~ de l'organisme** the body's powers of recuperation *ou* recovery.
(**b**) [*ferraille*] salvage, reprocessing; [*chiffons*] reprocessing; [*chaleur*] recovery; [*délinquant*] rehabilitation.
(**c**) [*journées de travail*] making up.
(**d**) (*Pol: péj*) **assister à la ~ du mouvement anarchique par le gouvernement** to watch the takeover *ou* the harnessing of the anarchist movement by the government.

récupérer [Rekypere] (6) *vt* (**a**) *argent, biens* to get back, recover; *forces* to recover, get back, regain. **coureur qui récupère vite** runner who recovers *ou* recuperates quickly; **~ son enfant à la sortie de l'école** to pick up *ou* collect one's child when school finishes for the day.
(**b**) *ferraille* to salvage, reprocess; *chiffons* to reprocess; *chaleur* to recover; *délinquant* to rehabilitate; (*fig*) *bonbon, gifle* to get. **toutes les pêches étaient pourries, je n'ai rien pu ~** all the peaches were rotten and I wasn't able to save *ou* rescue a single one; **regarde si tu peux ~ quelque chose dans ces vieux habits** have a look and see if there's anything you can rescue *ou* retrieve from among these old clothes; **où es-tu allé ~ ce chat?*** wherever did you pick up *ou* get that cat (from)? *ou* find that cat?
(**c**) *journées de travail* to make up. **on récupérera samedi** we'll make it up *ou* the time up on Saturday.
(**d**) (*Pol: péj*) *personne, mouvement* to take over, harness, bring into line. **se faire ~ par la gauche/droite** to find o.s. taken over *ou* won over by the left/the right.

récurage [RekyRaʒ] *nm* scouring.

récurer [RekyRe] (1) *vt* to scour; *V* **poudre**.

récurrence [RekyRãs] *nf* (*littér: répétition*) recurrence.

récurrent, e [RekyRã, ãt] *adj* (*Anat, Méd*) recurrent. (*Math*) **série ~e** recursion series.

récursif, -ive [RekyRsif, iv] *adj* recursive.

récursivité [RekyRsivite] *nf* recursiveness.

récusable [Rekyzabl(ə)] *adj* **témoin** challengeable; *témoignage* impugnable.

récusation [Rekyzasjɔ̃] *nf* (*V* **récusable**) challenging (*U*), challenge; impugnment.

récuser [Rekyze] (1) **1** *vt témoin* to challenge; *témoignage* to impugn, challenge. (*Jur*) ~ **un argument** to make objection to an argument. **2 se récuser** *vpr* to decline to give an opinion *ou* accept responsibility *etc*.

recyclable [R(ə)siklabl(ə)] *adj* recyclable.

recyclage [R(ə)siklaʒ] *nm* (*V* **recycler**) reorientation; retraining; recycling.

recycler [R(ə)sikle] (1) **1** *vt* (a) *élève* to reorientate; *professeur, ingénieur* (*perfectionner*) to send on a refresher course, retrain; (*reconvertir*) to retrain.
(b) (*Tech*) to recycle.
2 se recycler *vpr* to retrain; to go on a refresher course. **je ne peux pas me** ~ **à mon âge** I can't learn a new job *ou* trade at my age; **se** ~ **en permanence** to be constantly updating one's skills.

rédacteur, -trice [Redaktœr, tRis] **1** *nm, f* (*Presse*) sub-editor; *[article]* writer; *[loi]* drafter; *[encyclopédie, dictionnaire]* compiler. ~ **politique/économique** political/economics editor; ~ **sportif** sportswriter, sports editor. **2:** **rédacteur en chef** chief editor; **rédacteur publicitaire** copywriter.

rédaction [Redaksjɔ̃] *nf* (a) *[contrat, projet]* drafting, drawing up; *[thèse, article]* writing; *[encyclopédie, dictionnaire]* compiling, compilation; (*Jur, Admin*) wording. **ce n'est que la première** ~ it's only the first draft. (b) (*Presse*) (*personnel*) editorial staff; (*bureaux*) editorial offices; *V* **salle, secrétaire**. (c) (*Scol*) essay, composition (*Brit*), theme (*US*).

rédactionnel, -elle [Redaksjɔnɛl] *adj* editorial.

reddition [Redisjɔ̃] *nf* (*Mil*) surrender; (*Admin*) rendering. ~ **sans conditions** unconditional surrender.

redécoupage [Rədekupaʒ] *nm*: **effectuer un** ~ **électoral** to make boundary changes.

redécouverte [R(ə)dekuvɛrt(ə)] *nf* rediscovery.

redécouvrir [R(ə)dekuvRiR] (18) *vt* to rediscover.

redéfaire [R(ə)defɛR] (60) *vt paquet, lacet* to undo again; *manteau* to take off again; *couture* to unpick again. **le nœud s'est redéfait** the knot has come undone *ou* come untied again.

redéfinir [RədefiniR] (2) *vt* to redefine.

redemander [Rədmɑ̃de] (1) *vt adresse* to ask again for; *aliment* to ask for more. **redemande-le-lui** (*une nouvelle fois*) ask him for it again; (*récupère-le*) ask him to give it you back, ask him for it back; ~ **du poulet** to ask for more chicken *ou* another helping of chicken.

redémarrage [Rədemaraʒ] *nm [économie]* takeoff, resurgence.

redémarrer [Rədemare] (1) *vi [économie]* to get going again, take off again.

rédempteur, -trice [Redɑ̃ptœr, tRis] **1** *adj* redemptive, redeeming. **2** *nm, f* redeemer.

rédemption [Redɑ̃psjɔ̃] *nf* (a) (*Rel*) redemption. (b) (*Jur*) *[rente]* redemption; *[droit]* recovery.

redéploiement [R(ə)deplwamɑ̃] *nm* redeployment.

redescendre [R(ə)desɑ̃dR(ə)] (41) **1** *vt* (*avec aux avoir*) (a) *escalier* to go *ou* come (back) down again. **la balle a redescendu la pente** the ball rolled down the slope again *ou* rolled back down the slope.
(b) *objet* (*à la cave*) to take downstairs again; (*du grenier*) to bring downstairs again; (*d'un rayon*) to get *ou* lift (back) down again; (*d'un crochet*) to take (back) down again. ~ **qch d'un cran** to put sth one notch lower down.
2 *vi* (*avec aux être*) (a) (*dans l'escalier*) to go *ou* come (back) down-stairs again; (*d'une colline*) to go *ou* come (back) down again. **l'alpiniste redescend** (*à pied*) the mountaineer climbs down again; (*avec une corde*) the mountaineer ropes down again; ~ **de voiture** to get *ou* climb out of the car again.
(b) *[ascenseur, avion]* to go down again; *[marée]* to go out again, go back out; *[chemin]* to go *ou* slope down again; *[baromètre, fièvre]* to fall again.

redevable [Rədvabl(ə)] *adj* (a) (*Fin*) **être** ~ **de 10 F à qn** to owe sb 10 francs; ~ **de l'impôt** liable for tax. (b) ~ **à qn de** *aide, service* indebted to sb for; **je vous suis** ~ **de la vie** I owe you my life.

redevance [Rədvɑ̃s] *nf* (*gén: impôt*) tax; (*Rad, TV*) licence fee (*Brit*); (*Téléc*) rental charge; *[bail, rente]* dues, fees.

redevenir [RədvəniR] (22) *vi* to become again. **le temps est redevenu glacial** the weather has become *ou* gone very cold again; **il est redevenu lui-même** he is his old self again.

redevoir [RədvwaR] (28) *vt*: **il me redoit 10.000 F** he still owes me 10,000 francs.

rédhibitoire [RedibitwaR] *adj défaut* crippling, damning. **sa mauvaise foi est vraiment** ~ his insincerity puts him quite beyond the pale; **il est un peu menteur, mais ce n'est pas** ~ he's a bit of a liar but that doesn't rule him out altogether; (*Jur*) **vice** ~ redhibitory defect.

rediffuser [Rədifyze] (1) *vt émission* to repeat, rerun.

rediffusion [Rədifyzjɔ̃] *nf* repeat, rerun.

rédiger [Rediʒe] (3) *vt article, lettre* to write, compose; (*à partir de notes*) to write up; *encyclopédie, dictionnaire* to compile, write; *contrat* to draw up, draft. **bien rédigé** well-written.

redingote [R(ə)dɛ̃gɔt] *nf* (*Hist*) frock coat. *[femme]* **manteau** ~ fitted coat.

rédintégration [Redɛ̃tegRasjɔ̃] *nf* redintegration.

redire [R(ə)diR] (37) *vt* (a) *affirmation* to say again, repeat; *histoire* to tell again, repeat; *médisance* to (go and) tell, repeat. ~ **qch à qn** to say sth to sb again, tell sb sth again, repeat sth to sb; **il redit toujours la même chose** he's always saying *ou* he keeps saying the same thing; **je te l'ai dit et redit** I've told you that over and over again *ou* time and time again; **je lui ai redit cent fois que ...** I've told him countless times that ... ; **redis-le après moi** repeat after me; **ne le lui redites pas** don't go and tell him *ou* don't go and repeat (to him) what I've said; **elle ne se le fait pas** ~ **deux fois** she doesn't need telling *ou* to be told twice.
(b) (*loc*) **avoir** *ou* **trouver à** ~ **à qch** to find fault with sth; **je ne vois rien à** ~ (**à cela**) I've no complaint with that, I can't see anything wrong with that, I have no quarrel with that.

rediscuter [R(ə)diskyte] (1) *vt* to discuss again, have further discussion on.

redistribuer [R(ə)distRibɥe] (1) *vt biens* to redistribute; *cartes* to deal again.

redistribution [R(ə)distRibysjɔ̃] *nf* (*gén, Écon, Pol*) redistribution.

redite [R(ə)dit] *nf* (needless) repetition.

redondance [R(ə)dɔ̃dɑ̃s] *nf* (a) *[style]* redundancy (*U*), diffuseness (*U*); (*Ling*) redundancy (*U*). (b) (*expression*) unnecessary *ou* superfluous expression.

redondant, e [R(ə)dɔ̃dɑ̃, ɑ̃t] *adj mot* superfluous, redundant; *style* redundant, diffuse; (*Ling*) redundant.

redonner [R(ə)dɔne] (1) **1** *vt* (a) (*rendre*) *objet, bien* to give back, return; *forme, idéal* to give back, give again; *espoir, énergie* to restore, give back. **l'air frais te redonnera des couleurs** the fresh air will put some colour back in your cheeks *ou* bring some colour back to your cheeks; ~ **de la confiance/du courage à qn** to give sb new *ou* fresh confidence/courage, restore sb's confidence/courage; **ça a redonné le même résultat** that gave the same result again; **cela te redonnera des forces** that will build your strength back up *ou* put new strength into you *ou* restore your strength.
(b) (*resservir*) *boisson, pain* to give more; *légumes, viande* to give more, give a further *ou* another helping of. ~ **une couche de peinture** to give another coat of paint; **redonne-lui un coup de peigne** give his hair another quick comb, run a comb through his hair again quickly.
(c) (*Théât*) to put on again.
2 *vi* (*frm*) ~ **dans** to fall *ou* lapse back into.

redorer [R(ə)dɔre] (1) *vt* to regild. ~ **son blason** to boost the family fortunes by marrying into money.

redormir [R(ə)dɔrmir] (16) *vi* to sleep again, sleep for a further length of time.

redoublant, e [R(ə)dublɑ̃, ɑ̃t] *nm, f* (*Scol*) pupil who is repeating (*ou* has repeated) a year at school, repeater (*US*).

redoublement [R(ə)dubləmɑ̃] *nm* (*Ling*) reduplication; (*accroissement*) increase (*de* in), intensification (*de* of). **je vous demande un** ~ **d'attention** I need you to pay even closer attention, I need your increased attention; **avec un** ~ **de larmes** with a fresh flood of tears; (*Scol*) **le** ~ **permet aux élèves faibles de rattraper** repeating a year *ou* a grade (*US*) *ou* being kept down (*Brit*) *ou* held back a year helps the weaker pupils to catch up.

redoubler [R(ə)duble] (1) **1** *vt* (a) (*accroître*) *joie, douleur, craintes* to increase, intensify; *efforts* to step up, redouble. **frapper à coups redoublés** to bang twice as hard, bang even harder; **hurler à cris redoublés** to yell twice as loud.
(b) (*Ling*) *syllabe* to reduplicate; (*Couture*) *vêtement* to reline. (*Scol*) ~ (**une classe**) to repeat a year *ou* a grade (*US*), be kept down (*Brit*) *ou* held back a year.
2 redoubler de *vt indir*: ~ **d'efforts** to step up *ou* redouble one's efforts, try extra hard; ~ **de prudence/de patience** to be extra careful/patient, be doubly careful/patient; ~ **de larmes** to cry even harder; **le vent redouble de violence** the wind is getting even stronger *ou* is blowing even more strongly.
3 *vi* (*gén*) to increase, intensify; *[froid, douleur]* to become twice as bad, get even worse; *[vent]* to become twice as strong; *[joie]* to become twice as great; *[larmes]* to flow *ou* fall even faster; *[cris]* to get even louder *ou* twice as loud.

redoutable [R(ə)dutabl(ə)] *adj arme, adversaire* redoubtable, fearsome, formidable; *maladie, concurrence* fearsome, fearful.

redoute [R(ə)dut] *nf* (*Mil*) redoubt.

redouter [R(ə)dute] (1) *vt ennemi, avenir, conséquence* to dread, fear. **je redoute de l'apprendre** I dread finding out about it; **je redoute qu'il ne l'apprenne** I dread his finding out about it.

redoux [R(ə)du] *nm* (*temps plus chaud*) spell of milder weather; (*dégel*) thaw.

redresse‡ [R(ə)dRɛs] *nf personne* **à la** ~ tough.

redressement [R(ə)dRɛsmɑ̃] *nm* (a) *[poteau]* setting upright, righting; *[tige]* straightening (up); *[tôle]* straightening out, knocking out; (*Elec*) *[courant]* rectification; *[buste, corps]* straightening up. (b) *[bateau]* righting; *[roue, voiture, avion]* straightening up. (c) *[économie, situation]* (*action*) putting right; (*résultat*) recovery.
(d) *[erreur]* righting, putting right; *[abus, torts]* righting, redress; *[jugement]* correcting. (*Fin*) ~ **fiscal** payment of back taxes; *V* **maison**.

redresser [R(ə)dRese] (1) **1** *vt* (a) (*relever*) *arbre, statue, poteau* to right, set upright; *tige, poutre* to straighten (up); *tôle cabossée* to straighten out, knock out; (*Elec*) *courant* to rectify; (*Opt*) *image* to straighten. ~ **un malade sur son oreiller** to sit *ou* prop a patient up against his pillow; ~ **les épaules** to straighten one's shoulders, throw one's shoulders back; ~ **le corps** (**en arrière**) to stand up straight, straighten up; ~ **la tête** (*lit*) to hold up *ou* lift (up) one's head; (*fig: être fier*) to hold one's head up high; (*fig: se révolter*) to show signs of rebellion.
(b) (*rediriger*) *barre, bateau* to right; *avion* to lift the nose of, straighten up; *roue, voiture* to straighten up. **redresse!** straighten up!
(c) (*rétablir*) *économie* to redress, put *ou* set right; *situation* to put right, straighten out. ~ **le pays** to get *ou* put the country on its feet again.
(d) (*littér: corriger*) *erreur* to rectify, put right, redress; *torts, abus* to right, redress. ~ **le jugement de qn** to correct sb's opinion.
2 se redresser *vpr* (a) (*se mettre assis*) to sit up; (*se mettre debout*) to stand up; (*se mettre droit*) to stand up straight; (*fig: être fier*) to hold one's head up high.

(b) *[bateau]* to right itself; *[avion]* to flatten out, straighten up; *[voiture]* to straighten up; *[pays, économie]* to recover; *[situation]* to correct itself, put itself to rights.

(c) *[coin replié, cheveux]* to stick up. **les blés, couchés par le vent, se redressèrent** the corn which had been blown flat by the wind straightened up again *ou* stood up straight again.

redresseur [R(ə)dRɛsœR] **1** *nm* (a) *(Hist iro)* ∼ **de torts** righter of wrongs. (b) *(Élec)* rectifier. **2** *adj m* **muscle** erector; **prisme** erecting.

réducteur, -trice [RedyktœR, tRis] **1** *adj* *(Chim)* reducing; *(Tech)* **engrenage** reduction. **2** *nm* *(Chim)* reducing agent; *(Phot)* reducer. *(Tech)* ∼ **(de vitesse)** speed reducer; ∼ **de tête** head shrinker *(lit)*.

réductibilité [Redyktibilite] *nf* reducibility.

réductible [Redyktibl(ə)] *adj* *(Chim, Math)* reducible *(en, à* to); *(Méd)* which can be reduced *(T) ou* set; *quantité* which can be reduced. **leur philosophie n'est pas** ∼ **à la nôtre** their philosophy can't be simplified to ours.

réduction [Redyksjɔ̃] *nf* (a) *(diminution)* *[dépenses, impôts, production]* reduction, cut *(de* in). ∼ **de salaire/d'impôts** wage/tax cut, cut in wages/taxes; **obtenir une** ∼ **de peine** to get a reduction in one's sentence, get one's sentence cut; **il faut s'attendre à une** ∼ **du personnel** we must expect a reduction in staff *ou* expect staff cuts; **ils voudraient obtenir une** ∼ **des heures de travail** they would like a reduction *ou* a cut in working hours.

(b) *(rabais)* discount, reduction. **faire/obtenir une** ∼ to give/get a discount *ou* a reduction; *(Comm)* **carte de** ∼ discount card; **bénéficier d'une carte de** ∼ **dans les transports** to have a concessionary fare *ou* a discount travel card.

(c) *(reproduction)* *[plan, photo]* reduction. *(fig)* **un adulte en** ∼ a miniature adult, an adult in miniature.

(d) *(Méd)* *[fracture]* reduction *(T)*, setting; *(Bio, Chim, Math)* reduction.

(e) *(Culin)* reduction (by boiling).

(f) *(Mil)* *[ville]* capture; *[rebelles]* quelling.

réduire [RedɥiR] (38) **1** *vt* (a) *(diminuer)* *peine, impôt, consommation* to reduce, cut; *hauteur, vitesse* to reduce; *prix* to reduce, cut, bring down; *pression* to reduce, lessen; *texte* to shorten, cut; *production* to reduce, cut (back), lower; *dépenses* to reduce, cut, cut down *ou* back (on); *tête coupée* to shrink. **il va falloir** ∼ **notre train de vie** we'll have to cut down *ou* curb our spending; ∼ **petit à petit l'autorité de qn/la portée d'une loi** to chip away at sb's authority/a law.

(b) *(reproduire)* *dessin, plan* to reduce, scale down; *photographie* to reduce, make smaller; *figure géométrique* to scale down.

(c) *(contraindre)* ∼ **à** *soumission, désespoir* to reduce to; ∼ **qn au silence/à l'obéissance/en esclavage** to reduce sb to silence/to obedience/to slavery; **après son accident, il a été réduit à l'inaction** since his accident he has been reduced to idleness; **il en est réduit à mendier** he has been reduced to begging.

(d) ∼ **à** *(ramener à)* to reduce to, bring down to; *(limiter à)* to limit to, confine to; ∼ **des fractions à un dénominateur commun** to reduce *ou* bring down fractions to a common denominator; ∼ **des éléments différents à un type commun** to reduce different elements to one general type; **je réduirai mon étude à quelques aspects** I shall limit *ou* confine my study to a few aspects; ∼ **à sa plus simple expression** *(Math)* *polynôme* to reduce to its simplest expression; *(fig)* *mobilier, repas* to reduce to the absolute *ou* bare minimum; ∼ **qch à néant** *ou* **à rien** *ou* **à zéro** to reduce sth to nothing.

(e) *(transformer)* ∼ **en** to reduce to; **réduisez les grammes en milligrammes** convert the grammes to milligrammes; ∼ **qch en miettes/morceaux** to smash sth to tiny pieces/to pieces; ∼ **qch en bouillie** to crush *ou* reduce sth to pulp; ∼ **des grains en poudre** to grind *ou* reduce seeds to powder; **sa maison était réduite en cendres** his house was reduced to ashes *ou* burnt to the ground; **les cadavres étaient réduits en charpie** the bodies were torn to shreds.

(f) *(Méd)* *fracture* to set, reduce *(T)*; *(Chim)* *minerai, oxyde* to reduce; *(Culin)* *sauce* to reduce (by boiling).

(g) *(Mil)* *place forte* to capture; *rebelles* to quell. ∼ **l'opposition** to silence the opposition.

2 *vi* *(Culin)* *[sauce]* to reduce. **faire** *ou* **laisser** ∼ **la sauce** to cook *ou* simmer the sauce to reduce it; **les épinards réduisent à la cuisson** spinach shrinks when you cook it.

3 se réduire *vpr* (a) **se** ∼ **à** *[affaire, incident]* to boil down to, amount to; *[somme, quantité]* to amount to; **mon profit se réduit à bien peu de chose** my profit amounts to very little; **notre action ne se réduit pas à quelques discours** the action we are taking involves more than *ou* isn't just a matter of a few speeches; **je me réduirai à quelques exemples** I'll limit *ou* confine myself to a few examples, I'll just select *ou* quote a few examples.

(b) **se** ∼ **en** to be reduced to; **se** ∼ **en cendres** to be burnt *ou* reduced to ashes; **se** ∼ **en poussière** to be reduced *ou* crumble away *ou* turn to dust; **se** ∼ **en bouillie** to be crushed to pulp.

(c) *(dépenser moins)* to cut down on one's spending *ou* expenditure.

réduit, e [Redɥi, it] *(ptp de* **réduire)** **1** *adj* (a) *mécanisme, objet (à petite échelle)* small-scale, scaled-down; *(en miniature)* miniature; *(miniaturisé)* miniaturized. **reproduction à échelle** ∼**e** small-scale reproduction; **tête** ∼**e** shrunken head; *V* **modèle**.

(b) *tarif, prix* reduced; *moyens, débouchés* limited. **livres à prix** ∼**s** cut-price books, books at a reduced price *ou* at reduced prices; **avancer à vitesse** ∼**e** to move forward at low speed *ou* at a reduced speed *ou* at a crawl.

2 *nm* *(pièce)* tiny room; *(péj)* cubbyhole, poky little hole; *(recoin)* recess; *(Mil)* *[maquisards]* hideout.

rééchelonnement [Reeʃlɔnmɑ̃] *nm* *[dettes]* recycling.

rééchelonner [Reeʃlɔne] (1) *vt* *dettes* to recycle.

réécrire [ReekRiR] (39) *vt* = **récrire**.

réécriture [ReekRityR] *nf* rewriting. *(Ling)* **règle de** ∼ rewrite *ou* rewriting rule.

réédification [Reedifikasjɔ̃] *nf* rebuilding, reconstruction.

réédifier [Reedifje] (7) *vt* to rebuild, reconstruct; *(fig)* to rebuild.

rééditer [Reedite] (1) *vt (Typ)* to republish; *(* * *fig)* to repeat.

réédition [Reedisjɔ̃] *nf (Typ)* new edition; *(* * *fig)* repetition, repeat.

rééducation [Reedykasjɔ̃] *nf* (a) *(Méd)* *[malade]* rehabilitation; *[membre]* re-education; *(spécialité médicale)* physiotherapy. **faire de la** ∼ to undergo *ou* have physiotherapy, have physical therapy *(US)*; **exercice/centre de** ∼ physiotherapy exercise/clinic; ∼ **de la parole** speech therapy; **centre de** ∼ rehabilitation centre.

(b) *(gén, lit)* re-education; *[délinquant]* rehabilitation.

rééduquer [Reedyke] (1) *vt* (a) *(Méd)* *malade* to rehabilitate; *membre* to re-educate. (b) *(gén, Pol, lit)* to re-educate; *délinquant* to rehabilitate.

réel, -elle [Reɛl] **1** *adj* (a) *fait, chef, existence, avantage* real; *besoin, cause* real, true; *danger, plaisir, amélioration, douleur* real, genuine. **faire de réelles économies** to make significant *ou* real savings; **son héros est très** ∼ his hero is very lifelike *ou* realistic.

(b) *(Math, Opt, Philos, Phys)* real; *(Fin)* *valeur, salaire* real, actual. **taux d'intérêt** ∼ effective interest rate.

2 *nm*: **le** ∼ reality.

réélection [Reelɛksjɔ̃] *nf* re-election.

rééligibilité [Reeliʒibilite] *nf* re-eligibility.

rééligible [Reeliʒibl(ə)] *adj* re-eligible.

réélire [ReeliR] (43) *vt* to re-elect. **ne pas** ∼ **qn** to vote sb out.

réellement [Reɛlmɑ̃] *adv* really, truly. **je suis** ∼ **désolé** I'm really *ou* truly sorry; **ça m'a** ∼ **consterné/aidé** that really worried/helped me, that was a genuine worry/help to me; ∼**, tu exagères!** really *ou* honestly, you go too far!

réembarquer [Reɑ̃baRke] (1) *vt* = **rembarquer**.

réembaucher [Reɑ̃boʃe] (1) *vt* to take on again, re-employ.

réembobiner [Reɑ̃bobine] (1) *vt* = **rembobiner**.

réemploi [Reɑ̃plwa] *nm (V* **réemployer)** re-use; reinvestment; re-employment.

réemployer [Reɑ̃plwaje] (8) *vt* *méthode, produit* to re-use; *argent* to reinvest; *ouvrier* to re-employ, take back on.

réengagement [Reɑ̃gaʒmɑ̃] *nm* = **rengagement**.

réengager [Reɑ̃gaʒe] (3) *vt* = **rengager**.

réentendre [Reɑ̃tɑ̃dR(ə)] (41) *vt* to hear again.

rééquilibrage [Reekilibraʒ] *nm (gén, Pol)* readjustment.

rééquilibrer [ReekilibRe] (1) *vt* to restabilize, find a new equilibrium for.

réescompte [Reɛskɔ̃t] *nm* rediscount.

réescompter [Reɛskɔ̃te] (1) *vt* to rediscount.

réessayage [Reeseaʒ] *nm* second fitting.

réessayer [Reeseje] (8) *vt* *robe* to try on again, have a second fitting of.

réévaluation [Reevalɥasjɔ̃] *nf* revaluation.

réévaluer [Reevalɥe] (1) *vt* *monnaie* to revalue; *salaire* to upgrade.

réexamen [Reɛgzamɛ̃] *nm (V* **réexaminer)** re-examination; reconsideration.

réexaminer [Reɛgzamine] (1) *vt* *étudiant, candidature, malade* to re-examine; *problème, situation* to examine again, reconsider.

réexpédier [Reɛkspedje] (7) *vt (à l'envoyeur)* to return, send back; *(au destinataire)* to send on, forward.

réexpédition [Reɛkspedisjɔ̃] *nf (V* **réexpédier)** return; forwarding.

réexportation [Reɛkspɔrtasjɔ̃] *nf* re-export.

réexporter [Reɛkspɔrte] (1) *vt* to re-export.

réf *abrév de* **référence**.

refaçonner [R(ə)fasɔne] (1) *vt* to refashion, remodel, reshape.

refaire [R(ə)fɛR] (60) **1** *vt* (a) *(recommencer)* *(gén)* *travail, dessin, maquillage* to redo, do again; *voyage* to make *ou* do again; *pansement* to put on *ou* do up again, renew; *article, devoir* to rewrite; *nœud, paquet* to do up again, tie again, retie. **elle a refait sa vie avec lui** she started a new life *ou* she made a fresh start (in life) with him; **il m'a refait une visite** he paid me another call, he called on me again *ou* on another occasion; **il refait du soleil** the sun is shining *ou* is out again; **tu refais toujours la même faute** you always make *ou* you keep on making *ou* repeating the same mistake; **il a refait de la fièvre/de l'asthme** he has had another bout of fever/another dose *ou* bout of asthma; **il refait du vélo** he goes cycling again; **il va falloir tout** ∼ **depuis le début** it will have to be done all over again, we'll have to start again from scratch; **si vous refaites du bruit** if you start making a noise again, if there's any further noise from you; **il va falloir** ∼ **de la soupe** we'll have to make some more soup; **son éducation est à** ∼ he'll have to be re-educated; **si c'était à** ∼**!** if I had to do it again! *ou* begin again!; *(Cartes)* **à** ∼ re-deal.

(b) *(retaper)* *toit* to redo, renew; *meuble* to do up, renovate, restore; *chambre (gén)* to do up, renovate, redecorate; *(en peinture)* to repaint; *(en papier)* to repaper. **on refera les peintures/les papiers au printemps** we'll repaint/repaper in the spring, we'll redo the paintwork/the wallpaper in the spring; ∼ **qch à neuf** to do sth up like new; *(fig)* ∼ **ses forces/sa santé** to recover one's strength/health.

(c) *(* *: *duper)* to take in. **il a été refait, il s'est fait** ∼ he has been taken in *ou* had*; **il m'a refait** *ou* **je me suis fait** ∼ **de 5 F** he did me out of 5 francs*, he diddled me out of 5 francs* *(Brit)*.

2 se refaire *vpr (retrouver la santé)* to recuperate, recover; *(regagner son argent)* to make up one's losses. **se** ∼ **la santé)** dans le Midi to (go and) recuperate in the south of France, recover *ou* regain one's health in the south of France; **que voulez-vous, on ne**

se refait pas! what can you expect — you can't change how you're made!* *ou* you can't change your own character!

réfection [Refɛksjɔ̃] *nf [route]* repairing, remaking; *[mur, maison]* rebuilding, repairing. **la ~ de la route va durer 3 semaines** the road repairs *ou* the repairs to the road will last 3 weeks.

réfectoire [Refɛktwaʀ] *nm (Scol)* dining hall, canteen; *(Rel)* refectory; *[usine]* canteen.

référé [Refeʀe] *nm (Jur)* procédure/arrêt en ~ *emergency interim proceedings/ruling.*

référence [Refeʀɑ̃s] *nf* **(a)** *(renvoi)* reference; *(en bas de page)* reference, footnote. **par ~ à** in reference to; **ouvrage/numéro de ~** reference book/number; **prendre qch comme point/année de ~** to use sth as a point/year of reference; **faire ~ à** to refer to, make (a) reference to; *(Fin)* **année de ~** base year.

  (b) *(recommandation) (gén)* reference. **cet employé a-t-il des ~s?** *(d'un employeur)* has this employee got a reference? *ou* a testimonial? *(Brit)*; *(de plusieurs employeurs)* has this employee got references? *ou* testimonials? *(Brit)*; **il a un doctorat, c'est quand même une ~** he has a doctorate which is not a bad recommendation; *(iro)* **ce n'est pas une ~** that's no recommendation; **lettre de ~** letter of reference *ou* testimonial *(Brit)*.

  (c) *(Ling)* reference.

référencer [Refeʀɑ̃se] (3) *vt* to reference.

référendaire [Refeʀɑ̃dɛʀ] **1** *adj (pour un référendum)* referendum *(épith)*. **2** *nm:* **(conseiller) ~** ≃ public auditor.

référendum [Refeʀɛ̃dɔm] *nm* referendum.

référent [Refeʀɑ̃] *nm* referent.

référentiel, -elle [Refeʀɑ̃sjɛl] **1** *adj* referential. **2** *nm* system of reference.

référer [Refeʀe] (6) **1 en référer à** *vt indir:* **en ~ à qn** to refer *ou* submit a matter *ou* question to sb.

  2 se référer *vpr:* **se ~ à** *(consulter)* to consult; *(faire référence à)* to refer to; *(s'en remettre à)* to refer to; **s'en ~ à qn** to refer *ou* submit a question *ou* matter to sb.

refermer [Refɛʀme] (1) **1** *vt* to close *ou* shut again. **peux-tu ~ la porte?** can you close *ou* shut the door (again)?

  2 se refermer *vpr [plaie]* to close up, heal up; *[fleur]* to close up (again); *[porte, fenêtre]* to close *ou* shut (again). **le piège se referma sur lui** the trap closed *ou* shut on him.

refiler‡ [R(ə)file] (1) *vt* to palm off*, fob off* *(à qn* on sb). **refile-moi ton livre** let me have your book, give me your book; **il m'a refilé la rougeole** I've caught measles off him, he has passed his measles on to me; **il s'est fait ~ une fausse pièce** someone has palmed *ou* fobbed a forged coin off on him*.

réfléchi, e [Refleʃi] *(ptp de* **réfléchir**) **1** *adj (pondéré)* action well-thought-out, well-considered; *personne* reflective, thoughtful; *air* thoughtful. **tout bien ~** after careful consideration *ou* thought, having weighed up all the pros and cons; **c'est tout ~** my decision is made.

  (b) *(Gram)* reflexive.

  (c) *(Opt)* reflected.

  2 nm *(Gram)* reflexive.

réfléchir [Refleʃiʀ] (2) **1** *vi* to think, reflect. **prends le temps de ~** take time to reflect *ou* to think about it *ou* to consider it; **cela donne à ~** that gives you food for thought, that makes you think; **je demande à ~** I must have time to consider it *ou* to think things over; **la prochaine fois, tâche de ~** next time just try and think a bit *ou* try and use your brains a bit.

  2 réfléchir à *ou* **sur** *vt indir:* **~ à** *ou* **sur qch** to think about sth, turn sth over in one's mind; **réfléchissez-y** think about it, think it over; **réfléchis à ce que tu vas faire** think about what you're going to do.

  3 *vt* **(a)** **~ que** to realize that; **il n'avait pas réfléchi qu'il ne pourrait pas venir** he hadn't thought *ou* realized that *ou* it hadn't occurred to him that he wouldn't be able to come.

  (b) *lumière, son* to reflect. **les arbres se réfléchissent dans le lac** the trees are reflected in the lake, you can see the reflection of the trees in the lake.

réfléchissant, e [Refleʃisɑ̃, ɑ̃t] *adj* reflective.

réflecteur, -trice [Reflɛktœʀ, tʀis] **1** *adj* reflecting. **2** *nm (gén)* reflector.

reflet [R(ə)flɛ] *nm* **(a)** *(éclat) (gén)* reflection; *[cheveux] (naturel)* glint, light; *(artificiel)* highlight. **~s moirés de la soie** shimmering play of light on silk; **~s du soleil sur la mer** reflection *ou* glint *ou* flash of the sun on the sea; **la lame projetait des ~s sur le mur** the reflection of the blade shone on the wall, the blade threw a reflection onto the wall.

  (b) *(lit: image)* reflection. **le ~ de son visage dans le lac** the reflection of his face in the lake.

  (c) *(fig: représentation)* reflection. **les habits sont le ~ d'une époque/d'une personnalité** clothes reflect *ou* are the reflection of an era/one's personality; **c'est le pâle ~ de son prédécesseur** he's a pale reflection of his predecessor; **c'est le ~ de son père** he's the image of his father.

refléter [R(ə)flete] (6) **1** *vt (lit)* to reflect, mirror; *(fig)* to reflect. **son visage reflète la bonté** goodness shines in his face. **2 se refléter** *vpr* to be reflected; to be mirrored.

refleurir [R(ə)flœʀiʀ] (2) **1** *vi (Bot)* to flower *ou* blossom again; *(renaître)* to flourish *ou* blossom again. **2** *vt tombe* to put fresh flowers on.

reflex [Reflɛks] **1** *adj* reflex. **2** *nm* reflex camera. **~ à un objectif/à deux objectifs** single-lens/twin-lens reflex (camera).

réflexe [Reflɛks(ə)] **1** *adj* reflex.

  2 nm reflex. **~ rotulien** knee jerk; **~ conditionné** conditioned reflex; **avoir de bons/mauvais ~s** to have quick *ou* good/slow *ou* poor reflexes; **il eut le ~ de couper l'électricité** his immediate *ou* instant reaction was to switch off the electricity, he instinctively

switched off the electricity; **manquer de ~** to be slow to react.

réflexibilité [Reflɛksibilite] *nf* reflexibility.

réflexible [Reflɛksibl(ə)] *adj* reflexible.

réflexif, -ive [Reflɛksif, iv] *adj (Math)* reflexive; *(Psych)* introspective.

réflexion [Reflɛksjɔ̃] *nf* **(a)** *(méditation)* thought, reflection *(U)*. **plongé** *ou* **absorbé dans ses ~s** deep *ou* lost in thought *ou* reflection, absorbed in thought *ou* in one's thoughts; **ceci donne matière à ~** this gives (you) food for thought, this gives you something to think about; **ceci mérite ~** *[offre]* this is worth thinking about *ou* considering; *[problème]* this needs thinking about *ou* over; **ceci nécessite une ~ plus approfondie sur les problèmes** further thought needs to be given to the problems; **il a agi sans ~** he acted without thinking *ou* thoughtlessly; **avec ~** thoughtfully; **laissez-moi un moment de ~** let me think about it for a moment, let me have a moment's reflection; **~ faite** *ou* **à la ~, je reste on** reflection *ou* on second thoughts, I'll stay; **à la ~, on s'aperçoit que c'est faux** when you think about it you can see that it's wrong; *(Pol)* **centre** *ou* **cellule** *ou* **cercle de ~** think tank.

  (b) *(remarque)* remark, reflection; *(idée)* thought, reflection. **consigner ses ~s dans un cahier** to write down one's thoughts *ou* reflections in a notebook; **garde tes ~s pour toi** keep your remarks *ou* reflections *ou* comments to yourself; **les clients commencent à faire des ~s** the customers are beginning to pass *ou* make remarks; **on m'a fait des ~s sur son travail** people have complained to me *ou* made complaints to me about his work.

  (c) *(Phys)* reflection.

réflexivité [Reflɛksivite] *nf* reflexiveness; *(Math)* reflexivity.

refluer [R(ə)flye] (1) *vi [liquide]* to flow back; *[marée]* to go back, ebb; *(fig) [foule]* to pour *ou* surge back; *[sang]* to rush back. **faire ~ la foule** to push *ou* force the crowd back.

reflux [Rəfly] *nm [foule]* backward surge; *[marée]* ebb; V **flux**.

refondre [R(ə)fɔ̃dʀ(ə)] (41) **1** *vt métal* to remelt, melt down again; *cloche* to recast; *texte* to recast; *système, programme* to overhaul. **2** *vi* to melt again.

refonte [R(ə)fɔ̃t] *nf (V* **refondre**) remelting; recasting; overhaul.

réformable [Refɔʀmabl(ə)] *adj (gén)* reformable; *jugement* which may be reversed; *loi* which may be amended *ou* reformed.

réformateur, -trice [Refɔʀmatœʀ, tʀis] **1** *adj* reforming. **2** *nm, f* reformer.

réformation [Refɔʀmasjɔ̃] *nf* reformation, reform. **la R~** the Reformation.

réforme [Refɔʀm(ə)] *nf* **(a)** *(changement)* reform. **~ agraire/de l'orthographe** land/spelling reform.

  (b) *(Mil) [appelé]* declaration of unfitness for service; *[soldat]* discharge. **mettre à la ~** *(Mil, fig) objets* to scrap; *cheval* to put out to grass; **mise à la ~** *[soldat]* discharge; *[objets]* scrapping.

  (c) *(Rel)* reformation.

réformé, e [Refɔʀme] *(ptp de* **réformer**) **1** *adj (Rel)* reformed; *(Mil)* appelé declared unfit for service; *soldat* discharged, invalided out *(Brit)*. **2** *nm, f (Rel)* Protestant.

reformer [R(ə)fɔʀme] (1) **1** *vt* to re-form. *(Mil)* **~ les rangs** to fall in again, fall into line again. **2 se reformer** *vpr [armée, nuage]* to re-form; *[parti]* to re-form, be re-formed; *[groupe, rangs]* to form up again.

réformer [Refɔʀme] (1) **1** *vt* **(a)** *(améliorer) loi, mœurs, religion* to reform; *abus* to correct, (put) right, reform; *méthode* to improve, reform; *administration* to reform, overhaul.

  (b) *(Jur) jugement* to reverse, quash.

  (c) *(Mil)* appelé to declare unfit for service; *soldat* to discharge, invalid out *(Brit)*; *matériel* to scrap. **il s'est fait ~** he got himself declared unfit for service; **he got himself discharged on health grounds** *ou* invalided out *(Brit)*.

  2 se réformer *vpr* to change one's ways, turn over a new leaf.

réformette* [Refɔʀmɛt] *nf* so-called reform.

réformisme [Refɔʀmism(ə)] *nm* reformism.

réformiste [Refɔʀmist(ə)] *adj, nmf* reformist.

refoulé, e [R(ə)fule] *(ptp de* **refouler**) *adj personne* repressed, frustrated, inhibited.

refoulement [R(ə)fulmɑ̃] *nm* **(a)** *(V* **refouler**) driving back; repulsing; turning back; forcing back; holding back; repression; suppression; backing, reversing, reversal *ou* inversion of the flow of; stemming.

  (b) *(Psych: complexe)* repression.

refouler [R(ə)fule] (1) *vt* **(a)** *envahisseur, attaque* to drive back, repulse; *immigrant, étranger* to turn back.

  (b) *larmes* to force *ou* hold back, repress; *personnalité, désir, souvenir* to repress, suppress; *colère* to repress, hold in check; *sanglots* to choke back, force back.

  (c) *(Rail)* to back, reverse.

  (d) *liquide* to force back, reverse *ou* invert the flow of.

  (e) *(Naut)* to stem.

réfractaire [Refʀaktɛʀ] **1** *adj* **(a)** **~ à** *autorité, virus, influence* resistant to; *musique* impervious to; *maladie* **~** stubborn illness; **je suis ~ à la poésie** poetry is a closed book to me; **être ~ à la discipline** to resist discipline; **prêtre ~** non-juring priest. **(b)** *métal* refractory; *brique, argile* fire *(épith)*; *plat* ovenproof, heat-resistant. **2 nm** *(Hist Mil)* draft dodger, draft evader.

réfracter [Refʀakte] (1) **1** *vt* to refract. **2 se réfracter** *vpr* to be refracted.

réfracteur, -trice [Refʀaktœʀ, tʀis] *adj* refractive, refracting *(épith)*.

réfraction [Refʀaksjɔ̃] *nf* refraction.

refrain [R(ə)fʀɛ̃] *nm (Mus: en fin de couplet)* refrain, chorus; *(chanson monotone)* strains *(pl)*, refrain. **c'est toujours le même ~*** it's always the same old story; **change de ~! put another record on!***

refréner [ʀ(ə)fʀene] (6) *vt désir, impatience, envie* to curb, hold in check, check.

réfrigérant, e [ʀefʀiʒeʀɑ̃, ɑ̃t] **1** *adj fluide* refrigerant, refrigerating; *accueil, personne* icy, frosty; *V* **mélange. 2** *nm* (*Tech*) cooler.

réfrigérateur [ʀefʀiʒeʀatœʀ] *nm* refrigerator, fridge*. (*fig*) **mettre un projet au** ~ to put a plan in cold storage *ou* on ice.

réfrigération [ʀefʀiʒeʀɑsjɔ̃] *nf* refrigeration; (*Tech*) cooling.

réfrigérer [ʀefʀiʒeʀe] (6) *vt* (a) (*gén*) to refrigerate; (*Tech*) to cool; *local* to cool. **je suis réfrigéré*** I'm frozen stiff*.
(b) (*fig*) *enthousiasme* to put a damper on, cool; *personne* to have a cooling *ou* dampening effect on.

réfringence [ʀefʀɛ̃ʒɑ̃s] *nf* refringence.

réfringent, e [ʀefʀɛ̃ʒɑ̃, ɑ̃t] *adj* refringent.

refroidir [ʀ(ə)fʀwadiʀ] (2) **1** *vt* (a) *nourriture* to cool (down).
(b) (*fig*) *personne* to put off, have a cooling effect on; *zèle* to cool, put a damper on, dampen.
(c) (‡: *tuer*) to do in‡, bump off‡ (*Brit*).
2 *vi* (*cesser d'être trop chaud*) to cool (down); (*devenir trop froid*) to get cold. **laisser** ~ *mets trop chaud* to leave to cool, let cool (down); (*involontairement*) to let get cold; *moteur* to let cool; (*péj*) *projet* to let slide *ou* slip; **mettre qch à** ~ to put sth to cool (down).
3 se refroidir *vpr* [*ardeur*] to cool (off); [*mets*] to get cold; [*temps*] to get cooler *ou* colder; [*personne*] (*avoir froid*) to get *ou* catch cold; (*attraper un rhume*) to catch a chill.

refroidissement [ʀ(ə)fʀwadismɑ̃] *nm* (a) [*air, liquide*] cooling. ~ **par air/eau** air-/water-cooling; ~ **de la température** drop in the temperature; **on observe un** ~ **du temps** the weather appears to be getting cooler *ou* colder.
(b) (*Méd*) chill. **prendre un** ~ to catch a chill.
(c) [*passion*] cooling (off).

refroidisseur, -euse [ʀ(ə)fʀwadisœʀ, øz] **1** *adj* cooling. **2** *nm* cooler.

refuge [ʀ(ə)fyʒ] *nm* (*gén*) refuge; (*pour piétons*) refuge, (traffic) island; (*en montagne*) refuge, (mountain) hut. **lieu de** ~ place of refuge *ou* safety; (*Bourse*) **valeur** ~ blue-chip stock.

réfugié, e [ʀefyʒje] (*ptp de* **se réfugier**) *adj, nm, f* refugee.

réfugier (se) [ʀefyʒje] (7) *vpr* (*lit, fig*) to take refuge.

refus [ʀ(ə)fy] *nm* refusal. (*Jur*) ~ **de comparaître** refusal to appear (in court); (*Aut*) ~ **de priorité** refusal to give way; ~ **d'obéissance** refusal to obey; (*Mil*) insubordination; **ce n'est pas de** ~* I won't say no (to that).

refusable [ʀ(ə)fyzabl(ə)] *adj* which can be refused.

refuser [ʀ(ə)fyze] (1) **1** *vt* (a) (*ne pas accepter*) *cadeau* to refuse; *offre* to refuse, decline, turn down, reject; *invitation* to refuse, decline, turn down; *manuscrit* to reject, turn down, refuse; *marchandise, racisme, inégalité* to reject, refuse to accept; *politique, méthodes* to refuse, reject. **il l'a demandée en mariage mais il a été refusé** he asked her to marry him but she turned him down *ou* refused him; ~ **la lutte** *ou* **le combat** to refuse battle; **le cheval a refusé (l'obstacle)** the horse refused (the fence); ~ **le risque** to refuse to take risks; **il a toujours refusé la vie routinière** he has always refused to accept a routine life.
(b) (*ne pas accorder*) *permission, entrée, consentement* to refuse; *demande* to refuse, turn down; *compétence, qualité* to deny. **on lui a refusé la permission d'y aller** he was refused permission to go, they refused him permission to go; ~ **l'entrée à qn** to refuse admittance *ou* entry to sb, turn sb away; ~ **sa porte à qn** to bar one's door to sb; **je me suis vu** ~ **un verre d'eau** I was refused a glass of water; **on lui a refusé l'accès aux archives** he was refused *ou* denied access to the records; **je lui refuse toute générosité** I refuse to accept *ou* admit that he has any generosity.
(c) *client* to turn away; *candidat* (*à un examen*) to fail; (*à un poste*) to turn down. **il s'est fait** ~ **au permis de conduire** he failed his driving test; **on a dû** ~ **du monde** they had to turn people away.
(d) ~ **de faire qch** to refuse to do sth; **il a refusé net (de le faire)** he refused point-blank (to do it).
2 se refuser *vpr* (a) (*se priver de*) to refuse o.s., deny o.s. (*iro*) **tu ne te refuses rien!** you don't stint yourself! (*iro*), you don't let yourself go short! (*iro*).
(b) (*être décliné*) **ça ne se refuse pas** [*offre*] it is not to be refused; [*apéritif*] I wouldn't say no (to it).
(c) se ~ **à** *méthode, solution* to refuse (to accept), reject; **se** ~ **à l'évidence** to refuse to accept *ou* admit the obvious; **se** ~ **à tout commentaire** to refuse to make any comment; **elle s'est refusée à lui** she refused to give herself to him; **se** ~ **à faire qch** to refuse to do sth.

réfutable [ʀefytabl(ə)] *adj* refutable, which can be disproved *ou* refuted. **facilement** ~ easily refuted *ou* disproved.

réfutation [ʀefytɑsjɔ̃] *nf* refutation. **fait qui apporte la** ~ **d'une allégation** fact which refutes *ou* disproves an allegation.

réfuter [ʀefyte] (1) *vt* to refute, disprove.

regagner [ʀ(ə)gɑɲe] (1) *vt* (a) (*récupérer*) *amitié, faveur* to regain, win *ou* gain back; *argent* to win back, get back. ~ **le temps perdu** to make up (for) lost time; (*Mil, fig*) ~ **du terrain** to regain ground, win *ou* gain ground again; ~ **le terrain perdu** to win back lost ground.
(b) (*arriver à*) *lieu* to get *ou* go back to; *pays* to arrive back in, get back to. **il regagna enfin sa maison** he finally arrived back home *ou* got back home *ou* reached home again; ~ **sa place** to regain one's place, return to one's place.

regain [ʀ(ə)gɛ̃] *nm* (a) ~ **de** *jeunesse* renewal of; *santé, popularité* revival of; *activité, influence* renewal *ou* revival of; ~ **de vie** new lease of life. **(b)** (*Agr*) aftermath†, second crop of hay.

régal, pl ~**s** [ʀegal] *nm* delight, treat. **ce gâteau est un** ~ this cake is absolutely delicious; **c'est un** ~ **pour les yeux** it is a sight for

sore eyes, it is a delight *ou* treat to look at; **quel** ~ **de manger des cerises** what a treat to have cherries (to eat).

régalade [ʀegalad] *nf*: **boire à la** ~ to drink without letting one's lips touch the bottle (*ou* glass *etc*).

régaler [ʀegale] (1) **1** *vt personne* to treat to a slap-up* (*Brit*) *ou* delicious meal. **c'est moi qui régale** I'm treating everyone, it's my treat; **c'est le patron qui régale** it's on the house.
2 se régaler *vpr* (*bien manger*) to have a delicious *ou* a slap-up* (*Brit*) meal. **se** ~ **de gâteaux** to treat o.s. to some delicious cakes; **on s'est bien régalé** it was delicious; (*fig péj*) **il y en a qui se sont régalés dans cette vente** some people made a packet* (*Brit*) *ou* did really well out of that sale; (*hum, péj*) **les cafetiers se régalent avec cette vague de chaleur** the café owners are coining it in* (*Brit*) *ou* making a mint* *ou* doing really well in this heatwave; **se** ~ **de romans** (*habituellement*) to be very keen on *ou* be a keen reader of novels; (*en vacances etc*) to gorge o.s. on novels, have a feast of novel-reading.

régalien, -ienne [ʀegaljɛ̃, jɛn] *adj* **droits** kingly.

regard [ʀ(ə)gaʀ] *nm* (a) (*vue*) glance, eye. **parcourir qch du** ~, **promener son** ~ **sur qch** to cast a glance *ou* an eye over sth; **son** ~ **se posa sur moi** his glance *ou* eye *ou* gaze came to rest on me; **soustraire qch aux** ~**s** to hide sth from sight *ou* from view, put sth out of sight; **cela attire tous les** ~**s** it catches everyone's eye *ou* attention; **nos** ~**s sont fixés sur vous** our eyes are turned on you.
(b) (*expression*) look *ou* expression (in one's eye). **son** ~ **était dur/tendre** the look *ou* expression in his eye was hard/tender, he had a hard/tender look *ou* expression in his eye; ~ **fixe/perçant** fixed/penetrating stare; **dévorer/menacer qn du** ~ to look hungrily/threateningly at sb, fix sb with a hungry/threatening look *ou* stare.
(c) (*coup d'œil*) look, glance. **échanger des** ~**s avec qn** to exchange looks *ou* glances with sb; **échanger des** ~**s d'intelligence** to exchange knowing looks; **lancer un** ~ **de colère à qn** to glare at sb, cast an angry look *ou* glare *ou* glance at sb; **au premier** ~ at first glance *ou* sight; ~ **en coulisse** sideways *ou* sidelong glance; ~ **noir** black look.
(d) [*égout*] manhole; [*four*] peephole, window.
(e) (*loc*) **au** ~ **de la loi** in the eyes of the law, from the legal viewpoint; **texte avec photos en** ~ text with photos on the opposite page *ou* facing; **en** ~ **de ce qu'il gagne** compared with *ou* in comparison with what he earns; *V* **droit².**

regardant, e [ʀ(ə)gaʀdɑ̃, ɑ̃t] *adj* careful with money. **il n'est pas** ~ he's quite free with his money; **ils sont/ne sont pas** ~**s sur l'argent de poche** they are not very/they are quite generous with pocket money.

regarder [ʀ(ə)gaʀde] (1) **1** *vt* (a) *paysage, scène* to look at; *action en déroulement, film, match* to watch. **elle regardait les voitures sur le parking** she was looking at the cars in the car park; **elle regardait les voitures défiler** *ou* **qui défilaient** she was watching the cars driving past *ou* the cars as they drove past; ~ **tomber la pluie** *ou* **la pluie tomber** to watch the rain falling; **il regarda sa montre** he looked at *ou* had a look at his watch; **regarde, il pleut** look, it's raining; **regarde bien, il va sauter** watch *ou* look, he's going to jump; ~ **la télévision/une émission à la télévision** to watch television/a programme on television; ~ **le journal** to look at *ou* have a look at the paper; ~ **sur le livre de qn** (*partager*) to share sb's book; (*tricher*) to look *ou* peep at sb's book; ~ **par la fenêtre** (*du dedans*) to look out of the window; (*du dehors*) to look in through the window; **regarde les oiseaux par la fenêtre** look through *ou* out of the window at the birds, watch the birds through *ou* out of the window; **regarde devant toi/derrière toi** look in front of you/behind you; **regarde où tu marches*** watch *ou* look where you're going *ou* putting your feet; **regarde voir dans l'armoire** take *ou* have a look in the wardrobe; **regarde voir s'il arrive** look *ou* have a look and see if he's coming; **attends, je vais** ~ hang on, I'll go and look *ou* I'll take a look; **regardez-moi ça/son écriture*** just (take a) look at that/at his writing; **vous ne m'avez pas regardé!‡** what do you take me for!*, who do you think I am!*; **j'ai regardé partout, je n'ai rien trouvé** I looked everywhere but I couldn't find anything; **regarde à la pendule quelle heure il est** look at the clock to see what time it is, look and see what time it is by the clock; **regardez-le faire** (*gen*) watch him *ou* look at him do it; (*pour apprendre*) watch *ou* look how he does it; **elles sont allées** ~ **les vitrines/les magasins** they've gone to do some window-shopping/to have a look around the shops; **sans** ~ *traverser* without looking; *payer* regardless of cost *ou* the expense; *V* **chien.**
(b) (*rapidement*) to glance at, have a glance *ou* a (quick) look at; (*longuement*) to gaze at; (*fixement*) to stare at. ~ **un texte rapidement** to glance at *ou* through a text, have a quick look *ou* glance at *ou* through a text; ~ (**qch**) **par le trou de la serrure** to peep *ou* look (at sth) through the keyhole; ~ **de près/de plus près** to have a close/closer look at, look closely/more closely at; ~ **sans voir** to look with unseeing eyes; ~ **bouche bée** to gape at; ~ **à la dérobée** *ou* **par en-dessous** to steal a glance at, glance sidelong at; ~ **qn avec colère** to glare angrily at sb; ~ **qn avec méfiance** to look at *ou* eye sb suspiciously; ~ **qn du coin de l'œil** to watch sb from the corner of one's eye; ~ **qn sous le nez** to look at sb defiantly; ~ **qn de travers** to scowl at sb; ~ **qn/qch d'un bon/mauvais œil** to look favourably/unfavourably upon sb/sth, view sb/sth favourably/unfavourably; ~ **qn de haut** to give sb a scornful look, look scornfully at sb; (*lit, fig*) ~ **qn droit dans les yeux/bien en face** to look sb straight in the eye/straight in the face; ~ **qn dans le blanc des yeux** to look sb straight in the face *ou* eye; ~ **la vie/le danger en face** to look life/danger in the face, face up to life/danger.
(c) (*vérifier*) *appareil, malade* to look at; *huile, essence* to look at, check. **regarde la lampe, elle ne marche pas** have *ou* take a look

at the lamp — it doesn't work; ~ **dans l'annuaire** to look in the phone book; ~ **un mot dans le dictionnaire** to look up *ou* check a word in the dictionary.

(**d**) (*envisager*) *situation, problème* to view. ~ **l'avenir avec appréhension** to view the future with trepidation; **il ne regarde que son propre intérêt** he is only concerned with *ou* he only thinks about his own interests; **nous le regardons comme un ami** we look upon him *ou* we regard him *ou* we consider him as a friend.

(**e**) (*concerner*) to concern. **cette affaire me regarde quand même un peu** this business does concern me a bit *ou* is a little bit my concern; **en quoi cela te regarde-t-il?** (*se mêler de*) what business is it of yours?, what has it to do with you?; (*être touché par*) how does it affect *ou* concern you?; **fais ce que je te dis, la suite me regarde** do what I tell you and I'll take care of what happens next *ou* and what happens next is my concern *ou* business; **que vas-tu faire?** — **cela me regarde** what will you do? — that's my business *ou* my concern; **non mais, ça vous regarde!*** really is it any of your business?, really what business is it of yours?; **cela ne le regarde pas, cela ne le regarde en rien** that's none of his business, that's no concern *ou* business of his; **mêlez-vous de ce qui vous regarde** mind your own business.

(**f**) [*maison*] ~ (**vers**) to face.

2 regarder à *vt indir* to think of *ou* about. **y** ~ **à deux fois avant de faire qch** to think twice before doing sth; **il n'y regarde pas de si près** he's not that fussy *ou* particular; **à y bien** ~ on thinking it over; **c'est quelqu'un qui va** ~ **à 2 F** he's the sort of person who will niggle over 2 francs *ou* worry about 2 francs; **il regarde à s'acheter un costume neuf** he can't make up his mind to buy a new suit, he hums and haws* about buying a new suit; **quand il fait un cadeau, il ne regarde pas à la dépense** when he gives (some-body) a present he doesn't worry how much he spends *ou* he spares no expense *ou* expense is no object for him; **acheter qch sans** ~ **à la dépense** to buy sth without thought for expense *ou* without bothering about the expense.

3 se regarder *vpr* (**a**) **se** ~ **dans une glace** to look at o.s. in a mirror; (*iro*) **il ne s'est pas regardé!** he should take a look at himself!

(**b**) [*personnes*] to look at each other *ou* one another; [*maisons*] to face each other *ou* one another. **les deux enfants restaient là à se** ~ **en chiens de faïence** the two children sat (*ou* stood) glaring at each other *ou* one another.

regarnir [ʀ(ə)ɡaʀniʀ] (2) *vt magasin, rayon* to stock up again, re-stock; *trousse* to refill, replenish; *plat* to fill (up) again; *coussin* to refill.

régate [ʀegat] *nf*: ~(**s**) regatta.

regeler [ʀəʒle] (5) *vt, vb impers* to freeze again.

régence [ʀeʒɑ̃s] **1** *nf* (*Pol*) regency. (*Hist*) **la R**~ the Regency. **2** *adj inv meuble* (*en France*) (French) Regency; (*en Grande-Bretagne*) Regency; (*fig*) *personne, mœurs* overrefined.

régénérateur, -trice [ʀeʒeneʀatœʀ, tʀis] **1** *adj* regenerative. **2** *nm, f* regenerator.

régénération [ʀeʒeneʀasjɔ̃] *nf* regeneration.

régénérer [ʀeʒeneʀe] (6) *vt* (*Bio, Rel*) to regenerate; *personne, forces* to revive, restore.

régent, e [ʀeʒɑ̃, ɑ̃t] **1** *adj* regent. **prince** ~ prince regent. **2** *nm, f* (*Pol*) regent; (††: *professeur*) master; (*Admin: directeur*) manager.

régenter [ʀeʒɑ̃te] (1) *vt* (*gén*) to rule over; *personne* to dictate to. **il veut tout** ~ he wants to run the whole show.

reggae [ʀege] *nm* reggae.

régicide [ʀeʒisid] **1** *adj* regicidal. **2** *nmf* (*personne*) regicide. **3** *nm* (*crime*) regicide.

régie [ʀeʒi] *nf* (**a**) (*gestion*) [*État*] state control; [*commune*] local government control (*de* over). **en** ~ under state (*ou* local government) control.

(**b**) (*compagnie*) ~ (**d'État**) state-owned company, government corporation; **la R**~ **française des tabacs** the French national tobacco company; **la R**~ **autonome des transports parisiens** the Paris city transport authority.

(**c**) (*Ciné, Théât, TV*) production department; (*Rad, TV*: **salle de contrôle**) control room.

regimber [ʀ(ə)ʒɛ̃be] (1) *vi* [*personne*] to rebel (*contre* against); [*cheval*] to jib. **fais-le sans** ~ do it without grumbling; **quand je lui ai demandé de le faire, il a regimbé** when I asked him to do it he jibbed at the idea.

régime¹ [ʀeʒim] *nm* (**a**) (*Pol*) (*mode*) system (of government); (*gouvernement*) government; (*péj*) régime. ~ **monarchique/ républicain** monarchical/republican system (of government); **les opposants au** ~ the opponents of the régime; **V ancien**.

(**b**) (*Admin*) (*système*) scheme, system; [*règlements*] regulations. ~ **douanier/des hôpitaux** customs/hospital system; customs/hospital regulations; ~ **de la Sécurité sociale** Social Security system.

(**c**) (*Jur*) ~ (**matrimonial**) marriage settlement; **se marier sous le** ~ **de la communauté/de la séparation de biens** to opt for a marriage settlement based on joint ownership of property/on separate ownership of property; ~ **complémentaire** supplementary scheme.

(**d**) (*Méd*) diet. **être/mettre qn au** ~ to be/put sb on a diet; **suivre un** ~ (*gén*) to be on a diet; (*scrupuleusement*) to follow a *ou* keep to a diet; ~ **sans sel/sec/lacté/basses calories/ amaigrissant** salt-free/alcohol-free/milk/low-calorie/slimming (*Brit*) *ou* reducing (*US*) diet; **se mettre au** ~ **jockey*** to go on a starvation diet.

(**e**) [*moteur*] (engine *ou* running) speed. **ce moteur est bruyant à haut** ~ this engine is noisy when it is revving hard; ~ **de croisière** cruising speed; (*Tech, fig*) **marcher** *ou* **aller à plein** ~ to go (at) full speed, go flat out; (*fig*) **á ce** ~, **nous n'aurons bientôt**

plus d'argent (if we go on) at this rate *ou* at the rate we're going we'll soon have no money left.

(**f**) (*Géog, Mét*) régime.

(**g**) (*Gram*) object. ~ **direct/indirect** direct/indirect object; **cas** ~ objective case.

(**h**) (*Phys*) [*écoulement*] rate of flow.

régime² [ʀeʒim] *nm* [*dattes*] cluster, bunch; [*bananes*] bunch, hand.

régiment [ʀeʒimɑ̃] *nm* (**a**) (*Mil*) (*corps*) regiment; (*: service militaire*) military *ou* national service. **être au** ~* to be doing (one's) national *ou* military service; **aller au** ~* to go into the army, be called up.

(**b**) (*: masse*) [*personnes*] regiment, army; [*choses*] mass(es), loads. **il y en a pour tout un** ~ there's enough for a whole army.

régimentaire [ʀeʒimɑ̃tɛʀ] *adj* regimental.

région [ʀeʒjɔ̃] *nf* (*Admin, Géog*) (*étendue*) region; (*limitée*) area; (*Anat*) region, area; (*fig: domaine*) region. ~**s polaires/ équatoriales** polar/equatorial regions; **la** ~ **parisienne/ londonienne** the Paris/London area *ou* region; **ça se trouve dans la** ~ **de Lyon** it's in the Lyons area *ou* in the region of Lyons; **si vous passez dans la** ~, **allez les voir** if you are in the area *ou* in those parts *ou* if you go that way, go and see them; **dans nos** ~**s** in these regions, in the regions we live in.

régional, e, *mpl* **-aux** [ʀeʒjɔnal, o] *adj* regional.

régionalisation [ʀeʒjɔnalizasjɔ̃] *nf* regionalization.

régionaliser [ʀeʒjɔnalize] (1) *vt* to regionalize.

régionalisme [ʀeʒjɔnalism(ə)] *nm* regionalism.

régionaliste [ʀeʒjɔnalist(ə)] **1** *adj* regionalist(ic). **2** *nmf* regional-ist.

régir [ʀeʒiʀ] (2) *vt* (*gén, Ling*) to govern.

régisseur [ʀeʒisœʀ] *nm* (**a**) (*Théât*) stage manager; (*Ciné, TV*) as-sistant director. ~ **de plateau** studio director. (**b**) [*propriété*] steward.

registre [ʀeʒistʀ(ə)] **1** *nm* (**a**) (*livre*) register. ~ **maritime/ d'hôtel/du commerce** shipping/hotel/trade register; (*Scol*) ~ **de notes** mark book (*Brit*), grades register *ou* book (*US*); (*Scol*) ~ **d'absences** attendance register.

(**b**) (*Mus*) [*orgue*] stop; [*voix*] (*étage*) register; (*étendue*) register, range.

(**c**) (*Ling*) (*niveau*) register, level (of language); (*style*) register, style.

(**d**) (*Tech*) [*fourneau*] damper, register; (*Ordinateurs, Typ*) register.

2: registre de comptabilité ledger; **registre de l'état civil** regis-ter of births, marriages and deaths; **registre mortuaire** register of deaths; **registre de vapeur** throttle valve.

réglable [ʀeglabl(ə)] *adj* adjustable. **siège à dossier** ~ reclining seat.

réglage [ʀeglaʒ] *nm* (**a**) (*mécanisme, débit*) regulation, adjustment; [*moteur*] tuning; [*allumage, thermostat*] setting, adjustment; [*dossier, tir*] adjustment. (**b**) [*papier*] ruling.

règle [ʀɛɡl(ə)] *nf* (**a**) (*loi, principe, Rel*) rule. ~ **de conduite** rule of conduct; ~ **de 3** rule of 3; **les** ~**s de la bienséance/de l'honneur** the rules of propriety/honour; ~**s de sécurité** safety regulations; **sa parole nous sert de** ~ his word is our rule; **ils ont pour** ~ **de se réunir chaque jour** they make it a rule to meet every day; (*lit, fig*) **c'est la** ~ **du jeu** it's one of the rules of the game, those are the rules of the game; (*lit, fig*) **se plier aux** ~**s du jeu** to play the game according to the rules; **c'est la** ~ (**de la maison**)! that's the rule (of the house)!; **cela n'échappe pas à la** ~ that's no exception to the rule; (*Rugby*) **laisser jouer la** ~ **de l'avantage** to play the advan-tage rule.

(**b**) (*instrument*) ruler. **trait tiré à la** ~ line drawn with a ruler; ~ **à calcul** *ou* **à calculer** slide rule.

(**c**) (*menstruation*) ~**s** period(s); **avoir ses** ~**s** to have one's period(s).

(**d**) (*loc*) **il est de** ~ **qu'on fasse un cadeau** it's usual *ou* it's standard practice *ou* the done thing to give a present; **en** ~ *comp-tabilité, papiers* in order; *avertissement* given according to the rules; *réclamation* made according to the rules; **bataille en** ~ proper *ou* right old* (*Brit*) fight; **il lui fait une cour en** ~ he's courting her according to the rule book *ou* by the book; **être en** ~ **avec les autorités** to be straight with *ou* in order with the authorities; **se mettre en** ~ **avec les autorités** to sort out *ou* straighten out one's position with the authorities; **je ne suis pas en** ~ I'm not straight with the authorities, my papers *etc* are not in order; **en** ~ **générale** as a (general) rule; **il faut faire la demande dans** *ou* **selon les** ~**s** you must make the request through the proper channels *ou* according to the rules *ou* the proper procedures; (*hum*) **dans les** ~**s de l'art** according to the rule book.

réglé, e [ʀegle] (*ptp de* **régler**) *adj* (**a**) (*régulier*) *vie* (well-)ordered, regular; *personne* steady, stable. **c'est** ~ **comme du papier à musique***, **il arrive tous les jours à 8 heures** he arrives at 8 o'clock every day, as regular as clockwork.

(**b**) *fille* pubescent, who has reached puberty. **femme (bien)** ~**e** woman whose periods are regular.

(**c**) *papier* ruled, lined.

règlement [ʀɛɡləmɑ̃] *nm* (**a**) (*Admin, Police, Univ*) (*règle*) regula-tion; (*réglementation*) rules, regulations. ~ **de service** ad-ministrative rule *ou* regulation; (*Scol*) ~ **intérieur** school rules.

(**b**) [*affaire, conflit*] settlement, settling; [*facture, dette*] settle-ment, payment. **faire un** ~ **par chèque** to pay *ou* make a payment by cheque; (*Jur*) ~ **judiciaire** (compulsory) liquidation; (*Jur*) ~ (**à l'**)**amiable** amicable settlement, out-of-court settlement; (*fig*) ~ **de compte(s)** settling of scores; (*de gangsters*) gangland killing.

réglementaire [ʀɛɡləmɑ̃tɛʀ] *adj* *uniforme, taille* regulation (*épith*); *procédure* statutory, laid down in the regulations. **ça n'est pas très** ~ that isn't really allowed, that's really against the rules;

dans le temps ~ in the prescribed time; **ce certificat n'est pas ~** this certificate doesn't conform to the regulations; **dispositions** ~s regulations; **pouvoir ~** power to make regulations.
réglementairement [ʀɛgləmɑ̃tɛʀmɑ̃] *adv* in accordance with *ou* according to the regulations, statutorily.
réglementation [ʀɛgləmɑ̃tɑsjɔ̃] *nf* (*règles*) regulations; (*contrôle*) [*prix, loyers*] control, regulation. ~ **des changes** exchange control regulations.
réglementer [ʀɛgləmɑ̃te] (1) *vt* to regulate, control.
régler [ʀegle] (6) *vt* (**a**) (*conclure*) *affaire, conflit* to settle; *problème* to settle, sort out. ~ **qch à l'amiable** (*gén*) to settle sth amicably; (*Jur*) to settle sth out of court; **alors, c'est une affaire réglée** *ou* **c'est réglé, vous acceptez?** that's it settled then — do you accept?; **on va ~ ça tout de suite** we'll get that settled *ou* sorted out straightaway.
(**b**) (*payer*) *note, dette* to settle (up), pay (up); *compte* to settle; *commerçant, créancier* to settle up with, pay; *travaux* to settle up for, pay for. **est-ce que je peux ~?** can I settle up (with you)? *ou* settle *ou* pay the bill?; **je viens ~ mes dettes** I've come to settle my debts *ou* to square up with you*; **est-ce que je peux (vous) ~ par chèque?** can I make you a cheque out?, can I pay you by cheque?; **j'ai un compte à ~ avec lui** I've got a score to settle with him, I've got a bone to pick with him; **on lui a réglé son compte!*** they've settled his hash* *ou* settled him.
(**c**) *mécanisme, débit, machine* to regulate, adjust; *dossier, tir* to adjust; *moteur* to tune; *allumage, ralenti* to set, adjust. ~ **le thermostat à 18°** to set the thermostat to *ou* at 18°; ~ **une montre** (*mettre à l'heure*) to put a watch right (*sur* by); (*réparer*) to regulate a watch; **le carburateur est mal réglé** the carburettor is badly tuned.
(**d**) (*fixer*) *modalités, date, programme* to settle (on), fix (up), decide on; *conduite, réactions* to determine. ~ **l'ordre d'une cérémonie** to settle *ou* fix (up) the order of (a) ceremony; **il ne sait pas ~ l'emploi de ses journées** he is incapable of planning out *ou* organizing his daily routine; ~ **le sort de qn** to decide *ou* determine sb's fate.
(**e**) (*prendre comme modèle*) ~ **qch sur** to model sth on, adjust sth to; ~ **sa vie sur (celle de) son père** to model one's life on that of one's father; ~ **sa conduite sur les circonstances** to adjust one's conduct *ou* behaviour to the circumstances; **se ~ sur qn d'autre** to model o.s. on sb else; **il essaya de ~ son pas sur celui de son père** he tried to walk in step with his father; ~ **sa vitesse sur celle de l'autre voiture** to adjust *ou* match one's speed to that of the other car.
(**f**) *papier* to rule (lines on).
réglette [ʀeglɛt] *nf* (*Typ*) setting stick.
régleur, -euse [ʀeglœʀ, øz] **1** *nm, f* (*ouvrier*) setter, adjuster. **2** **régleuse** *nf* ruling machine.
réglisse [ʀeglis] *nf ou nm* liquorice.
réglo* [ʀeglo] *adj inv personne* straight*, honest, dependable. **c'est ~** it's O.K.*, it's in order; **ce n'est pas très ~** it's not really allowed, it's not really on*.
régnant, e [ʀeɲɑ̃, ɑ̃t] *adj famille, prince* reigning; *théorie, idée* reigning, prevailing.
règne [ʀɛɲ] *nm* (**a**) [*roi, tyran*] (*période*) reign; (*domination*) rule, reign. **sous le ~ de Louis XIV** (*période*) in the reign of Louis XIV; (*domination*) under the reign *ou* rule of Louis XIV.
(**b**) [*mode, banquiers*] reign; [*justice, liberté*] reign, rule.
(**c**) (*Bot, Zool etc*) kingdom. ~ **animal/végétal/minéral** animal/vegetable/mineral kingdom.
régner [ʀeɲe] (6) *vi* (**a**) (*être sur le trône*) to reign; (*exercer sa domination*) to rule (*sur* over). **les 20 ans qu'il a régné** during the 20 years of his reign; (*fig*) **il règne (en maître) sur le village** he reigns *ou* rules (supreme) over the village; **elle règne dans la cuisine** she reigns over *ou* rules in the kitchen; (*littér*) ~ **sur nos passions** to rule over *ou* govern our passions; *V* **diviser**.
(**b**) (*prédominer*) [*paix, silence*] to reign, prevail (*sur* over); [*accord, confiance, opinion*] to prevail; [*peur*] to reign, hold sway (*sur* over). **la confusion la plus totale régnait dans la chambre** utter confusion prevailed in the room, the room was in utter confusion; **maison où l'ordre règne** house where order reigns; **faire ~ l'ordre** to maintain law and order; **faire ~ la terreur/le silence** to make terror/silence reign; (*iro*) **la confiance règne!** that's *ou* there's confidence *ou* trust for you! (*iro*).
regorgement [ʀ(ə)gɔʀʒəmɑ̃] *nm* overflow.
regorger [ʀ(ə)gɔʀʒe] (3) *vi* (**a**) ~ **de** [*région, pays*] to abound in, be abundant in, overflow with; [*maison, magasin*] to be packed *ou* crammed with; [*rue*] to be swarming *ou* milling *ou* bursting with; **la région regorge d'ananas** the region abounds in *ou* is abundant in pineapples, there is an abundance of pineapples in the region; **cette année le marché regorge de fruits** this year there is a glut of fruit *ou* there is an abundance of fruit on the market; **le pays regorge d'argent** the country has fantastic wealth *ou* has enormous financial assets; **sa maison regorgeait de livres/d'invités** his house was packed with *ou* crammed with *ou* cram-full of books/guests; **il regorge d'argent** he is rolling in money*, he has got plenty of money.
(**b**) [*liquide*] to overflow.
régresser [ʀegʀese] (1) *vi* [*science, enfant*] to regress; [*douleur, épidémie*] to recede, diminish, decrease.
régressif, -ive [ʀegʀesif, iv] *adj* **évolution, raisonnement** regressive; *marche* backward (*épith*); (*Phon*) anticipatory. (*Géol*) **érosion** ~**ive** headward erosion; **forme** ~**ive** regressive *ou* recessive form; (*Ling*) **dérivation** ~**ive** back formation.
régression [ʀegʀesjɔ̃] *nf* (*gén*) regression, decline; (*Bio, Psych*) regression. **être en (voie de)** ~ to be on the decline *ou* decrease, be declining *ou* decreasing; (*Géol*) ~ **marine** marine regression.
regret [ʀ(ə)gʀɛ] *nm* (**a**) [*décision, faute*] regret (*de* for); [*passé*] regret (*de* about). **le ~ d'une occasion manquée la faisait pleurer** she wept with regret at the lost opportunity, she wept in regret at losing the opportunity; **les ~s causés par une occasion manquée** the regrets felt at *ou* for a missed opportunity; **le ~ du pays natal** homesickness; **le ~ d'avoir échoué** the regret that he had failed *ou* at having failed; **vivre dans le ~ d'une faute** to spend one's life regretting a mistake; **le ~ de sa jeunesse/de son ami mort le rendait triste** his heart was heavy with the sorrow *ou* grief he felt for his lost youth/his departed friend, he grieved for the sad loss of his youth/his friend; **c'est avec ~ que je vous le dis** I'm sorry *ou* I regret to have to tell you this; **sans ~** with no regrets; (*sur une tombe*) ~**s éternels** sorely missed.
(**b**) (*loc*) **à ~ partir** with regret, regretfully; *accepter, donner* with regret, reluctantly; **je suis au ~ de ne pouvoir** ... I'm sorry *ou* I regret that I am unable to ...; **j'ai le ~ de vous informer que** ... I regret to have to point out that ..., I must regretfully inform you that ... (*frm*); **à mon grand ~** to my great regret.
regrettable [ʀ(ə)gʀɛtabl(ə)] *adj* **incident, conséquence** regrettable, unfortunate. **il est ~ que** it's unfortunate *ou* regrettable that.
regrettablement [ʀ(ə)gʀɛtabləmɑ̃] *adv* (*littér*) regrettably.
regretter [ʀ(ə)gʀɛte] (1) *vt* (**a**) *personne, pays natal* to miss; *jeunesse* to miss, regret; *occasion manquée, temps perdu* to regret. **nous avons beaucoup regretté votre absence** we were very sorry *ou* we greatly regretted that you weren't able to join us; **il regrette son argent** he regrets the expense, he wishes he had his money back; **c'était cher, mais je ne regrette pas mon argent** it was expensive but I don't regret buying it *ou* spending the money; **notre regretté président** our late lamented president; **on le regrette beaucoup dans le village** he is greatly *ou* sadly missed in the village.
(**b**) (*se repentir de*) *décision, imprudence, péché* to regret. **tu le regretteras** you'll regret it, you'll be sorry for it; **tu ne le regretteras pas** you won't regret it; **je ne regrette rien** I have no regrets, **je regrette mon geste** I'm sorry I did that, I regret doing that.
(**c**) (*désapprouver*) *mesure, décision hostile* to regret, deplore. **nous regrettons votre attitude** we regret *ou* deplore your attitude.
(**d**) (*être désolé*) to be sorry, regret. **je regrette, mais il est trop tard** I'm sorry, but it's too late, I'm afraid it's too late; **ah non! je regrette, il était avec moi** no! I'm sorry *ou* excuse me (but) he was with me, I'm sorry to contradict you but he was with me; **nous regrettons qu'il soit malade** we regret *ou* are sorry that he is ill; **je regrette de ne pas lui avoir écrit** I'm sorry *ou* I regret that I didn't write to him, I regret not writing *ou* not having written to him; **je regrette de vous avoir fait attendre** I'm sorry to have kept you waiting; **je ne regrette pas d'être venu** I'm not sorry *ou* I'm glad I came.
regrimper [ʀ(ə)gʀɛ̃pe] (1) **1** *vt* **pente, escalier** to climb (up) again.
2 *vi* [*route*] to climb (up) again; [*fièvre*] to go up *ou* rise again; [*prix*] to go up again, climb again. ~ **dans le train** to climb back into the train; **ça va faire ~ les prix/la fièvre** it'll put up prices/his temperature again.
regrossir [ʀ(ə)gʀosiʀ] (2) *vi* to put on weight again, put weight back on.
regroupement [ʀ(ə)gʀupmɑ̃] *nm* (*V* **regrouper**) grouping together; bringing *ou* gathering together; reassembly; roundup; bunching together; loose scrum. (*Fin, Jur*) ~**s de sociétés** groupings of companies; ~ **familial** family reunion.
regrouper [ʀ(ə)gʀupe] (1) **1** *vt* (**a**) (*réunir*) *objets* to put *ou* group together; *pièces de collection* to bring *ou* gather together; *industries, partis* to unite, group together; *parcelles* to group together.
(**b**) (*réunir de nouveau*) *armée, personnes* to reassemble; *parti* to regroup; *bétail* to round up, herd together.
2 se regrouper *vpr* (*gén*) to gather (together), assemble (*autour de* (a)round, *derrière* behind); [*coureurs*] to bunch together again; [*rugbymen*] to form a loose scrum.
régularisation [ʀegylaʀizasjɔ̃] *nf* (*V* **régulariser**) regularization; straightening out; putting in order; regulation.
régulariser [ʀegylaʀize] (1) *vt* (**a**) *position* to regularize, straighten out, sort out; *passeport* to put in order. ~ **sa situation** (*gén*) to regularize *ou* straighten out *ou* sort out one's position; (*se marier*) to regularize *ou* legalize one's situation; **il a régularisé la situation en l'épousant** he made an honest woman out of her (*hum*); **faire ~ ses papiers** to have one's papers put in order *ou* sorted out.
(**b**) (*régler*) *mécanisme, débit* to regulate.
régularité [ʀegylaʀite] *nf* (*V* **régulier**) regularity; steadiness; evenness; consistency; neatness; equability. **contester la ~ d'une élection/d'un jugement/d'une opération** to question the lawfulness *ou* legality of an election/a sentence/an operation.
régulateur, -trice [ʀegylatœʀ, tʀis] **1** *adj* regulating. **2** *nm* (*Tech, fig*) regulator. ~ **de vitesse/de température** speed/temperature control *ou* regulator.
régulation [ʀegylasjɔ̃] *nf* [*économie, trafic*] regulation; [*mécanisme*] regulation, adjustment; [*circulation, naissances*]

control. (*Physiol*) ~ **thermique** regulation of body temperature, thermotaxis (*T*).

régulier, -ière [Regylje, jɛR] **1** *adj* **(a)** (*fixe, constant*) *pouls, travail, effort, élève* regular, steady; *qualité, résultats* steady, even, consistent; *habitudes, vie* regular; *vitesse, vent* steady; *paiement, visites, service de car* regular; *train, avion* regular, scheduled. **rivière** ~**ière** river which has a regular *ou* steady flow; **frapper qch à coups** ~**s** to strike sth with regular *ou* steady blows; **à intervalles** ~**s** at regular intervals; **il est** ~ **dans son travail** he's a steady in his work, he's a regular *ou* steady worker; **exercer une pression** ~**ière sur qch** to press steadily *ou* exert a steady pressure on sth; **la compagnie a 13 lignes** ~**ières avec le/vols** ~**s au Moyen-Orient** the airline has 13 scheduled services/scheduled flights to the Middle East; **être en correspondance** ~**ière avec qn** to be in regular correspondence with sb.

(b) (*égal*) *répartition, couche, ligne* even; *façade* regular; *traits, paysage* regular, even; *écriture* regular, neat; (*Math*) *polygone* regular; (*fig*) *humeur* steady, even, equable. **avoir un visage** ~ to have regular features; **il faut que la pression soit bien** ~**ière partout** the pressure must be evenly distributed over the whole area.

(c) (*légal*) *gouvernement* legitimate; *élection, procédure* in order (*attrib*); *jugement* regular, in order (*attrib*); *tribunal* legal, official. **être en situation** ~**ière** to be in line with *ou* straight with the law.

(d) (*honnête*) *opération, coup* aboveboard (*attrib*), on the level (*attrib*); *homme d'affaires* on the level (*attrib*), straightforward, straight (*attrib*). **vous me faites faire quelque chose qui n'est pas très** ~ you're getting me into something that is not quite on the level *ou* aboveboard; **être** ~ **en affaires** to be straight *ou* honest in business; **coup** ~ (*Boxe*) fair blow; (*Échecs*) correct move.

(e) (*Mil*) *troupes* regular; *armée* regular, standing; (*Rel*) *clergé, ordre* regular.

(f) *vers, verbe* regular.

2 *nm* (*Mil, Rel*) regular.

3 régulière‡† *nf* (*femme*) missus‡, old woman‡; (*maîtresse*) ladylove (*hum*).

régulièrement [RegyljɛRmɑ̃] *adv* **(a)** (*V* **régulier**) regularly; steadily; evenly; consistently; neatly; equably; lawfully. **élu** ~ properly elected, elected in accordance with the rules; **opération effectuée** ~ operation carried out in the correct *ou* proper fashion; **coup porté** ~ fairly dealt blow. **(b)** (*en principe*) normally, in principle; (*d'habitude*) normally, usually.

régurgitation [RegyRʒitasjɔ̃] *nf* regurgitation.

régurgiter [RegyRʒite] (1) *vt* to regurgitate.

réhabilitation [Reabilitasjɔ̃] *nf* (*V* **réhabiliter**) clearing (the name of); rehabilitation; discharge; restoring to favour; restoration; reinstatement. **obtenir la** ~ **de qn** to get sb's name cleared, get sb rehabilitated; to obtain a discharge for sb.

réhabiliter [Reabilite] (1) **1** *vt condamné* to clear (the name of), rehabilitate; *failli* to discharge; *profession, art* to bring back into favour, restore to favour; *quartier de ville, immeuble* to restore, rehabilitate, give a facelift to. ~ **la mémoire de qn** to restore sb's good name; ~ **qn dans ses fonctions** to reinstate sb (in his job); ~ **qn dans ses droits** to restore sb's rights (to him).

2 se réhabiliter *vpr* [*condamné, criminel*] to rehabilitate o.s.; (*fig*) [*candidat etc*] to redeem o.s.

réhabituer [Reabitɥe] (1) **1** *vt:* ~ **qn à (faire) qch** to get sb used to (doing) sth again, reaccustom sb to (doing) sth.

2 se réhabituer *vpr:* **se** ~ **à (faire) qch** to get used to (doing) sth again, reaccustom o.s. to (doing) sth; **ça va être dûr de se** ~ **il** will be difficult to get used to it again.

rehaussement [Roosmɑ̃] *nm* (*V* **rehausser**) heightening; raising.

rehausser [Roose] (1) *vt* **(a)** (*relever*) *mur, clôture* to heighten, make *ou* build higher; *plafond, chaise* to raise, heighten.

(b) (*fig: souligner*) *beauté, couleur* to set off, enhance; *goût* to emphasize, bring out; *mérite, prestige* to enhance, increase; *courage* to underline, increase; *détail* to bring out, emphasize, accentuate, underline; *tableau, robe* to brighten up, liven up. **rehaussé de** embellished with.

réification [Reifikasjɔ̃] *nf* reification.

réifier [Reifje] (7) *vt* to reify.

réimperméabilisation [Reɛ̃pɛRmeabilizasjɔ̃] *nf* reproofing.

réimperméabiliser [Reɛ̃pɛRmeabilize] (1) *vt* to reproof.

réimportation [Reɛ̃pɔRtasjɔ̃] *nf* reimportation.

réimporter [Reɛ̃pɔRte] (1) *vt* to reimport.

réimposer [Reɛ̃poze] (1) *vt* **(a)** (*Fin*) to impose a new *ou* further tax on. **(b)** (*Typ*) to reimpose.

réimposition [Reɛ̃pozisjɔ̃] *nf* (*V* **réimposer**) further taxation; reimposition.

réimpression [Reɛ̃pRESjɔ̃] *nf* (*action*) reprinting, reimpression; (*livre*) reprint.

réimprimer [Reɛ̃pRime] (1) *vt* to reprint.

Reims [Rɛ̃s] *n* Rheims.

rein [Rɛ̃] *nm* **(a)** (*organe*) kidney. ~ **artificiel** kidney machine.

(b) (*région*) ~**s** small of the back, loins (*littér*); **avoir mal aux** ~**s** to have backache (*low down in one's back*), have an ache in the small of one's back; **avoir les** ~**s solides** (*lit*) to have a strong *ou* sturdy back; (*fig*) to be on a sound (financial) footing, have a solid financial backing; (*fig*) **casser** *ou* **briser les** ~**s à qn** to ruin *ou* break sb; (*fig*) **il m'a mis l'épée dans les** ~**s** he forced me to work to a very tight schedule *ou* deadline; *V* **coup, creux** *etc*.

réincarcération [Reɛ̃kaRseRasjɔ̃] *nf* reimprisonment, reincarceration.

réincarcérer [Reɛ̃kaRseRe] (6) *vt* to reimprison, reincarcerate.

réincarnation [Reɛ̃kaRnasjɔ̃] *nf* reincarnation.

réincarner (se) [Reɛ̃kaRne] (1) *vpr* to be reincarnated.

réincorporer [Reɛ̃kɔRpɔRe] (1) *vt* to re-enlist.

reine [Rɛn] **1** *nf* (*Échecs, Pol, Zool, fig*) queen. **la** ~ **d'Angleterre** the Queen of England; **la** ~ **Élisabeth** Queen Elizabeth; **la** ~ **mère** (*lit*) the Queen mother; (**fig*) her ladyship*; **la** ~ **du bal** the queen *ou* the belle of the ball; ~ **de beauté** beauty queen; (*fig*) **l'infanterie est la** ~ **des batailles** the infantry reigns supreme in battle; **la** ~ **des abeilles/des fourmis** the queen bee/ant; *V* **bouchée, petit, port²**.

2: reine-claude *nf, pl* **reine(s)-claudes** greengage; **reine-marguerite** *nf, pl* **reines-marguerites** (China) aster; **reine-des-prés** *nf, pl* **reines-des-prés** meadowsweet; **reine des reinettes** rennet.

reinette [Rɛnɛt] *nf* rennet, pippin. ~ **grise** russet.

réinfecter [Reɛ̃fɛkte] (1) *vt* to reinfect. **la plaie s'est réinfectée** the wound has become infected again.

réinfection [Reɛ̃fɛksjɔ̃] *nf* reinfection.

réinscription [Reɛ̃skRipsjɔ̃] *nf* reregistration, re-enrolment (*Brit*).

réinscrire [Reɛ̃skRiR] (39) **1** *vt épitaphe* to reinscribe; *date, nom* to put down again; *élève* to re-enrol (*Brit*), reregister. **je n'ai pas réinscrit** *ou* **fait** ~ **mon fils à la cantine cette année** I haven't reregistered my son for school meals this year.

2 se réinscrire *vpr* to re-enrol (*Brit*), reregister.

réinsérer [Reɛ̃seRe] (6) *vt publicité, feuillet* to reinsert; *délinquant, handicapé* to reintegrate, rehabilitate. **se** ~ **dans la société** to rehabilitate o.s. *ou* become reintegrated in society.

réinsertion [Reɛ̃sɛRsjɔ̃] *nf* (*V* **réinsérer**) reinsertion; reintegration, rehabilitation. **la** ~ **sociale des anciens détenus** the (social) rehabilitation of ex-prisoners.

réinstallation [Reɛ̃stalasjɔ̃] *nf* (*V* **réinstaller**) putting back; reinstallation; putting up again; connecting up again. **notre** ~ **à Paris/dans l'appartement va poser des problèmes** (our) settling back in Paris/into the flat is going to create problems.

réinstaller [Reɛ̃stale] (1) **1** *vt cuisinière* to put back, reinstall; *étagère* to put back up, put up again, reinstall; *téléphone* to connect up again, put back in, reinstall. ~ **qn chez lui** to reinstall sb in *ou* move sb back into his (own) home; ~ **qn dans ses fonctions** to reinstate sb (in his job), give sb his job back.

2 se réinstaller *vpr* (*dans un fauteuil*) to settle down again (*dans* in); (*dans une maison*) to settle back (*dans* into). **il s'est réinstallé à Paris** (*gén*) he has gone back to live in Paris; [*commerçant*] he has set up in business again in Paris.

réintégration [Reɛ̃tegRasjɔ̃] *nf* (*V* **réintégrer**) reinstatement (*dans* in); return (*de* to).

réintégrer [Reɛ̃tegRe] (6) *vt* **(a)** ~ **qn (dans ses fonctions)** to reinstate sb (in his job), restore sb to his (former) position. **(b)** *lieu* to return to, go back to. ~ **le domicile conjugal** to return to the marital home.

réintroduction [Reɛ̃tRɔdyksjɔ̃] *nf* (*V* **réintroduire**) reintroduction; putting back.

réintroduire [Reɛ̃tRɔdɥiR] (38) *vt personne, mode* to reintroduce, introduce again. ~ **qch dans une lettre** to put sth back in a letter; ~ **des erreurs dans un texte** to reintroduce errors *ou* put errors back into a text.

réinventer [Reɛ̃vɑ̃te] (1) *vt* to reinvent.

réinviter [Reɛ̃vite] (1) *vt* to invite back, ask back again, reinvite.

réitératif, -ive [Reiteratif, iv] *adj* reiterative.

réitération [Reiterasjɔ̃] *nf* reiteration, repetition.

réitérer [Reitere] (6) *vt promesse, ordre, question* to reiterate, repeat; *demande, exploit* to repeat. **attaques réitérées** repeated attacks; **le criminel a réitéré** the criminal has repeated his crime *ou* has done it again.

reître [RɛtR(ə)] *nm* (*littér*) ruffianly *ou* roughneck soldier.

rejaillir [R(ə)ʒajiR] (2) *vi* [*liquide*] to splash back *ou* up (*sur* onto, at); (*avec force*) to spurt back *ou* up (*sur* onto, at); [*boue*] to splash up (*sur* onto, at). ~ **sur qn** [*scandale, honte*] to rebound on sb; [*gloire*] to be reflected on sb; **l'huile bouillante m'a rejailli à la figure** the boiling oil splashed up in my face; **les bienfaits de cette invention rejailliront sur tous** the benefits of this invention will fall upon everyone, everyone will have a share in the benefits of this invention; **sa renommée a rejailli sur ses collègues** his fame brought his colleagues some reflected glory.

rejaillissement [R(ə)ʒajismɑ̃] *nm* (*V* **rejaillir**) splashing up; spurting up; rebounding; reflection.

rejet [R(ə)ʒɛ] *nm* **(a)** (*action:* V **rejeter**) bringing *ou* throwing up, vomiting; spewing out; throwing out; casting up, washing up; discharge; pushing back, driving back, repulsion; casting out, expulsion; rejection; dismissal; throwing back, tossing back. **en anglais, le** ~ **de la préposition à la fin de la phrase est courant** putting the preposition at the end of the sentence is quite usual *ou* is common practice in English.

(b) (*Bot*) shoot; (*Littérat*) enjambment, rejet; (*Méd*) [*greffe*] rejection.

(c) (*Ordin*) reject.

rejetable [Rɔʒtabl(ə)] *adj* (*littér*) which must be rejected. **difficilement** ~ difficult to reject.

rejeter [Rɔʒte] (4) **1** *vt* **(a)** (*relancer*) *objet* to throw back (*à* to).

(b) (*vomir, recracher*) *nourriture, dîner, sang* to bring *ou* throw up, vomit. **il** *ou* **son estomac rejette toute nourriture** his stomach rejects everything, he can't keep anything down; **le volcan rejette de la lave** the volcano is spewing *ou* throwing out lava; **le cadavre a été rejeté par la mer** the corpse was cast up *ou* washed up by the sea; **les déchets que rejettent les usines polluent les rivières** the waste thrown out *ou* discharged by factories pollutes the rivers.

(c) (*repousser*) *envahisseur* to push back, drive back, repulse; *indésirable* to cast out, expel; *domination* to reject; *projet de loi* to reject, throw out; *offre, demande, conseil* to reject, turn down; *recours en grâce, hypothèse* to reject, dismiss. **la machine rejette les mauvaises pièces de monnaie** the machine rejects *ou* refuses invalid coins; **le village l'a rejeté après ce dernier scandale** the village has rejected him *ou* cast him out after this latest scandal; **~ d'un parti les éléments suspects** to cast out *ou* eject *ou* expel the suspicious elements from a party.

(d) ~ une faute sur qn/qch to shift *ou* transfer the blame *ou* responsibility for a mistake onto sb/sth; **il rejette la responsabilité sur moi** he lays the responsibility at my door.

(e) (*placer*) **la préposition est rejetée à la fin** the preposition is put at the end; **~ la tête en arrière** to throw *ou* toss one's head back; **~ ses cheveux en arrière** (*avec la main*) to push one's hair back; (*en se coiffant*) to comb *ou* brush one's hair back; (*d'un mouvement de la tête*) to toss one's hair back; **~ les épaules en arrière pour se tenir droit** to pull one's shoulders back to stand up straight; **le chapeau rejeté en arrière** with his hat tilted back; **~ la terre en dehors d'une tranchée** to throw the earth out of a trench.

(f) (*Ordin*) to reject.

2 se rejeter *vpr* **(a) se ~ sur qch** to fall back on sth; **faute de viande, on se rejette sur le fromage*** as there is no meat we'll have to fall back on cheese.

(b) se ~ en arrière to jump *ou* leap back(wards); **il s'est rejeté dans l'eau** he jumped back *ou* threw himself back into the water; **ils se rejettent** (l'un l'autre) **la responsabilité de la rupture** they lay the responsibility for the break-up at each other's door, each wants the other to take responsibility for the break-up.

rejeton [ʀəʒtɔ̃] *nm* **(a)** (*: *enfant*) kid*. **il veut que son ~ soit dentiste** he wants his son and heir (*hum*) *ou* his kid* to be a dentist; **la mère et ses ~s** the mother and her kids* *ou* her offspring (*hum*).

(b) (*Bot*) shoot; (*fig*) offshoot.

rejoindre [ʀəʒwɛ̃dʀ(ə)] (49) **1** *vt* **(a)** (*regagner, retrouver*) *lieu* to get (back) to; *route* to (re)join, get (back) (on)to; *personne* to (re)join, meet (again); *poste, régiment* to rejoin, return to. **la route rejoint la voie ferrée à X** the road meets (up with) *ou* (re)joins the railway line at X.

(b) (*rattraper*) to catch up (with). **je n'arrive pas à le ~** I can't manage to catch up with him *ou* to catch him up.

(c) (*se rallier à*) *parti* to join; *point de vue* to agree with. **je vous rejoins sur ce point** I agree with you *ou* I'm at one with you on that point; **mon idée rejoint la vôtre** my idea is closely akin to yours *ou* is very much like yours; **c'est ici que la prudence rejoint la lâcheté** this is where prudence comes close to *ou* is closely akin to cowardice.

(d) (*réunir*) *personnes* to reunite, bring back together; *choses* to bring together (again); *lèvres d'une plaie* to close.

2 se rejoindre *vpr* (*routes*) to join, meet; (*idées*) to concur, be closely akin to each other; (*personnes*) (*pour rendez-vous*) to meet (up) (again); (*sur point de vue*) to agree, be at one.

rejointoyer [ʀəʒwɛ̃twaje] (8) *vt* to repoint, regrout.

rejouer [ʀəʒwe] (1) **1** *vt* (*gén*) to play again; *match* to replay. (*Cartes*) **~ cœur** to lead hearts again; **on rejoue une partie?** shall we have *ou* play another game?; **~ une pièce** (*acteurs*) to perform a play again, give another performance of a play; (*théâtre*) to put on a play again; **nous rejouons demain à Marseille** (*acteurs*) we're performing again tomorrow at Marseilles; (*joueurs*) we're playing again tomorrow at Marseilles.

2 *vi* (*enfants, joueurs*) to play again; (*musicien*) to play *ou* perform again. **acteur qui ne pourra plus jamais ~** actor who will never be able to act *ou* perform again.

réjoui, e [ʀeʒwi] (*ptp de* **réjouir**) *adj air, mine* joyful, joyous.

réjouir [ʀeʒwiʀ] (2) **1** *vt personne, regard, estomac* to delight; *cœur* to gladden. **cette perspective le réjouit** this prospect delights *ou* thrills him, he is delighted *ou* thrilled at this prospect; **cette idée ne me réjouit pas beaucoup** I don't find the thought of it particularly appealing.

2 se réjouir *vpr* to be delighted *ou* thrilled (*de faire* to do). **se ~ de nouvelle, événement** to be delighted *ou* thrilled about *ou*; *malheur* to take delight in, rejoice over; **vous avez gagné et je m'en réjouis pour vous** you've won and I'm delighted for you; **se ~** (à la pensée) **que** to be delighted *ou* thrilled (at the thought) that; **je me réjouis à l'avance de les voir** I am greatly looking forward to seeing them; **réjouissez-vous! rejoice!; je me réjouis que tu aies réussi** I'm delighted *ou* thrilled that you've succeeded.

réjouissance [ʀeʒwisɑ̃s] *nf* rejoicing. **~s** festivities, merrymaking (*U*); (*fig hum*) **quel est le programme des ~s pour la journée?** what delights are in store (for us) today? (*hum*), what's on the agenda for today?*

réjouissant, e [ʀeʒwisɑ̃, ɑ̃t] *adj histoire* amusing, entertaining; *nouvelle* cheering, cheerful, joyful. (*iro*) **quelle perspective ~e!** what a delightful *ou* heartening prospect! (*iro*); **ce n'est pas ~!** it's no joke! (*iro*) **c'est ~!** that's great!* (*iro*)

relâche [ʀəlɑʃ] **1** *nm ou nf* **(a)** (*littér: répit*) respite, rest. **prendre un peu de ~** to take a short rest *ou* break; **se donner ~** to give o.s. a rest *ou* a break; **sans ~** without (a) respite.

(b) (*Théât*) closure. **faire ~** to be closed, close; **'~'** 'no performance(s) (today *ou* this week *etc*)'; **le lundi est le jour de ~ du cinéma local** the local cinema is closed on Monday(s).

2 *nf* (*Naut*) port of call. **faire ~ dans un port** to put in at *ou* call at a port.

relâché, e [ʀəlɑʃe] (*ptp de* **relâcher**) *adj style* loose, limp; *conduite, mœurs* loose, lax; *discipline, autorité* lax, slack; *prononciation* lax.

relâchement [ʀəlɑʃmɑ̃] *nm* (*V* **relâcher**) relaxation; loosening; slackening; release; laxity; flagging. **il y a du ~ dans la discipline** discipline is getting lax *ou* slack, there is some slackening *ou* relaxation of discipline; **~ des mœurs** loosening *ou* slackening of moral standards.

relâcher [ʀəlɑʃe] (1) **1** *vt* **(a)** (*desserrer*) *étreinte* to relax, loosen;

lien to loosen, slacken (off); *muscle* to relax; *ressort* to release. **~ les intestins** to loosen the bowels.

(b) (*affaiblir*) *attention, discipline, effort* to relax, slacken; *surveillance* to relax.

(c) (*libérer*) *prisonnier, otage, gibier* to release, let go, set free.

(d) (*refaire tomber*) *objet* to drop again, let go of again; *corde* to let go of again. **ne relâche pas la corde** don't let go of the rope again.

2 *vi* (*Naut*) **~** (dans un port) to put into port.

3 se relâcher *vpr* **(a)** (*courroie*) to loosen, go *ou* get loose *ou* slack; (*muscle*) to relax.

(b) (*surveillance, discipline*) to become *ou* get lax *ou* slack; (*mœurs*) to become *ou* get lax *ou* loose; (*style*) to become loose *ou* limp; (*courage, attention*) to flag; (*effort, zèle*) to slacken, flag, fall off. **il se relâche** he's growing slack; **ne te relâche pas maintenant!** don't let up *ou* slack(en) off now!; **il se relâche dans son travail** he's growing slack in his work, his work is getting slack.

relais [ʀ(ə)lɛ] *nm* **(a)** (*Sport*) relay (race); (*Alpinisme*) stance. **400 mètres ~, ~ 4 fois 100 mètres** 400 metres relay; **passer le ~ à son coéquipier** to hand over to one's team-mate.

(b) (*Ind*) **travailler par ~** to work shifts, do shift work; **ouvriers/équipe de ~** shift workers/team; **passer le ~ à qn** to hand over to sb; **prendre le ~** (de qn) to take over (from sb); (*fig*) **la pluie ayant cessé, c'est la neige qui a pris le ~** once the rain had stopped the snow took over *ou* set in.

(c) (*chevaux, chiens*) relay. **~** (de poste) (*Hist: auberge*) post house, coaching inn; (*Mil*) staging post; **~ routier** transport café; *V* cheval.

(d) (*Élec, Rad, Téléc*) (*action*) relaying; (*dispositif*) relay. **~ de télévision** television relay station; **avion/satellite de ~** relay plane/satellite.

relance [ʀ(ə)lɑ̃s] *nf* **(a)** (*action: reprise*) (*économie, industrie*) boosting, stimulation; (*idée, projet*) revival, relaunching; (*Fin*) reflation. (*résultat*) **la ~ de l'économie n'a pas duré** the boost (given) to the economy did not last; **la ~ du terrorisme est due à ...** the fresh outburst *ou* upsurge of terrorism is due to ...; **provoquer la ~ de économie** to give a boost to, boost, stimulate; *projet* to revive, relaunch; **mesures/politique de ~** reflationary measures/policy.

(b) (*Poker*) **faire une ~** to raise the stakes, make a higher bid; **limiter la ~** to limit the stakes.

relancer [ʀ(ə)lɑ̃se] (3) *vt* **(a)** (*renvoyer*) *objet, ballon* to throw back (again).

(b) (*faire repartir*) *gibier* to start (again); *moteur* to restart; *idée, projet* to revive, relaunch; *économie, industrie* to boost, give a boost to, stimulate. **~ la machine économique** to boost *ou* reflate *ou* revitalize the economy.

(c) (*harceler*) *débiteur* to harass, pester, badger; *femme* to harass, pester, chase after.

(d) (*Cartes*) *enjeu* to raise.

relaps, e [ʀ(ə)laps, aps(ə)] **1** *adj* relapsed. **2** *nm, f* relapsed heretic.

rélargir [ʀelaʀʒiʀ] (2) *vt* **(a)** (*agrandir*) *rue* to widen further; *vêtement* to let out further *ou* more. **(b)** (*à nouveau*) to widen again; to let out again.

rélargissement [ʀelaʀʒismɑ̃] *nm* (*route*) widening.

relater [ʀ(ə)late] (1) *vt* (*littér*) *événement, aventure* to relate, recount; (*Jur*) *pièce, fait* to record. **le journaliste relate que** the journalist says that *ou* tells us that; **pourriez-vous ~ les faits tels que vous les avez observés** could you state *ou* recount the facts exactly as you observed them.

relatif, -ive [ʀ(ə)latif, iv] **1** *adj* (*gén, Gram, Mus*) relative; *silence, luxe* relative, comparative. **tout est ~** everything is relative; **discussions ~ives à un sujet** discussions relative to *ou* relating to *ou* connected with a subject; (*Mus*) (*ton*) **majeur/mineur ~** relative major/minor (key).

2 *nm* **(a)** (*Gram*) relative pronoun.

(b) **avoir le sens du ~** to have a sense of proportion.

3 relative *nf* (*Gram*) relative clause.

relation [ʀ(ə)lasjɔ̃] *nf* **(a)** (*gén, Math, Philos*) relation(ship). **~ de cause à effet** relation(ship) of cause and effect; **la ~ entre l'homme et l'environnement** the relation(ship) between man and the environment; **il y a une ~ évidente entre** there is an obvious connection *ou* relation between; **c'est sans ~ ou cela n'a aucune ~ avec** it has no connection with, it bears no relation to; **~ causale** causal relation(ship).

(b) (*rapports*) **~s** (*gén*) relations; (*sur le plan personnel*) relationship, relations; **~s diplomatiques/culturelles/publiques** diplomatic/cultural/public relations; **les ~s sont tendues/cordiales entre nous** relations between us are strained/cordial, the relationship between us *ou* our relationship is strained/cordial; **avoir des ~s avec une femme** to have sexual relations *ou* intercourse with a woman; **avoir des ~s amoureuses avec qn** to have an affair *ou* a love affair with sb; **avoir de bonnes ~s/des ~s amicales avec qn** to be on good/friendly terms with sb, have a good/friendly relationship with sb; **avoir des ~s de bon voisinage avec qn** to be on neighbourly terms with sb; **être en ~s d'affaires avec qn** to have business relations *ou* business dealings *ou* a business relationship with sb; **~s patrons-ouvriers** labour-management relations; **être/rester en ~(s) avec qn** to be/keep in touch *ou* contact with sb; **entrer** *ou* **se mettre en ~(s) avec qn** to get in touch *ou* make contact with sb; **être en ~s épistolaires avec qn** to be in correspondence with sb; **nous sommes en ~s suivies** we have frequent contact with each other, we are in constant *ou* close contact *ou* touch (with each other); **être dans les ~s publiques** to be in public relations.

(c) (*connaissance*) acquaintance. **une de mes ~s** an acquaintance of mine, someone I know; **trouver un poste par ~s** to find a job through one's connections, find a job by knowing somebody *ou* by knowing the right people; **avoir des** ~**s** to have (influential) connections, know (all) the right people.

   (d) (*récit*) account, report. ~ **orale/écrite** oral/written account *ou* report; **d'après la** ~ **d'un témoin** according to a witness's account; **faire la** ~ **des événements/de son voyage** to give an account of *ou* relate the events/one's journey.

relationnel, -elle [Rəlasjɔnɛl] *adj grammaire* relational; (*Psych*) **problèmes** relationship (*épith*).

relativement [R(ə)lativmɑ̃] *adv* **(a)** *facile, honnête, rare* relatively, comparatively. **(b)** ~ **à** (*par comparaison*) in relation to, compared to; (*concernant*) with regard to, concerning.

relativisation [Rəlativizɑsjɔ̃] *nf* relativization.

relativiser [Rəlativize] (1) *vt* to relativize.

relativisme [R(ə)lativism(ə)] *nm* relativism.

relativiste [R(ə)lativist(ə)] **1** *adj* relativistic. **2** *nmf* relativist.

relativité [R(ə)lativite] *nf* relativity.

relaver [R(ə)lave] (1) *vt* to wash again, rewash.

relax* [R(ə)laks] *adj* = **relaxe²***.

relaxant, e [R(ə)laksɑ̃, ɑ̃t] *adj* relaxing.

relaxation [R(ə)laksɑsjɔ̃] *nf* (*gén*) relaxation. **j'ai besoin de** ~ I need to relax, I need a bit of relaxation.

relaxe¹ [R(ə)laks(ə)] *nf* (*V* **relaxer**) acquittal, discharge; release.

relaxe²* [R(ə)laks(ə)] *adj ambiance* relaxed, informal, laid back*; *tenue* informal, casual; *personne* relaxed, easy-going, laid-back*. **siège** *ou* **fauteuil** ~ reclining chair.

relaxer [R(ə)lakse] (1) **1** *vt* **(a)** (*acquitter*) *prisonnier* to acquit, discharge; (*relâcher*) to release. **(b)** *muscles* to relax. **2 se relaxer** *vpr* to relax.

relayer [R(ə)leje] (8) **1** *vt* **(a)** to relieve, take over from. **se faire** ~ to get somebody to take over (from one), hand over to somebody else.
   (b) (*Rad, TV*) to relay.
   2 se relayer *vpr* to take turns (*pour faire* to do, at doing), take it in turns (*pour faire* to do); (*dans un relais*) to take over from one another.

relayeur, -euse [R(ə)lejœR, øz] *nm, f* relay runner.

relecture [R(ə)lɛktyR] *nf* rereading.

relégation [R(ə)legɑsjɔ̃] *nf* (*V* **reléguer**) relegation; banishment.

reléguer [R(ə)lege] (6) *vt* **(a)** (*confiner*) *personne, problème* to relegate (*à* to); *objet* to consign, relegate (*à, dans* to); (*Sport*) to relegate (*en* to). ~ **qch/qn au second plan** to relegate sth/sb to a position of secondary importance.
   (b) (*Jur: exiler*) to relegate, banish.

relent [R(ə)lɑ̃] *nm* foul smell, stench (*U*). **un** ~ *ou* **des** ~**s de poisson pourri** the *ou* a stench *ou* foul smell of rotten fish, the reek of rotten fish; (*fig*) **ça a des** ~**s de vengeance** it reeks of vengeance, it has a strong whiff of vengeance about it.

relevable [Rəlvabl(ə)] *adj siège* tip-up (*épith*), fold-away (*épith*).

relevage [Rəlvaʒ] *nm* [*objet*] standing up again, raising.

relève [R(ə)lɛv] *nf* **(a)** (*personne*) relief; (*travailleurs*) relief (team); (*troupe*) relief (troops); (*sentinelles*) relief (guard).
   (b) (*action*) relief. **la** ~ **de la garde** the changing of the guards; **assurer** *ou* **prendre la** ~ **de qn** (*lit*) to relieve sb, take over from sb; (*fig*) to take over (from sb).

relevé, e [Rəlve] (*ptp de* **relever**) **1** *adj* **(a)** *col* turned-up; *virage* banked; *manches* rolled-up; *tête* (*lit*) held up; (*fig*) held high. **chapeau à bords** ~**s** hat with a turned-up brim; **porter les cheveux** ~**s** to wear one's hair up.
   (b) (*noble*) *style, langue, sentiments* elevated, lofty. **cette expression n'est pas très** ~**e** it's not a very choice *ou* refined expression.
   (c) (*Culin*) *sauce, mets* highly-seasoned, spicy, hot.
   2 *nm* [*dépenses*] summary, statement; (*repérage, résumé*) [*cote*] plotting; (*liste*) [*citations, adresses*] list; (*facture*) bill. **faire un** ~ **de citations, erreurs** to list, note down; *notes* to take down; *compteur* to read; **prochain** ~ **du compteur dans deux mois** next meter reading *ou* reading of the meter in two months; ~ **de gaz/de téléphone** gas/telephone bill; ~ **bancaire** *ou* **de compte** bank statement; ~ **de condamnations** police record; ~ **d'identité bancaire** (bank) account number, particulars of one's bank account; ~ **de notes** marks sheet (*Brit*), grade sheet (*US*).
   3 relevée†† *nf*: **à 2/3 heures de** ~ at 2/3 o'clock in the afternoon.

relèvement [R(ə)lɛvmɑ̃] *nm* (*V* **relever**) standing up again; picking up; righting; setting upright; banking; turning up; raising; tipping up; folding away; lifting up; rebuilding; putting back on its feet; rise (*de* in); increase (*de* in); putting up; plotting. **le** ~ **du salaire minimum** (*action*) the raising of the minimum wage; (*résultat*) the rise in the minimum wage; **on assiste à un** ~ **spectaculaire du pays/de l'économie** we are witnessing a spectacular recovery of the country/economy; (*Naut*) **faire un** ~ **de sa position** to plot one's position.

relever [Rəlve] (5) **1** *vt* **(a)** (*redresser*) *statue, meuble* to stand up again; *chaise* to stand up (again), pick up; *véhicule* to right, set upright again; *bateau* to right; *personne* to help (back) up, help (back) to his feet; *blessé* to pick up; (*Aut*) *virage* to bank. ~ **une vieille dame tombée dans la rue** to help up an old lady who has fallen in the street; ~ **la tête** (*lit*) to lift *ou* hold up one's head; (*fig: se rebeller*) to raise one's head, show signs of rebelling; (*fig: être fier*) to hold one's head up *ou* high.
   (b) (*remonter*) *col* to turn up; *chaussettes* to pull up; *jupe* to raise, lift; *manche, pantalon* to roll up; *cheveux* to put up; *mur, étagère, plafond* to raise, heighten; *vitre* (*en poussant*) to push up; (*avec manivelle*) to wind up; *store* to roll up, raise; *niveau* to raise, bring up; *siège* to tip up, fold away; *couvercle* to lift (up). **elle releva son voile** she lifted *ou* raised her veil; **lorsqu'il releva les yeux** when he lifted (up) *ou* raised his eyes, when he looked up.
   (c) (*remettre en état*) *mur en ruines* to rebuild; *économie* to

rebuild, restore; *pays, entreprise* to put back on its feet. (*fig*) ~ **le courage de qn** to restore sb's courage; (*fig*) ~ **le moral de qn** to boost *ou* raise sb's spirits, cheer sb up.
   (d) (*augmenter*) *salaire, impôts* to raise, increase, put up; *niveau de vie* to raise; *chiffre d'affaires* to increase. **les devoirs étaient si mauvais que j'ai dû** ~ **toutes les notes de 2 points** the exercises were so badly done that I had to put up *ou* raise *ou* increase all the marks by 2 points; **cela ne l'a pas relevé dans mon estime** that didn't raise him in my esteem *ou* estimation, that didn't improve my opinion of him, that did nothing to heighten my opinion of him.
   (e) *sauce, plat* to season, add seasoning *ou* spice to. ~ **le goût d'un mets avec des épices** to pep up *ou* bring out the flavour of a dish with spice *ou* by adding spice; **ce plat aurait pu être un peu plus relevé** this dish could have done with a bit more seasoning; (*fig*) **mettre des touches de couleurs claires pour** ~ **un tableau un peu terne** to add dabs of light colour to brighten *ou* liven up a rather dull picture; (*fig*) **bijoux qui relèvent la beauté d'une femme** jewellery that sets off *ou* enhances a woman's beauty.
   (f) (*relayer*) *sentinelle* to relieve, take over from. **à quelle heure viendra-t-on me** ~? when will I be relieved?, when is someone coming to take over from me?; ~ **la garde** to change the guard.
   (g) (*remarquer*) *faute* to pick out, find; *empreintes, faits* to find, discover. (*Jur*) **les charges relevées contre l'accusé** the charges laid against the accused.
   (h) (*inscrire*) *adresse, renseignement* to take down, note (down); *notes* to take down; *plan* to copy out, sketch; (*Naut*) *point* to plot; *compteur, électricité* to read. **j'ai relevé** ~ **le nom des témoins** I had the name of the witnesses noted (down) *ou* taken down; ~ **une cote** to plot an altitude.
   (i) *injure, calomnie* to react to, reply to; *défi* to accept, take up; answer. **je n'ai pas relevé cette insinuation** I ignored this insinuation, I did not react *ou* reply to this insinuation; **il a dit un gros mot mais je n'ai pas relevé** he said a rude word but I didn't react *ou* I ignored it; ~ **le gant** to take up the gauntlet.
   (j) (*ramasser*) *copies, cahiers* to collect (in), take in; (††) *mouchoir, gerbe* to pick up.
   (k) ~ **qn de qch** to release sb from sth; **je te relève de ta promesse** I release you from your promise; ~ **un fonctionnaire de ses fonctions** to relieve an official of his duties.
   2 relever de *vt indir* **(a)** (*se rétablir*) ~ **de maladie** to recover from *ou* get over an illness, get back on one's feet (after an illness); ~ **de couches** to recover from *ou* get over one's confinement.
   (b) (*être du ressort de*) to be a matter for, be the concern of; (*être sous la tutelle de*) to come under. **cela relève de la Sécurité sociale** that is a matter for *ou* the concern of the Social Security; **cela relève de la théologie** that is a matter for the theologians, that comes *ou* falls within the province of theology; **ce service relève du ministère de l'Intérieur** this service comes under the Home Office; **cette affaire ne relève pas de ma compétence** this matter does not come within my remit; **ça relève de l'imagination la plus fantaisiste** that is a product of the wildest imagination.
   3 *vi* (*remonter*) [*vêtement*] to pull up, go up. **jupe qui relève par devant** skirt that rides up at the front.
   4 se relever *vpr* **(a)** (*se remettre debout*) to stand *ou* get up (again), get back (on)to one's feet (again). **le boxeur se releva** the boxer got up again *ou* got back to his feet *ou* picked himself up; **l'arbitre a fait (se)** ~ **les joueurs** the referee made the players get up.
   (b) (*sortir du lit*) to get up; (*ressortir du lit*) to get up again. (*lit, euph*) **se** ~ **la nuit** to get up in the night; **il m'a fait (me)** ~ **pour que je lui apporte à boire** he made me get up to fetch him a drink.
   (c) (*remonter*) [*col*] to turn up, be turned up; [*strapontin*] to tip up, fold away; [*couvercle, tête de lit*] to lift up. **ses lèvres se relevaient dans un sourire** his mouth turned up in a smile; **est-ce que cette fenêtre se relève?** does this window go up?; **à l'heure où tous les stores de magasins se relèvent** when all the shop-blinds are going up.
   (d) (*se remettre de*) **se** ~ **de** *deuil, chagrin, honte* to recover from, get over; **se** ~ **de ses ruines/cendres** to rise from its ruins/ashes.

releveur [Rəlvœʀ] **1** *adj m*: **muscle** ~ levator (muscle). **2** *nm* **(a)** (*Anat*) levator. **(b)** [*compteur*] meter reader, meter man*. ~ **du gaz** gas meter reader.

relief [Rəljɛf] *nm* **(a)** (*Géog*) relief. **avoir un** ~ **accidenté** to be hilly; **région de peu de** ~ fairly flat region; **le** ~ **sous-marin** the relief of the sea bed.
   (b) (*saillies*) [*visage*] contours (*pl*); [*médaille*] relief, embossed *ou* raised design; (*Art*) relief. **la pierre ne présentait aucun** ~ the stone was quite smooth.
   (c) (*profondeur, contraste*) [*dessin*] relief, depth; [*style*] relief. **portrait/photographie qui a beaucoup de** ~ portrait/photograph which has plenty of relief *ou* depth; ~ **acoustique** *ou* **sonore** depth of sound; **personnage qui manque de** ~ rather flat *ou* uninteresting character; **votre dissertation manque de** ~ your essay is lacking in relief *ou* is rather flat.
   (d) **en** ~ *motif* in relief, raised; *caractères* raised, embossed; *photographie, cinéma* three-dimensional, 3-D*, stereoscopic; **l'impression est en** ~ the printing stands out in relief; **carte en** ~ relief map; **mettre en** ~ *intelligence* to bring out; *beauté, qualités* to set *ou* show off, enhance, accentuate; *idée* to bring out, accentuate; **l'éclairage mettait en** ~ **les imperfections de son visage** the lighting brought out *ou* accentuated *ou* showed off the imperfections of her face; **je tiens à mettre ce point en** ~ I wish to underline *ou* stress *ou* emphasize this point; **il essayait de se mettre en** ~ **en monopolisant la conversation** he was trying to draw attention to himself *ou* to get himself noticed by monopolizing the conversation.
   (e) ~**s** (†: *d'un repas*) remains, left-overs; (*littér*) **les** ~**s de sa gloire** the remnants of his glory.

relier [Rəlje] (7) *vt* (**a**) *points, mots* to join *ou* link up *ou* together; (*Élec*) to connect (up); *villes* to link (up); *idées* to link (up *ou* together); *faits* to connect (together), link (up *ou* together). ∼ **deux choses entre elles** to link *ou* join up two things, link *ou* join two things together; **des vols fréquents relient Paris à New York** frequent flights link *ou* connect Paris and *ou* with New York; **nous sommes reliés au studio par voiture-radio** we have a radio-car link to the studio; (*Téléc*) **nous sommes reliés à Paris par l'automatique** we are linked to Paris by the automatic dialling system; **ce verbe est relié à son complément par une préposition** this verb is linked to its complement by a preposition; ∼ **le passé au présent** to link the past to the present, link the past and the present (together).
(**b**) *livre* to bind; *tonneau* to hoop. **livre relié** bound volume, hard-back (book); **livre relié (en) cuir** leather-bound book, book bound in leather.
relieur, -euse [Rəljœʀ, øz] *nm, f* (book)binder.
religieusement [R(ə)liʒjøzmɑ̃] *adv* (*Rel, fig*) religiously; *écouter* religiously, reverently; *tenir sa parole* scrupulously, religiously. **vivre** ∼ to lead a religious life.
religieux, -euse [R(ə)liʒjø, øz] **1** *adj* (**a**) (*Rel*) *édifice, secte, cérémonie, opinion* religious; *art* sacred; *école, mariage, musique* church (*épith*); *vie, ordres, personne* religious. **l'habit** ∼ the monk's (*ou* nun's) habit.
(**b**) (*fig*) *respect, soin* religious; *silence* religious, reverent; V **mante.**
2 *nm* (*moine*) monk, friar.
3 religieuse *nf* (**a**) (*nonne*) nun.
(**b**) (*Culin*) iced (*Brit*) *ou* frosted (*US*) cream puff (*made with choux pastry*).
religion [R(ə)liʒjɔ̃] *nf* (**a**) (*ensemble de croyances*) **la** ∼ religion.
(**b**) (*culte*) (*Rel*) religion, (religious) faith; (*fig*) religion. **la** ∼ **musulmane** the Islamic religion *ou* faith; **la** ∼ **réformée** Calvinism; **se faire une** ∼ **de qch** to make a religion of sth; **elle a la** ∼ **de la propreté** cleanliness is a religion with her.
(**c**) (*foi*) (religious) faith. **sa** ∼ **est profonde** he (*ou* she) is a person of great (religious) faith; (*frm*) **avoir de la** ∼ to be religious.
(**d**) (*vie monastique*) monastic life. **elle est entrée en** ∼ she has taken her vows, she has become a nun.
religiosité [R(ə)liʒjozite] *nf* religiosity.
reliquaire [R(ə)likɛʀ] *nm* reliquary.
reliquat [R(ə)lika] *nm* [*dette*] remainder, outstanding amount *ou* balance; [*compte*] balance; [*somme*] remainder. **il subsiste un** ∼ **très important/un petit** ∼ there's a very large/a small amount left (over) *ou* remaining; **arrangez-vous pour qu'il n'y ait pas de** ∼ work it so that there is nothing left over.
relique [R(ə)lik] *nf* (*Rel, fig*) relic. **garder** *ou* **conserver qch comme une** ∼ to treasure sth.
relire [R(ə)liʀ] (43) *vt roman* to read again, reread; *manuscrit* to read through again, read over (again), reread. **je n'arrive pas à me** ∼ I can't manage to reread *ou* to read back what I've written.
reliure [Rəljyʀ] *nf* (*couverture*) binding; (*art, action*) (book)binding. ∼ **pleine** full binding; **donner un livre à la** ∼ to send a book for binding *ou* to the binder('s).
relogement [R(ə)lɔʒmɑ̃] *nm* rehousing.
reloger [R(ə)lɔʒe] (3) *vt* to rehouse.
relouer [Rəlwe] (1) *vt* [*locataire*] to rent again; [*propriétaire*] to relet (*Brit*), rent out again. **cette année je loue dans le Midi** this year I'm renting a place in the South of France again.
reluire [Rəlɥiʀ] (38) *vi* [*meuble, chaussures*] to shine, gleam; [*métal, carrosserie*] (*au soleil*) to gleam, shine; (*sous la pluie*) to glisten. **faire** ∼ **qch** to polish *ou* shine sth up, make sth shine; V **brosse.**
reluisant, e [Rəlɥizɑ̃, ɑ̃t] *adj* (**a**) *meubles, parquet, cuivres* shining, shiny, gleaming. ∼ **de graisse** shiny with grease; ∼ **de pluie** glistening in the rain.
(**b**) (*fig iro*) **peu** ∼ *avenir, résultat, situation* far from brilliant (*attrib*); *personne* despicable.
reluquer [R(ə)lyke] (1) *vt femme* to eye (up)*; *passant* to eye, squint at*; *objet* to have one's eye on.
rem [ʀɛm] *nm* rem.
remâcher [ʀ(ə)mɑʃe] (1) *vt* [*ruminant*] to ruminate; [*personne*] *passé, soucis, échec* to ruminate over *ou* on, chew over, brood on *ou* over; *colère* to nurse.
remaillage [R(ə)mɑjaʒ] *nm* = **remmaillage.**
remailler [R(ə)mɑje] (1) *vt* = **remmailler.**
remake [Rimɛk] *nm* (*Ciné*) remake.
rémanence [Remanɑ̃s] *nf* (*Phys*) remanence. ∼ **des images visuelles** after-imagery.
rémanent, e [Remanɑ̃, ɑ̃t] *adj magnétisme* residual; *pesticide* persistent. **image** ∼ **e** after-image.
remanger [R(ə)mɑ̃ʒe] (3) **1** *vt* (*manger de nouveau*) to have again; (*reprendre*) to have *ou* eat some more. **on a remangé du poulet aujourd'hui** we had chicken again today; **j'en remangerais bien** I'd like to have that again, I could eat that again.
2 *vi* to eat again, have something to eat again.
remaniement [R(ə)manimɑ̃] *nm* (*V* **remanier**) revision; reshaping, recasting; modification, reorganization; amendment; reshuffle. (*Pol*) ∼ **ministériel** cabinet reshuffle; **apporter un** ∼ **à** to revise; to reshape, recast; to modify, reorganize; to amend; to reshuffle.
remanier [R(ə)manje] (7) *vt roman, discours* to revise, reshape, recast; *encyclopédie* to revise; *programme* to modify, reorganize; *plan, constitution* to revise, amend; *cabinet, ministère* to reshuffle.
remaquiller [R(ə)makije] (1) **1** *vt*: ∼ **qn** to make sb up again. **2 se remaquiller** *vpr* (*complètement*) to make o.s. up again, redo one's face; (*rapidement*) to touch up one's make-up.

remarcher [ʀ(ə)maʀʃe] (1) *vi* [*personne*] to walk again; [*appareil*] to work again.
remariage [ʀ(ə)maʀjaʒ] *nm* second marriage, remarriage.
remarier [ʀ(ə)maʀje] (7) **1** *vt*: ∼ **sa fille** to remarry one's daughter; **il cherche à** ∼ **sa fille** he is trying to find another husband for his daughter. **2 se remarier** *vpr* to remarry, marry again.
remarquable [ʀ(ə)maʀkabl(ə)] *adj personne, exploit, réussite* remarkable, outstanding; *événement, fait* striking, noteworthy, remarkable. **il est** ∼ **par sa taille** he is notable for *ou* he stands out because of his height; **elle est** ∼ **par son intelligence** she is outstandingly intelligent.
remarquablement [ʀ(ə)maʀkabləmɑ̃] *adv beau, doué* remarkably, outstandingly; *réussir, jouer* remarkably *ou* outstandingly well.
remarque [ʀ(ə)maʀk(ə)] *nf* (**a**) (*observation*) remark, comment; (*critique*) critical remark; (*annotation*) note. **il m'en a fait la** ∼ he remarked *ou* commented on it to me, he made *ou* passed a remark *ou* made a comment about it to me; **je m'en suis moi-même fait la** ∼ that occurred to me as well, I thought that myself; **faire une** ∼ **à qn** to make a critical remark to sb, criticize sb; **il m'a fait des** ∼**s sur ma tenue** he passed comment *ou* he remarked on the way I was dressed.
(**b**) († , *littér*) **digne de** ∼ worthy of note, noteworthy.
remarqué, e [ʀ(ə)maʀke] (*ptp de* **remarquer**) *adj entrée, absence* conspicuous. **elle a fait un discours très** ∼ she made a speech which attracted considerable attention.
remarquer [ʀ(ə)maʀke] (1) *vt* (**a**) (*apercevoir*) to notice. **je l'ai remarqué dans la foule** I caught sight of *ou* noticed him in the crowd; **avec ce chapeau, comment ne pas la** ∼ **!** with that hat on, how can you fail to notice her?; **l'impresario avait remarqué la jeune actrice lors d'une audition** the impresario had noticed the young actress at an audition, the young actress had come to the notice of the impresario at an audition; **il entra sans être remarqué** *ou* **sans se faire** ∼ he came in unnoticed *ou* without being noticed *ou* without drawing attention to himself; **cette tache se remarque beaucoup/à peine** this stain is quite/hardly noticeable, this stain shows badly/hardly shows; **sa jalousie se remarque beaucoup** his jealousy is very obvious *ou* is very noticeable; **ça ne se remarquera pas** no one will notice it; **c'est une femme qui cherche à/aime se faire** ∼ she's a woman who tries/likes to be noticed *ou* to draw attention to herself; **je remarque que vous avez une cravate** I notice *ou* see *ou* note that you are wearing a tie; **je remarque que vous ne vous êtes pas excusé** I note that you did not apologize; **ça finirait par se** ∼ people would start to notice *ou* start noticing.
(**b**) (*faire une remarque*) to remark, observe. **tu es sot, remarqua son frère** you're stupid, his brother remarked *ou* observed; **il remarqua qu'il faisait froid** he remarked *ou* commented *ou* observed that it was cold; **remarquez (bien) que je n'en sais rien** mark you *ou* mind you I don't know; **ça m'est tout à fait égal, remarque!** I couldn't care less, mark you! *ou* mind you!* *ou* I can tell you!
(**c**) **faire** ∼ *détail, erreur* to point out, draw attention to; **il me fit** ∼ **qu'il faisait nuit/qu'il était tard** he pointed out to me that it was dark/late; **il me fit** ∼ **qu'il** drew my attention to the fact that it was dark/late; **il me fit** ∼ **qu'il était d'accord avec moi** he pointed out (to me) that he agreed with me; **je te ferai seulement** ∼ **que tu n'as pas de preuves** I should just like to point out (to you) that you have no proof.
(**d**) (*marquer de nouveau*) to remark, mark again.
remballage [ʀɑ̃balaʒ] *nm* (*V* **remballer**) packing (up) again; rewrapping.
remballer [ʀɑ̃bale] (1) *vt* to pack (up) again; (*dans du papier*) to rewrap. **remballe ta marchandise!**‡ you can clear off and take that stuff with you!‡; **tu n'as qu'à** ∼ **tes commentaires!**‡ you know what you can do with your remarks!*, you can stuff your remarks!‡ (*Brit*).
rembarquement [ʀɑ̃baʀkəmɑ̃] *nm* (*V* **rembarquer**) re-embarkation; reloading.
rembarquer [ʀɑ̃baʀke] (1) **1** *vt passagers* to re-embark; *marchandises* to reload. **2** *vi* to re-embark, go back on board (ship). **faire** ∼ **les passagers** to re-embark the passengers. **3 se rembarquer** *vpr* to re-embark, go back on board (ship).
rembarrer [ʀɑ̃baʀe] (1) *vt*: ∼ **qn** (*recevoir avec froideur*) to brush sb aside, rebuff sb; (*remettre à sa place*) to put sb in his place, take sb down a peg or two.
remblai [ʀɑ̃blɛ] *nm* (*Rail, pour route*) embankment; (*Constr*) cut. (**terre de**) ∼ (*Rail*) ballast, remblai; (*pour route*) hard core; (*Constr*) backfill; **travaux de** ∼ (*Rail, pour route*) embankment work; (*Constr*) cutting work; (*Aut*) ∼**s récents** soft verges.
remblaver [ʀɑ̃blave] (1) *vt* (*Agr*) to resow.
remblayage [ʀɑ̃blɛjaʒ] *nm* (*V* **remblayer**) banking up; filling in *ou* up.
remblayer [ʀɑ̃blɛje] (8) *vt route, voie ferrée* to bank up; *fossé* to fill in *ou* up.
rembobiner [ʀɑ̃bɔbine] (1) *vt film, bande magnétique* to rewind, wind back; *fil* to rewind, wind up again.
remboîtage [ʀɑ̃bwataʒ] *nm*, **remboîtement** [ʀɑ̃bwatmɑ̃] *nm* (*V* **remboîter**) fitting together; putting back; reassembly; recasing.
remboîter [ʀɑ̃bwate] (1) *vt tuyaux* to fit together again, reassemble; *os* to put back into place; *livre* to recase.
rembourrage [ʀɑ̃buʀaʒ] *nm* (*V* **rembourrer**) stuffing; padding.
rembourrer [ʀɑ̃buʀe] (1) *vt fauteuil, matelas* to stuff; *vêtement* to pad. **bien rembourré** *coussin* well-filled, well-padded; *personne* well-padded; (*hum*) **mal rembourré, rembourré avec des noyaux de pêches** as hard as rock *ou* iron.
remboursable [ʀɑ̃buʀsabl(ə)] *adj billet* refundable; *emprunt* repayable.
remboursement [ʀɑ̃buʀsəmɑ̃] *nm* (*V* **rembourser**) repayment;

settlement; reimbursement. **obtenir le ～ de son repas** to get one's money back for one's meal, get a refund on one's meal; **envoi contre ～** cash with order.

rembourser [ʀɑ̃buʀse] (1) *vt dette* to pay back *ou* off, repay, settle (up); *emprunt* to pay back *ou* off, repay; *somme* to reimburse, repay, pay back; *créancier* to pay back *ou* off, repay, reimburse. **～ qn de qch** to reimburse sth to sb, reimburse sb for sth, repay sb sth; **～ qn de ses dépenses** to refund *ou* reimburse sb's expenses; **je te rembourserai demain** I'll pay you back *ou* repay you tomorrow, I'll settle *ou* square up with you tomorrow; **je me suis fait ～ mon repas/mon voyage** I got my money back for my meal/journey, I got back the cost of my meal/journey, I got the cost of my meal/journey refunded; **est-ce remboursé par la Sécurité sociale?** is it reimbursed by the Social Security?, can we get it back from Social Security?; **～ un billet de loterie** to refund the price of a lottery ticket; (*Théât*) **remboursez!** we want our money back! *ou* a refund!; **puisqu'il n'avait pas l'argent qu'il me devait, je me suis remboursé en prenant son manteau!** since he didn't have the money he owed me, I helped myself to his coat by way of repayment!

rembrunir (se) [ʀɑ̃bʀyniʀ] (2) *vpr [visage, traits]* to darken, cloud (over); *[ciel]* to become overcast, darken, cloud over. **le temps se rembrunit** it's clouding over, it's going cloudy.

rembrunissement [ʀɑ̃bʀynismɑ̃] *nm* (*littér*) *[visage, front]* darkening.

remède [ʀ(ə)mɛd] *nm* (a) (*Méd*) (*traitement*) remedy, cure; (*médicament*) medicine. **prescrire/prendre un ～ pour un lumbago** to give/take something *ou* some medicine for lumbago; **～ de bonne femme** old wives' *ou* folk cure *ou* remedy; **～ souverain/de cheval** sovereign/drastic remedy; **～ universel** cure-all, universal cure.

(b) (*fig*) remedy, cure. **porter ～ à qch** to cure sth, find a cure for sth, remedy sth; **la situation est sans ～** there is no remedy for the situation, the situation cannot be remedied *ou* is beyond remedy; **le ～ est pire que le mal** the cure is worse than the disease, the solution is even worse than the evil it is designed to remedy; **c'est un ～ à** *ou* **contre l'amour!** * she's (*ou* he's) enough to put you off the opposite sex altogether!*; *V* à.

remédiable [ʀ(ə)medjabl(ə)] *adj mal* that can be remedied *ou* cured, remediable.

remédier [ʀ(ə)medje] (7) **remédier à** *vt indir* (*lit*) *maladie* to cure; (*fig*) *mal, situation* to remedy, put right; *abus* to remedy, right; *perte* to remedy, make good; *besoin* to remedy; *inconvénient* to remedy, find a remedy for; *difficulté* to find a solution for, solve.

remembrement [ʀ(ə)mɑ̃bʀəmɑ̃] *nm* regrouping of lands.

remembrer [ʀ(ə)mɑ̃bʀe] (1) *vt terres* to regroup; *exploitation* to regroup the lands of.

remémoration [ʀ(ə)memɔʀasjɔ̃] *nf* recall, recollection.

remémorer (se) [ʀ(ə)memɔʀe] (1) *vpr* to recall, recollect.

remerciement [ʀ(ə)mɛʀsimɑ̃] *nm* (a) **～s** thanks; (*dans un livre*) acknowledgements; **avec tous mes ～s** with many thanks, with my grateful thanks; **faire ses ～s à qn** to thank sb, express one's thanks to sb.

(b) (*action*) thanks (*pl*), thanking. **le ～ est souvent hypocrite** thanking is often hypocritical; **il lui fit un ～ embarrassé** he thanked him in an embarrassed way, he said an embarrassed thank you to him; **lettre de ～** thank-you letter, letter of thanks; **lire un ～ à qn** to read a message of thanks to sb.

remercier [ʀ(ə)mɛʀsje] (7) *vt* (a) (*dire merci*) to thank (*qn de ou pour qch* sb for sth, *qn d'avoir fait qch* for doing sth). **～ le ciel** *ou* **Dieu** to thank God; **～ qn par un cadeau/d'un pourboire** to thank sb with a present/with a tip, give sb a present/a tip by way of thanks; **je ne sais comment vous ～** I can't thank you enough, I don't know how to thank you; **il me remercia d'un sourire** he thanked me with a smile, he smiled his thanks; **je vous remercie** (I) thank you; **tu peux me ～!** you've got me to thank for that!; (*iro*) **je te remercie de tes conseils** thanks for the advice (*iro*), I can do without your advice (thank you) (*iro*).

(b) (*refuser poliment*) **vous voulez boire? — je vous remercie** would you like a drink? — no thank you.

(c) (*euph: renvoyer*) *employé* to dismiss (*from his job*).

remettant [ʀ(ə)metɑ̃] *nm* (*Fin*) remitter.

remettre [ʀ(ə)mɛtʀ(ə)] (56) **1** *vt* (a) (*replacer*) *objet* to put back, replace (*dans* in(to), *sur* on); *os luxé* to put back in place. **～ un enfant au lit** to put a child back (in)to bed; **～ un enfant à l'école** to send a child back to school; **～ qch à cuire** to put sth on to cook again; **～ debout** *enfant* to stand back on his feet; *objet* to stand up again; **～ qch droit** to put *ou* set sth straight again; **～ un bouton à une veste** to sew *ou* put a button back on a jacket; **il a remis l'étagère/la porte qu'il avait enlevée** he put the shelf back up/ rehung the door that he had taken down; **je ne veux plus ～ les pieds ici!** I never want to set foot in here again!; **～ qn sur la bonne voie** to put sb back on the right track; (*fig: rembarrer*) **～ qn à sa place** to take sb down a peg or two, put sb in his place; **～ un enfant insolent à sa place** to put an insolent child in his place.

(b) (*porter de nouveau*) *vêtement, chapeau* to put back on, put on again. **j'ai remis mon manteau d'hiver** I'm wearing my winter coat again.

(c) (*replacer dans une situation*) **～ un appareil en marche** to restart a machine, start a machine (up) again, set a machine going again; **～ le moteur en marche** to start up the engine again; **～ une coutume en usage** to revive a custom; **～ en question** *institution, autorité* to (call into) question, challenge; *projet, accord* to cast doubt over, throw back into question; **tout est remis en question à cause du mauvais temps** everything's in the balance again because of the bad weather, the bad weather throws the whole thing back into question; **～ une pendule à l'heure** to put (*Brit*) *ou* set a clock right; **～ qch à neuf** to make sth as good as new again;

～ qch en état to repair *ou* mend sth; **le repos l'a remise (sur pied)** the rest has set her back on her feet; **～ de l'ordre dans qch** (*ranger*) to tidy sth up, sort sth out; (*classer*) to sort sth out.

(d) (*donner*) *lettre, paquet* to hand over, deliver; *clefs* to hand in *ou* over, give in, return; *récompense* to present; *devoir* to hand in, give in; *rançon* to hand over; *démission* to hand in, give in, tender (*à* to). **il s'est fait ～ les clefs par la concierge** he got the keys from the concierge, he had the keys given to him by the concierge; **～ un enfant à ses parents** to return a child to his parents; **～ un criminel à la justice** to hand a criminal over to the law; **～ à qn un porte-monnaie volé** to hand *ou* give back *ou* return a stolen purse to sb.

(e) (*ajourner*) *réunion* to put off, postpone (*à* until), put back (*Brit*) (*à* to); (*Jur*) to adjourn (*à* until); *décision* to put off, postpone, defer (*à* until); *date* to put back (*Brit*), postpone (*à* to). **une visite qui ne peut se ～** (à plus tard) a visit that can't be postponed *ou* put off; **～ un rendez-vous à jeudi/au 8** to put off *ou* postpone an appointment till Thursday/the 8th; **il ne faut jamais ～ à demain** *ou* **au lendemain ce qu'on peut faire le jour même** procrastination is the thief of time, never put off till tomorrow what you can do today.

(f) (*se rappeler*) to remember. **je vous remets très bien†** I remember you very well; **je ne me le remets pas†** I can't place him, I don't remember him; (*rappeler*) **～ qch en esprit** *ou* **en mémoire à qn** to remind sb of sth, recall sth to sb; **ce livre m'a remis ces événements en mémoire** this book reminded me of these events *ou* brought these events to mind.

(g) (*rajouter*) *vinaigre, sel* to add more, put in (some) more; *verre, coussin* to add; *maquillage* to put on (some) more. **j'ai froid, je vais ～ un tricot** I'm cold — I'll go and put another jersey on; **～ de l'huile dans le moteur** to top up the engine with oil; **en remettant un peu d'argent, vous pourriez avoir le grand modèle** if you put a little more (money) to it you could have the large size; **il faut ～ de l'argent sur le compte, nous sommes débiteurs** we'll have to put some money into the account as we're overdrawn; **en ～*** to overdo it.

(h) *radio, chauffage* to put *ou* turn *ou* switch on again. **il y a eu une coupure mais le courant a été remis à midi** there was a power cut but the electricity came back on again *ou* was put back on again at midday; **～ le contact** to turn the ignition on again.

(i) (*faire grâce de*) *dette, peine* to remit; *péché* to forgive, pardon, remit. **～ une dette à qn** to remit sb's debt, let sb off a debt; **～ une peine à un condamné** to remit a prisoner's sentence.

(j) (*confier*) **～ son sort/sa vie entre les mains de qn** to put one's fate/life into sb's hands; **～ son âme à Dieu** to commit one's soul to God *ou* into God's keeping.

(k) **～ ça*** : (*démarches*) **dire qu'il va falloir ～ ça!** to think that we'll have to go through all that again! *ou* through a repeat performance!*; **quand est-ce qu'on remet ça?** when will the next time be?; **on remet ça?** (*partie de cartes*) shall we have another game?; (*au café*) shall we have another drink? *ou* round?; (*travail*) let's get back to it*, let's get down to it again, let's get going again*; **garçon remettez-nous ça!** (the) same again please!*; (*bruit*) **les voilà qui remettent ça!** here *ou* there they go again!*, they're at it again!*; **tu ne vas pas ～ ça avec tes critiques** no more of your criticism(s); **le gouvernement va ～ ça avec les économies d'énergie** the government is going to get going on energy saving again*.

2 se remettre *vpr* (a) (*recouvrer la santé*) to recover, get better, pick up. **se ～ d'une maladie/d'un accident** to recover from *ou* get over an illness/an accident; **remettez-vous!** pull yourself together!

(b) (*recommencer*) **se ～ à (faire) qch** to start (doing) sth again; **se ～ à fumer** to take up *ou* start smoking again; **il s'est remis au tennis/au latin** he has taken up tennis/Latin again; **après son départ il se remit à travailler** *ou* **au travail** after she had gone he started working again *ou* went back *ou* got back to work; **il se remet à faire froid** the weather *ou* it is getting *ou* turning cold again; **le temps s'est remis au beau** the weather has turned fine again, the weather has picked up again; **se ～ en selle** to remount, get back on one's horse; **se ～ debout** to get back to one's feet, get (back) up again, stand up again.

(c) (*se confier*) **se ～ entre les mains de qn** to put o.s. in sb's hands; **je m'en remets à vous** I'll leave it (up) to you, I'll leave the matter in your hands; **s'en ～ à la décision de qn** to leave it to sb to decide; **s'en ～ à la discrétion de qn** to leave it to sb's discretion.

(d) (*se réconcilier*) **se ～ avec qn** to make it up with sb, make *ou* patch up one's differences with sb; **ils se sont remis ensemble** they've come back *ou* they are back together again.

remeubler [ʀ(ə)mœble] (1) **1** *vt* to refurnish. **2 se remeubler** *vpr* to refurnish one's house, get new furniture.

rémige [ʀemiʒ] *nf* remix.

remilitarisation [ʀ(ə)militaʀizasjɔ̃] *nf* remilitarization.

remilitariser [ʀ(ə)militaʀize] (1) *vt* to remilitarize.

réminiscence [ʀeminisɑ̃s] *nf* (*faculté mentale: Philos, Psych*) reminiscence; (*souvenir*) reminiscence, vague recollection. **sa conversation était truffée de ～s littéraires** literary influences were constantly in evidence in his conversation; **mon latin est bien rouillé, mais j'ai encore quelques ～s** my Latin is very rusty but I've retained *ou* I still recollect a little; **on trouve des ～s de Rabelais dans l'œuvre de cet auteur** there are echoes of Rabelais in this author's work, parts of this author's work are reminiscent of Rabelais.

remisage [ʀ(ə)mizaʒ] *nm [outil, voiture]* putting away.

remise [ʀ(ə)miz] **1** *nf* (a) (*livraison*) *[lettre, paquet]* delivery; *[clefs]* handing over; *[récompense]* presentation; *[devoir]* handing in; *[rançon]* handing over, hand-over. (*Jur*) **～ de parts** transfer *ou* conveyance of legacy.

(b) (*grâce*) *[péchés]* remission, forgiveness, pardon; *[dette]* remission; *[peine]* remission, reduction (*de* of, in). **le condamné a bénéficié d'une importante ~ de peine** the prisoner was granted a large reduction in his sentence.
(c) (*Comm: rabais*) discount, reduction. **ils font une ~ de 5% sur les livres scolaires** they're giving *ou* allowing (a) 5% discount *ou* reduction on school books.
(d) (*local: pour outils, véhicules*) shed.
(e) (*ajournement*) *[réunion]* postponement, deferment, putting off *ou* back (*Brit*); *[décision]* putting off. **~ à quinzaine d'un débat** postponement of a debate for a fortnight.
2: remise en cause calling into question; **remise en état** *[machine]* repair(ing); *[tableau, meuble ancien]* restoration; (*Sport*) **remise en jeu** (*Hockey*) face-off; (*Ftbl*) throw-in; (*Rugby*) **remise en jeu (à la touche)** throw-in; **remise à jour** updating, bringing up to date; **remise en marche** restarting, starting (up) again; **remise à neuf** restoration; **remise en ordre** reordering, sorting out; **remise en place** *[os, étagère]* putting back in place; **remise en question** calling into question; (*Ftbl*) **remise en touche** = **remise en jeu**.
remiser [ʀ(ə)mize] (1) **1** *vt* **(a)** *voiture, outil, valise* to put away. **(b)** (*: *rembarrer*) *personne* to send sb packing*. **2** *vi* (*Jeu*) to make another bet, bet again. **3 se remiser** *vpr [gibier]* to take cover.
rémissible [ʀemisibl(ə)] *adj* remissible.
rémission [ʀemisjɔ̃] *nf* **(a)** *[péchés]* remission, forgiveness; (*Jur*) remission.
(b) (*Méd*) *[maladie]* remission; *[douleur]* subsidence, abatement; *[fièvre]* subsidence, lowering, abatement; (*fig littér: dans la tempête, le travail*) lull.
(c) **sans ~** *travailler, torturer, poursuivre* unremittingly, relentlessly; *payer* without fail; *mal, maladie* irremediable; **si tu recommences tu seras puni sans ~** if you do it again you'll be punished without fail.
remmaillage [ʀɑ̃majaʒ] *nm* (*V* **remmailler**) darning; mending.
remmailler [ʀɑ̃maje] (1) *vt tricot, bas* to darn; *filet* to mend.
remmailleuse [ʀɑ̃majøz] *nf* darner.
remmailloter [ʀɑ̃majɔte] (1) *vt bébé* to change.
remmancher [ʀɑ̃mɑ̃ʃe] (1) *vt couteau, balai* (*remettre le manche*) to put the handle back on; (*remplacer le manche*) to put a new handle on.
remmener [ʀɑ̃mne] (5) *vt* to take back, bring back. **~ qn chez lui** to take sb back home; **~ qn à pied** to walk sb back; **~ qn en voiture** to give sb a lift back, drive sb back.
remodelage [ʀ(ə)mɔdlaʒ] *nm* (*V* **remodeler**) remodelling; replanning; reorganization, restructuring.
remodeler [ʀ(ə)mɔdle] (5) *vt visage* to remodel; *ville* to replan; *profession, organisation* to reorganize, restructure.
rémois, e [ʀemwa, waz] **1** *adj* of *ou* from Rheims. **2** *nm,f*: **R~(e)** inhabitant *ou* native of Rheims.
remontage [ʀ(ə)mɔ̃taʒ] *nm [montre]* rewinding, winding up; *[machine, meuble]* reassembly, putting back together; *[tuyau]* putting back.
remontant, e [ʀ(ə)mɔ̃tɑ̃, ɑ̃t] **1** *adj* **(a)** *boisson* invigorating, fortifying. **(b)** (*Horticulture*) *rosier* reflowering, remontant (*T*); *fraisier, framboise* double-cropping *ou* -fruiting. **rosier fortement/faiblement ~** rosebush which has a strong/poor second flowering. **2** *nm* tonic, pick-me-up*.
remonte [ʀ(ə)mɔ̃t] *nf* **(a)** *[bateau]* sailing upstream, ascent; *[poissons]* run. **(b)** (*Équitation*) (*fourniture de chevaux*) remount; (*service*) remount department.
remontée [ʀ(ə)mɔ̃te] *nf [côte]* ascent, climbing; *[rivière]* ascent; *[eaux]* rising. **la ~ des mineurs par l'ascenseur** bringing miners up by lift; **il ne faut pas que la ~ du plongeur soit trop rapide** the diver must not go back up *ou* rise too quickly; **la ~ de l'or à la Bourse** the rise in the price *ou* value of gold on the Stock Exchange; **faire une (belle) ~** to catch up the lost ground (well), make a (good) recovery; **faire une ~ spectaculaire (de la 30e à la 2e place)** to make a spectacular recovery (from 30th to 2nd place); (*Sport*) **~ mécanique** ski lift.
remonte-pente, *pl* **remonte-pentes** [ʀ(ə)mɔ̃tpɑ̃t] *nm* ski tow.
remonter [ʀ(ə)mɔ̃te] (1) **1** *vi* (*avec aux être*) **(a)** (*monter à nouveau*) to go *ou* come back up. **il remonta à pied** he walked back up; **remonte me voir** come back up and see me; **je remonte demain à Paris (en voiture)** I'm driving back up to Paris tomorrow; **il remonta sur la table** he climbed back (up) onto the table; **~ sur le trône** to come back *ou* return to the throne; (*Théât*) **~ sur les planches** to go back on the stage *ou* the boards.
(b) (*dans un moyen de transport*) **~ en voiture** to get back into one's car, get into one's car again; **~ à cheval** (*se remettre en selle*) to remount (one's horse), get back on(to) one's horse; (*se remettre à faire du cheval*) to take up riding again; (*Naut*) **~ à bord** to go back on board (a ship).
(c) (*s'élever de nouveau*) *[marée]* to come in again; *[prix, température, baromètre]* to rise again, go up again; *[colline, route]* to go up again, rise again. **la mer remonte** the tide is coming in again; **la fièvre remonte** his temperature is rising *ou* going up again; **les prix ont remonté en flèche** prices shot up *ou* rocketed again; (*fig*) **ses actions remontent** things are looking up for him (again), his fortunes are picking up (again); **il remonte dans mon estime** my opinion of him is growing again, he is redeeming himself in my eyes; **il est remonté de la 7e à la 3e place** he has come up *ou* recovered from 7th to 3rd place.
(d) *[vêtement]* to go up, pull up. **sa robe remonte sur le côté** her dress goes *ou* pulls up at the side *ou* is higher on one side; **sa jupe remonte quand elle s'assoit** her skirt rides up *ou* pulls up *ou* goes up when she sits down.
(e) (*réapparaître*) to come back. **les souvenirs qui remontent à ma mémoire** memories which come back to me *ou* to my mind; **~**

à la surface to come back up to the surface, resurface; **sous-marin qui remonte en surface** submarine which is coming back up to the surface *ou* which is resurfacing; **une mauvaise odeur remontait de l'égout** a bad smell was coming *ou* wafting up out of the drain.
(f) (*retourner*) to return, go back. **~ à la source/cause** to go back *ou* return to the source/cause; **~ de l'effet à la cause** to go back from the effect to the cause; (*Naut*) **~ au vent** *ou* **dans le vent** to tack close to the wind; **il faut ~ plus haut** *ou* **plus loin pour comprendre l'affaire** you must go *ou* look further back to understand this business; **~ jusqu'au coupable** to trace right back to the guilty person; **aussi loin que remontent ses souvenirs** as far back as he can remember; **~ dans le temps** to go back in time; **cette histoire remonte à une époque reculée/à plusieurs années** this story dates back *ou* goes back a very long time/several years; (*hum*) **tout cela remonte au déluge!** (*c'est vieux comme le monde*) all that's as old as the hills!; (*c'est passé depuis longtemps*) all that was ages ago! *ou* donkey's years ago!* (*Brit hum*); **on ne va pas ~ au déluge!** we're not going back over ancient history again!; **la famille remonte aux croisades** the family goes *ou* dates back to the time of the Crusades.
2 *vt* (*avec aux avoir*) **(a)** *étage, côte, marche* to go *ou* climb back up; *rue* to go *ou* come back up. **~ l'escalier en courant** to rush *ou* run back upstairs; **~ la rue à pas lents** to walk slowly (back) up the street; **~ le courant/une rivière (à la nage)** to swim (back) upstream/up a river; (*en barque*) to sail *ou* row (back) upstream/up a river; (*fig*) **~ le courant** *ou* **la pente** to begin to get back on one's feet again *ou* pick up again.
(b) (*rattraper*) *adversaire* to catch up with. **~ la procession** to move up towards *ou* work one's way towards the front of the procession; **se faire ~ par un adversaire** to let o.s. be caught up by an opponent; **il a 15 points/places à ~ pour être 2e** he has 15 marks/places to catch up in order to be 2nd.
(c) (*relever*) *mur* to raise, heighten; *tableau, étagère* to raise, put higher up; *vitre (en poussant)* to push up; (*avec manivelle*) to wind up; *store* to roll up, raise; *pantalon, manche* to roll up, roll up; *chaussettes* to pull up; *col* to turn up; *jupe* to pick up, raise; (*fig*) *mauvaise note* to put up, raise.
(d) (*reporter*) to take *ou* bring back up. **~ une malle au grenier** to take *ou* carry a trunk back up to the attic.
(e) *montre, mécanisme* to wind up. (*fig*) **il est remonté, il n'arrête pas de parler!*** he's full of beans and won't stop talking!*; **il est remonté à bloc aujourd'hui** he's on top form today.
(f) (*réinstaller*) *machine, moteur, meuble* to put together again, put back together (again), reassemble; *robinet, tuyau* to put back. **ils ont remonté une usine à Lyon** they have set up *ou* built a factory in Lyons again; **il a eu du mal à ~ les roues de sa bicyclette** he had a job putting *ou* getting the wheels back on his bicycle.
(g) (*réassortir*) *garde-robe* to renew, replenish; *magasin* to restock. **mon père nous a remontés en vaisselle** my father has given us a whole new stock of crockery; **~ son ménage** (*meubles*) to buy all new furniture, refurnish one's house; (*linge*) to buy all new linen.
(h) (*remettre en état*) *personne* (*physiquement*) to set *ou* buck* up (again); (*moralement*) to cheer *ou* buck* up (again); *entreprise* to put *ou* set back on its feet; *mur en ruines* to rebuild. **~ le moral de qn** to raise sb's spirits, cheer *ou* buck* sb up; **le nouveau directeur a bien remonté cette firme** the new manager has really got this firm back on its feet; **ce contrat remonterait bien mes affaires** this contract would really give a boost to business for me.
(i) (*Théât*) *pièce* to restage, put on again.
3 se remonter *vpr* **(a)** **se ~ en boîtes de conserves** to get in (further) stocks of canned food, replenish one's stocks of canned food; **se ~ en linge** to build up one's stock of linen again; **se ~ en chaussures** to get some new shoes; **tu as besoin de te ~ en chemises** you need a few new shirts.
(b) (*physiquement*) to buck* *ou* set o.s. up (again). (*moralement*) **se ~ (le moral)** to raise (one's spirits), cheer *ou* buck* o.s. up.
remontoir [ʀ(ə)mɔ̃twaʀ] *nm [montre]* winder; *[jouet, horloge]* winding mechanism.
remontrance [ʀ(ə)mɔ̃tʀɑ̃s] *nf* **(a)** remonstrance, reproof, reprimand, admonition (*frm*). **faire des ~s à qn (au sujet de qch)** to remonstrate with sb (about sth), reprove *ou* reprimand *ou* admonish (*frm*) sb (for sth). **(b)** (*Hist*) remonstrance.
remontrer [ʀ(ə)mɔ̃tʀe] (1) *vt* **(a)** (*montrer de nouveau*) to show again. **remontrez-moi la bleue** show me the blue one again, let me have another look at the blue one; **ne te remontre plus ici** don't show your face *ou* yourself here again.
(b) **en ~ à qn: dans ce domaine, il pourrait t'en ~** he could teach you a thing or two in this field; **il a voulu m'en ~, mais je l'ai remis à sa place** he wanted to prove his superiority to me *ou* to show he knew better than I but I soon put him in his place; **ce n'est pas la peine de m'en ~, je connais cela mieux que toi** don't bother trying to teach me anything — I know all that better than you, it's no use your trying to prove you know better than I — you can't teach me anything about that.
(c) (†, *littér*) *faute* to point out (*à* to).
remordre [ʀ(ə)mɔʀdʀ(ə)] (41) *vt* (*lit*) to bite again. (*fig*) **~ à peinture, sport** to take to again; *travail* to tackle again; (*fig*) **~ à l'hameçon** to rise to the bait again.
remords [ʀ(ə)mɔʀ] *nm* remorse (*U*). **j'éprouve quelques ~ à l'avoir laissé seul** I am somewhat conscience-stricken *ou* I feel some remorse at having left him alone; **j'ai eu un ~ de conscience, je suis allé vérifier** I had second thoughts *ou* I thought better of it and went to check; **~ cuisants** agonies of remorse; **avoir des ~** to feel remorse, be smitten with remorse, be conscience-stricken; **n'avoir aucun ~** to have no (feeling of)

remorse, feel no remorse; **je le tuerais sans (le moindre)** ~ I should kill him without (the slightest) compunction *ou* remorse.

remorquage [R(ə)mɔRkaʒ] *nm* (V **remorquer**) towing; pulling, hauling; tugging.

remorque [R(ə)mɔRk(ə)] *nf* (a) (*véhicule*) trailer; (*câble*) towrope, towline; *V* **camion, semi-**.

(b) (*loc*) **prendre une voiture en** ~ to tow a car; **'en** ~**'** 'on tow'; (*péj*) **être à la** ~ **de** (*lit, fig*) to tag behind; **quand ils vont se promener ils ont toujours la belle-mère en** ~ whenever they go for a walk they always have the mother-in-law in tow *ou* tagging along *ou* they always drag along the mother-in-law; [*pays*] **être à la** ~ **d'une grande puissance** to trail behind a great power.

remorquer [R(ə)mɔRke] (1) *vt voiture, caravane* to tow; *train* to pull, haul; *bateau, navire* to tow, tug. **je suis tombé en panne et j'ai dû me faire** ~ **jusqu'au village** I had a breakdown and had to get a tow *ou* get myself towed as far as the village; (*fig*) ~ **toute la famille derrière soi** to have the whole family in tow, trail *ou* drag the whole family along (with one).

remorqueur [R(ə)mɔRkœR] *nm* tug(boat).

remoudre [R(ə)mudR(ə)] (47) *vt café, poivre* to regrind, grind again.

remouiller [R(ə)muje] (1) *vt* (a) to wet again. ~ **du linge à repasser** to (re)dampen washing ready for ironing; **se faire** ~ (**par la pluie**) to get wet (in the rain) again; **je viens de m'essuyer les mains, je ne veux pas me les** ~ I've just dried my hands and I don't want to get them wet *ou* to wet them again.

(b) (*Naut*) ~ (**l'ancre**) to drop anchor again.

rémoulade [Remulad] *nf* remoulade, rémoulade (*dressing containing mustard and herbs*); *V* **céleri**.

remoulage [R(ə)mulaʒ] *nm* (a) (*Art*) recasting. (b) (*Tech*) [*café*] regrinding; [*farine*] remilling.

remouler [R(ə)mule] (1) *vt statue* to recast.

rémouleur [RemulœR] *nm* (knife- *ou* scissor-)grinder.

remous [R(ə)mu] *nm* (a) [*bateau*] (back)wash (*U*); [*eau*] swirl, eddy; [*air*] eddy; [*foule*] bustle (*U*), bustling. **emporté par les** ~ **de la foule** swept along by the bustling *ou* milling crowd *ou* by the bustle of the crowd.

(b) (*agitation*) upheaval, stir (*U*). ~ **d'idées** whirl *ou* swirl of ideas; **les** ~ **provoqués par ce divorce** the stir caused by this divorce.

rempaillage [Rɑ̃pajaʒ] *nm* reseating, rebottoming (*with straw*).

rempailler [Rɑ̃paje] (1) *vt chaise* to reseat, rebottom (*with straw*).

rempailleur, -euse [Rɑ̃pajœR, øz] *nm,f* [*chaise*] upholsterer, chair-bottomer.

rempaqueter [Rɑ̃pakte] (4) *vt* to wrap up again, rewrap.

rempart [Rɑ̃paR] *nm* (a) (*Mil*) rampart. ~**s** [*ville*] city walls, ramparts; [*château fort*] battlements, ramparts. (b) (*fig*) defence, bastion, rampart (*littér*). **faire à qn un** ~ **de son corps** to shield sb with one's (own) body.

rempiler [Rɑ̃pile] (1) **1** *vt* to pile *ou* stack up again. **2** *vi* (*arg Mil*) to join up again, re-enlist, re-up‡ (*US*).

remplaçable [Rɑ̃plasabl(ə)] *adj* replaceable.

remplaçant, e [Rɑ̃plasɑ̃, ɑ̃t] *nm,f* replacement, substitute; (*Méd*) locum (*Brit*); (*Sport*) reserve; (*pendant un match*) substitute; (*Théât*) understudy; (*Scol*) supply (*Brit*) *ou* substitute (*US*) teacher. **être le** ~ **de qn** to stand in for sb; **trouver un** ~ **à un professeur malade** to get sb to stand in *ou* substitute for a sick teacher; **il faut lui trouver un** ~ we must find a replacement *ou* a substitute for him.

remplacement [Rɑ̃plasmɑ̃] *nm* (a) (*intérim: V* **remplacer**) standing in (*de* for); substitution (*de* for), deputizing (*de* for). **assurer le** ~ **d'un collègue pendant sa maladie** to stand in *ou* deputize (*Brit*) for a colleague during his illness; **secrétaire intérimaire qui fait des** ~**s** secretary who does temporary replacement work; **j'ai fait 3** ~**s cette semaine** I've had 3 temporary replacement jobs this week.

(b) (*substitution, changement: V* **remplacer**) replacement (*de* of); taking over (*de* from); acting as a substitute (*de* for), acting as an alternative (*de* to). **effectuer le** ~ **d'une pièce défectueuse** to replace a faulty part; **film présenté en** ~ **d'une émission annulée** film shown as a replacement *ou* substitute for a cancelled programme; **je n'ai plus de stylos à billes, en** ~ **je vous donne un marqueur** I have no more ball-point pens so I'll give you a felt tip instead; **le** ~ **du nom par le pronom** the replacement of the noun by the pronoun; **il va falloir trouver une solution de** ~ we'll have to find an alternative solution *ou* an alternative; **produit de** ~ substitute (product).

remplacer [Rɑ̃plase] (3) *vt* (a) (*assurer l'intérim de*) *acteur malade* to stand in for; *joueur, professeur malade* to stand in for, substitute for, deputize for (*Brit*); *médecin en vacances* to stand in for, do a locum for (*Brit*). **je me suis fait** ~ I found myself a deputy (*Brit*) *ou* a stand-in, I got someone to stand in for me.

(b) (*substitution: succéder à*) to replace, take over from, take the place of. **le train a maintenant remplacé la diligence** the train has now replaced *ou* taken the place of the stagecoach; **son fils l'a remplacé comme directeur** his son has taken over from him *ou* has taken his place *ou* has replaced him as director; ~ **une sentinelle** to take over from *ou* relieve a sentry.

(c) (*substitution: tenir lieu de*) to take the place of, act as a substitute for, act as an alternative to, replace. **le miel peut** ~ **le sucre** honey can be used in place of *ou* as a substitute for sugar *ou* can take the place of sugar; **le pronom remplace le nom dans la phrase** the pronoun stands for *ou* replaces the noun in the sentence; **quand on n'a pas d'alcool, on peut le** ~ **par de l'eau de Cologne** when you have no alcohol you can use eau de Cologne in its place *ou* you can substitute eau de Cologne.

(d) (*changer*) *employé démissionnaire* to replace; *objet usagé* to replace, change. ~ **le vieux lit par un neuf** to replace the old bed

with a new one, change the old bed for a new one; **les pièces défectueuses seront remplacées gratuitement** faulty parts will be replaced free; ~ **un carreau cassé** to replace a broken window-pane; ~ **les pointillés par des pronoms** to replace the dotted lines by *ou* with pronouns, put pronouns in place of the dotted lines.

rempli, e [Rɑ̃pli] (*ptp de* **remplir**) **1** *adj théâtre, récipient* full (*de* of), filled (*de* with); *joue, visage* full, plump; *journée, vie* full, busy. **il est** ~ **de son importance** he's full of his own importance; **avoir l'estomac bien** ~ to have a full stomach, have eaten one's fill; **texte** ~ **de fautes** text riddled *ou* packed with mistakes; **être** ~ **de colère** to be filled with anger; **sa tête était** ~**e de souvenirs** his mind was filled with *ou* full of memories.

2 *nm* (*Couture*) tuck.

remplir [Rɑ̃pliR] (2) **1** *vt* (a) (*gén*) to fill (*de* with); *récipient* to fill (up); (*à nouveau*) to refill; *questionnaire* to fill in *ou* out. ~ **qch à moitié** to half fill sth, fill sth half full; **il en a rempli 15 pages** he filled 15 pages with it, he wrote 15 pages on it; **ce chanteur ne remplira pas la salle** this singer won't fill the hall *ou* won't get a full house; **ces tâches routinières ont rempli sa vie** these routine tasks have filled his life, his life has been filled with these routine tasks; **ça remplit la première page des journaux** it fills *ou* covers the front page of the newspapers; **ce résultat me remplit d'admiration** this result fills me with admiration, I am filled with admiration at this result; ~ **son temps** to fill one's time; **il remplit bien ses journées** he gets a lot done in (the course of) a day, he packs a lot into his days.

(b) (*s'acquitter de*) *promesse* to fulfil; *devoir* to fulfil, carry out, do; *contrat, mission* to fulfil, carry out; *travail* to carry out, do; *rôle* to fill, play; *besoin* to fulfil, answer, meet, satisfy. **objet qui remplit une fonction précise** object that fulfils a precise purpose; **vous ne remplissez pas les conditions** you do not fulfil *ou* satisfy *ou* meet the conditions; ~ **ses fonctions** to do *ou* carry out one's job, carry out *ou* perform one's functions.

2 se remplir *vpr* [*récipient, salle*] to fill (up) (*de* with). **se** ~ **les poches*** to line one's pockets; **on s'est bien rempli la panse*** we had a good stuff-out‡ (*Brit*), we stuffed ourselves*.

remplissage [Rɑ̃plisaʒ] *nm* [*tonneau, bassin*] filling (up); (*péj: dans un livre*) padding. **faire du** ~ to pad out one's work (*ou* speech *etc*).

remploi [Rɑ̃plwa] *nm* = **réemploi**.

remployer [Rɑ̃plwaje] (8) *vt* = **réemployer**.

remplumer* (**se**) [Rɑ̃plyme] (1) *vpr* (*physiquement*) to fill out again, get a bit of flesh on one's bones again; (*financièrement*) to get back on one's feet financially, have some money in one's pocket again.

rempocher [Rɑ̃pɔʃe] (1) *vt* to repocket, put back in one's pocket.

rempoissonnement [Rɑ̃pwasɔnmɑ̃] *nm* restocking (*with fish*).

rempoissonner [Rɑ̃pwasɔne] (1) *vt* to restock (*with fish*).

remporter [Rɑ̃pɔRte] (1) *vt* (a) (*reprendre*) to take away (again), take back. **remportez ce plat!** take this dish away!

(b) (*victoire, championnat* to win; *prix* to carry off, win. ~ **un** (*vif*) **succès** to achieve (a great) success.

rempotage [Rɑ̃pɔtaʒ] *nm* repotting.

rempoter [Rɑ̃pɔte] (1) *vt* to repot.

remprunter [Rɑ̃pRœ̃te] (1) *vt* (*une nouvelle fois*) to borrow again; (*davantage*) to borrow more.

remuant, e [Rəmɥɑ̃, ɑ̃t] *adj enfant* restless, fidgety, always on the go (*attrib*). **politicien** ~ politician who likes stirring things up.

remue-ménage [Rəmymenaʒ] *nm inv* (*bruit*) commotion (*U*); (*activité*) hurly-burly (*U*), commotion (*U*), bustle (*U*). **il y a du** ~ **chez les voisins** the neighbours are making a great commotion; **faire du** ~ to make a commotion; **le** ~ **électoral** the electoral hurly-burly; **le** ~ **de Paris** the bustle of Paris.

remuement [Rəmymɑ̃] *nm* moving, movement.

remuer [Rəmɥe] (1) **1** *vt* (a) (*bouger*) *tête, bras, lèvres* to move; *oreille* to twitch; ~ **la queue** [*vache, écureuil*] to flick its tail; [*chien*] to wag its tail; ~ **les bras** *ou* **les mains en parlant** to wave one's arms about *ou* gesticulate as one speaks; ~ **les épaules/les hanches en marchant** to swing *ou* sway one's shoulders/hips as one walks; (*fig*) **il n'a pas remué le petit doigt** he didn't lift a finger (to help).

(b) *objet* (*déplacer*) to move, shift; (*secouer*) to shake. **il essaya de** ~ **la pierre** he tried to move *ou* shift the stone; **sa valise est si lourde que je ne peux même pas la** ~ his case is so heavy that I can't even shift *ou* move *ou* budge it; **arrête-toi de** ~ **ta chaise** stop moving your chair about; **ne remue pas** *ou* **ne fais pas** ~ **la table**, **je suis en train d'écrire** don't shake *ou* move *ou* wobble the table — I'm trying to write.

(c) (*brasser*) *café, sauce* to stir; *braises* to poke, stir; *sable* to stir up; *salade* to toss; *terre* to dig *ou* turn over. **il a remué la sauce/les braises** he gave the sauce a stir/the fire a poke, he stirred the sauce/poked the fire; **il a tout remué dans le tiroir** he turned the whole drawer *ou* everything in the drawer upside down; (*fig*) ~ **de l'argent** (**à la pelle**) to make a fortune, handle vast amounts of money; (*fig*) ~ **la boue** *ou* **l'ordure** to rake *ou* stir up dirt *ou* muck; (*fig*) ~ **ciel et terre pour** to move heaven and earth (in order) to; (*fig*) ~ **des souvenirs** [*personne nostalgique*] to turn *ou* go over old memories in one's mind; [*évocation*] to stir up *ou* arouse old memories; **une odeur de terre remuée** a smell of fresh earth *ou* of freshly turned *ou* dug earth.

(d) (*émouvoir*) *personne* to move. **ça vous remue les tripes*** it really tugs at your heartstrings.

2 *vi* (a) (*bouger*) [*personne*] to move; [*dent, tuile*] to be loose. **cesse de** ~**!** keep still!, stop fidgeting!; **le vent faisait** ~ **les branches** the wind was stirring the branches, the branches were stirring *ou* swaying in the wind; *V* **nez.**

(b) (*fig: se rebeller*) to show signs of unrest.

3 se remuer *vpr* **(a)** (*bouger*) to move; (*se déplacer*) to move about.
(b) (*) (*se mettre en route*) to get going; (*s'activer*) to shift *ou* stir o.s.*, get a move on*. il s'est beaucoup remué pour leur trouver une maison he's gone to a lot of trouble to find them a house; il ne s'est pas beaucoup remué he didn't stir *ou* strain himself much (*iro*).

rémunérateur, -trice [ʀemyneʀatœʀ, tʀis] *adj emploi* remunerative, lucrative.

rémunération [ʀemyneʀasjɔ̃] *nf* remuneration, payment (*de* for).

rémunérer [ʀemyneʀe] (6) *vt personne* to remunerate, pay. ~ le travail de qn to remunerate *ou* pay sb for his work; travail mal rémunéré badly-paid job.

renâcler [ʀ(ə)nɑkle] (1) *vi* (*animal*) to snort; (*fig*) (*personne*) to grumble, show (one's) reluctance. ~ à un travail to balk at a job, show reluctance to do a job; ~ à faire qch to grumble at having to do sth, do sth reluctantly *ou* grudgingly; sans ~ uncomplainingly, without grumbling; faire qch en renâclant to do sth grudgingly *ou* with (a) bad grace.

renaissance [ʀ(ə)nɛsɑ̃s] **1** *nf* (*Rel*, *fig*) rebirth. (*Hist*) la R~ the Renaissance. **2** *adj inv mobilier*, *style* Renaissance.

renaissant, e [ʀ(ə)nɛsɑ̃, ɑ̃t] *adj* **(a)** *forces* returning; *économie* reviving, recovering. toujours *ou* sans cesse ~ *difficultés* constantly recurring, that keep cropping up; *obstacles* that keep cropping up; *intérêt*, *hésitations*, *doutes* constantly renewed.
(b) (*Hist*) Renaissance (*épith*).

renaître [ʀ(ə)nɛtʀ(ə)] (59) *vi* **(a)** (*joie*) to spring up again, be revived (*dans* in); [*espoir*, *doute*] to be revived (*dans* in), be reborn (*littér*); [*conflit*] to spring up again, break out again; [*difficulté*] to recur, crop up again; [*économie*] to revive, recover; [*sourire*] to return (*sur* to), reappear (*sur* on); [*plante*] to come *ou* spring up again; [*jour*] to dawn, break. le printemps renaît spring is reawakening; la nature renaît au printemps nature comes back to life in spring; faire ~ *sentiment*, *passé* to bring back, revive; *problème*, *sourire* to bring back; *espoir*, *conflit* to revive.
(b) (*revivre*) (*gén*) to come to life again; (*Rel*) to be born again (*en* in). (*Myth*, *fig*) ~ de ses cendres to rise from one's ashes; je me sens ~ I feel as if I've been given a new lease of life.
(c) (*littér*) ~ au bonheur to find happiness again; ~ à l'espérance to find fresh hope; ~ à la vie to take on a new lease of life.

rénal, e, *mpl* **-aux** [ʀenal, o] *adj* renal (*T*), kidney (*épith*).

renard [ʀ(ə)naʀ] *nm* (*Zool*) fox; (*fourrure*) fox(-fur). (*fig*) c'est un fin ~ he's a crafty *ou* sly fox *ou* dog; ~ argenté/bleu silver/blue fox.

renarde [ʀ(ə)naʀd(ə)] *nf* vixen.

renardeau, *pl* **~x** [ʀ(ə)naʀdo] *nm* fox cub.

renardière [ʀ(ə)naʀdjɛʀ] *nf* (*terrier*) fox's den; (*Can*) fox farm.

renauder*† [ʀənode] (1) *vi* to grumble, grouse*, grouch*.

rencaisser [ʀɑ̃kese] (1) *vt* **(a)** (*Comm*) *argent* to put back in the till.
(b) (*Horticulture*) to rebox.

rencard✲, rencart✲ [ʀɑ̃kaʀ] *nm* = rancard✲.

renchérir [ʀɑ̃ʃeʀiʀ] (2) *vi* **(a)** (*en paroles*) to go further, add something, go one better (*péj*); (*en actes*) to go further, go one better (*péj*). ~ sur ce que qn dit to add something to what sb says, go further *ou* one better (*péj*) than sb; ~ sur ce que qn fait to go further than sb; 'et je n'en ai nul besoin' renchérit-il 'and I don't need it in the least' he added (further); il faut toujours qu'il renchérisse (sur ce qu'on dit) he always has to add something (to what anyone says), he always has to go one better (than anyone else) (*péj*).
(b) [*prix*] to get dearer *ou* more expensive. la vie renchérit the cost of living is going up *ou* rising.

renchérissement [ʀɑ̃ʃeʀismɑ̃] *nm* [*marchandises*] rise *ou* increase in (the) price (*de* of); [*loyers*] rise, increase (*de* in). le ~ de la vie the rise *ou* increase in the cost of living.

rencogner* [ʀɑ̃kɔɲe] (1) **1** *vt* to corner. **2 se rencogner** *vpr* to huddle up, curl up (in a corner).

rencontre [ʀɑ̃kɔ̃tʀ(ə)] *nf* **(a)** [*amis*, *diplomates*, *étrangers*] meeting; (*imprévue*) encounter, meeting. faire la ~ de qn to meet sb; (*imprévue*) to meet sb, run into sb, encounter sb (*frm*); j'ai peur que dans ces milieux il ne fasse de mauvaises ~s I am afraid that in these circles he might meet (up with) *ou* fall in with the wrong sort of people; faire une ~ inattendue/une mauvaise ~ to have an unexpected/unpleasant encounter; le hasard d'une ~ a changé ma vie a chance encounter *ou* meeting has changed my life; ~ au sommet summit meeting.
(b) (*gén*) [*éléments*] conjunction; [*rivières*] confluence; [*routes*] junction; [*voitures*] collision; [*voyelles*] juxtaposition. la ~ des deux lignes/routes/rivières se fait ici the two lines/roads/rivers meet *ou* join here; *V* point¹.
(c) (*Athlétisme*) meeting; (*Ftbl etc*) fixture, game. la ~ (des 2 équipes) aura lieu le 15 the 2 teams will meet on the 15th; ~ de boxe boxing match.
(d) (*Mil*) skirmish, encounter, engagement; (*duel*) encounter, meeting.
(e) (*loc*) aller à la ~ de qn to go and meet sb, go to meet sb; (*partir*) à la ~ des Incas (to go) in search of the Incas; amours de ~ passing *ou* brief *ou* casual love affairs; compagnons/voyageurs de ~ chance/travelling companions.

rencontrer [ʀɑ̃kɔ̃tʀe] (1) **1** *vt* **(a)** (*gén*) to meet; (*par hasard*) to meet, run *ou* bump into*, encounter (*frm*). j'ai rencontré Paul en ville I met *ou* ran into* *ou* bumped into* Paul in town; le Premier ministre a rencontré son homologue allemand the Prime Minister has had a meeting with *ou* has met his German counterpart; mon regard rencontra le sien our eyes met, my eyes met his.
(b) (*trouver*) *expression* to find, come across; *occasion* to meet with. des gens/sites comme on n'en rencontre plus the sort of people/places you don't find any more; arrête-toi au premier garage que nous rencontrerons stop at the first garage you come across *ou* find; avec lui, j'ai rencontré le bonheur with him I have found happiness.
(c) (*heurter*) to strike; (*toucher*) to meet (with). la lame rencontra un os the blade struck a bone; sa main ne rencontra que le vide his hand met with nothing but empty space.
(d) *obstacle*, *difficulté*, *opposition* to meet with, encounter, come up against; *résistance* to meet with, come up against.
(e) (*Sport*) *équipe* to meet, play (against); *boxeur* to meet, fight (against).

2 se rencontrer *vpr* **(a)** [*personnes*, *regards*] to meet; [*rivières*, *routes*] to meet, join; [*équipes*] to meet, play (each other); [*boxeurs*] to meet, fight (each other); [*véhicules*] to collide (with each other). faire se ~ 2 personnes to arrange for 2 people to meet, arrange a meeting between 2 people; (*frm*) je me suis déjà rencontré avec lui I have already met him; nous nous sommes déjà rencontrés we have already met.
(b) (*avoir les mêmes idées*) to be at one, be of the same opinion *ou* mind. se ~ avec qn to be at one with sb, be of the same opinion *ou* mind as sb; *V* grand.
(c) (*exister*) [*coïncidence*, *curiosité*] to be found. cela ne se rencontre plus de nos jours that isn't found *ou* one doesn't come across that any more nowadays, il se recontre des gens qui ... you do find people who ... , something to be found who ... .

rendement [ʀɑ̃dmɑ̃] *nm* [*champ*] yield; [*machine*] output; [*entreprise*] (*productivité*) productivity; (*production*) output; [*personne*] output; [*investissement*] return (*de* on), yield (*de* of); (*Phys*) efficiency. il travaille beaucoup, mais il n'a pas de ~* he works hard but he hasn't *ou* there isn't much to show for it* *ou* but he isn't very productive; champ/placement qui est d'un mauvais ~ low-yield field/investment.

rendez-vous [ʀɑ̃devu] *nm inv* **(a)** (*rencontre*) appointment; (*d'amoureux*) date. donner *ou* fixer un ~ à qn, prendre ~ avec qn to make an appointment with sb, arrange to see *ou* meet sb; j'ai (un) ~ à 10 heures I have an appointment *ou* I have to meet someone at 10 o'clock; ma parole, vous vous êtes donné ~ my goodness, you must have seen each other coming!; (*littér*) avoir ~ avec la mort to have a date with death; ~ d'affaires business appointment; ~ galant amorous meeting; ~ spatial docking (in space); prendre un ~ chez le coiffeur to make a hair appointment; le médecin ne reçoit que sur ~ the doctor only sees patients by appointment.
(b) (*lieu*) meeting place. ~ de chasse meet; *V* maison.

rendormir [ʀɑ̃dɔʀmiʀ] (16) **1** *vt* to put to sleep again, put back to sleep. **2 se rendormir** *vpr* to go back to sleep, fall asleep again.

rendosser [ʀɑ̃dose] (1) *vt* to put on again.

rendre [ʀɑ̃dʀ(ə)] (41) **1** *vt* **(a)** (*restituer*) (*gén*) to give back, return, take *ou* bring back; *marchandises défectueuses*, *bouteille vide* to return, take back; *argent* to pay *ou* give back, return; *objet volé* to give back, return, restore; *otage* to return; *cadeau*, *bague* to return, give *ou* send back. quand pourriez-vous me ~ votre réponse? when will you be able to give me *ou* let me have your reply?; ~ son devoir en retard to hand *ou* give in one's homework late; ~ à qn sa parole to release sb from a promise, let sb off (his promise); ~ la liberté à qn to set sb free, give sb his freedom; ~ la santé à qn to restore sb to health; ~ la vue à qn to restore sb's sight, give sb back his sight; cela lui a rendu toutes ses forces/son courage that gave him back *ou* restored all his strength/courage; ~ la vie à qn to save sb's life (*fig*); rendu à la vie civile restored to *ou* back in civilian life; (*fig*) ~ son tablier to give (in) one's notice; ~ à César ce qui est à César to render unto Caesar the things which are Caesar's.
(b) (*Jur*) *justice* to administer, dispense; *jugement*, *arrêt* to pronounce, render; *verdict* to return. (*fig*) ~ justice à qn to do justice to sb; il faut lui ~ cette justice qu'il a essayé he did try — (we must) grant *ou* give him that.
(c) (*donner en retour*) *hospitalité*, *invitation* to return, repay; *salut*, *coup*, *baiser* to return. ~ à qn son dîner to invite sb back to dinner, invite sb to dinner in return, return sb's invitation to dinner; je lui ai rendu sa visite I returned *ou* repaid his visit; ~ coup pour coup to return blow for blow; il m'a joué un sale tour, mais je le lui rendrai he played a dirty trick on me, but I'll get even with him *ou* I'll get my own back on him*; je lui ai rendu injure pour injure I answered insult by insult, I gave him as good as I got; il la déteste, et elle le lui rend bien he hates her and she returns his feelings *ou* and she feels exactly the same (way) about him; ~ la monnaie à qn to give sb his change; il m'a donné 10 F et je lui en ai rendu 5 he gave me 10 francs and I gave him 5 francs back *ou* 5 francs change; (*fig*) ~ à qn la monnaie de sa pièce, ~ la pareille à qn to pay sb back in his own coin; je lui rendrai la monnaie de sa pièce I'll be quits *ou* even with him yet.
(d) (+ *adj*) to make. ~ qn heureux to make sb happy; ~ qch public to make sth public; ~ qn responsable de to make sb responsible for; son discours l'a rendu célèbre his speech has made him famous; c'est à vous ~ fou! it's enough to drive you mad!; se ~ utile/indispensable to make o.s. useful/indispensable; il se rend ridicule he's making himself ridiculous, he's making a fool of himself, he's making himself look foolish; ~ qn/qch meilleur to make sb/sth better.
(e) *expression*, *traduction* to render. cela ne rend pas bien sa pensée that doesn't render *ou* convey his thoughts very well; le portrait ne rend pas son expression this portrait has not caught his expression.
(f) (*produire*) *liquide* to give out; *son* to produce, make. le concombre rend beaucoup d'eau cucumbers give out a lot of water; (*fig*) l'enquête n'a rien rendu the inquiry drew a blank *ou* didn't come to anything *ou* produced nothing.

(g) (*vomir*) *bile* to vomit, bring up; *déjeuner* to vomit, bring back *ou* up. ~ **tripes et boyaux*** to be as sick as a dog*; ~ **du sang (par la bouche)** to cough up *ou* vomit blood; ~ **du sang par le nez** to bleed from the nose.

(h) (*Sport*) [*cheval*] ~ **du poids** to have a weight handicap; ~ **3 kg** to give *ou* carry 3 kg; [*coureur*] ~ **de la distance** to have a handicap; ~ **100 mètres** to have a 100-metre handicap; (*fig*) ~ **des points à qn** to give sb points *ou* a head start.

(i) (*Mil*) **place forte** to surrender. ~ **les armes** to lay down one's arms.

(j) (*loc*) ~ **l'âme** *ou* **le dernier soupir** to breathe one's last, give up the ghost; ~ **des comptes à qn** to be accountable to sb; **je n'ai de comptes à ~ à personne** I am accountable to no one, I don't have to account to anyone for my actions; ~ **compte de qch à qn** to give sb an account of sth; ~ **un culte à** to worship; ~ **gloire à Dieu** to glorify; *hommes* to pay homage to; ~ **gorge** to restitute ill-gotten gains; ~ **grâces à** to render (*frm*) *ou* give thanks to; ~ **hommage/honneur à** to pay homage/tribute to; **le régiment rendait les honneurs** the regiment was paying honour; **rendre les derniers honneurs à qn** to pay the last tributes to sb; (*frm*) ~ **raison de qch à qn** to give sb an explanation for sth; ~ **(des) service(s) à qn** to be of service *ou* help to sb, help sb; **cela m'a bien rendu service** that was a great help to me; **ce petit couteau rend bien des services** this little knife comes in *ou* is very handy (for a variety of purposes); ~ **visite à qn** to visit sb, call on sb, pay sb a visit *ou* a call.

2 *vi* **(a)** [*arbres, terre*] to yield, be productive. **les pommiers ont bien rendu** the apple trees have given a good yield *ou* crop; **la pêche a bien rendu** we have got a good catch (of fish); (*fig*) **ma petite expérience n'a pas rendu** my little experiment didn't pay off *ou* didn't come to anything.

(b) (*vomir*) to be sick, vomit. **avoir envie de** ~ to feel sick.

3 se rendre *vpr* **(a)** (*céder*) [*soldat, criminel*] to give o.s. up, surrender; [*troupe*] to surrender. **se** ~ **aux ordres de qn** to comply with *ou* obey sb's orders; **se** ~ **à l'avis de qn** to bow to sb's opinion; **se** ~ **à l'évidence** (*regarder les choses en face*) to face facts; (*admettre son tort*) to bow before the evidence; **se** ~ **aux prières de qn** to give way *ou* give in *ou* yield to sb's pleas.

(b) (*aller*) **se** ~ **à** to go to; **il se rend à son travail à pied/en voiture** he walks/drives to work, he goes to work on foot/by car; **alors qu'il se rendait à ...** as he was on his way to ... *ou* going to ...; **la police s'est rendue sur les lieux** the police went to *ou* arrived on the scene; **se** ~ **à l'appel de qn** to respond to sb's appeal; *V* **lieu**.

(c) **se** ~ **compte de qch** to realize sth, be aware of sth; **se** ~ **compte que** to realize that, be aware that; **je me rends très bien compte de la situation** I am very well aware of the situation, **est-ce que tu te rends vraiment compte de ce que tu dis/fais?** do you really realize *ou* are you really aware of what you are saying/doing?; **tu ne te rends pas compte du travail que ça représente** you have no idea of the amount of work *ou* you just don't realize how much work that represents; **rendez-vous compte!** just imagine! *ou* think!; **il a osé me dire ça, à moi, tu te rends compte!** he dared say that to me — can you imagine!

rendu, e [ʀɑ̃dy] (*ptp de* **rendre**) **1** *adj* **(a)** (*arrivé*) **être** ~ to have arrived; **nous voilà** ~**s!** here we are then!; **on est plus vite** ~ **par le train** you get there quicker by train.

(b) (*remis*) ~ **à domicile** delivered to the house.

(c) (*fatigué*) exhausted, tired out, worn out.

2 *nm* (*Comm*) return; *V* **prêté**.

rêne [ʀɛn] *nf* rein. (*fig*) **prendre les** ~**s d'une affaire** to take over a business, assume control *ou* take control of a business; **lâcher les** ~**s** (*lit*) to loose *ou* slacken the reins; (*fig*) to let go; (*fig*) **c'est lui qui tient les** ~**s du gouvernement** it's he who holds the reins of government *ou* who is in the saddle.

renégat, e [ʀenega, at] *nm,f* (*Rel*) renegade; (*Pol, gén*) renegade, turncoat.

reneiger [ʀ(ə)neʒe] (3) *vb impers* to snow again.

renfermé, e [ʀɑ̃fɛʀme] (*ptp de* **renfermer**) **1** *adj* withdrawn, uncommunicative, closed in upon oneself (*attrib*). **2** *nm*: **odeur de** ~ fusty *ou* stale smell; **ça sent le** ~ it smells stuffy *ou* fusty (in here), it's stuffy in here.

renfermer [ʀɑ̃fɛʀme] (1) **1** *vt* **(a)** (*contenir*) *trésors* to contain, hold; *vérités, erreurs* to contain. **phrase qui renferme plusieurs idées** sentence that encompasses *ou* contains several ideas.

(b) (†: *à clef*) to lock again, lock back up.

2 se renfermer *vpr*: **se** ~ **(en soi-même)** to withdraw into o.s.; **se** ~ **dans sa coquille** to withdraw into one's shell.

renfiler [ʀɑ̃file] (1) *vt perles* to restring; *aiguille* to thread again, rethread; *bas, manteau* to slip back into.

renflammer [ʀɑ̃flame] (1) *vt* to rekindle.

renflé, e [ʀɑ̃fle] (*ptp de* **renfler**) *adj* bulging (*épith*), bulbous.

renflement [ʀɑ̃fləmɑ̃] *nm* bulge.

renfler [ʀɑ̃fle] (1) **1** *vt* to make a bulge in; *joues* to blow out. **2 se renfler** *vpr* to bulge (out).

renflouage [ʀɑ̃fluaʒ] *nm*, **renflouement** [ʀɑ̃flumɑ̃] *nm* (*V* **renflouer**) refloating; bailing out.

renflouer [ʀɑ̃flue] (1) *vt bateau* to refloat; (*fig*) *entreprise* to refloat, bail out; *personne* to set back on his feet again, bail out.

renfoncement [ʀɑ̃fɔ̃smɑ̃] *nm* recess. **caché dans le** ~ **d'une porte** hidden in a doorway.

renfoncer [ʀɑ̃fɔ̃se] (3) *vt* **(a)** *clou* to knock further in; *bouchon* to push further in. **il renfonça son chapeau (sur sa tête)** he pulled his hat down (further). **(b)** (*Typ*) to indent.

renforçateur [ʀɑ̃fɔʀsatœʀ] *nm* (*Phot*) intensifier.

renforcement [ʀɑ̃fɔʀsəmɑ̃] *nm* (*V* **renforcer**) reinforcement; trussing; strengthening; intensification.

renforcer [ʀɑ̃fɔʀse] (3) **1** *vt* **(a)** *vêtement, mur* to reinforce; *poutre*

to reinforce, truss. **bas à talon renforcé** stocking with reinforced heel.

(b) *équipe, armée* to reinforce. **ils sont venus** ~ **nos effectifs** they came to strengthen *ou* swell our numbers.

(c) *crainte, argument, amitié* to reinforce, strengthen; *paix* to consolidate; *pression, effort* to add to, intensify; *position* to strengthen; *couleur, ton, expression* to intensify. ~ **qn dans une opinion** to confirm sb's opinion, confirm sb in an opinion; **ça renforce ce que je dis** that backs up *ou* reinforces what I'm saying.

2 se renforcer *vpr* [*craintes, amitié*] to strengthen; [*pression*] to intensify. **notre équipe s'est renforcée de 2 nouveaux joueurs** our team has been strengthened by 2 new players.

renfort [ʀɑ̃fɔʀ] *nm* **(a)** (*Mil*) ~**s** (*hommes*) reinforcements; (*matériel*) (further) supplies.

(b) (*Tech*) reinforcement, strengthening piece.

(c) (*loc*) **de** ~ *barre, toile* strengthening; *armée* back-up, supporting; *personnel* extra, additional; **envoyer qn en** ~ to send sb as an extra *ou* sb to augment the numbers; **recevoir un** ~ **de troupes/ d'artillerie**, **recevoir des troupes/de l'artillerie de** ~ to receive more troops/guns, receive reinforcements/a further supply of guns; **embaucher du personnel de** *ou* **en** ~ to employ extra *ou* additional staff; **à grand** ~ **de gestes/d'explications** accompanied by a great many gestures/explanations.

renfrogné, e [ʀɑ̃fʀɔɲe] (*ptp de* **se renfrogner**) *adj visage* sullen, scowling (*épith*), sulky; *air* sullen, sulky; *personne* sullen *ou* sulky (looking).

renfrognement [ʀɑ̃fʀɔɲmɑ̃] *nm* scowling, sullenness.

renfrogner (se) [ʀɑ̃fʀɔɲe] (1) *vpr* [*personne*] to scowl, pull a sour face.

rengagé [ʀɑ̃gaʒe] **1** *adj m soldat* re-enlisted. **2** *nm* re-enlisted soldier.

rengagement [ʀɑ̃gaʒmɑ̃] *nm* (*V* **rengager**) starting up again; reinvestment; re-engagement; repawning; re-enlistment.

rengager [ʀɑ̃gaʒe] (3) **1** *vt discussion* to start up again; *fonds* to reinvest; *combat* to re-engage; *bijoux* to repawn; *soldat* to re-enlist; *ouvrier* to take on *ou* engage again, re-engage. ~ **la clef dans la serrure** to insert the key back *ou* reinsert the key into the lock; ~ **sa voiture dans une rue** to drive (back) into a street again.

2 *vi* (*Mil*) to join up again, re-enlist.

3 se rengager *vpr* (*Mil*) to join up again, re-enlist; [*discussion*] to start up again. **se** ~ **dans une rue** to enter a street again.

rengaine [ʀɑ̃gɛn] *nf* (*formule*) hackneyed expression; (*chanson*) old (repetitive) song *ou* melody. (*fig*) **c'est toujours la même** ~* it's always the same old chorus (*Brit*) *ou* refrain* (*Brit*) *ou* song* (*US*).

rengainer [ʀɑ̃gene] (1) *vt* **(a)** (*) *compliment* to save, withhold; *sentiments* to contain, hold back. **rengaine tes beaux discours!** (you can) save *ou* keep your fine speeches!

(b) *épée* to sheathe, put up; *revolver* to put back in its holster.

rengorgement [ʀɑ̃gɔʀʒəmɑ̃] *nm* puffed-up pride.

rengorger (se) [ʀɑ̃gɔʀʒe] (3) *vpr* [*oiseau*] to puff out its throat; [*personne*] to puff o.s. up. **se** ~ **d'avoir fait qch** to be pleased with o.s. *ou* be full of o.s. for having done sth.

rengraisser [ʀɑ̃gʀese] (1) *vi* to put on weight again, put (some) weight back on.

reniement [ʀ(ə)nimɑ̃] *nm* (*V* **renier**) renunciation; disowning, repudiation; breaking; denial.

renier [ʀənje] (7) **1** *vt foi, opinion* to renounce; *frère, patrie, signature, son passé* to disown, repudiate; *promesse* to go back on, break. (*Rel*) **il renia Jésus Christ** he denied Christ; ~ **Dieu** to renounce God.

2 se renier *vpr* to go back on what one has said *ou* done.

reniflement [ʀ(ə)nifləmɑ̃] *nm* (*V* **renifler**) (*action*) sniffing (*U*); snorting (*U*); sniffling (*U*); snuffling (*U*); (*bruit*) sniff; snort; sniffle, snuffle.

renifler [ʀ(ə)nifle] (1) **1** *vt tabac* to sniff up, take a sniff of; *fleur, objet* to sniff (at); (*fig) *bonne affaire* to sniff out*. (*fig*) ~ **quelque chose de louche** to smell a rat.

2 *vi* [*personne*] to sniff; [*cheval*] to snort. **arrête de** ~, **mouche-toi!** stop sniffling *ou* snuffling and blow your nose!

renifleur, -euse [ʀ(ə)niflœʀ, øz] **1** *adj* sniffling, snuffling. **2** *nm,f* (*) sniffler, snuffler.

rennais, e [ʀɛnɛ, ɛz] **1** *adj* of *ou* from Rennes. **2** *nm,f*: **R**~**(e)** inhabitant *ou* native of Rennes.

renne [ʀɛn] *nm* reindeer.

renom [ʀ(ə)nɔ̃] *nm* **(a)** (*notoriété*) renown, repute, fame. **vin de grand** ~ celebrated *ou* renowned *ou* famous wine, wine of high renown *ou* repute; **restaurant en** ~ celebrated *ou* renowned *ou* famous restaurant; **acquérir du** ~ to win renown, become famous; **avoir du** ~ to be famous *ou* renowned.

(b) (*frm: réputation*) reputation. **son** ~ **de sévérité** his reputation for severity; **bon/mauvais** ~ good/bad reputation *ou* name.

renommé, e [ʀ(ə)nɔme] (*ptp de* **renommer**) **1** *adj* celebrated, renowned, famous. ~ **pour** renowned *ou* famed for.

2 renommée *nf* **(a)** (*célébrité*) fame, renown. **marque/savant de** ~ **mondiale** world-famous make/scholar.

(b) (*littér: opinion publique*) public report.

(c) (*littér: réputation*) reputation. **bonne/mauvaise** ~ good/bad reputation *ou* name; *V* **bon'**.

renommer [ʀ(ə)nɔme] (1) *vt* to reappoint.

renonce [ʀ(ə)nɔ̃s] *nf* (*Cartes*) **faire une** ~ to revoke, renege, fail to follow suit.

renoncement [ʀ(ə)nɔ̃smɑ̃] *nm* (*action*) renouncement (*à* of). (*sacrifice*) **le** ~ renunciation, abnegation; ~ **à soi-même** self-abnegation, self-renunciation; **mener une vie de** ~ to live a life of renunciation *ou* abnegation.

renoncer [R(ə)nõse] (3) **1 renoncer à** *vt indir* (*gén*) to give up, renounce; *héritage, titre, pouvoir* to renounce, relinquish; *habitude* to give up; *métier* to abandon, give up. ~ **à un voyage/au mariage** to give up the idea of *ou* abandon all thought *ou* a journey/of marriage; ~ **à qn** to give sb up; ~ **au tabac** to give up smoking; ~ **à lutter/à comprendre** to give up struggling/trying to understand; ~ **à se marier** to give up *ou* abandon the idea of getting married; ~ **aux plaisirs/au monde** to renounce pleasures/the world; **je** *ou* **j'y renonce** I give up; (*Cartes*) ~ **à cœur** to fail to follow (in) hearts; (*Jur*) ~ **à toute prétention** to abandon any claim.

2 *vt* (*littér*) *ami* to give up, withdraw one's friendship from.

renonciation [R(ə)nõsjasjõ] *nf* (*V* **renoncer**) giving up; renunciation; relinquishment; abandonment.

renoncule [R(ə)nõkyl] *nf* (*sauvage*) buttercup; (*cultivée*) globeflower, ranunculus.

renouée [Rənwe] *nf* knotgrass.

renouer [Rənwe] (1) **1** *vt lacet, nœud* to tie (up) again, re-tie; *cravate* to reknot, knot again; *conversation, liaison* to renew, resume, take up again.

2 *vi:* ~ **avec qn** to take up with sb again, become friends with sb again; ~ **avec une habitude** to take up a habit again; ~ **avec une tradition** to revive a tradition.

renouveau, *pl* ~**x** [R(ə)nuvo] *nm* (**a**) (*transformation*) revival. **le** ~ **des sciences et des arts à la Renaissance** the revival of the sciences and the arts *ou* the renewed interest in *ou* the renewal of interest in the sciences and arts during the Renaissance.

(**b**) (*regain*) ~ **de succès/faveur** renewed success/favour; **connaître un** ~ **de faveur** to enjoy renewed favour, come back into favour.

(**c**) (*littér: printemps*) **le** ~ springtide (*littér*).

renouvelable [R(ə)nuvlabl(ə)] *adj passeport, bail* renewable; *expérience* which can be tried again *ou* repeated; *congé* which can be re-granted; *assemblée* that must be re-elected. **le mandat présidentiel est** ~ **tous les 7 ans** the president must stand (*Brit*) *ou* run for re-election every 7 years.

renouveler [R(ə)nuvle] (4) **1** *vt* (**a**) (*remplacer*) *outillage, personnel* to renew, replace; *stock* to renew, replenish; *pansement* to renew, change; *conseil d'administration* to re-elect. ~ **l'air d'une salle** to air a room; ~ **l'eau d'une piscine** to renew *ou* replenish the water in a swimming pool; ~ **sa garde-robe** to renew one's wardrobe, buy some new clothes; (*Pol*) **la chambre doit être renouvelée tous les 5 ans** the house must be re-elected every 5 years.

(**b**) (*transformer*) *mode, théorie* to renew, revive. **cette découverte a complètement renouvelé notre vision des choses** this discovery has given us a whole new insight into things *ou* has cast a whole new light on things for us; **les poètes de la Pléiade renouvelèrent la langue française** the poets of the Pléiade gave new *ou* renewed life to the French language; **je préfère la pièce dans sa version renouvelée** I prefer the new version of the play.

(**c**) (*reconduire*) *passeport, contrat, abonnement* to renew; *congé* to re-grant. (*Méd*) **à** ~ to be renewed; **la chambre a renouvelé sa confiance au gouvernement** the house reaffirmed *ou* reasserted its confidence in the government.

(**d**) (*recommencer*) *candidature* to renew; *demande, offre, promesse, erreur* to renew, repeat; *expérience, exploit* to repeat, do again; (*littér*) *douleur* to renew, revive. **l'énergie sans cesse renouvelée que requiert ce métier** the constantly renewed energy which this job requires; (*dans une lettre*) **avec mes remerciements renouvelés** with renewed thanks, thanking you once more *ou* once again; (*littér*) **épisode renouvelé de l'Antiquité** episode taken *ou* borrowed from Antiquity.

(**e**) (*Rel*) *vœux* to renew.

2 se renouveler *vpr* (**a**) (*se répéter*) to recur, be repeated. **cette petite scène se renouvelle tous les jours** this little scene recurs *ou* is repeated every day; **et que ça ne se renouvelle plus!** and (just) don't let that happen again!

(**b**) (*être remplacé*) to be renewed *ou* replaced. **les cellules de notre corps se renouvellent constamment** the cells of our body are constantly being renewed *ou* replaced; **les hommes au pouvoir ne se renouvellent pas assez** men in power aren't replaced often enough.

(**c**) (*innover*) [*auteur, peintre*] to change one's style, try something new. [*comique*] **il ne se renouvelle pas** he never has any new jokes *ou* stories, he always tells the same old jokes *ou* stories.

renouvellement [R(ə)nuvɛlmã] *nm* (*V* **renouveler**) renewal; replacement; replenishing; changing; revival; repetition; recurrence. (*Pol*) **solliciter le** ~ **de son mandat** to stand (*Brit*) *ou* run for re-election; (*Rel*) **faire son** ~ to renew one's first communion promises.

rénovateur, -trice [Renɔvatœr, tris] **1** *adj doctrine* which seeks a renewal, reformist; *influence* renewing (*épith*), reforming (*épith*).

2 *nm, f* (*de la morale*) reformer. **il est considéré comme le** ~ **de cette science/de cet art** he's considered as having been the one to inject new life into this science/this art.

3 *nm* (*produit d'entretien*) restorer.

rénovation [Renɔvasjõ] *nf* (*V* **rénover**) renovation, modernization; redevelopment; restoration; reform; remodelling; renewal; bringing up to date.

rénover [Renɔve] (1) *vt* (**a**) *maison* to renovate, modernize; *quartier* to redevelop, renovate; *meuble* to restore. (**b**) *enseignement, institutions* to reform, remodel; *science* to renew, bring up to date; *méthodes* to reform.

renseignement [Rãsɛɲmã] *nm* (**a**) information (*U*), piece of information. **un** ~ **intéressant** an interesting piece of information, some interesting information; **demander un** ~ *ou* **des** ~**s à qn** to ask sb for (some) information, inquire about sth; **il est allé aux** ~**s** he has gone to make inquiries *ou* to see what he can find out (about it); **prendre ses** ~**s** *ou* **demander des** ~**s sur qn** to make inquiries *ou* ask for information *ou* for particulars about sb, try to find out about sb; ~**s pris** upon inquiry; **avoir de bons** ~**s sur le compte de qn** to have good *ou* favourable reports about *ou* on sb; **pourriez-vous me donner un** ~? I'd like some information, could you give me some information?; **veuillez m'envoyer de plus amples** ~**s sur ...** please send me further details of ... *ou* further information about ...; **je peux te demander un** ~? can you give me some information?, can I ask you something?, could you tell me something?; **merci pour le** ~ thanks for the information, thanks for telling me *ou* letting me know; **guichet/bureau des** ~**s** inquiry (*Brit*) *ou* information desk/office; (*panneau*) '~**s**' 'inquiries' (*Brit*), 'information'; (*Téléc*) (service des) ~**s** directory inquiries (*Brit*), information (*US*).

(**b**) (*Mil*) intelligence (*U*), piece of intelligence. **agent/service de** ~**s** intelligence agent/service; **travailler dans le** ~ to work in intelligence; **les** ~**s généraux** *the security branch of the police force.*

renseigner [Rãseɲe] (1) **1** *vt:* ~ **un client/un touriste** to give some information to a customer/a tourist; ~ **la police/l'ennemi** to give information to the police/the enemy (*sur* about); ~ **un passant/un automobiliste** to give directions to a passer-by/a driver, tell a passer-by/a driver the way; **qui pourrait me** ~ **sur le prix de la voiture/sur lui?** who could tell me the price of the car/something about him?, who could give me some information *ou* particulars about the price of the car/about him?; **il pourra peut-être te** ~ perhaps he'll be able to give you some information (about it), perhaps he'll be able to tell you *ou* to help you; **document qui renseigne utilement** document which gives useful information; **ça ne nous renseigne pas beaucoup!** that doesn't get us very far!, that doesn't tell us very much! *ou* give us much to go on!; **il a l'air bien renseigné** he seems to be well informed *ou* to know a lot about it; **il est mal renseigné** he doesn't know much about it, he isn't very well informed about it; **on vous a mal renseigné** you have been misinformed.

2 se renseigner *vpr* (*demander des renseignements*) to make inquiries, ask for information (*sur* about); (*obtenir des renseignements*) to find out (*sur* about). **je vais me** ~ **auprès de lui** I'll ask him for information *ou* for particulars, I'll ask him about it; **j'essaierai de me** ~ I'll try to find out, I'll try and get some information; **je vais me** ~ **sur son compte** I'll make inquiries about him, I'll find out about him; **je voudrais me** ~ **sur les chaînes hi-fi** I'd like some information *ou* particulars about hi-fi equipment.

rentabilisation [Rãtabilizasjõ] *nf* [*ligne aérienne*] making profitable. **la** ~ **d'une invention** the marketing *ou* commercializing of an invention.

rentabiliser [Rãtabilize] (1) *vt* to make profitable, make pay.

rentabilité [Rãtabilite] *nf* profitability. ~ **des investissements** return on investments.

rentable [Rãtabl(ə)] *adj* profitable. **c'est un exercice très** ~ this is a really profitable operation, this operation really pays; **au prix où est l'essence, les transports privés ne sont pas** ~**s** with petrol the price it is, private transport isn't a paying *ou* viable proposition *ou* doesn't pay; (*fig*) **ce n'est plus du tout** ~ it has become a losing proposition, it is no longer financially viable.

rentamer [Rãtame] (1) *vt discours* to begin *ou* start again.

rente [Rãt] *nf* (**a**) (*pension*) annuity, pension; (*fournie par la famille*) allowance. ~ **de situation** secure *ou* guaranteed income; ~ **viagère** life annuity.

(**b**) (*emprunt d'État*) government stock *ou* loan *ou* bond. ~**s perpétuelles** perpetual loans, irredeemable securities.

(**c**) (*loc*) **avoir des** ~**s** to have a private *ou* an unearned income, have private *ou* independent means; **vivre de ses** ~**s** to live on *ou* off one's private income; (*fig*) **cette voiture est une** ~, **il faut tout le temps la réparer** this car is a drain on resources *ou* costs a fortune (to run) because it needs constant repairs.

rentier, -ière [Rãtje, jɛR] *nm, f* person of independent *ou* private means. **c'est un petit** ~ he has a small private income; **mener une vie de** ~ to live a life of ease *ou* leisure.

rentrant, e [Rãtrã, ãt] *adj train d'atterrissage* retractable; (*Math*) **angle** réflex.

rentré, e¹ [Rãtre] (*ptp de* **rentrer**) *adj colère* suppressed; *yeux* sunken; *joues* sunken, hollow.

rentrée² [Rãtre] *nf* (**a**) (*scolaire*) start of the new school year, time when the schools go back; (*Univ*) start of the new academic year; (*du trimestre*) start of the new (school *ou* university) term; **acheter des cahiers pour la** ~ (**des classes**) to buy exercise books for the new school year; **la** ~ **aura lieu lundi** the new term begins on Monday, school starts again on Monday, pupils go back *ou* return to school again *ou* start school again on Monday; **la** ~ **s'est bien passée** the term began well; (*Comm*) **'les affaires de la** ~**'** 'back-to-school bargains'; **à la** ~ **de Noël/Pâques** at the start of (the) term after the Christmas/Easter holidays, at the start of the second/third term.

(**b**) [*tribunaux*] reopening; [*parlement*] reopening, reassembly; [*députés*] return, reassembly. **la** ~ **parlementaire aura lieu cette semaine** parliament reassembles *ou* reopens this week, the new session of parliament starts this week; **c'est la** ~ **des théâtres parisiens** it's the start of the theatrical season in Paris; **les députés font leur** ~ **aujourd'hui** the deputies are returning *ou* reassembling today (for the start of the new session); (*après les vacances*) **faire sa** ~ **politique** to start the new political season, begin one's autumn campaign; **la mode de la** ~ the autumn fashions; **on verra ça à la** ~ we'll see about that after the holidays *ou* when we come back from holiday.

(**c**) [*acteur*] (stage) comeback; [*sportif*] comeback. **faire sa** ~ **politique** to make a *ou* one's political comeback.

(d) *(retour)* pour faciliter la ~ dans la capitale to make getting back into *ou* the return into the capital easier; la ~ des ouvriers à l'usine le lundi matin the workers' return to work on a Monday morning; à l'heure des ~s dans Paris when everyone is coming back into Paris *ou* returning to Paris, when the roads into Paris are full of returning motorists *ou* motorists on their way back home; le concierge n'aime pas les ~s tardives the concierge doesn't like people coming in late; *(Espace)* ~ dans l'atmosphère re-entry into the atmosphere; effectuer sa ~ dans l'atmosphère to re-enter the atmosphere; *(Sport)* ~ en touche throw-in.

(e) *[récolte]* bringing in. faire la ~ du blé to bring in the wheat.

(f) *(Cartes)* cards picked up.

(g) *(Comm)* ~s income; ~ d'argent sum of money (coming in); je compte sur une ~ d'argent très prochaine I'm expecting a sum of money *ou* some money very soon; *(Fin)* les ~s de l'impôt the revenue from tax.

rentrer [ʀɑ̃tʀe] (1) **1** *vi (avec aux être)* **(a)** *(entrer à nouveau)* *(aller)* to go back in; *(venir)* to come back in. il pleut trop, rentrez un instant it's raining too hard so come back in for a while; il était sorti sans ses clefs, il a dû ~ par la fenêtre he'd gone out without his keys and he had to get back in through the window; il est rentré dans la maison/la pièce he went back *(ou* came back*)* into the house/the room.

(b) *(revenir chez soi)* to come back, come (back) home, return (home); *(s'en aller chez soi)* to go (back) home, return home; *(arriver chez soi)* to get (back) home, return home. est-ce qu'il est rentré? is he back?, is he (back) home?, has he got *ou* come back home?; ~ de l'école/du bureau to come back from school/from the office, come *(ou go)* home from school/from the office; il a dû ~ de voyage d'urgence he had to come back *ou* come home from his trip urgently, he had to return home urgently; ~ à Paris/de Paris to go back *ou* come back *ou* return to Paris/from Paris; ~ à sa base to return *ou* go back to base; je rentre en voiture I'm driving back, I'm going back by car; dépêche-toi de ~, ta mère a besoin de toi hurry home *ou* back because your mother needs you; elle est rentrée très tard hier soir she came *ou* got in *ou* back very late last night.

(c) *(reprendre ses activités)* *[élèves]* to go back to school, start school again; *[université]* to start again; *[tribunaux]* to reopen; *[parlement]* to reassemble; *[députés]* to return, reassemble. les enfants rentrent en classe *ou* au lycée lundi the children go back to school *ou* start school again on Monday, school resumes *ou* starts again *ou* goes back on Monday; le trimestre prochain, on rentrera un lundi next term starts *ou* next term we start on a Monday.

(d) *(entrer)* *[personne]* to go in; to come in; *[chose]* to go in. les voleurs sont rentrés par la fenêtre the thieves got in by the window; il pleuvait, nous sommes rentrés dans un café it was raining so we went into a cafe; il faut trouver une clef qui rentre dans cette serrure we must find a key that goes *ou* fits into this lock; cette clef ne rentre pas (dans la serrure) this key doesn't fit (into the lock), I can't get this key in (the lock) *ou* into the lock; *(fig)* il a le cou qui lui rentre dans les épaules he is very short-necked, he has a very short neck; il était exténué, les jambes lui rentraient dans le corps he was so exhausted his legs were giving way under him *ou* he was ready to drop; tout cela ne rentrera pas dans la valise that won't all go *ou* fit into the suitcase, you *(ou* we *etc)* won't get all that into the suitcase; pour les enfants, il y a des cubes qui rentrent les uns dans les autres there are cubes that fit into one another *ou* one inside the other for children.

(e) *(travailler dans)* ~ dans police, firme, fonction publique to join, go into; *industrie, banque* to go into; c'est son père qui l'a fait ~ dans l'usine his father helped him (to) get a job in the factory *ou* (to) get into the factory.

(f) *(se jeter dans)* ~ dans to crash into, collide with; sa voiture a dérapé, il est rentré dans un arbre his car skidded and he crashed into a tree; furieux, il voulait lui ~ dedans‡ *ou* lui ~ dans le chou‡ he was furious and he felt like pitching into him *ou* smashing his head in*; rentrez-leur dedans!‡ sock it to them!‡; il lui est rentré dans le lard‡ *ou* le mou‡ he bashed him up‡; les deux voitures se sont rentrées dedans à grande vitesse the two cars crashed into each other *ou* collided (with each other) at high speed.

(g) *(être compris dans)* ~ dans to be included in, be part of; cela ne rentre pas dans ses attributions that is not included in *ou* part of his duties; les frais de déplacement ne devraient pas ~ dans la note travelling expenses should not be included in the bill *ou* should not be put on the bill; ~ dans une catégorie to fall into *ou* come into *ou* go under a category.

(h) *[argent]* to come in. l'argent ne rentre pas en ce moment the money isn't coming in at the moment; l'argent rentre difficilement/bien en ce moment there isn't much money/there's plenty of money coming in at the moment; faire ~ les impôts/les fonds to collect the taxes/the funds; faire ~ l'argent to get the money in.

(i) (*) *[connaissances]* la grammaire/les maths, ça ne rentre pas he can't take grammar/maths in, he can't get the hang of grammar/maths*; faire ~ qch dans la tête de qn to drum *ou* get sth into sb *ou* sb's head; vous aurez du mal à lui faire ~ cela dans la tête you'll have a job drumming that into him *ou* making him take that in *ou* getting that into his head.

(j) *(loc)* ~ dans sa coquille to go back into one's shell; ~ dans ses droits to recover one's rights; ~ dans son argent/dans ses frais to recover *ou* get back one's money/expenses; ~ dans ses fonds to recoup one's costs; tout est rentré dans l'ordre (*dans son état normal*) everything is back to normal again, everything is straight again *ou* in order again; (*dans le calme*) order has returned, order has been restored; (*tout a été clarifié*) everything has been sorted out now; ~ dans le rang to come *ou* fall back into line, toe

the line; ~ en grâce *ou* faveur auprès de qn to get back into sb's good graces; j'aurais voulu ~ sous terre I wished the ground could have opened and swallowed me up.

2 *vt (avec aux avoir)* **(a)** *foins, moisson* to bring in, get in; *marchandises, animaux* (*en venant*) to bring in; (*en allant*) to take in. ~ sa voiture (au garage) to put the car away (in the garage), put the car in the garage; ne laisse pas ta bicyclette à la pluie, rentre-la don't leave your bicycle out in the rain, put it away *ou* bring it in; ~ les bêtes à l'étable to bring the cattle into the cowshed, bring in the cattle, put the cattle in the cowshed.

(b) *train d'atterrissage* to raise; (*lit, fig*) *griffes* to draw in. ~ sa chemise (dans son pantalon) to tuck one's shirt in (one's trousers); ~ le cou dans les épaules to hunch up one's shoulders; ne me rentre pas ton coude dans le ventre don't jab *ou* stick your elbow in(to) my stomach; ~ le ventre to pull one's stomach in; ~ ses larmes to hold back *ou* choke back (one's) tears, fight back tears; ~ sa rage to hold back *ou* suppress one's anger.

renvelopper [ʀɑ̃vlɔpe] (1) *vt* to rewrap, wrap up again.

renversable [ʀɑ̃vɛʀsab(ə)] *adj obstacle (lit)* which can be knocked down; (*fig*) which can be overcome; *ordre établi* which can be overthrown; *termes* which can be reversed; *fraction* which can be inverted. **facilement** ~ *objet* easily overturned, easily knocked over; *canot* easily overturned *ou* capsized.

renversant, e* [ʀɑ̃vɛʀsɑ̃, ɑ̃t] *adj nouvelle* staggering, astounding; *personne* amazing, incredible.

renverse [ʀɑ̃vɛʀs(ə)] *nf*: à la ~ on one's back; tomber à la ~ to fall backwards; (*fig*) il y a de quoi tomber à la ~! it's astounding! *ou* staggering!, it (quite) bowls you over!

renversé, e [ʀɑ̃vɛʀse] (*ptp de* **renverser**) *adj* **(a)** (*à l'envers*) upside down (*attrib*); *fraction* inverted; *image* inverted, reversed. c'est le monde ~ it's a topsy-turvy world, what's the world coming to?; *V* crème.

(b) *(stupéfait)* être ~ to be bowled over, be staggered.

(c) *(penché)* écriture backhand (*épith*).

renversement [ʀɑ̃vɛʀsəmɑ̃] *nm* **(a)** *[image, fraction]* inversion; *[ordre des mots]* inversion, reversal; *[vapeur]* reversing; *[situation]* reversal; (*Mus*) *[intervalles, accord]* inversion.

(b) *[alliances, valeurs]* reversal; *[ministre]* removal from office; *[gouvernement]* (*par un coup d'État*) overthrow; (*par un vote*) defeat, voting *ou* turning out of office. un ~ de tendance de l'opinion publique a shift *ou* swing (in the opposite direction) in public opinion.

(c) *[buste, tête]* tilting *ou* tipping back.

(d) *[courant]* changing of direction; *[marée, vent]* turning, changing of direction.

renverser [ʀɑ̃vɛʀse] (1) **1** *vt* **(a)** *(faire tomber)* *personne* to knock over *ou* down; *chaise* to knock down, overturn; *vase, bouteille* to knock over, upset, overturn; (*Aut*) *piéton* to knock over *ou* down, run over. il l'a renversé d'un coup de poing he gave it a blow that knocked it over; le cheval a renversé son cavalier the horse threw *ou* unseated its rider.

(b) *(répandre)* *liquide* to spill, upset. ~ du vin sur la nappe to spill *ou* upset some wine on the tablecloth.

(c) *(mettre à l'envers)* to turn upside down. ~ un seau (pour monter dessus) to turn a bucket upside down (so as to stand on it).

(d) *(abattre)* *obstacles (lit)* to knock down; (*fig*) to overcome; *ordre établi, tradition, royauté* to overthrow; *ministre* to put *ou* throw out of office, remove from office. ~ le gouvernement (*par un coup d'État*) to overthrow *ou* overturn the government; (*par un vote*) to defeat the government, vote *ou* throw the government out of office.

(e) *(pencher)* ~ la tête en arrière to tip *ou* tilt one's head back; ~ le corps en arrière to lean back; elle lui renversa la tête en arrière she tipped *ou* put his head back.

(f) *(inverser)* *ordre des mots, courant* to reverse; *fraction* to invert; (*Opt*) *image* to invert, reverse. ~ la situation to reverse the situation, turn things (a)round; ~ la vapeur (*lit*) to reverse steam; (*fig*) to change course.

(g) (*: étonner*) to bowl over, stagger. la nouvelle l'a renversé the news bowled him over *ou* staggered him, he couldn't get over the news.

2 se renverser *vpr* **(a)** se ~ en arrière to lean back; se ~ sur le dos to lie down (on one's back); se ~ sur sa chaise to tilt *ou* tip *ou* lean back on one's chair, tilt *ou* tip one's chair back.

(b) *[voiture, camion]* to overturn; *[bateau]* to overturn, capsize; *[verre, vase]* to fall over, be overturned.

renvoi [ʀɑ̃vwa] *nm* **(a)** (*V* **renvoyer**) dismissal; sacking (*Brit*); expulsion; suspension; discharge; sending back; return; kicking back; throwing back; referral; postponement. menacer de ~ *employé* to threaten with dismissal; (*Scol*) to threaten to expel *ou* with expulsion; le ~ d'un projet de loi en commission sending a bill to a committee *ou* for further discussion; (*Sport*) à la suite d'un mauvais ~ du gardien, la balle fut interceptée par l'équipe adverse as a result of a poor return *ou* throw by the goalkeeper, the ball was intercepted by the opposing team; (*Rugby*) ~ aux 22 mètres drop-out; (*Jur*) demande de ~ devant une autre juridiction application for transfer of proceedings.

(b) *(référence)* cross-reference; (*en bas de page*) footnote. faire un ~ aux notes de l'appendice to cross-refer to the notes in the appendix.

(c) *(rot)* belch. avoir un ~ to belch; avoir des ~s to have wind (*Brit*) *ou* gas (*US*); ça me donne des ~s it gives me wind (*Brit*), it repeats on me (*Brit*), it makes me belch.

(d) *(Tech)* levier de ~ reversing lever; poulie de ~ return pulley.

(e) *(Mus)* repeat mark *ou* sign.

renvoyer [ʀɑ̃vwaje] (8) *vt* **(a)** *(congédier)* *employé* to dismiss, sack

(*Brit*); *élève* (*définitivement*) to expel; (*temporairement*) to suspend; *étudiant* to expel, send down (*Brit*). **il s'est fait ~ de son travail** he was dismissed *ou* sacked (*Brit*) from his job; (*fig: vomir*) **~ la classe*** to throw up*.

(**b**) (*faire retourner*) to send back; (*faire repartir*) to send away; (*libérer*) *accusé, troupes* to discharge. **je l'ai renvoyé chez lui** I sent him back home; **~ les soldats dans leurs foyers** to discharge soldiers, send soldiers back home; **~ le projet de loi en commission** to refer the bill back *ou* send the bill for further discussion, send the bill to a committee; **ils se renvoient les clients de service en service** they send the customers *ou* hand on the customers from one office to the next.

(**c**) (*réexpédier*) *lettre, colis* to send back, return; *bague de fiançailles* to return, give back.

(**d**) (*relancer*) *balle* (*gén*) to send back; (*au pied*) to kick back; (*à la main*) to throw back; (*Tennis*) to return (*à* to). **il m'a renvoyé la balle** (*argument*) he threw the *ou* my argument back at me, he came back at me with the same argument; (*responsabilité*) he handed the responsibility over to me, he left it up to me, he passed the buck to me*; **ils se renvoient la balle** (*argument*) they throw the same argument at each other, they come back at each other with the same argument; (*responsabilité*) they each refuse to take the responsibility, they each want to off-load the responsibility, they're each trying to pass the buck*; (*fig*) **~ l'ascenseur** to return a favour.

(**e**) (*référer*) *lecteur* to refer (*à* to). **~ aux notes de l'appendice** to (cross-)refer to notes in the appendix; **~ un procès en Haute cour** to refer a case to the high court; **~ le prévenu en cour d'assises** to send the accused for trial by the assize court.

(**f**) (*différer*) *rendez-vous* to postpone, put off. (*Jur*) **l'affaire a été renvoyée à huitaine** the case was postponed *ou* put off for a week; **~ qch aux calendes grecques** to postpone sth *ou* put sth off indefinitely.

(**g**) (*réfléchir*) *son* to echo; *lumière, chaleur, image* to reflect.

(**h**) (*Cartes*) **~ carreau/pique** to play diamonds/spades again, lead diamonds/spades again.

réoccupation [Reɔkypasjɔ̃] *nf* reoccupation.

réoccuper [Reɔkype] (1) *vt territoire* to reoccupy; *fonction* to take up again; *local* to take over again.

réorchestration [ReɔRkɛstRɑsjɔ̃] *nf* reorchestration.

réorchestrer [ReɔRkɛstRe] (1) *vt* to reorchestrate.

réorganisateur, -trice [ReɔRganizatœR, tRis] *nm, f* reorganizer.

réorganisation [ReɔRganizɑsjɔ̃] *nf* reorganization.

réorganiser [ReɔRganize] (1) **1** *vt* to reorganize. **2 se réorganiser** *vpr* [*pays, parti*] to be reorganized. **il faudrait qu'on se réorganise** we must get reorganized, we must reorganize ourselves.

réorientation [ReɔRjɑ̃tɑsjɔ̃] *nf* [*politique*] redirecting, reorientation. **~ scolaire** restreaming (*Brit*).

réorienter [ReɔRjɑ̃te] (1) *vt politique* to redirect, reorient(ate); (*Scol*) *élève* to restream (*Brit*).

réouverture [ReuvɛRtyR] *nf* [*magasin, théâtre*] reopening; [*débat*] resumption, reopening.

repaire [R(ə)pɛR] *nm* (*Zool*) den, lair; (*fig*) den, hideout. **cette taverne est un ~ de brigands** this inn is a thieves' den *ou* a haunt of robbers.

repaître [R(ə)pɛtR(ə)] (57) **1** *vt* (*littér*) **~ ses yeux de qch** to feast one's eyes on sth; **~ son esprit de lectures** to feed one's mind on books.

2 se repaître *vpr* (**a**) (*fig*) **se ~ de crimes** to wallow in; *lectures, films* to revel in; *illusions* to revel in, feed on.

(**b**) (*manger*) to eat its fill. **se ~ de viande crue** to gorge o.s. on raw meat.

répandre [Repɑ̃dR(ə)] (41) **1** *vt* (**a**) (*renverser*) *soupe, vin* to spill; *grains* to scatter; (*volontairement*) *sciure, produit* to spread. **le camion a répandu son chargement sur la chaussée** the lorry shed *ou* spilled its load in the road; **~ du sable sur le sol** to spread *ou* sprinkle sand on the ground; **~ sa petite monnaie (sur la table) pour la compter** to spread one's change out (on the table) to count it; **la rivière répand ses eaux dans la vallée** the waters of the river spread over *ou* out across the valley.

(**b**) (*littér*) *larmes* to shed. **~ son sang** to shed one's blood; **~ le sang** to spill *ou* shed blood; **beaucoup de sang a été répandu** a lot of blood was shed *ou* spilled, there was a lot of bloodshed.

(**c**) (*être source de*) *lumière* to shed, give out; *odeur* to give off; *chaleur* to give out *ou* off. **~ de la fumée** [*cheminée*] to give out smoke; [*feu*] to give off *ou* out smoke.

(**d**) (*fig: propager*) *nouvelle, mode, joie, terreur* to spread; *dons* to lavish, pour out.

2 se répandre *vpr* (**a**) (*couler*) [*liquide*] to spill, be spilled; [*grains*] to scatter, be scattered (*sur* over). **le verre a débordé, et le vin s'est répandu par terre** the glass overflowed and the wine spilled onto the floor; **le sang se répand dans les tissus** blood spreads through the tissues; **la foule se répand dans les rues** the crowd spills out *ou* pours out into the streets.

(**b**) (*se dégager*) [*chaleur, odeur, lumière*] to spread; [*son*] to carry (*dans* through). **il se répandit une forte odeur de caoutchouc brûlé** a strong smell of burning rubber was given off.

(**c**) (*se propager*) [*doctrine, mode, nouvelle*] to spread (*dans, à travers* through); [*opinion, méthode*] to become widespread (*dans, parmi* among); [*coutume, pratique*] to take hold, become widespread. **la peur se répand sur son visage** fear spread over his face; **l'horreur/la nouvelle se répandit à travers la ville comme une traînée de poudre** horror/the news spread round *ou* through the town like wildfire.

(**d**) **se ~ en calomnies/condoléances/menaces** to pour out *ou* pour forth slanderous remarks/condolences/threats; **se ~ en invectives** to let out a torrent of abuse, pour out a stream of abuse.

répandu, e [Repɑ̃dy] (*ptp de* **répandre**) *adj opinion, préjugé* widespread; *méthode* widespread, widely used. **c'est une idée très ~e** it's a widely *ou* commonly held idea.

réparable [Repaṛabl(ə)] *adj objet* repairable, which can be repaired *ou* mended; *erreur* which can be put right *ou* corrected; *perte, faute* which can be made up for. **ce n'est pas ~** [*objet*] it is beyond repair; [*faute*] there's no way of making up for it; [*erreur*] it can't be put right.

reparaître [R(ə)paʁɛtR(ə)] (57) *vi* [*personne, trait héréditaire*] to reappear; [*lune*] to reappear, come out again.

réparateur, -trice [RepaʁatœR, tʁis] **1** *adj sommeil* refreshing.

2 *nm, f* repairer. **~ d'objets d'art** restorer of works of art; **~ de porcelaine** porcelain restorer; **~ de télévision** television *ou* TV repairman *ou* engineer.

réparation [Repaʁɑsjɔ̃] *nf* (**a**) (*remise en état*) (*action: V* **réparer**) mending; repairing; fixing; restoring, restoration; (*résultat*) repair. **la voiture est en ~** the car is under repair *ou* is being repaired; **on va faire des ~s dans la maison** we're going to have some repair work *ou* some repairs done in the house; **pendant les ~s** during the repairs, while the repairs are being carried out; **l'atelier de ~** the repair shop.

(**b**) (*correction*) [*erreur*] correction; [*oubli, négligence*] putting right, rectification.

(**c**) (*compensation*) [*faute, offense*] atonement (*de* for); [*tort*] redress (*de* for); [*perte*] compensation (*de* for). **en ~ du dommage causé** to make up for *ou* to compensate for *ou* to make amends for the harm that has been done; **obtenir ~ (d'un affront)** to obtain redress (for an insult); **demander ~ par les armes** to demand a duel.

(**d**) (*Ftbl*) **coup de pied/surface de ~** penalty kick/area.

(**e**) (*régénérescence*) [*forces*] restoring, restoration, recovery. **la ~ des tissus sera longue** the tissues will take a long time to heal.

(**f**) (*dommages-intérêts*) damages, compensation. (*Hist*) **~s** reparations.

réparer [Repaʁe] (1) *vt* (**a**) (*remettre en état*) (*gén*) to mend; *chaussure, machine* to mend, repair, fix; *déchirure, fuite* to mend; *maison* to repair, have repairs done to; *objet d'art* to restore, repair. **donner qch à ~** to take sth to be mended *ou* repaired; **faire ~ qch** to get *ou* have sth mended *ou* repaired; **~ qch sommairement** to patch sth up, do a temporary repair job on sth.

(**b**) (*corriger*) *erreur* to correct, put right; *oubli, négligence* to put right, rectify.

(**c**) (*compenser*) *faute* to make up for, make amends for; *tort* to put right, redress; *offense* to atone for, make up for; *perte* to make good, make up for, compensate for. **tu ne pourras jamais ~ le mal que tu m'as fait** you can never put right *ou* never undo the harm you've done me; **comment pourrais-je ~ ma bêtise?** how could I make amends for *ou* make up for my stupidity?; **cela ne pourra jamais ~ le dommage que j'ai subi** that'll never make up for *ou* compensate for the harm I've suffered; **vous devez ~ en l'épousant** you'll have to make amends by marrying her; **comment pourrais-je ~?** what could I do to make up for it? *ou* to make amends (for it)?

(**d**) (*régénérer*) *forces, santé* to restore.

(**e**) (*loc*) **il va falloir ~ les dégâts** (*lit*) we'll have to repair the damage; (*fig) we'll have to repair the damage *ou* pick up the pieces; (*littér*) **~ le désordre de sa toilette** to straighten *ou* tidy one's dress.

reparler [R(ə)paʁle] (1) **1** *vi*: **~ de qch** to talk about sth again; **~ à qn** to speak to sb again; **nous en reparlerons** we'll talk about it again *ou* discuss it again later.

2 se reparler *vpr* to speak to each other again, be on speaking terms again, be back on speaking terms.

repartie [Ropaʁti] *nf* retort. **avoir de la ~, avoir la ~ facile** to be good *ou* quick at repartee.

repartir[1] [Ropaʁtiʁ] (16) *vt* (*littér: répliquer*) to retort, reply.

repartir[2] [R(ə)paʁtiʁ] (16) *vi* [*voyageur*] to set *ou* start off again; [*machine*] to start (up) again, restart; [*affaire, discussion*] to get going again, pick up again, get underway again. **~ chez soi** to go back *ou* return home; **il est reparti hier** he left again yesterday; **~ à zéro** to start from scratch again, go back to square one (*Brit*); **heureusement, c'est bien reparti** fortunately, things are going smoothly *ou* have got off to a good start this time; [*discussion*] **c'est reparti!*** they're off again!*, they're at it again!*, there they go again!

répartir [Repaʁtiʁ] (2) **1** *vt* (**a**) (*diviser*) *ressources, travail* to share out, divide up (*en* into, *entre* among), allocate, distribute (*entre* among); *impôts, charges* to share out (*en* into, *entre* among), apportion, allot, allocate (*entre* among); (*distribuer*) *butin, récompenses, rôles* to share out, divide up, distribute (*entre* among). **on avait réparti les joueurs en 2 groupes** the players had been divided *ou* split (up) into 2 groups.

(**b**) (*égaliser*) *poids, masses, chaleur* to distribute; (*étaler*) *paiement, cours, horaire* to spread (*sur* over). **on a mal réparti les bagages dans le coffre** the luggage has been badly *ou* unevenly distributed *ou* hasn't been evenly distributed in the boot; **les troupes sont réparties le long de la frontière nord** troops are spread out *ou* distributed *ou* scattered along the northern frontier; **le programme est réparti sur 2 ans** the programme is spread (out) over 2 years.

2 se répartir *vpr*: **les charges se répartissent comme suit** the expenses are divided up as follows *ou* in the following way; **ils se répartissent en 2 ensembles** they can be divided into 2 sets; **ils se sont répartis en 2 groupes** they divided themselves *ou* they split into 2 groups; **ils se sont réparti le travail** they shared the work out *ou* divided the work up among themselves.

répartiteur [RepaʁtitœR] *nm* (*gén: littér*) distributor, apportioner; [*impôt*] assessor.

répartition [ʀepaʀtisjɔ̃] *nf* **(a)** *(action: V* **répartir**) sharing out *(U)*, share-out; dividing up *(U)*; allocation *(U)*; distribution *(U)*; apportionment *(U)*, allotment *(U)*; spreading *(U)*. **cette ~ est injuste et favorise certains** this is a very unfair way to share things out because it gives some more than others; **il a fallu procéder à une deuxième ~ des tâches** the tasks had to be divided up *ou* shared out again.

(b) *(résultat) [population, flore, richesses]* distribution; *[pièces, salles]* layout, distribution.

repas [ʀ(ə)pɑ] *nm* meal. **~ léger** light meal, snack; **~ scolaire** school lunch; **~ de midi** midday *ou* noon *(US)* meal, lunch; **~ de noces** wedding meal *ou* breakfast; **~ de Noël** Christmas dinner; **faire son ~ d'un œuf et d'un fruit** to eat an egg and a piece of fruit for one's meal, dine off an egg and a piece of fruit *(frm, hum)*; **il prend tous ses ~ au restaurant** he has all his meals at the restaurant, he always eats (out) at the restaurant, he always eats out; **assister au ~ des fauves** to watch the big cats being fed; **à l'heure du ~** at mealtimes, at our mealtime; **aux heures des ~** at mealtimes; **panier-~** lunch *ou* dinner *ou* picnic basket; **plateau-~** meal tray; **ticket-~** luncheon voucher *(Brit)*, meal ticket *(surtout US)*; **~ à prix fixe** fixed-price meal.

repassage [ʀ(ə)pasaʒ] *nm [linge]* ironing; *[couteau]* sharpening. **faire le ~** to do the ironing. *(sur une étiquette)* **~ superflu** wash-and-wear, non-iron.

repasser [ʀ(ə)pase] **(1) 1** *vt* **(a)** *rivière, montagne, frontière* to cross again, go *ou* come back across.

(b) *examen* to resit, take again; *permis de conduire* to take again; *visite médicale* to undergo again.

(c) *plat* to hand round *ou* again; *film* to show again; *émission* to repeat. **~ un plat au four** to put a dish in the oven again *ou* back in the oven.

(d) *(au fer à repasser)* to iron; *(à la pattemouille)* to press. **le nylon ne se repasse pas** nylon doesn't need ironing *ou* must not be ironed; **planche/table à ~** ironing board/table; *V* **fer.**

(e) *couteau, lame* to sharpen (up).

(f) *souvenir, leçon, rôle* to go (back) over, go over again. **~ qch dans son esprit** to go over sth again *ou* go back over sth in one's mind.

(g) *(*: transmettre) affaire, travail* to hand over *ou* on; *maladie* to pass on *(à qn* to sb). **il m'a repassé le tuyau** he passed *ou* handed me on the tip; **je te repasse ta mère** *(au téléphone)* I'm handing you back to your mother; **je vous repasse le standard** I'll put you back through to the operator.

2 *vi* **(a)** *(retourner)* to come back, go back. **je repasserai** I'll come *ou* call back, I'll call (in) again; **si vous repassez par Paris** *(au retour)* if you come back through Paris; *(une autre fois)* if you're passing through Paris again; **ils sont repassés en Belgique** they crossed back *ou* went back over into Belgium; **il va falloir que je repasse sur le billard* pour une autre opération** I've got to go through another operation, they want to open me up again*; **tu peux toujours ~!‡** you've got a hope!* *(Brit)*, not on your nelly!‡ *(Brit)*, you haven't a prayer! *(US)*.

(b) *(devant un même lieu)* to go *ou* come past again; *(sur un même trait)* to go over again, go back over. **je passai et repassai devant la vitrine** I kept walking backwards and forwards in front of the shop window; **souvenirs qui repassent dans la mémoire** memories that are running through one's mind; *(fig)* **quand elle fait un travail, il faut toujours ~ derrière elle** when she does some work it always has to be done again *ou* gone over again afterwards.

repasseur [ʀ(ə)pasœʀ] *nm (rémouleur)* knife-grinder *ou* -sharpener.

repasseuse [ʀ(ə)pasøz] *nf (femme)* ironer; *(machine)* ironer, ironing machine.

repavage [ʀ(ə)pavaʒ] *nm*, **repavement** [ʀ(ə)pavmɑ̃] *nm* repaving.

repaver [ʀ(ə)pave] **(1)** *vt* to repave.

repayer [ʀ(ə)peje] **(8)** *vt* to pay again.

repêchage [ʀ(ə)peʃaʒ] *nm (V* **repêcher**) recovery; fishing out; recovery of the body of; letting through; passing. **épreuve/question de ~** exam/question to give candidates a second chance.

repêcher [ʀ(ə)peʃe] **(1)** *vt* **(a)** *corps* to recover, fish out; *noyé* to recover the body of, fish out.

(b) *(Scol) candidat* to let through, pass *(with less than the official pass mark)*; *athlète* to give a second chance to. **élève repêché à l'oral** student who scrapes through *ou* just gets a pass thanks to the oral exam.

repeindre [ʀ(ə)pɛ̃dʀ(ə)] **(52)** *vt* to repaint.

rependre [ʀ(ə)pɑ̃dʀ(ə)] **(41)** *vt* to re-hang, hang again.

repenser [ʀ(ə)pɑ̃se] **(1) 1** **repenser à** *vt indir:* **~ à qch** to think about sth again; **plus j'y repense** the more I think of it; **je n'y ai plus repensé** I haven't thought about it again (since), I haven't given it any further thought (since); **j'y repenserai** I'll think about it again, I'll have another think about it.

2 *vt concept* to rethink. **il faut ~ tout l'enseignement** the whole issue of education will have to be rethought; **~ la question** to rethink the question, think the question out again, have a second think about the question.

repentant, e [ʀ(ə)pɑ̃tɑ̃, ɑ̃t] *adj* repentant, penitent.

repenti, e [ʀ(ə)pɑ̃ti] *(ptp de* **se repentir**) *adj* repentant, penitent.

repentir¹ (se) [ʀ(ə)pɑ̃tiʀ] **(16)** *vpr* **(a)** *(Rel)* to repent. **se ~ d'une faute/d'avoir commis une faute** to repent of a fault/of having committed a fault.

(b) *(regretter)* **se ~ de qch/d'avoir fait qch** to regret sth/having done sth, be sorry for sth/for having done sth; **tu t'en repentiras!** you'll be sorry (for that), you'll regret that.

repentir² [ʀ(ə)pɑ̃tiʀ] *nm (Rel)* repentance *(U)*; *(regret)* regret.

repérable [ʀ(ə)peʀabl(ə)] *adj* which can be spotted. **un chapeau rouge ~ de loin** a red hat easily spotted from a distance; **difficilement ~** difficult to spot; *(Mil)* difficult to locate.

repérage [ʀ(ə)peʀaʒ] *nm (Aviat, Mil)* location. **le ~ d'un point sur la carte** locating *ou* spotting a point on the map, pinpointing a spot on the map.

répercussion [ʀepɛʀkysjɔ̃] *nf (gén)* repercussion *(sur, dans* on). *(Fin)* **la ~ d'une taxe sur le client** passing a tax on *ou* along *(US)* to the customer.

répercuter [ʀepɛʀkyte] **(1) 1** *vt* **(a)** *son* to echo; *écho* to send back, throw back; *lumière* to reflect.

(b) *(transmettre)* **~ des charges/une augmentation sur le client** to pass the cost of sth/an increase in cost on to the customer; **~ un impôt sur le consommateur** to pass on *ou* along *(US)* a tax to the consumer.

2 se répercuter *vpr* **(a)** *[son]* to reverberate, echo; *[lumière]* to be reflected, reflect.

(b) **se ~ sur** to have repercussions on, affect.

reperdre [ʀ(ə)pɛʀdʀ(ə)] **(41)** *vt* to lose again.

repère [ʀ(ə)pɛʀ] *nm (gén: marque, trait)* line, mark; *(jalon, balise)* marker, indicator; *(monument, accident de terrain etc)* landmark; *(événement)* landmark; *(date)* reference point. **j'ai laissé des branches comme ~s pour retrouver notre chemin** I've left branches as markers *ou* to mark our way so that we can find the way back again; **~ de niveau** bench mark; *V* **point¹.**

repérer [ʀ(ə)peʀe] **(6) 1** *vt* **(a)** *(*: localiser) personne, erreur* to spot, pick out; *endroit, chemin* to discover, locate, find. **se faire ~** to be spotted, be picked out; **il avait repéré un petit restaurant où l'on mange bien** he had discovered *ou* located *ou* tracked down a little restaurant where the food was good; **tu vas nous faire ~** we'll be noticed *ou* spotted because of you, you'll get us caught; **il s'est fait ~ par le concierge** he was spotted by the concierge.

(b) *(Mil)* to locate, pinpoint.

(c) *(Tech) niveau, alignement* to mark out *ou* off, stake out.

2 se repérer *vpr (gén: se diriger)* to find one's way about *ou* around; *(établir sa position)* to find *ou* get one's bearings. *(fig)* **j'ai du mal à me ~ dans cette intrigue** I have difficulty getting my bearings in this plot.

répertoire [ʀepɛʀtwaʀ] **1** *nm* **(a)** *(carnet)* index notebook, notebook with thumb index; *(liste)* (alphabetical) list; *(catalogue)* catalogue. **noter un mot dans un ~** to write a word down in an alphabetical index, index a word.

(b) *(Théât)* repertoire, repertory; *[chanteur, musicien]* repertoire. **jouer une pièce du ~** to put on a stock play; *(fig)* **elle a tout un ~ de jurons/d'histoires drôles** she has quite a repertoire of swearwords/jokes; **c'est un ~ vivant** he's a real storehouse *ou* a mine of information *(de* about, on).

2: **répertoire d'adresses** address book; **répertoire alphabétique** alphabetical index *ou* list; *(sur un plan)* **répertoire des rues** street index.

répertorier [ʀepɛʀtɔʀje] **(7)** *vt* to itemize, make a list of, list.

repeser [ʀ(ə)pəze] **(5)** *vt* to reweigh, weigh again.

répéter [ʀepete] **(6) 1** *vt* **(a)** *(redire) explication, question* to repeat; *mot* to repeat, say again; *histoire* to repeat, retell. **~ à qn que** to tell sb again that, repeat that; **pourriez-vous me ~ cette phrase?** could you repeat that sentence?, could you say that sentence (to me) again?; **je l'ai répété/je te l'ai répété dix fois** I've said that/I've told you that a dozen times; **il répète toujours la même chose** he keeps saying *ou* repeating the same thing; *(ton de menace)* **répète!** just you dare repeat that! *ou* say that again!; **il ne se l'est pas fait ~** he didn't have to be told *ou* asked twice, he didn't need asking *ou* telling twice.

(b) *(rapporter) calomnie* to repeat, spread about; *histoire* to repeat. **elle est allée tout ~ à son père** she went and related *ou* repeated everything to her father, she went and told her father everything; **je vais vous ~ exactement ce qu'il m'a dit** I'll repeat exactly what he said; **c'est un secret, ne le répétez pas!** it's a secret, don't repeat it! *ou* don't tell anyone!; **il m'a répété tous les détails de l'événement** he went over all the details of the event for me, he related all the details of the event to me.

(c) *(refaire) expérience, exploit* to repeat, do again; *proposition* to repeat, renew; *essai* to repeat. **nous répéterons une nouvelle fois la tentative** we'll repeat the attempt one more time, we'll have another try (at it), we'll try (it) again one more time; **tentatives répétées de suicide** repeated attempts at suicide; **tentatives répétées d'évasion** repeated escape attempts, repeated attempts to escape.

(d) *pièce, symphonie, émission* to rehearse; *rôle, leçon* to learn, go over; *morceau de piano* to practise. **nous répétons à 4 heures** we rehearse at 4 o'clock, the rehearsal is at 4 o'clock; **ma mère m'a fait ~ ma leçon/mon rôle** I had to go over my homework/my part with my mother.

(e) *(reproduire) motif* to repeat; *(Mus) thème* to repeat, restate. **les miroirs répétaient son image** his image was reflected again and again in the mirrors.

2 se répéter *vpr* **(a)** *(redire, radoter)* to repeat o.s. **se ~ qch à soi-même** to repeat sth to o.s.; **la nouvelle que toute la ville se répète** the news that everyone in town is passing round, the news which is being repeated all round the town; **je ne voudrais pas me ~, mais …** I don't want to repeat myself *ou* say the same thing twice, but … .

(b) *(se reproduire)* to be repeated, reoccur, recur. **ces incidents se répétèrent fréquemment** these incidents were frequently repeated, these incidents kept recurring *ou* occurred repeatedly; **que cela ne se répète pas!** (just) don't let that happen again!; **l'histoire ne se répète jamais** history never repeats itself.

répétiteur, -trice [ʀepetitœʀ, tʀis] *nm,f (Scol)* tutor, coach.

répétitif, -ive [ʀepetitif, iv] *adj* repetitive.

répétition [ʀepetisjɔ̃] *nf* **(a)** *(redite)* repetition. **il y a beaucoup de** ~**s** there is a lot of repetition, there are numerous repetitions.
(b) *(Théât: représentation, fig)* rehearsal. ~ **générale** (final) dress rehearsal.
(c) *(action)* *(gén)* repetition; *[pièce, symphonie]* rehearsal; *[rôle]* learning; *[morceau de piano]* practising. **pour éviter la** ~ **d'une telle mésaventure** to prevent the repetition *ou* the recurrence of such a mishap, to prevent such a mishap recurring; **la** ~ **d'un tel exploit est difficile** repeating a feat like that *ou* doing a feat like that again is difficult; **la chorale est en** ~ the choir is rehearsing *ou* practising.
(d) *(Hist Scol)* private lesson, private coaching *(U)*.
(e) *(Tech)* fusil/montre à ~ repeater rifle/watch.

repeuplement [ʀəpœpləmɑ̃] *nm* (*V* repeupler) repopulation; restocking; replanting.

repeupler [ʀəpœple] (1) **1** *vt région* to repopulate; *bassin, chasse* to restock *(de* with); *forêt* to replant *(de* with). **2 se repeupler** *vpr* to be *ou* become repopulated.

repincer [ʀəpɛ̃se] (3) *vt (lit)* to pinch *ou* nip again; (**fig)* to catch again, nab* again. **se faire** ~ to get nabbed* again.

repiquage [ʀəpikaʒ] *nm* (*V* repiquer) planting *ou* pricking *ou* bedding out; subculturing; touching up, retouching; rerecording; recording, taping.

repiquer [ʀəpike] (1) **1** *vt* **(a)** *(Bot)* to plant out, prick out, bed (out); *(Bio)* to subculture. **plantes à** ~ bedding plants.
(b) *(Phot)* to touch up, retouch; *enregistrement* to rerecord; *disque* to record, tape.
(c) (**: attraper)* to nab* again.
(d) *[moustique]* to bite again; *[épine]* to prick again. *(Couture)* ~ **un vêtement à la machine** to restitch a garment.
2 repiquer à‡ *vt indir:* ~ **au plat** to take a second helping; ~ **au truc** to go back to one's old ways, be at it again*.

répit [ʀepi] *nm (rémission)* respite; *(repos)* respite, rest. **la douleur ne lui laisse pas de** ~ he never has any respite from the pain, the pain never gives him any respite; **s'accorder un peu de** ~ to take a bit of a rest *ou* a breather*; **accordez-nous 5 minutes de** ~ give us 5 minutes' rest *ou* respite; **travailler sans** ~ to work continuously *ou* without respite; **harceler qn sans** ~ to harass sb relentlessly; **donnez-moi un petit** ~ **pour vous payer** give me some breathing space to pay you.

replacement [ʀəplasmɑ̃] *nm* (*V* replacer) replacing, putting back; re-employment.

replacer [ʀəplase] (3) **1** *vt objet* to replace, put back (in its place); *employé* to find a new job for, re-employ. **il faut** ~ **les choses dans leur contexte** we must put things back in their context.
2 se replacer *vpr [employé]* to find a new job. **se** ~ **dans les mêmes conditions** to put o.s. in the same situation.

replanter [ʀəplɑ̃te] (1) *vt plante* to replant, plant out; *forêt, arbre* to replant. ~ **un bois en conifères** to replant a wood with conifers.

replat [ʀəpla] *nm* projecting ledge *ou* shelf.

replâtrage [ʀəplɑtʀaʒ] *nm* (*V* replâtrer) replastering; patching up. *(Pol)* ~ **ministériel*** patching together *ou* patch-up of the cabinet.

replâtrer [ʀəplɑtʀe] (1) *vt* **(a)** *mur* to replaster. **(b)** (**)* *amitié* to patch up; *gouvernement* to patch up.

replet, -ète [ʀəplɛ, ɛt] *adj* podgy, fat; *personne, visage* chubby.

réplétion [ʀeplesjɔ̃] *nf (frm)* repletion *(frm)*.

repleuvoir [ʀəplœvwaʀ] (23) *vb impers* to rain again, start raining again. **il repleut** it is raining again, it has started raining again.

repli [ʀəpli] *nm* **(a)** *[terrain, papier]* fold; *[intestin, serpent]* coil, fold; *[rivière]* bend, twist, winding *(U)*; *[peau] (de l'âge)* wrinkle; *(de l'embonpoint)* fold (de in).
(b) *(Couture)* *[ourlet, étoffe]* fold, turn *(de* in).
(c) *(Mil)* withdrawal, falling back.
(d) *(réserve)* withdrawal. ~ **sur soi-même** withdrawal into oneself *ou* into one's shell, turning in on oneself.
(e) *(recoin)* *[cœur, conscience]* hidden *ou* innermost recess, innermost reaches.

repliable [ʀəplijabl(ə)] *adj* folding.

repliement [ʀəplimɑ̃] *nm:* ~ **(sur soi-même)** withdrawal (into oneself), turning in on oneself.

replier [ʀəplije] (7) **1** *vt* **(a)** *carte, journal, robe* to fold up (again), fold back up; *manche, bas de pantalon* to roll up, fold up; *coin de feuille* to fold over; *ailes* to fold (back); *jambes* to tuck up; *couteau* to close. **les jambes repliées sous lui** sitting back with his legs tucked under him; ~ **le drap sur la couverture** to fold the sheet back over *ou* down over the blanket.
(b) *(Mil)* *troupes* to withdraw; *civils* to move back *ou* away.
2 se replier *vpr [serpent]* to curl up, coil up; *[chat]* to curl up; *[lame de couteau]* to fold back; *(Mil)* to fall back, withdraw *(sur* to). **se** ~ **(sur soi-même)** to withdraw into oneself, turn in on oneself; **la province est repliée sur elle-même** the provinces are very inward-looking.

réplique [ʀeplik] *nf* **(a)** *(réponse)* reply, retort, rejoinder. **il a la** ~ **facile** he's always ready with a quick answer, he's never at a loss for an answer *ou* a reply; **et pas de** ~**!** and don't answer back!, and let's not have any backchat!* *(Brit)*; **obéis sans** ~**!** do as you're told without a word! *ou* without argument!; **argument sans** ~ unanswerable *ou* irrefutable argument; **il n'y a pas de** ~ **à cela** there's no answer to that.
(b) *(contre-attaque)* counter-attack. **la** ~ **ne se fit pas attendre: ils attaquèrent** they weren't slow to retaliate and attacked at once.
(c) *(Théât)* line. **dialogue aux** ~**s spirituelles** dialogue with some witty lines; **oublier sa** ~ to forget one's lines *ou* words; **l'acteur a manqué sa** ~ the actor missed his cue; **c'est X qui vous donnera la** ~ *(pour répéter)* X will give you your cue; *(dans une*

scène) X will play opposite you, X will play the supporting role; *(fig)* **je saurai lui donner la** ~ I can match him (in an argument), I can give as good as I get; **les 2 orateurs se donnent la** ~ the 2 speakers indulge in a bit of verbal sparring.
(d) *(Art)* replica. *(fig)* **il est la** ~ **de son jumeau** he is the (spitting) image of his twin brother.

répliquer [ʀeplike] (1) **1** *vt* to reply. **il (lui) répliqua que** he replied *ou* retorted that; **il n'y a rien à** ~ **à cela** what can we say to that?, there's no answer to that; **il trouve toujours quelque chose à** ~ he always has a ready answer, he's always got an answer for everything.
2 *vi* **(a)** *(répondre)* to reply. ~ **à la critique** to reply to criticism; **et ne réplique pas!** *(insolence)* and don't answer back!; *(protestation)* and no protests! *ou* objections!
(b) *(contre-attaquer)* to retaliate. **il répliqua par des coups de poing/des injures** he retaliated with his fists/with foul language.

replonger [ʀəplɔ̃ʒe] (3) **1** *vt rame, cuiller* to dip back *(dans* into). **replongé dans la pauvreté/la guerre/l'obscurité** plunged into poverty/war/obscurity again, plunged back into poverty/war/obscurity; **replongeant sa main dans l'eau** plunging *ou* putting *ou* sticking his hand into the water again *ou* back in(to) the water.
2 *vi (dans une piscine)* to dive back, dive again *(dans* into).
3 se replonger *vpr* to dive back *ou* dive again *(dans* into). **il se replongea dans sa lecture** he immersed himself in his book *ou* his reading again, he went back to his reading.

repolir [ʀəpoliʀ] (2) *vt objet* to repolish; *(fig) discours* to polish up again, touch up again.

répondant, e [ʀepɔ̃dɑ̃, ɑ̃t] **1** *nm, f* guarantor, surety. **servir de** ~ **à qn** *(Fin)* to stand surety for sb, be sb's guarantor; *(fig)* to vouch for sb.
2 *nm* **(a)** *(Fin)* **il a du** ~ *(compte approvisionné)* he has money behind him; (**: beaucoup d'argent)* he has something *ou* plenty to fall back on.
(b) *(Rel)* server.

répondeur, -euse [ʀepɔ̃dœʀ, øz] **1** *adj* (**)* impertinent, cheeky* *(Brit)*, sassy* *(US)*. **je n'aime pas les enfants** ~**s** I don't like children who answer back. **2** *nm:* ~ **(téléphonique)** (telephone) answering machine; ~ **(enregistreur)** Ansafone ®.

répondre [ʀepɔ̃dʀ(ə)] (41) **1** *vt* **(a)** to answer, reply. **il a répondu une grossièreté** he replied with a rude remark, he made a rude remark in reply; **il m'a répondu une lettre** he sent me a letter in reply; **il a répondu qu'il le savait** he answered *ou* replied that he knew, he said in reply that he knew; **il m'a répondu qu'il viendrait** he told me (in reply) that he would come; **je lui ai répondu de se taire** *ou* **qu'il se taise** I told him to be quiet; **vous me demandez si j'accepte, je (vous) réponds que non** you're asking me if I accept and I'm telling you I don't *ou* won't *ou* and my answer is no *ou* that I won't; **je me suis vu** ~ **que, il me fut répondu que** I was told that; ~ **présent à l'appel** *(lit)* to answer present at roll call; *(fig)* to come forward, make oneself known, volunteer; **réponds quelque chose, même si c'est faux** give an answer (of some sort), even if it's wrong; **(c'est) bien répondu!** well answered *ou* said!; **qu'avez-vous à** ~**?** what have you got to say in reply?; **il n'y a rien à** ~ there's no reply *ou* answer to that; **qu'est-ce que vous voulez** ~ **à cela?** what can you reply *ou* say to that?; **il n'a répondu que des sottises** he only replied with stupid remarks.
(b) *(Rel)* ~ **la messe** to serve (at) mass.
2 *vi* **(a)** to answer, reply. **réponds donc!** well answer (then)!; ~ **en claquant la porte** to slam the door by way of reply *ou* by way of an answer; ~ **à qn/à une question/à une convocation** to reply to *ou* answer sb/a question/a summons; **seul l'écho lui répondit** only the echo answered him; **je ne lui ai pas encore répondu** I haven't yet replied to his letter *ou* answered his letter *ou* written back to him; **je lui répondrai par écrit** I'll reply *ou* answer in writing, I'll let him have a written reply *ou* answer; **avez-vous répondu à son invitation?** did you reply to *ou* acknowledge his invitation?; **il répond au nom de Dick** he answers to the name of Dick; ~ **par oui ou par non** to reply *ou* answer *ou* say yes or no; ~ **par monosyllabes** to reply in monosyllables, give monosyllabic answers; **instruments de musique qui se répondent** musical instruments that answer each other; ~ **par un sourire/en hochant la tête** to smile/nod in reply; **elle répondit à son salut par un sourire** she replied to *ou* answered his greeting with a smile, she acknowledged his greeting with a smile; **il a répondu par des injures** he replied with a string of insults, he replied by insulting us *(ou* them *etc)*; *(Jur)* **prévenu qui doit** ~ **à plusieurs chefs d'accusation** defendant who must answer several charges *ou* who has several charges to answer.
(b) ~ **(à la porte** *ou* **sonnette)** to answer the bell; ~ **(au téléphone)** to answer the telephone; **personne ne répond, ça ne répond pas** there's no answer *ou* reply, no one's answering; **on a sonné, va** ~ the doorbell rang — go and see who's there, that was the bell — go and answer the door; **personne n'a répondu à mon coup de sonnette** no one answered the door *ou* the bell when I rang, I got no answer when I rang the bell.
(c) *(être impertinent)* to answer back. **il a répondu à la maîtresse** he answered the teacher back, he was cheeky *(Brit) ou* sassy* *(US)* to the teacher*.
(d) *(réagir)* *voiture, commandes, membres* to respond *(à* to). **son cerveau ne répond plus aux excitations** his brain no longer responds to stimuli; **les freins ne répondaient plus** the brakes were no longer working *ou* had given up *ou* had failed.
3 répondre à *vt indir* **(a)** *(correspondre à) besoin* to answer; *signalement* to answer, fit. **ça répond tout à fait à l'idée que je m'en faisais** that corresponds exactly to *ou* fits exactly the idea I had of it; **cela répond/ne répond pas à ce que nous cherchons** this meets/doesn't meet *ou* falls short of our requirements; **ça**

répond/ne répond pas à mon attente *ou* à mes espérances it comes up to/falls short of my expectations.

(b) (*payer de retour*) *attaque, avances* to respond to; *amour, affection, salut* to return; *politesse, gentillesse, invitation* to repay, pay back. peu de gens ont répondu à cet appel few people responded to this appeal *ou* heeded this appeal, there was little response to this appeal; ~ à la force par la force to answer *ou* meet force with force; s'ils lancent une attaque, nous saurons y ~ if they launch an attack we'll fight back *ou* retaliate.

(c) (*être identique à*) *dessin, façade* to match. les 2 ailes du bâtiment se répondent the 2 wings of the building match (each other).

4 répondre de *vt indir* (*garantir*) *personne* to answer for. ~ de l'innocence/l'honnêteté de qn to answer *ou* vouch for sb's innocence/honesty; ~ des dettes de qn to answer for sb's debts, be answerable for sb's debts; il viendra, je vous en réponds! mark my words, he'll come!, he'll come all right, you can take it from me! *ou* you can take my word for it!; si vous agissez ainsi, je ne réponds plus de rien if you behave like that, I'll accept no further responsibility; je te réponds bien que cela ne se passera pas comme ça! you can take it from me *ou* you can be sure that it won't happen like that!; (*Jur*) ~ de ses crimes devant la cour d'assises to answer for one's crimes in the Crown Court.

répons [repõs] *nm* (*Rel*) response.

réponse [repõs] *nf* (a) (*à une lettre, demande, objection*) reply, response; (*à une question, une prière, un coup de sonnette*) answer, reply; [*problème, énigme, examen*] answer (*à, de* to); (*Mus*) answer. en ~ à votre question in answer *ou* reply *ou* response to your question; le droit de ~ the right of reply; ma lettre est restée sans ~ my letter remained unanswered; sa demande est restée sans ~ there has been no reply *ou* response to his request; (*Mil*) on a tiré sur l'ennemi et la ~ ne se fit pas attendre we fired at the enemy and they were quick to fire back *ou* to return the fire; télégramme avec ~ payée reply-paid telegram; bulletin-/coupon-~ reply slip/coupon.

(b) (*Physiol, Tech: réaction*) response; (*écho: à un appel, un sentiment*) response.

(c) (*loc*) avoir ~ à tout to have an answer for everything; (*en se justifiant*) never to be at a loss for an answer; c'est la ~ du berger à la bergère it's tit for tat; il me fit une ~ de Normand he gave me an evasive answer, he wouldn't say yes or no, he wouldn't give me a straight answer.

repopulation [Rəpopylasjõ] *nf* [*ville*] repopulation; [*étang*] restocking.

report [R(ə)pɔR] *nm* (*V reporter*) postponement, putting off; deferment; putting back; transfer; writing out, copying out; posting; carrying forward *ou* over; rebetting. les ~s de voix entre les 2 partis se sont bien effectués au deuxième tour the votes were satisfactorily transferred to *ou* shared (out) among the 2 parties left in the second round of the election; (*Fin*) ~ d'échéance extension of due date; faire le ~ de somme to carry forward *ou* over; écriture to post; (*sur livre de compte*) '~' (*en bas de page*) 'carried forward'; (*en haut de page*) 'brought forward'.

reportage [R(ə)pɔRta3] *nm* (a) (*Presse, Rad, TV*) report (*sur* on); (*sur le vif*) [*match, événement*] (live) commentary. ~ photographique/télévisé illustrated/television report; ~ en direct live commentary; faire un ~ sur (*Presse*) to write a report on; (*Rad, TV*) to report on; faire *ou* assurer le ~ d'une cérémonie to cover a ceremony, do the coverage of a ceremony; être en ~ (*Presse*) to be out on a story, be covering a story; (*Rad, TV*) to be (out) reporting; c'était un ~ de X that was X reporting.

(b) (*métier*) (news) reporting. il fait du ~ he's a (news) reporter; le grand ~ the coverage of major international events; il a fait plusieurs grands ~s pour … he has covered several big stories for … .

reporter[1] [R(ə)pɔRte] (1) 1 *vt* (a) (*ramener*) *objet* to take back; (*par la pensée*) to take back (*à* to). cette chanson nous reporte aux années trente this song takes us back to the thirties.

(b) (*différer*) *match* to postpone, put off; *décision* to put off, defer; *date* to put back (*Brit*), defer. la réunion est reportée à demain the meeting has been postponed until tomorrow; (*Jur*) le jugement est reporté à huitaine (the) sentence has been deferred for a week.

(c) (*recopier*) *chiffres, indications* to transfer (*sur* to), write out, copy out (*sur* on); (*Comm*) *écritures* to post; (*Phot*) to transfer (*sur* to). ~ une somme sur la page suivante to carry an amount forward *ou* over to the next page.

(d) (*transférer*) ~ son affection/son vote sur to transfer one's affection/one's vote to; ~ son gain sur un autre cheval/numéro to put *ou* place one's winnings on *ou* transfer one's bet to another horse/number.

2 se reporter *vpr* (a) (*se référer à*) se ~ à to refer to; reportez-vous à la page 5 turn to *ou* refer to *ou* see page 5.

(b) (*par la pensée*) se ~ à to think back to, cast one's mind back to; reportez-vous par l'esprit au début du siècle cast your mind back to the turn of the century; si l'on se reporte à l'Angleterre de cette époque if one thinks back to the England of that period.

reporter[2] [R(ə)pɔRtɛR] *nm* reporter. grand ~ international reporter; ~ photographe reporter and photographer; ~-cameraman news reporter and cameraman; *V radioreporter*.

repos [R(ə)po] *nm* (a) (*détente*) rest. prendre du ~/un peu de ~ to take *ou* have a rest/a bit of a rest; il ne peut pas rester *ou* demeurer en ~ 5 minutes he can't rest *ou* relax for (even) 5 minutes; le médecin lui a ordonné le ~ the doctor has ordered him to rest *ou* ordered him complete rest; après une matinée/journée de ~ il allait mieux after a morning's/day's rest he felt better; respecter le ~ dominical to respect Sunday as a day of rest; *V cure*[1], *jour, maison.*

(b) (*congé*) avoir droit à un jour de ~ hebdomadaire to have the right to one day off a week; le médecin lui a donné du ~/huit jours de ~ the doctor has given him some time off/a week off.

(c) (*tranquillité*) peace and quiet; (*quiétude morale*) peace of mind; (*littér: sommeil, mort*) rest, sleep. il n'y aura pas de ~ pour lui tant que … he'll have no peace of mind until …, he won't get any rest until …; le ~ de la tombe the sleep of the dead; le ~ éternel eternal rest; avoir la conscience en ~ to have an easy *ou* a clear conscience; pour avoir l'esprit en ~ to put my (*ou* your *etc*) mind at rest, so that I (*ou* you *etc*) can feel easy in my (*ou* your *etc*) mind; laisse ton frère en ~ leave your brother in peace; *V lit.*

(d) (*pause*) [*discours*] pause; [*vers*] rest; (*Mus*) cadence.

(e) (*loc*) (*Mil*) ~! (stand) at ease!; au ~ soldat standing at ease; *masse, machine, animal* at rest; muscle au ~ *ou* à l'état de ~ relaxed muscle; sans ~ *travailler* without stopping, without taking a rest, relentlessly; *marcher* without a break *ou* a rest, without stopping; *quête* uninterrupted, relentless; de tout ~ *situation, entreprise* secure, safe; *placement* gilt-edged, safe; ce n'est pas de tout ~! it's not exactly restful!, it's no picnic!*; (*Agr*) laisser la terre en ~ to let the land lie fallow; en hiver la nature est en ~ nature rests in winter.

reposant, e [R(ə)pozã, ãt] *adj sommeil* refreshing; *lieu, couleur* restful; *vacances* restful, relaxing. c'est ~ pour la vue it's (very) restful on *ou* to the eyes.

repose [R(ə)poz] *nf* [*appareil*] refitting, reinstallation; [*tapis*] relaying, putting (back) down again.

repose- [R(ə)poz] *préf V reposer.*

reposé, e [R(ə)poze] (*ptp de reposer*) *adj air, teint* fresh, rested (*attrib*); *cheval* fresh (*attrib*), rested (*attrib*). elle avait le visage ~ she looked rested; j'ai l'esprit ~ my mind is fresh *ou* rested; maintenant que vous êtes bien ~ … now (that) you have had a good rest …; *V tête.*

reposer [R(ə)poze] (1) 1 *vt* (a) (*poser à nouveau*) *verre etc* to put back down, put down again; *tapis* to relay, put back down; *objet démonté* to refit, put back. ~ ses yeux sur qch to look at sth again; va ~ ce livre où tu l'as trouvé go and put that book back where you found it; (*Mil*) reposez armes! order arms!

(b) (*soulager, délasser*) *yeux, corps, membres* to rest; *esprit* to rest, relax. se ~ l'esprit to rest one's mind, give one's mind *ou* brain a rest; les lunettes de soleil reposent les yeux *ou* la vue sunglasses rest the eyes, sunglasses are restful to the eyes; ~ sa tête/sa jambe sur un coussin to rest one's head/leg on a cushion; cela repose de ne voir personne (pendant une journée) it's restful not to see anyone (for a whole day).

(c) (*répéter*) *question* to repeat, ask again; *problème* to bring up again, raise again. cela va ~ le problème that will raise the (whole) problem again *ou* bring the (whole) problem up again; cet incident va (nous) ~ un problème this incident is going to pose us a new problem *ou* bring up a new problem for us.

2 reposer sur *vt indir* [*bâtiment*] to be built on; [*route*] to rest on, be supported by; [*supposition*] to rest on, be based on; [*résultat*] to depend on. sa théorie ne repose sur rien de précis his theory doesn't rest on *ou* isn't based on anything specific; tout repose sur son témoignage everything hinges on *ou* rests on his evidence.

3 vi (a) (*littér*) (*être étendu*) to rest, lie (down); (*dormir*) to sleep, rest; (*être enterré*) to rest. tout reposait dans la campagne everything was sleeping *ou* resting in the country(side); ici repose … here lies …; qu'il repose en paix may he rest in peace; (*Naut*) l'épave repose par 20 mètres de fond the wreck is lying 20 metres down.

(b) laisser ~ *liquide* to leave to settle, let settle *ou* stand; *pâte à pain* to leave to rise, let rise; *pâte feuilletée* to (allow to) rest; *pâte à crêpes* to leave (to stand); laisser ~ la terre to let the earth lie fallow; faire ~ son cheval to rest one's horse.

4 se reposer *vpr* (a) (*se délasser*) to rest. se ~ sur ses lauriers to rest on one's laurels.

(b) se ~ sur qn to rely on sb; je me repose sur vous pour régler cette affaire I'll leave it to you *ou* I'm relying on you to sort this business out; elle se repose de tout sur lui she relies on him for everything.

(c) (*se reposer à nouveau*) [*oiseau, poussière*] to settle again; [*problème*] to crop up again.

5: repose-bras *nm inv* armrest; repose-pieds *nm inv* footrest; repose-tête *nm, pl* repose-têtes headrest.

reposoir [R(ə)pozwaR] *nm* [*église, procession*] altar of repose; [*maison privée*] temporary altar.

repoussage [R(ə)pusa3] *nm* [*cuir, métal*] repoussé work, embossing.

repoussant, e [R(ə)pusã, ãt] *adj odeur, saleté, visage* repulsive, repugnant; *laideur* repulsive.

repousse [R(ə)pus] *nf* [*cheveux, gazon*] regrowth. pour accélérer la ~ des cheveux to help the hair grow again *ou* grow back in.

repousser [R(ə)puse] (1) 1 *vt* (a) (*écarter, refouler*) *objet* encombrant to push out of the way, push away; *ennemi, attaque* to repel, repulse, drive back; *coups* to ward off; *soupirant, quémandeur, malheureux* to turn away, repulse. ~ qch au pied to kick sth out of the way, kick sth away; il me repoussa avec brusquerie he pushed me away *ou* out of the way roughly; elle parvint à ~ son agresseur she managed to repel *ou* drive off *ou* beat off her attacker; les électrons se repoussent electrons repel each other.

(b) (*fig: refuser*) *demande, conseil, aide* to turn down, reject; *hypothèse* to reject, dismiss, rule out; *tentation* to reject, resist, repel; *projet de loi* to reject; *objections, arguments* to brush aside, dismiss. la police ne repousse pas l'hypothèse du suicide the police do not rule out the possibility of suicide.

(c) (*remettre en place*) *meuble* to push back; *tiroir* to push back in, *porte* to push to. ~ la table contre le mur to push the table back *ou* up against the wall.

(d) (*différer*) *date, réunion* to put off *ou* back (*Brit*), postpone, defer. **la date de l'examen a été repoussée (à huitaine/à lundi)** the date of the exam has been put back (*Brit*) (a week/till Monday), the exam has been put off *ou* postponed (for a week/till Monday).

(e) (*dégoûter*) to repel, repulse. **tout en lui me repousse** everything about him repels *ou* repulses me.

(f) (*Tech*) *cuir, métal* to emboss (by hand), work in repoussé. **en cuir/métal repoussé** in repoussé leather/metal.

2 *vi* [*feuilles, cheveux*] to grow again. **laisser ~ sa barbe** to let one's beard grow again.

repoussoir [R(ə)puswaR] *nm* (**a**) (*à cuir, métal*) snarling iron; (*à ongles*) orange stick. (**b**) (*Art*) repoussoir, high-toned foreground; (*fig: faire-valoir*) foil. **servir de ~ à qn** to act as a foil to sb.

répréhensible [Repreãsibl(ə)] *adj acte, personne* reprehensible. **je ne vois pas ce qu'il y a de ~ à ça!** I don't see what's wrong with (doing) that!

reprendre [R(ə)pRãdR(ə)] (58) **1** *vt* (**a**) (*récupérer*) *ville* to recapture; *prisonnier* to recapture, catch again; *employé* to take back; *objet prêté* to take back, get back. **~ sa place** to go back to one's seat, resume one's seat; **le directeur malade n'a pas pu ~ sa place parmi ses collègues** the director who was ill was unable to take his place with his colleagues again; **la photo avait repris sa place sur la cheminée** the photo was back in its (usual) place on the mantelpiece; **passer ~ qn** to go and come back for sb, go *ou* come and fetch (*Brit*) sb *ou* call for sb; **il a repris sa parole** he went back on his word; **j'irai ~ mon manteau chez le teinturier** I'll go and get *ou* fetch (*Brit*) my coat (back) from the cleaner's; **~ son nom de jeune fille** to take one's maiden name again, go back to *ou* revert to one's maiden name.

(b) *pain, viande* to have *ou* take (some) more. **voulez-vous ~ des légumes?** would you like a second helping of vegetables?, would you like some more vegetables?

(c) (*retrouver*) *espoir, droits, forces* to regain, recover. **~ des couleurs** to get some colour back in one's cheeks; **~ confiance/courage** to regain *ou* recover one's confidence/courage; [*humour etc*] **~ ses droits** to reassert itself; **~ le dessus** [*malade*] to fight back; [*équipe*] to get back on top; **~ ses habitudes** to get back into one's old habits, take up one's old habits again; **~ contact avec qn** to get in touch with sb again; **~ ses esprits** *ou* **ses sens** to come to, come round (*Brit*), regain consciousness; (*divorce*) **~ sa liberté** to set o.s. free again; **~ haleine** *ou* **son souffle** to regain one's breath, get one's breath back; *V* **connaissance, conscience** *etc*.

(d) (*Comm*) *marchandises* to take back; (*contre un nouvel achat*) to take in part exchange; *fonds de commerce, usine* to take over. **les articles en solde ne sont pas repris** sale goods cannot be returned *ou* exchanged; **ils m'ont repris ma vieille télé** they bought my old TV set off me (in part exchange); **j'ai acheté une voiture neuve et ils ont repris la vieille** I bought a new car and traded in the old one *ou* and they took the old one in part exchange.

(e) (*recommencer, poursuivre*) *travaux* to resume; *études, fonctions* to take up again, resume; *livre* to pick up again, go back to; *lecture* to go back to, resume; *conversation, récit* to resume, carry on (with); *promenade* to resume, continue; *hostilités* to reopen, start again; *lutte* to take up again, resume; *pièce de théâtre* to put on again. **après déjeuner ils reprirent la route** after lunch they resumed *ou* continued their journey *ou* they set off again; **~ la plume** to take up the pen again; **reprenez votre histoire au début** start your story from the beginning again, go back to the beginning of your story again; **reprenons les faits un par un** let's go over the facts one by one again; **il reprendra la parole après vous** he will speak again after you; **~ le travail** (*après maladie, grève*) to go back to work, start work again; (*après le repas*) to get back to work, start work again; **~ la route** *ou* **son chemin** to go on *ou* set off on one's way again; **~ la mer/la route** (*marin, routier etc*) to go back to sea/back on the road again; **la vie reprend son cours** life goes on again as before *ou* as usual; *V* **collier**.

(f) (*saisir à nouveau*) **son mal de gorge l'a repris** he's suffering from *ou* has got a sore throat again, his sore throat is troubling *ou* bothering him again; **ses douleurs l'ont repris** he is in pain again; (*iro*) **voilà que ça le reprend!** there he goes again!, he's off again!*; **ses doutes le reprirent** he started feeling doubtful again, he was seized with doubts once more.

(g) (*attraper à nouveau*) to catch again. (*fig*) **on ne m'y reprendra plus** I won't let myself be caught (out) *ou* had* again *ou* a second time; (*menace*) **que je ne t'y reprenne pas!** don't let me catch you at it *ou* catch you doing that again!

(h) (*Sport: rattraper*) *balle* to catch. (*Tennis*) **revers bien repris par X** backhand well returned by X.

(i) (*retoucher, corriger*) *tableau* to touch up; *article, chapitre* to go over again; *manteau* (*gén*) to alter; (*trop grand*) to take in; (*trop petit*) to let out; (*trop long*) to take up; (*trop court*) to let down. **il n'y a rien à ~** there's not a single correction *ou* alteration to be made; **il y a beaucoup de choses à ~ dans ce travail** there are lots of improvements to be made to this work, there are a lot of things that need tidying up *ou* improving in this work; (*Couture*) **il faut ~ un centimètre à droite** we'll have to take it in half an inch on the right.

(j) (*réprimander*) *personne* to reprimand, tell off*, tick off* (*Brit*); (*pour faute de langue*) to pull up. **~ un élève qui se trompe** to correct a pupil.

(k) (*répéter*) *refrain* to take up; *argument, critique* to repeat. **il reprend toujours les mêmes arguments** he always repeats the same arguments, he always comes out with* *ou* trots out the same old arguments; (*Mus*) **reprenez les 5 dernières mesures** let's have *ou* take the last 5 bars again; **ils reprirent la chanson en chœur** they all joined in *ou* took up the song.

(l) (*se resservir de*) *idée, suggestion* to take up (again), use (again).

l'incident a été repris par les journaux the incident was taken up by the newspapers.

2 *vi* (**a**) (*retrouver la vigueur*) [*plante*] to take again; [*affaires*] to pick up. **la vie reprenait peu à peu** life gradually resumed as usual *ou* as normal; **il a bien repris depuis son opération** he's picked up well *ou* made a good recovery since his operation.

(b) (*recommencer*) [*bruit, pluie*] to start again; (*Scol, Univ*) to start again, go back. **le froid a repris depuis hier** it has turned cold again since yesterday.

(c) (*dire*) **'ce n'est pas moi' reprit-il** 'it's not me' he went on.

3 se reprendre *vpr* (**a**) (*se corriger*) to correct o.s.; (*s'interrompre*) to stop o.s. **il allait plaisanter, il s'est repris à temps** he was going to joke but he stopped himself *ou* pulled himself up in time.

(b) (*recommencer*) **se ~ à plusieurs fois pour faire qch** to make several attempts to do sth *ou* at doing sth; **il a dû s'y ~ à 2 fois pour ouvrir la porte** he had to make 2 attempts before he could open the door; **il se reprit à penser à elle** he started thinking *ou* he went back to thinking about her, his thoughts went back to her; **il se reprit à craindre que** once more he began to be afraid *ou* to fear that; **chacun se reprit à espérer** everyone began to hope again, everyone's hopes began to revive again.

(c) (*réagir*) to take a grip on o.s., pull o.s. together (again), take o.s. in hand. **après une période de découragement, il s'est repris** after a period of discouragement he's taken himself in hand *ou* got a grip on himself *ou* pulled himself together (again); **le coureur s'est bien repris sur la fin** the runner made a good recovery *ou* caught up well towards the end.

repreneur [R(ə)pRənœR] *nm* (*Ind*) (company) rescuer.

représailles [R(ə)pRezaj] *nfpl* (*Pol, fig*) reprisals, retaliation (*U*). **user de ~, exercer des ~** to take reprisals (*envers, contre, sur* against); **par ~** in retaliation, as a reprisal; **en ~ de** by way of reprisal for, as a reprisal for, in retaliation for; **attends-toi à des ~!** you can expect reprisals!

représentable [R(ə)pRezãtabl(ə)] *adj phénomène* representable, that can be represented. **c'est difficilement ~** it is difficult to represent it.

représentant, e [R(ə)pRezãtã, ãt] *nm,f* (*gén*) representative. **~ de commerce** sales representative, travelling salesman, commercial traveller, rep* (*Brit*); **~ des forces de l'ordre** police officer; **~ en justice** legal representative; **il est ~ en parapluies** he's a representative *ou* a rep* (*Brit*) for an umbrella firm, he travels in umbrellas*; **~multicarte** sales representative acting for several firms.

représentatif, -ive [R(ə)pRezãtatif, iv] *adj* (*gén*) representative. **~ de** (*typique de*) representative of; **signes ~s d'une fonction** signs representing *ou* which represent a function.

représentation [R(ə)pRezãtasjɔ] *nf* (**a**) (*notation, transcription*) [*objet, phénomène, son*] representation; [*paysage, société*] portrayal; [*faits*] representation, description. **~ graphique** graphic(al) representation; **c'est une ~ erronée de la réalité** it's a misrepresentation of reality; (*Ling*) **~ en arbre** tree diagram.

(b) (*évocation, perception*) representation. **~s visuelles/auditives** visual/auditory representations.

(c) (*Théât: action, séance*) performance.

(d) [*pays, citoyens, mandant*] representation; (*mandataires, délégation*) representatives. **il assure la ~ de son gouvernement auprès de notre pays** he represents his government *ou* he is his government's representative in our country; **~ diplomatique/proportionnelle/en justice** diplomatic/proportional/legal representation.

(e) (*Comm*) (*métier*) commercial travelling; (*publicité, frais*) sales representation. **faire de la ~** to be a (sales) representative *ou* a commercial traveller; **la ~ entre pour beaucoup dans les frais** sales representation is a major factor in costs.

(f) (*réception*) entertainment. **frais de ~** entertainment allowance.

(g) (*frm: reproches*) **faire des ~s à** to make representations to.

(h) (*loc*) **être en ~** to be on show (*fig*).

représentativité [R(ə)pRezãtativite] *nf* representativeness.

représenter [R(ə)pRezãte] (1) **1** *vt* (**a**) (*décrire*) [*peintre, romancier*] to depict, portray, show; [*photographie*] to represent, show. (*Théât*) **la scène représente une rue** the scene represents a street; **~ fidèlement les faits** to describe *ou* set out the facts faithfully; **on le représente comme un escroc** he's represented as a crook, he's made out to be a crook; **il a voulu ~ un paysage sous la neige/la société du 19e siècle** he wanted to show *ou* depict a snowy landscape/to depict *ou* portray 19th-century society.

(b) (*symboliser, correspondre à*) to represent; (*signifier*) to represent, mean. **les parents représentent l'autorité** parents represent *ou* embody authority; **ce trait représente un arbre** this stroke represents a tree; **ça va ~ beaucoup de travail** that will mean *ou* represent *ou* involve a lot of work; **ça représente une part importante des dépenses** it accounts for *ou* represents a large part of the costs; **ils représentent 12% de la population** they make up *ou* represent 12% of the population.

(c) (*Théât*) (*jouer*) to perform, play; (*mettre à l'affiche*) to perform, put on, stage; *superproduction, adaptation* to stage. **on va ~ 4 pièces cette année** we (*ou* they *etc*) will perform *ou* put on 4 plays this year; **Hamlet fut représenté pour la première fois en 1603** Hamlet was first performed *ou* acted *ou* staged in 1603.

(d) (*agir au nom de*) *ministre, pays* to represent. **il s'est fait ~ par son notaire** he was represented by his lawyer, he sent his lawyer to represent him, he had his lawyer represent him; **les personnes qui ne peuvent pas assister à la réunion doivent se faire ~** (*par un tiers*) those who are unable to attend the meeting should send someone to replace them *ou* should send a stand-in *ou* a deputy.

(e) ～ une maison de commerce to represent a firm, be a representative *ou* a traveller for a firm.

(f) *(littér)* ～ qch à qn to point sth out to sb, (try to) impress sth on sb; il lui représenta les inconvénients de l'affaire he pointed out to him the drawbacks of the matter.

2 *vi (en imposer)* il représente bien he cuts a fine figure; le directeur est un petit bonhomme qui ne représente pas the manager is a little fellow with no presence at all *ou* who cuts a poor *ou* sorry figure.

3 se représenter *vpr* (a) *(s'imaginer)* to imagine. je ne pouvais plus me ～ son visage I could no longer bring his face to mind *ou* recall *ou* visualize his face; on se le représente bien en Hamlet you can well imagine him as Hamlet; représentez-vous cet enfant maintenant seul au monde just think of that child now alone in the world; tu te représentes la scène quand il a annoncé sa démission! you can just imagine the scene when he announced his resignation!

(b) *(survenir à nouveau)* l'idée se représenta à lui the idea came back to his mind *ou* occurred to him again *ou* crossed his mind again; si l'occasion se représente if the occasion presents itself again, if the opportunity arises again; le même problème va se ～ the same problem will crop up again, we'll be faced *ou* confronted with the same problem again.

(c) *(se présenter à nouveau) (Scol)* to resit; *(Pol)* to stand again *(Brit)*, run again *(surtout US)*. se ～ à un examen to resit an exam; se ～ à une élection to stand *(Brit) ou* run for election again, stand *(Brit) ou* run for re-election.

répressible [ʀepʀesibl(ə)] *adj* repressible.
répressif, -ive [ʀepʀesif, iv] *adj* repressive.
répression [ʀepʀesjɔ̃] *nf [crime, abus]* suppression; *[pulsions]* repression; *[révolte]* suppression, quelling, repression. *(Pol)* la ～ repression; la ～ qui a suivi le coup d'État the repression *ou* crackdown which followed the coup; prendre des mesures de ～ contre le crime to crack down on crime; le Service de la ～ des fraudes the Fraud Squad.

réprimandable [ʀepʀimɑ̃dabl(ə)] *adj* reprovable.
réprimande [ʀepʀimɑ̃d] *nf* reprimand, rebuke. adresser une sévère ～ à un enfant to give a child a severe reprimand, reprimand *ou* scold *ou* rebuke a child severely; son attitude mérite une ～ he deserves a reprimand *ou* he deserves reprimanding for his attitude; faire des ～s à qn to sermonize sb.

réprimander [ʀepʀimɑ̃de] (1) *vt* to reprimand, rebuke.
réprimer [ʀepʀime] (1) *vt insurrection* to quell, repress, suppress, put down; *crimes, abus* to curb, suppress, crack down on; *sentiment* to repress, suppress; *rire, bâillement* to suppress, stifle; *larmes, colère* to hold back, swallow, suppress.

reprisage [ʀ(ə)pʀizaʒ] *nm (V repriser)* darning; mending.
repris de justice [ʀ(ə)pʀidʒystis] *nm inv* ex-prisoner, ex-convict. il s'agit d'un ～ the man has previous convictions, the man is an ex-prisoner *ou* an ex-convict; un dangereux ～ a dangerous known criminal.

reprise [ʀ(ə)pʀiz] *nf* (a) *(recommencement) [activité, cours, travaux]* resumption; *[hostilités]* resumption, re-opening, renewal; *[froid]* return; *(Théât)* revival; *(Ciné)* rerun, reshowing *(U)*; *(Mus)* *passage répété* repeat; *(Rad, TV: rediffusion)* repeat. *(Mus)* la ～ des violons the re-entry of the violins; la ～ des combats est imminente fighting will begin again *ou* will be resumed again very soon; avec la ～ du mauvais temps with the return of the bad weather, with the bad weather setting in again, with the new spell of bad weather; les ouvriers ont décidé la ～ du travail the men have decided to go back to *ou* to return to work; on espère une ～ des affaires we're hoping for a recovery in business *ou* hoping that business will pick up again; la ～ (économique) est assez forte dans certains secteurs the (economic) revival *ou* recovery is quite marked in certain sectors.

(b) *(Aut)* avoir de bonnes ～s to have good acceleration, accelerate well; sa voiture n'a pas de ～s his car has no acceleration.

(c) *(Boxe)* round; *(Escrime)* reprise; *(Tennis)* return; *(Équitation)* *(pour le cavalier)* riding lesson; *(pour le cheval)* dressage lesson. *(Ftbl)* à la ～ at the start of the second half, when play resumed *(ou* resumes) after half-time.

(d) *(Comm) [marchandise]* taking back; *(pour nouvel achat)* part exchange *(Brit)*, trade-in; *(pour occuper des locaux)* key money. valeur de ～ d'une voiture part-exchange value *(Brit) ou* trade-in value of a car; nous vous offrons une ～ de 500 F pour votre vieux téléviseur, à l'achat d'un modèle en couleur we'll give you 500 francs for your old television when you buy a colour set *ou* when you part-exchange it *(Brit) ou* trade it in for a colour set; ～ des bouteilles vides return of empties; la maison ne fait pas de ～ goods cannot be returned *ou* exchanged; payer une ～ de 500 F à l'ancien locataire to pay the outgoing tenant 500 francs for improvements made to the property.

(e) *(réutilisation) [idée, suggestion]* re-using, taking up again.

(f) *[chaussette]* darn; *[drap, chemise]* mend. faire une ～ perdue to darn *(ou* mend) invisibly; faire une ～ *ou* des ～s à un drap to mend a sheet, stitch up the tear(s) in a sheet.

(g) *(loc)* à 2 *ou* 3 ～s on 2 or 3 occasions, 2 or 3 times; à maintes/plusieurs ～s on many/several occasions, many/several times.

repriser [ʀ(ə)pʀize] (1) *vt chaussette, lainage* to darn; *collant* to mend; *drap* to mend, stitch up (a tear in); *accroc* to mend, stitch up; *V aiguille, coton*.

réprobateur, -trice [ʀepʀɔbatœʀ, tʀis] *adj* reproving.
réprobation [ʀepʀɔbasjɔ̃] *nf* (a) *(blâme)* reprobation. air/ton de ～ reproving look/tone. (b) *(Rel)* reprobation.
reproche [ʀ(ə)pʀɔʃ] *nm* reproach. faire *ou* adresser des ～s à qn to direct *ou* level reproaches at sb, reproach *ou* blame sb; conduite qui mérite des ～s blameworthy *ou* reprehensible behaviour;

(frm) faire ～ à qn d'avoir menti to reproach *ou* upbraid sb for having lied; je me fais de grands ～s I blame *ou* reproach myself bitterly; avec ～ reproachfully; ton/regard de ～ reproachful tone/look; homme sans ～ man beyond *ou* above reproach; sans ～, permettez-moi *ou* je ne vous fais pas de ～ mais permettez-moi de vous dire que ... I'm not blaming *ou* criticizing *ou* reproaching you but let me say that ... .

reprocher [ʀ(ə)pʀɔʃe] (1) *vt* (a) ～ qch à qn to blame *ou* reproach sb for sth; ～ à qn de faire qch to reproach sb for *ou* with doing sth; *(Jur)* les faits qui lui sont reprochés the charges against him; on lui a reproché sa maladresse they reproached *ou* criticized him for his clumsiness; on lui reproche de nombreuses malhonnêtetés they are reproaching him with *ou* accusing him of several instances of dishonesty; il me reproche mon succès/ma fortune he reproaches me with *ou* resents my success/my good fortune, he holds my success/my good fortune against me; je ne te reproche rien I'm not blaming you for anything; je n'ai rien à me ～ I've nothing to reproach myself with; il est trop minutieux mais il n'y a rien à ～ à cela he's a bit on the meticulous side but there's nothing wrong with that *ou* but that's no bad thing.

(b) *(critiquer)* qu'as-tu à ～ à mon plan/à ce tableau? what have you got (to say) against my plan/this picture?, what don't you like about my plan/this picture?; je reproche à ce tissu d'être trop salissant my main criticism of this material is that it gets dirty too easily, the thing I have against this material *ou* the fault I find with this material is that it gets dirty too easily; je ne vois rien à ～ à ce devoir/à son travail I can't find any faults *ou* I can't find anything to criticize in this piece of homework/in his work.

reproducteur, -trice [ʀ(ə)pʀɔdyktœʀ, tʀis] **1** *adj (Bio)* reproductive. cheval ～ studhorse, stallion. **2** *nm* breeder. ～s breeding stock *(U)*.

reproductible [ʀ(ə)pʀɔdyktibl(ə)] *adj* which can be reproduced, reproducible.
reproductif, -ive [ʀ(ə)pʀɔdyktif, iv] *adj* reproductive.
reproduction [ʀ(ə)pʀɔdyksjɔ̃] *nf (V reproduire)* reproduction; copy; repeat; duplication; reprinting; breeding. livre contenant de nombreuses ～s book containing many reproductions; organes de ～ reproductive organs; garder quelques mâles pour la ～ et vendre les autres pour la viande to keep a few males for reproduction *ou* breeding and sell the rest for meat; *(Bio)* ～ par mitose *ou* par division cellulaire replication; *(sur un livre, album)* '～ interdite' 'all rights (of reproduction) reserved'.

reproduire [ʀ(ə)pʀɔdɥiʀ] (38) **1** *vt son* to reproduce; *modèle, tableau* to reproduce, copy; *erreur* to repeat; *(par reprographie)* to reproduce, duplicate. essayant de ～ les gestes de son professeur trying to copy *ou* imitate his teacher's gestures; la photo est reproduite en page 3 the picture is shown *ou* reproduced on page 3; le texte de la conférence sera reproduit dans notre magazine the text of the lecture will be reprinted in our magazine.

2 se reproduire *vpr (Bio, Bot)* to reproduce, breed; *[phénomène]* to recur, re-occur; *[erreur]* to reappear, recur. et que ça ne se reproduise plus! and don't let that happen again!; *(Bio)* se ～ par mitose *ou* par division cellulaire to replicate.

reprographie [ʀəpʀɔgʀafi] *nf* reprography *(T)*, reprographics *(T)*, repro *(T)*. le service de ～ the photocopying department.
reprographier [ʀəpʀɔgʀafje] (7) *vt* to (photo)copy, duplicate.
reprographieur [ʀəpʀɔgʀafjœʀ] *nm* copying machine, photocopier.
reprographique [ʀəpʀɔgʀafik] *adj* photocopying, reprographic *(T)*.
réprouvé, e [ʀepʀuve] *(ptp de réprouver) nm,f (Rel)* reprobate; *(fig)* outcast, reprobate.
réprouver [ʀepʀuve] (1) *vt* (a) *personne* to reprove; *attitude, comportement* to reprove, condemn; *projet* to condemn, disapprove of. des actes que la morale réprouve acts which the moral code condemns, immoral acts.

(b) *(Rel)* to damn, reprobate.
reps [ʀɛps] *nm* rep(p).
reptation [ʀɛptasjɔ̃] *nf* crawling.
reptile [ʀɛptil] *nm (Zool)* reptile; *(serpent)* snake; *(péj: personne)* creep* *(péj)*.
reptilien, -ienne [ʀɛptiljɛ̃, jɛn] *adj* reptilian.
repu, e [ʀəpy] *(ptp de repaître) adj animal* sated, satisfied, which has gorged itself; *(*péj) personne* full up* *(attrib)*. je suis ～ I'm full, I've eaten my fill; *(fig)* il est ～ de cinéma he has had his fill of the cinema.

républicain, e [ʀepyblikɛ̃, ɛn] *adj, nm,f* republican; *(US Pol)* Republican; *V garde²*.
républier [ʀepyblije] (7) *vt* to republish.
république [ʀepyblik] *nf* republic. on est en ～!* this is *ou* it's a free country!; *(fig)* ～ des lettres republic of letters; la R～ française the French Republic; la R～ Arabe Unie the United Arab Republic; la R～ d'Irlande the Irish Republic; la R～ démocratique allemande the German Democratic Republic; la R～ fédérale d'Allemagne the Federal Republic of Germany; la R～ populaire de Chine the Chinese People's Republic, the People's Republic of China; *(péj)* ～ banalière banana republic.
répudiation [ʀepydjasjɔ̃] *nf (V répudier)* repudiation; renouncement; relinquishment.
répudier [ʀepydje] (7) *vt conjoint* to repudiate; *opinion, foi* to renounce; *engagement* to renounce, go back on; *(Jur) nationalité, succession* to renounce, relinquish.
répugnance [ʀepyɲɑ̃s] *nf* (a) *(répulsion) (pour personnes)* repugnance *(pour* for), disgust *(pour* for); *(pour nourriture, mensonge)* disgust *(pour* for), loathing *(pour* of). avoir de la ～ pour les épinards/le travail scolaire to loathe *ou* have a

loathing of spinach/schoolwork; **j'éprouve de la ~ à la vue de ce spectacle** this sight fills me with disgust, I find this sight quite repugnant *ou* disgusting.
   (b) (*hésitation*) reluctance (*à faire qch* to do sth). **il éprouvait une certaine ~ à nous le dire** he was rather loath *ou* reluctant to tell us; **faire qch avec ~** to do sth reluctantly, do sth unwillingly.
répugnant, e [Repyɲɑ̃, ɑ̃t] *adj individu* repugnant; *laideur* revolting; *action* disgusting, loathsome; *travail, odeur* disgusting, revolting, repugnant; *nourriture* disgusting, revolting.
répugner [Repyɲe] (1) **1 répugner à** *vt indir* **(a)** (*dégoûter*) to repel, disgust, be repugnant to. **cet individu me répugne profondément** I am utterly repelled by that fellow, I am filled with repugnance *ou* disgust for that fellow; **manger du poisson/vivre dans la crasse lui répugnait** it was (quite) repugnant to him to eat fish/to live in squalor, he was repelled at the notion of eating fish/a life of squalor; **cette odeur lui répugnait** the smell was repugnant to him, he was repelled by the smell; **cette idée ne lui répugnait pas du tout** he wasn't in the least repelled by *ou* disgusted at this idea, he didn't find this idea off-putting (*Brit*) *ou* repellent in the least.
   (b) ~ **à faire qch** to be loath *ou* reluctant to do sth; **il répugnait à parler en public/à accepter cette aide** he was loath *ou* reluctant to speak in public/to accept this help; **il ne répugnait pas à mentir quand cela lui semblait nécessaire** he didn't hesitate to lie *ou* he had no qualms about lying if he thought he needed to.
   2 *vb impers* (*frm*) **il me répugne de devoir vous le dire** it's very distasteful to me to have to tell you this.
   3 *vt* (†,*) = **1a.**
répulsif, -ive [Repylsif, iv] *adj* (*gén, Phys*) repulsive.
répulsion [Repylsjɔ̃] *nf* (*gén*) repulsion, repugnance, disgust; (*Phys*) repulsion. **éprouver** *ou* **avoir de la ~ pour** to feel repulsion for, be absolutely repelled by.
réputation [Repytasjɔ̃] *nf* **(a)** (*honneur*) reputation, good name. **préserver sa ~** to keep up *ou* protect one's reputation *ou* good name.
   (b) (*renommée*) reputation. **se faire une ~** to make a name *ou* a reputation for o.s.; **avoir bonne/mauvaise ~** to have a good/bad reputation; **sa ~ n'est plus à faire** his reputation is not in doubt, his reputation is firmly established; **produit de ~ mondiale** product which has a world-wide reputation; **connaître qn/qch de ~ (seulement)** to know sb/sth (only) by repute; **sa ~ de gynécologue** his reputation as a gynaecologist; **il a une ~ d'avarice** he has a reputation for miserliness; **il a une ~ d'être avare** he has a reputation for *ou* of being miserly, he is reputed to be miserly.
réputé, e [Repyte] *adj* **(a)** (*célèbre*) *vin, artiste* reputable, renowned, of repute. **l'un des médecins les plus ~s de la ville** one of the town's most reputable doctors, one of the best-known doctors in the town; **c'est un fromage/vin hautement ~** it's a cheese/wine of great repute *ou* renown; **orateur ~ pour ses bons mots** speaker who is renowned for his witticisms; **ville ~e pour sa cuisine/ses monuments** town which is renowned for *ou* which has a great reputation for its cooking/its monuments; **il n'est pas ~ pour son honnêteté!** he's not exactly renowned *ou* famous for his honesty!
   (b) (*prétendu*) *remède* ~ **infaillible** cure which is reputed *ou* supposed *ou* said to be infallible; **professeur ~ pour être très sévère** teacher who has the reputation of being *ou* who is reputed to be *ou* said to be very strict.
requérant, e [Rəkerɑ̃, ɑ̃t] *nm,f* (*Jur*) applicant.
requérir [Rəkerir] (21) *vt* **(a)** (*nécessiter*) *soins, prudence* to call for, require. **ceci requiert toute notre attention** this calls for *ou* requires *ou* demands our full attention; **l'honneur requiert que vous acceptiez** honour requires *ou* demands that you accept.
   (b) (*solliciter*) *aide, service* to request; (*exiger*) *justification* to require, necessitate, call for; (*réquisitionner*) *personne* to call upon. ~ **l'intervention de la police** to require *ou* necessitate police intervention; (*frm*) **je vous requiers de me suivre** I call on you *ou* I summon you to follow me.
   (c) (*Jur*) *peine* to call for, demand. **le procureur était en train de ~** the prosecutor was summing up *ou* making his closing speech.
requête [Rəkɛt] *nf* **(a)** (*Jur*) petition. **adresser une ~ à un juge** to petition a judge; ~ **en cassation** appeal; ~ **civile** *appeal to a court against its judgment*.
   (b) (*supplique*) request, petition. **à** *ou* **sur la ~ de qn** at sb's request, at the request of sb.
requiem [Rekɥijɛm] *nm inv* requiem.
requin [R(ə)kɛ̃] *nm* (*Zool, fig*) shark. ~ **marteau** hammerhead (shark); ~ **blanc/bleu/pèlerin** white/blue/basking shark; ~**-tigre** tiger shark; (*fig*) **les ~s de la finance** the sharks of the business world.
requinquer* [R(ə)kɛ̃ke] (1) **1** *vt* to pep up*, buck up*. **un bon grog vous requinquera** a good grog will pep you up* *ou* buck you up*; **avec un peu de repos, dans 3 jours vous serez requinqué** with a bit of a rest in 3 days you'll be your old (perky) self again* *ou* you'll be back on form again.
   2 se requinquer *vpr* to perk up*.
requis, e [Rəki, iz] (*ptp de* **requérir**) *adj* **(a)** (*nécessaire*) (*gén*) required; *âge, diplôme, conditions* requisite, required. **(b)** (*réquisitionné*) **les ~** labour conscripts (*civilians*).
réquisition [Rekizisjɔ̃] *nf* **(a)** [*biens*] requisition, requisitioning, commandeering; [*hommes*] requisition, requisitioning, conscription. ~ **de la force armée** requisitioning of *ou* calling out of the army.
   (b) (*Jur: aussi* ~**s**) closing speech for the prosecution.
réquisitionner [Rekizisjɔne] (1) *vt biens* to requisition, commandeer; *hommes* to requisition, conscript. **j'ai été réquisitionné pour faire la vaisselle*** I have been drafted in *ou* requisitioned to do the dishes (*hum*).
réquisitoire [Rekizitwar] *nm* **(a)** (*Jur*) (*plaidoirie*) closing speech

for the prosecution (*specifying appropriate sentence*); (*acte écrit*) instruction, brief (*to examining magistrate*).
   (b) (*fig*) indictment (*contre* of). **son discours fut un ~ contre le capitalisme** his speech was an indictment of capitalism.
R.E.R. [ɛRøɛR] *nm abrév de* **réseau express régional**; *V* **réseau**.
resaler [R(ə)sale] (1) *vt* to add more salt to, put more salt in.
resalir [R(ə)salir] (2) *vt tapis, mur, sol, vêtement* to get dirty again. **ne va pas te ~** don't go and get yourself dirty *ou* in a mess again; **se ~ les mains** to get one's hands dirty again, dirty one's hands again.
rescapé, e [Rɛskape] **1** *adj personne* surviving. **2** *nm,f* survivor (*de* of).
rescousse [Rɛskus] *nf*: **venir** *ou* **aller à la ~ de qn** to go to sb's rescue *ou* aid; **appeler qn à la ~** to call on *ou* to sb for help; **ils arrivèrent à la ~** they came to the rescue, they rallied round.
rescrit [Rɛskri] *nm* rescript.
réseau, *pl* ~**x** [Rezo] *nm* **(a)** (*gén, fig*) network. ~ **ferroviaire/commercial/de résistance/téléphonique** rail/sales/resistance/telephone network; ~ **fluvial** river system, network of rivers; ~ **express régional** high-speed suburban branch of the Paris métro; ~ **d'espionnage** spy network *ou* ring; ~ **d'intrigues** network *ou* web of intrigue(s); ~ **d'habitudes** pattern of habits; **les abonnés du ~ sont avisés que** telephone subscribers are advised that; **sur l'ensemble du ~** over the whole network.
   (b) (*Zool*) reticulum.
   (c) (*Phys*) ~ **de diffraction** diffraction pattern; ~ **cristallin** crystal lattice.
réséda [Rezeda] *nm* reseda, mignonette.
réservataire [Rezɛrvatɛr] *adj, nm*: (*héritier*) ~ *rightful heir to the réserve légale.*
réservation [Rezɛrvasjɔ̃] *nf* (*à l'hôtel*) reservation; (*des places*) reservation, booking; (*Jur*) reservation. (*Tourisme*) ~ **de groupes** group booking; **bureau de ~** booking office.
réserve [Rezɛrv(ə)] *nf* **(a)** (*provision*) reserve; [*marchandises*] reserve, stock. **les enfants ont une ~ énorme d'énergie** children have an enormous reserve *ou* enormous reserves of energy; **faire des ~s de sucre** to get in *ou* lay in a stock of *ou* reserves of sugar; **heureusement ils avaient une petite ~ (d'argent)** fortunately they had a little money put by *ou* a little money in reserve; (*Fin*) **monnaie de ~** reserve currency; **les ~s mondiales de pétrole** the world's oil reserves; **~s (nutritives) de l'organisme** the organism's food reserves; **il peut jeûner, il a des ~s!** he can afford to do without food — he's got plenty of reserves!; **avoir des provisions de** *ou* **en ~** to have provisions in reserve *ou* put by; **mettre qch en ~** to put sth by, put sth in reserve; **avoir/tenir qch en ~** (*gén*) to have/keep sth in reserve; (*Comm*) to have/keep sth in stock.
   (b) (*restriction*) reservation, reserve. **faire** *ou* **émettre des ~s sur l'opportunité de qch** to have reservations *ou* reserves about the timeliness of sth; **sous toutes ~s** *publier* with all reserve, with all proper reserves; *dire* with reservations; **je vous le dis sous toutes ~s** I can't vouch for *ou* guarantee the truth of what I'm telling you; **tarif/horaire publié sous toute ~** no guarantee as to the accuracy of the price/timetable shown; **sous ~ de** subject to; **sans ~** *admiration, consentement* unreserved, unqualified; *approuver, accepter* unreservedly, without reservation, unhesitatingly; *dévoué* unreservedly.
   (c) (*prudence, discrétion*) reserve. **être/demeurer** *ou* **se tenir sur la ~** to be/stay on the reserve, be/remain very reserved about sth; **il m'a parlé sans ~** he talked to me quite unreservedly *ou* openly; **elle est d'une grande ~** she's very reserved, she keeps herself to herself.
   (d) (*Mil*) **la ~** the reserve; **les ~s** the reserves; **officiers/armée de ~** reserve officers/army.
   (e) (*territoire*) [*nature, animaux*] reserve; [*Indiens*] reservation. ~ **de pêche/chasse** fishing/hunting preserve; ~ **naturelle** nature reserve *ou* sanctuary.
   (f) [*bibliothèque*] reserve collection. **le livre est à la ~** the book is in reserve.
   (g) (*entrepôt*) storehouse, storeroom.
   (h) (*Jur*) ~ (**héréditaire** *ou* **légale**) *part of the legacy which cannot be withheld from the rightful heirs.*
réservé, e [Rezɛrve] *adj place, salle* reserved (*à qn/qch* for sb/sth); *personne, caractère* reserved. **chasse/pêche ~e** private hunting/fishing; **j'ai une table ~e** I've got a table reserved *ou* booked; **les médecins sont très ~s à son sujet** the doctors are very guarded *ou* cautious in their opinions about him; **tous droits ~s** all rights reserved; **voie ~e aux autobus** bus lane; *V* **quartier.**
réserver [Rezɛrve] (1) **1** *vt* **(a)** (*mettre à part*) to keep, save, reserve (*à, pour* for); *marchandises* to keep, put aside *ou* on one side (*à* for). **il nous a réservé 2 places à côté de lui** he's kept *ou* saved us 2 seats beside him; **on vous a réservé ce bureau** we've reserved you this office, we've set this office aside for you; ~ **le meilleur pour la fin** to keep *ou* save the best till last; **ils réservent ces fauteuils pour les cérémonies** they reserve *ou* keep these armchairs for (special) ceremonies; **pouvez-vous me ~ 5 mètres de ce tissu?** could you put 5 metres of that material aside *ou* on one side for me?, could you keep me 5 metres of that material?; **ces emplacements sont strictement réservés aux voitures du personnel** these parking places are strictly reserved for staff cars; **nous réservons toujours un peu d'argent pour les dépenses imprévues** we always keep *ou* put a bit of money on one side *ou* earmark a bit of money for unexpected expenses.
   (b) (*louer*) *place, chambre, table* [*voyageur*] to book, reserve; [*agence*] to reserve.
   (c) (*fig: destiner*) *dangers, désagréments, joies* to have in store (*à* for); *accueil, châtiment* to have in store, reserve (*à* for). **cette expédition devait leur ~ bien des surprises** that expedition was to

have many surprises in store for them, there were to be many surprises in store for them on that expedition; **nous ne savons pas ce que l'avenir nous réserve** we don't know what the future has in store for us *ou* holds for us; **le sort qui lui est réservé est peu enviable** he has an unenviable fate in store for him *ou* reserved for him; **il lui était réservé de mourir jeune** he was destined to die young; **c'est à lui qu'il était réservé de marcher le premier sur la lune** he was to be the first to walk on the moon; **c'est à lui que fut réservé l'honneur de porter le drapeau** the honour of carrying the flag fell to him.

(d) *(remettre à plus tard) réponse, opinion* to reserve. **le médecin préfère ~ son diagnostic** the doctor would rather reserve his diagnosis.

2 se réserver *vpr* (a) *(prélever)* to keep *ou* reserve for o.s. **il s'est réservé le meilleur morceau** he kept *ou* saved the best bit for himself.

(b) *(se ménager)* **se ~ pour une autre occasion** to wait for another opportunity, wait until another opportunity comes along; **il ne mange pas maintenant — il se réserve pour le banquet/pour plus tard** he isn't eating now — he's saving *ou* reserving himself for the banquet/for later; *(Sport)* **il faut savoir se ~** one must learn to hold back *ou* to conserve *ou* save one's strength.

(c) **se ~ de faire: il se réserve d'intervenir plus tard** he's waiting to see whether he'll need to intervene later, he's reserving the possibility of intervening later; **se ~ le droit de faire qch** to reserve the right to do sth.

réserviste [REzɛRvist(ə)] *nm* reservist.

réservoir [RezɛRvwaR] *nm (cuve)* tank; *(plan d'eau)* reservoir; *[poissons]* fishpond; *[usine à gaz]* gasometer, gasholder. *(fig)* **ce pays est un ~ de talents/de main-d'œuvre** this country has a wealth of talent/a huge pool of labour to draw on; **~ d'eau** *(gén, Aut)* water tank; *(pour une maison)* water cistern; *(pour eau de pluie) (en bois)* water butt; *(en ciment)* water tank.

résidant, e [Rezidã, ãt] *adj* resident.

résidence [Rezidãs] **1** *nf (gén)* residence; *(immeuble)* (block of) residential flats *(Brit)*, residential apartment building *(US)*. **établir sa ~ à** to take up residence in; **changer de ~** to move (house); *(Admin)* **en ~ à** in residence at; **en ~ surveillée** *ou* **forcée** under house arrest; *(Diplomatie)* **la ~** the residency; *V* **certificat**.

2: résidence principale main home; **résidence secondaire** second home; **résidence universitaire** (university) hall(s) of residence *(Brit)*, residence hall *(US)*, dormitory *(US)*.

résident, e [Rezidã, ãt] *nm,f (étranger)* foreign national *ou* resident; *(diplomate)* resident. **ministre ~** resident minister; **avoir le statut de ~ permanent en France** to have permanent resident status in France.

résidentiel, -ielle [Rezidãsjɛl] *adj* residential.

résider [Rezide] (1) *vi (lit, fig)* to reside *(en, dans* in). **il réside à cet hôtel/à Dijon** he resides *(frm)* at this hotel/in Dijon; **après avoir résidé quelque temps en France** after living *ou* residing *(frm)* in France for some time, after having been resident in France for some time; **le problème réside en ceci que ...** the problem lies in the fact that ... .

résidu [Rezidy] *nm* (a) *(reste)* *(Chim, fig)* residue *(U)*; *(Math)* remainder. (b) *(déchets)* **~s** remnants, residue *(U)*; **~s industriels** industrial waste.

résiduel, -elle [Rezidɥɛl] *adj* residual.

résignation [Reziɲasjõ] *nf* resignation *(à* to). **avec ~** with resignation, resignedly.

résigné, e [Reziɲe] *(ptp de* **résigner**) *adj* **air, geste, ton** resigned. **~ à son sort resigned to his fate; il est ~** he's resigned to it; **dire qch d'un air ~** to say sth resignedly.

résigner [Reziɲe] (1) **1 se résigner** *vpr* to resign o.s. *(à* to). **il faudra s'y ~** we'll have to resign ourselves to it *ou* put up with it. **2** *vt (littér) charge, fonction* to relinquish, resign.

résiliable [Reziljabl(ə)] *adj (V* **résilier**) which can be terminated, terminable; which can be cancelled, cancellable.

résiliation [Reziljasjõ] *nf (V* **résilier**) termination; cancellation, rescinding.

résilience [Reziljãs] *nf (Tech)* ductility.

résilient, e [Reziljã, ãt] *adj (Tech)* ductile.

résilier [Rezilje] (7) *vt* **contrat** *(à terme)* to terminate; *(en cours)* to cancel, rescind.

résille [Rezij] *nf (gén: filet)* net, netting *(U)*; *(pour les cheveux)* hairnet; *[vitrail]* cames *(T)*, lead(s), leading *(U)*. **bas ~** fishnet stockings.

résine [Rezin] *nf* resin.

résiné, e [Rezine] *adj, nm:* **(vin) ~** retsina.

résineux, -euse [Rezinø, øz] **1** *adj* resinous. **2** *nm* coniferous tree. **forêt de ~** coniferous forest.

résistance [Rezistãs] *nf* (a) *(opposition)* resistance *(U)* *(à* to). *(Hist)* **la R~** the (French) Resistance; **l'armée dut se rendre après une ~ héroïque** the army was forced to surrender after putting up a heroic resistance *ou* a heroic fight; **opposer une ~ farouche à un projet** to put up a fierce resistance to a project, make a very determined stand against a project; **cela ne se fera pas sans ~** that won't be done without some opposition *ou* resistance; **~ passive/armée** passive/armed resistance; *V* **noyau**.

(b) *(endurance)* resistance, stamina. **~ à la fatigue** resistance to fatigue; **il a une grande ~ ou beaucoup de ~** he has great *ou* a lot of resistance *ou* stamina; **coureur qui a de la ~/qui n'a pas de ~** runner who has lots of/who has no staying power; **ces plantes-là n'ont pas de ~** those plants have no resistance; **ce matériau offre une grande ~ au feu/aux chocs** this material is very heat-/shock-resistant; *V* **pièce, plat²**.

(c) *(Élec) (U)* resistance; *[réchaud, radiateur]* element. **unité de ~** unit of (electrical) resistance.

(d) *(Phys: force)* resistance. **~ d'un corps/de l'air** resistance of a body/of the air; **~ mécanique** mechanical resistance; **~ des matériaux** strength of materials; **quand il voulut ouvrir la porte, il sentit une ~** when he tried to open the door he felt some resistance.

résistant, e [Rezistã, ãt] **1** *adj* **personne** robust, tough; **plante** hardy; **vêtements, tissu** strong, hard-wearing; **couleur** fast; **acier** resistant; **métal** resistant, strong; **bois** resistant, hard. **il est très ~** *(gén)* he is very robust, he has a lot of resistance *ou* stamina; *[athlète]* he has lots of staying power; **~ à la chaleur** heatproof, heat-resistant.

2 *nm,f (Hist)* (French) Resistance worker *ou* fighter.

résister [Reziste] (1) **résister à** *vt indir* (a) *(s'opposer à) ennemi, agresseur, police* to resist; *passion, tentation, argument* to resist; *attaque* to hold out against, withstand, resist. **inutile de ~** it's useless to resist, it's *ou* there's no use resisting; **~ au courant d'une rivière** to fight against *ou* hold one's own against the current of a river; **~ à la volonté de qn** to hold out against *ou* resist sb's will; **il n'ose pas ~ à sa fille** he doesn't dare (to) stand up to his daughter; **je n'aime pas que mes enfants me résistent** I don't like my children opposing me; **je n'ai pas résisté à cette petite robe** I couldn't resist (buying) this dress.

(b) *(surmonter) fatigue, émotion, privations* to stand up to, withstand; *chagrin, adversité* to withstand; *douleur* to stand, withstand. **leur amour ne résista pas à cette infidélité** their love could not stand up *ou* could not withstand this infidelity.

(c) *(supporter) sécheresse, gelée, vent* to withstand, stand up to, resist. **ça a bien résisté à l'épreuve du temps** it has really stood the test of time, it has stood up to the passing centuries; **le plancher ne pourra pas ~ au poids** the floor won't support *ou* withstand *ou* take the weight; **la porte a résisté** the door held *ou* didn't give, the door stood firm *ou* resisted; **ça n'a pas résisté longtemps** it didn't resist *ou* hold out for long; **couleur qui résiste au lavage** colour which is fast in the wash, fast colour; **tissu qui résiste au lavage en machine** material which can be machine-washed *ou* which will stand up to machine washing; **cette vaisselle résiste au feu** this crockery is heat-resistant *ou* heatproof; **ce raisonnement ne résiste pas à l'analyse** this reasoning does not stand up to analysis.

résistivité [Rezistivite] *nf (Élec)* resistance. **la ~ du cuivre est très faible** copper has a very low resistance.

résolu, e [Rezɔly] *(ptp de* **résoudre**) *adj* **personne, ton, air** resolute. **il est bien ~ à partir** he is firmly resolved *ou* he is determined to leave, he is set on leaving.

résoluble [Rezɔlybl(ə)] *adj* **problème** soluble; *(Chim)* resolvable; *(Jur)* **contrat** annullable, cancellable.

résolument [Rezɔlymã] *adv (totalement)* resolutely; *(courageusement)* resolutely, steadfastly. **je suis ~ contre** I'm firmly against it, I'm resolutely opposed to it.

résolutif, -ive [Rezɔlytif, iv] *adj, nm* resolvent.

résolution [Rezɔlysjõ] *nf* (a) *(gén, Pol: décision)* resolution. **prendre la ~ de faire** to make a resolution to do, resolve to do, make up one's mind to do; **ma ~ est prise** I've made my resolution; **bonnes ~s** good resolutions.

(b) *(énergie)* resolve, resolution, determination. **avec un visage plein de ~** his face full of resolve *ou* resolution, with a determined expression on his face.

(c) *(solution)* solution. **il attendait de moi la ~ de son problème** he expected me to give him a solution to his problem *ou* to solve his problem for him.

(d) *(Jur) [contrat, vente]* cancellation, annulment.

(e) *(Méd, Mus, Phys)* resolution. **~ de l'eau en vapeur** resolution of water into steam.

résolutoire [RezɔlytwaR] *adj (Jur)* resolutive.

résonance [Rezɔnãs] *nf (gén, Elec, Phys, Phon)* resonance *(U)*; *(fig)* echo. **être/entrer en ~** to be/start resonating; *(littér)* **ce poème éveille en moi des ~s** this poem awakens echoes in me; *V* **caisse**.

résonateur [RezɔnatœR] *nm* resonator. **~ nucléaire** nuclear resonator.

résonnant, e [Rezɔnã, ãt] *adj* **voix** resonant. **cour ~e de bruits** yard resounding *ou* resonant *ou* ringing with noise.

résonner [Rezɔne] (1) *vi [son]* to resonate, reverberate, resound; *[salle]* to be resonant. **cloche qui résonne bien/faiblement** bell which resounds well/rings feebly; **ne parle pas trop fort, ça résonne** don't speak too loudly because it *ou* the noise resonates *ou* reverberates *ou* echoes; **~ de** to resound *ou* ring *ou* resonate with.

résorber [RezɔRbe] (1) **1** *vt (Méd)* to resorb; *chômage* to bring down, reduce (gradually); *déficit, surplus* to absorb; *inflation* to bring down, reduce gradually, curb. **trouver un moyen pour ~ la crise économique** to find some way of resolving the economic crisis.

2 se résorber *vpr (Méd)* to be resorbed; *(fig) [chômage]* to be brought down *ou* reduced; *[déficit]* to be absorbed. **l'embouteillage se résorbe peu à peu** the traffic jam is gradually breaking up *ou* sorting itself out *ou* resolving itself.

résorption [RezɔRpsjõ] *nf (V* **résorber**) resorption; bringing down, gradual reduction *(de* in); absorption; curbing.

résoudre [RezudR(ə)] (51) **1** *vt* (a) *mystère, équation, problème de maths* to solve; *dilemme, crise* to solve, resolve; *difficultés* to solve, resolve, settle, sort out; *conflit* to settle, resolve. **j'ignore comment ce problème va se ~** *ou* **va être résolu** I can't see how this problem will be solved *ou* resolved.

(b) *(décider) exécution, mort* to decide on, determine on. **~ de faire qch** to decide *ou* resolve to do sth, make up one's mind to do sth; **~ qn à faire qch** to prevail upon sb *ou* induce sb to do sth.

(c) *(Méd) tumeur* to resolve.

(d) *(Jur) contrat, vente* to cancel, annul.

(e) *(Mus) dissonance* to resolve.

(f) (*transformer*) ~ qch en cendres to reduce sth to cinders; les nuages se résolvent en pluie/grêle the clouds break up *ou* resolve *ou* turn into rain/hail.

2 se résoudre *vpr*: se ~ à faire qch (*se décider*) to resolve *ou* decide to do sth, make up one's mind to do sth; (*se résigner*) to resign *ou* reconcile o.s. to doing sth; il n'a pas pu se ~ à la quitter he couldn't bring himself to leave her.

respect [Rεsp ε] *nm* **(a)** respect (*de, pour* for). avoir du ~ pour qn to have respect for sb, hold sb in respect; il n'a aucun ~ pour le bien d'autrui he has no respect *ou* consideration *ou* regard for other people's property; par ~ pour sa mémoire out of respect *ou* consideration for his memory; malgré le ~ que je vous dois, sauf votre ~ with (all) respect, with all due respect; le ~ humain fear of the judgment of others; ~ de soi self-respect.

(b) (*formule de politesse*) présenter ses ~s à qn to present one's respects to sb; présentez mes ~s à votre femme give my regards *ou* pay my respects to your wife; mes ~s, mon colonel good day to you, sir.

(c) (*loc*) tenir qn en ~ (*avec une arme*) to keep sb at a respectful distance *ou* at bay; au ~ de†† compared with, in comparison to *ou* with.

respectabilité [RεspεktabilitΘ] *nf* respectability.

respectable [Rεspεktabl(ə)] *adj* (*honorable*) respectable; (*important*) respectable, sizeable. il avait un ventre ~* he had quite a pot-belly*, he had a fair-sized corporation* (*Brit*).

respecter [Rεspεkte] (1) **1** *vt* **(a)** *personne* to respect, have respect for. ~ une femme to respect a woman's honour; se faire ~ to be respected, make o.s. respected (*par* by), command respect (*par* from).

(b) *formes, loi* to respect; *traditions* to respect, have respect for, honour. ~ les opinions/sentiments de qn to show consideration *ou* respect for sb's opinions/feelings; ~ le sommeil de qn to respect sb's right to get some sleep; respectez le matériel! treat the equipment with respect!, show some respect for the equipment!; la jeunesse ne respecte rien young people show no respect for anything *ou* do not respect anything; classer des livres en respectant l'ordre alphabétique to classify books, keeping them in alphabetical order; faire ~ la loi to enforce the law; ~ les termes d'un contrat to abide by *ou* respect the terms of a contract.

2 se respecter *vpr* to respect o.s. (*hum*) le professeur/juge/plombier qui se respecte any self-respecting teacher/judge/plumber; il se respecte trop pour faire cela he is above doing that sort of thing, he has too much self-respect to do that sort of thing.

respectif, -ive [Rεspεktif, iv] *adj* respective.

respectivement [Rεspεktivmã] *adv* respectively.

respectueusement [Rεspεktɥøzmã] *adv* respectfully, with respect.

respectueux, -euse [Rεspεktɥø, øz] **1** *adj silence, langage, personne* respectful (*envers, pour* to). se montrer ~ du bien d'autrui to show respect *ou* consideration for other people's property; ~ des traditions respectful of traditions; ~ de la loi respectful of the law, law-abiding; veuillez agréer mes salutations ~euses yours respectfully; je vous envoie mes hommages ~ yours (most) sincerely, your humble servant; *V* distance.

2 respectueuse* *nf* (*prostituée*) tart* (*Brit*), whore, prostitute.

respirable [Rεspirabl(ə)] *adj* breathable. l'air n'y est pas ~ the air there is unbreathable; (*fig*) l'atmosphère n'est pas ~ dans cette famille the atmosphere in this family is suffocating.

respirateur [RεspiratɶR] *nm*: ~ (artificiel) (*gén*) respirator; (*pour malade dans le coma*) ventilator.

respiration [Rεspirasjɔ̃] *nf* (*fonction, action naturelle*) breathing, respiration (*T*); (*souffle*) breath. ~ pulmonaire/cutanée/artificielle pulmonary/cutaneous/artificial respiration; ~ difficile difficulty in breathing; ~ entrecoupée irregular breathing; ~ courte shortness of breath; avoir la ~ difficile to have difficulty (in) *ou* trouble breathing; avoir la ~ bruyante to breathe heavily *ou* noisily; retenir sa ~ to hold one's breath; faites 3 ~s complètes breathe in and out 3 times; *V* couper.

respiratoire [RεspiratwaR] *adj système, voies* respiratory; *troubles* breathing (*épith*), respiratory.

respirer [RεspiRe] (1) **1** *vi* **(a)** (*lit, Bio*) to breathe, respire (*T*). (*chez le médecin*) 'respirez' 'breathe in!', 'take a deep breath!'; ~ par la bouche/le nez to breathe through one's mouth/nose; est-ce qu'il respire (encore)? is he (still) breathing?; ~ avec difficulté to have difficulty (in) *ou* trouble breathing, breathe with difficulty; ~ profondément to breathe deeply, take a deep breath; *V* mentir.

(b) (*fig*) (*se détendre*) to get one's breath, have a break; (*se rassurer*) to breathe again *ou* easy. ouf, on respire phew, we can breathe again.

2 *vt* **(a)** (*inhaler*) to breathe (in), inhale. ~ un air vicié/le grand air to breathe in foul air/the fresh air; faire ~ des vapeurs à qn to make sb inhale vapours.

(b) (*exprimer*) *calme, bonheur* to radiate; *honnêteté, franchise, orgueil* to exude, emanate. son attitude respirait la méfiance his whole attitude was mistrustful, his attitude was clearly one of mistrust.

resplendir [RεsplãdiR] (2) *vi* [*soleil, lune*] to shine, beam; [*surface métallique*] to gleam, shine. le lac/la neige resplendissait sous le soleil the lake/snow gleamed *ou* shone *ou* glistened *ou* glittered in the sun; le ciel resplendit au coucher du soleil the sky blazes with light *ou* is radiant *ou* ablaze at sunset; toute la cuisine resplendissait the whole kitchen shone *ou* gleamed; (*fig*) il resplendissait de joie/de bonheur he was aglow *ou* radiant with joy/happiness, his face was shining *ou* glowing with joy/happiness.

resplendissant, e [Rεsplãdisã, ãt] *adj* **(a)** (*lit: brillant*) *soleil* shining, radiant, beaming, dazzling; *lune* shining, beaming; *surface métallique* gleaming, shining; *lac, neige* gleaming, shining, glistening, glittering; *ciel* radiant.

(b) (*fig: éclatant*) *beauté, santé, mine* radiant; *yeux, visage* shining. être ~ de santé/de joie to be aglow *ou* radiant with health/joy.

resplendissement [Rεsplãdismã] *nm* [*beauté, soleil*] brilliance. le ~ de la neige sur le sommet de la montagne the glitter of the snow on the mountain top, the dazzling white of the snow on the mountain top.

responsabiliser [Rεspɔ̃sabilize] (1) *vt*: ~ qn to make sb aware of his responsibilities.

responsabilité [Rεspɔ̃sabilite] **1** *nf* **(a)** (*légale*) liability (*de* for); (*morale*) responsibility (*de* for); (*ministérielle*) responsibility. emmener ces enfants en montagne, c'est une ~ it's a responsibility taking these children to the mountains; la ~ pénale des parents the legal responsibility of parents; ~ civile civil liability; *V* assurance, société.

(b) (*charge*) responsibility. de lourdes ~s heavy responsibilities; assumer la ~ d'une affaire to take on the responsibility for a matter; avoir la ~ de qn to take *ou* have responsibility for sb; avoir la ~ de la gestion/de la sécurité to be responsible for the management/for security; il fuit les ~s he shuns (any) responsibility; ce poste comporte d'importantes ~s this post involves *ou* carries considerable responsibilities; il cherche un poste offrant plus de ~s he wants a position with more responsibility; avoir un poste à ~ to have *ou* hold a position of responsibility; accéder à une haute ~ to reach a position of great responsibility.

2: (*Jur*) responsabilité atténuée diminished responsibility; responsabilité civile civil liability; responsabilité collective collective responsibility; responsabilité contractuelle contractual liability; responsabilité pénale criminal responsibility; (*Jur*) responsabilité pleine et entière full and entire responsibility.

responsable [Rεspɔ̃sabl(ə)] **1** *adj* **(a)** (*comptable*) (*légalement*) (*de dégâts*) liable, responsible (*de* for); (*de délits*) responsible (*de* for); (*moralement*) responsible, accountable (*de* for, *devant qn* to sb). reconnu ~ de ses actes recognized as responsible *ou* accountable for his actions; il n'est pas ~ des délits/dégâts commis par ses enfants he is not responsible for the misdemeanours of/liable *ou* responsible for damage caused by his children; un père est ~ de la santé morale de ses enfants a father is responsible for the moral well-being of his children; civilement/pénalement ~ liable in civil/criminal law; le ministre est ~ de ses décisions (devant le parlement) the minister is responsible *ou* accountable (to Parliament) for his decisions.

(b) (*chargé de*) ~ de responsible for, in charge of.

(c) (*coupable*) responsible, to blame. X, ~ de l'échec, a été renvoyé X, who was responsible *ou* to blame for the failure, has been dismissed; ils considèrent l'état défectueux des freins comme ~ (de l'accident) they consider that defective brakes were to blame *ou* were responsible for the accident.

(d) (*sérieux*) *attitude, employé, étudiant* responsible. agir de manière ~ to behave responsibly.

2 *nmf* **(a)** (*coupable*) il s'agit de trouver et de punir le ~/les ~s (*de cette action*) we must find and punish the person responsible/those responsible *ou* the person who is to blame/those who are to blame (for this act); le seul ~ est l'alcool alcohol alone is to blame *ou* is the culprit.

(b) (*personne compétente*) person in charge. adressez-vous au ~ see the person in charge.

(c) (*dirigeant*) les ~s d'un parti the officials of a party; une table ronde réunissant des ~s de l'industrie a round table discussion bringing together representatives *ou* leaders of industry; ~ syndical trade union official; ~ politique political leader.

resquillage [Rεskijaʒ] *nm*, **resquille** [Rεskij] *nf* (*dans l'autobus*) grabbing a free ride; (*au match, cinéma*) sneaking in, getting in on the sly.

resquiller [Rεskije] (1) *vi* (*ne pas payer*) (*dans l'autobus etc*) to sneak a free seat *ou* ride; (*au match, cinéma*) to get in on the sly, sneak in; (*ne pas faire la queue*) to jump the queue (*Brit*), cut in (at the beginning of) the line (*US*).

resquilleur, -euse [RεskijɶR, øz] *nm, f* (*qui n'attend pas son tour*) queue-jumper (*Brit*); (*qui ne paie pas*) (*dans l'autobus etc*) fare-dodger; (*au stade etc*) expulser les ~s to throw out the people who have wangled their way in without paying.

ressac [Rəsak] *nm*: le ~ (*mouvement*) the backwash, the undertow; (*vague*) the surf.

ressaisir [R(ə)seziR] (2) **1** *vt* **(a)** *branche, bouée* to catch hold of again; *fuyard* to recapture, seize again; (*fig*) *pouvoir, occasion, prétexte* to seize again; (*Jur*) *biens* to recover possession of.

(b) [*peur*] to grip (once) again; [*délire, désir*] to take hold of again.

(c) (*Jur*) ~ un tribunal d'une affaire to lay a matter before a court again.

2 se ressaisir *vpr* (*reprendre son sang-froid*) to regain one's self control; (*Sport: après avoir flanché*) to rally, recover. ressaisissez-vous! pull yourself together!, take a grip on yourself!; le coureur s'est bien ressaisi sur la fin the runner rallied *ou* recovered well towards the end.

(b) se ~ de *objet, fugitifs* to recover; *pouvoir* to seize again.

ressaisissement [R(ə)sezismã] *nm* recovery.

ressassé, e [R(ə)sase] (*ptp de* **ressasser**) *adj plaisanterie, thème* worn out, hackneyed.

ressasser [R(ə)sase] (1) *vt pensées, regrets* to keep rehearsing *ou* turning over; *plaisanteries, conseil* to keep trotting out.

ressaut [R(ə)so] *nm* (*Géog*) (*plan vertical*) rise; (*plan horizontal*) shelf; (*Archit*) projection.

ressauter [R(ə)sote] (1) **1** *vi* to jump again. **2** *vt obstacle* to jump (over) again.

ressayage [Resɛjaʒ] *nm* = réessayage.
ressayer [Reseje] (8) *vt, vi* (*gén*) to try again; (*Couture*) = réessayer.
ressemblance [R(ə)sɑ̃blɑ̃s] *nf* (a) (*similitude visuelle*) resemblance, likeness; (*analogie de composition*) similarity. ~ presque parfaite entre 2 substances near perfect similarity of 2 substances; avoir *ou* offrir une ~ avec qch to bear a resemblance *ou* likeness to sth; la ~ entre père et fils/ces montagnes est frappante the resemblance between father and son/these mountains is striking; ce peintre s'inquiète peu de la ~ this painter cares very little about likenesses; toute ~ avec des personnes ayant existé ne peut être que fortuite any resemblance to any person living or dead is purely accidental.
 (b) (*trait*) resemblance; (*analogie*) similarity.
ressemblant, e [R(ə)sɑ̃blɑ̃, ɑ̃t] *adj* photo, portrait lifelike, true to life. vous êtes très ~ sur cette photo this photo is very like you; il a fait d'elle un portrait très ~ he painted a very good likeness of her.
ressembler [R(ə)sɑ̃ble] (1) **1 ressembler à** *vt indir* (a) (*être semblable à*) [*personne*] (*physiquement*) to resemble, be *ou* look like; (*moralement, psychologiquement*) to resemble, be like; [*choses*] (*visuellement*) to resemble, look like; (*par la composition*) to resemble, be like; [*faits, événements*] to resemble, be like. il me ressemble beaucoup physiquement/moralement he is very like me *ou* he resembles me closely in looks/in character; juste quelques accrochages, rien qui ressemble à une offensive just a few skirmishes — nothing that would pass as *ou* that you could call a real offensive; il ne ressemble en rien à l'image que je me faisais de lui he's nothing like how I imagined him; à quoi ressemble-t-il?* what does he look like?, what's he like?; ton fils s'est roulé dans la boue, regarde à quoi il ressemble!* your son has been rolling in the mud — just look at the state of him!; ça ne ressemble à rien!* (*attitude*) that has no rhyme or reason to it, it makes no sense at all; (*peinture, objet*) it's like nothing on earth!; à quoi ça ressemble de crier comme ça!* what's the idea of *ou* what do you mean by shouting like that!
 (b) (*être digne de*) cela lui ressemble bien, de dire ça it's just like him *ou* it's typical of him to say that; cela te ressemble peu that's (most) unlike you *ou* not like you.
 2 se ressembler *vpr* (*physiquement, visuellement*) to look *ou* be alike, resemble each other; (*moralement, par ses éléments*) to be alike, resemble each other. ils se ressemblent comme deux gouttes d'eau they're as like as two peas (in a pod); tu ne te ressembles plus depuis ton accident you're not yourself *ou* you've changed a lot since your accident; aucune ville ne se ressemble *ou* ne ressemble à une autre no town is like another, no two towns are alike; aucune maison ne se ressemble dans cette rue no two houses look alike *ou* not one house looks like another in this street; toutes les grandes villes se ressemblent all big towns are *ou* look alike *ou* the same; *V* jour, qui.
ressemelage [R(ə)səmlaʒ] *nm* soling, resoling.
ressemeler [R(ə)səmle] (4) *vt* to sole, resole.
ressemer [Rəsme] (5) **1** *vt* to resow, sow again.
 2 se ressemer *vpr* to (re)seed itself. cette plante se ressème toute seule this plant reseeds itself.
ressentiment [R(ə)sɑ̃timɑ̃] *nm* resentment (*contre* against, *de* at). éprouver du ~ to feel resentful; éprouver un ~ légitime à l'égard de qn to feel justifiably resentful towards sb; il en a gardé du ~ it has remained a sore point with him, he has harboured resentment over it; avec ~ resentfully, with resentment.
ressentir [R(ə)sɑ̃tiR] (16) **1** *vt* douleur, sentiment, coup to feel; sensation to feel, experience; perte, insulte, privation to feel, be affected by. il ressentit les effets de cette nuit de beuverie he felt the effects of that night's drinking; il ressent toute chose profondément he feels everything deeply, he is deeply affected by anything *ou* everything.
 2 se ressentir *vpr* (a) [*travail, qualité*] se ~ de to show the effects of; la qualité/son travail s'en ressent the quality/his work is showing the effect, it is telling on the quality/his work.
 (b) [*personne, communauté*] se ~ de to feel the effects of; il se ressentait du manque de préparation he felt the effects of his lack of preparation, his lack of preparation told on his performance.
 (c) (*) s'en ~ pour to feel up to; il ne s'en ressent pas pour faire ça he doesn't feel up to doing that.
resserre [R(ə)sɛR] *nf* (*cabane*) shed; (*réduit*) store, storeroom.
resserré, e [R(ə)seRe] (*ptp de* resserrer) *adj* chemin, vallée narrow. une petite maison ~e entre des immeubles a little house squeezed between high buildings.
resserrement [R(ə)sɛRmɑ̃] *nm* (a) (*action*) [*nœud, étreinte*] tightening; [*pores*] closing; [*liens, amitié*] strengthening; [*vallée*] narrowing; [*crédit*] tightening. (b) (*goulet*) [*route, vallée*] narrow part.
resserrer [R(ə)seRe] (1) **1** *vt* boulon, souliers, nœud to tighten up; étreinte to tighten; (*fig*) cercle, filets to draw tighter, tighten; (*fig*) liens, amitié to strengthen; (*fig*) récit to tighten up, compress; (*fig*) crédits to tighten, squeeze. la peur resserra le cercle des fugitifs autour du feu fear drew the group of fugitives in *ou* closer around the fire; produit qui resserre les pores de la peau product which helps (to) close the pores of the skin.
 2 se resserrer *vpr* [*nœud, étau, étreinte*] to tighten; [*liens affectifs*] to grow stronger; [*cercle, groupe*] to draw in; [*pores, mâchoire*] to close; (*fig*) [*chemin, vallée*] to narrow. le filet/l'enquête se resserrait autour de lui the net/inquiry was closing in on him.
resservir [R(ə)seRviR] (14) **1** *vt* (a) (*servir à nouveau*) plat to serve (up) again (*à* to), dish up again* (*péj*) (*à* for). ils (nous) ont resservi la soupe de midi they served (us) up the lunchtime soup again.
 (b) (*servir davantage*) dîneur to give another *ou* a second helping to. ~ de la soupe/viande to give another *ou* a second helping

of soup/meat; ils (nous) ont resservi de la viande they gave (us) a second helping of meat.
 (c) (*fig*) thème, histoire to trot out again (*péj*). les thèmes qu'ils nous resservent depuis des années the themes that they have been feeding us with *ou* trotting out to us for years.
 2 *vi* (a) [*vêtement usagé, outil*] to serve again, do again. ça peut toujours ~ it may come in handy *ou* be useful again; cet emballage peut ~ this packaging can be used again; ce manteau pourra te ~ you may find this coat useful again (some time).
 (b) (*Tennis*) to serve again.
 3 se resservir *vpr* (a) [*dîneur*] to help o.s. again, take another helping. se ~ de fromage/viande to help o.s. to some more cheese/meat, take another helping of cheese/meat.
 (b) (*réutiliser*) se ~ de outil to use again; vêtement to wear again.
ressort¹ [R(ə)sɔR] **1** *nm* (a) (*pièce de métal*) spring; faire ~ to spring back; à ~ mécanisme, pièce spring-loaded; *V* matelas, mouvoir.
 (b) (*énergie*) spirit. avoir du/manquer de ~ to have/lack spirit; un être sans ~ a spiritless individual.
 (c) (*littér: motivation*) les ~s qui le font agir the forces which motivate him, the motivating forces behind his actions; les ~s de l'âme the moving forces of the soul.
 (d) (†: *élasticité*) resilience.
 (e) (†: *moyen*) means.
 2: ressort à boudin spiral spring; ressort hélicoïdal helical *ou* coil spring; ressort à lames leafspring; ressort de montre hairspring; ressort de suspension suspension spring; ressort de traction drawspring.
ressort² [R(ə)sɔR] *nm* (a) (*Admin, Jur: de la compétence de*) être du ~ de to be *ou* fall within the competence of; c'est du ~ de la justice/du chef de service that is for the law/head of department to deal with, that is the law's/the head of department's responsibility; (*fig*) ce n'est pas de mon ~ this is not my responsibility, this doesn't come within my province, this falls outside my scope.
 (b) (*Jur: circonscription*) jurisdiction. dans le ~ du tribunal de Paris in the jurisdiction of the courts of Paris; *V* dernier.
ressortir¹ [R(ə)sɔRtiR] (2) **1** *vi* (*avec aux être*) (a) (*à nouveau: V aussi* sortir) [*personne*] (*aller*) to go out again, leave again; (*venir*) to come out again, leave again; (*en voiture*) to drive out again; [*objet, pièce*] to come out again. je suis ressorti faire des courses I went out shopping again; ils sont ressortis du pays une troisième fois they left the country again for the third time; le rouge/7 est ressorti the red/7 came out *ou* up again; ce film ressort sur nos écrans this film is showing again *ou* has been re-released.
 (b) (*sortir*) [*personne*] to go (*ou* come) out (again), leave; [*objet, pièce*] to come out (again). il a jeté un coup d'œil aux journaux et il est ressorti he glanced at the newspapers and went (back) out again; (*fig*) des désirs refoulés/souvenirs qui ressortent repressed desires/memories which resurface *ou* come back up to the surface.
 (c) (*contraster*) [*détail, couleur, qualité*] to stand out. faire ~ qch to make sth stand out, bring out sth.
 2 ressortir de *vt indir* (*résulter*) to emerge from, be the result of.
 3 *vt* (*avec aux avoir*) (*à nouveau: V aussi* sortir) vêtements d'hiver, outil etc to take out again; film to re-release, bring out again; (*Comm*) modèle to bring out again. le soleil revenant, ils ont ressorti les chaises sur la terrasse when the sun came out again, they took *ou* brought the chairs back onto the terrace; j'ai encore besoin du registre, ressors-le I still need the register so take *ou* get it (back) out again; (*fig*) ~ un vieux projet d'un tiroir to get out an old plan again, disinter an old plan.
ressortir² [R(ə)sɔRtiR] (2) **ressortir à** *vt indir* (*Jur*) cour, tribunal to come under the jurisdiction of; (*frm*) domaine to be the concern *ou* province of, pertain to. (*Jur*) ceci ressort à une autre juridiction this comes under *ou* belongs to a separate jurisdiction.
ressortissant, e [R(ə)sɔRtisɑ̃, ɑ̃t] *nm,f* national. ~ français French national *ou* citizen.
ressouder [R(ə)sude] (1) **1** *vt* objet brisé to solder together again; amitié to patch up, renew the bonds of; (*souder à nouveau*) to resolder, reweld. **2 se ressouder** *vpr* [*os, fracture*] to knit, mend; [*amitié*] to mend.
ressource [R(ə)suRs(ə)] *nf* (a) (*moyens matériels, financiers*) ~s [*pays*] resources; [*personne, famille*] resources, means; ~s personnelles personal finances, private means *ou* resources; avoir de maigres ~s to have limited *ou* slender resources *ou* means; une famille sans ~s a family with no means of support *ou* no resources; les ~s du pays the manpower resources of a country; les ~s de l'État *ou* du Trésor the financial resources of the state.
 (b) (*possibilités*) ~s [*artiste, sportif, aventurier*] resources; [*art, technique, système*] possibilities; les ~s de son talent/imagination the resources of one's talent/imagination; cet appareil/cette technique/ce système a des ~s variées this camera/technique/system has a wide range of possible applications; les ~s de la langue française the resources of the French language; les ~s de la photographie the various possibilities of photography; être à bout de ~s to have exhausted all the possibilities, be at the end of one's resources; homme/femme de ~(s) man/woman of resource, resourceful man/woman.
 (c) (*recours*) n'ayant pas la ~ de lui parler having no means *ou* possibility of speaking to him; je n'ai d'autre ~ que de lui téléphoner the only course open to me is to phone him, I have no other option but to phone him; sa seule/dernière ~ était de the only way *ou* course open to him/the only way *ou* course left *ou* remaining open to him was to; vous êtes ma dernière ~ you are my last resort; en dernière ~ as a last resort.

(d) avoir de la ~ *[sportif, cheval]* to have strength in reserve; il y a de la ~* there's plenty more where that came from.

ressouvenir (se) [R(ə)suvniR] (22) *vpr* *(littér)* **se ~ de** to remember, recall; **faire se ~ qn de qch**, *(littér)* **faire ~ qn de qch** to remind sb of sth; **ce bruit le fit se ~ ou** *(littér)* **lui fit ~ de son accident** hearing that noise he was reminded of his accident.

ressurgir [R(ə)syRʒiR] (2) *vi* = **resurgir**.

ressusciter [Resysite] (1) **1** *vi* **(a)** *(Rel)* to rise (from the dead). **le Christ ressuscité** the risen Christ; **ressuscité d'entre les morts** risen from the dead.

(b) *(fig: renaître)* *[malade]* to come back to life, revive; *[sentiment, souvenir]* to revive, reawaken, come alive again; *[pays]* to come back to life, get back on its feet again.

2 *vt* **(a)** *(lit)* *mourant* to resuscitate, restore *ou* bring back to life; *(Rel)* to raise (from the dead). **buvez ça, ça ressusciterait un mort*** drink that — it'll put new life into you; **bruit à ~ les morts** noise that would wake *ou* awaken the dead.

(b) *(fig: régénérer)* *malade, projet, entreprise* to bring back to life, inject new life into, revive.

(c) *(fig: faire revivre)* *sentiment* to revive, reawaken, bring back to life; *héros, mode* to bring back, resurrect *(péj)*; *passé, coutume, loi* to revive, resurrect *(péj)*.

restant, e [Rɛstɑ̃, ɑ̃t] **1** *adj* remaining. **le seul cousin ~** the sole *ou* one remaining cousin, the only *ou* one cousin left *ou* remaining; V **poste¹**.

2 *nm* **(a)** *(l'autre partie)* **le ~** the rest, the remainder; **tout le ~ des provisions était perdu** all the rest *ou* remainder of the supplies were lost; **employant le ~ de ses journées à lire** spending the rest *ou* remainder of his days reading.

(b) *(ce qui est en trop)* **accommoder un ~ de poulet** to make a dish with some left-over chicken; **faire une écharpe dans un ~ de tissu** to make a scarf out of some left-over material; **un ~ de lumière** a last glimmer of light.

restaurant [RɛstɔRɑ̃] **1** *nm* restaurant. **on mange à la maison ou on va au ~?** shall we eat at home or shall we eat out? *ou* have a meal out?; V **café, hôtel** *etc*.

2: restaurant d'entreprise staff canteen, staff dining room; **restaurant gastronomique** gourmet restaurant; **restaurant libre-service** *ou* **self-service** self-service restaurant, cafeteria; **restaurant rapide** fast-food restaurant; **restaurant universitaire** university refectory *ou* canteen *ou* cafeteria.

restaurateur, -trice [RɛstɔRatœR, tRis] *nm,f* **(a)** *[tableau, dynastie]* restorer. **(b)** *(aubergiste)* restaurant owner, restaurateur.

restauration [RɛstɔRasjɔ̃] *nf* **(a)** *[tableau, dynastie]* restoration; *[ville, bâtiment]* restoration, rehabilitation. *(Hist)* **la R~** the Restoration. **(b)** *(hôtellerie)* catering. **il travaille dans la ~** he works in catering; **la ~ rapide** the fast-food industry *ou* trade.

restaurer [RɛstɔRe] **1** *vt* **(a)** *tableau, dynastie, paix* to restore. **(b)** *(nourrir)* to feed. **2 se restaurer** *vpr* to take some refreshment, have something to eat.

restauroute [RɛstɔRut] *nm* = **restoroute**.

reste [Rɛst(ə)] *nm* **(a)** *(l'autre partie)* **le ~** the rest, what is left; **le ~ de sa vie/du temps/des hommes** the rest of his life/of the time/of humanity; **j'ai lu 3 chapitres, je lirai le ~ (du livre) demain** I've read 3 chapters and I'll read the rest (of the book) tomorrow; **le ~ du lait** the rest of the milk, what is left of the milk; **préparez les bagages, je m'occupe du ~** get the luggage ready and I'll see to the rest *ou* everything else.

(b) *(ce qui est en trop)* **il y a un ~ de fromage/de tissu** there's some *ou* a piece of cheese/material left over; **s'il y a un ~, je fais une omelette/une écharpe** if there's some *ou* any left *ou* left over I'll make an omelette/a scarf; **ce ~ de poulet ne suffira pas** this (piece of) left-over chicken won't be enough; **s'il y a un ~ (de laine), j'aimerais faire une écharpe** if there's some spare (wool) *ou* some (wool) to spare, I'd like to make a scarf; **un ~ de tendresse/de pitié le poussa à rester** a last trace *ou* a remnant of tenderness/pity moved him to stay.

(c) **les ~s** *(nourriture)* the left-overs; *(frm: dépouille mortelle)* the (mortal) remains; **les ~s de repas** the remains of, the left-overs from; *fortune, ville incendiée etc* the remains of, what is (*ou* was) left of; **donner les ~s au chien** to give the scraps *ou* left-overs to the dog; *(hum)* **elle a de beaux ~s** she's a fine woman yet.

(d) *(Math: différence)* remainder.

(e) *(loc)* **avoir de l'argent/du temps de ~** to have money/time left over *ou* in hand *ou* to spare; **être ou demeurer en ~** to be outdone; **il ne voulait pas être en ~ avec eux** he didn't want to be outdone by them *ou* one down on them* *(Brit)* *ou* indebted to them; *(littér)* **au ~, du ~** besides, moreover; **nous la connaissons, du ~, très peu** besides *ou* moreover, we hardly know her at all; **il est parti sans attendre** *ou* **demander son ~** he left without further ado *ou* without asking (any) questions *ou* without waiting to hear more; **il est menteur, paresseux et (tout) le ~** he's untruthful, lazy and everything else as well; **pour le ~ ou quant au ~ (nous verrons bien)** (as) for the rest (we'll have to see); **avec la grève, la neige et (tout) le ~, ils ne peuvent pas venir** with the strike, the snow and everything else *ou* all the rest, they can't come.

rester [Rɛste] (1) **1** *vi* **(a)** *(dans un lieu)* to stay, remain; *(*: habiter)* to live. **~ au lit** *[paresseux]* to stay *ou* lie in bed; *[malade]* to stay in bed; **~ à la maison** to stay *ou* remain in the house *ou* indoors; **~ chez soi** to stay at home *ou* in; **~ au** *ou* **dans le jardin/à la campagne/à l'étranger** to stay *ou* remain in the garden/in the country/abroad; **~ (à) dîner/déjeuner** to stay for *ou* to dinner/lunch; **je ne peux ~ que 10 minutes** I can only stay *ou* stop* 10 minutes; **la voiture est restée dehors/au garage** the car stayed *ou* remained outside/in the garage; **la lettre va certainement ~ dans sa poche** the letter is sure to stay in his pocket; **un os lui est resté dans la gorge** a bone was caught *ou* got stuck in his throat; **restez où vous**

êtes stay *ou* remain where you are; **~ à regarder la télévision** to stay watching television; **nous sommes restés 2 heures à l'attendre** we stayed there waiting for him for 2 hours; **naturellement ça reste entre nous** of course we shall keep this to ourselves *ou* this is strictly between ourselves; *[nerveux]* **il ne peut pas ~ en place** he can't keep still.

(b) *(dans un état)* to stay, remain. **~ éveillé/immobile** to keep *ou* stay awake/still; **~ sans bouger/sans rien dire** to stay *ou* remain motionless/silent; **~ dans l'ignorance** to remain in ignorance; **~ en fonction** to remain in office; **~ debout** *(lit)* to stand, remain standing; *(ne pas se coucher)* to stay up; **je suis resté assis/debout toute la journée** I spent the (whole) day sitting/standing, I've been sitting/standing (up) all day; **ne reste pas là les bras croisés** don't just stand there with your arms folded; **il est resté très timide** he has remained *ou* he is still very shy; **il est et restera toujours maladroit** he is clumsy and he always will be; **cette coutume est restée en honneur dans certains pays** this custom is still honoured in certain countries; **~ en carafe⸸** to be left stranded, be left high and dry, be left in mid air; V **panne, plan¹**.

(c) *(subsister)* to be left, remain. **rien ne reste de l'ancien château** nothing is left *ou* remains of the old castle; **c'est le seul parent qui leur reste** he's their only remaining relative, he's the only relative they have left; **c'est tout l'argent qui leur reste** that's all the money they have left; **10 km restaient à faire** there were still 10 km to go.

(d) *(durer)* to last, live on. **c'est une œuvre qui restera** it's a work which will live on *ou* which will last; **le désir passe, la tendresse reste** desire passes, tenderness lives on; **le surnom lui est resté** the nickname stayed with him, the nickname stuck.

(e) **~ sur une impression** to retain an impression; **je suis resté sur ma faim** *(après un repas)* I still felt hungry; *(à la fin d'une histoire)* I was left unsatisfied, I was left hanging*; **sa remarque m'est restée sur le cœur** his remark (still) rankles (in my mind); **ça m'est resté sur l'estomac*** it still riles me*, I still feel sore about it*, it still rankles with me.

(f) **en ~ à** *(ne pas dépasser)* to go no further than; **ils en sont restés à quelques baisers bien innocents/des discussions préliminaires** they got no further than a few quite innocent kisses/preliminary discussions; **les gens du village en sont restés à la bougie** the villagers never moved on from candles, the villagers are still at the stage of using candles; **ils en sont restés là des pourparlers** they only got that far *ou* that is as far as they got in their discussions; **où en êtes-nous restés dans notre lecture?** where did we leave off in our reading?; **restons-en là** let's leave off there, let's leave it at that.

(g) *(*: mourir)* **y ~** to meet one's end; **il a bien failli y ~** he nearly met his end, that was nearly the end of him.

2 *vb impers*: **il reste encore un peu de jour/de pain** there's still a little daylight/bread left; **il leur reste juste de quoi vivre** they've just enough left to live on; **il me reste à faire ceci** I still have this to do, there's still this for me to do; **il reste beaucoup à faire** much remains to be done, there's a lot left to do *ou* to be done, there's still a lot to do *ou* to be done; **il nous reste son souvenir** we still have our memories of him; **il ne me reste que toi** you're all I have left; **il n'est rien resté de leur maison/des provisions** nothing remained *ou* was left of their house/the supplies; **le peu de temps qu'il lui restait à vivre** the short time that he had left to live; **il ne me reste qu'à vous remercier** it only remains for me to thank you; **il restait à faire 50 km** there were 50 km still *ou* left to go; **est-ce qu'il vous reste assez de force pour terminer ce travail?** have you enough strength left to finish this job?; **quand on a été en prison il en reste toujours quelque chose** when you've been in prison something of it always stays with you; **(il) reste à savoir si/à prouver que** it remains to be seen if/to be proved that; **il reste que, il n'en reste pas moins que** the fact remains (nonetheless) that, it is nevertheless a fact that; **il reste entendu que** it remains *ou* is still quite understood that.

restituer [Rɛstitɥe] (1) *vt* **(a)** *(rendre)* *objet volé* to return, restore *(à qn* to sb); *somme d'argent* to return, refund *(à qn* to sb).

(b) *(reconstituer)* *fresque, texte, inscription* to reconstruct, restore. **un texte enfin restitué dans son intégralité** a text finally restored in its entirety; **appareil qui restitue fidèlement les sons** apparatus which gives faithful sound reproduction; **l'énergie emmagasinée est entièrement restituée sous forme de chaleur** the energy stored up is entirely released in the form of heat.

restitution [Rɛstitysjɔ̃] *nf (V restituer)* return; restoration; reconstruction; reproduction; release. **la ~ des objets volés** the return *ou* restitution of the stolen goods.

restoroute [RɛstɔRut] *nm* ® *[route]* roadside restaurant; *[autoroute]* motorway *(Brit)* *ou* freeway *(US)* restaurant.

restreindre [RɛstRɛ̃dR(ə)] (52) **1** *vt* *quantité, production, dépenses* to restrict, limit, cut down; *ambition* to restrict, limit, curb. **nous restreindrons notre étude à quelques exemples** we will restrict our study to a few examples; *(Fin)* **~ le crédit** to restrict credit.

2 se restreindre *vpr* **(a)** *(dans ses dépenses, sur la nourriture)* to cut down.

(b) *(diminuer)* *[production, tirage]* to decrease, go down; *[espace]* to decrease, diminish; *[ambition, champ d'action]* to narrow; *[sens d'un mot]* to become more restricted. **le champ de leur enquête se restreint** the scope of their inquiry is narrowing.

restreint, e [RɛstRɛ̃, ɛ̃t] *(ptp de restreindre)* *adj* *production, autorité, emploi, vocabulaire* limited, restricted; *personnel, espace, moyens, nombre* limited; *sens* restricted. **~ à** confined *ou* restricted *ou* limited to; V **comité, suffrage**.

restrictif, -ive [RɛstRiktif, iv] *adj* restrictive.

restriction [RɛstRiksjɔ̃] *nf* **(a)** *(action)* restriction, limiting, limitation.

(b) (*de personnel, de consommation*) ~s restrictions; ~s d'électricité electricity restrictions, restrictions on the use of electricity; ~s de crédit credit restrictions.

(c) (*condition*) qualification. (*réticence*) ~ **(mentale)** mental reservation; **faire des** ~s to make qualifications, express some reservations; **avec** ~ *ou* **des** ~s with some qualification(s) *ou* reservation(s); **approuver qch sans** ~s to give one's unqualified approval to sth, accept sth without reservation.

restructuration [Rəstryktyrɑsjɔ̃] *nf* restructuring.

restructurer [Rəstryktyre] (1) *vt* to restructure.

resucée* [R(ə)syse] *nf* (*plagiat*) rehash*.

résultante [Rezyltɑ̃t] *nf* (*Sci*) resultant; (*fig: conséquence*) outcome, result, consequence.

résultat [Rezylta] *nm* **(a)** (*conséquence*) result, outcome. **cette tentative a eu des** ~s **désastreux** this attempt had disastrous results *ou* a disastrous outcome; **cette démarche eut pour** ~ **une amélioration de la situation** *ou* **d'améliorer la situation** this measure resulted in *ou* led to an improvement in the situation *ou* resulted in the situation's improving; **on l'a laissé seul:** ~, **il a fait des bêtises** we left him alone — so what happens *ou* what's the result — he goes and does something silly.

(b) (*chose obtenue, réalisation*) result. **c'est un** ~ **remarquable** it's a remarkable result *ou* achievement; **il a promis d'obtenir des** ~s he promised to get results; (*iro*) **beau** ~! well done! (*iro*); **il essaya, sans** ~, **de le convaincre** he tried to convince him, but to no effect *ou* avail.

(c) (*solution*) [*problème, addition*] result.

(d) (*classement*) [*examen, élection*] results. **et maintenant les** ~s **sportifs** and now for the sports results; **le** ~ **des courses** the racing results; **voici quelques** ~s **partiels de l'élection** here are some of the election results so far.

résulter [Rezylte] (1) **1** *vi*: ~ **de** to result from, be the result of; **rien de bon ne peut en** ~ no good can come of it *ou* result from it; **les avantages économiques qui en résultent** the resulting economic benefits; **ce qui a résulté de la discussion est que ...** the result *ou* outcome of the discussion was that..., what came out of the discussion was that ... .

2 *vb impers*: **il résulte de tout ceci que** the result of all this is that; **il en résulte que c'est impossible** as a result it's impossible, the result is that it's impossible; **qu'en résultera-t-il?** what will be the result? *ou* outcome?

résumé [Rezyme] *nm* (*texte, ouvrage*) summary, résumé. **des chapitres précédents** 'the story (in brief) so far'; **en** ~ (*en bref*) in short, in brief; (*pour conclure*) to sum up; (*en miniature*) in miniature.

résumer [Rezyme] (1) **1** *vt* (*abréger*) to summarize; (*récapituler, aussi Jur*) to sum up; (*reproduire en petit*) to epitomize, typify.

2 se résumer *vpr* **(a)** [*personne*] to sum up (one's ideas).

(b) (*être contenu*) **toutes les facettes du bien et du mal se résumaient en lui** every aspect of good and evil was embodied *ou* typified in him.

(c) (*se réduire à*) **se** ~ **à** to amount to, come down to, boil down to; **l'affaire se résume à peu de chose** the affair amounts to *ou* comes down to nothing really, that's all the affair boils down to.

résurgence [RezyRʒɑ̃s] *nf* (*Géol*) reappearance (*of river*), resurgence.

résurgent, e [RezyRʒɑ̃, ɑ̃t] *adj* (*Géol*) **eaux** re-emergent.

resurgir [R(ə)syRʒiR] (2) *vi* to reappear, re-emerge.

résurrection [RezyReksjɔ̃] *nf* [*mort*] resurrection; (*fig: renouveau*) revival. (*Rel*) **la R**~ **the** Resurrection; **c'est une véritable** ~! he has really come back to life!

retable [Rətabl(ə)] *nm* reredos, retable.

rétablir [Retablir] (2) **1** *vt* **(a)** (*remettre*) **courant, communications** to restore.

(b) (*restaurer*) **monarchie** to restore, re-establish; **droit, ordre, équilibre** to restore; **forces, santé** to restore; **fait, vérité** to re-establish.

(c) (*réintégrer*) to reinstate. ~ **qn dans son emploi** to reinstate sb in *ou* restore sb to his post; ~ **qn dans ses droits** to restore sb's rights.

(d) (*guérir*) ~ **qn** to restore sb to health, bring about sb's recovery.

2 se rétablir *vpr* **(a)** (*guérir*) to recover. **après sa maladie, il s'est vite rétabli** he soon recovered after his illness.

(b) (*revenir*) to return, be restored. **le silence/le calme s'est rétabli** silence/calm returned *ou* was restored.

(c) (*faire un rétablissement*) to pull o.s. up (*onto a ledge etc*).

rétablissement [Retablismɑ̃] *nm* **(a)** (*action : V* **rétablir**) restoring; re-establishment.

(b) (*guérison*) recovery. **en vous souhaitant un prompt** ~ **with my good wishes for your swift recovery, hoping you will be better soon; tous nos vœux de prompt** ~ **our best wishes for a speedy recovery.**

(c) (*Sport*) **faire** *ou* **opérer un** ~ to do a pull-up (*into a standing position, onto a ledge etc*).

retailler [R(ə)taje] (1) *vt* **vêtement** to re-cut; **crayon** to sharpen; **arbre** to (re-)prune.

rétamage [Retamaʒ] *nm* re-coating, re-tinning (*of pans*).

rétamé, e‡ [Retame] **(a)** (*ptp de* **rétamer**) *adj* (*fatigué*) knackered‡ (*Brit*), worn out*; (*ivre*) plastered‡, sloshed‡; (*détruit, démoli*) wiped out*; (*sans argent*) broke*. (*mort*) **il a été** ~ **en un mois** he was dead within a month, he was a goner within a month‡.

rétamer [Retame] (1) **1** *vt* **(a)** **casseroles** to re-coat, re-tin.

(b) (‡) (*fatiguer*) to knacker‡ (*Brit*), wear out*; (*rendre ivre*) to knock out‡; (*démolir*) to wipe out; (*dépouiller au jeu*) to clean out*. **se faire** ~ **au poker** to go broke* *ou* be cleaned out* at poker.

2 se rétamer‡ *vpr* (*tomber*) **se** ~ (*par terre*) to take a dive*,

crash to the ground; **la voiture s'est rétamée contre un arbre** the car crashed into a tree.

rétameur [Retamœr] *nm* tinker.

retapage [R(ə)tapaʒ] *nm* [*maison, vêtement*] doing up; [*voiture*] fixing up; [*lit*] straightening.

retape‡ [R(ə)tap] *nf*: **faire (de) la** ~ [*prostituée*] to be on the game‡ (*Brit*), walk the streets*; [*agent publicitaire*] to tout (around) for business; **faire de la** ~ **pour une compagnie de bateaux-mouches** to tout for a pleasure boat company.

retaper [R(ə)tape] (1) **1** *vt* (**a**) (*: remettre en état*) **maison, vêtement** to do up; **voiture** to fix up; *lit* to straighten; (*fig*) **malade, personne fatiguée** to set up (again), buck up*. **ça m'a retapé, ce whisky** that whisky has set me up again.

(b) (*dactylographier*) to retype, type again.

2 se retaper* *vpr* (*guérir*) to get back on one's feet. **il va se** ~ **en quelques semaines** he'll get back on his feet in a few weeks.

retapisser [R(ə)tapise] (1) *vt* to repaper.

retard [R(ə)taR] **1** *nm* **(a)** [*personne attendue*] lateness (*U*). **ces** ~s **continuels seront punis** this constant lateness will be punished; **plusieurs** ~s **dans la même semaine, c'est inadmissible** it won't do being late several times in one week; (*Scol*) **il a eu quatre** ~s he was late four times; **son** ~ **m'inquiète** I'm worried that he hasn't yet arrived *ou* by his lateness; **vous avez du** ~, **vous êtes en** ~ you're late; **vous avez 2 heures de** ~ *ou* **un** ~ **de 2 heures, vous êtes en** ~ **de 2 heures** you're 2 hours late; **ça/il m'a mis en** ~ it/he made me late; **je me suis mis en** ~ I made myself late; *V* **billet**.

(b) [*train etc*] delay. **le train est en** ~ **sur l'horaire** the train is running behind schedule; **léger** ~ **slight delay; un** ~ **de 3 heures est annoncé sur la ligne Paris-Brest** there will be a delay of 3 hours *ou* trains will run 3 hours late on the Paris-Brest line; **le conducteur essayait de combler son** ~ the driver was trying to make up for the delay *ou* for the time he had lost; (*Sport*) **être en** ~ **(de 2 heures/2 km) sur le peloton** to be (2 hours/2 km) behind the pack; (*Sport*) **avoir 2 secondes de** ~ **sur le champion/record** to be 2 seconds slower than *ou* behind the champion/outside the record.

(c) [*montre*] **cette montre a du** ~ this watch is slow; **la pendule prend du** ~ the clock goes slow *ou* loses; **la pendule prend un** ~ **de 3 minutes par jour** the clock loses 3 minutes a day.

(d) (*non-observation des délais*) delay. **si l'on apporte du** ~ **dans l'exécution d'une commande** if one is late *ou* if there is a delay in carrying out an order; **paiement en** ~ (*effectué*) late payment; (*non effectué*) overdue payment, payment overdue; **vous êtes en** ~ **pour les inscriptions** *ou* **pour vous inscrire** you are late (in) registering; **il est toujours en** ~ **sur les autres pour payer ses cotisations** he is always behind the others *ou* later than the others in paying his subscriptions; **payer/livrer qch avec** ~ *ou* **en** ~ to pay/deliver sth late, be late (in) paying/delivering sth; **sans** ~ without delay.

(e) (*sur un programme*) delay. **nous sommes/les recherches sont en** ~ **sur le programme** we are/the research is behind schedule; **j'ai du travail/courrier en** ~ I'm behind *ou* behindhand (*Brit*) with my work/mail, I have a backlog of work/mail; **il avait un** ~ **scolaire considérable** he had fallen well behind his age-group at school; **il doit combler son** ~ **en anglais** he has a lot of ground to make up in English; **j'ai pris du** *ou* **je me suis mis en** ~ **dans mes révisions** I have fallen behind in *ou* I am behindhand (*Brit*) in my revision.

(f) (*infériorité*) [*peuple, pays*] backwardness. **il est en** ~ **pour son âge** he's backward for his age; ~ **de croissance** slow development; **pays qui a 100 ans de** ~ **économique** *ou* **est en** ~ **de 100 ans du point de vue économique** country whose economy is 100 years behind *ou* which is economically 100 years behind; ~ **industriel** industrial backwardness; ~ **mental** backwardness. **être en** ~ **sur son temps** *ou* **siècle** to be behind the times; **il vit avec un siècle de** ~ he's 100 years behind the times, he's living in the last century; (*hum*) **tu es en** ~ **d'un métro*** you must have been asleep!

(g) (*Mus*) retardation.

2 *adj inv* (*Pharm*) **insuline** ~ delayed insulin.

3: (*Aut*) **retard à l'allumage** retarded spark *ou* ignition.

retardataire [R(ə)taRdatɛR] **1** *adj* **arrivant** late; **théorie, méthode** obsolete, outmoded. **2** *nmf* latecomer.

retardateur, -trice [R(ə)taRdatœR, tRis] *adj* (*Sci, Tech*) retarding.

retardé, e [R(ə)taRde] (*ptp de* **retarder**) *adj* (*scolairement*) backward, slow; (*intellectuellement*) retarded, backward. **classe pour** ~s **remedial class.**

retardement [R(ə)taRdəmɑ̃] *nm* **(a)** **à** ~ **engin, torpille** with a timing device; **dispositif** delayed action (*épith*); (*Phot*) **mécanisme** self-timing; (*) **souhaits** belated; *V* **bombe**.

(b) **à** ~ **comprendre, rire, se fâcher** after the event, in retrospect; (*péj*) **il comprend tout à** ~ he's slow on the uptake*; (*péj*) **il rit toujours à** ~ he's always slow in seeing the joke.

retarder [R(ə)taRde] (1) **1** *vt* **(a)** (*mettre en retard sur un horaire*) **arrivant, arrivée** to delay, make late; **personne** *ou* **véhicule en chemin** to delay, hold up. **une visite inattendue m'a retardé** I was delayed by an unexpected visitor; **je ne veux pas vous** ~ I don't want to delay you *ou* make you late; **ne te retarde pas (pour ça)** don't make yourself late for that; **il a été retardé par les grèves** he has been delayed *ou* held up by the strikes.

(b) (*mettre en retard sur un programme*) to hinder, set back; **opération, vendange, chercheur** to delay, hold up. **ça l'a retardé dans sa mission/ses études** this has set him back in *ou* hindered him in his mission/studies, he has been held back in his mission/studies.

(c) (*remettre*) **départ, opération** to delay, put back; **date** to put back. ~ **son départ d'une heure** to put back one's departure by an hour, delay one's departure for an hour.

(d) *montre, réveil* to put back. ~ **l'horloge d'une heure** to put the clock back an hour.
2 *vi* (a) *[montre]* to be slow; (*d'habitude*) to lose. **je retarde (de 10 minutes)** my watch is (10 minutes) slow, I'm (10 minutes) slow.
(b) (*être à un stade antérieur*) ~ **sur son époque** *ou* **temps** *ou* **siècle** to be behind the times.
(c) (*: n'être pas au courant*) **ma voiture? tu retardes, je l'ai vendue il y a 2 ans** my car? you're a bit behind the times* *ou* you're a bit out of touch — I sold it 2 years ago.
retâter [R(ə)tate] (1) **1** *vt pouls, objet etc* to feel again. **2** *vi:* ~ **de** to taste again. **3 se retâter** *vpr* (*après une chute*) to feel o.s. over.
reteindre [R(ə)tɛ̃dR(ə)] (52) *vt* to dye again, redye.
retéléphoner [R(ə)telefɔne] (1) *vi* to phone again, call back. **je lui retéléphonerai demain** I'll phone him again *ou* call him back tomorrow, I'll give him another call tomorrow.
retendre [R(ə)tɑ̃dR(ə)] (41) *vt* (a) *câble* to stretch again, pull taut again; (*Mus*) *cordes* to retighten.
(b) *piège, filets* to reset, set again.
(c) ~ **la main** à qn to stretch out one's hand again to sb.
retenir [RətniR] (22) **1** *vt* (a) (*lit, fig: maintenir*) *personne, objet qui glisse* to hold back; *chien* to hold back, check; *cheval* to rein in, hold back. ~ **qn par le bras** to hold sb back by the arm; **il allait tomber, une branche l'a retenu** he was about to fall but a branch held him back; **le barrage retient l'eau** the barrage holds back the water; ~ **la foule qui se rue vers** ... to hold back the crowd rushing towards ...; **il se serait jeté par la fenêtre si on ne l'avait pas retenu** he would have thrown himself out of the window if he hadn't been held back *ou* stopped; **retenez-moi ou je fais un malheur** hold me back *ou* stop me or I'll do something I'll regret; (*fig*) **une certaine timidité le retenait** a certain shyness held him back; ~ **qn de faire qch** to keep sb from doing sth, stop sb doing sth; **je ne sais pas ce qui me retient de lui dire ce que je pense** I don't know what keeps me from *ou* stops me telling him what I think.
(b) (*garder*) *personne* to keep. ~ **qn à dîner** to have sb stay for dinner, keep sb for dinner; **j'ai été retenu** I was kept back *ou* detained *ou* held up; **il m'a retenu une heure** he kept me for an hour; **si tu veux partir, je ne te retiens pas** if you want to leave, I won't hold you back *ou* keep you; **c'est la maladie de sa femme qui l'a retenu à Brest** it was his wife's illness that kept *ou* detained him in Brest; **son travail le retenait ailleurs** his work kept *ou* detained him elsewhere; **la grippe l'a retenu au lit/à la maison** flu kept him in bed/kept him in *ou* indoors *ou* at home; ~ **qn prisonnier** to hold sb prisoner.
(c) *eau d'infiltration, odeur* to retain; *chaleur* to retain, keep in; *lumière* to reflect. **cette terre retient l'eau** this soil retains water; **le noir retient la chaleur** black retains the heat *ou* keeps in the heat.
(d) (*fixer*) *[clou, nœud etc]* to hold. **c'est un simple clou qui retient le tableau au mur** there's just a nail holding the picture on the wall; **un ruban retenait ses cheveux** a ribbon kept *ou* held her hair in place, her hair was tied up with a ribbon.
(e) ~ **l'attention de qn** to hold sb's attention; **ce détail retient l'attention** this detail holds one's attention; (*frm*) **sa demande a retenu notre attention** his request has been accorded our attention, we have noted his request.
(f) (*réserver, louer*) *chambre, place, table* to book, reserve; *domestique* to engage.
(g) (*se souvenir de*) *leçon, nom, donnée* to remember; *impression* to retain. **je n'ai pas retenu son nom/la date** I can't remember his name/the date; **je retiens de cette aventure qu'il est plus prudent de bien s'équiper** I've learnt from this adventure that it's wiser to be properly equipped; **j'en retiens qu'il est pingre et borné, c'est tout** the only thing that stands out *ou* that sticks in my mind is that he's stingy and narrow-minded; **un nom qu'on retient** a name that stays in your mind, a name you remember; **retenez bien ce qu'on vous a dit** don't forget *ou* make sure you remember what you were told; (*fig*) **celui-là, je le retiens!*** I'll remember him all right!, I won't forget him in a hurry!
(h) (*contenir, réprimer*) *larmes, cri* to hold back *ou* in, suppress; *colère* to hold back, restrain, suppress. ~ **son souffle** *ou* **sa respiration** to hold one's breath; **il ne put** ~ **un sourire/un rire** he could not hold back *ou* suppress a smile/a laugh, he could not help smiling/laughing; **il retint les mots qui lui venaient à la bouche** he bit back (*Brit*) *ou* held back the words that came to him.
(i) (*Math*) to carry. **je pose 4 et je retiens 2** 4 down and 2 to carry, put down 4 and carry 2.
(j) (*garder*) *salaire* to stop, withhold; *possessions, bagages d'un client* to retain.
(k) (*retrancher, prélever*) to deduct, keep back. **il nous retiennent 100 F (sur notre salaire) pour les assurances** they deduct 100 francs (from our wages) for insurance; ~ **une certaine somme pour la retraite** to keep back a certain sum for retirement; ~ **les impôts à la base** to deduct taxes at source.
(l) (*accepter*) *proposition, plan* to accept; *nom, candidature* to retain, accept. (*Jur*) **le jury a retenu la préméditation** the jury accepted the charge of premeditation; **c'est notre projet qui a été retenu** it's our project that has been accepted.
2 se retenir *vpr* (a) (*s'accrocher*) to hold o.s. back. **se** ~ **pour ne pas glisser** to stop o.s. sliding; **se** ~ **à** to hold on to.
(b) (*se contenir*) to restrain o.s.; (*s'abstenir*) to stop o.s. (*de faire* doing); (*besoins naturels*) to hold on. **se** ~ **pour ne pas pleurer** *ou* **de pleurer** to stop o.s. crying; **malgré sa colère, il essaya de se** ~ despite his anger, he tried to restrain *ou* contain himself; **il se retint de lui faire remarquer que** ... he refrained from pointing out to him that ...
retenter [R(ə)tɑ̃te] (1) *vt* to try again, make another attempt at, have another go at; *saut, épreuve* to try again; *opération, action* to

reattempt. ~ **sa chance** to try one's luck again; ~ **de faire qch** to try to do sth again.
rétenteur, -trice [Retɑ̃tœR, tRis] *adj muscle* retaining.
rétention [Retɑ̃sjɔ̃] *nf (Jur, Méd)* retention. (*Méd*) ~ **d'eau/d'urine** retention of water/urine.
retentir [R(ə)tɑ̃tiR] (2) *vi* (a) *[sonnerie]* to ring; *[cris, bruit métallique]* to ring out. **ces mots retentissent encore à mes oreilles** those words are still ringing *ou* echoing in my ears.
(b) ~ **de** (*résonner de*) to ring *ou* resound with, be full of the sound of.
(c) (*affecter*) ~ **sur** to have an effect upon, affect.
retentissant, e [R(ə)tɑ̃tisɑ̃, ɑ̃t] *adj* (a) (*fort, sonore*) *voix, son* ringing (*épith*); *choc, claque, bruit* resounding (*épith*). (b) (*frappant, éclatant*) *succès* resounding (*épith*); *scandale* tremendous; *déclaration, discours* which causes a great stir, sensational.
retentissement [R(ə)tɑ̃tismɑ̃] *nm* (a) (*répercussion*) repercussion, (after-)effect. **les** ~**s de l'affaire** the repercussions of the affair.
(b) (*éclat*) stir, effect. **cette nouvelle eut un grand** ~ **dans l'opinion** this piece of news created a considerable stir in public opinion; **son œuvre fut sans grand** ~ his work went virtually unnoticed *ou* caused little stir.
(c) (*littér*) *[son]* ringing.
retenu, e¹ [Rətny] (*ptp de retenir*) *adj* (*littér: discret*) *grâce, charme* reserved, restrained.
retenue² [Rətny] *nf* (a) (*prélèvement*) deduction, stoppage* (*Brit*). **opérer une** ~ **(de 10%) sur un salaire** to deduct (10%) from a salary; ~ **pour la retraite/la Sécurité sociale** deductions *ou* stoppages* (*Brit*) for a pension scheme/ ≃ National Insurance (*Brit*) *ou* Social Security (*US*); **système de** ~ **à la source** *system of deducting income tax at source,* ≃ pay-as-you-earn system (*Brit*).
(b) (*modération*) self-control, (self-)restraint; (*réserve*) reserve, reticence. **avoir de la** ~ to be reserved; (*rire*) **sans** ~ (to laugh) without restraint *ou* unrestrainedly; **il n'a aucune** ~ **dans ses propos** he shows no restraint in his speech.
(c) (*Math*) **n'oublie pas la** ~ don't forget what to carry (over).
(d) (*Scol*) detention. **être en** ~ to be in detention, be kept in; **il a eu 2 heures de** ~ he got 2 hours' detention, he was kept in for 2 hours (after school).
(e) (*Tech*) *[barrage]* **barrage à faible** ~ low-volume dam; **bassin de** ~ balancing *ou* compensating reservoir.
rétiaire [ResjɛR] *nm (Antiq)* retiarius.
réticence [Retisɑ̃s] *nf* (a) (*hésitation*) hesitation, reluctance (*U*), reservation. **avec** ~ reluctantly, with some reservation *ou* hesitation; **sans** ~ without (any) hesitation *ou* reservation(s).
(b) (*littér: omission*) omission, reticence (*U*). **parler sans** ~ to speak openly, conceal nothing.
réticent, e [Retisɑ̃, ɑ̃t] *adj* (a) (*hésitant*) hesitant, reluctant. **se montrer** ~ to be hesitant *ou* reluctant (*pour faire* to do). (b) (*réservé*) reticent, reserved.
réticule [Retikyl] *nm (Opt)* reticle; (*sac*) reticule.
réticulé, e [Retikyle] *adj (Anat, Géol)* reticulate; (*Archit*) reticulated.
rétif, -ive [Retif, iv] *adj animal* stubborn; *personne* rebellious, restive.
rétine [Retin] *nf* retina.
rétinien, -ienne [Retinjɛ̃, jɛn] *adj* retinal.
retirage [R(ə)tiRaʒ] *nm (Typ)* reprint.
retiré, e [R(ə)tiRe] (*ptp de retirer*) *adj* (a) (*solitaire*) *lieu* remote, out-of-the-way; *vie* secluded. **ils habitent un endroit** ~ they live in a remote *ou* an out-of-the-way place; **vivre une vie** ~**e** to live in isolation *ou* seclusion, lead a secluded *ou* sequestered (*littér*) life; **il vivait** ~ **du reste du monde** he lived withdrawn *ou* cut off from the rest of the world.
(b) (*en retraite*) retired. ~ **des affaires** retired from business.
retirer [R(ə)tiRe] (1) **1** *vt* (a) (*lit, fig: enlever*) *gants, manteau, lunettes* to take off, remove. ~ **son collier au chien** to take the dog's collar off, remove the dog's collar; **retire-lui ses chaussures** take his shoes off (for him); **retire-lui ce couteau des mains** (il va se blesser) take that knife (away) from him (he's going to hurt himself); ~ **à qn son emploi** to take sb's job away (from him), deprive sb of his job; ~ **son permis (de conduire) à qn** to take away *ou* revoke sb's (driving) licence, disqualify sb from driving; ~ **une pièce de l'affiche** to take off *ou* close a play; **on lui a retiré la garde des enfants** he had the care of the children taken away from him, he was deprived of the care of the children; ~ **à qn sa confiance** to withdraw one's confidence in sb; **il m'a retiré son amitié** he has deprived me of his friendship; ~ **à qn ses privilèges** to withdraw sb's privileges; ~ **la parole à qn** to take the floor from sb (*US*), make sb stand down (*Brit*).
(b) (*faire sortir*) to take out, remove (*de* from). ~ **un bouchon** to pull out *ou* take out *ou* remove a cork; ~ **un noyé de l'eau/qn de dessous les décombres** to pull a drowning man out of the water/sb out of *ou* out from under the rubble; ~ **un plat du four/les bagages du coffre** to take a dish out of the oven/the luggage out of the boot; **ils ont retiré leur fils du lycée** they have taken their son away from *ou* removed their son from the school; **je ne peux pas** ~ **la clef de la serrure** I can't get the key out of the lock; ~ **un flan d'un moule** to turn a flan out of a mould; **retire les mains de tes poches** take your hands out of your pockets; (*fig*) **on lui retirera difficilement de l'idée** *ou* **de la tête qu'il est menacé*** we'll have difficulty *ou* a job convincing him that he's not being threatened.
(c) (*reprendre possession de*) *bagages, billets réservés* to collect, pick up; *argent en dépôt* to withdraw, take out; *gage* to redeem. **où peut-on** ~ **ses bagages?** where can we collect *ou* pick up our luggage?; **vous pouvez** ~ **vos billets dès demain** you can collect *ou* pick up your tickets as from tomorrow; ~ **de l'argent (de la**

banque) to withdraw money (from the bank), take money out (of the bank); (*Comm*) **votre commande est prête à être retirée** your order is now awaiting collection *ou* ready for collection.

(d) (*ramener en arrière*) to take away, remove, withdraw. ~ **sa tête/sa main (pour éviter un coup)** to remove *ou* withdraw one's head/hand (to avoid being hit); **il retira prestement sa main** he whisked *ou* snatched his hand away.

(e) (*annuler*) *candidature* to withdraw; *plainte, accusation* to withdraw, take back. **je retire ce que j'ai dit** I take back what I said; (*Pol*) ~ **sa candidature** to stand down (*Brit*), withdraw one's candidature.

(f) (*obtenir*) ~ **des avantages de qch** to get *ou* gain *ou* derive advantages from sth; **les avantages/bénéfices qu'on en retire** the benefits/profits to be had *ou* gained from it; **il en a retiré un grand profit** he profited *ou* gained greatly by it; **il n'en a retiré que des ennuis** he only got worry out of it, he got nothing but worry from it; **tout ce qu'il en a retiré, c'est** ... the only thing he has got out of it is ... , all he has gained is ... .

(g) (*extraire*) *minerai, extrait, huile* to obtain. **une substance dont on retire une huile précieuse** a substance from which a valuable oil is obtained.

2 se retirer *vpr* **(a)** (*partir*) to retire, withdraw; (*aller se coucher*) to retire (to bed); (*prendre sa retraite*) to retire; (*retirer sa candidature*) to withdraw, stand down (*Brit*) (*en faveur de* in favour of). **se ~ discrètement** to withdraw discreetly; **ils se sont retirés dans un coin pour discuter affaires** they withdrew *ou* retired to a corner to talk (about) business; **se ~ dans sa chambre** to withdraw *ou* retire *ou* go to one's room; (*fig*) **se ~ dans sa tour d'ivoire** to take refuge *ou* lock o.s. up in one's ivory tower; **ils ont décidé de se ~ à la campagne** they've decided to retire to the country; **elle s'est retirée dans un couvent** she retired *ou* withdrew to a convent.

(b) (*reculer*) (*pour laisser passer qn, éviter un coup etc*) to move out of the way; (*Mil*) [*troupes*] to withdraw; [*mer, marée*] to recede, go back, ebb; [*eaux d'inondation*] to recede, go down; [*glacier*] to recede. **retire-toi d'ici** *ou* **de là, tu me gênes** mind *ou* get out of the way — you're bothering me, stand *ou* move back a bit — you're in my way.

(c) (*quitter*) **se ~ de** to withdraw from; **se ~ des affaires** to retire from business; **se ~ d'une compétition** to withdraw from a competition; **se ~ du monde** to withdraw from society; **se ~ de la partie** to drop out.

retombée [R(ə)tɔ̃be] *nf* **(a)** ~s (**radioactives** *ou* **atomiques**) (radioactive) fallout (*U*). **(b)** (*fig: gén pl*) (*répercussions*) consequences, effects; [*invention etc*] spin-off. **(c)** (*Archit*) spring, springing.

retomber [R(ə)tɔ̃be] (1) *vi* **(a)** (*faire une nouvelle chute*) to fall again. **le lendemain, il est retombé dans la piscine** the next day he fell into the swimming pool again; (*fig*) ~ **dans la misère** to fall on hard times again; ~ **sous le joug de qn** to come under sb's yoke again; ~ **dans le découragement** to lose heart again; ~ **dans l'erreur/le péché** to fall back *ou* lapse into error/sin; **son roman est retombé dans l'oubli** his novel has sunk back *ou* lapsed into oblivion; **le pays retomba dans la guerre civile** the country lapsed into civil war again; **je vais retomber dans l'ennui** I shall start being bored again, boredom is going to set in again; **la conversation retomba sur le même sujet** the conversation turned once again *ou* came round again to the same subject.

(b) (*redevenir*) ~ **amoureux/malade** to fall in love/fall ill again; **ils sont retombés d'accord** they reached agreement again.

(c) [*pluie, neige*] to fall again, come down again. **la neige retombait de plus belle** the snow came down again *ou* was falling again still more heavily.

(d) (*tomber après s'être élevé*) [*personne*] to land; [*chose lancée, liquide*] to come down; [*abattant, capot, herse*] to fall back down; [*fusée, missile*] to land, come back to earth; (*fig*) [*conversation*] to fall away, die; (*fig*) [*intérêt*] to fall away, fall off. **il est retombé lourdement (sur le dos)** he landed heavily (on his back); **elle saute bien mais elle ne sait pas ~** she can jump well but she doesn't know how to land; **le chat retombe toujours sur ses pattes** cats always land on their feet; (*fig*) **il retombera toujours sur ses pattes** *ou* **pieds** he'll always land *ou* fall on his feet; **les nuages retombent en pluie** the clouds come down *ou* fall again as rain; **l'eau retombait en cascades** the water fell back in cascades; (*fig*) **après quelques leçons, l'intérêt retombait** after a few lessons interest was falling away *ou* falling off; (*fig*) **ça lui est retombé sur le nez** that's rebounded on him; **le brouillard est retombé en fin de matinée** the fog fell again *ou* came down again *ou* closed in again towards lunchtime; **laisser ~ le couvercle d'un bureau avec bruit** to let a desk lid fall back noisily; **se laisser ~ sur son oreiller** to fall back *ou* sink back onto one's pillow; (*Sport*) **laissez ~ les bras** let your arms drop *ou* fall (by your sides).

(e) (*pendre*) [*cheveux, rideaux*] to fall, hang (down). **de petites boucles blondes retombaient sur son front** little blond curls tumbled *ou* fell onto her forehead.

(f) (*fig: échoir à*) **le péché du père retombera sur la tête des enfants** the sin of the father will fall on the heads of the children, the sins of the fathers will be visited on the sons; **la responsabilité retombera toi** the responsibility will fall *ou* land* on you; **les frais retombèrent sur nous** we were landed* *ou* saddled with the expense; **faire ~ sur qn la responsabilité de qch/les frais de qch** to pass the responsibility for sth/the cost of sth on to sb, land* sb with the responsibility for sth/the cost of sth.

(g) (*loc*) **Noël retombe un samedi** Christmas falls on a Saturday again; **retomber en enfance** to lapse into second childhood; **je suis retombé sur lui le lendemain, au même endroit** I came across him again the next day in the same place; **ils nous sont**

retombés dessus le lendemain they landed* on us again the next day.

retordre [R(ə)tɔRdR(ə)] (41) *vt* **(a)** (*Tech*) *câbles, fils* to twist again; *V* **fil. (b)** *linge* to wring (out) again; *fil de fer* to rewind.

rétorquer [RetɔRke] (1) *vt* to retort.

retors, e [RətɔR, ɔRs(ə)] *adj* (*rusé*) sly, wily, underhand.

rétorsion [RetɔRsjɔ̃] *nf* (*frm, Jur, Pol*) retortion, retaliation. **user de ~ envers un état** to retaliate *ou* use retortion against a state; *V* **mesure.**

retouchable [R(ə)tuʃabl(ə)] *adj* *photo* which can be touched up; *vêtement* which can be altered.

retouche [R(ə)tuʃ] *nf* [*photo, peinture*] touching up (*U*); [*texte, vêtement*] alteration. **faire une ~ à une photo** to touch up a photograph; **faire une ~** (*à une photo*) to do some touching up; (*à un vêtement*) to make an alteration.

retoucher [R(ə)tuʃe] (1) **1** *vt* (*a*) (*améliorer*) *photo, peinture* to touch up, retouch; *vêtement, texte* to alter, make alterations to. **il faudra ~ cette veste au col** this jacket will have to be altered at the neck; **on voit tout de suite que cette photo est retouchée** you can see straight away that this photo has been touched up.

(b) (*toucher de nouveau*) to touch again; (*blesser de nouveau*) to hit again.

2 *vi* : ~ **à qch** to touch sth again; **s'il retouche à ma sœur, gare à lui!** if he lays hands on *ou* touches my sister again he'd better look out!

retoucheur, -euse [R(ə)tuʃœR, øz] *nm,f*. ~ (**en confection**) dressmaker in charge of alterations; ~ **photographe** retoucher.

retour [R(ə)tuR] **1** *nm* **(a)** (*fait d'être revenu*) (*gén*) return; (*à la maison*) homecoming, return home; (*chemin, trajet*) return (journey), way back, journey back; (*billet*) return (ticket). **il fallait déjà penser au ~** it was already time to think about going back *ou* about the return journey; **être sur le (chemin du) ~** to be on one's way back; **pendant le ~** on the way back, during the return journey, on the journey back; **elle n'a pas assez pour payer son ~** she hasn't enough to pay for her return journey; **(être) de ~ (de)** (to be) back (from); **à votre ~, écrivez-nous** write to us when you are *ou* get back; **à leur ~, ils trouvèrent la maison vide** when they got back *ou* on their return, they found the house empty; **de ~ à la maison** back home; **au ~ de notre voyage** when we got back from our journey, arriving back from our journey; (**à son**) ~ **d'Afrique/du service militaire** on his return *ou* on returning from Africa/military service; *V* **cheval.**

(b) (*à un état antérieur*) ~ **à** return to; **le ~ à une vie normale** the return *ou* reversion to (a) normal life; ~ **à la nature/à la terre** return to nature/the land; ~ **aux sources** (*gén: aux origines*) return to basics; (*à la nature*) return to the basic *ou* simple life; (*à son village natal*) return to one's roots; ~ **au calme/à l'Antiquité** return to a state of calm/to Antiquity; **son ~ à la politique** his return to politics.

(c) (*réapparition*) return; (*répétition régulière*) [*thème, motif, cadence*] recurrence. **le ~ du printemps/de la paix** the return of spring/peace; **on prévoit un ~ du froid** a return of the cold weather is forecast; **un ~ offensif de la grippe** a renewed outbreak of flu.

(d) (*Comm, Poste*) [*emballage, récipient*] return; [*objets invendus*] return. ~ **à l'envoyeur** *ou* **à l'expéditeur** return to sender; **avec faculté de ~** on approval, on sale or return; (*Fin*) **clause de ~** no protest clause.

(e) (*Jur*) reversion. (**droit de**) ~ reversion.

(f) (*littér*) (*changement d'avis*) change of heart. (*revirements*) ~s reversals; **les ~s de la fortune** the turns of fortune; **un ~ soudain dans l'opinion publique** a sudden turnabout in public opinion.

(g) (*Tech*) [*pièce mobile, chariot de machine*] return. **le ~ du chariot est automatique** the carriage return is automatic.

(h) (*Élec*) ~ **à la terre** *ou* **à la masse** earth (*Brit*) *ou* ground (*US*) return.

(i) (*Tennis*) return. ~ **de service** return of service *ou* serve.

(j) (*loc*) **en ~** in return; **choc** *ou* **effet en ~** backlash; **bâtiment en ~ (d'équerre)** building constructed at right angles; (*péj*) **être sur le ~*** to be over the hill*, be a bit past it* (*Brit*); **faire ~ à** to revert to; **par un juste ~ des choses, il a été cette fois récompensé** events went his way *ou* fate was fair to him this time and he got his just reward; **par ~ (du courrier)** by return (of post); **sans ~** irredeemably, irrevocably, for ever; **voyage sans ~** journey from which there is no return; ~ **sur soi-même** soul-searching (*U*); **faire un ~ sur soi-même** to take stock of o.s., do some soul-searching; *V* **payer.**

2: retour d'âge change of life; **retour en arrière** (*Littérat*) flashback; (*souvenir*) look back; (*mesure rétrograde*) retreat; **faire un ~ en arrière** to take a look back, look back; (*Ciné*) to flash back; **retour de bâton** kickback; (*Philos*) **retour éternel** eternal recurrence; (*Tech*) **retour de flamme** backfire; **retour en force** return in strength; **retour de manivelle** (*lit*) backfire, kick; (*fig*) **il y aura un retour de manivelle** it'll backfire (on them); **retour offensif** renewed attack.

retournement [R(ə)tuRnəmã] *nm* [*situation, opinion publique*] reversal (*de* of), turnaround (*de* in).

retourner [R(ə)tuRne] (1) **1** *vt* (*avec aux avoir*) **(a)** (*mettre dans l'autre sens*) *seau, caisse* to turn upside down; *matelas* to turn (over); *carte* to turn up *ou* over; (*Culin*) *viande, poisson, omelette* to turn over; *crêpe* (*avec une spatule*) to turn over; (*en lançant*) to toss. ~ **un tableau/une carte contre le mur** to turn a picture *ou* a map against the wall; (*fig*) **elle l'a retourné (comme une crêpe** *ou* **un gant)*** she soon changed his mind for him; ~ **la situation** to reverse the situation, turn the situation round.

(b) (*en remuant, secouant*) *sol, terre* to turn over; *salade* to toss. ~ **le foin** to toss (the) hay, turn (over) the hay.

(c) (*mettre l'intérieur à l'extérieur*) *sac, vêtement, parapluie* to turn inside out; (*Couture*) *vêtement, col* to turn. (*fig*) ~ **sa veste** to turn one's coat; ~ **ses poches pour trouver qch** to turn one's pockets inside out *ou* turn out one's pockets to find sth; **son col/ revers est retourné** (*par mégarde*) his collar/lapel is turned up.

(d) (*orienter dans le sens opposé*) *mot, phrase* to turn round. ~ **un** argument contre qn to turn an argument back on sb *ou* against sb; ~ **contre l'ennemi ses propres armes** to turn the enemy's own weapons on him; **il retourna le pistolet contre lui-même** he turned the gun on himself; **on pourrait vous** ~ **votre compliment/votre critique** one might return the compliment/your criticism.

(e) (*renvoyer*) *marchandise, lettre* to return, send back.

(f) (*fig**: *bouleverser*) *pièce, maison* to turn upside down; *personne* to shake. **il a tout retourné dans la maison pour retrouver ce livre** he turned the whole house upside down to find that book; **la nouvelle l'a complètement retourné** the news has severely shaken him; (*fig*) **ce spectacle m'a retourné*** the sight of this shook me *ou* gave me quite a turn*.

(g) (*tourner plusieurs fois*) ~ **une pensée/une idée dans sa tête** to turn a thought/an idea over (and over) in one's mind; (*fig*) ~ **le couteau** *ou* **le poignard dans la plaie** to twist the knife in the wound; *V* **tourner**.

2 *vi* (*avec aux être*) **(a)** (*aller à nouveau*) to return, go back. ~ **en Italie/à la mer** to return *ou* go back to Italy/the seaside; **je devrai** ~ **chez le médecin** I'll have to go back to the doctor's; ~ **en arrière** *ou* **sur ses pas** to turn back, retrace one's steps; **il retourna demain à son travail/à l'école** he's going back to work/school tomorrow; (*rentrer*) **elle est retournée chez elle chercher son parapluie** she went back home to get her umbrella.

(b) (*à un état antérieur*) ~ **à** to return to, go back to; ~ **à la vie sauvage** to revert *ou* go back to the wild state; ~ **à Dieu** to return to God; **il est retourné à son ancien métier/à la physique** he has gone back to his old job/to physics.

3 *vb impers*: **nous voudrions bien savoir de quoi il retourne** we should really like to know what is going on *ou* what it's all about.

4 se retourner *vpr* **(a)** [*personne couchée*] to turn over; [*véhicule, automobiliste*] to turn over, overturn. **se** ~ **sur le dos/le ventre** to turn (over) onto one's back/stomach; **se** ~ **dans son lit toute la nuit** to toss and turn all night in bed; (*hum*) **il doit se** ~ **dans sa tombe!** he must be turning in his grave! (*hum*); **la voiture s'est retournée** *ou* **ils se sont retournés (dans un fossé)** the car *ou* they overturned (into a ditch); (*fig*) **laissez-lui le temps de se** ~ give him time to sort himself out *ou* turn himself round *ou* to find his feet; (*fig*) **il sait se** ~ he knows how to cope.

(b) (*tourner la tête*) to turn round. **partir sans se** ~ to leave without looking back *ou* without a backward glance; **tout le monde se retournait sur son passage** everyone turned round as he went by.

(c) (*fig*) [*situation*] to be reversed, be turned round. **se** ~ **contre** qn [*personne*] to turn against sb; [*acte, situation*] to backfire on sb, rebound on sb; (*Jur*: *poursuivre*) to take (court) action *ou* proceedings against sb; **il ne savait vers qui se** ~ he didn't know who to turn to.

(d) (*tordre*) *pouce* to wrench, twist.

(e) (*littér*) **s'en** ~ (*cheminer*) to journey back; (*partir*) to depart, leave; (*fig*) **il s'en retourna comme il était venu** he left as he had come; **s'en** ~ **dans son pays (natal)** to return to one's native country.

retracer [R(ə)tRase] (3) *vt* **(a)** (*raconter*) *vie, histoire* to relate, recount. **(b)** (*tracer à nouveau*) *trait effacé* to redraw, draw again.

rétractable [RetRaktabl(ə)] *adj* (*Jur*) revocable.

rétractation [RetRaktasjɔ̃] *nf* [*témoignage, aveux, promesse*] retraction, withdrawal.

rétracter [RetRakte] (1) **1** *vt* **(a)** (*contracter, rentrer*) *corne, griffe* to draw in, retract. **(b)** (*littér: revenir sur*) *parole, opinion* to retract, withdraw, take back.

2 se rétracter *vpr* **(a)** (*se retirer*) [*griffe, antenne*] to retract. (*fig littér*) **au moindre reproche, elle se rétractait** she would shrink at the slightest reproach. **(b)** (*se dédire*) (*Jur*) to retract, withdraw one's statement. **je ne veux pas avoir l'air de me** ~ I don't want to appear to back down.

rétractile [RetRaktil] *adj* retractile.

rétraction [RetRaksjɔ̃] *nf* retraction.

retraduction [R(ə)tRadyksjɔ̃] *nf* (*V* **retraduire**) retranslation; back translation.

retraduire [R(ə)tRadɥiR] (38) *vt* (*traduire de nouveau*) to translate again; (*traduire dans la langue de départ*) to translate back.

retrait [R(ə)tRε] *nm* **(a)** (*départ*) [*mer*] ebb; [*eaux, glacier*] retreat; [*troupes, candidat*] withdrawal.

(b) (*fait de retirer*) [*somme d'argent*] withdrawal; [*bagages*] collection; [*objet en gage*] redemption. **le** ~ **des bagages peut se faire à toute heure** luggage may be collected at all times.

(c) (*fait d'ôter*) [*candidature*] withdrawal. ~ **du permis (de conduire)** disqualification from driving, driving ban, revocation of a driving licence; (*Admin*) ~ **d'emploi** deprivation of office.

(d) (*rétrécissement*) [*ciment*] shrinkage, contraction; [*tissu*] shrinkage. **il y a du** ~ there's some shrinkage.

(e) en ~: **situé en** ~ set back; **se tenant en** ~ standing back; **en** ~ **de set back from; une petite maison, un peu en** ~ **de la route** a little house, set back a bit from the road; (*fig*) **rester en** ~ to stand aside; **des propositions en** ~ **sur les précédentes** offers which represent a retreat from the previous position *ou* which do not go as far as the earlier ones.

retraite [R(ə)tRεt] **1** *nf* **(a)** (*Mil: déroute, fuite*) retreat. **battre/ sonner la** ~ to beat/sound the retreat; *V* **battre**.

(b) (*cessation de travail*) retirement. **être en** *ou* **à la** ~ to be retired *ou* in retirement; **en** ~ retired; **travailleur en** ~ retired worker, pensioner; **mettre qn à la** ~ to pension sb off, superannuate sb; **mise à la** ~ retirement; **mettre qn à la** ~ **d'office** to make sb take compulsory retirement; **mise à la** ~ **d'office** compulsory retirement; **prendre sa** ~ to retire, go into retirement; **prendre une** ~ **anticipée** to retire early, take early retirement; **pour lui, c'est la** ~ **forcée** he has had retirement forced on him, he has had to retire early.

(c) (*pension*) pension. **toucher** *ou* **percevoir une petite** ~ to receive *ou* draw a small pension; *V* **caisse, maison**.

(d) (*littér: refuge*) [*poète, amants*] retreat, refuge; [*ours, loup*] lair; [*voleurs*] hideout, hiding place.

(e) (*Rel: récollection*) retreat. **faire** *ou* **suivre une** ~ to be in retreat, go into retreat.

2: **retraite des cadres** management pension; **retraite complémentaire** supplementary pension; (*Mil*) **retraite aux flambeaux** torchlight procession; **retraite des vieux** (old age) pension; **retraite des vieux travailleurs** retirement pension.

retraité, e [R(ə)tRete] **1** *adj* **(a)** *personne* retired. **(b)** *déchets* reprocessed. **2** *nm, f* (old age) pensioner.

retraitement [R(ə)tRεtmɑ̃] *nm* reprocessing. **usine de** ~ **des déchets nucléaires** nuclear reprocessing plant.

retraiter [R(ə)tRεte] (1) *vt* to reprocess.

retranchement [R(ə)tRɑ̃ʃmɑ̃] *nm* (*Mil*) entrenchment, retrenchment. (*fig*) **poursuivre** *ou* **pourchasser qn jusque dans ses derniers** ~**s** to drive *ou* hound sb into a corner.

retrancher [R(ə)tRɑ̃ʃe] (1) **1** *vt* **(a)** (*enlever*) *quantité, somme* to take away, subtract (*de* from); *somme d'argent* to deduct, dock, take off; *passage, mot* to take out, remove, omit (*de* from). ~ **10 de 15** to take 10 (away) from 15, subtract 10 from 15; ~ **une somme d'un salaire** to deduct *ou* dock a sum from a salary, take a sum out of a salary; **si l'on retranche ceux qui n'ont pas de licence** if you leave out *ou* omit the non-graduates; (*hum*) **ils étaient décidés à me** ~ **du monde des vivants** they were set on removing me from the land of the living.

(b) (*littér: couper*) *chair gangrenée* to remove, cut off; *organe malade* to remove, cut out.

(c) (*littér: séparer*) to cut off. **son argent le retranchait des autres** his money cut him off from other people.

(d) (†: *Mil: fortifier*) to entrench.

2 se retrancher *vpr* **(a)** (*Mil: se fortifier*) **se** ~ **derrière/dans** to entrench o.s. behind/in; **se** ~ **sur une position** to entrench o.s. in a position.

(b) (*fig*) **se** ~ **dans son mutisme** to take refuge in silence; **se** ~ **dans sa douleur** to draw back into one's pain, shut o.s. off with one's pain; **se** ~ **derrière la loi/le secret professionnel** to take refuge behind *ou* hide behind the law/professional secrecy.

retranscription [R(ə)tRɑ̃skRipsjɔ̃] *nf* retranscription.

retranscrire [R(ə)tRɑ̃skRiR] (39) *vt* to retranscribe.

retransmetteur [R(ə)tRɑ̃smεtœR] *nm* relay station.

retransmettre [R(ə)tRɑ̃smεtR(ə)] (56) *vt match, émission, concert* (*Rad*) to broadcast, relay; (*TV*) to show, broadcast, relay. ~ **en différé** to broadcast a recording of; (*TV*) to show *ou* broadcast a recording of; ~ **en direct** to relay *ou* broadcast live; (*TV*) to show *ou* broadcast live.

retransmission [R(ə)tRɑ̃smisjɔ̃] *nf* (*V* **retransmettre**) broadcast; showing. ~ **en direct/différé** live/recorded broadcast; live/ recorded showing; **la** ~ **du match aura lieu à 23 heures** the match will be shown at 11 p.m.

retravailler [R(ə)tRavaje] (1) **1** *vi* **(a)** (*recommencer le travail*) to start work again. **il retravaille depuis le mois dernier** he has been back at work since last month.

(b) (*se remettre à*) ~ **à qch** to start work on sth again, work at sth again.

2 *vt question* to give (some) more thought to; *discours, ouvrage* to work on again; *argile* to work again; *minerai* to reprocess.

retraverser [R(ə)tRavεRse] (1) *vt* (*de nouveau*) to recross; (*dans l'autre sens*) to cross back over.

rétréci, e [RetResi] (*ptp de* **rétrécir**) *adj tricot, vêtement* shrunk, shrunken; *pupille* contracted; (*péj*) *esprit* narrow. (*Aut*) '**chaussée** ~**e**' 'road narrows'; (*Comm, Tex*) ~ (**à la coupe**) preshrunk.

rétrécir [RetResiR] (2) **1** *vt vêtement* to take in; *tissu* to shrink; *pupille* to contract; *rue, conduit, orifice* to narrow, make narrower; *bague* to tighten, make smaller; (*fig*) *esprit* to narrow.

2 *vi* **(a)** [*laine, tissu*] to shrink; [*pupilles*] to contract; [*rue, vallée*] to narrow, become *ou* get narrower; [*esprit*] to grow narrow; [*cercle d'amis*] to grow smaller, dwindle.

(b) faire ~ *tissu* to shrink.

3 se rétrécir *vpr* = **2a**.

rétrécissement [RetResismɑ̃] *nm* **(a)** (*le fait de se rétrécir*) [*tricot, laine*] shrinkage; [*pupille*] contraction; [*rue, vallée*] narrowing.

(b) (*le fait de rétrécir*) [*tissu*] shrinking; [*vêtement*] taking in; [*conduit*] narrowing.

(c) (*Méd*) [*rectum, aorte*] stricture.

retrempe [R(ə)tRɑ̃p] *nf* [*acier*] requenching.

retremper [R(ə)tRɑ̃pe] (1) **1** *vt* **(a)** (*Tech*) *acier* to requench. (*fig*) ~ **son courage aux dangers du front** to try *ou* test one's courage again in the dangers at the front.

(b) (*réimprégner*) to resoak.

2 se retremper *vpr* [*baigneur*] to go back into the water. (*fig*) **se** ~ **dans l'ambiance familiale** to reimmerse o.s. in the family atmosphere.

rétribuer [RetRibɥe] (1) *vt ouvrier* to pay. ~ **le travail/les services de qn** to pay sb for his work/his services.

rétribution [RetRibysjɔ̃] *nf* (*paiement*) payment, remuneration (*U*); (*littér: récompense*) reward, recompense (*de* for).

retriever [REtRiːvœR] *nm* retriever.
rétro¹ [REtRO] *nm* **(a)** *abrév de* **rétroviseur. (b)** (*Billard*) screw-back stroke.
rétro² [REtRO] **1** *adj inv*: **la mode/le style** ~ the pre-1940s fashions/style; **robe** ~ pre-1940s style dress. **2** *nm*: **le** ~ the pre-1940s style.
rétroactif, -ive [REtRoaktif, iv] *adj effet, action, mesure* retrospective; (*Jur*) retroactive. (*Admin*) **mesure/augmentation avec effet** ~ backdated measure/pay rise; **la loi est entrée en vigueur avec effet** ~ **à compter du 1er octobre** the law came into force, retroactive to October 1st.
rétroaction [REtRoaksjɔ̃] *nf* retrospective effect.
rétroactivement [REtRoaktivmɑ̃] *adv* (*gén*) retrospectively, in retrospect; (*Jur*) retroactively.
rétroactivité [REtRoaktivite] *nf* retroactivity; *V* **non**.
rétrocéder [REtROsede] (6) *vt* (*Jur*) to retrocede, cede back.
rétrocession [REtROsesjɔ̃] *nf* (*Jur*) retrocession, retrocedence.
rétroflexe [REtROflɛks] *adj* retroflex.
rétrofusée [REtROfyze] *nf* retrorocket.
rétrogradation [REtROgRadasjɔ̃] *nf* (*littér: régression*) regression, retrogression; (*Admin*) [*officier*] demotion; [*fonctionnaire*] demotion, downgrading; (*Astron*) retrogradation.
rétrograde [REtROgRad] *adj* **(a)** (*péj: arriéré*) *esprit* reactionary; *mesures, idées, politique* retrograde, reactionary. **(b)** (*de recul*) *mouvement, sens* backward, retrograde; (*Littérat*) *vers, rimes* palindromic; (*Astron*) retrograde. (*Billard*) **effet** ~ screw-back stroke.
rétrograder [REtROgRade] (1) **1** *vi* **(a)** (*Aut*) to change down. ~ **de troisième en seconde** to change down from third to second. **(b)** (*régresser*) (*dans une hiérarchie*) to regress, move down; (*contre le progrès*) to go backward, regress; (*perdre son avance*) to fall back; (*reculer*) to move back. **(c)** (*Astron*) to retrograde. **2** *vt officier* to demote, reduce in rank; *fonctionnaire* to demote, downgrade.
rétropédalage [REtROpedalaʒ] *nm* back-pedalling (*lit*).
rétroprojecteur [REtROpROʒɛktœR] *nm* overhead projector.
rétropropulsion [REtROpROpylsjɔ̃] *nf* reverse thrust.
rétrospectif, -ive [REtROspɛktif, iv] **1** *adj étude* retrospective. **2 rétrospective** *nf* (*Art: exposition*) retrospective. (*Ciné: projections*) ~**ive** Buster Keaton Buster Keaton season.
rétrospectivement [REtROspɛktivmɑ̃] *adv apparaître* in retrospect, retrospectively; *avoir peur, être jaloux* in retrospect, looking back. **ces faits me sont apparus** ~ **sous un jour inquiétant** looking back on it *ou* in retrospect I saw the worrying side of these facts.
retroussé, e [R(ə)tRuse] (*ptp de* **retrousser**) *adj jupe* hitched up; *manche, pantalon* rolled *ou* turned up; *nez* turned-up, retroussé; *moustaches, lèvres* curled up.
retroussement [R(ə)tRusmɑ̃] *nm* (*action: V* **retrousser**) hitching up; rolling up; curling; [*narines*] flaring.
retrousser [R(ə)tRuse] (1) **1** *vt jupe* to hitch up, tuck up; *manche, pantalon* to roll up; *lèvres* to curl up; *narines* to dilate. (*lit, fig*) ~ **ses manches** to roll up one's sleeves. **2 se retrousser** *vpr* [*femme*] to hitch up one's skirt(s); [*bords*] to turn outwards.
retroussis [R(ə)tRusi] *nm* (*littér: partie retroussée*) lip; [*lèvres*] curl.
retrouvailles [R(ə)tRuvɑj] *nfpl* reunion.
retrouver [R(ə)tRuve] (1) **1** *vt* **(a)** (*récupérer*) *objet personnel, enfant* to find (again); *fugitif, objet égaré par un tiers* to find. ~ **son chemin** to find one's way again; **on retrouva son cadavre sur une plage** his body was found on a beach; **on les a retrouvés vivants** they were found alive; **une chienne n'y retrouverait pas ses petits, une poule n'y retrouverait pas ses poussins** it's in absolute chaos, it's an absolute shambles *ou* an unholy mess*. **(b)** (*se remémorer*) to think of, remember, recall. **je ne retrouve plus son nom** I can't think of *ou* remember *ou* recall his name. **(c)** (*revoir*) *personne* to meet (up with) again; *endroit* to be back in, see again. **je l'ai retrouvé par hasard en Italie** I met up with him again by chance in Italy, I happened to come across him again in Italy; **je l'ai retrouvé grandi/vieilli** I found him taller/aged *ou* looking older; **et que je ne retrouve pas ici!** and don't let me catch *ou* find you here again!; **je serai ravi de vous** ~ I'll be delighted to see *ou* meet you again. **(d)** (*rejoindre*) to join, meet (again), see (again). **je vous retrouve à 5 heures au Café de la Poste** I'll join *ou* meet *ou* see you at 5 o'clock at the Café de la Poste. **(e)** (*recouvrer*) *forces, santé, calme* to regain; *joie, foi* to find again. ~ **le sommeil** to go *ou* get back to sleep (again); **elle mit longtemps à** ~ **la santé/le calme** she took a long time to regain her health/composure, it was a long time before her health/composure returned *ou* before she regained her health/composure; **très vite elle retrouva son sourire** she very soon found her smile again. **(f)** (*redécouvrir*) *secret* to rediscover; *recette* to rediscover, uncover; *article en vente* to find again; *situation, poste* to find again. **je voudrais** ~ **des rideaux de la même couleur** I'd like to find curtains in the same colour again; ~ **du travail** to find work again; **il a bien cherché, mais une situation pareille ne se retrouve pas facilement** he looked around but it's not easy to come by *ou* find another job like that; **une telle occasion ne se retrouvera jamais** an opportunity like this will never occur again *ou* crop up again. **(g)** (*reconnaître*) to recognize. **on retrouve chez Jacques le sourire de son père** you can see *ou* recognize his father's smile in Jacques, you can see Jacques has the same smile as his father *ou* has his father's smile; **je retrouve bien là mon fils!** that's my son all right! **(h)** (*trouver, rencontrer*) to find, encounter. **on retrouve sans cesse les mêmes tournures dans ses romans** you find the same expressions all the time in his novels, you are constantly coming across *ou* meeting the same expressions in his novels; **ces caractéristiques se retrouvent aussi chez les cervidés** these characteristics are also found *ou* encountered in the deer family.

2 se retrouver *vpr* **(a)** (*se réunir*) to meet, meet up; *(se revoir après une absence)* to meet again. **après le travail, ils se sont tous retrouvés au café** after work they all met in the café; **ils se sont retrouvés par hasard à Paris** they met again by chance in Paris; **un club où l'on se retrouve entre sportifs** a club where one meets with other sportsmen *ou* where sportsmen get together; **on se retrouvera!** I'll get even with you!, I'll get back at you!, I'll get my own back! (*Brit*); **comme on se retrouve!** fancy *ou* imagine meeting *ou* seeing you here! **(b)** (*être de nouveau*) to find o.s. back. **il se retrouva place de la Concorde** he found himself back at the Place de la Concorde; **se** ~ **dans la même situation** to find o.s. back in the same situation; **se** ~ **seul** (*sans amis etc*) to be left on one's own *ou* with no one; (*loin des autres, de la foule*) to be alone *ou* on one's own. **(c)** (*: finir*) **il s'est retrouvé en prison/dans le fossé** he ended up in prison/in the ditch, he landed up* (*Brit*) *ou* wound up* in prison/in the ditch. **(d)** (*voir clair, mettre l'ordre*) **il ne se** *ou* **s'y retrouve pas dans ses calculs/la numération binaire** he can't make sense of his calculations/binary notation; **on a de la peine à s'y** ~, **dans ces digressions/ces raisonnements** it's hard to find one's way through *ou* to make sense of these digressions/arguments; **allez donc vous (y)** ~ **dans un désordre pareil!** let's see you try and straighten out this awful mess!; **je ne m'y retrouve plus** I'm completely lost; **si ça se retrouve j'irai** if the opportunity arises again *ou* crops up again I'll go. **(e)** (*: rentrer dans ses frais*) **s'y** ~ to break even; **les frais furent énormes mais il s'y est largement retrouvé** his costs were enormous but he made handsomely on the deal *ou* he did very well out of the deal; **tout ce que j'espère c'est qu'on s'y retrouve** all I hope is that we don't lose on it *ou* that we break even; **s'il te prête cet argent c'est qu'il s'y retrouve** if he lends you this money it's because there's something in it for him. **(f)** (*trouver son chemin*) **se** ~, **s'y** ~ to find one's way; **la ville où je suis né a changé et je ne m'y retrouve plus** the town where I was born has changed, and I can't find my way around any more. **(g)** (*littér: faire un retour sur soi-même*) to find o.s. again.
rétroviseur [REtROvizœR] *nm* rear-view mirror, (driving) mirror. ~ **(d'aile)** wing mirror (*Brit*), side-view mirror (*US*).
rets [Rɛ] *nmpl* (*littér: piège*) snare. **prendre** *ou* **attraper qn dans les** ~ to ensnare sb; **se laisser prendre** *ou* **tomber dans les** ~ **de qn** to be ensnared by sb.
réuni, e [Reyni] (*ptp de* **réunir**) *adj* **(a)** (*pris ensemble*) ~**s** (put) together, combined; **aussi fort que les Français et les Anglais** ~**s** as strong as the French and the English put together *ou* combined. **(b)** (*Comm: associés*) associated. **les Transporteurs R**~**s** Associated Carriers.
réunification [Reynifikɑsjɔ̃] *nf* reunification.
réunifier [Reynifje] (7) *vt* to reunify.
réunion [Reynjɔ̃] **1** *nf* **(a)** [*objets, faits*] collection, gathering; [*fonds*] raising; [*membres d'une famille, d'un club*] bringing together, reunion, reuniting; [*éléments, parties*] combination; (*Math*) [*ensembles*] union. ~ **d'une province à un état** the union of a province with a state. **(b)** [*amis*] reuniting, reunion; [*compagnies*] merging; [*états*] union; [*fleuves*] confluence, merging; [*rues*] junction, joining; [*idées*] meeting. **(c)** (*séance*) meeting. **notre prochaine** ~ **sera le 10** our next meeting will be on the 10th; **dans une** ~ at *ou* in a meeting. **(d)** (*journée sportive*) ~ **cycliste** cycle rally; ~ **hippique** gymkhana (*Brit*), horse show. **2**: **réunion de famille** family gathering; **réunion sportive** sports meeting; **réunion syndicale** union meeting.
Réunion [Reynjɔ̃] *nf* (*Géog*) **la** ~, **l'île de la** ~ Réunion Island.
réunionite* [Reynjɔnit] *nf* mania for meetings.
réunir [Reynir] (2) *vt* **(a)** (*rassembler*) *objets* to gather *ou* collect (together); *faits, preuves* to put together. ~ **tout son linge en un paquet** to collect all one's washing into a bundle; ~ **des papiers par une épingle** to pin papers together, fix papers together with a pin. **(b)** (*recueillir*) *fonds* to raise, get together; *preuves* to collect, gather (together); *pièces de collection, timbres* to collect. **(c)** (*cumuler*) to combine. **ce livre réunit diverses tendances stylistiques** this book combines various styles, this book is a combination of different styles. **(d)** (*assembler*) *participants* to gather, collect; (*convoquer*) *membres d'un parti* to call together, call a meeting of; (*inviter*) *amis, famille* to entertain, have round (*Brit*), have in; (*rapprocher*) *ennemis, antagonistes* to bring together, reunite; *anciens amis* to bring together again, reunite. **on avait réuni les participants dans la cour** they had gathered those taking part in the yard; **ce congrès a réuni des écrivains de toutes tendances** this congress gathered *ou* brought together writers of all types; **nous réunissons nos amis tous les mercredis** we have our friends round (*Brit*) *ou* in every Wednesday; **après une brouille de plusieurs années, ce deuil les a réunis** after a quarrel which lasted several years, this bereavement brought them together again *ou* reunited them. **(e)** (*raccorder*) *parties, éléments* to join. **le couloir réunit les deux ailes du bâtiment** the corridor joins *ou* links the two wings of the building. **(f)** (*relier*) to join (up *ou* together). ~ **deux fils** to tie two threads together; ~ **les bords d'une plaie/d'un accroc** to bring together the edges of a wound/tear. **(g)** (*rattacher à*) ~ **à** *province etc* to unite to.

2 se réunir *vpr* (a) (*se rencontrer*) to meet, get together, have a get-together. **se ~ entre amis** to get together with (some) friends, have a friendly get-together; **le petit groupe se réunissait dans un bar** the little group would meet *ou* get together in a bar.
(b) (*s'associer*) [*compagnies*] to combine; [*états*] to unite.
(c) (*se joindre*) [*états*] to unite; [*fleuves*] to flow into each other, merge; [*rues*] to join, converge; [*idées*] to unite, be united.

réussi, e [Reysi] (*ptp de* **réussir**) *adj* (*couronné de succès*) *dîner, soirée, mariage* successful, a success (*attrib*); (*bien exécuté*) *mouvement* good, well executed (*frm*); *photo, roman* successful; *mélange, tournure* effective. **c'était vraiment très ~** it really was a great success *ou* very successful; (*iro*) **eh bien, c'est ~!** well that's just great!* (*iro*), very clever! (*iro*).

réussir [ReysiR] (2) **1** *vi* (a) [*affaire, projet, entreprise*] to succeed, be a success, be successful; [*culture, plantation*] to thrive, do well; [*manœuvre, ruse*] to pay off. **pourquoi l'entreprise n'a-t-elle pas réussi?** why wasn't the venture a success?,why didn't the venture come off *ou* succeed?; **le culot réussit parfois où la prudence échoue** sometimes nerve succeeds *ou* works where caution fails; **la vigne ne réussit pas partout** vines don't thrive everywhere *ou* do not do well everywhere; **tout lui/rien ne lui réussit** everything/ nothing goes *ou* comes right for him, everything/nothing works for him; **cela lui a mal réussi, cela ne lui a pas réussi** that didn't do him any good.
(b) [*personne*] (*dans une entreprise, la vie*) to succeed, be successful, be a success; (*à un examen*) to pass. **~ dans la vie** to succeed *ou* get on in life; **~ dans les affaires/dans ses études** to succeed *ou* do well in business/one's studies; **et leur expédition au Pôle, ont-ils réussi? — ils n'ont pas réussi** what about their expedition to the Pole — did they succeed? *ou* did they pull it off? — they didn't *ou* they failed; **il a réussi dans tout ce qu'il a entrepris** he has made a success of *ou* been successful *ou* succeeded in all his undertakings; **il a réussi à son examen** he passed his exam; **tous leurs enfants ont bien réussi** all their children have done well; **il réussit bien en maths/à l'école** he's a success at *ou* he does well at maths/ school.
(c) **~ à faire** to succeed in doing, manage to do; **il a réussi à les convaincre** he succeeded in convincing them, he managed to convince them; (*iro*) **cette maladroite a réussi à se brûler*** this clumsy girl has managed to burn herself *ou* has gone and burnt herself*.
(d) (*être bénéfique à*) **~ à** to agree with; **l'air de la mer/la vie active lui réussit** sea air/an active life agrees with him; **le curry ne me réussit pas** curry doesn't agree with me.
2 *vt* (a) (*bien exécuter*) *film, entreprise, plat* to make a success of. **elle a bien réussi sa sauce** her sauce was a great success; **vont-ils ~ leur coup?** will they manage to carry *ou* pull it off?; **il a réussi son coup: 10.000 F de raflés en 10 minutes!** he pulled the job off — 10,000 francs swiped in 10 minutes flat*; (*hum*) **je l'ai bien réussi, mon fils** I did a good job on my son (*hum*); **elle a réussi son effet** she achieved the effect she wanted.
(b) (*exécuter*) *but, essai* to bring off, pull off; *tâche* to bring off, manage successfully. **il a réussi 2 très jolies photos** he managed 2 very nice photographs, he took 2 very successful photographs.

réussite [Reysit] *nf* (a) [*entreprise*] success, successful outcome; [*culture, soirée*] success. **ce fut une ~ complète** it was a complete *ou* an unqualified success. (b) [*personne*] success. **une ~ bien méritée** a well-deserved success. (c) (*Cartes*) patience. **faire une ~** to play patience.

réutiliser [Reytilize] (1) *vt* to re-use.

revaccination [R(ə)vaksinɑsjɔ̃] *nf* revaccination.

revacciner [R(ə)vaksine] (1) *vt* to revaccinate.

revaloir [R(ə)valwaR] (29) *vt* to pay back. **je te revaudrai ça, je te le revaudrai** (*hostile*) I'll pay you back for this (*Brit*), I'll get even with you for this, I'll get back at you for this; (*reconnaissant*) I'll repay you some day.

revalorisation [R(ə)valɔRizɑsjɔ̃] *nf* (V **revaloriser**) revaluation; raising; fresh promotion. **une ~ du mariage** a reassertion of the value of marriage.

revaloriser [R(ə)valɔRize] (1) *vt* *monnaie* to revalue; *salaire* to raise; *méthode* to promote again; *valeur morale, institution* to reassert the value of.

revanchard, e [R(ə)vɑ̃ʃaR, aRd(ə)] (*péj*) **1** *adj politique* of revenge (*esp against enemy country*); *politicien* who is an advocate of *ou* who advocates revenge; *pays* bent on revenge (*attrib*). **2** *nm, f* advocate of revenge, revanchist (*frm*).

revanche [R(ə)vɑ̃ʃ] *nf* (*après défaite, humiliation*) revenge; (*Jeux, Sport*) revenge match; (*Boxe*) return fight *ou* bout. **prendre sa ~ (sur qn)** take one's revenge (on sb), get one's own back (on sb)* (*Brit*); **prendre une ~ éclatante (sur qn)** to take a spectacular revenge (on sb); (*Jeux, Sport*) **donner sa ~ à qn** to let sb have *ou* give sb his revenge; **le mépris est la ~ des faibles** contempt is the revenge of the weak; **en ~** on the other hand; **V charge**.

revanchisme [R(ə)vɑ̃ʃism(ə)] *nm* (*Pol*) revanchism.

revanchiste [R(ə)vɑ̃ʃist(ə)] *adj, nmf* revanchist.

rêvasser [Rɛvase] (1) *vi* to daydream, let one's mind wander, muse (*littér*).

rêvasserie [Rɛvasʀi] *nf* (*rêve*) daydreaming; (*chimère*) (idle) dream, (idle) fancy; daydreaming (*U*).

rêve [Rɛv] *nm* (a) (*pendant le sommeil, chimère*) dream; (*éveillé*) dream, daydream. **le ~ et la réalité** dream and reality; (*Psych*) **le ~, les ~s** dreaming, dreams; (*Psych*) **le ~ éveillé** daydreaming; **j'ai fait un ~ affreux** I had a horrible dream; **faire des ~s** to dream, have dreams; **faites de beaux ~s!** sweet dreams!; **il est dans un ~** he's (day)dreaming; **sortir d'un ~** to come out of a dream; **V mauvais**.
(b) (*loc*) **c'était un beau ~!** it was a lovely dream!; **une voiture/**

maison de ~ a dream car/house; **son ~ de jeunesse** his youthful dream; **une créature/un silence de ~** a dream creature/silence; **la voiture/la femme de ses ~s** the car/woman of his dreams, his dream car/woman; **disparaître** *ou* **s'évanouir comme un ~** to vanish *ou* fade like a dream; **disparaître comme dans un ~** to be gone *ou* disappear in a trice; **voir/entendre qch en ~** to see/hear sth in a dream; **créer qch en ~** to dream sth up; **ça, c'est le ~*** that would be ideal *ou* (just) perfect; **une maison comme ça, ce n'est pas le ~*** it's not the sort of house you dream about.

rêvé, e [Rɛve] (*ptp de* **rêver**) *adj* ideal, perfect.

revêche [Rəvɛʃ] *adj* surly, sour-tempered.

réveil [Revɛj] *nm* (a) [*dormeur*] waking (up) (*U*), wakening (*littér*); (*fig: retour à la réalité*) awakening. **au ~, je le trouvai déjà parti** when I woke up *ou* on waking I found he was already gone; **il a le ~ difficile** he finds it hard to wake up, he finds waking up difficult; **il eut un ~ brutal** he was rudely woken up *ou* awakened; **dès le ~, il chante** as soon as he's awake *ou* he wakes up he starts singing, he's singing from the moment he's awake; **ils assistaient au ~ du roi** they were present at the awakening of the king; **il a passé une nuit entrecoupée de ~s en sursaut** he spent a broken night, waking with a start every so often; (*fig*) **après tous ces châteaux en Espagne, le ~ fut pénible** after building all these castles in the air, he had a rude awakening.
(b) (*fig: renaissance*) [*nature, sentiment, souvenir*] reawakening; [*volcan*] fresh stirrings (*pl*); [*douleur*] return.
(c) (*Mil*) reveille. **sonner le ~** to sound the reveille; **battre le ~** *to wake soldiers up to the sound of drums*; **~ en fanfare** reveille on the bugle; (*fig*) **mes enfants m'ont gratifié d'un ~ en fanfare ce matin!** my children treated me to a rowdy awakening this morning!
(d) (*réveille-matin*) alarm (clock). **mets le ~ à 8 heures** set the alarm for 8 (o'clock).

réveillé, e [Reveje] (*ptp de* **réveiller**) *adj* (*à l'état de veille*) awake; (*: dégourdi*) bright, all there* (*attrib*). **à moitié ~** half asleep; **il était mal ~** he was still half asleep, he hadn't woken up properly.

réveille-matin [Revɛjmatɛ̃] *nm inv* alarm clock.

réveiller [Reveje] (1) **1** *vt* (a) *dormeur* to wake (up), waken, awaken (*littér*); (*ranimer*) *personne évanouie* to bring round, revive; (*ramener à la réalité*) *rêveur* to wake up, waken. **réveillez-moi à 5 heures** wake me (up) at 5 (o'clock); **être réveillé en sursaut** to be woken (up) with a start; **faire un vacarme à ~ les morts** to make a row that would waken the dead; (*Prov*) **ne réveillez pas le chat qui dort** let sleeping dogs lie (*Prov*).
(b) (*raviver*) *appétit, courage* to rouse, awaken; *douleur* (*physique*) to start up again; (*mentale*) to revive, reawaken; *rancune, jalousie* to reawaken, rouse.
(c) (*ranimer*) *souvenir* to awaken, revive, bring back; *membre ankylosé* to bring some sensation *ou* feeling back into. **~ les consciences** to awaken *ou* stir people's consciences.
2 se réveiller *vpr* (a) [*dormeur*] to wake (up), awake, awaken (*littér*); [*personne évanouie*] to come round (*Brit*), come to, regain consciousness; (*fig*) [*rêveur, paresseux*] to wake up (*de* from). **réveille-toi!** wake up!; (*fig*) **se réveillant de sa torpeur** rousing himself from his lethargy; **se ~ en sursaut** to wake up *ou* come awake with a start.
(b) (*se raviver*) *appétit, courage* to be roused; [*douleur*] to return; [*rancune, jalousie*] to be rearoused; [*souvenir*] to return, come back, to reawaken (*littér*).
(c) (*se ranimer*) [*nature*] to reawaken; [*volcan*] to stir again; [*membre ankylosé*] **mon pied se réveille** the feeling's coming back into my foot, I'm getting some feeling back in my foot.

réveillon [Revɛjɔ̃] *nm* (*Noël/Nouvel An*) (*repas*) Christmas Eve/New Year's Eve dinner; (*fête*) Christmas Eve/New Year's party; (*date*) Christmas Eve; New Year's Eve.

réveillonner [Revɛjone] (1) *vi* to celebrate Christmas *ou* New Year's Eve (*with a dinner and a party*).

réveillonneur [RevɛjonœR] *nm* party-goer, reveller (*on Christmas or New Year's Eve*). **un des ~s proposa un jeu** one of the people at the party suggested a game.

révélateur, -trice [RevelatœR, tRis] **1** *adj indice, symptôme* revealing. **~ de** revealing; *film* **~ d'une mode/d'une tendance** film revealing a fashion/a tendency; **c'est ~ d'un malaise profond** it reveals a deep malaise.
2 *nm* (*Phot*) developer; (*littér: qui dévoile*) (*personne*) enlightener; (*événement, expérience*) revelation. **ces manies sont un ~ de la personnalité** these quirks are revealing of personality.

révélation [Revelɑsjɔ̃] *nf* (a) (*V révéler*) [*fait, projet, secret*] revelation; disclosure; [*artiste*] revelation; (*Phot*) [*image*] developing. **ce jeune auteur a été la ~ de l'année** this young author was the discovery of the year.
(b) [*sensations, talent, tendances*] revelation.
(c) (*chose avouée*) disclosure, revelation. **faire des ~s importantes** to make important disclosures *ou* revelations.
(d) (*illuminations, surprise, Rel*) revelation. **ce fut une ~!** it was (quite) a revelation!

révélé, e [Revele] (*ptp de révéler*) *adj* (*Rel*) *dogme, religion* revealed.

révéler [Revele] (6) **1** *vt* (a) (*divulguer*) *fait, projet* to reveal, make known, disclose; *secret* to disclose, give away, reveal; *opinion* to make known. **ça l'avait révélée à elle-même** this had opened her eyes to herself, this had given her a new awareness of *ou* insight into herself; **je ne peux encore rien ~** I can't disclose *ou* reveal anything yet, I can't give anything away yet; **~ que** to reveal that.
(b) (*témoigner de*) *aptitude, caractère* to reveal, display, show; *sentiments* to show. **œuvre qui révèle une grande sensibilité** work which reveals *ou* displays great sensibility; **sa physionomie révèle la bonté/une grande ambition** his features show *ou* evince (*frm*) goodness/great ambition.

(c) *(faire connaître)* artiste *[impresario]* to discover; *[œuvre]* to bring to fame; *(Rel)* to reveal.

(d) *(Phot)* to develop.

2 se révéler *vpr* (a) *(apparaître) [vérité, talent, tendance]* to be revealed, reveal itself; *(Rel)* to reveal o.s. *[artiste]* **il ne s'est révélé que vers la quarantaine** he didn't show his talent *ou* display his talent until he was nearly forty; **des sensations nouvelles se révélaient à lui** he was becoming aware of new feelings.

(b) *(s'avérer)* **se ~ cruel/ambitieux** to show o.s. *ou* prove to be cruel/ambitious; **se ~ difficile/aisé** to prove difficult/easy; **son hypothèse se révéla fausse** his hypothesis proved *ou* was shown to be false.

revenant, e [ʀəvnɑ̃, ɑ̃t] *nm,f* ghost. **tiens, un ~!*** hello stranger!*; *V* histoire.

revendeur, -euse [ʀ(ə)vɑ̃dœʀ, øz] *nm,f (détaillant)* retailer; *(d'occasion)* secondhand dealer. **chez votre ~ habituel** at your local stockist *(Brit) ou* dealer; **~ (de drogue)** (drug-)pusher* *ou* dealer.

revendicateur, -trice [ʀ(ə)vɑ̃dikatœʀ, tʀis] *adj:* **dans notre lettre ~trice** in the letter stating our claims; **déclaration ~trice** declaration of claims.

revendicatif, -ive [ʀ(ə)vɑ̃dikatif, iv] *adj mouvement, journée* of protest. **organiser une journée ~ive** to organize a day of action *ou* protest (in support of one's claims).

revendication [ʀ(ə)vɑ̃dikasjɔ̃] *nf* (a) *(action)* claiming.

(b) *(Pol, Syndicats: demande)* claim, demand. **des ~s légitimes** rightful claims *ou* demands; **le parti de la ~** the claim-makers; **journée de ~** day of action *ou* protest (in support of one's claims); **lettre de ~** letter putting forward one's claims.

revendiquer [ʀ(ə)vɑ̃dike] (1) *vt* (a) *(demander, réclamer) chose due, droits* to claim, demand. **les ouvriers ont décidé de ~** the workers have decided to put in *ou* to make a claim; **ils passent leur temps à ~** they spend their time putting forward claims; **~ l'égalité des salaires** to demand equal pay.

(b) *(assumer) responsabilité, paternité* to claim; *explosion, attentat* to claim responsibility for. **l'attentat n'a pas été revendiqué** no one has claimed responsibility for the attack.

revendre [ʀ(ə)vɑ̃dʀ(ə)] (41) *vt* (a) *(vendre d'occasion)* to resell. **ça se revend facilement** that's easily resold, that's easily sold again.

(b) *(vendre au détail)* to sell.

(c) *(vendre davantage)* **j'en ai vendu 2 en janvier et j'en ai revendu 4 en février** I sold 2 in January and I sold another 4 in February; **j'en ai vendu la semaine dernière mais je n'en ai pas revendu depuis** I sold some last week but I've sold no more since then.

(d) *(loc)* **avoir de l'énergie/de l'intelligence à ~** to have energy/brains to spare, have energy/brains enough and to spare; **si tu veux un tableau, on en a à ~** if you want a picture, we've got them by the score.

revenez-y [ʀəvnezi] *nm inv V* goût.

revenir [ʀəvniʀ] (22) **1** *vi* (a) *(repasser, venir de nouveau)* to come back, come again. **il doit ~ nous voir demain** he's coming back to see us tomorrow, he's coming to see us again tomorrow; **pouvez-vous ~ plus tard?** can you come back later?

(b) *(réapparaître) [saison, mode]* to come back, return; *[soleil, oiseaux]* to return, reappear; *[fête, date]* to come (round) again; *[calme, ordre]* to return; *[thème, idée]* to recur, reappear. **cette expression revient souvent dans sa conversation** that expression often crops up in his conversation; **Noël revient chaque année à la même date** Christmas comes (round) on the same date every year; **sa lettre est revenue parce qu'il avait changé d'adresse** his letter was returned *ou* came back because he had left that address *ou* had changed his address.

(c) *(rentrer)* to come back, return. **~ quelque part/de quelque part** to come back *ou* return (to) somewhere/from somewhere; **~ chez soi** to come back *ou* return home; **~ dans son pays** to come back *ou* return to one's country; **~ en bateau/avion** to sail/fly back, come back by boat/air; **~ à la hâte** to hurry back; **~ de voyage** to return from a journey; **en revenant de l'école** coming back *ou* coming home from school, on the way back from school; **sa femme lui est revenue** his wife has come back to him; **je reviens dans un instant** I'll be back in a minute, I'll be right back*.

(d) *(recommencer, reprendre)* **~ à études, sujet** to go back to, return to; *méthode, procédé* to go back to, return to, revert to; **~ à la religion** to come back to religion; **~ à ses premières amours** to go back *ou* return to one's first love; **~ à de meilleurs sentiments** to return to a better frame of mind; **on y reviendra, à cette mode** this fashion will come back; **nous y reviendrons dans un instant** we'll come back to that in a moment; **n'y revenez plus!** don't (you) do that again!, don't start that again!; **j'en reviens toujours là, il faut ...** I still come back to this, we must ...; **il n'y a pas à y ~** there's no going back on it; **~ en arrière** *(gén)* to go back; *(dans le temps)* **ou ne peut pas ~ en arrière** you can't turn *ou* put back the clock.

(e) *(réexaminer)* **~ sur affaire, problème** to go back over; **ne revenons pas là-dessus** let's not go back over that; **~ sur le passé** to go back over the past, hark back to the past.

(f) *[souvenir, idée]* **~ à la mémoire** to recur, come back to mind; **~ à qn** to come back to sb, recur to sb; **son nom me revient maintenant** his name has come back to me now; **ça me revient!** I've got it now!, it's coming back to me now!

(g) *[courage, appétit, parole]* **~ à qn** to come back to sb, return (to sb); **à la vue de sa résistance farouche, le courage me revint** seeing his fierce resistance, my courage came back to me *ou* returned; **à la vue de cette ratatouille, l'appétit m'est revenu** my appetite returned at the sight of *ou* when I saw that ratatouille.

(h) *(se remettre de)* **~ de maladie** to recover from, get over; *syncope* to come round from *(Brit)*, come to after; *égarement, surprise* to get over; *illusions* to lose, shake off; *erreurs, théories* to

leave behind, throw over, put *ou* cast aside; **ils sont déjà revenus de ces théories** they have already thrown over *ou* put aside these theories; **elle est revenue de tout** she's seen it all before.

(i) *(se dédire de)* **~ sur** *promesse* to go back on; *décision* to go back on, reconsider.

(j) *(parvenir à la connaissance de)* **~ à qn, ~ aux oreilles de qn** to reach sb's ears, get back to sb; *(frm, hum)* **il m'est revenu que** word has come back to me *ou* reached me that.

(k) *[droit, honneur, responsabilité]* **~ à qn** *(être la prérogative de)* to fall to sb; *(échoir à)* to come *ou* pass to sb; *(être la part de)* to come *ou* go to sb; *(incomber à)* **il lui revient de décider** it is for him *ou* up to him to decide; **ce titre lui revient de droit** this title is his by right; **cet honneur lui revient** this honour is due to him *ou* is his by right; **tout le mérite vous revient** all the credit goes to you, the credit is all yours; **les biens de son père sont revenus à l'État** his father's property passed to the state; **là-dessus, 100 F me reviennent** 100 francs of that comes to me.

(l) *(équivaloir à)* **~ à** to come down to, amount to, boil down to; **cette hypothèse revient à une proposition très simple** this hypothesis comes down *ou* amounts to a very simple proposition; **ça revient à une question d'argent** it all boils down to a question of money; **cela revient à dire que** that amounts to saying that; **cela revient au même** it amounts *ou* comes to the same thing.

(m) *(coûter)* **~ à** to amount to, come to, cost; **ça revient à 100 F** it comes to *ou* amounts to 100 francs; **ça revient cher** it's expensive, it's an expensive business; **à combien est-ce que cela va vous ~?** how much will that cost you?, how much will that set you back?*

(n) *(Culin)* **faire ~** to brown; **'faire ~ les oignons dans le beurre'** 'brown *ou* fry the onions gently in the butter'.

(o) *(loc) (en réchapper)* **en ~** to pull through; **crois-tu qu'il en reviendra?** do you think he'll pull through?; **~ à soi** to come round *(Brit)*, come to; **~ à la vie** to come back to life; **il revient de loin** it was a close shave *ou* a near thing for him, he had a close shave; **je n'en reviens pas!** I can't get over it!; **il a une tête qui ne me revient pas** I don't like the look of him; **~ à la charge** to return to the attack; **revenons à nos moutons** let's get back to the subject; *V* tapis.

2 s'en revenir *vpr:* **comme il s'en revenait (du village), il aperçut un aigle** as he was coming back (from the village), he noticed an eagle; **il s'en revenait la queue basse** he was coming away with his tail between his legs; **il s'en revint le cœur plein d'allégresse** he came away with a joyful heart.

revente [ʀ(ə)vɑ̃t] *nf* resale.

revenu [ʀəvny] **1** *nm* (a) *[particulier]* income *(U) (de* from); *[état]* revenue *(de* from); *[domaine, terre]* income *(de* from); *[investissement, capital]* yield *(de* from, on). **~ annuel/brut/imposable/par habitant** annual/gross/assessed/per capita income; *(Fin)* **à ~ fixe** *valeurs* fixed yield; **les pays à ~ élevé** high-income countries; **avoir de gros ~s** to have a large income, have substantial means; **être sans ~s** to have no income *ou* means.

(b) *(Tech) [acier]* tempering.

2: *(Écon)* **revenus de l'État** public revenue; **revenu intérieur brut** gross domestic income; **revenu national** gross national product; **revenu net d'impôts** disposable income; **revenus publics = revenus de l'État; revenu du travail** earned income.

rêver [ʀeve] (1) **1** *vi* (a) *[dormeur]* to dream *(de, à* of, about). **~ que** to dream that; **j'ai rêvé de toi** I dreamt about *ou* of you; **il en rêve la nuit*** he dreams about it at night; **~ tout éveillé** to be lost in a daydream; **je ne rêve pas, c'est bien vrai?** I'm not imagining it *ou* dreaming, am I — it's really true!; **tu m'as appelé? — moi? tu rêves!** did you call me? — me? you must have been dreaming! **ou** you're imagining things!; **une révolution, maintenant? vous rêvez!** a revolution now? your imagination's running away with you!; **on croit ~!*** I can hardly believe it!, the mind boggles!*

(b) *(rêvasser)* to dream, muse *(littér)*, daydream. **travaille au lieu de ~!** get on with your work instead of (day)dreaming!; **~ à des jours meilleurs** to dream of better days.

(c) *(désirer)* **~ de qch/de faire** to dream of sth/of doing; **elle rêve d'une chaumière en pleine forêt** she dreams of a cottage in the heart of a forest; **~ de réussir** to long to succeed, long for success; **~ de rencontrer l'épouse idéale** to dream of meeting *ou* long to meet the ideal wife.

2 *vt* (a) *(en dormant)* to dream. **j'ai rêvé la même chose qu'hier** I dreamt the same (thing) as last night.

(b) *(littér: imaginer)* to dream. **il rêve sa vie au lieu de la vivre** he's dreaming his life away instead of living it; *(péj)* **où as-tu été ~ ça?** where did you dream that up?; *(péj)* **je n'ai jamais dit ça, c'est toi qui l'as rêvé!** I never said that — you must have dreamt it!

(c) *(désirer)* to dream of. *(littér)* **~ mariage/succès** to dream of marriage/success; *(littér)* **il se rêve conquérant** he dreams of being a conqueror; **il ne rêve que plaies et bosses** his mind is full of warlike *ou* heroic dreams, he lives in a dream world of bold and bloody deeds.

réverbération [ʀevɛʀbeʀasjɔ̃] *nf [son]* reverberation; *[chaleur, lumière]* reflection.

réverbère [ʀevɛʀbɛʀ] *nm (d'éclairage)* street lamp *ou* light; *(Tech)* reflector; *V* allumeur.

réverbérer [ʀevɛʀbeʀe] (6) *vt son* to send back, reverberate; *chaleur, lumière* to reflect.

reverdir [ʀ(ə)vɛʀdiʀ] (2) **1** *vi [plantes]* to grow green again. **2** *vt (Tech)* to soak.

révérence [ʀevɛʀɑ̃s] *nf* (a) *(salut) [homme]* bow; *[femme]* curtsey. **faire une ~** to bow; to curtsey (à *qn* to sb); **tirer sa ~ (à qn)** *(lit)* to bow out (from sb's presence), make one's bow (and leave); *(fig)* to take one's leave (of sb).

(b) *(littér: respect)* reverence *(envers, pour* for). **~ parler†** with all due respect.

révérencieux, -euse [ʀeveʀɑ̃sjø, øz] *adj* (*littér*) reverent. **être peu ~ envers** to show scant respect for.

révérend, e [ʀeveʀɑ̃, ɑ̃d] *adj, nm* reverend. **le R~ Père Martin** Reverend Father Martin.

révérendissime [ʀeveʀɑ̃disim] *adj* most reverend.

révérer [ʀeveʀe] (6) *vt* (*littér*) (*gén*) to revere; (*Rel*) to revere, reverence.

rêverie [ʀɛvʀi] *nf* (**a**) (*activité*) daydreaming, reverie (*littér*), musing (*littér*). (**b**) (*moment de rêverie*) daydream, reverie (*littér*). (**c**) (*péj: chimère*) ~s daydreams, delusions, illusions.

revérifier [ʀ(ə)veʀifje] (7) *vt* to double-check.

revernir [ʀ(ə)vɛʀniʀ] (2) *vt* to revarnish.

revers [ʀ(ə)vɛʀ] *nm* (**a**) [*papier, feuille*] back; [*étoffe*] wrong side. (*fig littér*) **le ~ de la charité** the reverse of charity; **le ~ de la vérité** the hidden truth; **prendre l'ennemi de** *ou* **à ~** to take the enemy from *ou* in the rear.
(**b**) [*pièce d'argent, médaille*] reverse, reverse side, back. **pièce frappée au ~ d'une effigie** coin struck with a portrait on the reverse; (*fig*) **c'est le ~ de la médaille** that's the other side of the coin; **toute médaille a son ~** every rose has its thorn.
(**c**) [*main*] back. **d'un ~ de main** with the back of one's hand.
(**d**) (*Tennis*) backhand. **faire un ~** to play a backhand shot; **volée de ~** backhand volley.
(**e**) (*Habillement*) [*veste, manteau*] lapel; [*pantalon*] turn-up (*Brit*), cuff (*US*); [*bottes*] top; [*manche*] (turned-back) cuff. **bottes à ~** turned-down boots; **pantalons à ~** trousers with turn-ups (*Brit*) *ou* cuffs (*US*).
(**f**) (*coup du sort*) setback. **~ (de fortune)** reverse (of fortune); **~ économiques/militaires** economic/military setbacks *ou* reverses.

reverser [ʀ(ə)vɛʀse] (1) *vt* (**a**) *liquide* (*verser davantage*) to pour out some more. **reverse-moi du vin/un verre de vin pour me (out)** some more wine/another glass of wine; (*remettre*) **reversez le vin dans la bouteille** pour the wine back into the bottle.
(**b**) (*Fin*) *excédent, somme* to put back, pay back (*dans, sur* into).

réversibilité [ʀevɛʀsibilite] *nf* [*pension*] revertibility; [*mouvement*], (*Chim*) reversibility.

réversible [ʀevɛʀsibl(ə)] *adj* *mouvement, vêtement, réaction chimique* reversible; (*Jur*) revertible (*sur* to). **l'histoire n'est pas ~** history cannot be undone *ou* altered.

réversion [ʀevɛʀsjɔ̃] *nf* (*Bio, Jur*) reversion. **pension de ~** reversion pension.

revêtement [ʀ(ə)vɛtmɑ̃] *nm* (*enduit*) coating; (*surface*) [*route*] surface; (*placage, garniture*) [*mur extérieur*] facing, cladding; [*mur intérieur*] covering. **~ (du sol)** flooring (*U*), floor-covering (*U*); **~ mural** wall-covering (*U*).

revêtir [ʀ(ə)vetiʀ] (20) **1** *vt* (**a**) (*frm, hum: mettre*) *uniforme, habit* to don (*frm*), put on, array o.s. in (*frm*).
(**b**) (*prendre, avoir*) *caractère, importance* to take on, assume; *apparence, forme* to assume, appear in, take on. **une rencontre qui revêt une importance particulière** a meeting which takes on particular importance; **le langage humain revêt les formes les plus variées** human language appears in *ou* takes on the most varied forms.
(**c**) (*frm, hum: habiller*) [*vêtement*] to adorn. [*personne*] **~ qn de** to dress *ou* array (*frm*) sb in; **~ un prélat des vêtements sacerdotaux** to array (*frm*) *ou* clothe a prelate in his priestly robes.
(**d**) (*couvrir, déguiser*) **~ qch de** to cloak sth in, cover sth with; **~ la pauvreté d'un vernis respectable** to conceal poverty behind *ou* beneath a gloss of respectability.
(**e**) (*frm: investir de*) **~ qn de** *dignité* to endow *ou* invest sb with; **~ qn de l'autorité suprême** to endow *ou* invest sb with supreme authority; **l'autorité dont il était revêtu** the authority with which he was endowed *ou* invested.
(**f**) (*Admin, Jur*) **~** *un document* **de sa signature/d'un sceau** to append one's signature/a seal to a document.
(**g**) (*Tech*) (*enduire*) to coat (*de* with); (*couvrir*) *route* to surface (*de* with); *mur, sol* to cover (*de* with). **~ un mur de boiseries** to (wood-)panel a wall; **~ un mur de carreaux** to tile a wall, cover a wall with tiles; **~ de plâtre** to plaster; **~ de crépi** to face with roughcast, roughcast; **~ d'un enduit imperméable** to cover with a waterproof coating, give a waterproof coating to; **rue revêtue d'un pavage** street which has been paved over; **les falaises que la tempête avait revêtues de neige** the cliffs (which) the storm had covered in snow.
2 se revêtir *vpr* (*mettre*) **se ~ de** (*frm*) to array o.s. in (*frm*), don (*frm*), dress o.s. in; (*littér*) **vers l'automne les sommets se revêtent de neige** as autumn draws near, the mountain tops don their snowy mantle (*littér*) *ou* are bedecked (*frm*) with snow.

revêtu, e [ʀ(ə)vety] (*ptp de* **revêtir**) *adj* (**a**) (*habillé de*) **~ de** dressed in, wearing. (**b**) (*Tech*) *route* surfaced. **chemin non ~** unsurfaced road. (**c**) (*Tech*) **~ de** (*enduit de*) coated with.

rêveur, -euse [ʀɛvœʀ, øz] **1** *adj* *air, personne* dreamy. **il a l'esprit ~** he's inclined to be a dreamer; **ça vous laisse ~*** the mind boggles, it makes you wonder. **2** *nm, f* (*lit, péj*) dreamer.

rêveusement [ʀɛvøzmɑ̃] *adv* (*distraitement*) dreamily, as (if) in a dream; (*avec perplexité*) distractedly.

revient [ʀ(ə)vjɛ̃] *V* **prix**.

revigorer [ʀ(ə)vigɔʀe] (1) *vt* [*vent, air frais*] to invigorate; [*repas, boisson*] to revive, put new life into, buck up*; [*discours, promesse*] to cheer, invigorate, buck up*. **un petit vent frais qui revigore** a bracing *ou* an invigorating cool breeze.

revirement [ʀ(ə)viʀmɑ̃] *nm* (*changement d'avis, volte-face*) change of mind, reversal (of opinion); (*changement brusque*) [*tendances*] reversal (*de* of); [*goûts*] (abrupt) change, (*de*) [*opinions*] change, turnaround (*frm*) (*de* of). **~ d'opinion** change *ou* U-turn *ou* turnaround in public opinion, revulsion (*frm*) of public

opinion; **un ~ soudain de la situation** a sudden reversal of the situation.

réviser [ʀevize] (1) *vt*, **reviser** [ʀəvize] (1) *vt* (**a**) *procès, règlement, constitution* to review; (*fig*) *croyance, opinion* to review, reappraise.
(**b**) *comptes* to audit; *liste* to revise; *texte, manuscrit* to revise, look over again; (*Typ*) *épreuves* to revise. **nouvelle édition complètement révisée** new and completely revised edition; **~ en hausse/en baisse** *estimation* to revise up/down.
(**c**) (*Scol*) *sujet* to revise. **~ son histoire** to revise history, do one's history revision; **commencer à ~** to start revising *ou* (one's) revision.
(**d**) *moteur, installation* to overhaul, service; *montre* to service. **faire ~ sa voiture** to have one's car serviced.

réviseur [ʀevizœʀ] *nm*, **reviseur** [ʀəvizœʀ] *nm* reviser. **~-comptable** independent auditor.

révision [ʀevizjɔ̃] *nf,* **revision** [ʀəvizjɔ̃] *nf* (*action, séance: V* **réviser**) review; reappraisal; auditing (*U*); revision (*U*); overhaul (*U*); servicing (*U*). **~ des listes électorales** revision *ou* revising of the electoral register; (*Scol*) **faire ses ~s** to do one's revision, revise; (*Aut*) **prochaine ~ après 10.000 km** next major service after 10,000 km.

révisionnisme [ʀevizjɔnism(ə)] *nm* revisionism.

révisionniste [ʀevizjɔnist(ə)] *adj, nmf* revisionist.

revisser [ʀ(ə)vise] (1) *vt* to screw back again.

revitalisation [ʀ(ə)vitalizasjɔ̃] *nf* revitalization, regeneration.

revitaliser [ʀ(ə)vitalize] (1) *vt* to revitalize. **crème revitalisante** revitalizing *ou* regenerative cream.

revivifier [ʀ(ə)vivifje] (7) *vt* (*littér*) *personne* to re-enliven, revitalize; *souvenir* to revive, bring alive again.

revivre [ʀəvivʀ(ə)] (46) **1** *vi* (**a**) (*être ressuscité*) to live again. **on peut vraiment dire qu'il revit dans son fils** it's really true to say that he is living (over) again in his son.
(**b**) (*être revigoré*) to come alive again. **je me sentais ~** I felt alive again, I felt a new man (*ou* woman); **ouf, je revis!** whew! what a relief!, whew! I can breathe again!*; **depuis que je n'ai plus ces soucis, je me sens ~** ever since I've been without these worries I feel I've come alive again *ou* I've been given a new lease of life.
(**c**) (*se renouveler*) [*institution, coutumes, mode*] to be revived.
(**d**) **faire ~** (*ressusciter*) to bring back to life, restore to life; (*revigorer*) to revive, put new life in *ou* into; (*remettre en honneur*) *mode, époque, usage* to revive; (*remettre en mémoire*) to bring back; **faire ~ un personnage/une époque dans un roman** to bring a character/an era back to life in a novel; **le grand air m'a fait ~** the fresh air put new life in me; **ce spectacle faisait ~ tout un monde que j'avais cru oublié** this sight brought back a whole world I thought I had forgotten.
2 *vt passé, période* (*lit*) to relive, live (through) again; (*en imagination*) to relive, live (over) again.

révocabilité [ʀevɔkabilite] *nf* [*contrat*] revocability; [*fonctionnaire*] removability.

révocable [ʀevɔkabl(ə)] *adj* *legs, contrat* revocable; *fonctionnaire* removable, dismissible.

révocation [ʀevɔkasjɔ̃] *nf* (*V* **révoquer**) removal (from office), dismissal; revocation. (*Hist*) **la ~ de l'Édit de Nantes** the Revocation of the Edict of Nantes.

revoici* [ʀ(ə)vwasi] *prép*, **revoilà*** [ʀ(ə)vwala] *prép*: **~ Paul!** Paul's back (again)!, here's Paul again!; **me ~!** it's me again!, here I am again!; **nous ~ à la maison/en France** here we are, back home/in France (again); **~ la mer** here's the sea again; **le ~ qui se plaint!** there he goes complaining again!

revoir [ʀ(ə)vwaʀ] (30) *vt* (**a**) (*retrouver*) *personne* to see *ou* meet again; *village, patrie* to see again. **je l'ai revu deux ou trois fois depuis** I've seen him two or three times since, I've met two or three times since; **quand le revois-tu?** when are you seeing *ou* meeting him again?, when are you meeting him again?; **au ~!** goodbye!; **au ~ Monsieur/Madame** goodbye Mr X/Mrs X; **dire au ~ à qn** to say goodbye to sb; **faire au ~ de la main** to wave goodbye; **ce n'était heureusement qu'un au ~** fortunately it was only a temporary farewell *ou* parting; *V* **plaisir**.
(**b**) (*apercevoir de nouveau*) to see again.
(**c**) (*regarder de nouveau*) *photos* to see again, have another look at; *film, exposition* to see again. **je suis allé ~ ce film** I went to (see) that film again.
(**d**) (*être à nouveau témoin de*) *atrocités, scène* to witness *ou* see again; *conditions* to see again. **craignant de ~ s'installer le chômage** afraid of seeing unemployment settle in again.
(**e**) (*imaginer de nouveau*) to see again. **je la revois encore, dans sa cuisine** I can still see her there in her kitchen; **je me revoyais écolier, dans mon village natal** I saw myself as a schoolboy again, back in the village where I was born.
(**f**) (*réviser*) *texte, édition* to revise; (*Scol*) *leçons* to revise, go over again. **édition revue et corrigée** revised and corrected edition.

revoler[1] [ʀ(ə)vɔle] (1) *vi* [*pilote, oiseau*] to fly again.

revoler[2] [ʀ(ə)vɔle] (1) *vt* **~ qch** to steal sth again.

révoltant, e [ʀevɔltɑ̃, ɑ̃t] *adj* revolting, appalling.

révolte [ʀevɔlt(ə)] *nf* revolt, rebellion. **les paysans sont en ~ contre** the peasants are in revolt against *ou* up in arms against.

révolté, e [ʀevɔlte] (*ptp de* **révolter**) **1** *adj* (**a**) rebellious, in revolt (*attrib*). (**b**) (*outré*) outraged, incensed. **2** *nm, f* rebel.

révolter [ʀevɔlte] (1) **1** *vt* (*indigner*) to revolt, outrage, appal. **ceci nous révolte** we are revolted *ou* outraged by this.
2 se révolter *vpr* (**a**) [*personne*] (*s'insurger*) to revolt, rebel, rise up (*contre* against); (*se cabrer*) to rebel (*contre* against).
(**b**) (*s'indigner*) to be revolted *ou* repelled *ou* appalled (*contre* by), to rebel (*contre* against). **à cette vue tout mon être se révolte** my whole being revolts *ou* rebels at this sight; **l'esprit se révolte**

contre une telle propagande the mind revolts at *ou* against *ou* is repelled *ou* revolted by such propaganda.

révolu, e [Revɔly] *adj* (**a**) (*littér: de jadis) jours, époque* past, bygone (*épith*), gone by. **des jours ~s** past *ou* bygone days, days gone by; **rêvant à l'époque ~e des diligences** dreaming of the bygone days of stagecoaches.

(**b**) (*fini) époque, jours* past, in the past (*attrib*). **cette époque est ~e — nous devons penser à l'avenir** that era is in the past — we have to think of the future.

(**c**) (*Admin: complété*) **âgé de 20 ans ~s** over 20 years of age; **avoir 20 ans ~s** to be over 20 years of age; **après 2 ans ~s** when two full years had (*ou* have) passed.

révolution [Revɔlysjɔ̃] *nf* (**a**) (*rotation*) revolution.

(**b**) (*changement, révolte*) revolution. **~ violente/pacifique/ permanente** violent/peaceful/permanent revolution; **la R~** (*française*) the French Revolution; **la ~ industrielle** the industrial revolution; **la ~ silencieuse/verte** the silent/green revolution; **la R~ culturelle** the Cultural Revolution; **~ de palais** palace revolution *ou* coup; **la ~ technologique** the technological revolution, the revolution in technology.

(**c**) **la ~** (*parti, forces de la révolution*) the forces of revolution.

(**d**) (*loc*) **être en ~** to be in (an) uproar; *[invention, procédé, idée]* **faire ~ dans** to revolutionize.

révolutionnaire [Revɔlysjɔnɛʀ] **1** *adj* (*gén*) revolutionary; (*Hist*) Revolutionary, of the French Revolution. **2** *nmf* (*gén*) revolutionary; (*Hist*) Revolutionary (in the French Revolution).

révolutionner [Revɔlysjɔne] (1) *vt* (**a**) (*transformer radicalement*) to revolutionize.

(**b**) (**: bouleverser*) *personne* to stir up. **son arrivée a révolutionné le quartier** his arrival stirred up the whole neighbourhood *ou* caused a great stir in the neighbourhood.

revolver [Revɔlvɛʀ] *nm* (*pistolet*) (*gén*) gun; (*à barillet*) revolver; **microscope à ~** microscope with a revolving nosepiece; **tour ~** capstan lathe, turret lathe; *V* **coup, poche¹.**

révoquer [Revɔke] (1) *vt* (**a**) (*destituer*) *magistrat, fonctionnaire* to remove from office, dismiss. (**b**) (*annuler*) *legs, contrat, édit* to revoke, repeal, rescind. (**c**) (*littér*) **~ qch en doute** to call sth into question, question sth, cast doubt on sth.

revoter [R(ə)vɔte] (1) *vi* to vote again.

revouloir* [R(ə)vulwaʀ] (31) *vt* (**a**) (*désirer à nouveau*) *jouer etc* to want again. (**b**) **en ~: il en reveut** he wants some more; **qui en reveut?** (*gén*) who wants (some) more?; (*nourriture*) anyone for seconds?*.

revoyure‡ [R(ə)vwajyʀ] *excl:* **à la ~!** see you!‡, (I'll) be seeing you!‡

revue [R(ə)vy] **1** *nf* (**a**) (*examen*) **~ de** review of; **faire la ~ de** to review, go through; **une ~ de la presse hebdomadaire** a review of the weekly press.

(**b**) (*Mil: inspection des troupes*) inspection, review; (*parade*) march-past, review.

(**c**) (*magazine*) (*à fort tirage, illustré*) magazine; (*spécialisée*) journal; (*érudite*) review. **~ porno**‡ skin *ou* girlie magazine‡.

(**d**) (*spectacle*) (*satirique*) revue; (*de variétés*) variety show *ou* performance. **~ à grand spectacle** revue spectacular.

(**e**) (*loc*) **passer en ~** (*Mil*) to pass in review, review, inspect; (*fig: énumérer mentalement*) to go over in one's mind, pass in review, go through; **être de la ~*** to lose out.

2: (*Mil*) **revue d'armement** arms inspection; (*Mil*) **revue de détail** kit inspection; **revue de presse** review of the press *ou* papers.

révulsé, e [Revylse] (*ptp de se révulser*) *adj* **yeux** rolled upwards (*attrib*); *visage* contorted.

révulser (se) [Revylse] (1) *vpr* *[visage]* to contort; *[yeux]* to roll upwards.

révulsif, -ive [Revylsif, iv] (*Méd*) **1** *adj* revulsant. **2** *nm* revulsant, revulsive.

révulsion [Revylsjɔ̃] *nf* (*Méd, fig*) revulsion.

rewriter¹ [RiRajte] (1) *vt* to edit, rewrite (*US*).

rewriter² [Rirajtœʀ] *nm* editor, rewriter (*US*).

rewriting [Rirajtiŋ] *nm* editing, rewriting (*US*).

Reykjavik [Rekjavik] *n* Reykjavik.

rez-de-chaussée [Redʃose] *nm inv* ground floor (*Brit*), first floor (*US*). **au ~** on the ground floor *etc*; **habiter un ~** to live in a ground-floor flat (*Brit*) *ou* in a first-floor apartment (*US*).

rez-de-jardin [Redʒaʀdɛ̃] *nm inv* garden level. **appartement en ~** garden flat (*Brit*) *ou* apartment (*US*).

R.F. *abrév de* **République française;** *V* **république.**

R.F.A. [ɛʀɛfa] *nf abrév de* **République fédérale d'Allemagne;** *V* **république.**

R.G. [ɛʀʒe] *nmpl abrév de* **renseignements généraux;** *V* **renseignement.**

rhabillage [Rabijaʒ] *nm:* **pendant le ~ des mannequins** while the models were (*ou* are) dressing (again) *ou* were (*ou* are) putting their clothes back on.

rhabiller [Rabije] (1) **1** *vt* (**a**) **~ qn** (*lit*) to dress sb again, put sb's clothes back on; (*lui racheter des habits*) to fit sb out again, reclothe sb.

(**b**) *édifice* to renovate. **un immeuble rhabillé façon moderne** a renovated and modernized building.

2 se rhabiller *vpr* to put one's clothes back on, dress (o.s.) again. **va te ~!**‡, **tu peux aller te ~!**‡ you've had it!*

rhabituer [Rabitɥe] (1) = **réhabituer.**

rhapsode [Rapsɔd] *nm* rhapsode.

rhapsodie [Rapsɔdi] *nf* rhapsody.

rhème [Rɛm] *nm* rheme.

rhénan, e [Renã, an] *adj* (*Géog*) Rhine (*épith*), of the Rhine; (*Art*) Rhenish.

Rhénanie [Renani] *nf* Rhineland. **~-Palatinat** Rhineland-Palatinate.

rhénium [Renjɔm] *nm* rhenium.

rhéostat [Reɔsta] *nm* rheostat.

rhésus [Rezys] *nm* (**a**) (*Méd*) rhesus. **~ positif/négatif** rhesus *ou* Rh positive/negative; *V* **facteur.** (**b**) (*Zool*) rhesus monkey.

rhéteur [Retœʀ] *nm* (*Hist*) rhetor.

rhétique [Retik] *adj* rhetic.

rhétoricien, -ienne [Retɔʀisjɛ̃, jɛn] *nm,f* (*lit, péj*) rhetorician.

rhétorique [Retɔʀik] **1** *nf* rhetoric; *V* **figure, fleur. 2** *adj* rhetorical.

rhéto-roman, e [Retɔʀɔmã, an] **1** *adj* Rhaeto-Romanic. **2** *nm* (*Ling*) Rhaeto-Romanic.

Rhin [Rɛ̃] *nm:* **le ~** the Rhine.

rhinite [Rinit] *nf* rhinitis (*T*).

rhinocéros [Rinɔseʀɔs] *nm* rhinoceros, rhino. **~ d'Asie** Indian rhinoceros; **~ d'Afrique** (African) white rhinoceros.

rhinolaryngite [Rinɔlaʀɛ̃ʒit] *nf* sore throat, throat infection, rhinolaryngitis (*T*).

rhinologie [Rinɔlɔʒi] *nf* rhinology.

rhinopharyngé, e [Rinɔfaʀɛ̃ʒe] *adj*, **rhinopharyngien, -ienne** [Rinɔfaʀɛ̃ʒjɛ̃, jɛn] *adj* nose and throat (*épith*), rhinopharyngeal (*T*).

rhinopharyngite [Rinɔfaʀɛ̃ʒit] *nf* sore throat, throat infection, rhinopharyngitis (*T*).

rhinopharynx [Rinɔfaʀɛ̃ks] *nm* nose and throat, rhinopharynx (*T*).

rhizome [Rizɔm] *nm* rhizome.

rhodanien, -ienne [Rɔdanjɛ̃, jɛn] *adj* Rhone (*épith*), of the Rhone.

Rhode Island [Rɔdajlãd] *nm* Rhode Island.

Rhodes [Rɔd] *n* Rhodes. **l'île de ~** the island of Rhodes; *V* **colosse.**

Rhodésie [Rɔdezi] *nf* Rhodesia.

rhodésien, -ienne [Rɔdezjɛ̃, jɛn] **1** *adj* Rhodesian. **2** *nm,f:* **R~(ne)** Rhodesian.

rhodium [Rɔdjɔm] *nm* rhodium.

rhododendron [Rɔdɔdɛ̃dʀɔ̃] *nm* rhododendron.

rhombe [Rɔ̃b] *nm* (†: *losange*) rhomb, rhombus.

rhombique [Rɔ̃bik] *adj* rhombic.

rhomboïdal, e, *mpl* **-aux** [Rɔ̃bɔidal, o] *adj* rhomboid.

rhomboïde [Rɔ̃bɔid] *nm* rhomboid.

Rhône [Ron] *nm:* **le ~** the (river) Rhone.

rhovyl [Rɔvil] *nm* ® vinyl.

rhubarbe [Rybaʀb(ə)] *nf* rhubarb.

rhum [Rɔm] *nm* rum. **~ blanc** white rum.

rhumatisant, e [Rymatizã, ãt] *adj*, *nm,f* rheumatic.

rhumatismal, e, *mpl* **-aux** [Rymatismal, o] *adj* rheumatic.

rhumatisme [Rymatism(ə)] *nm* rheumatism (*U*). **avoir un ~ ou des ~s dans le bras** to have rheumatism in one's arm; **~ articulaire** rheumatoid arthritis (*U*); **~ déformant** polyarthritis.

rhumatologie [Rymatɔlɔʒi] *nf* rheumatology.

rhumatologiste [Rymatɔlɔʒist(ə)] *nmf*, **rhumatologue** [Rymatɔlɔg] *nmf* rheumatologist.

rhume [Rym] *nm* cold. **attraper un (gros) ~** to catch a (bad *ou* heavy) cold; **~ de cerveau** head cold; **~ des foins** hay fever.

rhumerie [Rɔmʀi] *nf* (*distillerie*) rum distillery.

rhyolit(h)e [Rjɔlit] *nf* rhyolite.

ria [Rija] *nf* ria.

riant, e [Rjã, ãt] *adj* *paysage* smiling; *atmosphère, perspective* cheerful, pleasant, happy; *visage* cheerful, smiling, happy.

ribambelle [Ribãbɛl] *nf:* **~ de** *enfants* swarm *ou* herd *ou* flock of; *animaux* herd of; *noms* string of.

ribaud [Ribo] *nm* (†† *ou hum*) bawdy *ou* ribald fellow.

ribaude†† [Ribod] *nf* trollop†‡, bawdy wench††.

riboflavine [Ribɔflavin] *nf* riboflavin.

ribonucléique [Ribɔnykleik] *adj:* **acide ~** ribonucleic acid.

ribote [Ribɔt] *nf* († *ou **) merrymaking (*U*), revel, carousing† (*U*). **être en ~, faire ~** to make merry, carouse†.

ribouldingue*† [Ribuldɛ̃g] *nf* spree, binge*. **deux jours de ~** two days on the spree *ou* the binge*; **faire la ~** to go on the spree *ou* the binge*.

ribouler† [Ribule] (1) *vi:* **~ des yeux** to roll one's eyes.

ricain, e‡ [Rikɛ̃, ɛn] (*péj*) **1** *adj* Yank(ee)* (*péj*). **2** *nm,f:* **R~(e)** Yank(ee)*.

ricanement [Rikanmã] *nm* (*V* **ricaner**) snigger, sniggering (*U*); giggle, giggling (*U*); nervous *ou* self-conscious *ou* embarrassed laugh *ou* laughter (*U*).

ricaner [Rikane] (1) *vi* (*méchamment*) to snigger; (*bêtement*) to giggle (away); (*avec gêne*) to laugh nervously *ou* self-consciously, give a nervous *ou* an embarrassed laugh.

ricaneur, -euse [Rikanœʀ, øz] (*V* **ricaner**) **1** *adj* sniggering; giggling. **2** *nm,f* sniggerer; giggler.

Richard [Riʃaʀ] *nm* Richard. (*Hist*) **~ Cœur de Lion** Richard (the) Lionheart.

richard, e* [Riʃaʀ, aʀd(ə)] *nm,f* (*péj*) moneybags* (*inv*).

riche [Riʃ] **1** *adj* (**a**) (*nanti*) *personne* rich, wealthy, well-off (*attrib*); *pays* rich. **il est ~ à millions** he is enormously wealthy; **~ comme Crésus** as rich as Croesus, fabulously rich *ou* wealthy; **c'est un ~ parti** he (*ou* she) is an excellent match; **faire un ~ mariage** to marry into a wealthy family, marry (into) money; **vous savez, nous ne sommes pas ~s** we're by no means rich *ou* we're not very well-off, you know.

(**b**) (*luxueux*) *étoffes, bijoux* rich, costly; *coloris* rich; *mobilier* sumptuous, costly. **je vous donne ce stylo, mais ce n'est pas un ~ cadeau** I'll give you this pen but it's not much of a gift; **ça fait ~*** it looks plush(y)* *ou* expensive *ou* posh*.

(**c**) (*fertile, consistant*) *terre, aliment, mélange, sujet* rich. **le français est une langue ~** French is a rich language; **c'est une ~ idée** that's a great* *ou* grand idea; **c'est une ~ nature** he (*ou* she) is a person of immense resources *ou* qualities.

(**d**) (*abondant*) *moisson* rich; *végétation* rich, lush; *collection* large, rich; *vocabulaire* rich, wide. il y a une documentation très ~ sur ce sujet there is a wealth of *ou* a vast amount of information on this subject.

(e) ~ en *calories, gibier, monuments* rich in; ~ de *possibilités, espérances* full of; ~ en protéines with a high protein content, rich in protein; alimentation ~ en protéines/cellulose végétale high protein/high-fibre diet; je ne suis pas ~ en sucre I'm not very well-off for sugar; c'est une aventure ~ d'enseignements you learn a great deal from this venture, this venture is a tremendous learning experience; il est revenu, ~ de souvenirs he returned with a wealth of memories.

2 *nmf* rich *ou* wealthy person. les ~s the rich, the wealthy.

richelieu [ʀiʃəljø] *nm (chaussure)* Oxford.

richement [ʀiʃmɑ̃] *adv récompenser, vêtir* richly; *décoré, meublé* richly, sumptuously. marier ~ sa fille to marry one's daughter into a wealthy family, find a rich *ou* wealthy match *ou* husband for one's daughter; ~ illustré richly *ou* lavishly illustrated, with lavish *ou* copious illustrations.

richesse [ʀiʃɛs] *nf* **(a)** *[personne, pays]* wealth. la ~ ne l'a pas changé wealth *ou* being rich hasn't altered him; vivre dans la ~ to be wealthy *ou* very comfortably off; ce n'est pas la ~, mais c'est mieux que rien* it's not exactly the lap of luxury but it's better than nothing.

(b) *[ameublement, décor]* sumptuousness, costliness, richness; *[étoffe, coloris]* richness.

(c) *[sol, texte, aliment, collection]* richness; *[végétation]* richness, lushness. la ~ de son vocabulaire the richness of his vocabulary, his wide *ou* rich vocabulary; la ~ de cette documentation the abundance *ou* fullness of the information; la ~ en calcium de cet aliment the high calcium content of this food; la ~ en matières premières/en gibier de cette région the abundance of raw materials/of game in this region; la ~ en pétrole/en minéraux du pays the country's abundant *ou* vast oil/mineral resources.

(d) *(fig: bien)* blessing. la santé est une ~ good health is a great blessing *ou* is a boon, it's a blessing to be healthy.

(e) ~s *(argent)* riches, wealth; *(ressources)* wealth; *(fig: trésors)* treasures; entasser des ~s to pile up riches; la répartition des ~s d'un pays the distribution of a country's wealth; l'exploitation des ~s naturelles the exploitation of natural resources; découvrir les ~s d'un art/d'un musée to discover the treasures of an art/a museum; montrez-nous toutes vos ~s show us all your precious possessions *ou* all your treasures.

richissime [ʀiʃisim] *adj* fabulously rich *ou* wealthy.

ricin [ʀisɛ̃] *nm* castor oil plant; *V* huile.

ricocher [ʀikɔʃe] (1) *vi [balle de fusil]* to rebound, ricochet; *[pierre etc]* to rebound; *(sur l'eau)* to bounce. ~ sur to rebound *ou* ricochet off, rebound *ou* glance off, bounce on *ou* off; faire ~ un caillou sur l'eau to skim a pebble across the water, make a pebble bounce on the water.

ricochet [ʀikɔʃɛ] *nm (gén)* rebound; *[balle de fusil]* ricochet; *[caillou sur l'eau]* bounce. faire ~ *(lit)* to rebound *(sur* off), bounce *(sur* on, off); *(fig)* to rebound; il a été blessé par ~ he was wounded by a ricocheting bullet *ou* as the bullet rebounded; *(fig)* par ~, il a perdu son emploi as an indirect result he lost his job; (s'amuser à) faire des ~s to skim pebbles; il a fait **4** ~s he made the pebble bounce 4 times.

ric-rac‡ [ʀikʀak] *adv (de justesse)* by the skin of one's teeth; *payer* on the nail*. quand on lui confie un travail, il le fait toujours ~ when you give him a job to do he's always spot on with it*.

rictus [ʀiktys] *nm (sourire grimaçant)* grin; *[animal, dément]* (snarling) grimace. ~ moqueur/cruel mocking *ou* sardonic/cruel grin.

ride [ʀid] *nf [peau, pomme]* wrinkle *(de* in); *[eau, sable]* ripple *(de* on, in), ridge *(de* in). les ~s de son front the wrinkles *ou* lines on his forehead; visage creusé de ~s deeply lined face, wrinkled face.

rideau, *pl* ~x [ʀido] **1** *nm* **(a)** *(draperie)* curtain. tirer les ~x *(fermer)* to draw *ou* close the curtains *ou* drapes *(US)*, draw the curtains to; *(ouvrir)* to draw the curtains, pull *ou* draw the curtains back; *(fig)* tirer le ~ sur *passé, défaut* to draw a veil over.

(b) *(Théât)* curtain. ~ à **8 heures** the curtain rises at 8 o'clock, (the) curtain's at 8 (o'clock); ~! *(cri des spectateurs)* curtain!; *(*fig: *assez)* that's enough!, I've had enough!

(c) *[boutique]* shutter; *[cheminée]* register, blower; *[secrétaire, classeur]* roll shutter; *[appareil-photo]* shutter.

(d) *(fig: écran)* ~ de *arbres, verdure* curtain *ou* screen of; *policiers, troupes* curtain of; *pluie* curtain *ou* sheet of.

2: rideaux bonne femme looped curtains *ou* drapes *(US)*; rideau de fer *[boutique]* metal shutter(s); *[théâtre]* (metal) safety curtain; *(Pol)* le rideau de fer the Iron Curtain; les pays au-delà du rideau de fer the Iron Curtain countries, the countries behind the Iron Curtain; rideau de fumée smoke screen; rideaux de lit bed hangings *ou* curtains.

ridelle [ʀidɛl] *nf [camion, charrette]* slatted side.

rider [ʀide] (1) **1** *vt peau, fruit* to wrinkle; *front [colère, soucis]* to wrinkle; *[âge]* to line with wrinkles; *eau* to ripple, ruffle the surface of; *sable, neige* to ruffle *ou* wrinkle the surface of.

2 se rider *vpr* to become wrinkled, become lined with wrinkles; to ripple, become rippled. à ces mots, son front se rida his forehead wrinkled *ou* he wrinkled his forehead at these words.

ridicule [ʀidikyl] **1** *adj* **(a)** *(grotesque) personne, conduite, vêtement* ridiculous, ludicrous, absurd; *prétentions* ridiculous, laughable; *superstition* ridiculous, silly. se rendre ~ aux yeux de tous to make o.s. (look) ridiculous *ou* make a fool of o.s. *ou* make o.s. look a fool in everyone's eyes; ça le rend ~ it makes him look ridiculous *ou* a fool; ne sois pas ~ don't be ridiculous *ou* silly *ou* absurd.

(b) *(infime) prix* ridiculous, ridiculously low; *quantité* ridiculous, ridiculously small.

2 *nm* **(a)** *(absurdité)* ridiculousness, absurdity. le ~ de la conversation ne lui échappait pas he was well aware of the absurdity of the conversation; je ne sais pas si vous saisissez tout le ~ de la situation I don't know if you realize just how absurd *ou* ridiculous the situation is *ou* if you realize the full absurdity of the situation; il y a quelque ~ à faire ... it is rather ridiculous to do ...; c'est d'un ~ achevé it's perfectly *ou* utterly ridiculous; se donner le ~ de ... to be ridiculous enough to ...; *V* tourner.

(b) le ~ ridicule; tomber dans le ~ *[personne]* to make o.s. ridiculous, become ridiculous; *[film]* to become ridiculous; s'exposer au ~ to expose o.s. *ou* lay o.s. open to ridicule; avoir le sens du ~ to have a sense of the ridiculous; la peur du ~ (the) fear of ridicule *ou* of appearing ridiculous; le ~ ne tue pas ridicule has never been the unmaking of anyone, ridicule never killed anyone; tourner qn en ~ to ridicule sb, make sb an object of ridicule; couvrir qn de ~ to heap ridicule on sb, make sb look ridiculous.

(c) *(travers)* ~s silliness *(U)*, ridiculous *ou* silly ways, absurdities; les ~s humains the absurdities of human nature; les ~s d'une classe sociale the ridiculous ways *ou* the (little) absurdities of a social class.

ridiculement [ʀidikylmɑ̃] *adv vêtu, bas* ridiculously; *marcher, chanter* in a ridiculous way.

ridiculiser [ʀidikylize] (1) **1** *vt personne, défaut, doctrine* to ridicule, hold up to ridicule. **2 se ridiculiser** *vpr* to make o.s. (look) ridiculous, make a fool of o.s.

rien [ʀjɛ̃] **1** *pron indéf* **(a)** *(avec ne)* nothing. je n'ai ~ entendu I didn't hear anything, I didn't hear a thing, I heard nothing; ~ ne le fera reculer nothing will make him go back; il n'y a ~ qui puisse m'empêcher de there's nothing that could prevent me from; il n'y a ~ que je ne fasse pour elle there's nothing I wouldn't do for her; on ne pouvait plus ~ pour elle there was nothing more *ou* else to be done for her, nothing more could be done for her; il n'y a plus ~ there's nothing left; je ne crois plus à ~ I don't believe in anything any more; *V* comprendre, risquer, valoir.

(b) ~ de + *adj, ptp* nothing; ~ d'autre nothing else; ~ de plus nothing more *ou* else *ou* further; ~ de moins nothing less; ~ de neuf nothing new; il n'y a ~ eu de volé nothing was stolen, there was nothing stolen; nous n'avons ~ d'autre *ou* de plus à ajouter we have nothing else *ou* more *ou* further to add; il n'est ~ de tel qu'une bonne pêche there's nothing like *ou* nothing to beat a good peach, you can't beat a good peach*; cela n'a ~ d'impossible there's nothing impossible about it, that's perfectly possible; ~ de plus facile nothing easier; elle a fait ce qu'il fallait, ~ de plus, ~ de moins she did all she had to, nothing more nor less *ou* nothing more, nothing less.

(c) ~ que: ~ que la chambre coûte déjà très cher the room alone already costs a great deal; la vérité, ~ que la vérité the truth and nothing but the truth; ~ qu'à le voir, j'ai deviné just looking at him I guessed, just looking at him was enough to let me guess; je voudrais vous voir, ~ qu'une minute could I see you just for a minute?; il le fait ~ que pour l'embêter* he does it just to annoy him.

(d) (= *quelque chose)* anything. avez-vous jamais ~ fait pour l'aider? have you ever done anything to help him?; as-tu jamais lu ~ de plus drôle? have you ever read anything funnier?; sans ~ qui le prouve without anything to prove it; sans que/avant que tu en saches ~ without your knowing/before you know anything about it; avez-vous jamais ~ vu de pareil? have you ever seen such a thing? *ou* anything like it? *ou* the like?

(e) *(intensif)* ~ au monde nothing on earth *ou* in the world; ~ du tout nothing at all; ~ de ~* nothing, absolutely nothing; il ne fait ~, mais ~ de ~* he does nothing, and I mean nothing *ou* but nothing (at all); je ne connais ~ au monde de plus bête I can't think of anything more stupid, I know of nothing on earth more stupid; deux ou trois fois ~ next to nothing.

(f) *(Sport)* nil, nothing; *(Tennis)* love. ~ à ~, ~ partout nothing all; love all; *(Tennis)* **15** à ~ 15 love.

(g) *(avec avoir, être, faire)* n'avoir ~ contre qn to have nothing against sb; il n'a ~ d'un politicien/d'un dictateur *etc* he's got nothing of the politician/dictator *etc* in *ou* about him; il n'a ~ de son père he's nothing *ou* not a bit like his father; n'être ~ *[personne]* to be a nobody; *[chose]* to be nothing; n'être ~ en comparaison de ... to be nothing compared to ...; il n'est ~ dans la maison he's a nobody *ou* he's nothing in the firm; n'être ~ à qn to be nothing to do with sb; il ne nous est ~ he's not connected with us, he's nothing to do with us; n'être pour ~ dans une affaire to have no hand in *ou* have nothing to do with an affair; on le croyait blessé, mais il n'en est ~ we thought he was injured but he's not at all *ou* he's nothing of the sort; élever **4 enfants**, ça n'est pas ~ bringing up 4 children is not exactly a picnic* *ou* is no mean feat; il ne fait (plus) ~ he doesn't work (any more); huit jours sans ~ faire a week doing nothing; il ne nous a ~ fait he hasn't done anything to us; cela ne lui fait ~ he doesn't mind *ou* care, it doesn't make any odds* *(Brit)* ou it doesn't matter to him; ça ne fait ~* it doesn't matter, never mind; ~ à faire! it's no good!, nothing doing!*, it's not on!* *(Brit)*.

(h) *(loc)* ~ à déclarer/signaler nothing to declare/report; je vous remercie — de ~* thank you — you're welcome *ou* don't mention it *ou* not at all; c'est cela *ou* ~ it's that *ou* nothing, take it or leave it; (c'est) mieux que ~ it's better than nothing; (c'est) moins que ~ it's nothing at all; ce que tu fais *ou* ~! your efforts are useless, you may as well not bother; ~ n'y fait! nothing's any good; c'est à moi, ~ qu'à moi it's mine and mine alone, it's mine and mine only; *(iro)* il voulait **500 F**, ~ que ça! he wanted 500 francs *(iro)*, he just *ou* only wanted 500 francs *(iro)*; une petite blessure de ~ (du tout) a trifling *ou* trivial little injury, a mere scratch; *(péj)* une fille de ~ a worthless girl; cela ne nous gêne en

~ **(du tout)** it doesn't bother us in any way *ou* in the least *ou* at all; **pour** ~ *(peu cher)* for a song, for next to nothing; *(inutilement)* for nothing; **on n'a** ~ **pour** ~ you get nothing for nothing, you get what you pay for; **ce n'est pas pour** ~ **que** ... it is not without cause *ou* good reason that ..., it's not for nothing that ... ; ~ **moins que sûr** anything but sure, not at all sure; **il ne s'agit de** ~ **moins qu'un crime** it's nothing less than a crime; **il ne s'agit de** ~ **(de) moins que d'abattre 2 forêts** it will mean nothing less than chopping down 2 forests; *(Prov)* ~ **ne sert de courir, il faut partir à point** *ou* **temps** slow and steady wins the race; *V* **comme, compter, dire** etc.

2 *nm* **(a)** *(néant)* nothingness.

(b) **un** ~ a mere nothing; **des** ~**s** trivia; **il a peur d'un** ~, **un** ~ l'effraie every little thing *ou* anything *ou* the slightest thing frightens him; **un** ~ **le fait rire** he laughs at every little thing *ou* at the slightest thing *ou* at anything at all; **un** ~ **l'habille** she looks good in the simplest thing; **il pleure pour un** ~ he cries at the drop of a hat *ou* at the slightest little thing; **comme un** ~* no bother*, no trouble (at all); **on fait Paris-Tokyo comme un** ~ **de nos jours** these days you can go from Paris to Tokyo no bother* (at all) *ou* (with) no trouble (at all).

(c) **un** ~ **de** a touch *ou* hint of; **mettez-y un** ~ **de muscade** add a touch *ou* a tiny pinch of nutmeg; **un** ~ **de vin** a taste of wine; **un** ~ **de fantaisie** a touch of fantasy; **avec un** ~ **d'ironie** with a hint *ou* touch of irony; **en un** ~ **de temps** in no time (at all), in next to no time.

(d) **un** ~ *(adv: gén* *)* a tiny bit, a shade, a fraction; **c'est un** ~ **bruyant ici** it's a bit *ou* a shade *ou* a fraction noisy in here.

(e) **c'est un/une** ~ **du tout** *(social)* he/she is a nobody; *(moral)* he/she is no good.

3 *adv* (*) *(très)* not half* *(Brit)*, really. **c'est** ~ **impressionnant cette cérémonie** this ceremony isn't half impressive* *(Brit) ou* is tremendously impressive; **il fait** ~ **froid ici** it isn't half cold* *(Brit) ou* it's damned cold‡ here; **ils sont** ~ **snobs** they aren't half snobs* *(Brit)*, they're really stuck up.

rieur, rieuse [ʀjœʀ, ʀjøz] **1** *adj personne* cheerful, merry; *yeux, expression* cheerful, laughing.

2 *nm,f*: **les** ~**s se turent** people stopped laughing; **avoir les** ~**s de son côté** to have the laughs on one's side, have people laughing with one rather than at one.

rififi [ʀififi] *nm (arg Crime)* trouble.

riflard*† [ʀiflaʀ] *nm (parapluie)* brolly* *(Brit)*, umbrella.

rigaudon [ʀigodɔ̃] *nm* rigadoon.

rigide [ʀiʒid] *adj* **(a)** *armature, tige* rigid, stiff; *muscle* stiff; *carton* stiff. **livre à couverture** ~ hardback (book), book with a stiff cover.

(b) *caractère* rigid, inflexible; *règle* strict, rigid, hard and fast; *classification, éducation* strict; *morale, politique* strict, rigid.

rigidement [ʀiʒidmã] *adv élever un enfant* strictly; *appliquer un règlement* strictly, rigidly.

rigidifier [ʀiʒidifje] (7) *vt (lit)* make rigid *ou* stiff; *(fig)* to rigidify.

rigidité [ʀiʒidite] *nf (V* **rigide)** rigidity, rigidness; stiffness; inflexibility; strictness. ~ **cadavérique** rigor mortis.

rigodon [ʀigodɔ̃] *nm* = **rigaudon.**

rigolade* [ʀigolad] *nf* **(a)** *(amusement)* **il aime la** ~ he likes a bit of fun *ou* a laugh*; **on a eu une bonne partie** *ou* **séance de** ~ it was *ou* we had a good laugh* *ou* a lot of fun; **quelle** ~, **quand il est entré!** what a laugh* *ou* a kill‡ *(Brit)* when he came in!; **il n'y a pas que la** ~ **dans la vie** having fun isn't the only thing in life; **il prend tout à la** ~ he thinks everything's a big joke *ou* laugh*, he makes a joke of everything.

(b) *(loc)* **démonter ça, c'est une** *ou* **de la** ~ taking that to pieces is child's play *ou* is a cinch*; **ce qu'il dit là, c'est de la** ~ what he says is a lot of *ou* a load of hooey‡; **ce procès est une (vaste)** ~ this trial is a (big) joke *ou* farce; **cette crème amaigrissante c'est de la** ~ this slimming cream is a complete con‡.

rigolard, e* [ʀigolaʀ, aʀd(ə)] *adj personne, air* grinning. **c'est un** ~ he's always ready for a laugh*, he likes a good laugh*.

rigole [ʀigol] *nf (canal)* channel; *(filet d'eau)* rivulet; *(Agr: sillon)* furrow. **la pluie avait creusé des** ~**s dans le sol** the rain had cut channels *ou* furrows in the earth; ~ **d'irrigation** irrigation channel; ~ **d'écoulement** drain.

rigoler* [ʀigole] (1) *vi* **(a)** *(rire)* to laugh. **quand il l'a su, il a bien rigolé** when he found out, he had a good laugh about it*; **il nous a bien fait** ~ he had us all laughing *ou* in stitches*; *(iro)* **tu me fais** ~ you make me laugh; *(iro)* **ne me fais pas** ~ don't make me laugh; **il n'y a pas de quoi** ~ that's nothing to laugh about, what's so funny?

(b) *(s'amuser)* to have (a bit of) fun, have (a bit of a) laugh*. **il aime** ~ he likes a bit of fun *ou* a good laugh*; **on a bien rigolé, en vacances** we had great fun *ou* a good laugh* on holiday; **chez eux on ne rigole pas** ~ **tous les jours!** it can't be much fun at home for them!

(c) *(plaisanter)* to joke. **tu rigoles!** you're kidding!* *ou* joking!; **je ne rigole pas** I'm not joking *ou* kidding*; **il ne faut pas** ~ **avec ces médicaments** you shouldn't mess about* *ou* fool about* with medicines like these; **il ne faut pas** ~ **avec ce genre de maladie** an illness like this has to be taken seriously *ou* can't be taken lightly; **j'ai dit ça pour** ~ it was only a joke, I only said it in fun *ou* for a laugh*.

rigolo, -ote* [ʀigolo, ɔt] **1** *adj film, histoire* funny, killing*; *personne* funny, comical. **il est** ~ *(plaisantin)* he's a laugh* *ou* a kill‡, he's funny; *(original)* he's comical *ou* funny, he's a comic; **ce qui lui est arrivé n'est pas** ~ what's happened to him is no joke *ou* is not funny; *(iro)* **vous êtes** ~, **vous, mettez-vous à ma place!** funny aren't you?* man you are funny — put yourself in my shoes!; **c'est** ~, **je n'avais jamais remarqué cela** that's funny *ou* odd, I had never noticed that.

2 *nm,f (amusant)* comic, wag; *(péj: fumiste)* fraud, phoney,

chancer‡ *(Brit)*. **c'est un sacré** ~ he likes a good laugh*, he's a real comic *ou* scream*; *(péj)* **c'est un (petit)** ~ he's a (little) chancer‡ *(Brit) ou* fraud.

3 *nm (‡: revolver)* gun, rod *(US)*.

rigorisme [ʀigɔʀism(ə)] *nm* rigorism, austerity, rigid moral standards.

rigoriste [ʀigɔʀist(ə)] **1** *adj* rigoristic, austere, rigid. **2** *nmf* rigorist, rigid moralist.

rigoureusement [ʀiguʀøzmã] *adv* **(a)** *punir, traiter* harshly; *raisonner, démontrer* rigorously; *appliquer, classifier* rigorously, strictly. **(b)** *(absolument)* **authentique, vrai** absolutely, utterly, entirely; *exact* rigorously; *interdit* strictly. **ce n'est pas** ~ **vrai** it's not entirely *ou* strictly true.

rigoureux, -euse [ʀiguʀø, øz] *adj* **(a)** *(sévère)* **punition, discipline** rigorous, harsh, severe; *mesures* rigorous, stringent, harsh; *(fig)* **climat** rigorous, harsh; *maître, moraliste* rigorous, strict, rigid. **hiver** ~ hard *ou* harsh winter.

(b) *(exact)* **raisonnement, style, méthode** rigorous; *définition, classification* rigorous, strict.

(c) *(absolu)* **interdiction, sens d'un mot** strict. **observation** ~**euse du règlement** strict observation of the rule; **ce n'est pas une règle** ~**euse** it's not a hard-and-fast *ou* an absolute and unbreakable rule.

rigueur [ʀigœʀ] *nf* **(a)** *(sévérité)* *[condamnation, discipline]* harshness, severity, rigour; *[mesures]* harshness, stringency, rigour; *[climat, hiver]* rigour, harshness. **punir qn avec toute la** ~ **de la loi** to punish sb with the utmost rigour of the law; **faire preuve de** ~ **à l'égard de qn** to be strict *ou* harsh with sb, be hard on sb; **traiter qn avec la plus grande** ~ to treat sb with the utmost rigour *ou* harshness *ou* severity; *(littér)* **les** ~**s du sort/de l'hiver** the rigours of fate/winter; *V* **arrêt, délai.**

(b) *(austérité)* *[morale]* rigour, rigidness, strictness; *[personne]* sternness, strictness. **la politique de** ~ **du gouvernement** the government's austerity measures; **la** ~ **économique** economic austerity.

(c) *(précision)* *[raisonnement, style, pensée]* rigour; *[calcul]* precision, exactness; *[définition, classification]* strictness, rigour, rigorousness. **manquer de** ~ to lack rigour.

(d) **tenir** ~ **à qn de n'être pas venu** to hold it against sb that he didn't come *ou* for not coming, refuse to forgive sb for not coming; **je ne vous en tiens pas** ~ I don't hold it against you; **à la** ~ at a pinch, if need be, in extreme circumstances *(frm)*; **on peut à l'extrême** ~ **remplacer le curry par du poivre** at a pinch *ou* if the worst comes to the worst *ou* if need be you can use pepper instead of curry powder; **un délit, à la** ~, **mais un crime non: le mot est trop fort** a minor offence possibly *ou* perhaps, but not a crime — that's too strong a word; **il pourrait à la** ~ **avoir gagné la côte, mais j'en doute** there is a faint possibility that he made it *ou* he may just possibly have made it back to the shore but I doubt it; **il est de** ~ **d'envoyer un petit mot de remerciement** it's the done thing to send a note of thanks; **la tenue de** ~ **est** ... the dress to be worn is ..., the accepted dress *ou* attire *(frm)* is ... ; **'tenue de soirée de** ~ **'** 'evening dress', 'dress: formal'.

rikiki [ʀikiki] *adj V* **riquiqui.**

rillettes [ʀijɛt] *nfpl* ≃ potted meat *(made from pork or goose)*, rillettes.

rillons [ʀijɔ̃] *nmpl* chopped pork cooked in fat and served cold.

rimailler [ʀimaje] (1) *vi (péj)* to write bits of verse, write poetry of a sort, versify.

rimailleur, -euse [ʀimajœʀ, øz] *nm,f (péj)* would-be poet, poet of a sort, rhymester, versifier.

rimaye [ʀimaj] *nf* bergschrund.

rimbaldien, -ienne [ʀɛ̃baldjɛ̃, jɛn] *adj* of Rimbaud.

rime [ʀim] *nf* rhyme. ~ **masculine/féminine** masculine/feminine rhyme; ~ **pauvre/riche** poor/rich rhyme; ~**s croisées** *ou* alternées alternate rhymes; ~**s plates** *ou* suivies rhyming couplets; ~**s embrassées** abba rhyme scheme; ~**s tiercées** terza rima; ~ **pour l'œil/l'oreille** rhyme for the eye/ear; **faire qch sans** ~ **ni raison** to do sth without either rhyme or reason; **cela n'a ni** ~ **ni raison** there's neither rhyme nor reason to it; *V* **diction-naire.**

rimer [ʀime] (1) **1** *vi* **(a)** *[mot]* to rhyme *(avec* with). *(fig)* **cela ne rime à rien** it does not make sense *ou* point in it; **à quoi cela rime-t-il?** what's the point of it? *ou* sense in it?; **économie ne rime pas toujours avec profit** saving doesn't necessarily go together with profit, saving and profit don't necessarily go hand in hand.

(b) *[poète]* to write verse *ou* poetry.

2 *vt* to put into verse. **poésie rimée** rhyming poetry *ou* verse.

rimeur, -euse [ʀimœʀ, øz] *nm,f (péj)* rhymester, would-be poet, versifier.

rimmel [ʀimɛl] *nm* ® mascara.

rinçage [ʀɛ̃saʒ] *nm (V* **rincer)** *(action)* rinsing out *ou* through; rinsing; *(opération)* rinse. **cette machine à laver fait 3** ~**s** this washing machine does 3 rinses.

rince- [ʀɛ̃s] *préf V* **rincer.**

rinceau, pl ~**x** [ʀɛ̃so] *nm (Archit)* foliage *(U)*, foliation *(U)*.

rincée [ʀɛ̃se] *nf* (*: averse) downpour; (‡: défaite, volée) thrashing*, licking*.

rincer [ʀɛ̃se] (3) **1** *vt (laver)* to rinse out *ou* through; *(ôter le savon)* to rinse. **rince le verre** give the glass a rinse, rinse the glass out; *(fig)* **se faire** ~* *(par la pluie)* to get drenched *ou* soaked; *(au jeu)* to get cleaned out*.

2 se rincer *vpr*: **se** ~ **la bouche** to rinse out one's mouth; **se** ~ **les mains** to rinse one's hands; **se** ~ **l'œil‡** to get an eyeful*; **se** ~ **la dalle‡** to wet one's whistle*.

3: rince-bouteilles *nm inv (machine)* bottle-washing machine;

(*brosse*) bottle-brush; **rince-doigts** *nm inv* (*bol*) finger-bowl; (*en papier*) (disposable) finger wipe.

rincette* [Rɛ̃sɛt] *nf* nip of brandy *etc*, little drop of wine (*ou* brandy *etc*).

rinçure [Rɛ̃syR] *nf* (*eau de lavage*) rinsing water; (*péj: mauvais vin*) dishwater (*péj*), foul-tasting *ou* lousy* wine (*ou* beer).

ring [Riŋ] *nm* (boxing) ring. **les champions du ~** boxing champions; **monter sur le ~** (*pour un match*) to go into the ring; (*faire carrière*) to take up boxing.

ringard¹ [Rɛ̃gaR] *nm* (*tisonnier*) poker.

ringard², **e*** [Rɛ̃gaR, aRd(ə)] *adj* (*démodé*) corny*, rinky-dink* (*US*). **c'est ~** it's corny* *ou* old hat*.

ripaille*† [Ripɑj] *nf* (*festin*) feast. **faire ~** to have a feast, have a good blow-out* (*Brit*).

ripailler*† [Ripɑje] (1) *vi* (*festoyer*) to feast, have a good blow-out* (*Brit*).

ripailleur, -euse* [RipɑjœR, øz] **1** *adj* revelling. **2** *nm,f* reveller.

ripaton‡ [Ripatɔ̃] *nm* (*pied*) foot, tootsy*.

riper [Ripe] (1) **1** *vi* (*déraper*) to slip. **2** *vt* (*aussi* **faire ~**: *déplacer*) *meuble, pierre, véhicule* to slide along.

ripolin [Ripɔlɛ̃] *nm* ® enamel paint. **passer qch au ~** to give sth a coat of enamel paint.

ripoliné, e [Ripɔline] *adj* enamel-painted.

riposte [Ripɔst(ə)] *nf* (*réponse*) retort, riposte; (*contre-attaque*) counter-attack, reprisal; (*Escrime*) riposte. **il est prompt à la ~** he always has a ready answer *ou* a quick retort.

riposter [Ripɔste] (1) **1** *vi* (**a**) (*répondre*) to answer back, riposte, retaliate. **~ à une insulte** to reply to an insult; **il riposta (à cela) par une insulte** he answered back *ou* retorted *ou* retaliated *ou* riposted with an insult, he flung back an insult; **~ à une accusation par une insulte** to counter an accusation by an insult; **savoir ~ à propos** to be ready with the right retort.

(**b**) (*contre-attaquer*) to counterattack, retaliate. **~ à coups de grenades** to retaliate by throwing grenades; **~ à une attaque** to counter an attack (*par* by).

(**c**) (*Escrime*) to riposte.

2 *vt*: **~ que** to retort *ou* riposte *ou* answer back that.

riquiqui* [Rikiki] *adj inv* (*portion*) tiny, mean, stingy*. **elle portait un chapeau ~** she was wearing a shabby little hat; **ça fait un peu ~** (*portion*) it looks a bit stingy*; (*manteau*) it looks pretty shabby *ou* grotty* (*Brit*).

rire [RiR] (36) **1** *vi* (**a**) to laugh. **~ aux éclats** *ou* **à gorge déployée** to roar with laughter, shake with laughter, laugh one's head off; **~ aux larmes** to laugh until one cries; **~ franchement** *ou* **de bon cœur** to laugh heartily; (*péj*) **~ bruyamment** to guffaw, roar with laughter; (*péj*) **~ comme un bossu** *ou* **comme une baleine** to laugh o.s. silly, be doubled up with laughter, split one's sides (laughing); **c'est à mourir** *ou* **crever* de ~** it's hilarious, it's awfully funny, you'd die laughing*; **la plaisanterie fit ~** the joke raised a laugh *ou* made everyone laugh; **ça ne me fait pas ~** I don't find it funny, I'm not amused, it doesn't make me laugh; **nous avons bien ri (de notre mésaventure)** we had a good laugh* (over our mishap); **ça m'a bien fait ~** that really made me laugh, that had me in fits*; **on va ~**: **il va essayer de sauter** we're in for a laugh* because he's going to try and jump; **il vaut mieux en ~ qu'en pleurer** it's better to look *ou* we (*ou* you *etc*) may as well look on the bright side of things; **il a pris les choses en riant** (*avec bonne humeur*) he saw the funny side of it; (*à la légère*) he laughed it off; **il n'y a pas de quoi ~** there's nothing to laugh about, it's no laughing matter; (*Prov*) **rira bien qui rira le dernier** he who laughs last laughs longest (*Brit*) *ou* best (*US*) (*Prov*).

(**b**) (*littér*) [*yeux*] to sparkle *ou* shine with happiness *ou* laughter; [*visage*] to shine with happiness.

(**c**) (*s'amuser*) to have fun, have a laugh*. **il ne pense qu'à ~** he only thinks of having fun; **il passe son temps à ~ avec ses camarades** he spends his time playing about (*Brit*) *ou* larking about (*Brit*) *ou* fooling around with his friends; **~ aux dépens de qn** to laugh *ou* have a laugh at sb's expense; **c'est un homme qui aime bien ~** he is a man who likes a bit of fun *ou* a good laugh*; **c'est maintenant qu'on va ~**! this is where the fun starts!; *V* histoire.

(**d**) (*plaisanter*) **vous voulez ~**! you're joking!, you must be joking!; **et je ne ris pas** and I'm not joking!; **sans ~, c'est vrai**? joking apart *ou* aside, is it true?, seriously, is it true?; **il a dit cela pour ~** he was only joking, he said it in fun, he didn't mean it; **il a fait cela pour ~** he did it for a joke *ou* laugh*; **c'était une bagarre pour ~** it was only a pretend fight, it wasn't a real fight.

(**e**) (*loc*) **~ dans sa barbe** *ou* **tout bas** to laugh to o.s., chuckle (away) to o.s.; **~ dans sa barbe** *ou* **sous cape** to laugh up one's sleeve, have a quiet laugh; **~ aux anges** [*personne*] to have a great beam *ou* a vacant grin on one's face, beam (away); [*bébé*] to smile happily in one's sleep; **~ au nez** *ou* **à la barbe de qn** to laugh in sb's face; **~ du bout des dents** *ou* **des lèvres** to force o.s. to laugh, laugh politely; **il faisait semblant de trouver ça drôle, mais en fait il riait jaune** he pretended he found it funny but in fact he had to force himself to laugh; **quand il apprendra la nouvelle il rira jaune** when he hears the news he'll laugh on the other side of his face (*Brit*) *ou* he won't find it funny; (*iro*) **vous me faites ~**!, **laissez-moi ~**! don't make me laugh!, you make me laugh! (*iro*).

2 **rire de** *vt indir* (*se moquer de*) *personne, défaut, crainte* to laugh at, scoff at. **il fait ~ de lui** people laugh at him *ou* make fun of him, he makes himself a laughing stock.

3 **se rire** *vpr*: **se ~ de** (*se jouer de: difficultés, épreuve* to make light of, take in one's stride; (*se moquer de*) *menaces, recommandations* to laugh off, laugh at; *personne* to laugh at, scoff at.

4 *nm* (*façon de rire*) laugh; (*éclat de rire*) laughter (*U*), laugh. **~s** laughter; **le ~** laughter; **un gros ~** a loud laugh, a guffaw; **un ~**

homérique a hearty *ou* booming laugh; **un petit ~ bête** a stupid giggle *ou* titter; **un ~ moqueur** a mocking *ou* scornful laugh; (*TV, Rad*) **~s préenregistrés** *ou* **en boîte*** canned laughter; **il y eut des ~s dans la salle quand** ... there was laughter in the room when ... ; **elle a un ~ bête** she has a silly *ou* stupid laugh; **elle eut un petit ~ méchant** she gave a wicked little laugh, she laughed wickedly; **il eut un petit ~ de satisfaction** he gave a little chuckle of satisfaction, he chuckled with satisfaction; **les ~s l'obligèrent à se taire** the laughter forced him to stop speaking, he was laughed down; *V* éclater, fou, mourir *etc*.

ris¹ [Ri] *nm* (**a**) (*Culin*) **~ de veau** calf sweetbread. (**b**) (*Naut*) reef.

ris² [Ri] *nm* (*littér: rire*) laugh, laughter (*U*).

risée [Rize] *nf* (**a**) **s'exposer à la ~ générale** to lay o.s. open to ridicule; **être un objet de ~** to be a laughing stock, be an object of ridicule; **être la ~ de toute l'Europe** to be *ou* make o.s. the laughing stock of Europe.

(**b**) (*Naut*) **~(s)** light breeze.

risette [Rizɛt] *nf*: **faire (une) ~ à qn** to give sb a nice *ou* little smile; **fais ~** (*au monsieur*) smile nicely (at the gentleman); (*fig*) **être obligé de faire des ~s au patron** to have to smile politely to the boss.

risible [Rizibl(ə)] *adj* (*ridicule*) *attitude* laughable, ridiculous, silly; (*comique*) *aventure* laughable, funny.

risiblement [Rizibləmɑ̃] *adv* ridiculously, laughably.

risque [Risk(ə)] *nm* (**a**) (*gén, Jur: danger*) risk. **~ calculé** calculated risk; **une entreprise pleine de ~s** a high-risk business; **c'est un ~ à courir** it's a risk one has to take *ou* run, one has to take *ou* run the risk; **il y a du ~ à faire cela** there's a risk in doing that, it's taking a risk doing that, it's risky doing *ou* to do that; **le goût du ~** a taste for danger; **ce qui paie, c'est le ~** it pays off to take risks, taking risks pays off; **on n'a rien sans ~** you don't get anywhere without taking risks, nothing ventured, nothing gained (*Prov*); **prendre tous les ~s** to take any number of risks; **il y a (un) ~ d'émeute/d'épidémie** there's a risk of an uprising/an epidemic; **à cause du ~ d'incendie** because of the fire risk *ou* the risk of fire; **cela constitue un ~ pour la santé** that is a health hazard *ou* health risk; (*Sociol*) **à ~ population** at risk; (*Fin*) **placement risky; à haut ~** high-risk (*épith*); (*fig*) **ne prendre aucun ~** to play (it) safe, take no risks; *V* assurance.

(**b**) (*loc*) (*hum*) **ce sont les ~s du métier** that's an occupational hazard (*hum*); **il n'y a pas de ~ qu'il refuse** there's no risk *ou* chance of his refusing, he isn't likely to refuse; **au ~ de le mécontenter/de se tuer/de sa vie** at the risk of displeasing him/of killing o.s./of his life; **c'est à tes ~s et périls** it's at your own risk, on your own head be it!

risqué, e [Riske] (*ptp de* **risquer**) *adj* (*hasardeux*) risky, dicey* (*Brit*); (*licencieux*) risqué, daring, coarse, off-color (*US*).

risquer [Riske] (1) **1** *vt* (**a**) (*mettre en danger*) *réputation, fortune, vie* to risk.

(**b**) (*s'exposer à*) *prison, renvoi, ennuis* to risk. **il risque la mort** he's risking death; **tu risques gros** you're taking a big risk, you're sticking your neck out*; **tu risques qu'on te le vole** you risk having it stolen; **qu'est-ce qu'on risque**? (*quels sont les risques*?) what do we risk?, what are the risks? *ou* dangers?; (*c'est sans danger*) what have we got to lose?, where's *ou* what's the risk?; **bien emballé, ce vase ne risque rien** packed like this the vase is *ou* will be quite safe; **ce vieux chapeau ne risque rien** this old hat doesn't matter at all, it doesn't matter what happens to this old hat.

(**c**) (*tenter*) to risk. **~ le tout pour le tout, ~ le paquet*** to risk *ou* chance the lot; **risquons le coup** let's chance it, let's take the chance; (*Prov*) **qui ne risque rien n'a rien** nothing ventured, nothing gained (*Prov*).

(**d**) (*hasarder*) *allusion, regard* to venture, hazard. **je ne risquerais pas un gros mot devant mon père** I wouldn't risk swearing *ou* take the risk of swearing in front of my father; **~ un œil derrière un mur** to venture a peep behind a wall; (*hum*) **~ un orteil dans l'eau** to venture a toe in the water.

(**e**) **~ de: tu risques de le perdre** (*éventualité*) you might (well) *ou* could (well) lose it; (*forte possibilité*) you could easily lose it; (*probabilité*) you're likely to lose it; **il risque de pleuvoir** it could *ou* may (well) rain, there's a chance of rain; **le feu risque de s'éteindre** the fire may (well) go out, there's a risk the fire may go out; **avec ces embouteillages, il risque d'être en retard** with these traffic jams he's likely to be late, these traffic jams could well make him late; **pourquoi ~ de tout perdre**? why should we risk losing *ou* take the risk of losing everything?; **ça ne risque pas (d'arriver)**! not a chance!, there's no chance *ou* danger of that (happening)!, that's not likely to happen!; **il ne risque pas de gagner** he hasn't got much chance of winning, there isn't much chance of him winning, he isn't likely to win.

2 **se risquer** *vpr*: **se ~ dans une grotte/sur une corniche** to venture inside a cave/onto a ledge; **se ~ dans une entreprise** to venture (up)on *ou* launch o.s. into an enterprise; **se ~ dans une aventure dangereuse** to risk one's neck *ou* chance one's luck in a dangerous adventure; **se ~ à faire qch** to venture *ou* dare to do sth; **je vais me ~ à faire un soufflé** I'll have a try *ou* a go *ou* I'm going to try my hand at making a soufflé.

risque-tout [Riskətu] *nmf inv* daredevil. **elle est ~, c'est une ~** she's a daredevil.

rissole [Risɔl] *nf* rissole.

rissoler [Risɔle] (1) **1** *vt* (*Culin: aussi* **faire ~**) to brown. **pommes rissolées** fried potatoes. **2** *vi* (**a**) (*Culin*) to brown. (**b**) (*hum: bronzer*) **se faire** *ou* **se laisser ~ sur la plage** to (lie and) roast (o.s.) on the beach.

ristourne [RisturnƏ] *nf* (*sur achat*) rebate, discount; (*sur cotisation*) rebate, refund. **faire une ~ à qn** to give sb a rebate *ou* a refund.

ristourner [Risturne] (1) *vt* to refund, give a rebate *ou* a refund of. **il m'a ristourné 2 F** he refunded me 2 francs, he gave me a 2 francs rebate, he gave me 2 francs back.

rital‡ [Rital] *nm (péj: Italien)* wop‡ *(péj)*.

rite [Rit] *nm (gén, Rel)* rite; *(fig: habitude)* ritual.

ritournelle [Riturnɛl] *nf (Mus)* ritornello. *(fig)* **c'est toujours la même** ~ it's always the same (old) story *ou* tune *ou* theme, he *(ou* she *etc)* is always harping on about that.

ritualiser [Ritɥalize] (1) *vt* to ritualize.

ritualisme [Ritɥalism(ə)] *nm* ritualism.

ritualiste [Ritɥalist(ə)] **1** *adj* ritualistic. **2** *nmf* ritualist.

rituel, -elle [Ritɥɛl] *adj, nm (gén)* ritual.

rituellement [Ritɥɛlmɑ̃] *adv (religieusement)* religiously, ritually; *(hum: invariablement)* invariably, unfailingly.

rivage [Rivaʒ] *nm* shore.

rival, e, *mpl* **-aux** [Rival, o] *adj, nm,f* rival. **sans** ~ unrivalled.

rivaliser [Rivalize] (1) *vi:* ~ **avec** *[personne]* to rival, compete with, vie with, emulate; *[chose]* to hold its own against, compare with; ~ **de générosité/de bons mots avec qn** to vie with sb *ou* try to outdo sb in generosity/wit, rival sb in generosity/wit; **ils rivalisaient de générosité** they vied with each other *ou* they tried to outdo each other in generosity; **il essaie de** ~ **avec moi** he's trying to emulate me *ou* to vie with me; **ses œuvres rivalisent avec les plus grands chefs-d'œuvre** his works rival the greatest masterpieces *ou* can hold their own against *ou* compare with the greatest masterpieces.

rivalité [Rivalite] *nf* rivalry.

rive [Riv] *nf* **(a)** *[mer, lac]* shore; *[rivière]* bank. **la R**~ **gauche** the Left Bank *(in Paris: a district noted for its student and intellectual life)*. **(b)** *(Tech) [four]* lip.

rivé, e [Rive] *(ptp de river) adj:* ~ **à bureau, travail** tethered *ou* tied to; *chaise* glued *ou* riveted to; **les yeux** ~**s sur moi/la tache de sang** (with) his eyes riveted on me/the bloodstain; **rester** ~ **sur place** to be *ou* stand riveted *ou* rooted to the spot; ~ **à la télé*** glued to the TV*.

river [Rive] (1) *vt* **(a)** *(Tech) clou* to clinch; *plaques* to rivet together. *(fig)* ~ **son clou à qn*** to shut sb up*. **(b)** *(littér: fixer)* ~ **qch au mur/au sol** to nail sth to the wall/ floor; **la poigne qui le rivait au sol** the tight grip which held him down on *ou* pinned him to the ground; **la haine/le sentiment qui les rivait ensemble** *ou* **l'un à l'autre** the hate/the sentiment which bound them to each other.

riverain, e [Rivʀɛ̃, ɛn] **1** *adj (d'un lac)* lakeside, waterside, riparian *(T)*; *(d'une rivière)* riverside, waterside, riparian *(T)*. *(d'une route)* **les propriétés** ~**es** the houses along the road; **les propriétés** ~**es de la Seine** the houses bordering on the Seine *ou* along the banks of the Seine. **2** *nm,f* lakeside resident; riverside resident; riparian *(T)*. **les** ~**s se plaignent du bruit des voitures** the residents of *ou* in the street complain about the noise of cars; **'interdit sauf aux** ~**s'** 'no entry except for access', 'residents only'.

rivet [Rivɛ] *nm* rivet.

rivetage [Rivtaʒ] *nm* riveting.

riveter [Rivte] (4) *vt* to rivet (together).

riveteuse [Rivtøz] *nf*, **riveuse** [Rivøz] *nf* riveting machine.

rivière [Rivjɛʀ] *nf (lit, fig)* river; *(Équitation)* water jump. ~ **de diamants** diamond rivière; *V* **petit**.

rixe [Riks(ə)] *nf* brawl, fight, scuffle.

Riyad [Rijad] *n* Riyadh.

riz [Ri] *nm* rice. ~ **Caroline** *ou* **à grains longs** long-grain rice; ~ **brun** *ou* **complet** brown rice; ~ **au lait** rice pudding; *(Culin)* ~ **créole** creole rice; *V* **curry, gâteau, paille** *etc*.

rizerie [Rizʀi] *nf* rice-processing factory.

riziculture [Rizikyltyʀ] *nf* rice-growing.

rizière [Rizjɛʀ] *nf* paddy-field, ricefield.

R.N. [ɛʀɛn] *nf abrév de* **route nationale;** *V* **route.**

robe [Rɔb] **1** *nf* **(a)** *[femme, fillette]* dress, frock. ~ **courte/ décolletée/d'été** short/low-necked/summer dress. **(b)** *[magistrat, prélat]* robe; *[professeur]* gown. *(Hist Jur)* **la** ~ the legal profession; *V* **gens[1], homme, noblesse. (c)** *[pelage] [cheval, fauve]* coat. **(d)** *(peau) [oignon]* skin; *[fève]* husk. **(e)** *[cigare]* wrapper, outer leaf. **(f)** *(couleur) [vin]* colour. **2: robe bain de soleil** sundress; **robe de bal** ball gown *ou* dress, evening dress *ou* gown; **robe de baptême** christening robe; **robe de chambre** dressing gown; *(Culin)* **pommes de terre en robe de chambre** *ou* **des champs** jacket *(Brit) ou* baked potatoes, potatoes in their jackets; **robe chasuble** pinafore dress; **robe chemisier** shirtwaister (dress) *(Brit)*, shirtwaist *(US)*; **robe de communion** *ou* **de communiante** first communion dress; **robe de grossesse** maternity dress; **robe d'intérieur** housecoat; **robe-manteau** *nf, pl* **robes-manteaux** coat-dress; **robe de mariée** wedding dress *ou* gown; **robe-sac** *nf, pl* **robes-sacs** sack dress; **robe du soir** evening dress *ou* gown; **robe-tablier** *nf, pl* **robes-tabliers** overall; **robe tunique** smock.

Robert [Rɔbɛʀ] *nm* Robert.

roberts‡ [Rɔbɛʀ] *nmpl (seins)* tits*,*, boobs‡.

robin†† [Rɔbɛ̃] *nm (péj)* lawyer.

robinet [Rɔbinɛ] *nm [évier, baignoire, tonneau]* tap *(Brit)*, faucet *(US)*. ~ **d'eau chaude/froide** hot/cold (water) tap *(Brit) ou* faucet *(US)*; ~ **mélangeur,** ~ **mitigeur** mixer tap *(Brit) ou* faucet *(US)*; ~ **du gaz** gas tap; ~ **d'arrêt** stopcock; *V* **problème.**

robinetterie [Rɔbinɛtʀi] *nf (installations)* taps, plumbing *(U)*; *(usine)* tap factory; *(commerce)* tap trade.

robinier [Rɔbinje] *nm* locust tree, false acacia.

roboratif, -ive [Rɔbɔʀatif, iv] *adj (littér) climat* bracing; *activité* invigorating; *vin, liqueur* tonic, stimulating.

robot [Rɔbo] *nm (lit, fig)* robot. ~ **ménager,** ~ **de cuisine** food processor; **avion** ~ remote-controlled aircraft; *V* **photo, portrait.**

robotique [Rɔbɔtik] *nf* robotics *(sg)*.

robotisation [Rɔbɔtizasjɔ̃] *nf* automation.

robotiser [Rɔbɔtize] (1) *vt* to automate.

robre [Rɔbʀ(ə)] *nm (Bridge)* rubber.

robusta [Rɔbysta] *nm (café)* robusta.

robuste [Rɔbyst(ə)] *adj personne* robust, sturdy; *santé* robust, sound; *plante* robust, hardy; *voiture* robust, sturdy; *moteur, machine* robust; *foi* firm, strong.

robustement [Rɔbystəmɑ̃] *adv* robustly, sturdily.

robustesse [Rɔbystɛs] *nf (V* **robuste)** robustness; sturdiness; soundness; hardiness; firmness, strength.

roc[1] [Rɔk] *nm (lit, fig)* rock; *V* **bâtir, dur.**

roc[2] [Rɔk] *nm (Myth)* (oiseau) ~ roc.

rocade [Rɔkad] *nf (route)* bypass; *(Mil)* communications line.

rocaille [Rɔkaj] **1** *adj objet, style* rocaille. **2** *nf* **(a)** *(cailloux)* loose stones; *(terrain)* rocky *ou* stony ground. **(b)** *(jardin)* rockery, rock garden. **plantes de** ~ rock plants. **(c)** *(Constr)* **grotte/fontaine en** ~ grotto/fountain in rockwork.

rocailleux, -euse [Rɔkajø, øz] *adj terrain* rocky, stony; *style* rugged; *son, voix* harsh, grating.

rocambolesque [Rɔkɑ̃bɔlɛsk(ə)] *adj aventures, péripéties* fantastic, incredible.

rochassier, -ière [Rɔʃasje, jɛʀ] *nm,f* rock climber.

roche [Rɔʃ] *nf (gén)* rock. ~**s sédimentaires/volcaniques** sedimentary/volcanic rock(s); ~ **lunaire** moon rock; *(Naut)* **fond de** ~ rock bottom; *V* **aiguille, coq[1], cristal** *etc*.

rocher [Rɔʃe] *nm* **(a)** *(bloc)* rock; *(gros, lisse)* boulder; *(substance)* rock. **le** ~ **de Sisyphe** the rock of Sisyphus; **le** ~ **de Gibraltar** the Rock of Gibraltar; *(Alpinisme)* **faire du** ~ to go rock climbing. **(b)** *(Anat)* petrosal bone. **(c)** *(en chocolat)* chocolate.

rochet [Rɔʃɛ] *nm* **(a)** *(Rel)* ratchet. **(b)** *(Tech)* **roue à** ~ ratchet wheel.

rocheux, -euse [Rɔʃø, øz] *adj récit, terrain, lit* rocky. **paroi** ~**euse** rock face; *V* **montagne.**

rock [Rɔk] *nm (Myth)* = **roc².**

rock (and roll) [Rɔk(ɛnʀɔl)] *nm (musique)* rock-'n'-roll; *(danse)* jive. **ballet/comédie musicale** ~ rock ballet/musical; **le** ~ **punk** punk rock.

rocker [Rɔkœʀ] *nm (chanteur)* rock musician; *(admirateur)* rock fan.

rocking-chair, *pl* **rocking-chairs** [Rɔkinʃɛʀ] *nm* rocking chair.

rococo [Rɔkɔko] **1** *nm (Art)* rococo. **2** *adj inv (Art)* rococo; *(péj)* old-fashioned, outdated.

rodage [Rɔdaʒ] *nm (V* **roder)** running in *(Brit)*, breaking in *(US)*; grinding. **'en** ~**'** 'running in' *(Brit)*, 'breaking in' *(US)*; **pendant le** ~ during the running in *(Brit) ou* breaking-in *(US)* period; **ce spectacle a demandé un certain** ~ the show took a little while to get over its teething troubles *ou* get into its stride; *(Aut)* ~ **de soupapes** valve grinding.

rodéo [Rɔdeo] *nm* rodeo; *(fig)* free-for-all.

roder [Rɔde] (1) *vt véhicule, moteur* to run in *(Brit)*, break in *(US)*; *soupape* to grind. *(fig)* **il faut** ~ **ce spectacle/ce nouveau service** we have to let this show/this new service get into its stride, we have to give this show/this new service time to get over its teething troubles; **il n'est pas encore rodé** *[personne]* he hasn't yet got the hang of things* *ou* got into the way of things, he is not yet broken in; *[organisme]* it hasn't yet got into its stride, it is not yet run in properly; **ce spectacle est maintenant bien rodé** the show is really running well *ou* smoothly now, all the initial problems in the show have been ironed out.

rôder [Rode] (1) *vi (au hasard)* to roam *ou* wander about; *(de façon suspecte)* to loiter *ou* lurk (about *ou* around); *(être en maraude)* to prowl about, be on the prowl. ~ **autour d'un magasin** to hang *ou* lurk around a shop; ~ **autour d'une femme** to hang around a woman.

rôdeur, -euse [Rodœʀ, øz] *nm,f* prowler.

Rodolphe [Rɔdɔlf] *nm* Rudolph, Rudolf.

rodomontade [Rɔdɔmɔ̃tad] *nf (littér) (vantarde)* bragging *(U)*, boasting *(U)*; *(menaçante)* sabre rattling *(U)*; bluster *(U)*.

Rogations [Rɔgasjɔ̃] *nfpl (Rel)* Rogations.

rogatoire [Rɔgatwaʀ] *adj (Jur)* rogatory; *V* **commission.**

rogatons [Rɔgatɔ̃] *nmpl (péj)* scraps (of food), left-overs.

Roger [Rɔʒe] *nm* Roger.

rogne* [Rɔɲ] *nf* anger. **être en** ~ to be (hopping) mad* *ou* really ratty* *(Brit)*, be in a paddy* *(Brit)*; **se mettre en** ~ to get (hopping) mad* *ou* really ratty* *(Brit)*, blow one's top* *(contre* at); **mettre qn en** ~ to make *ou* get sb (hopping) mad* *ou* really ratty* *(Brit)*, get sb's temper up; **il était dans une telle** ~ **que ...** he was in such a (foul) temper *ou* such a paddy* *(Brit)* that ..., he was so mad* *ou* ratty* *(Brit)* that ...; **ses** ~**s duraient des jours** his tempers lasted for days.

rogner [Rɔɲe] (1) *vt* **(a)** *(couper) ongle, page, plaque* to trim; *griffe* to clip, trim; *aile, pièce d'or* to clip. ~ **les ailes à qn** to clip sb's wings. **(b)** *(réduire) prix* to whittle down, cut down; *salaire* to cut back *ou* down, whittle down. ~ **sur dépense, prix** to cut down on, cut back on.

rognon [Rɔɲɔ̃] *nm (Culin)* kidney; *(Géol)* nodule.

rognures [Rɔɲyʀ] *nfpl [métal]* clippings, trimmings; *[papier, cuir]* clippings; *[ongles]* clippings, parings; *[viande]* scraps.

rogomme [Rɔgɔm] *nm:* **voix de** ~ hoarse *ou* rasping voice.

rogue [Rɔg] *adj* offensive, haughty, arrogant.

roi [Rwa] **1** *nm* **(a)** *(souverain, Cartes, Echecs)* king. *(Rel)* **les R**~**s** the Three Kings *ou* Wise Men; **le jour des R**~**s** *(fg)* Twelfth Night; *(Rel)* Epiphany; *(Bible)* **le livre des R**~**s** (the Book of) Kings; **tirer les** ~**s** to eat Twelfth Night cake; **le** ~ **n'est pas son cousin!**

he's very full of himself *ou* very conceited (*péj*), he's as pleased *ou* as proud as Punch; **travailler pour le ~ de Prusse** to receive no reward for one's pains; *V* **bleu, camelot** *etc*.

   (b) (*fig*) **le ~ des animaux/de la forêt** the king of the beasts/of the forest; **~ du pétrole** oil king; **les ~s de la finance** the kings of finance; **un des ~s de la presse/du textile** one of the press/textile barons *ou* kings *ou* magnates *ou* tycoons; **X, le ~ des fromages** X, the leading *ou* first name in cheese(s), X, the cheese king (*hum*); **c'est le ~ de la resquille!*** he's a master *ou* an ace at getting something for nothing; **tu es vraiment le ~ (des imbéciles)!*** you really are a prize idiot!*, you really take the cake (for sheer stupidity)!*; **c'est le ~ des cons**** he's the world's biggest bloody cretin** (*Brit*), he's a total asshole** (*US*); **c'est le ~ des salauds**** he's the world's biggest bastard**.

   2: (*Hist*) **les rois fainéants** the last Merovingian kings; (*Bible*) **les Rois mages** the Magi, the Three Wise Men; **le Roi des Rois** the Kings of Kings; **le Roi-Soleil** the Sun King.

roide [Rwad], **roideur** [Rwadœɛʀ], **roidir** [Rwadiʀ] = **raide, raideur, raidir**.

roitelet [Rwatlɛ] *nm* (*péj*) kinglet, petty king; (*Orn*) wren. **~ huppé** goldcrest.

Roland [Rɔlɑ̃] *nm* Roland.

rôle [Rol] *nm* (a) (*Théât, fig*) role, part. **premier ~** lead, leading *ou* major role *ou* part; **second/petit ~** supporting/minor role *ou* part; **~ muet** non-speaking part; **~ de composition** character part *ou* role; **savoir son ~** to know one's part *ou* lines; **distribuer les ~s** to cast the parts; **je lui ai donné le ~ de Lear** I gave him the role *ou* part of Lear, I cast him as Lear; **jouer un ~** to play a part, act a role; (*fig*) **il joue toujours les seconds ~s** he always plays second fiddle; **il joue bien son ~ de jeune cadre** he acts his role of young executive *ou* plays the part of a young executive well; **renverser les ~s** to reverse the roles; *V* **beau**.

   (b) (*fonction, statut*) [*personne*] role, part; [*institution, système*] role, function; (*contribution*) part; (*travail, devoir*) job. **il a un ~ important dans l'organisation** he plays an important part *ou* he has an important part to play *ou* he has an important role in the organization; **quel a été son ~ dans cette affaire?** what part did he play in this business?; **ce n'est pas mon ~ de vous sermonner mais ...** it isn't my job *ou* place to lecture you but ...; **le ~ de la métaphore chez Lawrence** the role of metaphor *ou* the part played by metaphor in Lawrence; **la télévision a pour ~ de ...** the role *ou* function of television is to ... .

   (c) (*registre*) (*Admin*) roll; (*Jur*) cause-list. **~ d'équipage** muster (roll); **~ d'impôt** tax list *ou* roll; *V* **tour²**.

rollmops [Rɔlmɔps] *nm* rollmop.

ROM [Rɔm] *nf* (*Ordin*) ROM.

romain, e [Rɔmɛ̃, ɛn] **1** *adj* (*gén*) Roman. **2** *nm, f*: **R~(e)** Roman; *V* **travail¹**. **3 romaine** *nf*: (laitue) **~e** cos (lettuce) (*Brit*), romaine (lettuce) (*US*); (balance) **~e** steelyard.

romaïque [Rɔmaik] *adj, nm* Romaic, demotic Greek.

roman¹ [Rɔmɑ̃] **1** *nm* (a) (*livre*) novel; (*fig: récit*) story. (*genre*) **le ~** the novel; **ils ne publient que des ~s** they only publish novels *ou* fiction; **ça n'arrive que dans les ~s** it only happens in novels *ou* fiction *ou* stories; **sa vie est un vrai ~** his life is a real storybook *ou* is like something out of a storybook; **c'est tout un ~*** it's a long story, it's a real saga; *V* **nouveau**.

   (b) (*Littérat*) *œuvre médiévale*) romance. **~ courtois** courtly romance; **le R~ de la Rose/de Renart** the Roman de la Rose/de Renart, the Romance of the Rose/of Renart.

   2: **roman d'amour** (*lit*) love story; (*fig*) love story, (storybook) romance; **roman d'analyse** psychological novel; **roman d'anticipation** futuristic novel, science-fiction novel; **roman d'aventures** adventure story; **roman de cape et d'épée** historical romance; **roman de chevalerie** tale of chivalry; **roman à clefs** roman à clef; **roman d'épouvante** horror story; **roman d'espionnage** spy thriller *ou* story, cloak-and-dagger story; **roman-feuilleton** *nm, pl* **romans-feuilletons** serialized novel, serial; **roman-fleuve** roman fleuve, saga; **roman historique** historical novel; **roman de mœurs** social novel; **roman noir** (*Hist*) Gothic novel; (*policier*) violent thriller; **roman-photo** *nm, pl* **romans-photos** photo romance, photo love story; **roman policier** detective novel *ou* story, whodunit*; **roman de science-fiction** science fiction novel; **roman (de) série noire** thriller.

roman², e [Rɔmɑ̃, an] **1** *adj* (*Ling*) Romance (*épith*), Romanic; (*Archit*) Romanesque. **2** *nm* (*Ling*) **le ~** (commun) late vulgar Latin; (*Archit*) **le ~** the Romanesque.

romance [Rɔmɑ̃s] *nf* (a) (*chanson*) sentimental ballad, lovesong. **les ~s napolitaines** the Neapolitan lovesongs; *V* **pousser**. (b) (*Littérat, Mus*) ballad, romance.

romancer [Rɔmɑ̃se] (3) *vt* (*présenter sous forme de roman*) to make into a novel; (*agrémenter*) to romanticize; *V* **biographie, histoire**.

romanche [Rɔmɑ̃ʃ] *adj, nm* Ro(u)mansh.

romancier [Rɔmɑ̃sje] *nm* novelist.

romancière [Rɔmɑ̃sjɛʀ] *nf* (woman) novelist.

romand, e [Rɔmɑ̃, ɑ̃d] *adj* of French-speaking Switzerland. **les R~s** the French-speaking Swiss; *V* **suisse**.

romanesque [Rɔmanɛsk(ə)] **1** *adj* (a) *histoire* fabulous, fantastic; *amours* storybook (*épith*); *aventures* storybook (*épith*), fabulous; *personne, tempérament, imagination* romantic.

   (b) (*Littérat*) *récit, traitement* novelistic. **la technique ~** the technique(s) of the novel; *œuvre* **~** novels, fiction (*U*).

   2 *nm* [*imagination, personne*] romantic side. **elle se réfugiait dans le ~** she took refuge in fancy.

romanichel, -elle [Rɔmaniʃɛl] *nm, f* gipsy.

romanisant, e [Rɔmanizɑ̃, ɑ̃t] **1** *adj* (*Rel*) romanist; (*Ling*) specializing in Romance languages. **2** *nm, f* (*linguiste*) romanist, specialist in Romance languages.

romaniser [Rɔmanize] (1) *vt* (*gén*) to romanize.

romaniste [Rɔmanist(ə)] *nmf* (*Jur, Rel*) romanist; (*Ling*) romanist, specialist in Romance languages.

romano [Rɔmano] *nm* (*péj*) gippo* (*péj*).

romantique [Rɔmɑ̃tik] **1** *adj* romantic. **2** *nmf* romantic(ist).

romantisme [Rɔmɑ̃tism(ə)] *nm* romanticism. **le ~** the Romantic Movement.

romarin [Rɔmaʀɛ̃] *nm* rosemary.

rombière* [Rɔ̃bjɛʀ] *nf* (*péj*) old biddy* (*péj*).

Rome [Rɔm] *n* Rome; *V* **tout**.

Roméo [Rɔmeo] *nm* Romeo.

rompre [Rɔ̃pʀ(ə)] (41) **1** *vt* (a) (*faire cesser*) *relations diplomatiques, fiançailles, pourparlers* to break off; *silence, monotonie, enchantement* to break; (*ne pas respecter*) *traité, marché* to break. **~ l'équilibre** to upset the balance; **~ le Carême** to break Lent *ou* the Lenten fast; (*littér*) **~ le charme** to break the spell.

   (b) (*casser*) *branche* to break; *pain* to break (up). **il faut ~ le pain, non le couper** bread should be broken not cut; **il rompit le pain et distribua les morceaux** he broke (up) the bread and handed the pieces around; (*fig littér*) **tu nous romps la tête avec ta musique** you're deafening us with your music; (*fig littér*) **je vais lui ~ les côtes** I'm going to tan his hide; (*lit, fig*) **~ ses chaînes** to break one's chains; (*Naut*) **~ ses amarres** to break (loose from) its moorings; (*Mil*) **~ le front de l'ennemi** to break through the enemy front; **la mer a rompu les digues** the sea has broken (through) *ou* burst the dikes; *V* **applaudir, glace¹**.

   (c) (*littér*) **~ qn à un exercice** to break sb in to an exercise.

   (d) (*loc*) **~ une lance** *ou* **des lances pour qn** to take up the cudgels for sb; **~ une lance** *ou* **des lances contre qn** to cross swords with sb; (*Mil*) **~ les rangs** to fall out, dismiss; (*Mil*) **rompez (les rangs)!** dismiss!, fall out!

   2 *vi* (a) (*se séparer de*) **~ avec qn** to break with sb, break off one's relations with sb; **ils ont rompu (leurs fiançailles)** they've broken it off, they've broken off their engagement; **~ avec de vieilles habitudes/la tradition** to break with old habits/tradition; **il n'a pas le courage de ~** he hasn't got the courage to break it off.

   (b) [*corde*] to break, snap; [*digue*] to burst, break.

   (c) (*Boxe, Escrime*) to break. (*fig*) **~ en visière avec** to quarrel openly with; (*Mil*) **~ le combat** to withdraw from the engagement.

   3 **se rompre** *vpr* (*se briser*) [*câble, corde, branche, chaîne*] to break, snap; [*digue*] to burst, break; [*veine*] to burst, rupture. **se ~ une veine** to burst *ou* rupture a blood vessel; **il va se ~ les os** *ou* **le cou** he's going to break his neck.

rompu, e [Rɔ̃py] (*ptp de* **rompre**) *adj* (a) (*fourbu*) **~ (de fatigue)** exhausted, worn-out, tired out; **~ de travail** exhausted by overwork.

   (b) (*expérimenté*) **~ aux affaires** with wide business experience; **~ aux privations/à la discipline** accustomed *ou* inured to hardship/discipline; **il est ~ à toutes les ficelles du métier/au maniement des armes** he is experienced in *ou* familiar with all the tricks of the trade/the handling of firearms; *V* **bâton**.

romsteck [Rɔmstɛk] *nm* (*viande*) rumpsteak (*U*); (*tranche*) piece of rumpsteak.

ronce [Rɔ̃s] *nf* (a) (*branche*) bramble branch. (*buissons*) **~s** brambles, thorns; (*Bot*) **~ (des haies)** blackberry bush, bramble (bush); **il a déchiré son pantalon dans les ~s** he tore his trousers on *ou* in the brambles.

   (b) (*Menuiserie*) **~ de noyer** burr walnut; **~ d'acajou** figured mahogany.

ronceraie [Rɔ̃sʀɛ] *nf* bramble patch, briar patch.

Roncevaux [Rɔ̃s(ə)vo] *n* Roncesvalles.

ronchon [Rɔ̃ʃɔ̃] **1** *adj* grumpy, grouchy*. **2** *nm* grumbler, grouch(er)*, grouser*.

ronchonnement [Rɔ̃ʃɔnmɑ̃] *nm* grumbling, grousing*, grouching*.

ronchonner [Rɔ̃ʃɔne] (1) *vi* to grumble, grouse*, grouch* (*après* at). **..., ronchonna-t-il ...,** he grumbled.

ronchonneur, -euse [Rɔ̃ʃɔnœʀ, øz] **1** *adj* grumpy, grouchy*. **2** *nm, f* grumbler, grouser*, grouch(er)*.

rond, e [Rɔ̃, Rɔ̃d] **1** *adj* (a) (*gén*) *objet, forme, visage* round; *pièce, lit* circular, round; (*fig*) **~ des ~s** table *etc*.

   (b) (*gras*) *visage, joue* round, chubby, plump; *fesse* plump, well-rounded; *mollet* (well-)rounded, well-turned; *poitrine* full, (well-)rounded; *ventre* plump, tubby. **une petite femme toute ~e** a plump little woman.

   (c) (*net*) round. **chiffre ~** round number *ou* figure; **ça fait 50 F tout ~** it comes to exactly 50 francs, it comes to a round 50 francs; **ça coûte 29 F/31 F, disons 30 F pour faire un compte ~** it costs 29 francs/31 francs, let's round it up/down to 30 francs *ou* let's say 30 francs to make a round figure; **être ~ en affaires** to be straightforward *ou* straight* *ou* on the level* in business matters, do a straight deal*.

   (d) (*: *soûl*) drunk, tight*. **être ~ comme une bille** *ou* **comme une queue de pelle** to be blind *ou* rolling drunk*.

   2 *nm* (a) (*cercle dessiné*) circle, ring. **faire des ~s de fumée** to blow smoke rings; **faire des ~s dans l'eau** to make rings *ou* circular ripples in the water; **le verre a fait des ~s sur la table** the glass has made rings on the table.

   (b) (*tranche*) [*carotte, saucisson*] slice, round (*Brit*); (*objet*) [*cuisinière*] ring. **~ de serviette** serviette (*Brit*) *ou* napkin ring; *V* **baver, flan**.

   (c) (*: *sou*) **~s** lolly* (*U*), cash* (*U*); **avoir des ~s** to be loaded*, be rolling in it*, have plenty of cash*; **il n'a pas le** *ou* **un ~** he hasn't got a penny (to his name) *ou* a cent *ou* a brass farthing (*Brit*); **il n'a plus le** *ou* **un ~** he hasn't got a penny left, he's (stony (*Brit*) *ou* stone (*US*) *ou* flat) broke*; **ça doit valoir des ~s!** that must cost a heck of a lot!*, that must be worth a penny or two (*Brit*) *ou* a mint!*; **pièce de 10/20** ~s 10-centime/20-centime piece.

(**d**) (*loc*) **en** ~ in a circle *ou* ring; **s'asseoir/danser en** ~ to sit/dance in a circle *ou* ring; *V* **empêcher, tourner.**

3 *adv*: **avaler qch tout** ~ to swallow sth whole; *V* **tourner.**

4 ronde *nf* (**a**) (*tour de surveillance*) *[gardien, soldats]* rounds (*pl*), patrol; *[policier]* beat, patrol, rounds (*pl*); (*patrouille*) patrol. **faire sa** ~**e** to be on one's rounds *ou* on the beat *ou* on patrol; **sa** ~**e dura plus longtemps** he took longer doing his rounds; **il a fait 3** ~**es aujourd'hui** he has been on his rounds 3 times today, he has covered his beat 3 times today; ~**e de nuit** night rounds (*pl*), night beat *ou* patrol; (*patrouille*) night patrol; **ils virent passer la** ~**e** they saw the soldiers pass on their rounds; *V* **chemin.**

(**b**) (*danse*) round (dance), dance in a ring; (*danseurs*) circle, ring. ~**e villageoise/enfantine** villagers'/children's dance (*in a ring*); **faites la** ~**e** dance round in a circle *ou* ring.

(**c**) (*Mus: note*) semibreve (*Brit*), whole note (*US*).

(**d**) (*Écriture*) roundhand.

(**e**) (*loc*) **à 10 km à la** ~**e** for 10 km round, within a 10-km radius; **à des kilomètres à la** ~**e** for miles around; **passer qch à la** ~**e** to pass sth round; **boire à la** ~**e** to pass *ou* hand the bottle (*ou* cup *etc*) round.

5: ronde(-)bosse *nf, pl* **rondes(-)bosses** (sculpture in the) round; (*péj*) **rond-de-cuir** *nm, pl* **ronds-de-cuir** penpusher (*péj*), clerk; (*Danse*) **rond de jambes** rond de jambe; (*fig*) **faire des ronds de jambes** to bow and scrape (*péj*); **rond-point** *nm, pl* **rondspoints** (*carrefour*) roundabout (*Brit*), traffic circle (*US*); (*dans nom de lieu: place*) circus (*Brit*).

rondeau, *pl* ~**x** [R̃do] *nm* (*Littérat*) rondeau; (*Mus*) rondo.

rondelet, -ette [R̃dlɛ, ɛt] *adj femme* plumpish, nicely rounded; *enfant* chubby, plumpish; *bourse* well-lined; *salaire, somme* tidy (*épith*).

rondelle [R̃dɛl] *nf* (**a**) (*Culin*) *[carotte, saucisson]* slice, round (*Brit*). **couper en** ~**s** to slice, cut into rounds (*Brit*) *ou* slices.

(**b**) (*disque de carton, plastique etc*) disc; *[boulon]* washer; *[canette de bière]* ring; *[bâton de ski]* basket.

rondement [R̃dmã] *adv* (**a**) (*efficacement*) briskly. **mener** ~ **une affaire** to deal briskly with a piece of business.

(**b**) (*franchement*) frankly, outspokenly. **je vais parler** ~ I shan't beat about the bush, I'm going to be frank *ou* to speak frankly.

rondeur [R̃dœR] *nf* (**a**) *[bras, personne, joue]* plumpness, chubbiness; *[visage]* roundness, plumpness, chubbiness; *[poitrine]* fullness; *[mollet]* roundness. (*hum*) **les** ~**s d'une femme** (*formes*) a woman's curves *ou* curviness; (*embonpoint*) a woman's plumpness *ou* chubbiness.

(**b**) *[terre]* roundness.

(**c**) (*bonhomie*) friendly straightforwardness, easy-going directness. **avec** ~ with (an) easy-going directness.

rondin [R̃dɛ̃] *nm* log; *V* **cabane.**

rondo [R̃do] *nm* rondo.

rondouillard, e* [R̃dujaR, aRd(ə)] *adj* (*péj*) tubby, podgy (*Brit*), pudgy (*US*). **c'est un petit** ~ he's a dumpy *ou* tubby *ou* podgy little chap (*Brit*) *ou* guy*.

Ronéo [Rɔneo] *nf* ® mimeo, roneo ®.

ronéoter [Rɔneɔte] (1) *vt*, **ronéotyper** [Rɔneɔtipe] (1) *vt* to duplicate, roneo ®, mimeo.

ronflant, e [R̃flã, ãt] *adj* (*péj*) *promesse* high-flown, grand (-sounding).

ronflement [R̃fləmã] *nm* (*V* **ronfler**) snore, snoring (*U*); hum(ming) (*U*); roar, roaring (*U*); purr(ing) (*U*); throbbing (*U*).

ronfler [R̃fle] (1) *vi* (**a**) *[dormeur]* to snore; *[toupie]* to hum; *[poêle, feu]* (*sourdement*) to hum; (*en rugissant*) to roar; *[moteur]* (*sourdement*) to purr, throb; (*en rugissant*) to roar. **faire** ~ **son moteur** to rev up one's engine; **il actionna le démarreur et le moteur ronfla** he pressed the starter and the engine throbbed *ou* roared into action.

(**b**) (*: dormir*) to snore away, be out for the count* (*Brit*).

ronfleur, -euse [R̃flœR, øz] **1** *nm, f* snorer. **2** *nm* *[téléphone]* buzzer.

ronger [R̃ʒe] (3) **1** *vt* (**a**) *[souris]* to gnaw *ou* eat away at, gnaw *ou* eat into; *[rouille, acide, vers, pourriture]* to eat into; *[mer]* to wear away, eat into; *[eczéma]* to pit. ~ **un os** *[chien]* to gnaw (at) a bone; *[personne]* to pick a bone, gnaw (at) a bone; **les chenilles rongent les feuilles** caterpillars are eating away *ou* are nibbling (at) the leaves; **rongé par les vers** worm-eaten; **rongé par la rouille** eaten into by rust, pitted with rust; *[cheval]*, (*fig*) ~ **son frein** to champ at the bit; *V* **os.**

(**b**) (*fig*) *[maladie]* to sap (the strength of); *[chagrin, pensée]* to gnaw *ou* eat away at. **le mal qui le ronge** the evil which is gnawing *ou* eating away at him; **rongé par la maladie** sapped by illness.

2 se ronger *vpr*: **se** ~ **les ongles** to bite one's nails; **se** ~ **de soucis, se** ~ **les sangs** to worry o.s., fret; **se** ~ **les sangs pour savoir comment faire qch** to agonize over how to do sth; **elle se ronge (de chagrin)** she is eating her heart out, she is tormented with grief.

rongeur, -euse [R̃ʒœR, øz] *adj, nm* rodent.

ronron [R̃R̃] *nm [chat]* purr(ing) (*U*); *[moteur]* purr(ing) (*U*), hum(ming) (*U*); (*péj*) *[discours]* drone (*U*), droning (on) (*U*).

ronronnement [R̃Rɔnmã] *nm* (*V* **ronronner**) purr (*U*), purring (*U*); hum (*U*), humming (*U*).

ronronner [R̃Rɔne] (1) *vi [chat]* to purr; *[moteur]* to purr, hum. (*fig*) **il ronronnait de satisfaction** he was purring with satisfaction.

roque [Rɔk] *nm* (*Échecs*) castling. **grand/petit** ~ castling queen's/king's side.

roquefort [RɔkfɔR] *nm* Roquefort (cheese).

roquer [Rɔke] (1) *vi* (*Échecs*) to castle; (*Croquet*) to roquet.

roquet [Rɔkɛ] *nm* (*péj*) (*chien*) (nasty little) lap-dog; (*personne*) illtempered little runt*.

roquette [Rɔkɛt] *nf* (*Mil*) rocket; *V* **lancer.**

rosace [Rozas] *nf [cathédrale]* rose window, rosace; *[plafond]* (ceiling) rose; (*Broderie*) Tenerife motif; (*figure géométrique*) rosette.

rosacé, e [Rozase] **1** *adj* (*Bot*) rosaceous. **2 rosacée** *nf* (**a**) (*Méd*) rosacea. (**b**) (*Bot*) rosaceous plant. ~**es** Rosaceae, rosaceous plants.

rosaire [RozeR] *nm* rosary. **réciter son** ~ to say *ou* recite the rosary, tell one's beadst.

Rosalie [Rozali] *nf* Rosalyn, Rosalind, Rosalie.

rosat [Roza] *adj inv pommade, miel* rose (*épith*). **huile** ~ oil of roses.

rosâtre [RozatR(ə)] *adj* pinkish.

rosbif [Rɔsbif] *nm* (**a**) (*rôti*) roast beef (*U*); (*à rôtir*) roasting beef (*U*). **un** ~ a joint of (roast) beef; a joint of (roasting) beef. (**b**) (‡*péj: Anglais*) ≃ limey* (*péj*).

rose [Roz] **1** *nf* (*fleur*) rose; (*vitrail*) rose window; (*diamant*) rose diamond. (*Prov*) **pas de** ~**s sans épines** no rose without a thorn (*Prov*); *V* **bois, bouton** *etc*.

2 *nm* (*couleur*) pink; *V* **vieux.**

3 *adj* (**a**) (*gén*) *joues, teint* pink; (*plein de santé*) rosy. ~ **bonbon** candy-pink; ~ **saumoné** *ou* **saumon** salmon pink; *V* **crevette, flamant, tendre²**.

(**b**) (*loc*) **tout n'est pas** ~, **ce n'est pas tout** ~ it's not all roses *ou* all rosy, it's not a bed of roses; **voir la vie** *ou* **tout en** ~ to see everything through rose-coloured glasses *ou* spectacles; **sa vie n'était pas bien** ~ his life was not a bed of roses.

4: Rose-croix (*nf inv*) (*confrérie*) Rosicrucians (*pl*); (*nm inv*) (*membre*) Rosicrucian; (*grade de franc-maçonnerie*) Rose-croix; **rose d'Inde** African marigold; **rose de Noël** Christmas rose; **rose pompon** button rose; **rose des sables** gypsum flower; **rose-thé** *nf, pl* **roses-thé** tea rose; **rose trémière** hollyhock; **rose des vents** compass card.

rosé, e¹ [Roze] **1** *adj couleur* pinkish; *vin* rosé. **2** *nm* rosé (wine).

roseau, *pl* ~**x** [Rozo] *nm* reed.

rosée² [Roze] *nf* dew. **couvert** *ou* **humide de** ~ *prés, herbe* dewy, covered in *ou* with dew; *sac de couchage, objet laissé dehors* wet with dew; *V* **goutte.**

roséole [Rozeɔl] *nf* (*Méd*: *éruption*) roseola.

roseraie [RozRɛ] *nf* (*jardin*) rose garden; (*plantation*) rosenursery.

rosette [Rozɛt] *nf* (*nœud*) bow; (*insigne*) rosette; (*Archit, Art, Bot*) rosette. **avoir la** ~ to be an officer of the Légion d'honneur; (*Culin*) ~ **de Lyon** (*type of*) slicing sausage.

rosicrucien, -ienne [RozikRysjɛ̃, jɛn] *adj, nm, f* Rosicrucian.

rosier [Rozje] *nm* rosebush, rose tree. ~ **nain/grimpant** dwarf/climbing rose.

rosière [RozjɛR] *nf* (*Hist*) *village maiden publicly rewarded for her chastity*; (*hum*) innocent maiden.

rosiériste [RozjeRist(ə)] *nmf* rose grower.

rosir [RoziR] (2) **1** *vi [ciel, neige]* to grow *ou* turn pink; *[visage, personne]* to go pink, blush slightly. **2** *vt ciel, neige* to give a pink(ish) hue *ou* tinge to.

rosse [Rɔs] **1** *nf* (**a**) († *péj: cheval*) nag.

(**b**) (‡*péj: méchant*) (*homme*) beast*, swine‡; (*femme*) beast*, bitch‡. **ah les** ~**s!** the (rotten) swine!‡, the (rotten) beasts!*

2 *adj* (*péj*) *critique, chansonnier* beastly* (*Brit*), nasty, vicious; *caricature* nasty, vicious; *coup, action* lousy*, rotten*, beastly* (*Brit*); *maître, époux* beastly* (*Brit*), horrid; *femme, patronne* bitchy‡, beastly* (*Brit*), horrid. **tu as vraiment été** ~ (*envers lui*) you were really beastly* (*Brit*) *ou* horrid (to him).

rossée [Rɔse] *nf* (*, †*) thrashing, (good) hiding, hammering*.

rosser [Rɔse] (1) *vt* (‡: *frapper*) to thrash, give a (good) hiding to. **se faire** ~ to get a (good) hiding *ou* a thrashing *ou* a hammering*. (**b**) (‡: *vaincre*) to thrash, lick*, hammer*.

rosserie [RɔsRi] *nf* (*V* **rosse**) (**a**) (*caractère*) beastliness* (*Brit*); nastiness, viciousness; lousiness*, rottenness*; horridness; bitchiness‡.

(**b**) (*propos*) beastly* (*Brit*) *ou* nasty *ou* bitchy‡ remark; (*acte*) lousy* *ou* rotten* *ou* beastly* (*Brit*) trick.

rossignol [Rosiɲɔl] *nm* (**a**) (*Orn*) nightingale. (**b**) (‡: *invendu*) unsaleable article, piece of junk*. (**c**) (*clef*) picklock.

rossinante [Rosinãt] *nf* (†, *hum*) (old) jade, old nag.

rostre [RɔstR(ə)] *nm* (*éperon*) rostrum. (*tribune*) ~**s** rostrum.

rot [Ro] *nm* belch, burp*; *[bébé]* burp. **faire** *ou* **lâcher un** ~ to belch, burp*, let out a belch *ou* burp*; **le bébé a fait son** ~ the baby has done his (little) burp *ou* has got his wind up (*Brit*).

rôt†† [Ro] *nm* roast.

rotarien [RɔtaRjɛ̃] *nm* Rotarian.

rotatif, -ive [Rɔtatif, iv] **1** *adj* rotary. **2 rotative** *nf* rotary press.

rotation [Rɔtasjɔ̃] *nf* (**a**) (*mouvement*) rotation. **mouvement de** ~ rotating movement, rotary movement *ou* motion; **corps en** ~ rotating body, body in rotation; **vitesse de** ~ speed of rotation.

(**b**) (*alternance*) *[matériel, stock]* turnover; *[avions, bateaux]* frequency (of service). **la** ~ **du personnel** (*à des tâches successives*) the rotation of staff; (*départs et embauche*) the turnover of staff; **médecin qui est de garde par** ~ **tous les mois** doctor who is on duty each month on a rota basis *ou* system; ~ **des cultures** rotation of crops.

rotatoire [RɔtatwaR] *adj* rotatory, rotary.

roter* [Rɔte] (1) *vi* to burp*, belch. **en** ~‡ to have a rough *ou* tough time of it, go through the mill *ou* through it; **il nous en a fait** ~‡ he gave us a rough time, he put us through the mill *ou* through it.

rôti [Roti] *nm* (*Culin*) (*au magasin*) joint, roasting meat (*U*); (*au four, sur la table*) joint, roast, roast meat (*U*). ~ **de bœuf/porc** joint of beef/pork, roasting beef/pork (*U*); joint of beef/pork, roast beef *ou* pork (*U*).

rôtie [Roti] *nf* (†, *dial*) piece *ou* slice of toast.

rotin [Rotɛ̃] *nm* (a) (*fibre*) rattan (cane). **fauteuil de ~** cane (arm)-chair. (b) (†, *: sou*) penny, cent. **il n'a pas un ~** he hasn't got a penny *ou* cent to his name.

rôtir [Rotir] (2) **1** *vt* (*Culin: aussi* **faire ~**) to roast. **poulet/agneau rôti** roast chicken/lamb.
2 *vi* (*Culin*) to roast; [*estivants, baigneur*] to roast, be roasting hot. **on rôtit ici!** it's roasting *ou* scorching (hot) *ou* sweltering here!, we're roasting (hot) *ou* sweltering here!
3 se rôtir *vpr*: **se ~ au soleil** to bask in the sun.

rôtisserie [Rotisri] *nf* (*dans noms de restaurant*) rotisserie, steak-house, grill and griddle; (*boutique*) shop selling roast meat.

rôtisseur, -euse [Rotisœr, øz] *nm,f* (*traiteur*) seller of roast meat; (*restaurateur*) steakhouse proprietor.

rôtissoire [Rotiswar] *nf* rotisserie, (roasting) spit.

rotogravure [Rotogravyr] *nf* rotogravure.

rotonde [Rotɔ̃d] *nf* (*Archit*) rotunda; (*Rail*) engine shed (*Brit*), roundhouse (*US*). **édifice en ~** circular building.

rotondité [Rotɔ̃dite] *nf* (a) (*sphéricité*) roundness, rotundity (*frm*). (b) (*hum: embonpoint*) plumpness, rotundity (*hum*). **~s** [*femme*] plump curves.

rotophare [Rotofar] *nm* (*Aut*) revolving *ou* flashing light (*on police car etc*).

rotoplots‡ [Rotoplo] *nmpl* tits‡, boobs‡, knockers‡.

rotor [Rotɔr] *nm* rotor.

rotule [Rotyl] *nf* (a) (*Anat*) kneecap, patella (*T*). **être sur les ~s*** to be dead beat* *ou* all in*. (b) (*Tech*) ball-and-socket joint.

rotulien, -ienne [Rotyljɛ̃, jɛn] *adj* patellar.

roture [Rotyr] *nf* (*absence de noblesse*) common rank. **la ~** (*roturiers*) the commoners, the common people; [*fief*] roture.

roturier, -ière [Rotyrje, jɛr] **1** *adj* (*Hist*) common, of common birth; (*fig: vulgaire*) common, plebeian. **2** *nm,f* commoner.

rouage [Rwaʒ] *nm* [*engrenage*] cog(wheel), gearwheel; [*montre*] part. **les ~s d'une montre** the works *ou* parts of a watch; (*fig*) **il n'est qu'un ~ dans cette organisation** he's merely a cog in this organization; (*fig*) **les ~s de l'État/de l'organisation** the wheels of State/of the organization; (*fig*) **les ~s administratifs** the administrative machinery; (*fig*) **organisation aux ~s compliqués** organization with complex structures.

roubignoles*‡ [Rubiɲɔl] *nfpl* balls‡, nuts‡, testicles.

roublard, e* [Rublar, ard(ə)] **1** *adj* crafty, wily, artful. **2** *nm,f* crafty *ou* artful devil*. **ce ~ de Paul** crafty old Paul*.

roublardise [Rublardiz] *nf* (*caractère*) craftiness, wiliness, artfulness; (*acte, tour*) crafty *ou* artful trick.

rouble [Rubl(ə)] *nm* rouble.

roucoulade [Rukulad] *nf* (*V* **roucouler**) (*gén pl*) coo(ing) (*U*); (billing and) cooing (*U*); warble (*U*), warbling (*U*).

roucoulement [Rukulmã] *nm* (*V* **roucouler**) coo(ing) (*U*); (billing and) cooing (*U*); warble (*U*), warbling (*U*).

roucouler [Rukule] (1) **1** *vi* [*oiseau*] to coo; (*péj*) [*amoureux*] to bill and coo; (*péj*) [*chanteur*] to warble. **venir ~ sous la fenêtre de sa bien-aimée** to come cooing under the window of one's beloved.
2 *vt* (*péj*) *chanson* to warble; *mots d'amour* to coo.

roudoudou [Rududu] *nm* kind of licking toffee.

roue [Ru] **1** *nf* [*véhicule, loterie, montre*] wheel; [*engrenage*] cog(wheel), (gear)wheel. **véhicule à deux/quatre ~s** two-/four-wheeled vehicle; **~ avant/arrière** front/back wheel; **(supplice de) la ~** (torture of) the wheel; (*fig*) **la ~ de la Fortune** the wheel of Fortune; **faire la ~** [*paon*] to spread *ou* fan its tail; [*personne*] (*se pavaner*) to strut about, swagger (about); (*Gymnastique*) to do a cartwheel; *V* **bâton, chapeau, cinquième** *etc*.
2: roue à aubes [*bateau*] paddle wheel; **roue dentée** cogwheel; **roue à godets** bucket wheel; (*Naut*) **roue de gouvernail** (steering) wheel, helm; **roue hydraulique** waterwheel; (*Aut*) **roue libre** freewheel; **descendre une côte en roue libre** to freewheel *ou* coast down a hill; **pédaler en roue libre** to freewheel, coast (along); (*fig: ne pas se surmener*) **il s'est mis en roue libre*** he's taking it easy; (*Aut*) **roue motrice** driving wheel; **véhicule à 4 roues motrices** 4-wheel drive vehicle; (*Aut*) **roue de secours** spare wheel; **roue de transmission** driving wheel.

roué, e [Rwe] (*ptp de* **rouer**) **1** *adj* (*rusé*) cunning, wily, sly.
2 *nm,f* cunning *ou* sly individual. **c'est une petite ~e** she's a cunning *ou* wily *ou* sly little minx.
3 *nm* (*Hist: débauché*) rake, roué.
4 **rouée** *nf* (*Hist: débauchée*) hussy.

rouelle [Rwɛl] *nf*: **~ (de veau)** slice of calf's leg.

rouennais, e [Rwanɛ, ɛz] **1** *adj* of *ou* from Rouen. **2** *nm,f*: **R~(e)** inhabitant *ou* native of Rouen.

rouer [Rwe] (1) *vt* (a) **~ qn de coups** to give sb a beating *ou* thrashing, beat sb black and blue. (b) (*Hist*) *condamné* to put on the wheel.

rouerie [Ruri] *nf* (*caractère*) cunning, wiliness, slyness; (*tour*) cunning *ou* wily *ou* sly trick.

rouet [Rwɛ] *nm* (*à filer*) spinning wheel.

rouflaquettes* [Ruflakɛt] *nfpl* (*favoris*) sideboards (*Brit*), sideburns.

rouge [Ruʒ] **1** *adj* (a) (*gén, Pol*) red; *V* **armée²**, **chaperon** *etc*.
(b) (*porté à l'incandescence*) *fer* red-hot; *tison* glowing red (*attrib*), red-hot.
(c) *visage, yeux* red. **~ de colère/de confusion/de honte** red *ou* flushed with anger/embarrassment/shame; **~ d'émotion** flushed with emotion; **devenir ~ comme une cerise** to blush, go quite pink, go red in the face; **il est ~ comme un coq** *ou* **un coquelicot** *ou* **une pivoine** *ou* **une écrevisse** *ou* **une tomate** he's as red as a beetroot *ou* a lobster; **il était ~ d'avoir couru** he was red in the face *ou* his face was flushed from running; *V* **fâcher**.
(d) *cheveux, pelage* red.

2 *nm* (a) (*couleur*) red. (*Pol*) **voter ~** to vote Communist; (*Aut*) **le feu est au ~** the lights are red; **passer au ~** to jump the lights, go through red lights; *V* **bordeaux**.
(b) (*signe d'émotion*) **le ~ lui monta aux joues** his cheeks flushed, he went red (in the face); **le ~ (de la confusion/de la honte) lui monta au front** his face went red *ou* flushed *ou* he blushed (with embarrassment/shame).
(c) (*vin*) red wine; (*: *verre de vin*) glass of red wine; *V* **coup**, **gros**.
(d) (*fard*) rouge†, blusher; (*à lèvres*) lipstick; *V* **bâton**, **tube**.
(e) (*incandescence*) **fer porté au ~** red-hot iron.

3 *nmf* (*péj: communiste*) Red* (*péj*), Commie* (*péj*).

4: rouge-cerise *adj inv* cherry-red; **rouge-gorge** *nm, pl* **rouges-gorges** robin (redbreast); **rouge à lèvres** lipstick; **rouge-queue** *nm, pl* **rouges-queues** redstart; **rouge-sang** *adj inv* blood red.

rougeâtre [Ruʒatr(ə)] *adj* reddish.

rougeaud, e [Ruʒo, od] *adj* red-faced. **ce gros ~ la dégoûtait** she found this fat red-faced man repellent.

rougeoiement [Ruʒwamã] *nm* [*incendie, couchant*] red *ou* reddish glow; [*ciel*] reddening.

rougeole [Ruʒɔl] *nf*: **la ~** (the) measles (*sg*); **il a eu une très forte ~** he had a very bad bout of measles.

rougeoyant, e [Ruʒwajã, ãt] *adj ciel* reddening; *cendres* glowing red (*attrib*), glowing. **des reflets ~s** a glimmering red glow.

rougeoyer [Ruʒwaje] (8) *vi* [*feu, incendie, couchant*] to glow red; [*ciel*] to turn red, take on a reddish hue.

rouget [Ruʒɛ] *nm* mullet. **~ barbet** red mullet; **~ grondin** gurnard.

rougeur [Ruʒœr] *nf* (a) (*teinte*) redness.
(b) [*personne*] (*due à la course, un échauffement, une émotion*) red face, flushing (*U*); (*due à la honte, gêne*) red face, blushing (*U*), blushes (*pl*); [*visages, joues*] redness, flushing (*U*). **sa ~ a trahi son émotion/sa gêne** her red face *ou* her blushes betrayed her emotion/embarrassment; **la ~ de ses joues** his red face *ou* cheeks, his blushing; **avoir des ~s de jeune fille** to blush like a young girl; **elle était sujette à des ~s subites** she was inclined to blush *ou* to colour up suddenly.
(c) (*Méd: tache*) red blotch *ou* patch.

rougir [Ruʒir] (2) **1** *vi* (a) (*de honte, gêne*) to blush, go red, redden, colour (up) (*de* with); (*de plaisir, d'émotion*) to flush, go red, redden (*de* with). **il rougit de colère** he *ou* his face flushed *ou* reddened with anger; **à ces mots, elle rougit** she blushed *ou* coloured (up) *ou* went red *ou* reddened at the words; **~ jusqu'au blanc des yeux** *ou* **jusqu'aux yeux**, **~ jusqu'aux oreilles**, **~ jusqu'à la racine des cheveux** to go bright red, blush to the roots of one's hair; (*lit, fig*) **faire ~ qn** to make sb blush; **dire qch sans ~** to say sth without blushing *ou* unblushingly.
(b) (*fig: avoir honte*) **~ de** to be ashamed of; **je n'ai pas à ~ de cela** that is nothing for me to be ashamed of; **il ne rougit de rien** he's quite shameless, he has no shame; **j'en rougis pour lui** I blush for him, I'm ashamed for him.
(c) (*après un coup de soleil*) to go red.
(d) [*ciel, neige, feuille*] to go *ou* turn red, redden; [*métal*] to become *ou* get red-hot; (*Culin*) [*crustacés*] to go *ou* turn red, redden; (*Agr*) [*tomates, fraises*] to redden, turn red.
2 *vt ciel* to turn red, give a red glow to, redden; *feuilles, arbres* to turn red, redden; *métal* to heat to red heat, make red-hot. **~ son eau** to put a dash *ou* drop of red wine in one's water; **boire de l'eau rougie** to drink water with just a dash *ou* a few drops of red wine in it; **~ la terre de son sang** (*lit*) to stain the ground with one's blood; (*fig*) to shed one's blood.

rougissant, e [Ruʒisã, ãt] *adj visage, jeune fille* blushing; *feuille, ciel* reddening.

rougissement [Ruʒismã] *nm* (*de honte etc*) blush, blushing (*U*); (*d'émotion*) flush, flushing (*U*).

rouille [Ruj] **1** *nf* (a) (*Bot, Chim*) rust. (b) (*Culin*) spicy Provençal sauce accompanying fish. **2** *adj inv* rust(-coloured), rusty.

rouillé, e [Ruje] (*ptp de* **rouiller**) *adj* (a) *métal* rusty, rusted; (*littér*) *roche, écorce* rust-coloured. **tout ~** rusted over.
(b) (*fig*) *mémoire* rusty; *muscles* stiff; *athlète* rusty, out of practice (*attrib*). **j'étais ~ en latin*** my Latin was rusty.
(c) (*Bot*) *blé* rusty.

rouiller [Ruje] (1) **1** *vi* to rust, go *ou* get rusty. **laisser ~ qch** to let sth go *ou* get rusty.
2 *vt métal, esprit* to make rusty. **l'inaction rouillait les hommes** the lack of action was making the men rusty.
3 se rouiller *vpr* [*métal*] to go *ou* get rusty, rust; [*esprit, mémoire*] to become *ou* go rusty; [*corps, muscles*] to grow *ou* get stiff; [*athlète*] to get rusty, get out of practice.

rouir [Rwir] (2) *vt* (*aussi* **faire ~**) to ret.

rouissage [Rwisaʒ] *nm* retting.

roulade [Rulad] *nf* (a) (*Mus*) roulade, run; [*oiseau*] trill. (b) (*Culin*) rolled meat (*U*). **~ de veau** rolled veal (*U*). (c) (*Sport*) roll. **~ avant/arrière** forward/backward roll.

roulage [Rulaʒ] *nm* (*Min*, †: *transport, camionnage*) haulage; (*Agr*) rolling.

roulant, e [Rulã, ãt] **1** *adj* (a) (*mobile*) *meuble* on wheels; *V* **cuisine**, **fauteuil**, **table**.
(b) (*Rail*) *matériel* ~ rolling stock; *personnel* ~ train crews (*pl*).
(c) *trottoir, surface transporteuse* moving; *V* **escalier**, **feu¹**, **pont**.
(d) *route* fast; *voiture* smooth-running.
(e) (‡: *drôle*) *chose, événement* killingly funny* (*Brit*), killingly funny* (*Brit*), hysterical (*US*). **elle est ~e!** she's a scream!*, she's killingly funny!* (*Brit*).
2 *nmpl* (*arg Rail*) **les ~s** train crews.
3 roulante *nf* (*arg Mil*) field kitchen.

roulé, e [Rule] (*ptp de* **rouler**) **1** *adj* **(a) être bien ~*** to be shapely, have a good shape *ou* figure.
 (b) *bord de chapeau* curved; *bord de foulard, morceau de boucherie* rolled. **~ main** hand-rolled; *V* **col.**
 (c) (*Ling*) rolled. **r ~ trilled** *ou* rolled r.
 2 *nm* (*gâteau*) Swiss roll; (*pâte*) ≃ turnover; (*viande*) rolled meat (*U*). **~ de veau** rolled veal (*U*).
 3: (*Sport*) **roulé-boulé** *nm, pl* **roulés-boulés** roll.

rouleau, *pl* **~x** [Rulo] **1** *nm* **(a)** (*bande enroulée*) roll. **~ de papier/ tissu/pellicule** roll of paper/material/film; **un ~ de cheveux** blonds a ringlet of blond hair; *V* **bout.**
 (b) (*cylindre*) [*tabac, pièces*] roll. **~ de réglisse** liquorice roll.
 (c) (*ustensile, outil*) roller; [*machine à écrire*] platen, roller. **passer une pelouse au ~** to roll a lawn; **mettre ses ~x dans les cheveux** to have one's hair in curlers *ou* rollers, have curlers *ou* rollers in one's hair; **peindre au ~** to paint with a roller.
 (d) (*vague*) roller.
 (e) (*Sport: saut*) roll.
 2: rouleau compresseur steamroller, roadroller; (*Sport*) **rouleau dorsal** Fosbury flop; **rouleau encreur = rouleau imprimeur; rouleau essuie-mains** roller towel; **rouleau imprimeur** ink roller; **rouleau de papier hygiénique** toilet roll, roll of toilet paper *ou* tissue; **rouleau de parchemin** scroll *ou* roll of parchment; **rouleau à pâtisserie** rolling pin; (*Sport*) **rouleau ventral** western roll.

roulement [Rulmã] **1** *nm* **(a)** (*rotation*) [*équipe, ouvriers*] rotation. **travailler par ~** to work on a rota basis *ou* system, work in rotation.
 (b) (*geste*) **avoir un ~ ou des ~s d'épaules/de hanches** to sway one's shoulders/wiggle one's hips; **un ~ d'yeux** a roll of the eyes; **faire des ~s d'yeux** to roll one's eyes.
 (c) (*circulation*) [*voiture, train*] movement. **route usée/pneu usé par le ~** road/tyre worn through use; *V* **bande¹.**
 (d) (*bruit*) [*train, camion*] rumble, rumbling (*U*); [*charrette*] rattle, rattling (*U*). **entendre le ~ du tonnerre** to hear the rumble *ou* peal *ou* roll of thunder; **il y eut un ~ de tonnerre** there was a rumble *ou* peal *ou* roll of thunder; **~ de tambour** drum roll.
 (e) [*capitaux*] circulation; *V* **fonds.**
 2: roulement (à billes) ball bearings (*pl*); **monté sur roulement à billes** mounted on ball bearings.

rouler [Rule] (1) **1** *vt* **(a)** (*pousser*) *meuble* to wheel (along), roll (along); *chariot, brouette* to wheel (along), trundle along; *boule, tonneau* to roll (along). **~ un bébé dans sa poussette** to wheel *ou* push a baby (along) in his push chair.
 (b) (*enrouler*) *tapis, tissu, carte* to roll up; *cigarette* to roll; *ficelle, fil de fer* to wind up, roll up; *viande, parapluie, mèche de cheveux* to roll (up). **~ une couverture** to wrap *ou* roll sb (up) in a blanket; **~ un pansement autour d'un bras** to wrap *ou* wind a bandage round an arm; **~ ses manches jusqu'au coude** to roll up one's sleeves to one's elbows.
 (c) (*tourner et retourner*) to roll. **~ des boulettes dans de la farine** to roll meatballs in flour; **la mer roulait les galets sur la plage** the sea rolled the pebbles along the beach; (*fig*) **il roulait mille projets dans sa tête** he was turning thousands of plans over (and over) in his mind; (*littér*) **le fleuve roulait des flots boueux** the river flowed muddily along.
 (d) (*passer au rouleau*) *court de tennis, pelouse* to roll; (*Culin*) *pâte* to roll out.
 (e) (*: duper*) to con‡; (*sur le prix, le poids*) to diddle* (*Brit*), do* (*sur* over). **je l'ai bien roulé** I really conned him‡, I really took him for a ride*; **se faire ~** to be conned‡ *ou* had* *ou* done* *ou* diddled* (*Brit*); **il s'est fait ~ dans la farine*** he was had*.
 (f) **~ les** *ou* **des épaules** *ou* **des mécaniques‡ (en marchant)** to sway one's shoulders (when walking); **~ les** *ou* **des hanches** to wiggle one's hips; **~ les yeux** to roll one's eyes; (*fig*) **il a roulé sa bosse** he has knocked about the world*, he has certainly been places*.
 (g) (*Ling*) **~ les 'r'** to roll one's r's.
 2 *vi* **(a)** [*voiture, train*] to go, run. **le train roulait/roulait à vive allure à travers la campagne** the train was going along/was racing (along) through the countryside; **cette voiture est comme neuve, elle a très peu roulé** this car is like new, it has a very low mileage; **cette voiture a 10 ans et elle roule encore** this car is 10 years old but it's still going *ou* running; **la voiture roule bien depuis la révision** the car is running *ou* going well since its service; **les voitures ne roulent pas bien sur le sable** cars don't run well on sand; **le véhicule roulait à gauche** the vehicle was driving (along) on the left; **~ au pas** (*prudence*) to go dead slow (*Brit*), go at a walking pace; (*dans un embouteillage*) to crawl along; **le train roulait à 150 à l'heure au moment de l'accident** the train was doing 150 *ou* going at 150 kilometres an hour at the time of the accident.
 (b) [*passager, conducteur*] to drive. **~ à 80 km à l'heure** to do 80 km *ou* 50 miles per hour, drive at 80 km *ou* 50 miles per hour; **on a bien roulé*** we kept up a good speed, we made good time; **ça roule/ ça ne roule pas bien** the traffic is/is not flowing well; **nous roulions sur la N7 quand soudain ...** we were driving along the N7 when suddenly ...; **dans son métier, il roule beaucoup** in his job, he does a lot of driving; **il roule en 2CV** he drives a 2CV; **il roule en Rolls** he drives (around in) a Rolls; (†, *hum*) **~ carrosse** to live in high style; *V* **boule, bille, dé.**
 (c) [*boule, bille, dé*] to roll; [*presse*] to roll, run. **allez, roulez!** let's roll it!*, off we go!; **une larme roula sur sa joue** a tear rolled down his cheek; **une secousse le fit ~ à bas de sa couchette** a jerk sent him rolling down from his couchette; **il a roulé en bas de l'escalier** he rolled right down the

stairs; **un coup de poing l'envoya ~ dans la poussière** a punch sent him rolling in the dust; **faire ~ boule** to roll; **cerceau** to roll along; *V* **pierre.**
 (d) [*bateau*] to roll. **ça roulait*** the boat was rolling quite a bit.
 (e) (*: bourlinguer*) to knock about, drift around. **il a pas mal roulé** he has knocked about *ou* drifted around quite a bit.
 (f) [*argent, capitaux*] to turn over, circulate.
 (g) (*faire un bruit sourd*) [*tambour*] to roll; [*tonnerre*] to roll, rumble, peal.
 (h) [*conversation*] **~ sur** to turn on, be centred on.
 (i) **~ sur l'or** to be rolling in money*, have pots of money*; **ils ne roulent pas sur l'or depuis qu'ils sont à la retraite** they're not exactly living in the lap of luxury *ou* they're not terribly well-off now they've retired.
 3 se rouler *vpr* **(a)** to roll (about). **se ~ de douleur** to roll about in *ou* with pain; **se ~ par terre/dans l'herbe** to roll on the ground/ in the grass; (*fig*) **se ~ par terre de rire** to fall about* (laughing) (*Brit*), roll on the ground with laughter (*US*); **c'est à se ~ (par terre)*** it's a scream*, it's killing* (*Brit*); *V* **pouce.**
 (b) (*s'enrouler*) **se ~ dans une couverture** to roll *ou* wrap o.s. up in a blanket; **se ~ en boule** to roll o.s. (up) into a ball.

roulette [Rulɛt] *nf* **(a)** [*meuble*] castor. **fauteuil à ~s** armchair on castors; **ça a marché** *ou* **été comme sur des ~s*** [*plan*] it went like clockwork *ou* very smoothly; [*soirée, interview*] it went off very smoothly *ou* like a dream; *V* **patin.**
 (b) (*outil*) [*pâtissière*] pastry (cutting) wheel; [*relieur*] fillet; [*couturière*] tracing wheel. **~ de dentiste** dentist's drill.
 (c) (*jeu*) roulette; (*instrument*) roulette wheel. **~ russe** Russian roulette.

rouleur [RulœR] *nm* (*Cyclisme*) flat racer.
roulier [Rulje] *nm* (*Hist*) cart driver, wagoner.
roulis [Ruli] *nm* (*Naut*) roll(ing) (*U*). **il y a beaucoup de ~** the ship is rolling a lot; *V* **coup.**
roulotte [Rulɔt] *nf* caravan (*Brit*), trailer (*US*).
roulotter [Rulɔte] (1) *vt* (*Couture*) *ourlet* to roll; *foulard* to roll the edges of, roll a hem on.
roulure‡ [RulyR] *nf* (*péj*) slut (*péj*), trollop† (*péj*).
roumain, e [Rumɛ̃, ɛn] **1** *adj* Rumanian, Romanian. **2** *nm* (*Ling*) Rumanian, Romanian. **3** *nm, f:* **R~(e)** Rumanian, Romanian.
Roumanie [Rumani] *nf* Rumania, Romania.
round [Rund] *nm* (*Boxe*) round.
roupettes‡* [Rupɛt] *nfpl* balls‡, nuts‡, testicles.
roupie [Rupi] *nf* **(a)** (*Fin*) rupee. **(b)** (†*) **c'est de la ~ de sansonnet** it's a load of (old) rubbish *ou* junk‡*, it's absolute trash*; **ce n'est pas de la ~ de sansonnet** it's none of your cheap rubbish *ou* junk*.
roupiller* [Rupije] (1) *vi* (*dormir*) to sleep; (*faire un petit somme*) to have a snooze* *ou* a kip‡ (*Brit*) *ou* a nap. **j'ai besoin de ~** I must get some shut-eye‡; **je n'arrive pas à ~** I can't get any shut-eye‡; **je vais ~** I'll be turning in*, I'm off to hit the hay*; **viens ~ chez nous** come and kip down (*Brit*) *ou* bed down at our place‡; **secouez-vous, vous roupillez!** pull yourself together — you're half asleep! *ou* you're dozing!
roupillon* [Rupijɔ̃] *nm* snooze*, kip‡ (*Brit*), nap. **piquer** *ou* **faire un ~** to have a snooze* *ou* a kip‡ (*Brit*) *ou* a nap.
rouquin, e* [Rukɛ̃, in] **1** *adj* personne red-haired; *cheveux* red, carroty* (*péj*). **2** *nm, f* redhead. **3** *nm* (‡: *vin rouge*) red plonk* (*Brit*), (cheap) red wine.
rouscailler‡ [Ruskɑje] (1) *vi* to moan*, bellyache‡.
rouspétance* [Ruspetɑ̃s] *nf* (*V* **rouspéter**) moaning* (*U*); grousing* (*U*), grouching* (*U*); grumbling (*U*).
rouspéter* [Ruspete] (6) *vi* (*ronchonner*) to moan*, grouse*, grouch*; (*protester*) to moan*, grumble (*après* at).
rouspéteur, -euse* [RuspetœR, øz] **1** *adj* grumpy. **c'est un ~** he's a proper moaner* *ou* grumbler, he's a grumpy individual. **2** *nm, f* (*ronchonneur*) moaner*, grouser*, grouch*; (*qui proteste*) grumbler, moaner*.
roussâtre [RusɑtR(ə)] *adj* reddish, russet.
rousse¹ [Rus] *adj f V* **roux.**
rousse² [Rus] *nf* (*arg Crime*) **la ~** the fuzz (*arg*).
rousseauiste [Rusoist(ə)] *adj* Rousseauistic.
rousserolle [RusəRɔl] *nf:* **~ verderolle** marsh warbler.
roussette [Rusɛt] *nf* (*poisson*) dogfish; (*chauve-souris*) flying fox; (*grenouille*) common frog.
rousseur [RusœR] *nf* **(a)** (*couleur: V* **roux**) redness; gingery colour; russet colour; *V* **tache. (b)** (*sur le papier*) **~s** brownish marks *ou* stains; (*sur la peau*) brown blotches, freckles.
roussi [Rusi] *nm:* **odeur de ~** smell of (something) burning *ou* scorching *ou* singeing; **ça sent le ~!** (*lit*) there's a smell of (something) burning *ou* scorching *ou* singeing; (*fig*) I can smell trouble.
roussin†† [Rusɛ̃] *nm* horse.
roussir [RusiR] (2) **1** *vt* [*fer à repasser*] to scorch, singe; [*flamme*] to singe. **~ l'herbe** [*gelée*] to turn the grass brown *ou* yellow; [*chaleur*] to scorch the grass.
 2 *vi* **(a)** [*feuilles, forêt*] to turn *ou* go brown *ou* russet.
 (b) (*Culin*) **faire ~** to brown.
roustons‡* [Rustɔ̃] *nmpl* balls‡, nuts‡, testicles.
routage [Rutaʒ] *nm* sorting and mailing. **entreprise de ~** mailing firm *ou* service.
routard* [RutaR] *nm* (young) traveller *ou* globetrotter.
route [Rut] *nf* **(a)** road. **~ nationale/départementale** ≃ trunk (*Brit*) *ou* main/secondary road; **~ de montagne** mountain road; **prenez la ~ de Lyon** take the road to Lyons *ou* the Lyons road; *V* **course, grand.**
 (b) (*moyen de transport*) **la ~** road; **la ~ est plus économique que le rail** road is cheaper than rail; **la ~ est meurtrière** the road

is a killer, driving is treacherous; **arriver par la ~** to arrive by road; **faire de la ~** to do a lot of mileage; **accidents/blessés de la ~** road accidents/casualties; *V* **code.**

(c) (*chemin à suivre*) way; (*Naut: direction, cap*) course. **je ne l'emmène pas, ce n'est pas ma ~** I'm not taking him because it's not on my way; **perdre/retrouver sa ~** to lose/find one's way.

(d) (*ligne de communication*) route. **~ aérienne/maritime** air/sea route; **la ~ du sel/de l'opium/des épices** the salt/opium/spice route *ou* trail; **la ~ des Indes** the route *ou* road to India; **indiquer/montrer la ~ à qn** to point out/show the way to sb; **ils ont fait toute la ~ à pied/à bicyclette** they did the whole journey on foot/by bicycle, they walked/cycled the whole way; **la ~ sera longue** (*gén*) it'll be a long journey; (*en voiture*) it'll be a long drive *ou* ride; **il y a 3 heures de ~** (*en voiture*) it's a 3-hour drive *ou* ride *ou* journey; (*à bicyclette*) it's a 3-hour (cycle-)ride *ou* journey; *V* **barrer, compagnon** *etc.*

(e) (*fig: ligne de conduite, voie*) path, road, way. **la ~ à suivre** the path *ou* road to follow; **la ~ du bonheur** the road *ou* path *ou* way to happinesss; **votre ~ est toute tracée** your path is set out for you; **la ~ s'ouvre devant lui** the road *ou* way opens (up) before him; **être sur la bonne ~** (*dans la vie*) to be on the right road *ou* path; (*dans un problème*) to be on the right track; **remettre qn sur la bonne ~** to put sb back on the right road *ou* path, put sb back on the right track; **c'est lui qui a ouvert la ~** he's the one who opened (up) the road *ou* way.

(f) (*loc*) **faire ~ vers** (*gén*) to head towards *ou* for; (*bateau*) to steer a course for, head for; **en ~ pour, faisant ~ vers** bound for, heading for, on its way to; **faire ~ avec qn** to travel with sb; **prendre la ~, se mettre en ~** to start out, set off *ou* out, get under way; **en ~** on the way *ou* journey, en route; **en ~!** let's go!, let's be off; **prendre la ~** to set off; **reprendre la ~, se remettre en ~** to resume one's journey, start out again, set off *ou* out again; **bonne ~!** have a good journey! *ou* trip!; (*hum*) **en ~, mauvaise troupe!** off we go!; **mettre en ~ machine, moteur** to start (up); **affaire** to set in motion, get under way; **mise en ~** starting up, setting in motion; **carnet** *ou* **journal de ~** travel diary *ou* journal; **tenir la ~** (*voiture*) to hold the road; (*matériel*) to be well-made *ou* serviceable; (*plan*) to hold together; *V* **tenu.**

router [Rute] (1) *vt journaux* to pack and mail.

routier, -ière [Rutje, jɛR] **1** *adj circulation, carte, réseau, transport* road (*épith*); *V* **gare¹.**
2 *nm* (*camionneur*) long-distance lorry (*Brit*) *ou* truck (*US*) driver; (*restaurant*) ≃ transport café (*Brit*), roadside café; (*cycliste*) road racer *ou* rider; (*Naut: carte*) route chart; (*scout*) rover; *V* **vieux.**
3 routière *nf* (*Aut*) tourer (*Brit*), touring car. **grande ~ière** high-performance tourer (*Brit*) *ou* touring car.

routine [Rutin] *nf* routine. **par ~** as a matter of routine; **opération/visite de ~** routine operation/visit.

routinier, -ière [Rutinje, jɛR] *adj procédé, travail, vie* humdrum, routine; *personne* routine-minded, addicted to routine (*attrib*). **il a l'esprit ~** he's completely tied to (his) routine; **c'est un travail un peu ~** the work is a bit routine *ou* humdrum; **c'est un ~** he's a creature of habit.

rouvrir *vti*, **se rouvrir** *vpr* [RuvRiR] (18) to reopen, open again. **la porte se rouvrit** the door opened again; **~ le débat** to reopen the debate.

roux, rousse¹ [Ru, Rus] **1** *adj cheveux* red, auburn; (*orangé*) ginger; *barbe* red; (*orangé*) ginger; *pelage, robe, feuilles* russet, reddish-brown. **il aime les rousses** he likes redheads; *V* **beurre, blond, brun** *etc.*
2 *nm* **(a)** (*couleur*) (*V adj*) red; auburn; ginger; russet, reddish-brown.
(b) (*Culin*) roux.

royal, e, mpl -aux [Rwajal, o] *adj* **(a)** *couronne, palais, appartement* royal; *pouvoir, autorité* royal, regal; *prérogative, décret, charte* royal. **la famille ~e** the Royal Family *ou* royal family.
(b) *maintien, magnificence* kingly, regal; *repas, demeure, cadeau* fit for a king (*attrib*); *salaire* princely; *V* **aigle, tigre.**
(c) (*intensif*) *indifférence, mépris* majestic, lofty, regal; *paix* blissful.
(d) (*Culin*) **lièvre à la ~e** hare royale.

royalement [Rwajalmã] *adv vivre* in (a) royal fashion; *recevoir, traiter* royally, in (a) regal *ou* royal fashion. **il se moque ~ de sa situation*** he couldn't care less* *ou* he doesn't care two hoots* about his position; (*iro*) **il m'a ~ offert 3 F d'augmentation*** he offered me a princely 3-franc rise (*iro*).

royalisme [Rwajalism(ə)] *nm* royalism.

royaliste [Rwajalist(ə)] **1** *adj* royalist. **être plus ~ que le roi** to out-Herod Herod (*in the defence of sb or in following a doctrine etc*).
2 *nmf* royalist.

royalties [Rwajalti] *nfpl* royalties (*on patent, on the use of oilfields or pipeline*).

royaume [Rwajom] **1** *nm* (*lit*) kingdom, realm; (*fig: domaine*) realm, (private) world. **le vieux grenier était son ~** the old attic was his (private) world *ou* his realm; *V* **à.**
2: **le royaume céleste** *ou* **de Dieu** the kingdom of heaven *ou* God; **le Royaume-Uni (de Grande Bretagne et d'Irlande du Nord)** the United Kingdom (of Great Britain and Northern Ireland).

royauté [Rwajote] *nf* (*régime*) monarchy; (*fonction, dignité*) kingship.

R.P. *abrév de* **Révérend Père;** *V* **révérend.**

R.P.R. [ɛRpeɛR] *nm abrév de* **Rassemblement pour la République.**

R.S.S. [ɛRɛsɛs] (*abrév de* **République socialiste soviétique**) S.S.R.

RSVP [ɛRɛsvepe] (*abrév de* **répondez s'il vous plaît**) R.S.V.P.

ru† [Ry] *nm* brook, rivulet (*littér*).

ruade [Ryad] *nf* kick (*of a horse's hind legs*). **tué par une ~** killed by

a kick from a horse; **le cheval lui a cassé la jambe d'une ~** the horse kicked *ou* lashed out at him and broke his leg; **décocher** *ou* **lancer une ~** to lash *ou* kick out.

Ruanda [Rwɑ̃da] *nm* Rwanda. (*Hist*) **~-Urundi** Ruanda-Urundi.

ruandais, e [Rwɑ̃dɛ, ɛz] **1** *adj* Rwandan. **2** *nm, f:* **R~(e)** Rwandan.

ruban [Rybɑ̃] **1** *nm* (*gén, fig*) ribbon; (*machine à écrire*) ribbon; (*téléscripteur, magnétophone*) tape; (*ourlet, couture*) binding, tape. **le ~ (de la Légion d'honneur)** the ribbon of the Légion d'Honneur; (*fig*) **le ~ argenté du Rhône** the silver ribbon of the Rhone; **le double ~ de l'autoroute** the two twin lines of the motorway; *V* **mètre, scie.**
2: ruban d'acier steel band *ou* strip; **ruban adhésif** adhesive tape, sticky tape; (*Naut*) **le ruban bleu** the Blue Riband *ou* Ribbon (*of the Atlantic*); **ruban de chapeau** hat band; **ruban encreur** typewriter ribbon; **ruban isolant** insulating tape; (*Ordin*) **ruban perforé** paper tape.

rubato [Rybato] *adv, nm* rubato.

rubéole [Rybeɔl] *nf* German measles (*sg*), rubella (*T*).

Rubicon [Rybikɔ̃] *nm* Rubicon; *V* **franchir, traverser.**

rubicond, e [Rybikɔ̃, ɔ̃d] *adj* rubicund, ruddy.

rubidium [Rybidjɔm] *nm* rubidium.

rubis [Rybi] **1** *nm* (*pierre*) ruby; (*couleur*) ruby (colour); (*horloge, montre*) jewel; *V* **payer. 2** *adj inv* ruby(-coloured).

rubrique [RybRik] *nf* **(a)** (*article, chronique*) column. **~ sportive/littéraire des spectacles** sports/literary/entertainments column.
(b) (*titre, catégorie*) heading, rubric. **sous cette même ~** under the same heading *ou* rubric.
(c) (*Rel*) rubric.

ruche [Ryʃ] *nf* **(a)** (*en bois*) (bee)hive; (*essaim*) hive; (*en paille*) (bee)hive, skep (*T*). (*fig*) **l'école se transforme en ~ dès 8 heures** the school turns into a (regular) hive of activity at 8 o'clock.
(b) (*Couture*) ruche.

ruché [Ryʃe] *nm* (*Couture*) ruching (*U*), ruche.

rucher [Ryʃe] *nm* apiary.

rude [Ryd] *adj* **(a)** (*au toucher*) *surface, barbe, peau* rough; (*à l'ouïe*) *voix, sons* harsh.
(b) (*pénible*) *métier, vie, combat* hard, tough; *adversaire* tough; *montée* stiff, tough, hard; *climat, hiver* harsh, hard, severe. **être mis à ~ épreuve** (*personne*) to be severely tested, be put through the mill; (*tissu, métal*) to receive *ou* have rough treatment; **mes nerfs ont été mis à ~ épreuve** it was a great strain on my nerves; **il a été à ~ école dans sa jeunesse** he learned life the hard way when he was young; **en faire voir de ~s à qn** to give sb a hard *ou* tough time; **en voir de ~s** to have a hard *ou* tough time (of it).
(c) (*fruste*) *manières* unpolished, crude, unrefined; *traits* rugged; *montagnards* rugged, tough.
(d) (*sévère, bourru*) *personne, caractère* harsh, hard, severe; *manières* rough.
(e) (*intensif: fameux*) **un ~ gaillard** a hearty fellow; **avoir un ~ appétit/estomac** to have a hearty appetite/an iron stomach; **il a une ~ veine** he's a lucky beggar* (*Brit*) *ou* son-of-a-gun* (*US*); **ça m'a fait une ~ peur** it gave me a dreadful *ou* real fright; **recevoir un ~ coup de poing** to get a real *ou* proper* (*Brit*) thump.

rudement [Rydmã] *adv* **(a)** *heurter, tomber, frapper* hard; *répondre* harshly; *traiter* roughly, harshly.
(b) (*: très, beaucoup*) *content, bon* terribly*, awfully*, jolly* (*Brit*); *fatigant, mauvais, cher* dreadfully, terribly, awfully. **travailler ~** to work terribly *ou* awfully *ou* jolly (*Brit*) hard; **se dépêcher ~** to really hurry, rush like mad*; **elle danse ~ bien** she dances terribly *ou* awfully *ou* jolly (*Brit*) well, she's quite a dancer; **ça me change ~ de faire** ça it's a real change *ou* quite a change for me to do that; **elle avait ~ changé** she had really changed, she hadn't half changed* (*Brit*); **il est ~ plus généreux que toi** he's a great deal *ou* darned sight* more generous than you; **j'ai eu ~ peur** I had quite a scare, I had a dreadful *ou* an awful scare *ou* fright.

rudesse [Rydɛs] *nf* (*V rude*) roughness; harshness; hardness; toughness; severity; crudeness; ruggedness. **traiter qn avec ~** to treat sb roughly *ou* harshly.

rudiment [Rydimã] *nm* **(a)** **~s** (*discipline*) rudiments; (*théorie, système*) principles; **~s d'algèbre** principles *ou* rudiments of algebra; **avoir quelques ~s de chimie** to have some basic *ou* rudimentary notions *ou* some basic knowledge of chemistry, have a rudimentary knowledge of chemistry; **avoir quelques ~s d'anglais** to have a smattering of English *ou* some basic knowledge of English; **nous n'en sommes qu'aux ~s** we're still on the basics; **on en est encore au stade des ~s** we're still at a rudimentary stage.
(b) (*Anat, Zool*) rudiment.

rudimentaire [Rydimɑ̃tɛR] *adj* rudimentary.

rudoiement [Rydwamã] *nm* rough *ou* harsh treatment.

rudoyer [Rydwaje] (8) *vt* to treat harshly.

rue¹ [Ry] *nf* (*voie, habitants*) street. (*péj: populace*) **la ~** the mob; **~ à sens unique** one-way street; **~ piétonnière** pedestrianized street; **scènes de la ~** street scenes; **élevé dans la ~** brought up in the street(s); **être à la ~** to be on the streets; **jeter qn à la ~** to put sb out *ou* throw sb out (into the street); *V* **chaussée, coin, combat** *etc.*

rue² [Ry] *nf* (*plante*) rue.

ruée [Rye] *nf* rush; (*péj*) stampede. **à l'ouverture, ce fut la ~ vers l'entrée du magasin** when the shop opened, there was a (great) rush *ou* a stampede for the entrance, as soon as the doors opened there was a stampede *ou* a mad scramble to get into the shop; (*fig*) **dès que quelqu'un prend sa retraite** *ou* **démissionne, c'est la ~** the moment someone retires or resigns there's a scramble for the position; **dans la ~, il fut renversé** he was knocked over in the (on)rush *ou* stampede; **la ~ vers l'or** the gold rush.

ruelle [Ryɛl] *nf* (*rue*) alley(-way); (*††*) (*chambre*) ruelle††, space (between bed and wall); (*Hist, Littérat*) ruelle (*room used in 17th century to hold literary salons*).

ruer [ʀɥe] (1) **1** vi [cheval] to kick (out). **prenez garde, il rue** watch out — he kicks; (fig) ~ **dans les brancards** to rebel, become rebellious, protest, lash out.

2 se ruer vpr: **se ~ sur** personne, article en vente, nourriture to pounce on; emplois vacants to fling o.s. ou pounce at; **se ~ vers sortie**, porte to dash ou rush for ou towards; **se ~ dans/hors de pièce**, maison to dash ou rush ou tear into/out of; **se ~ dans l'escalier** (monter) to tear ou dash up the stairs; (descendre) to tear down the stairs, hurl o.s. down the stairs; **se ~ à l'assaut** to hurl ou fling o.s. into the attack.

ruf(f)ian†† [ʀyfjɑ̃] nm ruffian.

rugby [ʀygbi] nm Rugby (football), rugger*. ~ **à quinze** Rugby Union; ~ **à treize** Rugby League.

rugbyman [ʀygbiman], pl **rugbymen** [ʀygbimɛn] nm rugby player.

rugir [ʀyʒiʀ] (2) **1** vi [fauve, mer, moteur] to roar; [vent, tempête] to howl, roar. [personne] ~ **de douleur** to howl ou roar with pain; ~ **de colère** to bellow ou roar with anger. **2** vt ordres, menaces to roar ou bellow out.

rugissement [ʀyʒismɑ̃] nm (V **rugir**) roar; roaring (U); howl; howling (U). ~ **de douleur** howl ou roar of pain; ~ **de colère** roar of anger.

rugosité [ʀygozite] nf (a) (caractère: V **rugueux**) roughness; coarseness; ruggedness; bumpiness. (b) (aspérité) rough patch, bump.

rugueux, -euse [ʀygø, øz] adj (gén) rough; peau, tissu rough, coarse; sol rugged, rough, bumpy.

Ruhr [ʀuʀ] nf: **la ~** the Ruhr.

ruine [ʀɥin] nf (a) (lit, fig: décombres, destruction) ruin. ~s **romaines** Roman ruins; **acheter une ~ à la campagne** to buy a ruin in the country; (péj) (humaine) (human) wreck; **en ~** in ruin(s), ruined (épith); **causer la ~ de** monarchie to bring about the ruin ou downfall of; réputation, carrière, santé to ruin, bring about the ruin of; banquier, firme to ruin, bring ruin upon; **c'est la ~ de tous mes espoirs** that puts paid to (Brit) ou that means the ruin of all my hopes; **courir ou aller à sa ~** to be on the road to ruin, be heading for ruin; **menacer ~** to be threatening to collapse; **tomber en ruine** to fall in ruins.

(b) (acquisition coûteuse) **cette voiture est une vraie ~** that car will ruin me.

ruiner [ʀɥine] (1) vt (a) personne, pays to ruin, cause the ruin of. **ça ne va pas te ~!*** it won't break* ou ruin you!

(b) réputation to ruin, wreck; espoirs to shatter, dash, ruin; santé to ruin.

2 se ruiner vpr (dépenser tout son argent) to ruin ou bankrupt o.s.; (fig: dépenser trop) to spend a fortune.

ruineux, -euse [ʀɥinø, øz] adj goût extravagant, ruinously expensive; dépense ruinous; acquisition, voiture (prix élevé) ruinous, ruinously expensive; (entretien coûteux) expensive to run (ou keep etc). **ce n'est pas ~!** it won't break* ou ruin us, it doesn't cost a fortune.

ruisseau, pl ~x [ʀɥiso] nm (a) (cours d'eau) stream, brook. (fig) **des ~x de larmes** floods of; lave, sang streams of; V **petit**.

(b) (caniveau) gutter. (fig) **élevé dans le ~** brought up ou dragged up* in the gutter; (fig) **tirer qn du ~** to pull ou drag sb out of the gutter.

ruisselant, e [ʀɥislɑ̃, ɑ̃t] adj mur streaming, running with water; visage streaming; personne dripping wet, streaming.

ruisseler [ʀɥisle] (4) vi (a) (couler) [lumière] to stream; [cheveux] to flow, stream (sur over); [liquide, pluie] to stream, flow (sur down).

(b) (être couvert d'eau) ~ **(d'eau)** [mur] to run with water, stream (with water); [visage] to stream (with water); ~ **de lumière/larmes** to stream with light/tears; ~ **de sueur** to drip ou stream with sweat; **le visage ruisselant de larmes** his face streaming with tears, with tears streaming down his face.

ruisselet [ʀɥisle] nm rivulet, brooklet.

ruissellement [ʀɥisɛlmɑ̃] **1** nm: **le ~ de la pluie/de l'eau sur le mur** the rain/water streaming ou running ou flowing down the wall; **le ~ de sa chevelure sur ses épaules** her hair flowing ou streaming over her shoulders; **un ~ de pierreries** a glistening ou glittering cascade of jewels; **ébloui par ce ~ de lumière** dazzled by this stream of light.

2: (Géol) **ruissellement pluvial** run-off.

rumba [ʀumba] nf rumba.

rumeur [ʀymœʀ] nf (a) (nouvelle imprécise) rumour. **selon certaines ~s, elle** … rumour has it that she …, it is rumoured that she …; **si l'on en croit la ~ publique, il** … if you believe what is publicly rumoured, he …; **faire courir de fausses ~s** to spread rumours.

(b) (son) [vagues, vent] murmur(ing) (U); [ville, rue, circulation] hum (U), rumbling; [émeute] hubbub (U), rumbling; [bureau, conversation] buzz (U), rumbling, hubbub (U).

(c) (protestation) rumblings (pl). ~ **de mécontentement** rumblings of discontent; **une ~ s'éleva ou des ~s s'élevèrent de la foule** rumblings rose up from the crowd.

ruminant [ʀyminɑ̃] nm (Zool) ruminant.

rumination [ʀyminasjɔ̃] nf (Zool) rumination.

ruminer [ʀymine] (1) **1** vt (Zool) to ruminate; (fig) projet to ruminate on ou over, chew over; chagrin to brood over; vengeance to ponder, meditate. **toujours dans son coin, à ~ (ses pensées)** always in his corner chewing the cud (fig) ou chewing things over ou pondering (things).

2 vi (Zool) to ruminate, chew the cud.

rumsteck [ʀɔmstɛk] nm = **romsteck**.

rune [ʀyn] nf (Ling) rune.

runique [ʀynik] adj runic.

rupestre [ʀypɛstʀ(ə)] adj (Bot) rupestrine (T), rock (épith); (Art) rupestrian (T), rupestral (T), rock (épith).

rupin, e* [ʀypɛ̃, in] adj appartement, quartier ritzy‡, plush(y)*; personne stinking ou filthy rich‡. **c'est un ~** he's got money to burn*, he's stinking ou filthy rich‡, he's rolling in it*; **les ~s** the stinking ou filthy rich‡.

rupteur [ʀyptœʀ] nm (contact) breaker.

rupture [ʀyptyʀ] **1** nf (a) (annulation: action) [relations diplomatiques] breaking off, severing, rupture; [fiançailles, pourparlers] breaking off. **la ~ du traité/contrat par ce pays** this country's breaking the treaty/contract, the breaking of the treaty/contract by this country; **après la ~ des négociations** after negotiations broke down ou were broken off.

(b) (annulation: résultat) [contrat, traité] breach (de of); [relations diplomatiques] severance, rupture (de of); [pourparlers] breakdown (de of, in). **la ~ de leurs fiançailles l'a tué** their broken engagement killed him; **une ~ d'équilibre est à craindre entre ces nations** an upset in the balance of power is to be feared among these states.

(c) (séparation amoureuse) break-up, split. **sa ~ (d')avec Louise** his split ou break-up with Louise; ~ **passagère** temporary break-up; (fig) **être en ~ avec le monde/les idées de son temps** to be at odds with the world/the ideas of one's time.

(d) (cassure, déchirure) [câble] breaking, parting; [poutre, branche, corde] breaking; [digue] bursting, breach(ing); [veine] bursting, rupture; [organe] rupture; [tendon] rupture, tearing. **limite de ~** breaking point.

(e) (solution de continuité) break. ~ **entre le passé et le présent** break between the past and the present; ~ **de rythme** (sudden) break in (the) rhythm; ~ **de ton** abrupt change in ou of tone.

(f) (Ordin) ~ **de séquence** jump.

2: (Méd) **rupture d'anévrisme** aneurysmal rupture; (Jur) **rupture de ban** illegal return from banishment; (Jur) **en rupture de ban** illegally returning from banishment; (fig) in defiance of the accepted code of conduct; **en rupture de ban avec la société** at odds with society; (Élec) **rupture de circuit** break in the circuit; (Jur) **rupture de contrat** breach of contract; (Pol) **rupture diplomatique** breaking off ou severing of diplomatic relations (U); **rupture de direction** steering failure; **rupture d'équilibre** (lit) loss of balance; (fig) upsetting of the balance; (Aut) **rupture d'essieu** broken axle; **rupture de pente** change of incline ou gradient; **être en rupture de stock** to be out of stock.

rural, e, mpl **-aux** [ʀyʀal, o] **1** adj (gén) country (épith), rural; (Admin) rural. **2** nm, f country person, rustic. **les ruraux** country people, countryfolk; V **exode**.

ruse [ʀyz] nf (a) (U) (habileté) (pour gagner, obtenir un avantage) cunning, craftiness, slyness; (pour tromper) trickery, guile. **obtenir qch par ~** to obtain sth by ou through trickery ou by guile.

(b) (subterfuge) trick, ruse. (lit, fig, hum) ~ **de guerre** stratagem, tactics (pl); **avec des ~s de Sioux** with crafty tactics; **usant de ~s féminines** using her womanly wiles.

rusé, e [ʀyze] (ptp de **ruser**) adj personne cunning, crafty, sly, wily; air sly, wily. ~ **comme un (vieux) renard** as sly ou cunning as a fox; **c'est un ~** he's a crafty ou sly one.

ruser [ʀyze] (1) vi (V **ruse**) to use cunning; to use trickery. **ne ruse pas avec moi!** don't try and be clever ou smart* with me!

rush [ʀœʃ] nm (afflux, Ciné) rush.

russe [ʀys] **1** adj dur à la ~ œuf dur à la Russe; boire à la ~ to drink (and cast one's glass aside) in the Russian style; V **montagne, roulette**. **2** nm (Ling) Russian. **3** nmf: R~ Russian; R~ **blanc(he)** White Russian.

Russie [ʀysi] nf Russia. **la ~ blanche** White Russia; ~ **soviétique** Soviet Russia.

russification [ʀysifikɑsjɔ̃] nf russianization, russification.

russifier [ʀysifje] (7) vt to russianize, russify.

rustaud, e [ʀysto, od] **1** adj countrified, rustic.

2 nm, f country bumpkin, yokel, hillbilly (US).

rusticité [ʀystisite] nf (a) [manières, personne] rustic simplicity, rusticity (littér). (b) (Agr) hardiness.

rustine [ʀystin] nf ® rubber repair patch (for bicycle tyre).

rustique [ʀystik] **1** adj (a) mobilier rustic; maçonnerie rustic, rusticated. bois ~ rustic wood.

(b) (littér) maison rustic (épith); vie, manières rustic, country (épith).

(c) (Agr) hardy.

2 nm (style) rustic style. **meubler une maison en ~** to furnish a house in the rustic style ou with rustic furniture.

rustre [ʀystʀ(ə)] **1** nm (a) (péj: brute) lout, boor. (b) (†: paysan) peasant. **2** adj brutish, boorish.

rut [ʀyt] nm (état) [mâle] rut; [femelle] heat; (période) rutting (period), heat period. **être en ~** to be rutting, be in ou on heat.

rutabaga [ʀytabaga] nm swede, rutabaga (US).

Ruth [ʀyt] nf Ruth.

ruthénium [ʀytenjɔm] nm ruthenium.

rutilant, e [ʀytilɑ̃, ɑ̃t] adj (brillant) brightly shining, gleaming; (rouge ardent) rutilant. **vêtu d'un uniforme ~** very spick and span ou very spruce in his (ou her) uniform.

rutilement [ʀytilmɑ̃] nm gleam.

rutiler [ʀytile] (1) vi to gleam, shine brightly.

rv abrév de rendez-vous.

Rwanda [ʀwɑ̃da] nm = **Ruanda**.

rythme [ʀitm(ə)] nm (Art, Littérat, Mus) rhythm. **marquer le ~** to beat time; (Mus) **au ~ de** to the beat ou rhythm of; **avoir le sens du ~** to have a sense of rhythm; (Théât) **pièce qui manque de ~** play which lacks tempo, slow-moving play.

(b) (cadence) [respiration, cœur, saisons] rhythm. **interrompant le ~ de sa respiration** interrupting the rhythm of his breathing.

(c) (vitesse) [respiration] rate; [battements du cœur] rate, speed; [vie, travail] tempo, pace; [production] rate. ~ **cardiaque** (rate of) heartbeat; **à ce ∼-la, il ne va plus en rester** at that rate, there won't be any left; **il n'arrive pas à suivre le ∼** he can't keep up (the pace); **produire des voitures au ∼ de 1,000 par jour** to produce cars at the rate of 1,000 a *ou* per day.

rythmé, e [ʀitme] (*ptp de* **rythmer**) *adj* rhythmic(al). **bien ∼** highly rhythmic(al).

rythmer [ʀitme] (1) *vt* (*cadencer*) *prose, phrase, travail* to give rhythm to, give a certain rhythm to, punctuate. **leur marche rythmée par des chansons** their march, given rhythm by their songs; **les saisons rythmaient leur vie** the seasons gave (a certain) rhythm to their life *ou* punctuated their life.

rythmique [ʀitmik] **1** *adj* rhythmic(al); *V* **section**. **2** *nf* (*Littérat*) rhythmics (*sg*). **la (danse)** ∼ rhythmics (*sg*).

S

S, s [ɛs] *nm* (**a**) (*lettre*) S, s. (**b**) (*figure*) zigzag; (*virages*) double bend, S bend, Z bend. **faire des s** to zigzag; **en s** *route* zigzagging (*épith*), winding; *barre* S-shaped.

s' [s] *V* **se, si¹**.

sa [sa] *adj poss V* **son¹**.

Saba [saba] *nf* Sheba. **la reine de ∼** the Queen of Sheba.

sabayon [sabajɔ̃] *nm* zabaglione.

sabbat [saba] *nm* (**a**) (*Rel*) Sabbath. (**b**) (*: bruit*) racket, row*. (**c**) [*sorcières*] (witches') sabbath.

sabbatique [sabatik] *adj* (*Rel, Univ*) sabbatical.

sabin, e [sabɛ̃, in] **1** *adj* Sabine. **2** *nm, f*: **S∼(e)** Sabine.

sabir [sabiʀ] *nm* (*parlé dans le Levant*) sabir; (*Ling*) ≃ pidgin; (*péj: jargon*) jargon. **un curieux ∼ fait de français et d'arabe** a strange mixture of French and Arabic.

sablage [sablaʒ] *nm* [*allée*] sanding; [*façade*] sandblasting.

sable¹ [sabl(ə)] **1** *nm* sand. **de ∼** *dune, vent* sand (*épith*); *fond, plage* sandy; **∼s mouvants** quicksand(s); **mer de ∼** sea of sand; **tempête de ∼** sandstorm; (*fig*) **être sur le ∼*** to be down-and-out; *V* **bâtir, grain, marchand**.
2 *adj inv* sandy, sand-coloured.

sable² [sabl(ə)] *nm* (*Hér*) sable.

sablé, e [sable] (*ptp de* **sabler**) **1** *adj* (**a**) *gâteau* made with shortbread dough; *V* **pâte**. (**b**) *route* sandy, sanded. **2** *nm* shortbread biscuit (*Brit*) *ou* cookie (*US*), piece of shortbread.

sabler [sable] (1) *vt* (**a**) *route* to sand; *façade* to sandblast. (**b**) **∼ le champagne** (*lit*) to drink *ou* have champagne; (*fig: fêter quelque chose*) to celebrate.

sableux, -euse [sablø, øz] **1** *adj* sandy. **2 sableuse** *nf* (*machine*) sandblaster.

sablier [sablije] *nm* (*gén*) hourglass, sandglass; (*Culin*) egg timer.

sablière [sablijɛʀ] *nf* (*carrière*) sand quarry; (*Constr*) string-piece; (*Rail*) sand-box.

sablonneux, -euse [sablɔnø, øz] *adj* sandy.

sablonnière [sablɔnjɛʀ] *nf* sand quarry.

sabord [sabɔʀ] *nm* scuttle (*Naut*).

sabordage [sabɔʀdaʒ] *nm*, **sabordement** [sabɔʀdəmã] *nm* (*Naut*) scuppering, scuttling; (*fig*) [*entreprise*] winding up, shutting down.

saborder [sabɔʀde] (1) **1** *vt* (*Naut*) to scupper, scuttle; (*fig*) *entreprise* to wind up, shut down; *négociations, projet* to put paid to, scupper. **2 se saborder** *vpr* (*Naut*) to scupper *ou* scuttle one's ship; [*patron*] to wind up, shut down; [*candidat*] to write o.s. off, scupper o.s.

sabot [sabo] *nm* (**a**) (*chaussure*) clog. (*fig*) **je le vois venir avec ses gros ∼s** I can see just what he's after, I can see him coming a mile off (*fig*); *V* **baignoire**.
(**b**) (*Zool*) hoof.
(**c**) (*péj*) (*bateau*) old tub*, old wreck*; (*voiture*) old heap*, old crock*; (*machine, piano*) useless heap (of rubbish)*; (*personne*) clumsy idiot *ou* oaf. **il travaille comme un ∼** he's a shoddy worker, he's a real botcher; **il joue comme un ∼** he's a hopeless *ou* pathetic* player.
(**d**) (*toupie*) (whipping) top.
(**e**) (*Tech*) [*pied de table, poteau*] ferrule. **∼ de frein** brake shoe; (*Aut*) **∼ (de Denver)** wheel clamp.

sabotage [sabotaʒ] *nm* (*action: Mil, Pol, fig*) sabotage; (*acte*) act of sabotage. (**b**) (*bâclage*) botching.

saboter [sabote] (1) *vt* (**a**) (*Mil, Pol, fig*) to sabotage. (**b**) (*bâcler*) to make a (proper) mess of, botch; (*abîmer*) to mess up, ruin.

saboterie [sabotʀi] *nf* clog factory.

saboteur, -euse [sabotœʀ, øz] *nm, f* (*Mil, Pol*) saboteur; (*bâcleur*) shoddy worker, botcher.

sabotier, -ière [sabotje, jɛʀ] *nm, f* (*fabricant*) clog-maker; (*marchand*) clog-seller.

sabre [sɑbʀ(ə)] *nm* sabre. **∼ d'abordage** cutlass; **∼ de cavalerie** riding sabre; **mettre ∼ au clair** to draw one's sword; **charger ∼ au clair** to charge with swords drawn; (*fig*) **le ∼ et le goupillon** the Army and the Church; (*fig Pol*) **bruits de ∼** sabre-rattling.

sabrer [sɑbʀe] (1) *vt* (**a**) (*Mil*) to sabre, cut down.
(**b**) (*littér: marquer*) **la ride qui sabrait son front** the line that cut *ou* was scored across his brow; **visage sabré de cicatrices** face

scored *ou* slashed with scars; **dessin sabré de coups de crayon rageurs** drawing scored *ou* plastered with angry strokes of the pencil.
(**c**) (*: biffer*) *texte* to slash (great) chunks out of*; *passage, phrase* to cut out, scrub (out)*; *projet* to axe, chop*.
(**d**) (*) (*couler*) *étudiant* to give a hammering to*; (*renvoyer*) *employé* to sack*, fire*. **se faire ∼** [*étudiant*] to get a hammering*; [*employé*] to get the sack*, get fired* *ou* sacked*.
(**e**) (*: critiquer*) *devoir* to tear to pieces *ou* to shreds; *livre, pièce* to slam*, pan*.
(**f**) (*: bâcler*) *travail* to knock off* (in a rush), belt through‡.
(**g**) (*: saper*) *personne* to shatter*; *énergie* to drain. **cette nouvelle m'a sabré (le moral)** I was really shattered by the news*, the news really shattered me *ou* knocked me for six* (*Brit*) *ou* for a loop* (*US*).

sabretache [sabʀətaʃ] *nf* sabretache.

sabreur [sabʀœʀ] *nm* (*péj: soldat*) fighting cock (*péj*); (*escrimeur*) swordsman.

sac¹ [sak] **1** *nm* (**a**) (*gén*) bag; (*de grande taille, en toile*) sack; (*cartable*) (school)bag; (*à bretelles*) satchel. **∼ à charbon** coal-sack; **mettre en ∼(s)** to put in sacks; *V* **course**.
(**b**) (*contenu*) bag, bagful; sack, sackful.
(**c**) (‡: *argent*) ten francs, ≃ quid* (*Brit*), two bucks* (*US*).
(**d**) (*loc*) **habillé comme un ∼** dressed like a tramp; **mettre dans le même ∼*** to lump together; **l'affaire est** *ou* **c'est dans le ∼*** it's in the bag*; **des gens de ∼ et de corde**†† gallows birds; (*Rel*) **le ∼ et la cendre** sackcloth and ashes; *V* **main, tour²**.
(**e**) (*Anat*) sac.
2: sac de couchage sleeping bag; **sac à dos** rucksack, knapsack; **sac d'embrouilles*** web of intrigue, can of worms; **c'est un sac d'embrouilles* juridique/politique** it's a legal/political minefield; **sac à main** handbag (*Brit*), purse (*US*); **sac à malice** bag of tricks; **sac de marin** kitbag; **sac (de montagne)** rucksack; knapsack; **sac de nœuds*** = **sac d'embrouilles***; **sac à ouvrage** workbag; **sac de plage** beach bag; **sac à provisions** shopping bag; (*en papier*) (paper) carrier (*Brit*), carrier-bag (*Brit*); **sac reporter** organizer bag; **sac de sable** (*Constr, Mil*) sandbag; (*Boxe*) punchbag; (*arg Camping*) **sac à viande** sleeping bag sheet; **sac à vin*** (old) soak*, drunkard; **sac de voyage** overnight bag, travelling bag; (*pour l'avion*) flight bag.

sac² [sak] *nm* [*ville*] sack, sacking. **mettre à ∼ *ville** to sack; *maison, pièce* to ransack.

saccade [sakad] *nf* jerk. **avancer par ∼s** to jerk forward *ou* along, move forward *ou* along in fits and starts *ou* jerkily; **parler par ∼s** to speak haltingly *ou* in short bursts; **rire par ∼s** to give a jerky laugh.

saccadé, e [sakade] *adj démarche, gestes, rire, style* jerky; *débit, respiration* spasmodic, halting; *bruit* staccato; *sommeil* fitful.

saccage [sakaʒ] *nm* [*pièce*] havoc (*de* in); [*jardin*] havoc, devastation (*de* in).

saccager [sakaʒe] (3) *vt* (**a**) (*dévaster*) *pièce* to turn upside down, create havoc in; *jardin* to create havoc in, wreck, devastate. **ils ont tout saccagé dans la maison** they turned the whole house upside down; **les enfants saccagent tout** children wreck everything; **champ saccagé par la grêle** field laid waste *ou* devastated by the hail.
(**b**) (*piller*) *ville, pays* to sack, lay waste; *maison* to ransack.

saccageur, -euse [sakaʒœʀ, øz] *nm, f* (*dévastateur*) vandal; (*pillard*) pillager, plunderer.

saccharine [sakaʀin] *nf* saccharin(e).

saccharose [sakaʀoz] *nm* sucrose, saccharose.

sacerdoce [sasɛʀdɔs] *nm* (*Rel*) priesthood; (*fig*) calling, vocation.

sacerdotal, e, mpl -aux [sasɛʀdɔtal, o] *adj* priestly, sacerdotal.

sachem [saʃɛm] *nm* sachem.

sachet [saʃɛ] *nm* [*bonbons*] bag; [*lavande, poudre*] sachet; [*soupe*] packet. **de la soupe en ∼** packet soup; **∼ de thé** tea bag.

sacoche [sakɔʃ] *nf* (*gén*) bag; (*pour outils*) toolbag; [*cycliste*] (*de selle*) saddlebag; (*de porte-bagages*) pannier; [*écolier*] (school)bag; (*à bretelles*) satchel; [*encaisseur*] (money)bag; [*facteur*] (post-)bag.

sacquer* [sake] (1) *vt* (**a**) *employé* to fire, kick out‡, give the sack* (*Brit*) *ou* push‡ *ou* boot‡ to. **se faire ∼** to get the sack* (*Brit*) *ou*

S-Z

push‡ *ou* boot‡, get (o.s.) kicked out‡. **(b)** *élève (sanctionner)* to give a hammering to‡; *(recaler)* to plough* *(Brit)*, fail. **(c)** *(détester)* **je ne peux pas le ~ I** can't stand him, I hate his guts‡.

sacral, e, *mpl* **-aux** [sakral, o] *adj* sacral.

sacralisation [sakralizɑsjɔ̃] *nf:* **la ~ des loisirs/de la famille** regarding leisure time/the family as sacred.

sacraliser [sakralize] (1) *vt* to regard as sacred, make sacred. **~ la réussite sociale/la famille** to regard social success/the family as sacred.

sacramentel, -elle [sakramɑ̃tɛl] *adj* **(a)** *(fig: rituel)* ritual, ritualistic. **(b)** *(Rel) rite, formule* sacramental.

sacre [sakʀ(ə)] *nm [roi]* coronation; *[évêque]* consecration. *(Mus)* **le S~ du Printemps** the Rite of Spring.

sacré, e[1] [sakʀe] *(ptp de* **sacrer)** **1** *adj* **(a)** *(après n: Rel) lieu, objet* sacred, holy; *art, musique* sacred; *horreur, terreur* holy; *droit* hallowed, sacred. **la fête du S~-Cœur** the Feast of the Sacred Heart; **le S~ Collège** the Sacred College (of Cardinals). **(b)** *(après n: inviolable) droit, promesse* sacred. **son sommeil, c'est ~** his sleep is sacred. **(c)** *(*: avant n: maudit)* blasted*, confounded*, damned‡. **~ nom de nom!‡** hell and damnation!‡ **(d)** *(*: avant n: considérable)* **un ~ ...** a *ou* one heck* *ou* hell‡ of a ..., a right* ...; **c'est un ~ imbécile/menteur** he's a right idiot/ liar* *(Brit)*, he's one heck* *ou* hell‡ of an idiot/a liar; **il a un ~ toupet** he's got a *ou* one heck* *ou* hell‡ of a cheek, he's got a right cheek* *(Brit)*; **elle a eu une ~e chance** she was one hell of a lucky‡. **(e)** *(*: avant n: admiration, surprise)* **~ farceur!** you old devil (you)!*; **ce ~ Paul a encore gagné aux courses** that devil Paul *ou* that blinking *(Brit)* Paul has gone and won on the horses again*. **2** *nm:* **le ~** the sacred.

sacré, e[2] [sakʀe] *adj (Anat)* sacral.

**sacrebleu*†† [sakʀəblø] *excl* 'struth!* *(Brit)*, confound it!*

sacrement [sakʀəmɑ̃] *nm* sacrament. **recevoir les derniers ~s** to receive the last rites *ou* sacraments; **il est mort, muni des ~s de l'Église** he died fortified with the (last) rites *ou* sacraments of the Church; *V* **saint.**

sacrément [sakʀemɑ̃] *adv intéressant, laid, froid* jolly* *(Brit)*, damned‡, ever so*. **j'ai eu ~ peur** I was jolly* *(Brit) ou* damned‡ *ou* ever so* scared; **ça m'a ~ plu** I liked it ever so much*.

sacrer [sakʀe] (1) **1** *vt roi* to crown; *évêque* to consecrate. *(fig)* **il fut sacré sauveur de la patrie** he was hailed as the saviour of the country. **2** *vi* (*††) to curse, swear.

sacrificateur, -trice [sakʀifikatœʀ, tʀis] *nm, f* sacrificer; *(juif)* priest.

sacrificatoire [sakʀifikatwaʀ] *adj* sacrificial.

sacrifice [sakʀifis] *nm (Rel, fig)* sacrifice. **faire un ~/des ~s** to make a sacrifice/sacrifices; **faire le ~ de sa vie/d'une journée de vacances** to sacrifice one's life/a day's holiday; **offrir qch en ~ à** to offer sth as a sacrifice to; **~ de soi** self-sacrifice; *V* **saint.**

sacrificiel, -elle [sakʀifisjɛl] *adj* sacrificial.

sacrifié, e [sakʀifje] *(ptp de* **sacrifier)** *adj peuple, troupe* sacrificed. **les jeunes sont les ~s de notre société** the young are the sacrificial victims of our society; *(Comm)* **articles ~s** give-aways*, items given away at knockdown prices; **'prix ~s'** 'give-away prices', 'rockbottom prices', 'prices slashed'.

sacrifier [sakʀifje] (7) **1** *vt (gén)* to sacrifice (*à* to, *pour* for); *(abandonner)* to give up; *(Comm) marchandises* to give away (at a knock-down price). **~ sa vie pour sa patrie** to lay down *ou* sacrifice one's life for one's country; **~ sa carrière** to wreck *ou* ruin *ou* sacrifice one's career; **il a dû ~ ses vacances** he had to give up his holidays. **2 sacrifier à** *vt indir préjugés, mode* to conform to. **3 se sacrifier** *vpr* to sacrifice o.s. (*à* to, *pour* for).

sacrilège [sakʀilɛʒ] **1** *adj (Rel, fig)* sacrilegious. **2** *nm (Rel, fig)* sacrilege. **ce serait un ~ de** it would be (a) sacrilege to. **3** *nmf* sacrilegious person.

sacripant [sakʀipɑ̃] *nm* (††, *hum)* rogue, scoundrel.

sacristain [sakʀistɛ̃] *nm (Rel) [sacristie]* sacristan; *[église]* sexton.

sacristie [sakʀisti] *nf (catholique)* sacristy; *(protestante)* vestry; *V* **punaise.**

sacro-iliaque [sakʀoiljak] *adj* sacroiliac.

sacro-saint, e [sakʀosɛ̃, ɛ̃t] *adj (lit, iro)* sacrosanct.

sacrum [sakʀɔm] *nm* sacrum.

sadique [sadik] **1** *adj* sadistic. **2** *nmf* sadist.

sadiquement [sadikmɑ̃] *adv* sadistically.

sadisme [sadism(ə)] *nm* sadism.

sado* [sado] **1** *adj* sadistic. **il est ~-maso** he's into SM‡. **2** *nmf* sadist.

sadomasochisme [sadomazoʃism(ə)] *nm* sadomasochism.

sadomasochiste [sadomazoʃist(ə)] **1** *adj* sadomasochistic. **2** *nmf* sadomasochist.

safari [safaʀi] *nm* safari. **faire un ~** to go on safari; **~-photo** photographic safari.

safran [safʀɑ̃] **1** *nm* **(a)** *(Bot, Culin, couleur)* saffron. **riz au ~** saffron rice. **(b)** *(Naut)* rudder blade. **2** *adj inv* saffron(-coloured), saffron (yellow).

safrané, e [safʀane] *(ptp de* **safraner)** *adj plat, couleur* saffron *(épith); tissu* saffron(-coloured), saffron (yellow).

safraner [safʀane] (1) *vt plat* to flavour *ou* season with saffron.

saga [saga] *nf* saga.

sagace [sagas] *adj (littér)* sagacious, shrewd.

sagacité [sagasite] *nf* sagacity, shrewdness. **avec ~** shrewdly.

sagaie [sage] *nf* assegai, assagai.

sage [saʒ] **1** *adj* **(a)** *(avisé) conseil* wise, sound, sensible; *personne* wise; *action, démarche* wise, sensible. **il serait plus ~ de ...** it would be wiser *ou* more sensible to ..., you *(ou* he *etc)* would be better advised to ... . **(b)** *(chaste) jeune fille* good, well-behaved.

(c) *(docile) enfant, animal* good, well-behaved. **sois ~** be good, behave yourself, be a good boy *(ou* girl); **~ comme une image** (as) good as gold; **il a été très ~ chez son oncle** he was very well-behaved *ou* he behaved (himself) very well, at his uncle's. **(d)** *(modéré, décent) goûts* sober, moderate; *roman* restrained, tame. **une petite robe bien ~** a sober little dress *ou* number*. **2** *nm* wise man; *(Antiq)* sage.

sage-femme, *pl* **sages-femmes** [saʒfam] *nf* midwife.

sagement [saʒmɑ̃] *adv* **(a)** *(avec bon sens) conseiller, agir* wisely, sensibly. **(b)** *(chastement)* properly. **se conduire ~** to be good, behave o.s. (properly). **(c)** *(docilement)* quietly. **il est resté ~ assis sans rien dire** he sat quietly *ou* he sat like a good child *(ou* boy) and said nothing; **va bien ~ te coucher** be a good boy *(ou* girl) and go to bed, off you go to bed like a good boy *(ou* girl). **(d)** *(modérément)* wisely, moderately. **savoir user ~ de qch** to know how to use sth wisely *ou* in moderation *ou* moderately.

sagesse [saʒɛs] *nf* **(a)** *(bon sens) [personne]* wisdom, *(good)* sense; *[conseil]* soundness; *[action, démarche]* wisdom; *(expérience)* wisdom. **il a eu la ~ de** he had the wisdom *ou (good)* sense to, he was wise *ou* sensible enough to; **écouter la voix de la ~** to listen to the voice of wisdom; **la ~ des nations** popular wisdom. **(b)** *(chasteté)* properness. **(c)** *(docilité) [enfant]* good behaviour. **il est la ~ même** he is the model of a well-behaved child; **il a été d'une ~ exemplaire** he has been very good, he has behaved himself very well, he has been a model child; *V* **dent.** **(d)** *(modération)* moderation. **savoir utiliser qch avec ~** to know how to use sth wisely *ou* in moderation.

Sagittaire [saʒitɛʀ] *nm (Astron)* **le ~** Sagittarius, the Archer; **être (du) ~** to be Sagittarius *ou* a Sagittarian.

sagouin‡ [sagwɛ̃] *nm (personne sale)* dirty *ou* filthy pig*; *(salopard)* swine‡, slob‡; *(incompétent)* bungling idiot‡.

Sahara [saaʀa] *nm:* **le ~** the Sahara (desert).

saharien, -ienne [saaʀjɛ̃, jɛn] **1** *adj (du Sahara)* Saharan; *(très chaud)* tropical; *(costume) ensemble* ~ safari suit. **2 saharienne** *nf (veste)* safari jacket; *(chemise)* safari shirt.

Sahel [saɛl] *nm:* **le ~** the Sahel.

sahélien, -ienne [saeljɛ̃, jɛn] **1** *adj* Sahelian. **2** *nm, f:* **S~(ne)** Sahelian.

saignant, e [sɛɲɑ̃, ɑ̃t] *adj plaie (lit)* bleeding; *(fig)* raw; *entrecôte* rare, underdone; *(‡) critique* scathing, savage, biting; *mésaventure* bloody *(Brit) ou* damned nasty‡. **je n'aime pas le ~** I don't like underdone meat.

saignée [seɲe] *nf* **(a)** *(Méd) (épanchement)* bleeding *(U)*. *(opération)* blood letting *(U)*, bleeding *(U)*. **faire une ~ à qn** to bleed sb, let sb's blood. **(b)** *(fig: perte) [budget]* savage cut (*à, dans* in). **les ~s que j'ai dû faire sur mon salaire/mes économies pour ...** the huge holes I had to make in my salary/savings to ...; **les ~s faites dans le pays par la guerre** the heavy losses incurred by the country in the war. **(c)** *(Anat)* **la ~ du bras** the bend of the arm. **(d)** *(sillon) [sol]* trench, ditch; *[mur]* groove.

saignement [sɛɲmɑ̃] *nm* bleeding *(U)*. **~ de nez** nosebleed.

saigner [seɲe] (1) **1** *vi (a)* to bleed. **il saigne comme un bœuf** blood is gushing out of him; **il saignait du nez** he had (a) nosebleed, his nose was bleeding. **(b)** *(fig littér) [orgueil, dignité]* to sting, bleed *(littér)*. **mon cœur saigne** *ou* **le cœur me saigne encore** my heart is still bleeding *(littér)*. **2** *vt* **(a)** *animal* to kill *(by bleeding); malade* to bleed. **(b)** *(exploiter)* to bleed. **~ qn à blanc** to bleed sb white. **3 se saigner** *vpr:* **se ~ (aux quatre veines) pour qn** to bleed o.s. white for sb, sacrifice o.s. for sb.

saillant, e [sajɑ̃, ɑ̃t] *adj* **(a)** *menton* prominent, protruding *(épith)*, jutting *(épith); front, muscle, veine* protruding *(épith)*, prominent, protuberant; *pommette* prominent; *yeux* bulging *(épith)*, protuberant, protruding *(épith); corniche* projecting *(épith)*; *V* **angle.** **(b)** *événement, trait, point* salient, outstanding. **2** *nm (avancée)* salient.

saillie [saji] *nf* **(a)** *(aspérité)* projection. **faire ~** to project, jut out; **qui forme ~, en ~** projecting, overhanging; **rocher qui s'avance en ~** rock which sticks *ou* juts out. **(b)** *(littér: boutade)* witticism. **(c)** *(Zool: accouplement)* covering, serving.

saillir[1] [sajiʀ] (13) *vi [balcon, corniche]* to jut out, stick out, project; *[menton]* to jut out, protrude; *[poitrine, pommette]* to be prominent; *[muscle, veine]* to protrude, stand out; *[yeux]* to bulge, protrude.

saillir[2] [sajiʀ] (2) **1** *vi (littér: jaillir)* to gush forth. **2** *vt (Zool)* to cover, serve.

sain, saine [sɛ̃, sɛn] *adj* **(a)** *(en bonne santé) personne* healthy; *constitution, dents* healthy, sound. **être/arriver ~ et sauf** to be/ arrive safe and sound; **il est sorti ~ et sauf de l'accident** he escaped unharmed *ou* safe and sound from the accident; **~ de corps et d'esprit** sound in body and mind. **(b)** *(salubre) climat, nourriture* healthy, wholesome. **il est ~ de se promener après le repas** it is good for you *ou* healthy to take a walk after meals; **il est ~ de rire de temps en temps** it's good (for one) to laugh from time to time. **(c)** *(non abîmé) fruit* sound; *viande* good; *mur, fondations* sound; *(fig) gestion, affaire* healthy. **(d)** *(moralement) personne* sane; *politique, jugement* sound, sane; *idées, goûts, humeur* healthy; *lectures* wholesome. **(e)** *(Naut) rade* clear, safe.

saindoux [sɛ̃du] *nm* lard.

sainement [sɛnmɑ̃] *adv* *vivre* healthily; *manger* healthily, wholesomely; *juger* sanely; *raisonner* soundly. **être ~ logé** to have healthy accommodation.

sainfoin [sɛ̃fwɛ̃] *nm* sainfoin.

saint, e [sɛ̃, sɛ̃t] **1** *adj* **(a)** (*sacré*) *semaine, image* holy. **la S~e Bible** the Holy Bible; **les ~es Écritures** the Holy Scriptures, Holy Scripture; **les ~es huiles** the holy oils; **la ~e Croix/Famille** the Holy Cross/Family; **le vendredi ~** Good Friday; **le jeudi ~** Maundy Thursday; **le mercredi/mardi ~** Wednesday/Tuesday before Easter, the Wednesday/Tuesday of Holy Week; **le samedi ~** Easter Saturday; *V* **guerre, semaine, terre.**

(b) (*devant prénom*) Saint. (*apôtre*) **~ Pierre/Paul** Saint Peter/Paul; (*église*) **S~-Pierre/-Paul** Saint Peter's/Paul's; (*fête*) **ils ont fêté la S~-Pierre** they celebrated the feast of Saint Peter; (*jour*) **le jour de la S~-Pierre, à la S~-Pierre** (on) Saint Peter's day; **à la S~-Michel/-Martin** at Michaelmas/Martinmas; *V aussi* **saint-pierre.**

(c) (*pieux*) *personne, pensée* saintly, godly; *vie, action* pious, saintly, holy.

(d) (**loc*) **toute la ~e journée** the whole blessed day*; **avoir une ~e terreur de qch** to have a holy terror of sth*; **il est arrivé avec tout son ~-frusquin** he has arrived with all his clobber* (*Brit*) *ou* gear*; **il y avait le frère, l'oncle, le chat et tout le ~-frusquin** there were the brother, the uncle, the cat — Old Uncle Tom Cobbly and all* (*Brit*); **à la ~-glinglin** never in a month of Sundays; **il te le rendra à la ~-glinglin** he'll never give it back to you in a month of Sundays; **attendre jusqu'à la ~-glinglin** to wait till the cows come home; **on ne va pas rester là jusqu'à la ~-glinglin** we're not going to hang around here forever*; *V* **danse.**

2 *nm, f* (*lit, fig*) saint. **il veut se faire passer pour un (petit) ~** he wants to pass for a saint; **elle a la patience d'une ~e** she has the patience of a saint *ou* of Job; **un ~ de bois/pierre** a wooden/stone statue of a saint; **la fête de tous les ~s** All Saints' Day; (*fig*) **ce n'est pas un ~** he's no saint; *V* **prêcher.**

3: (*Hist*) **la Sainte-Alliance** the Holy Alliance; (*Hist*) **la Saint Barthélémy** St Bartholomew's Day Massacre; **saint-bernard** *nm inv* (*chien*) St Bernard; (*fig*) good Samaritan; **le saint chrême** the chrism, the holy oil; **saint-cyrien** *nm, pl* **saint-cyriens** (military) cadet (*of the Saint-Cyr academy*); **Saint-Domingue** Santo Domingo; **le Saint-Empire romain germanique** the Holy Roman Empire; **le Saint-Esprit** the Holy Spirit *ou* Ghost (*V* **opération**); **les saints de glace** the 11th, 12th and 13th of May; **Sainte-Hélène** St Helena; **saint-honoré** *nm, pl* **saint-honoré(s)** Saint Honoré (gâteau); **le jour des Saints Innocents** Holy Innocents Day; **Saint-Jacques-de-Compostelle** Santiago de Compostela; **la Saint-Jean** Midsummer('s) Day; **le Saint-Laurent** the St. Lawrence (river); **Sainte-Lucie** Saint Lucia; **Saint-Marin** San Marino; (*péj*) **sainte nitouche** (pious *ou* saintly) hypocrite; **c'est une sainte nitouche** she looks as if butter wouldn't melt in her mouth; **de sainte nitouche** *attitude, air* hypocritically pious; **le Saint-Office** the Holy Office; **saint patron** patron saint; **Saint-Père** Holy Father; **Saint-Pierre-et-Miquelon** Saint Pierre and Miquelon; **le saint sacrement** the Blessed Sacrament; **le saint sacrifice** the Holy Sacrifice of the Mass; (*Rel, fig*) **le Saint des Saints** the Holy of Holies; **le saint sépulcre** the Holy Sepulchre; **le Saint-Siège** the Holy See; **saint-simonien, -ienne** *adj, nm, f, mpl* **saint-simoniens** Saint-Simonian; **saint-simonisme** *nm* Saint-Simonism; **le Saint Suaire** the Holy Shroud; **le Saint Suaire de Turin** the Turin Shroud; **la Saint-Sylvestre** New Year's Eve; **le Saint-Synode** the holy synod; **la Sainte Trinité** the Holy Trinity; **la Sainte Vierge** the Blessed Virgin.

saintement [sɛ̃tmɑ̃] *adv agir, mourir* like a saint. **vivre ~** to lead a saintly *ou* holy life, live like a saint.

sainteté [sɛ̃tte] *nf* **(a)** [*personne*] saintliness, godliness; [*Évangile, Vierge*] holiness; [*lieu*] holiness, sanctity; [*mariage*] sanctity; *V* **odeur. (b) Sa S~** (**le pape**) His Holiness (the Pope).

saint-pierre [sɛ̃pjɛʀ] *nm inv* (*poisson*) dory, John Dory.

saisi [sezi] *nm* (*Jur*) distrainee.

saisie [sezi] **1** *nf* **(a)** [*biens*] seizure, distraint (*T*), distress (*T*).

(b) [*publication, articles prohibés*] seizure, confiscation.

(c) (*capture*) capture.

(d) (*Ordin*) **~ de données** data capture *ou* keyboarding.

2: saisie-arrêt *nf, pl* **saisies-arrêts** distraint, attachment; **saisie conservatoire** seizure of goods (*to prevent sale etc*); **saisie-exécution** *nf, pl* **saisies-exécutions** distraint (*for sale by court order*); **saisie immobilière** seizure of property.

saisine [sezin] *nf* **(a)** (*Jur*) submission of a case to the court. **(b)** (*Naut: cordage*) lashing.

saisir [seziʀ] (2) **1** *vt* **(a)** (*prendre*) to take hold of, catch hold of, (*s'emparer de*) to seize, grab (hold of). **~ qn à la gorge** to grab *ou* seize sb by the throat; **~ un ballon au vol** to catch a ball (in mid air); **il lui saisit le bras pour l'empêcher de sauter** he grabbed (hold of) *ou* seized his arm to stop him jumping; **ils le saisirent à bras le corps** they took hold of *ou* seized him bodily.

(b) (*fig*) *occasion* to seize; *prétexte* to seize (on). **~ une occasion/ la chance au vol** to jump at the opportunity/the chance; **~ l'occasion par les cheveux*** to grasp the opportunity when it arises; **~ la balle au bond** to jump at the opportunity (while the going is good).

(c) (*entendre*) *mot, nom* to catch, get; (*comprendre*) *explications* to grasp, understand, get. **il a saisi quelques noms au vol** he caught *ou* overheard various names in passing; **d'un coup d'œil, il saisit ce qui se passait** at a glance he understood what was going on; **tu saisis ce que je veux dire?*** do you get it?*, do you get what I mean?

(d) [*peur*] to take hold of, seize, grip; [*colère, allégresse*] to take hold of, come over; [*malaise*] to come over. **le froid l'a saisi** *ou* **il a**

été saisi par le froid en sortant he was struck *ou* gripped by the sudden cold as he went out; **saisi de joie** overcome with joy; **saisi de peur** seized *ou* gripped by fear, transfixed with fear; **saisi de panique/d'horreur** panic-/horror-stricken.

(e) (*impressionner, surprendre*) **~ qn** to bring sb up with a start; **la ressemblance entre les 2 sœurs le saisit** he was brought up short *ou* with a start by the resemblance between the 2 sisters; **être saisi par horreur** to be gripped by, be transfixed with; *beauté, grâce* to be captivated by; **son air de franchise a saisi tout le monde** his apparent frankness struck everybody; **elle fut tellement saisie que ... she was so overcome that ...** .

(f) (*Jur*) (*procéder à la saisie de*) *personne, chose* to seize; (*porter devant*) *juridiction* to submit *ou* refer to. **~ le Conseil de Sécurité d'une affaire** to submit *ou* refer a matter to the Security Council; **~ la Cour de Justice** to complain to the Court of Justice; **la Cour a été saisie de l'affaire** the case has been submitted *ou* referred to the Court.

(g) (*Culin*) *viande* to seal, fry quickly, fry over a fierce heat.

(h) (*Ordin*) to capture, keyboard.

2 se saisir *vpr:* **se ~ de qch/qn** to seize *ou* grab sth/sb.

saisissable [sezisabl(ə)] *adj* **(a)** *nuance, sensation* perceptible. **(b)** (*Jur*) distrainable.

saisissant, e [sezisɑ̃, ɑ̃t] **1** *adj* **(a)** *spectacle* gripping; *ressemblance, différence* startling, striking; *froid* biting, piercing. **(b)** (*Jur*) distraining. **2** *nm* (*Jur*) distrainer.

saisissement [sezismɑ̃] *nm* (*frisson de froid*) sudden chill; (*émotion*) (sudden) agitation, (rush of) emotion.

saison [sezɔ̃] *nf* **(a)** (*division de l'année*) season. **la belle/mauvaise ~** the summer/winter months; (*littér*) **la ~ nouvelle** springtide (*littér*); **en cette ~** at this time of year; **en toutes ~s** all (the) year round; **il fait un temps de ~** the weather is right *ou* what one would expect for the time of year, the weather is seasonable.

(b) (*époque*) season. **~ des amours/des fraises/théâtrale/ touristique** mating/strawberry/theatre/tourist season; **la ~ des pluies** the rainy *ou* wet season; **la ~ des moissons/des vendanges** harvest/grape-harvest(ing) time; **les nouvelles toilettes de la ~** the new season's fashions; **nous faisons la ~ sur la côte d'Azur** we're working on the Côte d'Azur during the season; **en (haute) ~ les prix sont plus chers** in the high season *ou* at the height of the season prices are higher; *V* **marchand, mort², voiture.**

(c) (*cure*) stay (*at a spa*), cure.

(d) (*loc*) **hors ~** *plante* out of season (*attrib*); *prix* off-season (*épith*), low-season (*épith*); **prendre ses vacances hors ~ ou en basse ~** to go on holiday in the off season *ou* low season; **faire preuve d'un optimisme de ~** to show fitting optimism; (*littér*) **vos plaisanteries ne sont pas de ~** your jokes are totally out of place.

saisonnier, -ière [sezɔnje, jɛʀ] **1** *adj* seasonal. **2** *nm, f* seasonal worker.

saké [sake] *nm* sake.

salace [salas] *adj* (*littér*) salacious.

salacité [salasite] *nf* (*littér*) saraciousness, salacity.

salade [salad] *nf* **(a)** (*plante*) (*laitue*) lettuce; (*scarole*) curly endive. **la laitue est une ~** lettuce is a salad vegetable.

(b) (*plat*) green salad. **~ de tomates/de fruits/russe** tomato/ fruit/Russian salad; **~ niçoise** salade niçoise; **~ composée** mixed salad; **haricots en ~** bean salad; *V* **panier.**

(c) (**fig: confusion*) tangle, muddle.

(d) (**fig: mensonges*) **~s** stories*; **raconter des ~s** to spin yarns, tell stories*; [*représentant*] **vendre sa ~** to sell one's line.

(e) [*armure*] sallet.

saladier [saladje] *nm* salad bowl.

salage [salaʒ] *nm* salting.

salaire [salɛʀ] *nm* **(a)** (*mensuel*) salary, pay; (*journalier, hebdomadaire*) wage(s), pay. **famille à ~ unique** single income family; (*allocation*) **toucher le ~ unique** ≃ to get supplementary benefit (*Brit*); **~ de famine** *ou* **de misère** starvation wage; **~ minimum** minimum wage; **~ minimum interprofessionnel de croissance, ~ minimum interprofessionnel garanti†** (index-linked) guaranteed minimum wage; **~ brut/net** gross/net wage, ≃ before-tax/tax-deducted *ou* disposable income; *V* **bulletin.**

(b) (*fig: récompense*) reward (de for); (*châtiment*) reward, retribution, recompense (de for); *V* **tout.**

salaison [salezɔ̃] *nf* **(a)** (*procédé*) salting. **(b)** (*aliment*) (*viande*) salt meat; (*poisson*) salt fish.

salamalecs* [salamalɛk] *nmpl* (*péj*) exaggerated politeness. **faire des ~** to be ridiculously overpolite.

salamandre [salamɑ̃dʀ(ə)] *nf* **(a)** (*Zool*) salamander. **(b)** (*poêle*) slow-combustion stove.

salami [salami] *nm* salami.

salant [salɑ̃] *adj m* *V* **marais.**

salarial, e, mpl -aux [salaʀjal, o] *adj* (*V* **salaire**) salary (*épith*); pay (*épith*); wage(s) (*épith*); *V* **masse.**

salariat [salaʀja] *nm* **(a)** (*V* **salaire**) (*salariés*) salaried class; wage-earning class; (*mode de paiement*) payment by salary; payment by wages.

(b) (*condition*) (being in) employment. **être réduit au ~ après avoir été patron** to be reduced to the ranks of the employees *ou* of the salaried staff after having been in a senior position.

salarié, e [salaʀje] **1** *adj* **(a)** (*V* **salaire**) *travailleur* salaried (*épith*); *travail* paid. **2** *nm, f* (*V* **salaire**) salaried employee; wage-earner.

salaud‡ [salo] *nm* (*Brit*) bastard*‡, sod*‡ (*Brit*), swine‡. **alors mon ~, tu ne t'en fais pas!** well you old bugger — you're not exactly overdoing it!*‡; **10.000 F?** ben, mon ~! 10,000 francs, bugger me!*‡ (*Brit*); **tu es ~** you're an absolute bastard*‡ *ou* sod*‡ (*Brit*) *ou* swine‡.

sale [sal] *adj* **(a)** (*crasseux*) dirty. **j'ai les mains/pieds ~s** I've got dirty hands/feet, my hands/feet are dirty; **blanc ~** dirty white; **~**

comme un cochon *ou* **un porc** *ou* **un peigne** filthy (dirty); **oh la ~!** you dirty girl!; V **laver**.

   (b) *(ordurier) histoire* dirty, filthy.

   (c) (*: *avant n: mauvais*) nasty. **~ bête** nasty *ou* foul creature; **~ gosse** horrible brat, nasty little brat; **~ temps** filthy* *ou* foul *ou* lousy* weather; **~ tour** dirty trick; **~ type** foul *ou* nasty character, nasty piece of work; **avoir une ~ gueule‡** to have a nasty face; **faire une ~ gueule‡** to look bloody‡ *(Brit) ou* damned‡ annoyed; **il m'est arrivé une ~ histoire** something really nasty *ou* rotten* happened to me; **il a un ~ caractère** he has a foul *ou* rotten* *ou* lousy* temper, he's foul-tempered.

salé, e [sale] **1** *adj* **(a)** *(contenant du sel) saveur, mer* salty; *(additionné de sel) amande, plat* salted; *gâteau (non sucré)* savoury; *(au goût ~)* salty; *(conservé au sel) poisson, viande* salt *(épith)*; *beurre* salted; V **eau, petit, pré.**

   (b) (*: *grivois*) spicy, juicy, fruity‡.

   (c) (*: *sévère) punition* stiff; *facture* steep.

   2 *nm (nourriture)* salty food; *(porc salé)* salt pork. **préférer le ~ au sucré** to prefer savoury *ou* salty *(US)* foods to sweet; V **petit.**

   3 *adv:* **manger ~** to like a lot of salt on one's food, like one's food well salted; **avec son régime, il ne peut pas manger trop ~** with his diet he can't have his food too salty.

salement [salmɑ̃] *adv* **(a)** *(malproprement, bassement)* dirtily.

   (b) (‡: *très) dur, embêtant* bloody‡ *(Brit)* damned‡. **j'ai ~ mal** it's bloody *(Brit) ou* damned painful‡, it hurts like mad*; **j'ai eu ~ peur** I had a *ou* one hell of a fright‡, I was bloody *(Brit) ou* damned scared‡.

saler [sale] **(1)** *vt* **(a)** *plat, soupe* to put salt in, salt; *(pour conserver)* to salt. **tu ne sales pas assez** you don't put enough salt in, you don't use enough salt. **(b)** (*) *client* to do*, fleece; *facture* to bump up*; *inculpé* to be tough on*.

Salerne [salɛʀn(ə)] *n* Salerno.

saleté [salte] *nf* **(a)** *(malpropreté) [lieu, personne]* dirtiness.

   (b) *(crasse)* dirt, filth. **murs couverts de ~** walls covered in dirt *ou* filth; **vivre dans la ~** to live in filth *ou* squalor; **le chauffage au charbon fait de la ~** coal heating makes a lot of mess *ou* dirt, coal is a dirty *ou* messy way to heat; **tu as fait de la ~ en réparant le moteur** you've made a mess repairing the motor.

   (c) *(ordure)* dirt *(U)*. **il y a une ~ par terre/sur ta robe** there's some dirt *ou* muck on the floor/your dress; **j'ai une ~ dans l'œil** I've got some dirt in my eye; **tu as fait des ~s partout en perçant le mur** you've made a mess all over the place *ou* you've dirtied everything drilling the wall; **enlève tes ~s de ma chambre** get your (old) rubbish out of my room; **le chat a fait des ~s** *ou* **ses ~s dans le salon** the cat has done its business *ou* made a mess in the lounge.

   (d) (*: *chose sans valeur)* rubbish *(U)*, junk *(U)*. **ce réfrigérateur est une ~** *ou* **de la vraie ~** this fridge is a load of old rubbish*; **c'est une ~ qu'ils ont achetée en vacances** it's some (old) junk *ou* rubbish *ou* trash they bought on holiday*; **c'est eux, il n'y a que des ~s** *(bibelots)* there's junk *ou* trash *ou* rubbishy stuff lying about all over their place*; *(meubles)* they've just got cheap and nasty stuff *ou* (cheap) rubbish *ou* junk at their place*; **on n'a qu'à acheter une ~ quelconque au gosse** we only need to get some rubbishy toy *ou* some bit of junk *ou* rubbish *ou* trash for the kid*; **il se bourre de ~s avant le repas** he stuffs himself with junk food *ou* rubbish before meals*.

   (e) (*: *maladie)* **je me demande où j'ai bien pu attraper cette ~-là** I wonder where on earth I could have caught this blasted thing* *ou* bug*; **cet enfant récolte toutes les ~s qui traînent** this child catches every blasted thing going*.

   (f) (*: *obscénité)* dirty *ou* filthy thing (to say)*. **dire des ~s** to say filthy things*, talk filth*.

   (g) (*: *méchanceté)* dirty *ou* filthy trick*. **faire une ~ à qn** to play a dirty *ou* filthy trick on sb*; **on en a vu, des ~s pendant la guerre** we saw plenty of disgusting things during the war.

   (h) (*: *salaud)* nasty piece of work*, nasty character.

salicylate [salisilat] *nm* salicylate.

salicylique [salisilik] *adj:* **acide ~** salicylic acid.

salière [saljɛʀ] *nf (récipient)*, (*) *[clavicule]* saltcellar.

salifère [salifɛʀ] *adj* saliferous.

salification [salifikɑsjɔ̃] *nf* salification.

salifier [salifje] **(7)** *vt* to salify.

saligaud [saligo] *nm (malpropre)* dirty *ou* filthy pig‡; *(salaud)* swine‡, bastard‡*.

salin, e [salɛ̃, in] **1** *adj* saline. **2** *nm* salt marsh. **3** **saline** *nf (entreprise)* saltworks; *(salin)* salt marsh.

salinité [salinite] *nf* salinity.

salique [salik] *adj* Salic, Salian. **loi ~** Salic law.

salir [saliʀ] **(2) 1** *vt* **(a)** *lieu* to (make) dirty, mess up*, make a mess in; *objet* to (make) dirty, soil. **le charbon salit** coal is messy *ou* dirty.

   (b) *imagination* to corrupt, defile; *réputation* to sully, soil, tarnish. **~ qn** to sully *ou* soil *ou* tarnish sb's reputation.

   2 se salir *vpr* **(a)** *[tissu]* to get dirty *ou* soiled; *[personne]* to get dirty, dirty o.s. **le blanc se salit facilement** white shows the dirt (easily), white soils easily; *(lit, fig)* **se ~ les mains** to get one's hands dirty, dirty one's hands.

   (b) *(se déshonorer)* to sully *ou* soil *ou* tarnish one's reputation.

salissant, e [salisɑ̃, ɑ̃t] *adj étoffe* which shows the dirt, which soils easily; *travail* dirty, messy.

salissure [salisyʀ] *nf (saleté)* dirt, filth; *(tache)* dirty mark.

salivaire [salivɛʀ] *adj* salivary.

salivation [salivɑsjɔ̃] *nf* salivation.

salive [saliv] *nf* saliva, spittle. *(fig)* **épargne** *ou* **ne gaspille pas ta ~** save your breath, don't waste your breath; **dépenser beaucoup de ~ pour convaincre qn** to have to do a lot of talking *ou* use a lot of breath to persuade sb.

saliver [salive] **(1)** *vi* to salivate; *[animal]*, *(péj)* to drool. **ça le faisait ~** *[nourriture]* it made his mouth water; *[spectacle]* it made him drool.

salle [sal] **1** *nf* **(a)** *[musée, café]* room; *[château]* hall; *[restaurant]* (dining) room; *[hôpital]* ward; V **fille, garçon.**

   (b) *(Ciné, Théât) (auditorium)* auditorium, theatre; *(public)* audience; *(cinéma)* cinema *(Brit)*, movie theater *(US)*. **plusieurs ~s de quartier ont dû fermer** several local cinemas had to close down; **faire ~ comble** to have a full house, pack the house; **cinéma à plusieurs ~s** film-centre with several cinemas; **film projeté dans la ~ 3** film showing in cinema 3.

   2: salle d'armes arms room; **salle d'attente** waiting room; **salle d'audience** courtroom; **salle de bain(s)** bathroom; **salle de bal** ballroom; **salle de banquets** *[château]* banqueting hall; **salle de billard** billiard room; *(Rel)* **salle du chapitre** chapter room; **salle de cinéma** cinema *(Brit)*, movie theater *(US)*; **salle de classe** classroom; **salle commune** *[colonie de vacances etc]* commonroom; *[hôpital]* ward; **salle de concert** concert hall; **salle de conférences** lecture *ou* conference room; *(grande)* lecture hall *ou* theatre; **salle de douches** shower-room, showers *(pl)*; **salle d'eau** shower-room; *(Aviat)* **salle d'embarquement** departure lounge; **salle d'étude(s)** prep room; **salle des fêtes** village hall; **salle de garde** staff waiting room *(in hospital)*; **salle de jeu** *(pour enfants)* playroom; *[casino]* gaming room; **salle des machines** engine room; **salle à manger** *(pièce)* dining room; *(meubles)* dining room suite; **les salles obscures** the cinemas *(Brit)*, the movie theaters *(US)*; **salle d'opération** operating theatre *(Brit) ou* room *(US)*; **salle des pas perdus** (waiting) hall; **salle de police** guardhouse, guardroom; **'salle pour noces et banquets'** 'functions catered for', 'room available for weddings and banquets'; **salle des professeurs** commonroom, staff room; **salle de projection** film theatre; **salle de réanimation** *ou* **de réveil** recovery room; **salle de rédaction** (newspaper) office; **salle de séjour** living room; **salle de soins** treatment room; **salle de spectacle** theatre, cinema; **salle du trône** throne room; **salle des ventes** saleroom, auction room.

salmigondis [salmigɔ̃di] *nm (Culin, fig)* hotchpotch *(Brit)*, hodge-podge *(US)*.

salmis [salmi] *nm* salmi. **~ de perdreaux** salmi of partridges.

salmonella [salmɔnela] *nf*, **salmonelle** [salmɔnɛl] *nf* salmonella.

salmonellose [salmɔneloz] *nf* salmonellosis.

saloir [salwaʀ] *nm* salting-tub.

Salomé [salɔme] *nf* Salome.

Salomon [salɔmɔ̃] *nm* Solomon. **le jugement de ~** the judgment of Solomon.

salon [salɔ̃] **1** *nm* **(a)** *[appartement, maison]* lounge *(Brit)*, sitting room, living room; *[hôtel]* lounge; *[navire]* saloon, lounge.

   (b) *(hôtel) (pour les clients)* lounge; *(pour conférences, réceptions)* function room.

   (c) *(meubles)* lounge *(Brit) ou* living-room suite; *(de trois pièces)* three-piece suite. **~ de jardin** set of garden furniture.

   (d) *(exposition)* exhibition, show.

   (e) *(cercle littéraire)* salon. (*hum*) **faire ~** to have a natter*.

   2: Salon des Arts ménagers ≃ Ideal Home *ou* Modern Homes Exhibition *(Brit)*; **salon d'attente** waiting room; **Salon de l'Auto** Motor *ou* Car Show; **salon de beauté** beauty salon *ou* parlour; **salon de coiffure** hairdressing salon; **salon d'essayage** fitting room; *(Can)* **salon funéraire** funeral parlour, funeral home *ou* parlor *(US)*; **salon particulier** private room; **salon-salle à manger** living (room) cum dining room, living-dining room; **salon de réception** reception room; **salon de thé** tearoom.

saloon [salun] *nm (Far-West)* saloon.

salop‡ [salo] *nm* = **salaud‡**.

salopard‡ [salɔpaʀ] *nm* bastard‡*, sod‡* *(Brit)*.

salope‡* [salɔp] *nf (méchante, déloyale)* bitch‡, cow‡ *(Brit)*; *(dévergondée)* whore, tart‡ *(Brit)*; *(sale)* slut.

saloper‡ [salɔpe] **(1)** *vt (bâcler)* to botch, bungle, make a mess of; *(salir)* to mess up*, muck up*.

saloperie‡ [salɔpʀi] *nf* **(a)** *(chose sans valeur)* trash* *(U)*, junk *(U)*, rubbish *(U)*. **ce transistor est une ~** *ou* **de la vraie ~** this transistor is absolute trash *ou* rubbish; **ils n'achètent que des ~s** they only buy trash *ou* junk *ou* rubbish.

   (b) *(mauvaise nourriture)* muck* *(U)*, rubbish* *(U)*. **ils nous ont fait manger de la ~** *ou* **des ~s** they gave us awful muck *ou* rubbish to eat*; **c'est bon, ces petites ~s** these little bits and pieces are really good.

   (c) *(maladie)* **il a dû attraper une ~ en vacances** he must have caught something *ou* a bug* on holiday; **il récolte toutes les ~s** he gets every blasted thing going*.

   (d) *(ordure)* dirt *(U)*, mess *(U)*, muck* *(U)*. **le grenier est plein de ~s** the attic is full of junk *ou* rubbish; **quand on ramone la cheminée ça fait des ~s** *ou* **de la ~ partout** when the chimney gets swept there's dirt *ou* muck* *ou* (a) mess everywhere; **va faire tes ~s ailleurs** go and make your mess somewhere else.

   (e) *(action)* dirty trick*; *(parole)* bitchy remark*. **faire une ~ à qn** to play a dirty *ou* a lousy trick on sb*, do the dirty on sb*.

   (f) *(obscénités)* **~s** dirty *ou* filthy remarks*; **dire des ~s** to talk filth*, say filthy things*.

   (g) *(crasse)* filth.

salopette [salɔpɛt] *nf [ouvrier]* overall(s); *[femme, enfant]* dungarees *(pl)*; *(Ski)* salopette.

salpêtre [salpɛtʀ(ə)] *nm* saltpetre.

salpêtrer [salpetʀe] **(1)** *vt* **(a)** *(Agr) terre* to add saltpetre to. **(b)** *mur* to cover with saltpetre. **cave salpêtrée** cellar covered with saltpetre.

salpingite [salpɛ̃ʒit] *nf* salpingitis.

salsa [salsa] *nf* salsa.

salsifis [salsifi] *nm* salsify, oyster-plant.

saltimbanque [saltẽbãk] *nmf* (travelling) acrobat.
salubre [salybʀ(ə)] *adj* healthy, salubrious (*frm*).
salubrité [salybʀite] *nf [lieu, région, climat]* healthiness, salubrity (*frm*), salubriousness (*frm*). **par mesure de ~** as a health measure; **~ publique** public health.
saluer [salɥe] (1) *vt* (a) (*dire bonjour*) to greet. **se découvrir/ s'incliner pour ~ qn** to raise one's hat/bow to sb (in greeting); **~ qn de la main** to wave (one's hand) to sb (in greeting); **~ qn d'un signe de tête** to nod (a greeting) to sb; **~ qn à son arrivée** to greet sb on his arrival; **~ une dame dans sa loge** to pay one's respects to a lady in her box; **saluez-le de ma part** give him my regards.
  (b) (*dire au revoir*) to take one's leave. **il nous salua et sortit** he took his leave (of us) and went out; **~ qn à son départ** to take one's leave of sb (as one goes); **acteur qui salue (le public)** actor who bows to the audience.
  (c) (*Mil, Naut*) *supérieur, drapeau, navire* to salute.
  (d) (*témoigner son respect*) *ennemi vaincu, heroïsme* to salute. **nous saluons en vous l'homme qui a sauvé tant de vies** we salute you as the man who has saved so many lives; **je salue le courage des sauveteurs** I salute the courage of the rescuers.
  (e) (*célébrer, acclamer*) *décision, événement* to greet; *arrivée* to greet, hail. **~ qn comme roi** to acclaim ou hail sb (as) king; (*Rel*) **'je vous salue, Marie'** 'Hail, Mary'; **nous saluons la naissance d'un nouveau journal** we greet ou salute the birth of a new newspaper; (*hum*) **il/son arrivée fut salué(e) par des huées** he/his arrival was greeted with ou by booing.
salut [saly] **1** *nm* (a) (*de la main*) wave (of the hand); (*de la tête*) nod (of the head); (*du buste*) bow; (*Mil, Naut*) salute. **faire un ~** to wave (one's hand); to nod (one's head); to bow; **faire le ~ militaire** to give the military salute; **~ au drapeau** salute to the colours.
  (b) (*sauvegarde*) *[personne]* (personal) safety; *[nation]* safety. **trouver/chercher son ~ dans la fuite** to find/seek safety in flight; **mesures de ~ public** state security measures, measures to protect national security; **ancre** ou **planche de ~** sheet anchor (*fig*).
  (c) (*Rel: rédemption*) salvation; *V* **armée², hors.**
2 *excl* (a) (*) (*bonjour*) hi (there)!*, hello!; (*au revoir*) see you!*, bye!*, cheerio!* (*Brit*). **~, les gars!** hi (there) lads!* (*Brit*) ou **guys!*** (*US*); (*rien à faire*) **~!** no thanks!
  (b) (*littér*) (all) hail. **~ (à toi) puissant seigneur** (all) hail (to thee) mighty lord (*littér*); **~, forêt de mon enfance** hail (to thee), o forest of my childhood (*littér*).
salutaire [salytɛʀ] *adj* (a) *conseil* salutary (*épith*), profitable (*épith*); *choc, épreuve* salutary (*épith*); *influence* healthy (*épith*), salutary (*épith*); *dégoût* healthy (*épith*). **cette déception lui a été ~** that disappointment was good for him ou did him some good.
  (b) *air* healthy, salubrious (*frm*); *remède* beneficial. **ce petit repos m'a été ~** that little rest did me good ou was good for me.
salutairement [salytɛʀmã] *adv* (*littér*) *conseiller* profitably; *réagir* in a healthy way.
salutation [salytasjõ] *nf* salutation, greeting. **veuillez agréer, Monsieur, mes ~s distinguées** yours faithfully ou truly.
salutiste [salytist(ə)] *adj, nmf* Salvationist.
salvadorien, -ienne [salvadɔʀjɛ̃, jɛn] **1** *adj* Salvadorian. **2** *nm, f:* **S~(ne)** Salvadorian.
salvateur, -trice [salvatœʀ, tʀis] *adj* (*littér*) saving (*épith*).
salve [salv(ə)] *nf* (*Mil*) salvo; *[applaudissements]* salvo, volley.
Salzbourg [salzbuʀ] *n* Salzburg.
Samarie [samaʀi] *nf* Samaria.
samaritain, e [samaʀitɛ̃, ɛn] **1** *adj* Samaritan. **2** *nm, f:* **S~(e)** Samaritan; *V* **bon¹.**
samarium [samaʀjɔm] *nm* samarium.
samba [sãmba] *nf* samba.
samedi [samdi] *nm* Saturday. **~ nous irons** on Saturday we'll go; **~ nous sommes allés ...** on Saturday ou last Saturday we went...; **~ prochain** next Saturday, Saturday next; **~ qui vient** this Saturday, next Saturday; **~ dernier** last Saturday; **le premier/dernier ~ du mois** the first/last Saturday of ou in the month; **un ~ sur deux** every other ou second Saturday; **nous sommes ~ (aujourd'hui)** it's Saturday (today); **~, le 18 décembre** Saturday December 18th; **le ~ 23 janvier** on Saturday January 23rd; **il y a huit/quinze jours ~ dernier** a week/a fortnight (*Brit*) ou two weeks past on Saturday; **le ~ suivant** the following Saturday; **l'autre ~** the Saturday before last; **~ matin/après-midi** Saturday morning/afternoon; **~ soir** Saturday evening ou night; **la nuit de ~** Saturday night; **l'édition de ~** ou **du ~** the Saturday edition; *V* **huit, quinze.**
samit [sami] *nm* samite.
Samoa [samɔa] *nm* Samoa.
samoan, e [samɔã, an] **1** *adj* Samoan. **2** *nm, f:* **S~(e)** Samoan.
samouraï [samuʀaj] *nm* samurai.
samovar [samɔvaʀ] *nm* samovar.
sampan(g) [sãpã] *nm* sampan.
Samson [sãsõ] *nm* Samson.
S.A.M.U. [samy] *nm abrév de* **service d'assistance médicale d'urgence;** *V* **service.**
Samuel [samɥɛl] *nm* Samuel.
samuraï [samyʀaj] *nm* = **samouraï.**
sana* [sana] *nm abrév de* **sanatorium.**
sanatorium [sanatɔʀjɔm] *nm* sanatorium (*Brit*), sanitarium (*US*).
Sancho Pança [sã/ɔpãsa] *nm* Sancho Panza.
sanctificateur, -trice [sãktifikatœʀ, tʀis] **1** *adj* sanctifying (*épith*). **2** *nm, f* sanctifier. **3** *nm:* **le S~** the Holy Spirit ou Ghost.
sanctification [sãktifikasjõ] *nf* sanctification.
sanctifié, e [sãktifje] (*ptp de* **sanctifier**) *adj* blessed.
sanctifier [sãktifje] (7) *vt* to sanctify, hallow, bless. **~ le dimanche** to observe the Sabbath; (*Rel*) **'que ton nom soit sanctifié'** 'hallowed be Thy name'.

sanction [sãksjõ] *nf* (a) (*condamnation*) sanction, penalty; (*Scol*) punishment; (*fig: conséquence*) penalty (*de* for). **~s économiques** economic sanctions; **prendre des ~s contre qn** to take action against sb; **imposer des ~s contre qn** to impose sanctions on sb.
  (b) (*ratification*) sanction (*U*), approval (*U*). **recevoir la ~ de qn** to obtain sb's sanction ou approval; (*conséquence*) **c'est la ~ du progrès** this is the outcome of progress.
sanctionner [sãksjɔne] (1) *vt* (a) (*punir*) *faute, personne* to punish.
  (b) (*consacrer*) (*gén*) *loi* to sanction, approve; *loi* to sanction.
sanctuaire [sãktɥɛʀ] *nm* (a) (*Rel*) (*lieu saint*) sanctuary, shrine; *[temple, église]* sanctuary. (b) (*fig littér*) sanctuary.
sanctus [sãktys] *nm* sanctus.
sandale [sãdal] *nf* sandal.
sandalette [sãdalɛt] *nf* sandal.
sandow [sãdo] *nm* ® (*attache*) luggage elastic; (*Aviat*) catapult.
sandre [sãdʀ(ə)] *nm* pikeperch.
sandwich, *pl* **~s** ou **~es** [sãdwit∫] *nm* sandwich. **~ au jambon** ham sandwich; (*pris*) **en ~ (entre)*** sandwiched (between); **les 2 voitures l'ont pris en ~*** he was sandwiched between the 2 cars; *V* **homme.**
San Francisco [sãfʀãsisko] *n* San Francisco.
sang [sã] **1** *nm* (a) (*lit, fig*) blood. **animal à ~ froid/chaud** cold-blooded/warm-blooded animal; **le ~ a coulé** blood has flowed; **verser** ou **faire couler le ~** to shed ou spill blood; (*fig*) **avoir du ~ sur les mains** to have blood on one's hands; **son ~ crie vengeance** his blood cries (for) vengeance; **être en ~** to be bleeding; **pincer qn (jusqu')au ~** to pinch sb till he bleeds ou till the blood comes; **payer son crime de son ~** to pay for one's crime with one's life; **donner son ~ pour sa patrie** to shed one's blood for one's country; *V* **bon¹, donneur, mauvais, noyer, pinte.**
  (b) (*race, famille*) blood. **de ~ royal** of royal blood; **du même ~** of the same flesh and blood; **liens du ~** blood ties, ties of blood; *V* **voix.**
  (c) (*loc*) **avoir le ~ chaud** (*s'emporter facilement*) to be hotheaded; (*être sensuel*) to be hot-blooded; **animaux à ~ chaud/ froid** warm-/cold-blooded animals; (*fig*) **un apport de ~ frais** an injection of new ou fresh blood (*dans* into); **se faire un ~ d'encre*** to be worried stiff*; **avoir du ~ dans les veines** to have courage ou guts*; **il n'a pas de ~ dans les veines, il a du ~ de navet** ou **de poulet** (*manque de courage*) he's a spineless individual, he's got no guts*; (*manque d'énergie*) he's a lethargic individual; **il a le jeu/la passion de la musique dans le ~** he's got gambling/a passion for music in his blood; **avoir du ~ bleu** to have blue blood, be blue-blooded; **le ~ lui monta au visage** the blood rushed to his face; **avoir le ~ qui monte à la tête** to be about to burst out in anger; **mon ~ n'a fait qu'un tour** (*émotion, peur*) my heart missed ou skipped a beat; (*colère, indignation*) I saw red; **se ronger** ou **se manger les ~s** to worry (o.s.), fret; **tourner les ~s à qn** to shake sb up.
  2: sang-froid *nm inv* sangfroid, cool*, calm; **garder/perdre son sang-froid** to keep/lose one's head ou one's cool*; **faire qch de sang-froid** to do sth in cold blood ou cold-bloodedly; **répondre avec sang-froid** to reply coolly ou calmly; **meurtre accompli de sang-froid** cold-blooded murder; **sang-mêlé** *nmf inv* half-caste.
sanglant, e [sãglã, ãt] *adj* (a) *couteau, plaie* bloody; *bandage, habits* blood-soaked, bloody; *mains, visage* covered in blood, bloody.
  (b) *combat, guerre* bloody.
  (c) *insulte, reproche* cruel, extremely hurtful; *défaite* cruel.
  (d) (*littér: couleur*) blood-red.
sangle [sãgl(ə)] *nf* (*gén*) strap; *[selle]* girth; *[siège]* **~s** webbing; *V* **lit.**
sangler [sãgle] (1) **1** *vt cheval* to girth; *colis, corps* to strap up. **sanglé dans son uniforme** done up ou strapped up tight in one's uniform. **2 se sangler** *vpr* to do one's belt up tight.
sanglier [sãglije] *nm* (wild) boar.
sanglot [sãglo] *nm* sob. **avoir des ~s dans la voix** to have a sob in one's voice; **elle répondit dans un ~ que ...** she answered with a sob that ...; *V* **éclater.**
sangloter [sãglɔte] (1) *vi* to sob.
sangria [sãgʀija] *nf* sangria.
sangsue [sãsy] *nf* (*lit, fig*) leech.
sanguin, e [sãgɛ̃, in] **1** *adj* (a) *caractère, homme* fiery; *visage* ruddy, sanguine (*frm*). **orange ~e** blood orange.
  (b) (*Anat*) blood (*épith*).
  2 sanguine *nf* (a) (*Bot*) blood orange.
  (b) (*dessin*) red chalk drawing; (*crayon*) red chalk, sanguine (*T*).
sanguinaire [sãginɛʀ] **1** *adj personne* bloodthirsty, sanguinary (*frm, littér*); *combat* bloody, sanguinary (*frm, littér*). **2** *nf* (*plante*) bloodroot, sanguinaria.
sanguinolent, e [sãginɔlã, ãt] *adj crachat* streaked with blood. **plaie ~e** wound that is bleeding slightly ou from which blood is oozing.
sanitaire [sanitɛʀ] **1** *adj* (a) (*Méd*) *services, mesures* health (*épith*); *conditions* sanitary. **campagne ~** campaign to improve sanitary conditions; *V* **cordon, train.**
  (b) (*Plomberie*) **l'installation ~ est défectueuse** the bathroom plumbing is faulty; **appareil ~** bathroom ou sanitary appliance.
  2 *nm:* **le ~** bathroom installations; **les ~s** (*lieu*) the bathroom; (*appareils*) the bathroom (suite); (*plomberie*) the bathroom plumbing.
sans [sã] **1** *prép* (a) (*privation, absence*) without. **ménage ~ enfant** childless couple; **~ père/mère** fatherless/motherless, with no father/mother; **il est ~ secrétaire en ce moment** he is without a secretary at the moment, he has no secretary at the moment; **ils sont ~ argent** ou **~ le sou** they have no money, they are penniless; **je suis sorti ~ chapeau ni manteau** I went out without (a) hat or

coat *ou* with no hat or coat; **repas à 60 F** ~ le vin meal at 60 francs exclusive of wine *ou* not including wine; **on a retrouvé le sac, mais** ~ **l'argent** they found the bag minus the money *ou* but without the money; **être** ~ **abri** to be homeless; **être** ~ **travail** *ou* ~ **emploi** to be unemployed *ou* out of work; **V 3**.

(b) *(manière, caractérisation)* without. **manger** ~ **fourchette** to eat without a fork; **boire** ~ **soif** to drink without being thirsty; **il est parti** ~ **même** *ou* ~ **seulement un mot de remerciement** he left without even a word of thanks *ou* without so much as a word of thanks; **la situation est** ~ **remède** the situation cannot be remedied *ou* is beyond *ou* past remedy, the situation is hopeless; **l'histoire n'est pas** ~ **intérêt** the story is not devoid of interest *ou* is not without interest; **nous avons trouvé sa maison** ~ **mal** we found his house with no difficulty *ou* with no trouble *ou* without difficulty; **la situation n'est pas** ~ **nous inquiéter** the situation is somewhat disturbing; **il a accepté** ~ **hésitation** he accepted unhesitatingly *ou* without hesitation; **travailler** ~ **arrêt** *ou* *(littér)* ~ **trêve** to work ceaselessly *(littér)* *ou* without a break *ou* relentlessly; **marcher** ~ **chaussures** to walk barefoot; **marcher** ~ **but** to walk aimlessly; **promenade** ~ **but** aimless walk; **il est** ~ **scrupules** he is unscrupulous, he has no scruples, he is devoid of scruple(s); **il est** ~ **préjugés** he is unprejudiced *ou* unbiased *ou* free from prejudice(s); *(fig)* **objet** ~ **prix** priceless object; **robe** ~ **manches** sleeveless dress; **pièce** ~ **tapis** uncarpeted room; *(Scol)* **dictée** ~ **fautes** error-free dictation; **je le connais,** ~ **plus** I know him but no more than that; **V cesse, doute, effort** *etc*.

(c) *(cause ou condition négative)* but for. ~ **cette réunion, il aurait pu partir ce soir** if it had not been for *ou* were it not for *ou* but for this meeting he could have left tonight; ~ **sa présence d'esprit, il se tuait** had he not had such presence of mind *ou* without *ou* but for his presence of mind he would have killed himself.

(d) *(avec infin ou subj)* without. **vous n'êtes pas** ~ **savoir** you must be aware, you cannot but know *(frm)*; **il est entré** ~ **faire de bruit** he came in without making a noise *ou* noiselessly; **il est entré** ~ **(même** *ou* **seulement) que je l'entende** he came in without my (even) hearing him; **je n'irai pas** ~ **être invité** I won't go without being invited *ou* unless I am invited; ~ **que cela (ne) vous dérange** as long as *ou* provided that it doesn't put you out; **il lui écrivit** ~ **plus attendre** he wrote to her without further delay; **j'y crois** ~ **y croire** I believe it and I don't; ~ **(même) que nous le sachions, il avait écrit** he had written without our (even) knowing; **je ne suis pas** ~ **avoir des doutes sur son honnêteté** I have my doubts *ou* I am not without some doubts as to his honesty; **il ne se passe pas de jour** ~ **qu'il lui écrive** not a day passes without his writing to him *ou* but that *(littér)* he writes to him; **il va** ~ **dire que** it goes without saying that; **V jamais**.

(e) non ~ **peine** *ou* **mal** *ou* **difficulté** not without difficulty; **l'incendie a été maîtrisé, non** ~ **que les pompiers aient dû intervenir** the fire was brought under control but not until the fire brigade were brought in *ou* but not without the fire brigade's being brought in.

(f) (*) ~ **ça,** ~ **quoi** otherwise; **si on m'offre un bon prix je vends ma voiture,** ~ **ça** *ou* ~ **quoi je la garde** I'll sell my car if I'm offered a good price for it but otherwise *ou* if not, I'll keep it; **sois sage,** ~ **ça ...!** be good or else...!, be good — otherwise ...!

2 *adv* (*) **votre parapluie! vous alliez partir** ~ you umbrella! you were going to go off without it; **il a oublié ses lunettes et il ne peut pas conduire** ~ he's forgotten his glasses, and he can't drive without them.

3: sans-abri *nmf inv* homeless person; **les sans-abri** the homeless; **sans-cœur** *(adj inv)* heartless; *(nmf inv)* heartless person; *(Hist)* **sans-culotte** *nm, pl* **sans-culottes** sans culotte; **sans-emploi** *nmf inv* unemployed person; **les sans-emploi** *nmpl* the jobless, the unemployed, those out of work; **le nombre des sans-emploi** the number of unemployed *ou* of those out of work, the jobless figure; **sans faute** *loc adv* without fail; **faire un sans fautes** *(Équitation)* to do a clear round; *(fig: Pol etc)* not to put a foot wrong; **sans-fil** *nf* wireless telegraphy; **sans-filiste** *nmf* wireless enthusiast; **breveté sans garantie du gouvernement** patented *(without official government approval)*; **sans-gêne** *(adj inv)* inconsiderate; *(nm inv)* lack of consideration (for others), inconsiderateness; *(nmf inv)* inconsiderate type; **sans-logis** = **sans-abri**; **sans-soin** *(adj inv)* careless; *(nmf inv)* careless person; **sans-le-sou** *adj inv* penniless, broke; **sans-souci** *adj inv* carefree; **sans-travail** *nmf inv* = **sans-emploi**.

sanscrit, e, sanskrit, e [sãskri, it] *adj, nm* Sanskrit.
sansonnet [sãsɔnε] *nm* starling; **V roupie**.
santal [sãtal] *nm:* **(bois de)** ~ **sandal(wood)**.
santé [sãte] *nf* **(a)** *[personne, esprit, pays]* health. **en bonne/ mauvaise** ~ in good/bad health; **c'est bon/mauvais pour la** ~ it's good/bad for the health *ou* for you; **être en pleine** ~ to be in perfect health; **avoir la** ~ to be healthy, be in good health; **il n'a pas de** ~, **il a une petite** ~ he's not a healthy type, he has poor health, he's not very strong; **avoir une** ~ **de fer** to have an iron constitution; **comment va la** ~?* how are you keeping?* *(Brit)* *ou* **doing?*** *(US)*; **meilleure** ~ get well soon; **V maison**.

(b) *(Admin)* **la** ~ **publique** public health; *(Naut)* **la** ~ **the** quarantine service; *(Admin)* **services de** ~ health services; **V ministère, ministre**.

(c) *(en trinquant)* **à votre** ~!, ~!* cheers!*, (your) good health!; **à la** ~ **de Paul!** (here's to) Paul!; **boire à la** ~ **de qn** to drink (to) sb's health.

santiag [sãtjag] *nm* cowboy boot.
Santiago [sãtjago] *n* Santiago.
santon [sãtõ] *nm* (ornamental) figure *(at a Christmas crib)*.
saoudien, -ienne [saudjε̃, jεn] **1** *adj* Saudi Arabian. **2** *nm, f:* **S~(ne)** Saudi Arabian.

saoul, e [su, sul] = **soûl**.
saoulard, e‡ [sular, aʀd(ə)] *nm, f* = **soûlard**‡.
sapajou [sapaʒu] *nm* *(Zool)* sapajou.
sape [sap] *nf* **(a)** *(lit, fig: action)* undermining, sapping; *(tranchée)* approach *ou* sapping trench. **travail de** ~ *(Mil)* sap; *(fig)* insidious undermining process *ou* work.

(b) *(habits)* ~s‡ gear* (U), clobber‡ *(U: Brit)*.
sapement [sapmã] *nm* undermining, sapping.
saper [sape] **(1)** *vt (lit, fig)* to undermine, sap. **2 se saper**‡ *vpr* to do o.s. up*. **il s'était sapé pour aller danser** he had done *ou* got himself up to go dancing*.
saperlipopette [sapεʀlipɔpεt] *excl* († *hum)* gad!†, gadzooks! († *hum)*.
sapeur [sapœʀ] **1** *nm (Mil)* sapper; **V fumer**. **2: sapeur-pompier** *nm, pl* **sapeurs-pompiers** fireman.
saphène [safεn] **1** *adj* saphenous. **2** *nf* saphena.
saphique [safik] *adj, nm (Littérat)* Sapphic.
saphir [safiʀ] **1** *nm (pierre)* sapphire; *(aiguille)* sapphire, needle. **2** *adj inv* sapphire.
saphisme [safism(ə)] *nm* sapphism.
sapide [sapid] *adj* sapid.
sapidité [sapidite] *nf* sapidity.
sapience† [sapjãs] *nf* sapience *(frm)*, wisdom.
sapin [sapε̃] *nm (arbre)* fir (tree); *(bois)* fir. ~ **de Noël** Christmas tree; **costume en** ~‡ wooden overcoat‡; **une toux qui sent le** ~‡ a cough which sounds as though one hasn't long to go.
sapinière [sapinjεʀ] *nf* fir plantation *ou* forest.
saponacé, e [saponase] *adj* saponaceous.
saponaire [saponεʀ] *nf* saponin.
saponification [saponifikasjõ] *nf* saponification.
saponifier [saponifje] **(7)** *vt* to saponify.
sapristi*† [sapristi] *excl (colère)* for God's sake!*; *(surprise)* good grief!, great heavens!†
saquer* [sake] **(1)** *vt* = **sacquer***.
sarabande [saʀabãd] *nf (danse)* saraband; (*: *tapage)* racket, hullabaloo*; *(succession)* jumble. **faire la** ~* to make a racket *ou* a hullabaloo*; **les souvenirs/chiffres qui dansent la** ~ **dans ma tête** the memories/figures that are whirling around in my head.
Saragosse [saʀagɔs] *n* Saragossa.
Sara(h) [saʀa] *nf* Sarah.
sarbacane [saʀbakan] *nf (arme)* blowpipe, blowgun; *(jouet)* peashooter.
sarcasme [saʀkasm(ə)] *nm (ironie)* sarcasm; *(remarque)* sarcastic remark.
sarcastique [saʀkastik] *adj* sarcastic.
sarcastiquement [saʀkastikmã] *adv* sarcastically.
sarcelle [saʀsεl] *nf* teal.
sarclage [saʀklaʒ] *nm (V sarcler)* weeding; hoeing.
sarcler [saʀkle] **(1)** *vt jardin, culture* to weed; *mauvaise herbe* to hoe.
sarclette [saʀklεt] *nf*, **sarcloir** [saʀklwaʀ] *nm* spud, weeding hoe.
sarcomatose [saʀkɔmatoz] *nf* sarcomatosis.
sarcome [saʀkom] *nm* sarcoma.
sarcophage [saʀkɔfaʒ] *nm (cercueil)* sarcophagus.
Sardaigne [saʀdεɲ] *nf* Sardinia.
sarde [saʀd(ə)] **1** *adj* Sardinian. **2** *nm (Ling)* Sardinian. **3** *nmf:* **S~** Sardinian.
sardine [saʀdin] *nf* **(a)** sardine. **serrés** *ou* **tassés comme des** ~s **(en boîte)** packed *ou* squashed together like sardines (in a tin *(Brit)* *ou* can *(US)*). **(b)** *(arg Mil)* stripe.
sardinerie [saʀdinʀi] *nf* sardine cannery.
sardinier, -ière [saʀdinje, jεʀ] **1** *adj* sardine *(épith)*. **2** *nm, f (ouvrier)* sardine canner. **3** *nm (bateau)* sardine boat; *(pêcheur)* sardine fisher.
sardonique [saʀdɔnik] *adj* sardonic.
sardoniquement [saʀdɔnikmã] *adv* sardonically.
sargasse [saʀgas] *nf* sargasso, gulfweed; **V mer**.
sari [saʀi] *nm* sari.
sarigue [saʀig] *nf* (o)possum.
S.A.R.L. [εsaεʀεl] *nf abrév de* **société à responsabilité limitée; V société**.
sarment [saʀmã] *nm (tige)* twining *ou* climbing stem, bine *(T)*. ~ **(de vigne)** vine shoot.
sarmenteux, -euse [saʀmãtø, øz] *adj plante* climbing *(épith)*; *tige* climbing *(épith)*, twining *(épith)*.
sarrasin¹, e [saʀazε̃, in] *(Hist)* **1** *adj* Saracen. **2** *nm, f:* **S~(e)** Saracen.
sarrasin² [saʀazε̃] *nm (Bot)* buckwheat.
sarrau [saʀo] *nm* smock.
Sarre [saʀ] *nf (région)* Saarland. *(rivière)* **la** ~ **the Saar**.
sarriette [saʀjεt] *nf* savory.
sarrois, e [saʀwa, waz] **1** *adj* Saar *(épith)*. **2** *nm, f:* **S~(e)** inhabitant *ou* native of the Saar.
sartrien, -ienne [saʀtʀijε̃, jεn] *adj* Sartrian, of Sartre.
sas [sɑ] *nm* **(a)** *(Espace, Naut)* airlock; *[écluse]* lock. **(b)** *(tamis)* sieve, screen.
sassafras [sasafʀɑ] *nm* sassafras.
sasser [sase] **(1)** *vt farine* to sift, screen; *péniche* to pass through a lock.
Satan [satã] *nm* Satan.
satané, e* [satane] *adj* blasted*, confounded*.
satanique [satanik] *adj (de Satan)* satanic; *(fig)* rire, plaisir, ruse fiendish, satanic, wicked.
satanisme [satanism(ə)] *nm (culte)* Satanism; *(fig)* fiendishness, wickedness. *(fig)* **c'est du** ~! it's fiendish! *ou* wicked!
satellisation [satelizasjõ] *nf* **(a)** *[fusée]* (launching and) putting into orbit. **programme de** ~ satellite launching programme. **(b)**

[pays] la ~ de cet état est à craindre it is to be feared that this state will become a satellite (state).

satelliser [satelize] (1) *vt fusée* to put into orbit (round the earth); *pays* to make a satellite of, make into a satellite.

satellite [satelit] *nm* (a) (*Astron, Espace, Pol*) satellite. ~ artificiel/naturel artificial/natural satellite; ~ de communication/de télécommunications/de radiodiffusion communications/telecommunications/broadcast satellite; ~-espion spy satellite, spy-in-the-sky*; ~ antisatellite, ~ d'intervention killer satellite; ~-relais = ~ de télécommunications; pays/villes ~s satellite countries/towns.
(b) (*Tech*) (*pignon*) ~ bevel pinion.

satiété [sasjete] *nf* satiety, satiation. (jusqu')à ~ manger, boire to satiety *ou* satiation; *répéter* ad nauseam; j'en ai à ~ I've more than enough, I've enough and to spare.

satin [satɛ̃] *nm* satin. elle avait une peau de ~ her skin was (like) satin, she had satin(-smooth) skin; ~ de laine/de coton wool/cotton satin.

satiné, e [satine] (*ptp de satiner*) **1** *adj tissu, aspect* satiny, satin-like; *peau* satin (*épith*), satin-smooth; *peinture, papier* with a silk finish. **2** *nm* satin(-like) *ou* satiny quality.

satiner [satine] (1) *vt étoffe* to put a satin finish on; *photo, papier* to give a silk finish to, put a silk finish on. la lumière satinait sa peau the light gave her skin a satin-like quality *ou* gloss, her skin shone like satin beneath the light.

satinette [satinɛt] *nf* (*en coton et soie*) satinet; (*en coton*) sateen.

satire [satiʀ] *nf* (*gén*) satire; (*écrite*) satire, lampoon. faire la ~ de qch to satirize sth, lampoon sth.

satirique [satiʀik] *adj* satirical, satiric.

satiriquement [satiʀikmã] *adv* satirically.

satiriser [satiʀize] (1) *vt* (*gén*) to satirize; (*par écrit*) to satirize, lampoon.

satisfaction [satisfaksjɔ̃] *nf* (a) (*assouvissement*) [*faim, passion*] satisfaction, appeasement; [*soif*] satisfaction, quenching; [*envie*] satisfaction; [*désir*] satisfaction, gratification.
(b) (*contentement*) satisfaction. éprouver une certaine ~ à faire to feel a certain satisfaction in doing, get a certain satisfaction out of doing *ou* from doing; donner (toute *ou* entière) ~ à qn to give (complete) satisfaction to sb, satisfy sb (completely); je vois avec ~ que I'm gratified to see that; à la ~ générale *ou* de tous to the general satisfaction, to everybody's satisfaction.
(c) une ~: c'est une ~ qu'il pourrait m'accorder he might grant me that satisfaction; leur fils ne leur a donné que des ~s their son has been a (source of) great satisfaction to them; ~ d'amour-propre gratification (*U*) of one's self-esteem.
(d) (*gén, Rel*: *réparation, gain de cause*) satisfaction. obtenir ~ to get *ou* obtain satisfaction; donner ~ à qn to give sb satisfaction; j'aurai ~ de cette offense I will have satisfaction for that insult.

satisfaire [satisfɛʀ] (60) **1** *vt personne, cœur, curiosité* to satisfy; *désir* to satisfy, gratify; *passion, faim* to satisfy, appease; *besoin* to satisfy, answer, gratify; *soif* to satisfy, quench; *demande* to satisfy, meet. votre nouvel assistant vous satisfait-il? are you satisfied with your new assistant?, is your new assistant satisfactory?, does your new assistant satisfy you?; j'espère que cette solution vous satisfait I hope you find this solution satisfactory, I hope this solution satisfies you, I hope you are satisfied *ou* happy with this solution; je suis désolé que vous n'en soyez pas satisfait I am sorry it was not satisfactory *ou* you were not satisfied; (*euph*) ~ un besoin pressant to satisfy an urgent need, attend to the call of nature (*hum*); ~ l'attente de qn to come up to sb's expectations; (*Ind*) arriver à ~ la demande to keep up with demand.
2 satisfaire à *vt indir désir* to satisfy, gratify; *promesse, engagement* to fulfil; *demande, revendication* to meet, satisfy; *condition* to meet, fulfil, satisfy; *goût* to satisfy. avez-vous satisfait à vos obligations militaires? have you fulfilled the requirement for military service?; cette installation ne satisfait pas aux normes this installation does not comply with *ou* satisfy standard requirements.
3 se satisfaire *vpr* to be satisfied (*de* with); (*euph*) to relieve o.s.

satisfaisant, e [satisfəzã, ãt] *adj* (*acceptable*) satisfactory; (*qui fait plaisir*) satisfying.

satisfait, e [satisfɛ, ɛt] (*ptp de satisfaire*) *adj personne, air* satisfied. être ~ de qn to be satisfied with sb; être ~ de *solution, décision* to be satisfied with, be happy with *ou* about; *soirée* to be pleased with; être ~ de soi to be self-satisfied, be satisfied with o.s.; il est ~ de son sort he is satisfied *ou* happy with his lot.

satisfecit [satisfesit] *nm inv* (*Scol*) ≃ star, merit point. (*fig*) je lui donne un ~ pour la façon dont il a mené son affaire I give him full marks (*Brit*) *ou* points (*US*) for the way he conducted the business.

satrape [satʀap] *nm* satrap.

saturable [satyʀabl(ə)] *adj* saturable.

saturant, e [satyʀã, ãt] *adj* saturating. vapeur ~e saturated vapour.

saturateur [satyʀatœʀ] *nm [radiateur]* humidifier.

saturation [satyʀasjɔ̃] *nf* (*gén, Sci*) saturation (*de* of). être/arriver à ~ to be at/reach saturation point; manger à ~ to eat till one reaches saturation point; à cause de ~ des lignes téléphoniques because the telephone lines are all engaged (*Brit*) *ou* busy (*US*); j'en ai jusqu'à ~ I've had more than I can take of it.

saturer [satyʀe] (1) *vt* (a) (*gén, Sci*) to saturate (*de* with). (*fig*) ~ les électeurs de promesses to swamp the electors with promises; la terre est saturée d'eau après la pluie the ground is saturated (with water) *ou* sodden after the rain; j'ai mangé tant de fraises que j'en suis saturé I've eaten so many strawberries that I can't take any more *ou* that I've had as many as I can take; le marché est saturé the market is saturated.

(b) (*Téléc*) être saturé *[réseau]* to be overloaded *ou* saturated; [*standard*] to be jammed; [*lignes*] to be engaged (*Brit*) *ou* busy (*US*).

saturnales [satyʀnal] *nfpl* (*lit*) Saturnalia; (*fig*) saturnalia.

Saturne [satyʀn(ə)] **1** *nm* (*Myth*) Saturn. **2** *nf* (*Astron*) Saturn. (*Pharm*) extrait *ou* sel de s~ lead acetate.

saturnien, -ienne [satyʀnjɛ̃, jɛn] *adj* (*littér*) saturnine.

saturnin, e [satyʀnɛ̃, in] *adj* saturnine.

saturnisme [satyʀnism(ə)] *nm* lead poisoning, saturnism (*T*).

satyre [satiʀ] *nm* (**: obsédé*) sex maniac; (*Myth, Zool*) satyr.

satyrique [satiʀik] *adj* satyric.

sauce [sos] *nf* (a) (*Culin*) sauce; *[salade]* dressing; (*jus de viande*) gravy. viande en ~ meat cooked in a sauce; ~ blanche/béchamel/piquante/tomate white/béchamel/piquant/tomato sauce; ~ vinaigrette vinaigrette *ou* French dressing; ~ à l'orange/aux câpres orange/caper sauce; ~ chasseur/mousseline sauce chasseur/mousseline; ~ madère/suprême/hollandaise madeira/suprême/hollandaise sauce.
(b) (***) (*remplissage*) padding*. (*présentation*) reprendre un vieux discours en changeant la ~ to dish up an old speech with a new slant*, take an old speech and dress it up; il faudrait mettre un peu de ~ pour étoffer ce devoir you'll have to pad out this piece of work, you'll have to put some padding into this piece of work.
(c) (*loc*) à quelle ~ allons-nous être mangés? I wonder what fate has in store for us; mettre qn à toutes les ~s to make sb do any job going*; mettre un exemple à toutes les ~s to turn *ou* adapt an example to fit any case; recevoir la ~* to get soaked *ou* drenched.

saucée* [sose] *nf* downpour. recevoir *ou* prendre une ~ to get soaked *ou* drenched.

saucer [sose] (3) *vt* (a) *assiette* to wipe (the sauce off); *pain* to dip in the sauce. (b) se faire ~*, être saucé* to get soaked *ou* drenched.

saucier [sosje] *nm* sauce chef *ou* cook.

saucière [sosjɛʀ] *nf* sauceboat; *[jus de viande]* gravy boat.

sauciflard‡ [sosiflaʀ] *nm* (slicing) sausage, ≃ salami.

saucisse [sosis] *nf* (a) (*Culin*) sausage. ~ de Strasbourg (type of) beef sausage; ~ de Francfort frankfurter; **V** attacher, chair. (b) (*Aviat*) sausage. (c) (*grande*) ~* nincompoop*, great ninny*.

saucisson [sosisɔ̃] *nm* (a) (*Culin*) (large) (slicing) sausage. ~ à l'ail garlic sausage; ~ sec (dry) pork and beef sausage, ≃ salami; **V** ficeler. (b) (*pain*) (cylindrical) loaf.

saucissonné, e* [sosisɔne] **1** *ptp de saucissonner.* **2** *adj* trussed up.

saucissonner* [sosisɔne] (1) *vi* to (have a) picnic.

sauf¹, sauve [sof, sov] *adj personne* unharmed, unhurt; *honneur* saved, intact; **V** sain, vie.

sauf² [sof] *prép* (a) (*à part*) except, but, save (*frm*). tout le monde ~ lui everyone except *ou* but *ou* save (*frm*) him; nous sortons tout le temps ~ s'il/quand il pleut we always go out except if/when it's raining; le repas était excellent ~ le dessert *ou* ~ pour ce qui est du dessert the meal was excellent except for *ou* but for *ou* apart from *ou* aside from (*surtout US*) the dessert; ~ que except that, but that (*frm*).
(b) (*sous réserve de*) unless. nous irons demain, ~ s'il pleut we'll go tomorrow unless it rains; ~ avis contraire unless you hear *ou* are told otherwise, unless you hear to the contrary; ~ erreur de ma part if I'm not mistaken; ~ imprévu barring the unexpected, unless anything unforeseen happens; (*Jur*) ~ accord *ou* convention contraire unless otherwise agreed; ~ dispositions contraires except as otherwise provided.
(c) (*loc*) (*littér*) il accepte de nous aider, ~ à nous critiquer si nous échouons he agrees to help us even if he does (reserve the right to) criticize us if we fail; (††, *hum*) ~ le respect que je vous dois with all due respect; (††, *hum*) ~ votre respect saving your presence (††, *hum*).

sauf-conduit, pl sauf-conduits [sofkɔ̃dɥi] *nm* safe-conduct.

sauge [soʒ] *nf* (*Culin*) sage; (*ornementale*) salvia.

saugrenu, e [sogʀəny] *adj* preposterous, ludicrous.

Saül [sayl] *nm* Saul.

saulaie [solɛ] *nf* willow plantation.

saule [sol] *nm* willow (tree). ~ pleureur weeping willow.

saumâtre [somɑtʀ(ə)] *adj eau, goût* brackish, briny; *plaisanterie, impression, humeur* nasty, unpleasant. il l'a trouvée ~‡ he found it a bit off* (*Brit*), he was not amused.

saumon [somɔ̃] **1** *nm* salmon. **2** *adj inv* salmon (pink).

saumoné, e [somone] *adj couleur* salmon (pink); **V** truite.

saumure [somyʀ] *nf* brine.

saumuré, e [somyʀe] *adj hareng* pickled (in brine).

sauna [sona] *nm* (*bain*) sauna (bath); (*établissement*) sauna.

saunier [sonje] *nm* (*ouvrier*) worker in a saltworks; (*exploitant*) salt merchant.

saupiquet [sopikɛ] *nm* (*sauce, ragoût*) type of spicy sauce or stew.

saupoudrage [sopudʀaʒ] *nm* (**V** saupoudrer) sprinkling; dredging, dusting.

saupoudrer [sopudʀe] (1) *vt* (*gén*) to sprinkle; (*Culin*) to dredge, dust, sprinkle (*de* with).

saupoudreuse [sopudʀøz] *nf* (sugar *ou* flour *etc*) dredger.

saur [soʀ] *adj m* **V** hareng.

saurer [soʀe] (1) *vt viande* to smoke, cure.

saurien [soʀjɛ̃] *nm* saurian. ~s Sauria (*T*), saurians.

saurissage [soʀisaʒ] *nm [viande]* smoking, curing.

saut [so] **1** *nm* (a) (*lit, fig: bond*) jump, leap. (*Sport*) ~ avec/sans élan running/standing jump; faire un ~ to make a jump *ou* leap; faire un ~ dans l'inconnu/le vide to (make a) leap into the unknown/the void; le véhicule fit un ~ de 100 mètres dans le ravin the vehicle fell *ou* dropped 100 metres into the ravine; se lever d'un ~ to jump *ou* leap up, jump *ou* leap to one's feet; quittons Louis

XIV et faisons un ~ d'un siècle let us leave Louis XIV and jump a century; (*fig*) **progresser** *ou* **avancer par** ~s to go forward by *ou* in stages.
  (**b**) (*Sport*) jumping. **épreuves de** ~ jumping events; *V* **triple**.
  (**c**) (*Géog: cascade*) waterfall.
  (**d**) (*loc*) **faire qch au** ~ **du lit** to do sth on getting up *ou* getting out of bed, do sth as soon as one gets up *ou* gets out of bed; **prendre qn au** ~ **du lit** to find sb just out of bed (when one calls); **faire le** ~ to take the plunge; **faire un** ~ **chez qn** to pop over *ou* round (*Brit*) to sb's (place)*, drop in on sb; **il a fait un** ~ **jusqu'à Bordeaux** he made a flying visit to Bordeaux.
  2: (*Natation*) **saut de l'ange** swallow dive (*Brit*), swan dive (*US*); **saut de carpe** jack-knife dive, pike (*Brit*); **saut en chute libre** (*sport*) free-fall parachuting; (*bond*) free-fall jump; **saut en ciseaux** scissors (jump); **saut à la corde** skipping (*with a rope*); **saut de haies** hurdling; **saut en hauteur** (*sport*) high jump; (*bond*) (high) jump; **saut-de-lit** *nm inv* negligée, housecoat; **saut en longueur** (*sport*) long jump; (*bond*) (long) jump; **saut-de-loup** *nm, pl* **sauts-de-loup** (wide) ditch; **saut de la mort** leap of death; **saut-de-mouton** *nm, pl* **sauts-de-mouton** flyover (*Brit*), overpass (*US*); **saut en parachute** (*sport*) parachuting, parachute jumping; (*bond*) parachute jump; **saut à la perche** (*sport*) pole vaulting; (*bond*) (pole) vault; **saut périlleux** somersault; **saut à pieds joints** standing jump; **saut de puce** step (*fig*); **saut en rouleau** western roll; (*Ordin*) **saut de séquence** jump; **saut à skis** (*sport*) skijumping; (*bond*) jump.
saute [sot] *nf* sudden change. ~ **d'humeur** sudden change of mood; ~ **de température** jump in temperature; ~ **de vent** (sudden) change of wind direction; (*TV*) **pour empêcher les** ~s **d'images** to stop the picture flickering, to keep the picture steady.
saute- [sot] *préf V* **sauter**.
sauté, e [sote] (*ptp de* **sauter**) *adj, nm* sauté. ~ **de veau** sauté of veal.
sauter [sote] (1) **1** *vi* (**a**) [*personne*] to jump, leap (*dans* into, *par-dessus* over); (*vers le bas*) to jump *ou* leap (down); (*vers le haut*) to jump *ou* leap (up); [*oiseau*] to hop; [*insecte*] to jump, hop; [*kangourou*] to jump. ~ **à pieds joints** to jump with (the) feet together, make a standing jump; ~ **à cloche-pied** to hop; ~ **à la corde** to skip (*with a rope*); ~ **à la perche** to pole-vault; ~ **en parachute** (*gén, Sport*) to parachute, make a parachute jump; [*parachutistes*] to parachute, be dropped (*sur* over); (*en cas d'accident*) to bail out (*US*), bale out (*Brit*), make an emergency (parachute) jump; (*Sport*) ~ **en ciseaux** to do a scissors jump; **faire** ~ **un enfant sur ses genoux** to bounce *ou* dandle a child on one's knee; **les cahots faisaient** ~ **les passagers** the passengers jolted *ou* bounced along over the bumps; **il sauta de la table** he jumped *ou* leapt (down) off *ou* from the table; ~ **en l'air** to jump *ou* leap *ou* spring up, jump *ou* leap *ou* spring into the air; (*fig*) ~ **en l'air** *ou* **au plafond** (*de colère*) to hit the roof*; (*de joie*) to jump for joy; (*de surprise, de peur*) to jump (out of one's skin), start (up); (*lit, fig*) ~ **de joie** to jump for joy.
  (**b**) (*se précipiter*) ~ (**à bas**) **du lit** to jump *ou* leap *ou* spring out of bed; ~ **en selle** to jump *ou* leap *ou* spring into the saddle; ~ **à la gorge** *ou* **au collet de qn** to fly *ou* leap at sb's throat; ~ **au cou de qn** to fly into sb's arms; ~ **dans un taxi/un autobus** to jump *ou* leap *ou* spring into a taxi/onto a bus; ~ **par la fenêtre** to jump *ou* leap out of the window; ~ **d'un train en marche** to jump *ou* leap from a moving train; (*fig*) ~ **sur une occasion/une proposition** to jump *ou* leap at an opportunity/an offer; **il m'a sauté dessus** he pounced on me, he leaped at me; (*fig*) **saute-lui dessus*** **quand il sortira du bureau pour lui demander** ... grab him when he comes out of the office and ask him ...; **va faire tes devoirs, et que ça saute!*** go and do your homework and get a move on!* *ou* be quick about it!; **il est malade, cela saute aux yeux** he's ill — it sticks out a mile *ou* it's (quite) obvious *ou* it's staring you in the face, you can't miss the fact that he's ill; **sa malhonnêteté saute aux yeux** his dishonesty sticks out a mile *ou* is (quite) obvious.
  (**c**) (*indiquant la discontinuité*) to jump, leap. ~ **d'un sujet à l'autre** to jump *ou* leap *ou* skip from one subject to another; (*Scol*) ~ **de 3e en 1ère** ≃ to go *ou* jump (straight) from the 4th form to the lower 6th (*Brit*) *ou* from the 9th grade to the 11th grade (*US*), skip 5th year (*Brit*) *ou* 10th grade (*US*).
  (**d**) [*bouchon*] to pop *ou* fly out; [*bouton*] to fly *ou* pop off; [*chaîne de vélo*] to come off; (*) [*cours, classe*] to be cancelled. **faire** ~ **une crêpe** to toss a pancake; **faire** ~ **une serrure** to burst *ou* break open a lock.
  (**e**) (*exploser*) [*bombe, pont, bâtiment*] to blow up, explode; (*Élec*) [*fil, circuit*] to fuse; [*fusible*] to blow. **faire** ~ **train, édifice** to blow up; (*Élec*) **plombs** to blow; **faire** ~ **une mine** (*pour la détruire*) to blow up a mine; (*pour détruire un bâtiment etc*) to set off a mine; **se faire** ~ **avec les otages** to blow o.s. up with the hostages; **se faire** ~ **la cervelle*** *ou* **le caisson‡** to blow one's brains out; (*Casino*) **faire** ~ **la banque** to break the bank; **les plombs ont sauté** the lights have fused, the fuses have blown *ou* gone.
  (**f**) (*: être renvoyé*) [*employé, ministre*] to get fired, get the sack* (*Brit*) *ou* the push‡ *ou* the boot‡, get kicked out‡. **faire** ~ **qn** to fire sb, give sb the sack* (*Brit*) *ou* the push‡ *ou* the boot‡, kick sb out‡.
  (**g**) (*Culin*) **faire** ~ to sauté, (shallow) fry.
  (**h**) (*clignoter*) [*paupière*] to twitch; [*télévision*] to flicker.
  2 *vt* (**a**) (*franchir*) obstacle, mur to jump (over), leap (over). **il saute 5 mètres** he can jump 5 metres; **il sauta le fossé d'un bond** he jumped *ou* cleared the ditch with one bound; (*fig*) ~ **le pas** *ou* **le fossé** to take the plunge.
  (**b**) (*omettre*) étape, page, repas to skip, miss (out). (*Scol*) ~ **une classe** to skip a class; **faire** ~ **un cours** to cancel a class *ou* a lecture; **on la saute ici!‡** we're starving to death here!*
  (**c**) (‡: *avoir des rapports sexuels*) to lay‡, fuck*‡, screw*‡. **elle**

s'est fait ~ **par le patron‡** she had it off with the boss‡, she got laid by the boss‡.
  3: **saute-mouton** *nm* leapfrog; (*Hist*) **saute-ruisseau** *nm inv* errand boy, office boy (*in a lawyer's office*).
sauterelle [sotʀɛl] *nf* (*gén*) grasshopper; (*criquet*) locust. (*lit, fig*) **nuage** *ou* **nuée de** ~s plague *ou* swarm of locusts; (**fig*) (*grande*) ~ beanpole.
sauterie [sotʀi] *nf* party, thrash*.
sauteur, -euse [sotœʀ, øz] **1** *adj insecte* jumping (*épith*); *oiseau* hopping (*épith*).
  2 *nm, f* (*cheval, athlète*) jumper.
  3 *nm* (*péj: homme*) unreliable type *ou* individual.
  4 sauteuse *nf* (**a**) (*Culin*) shallow casserole, high-sided frying pan.
  (**b**) (‡*péj: femme*) easy lay‡, tart‡ (*Brit*), scrubber‡ (*Brit*). **c'est une petite** *ou* **une drôle de** ~**euse** she's an easy lay‡, she's a right little tart‡ (*Brit*) *ou* scrubber‡ (*Brit*).
  5: **sauteur en hauteur/en longueur** high/long jumper; **sauteur à la perche** pole vaulter; **sauteur à skis** skijumper.
sautillant, e [sotijɑ̃, ɑ̃t] *adj* (*V* **sautiller**) *mouvement* hopping (*épith*), skipping (*épith*); *oiseau* hopping (*épith*); *enfant* skipping (*épith*); *musique* bouncy, bouncing (*épith*); *style* jumpy, jerky.
sautillement [sotijmɑ̃] *nm* (*V* **sautiller**) hopping; skipping.
sautiller [sotije] (1) *vi* [*oiseau*] to hop; [*enfant*] to skip; (*sur un pied*) to hop.
sautoir [sotwaʀ] *nm* (**a**) (*Bijouterie*) chain. ~ **de perles** string of pearls; **porter qch en** ~ to wear sth (on a chain) round one's neck; **épées en** ~ crossed swords. (**b**) (*Sport*) jumping pit.
sauvage [sovaʒ] **1** *adj* (**a**) (*non civilisé*) *animal, plante, lieu* wild; *peuplade* savage. **vivre à l'état** ~ to live wild; *V* **soie**[1].
  (**b**) (*farouche*) *animal* wild; *personne* unsociable.
  (**c**) (*brutal*) *cri* wild; *conduite* savage, wild; *combat* savage.
  (**d**) (*illégal*) *vente* unauthorized; *concurrence* unfair; *crèche, école* unofficial; *urbanisation* unplanned. **faire du camping** ~ (*illégal*) to camp on unauthorized sites; (*dans la nature*) to camp in the wild, camp rough; *V* **grève**.
  2 *nmf* (**a**) (*solitaire*) unsociable type, recluse. **vivre en** ~ to live a secluded life, live as a recluse.
  (**b**) (*brute*) brute, savage. **mœurs de** ~s brutal *ou* brutish *ou* savage ways.
  (**c**) (*indigène*) savage.
sauvagement [sovaʒmɑ̃] *adv frapper* savagely, wildly; *tuer* savagely, brutally.
sauvageon, -onne [sovaʒɔ̃, ɔn] **1** *nm, f* little savage. **2** *nm* wild stock (*for grafting*).
sauvagerie [sovaʒʀi] *nf* (*cruauté*) savagery, savageness, brutality; (*insociabilité*) unsociability, unsociableness.
sauvagin, e [sovaʒɛ̃, in] **1** *adj odeur, goût* of wildfowl. **2 sauvagine** *nf* wildfowl. **chasse à la** ~**e** wildfowling.
sauve [sov] *adj f V* **sauf**[1].
sauvegarde [sovgaʀd(ə)] *nf* (*gén*) safeguard; (*Ordin*) backup. **sous la** ~ **de** under the protection of; **être la** ~ **de** to safeguard, be the safeguard of; **clause de** ~ safety clause; (*Ordin*) **faire la** ~ **d'un programme** to save a program, make a backup of a program.
sauvegarder [sovgaʀde] (1) *vt* (*gén*) to safeguard; (*Ordin*) to save.
sauve-qui-peut [sovkipø] *nm inv* (*cri*) (cry of) run for your life; (*panique*) stampede, mad rush.
sauver [sove] (1) **1** *vt* (**a**) (*épargner la mort, la faillite à*) to save; (*porter secours à, essayer de ramener etc*) to rescue. **elle est sauvée!** [*malade*] she has been saved!; [*accidentée, otage*] she has been rescued!; **nous sommes sauvés!*** we've made it!, we're home and dry!; ~ **qn/une firme de** *danger, désastre* to save sb/a firm from, rescue sb/a firm from; **un mot de lui peut tout** ~ a word from him can save everything.
  (**b**) (*sauvegarder*) *biens, cargaison, mobilier* to save, rescue; *honneur* to save. ~ **qch de** *incendie etc* to save *ou* rescue sth from.
  (**c**) (*Rel*) *âme, pécheurs* to save. **se** ~ to be saved.
  (**d**) (*fig: racheter*) to save, redeem. **ce sont les illustrations qui sauvent le livre** it's the illustrations which save *ou* redeem the book, the illustrations are the redeeming feature *ou* the saving grace of the book.
  (**e**) (*loc*) ~ **la vie à** *ou* **de qn** to save sb's life; ~ **sa peau/tête** to save one's skin *ou* hide*/head; (*fig*) ~ **les meubles** to salvage *ou* save something from the wreckage (*fig*); ~ **la situation** to retrieve the situation; ~ **les apparences** to keep up appearances; ~ **la face** to save face; **il m'a sauvé la mise** he bailed me out, he got me out of a tight corner.
  2 se sauver *vpr* (**a**) **se** ~ **de** *danger, mauvais pas, désastre* to save o.s. from.
  (**b**) (*s'enfuir*) to run away (*de* from); (*: partir*) to be off*, get going. **sauve-toi*,** **il est déjà 8 heures** you'd better be off* *ou* get going, it's already 8 o'clock; **bon, je me sauve*** right, I'm off* *ou* I'm on my way; **vite, le lait se sauve*** quick, the milk's boiling over.
  (**c**) **sauve qui peut!** run for your life!; *V* **sauve-qui-peut**.
sauvetage [sovtaʒ] *nm* (**a**) [*personnes*] rescue; (*moral*) salvation; [*biens*] salvaging. **le** ~ **des naufragés** rescuing the shipwrecked, the rescue of the shipwrecked; **opérer le** ~ **de** *personnes* to rescue; *biens* to salvage; **bateau** *ou* **canot de** ~ lifeboat; ~ **en mer/montagne** sea-/mountain-rescue; (*Écon*) **proposer un plan de** ~ **de la firme** to put forward a rescue plan for the firm; *V* **bouée, ceinture** *etc*.
  (**b**) (*technique*) **le** ~ life-saving; **épreuve/cours de** ~ life-saving competition/lessons.
sauveteur [sovtœʀ] *nm* rescuer.
sauvette* [sovɛt] *nf*: **à la** ~ *se marier etc* hastily, hurriedly, double-quick*; **vente à la** ~ (unauthorized) street hawking *ou* peddling;

vendre à la ~ to hawk *ou* peddle on the streets (*without authorization*).

sauveur [sovœʀ] *adj m, nm* saviour.

S.A.V. [esave] *nm abrév de* service après-vente; *V* service.

savamment [savamã] *adv* (*avec érudition*) learnedly; (*adroitement*) skilfully, cleverly. (*par expérience*) **j'en parle ~** I speak knowingly.

savane [savan] *nf* savannah; (*Can**) swamp.

savant, e [savã, ãt] **1** *adj* (**a**) (*érudit*) *personne* learned, scholarly; *édition* scholarly; *société, mot* learned. **être ~ en** to be learned in; (*hum*) **c'est trop ~ pour moi** [*livre, discussion*] it's too highbrow for me; [*problème*] it's too difficult *ou* complicated for me.
(**b**) (*habile*) *stratagème, dosage, arrangement* clever, skilful. **le ~ désordre de sa tenue** the studied carelessness *ou* untidiness of his dress.
(**c**) *chien, puce* performing (*épith*).
2 *nm* (*sciences*) scientist; (*lettres*) scholar.

savarin [savaʀɛ̃] *nm* (*Culin*) savarin.

savate* [savat] *nf* (**a**) (*pantoufle*) worn-out old slipper; (*soulier*) worn-out old shoe. **être en ~s** to be in one's slippers; *V* **traîner.** (**b**) (*: *maladroit*) clumsy idiot *ou* oaf. (**c**) (*Sport*) French boxing.

savetier†† [savtje] *nm* cobbler†.

saveur [savœʀ] *nf* (*lit: goût*) flavour; (*fig: piment*) savour.

Savoie [savwa] *nf* Savoy; *V* biscuit.

savoir [savwaʀ] (32) **1** *vt* (**a**) to know. **~ le nom/l'adresse de qn** to know sb's name/address; **c'est difficile à ~** it's difficult to ascertain *ou* know; **je ne savais quoi** *ou* **que dire/faire** I didn't know what to say/do; **oui, je (le) sais** yes I know; **je savais qu'(e)lle était malade, je la savais malade** I knew (that) she was ill, I knew her to be ill; **on ne lui savait pas de parents/de fortune** we didn't know whether *ou* if he had any relatives/money; (*en fait il en a*) **we didn't know (that) he had any relatives/money; savez-vous quand/comment il vient?** do you know when/how he's coming?; **vous savez la nouvelle?** have you heard *ou* do you know the news?; **elle sait cela par** *ou* **de son boucher** she heard it from her butcher; **tout le village sut bientôt la catastrophe** the whole village soon knew *ou* heard *ou* learnt of *ou* about the disaster; **personne ne savait sur quel pied danser/où se mettre** nobody knew what to do/where to put themselves; **il ne savait pas s'il devait accepter** he didn't know whether to accept (or not) *ou* whether *ou* if he should accept (or not); **je crois savoir que** I believe *ou* understand that, I am led to believe *ou* understand that, I have reason to believe that; **je n'en sais rien** I don't know, I have no idea; **il ment — qu'en savez-vous?** he is lying — how do you know? *ou* what do you know about it?; **je voudrais en ~ davantage** I'd like to know more about it; **il nous a fait ~ que** he informed us *ou* let us know that; **ça se saurait si c'était vrai** it would be known if it were true, if that were true people would know about it; **ça finira bien par se ~** it will surely end up getting out *ou* getting known, it'll get out in the end.
(**b**) (*avoir des connaissances sur*) to know. **~ le grec/son rôle/sa leçon** to know Greek/one's part/one's lesson; **dites-nous ce que vous savez de l'affaire** tell us what you know about *ou* of the business; **il croit tout ~** he thinks he knows everything *ou* knows it all; **il en sait, des choses*** you certainly know a thing or two, don't you!*; **il ne sait ni A ni B, il ne sait rien de rien** he doesn't know a (single) thing, he hasn't a clue about anything.
(**c**) (*avec infin: être capable de*) to know how to. **elle sait lire et écrire** she can read and write, she knows how to read and write; **il ne sait pas nager** he can't swim, he isn't able to *ou* doesn't know how to swim; **~ plaire** to know how to please; **~ vivre** [*épicurien*] to know how to live; [*homme du monde*] to know how to behave; **il sait parler aux enfants** he's good at talking to children, he knows how to talk to children; **elle saura bien se défendre** she'll be quite able to look after herself, she'll be quite capable of looking after herself, she'll know how to look after herself all right; **il a toujours su y faire** *ou* **s'y prendre** he's always known how to go about things (the right way); **il sait écouter** he's a good listener; **il faut ~ attendre/se contenter de peu** you have to learn to be patient *ou* to wait/be content with little; (*littér, hum*) **on ne saurait penser à tout** one can't think of everything; **je ne saurais vous exprimer toute ma gratitude** I shall never be able to *ou* I could never express my gratitude; **je ne saurais pas vous répondre/vous renseigner** I'm afraid I couldn't answer you *ou* give you an answer/give you any information; **ces explications ont su éclairer et rassurer** these explanations proved both enlightening and reassuring *ou* served both to enlighten and reassure.
(**d**) (*se rendre compte*) to know. **il ne sait plus ce qu'il dit** he doesn't know *ou* realize what he's saying, he isn't aware of what he's saying; **je ne sais plus ce que je dis** I no longer know what I'm saying; **il ne sait pas ce qu'il veut** he doesn't know what he wants, he doesn't know his own mind; **il se savait très malade** he knew he was very ill; **elle le sait bien qu'il ment** she's well aware of the fact that *ou* she knows very well *ou* full well that he's lying; **sans le ~** (*sans s'en rendre compte*) without knowing *ou* realizing (it), unknowingly; (*sans le faire exprès*) unwittingly, unknowingly; **c'est un artiste sans le ~** he's an artist but he doesn't know it *ou* he isn't aware of the fact.
(**e**) (*loc*) **qui sait?** who knows?; **et que sais-je encore** and I don't know what else; **~ si ça va lui plaire!** how can we tell if he'll like it or not!, I don't know whether he's going to *ou* whether he'll like it (or not)!; **je sais ce que je sais** I know what I know; **et puis, tu sais, nous serons très heureux de t'aider** and then, you know, we'll be very happy to help you; **il nous a emmenés je ne sais où** he took us goodness knows where; **il y a je ne sais combien de temps qu'il ne l'a vue** it's *ou* it has been I don't know how long since he (last) saw her, I don't how long it is *ou* it has been since he

(last) saw her; **elle ne sait pas quoi faire** *ou* **elle ne sait que faire pour l'aider/le consoler** she's at a loss to know how to help him/comfort him; **on ne sait pas par quel bout le prendre** you just don't know how to tackle him; **on ne sait jamais** you never know, **you** *ou* one can never tell, one never knows; (*pour autant*) **que je sache** as far as I know, to the best of my knowledge; **pas que je sache** not as far as I know, not to my knowledge; **je ne sache pas que je vous ai invité!** I'm not aware that *ou* I don't know that I invited you!; **sachons-le bien, si... let's be quite clear, if...; sachez (bien) que jamais je n'accepterai** I'll have you know *ou* let me tell you *ou* you may be assured that I shall never accept; **oui, mais sachez qu'à l'origine, c'est elle-même qui ne le voulait pas** yes but you should know *ou* you may as well know that at the start it was she herself who didn't want to; **à ~ that is,** namely, i.e.; (*hum*) **l'objet/la personne que vous savez sera là demain** you-know-what/you-know-who will be there tomorrow (*hum*); (*frm*) **vous n'êtes pas sans ~ que** you are not *ou* will not be unaware (of the fact) that (*frm*), you will not be ignorant of the fact that (*frm*); **il m'a su gré/il ne m'a su aucun gré de l'avoir averti** he was grateful to me/he wasn't in the least grateful to me for having warned him; **il ne savait à quel saint se vouer** he didn't know which way to turn; **si je savais, j'irais la chercher** if I knew (for sure) *ou* if I could be sure, I would go and look for her; **elle ne savait où donner de la tête** she didn't know whether she was coming or going *ou* what to do first; **si j'avais su had I known, if I had known;** *V* **dieu, qui** *etc*.
2 *nm* learning, knowledge.
3: savoir-faire *nm inv* know-how*; **savoir-vivre** *nm inv* savoir-faire, mannerliness; **il n'a aucun savoir-vivre** he has no savoir-faire, he has no idea how to behave (in society).

savon [savɔ̃] *nm* (**a**) (*matière*) soap (*U*); (*morceau*) bar *ou* tablet *ou* cake of soap. **~ liquide/noir** liquid/soft soap; **~ à barbe/de toilette/de Marseille** shaving/toilet/household soap; **~ en paillettes/en poudre** soap flakes/powder; *V* **bulle, pain.**
(**b**) (*) **il m'a passé/j'ai reçu un (bon) ~** he gave me/I got a (good) ticking-off (*Brit*) *ou* dressing-down*, he (really) tore a strip/I (really) got a strip torn off me* (*Brit*).

savonnage [savɔnaʒ] *nm* soaping (*U*).

savonner [savɔne] (1) *vt linge, enfant* to soap; *barbe* to lather, soap.

savonnerie [savɔnʀi] *nf* (**a**) (*usine*) soap factory. (**b**) (*tapis*) Savonnerie carpet.

savonnette [savɔnɛt] *nf* bar *ou* tablet *ou* cake of (toilet) soap.

savonneux, -euse [savɔnø, øz] *adj* soapy.

savourer [savuʀe] (1) *vt plat, boisson, plaisanterie, triomphe* to savour.

savoureux, -euse [savuʀø, øz] *adj plat* tasty, flavoursome; *anecdote* juicy, spicy.

savoyard, e [savwajaʀ, aʀd(ə)] **1** *adj* Savoyard, of Savoie. **2** *nm, f:* **S~(e)** Savoyard.

Saxe [saks(ə)] *nf* Saxony; *V* **porcelaine.**

saxe [saks(ə)] *nm* Dresden china (*U*); (*objet*) piece of Dresden china.

saxhorn [saksɔʀn] *nm* saxhorn.

saxifrage [saksifʀaʒ] *nm* saxifrage.

saxo* [sakso] **1** *nm* (*instrument*) sax*. **2** *nm* (*musicien*) sax player*.

saxon, -onne [saksɔ̃, ɔn] **1** *adj* Saxon. **2** *nm* (*Ling*) Saxon. **3** *nm, f:* **S~(ne)** Saxon.

saxophone [saksɔfɔn] *nm* saxophone.

saxophoniste [saksɔfɔnist(ə)] *nmf* saxophonist, saxophone player.

saynète [sɛnɛt] *nf* playlet.

sbire [sbiʀ] *nm* (*péj*) henchman (*péj*).

scabieux, -euse [skabjø, øz] **1** *adj* scabious. **2 scabieuse** *nf* scabious.

scabreux, -euse [skabʀø, øz] *adj* (*indécent*) improper, shocking; (*dangereux*) risky.

scalaire [skalɛʀ] **1** *adj* (*Math*) scalar. **2** *nm* (*poisson*) angel fish, scalare.

scalène [skalɛn] *adj* scalene.

scalp [skalp] *nm* (*action*) scalping; (*chevelure*) scalp.

scalpel [skalpɛl] *nm* scalpel.

scalper [skalpe] (1) *vt* to scalp.

scampi [skãpi] *nmpl* scampi.

scandale [skãdal] *nm* (**a**) (*fait choquant, affaire*) scandal. **~ financier/public** financial/public scandal; **c'est un ~!** it's scandalous! *ou* outrageous!, it's a scandal!; **sa tenue/ce livre a fait ~** his clothes/that book scandalized people, people found his clothes/that book scandalizing; **au grand ~ de mon père, j'ai voulu épouser un étranger** I wanted to marry a foreigner, which scandalized my father, much to the alarm of my father I wanted to marry a foreigner; **elle va crier au ~** she'll make a great protest about it, she'll cry out in indignation; **les gens vont crier au ~** there'll be an outcry *ou* a public outcry; **à ~ livre, couple** controversial, headline-hitting* (*épith*); **journal à ~** scandal sheet.
(**b**) (*scène, tapage*) scene, fuss. **faire un** *ou* **du ~** to make a scene, kick up a fuss*; **et pas de ~!** and don't make a fuss!; **condamné pour ~ sur la voie publique** fined for disturbing the peace *ou* for creating a public disturbance.

scandaleusement [skãdaløzmã] *adv se comporter* scandalously, outrageously, shockingly; *cher* scandalously, outrageously, prohibitively; *laid, mauvais* appallingly; *sous-estimé, exagéré* grossly.

scandaleux, -euse [skãdalø, øz] *adj conduite, propos, prix* scandalous, outrageous, shocking; *littérature, chronique* outrageous, shocking. **vie ~euse** life of scandal, scandalous life.

scandaliser [skãdalize] (1) *vt* to scandalize, shock deeply. **se ~ de qch** to be deeply shocked at sth, be scandalized by sth.

scander [skãde] (1) *vt vers* to scan; *discours* to give emphasis to; *mots* to articulate separately; *nom, slogan* to chant.

scandinave [skɑ̃dinav] **1** *adj* Scandinavian. **2** *nmf:* **S~** Scandinavian.
Scandinavie [skɑ̃dinavi] *nf* Scandinavia.
scandium [skɑ̃djɔm] *nm* scandium.
scanner [skanɛʀ] *nm* body scanner.
scanographie [skanɔgʀafi] *nf* (*science*) (body) scanning. (*photo*) ~ du cerveau brain scan.
scansion [skɑ̃sjɔ̃] *nf* scanning, scansion.
scaphandre [skafɑ̃dʀ(ə)] *nm [plongeur]* diving suit; *[cosmonaute]* space-suit. ~ autonome aqualung.
scaphandrier [skafɑ̃dʀije] *nm* (underwater) diver.
scapulaire [skapylɛʀ] *adj, nm* (*Anat, Méd, Rel*) scapular.
scarabée [skaʀabe] *nm* beetle, scarab (*T*).
scarificateur [skaʀifikatœʀ] *nm* (*Méd*) scarificator; (*Agr*) scarifier.
scarification [skaʀifikasjɔ̃] *nf* scarification.
scarifier [skaʀifje] (7) *vt* (*Agr, Méd*) to scarify.
scarlatine [skaʀlatin] *nf* scarlet fever, scarlatina (*T*).
scarole [skaʀɔl] *nf* endive.
scatologie [skatɔlɔʒi] *nf* scatology.
scatologique [skatɔlɔʒik] *adj* scatological, lavatorial.
sceau, *pl* **~x** [so] *nm* (*cachet, estampille*) seal; (*fig: marque*) stamp, mark. mettre son ~ sur to put one's seal to *ou* on; apposer son ~ sur to affix one's seal to; (*fig*) porter le ~ du génie to bear the stamp *ou* mark of genius; sous le ~ du secret under the seal of secrecy; *V* garde².
scélérat, e [selera, at] **1** *adj* (*littér,* ††) villainous, blackguardly††; wicked. **2** *nm, f* (*littér,* ††*: criminel*) villain, blackguard††. petit ~!* (you) little rascal!
scélératesse [selerates] *nf* (*littér,* ††) (*caractère*) villainy, wickedness; (*acte*) villainy, villainous *ou* wicked *ou* blackguardly†† deed.
scellement [sɛlmɑ̃] *nm* (*V* sceller) sealing; embedding (*U*).
sceller [sele] (1) *vt* (**a**) *pacte, document, sac* to seal. (**b**) (*Constr*) to embed.
scellés [sele] *nmpl* seals. mettre les ~ sur une porte to put the seals on a door, affix the seals to a door.
scellofrais [selɔfʀɛ] *nm* ® cling film, cling wrap.
scénario [senaʀjo] *nm* (*Ciné, Théât: plan*) scenario; (*Ciné: découpage et dialogues*) screenplay, (film) script, scenario. (*évolution possible*) il y a plusieurs ~s possibles there are several possible scenarios; (*fig*) ça s'est déroulé selon le ~ habituel (*attentat*) it followed the usual pattern; (*conférence de presse*) it followed the usual pattern; c'est toujours le même ~* it's always the same old ritual *ou* carry-on* (*Brit*).
scénariste [senaʀist(ə)] *nmf* (*Ciné*) scriptwriter.
scène [sɛn] *nf* (**a**) (*estrade*) stage. ~ tournante revolving stage; être en ~ to be on stage; sortir de ~ to go offstage, exit; en ~! on stage!; occuper le devant de la ~ to be in the foreground; *V* entrée.
(**b**) (*le théâtre*) la ~ the stage; les vedettes de la ~ et de l'écran the stars of stage and screen; à la ~ comme à la ville (both) on stage and off, both on and off (the) stage; porter une œuvre à la ~ to bring a work to the stage, stage a work; adapter un film pour la ~ to adapt a film for the stage; mettre en ~ (*Théât*) *personnage, histoire* to present, put on stage; *auteur, romancier* to stage; *pièce de théâtre* to stage, direct; (*Ciné*) *film* to direct; ce chapitre met en ~/dans ce chapitre l'auteur met en ~ un nouveau personnage this chapter presents/in this chapter the author presents a new character; *V* metteur, mise².
(**c**) (*Ciné, Théât: division*) scene. dans la première ~ in the first *ou* opening scene, in scene one; ~ d'amour love scene; (*fig*) elle m'a joué la grande ~ du deux* she put on a great act, she acted out a big scene*.
(**d**) (*décor*) scene. la ~ représente un salon du 18e siècle the scene represents an 18th-century drawing room; changement de ~ scene change.
(**e**) (*lieu de l'action*) scene. (*Ciné, Théât*) la ~ est *ou* se passe à Rome the action takes place in Rome, the scene is set in Rome; (*gén*) arrivé sur la ~ du crime/drame having arrived at the scene of the crime/drama.
(**f**) (*spectacle*) scene. le témoin a assisté à toute la ~ the witness was present at *ou* during the whole scene.
(**g**) (*confrontation, dispute*) scene. ~ de réconciliation a scene of reconciliation; j'ai assisté à une pénible ~ de rupture I witnessed a distressing break-up scene; faire une ~ d'indignation to put on a great show of indignation; ~ de ménage domestic fight *ou* scene; faire une ~ to make a scene; il m'a fait une ~ parce que j'avais oublié la clef he made a scene because I had forgotten the key; avoir une ~ (avec qn) to have a scene (with sb).
(**h**) (*fig: domaine*) scene. sur la ~ politique/universitaire/ internationale on the political/university/international scene.
(**i**) (*Art: tableau*) scene. ~ d'intérieur/mythologique indoor/ mythological scene; ~ de genre genre painting.
scenic railway [senikʀɛlwɛ] *nm* roller coaster, big dipper, switch-back (*Brit*).
scénique [senik] *adj* theatrical; *V* indication.
scéniquement [senikmɑ̃] *adv* (*Théât*) theatrically.
scepticisme [sɛptisism(ə)] *nm* scepticism.
sceptique [sɛptik] **1** *adj* sceptical, sceptic. **2** *nmf* sceptic; (*Philos*) Sceptic.
sceptiquement [sɛptikmɑ̃] *adv* sceptically.
sceptre [sɛptʀ(ə)] *nm* (*lit, fig*) sceptre.
schah [ʃa] *nm* = shah.
schako [ʃako] *nm* = shako.
schapska [ʃapska] *nm* = chapska.
Schéhérazade [ʃeeʀazad] *nf* Sheherazade.
scheik [ʃɛk] *nm* = cheik.
schelem [ʃlɛm] *nm* = chelem.

schelling [ʃɛliŋ] *nm* = schilling.
schéma [ʃema] *nm* (**a**) (*diagramme*) diagram, sketch. ~ de montage assembly diagram *ou* instructions. (**b**) (*résumé*) outline. faire le ~ de l'opération to give an outline of the operation.
schématique [ʃematik] *adj dessin* diagrammatic(al), schematic; (*péj*) *interprétation, conception* oversimplified.
schématiquement [ʃematikmɑ̃] *adv représenter* diagrammatically, schematically. il exposa l'affaire ~ he gave an outline of the affair, he outlined the affair; très ~, voici de quoi il s'agit ... briefly this is what it's all about ... .
schématisation [ʃematizasjɔ̃] *nf* schematization; (*péj*) (over)simplification.
schématiser [ʃematize] (1) *vt* to schematize; (*péj*) to (over)simplify.
schématisme [ʃematism(ə)] *nm* (*péj*) oversimplicity.
schème [ʃɛm] *nm* (*Psych*) schema; (*Art*) design, scheme.
scherzando [skɛʀtsɑ̃do] *adv* scherzando.
scherzo [skɛʀtso] **1** *nm* scherzo. **2** *adv* scherzando.
schilling [ʃiliŋ] *nm* schilling.
schismatique [ʃismatik] *adj, nmf* schismatic.
schisme [ʃism(ə)] *nm* (*Rel*) schism; (*Pol*) split. faire ~ to split away.
schiste [ʃist(ə)] *nm* (*métamorphique*) schist, shale. ~ bitumineux oil shale; huile de ~ shale oil.
schisteux, -euse [ʃistø, øz] *adj* schistose.
schizoïde [skizɔid] *adj, nmf* schizoid.
schizophrène [skizofʀɛn] *adj, nmf* (*Méd, fig*) schizophrenic.
schizophrénie [skizofʀeni] *nf* (*Méd, fig*) schizophrenia.
schlague [ʃlag] *nf* (*Mil Hist*) la ~ drubbing, flogging; ils n'obéissent qu'à la ~‡ they only obey if you really lay into them‡ *ou* if you give them what-for‡.
schlass‡ [ʃlas] **1** *adj inv* sozzled‡, plastered‡. **2** *nm* knife.
schlinguer‡ [ʃlɛ̃ge] (1) *vi* to pong‡, stink to high heaven*.
schlittage [ʃlitaʒ] *nm* sledging (*of wood*).
schlitte [ʃlit] *nf* sledge (*for transporting wood*).
schlitter [ʃlite] (1) *vt* to sledge (*wood*).
schnaps [ʃnaps] *nm* schnap(p)s.
schnock‡, schnoque‡ [ʃnɔk] *nm:* (*vieux*) ~ (old) fathead!‡ *ou* blockhead!‡; eh! du ~ hey, fathead!‡ *ou* blockhead!‡
schnouff† [ʃnuf] *nf* (*arg Drogue*) dope (*arg*), junk (*arg*).
schproum* [ʃpʀum] *nm:* faire du ~ to kick up a stink‡; il va y avoir du ~ there will be a tremendous outcry, there will be a hell of a fuss*.
schuss [ʃus] **1** *nm* schuss. **2** *adv:* descendre (tout) ~ to schuss (down).
schwa [ʃva] *nm* schwa(h).
Schweppes [ʃwɛps] *nm* ® (Indian) tonic.
sciage [sjaʒ] *nm* [*bois, métal*] sawing.
sciatique [sjatik] **1** *nf* sciatica. **2** *adj* sciatic.
scie [si] *nf* (**a**) saw. couteau-~ saw-edged knife, knife with a saw-edged blade; ~ à bois wood saw; ~ circulaire circular saw; ~ à chantourner *ou* découper fretsaw; ~ électrique power saw; ~ à métaux hacksaw; ~ musicale musical saw; ~ à ruban bandsaw; ~ sauteuse jigsaw; ~ à tronçonner chain saw, cross-cut saw; *V* dent, poisson.
(**b**) (*péj*) (*chanson*) catch-tune; (*personne*) bore.
sciemment [sjamɑ̃] *adv* knowingly, wittingly, on purpose.
science [sjɑ̃s] **1** *nf* (**a**) (*domaine scientifique*) science. les ~s (*gén*) the sciences; (*Scol*) science; la ~ du beau/de l'être the science of beauty/of being; ~s appliquées/humaines/occultes applied/social/occult sciences; (*Univ*) institut des ~s sociales institute of social science; (*Scol*) ~s naturelles biology, natural science†; ~s marines *ou* de la mer marine science; les ~s de la vie the life sciences; ~s d'observation observational sciences; ~s de l'homme social sciences.
(**b**) (*art, habileté*) art. la ~ de la guerre the science *ou* art of war; faire qch avec une ~ consommée to do sth with consummate skill; sa ~ des couleurs his skill *ou* technique in the use of colour.
(**c**) (*érudition*) knowledge. avoir la ~ infuse to have innate knowledge; (*Rel*) la ~ du bien et du mal the knowledge of good and evil; savoir de ~ certaine que to know for a fact *ou* for certain that; *V* puits.
2: science-fiction *nf* science fiction; film/livre de science-fiction science fiction film/book; œuvre de science-fiction work of science fiction.
scientifique [sjɑ̃tifik] **1** *adj* scientific. **2** *nmf* scientist.
scientifiquement [sjɑ̃tifikmɑ̃] *adv* scientifically.
scientisme [sjɑ̃tism(ə)] *nm* scientism.
scientiste [sjɑ̃tist(ə)] **1** *nmf* adept of scientism. **2** *adj* scientistic.
scientologie [sjɑ̃tɔlɔʒi] *nf* Scientology.
scientologue [sjɑ̃tɔlɔg] *adj, nmf* Scientologist.
scier [sje] (7) *vt* (**a**) (*gén*) *bois, métal* to saw; *bûche* to saw (up); *partie en trop* to saw off. ~ une branche pour faire des bûches to saw (up) a branch into logs.
(**b**) (*: stupéfier*) ça m'a scié! it bowled me over!*, it staggered me!*; c'est vraiment sciant! it's absolutely staggering!*
scierie [siʀi] *nf* sawmill.
scieur [sjœʀ] *nm* sawyer. ~ de long pit sawyer.
scille [sil] *nf* scilla.
Scilly [sili] *n:* les îles ~ the Scilly Isles.
scinder [sɛ̃de] (1) **1** *vt* to split (up), divide (up) (*en* in, into). **2** se scinder *vpr* to split (up) (*en* in, into).
scintillant, e [sɛ̃tijɑ̃, ɑ̃t] *adj* (*V* scintiller) sparkling; glittering; twinkling; scintillating; glistening.
scintillation [sɛ̃tijasjɔ̃] *nf* (*Astron, Phys*) scintillation. compteur à ~s scintillation counter.
scintillement [sɛ̃tijmɑ̃] *nm* (*V* scintiller) sparkling; glittering;

twinkling; scintillating; glistening. **le ~ de son esprit** his scintillating mind.

scintiller [sɛ̃tije] (1) *vi [diamant]* to sparkle, glitter; *[étoile]* to twinkle, sparkle, scintillate; *[yeux]* to sparkle, glitter *(de* with); *[lumières, firmament]* to glitter, sparkle; *[goutte d'eau]* to glisten; *[esprit]* to sparkle, scintillate.

scion [sjɔ̃] *nm (Bot) (gén)* twig; *(greffe)* scion; *(Pêche)* top piece.

Scipion [sipjɔ̃] *nm* Scipio. **~ l'Africain** Scipio Africanus.

scission [sisjɔ̃] *nf (a) (schisme)* split, scission *(frm).* **faire ~** to split away, secede. **(b)** *(Bot, Phys)* fission.

scissioniste [sisjɔnist(ə)] *adj, nmf* secessionist.

scissipare [sisipaʀ] *adj* fissiparous.

scissiparité [sisipaʀite] *nf* scissiparity, schizogenesis.

scissure [sisyʀ] *nf* fissure, sulcus.

sciure [sjyʀ] *nf:* **~ (de bois)** sawdust; **acheter une bague dans la ~†** to buy a ring from a street hawker.

scléreux, -euse [sklerø, øz] *adj* sclerotic.

sclérose [sklerozʒ] *nf (a) (Méd)* sclerosis. **~ artérielle** hardening of the arteries, arteriosclerosis *(T);* **~ en plaques** multiple sclerosis. **(b)** *(fig)* ossification.

sclérosé, e [skleʀoze] *(ptp de se scléroser) adj (lit)* sclerosed, sclerotic; *(fig)* ossified.

scléroser (se) [skleʀoze] (1) *vpr (Méd)* to become sclerotic *ou* sclerosed, sclerose; *(fig)* to become ossified.

sclérotique [sklerɔtik] *nf* sclera, sclerotic.

scolaire [skɔlɛʀ] *adj (a) (gén)* school *(épith).* **année ~** school *ou* academic year; **ses succès ~s** his success in *ou* at school, his scholastic achievements *ou* attainments; **enfant d'âge ~** child of school age; **progrès ~s** academic progress; *V* **établissement, groupe, livret.**
(b) *(péj)* schoolish. **son livre est un peu ~ par endroits** his book is a bit schoolish in places.

scolairement [skɔlɛʀmɑ̃] *adv réciter* schoolishly.

scolarisation [skɔlaʀizasjɔ̃] *nf [enfant]* schooling. **la ~ d'une population/d'un pays** providing a population with schooling/country with schools; **taux de ~** percentage of children in full-time education.

scolariser [skɔlaʀize] (1) *vt enfant* to provide with schooling, send to school; *pays, région* to provide with schools *ou* schooling.

scolarité [skɔlaʀite] *nf* schooling. **la ~ a été prolongée** schooling has been extended, the school-leaving age has been raised; **pendant mes années de ~** during my school years *ou* years at school; **~ obligatoire** compulsory school attendance, compulsory schooling; *(Univ)* **service de la ~** registrar's office; *V* **certificat, frais².**

scolastique [skɔlastik] **1** *adj (Philos, péj)* scholastic. **2** *nf* scholasticism. **3** *nm (Philos)* scholastic, schoolman; *(péj)* scholastic.

scoliose [skɔljoz] *nf* curvature of the spine, scoliosis *(T).*

scolopendre [skɔlɔpɑ̃dʀ(ə)] *nf (Zool)* centipede, scolopendra *(T); (Bot)* hart's-tongue, scolopendrium *(T).*

sconse [skɔ̃s] *nm* skunk (fur).

scoop* [skup] *nm (Presse)* scoop.

scooter [skutœʀ] *nm* (motor) scooter.

scootériste [skuteʀist(ə)] *nmf* scooter rider.

scopie‡ [skɔpi] *nf abrév de* **radioscopie.**

scorbut [skɔʀbyt] *nm* scurvy.

scorbutique [skɔʀbytik] *adj symptômes* of scurvy, scorbutic *(T); personne* suffering from scurvy, scorbutic *(T).*

score [skɔʀ] *nm (gén, Sport)* score. *(Pol)* **faire un bon/mauvais ~** to have a good/bad result.

scorie [skɔʀi] *nf (gén pl) (Ind)* slag *(U),* scoria *(U),* clinker *(U). (Géol)* **~s (volcaniques)** (volcanic) scoria.

scorpion [skɔʀpjɔ̃] *nm (a) (Zool)* scorpion. **~ d'eau** water scorpion; **~ de mer** scorpion-fish. **(b)** *(Astron)* **le S~** Scorpio, the Scorpion; **être (du) S~** to be Scorpio.

scotch [skɔtʃ] *nm (a) (boisson)* scotch (whisky). **(b)** ® *(adhésif)* sellotape ® *(Brit),* Scotchtape ® *(US).* **coller qch avec du ~** to sellotape *(Brit) ou* Scotchtape *(US)* sth, stick sth with sellotape *(Brit) ou* Scotchtape *(US).*

scout, e [skut] *adj, nm* (boy) scout.

scoutisme [skutism(ə)] *nm (mouvement)* (boy) scout movement; *(activités)* scouting.

scribe [skʀib] *nm (péj. bureaucrate)* penpusher *(péj); (Hist)* scribe.

scribouillard, e [skʀibujaʀ, aʀd(ə)] *nm,f (péj)* penpusher *(péj).*

script [skʀipt] **1** *nm (a) (écriture)* **~ printing; apprendre le ~** to learn how to print (letters); **écrire en ~** to print. **(b)** *(Ciné)* (shooting) script. **2** *nf* = **script-girl.**

scripte [skʀipt] *nf (Ciné)* continuity girl.

scriptes [skʀipt(ə)] *nfpl (Typ)* script.

scripteur [skʀiptœʀ] *nm (Ling)* writer.

script-girl, *pl* **script-girls** [skʀiptɡœʀl] *nf* continuity girl.

scriptural, e, *mpl* **-aux** [skʀiptyʀal, o] *adj V* **monnaie.**

scrofulaire [skʀɔfylɛʀ] *nf* figwort.

scrofule [skʀɔfyl] *nf (Méd)* scrofula. *(Hist Méd)* **~s** scrofula, king's evil.

scrofuleux, -euse [skʀɔfylø, øz] *adj tumeur* scrofulous; *personne* scrofulous, suffering from scrofula.

scrogneugneu [skʀɔɲøɲø] *excl* damnation!, damn me!

scrotal, e, *mpl* **-aux** [skʀɔtal, o] *adj* scrotal.

scrotum [skʀɔtɔm] *nm* scrotum.

scrupule [skʀypyl] *nm (a)* scruple. **avoir des ~s** to have scruples; **avoir des ~s à ou se faire ~ de faire qch** to have scruples *ou* misgivings *ou* qualms about doing sth; **faire taire ses ~s** to silence one's qualms of conscience *ou* one's scruples; **je n'aurais aucun ~ à refuser** I wouldn't have any scruples *ou* qualms *ou* misgivings about refusing, I wouldn't scruple to refuse; **son honnêteté est poussée jusqu'au ~** his honesty is absolutely scrupulous; **il est dénué de ~s** he has no scruples, he is completely unscrupulous;

sans ~s *personne* unscrupulous, without scruples; *agir* without scruple, unscrupulously; **vos ~s vous honorent** your scrupulousness is *ou* your scruples are a credit to you; **je comprends votre ~ ou vos ~s** I understand your scruples.
(b) *(souci de)* **dans un ~ ou par un ~ d'honnêteté/d'exactitude historique** in scrupulous regard for honesty/historical exactness.

scrupuleusement [skʀypyløzmɑ̃] *adv* scrupulously.

scrupuleux, -euse [skʀypylø, øz] *adj personne, honnêteté* scrupulous. **peu ~** unscrupulous.

scrutateur, -trice [skʀytatœʀ, tʀis] **1** *adj (littér) regard, caractère* searching. **2** *nm (Pol)* scrutineer *(Brit),* teller, canvasser *(US).*

scruter [skʀyte] (1) *vt horizon* to scan, search, scrutinize, examine; *objet, personne* to scrutinize, examine; *pénombre* to peer into, search.

scrutin [skʀytɛ̃] *nm (a) (vote)* ballot. **par voie de ~** by ballot; **voter au ~ secret** to vote by secret ballot; **il a été élu au 3e tour de ~** he was elected on *ou* at the third ballot *ou* round; **dépouiller le ~** to count the votes.
(b) *(élection)* poll. **le jour du ~** polling day.
(c) *(modalité)* **~ de liste** list system; **~ d'arrondissement** district election system; **~ majoritaire** election on a majority basis; **~ proportionnel** voting using the system of proportional representation; **~ uninominal** uninominal system.

sculpter [skylte] (1) *vt statue, marbre* to sculpture, sculpt; *meuble* to carve, sculpture, sculpt; *bâton, bois* to carve *(dans* out of). **elle peint et sculpte** she paints and sculptures *ou* sculpts.

sculpteur [skyltœʀ] *nm (homme)* sculptor; *(femme)* sculptress. **~ sur bois** woodcarver.

sculptural, e, *mpl* **-aux** [skyltyʀal, o] *adj (Art)* sculptural; *(fig) beauté, femme* statuesque.

sculpture [skyltyʀ] *nf (art, objet)* sculpture; *(Aut) [pneu]* tread pattern. **~ sur bois** woodcarving; **les ~s d'un pneu** the pattern on a tyre.

Scylla [sila] *nf* Scylla; *V* **tomber.**

scythe [sit] **1** *adj* Scythian. **2** *nm (Ling)* Scythian. **3** *nmf:* **S~** Scythian.

scythie [siti] *nf* Scythia.

scythique [sitik] *adj* = **scythe.**

S.D.N. [ɛsdeɛn] *nf abrév de* **Société des nations;** *V* **société.**

se [s(ə)] *pron (a) (valeur strictement réfléchie) (sg) (indéfini)* oneself; *(sujet humain mâle)* himself; *(sujet humain femelle)* herself; *(sujet non humain)* itself; *(pl)* themselves. **~ regarder dans la glace** to look at o.s. in the mirror; *(action le plus souvent réfléchie: forme parfois intransitive en anglais)* **~ raser/laver** to shave/wash; **~ mouiller/salir** to get wet/dirty; **~ brûler/couper** to burn/cut o.s.; *V* **écouter, faire.**
(b) *(réciproque)* each other, one another. **deux personnes qui s'aiment** two people who love each other *ou* one another; **des gens/3 frères qui ~ haïssent** people/3 brothers who hate one another *ou* each other.
(c) *(valeur possessive: se traduit par l'adjectif possessif)* **~ casser la jambe** to break one's leg; **il ~ lave les mains** he is washing his hands; **elle s'est coupé les cheveux** she has cut her hair.
(d) *(valeur passive: généralement rendu par une construction passive)* **cela ne ~ fait pas** that's not done; **cela ~ répare/recolle facilement** it can easily be repaired again/glued together again; **la vérité finira par ~ savoir** (the) truth will out (in the end), the truth will finally be found out; **l'anglais ~ parle dans le monde entier** English is spoken throughout the world; **cela ~ vend bien** it sells well; **les escargots ~ servent dans la coquille** snails are served in their shells *ou* the shell, one serves snails in the shell.
(e) *(en tournure impersonnelle)* **il ~ peut que** it may be that, it is possible that; **comment ~ fait-il que ...?** how is it that ...?
(f) *(autres emplois pronominaux) (exprime le devenir)* **s'améliorer** to get better; **s'élargir** to get wider; **~ développer** to develop; **~ transformer** to change; *(indique une action subie)* **~ boucher** to become *ou* get blocked; **~ casser** to break; **~ fendre** to crack; *pour tous ces cas, et les emplois purement pronominaux (à valeur intransitive), V le verbe en question.*

S.E. *(abrév de* **son Excellence)** his Excellency.

S.É. *(abrév de* **son Éminence)** his Eminence *ou* Eminency.

séance [seɑ̃s] *nf (a) (réunion) [conseil municipal]* meeting, session; *[tribunal, parlement]* session, sitting; *[comité]* séance. **~ de spiritisme** séance; **être en ~** to be in session, sit; **la ~ est levée** *ou* **close** the meeting is ended, the meeting is at an end; **~ extraordinaire** extraordinary meeting; *V* **suspension.**
(b) *(période)* session. **~ de photographie/gymnastique** photographic *ou* photography/gymnastics session; **~ de pose** sitting.
(c) *(représentation) (Théât)* performance. **~ privée** private showing *ou* performance; **~ de cinéma** film show; *(Ciné)* **première/dernière ~** first/last showing.
(d) *(*: scène)* performance*. **faire une ~ à qn** to give sb a performance*.
(e) **~ tenante** forthwith; **nous partirons ~ tenante** we shall leave forthwith *ou* without further ado.

séant¹ [seɑ̃] *nm (hum: derrière)* posterior *(hum); (frm)* **se mettre sur son ~** to sit up *(from a lying position).*

séant², e [seɑ̃, ɑ̃t] *adj (littér: convenable)* seemly *(littér),* fitting *(littér).* **il n'est pas ~ de dire cela** it is unseemly *ou* unfitting to *ou* it is not seemly *ou* fitting to say that.

seau, *pl* **~x** [so] *nm (récipient)* bucket, pail; *(contenu)* bucket(ful), pail(ful). **il pleut à ~x, la pluie tombe à ~x** it's coming *ou* pouring down in buckets *ou* bucketfuls, it's raining buckets* *ou* cats and dogs; **~ à champagne/glace** champagne/ice-bucket; **~ d'enfant** child's bucket *ou* pail; **~ hygiénique** slop pail.

sébacé, e [sebase] *adj* sebaceous.

Sébastien [sebastjɛ̃] *nm* Sebastian.
sébile [sebil] *nf* (small wooden) bowl.
séborrhée [sebɔʀe] *nf* seborrhoea.
sébum [sebɔm] *nm* sebum.
sec, sèche¹ [sɛk, sɛʃ] **1** *adj* **(a)** *climat, temps, bois, linge, toux* dry; *raisins, figue* dried. **je n'ai plus un poil de ~*** I'm sweating like a pig*, I'm soaked through; **elle le regarda partir, l'œil ~** she watched him go, dry-eyed; *(fig)* **avoir la gorge sèche*, avoir le gosier ~*** to be parched ou dry; **V cale¹, cinq, cul** *etc*.
(b) *(sans graisse) épiderme, cheveu* dry; *(maigre) personne, bras* lean. **il est ~ comme un coup de trique*** *ou* **comme un hareng*** he's as thin as a rake.
(c) *(sans douceur) style, ton, vin, rire, bruit* dry; *personne* hard(-hearted), cold; *cœur* cold, hard; *réponse* curt; *tissu* harsh; *jeu* crisp. *(Sport)* **placage ~** hard tackle; **il lui a écrit une lettre très sèche** he wrote him a very curt letter; **se casser avec un bruit ~** to break with a sharp snap; **V coup.**
(d) *(sans eau) alcool* neat. **il prend son whisky ~** he takes *ou* drinks his whisky neat *ou* straight.
(e) *(Cartes)* atout/valet **~** singleton trumps/jack; **son valet était ~** his jack was a singleton.
(f) *(*loc)* **je l'ai eu ~** I was cut up (about it)*; **être** *ou* **rester ~** to be stumped*; **je suis ~ sur ce sujet** I draw a blank on that subject.
2 *adv* **frapper** hard. **boire ~** to drink hard, be a hard *ou* heavy drinker; **démarrer ~** *(sans douceur)* to start (up) with a jolt *ou* jerk; *(rapidement)* to tear off; *(fig)* **ça démarre ~ ce soir** it's getting off to a good start this evening; **aussi ~!‡** pronto!*; **et lui, aussi ~‡,** a répondu que ... and he replied straight off *ou* straight away that ... .
3 *nm*: **tenir qch au ~** to keep sth in a dry place; **rester au ~** to stay in the dry; **un puits à ~** a dry *ou* dried-up well; **être à ~** *[torrent, puits]* to be dry *ou* dried-up; *(*: sans argent) [personne]* to be broke* *ou* skint‡ *(Brit)*; *[caisse]* to be empty; **mettre à ~ un étang** *[personne]* to drain a pond; *[soleil]* to dry up a pond; **mettre à ~ un joueur** to clean out a gambler.
sécable [sekabl(ə)] *adj* divisible.
sécant, e [sekɑ̃, ɑ̃t] *adj, nf* secant.
sécateur [sekatœʀ] *nm* (pair of) secateurs, (pair of) pruning shears.
sécession [sesesjɔ̃] *nf* secession. **faire ~** to secede; **V guerre.**
sécessionniste [sesesjɔnist(ə)] *adj, nmf* secessionist.
séchage [seʃaʒ] *nm* drying; *[bois]* seasoning.
sèche²* [sɛʃ] *nf (cigarette)* fag* *(Brit)*, cigarette.
sèche- [sɛʃ] *préf* **V sécher.**
sèchement [sɛʃmɑ̃] *adv* **disserter** drily, dryly; **répondre** *(froidement)* drily, dryly; *(brièvement)* curtly.
sécher [seʃe] (6) **1** *vt* **(a)** *(gén)* to dry; *cours d'eau, flaque* to dry (up). **sèche tes larmes** dry your tears *ou* eyes; **se ~ au soleil/avec une serviette** to dry o.s. in the sun/with a towel; **se ~ devant le feu** to dry o.s. *ou* dry (o.s.) off in front of the fire.
(b) *(arg Scol: manquer)* **cours** to skip*. **ce matin, je vais ~ (les cours)** this morning I'm going to skip classes*.
(c) *(‡)* **~ son verre** to drain one's glass; **~ son verre de bière** to down *ou* knock back *ou* drain one's glass of beer.
2 *vi* **(a)** *[surface mouillée, peinture]* to dry (off); *[substance imbibée de liquide]* to dry (out); *[linge]* to dry. **faire** *ou* **laisser ~ qch** to leave sth to dry (off *ou* out); **mettre le linge à ~** to put out the washing to dry; **faire ~ sans essorer** 'do not spin (dry)'; **'faire ~ à plat'** 'dry flat'.
(b) *(se déshydrater) [bois]* to dry out; *[fleur]* to dry up *ou* out. **le caoutchouc a séché** the rubber has dried up *ou* gone dry; **~ sur pied** *[plante]* to wilt on the stalk; *(fig) [personne]* to languish; **faire ~ fruits, viande, fleurs** to dry; *bois* to season.
(c) *(arg Scol: rester sec)* to be stumped*. **j'ai séché en maths** I drew a (complete) blank *ou* I dried up* completely in maths.
3: sèche-cheveux *nm inv* hair-drier; **sèche-linge** *nm inv* drying cabinet; *(machine)* tumble-dryer; **sèche-mains** *nm inv* hand-dryer *ou* blower.
sécheresse [seʃʀɛs] *nf* **(a)** *[climat, sol, ton, style]* dryness; *[réponse]* curtness; *[cœur]* coldness, hardness. **(b)** *(absence de pluie)* drought.
séchoir [seʃwaʀ] *nm (local)* drying shed; *(appareil)* drier. **~ à linge** *(pliant)* clothes-horse; **~ à chanvre/à tabac** hemp/tobacco drying shed; **~ à cheveux** hair-drier; **~ à tambour** tumble-dryer.
second, e¹ [s(ə)gɔ̃, ɔ̃d] **1** *adj* **(a)** *(chronologiquement)* second. **en ~ lieu** second(ly), in the second place; **il a obtenu ces renseignements de ~e main** he got this information secondhand; *[chercheur]* **travailler sur des ouvrages de ~e main** to work from secondary sources; **~ violon/ténor** second violin/tenor; **le S~ Empire** the Second Empire; **~ chapitre, chapitre ~** chapter two; **V noce.**
(b) *(hiérarchiquement)* second. **de ~ choix** *(de mauvaise qualité)* low-quality, low-grade; *(Comm: catégorie)* class two; **articles de ~ choix** seconds; **voyager en ~e classe** to travel second-class; **passer en ~** to come second; **commander en ~** to be second in command; **officier** *ou* **capitaine en ~** first mate; **intelligence/malhonnêteté à nulle autre ~e** unparalleled intelligence/dishonesty, intelligence/dishonesty which is quite without equal; **jouer les ~s rôles** *(Ciné)* to play minor parts *ou* supporting roles; *(fig: en politique etc)* to play second fiddle *(auprès de* to); *(fig)* **~ couteau** minor figure; **ce ne sont que des ~s couteaux** they're only the small fry; **V plan¹.**
(c) *(autre, nouveau)* second. **une ~e jeunesse** a second youth; **dans une ~e vie** in a second life; **cet écrivain est un ~ Hugo** this writer is a second Hugo; **chez lui, c'est une ~e nature** with him it's second nature; **doué de ~e vue** gifted with second sight; **trouver son ~ souffle** *(Sport)* to get one's second wind; *(fig)* to find a new lease of life; **être dans un état ~** to be in a sort of trance; **V habitude.**

(d) *(dérivé) cause* secondary.
2 *nm, f* second. **le ~ de ses fils** his second son, the second of his sons; **il a été reçu ~ (en maths)** he came *ou* was second (in maths); *(littér)* **sans ~** second to none, peerless *(littér)*; *(Alpinisme)* **~ (de cordée)** second (on the rope).
3 *nm* **(a)** *(adjoint)* second in command; *(Naut)* first mate; *(en duel)* second.
(b) *(étage)* second floor *(Brit)*, third floor *(US)*. **la dame du ~** the lady on the second floor *(Brit)* *ou* the third floor *(US)*.
(c) *(dans une charade)* second. **mon ~ est un ...** my second is a ... *ou* is in ... .
4 **seconde** *nf* *(classe de transport)* second class; *(billet)* second-class ticket; *(Scol)* ≃ fifth form *(Brit)* *(in secondary school)*, tenth grade *(US)* *(in high school)*; *(Aut)* second (gear); *(Mus)* second *(Escrime)* second. *(Typ: épreuves)* **~s** second proofs; *(Rail)* **les ~es sont à l'avant** the second-class seats *ou* carriages are at the front *ou* in front; **voyager en ~e** to travel second-class.
secondaire [s(ə)gɔ̃dɛʀ] **1** *adj (gén, Chim, Scol)* secondary; *(Géol)* mesozoic, secondary†; *(Psych) caractère* tending not to show one's reactions; *(Littérat)* **intrigue ~** subplot; *(gén, Méd)* **effets ~s** side effects; **V secteur.**
2 *nm (Géol)* **le ~** the Mesozoic, the Secondary Era†; *(Scol)* **le ~** secondary *(school)* *(Brit)* *ou* high-school *(US)* education; **les professeurs du ~** secondary school *(Brit)* *ou* high-school *(US)* teachers; *(Élec)* **(enroulement) ~** secondary *(winding)*.
secondairement [s(ə)gɔ̃dɛʀmɑ̃] *adv* secondarily.
secondarité [s(ə)gɔ̃daʀite] *nf* tendency to conceal one's reactions.
seconde² [s(ə)gɔ̃d] *nf (gén, Géom)* second. **(attends) une ~!** just a *ou* one second! *ou* sec!*
secondement [s(ə)gɔ̃dmɑ̃] *adv* second(ly).
seconder [s(ə)gɔ̃de] (1) *vt (lit, fig)* to assist, aid, help.
secouer [s(ə)kwe] (1) **1** *vt* **(a)** *arbre, salade* to shake; *poussière, miettes* to shake off; *paresse, oppression* to shake off; *tapis* to shake (out). **arrête de me ~ comme un prunier** stop shaking me up and down, stop shaking me like a rag doll; **~ la tête** *(pour dire oui)* to nod (one's head); *(pour dire non)* to shake one's head; **l'explosion secoua l'hôtel** the explosion shook *ou* rocked the hotel; **on est drôlement secoué** *(dans un autocar)* you're terribly shaken about; *(dans un bateau)* you're terribly tossed about; **le vent secouait le petit bateau** the wind tossed the little boat about.
(b) *(traumatiser)* to shake (up). **ce deuil l'a beaucoup secoué** this bereavement has really shaken him.
(c) *(fig) (bousculer)* to shake up. **cet élève ne travaille que lorsqu'on le secoue** this pupil only works if he's shaken up *ou* given a good shake; **~ les puces à qn*** *(réprimander)* to tick* *(Brit)* *ou* tell sb off, give sb a ticking-off* *(Brit)* *ou* telling-off; *(stimuler)* to give sb a good shake(-up), shake sb up; **secoue tes puces*** *ou* **ta graisse‡** shake yourself out of it*, shake yourself up.
2 se secouer *vpr (lit)* to shake o.s.; *(*: faire un effort)* to shake o.s. out of it, shake o.s. up; *(*: se dépêcher)* to get a move on. **secouez-vous si vous voulez passer l'examen** you'll have to shake your ideas up *ou* shake yourself up if you want to pass the exam.
secourable [s(ə)kuʀabl(ə)] *adj personne* helpful; **V main.**
secourir [s(ə)kuʀiʀ] (11) *vt blessé, pauvre* to help, succour *(littér)*, assist, aid; *misère* to help relieve *ou* ease.
secourisme [s(ə)kuʀism(ə)] *nm* first aid.
secouriste [s(ə)kuʀist(ə)] *nmf* first-aid worker.
secours [s(ə)kuʀ] *nm* **(a)** *(aide)* help, aid, assistance. **appeler qn à son ~** to call sb to one's aid *ou* assistance; **demander du ~** to ask for help *ou* assistance; **crier au ~** to shout *ou* call (out) for help; **au ~!** help!; **aller au ~ de qn** to go to sb's aid *ou* assistance; **porter ~ à qn** to give sb help *ou* assistance.
(b) *(aumône)* aid, assistance. **distribuer/recevoir des ~** to distribute/receive aid; **société de ~ mutuel** mutual aid association.
(c) *(sauvetage)* aid (U), assistance (U). **porter ~ à un alpiniste** to bring help *ou* aid to a mountaineer; **~ aux blessés** aid *ou* assistance for the wounded; **~ d'urgence** emergency aid *ou* assistance; **le ~ en montagne/en mer** mountain/sea rescue; **équipe de ~** rescue party *ou* team; **quand les ~ arrivèrent** when help *ou* the rescue party arrived; **V poste², premier.**
(d) *(Mil)* relief (U). **la colonne de ~** the relief column; **les ~ sont attendus** relief is expected.
(e) *(Rel)* **mourir avec/sans les ~ de la religion** to die with/without the last rites.
(f) *(loc)* **cela m'a été/ne m'a pas été d'un grand ~** this has been a *ou* of great help/of little help to me; **une bonne nuit te serait de meilleur ~ que ces pilules** a good night's sleep would be more help to you than these pills; **éclairage/sortie de ~** emergency lighting/exit; **batterie/roue de ~** spare battery/wheel.
secousse [s(ə)kus] *nf* **(a)** *(cahot) [voiture, train]* jolt, bump; *[avion]* bump. **sans une ~** *s'arrêter* without a jolt, smoothly; *transporter* smoothly; **avancer par ~s** to move jerkily *ou* in jerks.
(b) *(choc)* jerk, jolt; *(morale)* jolt, shock; *(traction)* tug, pull. **~ (électrique)** (electric) shock; **donner des ~s à corde** to give a few tugs *ou* pulls to; *thermomètre* to give a few shakes to.
(c) **~ (tellurique** *ou* **sismique)** (earth) tremor; *(fig)* **~ politique** political upheaval.
secret, -ète [səkʀɛ, ɛt] **1** *adj* **(a)** *document, rite* secret. **garder** *ou* **tenir qch ~** to keep sth secret *ou* dark; **des informations classées ~ètes** classified information; **V agent, service.**
(b) *(caché) tiroir, porte, vie, pressentiment* secret. **nos plus ~ètes pensées** our most secret *ou* our innermost thoughts; **un charme ~** a hidden charm.
(c) *(renfermé) personne* reticent, reserved.
2 *nm* **(a)** secret. **c'est son ~** it's his secret; **il a gardé le ~ de notre projet** he kept our plan secret; **ne pas avoir de ~ pour qn**

[personne] to have no secrets from sb, keep nothing from sb; *[sujet]* to have *ou* hold no secrets for sb; **il n'en fait pas un ~** he makes no secret about *ou* of it; **~ d'alcôve** intimate talk; **~ de fabrication** trade secret; **~ d'État** state *ou* official secret; **c'est le ~ de Polichinelle** it's an open secret; **ce n'est un ~ pour personne que** ... it's no secret that ... .

  (b) *(moyen, mécanisme)* secret. **~ de fabrication** trade secret; **le ~ du bonheur/de la réussite/de la bonne cuisine** the secret of happiness/of success/ of good cooking; **il a trouvé le ~ pour obtenir tout ce qu'il veut** he's found the secret for getting everything he wants; **une sauce/un tour de passe-passe dont il a le ~** a sauce/conjuring trick of which he (alone) has the secret; **il a le ~ de ces plaisanteries stupides** he's got the knack of telling these stupid jokes; **tiroir à ~** drawer with a secret lock.

  (c) *(discrétion, silence)* secrecy. **demander/exiger/promettre le ~ (absolu)** to ask for/demand/promise (absolute) secrecy; **trahir le ~** to betray the oath of secrecy; **le ~ professionnel** professional secrecy; **le ~ d'État** official secrecy; **le ~ de la confession** the seal of the confessional; **le gouvernement a gardé le ~ sur les négociations** the government has maintained silence *ou* remained silent about the negotiations; *V* **sceau**.

  (d) *(mystère)* secret. **les ~s de la nature** the secrets of nature, nature's secrets; **pénétrer dans le ~ des cœurs** to penetrate the secrets of the heart.

  (e) *(loc)* **dans le ~** in secret *ou* secrecy, secretly; **négociations menées dans le plus grand ~** negotiations carried out in the strictest *ou* utmost secrecy; **mettre qn dans le ~** to let sb into *ou* in on the secret, let sb in on it*; **être dans le ~** to be in on the secret, be in on it*; **être dans le ~ des dieux** to share the secrets of the powers that be; **faire ~ de tout** to be secretive about everything; **en ~** *(sans témoins)* in secret *ou* secrecy, secretly; *(intérieurement)* secretly; *(Prison)* **au ~** in solitary confinement, in solitary*.

3 secrète *nf (Police)* the secret police; *(Rel)* the Secret.

secrétaire [s(ə)kʀetɛʀ] **1** *nmf (gén)* secretary. **~ médicale/commerciale** medical/business *ou* commercial secretary.

  2 *nm (meuble)* writing desk, secretaire *(Brit)*, secretary *(US)*.

  3: secrétaire d'ambassade embassy secretary; **secrétaire de direction** private *ou* personal secretary *(to a director or directors)*, executive secretary; **secrétaire d'État** junior minister *(de* in); *(US Pol: ministre des Affaires étrangères)* Secretary of State, State Secretary; **le secrétaire d'État américain au Trésor** the Treasury Secretary; **secrétaire général** secretary-general; **secrétaire de mairie** ≃ town clerk *(in charge of records and legal business)*; **secrétaire de rédaction** sub-editor.

secrétariat [s(ə)kʀetaʀja] *nm* **(a)** *(fonction officielle)* secretaryship, post *ou* office of secretary; *(durée de fonction)* secretaryship, term (of office) as secretary; *(bureau)* secretariat. **~ d'État** *(fonction)* post of junior minister; *(bureau)* junior minister's office; **~ général des Nations Unies** post *ou* office of Secretary-General of the United Nations.

  (b) *(profession, travail)* secretarial work; *(bureaux) [école]* (secretary's) office; *[usine, administration]* secretarial offices; *[organisation internationale]* secretariat; *(personnel)* secretarial staff. **école de ~** secretarial college; **~ de rédaction** editorial office.

secrète [səkʀɛt] *V* **secret**.

secrètement [səkʀɛtmɑ̃] *adv* secretly.

sécréter [sekʀete] (6) *vt (Bot, Physiol)* to secrete; *(fig)* **ennui** to exude.

sécréteur, -euse *ou* **-trice** [sekʀetœʀ, øz, tʀis] *adj* secretory.

sécrétion [sekʀesjɔ̃] *nf* secretion.

sécrétoire [sekʀetwaʀ] *adj* secretory.

sectaire [sɛktɛʀ] *adj, nmf* sectarian.

sectarisme [sɛktaʀism(ə)] *nm* sectarianism.

secte [sɛkt(ə)] *nf* sect.

secteur [sɛktœʀ] *nm* **(a)** *(gén, Mil)* sector; *(Admin)* district; *(gén: zone)* area; *[agent de police]* beat; *(fig) (domaine)* area; *(partie)* part. **dans le ~*** *(ici)* round here; *(là-bas)* round there; **changer de ~*** to move elsewhere; *(Admin)* **~ sauvegardé** conservation area; *(Scol)* **~ géographique** *ou* **de recrutement scolaire** catchment area.

  (b) *(Élec) (zone)* local supply area. *(circuit)* **le ~** the mains (supply); **panne de ~** local supply breakdown; **fonctionne sur pile et ~** battery or mains operated.

  (c) *(Écon)* **~ public/privé** public *ou* state/private sector; **~ d'activité** branch of industry; **le ~ primaire** primary industry; **le ~ secondaire** manufacturing *ou* secondary industry; **le ~ tertiaire** the service industries, tertiary industry.

  (d) *(Géom)* sector. **~ sphérique** spherical sector, sector of sphere.

section [sɛksjɔ̃] *nf* **(a)** *(coupe)* section. **prenons un tube de ~ double** let's get a tube which is twice the bore; **dessiner la ~ d'un os/d'une tige/d'une cuisine** to draw the section of a bone/of a stem/of a kitchen, draw a bone/a stem/a kitchen in section; **la ~ (de ce câble) est toute rouillée** the end (of this cable) is all rusted.

  (b) *(Admin)* section; *(Scol)* section, stream, division. **~ du Conseil d'État** department of the Council of State; **~ (du) contentieux** legal section *ou* department; **~ électorale** ward; **mettre un élève en ~ littéraire/scientifique** to put a pupil in the literature/science stream *ou* section; *(Scol)* **changer de ~** ≃ to change courses.

  (c) *(partie) [ouvrage]* section; *[route, rivière, voie ferrée]* section; *(en autobus)* fare stage. **de la Porte d'Orléans à ma rue, il y a 2 ~s** from the Porte d'Orléans to my street there are 2 fare stages; *V* **fin²**.

  (d) *(Mus)* section. **~ mélodique/rythmique** melody/rhythm section.

  (e) *(Mil)* platoon.

  (f) *(Math)* section. **~ conique/plane** conic/plane section.

---

sectionnement [sɛksjɔnmɑ̃] *nm (V* **sectionner**) severance; division *(into sections)*.

sectionner [sɛksjɔne] (1) **1** *vt* **tube, fil, artère** to sever; **circonscription, groupe** to divide (up), split (up) *(en* into). **2 se sectionner** *vpr* to be severed; to divide *ou* split (up) (into sections).

sectoriel, -ielle [sɛktɔʀjɛl] *adj* sector-based.

sectorisation [sɛktɔʀizasjɔ̃] *nf* division into sectors.

sectoriser [sɛktɔʀize] (1) *vt* to divide into sectors, sector.

séculaire [sekylɛʀ] *adj (très vieux)* **arbre, croyance** age-old; *(qui a lieu tous les cent ans)* **fête, jeux** secular. **ces forêts/maisons sont 4 fois ~s** these forests/houses are 4 centuries old; **année ~** last year of the century.

sécularisation [sekylaʀizasjɔ̃] *nf* secularization.

séculariser [sekylaʀize] (1) *vt* to secularize.

séculier, -ière [sekylje, jɛʀ] **1** *adj* **clergé, autorité** secular; *V* **bras**. **2** *nm* secular.

secundo [s(ə)gɔ̃do] *adv* secondly, in the second place.

sécurisant, e [sekyʀizɑ̃, ɑ̃t] *adj* **climat** of security, reassuring. **attitude ~e** reassuring attitude, attitude which makes one feel secure.

sécuriser [sekyʀize] (1) *vt*: **~ qn** to give (a feeling of) security to sb, make sb feel secure.

sécurit [sekyʀit] *nm* ® **verre ~** Triplex (glass) ®.

sécurité [sekyʀite] **1** *nf (tranquillité d'esprit)* feeling *ou* sense of security; *(absence de danger)* safety; *(conditions d'ordre, absence de troubles)* security. **être/se sentir en ~** to be/feel safe, be/feel secure; **une fausse impression de ~** a false sense of security; **cette retraite représentait pour lui une ~** this pension meant security for him; **la ~ de l'emploi** security of employment, job security; **assurer la ~ d'un personnage important/des ouvriers/des installations** to ensure the safety of an important person/of workers/of the equipment; **l'État assure la ~ des citoyens** the State looks after the security *ou* safety of its citizens; **mesures de ~** *(contre incendie etc)* safety measures *ou* precautions; *(contre attentat)* security measures; **des mesures de ~ très strictes avaient été prises** very strict security precautions *ou* measures had been taken, security was very tight; **de ~ dispositif** safety; *(Aut)* **(porte à) ~ enfants** childproof (door) lock, child lock; *V* **ceinture, compagnie, conseil** *etc*.

  2: la sécurité routière road safety; **la Sécurité sociale** ≃ (the) Social Security.

sédatif, -ive [sedatif, iv] *adj, nm* sedative.

sédation [sedasjɔ̃] *nf* sedation.

sédentaire [sedɑ̃tɛʀ] *adj* **vie, travail, goûts, personne** sedentary; **population** settled, sedentary; *(Mil)* permanently garrisoned.

sédentairement [sedɑ̃tɛʀmɑ̃] *adv* sedentarily.

sédentarisation [sedɑ̃taʀizasjɔ̃] *nf* settling process.

sédentariser [sedɑ̃taʀize] (1) *vt* to settle. **population sédentarisée** settled population.

sédentarité [sedɑ̃taʀite] *nf* settled way of life.

sédiment [sedimɑ̃] *nm (Méd, fig)* sediment; *(Géol)* deposit, sediment.

sédimentaire [sedimɑ̃tɛʀ] *adj* sedimentary.

sédimentation [sedimɑ̃tasjɔ̃] *nf* sedimentation.

séditieux, -euse [sedisjø, øz] **1** *adj (en sédition)* **général, troupes** insurrectionary *(épith)*, insurgent *(épith)*; *(agitateur)* **esprit, propos, réunion** seditious. **2** *nm, f* insurrectionary, insurgent.

sédition [sedisjɔ̃] *nf* insurrection, sedition. **esprit de ~** spirit of sedition *ou* insurrection *ou* revolt.

séducteur, -trice [sedyktœʀ, tʀis] **1** *adj* seductive. **2** *nm (débaucheur)* seducer; *(péj: Don Juan)* womanizer *(péj)*. **3 séductrice** *nf* seductress.

séduction [sedyksjɔ̃] *nf* **(a)** *(V* **séduire**) seduction, seducing; charming; captivation; winning over. **scène de ~** seduction scene.

  (b) *(attirance)* appeal. **troublé par la ~ de sa jeunesse** disturbed by the charm *ou* seductiveness of her youth; **exercer une forte ~ sur** to exercise a strong attraction over, have a great deal of appeal for; **les ~s de la vie estudiantine** the attractions *ou* appeal of student life.

séduire [seduiʀ] (38) *vt* **(a)** *(abuser de)* to seduce.

  (b) *(attirer, gagner) [femme, tenue]* to charm, captivate; *[négociateur, charlatan]* to win over, charm. **son but était de ~** her aim was to charm *ou* captivate us *(ou* him *etc)*; **ils ont essayé de nous ~ avec ces propositions** they tried to win us over *ou* charm us with these proposals.

  (c) *(plaire) [tenue, style, qualité, projet]* to appeal to. **une des qualités qui me séduisent le plus** one of the qualities which most appeal to me *ou* which I find most appealing; **leur projet/genre de vie me séduit mais** ... their plan/life style does appeal to me but ..., their plan/life style appeals to me *ou* does have some attraction for me but ...; **leur projet m'a séduit** their plan tempted me *ou* appealed to me; **cette idée va-t-elle les ~?** is this idea going to tempt them? *ou* appeal to them?

séduisant, e [seduizɑ̃, ɑ̃t] *adj* **femme, beauté** enticing *(épith)*, seductive; **homme, démarche, visage** (very) attractive; **tenue, projet, genre de vie, style** appealing, attractive.

segment [sɛgmɑ̃] *nm (gén)* segment. *(Aut)* **~ de frein** brake shoe; *(Aut)* **~ de piston** piston ring.

segmental, e, mpl -aux [sɛgmatal, o] *adj (Ling)* segmental.

segmentation [sɛgmɑ̃tasjɔ̃] *nf (gén)* segmentation.

segmenter [sɛgmɑ̃te] (1) **1** *vt* to segment. **2 se segmenter** *vpr* to segment, form *ou* break into segments.

ségrégatif, -ive [segʀegatif, iv] *adj* segregative.

ségrégation [segʀegasjɔ̃] *nf* segregation.

ségrégationnisme [segʀegasjɔnism(ə)] *nm* racial segregation, segregationism.

ségrégationniste [segregɑsjɔnist(ə)] **1** *adj manifestant* segregationist; *problème* of segregation; *troubles* due to segregation. **2** *nmf* segregationist.

seiche [sɛʃ] *nf* (*Zool*) cuttlefish; *V* os.

séide [seid] *nm* (fanatically devoted) henchman.

seigle [sɛgl(ə)] *nm* rye; *V* pain.

seigneur [sɛɲœʀ] *nm* (a) (*Hist: suzerain, noble*) lord; (*fig: maître*) overlord. (*hum*) mon ~ et maître my lord and master; **se montrer grand** ~ **avec qn** to behave in a lordly fashion towards sb; *V* à, grand. **(b)** (*Rel*) **le S**~ the Lord; **Notre-S**~ **Jésus-Christ** Our Lord Jesus Christ; *V* jour, vigne.

seigneurial, e, *mpl* **-aux** [sɛɲœʀjal, o] *adj* château, domaine seigniorial; *allure, luxe* lordly, stately.

seigneurie [sɛɲœʀi] *nf* (a) **votre/sa S**~ your/his Lordship. **(b)** (*terre*) (lord's) domain, seigniory; (*droits féodaux*) seigniory.

sein [sɛ̃] *nm* (a) (*mamelle*) breast. **donner le** ~ **à un bébé** (*méthode*) to breast-feed (a baby), suckle† a baby; (*être en train d'allaiter*) to feed a baby (at the breast), suckle† a baby; (*présenter le sein*) to give a baby the breast; **prendre le** ~ to take the breast; *plage, serveuse* ~**s nus** topless (*épith*); *V* faux², nourrir. **(b)** (*littér*) (*poitrine*) breast (*littér*), bosom (*littér*); (*matrice*) womb; (*fig: giron, milieu*) bosom. **pleurer dans le** ~ **d'un ami** to cry on a friend's breast *ou* bosom; **porter un enfant dans son** ~ to carry a child in one's womb; **dans le** ~ **de la terre/de l'église** in the bosom of the earth/of the church; *V* réchauffer. **(c)** **au** ~ **de** (*parmi, dans*) *équipe, institution* within; (*littér*) *bonheur, flots* in the midst of.

seine [sɛn] *nf* (*filet*) seine.

Seine [sɛn] *nf*: **la** ~ the Seine.

seing [sɛ̃] *nm* (††) signature. (*Jur*) **acte sous** ~ **privé** private agreement (*document not legally certified*).

séisme [seism(ə)] *nm* (*Géog*) earthquake, seism (*T*); (*fig*) upheaval.

séismique [seismik] *adj* = sismique.

séismographe [seismɔgʀaf] *nm* = sismographe.

séismologie [seismɔlɔʒi] *nf* = sismologie.

seize [sɛz] *adj inv, nm* sixteen; *pour loc V* six.

seizième [sɛzjɛm] *adj, nmf* sixteenth; (*Sport*) ~**s de finale** first round (*of 5-round knockout competition*); **le** ~ (*arrondissement*) the sixteenth arrondissement (*fashionable residential area in Paris*); *pour autres loc V* sixième.

seizièmement [sɛzjɛmmɑ̃] *adv* in the sixteenth place, sixteenth.

séjour [seʒuʀ] *nm* (a) (*arrêt*) stay, sojourn (*littér*). **faire un** ~ **de 3 semaines à Paris** to stay (for) 3 weeks in Paris, have a 3-week stay in Paris; **faire un** ~ **forcé à Calais** to have an enforced stay in Calais; *V* interdit¹, permis, taxe. **(b)** (*salon*) living room, lounge (*Brit*). **un** ~ **double** a through lounge (*Brit*) *ou* living room; *V* salle. **(c)** (*littér: endroit*) abode (*littér*), dwelling place (*littér*); (*demeure temporaire*) sojourn (*littér*). **le** ~ **des dieux** the abode *ou* dwelling place of the gods.

séjourner [seʒuʀne] (1) *vi* [*personne*] to stay, sojourn (*littér*); [*neige, eau*] to lie.

sel [sɛl] **1** *nm* (a) (*gén, Chim*) salt. (*à respirer*) ~**s** smelling salts; *V* esprit, gros, poivre. **(b)** (*fig*) (*humour*) wit; (*piquant*) spice. **la remarque ne manque pas de** ~ the remark has a certain wit; **c'est ce qui fait tout le** ~ **de l'aventure** that's what gives the adventure its spice; (*littér*) **ils sont le** ~ **de la terre** they are the salt of the earth; *V* grain. **2: sel attique** Attic salt *ou* wit; **sels de bain** bath salts; **sel de céleri** celery salt; **sel de cuisine** cooking salt; **sel fin** = **sel de table**; **sel gemme** rock salt; **sel marin** sea salt; **sel de table** table salt.

sélacien, -ienne [selasjɛ̃, jɛn] *adj, nm* selachian.

select* [selɛkt] *adj inv,* **sélect, e*** [selɛkt, ɛkt(ə)] *adj personne* posh*, high-class; *clientèle, club, endroit* select, posh*.

sélecteur [selɛktœʀ] *nm* [*ordinateur, poste de TV, central téléphonique*] selector; [*motocyclette*] gear lever.

sélectif, -ive [selɛktif, iv] *adj* (*gén*) selective.

sélection [selɛksjɔ̃] *nf* (a) (*action*) choosing, selection, picking; (*Scol, Univ*) selective entry (*Brit*) *ou* admission (*US*). **faire ou opérer** *ou* **effectuer une** ~ **parmi** to make a selection from among; (*Sport*) **comité de** ~ selection committee; (*Elevage, Zool*) **la** ~ selection; **épreuve de** ~ (selection) trial; (*Bio*) ~ (**naturelle**) natural selection; ~ **professionnelle** professional recruitment. **(b)** (*choix, assemblage*) [*articles, produits, œuvres*] selection. **avant d'acheter, voyez notre** ~ **d'appareils ménagers** before buying, see our selection of household appliances. **(c)** (*Sport*) selection. (*Ftbl, Rugby*) **avoir plus de 20** ~**s** (*pour l'équipe nationale*) **à son actif** to have been capped more than 20 times, have more than 20 caps to one's credit, have been selected *ou* picked more than 20 times (to play for the national team).

sélectionné, e [selɛksjɔne] (*ptp de* **sélectionner**) **1** *adj* (*soigneusement choisi*) specially selected, choice (*épith*). **2** *nm, f* (*Ftbl etc*) selected player; (*Athlétisme*) selected competitor.

sélectionner [selɛksjɔne] (1) *vt* athlètes, produits to select, pick. (*Ftbl, Rugby*) **3 fois sélectionné pour l'équipe nationale** capped 3 times (to play for the national team), selected 3 times to play for the national team.

sélectionneur, -euse [selɛksjɔnœʀ, øz] *nm, f* (*Sport*) selector.

sélectivement [selɛktivmɑ̃] *adv* selectively.

sélectivité [selɛktivite] *nf* (*Rad*) selectivity.

sélénite [selenit] **1** *adj* moon (*épith*). **2** *nmf*: **S**~ moon-dweller.

sélénium [selenjɔm] *nm* selenium.

self [sɛlf] **1** *nm* (*: restaurant*) self-service (restaurant), cafeteria. **2** *nf* (*Élec*) (*propriété*) self-induction; (*bobine*) self-induction coil.

self-control [sɛlfkɔ̃tʀɔl] *nm* self-control

self-inductance [sɛlfɛ̃dyktɑ̃s] *nf* self-inductance.

self-induction [sɛlfɛ̃dyksjɔ̃] *nf* self-induction.

self-made-man [sɛlfmɛdman] *nm, pl* **self-made-men** [sɛlfmɛdmɛn] self-made man.

self-service, *pl* **self-services** [sɛlfsɛʀvis] *nm* self-service (restaurant), cafeteria.

selle [sɛl] *nf* (a) (*Cyclisme, Équitation*) saddle. **monter sans** ~ to ride bareback; **se mettre en** ~ to mount, get into the saddle; **mettre qn en** ~ (*lit*) to put sb in the saddle; (*fig*) to give sb a leg-up (*Brit*) *ou* a boost; **se remettre en** ~ (*lit*) to remount, get back into the saddle; (*fig*) to get back in the saddle; (*lit, fig*) **être bien en** ~ to be firmly in the saddle; *V* cheval. **(b)** (*Boucherie*) saddle. **(c)** (*Méd*) ~**s** stools, motions; **êtes-vous allé à la** ~ **aujourd'hui?** have you had *ou* passed a motion today?, have your bowels moved today? **(d)** (*Art*) [*sculpteur*] turntable.

seller [sele] (1) *vt* to saddle.

sellerie [sɛlʀi] *nf* (*métier, articles, selles*) saddlery; (*lieu de rangement*) tack room, harness room, saddle room.

sellette [sɛlɛt] *nf* (a) **être/mettre qn sur la** ~ to be/put sb in the hot seat (*fig*). **(b)** (*Art*) (*pour sculpteur*) small turntable; (*pour statue, pot de fleur*) stand. **(c)** (*Constr*) cradle. **(d)** [*cheval de trait*] saddle.

sellier [selje] *nm* saddler.

selon [s(ə)lɔ̃] *prép* (a) (*conformément à*) in accordance with. ~ **la volonté de qn** in accordance with sb's wishes. **(b)** (*en proportion de, en fonction de*) according to. **vivre** ~ **ses moyens** to live according to one's means; **le nombre varie** ~ **la saison** the number varies (along) with the season, the number varies according to the season; **on répartit les enfants** ~ **l'âge** *ou* **leur âge/la taille** *ou* **leur taille** the children were grouped according to age/height; **c'est** ~ **le cas/les circonstances** it all depends on the individual case/on the circumstances; **c'est** ~ **it (all) depends; il acceptera ou n'acceptera pas,** ~ **son humeur** he may or may not accept, depending on *ou* according to his mood *ou* how he feels. **(c)** (*suivant l'opinion de*) according to. ~ **les journaux, il aurait été assassiné** according to the papers, he was murdered; ~ **moi/ lui, elle devrait se plaindre** in my/his opinion *ou* to my mind/ according to him, she should complain; ~ **les prévisions de la radio, il fera beau demain** according to the radio forecast it will be fine tomorrow. **(d)** (*loc*) ~ **toute apparence** to all appearances; ~ **toute vraisemblance** in all probability; ~ **que** according to *ou* depending on whether, according as (*frm*).

Seltz [sɛls] *nf V* eau.

semailles [s(ə)mɑj] *nfpl* (*opération*) sowing (*U*); (*période*) sowing period; (*graine*) seed, seeds.

semaine [s(ə)mɛn] *nf* (a) (*gén*) week. **la première** ~ **de mai** the first week in *ou* of May; **en** ~ during the week, on weekdays; **louer à la** ~ to let by the week; **dans 2** ~**s à partir d'aujourd'hui** 2 weeks *ou* a fortnight (*Brit*) (from) today; **la** ~ **de 39 heures** the 39-hour (working) week; *V* courant, fin². **(b)** (*salaire*) week's wages *ou* pay, weekly wage *ou* pay; (*argent de poche*) week's *ou* weekly pocket money. **(c)** (*Publicité*) week. ~ **publicitaire/commerciale** publicity/ business week; **la** ~ **du livre/du bricolage** book/do-it-yourself week; **la** ~ **contre la faim** feed the hungry week; **la** ~ **contre la tuberculose** anti-tuberculosis week; (*hum*) **c'est sa** ~ **de bonté!*** it's charity *ou* do-gooders' week!* (*hum*). **(d)** (*Bijouterie*) (*bracelet*) (seven-band) bracelet; (*bague*) (seven-band) ring. **(e)** (*loc*) **la** ~ **sainte** Holy Week; **il te le rendra la** ~ **des quatre jeudis** he'll never give it back to you in a month of Sundays; **faire la** ~ **anglaise** to work *ou* do a five-day week; (*Mil*) **être de** ~ to be on duty (*for the week*); **officier de** ~ officer on duty (*for the week*), officer of the week; *V* petit.

semainier, -ière [s(ə)menje, mɛnjɛʀ] **1** *nm, f* (*personne*) person on duty (*for the week*). **2** *nm* (*agenda*) desk diary; (*meuble*) chest of (seven) drawers, semainier; (*bracelet*) (seven-band) bracelet.

sémanticien, -ienne [semɑ̃tisjɛ̃, jɛn] *nm, f* semantician, semanticist.

sémantique [semɑ̃tik] **1** *adj* semantic. **2** *nf* semantics (*sg*).

sémaphore [semafɔʀ] *nm* (*Naut*) semaphore; (*Rail*) semaphore signal.

semblable [sɑ̃blabl(ə)] **1** *adj* (a) (*similaire*) similar. ~ **à** like, similar to; **dans un cas** ~, **j'aurais refusé** in a similar case I should have refused; **je ne connais rien de** ~ I don't know anything like that; **maison** ~ **à tant d'autres** house like so many others *ou* similar to so many others; **en cette circonstance, il a été** ~ **à lui-même** on this occasion he remained himself. **(b)** (*avant n: tel*) such. **de** ~**s calomnies sont inacceptables** such calumnies *ou* calumnies of this kind are unacceptable. **(c)** (*qui se ressemblent*) ~**s** alike; **les deux frères étaient** ~**s** (**en tout**) the two brothers were alike (in everything); *V* triangle. **2** *nm* fellow creature, fellow man. **aimer son** ~ to love one's fellow creatures *ou* fellow men; (*péj*) **toi et tes** ~**s** you and your kind (*péj*), you and people like you (*péj*).

semblablement [sɑ̃blabləmɑ̃] *adv* similarly.

semblant [sɑ̃blɑ̃] *nm* (a) (*apparence*) **un** ~ **de calme/de bonheur/ de vie/de vérité** a semblance of calm/happiness/life/truth; **un** ~ **de réponse** some vague attempt at a reply, a sort of reply*; **un** ~ **de soleil** a glimmer of sun; **un** ~ **de sourire** the shadow of a smile; **nous avons un** ~ **de jardin** we've got the merest semblance of a garden *ou* something akin to a garden; *V* faux². **(b)** **faire** ~ **de dormir/lire** to pretend to be asleep/to read, il fait

~ he's pretending; **il ne fait ~ de rien* mais il entend tout** he's pretending to take no notice but he can hear everything.

sembler [sɑ̃ble] (1) **1** vb impers **(a)** (*paraître*) **il semble** it seems; **il semble bon/inutile de faire** it seems a good idea/useless to do; **il semblerait qu'il ne soit pas venu** it would seem *ou* appear that he didn't come, it looks as though *ou* as if he didn't come.

(b) (*estimer*) **il me semble** it seems *ou* appears to me; **il peut me ~ démodé de ...** it may seem *ou* appear old-fashioned to you to ...; **il me semble que tu n'as pas le droit de ...** it seems *ou* appears to me (that) you don't have the right to ..., it looks to me as though *ou* as if you don't have the right to ...; **comme bon me/te semble** as I/you see fit, as I/you think best *ou* fit; **prenez qui/ce que bon vous semble** take who *ou* whom (*frm*)/what you please *ou* wish.

(c) (*croire*) **il me semble que** I think (that); **il me semblait bien que je l'avais posé là** I really thought *ou* did think I had put it down here; **il me semble revoir mon grand-père** it's as though I see *ou* it's like seeing my grandfather again; **il me semble vous l'avoir déjà dit** I think *ou* I have a feeling I've already told you.

(d) (*loc*) **si vous connais ce me semble†** methinks I know you††, it seems to me that I know you; **je suis déjà venu ici me semble-t-il** it seems to me (that) I've been here before, I seem to have been here before; **à ce qu'il me semble, notre organisation est mauvaise** to my mind *ou* it seems to me (that) our organization is bad, our organization seems bad to me; (*frm, hum*) **que vous en semble?** what do you think (of it)?

2 vi to seem. **la maison lui sembla magnifique** the house seemed magnificent to him; **ce bain lui sembla bon après cette dure journée** that bath seemed good to him after that hard day; **il semblait content/nerveux** he seemed (to be) *ou* appeared happy/nervous; **oh! vous me semblez bien pessimiste!** you do sound *ou* seem very pessimistic!; **il ne semblait pas convaincu** he didn't seem (to be) *ou* didn't look *ou* sound convinced, it he didn't look *ou* sound as though he were convinced; **les frontières de la science semblent reculer** the frontiers of science seem *ou* appear to be retreating.

sème [sɛm] nm seme.

semé, e [s(ə)me] (*ptp de* **semer**) adj: **questions ~es de pièges** questions bristling with traps; **parcours ~ de difficultés** route plagued with difficulties; **robe ~e de diamants** diamond-spangled dress, dress studded with diamonds; **récit ~ d'anecdotes** story interspersed *ou* sprinkled with anecdotes; **campagne ~e d'arbres** countryside dotted with trees; **la vie est ~e de joies et de peines** life is strewn with joys and troubles.

semelle [s(ə)mɛl] nf **(a)** sole. **~s (intérieures)** insoles, inner soles; **~s compensées** platform soles; **chaussures à ~s compensées** platform shoes; **chaussettes à ~s renforcées** socks with reinforced soles; **leur viande était de la vraie ~*** their meat was as tough as old boots* (*Brit*) *ou* shoe leather (*US*), their meat was like leather; V **battre, crêpe²**.

(b) (*loc*) **il n'a pas avancé/reculé d'une ~** he hasn't advanced/moved back (so much as) a single inch *ou* an inch; **il ne m'a pas quitté d'une ~** he never left me by so much as a single inch *ou* an inch.

(c) (*Tech*) [*rail*] base plate pad; [*machine*] bedplate.

semence [s(ə)mɑ̃s] nf **(a)** (*Agr, fig*) seed. **blé/pommes de terre de ~** seed corn/potatoes.

(b) (*sperme*) semen, seed (*littér*).

(c) (*clou*) tack.

(d) (*Bijouterie*) **~ de diamants** diamond sparks; **~ de perles** seed pearls.

semer [s(ə)me] (5) vt **(a)** (*répandre*) *graines, mort, peur, discorde* to sow; *clous, confettis* to scatter, strew; *faux bruits* to spread, disseminate (*frm*), sow. **~ ses propos de platitudes** to intersperse *ou* sprinkle one's remarks with platitudes; V **qui**.

(b) (*: *perdre*) *mouchoir* to lose; *poursuivant* to lose, shake off.

semestre [s(ə)mɛstR(ə)] nm **(a)** (*période*) half-year, six-month period; (*Univ*) semester. **taxe payée par ~** tax paid half-yearly; **pendant le premier/second ~ (de l'année)** during the first/second half of the year, during the first/second six-month period (of the year).

(b) (*loyer*) half-yearly *ou* six months' rent. **je vous dois un ~** I owe you six months' *ou* half a year's rent.

semestriel, -elle [səmɛstRijɛl] adj (V **semestre**) half-yearly, six-monthly; semestral.

semestriellement [səmɛstRijɛlmɑ̃] adv (V **semestre**) half-yearly; every *ou* each semester.

semeur, -euse [s(ə)mœR, øz] nm,f sower. **~ de discorde** sower of discord; **~ de faux bruits** sower *ou* disseminator (*frm*) *ou* spreader of false rumours.

semi- [səmi] **1** *préf* semi-.

2: **semi-aride** adj semiarid; **semi-automatique** adj semiautomatic; **semi-auxiliaire** (adj) semiauxiliary; (nm) semiauxiliary verb; **semi-circulaire** adj semicircular; **semi-conducteur, -trice,** mpl **semi-conducteurs** (adj) *propriétés, caractéristiques* semiconducting; (nm) semiconductor; (*Ordin*) **semi-conducteur à oxyde métallique** metal oxide semiconductor; **semi-conserve** nf, pl **semi-conserves** semi-preserve; **semi-consonne** nf, pl **semi-consonnes** semivowel, semiconsonant; **semi-final, e** adj semifinished; **semi-fini, e** adj semifinished; **semi-nomade,** pl **semi-nomades** (adj) seminomadic; (nmf) seminomad; **semi-nomadisme** nm seminomadism; **semi-perméable** adj semipermeable; **semi-précieux, -euse** adj semiprecious; (*Jur*) **semi-public** adj semipublic; **semi-remorque,** pl **semi-remorques** (nf: *remorque*) trailer (*Brit*), semitrailer (*US*); (nm: *camion*) articulated lorry *ou* truck (*Brit*), trailer truck (*US*); **semi-voyelle** nf, pl **semi-voyelles** semivowel.

sémillant, e [semijɑ̃, ɑ̃t] adj (*vif, alerte*) *personne* vivacious,

spirited; *allure, esprit* vivacious; (*fringant*) dashing (*épith*), full of dash (*attrib*).

séminaire [seminɛR] nm (*Rel*) seminary; (*Univ*) seminar.

séminal, e, mpl **-aux** [seminal, o] adj (*Bio*) seminal.

séminariste [seminaRist(ə)] nm seminarist.

sémiologie [semjɔlɔʒi] nf (*Ling, Méd*) semiology.

sémiologique [semjɔlɔʒik] adj semiological.

sémiotique [semjɔtik] **1** adj semiotic. **2** nf semiotics (*sg*).

sémique [semik] adj sem. **acte ~** semic *ou* meaningful act.

semis [s(ə)mi] nm (*plante*) seedling; (*opération*) sowing; (*terrain*) seedbed, seed plot.

sémite [semit] **1** adj Semitic. **2** nmf: **S~** Semite.

sémitique [semitik] adj Semitic.

sémitisme [semitism(ə)] nm Semitism.

semoir [səmwaR] nm **(a)** (*machine*) sower, seeder. **~ à engrais** muckspreader, manure spreader. **(b)** (*sac*) seed-bag, seed-lip.

semonce [səmɔ̃s] nf reprimand. (*Naut*) **coup de ~** warning shot across the bows.

semoule [s(ə)mul] nf semolina; V **sucre**.

sempiternel, -elle [sɛ̃pitɛRnɛl] adj *plaintes, reproches* eternal (*épith*), never-ending, never-ceasing.

sempiternellement [sɛ̃pitɛRnɛlmɑ̃] adv eternally.

sénat [sena] nm senate.

sénateur [senatœR] nm senator.

sénatorial, e, mpl **-aux** [senatɔRjal, o] adj senatorial.

sénatus-consulte, pl **sénatus-consultes** [senatyskɔ̃sylt(ə)] nm (*Hist: sous Napoléon, Antiq*) senatus consultum.

séné [sene] nm senna.

sénéchal, pl **-aux** [seneʃal, o] nm (*Hist*) seneschal.

sénéchaussée [seneʃose] nf (*Hist*) (*juridiction*) seneschalsy; (*tribunal*) seneschal's court.

séneçon [sensɔ̃] nm groundsel.

Sénégal [senegal] nm Senegal.

sénégalais, e [senegalɛ, ɛz] **1** adj Senegalese. **2** nm,f: **S~(e)** Senegalese.

Sénèque [senɛk] nm Seneca.

sénescence [senesɑ̃s] nf senescence.

sénile [senil] adj (*péj, Méd*) senile.

sénilité [senilite] nf senility.

senior [senjɔR] adj, nm (*Sport*) senior.

séniorité [senjɔRite] nf seniority.

senne [sɛn] nf = **seine**.

sens [sɑ̃s] **1** nm **(a)** (*vue, goût etc*) sense. **les ~** the senses; **avoir le ~ de l'odorat/de l'ouïe très développé** to have a highly developed *ou* a very keen sense of smell/hearing; **reprendre ses ~** to regain consciousness; V **organe**.

(b) (*instinct*) sense. **avoir le ~ du rythme/de l'humour/du ridicule** to have a sense of rhythm/humour/the ridiculous; **il n'a aucun ~ moral/pratique** he has no moral/practical sense; **avoir le ~ des réalités** to be a realist; **avoir le ~ de l'orientation** to have a (good) sense of direction.

(c) (*raison, avis*) sense. **ce qu'il dit est plein de ~** what he is saying makes (good) sense *ou* is very sensible; **un homme de (bon) ~** a man of (good) sense; **cela n'a pas de ~** that doesn't make (any) sense, there's no sense in that; **~ commun** common sense; **il a perdu le ~ (commun)** he's lost his *ou* all common sense; **à mon ~** to my mind, to my way of thinking, in my opinion, the way I see it; V **dépit, sixième, tomber** etc.

(d) (*signification*) meaning. **au ~ propre/figuré** in the literal *ou* true/figurative sense *ou* meaning; **ce qui donne un ~ à la vie/à son action?** what gives (a) meaning to life/to his action; **le ~ d'un geste** the meaning of a gesture; **qui n'a pas de ~, dépourvu de ~** meaningless, which has no meaning; **en un (certain) ~** in a (certain) sense; **en ce ~ que** in the sense that.

(e) (*direction*) direction. **aller** *ou* **être dans le bon/mauvais ~** to go *ou* be in the right/wrong direction, go the right/wrong way; **mesurer/fendre qch dans le ~ de la longueur** to measure/split sth along its length *ou* lengthwise *ou* lengthways; **ça fait 10 mètres dans le ~ de la longueur** that's 10 metres in length *ou* lengthwise *ou* lengthways; **dans le ~ de la largeur** across its width, in width, widthwise; **dans le ~ (du bois/du tissu)** with the grain (of the wood/of the fabric); **dans le ~ contraire du courant** against the stream; **arriver/venir en ~ contraire** *ou* **inverse** to arrive/come from the opposite direction; **aller en ~ contraire** to go in the opposite direction; **dans le ~ des aiguilles d'une montre** clockwise; **dans le ~ contraire des aiguilles d'une montre** anticlockwise (*Brit*), counterclockwise (*US*); **dans le ~ de la marche** facing the front (of the train), facing the engine; **il retourna la boîte dans tous les ~ avant de l'ouvrir** he turned the box this way and that before opening it; (*lit, fig*) **être/mettre ~ dessus dessous** to be/turn upside down; **~ devant derrière** back to front, the wrong way round; (*Aut*) **une voie de circulation a été mise en ~ inverse sur ... there is a contraflow system in operation on ...**; (*Aut*) **la circulation dans le ~ Paris-province/dans le ~ province-Paris** traffic out of Paris/into Paris.

(f) (*ligne directrice*) **il a répondu dans le même ~** he replied more or less the same way *ou* along the same lines; **il a agi dans le même ~** he acted along the same lines, he did more or less the same thing; **j'ai donné des directives dans ce ~** I've given instructions to that effect *ou* end; **dans quel ~ allez-vous orienter votre action?** along what lines are you going to direct your action?, what will be your general line of action?

2: (*Aut*) **sens giratoire** roundabout (*Brit*), traffic circle (*US*); **la place est en sens giratoire** the square forms a roundabout; (*Aut*) **sens interdit** one-way street; **'sens interdit'** 'no entry'; **vous êtes en sens interdit** you are in a one-way street, you are going the wrong way (up a one-way street); (*Aut*) **sens unique**

one-way street; **à sens unique** (*Aut*) one-way; (*fig: concession*) one-sided.

sensass* [sãsas] *adj* fantastic*, terrific*, sensational.

sensation [sãsasjõ] *nf* **(a)** (*perception*) sensation; (*impression*) feeling, sensation. **il eut une ~ d'étouffement** he had a feeling of suffocation, he had a suffocating feeling *ou* sensation; **j'ai la ~ de l'avoir déjà vu** I have a feeling I've seen him before; **quelle ~ cela te produit-il?** what do you feel?, what does it make you feel?, what kind of sensation does it give you?; **un amateur de ~s fortes** an enthusiast for sensational experiences *ou* big thrills.
(b) (*effet*) **faire ~** to cause *ou* create a sensation; **roman à ~** sensational novel; **la presse à ~** the gutter press.

sensationnel, -elle [sãsasjɔnɛl] *adj* (*: *merveilleux*) fantastic*, terrific*, sensational; (*qui fait sensation*) sensational.

sensé, e [sãse] *adj* sensible.

sensément [sãsemã] *adv* sensibly.

sensibilisateur, -trice [sãsibilizatœʀ, tʀis] **1** *adj* sensitizing. **2** *nm* sensitizer.

sensibilisation [sãsibilizasjõ] *nf* **(a)** (*fig*) **il s'agit d'éviter la ~ de l'opinion publique à ce problème par la presse** we must prevent public opinion from becoming sensitive *ou* alive to this problem through the press; **la ~ de l'opinion publique à ce problème est récente** public opinion has only become sensitive *ou* alive to this problem in recent years; (*Pol*) **campagne de ~** awareness campaign, consciousness-raising campaign.
(b) (*Bio, Phot*) sensitization.

sensibilisé, e [sãsibilize] (*ptp de* **sensibiliser**) *adj*: **~ à personne, public** sensitive *ou* alive to; **~ aux problèmes politiques/sociaux** politically/socially aware.

sensibiliser [sãsibilize] (1) *vt* **(a)** **~ qn** to make sb sensitive *ou* alive (*à* to); **~ l'opinion publique au problème de** to heighten public awareness of the problem of, make the public aware of the problem of. **(b)** (*Bio, Phot*) to sensitize.

sensibilité [sãsibilite] *nf [personne]* (*gén*) sensitivity, sensitiveness; (*de l'artiste*) sensibility, sensitivity; (*Tech*) *[pellicule, instrument, muscle]* sensitivity.

sensible [sãsibl(ə)] *adj* **(a)** (*impressionnable*) sensitive (*à* to). **pas recommandé aux personnes ~s** not recommended for people of **(a)** nervous disposition; **elle a le cœur ~** she is tender-hearted, she has a tender heart; **être ~ aux attentions de qn/au charme de qch** to be sensitive to sb's attentions/to the charm of sth.
(b) (*tangible*) perceptible. **le vent était à peine ~** the wind was scarcely *ou* hardly perceptible; **~ à la vue/l'ouïe** perceptible to the eye/the ear.
(c) (*appréciable*) **progrès, changement, différence** appreciable, noticeable, palpable (*épith*). **la différence n'est pas ~** the difference is hardly noticeable *ou* appreciable.
(d) (*Physiol*) **organe, blessure** sensitive. **avoir l'ouïe/l'odorat ~** to have sensitive *ou* keen hearing/a keen sense of smell; **~ au chaud/froid** sensitive to (the) heat/cold; **elle est ~ au froid** she feels the cold, she's sensitive to (the) cold; **être ~ de la bouche/gorge** to have a sensitive mouth/throat.
(e) (*Tech*) **papier, balance, baromètre** sensitive; *V* **corde**.
(f) (*Mus*) (**note**) **~** leading note.
(g) (*Philos*) **intuition ~** sensory intuition; **être ~** sentient being; **univers ~** sensible universe.

sensiblement [sãsibləmã] *adv* **(a)** (*presque*) approximately, more or less. **être ~ du même âge/de la même taille** to be approximately *ou* more or less the same age/height. **(b)** (*notablement*) appreciably, noticeably, markedly.

sensiblerie [sãsibləʀi] *nf* (*sentimentalité*) sentimentality, mawkishness; (*impressionnabilité*) squeamishness.

sensitif, -ive [sãsitif, iv] **1** *adj* (*Anat*) **nerf** sensory; (*littér*) oversensitive. **2 sensitive** *nf* (*Bot*: **mimosa**) sensitive plant.

sensoriel, -elle [sãsɔʀjɛl] *adj* sensory, sensorial.

sensorimoteur, -trice [sãsɔʀimotœʀ, tʀis] *adj* sensorimotor.

sensualisme [sãsɥalism(ə)] *nm* (*Philos*) sensualism.

sensualiste [sãsɥalist(ə)] (*Philos*) **1** *adj* sensualist, sensualistic. **2** *nmf* sensualist.

sensualité [sãsɥalite] *nf* (*V* **sensuel**) sensuality; sensuousness.

sensuel, -elle [sãsɥɛl] *adj* (*porté à ou dénotant la volupté*) sensual; (*qui recherche et apprécie les sensations raffinées*) sensuous.

sensuellement [sãsɥɛlmã] *adv* (*V* **sensuel**) sensually; sensuously.

sente [sãt] *nf* (*littér*) (foot)path.

sentence [sãtãs] *nf* (*verdict*) sentence; (*adage*) maxim.

sentencieusement [sãtãsjøzmã] *adv* sententiously.

sentencieux, -euse [sãtãsjø, øz] *adj* sententious.

senteur [sãtœʀ] *nf* (*littér*) scent, perfume; *V* **pois**.

senti, e [sãti] (*ptp de* **sentir**) *adj* **sentiment** heartfelt, sincere. **quelques vérités bien ~es** a few home truths; **quelques mots bien ~s** (*bien choisis*) a few well-chosen *ou* well-expressed words; (*de blâme*) a few well-chosen words; **un discours bien ~** a well-delivered *ou* heartfelt speech.

sentier [sãtje] *nm* (*lit*) (foot)path; (*fig*) path. (*lit, fig*) **suivre les/aller hors des ~s battus** to keep to/go off the *ou* stray from the beaten track; (*lit, fig*) **être sur le ~ de la guerre** to be on the warpath.

sentiment [sãtimã] *nm* **(a)** (*émotion*) feeling, sentiment (*frm*). **un ~ de pitié/tendresse/haine** a feeling of pity/tenderness/hatred; **~ de culpabilité** guilt *ou* guilty feeling; **avoir de bons/mauvais ~s à l'égard de qn** to have kind/ill feelings for sb; **bons ~s** finer feelings; **dans ce cas, il faut savoir oublier les ~s** in this case, we have to put sentiment *ou* on one side *ou* to disregard our own feelings in the matter; **prendre qn par les ~s** to appeal to sb's feelings.
(b) (*sensibilité*) **le ~** feeling, emotion; **être capable de ~** to be capable of emotion; **être dépourvu de ~** to be devoid of all feeling

ou emotion; (*Théât etc*) **jouer/danser avec ~** to play/dance with feeling; **agir par ~** to let one's feelings guide *ou* determine one's actions; (*péj*) **faire du ~** to sentimentalize, be sentimental; **tu ne m'auras pas au ~*** sentimental appeals won't work with me.
(c) (*conscience*) **avoir le ~ de** to be aware of; **elle avait le ~ très vif de sa valeur** she was keenly aware of her worth, she had a keen sense of her worth; **avoir le ~ que quelque chose va arriver** to have a feeling that something is going to happen.
(d) (*formules de politesse*) **recevez, Monsieur, ou veuillez agréer, Monsieur, (l'expression de) mes ~s distingués** *ou* **respectueux yours faithfully** (*Brit*), yours truly (*US*); **transmettez-lui nos meilleurs ~s** give him our best wishes.
(e) (*littér: opinion*) feeling. **quel est votre ~?** what are your feelings *ou* what is your feeling (about that)?

sentimental, e, *mpl* **-aux** [sãtimãtal, o] *adj* **(a)** (*tendre*) **personne** sentimental. **c'est un ~** he's sentimental, he's a sentimentalist.
(b) (*non raisonné*) **réaction, voyage** sentimental.
(c) (*amoureux*) **vie, aventure** love (*épith*). **il a des problèmes ~aux** he has problems with his love life.
(d) (*péj*) **personne, chanson, film** sentimental, soppy*. **ne sois pas si ~** don't be so soft *ou* soppy* *ou* sentimental.

sentimentalement [sãtimãtalmã] *adv* sentimentally, soppily*.

sentimentalisme [sãtimãtalism(ə)] *nm* sentimentalism.

sentimentalité [sãtimãtalite] *nf* sentimentality, soppiness*.

sentinelle [sãtinɛl] *nf* sentry, sentinel (*littér*). (*Mil*) **être en ~** to be on sentry duty, stand sentry; (*fig*) **mets-toi en ~ à la fenêtre** stand guard *ou* keep watch at the window.

sentir [sãtiʀ] (16) **1** *vt* **(a)** (*percevoir*) (*par l'odorat*) to smell; (*au goût*) to taste; (*au toucher, contact*) to feel. **~ un courant d'air** to feel a draught; **~ son cœur battre/ses yeux se fermer** to feel one's heart beating/one's eyes closing; **il ne peut pas ~ la différence entre le beurre et la margarine** he can't taste *ou* tell the difference between butter and margarine; **elle sentit une odeur de gaz/de brûlé** she smelt (*Brit*) *ou* smelled (*US*) gas/burning; **on sent qu'il y a de l'ail dans ce plat** you can taste the garlic in this dish, you can tell there's garlic in this dish; **il ne sent jamais le froid/la fatigue** he never feels the cold/feels tired; **elle sentit qu'on lui tapait sur l'épaule** she felt somebody tapping her on the shoulder; **je suis enrhumé, je ne sens plus rien** I have a cold and can't smell anything *ou* and I've lost all sense of smell; (*fig: froid*) **je ne sens plus mes doigts** I have lost all sensation in my fingers, I can't feel my fingers any longer; (*fatigue*) **je ne sens plus mes jambes** my legs are dropping off* (*Brit*), my legs are folding under me (*US*); (*fig*) **il ne peut pas le ~*** he can't stand *ou* bear (the sight of) him; (*fig*) **~ l'écurie** to get the smell *ou* scent of home in one's nostrils.
(b) (*avec attrib: dégager une certaine odeur*) to smell; (*avoir un certain goût*) to taste. **~ bon/mauvais** to smell good *ou* nice/bad; **~ des pieds/de la bouche** to have smelly feet/bad breath; **son manteau sent la fumée** his coat smells of smoke; **ce poisson commence à ~** this fish is beginning to smell; **ce thé sent le jasmin** (*goût*) this tea tastes of jasmine; (*odeur*) this tea smells of jasmine; **la pièce sent le renfermé/le moisi** the room smells stale/musty; **ça ne sent pas la rose!*** it's not a very nice smell, is it?
(c) (*fig: dénoter*) to be indicative of, reveal, smack of. **plaisanteries qui sentent la caserne** jokes with a whiff of the barrack room about them, jokes which smack of the barrack room; **plaisanteries qui sentent le potache** jokes with a touch of the schoolboy about them; **une certaine arrogance qui sent la petite bourgeoisie** a certain arrogance indicative of *ou* which reveals *ou* suggests a middle-class background.
(d) (*annoncer*) **une adolescence turbulente qui sent le pénitencier** a stormy adolescence which foreshadows the reformatory; **ça sent le fagot/l'autoritarisme** it smacks *ou* savours of heresy/authoritarianism; **ça sent le piège** there's a trap *ou* catch in it; **ça sent la pluie/la neige** it looks *ou* feels like rain/snow; **ça sent l'orage** there's a storm in the air; **ça sent le printemps** spring is in the air; **ça sent la punition** someone's in for a telling off*, someone's going to be punished; **ça sent le roussi*** there's going to be trouble; **cela sent la poudre** things could flare up; **il sent le sapin*** he hasn't long to go.
(e) (*avoir conscience de*) **changement, fatigue** to feel, be aware *ou* conscious of; **importance de qch** to be aware *ou* conscious of; (*apprécier*) **beauté, élégance de qch** to appreciate; (*pressentir*) **danger, difficulté** to sense. **~ que** to feel *ou* be aware *ou* conscious that; (*pressentir*) to sense that; **il sentait la panique le gagner** he felt panic rising within him; **sentant le but proche ... sensing the goal was at hand ...**; **il ne sent pas sa force** he doesn't know *ou* realize his own strength; **elle sent maintenant le vide causé par son départ** now she is feeling the emptiness left by his departure; **sentez-vous la beauté de ce passage?** do you feel *ou* appreciate the beauty of this passage?; **le cheval sentait (venir) l'orage** the horse sensed the storm (coming); **il sentit qu'il ne reviendrait jamais** he sensed *ou* felt that he would never come back (again); **nul besoin de réfléchir, cela se sent** there's no need to think about it — you can feel *ou* sense it; **c'est sa façon de ~ (les choses)** that's his way of feeling (things), that's how he feels about things.
(f) **faire ~** son autorité to make one's authority felt; **essayez de faire ~ la beauté d'une œuvre d'art** try to bring out *ou* demonstrate *ou* show the beauty of a work of art; **les effets des restrictions commencent à se faire ~** the effects of the restrictions are beginning to be felt *ou* to make themselves felt.

2 se sentir *vpr* **(a)** **se ~ mal/mieux/fatigué** to feel ill/better/tired; **se ~ revivre/rajeunir** to feel o.s. coming alive again/growing young again; **il ne se sent pas la force/le courage de le lui dire** he doesn't feel strong/brave enough to tell him.
(b) (*être perceptible*) *[effet]* to be felt, show. **cette amélioration/augmentation se sent** this improvement/increase can be felt *ou*

shows; **les effets des grèves vont se ~ à la fin du mois** the effect of the strikes will be felt *ou* will show at the end of the month.

(c) (*loc*) **ne pas se ~ de joie** to be beside o.s. with joy; **il ne se sent plus!*** he's beside himself!; **non, mais tu ne te sens plus!*** really, have you taken leave of your senses! *ou* you're off your head!* *ou* you're out of your mind!*

seoir [swaʀ] (26) (*frm*) **1** *vi* (*convenir à*) **~ à qn** to become sb.

2 *vb impers*: **il sied de/que** it is proper *ou* fitting to/that; **comme il sied** as is proper *ou* fitting; **il lui sied/ne lui sied pas de faire it** befits *ou* becomes/ill befits *ou* ill becomes him to do.

Séoul [seul] *n* Seoul.

sep [sɛp] *nm* = **cep.**

sépale [sepal] *nm* sepal.

séparable [sepaʀabl(ə)] *adj* separable (*de* from). **2 concepts difficilement ~s** 2 concepts which are difficult to separate.

séparateur, -trice [sepaʀatœʀ, tʀis] **1** *adj* separating (*épith*), separative. (*Opt*) **pouvoir ~ de l'œil/d'un instrument d'optique** resolving power of the eye/of an optical instrument. **2** *nm* (*Élec, Tech*) separator.

séparation [sepaʀasjɔ̃] *nf* **(a)** (*action: V* **séparer**) pulling off *ou* away; separation; separating out; parting; splitting, division; driving apart; pulling apart. **nous recommandons la ~ des filles et des garçons** we recommend separating the girls and the boys *ou* splitting up the girls and the boys *ou* the separation of the girls and the boys; **mur de ~** separating *ou* dividing wall.

(b) (*V* **se séparer**) parting; splitting off; separation; dispersal; breaking up; split *ou* break-up. (*Jur*) **~ de corps** legal separation; (*Jur*) **~ de fait** *ou* **à l'amiable** voluntary separation; **au moment de la ~** [*manifestants*] when they dispersed, [*convives*] when they parted; **des ~s déchirantes** heartrending partings.

(c) (*absence*) [*amis, parents*] (period of) separation. **une longue ~ avait transformé leurs rapports** a long (period of) separation had changed their relationship.

(d) (*disjonction*) [*pouvoirs, notions, services*] separation. (*Pol*) **la ~ des pouvoirs** the separation of powers; (*Pol*) **la ~ de l'Église et de l'État** the separation of the Church and the State; (*Jur*) **le régime de la ~ de biens** separation *ou* division of property (*type of marriage settlement*).

(e) (*cloison*) division, partition; (*fig*) dividing line. **il faut faire une ~ très nette entre ces problèmes** you must draw a very clear dividing line between these problems.

séparatisme [sepaʀatism(ə)] *nm* (*Pol, Rel*) separatism.

séparatiste [sepaʀatist(ə)] *adj, nmf* (*Pol*) separatist; (*Hist US: sudiste*) secessionist.

séparé, e [sepaʀe] (*ptp de* **séparer**) *adj* **(a)** (*distinct*) *sons, notions* separate. **(b)** *personnes* (*Jur: désuni*) separated; (*gén: éloigné*) parted (*attrib*), apart (*attrib*). **vivre ~** to live apart, be separated (*de* from).

séparément [sepaʀemɑ̃] *adv* separately.

séparer [sepaʀe] (1) **1** *vt* **(a)** (*détacher*) *écorce, peau, enveloppe* to pull off, pull away (*de* from); (*extraire*) *éléments, gaz, liquides* to separate (out) (*de* from). **~ la tête du tronc** to separate *ou* sever the head from the trunk; **~ la noix de sa coquille** to separate the nut from its shell; **~ le grain du son** to separate the grain from the bran; **~ des gaz/liquides** to separate (out) gases/liquids; **~ un minerai de ses impuretés** to separate an ore from its impurities; (*Bible*) **~ le bon grain de l'ivraie** to separate the wheat from the chaff.

(b) (*diviser*) to part, split, divide. **~ les cheveux par une raie** to part one's hair; **~ un territoire (en deux) par une frontière** to split *ou* divide a territory (in two) by a frontier.

(c) (*désunir*) *amis, alliés* to part, drive apart; *adversaires, combattants* to separate, pull apart, part. **~ deux hommes qui se battent** to separate *ou* pull apart *ou* part two men who are fighting; **~ qn et** *ou* **de qn d'autre** to separate *ou* part sb from sb else; **dans cet hôpital, ils séparent les hommes et les femmes** in this hospital they separate the men from and the women; **ils avaient séparé l'enfant de sa mère** they had separated *ou* parted the child from its mother.

(d) *territoires, classes sociales, générations* to separate. **une barrière sépare les spectateurs des** *ou* **et les joueurs** a barrier separates the spectators from the players; **un simple grillage nous séparait des fauves** a simple wire fence was all that separated us from *ou* was all that was between us and the big cats; **une chaîne de montagnes sépare la France et** *ou* **de l'Espagne** a chain of mountains separates France from *ou* and Spain; **un seul obstacle le séparait encore du but** only one obstacle stood *ou* remained between him and his goal; (*fig*) **tout les séparait** they were worlds apart, they had nothing in common.

(e) (*différencier*) *questions, aspects* to distinguish between. **~ l'érudition de** *ou* **et l'intelligence** to distinguish *ou* differentiate between learning and intelligence.

2 se séparer *vpr* **(a)** (*se défaire de*) **se ~ de** *employé, objet personnel* to part with; **en voyage, ne vous séparez jamais de votre passeport** when travelling never part with *ou* be parted from your passport.

(b) (*s'écarter*) to divide, part (*de* from); (*se détacher*) to split off, separate off (*de* from). **écorce qui se sépare du tronc** bark which comes away from the trunk; **l'endroit où les branches se séparent du tronc** the place where the branches split *ou* separate off from the trunk; **le premier étage de la fusée s'est séparé (de la base)** the first stage of the rocket has split off (from the base) *ou* separated (off) from the base; **à cet endroit, le fleuve se sépare en deux** at this place the river divides into two; **les routes/branches se séparent** the roads/branches divide *ou* part.

(c) (*se disperser*) [*adversaires*] to separate, break apart; [*manifestants, participants*] to disperse; [*assemblée*] to break up;

[*convives*] to leave each other, part; [*époux*] to part, split up, separate (*Jur*). **se ~ de son mari/sa femme** to part *ou* separate from one's husband/wife.

sépia [sepja] *nf* (*Zool: sécrétion*) cuttlefish ink, sepia; (*substance, couleur, dessin*) sepia. **(dessin à la) ~** sepia (drawing).

sept [sɛt] *adj inv, nm inv* seven. **les ~ péchés capitaux** the seven deadly sins; **les ~ merveilles du monde** the seven wonders of the world; *pour autres loc V* **six.**

septain [sɛtɛ̃] *nm* seven-line stanza or poem.

septante [sɛptɑ̃t] *adj inv* (††, *ou Belgique, Suisse*) seventy. (*Hist Rel*) **les S~** the Seventy; (*Bible*) **la version des S~** the Septuagint.

septembre [sɛptɑ̃bʀ(ə)] *nm* September. **le mois de ~** the month of September; **le premier/dix ~** (*nm*) the first/tenth of September; (*adv*) on the first/tenth of September; **en ~** in September; **au mois de ~** in (the month of) September; **au début (du mois) de ~, début ~** at the beginning of September; **au milieu (du mois) de ~, à la mi-~** in the middle of September, in mid-September; **à la fin (du mois) de ~, fin ~** at the end of September; **pendant le mois de ~** during September; **vers la fin de ~** late in September, in late September, towards the end of September; **~ a été très froid** September was very cold; **~ prochain/dernier** next/last September.

septennal, e, *mpl* **-aux** [sɛptenal, o] *adj* (*durée*) *mandat, période* seven-year (*épith*); (*fréquence*) *festival* septennial.

septennat [sɛptena] *nm* [*président*] seven-year term (of office); [*roi*] seven-year reign.

septentrion [sɛptɑ̃tʀijɔ̃] *nm* (††, *littér*) north.

septentrional, e, *mpl* **-aux** [sɛptɑ̃tʀijonal, o] *adj* northern.

septicémie [sɛptisemi] *nf* (*Méd*) blood poisoning, septicaemia (*T*).

septicémique [sɛptisemik] *adj* septicaemic.

septicité [sɛptisite] *nf* septicity.

septième [sɛtjɛm] **1** *adj, nm* seventh. **le ~ art** the cinema; **être au ~ ciel** to be in (the) seventh heaven, be on cloud nine*; *pour autres loc V* **sixième. 2** *nf* **(a)** (*Scol*) senior form (*Brit*) *ou* grade (*US*) in primary school. **(b)** (*Mus*) seventh.

septièmement [sɛtjɛmmɑ̃] *adv* seventhly; *pour loc V* **sixièmement.**

septique [sɛptik] *adj* *fièvre, bactérie* septic; *V* **fosse.**

septuagénaire [sɛptɥaʒenɛʀ] **1** *adj* septuagenarian, seventy-year-old (*épith*). **2** *nmf* septuagenarian, seventy-year-old man (*ou* woman).

septuagésime [sɛptɥaʒezim] *nf* Septuagesima.

septum [sɛptɔm] *nm* septum.

septuor [sɛptɥɔʀ] *nm* septet(te).

septuple [sɛptɥpl(ə)] **1** *adj* sevenfold, septuple. **2** *nm*: **le ~ de 2** seven times 2.

septupler [sɛptɥple] (1) **1** *vt*: **~ qch** to increase sth sevenfold. **2** *vi* to increase sevenfold.

sépulcral, e, *mpl* **-aux** [sepylkʀal, o] *adj* *atmosphère, voix* sepulchral; *salle* tomb-like.

sépulcre [sepylkʀ(ə)] *nm* sepulchre; *V* **saint.**

sépulture [sepyltyʀ] *nf* **(a)** (†, *littér: inhumation*) sepulture (*littér*), burial. **être privé de ~** to be refused burial. **(b)** (*tombeau*) burial place; *V* **violation.**

séquelles [sekɛl] *nfpl* [*maladie*] after-effects; [*guerre, révolution*] aftermath; [*décision*] consequences.

séquence [sekɑ̃s] *nf* (*Ciné, Mus, Rel*) sequence; (*Cartes*) run; (*Ling, Ordin*) sequence, string.

séquentiel, -ielle [sekɑ̃sjɛl] *adj* *programme, information* sequential. (*Ling*) **arrangement ~ de la langue** sequential ordering of language; (*Ordin*) **accès ~** sequential access.

séquestration [sekɛstʀasjɔ̃] *nf* (*V* **séquestrer**) illegal confinement; sequestration, impoundment.

séquestre [sekɛstʀ(ə)] *nm* (*Jur, Pol*) (*action*) confiscation, impoundment, sequestration; (*dépositaire*) depository. **placer des biens sous ~** to sequester goods.

séquestrer [sekɛstʀe] (1) *vt* *personne* to confine illegally; *biens* to sequester, impound (*pending decision over ownership*). (*littér*) **vivre séquestré du monde** to live sequestered from the world (*littér*).

sequin [səkɛ̃] *nm* (*Hist: pièce d'or*) sequin.

séquoia [sekoja] *nm* sequoia, redwood.

sérac [seʀak] *nm* serac.

sérail [seʀaj] *nm* seraglio.

séraphin [seʀafɛ̃] *nm* seraph.

séraphique [seʀafik] *adj* (*Rel, fig*) seraphic.

serbe [sɛʀb(ə)] **1** *adj* Serbian. **2** *nm* (*Ling*) Serbian. **3** *nmf*: **S~** Serb.

Serbie [sɛʀbi] *nf* Serbia.

serbo-croate [sɛʀbokʀɔat] **1** *adj* Serbo-Croat(ian). **2** *nm* (*Ling*) Serbo-Croat.

Sercq [sɛʀk] *nm* Sark.

serein, e [səʀɛ̃, ɛn] *adj* **(a)** (*calme*) *ciel, nuit, jour* serene, clear; *âme, foi, visage* serene, calm. **(b)** (*impartial*) *jugement, critique* calm, dispassionate.

sereinement [səʀɛnmɑ̃] *adv* (*V* **serein**) serenely; clearly; calmly; dispassionately.

sérénade [seʀenad] *nf* **(a)** (*Mus: concert, pièce*) serenade. **donner une ~ à qn** to serenade sb. **(b)** (**hum: charivari*) racket, hullabaloo*.

sérénissime [seʀenisim] *adj*: **Son Altesse ~** His (*ou* Her) Most Serene Highness.

sérénité [seʀenite] *nf* (*V* **serein**) serenity; clarity; calmness; dispassionateness.

séreux, -euse [seʀø, øz] *adj* serous.

serf, serve [sɛʀ(f), sɛʀv(ə)] **1** *adj* *personne* in serfdom (*attrib*). **condition serve** (state of) serfdom; **terre serve** land held in villein tenure. **2** *nm, f* serf.

serfouette [sɛʀfwɛt] *nf* hoe-fork.

serge [sɛRʒ(ə)] *nf* serge.
sergent¹ [sɛRʒɑ̃] *nm* (*Mil*) sergeant. ~-chef staff sergeant; ~ de ville† policeman; ~-fourrier quartermaster sergeant; ~ instructeur drill sergeant; ~-major ≃ quartermaster sergeant (*in charge of accounts etc*).
sergent² [sɛRʒɑ̃] *nm* (*serre-joint*) cramp, clamp.
séricicole [seRisikɔl] *adj* silkworm-breeding (*épith*), sericultural (*T*).
sériciculteur [seRisikyltœR] *nm* silkworm breeder, sericulturist (*T*).
sériciculture [seRisikyltyR] *nf* silkworm breeding, sericulture (*T*).
série [seRi] *nf* (a) (*suite*) [*timbres*] set, series; [*clefs, casseroles, volumes*] set; [*tests*] series, battery; [*ennuis, accidents, succès*] series, string. (*beaucoup*) (toute) une ~ de* ... a (whole) series *ou* string of ...; (ouvrages de) ~ noire crime thrillers, whodunnits*; ambiance/poursuite (de) ~ noire crime-thriller atmosphere/ chase; (*fig*) c'est la ~ noire it's one disaster following (on) another, it's one disaster after another, it's a run of bad luck *ou* a chain of disasters.
    (b) (*catégorie*) (*Naut*) class; (*Sport*) rank; (*épreuve de qualification*) qualifying heat *ou* round. joueur de deuxième ~ player of the second rank; film de ~ B B (grade) film *ou* movie.
    (c) (*Comm, Ind*) fabrication *ou* production en ~ (*lit, fig*) mass production; article/véhicule de ~ standard article/vehicle; V fin², hors.
    (d) (*Chim, Math, Mus, Phon*) series; (*Billard*) break. (*Élec*) monté en ~ connected in series.
sériel, -elle [seRjɛl] *adj ordre* serial. (*Mus*) musique ~le serial *ou* twelve-note *ou* dodecaphonic music.
sérier [seRje] (7) *vt problèmes, questions* to classify, arrange.
sérieusement [seRjøzmɑ̃] *adv* (V sérieux) seriously; responsibly; genuinely; considerably. non, il l'a dit ~ no — he meant it seriously, no — he was in earnest when he said that.
sérieux, -euse [seRjø, øz] 1 *adj* (a) (*grave, ne plaisantant pas*) *personne, air* serious, earnest, solemn. ~ comme un pape sober as a judge.
    (b) (*digne de confiance*) *maison de commerce, tuteur* reliable, dependable; *employé, élève, apprenti* reliable, responsible; (*moralement*) *jeune homme, jeune fille* responsible, trustworthy. partir skier pendant les examens, ce n'est vraiment pas ~! it's not taking a very responsible *ou* serious attitude to go off skiing during the exams.
    (c) (*fait consciencieusement, à fond*) *études* serious; *travail, artisan* careful, painstaking.
    (d) (*réfléchi*) *personne* serious, serious-minded.
    (e) (*de bonne foi*) *acquéreur, promesses, raison* genuine, serious; *renseignements* genuine, reliable. un client ~ (*hum: qui achète beaucoup*) a serious customer; non, il était ~ no, he was serious *ou* he meant it; c'est ~, ce que vous dites? are you serious?, do you really mean that?; ce n'est pas ~, il ne le fera jamais he's not serious *ou* he doesn't really mean it *ou* it isn't a genuine threat (*ou* promise) — he'll never do it!; 'pas ~ s'abstenir' 'only genuine inquirers need apply'.
    (f) (*digne d'attention*) *conversation, livre, projet* serious. passons aux affaires *ou* choses ~euses let us move on to more serious matters.
    (g) (*important, grave*) *situation, affaire, maladie* serious.
    (h) (*intensif*) *raison* good; *coup* serious; *somme, différence* considerable, sizeable. de ~euses chances de ... a strong *ou* good chance of ...; de ~euses raisons de ... good reasons to ...; ils ont une ~euse avance they have a strong *ou* good *ou* sizeable lead.
    2 *nm* (V *adj*) seriousness; earnestness; reliability; dependability; trustworthiness; carefulness; genuineness; serious-mindedness. garder son ~ to keep a straight face; perdre son ~ to give way to laughter; prendre au ~ to take seriously; se prendre au ~ to take o.s. seriously.
sérigraphie [seRigRafi] *nf* silkscreen printing.
serin [s(ə)Rɛ̃] *nm* (*Orn*) canary; († *péj: niais*) ninny*.
seriner [s(ə)Rine] (1) *vt* (a) (*péj: rabâcher*) ~ qch à qn to drum *ou* din sth into sb; tais-toi, tu nous serines!* oh, be quiet, you keep telling us the same thing over and over again! *ou* we're tired of hearing the same thing all the time!
    (b) ~ (un air à) un oiseau to teach a bird a tune using a bird-organ.
seringa(t) [s(ə)Rɛ̃ga] *nm* seringa.
seringue [s(ə)Rɛ̃g] *nf* (*Méd*) syringe; [*jardinier*] garden syringe; [*pâtissier*] icing syringe. [*mécanicien*] ~ à graisse grease gun.
serment [sɛRmɑ̃] *nm* (a) (*solennel*) oath. faire un ~ to take an oath; ~ sur l'honneur solemn oath, word of honour; sous ~ on *ou* under oath; ~ d'Hippocrate Hippocratic oath; ~ professionnel oath of office; V prestation, prêter.
    (b) (*promesse*) pledge. échanger des ~s (d'amour) to exchange vows *ou* pledges of love; (*fig*) ~ d'ivrogne empty vow, vain resolve; je te fais le ~ de ne plus jouer I (solemnly) swear to you *ou* I'll make (you) a solemn promise that I'll never gamble again; V faux².
sermon [sɛRmɔ̃] *nm* (*Rel*) sermon; (*fig péj*) lecture, sermon.
sermonner [sɛRmɔne] (1) *vt*: ~ qn to lecture sb, give sb a talking-to, sermonize sb.
sermonneur, -euse [sɛRmɔnœR, øz] *nm,f* (*péj*) sermonizer, preacher.
sérologie [seRɔlɔʒi] *nf* serology.
sérologiste [seRɔlɔʒist(ə)] *nmf* serologist.
sérosité [seRozite] *nf* serous fluid, serosity.
sérothérapie [seRoteRapi] *nf* serotherapy.
serpe [sɛRp(ə)] *nf* billhook, bill. (*fig*) un visage taillé à la ~ *ou* à coups de ~ a craggy *ou* rugged face.

serpent [sɛRpɑ̃] 1 *nm* (a) (*Zool*) snake; (*Mus*) bass horn. (*Rel*) le ~ the serpent; une ruse/prudence de ~ snake-like cunning/caution; V charmeur, réchauffer.
    (b) (*fig: ruban*) ribbon. un ~ de fumée a ribbon of smoke; le ~ argenté du fleuve the silvery ribbon of the river.
    2: serpent d'eau water snake; serpent à lunettes Indian cobra; (*hum Presse*) serpent de mer awe-inspiring *ou* alarming spectre; (*Écon*) le serpent (monétaire) the (currency) snake; (*Myth*) serpent à plumes plumed serpent; serpent à sonnettes rattlesnake.
serpentaire [sɛRpɑ̃tɛR] 1 *nm* (*Zool*) secretary bird, serpent-eater. 2 *nf* (*plante*) snakeroot.
serpenteau, *pl* ~x [sɛRpɑ̃to] *nm* (*Zool*) young snake; (*feu d'artifice*) serpent.
serpenter [sɛRpɑ̃te] (1) *vi* [*rivière, chemin*] to snake, meander, wind; [*vallée*] to wind. la route descendait en serpentant vers la plaine the road snaked *ou* wound (its way) down to the plain.
serpentin, e [sɛRpɑ̃tɛ̃, in] 1 *adj* (*gén*) serpentine. 2 *nm* (*ruban*) streamer; (*Chim*) coil. 3 serpentine *nf* (*Minér*) serpentine.
serpette [sɛRpɛt] *nf* pruning knife.
serpillière [sɛRpijɛR] *nf* floorcloth.
serpolet [sɛRpɔlɛ] *nm* mother-of-thyme, wild thyme.
serrage [sɛRaʒ] *nm* (*gén, Tech*) [*vis, écrou*] tightening; [*joint*] clamping; [*nœud*] tightening, pulling tight; V bague, collier, vis¹.
serre¹ [sɛR] *nf* (*gén*) greenhouse, glasshouse; (*attenant à une maison*) conservatory. pousser en ~ to grow under glass; ~ chaude hothouse.
serre² [sɛR] *nf* (*griffe*) talon, claw.
serre- [sɛR] *préf* V serrer.
serré, e [seRe] (*ptp de serrer*) 1 *adj* (a) *vêtement, soulier* tight.
    (b) *passagers, spectateurs* (tightly) packed. être ~s comme des harengs *ou* sardines to be packed like sardines; mettez-vous ailleurs, nous sommes trop ~s à cette table sit somewhere else because we are too crowded at this table; V rang.
    (c) *tissu* closely woven; *réseau* dense; *mailles, écriture* close; *herbe, blés, forêt* dense; (*fig*) *style* tight, concise. un café (bien) ~ a (good) strong coffee; pousser en touffes ~es to grow in thick clumps.
    (d) (*bloqué*) trop ~ too tight; pas assez ~ not tight enough; V aussi serrer.
    (e) (*contracté*) avoir le cœur ~ to feel a pang of anguish; avoir la gorge ~e to feel a tightening *ou* a lump in one's throat; les poings ~s with clenched fists; V aussi serrer.
    (f) *discussion* closely conducted, closely argued; *jeu, lutte, match* tight, close-fought; *budget* tight. (*fig*) la partie est ~e, nous jouons une partie ~e it is a tight game, we're in a tight game; un train de vie assez ~ a rather constrained *ou* straitened life style.
    2 *adv*: écrire ~ to write one's letters close together, write a cramped hand; (*fig*) jouer ~ to play it tight, play a tight game; vivre ~ to live on a tight budget.
serrement [sɛRmɑ̃] *nm* (a) ~ de main handshake; ~ de cœur pang of anguish; ~ de gorge *ou* à la gorge tightening in the throat.
    (b) (*Min*) dam.
serrer [seRe] (1) 1 *vt* (a) (*maintenir, presser*) to grip, hold tight. ~ une pipe/un os entre ses dents to clench *ou* have a pipe/a bone between one's teeth; ~ qn dans ses bras/contre son cœur to clasp sb in one's arms/to one's chest; ~ la main à qn (*la donner à qn*) to shake sb's hand, shake hands with sb; (*presser*) to squeeze *ou* press sb's hand; se ~ la main to shake hands; ~ qn à la gorge to grab sb by the throat; V kiki.
    (b) (*contracter*) ~ le poing/les mâchoires to clench one's fist/ jaws; ~ les lèvres to set one's lips; les mâchoires serrées with set *ou* clenched jaws; les lèvres serrées with tight lips, tight-lipped; avoir le cœur serré par l'émotion to feel one's heart wrung by emotion; avoir la gorge serrée par l'émotion to be choked by emotion; cela serre le cœur *ou* c'est à vous ~ le cœur de les voir si malheureux it wrings your heart *ou* makes your heart bleed to see them so unhappy; ~ les dents (*lit*) to clench *ou* set one's teeth; (*fig*) to grit one's teeth; (*fig*) ~ les fesses‡ to be scared stiff *ou* out of one's wits*.
    (c) (*comprimer*) to be too tight; (*mouler*) to fit tightly. mon pantalon me serre my trousers are too tight (for me); cette jupe me serre (à) la taille this skirt is too tight round the *ou* my waist; elle se serre la taille dans un corset pour paraître plus jeune she wears a tight corset to make herself look younger; ces chaussures me serrent (le pied) these shoes are too tight; son jersey lui serrait avantageusement le buste the tight fit of her jersey showed her figure off to advantage.
    (d) (*bloquer*) *vis, écrou* to tighten; *joint* to clamp; *robinet* to turn off tight; *nœud, lacet, ceinture* to tighten, pull tight; (*tendre*) *câble* to tauten, make taut, tighten. ~ le frein à main to put on the hand-brake; (*fig*) ~ la vis à qn* to crack down harder on sb*.
    (e) (*se tenir près de*) (*par derrière*) to keep close behind; (*latéralement*) *automobile, concurrent* to squeeze (*contre* up against). ~ qn de près to follow close behind sb; ~ une femme de près to press up against a woman; ~ de près l'ennemi to pursue the enemy closely; ~ qn dans un coin to wedge sb in a corner; ~ un cycliste contre le trottoir to squeeze a cyclist against the pavement; ~ le trottoir to hug the kerb; (*Aut*) ~ sa droite to keep (well) to the right; ne serre pas cette voiture de trop près don't get too close to *ou* behind that car; (*fig*) ~ une question de plus près to study a question more closely; (*fig*) ~ le texte to follow the text closely, keep close to the text; (*Naut*) ~ la côte to sail close to the shore, hug the shore; (*Naut*) ~ le vent to hug the wind.
    (f) (*rapprocher*) *objets alignés, mots, lignes* to close up, put close together. (*Mil*) ~ les rangs to close ranks; serrez! close ranks!; ~ son style to write concisely *ou* in a condensed *ou* concise style;

il faudra ~ les invités: la table est petite we'll have to squeeze the guests up *ou* together since the table is small.

(g) (*dial*, †: *ranger*) to put away.

2 *vi* (*Aut: obliquer*) ~ **à droite/gauche** to move in to the right-/left-hand lane; **'véhicules lents serrez à droite'** 'slow-moving vehicles keep to the right'.

3 se serrer *vpr* (**a**) (*se rapprocher*) **se ~ contre qn** to huddle (up) against sb; (*tendrement*) to cuddle *ou* snuggle up to sb; **se ~ autour de la table/du feu** to squeeze *ou* crowd round the table/fire; **se ~ pour faire de la place** to squeeze up to make room; **serrez-vous un peu** squeeze up a bit.

(**b**) (*se contracter*) **à cette vue, son cœur se serra** at the sight of this he felt a pang of anguish; **ses poings se serrèrent, presque malgré lui** his fists clenched *ou* he clenched his fists almost in spite of himself.

(**c**) (*loc*) **se ~ les coudes‡** to stick together, back one another up; **se ~** (la ceinture) to tighten one's belt.

4: serre-file *nm*, *pl* **serre-files** (*Mil*) file closer; **serre-frein(s)** *nm inv* brakesman; **serre-joint(s)** *nm inv* clamp, cramp; **serre-livres** *nm inv* book end; **serre-tête** *nm inv* (*bandeau*) headband, sweatband; (*bonnet*) [*cycliste, skieur*] skullcap; [*aviateur*] helmet.

serrure [seʀyʀ] *nf* [*poste, coffre-fort, valise*] lock. ~ **encastrée** mortise lock; ~ **de sûreté** safety lock; (*Aut*) ~ **de sécurité** safety lock, child lock; ~ **à pompe** spring lock; ~ **à combinaison** combination lock; ~ **trois points** three-point security lock; V **trou**.

serrurerie [seʀyʀʀi] *nf* (*métier*) locksmithing, locksmith's trade; (*travail*) ironwork. ~ **d'art** ornamental ironwork, wrought-iron work; **grosse ~** heavy ironwork.

serrurier [seʀyʀje] *nm* [*serrures, clefs*] locksmith; [*fer forgé*] ironsmith.

sertir [seʀtiʀ] (2) *vt* (**a**) *pierre précieuse* to set. (**b**) (*Tech*) *pièces de tôle* to crimp.

sertissage [seʀtisaʒ] *nm* (V **sertir**) setting; crimping.

sertisseur, -euse [seʀtisœʀ, øz] *nm,f* (V **sertir**) setter; crimper.

sertissure [seʀtisyʀ] *nf* [*pierre précieuse*] (*procédé*) setting; (*objet*) bezel.

sérum [seʀɔm] *nm* (**a**) (*Physiol*) ~ (**sanguin**) (blood) serum; ~ **artificiel** *ou* **physiologique** normal *ou* physiological salt solution.

(**b**) (*Méd*) serum. ~ **antidiphtérique/antitétanique/antivenimeux** anti-diphtheric/antitetanus/snakebite serum; (*fig*) ~ **de vérité** truth drug.

servage [seʀvaʒ] *nm* (*Hist*) serfdom; (*fig*) bondage, thraldom.

serval, *pl* **-s** [seʀval] *nm* serval.

servant, e [seʀvɑ̃, ɑ̃t] **1** *adj*: **chevalier** *ou* **cavalier ~** escort.

2 *nm* (*Rel*) server; (*Mil*) [*pièce d'artillerie*] server; (*Tennis*) = **serveur**.

3 servante *nf* (**a**) (*domestique*) servant, maidservant.

(**b**) (*étagère*) sideboard; (*table*) side table; (*Tech: support*) adjustable support *ou* rest.

serve [seʀv(ə)] V **serf**.

serveur, -euse [seʀvœʀ, øz] **1** *nm* (**a**) [*restaurant*] waiter; [*bar*] barman. (**b**) (*ouvrier*) [*machine*] feeder. (**c**) (*Tennis*) server. (**d**) (*Cartes*) dealer. (**e**) (*Ordin*) **centre ~** service centre. **2 serveuse** *nf* [*restaurant*] waitress; [*bar*] barmaid.

serviabilité [seʀvjabilite] *nf* obligingness, willingness to help.

serviable [seʀvjabl(ə)] *adj* obliging, willing to help.

service [seʀvis] **1** *nm* (**a**) (*travail, fonction*) duty. (*temps de travail*) **le ~** (the period of) duty; **un ~ de surveillance/contrôle** surveillance/checking duties; (*Mil*) **~ intérieur** barracks duty; (*Mil*) **~ de jour/semaine** day/week duty; **quel ~ fait-il cette semaine?** what duty is he on this week?; **on ne fume pas pendant le ~** smoking is not allowed during duty hours *ou* while on duty; **être à cheval sur le ~** to be strict about the rules at work; (*Admin*) **autorisation refusée dans l'intérêt du ~** permission refused on administrative grounds *ou* for administrative reasons; **heures de ~** hours of service *ou* duty; **le ~ d'un enseignant est de 15 à 20 heures en moyenne** a teacher does between 15 and 20 hours of duty *ou* service on average; **il est très ~(-)~*** he's very hot* *ou* keen (*Brit*) on the rules and regulations *ou* on doing the job properly; **prendre son ~** to come on duty; **être de ~** to be on duty; **pompier/médecin de ~** duty fireman/doctor, fireman/doctor on duty; (*Admin*, *Mil*) **être en ~ commandé** to be acting under orders, be on an official assignment; **avoir 25 ans de ~** to have completed 25 years' service; V **note**, **règlement**.

(**b**) (*gén pl*: *prestation*) service. (*Écon*) **~s** services; (*Écon*) **les ~s** the service industries; **offrir ses ~s à qn** to offer sb one's services; **offre de ~** offer of service; **s'assurer les ~s de qn** to enlist sb's services; (*Écon*) **biens et ~s** goods and services.

(**c**) (*domesticité*) (domestic) service. **entrer/être en ~ chez qn** to go into/be in sb's service, go into/be in service with sb; **être au ~ de** *maître, Dieu* to be in the service of; **se mettre au ~ de** *maître* to enter the service of *ou* go into service with; *Dieu, nation, état* to place o.s. in the service of; **10 ans de ~ chez le même maître** 10 years in service with the same master; **escalier de ~** service *ou* servants' stairs, backstairs; **entrée de ~** service *ou* tradesman's entrance.

(**d**) (*Mil*) **le ~** (**militaire**) military *ou* national service; **le ~ civil pour les objecteurs de conscience** non-military national service for conscientious objectors; **bon pour le ~** fit for military service; **faire son ~** to do one's military *ou* national service; **~ armé** combatant service; V **état**.

(**e**) (*fonction, organisation d'intérêt public*) service; (*section, département*) department, section. **le ~ hospitalier/de la poste** the hospital/postal service; **les ~s de santé/postaux** health (care)/postal services; **~ du contentieux/des achats/de la publicité** legal/buying/publicity department; **les ~s d'un ministère** the departments of a ministry; **le ~ des urgences** the casualty

department; **~ d'assistance médicale d'urgence** mobile emergency medical service; **~ médico-social** medical-social work department; **~ de réanimation** intensive care unit; **les ~s publics** the (public) utilities; **les ~s sociaux** social services; **~ régional de police judiciaire** regional crime squad; V **chef**[1].

(**f**) (*Rel: office, messe*) service. **~ funèbre** funeral service.

(**g**) (*faveur, aide*) service. **rendre un petit ~ à qn** to do sb a favour, do sb a small service; **tous les ~s qu'il m'a rendus** all the favours *ou* services he has done me; **rendre ~ à qn** (*aider*) to do sb a service *ou* a good turn; (*s'avérer utile*) to come in useful *ou* handy for sb, be of use to sb; **il aime rendre ~** he likes to do good turns *ou* be helpful; (*fig*) **rendre un mauvais ~ à qn** to do sb a disservice; (*frm*) **qu'y-a-t-il pour votre ~?** how can I be of service to you?; (*frm*) **je suis à votre ~** I am at your service.

(**h**) (*à table, au restaurant*) service; (*pourboire*) service charge; (*série de repas*) sitting. **Jean fera le ~** John will serve (out); **la nourriture est bonne mais le ~ est exécrable** the food is good but the service is shocking; **laisse 10 F pour le ~** leave 10 francs for the service; **ils ont oublié de facturer le ~** they have forgotten to include the service (charge) on the bill; **~ compris/non compris** service included/not included, inclusive/exclusive of service; **premier/deuxième ~** first/second sitting; V **libre, self**.

(**i**) (*assortiment*) [*couverts*] set; [*vaisselle, linge de table*], service, set. **~ de table** set of table linen; **~ à thé** tea set *ou* service; **~ à liqueurs** set of liqueur glasses; **~ à poisson** (*plats*) set of fish plates; (*couverts*) fish service; **~ à fondue/asperges** fondue/asparagus set; **~ à gâteaux** cake cutlery *ou* set; **~ à fromage** set of cheese dishes; **~ de 12 couteaux** set of 12 knives; **un beau ~ de Limoges** a beautiful service of Limoges china.

(**j**) [*machine, installation*] operation, working. **faire le ~ d'une pièce d'artillerie** to operate *ou* work a piece of artillery.

(**k**) (*fonctionnement, usage*) **mettre en ~** *installation, usine* to put *ou* bring into service, bring on stream *ou* line; [*installation, usine*] **entrer en ~** to come on stream *ou* line *ou* into service; **hors de ~** out of order *ou* commission (*hum*); **machine/vêtement qui fait un long ~** machine/garment which gives long service.

(**l**) (*transport*) service. **un ~ d'autocars dessert ces localités** there is a coach service to these districts; **assurer le ~ entre** to provide a service between; **~ d'hiver/d'été** winter/summer service; **le ~ est interrompu sur la ligne 3** (the) service is suspended on line 3.

(**m**) (*Tennis*) service. **faire le ~** to serve; **être au ~** to have the service; **il a un excellent ~** he has an excellent service *ou* serve.

2: service après-vente after-sales service; **service d'ordre** (*policiers*) police contingent; (*manifestants*) team of stewards (responsible for crowd control *etc*); **pour assurer le service d'ordre** to maintain (good) order; **un important service d'ordre assurait le bon déroulement de la manifestation** a large police presence *ou* contingent ensured that the demonstration passed off smoothly; **service de presse** (*distribution*) distribution of review copies; (*ouvrage*) review copy; (*agence*) press relations department; **services secrets** secret service.

serviette [seʀvjɛt] **1** *nf* (**a**) (*en tissu*) ~ (**de toilette**) (hand) towel; **~ (de table)** serviette, (table) napkin; V **rond**.

(**b**) (*cartable*) [*écolier, homme d'affaires*] briefcase.

2: serviette de bain bath towel; **serviette éponge** terry towel; **serviette hygiénique** *ou* **périodique** sanitary towel; **serviette en papier** paper serviette, paper (table) napkin.

servile [seʀvil] *adj* (**a**) (*soumis*) *homme, flatterie, obéissance* servile, cringing; *traduction, imitation* slavish. (**b**) (*littér: de serf*) *condition, travail* servile.

servilement [seʀvilmɑ̃] *adv* (V **servile**) servilely; cringingly; slavishly.

servilité [seʀvilite] *nf* (V **servile**) servility; slavishness.

servir [seʀviʀ] (14) **1** *vt* (**a**) (*être au service de*) *pays, Dieu, état, cause* to serve; (*emploi absolu: être soldat*) to serve. (*Rel*) **~ le prêtre** to serve the priest; (*Rel*) **~ la messe** to serve mass.

(**b**) [*domestique*] *patron* to serve, wait on. **il sert comme chauffeur** he serves as a chauffeur; **elle aime se faire ~** she likes to be waited on; (*Prov*) **on n'est jamais si bien servi que par soi-même** if you want something done you're best to do it yourself.

(**c**) (*aider*) *personne* to be of service to, aid. **~ les ambitions/les intérêts de qn** to serve *ou* aid sb's ambitions/interests; **ceci nous sert** this serves our interests; **sa prudence l'a servi auprès des autorités** his caution served him well *ou* stood him in good stead in his dealings with the authorities; **il a été servi par les circonstances** he was aided by circumstances; **il a été servi par une bonne mémoire** he was well served *ou* aided by a good memory.

(**d**) (*dans un magasin*) *client* to serve, attend to; (*au restaurant*) *consommateur* to serve; *dîneur* to wait on; (*chez soi, à table*) to serve. **ce boucher nous sert depuis des années** this butcher has supplied us for years, we've been going to this butcher for years; **le boucher m'a bien servi** (*en qualité*) the butcher has given me good meat; (*en quantité*) the butcher has given me a good amount for my money; **on vous sert, Madame?** are you being attended to? *ou* served?; **~ qn d'un plat** to serve sb with a dish, serve a dish to sb; **il a faim, servez-le bien** he is hungry so give him a good helping; **prenez, n'attendez pas qu'on vous serve** help yourself — don't wait to be served; **'Madame est servie'** 'dinner is served'; **pour vous ~†** at your service; **des garçons en livrée servaient** waiters in livery waited *ou* served at table; **il sert dans un café** he is a waiter in a café; (*fig*) **les paysans voulaient la pluie, ils ont été servis!** the farmers wanted rain — now their wish has been granted! *ou* well, they've got what they wanted!; (*fig*) **en fait d'ennuis, elle a été servie** as regards troubles, she's had her share (and more) *ou* she's had more than her fair share; V **on**.

(**e**) (*Mil*) *pièce d'artillerie* to serve.

(f) *(donner) rafraîchissement, plat* to serve. ~ qch à qn to serve sb with sth, help sb to sth; ~ le déjeuner/dîner to serve (up) lunch/dinner; le vin rouge doit se ~ chambré red wine must be served at room temperature; '~ frais' *[objet]* 'serve cool'; ~ à déjeuner/dîner to serve lunch/dinner *(à qn to sb)*; ~ à boire to serve a drink *ou* drinks; ~ à boire à qn to serve a drink to sb; on nous a servi le petit déjeuner au lit we were served (our) breakfast in bed; à table, c'est servi! come and sit down now, it's ready!; *(fig)* il nous sert toujours les mêmes plaisanteries he always trots out the same old jokes *ou* treats us to the same old jokes.

(g) *(procurer)* to pay. ~ une rente/une pension/des intérêts à qn to pay sb an income/a pension/interest.

(h) *(Cartes)* to deal.

(i) *(Tennis)* to serve. à vous de ~ your service, it's your turn to serve.

(j) *(être utile)* ~ à personne to be of use *ou* help to; *usage, opération* to be of use in, be useful for; ~ à faire to be used for doing; ça m'a servi à réparer ce meuble I used it to mend this piece of furniture; cela ne sert à rien *[objet]* this is no use, this is useless; *[démarche]* there is no point in it, it serves no (useful) purpose; cela ne sert à rien de pleurer/réclamer it's no use *ou* there's no point crying/complaining, crying/complaining doesn't help; à quoi sert cet objet? what is this object used for?; à quoi servirait de réclamer? what use would complaining be?, what would be the point of complaining?; cela ne servirait pas à grand-chose de dire ... there's little point in saying, it wouldn't be much use saying ...; est-ce que cela pourrait vous ~? could this be (of) any use to you?, could you make use of this?; vos conseils lui ont bien servi your advice has been very useful *ou* helpful to him; ne jette pas cette boîte, cela peut toujours ~ don't throw that box away — it may still come in handy *ou* still be of some use; ces projecteurs servent à guider les avions these floodlights are used to guide *ou* for guiding the planes; cet instrument sert à beaucoup de choses this implement has many uses *ou* is used for many things; cela a servi à nous faire comprendre les difficultés this served to make us understand the difficulties; *V* rien.

(k) ~ de *[personne]* to act as; *[ustensile, objet]* to serve as; elle lui a servi d'interprète/de témoin she acted as his interpreter/as a witness (for him); cette pièce sert de chambre d'amis this room serves as *ou* is used as a guest room; cela pourrait te ~ de table you could use that as a table, that would serve *ou* do as a table for you; ~ de leçon à qn to be a lesson to sb; ~ d'exemple à qn to serve as an example to sb.

2 se servir *vpr* **(a)** *(à table, dans une distribution)* to help o.s. *(chez un fournisseur)* se ~ chez X to buy *ou* shop at X's; se ~ en viande chez X to buy one's meat at X's *ou* from X, go to X's for one's meat; servez-vous donc de viande do help yourself to meat; *(iro)* je t'en prie, sers-toi go ahead, help yourself.

(b) se ~ de *outil, mot, main-d'œuvre* to use; *personne* to use, make use of; il sait bien se ~ de cet outil he knows how to use this tool; t'es-tu servi de ce vêtement? have you used this garment?; il se sert de sa voiture pour aller au bureau he uses his car to go to the office; se ~ de ses relations to make use of *ou* use one's acquaintances; il s'est servi de moi he used me.

serviteur [sɛRvitœR] *nm (gén)* servant. *(hum)* en ce qui concerne votre ~ ... as far as yours truly is concerned ... *(hum).*

servitude [sɛRvityd] *nf* **(a)** *(esclavage)* servitude. **(b)** *(gén pl: contrainte)* constraint. **(c)** *(Jur)* easement. ~ de passage right of way.

servocommande [sɛRvɔkɔmãd] *nf (Tech)* servo-mechanism.

servofrein [sɛRvɔfRɛ̃] *nm (Tech)* servo(-assisted) brake.

servomécanisme [sɛRvɔmekanism(ə)] *nm (Tech)* servo system.

servomoteur [sɛRvɔmɔtœR] *nm (Tech)* servo-motor.

ses [se] *adj poss V* **son¹**.

sésame [sezam] *nm (Bot)* sesame. *(fig)* **(S)**~ ouvre-toi open sesame.

sessile [sesil] *adj (Bot)* sessile.

session [sesjɔ̃] *nf (Jur, Parl)* session, sitting. *(Univ)* ~ (d'examen) university exam session; la ~ de juin the June exams; la ~ de septembre, la seconde ~ the (September) resits *(Brit).*

sesterce [sɛstɛRs(ə)] *nm (Hist)* sesterce, sestertius; *(mille unités)* sestertium.

set [sɛt] *nm (Tennis)* set; *V* **balle¹**.

sétacé, e [setase] *adj* setaceous.

setter [setɛR] *nm* setter.

seuil [sœj] *nm* **(a)** *[porte]* *(dalle etc)* door sill, doorstep; *(entrée)* doorway, threshold†; *(fig)* threshold. se tenir sur le ~ de sa maison to stand in the doorway of one's house; il m'a reçu sur le ~ he kept me on the doorstep *ou* at the door, he didn't ask me in; avoir la campagne au ~ de sa maison to have the country on *ou* at one's doorstep; *(fig: début)* le ~ de période the threshold of; *(fig)* au ~ de la mort on the threshold of death, on the brink of the grave; *(fig)* le ~ du désert the edge of the desert. **(b)** *(Géog, Tech)* sill. **(c)** *(fig: limite)* threshold; *(Psych)* threshold, limen *(T).* ~ auditif auditory threshold; ~ de rentabilité break-even point; ~ de tolérance threshold of tolerance; ~ de pauvreté poverty line *ou* level.

seul, e [sœl] **1** *adj* **(a)** *(après n ou attrib) personne (sans compagnie, non accompagnée)* alone (attrib), on one's own (attrib), by oneself (attrib); *(isolé)* lonely; *objet, mot* alone (attrib), on its own (attrib), by itself (attrib). être/rester ~ to be/remain alone *ou* on one's own *ou* by oneself; laissez-moi ~ quelques instants leave me alone *ou* on my own *ou* by myself for a moment; ~ avec qn/ses pensées/son chagrin alone with sb/one's thoughts/one's grief; ils se retrouvèrent enfin ~s they were alone (together) *ou* on their own *ou* by themselves at last; un homme ~/une femme ~e peut très

bien se débrouiller a man on his own/a woman on her own *ou* a single man/woman can manage perfectly well; au bal, il y avait beaucoup d'hommes ~s at the dance there were many men on their own; se sentir (très) ~ to feel (very) lonely *ou* lonesome; ~ au monde alone in the world; les amoureux sont ~s au monde lovers behave as if they are alone in the world *ou* are the only ones in the world; mot employé ~ word used alone *ou* on its own *ou* by itself; la lampe ~e ne suffit pas the lamp alone *ou* on its own is not enough, the lamp is not enough on its own *ou* by itself; *V* cavalier.

(b) *(avant n: unique)* un ~ homme/livre *(et non plusieurs)* one man/book, a single man/book; *(à l'exception de tout autre)* only one man/book; le ~ homme/livre the one man/book, the only man/book, the sole man/book; les ~es personnes/conditions the only people/conditions; un ~ livre suffit one book *ou* a single book will do; un ~ homme peut vous aider: Paul only one man can help you and that's Paul; pour cette ~e raison for this reason alone *ou* only, for this reason only; son ~ souci est de ... his only *ou* sole *ou* one concern is to ...; un ~ moment d'inattention one *ou* a single moment's lapse of concentration; il n'y a qu'un ~ Dieu there is only one God, there is one God only *ou* alone; une ~e fois only once, once only; la ~e chose, c'est que ça ferme à 6 heures the only thing is (that) it shuts at 6.

(c) *(en apposition)* only, alone. ~ le résultat compte the result alone counts, only the result counts; ~s les parents sont admis only parents are admitted; ~e Gabrielle peut le faire only Gabrielle *ou* Gabrielle alone can do it; ~e l'imprudence peut être la cause de cet accident only carelessness can be the cause of this accident; lui ~ est venu en voiture he alone *ou* only he came by car; à eux ~s, ils ont fait plus de dégâts que ... they did more damage by themselves *ou* on their own than ...; je l'ai fait à moi (tout) ~ I did it (all) on my own *ou* (all) by myself, I did it single-handed.

(d) *(loc)* ~ et unique one and only; c'est la ~e et même personne it's one and the same person; ~ de son espèce alone of its kind, the only one of its kind; d'un ~ coup *(subitement)* suddenly; *(ensemble; à la fois)* in *ou* at one blow; d'un ~ tenant *terrain* all in one piece, lying together; vous êtes ~ juge you alone are the judge *ou* can judge; à ~e fin de with the sole purpose of; dans la ~e intention de faire with the one *ou* sole intention of doing; du ~ fait que ... by the very fact that ...; à la ~e pensée de ... at the mere thought of ...; la ~e pensée d'y retourner la remplissait de frayeur the mere thought *ou* the thought alone of going back there filled her with fear; parler à qn ~ à ~ to speak to sb in private *ou* privately *ou* alone; se retrouver ~ à ~ avec qn to find o.s. alone with sb; *(fig)* comme un ~ homme as one man; d'une ~e voix with one voice.

2 *adv* **(a)** *(sans compagnie)* parler/rire ~ to talk/laugh to oneself; rire tout ~ to have a quiet laugh to oneself; vivre/travailler ~ to live/work alone *ou* by oneself *ou* on one's own.

(b) *(sans aide)* by oneself, on one's own, unaided. faire qch (tout) ~ to do sth (all) by oneself *ou* (all) on one's own, do sth unaided *ou* single-handed; *V* tout.

3 *nm, f:* un ~ peut le faire *(et non plusieurs)* one man can do it, a single man can do it; *(à l'exception de tout autre)* only one man can do it; un ~ contre tous one (man) against all; le ~ que j'aime the only one I love; vous n'êtes pas la ~e à vous plaindre you aren't the only one to complain, you aren't alone in complaining; une ~e de ses peintures n'a pas été détruite dans l'incendie only one of his paintings was not destroyed in the fire; il n'en reste pas un ~ there isn't a single *ou* solitary one left.

seulement [sœlmã] *adv* **(a)** *(quantité: pas davantage)* only. **5** personnes ~ sont venues only 5 people came; nous serons ~ 4 there will be only 4 of us; je pars pour 2 jours ~ I am going away for 2 days only, I'm only going away for 2 days.

(b) *(exclusivement)* only, alone, solely. on ne vit pas ~ de pain you can't live on bread alone *ou* only *ou* solely on bread; ce n'est pas ~ sa maladie qui le déprime it's not only *ou* just his illness that depresses him; 50 F, c'est ~ le prix de la chambre 50 francs is the price for just the room *ou* is the price for the room only; on leur permet de lire ~ le soir they are allowed to read only at night *ou* at night only; il fait cela ~ pour nous ennuyer he does that only *ou* solely to annoy us, he only does that to annoy us.

(c) *(temps: pas avant)* only. il vient ~ d'entrer he's only just (now) come in; ce fut ~ vers 10 heures qu'il arriva it was not until about 10 o'clock that he arrived; il est parti ~ ce matin he left only this morning, he only left this morning.

(d) *(en tête de proposition: mais, toutefois)* only, but. je connais un bon chirurgien, ~ il est cher I know a good surgeon only *ou* but he is expensive.

(e) *(loc)* non ~ il a plu, mais (encore) il a fait froid it didn't only rain but it was cold too, it not only rained but it was also cold; pas ~ *(même pas)*: on ne nous a pas ~ donné une verre d'eau we were not even given a glass of water, we were not given so much as a glass of water; il n'a pas ~ de quoi se payer un costume he hasn't even enough to buy himself a suit; il est parti sans ~ nous prévenir he left without so much as *ou* without even warning us; si ~ if only; *V* si¹.

seulet, -ette* [sœlɛ, ɛt] *adj (hum)* lonesome, lonely, all alone. se sentir bien ~ to feel all alone *ou* very lonesome.

sève [sɛv] *nf [arbre]* sap; *(fig)* sap, life, vigour. ~ ascendante *ou* brute/descendante *ou* élaborée rising *ou* crude/falling *ou* elaborated sap; les arbres sont en pleine ~ the sap has risen in the trees; la jeunesse est débordante de ~ young people are brimming with strength and vigour.

sévère [sevɛR] *adj* **(a)** *maître, juge, climat, règlement* severe, harsh; *parent, éducation, ton* strict, severe, stern; *regard, critique, jugement* severe, stern. une morale ~ a stern *ou* severe code of morals.

(b) *style, architecture* severe; *tenue* severe, stern. **une beauté ~ a** severe beauty. **(c)** *(intensif) pertes, échec* severe, grave.

sévèrement [sevɛʀmɑ̃] *adv (V* **sévère)** severely; harshly; strictly; sternly. **un malade ~ atteint** a severely affected patient.

sévérité [seveʀite] *nf (V* **sévère)** severity; harshness; strictness; sternness; gravity.

sévices [sevis] *nmpl* (physical) cruelty *(U),* ill treatment *(U).* **exercer des ~ sur son enfant** to ill-treat one's child.

Séville [sevij] *n* Seville.

sévir [seviʀ] (2) *vi* **(a)** *(punir)* to act ruthlessly. **~ contre** *personne, abus, pratique* to deal ruthlessly with; **si vous continuez, je vais devoir ~** if you carry on, I shall have to deal severely with you *ou* use harsh measures.

(b) *(lit, hum: exercer ses ravages) [fléau, doctrine etc]* to rage, hold sway. **la pauvreté sévissait** poverty was rampant *ou* rife; **il sévit à la télé depuis 20 ans** he's been doing his worst on TV for 20 years now *(hum);* **est-ce qu'il sévit encore à la Sorbonne?** is he still let loose on the students at the Sorbonne? *(hum).*

sevrage [səvʀaʒ] *nm (V* **sevrer)** weaning; severing, sevrance.

sevrer [səvʀe] (5) *vt* **(a)** *nourrisson, jeune animal* to wean. **(b)** *(Horticulture)* to sever. **(c)** *(fig)* **~ qn de qch** to deprive sb of sth; **nous avons été sevrés de théâtre** we have been deprived of visits to the theatre.

Sèvres [sɛvʀ(ə)] *nm (porcelaine)* Sèvres porcelain; *(objet)* piece of Sèvres porcelain.

sexagénaire [sɛgzaʒenɛʀ] **1** *adj* sixty-year-old *(épith),* sexagenarian. **2** *nmf* sexagenarian, sixty-year-old man *(ou* woman).

sexagésimal, e, *mpl* **-aux** [sɛgzaʒezimal, o] *adj* sexagesimal.

sexagésime [sɛgzaʒezim] *nf (Rel)* Sexagesima (Sunday).

sex-appeal [sɛksapil] *nm* sex appeal.

sexe [sɛks(ə)] *nm* **(a)** *(catégorie)* sex. **enfant du ~ masculin/ féminin** child of male/female sex, male/female child; **le ~ faible/ fort** the weaker/stronger sex; **le (beau) ~** the fair sex. **(b)** *(sexualité)* sex. **ce journal ne s'occupe que de ~** this paper is full of nothing but sex. **(c)** *(organes génitaux)* genitals, sex organs; *V* **cacher.**

sexisme [sɛksism(ə)] *nm* sexism.

sexiste [sɛksist(ə)] *adj, nmf* sexist.

sexologie [sɛksɔlɔʒi] *nf* sexology.

sexologue [sɛksɔlɔg] *nmf* sexologist, sex specialist.

sex-shop, *pl* **sex-shops** [sɛksʃɔp] *nm* sex-shop.

sextant [sɛkstɑ̃] *nm (instrument)* sextant; *(Math: arc)* sextant arc.

sextillion [sɛkstiljɔ̃] *nm* sextillion.

sextuor [sɛkstɥɔʀ] *nm (Mus)* sextet(te).

sextuple [sɛkstypl(ə)] **1** *adj* sixfold. **2** *nm*: **12 est le ~ de 2** 12 is six times 2; **ils en ont reçu le ~** they have had a sixfold return.

sextupler [sɛkstyple] (1) *vti* to increase six times *ou* sixfold.

sexualiser [sɛksɥalize] (1) *vt* to sexualize.

sexualité [sɛksɥalite] *nf* sexuality. **troubles de la ~** sexual problems.

sexué, e [sɛksɥe] *adj mammifères, plantes* sexed, sexual; *reproduction* sexual.

sexuel, -elle [sɛksɥɛl] *adj caractère, instinct, plaisir* sexual; *éducation, hormone, organe* sexual, sex *(épith).* **l'acte ~** the sex act; *V* **obsédé.**

sexuellement [sɛksɥɛlmɑ̃] *adv* sexually. **maladie ~ transmissible** sexually transmitted disease.

sexy [sɛksi] *adj inv* sexy*.

seyant, e [sɛjɑ̃, ɑ̃t] *adj vêtement* becoming.

Seychelles [seʃɛl] *nfpl*: **les ~** the Seychelles.

sézigue‡ [sezig] *pron pers* his nibs‡.

S.G.B.D. [ɛsʒebede] *nm abrév de* **système de gestion de bases de données;** *V* **système.**

S.G.D.G. [ɛsʒedeʒe] *abrév de* **sans garantie du gouvernement;** *V* **sans.**

shah [ʃa] *nm* shah.

shake-hand [ʃɛkɑ̃d] *nm inv* (†, *hum)* handshake.

shakespearien, -ienne [ʃɛkspiʀjɛ̃, jɛn] *adj* Shakespearian.

shaker [ʃɛkœʀ] *nm* cocktail shaker.

shako [ʃako] *nm* shako.

shampooiner, shampouiner [ʃɑ̃pwine] (1) *vt* to shampoo.

shampooineur, -euse, shampouineur, -euse [ʃɑ̃pwinœʀ, øz] **1** *nm,f* (hairdressing) junior. **2 shampooineuse** *nf* carpet shampooing-machine.

shampooing [ʃɑ̃pwɛ̃] *nm* shampoo. **faire un ~ à qn** to give sb a shampoo, shampoo *ou* wash sb's hair; **~ colorant** tint, rinse.

Shanghai [ʃɑ̃gaj] *n* Shanghai.

shant(o)ung [ʃɑ̃tuŋ] *nm* shantung (silk).

shérif [ʃeʀif] *nm* sheriff.

sherpa [ʃɛʀpa] *nm,f* Sherpa.

sherry [ʃeʀi] *nm* sherry.

shetland [ʃɛtlɑ̃d] *nm* **(a)** *(laine)* Shetland wool; *(tricot)* Shetland pullover. **(b) les îles S~** the Shetland Islands.

shetlandais, e [ʃɛtlɑ̃dɛ, ɛz] **1** *adj* Shetland *(épith).* **2** *nm,f*: **S~(e)** Shetlander.

shilling [ʃiliŋ] *nm* shilling.

shimmy [ʃimi] *nm (Aut)* shimmy.

shintô [ʃɛ̃to] *nm,* **shintoïsme** [ʃɛ̃tɔism(ə)] *nm* Shinto, Shintoism.

shintoïste [ʃɛ̃tɔist(ə)] *adj, nmf* Shintoist.

shoot [ʃut] *nm (Ftbl)* shot.

shooter [ʃute] (1) **1** *vi (Ftbl)* to shoot, make a shot. **2** *vt*: **~ un penalty** to take a penalty (kick *ou* shot). **3 se shooter** *vpr (arg Drogue)* to fix *(arg),* shoot (up) *(arg).* **se ~ à l'héroïne** to mainline heroin, shoot up with heroin.

shopping [ʃɔpiŋ] *nm* shopping. **faire du ~** to go shopping.

short [ʃɔʀt] *nm*: **~(s)** pair of shorts, shorts *(pl);* **être en ~(s)** to be in shorts *ou* wearing shorts.

show [ʃo] *nm* show.

shrapnel(l) [ʃʀapnɛl] *nm* shrapnel.

shunt [ʃœ̃t] *nm (Elec)* shunt.

shunter [ʃœ̃te] (1) *vt (Elec)* to shunt.

si¹ [si] **1** *conj* **(a)** *(éventualité, condition)* if. **s'il fait beau demain (et ~ j'en ai** *ou* **et que j'en aie le temps), je sortirai** if it is fine tomorrow (and (if) I have time), I will go out.

(b) *(hypothèse)* if. **~ j'avais de l'argent, j'achèterais une voiture** if I had any money *ou* had I any money I would buy a car; **même s'il s'excusait, je ne lui pardonnerais pas** even if he were to apologize, I should not forgive him; **~ nous n'avions pas été prévenus (et ~ nous avions attendu** *ou* **et que nous eussions attendu), nous serions arrivés** *ou* **nous arrivions trop tard** if we hadn't been warned (and (if) we had waited), we should have arrived too late; **il a déclaré que ~ on ne l'augmentait pas, il partirait** *ou* **il partait** he said that if he didn't get a rise he would leave *ou* he was leaving; *V* **comme.**

(c) *(répétition: toutes les fois que)* if, when. **s'il faisait beau, il allait se promener** *ou* when it was nice, he used to go for a walk *ou* he would go for a walk; **~ je sors sans parapluie, il pleut** if *ou* whenever I go out without an umbrella, it always rains.

(d) *(opposition)* while, whilst *(surtout Brit).* **~ lui est aimable, sa femme (par contre) est arrogante** while *ou* whereas he is very pleasant, his wife (on the other hand) is arrogant.

(e) *(exposant un fait)* **s'il ne joue plus, c'est qu'il s'est cassé la jambe** if he doesn't play any more it's because he has broken his leg, the reason he's no longer plays is that he has broken his leg; **c'est un miracle ~ la voiture n'a pas pris feu** it's a miracle (that) the car didn't catch fire; **excusez-nous** *ou* **pardonnez-nous ~ nous n'avons pas pu venir** please excuse *ou* forgive us for not being able to come.

(f) *(dans une interrogation indirecte)* if, whether. **il ignore/se demande ~ elle viendra** he doesn't know/is wondering whether *ou* if she will come; **il faut s'assurer ~ la voiture marche** we must make sure that *ou* if *ou* whether the car is working; **vous imaginez s'ils étaient fiers!** you can imagine how proud they were!; **~ je veux y aller! quelle question!** do I want to go! what a question!

(g) *(en corrélation avec proposition implicite)* if. **~ j'avais su!** if I had only known!, had I only known, had I but known!; **~ je le tenais!** if I could (only) lay my hands on him!; **et s'il refusait?** and what if he refused?, and what if he should refuse?, and supposing he refused?; **~ tu lui téléphonais?** how *ou* what about phoning him?, supposing you phoned him?; **~ nous allions nous promener?** what *ou* how about going for a walk?, what do you say to a walk?

(h) **~ ce n'est: qui peut le savoir, ~ ce n'est lui?** who will know if not him? *ou* apart from him?; **~ ce n'est elle, qui aurait osé?** who but she would have dared?; **~ ce n'était la crainte de les décourager** if it were not *ou* were it not for the fear of putting them off; **il n'avait rien emporté, ~ ce n'est quelques biscuits et une pomme** he had taken nothing with him apart from *ou* other than a few biscuits and an apple; **une des plus belles, ~ ce n'est la plus belle** one of the most beautiful, if not the most beautiful; **elle se porte bien, ~ ce n'est qu'elle est très fatiguée** she's quite well apart from the fact that she is very tired *ou* apart from feeling very tired.

(i) *(loc)* **~ tant est que** so long as, provided that, if ... (that is); **invite-les tous, ~ tant est que nous ayons assez de verres** invite them all, so long as we have enough glasses *ou* if we have enough glasses (that is); **s'il te** *ou* **vous plaît please;** **~ je ne me trompe,** *(frm, iro)* **~ je ne m'abuse** if I am not mistaken *ou* under a misapprehension *(frm),* unless I'm mistaken; *(frm, hum)* **~ j'ose dire** if I may say so; *(frm)* **~ je puis dire** if I may put it like that; **~ l'on peut dire** in a way, as it were, so to speak, in a manner of speaking; **~ on veut, ~ l'on veut** as it were; **~ j'ai bien compris/ entendu** if I understood correctly/heard properly; **~ seulement il venait/était venu** if only he was coming/had come; **brave homme s'il en fut** a fine man if ever there was one; **~ c'est ça*, je m'en vais** if that's how it is, I'm off*.

2 *nm inv* if. **avec des ~ et des mais, on mettrait Paris dans une bouteille** if ifs and ands were pots and pans there'd be no need for tinkers.

si² [si] *adv* **(a)** *(affirmatif)* **vous ne venez pas? — ~/mais ~/que ~** aren't you coming? — yes I am/of course I am/indeed I am *ou* I certainly am; **vous n'avez rien mangé? — ~, une pomme** haven't you had anything to eat? — yes (I have), an apple; **~, ~, il faut venir** oh but you must come!; **il n'a pas voulu, moi ~** he didn't want to, but I did; **répondre que ~** to reply that one would *(ou* did, was *etc);* **il n'a pas écrit? — il semble bien** *ou* **il paraît que ~** hasn't he written? — yes, it seems that he has (done); **je pensais qu'il ne viendrait pas, mais quand je lui en ai parlé il m'a répondu que ~** I thought he wouldn't come but when I mentioned it to him he told me he would; **je croyais qu'elle ne voulait pas venir, mais il m'a dit que ~** I thought she didn't want to come but he said she did; **~ fait†** indeed yes.

(b) *(intensif: tellement) (modifiant attrib, adv)* so. *(modifiant épith)* **un ami ~ gentil** such a kind friend, so kind a friend *(frm);* **des amis ~ gentils, de ~ gentils amis** such kind friends; **il parle ~ bas qu'on ne l'entend pas** he speaks so low *ou* in such a low voice that you can't hear him; **j'ai ~ faim** I'm so hungry; **elle n'est pas ~ stupide qu'elle ne puisse comprendre ceci** she's not so stupid that she can't understand this.

(c) **~ bien que** so that, so much so that, with the result that.

(d) *(concessif: aussi)* however. **~ bête soit-il** *ou* **qu'il soit, il comprendra** (as) stupid as he is *ou* however stupid he is he will understand; **~ rapidement qu'il progresse** however fast his progress is *ou* he's making progress, as fast as his progress is; **~**

adroitement qu'il ait parlé, il n'a convaincu personne for all that he spoke very cleverly *ou* however cleverly he may have spoken he didn't convince anyone; ~ beau qu'il fasse, il ne peut encore sortir however good the weather is he cannot go out yet; ~ peu que ce soit however little it may be, little as *ou* though it may be (*frm*).

(e) (*égalité: aussi*) as, so. elle n'est pas ~ timide que vous croyez she's not so *ou* as shy as you think; il ne travaille pas ~ lentement qu'il en a l'air he doesn't work as slowly as he seems to.

si³ [si] *nm inv* (*Mus*) B; (*en chantant la gamme*) ti, te, si.

sial [sjal] *nm* (*Géol*) sial.

Siam [sjam] *nm* Siam.

siamois, e [sjamwa, waz] **1** *adj* (*Géog†*), *chat* Siamese. frères/sœurs ~(es) (boy/girl) Siamese twins. **2** *nm, f* (a) (*Géog †*) S~(e) Siamese. **(b)** (*pl: jumeaux*) Siamese twins. **3** *nm* (*chat*) Siamese.

Sibérie [siberi] *nf* Siberia.

sibérien, -enne [sibeʀjɛ̃, ɛn] **1** *adj* (*Géog, fig*) Siberian. **2** *nm, f*: S~(ne) Siberian.

sibilant, e [sibilɑ̃, ɑ̃t] *adj* (*Méd*) sibilant.

sibylle [sibil] *nf* sibyl.

sibyllin, e [sibilɛ̃, in] *adj* (*Myth, fig*) sibylline.

sic [sik] *adv* sic.

siccatif, -ive [sikatif, iv] *adj, nm* siccative.

Sicile [sisil] *nf* Sicily.

sicilien, -enne [sisiljɛ̃, ɛn] **1** *adj* Sicilian. **2** *nm* **(a)** S~ Sicilian. **(b)** (*dialecte*) Sicilian. **3** sicilienne *nf* **(a)** S~ne Sicilian. **(b)** (*danse*) Siciliano, Sicilienne.

SIDA [sida] *nm* (*abrév de* **Syndrome Immuno-Déficitaire Acquis**) AIDS.

side-car, pl side-cars [sidkaʀ] *nm* (*habitacle*) sidecar; (*véhicule entier*) (motorcycle) combination.

sidéral, e, mpl -aux [sideʀal, o] *adj* sidereal.

sidérant, e* [sideʀɑ̃, ɑ̃t] *adj* staggering*, shattering*.

sidérer* [sideʀe] (6) *vt* to stagger*, shatter*.

sidérurgie [sideʀyʀʒi] *nf* (*fabrication*) iron and steel metallurgy; (*industrie*) iron and steel industry.

sidérurgique [sideʀyʀʒik] *adj* procédé (iron and) steel-making (*épith*); industrie iron and steel (*épith*).

sidérurgiste [sideʀyʀʒist(ə)] *nmf* (iron and) steel maker.

sidi [sidi] *nm* (*péj*) wog‡ (*péj*), North African immigrant (resident in France).

Sidon [sidɔ̃] *n* Sidon.

siècle¹ [sjɛkl(ə)] *nm* (*période de cent ans, date*) century; (*époque, âge*) age, century. au 3e ~ avant Jésus-Christ/après Jésus-Christ du de notre ère in the 3rd century B.C./A.D.; être de son ~/d'un autre ~ to belong to one's age/to another age; de ~ en ~ from age to age, through the ages; le ~ de Périclès/d'Auguste the age of Pericles/Augustus; le S~ des lumières (the Age of) the Enlightenment; il y a un ~ *ou* des ~s que nous ne nous sommes vus* it has been *ou* it is years *ou* ages since we last saw each other; cet arbre a/ces ruines ont des ~s this tree is/these ruins are centuries old; *V* consommation, fin², grand, mal.

siècle² [sjɛkl(ə)] *nm* (*Rel*) le ~ the world; les plaisirs du ~ worldly pleasures, the pleasures of the world.

siège¹ [sjɛʒ] *nm* **(a)** (*meuble, de W.-C.*) seat. ~ de jardin/de bureau garden/office chair; prenez un ~ take a seat; Dupont, le spécialiste du ~ de bureau Dupont, the specialist in office seating; (*Aut*) ~ avant/arrière front/back seat; (*Aviat*) ~ éjectable ejector seat; (*Aut*) ~ baquet bucket seat; (*Aut*) ~ pour bébés baby seat.
(b) (*frm, Méd: postérieur*) seat; l'enfant se présente par le ~ the baby's in the breech position; *V* bain.
(c) (*Pol: fonction*) seat.
(d) (*Jur*) [*magistrat*] bench; *V* magistrature.
(e) (*résidence principale*) [*firme*] head office; [*parti, organisation internationale*] headquarters; [*tribunal, assemblée*] seat. ~ social registered office; ~ épiscopal/pontifical episcopal/pontifical see; cette organisation, dont le ~ est à Genève this Geneva-based organization, this organization which is based in Geneva *ou* which has its headquarters in Geneva; *V* saint.
(f) (*fig: centre*) [*maladie, passions, rébellion*] seat; (*Physiol*) [*faculté, sensation*] centre.

siège² [sjɛʒ] *nm* [*place forte*] siege. mettre le ~ devant to besiege; (*lit, fig*) faire le ~ de to lay siege to; *V* état, lever.

siéger [sjeʒe] (3 *et* 6) *vi* [*députés, tribunal, assemblée*] to sit; (*fig*) [*maladie*] to be located; [*faculté*] to have its centre; [*passion*] to have its seat. voilà où siège le mal that's where the trouble lies, that's the seat of the trouble.

sien, sienne [sjɛ̃, sjɛn] **1** *pron poss*: le ~, la sienne, les ~s, les siennes [*homme*] his (own); [*femme*] hers, her own; [*chose, animal*] its own; [*nation*] its own, hers, her own; (*indéf*) one's own; ce sac/cette robe est le ~/la sienne this bag/dress is hers, this is her bag/dress; il est parti avec une casquette qui n'est pas la sienne he went away with a cap which isn't his (own); le voisin est furieux parce que nos fleurs sont plus jolies que les siennes our neighbour is furious because our flowers are nicer than his (own); mes enfants sont sortis avec 2 des ~s/les 2 ~s my children have gone out with 2 of hers/her 2; cet oiseau préfère les nids des autres au ~ this bird prefers other birds' nests to its own; je préfère mes ciseaux, les ~s ne coupent pas I prefer my scissors because hers don't cut; (*emphatique*) la sienne de voiture est plus rapide* HIS car is faster, HIS is a faster car; de tous les pays, on préfère toujours le ~ of all countries one always prefers one's own.

2 *nm* **(a)** les choses s'arrangent depuis qu'il/elle y a mis du ~ things are beginning to sort themselves out since he/she began to pull his/her weight; chacun doit être prêt à y mettre du ~ everyone must be prepared to pull his weight *ou* to make some effort.
(b) les ~s (*famille*) one's family, one's (own) folks*; (*partisans*)

one's own people; Dieu reconnaît les ~s God knows his own *ou* his people.
3 *nf*: il/elle a encore fait des siennes* he/she has (gone and) done it again*; le mal de mer commençait à faire des siennes parmi les passagers seasickness was beginning to claim some victims among the passengers.
4 *adj poss* (*littér*) un ~ cousin a cousin of his *ou* hers; il fait siennes toutes les opinions de son père he adopts all his father's opinions.

Sienne [sjɛn] *n* Siena; *V* terre.

sierra [sjɛʀa] *nf* sierra.

Sierra Leone [sjɛʀaleɔn] *nf* Sierra Leone.

sierra-léonien, -ienne [sjɛʀaleɔnjɛ̃, jɛn] **1** *adj* Sierra Leonean. **2** *nm, f*: Sierra-Léonien(ne) Sierra Leonean.

sieste [sjɛst(ə)] *nf* (*gén*) nap, snooze; (*en Espagne etc*) siesta. faire la ~ to have *ou* take a nap; to have a siesta.

sieur [sjœʀ] *nm*: le ~ X (†† *ou Jur*) Mr X; (*péj hum*) Master X.

sifflant, e [siflɑ̃, ɑ̃t] *adj sonorité* whistling; *toux* wheezing; *prononciation* hissing, whistling. (consonne) ~e sibilant.

sifflement [sifləmɑ̃] *nm* **(a)** (*V siffler: volontaire*) whistling (*U*); hissing (*U*). un ~ a whistle; a hiss; un ~ d'admiration a whistle of admiration; un ~ mélodieux a melodious whistle; des ~s se firent entendre one could hear whistling noises; j'entendis le ~ aigu/les ~s de la locomotive I heard the shrill whistle/the whistling of the locomotive.
(b) (*V siffler: involontaire*) hissing (*U*); wheezing (*U*); whistling (*U*). des ~s whistling noises; hissing noises; ~ d'oreilles whistling in the ears.

siffler [sifle] (1) **1** *vi* **(a)** (*volontairement*) [*personne*] to whistle; (*avec un sifflet*) to blow one's *ou* a whistle; [*oiseau, train*] to whistle; [*serpent*] to hiss.
(b) (*involontairement*) [*vapeur, gaz, machine à vapeur*] to hiss; [*voix, respiration*] to wheeze; [*vent*] to whistle; [*projectile*] to whistle, hiss. la balle/l'obus siffla à ses oreilles the bullet/shell whistled *ou* hissed past his ears; il siffle en dormant/parlant he whistles in his sleep/when he talks; il siffle en respirant he wheezes.
2 *vt* **(a)** (*appeler*) chien, enfant to whistle for; *fille* to whistle at; automobiliste *ou* joueur en faute to blow one's whistle at; (*signaler*) départ, faute to blow one's whistle for. (*Ftbl*) ~ la fin du match to blow the final whistle, blow for time.
(b) (*huer*) ~ un acteur/une pièce to whistle one's disapproval of an actor/a play, hiss *ou* boo an actor/a play; se faire ~ to get hissed *ou* booed.
(c) (*moduler*) air, chanson to whistle.
(d) (‡: *avaler*) to guzzle*, knock back‡.

sifflet [siflɛ] *nm* **(a)** (*instrument, son*) whistle. ~ à roulette whistle; ~ à vapeur steam whistle; ~ d'alarme alarm whistle; *V* coup. **(b)** ~s (*huées*) whistles of disapproval, hissing, booing, cat-calls. **(c)** (‡: *gorge*) serrer le ~ à qn to throttle sb; *V* couper.

siffleur, -euse [siflœʀ, øz] **1** *adj merle* whistling; *serpent* hissing. (canard) ~ widgeon. **2** *nm, f* (*qui sifflote*) whistler; (*qui hue*) hisser, booer.

siffleux [sif12] *nm* (*Can**) groundhog, woodchuck, whistler (*US, Can*).

sifflotement [siflɔtmɑ̃] *nm* whistling (*U*).

siffloter [siflɔte] (1) **1** *vi* to whistle (a tune). ~ entre ses dents to whistle under one's breath. **2** *vt air* to whistle.

sigillé, e [siʒile] *adj* sigillated.

sigle [sigl(ə)] *nm* (set of) initials, acronym.

sigma [sigma] *nm* sigma.

signal, pl -aux [siɲal, o] *nm* **(a)** (*signe convenu; Psych: stimulus*) signal; (*indice*) sign. donner le ~ de (*lit*) to give the signal for; (*fig: déclencher*) to blow ou sign for, signal; cette émeute fut le ~ d'une véritable révolution the riot was the signal for the start of *ou* signalled the outbreak of a virtual revolution; à mon ~ tous se levèrent when I gave the signal *ou* sign everyone got up; donner le ~ du départ (*gén*) to give the signal for departure; (*Sport*) to give the starting signal; ~ de détresse distress signal.
(b) (*Naut, Rail: écriteau, avertisseur*) signal; (*Aut: écriteau*) (road)sign. (*feux*) signaux (lumineux) traffic signals *ou* lights; (*Rail*) ~ automatique automatic signal; (*Rail*) ~ d'alarme alarm; tirer le ~ d'alarme to pull the alarm, pull the communication cord (*Brit* †); ~ sonore *ou* acoustique sound *ou* acoustic signal; ~ optique/lumineux visual/light signal; (*Rail*) ~ avancé advance signal.
(c) (*Ling, Ordinateurs, Téléc*) signal. ~ horaire time signal.

signalé, e [siɲale] (*ptp de* **signaler**) *adj* (*littér*) service, récompense signal (*littér*) (*épith*).

signalement [siɲalmɑ̃] *nm* [*personne, véhicule*] description, particulars.

signaler [siɲale] (1) **1** *vt* **(a)** (*être l'indice de*) to indicate, be a sign of. ces changements signalent une évolution très nette these changes are the sign of *ou* indicate a very definite development; des empreintes qui signalent la présence de qn footprints indicating sb's presence.
(b) [*sonnerie, écriteau*] to signal; [*personne*] (*faire un signe*) to signal; (*en mettant un écriteau ou une indication*) to indicate. on signale l'arrivée d'un train au moyen d'une sonnerie the arrival of a train is signalled by a bell ringing, a bell warns *ou* signals the arrival of a train; sur ma carte, ils signalent l'existence d'une source près du village on my map there's a spring marked near the village; signalez que vous allez tourner à droite en tendant le bras droit indicate *ou* signal that you are turning right by putting out your right arm.
(c) erreur, détail to indicate, point out; *fait nouveau, vol, perte* to

report. **on signale la présence de l'ennemi** there are reports of the enemy's presence; **on signale l'arrivée du bateau** it has been reported *ou* there have been reports that the boat will arrive shortly; **rien à** ~ nothing to report; ~ **qn à l'attention de qn** to bring sb to sb's attention; ~ **qn à la vindicte publique** to expose sb to public condemnation; **nous vous signalons en outre que** ... we would further point out to you that ... ; **nous vous signalons qu'il** ... for your information, he ... .

2 se signaler *vpr* (a) (*s'illustrer*) to distinguish o.s., stand out. **il se signale par sa bravoure** he distinguishes himself by his courage, his courage makes him stand out.

(b) (*attirer l'attention*) to draw attention to o.s. **se** ~ **à l'attention de qn** to attract sb's attention, bring o.s. to sb's attention.

signalétique [siɲaletik] *adj détail* identifying, descriptive. **fiche** ~ identification sheet.

signalisation [siɲalizasjɔ̃] *nf* (a) (*action: V* **signaliser**) erection of (road)signs (and signals) (*de* on); laying out of runway markings and lights (*de* on); putting signals (*de* on). **erreur de** ~ (*Aut*) signposting error; (*Rail*) signalling error; **panneau de** ~ roadsign; **moyens de** ~ means of signalling.

(b) (*signaux*) signals. ~ **routière** roadsigns; **une bonne** ~ a good signal system.

signaliser [siɲalize] (1) *vt route, réseau* to put up (road)signs on; *piste* to put runway markings and lights on; *voie* to put signals on. **bien signalisé** with good roadsigns; with good (runway) markings and lights; with good signals.

signataire [siɲatɛʀ] *nmf* [*traité, paix*] signatory. **les** ~**s** those signing, the signatories; **pays** ~**s** signatory countries.

signature [siɲatyʀ] *nf* (a) (*action*) signing; (*marque, nom*) signature. (*Comm*) **les fondés de pouvoir ont la** ~ the senior executives may sign for the company; **le devoir d'honorer sa** ~ the duty to honour one's signature; (*Jur*) ~ **usurpatoire/légalisée/sociale** unauthorised/authenticated/authorized signature.

(b) (*Typ*) signature (*mark*).

signe [siɲ] **1** *nm* (a) (*geste*) (*de la main*) sign, gesture; (*de l'expression*) sign. **s'exprimer par** ~**s** to use signs to communicate; **langage par** ~**s** sign language; **échanger des** ~**s d'intelligence** to exchange knowing looks; **faire un** ~ **à qn** to make a sign to sb, sign to sb; **un** ~ **de tête affirmatif/négatif** a nod/a shake of the head; **ils se faisaient des** ~**s** they were making signs to each other; **un** ~ **d'adieu/de refus** a sign of farewell/refusal.

(b) (*indice*) sign. ~ **précurseur** portent, omen, forewarning; **c'est un** ~ **de pluie** it's a sign it's going to rain, it's a sign of rain; **c'est** ~ **qu'il va pleuvoir/qu'il est de retour** it shows *ou* it's a sign that it's going to rain/that he's back; **c'est bon/mauvais** ~ it's a good/bad sign; (*lit, fig*) **ne pas donner** ~ **de vie** to give no sign of life; **c'est un** ~ **des temps** it's a sign of the times; **donner des** ~**s de fatigue** to show signs of tiredness.

(c) (*trait*) mark. '~**s particuliers: néant**' 'distinguishing marks: none'.

(d) (*symbole: gén, Ling, Math, Mus*) sign; (*Typ*) [*correcteurs*] mark. **le** ~ **moins/plus** the minus/plus sign; ~ (*typographique*) character; (*Mus*) ~**s d'expression** expression marks.

(e) (*Astrol*) ~ **du zodiaque** sign of the zodiac; **sous quel** ~ **es-tu né?** what sign were you born under?; (*fig*) **rencontre placée sous le** ~ **de l'amitié franco-britannique** meeting where the keynote was Franco-British friendship *ou* where the dominant theme was Franco-British friendship; **ministère qui a vécu sous le** ~ **du mécontentement** term of office for the government where the dominant *ou* prevailing mood was one of discontent.

(f) (*loc*) **faire** ~ **à qn** (*lit*) to make a sign to sb; (*fig: contacter*) to get in touch with sb, contact sb; **faire** ~ **à qn d'entrer** to make a sign for sb to come in, sign to sb to come in; **il m'a fait** ~ **de la tête de ne pas bouger** he shook his head to tell me not to move; **il a fait** ~ **à la voiture de franchir les grilles** he waved the car through the gates; **faire** ~ **du doigt à qn** to beckon (to) sb with one's finger; **faire** ~ **que oui** to nod in agreement, nod that one will (*ou* did *etc*); **faire** ~ **que non** to shake one's head (in disagreement *ou* dissent); **en** ~ **de protestation** as a sign *ou* mark of protest; **en** ~ **de respect** as a sign *ou* mark *ou* token of respect; **en** ~ **de deuil** as a sign of mourning.

2: signe cabalistique cabalistic sign; **signe de la croix** sign of the cross; **faire le signe de la croix** *ou* **un signe de croix** to make the sign of the cross, cross o.s.; **signes extérieurs de richesse** outward signs of wealth; **signe de ponctuation** punctuation mark; **signe de ralliement** rallying symbol.

signer [siɲe] (1) **1** *vt* (a) *document, traité, œuvre d'art* to sign. **signez au bas de la page/en marge** sign at the bottom of the page/in the margin; ~ **un chèque en blanc** to sign a blank cheque; ~ **son nom** to sign one's name; ~ **d'une croix/de son sang/de son vrai nom** to sign with a cross/with one's blood/with one's real name; **tableau non signé** unsigned painting; **cravate/carrosserie signée X** tie/coachwork by X; (*fig*) **c'est signé!** * it's absolutely characteristic, it's written all over it!*; (*fig*) **c'est signé Louis!** * it has Louis written all over it!*; (*fig*) **il a signé son arrêt de mort** he has signed his own death warrant.

(b) (*Tech*) to hallmark.

2 se signer *vpr* (*Rel*) to cross o.s.

signet [siɲɛ] *nm* (book) marker, bookmark.

signifiant [siɲifjɑ̃] *nm* (*Ling*) signifier, signifiant.

significatif, -ive [siɲifikatif, iv] *adj* (a) (*révélateur*) *mot, sourire, geste* significant, revealing. **ces oublis sont** ~**s de son état d'esprit** his forgetfulness is indicative of his state of mind.

(b) (*expressif*) *symbole* meaningful, significant.

signification [siɲifikasjɔ̃] *nf* (a) (*sens*) [*fait*] significance (*U*), meaning; [*mot, symbole*] meaning. (*Ling*) **la** ~ signification. (b)

(*Jur*) [*décision judiciaire*] notification. ~ **d'actes** service of documents.

signifié [siɲifje] *nm* (*Ling*) signified, signifié.

signifier [siɲifje] (7) *vt* (a) (*avoir pour sens*) to mean, signify. **que signifie ce mot/son silence?** what is the meaning of this word/his silence?, what does this word/his silence mean *ou* signify?; (*Ling*) **les symboles signifient** symbols convey meaning; **que signifie cette cérémonie?** what is the significance of this ceremony?, what does this ceremony signify?; **ses colères ne signifient rien** his tempers don't mean anything; **bonté ne signifie pas forcément faiblesse** kindness does not necessarily mean *ou* signify *ou* imply weakness *ou* is not necessarily synonymous with weakness; **l'envol des hirondelles signifie que l'automne est proche** the departure of the swallows means *ou* shows that autumn is near *ou* marks *ou* signifies the approach of autumn; **qu'est-ce que cela signifie?** (*indignation*) (*gén*) what's the meaning of this?; (*après remarque hostile*) what's that supposed to mean?

(b) (*frm: faire connaître*) to make known. ~ **ses intentions/sa volonté à qn** to make one's intentions/wishes known to sb, inform sb of one's intentions/wishes; (*renvoyer*) ~ **son congé à qn** to give sb notice of dismissal, give sb his notice; **son regard me signifiait tout son mépris** his look conveyed to me his utter scorn; **signifiez-lui qu'il doit se rendre à cette convocation** inform him that he is to answer this summons.

(c) (*Jur*) *exploit, décision judiciaire* to serve notice of (*à* on), notify (*à* to). ~ **un acte judiciaire** to serve legal process.

Sikh [sik] *nmf* Sikh.

silence [silɑ̃s] *nm* (a) (*absence de bruits, de conversation*) silence. **garder le** ~ to keep silent, say nothing; **faire** ~ to be silent; **faire qch en** ~ to do sth in silence; **il n'arrive pas à faire le** ~ **dans sa classe** he can't get silence in his class *ou* get his class to be silent; **sortez vos cahiers et en** ~**!** get out your books and no talking!; (**faites**) ~**!** silence!, no talking!; (*Ciné*) ~**!** on tourne quiet everybody, action!; **il prononça son discours dans un** ~ **absolu** there was dead silence while he made his speech; **un** ~ **de mort** a deathly hush *ou* silence; *V* **minute, parole**.

(b) (*pause: dans la conversation, un récit*) pause; (*Mus*) rest. **récit entrecoupé de longs** ~**s** account broken by lengthy pauses; **il y eut un** ~ **gêné** there was an embarrassed silence; **à son entrée il y eut un** ~ there was a hush when he came in.

(c) (*impossibilité ou refus de s'exprimer*) silence. **les journaux gardèrent le** ~ **sur cette grève** the newspapers kept silent *ou* were silent on this strike; **contrainte l'opposition au** ~ to force the opposition to keep silent; **passer qch sous** ~ to pass over sth in silence; **souffrir en** ~ to suffer in silence; **aimer qn en** ~ to love sb silently *ou* in silence; **surprise préparée dans le plus grand** ~ surprise prepared in the greatest secrecy; *V* **loi**.

(d) (*paix*) silence, still(ness). **dans le grand** ~ **de la plaine** in the great silence *ou* stillness of the plain; **vivre dans la solitude et le** ~ to live in solitary silence.

silencieusement [silɑ̃sjøzmɑ̃] *adv* (*V* **silencieux**) silently; quietly; noiselessly.

silencieux, -euse [silɑ̃sjø, øz] **1** *adj* (a) *mouvement, pas, élèves, auditeurs* silent, quiet; *moteur, machine* quiet, noiseless. **le voyage du retour fut** ~ the return journey was quiet *ou* was a silent one; **rester** ~ to remain silent.

(b) (*paisible*) *lieu, cloître* silent, still.

(c) (*peu communicatif*) quiet; (*qui ne veut ou ne peut s'exprimer*) silent.

2 *nm* [*arme à feu*] silencer; [*pot d'échappement*] silencer (*Brit*), muffler (*US*).

Silésie [silezi] *nf* Silesia.

silex [silɛks] *nm* flint. (*Archéol*) **des** (**armes en**) ~ flints.

silhouettage [silwɛtaʒ] *nm* (*Phot*) blocking out.

silhouette [silwɛt] *nf* (a) (*profil: vu à contre-jour etc*) outline, silhouette; (*lignes, galbe*) outline. **la** ~ **du château se détache sur le couchant** the outline *ou* silhouette of the château stands out *ou* the château is silhouetted against the sunset; **on le voyait en** ~, **à contre-jour** he could be seen in outline *ou* silhouetted against the light.

(b) (*allure*) figure. **une** ~ **un peu masculine** a slightly masculine figure.

(c) (*figure*) figure. **des** ~**s multicolores parsemaient la neige** the snow was dotted with colourful figures; ~**s de tir** figure targets.

silhouetter [silwɛte] (1) **1** *vt* (a) (*Art*) to outline. **l'artiste silhouetta un corps de femme** the artist outlined *ou* drew an outline of a woman's body.

(b) (*Phot*) to block out.

2 se silhouetter *vpr* to be silhouetted. **le clocher se silhouette sur le ciel** the bell tower is silhouetted *ou* outlined against the sky.

silicate [silikat] *nm* silicate.

silice [silis] *nf* silica. ~ **fondue** *ou* **vitreuse** silica glass; **gel de** ~ silica gel.

siliceux, -euse [silisø, øz] *adj* siliceous, silicious.

silicium [silisjɔm] *nm* silicon.

silicone [silikon] *nf* silicone.

silicose [silikoz] *nf* silicosis.

sillage [sijaʒ] *nm* (a) [*embarcation*] wake; [*avion à réaction*] (*déplacement d'air*) slipstream; (*trace*) (vapour) trail; (*fig*) [*personne, animal, parfum*] trail. (*lit, fig*) **dans le** ~ **de qn** (following) in sb's wake; **aspiré dans son** ~ pulled along in his wake. (b) (*Phys*) wake.

sillon [sijɔ̃] *nm* (a) [*champ*] furrow. (*littér*) **les** ~**s** the (ploughed (*Brit*) *ou* plowed (*US*)) fields; (*fig littér*) **creuser son** ~ to plough (*Brit*) *ou* plow (*US*) one's (own) furrow. (b) (*fig: ride, rayure*) furrow. (c) (*Anat*) fissure. (d) [*disque*] groove.

sillonner [sijɔne] (1) vt (a) (traverser) [avion, bateau, routes] to cut across, cross. **les canaux qui sillonnent la Hollande** the canals which cut across ou which criss-cross Holland; **région sillonnée de canaux/routes** region which is criss-crossed by canals/roads; **des avions ont sillonné le ciel toute la journée** planes have been droning backwards and forwards ou to and fro across the sky all day; ~ **les routes** to travel the roads; **les touristes sillonnent la France en été** tourists travel to every corner ou throughout the length and breadth of France in the summer.
   (b) (creuser) [rides, ravins, crevasses] to furrow. **visage sillonné de rides** face furrowed with wrinkles; **front sillonné d'une ride profonde** deeply furrowed brow.

silo [silo] nm (Aviat, Mil) silo. ~ **à céréales/fourrages** grain/fodder silo; **mettre en** ~ to put in a silo, silo.

silotage [silɔtaʒ] nm (Tech) ensilage.

silure [silyʀ] nm silurid.

sima [sima] nm (Géol) sima.

simagrée [simagʀe] nf (gén pl) fuss (U), playacting (U). **elle a fait beaucoup de** ~ **avant d'accepter son cadeau** she made a great fuss (about it) ou she put on a great show of reluctance before she accepted his present.

simien, -ienne [simjɛ̃, jɛn] adj, nm simian.

simiesque [simjɛsk(ə)] adj (V singe) monkey-like; ape-like.

similaire [similɛʀ] adj similar. **le rouge à lèvres, le fond de teint et produits** ~**s** lipstick, foundation cream and similar products ou products of a similar nature ou type.

similarité [similaʀite] nf similarity.

simili [simili] **1** préf imitation (épith), artificial. ~**cuir** imitation leather, leatherette; **en** ~ **fourrure** fun fur (épith). **2** nm imitation. **bijoux en** ~ imitation ou costume jewellery. **3** nf (*) abrév de **similigravure**.

similigravure [similigʀavyʀ] nf half-tone engraving.

similitude [similityd] nf (a) similarity. **il y a certaines** ~**s entre ces méthodes** there are certain likenesses ou similarities between these methods. (b) (Géom) similarity.

Simon [simɔ̃] nm Simon.

simonie [simɔni] nf simony.

simoun [simun] nm simoom, simoon.

simple [sɛ̃pl(ə)] **1** adj (a) (non composé) simple; (non multiple) single. **billet** ~ single ticket (Brit), one-way ticket; **en** ~ **épaisseur** in a single layer ou thickness; V **aller, partie², passé**.
   (b) (peu complexe) simple; (facile) simple, straightforward. **réduit à sa plus** ~ **expression** reduced to a minimum; **c'est comme bonjour*** ou **chou*** easy as falling off a log* ou as pie* ou as winking* (Brit); **dans ce cas, c'est bien** ~: **je m'en vais** in that case it's quite simple ou straightforward — I'm leaving, in that case I'm quite simply leaving; **ce serait trop** ~! that would be too easy! ou too simple! ou too straightforward!
   (c) (modeste) personne plain (épith), simple, unaffected; vie, goûts simple; robe, repas, style simple, plain. **il a su rester** ~ he has managed to stay unaffected; **dans sa mise** ou **dans sa robe la plus** ~ ou plainly; (hum) **dans le plus** ~ **appareil** in one's birthday suit, in the altogether* (hum).
   (d) (naïf) simple. ~ **d'esprit** (adj) simple-minded; (nmf) simpleton, simple-minded person.
   (e) (valeur restrictive) simple. **un** ~ **particulier/salarié** an ordinary citizen/wage earner; **un** ~ **soldat** a private; **une** ~ **formalité** a simple formality; **un** ~ **regard/une** ~ **remarque la déconcertait** just a ou (even) a mere ou simple look/comment would upset her; **d'un** ~ **geste de la main** with a simple movement of his hand; V **pur**.
   2 nm (a) **passer du** ~ **au double** to double.
   (b) (Bot) medicinal plant, simple†.
   (c) (Tennis) singles. ~ **messieurs/dames** men's/ladies'singles.

simplement [sɛ̃pləmɑ̃] adv (a) (V simple) simply; straightforwardly; plainly; unaffectedly.
   (b) (seulement) simply, merely, just. **je veux** ~ **dire que** ... I simply ou merely ou just want to say that ...; **c'est (tout)** ~ **incroyable que tu ne l'aies pas vue** it's a (just) simply incredible that you didn't see her; V **purement**.

simplet, -ette [sɛ̃plɛ, ɛt] adj (a) personne simple, ingenuous. (b) raisonnement, question simplistic, naïve; roman, intrigue simple, unsophisticated.

simplex [sɛ̃plɛks] nm (Ordin) simplex.

simplexe [sɛ̃plɛks] nm (Math) simplex.

simplicité [sɛ̃plisite] nf (a) (V simple) simplicity; straightforwardness; plainness; (naïveté) simpleness. (b) (naïveté) simpleness.

simplifiable [sɛ̃plifjabl(ə)] adj (gén) méthode that can be simplified; (Math) fraction reducible.

simplificateur, -trice [sɛ̃plifikatœʀ, tʀis] adj simplifying (épith).

simplification [sɛ̃plifikasjɔ̃] nf simplification.

simplifier [sɛ̃plifje] (7) vt (gén, Math) to simplify. **pour** ~ **la vie/cette tâche** to simplify one's existence/this job, to make life/this job simpler; **il a le travers de trop** ~ he tends to oversimplify.

simplisme [sɛ̃plism(ə)] nm (péj) simplism.

simpliste [sɛ̃plist(ə)] adj (péj) simplistic.

simulacre [simylakʀ(ə)] nm (action simulée) enactment. **les acteurs firent un** ~ **de sacrifice humain** the actors enacted a human sacrifice; (péj: fausse apparence) **un** ~ **de justice** a pretence of justice; **un** ~ **de gouvernement/procès** a sham government/trial, a mockery of a government/a trial.

simulateur, -trice [simylatœʀ, tʀis] **1** nm, f (gén) shammer, pretender; (Mil: qui feint la maladie) malingerer. **2** nm (Tech) ~ **de vol** flight simulator.

simulation [simylasjɔ̃] nf (V simuler) feigning, simulation. **il n'est pas malade, c'est de la** ~ (gén) he isn't ill — it's all sham ou it's all put on; (Mil) he isn't ill — he's just malingering.

simulé, e [simyle] (ptp de **simuler**) adj (feint) attaque, retraite feigned, sham (épith); amabilité, gravité feigned, sham (épith); simulated (frm); (imité) velours, colonnade simulated; (Tech: reproduit) conditions, situation simulated.

simuler [simyle] (1) vt (a) (feindre) sentiment, attaque to feign, sham, simulate (frm). ~ **une maladie** to feign illness, pretend to be ill.
   (b) (avoir l'apparence de) to simulate. **ce papier peint simule une boiserie** this wallpaper is made to look like ou simulates wood panelling.
   (c) (Tech: reproduire) conditions, situation to simulate.
   (d) (Jur) contrat, vente to effect fictitiously.
   (e) (Ordin) to simulate.

simultané, e [simyltane] adj simultaneous; V **traduction**.

simultanéisme [simyltaneism(ə)] nm (Littérat: procédé narratif) (use of) simultaneous action.

simultanéité [simyltaneite] nf simultaneousness, simultaneity.

simultanément [simyltanemɑ̃] adv simultaneously.

Sinaï [sinai] nm Sinai.

sinapisé [sinapize] adj: **bain/cataplasme** ~ mustard bath/poultice.

sinapisme [sinapism(ə)] nm mustard poultice ou plaster.

sincère [sɛ̃sɛʀ] adj personne, aveu, paroles sincere; réponse, explication sincere, honest; repentir, amour, partisan, admiration sincere, genuine, true (épith); élections, documents genuine. **est-il** ~ **dans son amitié?** is he sincere in his friendship?, is his friendship sincere? ou genuine?; **un ami** ~ **des bêtes/arts** a true ou genuine friend of animals/of the arts; (formule épistolaire) **mes** ~**s condoléances** my sincere ou heartfelt condolences; **mes regrets les plus** ~**s** my sincerest regrets.

sincèrement [sɛ̃sɛʀmɑ̃] adv (a) (V sincère) sincerely; honestly; truly; genuinely. **je suis** ~ **désolé que** ... I am sincerely ou truly ou genuinely sorry that ....
   (b) (pour parler franchement) honestly, really. ~, **vous feriez mieux de refuser** honestly ou really you would be better saying no.

sincérité [sɛ̃seʀite] nf (V sincère) sincerity; honesty; genuineness. **en toute** ~ in all sincerity.

sinécure [sinekyʀ] nf sinecure. **ce n'est pas une** ~* it's not exactly a rest cure.

sine die [sinedje] adv sine die.

sine qua non [sinekwanɔn] adj: **une condition** ~ an indispensable condition, a sine qua non.

Singapour [sɛ̃gapuʀ] nm Singapore.

singapourien, -ienne [sɛ̃gapuʀjɛ̃, jɛn] **1** adj Singaporean. **2** nm, f: **S~(ne)** Singaporean.

singe [sɛ̃ʒ] nm (a) (Zool) monkey; (de grande taille) ape. **les grands** ~**s** the big apes.
   (b) (fig) (personne laide) horror; (enfant espiègle) monkey.
   (c) (arg Mil: corned beef) bully beef (arg Mil).
   (d) († arg Typ etc: patron) boss*.
   (e) (loc) **faire le** ~ to monkey about (pulling faces etc); **être agile/malin comme un** ~ to be as agile/crafty ou artful as a monkey; V **apprendre, monnaie**.

singer [sɛ̃ʒe] (3) vt personne, démarche to ape, mimic, take off; sentiments to feign.

singerie [sɛ̃ʒʀi] nf (a) (gén pl: grimaces et pitreries) antics (pl), clowning (U). **faire des** ~**s** to clown about, play the fool. (b) (simagrées) ~**s** airs and graces. (c) (cage) monkey house.

single [sɛ̃gəl] nm (Tennis) singles game; (Tourisme) single room.

singleton [sɛ̃glətɔ̃] nm singleton.

singulariser [sɛ̃gylaʀize] (1) **1** vt to mark out, make conspicuous. **2 se singulariser** vpr to call attention to o.s., make o.s. conspicuous.

singularité [sɛ̃gylaʀite] nf (a) (caractère: V singulier) remarkable nature; singularity; uncommon nature. (b) (exception, anomalie) peculiarity.

singulier, -ière [sɛ̃gylje, jɛʀ] **1** adj (a) (étonnant) remarkable, singular (frm); (littér: peu commun) singular, remarkable, uncommon. **je trouve** ~ **qu'il n'ait pas jugé bon de** ... I find it (pretty) remarkable ou odd that he didn't see fit to ....
   (b) (Ling) singular.
   (c) V **combat**.
   2 nm (Ling) singular.

singulièrement [sɛ̃gyljɛʀmɑ̃] adv (a) (étrangement) in a peculiar way, oddly, strangely.
   (b) (beaucoup) remarkably, singularly (frm). (très) ~ **intéressant/fort** remarkably ou uncommonly ou extremely interesting/strong; **ceci m'a** ~ **aiguisé l'appétit** this sharpened my appetite remarkably ou tremendously; **il me déplaît** ~ **de voir** ... I find it particularly unpleasant to see ....
   (c) (en particulier) particularly, especially.

sinistre [sinistʀ(ə)] **1** adj bruit, endroit, projet sinister. (avant n: intensif) **un** ~ **voyou/imbécile** an appalling lout/idiot.
   2 nm (catastrophe) disaster; (incendie) blaze; (Assurances: cas) accident. **l'assuré doit déclarer le** ~ **dans les 24 heures** any (accident) claim must be notified within 24 hours; (Assurances) **évaluer l'importance d'un** ~ to appraise the extent of the damage ou loss etc.

sinistré, e [sinistʀe] **1** adj région, pays (disaster-)stricken (épith). **le département du Gard a été déclaré zone** ~**e après les incendies** the department of the Gard was declared a disaster area after the fires. **2** nm, f disaster victim.

sinistrement [sinistʀəmɑ̃] adv in a sinister way.

sinistrose [sinistʀoz] nf pessimism.

sino- [sino] préf Sino-. ~**soviétique** Sino-Soviet.

sinoc‡ [sinɔk] adj = **sinoque‡**.

sinologie [sinɔlɔʒi] *nf* sinology.

sinologue [sinɔlɔg] *nmf* sinologist, Pekinologist, specialist in Chinese affairs, China watcher*.

sinon [sinɔ̃] *conj* (a) (*frm: sauf*) except, other than, save†. on ne possède jamais rien, ~ soi-même there is nothing one ever possesses, except (for) *ou* other than *ou* save† oneself; à quoi peut bien servir cette manœuvre ~ à nous intimider? what can be the purpose of this manœuvre other than *ou* if not to intimidate us?; un homme courageux, ~ qu'il était un tant soit peu casse-cou† a courageous man, save† for being a trifle reckless.

(b) (*de concession: si ce n'est*) if not. il faut le faire, ~ pour le plaisir, du moins par devoir it must be done, if not for pleasure, (then) at least out of duty; il avait leur approbation, ~ leur enthousiasme he had their approval, if not their enthusiasm; je ne sais pas grand-chose, ~ qu'il a démissionné I don't know much about it, only that *ou* other than that he has resigned; (*frm*) cette histoire est savoureuse, ~ très morale this story is spicy if not very moral; (*frm*) ils y étaient opposés, ~ hostiles they were opposed, if not (actively) hostile, to it.

(c) (*autrement*) otherwise, or else. fais-le, ~ nous aurons des ennuis do it, otherwise *ou* or else we will be in trouble; faites-le, vous vous exposerez ~ à des ennuis do it — you will lay yourself open to trouble otherwise; elle doit être malade, ~ elle serait déjà venue she must be ill, otherwise *ou* or else she would have already come; (*pour indiquer la menace*) fais-le, ~ ... do it, or else ....

sinophile [sinɔfil] *adj, nmf* sinophile.

sinoque‡ [sinɔk] **1** *adj* batty*, daft* (*Brit*), loony‡, cracked‡, nutty‡. **2** *nmf* loony‡, nutcase‡, crackpot‡.

sinueux, -euse [sinɥø, øz] *adj* route winding (*épith*); rivière winding (*épith*), meandering (*épith*); ligne sinuous; (*fig*) pensée tortuous.

sinuosité [sinɥozite] *nf* (a) (*gén pl: courbe*) [*route*] winding (*U*), curve; [*rivière*] winding (*U*), meandering (*U*), curve, loop. (*fig*) les ~s de sa pensée his tortuous train of thought, the convolutions of his thought processes.

(b) (*forme:* **V sinueux**) winding; meandering; tortuousness.

sinus¹ [sinys] *nm inv* (*Anat*) sinus. ~ frontal/maxillaire frontal/maxillary sinus.

sinus² [sinys] *nm* (*Math*) sine.

sinusite [sinyzit] *nf* (*Med*) sinusitis (*U*).

sinusoïdal, e, *mpl* **-aux** [sinyzɔidal, o] *adj* sinusoidal.

sinusoïde [sinyzɔid] *nf* (*Math*) sinusoid.

Sion [sjɔ̃] *n* Zion.

sionisme [sjɔnism(ə)] *nm* Zionism.

sioniste [sjɔnist(ə)] *adj, nmf* Zionist.

sioux [sju] **1** *adj inv* Sioux. **2** *nm* (*Ling*) Sioux. **3** *nmf inv*: **S~** Sioux; *V* **ruse**.

siphon [sifɔ̃] *nm* (*tube, bouteille, Zool*) siphon; [*évier, W.-C.*] U-bend; (*Spéléologie*) sump.

siphonné, e [sifɔne] **1** *ptp de* **siphonner. 2** *adj* (‡: *fou*) batty‡, daft* (*Brit*), loony, nutty‡, cracked‡.

siphonner [sifɔne] (1) *vt* to siphon.

sire [siR] *nm* (a) (*au roi*) **S~** Sire. (b) (*Hist: seigneur*) lord. (c) un triste ~ an unsavoury individual; un pauvre ~† a poor *ou* penniless fellow.

sirène [siRɛn] *nf* (a) (*Myth, fig*) siren, mermaid. (*fig*) écouter le chant des ~s to listen to the sirens' *ou* mermaids' song. (b) (*appareil*) [*bateau, ambulance*] siren; [*usine*] hooter (*Brit*), siren (*US*). ~ d'alarme (*en temps de guerre*) air-raid siren; (*en temps de paix*) fire alarm.

sirocco, siroco [siRɔko] *nm* sirocco.

sirop [siRo] *nm* (*pharmaceutique*) syrup, mixture; (*à diluer: pour une boisson*) syrup, squash (*Brit*), cordial (*Brit*); (*boisson*) (fruit) cordial (*Brit*) *ou* drink *ou* squash (*Brit*). ~ d'orgeat barley water; ~ de groseille/d'ananas/de menthe redcurrant/pineapple/mint cordial (*Brit*) *ou* beverage (*US*); ~ d'érable maple syrup; ~ de maïs corn syrup; ~ contre la toux cough mixture *ou* syrup *ou* linctus (*Brit*).

siroter [siRɔte] (1) *vt* to sip.

sirupeux, -euse [siRypø, øz] *adj* liquide syrupy; (*fig péj*) musique syrupy.

sis, sise [si, siz] *adj* (*Admin, Jur*) located.

sisal [sizal] *nm* sisal.

sismal, e, *mpl* **-aux** [sismal, o] *adj* (*Geog*) ligne ~e path of an earthquake.

sismicité [sismisite] *nf* seismicity.

sismique [sismik] *adj* seismic; *V* **secousse**.

sismographe [sismɔgraf] *nm* seismograph.

sismographie [sismɔgrafi] *nf* seismography.

sismologie [sismɔlɔʒi] *nf* seismology.

sismomètre [sismɔmɛtR(ə)] *nm* seismometer.

sistre [sistR(ə)] *nm* sistrum.

Sisyphe [sizif] *nm* Sisyphus; *V* **rocher**.

sitar [sitaR] *nm* sitar.

site [sit] **1** *nm* (a) (*environnement*) setting; (*endroit pittoresque*) beauty spot. construire un château dans le ~ approprié to build a château in the right setting; dans un ~ merveilleux/très sauvage in a marvellous/very wild setting; ~s naturels/historiques natural/historic sites; les ~s pittoresques d'une région the beauty spots of an area; la protection des ~s the conservation of places of interest; un ~ classé a conservation area; 'Beaumanoir, ses plages, ses hôtels, ses ~s' Beaumanoir for beaches, hotels and places to visit *ou* places of interest'.

(b) (*emplacement*) site. ~ favorable à la construction d'un barrage suitable sight for the construction of a dam.

(c) (*Mil*) (angle de) ~ (angle of) sight; ligne de ~ line of sight. **2**: **site archéologique** archeological site.

sit-in [sitin] *nm inv* sit-in.

sitôt [sito] **1** *adv* (a) ~ couchée, elle s'endormit as soon as *ou* immediately (*Brit*) she was in bed she fell asleep, she was no sooner in bed *ou* no sooner was she in bed than she fell asleep; ~ dit, ~ fait no sooner said than done; ~ après avoir traversé la ville, ils se trouvèrent dans les collines immediately (*Brit*) on leaving the town *ou* straight (*Brit*) *ou* right (*US*) after driving through the town they found themselves in the hills; ~ après la guerre straight (*Brit*) *ou* right (*US*) *ou* immediately (*Brit*) after the war, immediately the war was over.

(b) (*avec neg*) ce n'est pas de ~ qu'il reviendra he won't be back for quite a while *ou* for (quite) some time, he won't be back in a hurry; il a été si bien puni qu'il ne recommencera pas de ~! he was so severely punished that he won't be doing that again for a while! *ou* in a hurry!

(c) ~ que, ~ après que as soon as, no sooner than; ~ (après) que le docteur fut parti, elle se sentit mieux as soon as the doctor had left she felt better, the doctor had no sooner left than she felt better; ~ qu'il sera guéri, il reprendra le travail as soon as he is better he'll go back to work.

2 *prép* (*littér*) ~ la rentrée des classes, il faudra que ... as soon as school is back, we must ...; ~ les vacances, elle partait she would go *ou* went away as soon as the holidays started, the holidays had no sooner begun than she would go away.

sittelle [sitɛl] *nf* nuthatch.

situation [sitɥasjɔ̃] *nf* (a) (*emplacement*) situation, position, location. la ~ de cette villa est excellente this villa is excellently situated, the villa has an excellent situation.

(b) (*conjoncture, circonstances*) situation. (*Philos*) étudier/montrer l'homme en ~ to study/show man in his best situation; être en ~ de faire to be in a position to do; (*iro*) elle est dans une ~ intéressante* she is in an interesting condition (*iro*) *ou* in the family way*; ~ de fait de facto situation; ~ de famille marital status; dans une ~ désespérée in a desperate plight; *V* **comique**.

(c) (*emploi*) post, situation. chercher une/perdre sa ~ to look for a/lose one's post; se faire une belle ~ to work up to a good position.

(d) (*Fin: état*) statement of finances. ~ de trésorerie cash flow statement.

situationnel, -elle [sitɥasjɔnɛl] *adj* situational.

situé, e [sitɥe] (*ptp de* **situer**) *adj* situated. bien/mal ~ well/badly situated.

situer [sitɥe] (1) **1** *vt* (a) (*lit: placer, construire*) to site, situate, locate.

(b) (*par la pensée: localiser*) to set, place; (*: catégoriser*) personne to place, pin down.

2 se situer *vpr* (a) (*emploi réfléchi*) to place o.s. essayer de se ~ par rapport à qn/qch to try to place o.s. in relation to sb/sth.

(b) (*se trouver*) (*dans l'espace*) to be situated; (*dans le temps*) to take place; (*par rapport à des notions*) to stand. l'action/cette scène se situe à Paris the action/this scene is set *ou* takes place in Paris; la hausse des prix se situera entre 5% et 10% prices will rise by between 5% and 10%, there will be price rises of between 5% and 10%.

six [sis], *devant n commençant par consonne* [si], *devant n commençant par voyelle ou h muet* [siz] **1** *adj cardinal inv* six. il y avait ~ mille personnes there were six thousand people; ils sont ~ enfants there are six children; les ~ huitièmes de cette somme six eights of this sum; il a ~ ans he is six (years old); un enfant de ~ ans a six-year-old (child), a child of six; un objet de ~ F a six-franc article, an article costing six francs; polygone à ~ faces six-sided polygon; couper qch en ~ morceaux to cut sth into six pieces; j'en ai pris trois, il en reste ~ I've taken three (of them) and there are six (of them) left; il est trois heures moins ~ it is six minutes to three; par vingt voix contre ~ by twenty votes to six; cinq jours/fois sur ~ five days/times out of six; ils sont venus tous les ~ all six of them came; ils ont porté la table à eux ~ the six of them carried the table; ils ont mangé le jambon à eux ~ the six of them ate the ham, they ate the ham between the six of them; partagez cela entre vous ~ share that among the six of you; ils viennent à ~ pour déjeuner there are six coming to lunch; on peut s'asseoir à ~ autour de cette table this table can seat six (people); ils vivent à ~ dans une seule pièce there are six of them living in one room; se battre à ~ contre un/à un contre ~ to fight six against one/one against six; entrer ~ par ~ to come in by sixes *ou* six at a time *ou* six by six; se mettre en rangs par ~ to form rows of six.

2 *adj ordinal inv*: arriver le ~ septembre to arrive on the sixth of September *ou* (on) September the sixth *ou* (on) September sixth; Louis ~ Louis the Sixth; chapitre/page ~ chapter/page six; le numéro ~ gagne un lot number six wins a prize; il habite au numéro ~ de la rue Arthur he lives at number six (in) Rue Arthur; il est ~ heures du soir it's 6 p.m., it's six in the evening.

3 *nm inv* (a) six. trente-/quarante-~ thirty-/forty-six; quatre et deux font ~ four and two are *ou* make six; il fait mal ses ~ he writes his sixes badly; c'est le ~ qui a gagné (*numéro*) (number) six has won; (*coureur*) number six has won; il habite au ~ (de la rue) he lives at number six; il habite ~ rue de Paris he lives at six Rue de Paris; nous sommes le ~ aujourd'hui it's the sixth today; il est venu le ~ he came on the sixth; il est payé le ~ *ou* tous les ~ de chaque mois he is paid on the sixth of each month; (*Cartes*) le ~ de cœur the six of hearts; (*Dominos*) le ~ et deux the six-two; la facture est datée du ~ the bill is dated the 6th.

(b) (*Pol: jusq'en 1973*) les **S~**, l'Europe des **S~** the Six, the Europe of the Six.

4: (*Mus*) **six-huit** *nm inv* six-eight (time); mesure à six-huit bar in six-eight (time); (*Sport*) les **Six Jours** *six-day cycling event*; (*Naut*) **six-mâts** *nm inv* six-master; **six quatre deux*** *nf*: faire qch

à la six quatre deux to do sth in a slapdash way, do sth any old how* (*Brit*) *ou* way*.

sixain [sizɛ̃] *nm* = **sizain**.

sixième [sizjɛm] **1** *adj* sixth. **vingt-/trente-~** twenty-/thirty-sixth; **recevoir la ~ partie d'un héritage** to receive a sixth of a bequest; **demeurer dans le ~ (arrondissement)** to live in the sixth arrondissement (*in Paris*); **habiter au ~ (étage)** to live on the sixth floor.

2 *nmf* (*gén*) sixth (person). **se classer ~** to come sixth; **nous avons besoin d'un ~ pour compléter l'équipe** we need a sixth (person) to complete the team; **elle est arrivée (la) ~ dans la course** she came (in) sixth in the race.

3 *nm* (*portion*) sixth. **calculer le ~ d'un nombre** to work out the sixth of a number; **recevoir le ~** *ou* **un ~ d'une somme** to receive a sixth of a sum; **(les) deux ~s du budget seront consacrés à ...** two sixths of the budget will be given over to ... .

4 *nf* (*Scol*) first form (*Brit*), sixth grade (*US*). **entrer en (classe de) ~** ≃ to go into the first form (*Brit*) *ou* sixth grade (*US*); **élève/ professeur de ~** ≃ first form (*Brit*) *ou* sixth-grade (*US*) pupil/ teacher.

sixièmement [sizjɛmmɑ̃] *adv* in the sixth place, sixthly.

sixte [sikst(ə)] *nf* (*Mus*) sixth; (*Escrime*) sixte.

sizain [sizɛ̃] *nm* (*Littérat*) six-line stanza; (*Cartes*) *packet of 6 packs of cards.*

skaï [skaj] *nm* ® Skai (fabric) ®, leatherette.

sketch [skɛtʃ] *nm* **~es** [skɛtʃ] *nm* (variety) sketch.

ski [ski] **1** *nm* (*objet*) ski; (*sport*) skiing. **s'acheter des ~s** to buy o.s. a pair of skis *ou* some skis; **aller quelque part à** *ou* **en ~s** to go somewhere on skis, ski somewhere; **faire du ~** to ski, go skiing; **vacances/équipement de ~** ski(ing) holiday/equipment; **chaussures/moniteur/épreuve/station de ~** ski boots/ instructor/race/resort; *V* **piste.**

2: ski acrobatique hot-dogging, free-styling; **ski alpin** Alpine skiing; **ski court** short ski; **ski de descente** downhill skiing; **ski évolutif** short ski method, ski évolutif; **ski de fond** cross-country skiing, ski touring (*US*), langlauf; **ski de haute montagne** ski-mountaineering; **ski nautique** water-skiing; **ski nordique** Nordic skiing; **ski de piste** skiing on piste; **ski hors piste** off-piste skiing; **ski de randonnée = ski de fond.**

skiable [skjabl(ə)] *adj* skiable.

ski-bob, *pl* **ski-bobs** [skibɔb] *nm* skibob. **faire du ~** to go skibobbing.

skier [skje] (7) *vi* to ski.

skieur, -euse [skjœʀ, øz] *nm,f* skier; (*ski nautique*) water-skier. **~ de fond** cross-country *ou* langlauf skier; **~ hors piste** off-piste skier; **2 ~s hors piste ont été tués** 2 skiers skiing off-piste were killed.

skiff [skif] *nm* skiff.

skipper [skipəʀ] *nm* (*course à la voile*) skipper.

slalom [slalɔm] *nm* (*épreuve, piste*) slalom; (*mouvement*) slalom movement; (*fig: entre divers obstacles*) zigzag. **faire du ~ (entre ...** *ou* **parmi ...)** to slalom (between ...); **descente en ~** slalom descent; **~ géant/spécial** giant/(special) slalom.

slalomer [slalɔme] (1) *vi* (*Ski*) to slalom; (*fig: entre divers obstacles*) to zigzag.

slalomeur, -euse [slalɔmœʀ, øz] *nm,f* (*Ski*) slalom skier *ou* specialist *ou* racer.

slave [slav] **1** *adj* Slav(onic), Slavic; *langue* Slavic, Slavonic. **le charme ~** Slavonic charm. **2** *nmf*: **S~** Slav.

slavisant, e [slavizɑ̃, ɑ̃t] *nm,f* Slavist.

slavophile [slavɔfil] *adj, nmf* Slavophile.

sleeping† [slipiŋ] *nm* sleeping car.

slip [slip] *nm* **(a)** *[homme]* briefs (*pl*), (under)pants (*pl*); *[femme]* pant(ie)s (*pl*), briefs (*pl*). **~ de bain** *[homme]* (bathing *ou* swimming) trunks (*pl*); *(du bikini)* (bikini) briefs (*pl*); **j'ai acheté 2 ~s** I bought 2 pairs of briefs *ou* pants.

(b) (*Naut*) slipway.

slogan [slɔgɑ̃] *nm* slogan.

slovaque [slɔvak] **1** *adj* Slovak. **2** *nmf*: **S~** Slovak.

Slovaquie [slɔvaki] *nf* Slovakia.

slovène [slɔvɛn] **1** *adj* Slovene. **2** *nm* (*Ling*) Slovene. **3** *nmf*: **S~** Slovene.

slow [slo] *nm* (*blues etc*) slow number; (*fox-trot*) slow fox trot.

smala [smala] *nf* (*troupe*) tribe*.

smash [smaʃ] *nm* (*Tennis*) smash.

smasher [smaʃe] (1) (*Tennis*) **1** *vt* to smash. **2** *vi* to smash (the ball).

S.M.I.C. [smik] *nm abrév de* **salaire minimum interprofessionnel de croissance**; *V* **salaire.**

smicard, e* [smikar, ard(ə)] *nm,f* minimum wage earner.

S.M.I.G.† [smig] *nm abrév de* **salaire minimum interprofessionnel garanti**; *V* **salaire.**

smigard, e*† [smigar, ard(ə)] *nm,f* minimum wage earner.

smocks [smɔk] *nmpl* smocking (*U*).

smoking [smɔkiŋ] *nm* (*costume*) dinner suit, evening suit, dress suit; (*veston*) dinner jacket, DJ* (*Brit*), tuxedo (*US*).

snack [snak] *nm*, **snack-bar**, *pl* **snack-bars** [snakbar] *nm* snack bar.

S.N.C. *abrév de* **service non compris**; *V* **service.**

sniff-sniff [snifsnif] *excl* boo hoo!

sniffer [snife] (1) *vt* (*arg Drogue*) **~ de la colle** to sniff glue.

snob [snɔb] **1** *nmf* snob. **2** *adj* snobbish, snobby, posh*.

snober [snɔbe] (1) *vt*: **~ qn** to snub sb, give sb the cold shoulder.

snobinard, e* [snɔbinar, ard(ə)] (*péj*) **1** *adj* snooty*, stuck-up*, snobbish. **2** *nm,f* stuck-up thing*.

snobisme [snɔbism(ə)] *nm* snobbery, snobbishness. **~ à l'envers** inverted snobbery.

sobre [sɔbʀ(ə)] *adj personne* sober, temperate, abstemious; *style,*

éloquence sober. **~ de gestes/paroles** sparing of gestures/words; **~ comme un chameau** as sober as a judge.

sobrement [sɔbʀəmɑ̃] *adv* (*V* **sobre**) soberly; temperately; abstemiously.

sobriété [sɔbʀijete] *nf* (*V* **sobre**) sobriety; temperance; abstemiousness. **~ de gestes/paroles** restraint in one's gestures/words.

sobriquet [sɔbʀikɛ] *nm* nickname.

soc [sɔk] *nm* ploughshare (*Brit*), plowshare (*US*).

sociabilité [sɔsjabilite] *nf* (*V* **sociable**) social nature; sociability; hospitality.

sociable [sɔsjabl(ə)] *adj* **(a)** (*qui vit en groupe*) social. **(b)** (*ouvert, civil*) *personne, caractère* sociable; *milieu* hospitable.

social, e, *mpl* -aux [sɔsjal, o] **1** *adj* **(a)** *animal, créature* social. **(b)** *rapports, phénomène, conventions* social. **le ~ et le sacré** matters social and matters sacred; *V* **science.**

(c) *classe, conflit, questions, loi, politique* social; *revendications* over social conditions, for better living conditions. **la victoire électorale passe par le ~** elections are won and lost on social issues.

(d) (*Admin*) **services ~aux** social services; **prestations ~es** social security benefits; **aide ~e** welfare; (*subsides*) social security (benefits); **assurances ~es** ≃ National Insurance (*Brit*), ≃ Social Security (*US*); *V* **assistant, avantage, sécurité.**

(e) (*Comm*) *V* **capital, raison, siège¹.**

2: social-démocrate *adj, nmf, mpl* **sociaux-démocrates** Social Democrat; **social-démocratie** *nf, pl* **social-démocraties** social democracy.

socialement [sɔsjalmɑ̃] *adv* socially.

socialisant, e [sɔsjalizɑ̃, ɑ̃t] *adj* with socialist leanings *ou* tendencies.

socialisation [sɔsjalizasjɔ̃] *nf* socialization.

socialiser [sɔsjalize] (1) *vt* to socialize.

socialisme [sɔsjalism(ə)] *nm* socialism. **~ utopique/scientifique/révolutionnaire** utopian/scientific/revolutionary socialism; **~ d'État** state socialism.

socialiste [sɔsjalist(ə)] *adj, nmf* socialist.

sociétaire [sɔsjetɛʀ] *nmf* member (*of a society*). **~ de la Comédie-Française** (shareholding) member of the Comédie-Française.

société [sɔsjete] **1** *nf* **(a)** (*groupe, communauté*) society. **la ~** society; **la vie en ~** life in society; **~ sans classe** classless society.

(b) (*club*) (*littéraire, savante*) society; (*sportive*) club. **~ de pêche/tir** angling/shooting club; **~ secrète/savante** secret/ learned society; **la S~ protectrice des animaux** ≃ the Royal Society for the Prevention of Cruelty to Animals (*Brit*), the American Society for the Prevention of Cruelty to Animals (*US*).

(c) (*Comm*) company, firm. **~ financière/d'assurance** finance/ insurance company; **~ immobilière** (*compagnie*) property (*Brit*) *ou* real estate (*US*) company.

(d) (*classes oisives*) **la ~** society; **la bonne ~** polite society; **la haute ~** high society.

(e) (*assemblée*) company, gathering. **il y venait une ~ assez mêlée/une ~ d'artistes et d'écrivains** a fairly mixed company *ou* gathering/a company *ou* gathering of artists and writers used to come; **toute la ~ se leva pour l'acclamer** the whole company rose to acclaim him.

(f) (*compagnie*) company, society (*frm, littér*). **rechercher/ priser la ~ de qn** to seek/value sb's company *ou* society (*littér*) *ou* companionship; **dans la ~ de qn** in the company *ou* society (*frm, littér*) of sb; *V* **jeu, talent¹.**

2: société par actions joint stock company; **société anonyme** ≃ limited company; **société à capital variable** company with variable capital; **société en commandite** limited partnership; **la société de consommation** the consumer society; **société de crédit** credit *ou* finance company; **société d'exploitation** development company; **société d'investissement** investment trust; **la société de Jésus** the Society of Jesus; **société en nom collectif** general partnership; **société à responsabilité limitée** limited liability company; (*Hist Pol*) **la Société des Nations** the League of Nations; **société de services et de conseils en informatique** software house; **société de tempérance** temperance society.

socioculturel, -elle [sɔsjokyltyʀɛl] *adj* sociocultural.

sociodrame [sɔsjɔdʀam] *nm* sociodrama.

socio-économique [sɔsjɔekɔnɔmik] *adj* socioeconomic.

socio-éducatif, -ive [sɔsjɔedykatif, iv] *adj* socioeducational.

socio-géographique [sɔsjɔʒeɔgʀafik] *adj* sociogeographic.

sociogramme [sɔsjɔgʀam] *nm* sociogram.

sociolinguistique [sɔsjɔlɛ̃gɥistik] **1** *adj* sociolinguistic. **2** *nf* sociolinguistics (*sg*).

sociologie [sɔsjɔlɔʒi] *nf* sociology.

sociologique [sɔsjɔlɔʒik] *adj* sociological.

sociologiquement [sɔsjɔlɔʒikmɑ̃] *adv* sociologically.

sociologue [sɔsjɔlɔg] *nmf* sociologist.

sociométrie [sɔsjɔmetʀi] *nf* sociometry.

socio-professionnel, -elle [sɔsjɔpʀɔfɛsjɔnɛl] *adj* socioprofessional.

socle [sɔkl(ə)] *nm* **(a)** *[statue, colonne]* plinth, pedestal, socle (*T*); *[lampe, vase]* base. **(b)** (*Géog*) platform.

socque [sɔk] *nm* (*sabot*) clog.

socquette [sɔkɛt] *nf* ankle sock.

Socrate [sɔkʀat] *nm* Socrates.

socratique [sɔkʀatik] *adj* Socratic.

soda [sɔda] *nm* fizzy drink. **~ à l'orange** orangeade.

sodé, e [sɔde] *adj* sodium (*épith*).

sodique [sɔdik] *adj* sodic.

sodium [sɔdjɔm] *nm* sodium.

Sodome [sɔdɔm] *n* Sodom.

sodomie [sɔdɔmi] *nf* sodomy; buggery.

sodomiser [sɔdɔmize] (1) *vt* to bugger, have anal intercourse with.
sodomite [sɔdɔmit] *nm* sodomite.
sœur [sœʀ] *nf* **(a)** (*lit, fig*) sister. **avec un dévouement de** ∼ with a sister's *ou* with sisterly devotion; **et ta** ∼?‡ go and take a running jump‡, get lost‡; **la poésie,** ∼ **de la musique** poetry, sister of *ou* to music; **peuplades/organisations** ∼s sister peoples/organizations; (*hum*) **j'ai trouvé la** ∼ **de cette commode chez un antiquaire** I found the partner to this chest of drawers in an antique shop; *V* **âme, lait.**
  (b) (*Rel*) nun, sister; (*comme titre*) Sister. ∼ **Jeanne** Sister Jeanne; **elle a été élevée chez les** ∼s she was convent educated; **ses parents l'ont mise en pension chez les** ∼s her parents sent her to a convent (boarding) school; **les Petites** ∼s **des pauvres** the Little Sisters of the Poor; **les** ∼s **de la Charité** the Sisters of Charity; *V* **bon¹.**
sœurette* [sœʀɛt] *nf* little sister.
sofa [sɔfa] *nm* sofa.
Sofia [sɔfja] *n* Sofia.
soft(ware) [sɔft(wɛʀ)] *nm* software.
soi [swa] **1** *pron pers* **(a)** (*gén*) one(self); (*fonction d'attribut*) oneself; (*avec il(s), elle(s) comme antécédent: gén frm,* †) himself; herself; itself. **n'aimer que** ∼ to love only oneself; **regarder devant/derrière** ∼ to look in front of/behind one; **malgré** ∼ in spite of oneself; **avoir confiance en** ∼ to have confidence in oneself; **rester chez** ∼ to stay at home; (*faire un effort*) **prendre sur** ∼ to take a grip on o.s.; **prendre sur** ∼ **de faire qch** to take it upon o.s. to do sth.
  (b) (*loc*) **aller de** ∼ to be self-evident, be obvious; **cela va de** ∼ it's obvious, it stands to reason, that goes without saying; **il va de** ∼ **que** ... it goes without saying *ou* it stands to reason that ... ; (*intrinsèquement*) **en** ∼ in itself; **être/exister pour** ∼ to be/exist only for oneself; **dans un groupe, on peut se rendre service entre** ∼ in a group, people *ou* you* can help each other *ou* one another (out); (*frm*) **il n'agissait que pour** ∼ he was only acting for himself *ou* in his own interests; (*évite une ambiguïté*) **elle comprenait qu'il fût mécontent de** ∼ she understood his not being pleased with himself; **il allait droit devant** ∼ he was going straight ahead (of him); **être/rester** ∼ to be/remain oneself; *V* **chacun, hors, maître** *etc.*
  (c) ∼-**même** oneself; **on le fait** ∼-**même** you do it yourself, one does it oneself (*frm*); **le respect de** ∼-**même** self-respect; (*hum*) **Monsieur X?** — ∼-**même!** Mr X? — in person! *ou* none other!; *pour autres loc V* **même.**
  2 *nm* (*Philos, littér: personnalité, conscience*) self; (*Psych: inconscient*) id. **la conscience de** ∼ self-awareness, awareness of self; **trouver un autre** ∼-**même** to find another self; *V* **en-soi, pour-soi.**
soi-disant [swadizã] **1** *adj inv* : **un** ∼ **poète/professeur** a so-called *ou* would-be poet/teacher.
  2 *adv* supposedly. **il était** ∼ **parti à Rome** he had supposedly left for Rome, he was supposed to have left for Rome; **il était venu** ∼ **pour discuter** he had come for a discussion — or so he said, he had come ostensibly for a discussion; ∼ **que*** ... it would appear that ... , apparently ....
soie¹ [swa] *nf* **(a)** (*Tex*) silk. ∼ **sauvage** wild silk; ∼ **grège** raw silk; *V* **papier, ver.**
  (b) (*poil*) [*sanglier etc*] bristle. **brosse en** ∼s **de sanglier** (boar) bristle brush; **brosse à dents en** ∼s **de nylon** nylon (bristle) brush, brush with nylon bristles.
soie² [swa] *nf* (*Tech*) [*lime, couteau*] tang.
soient [swa] *V* **être.**
soierie [swaʀi] *nf* (*tissu*) silk; (*industrie, commerce*) silk trade; (*filature*) silk mill.
soif [swaf] *nf* **(a)** (*lit*) thirst. **avoir** ∼ to be thirsty; [*plante, terre*] to be dry *ou* thirsty; **donner** ∼ to make one thirsty; **le sel donne** ∼ salt makes you thirsty, salt gives one a thirst; **jusqu'à plus** ∼ (*lit*) till one's thirst is quenched; (*fig*) till one can take no more; **rester sur sa** ∼ (*lit*) to remain thirsty; (*fig*) to be left thirsting for more, be left unsatisfied; *V* **boire, garder, mourir.**
  (b) (*fig: désir*) ∼ **de richesse, connaissances, vengeance** thirst *ou* craving for; ∼ **de faire qch** craving to do sth.
soiffard, e* [swafaʀ, aʀd(ə)] (*péj*) **1** *adj* boozy*. **2** *nm, f* boozer*.
soigné, e [swaɲe] (*ptp de* **soigner**) *adj* **(a)** (*propre*) *personne, tenue, chevelure* well-groomed, neat; *ongles* well-groomed, well-kept; *mains* well cared for. **peu** ∼ *personne* untidy; *cheveux* unkempt, untidy; *ongles, mains* unkempt, neglected(-looking); **il est très** ∼ **de sa personne** he is very well-turned out *ou* well-groomed.
  (b) (*consciencieux*) *travail, style, présentation* careful, meticulous; *vitrine* neat, carefully laid out; *jardin* well-kept; *repas* carefully prepared. **peu** ∼ careless; badly laid-out; badly kept; badly prepared.
  (c) (*: intensif*) *note* massive*, whopping* (*épith*); *punition* stiff*. **avoir un rhume (quelque chose de)** ∼ to have a real beauty* *ou* a whopper* of a cold; **la note était** ∼e it was some bill*, it was a massive* *ou* whopping* bill.
soigner [swaɲe] (1) *vt* **(a)** *patient, maladie* [*médecin*] to treat; [*infirmière, mère*] to look after, nurse. **j'ai été très bien soigné dans cette clinique** I had very good treatment in this clinic, I was very well looked after in this clinic; ∼ **les blessés** to tend *ou* nurse the injured; **tu devrais te faire** ∼ you should have treatment *ou* see a doctor; **rentrez chez vous pour** ∼ **votre rhume** go back home and look after *ou* nurse that cold (of yours); **soigne-toi bien** take good care of yourself, look after yourself properly; **je soigne mes rhumatismes avec des pilules** I'm taking pills for my rheumatism; **de nos jours, la tuberculose se soigne** these days tuberculosis can be treated.
  (b) (*entretenir*) *chien, plantes, invité* to look after; *ongles,*

chevelure to look after, take (good) care of; *tenue* to take care over; *travail, repas, style, présentation* to take care over. **elle se soigne avec coquetterie** she takes great care over her appearance, she is tremendously interested in her appearance; (*hum*) **ils se soignent:** **champagne, saumon, cigares etc!** they take good care of *ou* look after themselves (all right) — champagne, salmon, cigars, the lot!
  (c) (**loc*) (il) **faut te faire** ∼! you need your brains tested!* *ou* your head seen to!* (*surtout Brit*); **10 F le café: ils nous ont soignés!** 10 francs for a coffee — they've rooked us* *ou* ripped us off‡ *ou* we've been had* *ou* done* (*Brit*); **ils lui sont tombés dessus à quatre: j'aime autant te dire qu'ils l'ont soigné** four of them laid into him — I can tell you they really let him have it*; **ça se soigne, tu sais!** there's a cure for that, you know!
soigneur [swaɲœʀ] *nm* (*Boxe*) second; (*Cyclisme, Ftbl*) trainer.
soigneusement [swaɲøzmã] *adv* (*V* **soigneux**) tidily, neatly; carefully; painstakingly; meticulously. ∼ **préparé** carefully prepared, prepared with care.
soigneux, -euse [swaɲø, øz] *adj* **(a)** (*propre, ordonné*) tidy, neat. **ce garçon n'est pas assez** ∼ this boy isn't tidy enough.
  (b) (*appliqué*) *travailleur* careful, painstaking; *travail* careful, meticulous. **être** ∼ **dans son travail** to be careful in one's work, take care over one's work.
  (c) **être** ∼ **de sa santé** to be careful about one's health; **être** ∼ **de ses affaires** to be careful with one's belongings; **être** ∼ **de sa personne** to be careful about *ou* take care over one's appearance; **être** ∼ **de ses vêtements** to be careful with one's clothes, take care of *ou* look after one's clothes.
soi-même [swamɛm] *pron V* **même, soi.**
soin [swɛ̃] *nm* **(a)** (*application*) care; (*ordre et propreté*) tidiness, neatness. **sans** ∼ (*adj*) careless; untidy; (*adv*) carelessly; untidily; **faire qch avec (grand)** ∼ to do sth with (great) care *ou* (very) carefully; **il n'a aucun** ∼, **il est sans** ∼ he is untidy; **il nous évite avec un certain** ∼, **il met un certain** ∼ **à nous éviter** he takes great care *ou* he goes to some lengths to avoid us, he is scrupulously avoiding us.
  (b) (*charge, responsabilité*) care. **confier à qn le** ∼ **de ses affaires** to entrust sb with the care of one's affairs; **confier à qn le** ∼ **de faire** to entrust sb with the job *ou* task of doing; **je vous laisse ce** ∼ I leave this to you, I leave you to take care of this; **son premier** ∼ **fut de faire** ... his first concern was to do ...; (*littér*) **le** ∼ **de son salut/avenir l'occupait tout entier** his thoughts were filled with the care of his salvation/future (*littér*).
  (c) ∼s (*entretien, hygiène*) care (*U*); (*attention*) care (and attention) (*U*); (*traitement*) attention (*U*), treatment (*U*); **les** ∼s **du ménage** *ou* **domestiques** the care of the home; **l'enfant a besoin des** ∼s **d'une mère** the child needs a mother's care (and attention); ∼s **de beauté** beauty care; **pour les** ∼s **de la chevelure/des ongles utilisez** ... for hair-/nail-care use ...; **les** ∼s **du visage** facecare, care of the complexion; ∼s **médicaux** medical *ou* health care; ∼s **dentaires** dental treatment; **son état demande des** ∼s his condition needs treatment *ou* (medical) attention; **le blessé a reçu les premiers** ∼s the injured man has been given first aid; **confier qn/qch aux (bons)** ∼s **de** to leave sb/sth in the hands *ou* care of; (*sur lettre: frm*) **aux bons** ∼s **de** care of, c/o; **être aux petits** ∼s **pour qn** to lavish attention upon sb, wait on sb hand and foot, dance attendance on sb.
  (d) (*loc*) **avoir** *ou* **prendre** ∼ **de faire** to take care to do, make a point of doing; **avoir** *ou* **prendre** ∼ **de qn/qch** to take care of *ou* look after sb/sth; **il prend bien** ∼/**grand** ∼ **de sa petite personne** he takes good care/great care of his little self *ou* of number one*; **ayez** *ou* **prenez** ∼ **d'éteindre** take care *ou* be sure to turn out the lights, make sure you turn out the lights; (*Rel*) **donner ses** ∼s **à** to minister to.
soir [swaʀ] *nm* **(a)** evening. **les** ∼s **d'automne/d'hiver** autumn/winter evenings; **le** ∼ **descend** evening is closing in; **le** ∼ **où j'y suis allé** the evening I went; **viens nous voir un de ces** ∼s come and see us one evening *ou* night; (*fig littér*) **au** ∼ **de la/sa vie** in the evening of life/his life (*littér*).
  (b) (*repas/journal du* ∼) evening meal/paper; **5 heures du** ∼ 5 (o'clock) in the afternoon *ou* evening, 5 p.m.; **8 heures du** ∼ 8 (o'clock) in the evening, 8 o'clock at night, 8 p.m.; **11 heures du** ∼ 11 (o'clock) at night, 11 p.m.; *V* **cours, robe.**
  (c) (*loc: compléments de temps*) **le** ∼ **je vais souvent les voir** in the evening I often go to see them, I often go to see them of an evening (*Brit*); **le** ∼, **je suis allé les voir/il a plu in the evening** I went to see them/it rained; **il pleut assez souvent le** ∼ it quite often rains in the evening(s); **j'y vais ce** ∼ I'm going this evening *ou* tonight; **tous les** ∼s, **chaque** ∼ every evening *ou* night; **hier** ∼ last night, yesterday evening; **demain** ∼ tomorrow evening *ou* night; **dimanche** ∼ Sunday evening *ou* night; **hier/le 17 au** ∼ in the evening (of) yesterday/of the 17th; **la veille au** ∼ the previous evening; **il est arrivé un (beau)** ∼ he turned up one evening.
soirée [swaʀe] *nf* **(a)** (*soir*) evening.
  (b) (*réception*) party. ∼ **dansante** dance; *V* **tenu.**
  (c) (*Ciné, Théât: séance*) evening performance. **donner un spectacle/une pièce en** ∼ to give an evening performance of a show/play.
soissons [swasɔ̃] *nmpl* (*haricots*) (variety of) dwarf beans.
soit [swa] **1** *adv* (*frm: oui*) very well, well and good, so be it (*frm*). **eh bien,** ∼, **qu'il y aille!** very well then *ou* well and good then, let him go!; *V* **tant.**
  2 *conj* **(a)** (*d'alternative*) ∼ **l'un** ∼ **l'autre** (either) one or the other; ∼ **avant** ∼ **après** (either) before or after; ∼ **timidité,** ∼ **mépris** *ou* ∼ **timidité** *ou* **mépris, elle ne lui adressait jamais la parole** be it (out of) *ou* whether out of shyness or contempt she never spoke to him; ∼ **que** + *subj:* ∼ **qu'il soit fatigué,** ∼ **qu'il en ait assez** whether he is tired or whether he has had enough; ∼ **qu'il**

n'entende pas, ou ne veuille pas entendre whether he cannot hear or (whether) he does not wish to hear.
  (b) (*à savoir*) that is to say. **des détails importants, ~ l'approvisionnement, le transport** etc important details, that is to say *ou* for instance provisions, transport etc.
  (c) (*Math: posons*) ~ **un rectangle ABCD** let ABCD be a rectangle.

soixantaine [swasɑ̃tɛn] *nf* **(a)** (*environ soixante*) sixty or so, (round) about sixty, sixty-odd*. **il y avait une ~ de personnes/de livres** there were sixty or so *ou* (round) about sixty people/books, **there were sixty-odd*** people/books; **la ~ de spectateurs qui étaient là** the sixty or so *ou* the sixty-odd* people there; **ils étaient une bonne ~** there were a good sixty of them; **il y a une ~/une bonne ~ d'années** sixty or so *ou* sixty-odd*/a good sixty years ago; **ça doit coûter une ~ de mille (francs)** that must cost sixty thousand or so francs *ou* (round) about sixty thousand francs *ou* some sixty thousand francs.
  (b) (*soixante unités*) sixty. **sa collection n'atteint pas encore/a dépassé la ~** his collection has not yet reached/has passed the sixty mark, there are not yet sixty/are now over sixty in his collection.
  (c) (*âge*) sixty. **approcher de la/atteindre la ~** to near/reach sixty; **un homme dans la ~** a man in his sixties; **d'une ~ d'années** *personne* of about sixty; *arbre* sixty or so years old; **elle a la ~** she is sixtyish, she is in her sixties.

soixante [swasɑ̃t] *adj inv, nm inv* sixty. **à la page ~** on page sixty; **habiter au ~** to live at number sixty; **les années ~** the sixties, the 60s; **~ et un** sixty-one; **~ et unième** sixty-first; **~-dix** seventy; **~-dixième** seventieth; **~ mille** sixty thousand; (*jeu, rue*) **le (numéro) ~** number sixty.

soixantième [swasɑ̃tjɛm] *adj, nm* sixtieth.

soja [sɔʒa] *nm* (*plante*) soya; (*graines*) soya beans (*pl*). **germes de ~** (soya) bean sprouts, beanshoots.

sol¹ [sɔl] **1** *nm* **(a)** (*plancher*) floor; (*revêtement*) floor, flooring (*U*); (*territoire, terrain*: Agr, Géol) soil. **étendu sur le ~** spread out on the ground; **la surface du ~** the floor surface; (*Constr*) **la pose des ~s** the laying of floors ou of flooring; **sur le ~ français** on French soil; (*Aviat*) **essais/vitesse au ~** ground tests/speed; (*Sport*) **exercices au ~** floor exercises.
  2: (*Mil*) **sol-air** *adj inv* ground-to-air; **sol-sol** *adj inv* ground-to-ground.

sol² [sɔl] *nm inv* (*Mus*) G; (*en chantant la gamme*) so(h); **V clef.**

sol³ [sɔl] *nm* (*Chim*) sol.

sol⁴ [sɔl] *nm* (*monnaie*) sol.

solaire [sɔlɛʀ] *adj* **(a)** (*Astrol, Astron*), *énergie, panneaux* solar; *crème, filtre* sun (*attrib*); **V cadran, spectre, système.** **(b)** **V plexus. 2** *nm* (*énergie*) **le ~** solar energy.

solarium [sɔlaʀjɔm] *nm* solarium.

soldanelle [sɔldanɛl] *nf* (*Bot*) (*primulacée*) soldanella; (*liseron*) sea bindweed.

soldat [sɔlda] *nm* (*gén*) soldier. (**simple) ~, ~ de 2e classe** (*armée de terre*) private; (*armée de l'air*) aircraftman (*Brit*), basic airman (*US*); **~ de 1ère classe** (*armée de terre*) ≃ private (*Brit*), private first class (*US*); (*armée de l'air*) leading aircraftman (*Brit*), airman first class (*US*); **~ d'infanterie** infantryman; **se faire ~** to join the army, enlist; **le S~ inconnu** the Unknown Soldier *ou* Warrior; (*fig littér*) **~ de la liberté/du Christ** soldier of liberty/of Christ; **~s de la paix** peacekeepers; **~ de plomb** tin *ou* toy soldier; **V fille.**

soldate [sɔldat] *nf* woman soldier.

soldatesque [sɔldatɛsk(ə)] (*péj*) **1** *nf* army rabble.
  2 *adj* (†) barrack-room (*épith*).

solde¹ [sɔld(ə)] *nf* **(a)** [*soldat, matelot*] pay. **(b)** (*péj*) **être à la ~ de** to be in the pay of; **avoir qn à sa ~** to have sb in one's pay.

solde² [sɔld(ə)] *nm* **(a)** (*Comm: reliquat*) (*gén*) balance; (*reste à payer*) balance outstanding. **il y a un ~ de 10 F en votre faveur** there is a balance of 10 francs in your favour *ou* to your credit; **~ débiteur/créditeur** debit/credit balance; **~ de trésorerie** cash balance; **pour ~ de (tout) compte** in settlement.
  (b) ~ **(de marchandises)** sale goods (*pl*); **vente de ~s** sale, sale of reduced items; ~ **de lainages** sale of woollens, woollen sale; **mettre des marchandises en ~** to put goods in a sale; **vendre/acheter qch en ~** to sell (off)/buy sth at sale price; **article (vendu) en ~** sale(s) item *ou* article; **les ~s** (*parfois f*) the sales; **je l'ai acheté en ~** *ou* **dans les ~s** I bought it in the sales; **la saison des ~s** the sales season.

solder [sɔlde] (1) **1** *vt* **(a)** *compte* (*arrêter*) to wind up, close; (*acquitter*) to pay (off) the balance of, settle, balance.
  (b) *marchandises* to sell (off) at sale price. **ils soldent ces pantalons à 130 F** they are selling off these trousers at *ou* for 130 francs, they are selling these trousers in the sale at *ou* for 130 francs; **je vous le solde à 40 F** I'll let you have it for 40 francs, I'll knock it down* *ou* reduce it to 40 francs for you.
  2 se solder *vpr*: **se ~ par** (*Comm*) [*exercice, budget*] to show; (*fig*) [*entreprise, opération*] to end in; **les comptes se soldent par un bénéfice** the accounts show a profit; **l'exercice se solde par un déficit/boni de 50 millions** the end-of-year figures show a loss/profit of 50 million; **l'entreprise/la conférence s'est soldée par un échec** the undertaking/conference ended in failure *ou* came to nothing.

solderie [sɔldəʀi] *nf* discount store.

soldeur, -euse [sɔldœʀ, øz] *nm, f* discount store owner.

sole¹ [sɔl] *nf* (*poisson*) sole.

sole² [sɔl] *nf* (*Tech*) [*four*] hearth; [*sabot, bateau*] sole.

solécisme [sɔlesism(ə)] *nm* solecism (*in language*).

soleil [sɔlɛj] *nm* (*astre: gén, Astron, Myth*) sun. **orienté au ~ levant/couchant** facing the rising/setting sun; **le ~ de minuit** the midnight sun; (*littér*) **les ~s pâles/brumeux de l'hiver** the pale/

misty sun of winter; (*fig*) **tu es mon (rayon de) ~** you are the sunshine of my life; **V coucher, lever, rayon** etc.
  (b) (*chaleur*) sun, sunshine; (*lumière*) sun, sunshine, sunlight. **au ~** in the sun; **être assis/se mettre au ~** to be sitting in/go into the sun(shine) *ou* sunlight; **vivre au ~** to live in the sun; **il y a du ~**, **il fait du ~**, **il fait ~*** the sun is shining, it's sunny; **il fait un beau ~** it's lovely and sunny; **il fait un ~ de plomb** the sun is blazing down, there's a blazing sun; **être en plein ~** to be right in the sun; **des jours sans ~** sunless days; **se chercher un coin au ~** to look for a spot in the sun(shine) *ou* a sunny spot; **chat qui cherche le ~** a cat looking for a sunny spot; **les pays du ~** the lands of the sun; **la couleur a passé au ~** the colour has faded in the sun; **V bain, coup, fondre.**
  (c) (*motif, ornement*) sun.
  (d) (*feu d'artifice*) Catherine wheel.
  (e) (*acrobatie*) grand circle. (*fig: culbute*) **faire un ~** to turn *ou* do a somersault, somersault.
  (f) (*fleur*) sunflower.
  (g) (*loc*) **se lever avec le ~** to rise with the sun, be up with the sun *ou* the lark; (*Prov*) **le ~ brille pour tout le monde** nature belongs to everyone; **rien de nouveau** *ou* **neuf sous le ~** there's nothing new under the sun; **avoir du bien au ~** to be the owner of property, have property; (*fig*) **se faire/avoir une place au ~** to find oneself/have a place in the sun.

solennel, -elle [sɔlanɛl] *adj* (*gén*) solemn; *promesse, ton, occasion* solemn, formal; *séance* ceremonious; **V communion.**

solennellement [sɔlanɛlmɑ̃] *adv* (*gén*) solemnly; *offrir, ouvrir* ceremoniously.

solenniser [sɔlanize] (1) *vt* to solemnize.

solennité [sɔlanite] *nf* **(a)** (*caractère*) solemnity. **(b)** (*fête*) grand *ou* formal occasion. **(c)** (*gén pl: formalité*) formality, solemnity.

solénoïde [sɔlenɔid] *nm* (*Elec*) solenoid.

soleret [sɔlʀɛ] *nm* (*Hist*) solleret.

Solex [sɔlɛks] *nm* ® ≃ moped.

solfège [sɔlfɛʒ] *nm* (*théorie*) musical theory *ou* notation; (*livre*) (musical) theory book; (†: *gamme*) (tonic) sol-fa. **apprendre le ~** to learn musical theory *ou* notation.

solfier [sɔlfje] (7) *vt* to sing the sol-fa.

soli [sɔli] *nmpl de* **solo.**

solidaire [sɔlidɛʀ] *adj* **(a)** [*personnes*] **être ~s** to show solidarity, stand *ou* stick together; **pendant les grèves les ouvriers sont ~s** during strikes, workers stand *ou* stick together *ou* show solidarity; **être ~ de** to stand by, be behind; **nous sommes ~s du gouvernement** we stand by *ou* are behind *ou* are backing the government; **être ~ des victimes d'un régime** to show solidarity with *ou* stand by *ou* support the victims of a régime; **ces pays se sentent ~s** these countries feel they have each others' support *ou* feel solidarity with each other.
  (b) *mécanismes, pièces, systèmes* interdependent. **cette pièce est ~ de l'autre** this part is firmly *ou* immovably attached to the other.
  (c) (*Jur*) *contrat, engagement* binding all parties; *débiteurs* jointly liable.

solidairement [sɔlidɛʀmɑ̃] *adv* jointly, jointly and severally (*T*).

solidariser (se) [sɔlidaʀize] (1) *vpr*: **se ~ avec** to show solidarity with.

solidarité [sɔlidaʀite] *nf* **(a)** (*V solidaire*) solidarity; interdependence. ~ **de classe/professionnelle** class/professional solidarity; **cesser le travail par ~ avec des grévistes** to come out in sympathy *ou* stop work in sympathy with the strikers; **V grève.**
  (b) (*Jur*) joint and several liability.

solide [sɔlid] **1** *adj* **(a)** (*non liquide*) *nourriture, état, corps* solid. **ne lui donnez pas encore d'aliments ~s** don't give him any solid food *ou* any solids yet.
  (b) (*robuste*) *matériaux* solid, sturdy, tough; *outil* solid, strong; *construction* solid, sturdy. **c'est du ~** it's solid stuff; **être ~ sur ses jambes** to be steady on one's legs; **avoir une position ~** to have a secure position.
  (c) (*fig: durable, sérieux*) *institutions, qualités* sound, solid; *bases* solid, firm, sound; *amitié, vertus* solid; *connaissances, raisons* sound. **doué d'un ~ bon sens** possessing sound commonsense *ou* good solid commonsense; **ces opinions/raisonnements ne reposent sur rien de ~** these opinions/arguments have no solid *ou* sound foundation.
  (d) (*fig*) *personne* (*vigoureux, en bonne santé*) sturdy, robust; (*sérieux, sûr*) reliable, solid; *poigne, jambes, bras* sturdy, solid; *santé, poumons, cœur* sound; *esprit, psychisme* sound. **avoir la tête ~** (*lit*) to have a hard head; (*fig: équilibré*) to have a good head on one's shoulders; **il n'a plus la tête bien ~** his mind's not what it was; **V rein.**
  (e) (*intensif*) *coup de poing* (good) hefty*; *revenus* substantial; *engueulade* good, proper* (*Brit*). **un ~ repas le remit d'aplomb** a (good) solid meal put him on his feet again.
  (f) (*loc*) **être ~ au poste** (*Mil*) to be loyal to one's post; (*fig*) to be completely dependable *ou* reliable; ~ **comme le Pont-Neuf†** *personne* (as) strong as an ox.
  2 *nm* (*Géom, Phys*) solid.

solidement [sɔlidmɑ̃] *adv* **(a)** (*lit*) *fixer, attacher, tenir* firmly; *fabriquer, construire* solidly. **résister ~** to put up a solid *ou* firm resistance.
  (b) (*fig*) *s'établir, s'installer* securely, firmly, solidly; *raisonner* soundly. **rester ~ attaché aux traditions locales** to remain firmly attached to local traditions; **être ~ attaché à qn/qch** to be deeply *ou* profoundly attached to sb/sth; **il l'a ~ engueulé*** he gave him a good *ou* proper (*Brit*) telling-off*, he told him off well and truly*.

solidification [sɔlidifikasjɔ̃] *nf* solidification.

solidifier *vt*, **se solidifier** *vpr* [sɔlidifje] (7) to solidify.

solidité [sɔlidite] *nf* (*V* **solide**) solidity; sturdiness; toughness; soundness; robustness; reliability.
soliloque [sɔlilɔk] *nm* soliloquy.
soliloquer [sɔlilɔke] (1) *vi* to soliloquize.
Soliman [sɔlimɑ̃] *nm*: ~ **le Magnifique** Sulaiman the Magnificent.
solipède [sɔliped] *adj, nm* solidungulate.
solipsisme [sɔlipsism(ə)] *nm* solipsism.
soliste [sɔlist(ə)] *nmf* soloist.
solitaire [sɔlitɛR] **1** *adj* (**a**) (*isolé*) *passant* solitary (*épith*), lone (*épith*); *maison, arbre, rocher* solitary (*épith*), lonely (*épith*), isolated. **là vivaient quelques chasseurs/bûcherons** ~**s** there lived a few solitary *ou* lone hunters/woodcutters.
(**b**) (*désert*) *parc, demeure, chemin* lonely (*épith*), deserted, solitary (*épith*).
(**c**) (*sans compagnie*) *adolescent, vieillard, vie* solitary, lonely, lonesome (*US*); *passe-temps, caractère* solitary; *V* **plaisir**.
(**d**) *V* **ver**.
2 *nmf* (*ermite*) solitary, recluse, hermit; (*fig: ours*) lone wolf, loner. **il préfère travailler en** ~ he prefers to work on his own.
3 *nm* (**a**) (*sanglier*) old boar.
(**b**) (*diamant*) solitaire.
(**c**) (*jeu*) solitaire.
solitairement [sɔlitɛRmɑ̃] *adv* **souffrir** alone. **vivre** ~ to lead a solitary life, live alone.
solitude [sɔlityd] *nf* [*personne*] (*tranquillité*) solitude; (*manque de compagnie*) loneliness, lonesomeness (*US*); [*endroit*] loneliness. ~ **morale** moral solitude; **cette** ~ **à deux que peut devenir le mariage** this shared solitude which marriage may turn into; (*littér*) **les** ~**s glacées du Grand Nord** the icy solitudes *ou* wastes of the far North (*littér*).
solive [sɔliv] *nf* joist.
sollicitation [sɔlisitɑsjɔ̃] *nf* (**a**) (*démarche*) entreaty, appeal.
(**b**) (*littér: gén pl: tentation*) solicitation (*littér*), enticement.
(**c**) (*action exercée sur qch*) prompting. **l'engin répondait aux moindres** ~**s de son pilote** the craft responded to the slightest promptings of its pilot.
solliciter [sɔlisite] (1) *vt* (**a**) (*frm: demander*) *poste* to seek, solicit (*frm*); *faveur, audience, explication* to seek, request, solicit (*frm*) (*de qn* from sb).
(**b**) (*frm: faire appel à*) *personne* to appeal to. ~ **qn de faire** to appeal to sb *ou* request sb to do; **je l'ai déjà sollicité à plusieurs reprises à ce sujet** I have already appealed to him *ou* approached him on several occasions over this matter; **il est très sollicité** there are many calls upon him, he's very much in demand.
(**c**) (*agir sur*) *curiosité, sens de qn* to appeal to; *attention* to attract, entice, solicit (*frm*). **les attractions qui sollicitent le touriste** the attractions that are there to tempt *ou* entice the tourist; **mille détails sollicitaient leur curiosité** a thousand details appealed to their curiosity; **le moteur répondait immédiatement lorsque le pilote le sollicitait** the engine responded immediately when the pilot prompted it.
solliciteur, -euse [sɔlisitœʀ, øz] **1** *nm, f* supplicant. **2** *nm* (*Can*) ~ **général** Solicitor General.
sollicitude [sɔlisityd] *nf* concern (*U*), solicitude (*frm*). **toutes leurs** ~**s finissaient par nous agacer** we found their constant concern (for our welfare) *ou* their solicitude (*frm*) annoying in the end.
solo [sɔlo], *pl* ~**s** *ou* **soli** *adj inv, nm* solo. ~ **de violon** violin solo; **violon** ~ solo violin; **jouer/chanter en** ~ to sing/play solo.
solstice [sɔlstis] *nm* solstice. ~ **d'hiver/d'été** winter/summer solstice.
solubiliser [sɔlybilize] (1) *vt* to make soluble.
solubilité [sɔlybilite] *nf* solubility.
soluble [sɔlybl(ə)] *adj* (**a**) *substance* soluble; *V* **café**. (**b**) *problème* soluble, solvable.
soluté [sɔlyte] *nm* (*Chim, Pharm*) solution.
solution [sɔlysjɔ̃] **1** *nf* (**a**) [*problème, énigme, équation*] (*action*) solution, solving (*de* of); (*résultat*) solution, answer (*de* to).
(**b**) [*difficulté, situation*] (*issue*) solution, answer (*de* to); (*moyens employés*) solution (*de* to). **c'est une** ~ **de facilité** that's an easy answer *ou* the easy way out; **ce n'est pas une** ~ **à la crise qu'ils traversent** that's no answer to *ou* no real way out of the crisis they're in, that's no way to resolve the crisis they're in; **hâter la** ~ **d'une crise** to hasten the resolution *ou* settling of a crisis.
(**c**) (*Chim: action, mélange*) solution. **en** ~ in solution.
2: (*frm*) **solution de continuité** solution of continuity (*frm*); (*Hist Pol*) **la solution finale** the Final Solution.
solutionner [sɔlysjɔne] (1) *vt* to solve.
solvabilité [sɔlvabilite] *nf* solvency, creditworthiness.
solvable [sɔlvabl(ə)] *adj* (*Fin*) solvent, creditworthy.
solvant [sɔlvɑ̃] *nm* (*Chim*) solvent.
soma [sɔma] *nm* soma.
somali [sɔmali] **1** *nm* (*Ling*) Somali. **2** *nmpl*: **S**~**s** Somalis.
Somalie [sɔmali] *nf* (*région*) Somaliland; (*État*) Somalia.
somalien, -ienne [sɔmaljɛ̃, jɛn] **1** *adj* Somalian. **2** *nm, f*: **S**~**(ne)** Somalian.
somatique [sɔmatik] *adj* (*Bio, Psych*) somatic.
sombre [sɔ̃bʀ(ə)] *adj* (**a**) (*peu éclairé, foncé*) dark. (*littér*) **de** ~**s abîmes** dark abysses; **il fait déjà** ~ it's already dark; **bleu/vert** ~ dark blue/green; *V* **coupe²**.
(**b**) (*fig*) (*mélancolique*) sombre, gloomy, dismal; (*ténébreux, funeste*) dark, sombre. **de** ~**s pensées** sombre *ou* gloomy thoughts, dark *ou* black thoughts; **un** ~ **avenir** a dark *ou* gloomy *ou* dismal future; **les moments** *ou* **heures** ~**s de notre histoire** the dark *ou* sombre moments of our history.
(**c**) (*valeur intensive*) ~ **idiot/brute** dreadful idiot/brute; **une** ~ **histoire d'enlèvement** a murky story of abduction.
(**d**) (*Phon*) *voyelle* dark.

sombrement [sɔ̃bʀ(ə)mɑ̃] *adv* (*V* **sombre**) darkly; sombrely; gloomily, dismally.
sombrer [sɔ̃bʀe] (1) *vi* [*bateau*] to sink, go down, founder; (*fig*) [*raison*] to give way; [*empire*] to founder; [*fortune*] to be swallowed up. ~ **dans le désespoir/le sommeil** to sink into despair/sleep; ~ **corps et biens** to go down with all hands.
sombrero [sɔ̃bʀeʀo] *nm* sombrero.
sommaire [sɔmɛʀ] **1** *adj* *exposé, explication* basic, summary (*épith*), brief; *réponse* brief, summary (*épith*); *examen* brief, cursory, perfunctory; *instruction, réparation, repas* basic; *tenue, décoration* scanty; *justice, procédure, exécution* summary (*épith*).
2 *nm* (*exposé*) summary; (*résumé de chapitre*) summary, argument.
sommairement [sɔmɛʀmɑ̃] *adv* (*V* **sommaire**) basically; summarily; briefly; cursorily; scantily. **il me l'a expliqué assez** ~ he gave me a fairly basic *ou* cursory explanation of it.
sommation [sɔmasjɔ̃] *nf* (*Jur*) summons; (*frm: injonction*) demand; (*avant de faire feu*) warning. (*Jur*) **recevoir** ~ **de payer une dette** to be served with notice to pay a debt *ou* with a demand for payment of a debt; (*Mil, Police*) **faire les** ~**s d'usage** to give the standard *ou* customary warnings.
somme¹ [sɔm] *nf* *V* **bête**.
somme² [sɔm] *nm* nap, snooze. **faire un petit** ~ to have a (short) nap *ou* a (little) snooze *ou* forty winks*.
somme³ [sɔm] *nf* (**a**) (*Math*) sum; (*gén*) (*pluralité*) sum total; (*quantité*) amount. ~ **algébrique** algebraic sum; **la** ~ **totale** the grand total, the total sum; **faire la** ~ **de** to add up; **la** ~ **des dégâts est considérable** the (total) amount of damage *ou* the total damage is considerable; **une** ~ **de travail énorme** an enormous amount of work.
(**b**) ~ (**d'argent**) sum *ou* amount (of money); (*intensif*) **c'est une** ~**!** it's quite a sum, it's quite a large amount.
(**c**) (*ouvrage de synthèse*) general survey. **une** ~ **littéraire/scientifique** a general survey of literature/of science.
(**d**) (*loc*) **en** ~ (*tout bien considéré*) all in all; (*en résumé, après tout*) in sum, in short; **en** ~, **il ne s'agit que d'un incident sans importance** all in all, it's only an incident of minor importance; **en** ~, **vous n'en voulez plus?** in sum *ou* in short, you don't want any more?; (*frm*) ~ **toute** when all's said and done.
sommeil [sɔmɛj] *nm* (**a**) (*état du dormeur, Physiol, Zool*) sleep; (*envie de dormir*) drowsiness, sleepiness. **avoir** ~ to be *ou* feel sleepy; **tomber de** ~ to be ready to drop (with tiredness *ou* sleep); **un** ~ **agréable l'envahissait** a pleasant drowsiness *ou* sleepiness *ou* desire to sleep was creeping over him; **8 heures de** ~ 8 hours' sleep; **avoir le** ~ **léger** to be a light sleeper, sleep lightly; **dormir d'un** ~ **agité** to sleep restlessly; **un** ~ **de plomb** a heavy *ou* deep sleep; **premier** ~ first hours of sleep; **nuit sans** ~ sleepless night; *V* **cure¹**, **dormir**, **maladie**.
(**b**) (*fig: gén littér: inactivité*) **le** ~ **de la nature** nature's sleep (*littér*), the dormant state of nature; **affaires en** ~ dormant affairs, affairs in abeyance; **laisser une affaire en** ~ to leave a matter (lying) dormant, leave a matter in abeyance; **le** ~ **de la petite ville pendant l'hiver** the sleepiness of the little town during winter; (*littér*) **le** ~ **éternel, le dernier** ~ eternal rest; **le** ~ **des morts** the sleep of the dead.
sommeiller [sɔmeje] (1) *vi* [*personne*] to doze; (*fig*) [*qualité, défaut, nature*] to lie dormant; *V* **cochon¹**.
sommelier [sɔmelje] *nm* wine waiter.
sommer¹ [sɔme] (1) *vt* (*frm: enjoindre*) ~ **qn de faire** to charge *ou* enjoin sb to do (*frm*); (*Jur*) ~ **qn de** *ou* **à comparaître** to summon sb to appear.
sommer² [sɔme] (1) *vt* (*additionner*) to sum.
sommet [sɔmɛ] *nm* (**a**) (*point culminant*) [*montagne*] summit, top; [*tour, arbre, toit, pente, hiérarchie*] top; [*vague*] crest; [*crâne*] crown, vertex (*T*); (*Géom, Math*) [*angle*] vertex; [*solide, figure, parabole*] vertex, apex. (*fig*) **les** ~**s de la gloire/des honneurs** the summits *ou* heights of fame/honour; (*littér, hum*) **redescendons de ces** ~**s** let us climb down from these lofty heights (*littér, hum*); *V* **conférence**.
(**b**) (*cime, montagne*) summit, mountain top. **l'air pur des** ~**s** the pure air of the summits *ou* the mountaintops.
sommier [sɔmje] *nm* (**a**) [*lit*] ~ (**à ressorts**) (*s'encastrant dans le lit, fixé au lit*) springing (*U*) (*Brit*), springs (*of bedstead*); (*avec pieds*) (interior-sprung) divan base (*Brit*), box springs (*US*); ~ (**métallique**) mesh-springing (*Brit*); mesh-sprung divan base (*Brit*), mesh springs (*US*); ~ **à lattes** slatted bed base; ~ **extra-plat** metal-framed divan base.
(**b**) (*Tech*) [*voûte*] impost, springer; [*clocher*] stock; [*porte, fenêtre*] transom; [*grille*] lower crossbar; [*orgue*] windchest.
sommité [sɔmite] *nf* (**a**) (*personne*) prominent person, leading light (*de* in). (**b**) (*Bot*) head.
somnambule [sɔmnɑ̃byl] **1** *nmf* sleepwalker, somnambulist (*T*). **marcher/agir comme un** ~ to walk/act like a sleepwalker *ou* as if in a trance. **2** *adj*: **être** ~ to be a sleepwalker, sleepwalk.
somnambulisme [sɔmnɑ̃bylism(ə)] *nm* sleepwalking, somnambulism (*T*).
somnifère [sɔmnifɛʀ] **1** *nm* sleeping drug, soporific; (*pilule*) sleeping pill, sleeping tablet. **2** *adj* somniferous (*frm*), sleep-inducing, soporific.
somnolence [sɔmnɔlɑ̃s] *nf* sleepiness (*U*), drowsiness (*U*), somnolence (*U*) (*frm*); (*fig*) indolence, inertia.
somnolent, e [sɔmnɔlɑ̃, ɑ̃t] *adj* sleepy, drowsy, somnolent (*frm*); (*fig*) *vie, province* drowsy, sleepy, languid; *faculté* dormant, inert.
somnoler [sɔmnɔle] (1) *vi* (*lit*) to doze; (*fig*) to lie dormant.
somptuaire [sɔ̃ptɥɛʀ] *adj* (**a**) *loi, réforme* sumptuary. (**b**) *dépense* ~ extravagant expenditure (*U*); **arts** ~**s** decorative arts.

somptueusement [sɔ̃ptɥøzmɑ̃] *adv* (*V* **somptueux**) sumptuously; magnificently; lavishly; handsomely.

somptueux, -euse [sɔ̃ptɥø, øz] *adj* *habit, résidence* sumptuous, magnificent; *train de vie* lavish; *cadeau* handsome (*épith*), sumptuous; *repas, festin* sumptuous, lavish.

somptuosité [sɔ̃ptɥozite] *nf* (*V* **somptueux**) sumptuousness (*U*); magnificence (*U*); lavishness (*U*); handsomeness (*U*).

son[1] [sɔ̃], **sa** [sa], **ses** [se] *adj poss* (a) *[homme]* his; (*emphatique*) his own; *[femme]* her; (*emphatique*) her own; *[nation]* its, her; (*emphatique*) its own, her own. **S~ Altesse Royale** (*prince*) His Royal Highness; (*princesse*) Her Royal Highness; **Sa Majesté** (*roi*) His Majesty; (*reine*) Her Majesty; **Sa Sainteté le pape** His Holiness the Pope; **ce n'est pas ~ genre** he *ou* she is not that sort, it's not like him *ou* her; **quand s'est passé ~ accident?** when did she (*ou* he) have her (*ou* his) accident?; **~ père et sa mère, ses père et mère** his (*ou* her) father and (his *ou* her) mother; (*emphatique*) **~ jardin à lui/elle est une vraie jungle** his *ou* his own/her *ou* her own garden is a real jungle; **ses date et lieu de naissance** his (*ou* her) date and place of birth; **à sa vue, elle poussa un cri** she screamed at the sight of him (*ou* her) *ou* on seeing him (*ou* her); **un de ses amis** one of his (*ou* her) friends, a friend of his (*ou* hers); **~ idiote de sœur*** that stupid sister of hers (*ou* his).

(b) *[objet, abstraction]* its. **l'hôtel est réputé pour sa cuisine** the hotel is famous for its food; **pour comprendre ce crime il faut chercher ~ mobile** to understand this crime we must try to find the motivation for it; **ça a ~ importance** that has its *ou* a certain importance.

(c) (*à valeur d'indéfini*) one's; (*après chacun, personne etc*) his, her. **faire ses études** to study; **on ne connaît pas ~ bonheur** one never knows how fortunate one is; **être satisfait de sa situation** to be satisfied with one's situation; **chacun selon ses possibilités** each according to his (own) capabilities; **personne ne sait comment finira sa vie** no one knows how his life will end.

(d) (*: *valeur affective, ironique, intensive*) **il doit (bien) gagner ~ million par an** he must be (easily) earning a million a year; **avoir ~ samedi/dimanche** to have (one's) Saturday(s)/Sunday(s) off; **il a passé tout ~ dimanche à travailler** he spent the whole of *ou* all Sunday working; **~ M X ne me plaît pas du tout** I don't care for his Mr X at all; **avoir ses petites manies** to have one's funny little ways; **elle a ses jours!** she has her (good and bad) days!; **il a sa crise de foie** he is having one of his bilious attacks; **cet enfant ne ferme jamais ses portes** that child will never shut doors *ou* a door behind him; *V* **sentir**.

son[2] [sɔ̃] *nm* (a) (*gén, Ling, Phys*) sound. **le timbre et la hauteur du ~ d'une cloche/d'un tambour/d'un avertisseur** the tone and pitch of the (sound of) a bell/a drum/an alarm; **réveillé par le ~ des cloches/tambours/klaxons** woken by the sound of bells/drums/hooters, woken by the ringing of bells/the beat of drums/the blare of horns; **défiler au ~ d'une fanfare** to march past to the music of a band; (*fig*) **n'entendre qu'un/entendre un autre ~ de cloche** to hear only one/another side of the story; (*fig*) **annoncer ou proclamer qch à ~ de trompe** to blazon *ou* trumpet sth abroad; *V* **mur, qui**.

(b) (*Ciné, Rad, TV*) sound. **baisser le ~** to turn down the sound *ou* volume; **équipe/ingénieur du ~** sound team/engineer; **synchroniser le ~ et l'image** to synchronize the sound and the picture; (**spectacle**) **~ et lumière** son et lumière (display); *V* **pris.**

son[3] [sɔ̃] *nm* bran. **farine de ~** bran flour; *V* **tache.**

sonar [sɔnaʀ] *nm* sonar.

sonate [sɔnat] *nf* sonata; *V* **forme.**

sonatine [sɔnatin] *nf* sonatina.

sondage [sɔ̃daʒ] *nm* (*Tech: forage*) boring, drilling; (*Mét, Naut*) sounding; (*Méd*) probing (*U*), probe; (*pour évacuer*) catheterization; (*fig*) sounding out of opinion (*U*). **~ (d'opinion)** (opinion) poll.

sonde [sɔ̃d] *nf* (a) (*Naut*) (*instrument*) lead line, sounding line; (*relevé: gén pl*) soundings (*pl*). **naviguer à la ~** to navigate by soundings; **jeter une ~** to cast the lead.

(b) (*Tech: de forage*) borer, drill.

(c) (*Méd*) probe; (*à canal central*) catheter; (*d'alimentation*) feeding tube. **mettre une ~ à qn** to put a catheter in sb; **alimenter un malade avec une ~** to feed a patient through a tube.

(d) (*Aviat, Mét*) sonde. **~ atmosphérique** sonde; **~ spatiale** space probe; *V* **ballon.**

(e) (*de douanier: pour fouiller*) probe; (*Comm: pour prélever*) taster; (*à avalanche*) pole (*for locating victims*). **~ à fromage** cheese taster.

sonder [sɔ̃de] (1) *vt* (a) (*Naut*) to sound; (*Mét*) to probe; (*Tech*) *terrain* to bore, drill; *bagages* to probe, search (with a probe); *avalanche* to probe; (*Méd*) *plaie* to probe; *vessie, malade* to catheterize. (*littér*) **il sonda l'abîme du regard** his eyes probed the depths of the abyss.

(b) (*fig*) *personne* (*gén*) to sound out; (*par sondage d'opinion*) to poll; *conscience, avenir* to sound out, probe. **~ les esprits** to sound out opinion; **~ l'opinion** to make a survey of (public) opinion; *V* **terrain.**

sondeur [sɔ̃dœʀ] *nm* (*Tech*) sounder; (*sondage d'opinion*) pollster.

songe [sɔ̃ʒ] *nm* (*littér*) dream. **en ~** in a dream; **faire un ~** to have a dream.

songe-creux [sɔ̃ʒkʀø] *nm inv* (†, *littér*) visionary.

songer [sɔ̃ʒe] (3) **1** *vi* (*littér: rêver*) to dream.

2 *vt*: **~ que …** to reflect *ou* consider that …; **'ils pourraient refuser' songeait-il** 'they could refuse' he reflected *ou* mused; **songez que cela peut présenter de grands dangers** remember *ou* you must be aware that it can present great dangers; **il n'avait jamais songé qu'ils puissent réussir** he had never imagined they might be successful.

3 songer à *vt indir* (*évoquer*) to muse over *ou* upon, think over, reflect upon; (*considérer, penser à*) to consider, think over, reflect upon; (*envisager*) to contemplate, think of *ou* about; (*s'occuper de, prendre soin de*) to think of, have regard for. **songez-y** think it over, consider it; **il ne songe qu'à son avancement** he thinks only of *ou* he has regard only for his own advancement; **~ à faire qch** to contemplate doing sth, think of *ou* about doing sth; **quand on songe à tout ce gaspillage** when you think of all this waste.

songerie [sɔ̃ʒʀi] *nf* (*littér*) reverie.

songeur, -euse [sɔ̃ʒœʀ, øz] **1** *adj* pensive. **cela me laisse ~** I just don't know what to think. **2** *nm, f* dreamer.

sonique [sɔnik] *adj* vitesse sonic. **barrière ~** sound barrier.

sonnant, e [sɔnɑ̃, ɑ̃t] *adj* (a) **à 4 heures ~(es)** on the stroke *ou* dot of 4, at 4 (o'clock) sharp. (b) *V* **espèce.** (c) *horloge* chiming, striking. (d) (*Phon*) resonant.

sonné, e [sɔne] (*ptp de* **sonner**) *adj* (a) **il est midi ~** it's gone (*Brit*) or past twelve; **avoir trente ans bien ~s*** to be on the wrong side of thirty*. (b) (‡: *fou*) cracked*, off one's rocker‡ (*attrib*). (c) (*: *assommé*) groggy.

sonner [sɔne] (1) **1** *vt* (a) *cloche* to ring; *tocsin, glas* to sound, toll; *clairon* to sound. **~ trois coups à la porte** to ring three times at the door; **se faire ~ les cloches*** to get a good ticking-off* (*Brit*) *ou* telling-off*; **~ les cloches à qn*** to give sb a roasting* *ou* a telling-off*.

(b) (*annoncer*) *messe, matines* to ring the bell for; *réveil, rassemblement, retraite* to sound. **~ l'alarme** to sound the alarm; (*Mil*) **~ la charge** to sound the charge; **~ l'heure** to strike the hour; **la pendule sonne 3 heures** the clock strikes 3 (o'clock).

(c) (*appeler*) *portier, infirmière* to ring for. **on ne t'a pas sonné!*** nobody asked you!, who rang your bell?* (*Brit*).

(d) (*: *étourdir*) *[chute]* to knock out; *[nouvelle]* to stagger*, take aback. **la nouvelle l'a un peu sonné** he was rather taken aback *ou* staggered* at *ou* by the news; **il a été bien sonné par sa grippe** he was really knocked flat by his bout of flu, his bout of flu really knocked him for six*.

2 *vi* (a) *[cloches, téléphone]* to ring; *[réveil]* to ring, go off; *[clairon, trompette]* to sound; *[tocsin, glas]* to sound, toll. (*Scol etc*) **la cloche a sonné** the bell has gone *ou* rung; **~ à toute volée** to peal (out); (*fig*) **les oreilles lui sonnent** his ears are ringing.

(b) (*son métallique*) *[marteau]* to ring; *[clefs, monnaie]* to jangle, jingle. **~ clair** to give a clear ring; **~ creux** (*lit*) to sound hollow; (*fig*) to ring hollow; **~ faux** (*lit*) to sound out of tune; (*fig*) to ring false; (*fig*) **~ bien/mal** to sound good/bad; **l'argent sonna sur le comptoir** the money jingled *ou* jangled onto the counter.

(c) (*être annoncé*) *[midi, minuit]* to strike. **3 heures venaient de ~** 3 o'clock had just struck, it had just struck 3 o'clock; **la récréation a sonné** the bell has gone for break; **la messe sonne** the bell is ringing *ou* going for mass; *V* **heure.**

(d) (*actionner une sonnette*) to ring. **on a sonné** the bell has just gone, I just heard the bell, somebody just rang (the bell); **~ chez qn** to ring at sb's door, ring sb's doorbell.

(e) (*Phonétique*) **faire ~** to sound.

3 sonner de *vt indir* *clairon, cor* to sound.

sonnerie [sɔnʀi] *nf* (a) (*son*) *[sonnette, cloches]* ringing. **la ~ du clairon** the bugle call, the sound of the bugle; **j'ai entendu la ~ du téléphone** I heard the telephone ringing; **la ~ du téléphone l'a réveillé** he was woken by the telephone('s) ringing *ou* the telephone bell; **~ d'alarme** alarm bell.

(b) (*Mil: air*) call. **la ~ du réveil** (the sounding of) reveille.

(c) (*mécanisme*) *[réveil]* alarm (mechanism), bell; *[pendule]* chimes (*pl*), chiming *ou* striking mechanism; (*sonnette*) bell. **~ électrique/téléphonique** electric/telephone bell.

sonnet [sɔnɛ] *nm* sonnet.

sonnette [sɔnɛt] *nf* (a) (*électrique, de porte*) bell; (*clochette*) (hand) bell. **~ de nuit** night bell; **~ d'alarme** alarm bell; (*fig*) **tirer la ~ d'alarme** to set off *ou* sound the alarm (bell); *V* **coup, serpent.** (b) (*Tech*) pile driver.

sonneur [sɔnœʀ] *nm* (a) **~ (de cloches)** bell ringer. (b) pile driver operator.

sono* [sɔno] *nf* (*abrév de* **sonorisation**) *[salle de conférences]* P.A. (system); *[discothèque]* sound system. **le ~ est trop fort** the sound's too loud.

sonore [sɔnɔʀ] **1** *adj* (a) *objet, surface en métal* resonant; *voix* ringing (*épith*), sonorous, resonant; *rire* ringing (*épith*), resounding (*épith*); *baiser, gifle* resounding (*épith*).

(b) *salle* resonant; *voûte* echoing.

(c) (*péj*) *paroles, mots* high-sounding, sonorous.

(d) (*Acoustique*) *vibrations* sound (*épith*). **onde ~** sound wave; **fond ~** background noise.

(e) (*Ciné*) *film* ~ sound film; **bande** *ou* **piste ~** sound track; **effets ~s** sound effects.

(f) (*Ling*) voiced.

2 *nf* (*Ling*) voiced consonant.

sonorisation [sɔnɔʀizasjɔ̃] *nf* (a) (*Ciné*) adding the sound track (de to). (b) (*action*) *[salle de conférences]* fitting with a public address system; *[discothèque]* fitting with a sound system; (*équipement*) *[salle de conférences]* public address system, P.A. (system); *[discothèque]* sound system. (c) (*Ling*) voicing.

sonoriser [sɔnɔʀize] (1) *vt* (a) *film* to add the sound track to; *salle de conférences* to fit with a public address system *ou* a P.A. (system). (b) (*Ling*) to voice.

sonorité [sɔnɔʀite] *nf* (a) (*timbre, son*) *[radio, instrument de musique]* tone; *[voix]* sonority, tone. **~s** *[voix, instrument]* tones. (b) (*Ling*) voicing. (c) (*résonance*) *[air]* sonority, resonance; *[salle]* acoustics (*pl*); *[cirque rocheux, grotte]* resonance.

sonothèque [sɔnɔtɛk] *nf* sound (effects) library.

sont [sɔ̃] *V* **être.**

Sophie [sɔfi] *nf* Sophia, Sophie.
sophisme [sɔfism(ə)] *nm* sophism.
sophiste [sɔfist(ə)] *nmf* sophist.
sophistication [sɔfistikɑsjɔ̃] *nf* (*affectation*) sophistication; (*complexité*) sophistication. (†: *altération*) adulteration.
sophistique [sɔfistik] **1** *adj* sophistic. **2** *nf* sophistry.
sophistiqué, e [sɔfistike] (*ptp de* **sophistiquer**) *adj* (*gén*) sophisticated; (†: *altéré*) adulterated.
sophistiquer [sɔfistike] (1) **1** *vt* (*raffiner*) to make (more) sophisticated; (†: *altérer*) to adulterate.
  2 se sophistiquer *vpr* to become (more) sophisticated.
Sophocle [sɔfɔkl(ə)] *nm* Sophocles.
soporifique [sɔpɔrifik] **1** *adj* (*lit*) soporific, sleep-inducing; (*fig péj*) soporific. **2** *nm* sleeping drug, soporific.
soprano [sɔprano], *pl* ~**s** *ou* **soprani** [sɔprani] **1** *nm* soprano (voice); (*voix d'enfant*) soprano, treble. **2** *nmf* soprano. ~ **dramatique/lyrique** dramatic/lyric soprano.
sorbe [sɔrb(ə)] *nf* sorb (apple).
sorbet [sɔrbɛ] *nm* water ice (*Brit*), sorbet, sherbet (*US*).
sorbetière [sɔrbətjɛr] *nf* (*Comm*) ice-cream churn; (*ménagère*) ice-cream maker.
sorbier [sɔrbje] *nm* service tree, sorb.
sorbitol [sɔrbitɔl] *nm* sorbitol.
sorbonnard, e [sɔrbɔnar, ard(ə)] (*péj*) **1** *adj* pedantic, worthy of the Sorbonne (*attrib*). **2** *nm, f* student or teacher at the Sorbonne.
sorcellerie [sɔrsɛlri] *nf* witchcraft, sorcery. (*fig*) **c'est de la ~!** it's magic!
sorcier [sɔrsje] *nm* (*lit*) sorcerer. (*fig*) **il ne faut pas être ~ pour ...** you don't have to be a wizard to ... ; (*fig*) **ce n'est pas ~!** you don't need witchcraft *ou* magic to do it (*ou* solve it *etc*)!; *V* **apprenti**.
sorcière [sɔrsjɛr] *nf* witch, sorceress; (*fig péj*) (old) witch, (old) hag.
sordide [sɔrdid] *adj ruelle, quartier* sordid, squalid; *action, mentalité* base, sordid; *gains* sordid.
sordidement [sɔrdidmɑ̃] *adv* (*V* **sordide**) sordidly; squalidly; basely.
sordidité [sɔrdidite] *nf* (*V* **sordide**) sordidness; squalidness; baseness.
sorgho [sɔrgo] *nm* sorghum.
Sorlingues [sɔrlɛ̃g] *nfpl*: **les (îles) ~** the Scilly Isles, the Isles of Scilly, the Scillies.
sornettes† [sɔrnɛt] *nfpl* twaddle, balderdash. **~!** fiddlesticks!
sort [sɔr] *nm* (a) (*situation, condition*) lot, fate. **c'est le ~ des paresseux d'échouer** it's the lot *ou* fate of the lazy to fail; **améliorer le ~ des malheureux/handicapés** to improve the lot of the unfortunate/the handicapped; **envier le ~ de qn** to envy sb's lot.
  (b) (*destinée*) fate. (*hum*) **abandonner qn à son triste ~** to abandon sb to his sad fate; **sa proposition a eu *ou* subi le même ~ que les précédentes** his proposal met with the same fate as the previous ones; **faire un ~ à un plat/une bouteille*** to polish off a dish/a bottle*.
  (c) (*hasard*) fate. **le ~ est tombé sur lui** he was chosen by fate, it fell to his lot; **le ~ en est jeté** the die is cast; **le ~ décidera** fate will decide; **tirer au ~** to draw lots; **tirer qch au ~** to draw lots for sth; *V* **tirage**.
  (d) (*sorcellerie*) curse, spell. **il y a un ~ sur ...** there is a curse on ... ; **jeter un ~ sur** to put a curse *ou* spell *ou* jinx* on; **pour essayer de conjurer le (mauvais) ~** to try to ward off fate.
sortable* [sɔrtabl(ə)] *adj* (*gén nég*) *personne* presentable. **tu n'es pas ~!** we (*ou* I) can't take you anywhere!
sortant, e [sɔrtɑ̃, ɑ̃t] **1** *adj député etc* outgoing (*épith*). **les numéros ~s** the numbers which come up. **2** *nm* (*personne: gén pl*) **les ~s** the outgoing crowd.
sorte [sɔrt(ə)] *nf* (a) (*espèce*) sort, kind. **toutes ~s de gens/choses** all kinds *ou* sorts *ou* manner of people/things; **des vêtements de toutes (les) ~s** all kinds *ou* sorts *ou* manner of clothes; **nous avons 3 ~s de fleurs** we have 3 kinds *ou* types *ou* sorts of flower(s); **des roches de même ~** rocks of the same sort *ou* kind *ou* type.
  (b) **une ~ de** a sort *ou* kind of; (*péj*) **une ~ de médecin/véhicule** a doctor/car of sorts; **robe taillée dans une ~ de satin** dress cut out of some sort *ou* kind of satin, dress cut out of a sort *ou* kind of satin.
  (c) (*loc*) **de la ~** (*de cette façon*) in that fashion *ou* way; **accoutré de la ~** dressed in that fashion *ou* way; **il n'a rien fait de la ~** he did nothing of the kind *ou* no such thing; **de ~ à** so as to, in order to; **en quelque ~** in a way, as it were; **vous avouez l'avoir dit, en quelque ~** you are in a way *ou* as it were admitting to having said it; **en aucune ~†** not at all, not in the least; **de (telle) ~ que** (*de façon à ce que*) in such a way that; (*si bien que*) so much so that; **faites en ~ d'avoir fini demain** see to it *ou* arrange it *ou* arrange things so that you will have finished tomorrow; **faire en ~ que** to see to it that; (†, *littér*) **en ~ que** (*de façon à ce que*) so that, in such a way that; (*si bien que*) so much so that.
sortie [sɔrti] *nf* (a) (*action, moment*) [*personne*] leaving; [*véhicule, bateau, armée occupante*] departure; (*Théât*) exit. **à sa ~, tous se sont tus** when he went out *ou* left everybody fell silent; **à sa ~ du salon** when he went out *ou* left the lounge; **il a fait une ~ remarquée** his departure was noticed, he was noticed as he left; **il a fait une ~ discrète** he made a discreet exit, he left discreetly; **faire une ~** (*Aviat, Mil*) to make a sortie; **à la ~ des ouvriers/bureaux/théâtres** when the workers/offices/theatres come out; **sa mère l'attend tous les jours à la ~ de l'école** his mother waits for him every day after school *ou* when school comes out *ou* finishes; **retrouvons-nous à la ~ (du concert)** let's meet at the end (of the concert); **elle attend la ~ des artistes** she's waiting for the performers to come out; **à sa ~ de prison** on his discharge from

prison, when he comes (*ou* came) out of prison; **c'est sa première ~ depuis sa maladie** it's his first day *ou* time out since his illness; (*Théât*) **elle a manqué sa ~ à l'acte 2** she fluffed her exit in act 2; *V* **faux²**.
  (b) (*congé*) day off; (*promenade etc*) outing; (*le soir: au théâtre etc*) evening *ou* night out. **c'est le jour de ~ de la bonne** it's the maid's day off; **c'est le jour de ~ des pensionnaires** it's the boarders' day out; [*soldat, domestique*] **il est de ~** it's his day off; **nous sommes de ~ ce soir** we're going out tonight, we're having an evening out tonight; **ils viennent déjeuner le dimanche, cela leur fait une petite ~** they come to lunch on Sundays — it gives them a little outing *ou* it's a day out for them; **elle s'est acheté une robe du soir pour leurs ~s** she's bought herself an evening dress for when they go out *ou* have a night out; (*Scol*) ~ **éducative** *ou* **scolaire** school (educational) outing (*Brit*), school visit (*Brit*), field-trip.
  (c) (*lieu*) exit, way out. ~ **de secours** emergency exit; ~ **des artistes** stage door; **attention,** ~ **d'usine/de garage** caution, factory/garage entrance *ou* exit; ~ **de camions** vehicle exit; **garé devant la** ~ **de l'école** parked in front of the school gates *ou* entrance; **sa maison se trouve à la** ~ **du village** his house is on the outskirts of the village *ou* at the edge of the village; **les ~s de Paris sont encombrées** the roads out of Paris are jammed; **par ici la ~!** this way out!; (*fig*) **trouver/se ménager une (porte de)** ~ to find/ arrange a way out.
  (d) (*écoulement*) [*eau, gaz*] outflow. **cela empêche la** ~ **des gaz** that prevents the gases from coming out *ou* escaping.
  (e) (*emportement, algarade*) outburst; (*remarque drôle*) sally; (*remarque incongrue*) peculiar *ou* odd remark. **elle est sujette à ce genre de** ~ she's given to that kind of outburst; she's always coming out with that kind of sally; she's always coming up with that kind of odd remark; **faire une** ~ **à qn** to let fly at sb; **faire une** ~ **contre qn/qch** to lash out against sth/sb.
  (f) (*Comm: mise en vente etc*) [*voiture, modèle*] launching; [*livre*] appearance, publication; [*disque, film*] release.
  (g) (*Comm*) [*marchandises, devises*] export. ~ **(de capitaux)** outflow (of capital); **la** ~ **de l'or/des devises/de certains produits est contingentée** there are controls on gold/currency/certain products leaving the country *ou* on the export of gold/currency/certain products; **il y a eu d'importantes ~s de devises** large amounts of currency have been flowing out *ou* leaving the country.
  (h) (*Comm, Fin: somme dépensée*) item of expenditure. **il y a eu plus de ~s que de rentrées** there are more outgoings than receipts.
  (i) (*Ordin*) output, readout. ~ **sur imprimante** print-out.
  (j) (*Sport*) ~ **en touche** going into touch; **il y a ~ en touche si le ballon touche la ligne** the ball is in touch *ou* has gone into touch if it touches the line; (*Rugby*) **ils ont marqué l'essai sur une ~ de mêlée** they scored a try straight out of the scrum; (*Ftbl*) **le ballon est allé en ~ de but** the ball has gone into touch behind the back line; [*gardien de but*] **faire une** ~ to leave the goalmouth, come out of goal; **lors de la dernière** ~ **de l'équipe de France contre l'Angleterre** when France last played a match against England, during the last French-English encounter *ou* match.
  2: sortie de bain bathrobe.
sortilège [sɔrtilɛʒ] *nm* (magic) spell.
sortir [sɔrtir] (16) **1** *vi* (*avec aux être*) (a) (*lit*) (*gén*) (*aller*) to go out, leave; (*venir*) to come out, leave; (*à pied*) to walk out; (*en voiture*) to drive out, go *ou* come out; [*véhicule*] to drive out, go *ou* come out; (*Ordin*) to exit, log out; (*Théât*) to exit, leave (the stage). ~ **en voiture/à bicyclette** to go out for a drive/a cycle (ride), go out in one's car/on one's bike; ~ **de pièce** to go *ou* come out of, leave; *région, pays* to leave; ~ **de chez qn** to go *ou* come out of sb's (house *etc*), leave sb's (house *etc*); ~ **en courant** to run out; ~ **en boitant** to limp out; **faire** ~ **la voiture du garage** to take *ou* get the car out of the garage; **il sortit discrètement (de la pièce)** he went out (of the room) *ou* left (the room) discreetly, he slipped out (of the room); **faites** ~ **ces gens** make these people go *ou* leave, get these people out; **sors (d'ici)!** get out (of here)!; ~ **par la porte de la cave/par la fenêtre** to go *ou* get out *ou* leave by the cellar door/the window; (*Théât*) **'la servante sort'** 'exit the maid'; (*Théât*) **'les 3 gardes sortent'** 'exeunt 3 guards'; **laisser** ~ **qn** to let sb out *ou* leave; **ne laissez** ~ **personne** don't let anybody out *ou* leave; **laisser** ~ **qn de pièce, pays** to let sb out of, let sb leave.
  (b) [*objet, pièce*] to come out. **le curseur est sorti de la rainure** the runner has come out of the groove; **le joint est sorti de son logement** the joint has come out of its socket.
  (c) (*quitter chez soi*) to go out. ~ **faire des courses/prendre l'air** to go out shopping/for some fresh air; ~ **acheter du pain** to go out to buy *ou* for some bread; ~ **dîner/déjeuner** to go out for *ou* to dinner/lunch; **ils sortent beaucoup/ne sortent pas beaucoup** they go out a lot/don't go out much; **mes parents ne me laissent pas** ~ my parents don't let me (go) out; **on lui permet de** ~ **maintenant qu'il va mieux** he is allowed (to go) out now that he is getting better; **c'est le soir que les moustiques sortent** it's at night-time that the mosquitoes come out; **il n'est jamais sorti de son village** he has never been out of *ou* gone outside his village.
  (d) (*Comm*) [*marchandises, devises*] to leave. **tout ce qui sort (du pays) doit être déclaré** everything going out *ou* leaving (the country) must be declared.
  (e) (*quitter*) to leave, come out. ~ **du théâtre** to go out of *ou* leave the theatre; ~ **de l'hôpital/de prison** to come out of hospital/ prison; **quand sort-il?** (*de prison*) when does he come *ou* get out?; (*de l'hôpital*) when is he coming out? *ou* leaving?; **ils sortent à 11 heures** (*du théâtre*) they come out at 11 o'clock; ~ **de l'eau** to come out of the water; ~ **du lit** to get out of bed, get up; [*fleuve*] ~ **de son**

lit to overflow its banks; (*Rail*) ~ des rails to go off the rails; la voiture est sortie de la route the car left *ou* came off the road; il aura du mal à ~ de ce mauvais pas he'll have a job getting out of this trouble; ~ de convalescence/d'un profond sommeil to come out of *ou* emerge from convalescence/a deep sleep; ~ de son calme to lose one's calm; ~ de son indifférence to overcome one's indifference; ~ sain et sauf d'un accident to come out of an accident unscathed; il a trop de copies à corriger, il ne s'en sort pas he has too many exercises to correct — there's no end to them; (*Sport*) ~ en touche to go into touch; ce secret ne doit pas ~ de la famille this secret must not go beyond *ou* outside family.

  (f) (*marquant le passé immédiat*) on sortait de l'hiver it was getting near the end of winter; il sort d'ici he's just left; il sort du lit he's just got up, he's just out of bed; on ne croirait pas qu'elle sort de chez le coiffeur! you'd never believe she'd just come out of the hairdresser's! *ou* just had her hair done!; il sort de maladie* *ou* d'être malade* he's just been ill, he's just getting over an illness; il sort d'une période de cafard he's just gone through *ou* had a spell of depression.

  (g) (*s'écarter de*) ~ du sujet/de la question to go *ou* get off the subject/the point; ~ de la légalité to overstep *ou* go outside *ou* go beyond the law; [*balle, ballon etc*] ~ du jeu to go out (of play); ~ des limites de to go beyond the bounds of, overstep the limits of; cela sort de mon domaine/ma compétence that's outside my field/my authority; vous sortez de votre rôle that is not your responsibility *ou* part of your brief; cela sort de l'ordinaire that's out of the ordinary; il n'y a pas à ~ de là, nous avons besoin de lui there's no getting away from it *ou* round it (*Brit*) — we need him; il ne veut pas ~ de là he won't budge.

  (h) (*être issu de*) ~ d'une bonne famille/du peuple to come from a good family/from the working class; il sort du Lycée X he was (educated) at the Lycée X; il sort de l'université de X he was *ou* he studied at the University of X; officier sorti du rang officer who has come up through the ranks *ou* risen from the ranks.

  (i) (*dépasser*) to stick out; (*commencer à pousser*) [*blé, plante*] to come up; [*dent*] to come through. les yeux lui sortaient de la tête his eyes were popping *ou* starting out of his head.

  (j) (*être fabriqué, publié etc*) to come out; [*disque, film*] to be released. ~ de to come from; tout ce qui sort de cette maison est de qualité everything that comes from that firm is good quality; une encyclopédie qui sort par fascicules an encyclopaedia which comes out *ou* is published in instalments; sa robe sort de chez un grand couturier her dress comes from one of the great couturier's.

  (k) (*Jeu, Loterie*) [*numéro, couleur*] to come up *ou* out.

  (l) (*provenir de*) ~ de to come from; (*fig*) sait-on ce qui sortira de ces entrevues! who knows what'll come (out) of these talks! *ou* what these talks will lead to!; des mots qui sortent du cœur words which come from the heart, heartfelt words; une odeur de brûlé sortait de la cuisine a smell of burning came from the kitchen; une épaisse fumée sortait par les fenêtres thick smoke was pouring out of the windows.

  (m) (*loc*) ~ de ses gonds (*lit*) to come off (of) its hinges; (*fig*) to fly off the handle; je sors d'en prendre* I've had quite enough thank you (*iro*); il est sorti d'affaire (*il a été malade*) he has pulled through; (*il a eu des ennuis*) he has got over it; on n'est pas sorti de l'auberge* we're not out of the wood (*Brit*) *ou* woods (*US*) yet; se croire sorti de la cuisse de Jupiter* to think a lot of o.s., think one is the cat's whiskers* (*Brit*) *ou* the bee's knees* (*Brit*) *ou* God's gift to mankind; ça me sort par les yeux (*ou* les oreilles)* I've had more than I can take (of it); cela lui est sorti de la mémoire *ou* de l'esprit that slipped his memory *ou* his mind; cela m'est sorti de la tête it went right out of my head; mais d'où sort-il (donc)? (*il est tout sale*) where has he been!; (*il ne sait pas la nouvelle*) where has he been (all this time)?; (*il est mal élevé*) where was he brought up? (*iro*); (*il est bête*) where did they find him? (*iro*), some mothers do have 'em*! (*Brit*).

  2 *vt* (*avec aux avoir*) (a) (*mener dehors*) *personne, chien* to take out; (*expulser*) *personne* to throw out. sortez-le! throw him out!, get him out of here!; va au cinéma, cela te sortira go and see a film, that'll get you out a bit *ou* give you a change of scene; ça nous a sortis de l'ordinaire it was *ou* made a bit of a change for us.

  (b) (*retirer*) to take out; (*Aviat*) *train d'atterrissage* to lower. ~ des vêtements d'une armoire/des bijoux d'un coffret to get *ou* take clothes out of a wardrobe/jewels out of a (jewel) box; ils ont réussi à ~ les enfants de la grotte they managed to get the children out of the cave; il sortit de sa poche un mouchoir he took *ou* brought *ou* pulled a handkerchief out of his pocket; ~ les mains de ses poches to take one's hands out of one's pockets; ~ ses bras des manches to take one's arms out of the sleeves; il a sorti son passeport he produced his passport; les douaniers ont tout sorti de sa valise the Customs men took everything out of his suitcase; quand il fait beau, on sort les fauteuils dans le jardin when the weather's nice we take *ou* bring the armchairs out into the garden; (*lit, fig*) il faut le ~ de là we have to get him out of there.

  (c) (*Comm: plus gén faire* ~) *marchandises* (*par la douane*) to take out; (*en fraude*) to smuggle out.

  (d) (*mettre en vente*) *voiture, modèle* to bring out; *livre* to bring out, publish; *disque, film* [*artiste*] to bring out; [*compagnie*] to release.

  (e) (*: dire*) to come out with*. il vous sort de ces réflexions! he really comes out with some incredible remarks!*; elle en a sorti une bien bonne she came out with a good one*; qu'est-ce qu'il va encore nous ~? what will he come out with next?*

  3 se sortir *vpr*: se ~ d'une situation difficile to manage to get out of a difficult situation *ou* to extricate o.s. from a difficult situation; tu crois qu'il va s'en sortir? (*il est malade*) do you think he'll pull through?; (*il est surchargé de travail*) do you think he'll ever

---

get to *ou* see the end of it?; (*il est sur la sellette*) do you think he'll come through all right?

  4 *nm* (*littér*) au ~ de l'hiver/de l'enfance as winter/childhood draws (*ou* drew) to a close; au ~ de la réunion at the end of the meeting, when the meeting broke up.

S.O.S. [ɛsoɛs] *nm* SOS. (*Aviat, Naut*) lancer un ~ to put out an SOS; (*fig*) envoyer un ~ à qn to send an SOS to sb; ~ médecins/dépannage *etc* emergency medical/repair *etc* service.

sosie [sozi] *nm* double (*person*).

sot, sotte [so, sɔt] **1** *adj* silly, foolish, stupid. (*Prov*) il n'y a pas de ~ métier every trade has its value. **2** *nm,f* (†, *frm:* niais) fool; (*enfant*) (little) idiot; (*Hist Littérat:* bouffon) fool.

sotie [sɔti] *nf* (*Hist Littérat*) satirical farce of 15th and 16th centuries.

sottement [sɔtmã] *adv* foolishly, stupidly.

sottise [sɔtiz] *nf* (a) (*caractère*) stupidity, foolishness. avoir la ~ de faire to be foolish *ou* stupid enough to do, have the stupidity to do. (b) (*parole*) silly *ou* foolish remark; (*action*) silly *ou* foolish thing (to do), folly (†, *frm*). dire des ~s [*enfant*] to say silly *ou* stupid *ou* foolish things, make silly *ou* foolish remarks; (†, *frm*) [*philosophe, auteur*] to make foolish affirmations; faire une ~ [*adulte*] to do a silly *ou* foolish thing, commit a folly (†); faire des ~s [*enfant*] to misbehave, be naughty, do naughty things.

sottisier [sɔtizje] *nm* collection of foolish quotations.

sou [su] *nm* (a) (*monnaie*) (*Hist*) sou, ≃ shilling (*Brit*); (†, *Suisse:* cinq centimes) 5 centimes (*pl*); (*Can**) cent. (*Can*) un trente ~s‡ a quarter (*US, Can*).
  (b) (*loc*) appareil *ou* machine à ~s (*jeu*) one-armed bandit, fruit machine; (*péj, hum: distributeur*) slot machine; donner/compter/économiser ~ à *ou* par ~ to give/count/save penny by penny; il n'a pas le ~ he hasn't got a penny *ou* a cent *ou* a sou (to his name); il est sans un *ou* le ~ he's penniless; il n'a pas un ~ vaillant he hasn't a penny to bless himself with; dépenser jusqu'à son dernier ~ to spend every last penny; il n'a pas pour un ~ de méchanceté/bon sens he hasn't an ounce of unkindness/good sense (in him); il n'est pas hypocrite/menteur pour un ~ he isn't at all *ou* the least bit hypocritical/untruthful; propre/reluisant *ou* brillant comme un ~ neuf (as) clean/bright as a new pin, spick and span; un ~ est un ~ every penny counts; *V* gros, près, quatre.

soubassement [subasmã] *nm* [*maison*] base; [*murs, fenêtre*] dado; [*colonne*] crepidoma; (*Géol*) bedrock.

soubresaut [subrəso] *nm* (a) (*cahot*) jolt. le véhicule fit un ~ the vehicle gave a jolt; sa monture fit un ~ his mount gave a sudden start.
  (b) (*tressaillement*) (*de peur*) start; (*d'agonie*) convulsive movement. avoir un ~ to give a start, start (up); to make a convulsive movement.

soubrette [subrɛt] *nf* (†, *hum: femme de chambre*) maid; (*Théât*) soubrette, maidservant.

souche [suʃ] *nf* (a) (*Bot*) [*arbre*] stump; [*vigne*] stock. rester planté comme une ~ to stand stock-still; *V* dormir.
  (b) [*famille, race*] founder. faire ~ to found a line; de vieille ~ of old stock.
  (c) (*Ling*) root. mot de ~ latine word with a Latin root; mot ~ root word.
  (d) (*Bio*) [*microbes*] colony, clone.
  (e) (*talon*) counterfoil, stub. carnet à ~s counterfoil book.
  (f) (*Archit*) [*cheminée*] (chimney) stack.

souci[1] [susi] *nm*: ~ (des jardins) marigold; ~ d'eau *ou* des marais marsh marigold.

souci[2] [susi] *nm* (a) (*inquiétude*) worry. se faire du ~ to worry; être sans ~ to be free of worries *ou* care(s); cela t'éviterait bien du ~ it would spare you a lot of worry; cela lui donne (bien) du ~ it worries him (a lot), he worries (a great deal) over it; ~s d'argent money worries, worries about money.
  (b) (*préoccupation*) concern (*de* for). avoir ~ du bien-être de son prochain to have concern for the well-being of one's neighbour; sa carrière/le bien-être de ses enfants est son unique ~ his career/his children's well-being is his sole concern *ou* is all he worries about; avoir le ~ de bien faire to be concerned about doing things well; dans le ~ de lui plaire in his concern to please her; c'est le moindre *ou* le cadet de mes ~s that's the least of my worries.

soucier [susje] (7) **1** se soucier *vpr*: se ~ de to care about; se ~ des autres to care about *ou* for others, show concern for others; je ne m'en soucie guère I am quite indifferent to it; il s'en soucie comme de sa première chemise *ou* comme de l'an quarante* he doesn't give *ou* care a fig *ou* a hoot* (about it)*, he couldn't care less (about it)*; (*littér*) il se soucie peu de plaire he cares little *ou* he doesn't bother whether he is liked or not; il se soucie fort de ce qu'ils pensent he cares very much what they think; (*littér*) se ~ que + *subj* to care that.
  2 *vt* (†, *littér*) to worry, trouble.

soucieusement [susjøzmã] *adv* with concern.

soucieux, -euse [susjø, øz] *adj* (a) (*inquiet*) *personne, air, ton* concerned, worried. peu ~ unconcerned.
  (b) être ~ de qch to be concerned *ou* preoccupied with *ou* about sth; ~ de son seul intérêt concerned *ou* preoccupied solely with *ou* about his own interests; être ~ de faire to be anxious to do; (*frm*) ~ que concerned *ou* anxious that; peu ~ qu'on le voie caring little *ou* unconcerned whether he be *ou* is seen or not.

soucoupe [sukup] *nf* saucer. ~ volante flying saucer; *V* œil.

soudage [sudaʒ] *nm* (*avec brasure, fil à souder*) soldering; (*autogène*) welding.

soudain, e [sudɛ̃, ɛn] **1** *adj* (*gén*) sudden; *mort* sudden, unexpected. **2** *adv* (*tout à coup*) suddenly, all of a sudden. ~, il se mit à pleurer all of a sudden he started to cry, he suddenly started to cry.

soudainement [sudɛnmã] *adv* suddenly.

soudaineté [sudɛnte] *nf* suddenness.
Soudan [sudɑ̃] *nm*: le ~ (the) Sudan.
soudanais, e [sudanɛ, ɛz] **1** *adj* Sudanese, of *ou* from (the) Sudan.
 2 *nm,f*: **S~(e)** Sudanese, inhabitant *ou* native of (the) Sudan.
soudard [sudaʀ] *nm* (*péj*) ruffianly *ou* roughneck soldier.
soude [sud] *nf* (a) (*industrielle*) soda. ~ **caustique** caustic soda; *V* **bicarbonate.** (b) (*Bot*) saltwort. (*Chim*) (**cendre de**) ~† soda ash.
soudé, e [sude] (*ptp de* **souder**) *adj* (a) *organes, pétales* joined (together). (b) (*fig: rivé*) ~ **au plancher/à la paroi** glued to the floor/wall.
souder [sude] (1) **1** *vt* (a) *métal* (*avec brasure, fil à souder*) to solder; (*soudure autogène*) to weld; ~ **à chaud/froid** to hot/cold weld; *V* **fer, fil, lampe.**
 (b) *os* to knit.
 (c) (*fig: unir*) *choses, organismes* to fuse (together); (*littér*) *cœurs, êtres* to bind *ou* knit together (*littér*), unite.
 2 se souder *vpr* [*os*] to knit together; (*littér: s'unir*) to be knit together (*littér*).
soudeur [sudœʀ] *nm* (*V* **souder**) solderer; welder.
soudoyer [sudwaje] (8) *vt* (*péj*) to bribe, buy over.
soudure [sudyʀ] *nf* (a) (*Tech: V* **souder**) (*opération*) soldering; welding; (*endroit*) soldered joint; weld; (*substance*) solder. ~ **à l'arc** arc welding; ~ **autogène** welding.
 (b) [*os*] knitting; [*organes, pétales*] join; (*littér*) [*partis, cœurs*] binding *ou* knitting (*littér*) together, uniting.
 (c) (*loc*) **faire la ~** (**entre**) to bridge the gap (between).
soufflage [suflaʒ] *nm* (a) ~ **du verre** glass-blowing. (b) (*Métal*) blowing.
soufflant, e [suflɑ̃, ɑ̃t] **1** *adj* (*: étonnant*) staggering, stunning.
 2 *nm* [*radiateur*] fan heater.
souffle [sufl(ə)] *nm* (a) (*expiration*) (*en soufflant*) blow, puff; (*en respirant*) breath. **éteindre une bougie d'un ~** (*puissant*) to put out a candle with a (hard) puff *ou* blow *ou* by blowing (hard); **il murmura mon nom dans un ~** he breathed my name; **le dernier ~ d'un agonisant** the last breath of a dying man; **pour jouer d'un instrument à vent, il faut du ~** you need a lot of breath *ou* puff* (*Brit*) to play a wind instrument.
 (b) (*respiration*) breathing. **le ~ régulier d'un dormeur** the regular breathing of someone asleep; **on entendait un ~ dans l'obscurité** we could hear (someone) breathing in the darkness; **avoir du ~**: **il a du ~** (*lit*) he has a lot of breath *ou* puff* (*Brit*); (*fig*) (*culot, témérité*) he has some nerve*; **manquer de ~** to be short of breath; **avoir le ~ court** to be short-winded; **retenir son ~** to hold one's breath; **reprendre son ~** to get one's breath back, regain one's breath; **n'avoir plus de ~, être à bout de ~** to be out of breath; (*lit*) **avoir le ~ coupé** to be winded; (*fig*) **il en a eu le ~ coupé** it (quite) took his breath away; **c'est à vous couper le ~** it's enough to take your breath away *ou* to make you gasp; *V* **second.**
 (c) (*déplacement d'air*) [*incendie, ventilateur, explosion*] blast.
 (d) (*vent*) puff *ou* breath of air, puff of wind. **le ~ du vent dans les feuilles** the wind blowing through the leaves, the leaves blowing in the wind; **un ~ d'air faisait bruire le feuillage** a slight breeze was rustling the leaves; **brin d'herbe agité au moindre ~** (*d'air ou de vent*) blade of grass blown about by the slightest puff *ou* breath of air *ou* the slightest puff (of wind); **il n'y avait pas un ~** (*d'air ou de vent*) there was not a breath of air.
 (e) (*fig: force créatrice*) inspiration. **le ~ du génie** the inspiration born of genius; (*Rel*) **le ~ créateur** the breath of God.
 (f) (*Méd*) ~ **cardiaque** *ou* **au cœur** cardiac *ou* heart murmur.
soufflé, e [sufle] (*ptp de* **souffler**) **1** *adj* (a) (*Culin*) soufflé (*épith*).
 (b) (*) (*surpris*) flabbergasted*, staggered*. **2** *nm* (*Culin*) soufflé. ~ **au fromage** cheese soufflé.
souffler [sufle] (1) **1** *vi* (a) [*vent, personne*] to blow. ~ **sur le feu** to blow on the fire; ~ **dans un instrument à vent** to blow (into) a wind instrument; ~ **sur une bougie** (**pour l'éteindre**) to blow a candle (to put it out), blow out a candle; ~ **sur sa soupe** (**pour la faire refroidir**) to blow (on) one's soup (to cool it); ~ **sur ses doigts** (**pour les réchauffer**) to blow on one's fingers (to warm them up); (*lit, fig*) **observer** *ou* **regarder de quel côté le vent souffle** to see which way the wind is blowing; **le vent a soufflé si fort qu'il a abattu deux arbres** the wind was so strong *ou* blew so hard (that) it brought two trees down; **le vent soufflait en rafales** the wind was blowing in gusts; **le vent soufflait en tempête** it was blowing a gale, the wind was howling.
 (b) (*respirer avec peine*) to puff (and blow). **il ne peut monter les escaliers sans ~** he can't go up the stairs without puffing (and blowing); ~ **comme un bœuf** *ou* **un phoque*** to puff and blow like a grampus.
 (c) (*se reposer*) **laisser ~ qn/un animal** to give sb/an animal a breather, let sb/an animal get his/its breath back; **il ne prend jamais le temps de ~** he never lets up, he never stops to get his breath back; **donnez-lui un peu de temps pour ~** (*pour se reposer*) give him time to get his breath back, give him a breather; (*avant de payer*) give him a breather*.
 2 *vt* (a) *bougie, feu* to blow out.
 (b) ~ **de la fumée au nez de qn** to blow smoke in(to) sb's face; ~ **des odeurs d'ail au visage de qn** to breathe garlic over sb *ou* into sb's face; **le ventilateur soufflait des odeurs de graillon** the fan was blowing *ou* giving out greasy smells; **le vent leur soufflait le sable dans les yeux** the wind was blowing the sand into their eyes; (*fig*) ~ **le chaud et le froid** to lay down the law.
 (c) (*: prendre*) to pinch*, nick‡ (*Brit*), swipe‡ (*à qn* from sb). **il lui a soufflé sa petite amie/son poste** he has swiped* his girlfriend/his job; (*Dames*) ~ **un pion** to huff a draught.
 (d) [*bombe, explosion*] **leur maison a été soufflée par une bombe** their house was destroyed by the blast from a bomb.
 (e) (*dire*) *conseil, réponse, réplique* to whisper (*à qn* to sb). ~ **sa**

leçon à qn to whisper sb's lesson to him; (*Théât*) ~ **son rôle à qn** to prompt sb, give sb a prompt, whisper sb's lines to him; (*Théât*) **qui est-ce qui souffle ce soir?** who's prompting this evening?; ~ **qch à l'oreille de qn** to whisper sth in sb's ear; **ne pas ~ mot** not to breathe a word.
 (f) (*: étonner*) to flabbergast*, stagger*. **elle a été soufflée d'apprendre leur échec** she was flabbergasted* *ou* staggered* to hear of their failure; **leur toupet m'a soufflé** I was flabbergasted* *ou* staggered* at their nerve.
 (g) (*Tech*) ~ **le verre** to blow glass.
soufflerie [sufləʀi] *nf* [*orgue, forge*] bellows; (*Tech: d'aération etc*) ventilating fan; (*Ind*) blowing engine. (*Aviat*) ~ (**aérodynamique**) wind tunnel.
soufflet¹ [suflɛ] *nm* (a) [*forge*] bellows (*pl*). (b) (*Rail*) vestibule; (*Couture*) gusset; [*sac, classeur*] extendible gusset; [*appareil photographique*] bellows (*pl*).
soufflet² [suflɛ] *nm* (*littér*) slap in the face.
souffleter [suflɛte] (4) *vt* (*littér*) ~ **qn** to give sb a slap in the face.
souffleur, -euse [suflœʀ, øz] **1** *nm,f* (*Théât*) prompter. (*Tech*) ~ **de verre** glass-blower; *V* **trou.**
 2 souffleuse *nf* (*Can*) snowblower.
souffrance [sufʀɑ̃s] *nf* (a) (*douleur*) suffering.
 (b) (*fig*) **être en ~** [*marchandises, colis*] to be awaiting delivery, be held up; [*affaire, dossier*] to be pending, be waiting to be dealt with.
souffrant, e [sufʀɑ̃, ɑ̃t] *adj* (a) (*malade*) *personne* unwell, poorly*.
 (b) (*littér*) **l'humanité ~e** suffering humanity; **l'Église ~e** the Church suffering.
souffre-douleur [sufʀədulœʀ] *nmf inv* scapegoat, underdog. **être le ~ de qn/d'un groupe** to be sb's scapegoat/the underdog *ou* scapegoat of a group.
souffreteux, -euse [sufʀətø, øz] *adj* sickly.
souffrir [sufʀiʀ] (18) **1** *vi* (a) (*physiquement*) to suffer. **la pauvre fille souffre beaucoup** the poor girl is in great pain *ou* is suffering a great deal; **où souffrez-vous?** where is the pain?, where are you in pain?, where does it hurt?; (*lit, fig*) ~ **en silence** to suffer in silence; ~ **comme un damné** to suffer torture *ou* torment(s); **faire** ~ **qn** [*personne, blessure*] to hurt sb; **mes cors me font** ~ my corns are hurting (me) *ou* are painful; ~ **de la tête** to have a headache; (*habituellement*) to have headaches; ~ **de l'estomac/des reins** to have stomach/kidney trouble; **il souffre d'une grave maladie/de rhumatismes** he is suffering from a serious illness/from rheumatism; ~ **du froid/de la chaleur** to suffer from the cold/from the heat.
 (b) (*moralement*) to suffer. **faire** ~ **qn** [*personne*] to make sb suffer; [*attitude, événement*] to cause sb pain; **il a beaucoup souffert d'avoir été chassé de son pays** he has suffered a great deal from being chased out of his country; **je souffre de le voir si affaibli** it pains *ou* grieves me to see him so weakened; **j'en souffrais pour lui** I felt bad for him.
 (c) (*pâtir*) to suffer. **les fraises souffrent de la chaleur** strawberries suffer in (the) heat; **les fraises ont souffert du gel tardif** the strawberries have suffered from *ou* have been hard hit by the late frost; **ils sont lents, et la productivité en souffre** they are slow and productivity is suffering; **sa réputation en a souffert** his reputation suffered by it; **ils souffrent d'un manque d'expérience** certain they suffer from a definite lack of experience; **la nation a souffert de la guerre** the nation has suffered from the war.
 (d) (*: éprouver de la difficulté*) **on a fini par gagner, mais ils nous ont fait** ~ *ou* **mais on a souffert** we won in the end but they gave us a rough time* *ou* they put us through it*; **les sciences m'ont toujours fait** ~ science has always given me trouble; **j'ai souffert pour lui faire comprendre** I had enormous difficulty *ou* great trouble getting him to understand.
 2 *vt* (a) (*éprouver*) *pertes* to endure, suffer; *tourments* to endure, undergo. ~ **le martyre** to go through agonies, go through hell on earth; **sa jambe lui fait** ~ **le martyre** his leg gives him agonies; ~ **mille morts** to go through agonies, die a thousand deaths.
 (b) (*supporter*) *affront, mépris* to suffer, endure. **je ne peux** ~ **de te voir malheureux** I cannot bear *ou* endure to see you unhappy, I cannot abide seeing you unhappy; **il ne peut pas** ~ **le mensonge/les épinards/cet individu** he can't stand *ou* bear lies/spinach/that individual; **il ne peut pas** ~ **que ...** he cannot bear that ....
 (c) (*littér: tolérer*) ~ **que** to allow *ou* permit that; **souffrez que je vous contredise** allow *ou* permit me to contradict you; **je ne souffrirai pas que mon fils en pâtisse** I will not allow my son to suffer from it.
 (d) (*admettre*) **cette affaire ne peut** ~ **aucun retard** this matter admits of *ou* allows of no delay *ou* simply cannot be delayed; **la règle souffre quelques exceptions** the rule admits of *ou* allows of a few exceptions; **la règle ne peut** ~ **aucune exception** the rule admits of no exception.
soufisme [sufism(ə)] *nm* Sufism.
soufrage [sufʀaʒ] *nm* [*vigne, laine*] sulphuration; [*allumettes*] sulphuring.
soufre [sufʀ(ə)] *nm* sulphur. **jaune** ~ sulphur yellow; (*fig*) **sentir le** ~ to smack of heresy.
soufrer [sufʀe] (1) *vt vigne* to (treat with) sulphur; *allumettes* to sulphur; *laine* to sulphurate.
souhait [swɛ] *nm* wish. **les** ~**s de bonne année** New Year greetings, good wishes for the New Year; **à tes** ~**s!** bless you!; **la viande était rôtie à** ~ the meat was done to perfection; **le vin était fruité à** ~ the wine was delightfully fruity *ou* as fruity as one could wish; **tout marchait à** ~ everything went as well as one could wish *ou* went perfectly; **tout lui réussit à** ~ everything works to perfection for him, everything works like a charm for him.
souhaitable [swɛtabl(ə)] *adj* desirable.

souhaiter [swete] (1) *vt* (a) *réussite, changements* to wish for. ~ **que** to hope that; **il est à ~ que** it is to be hoped that; **je souhaite qu'il réussisse** I hope he succeeds, I would like him to succeed; **je souhaite réussir** I hope to succeed; **~ pouvoir** *ou* (*littér*) **~ de pouvoir étudier/partir à l'étranger** to hope to be able to study/go abroad; (*littér*) **je le souhaitais mort/loin** I wished him dead/far away; **je souhaitais l'examen terminé** I wished the exam were over, I wished the exam (to be) over; **je souhaiterais vous aider** I wish I could help you.

(b) ~**à qn le bonheur/la réussite** to wish sb happiness/success; **je vous souhaite bien des choses** all good wishes, every good wish; ~ **à qn de réussir** to wish sb success; (*iro*) **je vous souhaite bien du plaisir!** I wish you joy! (*iro*), I wish you luck of it!; ~ **la bonne année/bonne chance à qn** to wish sb a happy New Year/ (the best of) luck; **je vous la souhaite bonne et heureuse‡** here's hoping you have a really good Year!*

souiller [suje] (1) *vt* (*littér*) (*lit*) *drap, vêtement* to soil, dirty; *atmosphère* to dirty; (*fig*) *réputation, pureté, âme* to soil, dirty, sully, tarnish. **souillé de boue** spattered with mud; (*fig*) **le besoin de ~ qu'éprouve cet auteur** this author's need to defile everything; (*fig*) ~ **ses mains du sang des innocents** to stain one's hands with the blood of innocents; (*fig*) ~ **la couche nuptiale** to defile the conjugal bed.

souillon [sujɔ̃] *nf* slattern, slut.

souillure [sujyʀ] *nf* (*littér*) (*lit*) stain; (*fig*) blemish, stain. **la ~ du péché** the stain of sin.

souk [suk] *nm* (*lit*) souk. (*fig*) **c'est le ~ ici!*** it's like a cattle market in here.

soûl, soûle [su, sul] **1** *adj* (a) (*ivre*) drunk, drunken (*épith*). ~ **comme une bourrique** *ou* **un Polonais*** (as) drunk as a lord (*surtout Brit*), blind drunk*.

(b) (*fig*) ~**s de musique/poésie après 3 jours de festival** our (*ou* their) heads reeling with music/poetry after 3 days of the festival; (*littér*) ~ **de plaisirs** surfeited *ou* satiated with pleasures.

2 *nm:* **manger tout son** ~ to eat one's fill, eat to one's heart's content; **chanter tout son** ~ to sing to one's heart's content; **elle a ri/pleuré tout son** ~ she laughed/cried till she could laugh/cry no more.

soulagement [sulaʒmɑ̃] *nm* relief. **ça a été un ~ d'apprendre que** it was a relief *ou* I was (*ou* we were *etc*) relieved to learn that.

soulager [sulaʒe] (3) **1** *vt* (a) *personne* (*physiquement*) to relieve; (*moralement*) to relieve, soothe; *douleur* to relieve, soothe; *maux* to relieve; *conscience* to ease. **ça le soulage de s'étendre** he finds relief in stretching out, it relieves him *ou* his pain to stretch out; **ça le soulage de prendre ces pilules** these pills bring him relief; **buvez, ça vous soulagera** drink this — it'll give you relief *ou* make you feel better; **être soulagé d'avoir fait qch** to be relieved to have done sth; **cet aveu l'a soulagé** this confession made him feel better *ou* eased his conscience *ou* took a weight off his mind; ~ **les pauvres/les déshérités** to bring relief to *ou* relieve the poor/the underprivileged; **il faut ~ la pauvreté** we must relieve poverty.

(b) (*décharger*) *personne* to relieve (*de* of); (*Archit*) *mur, poutre* to relieve the strain on. (*hum*) ~ **qn de son portefeuille** to relieve sb of his wallet (*hum*).

2 se soulager *vpr* (a) (*se décharger d'un souci*) to find relief, ease one's feelings, make o.s. feel better; (*apaiser sa conscience*) to ease one's conscience. **elle se soulageait en lui prodiguant des insultes** she found relief in *ou* eased her feelings by throwing insults at him; **leurs consciences se soulagent à bon marché** their consciences can be eased at little expense.

(b) (*: euph*) to relieve o.s.*

soûlard, e‡ [sulaʀ, aʀd(ə)] *nm, f* drunkard.

soûlaud, e‡ [sulo, od] *nm, f* = **soûlard‡**.

soûler [sule] (1) **1** *vt* (a) (*rendre ivre*) ~ **qn** [*personne*] to get sb drunk; [*boisson*] to make sb drunk.

(b) (*fig*) ~ **qn** (*fatiguer*) to make sb's head spin *ou* reel; (*littér*) *griser*) [*parfum*] to go to sb's head, intoxicate sb; [*vent, vitesse, théories, visions*] to intoxicate *ou* inebriate sb, make sb's head spin *ou* reel.

(c) (*fig*) ~ **qn de** *théories, promesses* to intoxicate *ou* inebriate sb with, make sb's head spin *ou* reel with; *luxe, sensations* to intoxicate sb with.

2 se soûler *vpr* (*s'enivrer*) to get drunk. **se ~ la gueule‡** to get pissed*‡* (*Brit*) *ou* blind drunk*; (*fig*) **se ~ de bruit, vitesse, vent, parfums** to intoxicate o.s. with, get high* *ou* drunk on; *théories, visions, sensations* to intoxicate o.s. with, make o.s. drunk with *ou* on.

soûlerie [sulʀi] *nf* (*péj*) drunken binge.

soulèvement [sulɛvmɑ̃] *nm* (a) (*révolte*) uprising.

(b) (*Géol*) upthrust, upheaval.

soulever [sulve] (5) **1** *vt* (a) (*lever*) *fardeau, malade, couvercle, rideau* to lift (up). ~ **qn de terre** to lift sb (up) off the ground; (*fig*) **cela me soulève le cœur** [*odeur*] it makes me feel sick *ou* want to heave, it turns my stomach; [*attitude*] it makes me sick, it turns my stomach.

(b) (*remuer*) *poussière* to raise. **le véhicule soulevait des nuages de poussière** the vehicle made clouds of dust fly *ou* swirl up, the vehicle sent up *ou* raised clouds of dust; **le bateau soulevait de grosses vagues** the boat was sending up great waves; **le vent soulevait les vagues/le sable** the wind made the waves swell *ou* whipped up the waves/blew *ou* whipped up the sand.

(c) (*indigner*) ~ **l'opinion publique à la révolte** to stir up *ou* rouse (to revolt); (*exalter*) to stir. ~ **l'opinion publique (contre qn)** to stir up *ou* rouse public opinion (against sb).

(d) (*provoquer*) *enthousiasme, colère* to arouse; *protestations, applaudissements* to raise; *difficultés, questions* to raise, bring up.

(e) (*évoquer*) *question, problème* to raise, bring up.

(f) (‡: *voler*) ~ **qch (à qn)** to pinch* *ou* swipe* sth (from sb).

2 se soulever *vpr* (a) (*se lever*) to lift o.s. up. **soulève-toi pour que je redresse ton oreiller** lift yourself up *ou* sit up a bit so that I can plump up your pillow.

(b) (*être levé*) [*véhicule, couvercle, rideau*] to lift; (*fig*) [*vagues, mer*] to swell (up). (*fig*) **à cette vue, le cœur se soulève** the sight of it makes one's stomach turn; (*fig*) **à cette vue, son cœur se souleva** his stomach turned at the sight.

(c) (*s'insurger*) to rise up.

soulier [sulje] *nm* shoe. ~**s bas/plats** low-heeled/flat shoes; ~**s montants** boots; ~**s de marche** walking shoes; (*fig*) **être dans ses petits ~s** to feel awkward.

soulignage [suliɲaʒ] *nm*, **soulignement** [suliɲmɑ̃] *nm* underlining.

souligner [suliɲe] (1) *vt* (a) (*lit*) to underline; (*fig: accentuer*) to accentuate, emphasize. ~ **qch d'un trait double** to double underline sth, underline sth with a double line; ~ **qch en rouge** to underline sth in red; ~ **les yeux de noir** to accentuate one's eyes with (black) eye-liner; **ce tissu à rayures soulignait son embonpoint** that striped material emphasized *ou* accentuated his stoutness.

(b) (*faire remarquer*) to underline, stress, emphasize. **il souligna l'importance de cette rencontre** he underlined *ou* stressed *ou* emphasized the importance of this meeting.

soûlographie* [sulɔgʀafi] *nf* (*hum*) drunkenness, boozing*.

soumettre [sumɛtʀ(ə)] (56) **1** *vt* (a) (*dompter*) *pays, peuple* to subject, subjugate; *personne* to subject; *rebelles* to put down, subdue, subjugate.

(b) (*asservir*) ~ **qn à** *maître, loi* to subject sb to.

(c) (*astreindre*) ~ **qn à** *traitement, formalité, régime, impôt* to subject sb to; ~ **qch à** *traitement, essai, taxe* to subject sth to; **tout citoyen/ce revenu est soumis à l'impôt** every citizen/this income is subject to tax(ation).

(d) (*présenter*) *idée, cas, manuscrit* to submit (*à* to). ~ **une idée/ un projet/une question à qn** to submit an idea/a plan/a matter to sb, put an idea/a plan/a matter before sb.

2 se soumettre *vpr* (a) (*obéir*) to submit (*à* to).

(b) **se ~ à** *traitement, formalité* to submit to; *entraînement, régime* to submit *ou* subject o.s. to.

soumis, e [sumi, iz] (*ptp de* **soumettre**) *adj* (*docile*) *personne, air* submissive; *V* **fille.**

soumission [sumisjɔ̃] *nf* (a) (*obéissance*) submission (*à* to). **il est toujours d'une parfaite ~ à leur égard** he is always totally submissive to their wishes. (b) (*acte de reddition*) submission. **ils ont fait leur ~** they have submitted. (c) (*Comm*) tender.

soumissionnaire [sumisjɔnɛʀ] *nmf* (*Comm*) bidder, tenderer.

soumissionner [sumisjɔne] (1) *vt* (*Comm*) to bid for, tender for.

soupape [supap] *nf* valve. (*lit, fig*) ~ **de sûreté** safety valve; (*Aut*) ~ **d'admission/d'échappement** inlet/exhaust valve; (*Aut*) ~**s en tête/en chapelle** *ou* **latérale** overhead/side valves.

soupçon [supsɔ̃] *nm* (a) (*suspicion*) suspicion. **conduite exempte de tout ~** conduct free from all suspicion; **homme à l'abri de** *ou* **au-dessus de tout ~** man free from *ou* man above all *ou* any suspicion; **sa femme eut bientôt des ~** his wife soon had her suspicions *ou* became suspicious; **éveiller les ~s de qn** to arouse sb's suspicions; **avoir ~ de qch** to suspect sth; **des difficultés dont il n'avait pas ~** difficulties of which he had no inkling *ou* no suspicion; **avoir ~ que** to suspect that, have an inkling that.

(b) (*petite quantité*) [*assaisonnement, maquillage, vulgarité*] hint, touch, suggestion; [*vin, lait*] drop.

soupçonnable [supsɔnabl(ə)] *adj* (*gén nég*) that arouses suspicion(s).

soupçonner [supsɔne] (1) *vt* to suspect. **il est soupçonné de vol** he is suspected of theft; **on le soupçonne d'y avoir participé**, **on soupçonne qu'il y a participé** he is suspected of having taken part in it; **il soupçonnait un piège** he suspected a trap; **vous ne soupçonnez pas ce que ça demande comme travail** you haven't an inkling *ou* you've no idea how much work that involves.

soupçonneusement [supsɔnøzmɑ̃] *adv* with suspicion, suspiciously.

soupçonneux, -euse [supsɔnø, øz] *adj* suspicious.

soupe [sup] *nf* (a) (*Culin*) soup. ~ **à l'oignon/aux légumes/de poisson** onion/vegetable/fish soup; *V* **cheveu, marchand.**

(b) (*hum: nourriture*) grub‡, nosh‡. **à la ~!** grub's up!‡, come and get it!

(c) (*: Ski*) porridge*.

(d) (*loc*) **avoir droit à la ~ à la grimace** to be given a frosty reception on arriving home; **il est (très) ~ au lait, c'est une ~ au lait** he flies off the handle easily, he's very quick-tempered, he's very quick to flare up; ~ **populaire** (*lit*) soup kitchen; (*fig*) **être réduit à la ~ populaire** to be on one's uppers*; **par ici la bonne ~!*** roll up! roll up! and hand over your money!

soupente [supɑ̃t] *nf* cupboard (*Brit*) *ou* closet (*US*) (under the stairs).

souper [supe] **1** *nm* supper; (*Belgique, Can, Suisse: dîner*) dinner, supper.

2 *vi* (1) (a) to have supper; (*Belgique, Can, Suisse*) to have dinner *ou* supper. **après le spectacle, nous sommes allés ~** after the play we went for supper.

(b) (*) **j'en ai soupé de ces histoires!** I'm sick and tired* *ou* I've had a bellyful‡ of all this fuss!

soupeser [supəze] (5) *vt* (*lit*) to weigh in one's hand(s), feel the weight of; (*fig*) to weigh up.

soupière [supjɛʀ] *nf* (*soup*) tureen.

soupir [supiʀ] *nm* (a) sigh. ~ **de soulagement** sigh of relief; **pousser un ~ de soulagement** to heave a sigh of relief; **pousser un gros ~** to let out *ou* give a heavy sigh, sigh heavily; (*littér*) **les ~s du vent** the sighing *ou* soughing (*littér*) of the wind; *V* **dernier.**

(b) (*Mus*) crotchet rest (*Brit*), quarter(-note) rest (*US*); *V* **demi-, quart.**

soupirail, *pl* **-aux** [supiʀaj, o] *nm* (small) basement window (*gen with bars*).

soupirant [supiʀɑ̃] *nm* († *ou hum*) suitor († *ou hum*), wooer († *ou hum*).

soupirer [supiʀe] (1) *vi* (*lit*) to sigh. ∼ **d'aise** to sigh with contentment; (*littér*) ∼ **après** *ou* **pour qch/qn** to sigh for sth/sb (*littér*), yearn for sth/sb; **'j'ai tout perdu' soupira-t-il** 'I've lost everything' he sighed; ... **dit-il en soupirant** ... he said with a sigh.

souple [supl(ə)] *adj* **(a)** (*flexible*) corps, membres, matériau supple; branche, tige pliable, supple; lentilles cornéennes soft; col soft, floppy. ∼ **comme un chat** *ou* **une chatte** as agile as a cat; *V* **échine.**
(b) (*fig: qui s'adapte*) personne, caractère, esprit flexible, adaptable; discipline, forme d'expression, règlement flexible.
(c) (*gracieux, fluide*) corps, silhouette lithe, lissom (*littér*); démarche, taille lithe, supple; style fluid, flowing (*épith*).

souplesse [suplɛs] *nf* (*V* **souple**) suppleness; pliability; flexibility; adaptability; litheness; lissomness (*littér*); fluidity. **faire qch en** ∼ to do sth smoothly; **un démarrage en** ∼ a smooth start.

souquenille [suknij] *nf* (*Hist*) smock.

souquer [suke] (1) *vi:* ∼ **ferme** *ou* **dur** to pull hard (at the oars).

source [suʀs(ə)] *nf* **(a)** (*point d'eau*) spring. ∼ **thermale/d'eau minérale** hot *ou* thermal/mineral spring; *V* **couler, eau.**
(b) (*foyer*) ∼ **de chaleur/d'énergie** source of heat/energy; ∼ **lumineuse** *ou* **de lumière** source of light, light source; ∼ **sonore** source of sound.
(c) [*cours d'eau*] source. **cette rivière prend sa** ∼ **dans le Massif central** this river has its source in *ou* springs up in the Massif Central.
(d) (*fig: origine*) source. ∼ **de ridicule/profits** source of ridicule/profit; **l'argent est la** ∼ **de tous nos maux** money is the root of all our ills; **de** ∼ **sûre, de bonne** ∼ from a reliable source, on good authority; **tenir qch de** ∼ **sûre** to have sth on good authority, get sth from a reliable source; **de** ∼ **généralement bien informée** from a usually well-informed *ou* accurate source; **de** ∼ **autorisée** from an official source; (*Ordin*) **langage/programme** ∼ source language/program; (*Ling*) **langue** ∼ departure *ou* source language; *V* **retour.**

sourcier [suʀsje] *nm* water diviner; *V* **baguette.**

sourcil [suʀsi] *nm* (eye)brow. **aux** ∼**s épais** heavy-browed, beetle-browed; *V* **froncer.**

sourcilier, -ière [suʀsilje, jɛʀ] *adj* superciliary; *V* **arcade.**

sourciller [suʀsije] (1) *vi:* **il n'a pas sourcillé** he didn't turn a hair *ou* bat an eyelid; **écoutant sans** ∼ **mes reproches** listening to my reproaches without turning a hair *ou* batting an eyelid.

sourcilleux, -euse [suʀsijø, øz] *adj* (*pointilleux*) finicky; (*littér: hautain*) haughty.

sourd, e [suʀ, suʀd(ə)] **1** *adj* **(a)** personne deaf. ∼ **d'une oreille** deaf in one ear; **être** ∼ **comme un pot*** to be as deaf as a post; **faire la** ∼**e oreille (à des supplications)** to turn a deaf ear (to entreaties); *V* **naissance.**
(b) ∼ **à** conseils, prières deaf to; vacarme, environnement oblivious of *ou* to.
(c) son muffled, muted; couleur muted, toned-down, subdued; (*Phonétique*) consonne voiceless, unvoiced; *V* **lanterne.**
(d) (*vague*) douleur dull; désir, angoisse, inquiétude muted, gnawing; colère, hostilité veiled, subdued, muted.
(e) (*caché*) lutte, menées silent, hidden. **se livrer à de** ∼**es manigances** to be engaged in hidden manoeuvring.
2 *nm,f* deaf person. **les** ∼**s** the deaf; ∼**(e)-muet(te),** *mpl* ∼**s-muets** (*adj*) deaf-and-dumb; (*nm,f*) deaf-mute; **taper** *ou* **frapper comme un** ∼ to bang with all one's might; **crier** *ou* **hurler comme un** ∼ to yell like a deaf man *ou* at the top of one's voice; *V* **dialogue, pire, tomber.**
3 sourde *nf* (*Phonétique*) voiceless *ou* unvoiced consonant.

sourdement [suʀdəmɑ̃] *adv* (*avec un bruit assourdi*) dully; (*littér: souterrainement, secrètement*) silently. **le tonnerre grondait** ∼ **au loin** there was a muffled rumble of thunder *ou* thunder rumbled dully in the distance.

sourdine [suʀdin] *nf* mute. **jouer en** ∼ to play softly *ou* quietly; (*fig*) **faire qch en** ∼ to do sth on the quiet; (*fig*) **mettre une** ∼ **à** prétentions to tone down; enthousiasme to damp.

sourdingue‡ [suʀdɛ̃g] *adj, nmf:* **il est** ∼, **c'est un** ∼ he's a clothears*.

sourdre [suʀdʀ(ə)] *vi* [*source*] to rise; [*eau*] to spring up, rise; (*fig, littér*) to rise.

souriant, e [suʀjɑ̃, ɑ̃t] *adj* visage smiling; personne cheerful; (*fig*) pensée, philosophie benign, agreeable.

souriceau, *pl* ∼**x** [suʀiso] *nm* young mouse.

souricière [suʀisjɛʀ] *nf* (*lit*) mousetrap; (*fig*) trap.

sourire [suʀiʀ] **1** *nm* smile. **le** ∼ **aux lèvres** with a smile on his lips; **avec le** ∼ (*accueillir qn*) with a smile; (*exécuter une tâche*) cheerfully; **gardez le** ∼! keep smiling!; (*lit,fig*) **avoir le** ∼ to have a smile on one's face; **faire un** ∼ **à qn** to give sb a smile; **faire des** ∼**s à qn** to keep smiling at sb; **un large** ∼ (*chaleureux*) a broad smile; (*amusé*) a (broad) grin, a broad smile; *V* **coin.**
2 *vi* (36) **(a)** to smile (à qn at sb). ∼ **à la vie** to delight in living; (*lit*) **cette remarque les fit** ∼ this remark made them smile *ou* brought a smile to their faces; (*fig*) **ce projet ridicule fait** ∼ this ridiculous project is laughable; **je souris de le voir si vaniteux** it makes me smile to see how vain he is; **il sourit de nos efforts** he laughs at our efforts, our efforts make him smile; **il ne faut pas** ∼ **de ces menaces** these threats can't just be laughed *ou* shrugged off.
(b) ∼ **à** (*plaire à*) to appeal to; (*être favorable à*) to smile on, favour; **cette idée ne me sourit guère** that idea doesn't appeal to

me, I don't fancy that idea* (*Brit*); **l'idée de faire cela ne me sourit pas** I don't relish the thought of doing that, the idea of doing that doesn't appeal to me; **la chance lui souriait** luck smiled on him.

souris¹ [suʀi] *nf* **(a)** (*Zool*) mouse. ∼ **blanche** white mouse (*bred for experiments*); (*fig: pour espionner*) **je voudrais bien être une petite** ∼ it would be interesting to be *ou* I wish I were a fly on the wall; *V* **gris, jouer, trou. (b)** (‡: *femme*) bird* (*Brit*), chick* (*US*).
(c) [*gigot*] knuckle-joint.

souris²†† [suʀi] *nm* smile.

sournois, e [suʀnwa, waz] *adj* personne, regard, air deceitful, sly, shifty; méthode, propos, attaque underhand. **c'est un petit** ∼ he's an underhand little devil*.

sournoisement [suʀnwazmɑ̃] *adv* (*V* **sournois**) deceitfully; in an underhand manner; shiftily. **il s'approcha** ∼ **de lui** he stole *ou* crept stealthily up to him.

sournoiserie [suʀnwazʀi] *nf* (*V* **sournois:** *littér*) deceitfulness; underhand manner; shiftiness.

sous [su] **1** *prép* **(a)** (*position*) under, underneath, beneath; (*atmosphère*) in. **s'abriter** ∼ **un arbre/un parapluie** to shelter under *ou* underneath *ou* beneath a tree/an umbrella; **porter son sac** ∼ **son bras** to carry one's bag under one's arm; **se promener** ∼ **la pluie/le soleil** to take a walk in the rain/in the sunshine; **le village est plus joli** ∼ **le soleil/la lune/la clarté des étoiles** the village is prettier in the sunshine/in the *ou* by moonlight/by star-light; **le pays était** ∼ **la neige** the country was covered with *ou* in snow; **l'Angleterre s'étendait** ∼ **eux** England spread out beneath *ou* below them; **dormir** ∼ **la tente** to sleep under canvas *ou* in a tent; **une mèche dépassait de** ∼ **son chapeau** a lock of hair hung down from under her hat; ∼ **terre** under the ground, underground; **nager** ∼ **l'eau** to swim under water; **rien de neuf** *ou* **rien de nouveau** ∼ **le soleil** there's nothing new under the sun; **ils ne veulent plus vivre** ∼ **le même toit** they don't want to live under the same roof any longer; **cela s'est passé** ∼ **nos yeux** it happened before *ou* under our very eyes; ∼ **le canon** *ou* **le feu de l'ennemi** under enemy fire; (*fig*) **vous trouverez le renseignement** ∼ **tel numéro/telle rubrique** you will find the information under such-and-such a number/heading; (*fig*) ∼ **des dehors frustes/une apparence paisible** beneath *ou* behind his (*ou* her *etc*) rough exterior/his (*ou* her *etc*) peaceful exterior; *V* **cape, manteau, prétexte** *etc*.
(b) (*temps*) (*à l'époque de*) under, during; (*dans un délai de*) within. ∼ **le règne/le pontificat de** under *ou* during the reign/the pontificate of; ∼ **Charles X** under Charles X; ∼ **la Révolution/la VIe République** at the time of *ou* during the Revolution/the VIth Republic; ∼ **peu** shortly, before long; ∼ **huitaine/quinzaine** within the *ou* a week/two weeks *ou* the *ou* a fortnight (*Brit*).
(c) (*cause*) under. ∼ **l'influence de qn/qch** under the influence of sb/sth; ∼ **l'empire de la terreur** in the grip of terror; **le rocher s'est effrité** ∼ **l'action du soleil/du gel** the rock has crumbled (away) due to *ou* under *ou* with the action of the sun/the frost; **il a agi** ∼ **l'effet** *ou* **le coup de la colère** he acted in a moment of anger; **elle est encore** ∼ **le coup de l'émotion** she's still in a state of shock *ou* reeling from the shock; **plier** ∼ **le poids de qch** to bend beneath *ou* under the weight of sth; *V* **faix.**
(d) (*manière*) **examiner une question** ∼ **tous ses angles** *ou* **toutes ses faces** to examine every angle *ou* facet of a question, look at a question from every angle; ∼ **un faux nom/une identité d'emprunt** under a false name/an assumed identity; ∼ **certaines conditions j'accepte** I accept on certain conditions; **je ne le connaissais pas** ∼ **ce jour-là** I hadn't seen him in that light, I didn't know that side *ou* aspect of him; ∼ **ce rapport** on that score, in this *ou* that respect; **il a été peint** ∼ **les traits d'un berger** he was painted as a shepherd *ou* in the guise of a shepherd; *V* **clef, enveloppe, garantie** *etc*.
(e) (*dépendance*) under. **être** ∼ **les ordres/la protection/la garde de qn** to be under sb's orders/under *ou* in sb's protection/in sb's care; **se mettre** ∼ **la protection/la garde de qn** to commit o.s. to *ou* into sb's protection/care; **se mettre** ∼ **les ordres de qn** to submit (o.s.) to sb's orders; **l'affaire est** ∼ **sa direction** he is running *ou* managing the affair, the affair is under his management; **l'affaire est** ∼ **sa responsabilité** the affair is his responsibility *ou* comes within his responsibility; *V* **auspice, charme, tutelle** *etc*.
(f) (*Med*) **anesthésie** ∼ under anaesthetic *ou* anaesthesia; **malade** ∼ **perfusion** patient on the drip.
(g) (*Tech*) **câble** ∼ **gaine** sheathed *ou* encased cable; **(emballé)** ∼ **plastique** plastic-wrapped; ∼ **tube** in (a) tube; **(emballé)** ∼ **vide** vacuum-packed.

2 *préf* **(a)** (*infériorité*) **c'est du** ∼**-art/du** ∼**-Sartre/de la** ∼**-littérature** it's pseudo-art/pseudo-Sartre/pseudo-literature; **il fait du** ∼**-Giono** he's a sort of substandard Giono; ∼**-homme** subhuman.
(b) (*subordination*) sub-. ∼**-directeur/-bibliothécaire** *etc* assistant *ou* sub-manager/-librarian *etc*; ∼**-classe/-catégorie/-groupe** sub-class/-category/-group; (*Écon*) ∼**-agence** sub-branch; (*Zool*) ∼**-embranchement** sub-branch; (*Ordin*) ∼**-programme** subroutine, subprogram.
(c) (*insuffisance*) under..., insufficiently. ∼**-alimentation** under-nourishment, malnutrition; ∼**-alimenté** undernourished, under-fed; ∼**-consommation** underconsumption; **la région est** ∼**-équipée** the region is underequipped; ∼**-employer** to underuse; ∼**-équipement** lack of equipment; ∼**-évaluer** to underestimate, underrate; ∼**-industrialisé** underindustrialized; ∼**-peuplé** under-populated; ∼**-peuplement** underpopulation; ∼**-production** underproduction; **les dangers de la** ∼**-productivité** the dangers of underproductivity; ∼**-rémunéré** underpaid; **la région est** ∼**-urbanisée** the region is insufficiently urbanized.

3: sous-bois *nm inv* undergrowth; **sous-brigadier** *nm, pl* **sous-brigadiers** deputy sergeant; **sous-chef** *nm, pl* **sous-chefs** (*gén*) second-in-command; (*Admin*) **sous-chef de bureau** deputy chief clerk; **sous-chef de gare** deputy *ou* sub-stationmaster; **sous-commission** *nf, pl* **sous-commissions** subcommittee; **sous-continent** *nm, pl* **sous-continents** subcontinent; **sous-couche** *nf, pl* **sous-couches** undercoat; **sous-cutané, e** *adj* subcutaneous; **sous-développé, e** *adj* underdeveloped; **les pays sous-développés** the underdeveloped *ou* developing *ou* emergent countries; **sous-développement** *nm* underdevelopment; (*Rel*) **sous-diacre** *nm, pl* **sous-diacres** sub-deacon; **sous-dominante** *nf, pl* **sous-dominantes** subdominant; **sous-emploi** *nm* underemployment; **sous-ensemble** *nm, pl* **sous-ensembles** subset; **sous-entendre** *vt* to imply, infer; **il faut sous-entendre que** it is to be inferred *ou* understood that; **sous-entendu, e, mpl sous-entendus** (*adj*) implied, understood; (*nm*) innuendo, insinuation; **sous-espèce** *nf, pl* **sous-espèces** subspecies; **sous-estimer** *vt* to underestimate, underrate; **sous-exposer** *vt* to underexpose; **sous-exposition** *nf, pl* **sous-expositions** (*Phot*) under-exposure (*U*); **sous-fifre*** *nm, pl* **sous-fifres** underling; **sous-jacent, e** *adj* (*lit*) subjacent, underlying; (*fig*) underlying; (*Mil*) **sous-lieutenant** *nm, pl* **sous-lieutenants** (*armée de terre*) second lieutenant, (*marine*) sub-lieutenant; (*aviation*) pilot officer (*Brit*), second lieutenant (*US*); **sous-locataire** *nmf, pl* **sous-locataires** subtenant; **sous-location** *nf* subletting; **sous-louer** *vt* to sublet; **sous-main** *nm inv* desk blotter; (*fig*) **en sous-main** secretly; **sous-maîtresse** *nf, pl* **sous-maîtresses** brothel-keeper, madam; **sous-marin, e, mpl sous-marins** (*adj*) *pêche, chasse* underwater (*épith*); *végétation, faune* submarine (*épith*); (*nm*) submarine; **sous-marin nucléaire d'attaque** hunter-killer submarine; **sous-marin de poche** pocket *ou* midget submarine; **sous-marinier** *nm, pl* **sous-mariniers** submariner; (*Comm*) **sous-marque** *nf, pl* **sous-marques** sub-brand; (*Ordin*) **sous-menu** *nm, pl* **sous-menus** sub-menu; (*Can*) **sous-ministre** *nm, pl* **sous-ministres** deputy minister; (*Math*) **sous-multiple** *nm, pl* **sous-multiples** submultiple; **sous-nappe** *nf, pl* **sous-nappes** undercloth; **sous-nutrition** *nf* malnutrition; (*Mil*) **sous-off*** *nm, pl* **sous-offs** *abrév de* **sous-officier**; **sous-officier** *nm, pl* **sous-officiers** non-commissioned officer, N.C.O.; **sous-ordre** *nm, pl* **sous-ordres** (*Zool*) suborder; (*sous-fifre*) subordinate, underling; **sous-payer** *vt* to underpay; **sous-pied** *nm, pl* **sous-pieds** (under-)strap; **sous-préfecture** *nf, pl* **sous-préfectures** subprefecture; **sous-préfet** *nm, pl* **sous-préfets** sub-prefect; **sous-préfète** *nf, pl* **sous-préfètes** sub-prefect's wife; **sous-produit** *nm, pl* **sous-produits** (*lit*) by-product; (*fig*) pale imitation; **sous-prolétaire** *nmf, pl* **sous-prolétaires** (underprivileged) worker; **sous-prolétariat** *nm* underprivileged *ou* downtrodden class; **sous-pull** *nm, pl* **sous-pulls** thin poloneck jersey; **sous-race** *nf, pl* **sous-races** sub-race; **sous-secrétaire** *nm* (*pl* **sous-secrétaires**) d'État Under-Secretary; **sous-secrétariat** *nm, pl* **sous-secrétariats** (*fonction*) post of Under-Secretary; (*bureau*) Under-Secretary's office; **sous-sol** *nm, pl* **sous-sols** *(terre)* subsoil, substratum; *(maison)* basement; *(magasin)* basement, lower ground floor; **les richesses de notre sous-sol** our mineral resources; **sous-tasse** *nf, pl* **sous-tasses** saucer; **sous-tendre** *vt* (*Géom*) to subtend; (*fig*) to underlie; **sous-titrage** *nm, pl* **sous-titrages** subtitling (*U*); **sous-titre** *nm, pl* **sous-titres** subtitle; **sous-titrer** *vt* to subtitle; **en version originale sous-titrée** in the original (version) with subtitles; **sous-traitance** *nf* subcontracting; **sous-traitant** *nm, pl* **sous-traitants** subcontractor; **sous-traiter** (*vi*) to become a subcontractor, be subcontracted; (*vt*) *affaire* to subcontract, contract out; **sous-ventrière** *nf, pl* **sous-ventrières** girth, bellyband; (*fig: manger*) **se faire péter la sous-ventrière** to eat more than one's fill; **sous-verre** *nm inv* (*encadrement*) glass mount; (*Phot*) photograph mounted under glass; **sous-vêtement** *nm, pl* **sous-vêtements** undergarment; **sous-vêtements** underwear, undergarments.

souscripteur, -trice [suskriptœr, tris] *nm, f [emprunt, publication]* subscriber (*de* to).

souscription [suskripsjɔ̃] *nf* (*action*) subscription; (*somme*) subscription, contribution. **ouvrir une ~ en faveur de ...** to start a fund in aid of ...; **livre en ~** book sold on a subscription basis; **ce livre est offert en ~ jusqu'au 15 novembre, au prix de 175 F** this book is available to subscribers until November 15th at the prepublication price of 175 francs.

souscrire [suskRiR] (39) **1 souscrire à** *vt indir* (a) *emprunt, publication* to subscribe to; **~ à la construction de** to contribute *ou* subscribe to the construction of; **il a souscrit pour 100 F à la construction du monument** he contributed *ou* subscribed 100 francs to the construction of the monument.
(b) *idée, opinion, projet* to subscribe to. **c'est une excellente idée et j'y souscris** it's an excellent idea and I subscribe to it *ou* and I'm all in favour of it.
2 *vt* (*Comm*) *billet* to sign.

souscrit, e [suskri, it] (*ptp de* **souscrire**) *adj:* **capital ~** subscribed capital.

soussigné, e [susiɲe] *adj, nm, f* undersigned. **je ~ Dupont Charles-Henri déclare que ...** I the undersigned, Charles-Henri Dupont, certify that ...; **les (témoins) ~s** we the undersigned.

soustractif, -ive [sustraktif, iv] *adj* subtractive.

soustraction [sustraksjɔ̃] *nf* (a) (*Math*) subtraction. **faire la ~ de** *somme* to take away, subtract; **et il faut encore déduire les frais de réparation: faites la ~ vous-même** in addition you have to deduct repair costs — you can work it out for yourself *ou* you can do the sum yourself.
(b) (*frm: vol*) removal, abstraction.

soustraire [sustrer] (50) **1** *vt* (a) (*gén, Math: défalquer*) to subtract, take away (*de* from).
(b) (*frm: dérober*) to remove, abstract; (*cacher*) to conceal, shield (*à* from). **~ qn à la justice/à la colère de qn** to shield sb from

justice/from sb's anger; (*Jur*) **~ à la compétence de** to exclude from the jurisdiction of.
2 se soustraire *vpr* (*frm*) **se ~ à** *devoir* to shirk; *obligation, corvée* to escape, shirk; *autorité* to elude, escape from; *curiosité* to conceal o.s. from, escape from; **se ~ à la justice** to elude justice; (*s'enfuir*) to abscond; **quelle corvée! comment m'y ~?** what drudgery! how shall I escape it? *ou* get out of it?

soutane [sutan] *nf* cassock, soutane. (*fig*) **prendre la ~** to enter the Church.

soute [sut] *nf [navire]* hold. **~ (à bagages)** *[bateau, avion]* baggage hold; **~ à charbon** coal bunker; **~ à munitions** ammunition store; **~ à mazout** oil tank; **~ à bombes** bomb bay.

soutenable [sutnabl(ə)] *adj* *opinion* tenable, defensible.

soutenance [sutnɑ̃s] *nf* (*Univ*) **~ de thèse** ≃ viva, viva voce (examination).

soutènement [sutɛnmɑ̃] *nm:* **travaux de ~** support(ing) works; **ouvrage de ~** support(ing) structure; *V* **mur**.

souteneur [sutnœr] *nm* procurer.

soutenir [sutnir] (22) **1** *vt* (a) (*servir d'appui à*) *personne, toit, mur* to support, hold up; *[médicament etc]* to sustain. **on lui a fait une piqûre pour ~ le cœur** they gave him an injection to sustain his heart; **ses jambes peuvent à peine le ~** his legs can hardly support him *ou* hold him up; **un fauteuil qui soutient bien le dos** an armchair which gives good support to the back *ou* which supports the back well; **prenez un peu d'alcool, cela soutient** have a little drink — it'll give you a lift* *ou* keep you going.
(b) (*aider*) *gouvernement, parti, candidat* to support, back; *famille* to support. **elle soutient les enfants contre leur père** she takes the children's part *ou* she stands up for the children against their father; **son amitié/il** **a beaucoup soutenus dans leur épreuve** his friendship/he was a real support *ou* prop to them in their time of trouble, his friendship was something/he was someone for them to lean on in their time of trouble.
(c) (*faire durer*) *attention, conversation, effort* to keep up, sustain; *réputation* to keep up, maintain.
(d) (*résister à*) *assaut, combat* to stand up to, withstand; *regard* to bear, support. **il a bien soutenu le choc** he stood up well to the shock *ou* withstood the shock well; **~ la comparaison avec** to bear *ou* stand comparison with, compare (favourably) with.
(e) (*affirmer*) *opinion, doctrine* to uphold, support; (*défendre*) *droits* to uphold, defend. (*Univ*) **~ sa thèse** to attend *ou* have one's viva; **c'est une doctrine que je ne pourrai jamais ~** it is a doctrine which I shall never be able to uphold *ou* support; **elle soutient toujours le contraire de ce qu'il dit** she always maintains the opposite of what he says; **il a soutenu jusqu'au bout qu'il était innocent** he maintained to the end that he was innocent.
2 se soutenir *vpr* (a) (*se maintenir*) (*sur ses jambes*) to hold o.s. up, support o.s.; (*dans l'eau*) to keep (o.s.) afloat *ou* up. **se ~ dans l'eau** to keep (o.s.) afloat *ou* up, hold *ou* keep o.s. above the water; **l'oiseau se soutient dans l'air grâce à ses ailes** birds hold *ou* keep themselves up (in the air) thanks to their wings; **il n'arrivait plus à se ~ sur ses jambes** his legs could no longer support him, he could no longer stand on his legs.
(b) (*fig*) **ça peut se ~** it's a tenable point of view; **un tel point de vue ne peut se ~** a point of view like that is indefensible *ou* untenable; **l'intérêt se soutient jusqu'à la fin** the interest is kept up *ou* sustained *ou* maintained right to the end.
(c) (*s'entraider*) to stand by each other. **dans la famille, ils se soutiennent tous** the family all stand by each other *ou* stick together.

soutenu, e [sutny] (*ptp de* **soutenir**) *adj* (*élevé, ferme*) *style* elevated; (*constant, assidu*) *attention, effort* sustained, unflagging; *travail* sustained; (*intense*) *couleur* strong; *marché* buoyant.

souterrain, e [suterɛ̃, ɛn] **1** *adj* (*lit*) underground, subterranean; (*fig*) subterranean; *V* **passage. 2** *nm* underground *ou* subterranean passage.

soutien [sutjɛ̃] *nm* (a) (*gén: étai, aide*) support. (*Mil*) **unité de ~** support *ou* reserve unit; (*Admin*) **être ~ de famille** to be the main wage-earner in the family (*exempted from military service*); (*Scol*) **cours de ~** remedial course; **~ en français** extra teaching in French.
(b) (*action*) *[voûte]* supporting. **~ des prix** price support.

soutien-gorge, *pl* **soutiens-gorge** [sutjɛ̃gɔrʒ(ə)] *nm* bra.

soutier [sutje] *nm* (*Naut*) coal-trimmer.

soutirer [sutire] (1) *vt* (a) (*prendre*) **~ qch à qn** *argent* to squeeze *ou* get sth out of sb; *promesse* to extract sth from sb, worm sth out of sb. (b) *vin* to decant, rack.

souvenance [suvnɑ̃s] *nf* (*littér*) recollection. **avoir ~ de** to recollect, have a recollection of.

souvenir [suvniR] **1** *nm* (a) (*réminiscence*) memory, recollection. **elle a gardé de lui un bon/mauvais ~** she has good/bad memories of him; **ce n'est plus maintenant qu'un mauvais ~** it's just a bad memory now; **je n'ai qu'un vague ~ de l'incident/de l'avoir rencontré** I have only a vague *ou* dim recollection of the incident/of having met him *ou* of meeting him; **raconter des ~ d'enfance/de guerre** to recount memories of one's childhood/of the war.
(b) (*littér: fait de se souvenir*) recollection, remembrance (*littér*). **avoir le ~ de qch** to have a memory of sth, remember sth; **garder le ~ de qch** to retain the memory of sth; **perdre le ~ de qch** to lose all recollection of sth; (*frm*) **je n'ai pas ~ d'avoir ...** I have no recollection *ou* remembrance of having ...; **en ~ de** *personne disparue* in memory *ou* remembrance of; *occasion* in memory of; **évoquer le ~ de** to recall *ou* to evoke the memory of sb.
(c) (*mémoire*) memory. **dans un coin de mon ~** in a corner of my memory.
(d) (*objet gardé pour le souvenir*) keepsake, memento; (*pour touristes*) souvenir; (*marque, témoignage d'un événement*)

souvenir. **garder qch comme ~ (de qn)** to keep sth as a memento (of sb); **cette cicatrice est un ~ de la guerre** this scar is a souvenir from the war; **boutique** ou **magasin de ~s** souvenir shop.

(e) (*formules de politesse*) **amical** ou **affectueux ~** yours (ever); **mon bon ~ à X** remember me to X, (my) regards to X; **rappelez-moi au bon ~ de votre mère** remember me to your mother, give my (kind) regards to your mother; **croyez à mon fidèle ~** yours ever, yours sincerely.

2 se souvenir (22) *vpr:* **se ~ de qn** to remember sb; **se ~ de qch/d'avoir fait/que ...** to remember ou recall ou recollect sth/ doing sth/that ...; **il a plu tout l'été, tu t'en souviens?** ou **tu te souviens?*** it rained all summer, do you remember? ou recall?, it rained all summer, remember?*; **elle lui a donné une leçon dont il se souviendra** she taught him a lesson he won't forget in a hurry; **souvenez-vous qu'il est très puissant** bear in mind ou remember that he is very powerful; **faire qch plus ~ qu'à son** (ou mon etc) **promesse** let me remind you of your promise!; **tu m'as fait me ~ que ..., (littér)** **tu m'as fait ~ que ...** you have reminded me that ...; (*menace*) **je m'en souviendrai!** I won't forget!

3 *vb impers* (*littér*) **il me souvient d'avoir entendu raconter cette histoire** I recollect ou recall ou remember having heard ou hearing that story.

souvent [suvã] *adv* often. **le plus ~, cela marche bien** more often than not it works well; **faire qch plus ~ qu'à son** (ou mon etc) **tour** to have more than one's fair share of doing sth; **peu ~** seldom; (*Prov*) **~ femme varie** (bien fol est qui s'y fie) woman is fickle.

souventes fois††, souventefois†† [suvãtfwa] *adv* oft(times) (††, *littér.*)

souverain, e [suvʀɛ̃, ɛn] **1** *adj* **(a)** (*Pol*) **état, puissance** sovereign; **assemblée, cour, juge** supreme. **le ~ pontife** the Supreme Pontiff.

(b) (*suprême*) **le ~ bien** the sovereign good; **remède ~ contre qch** sovereign remedy against sth.

(c) (*intensif*) supreme. **~ mépris/indifférence** supreme contempt/indifference.

2 *nm,f* **(a)** (*monarque*) sovereign, monarch. **~ absolu/ constitutionnel** absolute/constitutional monarch; **la ~e britannique** the British sovereign.

(b) (*fig*) sovereign. **s'imposer en ~** to reign supreme; **la philosophie est la ~e des disciplines de l'esprit** philosophy is the most noble ou the highest of the mental disciplines.

3 *nm* **(a)** (*Jur, Pol*) **le ~** the sovereign power.

(b) (*Hist Brit: monnaie*) sovereign.

souverainement [suvʀɛnmã] *adv* **(a)** (*intensément*) supremely. **ça me déplait ~** I dislike it intensely. **(b)** (*en tant que souverain*) with sovereign power.

souveraineté [suvʀɛnte] *nf* sovereignty.

soviet [sɔvjɛt] *nm* soviet. **le S~ suprême** the Supreme Soviet; **les S~s** the Soviets.

soviétique [sɔvjetik] **1** *adj* Soviet. **2** *nmf:* **S~** Soviet citizen.

soviétiser [sɔvjetize] (1) *vt* to sovietize.

soviétologue [sɔvjetɔlɔg] *nmf* Kremlinologist.

soya [sɔja] *nm* = **soja.**

soyeux, -euse [swajø, øz] **1** *adj* silky. **2** *nm* silk manufacturer (*of Lyons*), silk merchant (*of Lyons*).

S.P.A. [ɛspea] *nf abrév de* **Société Protectrice des Animaux** ≃ R.S.P.C.A. (*Brit*), A.S.P.C.A. (*US*).

spacieusement [spasjøzmã] *adv* spaciously. **~ aménagé** spaciously laid out; **nous sommes ~ logés** we have ample room in our accommodation ou where we are staying.

spacieux, -euse [spasjø, øz] *adj* spacious, roomy.

spadassin [spadasɛ̃] *nm* (*littér,* †: *mercenaire*) hired killer ou assassin; (†: *bretteur*) swordsman.

spaghetti [spageti] *nm* (*gén pl*) **~s** spaghetti; **un ~** a strand of spaghetti.

spahi [spai] *nm* (*Hist Mil*) Spahi (*soldier of native cavalry corps of French army in North Africa*).

sparadrap [spaʀadʀa] *nm* adhesive ou sticking plaster (*Brit*), band-aid ® (*US*).

sparring-partner [spaʀiŋpaʀtnɛʀ] *nm* sparring partner.

Spartacus [spaʀtakys] *nm* Spartacus.

Sparte [spaʀt(ə)] *nf* Sparta.

spartiate [spaʀsjat] **1** *adj* Spartan. **2** *nmf* (*Hist*) **S~** Spartan. **3** *nf* (*chaussures*) **~s** Roman sandals.

spasme [spasm(ə)] *nm* spasm.

spasmodique [spasmɔdik] *adj* spasmodic.

spasmodiquement [spasmɔdikmã] *adv* spasmodically.

spath [spat] *nm* (*Minér*) spar. **~ fluor** fluorspar, fluorite (*US*).

spatial, e, *mpl* **-aux** [spasjal, o] *adj* (*opposé à temporel*) spatial; (*Espace*) space (*épith*).

spatialement [spasjalmã] *adv* spatially.

spatialisation [spasjalizasjɔ̃] *nf* spatialization.

spatialiser [spasjalize] (1) *vt* to spatialize.

spationaute [spasjonot] *nmf* astronaut, spaceman, spacewoman.

spatio-temporel, -elle [spasjotãpɔʀɛl] *adj* spatiotemporal.

spatule [spatyl] *nf* **(a)** (*ustensile*) [*peintre, cuisinier*] spatula. **(b)** (*bout*) [*ski, manche de cuiller etc*] tip. **(c)** (*oiseau*) spoon-bill.

speaker [spikœʀ] *nm,* **speakerine** [spikʀin] *nf* (*Rad, TV*) (*annonceur*) announcer; (*journaliste*) newscaster, newsreader.

spécial, e, *mpl* **-aux** [spesjal, o] *adj* (*gén*) special; (*bizarre*) peculiar. (*euph*) **il a des mœurs un peu ~es** he's a bit the other way inclined* (*euph*), he has certain tendencies (*euph*).

spécialement [spesjalmã] *adv* (*plus particulièrement*) especially, particularly; (*tout exprès*) specially. **pas ~ intéressant** not particularly ou especially interesting; **c'est très intéressant, ~ vers la fin** it is very interesting, especially ou particularly towards the end; **on l'a choisi ~ pour ce travail** he was specially chosen for this job; **~ construit pour cet usage** specially built for this purpose.

spécialisation [spesjalizasjɔ̃] *nf* specialization.

spécialisé, e [spesjalize] (*ptp de* **spécialiser**) *adj* **travail, personne** specialized. **être ~ dans** [*personne*] to be a specialist in; [*firme*] to specialize in; *V* **ouvrier.**

spécialiser [spesjalize] (1) **1 se spécialiser** *vpr* to specialize (*dans* in). **2** *vt:* **~ qn** to make sb into a specialist.

spécialiste [spesjalist(ə)] *nmf* (*gén, Méd*) specialist.

spécialité [spesjalite] *nf* (*gén, Culin*) speciality; (*Univ etc: branche*) specialism, special field. **~ pharmaceutique** patent medicine; **il a la ~ de faire ...*** he has a special ou particular knack of doing ..., he specializes in doing ...

spécieusement [spesjøzmã] *adv* speciously.

spécieux, -euse [spesjø, øz] *adj* specious.

spécification [spesifikasjɔ̃] *nf* specification.

spécificité [spesifisite] *nf* specificity.

spécifier [spesifje] (7) *vt* (*préciser son choix*) to specify, state; (*indiquer, mentionner*) to state. **veuillez ~ le modèle que vous désirez** please specify the model that you require ou desire; **en passant votre commande, n'oubliez pas de ~ votre numéro d'arrondissement** when placing your order, don't forget to state your district number; **a-t-il spécifié l'heure?** did he specify ou state the time?; **j'avais bien spécifié qu'il devait venir le matin** I had stated specifically that he should come in the morning.

spécifique [spesifik] *adj* specific.

spécifiquement [spesifikmã] *adv* (*tout exprès*) specifically; (*typiquement*) typically.

spécimen [spesimɛn] *nm* (*gén: échantillon, exemple*) specimen; (*exemplaire publicitaire*) specimen copy, sample copy. (**numéro**) **~** sample copy.

spectacle [spɛktakl(ə)] *nm* **(a)** (*vue, tableau*) sight; (*grandiose, magnifique*) sight, spectacle. **au ~ de** at the sight of; (*péj*) **se donner** ou **s'offrir en ~** (*à qn*) to make a spectacle ou an exhibition of o.s. (in front of sb); **assister à un ~ imprévu** to see a happening.

(b) (*représentation: Ciné, Théât etc*) show. (*branche*) **le ~ show** business, entertainment, show biz*; (*rubrique*) '~s' 'entertainment'; **le ~ va commencer** the show is about to begin; **un ~ lyrique/dramatique** a musical/dramatic entertainment; **~ de variétés** variety show; **aller au ~** to go to a show; **l'industrie du ~** the entertainment(s) industry, show biz*; *V* **grand, salle.**

spectaculaire [spɛktakylɛʀ] *adj* spectacular.

spectateur, -trice [spɛktatœʀ, tʀis] *nm,f* [*événement, accident*] onlooker, witness; (*Sport*) spectator; (*Ciné, Théât*) member of the audience. **les ~s** the audience; (*fig*) **traverser la vie en ~** to go through life as an onlooker ou a spectator.

spectral, e, *mpl* **-aux** [spɛktʀal, o] *adj* **(a)** (*fantomatique*) ghostly, spectral. **(b)** (*Phys*) spectral; *V* **analyse.**

spectre [spɛktʀ(ə)] *nm* **(a)** (*fantôme*) ghost; (*fig*) spectre. **comme s'il avait vu un ~** as if he'd seen a ghost; **le ~ de la guerre se dressait à l'horizon** the spectre of war loomed on the horizon.

(b) (*Phys*) spectrum. **les couleurs du ~** the colours of the spectrum; **~ solaire** solar spectrum; **~ de résonance** resonance spectrum.

spectrogramme [spɛktʀɔgʀam] *nm* spectrogram.

spectrographe [spɛktʀɔgʀaf] *nm* spectrograph.

spectroscope [spɛktʀɔskɔp] *nm* spectroscope.

spectroscopie [spɛktʀɔskɔpi] *nf* spectroscopy.

spectroscopique [spɛktʀɔskɔpik] *adj* spectroscopic.

spéculateur, -trice [spekylatœʀ, tʀis] *nm,f* speculator.

spéculatif, -ive [spekylatif, iv] *adj* (*Fin, Philos*) speculative.

spéculation [spekylasjɔ̃] *nf* speculation.

spéculer [spekyle] (1) *vi* (*Philos*) to speculate (*sur* on, about); (*Fin*) to speculate (*sur* in). (*fig: tabler sur*) **~ sur** to bank on, rely on.

spéculum [spekylɔm] *nm* speculum.

speech [spitʃ] *nm* († ou*: *laïus*) speech (*after a dinner, toast etc*).

spéléo [speleo] *nf, nmf abrév de* **spéléologie, spéléologue.**

spéléologie [speleɔlɔʒi] *nf* (*étude*) speleology; (*exploration*) potholing, caving*.

spéléologique [speleɔlɔʒik] *adj* (*V* **spéléologie**) speleological; potholing (*Brit, épith*), caving* (*épith*).

spéléologue [speleɔlɔg] *nmf* (*V* **spéléologie**) speleologist; potholer (*Brit*), spelunker* (*US*), caver*.

spermaceti [spɛʀmaseti] *nm* spermaceti.

spermatique [spɛʀmatik] *adj* spermatic. **cordon ~** spermatic cord.

spermatogénèse [spɛʀmatoʒenɛz] *nf* spermatogenesis.

spermatozoïde [spɛʀmatozoid] *nm* sperm, spermatozoon.

sperme [spɛʀm(ə)] *nm* semen, sperm.

spermicide [spɛʀmisid] **1** *adj* spermicide (*épith*), spermicidal. **2** *nm* spermicide.

sphénoïde [sfenɔid] *nm* sphenoid bone.

sphère [sfɛʀ] *nf* (*Astron, fig*) sphere. **les hautes ~s de la politique** the higher realms of politics; **~ d'influence/d'attributions/d'activité** sphere of influence/competence/activity.

sphéricité [sferisite] *nf* sphericity.

sphérique [sferik] *adj* spherical.

sphincter [sfɛ̃ktɛʀ] *nm* sphincter.

sphinx [sfɛ̃ks] *nm* (*Art, Myth, fig*) sphinx; (*Zool*) hawkmoth, sphinx-moth. (*Myth*) **le S~** the Sphinx.

spi [spi] *nm* = **spinnaker.**

spina-bifida [spinabifida] *nm* spina bifida.

spinal, e, *mpl* **-aux** [spinal, o] *adj* spinal.

spinnaker [spinakɛʀ] *nm* spinnaker.

Spinoza [spinoza] *nm* Spinoza.

spiral, e, *mpl* **-aux** [spiʀal, o] **1** *adj* spiral. **2** *nm:* (*ressort*) **~** hairspring. **3 spirale** *nf* spiral. **s'élever/tomber en ~e** to spiral up(wards)/down(wards).

spiralé, e [spiʀale] *adj* spiral (*épith*).

spirante [spiʀãt] *adj f, nf:* (**consonne**) ~ spirant, fricative.
spire [spiʀ] *nf [hélice, spirale]* (single) turn; *[coquille]* whorl; *[ressort]* spiral.
spirite [spiʀit] *adj, nmf* spiritualist.
spiritisme [spiʀitism(ə)] *nm* spiritualism.
spiritualiser [spiʀitɥalize] (1) *vt* to spiritualize.
spiritualisme [spiʀitɥalism(ə)] *nm* spiritualism.
spiritualiste [spiʀitɥalist(ə)] **1** *adj* spiritualist(ic). **2** *nmf* spiritualist.
spiritualité [spiʀitɥalite] *nf* spirituality.
spirituel, -elle [spiʀitɥel] *adj* (**a**) (*vif, fin*) witty. (**b**) (*Philos, Rel, gén*) spiritual. **musique** ~**le** sacred music; **concert** ~ concert of sacred music.
spirituellement [spiʀitɥɛlmã] *adv* (*V* **spirituel**) wittily; spiritually.
spiritueux, -euse [spiʀitɥø, øz] **1** *adj* spirituous. **2** *nm* spirit. **les** ~ spirits.
spiroïdal, e, *mpl* **-aux** [spiʀɔidal, o] *adj* spiroid.
spleen [splin] *nm* († *ou littér*) spleen (*fig littér*).
splendeur [splãdœʀ] *nf* (**a**) *[paysage, réception, résidence]* splendour, magnificence. **ce tapis est une** ~ this carpet is quite magnificent; **les** ~**s de l'art africain** the splendours of African art.
    (**b**) (*gloire*) glory, splendour. **du temps de sa** ~ in the days of its (*ou* his *etc*) glory *ou* splendour; (*iro*) **dans toute sa/leur** ~ in all its/their splendour *ou* glory.
    (**c**) (*littér: éclat, lumière*) brilliance, splendour.
splendide [splãdid] *adj temps, journée* splendid; *réception, résidence, spectacle* splendid, magnificent; *femme, bébé* magnificent, splendid-looking.
splendidement [splãdidmã] *adv* splendidly, magnificently.
splénétique [splenetik] *adj* († *littér*) splenetic.
spoliateur, -trice [spɔljatœʀ, tʀis] **1** *adj loi* spoliatory. **2** *nm, f* despoiler.
spoliation [spɔljɑsjɔ̃] *nf* despoilment (*de* of).
spolier [spɔlje] (7) *vt* to despoil.
spondaïque [spɔ̃daik] *adj* spondaic.
spondée [spɔ̃de] *nm* spondee.
spongieux, -euse [spɔ̃ʒjø, øz] *adj* (*gén, Anat*) spongy.
sponsor [spɔ̃sɔʀ] *nm* sponsor.
spontané, e [spɔ̃tane] *adj* (*gén*) spontaneous; *V* **génération**.
spontanéité [spɔ̃taneite] *nf* spontaneity.
spontanément [spɔ̃tanemã] *adv* spontaneously.
sporadicité [spɔʀadisite] *nf* sporadic nature *ou* occurrence.
sporadique [spɔʀadik] *adj* sporadic.
sporadiquement [spɔʀadikmã] *adv* sporadically.
sporange [spɔʀɑ̃ʒ] *nm* sporangium, spore case.
spore [spɔʀ] *nf* spore.
sport [spɔʀ] **1** *nm* (**a**) sport. ~**s individuels/d'équipe** individual/team sports; **faire du** ~ **pour se maintenir en forme** to do sport in order to keep (o.s.) fit; **station de** ~**s d'hiver** winter sports resort; **aller aux** ~**s d'hiver** to go on a winter sports holiday, go winter sporting; **de** ~ *vêtement, terrain, voiture* sports (*épith*).
    (**b**) (*) **il va y avoir du** ~! we'll see some fun!* *ou* action*; **faire ça, c'est vraiment du** ~ doing that is no picnic*.
    2 *adj* (**a**) *vêtement, coupe* casual.
    (**b**) († *chic, fair-play*) sporting, fair.
sportif, -ive [spɔʀtif, iv] **1** *adj* (**a**) *épreuve, journal, résultats* sports (*épith*); *pêche, marche* competitive (*épith*).
    (**b**) *jeunesse* athletic, fond of sports (*attrib*); *allure, démarche* athletic.
    (**c**) *attitude, mentalité, comportement* sporting, sportsmanlike. **faire preuve d'esprit** ~ to show sportsmanship.
    2 *nm* sportsman.
    3 sportive *nf* sportswoman.
sportivement [spɔʀtivmã] *adv* sportingly.
sportivité [spɔʀtivite] *nf* sportsmanship.
spot [spɔt] *nm* (**a**) (*Phys*) light spot; (*Élec*) scanning spot. (**b**) (*lampe: Théât etc*) spotlight, spot. (**c**) ~ (**publicitaire**) (*publicité*) commercial, advert* (*Brit*), ad*.
spoutnik [sputnik] *nm* sputnik.
sprat [spʀat] *nm* sprat.
spray [spʀe] *nm* (*aérosol*) spray, aerosol. **déodorant en** ~ spray (-on) deodorant.
sprint [spʀint] *nm* (*de fin de course*) (final) sprint, final spurt; (*épreuve*) sprint. **battu au** ~ (**final**) beaten in the (final) sprint.
sprinter[1] [spʀintœʀ] *nm*, **sprinteur, -euse** [spʀintœʀ, øz] *nm, f* sprinter; (*en fin de course*) fast finisher.
sprinter[2] [spʀinte] (1) *vi* to sprint; (*en fin de course*) to put on a final spurt.
squale [skwal] *nm* shark.
squame [skwam] *nf* (*Méd*) scale, squama (*T*).
square [skwaʀ] *nm* public garden(s), square (with garden).
squash [skwaʃ] *nm* squash.
squat* [skwat] *nm* (*logement*) squat.
squatter[1] [skwatœʀ] *nm* squatter.
squatter[2] [skwate] (1) *vt*, **squattériser** [skwateʀize] (1) *vt* (*loger*) to squat in.
squelette [skəlɛt] *nm* (*lit, fig*) skeleton. **après sa maladie, c'était un vrai** ~ after his illness he was just a bag of bones *ou* he was an absolute skeleton.
squelettique [skəletik] *adj personne, arbre* scrawny, skeleton-like; *exposé* sketchy, skimpy; (*Anat*) skeletal. **d'une maigreur** ~ all skin and bone; **il est** ~ he's scrawny, he's an absolute skeleton, he's mere skin and bone; **des effectifs** ~**s** a minimal staff.
Sri Lanka [sʀilãka] *nf* Sri Lanka.
sri-lankais, -aise [sʀilãkɛ, ɛz] **1** *adj* Sri-Lankan. **2** *nm, f*: **Sri-Lankais(e)** Sri-Lankan.

S.R.P.J. [ɛsɛʀpeʒi] *nm abrév de* **service régional de la police judiciaire**; *V* **service**.
S.S. [ɛsɛs] **1** *nf abrév de* **sécurité sociale**; *V* **sécurité**. **2** *nm* (*soldat*) SS.
stabilisateur, -trice [stabilizatœʀ, tʀis] **1** *adj* stabilizing. **2** *nm* (*Tech*) *[véhicule]* anti-roll device; *[navire, vélo]* stabilizer; *[avion]* (*horizontal*) tailplane; (*vertical*) fixed fin; (*Chim*) stabilizer.
stabilisation [stabilizɑsjɔ̃] *nf* stabilization.
stabiliser [stabilize] (1) **1** *vt* (*gén*) to stabilize; *terrain* to consolidate; (*Aut*) **à 90 km/h en vitesse stabilisée** at a constant 90 km/h; *V* **accotement**. **2 se stabiliser** *vpr* to stabilize, become stabilized.
stabilité [stabilite] *nf* stability.
stable [stabl(ə)] *adj monnaie, gouvernement, personne,* (*Chim*), (*Phys*) stable; *position, échelle* stable, steady.
stabulation [stabylɑsjɔ̃] *nf [bétail]* stalling; *[chevaux]* stabling; *[poissons]* storing in tanks.
staccato [stakato] **1** *adv* staccato. **2** *nm* staccato passage.
stade [stad] *nm* (**a**) (*sportif*) stadium. (**b**) (*période, étape*) stage. **il en est resté au** ~ **de l'adolescence** he never got beyond adolescence *ou* the adolescent phase; (*Psych*) ~ **oral/anal** oral/anal stage.
staff [staf] *nm* (**a**) (*personnel*) staff. (**b**) (*plâtre*) staff.
staffeur [stafœʀ] *nm* plasterer (*working in staff*).
stage [staʒ] *nm* (*période*) training period; (*cours*) training course; *[avocat]* articles (*pl*). ~ **de perfectionnement** advanced training course; ~ **de formation** (**professionnelle**) vocational (training) course; ~ **d'initiation** introductory course; ~ **pédagogique** teaching practice; **il a fait son** ~ **chez Maître X** he did his articles in Mr X's practice *ou* under Mr X; **faire un** ~ to undergo a period of training, go on a (training) course; *[employé]* **faire un** ~ **d'information/-matique** (*gén*) to go on a computing course; (*pris sur le temps de travail*) to have in-service *ou* in-house training in computing.
stagflation [stagflɑsjɔ̃] *nf* stagflation.
stagiaire [staʒjɛʀ] **1** *nmf* trainee. **2** *adj* trainee (*épith*). **professeur** ~ student *ou* trainee teacher.
stagnant, e [stagnã, ãt] *adj* (*lit, fig*) stagnant.
stagnation [stagnɑsjɔ̃] *nf* (*lit, fig*) stagnation.
stagner [stagne] (1) *vi* (*lit, fig*) to stagnate.
stalactite [stalaktit] *nf* stalactite.
stalag [stalag] *nm* stalag.
stalagmite [stalagmit] *nf* stalagmite.
Staline [stalin] *nm* Stalin.
stalinien, -ienne [stalinjɛ̃, jɛn] *adj, nm, f* Stalinist.
stalinisme [stalinism(ə)] *nm* Stalinism.
stalle [stal] *nf [cheval]* stall, box; (*Rel*) stall.
stance [stãs] *nf* († *strophe*) stanza. (*poème*) ~**s** *type of verse form* (*of lyrical poem*).
stand [stãd] *nm [exposition]* stand; *[foire]* stall. ~ (**de tir**) *[foire]*, (*Sport*) shooting range; (*Mil*) firing range; (*Cyclisme etc*) ~ **de ravitaillement** pit.
standard[1] [stãdaʀ] *nm* (*Téléc*) switchboard.
standard[2] [stãdaʀ] **1** *nm* (*norme*) standard. ~ **de vie** standard of living. **2** *adj inv* (*Comm, Tech*) standard (*épith*); *V* **échange**.
standardisation [stãdaʀdizɑsjɔ̃] *nf* standardization.
standardiser [stãdaʀdize] (1) *vt* to standardize.
standardiste [stãdaʀdist(ə)] *nmf* switchboard operator. **demandez à la** ~ ask the operator.
standing [stãdiŋ] *nm* standing. (*Comm*) **immeuble de grand** ~ block of luxury flats (*Brit*) *ou* apartments (*US*).
staphylocoque [stafilɔkɔk] *nm* staphylococcus.
star [staʀ] *nf* (*Ciné*) star.
starking [staʀkiŋ] *nf* starking (apple).
starlette, starlet [staʀlɛt] *nf* starlet.
starter [staʀtɛʀ] *nm* (*Aut*) choke. **mettre le** ~ to pull the choke out; **marcher au** ~ to run with the choke out; ~ **automatique** automatic choke. (**b**) (*Sport*) starter.
starting-block, *pl* **starting-blocks** [staʀtiŋblɔk] *nm* starting block.
starting-gate, *pl* **starting-gates** [staʀtiŋget] *nm* starting gate.
station [stasjɔ̃] *nf* (**a**) (*lieu d'arrêt*) (*de métro*) (underground (*Brit*) *ou* subway (*US*)) station; ~ (**d'autobus**) (bus) stop; ~ (**de chemin de fer**) halt; ~ **de taxis** taxi rank.
    (**b**) (*poste, établissement*) station. ~ **d'observation/de recherches** observation/research station; ~ **agronomique/météorologique** agricultural research/meteorological station; ~ **géodésique** geodesic *ou* geodetic station; ~ **émettrice** transmitting station; ~ **orbitale** orbiting station; ~ (**de**) **radar** radar tracking station; ~ **radiophonique** radio station; ~ **spatiale** space station; ~ **service** service *ou* petrol (*Brit*) *ou* filling station, gas station (*US*); ~ **de lavage** carwash.
    (**c**) (*site*) site; (*Bot, Zool*) station. ~ **préhistorique** prehistoric site; (*Bot*) **une** ~ **de gentianes** a gentian station.
    (**d**) (*de vacances*) resort. ~ **balnéaire/climatique** sea *ou* seaside/health resort; ~ **de sports d'hiver** winter sports *ou* (winter) ski resort; ~ **thermale** thermal spa.
    (**e**) (*posture*) posture, stance. **la** ~ **debout lui est pénible** standing upright is painful to him, an upright posture *ou* stance is painful to him.
    (**f**) (*halte*) stop. **faire des** ~**s prolongées devant les vitrines** to make lengthy stops in front of the shop windows.
    (**g**) (*Rel*) station. **les** ~**s de la Croix** the Stations of the Cross.
stationnaire [stasjɔnɛʀ] *adj* stationary.
stationnement [stasjɔnmã] *nm* (*Aut*) parking. ~ **alterné** parking on alternate sides; ~ **bilatéral/unilatéral** parking on both sides/on one side only; '~ **interdit**' 'no parking', 'no waiting'; (*sur autoroute*) 'no stopping'.

stationner [stasjɔne] (1) *vi* (*être garé*) to be parked: (*se garer*) to park.

statique [statik] **1** *adj* static. **2** *nf* statics (*sg*).

statiquement [statikmɑ̃] *adv* statically.

statisme [statism(ə)] *nm* stasis.

statisticien, -ienne [statistisjɛ̃, jɛn] *nm,f* statistician.

statistique [statistik] **1** *nf* (*science*) statistics (*sg*). (*données*) **des ~s** statistics (*pl*); **une ~** a statistic. **2** *adj* statistical.

statistiquement [statistikmɑ̃] *adv* statistically.

stator [statɔʀ] *nm* stator.

statuaire [statɥɛʀ] **1** *nf* statuary. **2** *adj* statuary. **3** *nm* (*littér*) sculptor.

statue [staty] *nf* statue. (*fig*) **elle était la ~ du désespoir** she was the picture of despair; (*fig*) **changé en ~ de sel** transfixed, rooted to the spot.

statuer [statɥe] (1) *vi* to give a verdict. **~ sur** to rule on, give a ruling on; **~ sur le cas de qn** to decide sb's case.

statuette [statɥɛt] *nf* statuette.

statufier [statyfje] (7) *vt* (*immortaliser*) to erect a statue to; (*pétrifier*) to transfix, root to the spot.

statu quo [statykwo] *nm* status quo.

stature [statyʀ] *nf* (*lit,fig: envergure*) stature. **de haute ~** of (great) stature.

statut [staty] *nm* (a) (*position*) status. (b) (*règlement*) **~s** statutes.

statutaire [statytɛʀ] *adj* statutory. **horaire ~** regulation *ou* statutory number of working hours.

statutairement [statytɛʀmɑ̃] *adv* in accordance with the statutes *ou* regulations, statutorily.

steak [stɛk] *nm* steak. **~ au poivre** steak au poivre.

stéarine [steaʀin] *nf* stearin.

stéatite [steatit] *nf* steatite.

steeple [stipl(ə)] *nm:* **~(-chase)** (*Athlétisme, Équitation*) steeplechase; **le 3.000 mètres ~** the 3,000 metres steeplechase.

stèle [stɛl] *nf* stela, stele.

stellaire [stelɛʀ] **1** *adj* stellar. **2** *nf* stitchwort.

stencil [stɛnsil] *nm* (*pour polycopie*) stencil.

stendhalien, -ienne [stɛ̃daljɛ̃, jɛn] *adj* Stendhalian.

sténo [steno] *nmf, nf abrév de* **sténographe, sténographie. prendre une lettre en ~** to take a letter (down) in shorthand.

sténodactylo¹ [stenodaktilo] *nf,* **sténodactylographe†** [stenodaktilɔgʀaf] *nf* shorthand typist.

sténodactylo² [stenodaktilo] *nf,* **sténodactylographie†** [stenodaktilɔgʀafi] *nf* shorthand typing.

sténographe† [stenɔgʀaf] *nmf* stenographer†.

sténographie [stenɔgʀafi] *nf* shorthand, stenography (†).

sténographier [stenɔgʀafje] (7) *vt* to take down in shorthand.

sténographique [stenɔgʀafik] *adj* shorthand (*épith*), stenographic (†).

sténopé [stenɔpe] *nm* (*Phot*) pinhole.

sténotype [stenɔtip] *nf* stenotype.

sténotyper [stenɔtipe] (1) *vt* to stenotype.

sténotypie [stenɔtipi] *nf* stenotypy.

sténotypiste [stenɔtipist(ə)] *nmf* stenotypist.

stentor [stɑ̃tɔʀ] *nm:* **une voix de ~** a stentorian voice.

stéphanois, e [stefanwa, waz] **1** *adj* of *ou* from Saint-Étienne. **2** *nm,f:* **S~(e)** inhabitant *ou* native of Saint-Étienne.

steppe [stɛp] *nf* steppe.

stercoraire [stɛʀkɔʀɛʀ] *nm* skua.

stère [stɛʀ] *nm* stere.

stéréo [steʀeo] *nf, adj (abrév de* **stéréophonie, stéréophonique)** stereo.

stéréophonie [steʀeɔfɔni] *nf* stereophony.

stéréophonique [steʀeɔfɔnik] *adj* stereophonic.

stéréoscope [steʀeɔskɔp] *nm* stereoscope.

stéréoscopie [steʀeɔskɔpi] *nf* stereoscopy.

stéréoscopique [steʀeɔskɔpik] *adj* stereoscopic.

stéréotype [steʀeɔtip] *nm* (*lit, fig*) stereotype.

stéréotypé, e [steʀeɔtipe] *adj* stereotyped.

stérile [steʀil] *adj femme* infertile, sterile, barren; *homme, union* sterile; *milieu* sterile; *terre* barren; *sujet, réflexions, pensées* sterile; *discussion, effort* fruitless, futile.

stérilet [steʀilɛ] *nm* coil, loop, intra-uterine device, I.U.D.

stérilisant, e [steʀilizɑ̃, ɑ̃t] *adj* (*lit*) sterilizing; (*fig*) unproductive, fruitless.

stérilisateur [steʀilizatœʀ] *nm* sterilizer.

stérilisation [steʀilizasjɔ̃] *nf* sterilization.

stériliser [steʀilize] (1) *vt* to sterilize.

stérilité [steʀilite] *nf* (*U: V* **stérile**) infertility; sterility; barrenness; fruitlessness, futileness.

sterling [stɛʀliŋ] *nm* sterling.

sterne [stɛʀn] *nf* tern. **~ arctique** Arctic tern.

sternum [stɛʀnɔm] *nm* breastbone, sternum (*T*).

stéthoscope [stetɔskɔp] *nm* stethoscope.

steward [stiwaʀt] *nm* steward, flight attendant.

stewardesse† [stjuwaʀdɛs] *nf* stewardess.

stick [stik] *nm [colle etc]* stick. **déodorant en ~** stick deodorant.

stigmate [stigmat] *nm* (a) (*marque*) (*Méd*) mark, scar. (*Rel*) **~s** stigmata; (*fig*) **~s du vice/de la bêtise** marks of vice/folly. (b) (*orifice*) (*Zool*) stigma, spiracle; (*Bot*) stigma.

stigmatisation [stigmatizasjɔ̃] *nf* (*Rel*) stigmatization; (*blâme*) condemnation, denunciation.

stigmatiser [stigmatize] (1) *vt* (*blâmer*) to denounce, condemn, stigmatize.

stimulant, e [stimylɑ̃, ɑ̃t] **1** *adj* stimulating. **2** *nm* (*physique*) stimulant; (*intellectuel*) stimulus, spur, incentive; (‡: *drogue*) upper‡.

stimulateur [stimylatœʀ] *nm:* **~ cardiaque** pacemaker.

stimulation [stimylasjɔ̃] *nf* stimulation.

stimuler [stimyle] (1) *vt personne* to stimulate, spur on; *appétit, zèle, économie* to stimulate.

stimulus [stimylys], *pl* **stimuli** [stimyli] *nm* (*Physiol, Psych*) stimulus.

stipendié, e [stipɑ̃dje] (*ptp de* **stipendier**) *adj* (*littér, péj*) hired.

stipendier [stipɑ̃dje] (7) *vt* (*littér, péj*) to hire, take into one's pay.

stipulation [stipylasjɔ̃] *nf* stipulation.

stipuler [stipyle] (1) *vt* to specify, state, stipulate, hold.

stock [stɔk] *nm* (*Comm*) stock; (*fig*) stock, supply.

stockage [stɔkaʒ] *nm* (*Comm*) stocking. **le ~ des déchets radioactifs** the storage *ou* stockpiling of nuclear waste.

stock-car [stɔkkaʀ] *nm* (*Sport*) stock-car racing; (*voiture*) stock car. **une course de ~** a stock-car race.

stocker [stɔke] (1) *vt* (*Comm*) to stock, keep in stock; (*péj: pour spéculer, amasser*) to stockpile.

Stockholm [stɔkɔlm] *n* Stockholm.

stockiste [stɔkist(ə)] *nmf* (*Comm*) stockist (*Brit*), dealer (*US*); (*Aut*) agent.

stoïcien, -ienne [stɔisjɛ̃, jɛn] *adj, nm,f* stoic.

stoïcisme [stɔisism(ə)] *nm* (*Philos*) Stoicism; (*fig*) stoicism.

stoïque [stɔik] *adj* stoical, stoic.

stoïquement [stɔikmɑ̃] *adv* stoically.

stomacal, e, *mpl* **-aux** [stɔmakal, o] *adj* stomach (*épith*), gastric.

stomatologie [stɔmatɔlɔʒi] *nf* stomatology.

stomatologiste [stɔmatɔlɔʒist(ə)] *nmf,* **stomatologue** [stɔmatɔlɔg] *nmf* stomatologist.

stop [stɔp] **1** *excl* (a) **~!** stop! (b) (*Téléc*) stop. **2** *nm* (a) (*Aut*) (*panneau*) stop sign. (b) (*feu arrière*) brake-light. (b) (**) abrév de* auto-stop. **faire du ~** to hitch(hike); **faire le tour de l'Europe en ~** to hitch round Europe; **il a fait du ~ pour rentrer chez lui, il est rentré chez lui en ~** he hitched a lift (back) home.

stoppage [stɔpaʒ] *nm* invisible mending.

stopper [stɔpe] (1) **1** *vi* to halt, stop. **2** *vt* (a) (*arrêter*) to stop, halt. (b) (*Couture*) *bas* to mend. **faire ~ un vêtement** to get a garment (invisibly) mended.

stoppeur, -euse [stɔpœʀ, øz] *nm,f* (a) (*Couture*) invisible mender. (b) (**: auto-stoppeur*) hitchhiker.

store [stɔʀ] *nm* (*en plastique, tissu*) blind, shade; *[magasin]* awning, shade. **~ vénitien** *ou* **à lamelles orientables** Venetian blind.

strabisme [stʀabism(ə)] *nm* squinting (*Brit*), strabismus (*T*). **il souffre d'un léger ~** he has a slight squint (*Brit*), he is slightly cross-eyed, he suffers from a slight strabismus (*T*).

stradivarius [stʀadivaʀjys] *nm* Stradivarius.

strangulation [stʀɑ̃gylasjɔ̃] *nf* strangulation.

strapontin [stʀapɔtɛ̃] *nm* (*Aut, Théât*) jump seat, foldaway seat; (*fig: position subalterne*) minor role.

Strasbourg [stʀazbuʀ] *n* Strasbourg.

strasbourgeois, e [stʀasbuʀʒwa, waz] **1** *adj* of *ou* from Strasbourg. **2** *nm,f:* **S~(e)** inhabitant *ou* native of Strasbourg.

strass [stʀas] *nm* paste, strass.

stratagème [stʀataʒɛm] *nm* stratagem.

strate [stʀat] *nf* stratum.

stratège [stʀatɛʒ] *nm* (*Mil, fig*) strategist.

stratégie [stʀateʒi] *nf* (*Mil, fig*) strategy.

stratégique [stʀateʒik] *adj* strategic.

stratégiquement [stʀateʒikmɑ̃] *adv* strategically.

stratification [stʀatifikasjɔ̃] *nf* stratification.

stratificationnel, -elle [stʀatifikasjɔnɛl] *adj grammaire* stratificational.

stratifié, e [stʀatifje] (*ptp de* **stratifier**) **1** *adj* stratified; (*Tech*) laminated. **en ~** laminated. **2** *nm* laminate.

stratifier [stʀatifje] (7) *vt* to stratify.

strato-cumulus [stʀatokymylys] *nm inv* stratocumulus.

stratosphère [stʀatɔsfɛʀ] *nf* stratosphere.

stratosphérique [stʀatɔsfeʀik] *adj* stratospheric.

stratus [stʀatys] *nm* stratus.

streptocoque [stʀeptɔkɔk] *nm* streptococcus.

streptomycine [stʀeptɔmisin] *nf* streptomycin.

stress [stʀɛs] *nm* (*gén, Méd*) stress.

stressant, e [stʀɛsɑ̃, ɑ̃t] *adj situation* stress-inducing, stressful.

stresser [stʀɛse] (1) *vt* to cause stress in. **la femme stressée d'aujourd'hui** today's stress-ridden woman; **cette réunion m'a complètement stressé** this meeting made me feel very tense.

striation [stʀijasjɔ̃] *nf* striation.

strict, e [stʀikt(ə)] *adj discipline, maître, morale, obligation, sens* strict; *tenue, aménagement* plain; *interprétation* literal. **l'observation ~e du règlement** the strict observance of the rules; **c'est la ~e vérité** it is the plain *ou* simple truth; **c'est son droit le plus ~** it is his most basic right; **un uniforme/costume très ~** a very austere *ou* plain uniform/suit; **le ~ nécessaire/minimum** the bare essentials/minimum; **au sens ~ du terme** in the strict sense of the word; **dans la plus ~e intimité** strictly in private; **il est très ~ sur la ponctualité** he is a stickler for punctuality, he's very strict about punctuality; **il était très ~ avec nous** *ou* **à notre égard** he was very strict with us.

strictement [stʀiktəmɑ̃] *adv* (*V* **strict**) strictly; plainly.

stricto sensu [stʀiktɔsɛ̃sy] *adv* strictly speaking.

strident, e [stʀidɑ̃, ɑ̃t] *adj* shrill, strident; (*Phon*) strident.

stridulation [stʀidylasjɔ̃] *nf* stridulation, chirring.

striduler [stʀidyle] (1) *vi* to stridulate, chirr.

strie [stʀi] *nf* (*de couleur*) streak; (*en relief*) ridge; (*en creux*) groove; (*Anat, Géol*) stria.

strier [stʀije] (7) *vt* (*V* **strie**) to streak; to ridge, to groove; to striate.

strip-tease [stʀiptiz] *nm* striptease.

strip-teaseuse, *pl* **strip-teaseuses** [stʀiptizøz] *nf* stripper, striptease artist.

striure [stʀijyʀ] *nf [couleurs]* streaking (*U*). la ∼ *ou* les ∼s de la pierre the ridges *ou* grooves in the stone.

stroboscope [stʀɔbɔskɔp] *nm* stroboscope.

stroboscopique [stʀɔbɔskɔpik] *adj* stroboscopic, strobe (*épith*). lumière ∼ strobe lighting.

strontium [stʀɔ̃sjɔm] *nm* strontium.

strophe [stʀɔf] *nf* (*Littérat*) verse, stanza; (*Théât grec*) strophe.

structural, e, *mpl* **-aux** [stʀyktyʀal, o] *adj* structural.

structuralement [stʀyktyʀalmã] *adv* structurally.

structuralisme [stʀyktyʀalism(ə)] *nm* structuralism.

structuraliste [stʀyktyʀalist(ə)] *adj, nmf* structuralist.

structuration [stʀyktyʀɑsjɔ̃] *nf* structuring.

structure [stʀyktyʀ] *nf* structure. ∼s d'accueil reception facilities; (*Ling*) ∼ syntagmatique/profonde/superficielle *ou* de surface phrase/deep/surface structure.

structuré, e [stʀyktyʀe] (*ptp de* **structurer**) *adj* structured.

structurel, -elle [stʀyktyʀɛl] *adj* structural.

structurer [stʀyktyʀe] (1) *vt* to structure.

strychnine [stʀiknin] *nf* strychnine.

stuc [styk] *nm* stucco.

studieusement [stydjøzmã] *adv* studiously.

studieux, -euse [stydjø, øz] *adj personne* studious; *vacances, soirée* study (*épith*).

studio [stydjo] *nm* (*Ciné, TV: de prise de vues*) studio; (*salle de cinéma*) film theatre, arts cinema; (*d'artiste*) studio; (*d'habitation*) self-contained (one-roomed) flatlet (*Brit*) *ou* studio apartment. (*Ciné*) tourner en ∼ to film *ou* shoot in the studio; ∼ à louer bed-sitter to let (*Brit*), studio apartment for rent (*US*).

stupéfaction [stypefaksjɔ̃] *nf* (*étonnement*) stupefaction, amazement.

stupéfaire [stypefɛʀ] (60) *vt* to stun, astound, dumbfound.

stupéfait, e [stypefɛ, ɛt] (*ptp de* **stupéfaire**) *adj* stunned, dumbfounded, astounded (*de qch* at sth). ∼ de voir que ... astounded *ou* stunned to see that ... .

stupéfiant, e [stypefjã, ãt] 1 *adj* (*étonnant*) stunning, astounding, staggering*; (*Méd*) stupefying, stupefacient (*T*). 2 *nm* drug, narcotic, stupefacient (*T*); *V* brigade.

stupéfié, e [stypefje] (*ptp de* **stupéfier**) *adj* stunned, staggered, dumbfounded.

stupéfier [stypefje] (7) *vt* (*étonner*) to stun, stagger, astound; (*Méd, littér*) to stupefy.

stupeur [stypœʀ] *nf* (*étonnement*) astonishment, amazement; (*Méd*) stupor.

stupide [stypid] *adj* (*inepte*) stupid, silly, foolish; (*hébété*) stunned, bemused.

stupidement [stypidmã] *adv* stupidly.

stupidité [stypidite] *nf* (*caractère*) stupidity; (*parole, acte*) stupid *ou* silly *ou* foolish thing to say (*ou* do). c'est une vraie ∼ *ou* de la ∼ that's a really stupid *ou* silly *ou* foolish thing to say (*ou* do).

stupre [stypʀ(ə)] *nm* (†, *littér*) debauchery, depravity.

style [stil] 1 *nm* (a) (*gén, Art, Littérat, Sport*) style. meubles/reliure de ∼ period furniture/binding; meubles de ∼ Directoire/Louis XVI Directoire/Louis XVI furniture; je reconnais là son ∼ de grand seigneur I recognize his lordly style in that; cet athlète a du ∼ this athlete has style; offensive/opération de grand ∼ full-scale *ou* large-scale offensive/operation; *V* exercice.

(b) (*Bot*) style; *[cylindre enregistreur]* stylus; *[cadran solaire]* style, gnomon; (*Hist: poinçon*) style, stylus.

2: (*Ling*) style direct/indirect direct/indirect *ou* reported speech; (*Ling*) style indirect libre indirect free speech; style journalistique journalistic style, journalese (*péj*); style télégraphique telegraphese (*U*); style de vie life style.

styler [stile] (1) *vt domestique etc* to train. un domestique (bien) stylé a well-trained servant.

stylet [stilɛ] *nm* (*poignard*) stiletto, stylet; (*Méd*) stylet; (*Zool*) proboscis, stylet.

stylisation [stilizasjɔ̃] *nf* stylization.

styliser [stilize] (1) *vt* to stylize. colombe/fleur stylisée stylized dove/flower.

stylisme [stilism(ə)] *nm* (*métier*) dress designing; (*snobisme*) concern for style.

styliste [stilist(ə)] *nmf* (*dessinateur industriel*) designer; (*écrivain*) stylist. ∼ de mode clothes *ou* dress designer.

stylisticien, -ienne [stilistisjɛ̃, jɛn] *nm, f* stylistician, specialist in stylistics.

stylistique [stilistik] 1 *nf* stylistics (*sg*). 2 *adj* analyse, emploi stylistic.

stylo [stilo] *nm* pen. ∼(-bille *ou* à bille) biro ® (*Brit*), ball-point (pen); ∼ (à encre *ou* à réservoir) (fountain) pen; ∼-feutre felt-tip pen; ∼ à cartouche cartridge pen.

stylographe† [stilɔgʀaf] *nm* fountain pen.

Styx [stiks] *nm* le ∼ the Styx.

su [sy] (*ptp de* **savoir**) *nm*: au ∼ de with the knowledge of; *V* vu¹.

suaire [sɥɛʀ] *nm* (*littér: linceul*) shroud, winding sheet; (*fig*) shroud; *V* saint.

suant, e [sɥã, ãt] *adj* (*en sueur*) sweaty; (‡: *ennuyeux*) film, cours deadly (dull)*. ce film est ∼ this film is a real drag‡ *ou* is deadly*; ce qu'il est ∼! what a drag‡ *ou* a pain (in the neck)* he is!

suave [sɥav] *adj personne*, manières, voix, regard suave, smooth; *musique, parfum* sweet; *couleurs* mellow; *formes* smooth.

suavement [sɥavmã] *adv s'exprimer* suavely.

suavité [sɥavite] *nf* (*V* suave) suavity; smoothness; sweetness; mellowness.

subaigu, uë [sybegy] *adj* subacute.

subalterne [sybaltɛʀn(ə)] 1 *adj rôle* subordinate, subsidiary; *employé, poste* junior (*épith*). (*Mil*) officier ∼ subaltern. 2 *nmf* subordinate, inferior.

subantarctique [sybãtaʀktik] *adj* subantarctic.

subarctique [sybaʀktik] *adj* subarctic.

subconscient, e [sybkɔ̃sjã, ãt] *adj, nm* subconscious.

subdélégué, e [sybdelege] (*ptp de* **subdéléguer**) *nm, f* subdelegate.

subdéléguer [sybdelege] (6) *vt* to subdelegate.

subdiviser [sybdivize] (1) 1 *vt* to subdivide (*en* into). 2 se subdiviser *vpr* to be subdivided, be further divided (*en* into).

subdivision [sybdivizjɔ̃] *nf* subdivision.

subéquatorial, e, *mpl* aux [sybɛkwatɔʀjal,o] *adj* subequatorial.

subir [sybiʀ] (2) *vt* (a) (*être victime de*) affront to be subjected to, suffer; *violences, attaque, critique* to undergo, suffer, be subjected to; *perte, défaite, dégâts* to suffer, sustain. faire ∼ un affront/des tortures à qn to subject sb to an insult/to torture; faire ∼ des pertes/une défaite à l'ennemi to inflict losses/defeat upon the enemy.

(b) (*être soumis à*) *charme* to be subject to, be under the influence of; *influence* to be under; *peine de prison* to undergo, serve; *examen* to undergo, go through; *opération* to undergo. ∼ les effets de qch to be affected by sth, experience the effects of sth; ∼ la loi du plus fort to be subjected to the law of the strongest; ∼ les rigueurs de l'hiver to undergo *ou* be subjected to the rigours of (the) winter; faire ∼ son influence à qn to exert an influence over sb; faire ∼ un examen à qn to put sb through *ou* subject sb to an examination, make sb undergo an examination.

(c) (*endurer*) to suffer, put up with, endure. il faut ∼ et se taire you must suffer in silence; il va falloir le ∼ pendant toute la journée* we're going to have to put up with him *ou* endure him all day.

(d) (*recevoir*) *modification, transformation* to undergo, go through.

subit, e [sybi, it] *adj* sudden.

subitement [sybitmã] *adv* suddenly, all of a sudden.

subito (presto)* [sybito(pʀɛsto] *adv* (*brusquement*) all of a sudden; (*immédiatement*) at once.

subjectif, -ive [sybʒɛktif, iv] *adj* subjective. un danger ∼ a danger which one creates for oneself.

subjectivement [sybʒɛktivmã] *adv* subjectively.

subjectivisme [sybʒɛktivism(ə)] *nm* subjectivism.

subjectiviste [sybʒɛktivist(ə)] 1 *adj* subjectivistic. 2 *nmf* subjectivist.

subjectivité [sybʒɛktivite] *nf* subjectivity.

subjonctif, -ive [sybʒɔ̃ktif, iv] *adj, nm* subjunctive.

subjuguer [sybʒyge] (1) *vt auditoire* to captivate, enthrall; (*littér*) *esprits, personne malléable* to render powerless; (†) *peuple vaincu* to subjugate. être subjugué par le charme/la personnalité de qn to be captivated by sb's charm/personality.

sublimation [syblimɑsjɔ̃] *nf* (*Chim, Psych*) sublimation.

sublime [syblim] 1 *adj* (*littér*) sublime. ∼ de dévouement sublimely dedicated. 2 *nm*: le ∼ the sublime.

sublimé, e [syblime] (*ptp de* **sublimer**) 1 *adj* sublimate(d). 2 *nm* sublimate.

sublimement [syblimmã] *adv* sublimely.

sublimer [syblime] (1) *vt* (*Psych*) to sublimate; (*Chim*) to sublimate, sublime.

subliminal, e, *mpl* -aux [sybliminal, o] *adj* subliminal.

sublimité [syblimite] *nf* (*littér*) sublimeness (*U*), sublimity.

sublingual, e, *mpl* -aux [syblɛ̃gwal, o] *adj* sublingual. comprimé ∼ tablet to be dissolved under the tongue.

submergé, e [sybmɛʀʒe] (*ptp de* **submerger**) *adj* (a) *terres, plaine* flooded, submerged; *récifs* submerged.

(b) (*fig: débordé, dépassé*) swamped, inundated, snowed under. ∼ de appels téléphoniques, commandes snowed under *ou* swamped *ou* inundated with; *douleur, plaisir, inquiétudes* overwhelmed *ou* overcome with; nous étions complètement ∼s we were completely snowed under, we were up to our eyes (*Brit*) *ou* ears (*US*) in it*; ∼ de travail snowed under *ou* swamped with work, up to one's eyes in work*.

submerger [sybmɛʀʒe] (3) *vt* (*lit: inonder*) *terres, plaine* to flood, submerge; *barque* to submerge. (*fig*) ∼ qn *[foule]* to engulf sb; *[ennemi]* to overwhelm sb; *[émotion]* to overcome sb, overwhelm sb; les quelques agents furent submergés par la foule the one or two police were engulfed in *ou* by the crowd; ils nous submergeaient de travail they swamped *ou* inundated us with work.

submersible [sybmɛʀsibl(ə)] *adj, nm* (*Naut*) submarine.

submersion [sybmɛʀsjɔ̃] *nf [terres]* flooding, submersion. (*Méd*) mort par ∼ death by drowning.

subodorer [sybodɔʀe] (1) *vt* (*hum: soupçonner*) irrégularité, malversation to scent. il subodora quelque chose de pas très catholique he smelt a rat.

subordination [sybɔʀdinɑsjɔ̃] *nf* subordination. je m'élève contre la ∼ de cette décision à leurs plans I object to this decision being subject to their plans; *V* conjonction.

subordonné, e [sybɔʀdone] (*ptp de* **subordonner**) 1 *adj* (*gén, Ling*) subordinate (*à* to). (*Ling*) proposition ∼e dependent clause, subordinate clause. 2 *nm, f* subordinate. 3 **subordonnée** *nf* (*Ling*) dependent *ou* subordinate clause.

subordonner [sybɔʀdone] (1) *vt* (a) ∼ qn à qn (*dans une hiérarchie*) to subordinate sb to; accepter de se ∼ à qn to agree to subordinate o.s. to sb, accept a subordinate position under sb.

(b) ∼ qch à (*placer au second rang*) to subordinate sth to; (*faire dépendre de*) nous subordonnons notre décision à ses plans our decision will be subject to his plans; leur départ est subordonné au résultat des examens their departure is subject to ou depends on the exam results.

subornation [sybɔrnasjɔ̃] *nf (Jur)* bribing, subornation *(T)*.

suborner [sybɔrne] (1) *vt (Jur) témoins* to bribe, suborn *(T)*; *(littér) jeune fille* to lead astray, seduce.

suborneur† [sybɔrnœr] *nm* seducer.

subreptice [sybrɛptis] *adj* surreptitious.

subrepticement [sybrɛptismɑ̃] *adv* surreptitiously.

subrogation [sybrɔgasjɔ̃] *nf (Jur)* subrogation.

subrogé, e [sybrɔʒe] *(ptp de* **subroger**) *nm,f (Jur)* surrogate. **~(-)tuteur** surrogate guardian; *(Ling)* **langage ~** subrogate language.

subroger [sybrɔʒe] (3) *vt (Jur)* to subrogate, substitute.

subséquemment [sypsekamɑ̃] *adv (†, Jur)* subsequently.

subséquent, e [sypsekɑ̃, ɑ̃t] *adj (†, Jur)* subsequent.

subside [sypsid] *nm* grant. **les modestes ~s qu'il recevait de son père** the small allowance he received from his father.

subsidiaire [sypsidjɛr] *adj raison, motif* subsidiary; *V* **question**.

subsidiairement [sypsidjɛrmɑ̃] *adv* subsidiarily.

subsistance [sybzistɑ̃s] *nf (moyens d'existence)* subsistence. **assurer la ~ de sa famille/de qn** to support ou maintain ou keep one's family/sb; **assurer sa (propre) ~** to keep ou support o.s.; **ma ~ était assurée, j'avais la ~ assurée** I had enough to live on; **pour toute ~ ou tous moyens de ~, ils n'avaient que 2 chèvres** their sole means of subsistence was 2 goats; **ils tirent leur ~ de certaines racines** they live on certain root crops; **elle contribue à la ~ du ménage** she contributes towards the maintenance of the family ou towards the housekeeping money.

subsistant, e [sybzistɑ̃, ɑ̃t] *adj* remaining *(épith)*.

subsister [sybziste] (1) *vi [personne] (ne pas périr)* to live on, survive; *(se nourrir, gagner sa vie)* to live, stay alive, subsist; *[erreur, doute, vestiges]* to remain, subsist. **ils ont tout juste de quoi ~** they have just enough to live on ou to keep body and soul together; **il subsiste quelques doutes quant à …** there still remains ou exists some doubt as to …; **some doubt subsists ou remains as to …**.

subsonique [sybsɔnik] *adj* subsonic.

substance [sypstɑ̃s] *nf (gén, Philos)* substance. **voilà, en ~, ce qu'ils ont dit** here is, in substance, what they said, here is the gist of what they said; **la ~ de notre discussion** the substance ou gist of our discussion; *(Anat)* **~ blanche/grise** white/grey matter; **le lait est une ~ alimentaire** milk is a food.

substantialité [sypstɑ̃sjalite] *nf* substantiality.

substantiel, -elle [sypstɑ̃sjɛl] *adj (gén, Philos)* substantial.

substantiellement [sypstɑ̃sjɛlmɑ̃] *adv* substantially.

substantif, -ive [sypstɑ̃tif, iv] **1** *adj proposition* noun *(épith)*; *emploi* nominal, substantival; *style* nominal. **2** *nm* noun, substantive.

substantifique [sypstɑ̃tifik] *adj (hum)* **la ~ moelle** the very substance.

substantivation [sypstɑ̃tivasjɔ̃] *nf* nominalization.

substantivement [sypstɑ̃tivmɑ̃] *adv* nominally, as a noun, substantively.

substantiver [sypstɑ̃tive] (1) *vt* to nominalize.

substituer [sypstitɥe] (1) **1** *vt:* **~ qch/qn à** to substitute sth/sb for. **2 se substituer** *vpr:* **se ~ à qn** *(en évinçant)* to substitute o.s. for sb; *(en le représentant)* to substitute for sb, act as a substitute for sb; **l'adjoint s'est substitué au chef** the deputy is substituting for the boss.

substitut [sypstity] *nm (magistrat)* deputy public prosecutor; *(succédané)* substitute *(de* for). *(Psych)* **~ maternel** surrogate mother.

substitution [sypstitysjɔ̃] *nf (gén, Chim) (intentionnelle)* substitution *(à* for); *(accidentelle) [vêtements, bébés]* mix-up *(de* of, in). **ils s'étaient aperçus trop tard qu'il y avait eu ~ d'enfants** they realized too late that the children had been mixed up ou that they had got the children mixed up.

substrat [sypstra] *nm*, **substratum†** [sypstratɔm] *nm (Géol, Ling, Philos)* substratum.

subsumer [sypsyme] (1) *vt* to subsume.

subterfuge [sypterfyʒ] *nm* subterfuge.

subtil, e [syptil] *adj (sagace) personne, esprit* subtle, discerning; *réponse* subtle; *(raffiné) nuance, distinction* subtle, fine, nice; *raisonnement†* subtle.

subtilement [syptilmɑ̃] *adv* subtly, in a subtle way; **laisser comprendre** subtly.

subtilisation [syptilizasjɔ̃] *nf* spiriting away.

subtiliser [syptilize] (1) **1** *vt (dérober)* to spirit away *(hum)*. **il s'est fait ~ sa valise** his suitcase has been spirited away. **2** *vi (littér: raffiner)* to subtilize.

subtilité [syptilite] *nf (V* **subtil)** subtlety; nicety. **des ~s** subtleties; niceties; **les ~s de la langue française** the subtleties of the French language.

subtropical, e, *mpl* **-aux** [syptrɔpikal, o] *adj* subtropical. **régions ~es** subtropics.

suburbain, e [sybyrbɛ̃, ɛn] *adj* suburban.

subvenir [sybvənir] (22) **subvenir à** *vt indir besoins* to provide for, meet; *frais* to meet, cover.

subvention [sybvɑ̃sjɔ̃] *nf (gén)* grant; *(aux agriculteurs)* subsidy; *(à un théâtre)* subsidy, grant.

subventionner [sybvɑ̃sjɔne] (1) *vt (V* **subvention)** to grant funds to; to subsidize. **école subventionnée** grant-aided school; **théâtre subventionné** subsidized theatre.

subversif, -ive [sybversif, iv] *adj* subversive.

subversion [sybversjɔ̃] *nf* subversion.

subversivement [sybversivmɑ̃] *adv* subversively.

suc [syk] *nm [plante]* sap; *[viande, fleur, fruit]* juice; *(fig littér) [œuvre]* pith, meat. **~s digestifs** ou **gastriques** gastric juices.

succédané [syksedane] *nm (substitut, ersatz)* substitute *(de* for); *(médicament)* substitute, succedaneum *(T)*.

succéder [syksede] (6) **1 succéder à** *vt indir directeur, roi* to succeed; *jours, choses, personnes* to succeed, follow; *(Jur) titres, héritage* to inherit, succeed to. **~ à qn à la tête d'une entreprise** to succeed sb ou take over from sb at the head of a firm; **des prés succédèrent aux champs de blé** cornfields were followed ou replaced by meadows, cornfields gave way to meadows; **le rire succéda à la peur** fear gave way to laughter; *(frm)* **~ à la couronne** to succeed to the throne.

2 se succéder *vpr* to follow one another, succeed one another. **ils se succédèrent de père en fils** son followed father; **3 gouvernements se sont succédé en 3 ans** 3 governments have succeeded ou followed one another ou have come one after the other in 3 years; **les mois se succédèrent** month followed month; **les échecs se succédèrent** failure followed (upon) failure, one failure followed (upon) another.

succès [syksɛ] *nm* **(a)** *(réussite) [entreprise, roman]* success. **~ militaires/sportifs** military/sporting successes; **le ~ ne l'a pas changé** success hasn't changed him; **~ d'estime** succès d'estime, praise from the critics *(with poor sales)*; **avoir du ~ auprès des femmes** to have success ou be successful with women.

(b) *(livre)* success, bestseller; *(chanson, disque)* success, hit*; *(film, pièce)* box-office success, hit*. **~ de librairie** bestseller; **tous ses livres ont été des ~** all his books were bestsellers ou a success.

(c) *(conquête amoureuse)* ~ *(féminin)* conquest; **son charme lui vaut des ~ nombreux** his charm brings him many conquests ou much success with women.

(d) *(loc)* **avec ~** successfully; **avec un égal ~** equally successfully, with equal success; **sans ~** unsuccessfully, without success; **à ~** *auteur, livre* successful, bestselling; **film à ~** hit*, blockbuster, box-office sell-out ou success; **chanson/pièce à ~** hit*, successful song/play; **roman à ~** successful novel, bestseller; **avoir du ~, être un ~** to be successful, be a success; **cette pièce a eu un grand ~ ou beaucoup de ~** this play was a great success ou was very successful ou was a smash hit*.

successeur [syksesœr] *nm (gén)* successor.

successif, -ive [syksesif, iv] *adj* successive.

succession [syksesjɔ̃] *nf (a) (enchaînement, série)* succession. **la ~ des saisons** the succession ou sequence of the seasons; **toute une ~ de visiteurs/malheurs** a whole succession ou series of visitors/ misfortunes.

(b) *(transmission de pouvoir)* succession; *(Jur) (transmission de biens)* succession; *(patrimoine)* estate, inheritance. **s'occuper d'une ~** to be occupied with a succession; **partager une ~** to share an estate ou an inheritance; *(Jur)* **la ~ est ouverte** ≃ the will is going through probate; **par voie de ~** by right of inheritance ou succession; **prendre la ~ de ministre, directeur** to succeed, take over from; *roi* to succeed; **maison de commerce** to take over; *V* **droit³, guerre**.

successivement [syksesivmɑ̃] *adv* successively.

succinct, e [syksɛ̃, ɛ̃t] *adj écrit* succinct; *repas* frugal. **soyez ~** be brief.

succinctement [syksɛ̃tmɑ̃] *adv raconter* succinctly; **manger** frugally.

succion [syksjɔ̃] *nf (Phys, Tech)* suction; *(Méd) [plaie]* sucking. **bruit de ~** sucking noise.

succomber [sykɔ̃be] (1) *vi* **(a)** *(mourir)* to die, succumb.

(b) *(être vaincu)* to succumb; *(par tentations)* to succumb, give way. **~ sous le nombre** to be overcome by numbers; **~ à** *tentation* to succumb ou yield to; *promesses* to succumb to; *fatigue, désespoir, sommeil* to give way to, succumb to; *(littér: lit, fig)* **~ sous le poids de** to yield ou give way beneath the weight of.

succube [sykyb] *nm* succubus.

succulence [sykylɑ̃s] *nf (littér)* succulence.

succulent, e [sykylɑ̃, ɑ̃t] *adj (délicieux) fruit, rôti* succulent; *mets, repas* delicious; *(††: juteux)* succulent.

succursale [sykyrsal] *nf [magasin, firme]* branch; *V* **magasin**.

sucer [syse] (3) *vt (lit)* to suck. **toujours à ~ des bonbons** always sucking sweets; **ces pastilles se sucent** these tablets are to be sucked; **ce procès lui a sucé toutes ses économies‡** this lawsuit has bled him of all his savings; **se ~ la poire‡** to neck‡, kiss passionately.

sucette [sysɛt] *nf (bonbon)* lollipop, lolly *(Brit)*; *(tétine)* dummy *(Brit)*, comforter, pacifier *(US)*.

suçon* [sysɔ̃] *nm mark made on the skin by sucking.* **elle lui fit un ~ au cou** she gave him a love bite* *(Brit)* ou monkey bite* *(US)* (on his neck).

suçoter [sysɔte] (1) *vt* to suck.

sucrage [sykraʒ] *nm [vin]* sugaring, sweetening.

sucrant, e [sykrɑ̃, ɑ̃t] *adj* sweetening. **c'est très ~** it makes things very sweet, it's very sweet.

sucrase [sykraz] *nf* sucrase.

sucre [sykr(ə)] **1** *nm (substance)* sugar; *(morceau)* lump of sugar, sugar lump, sugar cube. **fraises au ~** strawberries sprinkled with sugar; **cet enfant n'est pas en ~ quand même!** for goodness sake, the child won't break!; **être tout ~ tout miel** to be all sweetness and light; **mon petit trésor en ~** my little honey-bun ou sugar-plum; **prendre 2 ~s dans son café** to take 2 lumps (of sugar) ou 2 sugars in one's coffee; *V* **pain, pince** *etc*.

2: sucre de betterave beet sugar; **sucre brun** brown sugar; **sucre candi** candy sugar; **sucre de canne** cane sugar; **sucre cristallisé** (coarse) granulated sugar; *(Can*)* **sucre d'érable** maple sugar; **sucre glace** icing sugar *(Brit)*, confectioners' sugar *(US)*; **sucre en morceaux** lump sugar, cube sugar; **sucre d'orge** *(substance)* barley sugar; *(bâton)* stick of barley sugar; **sucre en poudre** caster sugar; **sucre roux = sucre brun**; **sucre semoule** caster sugar; **sucre vanillé** vanilla sugar.

sucré, e [sykʀe] (*ptp de* **sucrer**) **1** *adj* **(a)** *fruit, saveur, vin* sweet; *jus de fruits, lait condensé* sweetened. **ce thé est trop ~** this tea is too sweet; **prenez-vous votre café ~?** do you take sugar (in your coffee)?; **tasse de thé bien ~e** well-sweetened cup of tea, cup of nice sweet tea; **non ~** unsweetened; *V* **eau.**
(b) (*péj*) *ton* sugary, honeyed; *air* sickly-sweet. **faire le ~** to turn on the sweetness.
2 *nm*: **le ~ et le salé** sweet and savoury food; **je préfère le ~ au salé** I prefer sweets to savouries *ou* sweet things to savouries.
sucrer [sykʀe] (1) **1** *vt* **(a)** *boisson* to sugar, put sugar in, sweeten; *produit alimentaire* to sweeten. **le miel sucre autant que le sucre lui-même** honey sweetens as much as sugar, honey is as good a sweetener as sugar; **on peut ~ avec du miel** honey may be used as a sweetener *ou* may be used to sweeten things; **sucrez à volonté** sweeten *ou* add sugar to taste; (*fig*) **~ les fraises‡** to be a bit doddery*.
(b) (‡: *supprimer*) **~ son argent de poche à qn** to stop sb's pocket money; **il s'est fait ~ ses heures supplémentaires** he's had his overtime money stopped.
2 se sucrer *vpr* **(a)** (*lit: prendre du sucre*) to help o.s. to sugar, have some sugar.
(b) (‡*fig: s'enrichir*) to line one's pocket(s)*.
sucrerie [sykʀəʀi] *nf* **(a)** **~s** sweets, sweet things; **aimer les ~s to** have a sweet tooth, like sweet things. **(b)** (*usine*) sugar house; (*raffinerie*) sugar refinery.
sucrier, -ière [sykʀije, ijɛʀ] **1** *adj industrie, betterave* sugar (*épith*); *région* sugar-producing. **2** *nm* **(a)** (*récipient*) sugar basin, sugar bowl. **~ (verseur)** sugar dispenser *ou* shaker. **(b)** (*industriel*) sugar producer.
sud [syd] **1** *nm* **(a)** (*point cardinal*) south. **le vent du ~** the south wind; **un vent du ~** a south(erly) wind, a southerly (*Naut*); **le vent tourne/est au ~** the wind is veering south(wards) *ou* towards the south/is blowing from the south; **regarder vers le ~** *ou* **dans la direction du ~** to look south(wards) *ou* towards the south; **au ~** (*situation*) in the south; (*direction*) to the south, south(wards); **au ~ de** south of, to the south of; **l'appartement est (exposé) au ~/** **exposé plein ~** the flat faces (the) south *ou* southwards/due south, the flat looks south(wards)/due south; **l'Europe/l'Italie/la Bourgogne du ~** Southern Europe/Italy/Burgundy; *V* **Amérique, Corée, croix** *etc.*
(b) (*partie, régions australes*) south. **le S~ de la France, le S~** the South of France.
2 *adj inv région, partie* southern; *entrée, paroi* south; *versant, côte* south(ern); *côté* south(ward); *direction* southward, southerly (*Mét*); *V* **hémisphère, pôle.**
3: **sud-africain, e** *adj* South African; **Sud-Africain,** *nm, f, mpl* **Sud-Africains** South African; **sud-américain, e** *adj* South American; **Sud-Américain, e** *nm, f, mpl* **Sud-Américains** South American; **sud-coréen, -enne** *adj* South Korean; **Sud-Coréen, -enne** *nm, f, mpl* **Sud-Coréens** South Korean; **sud-est** *nm, adj inv* south-east; **le Sud-Est asiatique** South-East Asia; **sud-ouest** *nm, adj inv* south-west; **sud-sud-est** *nm, adj inv* south-south-east; **sud-sud-ouest** *nm, adj inv* south-south-west; **sud-vietnamien, -ienne** *adj* South Vietnamese; **Sud-Vietnamien, -ienne** *nm, f, mpl* **Sud-Vietnamiens** South Vietnamese.
sudation [sydasjɔ̃] *nf* sweating, sudation (*T*).
sudatoire [sydatwaʀ] *adj* sudatory.
sudiste [sydist(ə)] (*Hist US*) **1** *nmf* Southerner. **2** *adj* Southern.
sudorifère [sydɔʀifɛʀ] *adj* = **sudoripare.**
sudorifique [sydɔʀifik] *adj, nm* sudorific.
sudoripare [sydɔʀipaʀ] *adj* sudoriferous, sudoriparous.
Suède [sɥɛd] *nf* Sweden.
suède [sɥɛd] *nm* (*peau*) suede. **en** *ou* **de ~** suede.
suédé, e [sɥede] *adj nm* suede.
suédine [sɥedin] *nf* suedette.
suédois, e [sɥedwa, waz] **1** *adj* Swedish; *V* **allumette, gymnastique. 2** *nm* (*Ling*) Swedish. **3** *nm, f:* **S~(e)** Swede.
suée* [sɥe] *nf* sweat. **prendre** *ou* **attraper une bonne ~** to work up a good sweat*; **à l'idée de cette épreuve, j'en avais la ~** I was in a (cold) sweat at the idea of the test*; **je dois aller le voir, quelle ~!** I've got to go and see him — what a drag!‡ *ou* pain!‡
suer [sɥe] (1) **1** *vi* **(a)** (*transpirer*) to sweat; (*fig: peiner*) to sweat* (*sur* over). **~ de peur** to sweat with fear, be in a cold sweat; **~ à grosses gouttes** to sweat profusely; **~ sur une dissertation** to sweat over an essay*.
(b) (*suinter*) [*murs*] to ooze, sweat (*de* with).
(c) (*Culin*) **faire ~** to sweat.
(d) (*loc*) **faire ~ qn** (*lit*) [*médicament*] to make sb sweat; (*péj*) **faire ~ le burnous‡** to use sweated labour, exploit native labour; **tu me fais ~*** you're a pain (in the neck)‡ *ou* a drag‡; **on se fait ~ ici*** what a drag it is here‡, we're getting really cheesed (off) here‡.
2 *vt* **(a)** *sueur, sang* to sweat. (*fig*) **~ sang et eau** *à ou* **pour faire qch** to sweat blood to get sth done *ou* over sth.
(b) *humidité* to ooze.
(c) (*révéler, respirer*) *pauvreté, misère, avarice, lâcheté* to exude.
(d) (*danser*) **en ~ une‡** to shake a leg‡.
sueur [sɥœʀ] *nf* sweat (*U*). **en ~** in a sweat, sweating; **à la ~ de son front** by the sweat of one's brow; **donner des ~s froides à qn** to put sb in(to) a cold sweat; **j'en avais des ~s froides** I was in a cold sweat *ou* a great sweat* about it.
suffire [syfiʀ] (37) **1** *vi* **(a)** (*être assez*) [*somme, durée, quantité*] to be enough, be sufficient, suffice. **cette explication ne (me) suffit pas** this explanation isn't enough *ou* isn't sufficient (for me) *ou* won't do; **5 hommes me suffisent (pour ce travail)** 5 men will do me (for this job); **un rien suffirait pour** *ou* **à bouleverser nos plans** the smallest thing would be enough *ou* sufficient to upset our plans, it would only take the smallest thing to upset our plans; *V* **à.**

(b) (*arriver à, satisfaire, combler*) **~ à besoins** to meet; *personne* to be enough for; **ma femme me suffit** *ou* **suffit à mon bonheur,** my wife is all I need to make me happy, my wife is enough to make me happy; **il ne suffit pas aux besoins de la famille** he does not meet the needs of his family; **il ne peut ~ à tout** he can't manage (to do) everything, he can't cope with everything; **les week-ends, il ne suffisait plus à servir les clients** at weekends he could no longer manage to serve all the customers *ou* he could no longer cope (with serving) all the customers.
(c) (*loc*) **ça suffit** that's enough, that'll do; **(ça) suffit!** that's enough!, that will do!; **comme ennuis, ça suffit (comme ça)** we've had enough troubles thank you very much; **ça suffit d'une fois** once is enough; **ça ne te suffit pas de l'avoir tourmentée?** isn't it enough for you to have tormented her?
2 *vb impers* **(a)** **il suffit de s'inscrire pour devenir membre** enrolling is enough *ou* sufficient to become a member; **il suffit de (la) faire réchauffer et la soupe est prête** just heat (up) the soup and it's ready (to serve); **il suffit que vous leur écriviez** it will be enough if you write to them, your writing to them will be enough *ou* will be sufficient *ou* will suffice (*frm*); **il suffit d'un accord verbal pour conclure l'affaire** a verbal agreement is sufficient *ou* is enough *ou* will suffice (*frm*) to conclude the matter.
(b) (*intensif*) **il suffit d'un rien pour l'inquiéter** it only takes the smallest thing to worry him, the smallest thing is enough to worry him; **il lui suffit d'un regard pour comprendre** a look was enough to make him understand, he needed only a look to understand; **il suffit qu'il ouvre la bouche pour que tout le monde se taise** he has *ou* needs only to open his mouth and everyone stops talking *ou* to make everyone stop talking; **il suffit d'une fois: on n'est jamais trop prudent** once is enough — you can never be too careful.
3 se suffire *vpr*: **se ~ (à soi-même)** [*pays, personne*] to be self-sufficient; **la beauté se suffit (à elle-même)** beauty is sufficient unto itself (*littér*); **ils se suffisent (l'un à l'autre)** they are enough for each other.
suffisamment [syfizamɑ̃] *adv* sufficiently, enough. **~ fort/clair** sufficiently strong/clear, strong/clear enough; **être ~ vêtu** to have sufficient *ou* enough clothes on, be adequately dressed; **lettre ~ affranchie** sufficiently *ou* adequately stamped letter; **~ de nourriture/d'argent** sufficient *ou* enough food/money; **y a-t-il ~ à boire?** is there enough *ou* sufficient to drink?
suffisance [syfizɑ̃s] *nf* **(a)** (*vanité*) self-importance, bumptiousness.
(b) (*littér*) **avoir sa ~ de qch†**, **avoir qch en ~** to have sth in plenty, have a sufficiency of sth; **il y en a en ~** there is sufficient of it; **des livres, il en a sa ~†** *ou* **à sa ~** he has books aplenty *ou* in abundance.
suffisant, e [syfizɑ̃, ɑ̃t] *adj* **(a)** (*adéquat*) sufficient; (*Scol*) *résultats* satisfactory. **c'est ~ pour qu'il se mette en colère** it's enough to make him lose his temper; **je n'ai pas la place/la somme ~e** I haven't got sufficient room *ou* enough room/money; **500 F, c'est amplement ~** 500 francs is more than enough; *V* **condition, grâce.**
(b) (*prétentieux*) *personne, ton* self-important, bumptious. **faire le ~** to give o.s. airs and graces.
suffixal, e, mpl -aux [syfiksal, o] *adj* suffixal.
suffixation [syfiksasjɔ̃] *nf* suffixation.
suffixe [syfiks(ə)] *nm* suffix.
suffixer [syfikse] (1) *vt* to add a suffix to.
suffocant, e [syfɔkɑ̃, ɑ̃t] *adj* **(a)** *fumée, chaleur* suffocating, stifling.
(b) (*étonnant*) staggering*.
suffocation [syfɔkasjɔ̃] *nf* (*action*) suffocation; (*sensation*) suffocating feeling. **il avait des ~s** he had fits of choking.
suffoquer [syfɔke] (1) **1** *vi* (*lit*) to choke, suffocate, stifle (*de* with). (*fig*) **~ de** to choke with.
2 *vt* **(a)** [*fumée*] to suffocate, choke, stifle; [*colère, joie*] to choke. **les larmes la suffoquaient** she was choking with tears.
(b) (*étonner*) [*nouvelle, comportement de qn*] to stagger*. **la nouvelle nous a suffoqués** the news took our breath away, we were staggered* by the news.
suffragant, e [syfʀagɑ̃, ɑ̃t] *adj* (*Rel*) suffragan.
suffrage [syfʀaʒ] **1** *nm* **(a)** (*Pol: voix*) vote. **~s exprimés** valid votes; **le parti obtiendra peu de/beaucoup de ~s** the party will poll badly/heavily, the party will get a poor/good share of the vote.
(b) (*fig*) [*public, critique*] approval (*U*), approbation (*U*). **accorder son ~ à qn/qch** to give one's approval *ou* approbation to sb/sth; **ce livre a remporté tous les ~s** this book met with universal approval *ou* approbation.
2: **suffrage censitaire** suffrage on the basis of property qualification; **suffrage direct** direct suffrage; **suffrage indirect** indirect suffrage; **suffrage restreint** restricted suffrage; **suffrage universel** universal suffrage *ou* franchise.
suffragette [syfʀaʒɛt] *nf* suffragette.
suggérer [sygʒeʀe] (6) *vt* (*gén*) to suggest; *solution, projet* to suggest, put forward. **~ une réponse à qn** to suggest a reply to sb; **je lui suggérai que c'était moins facile qu'il ne pensait** I suggested to him *ou* I put it to him that it was not as easy as he thought; **~ à qn une solution** to put forward *ou* suggest *ou* put a solution to sb; **j'ai suggéré d'aller au cinéma/que nous allions au cinéma** I suggested going to the cinema/that we went to the cinema; **elle lui a suggéré de voir un médecin** she suggested he should see a doctor.
suggestibilité [sygʒestibilite] *nf* suggestibility.
suggestible [sygʒestibl(ə)] *adj* suggestible.
suggestif, -ive [sygʒestif, iv] *adj* (*évocateur, indécent*) suggestive.
suggestion [sygʒestjɔ̃] *nf* suggestion.
suggestionner [sygʒestjɔne] (1) *vt* to influence by suggestion.
suggestivité [sygʒestivite] *nf* suggestiveness.

suicidaire [sɥisidɛʀ] **1** *adj* (*lit, fig*) suicidal. **2** *nmf* person with suicidal tendencies.

suicide [sɥisid] *nm* (*lit, fig*) suicide. (*fig*) **c'est un** *ou* **du ∼!** it's suicide!; **opération** *ou* **mission ∼** suicide mission.

suicidé, e [sɥiside] (*ptp de* **se suicider**) **1** *adj*: **personne ∼e** person who has committed suicide. **2** *nm, f* suicide (*person*).

suicider (se) [sɥiside] (1) *vpr* to commit suicide. (*iro*) **on a suicidé le témoin gênant** they have had the embarrassing witness 'committed suicide'.

suie [sɥi] *nf* soot; *V* **noir**.

suif [sɥif] *nm* tallow. **∼ de mouton** mutton suet.

sui generis [sɥiʒeneʀis] *loc adv* sui generis. **l'odeur ∼ d'une prison** the distinctive *ou* peculiar *ou* characteristic smell of a prison.

suint [sɥɛ̃] *nm [laine]* suint.

suintement [sɥɛ̃tmɑ̃] *nm* (*V* **suinter**) oozing; sweating; weeping. **des ∼s sur le mur** oozing moisture on the wall.

suinter [sɥɛ̃te] (1) *vi [eau]* to ooze; *[mur]* to ooze, sweat; *[plaie]* to weep, ooze.

Suisse [sɥis] *nf* (*pays*) Switzerland. **∼ romande/allemande** *ou* **alémanique** French-speaking/German-speaking Switzerland.

suisse [sɥis] **1** *adj* Swiss. **∼ romand** Swiss French; **∼-allemand** Swiss German. **2** *nm* (**a**) **S∼** Swiss; **S∼ romand** French-speaking Swiss; **S∼-allemand** German-speaking Swiss, Swiss German; *V* **boire, petit**. (**b**) (*bedeau*) ≃ verger. (**c**) (*Can*) chipmunk.

Suissesse [sɥises] *nf* Swiss (woman).

suite [sɥit] *nf* (**a**) (*escorte*) retinue, suite.
(**b**) (*nouvel épisode*) continuation, following episode; (*second roman, film*) sequel; (*rebondissement d'une affaire*) follow-up; (*reste*) remainder, rest. **voici la ∼ de notre feuilleton** here is the next episode in *ou* the continuation of our serial; **ce roman/film a une ∼** there is a sequel to this novel/film; (*Presse*) **voici la ∼ de l'affaire que nous évoquions hier** here is the follow-up to *ou* further information on the item we mentioned yesterday; **la ∼ du film/du repas/de la lettre était moins bonne** the remainder *ou* the rest of the film/meal/letter was not so good; **la ∼ au prochain numéro** to be continued (in the next issue); **∼ et fin** concluding *ou* final episode; **la ∼ des événements devait lui donner raison** what followed was to prove him right; **attendons la ∼** (*d'un repas*) let's wait for the next course; (*d'un discours*) let's see what comes next; (*d'un événement*) let's (wait and) see how it turns out; **lisez donc la ∼** do read on, do read what follows.
(**c**) (*aboutissement*) result. (*prolongements*) **∼s** *[maladie]* effects; *[accident]* results; *[affaire, incident]* consequences, repercussions; **la ∼ logique de** the obvious *ou* logical result of; **il a succombé des ∼s de ses blessures/sa maladie** he succumbed to the after-effects of his wounds/illness; **cet incident a eu des ∼s fâcheuses/n'a pas eu de ∼s** the incident has had annoying consequences *ou* repercussions/has had no repercussions.
(**d**) (*succession*) (*Math*) series; (*Ling*) sequence. **∼ de personnes, maisons** succession *ou* string *ou* series of; *événements* succession *ou* train of; (*Comm*) **article sans ∼** discontinued line.
(**e**) (*frm: cohérence*) coherence. **il y a beaucoup de ∼ dans son raisonnement/ses réponses** there is a good deal of coherence in his reasoning/his replies; **ses propos n'avaient guère de ∼** what he said lacked coherence *ou* consistency; **travailler avec ∼** to work steadily; **des propos sans ∼** disjointed talk; **avoir de la ∼ dans les idées** (*réfléchi, décidé*) to show great single-mindedness *ou* single-ness of purpose; (*iro: entêté*) not to be easily put off; *V* **esprit**.
(**f**) (*appartement*) suite.
(**g**) (*Mus*) suite. **∼ instrumentale/orchestrale** instrumental/orchestral suite.
(**h**) (*loc*) (*Comm*) (**comme**) **∼ à votre lettre/notre entretien** further to your letter/our conversation; **à la ∼** (*successivement*) one after the other; (*derrière*) **mettez-vous à la ∼** join on at the back, go to *ou* join the back of the queue (*Brit*) *ou* line (*US*); **à la ∼ de** (*derrière*) behind; (*en conséquence de*) **à la ∼ de sa maladie** following his illness; **entraîner qn à sa ∼** (*lit*) to drag sb along behind one; (*fig*) **entraîner qn à sa ∼ dans une affaire** to drag sb into an affair; **de ∼** (*immédiatement*) at once; **je reviens de ∼** I'll be straight (*Brit*) *ou* right back; **boire 3 verres de ∼** to drink 3 glasses in a row *ou* in succession *ou* one after the other; **pendant 3 jours de ∼** (for) 3 days on end *ou* in succession; **il est venu 3 jours de ∼** he came 3 days in a row *ou* 3 days running; **il n'arrive pas à dire trois mots de ∼** he can't string three words together; (*à cause de*) **par ∼ de** owing to, as a result of; (*par conséquent*) **par ∼** consequently, therefore; (*ensuite*) **par la ∼**, **dans la ∼** afterwards, subsequently; **donner ∼ à projet** to pursue, follow up; *demande, commande, lettre* to follow up; **ils n'ont pas donné ∼ à notre lettre** they have taken no action concerning our letter, they have not followed up our letter; **faire ∼ à événement** to follow (upon); *chapitre* to follow (after); *bâtiment* to adjoin; **prendre la ∼ de** *firme, directeur* to succeed, take over from; *V* **ainsi, tout**.

suivant¹, e [sɥivɑ̃, ɑ̃t] **1** *adj* (**a**) (*dans le temps*) following, next; (*dans une série*) next. **le mardi ∼** je la revis the following *ou* next Tuesday I saw her again; **pas jeudi prochain, le ∼** not Thursday *ou* Thursday coming*, the one after (that); **vendredi et les jours ∼s** Friday and the following days; **le malade ∼ était très atteint** the next patient was very badly affected; **voir page ∼e** see next page.
(**b**) (*ci-après*) following. **faites l'exercice ∼** do the following exercise.

2 *nm, f* (**a**) (*prochain*) (*dans une série*) next (one); (*dans le temps*) following (one), next (one). (**au**) **∼!** next (please)!; **cette année fut mauvaise et les ∼es ne le furent guère moins** that year was bad and the following ones *ou* next ones were scarcely less so; **je descends à la ∼e*** I'm getting off at the next stop.
(**b**) (*littér: membre d'escorte*) attendant.

3 suivante *nf* (*Théât*) soubrette, lady's maid; (††) companion.

suivant² [sɥivɑ̃] *prép* (*selon*) according to. **∼ son habitude** as is (*ou* was) his habit *ou* wont, in keeping with his habit; **∼ l'usage** in keeping *ou* conformity *ou* accordance with custom; **∼ l'expression consacrée** as the saying goes, as they say; **∼ les jours/les cas** according to *ou* depending on the day/the circumstances; **découper ∼ le pointillé** cut (out) along the dotted line; **∼ que** according to whether.

suiveur [sɥivœʀ] *nm* (**a**) *[course cycliste etc]* (official) follower (*of a race*).
(**b**) (†: *dragueur*) **elle se retourna, son ∼ avait disparu** she turned round — the man who was following her had disappeared; **elle va me prendre pour un ∼** she'll think I'm the sort (of fellow) who follows women.

suivi, e [sɥivi] (*ptp de* **suivre**) **1** *adj* (**a**) (*régulier*) *travail* steady; *correspondance* regular; (*constant*) *qualité* consistent; *effort* consistent, sustained; (*Comm*) *demande* constant, steady; (*cohérent*) *conversation, histoire, raisonnement* coherent; *politique* consistent.
(**b**) (*Comm*) *article* in general production (*attrib*).
(**c**) **très ∼** *cours* well-attended; *mode, recommandation* widely adopted; *exemple, feuilleton* widely followed. **un match très ∼** a match with a wide audience; **un cours peu ∼** a poorly-attended course; **une mode peu ∼e** a fashion which is not widely adopted; **un exemple peu ∼** an example which is not widely followed; **un procès très ∼** a trial that is being closely followed by the public; **un feuilleton très ∼** a serial with a large following.

2 *nm*: **assurer le ∼ de** *affaire* to follow through; *produit en stock* to go on stocking.

suivisme [sɥivism(ə)] *nm* (*Pol*) follow-my-leader attitude.

suiviste [sɥivist(ə)] *adj attitude, politique* follow-my-leader (*épith*).

suivre [sɥivʀ(ə)] (40) **1** *vt* (**a**) (*gén: accompagner, marcher derrière, venir après*) to follow. **elle le suit comme un petit chien** she follows him (around) like a little dog; **il me suit comme mon ombre** he follows me about like my shadow; **vous marchez trop vite, je ne peux pas vous ∼** you are walking too quickly, I can't keep up (with you); **partez sans moi, je vous suis** go on without me and I'll follow (on); **ils se suivaient sur l'étroit sentier** they were following one behind the other on the narrow path; **l'été suit le printemps** summer follows *ou* comes after spring; (*fig*) **son image me suit sans cesse** his image follows me everywhere *ou* is constantly with me; **il la suivit des yeux** he followed her with his eyes, his eyes followed her; (*iro*) **certains députés, suivez mon regard, ont ...** certain deputies, without mentioning any names *ou* no names mentioned, have ...; **∼ qn de près** *[garde du corps]* to stick close to sb; *[voiture]* to follow close behind sb; **suivre qn à la trace** to follow sb's tracks; (*iro*) **on peut le ∼ à la trace!** there's no mistaking where he has been!; **faire ∼ qn** to have sb followed; **suivez le guide!** this way, please!; *V* **qui**.
(**b**) (*dans une série*) to follow. **leurs enfants se suivent (de près)** their children come one after the other; **la maison qui suit la mienne** the house after mine *ou* following mine; **3 démissions qui se suivent** 3 resignations in a row *ou* coming one after the other, 3 resignations running *ou* in close succession; *V* **jour**.
(**c**) (*longer*) *[personne]* to follow, keep to; *[route, itinéraire]* to follow. **suivez la N7 sur 10 km** keep to *ou* go along *ou* follow the N7 (road) for 10 km; **prenez la route qui suit la Loire** take the road which goes alongside *ou* which follows the Loire; **∼ une piste** to follow up a clue.
(**d**) (*se conformer à*) *personne, exemple, mode, conseil* to follow. **∼ un traitement** to follow a course of treatment; **∼ un régime** to be on a diet; **∼ son instinct** to follow one's instinct *ou* one's nose*; **il se leva et chacun suivit son exemple** he stood up and everyone followed suit *ou* followed his lead *ou* example; **on n'a pas voulu le ∼** we didn't want to follow his advice; **la maladie/l'enquête suit son cours** the illness/the inquiry is running *ou* taking its course; **il me fait ∼ un régime sévère** he has put me on a strict diet; **∼ le mouvement** to follow the crowd, follow the general trend; *V* **marche¹**.
(**e**) (*Scol*) *classe, cours* (*être inscrit à*) to attend, go to; (*être attentif à*) to follow, attend to; (*assimiler*) *programme* to keep up with.
(**f**) (*observer l'évolution de*) *carrière de qn, affaire, match* to follow, *feuilleton* to follow, keep up with. **∼ un malade/un élève** to follow *ou* monitor the progress of a patient/pupil; **∼ l'actualité** to keep up with *ou* follow the news; **c'est une affaire à ∼** it's an affair worth following *ou* worth keeping an eye on; **il se fait ∼ ou il est suivi par un médecin** he's having treatment from a doctor, he is under the doctor*; **j'ai suivi ses articles avec intérêt** I've followed his articles with interest; **à ∼** to be continued.
(**g**) (*Comm*) *article* to (continue to) stock.
(**h**) (*comprendre*) *argument, personne, exposé* to follow. **jusqu'ici je vous suis** I'm with you *ou* I follow you so far; **il parlait si vite qu'on le suivait mal** he spoke so fast he was difficult to follow; **là, je ne vous suis pas très bien** I don't really follow you *ou* I'm not really with you there.

2 *vi* (**a**) *[élève]* (*être attentif à*) to attend, pay attention. **suivez avec votre voisin** *ou* **sur le livre de votre voisin** follow on your neighbour's book; **il ne suit jamais, en classe** he never attends in class, he never pays attention in class.
(**b**) *[élève]* (*assimiler le programme*) to keep up, follow. **va-t-il pouvoir ∼ l'année prochaine?** will he be able to keep up *ou* follow next year?
(**c**) **faire ∼ son courrier** to have one's mail forwarded; **'faire ∼'** 'please forward'.
(**d**) (*venir après*) to follow. **lisez ce qui suit** read what follows; **les enfants suivent à pied** the children are following on foot.

3 *vb impers*: **il suit de ce que vous dites que ...** it follows from what you say that ...; **comme suit** as follows.

4 se suivre *vpr* (a) *[cartes, pages, nombres]* *(se succéder en bon ordre)* to be in (the right) order. **les pages ne se suivent pas** the pages are not in (the right) order, the pages are in the wrong order *ou* are out of order.

(b) *(être cohérent) [argument, pensée]* to be coherent, be consistent. **dans son roman, rien ne se suit** there's no coherence *ou* consistency in his novel.

sujet, -ette [syʒɛ, ɛt] **1** *adj*: ~ **à vertige, mal de mer** liable to, subject to, prone to; *lubies, sautes d'humeur* subject to, prone to; ~ **aux accidents** accident-prone; **il était** ~ **aux accidents les plus bizarres** he was prone *ou* subject to the strangest accidents; ~ **à faire** liable *ou* inclined *ou* prone to do; **il n'est pas** ~ **à faire des imprudences** he is not one to do anything imprudent; ~ **à caution** *renseignement, nouvelle* unconfirmed; *moralité, vie privée, honnêteté* questionable; **je vous dis ça mais c'est** ~ **à caution** I'm telling you that but I can't guarantee it's true.

2 *nm, f (gouverné)* subject.

3 *nm* (a) *(matière, question)* subject *(de* for). **ce n'est pas un** ~ **de conversation** it's not a subject for conversation; **un excellent** ~ **de conversation** an excellent topic (of conversation) *ou* subject (for conversation); **c'était devenu un** ~ **de plaisanterie** it had become a standing joke *ou* something to joke about; **il y a des** ~**s qui ne se prêtent pas à la plaisanterie** there are some subjects *ou* topics that do not lend themselves to joking; **chercher un** ~ **de dissertation/thèse** to look for a subject for an essay/a thesis; ~ **d'examen** examination question; **à l'oral, quel** ~ **ont-ils donné?** what subject did they give you *ou* did they set in the oral?; **il a choisi les** ~**s d'examen cette année** he set the examination paper *ou* the examination questions this year; **ça ferait un bon** ~ **de comédie** that would be a good subject *ou* theme for a comedy; **bibliographie par** ~**s** bibliography arranged by subjects; *V* **vif.**

(b) *(motif, cause)* ~ **de** cause for, ground(s) for; ~ **de mécontentement/de dispute** cause *ou* grounds for dissatisfaction/for dispute; **il n'avait vraiment pas** ~ **de se mettre en colère/se plaindre** he really had no cause to lose *ou* grounds for losing his temper/for complaint; **ayant tout** ~ **de croire à sa bonne foi** having every reason to believe in his good faith; **protester/ réclamer sans** ~ to protest/complain without (good) cause *ou* groundlessly.

(c) *(individu)* subject. *(Ling)* **le** ~ **parlant** the speaker; **les rats qui servent de** ~**s (d'expérience)** the rats which serve as experimental subjects; **son frère est un brillant** ~**/un** ~ **d'élite** his brother is a brilliant/an exceptionally brilliant student; **un mauvais** ~ *(enfant)* a bad boy; *(jeune homme)* a bad lot.

(d) *(Ling, Mus, Philos)* subject.

(e) *(à propos de)* **au** ~ **de** about, concerning; **que sais-tu à son** ~**?** what do you know about *ou* of him?; **au** ~ **de cette fille, je peux vous dire que** ... about *ou* concerning that girl *ou* with regard to that girl, I can tell you that ...; **à ce** ~, **je voulais vous dire que** ... on that subject *ou* that*, I wanted to tell you that ....

sujétion [syʒesjɔ̃] *nf* (a) *(asservissement)* subjection. **maintenir un peuple dans la** ~ *ou* **sous sa** ~ to keep a nation in subjection; **tomber sous la** ~ **de** to fall into sb's power *ou* under sb's sway; *(fig littér)* ~ **aux passions/au désir** subjection to passions/desire.

(b) *(obligation, contrainte)* constraint. **les enfants étaient pour elle une** ~ the children were a real constraint to her *ou* were like a millstone round her neck; **des habitudes qui deviennent des** ~**s** habits which become compulsions.

sulfamides [sylfamid] *nmpl* sulpha drugs, sulphonamides *(T).*
sulfatage [sylfataʒ] *nm [vigne]* spraying with copper sulphate.
sulfate [sylfat] *nm* sulphate. ~ **de cuivre** copper sulphate.
sulfaté, e [sylfate] *(ptp de* **sulfater)** *adj* sulphated.
sulfater [sylfate] (1) *vt vigne* to spray with copper sulphate.
sulfateuse [sylfatøz] *nf* (a) *(Agr)* copper sulphate spraying machine.

(b) *(arg Crime: mitraillette)* machine gun, MG*.
sulfite [sylfit] *nm* sulphite.
sulfure [sylfyʀ] *nm* sulphide.
sulfuré, e [sylfyʀe] *(ptp de* **sulfurer)** *adj* sulphurated, sulphuretted. **hydrogène** ~ hydrogen sulphide.
sulfurer [sylfyʀe] (1) *vt* to sulphurate, sulphurize.
sulfureux, -euse [sylfyʀø, øz] *adj* sulphurous. **anhydride** *ou* **gaz** ~ sulphur dioxide.
sulfurique [sylfyʀik] *adj* sulphuric. **anhydride** ~ sulphur trioxide.
sulfurisé, e [sylfyʀize] *adj*: **papier** ~ greaseproof paper.
sulky [sylki] *nm (Courses)* sulky.
sultan [syltɑ̃] *nm* sultan.
sultanat [syltana] *nm* sultanate.
sultane [syltan] *nf (épouse)* sultana; *(canapé)* (sort of) couch.
sumérien, -ienne [symeʀjɛ̃, jɛn] **1** *adj* Sumerian. **2** *nm (Ling)* Sumerian. **3** *nm, f*: **S**~ Sumerian.
summum [sɔmɔm] *nm [gloire, civilisation]* acme, climax; *[bêtise, hypocrisie]* height.
sunnite [synit] *adj, nmf* Sunni.
super [sypɛʀ] **1** *nm (abrév de* **supercarburant)** super, four-star (petrol) *(Brit),* extra *(US),* premium *(US).* **2** *préf (*) ~**cher/chic** ultra-expensive/ultra-chic *ou* -smart, fantastically expensive/smart*; ~**-bombe/-ordinateur** super-bomb/-computer*. **3** *adj inv (*) terrific*, great*, fantastic*, smart*.
superbe [sypɛʀb(ə)] **1** *adj* (a) *(splendide) temps, journée* superb, glorious; *femme, enfant* beautiful, gorgeous; *maison, cheval, corps, yeux* superb, magnificent, beautiful; *résultat, salaire, performance* magnificent, superb. **revenu de vacances avec une mine** ~ **back from holiday looking superbly** *ou* **wonderfully healthy;** *(littér)* ~ **d'indifférence** superbly indifferent.

(b) *(littér: orgueilleux)* arrogant, haughty.

2 *nf (littér)* arrogance, haughtiness.
superbement [sypɛʀbəmɑ̃] *adv* superbly, wonderfully, beautifully.
superbénéfice [sypɛʀbenefis] *nm* immense profit.
supercarburant [sypɛʀkaʀbyʀɑ̃] *nm* high-octane petrol *(Brit),* high-octane *ou* high-test gasoline *(US).*
superchampion, -onne [sypɛʀʃɑ̃pjɔ̃, ɔn] *nm, f* (sporting) superstar.
supercherie [sypɛʀʃəʀi] *nf* trick, trickery *(U).* **il s'aperçut de la** ~ he saw through the trickery *ou* trick; **user de** ~**s pour tromper qn** to trick sb, deceive sb with trickery; ~ **littéraire** literary hoax *ou* fabrication.
supérette [sypeʀɛt] *nf* mini-market, superette *(US).*
superfétation [sypɛʀfetasjɔ̃] *nf (littér)* superfluity.
superfétatoire [sypɛʀfetatwaʀ] *adj (littér)* superfluous, supererogatory *(littér).*
superficialité [sypɛʀfisjalite] *nf* superficiality.
superficie [sypɛʀfisi] *nf (aire)* (surface) area; *(surface)* surface; *[terrain]* area, acreage. **couvrir une** ~ **de** to cover an area of.
superficiel, -ielle [sypɛʀfisjɛl] *adj (gén)* superficial; *idées, esprit, personne* superficial, shallow; *beauté, sentiments, blessure* superficial, skin-deep *(attrib)*; *(sans valeur)* solution cosmetic; *V* **tension.**
superficiellement [sypɛʀfisjɛlmɑ̃] *adv* superficially.
superfin, e [sypɛʀfɛ̃, in] *adj (Comm) beurre, produit* superfine *(épith),* superquality *(épith); qualité* superfine *(épith).*
superflic* [sypɛʀflik] *nm* supercop*.
superflu, e [sypɛʀfly] **1** *adj* superfluous. **2** *nm* superfluity. **se débarrasser du** ~ to get rid of the surplus; **le** ~ **est ce qui fait le charme de la vie** it is superfluity that gives life its charm.
superfluité [sypɛʀflyite] *nf (littér)* superfluity.
superforteresse [sypɛʀfɔʀtəʀɛs] *nf (Aviat)* superfort(ress).
super-grand [sypɛʀgʀɑ̃] *nm* superpower.
super-huit [sypɛʀɥit] *adj inv, nm inv (Ciné)* super-eight.
supérieur, e [sypeʀjœʀ] **1** *adj* (a) *(dans l'espace) (gén)* upper *(épith); planètes* superior. **dans la partie** ~**e du clocher** in the highest *ou* upper *ou* top part of the belfry; **la partie** ~**e de l'objet** the top part of the object; **le feu a pris dans les étages** ~**s** fire broke out on the upper floors; **montez à l'étage** ~ go to the next floor up *ou* to the floor above, go up to the next floor; **mâchoire/lèvre** ~**e** upper jaw/lip; **le lac S**~ Lake Superior.

(b) *(dans un ordre) vitesse* higher, faster, greater; *nombre* higher, greater, bigger; *classes sociales* upper *(épith); niveaux, échelons* upper *(épith),* topmost; *animaux, végétaux* higher *(épith).* *(Rel)* **Père** ~ Father Superior; *(Rel)* **Mère** ~ Mother Superior; **à l'échelon** ~ on the next rung up; *V* **cadre, enseignement, mathématique, officier[1].**

(c) *(excellent, qui prévaut) intérêts, principe* higher *(épith); intelligence, esprit* superior. **produit de qualité** ~**e** product of superior quality; **des considérations d'ordre** ~ considerations of a higher order *ou* a high order.

(d) *(hautain) air, ton, regard* superior.

(e) ~ **à** *nombre* greater *ou* higher than, above; *somme* greater than; *production* greater than, superior to; **intelligence/qualité** ~**e à la moyenne** above-average *ou* higher than average intelligence/quality; **des températures** ~**es à 300°** temperatures in excess of *ou* higher than *ou* of more than 300°; **parvenir à un niveau** ~ **à** ... to reach a higher level than ... *ou* a level higher than ...; **travail d'un niveau** ~ **à** ... work of a higher standard than ...; **roman/auteur** ~ **à un autre** novel/author superior to another; **être hiérarchiquement** ~ **à qn** to be higher (up) than sb *ou* be above sb in the hierarchy, be hierarchically superior to sb; **forces** ~**es en nombres** forces superior in number.

(f) *(fig: à la hauteur de)* ~ **à sa tâche** more than equal to the task; **il a su se montrer** ~ **aux événements** he was able to rise above events; **restant** ~ **à la situation** remaining master of *ou* in control of the situation.

2 *nm, f* (a) *(Admin, Mil, Rel)* superior. **mon** ~ **hiérarchique** my immediate superior, my senior.

(b) *(Univ)* **le** ~ higher education.
supérieurement [sypeʀjœʀmɑ̃] *adv* **exécuter qch, dessiner** exceptionally well. ~ **doué/ennuyeux** exceptionally gifted/boring.
supériorité [sypeʀjɔʀite] *nf* (a) *(prééminence)* superiority. **nous avons la** ~ **du nombre** we outnumber them, we are superior in number(s); *V* **complexe.**

(b) *(condescendance)* superiority. **air de** ~ superior air, air of superiority; **sourire de** ~ superior smile.
superlatif, -ive [sypɛʀlatif, iv] **1** *adj* superlative. **2** *nm* superlative. ~ **absolu/relatif** absolute/relative superlative; **au** ~ in the superlative; *(fig)* **il m'ennuie au** ~ I find him extremely trying.
superlativement [sypɛʀlativmɑ̃] *adv* superlatively.
super-léger [sypɛʀleʒe] *nm V* **poids.**
supermarché [sypɛʀmaʀʃe] *nm* supermarket.
supernova [sypɛʀnɔva] *nf* supernova.
superphosphate [sypɛʀfɔsfat] *nm* superphosphate.
superposable [sypɛʀpozabl(ə)] *adj (gén)* that may be superimposed, superimposable *(à* on); *(éléments de mobilier)* stacking *(épith).*
superposé, e [sypɛʀpoze] *(ptp de* **superposer)** *adj* **couches, blocs** superposed; *(fig) visions, images* superimposed; *V* **lit.**
superposer [sypɛʀpoze] (1) **1** *vt* (a) *(empiler) couches, blocs* to superpose *(à* on); *éléments de mobilier* to stack. *(fig)* ~ **les consignes aux consignes** to heap *ou* pile order upon order.

(b) *(faire chevaucher) cartes, clichés, (fig) visions* to superimpose; *figures géométriques* to superpose. ~ **qch à** to superimpose sth on; to superpose sth on.

2 se superposer *vpr* (a) *(se recouvrir) [clichés*

photographiques, visions, images] to be superimposed (on one another).

(b) *(s'ajouter) [couches, éléments]* to be superposed.

superposition [sypɛʀpozisjɔ̃] *nf* **(a)** *(action: V* **superposer**) superposing; superimposition.

(b) *(état)* superposition; *(Phot)* superimposition. **le ~ de ces couches** the fact that these strata are superposed; **une ~ de terrasses s'élevant à l'infini** a series of terraces (one on top of the other) rising ever upwards.

superpréfet [sypɛʀpʀefɛ] *nm* superprefect *(in charge of a region).*

superproduction [sypɛʀpʀɔdyksjɔ̃] *nf (Ciné)* spectacular.

superprofit [sypɛʀpʀɔfi] *nm* immense profit.

superpuissance [sypɛʀpɥisɑ̃s] *nf* superpower.

supersonique [sypɛʀsɔnik] *adj* supersonic; *V* **bang.**

superstitieusement [sypɛʀstisjøzmɑ̃] *adv* superstitiously.

superstitieux, -euse [sypɛʀstisjø, øz] *adj* superstitious.

superstition [sypɛʀstisjɔ̃] *nf* superstition. **il a la ~ du chiffre 13** he's got a superstition about *ou* he's superstitious about the number 13.

superstrat [sypɛʀstʀa] *nm (Ling)* superstratum.

superstructure [sypɛʀstʀyktyʀ] *nf (gén)* superstructure.

supertanker [sypɛʀtɑ̃kœʀ] *nm* supertanker.

superviser [sypɛʀvize] (1) *vt* to supervise, oversee.

superviseur [sypɛʀvizœʀ] *nm* supervisor.

supervision [sypɛʀvizjɔ̃] *nf* supervision.

superwelter [sypɛʀwɛltœʀ] *nm V* **poids.**

supin [sypɛ̃] *nm (Ling)* supine.

supplanter [syplɑ̃te] (1) *vt* to supplant.

suppléance [sypleɑ̃s] *nf (remplacement) (poste)* supply post *(Brit)*, substitute post *(US)*; *(action)* temporary replacement. **professeur chargé d'une ~ dans un village** teacher appointed to a supply post *(Brit)* ou substitute post *(US)* in a village; **elle faisait des ~s pour gagner sa vie** she took supply posts *(Brit) ou* did supply *(Brit) ou* substitute *(US)* teaching to earn her living.

suppléant, e [sypleɑ̃, ɑ̃t] **1** *adj (gén)* deputy *(épith)*, substitute *(épith) (US)*; *professeur* supply *(épith) (Brit)*, substitute *(épith) (US)*. **médecin ~** locum; *(Gram)* **verbe ~** substitute verb.
2 *nm, f (professeur)* supply *ou* substitute teacher; *(juge)* deputy *(judge)*; *(Pol)* deputy; *(médecin)* locum. **pendant les vacances, on fait appel à des ~s** during the holidays we take on relief *ou* temporary staff.

suppléer [syplee] (1) **1** *vt* **(a)** *(ajouter) mot manquant* to supply, provide; *somme complémentaire* to make up, supply.
(b) *(compenser) lacune* to fill in; *manque, défaut* to make up for.
(c) *(frm: remplacer) professeur* to stand in for, replace; *juge* to deputize for. *(littér)* **la machine a suppléé l'homme dans ce domaine** the machine has supplanted *ou* replaced man in this area.
2 suppléer à *vt indir (compenser) défaut, manque* to make up for, compensate for; *(remplacer) qualité, faculté* to substitute for; **ils suppléaient aux machines par l'abondante main-d'œuvre** they substituted a large labour force for machines.

supplément [syplemɑ̃] *nm* **(a)** *(surcroît)* **~ de travail/salaire** extra *ou* additional work/pay; **avoir droit à un ~ de 100 F sur ses allocations familiales** to be allowed a supplement of 100 francs *ou* a 100-franc supplement on one's child benefit, be allowed an extra *ou* an additional 100 francs on one's child benefit; **un ~ d'information** supplementary *ou* additional information; **je voudrais un ~ (de viande), s'il vous plaît** I'd like an extra portion (of meat) please.
(b) *[journal, dictionnaire]* supplement. **~ illustré** illustrated supplement.
(c) *(à payer) (au théâtre, au restaurant)* extra charge, supplement; *(dans l'autobus)* excess fare, supplement. **~ de 1ère classe** excess fare *ou* supplement for travelling 1st class, 1st-class supplement; **~ de prix** additional charge, surcharge; **payer un ~ pour excès de bagages** to pay extra for excess luggage, pay (for) excess luggage, pay excess on one's luggage.
(d) en ~ extra; **le fromage est en ~** cheese is extra, an additional charge is made for cheese; **le tableau de bord en bois est en ~** the wooden dashboard is an extra *ou* comes as an extra, there is extra to pay for the wooden dashboard.
(e) *(Math) [angle]* supplement.

supplémentaire [syplemɑ̃tɛʀ] *adj dépenses, crédits, retards* additional, further *(épith)*; *travail, vérifications* additional, extra *(épith)*; *trains, autobus* relief *(épith)*; *(Géom) angle* supplementary. **accorder un délai ~** to grant an extension of the deadline, allow additional time; *V* **heure.**

supplémenter [syplemɑ̃te] (1) *vt:* **~ le billet de qn** to issue sb with a supplementary ticket *(for an excess fare)*.

supplétif, -ive [sypletif, iv] **1** *adj* additional. **2 ~s** *nmpl (Mil)* back-up troops.

suppliant, e [syplijɑ̃, ɑ̃t] **1** *adj regard, voix* beseeching, imploring; *personne* imploring. **2** *nm, f* suppliant, supplicant.

supplication [syplikasjɔ̃] *nf (gén)* plea, entreaty; *(Rel)* supplication.

supplice [syplis] **1** *nm* **(a)** *(peine corporelle)* form of torture, torture *(U)*. *(peine capitale)* **le (dernier) ~** execution, death; **le ~ de la roue** (torture on) the wheel; **le ~ du fouet** flogging, the lash.
(b) *(souffrance)* torture. **~s moraux** moral tortures *ou* torments; *(fig)* **éprouver le ~ de l'incertitude** to be tortured *ou* tormented by uncertainty, suffer the ordeal *ou* torture of uncertainty; *(fig)* **cette lecture est un (vrai) ~!** reading this book is (quite) an ordeal!
(c) *(loc)* **être au ~** *(appréhension)* to be in agonies *ou* on the rack; *(gêne, douleur)* to be in misery; **mettre qn au ~** to torture sb.
2: supplice chinois Chinese torture *(U)*; *(Rel)* **le supplice de la**

Croix the Crucifixion; *(lit)* **supplice de Tantale** torment of Tantalus; *(fig)* **soumis à un véritable supplice de Tantale** tortured *ou* suffering like Tantalus.

supplicié, e [syplisje] *(ptp de* **supplicier**) *nm, f* victim of torture, torture victim. **les corps/cris des ~s** the bodies/cries of the torture victims *ou* of the tortured.

supplicier [syplisje] (7) *vt (lit, fig)* to torture; *(à mort)* to torture to death.

supplier [syplije] (7) *vt* to beseech, implore, entreat *(de faire* to do). **~ qn à genoux** to beseech *ou* implore *ou* entreat sb on one's knees; **n'insistez pas, je vous en supplie** I beg of you not to insist, I implore *ou* beseech you not to insist.

supplique [syplik] *nf* petition. **présenter une ~ au roi** to petition the king, bring a petition before the king.

support [sypɔʀ] *nm* **(a)** *(gén: soutien)* support; *(béquille, pied)* prop, support; *[instruments de laboratoire, outils, livre]* stand.
(b) *(moyen)* medium; *(aide)* aid. **~ publicitaire** advertising medium; **conférence faite à l'aide d'un ~ écrit/magnétique/visuel** lecture given with the help of a written text/a tape/visual aids; **~ audio-visuel** audio-visual aids; **~ visuel** visual aids, visuals*.
(c) *(Peinture) [dessin]* support; *(Ordin) [information codée]* input medium. **le symbole est le ~ du concept** the symbol is the physical medium through which the concept is expressed.

supportable [sypɔʀtabl(ə)] *adj douleur* bearable; *conduite* tolerable; *température* bearable; *(*: *passable, pas trop mauvais)* tolerable, passable.

supporter¹ [sypɔʀte] (1) *vt* **(a)** *(servir de base à)* to support, hold up.
(b) *(subir) frais* to bear; *conséquences, affront, malheur* to suffer, endure. **il m'a fait ~ les conséquences de son acte** he made me suffer the consequences of his action.
(c) *(endurer) maladie, solitude, revers* to bear, endure, put up with; *douleur* to bear, endure; *conduite, ingratitude* to tolerate, put up with; *recommandations, personne* to put up with, bear. **maladie courageusement supportée** illness bravely borne; **il ne pouvait plus ~ la vie** he could endure *ou* bear life no longer; **supportant ces formalités avec impatience** impatiently putting up with these formalities; **la mort d'un être cher est difficile à ~** the death of a loved one is hard to bear; **il va falloir le ~ pendant toute la journée!** we're going to have to put up with him all day long!; **elle supporte tout d'eux, sans jamais rien dire** she puts up with *ou* she takes anything from them without a word; **je le supporte, sans plus** I can just about put up with them; **je ne supporte pas ce genre de comportement/qu'on me parle sur ce ton** I won't put up with *ou* stand for *ou* tolerate this sort of behaviour/being spoken to in that tone of voice; **je ne peux pas ~ l'hypocrisie** I can't bear *ou* abide hypocrisy; **je ne peux pas les ~** I can't bear *ou* stand them; **je ne supporte pas qu'elle fasse cela** I won't stand for *ou* tolerate her doing that; **je ne supporte pas de voir ça** I can't bear seeing *ou* to see that, I can't stand seeing that; **ils ne peuvent pas se ~** they can't bear *ou* stand each other.
(d) *(résister à) température, conditions atmosphériques, épreuve* to withstand. **verre qui supporte la chaleur** heatproof *ou* heat-resistant glass; **il a bien/mal supporté l'opération** he took the operation well/badly; **il ne supporte pas l'alcool/l'avion** he can't take alcohol/plane journeys; **elle ne supporte pas de voir le sang** *ou* **la vue du sang** she can't bear *ou* stand the sight of blood *ou* seeing blood; **il ne supporte pas la chaleur** heat doesn't agree *ou* disagrees with him, he can't take *ou* stand *ou* bear the heat; **je ne supporte pas les épinards** spinach doesn't agree *ou* disagrees with me; **lait facile à ~** easily-digested milk; **tu as de la chance de ~ l'ail** you're lucky garlic agrees with you, you're lucky to be able to take garlic; **il n'a pas supporté la fondue** the fondue didn't agree with him.
(e) *(*)* **on supporte un gilet, par ce temps** you can do with a cardigan in this weather*; **je pensais avoir trop chaud avec un pull, mais on le supporte** I thought I'd be too hot with a pullover but I can do with it after all.

supporter² [sypɔʀtɛʀ] *nm (Sport)* supporter.

supposable [sypozabl(ə)] *adj* supposable.

supposé, e [sypoze] *(ptp de* **supposer**) *adj nombre, total* estimated; *auteur* supposed; *(Jur) meurtrier* alleged.

supposer [sypoze] (1) *vt* **(a)** *(à titre d'hypothèse)* to suppose, assume. **supposons un conflit atomique** let's suppose *ou* if we suppose there to be a conflict involving atomic weapons *ou* (that) a conflict involving atomic weapons takes place; **en supposant que, à ~ que** supposing (that), on the assumption that; *(Sci)* **pour les besoins de l'expérience, la pression est supposée constante** for the purposes of the experiment the pressure is taken to be *ou* assumed (to be) constant; *(Scol)* **supposons une ligne A-B** let us postulate a line A-B.
(b) *(présumer)* to suppose, assume, surmise. **~ qn amoureux/jaloux** to imagine *ou* suppose sb to be in love/jealous; **je lui suppose une grande ambition** I imagine him to have great ambition; **je ne peux que le ~** I can only make a supposition *ou* a surmise; **cela laisse ~ que** it leads one to suppose that; **je suppose que tu es contre** I take it *ou* I assume *ou* I suppose you are against it.
(c) *(impliquer, présupposer)* to presuppose; *(suggérer, laisser deviner)* to imply. **la gestation suppose la fécondation** gestation presupposes fertilization; **ta réponse suppose que tu n'as rien compris** your reply implies *ou* indicates that you haven't understood a thing.

supposition [sypozisjɔ̃] *nf* supposition, assumption, surmise. **une ~ que ...** * supposing ....

suppositoire [sypozitwaʀ] *nm* suppository.

suppôt [sypo] *nm (littér)* henchman. **~ de Satan** hellhound.

suppression [sypʀesjɔ̃] *nf* (*V* supprimer) deletion; removal; cancellation; withdrawal; abolition; suppression. **faire des ~s dans un texte** to make some deletions in a text; **la ~ de la douleur/ fatigue** the elimination of pain/fatigue; **7000 ~s d'emploi** 7000 jobs axed *ou* lost; **il y a deux ~s de poste** two posts have been lost *ou* axed.

supprimer [sypʀime] (1) **1** *vt* (a) (*enlever*) *mot, clause* to delete, remove (*de* from); *mur* to remove, knock down; *trains* to cancel; *permis de conduire* to withdraw, take away (*de* from). **~ qch à qn** to deprive sb of sth; **~ les sorties/les permissions aux soldats** to put a stop *ou* an end to the soldiers' outings/leave; **on lui a supprimé sa prime/sa pension** he's had his bonus/pension stopped, he has been deprived of his bonus/pension; **plusieurs emplois ont été supprimés dans cette usine** several jobs have been done away with *ou* axed in this factory.

(b) (*faire disparaître*) *loi* to do away with, abolish; *publication, document* to suppress; *obstacle* to remove; *témoin gênant* to do away with, suppress; *discrimination*, (*Comm*) *concurrence* to do away with, put an end to, abolish. **~ qch de son alimentation** to cut sth out of one's diet, eliminate sth from one's diet; **il est dangereux de ~ (les effets de) la fatigue** it is dangerous to suppress (the effects of) fatigue; **prenez ce fortifiant pour ~ la fatigue** take this tonic to eliminate *ou* banish tiredness; **ce médicament supprime la douleur** this medicine kills pain *ou* eliminates pain *ou* is a painkiller; **on ne parviendra jamais à ~ la douleur** we shall never succeed in doing away with *ou* in eliminating pain; **~ la discrimination raciale** to do away with *ou* put an end to *ou* abolish racial discrimination; **les grands ensembles suppriment l'individualisme** housing schemes put an end to *ou* destroy individualism; **l'avion supprime les distances** air travel does away with long distances; **cette technique supprime des opérations inutiles** this technique does away with *ou* cuts out some unnecessary operations; **dans l'alimentation, il faut ~ les intermédiaires** in the food trade we must cut out *ou* do away with *ou* eliminate the middlemen.

2 se supprimer *vpr* to do away with o.s., take one's own life.

suppuration [sypyʀasjɔ̃] *nf* suppuration.

suppurer [sypyʀe] (1) *vi* to suppurate.

supputation [sypytasjɔ̃] *nf* (a) (*action: V* supputer) calculation; computation. (b) (*pronostic*) prognostication.

supputer [sypyte] (1) *vt dépenses, frais* to calculate, compute; *chances, possibilités* to calculate.

supra¹ ... [sypʀa] *préf* supra ... .

supra² [sypʀa] *adv* supra.

supraconductivité [sypʀakɔ̃dyktivite] *nf* superconductivity.

supraliminaire [sypʀaliminɛʀ] *adj* supraliminal.

supranational, e, *mpl* **-aux** [sypʀanasjɔnal, o] *adj* supranational.

supranationalisme [sypʀanasjɔnalism(ə)] *nm* supranationalism.

supranationaliste [sypʀanasjɔnalist(ə)] *adj* supranationalist.

supranationalité [sypʀanasjɔnalite] *nf* supranational nature.

suprasegmental, e, *mpl* **-aux** [sypʀasɛgmɑ̃tal, o] *adj* suprasegmental.

suprasensible [sypʀasɑ̃sibl(ə)] *adj* suprasensitive.

supraterrestre [sypʀatɛʀɛstʀ(ə)] *adj* superterrestrial.

suprématie [sypʀematsi] *nf* supremacy.

suprême [sypʀɛm] **1** *adj* (*gén*) supreme. **au ~ degré** to the highest degree. **2** *nm* (*Culin*) supreme; *V* sauce, soviet.

suprêmement [sypʀɛmmɑ̃] *adv* supremely.

sur¹ [syʀ] **1** *prép* (a) (*position*) on, upon; (*sur le haut de*) on top of, on; (*avec mouvement*) on, onto; (*dans*) on, in; (*par-dessus*) over; (*au-dessus*) above. **il y a un sac ~ la table/un tableau ~ le mur** there's a bag on the table/a picture on the wall; **mettre une annonce ~ le tableau** to put a notice (up) on the board; **il a laissé tous ses papiers ~ la table** he left all his papers (lying) on the table; **se promener ~ la rivière** to go boating on the river; **il y avait beaucoup de circulation ~ la route** there was a lot of traffic on the road; **~ ma route** *ou* **mon chemin** on my way; (*Rad*) **~ les grandes/petites ondes** on long/short wave; (*Géog*) **X-~-mer** X-upon-sea, X-on-sea; **elle rangea ses chapeaux ~ l'armoire** she put her hats away on top of the wardrobe; **pose ta valise ~ une chaise** put your case (down) on a chair; **elle a jeté son sac ~ la table** she threw her bag onto the table; **il grimpa ~ le toit** he climbed (up) onto the roof; **une chambre (qui donne) ~ la rue** a room that looks out onto the street; **il n'est jamais monté ~ un bateau** he's never been in *ou* on a boat; **~ la place (du marché)** in the (market) square; **la clef est restée ~ la porte** the key was left in the door; **lire qch ~ le journal*** to read sth in the paper; **un pont ~ la rivière** a bridge across *ou* on *ou* over the river; **il neige ~ Paris/~ toute l'Europe** snow is falling on *ou* in Paris/over the whole of Europe, it's snowing in Paris/all over Europe; **l'avion est passé ~ nos têtes** the aircraft flew over *ou* above our heads *ou* overhead; **mettre un linge ~ un plat/un couvercle ~ une casserole** to put a cloth over a dish/a lid on a saucepan; **pour allumer il suffit d'appuyer ~ le bouton** to light it you simply have to press the button; (*fig*) **s'endormir ~ un livre/son travail** to fall asleep over a book/over *ou* at one's work; **ne t'appuie pas ~ le mur** don't lean on *ou* against the wall; **retire tes livres de ~ la table** take your books from *ou* off the table; **je n'ai pas d'argent/la lettre ~ moi** I haven't (got) any money/the letter on *ou* with me; **elle a acheté des poires ~ le marché** she bought pears at the market; **s'étendre ~ 3 km** to spread over 3 kms; **travaux ~ 5 km** roadworks for 5 kms; (*fig*) **vivre les uns ~ les autres** to live one on top of the other; *V* **pied, piste, place** *etc*.

(b) (*direction*) to, towards. **tourner ~ la droite** to turn (to the) right; **l'église est ~ votre gauche** the church is on *ou* to your left; **diriger** *ou* **tourner ses regards/son attention ~ qch** to turn one's

eyes/attention towards sth; **rejeter une faute ~ qn** to put the blame on someone else; **se jeter ~ qn** to throw *ou* hurl o.s. upon *ou* at sb; **tirer ~ qn** to shoot at sb; **fermez bien la porte ~ vous** be sure and close the door behind *ou* after you; *V* **loucher, sauter**.

(c) (*temps: proximité, approximation*) **il est arrivé ~ les 2 heures** he came (at) about *ou* (at) around 2; **il va ~ ses quinze ans/la quarantaine** he's getting on for (*Brit*) *ou* going on (*US*) fifteen/forty; **l'acte s'achève** *ou* **se termine ~ une réconciliation** the act ends with a reconciliation; **il est ~ le** *ou* **son départ, il est ~ le point de partir** he's just going, he's (just) about to leave; **il a été pris ~ le fait** he was caught in the act *ou* red-handed; **~ le moment, je n'ai pas compris** at the time *ou* at first I didn't understand; **~ ce, il est sorti** whereupon *ou* upon which he went out; **~ ce, ~ ces mots** so saying, with this *ou* that; **~ ce, il faut que je vous quitte** and now I must leave you; **boire du café ~ de la bière** to drink coffee on top of beer; **~ une période de 3 mois** over a period of 3 months; **juger les résultats ~ une année** to assess the results over a year; *V* **entrefait, parole, prendre** *etc*.

(d) (*cause*) on, by. **~ invitation/commande** by invitation/ order; **~ présentation d'une pièce d'identité** on presentation of identification; **nous l'avons nommé ~ la recommandation/les conseils de X** we appointed him on X's recommendation/advice; **croire qn ~ parole** to take sb's word for it; *V* **juger**.

(e) (*moyen, manière*) on. **ils vivent ~ son traitement/ses économies** they live on *ou* off his salary/savings; **ne le prends pas ~ ce ton** don't take it like that; **prendre modèle ~ qn** to model o.s. on *ou* upon sb; **rester ~ la défensive/ses gardes** to stay on the defensive/one's guard; **chanter** *ou* **entonner qch ~ l'air de** to sing sth to the tune of; (*Mus*) **fantaisie** *etc* **~ un air de** fantasy *etc* on an air by *ou* from; (*Mus*) **~ le mode mineur** in the minor key *ou* mode; *V* **mesure**.

(f) (*matière, sujet*) on, about. **causerie/conférence/renseignements ~ la Grèce/la drogue** talk/lecture/information on *ou* about Greece/drug addiction; **roman/film ~ Louis XIV** novel/film about Louis XIV; **questionner** *ou* **interroger qn ~ qch** to question sb about *ou* on sth; **gémir** *ou* **se lamenter ~ ses malheurs** to lament (over) *ou* bemoan one's misfortunes; **être ~ un travail** to be occupied with a job, be (in the process of) doing a job; **être ~ une bonne affaire/une piste/un coup‡** to be on to a bargain/on a trail/ on a job; *V* **réfléchir** *etc*.

(g) (*rapport de proportion etc*) out of, in; (*mesure*) by; (*accumulation*) after. **~ 12 verres, 6 sont ébréchés** out of 12 glasses 6 are chipped; **un homme ~ 10** one man in (every) *ou* out of 10; **9 fois ~ 10** 9 times out of 10; **il a 9 chances ~ 10 de réussir** he has 9 chances out of 10 of succeeding, his chances of success are 9 out of 10; (*Scol, Univ etc*) **il mérite 7 ~ 10** he deserves 7 out of 10; **la cuisine fait 3 mètres ~ 3** the kitchen is *ou* measures 2 metres by 3; **un jour/un vendredi ~ trois** every third day/Friday; **il vient un jour/ mercredi ~ deux** he comes every other day/Wednesday; **faire faute ~ faute** to make one mistake after another; **il a eu rhume ~ rhume** he's had one cold after another *ou* the other, he's had cold after cold.

(h) (*influence, supériorité*) over, on. **avoir de l'influence/de l'effet ~ qn** to have influence on *ou* over/an effect on sb; **avoir des droits ~ qn/qch** to have rights over sb/to sth; **cela a influé ~ sa décision** that has influenced *ou* had an influence on his decision; **elle ne peut rien ~ lui** she can't control him, she has no control over him; **savoir prendre ~ soi** to keep a grip on o.s.; **prendre ~ soi de faire qch** to take it upon o.s. to do sth; *V* **emporter, régner** *etc*.

2 *préf*: **~excité** overexcited; **~production** overproduction; **~dosage** overdose; *V* **surabondance, surchauffer** *etc*.

3: sur-le-champ, sur l'heure (*littér*) *adv* immediately, at once, straightaway (*Brit*), right away (*US*); **sur-place** *nm*: **faire du surplace** to mark time; **on a fait du sur-place jusqu'à Paris** it was stop-start all the way to Paris.

sur², e [syʀ] *adj* (*aigre*) sour.

sûr, e [syʀ] **1** *adj* (a) **~ de** *résultats, succès* sure *ou* certain of; *allié, réflexes, moyens* sure of; *fait, diagnostic, affirmation* sure *ou* certain of *ou* about; **il avait le moral et était ~ du succès** he was in good spirits and was sure *ou* certain *ou* confident of success; **s'il s'entraîne régulièrement, il est ~ du succès** if he trains regularly he's sure of success; **il est ~ de son fait** he's sure of his facts, he's certain *ou* sure about it; **il est ~ de son coup*** he's sure *ou* confident he'll pull it off; **~ de soi** self-assured, self-confident, sure of oneself; **elle n'est pas ~e d'elle(-même)** she's lacking in self-assurance *ou* self-confidence, she's not very sure of herself; **j'en étais ~!** I knew it!, just as I thought!, I was sure of it!; **j'en suis ~ et certain** I'm positive (about it), I'm absolutely sure *ou* certain (of it).

(b) (*certain*) certain, sure. **la chose est ~e** that's certain, that's for sure *ou* certain; **ce** *ou* **il n'est pas ~ qu'elle aille au Maroc** it's not definite *ou* certain that she's going to Morocco; **est-ce si ~ qu'il gagne?** is he so certain *ou* sure to win?; **c'est ~ et certain** that's absolutely certain; **ce n'est pas si ~*** it's not that certain *ou* clear cut, don't be so sure; *V* **coup**.

(c) (*sans danger*) *quartier, rue* safe. **peu ~** *quartier etc* unsafe; **il est plus ~ de ne pas compter sur lui** it's safer not to rely on him; **le plus ~ est de mettre sa voiture au garage le soir** the safest thing is to put your car in the garage at night; **en lieu ~** in a safe place; **en mains ~es** in safe hands.

(d) (*digne de confiance*) *personne, firme* reliable, trustworthy; *renseignements, diagnostic* reliable; *valeurs morales, raisonnement* sound; *remède, moyen* safe, reliable, sure; *dispositif, arme, valeurs boursières* safe; *main, pied, œil* steady; *goût, instinct* reliable, sound. **le temps n'est pas assez ~ pour une ascension** the weather's not certain *ou* reliable enough to go climbing; **avoir la**

main ~e to have a steady hand; **raisonner sur des bases peu ~es** to argue on unsound *ou* shaky premises; **nous apprenons de source ~e que ...** we have been informed by a reliable source that ...; **peu ~ allié** unreliable, untrustworthy; *renseignements* unreliable; *moyen, méthode* unreliable, unsafe.
 2 *adv* (*) ~ qu'il y a quelque chose qui ne tourne pas rond there must be *ou* there's definitely something wrong; *V* **bien, pour.**

surabondamment [syʀabɔ̃damɑ̃] *adv (littér)* **expliquer** in excessive detail. **~ décoré de** overabundantly decorated with.

surabondance, e [syʀabɔ̃dɑ̃s] *nf* overabundance, superabundance.

surabondant, e [syʀabɔ̃dɑ̃, ɑ̃t] *adj* overabundant, superabundant.

surabonder [syʀabɔ̃de] (1) *vi* **(a)** *[richesses, plantes, matière première]* to be overabundant, be superabundant, overabound. **une station où surabondent les touristes** a resort overflowing *ou* bursting with tourists; **des circulaires où surabondent les fautes d'impression** circulars littered with printing errors; **un port où surabondent les tavernes** a port with an inordinate number of taverns.
 (b) *(littér)* **~ de richesses** to have an overabundance of riches, have overabundant riches; **~ d'erreurs** to abound with errors.

suractivé, e [syʀaktive] *adj* superactivated.

suractivité [syʀaktivite] *nf* superactivity.

suraigu, -uë [syʀegy] *adj* very high-pitched, very shrill.

surajouter [syʀaʒute] (1) *vt* to add. **ornements surajoutés** superfluously added ornaments, superfluous ornaments; **raisons auxquelles se surajoutent celles-ci** reasons to which one might add the following.

suralimentation [syʀalimɑ̃tasjɔ̃] *nf* (*V* **suralimenter**) overfeeding; overeating.

suralimenter [syʀalimɑ̃te] (1) **1** *vt personne* to overfeed; *moteur* to give too much fuel to. **2 se suralimenter** *vpr* to overeat.

suranné, e [syʀane] *adj* **idées, mode** outmoded, outdated, antiquated; *beauté, tournure, style* outdated, outmoded.

surarmement [syʀaʀmamɑ̃] *nm* massive stock of weapons.

surbaissé, e [syʀbese] *(ptp de* **surbaisser**) *adj plafond etc* lowered; *(Archit) voûte* surbased; *carrosserie, auto* low.

surbaissement [syʀbɛsmɑ̃] *nm (Archit)* surbasement.

surbaisser [syʀbese] (1) *vt plafond* to lower; *(Archit) voûte* to surbase; *(Aut) voiture, chassis* to make lower.

surbooking [syʀbukiŋ] *nm [avion, hôtel]* double booking, overbooking.

surboum†* [syʀbum] *nf* party.

surcapacité [syʀkapasite] *nf* overcapacity.

surcharge [syʀʃaʀʒ(ə)] *nf* **(a)** *[véhicule]* overloading.
 (b) *(poids en excédent)* excess load, excess load. **une tonne de ~** an extra *ou* excess load of a ton; **les passagers/marchandises en ~** the excess *ou* extra passengers/goods; **prendre des passagers en ~** to take on excess passengers; **payer un supplément pour une ~ de bagages** to pay extra for excess luggage, pay (for) excess luggage, pay excess on one's luggage.
 (c) *(fig)* **cela me cause une ~ de travail/dépenses** this gives me extra work/expense; **il y a une ~ de détails/d'ornements** there is a surfeit *ou* an overabundance of detail/ornamentation.
 (d) *(ajout) [document, chèque]* alteration; *[timbre-poste, voyage, hôtel]* surcharge.

surcharger [syʀʃaʀʒe] (3) *vt voiture, cheval, mémoire* to overload; *timbre* to surcharge; *mot écrit* to alter. **~ qn de travail/d'impôts** to overload *ou* overburden sb with work/taxes; **je suis surchargé de travail** I'm overloaded *ou* snowed under with work; **un manuscrit surchargé de corrections** a manuscript covered *ou* littered with corrections.

surchauffe [syʀʃof] *nf (Écon)* overheating; *(Tech)* superheating; *(Phys)* superheat.

surchauffer [syʀʃofe] (1) *vt pièce* to overheat; *(Phys, Tech)* to superheat.

surchoix [syʀʃwa] *adj inv viande* prime *(épith)*, top-quality; *produit, fruit* top-quality.

surclasser [syʀklɑse] (1) *vt* to outclass.

surcompensation [syʀkɔ̃pɑ̃sasjɔ̃] *nf (Psych)* overcompensation.

surcomposé, e [syʀkɔ̃poze] *adj* double-compound.

surcompression [syʀkɔ̃pʀesjɔ̃] *nf [gaz]* supercharging.

surcomprimer [syʀkɔ̃pʀime] (1) *vt gaz* to supercharge.

surconsommation [syʀkɔ̃sɔmasjɔ̃] *nf* overconsumption.

surcontrer [syʀkɔ̃tʀe] (1) *vt (Cartes)* to redouble.

surcouper [syʀkupe] (1) *vt (Cartes)* to overtrump.

surcroît [syʀkʀwa] *nm* **(a)** **cela lui a donné un ~ de travail/d'inquiétudes** that gave him additional *ou* extra work/worries; **ça lui a valu un ~ de respect** this won him added *ou* increased respect; **par (un) ~ d'honnêteté/de scrupules** through an excess of honesty/scruples, through excessive honesty/scrupulousness; **pour ~ de bonheur/malheur il vient de ...** to add to his happiness/misfortune(s) he has just ....
 (b) *(de plus)* **de** *ou* **par ~** what is more, moreover; **avare et paresseux de** *ou* **par ~** miserly and idle to boot, miserly and — what's more — idle; **en ~** in addition.

surdi-mutité [syʀdimytite] *nf* deaf-and-dumbness.

surdité [syʀdite] *nf* deafness.

surdoué, e [syʀdwe] **1** *adj enfant* gifted *(Brit)*, exceptional *(US)*. **2** *nm, f* gifted *(Brit) ou* exceptional *(US)* child.

sureau, *pl* **~x** [syʀo] *nm* elder (tree). **les baies du ~** elderberries.

sureffectifs [syʀefɛktif] *nmpl* overmanning *(U)*.

surélévation [syʀelevasjɔ̃] *nf (action)* raising, heightening; *(état)* extra height.

surélever [syʀelve] (5) *vt plafond, étage* to raise, heighten; *mur* to heighten. **~ une maison d'un étage** to heighten a house by one storey; **rez-de-chaussée surélevé** raised ground floor, ground floor higher than street level.

sûrement [syʀmɑ̃] *adv* **(a)** *(sans risques, efficacement) cacher qch, progresser* in safety; *attacher* securely; *fonctionner* safely. **l'expérience instruit plus ~ que les livres** experience is a surer teacher than books; *V* **lentement.**
 (b) *(certainement)* certainly. **viendra-t-il? — ~!/~ pas!** will he be coming? — certainly!/certainly not!; **il viendra ~** he'll certainly come, he's sure to come; **~ qu'il a été retenu*** he must have been held up, he has surely been held up.

suremploi [syʀɑ̃plwa] *nm* overemployment.

surenchère [syʀɑ̃ʃɛʀ] *nf* **(a)** *(Comm) (sur prix fixé)* overbid; *(enchère plus élevée)* higher bid. **faire une ~ (sur)** to make a higher bid (than); **une douzaine de ~s** successives firent monter le prix de la potiche que je convoitais a dozen bids one after the other put up the price of the vase I wanted; **faire une ~ de 100 F (sur)** to bid 100 francs more *ou* higher (than), bid 100 francs over the previous bid *ou* bidder.
 (b) *(fig: exagération, excès)* **la presse, royaume de la ~ et de la sensation** the press, domain of the overstatement and of sensationalism; **faire de la ~** to try to outbid *ou* outmatch *ou* outdo one's rivals; **la ~ électorale** outbidding tactics of rival (political) parties; **une ~ de violence** an increasing build-up of violence.

surenchérir [syʀɑ̃ʃeʀiʀ] (2) *vi (offrir plus qu'un autre)* to bid higher *(sur* than); *(élever son offre)* to raise one's bid; *(fig: lors d'élections etc)* to try to outmatch *ou* outbid each other *(de* with). **~ sur une offre** to bid higher than an offer *ou* bid, top a bid*; **~ sur qn** to bid higher than sb, outbid *ou* overbid sb.

surenchérisseur, -euse [syʀɑ̃ʃeʀisœʀ, øz] *nm, f* (higher) bidder.

surencombré, e [syʀɑ̃kɔ̃bʀe] *adj rue* overcrowded; *lignes téléphoniques* overloaded.

surencombrement [syʀɑ̃kɔ̃bʀamɑ̃] *nm [rue]* overcrowding; *[lignes téléphoniques]* overloading.

surentraînement [syʀɑ̃tʀɛnmɑ̃] *nm (Sport)* overtraining.

surentraîner *vt*, **se surentraîner** *vpr* [syʀɑ̃tʀene] (1) to overtrain.

suréquipement [syʀekipmɑ̃] *nm* overequipment.

suréquiper [syʀekipe] (1) *vt* to overequip.

surestarie [syʀɛstaʀi] *nf (Jur)* demurrage.

surestimation [syʀɛstimasjɔ̃] *nf* (*V* **surestimer**) overestimation; overvaluation.

surestimer [syʀɛstime] (1) *vt importance, puissance, forces* to overestimate; *tableau, maison à vendre* to overvalue.

suret, -ette [syʀɛ, ɛt] *adj goût* sharp, tart.

sûreté [syʀte] *nf* **(a)** *(sécurité)* safety. **complot contre la ~ de l'État** plot against state security; **pour plus de ~** as an extra precaution, to be on the safe side; **être en ~** to be in safety, be safe; **mettre qn/qch en ~** to put sb/sth in a safe *ou* secure place; **serrure/verrou** *etc* **de ~** safety lock/bolt *etc*; **c'est une ~ supplémentaire** it's an extra precaution.
 (b) *(exactitude, efficacité) [renseignements, méthode]* reliability; *V* **cour, prudence.**
 (c) *(précision) [coup d'œil, geste]* steadiness; *[goût]* reliability, soundness; *[réflexe, diagnostic]* reliability. **il a une grande ~ de main** he has a very sure hand; **~ d'exécution** sureness of touch.
 (d) *(dispositif)* safety device. **mettre une arme à la ~** to put the safety catch *ou* lock on a gun; *V* **cran.**
 (e) *(garantie)* assurance, guarantee. **demander/donner des ~s à qn** to ask sb for/give sb assurances *ou* a guarantee; *(Jur)* **~ personnelle** guaranty; **~ réelle** security.
 (f) *(Police)* **la S~ (nationale)** the (French) criminal investigation department, ≃ the CID *(Brit)*, the Criminal Investigation Department *(Brit)*, ≃ the FBI *(US)*, the Federal Bureau of Investigation *(US)*.

surévaluer [syʀevalɥe] (1) *vt* to overvalue.

surexcitable [syʀɛksitabl(ə)] *adj* overexcitable.

surexcitation [syʀɛksitasjɔ̃] *nf* overexcitement.

surexciter [syʀɛksite] (1) *vt* to overexcite.

surexploiter [syʀɛksplwate] (1) *vt* to overexploit.

surexposer [syʀɛkspoze] (1) *vt (Phot)* to overexpose.

surexposition [syʀɛkspozisjɔ̃] *nf* overexposure.

surf [sœʀf] *nm* surfing, surfboarding. **faire du ~** to go surfing *ou* surfboarding.

surface [syʀfas] **1** *nf (gén, Géom)* surface; *(aire) [champ, chambre]* surface area. **faire ~** to surface; *(lit, fig)* **refaire ~** to resurface; **de ~ politesse** superficial; *modifications* cosmetic; *grammaire* surface *(épith)*; **navire de ~** surface vessel; **en ~** *nager, naviguer* at the surface, near the surface; *(fig) travailler, apprendre* superficially; **tout en ~ personne** superficial, shallow; **ne voir que la ~ des choses** not to see below the surface of things, see only the surface of things; **l'appartement fait 100 mètres carrés de ~** the flat has a surface area of 100 square metres.
 2: *(Ftbl)* **surface de but** goal area; **surface de chauffe** heating-surface; *(Admin)* **surface corrigée** amended area *(calculated on the basis of amenities etc for assessing rent)*; *(Aviat)* **surface porteuse** aerofoil; *(Ftbl)* **surface de réparation** penalty area; *(Aviat)* **surface de sustentation = surface porteuse.**

surfaire [syʀfɛʀ] (60) *vt réputation, auteur* to overrate; *marchandise* to overprice.

surfait, e [syʀfɛ, ɛt] *(ptp de* **surfaire**) *adj ouvrage, auteur* overrated.

surfil [syʀfil] *nm* oversewing, overcasting.

surfilage [syʀfilaʒ] *nm (Couture)* oversewing, overcasting.

surfiler [syʀfile] (1) *vt (Couture)* to oversew, overcast.

surfin, e [syʀfɛ̃, in] *adj beurre, produit* superfine *(épith)*, super-quality *(épith)*; *qualité* superfine *(épith)*.

surgélation [syʀʒelasjɔ̃] *nf* deep-freezing, fast-freezing.

surgelé, e [syʀʒəle] *adj* deep-frozen. **(aliments) ~s** (deep-)frozen food.

surgeler [sүʀʒəle] (5) *vt* to deep-freeze, fast-freeze.

surgénérateur [sүʀʒeneʀatœʀ] *adj m, nm*: (**réacteur**) ~ fast breeder (reactor).

surgir [sүʀʒiʀ] (2) *vi* (**a**) *[animal, véhicule en mouvement, spectre]* to appear suddenly; *[montagne, navire]* to loom up (suddenly); *[plante, immeuble]* to shoot up, spring up. **dans son délire, il faisait ~ en esprit les objets de ses désirs** in his delirious state he conjured up (in his mind) the objects of his desires.
(**b**) *[problèmes, difficultés]* to arise, crop up; *[dilemme]* to arise.

surgissement [sүʀʒismã] *nm* (*littér*: *V* **surgir**) sudden appearance; sudden looming up; shooting up, springing up.

surhausser [sүʀose] (1) *vt* (*gén, Archit*) to raise.

surhomme [sүʀɔm] *nm* superman.

surhumain, e [sүʀymɛ̃, ɛn] *adj* superhuman.

surimposé, e [sүʀɛ̃poze] **1** *ptp de* **surimposer**. **2** *adj* (*Géol*) superimposed.

surimposer [sүʀɛ̃poze] (1) *vt* (*taxer*) to overtax.

surimposition [sүʀɛ̃pozisjɔ̃] *nf* (*Fin*) overtaxation. **payer une ~** to pay too much tax.

surimpression [sүʀɛ̃pʀesjɔ̃] *nf* (*Phot*) double exposure; (*fig*) *[idées, visions]* superimposition. **en ~** superimposed; **on voyait, en ~, apparaître le visage de la mère** the mother's face appeared superimposed (on it).

surin†‡ [sүʀɛ̃] *nm* (*couteau*) knife, dagger.

Surinam [sүʀinam] *nm* Surinam.

surinamais, e [sүʀinamɛ, ɛz] **1** *adj* Surinamese. **2** *nm, f*: **S~(e)** Surinamese.

surinfection [sүʀɛ̃fɛksjɔ̃] *nf* additional infection.

surintendance [sүʀɛ̃tɑ̃dɑ̃s] *nf* (*Hist*) superintendency.

surintendant [sүʀɛ̃tɑ̃dɑ̃] *nm* (*Hist*) superintendent.

surir [sүʀiʀ] (2) *vi [lait, vin]* to turn sour, (go) sour.

surjet [sүʀʒɛ] *nm* overcast seam. **point de ~** overcast stitch.

surjeter [sүʀʒəte] (4) *vt* (*Couture*) to overcast.

sur-le-champ [sүʀləʃɑ̃] *adv V* **sur**¹.

surlendemain [sүʀlãdmɛ̃] *nm*: **le ~ de son arrivée** two days after his arrival; **il est mort le ~** he died two days later; **il revint le lendemain et le ~** he came back the next day and the day after (that); **le ~ matin** two days later in the morning.

surligneur [sүʀliɲœʀ] *nm* highlighter (pen).

surmenage [sүʀmənaʒ] *nm* (**a**) (*V* **surmener**) overworking, overtaxing. **éviter le ~ des élèves** to avoid overworking schoolchildren.
(**b**) (*V* **se surmener**) overwork(ing). **éviter à tout prix le ~** to avoid overwork(ing) *ou* overtaxing o.s. at all costs.
(**c**) (*état maladif*) overwork. **souffrant de ~** suffering from (the effects of) overwork; **le ~ intellectuel** mental fatigue, brain-fag*.

surmener [sүʀməne] (5) **1** *vt personne, animal* to overwork, overtax. **2 se surmener** *vpr* to overwork *ou* overtax (o.s.).

sur-moi [sүʀmwa] *nm* superego.

surmontable [sүʀmɔ̃tabl(ə)] *adj* surmountable. **obstacle difficilement ~** obstacle that is difficult to surmount *ou* overcome, obstacle that can be surmounted *ou* overcome only with difficulty.

surmonter [sүʀmɔ̃te] (1) **1** *vt* (**a**) (*être au-dessus de*) to surmount, top. **surmonté d'un dôme/clocheton** surmounted *ou* topped by a dome/bell-turret; **un clocheton surmontait l'édifice** the building was surmounted *ou* topped by a bell-turret.
(**b**) (*vaincre*) *obstacle, difficultés* to overcome, get over, surmount; *dégoût, peur* to overcome, get the better of, fight down. **la peur peut se ~** fear can be overcome.
2 se surmonter *vpr* to master o.s., control o.s.

surmultiplié, e [sүʀmyltiplije] *adj*: **vitesse ~e** overdrive.

surnager [sүʀnaʒe] (3) *vi [huile, objet]* to float (on the surface); *[sentiment, souvenir]* to linger on.

surnaturel, -elle [sүʀnatyʀɛl] **1** *adj* (*gén*) supernatural; *ambiance inquiétante* uncanny, eerie. **2** *nm*: **le ~** the supernatural.

surnom [sүʀnɔ̃] *nm* nickname. **'le Courageux', ~ du roi Richard** 'the Brave', the name by which Richard was known.

surnombre [sүʀnɔ̃bʀ(ə)] *nm*: **en ~** *participants etc* too many; **plusieurs élèves en ~** several pupils too many; **nous étions en ~ et avons dû partir** there were too many of us and so we had to leave; **Marie, qui était arrivée à l'improviste, était en ~** Marie, who had turned up unexpectedly, was one too many; **ils ont fait sortir les spectateurs en ~** they asked the excess spectators to leave.

surnommer [sүʀnɔme] (1) *vt*: **~ qn 'le gros'** to nickname sb 'fatty'; **~ un roi 'le Fort'** to give a king the name 'the Strong'; **cette infirmité l'avait fait ~ 'le Crapaud'** this disability had earned him the nickname of 'the Toad'; **le roi Richard surnommé 'le Courageux'** King Richard known as *ou* named 'the Brave'.

surnotation [sүʀnɔtasjɔ̃] *nf* (*Scol*) overmarking (*Brit*), overgrading (*US*).

surnoter [sүʀnɔte] (1) *vt* (*Scol*) to overmark (*Brit*), overgrade (*US*).

surnuméraire [sүʀnymeʀɛʀ] *adj, nmf* supernumerary.

suroffre [sүʀɔfʀ(ə)] *nf* (*Jur*) higher offer *ou* bid.

suroît [sүʀwa] *nm* (*vent*) south-wester, sou'wester; (*chapeau*) sou'wester. **vent de ~** south-westerly wind.

surpassement [sүʀpasmã] *nm* (*littér*) **~ de soi** surpassing (of) oneself.

surpasser [sүʀpase] (1) **1** *vt* (**a**) (*l'emporter sur*) *concurrent, rival* to surpass, outdo. **~ qn en agilité/connaissances** to surpass sb in agility/knowledge; **sa gloire surpassait en éclat celle de Napoléon** his glory outshone that of Napoleon.
(**b**) (*dépasser*) to surpass. **le résultat surpasse toutes les espérances** the result surpasses *ou* is beyond all our hopes.
2 se surpasser *vpr* to surpass o.s., excel o.s. **le cuisinier s'est surpassé aujourd'hui** the cook has excelled *ou* surpassed himself today; (*iro*) **encore un échec, décidément tu te surpasses!**

another failure — you're really excelling *ou* surpassing yourself!

surpayer [sүʀpeje] (8) *vt employé* to overpay; *marchandise* to pay too much for.

surpeuplé, e [sүʀpœple] *adj* overpopulated.

surpeuplement [sүʀpœpləmã] *nm* overpopulation.

sur-place [sүʀplas] *nm V* **sur**¹.

surplis [sүʀpli] *nm* surplice.

surplomb [sүʀplɔ̃] *nm* overhang. **en ~** overhanging.

surplomber [sүʀplɔ̃be] (1) **1** *vi* (*Tech*) to be out of plumb. **2** *vt* to overhang.

surplus [sүʀply] *nm* (**a**) (*excédent non écoulé*) surplus (*U*). **vendre le ~ de son stock** to sell off one's surplus stock; **avoir des marchandises en ~** to have surplus goods.
(**b**) (*reste non utilisé*) **il me reste un ~ de clous/de papier dont je ne me suis pas servi** I've got some nails/paper left over *ou* some surplus nails/paper that I didn't use; **avec le ~ (de bois), je vais essayer de me faire une cabane** with what's left over (of the wood) *ou* with the leftover *ou* surplus (wood) I'm going to try to build myself a hut; **ce sont des ~ qui restent de la guerre/de l'exposition** they're *ou* it's left over *ou* it's surplus from the war/exhibition; **~ américains** American army surplus.
(**c**) (*d'ailleurs*) **au ~** moreover, what is more.

surpopulation [sүʀpɔpylasjɔ̃] *nf* overpopulation.

surprenant, e [sүʀpʀənɑ̃, ɑ̃t] *adj* (*étonnant*) amazing, surprising; (*remarquable*) amazing, astonishing.

surprendre [sүʀpʀɑ̃dʀ(ə)] (58) **1** *vt* (**a**) (*prendre sur le fait*) *voleur* to surprise, catch in the act.
(**b**) (*découvrir*) *secret, complot* to discover; *conversation* to overhear; *regard, sourire complice* to intercept. **je crus ~ en lui de la gêne** I thought that I detected some embarrassment in him.
(**c**) (*prendre au dépourvu*) (*par attaque*) *ennemi* to surprise; (*par visite inopinée*) *amis, voisins etc* to catch unawares, catch on the hop* (*Brit*). **~ des amis chez eux** to drop in unexpectedly on friends, pay a surprise visit to friends; **espérant la ~ au bain/au lit** hoping to catch her in the bath/in bed; **je vais aller le ~ au travail** I'm going to drop in (unexpectedly) on him at work, I'm going to catch him unawares at work.
(**d**) *[pluie, marée, nuit]* to catch out. **se laisser ~ par la marée** to be caught (out) by the tide; **se laisser ~ par la pluie** to be caught in the rain *ou* caught (out) by the rain; **se laisser ~ par la nuit** to be overtaken by nightfall.
(**e**) (*étonner*) *[nouvelle, conduite]* to amaze, surprise. **tu me surprends** you amaze me; **cela me surprendrait fort** that would greatly surprise me; **cela m'a agréablement surpris** I was pleasantly surprised by that.
(**f**) (*littér*) **~ la vigilance de qn** to catch sb out; **~ la bonne foi de qn** to betray sb's good faith; **~ la confiance de qn**† to win sb's trust fraudulently.
2 se surprendre *vpr*: **se ~ à faire qch** to catch *ou* find o.s. doing sth.

surpression [sүʀpʀesjɔ̃] *nf* (*Tech*) superpressure.

surprime [sүʀpʀim] *nf* (*Assurances*) additional premium.

surpris, e¹ [sүʀpʀi, iz] (*ptp de* **surprendre**) *adj air, regard* surprised. **~ de qch** surprised *ou* amazed at sth; **~ de me voir là/que je sois encore là** surprised *ou* amazed at seeing me there *ou* to see me there/that I was still there.

surprise² [sүʀpʀiz] **1** *nf* (**a**) (*étonnement*) surprise. **regarder qn avec ~** to look at sb with *ou* in surprise; **avoir la ~ de voir que** to be surprised to see that; **à ma grande ~** much to my surprise, to my great surprise.
(**b**) (*cause d'étonnement, cadeau*) surprise. **voyage sans ~s** uneventful *ou* unremarkable journey; **prix sans ~s** (all-)inclusive price; **avec ça, pas de (mauvaises) ~s!** you'll have no nasty *ou* unpleasant surprises with this!; **il m'a apporté une petite ~** he brought me a little surprise; **quelle bonne ~!** what a nice *ou* pleasant *ou* lovely surprise!
(**c**) **par ~** *attaquer* by surprise; **il m'a pris par ~** he took me by surprise, he caught me off guard *ou* unawares, he caught me on the hop* (*Brit*).
(**d**) **visite-~** surprise visit; *[homme politique]* **voyage-~** surprise *ou* unexpected trip *ou* visit; **attaque-~** surprise attack; **grève-~** unofficial strike; *V* **pochette**.
2: **surprise-partie** *nf, pl* **surprises-parties** party.

surproduction [sүʀpʀɔdyksjɔ̃] *nf* overproduction.

surpuissant, e [sүʀpɥisɑ̃, ɑ̃t] *adj voiture, moteur* ultra-powerful.

surréalisme [sүʀʀealism(ə)] *nm* surrealism.

surréaliste [sүʀʀealist(ə)] **1** *adj écrivain, peintre* surrealist; *tableau, poème* surrealist, surrealistic; (*bizarre*) surrealistic, way-out*. **2** *nmf* surrealist.

surrégénérateur [sүʀʀeʒeneʀatœʀ] *nm* fast breeder (reactor).

surrénal, e, mpl -aux [sүʀʀenal, o] **1** *adj* suprarenal. **2** *nfpl*: **~es** suprarenals.

sursaut [sүʀso] *nm* (*mouvement brusque*) start, jump. (*fig*: *élan, accès*) **~ d'énergie/d'indignation** (sudden) burst *ou* fit of energy/indignation; **se réveiller en ~** to wake up with a start *ou* jump; **avoir un ~** to give a start, jump; **cela lui fit faire un ~** it made him jump *ou* start.

sursauter [sүʀsote] (1) *vi* to start, jump, give a start. **faire ~ qn** to make sb start *ou* jump, give sb a start.

surseoir [sүʀswaʀ] (26) **surseoir à** *vt indir publication, délibération* to defer, postpone; (*Jur*) *poursuites, jugement, exécution* to stay. **~ à l'exécution d'un condamné** to grant a stay of execution *ou* a reprieve to a condemned man.

sursis [sүʀsi] *nm* (**a**) (*Jur*) [*condamnation à mort*] reprieve. **peine avec ~ ou assortie du ~** suspended *ou* deferred sentence; **il a eu le ~/2 ans avec ~** he was given a suspended *ou* deferred sentence/

a 2-year suspended *ou* deferred sentence; ~ à exécution *ou* d'exécution stay of execution.
(b) (*Mil*) ~ (d'incorporation) deferment.
(c) (*fig: temps de répit*) reprieve. c'est un mort en ~ he's a condemned man, he's living under a death sentence.
sursitaire [syrsitɛr] **1** *adj* (*Mil*) deferred (*épith*); (*Jur*) with a suspended *ou* deferred sentence. **2** *nm* (*Mil*) deferred conscript.
surtaxe [syrtaks(ə)] *nf* surcharge; [*lettre mal affranchie*] surcharge; [*envoi exprès etc*] additional charge, surcharge. ~ à l'importation import surcharge.
surtaxer [syrtakse] (1) *vt* to surcharge.
surtension [syrtɑ̃sjɔ̃] *nf* (*Élec*) overvoltage.
surtout¹ [syrtu] *adv* **(a)** (*avant tout, d'abord*) above all; (*spécialement*) especially, particularly. **rapide, efficace et ~ discret** quick, efficient and above all discreet; **il est assez timide, ~ avec les femmes** he's quite shy, especially *ou* particularly with women; **j'aime ~ les romans, mais je lis aussi de la poésie** I particularly like novels *ou* above all I like novels, but I also read poetry; **dernièrement, j'ai ~ lu des romans** I have read mostly *ou* mainly novels of late; **j'aime les romans, ~ les romans policiers** I like novels, especially *ou* particularly detective novels; **le poulet, je l'aime ~ à la basquaise** I like chicken best (when) cooked the Basque way.
(b) ~ que* especially as *ou* since.
(c) ~, motus et bouche cousue! don't forget, mum's the word!; ~ **pas maintenant** certainly not now; **je ne veux ~ pas vous déranger** the last thing I want is to disturb you, I certainly don't want to disturb you; ~ **pas!** certainly not!; ~ **ne vous mettez pas en frais** whatever you do, don't go to any expense.
surtout²† [syrtu] *nm* (*manteau*) greatcoat†.
surveillance [syrvεjɑ̃s] **1** *nf* (*action: V surveiller*) watch; supervision; invigilation. **exercer une ~ continuelle/une étroite ~ sur** to keep a constant/close watch over; **sous la ~ de la police** under police surveillance; **mission/service de ~** surveillance mission/personnel; **placer une maison sous ~** to put a house under surveillance; (*lit, fig*) **mettre qch sous haute ~** to keep a close *ou* tight watch on sth; **société de ~** security firm; **déjouer** *ou* **tromper la ~ de ses gardiens** to slip by *ou* evade the guards on duty.
2: surveillance électronique electronic surveillance; (*Méd*) electronic monitoring; **surveillance légale** legal surveillance (*of impounded property*); **surveillance médicale** medical supervision; **surveillance policière** police surveillance; **la Direction de la surveillance du territoire** ≃ the Intelligence Service.
surveillant, e [syrvεjɑ̃, ɑ̃t] **1** *nm,f* [*prison*] warder (*Brit†*), guard (*US*); [*usine, chantier*] supervisor, overseer; [*magasin*] shopwalker; (*Scol*) (*pion*) supervisor (*adult employed for supervision*); (*aux examens*) invigilator.
2: (*Scol*) **surveillant d'étude†** private study supervisor (*Brit*), study hall teacher (*US*); (*Scol*) **surveillant général†** chief supervisor; (*Scol*) **surveillant d'internat** supervisor of boarders, dormitory monitor (*US*); **surveillant de permanence = surveillant d'étude**; (*Méd*) **surveillant de salle** head nurse, ≃ sister (*Brit*), charge nurse.
surveillé, e [syrvεje] (*ptp de surveiller*) *adj V* **liberté.**
surveiller [syrvεje] (1) **1** *vt* **(a)** (*garder*) enfant, élève, bagages to watch, keep an eye on; *prisonnier* to keep watch over, keep (a) watch on; *malade* to watch over, keep watch over. **il faut voir comme elle le surveille!** you should see the way she watches him!; ~ **qn de près** to keep a close eye *ou* watch on sb; ~ **qn du coin de l'œil** to keep half an eye on sb.
(b) (*contrôler*) éducation, études de qn to supervise; réparation, construction to supervise, oversee; (*Scol*) examen to invigilate. **surveille la soupe une minute** keep an eye on the soup a minute, watch the soup a minute.
(c) (*défendre*) locaux to keep watch on; *territoire* to watch over, keep watch over.
(d) (*épier*) personne, mouvements, proie to watch; *adversaire* (*Mil*) to keep watch on; (*Sport*) to watch. **se sentant surveillé, il partit** feeling he was being watched, he left.
(e) (*fig*) ~ **son langage/sa ligne** to watch one's language/one's figure.
2 se surveiller *vpr* to keep a check *ou* a watch on o.s. **elle devrait se ~, elle grossit de plus en plus** she ought to keep a check *ou* watch on herself *ou* she ought to watch herself because she's getting fatter and fatter.
survenir [syrvənir] (22) *vi* [*événement*] to take place, happen; [*incident, complications, retards*] to occur, arise; [*personne*] to appear, arrive (unexpectedly). **s'il survient des complications ...** should any complications arise ... .
survêtement [syrvεtmɑ̃] *nm* (*sportif*) tracksuit; [*alpiniste, skieur*] overgarments.
survie [syrvi] *nf* [*malade, accidenté*] survival; (*Rel: dans l'au-delà*) afterlife; (*fig*) [*auteur, amitié, institution, mode*] survival. **ce médicament lui a donné quelques mois de ~** this drug has given him a few more months of life *ou* a few more months to live; **une ~ de quelques jours, à quoi bon, dans son état?** what's the use of letting him survive *ou* live *ou* of prolonging his life for a few more days in his condition?; **équipement** *etc* **de ~** survival equipment *etc.*
survirer [syrvire] (1) *vi* (*Aut*) to oversteer.
survireur, -euse [syrviRœR, øz] *adj* (*Aut*) voiture ~euse car which oversteers.
sur-vitrage [syrvitRaʒ] *nm* double-glazing.
survivance [syrvivɑ̃s] *nf* **(a)** (*vestige*) relic, survival. **cette coutume est une ~ du passé** this custom is a survival from the past. **(b)** (*littér*) [*âme*] survival. ~ **de l'âme** survival of the soul (after death), afterlife.
survivant, e [syrvivɑ̃, ɑ̃t] **1** *adj* surviving. **2** *nm,f* (*rescapé, Jur*)

survivor. **des sœurs, la ~e ...** the surviving sister ...; **un ~ d'un âge révolu** a survivor from a past age.
survivre [syrvivr(ə)] (46) **1** *vi* **(a)** (*continuer à vivre: lit, fig*) to survive. (*après accident etc*) **va-t-il ~?** will he live? *ou* survive?; **il n'avait aucune chance de ~** he had no chance of survival *ou* surviving; ~ **à** accident, maladie, humiliation to survive; (*fig*) **rien ne survivait de leurs anciennes coutumes** nothing survived of their old customs.
(b) (*vivre plus longtemps que*) ~ **à** [*personne*] to outlive; [*œuvre, idée*] to outlive, outlast.
2 se survivre *vpr* **(a)** (*se perpétuer*) **se ~ dans** œuvre, enfant, souvenir to live on in.
(b) (*péj*) [*auteur*] to outlive one's talent; [*aventurier*] to outlive one's time.
survol [syrvɔl] *nm* (*V survoler*) **le ~ de** flying over; skimming through, skipping through; skimming over; **faire un ~ à basse altitude** to make a low flight.
survoler [syrvɔle] (1) *vt* (*lit*) to fly over; (*fig*) livre to skim through, skip through; *question* to skim over.
survoltage [syrvɔltaʒ] *nm* (*Élec*) boosting.
survolté, e [syrvɔlte] *adj* **(a)** (*surexcité*) worked up, over-excited. **(b)** (*Élec*) stepped up, boosted.
sus [sy(s)] *adv* **(a)** (*Admin*) **en ~** in addition; **en ~ de** in addition to, over and above. **(b)** (†, *hum*) **courir ~ à l'ennemi** to rush upon the enemy; ~ **à l'ennemi!** at them!; ~ **au tyran!** at the tyrant!
susceptibilité [sysεptibilite] *nf* touchiness (*U*), sensitiveness (*U*). **afin de ménager les ~s** so as not to offend people's susceptibilities *ou* sensibilities.
susceptible [sysεptibl(ə)] *adj* **(a)** (*ombrageux*) touchy, thin-skinned, sensitive.
(b) (*de nature à*) **ces axiomes ne sont pas ~s de démonstration** *ou* **d'être démontrés** these axioms are not susceptible of proof *ou* cannot be proved; **texte ~ d'être amélioré** *ou* **d'améliorations** text open to improvement *ou* that can be improved upon; **ces gens ne sont pas ~s d'éprouver du chagrin** these people are not susceptible to grief; **des conférences ~s de l'intéresser** lectures liable *ou* likely to be of interest to him *ou* that may well be of interest to him.
(c) (*en mesure de*) **est-il ~ de le faire?** (*capacité*) is he able to do it?, is he capable of doing it?; (*hypothèse*) is he likely to do it?; **il est ~ de gagner** he may well win, he is liable to win; **un second ~ lui aussi de prendre l'initiative des opérations** a second-in-command who is also in a position to *ou* who is also able to direct operations.
susciter [sysite] (1) *vt* **(a)** (*donner naissance à*) admiration, intérêt to arouse; *passions, jalousies, haine* to arouse, incite; *controverse, critiques, querelle* to give rise to, provoke; *obstacles* to give rise to, create.
(b) (*provoquer volontairement*) to create. ~ **des obstacles/ennuis à qn** to create obstacles/difficulties for sb; ~ **des ennemis à qn** to make enemies for sb.
suscription [syskripsjɔ̃] *nf* (*Admin*) address.
susdit, e [sysdi, dit] *adj* (*Jur*) foresaid (*Jur*).
sus-dominante [sysdɔminɑ̃t] *nf* submediant.
susmentionné, e [sysmɑ̃sjɔne] *adj* (*Admin*) above-mentioned, aforementioned.
susnommé, e [sysnɔme] *adj, nm,f* (*Admin, Jur*) above-named.
suspect, e [sysp(εkt), εkt(ə)] **1** *adj* **(a)** (*louche*) individu, conduite, attitude suspicious. **sa générosité m'est** *ou* **me paraît ~e** I find his generosity suspicious, his generosity seems suspect *ou* suspicious to me.
(b) (*douteux*) opinion, témoignage, citoyen suspect. **individu ~ au régime** (individual) suspect in the eyes of the régime; **pensées ~es à la majorité conservatrice** thoughts which the conservative majority find suspect.
(c) ~ **de** suspected of; **ils sont ~s de collusion avec l'ennemi** they are suspected of collusion with the enemy; **X, pourtant bien peu ~ de royalisme, a proposé que ...** X, hardly likely to be suspected of royalism, did however propose that ... .
2 *nm,f* suspect.
suspecter [syspεkte] (1) *vt* personne to suspect; bonne foi, honnêteté to suspect, have (one's) suspicions about, question. ~ **qn de faire** to suspect sb of doing; **on le suspecte de sympathies gauchistes** he is suspected of having leftist sympathies.
suspendre [syspɑ̃dr(ə)] (41) **1** *vt* **(a)** (*accrocher*) vêtements to hang up. ~ **qch à** clou, crochet to hang sth on.
(b) (*fixer*) lampe, décoration to hang, suspend (*à* from); hamac to sling (up). ~ **un lustre au plafond par une chaîne** to hang *ou* suspend a chandelier from the ceiling on *ou* by *ou* with a chain; ~ **un hamac à des crochets/à deux poteaux** to sling a hammock between some hooks/two posts.
(c) (*interrompre*) (*gén*) to suspend; récit to break off; audience, séance to adjourn.
(d) (*remettre*) jugement to suspend, defer; décision to postpone, defer.
(e) (*destituer*) prélat, fonctionnaire, joueur to suspend. ~ **qn de ses fonctions** to suspend sb from office.
2 se suspendre *vpr*: **se ~ à** branche, barre to hang from (*par* by).
suspendu, e [syspɑ̃dy] (*ptp de suspendre*) *adj* **(a)** (*accroché*) vêtement *etc* ~ **à** garment *etc* hanging on; lustre *etc* ~ **à** light *etc* hanging *ou* suspended from; benne ~e **à un câble**/~e **dans le vide** skip suspended by a cable/in mid air; montre ~e **à une chaîne** watch hanging on a chain; (*fig*) **être ~ aux lèvres de qn** to hang upon sb's every word; (*fig*) **chalets ~s au-dessus d'une gorge** chalets perched *ou* suspended over a gorge; *V* **jardin, pont.**

(b) (*Aut*) **voiture bien/mal** ~**e** car with good/poor suspension.

suspens [syspɑ̃] *nm* **(a)** (*sur une voie de garage*) **en** ~ *affaire, projet, travail* in abeyance; **une question laissée en** ~ a question that has been shelved; **laisser une affaire en** ~ to leave an affair in abeyance.
  (b) (*dans l'incertitude*) **en** ~ in suspense; **tenir les lecteurs en** ~ to keep the reader in suspense.
  (c) (*en suspension*) **en** ~ *poussière, flocons de neige* in suspension; **en** ~ **dans l'air** suspended in the air.
  (d) (*littér: suspense*) suspense.

suspense [syspɑ̃s] *nm* [*film, roman*] suspense. **un moment de** ~ a moment's suspense; **un** ~ **angoissant** an agonizing feeling of suspense; **film à** ~ suspense film, thriller.

suspenseur [syspɑ̃sœʀ] **1** *adj m* suspensary. **2** *nm* suspensar.

suspensif, -ive [syspɑ̃sif, iv] *adj* (*Jur*) suspensive.

suspension [syspɑ̃sjɔ̃] **1** *nf* **(a)** (*action: V* **suspendre**) hanging; suspending; suspension; breaking off; adjournment; deferment; postponement. **prononcer la** ~ **de qn pour 2 ans** to suspend sb for 2 years; *V* **point**[1].
  (b) (*Aut*) suspension. ~ **à roues indépendantes/hydropneumatique** independent/hydropneumatic suspension; *V* **ressort**[1].
  (c) (*lustre*) light fitting *ou* fitment.
  (d) (*installation, système*) suspension.
  (e) (*Chim*) suspension.
  (f) en ~ *particule, poussière* in suspension, suspended; **en** ~ **dans l'air** *poussière* hanging on the air, suspended in the air; **en** ~ **dans l'air** *ou* **dans le vide** *personne, câble* suspended in mid air.
  2: suspension d'armes suspension of fighting; **suspension d'audience** adjournment; **suspension des hostilités** suspension of hostilities; **suspension de paiement** suspension of payment(s); **suspension de séance** adjournment.

suspicieusement [syspisjøzmɑ̃] *adv* suspiciously.

suspicieux, -euse [syspisjø, øz] *adj* suspicious.

suspicion [syspisjɔ̃] *nf* suspicion. **avoir de la** ~ **à l'égard de qn** to be suspicious of sb, have one's suspicions about sb.

sustentateur, -trice [systɑ̃tatœʀ, tʀis] *adj* (*Aviat*) lifting. **surface** ~**trice** aerofoil.

sustentation [systɑ̃tasjɔ̃] *nf* (*Aviat*) lift. (*Aviat*) **plan de** ~ aerofoil; (*Géom*) **polygone** *ou* **base de** ~ base.

sustenter [systɑ̃te] (1) **1** *vt* (†: *nourrir*) to sustain. **2 se sustenter** *vpr* (*hum, frm*) to take sustenance (*hum, frm*).

sus-tonique [systɔnik] *adj* (*Mus*) supertonic.

susurrement [sysyʀmɑ̃] *nm* (*V* **susurrer**) whisper; whispering; murmuring.

susurrer [sysyʀe] (1) *vti* [*personne*] to whisper; [*eau*] to murmur.

susvisé, e [sysvize] *adj* (*Admin*) above-mentioned, aforementioned.

suture [sytyʀ] *nf* (*Anat, Bot, Méd*) suture; *V* **point**[2].

suturer [sytyʀe] (1) *vt* to suture (*T*), stitch up.

suzerain, e [syzʀɛ̃, ɛn] **1** *nm, f* suzerain, overlord. **2** *adj* suzerain.

suzeraineté [syzʀɛnte] *nf* suzerainty.

svastika [svastika] *nm* swastika.

svelte [svɛlt(ə)] *adj personne* svelte, slender, slim, willowy; *édifice, silhouette* slender, slim.

sveltesse [svɛltɛs] *nf* slenderness.

S.V.P. [ɛsvepe] (*abrév de* **s'il vous plaît**) please.

swazi, e [swazi] **1** *adj* Swazi. **2** *nm, f*: **S**~**(e)** Swazi.

Swaziland [swazilɑ̃d] *nm* Swaziland.

sweater [switœʀ] *nm* sweater.

sweat-shirt, *pl* **sweat-shirts** [switʃœʀt] *nm* sweatshirt.

sweepstake [swipstɛk] *nm* sweepstake.

swiftien, -ienne [swiftjɛ̃, jɛn] *adj* Swiftian.

swing [swiŋ] *nm* swing.

swinguer* [swiŋge] (1) *vi* to swing*. **ça swingue!** they are really swinging it!*

sybarite [sibaʀit] *nmf* sybarite.

sybaritique [sibaʀitik] *adj* sybaritic.

sybaritisme [sibaʀitism(ə)] *nm* sybaritism.

sycomore [sikɔmɔʀ] *nm* sycamore (tree).

sycophante [sikɔfɑ̃t] *nm* (*littér: délateur*) informer.

syllabation [silabasjɔ̃] *nf* syllabication, syllabification.

syllabe [silab] *nf* syllable.

syllabique [silabik] *adj* syllabic.

syllabisme [silabism(ə)] *nm* syllabism.

syllogisme [silɔʒism(ə)] *nm* syllogism.

syllogistique [silɔʒistik] *adj* syllogistic.

sylphe [silf(ə)] *nm* sylph. **sa taille de** ~ her sylphlike figure.

sylphide [silfid] *nf* sylphid; (*fig*) sylphlike creature. **sa taille de** ~ her sylphlike figure.

sylvestre [silvɛstʀ(ə)] *adj* forest (*épith*), silvan (*littér*); *V* **pin**.

Sylvestre [silvɛstʀ(ə)] *nm* Silvester.

sylvicole [silvikɔl] *adj* forestry (*épith*).

sylviculteur [silvikyltœʀ] *nm* forester.

sylviculture [silvikyltyʀ] *nf* forestry, silviculture (*T*).

Sylvie [silvi] *nf* Sylvia.

symbiose [sɛ̃bjoz] *nf* symbiosis.

symbiotique [sɛ̃bjɔtik] *adj* symbiotic.

symbole [sɛ̃bɔl] *nm* (*gén*) symbol. ~ **des apôtres** Apostles' Creed; ~ **de saint Athanase** Athanasian Creed.

symbolique [sɛ̃bɔlik] **1** *adj* (*gén*) symbolic(al); (*fig: très modique*) *donation, augmentation, émolument, amende* token (*épith*), nominal; *cotisation, contribution, dommages-intérêts* nominal; (*sans valeur*) *solution* cosmetic. **c'est un geste purement** ~ it's a purely symbolic(al) gesture, it's just a token gesture; *logique* ~ symbolic logic.

2 *nf* (*science*) symbolics (*sg*); (*système de symboles*) symbolic system.

symboliquement [sɛ̃bɔlikmɑ̃] *adv* symbolically.

symbolisation [sɛ̃bɔlizasjɔ̃] *nf* symbolization.

symboliser [sɛ̃bɔlize] (1) *vt* to symbolize.

symbolisme [sɛ̃bɔlism(ə)] *nm* (*gén*) symbolism; (*Littérat*) Symbolism.

symboliste [sɛ̃bɔlist(ə)] *adj, nmf* Symbolist.

symétrie [simetʀi] *nf* (*gén*) symmetry (*par rapport à* in relation to). **centre/axe de** ~ centre/axis of symmetry.

symétrique [simetʀik] **1** *adj* symmetrical (*de* to, *par rapport à* in relation to). **2** *nm* [*muscle*] symmetry. **3** *nf* [*figure plane*] symmetrical figure.

symétriquement [simetʀikmɑ̃] *adv* symmetrically.

sympa* [sɛ̃pa] *adj inv* (*abrév de* **sympathique**) *personne, soirée, robe* nice; *endroit, ambiance* nice, friendly. **un type vachement** ~ a nice *ou* good bloke* (*Brit*) *ou* guy*; **sois** ~, **prête-le-moi** be a pal* and lend it to me.

sympathie [sɛ̃pati] *nf* **(a)** (*inclination*) liking. **ressentir de la** ~ **à l'égard de qn** to (rather) like sb, have a liking for sb, feel drawn to *ou* towards sb; **j'ai beaucoup de** ~ **pour lui** I have a great liking for him, I like him a great deal; **il inspire la** ~ he's very likeable, he's a likeable sort; **n'ayant que peu de** ~ **pour cette nouvelle théorie** feeling very lukewarm about this new theory, having little time for this new theory, being unfavourable to(wards) this new theory; **accueillir une idée avec** ~ to receive an idea favourably.
  (b) (*affinité*) fellow feeling, warmth, friendship. **la** ~ **qui existe entre eux** the fellow feeling *ou* friendship *ou* warmth there is between them, the affinity they feel for each other; **des relations de** ~ **les unissaient** they were united by a fellow feeling; **il n'y a guère de** ~ **entre ces factions/personnes** there's no love lost between these factions/people; **être en** ~ **avec qn** to be at one with sb (*frm*).
  (c) (*frm: condoléances*) sympathy. **croyez à notre** ~ please accept our deepest *ou* most heartfelt sympathy, you have our deepest sympathy; **témoignages de** ~ (*pour deuil*) expressions of sympathy.

sympathique [sɛ̃patik] **1** *adj* **(a)** (*agréable, aimable*) *personne* likeable, nice; *geste, accueil* friendly, kindly; *soirée, réunion, ambiance* pleasant, friendly; *plat* good, nice; *appartement* nice, pleasant. **il m'est (très)** ~, **je le trouve (très)** ~ I like him (very much), I find him (very) likeable *ou* friendly *ou* nice; **il a une tête** ~ he has a friendly face.
  (b) (*Anat*) sympathetic.
  (c) *V* **encre.**

2 *nm* (*Anat*) **le (grand)** ~ the sympathetic nervous system.

sympathiquement [sɛ̃patikmɑ̃] *adv* **accueillir, traiter** in a friendly manner. **ils ont** ~ **offert de nous aider** they have kindly offered to help us; **ils nous ont** ~ **reçus** they gave us a friendly reception.

sympathisant, e [sɛ̃patizɑ̃, ɑ̃t] **1** *adj* (*Pol*) sympathizing (*épith*). **2** *nm, f* (*Pol*) sympathizer.

sympathiser [sɛ̃patize] (1) *vi* (*bien s'entendre*) to get on (well) (*avec* with); (*se prendre d'amitié*) to hit it off* (*avec* with). (*fréquenter*) **ils ne sympathisent pas avec les voisins** they don't have much contact with *ou* much to do with* the neighbours; **je suis heureux de voir qu'il sympathise avec Lucien** I'm pleased to see he gets on (well) with Lucien; **ils ont tout de suite sympathisé** they took to each other immediately, they hit it off* straight away.

symphonie [sɛ̃fɔni] *nf* (*Mus, fig*) symphony. ~ **concertante** symphonia concertante.

symphonique [sɛ̃fɔnik] *adj* symphonic; *V* **orchestre, poème.**

symphoniste [sɛ̃fɔnist(ə)] *nmf* symphonist.

symposium [sɛ̃pozjɔm] *nm* symposium.

symptomatique [sɛ̃ptɔmatik] *adj* (*Méd*) symptomatic; (*révélateur*) significant. ~ **de** symptomatic of.

symptomatiquement [sɛ̃ptɔmatikmɑ̃] *adv* symptomatically.

symptôme [sɛ̃ptom] *nm* (*Méd*) symptom; (*signe, indice*) sign, symptom.

synagogue [sinagɔg] *nf* synagogue.

synapse [sinaps(ə)] *nf* [*neurones*] synapse, synapsis; [*gamètes*] synapsis.

synarchie [sinaʀʃi] *nf* synarchy.

synchrone [sɛ̃kʀɔn] *adj* synchronous.

synchronie [sɛ̃kʀɔni] *nf* synchronic level, synchrony.

synchronique [sɛ̃kʀɔnik] *adj* *linguistique, analyse* synchronic; *V* **tableau.**

synchroniquement [sɛ̃kʀɔnikmɑ̃] *adv* synchronically.

synchronisation [sɛ̃kʀɔnizasjɔ̃] *nf* synchronization.

synchronisé, e [sɛ̃kʀɔnize] (*ptp de* **synchroniser**) *adj* synchronized.

synchroniser [sɛ̃kʀɔnize] (1) *vt* to synchronize.

synchroniseur [sɛ̃kʀɔnizœʀ] *nm* (*Élec*) synchronizer; (*Aut*) synchromesh.

synchroniseuse [sɛ̃kʀɔnizøz] *nf* (*Ciné*) synchronizer.

synchronisme [sɛ̃kʀɔnism(ə)] *nm* [*oscillations, dates*] synchronism; (*Philos*) synchronicity. (*fig*) **avec un** ~ **parfait** with perfect synchronization.

synclinal, e, *mpl* **-aux** [sɛ̃klinal, o] **1** *adj* synclinal. **2** *nm* syncline.

syncope [sɛ̃kɔp] *nf* **(a)** (*évanouissement*) blackout, fainting fit, syncope (*T*). **avoir une** ~ to have a blackout, have a fainting fit; **tomber en** ~ to faint, pass out. **(b)** (*Mus*) syncopation. **(c)** (*Ling*) syncope.

syncopé, e [sɛ̃kɔpe] *adj* **(a)** (*Littérat, Mus*) syncopated. **(b)** (*: *stupéfait*) staggered*, flabbergasted*.

syncrétisme [sɛ̃kʀetism(ə)] *nm* syncretism.

syndic [sɛ̃dik] *nm* (*Hist*) syndic; (*Jur*) receiver. ~ (**d'immeuble**) managing agent; (*Jur, Fin*) ~ **de faillite** official receiver, ≈ trustee (in bankruptcy).

syndical, e, *mpl* **-aux** [sɛ̃dikal, o] *adj* (trade-)union (*épith*). **conseil** ~ **d'un immeuble** ≃ management committee of a block of flats (*Brit*) *ou* an apartment house (*US*); *V* **chambre, tarif**.

syndicalisation [sɛ̃dikalizɑsjɔ̃] *nf* union membership.

syndicalisme [sɛ̃dikalism(ə)] *nm* (*mouvement*) trade unionism; (*activité*) union(ist) activities (*pl*); (*doctrine politique*) syndicalism. **collègue au** ~ ardent colleague with strongly unionist views; **faire du** ~ to participate in unionist activities, be a union activist.

syndicaliste [sɛ̃dikalist(ə)] **1** *nmf* (*responsable d'un syndicat*) (trade) union official, trade unionist; (*doctrinaire*) syndicalist.
2 *adj chef* trade-union (*épith*); *doctrine, idéal* unionist (*épith*).

syndicat [sɛ̃dika] **1** *nm* (**a**) *[travailleurs, employés]* (trade) union; *[employeurs]* union, syndicate; *[producteurs agricoles]* union. ~ **de mineurs/de journalistes** miners'/journalists' union; ~ **du crime** crime syndicate.
(**b**) (*non professionnel*) association; *V* **2**.
2: (*Admin*) **syndicat de communes** association of communes; **syndicat financier** syndicate of financiers; **syndicat d'initiative** tourist (information) office *ou* bureau *ou* centre; (*Admin*) **syndicat interdépartemental** association of regional authorities; **syndicat de locataires** tenants' association; **syndicat ouvrier** trade union; **syndicat patronal** employers' syndicate, federation of employers, bosses' union*; **syndicat de propriétaires** (*gen*) association of property owners; (*d'un même immeuble*) householders' association.

syndicataire [sɛ̃dikatɛʀ] **1** *adj* of a syndicate. **2** *nmf* syndicate member.

syndiqué, e [sɛ̃dike] (*ptp de* **syndiquer**) **1** *adj* belonging to a (trade) union. **ouvrier** ~ union member; **est-il** ~**?** is he in a *ou* the union?, is he a union man *ou* member?; **les travailleurs non** ~**s** workers who are not members of a *ou* the union, non-union *ou* non-unionized workers.
2 *nm, f* union member.

syndiquer [sɛ̃dike] (1) **1** *vt* to unionize. **2 se syndiquer** *vpr* (*se grouper*) to form a trade union, unionize; (*adhérer*) to join a trade union.

syndrome [sɛ̃dʀom] *nm* syndrome. ~ **chinois** China syndrome; **le** ~ **de Down** Down's syndrome; ~ **immuno-déficitaire acquis** acquired immuno-deficiency syndrome.

synecdoque [sinɛkdɔk] *nf* synecdoche.

synérèse [sineʀɛz] *nf* (*Ling*) synaeresis; (*Chim*) syneresis.

synergie [sinɛʀʒi] *nf* synergy, synergism.

synergique [sinɛʀʒik] *adj* synergetic.

synesthésie [sinɛstezi] *nf* synaesthesia.

synode [sinɔd] *nm* synod.

synodique [sinɔdik] *adj* (*Astron*) synodic(al); (*Rel*) synodal.

synonyme [sinɔnim] **1** *adj* synonymous (*de* with). **2** *nm* synonym.

synonymie [sinɔnimi] *nf* synonymy.

synonymique [sinɔnimik] *adj* synonymic(al).

synopsis [sinɔpsis] *nf ou nm* (*Ciné*) synopsis.

synoptique [sinɔptik] *adj* synoptic.

synovial, e, *mpl* **-aux** [sinɔvjal,o] *adj* synovial.

synovie [sinɔvi] *nf* synovia; *V* **épanchement**.

synovite [sinɔvit] *nf* synovitis.

syntactique [sɛ̃taktik] *adj* = **syntaxique**.

syntagmatique [sɛ̃tagmatik] *adj* syntagmatic, phrasal.

syntagme [sɛ̃tagm(ə)] *nm* (word) group, phrase, syntagm (*T*). ~ **nominal** nominal group, noun phrase; ~ **verbal** verb phrase.

syntaxe [sɛ̃taks(ə)] *nf* syntax.

syntaxique [sɛ̃taksik] *adj* syntactic.

synthèse [sɛ̃tɛz] *nf* synthesis. **faire la** ~ **de qch** to synthesize sth; (*Chim*) **produit de** ~ product of synthesis.

synthétique [sɛ̃tetik] *adj* synthetic.

synthétiquement [sɛ̃tetikmɑ̃] *adv* synthetically.

synthétiser [sɛ̃tetize] (1) *vt* to synthetize, synthesize.

synthétiseur [sɛ̃tetizœʀ] *nm* synthesizer. (*Ordin*) ~ **de (la) parole** speech synthesizer.

syphilis [sifilis] *nf* syphilis.

syphilitique [sifilitik] *adj, nmf* syphilitic.

Syrie [siʀi] *nf* Syria.

syrien, -ienne [siʀjɛ̃, jɛn] **1** *adj* Syrian. **République arabe** ~ Syrian Arab Republic. **2** *nm,f*: **S**~**(ne)** Syrian.

systématique [sistematik] *adj soutien, aide* unconditional; *opposition* systematic; *classement, esprit* systematic. **opposer un refus** ~ **à qch** to refuse sth systematically; **avec l'intention** ~ **de nuire** systematically intending to harm; **il est trop** ~ he's too narrow *ou* dogmatic, his views are too set.

systématiquement [sistematikmɑ̃] *adv* systematically.

systématisation [sistematizɑsjɔ̃] *nf* systematization.

systématiser [sistematize] (1) **1** *vt recherches, mesures* to systematize. **il n'a pas le sens de la nuance, il systématise (tout)** he has no sense of nuance — he systematizes everything. **2 se systématiser** *vpr* to become the rule.

système [sistɛm] **1** *nm* (**a**) (*gén: théorie, structure, méthode, dispositif, réseau*) system. ~ **de vie** way of life, lifestyle; (*institution etc*) **faire partie du** ~ to be part of the system; (*Ling*) ~ **casuel** case system; (*Anat*) **troubles du** ~ systemic disorders; *V* **esprit**.
(**b**) (*moyen*) system. **il connaît un** ~ **pour entrer sans payer** he's got a system for getting in without paying; **il connaît le** ~ he knows the trick *ou* system; **le meilleur** ~**, c'est de se relayer** the best plan *ou* system is to take turns.
(**c**) (*loc*) **par** ~ **agir** in a systematic way; *contredire* systematically; **il me tape** *ou* **court** *ou* **porte sur le** ~** he gets on my wick** (*Brit*) *ou* **nerves***.
2: système D* resourcefulness; **système d'équations** system of equations; **système de gestion de bases de données** database management system; **système métrique** metric system; **système nerveux** nervous system; **système pileux** hair; **système respiratoire** respiratory system; **système solaire** solar system; **système de traitement de texte** word-processing package.

systémique [sistemik] *adj* systemic.

systole [sistɔl] *nf* systole.

syzygie [siziʒi] *nf* syzygy.

T

T, t [te] *nm* (*lettre*) 'T', t. **en T** *table, immeuble* T-shaped; **bandage/antenne/équerre en T** T-bandage/-aerial/-square.

t' [t(ə)] *V* **te, tu**.

ta [ta] *adj poss V* **ton¹**.

tabac [taba] **1** *nm* (**a**) (*plante, produit*) tobacco; (*couleur*) buff, tobacco (brown); (*magasin*) tobacconist's (shop) (*Brit*), tobacco *ou* smoke shop (*US*). (**café-**)~ café (*selling tobacco and stamps*); *V* **blague, bureau, débit**.
(**b**) (*: loc*) **passer qn à** ~ to beat sb up; (*arg Théât*) **faire un** ~ to be a great hit *ou* a roaring success; **c'est toujours le même** ~ it's always the same old thing; **quelque chose du même** ~ something like that; *V* **coup, passage**.
2 *adj inv* buff, tobacco (brown).
3: tabac blond light *ou* mild *ou* Virginia tobacco; **tabac brun** dark tobacco; **tabac à chiquer** chewing tobacco; **tabac à priser** snuff.

tabagie [tabaʒi] *nf* smoke den.

tabagique [tabaʒik] *adj* smoking (*épith*), nicotine (*épith*).

tabagisme [tabaʒism(ə)] *nm* addiction to smoking, nicotine addiction.

tabard [tabaʀ] *nm* tabard.

tabassée* [tabase] *nf* (*passage à tabac*) belting*; (*bagarre*) punch-up* (*Brit*), brawl.

tabasser* [tabase] (1) **1** *vt* (*passer à tabac*) ~ **qn** to beat sb up, do sb over* (*Brit*); **se faire** ~ to be given a beating, get one's face

smashed in* (*par* by). **2 se tabasser** *vpr* (*se bagarrer*) to have a punch-up* (*Brit*) *ou* fight.

tabatière [tabatjɛʀ] *nf* (**a**) (*boîte*) snuffbox. (**b**) (*lucarne*) skylight; *V* **fenêtre**.

T.A.B.D.T. [teabedete] *nm abrév de* vaccin antityphoïdique et antiparatyphoïdique A et B, antidiphtérique et tétanique.

tabellion [tabeljɔ̃] *nm* (*hum péj: notaire*) lawyer, legal worthy (*hum péj*).

tabernacle [tabɛʀnakl(ə)] *nm* (*Rel*) tabernacle.

tablature [tablatyʀ] *nf* (*Mus*) tablature.

table [tabl(ə)] **1** *nf* (**a**) (*meuble*) table. ~ **de salle à manger/de cuisine/de billard** dining-room/kitchen/billiard table; *V* **carte, tennis**.
(**b**) (*pour le repas*) **être à** ~ to be having a meal, be eating, be at table; **nous étions 8 à** ~ there were 8 of us at *ou* round the table; **à** ~**!** come and eat!, dinner (*ou* lunch *etc*) is ready!; **mettre** *ou* (*littér*) **dresser la** ~ to lay *ou* set the table; **passer à** ~, **se mettre à** ~ to sit down to eat, sit down at the table; **se lever de** ~ to get up *ou* rise (*frm*) from the table; **quitter la** ~, **sortir de** ~ to leave the table; ~ **de 12 couverts** table set for 12; **linge/vin/propos de** ~ table linen/wine/talk.
(**c**) (*tablée*) table. **toute la** ~ **éclata de rire** the whole table burst out laughing; **une** ~ **de 4** a table for 4; **soldats et officiers mangeaient à la même** ~ soldiers and officers ate at the same table.
(**d**) (*nourriture*) **une** ~ **frugale** frugal fare (*U*); **avoir une bonne**

tableau 692 **tactique**

~ to keep a good table; **aimer (les plaisirs de) la ~** to enjoy one's food.
  (e) *(tablette avec inscriptions)* ~ **de marbre** marble tablet; **les T~s de la Loi** the Tables of the Law; *V* **douze**.
  (f) *(liste)* table. ~ **de logarithmes/de multiplication** log/ multiplication table; ~ **alphabétique** alphabetical table.
  (g) *(Géol: plateau)* tableland, plateau.
  (h) *(loc) (Philos)* ~ **rase** tabula rasa; **faire ~ rase** to make a clean sweep *(de* of); *(arg Police)* **se mettre à ~** to talk, come clean‡; **tenir ~ ouverte** to keep open house.
  2: table à abattants drop-leaf table; **table anglaise** gate-legged table; *(Rel)* **table d'autel** altar stone; **table basse** coffee table, occasional table; **table de bridge** card *ou* bridge table; *(Naut)* **table à cartes** chart house; **table de chevet** bedside table, night stand *ou* table *(US)*; *(Rel)* **table de communion** communion table; **table de conférence** conference table; **table de cuisson** cooking surface; **table à dessin** drawing board; *(Ordin)* **table à digitaliser** digitizer; **table d'écoute** wire-tapping set; **mettre qn sur table d'écoute** to tap sb's phone; **tables gigognes** nest of tables; *(Mus)* **table d'harmonie** sounding board; **table d'honneur** top table; **faire table d'hôte** *to serve a buffet supper for residents*; *[chaîne haute fidélité]* **table de lecture** turntable; **table de malade** bedtable; **table des matières** table (of) contents; **table de nuit = table de chevet**; **table d'opération** operating table; **table d'orientation** viewpoint indicator; **table à ouvrage** worktable; **table de ping-pong** table-tennis table; **table à rallonges** extending table, pull-out table; **table à repasser** ironing board; **table ronde** *(lit)* round table; *(fig)* round table, panel; *(Hist)* **la Table ronde** the Round Table; **table roulante** trolley; *(Mil)* **tables de tir** range tables; **table de toilette** washstand; **table tournante** séance table; *(Ordin)* **table traçante** (graph) plotter; **table de travail** work table *ou* desk.

tableau, *pl* ~**x** [tablo] **1** *nm* **(a)** *(peinture)* painting; *(reproduction, gravure)* picture; *V* **galerie**.
  (b) *(fig: scène)* picture, scene. **le ~ l'émut au plus haut point** he was deeply moved by the scene; **un ~ tragique/idyllique** a tragic/ an idyllic picture *ou* scene; **le ~ changeant de la vallée du Rhône** the changing picture of the Rhône valley.
  (c) *(Théât)* scene. **acte un, premier ~** act one, scene one.
  (d) *(description)* picture. **un ~ de la guerre** a picture *ou* depiction of war; **il m'a fait un ~ très noir de la situation** he drew me a very black picture of the situation.
  (e) *(Scol)* ~ (**noir**) (black)board; **aller au ~** *(lit)* to go out *ou* up to the blackboard; *(se faire interroger)* to be asked questions *(on a school subject)*.
  (f) *(support mural)* *[sonneries]* board; *[fusibles]* box; *[clefs]* rack, board.
  (g) *(panneau)* board; *(Rail)* train indicator; *[bateau]* escutcheon, name board. ~ **des départs/arrivées** departure(s)/arrival(s) board; ~ **des horaires** timetable.
  (h) *(carte, graphique)* table, chart; *(Ordin: fait par tableur)* spreadsheet. ~ **généalogique/chronologique** genealogical/ chronological table *ou* chart; ~ **des conjugaisons** conjugation table, table of conjugations; **présenter qch sous forme de ~** to show sth in tabular form.
  (i) *(Admin: liste)* register, roll, list.
  (j) *(loc)* **vous voyez (d'ici) le ~!** you can (just) picture it!; **pour compléter** *ou* **achever le ~** to cap it all, to put the finishing touches, to complete the picture; *(fig)* **miser sur les deux ~x** to back both horses *(fig)*; **il a gagné sur les deux/sur tous les ~x** he won on both/all counts.
  2: tableau d'affichage notice board; **tableau d'amortissement d'une dette** redemption table of a debt, sinking fund; *(Admin)* **tableau d'avancement** promotion table; **tableau de bord** *[auto]* dashboard, instrument panel; *[avion, bateau]* instrument panel; *(lit, fig)* **tableau de chasse** *[chasseur]* bag; *(fig)* tally; **ajouter qch à son tableau de chasse** to add sth to one's list of successes; **tableau électronique** tote board; **tableau d'honneur** merit *ou* prize list *(Brit)*, honor roll *(US)*; **être inscrit au tableau d'honneur** to appear on the merit *ou* prize list *(Brit)*, to make the honor roll *(US)*; *(fig)* **au tableau d'honneur du sport français cette semaine, X...** winner of all the prizes in French sport this week, X...; **tableau de maître** masterpiece; **tableau de service** *(gén)* work notice board; *(horaire de service)* duty roster; **tableau synchronique** synchronic table of events *etc*; **tableau synoptique** synoptic table; *(Théât)* **tableau vivant** tableau (vivant).
tableautin [tablotɛ̃] *nm* little picture.
tablée [table] *nf* table *(of people)*. **toute la ~ éclata de rire** the whole table burst out laughing; **il y avait au restaurant une ~ de provinciaux qui ...** at the restaurant there was a party of country people who ... .
tabler [table] (1) *vi*. ~ **sur qch** to count *ou* reckon *ou* bank on sth; **il avait tablé sur une baisse des cours** he had counted *ou* reckoned *ou* banked on the rates going down; **table sur ton travail plutôt que sur la chance** rely on your work rather than on luck.
tablette [tablɛt] *nf* **(a)** *(plaquette)* *[chocolat]* bar; *[médicament]* tablet; *[chewing-gum]* stick; *[métal]* block.
  (b) *(planchette, rayon)* *[lavabo, étagère, cheminée]* shelf; *[secrétaire]* flap. ~ **à glissière** pull-out flap.
  (c) *(Hist: pour écrire)* tablet. ~ **de cire** wax tablet; *(hum)* **je vais le marquer sur mes ~s** I'll make a note of it; *(hum)* **ce n'est pas écrit sur mes ~s** I have no record of it.
  (d) *(Ordin)* tablet.
tableur [tablœʀ] *nm* *(Ordin)* spreadsheet (program).
tablier [tablije] *nm* **(a)** *(Habillement)* *(gén)* apron; *[ménagère]* *(sans manches)* apron, pinafore; *(avec manches)* overall; *[écolier]* overall, smock; *V* **rendre**, **robe**. **(b)** *[pont]* roadway. **(c)** *(Tech: plaque protectrice)* *[cheminée]* (flue-)shutter; *[magasin]* (iron *ou* steel)

shutter; *[laminoir]* guard; *(Aut: entre moteur et habitacle)* bulk-head.
tabou [tabu] **1** *nm* taboo. **2** *adj* *(sacré, frappé d'interdit)* taboo; *(fig: intouchable)* employé, auteur untouchable.
tabouret [tabuʀɛ] *nm* *(pour s'asseoir)* stool; *(pour les pieds)* foot-stool. ~ **de piano/de bar** piano/bar stool.
tabulaire [tabylɛʀ] *adj* tabular.
tabulateur [tabylatœʀ] *nm* tabulator *(on typewriter)*.
tabulatrice [tabylatʀis] *nf* tabulator *(for punched cards)*.
tac [tak] *nm* **(a)** *(bruit)* **tac. le ~ ~ des mitrailleuses** the rat-a-tat(-tat) of the machine guns; *V* **tic-tac**. **(b)** **répondre** *ou* **riposter du ~ au ~** always to have a quick retort *ou* a ready answer; **il lui a répondu du ~ au ~ que ...** he came back at him immediately *ou* quick as a flash that ... . **(c)** *(jeu)* type of national lottery played in France.
tache [taʃ] **1** *nf* **(a)** *(moucheture)* *[fruit]* mark; *[léopard]* spot; *[plumage, pelage]* mark(ing), spot; *[peau]* blotch, mark. *(fig)* **faire ~** to jar, stick out like a sore thumb; **les ~s des ongles** the white marks on the fingernails.
  (b) *(salissure)* stain, mark. ~ **de graisse** greasy mark, grease stain; ~ **de brûlure/de suie** burn/sooty mark; **des draps couverts de ~s** sheets covered in stains; **sa robe n'avait pas une ~** her dress was spotless.
  (c) *(littér: flétrissure)* blot, stain. **c'est une ~ à sa réputation** it's a blot *ou* stain on his reputation; **sans ~** *vie, conduite* spotless, unblemished; *naissance* untainted; *V* **vierge**, **pur**.
  (d) *(impression visuelle)* patch, spot. ~ **de couleur** spot *ou* patch of colour; **le soleil parsemait la campagne de ~s d'or** the sun scattered patches *ou* flecks *ou* spots of gold over the countryside; **des ~s d'ombre çà et là** spots *ou* patches of shadow here and there.
  (e) *(Peinture)* spot, dot, blob. ~ **de couleur** spot *ou* patch of colour.
  2: tache d'encre *(sur les doigts)* ink stain; *(sur le papier)* (ink) blot *ou* blotch; **tache d'huile** oily mark, oil stain; *(fig)* **faire tache d'huile** to spread, gain ground; **tache jaune (de l'œil)** yellow spot (of the eye); *(Rel)* **tache originelle** stain of original sin; **tache de rousseur** freckle; **tache de sang** bloodstain; *(Astron)* **tache solaire** sunspot; **tache de son = tache de rousseur**; **tache de vin** *(sur la nappe)* wine stain; *(sur la peau: envie)* strawberry mark.
tâche [taʃ] *nf* **(a)** *(besogne)* task, work *(U)*; *(mission)* task, job. **assigner une ~ à qn** to set *(Brit)* ou give sb a task, give sb a job to do, give sb some work to do; **s'atteler à une ~** to get down to work, get stuck in*; **mourir à la ~** to die in harness.
  (b) *(loc)* **à la ~ payer** by the piece; **ouvrier à la ~** pieceworker; **travail à la ~** piecework; **être à la ~** to be on piecework; *(fig)* **je ne suis pas à la ~*** I'll do it in my own good time; *(†, littér)* **prendre à ~ de faire qch** to set o.s. the task of doing sth, take it upon o.s. to do sth.
tachéomètre [takeɔmɛtʀ(ə)] *nm* *(théodolite)* tacheometer, tachymeter.
tachéométrie [takeɔmetʀi] *nf* tacheometry.
tacher [taʃe] (1) **1** *vt* **(a)** *[encre, vin]* to stain; *[graisse]* to mark, stain. **le café tache** coffee stains (badly) *ou* leaves a stain; **taché de sang** bloodstained.
  (b) *(littér: colorer)* pré, robe to spot, dot; peau, fourrure to spot, mark. **pelage blanc taché de noir** white coat with black spots *ou* markings.
  (c) *(†: souiller)* to stain, sully *(littér, †)*.
  2 se tacher *vpr* **(a)** *(se salir)* *[personne]* to get stains on one's clothes, get o.s. dirty; *[nappe, tissu]* to get stained *ou* marked. **c'est un tissu qui se tache facilement** this is a fabric that stains *ou* marks easily.
  (b) *(s'abîmer)* *[fruits]* to become marked.
tâcher [taʃe] (1) *vi* *(essayer de)* ~ **de faire** to try *ou* endeavour *(frm)* to do; **tâchez de venir avant samedi** try to *ou* try and come before Saturday; **et tâche de ne pas recommencer*** and make sure *ou* mind it doesn't happen again; **tâche qu'il n'en sache rien*** see to it *ou* make sure that he doesn't know anything about it.
tâcheron [taʃʀɔ̃] *nm* **(a)** *(péj)* drudge, toiler. **un ~ de la littérature/politique** a literary/political drudge *ou* hack. **(b)** *(ouvrier)* *(dans le bâtiment)* jobber; *(agricole)* pieceworker.
tacheter [taʃte] (5) *vt* peau, fourrure to spot, speckle; tissu, champ to spot, dot, speckle, fleck. **pelage blanc tacheté de brun** white coat with brown spots *ou* markings, white coat flecked with brown.
tachisme [taʃism(ə)] *nm* *(art abstrait)* action painting, abstract expressionism, tachisme.
tachiste [taʃist(ə)] *nmf* painter of the abstract expressionist or tachisme school.
tachycardie [takikaʀdi] *nf* tachycardia.
tachygraphe [takigʀaf] *nm* tachograph, black box.
tachymètre [takimɛtʀ(ə)] *nm* *(Aut)* tachometer.
tacite [tasit] *adj* tacit. *(Jur)* ~ **reconduction** renewal of contract by tacit agreement.
Tacite [tasit] *nm* Tacitus.
tacitement [tasitmɑ̃] *adv* tacitly.
taciturne [tasityʀn(ə)] *adj* taciturn, silent.
tacot* [tako] *nm* *(voiture)* banger* *(Brit)*, crate*, jalopy*, old rattletrap*.
tact [takt] *nm* **(a)** *(délicatesse)* tact. **avoir du ~** to have tact, be tactful; **un homme de ~** a tactful man; **avec ~** tactfully, with tact; **sans ~** *(adj)* tactless; *(adv)* tactlessly; **manquer de ~** to be tactless, be lacking in tact. **(b)** *(†: toucher)* touch, tact†.
tacticien, -ienne [taktisjɛ̃, jɛn] *nm,f* tactician.
tactile [taktil] *adj* tactile.
tactique [taktik] **1** *adj* tactical. **2** *nf* *(gén)* tactics *(pl)*. **changer de ~** to change (one's) tactics; **il y a plusieurs ~s possibles** there are

several different tactics one might adopt; **la ~ de l'adversaire est très simple** the opponent's tactics are very simple.
tadorne [tadɔʀn(ə)] *nm:* **~ de Bellon** shelduck.
tænia [tenja] *nm* = **ténia**.
taffetas [tafta] *nm* (*Tex*) taffeta. **robe de ~** taffeta dress; **~ (gommé)** sticking plaster (*Brit*), bandaid ® (*US*).
Tage [taʒ] *nm:* **le ~** the Tagus.
tagliatelles [taljatɛl] *nfpl* tagliatelli.
tagmème [tagmɛm] *nm* tagmeme.
tagmémique [tagmemik] *nf* tagmemics (*sg*).
Tahiti [taiti] *nf* Tahiti.
tahitien, -ienne [taisjɛ̃, jɛn] **1** *adj* Tahitian. **2** *nm,f:* **T~(ne)** Tahitian.
taïaut†† [tajo] *excl* tallyho!
taie [tɛ] *nf* (a) ~ (**d'oreiller**) pillowcase, pillowslip; **~ de traversin** bolster case. (b) (*Méd*) opaque spot, leucoma (*T*). (*fig littér*) **avoir une ~ sur l'œil** to be blinkered.
taïga [tajga] *nf* (*Géog*) taiga.
taillable [tajabl(ə)] *adj:* **~ et corvéable (à merci)** (*Hist*) subject to tallage; (*fig*) **bonne, ouvrier** there to do one's master's bidding.
taillade [tajad] *nf* gash, slash, cut, wound.
taillader [tajade] (1) *vt* to slash, gash.
taillandier [tajɑ̃dje] *nm* edge-tool maker.
taille¹ [taj] *nf* (a) (*hauteur*) [*personne, cheval, objet*] height. **homme de ~ moyenne** man of average height; **homme de petite ~** short man, man of small stature (*frm*); **homme de haute ~** tall man; **il doit faire 1 mètre 70 de ~** he must be 1 metre 70 (tall); **ils sont de la même ~, ils ont la même ~** they are the same height.
  (b) (*grosseur*) size. **de petite/moyenne ~** small-/medium-sized; **ils ont un chien de belle ~!** they have a pretty big *ou* large dog!; **le paquet est de la ~ d'une boîte à chaussures** the parcel is the size of a shoebox.
  (c) (*Comm: mesure*) size. **les grandes/petites ~s** the large/small sizes; **la ~ 40** size 40; **il lui faut la ~ en dessous/en dessus** he needs the next size down/up, he needs one *ou* a size smaller/larger; **2 ~s en dessous/en dessus** 2 sizes smaller/larger; **ce pantalon n'est pas à sa ~** these trousers aren't his size, these trousers don't fit him; **avez-vous quelque chose dans ma ~?** do you have anything in my size?; **si je trouvais quelqu'un de ma ~** if I found someone my size.
  (d) (*loc*) **à la ~ de** in keeping with; **c'est un poste/sujet à la ~ de ses capacités** *ou* **à sa ~** it's a job/subject in keeping with *ou* which matches his capabilities; **il a trouvé un adversaire à sa ~** he's met his match, he's found somebody who's a match for him; **être de ~ à faire** to be up to doing, be quite capable of doing; **il n'est pas de ~ (pour une tâche)** he isn't up *ou* equal to it; (*face à un concurrent, dans la vie*) he doesn't measure up; **de ~ erreur, enjeu** considerable, sizeable; **la gaffe est de ~!** it's no small blunder!; (*fig*) **de la ~ de César** of Caesar's stature.
  (e) (*partie du corps*) waist; (*partie du vêtement*) waist, waistband. **elle n'a pas de ~** she has no waist(line), she doesn't go in at the waist; **avoir la ~ fine** to have a slim waist, be slim-waisted; **avoir une ~ de guêpe** to be wasp-waisted; **avoir la ~ mannequin** to have a perfect figure; **avoir la ~ bien prise** to have a neat waist(line); **prendre qn par la ~** to put one's arm round sb's waist; **ils se tenaient par la ~** they had their arms round each other's waist; **robe serrée à la ~** dress fitted at the waist; **robe à ~ basse/haute** low-/high-waisted dress; **pantalon (à) ~ basse** low-waisted trousers, hipsters; **robe sans ~** waistless dress; *V* **tour²**.
taille² [taj] *nf* (a) (*V* **tailler**) cutting; hewing (*frm*); carving; engraving; sharpening; cutting out; pruning, cutting back; trimming; clipping. **diamant de ~ hexagonale/en étoile** diamond with a six-sided/star-shaped cut; *V* **pierre**.
  (b) (*taillis*) **~s** coppice.
  (c) (*tranchant*) [*épée, sabre*] edge. **recevoir un coup de ~** to receive a blow from the edge of the sword; *V* **frapper**.
  (d) (*Hist: redevance*) tallage, taille.
  (e) (*Min: galerie*) tunnel.
taillé, e [taje] (*ptp de* **tailler**) *adj* (a) (*bâti*) **personne bien ~** well-built, **il est ~ en athlète** he is built like an athlete, he has an athletic build.
  (b) (*destiné à*) **personne ~ pour être/faire** cut out to be/do; **~ pour qch** cut out for sth, tailor-made for sth.
  (c) (*coupé*) **arbre** pruned; **haie** clipped, trimmed; *moustache, barbe* trimmed. **crayon ~ en pointe** pencil sharpened to a point; **costume bien ~** well-cut suit; **il avait les cheveux ~s en brosse** he had a crew-cut; (*fig*) **visage ~ à la serpe** rough-hewn *ou* craggy features; *V* **âge**.
taille-crayon(s) [tajkʀɛjɔ̃] *nm inv* pencil sharpener.
taille-douce, *pl* **tailles-douces** [tajdus] *nf* (*technique, tableau*) line-engraving. **gravure en ~** line-engraving.
tailler [taje] (1) **1** *vt* (a) (*travailler*) *pierre précieuse* to cut; *pierre* to cut, hew (*frm*); *bois* to carve; *verre* to engrave; *crayon* to sharpen; *tissu* to cut (out); *arbre, vigne* to prune, cut back; *haie* to trim, clip, cut; *barbe* to trim. **~ qch en biseau** to bevel sth; **~ qch en pointe** to cut *ou* sharpen sth to a point; **se ~ la moustache** to trim one's moustache.
  (b) (*confectionner*) *vêtement* to make; *statue* to carve; *tartines* to cut, slice; (*Alpinisme*) *marche* to cut. (*fig*) **il a un rôle taillé à sa mesure** this role is tailor-made for him.
  (c) (*loc*) **~ une bavette*** to have a natter* (*Brit*) *ou* a rap* (*US*); **~ des croupières à qn††** to make difficulties for sb; **une armée en pièces** to hack an army to pieces; **il préférerait se faire ~ en pièces plutôt que de révéler son secret** he'd go through fire *ou* he'd suffer tortures rather than reveal his secret; **il se ferait ~ en pièces pour elle** he'd go through fire *ou* he'd suffer tortures for her.

2 *vi:* **~ dans la chair** *ou* **dans le vif** to cut into the flesh.
  3 se tailler *vpr* (a) (‡: *partir*) to beat it‡, clear off‡, split‡.
  (b) (*loc*) **se ~ un franc succès** to be a great success; **se ~ la part du lion** to take the lion's share; **se ~ un empire/une place** to carve out an empire/a place for o.s.
tailleur [tajœʀ] **1** *nm* (a) (*couturier*) tailor. **~ pour dames** ladies' tailor.
  (b) (*costume*) (lady's) suit. **~-pantalon** trouser suit (*Brit*), pantsuit (*surtout US*); **un ~ Chanel** a Chanel suit.
  (c) **en ~ assis, s'asseoir** cross-legged.
  2: tailleur de diamants diamond-cutter; **tailleur à façon** bespoke tailor (*Brit*), custom tailor (*US*); **tailleur de pierre(s)** stone-cutter; **tailleur de verre** glass engraver; **tailleur de vignes** vine pruner.
taillis [taji] *nm* copse, coppice, thicket. **dans les ~** in the copse *ou* coppice *ou* thicket.
tain [tɛ̃] *nm* (a) [*miroir*] silvering. **glace sans ~** two-way mirror.
  (b) (*Tech: bain*) tin bath.
taire [tɛʀ] (54) **1 se taire** *vpr* (a) (*être silencieux*) [*personne*] to be silent *ou* quiet; (*fig littér*) [*nature, forêt*] to be silent, be still (*littér*); [*vent*] to be still (*littér*); [*bruit*] to disappear. **les élèves se taisaient** the pupils kept *ou* were quiet *ou* silent; **taisez-vous!** be quiet!, be silent! (*frm*); **ils ne voulaient pas se ~,** malgré les injonctions répétées du maître they (just) wouldn't stop talking *ou* be quiet *ou* keep quiet in spite of the teacher's repeated instructions; **les dîneurs se sont tus** the diners stopped talking, the diners fell *ou* were silent; **l'orchestre s'était tu** the orchestra had fallen silent *ou* was silent.
  (b) (*s'abstenir de s'exprimer*) to keep quiet, remain silent. **dans ces cas il vaut mieux se ~** in these cases it's best to keep quiet *ou* to remain silent *ou* to say nothing; **savoir souffrir et se ~** to know how to suffer in silence; **se ~ sur qch** to say nothing *ou* keep quiet about sth; **il a perdu une bonne occasion de se ~** he'd have done much better to have kept quiet, it's a pity he didn't just keep his mouth shut; **tais-toi!* (ne m'en parle pas)** don't talk to me about it!, I don't wish to hear about it!
  2 *vt* (a) (*celer*) *nom, fait, vérité* to hush up, not to tell. **~ la vérité, c'est déjà mentir** not to tell *ou* not telling the truth *ou* to hush up *ou* hushing up the truth is as good as lying; **il a tu le reste de l'histoire** he didn't reveal the rest of the story, he was silent about the rest of the story.
  (b) (*refuser de dire*) *motifs, raisons* to conceal, say nothing about. **une personne dont je tairai le nom** a person who shall be *ou* remain nameless *ou* whose name I shan't mention *ou* reveal.
  (c) (*garder pour soi*) *douleur, chagrin, amertume* to stifle, conceal, keep to o.s.
  3 *vi:* **faire ~** *témoin gênant, opposition, récriminations* to silence; *craintes, désirs* to stifle, suppress; **fais ~ les enfants** make the children keep *ou* be quiet, make the children shut up*, do shut the children up*.
Taiwan [tajwan] *n* Taiwan.
talc [talk] *nm* [*toilette*] talc, talcum powder; (*Chim*) talc(um).
talé, e [tale] (*ptp de* **taler**) *adj fruits* bruised.
talent¹ [talɑ̃] *nm* (a) (*disposition, aptitude*) talent. **il a des ~s dans tous les domaines** he has talents in all fields; **un ~ littéraire** a literary talent; **il n'a pas le métier d'un professionel mais un beau ~ d'amateur** he lacks professional expertise but has a fine amateur talent; **des ~s de société** society talents; (*hum*) **montrez-nous vos ~s*** show us what you can do; **décidément, vous avez tous les ~s!** what a talented young man (*ou* woman *etc*) you are!; **ses ~s d'imitateur/d'organisateur** his talents *ou* gifts as an impersonator/organizer.
  (b) **le ~** talent; **avoir du ~** to have talent, be talented; **avoir beaucoup de ~** to have a great deal of talent, be highly talented; **un auteur de (grand) ~** a (highly) talented author.
  (c) (*personnes douées*) **~** talent (*U*); **encourager les jeunes ~s** to encourage young talent; **faire appel aux ~s disponibles** to call on (all) the available talent.
  (d) (*iro*) **il a le ~ de se faire des ennemis** he has a gift for making enemies (*iro*), he has a great knack of making enemies.
talent² [talɑ̃] *nm* (*monnaie*) talent.
talentueusement [talɑ̃tɥøzmɑ̃] *adv* with talent.
talentueux, -euse [talɑ̃tɥø, øz] *adj* talented.
taler [tale] (1) *vt fruits* to bruise.
taleth [talɛt] *nm* tallith.
talion [taljɔ̃] *nm* *V* **loi**.
talisman [talismɑ̃] *nm* talisman.
talismanique [talismanik] *adj* talismanic.
talkie-walkie [tɔkiwɔlki] *nm* walkie-talkie.
talle [tal] *nf* (*Agric*) sucker.
taller [tale] (1) *vi* (*Agric*) to sucker, put out suckers.
talleth [talɛt] *nm* = **taleth**.
Talmud [talmyd] *nm:* **le ~** the Talmud.
talmudique [talmydik] *adj* Talmudic.
talmudiste [talmydist(ə)] *nm* Talmudist.
taloche* [talɔʃ] *nf* (a) (*: *gifle*) clout, cuff. **flanquer une ~ à qn** to clout *ou* cuff sb, give sb a clout *ou* cuff. (b) (*Constr*) roughcast.
talocher [talɔʃe] (1) *vt* (a) (*: *gifler*) to clout, cuff. (b) (*Constr*) to roughcast.
talon [talɔ̃] **1** *nm* (a) (*Anat*) [*cheval, chaussure*] heel. **montrer les ~s** to take to one's heels, show a clean pair of heels (*Brit*); **tourner les ~s** to turn on one's heel and walk away; **je préférerais voir ses ~s** I'd be glad to see the back of him; **être sur les ~s de qn** to be at *ou* (hot) on sb's heels; *V* **estomac**.
  (b) (*croûton, bout*) [*jambon, fromage*] heel; [*pain*] crust, heel.
  (c) [*pipe*] spur.

(d) *[chèque]* stub, counterfoil; *[carnet à souche]* stub.
(e) *(Cartes)* talon.
(f) *(Mus) [archet]* heel.
2: talon d'Achille Achilles' heel; **talons aiguilles** stiletto heels; **talons bottier** medium heels; **talons hauts** high heels; **talon-minute** heel bar, on-the-spot shoe repairs; **talons plats** flat heels; *(Hist)* **talon rouge** aristocrat.
talonnage [talɔnaʒ] *nm* heeling.
talonner [talɔne] (1) **1** *vt* **(a)** *(suivre) fugitifs, coureurs* to follow (hot) on the heels of. **talonné par qn** hotly pursued by sb.
(b) *(harceler) débiteur, entrepreneur* to hound; *[faim]* to gnaw at. **être talonné par un importun** to be hounded *ou* dogged *ou* pestered by an irritating individual.
(c) *(frapper du talon) cheval* to kick, dig one's heels into, spur on. *(Rugby)* ~ **(le ballon)** to heel (the ball).
2 *vi (Naut)* to touch *ou* scrape the bottom with the keel. **le bateau talonne** the boat is touching the bottom.
talonnette [talɔnɛt] *nf [chaussures, pantalon]* heelpiece.
talonneur [talɔnœʀ] *nm (Rugby)* hooker.
talonnière [talɔnjɛʀ] *nf (Ski)* heelpiece.
talquer [talke] (1) *vt* to put talcum powder *ou* talc on.
talqueux, -euse [talkø, øz] *adj* talcose.
talus [taly] **1** *nm* **(a)** *[route, voie ferrée]* embankment; *[terrassement]* bank, embankment.
(b) *(Mil)* talus.
2: *(Géol)* **talus continental** continental slope; **talus de déblai** excavation slope; *(Géol)* **talus d'éboulis** scree; **talus de remblai** embankment slope.
talweg [talvɛg] *nm* = **thalweg.**
tamanoir [tamanwaʀ] *nm* ant bear, anteater.
tamarin [tamaʀɛ̃] *nm* **(a)** *(Zool)* tamarin. **(b)** *(fruit)* tamarind (fruit). **(c)** = **tamarinier.** **(d)** = **tamaris.**
tamarinier [tamaʀinje] *nm* tamarind (tree).
tamaris [tamaʀis] *nm* tamarisk.
tambouille* [tãbuj] *nf (péj: nourriture, cuisine)* grub*. **faire la** ~ to cook the grub*; **une bonne** ~ some lovely grub*.
tambour [tãbuʀ] **1** *nm* **(a)** *(instrument de musique)* drum; *V* **roulement.**
(b) *(musicien)* drummer.
(c) *(à broder)* embroidery hoop, tambour.
(d) *(porte) (sas)* tambour; *(à tourniquet)* revolving door(s).
(e) *(cylindre) [machine à laver, treuil, roue de loterie]* drum; *[moulinet]* spool; *[montre]* barrel; *V* **frein.**
(f) *(Archit) [colonne, coupole]* drum.
(g) *(loc)* ~ **battant** briskly; **sans** ~ **ni trompette** without any fuss, unobtrusively; **il est parti sans** ~ **ni trompette** he left quietly, he slipped away unobtrusively.
2: tambour de basque tambourine; **tambour d'église** tambour; **tambour de frein** brake drum; **tambour-major** *nm*, *pl* **tambours-majors** drum major; **tambour plat** side drum; **tambour de ville** ≃ town crier; **tambour à timbre** snare drum.
tambourin [tãbuʀɛ̃] *nm (tambour de basque)* tambourine; *(tambour haut et étroit)* tambourin.
tambourinage [tãbuʀinaʒ] *nm* drumming.
tambourinaire [tãbuʀinɛʀ] *nm (joueur de tambourin)* tambourin player.
tambourinement [tãbuʀinmã] *nm* drumming (U).
tambouriner [tãbuʀine] (1) **1** *vi (avec les doigts)* to drum. ~ **contre** *ou* **à/sur** to drum (one's fingers) against *ou* at/on; *(fig)* **la pluie tambourinait sur le toit** the rain was beating down *ou* drumming on the roof; ~ **à la porte** to hammer at *ou* drum on the door.
2 *vt* **(a)** *(jouer) marche* to drum *ou* beat out.
(b) *(†: annoncer) nouvelle, décret* to cry (out). *(fig)* ~ **une nouvelle** to blaze a piece of news abroad, shout a piece of news from the rooftops.
Tamerlan [tamɛʀlã] *nm* Tamburlaine, Tamerlane.
tamil [tamil] = **tamoul.**
tamis [tami] *nm (gén)* sieve; *(à sable)* riddle, sifter. **passer au** ~ *farine, plâtre* to sieve, sift; *sable* to riddle, sift; *(fig) campagne, bois* to comb, search, scour; *personnes* to check out thoroughly; *dossier* to sift *ou* search through.
tamisage [tamizaʒ] *nm (V* **tamiser)** sieving; riddling; sifting; filtering.
Tamise [tamiz] *nf:* **la** ~ **the** Thames.
tamisé, e [tamize] *(ptp de* **tamiser)** *adj terre* sifted, sieved; *lumière (artificielle)* subdued; *(du jour)* soft, softened.
tamiser [tamize] (1) *vt farine, plâtre* to sieve, sift; *sable* to riddle, sift; *(fig) lumière* to filter.
tamoul [tamul] *adj, nm* Tamil.
tampon [tãpɔ̃] **1** *nm* **(a)** *(pour boucher) (gén)* stopper, plug; *(en bois)* plug, bung; *(en coton)* wad, plug; *(pour hémorragie, règles)* tampon; *(pour nettoyer une plaie)* swab; *(pour étendre un liquide, un vernis)* pad. **rouler qch en** ~ to roll sth (up) into a ball; *V* **vernir.**
(b) *(Menuiserie: cheville)* (wall-)plug.
(c) *(timbre) (instrument)* (rubber) stamp; *(cachet)* stamp. **le** ~ **de la poste** the postmark; **apposer** *ou* **mettre un** ~ **sur qch** to stamp sth, put a stamp on sth.
(d) *(Rail, fig: amortisseur)* buffer. **servir de** ~ **entre deux personnes** to act as a buffer between two people.
2 *adj inv:* **état/zone** ~ buffer state/zone.
3: tampon buvard blotter; **tampon encreur** inking-pad; **tampon Jex** Ⓡ Brillo pad Ⓡ; **tampon à nettoyer** cleaning pad; **tampon à récurer** scouring pad, scourer.
tamponnement [tãpɔnmã] *nm (a) (collision)* collision, crash. **(b)** *(Méd) [plaie]* tamponade, tamponage. **(c)** *(Tech) [mur]* plugging.
tamponner [tãpɔne] (1) **1** *vt* **(a)** *(essuyer) plaie* to mop up, dab; *yeux* to dab (at); *front* to mop, dab; *surface à sécher, vernir etc* to mop, dab.

(b) *(heurter) train, véhicule* to ram (into), crash into. **se** ~ to crash into each other, ram each other.
(c) *(avec un timbre) document, lettre* to stamp. **faire** ~ **un reçu** to have a receipt stamped.
(d) *(Tech: percer) mur* to plug, put (wall-)plugs in.
2 se tamponner‡ *vpr:* **s'en** ~ **(le coquillard)** not to give a damn‡; **se** ~ **de qch** not to give a damn about sth‡.
tamponneuse [tãpɔnøz] *adj f V* **auto.**
tam-tam, *pl* tam-tams [tamtam] *nm* **(a)** *(tambour)* tomtom. **(b)** *(fig: battage, tapage)* fuss. **faire du** ~ **autour de*** *affaire, événement* to make a lot of fuss *ou* a great ballyhoo* *ou* hullabaloo* about.
tan [tã] *nm* tan *(for tanning).*
tancer [tãse] (3) *vt (littér)* to scold, berate *(littér)*, rebuke *(frm)*.
tanche [tãʃ] *nf* tench.
tandem [tãdɛm] *nm (bicyclette)* tandem; *(fig: duo)* pair, duo.
tandis [tãdi] *conj:* ~ **que** *(simultanéité)* while, whilst *(frm)*, as; *(marque le contraste, l'opposition)* whereas, while, whilst *(frm)*.
tangage [tãgaʒ] *nm (V* **tanguer)** pitching (and tossing); reeling. *(Naut)* **il y a du** ~ she's pitching.
Tanganyika [tãganika] *nf* Tanganyika. **le lac** ~ Lake Tanganyika.
tangence [tãʒãs] *nf* tangency.
tangent, e [tãʒã, ãt] **1** *adj* **(a)** *(Géom)* tangent, tangential. ~ **à** tangent *ou* tangential to.
(b) *(*: serré, de justesse)* close, touch-and-go *(attrib)*. **on est passé de justesse mais c'était** ~ we just made it but it was a near *ou* close thing *ou* it was touch-and-go; **il était** ~ he was a borderline case; **il a eu son examen mais c'était** ~ he passed his exam by the skin of his teeth *ou* but it was a near thing.
2 tangente *nf (Géom)* tangent. *(fig)* **prendre la** ~**e*** *(partir)* to make off*, make o.s. scarce; *(éluder)* to dodge the issue, wriggle out of it.
tangentiel, -ielle [tãʒãsjɛl] *adj* tangential.
tangentiellement [tãʒãsjɛlmã] *adv* tangentially.
Tanger [tãʒe] *n* Tangier(s).
tangible [tãʒibl(ə)] *adj* tangible.
tangiblement [tãʒibləmã] *adv* tangibly.
tango [tãgo] *nm* tango.
tanguer [tãge] (1) *vi* **(a)** *[navire, avion]* to pitch. **(b)** *(ballotter)* to pitch and toss, reel. **tout tanguait autour de lui** everything around him was reeling.
tanière [tanjɛʀ] *nf [animal]* den, lair; *(fig) [malfaiteur]* lair; *[poète, solitaire etc] (pièce)* den; *(maison)* hideaway, retreat.
tanin [tanɛ̃] *nm* tannin.
tank [tãk] *nm (char d'assaut, fig: voiture)* tank.
tanker [tãkɛʀ] *nm* tanker.
tannage [tanaʒ] *nm* tanning.
tannant, e [tanã, ãt] *adj* **(a)** *(*: ennuyeux)* maddening*, sickening*. **il est** ~ **avec ses remarques idiotes** he's maddening* *ou* he drives you mad* with his stupid remarks. **(b)** *(Tech)* tanning.
tanner [tane] (1) *vt* **(a)** *cuir* to tan; *visage* to weather. **visage tanné** weather-beaten face; ~ **le cuir à qn‡** to give sb a thumping‡, tan sb's hide*.
(b) ~ **qn*** *(harceler)* to badger sb, pester sb; *(ennuyer)* to drive sb mad*, drive sb up the wall*.
tannerie [tanʀi] *nf (endroit)* tannery; *(activité)* tanning.
tanneur [tanœʀ] *nm* tanner.
tannin [tanɛ̃] *nm* = **tanin.**
tant [tã] *adv* **(a)** *(intensité: avec vb)* so much. **il mange** ~! he eats so much! *ou* such a lot!; **il l'aime** ~ he loves her so much!; **j'ai** ~ **marché que je suis épuisé** I've walked so much that I'm exhausted; *(littér)* **je n'aime rien** ~ **que l'odeur des sous-bois** there is nothing I love more than the scent of the undergrowth; **vous m'en direz** ~! is that really so!
(b) *(quantité)* so many; *argent* so much; *livres, arbres, gens* so many; *habileté, mauvaise foi* such, so much; **il y avait** ~ **de brouillard qu'il n'est pas parti** it was so foggy *ou* there was so much fog about that he did not go; ~ **de fois** so many times, so often; **des gens comme il y en a** ~ people of the kind you come across so often; ~ **de précautions semblaient suspectes** so many precautions seemed suspicious; **fait avec** ~ **d'habileté** done with so much *ou* such skill; **elle a** ~ **de sensibilité** she has such sensitivity.
(c) *(avec adj, participe)* so. **il est rentré** ~ **le ciel était menaçant** he went home (because) the sky looked so overcast, the sky looked so overcast that he went home; **cet enfant** ~ **désiré** this child they had longed for so much; ~ **il est vrai que ... since ... , as ... ; le jour** ~ **attendu arriva** the long-awaited day arrived.
(d) *(quantité imprécise)* so much. **gagner** ~ **par mois** to earn so much a month, earn such-and-such an amount a month; **il devrait donner** ~ **à l'un,** ~ **à l'autre** he should give so much to one, so much to the other; ~ **pour cent** so many per cent.
(e) *(comparaison)* **ce n'est pas** ~ **leur maison qui me plaît que leur jardin** it's not so much their house that I like as their garden; **il criait** ~ **qu'il pouvait** he shouted as much as he could *ou* for all he was worth; **les enfants,** ~ **filles que garçons** the children, both girls and boys *ou* girls as well as boys *ou* (both) girls and boys alike; **ses œuvres** ~ **politiques que lyriques** his political as well as his poetic works, both his political and his poetic works.
(f) ~ **que** *(aussi longtemps que)* as long as; *(pendant que)* while; ~ **qu'elle aura de la fièvre elle restera au lit** while *ou* as long as she has a temperature she'll stay in bed; ~ **que tu n'auras pas fini tes devoirs tu resteras à la maison** until you've finished your homework you'll have to stay indoors; ~ **que vous y êtes***, **achetez les deux volumes** while you are about it *ou* at it, buy both volumes; ~ **que vous êtes ici***, **donnez-moi un coup de main** since *ou* seeing you are here, give me a hand.

(g) *(loc)* **(tout va bien)** ~ **qu'on a la santé!** (you're all right) as long as you've got your health!; ~ **bien que mal** *aller, marcher* so-so, as well as can be expected *(hum)*; *réussir, s'efforcer* after a fashion, in a manner of speaking; **il est un** ~ **soit peu prétentieux** he is ever so slightly *ou* he's a little bit pretentious; **s'il est** ~ **soit peu intelligent il saura s'en tirer** if he is (even) remotely intelligent *ou* if he has the slightest grain of intelligence he'll be able to get out of it; **si vous craignez** ~ **soit peu le froid, restez chez vous** if you feel the cold at all *ou* the slightest bit, stay at home; ~ **mieux** *(à la bonne heure)* (that's) good *ou* fine *ou* great*; *(avec une certaine réserve)* so much the better, that's fine; ~ **mieux pour lui** good for him; ~ **pis** *(conciliant: ça ne fait rien)* never mind, (that's) too bad; *(peu importe, qu'à cela ne tienne)* (that's) just) too bad; ~ **pis pour lui** (that's just) too bad for him; ~ **et si bien que** so much so that, to such an extent that; **il a fait** ~ **et si bien qu'elle l'a quittée** he finally succeeded in making her leave him; **il y en a** ~ **et plus** *[eau, argent]* there is ever so much; *[objets, personnes]* there are ever so many; **il a protesté** ~ **et plus mais sans résultat** he protested for all he was worth *ou* over and over again but to no avail; **il gagne** ~ **et** ~ **d'argent qu'il ne sait pas quoi en faire** he earns so much money *ou* such a lot (of money) that he doesn't know what to do with it all; ~ **qu'à faire, on va payer maintenant** we might *ou* may as well pay now; ~ **qu'à faire, je préfère payer tout de suite** (since I have to pay) I might *ou* may as well pay right away; ~ **qu'à faire, faites-le bien** if you're going to do it, do it properly; ~ **qu'à marcher, allons en forêt** if we have to walk *ou* if we are walking, let's go to the forest; ~ **que ça?*** that much?, as much as that?; **pas** ~ **que ça*** not that much; **tu la paies** ~ **que ça?*** do you pay her that much? *ou* as much as that?; **je ne l'ai pas vu** ~ **que ça pendant l'été** I didn't see him (all) that much* during the summer; ~ **qu'à moi/lui/eux*** as for me/him/them; ~ **s'en faut not by a long way, far from it, not by a long chalk** *(Brit)* **ou** shot; ~ **s'en faut qu'il ait l'intelligence de son frère** he's not nearly as *ou* nowhere near as *ou* nothing like as intelligent as his brother, he's not as intelligent as his brother — not by a long way *ou* chalk *(Brit)* *ou* shot; *(Prov)* ~ **va la cruche à l'eau qu'à la fin elle se casse** if you keep playing with fire you must expect to get burnt; **ils sont sous-payés, si** ~ **est qu'on les paie** they are underpaid, if they are paid at all; *V* **en**[1], **si**[1], **tout**.

tantale [tãtal] *nm* **(a)** *(Myth)* **T**~ Tantalus; *V* **supplice**. **(b)** *(Chim)* tantalum.

tante [tãt] *nf (parente)* aunt, aunty*; *(‡: homosexuel)* queer‡, poof‡ *(Brit)*, fairy‡, nancy-boy‡ *(Brit)*, fag‡ *(US)*. **la** ~ **Jeanne** Aunt *ou* Aunty* Jean; ~ **à héritage** rich (childless) aunt; *(mont de piété)* **ma** ~* uncle's‡, the pawnshop.

tantième [tãtjɛm] **1** *nm* percentage. **2** *adj:* **la** ~ **partie de qch** such (and such) a proportion of sth.

tantine [tãtin] *nf (langage enfantin)* aunty*.

tantinet [tãtinɛ] *nm:* **un** ~ **fatigant/ridicule** a tiny *ou* weeny* bit tiring/ridiculous.

tantôt [tãto] *adv* **(a)** *(cet après-midi)* this afternoon; *(††: tout à l'heure)* shortly. **mardi** ~* on Tuesday afternoon. **(b)** *(parfois)* ~ **à pied**, ~ **en voiture** sometimes on foot, sometimes by car; *(littér)* ~ **riant**, ~ **pleurant** now laughing, now crying.

tantouse‡ [tãtuz] *nf (homosexuel)* queer‡, poof‡ *(Brit)*, fairy‡, fag‡ *(US)*.

Tanzanie [tãzani] *nf* Tanzania. **République unie de** ~ United Republic of Tanzania.

tanzanien, -ienne [tãzanjɛ̃, jɛn] **1** *adj* Tanzanian. **2** *nm,f:* **T**~**(ne)** Tanzanian.

Tao [tao] *nm* Tao.

taoisme [taoism(ə)] *nm* Taoism.

taoiste [taoist(ə)] *adj, nm,f* Taoist.

taon [tã] *nm* horsefly, gadfly.

tapage [tapaʒ] **1** *nm* **(a)** *(vacarme)* din, uproar, row, racket. **faire du** ~ to create a din *ou* an uproar, kick up* *ou* make a row. **(b)** *(battage)* fuss, talk. **ils ont fait un tel** ~ **autour de cette affaire que ...** there was so much fuss made about *ou* so much talk over this affair that ... . **2** *(Jur)* **tapage nocturne** disturbance of the peace *(at night)*.

tapageur, -euse [tapaʒœʀ, øz] *adj* **(a)** *(bruyant)* enfant, hôtes noisy, rowdy. **(b)** *(peu discret, voyant)* publicité obtrusive; *élégance, toilette* flashy, loud, showy.

tapant, e [tapã, ãt] *adj:* **à 8 heures** ~**(es)** at 8 (o'clock) sharp, on the stroke of 8, at 8 o'clock on the dot*.

tape [tap] *nf (coup)* slap.

tape- [tap] *préf V* **taper**.

tapé, e[1] [tape] *(ptp de* **taper)** *adj* **(a)** *fruit (talé)* bruised; *(séché)* dried. **(b)** *(*: fou)* cracked*, bonkers‡ *(Brit)*.

tapecul, tape-cul, pl tape-culs [tapky] *nm (voile)* jigger; *(*: balançoire)* see-saw; *(*: voiture)* bone-shaker *(Brit)*, rattletrap*.

tapée‡[2] [tape] *nf:* **une** ~ **de, des** ~**s de** loads of*, masses of*.

taper [tape] (1) **1** *vt* **(a)** *(battre)* tapis to beat; *(*)* enfant to slap, clout; *(claquer)* porte to bang, slam. ~ **le carton*** to play cards. **(b)** *(frapper)* ~ **un coup/deux coups à la porte** to knock once/ twice at the door, give a knock/two knocks at the door; *(péj)* ~ **un air sur le piano** to bang *ou* thump out a tune on the piano. **(c)** ~ **(à la machine)** lettre to type (out); **apprendre à** ~ **à la machine** to learn (how) to type; **elle tape bien** she types well, she's a good typist; **elle tape 60 mots par minute** her typing speed is 60 words a minute; **tapé à la machine** typed, typewritten. **(d)** *(‡: emprunter à, solliciter)* ~ **qn** *(de 10 F)* to touch sb* (for 10 francs), cadge (10 francs) off sb*.

2 *vi* **(a)** *(frapper, cogner)* ~ **sur un clou** to hit a nail; ~ **sur la table** to bang *ou* rap on the table; *(péj)* ~ **sur un piano** to bang *ou* thump away at a piano; ~ **sur qn*** to thump sb*; ~ **sur la gueule de qn‡** to bash sb up‡, belt sb‡; *(fig)* ~ **sur le ventre de** *ou* **à* qn** to

be a bit pushy with sb*, be overfamiliar with sb; ~ **à la porte/au mur** to knock on the door/wall; **il tapait comme un sourd** he was thumping away for all he was worth; **il tape (dur), le salaud‡** the bastard's‡ hitting hard; ~ **dans un ballon** to kick a ball about *ou* around.

(b) *(*: dire du mal de)* ~ **sur qn** to run sb down*, have a go at sb* (behind his back).

(c) *(*: entamer)* ~ **dans** *provisions, caisse* to dig into*.

(d) *(être fort, intense)* *[soleil]* to beat down; *(*) [vin]* to go to one's head.

(e) *(‡: sentir mauvais)* to stink*, pong* *(Brit)*.

(f) *(loc)* ~ **des pieds** to stamp one's feet; ~ **des mains** to clap one's hands; *(fig)* **se faire** ~ **sur les doigts*** to be rapped over the knuckles; **il a tapé à côté*** he was wide of the mark; ~ **sur les nerfs** *ou* **le système de qn*** to get on sb's nerves* *ou* wick‡ *(Brit)*; ~ **dans l'œil de qn*** to take sb's fancy*; ~ **dans le tas** *(bagarre)* to pitch into the crowd; *(repas)* to tuck in*, dig in*; *V* **mille**[1].

3 se taper *vpr* **(a)** *(‡: s'envoyer)* repas to put away*; corvée to do, get landed* with; *importun* to get landed* *ou* lumbered* *(Brit)* with; **on s'est tapé les 10 km à pied** we slogged it on foot for the (whole) 10 km*, we footed the whole 10 km*; *(sexuellement)* **se** ~ **une femme** to have it off with a woman‡, lay a woman‡.

(b) *(loc)* **se** ~ **(sur) les cuisses de contentement*** to slap one's thighs with satisfaction; **il y a de quoi se** ~ **le derrière*** *ou* **le cul‡ par terre** it's darned* *ou* bloody‡ *(Brit)* ridiculous; **c'est à se** ~ **la tête contre les murs** it's enough to drive you up the wall*; **se** ~ **la cloche*** to feed one's face*, have a blow-out* *(Brit)*; **il peut toujours se** ~**‡** he knows what he can do‡; **se** ~ **sur le ventre*** to be on chummy* *ou* pally* terms.

4: *(péj)* **tape-à-l'œil** *adj inv décoration, élégance* flashy, showy; **c'est du tape-à-l'œil** it's all show *ou* flash* *(Brit)* *ou* razzle-dazzle*.

tapette [tapɛt] *nf* **(a)** *(pour tapis)* carpet beater; *(pour mouches)* flyswatter. **(b)** *(†*: langue)* **elle a une (bonne)** ~ *ou* **de ces** ~**s** she's a real chatterbox*. **(c)** *(‡: homosexuel)* poof‡ *(Brit)*, queer‡, fairy‡, nancy-boy‡ *(Brit)*, fag‡ *(US)*.

tapeur, -euse* [tapœʀ, øz] *nm,f (emprunteur)* cadger*.

tapin [tapɛ̃] *nm* **(a)** *(‡)* **faire le** ~ to be on the game‡, be a prostitute. **(b)** *(*: tambour)* drummer.

tapinois [tapinwa] *nm:* **en** ~ *s'approcher* furtively; *agir* on the sly.

tapioca [tapjɔka] *nm* tapioca.

tapir[1] [tapiʀ] *nm (Zool)* tapir.

tapir[2] **(se)** [tapiʀ] (2) *vpr (se blottir)* to crouch; *(se cacher)* to hide away; *(s'embusquer)* to lurk. **maison tapie au fond de la vallée** house hidden away at the bottom of the valley; **ce mal tapi en lui depuis des années** this sickness that for years had lurked within him.

tapis [tapi] **1** *nm* **(a)** *[sol]* *(gén)* carpet; *(petit)* rug; *(natte)* mat; *(dans un gymnase)* mat. **un carré de** ~ a carpet square, a square of carpet(ing); *V* **marchand**.

(b) *[meuble]* cloth; *[table de jeu]* baize *(U)*, cloth, covering. **le** ~ **vert des tables de conférence** the green baize *ou* covering of the conference tables.

(c) *(fig)* ~ **de verdure/de neige** carpet of greenery/snow.

(d) *(loc)* **aller au** ~ to go down for the count; *(lit, fig)* **envoyer qn au** ~ to floor sb; **mettre** *ou* **porter sur le** ~ *affaire, question* to lay on the table, bring up for discussion; **être/revenir sur le** ~ to come up/come back up for discussion; *V* **amuser**.

2: *(dans un aéroport)* **tapis à bagages** carousel; **tapis de billard** billiard cloth; **tapis-brosse** *nm, pl* **tapis-brosses** doormat; **tapis de chœur** altar carpet; **tapis de couloir** runner; **tapis de haute laine** long-pile carpet; **tapis d'Orient** oriental carpet; **tapis persan** Persian carpet; **tapis de prière** prayer mat; **tapis ras** short-pile carpet; **tapis roulant** *(pour colis etc)* conveyor belt; *(pour piétons)* moving walkway, travelator; *(pour bagages)* carousel; **tapis de sol** groundsheet; **tapis de table** table cover; **tapis volant** flying carpet.

tapissé, e [tapise] *(ptp de* **tapisser)** *adj:* **sol** ~ **de neige/mousse** ground carpeted with snow/moss; **mur** ~ **de photos/d'affiches** wall covered *ou* plastered with photos/posters; ~ **de lierre/de mousse** ivy-/moss-clad; ~ **de neige** snow-clad, covered in snow; **voiture** ~**e de cuir** car with leather interior trim *ou* leather upholstery.

tapisser [tapise] (1) *vt* **(a)** *[personne]* ~ **(de papier peint)** to (wall)paper; ~ **un mur/une pièce de tentures** to hang a wall/room with drapes, cover a wall/room with hangings; ~ **un mur d'affiches/de photos** to plaster *ou* cover a wall with posters/photos.

(b) *[tenture, papier]* to cover, line; *[mousse, neige, lierre]* to carpet, cover; *[membranes, tissus]* to line. **le lierre tapissait le mur** the wall was covered with ivy.

tapisserie [tapisʀi] *nf* **(a)** *(tenture)* tapestry; *(papier peint)* wallpaper, wall covering; *(activité)* tapestry-making. **faire** ~ *[subalterne]* to stand on the sidelines; *[danseur, danseuse]* to be a wallflower, sit out; **j'ai dû faire** ~ **pendant que mon mari dansait** I had to sit out *ou* I was a wallflower while my husband was dancing.

(b) *(broderie)* tapestry; *(activité)* tapestrywork. **faire de la** ~ to do tapestry work; **fauteuil recouvert de** ~ armchair upholstered with tapestry; **pantoufles en** ~ embroidered slippers; *V* **point**[2].

tapissier, -ière [tapisje, jɛʀ] *nm,f (fabricant)* tapestry-maker; *(commerçant)* upholsterer; *(décorateur)* interior decorator.

tapon† [tapõ] *nm:* **en** ~ in a ball; **mettre en** ~ to roll (up) into a ball.

tapotement [tapotmã] *nm (sur la table)* tapping *(U)*; *(sur le piano)* plonking *(U)*.

tapoter [tapote] (1) **1** *vt* joue to pat; baromètre to tap. ~ **sa cigarette pour faire tomber la cendre** to flick (the ash off) one's cigarette; *(péj)* ~ **une valse au piano** to plonk *ou* thump out a waltz at *ou* on the piano. **2** *vi:* ~ **sur** *ou* **contre** to tap on.

taquet [takɛ] *nm (coin, cale)* wedge; *(cheville, butée)* peg; *(pour enrouler un cordage)* cleat.

taquin, e [takɛ̃, in] *adj caractère, personne* teasing (*épith*). **c'est un ~** he's a tease *ou* a teaser.

taquiner [takine] (1) *vt [personne]* to tease; *[fait, douleur]* to bother, worry. *(hum)* **~ le goujon** to do a bit of fishing; *(hum)* **~ la muse** to dabble in poetry, court the Muse *(hum)*.

taquinerie [takinʀi] *nf* teasing (*U*). **agacé par ses ~s** annoyed by his teasing.

tarabiscoté, e [taʀabiskɔte] *adj meuble* (over-)ornate, fussy; *style* involved, (over-)ornate, fussy.

tarabuster [taʀabyste] (1) *vt [personne]* to badger, pester; *[fait, idée]* to bother, worry.

tarama [taʀama] *nm* taramasalata.

taratata [taʀatata] *excl* (stuff and) nonsense!, rubbish!

taraud [taʀo] *nm* tap.

taraudage [taʀodaʒ] *nm* tapping. **~ à la machine/à la main** machine-/hand-tapping.

tarauder [taʀode] (1) *vt (Tech)* plaque, écrou to tap; *vis, boulon* to thread; *(fig)* [insecte] to bore into; *[remords, angoisse]* to pierce.

taraudeur, -euse [taʀodœʀ, øz] **1** *nm,f (ouvrier)* tapper. **2 taraudeuse** *nf (machine)* tapping-machine; *(à fileter)* threader.

tard [taʀ] **1** *adv (dans la journée, dans la saison)* late. **plus ~** later (on); **il est ~** it's late; **il se fait ~** it's getting late; **se coucher/ travailler ~** to go to bed/work late; **travailler ~ dans la nuit** to work late (on) into the night; **il vint nous voir ~ dans la matinée/ journée** he came to see us late in the morning *ou* in the late morning/late in the day; **il vous faut arriver jeudi au plus ~** you must come on Thursday at the latest; **c'est un peu ~ pour t'ex- cuser** it's a bit late in the day to be making your excuses; **pas plus ~ qu'hier** only yesterday; **pas plus ~ que la semaine dernière** just *ou* only last week, as recently as last week; **remettre qch à plus ~** to put sth off till later (on); **il a attendu trop ~ pour s'ins- crire** he left it too late to put his name down; *V* **jamais, mieux, tôt.** **2** *nm*: **sur le ~** *(dans la vie)* late (on) in life, late in the day *(fig)*; *(dans la journée)* late in the day.

tarder [taʀde] (1) **1** *vi* (a) *(différer, traîner)* to delay. **~ à entrepren- dre qch** to put off *ou* delay starting sth; **ne tardez pas (à le faire)** don't be long doing it *ou* getting down to it; **~ en chemin** to loiter *ou* dawdle on the way; **sans (plus) ~** without (further) delay; **pourquoi tant ~?** why delay it *ou* put it off so long?, why be so long about it?

(b) *(se faire attendre)* [réaction, moment] to be a long time coming; *[lettre]* to take a long time (coming), be a long time coming. **l'été tarde (à venir)** summer is a long time coming *ou* is slow to appear; **ce moment tant espéré avait tant tardé** this much hoped-for moment had taken so long to come *ou* had been so long (in) coming.

(c) *(loc nég)* **ne pas ~** *(se manifester promptement)*: **ça ne va pas ~** it won't be long (coming); **ça n'a pas tardé** it wasn't long (in) coming; **leur réaction ne va pas ~** their reaction won't be long (in) coming; **il est 2 heures**: **ils ne vont pas ~** it's past 2 o'clock — they won't be long (now); **ils n'ont pas tardé à être endettés** before long they were in debt, it wasn't long before they were in debt; **il n'a pas tardé à s'en apercevoir** it didn't take him long to notice, he noticed soon enough; **ils n'ont pas tardé à réagir, leur réaction n'a pas tardé** they weren't long (in) reacting, their reaction came soon enough; **l'élève ne tarda pas à dépasser le maître** the pupil soon outstripped the teacher.

(d) *(sembler long)* **le temps ou le moment me tarde d'être en vacances** I'm longing to be on holiday, I can't wait to be on holiday. **2** *vb impers (littér)* **il me tarde de le revoir/que ces travaux soient finis** I am longing *ou* I can't wait to see him again/for this work to be finished.

tardif, -ive [taʀdif, iv] *adj apparition, maturité, rentrée, repas* late; *regrets, remords* belated, tardy *(frm)*; *fruits* late.

tardivement [taʀdivmɑ̃] *adv (à une heure tardive)* rentrer late; *(après coup, trop tard)* s'apercevoir de qch belatedly, tardily *(frm)*.

tare [taʀ] *nf* (a) *(contrepoids)* tare. **faire la ~** to allow for the tare.

(b) *(défaut)* [personne, marchandise] defect *(de in, of)*; *[société, système]* flaw *(de in)*, defect *(de of)*. **c'est une ~ de ne pas avoir fait de maths** it's a weakness not to have done any maths.

taré, e [taʀe] **1** *adj régime, politicien* tainted, corrupt; *enfant, animal* sickly, with a defect. *(péj)* **il faut être ~ pour faire cela*** you have to be sick to do that*. **2** *nm,f (Méd)* degenerate. *(péj)* **regarde-moi ce ~*** look at that cretin*.

tarentelle [taʀɑ̃tɛl] *nf* tarantella.

tarentule [taʀɑ̃tyl] *nf* tarantula.

tarer [taʀe] (1) *vt (Comm)* to tare, allow for the tare.

targette [taʀʒɛt] *nf* bolt *(on a door)*; *(‡: chaussure)* shoe.

targuer (se) [taʀge] (1) *vpr (se vanter)* **se ~ de qch** to boast about sth, pride *ou* preen o.s. on sth; **se ~ de ce que ...** to boast that ...; **se ~ d'avoir fait qch** to pride o.s. on having done sth; **se targuant d'y parvenir aisément ...** boasting (that) he would easily manage it ....

targui e [taʀgi] **1** *adj* Tuareg. **2** *nm,f*: **T~(e)** Tuareg.

tarière [taʀjɛʀ] *nf* (a) *(Tech)* (pour le bois) auger; (pour le sol) drill.

(b) *(Zool)* drill, ovipositor *(T)*.

tarif [taʀif] *nm (tableau)* price list, tariff *(Brit)*; *(barème)* rate, rates *(pl)*, tariff *(Brit)*; *(prix)* rate. **consulter/afficher le ~ des consommations** to check/put up the price list for drinks *ou* the drinks tariff *(Brit)*; **le ~ postal pour l'étranger/le ~ des taxis va augmenter** overseas postage rates/taxi fares are going up; **les ~s postaux/douaniers vont augmenter** postage/customs rates are going up; **payé au ~ syndical** paid according to union rates, paid the union rate *ou* the union scale; **quels sont vos ~s?** *(réparateur)* how much do you charge?; *(profession libérale)* what are your fees?, what fee do you charge?; **est-ce le ~ habituel?** is this the usual *ou* going rate?; **voyager à plein ~/à ~ réduit** to travel at

full/reduced fare; *(hum)* **50 F d'amende/2 mois de prison, c'est le ~!*** a 50-franc fine/2 months' prison is what you get!

tarifaire [taʀifɛʀ] *adj* tariff *(épith)*.

tarifer [taʀife] (1) *vt* to fix the price *ou* rate for. **marchandises tarifées** fixed-price goods.

tarification [taʀifikasjɔ̃] *nf* fixing of a price scale *(de for)*.

tarin [taʀɛ̃] *nm (‡: nez)* conk‡ *(Brit)*, snoot‡ *(US)*; *(Orn)* siskin.

tarir [taʀiʀ] (2) **1** *vi* (a) *[cours d'eau, puits]* to run dry, dry up; *[larmes]* to dry (up); *[pitié, conversation]* to dry up; *[imagination, ressource]* to run dry, dry up.

(b) *[personne]* **ne tarit pas sur ce sujet** he can't stop talking about that, he is unstoppable* on that subject; **il ne tarit pas d'éloges sur elle** he never stops *ou* he can't stop praising her. **2** *vt (lit, fig)* to dry up. *(littér)* **~ les larmes de qn** to dry sb's tears. **3 se tarir** *vpr [source, imagination]* to run dry, dry up.

tarissement [taʀismɑ̃] *nm (V tarir, se tarir)* drying up.

tarot [taʀo] *nm (jeu)* tarot; *(paquet de cartes)* tarot (pack).

tarse [taʀs(ə)] *nm (Anat, Zool)* tarsus.

Tarse [taʀs(ə)] *nm* Tarsus.

tarsien, -ienne [taʀsjɛ̃, jɛn] *adj* tarsal.

tartan [taʀtɑ̃] *nm* tartan.

tartane [taʀtan] *nf* tartan *(boat)*.

tartare [taʀtaʀ] **1** *adj* (a) *(Hist)* Tartar. (b) *(Culin)* **sauce ~** tar- tar(e) sauce; **(steak) ~** steak tartare. **2** *nmf (Hist)* **T~** Tartar.

tartarin [taʀtaʀɛ̃] *nm († hum)* braggart†.

tarte [taʀt(ə)] **1** *nf* (a) *(Culin)* tart. **~ aux fruits/à la crème** fruit/ cream tart; **~ Tatin ≃** apple upside-down tart; *(fig péj)* **~ à la crème** *comique, comédie* slapstick *(épith)*, custard-pie *(épith)*; **c'est pas de la ~*** it's no joke*, its no easy matter.

(b)*(‡: gifle)* clout, clip round the ear. **2** *adj inv (*)* *(laid)* plain-looking; *(bête)* daft* *(Brit)*, stupid.

tartelette [taʀtəlɛt] *nf* tartlet, tart.

tartempion* [taʀtɑ̃pjɔ̃] *nm* thingumabob*, so-and-so*.

tartine [taʀtin] *nf* (a) *(beurrée)* slice of bread and butter; *(à la confiture)* slice of bread and jam; *(tranche prête à être tartinée)* slice *ou* piece of bread. **le matin, on mange des ~s** in the morning we have bread and butter; **tu as déjà mangé 3 ~s, ça suffit** you've already had 3 slices *ou* 3 pieces of bread, that's enough; **elle me beurra une ~** she buttered me a slice of bread; **couper des tran- ches de pain pour faire des ~s** to cut (slices of) bread for butter- ing; **~ au miel/à la confiture** slice *ou* piece of bread and honey/ jam; **~ grillée et beurrée** piece of toast and butter; **as-tu du pain pour les ~s?** have you got any bread to slice?

(b) *(*fig: lettre, article)* screed *(Brit)*. **il en a mis une ~** he wrote reams *ou* a great screed* *(Brit)*; **il y a une ~ dans la Gazette à propos de ...** there's a long screed *(Brit)* *ou* a great spread in the Gazette about ....

tartiner [taʀtine] (1) *vt pain* to spread *(de with)*; *beurre* to spread. **pâté de foie/fromage à ~** liver/cheese spread; **~ du pain de beurre** to butter bread, spread bread with butter.

tartre [taʀtʀ(ə)] *nm [dents]* tartar; *[chaudière, bouilloire]* fur; *[ton- neau]* tartar.

tartrique [taʀtʀik] *adj*: **acide ~** tartaric acid.

tartu(f)fe [taʀtyf] *nm* (sanctimonious) hypocrite, tartuffe. **il est un peu ~** he's something of a hypocrite *ou* tartuffe, he's a po-faced hypocrite*.

tartu(f)ferie [taʀtyfʀi] *nf* hypocrisy.

tas [tɑ] **1** *nm* (a) *(amas)* pile, heap. **mettre en ~** to make a pile of, put into a heap, heap *ou* pile up.

(b) *(*: beaucoup de)* **un *ou* des ~ de** loads of*, heaps of*, lots of; **il connaît un ~ de choses/gens** he knows loads* *ou* heaps* *ou* lots of things/people; **il m'a raconté un ~ de mensonges** he told me a pack of lies; **~ de crétins*** you load *ou* bunch *ou* shower of idiots!*

(c) *(loc)* **tirer dans le ~** to fire into the crowd; **foncer dans le ~** to charge in; **dans le ~, on en trouvera bien un qui sache conduire** you're bound to find one out of the whole crowd who can drive; **dans le ~ tu trouveras bien un stylo qui marche** you're bound to find one pen that works out of that pile; **j'ai acheté des cerises, tape ou pioche dans le ~** I've bought some cherries so dig in* *ou* so help yourself; **former qn sur le ~** to train sb on the job; **formation sur le ~** on-the-job training, in-house training; *V* **grève.**

2: *(Archit)* **tas de charge** tas de charge; **tas de fumier** dung *ou* manure heap.

Tasmanie [tasmani] *nf* Tasmania.

tasmanien, -ienne [tasmanjɛ̃, jɛn] **1** *adj* Tasmanian. **2** *nm,f*: **T~(ne)** Tasmanian.

tasse [tɑs] *nf* cup. **~ de porcelaine** china cup; **~ à thé** teacup; **~ à café** coffee cup; **~ de** the cup of tea; *(fig)* **boire une ou la ~*** *(en nageant)* to swallow *ou* get a mouthful.

Tasse [tas] *nm*: **le ~** Tasso.

tassé, e [tɑse] *(ptp de tasser) adj* (a) *(affaissé)* façade, mur that has settled *ou* sunk *ou* subsided; *vieillard* shrunken. **~ sur sa chaise** slumped on his chair. (b) *(serrés)* spectateurs, passagers packed (tight). (c) **bien ~*** *(fort)* whisky stiff *(épith)*; *(bien rempli)* verre well-filled, full to the brim *(attrib)*; **café bien ~** good strong coffee, coffee that is good and strong; **3 kilos bien ~s** a good 3 kilos; **il a 50 ans bien ~s** he's well on in his fifties, he's well over fifty.

tasseau, pl ~x [taso] *nm (morceau de bois)* piece *ou* length of wood; *(support)* bracket.

tassement [tɑsmɑ̃] *nm* (a) *[sol, neige]* packing down. (b) *[mur, terrain]* settling, subsidence. *(Méd)* **~ de la colonne (vertébrale)** compression of the spinal column. (c) *(diminution)* **le ~ des voix en faveur du candidat** the drop *ou* fall-off in votes for the can- didate; **un ~ de l'activité économique** a downturn *ou* a slowing down in economic activity.

tasser [tɑse] (1) **1** *vt* (a) *(comprimer)* sol, neige to pack down, tamp down; *foin, paille* to pack. ～ **le contenu d'une valise** to push *ou* ram down the contents of a case; ～ **le tabac dans sa pipe** to pack *ou* tamp down the tobacco in one's pipe; ～ **les passagers dans un véhicule** to cram *ou* pack the passengers into a vehicle.

　(b) (*Sport*) *concurrent* to box in.

　2 se tasser *vpr* (a) (*s'affaisser*) *[façade, mur, terrain]* to settle, sink, subside; (*fig*) *[vieillard, corps]* to shrink.

　(b) (*se serrer*) to bunch up. **on s'est tassé à 10 dans la voiture** 10 of us crammed into the car; **tassez-vous, il y a encore de la place** bunch *ou* squeeze up, there's still room.

　(c) (*: s'arranger*) to settle down. **ne vous en faites pas, ça va se** ～ don't worry — things will settle down *ou* iron themselves out*.

　(d) (*: engloutir*) *petits fours, boissons* to down*, get through*.

taste-vin [tastəvɛ̃] *nm inv* (wine-)tasting cup.

tata [tata] *nf* (*langage enfantin: tante*) auntie*; (*: pédéraste*) poof‡ (*Brit*), queer‡, fairy‡, fag‡ (*US*).

tatane‡ [tatan] *nf* shoe.

tâter [tate] (1) **1** *vt* (a) (*palper*) *objet, étoffe, pouls* to feel. ～ **qch du bout des doigts** to feel *ou* explore sth with one's fingertips; **marcher en tâtant les murs** to feel *ou* grope one's way along the walls.

　(b) (*sonder*) *adversaire, concurrent* to try (out). ～ **l'opinion** to sound *ou* test out opinion; (*fig*) ～ **le terrain** to find out *ou* see how the land lies, find out *ou* check the lie (*Brit*) *ou* lay (*US*) of the land, take soundings.

　2 *vi* (a) (†, *littér: goûter à*) ～ **de mets** to taste, try.

　(b) (*essayer, passer par*) to sample, try out. ～ **de la prison** to sample prison life, have a taste of prison; **il a tâté de tous les métiers** he has had a go at *ou* he has tried his hand at all possible jobs.

　3 se tâter *vpr* (a) (*après une chute*) to feel o.s. (*for injuries*); (*pensant avoir perdu qch*) to feel one's pocket(s). **il se releva, se tâta: rien de cassé** he got up and felt himself but he had nothing broken.

　(b) (*: hésiter*) to be in (*Brit*) *ou* of (*US*) two minds. **viendras-tu? — je ne sais pas, je me tâte** are you coming? — I don't know, I'm in (*Brit*) *ou* of (*US*) two minds (about it) *ou* I haven't made up my mind (about it).

tâte-vin [tatvɛ̃] *nm inv* = **taste-vin**.

tatillon, -onne [tatijɔ̃, ɔn] *adj* finicky, pernickety (*Brit*), persnickety (*US*), nit-picking*. **il est** ～, **c'est un** ～ he's very finicky *ou* pernickety (*Brit*), he's a nit-picker*, he's always nit-picking*.

tâtonnement [tatɔnmɑ̃] *nm* (*gén pl: essai*) trial and error (*U*), experimentation (*U*). **après bien des** ～**s** after a good deal of experimentation *ou* of trial and error; **procéder par** ～(**s**) to move forward by trial and error.

tâtonner [tatɔne] (1) *vi* (a) (*pour se diriger*) to grope *ou* feel one's way (along), grope along; (*pour trouver qch*) to grope *ou* feel around *ou* about. (b) (*fig*) to grope around; (*par méthode*) to proceed by trial and error.

tâtons [tatɔ̃] *adv*: (*lit, fig*) **avancer à** ～ to grope along, grope *ou* feel one's way along; (*lit, fig*) **chercher qch à** ～ to grope *ou* feel around for sth.

tatou [tatu] *nm* armadillo.

tatouage [tatwaʒ] *nm* (*action*) tattooing; (*dessin*) tattoo.

tatouer [tatwe] (1) *vt* to tattoo.

tatoueur [tatwœr] *nm* tattooer.

taudis [todi] *nm* (*logement*) hovel, slum; (*pl: Admin, gén*) slums. (*fig: en désordre*) **ta chambre est un vrai** ～ your room is like a pigsty *ou* a slum.

taulard, -arde‡ [tolar, ard(ə)] *nm,f* (*arg Crime*) convict, con (*arg*).

taule‡ [tol] *nf* (a) (*prison*) nick‡ (*Brit*), clink‡. **il a fait de la** ～ he's done time *ou* a stretch*, he has been inside*; **il a eu 5 ans de** ～ he has been given a 5-year stretch* *ou* 5 years in the nick‡ (*Brit*) *ou* in clink‡. (b) (*chambre*) room.

taulier, -ière‡ [tolje, jɛr] *nm,f* (*hotel*) boss*.

taupe [top] *nf* (a) (*animal, fig: espion*) mole; (*fourrure*) moleskin. (*fig péj*) **une vieille** ～ an old crone *ou* hag (*péj*), an old bag‡ (*péj*); (*fig*) **ils vivent comme des** ～**s dans ces grands immeubles** they live closeted away *ou* completely shut up in these multi-storey blocks, they never get out to see the light of day from these multi-storey blocks; *V* **myope**.

　(b) (*arg Scol: classe*) advanced maths class (*preparing for the Grandes Écoles*).

taupin [topɛ̃] *nm* (a) (*Zool*) click beetle, elaterida (*T*). (b) (*Scol*) maths student (*V* **taupe**).

taupinière [topinjɛr] *nf* (*tas*) molehill; (*galeries, terrier*) mole tunnel; (*fig péj: immeuble, bureaux*) rabbit warren.

taureau, *pl* ～**x** [tɔro] *nm* (*Zool*) bull. (*Astron*) **le T**～ Taurus, the Bull; ～ **de combat** fighting bull; **il avait une force de** ～ he was as strong as an ox; **une encolure** *ou* **un cou de** ～ a bull neck; (*fig*) **prendre le** ～ **par les cornes** to take the bull by the horns; **être (du) T**～ to be Taurus *ou* a Taurean; *V* **course**.

taurillon [tɔrijɔ̃] *nm* bull-calf.

taurin, e [tɔrɛ̃, in] *adj* bullfighting (*épith*).

tauromachie [tɔrɔmaʃi] *nf* bullfighting.

tauromachique [tɔrɔmaʃik] *adj* bullfighting (*épith*).

tautologie [totɔlɔʒi] *nf* tautology.

tautologique [totɔlɔʒik] *adj* tautological.

taux [to] *nm* (a) (*gén, Fin, Statistique*) rate. ～ **d'intérêt** interest rate, rate of interest; ～ **des salaires** wage rate; ～ **de change** exchange rate, rate of exchange; ～ **de mortalité** mortality rate; ～ **actuariel (brut)** annual percentage rate; ～ **officiel d'escompte** bank rate; ～ **d'escompte** discount rate; ～ **de prêt** lending rate; ～ **de croissance** growth rate; ～ **de crédit** minimum minimum lending rate.

　(b) (*niveau, degré*) *[infirmité]* degree; *[cholestérol, sucre]* level.

tavelé, e [tavle] (*ptp de* **taveler**) *adj fruit* marked. **visage** ～

de taches de son *face* speckled with *ou* covered in freckles; **visage** ～ **par la petite vérole** pockmarked face, face pitted with pockmarks.

taveler [tavle] (4) **1** *vt fruit* to mark; *visage* to speckle. **2 se taveler** *vpr [fruit]* to become marked.

tavelure [tavlyr] *nf [fruit]* mark; *[peau]* mark, spot.

taverne [tavɛrn(ə)] *nf* (*Hist*) inn, tavern; (*Can*) tavern, beer parlor (*Can*).

tavernier, -ière [tavɛrnje, jɛr] *nm,f* (*Hist, hum*) innkeeper.

taxable [taksabl(ə)] *adj* (*gén*) taxable; (*à la douane*) liable to duty (*épith*), dutiable.

taxateur [taksatœr] *nm* (*Admin*) taxer; (*Jur*) taxing master. **juge** ～ taxing master.

taxation [taksasjɔ̃] *nf* (*V* **taxer**) taxing, taxation; fixing (the rate); fixing the price; assessment. ～ **d'office** estimation of tax(es).

taxe [taks(ə)] **1** *nf* (a) (*impôt, redevance*) tax; (*à la douane*) duty. ～**s locales/municipales** local/municipal taxes; **toutes** ～**s comprises** inclusive of tax; *V* **hors**.

　(b) (*Admin, Comm: tarif*) statutory price. **vendre des marchandises à la** ～/**plus cher que la** ～ to sell goods at/for more than the statutory price.

　(c) (*Jur*) *[dépens]* taxation, assessment.

　2: taxes d'aéroport airport tax(es); **taxe de luxe** tax on luxury goods; (*Télec*) **taxe de raccordement** (re)connection fee; **taxe de séjour** tourist tax; **taxe à** *ou* **sur la valeur ajoutée** value added tax, VAT.

taxer [takse] (1) *vt* (a) (*imposer*) *marchandises, service* to put *ou* impose a tax on, tax; (*à la douane*) to impose *ou* put duty on.

　(b) *particuliers* to tax. ～ **qn d'office** to assess sb for tax *ou* taxation (purposes).

　(c) (*Admin, Comm*) *valeur* to fix (the rate of); *marchandise* to fix the price of; (*Jur*) *dépens* to tax, assess.

　(d) ～ **qn de qch** (*qualifier de*) to call sb sth; (*accuser de*) to tax sb with sth (*frm*), accuse sb of sth; **une méthode que l'on a taxée de charlatanisme** a method to which the term charlatanism has been applied; **il m'a taxé d'imbécile** he called me an idiot; **on le taxe d'avarice** he's accused of miserliness *ou* of being a miser.

taxi [taksi] *nm* (a) (*voiture*) taxi, (taxi)cab; *V* **avion, chauffeur, station**. (b) (*: chauffeur*) cabby*, taxi driver.

taxidermie [taksidɛrmi] *nf* taxidermy.

taxigirl [taksigœrl] *nf* (*danseuse*) taxigirl.

taximètre [taksimɛtr(ə)] *nm* (taxi)meter.

taxinomie [taksinɔmi] *nf* taxonomy.

taxinomique [taksinɔmik] *adj* taxonomic(al).

taxinomiste [taksinɔmist(ə)] *nm,f* taxonomist.

taxiphone [taksifɔn] *nm* pay-phone, public (tele)phone.

taxiway [taksiwe] *nm* taxiway.

taxonomie [taksɔnɔmi] *nf* = **taxinomie**.

Tchad [tʃad] *nm*: **le** ～ Chad; **le lac** ～ Lake Chad.

tchadien, -ienne [tʃadjɛ̃, jɛn] **1** *adj* Chad. **2** *nm,f*: **T**～(**ne**) Chad.

tchador [tʃador] *nm* chador.

Tchaikovski [tʃaikovski] *nm* Tchaikovsky.

tchao [tʃao] *excl* bye!, cheerio!.

tchécoslovaque [tʃekɔslɔvak] *adj* Czechoslovak(ian).

Tchécoslovaquie [tʃekɔslɔvaki] *nf* Czechoslovakia.

Tchekhov [tʃekov] *nm* Chek(h)ov.

tchèque [tʃɛk] **1** *adj* Czech. **2** *nm* (*Ling*) Czech. **3** *nmf*: **T**～ Czech.

tchin(-tchin)* [tʃin(tʃin)] *excl* cheers!

T.D. [te de] *nm* (*Univ*) *abrév de* **travaux dirigés**; *V* **travail**.

te [t(ə)] *pron* (*objet direct ou indirect*) you; (*réfléchi*) yourself. ～ **l'a-t-il dit?** did he tell you?, did he tell you about it?; **t'en a-t-il parlé?** did he speak to you about it?

té¹ [te] *nm* (*règle*) T-square; (*ferrure*) T(-shaped) bracket. **fer** *etc* **en** ～ T-shaped iron *etc*.

té² [te] *excl* (*dial*) well! well!, my!

tea-room, *pl* **tea-rooms** [tirum] *nm* tearoom.

technétium [tɛknesjɔm] *nm* technetium.

technicien, -ienne [tɛknisjɛ̃, jɛn] *nm,f* technician. ～ **de (la) télévision** television technician; **c'est un** ～ **de la politique/finance** he's a political/financial expert *ou* wizard; **c'est un** ～ **du roman** he's a practitioner *ou* practician (*Brit*) of the novel.

technicité [tɛknisite] *nf* technical nature.

technico-commercial, e, *mpl* **-aux** [tɛknikokɔmɛrsjal, o] *adj*: (*agent*) ～ technical salesman.

technicolor [tɛknikɔlɔr] *nm* technicolor.

technique [tɛknik] **1** *nf* (a) (*méthode, procédés*) *[peintre, art]* technique. **des** ～**s nouvelles** new techniques; **manquer de** ～ to lack technique; **il n'a pas la** ～* he hasn't got the knack* *ou* technique.

　(b) (*aire de la connaissance*) **la** ～ technique.

　2 *adj* technical; *V* **escale, incident**.

techniquement [tɛknikmɑ̃] *adv* technically.

technocrate [tɛknɔkrat] *nmf* technocrat.

technocratie [tɛknɔkrasi] *nf* technocracy.

technocratique [tɛknɔkratik] *adj* technocratic.

technologie [tɛknɔlɔʒi] *nf* technology. ～ **de pointe** *ou* **avancée** frontier *ou* leading-edge *ou* advanced *ou* high technology; ～ **de l'information** information technology.

technologique [tɛknɔlɔʒik] *adj* technological. **la révolution** ～ **des années 70** the technological revolution of the 70s.

technologue [tɛknɔlɔg] *nmf* technologist.

teck [tɛk] *nm* teak.

teckel [tɛkɛl] *nm* dachshund.

tectonique [tɛktɔnik] **1** *adj* tectonic. **2** *nf* tectonics (*sg*). ～ **des plaques** plate tectonics.

Te Deum [tedeɔm] *nm inv* Te Deum.

T.E.E. [teəə] *nm abrév de* **Trans Europe Express**.

tee [ti] *nm* tee. partir du ~ to tee off.

téflon [teflɔ̃] *nm* ® teflon ®.

tégument [tegymɑ̃] *nm* (*Bot, Zool*) integument.

Téhéran [teerɑ̃] *n* Teheran.

teigne [tɛɲ] *nf* (a) (*Zool*) moth, tinea (*T*). (b) (*Méd*) ringworm, tinea (*T*). (c) (*fig péj*) (*homme*) swine‡ (*Brit*), bastard‡; (*femme*) shrew, bitch‡, vixen. **méchant comme une ~** as nasty as anything.

teigneux, -euse [tɛɲø, øz] *adj* suffering from ringworm. **il est ~** (*lit*) he has *ou* is suffering from ringworm; (*péj: pouilleux*) he's scabby*; (*péj: acariâtre*) he's a swine‡ *ou* a nasty piece of work.

teindre [tɛ̃dʀ(ə)] (52) **1** *vt vêtement, cheveux* to dye. **les myrtilles teignent les mains (de violet)** bilberries stain your hands (purple).

2 se teindre *vpr* (a) **se ~ (les cheveux)** to dye one's hair; **se ~ la barbe/la moustache** to dye one's beard/moustache.

(b) (*littér: se colorer*) **les montagnes se teignaient de pourpre** the mountains took on a purple hue *ou* tinge *ou* tint, the mountains were tinged with purple.

teint, e [tɛ̃, tɛ̃t] (*ptp de* **teindre**) **1** *adj cheveux, laine* dyed. (*péj*) **elle est ~e** her hair is dyed, she has dyed her hair.

2 *nm* (*permanent*) complexion, colouring; (*momentané*) colour. **avoir le ~ jaune** to have a sallow complexion *ou* colouring; **il revint de vacances le ~ frais** he came back from his holidays with a fresh *ou* good colour; **V bon¹, fond, grand**.

3 teinte *nf* (*nuance*) shade, hue, tint; (*couleur*) colour; (*fig*) tinge, hint. **pull aux ~es vives** brightly-coloured sweater; (*fig*) **avec une ~e de tristesse dans la voix** with a tinge *ou* hint of sadness in his voice; **V demi-**.

teinté, e [tɛ̃te] (*ptp de* **teinter**) *adj bois* stained; *verre* tinted. **table ~e acajou** mahogany-stained table; (*fig*) **discours ~ de** puritanisme speech tinged with puritanism.

teinter [tɛ̃te] (1) **1** *vt papier, verre* to tint; *meuble, bois* to stain. **un peu d'eau teintée de vin** a little water with a hint of wine *ou* just coloured with wine.

2 se teinter *vpr* (*littér*) **se ~ d'amertume** to become tinged with bitterness; **les sommets se teintèrent de pourpre** the peaks took on a purple tinge *ou* hue, the peaks were tinged with purple.

teinture [tɛ̃tyʀ] *nf* (a) (*colorant*) dye; (*action*) dyeing. (*fig*) **une ~ de maths/de français** a smattering of maths/French, a nodding acquaintance with maths/French. (b) (*Pharm*) tincture. **~ d'arnica/d'iode** tincture of arnica/iodine.

teinturerie [tɛ̃tyʀʀi] *nf* (*métier, industrie*) dyeing; (*magasin*) (dry) cleaner's.

teinturier, -ière [tɛ̃tyʀje, jɛʀ] *nm,f* (*qui nettoie*) dry cleaner; (*qui teint*) dyer.

tek [tɛk] *nm* = **teck**.

tel, telle [tɛl] **1** *adj* (a) (*similitude*) (*sg: avec n concret*) such, like; (*avec n abstrait*) such; (*pl*) such. **une telle ignorance/réponse est inexcusable** such ignorance/such an answer is unpardonable; **~ père, ~ fils** like father like son; **nous n'avons pas de ~s orages en Europe** we don't get such storms *ou* storms like this in Europe; **as-tu jamais rien vu de ~?** have you ever seen such a thing?, have you ever seen the like? *ou* anything like it?; **s'il n'est pas menteur, il passe pour ~** perhaps he isn't a liar but he is taken for one *ou* but they say he is *ou* but that's the reputation he has *ou* but that's how he's thought of; **il a filé ~ un zèbre** he ran off as quick as an arrow *ou* a shot, he whizzed off; **~s sont ces gens que vous croyiez honnêtes** that's what they're really like—the people you thought were honest, such are those whom you believed (to be) honest; (*frm*) **prenez telles décisions qui vous sembleront nécessaires** take such decisions as you find *ou* whatever decisions you find necessary; **il est le patron, en tant que ~ ou comme ~ il aurait dû agir** he is the boss and as such he ought to have taken action, he's the boss and in that capacity he should have acted; **~ il était enfant, ~ je le retrouve** thus he was as a child, and thus he has remained; (*littér*) **le lac ~ un miroir** the lake like a mirror *ou* mirror-like; **V rien**.

(b) (*valeur indéfini*) such-and-such. **~ et ~** such-and-such; **venez ~ jour/à telle heure** come on such-and-such a day/at such-and-such a time; **telle quantité d'arsenic peut tuer un homme et pas un autre** a given quantity of arsenic can kill one man and not another; **telle ou telle personne vous dira que** someone *ou* somebody or other will tell you that; **j'ai lu dans ~ ~ article que I** read in some article or other that; **l'homme en général et non ~ homme** man in general and not any one *ou* particular *ou* given man; **~ enfant qui se croit menacé devient agressif** any child that feels (himself) threatened will become aggressive; **l'on sait ~ bureau où there's** *ou* I know a certain office *ou* one office where.

(c) **~ que** like, (such *ou* the same *ou* just) as; (*énumération*) like, such as; **il est resté ~ que je le connaissais** he is still the same *ou* just as he used to be, he's stayed just as I remember him; **un homme ~ que lui doit comprendre** a man like him *ou* such a man as he (*frm*) must understand; **~ que je le connais, il ne viendra pas** if I know him *ou* if he's the man I think he is, he won't come; **~ que vous me voyez, je reviens d'Afrique** I'm just (this minute) back from Africa; **~ que vous me voyez, j'ai 72 ans** you wouldn't think it to look at me but I'm 72; **restez ~ que vous êtes** stay (just) as you are; **là il se montre ~ qu'il est** now he's showing himself in his true colours *ou* as he really is; **les métaux ~s que l'or, l'argent et le platine** metals like *ou* such as gold, silver and platinum; (*littér*) **le ciel à l'occident ~ qu'un brasier** the western sky like a fiery furnace.

(d) **~ quel, ~ que***: **il a acheté la maison telle quelle** *ou* **telle que*** he bought the house (just) as it was *ou* as it stood; **laissez tous ces dossiers ~s quels** *ou* **~s que*** leave all those files as they are *ou* as you find them; (*sur objet en solde*) **'à vendre ~ quel'** 'sold as seen'

(*Brit*), **'sold as is'** (*surtout US*); **il m'a dit: 'sortez d'ici ou je vous sors' ~ que!*** he said to me 'get out of here or I'll throw you out' — just like that!

(e) (*intensif*) (*sg: avec n concret*) such a; (*avec n abstrait*) such; (*pl*) such. **on n'a jamais vu (une) telle cohue** you've never seen such a mob; **c'est une telle joie de l'entendre!** what joy *ou* it's such a joy to hear him!

(f) (*avec conséquence*) **de telle façon** *ou* **manière** in such a way; **ils ont eu de ~s ennuis avec leur voiture qu'ils l'ont vendue** they had such (a lot of) trouble *ou* so much trouble with their car that they sold it; **de telle sorte que** so that; **à telle(s) enseigne(s) que** so much so that, the proof being that, indeed; **V point¹**.

2 *pron indéf*: **~ vous dira qu'il faut voter oui, ~ autre** ... one will tell you you must vote yes, another ...; (*Prov*) **~ qui rit vendredi, dimanche pleurera** you can be laughing on Friday but crying by Sunday; **si ~ ou ~ vous dit que** if somebody (or other) *ou* if anybody tells you that; (*Prov*) **~ est pris qui croyait prendre** (it's) the biter bitten; **V un**.

tél. (*abrév de* **téléphone**) tel.

télé* [tele] *nf* (*abrév de* **télévision**) (a) (*organisme*) TV. **il travaille à la ~** he works on TV.

(b) (*programmes*) TV. **qu'est-ce qu'il y a à la ~ ce soir?** what's on TV *ou* the telly* (*Brit*) tonight?; **la ~ du matin** breakfast TV.

(c) (*chaîne*) TV channel. **nous allons avoir 7 chaînes (de) ~ ou 7 ~s** we're going to have 7 TV channels.

(d) (*poste*) TV. **allume la ~** turn on the TV *ou* the telly* (*Brit*).

télébenne [teleben] *nf*, **télécabine** [telekabin] *nf* cable car.

téléboutique [telebutik] *nf* telephone shop.

télécinéma [telesinema] *nm* (*service*) film department (*of television channel*).

télécommande [telekɔmɑ̃d] *nf* remote control.

télécommander [telekɔmɑ̃de] (1) *vt* (*Tech*) to operate by remote control. (*fig*) **~ des menées subversives/un complot de l'étranger** to mastermind subversive activity/a plot from abroad.

télécommunication [telekɔmynikasjɔ̃] *nf* (*gén pl*) telecommunication.

téléconférence [telekɔ̃feʀɑ̃s] *nf* conference call.

télécopie [telekɔpi] *nf* facsimile transmission, fax, telefax. **transmettre par ~** to send by fax *ou* facsimile; **service de ~** facsimile service.

télécopieur [telekɔpjœʀ] *nm* facsimile machine, fax machine.

télédétection [teledetɛksjɔ̃] *nf* remote detection.

télédiffuser [teledifyze] (1) *vt* to broadcast by television.

télédiffusion [teledifyzjɔ̃] *nf* television broadcasting.

téléenseignement [teleɑ̃sɛɲmɑ̃] *nm* television teaching, teaching by television.

téléférique [teleferik] *nm* (*installation*) cableway; (*cabine*) cablecar.

téléfilm [telefilm] *nm* television *ou* TV film.

télégénique [teleʒenik] *adj* telegenic.

télégramme [telegʀam] *nm* telegram, wire, cable.

télégraphe [telegʀaf] *nm* telegraph.

télégraphie [telegʀafi] *nf* (*technique*) telegraphy. **~ optique** signalling; **~ sans fil†** wireless telegraphy†.

télégraphier [telegʀafje] (7) *vt message* to telegraph, wire, cable. **tu devrais lui ~** you should send him a telegram *ou* wire *ou* cable, you should wire (to) him *ou* cable him.

télégraphique [telegʀafik] *adj* (a) *poteau, fils* telegraph (*épith*); *alphabet, code Morse* (*épith*); *message* telegram (*épith*), telegraphed, telegraphic. **adresse ~** telegraphic address. (b) (*fig*) *style, langage* telegraphic.

télégraphiste [telegʀafist(ə)] *nmf* (*technicien*) telegrapher, telegraphist; (*messager*) telegraph boy.

téléguidage [telegidaʒ] *nm* radio control.

téléguider [telegide] (1) *vt* (*Tech*) to radio-control; (*fig*) to control (from a distance).

téléimprimeur [teleɛ̃pʀimœʀ] *nm* teleprinter.

téléinformatique [teleɛ̃fɔʀmatik] *nf* remote-access computing.

télékinésie [telekinezi] *nf* telekinesis.

Télémaque [telemak] *nm* (*Ski*) telemark.

télémark [telemaʀk] *nm* (*Ski*) telemark.

télématique [telematik] **1** *adj* telematic. **2** *nf* telematics (*sg*).

télémètre [telemɛtʀ(ə)] *nm* (*Mil, Phot*) rangefinder.

télémétrie [telemetʀi] *nf* telemetry.

télémétrique [telemetʀik] *adj* telemetric(al).

téléobjectif [teleɔbʒɛktif] *nm* telephoto lens.

téléologie [teleɔlɔʒi] *nf* teleology.

téléologique [teleɔlɔʒik] *adj* teleologic(al).

télépathe [telepat] **1** *nmf* telepathist. **2** *adj* telepathic.

télépathie [telepati] *nf* telepathy.

télépathique [telepatik] *adj* telepathic.

téléphérage [telefeʀaʒ] *nm* transport by cableway.

téléphérique [teleferik] *nm* = **téléférique**.

téléphone [telefɔn] **1** *nm* (*système*) telephone; (*appareil*) (tele)phone. (*Admin*) **les T~s** the telephone service, ≃ British Telecom (*Brit*); **avoir le ~** to be on the (tele)phone; **demande-le-lui au** *ou* **par ~** phone him (and ask) about it, give him a call about it; **V abonné, numéro** *etc*.

2: **téléphone arabe** bush telegraph; **téléphone automatique** automatic telephone system; **téléphone de brousse** = **téléphone arabe**; **téléphone à carte (magnétique)** cardphone; **téléphone interne** internal telephone; **téléphone à manivelle** magneto telephone; **téléphone manuel** manually-operated telephone system; **téléphone public** public (tele)phone, pay-phone; (*Pol*) **le téléphone rouge** the hot line; **il l'a appelé par le téléphone rouge** he called him on the hot line; **téléphone sans fil** cordless (tele)phone.

téléphoner [telefɔne] (1) **1** *vt message* to (tele)phone; (*fig*) *coups, manœuvre* to telegraph. **il m'a téléphoné la nouvelle** he phoned me the news; **téléphone-lui de venir** phone him and tell him to come; (*fig*) **leur manœuvre était téléphonée*** you could see their move coming a mile off*.
    2 *vi:* ~ **à qn** to telephone sb, phone *ou* ring *ou* call sb (up); **où est Jean? — il téléphone** where's John? — he's on the phone *ou* he's phoning *ou* he's making a call; **j'étais en train de** ~ **à Jean** I was on the phone to John, I was busy phoning John; **je téléphone beaucoup, je n'aime pas écrire** I phone people a lot *ou* I use the phone a lot as I don't like writing.
téléphonie [telefɔni] *nf* telephony. ~ **sans fil** wireless telephony, radiotelephony.
téléphonique [telefɔnik] *adj liaison, ligne, réseau* telephone (*épith*), telephonic (*frm*). **conversation** ~ (tele)phone conversation; *V* **appel, cabine, communication.**
téléphoniquement [telefɔnikmã] *adv* by telephone, telephonically.
téléphoniste [telefɔnist(ə)] *nmf [poste]* telephonist (*Brit*), (telephone) operator; *[entreprise]* switchboard operator.
téléphotographie [telefɔtɔgrafi] *nf* telephotography.
téléprompteur [teleprɔ̃ptœr] *nm* teleprompter.
téléreportage [teler(ə)pɔrtaʒ] *nm* (*activité*) television reporting. **un** ~ a television report; **le car de** ~ the outside-broadcast coach.
télescopage [telɛskɔpaʒ] *nm [véhicules]* concertinaing (*U*); *[trains]* telescoping, concertinaing (up).
télescope [telɛskɔp] *nm* telescope.
télescoper [telɛskɔpe] (1) **1** *vt véhicule* to smash up; *faits, idées* to mix up, jumble together. **2 se télescoper** *vpr [véhicules]* to concertina; *[trains]* to telescope, concertina; *[souvenirs]* to become confused *ou* mixed up.
télescopique [telɛskɔpik] *adj* (*gén*) telescopic.
téléscripteur [teleskriptœr] *nm* teleprinter, teletype ® (machine).
télésiège [telesjɛʒ] *nm* chairlift.
téléski [teleski] *nm* (ski) lift, (ski) tow. ~ **à fourche** T-bar tow; ~ **à archets** T-bar lift.
téléspectateur, -trice [telespɛktatœr, tris] *nm,f* (television *ou* TV) viewer. **les** ~**s** the viewing audience, the viewers.
Télétel [teletɛl] *nm* ® electronic telephone directory.
télétexte [teletɛkst] *nm* teletext, viewdata.
télétraitement [teletrɛtmã] *nm* remote processing.
télétransmission [teletrãsmisjɔ̃] *nf* remote transmission.
télétype [teletip] *nm* teleprinter, teletype ® (machine).
téléviser [televize] (1) *vt* to televise; *V* **journal.**
téléviseur [televizœr] *nm* television (set).
télévision [televizjɔ̃] *nf* (a) (*organisme, technique*) television. **la** ~ **par satellite** satellite television; **la** ~ **câblée** *ou* **par cable** cable television, cable vision (*US*); **il travaille pour la** ~ **allemande** he works for German television.
    (b) (*programmes*) television. **à la** ~ on television; **regarder la** ~ to watch television; **la** ~ **scolaire** schools television; **la** ~ **du matin** breakfast television.
    (c) (*chaîne*) television channel. **les** ~**s étrangères** foreign channels.
    (d) (*poste*) television (set).
télévisuel, -elle [televizyɛl] *adj* television (*épith*).
télex [telɛks] *nm* telex. **envoyer par** ~ to telex.
télexer [telɛkse] (1) *vt* to telex.
télexiste [telɛksist(ə)] *nmf* telex operator.
tellement [tɛlmã] *adv* (a) (*si*) (*avec adj ou adv*) so; (*avec comp*) so much. **il est** ~ **gentil** he's so (very) nice; ~ **mieux/plus fort/plus beau** so much better/stronger/more beautiful; **j'étais** ~ **fatigué que je me suis couché immédiatement** I was so (very) tired (that) I went straight to bed; (*nég, avec subj: littér*) **il n'est pas** ~ **pauvre qu'il ne puisse ...** he's not so (very) poor that he cannot... .
    (b) (*tant*) so much. (*tant de*) ~ **de gens** so many people; ~ **de temps** so much time, so long; **il a** ~ **insisté que ...** he insisted so much that ..., he was so insistent that ...; **il travaille** ~ **qu'il se rend malade** he works so much *ou* hard (that) he is making himself ill; (*nég, avec subj: littér*) **il ne travaille pas** ~ **qu'il ait besoin de repos** he does not work to such an extent *ou* so very much that he needs rest.
    (c) (*introduisant une causale: tant*) **on ne le comprend pas,** ~ **il parle vite** he talks so quickly (that) you can't understand him; **il trouve à peine le temps de dormir,** ~ **il travaille** he hardly finds time to sleep, he works so much *ou* hard.
    (d) (*avec nég: pas très, pas beaucoup*) **pas** ~ **fort/lentement** not (all) that strong/slowly, not so (very) strong/slowly; **il ne travaille pas** ~ he doesn't work (all) that much *ou* hard, he doesn't work so (very) much *ou* hard; **cet article n'est plus** ~ **demandé** this article is no longer (very) much in demand; **ce n'est plus** ~ **à la mode** it's not really *ou* all that fashionable any more; **cela ne se fait plus** ~ it's not done (very) much *ou* all that much any more; **tu aimes le cinéma? — pas** ~ do you like the cinema? — not (all) that much *ou* not particularly *ou* not especially; **y allez-vous toujours? — plus** ~, **maintenant qu'il y a le bébé** do you still go there? — not (very) much *ou* not all that much now (that) there's the baby; **on ne la voit plus** ~ we don't really see (very) much of her any more.
tellure [telyr] *nm* tellurium.
tellurique [telyrik] *adj* telluric; *V* **secousse.**
téméraire [temerɛr] *adj action, entreprise* rash, reckless, foolhardy; *jugement* rash; *personne* reckless, foolhardy, rash. ~ **dans ses jugements** rash in his judgments.
témérairement [temerɛrmã] *adv* (*V* **téméraire**) rashly; recklessly; foolhardily.

témérité [temerite] *nf* (*V* **téméraire**) rashness; recklessness; foolhardiness.
témoignage [temwaɲaʒ] *nm* (a) (*en justice*) (*déclaration*) testimony (*U*), evidence (*U*); (*faits relatés*) evidence (*U*). **d'après le** ~ **de M X** according to Mr X's testimony *ou* evidence, according to the evidence of *ou* given by Mr X; **j'étais présent lors de son** ~ I was present when he gave evidence *ou* gave his testimony; **ces** ~**s sont contradictoires** these are contradictory pieces of evidence; **appelé en** ~ called as a witness, called (upon) to give evidence *ou* to testify; **porter** ~ **de qch** to testify to sth, bear witness to sth (*frm*); *V* **faux².**
    (b) (*récit, rapport*) account, testimony. **ce livre est un merveilleux** ~ **sur notre époque** this book gives a marvellous account of the age we live in; **invoque le** ~ **d'un voyageur** to call upon a traveller to give his (eyewitness) account *ou* his testimony.
    (c) (*attestation*) ~ **de probité/de bonne conduite** evidence (*U*) *ou* proof (*U*) of honesty/of good conduct; **invoquer le** ~ **de qn pour prouver sa bonne foi** to call on sb's evidence *ou* testimony to prove one's good faith; **en** ~ **de quoi...** in witness whereof... .
    (d) (*manifestation*) ~ **d'amitié/de reconnaissance** (*geste*) expression *ou* gesture of friendship/gratitude; (*cadeau*) token *ou* mark *ou* sign of friendship/gratitude; **leurs** ~**s de sympathie nous ont touchés** we are touched by their expressions *ou* gestures of sympathy; **en** ~ **de ma reconnaissance** as a token *ou* mark of my gratitude; **le** ~ **émouvant de leur confiance** the touching expression of their confidence.
témoigner [temwaɲe] (1) **1** *vi* (*Jur*) to testify. ~ **en faveur de/contre qn** to testify *ou* give evidence in sb's favour/against sb; ~ **en justice** to testify in court; ~ **de vive voix/par écrit** to give spoken/written evidence, testify in person/in writing.
    2 *vt* (a) (*attester que*) ~ **que** to testify that; **il a témoigné qu'il ne l'avait jamais vu** *ou* **ne l'avoir jamais vu** he testified that he had never seen him.
    (b) (*faire preuve de, faire paraître*) to show, display; *reconnaissance* to show, evince (*frm*). ~ **un goût pour qch** to show *ou* display a taste *ou* liking for sth; ~ **de l'aversion à qn** to show *ou* evince (*frm*) dislike of sb.
    (c) (*démontrer*) ~ **que/de qch** to attest *ou* reveal that/sth; **son attitude témoigne de sa préoccupation** *ou* **qu'il est préoccupé** his attitude is evidence of his preoccupation, his attitude reveals his preoccupation *ou* that he is preoccupied; (*fig*) **sa mort témoigne qu'on ne peut vivre seul** his death testifies to the fact *ou* is evidence that one cannot live alone.
    (d) (*manifester*) ~ **de** to indicate, attest, bespeak (*frm*); **ce livre témoigne d'une certaine originalité** this book indicates *ou* attests *ou* bespeaks (*frm*) a certain originality.
    3 témoigner de *vt indir* (*confirmer*) to testify to, bear witness to. ~ **de Dieu** to bear witness to God; **je peux en** ~ I can testify to that, I can bear witness to that (*frm*).
témoin [temwɛ̃] **1** *nm* (a) (*gén, Jur: personne*) witness; *[duel]* second. ~ **auriculaire** earwitness; ~ **oculaire** eyewitness; ~ **direct/indirect** direct/indirect witness; ~ **de moralité** character reference (*person*); ~ **gênant** embarrassing witness; (*Jur*) **être** ~ **à charge/à décharge** to be (a) witness for the prosecution/for the defence; **être** ~ **de** *crime, scène* to witness, be a witness to; **la sincérité de qn** to vouch for; **prendre qn à** ~ (**de qch**) to call sb to witness (to *ou* of sth); **parler devant** ~(**s**) to speak in front of witnesses; **faire qch sans** ~ to do sth unwitnessed; **cela doit être signé devant** ~ this must be signed in front of a witness; **il a été mon** ~ **à notre mariage** he was (a) witness at our wedding; **que Dieu m'en soit** ~ as God is my witness; **Dieu m'est** ~ **que je n'ai pas voulu le tuer** as God is my witness, I didn't mean to kill him; (*Rel*) **les T**~**s de Jéhovah** Jehovah's Witnesses; (*fig*) **ces lieux** ~**s de notre enfance** these places which saw *ou* witnessed our childhood; *V* **faux².**
    (b) (*chose, personne: preuve*) evidence (*U*), testimony. **ces ruines sont le** ~ **de la férocité des combats** these ruins are (the) evidence of *ou* a testimony to the fierceness of the fighting; **ces aristocrates sont les** ~**s d'une époque révolue** these aristocrats are the surviving evidence of a bygone age; **la région est riche,** ~ **les constructions nouvelles qui se dressent partout** the region is rich — witness the new buildings going up everywhere.
    (c) (*Sport*) baton. **passer le** ~ to hand on *ou* pass the baton.
    (d) (*Géol*) outlier; *[excavations]* dumpling; *V* **butte.**
    (e) (*Constr: posé sur une fente*) telltale.
    (f) (*borne*) boundary marker.
    2 *adj* (*après n*) control (*épith*). **des magasins**(-)~**s pour empêcher les abus** control *ou* check shops to prevent abuses; **animaux/sujets** ~**s** control animals/subjects; **appartement** ~ show-flat (*Brit*), model apartment (*US*); **réalisation** ~ pilot *ou* test development; *V* **lampe.**
tempe [tãp] *nf* (*Anat*) temple. **avoir les** ~**s grisonnantes** to have greying temples, be going grey at the temples.
tempérament [tãperamã] *nm* (a) (*constitution*) constitution. ~ **robuste/faible** strong/weak constitution; **se tuer** *ou* **s'esquinter le** ~* to wreck one's health; ~ **sanguin/lymphatique** sanguine/lymphatic constitution; ~ **nerveux** nervous disposition.
    (b) (*nature, caractère*) disposition, temperament, nature. **elle a un** ~ **actif/réservé** she is *ou* has an active/a reserved disposition; ~ **romantique** romantic nature *ou* temperament; **moqueur par** ~ naturally given to *ou* disposed to mockery, mocking by nature; **c'est un** ~ he has a strong personality.
    (c) (*sensualité*) sexual nature *ou* disposition. **être de** ~ **ardent/froid** to have a passionate/cold nature; **avoir du** ~ to be hot-blooded *ou* highly sexed.
    (d) (*Comm*) **vente à** ~ sale on deferred (payment) terms; **acheter qch à** ~ to buy sth on hire purchase (*Brit*) *ou* on an

installment plan (*US*); **trop d'achats à ~ l'avaient mis dans une situation difficile** too many hire purchase commitments (*Brit*) *ou* too many purchases on H.P.* (*Brit*) *ou* too many installment purchases (*US*) had got him into a difficult situation.
   (**e**) (*Mus*) temperament.

tempérance [tɑ̃peʀɑ̃s] *nf* temperance; *V* société.

tempérant, e [tɑ̃peʀɑ̃, ɑ̃t] *adj* temperate.

température [tɑ̃peʀatyʀ] *nf* (**a**) (*Mét, Phys*) temperature. (*Phys*) **~ d'ébullition/de fusion** boiling/melting point; (*Phys*) **~ absolue** *ou* **en degrés absolus** absolute temperature.
   (**b**) (*chaleur du corps*) temperature. **animaux à ~ fixe/variable** warm-blooded/cold-blooded animals; **avoir** *ou* **faire de la ~** to have a temperature, be running a temperature; **prendre la ~ de** *malade* to take the temperature of; (*fig*) *auditoire, groupe public* to gauge the temperature of, test *ou* get the feeling of; *V* feuille.

tempéré, e [tɑ̃peʀe] (*ptp de* **tempérer**) *adj climat, zone* temperate; (*Mus*) tempered.

tempérer [tɑ̃peʀe] (16) *vt froid, rigueur du climat* to temper; (*littér*) *peine, douleur* to soothe, ease; (*littér*) *ardeur, sévérité* to temper.

tempête [tɑ̃pɛt] *nf* (**a**) (*lit*) storm, gale, tempest (*littér*). **~ de neige** snowstorm, blizzard; **~ de sable** sandstorm; *V* lampe, qui, souffler.
   (**b**) (*fig: agitation*) storm. **une ~ dans un verre d'eau** a storm in a teacup (*Brit*), a tempest in a teapot (*US*); **cela va déchaîner des ~s** that's going to cause a storm; **il est resté calme dans la ~** he remained calm in the midst of the storm *ou* while the storm raged all around him; **les ~s de l'âme** inner turmoil.
   (**c**) (*déchaînement*) **une ~ d'applaudissements** a storm of applause, thunderous applause (*U*); **une ~ d'injures** a storm of abuse; **une ~ de rires** a storm of laughter, gales (*pl*) of laughter.

tempêter [tɑ̃pete] (1) *vi* to rant and rave, rage.

tempétueux, -euse [tɑ̃petɥø, øz] *adj* (*littér*) *région, côte* tempestuous (*littér*), stormy; (*fig*) *vie, époque* tempestuous, stormy, turbulent.

temple [tɑ̃pl(ə)] *nm* (**a**) (*Hist, littér*) temple. (**b**) (*Rel*) (Protestant) church. (**c**) **l'Ordre du ~, le T~** the Order of the Temple.

templier [tɑ̃plije] *nm* (Knight) Templar.

tempo [tɛmpo] *nm* (*Mus*) tempo; (*fig*) tempo, pace.

temporaire [tɑ̃pɔʀɛʀ] *adj personnel, employé, fonctions* temporary. **nomination à titre ~** temporary appointment, appointment on a temporary basis.

temporairement [tɑ̃pɔʀɛʀmɑ̃] *adv* temporarily.

temporal, e, *mpl* **-aux** [tɑ̃pɔʀal, o] (*Anat*) **1** *adj* temporal. **2** *nm* temporal (bone).

temporalité [tɑ̃pɔʀalite] *nf* (*Ling, Philos*) temporality.

temporel, -elle [tɑ̃pɔʀɛl] *adj* (**a**) (*Rel*) (*non spirituel*) worldly, temporal; (*non éternel*) temporal. **biens ~s** temporal *ou* worldly goods, temporals. (**b**) (*Ling, Philos*) temporal.

temporellement [tɑ̃pɔʀɛlmɑ̃] *adv* temporally.

temporisateur, -trice [tɑ̃pɔʀizatœʀ, tʀis] **1** *adj* temporizing (*épith*), delaying (*épith*), stalling (*épith*). **une stratégie de ~** temporizing *ou* stalling *ou* delaying tactics, a strategy to gain time. **2** *nm, f* temporizer.

temporisation [tɑ̃pɔʀizasjɔ̃] *nf* temporization, delaying, stalling, playing for time.

temporiser [tɑ̃pɔʀize] (1) *vi* to temporize, delay, stall, play for time.

temps¹ [tɑ̃] **1** *nm* (**a**) (*passage des ans*) **le ~** time; (*personnifié*) **le T~** (Old) Father Time; **l'action du ~** the action of time; *V* tuer.
   (**b**) (*durée*) time. **cela prend trop de ~** it takes (up) too much time; **la blessure mettra du ~ à guérir** the wound will take (some) time to heal; **il a mis beaucoup de ~ à se préparer** he took a long time to get ready; **avec le ~, ça s'oubliera** it'll all be forgotten with *ou* in time; **la jeunesse n'a qu'un ~** youth will not endure; **travailler à plein ~/à ~ partiel** to work full-time/part-time; **peu de ~ avant/après** (*prép*) shortly before/after, a short while *ou* time before/after; (*adv*) shortly before/after(wards), a short while *ou* time before/after(wards); **dans peu de ~** before (very) long; **dans quelque ~** before too long, in a (little) while; **pour un ~** for a time *ou* while; **durant** *ou* **pendant (tout) ce ~ (là)** all this time; **je ne le vois plus depuis quelque ~** I haven't seen him for a (little) while *ou* some (little) time; *V* emploi, laps *etc*.
   (**c**) (*portion de temps*) time. **~ d'arrêt** pause, halt; **marquer un ~ d'arrêt** to pause (momentarily); **s'accorder un ~ de réflexion** to give o.s. time for reflection; **la plupart du ~** most of the time; **avoir le ~ (de faire)** to have time (to do); **je n'ai pas le ~** I haven't time; **je n'ai pas le ~ de le faire** I haven't the time *ou* I can't spare the time to do it; **il avait du ~ devant lui** he had time to spare, he had time on his hands; **vous avez tout votre ~** you have all the time in the world *ou* plenty of time *ou* all the time you need; **prendre le ~ de vivre** to make time to enjoy o.s.; **il n'y a pas de ~ à perdre** there's no time to lose *ou* to be lost; **prenez donc votre ~** do take your time; **cela fait gagner beaucoup de ~** it saves a lot *ou* a great deal of time, it's very time-saving; **chercher à gagner du ~** (*aller plus vite*) to try to save time; (*temporiser*) to play for time, try to gain time; **passer son ~ à la lecture** *ou* **à lire** to spend one's time reading; **il passe tout son ~ à ceci/faire ...** he spends all his time on this/all his time doing ...; **donnez-moi le ~ de m'habiller et je suis à vous** just give me time *ou* a moment to get dressed *ou* I'll just get dressed and I'll be with you; **je me suis arrêté en chemin juste le ~ de prendre un verre** I stopped long enough for a drink *ou* to have a drink; (*Prov*) **le ~ perdu ne se rattrape jamais** time and tide wait for no man (*Prov*); **faire son ~** [*soldat*] to serve one's time (in the army); [*prisonnier*] to do *ou* serve one's time; (*fig*) **il a fait son ~** [*auteur*] he has had his day; [*objet*] it has had its day.
   (**d**) (*moment précis*) time. **il est ~ de partir** it's time to go, it's time we left; **il est** *ou* **il serait (grand) ~ qu'il parte** it's (high) time

he went, it's time for him to go; **le ~ est venu de supprimer les frontières** the time has come to abolish frontiers, it's time frontiers were abolished; **il était ~!** (*pas trop tôt*) none too soon!, not before time!; (*c'était juste*) it came in the nick of time!; **il n'est plus ~ de se lamenter** the time for bemoaning one's lot is past *ou* over.
   (**e**) (*époque*) time, times (*pl*). **en ~ de guerre/paix** in wartime/peacetime; **en ~ de crise** in times of crisis; **par les ~ qui courent** these days, nowadays; **les ~ modernes** modern times; **dans les ~ anciens** in ancient times *ou* days; **en ces ~ troublés** in these troubled times; **les ~ sont bien changés** times have changed; **le ~ n'est plus où ...** gone are the days when ...; **c'était le bon ~** those were the days, those were the good times; **dans le ~** at one time, in the past, formerly; **dans le** *ou* **au bon vieux ~** in the good old days; **en ce ~ là** at that time; **en ~ normal** in normal circumstances; **les premiers ~** at the beginning, at first; **ces tout derniers ~** *ou* **ces derniers ~** lately, recently, latterly; **dans un premier ~** at first; **dans un deuxième ~** subsequently; *V* nuit, signe.
   (**f**) (*époque délimitée*) time(s), day(s). **du ~ de Néron** in Nero's time *ou* day(s), at the time of Nero; **au ~ des Tudors** in Tudor times, in the days of the Tudors; **de mon ~** in my day *ou* time; **dans mon jeune ~** in my younger days; **être de son ~** to move with *ou* keep up with the times; **quels ~ nous vivons!** what times we're living in!; **les ~ sont durs!** times are hard!; **les jeunes de notre ~** young people of our time *ou* (of) today, young people these days.
   (**g**) (*saison*) **le ~ des moissons/des vacances** harvest/holiday time; **le ~ de la chasse** the hunting season.
   (**h**) (*Mus*) beat; (*Gym*) [*exercice, mouvement*] stage. **~ fort/faible** strong/weak beat; (*fig*) **les ~ forts et les ~ faibles d'un roman** the powerful and the subdued moments of a novel; (*Mus*) **~ frappé** downbeat; **à deux/trois ~** in duple/triple time; **~ de valse** waltz time.
   (**i**) (*Ling*) [*verbe*] tense. **~ simple/composé** simple/compound tense; **~ surcomposé** double-compound tense; **adverbe/complément de ~** adverb/complement of time, temporal adverb/complement; *V* concordance.
   (**j**) (*Tech: phase*) stroke. **moteur à 4 ~** 4-stroke engine; **un 2 ~** a 2-stroke.
   (**k**) (*Sport*) [*coureur, concurrent*] time. **dans les meilleurs ~** among the best times.
   (**l**) (*loc*) **à ~** in time; **en un ~ où** at a time when; **de ~ en ~, de ~ à autre** from time to time, now and again, every now and then; **de tout ~** from time immemorial; (*littér: à l'époque où*) **du ~ que, du ~ où, dans le ~ où, au ~ où** in the days when, at the time when; (*: pendant que*) **du ~ que tu y es, rapporte des fruits** while you're at it* *ou* about* it, get some fruit; **en ~ et lieu** in due course, at the proper time (and place); **en ~ opportun** at an appropriate time; **ce n'est ni le ~ ni le lieu de discuter** this is neither the time nor the place for discussions; **chaque chose en son ~** each thing in its proper time; **en ~ voulu** *ou* **utile** in due time *ou* course; **à ~ perdu** in one's spare time; **au ~ pour moi!** my mistake!; **il faut bien passer le ~** you've got to pass the time somehow; **cela fait passer le ~** it passes the time; (*Prov*) **le ~ c'est de l'argent** time is money (*Prov*); *V* juste, tout.
   2: (*Ordin*) **temps d'accès** access time; (*Sci*) **temps astronomique** mean *ou* astronomical time; (*Phys*) **temps atomique** atomic time; (*Ordin*) **en temps différé** in batch mode; **temps libre** spare time; **comment occupes-tu ton temps libre?** what do you do in your spare time?; **temps mort** (*Ftbl, Rugby*) injury time (*U*), stoppage for injury; (*fig*) (*dans le commerce, le travail*) slack period; (*dans la conversation*) lull; (*Ordin*) **temps partagé** time-sharing; (*Ordin*) **utilisation en temps partagé** time-sharing; (*Ordin*) **temps réel** real time; **ordinateur exploité en temps réel** real-time computer; **temps solaire vrai** apparent *ou* real solar time; **temps universel** universal time.

temps² [tɑ̃] *nm* (*conditions atmosphériques*) weather. **quel ~ fait-il?** what's the weather like?; **il fait beau/mauvais ~** the weather's fine/bad; **le ~ s'est mis au beau** the weather has turned fine; **par ~ pluvieux/mauvais ~** in wet/bad weather; **sortir par tous les ~** to go out in all weathers; **avec le ~ qu'il fait!** in this weather!, with the weather we are having!; **~ de chien*** rotten* *ou* lousy* weather; **il faisait un beau ~ sec** (*pendant une période*) it was beautiful dry weather; (*ce jour-là*) it was a lovely dry day; **le ~ est lourd aujourd'hui** it's close today; (*fig*) **prendre le ~ comme il vient** to take things as they come.

tenable [t(ə)nabl(ə)] *adj* (*gén nég*) *température, situation* bearable. **il fait trop chaud ici, ce n'est pas ~** it's too warm here, it's unbearable; **quand ils sont ensemble, ce n'est plus ~** when they're together it becomes *ou* they become unbearable.

tenace [tənas] *adj* (**a**) (*persistant*) *douleur, rhume* stubborn, persistent; *croyance, préjugés* deep-rooted, stubborn, deep-seated; *souvenir* persistent; *espoir, illusions* tenacious, stubborn; *odeur* lingering, persistent.
   (**b**) (*têtu, obstiné*) *quémandeur* persistent; *chercheur* dogged, tenacious; *résistance, volonté* tenacious, stubborn.
   (**c**) *colle* firmly adhesive, strong.

tenacement [tənasmɑ̃] *adv* (*V* tenace) stubbornly; persistently; tenaciously; doggedly.

ténacité [tenasite] *nf* (*V* tenace) stubbornness; persistence; deep-rooted nature; tenacity; doggedness.

tenaille [t(ə)naj] *nf* (**a**) (*gén pl*) [*menuisier, bricoleur*] pliers, pincers; [*forgeron*] tongs; [*cordonnier*] nippers, pincers.
   (**b**) (*Mil*) [*fortification*] tenaille, tenail. (*manœuvre*) **prendre en ~** to catch in a pincer movement; **mouvement de ~** pincer movement.

tenailler [tənaje] (1) *vt* [*remords, inquiétude*] to torture, torment, rack. **la faim le tenaillait** he was gnawed by hunger; **le remords/**

l'inquiétude le tenaillait he was racked *ou* tortured *ou* tormented by remorse/worry.

tenancier [tənãsje] *nm* (a) *[maison de jeu, hôtel, bar]* manager. (b) *[ferme]* tenant farmer; (*Hist*) *[terre]* (feudal) tenant.

tenancière [tənãsjɛR] *nf [maison close]* brothel-keeper, madam; *[salon de jeu, hôtel, bar]* manageress.

tenant, e [tənã, ãt] **1** *adj:* chemise à col ~ shirt with an attached collar *ou* with collar attached; *V* **séance**.
　2 *nm* (a) (*gén pl: partisan*) *[doctrine]* supporter, upholder (*de* of), adherent (*de* to); *[homme politique]* supporter. (b) (*Sport*) *[coupe]* holder. **le ~ du titre** the titleholder, the reigning champion. (c) (*loc*) (*fig*) **les ~s et (les) aboutissants d'une affaire** the ins and outs of a question; **d'un (seul) ~** *terrain* all in one piece, lying together; **100 hectares d'un seul ~** 100 unbroken *ou* uninterrupted hectares.

tendance [tãdãs] *nf* (a) (*inclination, Psych*) tendency. ~s **refoulées/inconscientes** repressed/unconscious tendencies; **la ~ principale de son caractère est l'égoïsme** the chief tendency in his character *ou* his chief tendency is egoism; **manifester des ~s homosexuelles** to show homosexual leanings *ou* tendencies; ~ **à l'exagération/à s'enivrer** tendency to exaggerate *ou* for exaggeration/to get drunk.
　(b) (*opinions*) *[parti, politicien]* leanings (*pl*), sympathies (*pl*); *[groupe artistique, artiste]* leanings (*pl*); *[livre]* drift, tenor. **il est de ~ gauchiste/surréaliste** he has leftist/surrealist leanings; **à quelle ~ (politique) appartient-il?** what are his (political) leanings? *ou* sympathies?
　(c) (*évolution*) *[art, langage, système économique ou politique]* trend. ~s **démographiques** population trends; ~ **à la hausse/baisse** *[prix]* upward/downward trend, rising/falling trend; *[température]* upward/downward trend; **la récente ~ à la baisse des valeurs mobilières** the recent downward *ou* falling trend in stocks and shares; **les ~s actuelles de l'opinion publique** the current trends in public opinion.
　(d) (*loc*) **avoir ~ à** *paresse, exagération* to have a tendency for, tend *ou* be inclined towards; **avoir ~ à s'enivrer/être impertinent** to have a tendency to get drunk/to be impertinent, tend *ou* be inclined to get drunk/to be impertinent; **cette roue a ~ à se bloquer** this wheel tends *ou* has a tendency to lock; **le temps a ~ à se gâter vers le soir** the weather tends to deteriorate towards the evening; **en période d'inflation les prix ont ~ à monter** in a period of inflation, prices tend *ou* have a tendency *ou* are inclined to go up.

tendancieusement [tãdãsjøzmã] *adv* tendentiously.

tendancieux, -ieuse [tãdãsjø, jøz] *adj* tendentious.

tender [tãdɛR] *nm* (*Rail*) tender.

tendeur [tãdœR] *nm* (*dispositif*) *[fil de fer]* wire-strainer; *[ficelle de tente]* runner; *[chaîne de bicyclette]* chain-adjuster; (*câble élastique*) elastic *ou* extensible strap. ~ **de chaussures** shoe-stretcher.

tendineux, -euse [tãdinø, øz] *adj viande* stringy; (*Anat*) tendinous.

tendinite [tãdinit] *nf* tendinitis (*U*).

tendon [tãdɔ̃] *nm* tendon, sinew. ~ **d'Achille** Achilles' tendon; ~ **du jarret** hamstring.

tendre¹ [tãdR(ə)] (41) **1** *vt* (a) (*raidir*) *corde, câble, corde de raquette* to tighten, tauten; *corde d'arc* to brace, draw tight; *arc* to bend, draw back; *ressort* to set; *muscles* to tense, brace; *pièce de tissu* to stretch, pull *ou* draw tight. ~ **la peau d'un tambour** to brace a drum; ~ **le jarret** to flex *ou* brace one's leg muscles; (*littér*) ~ **son esprit vers ...** to bend one's mind to ... .
　(b) (*installer, poser*) *tapisserie, tenture* to hang; *piège* to set. ~ **une bâche sur une remorque** to pull a tarpaulin over a trailer; ~ **une chaîne entre deux poteaux** to hang *ou* fasten a chain between two posts; ~ **ses filets** (*lit*) to set one's nets; (*fig*) to set one's snares; (*fig*) ~ **un piège/une embuscade (à qn)** to set a trap/an ambush (for sb).
　(c) († *littér: tapisser*) ~ **une pièce de tissu** to hang a room with material; ~ **une pièce de soie bleue** to put blue silk hangings in a room, line the walls of a room with blue silk.
　(d) (*avancer*) ~ **le cou** to crane one's neck; ~ **l'oreille** to prick up one's ears; ~ **la joue** to offer one's cheek; (*fig*) ~ **l'autre joue** to turn the other cheek; (*fig*) ~ **la gorge au couteau** to lay one's head on the block; ~ **le poing** to raise one's fist; ~ **la main** to hold out one's hand; ~ **le bras** to stretch out one's arm; **il me tendit la main** he held out his hand to me; **il me tendit les bras** he stretched out his arms to me; ~ **une main secourable** to offer a helping hand; ~ **le dos** (*aux coups*) to brace one's back.
　(e) (*présenter, donner*) ~ **qch à qn** (*briquet, objet demandé*) to hold sth out to *ou* for sb; (*cigarette offerte, bonbon*) to offer sth to sb; **il lui tendit un paquet de cigarettes** he held out a packet of cigarettes to him; **il lui tendit un bonbon/une cigarette** he offered him a sweet/a cigarette; (*fig*) ~ **la perche à qn** to throw sb a line.
　2 se tendre *vpr [corde]* to become taut, tighten; *[rapports]* to become strained.
　3 *vi* (a) (*aboutir à*) ~ **à qch/à faire** to tend towards sth/to do; **le langage tend à se simplifier sans cesse** language tends to become simpler all the time; (*sens affaibli*) **ceci tend à prouver/confirmer que ...** this seems *ou* tends to prove/confirm that ... .
　(b) (*littér: viser à*) ~ **à qch/à faire** to aim at sth/to do; **cette mesure tend à faciliter les échanges** this measure aims to facilitate *ou* at facilitating exchanges; ~ **à ou vers la perfection** to strive towards perfection, aim at perfection.
　(c) (*Math*) ~ **vers l'infini** to tend towards infinity.

tendre² [tãdR(ə)] *adj* (a) (*délicat*) *peau, pierre, bois* soft; *pain* fresh(ly made), new; *haricots, viande* tender. **avoir la bouche ~**

[cheval] to be tender-mouthed; (*littér*) **couché dans l'herbe ~** lying in the sweet grass *ou* the fresh young grass; (*littér*) ~s **bourgeons/fleurettes** tender shoots/little flowers; **depuis sa plus ~ enfance** from his earliest days; (*hum*) **dans ma ~ enfance** in my innocent childhood days; ~ **comme la rosée** wonderfully tender; *V* **âge**.
　(b) (*affectueux*) *ami, amour, amitié, regard* fond, tender, loving. **ne pas être ~ pour qn** to be hard on sb; ~ **aveu** tender confession; *V* **cœur**.
　(c) *couleurs* soft, delicate. **rose/vert/bleu ~** soft *ou* delicate pink/green/blue.

tendrement [tãdRəmã] *adv* (*V* **tendre²**) tenderly; lovingly; fondly. **époux ~ unis** loving couple.

tendresse [tãdRɛs] *nf* (a) (*U: V* **tendre²**) tenderness; fondness. (b) **la ~** tenderness; privé de ~ **maternelle** denied maternal affection; **un besoin de ~** a need for tenderness *ou* affection; **avoir de la ~ pour qn** to feel tenderness *ou* affection for sb. (c) (*câlineries*) ~s tokens of affection, tenderness (*U*); **combler qn de ~s** to overwhelm sb with tenderness *ou* with tokens of (one's) affection; **'mille ~s'** 'lots of love', 'much love'. (d) (*littér: indulgence*) **n'avoir aucune ~ pour** to have no fondness for; **il avait gardé des ~s royalistes** he had retained (his) royalist sympathies.

tendreté [tãdRəte] *nf [viande]* tenderness; *[bois, métal]* softness.

tendron [tãdRɔ̃] *nm* (a) (*Culin*) ~ **de veau** tendron of veal (*Brit*), plate of veal (*US*). (b) (*pousse, bourgeon*) (tender) shoot. (c) († *hum: jeune fille*) young *ou* little girl.

tendu, e [tãdy] (*ptp de* **tendre¹**) *adj* (a) (*raide*) *corde, toile* tight, taut; *muscles* tensed, braced; *ressort* set; (*Ling*) *voyelle, prononciation* tense. **tir ~** (*Mil*) straight shot; (*Ftbl*) straight kick; **la corde est trop ~e/bien ~e** the rope is too tight *ou* taut/taut; **la corde est mal ~e** the rope is slack *ou* isn't tight *ou* taut enough.
　(b) (*empreint de nervosité*) *rapports, relations* strained, fraught; *personne* tense, strained, keyed-up, uptight*; *situation* tense, fraught.
　(c) **les bras ~s** with arms outstretched, with outstretched arms; **s'avancer la main ~e** to come forward with one's hand held out; **la politique de la main ~e à l'égard de ...** a policy of friendly cooperation with ... *ou* friendly exchanges with ...; **le poing ~** with one's fist raised.
　(d) (*tapissé de*) ~ **de velours, soie** hung with; **chambre ~e de bleu/de soie bleue** bedroom with blue hangings/blue silk hangings.

ténèbres [tenɛbR(ə)] *nfpl* (*littér*) *[nuit, cachot]* darkness, gloom. **plongé dans les ~** plunged in darkness; **s'avançant à tâtons dans les ~** groping his way forward in the dark(ness) *ou* gloom; **les ~ de la mort** the shades of death (*littér*); (*littér*) **le prince/l'empire des ~** the prince/world of darkness; (*fig*) **les ~ de l'ignorance** the darkness of ignorance; (*fig*) **les ~ de l'inconscient** the dark regions *ou* murky depths of the unconscious; (*fig*) **une lueur au milieu des ~** a ray of light in the darkness *ou* amidst the gloom.

ténébreux, -euse [tenebRø, øz] *adj* (a) (*littér: obscur*) *prison, forêt* dark, gloomy; (*fig*) *conscience, intrigue, desseins* dark (*épith*); (*fig*) *époque, temps* obscure; (*fig*) *affaire, philosophie* dark (*épith*), mysterious.
　(b) (*littér*) *personne* saturnine; *V* **beau**.

Tenerife [tenerif] *n* Tenerife.

teneur [tənœR] *nf* (a) *[traité]* terms (*pl*); *[lettre]* content, terms (*pl*); *[article]* content.
　(b) *[minerai]* grade, content; *[solution]* content. ~ **de haute/faible** ~ high-/low-grade (*épith*); ~ **en cuivre/fer** copper/iron content; **la forte ~ en fer d'un minerai** the high iron content of an ore, the high percentage of iron in an ore; **la ~ en hémoglobine du sang** the haemoglobin content of the blood.

tenez [təne] *excl V* **tenir**.

ténia [tenja] *nm* tape worm, taenia (*T*).

tenir [t(ə)niR] (22) **1** *vt* (a) (*lit: gén*) *[personne]* to hold. **il tenait la clef dans sa main** he had *ou* he was holding the key in his hand; *V* **compagnie, œil, rigueur** etc.
　(b) (*maintenir dans un certain état*) to keep; (*dans une certaine position*) to hold, keep. ~ **les yeux fermés/les bras levés** to keep one's eyes shut/one's arms raised *ou* up; ~ **un plat au chaud** to keep a dish hot; **une robe qui tient chaud** a warm dress, a dress which keeps you warm; **le café le tient éveillé** coffee keeps him awake; **elle tient ses enfants très propres** she keeps her children very neat; ~ **qch en place/en position** to hold *ou* keep sth in place/position; **ses livres sont tenus par une courroie** his books are held (together) by a strap; **il m'a tenu la tête sous l'eau** he held my head under the water; *V* **échec¹, haleine, respect** etc.
　(c) (*Mus: garder*) *note* to hold. ~ **l'accord** to stay in tune.
　(d) (*avoir, détenir*) *voleur,* (***) *rhume* etc to have, have caught; *vérité, preuve* to hold, have. (*menace*) **si je le tenais!** if I could get my hands *ou* lay hands on him!; **nous le tenons** (*lit: nous l'avons attrapé*) we've got *ou* caught him; (*il ne peut se désister*) we've got him (where we want him); (*il est coincé, à notre merci*) we've got him; **je tiens un de ces rhumes!*** I've got *ou* caught a nasty cold; **nous tenons maintenant la preuve de son innocence** we now hold *ou* have proof of his innocence; **je tiens le mot de l'énigme/la clef du mystère** I've found *ou* got the secret of the riddle/the key to the mystery; **nous tenons un bon filon** we're on to a good thing *ou* something good, we've struck it rich; **parfait, je tiens mon article/mon sujet** fine, now I have my article/my subject; (*Prov*) **un tiens vaut mieux que deux tu l'auras**, (*Prov*) **mieux vaut ~ que courir** a bird in the hand is worth two in the bush (*Prov*); *V* **main**.
　(e) (*Comm: stocker*) *article, marchandise* to stock, keep.
　(f) (*avoir de l'autorité sur*) *enfant, classe* to have under control, keep under control *ou* on a tight rein; *pays* to have under one's control. **il tient (bien) sa classe** he has *ou* keeps his class (well)

under control, he controls his class well; **les enfants sont très tenus** the children are held very much in check *ou* are kept on a very tight rein; **les soldats tiennent la plaine** the soldiers are holding the plain, the soldiers control the plain.

(g) (*gérer*) *hôtel, magasin* to run, keep; *comptes, registre, maison, ménage* to keep; *V* **barre, orgue**.

(h) *séance, conférence, emploi* to hold.

(i) (*avoir reçu*) ~ **de qn** *renseignement, meuble, bijou* to have (got) from sb; *trait physique, de caractère* to get from sb; **il tient cela de son père** he gets that from his father; **je tiens ce renseignement d'un voisin** I have *ou* I got this information from a neighbour; *V* **source**.

(j) (*occuper*) *place, largeur* to take up. **tu tiens trop de place!** you are taking up too much room!; **le camion tenait toute la largeur/la moitié de la chaussée** the lorry took up the whole width of/half the roadway; (*Aut*) **il ne tenait pas sa droite** he was not keeping to the right; (*Naut*) ~ **le large** to stand off from the coast, stand out to sea; (*fig*) ~ **une place importante** to hold *ou* have an important place; *V* **lieu, rang**.

(k) (*contenir*) [*récipient*] to hold.

(l) (*résister à, bien se comporter*) [*souliers*] ~ **l'eau** to keep out the water; ~ **l'alcool*** to be able to hold *ou* take (*Brit*) one's drink; (*Naut*) ~ **la mer** [*bateau*] to be seaworthy; (*Aut*) ~ **la route** to hold the road; **une tente qui tient la tempête** a tent which can withstand storms; *V* **coup**.

(m) (*immobiliser*) **cette maladie le tient depuis 2 mois** he has had this illness for 2 months (now); **il m'a tenu dans son bureau pendant une heure** he kept me in his office for an hour; **il est très tenu par ses affaires** he's very tied (*Brit*) *ou* tied up (*US*) by his business; (*littér*) **la colère le tenait** anger had him in its grip; (*littér*) **l'envie me tenait de …** I was filled *ou* gripped by the desire to …; *V* **jambe**.

(n) (*respecter*) *promesse* to keep; *pari* to keep to, honour; (*accepter*) **je tiens le pari** I'll take on the bet; **il avait dit qu'il arriverait premier: pari tenu!** he said he would come first and he managed it! *ou* he pulled it off!; *V* **parole**.

(o) (*se livrer à*) *discours* to give; *propos* to say; *langage* to use. **il tenait un langage d'une rare grossièreté** the language he used *ou* employed (*frm*) was exceptionally coarse; ~ **des propos désobligeants à l'égard de qn** *ou* to make *ou* pass offensive remarks about sb, say offensive things about sb; **elle me tenait des discours sans fin sur la morale** she gave me endless lectures on morality, she lectured me endlessly on morality; **il aime** ~ **de grands discours** he likes to hold forth; **il m'a tenu ce raisonnement** he gave me this explanation; **si l'on tient le même raisonnement que lui** if you support the same view as he does; **si tu tiens ce raisonnement** if this is the view you hold *ou* take, if this is how you think.

(p) ~ **qn/qch pour** to regard sb/sth as, consider sb/sth (as), hold sb/sth to be (*frm*); **je le tenais pour un honnête homme** I regarded him as *ou* considered him (to be) *ou* held him to be (*frm*) an honest man; ~ **pour certain que …** to regard it as certain that …, consider it certain that …; *V* **estime, quitte**.

(q) (‡: *aimer*) **en** ~ **pour qn** to fancy sb* (*Brit*), be keen on sb*, have a crush on sb*.

(r) tiens!, tenez! (*en donnant*) take this, here (you are); (*de surprise*) **tiens, voilà mon frère!** ah *ou* hullo, there's my brother!; **tiens, tiens*** well, well!, fancy that!; (*pour attirer l'attention*) **tenez, je vais vous expliquer** look, I'll explain to you; **tenez, ça m'écœure** you know, that sickens me.

2 vi (a) [*objet fixe, nœud*] to hold; [*objets empilés, échafaudage*] to stay up, hold (up). **croyez-vous que le clou tienne?** do you think the nail will hold?; **l'armoire tient au mur** the cupboard is held *ou* fixed to the wall; **ce chapeau ne tient pas sur ma tête** this hat won't stay on (my head); **la branche est cassée, mais elle tient encore bien à l'arbre** the branch is broken but it's still firmly attached to the tree; ~ **debout** [*objet*] to be upright, be standing; [*personne*] to be standing; **je n'arrive pas à faire** ~ **le livre debout** I can't keep the book upright, I can't make the book stand *ou* stay up; **son histoire ne tient pas debout** his story doesn't make sense *ou* doesn't hold together *ou* doesn't hold water; **cette théorie tient debout après tout** this theory holds up *ou* holds good after all; **je ne tiens plus debout** I'm dropping* *ou* ready to drop*, I can hardly stand up any more; **il tient bien sur ses jambes** he is very steady on his legs; **cet enfant ne tient pas en place** this child cannot keep *ou* stay still.

(b) (*être valable*) to be on. **il n'y a pas de bal/match qui tienne** there's no question of going to any dance/match; **ça tient toujours, notre pique-nique de jeudi?*** is our picnic on Thursday still on?, does our picnic on Thursday still stand?

(c) (*Mil, gén: résister*) to hold out. ~ **bon** *ou* **ferme** to stand fast *ou* firm, hold out; **il fait trop chaud, on ne tient plus ici** it's too hot — we can't stand it here any longer; **furieux, il n'a pas pu** ~**: il a protesté violemment** in a blazing fury he couldn't contain himself and he protested vehemently.

(d) (*être contenu dans*) ~ **dans** *ou* **à** *ou* **en** to fit in(to); **ils ne tiendront pas dans la pièce/la voiture** the room/the car will not hold them, they will not fit into the room/the car; **nous tenons à 4 à cette table** this table seats 4, we can get 4 round this table; **son discours tient en quelques pages** his speech takes up just a few pages, his speech is just a few pages long; **ma réponse tient en un seul mot: non** my answer is just one word long: no; **est-ce que la caisse tiendra en hauteur?** will the box fit in vertically?

(e) (*durer*) [*accord, beau temps*] to hold; [*couleur*] to be fast; [*mariage*] to last; [*fleurs*] to last (well); [*mise en plis*] to stay in.

(f) (†: *littér*) **faire** ~ **qch à qn** *lettre etc* to transmit *ou* communicate sth to sb.

(g) (*être contigu*) to adjoin. **le jardin tient à la ferme** the garden adjoins the farmhouse.

3 tenir à *vt indir* **(a)** (*aimer, priser*) *réputation, opinion de qn* to value, care about; *objet aimé* to be attached to, be fond of; *personne* to be attached to, be fond of, care for. **il ne tenait plus à la vie** he felt no further attachment to life, he no longer cared about living; **voudriez-vous un peu de vin? — je n'y tiens pas** would you like some wine? — not really *ou* not particularly *ou* I'm not that keen* (*Brit*).

(b) (*vouloir*) ~ **à** + *infin*, ~ **à ce que** + *subj* to be anxious to, be anxious that; **il tient beaucoup à vous connaître** he is very anxious *ou* keen (*Brit*) *ou* eager to meet you; **elle a tenu absolument à parler** she insisted on speaking; **il tient à ce que nous sachions …** he insists *ou* is anxious that we should know … ; **si vous y tenez** if you really want to, if you insist; **tu viens avec nous? — si tu y tiens** are you coming with us? — if you really want me to *ou* if you insist.

(c) (*avoir pour cause*) to be due to, stem from. **ça tient au climat** it's because of the climate, it's due to the climate.

4 tenir de *vt indir* (*ressembler à*) *parent* to take after. **il tient de son père** he takes after his father; **il a de qui** ~ it runs in the family; **sa réussite tient du prodige** his success is something of a miracle; **cela tient du comique et du tragique** there's something (both) comic and tragic about it, there are elements of both the comic and the tragic in it.

5 vb impers to depend. **il ne tient qu'à vous de décider** it's up to you to decide, the decision rests with you; **il ne tient qu'à que cela se fasse** it's entirely up to her whether it is done; **cela ne tient pas qu'à lui** it doesn't depend on him alone; **à quoi cela tient-il qu'il n'écrive pas?** how is it *ou* why is it that he doesn't write?; **qu'à cela ne tienne** never mind (that), that needn't matter, that's no problem; **cela tient à peu de chose** it's touch and go, it's in the balance.

6 se tenir *vpr* **(a) se** ~ **à qch** to hold on to sth; **ils se tenaient par la taille/le cou** they had their arms round each other's waist/neck; **ils se tenaient par la main** they were holding hands *ou* holding each other by the hand; **il se tenait le ventre de douleur** he was clutching *ou* holding his stomach in pain; **l'acrobate se tenait par les pieds** the acrobat hung on by his feet.

(b) (*être dans une position ou un état ou un lieu*) **se** ~ **debout/ couché/à genoux** to be standing (up)/lying (down)/kneeling (down) *ou* on one's knees; **tenez-vous prêts à partir** be ready to leave; **elle se tenait à sa fenêtre/dans un coin de la pièce** she was standing at her window/in a corner of the room; **tiens-toi tranquille** (*lit*) keep still; (*fig: ne pas agir*) lie low; **tiens-toi bien** *ou* **droit** (*debout*) stand up straight; (*assis*) sit up (straight).

(c) (*se conduire*) to behave. (*avertissement*) **vous n'avez plus qu'à bien vous** ~**!** you'd better behave yourself!, you just behave yourself!; **tenez-vous-le pour dit!** you've been warned once and for all!, you won't be warned *ou* told again!; **il ne se tient pas pour battu** he doesn't consider himself beaten.

(d) (*réunion etc: avoir lieu*) to be held. **le marché se tient là chaque semaine** the market is held there every week.

(e) (*être lié*) to hang *ou* hold together. **tous les faits se tiennent** all the facts hang *ou* hold together.

(f) (*se retenir: gén nég*) **il ne peut se** ~ **de rire/critiquer** he can't help laughing/criticizing; **il ne se tenait pas de joie** he couldn't contain his joy; **se** ~ **à quatre pour ne pas faire qch** to struggle to stop o.s. (from) doing sth, restrain o.s. forcibly from doing sth; **tiens-toi bien!** wait till you hear the next bit!

(g) s'en ~ **à** [*objet fixe, nœud*] to confine o.s. to, stick to; (*se satisfaire de*) to content o.s. with; **nous nous en tiendrons là pour aujourd'hui** we'll leave it at that for today; **il aimerait savoir à quoi s'en** ~ he'd like to know where he stands; **je sais à quoi m'en** ~ **sur son compte** I know exactly who I'm dealing with, I know just the sort of man he is.

Tennessee [tenesi] *nm* Tennessee.

tennis [tenis] **1** *nm* **(a)** (*sport*) tennis. ~ **sur gazon** lawn tennis; ~ **sur terre battue** hard-court tennis; ~ **en salle** indoor tennis; ~ **de table** table tennis.

(b) (*terrain*) (tennis) court.

2 *nmpl* (*chaussures*) tennis shoes; (*par extension, chaussures de gym*) trainers, plimsolls (*Brit*), gym shoes, sneakers.

tennisman [tenisman], *pl* **tennismen** [tenismɛn] *nm* tennis player.

tenniswoman [teniswuman], *pl* **tenniswomen** [tenniswumɛn] *nf* tennis player.

tenon [tɔnɔ̃] *nm* (*Menuiserie*) tenon. **assemblage à** ~ **et mortaise** mortice and tenon joint.

ténor [tenɔR] **1** *nm* **(a)** (*Mus*) tenor. (*Mus*) ~ **léger** light tenor. **(b)** (*fig*) (*Pol*) leading light, big name (*de* in); (*Sport*) star player, big name. **2** *adj* invar: voix ~ tenor voice.

tenseur [tɑ̃sœR] **1** *nm* **(a)** (*Anat, Math*) tensor. **(b)** (*Tech: dispositif*) [*fil de fer*] wire-strainer; [*ficelle de tente*] runner; [*chaîne de bicyclette*] chain-adjuster.

2 *adj m*: **muscle** ~ tensor muscle.

tensiomètre [tɑ̃sjɔmɛtʀ(ə)] *nm* tensiometer.

tension [tɑ̃sjɔ̃] *nf* **(a)** (*état tendu*) [*ressort, cordes de piano, muscles*] tension; [*courroie*] tightness, tautness, tension. **chaîne à** ~ **réglable** adjustable tension chain; **corde de** ~ **d'une scie** tightening-cord of a saw.

(b) (*Phonétique*) (*phase d'articulation*) attack; (*état d'un phonème tendu*) tension, tenseness.

(c) (*Élec*) voltage, tension. ~ **de 110 volts** tension of 110 volts; **à haute/basse** ~ high-/low-voltage *ou* -tension (*épith*); **sous** ~ (*lit*) live; (*fig*) under stress; **chute de** ~ voltage drop, drop in voltage; **mettre un appareil sous** ~ to switch on a piece of equipment.

(d) (*Méd*) ~ (**artérielle**) blood pressure; **avoir de la ~** *ou* **trop de ~** to have (high) blood pressure *ou* hypertension (*T*); **prendre la ~ de qn** to take sb's blood pressure.

(e) (*fig*) *[relations]* tension (*de* in); *[situation]* tenseness (*de* of). **dans un état de ~ nerveuse** in a state of nervous tension *ou* stress; **~ entre deux pays/personnes/groupes** strained relationship between *ou* tension between two countries/people/groups.

(f) (*concentration, effort*) ~ **d'esprit** sustained mental effort; (*littér*) ~ **vers un but/idéal** striving *ou* straining towards a goal/an ideal.

(g) (*Phys*) *[liquide]* tension; *[vapeur]* pressure; (*Tech*) stress. ~ **superficielle** surface tension.

tentaculaire [tɑ̃takylɛʀ] *adj* (*Zool*) tentacular. (*fig*) **villes ~s** sprawling towns; **firmes ~s** monster (international) combines.

tentacule [tɑ̃takyl] *nm* (*Zool, fig*) tentacle.

tentant, e [tɑ̃tɑ̃, ɑ̃t] *adj* *plat* tempting, inviting, enticing; *offre, projet* tempting, attractive, enticing.

tentateur, -trice [tɑ̃tatœʀ, tʀis] **1** *adj beauté* tempting, alluring, enticing; *propos* tempting, enticing. (*Rel*) **l'esprit ~** the Tempter. **2** *nm* tempter. (*Rel*) **le T~** the Tempter. **3** *tentatrice nf* temptress.

tentation [tɑ̃tasjɔ̃] *nf* temptation.

tentative [tɑ̃tativ] *nf* (*gén*) attempt, endeavour; (*sportive, style journalistique*) bid, attempt. **de vaines ~s** vain attempts *ou* endeavours; ~ **d'évasion** attempt *ou* bid to escape, escape bid *ou* attempt; ~ **de meurtre/de suicide** (*gén*) murder/suicide attempt; (*Jur*) attempted murder/suicide; **faire une ~ auprès de qn** (**en vue de ...**) to approach sb (with a view to ...).

tente [tɑ̃t] **1** *nf* (*gén*) tent. ~ **de camping** (camping) tent; **coucher sous la ~** to sleep under canvas, sleep out, camp out; (*fig*) **se retirer sous sa ~** to go and sulk in one's corner. **2**: **tente-abri** *nf, pl* **tentes-abris** shelter tent; **tente de cirque** circus tent, marquee; (*Méd*) **tente à oxygène** oxygen tent; **tente de plage** beach tent.

tenté, e [tɑ̃te] (*ptp de* **tenter**) *adj*: **être ~ de faire/croire qch** to be tempted to do/believe sth.

tenter [tɑ̃te] (1) *vt* (a) (*chercher à séduire*) *personne* (*gén, Rel*) to tempt. ~ **qn** (**par une offre**) to tempt sb (with an offer); **ce n'était pas cher, elle s'est laissée ~** it wasn't expensive and she yielded *ou* succumbed to the temptation; **c'est vraiment ~ le diable** it's really tempting fate *ou* Providence; **il ne faut pas ~ le diable** don't tempt fate, don't push your luck*.

(b) (*risquer*) *expérience, démarche* to try, attempt. **on a tout tenté pour le sauver** they tried everything to save him; **on a tenté l'impossible pour le sauver** they attempted the impossible to save him; ~ **le tout pour le tout** to risk one's all; ~ **la** *ou* **sa chance** to try one's luck; ~ **le coup*** to have a go* *ou* a bash*, give it a try* *ou* a whirl*; **nous allons ~ l'expérience pour voir** we shall try the experiment to see.

(c) (*essayer*) ~ **de faire** to attempt *ou* try to do; **je vais ~ de le convaincre** I'll try *ou* attempt *ou* endeavour to convince him, I'll try and convince him.

tenture [tɑ̃tyʀ] *nf* (a) (*tapisserie*) hanging. ~ **murale** wall covering. (b) (*grands rideaux*) hanging, curtain, drape (*US*); (*derrière une porte*) door curtain. (c) (*de deuil*) funeral hangings.

tenu, e [t(ə)ny] (*ptp de* **tenir**) **1** *adj* (a) (*entretenu*) **bien ~** *enfant* well *ou* neatly turned out; *maison* well-kept, well looked after; **mal ~** *enfant* poorly turned out, untidy; *maison* poorly kept, poorly looked after.

(b) (*strictement surveillé*) **leurs filles sont très ~es** their daughters are kept on a tight rein *ou* are held very much in check.

(c) (*obligé*) **être ~ de faire** to be obliged to do, have to do; **être ~ au secret professionnel** to be bound by professional secrecy; *V* **à**.

(d) (*Mus*) *note* held, sustained.

2 tenue *nf* (a) *[maison]* upkeep, running; *[magasin]* running; *[classe]* handling, control; *[séance]* holding; (*Mus*) *[note]* holding, sustaining. **la ~e des livres de comptes** the book-keeping; ~**e fautive de la plume** wrong way of holding one's pen.

(b) (*conduite*) (good) manners (*pl*), good behaviour. **bonne ~e en classe/à table** good behaviour in class/at (the) table; **avoir de la/manquer de ~e** to have/lack good manners, know/not know how to behave (o.s.); **allons! un peu de ~e!** come on, behave yourself!, come on, watch your manners!; (*Fin*) **la bonne ~e du franc face au dollar** the good performance of the franc against the dollar.

(c) (*qualité*) *[journal]* standard, quality. **une publication qui a de la ~e** a publication of a high standard, a quality publication; **une publication de haute ~e** a quality publication.

(d) (*maintien*) posture. **mauvaise ~e d'un écolier** bad posture of a schoolboy.

(e) (*habillement, apparence*) dress, appearance; (*vêtements, uniforme*) dress. **leur ~e négligée** their sloppy dress *ou* appearance; **en ~e négligée** wearing *ou* in casual clothes; ~**e d'intérieur** indoor clothes; **en ~e légère** (*vêtements légers*) wearing *ou* in light clothing; (*tenue osée*) scantily dressed *ou* clad; **en petite ~e** scantily dressed *ou* clad; *femme* scantily dressed *ou* clad, in one's undies (*hum*); **en grande ~e** in full dress (uniform); (*Mil*) **être en ~e** to be in uniform; **les policiers en ~e** uniformed policemen, policemen in uniform; (*Mil*) ~**e camouflée/de campagne** camouflage/combat dress; **des touristes en ~e estivale/d'hiver** tourists in summer/winter clothes.

3 (*Mil*) **tenue de combat** battle dress; **tenue de route** road holding; **tenue de service** uniform; **tenue de soirée** formal *ou* evening dress; **'tenue de soirée de rigueur'** ≃ 'black tie'; **tenue de sport** sports clothes, sports gear; **tenue de ville** (*homme*) lounge suit (*Brit*), town suit (*US*); *(femme)* town dress *ou* suit; (*Aviat*) **tenue de vol** flying gear.

ténu, e [teny] *adj* (*littér*) *point, particule* fine; *fil* slender, fine; *brume* thin; *voix* thin, reedy; *raisons* tenuous, flimsy; *nuances, causes* tenuous, subtle.

ténuité [tenɥite] *nf* (*littér*) (*V* **ténu**) fineness; slenderness; thinness; reediness; tenuousness, tenuity; flimsiness; subtlety.

tenure [tənyʀ] *nf* (*Hist Jur*) tenure.

téorbe [teɔʀb(ə)] *nm* = **théorbe**.

TEP [teəp] (*abrév de* **tonne équivalent pétrole**) TOE.

tequila [tekila] *nf* tequila.

ter [tɛʀ] **1** *adj*: **il habite au 10 ~** he lives at (number) 10 B. **2** *adv* (*Mus*) three times, ter.

tératologie [teʀatɔlɔʒi] *nf* teratology.

tératologique [teʀatɔlɔʒik] *adj* teratological.

terbium [tɛʀbjɔm] *nm* terbium.

tercet [tɛʀsɛ] *nm* (*Poésie*) tercet, triplet.

térébenthine [teʀebɑ̃tin] *nf* turpentine. **nettoyer à l'essence de ~** *ou* **à la ~** to clean with turpentine *ou* turps* (*Brit*) *ou* turp (*US*).

térébinthe [teʀebɛ̃t] *nm* terebinth.

tergal [tɛʀgal] *nm* ® Terylene ®.

tergiversations [tɛʀʒiveʀsasjɔ̃] *nfpl* procrastination, humming and hawing (*U*), shilly-shallying* (*U*), pussyfooting* (about *ou* around) (*U*).

tergiverser [tɛʀʒiveʀse] (1) *vi* to procrastinate, hum and haw, shilly-shally*, pussyfoot* (about *ou* around).

terme [tɛʀm(ə)] *nm* (a) (*mot, expression, Ling*) term; (*Math, Philos: élément*) term. (*formulation*) **~s** terms; **aux ~s du contrat** according to the terms of the contract; **en ~s clairs/voilés/flatteurs** in clear/veiled/flattering terms; **en d'autres ~s** in other words; **... et le ~ est faible** ... and that's putting it mildly, ... and that's an understatement; ~ **de marine/de métier** nautical/professional term; *V* **acception, force, moyen**.

(b) (*date limite*) time limit, deadline; (*littér: fin*) *[vie, voyage, récit]* end, term (*littér*). **passé ce ~** after this date; **se fixer un ~ pour ...** to set o.s. a time limit *ou* a deadline for ...; **arriver à ~** *[délai]* to expire; *[opération]* to reach its *ou* a conclusion; *[paiement]* to fall due; **mettre un ~ à qch** to put an end *ou* a stop to sth; **mener qch à ~** to bring sth to completion, carry sth through (to completion); **arrivé au ~ de sa vie** having reached the end *ou* the term (*littér*) of his life; **prévisions/projets à court/long ~** short-term *ou* short-range/long-term *ou* long-range forecasts/plans; **à ~ c'est ce qui arrivera** this is what will happen eventually *ou* sooner or later *ou* in the long run *ou* in the end.

(c) (*Méd*) **à ~** *accouchement* full-term; *naître* at term; **avant ~** *naître, accoucher* prematurely; **bébé né/naissance avant ~** premature baby/birth; **un bébé né 2 mois avant ~** a baby born 2 months premature, a 2-months premature baby.

(d) (*loyer*) (*date*) term, date for payment; (*période*) quarter, rental term *ou* period; (*somme*) (quarterly) rent (*U*). **payer à ~ échu** to pay at the end of the rental term, pay a quarter *ou* term in arrears; **le** (**jour du**) ~ the term *ou* date for payment; **il a un ~ de retard** he's one quarter *ou* one payment behind (with his rent); **devoir/payer son ~** to owe/pay one's rent.

(e) (*Bourse, Fin*) **à ~** forward; **transaction à ~** (*Bourse de marchandises*) forward transaction; (*Bourse de valeurs*) settlement bargain; **marché à ~†** settlement market, forward market; **crédit/emprunt à court/long ~** short-term *ou* short-dated/long-term *ou* long-dated credit/loan, short/long credit/loan.

(f) (*relations*) **~s** terms; **être en bons/mauvais ~s avec qn** to be on good *ou* friendly/bad terms with sb; **ils sont dans les meilleurs ~s** they are on the best of terms.

terminaison [tɛʀminɛzɔ̃] *nf* (*Ling*) ending. (*Anat*) **~s nerveuses** nerve endings.

terminal, e, mpl -aux [tɛʀminal, o] **1** *adj élément, bourgeon, phase de maladie* terminal. (*Scol*) **classe ~e** final year, ≃ upper sixth (form) (*Brit*), senior year (*US*); **malade au stade ~** terminally ill patient.

2 *nm* (a) (*aérogare*) (air) terminal.

(b) *[pétrole, marchandises]* terminal. ~ **pétrolier** oil terminal; ~ **maritime** shipping terminal.

(c) (*ordinateur*) terminal. ~ **intelligent/passif** smart *ou* intelligent/dumb terminal.

3 terminale *nf* (*Scol*) *V* **1**.

terminer [tɛʀmine] (1) **1** *vt* (a) (*clore*) *débat, séance* to bring to an end *ou* to a close, terminate.

(b) (*achever*) *travail* to finish (off), complete; *repas* to finish, end; *vacances, temps d'exil* to end, finish; *récit, discours* to finish, end. **il termina en nous réprimandant** he finished (up *ou* off) *ou* he ended by giving us a reprimand; **j'ai terminé ainsi ma journée** and so I ended my day; **nous avons terminé la journée/soirée chez un ami/par une promenade** we finished off *ou* ended the day/evening at a friend's house/with a walk; ~ **ses jours à la campagne/à l'hôpital** to end one's days in the country/in hospital; ~ **un repas par un café** to finish off *ou* round off *ou* end a meal with a coffee; ~ **un livre par quelques conseils pratiques** to end a book with a few pieces of practical advice; **en avoir terminé avec un travail** to be finished with a job; **j'en ai terminé avec eux** I am *ou* have finished with them, I have done with them; **pour ~ je dirais que ...** in conclusion *ou* to conclude I would say that ..., and finally I would say that ...; **j'attends qu'il termine** I'm waiting for him to finish, I'm waiting till he's finished.

(c) (*former le dernier élément*) **le café termina le repas** the meal finished *ou* ended with coffee, coffee finished off *ou* concluded *ou* ended the meal; **un bourgeon termine la tige** the stalk ends in a bud.

2 se terminer *vpr* (a) (*prendre fin*) *[rue, domaine]* to end, terminate (*frm*); *[affaire, repas, vacances]* to (come to an) end. **les vacances se terminent demain** the holidays finish *ou* (come to an) end tomorrow; **le parc se termine ici** the park ends here; **ça s'est bien/mal terminé** it ended well/badly, it turned out well *ou* all right/badly (in the end); **alors ces travaux, ça se termine?** well, is the work just about complete *ou* done?; (*impatience*) when's the work going to be finished?

(b) (*s'achever sur*) **se ~ par** to end with; **la thèse se termine par une bibliographie** the thesis ends with a bibliography; **la soirée se termina par un jeu** the evening ended with a game; **ces verbes se terminent par le suffixe 'ir'** these verbs end in the suffix 'ir'.

(c) (*finir en*) **se ~ en** to end in; **les mots qui se terminent en 'ation'** words which end in 'ation'; **cette comédie se termine en tragédie** this comedy ends in tragedy; **se ~ en pointe** to end in a point.

terminologie [tɛrminɔlɔʒi] *nf* terminology.

terminologique [tɛrminɔlɔʒik] *adj* terminological.

terminologue [tɛrminɔlɔg] *nmf* terminologist.

terminus [tɛrminys] *nm [autobus, train]* terminus. **~! tout le monde descend!** (last stop!) all change!

termite [tɛrmit] *nm* termite, white ant.

termitière [tɛrmitjɛr] *nf* ant-hill, termitary (*T*).

ternaire [tɛrnɛr] *adj* compound.

terne [tɛrn(ə)] *adj teint* colourless, lifeless; *regard* lifeless, lacklustre; *personne* dull, colourless, drab; *style, conversation* dull, drab, lacklustre; *couleur, journée, vie* dull, drab.

terni, e [tɛrni] (*ptp de* **ternir**) *adj argenterie, métal, réputation* tarnished; *glace* dulled.

ternir [tɛrnir] (2) 1 *vt* **(a)** (*lit*) *métal* to tarnish; *glace, meuble* to dull; *teint* to drain of colour.

(b) (*fig*) *mémoire, honneur, réputation* to stain, tarnish, sully, besmirch.

2 **se ternir** *vpr [métal]* to tarnish, become tarnished; *[glace]* to (become) dull; *[réputation]* to become tarnished *ou* stained.

ternissement [tɛrnismɑ̃] *nm [métal]* tarnishing; *[glace]* dulling.

ternissure [tɛrnisyr] *nf* (*V* terni) (*aspect*) tarnish, tarnished condition; dullness; (*tache*) tarnished spot; dull spot.

terrain [tɛrɛ̃] 1 *nm* **(a)** (*relief*) ground, terrain (*T, littér*); (*sol*) soil, ground. **~ caillouteux/vallonné** stony/hilly ground; **~ meuble/lourd** loose/heavy soil *ou* ground; **c'est un bon ~ pour la culture** it's (a) good soil for cultivation; *V* **accident, glissement** *etc*.

(b) (*Ftbl, Rugby*) pitch, field; (*avec les installations*) ground; (*Courses, Golf*) course. **~ de basket-ball** basketball court; **sur le ~** on the field; **disputer un match sur ~ adverse/sur son propre ~** to play an away/a home match.

(c) (*Comm: étendue de terre*) land (*U*); (*parcelle*) plot (of land), piece of land; (*à bâtir*) site. **~ à lotir** land for dividing into plots; **chercher un ~ convenable pour un bâtiment** to look for a suitable site for a building; **'~ à bâtir'** 'site *ou* building land for sale'; **une maison avec 2 hectares de ~** a house with 2 hectares of land; **le prix du ~ à Paris** the price of land in Paris.

(d) (*Géog, Géol: souvent pl*) formation. **les ~s primaires/glaciaires** primary/glacial formations.

(e) (*Mil: lieu d'opérations*) terrain; (*gagné ou perdu*) ground. **en ~ ennemi** on enemy ground *ou* territory; **céder/gagner/perdre du ~** to give/gain/lose ground; **reconnaître le ~** (*lit*) to reconnoitre the terrain; (*fig*) to see how the land lies, get the lie (*Brit*) *ou* lay (*US*) of the land; (*fig*) **sonder** *ou* **tâter le ~** to test the ground, put out feelers; **avoir l'avantage du ~** (*lit*) to have territorial advantage; (*fig*) to have the advantage of being on (one's) home ground; **préparer/déblayer le ~** to prepare/clear the ground; **aller/être sur le ~** to go out into/be out in the real world *ou* in the field.

(f) (*fig: domaine, sujet*) ground. **être sur son ~** to be on home ground *ou* territory; **trouver un ~ d'entente** to find common ground *ou* an area of agreement; **chercher un ~ favorable à la discussion** to seek an area conducive to (useful) discussion; **je ne le suivrai pas sur ce ~** I can't go along with him there *ou* on that, I'm not with him on that; **être en** *ou* **sur un ~ mouvant** to be on uncertain ground; **être sur un ~ glissant** to be on slippery *ou* dangerous ground; **le journaliste s'aventura sur un ~ brûlant** the journalist ventured onto dangerous ground *ou* risked tackling a highly sensitive *ou* ticklish issue; **l'épidémie a trouvé un ~ tout prêt chez les réfugiés** the epidemic found an ideal breeding ground amongst the refugees.

2: **terrain d'atterrissage** landing ground; **terrain d'aviation** airfield; **terrain de camping** campsite, camping ground; **terrain de chasse** hunting ground; **terrain d'exercice** training ground; **terrain de jeu** playing field; **terrain militaire** army ground; **terrain de sport** sports ground; **terrain de tir** shooting *ou* firing range; **terrain vague** waste ground *ou* land (*U*), wasteland (*U*).

terrasse [tɛras] *nf* **(a)** *[parc, jardin]* terrace. **cultures en ~s** terrace cultivation; (*Géog*) **~ fluviale** river terrace.

(b) *[appartement]* terrace; (*sur le toit*) terrace roof. **toiture en ~** flat roof.

(c) *[café]* terrace, pavement (area). **j'ai aperçu Charles attablé à la ~ du Café Royal** I saw Charles sitting at the terrace of the Café Royal *ou* outside the Café Royal; **à la ~** outside; **il refusa de me servir à la ~** he refused to serve me outside.

(d) (*Constr: métier*) excavation work. **faire de la ~** to do excavation work.

terrassement [tɛrasmɑ̃] *nm* **(a)** (*action*) excavation. **travaux de ~** excavation works; **engins de ~** earth-moving *ou* excavating equipment. **(b)** (*terres creusées*) **~s** excavations, earthworks; *[voie ferrée]* embankments.

terrasser [tɛrase] (1) *vt* **(a)** *personne [adversaire]* to floor, bring down; (*fig*) *[fatigue]* to overcome; *[attaque]* to bring down; *[émotion, nouvelle]* to overwhelm; *[maladie]* to strike down. **cette maladie l'a terrassé** this illness laid him low; **terrassé par une crise cardiaque** struck down *ou* felled by a heart attack.

(b) (*Tech*) to excavate, dig out; (*Agr*) to dig over.

terrassier [tɛrasje] *nm* unskilled road worker, navvy (*Brit*).

terre¹ [tɛr] *nf* **(a)** (*planète*) earth; (*monde*) world. **la planète T~** the planet Earth; **Dieu créa le Ciel et la T~** God created the Heavens and the Earth, God created Heaven and Earth; **il a parcouru la ~ entière** he has travelled the world over, he has travelled all over the globe; **prendre à témoin la ~ entière** to take the world as one's witness; **tant qu'il y aura des hommes sur la ~** as long as there are men on (the) earth; **être seul sur (la) ~** to be alone in (all) the world; **il ne faut pas s'attendre au bonheur sur (cette) ~** happiness is not to be expected in this world *ou* on this earth; (*fig*) **redescendre** *ou* **revenir sur ~** to come down *ou* back to earth; *V* **remuer, sel, ventre** *etc*.

(b) (*sol: surface*) ground, land; (*matière*) earth, soil; (*pour la poterie*) clay. **pipe/vase en ~** clay pipe/vase; **ne t'allonge pas par ~, la ~ est humide** don't lie on the ground — it's damp, don't lie down — the ground is damp; **une ~ fertile/aride** a fertile/an arid *ou* a barren soil; **retourner/labourer la ~** to turn over/work the soil; **travailler la ~** to work the soil *ou* land; **planter des arbres en pleine ~** to plant trees in the (open) ground; **poser qch à** *ou* **par ~** to put sth (down) on the ground; **jeter qch à** *ou* **par ~** to throw sth (down) on the ground, throw sth to the ground; **cela fiche** *ou* **flanque tous nos projets par ~*** that throws all our plans out of the window, that really messes up all our plans*, that puts paid to all our plans; **mettre qn en ~** to bury sb; **mettre qch en ~** to put sth into the soil; **5 mètres sous ~** 5 metres underground; (*fig*) **être à six pieds sous ~** to be six feet under, be pushing up the daisies*; (*fig: de honte*) **j'aurais voulu rentrer sous ~** I wished the earth would swallow me up, I could have died*; *V* **chemin, motte, toucher, ver**.

(c) (*étendue, campagne*) land (*U*). **une bande** *ou* **langue de ~** a strip *ou* tongue of land; **retourner à la/aimer la ~** to return to/love the land; **des ~s à blé** corn-growing land; **il a acheté un bout** *ou* **un lopin de ~** he's bought a piece *ou* patch *ou* plot of land; **~s en friche** *ou* **en jachère/incultes** fallow/uncultivated land.

(d) (*par opposition à mer*) land (*U*). **sur la ~ ferme** *ou* **dry land**, on terra firma; **apercevoir la ~** to sight land; (*Naut*) **~! land ho!** (*Naut*) **aller à ~** to go ashore; **dans les ~s** inland; **aller/voyager par (voie de) ~** to go/travel by land *ou* overland; *V* **toucher**.

(e) (*propriété, domaine*) land (*gén U*). **la ~** land; **une ~** an estate; **il a acheté une ~ en Normandie** he's bought an estate *ou* some land in Normandy; **vivre sur/de ses ~s** to live on/off one's lands *ou* estates; **la ~ est un excellent investissement** land is an excellent investment.

(f) (*pays, région*) land, country. **sa ~ natale** his native land *ou* country; **la France, ~ d'accueil** France, (the) land of welcome; **~s lointaines/australes** distant/southern lands; **la T~ promise** the Promised Land.

(g) (*Élec*) earth (*Brit*), ground (*US*). **mettre** *ou* **relier à la ~** to earth (*Brit*), ground (*US*); *V* **pris**.

2: **la terre Adélie** the Adélie Coast, Adélie Land; **terre battue** hard-packed surface; (*Tennis*) **jouer sur terre battue** to play on a hard court; (*fig*) **politique de la terre brûlée** scorched earth policy; **terre de bruyère** heath-mould, heath-peat; **terre cuite** (*pour briques, tuiles*) baked clay; (*pour jattes, statuettes*) terracotta; **objets en terre cuite, terres cuites** terracotta ware (*U*); **une terre cuite** a terracotta (object); **la Terre de Feu** Tierra del Fuego; **terre à foulon** fuller's earth; **terre glaise** clay; **terre-neuvas** *nm, pl* **terres-neuvas** fishing boat (*for fishing off Newfoundland*); **Terre-Neuve** *nf* Newfoundland; **terre-neuve** *nm inv* (*chien*) Newfoundland terrier; (*fig*) **cet homme est un vrai terre-neuve** that man's a real (good) Samaritan!; **terre-neuvien, -ienne** *adj* Newfoundland (*épith*); **Terre-Neuvien(ne)** *nm,f, mpl* **Terre-Neuviens** Newfoundlander; (*Géog*) **terre noire** chernozem; **terre-plein** *nm, pl* **terre-pleins** (*Mil*) terreplein; (*Constr*) platform; (*sur chaussée*) central reservation (*Brit*), center divider strip (*US*); **terre à potier** potter's clay; (*Chim*) **terres rares** rare earths; **la Terre Sainte** the Holy Land; **terre de Sienne** sienna; **terre à terre, terre-à-terre** *adj inv esprit* down-to-earth, matter-of-fact; *personne* down-to-earth, unimaginative, prosaic; *préoccupations* mundane, workaday, prosaic; **terres vierges** virgin lands.

terre² [tɛr] *nf* (*poisson*) sting ray.

terreau [tɛro] *nm* compost. **~ de feuilles** leaf mould.

terrer [tɛre] (1) 1 **se terrer** *vpr* **(a)** *[personne poursuivie]* to flatten o.s., crouch down; *[criminel recherché]* to lie low, go to ground *ou* earth; *[personne peu sociable]* to hide (o.s.) away. **terrés dans la cave pendant les bombardements** hidden *ou* buried (away) in the cellar during the bombings.

(b) *[lapin, renard]* (*dans son terrier*) to go to earth *ou* ground; (*contre terre*) to crouch down, flatten itself.

2 *vt* (*Agr*) *arbre* to earth round *ou* up; *pelouse* to spread with soil; *semis* to earth over; (*Tech*) *drap* to full.

terrestre [tɛrɛstr(ə)] *adj* **(a)** *faune, flore, transports, habitat* land (*épith*); *surface, magnétisme* earth's (*épith*), terrestrial, of earth. (*Mil*) **effectifs ~s** land forces; (*Mil*) **missile ~** land-based missile; *V* **croûte, écorce, globe**.

(b) (*d'ici-bas*) *biens, plaisirs, vie* earthly, terrestrial; *V* **paradis**.

terreur [tɛrœr] *nf* **(a)** (*peur*) terror (*gén U*). **avec ~** with terror *ou* dread; **vaines ~s** vain *ou* empty fears; **le dentiste était ma grande ~** the dentist was my greatest fear, I was terrified of the dentist; **il vivait dans la ~ d'être découvert/de la police** he lived in terror of being discovered/of the police.

(b) (*terrorisme*) terror. (*Hist*) **la T~** the (Reign of) Terror.

(c) (**hum: personne*) terror. **petite ~** little terror *ou* horror; **jouer les ~s** to play the tough guy*; **on l'appelait Joe la ~** he was known as Joe, the tough guy*; **c'est la ~ de la ville** he's the terror of the town.

terreux, -euse [tɛʀø, øz] *adj* **(a)** *goût, odeur* earthy. **(b)** *sabots* muddy; *mains* grubby, soiled; *salade* gritty, dirty. **(c)** *teint* sallow, muddy; *ciel* muddy, leaden, sullen.

terri [tɛʀi] *nm* = terril.

terrible [tɛʀibl(ə)] **1** *adj* **(a)** *(effroyable)* accident, maladie, châtiment terrible, dreadful, awful; *arme* terrible.

(b) *(terrifiant, féroce)* guerrier, air, menaces terrible, fearsome.

(c) *(intensif)* vent, force, pression, bruit, colère terrific, tremendous, fantastic. **c'est un ~ menteur** he's a terrible *ou* an awful liar; **c'est ~ ce qu'il peut manger** it's terrific *ou* fantastic what he can eat*.

(d) *(affligeant, pénible)* terrible, dreadful, awful. **c'est ~ d'en arriver là** it's terrible *ou* awful *ou* dreadful to come to this; **le ~ est qu'il refuse qu'on l'aide** the awful *ou* dreadful part about it is that he refuses to be helped; **il est ~, avec sa manie de toujours vous contredire** he's awful *ou* dreadful, the way he's always contradicting you *ou* with his habit of always contradicting you; **c'est ~ de devoir toujours tout répéter** it's awful *ou* dreadful always having to repeat everything; *V* **enfant**.

(e) (*: *formidable*) *film, soirée, personne* terrific*, great*, tremendous*. **ce film n'est pas ~** this film is nothing special *ou* nothing marvellous *ou* nothing to write home about *ou* no great shakes* *(Brit)*.

2 *adv* (‡) **ça marche ~** it's working fantastically (well)* *ou* really great‡.

terriblement [tɛʀibləmɑ̃] *adv* **(a)** *(extrêmement)* terribly, dreadfully, awfully. **(b)** (†: *affreusement*) terribly†.

terrien, -ienne [tɛʀjɛ̃, jɛn] **1** *adj* **(a)** landed *(épith)*, landowning *(épith)*. **propriétaire ~** landowner, landed proprietor.

(b) **vertus ~nes** virtues of the soil *ou* land; **avoir une vieille ascendance ~ne** to come of old country stock.

2 *nm* **(a)** *(paysan)* man of the soil, countryman.

(b) *(habitant de la Terre)* Earthman, earthling.

(c) *(non-marin)* landsman.

3 terrienne *nf* (*V* **2**) countrywoman; Earthwoman, earthling; landswoman.

terrier [tɛʀje] *nm* **(a)** *(tanière)* [lapin, taupe] burrow, hole; [renard] earth. **(b)** *(chien)* terrier.

terrifiant, e [tɛʀifjɑ̃, ɑ̃t] *adj* **(a)** *(effrayant)* terrifying.

(b) *(sens affaibli)* progrès, appétit fearsome, incredible. **c'est ~ comme il a maigri/grandi!** it's awful *ou* frightening how much weight he has lost/how tall he has grown!

terrifier [tɛʀifje] (7) *vt* to terrify.

terril [tɛʀi(l)] *nm* (coal)tip, slag heap.

terrine [tɛʀin] *nf* **(a)** *(pot)* earthenware vessel, terrine; *(Culin)* *(récipient)* terrine; *(pâté)* pâté; (‡: *tête*) head, noddle‡. **~ du chef** chef's special pâté.

territoire [tɛʀitwaʀ] *nm* *(gén, Pol, Zool)* territory; *[département, commune]* area; *[évêque, juge]* jurisdiction. **~s d'outre-mer** (French) overseas territories; *V* **aménagement, surveillance**.

territorial, e, *mpl* **-aux** [tɛʀitɔʀjal, o] **1** *adj* **(a)** *puissance* land *(épith)*; *intégrité, modifications* territorial. **eaux ~es** territorial waters; **armée ~e** Territorial Army.

(b) *(Jur: opposé à personnel)* territorial.

2 *nm* *(Mil)* Territorial.

3 territoriale *nf* *(Mil)* Territorial Army.

territorialité [tɛʀitɔʀjalite] *nf* *(Jur)* territoriality.

terroir [tɛʀwaʀ] *nm* **(a)** *(Agr)* soil. **vin qui a un goût de ~** wine which has a taste *ou* tang of its soil.

(b) *(fig: région rurale)* **accent du ~** country *ou* rural accent, brogue; **mots du ~** words with a rural flavour; **il sent son ~** he is very much of his native heath *ou* soil; **poète du ~** poet of the land.

terroriser [tɛʀɔʀize] (1) *vt* to terrorize.

terrorisme [tɛʀɔʀism(ə)] *nm* terrorism.

terroriste [tɛʀɔʀist(ə)] *adj, nmf* terrorist.

tertiaire [tɛʀsjɛʀ] **1** *adj* **(a)** *(Géol, Méd)* tertiary. *(Écon)* **(secteur) ~** service industries, tertiary sector *(T)*, tertiary industry *(T)*. **2** *nm* *(Géol)* Tertiary.

tertiarisation [tɛʀsjaʀizasjɔ̃] *nf* expansion *ou* development of the service sector.

tertio [tɛʀsjo] *adv* third(ly).

tertre [tɛʀtʀ(ə)] *nm* *(monticule)* hillock, mound, knoll *(littér)*; *[sépulture]* (burial) mound.

tes [te] *adj poss V* **ton¹**.

tessiture [tesityʀ] *nf* *[voix]* tessitura; *[instrument]* range.

tesson [tesɔ̃] *nm*: **~ (de bouteille)** shard, sliver *ou* piece of broken glass *ou* bottle.

test¹ [tɛst] **1** *nm* *(gén)* test. **faire passer un ~ à qn** to give sb a test; **soumettre qn à des ~s** to subject sb to tests, test sb; **~ d'orientation professionnelle** vocational *ou* occupational test; **~ d'aptitude/psychologique** *ou* **de personnalité** aptitude/personality test; **le ~ du SIDA** the test for AIDS; **~ biologique** biological test.

2 *adj*: **conflit-/région-~** test conflict/area.

test² [tɛst] *nm* *(Zool)* test.

test³ [tɛst] *nm* = têt.

testable [tɛstabl(ə)] *adj* testable.

testament [tɛstamɑ̃] **1** *nm* **(a)** *(Rel)* **Ancien/Nouveau T~** Old/ New Testament.

(b) *(Jur)* will, testament *(Jur)*. **mourir sans ~** to die intestate *(Jur, frm)* *ou* without leaving a will; **ceci est mon ~** this is my last will and testament; *(hum)* **il peut faire son ~** * he can *ou* he'd better make out his will *(hum)*; *V* **coucher, léguer**.

(c) *(fig)* *[homme politique, artiste]* legacy. **le ~ politique de Jaurès** Jaurès' political legacy.

2: testament par acte public, testament authentique *will dictated to notary in the presence of witnesses*; **testament mystique** *will written or dictated by testator, signed by him, and handed in*

---

sealed envelope, before witnesses, to notary; **testament olographe** *will written, dated and signed by the testator*; **testament secret** = **testament mystique**.

testamentaire [tɛstamɑ̃tɛʀ] *adj*: **dispositions ~s** clauses *ou* provisions of a will, devises *(T)*; **donation ~** bequest, legacy; **héritier ~** devisee, legatee; *V* **exécuteur**.

testateur [tɛstatœʀ] *nm* testator, devisor, legator.

testatrice [tɛstatʀis] *nf* testatrix, devisor, legator.

tester¹ [tɛste] (1) *vt* to test.

tester² [tɛste] (1) *vi* to make (out) one's will.

testicule [tɛstikyl] *nm* testicle, testis *(T)*.

testostérone [tɛstɔsteʀɔn] *nf* testosterone.

têt [tɛ] *nm* *(Chim)* **~ à rôtir** roasting dish *ou* crucible; **~ à gaz** beehive shelf.

tétanique [tetanik] *adj* convulsions tetanic; patient tetanus *(épith)*, suffering from tetanus *(attrib)*.

tétanisation [tetanizasjɔ̃] *nf* *[muscle]* tetanization.

tétaniser [tetanize] (1) *vt* to tetanize.

tétanos [tetanos] *nm* *(maladie)* tetanus, lockjaw; *(contraction)* tetanus. **~ musculaire** *ou* **physiologique** tetanus (of a muscle); **vaccin contre le ~** tetanus vaccine.

têtard [tɛtaʀ] *nm* *(Zool)* tadpole.

tête [tɛt] **1** *nf* **(a)** *(gén)* *[homme, animal]* head; *(chevelure)* hair *(U)*. **être ~ nue, n'avoir rien sur la ~** to be bareheaded, have nothing on one's head; **avoir une ~ frisée** to have curly hair, have a curly head of hair; **avoir mal à la ~** to have a headache; **j'ai la ~ lourde** my head feels heavy; **avoir la ~ sale/propre** to have dirty/clean hair; **de la ~ aux pieds** from head to foot *ou* toe, from top to toe; **veau à deux ~s** two-headed calf; **se tenir la ~ à deux mains** to hold one's head in one's hands; **rester la ~ en bas** to hang upside down; *V* **fromage, hocher** etc.

(b) *(fig: vie)* head, neck. **réclamer la ~ de qn** to demand sb's head; **jurer sur la ~ de qn** to swear on sb's life *ou* head; **risquer sa ~** to risk one's neck; **sauver sa ~** to save one's skin *ou* neck; **il y va de sa ~** his life is at stake.

(c) *(visage, expression)* face. **il a une ~ sympathique** he has a friendly face; **il a une ~ sinistre** he has a sinister look about him, he looks an ugly customer; **il a une bonne ~** he looks a decent sort; **quand il a appris la nouvelle il a fait une (drôle de) ~!** he pulled a face when he heard the news!, you should have seen his face when he heard the news!; **il en fait une ~!** what a face!, just look at his face!; **faire la ~** to sulk, have the sulks* *(Brit)*; **faire une ~ d'enterrement** *ou* **de six pieds de long** to have a face as long as a fiddle; **quelle (sale) ~ il a!** he looks a nasty piece of work *(Brit)*, he has a really nasty look about him; **je connais cette ~-là!** I know that face; **mettre un nom sur une ~** to put a name to a face; **il a** *ou* **c'est une ~ à claques*** *ou* **à gifles*** he has got the sort of face you'd love to smack *ou* that just asks to be smacked; *V* **coup**.

(d) *(personne)* head. **~ couronnée** crowned head; *(animal)* **20 ~s de bétail** 20 head of cattle; **c'est une forte ~** he is a rebel; **des ~s vont tomber** heads will roll; **le repas coûtera 150 F par ~** *ou* **par ~ de pipe‡** the meal will cost 150 francs a head *ou* 150 francs per person *ou* 150 francs apiece.

(e) *(mesure)* head. **il a une ~ de plus** he is a head taller; **il a une demie ~ de plus que moi** he's half a head taller than me; *(Courses)* **gagner d'une ~** to win by a head.

(f) *[clou, marteau]* head; *[arbre]* top. **~ d'ail** head of garlic; **~ d'artichaut** artichoke head; **~ d'épingle** pinhead; **gros comme une ~ d'épingle** no bigger than a pinhead; **à la ~ du lit** at the head of the bed.

(g) *(partie antérieure)* *[train, procession]* front, head; *(Mil)* *[colonne, peloton]* head. *(Rail)* **voiture de ~** front coach; **on monte en ~** *ou* **en queue?** shall we get on at the front or (at) the back?; **être en ~** to be in the lead *ou* in front; **ils sont entrés dans la ville, musique en ~** they came into the town led *ou* headed by the band; **tué à la ~ de ses troupes** killed leading his troops *ou* at the head of his troops; *V* **soupape**.

(h) *[page, liste, chapitre, classe]* top, head. *(Presse)* **article de ~** leading article, leader (column); **en ~ de phrase** at the beginning of the sentence; **être** *ou* **venir en ~ de liste** to head the list, come at the head *ou* top of the list; **être à la ~ d'un mouvement/d'une affaire** to be at the head of a movement/a business, head (up) a movement/a business; **être la ~ d'un mouvement/d'une affaire** to be the leader of a movement/a business, head up a movement/a business.

(i) *(faculté(s) mentale(s))* **avoir (toute) sa ~** to have (all) one's wits about one; **n'avoir rien dans la ~** to be empty-headed; **où ai-je la ~?** whatever am I thinking of?; **avoir une petite ~** to be dim-witted; **alors, petite ~!** well, dimwit!*; **avoir** *ou* **être une ~ sans cervelle** *ou* **en l'air** *ou* **de linotte** to be scatterbrained, be a scatterbrain; **avoir de la ~** to have a good head on one's shoulders; **avoir la ~ sur les épaules** to be level-headed; **femme/homme de ~** level-headed *ou* capable woman/man; **calculer qch de ~** to work sth out in one's head; **je n'ai plus le chiffre/le nom en ~** I can't recall the number/the name, the number/the name has gone (clean) out of my head; **chercher qch dans sa ~** to search one's memory for sth; **mettre** *ou* **fourrer* qch dans la ~** to put *ou* get *ou* stick* sth into sb's head; **se mettre dans la ~** *ou* **en ~ que** *(s'imaginer)* to get it into one's head that; **se mettre dans la** *ou* **en ~ de faire qch** *(se décider)* to take it into one's head to do sth; **j'ai la ~ vide** my mind is a blank *ou* has gone blank; **avoir la ~ à ce qu'on fait** to have one's mind on what one is doing; **avoir la ~ ailleurs** to have one's mind on other matters *ou* elsewhere; **se casser** *ou* **se creuser la ~** to rack one's brains; **ils ne se sont pas cassé** *ou* **creusé la ~!** they didn't exactly put themselves out! *ou* overexert themselves!; **n'en faire qu'à sa ~** to do (exactly) as one pleases, please o.s., go one's own (sweet) way; **(faire qch) à ~ reposée** (to do sth) in a more leisurely moment; V **idée, perdre** etc.

(j) (tempérament) **avoir la ~ chaude/froide** to be quick- ou fiery-tempered/cool-headed; **avoir la ~ dure** to be thick(headed) ou a thickhead ou blockheaded* ou a blockhead*; **avoir** ou **être une ~ de mule** ou **de bois** ou **de lard*, être une ~ de pioche*** to be as stubborn as a mule, be mulish ou pigheaded; **il fait sa mauvaise ~** he's being awkward ou difficult; **avoir la ~ près du bonnet** to be quick-tempered; V **coup**.

(k) (Ftbl) header. **faire une ~** to head the ball.

(l) (loc) (fig) **aller** ou **marcher la ~ haute** to walk with one's head held high, carry one's head high; (fig) **avoir la ~ basse** to hang one's head; (lit) **courir** ou **foncer ~ baissée** to rush ou charge headlong; (fig) **y aller ~ baissée** to charge in blindly; (fig) **se jeter** ou **donner ~ baissée dans** entreprise, piège to rush headlong into; **garder la ~ froide** to keep a cool head, remain cool, keep one's head; **tomber la ~ la première** to fall headfirst; **jeter** ou **lancer à la ~ de qn que ...** to hurl in sb's face that ...; **en avoir par-dessus la ~** to be fed up to the back teeth*; **j'en donnerais ma ~ à couper** I would stake my life on it; **ne plus savoir où donner de la ~** not to know which way to turn; **prendre la ~** to take the lead, take charge; **prendre la ~ du cortège** to lead the procession, take one's place at the head of the procession; **tenir ~ à** to stand up to; **mettre la ~ de qn à prix** to put a price on sb's head; **se trouver à la ~ d'une petite fortune/de 2 maisons** to find o.s. the owner ou possessor of a small fortune/2 houses; V **martel, payer, tourner** etc.

2: (Théât) **tête d'affiche** top of the bill; **être la tête d'affiche** to head the bill, be top of the bill; **tête-bêche** adv head to foot ou tail; **timbre tête-bêche** tête-bêche stamp; (Aut) **tête de bielle** big end; (baroudeur) **tête brûlée** desperado; **tête chercheuse** homing device; **fusée à tête chercheuse** homing rocket; **tête de cuvée** tête de cuvée; (Aut) **tête de Delco** ® distributor; (Ordin) **tête d'écriture** writing head; (Tech) **tête d'injection** swivel; **tête de lecture** [pick-up] pickup head; [magnétophone] play-back head; (Ordin) reading head; (Ordin) **tête de lecture-écriture** read-write head; **tête de ligne** terminus, start of the line (Rail); (Pol) **tête de liste** chief candidate (in list system of voting); **tête de lit** bedhead; **tête-de-loup** nf, pl **têtes-de-loup** ceiling brush; **tête de mort** (emblème) skull and crossbones, Jolly Roger; (Zool) death's-head moth; (Culin) Gouda cheese; **tête-de-nègre** adj inv dark brown, nigger-brown (Brit); **tête nucléaire** nuclear warhead; **tête de pont** (au-delà d'un fleuve) bridgehead; (au-delà de la mer) beachhead; **tête-à-queue** nm inv spin; **faire un tête-à-queue** (cheval) to turn about; (voiture) to spin round; (Tennis) **tête de série** seeded player; **il était classé troisième tête de série** he was seeded third; **il est tête de série numéro 2** he's the number 2 seed; **tête-à-tête** nm inv (conversation) tête-à-tête, private conversation; (meuble) tête-à-tête; (service) breakfast set for two (ou tea ou coffee set for two); **en tête-à-tête** alone together; **dîner en tête-à-tête** intimate dinner for two; **discussion en tête-à-tête** discussion in private; **tête de Turc** whipping boy, Aunt Sally.

tétée [tete] nf (action) sucking; (repas, lait) feed (Brit), nursing (US). **5 ~s par jour** 5 feeds (Brit) ou nursings (US) a day; **l'heure de la ~** feeding (Brit) ou nursing (US) time (of baby).

téter [tete] (6) vt (a) lait to suck; biberon, sein to suck at. **~ sa mère** to suck at one's mother's breast; **donner à ~ à un bébé** to feed a baby (at the breast), suckle a baby†. **(b)** (*) pouce to suck; pipe to suck at ou on.

tétière [tetjɛʀ] nf [cheval] headstall; [divan] antimacassar; [voile] head.

tétine [tetin] nf [vache] udder, dug (T); [truie] teat, dug (T); [biberon] teat (Brit), nipple (US); (sucette) comforter, dummy (Brit), pacifier (US).

téton [tetɔ̃] nm (a) (*: sein) breast, tit*.*.*. (b) (Tech: saillie) stud, nipple.

tétrachlorure [tetraklɔʀyʀ] nm tetrachloride. **~ de carbone** carbon tetrachloride.

tétracorde [tetrakɔʀd(ə)] nm tetrachord.

tétraèdre [tetraɛdʀ(ə)] nm tetrahedron.

tétraédrique [tetraedʀik] adj tetrahedral.

tétralogie [tetralɔʒi] nf tetralogy. **la ~ de Wagner** Wagner's Ring.

tétramètre [tetʀamɛtʀ(ə)] nm tetrameter.

tétraphonie [tetʀafɔni] nf quadraphony.

tétraphonique [tetʀafɔnik] adj quadraphonic.

tétraplégie [tetʀapleʒi] nf tetraplegia.

tétrarque [tetʀaʀk(ə)] nm tetrarch.

tétras [tetʀa] nm: **~ lyre** black grouse; **grand ~** capercaillie.

tétrasyllabe [tetʀasilab] **1** adj tetrasyllabic. **2** nm tetrasyllable.

tétrasyllabique [tetʀasilabik] adj tetrasyllabic.

têtu, e [tety] adj stubborn, mulish, pigheaded. **~ comme une mule** ou **bourrique** as stubborn ou obstinate as a mule.

teuf-teuf, pl **teufs-teufs** [tœftœf] nm (a) (bruit) [train] puff-puff, chuff-chuff; [voiture] chug-chug. **(b)** (*: automobile) bone-shaker, rattle-trap*; (langage enfantin: train) chuff-chuff, puff-puff.

teuton, -onne [tøtɔ̃, ɔn] **1** adj (Hist, péj) Teutonic. **2** nm,f: **T~(ne)** Teuton.

teutonique [tøtɔnik] adj (Hist, péj) Teutonic.

texan, e [tɛksã, an] **1** adj Texan. **2** nm,f: **T~(e)** Texan.

Texas [tɛksas] nm Texas.

texte [tɛkst(ə)] nm (a) [contrat, pièce de théâtre etc] text. **lire Shakespeare/la Bible dans le ~** (original) to read Shakespeare/ the Bible in the original (text); (iro) **en français dans le ~** those were the very words used, to quote the words used; (Théât) **apprendre son ~** to learn one's lines, **les illustrations sont bon-**

nes mais il y a trop de ~ the pictures are good but there is too much text.

(b) (œuvre écrite) text; (fragment) passage, piece. **~s choisis** selected passages; **expliquez ce ~ de Gide** comment on this passage ou piece from ou by Gide; **il y a des erreurs dans le ~** there are textual errors in the text; V **explication**.

(c) (énoncé) [devoir, dissertation] subject, topic; (Rel) text. **amender un ~ de loi** to amend a law; V **cahier**.

textile [tɛkstil] **1** nm (a) (matière) textile. **~s artificiels** man-made fibres; **~s synthétiques** synthetic ou man-made fibres. (b) (Ind) **le ~** the textile industry, textiles (pl). **2** adj textile.

textuel, -elle [tɛkstɥɛl] adj (conforme au texte) traduction literal, word for word; copie exact; citation verbatim (épith), exact; (tiré du texte) textual; analyse, sens textual. **elle m'a dit d'aller me faire cuire un œuf: ~, mon vieux!*** she told me to get lost — those were her very words!, she told me to get lost, and I quote!; **c'est ~** those were his (ou her etc) very ou exact words.

textuellement [tɛkstɥɛlmã] adv (V textuel) literally, word for word; exactly; verbatim. **alors il m'a dit, ~, que j'étais un imbécile** so he told me, in these very words, and I quote, that I was a fool.

texture [tɛkstyʀ] nf (lit, fig) texture.

T.F.1 [teɛfœ̃] nm abrév de **Télévision Française Un** (French television channel).

T.G.V. [teʒeve] nm abrév de **train à grande vitesse**; V **train**.

thaï [taj] **1** nm (Ling) Thai. **2** adj inv Thai.

thaïlandais, e [tailɑ̃dɛ, ɛz] **1** adj Thai. **2** nm,f: **T~(e)** Thai, Thailander.

Thaïlande [tailɑ̃d] nf Thailand.

thalamus [talamys] nm (Anat) thalamus.

thalassémie [talasemi] nf thalassemia.

thalassothérapie [talasɔteʀapi] nf sea water therapy.

thalle [tal] nm thallus.

thallium [taljɔm] nm thallium.

thallophytes [talɔfit] nmpl ou nfpl thallophytes.

thalweg [talvɛg] nm thalweg.

thaumaturge [tomatyʀʒ(ə)] **1** nm miracle-worker, thaumaturge (T), thaumaturgist (T). **2** adj miracle-working (épith), thaumaturgic(al) (T).

thaumaturgie [tomatyʀʒi] nf miracle-working, thaumaturgy (T).

thé [te] **1** nm (a) (feuilles séchées, boisson) tea. **~ de Chine** China tea; **les ~s de Ceylan** Ceylon teas; **~ au lait/nature** tea with milk/ without milk; **~ au citron/à la menthe** lemon/mint tea; V **feuille, rose, salon**.

(b) (arbre) tea plant.

(c) (réunion) tea party. **~ dansant** early evening dance, thé-dansant.

2 adj inv: **rose ~** tea rose.

théâtral, e, mpl **-aux** [teatʀal, o] adj (a) œuvre, situation theatri-cal, dramatic; rubrique, chronique stage (épith), theatre (épith); saison theatre (épith); représentation stage (épith), theatrical. **la censure ~e** stage censorship, censorship in the theatre.

(b) (fig péj) air, attitude, personne theatrical, histrionic, dramat-ic, stagey*. **ses attitudes ~es m'agacent** his theatricals ou histrionics irritate me.

théâtralement [teatʀalmã] adv (lit) theatrically; (péj) histrioni-cally.

théâtre [teatʀ(ə)] nm (a) (gén: comme genre artistique) theatre; (comme ensemble de techniques) drama, theatre; (comme activité, profession) stage, theatre. **faire du ~** to be on the stage; **faire un peu de ~** to do a bit of acting; **elle a fait du ~** she has appeared on the stage, she has done some acting; **s'intéresser au ~** to be interested in drama ou the theatre; **elle veut faire du ~**, **elle se destine au ~** she wants to go on the stage; **je préfère le ~ au cinéma** I prefer the stage ou the theatre to films ou to the cinema; **je n'aime pas le ~ à la télévision** I do not like televised stage dramas ou stage productions on television; **c'est du ~ filmé** it's a filmed stage production, it's a film of the play; **ses pièces ne sont pas du bon ~** his plays are not good theatre ou drama, his plays do not stage well; **technique** ou **art du ~** stagecraft; **~ d'essai** experi-mental theatre ou drama; **il fait du ~ d'amateurs** he's involved in ou he does some amateur dramatics ou theatricals; **un roman adapté pour le ~** a novel adapted for the stage ou the theatre; V **coup, critique²**.

(b) (lieu, entreprise) theatre. **~ de marionnettes/de verdure** puppet/open-air theatre; **il ne va jamais au ~** he never goes to the theatre, he is not a theatregoer; **à la sortie des ~s** when the theatres come out; **le ~ est plein ce soir** it's a full house tonight, the performance is sold out tonight; **~ d'ombres** shadow theatre; **~ de guignol** ≃ Punch and Judy show; V **agence, jumeau**.

(c) **de ~** stage (épith), theatre (épith); **un homme/une femme de ~** a man/woman of the theatre ou stage; **les gens de ~** theatre ou stage people; **accessoires/costumes/décors/grimage de ~** stage props/costumes/sets/make-up; **artifices de ~** stage tricks; **directeur de ~** theatre ou theatrical ou stage director; **troupe de ~** theatre ou drama company; **voix/gestes de ~** theatrical ou histrionic ou stagey* voice/gestures.

(d) (genre littéraire) drama, theatre; (œuvres théâtrales) plays (pl), dramatic works (pl), theatre. **le ~ de Sheridan** Sheridan's plays ou dramatic works, the theatre of Sheridan; **le ~ classique/ élisabéthain** the classical/Elizabethan theatre, classical/ Elizabethan drama; **le ~ antique** the theatre ou drama of antiquity; **le ~ de caractères/de situation** the theatre of charac-ter/situation; **le ~ à thèse** didactic theatre; **le ~ de l'absurde** the theatre of the absurd; **le ~ de boulevard** light comedies (as per-formed in the theatres of the Paris Boulevards); **le ~ burlesque** the theatre of burlesque, the burlesque theatre; V **pièce**.

(e) (*fig péj*) (*exagération*) theatricals (*pl*), histrionics (*pl*); (*simulation*) playacting. **c'est du ~** it's just playacting.
(f) [*événement, crime*] scene. **les Flandres ont été le ~ de combats sanglants** Flanders has been the scene of bloody fighting; (*Mil*) **le ~ des opérations** the theatre of operations.
thébaïde [tebaïd] *nf* (*littér*) solitary retreat.
thébain, e [tebɛ̃, ɛn] **1** *adj* Theban. **2** *nm,f*: **T~(e)** Theban.
Thèbes [tɛb] *n* Thebes.
théier [teje] *nm* tea plant.
théière [tejɛʀ] *nf* teapot.
théine [tein] *nf* theine.
théisme [teism(ə)] *nm* **(a)** (*Rel*) theism. **(b)** (*Méd*) tea poisoning.
théiste [teist(ə)] **1** *adj* theistic(al), theist. **2** *nmf* theist.
thématique [tematik] **1** *adj* (*gén*) thematic; (*Ling*) **voyelle** thematic. **2** *nf* set of themes.
thème [tɛm] *nm* **(a)** (*sujet: gén, Littérat, Mus*) theme. **le ~ de composition d'un peintre** a painter's theme; (*Mil*) **~ tactique** tactical ground plan; (*Psych*) **~s délirants** themes of delusion.
(b) (*Scol: traduction*) translation (*into the foreign language*), prose (composition). **~ et version** prose (composition) and unseen (translation); **~ allemand/espagnol** German/Spanish prose (composition), translation into German/Spanish; **V fort.**
(c) (*Ling*) stem, theme. **~ nominal/verbal** noun/verb stem *ou* theme.
(d) (*Astrol*) **~ astral** birth chart.
théocratie [teɔkʀasi] *nf* theocracy.
théocratique [teɔkʀatik] *adj* theocratic.
Théocrite [teɔkʀit] *nm* Theocritus.
théodicée [teɔdise] *nf* theodicy.
théodolite [teɔdɔlit] *nm* theodolite.
Théodore [teɔdɔʀ] *nm* Theodore.
théogonie [teɔɡɔni] *nf* theogony.
théologal, e, *mpl* **-aux** [teɔlɡal, o] *adj* **V vertu.**
théologie [teɔlɔʒi] *nf* theology. **études de ~** theological studies; **faire sa ~** to study theology *ou* divinity.
théologien [teɔlɔʒjɛ̃] *nm* theologian, theologist.
théologique [teɔlɔʒik] *adj* (*Rel*) theological.
théologiquement [teɔlɔʒikmɑ̃] *adv* theologically.
Théophile [teɔfil] *nm* Theophilus.
Théophraste [teɔfʀast(ə)] *nm* Theophrastus.
théorbe [teɔʀb(ə)] *nm* theorbo.
théorème [teɔʀɛm] *nm* theorem.
théoricien, -ienne [teɔʀisjɛ̃, jɛn] *nm,f* theoretician, theorist.
théorie¹ [teɔʀi] *nf* (*doctrine, hypothèse*) theory. **la ~ et la pratique** theory and practice; **en ~** in theory, on paper (*fig*); **la ~, c'est bien joli, mais ... theory** *ou* theorizing is all very well, but ... ; (*Math*) **la ~ des ensembles** set theory.
théorie² [teɔʀi] *nf* (*littér: procession*) procession, file.
théorique [teɔʀik] *adj* theoretical, theoretic. **c'est une liberté toute ~** it's a purely theoretical freedom.
théoriquement [teɔʀikmɑ̃] *adv* theoretically. **~, c'est vrai in theory** *ou* theoretically it's true.
théorisation [teɔʀizasjɔ̃] *nf* theorization.
théoriser [teɔʀize] (1) **1** *vi* to theorize (*sur* about). **2** *vt* to theorize about.
théosophe [teɔzɔf] *nmf* theosophist.
théosophie [teɔzɔfi] *nf* theosophy.
théosophique [teɔzɔfik] *adj* theosophic.
thérapeute [teʀapøt] *nmf* therapist.
thérapeutique [teʀapøtik] **1** *adj* therapeutic. **2** *nf* (*branche de la médecine*) therapeutics (*sg*); (*traitement*) therapy.
thérapie [teʀapi] *nf*: **~ de groupe** group therapy; **V aussi thérapeutique.**
Thérèse [teʀɛz] *nf* Theresa, Teresa.
thermal, e, *mpl* **-aux** [teʀmal, o] *adj*: **cure ~e** water cure; **faire une cure ~e** to take the waters; **eaux ~es** hot (mineral) springs; **émanations ~es** thermal *ou* hot springs; **établissement ~** hydropathic *ou* water-cure establishment; **source ~e** thermal *ou* hot spring; **station ~e** spa.
thermalisme [teʀmalism(ə)] *nm* (*science*) balneology; (*cures*) water cures.
thermes [teʀm(ə)] *nmpl* (*Hist*) thermae; (*établissement thermal*) thermal baths.
thermidor [teʀmidɔʀ] *nm* Thermidor (*11th month of French Republican calendar*).
thermidorien, -ienne [teʀmidɔʀjɛ̃, jɛn] **1** *adj* of the 9th Thermidor. **2** *nm,f* revolutionary of the 9th Thermidor.
thermie [teʀmi] *nf* (*Phys*) therm.
thermique [teʀmik] *adj* **unité** thermal; **énergie** thermic. **moteur ~** heat engine; **carte ~** temperature map; **centrale ~** power station; **ascendance ~** thermal, thermal current; **science ~** science of heat.
thermocautère [teʀmɔkotɛʀ] *nm* diathermy, electro-cautery.
thermochimie [teʀmɔʃimi] *nf* thermochemistry.
thermocouple [teʀmɔkupl(ə)] *nm* (*Phys*) thermocouple, thermo-electric couple.
thermodynamique [teʀmɔdinamik] **1** *nf* thermodynamics (*sg*). **2** *adj* thermodynamic(al).
thermoélectricité [teʀmɔelɛktʀisite] *nf* thermoelectricity.
thermoélectrique [teʀmɔelɛktʀik] *adj* thermoelectric(al). **couple ~** thermoelectric couple, thermocouple; **effet ~** thermo-electric *ou* Seebeck effect; **pile ~** thermopile, thermoelectric pile.
thermogène [teʀmɔʒɛn] *adj* **V ouate.**
thermographe [teʀmɔɡʀaf] *nm* thermograph.
thermographie [teʀmɔɡʀafi] *nf* thermography.
thermoluminescence [teʀmɔluminesɑ̃s] *nf* thermoluminescence.

thermomètre [teʀmɔmɛtʀ(ə)] *nm* thermometer. **le ~ indique 38°** the thermometer is (standing) at *ou* is showing 38°; **le ~ monte** the temperature is rising, the thermometer is showing a rise in temperature; **~ à mercure/à alcool** mercury/alcohol thermometer; **~ à maxima et minima** maximum and minimum thermometer; **~ médical** clinical thermometer; (*fig*) **le ~ de l'opinion publique** the barometer *ou* gauge of public opinion.
thermométrie [teʀmɔmetʀi] *nf* thermometry.
thermométrique [teʀmɔmetʀik] *adj* thermometric(al).
thermonucléaire [teʀmɔnykleɛʀ] *adj* thermonuclear.
thermopile [teʀmɔpil] *nf* thermopile.
thermoplastique [teʀmɔplastik] *adj* thermoplastic.
thermopropulsion [teʀmɔpʀɔpylsjɔ̃] *nf* thermal propulsion.
Thermopyles [teʀmɔpil] *nfpl*: **les ~** Thermopylae.
thermorégulation [teʀmɔʀeɡylasjɔ̃] *nf* thermotaxis, thermoregulation.
thermorésistant, e [teʀmɔʀezistɑ̃, ɑ̃t] *adj* thermosetting.
thermos [teʀmos] *nm ou nf* (®: *aussi* **bouteille ~**) vacuum *ou* Thermos ® flask (*Brit*) *ou* bottle (*US*).
thermoscope [teʀmɔskɔp] *nm* thermoscope.
thermosiphon [teʀmɔsifɔ̃] *nm* thermosiphon.
thermosphère [teʀmɔsfɛʀ] *nf* thermosphere.
thermostat [teʀmɔsta] *nm* thermostat.
thermothérapie [teʀmɔteʀapi] *nf* (deep) heat treatment, thermotherapy.
thésard, -arde [tezaʀ, aʀd(ə)] *nm,f* Ph.D. student.
thésaurisation [tezɔʀizasjɔ̃] *nf* hoarding (*of money*); (*Écon*) building up of capital.
thésauriser [tezɔʀize] (1) **1** *vi* to hoard money. **2** *vt* to hoard (up).
thésauriseur, -euse [tezɔʀizœʀ, øz] *nm,f* hoarder (*of money*).
thésaurus [tezɔʀys] *nm* thesaurus.
thèse [tɛz] *nf* **(a)** (*doctrine*) thesis, argument. (*Littérat*) **pièce/roman à ~** pièce/roman à thèse (*T*), play/novel expounding a philosophical *ou* social thesis.
(b) (*Univ*) thesis. **~ de doctorat (d'État)** Ph.D., doctoral thesis (*Brit*), doctoral dissertation (*US*); **~ de 3e cycle** ≃ M.A. *ou* M.Sc. thesis, Master's thesis; **V soutenance, soutenir.**
(c) (*Philos*) thesis.
(d) (*Police: théorie*) theory, possibility. **écarter la ~ du suicide** to rule out the theory of suicide.
Thésée [teze] *nm* Theseus.
Thessalie [tɛsali] *nf* Thessaly.
thessalien, -ienne [tɛsaljɛ̃, jɛn] **1** *adj* Thessalian. **2** *nm,f*: **T~(ne)** Thessalian.
Thessalonique [tesalɔnik] *n* Thessalonica.
thêta [tɛta] *nm* theta.
thibaude [tibod] *nf* anti-slip undercarpeting (*U*), carpet underlay (*U*). **moquette sur ~** fitted carpet (*Brit*) *ou* wall-to-wall carpet (*US*) with underlay.
Thibau(l)t [tibo] *nm* Theobald.
Thibet [tibɛ] *nm* = **Tibet.**
thibétain, e [tibetɛ̃, ɛn] = **tibétain.**
Thierry [tjeʀi] *nm* Terry.
Thomas [tɔma] *nm* Thomas.
thomisme [tɔmism(ə)] *nm* Thomism.
thomiste [tɔmist(ə)] **1** *adj* Thomistic(al). **2** *nmf* Thomist.
thon [tɔ̃] *nm* (*Zool*) tunny (fish) (*Brit*), tuna; (*en boîte*) tuna(-fish) (*U*). **~ blanc** long fin tuna *ou* tunny (*Brit*); **~ rouge** blue fin tuna *ou* tunny (*Brit*).
thonier [tɔnje] *nm* tuna boat.
Thor [tɔʀ] *nm* Thor.
Thora [tɔʀa] *nf*: **la ~** the Torah.
thoracique [tɔʀasik] *adj* **cavité, canal** thoracic. **cage ~** ribcage; **capacité ~** respiratory *ou* vital capacity.
thorax [tɔʀaks] *nm* thorax.
thorium [tɔʀjɔm] *nm* thorium.
Thrace [tʀas] *nf* Thrace.
thrène [tʀɛn] *nm* threnody.
thrombocyte [tʀɔ̃bɔsit] *nm* thrombocyte.
thrombose [tʀɔ̃boz] *nf* thrombosis.
Thucydide [tysidid] *nm* Thucydides.
Thulé [tyle] *nm* Thule.
thulium [tyljɔm] *nm* thulium.
thune*† [tyn] *nf* 5-franc piece.
thuriféraire [tyʀifeʀɛʀ] *nm* (*Rel*) thurifer; (*fig littér*) flatterer, sycophant.
thuya [tyja] *nm* thuja.
thym [tɛ̃] *nm* thyme. **~ sauvage** wild thyme.
thymique [timik] *adj* (*Méd, Psych*) thymic.
thymus [timys] *nm* thymus.
thyroïde [tiʀɔid] **1** *adj* thyroid (*épith*). **2** *nf*: (**glande**) **~** thyroid (gland).
thyroïdien, -ienne [tiʀɔidjɛ̃, jɛn] *adj* thyroid (*épith*).
thyroxine [tiʀɔksin] *nf* thyroxin.
thyrse [tiʀs(ə)] *nm* (*Bot, Myth*) thyrsus.
tiare [tjaʀ] *nf* tiara.
Tibère [tibɛʀ] *nm* Tiberius.
Tibériade [tibeʀjad] *n*: **le lac de ~** Lake Tiberias, the Sea of Galilee.
Tibet [tibɛ] *nm* Tibet.
tibétain, e [tibetɛ̃, ɛn] **1** *adj* Tibetan. **2** *nm* (*Ling*) Tibetan. **3** *nm,f*: **T~(e)** Tibetan.
tibia [tibja] *nm* (*Anat: os*) tibia (*T*), shinbone; (*partie antérieure de la jambe*) shin. **donner un coup de pied dans les ~s à qn** to kick sb in the shins.
Tibre [tibʀ(ə)] *nm*: **le ~** the Tiber.
tic [tik] *nm* **(a)** (*facial*) (facial) twitch *ou* tic; (*du corps*) twitch, mannerism, tic; (*manie*) habit, mannerism. **~ (nerveux)** nervous

twitch *ou* tic; ~ **de langage** (verbal) mannerism, verbal tic; **c'est un** ~ **chez lui** (*manie*) it's a habit with him; (*geste*) it's a tic he has; **il a un** ~ **facial inquiétant** he has a worrying facial twitch *ou* tic; **il est plein de** ~**s** he is ridden with tics, he never stops twitching.
  (**b**) (*Vét: déglutition*) cribbing (*U*), crib-biting (*U*).
ticket [tikɛ] **1** *nm* (**a**) (*billet*) ticket. ~ **de métro/consigne/ vestiaire** underground (*Brit*) *ou* subway (*US*)/left-luggage/ cloakroom ticket.
  (**b**) (*‡: 10 F*) 10-franc note, ≃ quid* (*Brit*), ≃ buck* (*US*).
  (**c**) (*‡*) **j'ai le** ~ **avec sa sœur** I've made a hit with his sister*.
  2: ticket de caisse sales slip *ou* receipt; **ticket modérateur** patient's contribution (*towards cost of medical treatment*); **ticket de quai** platform ticket; **ticket de rationnement** (ration) coupon; **ticket-repas** *ou* **-restaurant** luncheon voucher.
tic-tac [tiktak] *nm* ticking, tick-tock. **faire** ~ to tick, go tick tock.
tie break [tajbʀɛk] *nm* tie break.
tiédasse [tjedas] *adj* (*péj*) lukewarm, tepid.
tiède [tjɛd] **1** *adj* (**a**) *boisson, bain* lukewarm, tepid; *vent, saison* mild, warm; *atmosphère* balmy; (*fig littér: sécurisant, enveloppant*) warm.
  (**b**) (*péj*) *sentiment, foi, accueil* lukewarm, half-hearted, tepid; *chrétien, communiste* half-hearted, lukewarm.
  2 *nmf* (*péj*) lukewarm *ou* half-hearted individual. **des mesures qui risquent d'effaroucher les** ~**s** measures likely to scare the half-hearted *ou* the fainthearts.
  3 *adv*: **elle boit son café** ~ she drinks her coffee lukewarm, she doesn't like her coffee too hot; **les Anglais boivent leur bière** ~ the English drink their beer (luke)warm *ou* tepid; **qu'il se dépêche un peu, je n'aime pas boire** ~ I wish he'd hurry up because I don't like drinking things (when they're) lukewarm.
tièdement [tjɛdmɑ̃] *adv* (*péj*: *V* **tiède**) in a lukewarm way; half-heartedly.
tiédeur [tjedœʀ] *nf* (*V* **tiède**) lukewarmness; tepidness; mildness; warmth; balminess; half-heartedness.
tiédir [tjediʀ] (2) **1** *vi* (**a**) (*devenir moins chaud*) to cool down; (*se réchauffer*) to grow warm(er). **faire** ~ **de l'eau/une boisson** to warm *ou* heat up some water/a drink.
  (**b**) (*fig*) [*sentiment, foi, ardeur*] to cool (off).
  2 *vt* [*soleil, source de chaleur*] to warm (up); [*air frais*] to cool (down).
tiédissement [tjedismɑ̃] *nm* (*V* **tiédir**) cooling (down); warming up; cooling (off).
tien, tienne [tjɛ̃, tjɛn] **1** *pron poss*: **le** ~, **la tienne, les** ~**s, les tiennes** yours, your own, (*††, Rel*) thine; **ce sac n'est pas le** ~ this bag is not yours, this is not your bag; **mes fils sont stupides comparés aux** ~**s** my sons are stupid compared to yours *ou* your own; **à la tienne!*** your (good) health!, cheers!*; (*iro*) **tu vas faire ce travail tout seul? — à la tienne!*** are you going to do the job all by yourself? — good luck to you! *ou* rather you than me!; *pour autres exemples V* **sien**.
  2 *nm* (**a**) **il n'y a pas à distinguer le** ~ **du mien** what's mine is yours; *pour autres exemples V* **sien**.
  (**b**) **les** ~**s** your family, your (own) folks*; **toi et tous les** ~**s** you and your whole set, you, and the likes of you*; *V* **sien**.
  3 *adj poss* (*littér*) **un** ~ **cousin** a cousin of yours.
tiens [tjɛ̃] *excl V* **tenir**.
tierce¹ [tjɛʀs(ə)] **1** *nf* (**a**) (*Mus*) third. ~ **majeure/mineure** major/ minor third. (**b**) (*Cartes*) tierce. ~ **majeure** tierce major. (**c**) (*Typ*) final proof. (**d**) (*Rel*) terce. (**e**) (*Escrime*) tierce. **2** *adj V* **tiers**.
tiercé, e [tjɛʀse] **1** *adj* (*Hér*) tiercé, tierced; *V* **rime**.
  2 *nm* French system of forecast betting on three horses. **réussir le** ~ **dans l'ordre/dans le désordre** to win on the tiercé with the right placings/but without the right placings; **un beau** ~ a good win on the tiercé; **toucher** *ou* **gagner le** ~ to win the tiercé; (*fig*) **voici le** ~ **gagnant** here are the three winners.
tierceron [tjɛʀsəʀɔ̃] *nm* tierceron.
tiers, tierce² [tjɛʀ, tjɛʀs(ə)] **1** *adj* third. (*Math*) **a tierce** a triple dash; **une tierce personne** a third party, an outsider; (*Typ*) **tierce épreuve** final proof; (*Jur*) ~ **porteur** endorsee; (*Jur*) **tierce opposition** opposition to judgment by third party (*to outcome of litigation*).
  2 *nm* (**a**) (*fraction*) third. **le premier** ~**/les deux premiers** ~ **de l'année** the first third/the first two thirds of the year; **j'ai lu le** *ou* **un** ~**/les deux** ~ **du livre** I have read a third/two thirds of the book; **j'en suis au** ~ I'm a third of the way through; **les deux** ~ **des gens pensent que** the majority of people think that; **l'article est trop long d'un** ~ the article is a third too long *ou* over length, the article is too long by a third.
  (**b**) (*troisième personne*) third party *ou* person; (*étranger, inconnu*) outsider; (*Jur*) third party. **il a appris la nouvelle par un** ~ he learnt the news through a third party; he learnt the news through an outsider; **l'assurance ne couvre pas les** ~ the insurance does not cover third party risks; **il se moque du** ~ **comme du quart†** he doesn't care a fig *ou* a hoot* *ou* a damn*; *V* **assurance**.
  3: tiers(-)arbitre *nm, pl* **tiers(-)arbitres** independent arbitrator; (*Hist*) **le Tiers-État** *nm* the third estate; (*Pol*) **le Tiers-Monde** *nm* the Third World; **tiers-mondiste** (*adj*) Third-World (*épith*); (*nmf*) supporter of the Third-World; (*Rel*) **tiers ordre** third order; **tiers payant** direct payment by insurers (*for medical treatment*); **tiers-point** *nm, pl* **tiers-points** (*Archit*) crown; (*lime*) saw-file; **tiers provisionnel** provisional *ou* interim payment (*of tax*); (*Univ: à un examen*) **bénéficier d'un tiers temps** to be allowed extra time to do one's exam.
tif‡ [tif] *nm* (*gén pl*) hair. ~**s** hair.
tige [tiʒ] *nf* (**a**) (*Bot*) [*fleur, arbre*] stem; [*céréales, graminées*] stalk. **fleurs à longues** ~**s** long-stemmed flowers; (**arbre de**) **haute/**

basse ~ standard/half-standard tree; ~ **aérienne/souterraine** overground/underground stem.
  (**b**) (*plant*) sapling.
  (**c**) (*fig*) [*colonne, plume, démarreur*] shaft; [*botte, chaussette, bas*] leg (part); [*chaussure*] ankle (part); [*clef, clou*] shank; [*pompe*] rod. **chaussures à** ~ boots; **chaussures à** ~ **haute** knee-length boots; **chaussures à** ~ **basse** ankle(-length) boots; ~ **de métal** metal rod; (*Aut*) ~ **de culbuteur** pushrod.
  (**d**) (†, *littér*) [*arbre généalogique*] stock. **faire** ~ to found a line.
tignasse [tiɲas] *nf* (*chevelure mal peignée*) shock of hair, mop (of hair); (*: cheveux*) hair.
tigre [tigʀ(ə)] *nm* (*Zool, fig*) tiger. ~ **royal** *ou* **du Bengale** Bengal tiger.
Tigre [tigʀ(ə)] *nm*: **le** ~ the Tigris.
tigré, e [tigʀe] *adj* (**a**) (*tacheté*) spotted (*de* with); *cheval* piebald.
  (**b**) (*rayé*) striped, streaked. **chat** ~ **tabby** (cat).
tigresse [tigʀɛs] *nf* (*Zool*) tigress; (*fig*) tigress, hellcat*.
tilbury [tilbyʀi] *nm* tilbury.
tilde [tild(ə)] *nm* tilde.
tillac [tijak] *nm* (*Hist Naut*) upper deck.
tilleul [tijœl] *nm* (*arbre*) lime (tree), linden (tree); (*infusion*) lime(-blossom) tea. (**vert**) ~ lime green.
tilt [tilt] *nm* (*billard électrique*) electronic billiards. **faire** ~ (*lit*) to ping *ou* ring for the end of the game *ou* to mark the end of the game; (*fig: échouer*) to fail; (*fig: inspirer*) **ce mot a fait** ~ **dans mon esprit** this word rang a bell (in my mind).
timbale [tɛ̃bal] *nf* (**a**) (*Mus*) kettledrum, timp*. **les** ~**s** the timpani, the timps*, the kettledrums.
  (**b**) (*gobelet*) (metal) cup (*without handle*), (metal) tumbler.
  (**c**) (*Culin*) (*moule*) timbale (mould). (*mets*) ~ **de langouste** lobster timbale.
timbalier [tɛ̃balje] *nm* timpanist.
timbrage [tɛ̃bʀaʒ] *nm* (*V* **timbrer**) stamping; postmarking. **dispensé du** ~ postage paid.
timbre [tɛ̃bʀ(ə)] **1** *nm* (**a**) (*vignette*) stamp. ~**(-poste)** (postage) stamp; ~ **neuf/oblitéré** new/used stamp; **marché** *ou* **bourse aux** ~**s** stamp market; ~**s antituberculeux/anticancéreux** TB/ cancer research stamps; *V* **collection**.
  (**b**) (*marque*) stamp; (*cachet de la poste*) postmark. **mettre** *ou* **apposer** *ou* **imprimer son** ~ **sur** to put one's stamp on, affix one's stamp to; ~ **sec/humide** embossed/ink(ed) stamp; *V* **droit³**.
  (**c**) (*instrument*) stamp. ~ **de caoutchouc/cuivre** rubber/brass stamp.
  (**d**) (*Mus*) [*tambour*] snares (*pl*).
  (**e**) (*son*) [*instrument, voix*] timbre, tone; [*voyelle*] timbre. **avoir le** ~ **voilé** to have a muffled voice; **une voix qui a du** ~ a sonorous *ou* resonant voice; **une voix sans** ~ a voice lacking in resonance.
  (**f**) (*sonnette*) bell.
  2: timbre d'escompte, timbre-escompte *nm, pl* **timbres-escompte** trading stamp; **timbre fiscal** excise *ou* revenue stamp; **timbre horodateur** time and date stamp; **timbre de quittance, timbre-quittance** *nm, pl* **timbres-quittance** receipt stamp.
timbré, e [tɛ̃bʀe] (*ptp de* **timbrer**) *adj* (**a**) (*Admin, Jur*) *document, acte* stamped, bearing a stamp (*attrib*); *V* **papier**.
  (**b**) *voix* resonant, sonorous; *sonorité* resonant. **une voix bien** ~**e** a beautifully resonant voice; **mal** ~ lacking in resonance.
  (**c**) (*: fou*) cracked*, dotty*, nuts*, barmy* (*Brit*).
  2 *nm, f* (*: fou*) loony‡, nutcase‡, head case‡.
timbrer [tɛ̃bʀe] (1) *vt* (*apposer un cachet sur*) *document, acte* to stamp; *lettre, envoi* to postmark; (*affranchir*) *lettre, envoi* to stamp, put a stamp (*ou* stamps) on. **lettre timbrée de** *ou* **à Paris** letter with a Paris postmark, letter postmarked Paris.
timide [timid] *adj* (**a**) (*timoré*) *personne, critique, réponse, tentative* timid, timorous; *entreprise, style* timid. **une** ~ **amélioration de l'économie** a slight *ou* faint improvement in the economy.
  (**b**) (*emprunté*) *personne, air, sourire, voix, amoureux* shy, bashful, timid. **faussement** ~ coy; **c'est un grand** ~ he's awfully shy.
timidement [timidmɑ̃] *adv* (*V* **timide**) timidly; timorously; shyly; bashfully.
timidité [timidite] *nf* (*V* **timide**) timidity; timorousness; shyness; bashfulness.
timon [timɔ̃] *nm* [*char*] shaft; [*charrue*] beam; [*embarcation*] tiller.
timonerie [timɔnʀi] *nf* (**a**) (*Naut*) (*poste, service*) wheelhouse; (*marins*) wheelhouse crew. (**b**) (*Aut*) steering and braking systems.
timonier [timɔnje] *nm* (**a**) (*Naut*) helmsman, steersman.
  (**b**) (*cheval*) wheel-horse, wheeler.
timoré, e [timɔʀe] *adj* (*gén*) *caractère, personne* timorous, fearful, timid; (*Rel, littér*) *conscience* over-scrupulous.
Timothée [timɔte] *nm* Timothy.
tinctorial, e, mpl -aux [tɛ̃ktɔʀjal, o] *adj* *opération, produit* tinctorial (*T*), dyeing (*épith*). **matières** ~**es** dyestuffs; **plantes** ~**es** plants used in dyeing.
tinette [tinɛt] *nf* (*pour la vidange*) sanitary tub. (*arg Mil: toilettes*) ~**s** latrines.
tintamarre [tɛ̃tamaʀ] *nm* din, racket, hullabaloo*. **faire du** ~ to make a din *ou* racket; **un** ~ **de klaxons** the blaring *ou* din of horns.
tintement [tɛ̃tmɑ̃] *nm* (*V* **tinter**) ringing; chiming; tinkling; jingling; chinking. ~ **d'oreilles** ringing in the ears, tinnitus (*T*).
tinter [tɛ̃te] (1) **1** *vi* [*cloche*] to ring, chime; [*clochette*] to tinkle, jingle; [*objets métalliques, pièces de monnaie*] to jingle, chink; [*verres entrechoqués*] to chink; [*verre frotté*] to ring. **faire** ~ to ring; to make tinkle; to make jingle; to make chink; **trois coups tintèrent** the bell rang *ou* chimed three times; **les oreilles me tintent** my ears are ringing, there's a ringing in my ears; (*fig*) **les oreilles ont dû vous** ~ your ears must have been burning.
  2 *vt* *cloche, heure, angélus* to ring; *messe* to ring for.

tintin‡ [tɛ̃tɛ̃] *excl* nothing doing!*, no go!*, you're not on!* **faire ~ to go without.**

tintinnabuler [tɛ̃tinabyle] (1) *vi* (*littér*) to tinkle, tintinnabulate (*littér*).

Tintoret [tɛ̃tɔʀɛ] *nm*: **le ~** Tintoretto.

tintouin [tɛ̃twɛ̃] *nm* (a) (*tracas*) bother, worry. **quel ~ pour y aller** what a to-do *ou* what a lot of bother to get there; **donner du ~ à qn** to give sb a lot of bother; **se donner du ~** to go to a lot of bother. (b) (†: *bruit*) racket, din.

tique [tik] *nf* (*parasite*) tick.

tiquer [tike] (1) *vi* (a) [*personne*] to pull (*Brit*) *ou* make a face, raise an eyebrow. **sans ~** without turning a hair *ou* batting an eyelid *ou* raising an eyebrow. (b) [*cheval*] to crib(-bite), suck wind.

tiqueté, e [tikte] *adj* (*littér*) speckled, mottled.

tir [tiʀ] **1** *nm* (a) (*discipline sportive ou militaire*) shooting. **~ au pistolet/à la carabine** pistol/rifle shooting; **V stand.**
(b) (*action de tirer*) firing (*U*). **en position de ~** in firing position; **prêt au ~** ready for firing; **commander/déclencher le ~** to order/set off *ou* open the firing; **puissance/vitesse de ~ d'une arme** fire-power/firing speed of a gun; **des ~s d'exercice** practice rounds; **des ~s à blanc** firing blank rounds *ou* blanks.
(c) (*manière de tirer*) firing; (*trajectoire des projectiles*) fire. **arme à ~ automatique/rapide** automatic/rapid-firing gun; **régler/ajuster le ~** to regulate/adjust the fire; **arme à ~ courbe/tendu** gun with curved/flat trajectory fire; **~ groupé/direct** grouped/direct fire; (*fig: contre politique*) combined/direct attack; **plan/angle/ligne de ~** plane/angle/line of fire; **V table.**
(d) (*feu, rafales*) fire (*U*). **stoppés par un ~ de mitrailleuses/d'artillerie** halted by machine-gun/artillery fire.
(e) (*Boules*) shot (*at another bowl*); (*Ftbl*) shot. **~ au but** shot at goal.
(f) (*stand*) **~ (forain)** shooting gallery, rifle range.
2: tir d'appui = tir de soutien; **tir à l'arbalète** crossbow archery; **tir à l'arc** archery; **tir de barrage** barrage fire; **secteur** *ou* **zone de tir libre** free-fire zone; **tir au pigeon** clay pigeon shooting; **tir de soutien** support fire.

tirade [tiʀad] *nf* (*Théât*) monologue, speech; (*fig, péj*) tirade.

tirage [tiʀaʒ] **1** *nm* (a) [*chèque*] drawing; [*vin*] drawing off; [*carte*] taking, drawing.
(b) (*Phot, Typ*) printing. **faire le ~ de clichés/d'une épreuve** to print negatives/a proof; **~ à la main** hand-printing; **un ~ sur papier glacé** a print on glazed paper; **~ par contact/inversion** contact/reversal print.
(c) [*journal*] circulation; [*livre*] (*nombre d'exemplaires*) (print) run; (*édition*) edition. **~ de luxe/limité** de luxe/limited edition; **cet auteur réalise de gros ~s** this author's works have huge print runs *ou* are printed in great numbers; **quel est le ~ de cet ouvrage?** how many copies of this work were printed? (*ou* are being printed?); **les gros ~s de la presse quotidienne** the high circulation figures of the daily press; **~ de 2.000 exemplaires** run *ou* impression of 2,000 copies.
(d) [*cheminée*] draught. **avoir du ~** to draw well, have a good draught; **cette cheminée a un bon/mauvais ~** this chimney draws well/badly.
(e) (*Loterie*) draw. **le ~ des numéros gagnants** the draw for the winning numbers.
(f) (*: désaccord*) friction. **il y avait du ~ entre eux** there was some friction between them.
2: tirage à part off-print; **tirage au sort** drawing lots; **procéder par tirage au sort** to draw lots; **le gagnant sera désigné par tirage au sort** the winner will be chosen by drawing lots; **le tirage au sort des équipes de football** the selection *ou* choice of the football teams by drawing lots.

tiraillement [tiʀajmɑ̃] *nm* (a) (*sur une corde etc*) tugging (*U*), pulling (*U*). **ces ~s ont causé la rupture de la corde** all this pulling *ou* tugging caused the rope to break.
(b) (*douleur*) (*intestinal, stomacal*) gnawing *ou* crampy pain; (*de la peau, musculaire, sur une plaie*) stabbing pain. **~s d'estomac** gnawing pains in the stomach.
(c) (*fig*) (*doutes, hésitations*) agonizing indecision (*U*); (*conflits, friction*) friction (*U*), conflict (*U*). **~s (de la conscience) entre devoir et ambition** friction *ou* conflict (within one's conscience) between duty and ambition.

tirailler [tiʀaje] (1) **1** *vt* (a) *corde, moustache, manche* to pull at, tug at. **les enfants tiraillaient le pauvre vieux de droite et de gauche** the children were tugging the poor old man this way and that; **~ qn par le bras** *ou* **la manche** to pull *ou* tug at sb's sleeve.
(b) [*douleurs*] to gnaw at, stab at. **des douleurs qui tiraillent l'estomac** gnawing pains in the stomach; **des élancements lui tiraillaient l'épaule** he had sharp *ou* shooting *ou* stabbing pains in his shoulder.
(c) [*doutes, remords*] to tug at, plague, pester; [*choix, contradictions*] to beset, plague. **être tiraillé entre plusieurs possibilités** to be torn between several possibilities; **la crainte et l'ambition le tiraillaient** he was torn between fear and ambition.
2 *vi* (*en tous sens*) to shoot wild; (*Mil: tir de harcèlement*) to fire at random. **ça tiraillait de tous côtés dans le bois** there was firing on all sides in the wood.

tirailleur [tiʀajœʀ] *nm* (a) (*Mil, fig*) skirmisher. **se déployer/avancer en ~s** to be deployed/advance as a skirmish contingent.
(b) (*Hist Mil: dans les colonies*) soldier, infantryman (*native*).

tirant [tiʀɑ̃] *nm* (a) (*cordon*) (draw)string; (*tirette*) [*botte*] bootstrap; (*partie de la tige*) [*chaussure*] facing.
(b) (*Constr*) [*arcades*] tie-rod; [*comble*] tie-beam.
(c) (*Naut*) **~ (d'eau)** draught (*Brit*), draft (*US*); **~ avant/arrière** draught (*Brit*) *ou* draft (*US*) at the bows/stern; **avoir 6 mètres de ~ (d'eau)** to draw 6 metres of water.

tire¹‡ [tiʀ] *nf* (*voiture*) wagon*, car. **vieille ~** old rattletrap* *ou* crate* *ou* banger* (*Brit*).

tire² [tiʀ] *nf*: **vol à la ~** picking pockets; **voleur à la ~** pickpocket.

tire³ [tiʀ] *nf* (*Can*) toffee, taffy (*Can*, *US*); molasses, maple candy. **~ d'érable** maple toffee *ou* taffy (*Can*, *US*); **~ sur la neige** taffy-on-the-snow (*Can*, *US*).

tire- [tiʀ] *préf* **V tirer.**

tiré, e [tiʀe] (*ptp de* **tirer**) **1** *adj* (a) (*tendu*) traits, visage drawn, haggard. **avoir les traits ~s** to look drawn *ou* haggard; **les cheveux ~s en arrière** with one's hair drawn back; **~ à quatre épingles** impeccably *ou* well turned-out, done up *ou* dressed up to the nines*; (*fig*) **~ par les cheveux** far-fetched.
(b) **V couteau.**
(c) (*Fin*) **la personne ~e** the drawee.
2 *nm* (*Fin*) drawee; (*Mus*) down-bow.
3 tirée* *nf* (*long trajet*) long haul, long trek. (‡: *quantité*) **une ~e de a load*** of, heaps* *ou* tons* of.
4: tiré à part *adj, nm* off-print.

tirée [tiʀe] **V tiré.**

tirelire [tiʀliʀ] *nf* (a) moneybox; (*en forme de cochon*) piggy bank. **casser la ~** to break open the piggy bank. (b) (‡) (*estomac, ventre*) belly‡, gut(s)‡; (*tête*) nut*, noddle*, bonce‡ (*Brit*); (*visage*) face.

tirer [tiʀe] (1) **1** *vt* (a) (*amener vers soi*) *pièce mobile, poignée, corde* to pull; *manche, robe* to pull down; *chaussette* to pull up. **ne tire pas, ça risque de tomber** *ou* **va t'étrangler** don't pull or it'll fall/strangle him; **~ les cheveux à qn** to pull sb's hair; **~ l'aiguille** to ply the needle; **annonce qui tire l'œil** *ou* **le regard** eye-catching advertisement, advertisement which draws the eye; **de petits caractères qui tirent les yeux** small print which strains one's eyes; (*lit*) **~ qch à soi** to pull sth to(wards) one; (*fig*) **~ un texte/auteur à soi** to turn a text/an author round to suit one; **V couverture, diable, révérence** *etc*.
(b) *rideaux* to draw, pull; *tiroir* to pull open; *verrou* (*fermer*) to slide to, shoot; (*ouvrir*) to draw. **tire la porte** pull the door to; **il est tard: tire les rideaux** it's getting late so pull the curtains (to) *ou* draw the curtains; **as-tu tiré le verrou?** have you bolted the door?
(c) *personne* to pull. **~ qn par le bras** to pull sb's arm, pull sb by the arm; **~ qn par la manche** to tug *ou* pluck sb's sleeve; **~ qn de côté** *ou* **à l'écart** to draw sb aside, take sb on one side.
(d) (*haler, remorquer*) *véhicule, charge* to pull, draw; *navire, remorque* to tow; *charrue* to draw, pull. **une charrette tirée par un tracteur** a cart drawn *ou* pulled by a tractor, a tractor-drawn cart; **carrosse tiré par 8 chevaux** carriage drawn by 8 horses.
(e) (*retirer, extraire*) *épée, couteau* to draw, pull out; *vin, cidre* to draw; *carte, billet, numéro* to draw; (*fig*) *conclusions, morale, argument, idée, thème* to draw; (*fig*) *plaisir, satisfaction* to draw, derive (*de* from). **~ une substance d'une matière première** to extract a substance from a raw material; **~ le jus d'un citron** to extract the juice from a lemon, squeeze the juice from a lemon *ou* out of a lemon; **~ un son d'un instrument** to get a sound out of *ou* draw a sound from an instrument; **cette pièce tire son jour** *ou* **sa lumière de cette lucarne** this room gets its light from *ou* is lit by this skylight; **~ un objet d'un tiroir/d'un sac** to pull an object out of a drawer/bag; **~ son chapeau/sa casquette à qn** to raise one's hat/cap to sb; **~ de l'argent d'une activité/d'une terre** to make *ou* derive *ou* get money from an activity/a piece of land; **~ de l'argent de qn** to get money out of sb; **~ qn du sommeil** to arouse sb from sleep; **~ qn du lit** to get *ou* drag sb out of bed; **~ qn de son travail** to take *ou* drag sb away from his work; **ce bruit le tira de sa rêverie** this noise brought him out of *ou* roused him from his daydream; **~ qch de qn** to obtain sth from sb, get sth out of sb; **on ne peut rien en ~** (*enfant têtu*) you can't do anything with him; (*qui refuse de parler*) you can't get anything out of him; **~ des larmes/gémissements à qn** to draw tears/moans from sb; **savoir ~ qch de la vie/d'un moment** (*to know how*) to get sth out of life/a moment; (*à l'Épiphanie*) **~ les rois** to cut the Twelfth Night cake; **V clair, épingle, parti**¹ *etc*.
(f) (*délivrer*) **~ qn de prison/des décombres/d'une situation dangereuse** to get sb out of prison/the rubble/a dangerous situation; **~ qn du doute** to remove *ou* dispel sb's doubts; **~ qn de l'erreur** to disabuse sb; **~ qn de la misère/de l'obscurité** to rescue sb from poverty/obscurity; **il faut le ~ de là** we'll have to help him out; **V affaire, embarras.**
(g) (*indiquant l'origine*) **~ son origine d'une vieille coutume** to have an old custom as its origin; **mots tirés du latin** words taken *ou* derived from (the) Latin; **~ son nom de** to take one's name from; **pièce tirée d'un roman** play taken *ou* adapted from *ou* derived from a novel; **on tire de l'huile des olives** oil is extracted from olives; **l'opium est tiré du pavot** opium is obtained from the poppy.
(h) (*choisir*) *billet, numéro* to draw; *carte* to take, draw; *loterie* to draw, carry out the draw for. (*fig*) **il a tiré un bon/mauvais numéro** he's come up with *ou* hit a lucky/unlucky number; **V carte, court**¹ *etc*.
(i) (*Phot, Typ*) to print. **on tire ce journal à 100.000 exemplaires** this paper has a circulation of 100,000; **~ un roman à 8.000 exemplaires** to print 8,000 copies of a novel; **tirons quelques épreuves de ce texte** let's run off *ou* print a few proofs of the text; (*fig*) **tiré à des centaines d'exemplaires** turned out *ou* churned out by the hundred; **V bon**² .
(j) (*tracer*) *ligne, trait* to draw; *plan* to draw up; *portrait* to do. **se faire ~ le portrait*** (*croquer*) to have one's picture *ou* portrait drawn; (*photographier*) to have one's picture *ou* photograph taken.
(k) *coup de fusil, coup de canon, coup de feu, balle* to fire; *flèche* to shoot; *boule* to throw (*so as to hit another or the jack*); *feu d'artifice* to set off; *gibier* to shoot. **il a tiré plusieurs coups de revolver sur**

l'agent he fired several shots at the policeman, he shot *ou* fired at the policeman several times; **il a tiré plusieurs coups de feu et s'est enfui** he fired several times *ou* several shots and ran off; ~ **le canon** to fire the cannon; **la balle a été tirée avec un gros calibre** the bullet was fired from a large-bore gun; **il a tiré un faisan** he shot a pheasant; (*fig*) ~ **un coup**⚹⚹ to have a bang⚹⚹, have it off⚹⚹.
   (**l**) *chèque, lettre de change* to draw. ~ **de l'argent sur son compte** to draw money out of one's account, withdraw money from one's account.
   (**m**) (*Naut*) ~ **6 mètres** to draw 6 metres of water; ~ **un bord** *ou* **une bordée** to tack.
   (**n**) (⚹: *passer*) to get through. **encore une heure/un mois à** ~ another hour/month to get through; ~ **2 ans de prison/service** to do 2 years in prison *ou* a 2-year stretch⚹/2 years in the army; **voilà une semaine de tirée** that's one week over with.
   (**o**) (*Tech: étirer*) *métal* to draw.
   2 *vi* (**a**) (*faire feu*) to fire. **il leur donna l'ordre de** ~ he gave the order for them to fire; **le canon tirait sans arrêt** the cannon fired continuously; ~ **en l'air** to fire shots in the air; ~ **à vue** to shoot on sight; ~ **à balles/à blanc** to fire bullets/blanks; *V* **boulet, tas**.
   (**b**) (*se servir d'une arme à feu, viser*) to shoot. **apprendre à** ~ to learn to shoot; ~ **au but** to hit the target.
   (**c**) (*Ftbl*) to shoot, take a shot; (*Boules*) to throw (*one 'boule' at another or at the jack*). ~ **au but** to take a shot at goal, shoot at goal.
   (**d**) (*Presse*) ~ **à 10.000 exemplaires** to have a circulation of 10,000.
   (**e**) *[cheminée, poêle]* to draw. **la cheminée tire bien** the chimney draws well.
   (**f**) *[moteur, voiture]* to pull. **le moteur tire bien en côte** the engine pulls well on hills.
   (**g**) *[points de suture, sparadrap]* to pull. **ma peau est très sèche et me tire** my skin is very dry and feels tight.
   (**h**) (*loc*) ~ **au flanc**⚹ *ou* **au cul**⚹⚹ to skive⚹ (*Brit*), shirk; ~ **dans les jambes** *ou* **pattes⚹ de qn** to make life difficult for sb.
   3 tirer sur *vt indir* (**a**) *corde, poignée* to pull at *ou* on, tug at. ~ **sur les rênes** to pull in *ou* on the reins; (*fig*) ~ **sur la ficelle⚹** *ou* **la corde⚹** to push one's luck⚹, go too far, overstep the mark.
   (**b**) (*approcher de*) *couleur* to border on, verge on. **il tire sur la soixantaine** he's getting on for (*Brit*) *ou* going on (*US*) sixty, he's verging on sixty.
   (**c**) (*faire feu sur*) to shoot at, fire (a shot *ou* shots) at. **il m'a tiré dessus** he shot *ou* fired at me; **se** ~ **dessus** (*lit*) to shoot *ou* fire at each other; (*fig: se critiquer, quereller*) to shoot each other down, snipe at one another; *V* **boulet**.
   (**d**) (*aspirer*) *pipe* to pull at, draw on; *cigarette, cigare* to puff at, draw on, take a drag at⚹.
   4 tirer à *vt indir*: ~ **à sa fin** to be drawing to a close; ~ **à conséquence** to matter; **cela ne tire pas à conséquence** it's of no consequence, it doesn't matter.
   5 se tirer *vpr* (**a**) (*s'échapper à*) **se** ~ **de** *danger, situation* to get (o.s.) out of; **sa voiture était en mille morceaux mais lui s'en est tiré⚹** his car was smashed to pieces but he escaped; **il est très malade mais je crois qu'il va s'en** ~ he's very ill but I think he'll pull through; **la première fois il a eu le sursis mais cette fois il ne va pas s'en** ~ **si facilement** the first time he got a suspended sentence but he won't get off so lightly this time; **il s'en est tiré avec une amende/une jambe cassée** he got off with a fine/a broken leg; **il s'en est tiré à bon compte** he got off lightly; *V* **affaire, flûte, patte**.
   (**b**) (*se débrouiller*) **bien/mal se** ~ **de qch** *tâche* to manage *ou* handle sth well/badly, make a good/bad job of sth; **comment va-t-il se** ~ **de ce sujet/travail?** how will he get on with *ou* cope with this subject/job?; **les questions étaient difficiles mais il s'en est bien tiré** the questions were difficult but he managed *ou* handled them well *ou* coped very well with them; **on n'a pas beacoup d'argent mais on s'en tire** we haven't a lot of money but we get by *ou* we manage; **on s'en tire tout juste** we just scrape by, we just (about) get by.
   (**c**) (⚹: *déguerpir*) to push off⚹, shove off⚹, clear off⚹. **allez, on se tire come on** — we'll be off, come on — let's push off⚹ *ou* clear off⚹.
   (**d**) (⚹: *toucher à sa fin*) *[période, travail]* to drag towards its close. **ça se tire** the end is (at last) in sight.
   (**e**) (*être tendu*) *[traits, visage]* to become drawn.
   6: à tire-d'aile(s) *loc adv* **voler swiftly; passer à tire-d'aile(s)** to pass by in full flight; **s'envoler à tire-d'aile(s)** to take flight in a flurry of feathers; (*fig*) **partir à tire-d'aile(s)** to leave at top speed, take flight; **tire-bonde** *nm, pl* **tire-bondes** bung-drawer; **tire-botte** *nm, pl* **tire-bottes** (*pour se chausser*) boot-hook; (*pour se déchausser*) bootjack; **tire-bouchon** *nm, pl* **tire-bouchons** corkscrew; (*mèche de cheveux*) corkscrew curl; **en tire-bouchon** corkscrew (*épith*); **cochon avec la queue en tire-bouchon** pig with a corkscrew *ou* curly tail; **tire-bouchonner** (*vt*) *mèche* to twiddle, twirl; (*vi*) *[pantalons]* to crumple (up); **pantalon tire-bouchonné** crumpled trousers; **se tire-bouchonner**⚹ *vpr* (*rire*) to fall about laughing⚹ (*Brit*), be in stitches⚹; **tire-au-cul**⚹ *nmf inv* = **tire-au-flanc; tire-fesses**⚹ *nm inv* (*gén, à perche*) ski tow; (*à archet*) T-bar tow; **tire-au-flanc⚹** *nmf inv* skiver⚹ (*Brit*), layabout, shirker; **tire-fond** *nm inv* (*vis*) long screw with ring attachment; **tire-jus**⚹ *nm inv* nose-wipe⚹, snot-rag⚹; **tire-laine†** *nm inv* footpad††; **tire-lait** *nm inv* breast-pump; **à tire-larigot⚹** *loc adv* to one's heart's content; **tire-ligne** *nm, pl* **tire-lignes** drawing pen.
tiret [tiʀɛ] *nm* (*trait*) dash; (*en fin de ligne*, †: *trait d'union*) hyphen.
tirette [tiʀɛt] *nf* (**a**) *[bureau, table]* (*pour écrire*) (writing) leaf; (*pour ranger des crayons etc*) (pencil) tray; (*pour soutenir un abattant*) support.
   (**b**) *[fermeture éclair]* pull, tab.

   (**c**) *[cheminée]* damper.
   (**d**) (*cordon*) *[sonnette]* bell-pull; *[rideaux]* (curtain) cord *ou* pull.
tireur, -euse [tiʀœʀ, øz] **1** *nm* (*f rare*) (**a**) (*avec arme à feu*) **c'est le fait d'un** ~ **isolé** it is the work of a lone gunman *ou* gunner; (*Mil*) ~ **d'élite** marksman, sharpshooter; **c'est un bon** ~ he is a good shot; **concours ouvert aux** ~**s débutants et entraînés** shooting competition open to beginners and advanced classes.
   (**b**) (*Boules*) thrower.
   (**c**) (*photographe*) printer.
   (**d**) (*escrimeur*) ~ (**d'épée** *ou* **d'armes**) swordsman, fencer.
   2 *nm* (*Fin*) *[chèque, lettre de change]* drawer.
   3 tireuse *nf* (**a**) ~**euse de cartes** fortuneteller.
   (**b**) (*Tech*) (hand) pump. **bière/vin à la** ~**euse** hand-drawn beer/wine.
   (**c**) (*Phot*) contact printer.
tiroir [tiʀwaʀ] **1** *nm* (**a**) *[table, commode]* drawer. (*fig*) **roman/pièce à** ~**s** novel/play made up of episodes, roman/pièce à tiroirs (*T*); *V* **fond, nom**. (**b**) (*Tech*) slide valve. **2: tiroir-caisse** *nm, pl* **tiroirs-caisses** till, cash register.
tisane [tizan] *nf* (**a**) (*boisson*) herb(al) tea. ~ **de tilleul/de menthe** lime(-blossom)/mint tea; (*hum*) **c'est de la** ~⚹ it's pretty watery stuff⚹. (**b**) (⚹: *correction*) belting⚹, hiding⚹.
tison [tizõ] *nm* brand; *V* **allumette**.
tisonner [tizɔne] (1) *vt* to poke.
tisonnier [tizɔnje] *nm* poker.
tissage [tisaʒ] *nm* weaving.
tisser [tise] (1) *vt* (*lit, fig*) to weave. **l'araignée tisse sa toile** the spider spins its web; *V* **métier**.
tisserand, e [tisʀɑ̃, ɑ̃d] *nm, f* weaver.
tisseur, -euse [tisœʀ, øz] *nm, f* weaver.
tissu¹ [tisy] **1** *nm* (**a**) (*Tex*) fabric, material, cloth. **les parois sont en** ~ **et non en bois** the walls are cloth not wood; **c'est un** ~ **très délicat** it's a very delicate fabric *ou* material; **acheter du** ~/**3 mètres de** ~ **pour faire une robe** to buy some cloth *ou* material *ou* fabric/3 metres of material *ou* fabric *ou* cloth to make a dress; **choisir un** ~ **pour faire une robe** to choose material to make a dress, choose a dress fabric *ou* material; ~ **imprimé/à fleurs** printed/floral-patterned material *ou* fabric; ~ **synthétique** synthetic material *ou* fabric; ~**s d'ameublement** soft furnishings; **étoffe à** ~ **lâche/serré** loosely-/finely-woven material *ou* fabric *ou* cloth.
   (**b**) (*fig péj*) **un** ~ **de mensonges/contradictions** a web *ou* tissue of lies/contradictions; **un** ~ **d'intrigues** a web of intrigue; **un** ~ **d'horreurs/d'obscénités/d'inepties** a jumble *ou* farrago of horrors/obscenities/stupidities.
   (**c**) (*Anat, Bot*) tissue. ~ **sanguin/osseux/cicatriciel** blood/bone/scar *ou* cicatricial (*T*) tissue.
   (**d**) (*Sociol*) **le** ~ **industriel/urbain** the industrial/urban fabric. **2: tissu-éponge** *nm, pl* **tissus-éponge** (terry) towelling (*U*).
tissu², e [tisy] **1** *ptp de* **tisser**. **2** *adj* (*littér: composé de*) ~ **de contradictions/ramifications** woven *ou* shot through with contradictions/complications.
tissulaire [tisylɛʀ] *adj* (*Bio*) tissue (*épith*). **culture** ~ tissue culture.
Titan [titɑ̃] *nm* Titan. **les** ~**s** the Titans; (*fig*) **œuvre/travail de** ~ titanic work/task.
titane [titan] *nm* titanium.
titanesque [titanɛsk(ə)] *adj*, **titanique** [titanik] *adj* titanic.
Tite [tit] *nm* Titus.
Tite-Live [titliv] *nm* Livy.
titi [titi] *nm*: ~ (**parisien**) (cocky) Parisian kid⚹.
Titien [tisjɛ̃] *nm* Titian.
titillation [titilasjõ] *nf* (*littér, hum*) titillation.
titiller [titile] (1) *vt* (*littér, hum*) to titillate.
titrage [titʀaʒ] *nm* (*V* **titrer**) assaying; titration; titling.
titre [titʀ(ə)] *nm* (**a**) *[livre, film, poème, tableau]* title; *[chapitre]* heading; (*Jur*) *[code]* title. (*Presse*) **les (gros)** ~**s** the headlines; (*Presse*) ~ **sur 5 colonnes à la une** 5-column front page headline; (*Typ*) ~ **courant** running head; (*Typ*) (**page de**) ~ title page; *V* **sous**.
   (**b**) (*honorifique, de charge, de fonctions professionnelles*) title; (*appellation, formule de politesse*) form of address; (*littér: toute appellation ou qualificatif*) title, name. ~ **nobiliaire** *ou* **de noblesse** title; **conférer à qn le** ~ **de maréchal/prince** to confer the title of marshal/prince on sb; **il n'est pas le** ~ **de citoyen/d'invité** he is unworthy of the name *ou* title of citizen/guest.
   (**c**) (*Sport*) title.
   (**d**) **en** ~ (*Admin*) titular; (*Comm*) *fournisseur* appointed; (*hum*) *maîtresse, victime* official, recognized.
   (**e**) (*document*) title. ~ **de pension** pension book; ~ **de propriété** title deed; (*Admin*) ~ **de transport** ticket.
   (**f**) (*Bourse, Fin*) security. **acheter/vendre des** ~**s** to buy/sell securities *ou* stock; ~ **au porteur** bearer bond (*ou* share); ~**s d'État** government securities; ~**s nominatifs** registered securities.
   (**g**) (*preuve de capacité, diplôme*) (*gén*) qualification; (*Univ*) degree, qualification. ~**s universitaires** academic *ou* university qualifications; **nommer/recruter sur** ~**s** to appoint/recruit according to qualifications; **il a tous les** ~**s** (*nécessaires*) **pour enseigner** he is fully qualified *ou* he has all the necessary qualifications to teach.
   (**h**) (*littér, gén pl: droit, prétentions*) **avoir des** ~**s à la reconnaissance de qn** to have a right to sb's gratitude; **ses** ~**s de gloire** his claims to fame.
   (**i**) *[or, argent, monnaie]* fineness; *[solution]* titre. **or/argent au** ~ **standard** gold/silver; ~ **d'alcool** *ou* **alcoolique** alcohol content.
   (**j**) (*loc*) **à ce** ~ (*en cette qualité*) as such; (*pour cette raison*) on this account, therefore; **à quel** ~? on what grounds?; **au même** ~

in the same way; **il y a droit au même ~ que les autres** he is entitled to it in the same way as the others; **à aucun ~** on no account; **nous ne voulons de lui à aucun ~** we don't want him on any account; **à des ~s divers, à plusieurs ~s, à plus d'un ~** on several accounts, on more than one account; **à double ~** on two accounts; **à ~ privé/personnel** in a private/personal capacity; **à ~ permanent/provisoire** on a permanent/temporary basis, permanently/provisionally; **à ~ exceptionnel** *ou* **d'exception** *(dans ce cas)* in this exceptional case; *(dans certains cas)* in exceptional cases; **à ~ d'ami/de client fidèle** as a friend/a loyal customer; **à ~ gratuit** freely, free of charge; **à ~ gracieux** free of *ou* without charge; **à ~ lucratif** for payment; **à ~ d'essai** on a trial basis; **à ~ d'exemple** as an example, by way of example; *(frm)* **à ~ onéreux** in return for remuneration *(frm)* *ou* payment; **à ~ indicatif** for information only; **il travaille à ~ de secrétaire** he works as a secretary; **à ~ consultatif** *collaborer* in an advisory *ou* a consultative capacity; **on vous donne 100 F à ~ d'indemnité** we are giving you 100 francs by way of indemnity *ou* as an indemnity; *V* **juste.**

titré, e [titʀe] *(ptp de* **titrer***) adj* **(a)** *(noble) personne* titled; *terres* carrying a title *(attrib)*. **(b)** *(Tech) liqueur* standard.

titrer [titʀe] (1) *vt* **(a)** *(gén ptp: ennoblir)* to confer a title on. **(b)** *(Chim) alliage* to assay; *solution* to titrate. **(c)** *(Ciné)* to title. **(d)** *(Presse)* to run as a headline. **~ sur 2/5 colonnes: 'Défaite de la Gauche'** to run a 2/5-column headline: 'Defeat of the Left'. **(e)** *[alcool, vin]* **~ 10°/38°** to be 10°/38° proof *(on the Gay Lussac scale)*, ≃ to be 17°/66° proof.

titubant, e [titybã, ãt] *adj (V* **tituber***)* staggering; reeling; unsteady.

tituber [titybe] (1) *vi [personne] (de faiblesse, fatigue)* to stagger (along); *(d'ivresse)* to stagger (along), reel (along); *[démarche]* to be unsteady. **il avançait vers nous/sortit de la cuisine en titubant** he came staggering *ou* stumbling towards us/out of the kitchen, he staggered *ou* stumbled *ou* tottered towards us/out of the kitchen; **nous titubions de fatigue** we were so tired that we could hardly keep upright, we were staggering *ou* tottering *ou* stumbling along, so tired were we.

titulaire [titylɛʀ] **1** *adj* **(a)** *(Admin) professeur* with tenure. **rendre qn ~** to give sb tenure; **être ~** to have tenure; **être ~ de** *(Univ) chaire* to occupy, hold; *(Pol) portefeuille* to hold. **(b)** *(Jur)* **(être) ~ de** *droit* (to be) entitled to; *permis, carte* (to be) the holder of. **(c)** *(Rel) évêque* titular *(épith).* **saint/patron ~ d'une église** (titular) saint/patron of a church. **2** *nmf* **(a)** *(Admin) [poste]* incumbent; *(Jur) [droit]* person entitled *(de* to); *[permis, carte]* holder; *(Rel) [église]* titular saint. **~ d'une carte de crédit** credit card holder.

titularisation [titylaʀizasjɔ̃] *nf* granting of tenure *(de qn* to sb).

titulariser [titylaʀize] (1) *vt* to give tenure to. **être titularisé** to get *ou* be given tenure.

T.N.P. [teɛnpe] *nm abrév de* **Théâtre National Populaire.**

T.N.T. [teɛnte] *nm (abrév de* **trinitrotoluène***)* TNT.

toast [tost] *nm* **(a)** *(pain grillé)* slice *ou* piece of toast. **un ~ beurré** a slice *ou* piece of buttered toast. **(b)** *(discours)* toast. **~ de bienvenue** welcoming toast; **porter un ~ en l'honneur de qn** to drink (a toast) to sb, toast sb.

toboggan [tɔbɔgã] *nm* **(a)** *(traîneau)* toboggan. **faire du ~** to go tobogganing; **piste de ~** toboggan run. **(b)** *(glissière) (jeu)* slide; *[piscine]* chute; *(Tech: pour manutention)* chute; *(Aut: viaduc)* flyover *(Brit)*, overpass *(US)*.

toc¹ [tɔk] **1** *excl* **(a)** *(bruit: gén* **~ ~***)* knock knock!, rat-a-tat(-tat)! **(b)** *(*: *repartie)* **et ~!** *(en s'adressant à qn)* so there!*; (en racontant la réaction de qn)* and serves him *(ou* her *etc)* jolly *(Brit) ou* damned well right!* **2** *adj (*: *gén* **~ ~***:* idiot*)* cracked*, barmy* *(Brit)*, nutty*.

toc² [tɔk] **1** *nm:* **c'est du ~** *(imitation, faux)* it's fake; *(camelote)* it's rubbish *ou* trash *ou* junk; **en ~** *bijou, bracelet* imitation, fake; rubbishy, trashy. **2** *adv, adj:* **ça fait ~, c'est ~** *(imité, tape-à-l'œil)* it's a gaudy imitation; *(camelote)* it looks cheap *ou* rubbishy, it's junk.

tocante* [tɔkãt] *nf* ticker* *(Brit)*, watch.

tocard, e* [tɔkaʀ, aʀd(ə)] **1** *adj meubles, décor* cheap and nasty, trashy*. **2** *nm (personne)* dead loss*, useless twit*, washout*; *(cheval)* (old) nag *(péj).*

toccata [tɔkata] *nf* toccata.

tocsin [tɔksɛ̃] *nm* alarm (bell), tocsin *(littér).* **sonner le ~** to ring the alarm, sound the tocsin *(littér).*

toge [tɔʒ] *nf* **(a)** *(Hist)* toga. **~ virile/prétexte** toga virilis/praetexta. **(b)** *(Jur, Scol)* gown.

Togo [tɔgo] *nm* Togo.

togolais, e [tɔgɔlɛ, ɛz] **1** *adj* of *ou* from Togo. **2** *nm,f:* **T~(e)** inhabitant *ou* native of Togo.

tohu-bohu [tɔyboy] *nm (désordre)* jumble, confusion; *(agitation)* hustle (and bustle); *(tumulte)* hubbub, commotion.

toi [twa] *pron pers* **(a)** *(sujet, objet)* you. **~ et lui, vous êtes tous les deux aussi têtus** you and he are as stubborn the one as the other, the two of you are (both) equally stubborn; **si j'étais ~, j'irais** if I were you *ou* in your shoes I'd go; **il n'obéit qu'à ~** you are the only one he obeys, he obeys only you; **il a accepté, ~ non** *ou* **pas ~** he accepted but you didn't *ou* but not you; **c'est enfin ~!** here you are at last!; **qui l'a vu? ~** who saw him? (did) you?; **~ mentir? ce n'est pas possible** YOU tell a lie? I can't believe it; **~ qui sais tout, explique-moi** you're the one who knows everything so explain to me; **marche devant** *ou* **va devant, c'est ~ qui connais le chemin** you go first (since) you know the way *ou* you are the one who knows the way; **~, tu n'as pas à te plaindre** you have no cause to

complain; **pourquoi ne le ferais-je pas, tu l'as bien fait ~!** why shouldn't I do it? YOU did it, didn't you? *ou* you jolly *(Brit)* well did (it)!*; **tu l'as vu, ~?** did you see him?, have you seen him?; **t'épouser, ~? jamais!** marry you? never!; **~, je te connais** I know you; **aide-moi, ~!** you there *ou* hey you, give me a hand!; **~, tu m'agaces!, tu m'agaces, ~!** (oh) you get on my nerves!; **~, pauvre innocent, tu n'as rien compris** you, poor fool, haven't understood a thing, you poor fool — you haven't understood a thing!

(b) *(avec vpr: souvent non traduit)* **assieds-~** sit down!; **mets-~ là!** stand over there!; **toi, tais-~!** be quiet!; **montre-~ un peu aimable!** be a bit more pleasant!

(c) *(avec prép)* you, yourself. **à ~ tout seul, tu ne peux pas le faire** you can't do it on your own; **cette maison est-elle à ~?** does this house belong to you?, is this house yours?; **tu n'as même pas une chambre à ~ tout seul?** you don't even have a room of your own? *ou* a room to yourself?, **tu ne penses qu'à ~** you only think of yourself, you think only of yourself; **je compte sur ~** I'm counting on you.

(d) *(dans comparaisons)* you. **il me connaît mieux que ~** *(qu'il ne te connaît)* he knows me better than (he knows) you; *(que tu ne me connais)* he knows me better than you (do); **il est plus/moins fort que ~** he is stronger than/not so strong as you; **il a fait comme ~** he did what you did, he did the same as you.

toile [twal] **1** *nf* **(a)** *(tissu) (gén)* cloth *(U)*; *(grossière, de chanvre)* canvas *(U)*; *(pour pneu)* canvas *(U).* **grosse ~** (rough *ou* coarse) canvas; **~ de lin/coton** linen/cotton (cloth); **en ~, de ~** *draps* linen; *pantalon, blazer* (heavy) cotton; *sac* canvas; **en ~ tergal** in Terylene fabric; **~ caoutchoutée/plastifiée** rubberized/plastic-coated cloth; **relié ~** cloth bound; **~ d'amiante/métallique** asbestos/metal cloth; **~ imprimée** printed cotton, cotton print; *V* **chanson, village.**

(b) *(morceau)* piece of cloth. **poser qch sur une ~** to put sth on a piece of cloth; *(*: *draps)* **se mettre dans les ~s** to hit the hay* *ou* the sack*.

(c) *(Art) (support)* canvas; *(œuvre)* canvas, painting. **il expose ses ~s chez X** he exhibits his canvasses *ou* paintings at X's; **une ~ de maître** an old master; **gâcher** *ou* **barbouiller de la ~** to daub on to canvas.

(d) *(Naut: ensemble des voiles)* sails. **faire de la/réduire la ~** to make/take in sail; **navire chargé de ~s** ship under canvas, ship under full sail.

(e) *[araignée]* web. **la ~ de l'araignée** the spider's web; **une belle ~ d'araignée** a beautiful spider's web; **grenier plein de ~s d'araignées** attic full of cobwebs.

(f) *(*: *film)* film, movie *(surtout US).* **se faire une ~** to go and see a film, go to a movie *(surtout US)*, go to the flicks* *(Brit).*

2: toile d'avion aeroplane cloth *ou* linen; **toile à bâche** tarpaulin; **toile cirée** oilcloth; **toile émeri** emery cloth; **toile de fond** *(Théât)* backdrop, backcloth; *(fig)* backdrop; **toile goudronnée** tarpaulin; **toile de Jouy** ≃ Liberty print; **toile de jute** hessian; **toile à matelas** ticking; **toile à sac** sacking, sackcloth; **toile de tente** *(Camping)* canvas; *(Mil)* tent sheet; **toile à voile** sailcloth.

toilerie [twalʀi] *nf (fabrication)* textile manufacture *(of cotton, linen, canvas etc)*; *(commerce)* cotton *(ou* linen *etc)* trade; *(atelier)* cotton *(ou* linen *etc)* mill.

toilettage [twalɛtaʒ] *nm [chien]* grooming. *(enseigne)* **'~ pour chiens', 'salon de ~'** 'dogs' beauty parlour'.

toilette [twalɛt] *nf* **(a)** *(ablutions)* **faire sa ~** to have a wash, get washed; *(habillage)* **être à sa ~** to be dressing, be getting ready; **faire une grande ~/une ~ rapide** *ou* **un brin de ~** to have a thorough/quick wash; **faire une ~ de chat** to give o.s. a cat-lick *(Brit) ou* a lick and a promise; **~ intime** personal hygiene; **elle passe des heures à sa ~** she spends hours getting ready *ou* washing and dressing *ou* at her toilet *(frm);* **la ~ des enfants prend toujours du temps** it always takes a long time to get children washed *ou* ready; **un délicieux savon pour la ~ matinale** an exquisite soap for morning skin care; **une lotion pour la ~ de bébé** a cleansing lotion for baby; **articles/nécessaire de ~** toilet articles/bag; **faire la ~ d'un mort** to lay out a corpse; **la ~ d'un condamné à mort** the washing of a prisoner before execution; *V* **cabinet, gant, trousse** *etc.*

(b) *(fig: nettoyage) [voiture]* cleaning; *[maison, monument]* facelift. **faire la ~ de** *voiture* to clean; *monument, maison* to give a facelift to, tart up* *(Brit hum); texte* to tidy up, polish up.

(c) *[animal]* **faire sa ~** to wash itself; **faire la ~ de son chien** to groom one's dog.

(d) *(meuble)* washstand.

(e) *(habillement, parure)* clothes *(pl).* **en ~ de bal** dressed for a dance, in a dance dress; **~ de mariée** wedding *ou* bridal dress *ou* gown; **être en grande ~** to be grandly dressed, be dressed in all one's finery; **parler ~** to talk (about) clothes; **aimer la ~** to like clothes; **elle porte bien la ~** she wears her clothes well; **elle prend beaucoup de soins/dépense beaucoup pour sa ~** she takes great care over/spends a good deal on her clothes.

(f) *(costume)* outfit. **elle a changé 3 fois de ~** she has changed her outfit *ou* clothes 3 times!; **'nos ~s d'été'** 'summer wear *ou* outfits'; **on voit déjà les ~s d'été** you can already see people in summer outfits *ou* clothes.

(g) *(W.-C.)* **~s** toilet; *(publiques)* public conveniences *(Brit) ou* lavatory, restroom *(US)*; **aller aux ~s** to go to the toilet; *(dans un café etc)* **où sont les ~s** *(gén)* where is the toilet? *ou* the restroom? *(US)*; *(pour femmes)* where is the ladies?* *(Brit) ou* the ladies' room *ou* the powder room?; *(pour hommes)* where is the gents?* *(Brit) ou* men's room?

(h) *(†: petite pièce de toile)* small piece of cloth.

(i) *(Boucherie)* **~ (de porc)** *lining of pig's intestine wrapped round pieces of meat.*

toiletter [twalete] (1) *vt chien, chat* to groom.
toi-même [twamεm] *pron V* **même**.
toise [twaz] *nf* (a) *(instrument)* height gauge. **passer à la** ~ *(vt) recrues etc* to measure the height of; *(vi) [recrues etc]* to have one's height measured.
    (b) *(Hist: mesure)* toise (= 6½ *ft*).
toiser [twaze] (1) *vt* (a) *(regarder avec dédain)* to look up and down, eye scornfully (up and down). **ils se toisèrent** they eyed each other scornfully (up and down). (b) (†, *littér: évaluer*) to estimate.
toison [twazɔ̃] *nf* (a) *[mouton]* fleece. **la T~ d'or** the Golden Fleece. (b) *(chevelure)* *(épaisse)* mop; *(longue)* mane. (c) *(poils)* abundant growth.
toit [twa] *nm* (a) *(gén)* roof. ~ **de chaume/de tuiles/d'ardoises** thatched/tiled/slate roof; ~ **plat** *ou* **en terrasse/en pente** flat/ sloping roof; **habiter sous le** ~ *ou* **les** ~**s** to live under the eaves; *(fig)* **le** ~ **du monde** the roof of the world; *(fig)* **crier qch sur (tous) les** ~**s** to shout *ou* proclaim sth from the rooftops *ou* housetops; **voiture à** ~ **ouvrant** car with a sunroof.
    (b) *(fig: maison)* **avoir un** ~ to have a roof over one's head, have a home; **être sans** ~ to have no roof over one's head, have nowhere to call home *ou* one's own; **sous le** ~ **de qn** under sb's roof, in sb's house; **vivre sous le même** ~ to live under the same roof; **vivre sous le** ~ **paternel** to live in the paternal home.
toiture [twatyʀ] *nf* roof, roofing.
tokai, tokay [tɔkε] *nm*, **tokaï** [tɔkaj] *nm* Tokay.
Tokyo [tɔkjo] *n* Tokyo.
tôle¹ [tol] *nf (matériau)* sheet metal *(U)*; *(pièce)* steel *(ou* iron) sheet. ~ **d'acier/d'aluminium** sheet steel/aluminium; ~ **étamée** tin-plate; ~ **galvanisée/émaillée** galvanized/enamelled iron; ~ **on-dulée** corrugated iron; *(fig: route)* rugged dirt track.
tôle²⁑ [tol] *nf* = **taule**⁑.
Tolède [tolεd] *n* Toledo.
tôlée [tole] *adj f:* **neige** ~ crusted snow.
tolérable [tɔleʀabl(ə)] *adj comportement, retard* tolerable; *douleur, attente* tolerable, bearable. **cette attitude n'est pas** ~ this attitude is intolerable *ou* cannot be tolerated.
tolérance [tɔleʀɑ̃s] *nf* (a) *(compréhension, largeur d'esprit)* tolerance.
    (b) *(liberté limitée)* **c'est une** ~, **pas un droit** it is tolerated *ou* sanctioned rather than allowed as of right; *(Comm: produits hors taxe)* **il y a une** ~ **de 2 litres de spiritueux/200 cigarettes** there's an allowance of 2 litres of spirits/200 cigarettes; ~ **orthographique/grammaticale** permitted departure in spelling/ grammar; *V* **maison**.
    (c) *(Méd, Tech)* tolerance; *V* **marge**.
    (d) *(Hist, Rel)* toleration.
tolérant, e [tɔleʀɑ̃, ɑ̃t] *adj* tolerant.
tolérantisme [tɔleʀɑ̃tism(ə)] *nm (Hist Rel)* tolerationism.
tolérer [tɔleʀe] (6) *vt* (a) *(ne pas sévir contre)* culte, pratiques, abus, infractions to tolerate; *(autoriser)* to allow. **ils tolèrent un ex-cédent de bagages de 15 kg** they allow 15 kg (of) excess baggage.
    (b) *(supporter)* comportement, excentricités, personne to put up with, tolerate; *douleur* to bear, endure, stand. **ils ne s'aimaient guère: disons qu'ils se toléraient** they did not like each other much — you could say that they put up with *ou* tolerated each other; **je ne tolérai pas cette impertinence/ces retards** I shall not stand for *ou* put up with *ou* tolerate this impertinence/this constant lateness; **il tolérait qu'on l'appelle par son prénom** he put up with being called by his first name, he allowed people to call him by his first name; **il ne tolère pas qu'on le contredise** he won't stand (for) *ou* tolerate being contradicted.
    (c) *(Bio, Méd) [organisme]* to tolerate; *(Tech) [matériau, système]* to tolerate. **il ne tolère pas l'alcool** he can't tolerate *ou* take alcohol, alcohol doesn't agree with him.
tôlerie [tolʀi] *nf* (a) *(fabrication)* sheet metal manufacture; *(commerce)* sheet metal trade; *(atelier)* sheet metal workshop. (b) *(tôles) [auto]* panels *(pl)*, coachwork *(U)*; *[bateau, chaudière]* plates *(pl)*, steel-work *(U)*.
tolet [tolε] *nm* rowlock, thole.
tôlier¹ [tolje] *nm (industriel)* sheet iron *ou* steel manufacturer. (**ouvrier-**)~ sheet metal worker; ~ **en voitures** panel beater.
tôlier², -ière⁑ [tolje, jεʀ] *nm,f* = **taulier**⁑.
tollé [tole] *nm* general outcry *ou* protest. **ce fut un** ~ **(général)** there was a general outcry.
Tolstoï [tɔlstɔj] *nm* Tolstoy.
toluène [tɔlyεn] *nm* toluene.
T.O.M. [tɔm] *abrév de* **territoires d'outre-mer**; *V* **territoire**.
tomahawk [tɔmaok] *nm* tomahawk.
tomaison [tɔmεzɔ̃] *nf* volume numbering.
tomate [tɔmat] *nf* (a) *(plante)* tomato (plant); *(fruit)* tomato. ~**s farcies** stuffed tomatoes; *(fig)* **il va recevoir des** ~**s** he'll have a hostile reception, he'll get booed; *V* **rouge**. (b) *(boisson)* grenadine and pastis drink.
tombal, e, *mpl* ~**s** [tɔ̃bal] *adj dalle* funerary; *(littér: funèbre)* tomb-like, funereal *(épith)*. **inscription** ~**e** tombstone inscription; *V* **pierre**.
tombant, e, [tɔ̃bɑ̃, ɑ̃t] *adj draperies* hanging *(épith)*; *épaules* sloping *(épith)*, drooping *(épith)*; *moustaches* drooping *(épith)*; *V* **nuit**.
tombe [tɔ̃b] *nf* (a) *(gén)* grave; *(avec monument)* tomb; *(pierre)* gravestone, tombstone. **froid comme la** ~ cold as the tomb; **silencieux comme la** ~ silent as the grave *ou* tomb; *V* **muet, recueillir, retourner**.
    (b) *(loc)* **suivre qn dans la** ~ to follow sb to the grave; **avoir un pied dans la** ~ to have one foot in the grave; *(littér)* **descendre dans la** ~ to go to one's grave.
tombeau, *pl* ~**x** [tɔ̃bo] *nm* (a) *(lit)* tomb. **mettre au** ~ to commit to the grave, entomb; **mise au** ~ entombment.

    (b) *(fig) (endroit lugubre ou solitaire)* grave, tomb; *(ruine) [espérances, amour]* death *(U)*; *(lieu du trépas)* grave. *(trépas)* **jusqu'au** ~ to the grave; **descendre au** ~ to go to one's grave; **cette pièce est un** ~ this room is like a tomb; *(secret)* **je serai un vrai** ~ my lips are sealed, I'll be as silent as the grave.
    (c) **à** ~ **ouvert** at breakneck speed.
tombée [tɔ̃be] *nf* (a) **(à) la** ~ **de la nuit** (at) nightfall; **(à) la** ~ **du jour** (at) the close of the day.
    (b) *(littér) [neige, pluie]* fall.
tomber [tɔ̃be] (1) **1** *vi (avec aux être)* (a) *(de la station debout)* to fall (over *ou* down). **il est tombé en courant et s'est cassé la jambe** he fell (over *ou* down) while running and broke his leg; **le chien l'a fait** ~ the dog knocked him over *ou* down; ~ **par terre** to fall down, fall to the ground; ~ **raide mort** to fall down *ou* drop (down) dead; ~ **à genoux** to fall on(to) one's knees; *(fig)* ~ **aux pieds** *ou* **genoux de qn** to fall at sb's feet; *(fig)* ~ **dans les bras de qn** to fall into sb's arms; ~ **de tout son long** to fall headlong, go sprawling, measure one's length; ~ **de tout son haut** *ou* **de toute sa hauteur** to fall *ou* crash *ou* topple to the ground; **se laisser** ~ **dans un fauteuil** to drop *ou* fall into an armchair; *(fig)* ~ **de fatigue** to drop from exhaustion; *(fig)* ~ **de sommeil** to be falling asleep on one's feet; *V* **inanition, pomme, renverse**.
    (b) *(de la position verticale) [arbre, bouteille, poteau]* to fall (over *ou* down); *[chaise, pile d'objets]* to fall (over); *[échafaudage, mur]* to fall down, collapse. **faire** ~ *(gén)* to knock down; *(en renversant)* to knock over.
    (c) *(d'un endroit élevé) [personne, objet]* to fall (down); *[avion]* to fall; *(fig littér: pécher)* to fall. **attention, tu vas** ~ careful, you'll fall; *(fig)* ~ **(bien) bas** to sink (very) low; *(fig littér)* **ne condamnez pas un homme qui est tombé** do not condemn a fallen man; **prince tombé** fallen prince; ~ **d'un arbre** to fall down from a tree, fall out of a tree; ~ **d'une chaise/d'une échelle** to fall off a chair/ (down) off a ladder; ~ **dans** *ou* **à l'eau** to fall in *ou* into the water; ~ **de bicyclette/cheval** to fall off one's bicycle/from *ou* off one's horse; ~ **à bas de son cheval** to fall down from one's horse; **tombait des pierres** stones were falling.
    (d) *(se détacher) [feuilles, fruits]* to fall; *[cheveux]* to fall (out). **ramasser des fruits tombés** to pick up fruit that has fallen, pick up windfalls; **le journal tombe (des presses) à 6 heures** the paper comes off the press at 6 o'clock; **la nouvelle vient de** ~ **à l'instant** the news has just this minute broken; **un télex vient de** ~ a telex has just come through; **la plume me tombe des mains** the pen is falling from my hand; **faire** ~ *(en lâchant)* to drop; **porte le vase sur la table sans le faire** ~ carry the vase to the table without dropping it.
    (e) *[eau, lumière]* to fall; *[neige, pluie]* to fall, come down; *[brouillard]* to come down. **il tombe de la neige** snow is falling; **qu'est-ce qu'il tombe!*** it isn't half coming down!* *(Brit)*, **it's coming down in buckets!*;** **l'eau tombait en cascades** the water was cascading down; **il tombe quelques gouttes** it's raining slightly, there are a few drops of rain (falling), it's spotting (with rain) *(Brit) ou* sprinkling lightly *(US)*; **la nuit tombe** night is falling *ou* coming; **la foudre est tombée deux fois/tout près** the lightning has struck twice/nearby.
    (f) *(fig: être tué) [combattant]* to fall. **ils tombaient les uns après les autres** they were falling one after the other; **tombé au champ d'honneur** killed in action; *V* **mouche**.
    (g) *(fig) [ville, régime, garnison]* to fall. **faire** ~ **le gouvernement** to bring down the government, bring the government down; *(Cartes)* **l'as et le roi sont tombés** the ace and king have gone *ou* have been played; *(Cartes)* **faire** ~ **une carte** to drop.
    (h) *(baisser) [fièvre]* to drop; *[vent]* to drop, abate, die down; *[baromètre]* to fall; *[jour]* to draw to a close; *[voix]* to drop, fall away; *[prix, nombre, température]* to fall, drop (à to, de by); *[colère, conversation]* to die down; *[exaltation, assurance, enthousiasme]* to fall away. **le dollar est tombé à 5 F** the dollar has fallen *ou* dropped to 5 francs; **faire** ~ **température, vent, prix** to bring down.
    (i) *(disparaître) [obstacle, objection]* to disappear; *[plan, projet]* to fall through; *[droit, poursuites]* to lapse.
    (j) *(pendre, descendre) [draperie, robe, chevelure]* to fall, hang; *[pantalon]* to hang; *[moustaches, épaules]* to droop. **ses cheveux lui tombaient sur les épaules** his hair fell *ou* hung down onto his shoulders; **les lourds rideaux tombaient jusqu'au plancher** the heavy curtains hung down to the floor; **ce pantalon tombe bien** these trousers hang well.
    (k) *(devenir: avec attribut, avec en: V aussi les noms et adjectifs en question)* ~ **malade** to fall ill; ~ **amoureux** to fall in love *(de* with); ~ **d'accord** to come to an agreement, reach agreement; ~ **en disgrâce** to fall into disgrace; ~ **en syncope** to faint, fall into a faint; *V* **arrêt, désuétude** *etc.*
    (l) *(avec dans, sous, à: se trouver: V aussi les noms en question)* ~ **dans un piège/une embuscade** to fall into a trap/an ambush; ~ **dans l'oubli** to fall into oblivion; ~ **dans l'excès/le ridicule** to lapse into excess/the ridiculous; ~ **dans l'excès inverse** to go to the opposite extreme; ~ **d'un excès dans un autre** to go from one extreme to another; ~ **sous la domination de** to fall *ou* come under the domination of; ~ **aux mains de l'ennemi** to fall into enemy hands; *V* **coupe², dent, main** *etc.*
    (m) *(échoir) [date, choix, sort]* to fall. **Pâques tombe tard cette année** Easter falls late this year; **Noël tombe un mardi** Christmas falls on a Tuesday; **les deux concerts tombent le même jour** the two concerts fall on the same day; **le choix est tombé sur lui** the choice fell on him; **et il a fallu que ça tombe sur moi** it (just) had to be me.
    (n) *(arriver inopinément)* **il est tombé en pleine réunion/scène de ménage** he walked straight into a meeting/a domestic row.

(o) laisser ~ objet qu'on porte to drop; (*) amis, activité to drop; métier to drop, give up, chuck up*; fiancé to jilt, throw over*; vieux parents to let down, leave in the lurch; il a voulu faire du droit mais il a vite laissé ~ he wanted to do law but he soon gave it up ou dropped it; la famille nous a bien laissé ~ the family really let us down ou left us in the lurch; laissez ~!*, laisse ~!* (gén) forget it!*; (nuance d'irritation) give it a rest!*; il a laissé ~ le feu he let the fire die down.

(p) (loc) bien/mal ~ (avoir de la chance) to be lucky/unlucky; il est vraiment bien/mal tombé avec son nouveau patron he's really lucky/unlucky ou in luck/out of luck with his new boss; bien/mal ~, ~ bien/mal (arriver, se produire) to come at the right/ wrong moment; ça tombe bien that's lucky ou fortunate; ça tombe à point ou à pic* that's perfect timing; ça ne pouvait pas mieux ~ that couldn't have come at a better time; ~ de Charybde en Scylla to jump out of the frying pan into the fire; ~ juste (en devinant) to be (exactly) right; [calculs] to come out right; ~ de haut to be badly let down, be bitterly disappointed; il n'est pas tombé de la dernière pluie ou averse* he wasn't born yesterday; ce n'est pas tombé dans l'oreille d'un sourd it didn't fall on deaf ears; il est tombé sur la tête!* he's got a screw loose*; ~ en quenouille to pass into female hands; (fig) ~ de la lune to have dropped in from another planet; (fig) ~ du ciel to be a godsend, be heaven-sent; ~ des nues to be completely taken aback; (fig) ~ à l'eau [projets, entreprise] to fall through; ~ à plat [plaisanterie] to fall flat; [pièce de théâtre] to be a flop; cela tombe sous le sens it's (perfectly) obvious, it stands to reason; V bras, cul.

2 tomber sur vt indir (avec aux être) **(a)** (rencontrer) connaissance to run into, come across; détail to come across ou upon. prenez cette rue, et vous tombez sur le boulevard go along this street and you come out on the boulevard; je suis tombé sur cet article de journal I came across ou upon this newspaper article.

(b) (se poser) [regard] to fall ou light upon; [conversation] to come round to.

(c) (*) (attaquer) to set about*, go for*; (critiquer) to go for*. il m'est tombé sur le râble‡ ou le paletot‡ ou le dos‡ he set on me*, he went for me*; ils nous sont tombés dessus à 8 contre 3 8 of them laid into the 3 of us; V bras.

(d) (*: s'inviter, survenir) to land on*. il nous est tombé dessus le jour de ton anniversaire he landed on us on your birthday*.

3 vt (avec aux avoir) **(a)** (Sport) ~ qn to throw sb; ~ une femme‡ to lay‡ ou have‡ a woman.

(b) ~ la veste* to slip off one's jacket.

tombereau, pl ~x [tɔ̃bʀo] nm (charrette) tipcart; (contenu) cart-load.

tombeur [tɔ̃bœʀ] nm (lutteur) thrower. (fig) ~ (de femmes)* Don Juan, ladykiller, Casanova.

tombola [tɔ̃bɔla] nf tombola, raffle.

Tombouctou [tɔ̃buktu] n Timbuktoo.

tome [tɔm] nm (division) part, book; (volume) volume.

tomer [tɔme] (1) vt ouvrage to divide into parts ou books; page, volume to mark with the volume number.

tomette [tɔmɛt] nf = tommette.

tomme [tɔm] nf tomme (cheese).

tommette [tɔmɛt] nf (red, hexagonal) floor-tile.

ton¹ [tɔ̃], ta [ta], tes [te] adj poss **(a)** (possession, relation) your, (emphatique) your own; (†, Rel) thy. ~ fils et ta fille your son and (your) daughter; (Rel) que ta volonté soit faite Thy will be done; pour autres exemples V son¹.

(b) (valeur affective, ironique, intensive) je vois que tu connais tes classiques! I can see that you know your classics!; tu as de la chance d'avoir ~ samedi!* you're lucky to have (your) Saturday(s) off!; ~ Paris est devenu très bruyant this Paris of yours ou your beloved Paris is getting very noisy; tu vas avoir ta crise de foie si tu manges ça you'll have one of your upsets ou you'll upset your stomach if you eat that; ferme donc ta porte! shut the door behind you; pour autres exemples V son¹.

ton² [tɔ̃] nm **(a)** (hauteur de la voix) pitch; (timbre) tone; (manière de parler) tone (of voice). ~ aigu/grave shrill/low pitch; ~ nasillard nasal tone; d'un ~ détaché/brusque/pédant in a detached/an abrupt/a pedantic tone (of voice); sur le ~ de la conversation/ plaisanterie in a conversational/joking tone (of voice); hausser le ~ to raise (the tone of) one's voice ou one's tone; baisser le ~ to lower one's voice, pipe down*; (fig) hausser le ~ (se fâcher) to raise one's voice; (être arrogant) to adopt an arrogant tone; (fig) faire baisser le ~ à qn to make sb change his tune, bring sb down a peg (or two); (fig) il devra changer de ~ he'll have to sing a different tune ou change his tune; (fig) ne le prenez pas sur ce ~ don't take it in that way ou like that; (fig) alors là, si vous le prenez sur ce ~ well if that's the way you're going to take it, well if you're going to take it like that; (fig) dire/répéter sur tous les ~s to say/repeat in every possible way.

(b) (Mus) (intervalle) tone; [morceau] key; [instrument à vent] crook; (hauteur d'un instrument) pitch. le ~ de si majeur the key of B major; passer d'un ~ à un autre to change from one key to another; il y a un ~ majeur entre do et ré there is a whole ou full tone between doh and ray; prendre le ~ to tune up (de to); donner le ~ to give the pitch; il/ce n'est pas dans le ~ he/it is not in tune; le ~ est trop haut pour elle it is set in too high a key for her, it is pitched too high for her.

(c) (Ling, Phonétique) tone. langue à ~s tone language.

(d) (manière de s'exprimer, décrire) tone. le ~ précieux/ soutenu de sa prose the precious/elevated tone of his prose; des plaisanteries ou remarques de bon ~ jokes ou remarks in good taste; il est de bon ~ de faire it is good form to do; être dans le ~ to fit in; il s'est vite mis dans le ~ he soon fitted in; donner le ~ to set the tone; (en matière de mode) to set the fashion.

(e) (couleur, nuance) shade, tone. être dans le ~ to tone in, match; la ceinture n'est pas du même ~ ou dans le même ~ que la robe the belt does not match the dress; des ~s chauds warm tones ou shades; des ~s dégradés gradual shadings; ~ sur ~ in matching tones.

tonal, e, mpl ~s [tɔnal] adj (Ling, Mus) tonal.

tonalité [tɔnalite] nf **(a)** (Mus: système) tonality; (Mus: ton) key; (Phonétique) [voyelle] tone. **(b)** (fidélité) [poste, amplificateur] tone. **(c)** (timbre, qualité) [voix] tone; (fig) [texte, impression] tone; [couleurs] tonality. **(d)** (Télec) dialling tone. je n'ai pas la ~ I'm not getting the dialling tone, the line has gone dead.

tondeur, -euse [tɔ̃dœʀ, øz] **1** nm, f: ~ de drap cloth shearer; ~ de moutons sheep shearer.

2 tondeuse nf (à cheveux) clippers (pl); (pour les moutons) shears (pl); (Tex: pour les draps) shears (pl). ~ (à gazon) (lawn)mower; ~ à main/à moteur hand-/motor-mower; ~ électrique [gazon] electric (lawn)mower; [cheveux] electric clippers (pl).

tondre [tɔ̃dʀ(ə)] (41) vt **(a)** mouton, toison to shear; gazon to mow; haie to clip, cut; caniche, poil to clip; cheveux to crop; drap, feutre to shear. (fig) ~ un œuf to shave an egg.

(b) (*) ~ qn (couper les cheveux) to chop* sb's hair; (escroquer) to fleece sb; je vais me faire ~ I'm going to get my hair chopped*; ~ la laine sur le dos de qn† to have the shirt off sb's back; il ne faut pas te faire ~ la laine sur le dos you shouldn't just allow people to fleece you ou to get the better of you.

tondu, e [tɔ̃dy] (ptp de tondre) adj cheveux, tête (closely-)cropped; personne with closely-cropped hair, close-cropped; pelouse, (fig) sommet closely-cropped. (péj: aux cheveux courts) regardez-moi ce ~ just look at that short back and sides; V pelé.

tongs [tɔ̃g] nfpl (sandales) flip-flops (Brit), thongs (esp US).

tonicité [tɔnisite] nf **(a)** (Méd) [tissus] tone, tonicity (T), tonus (T). **(b)** (fig) [air, mer] tonic ou bracing effect.

tonifiant, e [tɔnifjɑ̃, ɑ̃t] **1** adj air bracing, invigorating; massage, lotion toning (épith), tonic (épith), stimulating; lecture, expérience invigorating, stimulating. **2** nm tonic.

tonifier [tɔnifje] (7) vt muscles, peau to tone up; (fig) esprit, personne to invigorate, stimulate. cela tonifie tout l'organisme it tones up the whole system.

tonique [tɔnik] **1** adj **(a)** médicament, vin, boisson tonic (épith), fortifying; lotion toning (épith), tonic (épith).

(b) (fig) air, froid invigorating, bracing; idée, expérience stimulating; lecture invigorating, stimulating.

(c) (Ling) syllabe, voyelle tonic, accented; accent tonic.

2 nm (Méd, fig) tonic; (lotion) toning lotion. ~ du cœur heart tonic.

3 nf (Mus) tonic, keynote.

tonitruant, e [tɔnitʀyɑ̃, ɑ̃t] adj voix thundering (épith), booming (épith).

tonitruer [tɔnitʀye] (1) vi to thunder.

Tonkin [tɔ̃kɛ̃] nm Tonkin, Tongking.

tonkinois, e [tɔ̃kinwa, waz] **1** adj Tonkinese. **2** nm, f: T~(e) Tonkinese.

tonnage [tɔnaʒ] nm [navire] tonnage, burden; [port, pays] tonnage. ~ brut/net gross/net tonnage.

tonnant, e [tɔnɑ̃, ɑ̃t] adj voix, acclamation thunderous, thundering (épith).

tonne [tɔn] nf **(a)** (unité de poids) (metric) ton, tonne. une ~ de bois a ton ou tonne of wood; (Statistique) ~ kilométrique ton kilometre; un navire de 10.000 ~s a 10,000-ton ou -tonne ship, a ship of 10,000 tons ou tonnes; un (camion de) 5 ~s a 5-ton lorry, a 5-tonner*; ~ équivalent charbon ton coal equivalent; ~ équivalent pétrole ton oil equivalent.

(b) des ~s de* tons of*, loads of*; il y en a des ~s there are tons* ou loads* ou stacks* of them.

(c) (Tech: récipient) tun; (Naut: bouée) nun-buoy.

tonneau, pl ~x [tɔno] nm **(a)** (récipient, contenu) barrel, cask. vin au ~ wine from the barrel ou cask; (fig) c'est le ~ des Danaïdes it is a Sisyphean task; (péj) être du même ~* to be of the same kind; V perce.

(b) (Aviat) hesitation flick roll (Brit), hesitation snap roll (US); V demi-.

(c) (Aut) somersault. faire un ~ to somersault, roll over.

(d) (Naut) ton. un bateau de 1.500 ~x a 1,500-ton ship.

tonnelet [tɔnlɛ] nm keg, (small) cask.

tonnelier [tɔnəlje] nm cooper.

tonnelle [tɔnɛl] nf (abri) bower, arbour; (Archit) barrel vault.

tonnellerie [tɔnɛlʀi] nf cooperage.

tonner [tɔne] (1) **1** vi **(a)** [canons, artillerie] to thunder, boom, roar. **(b)** [personne] to thunder, rage, inveigh (contre against).

2 vb impers to thunder. il tonne it is thundering; il a tonné vers 2 heures there was some thunder about 2 o'clock; il tonnait sans discontinuer it went on thundering without a break, the thunder rumbled continuously.

tonnerre [tɔnɛʀ] **1** nm **(a)** (détonation) thunder; (†: foudre) thunderbolt. le ~ gronde there is a rumble of thunder; un bruit/ une voix de ~ a noise/voice like thunder, a thunderous noise/ voice; (fig) un ~ d'applaudissements thunderous applause, a thunder of applause; (fig) le ~ des canons the roar ou the thundering of the guns; V coup.

(b) (*: valeur intensive) du ~ terrific*, fantastic*, stupendous, great*; ça marchait le ~ ou du ~ it was going tremendously well, things were fantastic*; un livre du ~ de Dieu one ou a hell of a book‡, a fantastic book*.

2 excl ~!*† ye gods!*†; mille ~s!*, ~ de Brest!* shiver my timbers!* (†, hum); ~ de Dieu!‡ hell and damnation!‡, hell's bells!*

tonsure [tɔ̃syʀ] *nf* (*Rel*) tonsure; (*: *calvitie*) bald spot *ou* patch. **porter la ~** to wear the tonsure.
tonsuré, e [tɔ̃syʀe] (*ptp de* **tonsurer**) **1** *adj* tonsured. **2** *nm* (*péj: moine*) monk.
tonsurer [tɔ̃syʀe] (1) *vt* to tonsure.
tonte [tɔ̃t] *nf* (a) (*action*) *[moutons]* shearing; *[haie]* clipping; *[gazon]* mowing. (b) (*laine*) fleece. (c) (*époque*) shearing-time.
tontine [tɔ̃tin] *nf* (*Fin, Jur*) tontine.
tonton [tɔ̃tɔ̃] *nm* (*langage enfantin*) uncle.
tonus [tɔnys] *nm* (a) **~ musculaire** muscular tone *ou* tonus (*T*); **~ nerveux** nerve tone. (b) (*fig: dynamisme*) energy, dynamism.
top [tɔp] **1** *nm* (a) (*signal électrique*) pip. (*Rad*) **au 4e ~ il sera midi** at the 4th pip *ou* stroke it will be twelve o'clock. (b) (*Courses*) **donner le ~** to give the starting signal; **attention, ~, partez!, ~ départ!** on your marks, get set, go! **2** *adj:* **~ secret** top secret; *[athlète, chercheur]* **être au ~ niveau** to be a top level athlete (*ou* researcher etc).
topaze [tɔpaz] **1** *nf* topaz. **~ brûlée** burnt topaz. **2** *adj inv* (*couleur*) topaz. **un liquide ~** a topaz-coloured liquid.
tope [tɔp] *excl V* **toper**.
toper [tɔpe] (1) *vi:* **~ à qch** to shake on sth, agree to sth; **tope(-là), topez-là!** done!, you're on!*, it's a deal!*, let's shake on it!
topinambour [tɔpinɑ̃buʀ] *nm* Jerusalem artichoke.
topique [tɔpik] **1** *adj* (*frm*) *argument, explication* pertinent; *citation* apposite; (*Méd*) *remède, médicament* topical, local. **2** *nm* (*Méd*) topical *ou* local remedy; (*Philos*) topic. **3** *nf* (*Philos*) topics (*sg*).
topo* [tɔpo] *nm* (*exposé, rapport*) lecture, rundown*; (*péj: laïus*) spiel*. **c'est toujours le même ~** it's always the same old story* *ou* spiel*.
topographe [tɔpɔgʀaf] *nm* topographer.
topographie [tɔpɔgʀafi] *nf* (*technique*) topography; (*configuration*) layout, topography; (†: *description*) topographical description; (*croquis*) topographical plan.
topographique [tɔpɔgʀafik] *adj* topographic(al).
topographiquement [tɔpɔgʀafikmɑ̃] *adv* topographically.
topologie [tɔpɔlɔʒi] *nf* topology.
topologique [tɔpɔlɔʒik] *adj* topologic(al).
topométrie [tɔpɔmetʀi] *nf* topometry.
toponyme [tɔpɔnim] *nm* place name, toponym (*T*).
toponymie [tɔpɔnimi] *nf* (*étude*) toponymy (*T*), study of place names; (*noms de lieu*) toponymy (*T*), place names (*pl*).
toponymique [tɔpɔnimik] *adj* toponymic.
toquade [tɔkad] *nf* (*péj*) (*pour qn*) infatuation; (*pour qch*) fad, craze. **avoir une ~ pour qn** to be infatuated with sb.
toquante‡ [tɔkɑ̃t] *nf* = **tocante‡**.
toquard, e‡ [tɔkaʀ, aʀd(ə)] *nm* = **tocard‡**.
toque [tɔk] *nf [femme]* fur hat; *[juge, jockey]* cap. **~ de cuisinier** chef's hat.
toqué, e* [tɔke] **1** *adj* crazy*, cracked*, nuts* (*attrib*). **être ~ de qn** to be crazy *ou* mad *ou* nuts about sb*. **2** *nm, f* loony‡, nutcase* (*Brit*), nutter‡.
toquer¹* (se) [tɔke] (1) *vpr:* **se ~ d'une femme** to lose one's head over a woman, go crazy over a woman*.
toquer²* [tɔke] (1) *vi* to tap, rap. **~ (à la porte)** to tap *ou* rap at the door.
Tor [tɔʀ] *nm* = **Thor**.
Torah [tɔʀa] *nf* = **Thora**.
torche [tɔʀʃ(ə)] *nf* (a) (*flambeau*) torch. **~ électrique** (electric) torch (*Brit*), flashlight (*US*); **être transformé en ~ vivante** to be turned into a human torch; (*Parachutisme*) **se mettre en ~** to candle.
(b) (*Ind: torchère*) flare.
torche-cul‡, *pl* **torche-culs** [tɔʀʃəky] *nm* bog-paper‡ (*Brit*), toilet paper‡ (*fig, †: écrit*) drivel (*U*).
torchée* [tɔʀʃe] *nf* (*correction*) hammering, licking.
torcher [tɔʀʃe] (1) **1** *vt* (a) (*) *assiette* to wipe (clean); *jus* to mop up.
(b) (‡) *bébé, derrière* to wipe.
(c) (*péj*) *travail, rapport* (*produire*) to toss off; (*bâcler*) to make a mess of, do a bad job on. **un rapport/article bien torché** a well-written report/article.
2 se torcher‡ *vpr:* **se ~ (le derrière)** to wipe one's bottom; (*fig*) **je m'en torche** I don't care *ou* give a damn*.
torchère [tɔʀʃɛʀ] *nf* (a) (*Ind*) flare. (b) (*vase*) cresset; (*candélabre*) torchère; (*chandelier*) candelabrum.
torchis [tɔʀʃi] *nm* cob (*for walls*).
torchon [tɔʀʃɔ̃] *nm* (a) (*gén*) cloth; (*pour épousseter*) duster; (à *vaisselle*) tea towel, dish towel. **coup de ~** (*bagarre*) dust-up* (*Brit*), scrap; (*épuration*) clear-out; **donner un coup de ~** (*ménage*) to give a room a dust, flick a duster over a room; (*vaisselle*) to give the dishes a wipe; (*fig: épuration*) to have a clear-out; (*fig*) **le ~ brûle** there's a running battle (going on) (*entre* between); *V* **mélanger**.
(b) (*péj*) (*devoir mal présenté*) mess; (*écrit sans valeur*) drivel (*U*), tripe* (*U*); (*mauvais journal*) rag. **ce devoir est un ~** this homework is a mess.
torchonner* [tɔʀʃɔne] (1) *vt* (*péj*) *travail* to do a rushed job on. **un devoir torchonné** a slipshod *ou* badly done piece of homework.
tordant, e* [tɔʀdɑ̃, ɑ̃t] *adj* killing*, screamingly funny*, hilarious. **il est ~** he's a scream* *ou* a kill*.
tord-boyaux*† [tɔʀbwajo] *nm inv* gut-rot‡, hooch‡.
tordre [tɔʀdʀ(ə)] (41) **1** *vt* (a) (*entre ses mains*) to wring; (*pour essorer*) to wring (out); *tresses* to wind; (*Tex*) *brins, laine* to twist; *bras, poignet* to twist. (*sur étiquette*) **ne pas ~** do not wring; **je ~ le cou à un poulet** to wring a chicken's neck; (*fig*) **je vais lui ~ le cou** I'll wring his neck (for him); **cet alcool vous tord les boyaux*** this drink rots your guts‡; **la peur lui tordait l'estomac** his stomach was turning over with fear, fear was churning his stomach.

(b) (*plier*) *barre de fer* to twist; *cuiller, branche de lunette* to bend.
(c) (*déformer*) *traits, visage* to contort, twist. **une joie sadique lui tordait la bouche** his mouth was twisted into a sadistic smile; **la colère lui tordait le visage** his face was twisted *ou* contorted with anger.
2 se tordre *vpr* (a) *[personne]* **se ~ de douleur** to be doubled up with pain; **se ~ (de rire)** to be doubled up *ou* creased up (*Brit*) with laughter; **c'est à se ~ (de rire)** you'd die (laughing)*, it's killing*; **ça les a fait se ~ de rire** this had them in stitches*, this absolutely convulsed them*; **mon estomac se tord** I have a gnawing pain in my stomach.
(b) *[barre, poteau]* to bend; *[roue]* to buckle, twist; (*littér*) *[racine, tronc]* to twist round, writhe (*littér*).
(c) **se ~ le bras/le poignet/la cheville** to sprain *ou* twist one's arm/wrist/ankle; **se ~ les mains (de désespoir)** to wring one's hands (in despair).
tordu, e [tɔʀdy] (*ptp de* **tordre**) **1** *adj* *nez* crooked; *jambes* bent, crooked; *tronc* twisted; *règle, barre* bent; *roue* bent, buckled, twisted; *idée, raisonnement* weird, twisted. **avoir l'esprit ~** to have a warped *ou* weird mind; **être (complètement) ~‡** to be round the bend* (*Brit*) *ou* the twist‡ (*Brit*), be off one's head*.
2 *nm, f* (‡) (*fou*) loony‡, nutcase*; (*crétin*) twit‡.
tore [tɔʀ] *nm* (*Géom*) torus. **~ magnétique** magnetic core; **~ de ferrite** ferrite core.
toréador [tɔʀeadɔʀ] *nm* toreador.
toréer [tɔʀee] (1) *vi* to fight *ou* work a bull.
torero [tɔʀeʀo] *nm* bullfighter, torero.
torgnole* [tɔʀɲɔl] *nf* clout, wallop*, swipe*.
toril [tɔʀil] *nm* bullpen.
tornade [tɔʀnad] *nf* tornado.
toron [tɔʀɔ̃] *nm* (*fils*) strand.
Toronto [tɔʀɔ̃to] *n* Toronto.
torontois, e [tɔʀɔ̃twa, waz] **1** *adj* Torontonian. **2** *nm, f:* **T~(e)** Torontonian.
torpédo [tɔʀpedo] *nf* (*Hist*) open tourer (*Brit*), open touring car (*US*).
torpeur [tɔʀpœʀ] *nf* torpor.
torpide [tɔʀpid] *adj* (*littér*) torpid.
torpillage [tɔʀpijaʒ] *nm* torpedoing.
torpille [tɔʀpij] *nf* (a) (*Mil*) (*sous-marine*) torpedo. (*bombe*) **~ (aérienne)** (aerial) torpedo; *V* **lancer**. (b) (*Zool*) torpedo.
torpiller [tɔʀpije] (1) *vt navire, projet* (*fig*) *plan* to torpedo.
torpilleur [tɔʀpijœʀ] *nm* torpedo boat; *V* **contre**.
torréfacteur [tɔʀefaktœʀ] *nm* (*appareil: V* **torréfier**) roaster; toasting machine. (b) (*marchand*) coffee merchant.
torréfaction [tɔʀefaksjɔ̃] *nf* (*V* **torréfier**) roasting; toasting.
torréfier [tɔʀefje] (7) *vt café, malt, cacao* to roast; *tabac* to toast.
torrent [tɔʀɑ̃] *nm* (*cours d'eau*) torrent. **~ de lave** torrent *ou* flood of lava; (*fig: pluie*) **des ~s d'eau** torrential rain; **il pleut à ~s** the rain is coming down in torrents; (*fig*) **un ~ de injures, paroles** a torrent *ou* stream *ou* flood of; *musique* a flood of; (*fig*) **des ~s de fumée** a stream of, streams of; *larmes, lumière* a stream *ou* flood of, streams *ou* floods of.
torrentiel, -elle [tɔʀɑ̃sjɛl] *adj* (*Géog*) *eaux, régime* torrential; *pluie* torrential, lashing (*épith*).
torrentueux, -euse [tɔʀɑ̃tɥø, øz] *adj* (*littér*) *cours d'eau* torrential, onrushing (*épith*), surging (*épith*); (*fig*) *vie* hectic; *discours* torrent-like, onrushing (*épith*).
torride [tɔʀid] *adj* *région, climat* torrid; *journée, chaleur* scorching, torrid.
tors, torse¹ [tɔʀ, tɔʀs(ə)] *ou* **torte** [tɔʀt(ə)] *adj fil* twisted; *colonne* wreathed; *pied de verre* twist (*épith*); *jambes* crooked, bent.
torsade [tɔʀsad] *nf [fils]* twist; (*Archit*) cable moulding. **~ de cheveux** twist *ou* coil of hair; **en ~ embrasse**, *cheveux* twisted; **colonne à ~s** cabled column.
torsader [tɔʀsade] (1) *vt frange, corde, cheveux* to twist. **colonne torsadée** cabled column.
torse² [tɔʀs(ə)] *nm* (*gén*) chest; (*Anat, Sculp*) torso. **~ nu** stripped to the waist, bare-chested; *V* **bomber**.
torsion [tɔʀsjɔ̃] *nf* (*action*) twisting; (*Phys, Tech*) torsion. **exercer sur qn une ~ du bras** to twist sb's arm back; *V* **couple**.
tort [tɔʀ] *nm* (a) (*action, attitude blâmable*) fault. **il a un ~, c'est de trop parler** he has one fault and that's talking too much; **il a le ~ d'être trop jeune** his trouble is *ou* his fault is that he's too young; **il a eu le ~ d'être impoli un jour avec le patron** he made the mistake one day of being rude to the boss; **ils ont tous les ~s de leur côté** the fault *ou* wrong is entirely on their side, they are completely in the wrong; (*Jur*) **les ~s sont du côté du mari/cycliste** the fault lies with the husband/cyclist, the husband/cyclist is at fault; **avoir des ~s envers qn** to have wronged sb; **il n'a aucun ~** he's not at fault, he's not in the wrong, he's in no way to blame; **reconnaître/regretter ses ~s** to acknowledge/be sorry for the wrong one has done *ou* for one's wrongs *ou* one's wrongdoings; **vous avez refusé? c'est un ~** did you refuse? — you were wrong (to do so) *ou* you shouldn't have (done so); **tu ne le savais pas? c'est un ~** you didn't know? — you should have *ou* that was a mistake *ou* was unfortunate.
(b) (*dommage, préjudice*) wrong. **redresser un ~** to right a wrong; **causer ou faire du ~ à qn, faire ~ à qn** to harm sb, do sb harm; **ça ne fait de ~ à personne** it doesn't harm *ou* hurt anybody; **il s'est fait du ~** he has harmed himself, he has done himself no good; **cette mesure va faire du ~ aux produits laitiers** this measure will harm *ou* be harmful to *ou* be detrimental to the dairy industry; *V* **redresseur**.
(c) **à ~** wrongly; **soupçonner/accuser qn à ~** to suspect/accuse sb wrongly; **c'est à ~ qu'on l'avait dit malade** he was

wrongly *ou* mistakenly said to be ill; **à ~ ou à raison** rightly or wrongly; **dépenser à ~ et à travers** to spend wildly, spend money like water *ou* here there and everywhere; **il parle à ~ et à travers** he's blathering, he's saying any old thing*.

(d) être/se mettre/se sentir dans son ~ to be/put o.s./feel o.s. in the wrong; **mettre qn dans son ~** to put sb in the wrong; **être en ~** to be in the wrong *ou* at fault.

(e) avoir ~ to be wrong; **il a ~ de se mettre en colère** he is wrong *ou* it is wrong of him to get angry; **il n'a pas tout à fait ~ de dire que** he is not altogether *ou* entirely wrong in saying that; **elle a grand ou bien ~ de le croire** she's very wrong to believe it; **tu aurais bien ~ de te gêner!** you'd be quite wrong to bother yourself!; *V* **absent**.

(f) donner ~ à qn *[personne]* (*blâmer*) to lay the blame on sb, blame sb; (*ne pas être d'accord avec*) to disagree with sb; *[résultat, événement]* to show sb to be wrong, prove sb wrong; **ils ont donné ~ au camionneur** they laid the blame on *ou* they blamed the lorry driver; **les statistiques donnent ~ à son rapport** statistics show *ou* prove his report to be wrong *ou* inaccurate; **les événements lui ont donné ~** events proved him wrong *ou* showed that he was wrong.

torte [tɔrt(ə)] *adj f V* **tors**.

torticolis [tɔrtikɔli] *nm* stiff neck, torticollis (*T*). **avoir/attraper le ~** to have/get a stiff neck.

tortillard [tɔrtijar] *nm* (*hum, péj: train*) local train.

tortillement [tɔrtijmã] *nm* (*V* **se tortiller**) writhing; wriggling; squirming; fidgeting. **~ des hanches** wiggling of the hips.

tortiller [tɔrtije] (1) **1** *vt corde, mouchoir* to twist; *cheveux, cravate* to twiddle (with); *moustache* to twirl; *doigts* to twiddle.

2 *vi*: **~ des hanches** to wiggle one's hips; (*fig*) **il n'y a pas à ~*** there's no wriggling *ou* getting round it.

3 se tortiller *vpr* (a) *[serpent]* to writhe; *[ver]* to wriggle, squirm; *[personne]* (*en dansant, en se débattant etc*) to wiggle; (*d'impatience*) to fidget, wriggle; (*par embarras, de douleur*) to squirm. **se ~ comme une anguille** *ou* **un ver** to wriggle like a worm *ou* an eel, squirm like an eel.

(b) *[fumée]* to curl upwards; *[racine, tige]* to curl, writhe.

tortillon [tɔrtijɔ̃] *nm* (a) (*Dessin*) stump, tortillon. **(b) ~ (de papier)** twist (of paper).

tortionnaire [tɔrsjɔnɛr] *nm* torturer.

tortue [tɔrty] *nf* (a) (*Zool*) tortoise; (*fig*) slowcoach (*Brit*), slowpoke (*US*), tortoise. **~ d'eau** terrapin; **~ de mer** turtle; **avancer comme une ~ ou d'un pas de ~** to crawl along at a snail's pace. **(b)** (*Hist Mil*) testudo, tortoise.

tortueusement [tɔrtɥøzmã] *adv* (*V* **tortueux**) windingly; tortuously; meanderingly; deviously.

tortueux, -euse [tɔrtɥø, øz] *adj* (a) (*lit*) *chemin, escalier* winding, twisting, tortuous (*littér*); *rivière* winding, meandering. **(b)** (*fig péj*) *langage, discours* tortuous, involved, convoluted; *allure* tortuous; *manœuvres, conduite* devious.

torturant, e [tɔrtyrã, ãt] *adj* agonizing.

torture [tɔrtyr] *nf* (*lit*) torture (*U*); (*fig*) torture, torment. **c'est une ~ atroce** it's an appalling form *ou* kind of torture; **instruments de ~** instruments of torture; (*fig*) **mettre qn à la ~** to torture sb, make sb suffer; (*fig*) **les ~s de la passion** the torture *ou* torments of passion; **salle** *ou* **chambre des ~s** torture chamber.

torturer [tɔrtyre] (1) **1** *vt* (a) (*lit*) *prisonnier, animal* to torture; (*fig*) *[faim, douleur, remords]* to rack, torment, torture; *[personne]* to torture.

(b) (*littér: dénaturer*) *texte* to distort, torture (*littér*). **visage torturé par le chagrin** face torn *ou* racked with grief; **la poésie torturée, déchirante de X** the tormented, heartrending poetry of X.

2 se torturer *vpr* (*se faire du souci*) to agonize, fret, worry o.s. sick (*pour* over). **se ~ le cerveau** *ou* **l'esprit** to rack *ou* cudgel one's brains.

torve [tɔrv(ə)] *adj regard, œil* menacing, grim.

toscan, e [tɔskã, an] **1** *adj* Tuscan. **2** *nm* (*Ling*) Tuscan.

Toscane [tɔskan] *nf* Tuscany.

tôt [to] *adv* (a) (*de bonne heure*) early. **se lever/se coucher (très) ~** to get up/go to bed (very) early; **il se lève ~** he is an early riser, he gets up early; (*Prov*) **l'avenir appartient à ceux qui se lèvent ~** the early bird catches the worm (*Prov*); **venez ~ dans la matinée/soirée** come early (on) in the morning/evening *ou* in the early morning/evening; **~ dans l'année** early (on) in the year, in the early part of the year; **~ le matin, il n'est pas très lucide** he's not very clear-headed first thing (in the morning) *ou* early in the morning; **il n'est pas si ~ que je croyais** it's not as early as I thought; **il ne recommencera pas de si ~** he won't do that again in a hurry; **Pâques est plus ~ cette année** Easter falls earlier this year; **il arrive toujours ~ le jeudi** he is always early on Thursdays.

(b) (*vite*) soon, early. **il est (encore) un peu (trop) ~ pour le juger** it's (still) a little too soon *ou* early *ou* it's (still) rather early to judge him, it's early days yet to judge him; **~ ou tard il faudra qu'il se décide** sooner or later he will have to make up his mind; **il a eu ~ fait de s'en apercevoir!** he was quick *ou* it didn't take him long to notice it!, it wasn't long before he noticed it!; **il aura ~ fait de s'en apercevoir!** it won't be long before he notices it!, it won't take him long to notice it!; **si tu étais venu une heure plus ~, tu le rencontrais** if you had come an hour sooner *ou* earlier you would have met him; **si seulement vous me l'aviez dit plus ~!** if only you had told me sooner! *ou* earlier!; **ce n'est pas trop ~!** it's not a moment too soon!, it's not before time!, and about time too!; **je ne m'attendais pas à le revoir si ~** I didn't expect to see him (again) so soon; **il n'était pas plus ~ parti que la voiture est tombée en panne** no sooner had he set off *ou* he had no sooner set off than the car broke down.

(c) le plus ~, au plus ~: venez le plus ~ possible come as early

ou as soon as you can; **le plus ~ sera le mieux** the sooner the better; **il peut venir jeudi au plus ~** Thursday is the earliest *ou* soonest he can come; **c'est au plus ~ en mai qu'il prendra la décision** it'll be May at the earliest that he takes *ou* he'll take the decision, he'll decide in May at the earliest; **il faut qu'il vienne au plus ~** he must come as soon as possible *ou* as soon as he possibly can.

total, e, *mpl* **-aux** [tɔtal, o] **1** *adj* (a) (*absolu*) (*gén*) total; *ruine, désespoir* utter (*épith*), total; *pardon* absolute. **grève ~e** all-out strike; *V* **guerre**.

(b) (*global*) *hauteur, somme, revenu* total. **la somme ~e est plus élevée que nous ne pensions** the total (sum *ou* amount) is higher than we thought.

2 *adv* (*) (net) result, net outcome. **~, il a tout perdu** the net result *ou* outcome was that he lost everything, net result — he lost everything.

3 *nm* (*quantité*) total (number); (*résultat*) total. **le ~ s'élève à 150 F** the total amounts to 150 francs; **le ~ de la population** the total (number of the) population; (*Fin*) **le ~ général** the grand total; **faire le ~** to work out the total; (*fig*) **si on fait le ~, ils n'ont pas réalisé grand'chose** if you add it all up *ou* together they didn't achieve very much; **au ~** (*lit*) in total; (*fig*) on the whole, all things considered, all in all.

totalement [tɔtalmã] *adv* totally. **c'est ~ faux** (*en entier*) it's totally *ou* wholly wrong; (*absolument*) it's totally *ou* utterly wrong.

totalisateur, -trice [tɔtalizatœr, tris] **1** *adj appareil, machine* adding (*épith*). **2** *nm* adding machine; (*Ordin*) accumulator.

totalisation [tɔtalizɑsjɔ̃] *nf* adding up, addition.

totaliser [tɔtalize] (1) *vt* (a) (*additionner*) to add up, total, totalize. **(b)** (*avoir au total*) to total, have a total of. **à eux deux ils totalisent 60 ans de service** between the two of them they have a total of 60 years' service *ou* they total 60 years' service; **le candidat qui totalise le plus grand nombre de points** the candidate with the highest total *ou* who gets the highest number of points.

totalitaire [tɔtalitɛr] *adj* (*Pol*) *régime* totalitarian; (*Philos*) *conception* all-embracing, global.

totalitarisme [tɔtalitarism(ə)] *nm* totalitarianism.

totalité [tɔtalite] *nf* (a) (*gén*) **la ~ de all of**; **la ~ du sable/des livres** all (of) the sand/the books; **la ~ du livre/de la population** all the book/the population, the whole *ou* entire book/population; **la ~ de son salaire** his whole *ou* entire salary, all of his salary; **la ~ de ses biens** all of his possessions; **vendu en ~ aux États-Unis** all sold to the USA; **édité en ~ par X** published entirely by X; **pris dans sa ~** taken as a whole *ou* in its entirety; **j'en connais la quasi-~** I know virtually all of them *ou* just about all of them; **la presque-~ de la population** almost all the population, virtually *ou* almost the whole *ou* entire population.

(b) (*Philos*) totality.

totem [tɔtɛm] *nm* (*gén*) totem; (*poteau*) totem pole.

totémique [tɔtemik] *adj* totemic.

totémisme [tɔtemism(ə)] *nm* totemism.

tôt-fait, *pl* **tôt-faits** [tofɛ] *nm* ≃ sponge cake.

toto‡ [tɔto] *nm* (*pou*) louse, cootie* (*US*).

toton [tɔtɔ̃] *nm* teetotum.

touage [twaʒ] *nm* (*Naut*) warping, kedging.

touareg [twarɛg] **1** *adj* Tuareg. **2** *nm* (*Ling*) Tuareg. **3** *nmf*: **T~** Tuareg.

toubib* [tubib] *nm* doctor, doc*. **il est ~** he's a doctor *ou* a medic*; **aller chez le ~** to go and see the doc* *ou* the quack*.

toucan [tukã] *nm* toucan.

touchant¹ [tuʃã] *prép* (*au sujet de*) concerning, with regard to, about.

touchant², e [tuʃã, ãt] *adj* (*émouvant*) *histoire, lettre, situation, adieux* touching, moving; (*attendrissant*) *geste, reconnaissance, enthousiasme* touching. **~ de naïveté/d'ignorance** touchingly naïve/ignorant.

touche [tuʃ] *nf* (a) *[piano, machine à écrire, ordinateur]* key; *[instrument à corde]* fingerboard; *[guitare]* fret; (*Ordin*) **~ de fonction/programmable** function/user-defined key.

(b) (*Peinture*) *tache de couleur* touch, stroke; (*fig: style*) *[peintre, écrivain]* touch. **appliquer la couleur par petites ~s** to apply the colour with small strokes *ou* in small touches *ou* dabs, dab the colour on; **finesse de ~ d'un peintre/auteur** deftness of touch of a painter/an author; (*fig*) **une ~ exotique** an exotic touch; **une ~ de gaieté** a touch *ou* note of gaiety; **avec une ~ d'humour** with a hint *ou* suggestion *ou* touch of humour.

(c) (*Pêche*) bite. **faire une ~** to have a bite.

(d) (*Escrime*) hit.

(e) (*Ftbl, Rugby*) (*aussi* **ligne de ~**) touchline; (*sortie*) touch; (*remise en jeu*) (*Ftbl*) throw-in; (*Rugby*) line-out. **rentrée en ~** throw-in; line-out; **le ballon est sorti en ~** the ball has gone into touch, the ball is in touch; **rester sur la ~** to stay on the touchlines; (*Ftbl*) **jouer la ~** to play for time (*by putting the ball repeatedly out of play*); *V* **juge**.

(f) (*: allure*) look, appearance. **quelle drôle de ~!** what a sight!*, what does he (*ou* she *etc*) look like!*; **il a une de ces ~s!** he looks like nothing on earth!*; **il a la ~ de quelqu'un qui sort de prison** he looks as though he's just out of prison.

(g) (*loc*) **être mis/rester sur la ~** to be put/stay on the sidelines; (*draguer*) **faire une ~** to make a hit*; **avoir** *ou* **avoir fait une ~*** to have made a hit*; *V* **pierre**.

touche-à-tout [tuʃatu] *nmf inv* (*gén enfant*) (little) meddler; (*fig: chercheur, inventeur*) dabbler. **c'est un ~** (*enfant*) he's a little meddler, his little fingers are into everything; *[inventeur]* he dabbles in everything.

toucher [tuʃe] (1) **1** *vt* (a) (*pour sentir, prendre*) (*gén*) to touch; (*pour palper*) *fruits, tissu, enflure* to feel. **~ qch du doigt/avec un**

bâton to touch sth with one's finger/a stick; ~ la main à qn to give sb a quick handshake; (*fig*) il n'a pas touché un verre de vin depuis son accident he hasn't touched a drop of wine since his accident; (*fig*) je n'avais pas touché une raquette/une carte depuis 6 mois I hadn't had a racket/a card in my hands for 6 months; (*fig*) il n'a pas touché une balle pendant ce match he didn't hit a single ball throughout the match; il me toucha l'épaule he touched *ou* tapped my shoulder; 'prière de ne pas ~' 'please do not touch'.

(b) (*entrer en contact avec*) to touch. il ne faut pas que ça touche (le mur/le plafond) it mustn't touch (the wall/ceiling); (*Lutte*) il lui fit ~ le sol des épaules he got his shoulders down on the floor; ~ le fond (*lit*) to touch the bottom; (*fig*) [*récession, productivité*] to bottom out; (*fig*) ~ le fond de l'abîme to be utterly destitute, be in abject poverty; ~ le fond du désespoir to be in the depths of despair; ~ terre to land; l'avion toucha le sol the plane touched down *ou* landed; les deux lignes se touchent the two lines touch; au football on ne doit pas ~ le ballon (de la main) in football one mustn't touch the ball (with one's hand) *ou* one mustn't handle the ball.

(c) (*être proche de*) (*lit*) to adjoin; (*fig*) [*affaire*] to concern; [*personne*] to be a near relative of. son jardin touche le nôtre his garden (ad)joins ours *ou* is adjacent to ours; nos deux jardins se touchent our two gardens are adjacent (to each other) *ou* join each other; les deux villes se sont tellement développées qu'elles se touchent presque the two towns have been developed to such an extent that they almost meet.

(d) (*atteindre: lit, fig*) *adversaire, objectif* to hit. (*Boxe*) il l'a touché au menton/foie he hit him on the chin/stomach; il s'affaissa, touché d'une balle en plein cœur he slumped to the ground, hit by a bullet in the heart; deux immeubles ont été touchés par l'explosion two buildings have been hit *ou* damaged by the explosion.

(e) (*contacter*) to reach, get in touch with, contact. où peut-on le ~ par téléphone? where can he be reached *ou* contacted by phone?, where can one get in touch with him by phone?

(f) (*faire escale à*) *port* to put in at, call at, touch.

(g) (*recevoir*) *pension, traitement* to draw, get; *prime* to get, receive; *chèque* to cash; (*Mil*) *ration, équipement* to draw; (*Scol*) *fournitures* to receive, get. ~ le tiercé/le gros lot to win the tiercé/the jackpot; il touche une petite pension he gets a small pension; il touche sa pension le 10 du mois he draws *ou* gets his pension on the 10th of the month; il est allé à la poste ~ sa pension he went to draw (out) *ou* collect his pension at the post office; à partir du mois prochain, ils toucheront 1.000 F par mois/des primes as from next month they'll get *ou* they'll be paid 1,000 francs a month/bonuses; il a fini le travail mais n'a encore rien touché he's finished the work but he hasn't been paid anything *ou* hasn't had anything for it yet.

(h) (*émouvoir*) [*drame, deuil*] to affect, shake; [*scène attendrissante*] to touch, move; [*critique, reproche*] to have an effect on. cette tragédie les a beaucoup touchés this tragedy affected them greatly *ou* has shaken them very badly; votre reproche l'a touché au vif your reproach touched *ou* cut him to the quick; rien ne le touche there is nothing that can move him; votre cadeau/geste nous a vivement touchés we were deeply touched by your gift/gesture; un style qui touche an affecting *ou* a moving style; V corde.

(i) (*concerner*) to affect. ce problème ne nous touche pas this problem does not affect *ou* concern us; ils n'ont pas été touchés par la dévaluation they haven't been affected *ou* hit by the devaluation.

(j) (*loc*) je vais lui en ~ un mot I'll have a word with him about it, I'll mention it to him, I'll talk to him about it; tu devrais ~ un mot de cette affaire au patron you should have a word with the boss about this business, you should mention this business to the boss; touchons du bois!* touch wood!* (*Brit*), knock on wood!* (*US*); pas touche!* hands off!*; touché! (*Escrime, fig*) touché!; (*bataille navale*) hit!

2 se toucher* *vpr* (*euph*) (*se masturber*) to play with o.s.* (*euph*); (*se peloter*) to pet*, touch each other up‡.

3 toucher à *vt indir* **(a)** *objet dangereux, défendu* to touch; *capital, économies* to break into, touch. n'y touche pas! don't touch!; prière de ne pas ~ aux objets exposés please do not touch the exhibits, kindly refrain from handling the exhibits; ~ à tout [*enfant*] to touch everything, fiddle with everything; [*inventeur*] to try one's hand at everything, be into everything; elle n'a pas touché à son déjeuner/au fromage she didn't touch her lunch/the cheese; on n'a pas touché au fromage we haven't touched the cheese, the cheese has been left untouched; il n'a jamais touché à une raquette/un fusil he has never handled a racket/rifle, he has never had a racket/rifle in his hand.

(b) (*malmener*) *enfant, jeune fille* to touch, lay a finger on; (*attaquer*) *réputation, légende* to question. s'il touche à cet enfant/ma sœur, gare à lui! if he lays a finger on *ou* touches that child/my sister, they'd better watch out!; s'il touche à un cheveu de cet enfant, gare à lui! if he so much as touches a hair of that child's head, he'd better watch out!; (*Pol*) ~ aux intérêts d'un pays to interfere with a country's interests; personne n'ose ~ à cette légende nobody dares question that legend.

(c) (*modifier*) *règlement, loi, tradition* to meddle with; *mécanisme* to tamper with; *monument, site classé* to touch. quelqu'un a touché au moteur someone has tampered with the engine; on peut rénover sans ~ à la façade it's possible to renovate without touching the façade *ou* interfering with the façade.

(d) (*concerner*) *intérêts* to affect; *problème, domaine* to touch, have to do with. tout ce qui touche à l'enseignement everything

connected with *ou* to do with teaching *ou* that concerns teaching *ou* relating to teaching.

(e) (*aborder*) *période, but* to near, approach; *sujet, question* to broach, come onto. je touche ici à un problème d'ordre très général here I am coming onto *ou* broaching a problem of a very general character; vous touchez là à une question délicate that is a very delicate matter you have raised *ou* broached; il touchait à la cinquantaine/vieillesse he was nearing *ou* approaching fifty/old age; nous touchons au but we're nearing our goal, our goal is in sight; l'hiver/la guerre touche à sa fin winter/the war is nearing its end *ou* is drawing to a close; (*fig littér*) ~ au port to be within sight of home.

(f) (*être en contact avec*) to touch; (*être contigu à*) to border on, adjoin; (*confiner à*) to verge on, border on. l'armoire touchait presque au plafond the wardrobe almost touched *ou* reached to the ceiling; le jardin touche à la forêt the garden adjoins the forest *ou* borders on the forest; cela touche à la folie/pornographie that verges *ou* borders on madness/pornography.

(g) (*loc*) avec un air de ne pas y ~, sans avoir l'air d'y ~ looking as if butter would not melt in his mouth, acting the innocent*.

4 *nm* **(a)** (*sens*) (sense of) touch.

(b) (*action, manière de toucher*) touch; (*impression produite*) feel. doux au ~ soft to the touch; cela a le ~ de la soie it has the feel of silk (about it), it feels like silk; s'habituer à reconnaître les objets au ~ to become used to recognizing objects by touch *ou* feel(ing); on reconnaît la soie au ~ you can tell silk by the feel of it.

(c) (*Mus*) touch.

(d) (*Méd*) (internal) examination. ~ rectal/vaginal rectal/vaginal examination.

touche-touche* [tuʃtuʃ] *adv*: être à ~ [*trains, voitures*] to be nose to tail.

toucheur [tuʃœʀ] *nm*: ~ de bœufs (cattle) drover.

touée [twe] *nf* (*Naut*) (*câble*) warp, cable; (*longueur de chaîne*) scope.

touer [twe] (1) *vt* (*Naut*) to warp, kedge.

toueur [twœʀ] *nm*: (bateau) ~ warping tug.

touffe [tuf] *nf* [*herbe*] tuft, clump; [*arbres, buissons*] clump; [*cheveux, poils*] tuft; [*fleurs*] cluster, clump (de of). ~ de lavande lavender bush, clump of lavender.

touffeur [tufœʀ] *nf* (†, *littér*) suffocating *ou* sweltering heat (*U*).

touffu, e [tufy] *adj* **(a)** (*épais, dense*) *barbe, sourcils* bushy; *arbres* with thick *ou* dense foliage; *haie* thick, bushy; *bois, maquis, végétation* dense, thick.

(b) (*fig*) *roman, style* dense.

touillage* [tujaʒ] *nm* stirring.

touiller* [tuje] (1) *vt* *lessive* to stir round; *sauce, café* to stir.

toujours [tuʒuʀ] *adv* **(a)** (*continuité*) always; (*répétition: souvent péj*) forever, always, all the time. je l'avais ~ cru célibataire I (had) always thought he was a bachelor; je t'aimerai ~ I shall always love you, I shall love you forever; je déteste et détesterai ~ l'avion I hate flying and always shall; la vie se déroule ~ pareille life goes on the same as ever *ou* forever the same; il est ~ à *ou* en train de critiquer he is always *ou* forever criticizing, he keeps on criticizing; une rue ~ encombrée a street (that is) always *ou* forever *ou* constantly jammed with traffic; les saisons ~ pareilles the never-changing seasons; il n'est pas ~ très ponctuel he's not always very punctual; il est ~ à l'heure he's always *ou* invariably on time; il fut ~ modeste he was always *ou* ever (*littér*) modest; les journaux sont ~ plus pessimistes the newspapers are more and more pessimistic; les jeunes veulent ~ plus d'indépendance young people want more and more *ou* still more independence; comme ~ as ever, as always; ce sont des amis de ~ they are lifelong friends; il est parti pour ~ he's gone forever *ou* for good; V bougre.

(b) (*prolongement de l'action = encore*) still. bien qu'à la retraite il travaillait ~ although he had retired he was still working *ou* he had kept on working; j'espère ~ qu'elle viendra I keep hoping *ou* I'm still hoping she'll come; ils n'ont ~ pas répondu they still haven't replied; est-ce que X est rentré? — non il est ~ à Paris/non ~ pas is X back? — no he is still in Paris/no not yet *ou* no he's still not back; il est ~ le même/~ aussi désagréable he is (still) the same as ever/(still) as unpleasant as ever.

(c) (*intensif*) anyway, anyhow. écrivez ~, il vous répondra peut-être write anyway *ou* anyhow *ou* you may as well write — he (just) might answer you; il vient ~ un moment où there must *ou* will (always *ou* inevitably) come a time when; buvez ~ un verre avant de partir have a drink at least *ou* anyway *ou* anyhow before you go; c'est ~ pas toi qui l'auras* at all events *ou* at any rate it won't be you that gets it*; où est-elle? — pas chez moi ~! where is she? — not at my place anyway! *ou* at any rate!; je trouverai ~ (bien) une excuse I can always think up an excuse; passez à la gare, vous aurez ~ bien un train go (along) to the station — you're sure *ou* bound to get a train *ou* there's bound to be a train; tu peux ~ courir!* you haven't a hope! (*Brit*) *ou* a prayer! (*US*) *ou* a chance!, you've got some hope! (*iro*), no way!*; il aime donner des conseils mais ~ avec tact he likes to give advice but he always does it tactfully; vous pouvez ~ crier, il n'y a personne shout as much as you like *ou* shout by all means — there's no one about; ~ est-il que the fact remains that, that does not alter the fact that, be that as it may; il était peut-être là, ~ est-il que je ne l'ai pas vu he may well have been there, (but) the fact remains *ou* that does not alter the fact that I didn't see him; cette politique semblait raisonnable, ~ est-il qu'elle a échoué this policy seemed reasonable, (but) be that as it may *ou* the fact remains it was a failure; c'est ~ ça de pris* that's something anyway, (well) at least that's something; ça peut ~ servir it'll come in handy some day, it'll always come in handy.

toulousain, e [tuluzɛ̃, ɛn] **1** *adj* of *ou* from Toulouse.
   2 *nm,f:* **T~(e)** inhabitant *ou* native of Toulouse.

toundra [tundra] *nf* tundra.

toupet [tupɛ] *nm* **(a)** ~ **(de cheveux)** quiff (*Brit*), tuft (of hair). **(b)** (*: culot*) sauce* (*Brit*), nerve, cheek (*Brit*). **avoir du** ~ to have a nerve *ou* a cheek (*Brit*); **il ne manque pas d'un certain** ~ he's got quite a nerve, he doesn't lack cheek (*Brit*); **quel** ~! what a nerve! *ou* cheek! (*Brit*).

toupie [tupi] *nf* **(a)** (*jouet*) (spinning) top. ~ **à musique** humming-top; *V* **tourner**. **(b) vieille** ~⚹ silly old trout⚹. **(c)** (*Tech*) [*menuisier*] spindle moulding-machine; [*plombier*] turn-pin.

tour¹ [tuʀ] **1** *nf* **(a)** (*édifice*) tower; (*Hist: machine de guerre*) siege tower. (*immeuble*) ~, ~ **d'habitation** tower block, high-rise block; (*fig péj*) **c'est une vraie** ~, **il est gros comme une** ~ he is massive *ou* enormous.
   (b) (*Échecs*) castle, rook.
   2: la tour de Babel the Tower of Babel; (*fig*) **c'est une tour de Babel** it's a real Tower of Babel *ou* a babel of tongues; (*Aviat*) **tour de contrôle** control tower; **la tour Eiffel** the Eiffel Tower; **tour de forage** drilling rig, derrick; **tour de guet** watchtower, look-out tower; (*fig*) **tour d'ivoire** ivory tower; **la tour de Londres** the Tower of London; **la tour penchée de Pise** the Leaning Tower of Pisa.

tour² [tuʀ] **1** *nm* **(a)** (*parcours, exploration*) **faire le** ~ **de** *parc, pays, circuit, montagne* to go round; (*fig*) *possibilités* to explore; *magasins* to go round, look round; *problème* to consider from all angles; ~ **de ville** (*pour touristes*) city tour; **le** ~ **du parc prend bien une heure** it takes a good hour to walk round the park; **si on faisait le** ~? shall we go round (it)? *ou* walk round (it)?; **faire le** ~ **du cadran** [*aiguille*] to go round the clock; [*dormeur*] to sleep (right) round the clock; **faire le** ~ **du monde** to go round the world; **faire un** ~ **d'Europe** to go on a European tour, tour Europe; **faire un** ~ **d'Europe en auto-stop** to hitch-hike around Europe; **un** ~ **du monde en bateau** a boat trip (a)round the world, a round-the-world trip by boat; **la route fait (tout) le** ~ **de leur propriété** the road goes (right) round their estate; **faire le** ~ **des invités** to do the rounds of the guests; **la bouteille/plaisanterie a fait le** ~ **de la table** the bottle/joke went round the table; (*dans un débat*) **procéder à un** ~ **de table** to seek the views of all those seated round the table.
   (b) (*excursion*) trip, outing; (*balade*) (*à pied*) walk, stroll; (*en voiture*) run, drive, spin, ride. **faire un** ~ **de manège** *ou* **de chevaux de bois** to have a ride on a merry-go-round; **faire un (petit)** ~ (*à pied*) to go for a (short) walk *ou* stroll; (*en voiture*) to go for a (short) run *ou* drive *ou* spin; (*en vélo*) to go for a ride *ou* spin; **faire un** ~ **en ville/sur le marché** to go for a walk round town/round the market; **faire un** ~ **en Italie** to go for a trip round Italy; **un** ~ **de jardin/en voiture vous fera du bien** a walk *ou* stroll round the garden/a run *ou* drive (in the car) will do you good; **faire le** ~ **du propriétaire** to look round *ou* go round one's property; **je vais te faire faire le** ~ **du propriétaire** I'll show you over *ou* round the place; (*littér*) **la rivière fait des** ~**s et des détours** the river meanders along *ou* winds its way in and out, the river twists and turns (along its way).
   (c) (*succession*) turn, go. **c'est votre** ~ it's your turn; **à ton** ~ (**de jouer**) (*gén*) (it's) your turn *ou* go; (*Échecs, Dames*) (it's) your move; **attendre/perdre son** ~ to wait/miss one's turn; **prendre/passer son** ~ to take/miss one's turn *ou* go; **parler à son** ~ to speak in turn; **ils parleront chacun à leur** ~ they will each speak in turn; **attends, tu parleras à ton** ~ wait — you'll have your turn to speak; **chacun son** ~ everyone will have his turn; **nous le faisons chacun à notre** ~ (*deux personnes*) we do it in turn, we take turns at it, we do it turn and turn about (*Brit*); (*plusieurs personnes*) we take turns at it, we do it by turns; **c'est au** ~ **de Marc de parler** it's Mark's turn to speak; **à qui le** ~? whose turn *ou* go is it?, who is next?; **avoir un** ~ **de faveur** to get in ahead of one's turn; **mon prochain** ~ **de garde** *ou* **service est à 8 heures** my next spell *ou* turn of duty is at 8 o'clock; (*lit, fig*) **votre** ~ **viendra** your turn will come; *V* **souvent**.
   (d) (*Pol*) ~ (**de scrutin**) ballot; **au premier/second** ~ in the first/second ballot *ou* round.
   (e) (*circonférence*) [*partie du corps*] measurement; [*tronc, colonne*] girth; [*visage*] contour, outline; [*surface*] circumference; [*bouche*] outline. ~ **de taille/tête** waist/head measurement; ~ **de poitrine** [*homme*] chest measurement; [*femme*] bust measurement; ~ **de hanches** hip measurement; **elle avait le** ~ **des yeux fait** she had eyeliner round her eyes; **mesurer le** ~ **d'une table** to measure round a table, measure the circumference of a table; **la table fait 3 mètres de** ~ the table measures 3 metres round (the edge); **le tronc fait 3 mètres de** ~ the trunk measures 3 metres round *ou* has a girth of 3 metres.
   (f) (*rotation*) [*roue, manivelle*] turn, revolution; [*axe, arbre*] revolution. **un** ~ **de vis** a (turn of a) screw; **l'hélice a fait deux** ~**s** the propeller turned *ou* revolved twice; (*Aut*) **régime de 2.000** ~**s** (**minute**) speed of 2,000 revs *ou* revolutions per minute; **il suffit d'un** ~ **de clef/manivelle** it just needs one turn of the key/handle; **donne encore un** ~ **de vis** give it another screw *ou* turn, give another turn of the screw; (*fig*) **donner un** ~ **de vis au crédit** to freeze credit, put a squeeze on credit; **donner un** ~ **de vis aux libertés** to crack down *ou* clamp down on freedom; ~ **de vis militaire/politique** military/political crackdown *ou* clampdown (*à l'encontre de*); **donner un** ~ **de clef** to turn the key, give the key a turn; (*Cyclisme*) **battre un concurrent d'un** ~ **de roue** to beat a competitor by a wheel's turn; **faire un** ~/**plusieurs** ~**s sur soi-même** to spin round once/several times (on oneself); **faire un** ~ **de valse** to waltz round the floor; **après quelques** ~**s de valse** after waltzing round the floor a few times; *V* **double, quart**.

(g) (*disque*) **un 33** ~**s** an LP; **un 45** ~**s** a single; **un 78** ~**s** a 78.
   (h) (*tournure*) [*situation, conversation*] turn, twist. (*expression*) ~ (**de phrase**) turn of phrase; **la situation prend un** ~ **dramatique/désagréable** the situation•is taking a dramatic/an unpleasant turn *ou* twist, **il a un** ~ **de phrase élégant** he has an elegant turn of phrase; **un certain** ~ **d'esprit** a certain turn *ou* cast of mind.
   (i) (*exercice*) [*acrobate*] feat, stunt; [*jongleur, prestidigitateur*] trick. ~ **d'adresse** feat of skill, skilful trick; ~ **de passe-passe** trick, sleight of hand (*U*); **elle a réussi cela par un simple** ~ **de passe-passe** she managed it by mere sleight of hand; ~**s d'agilité** acrobatics; ~ **de cartes** card trick; **et le** ~ **est joué!** and Bob's your uncle!* (*Brit*), and there you have it!; **c'est un** ~ **à prendre!** it's just a knack one picks up; **avoir plus d'un** ~ **dans son sac** to have more than one trick up one's sleeve.
   (j) (*duperie*) trick. **faire** *ou* **jouer un** ~ **à qn** to play a trick on sb; **un** ~ **pendable** a rotten trick; **un sale** ~, **un** ~ **de cochon*** *ou* **de salaud**⚹ a dirty *ou* lousy trick*, a mean trick; **je lui réserve un** ~ **à ma façon!** I'll pay him back in my own way!; *V* **jouer**.
   (k) (*loc*) **à** ~ **de bras** *frapper, taper* with all one's strength *ou* might; (*fig*) *composer, produire* prolifically; *critiquer* with a vengeance; **il écrit des chansons à** ~ **de bras** he writes songs by the dozen, he runs off *ou* churns out songs one after the other; **à** ~ **de rôle**, ~ **à** ~ alternately, in turn; **ils vinrent à** ~ **de rôle nous vanter leurs mérites** they each came in turn to sing their own praises; **le temps était** ~ **à** ~ **pluvieux et ensoleillé** the weather was alternately wet and sunny; **elle se sentait** ~ **à** ~ **optimiste et désespérée** she felt optimistic and despairing by turns, she felt alternately optimistic and despairing.
   2: tour de chant song recital; **tour de cou** (*ruban*) choker; (*fourrure*) fur collar; (*mensuration*) collar measurement; **faire du 39 du tour de cou** to take a size 39 collar; **tour de force** (*lit*) feat of strength, tour de force; (*fig*) amazing feat; **le Tour de France** (*course cycliste*) the Tour de France; (*apprentissage*) the Tour de France (*carried out by a journeyman completing his apprenticeship*); (*Sport*) **tour d'honneur** lap of honour; (*fig*) **tour d'horizon** (general) survey; **tour de lit** (bed) valance; **tour de main** (*adresse*) dexterity; **avoir/acquérir un tour de main** to have/pick up a knack; **en un tour de main** in the twinkling of an eye, (as) quick as a flash, in a trice, in no time at all; **tour de piste** (*Sport*) lap; (*cirque*) circuit (of the ring); **souffrir d'un tour de reins** to suffer from a strained *ou* sprained back; **se donner un tour de reins** to strain *ou* sprain one's back.

tour³ [tuʀ] *nm* **(a)** (*Tech*) lathe. ~ **de potier** potter's wheel; **un objet fait au** ~ an object turned on the lathe; **travail au** ~ lathe-work; (*fig littér*) **des jambes/cuisses faites au** ~ well-turned (†, *littér*) *ou* shapely legs/thighs. **(b)** (*passe-plats*) hatch.

tourangeau, -elle [tuʀɑ̃ʒo, ɛl] **1** *adj* of *ou* from Touraine *ou* Tours (*épith*), Touraine (*épith*) *ou* Tours (*épith*).
   2 *nm,f:* **T~(-elle)** Tourangeau (*native or inhabitant of Tours or of Touraine*).

tourbe [tuʀb(ə)] *nf* (*Agr*) peat. ~ **limoneuse** alluvial peat.

tourbeux, -euse [tuʀbø, øz] *adj* **(a)** *terrain* (*qui contient de la tourbe*) peat (*épith*), peaty; (*de la nature de la tourbe*) peaty. **(b)** *plante* found in peat.

tourbière [tuʀbjɛʀ] *nf* peat bog.

tourbillon [tuʀbijɔ̃] *nm* **(a)** (*atmosphérique*) ~ (**de vent**) whirl-wind; ~ **de fumée/sable/neige** swirl *ou* eddy of smoke/sand/snow; **le sable s'élevait en** ~**s** the sand was swirling up.
   (b) (*dans l'eau*) whirlpool.
   (c) (*Phys*) vortex.
   (d) (*fig*) whirl. ~ **de plaisirs** whirl of pleasure, giddy round of pleasure(s); **le** ~ **de la vie/des affaires** the hurly-burly *ou* hustle and bustle of life/business; **il regardait du balcon le** ~ **des danseurs** he looked down from the balcony upon the whirling *ou* swirling group of dancers.

tourbillonnant, e [tuʀbijɔnɑ̃, ɑ̃t] *adj vent, feuilles* whirling, swirling, eddying; *vie* whirlwind (*épith*); *jupes* swirling.

tourbillonnement [tuʀbijɔnmɑ̃] *nm* (*V* **tourbillonner**) whirling, swirling; eddying; twirling.

tourbillonner [tuʀbijɔne] (1) *vi* [*poussière, sable, feuilles mortes*] to whirl, swirl, eddy; [*danseurs*] to whirl (round), swirl (round), twirl (round); (*fig*) [*idées*] to swirl (round), whirl (round).

tourelle [tuʀɛl] *nf* **(a)** (*petite tour*) turret.
   (b) (*Mil, Naut*) (gun) turret; [*caméra*] lens turret; [*sous-marin*] conning tower.

tourière [tuʀjɛʀ] *adj, nf:* (**sœur**) ~ sister at the convent gate, extern sister.

tourillon [tuʀijɔ̃] *nm* [*mécanisme*] bearing, journal, pin; [*canon*] trunnion.

tourisme [tuʀism(ə)] *nm:* **le** ~ the tourist industry *ou* trade, tourism; **faire du** ~ to go touring *ou* sightseeing; **on a fait un peu de** ~ we did a bit of sightseeing, we toured about a bit (*en in*); **le français se porte bien** the French tourist industry *ou* trade is in good shape; **grâce au** ~, **l'exode rural a pu être stoppé dans cette région** thanks to tourism it has been possible to halt the drift from the country in this region; **le** ~ **d'hiver/d'été** winter/summer tourism, the winter/summer tourist trade *ou* industry; **avion/voiture de** ~ private plane/car; **office du** ~ tourist office; **agence de** ~ tourist agency; *V* **grand**.

touriste [tuʀist(ə)] *nmf* tourist; *V* **classe**.

touristique [tuʀistik] *adj itinéraire, billet, activités, renseignements, guide* tourist (*épith*); *région, ville* with great tourist attractions, popular with (the) tourists (*attrib*), touristic (*péj*). **le menu** ~ the standard *ou* set menu; **d'attrait** ~ **assez faible** with little to attract (the) tourists, with little tourist appeal.

tourlousine* [tuʀluzin] *nf* clout, swipe*, wallop*.

tourment [tuʀmɑ̃] *nm* (*littér*) (*physique*) agony; (*moral*) agony, torment, torture (*U*). **les ~s de la jalousie** the torments *ou* agonies of jealousy; **les ~s de la maternité** the agonies of motherhood.

tourmente [tuʀmɑ̃t] *nf* (*tempête*) storm, gale, tempest (*littér*); (*fig: sociale, politique*) upheaval, storm, turmoil. **~ de neige** snow-storm, blizzard.

tourmenté, e [tuʀmɑ̃te] (*ptp de* **tourmenter**) *adj* (a) *personne* tormented, tortured; *expression, visage, esprit* anguished, tormented, tortured.
(b) *paysage, formes* tortured (*littér*); *style, art* tortured, anguished.
(c) (*littér*) *vie, mer* stormy, turbulent, tempestuous.

tourmenter [tuʀmɑ̃te] (1) **1** *vt* (a) *[personne]* to torment. **ses créanciers continuaient à le ~** his creditors continued to harass *ou* hound him; **~ qn de questions** to plague *ou* harass sb with questions.
(b) *[douleur, rhumatismes, faim]* to rack, torment; *[remords, doute]* to rack, torment, plague; *[ambition, envie, jalousie]* to torment. **ce doute le tourmente depuis longtemps** this doubt has been tormenting *ou* plaguing him for a long time; **ce qui me tourmente dans cette affaire** what worries *ou* bothers *ou* bugs* me in this business.
2 se tourmenter *vpr* to fret, worry (o.s.). **ne vous tourmentez pas, ce n'était pas de votre faute** don't distress *ou* worry yourself — it wasn't your fault; **il se tourmente à cause de son fils** he is fretting *ou* worrying about his son.

tourmenteur, -euse [tuʀmɑ̃tœʀ, øz] *nm, f* (*littér: persécuteur*) tormentor.

tourmentin [tuʀmɑ̃tɛ̃] *nm* (a) (*Naut: foc*) storm jib. (b) (*oiseau*) stormy petrel.

tournage [tuʀnaʒ] *nm* (a) (*Ciné*) shooting. (b) (*Menuiserie*) turning. **le ~ sur bois/métal** wood-/metal-turning. (c) (*Naut*) belaying cleat.

tournailler* [tuʀnaje] (1) *vi* (*péj*) to wander up and down.

tournant, e [tuʀnɑ̃, ɑ̃t] **1** *adj* (a) *fauteuil, dispositif* swivel (*épith*); *feu, scène* revolving (*épith*); *V* **grève, plaque, pont, table.**
(b) *mouvement, manœuvre* encircling (*épith*).
(c) *escalier* spiral (*épith*); (*littér*) *ruelle, couloir* winding, twisting.
2 *nm* (a) (*virage*) bend. **~ en épingle à cheveux** hairpin bend; **prendre bien/mal son ~** to take a bend well/badly, corner well/badly; **rattraper** *ou* **avoir qn au ~*** to get one's own back on sb (*Brit*), get even with sb; **attendre qn au ~*** to wait for the chance to trip sb up *ou* catch sb out.
(b) (*changement*) turning point. **~ décisif** watershed; **les ~s de l'histoire/de sa vie** the turning points in history/in his life; **c'est à la 50e minute qu'a eu lieu le ~ du match** the decisive *ou* turning point of the match came in the 50th minute; **il arrive à un ~ de sa carrière** he's coming to a key *ou* decisive turning point *ou* a watershed in his career; **un ~ de la politique française** a watershed in French politics; **cette entreprise a bien su prendre le ~** this company has managed the change *ou* switch well, this company has adapted well to the new circumstances.

tourné, e¹ [tuʀne] (*ptp de* **tourner**) *adj* (a) **bien ~** *personne* shapely, with a good figure; *jambes* shapely; *taille* neat, trim; (*fig*) *compliment, poème, expression* well-turned; *article, lettre* well-worded, well-phrased.
(b) **mal ~** *article, lettre* badly expressed *ou* phrased *ou* worded; *expression* unfortunate; **avoir l'esprit mal ~** to have a dirty mind.
(c) *lait, vin* sour; *poisson, viande* off (*attrib*), high (*attrib*); *fruits* rotten, bad.
(d) (*Menuiserie*) *pied, objet* turned.

tourneboule* [tuʀnəbule] (1) *vt personne* to put in a whirl. **~ la cervelle à qn** to turn sb's head *ou* brain, put sb's head in a whirl; **il en était tourneboulé** (*mauvaise nouvelle*) he was very upset by it; (*heureuse surprise*) his head was in a whirl over it.

tournebroche [tuʀnəbʀɔʃ] *nm* roasting jack (*Brit*) *ou* spit, rotisserie. **poulet au ~** chicken cooked on a rotisserie *ou* a spit.

tourne-disque, *pl* **tourne-disques** [tuʀnədisk(ə)] *nm* record player.

tournedos [tuʀnədo] *nm* tournedos.

tournée² [tuʀne] *nf* (a) (*tour*) *[conférencier, artiste]* tour; *[inspecteur, livreur, représentant]* round. **partir/être en ~** to set off on/be on tour; **se set off on/be on one's rounds; ~ de conférences/théâtrale** lecture/theatre tour; **faire une ~ électorale** to do an election tour; **~ d'inspection** round of inspection; **faire la ~ de magasins, musées, cafés** to do the rounds of, go round; **faire la ~ des grands ducs** to go out on the town *ou* on a spree.
(b) (*consommations*) round (of drinks). **payer une/sa ~** to buy *ou* stand a/one's round (of drinks); **c'est ma ~** it's my round; **il a payé une ~ générale** he paid for drinks all round; **c'est la ~ du patron** the drinks are on the house.
(c) (*: raclée*) hiding, thrashing.

tournemain [tuʀnəmɛ̃] *nm*: **en un ~** in a trice, in the twinkling of an eye, (as) quick as a flash, in no time at all.

tourner [tuʀne] (1) **1** *vt* (a) *manivelle, clef, poignée* to turn; *sauce* to stir; *page* to turn (over). **tournez s.v.p.** please turn over, P.T.O.; **et retourner** *chose* to turn over and over; *pensée, problème* to turn over and over (in one's mind), mull over.
(b) (*diriger, orienter*) *appareil, tête, yeux* to turn. **elle tourna son regard** *ou* **les yeux vers la fenêtre** she turned her eyes towards the window; **~ la tête à droite/gauche/de côté** to turn one's head to the right/to the left/sideways; **quand il m'a vu, il a tourné la tête** when he saw me he looked away *ou* he turned his head away; **~ les pieds en dedans/en dehors** to turn one's toes *ou* feet in/out; (*lit, fig*) **~ le dos à** to turn one's back on; **il avait le dos tourné à la porte** he had his back (turned) towards the door; **dès que j'ai le**

dos tourné as soon as my back is turned; **tourne le tableau de l'autre côté/contre le mur** turn the picture the other way round/round to face the wall; **~ ses pensées/efforts vers** to turn *ou* bend one's thoughts/efforts towards *ou* to.
(c) (*contourner*) (*Naut*) *cap* to round; *armée* to turn, outflank; *obstacle* to round; (*fig: éluder*) *difficulté, règlement* to get round *ou* past. **~ la loi** to get round the law, find a loophole in the law; **il vient de ~ le coin de la rue** he has just turned the corner; (*Rugby*) **~ la mêlée** to turn the scrum, wheel the scrum round.
(d) (*frm: exprimer*) *phrase, compliment* to turn; *demande, lettre* to phrase, express.
(e) (*transformer*) **~ qch/qn en** to turn sth/sb into; **~ qn/qch en ridicule** *ou* **dérision** to make sb/sth a laughing stock, ridicule sb/sth, hold sb/sth up to ridicule; **il a tourné l'incident en plaisanterie** he laughed off the incident, he made light of the incident, he made a joke out of the incident; **il tourne tout à son avantage** he turns everything to his (own) advantage.
(f) (*Ciné*) *scène* *[cinéaste]* to shoot, film; *[acteur]* to film, do; *film* (*faire les prises de vue*) to shoot; (*produire*) to make; (*jouer dans*) to make, do. **ils ont dû ~ en studio** they had to do the filming in the studio; **scène tournée en extérieur** scene shot on location; *V* **silence.**
(g) (*Tech*) *bois, ivoire* to turn; *pot* to throw.
(h) (*loc*) **~ bride** (*lit*) to turn back; (*fig*) to do an about-turn; **~ casaque** (*fuir*) to turn tail, flee; (*changer de camp*) to turn one's coat, change sides; **~ le cœur** *ou* **l'estomac à qn** to turn sb's stomach, make sb heave; **~ la page** (*lit*) to turn the page; (*fig*) to turn over a new leaf, turn the page; (*littér*) **~ ses pas vers** to wend one's way towards (*littér*); (*lit, fig*) **se ~ les pouces** to twiddle one's thumbs; **~ le sang** *ou* **les sangs à qn** to shake sb up; **~ la tête à qn** *[vin]* to go to sb's head; *[succès]* to go to *ou* turn sb's head; *[femme]* to turn sb's head; *V* **talon.**
2 *vi* (a) *[manège, compteur, aiguille d'horloge etc]* to turn, go round; *[disque, cylindre, roue]* to revolve; *[pièce sur un axe, clef, danseur]* to turn; *[toupie]* to spin; *[taximètre]* to tick away; *[usine, moteur]* to run. **~ (sur ses gonds)** *[porte]* to turn (on its hinges); **~ sur soi-même** to turn round on o.s.; (*très vite*) to spin round and round; **l'heure tourne** time is passing *ou* is going by *ou* on; **la grande aiguille tourne plus vite que la petite** the big hand goes round faster than the small one; **tout d'un coup, j'ai vu tout ~** all of a sudden my head began to spin *ou* swim; **faire ~ le moteur** to run the engine; **~ au ralenti** to tick over; **~ à plein régime** to run at maximum revs; **~ à vide** *[moteur]* to run in neutral; *[engrenage, mécanisme]* to turn without gripping; *[personne]* to have lost one's grip on reality, be unable to think clearly; **c'est lui qui va faire ~ l'affaire** he's going to manage *ou* run the business; (*Comm*) **représentant qui tourne sur Lyon** sales representative who covers Lyons; **les éléphants tournent sur la piste** the elephants move round the ring.
(b) *[programme d'ordinateur]* to work. **arriver à faire ~ un programme** to get a program working *ou* to work; **ça tourne sur quelles machines?** which machines does it work on?, which machines is it compatible with?
(c) **~ autour de** (*gén*) to turn *ou* go round; *[terre, roue]* to revolve *ou* go round; *[chemin]* to wind *ou* go round; *[oiseau]* to wheel *ou* circle *ou* fly round; *[mouches]* to buzz *ou* fly round; *[prix]* to be around *ou* about (*Brit*); **~ autour de la piste** to go round the track; **~ autour de qn** (*péj: importuner*) to hang round sb; (*pour courtiser*) to hang round sb; (*par curiosité*) to hover round sb; **un individu tourne autour de la maison depuis une heure** somebody has been hanging round outside the house for an hour; *[discussion, sujet]* **~ autour de** *ou* **sur qch** to centre *ou* focus on; **l'enquête tourne autour de ces 3 suspects/de cet indice** the enquiry centres on these 3 suspects/this vital clue; **la conversation a tourné sur la politique** the conversation centred *ou* focussed on politics; **le prix de cette voiture doit ~ autour de 80.000 F** the price of this car must be around 80,000 francs *ou* the 80.000-franc mark *ou* in the region of 80,000 francs.
(d) (*changer de direction*) *[vent, opinion]* to turn, shift, veer (round); *[chemin, promeneur]* to turn. **la chance a tourné** his (*ou* her *etc*) luck has turned; **la voiture a tourné à gauche** the car turned left *ou* turned off to the left; **tournez à droite au prochain feu rouge** turn right *ou* take the right(-hand) turn at the next traffic lights.
(e) (*évoluer*) **bien ~** to turn out well; **mal ~** *[farce, entreprise]* to go wrong, turn out badly; *[personne]* to go to the dogs, turn out badly; **ça va mal ~*** no good will come of it, that'll lead to trouble, it'll turn nasty; **si les choses avaient tourné autrement** if things had turned out *ou* gone differently; **~ à l'avantage de qn** to turn to sb's advantage; **la discussion a tourné en bagarre** the argument turned *ou* degenerated into a fight; **cela risque de faire ~ la discussion en bagarre** it might turn the argument into a fight; **bronchite a tourné en pneumonie** his bronchitis has turned *ou* developed into pneumonia; **le débat tournait à la politique** the debate was turning *ou* moving on to politics; **le temps a tourné au froid/à la pluie** the weather has turned cold/rainy *ou* wet; **~ au vert/rouge** to turn *ou* go green/red; **~ au drame/au tragique** to take a dramatic/tragic turn.
(f) *[lait]* to turn (sour); *[poisson, viande]* to go off, go bad; *[fruits]* to go rotten *ou* bad. **~ (au vinaigre)** *[vin]* to turn (vinegary); **faire ~ to turn sour.**
(g) (*loc*) **~ à l'aigre** *ou* **au vinaigre** to turn sour; **~ court** *[entreprise, projet, débat]* to come to a sudden end; **~ de l'œil*** to pass out, faint; **~ èn rond** (*lit*) to walk round and round; *[discussion]* to go round in circles; *[négociations, enquête]* **nous tournons en rond depuis 3 mois** we've been marking time *ou* going round in circles for 3 months; **~ rond** to run smoothly; **ça ne**

tourne pas rond chez elle*, elle ne tourne pas rond* she's not quite with us*, she must be a bit touched*; qu'est-ce qui ne tourne pas rond?* what's the matter?, what's wrong?, what's up?*; *(fig)* ~ autour du pot to beat about the bush; il tourne comme un ours *ou* comme une bête en cage he paces about like a caged animal; la tête me tourne my head is spinning; ce bruit lui fit ~ la tête this noise made his head spin *ou* made him dizzy *ou* giddy; ça me fait ~ la tête *[vin]* it goes to my head; *[bruit, altitude]* it makes my head spin, it makes me dizzy *ou* giddy; *(Spiritisme)* faire ~ les tables to do table-turning; faire ~ qn en bourrique to drive sb round the bend* *ou* up the wall*.

3 se tourner *vpr*: se ~ du côté de *ou* vers qn/qch to turn towards sb/sth; se ~ vers qn pour lui demander aide to turn to sb for help; se ~ vers une profession/la politique/une question to turn to a profession/to politics/to a question; se ~ contre qn to turn against sb; se ~ et se retourner dans son lit to toss and turn in bed; de quelque côté qu'on se tourne whichever way one turns; tourne-toi (de l'autre côté) turn round *ou* the other way.

tournesol [turnəsɔl] *nm* (a) *(Bot)* sunflower; *V* huile. (b) *(Chim)* litmus.

tourneur [turnœr] **1** *nm (Tech)* turner. ~ sur bois/métaux wood/ metal turner.
2 *adj V* derviche.

tournevis [turnəvis] *nm* screwdriver. ~ cruciforme Phillips screwdriver.

tournicoter* [turnikɔte] (1) *vi*, **tourniquer** [turnike] (1) *vi* (*péj*) to wander up and down.

tourniquet [turnikɛ] *nm* (a) *(barrière)* turnstile; (*porte*) revolving door.
(b) *(Tech)* ~ (hydraulique) reaction turbine; (*d'arrosage*) (lawn-)sprinkler.
(c) (*présentoir*) revolving stand.
(d) *(Méd)* tourniquet.
(e) (*arg Mil*) court-martial. passer au ~ to come up before a court-martial.

tournis [turni] *nm* (a) *(Vét)* sturdy. (b) (*) avoir le ~ to feel dizzy *ou* giddy; cela/il me donne le ~ that/he makes my head spin, that/he makes me (feel) dizzy *ou* giddy.

tournoi [turnwa] *nm* (a) *(Hist)* tournament, tourney. (b) *(Sport)* tournament. ~ d'échecs/de tennis chess/tennis tournament; (*fig littér*) ~ d'éloquence/d'adresse a contest of eloquence/skill; *(Rugby)* le ~ des cinq nations the five-nation championship, the Five Nations tournament; (~) open open (tournament).

tournoiement [turnwamã] *nm* (*V* tournoyer) whirling, twirling, swirling; eddying; wheeling. des ~s de feuilles swirling *ou* eddying leaves; les ~s des danseurs the whirling (of the) dancers.

tournoyer [turnwaje] (8) *vi* (a) (*sur place*) *[danseurs]* to whirl (round), swirl (round), twirl (round); *[eau, fumée]* to swirl, eddy, whirl. faire ~ qch to whirl *ou* twirl sth; la fumée s'élevait en tournoyant the smoke swirled *ou* spiralled up.
(b) (*en cercles*) *[oiseaux]* to wheel (round); *[feuilles mortes]* to swirl *ou* eddy around.

tournure [turnyr] *nf* (a) (*tour de phrase*) turn of phrase; (*forme*) form. ~ négative/impersonnelle negative/impersonal form; la ~ précieuse de ses phrases the affected way (in which) he phrases his sentences.
(b) (*apparence*) *[événements]* turn. la ~ des événements the turn of events; la ~ que prenaient les événements the way the situation was developing, the turn events were taking; la situation a pris une mauvaise/meilleure ~ the situation took a turn for the worse/for the better; donner une autre ~ à une affaire to put a matter in a different light, put a new face on a matter; prendre ~ to take shape.
(c) ~ d'esprit turn *ou* cast of mind.
(d) (†: *allure*) bearing. il a belle ~ he carries himself well, he has a very upright bearing.

touron [turõ] *nm* kind of nougat.

tour-opérateur [turɔperatœr] *nm* tour operator.

tourte [turt(ə)] **1** *adj* (‡: bête) thick‡ (*Brit*), dense*. **2** *nf* (*Culin*) pie. ~ à la viande/au poisson meat/fish pie.

tourteau[1], *pl* ~x [turto] *nm* (*Agr*) oilcake, cattle-cake.
tourteau[2], *pl* ~x [turto] *nm* (*Zool*) common *ou* edible crab.

tourtereau, *pl* ~x [turtəro] *nm* (*Zool*) young turtledove. (*fig: amoureux*) ~x lovebirds.

tourterelle [turtərɛl] *nf* turtledove.

tourtière [turtjɛr] *nf* (*à tourtes*) pie tin; (*à tartes*) pie dish *ou* plate.

tous [tu] *V* **tout**.

toussailler [tusaje] (1) *vi* to have a bit of a cough. arrête de ~! stop coughing and spluttering like that!

Toussaint [tusɛ̃] *nf*: la ~ All Saints' Day; il fait un temps de ~ it's real November weather, it's grim cold weather.

tousser [tuse] (1) *vi* (a) *[personne]* (*lit, pour avertir etc*) to cough. ne sors pas, tu tousses encore un peu don't go out — you've still got a bit of a cough. (b) (*fig*) *[moteur]* to splutter, cough, hiccup.

toussotement [tusɔtmã] *nm* (slight) coughing (*U*).

toussoter [tusɔte] (1) *vi* (*lit*) to have a bit of a *ou* a slight cough; (*pour avertir, signaler*) to cough softly, give a little cough. je l'entendais ~ dans la pièce à côté I could hear him coughing in the next room; cet enfant toussote: je vais lui faire prendre du sirop this child has a bit of a *ou* a slight cough — I'm going to give him some cough mixture.

tout [tu], **toute** [tut], *mpl* **tous** [tu] (*adj*) *ou* [tus] (*pron*), *fpl* **toutes** [tut] **1** *adj* (a) (*avec déterminant: complet, entier*) ~ le, toute la all (the), the whole (of the); il a plu toute la nuit it rained the whole (of the) night *ou* all night (long) *ou* throughout the night; il a plu toute cette nuit/toute une nuit it rained all (of) *ou* throughout last night/for a whole night; pendant ~ le voyage during the whole (of the) trip, throughout the trip; ~ le monde everybody, everyone; ~ le reste (all) the rest; ~ le temps all the time; il a ~ le temps/l'argent qu'il lui faut he has all the time/ money he needs; avoir ~ son temps to have all the time one needs, have all the time in the world; il a dépensé ~ son argent he has spent all (of) his money; mange toute ta viande eat up your meat, eat all (of) your meat; il a passé toutes ses vacances à lire he spent the whole of *ou* all (of) his holidays reading; toute la France regardait le match the whole of *ou* all France was watching the match; c'est toute une affaire it's quite a business, it's a whole rigmarole; c'est ~ le portrait de son père he is the spitting image of his father; féliciter qn de ~ son cœur to congratulate sb wholeheartedly; je le souhaite de ~ mon cœur I wish it with all my heart, it is my heartfelt wish; il courait de toute la vitesse de ses petites jambes he was running as fast as his little legs would carry him; *V* somme[3].

(b) (*intensif: tout à fait*) quite. c'est ~ le contraire it's quite the opposite *ou* the very opposite; lui ~ le premier him *ou* he first of all; c'est ~ autre chose that's quite another matter; avec toi c'est ~ l'un ou ~ l'autre with you it's either all black or all white.

(c) (*seul, unique*) only. c'est ~ l'effet que cela lui fait that's all the effect *ou* the only effect it has on him; c'est là ~ le problème that's the whole problem, that's just where the problem lies; ~ le secret est dans la rapidité the whole secret lies in speed; cet enfant est toute ma joie this child is my only *ou* sole joy, all my joy in life lies with this child; pour toute réponse, il grogna his only reply was a grunt *ou* was to grunt; il avait une valise pour ~ bagage one case was all the luggage he had *ou* all he had in the way of luggage, his luggage was one single case; ils avaient pour ~ domestique une bonne one maid was all the servants they had, all they had in the way of servants was one maid.

(d) (*sans déterminant: complet, total*) all (of), the whole of. donner toute satisfaction to give complete satisfaction, be entirely *ou* completely satisfactory; il a lu ~ Balzac he has read the whole of *ou* all of Balzac; de toute beauté most beautiful, of the utmost beauty; il a visité ~ Londres she has been round the whole of London; de ~ temps, de toute éternité from time immemorial, since the beginning of time; ce n'est pas un travail de ~ repos it's not an easy job; c'est un placement de ~ repos it's an absolutely secure investment, this investment is as safe as houses; à ~ prix at all costs; à toute allure *ou* vitesse at full *ou* top speed; il est parti à toute vitesse he left like a shot; il a une patience/un courage à toute épreuve his patience/courage will stand any test, he has an inexhaustible supply of patience/courage; selon toute apparence to all appearances; en toute simplicité/ franchise in all simplicity/sincerity.

(e) (*sans déterminant: n'importe quel, chaque*) any, all. toute personne susceptible de nous aider any person *ou* anyone able to help us; toute trace d'agitation a disparu all *ou* any trace of agitation has gone; à toute heure (du jour ou de la nuit) at any time *ou* at all times (of the day or night); il me dérange à ~ instant he keeps on disturbing me, he's constantly *ou* continually disturbing me; ça peut se produire à ~ instant it can happen (at) any time *ou* moment; à ~ âge at any age, at all ages; 'restauration à toute heure' 'meals served all day'; ~ autre (que lui) aurait deviné anybody *ou* anyone (but him) would have guessed; pour ~ renseignement, téléphoner ... for all information, ring ... ; (vehicule) ~ terrain all-purpose *ou* all-roads vehicle.

(f) (*en apposition: complètement*) il était ~ à son travail he was entirely taken up by *ou* absorbed in his work; un manteau ~ en laine an all wool coat; habillé ~ en noir dressed all in black, dressed entirely in black; un style ~ en nuances a very subtle style, a style full of nuances; un jeu ~ en douceur a very delicate style of play.

(g) tous, toutes (*l'ensemble, la totalité*) all, every; toutes les personnes que nous connaissons all the people *ou* everyone *ou* everybody (that) we know; tous les moyens lui sont bons he'll stick at nothing, he will use any means to achieve his ends; il avait toutes les raisons d'être mécontent he had every reason to be *ou* for being displeased; tous les hommes sont mortels all men are mortal; courir dans tous les sens to run in all directions *ou* in every direction; il roulait tous feux éteints he was driving with all his lights out; film pour tous publics film suitable for all audiences; des individus de toutes tendances/tous bords people of all tendencies/shades of opinion; toutes sortes de all sorts of, every kind of; tous azimuts *attaquer* on all fronts.

(h) (*de récapitulation: littér*) le saut en hauteur, la course, le lancer du javelot, toutes disciplines qui exigent ... the high jump, running, throwing the javelin, all (of them) disciplines requiring ....

(i) tous *ou* toutes les (*chaque*) every; tous les jours/ans/mois every day/year/month; venir tous les jours to come every day, come daily; tous les deux jours/mois every other *ou* second *ou* alternate day/month, every two days/months; tous les 10 mètres every 10 metres; il vient tous les combien?* how often does he come?; toutes les 3 heures every 3 hours, at 3-hourly intervals; (*hum*) tous les trente-six du mois once in a blue moon.

(j) (*avec numéral: ensemble*) tous (les) deux both (of them), the two of them, each (of them); tous (les) 3/4 all 3/4 (of them); tous les 5/6 *etc* all 5/6 *etc* (of them).

(k) (*loc*) en ~ bien ~ honneur with the most honourable (of) intentions; à ~ bout de champ = à ~ propos; en ~ cas anyway, in any case, at any rate; ~ un chacun all and sundry, every one of us (*ou* them), everybody and anybody; (*Prov*) tous les chemins mènent à Rome all roads lead to Rome; de ~ côté, de tous côtés chercher, regarder on all sides, everywhere; à tous égards in every respect; en ~ état de cause anyway, in any case; de toute façon in any case, anyway, anyhow; **il s'est enfui à toutes jambes** he ran away as fast as his legs could carry him, he showed a clean pair of heels; **en tous lieux** everywhere; *(Prov)* **toute peine mérite salaire** the labourer is worthy of his hire *(Prov)*; **faire ~ son possible** to do one's utmost *(pour* to); **toutes proportions gardées** relatively speaking, making due allowances; **à ~ propos** every now and then, every other minute.

2 *pron indéf* **(a)** *(gén)* everything, all; *(sans discrimination)* anything. **il a ~ organisé** he organized everything, he organized it all; **ses enfants mangent (de) ~** her children will eat anything; **il vend de ~** he sells anything and everything; **on ne peut pas ~ faire** one can't do everything; **~ va bien** all's (going) well, everything's fine; **avec lui, c'est ~ ou rien** with him it's all or nothing; **être ~ pour qn** to be everything to sb; **son travail, ses enfants, ~ l'exaspère** his work, the children, everything annoys him; **~ lui est bon** everything *ou* all is grist to his mill *(pour* to); *V* **falloir**.

(b) **tous, toutes** all; **tous/toutes tant qu'ils/qu'elles sont** all of them, every single one of them; **tous sont arrivés** they have all arrived; **il les déteste tous** *ou* **toutes** he hates them all *ou* all of them; **nous avons tous nos défauts** we all *ou* we each of us have our faults; **nous mourrons tous** we shall all die; **vous tous qui m'écoutez** all of you who are listening to me; **écoutez bien tous!** listen, all of you!; **il s'attaque à nous tous** he's attacking us all; **tous ensemble** all together; **film pour tous** film suitable for all audiences.

(c) **~ ce qui, ~ ce que: ~ ce que je sais, c'est qu'il est parti** all I know is that he's gone; **c'est ~ ce qu'il m'a dit/laissé** that's all he told me/left me; **est-ce que vous avez ~ ce dont vous avez besoin?** *ou* **ce qu'il vous faut?** have you everything *ou* all (that) you need?; **ne croyez pas ~ ce qu'il raconte** don't believe everything *ou* all he tells you; **~ ce qui lui appartient** everything *ou* all that belongs to him; **~ ce que le pays compte de sportifs/savants** all the country has in the way of sportsmen/scientists, the country's entire stock of sportsmen/scientists; *(Prov)* **~ ce qui brille n'est pas or** all that glitters is not gold *(Prov)*; **il a été ~ ce qu'il y a de gentil/serviable** he was most kind/obliging, he couldn't have been kinder/more obliging.

(d) *(loc)* **~ est bien qui finit bien** all's well that ends well; **~ est pour le mieux dans le meilleur des mondes** everything is for the best in the best of all possible worlds; **~ a une fin** there is an end to everything, everything comes to an end; **... et ~ et ~*** ... and all that sort of thing, ... and so on and so forth; **~ finit par des chansons** everything ends with a song; **~ passe, ~ casse** nothing lasts for ever; *(fig)* **~ est là** that's the whole point; **c'est ~** that's all; **c'est ~ dire** I need say no more; **ce sera ~?** will that be all?, (will there be) anything else?; **et ce n'est pas ~!** and that's not all!, and there's more to come!; **ce n'est pas ~ (que) d'en parler** there's more to it than just talking about it; **ce n'est pas ~ de partir, il faut arriver** it's not enough to set off — one must arrive as well; **c'était ~ ce qu'il y a de chic** it was the last word in chic *ou* the ultimate in chic; **il y avait des gens ~ ce qu'il y a de plus distingué(s)** there were the most distinguished people there; **à ~ prendre, ~ bien considéré** all things considered, taking everything into consideration; *(Comm)* **~ compris** inclusive, all-in; **la formule du ~ compris** inclusive *ou* all-in terms; *(péj)* **avoir ~ d'un brigand/du clown** to be an absolute *ou* a real brigand/clown; **avoir ~ d'une intrigante** to be a real schemer; **en ~** in all; **en ~ et pour ~** all in all; *(Prov)* **~ vient à point à qui sait attendre** everything comes to him who waits; *V* **après, comme, malgré** *etc*.

3 *adv (s'accorde en genre et en nombre devant adj f qui commence par consonne ou h aspiré)* **(a)** *(tout à fait)* very, quite. **c'est ~ neuf** *(objet)* it's brand new; *(littér)* **son bonheur ~ neuf** his new-found happiness; **il est ~ étonné** he is very *ou* most surprised; **les toutes premières années** the very first *ou* early years; **c'est une ~ autre histoire** that's quite another story; **elles étaient ~ heureuses/ toutes contentes** they were most *ou* extremely happy/pleased; **il a mangé sa viande toute crue** he ate his meat quite *ou* completely raw; **c'est ~ naturel** it's perfectly *ou* quite natural; **la ville ~ entière** the whole town; **~(e) nu(e)** stark naked; **~ enfant ou toute petite elle aimait la campagne** as a (very) small child she liked the country; **c'est une toute jeune femme** she's a very young woman; **il est ~ seul** he's all alone; **il était ~ seul dans un coin** he was all by himself *ou* all alone in a corner; **il l'a fait ~ seul** he did it (all) on his own *ou* all by himself *ou* single-handed *ou* unaided; **cette tasse ne s'est pas cassée toute seule!** this cup didn't break all by itself!; **cela va ~ seul** it all goes smoothly.

(b) *(concession: quoique)* **~ médecin qu'il soit** even though *ou* although he is a doctor, I don't care if he is a doctor; **toute malade qu'elle se dise** however ill *ou* no matter how ill she says she is; **~ grand que soit leur appartement** however large *ou* no matter how large their flat (is), large though their flat may be.

(c) *(intensif)* **~ près** *ou* **à côté** very near *ou* close; **~ au loin** far away, right *ou* far in the distance; **~ là-bas** right over there; **~ simplement** *ou* **bonnement** quite simply; **je vois cela ~ autrement** I see it quite differently; **je le sais ~ autant que toi** I know it as well as you do, I'm as aware of it as you are; **j'aime ça ~ aussi peu que lui** I like that as little as he does; **~ en bas de la colline** right at the bottom of the hill; **~ dans le fond/au bout** right at the bottom/at the end, at the very bottom/end; **il répondit ~ court que non** he just answered no (and that was all); **ne m'appelez pas Dupont de la Motte, pour les amis c'est Dupont ~ court** don't call me Dupont de la Motte, it's plain Dupont to my friends; **tu t'es ~ sali** you've got yourself all dirty; **tu as ~ sali tes habits** you've got your clothes all dirty; **parler ~ bas** to speak very low *ou* quietly; **il était ~ en sueur** he was in a lather of sweat *ou* running with sweat; **elle était ~ en larmes** she was in floods of tears; **le jardin oot ~ en fleurs** the garden is a mass of flowers.

(d) **~ en** + *participe présent*: **~ en marchant/travaillant** as *ou* while you walk/work, while walking/working; **elle tricotait ~ en regardant la télévision** she was knitting while watching television; **~ en prétendant le contraire il voulait être élu** (al)though he pretended otherwise he wanted to be elected; **~ en reconnaissant ses mérites je ne suis pas d'accord avec lui** (al)though *ou* even though I recognize his strengths I don't agree with him.

(e) *(avec n)* **être ~ yeux/oreilles** to be all eyes/ears; *(hum)* **je suis ~ ouïe** I am all ears!; **être ~ sucre ~ miel** to be all sweetness and light; **~ laine/coton** all wool/cotton; **être ~ feu ~ flammes** to be fired with enthusiasm.

(f) *(déjà)* **~ prêt, ~ préparé** ready-made; **formules toutes faites** ready-made *ou* set *ou* standard phrases; **idées toutes faites** preconceived ideas, unquestioning ideas; **vendu ~ cuit** sold ready cooked *ou* pre-cooked; **c'est du ~ cuit*** it's a cinch* *ou* a pushover*; **c'est ~ vu*** it's a foregone conclusion, it's a dead cert*.

(g) *(loc)* **le ~ est qu'il parte à temps** the main *ou* most important thing is that he leaves in time; **le ~ c'est de faire vite** the main thing is to be quick about it; **il avait changé du ~ au ~** he had changed completely; **ce n'est pas le ~*** this is no good, this isn't good enough; **ce n'est pas le ~ de s'amuser, il faut travailler** we can't keep on enjoying ourselves like this — we must get down to work; **(pas) du ~** not at all; **il n'y a pas de pain du ~** there's no bread at all; **il n'y a plus du ~ de pain** there's no bread left at all; **je n'entends rien du ~** I can't hear a thing, I can't hear anything at all; *V* **comme**.

4 *nm* **(a)** whole. **tous ces éléments forment un ~** all these elements make up a whole; **acheter/vendre/prendre le ~** to buy/sell/take the (whole) lot *ou* all of it *(ou* them); *(charade)* **mon ~** my whole *ou* all; *(Rel)* **le grand T~** the Great Whole.

(b) *(loc)* **le ~** est qu'il parte à temps the main *ou* most important thing is that he leaves in time; le ~ **c'est de faire vite** the main thing is to be quick about it; **il avait changé du ~ au ~** he had changed completely; **ce n'est pas le ~*** this is no good, this isn't good enough; **ce n'est pas le ~ de s'amuser, il faut travailler** we can't keep on enjoying ourselves like this — we must get down to work; **(pas) du ~** not at all; **il n'y a pas de pain du ~** there's no bread at all; **il n'y a plus du ~ de pain** there's no bread left at all; **je n'entends rien du ~** I can't hear a thing, I can't hear anything at all; *V* **comme**.

tout-à-l'égout [tutalegu] *nm inv* mains drainage, main sewer.
Toutankhamon [tutãkamɔ̃] *nm* Tutankhamen, Tutankhamun.
toutefois [tutfwa] *adv* however. **sans ~ que cela les retarde** without that delaying them however; **si ~ il est d'accord** if he agrees however *ou* nonetheless.
tout-en-un [tutãœ̃] *adj inv* all-in-one.
toute-puissance [tutpɥisãs] *nf* omnipotence.
tout-fou*, *pl* **tout-fous** [tu fu] *adj m* over-excited. **il fait son ~** he's a bit over-excited.
toutime* [tutim] *nm*: **le ~** the whole lot, everything.
toutou [tutu] *nm (langage enfantin)* doggie, bow-wow *(langage enfantin)*. *(fig)* **suivre qn/obéir à qn comme un ~** to follow sb about/ obey sb as meekly as a lamb.
tout-petit, *pl* **tout-petits** [tup(ə)ti] *nm* toddler, tiny tot. **un jeu pour les ~s** a game for the very young *ou* for toddlers *ou* tiny tots.
tout-puissant, toute-puissante [tupɥisã, tutpɥisãt] **1** *adj* almighty, omnipotent, all-powerful. **2** *nm*: **le Tout-Puissant** the Almighty.
tout-venant [tuvnã] *nm inv (charbon)* raw coal. *(articles, marchandises)* **le ~** the run-of-the-mill *ou* ordinary stuff.
toux [tu] *nf* cough. **~ grasse/sèche/nerveuse** loose/dry/nervous cough; *V* **quinte²**.
toxémie [tɔksemi] *nf* blood poisoning, toxaemia.
toxicité [tɔksisite] *nf* toxicity.
toxicologie [tɔksikɔlɔʒi] *nf* toxicology.
toxicologique [tɔksikɔlɔʒik] *adj* toxicological.
toxicologue [tɔksikɔlɔg] *nmf* toxicologist.
toxicomane [tɔksikɔman] *nmf* drug addict.
toxicomanie [tɔksikɔmani] *nf* drug addiction.
toxicose [tɔksikoz] *nf* toxicosis.
toxine [tɔksin] *nf* toxin.
toxique [tɔksik] **1** *adj* toxic, poisonous. **2** *nm* toxin, poison.
toxoplasmose [tɔksɔplasmoz] *nf* toxoplasmosis.
T.P. [tepe] *nm abrév de* **travaux pratiques** *et de* **travaux publics**; *V* **travail¹**.
trac¹ [trak] *nm (Théât, en public)* stage fright; *(aux examens etc)* nerves *(pl)*. **avoir le ~** to have *ou* get stage fright; **to get (an attack *ou* fit of) nerves, ficher le ~ à qn*** to put the wind up sb* *(Brit)*, give sb a fright.
trac² [trak] *nm*: **tout à ~ dire, demander** right out of the blue.

traçage [tʀasaʒ] *nm* (*V* **tracer**) drawing; tracing; opening up; marking out.

traçant, e [tʀasɑ̃, ɑ̃t] *adj* (a) (*Bot*) *racine* running, creeping. (b) (*Mil*) *obus, balle* tracer; *V* **table**.

tracas [tʀaka] **1** *nm* (*littér* †: *embarras*) bother, upset. **se donner bien du ~** to give o.s. a great deal of trouble. **2** *nmpl* (*soucis, ennuis*) worries.

tracasser [tʀakase] (1) **1** *vt* (*gén*) to worry, bother; [*administration*] to harass, bother. **qu'est-ce qui te tracasse?** what's bothering *ou* worrying you? **2 se tracasser** *vpr* (*se faire du souci*) to worry, fret. **ne te tracasse pas pour si peu!** don't worry *ou* fret over a little thing like that!

tracasserie [tʀakasʀi] *nf* (*gén pl*) harassment. **les ~s de l'administration** the irksome *ou* bothersome *ou* annoying aspects of officialdom.

tracassier, -ière [tʀakasje, jɛʀ] *adj* irksome, bothersome, worrisome. **une administration ~ière** bothersome *ou* irksome officialdom.

trace [tʀas] *nf* (a) (*empreinte*) [*animal, fugitif, pneu*] tracks (*pl*). **la ~ du renard diffère de celle de la belette** the fox's tracks differ from those of the weasel; **suivre une ~ de blaireau** to follow some badger tracks; **~s de pas** footprints; **~s de pneus** tyre tracks.
(b) (*chemin frayé*) track, path. **s'ouvrir une ~ dans la brousse** to open up a track *ou* path through the undergrowth; (*Alpinisme, Ski*) **faire la ~** to be the first to ski (*ou* walk *etc*) on new snow; **on voyait leur ~ dans la face nord** we could see their tracks on the north face.
(c) (*marque*) [*sang*] trace; [*brûlure, encre*] mark; [*outil*] mark; [*blessure, maladie*] mark. **~s de freinage** brake marks; **~s de doigt** (*sur disque, meuble*) finger marks; **~s d'effraction** signs of a break-in; (*littér*) **les ~s de la souffrance** the marks of suffering; **des ~s de fatigue se lisaient sur son visage** his face showed signs of tiredness *ou* bore the marks of tiredness; **cet incident avait laissé une ~ durable/profonde sur son esprit** the incident had left an indelible/a definite mark on his mind.
(d) (*indice*) trace. **il n'y avait pas ~ des documents volés/du fugitif dans l'appartement** there was no trace of the stolen documents/of the fugitive in the flat; **on ne trouve pas ~ de cet événement dans les journaux** there's no trace of this event to be found in the papers.
(e) (*vestige: gén pl*) [*bataille, civilisation*] trace; (*indice: gén pl*) [*bagarre*] sign. **on y voyait les ~s d'une orgie/d'un passage récent** you could see the signs of an orgy/that somebody had recently passed by; **retrouver les ~s d'une civilisation disparue** to discover the traces *ou* signs of a lost civilisation.
(f) (*quantité minime*) [*poison, substance*] trace. **on y a trouvé de l'albumine à l'état de ~** traces of albumen have been found; (*fig*) **il ne montrait nulle ~ de repentir/de chagrin** he showed no trace of regret/sorrow *ou* no sign(s) of being sorry/of sorrow; **sans une ~ d'accent étranger** without a *ou* any trace of a foreign accent.
(g) (*loc*) **disparaître sans laisser de ~s** [*personne*] to disappear without trace; [*tache*] to disappear completely without leaving a mark; **suivre à la ~** *animal, fugitif* to track; (*fig*) **on peut le suivre à la ~** you can always tell when he has been here; **être sur la ~ de** *fugitif* to be on the track *ou* trail of; *complot, document* to be on the track of; **perdre la ~ d'un fugitif** to lose track of *ou* lose the trail of a fugitive; **retrouver la ~ d'un fugitif** to pick up the trail of a fugitive again; (*fig*) **marcher sur ou suivre les ~s de qn** to follow in sb's footsteps.

tracé [tʀase] *nm* (a) (*plan*) [*réseau routier ou ferroviaire, installations*] layout, plan. (b) (*parcours*) [*ligne de chemin de fer, autoroute*] route; [*rivière*] line, course; [*itinéraire*] course; (*contour*) [*côte, crête*] line. (c) (*graphisme*) [*dessin, écriture*] line.

tracer [tʀase] (3) **1** *vt* (a) (*dessiner*) *ligne, triangle, plan* to draw; *courbe de graphique* to plot; (*écrire*) *chiffre, mot* to write, trace. (*fig*) **~ le tableau d'une époque** to sketch *ou* draw *ou* paint the picture of a period.
(b) *route, piste* (*frayer*) to open up; (*baliser*) to mark out. (*fig*) **~ le chemin ou la voie à qn** to show sb the way.
2 *vi* (‡: *courir*) to shift* (*Brit*), hurry, belt* *ou* rush along.

traceur, -euse [tʀasœʀ, øz] **1** *adj* (*Sci*) *substance* tracer (*épith*). **2** *nm* (*appareil enregistreur*) pen; (*Sci: isotope*) tracer. (*Ordin*) **~ (de courbes)** (graph) plotter; **~ incrémentiel** incremental plotter.

trachéal, e, *mpl* **-aux** [tʀakeal, o] *adj* tracheal.

trachée [tʀaʃe] *nf* (a) (*Anat*) **~(-artère)** windpipe, trachea (*T*). (b) (*Zool*) trachea.

trachéen, -enne [tʀakeɛ̃, ɛn] *adj* (*Zool*) tracheal.

trachéite [tʀakeit] *nf* tracheitis (*U*). **avoir une ~, faire de la ~** to have tracheitis.

trachéotomie [tʀakeɔtɔmi] *nf* tracheotomy.

traçoir [tʀaswaʀ] *nm* [*dessinateur, graveur*] scriber; [*jardinier*] drill marker.

tract [tʀakt] *nm* pamphlet, leaflet, handout.

tractation [tʀaktasjɔ̃] *nf* (*gén péj*) negotiation, dealings (*pl*), bargaining (*U*).

tracté, e [tʀakte] *adj* tractor-drawn.

tracter [tʀakte] (1) *vt* to tow.

tracteur [tʀaktœʀ] *nm* tractor.

traction [tʀaksjɔ̃] *nf* (a) (*Sci, gén: action, mouvement*) traction. (*Sci*) **résistance à la/effort de ~** tensile strength/stress; **faire des ~s** (*en se suspendant*) to do pull-ups; (*au sol*) to do press-ups (*Brit*) *ou* push-ups.
(b) (*mode d'entraînement d'un véhicule*) traction, haulage. (*Rail*) **~ animale/mécanique** animal/mechanical traction *ou* haulage; **à ~ animale** drawn *ou* hauled by animals; **à ~ mécanique** mechanically drawn; **à ~ vapeur/électrique** steam/electric traction; (*Aut*) **~ arrière** rear-wheel drive; (*Aut*) **~ avant**

(*dispositif*) front-wheel drive; (*automobile*) car with front-wheel drive.
(c) (*Rail: service*) **la ~** the engine and driver section; **service du matériel et de la ~** mechanical and electrical engineer's department.

tractus [tʀaktys] *nm* (*Anat*) tract. **~ digestif** digestive tract.

tradition [tʀadisjɔ̃] *nf* (a) (*gén*) tradition. (*Rel*) **la T~** Tradition; (*Littérat*) **la ~ manuscrite d'une œuvre** the manuscript tradition of a work; **la ~ orale** the oral tradition; **de ~ traditional**; **fidèle à la ~** true to tradition; **c'était bien dans la ~ française** it was very much in the French tradition; **il est de ~ ou c'est la ~ que/de faire** it is a tradition *ou* traditional that/to do.
(b) (*Jur*) tradition, transfer.

traditionalisme [tʀadisjɔnalism(ə)] *nm* traditionalism.

traditionaliste [tʀadisjɔnalist(ə)] **1** *adj* traditionalist(ic). **2** *nm,f* traditionalist.

traditionnel, -elle [tʀadisjɔnɛl] *adj* pratique, interprétation, opinion traditional; (*: habituel*) good old* (*épith*), usual. **sa ~le robe noire*** her good old* *ou* usual black dress.

traditionnellement [tʀadisjɔnɛlmɑ̃] *adv* traditionally; (*habituellement*) as always, as usual. **~ vêtue de noir** dressed in black as always *ou* as is (*ou* was) her wont (*hum*).

traducteur, -trice [tʀadyktœʀ, tʀis] *nm,f* translator. **~-interprète** translator-interpreter.

traduction [tʀadyksjɔ̃] *nf* (a) (*action, opération, technique*) translation, translating (*dans, en* into); (*phrase, texte, Scol: exercice*) translation. **la ~ en arabe pose de nombreux problèmes** translation *ou* translating into Arabic presents many problems; **la ~ de ce texte a pris 3 semaines** the translation of this text *ou* translating this text took 3 weeks; **c'est une ~ assez libre** it's a fairly free translation *ou* rendering; **une excellente ~ de Proust** an excellent translation of Proust; **~ littérale** literal translation; **la ~ automatique** machine *ou* automatic translation; **la ~ simultanée** simultaneous translation.
(b) (*fig: interprétation*) [*sentiments*] expression.

traduire [tʀadɥiʀ] (38) *vt* (a) *mot, texte, auteur* to translate (*en, dans* into). **traduit de l'allemand** translated from (the) German.
(b) (*exprimer*) to convey, render, express; (*rendre manifeste*) to be the expression of. **les mots traduisent la pensée** words convey *ou* render *ou* express thought; **ce tableau traduit un sentiment de désespoir** this picture conveys *ou* expresses a feeling of despair; **sa peur se traduisait par une grande volubilité** his fear found expression in great volubility; **cela s'est traduit par une baisse du pouvoir d'achat** it was translated into a drop in buying power.
(c) (*Jur*) **~ qn en justice** to bring sb before the courts; **~ qn en correctionnelle** to bring sb before the criminal court.

traduisible [tʀadɥizibl(ə)] *adj* translatable.

Trafalgar [tʀafalgaʀ] *nm* Trafalgar; *V* **coup**.

trafic [tʀafik] *nm* (a) (*péj*) (*commerce clandestin*) traffic; (*activité*) trafficking; (†: *commerce*) trade (*de* in). **~ d'armes** arms dealing, gunrunning; **faire le ~ d'armes** to be engaged in arms dealing *ou* gunrunning; **~ des stupéfiants** *ou* **de la drogue** drug trafficking; **faire le ~ des stupéfiants** *ou* **de la drogue** to traffic in drugs; **le ~ des vins/cuirs†** the wine/leather trade.
(b) (*fig: activités suspectes*) dealings (*pl*); (*: micmac*) funny business*, goings-on* (*pl*). (*Hist*) **~ des bénéfices** selling of benefices; (*Jur*) **~ d'influence** trading of favours; (*fig péj*) **faire ~ de son honneur** to trade in one's honnour; (*fig hum*) **faire (le) ~ de ses charmes** to offer one's charms for sale; **il se fait ici un drôle de ~*** there's some funny business going on here*, there are some strange goings-on here*.
(c) (*Aut, Aviat, Rail*) traffic. **~ maritime/routier/aérien/ferroviaire** sea/road/air/rail traffic; **ligne à fort ~** line carrying dense *ou* heavy traffic; **~ (de) marchandises/(de) voyageurs** *ou* **passengers** goods/passenger traffic.

traficoter* [tʀafikɔte] (1) *vti* (a) (*altérer*) *vin* to doctor*; *moteur* to tamper *ou* fiddle with. **~ les comptes** to cook* (*Brit*) *ou* fiddle the books. (b) (*réparer*) *serrure, transistor, robinet* to patch up, mend. (c) (*faire*) **qu'est qu'il traficote dans la cuisine?** what's he up to *ou* doing in the kitchen?

trafiquant, e [tʀafikɑ̃, ɑ̃t] *nm,f* (*péj*) trafficker. **~ de drogue** drug trafficker; **~ d'armes** arms dealer, gunrunner.

trafiquer [tʀafike] (1) **1** *vi* (*péj*) to traffic, trade (illicitly). **~ de qch** to traffic in sth, trade illicitly in sth; **~ de son influence/ses charmes** to offer one's influence/charms for sale. **2** *vt* (*: péj*) *vin* to doctor*; *moteur* to tamper *ou* fiddle with.

tragédie [tʀaʒedi] *nf* (*gén, Théât*) tragedy.

tragédien [tʀaʒedjɛ̃] *nm* tragedian, tragic actor.

tragédienne [tʀaʒedjɛn] *nf* tragedienne, tragic actress.

tragi-comédie, *pl* **tragi-comédies** [tʀaʒikɔmedi] *nf* (*Théât, fig*) tragi-comedy.

tragi-comique [tʀaʒikɔmik] *adj* (*Théât, fig*) tragi-comic.

tragique [tʀaʒik] **1** *adj* (*Théât, fig*) tragic. **ce n'est pas ~*** it's not the end of the world.
2 *nm* (a) (*auteur*) tragedian, tragic author.
(b) (*genre*) **le ~** tragedy.
(c) (*caractère dramatique*) [*situation*] tragedy. **la situation tourne au ~** the situation is taking a tragic turn; **prendre qch au ~** to act as if sth were a tragedy, make a tragedy out of sth.

tragiquement [tʀaʒikmɑ̃] *adv* tragically.

trahir [tʀaiʀ] (2) *vt* (a) *ami, patrie, cause,* (†) *femme* to betray. **~ la confiance/les intérêts de qn** to betray sb's confidence/interests; (*fig*) **ses sens le trahirent: pour une fois il se trompa** his senses betrayed *ou* deceived him — for once he was mistaken; **sa rougeur la trahit** her blushes gave her away *ou* betrayed her.
(b) (*révéler, manifester*) *secret, émotion* to betray, give away. **~ sa pensée** to betray *ou* reveal one's thoughts; **son intonation**

trahissait sa colère his intonation betrayed his anger; **sa peur se trahissait par une grande volubilité** his fear betrayed itself in a great flow of words.
  (c) (*lâcher*) [*forces, santé*] to fail. **ses forces l'ont trahi** his strength failed him; **ses nerfs l'ont trahi** his nerves let him down *ou* failed him.
  (d) (*mal exprimer*) to misrepresent. **ces mots ont trahi ma pensée** those words misrepresented what I had in mind; **ce traducteur/cet interprète a trahi ma pièce** this translator/ performer has given a totally false rendering of my play.

trahison [tʀɑizɔ̃] *nf* (*gén*) betrayal, treachery (*U*); (*Jur, Mil: crime*) treason. **il est capable des pires** ~**s** he is capable of the worst treachery.

traille [tʀɑj] *nf* (*câble*) ferry-cable; (*bac*) (cable) ferry.

train [tʀɛ̃] **1** *nm* (a) (*Rail*) train. ~ **omnibus/express/rapide** slow *ou* stopping/fast/express train; ~ **direct** fast *ou* non-stop *ou* express train; ~ **à vapeur/électrique** steam/electric train; ~ **de marchandises/voyageurs** goods/passenger train; ~ **auto-couchettes** car-sleeper train, ≃ Motorail (*Brit*); ~**s supplémentaires** extra trains; **le** ~ **de Paris/Lyon** the Paris/Lyons train; ~ **à grande vitesse** high-speed train; **les** ~**s de neige** the winter-sports trains; **il est dans ce** ~ he's on *ou* aboard this train; **mettre qn dans le** ~ *ou* **au** ~ to see sb to the train, see sb off on the train *ou* at the station; **voyager par** *ou* **prendre le** ~ to travel by rail *ou* train, take the train; **monter dans** *ou* **prendre le** ~ **en marche** (*lit*) to get on the moving train; (*fig*) to jump on *ou* climb onto the bandwagon; **la Grande-Bretagne a pris le** ~ **du Marché commun en marche** Great Britain has jumped on *ou* climbed onto the Common Market bandwagon.
  (b) (*allure*) pace. **ralentir/accélérer le** ~ to slow down/speed up, slow/quicken the pace; **aller son** ~ to carry along; **aller son petit** ~ to go along at one's own pace; **l'affaire va son petit** ~ things are chugging *ou* jogging along (nicely); **aller bon** ~ [*affaire, travaux*] to make good progress; [*voiture*] to go at a good pace, make good progress; **aller grand** ~ to make brisk progress, move along briskly; **les langues des commères allaient bon** ~ the old wives' tongues were wagging away *ou* were going nineteen to the dozen (*Brit*); **mener/suivre le** ~ to set/follow the pace; (*fig: dépenser beaucoup*) **mener grand** ~ to live in grand style, spend money like water; **il allait à un** ~ **d'enfer** he was going flat out, he was racing along; **au** ~ **où il travaille** (at) the rate he is working; **au** *ou* **du** ~ **où vont les choses, à ce** ~**-là** the rate things are going, at this rate; *V* **fond**.
  (c) **être en** ~ (*en action*) to be under way; (*de bonne humeur*) to be in good spirits; **mettre qn en** ~ (*l'égayer*) to put sb in good spirits; **mettre un travail en** ~ to get a job under way *ou* started; **mise en** ~ [*travail*] starting (up), start; (*Typ*) make-ready; (*exercices de gym*) warm-up; (*en bonne santé*) **être/se sentir en** ~ to be/feel in good form *ou* shape; **elle ne se sent pas très en** ~ she doesn't feel too good *ou* too bright*, she feels a bit off-colour *ou* under the weather (*Brit*).
  (d) **être en** ~ **de faire qch** to be doing sth; **être en** ~ **de manger/regarder la télévision** to be busy eating/watching television; **j'étais juste en** ~ **de manger** I was (right) in the middle of eating, I was just eating; **on l'a pris en** ~ **de voler** he was caught stealing.
  (e) (*file*) [*bateaux, mulets, chevaux*] train, line. (*Mil*) **le** ~ (**des équipages**) ≃ the (Army) Service Corps; ~ **de bois (de flottage)** timber raft; (*Espace*) ~ **spatial** space train.
  (f) (*Tech: jeu*) ~ **d'engrenages** train of gears; ~ **de pneus** set of (four) tyres.
  (g) (*Admin: série*) **un** ~ **d'arrêtés/de mesures** a batch of decrees/measures; **un premier** ~ **de réformes** a first batch *ou* set of reforms.
  (h) (*partie*) (*Aut*) ~ **avant/arrière** front/rear wheel-axle unit; [*animal*] ~ **de devant** forequarters (*pl*); ~ **de derrière** hindquarters (*pl*).
  (i) (‡*: derrière*) backside‡, rear (end)*. **recevoir un coup de pied dans le** ~ to get a kick in the pants* *ou* up the backside‡; *V* **filer, magner**.
  2: (*Aviat*) **train d'atterrissage** undercarriage, landing gear; **train de maison** (†: *domestiques*) household, retainers (†: *pl*); (*dépenses, ménage*) (household) establishment; **train mixte** goods and passenger train; (*Phys*) **train d'ondes** wave train; **train postal** mail train; (*Mil*) **train sanitaire** hospital train; **train de vie** lifestyle, style of living; **le train de vie de l'État** the government's rate of expenditure.

traînailler [tʀɛnɑje] (1) *vi* (a) (*être lent*) to dawdle, dillydally. (b) (*vagabonder*) to loaf around, loiter about, hang around, lounge about.

traînant, e [tʀɛnɑ̃, ɑ̃t] *adj voix, accent* drawling (*épith*); *robe, aile* trailing (*épith*); *démarche* shuffling (*épith*).

traînard, e [tʀɛnaʀ, aʀd(ə)] *nm,f* (*péj*) (*gén*) slowcoach* (*Brit*), slowpoke* (*US*); (*toujours en queue d'un groupe*) straggler.

traînasser [tʀɛnase] (1) *vi* = **traînailler**.

traîne [tʀɛn] *nf* (a) [*robe*] train. (b) (*Pêche*) dragnet. **pêche à la** ~ dragnet fishing. (c) (*fig*) **être à la** ~ (*en remorque*) to be in tow; (*: en retard, en arrière*) to lag behind.

traîneau, pl ~**x** [tʀɛno] *nm* (a) (*véhicule*) sleigh, sledge (*Brit*), sled (*US*). **promenade en** ~ sleigh ride. (b) (*Pêche*) dragnet.

traînée [tʀɛne] *nf* (a) (*laissée par un véhicule, un animal etc*) trail, tracks (*pl*); (*sur un mur: d'humidité, de sang etc*) streak, smear; (*bande, raie: dans le ciel, un tableau*) streak. ~**s de brouillard** wisps *ou* streaks of fog; ~ **de poudre** powder trail; **se répandre comme une** ~ **de poudre** to spread like wildfire.
  (b) (*péj: femme de mauvaise vie*) slut, hussy†.
  (c) (*Tech: force*) drag.

traîne-lattes* [tʀɛnlat] *nm inv* = **traîne-savates***.

traînement [tʀɛnmɑ̃] *nm* [*jambes, pieds*] trailing, dragging; [*voix*] drawl.

traîne-misère [tʀɛnmizɛʀ] *nm inv* wretch.

traîne-patins* [tʀɛnpatɛ̃] *nm inv* = **traîne-savates***.

traîner [tʀene] (1) **1** *vt* (a) (*tirer*) *sac, objet lourd, personne* to pull, drag; *wagon, charrette* to draw, pull, haul. ~ **un meuble à travers une pièce** to pull *ou* drag *ou* haul a piece of furniture across a room; ~ **qn par les pieds** to drag sb along by the feet; ~ **les pieds** (*lit*) to drag one's feet, shuffle along; (*fig: hésiter*) to drag one's feet; ~ **la jambe** *ou* **la patte*** to limp, hobble; **elle traînait sa poupée dans la poussière** she was trailing *ou* dragging her doll through the dust; (*fig*) ~ **ses guêtres*** to mooch around* (*Brit*), drag o.s. around; (*fig*) ~ **la savate*** to bum around‡; (*fig*) ~ **qn dans la boue** *ou* **fange** to drag sb *ou* sb's name through the mud; (*fig*) ~ **un boulet** to have a millstone round one's neck.
  (b) (*emmener: péj*) to drag (with one). **il traîne sa femme à toutes les réunions** he drags his wife along (with him) to all the meetings; **elle est obligée de** ~ **ses enfants partout** she has to trail *ou* drag her children along (with her) everywhere; **il traîne toujours une vieille valise avec lui** he is always dragging *ou* lugging* an old suitcase around with him; (*fig*) ~ **de vieilles idées/des conceptions surannées** to cling to old ideas/outdated conceptions.
  (c) (*subir*) **elle traîne cette bronchite depuis janvier** this bronchitis has been with her *ou* plaguing her since January; **elle traîne un mauvais rhume** she has a bad cold she can't get rid of *ou* shake off; ~ **une existence misérable** to drag out a wretched existence; **cette mélancolie qu'il traîna sans pouvoir s'en défaire** this feeling of melancholy which clung to him *ou* oppressed him and would not be dispelled.
  (d) (*faire durer*) to drag out, draw out. (**faire**) ~ **les choses en longueur** to drag things out.
  (e) (**faire**) ~ **mots** to drawl; *fin de phrase* to drag out, drawl; (**faire**) ~ **sa voix** to drawl.
  2 *vi* (a) [*personne*] (*rester en arrière*) to lag *ou* trail behind; (*aller lentement*) to dawdle; (*péj: errer*) to hang about. ~ **en chemin** to dawdle on the way; ~ **dans les rues** to roam the streets, hang about the streets; **elle laisse ses enfants** ~ **dans la rue** she lets her children hang about the street(s); **il traîne pour se préparer** he dawdles when he gets dressed, he takes ages to get dressed; ~ **en peignoir dans la maison** to trail round *ou* hang about in one's dressing-gown in the house; **on est en retard, il ne s'agit plus de** ~ **we're late** — we must stop hanging around *ou* dawdling; ~ **dans les cafés** to hang around the cafés; **après sa maladie, il a encore traîné 2 ans** after his illness he lingered on for 2 years.
  (b) [*chose*] (*être éparpillé*) to lie about *ou* around. **ses livres traînent sur toutes les chaises** his books are lying about on all the chairs; **ne laisse pas** ~ **ton argent/tes affaires** don't leave your money/things lying about *ou* around; **des histoires/idées qui traînent partout** stories/ideas that float around everywhere; **elle attrape tous les microbes qui traînent** *ou* **tout ce qui traîne** she catches anything that's going.
  (c) (*durer trop longtemps*) to drag on. **un procès qui traîne** a case which is dragging on; **une maladie qui traîne** a lingering illness, an illness which drags on; **la discussion a traîné en longueur** the discussion dragged on for ages *ou* dragged on and on; **ça n'a pas traîné!*** that wasn't long coming!; **il n'a pas traîné (à répondre)*** he was quick (with his answer), his answer wasn't long in coming, he replied immediately; **ça ne traînera pas, il vous mettra tous à la porte*** he'll throw you all out before you know what's happening *ou* where you are; ~ **la patte** *ou* ~ **qch** to drag sth out; **doctrine où traînent des relents de fascisme** doctrine which still has a whiff of fascism about it.
  (d) [*robe, manteau*] to trail. **ta ceinture/ton lacet traîne par terre** your belt/shoelace is trailing *ou* hanging *ou* dragging on the ground; **des effilochures de brume qui traînent dans le ciel** wisps of mist which trail across *ou* linger in the sky.
  3 se traîner *vpr* (a) [*personne fatiguée*] to drag o.s.; [*train, voiture*] to crawl along. **on se traînait à 20 à l'heure** we were crawling along at 20; **se** ~ **par terre** to crawl on the ground; **avec cette chaleur, on se traîne** it's all one can do to drag oneself around in this heat; **elle a pu se** ~ **jusqu'à son fauteuil** she managed to drag *ou* haul herself (over) to her chair; **je ne peux même plus me** ~ I can't even drag myself about any more; (*fig*) ~ **aux pieds de qn** to grovel at sb's feet.
  (b) [*conversation, journée, hiver*] to drag on.

traîne-savates* [tʀɛnsavat] *nm inv* (*vagabond*) tramp, bum‡; (*traînard*) slowcoach (*Brit*), slowpoke (*US*).

training [tʀeniŋ] *nm* (a) (*entraînement*) training. ~ **autogène** autogenic training. (b) (*chaussure*) trainer. (® : *survêtement*) **T~** tracksuit top.

train-train [tʀɛ̃tʀɛ̃] *nm* humdrum routine. **le** ~ **de la vie quotidienne** the humdrum routine of everyday life, the daily round.

traire [tʀɛʀ] (50) *vt vache* to milk; *lait* to draw. **machine à** ~ milking machine; **à l'heure de** ~ at milking time.

trait [tʀɛ] **1** *nm* (a) (*ligne*) (*en dessinant*) stroke; (*en soulignant, dans un graphique*) line. **faire** *ou* **tirer** *ou* **tracer un** ~ to draw a line; (*fig*) **tirer un** ~ **sur son passé** to make a complete break with one's past, sever all connections with one's past; **tirons un** ~ **sur cette affaire** let's put this business behind us, let's draw a veil over this business; **ta promotion? tu peux tirer un** ~ **dessus!** your promotion? you can forget about it! *ou* kiss it goodbye!*; **dessin au** ~ (*technique, œuvre*) line drawing; (*Art*) **le** ~ **est ferme** the line is firm; (*lit, fig*) **d'un** ~ **de plume** with one stroke of the pen; ~ **de repère** reference mark; **biffer qch d'un** ~ to score *ou* cross sth out, put a line through sth; **copier** *ou* **reproduire qch** ~ **pour** ~ to copy sth line by line, make a line for line copy of sth; (*fig*) ça lui ressemble ~ pour ~ that's just *ou* exactly like him, that's him to a T; les ~s d'un dessin/portrait the lines of a drawing/portrait; dessiner qch à grands ~s to sketch sth roughly, make a rough sketch of sth; (*fig*) décrire qch à grands ~s to describe sth in broad outline; (*fig*) il l'a décrit en ~s vifs et émouvants he drew a vivid and moving picture of it.

(b) (*élément caractéristique*) feature, trait. c'est un ~ de cet auteur this is a (characteristic) trait *ou* feature of this author; les ~s dominants d'une époque/œuvre the dominant features of an age/a work; avoir des ~s de ressemblance avec to have certain features in common with; il tient ce ~ de caractère de son père this trait (of character) comes to him from his father, he gets this characteristic from his father.

(c) (*acte révélateur*) ~ de générosité/courage/perfidie act of generosity/courage/wickedness.

(d) ~s (*physionomie*) features; avoir des ~s fins/réguliers to have delicate/regular features; avoir les ~s tirés/creusés to have drawn/sunken features.

(e) (†: *projectile*) arrow, dart; (*littér: attaque malveillante*) taunt, gibe. filer *ou* partir comme un ~ to be off like an arrow *ou* a shot; il l'anéantit de ce ~ mordant he crushed him with this biting taunt; un ~ satirique/d'ironie a shaft of satire/irony (*littér*); (*fig*) les ~s de la calomnie the darts of slander (*littér*).

(f) (*courroie*) trace.

(g) (*traction*) animal *ou* bête/cheval de ~ draught (*Brit*) *ou* draft (*US*) animal/horse.

(h) (*Mus*) virtuosic passage.

(i) (*Rel*) tract.

(j) (*gorgée*) draught (*Brit*), draft (*US*), gulp. d'un ~ *dire* in one breath; *boire* in one gulp, at one go; *dormir* uninterruptedly, without waking; à longs ~s in long draughts (*Brit*) *ou* drafts (*US*); à grands ~s in great gulps.

(k) (*Ling*) ~ distinctif distinctive feature.

(l) (*Échecs*) avoir le ~ to have the move; en début de partie les blancs ont toujours le ~ at the start of the game white always has first move; il avait le ~ it was his move, it was his turn to move.

(m) (*loc*) avoir ~ à to relate to, be connected with, have to do with, concern; tout ce qui a ~ à cette affaire everything relating to *ou* connected with *ou* (having) to do with *ou* concerning this matter.

2: trait (d'esprit) flash *ou* shaft of wit, witticism; **trait de génie** brainwave, flash of inspiration *ou* genius; **trait de lumière** (*lit*) shaft *ou* ray of light; (*fig*) flash of inspiration, sudden revelation (*U*); **trait de scie** cutting-line; **trait d'union** (*Typ*) hyphen; (*fig*) link.

traitable [tretabl(ə)] *adj* (a) (*littér*) *personne* accommodating, tractable (*frm*). (b) *sujet, matière* manageable.

traitant [tretã] *adj m V* médecin.

traite [tret] *nf* (a) (*trafic*) ~ des Noirs slave trade; ~ des blanches white slave trade.

(b) (*Comm: billet*) draft, bill. tirer/escompter une ~ to draw/discount a draft.

(c) (*parcours*) stretch. d'une (seule) ~ *parcourir* in one go, without stopping on the way; *dire* in one breath; *boire* in one gulp, at one go; *dormir* uninterruptedly, without waking.

(d) (*vache*) milking. ~ mécanique machine milking; l'heure de la ~ milking time.

traité [trete] *nm* (a) (*livre*) treatise; (*Rel : brochure*) tract. (b) (*convention*) treaty. ~ de paix peace treaty; le ~ de Versailles/Paris etc the Treaty of Versailles/Paris etc.

traitement [tretmã] *nm* (a) (*manière d'agir*) treatment. mauvais ~s ill-treatment (*U*); ~ de faveur special *ou* preferential treatment.

(b) (*Méd*) treatment. suivre/prescrire un ~ douloureux to undergo/prescribe painful treatment *ou* a painful course of treatment; être en ~ to be having treatment (*à l'hôpital* in hospital).

(c) (*rémunération*) salary, wage; (*Rel*) stipend. toucher un bon ~ to get a good wage *ou* salary.

(d) (*Tech*) [*matières premières*] processing, treating. le ~ (automatique) de l'information *ou* des données (automatic) data processing; (*Ordin*) ~ de texte (*technique*) word-processing; (*logiciel*) word-processing package; machine *ou* système de ~ de texte (*dédié*) word processor; ~ par lots batch processing; ~ interactif interactive computing.

traiter [trete] (1) **1** *vt* (a) *personne, animal* to treat; (*Méd: soigner*) *malade, maladie* to treat; (†) *invités* to entertain. ~ qn bien/mal/comme un chien to treat sb well/badly/like a dog; ~ qn d'égal à égal to treat sb as an equal; ~ qn en enfant/malade to treat sb as *ou* like a child/an invalid; ils traitent leurs enfants/domestiques durement they are hard with *ou* on their children/servants, they give their children/servants a hard time; les congressistes ont été magnifiquement traités the conference members were entertained magnificently; se faire ~ pour une affection pulmonaire to undergo treatment for lung trouble.

(b) (*qualifier*) ~ qn de fou/menteur to call sb a fool/a liar; ~ qn de tous les noms to call sb all the names imaginable *ou* all the names under the sun; ils se sont traités de voleur(s) they called each other thieves; je me suis fait ~ d'imbécile they called me a fool.

(c) (*examiner, s'occuper de*) *question* to treat, deal with; (*Art*) *thème, sujet* to treat; (*Comm*) *affaire* to handle, deal with. il n'a pas traité le sujet he has not dealt with the subject.

(d) (*Tech*) *cuir, minerai, pétrole* to treat, process. laine non traitée untreated wool.

2 traiter de *vt indir* to deal with, treat of (*frm*). le livre/

romancier traite des problèmes de la drogue the book/novelist deals with *ou* treats of (*frm*) the problems of drugs.

3 *vi* (*négocier, parlementer*) to negotiate, make *ou* do* a deal. ~ avec qn to negotiate *ou* deal with sb, have dealings with sb; les pays doivent ~ entre eux countries must deal *ou* have dealings with each other.

traiteur [tretœr] *nm* caterer. épicier-~ grocer and caterer.

traître, traîtresse [tretr(ə), tretres] **1** *adj* (a) *personne* treacherous, traitorous; *allure* treacherous; *douceur, paroles* perfidious, treacherous. être ~ à une cause/à sa patrie to be a traitor to a cause/one's country, betray a cause/one's country.

(b) (*fig: dangereux*) *animal* vicious; *vin* deceptive; *escalier, virage* treacherous.

(c) (*loc*) ne pas dire un ~ mot not to breathe a (single) word. **2** *nm* (a) (*gén*) traitor; (*Théât*) villain.

(b) (†: *perfide*) scoundrel†.

(c) prendre/attaquer qn en ~ to take/ attack sb off-guard, play an underhand trick/make an insidious attack on sb.

3 traîtresse *nf* traitress.

traîtreusement [tretrøzmã] *adv* treacherously.

traîtrise [tretriz] *nf* (a) (*caractère*) treachery, treacherousness.

(b) (*acte*) (piece of) treachery; (*danger*) treacherousness (*U*), peril.

trajectoire [trazektwar] *nf* (*gén*) trajectory; [*projectile*] path, trajectory.

trajet [traze] *nm* (a) (*distance à parcourir*) distance; (*itinéraire*) route; (*parcours, voyage*) journey; (*par mer*) voyage. un ~ de 8 km a distance of 8 km; choisir le ~ le plus long to choose the longest route *ou* way; elle fait à pied le court ~ de son bureau à la gare she walks the short distance from her office to the station; le ~ aller/retour the outward/return journey; faire le ~ de Paris à Lyon en voiture/train to do the journey from Paris to Lyons by car/train; le ~ par mer est plus intéressant the sea voyage *ou* crossing is more interesting; (*fig*) quel ~ il a parcouru depuis son dernier roman! what a distance *ou* a long way he has come since his last novel!

(b) (*Anat*) [*nerf, artère*] course; [*projectile*] path. le ~ de la balle passe très près du cœur the path taken by the bullet passes very close to the heart.

tralala* [tralala] *nm* (*luxe, apprêts*) fuss (*U*), frills; (*accessoires*) fripperies. faire du ~ to make a lot of fuss; en grand ~ with all the works*, with a great deal of fuss; avec tout le ~ with all the frills *ou* trimmings.

tram [tram] *nm* = tramway.

tramail [tramaj] *nm* trammel (net).

trame [tram] *nf* (a) [*tissu*] weft, woof. usé jusqu'à la ~ threadbare.

(b) (*fig*) [*roman*] framework; [*vie*] web. (c) (*Typ: quadrillage*) screen; (*TV: lignes*) frame. (d) (*Géog*) network, system. la ~ urbaine the urban network *ou* system.

tramer [trame] (1) *vt* (a) *évasion, coup d'État* to plot; *complot* to hatch, weave. il se trame quelque chose there's something brewing. (b) (*Tex*) to weave. (c) (*Typ*) to screen.

tramontane [tramõtan] *nf* tramontana. perdre la ~† to go off one's head, lose one's wits.

tramp [trãp] *nm* (*Naut*) tramp.

trampoline [trãpolin] *nm* trampoline. faire du ~ to go *ou* do trampolining.

tramway [tramwe] *nm* (*moyen de transport*) tram(way); (*voiture*) tram(car) (*Brit*), streetcar (*US*).

tranchant, e [trãʃã, ãt] **1** *adj* (a) *couteau, arête* sharp. du côté ~/non ~ with the sharp *ou* cutting/blunt edge.

(b) (*fig*) *personne, ton* assertive, peremptory, curt.

2 *nm* (a) [*couteau*] sharp *ou* cutting edge. avec le ~ de la main with the edge of one's hand; *V* double.

(b) (*instrument*) [*apiculteur*] scraper; [*tanneur*] fleshing knife.

(c) (*fig*) [*argument, réprimande*] force, impact.

tranche [trãʃ] *nf* (a) (*portion*) [*pain, jambon, rôti*] slice; [*bacon*] rasher. ~ de bœuf beefsteak; ~ de saumon salmon steak; ~ napolitaine neapolitan slice; (*Ordin*) ~ de silicium silicon wafer; en ~s sliced, in slices; couper en ~s to slice, cut into slices; ils s'en sont payé une ~ * they had a great time* *ou* a whale of a time*, they had a lot of fun.

(b) (*bord*) [*livre, pièce de monnaie, planche*] edge; *V* doré.

(c) (*section*) (*gén*) section; (*Fin*) [*actions, bons*] block, tranche; [*crédit, prêt*] instalment; (*Admin*) [*revenus*] bracket. (*Loterie*) ~ (d'émission) issue; (*Admin*) ~ d'âge/de salaires age/wage bracket; ~ de temps period of time; une ~ de vie a part of sb's life; la première ~ des travaux the first phase of the work.

(d) (*Boucherie: morceau*) ~ grasse silverside; bifteck dans la ~ ≃ piece of silverside steak.

tranché, e¹ [trãʃe] *adj couleurs* clear, distinct; *limite* clear-cut, definite; *opinion* clear-cut, cut-and-dried.

tranchée² [trãʃe] *nf* (a) (*gén, Mil: fossé*) trench; *V* guerre. (b) (*Sylviculture*) cutting.

tranchées [trãʃe] *nfpl* (*Méd*) colic, gripes, tormina (*T*). ~ utérines after-pains.

tranchefile [trãʃfil] *nf* [*reliure*] headband.

trancher [trãʃe] (1) **1** *vt* (a) (*couper*) *corde, nœud, lien* to cut, sever. ~ le cou *ou* la tête à *ou* de qn to cut off *ou* sever sb's head; ~ la gorge à qn to cut *ou* slit sb's throat; (*fig*) la mort *ou* la Parque tranche le fil des jours death severs *ou* the Fates sever the thread of our days; *V* nœud.

(b) (†, *frm: mettre fin à*) *discussion* to conclude, bring to a close. ~ court *ou* net to bring things to an abrupt conclusion; tranchons là let's close the matter there.

(c) (*résoudre*) *question, difficulté* to settle, decide, resolve; (*emploi absolu: décider*) to take a decision. ~ un différend to settle a difference; le juge a dû ~/a tranché que the judge had to make a ruling/ruled that; **il ne faut pas avoir peur de ~** one must not be afraid of taking decisions; **le gouvernement a tranché en faveur de ce projet** the government has decided *ou* has come out in favour of this plan.

2 *vi* **(a)** *(couper)* **~ dans le vif** *(Méd)* to cut into the flesh; *(fig)* to take drastic action.

(b) *(former contraste avec) [couleur]* to stand out clearly *(sur, avec* against); *[trait, qualité]* to contrast strongly *ou* sharply *(sur, avec* with). **cette vallée sombre tranche sur le paysage environnant** this dark valley stands out against the surrounding countryside; **la journée du dimanche a tranché sur une semaine très agitée** Sunday formed a sharp contrast to a very busy week.

tranchet [tʀɑ̃ʃɛ] *nm [bourrelier, sellier]* leather knife; *[plombier]* hacking knife.

tranchoir [tʀɑ̃ʃwaʀ] *nm* **(a)** *(Culin)* *(plateau)* trencher†, platter; *(couteau)* chopper. **(b)** *(Zool)* zanclus.

tranquille [tʀɑ̃kil] *adj* **(a)** *(calme)* *eau, mer, air* quiet, tranquil *(littér)*; *sommeil* gentle, peaceful, tranquil *(littér)*; *vie, journée, vacances, endroit* quiet, peaceful, tranquil *(littér)*. **un ~ bien-être** l'envaissait a feeling of quiet *ou* calm well-being crept over him; **c'est l'heure la plus ~ de la journée** it's the quietest *ou* most peaceful time of day; **aller/entrer d'un pas ~** to walk/enter calmly.

(b) *(assuré)* *courage, conviction* quiet, calm. **avec une ~ assurance** with quiet *ou* calm assurance.

(c) *(paisible)* *tempérament, personne* quiet, placid, peaceable, peaceful; *voisins, enfants, élèves* quiet. *(non affairé, dérangé)* **il veut être ~** he wants to have some peace; **rester/se tenir ~** to keep *ou* stay/be quiet; **pour une fois qu'il est ~** since he's quiet for once; **nous étions bien ~s et il a fallu qu'il nous dérange** we were having a nice quiet *ou* peaceful time and he had to come and disturb us; **ferme la porte, j'aime être ~ après le repas** close the door — I like (to have) some peace (and quiet) after my meal; **laisser qn ~** to leave sb alone, to leave sb in peace, give sb a bit of peace; **laisser qch ~** to leave sth alone *ou* in peace; **laisse-le-donc ~, tu vois bien qu'il travaille/qu'il est moins fort que toi** leave him alone *ou* in peace *ou* let him be — you can see he's working/not as strong as you are; **laissez-moi ~ avec vos questions** stop bothering me with your questions; *V* **père.**

(d) *(rassuré)* **être ~** to feel *ou* be easy in one's mind; **tu peux être ~** you needn't worry, you can set your mind at rest, you can rest easy; **il a l'esprit ~** his mind is at rest *ou* at ease, he has an easy mind; **pour avoir l'esprit ~** to set one's mind at rest, to feel easy in one's mind; **avoir la conscience ~** to be at peace with one's conscience, have a clear conscience; **pouvoir dormir ~** *(lit)* to be able to sleep easy (in one's bed); *(fig: être rassuré)* **tu peux dormir ~** you can rest easy, you needn't worry; **comme cela, nous serons ~s** that way our minds will be at rest; **soyez ~, tout ira bien** set your mind at rest *ou* don't worry — everything will be all right; **maintenant je peux mourir ~** now I can die in peace.

(e) *(*: certain)* **être ~ (que ...)** to be sure (that ...); *(iro)* **soyez ~,** **je me vengerai** don't (you) worry *ou* rest assured — I shall have my revenge; **il n'ira pas, je suis ~** he won't go, I'm sure of it; **tu peux être ~ que ...** you may be sure that ..., rest assured that ... .

(f) baume ~ soothing balm; **vin ~** still wine.

(g) *(emploi adverbial*: facilement)* easily. **il l'a fait en 3 heures ~** he did it in 3 hours easily *ou* no trouble; *(sans risques)* **tu peux y aller ~** you can go there quite safely.

tranquillement [tʀɑ̃kilmɑ̃] *adv* *(V* **tranquille)** quietly; tranquilly; gently, peacefully; placidly, peaceably. **il vivait ~ dans la plus grande abjection** he lived quietly *ou* at peace in the most utter abjection; **on peut y aller ~: ça ne risque plus rien*** we can go ahead safely — there's no risk now; *(sans se presser)* **vous pouvez y aller ~ en 2 heures** you can get there easily *ou* without hurrying in 2 hours.

tranquillisant, e [tʀɑ̃kiliza, ɑ̃t] **1** *adj* *nouvelle* reassuring; *effet, produit* soothing, tranquillizing. **2** *nm* *(Méd)* tranquillizer.

tranquilliser [tʀɑ̃kilize] (1) *vt:* **~ qn** to reassure sb, set sb's mind at rest; **se ~** to set one's mind at rest; **tranquillise-toi, il ne lui arrivera rien** calm down *ou* take it easy, nothing will happen to him; **je suis tranquillisé** I'm reassured *ou* relieved.

tranquillité [tʀɑ̃kilite] *nf* *(V* **tranquille)** quietness; tranquillity; gentleness; peacefulness.

(b) *(paix, sérénité)* peace, tranquillity. **en toute ~** without being bothered *ou* disturbed; **ils ont cambriolé la villa en toute ~** they burgled the house in complete peace and quiet *ou* without any disturbance; **troubler la ~ publique** to disturb the peace; **travailler dans la ~** to work in peace (and quiet); **il tient beaucoup à sa ~** he sets great store by his peace and quiet.

(c) *(absence de souci)* **~ (d'esprit)** peace of mind; **~ matérielle** material security; **en toute ~** with complete peace of mind, free from all anxiety.

trans ... [tʀɑ̃z] *préf* trans ... .

transaction [tʀɑ̃zaksjɔ̃] *nf* **(a)** *(Comm)* transaction. **~s commerciales/financières** commercial/financial transactions *ou* dealings. **(b)** *(Jur: compromis)* settlement, compromise.

transactionnel, -elle [tʀɑ̃zaksjɔnɛl] *adj* *(Jur)* compromise *(épith)*, settlement *(épith)*. **formule ~le** compromise formula; **règlement ~** compromise settlement.

transafricain, e [tʀɑ̃zafʀikɛ̃, ɛn] *adj* transafrican.

transalpin, e [tʀɑ̃zalpɛ̃, in] *adj* transalpine.

transaméricain, e [tʀɑ̃zameʀikɛ̃, ɛn] *adj* transamerican *(épith)*.

transat [tʀɑ̃zat] **1** *nm abrév de* **transatlantique. 2** *nf abrév de* **course transatlantique. en solitaire** single-handed race across the Atlantic *ou* transatlantic race.

transatlantique [tʀɑ̃zatlɑ̃tik] **1** *adj* transatlantic. **course ~** transatlantic race. **2** *nm* *(paquebot)* transatlantic liner, *(fauteuil)* deck-chair.

transbahuter* [tʀɑ̃zbayte] (1) **1** *vt* to shift, hump along* *(Brit)*, lug along*. **2 se transbahuter** *vpr* to traipse along*, lug o.s. along*.

transbordement [tʀɑ̃zbɔʀdəmɑ̃] *nm* *(V* **transborder)** tran(s)shipment; transfer.

transborder [tʀɑ̃zbɔʀde] (1) *vt* *(Naut)* to tran(s)ship; *(Rail)* to transfer.

transbordeur [tʀɑ̃zbɔʀdœʀ] *nm*: **(pont) ~ transporter** bridge.

transcanadien, -ienne [tʀɑ̃skanadjɛ̃, jɛn] *adj* trans-Canada *(épith)*.

transcendance [tʀɑ̃sɑ̃dɑ̃s] *nf* *(Philos)* transcendence, transcendency; *(littér, †: excellence)* transcendence *(littér)*; *(fait de se surpasser)* self-transcendence *(littér)*.

transcendant, e [tʀɑ̃sɑ̃dɑ̃, ɑ̃t] *adj* **(a)** *(littér: sublime)* *génie, mérite* transcendent *(littér)*. **(b)** *(Philos)* transcendent(al). **être ~ à** to transcend. **(c)** *(Math)* transcendental.

transcendantal, e, *mpl* **-aux** [tʀɑ̃sɑ̃dɑ̃tal, o] *adj* transcendental.

transcendantalisme [tʀɑ̃sɑ̃dɑ̃talism(ə)] *nm* transcendentalism.

transcender [tʀɑ̃sɑ̃de] (1) **1** *vt* to transcend. **2 se transcender** *vpr* to transcend o.s.

transcodage [tʀɑ̃skɔdaʒ] *nm* *(Ordin)* compiling.

transcoder [tʀɑ̃skɔde] (1) *vt* *(Ordin)* *programme* to compile.

transcodeur [tʀɑ̃skɔdœʀ] *nm* *(Ordin)* compiler.

transcontinental, e, *mpl* **-aux** [tʀɑ̃skɔ̃tinatal, o] *adj* transcontinental.

transcripteur [tʀɑ̃skʀiptœʀ] *nm* transcriber.

transcription [tʀɑ̃skʀipsjɔ̃] *nf* **(a)** *(V* **transcrire)** copying out; transcription; transliteration. **(b)** *(copie)* copy; *(translittération)* transcript; *(Mus, Ling)* transcription. **~ phonétique** phonetic transcription.

transcrire [tʀɑ̃skʀiʀ] (39) *vt* **(a)** *(copier)* to copy out, transcribe *(frm)*. **(b)** *(translittérer)* to transcribe, transliterate. **(c)** *(Mus, Ling)* to transcribe.

transducteur [tʀɑ̃sdyktœʀ] *nm* transducer.

transduction [tʀɑ̃sdyksjɔ̃] *nf* *(Bio)* transduction.

transe [tʀɑ̃s] *nf* **(a)** *(état second)* trance. **être en ~** to be in a trance; **entrer en ~** *(lit)* to go into a trance; *(fig: s'énerver)* to go into a rage, see red*.

(b) *(affres)* **~s** agony; **être dans les ~s** to be in *ou* suffer agony, go through agony; **être dans les ~s de l'attente/des examens** to be in agonies of anticipation/over the exams.

transept [tʀɑ̃sɛpt] *nm* transept.

transférable [tʀɑ̃sfeʀabl(ə)] *adj* transferable.

transfèrement [tʀɑ̃sfɛʀmɑ̃] *nm [prisonnier]* transfer. **~ cellulaire** transfer by prison van.

transférer [tʀɑ̃sfeʀe] (6) *vt* **(a)** *fonctionnaire, assemblée, bureaux* to transfer, move; *prisonnier, (Sport) joueur* to transfer; *dépouille mortelle, reliques, évêque* to transfer, translate *(littér)*. **~ la production dans une autre usine** to transfer *ou* switch production to another factory; **nos bureaux sont transférés au 5 rue de Lyon** our offices have transferred *ou* moved to 5 rue de Lyon.

(b) *capitaux* to transfer, move; *propriété, droit* to transfer, convey *(T)*; *(Comptabilité: par virement etc)* to transfer.

(c) *(fig, Psych)* to transfer. **~ des sentiments sur qn** to transfer feelings onto sb.

transfert [tʀɑ̃sfɛʀ] *nm* **(a)** *(V* **transférer)** transfer; translation; conveyance. **(b)** *(Psych)* transference.

transfiguration [tʀɑ̃sfigyʀasjɔ̃] *nf* transfiguration. *(Rel)* **la T~** the Transfiguration.

transfigurer [tʀɑ̃sfigyʀe] (1) *vt (transformer)* to transform, transfigure *(frm)*; *(Rel)* to transfigure.

transfo* [tʀɑ̃sfo] *nm abrév de* **transformateur.**

transformable [tʀɑ̃sfɔʀmabl(ə)] *adj structure, canapé* convertible; *aspect* transformable; *(Rugby) essai* convertible.

transformateur, -trice [tʀɑ̃sfɔʀmatœʀ, tʀis] **1** *adj processus* transformation *(épith)*; *action* transforming *(épith)*. **pouvoir ~** power to transform. **2** *nm* transformer.

transformation [tʀɑ̃sfɔʀmasjɔ̃] *nf* **(a)** *(action, résultat: V* **transformer)** change; alteration; conversion; transformation. **travaux de ~, ~s** conversion work; **depuis son mariage, nous assistons chez lui à une véritable ~** since he married we have seen a real transformation in him *ou* a complete change come over him; *V* **industrie.**

(b) *(Rugby)* conversion.

(c) *(Géom, Math, Ling)* transformation.

transformationnel, -elle [tʀɑ̃sfɔʀmasjɔnɛl] *adj* transformational.

transformer [tʀɑ̃sfɔʀme] (1) *vt* **(a)** *(modifier)* *personne, caractère* to change, alter; *magasin, matière première* to transform, convert; *vêtement* to alter, remake; *(changer radicalement, améliorer)* *personne, caractère, pays* to transform. **on a transformé toute la maison** we've made massive alterations to the house, we've transformed the whole house; **on a mis du papier peint et la pièce en a été transformée** we put on wallpaper and it has completely altered the look of the room *ou* it has transformed the room; **le bonheur/son séjour à la montagne l'a transformé** happiness/his holiday in the mountains has transformed him *ou* made a new man of him; **rêver de ~ la société/les hommes** to dream of transforming society/men; **depuis qu'il va à l'école, il est transformé** since he's been at school he has been a different child.

(b) **~ qn/qch en** to turn sb/sth into; **~ la houille en énergie** to convert coal into energy; **~ du plomb en or** to turn *ou* change *ou* transmute lead into gold; **on a transformé la grange en atelier** the barn has been converted *ou* turned *ou* made into a studio; **elle a fait ~ son manteau en jaquette** she's had her coat made into a jacket; **elle a transformé leur pavillon en palais** she has transformed their house into a palace.

(c) *(Rugby) essai* to convert. *(fig)* **maintenant il faut ~ l'essai**

now they must consolidate their gains *ou* ram their advantage home.

    (d) (*Géom, Math, Ling*) to transform.

    2 se transformer *vpr* (*Bot, Zool*) *[larve, embryon]* to be transformed, transform itself; (*Chim, Phys*) *[énergie, matière]* to be converted; *[personne, pays]* to change, alter; (*radicalement*) to be transformed. se ~ en to be transformed into; to be converted into; to change *ou* turn into; **la chenille se transforme en papillon** the caterpillar transforms itself *ou* turns into a butterfly; **il s'est transformé en agneau** he has turned *ou* been transformed into a lamb; **la ville s'est étonnamment transformée en 2 ans** the town has changed astonishingly in 2 years *ou* has undergone astonishing changes in 2 years; **il s'est transformé depuis qu'il a ce poste** there's been a real transformation *ou* change in him *ou* a real change has come over him since he has had this job.

transformisme [tʀɑ̃sfɔʀmism(ə)] *nm* transformism.

transformiste [tʀɑ̃sfɔʀmist(ə)] *adj, nmf* transformist.

transfuge [tʀɑ̃sfyʒ] *nmf* (*Mil, Pol*) renegade.

transfuser [tʀɑ̃sfyze] (1) *vt sang, liquide* to transfuse; (*fig littér*) to transfuse (*littér*) (*à into*), instil (*à into*), impart (*à to*).

transfuseur [tʀɑ̃sfyzœʀ] *nm* transfuser.

transfusion [tʀɑ̃sfyzjɔ̃] *nf*: ~ **(sanguine)** (blood) transfusion.

transgresser [tʀɑ̃sgʀese] (1) *vt règle, code* to infringe, contravene, transgress (*littér*); *ordre* to disobey, go against, contravene. ~ **la loi** to break the law.

transgresseur [tʀɑ̃sgʀesœʀ] *nm* (*littér*) transgressor (*littér*).

transgression [tʀɑ̃sgʀesjɔ̃] *nf* (*V* **transgresser**) infringement; contravention; transgression; disobedience; breaking.

transhumance [tʀɑ̃zymɑ̃s] *nf* transhumance.

transhumant, e [tʀɑ̃zymɑ̃, ɑ̃t] *adj* transhumant.

transhumer [tʀɑ̃zyme] (1) *vti* to move to summer pastures.

transi, e [tʀɑ̃zi] (*ptp de* **transir**) *adj*: **être ~ (de froid)** to be perished, be numb with cold *ou* chilled to the bone *ou* frozen to the marrow; **être ~ de peur** to be paralyzed by fear, be transfixed *ou* numb with fear; *V* **amoureux**.

transiger [tʀɑ̃ziʒe] (3) *vi* **(a)** (*Jur, gén: dans un différend*) to compromise, come to terms *ou* an agreement.

    (b) (*fig*) ~ **avec sa conscience** to come to terms with *ou* to a compromise with *ou* make a deal with one's conscience; ~ **avec le devoir** to come to a compromise with duty; **ne pas ~ sur l'honneur/le devoir** to make no compromise in matters of honour/duty; **je me refuse à ~ sur ce point** I refuse to compromise on this point, I am adamant on this point.

transir [tʀɑ̃ziʀ] (2) *vt* (*littér*) *[froid]* to chill to the bone, numb, freeze to the marrow; *[peur]* to paralyze, transfix, numb.

transistor [tʀɑ̃zistɔʀ] *nm* (*élément, poste de radio*) transistor.

transistorisation [tʀɑ̃zistɔʀizasjɔ̃] *nf* transistorization.

transistoriser [tʀɑ̃zistɔʀize] (1) *vt* to transistorize. **transistorisé** transistorized.

transit [tʀɑ̃zit] *nm* transit. **en ~** *marchandises, voyageurs* in transit; **de ~** *document, port* transit (*épith*); **le ~ intestinal** intestinal transit time.

transitaire [tʀɑ̃zitɛʀ] **1** *adj pays* of transit; *commerce* which is done in transit. **2** *nmf* forwarding agent.

transiter [tʀɑ̃zite] (1) **1** *vt marchandises* to pass *ou* convey in transit. **2** *vi* to pass in transit (*par* through).

transitif, -ive [tʀɑ̃zitif, iv] *adj* (*Ling, Philos*) transitive.

transition [tʀɑ̃zisjɔ̃] *nf* (*gén, Art, Ciné, Mus, Sci*) transition. **de ~** *période, mesure* transitional; **sans ~** without any transition.

transitivement [tʀɑ̃zitivmɑ̃] *adv* transitively.

transitivité [tʀɑ̃zitivite] *nf* (*Ling, Philos*) transitivity.

transitoire [tʀɑ̃zitwaʀ] *adj* **(a)** (*fugitif*) transitory, transient. **(b)** (*de transition*) *régime, mesures* transitional, provisional; *fonction* interim (*épith*), provisional.

transitoirement [tʀɑ̃zitwaʀmɑ̃] *adv* (*V* **transitoire**) transitorily; transiently; provisionally.

Transjordanie [tʀɑ̃sʒɔʀdani] *nf*: **la ~** (*Pol*) the Left Bank (of Jordan); (*Hist*) Transjordan.

translation [tʀɑ̃slasjɔ̃] *nf* **(a)** (*Admin*) *[tribunal, évêque]* translation (*frm*), transfer; (*Jur*) *[droit, propriété]* transfer, conveyance; (*littér*) *[dépouille, cendres]* translation (*littér*); (*Rel*) *[fête]* transfer, translation (*frm*).

    (b) (*Géom, Sci*) translation. **mouvement de ~** translatory movement.

translit(t)ération [tʀɑ̃sliteʀasjɔ̃] *nf* transliteration.

translit(t)érer [tʀɑ̃slitere] (6) *vt* to transliterate.

translucide [tʀɑ̃slysid] *adj* translucent.

translucidité [tʀɑ̃slysidite] *nf* translucence, translucency.

transmetteur [tʀɑ̃smetœʀ] *nm* (*Téléc*) transmitter. (*Naut*) ~ **d'ordres** speaking tube.

transmettre [tʀɑ̃smɛtʀ(ə)] (56) *vt* **(a)** (*léguer*) *biens, secret, tradition, autorité* to hand down, pass on; *qualité* to pass on; (*transférer*) *biens, titre, autorité* to pass on, hand over, transmit (*frm*); (*communiquer*) *secret, recette* to pass on. **sa mère lui avait transmis le goût de la nature** his mother had passed her love of nature on to him.

    (b) *message, ordre, renseignement* to pass on; *lettre, colis* to send on, forward; (*Téléc*) *signal* to transmit, send; (*Rad, TV*) *émission, discours* to broadcast. ~ **sur ondes courtes** (*Téléc*) to transmit on short wave; (*Rad, TV*) to broadcast on short wave; **veuillez ~ mes amitiés à Paul** kindly pass on *ou* convey my best wishes to Paul; **veuillez ~ mon meilleur souvenir à Paul** kindly give my regards to *ou* remember me to Paul.

    (c) (*Sport*) *ballon* to pass; *témoin, flambeau* to hand over, pass on.

    (d) (*Sci*) *énergie, impulsion* to transmit; (*Méd*) *maladie* to pass on, transmit; (*Bio*) *microbe* to transmit. **une maladie qui se transmet par contact** an illness passed on *ou* transmitted by contact; **il**

risque de ~ son rhume aux autres he's likely to pass on *ou* transmit his cold to others.

transmigration [tʀɑ̃smigʀasjɔ̃] *nf* transmigration.

transmigrer [tʀɑ̃smigʀe] (1) *vi* to transmigrate.

transmissibilité [tʀɑ̃smisibilite] *nf* transmissibility.

transmissible [tʀɑ̃smisibl(ə)] *adj patrimoine, droit, caractère* transmissible, transmittable. **maladie sexuellement ~** sexually transmitted disease.

transmission [tʀɑ̃smisjɔ̃] *nf* **(a)** (*V* **transmettre**) handing down; passing on; handing over; transmission; sending on, forwarding; broadcasting; conveying; passing. (*Aut, Tech*) **les organes de ~, la ~** the parts of the transmission system, the transmission; (*Pol*) ~ **des pouvoirs** handing over *ou* transfer of power; (*Ordin*) ~ **de données** data transmission; *V* **arbre, courroie**.

    (b) (*Mil: service*) **les ~s** ≃ the Signals (corps).

    (c) ~ **de pensée** thought transfer, telepathy.

transmuer [tʀɑ̃smɥe] (1) *vt* (*Chim, littér*) to transmute.

transmutabilité [tʀɑ̃smytabilite] *nf* transmutability.

transmutation [tʀɑ̃smytasjɔ̃] *nf* (*Chim, Phys, littér*) transmutation.

transmuter [tʀɑ̃smyte] (1) *vt* = **transmuer**.

transnational, e, *mpl* **-aux** [tʀɑ̃snasjɔnal, o] *adj* transnational.

transocéanien, -ienne [tʀɑ̃zɔseanjɛ̃, jɛn] *adj*, **transocéanique** [tʀɑ̃zɔseanik] *adj* transoceanic.

Transpac [tʀɑ̃spak] *nm* ® packet switch network, ≃ PSS (*Brit*).

transparaître [tʀɑ̃spaʀɛtʀ(ə)] (57) *vi* to show (through).

transparence [tʀɑ̃spaʀɑ̃s] *nf* **(a)** (*V* **transparent**) transparency, transparence; limpidity; clearness; openness. **regarder qch par ~** to look at sth against the light; **voir qch par ~** to see sth showing through; **éclairé par ~** with the light shining through; **la ~ de cette allusion** the transparency of this allusion; **société dotée de la ~ fiscale** ≃ partnership.

    (b) (*Ciné*) back projection.

transparent, e [tʀɑ̃spaʀɑ̃, ɑ̃t] **1** *adj* **(a)** (*lit*) *verre, porcelaine* transparent; *papier, tissu* transparent, see-through.

    (b) (*diaphane*) *eau, ciel* transparent, limpid; *teint, âme, personne* transparent; *regard, yeux* transparent, limpid, clear.

    (c) (*fig*) (*évident*) *allusion, sentiment, intentions* transparent, evident; (*sans secret*) *négociation, comptes* open. (*Econ*) **société ~e** ≃ partnership.

    2 *nm* **(a)** (*écran*) transparent screen.

    (b) (*Archit*) openwork motif.

    (c) (*feuille réglée*) ruled sheet (*placed under writing paper*).

transpercer [tʀɑ̃spɛʀse] (3) *vt* **(a)** (*gén*) to pierce; (*d'un coup d'épée*) to run through, transfix; (*d'un coup de couteau*) to stab; *[épée, lame]* to pierce; *[balle]* to go through. (*fig*) **transpercé de douleur** pierced by sorrow; (*fig*) ~ **qn du regard** to give sb a piercing look.

    (b) *[froid, pluie]* to go through, pierce. **malgré nos chandails, le froid nous transperçait** despite our sweaters, the cold was going *ou* cutting straight through us; **la pluie avait finalement transpercé ma tente/la toile de tente** the rain had finally come through *ou* penetrated my cape/the tent canvas; **je suis transpercé (par la pluie)** I'm soaked through *ou* drenched (by the rain).

transpiration [tʀɑ̃spiʀasjɔ̃] *nf* (*processus*) perspiration, perspiring; (*Bot*) transpiration; (*sueur*) perspiration, sweat. **être en ~** to be perspiring *ou* sweating *ou* in a sweat.

transpirer [tʀɑ̃spiʀe] (1) *vi* **(a)** (*lit*) to perspire, sweat; (*Bot*) to transpire; (**: travailler dur*) to sweat over sth*. **il transpire des mains/pieds** his hands/feet perspire *ou* sweat, he has sweaty hands/feet; ~ **à grosses gouttes** to be running *ou* streaming with sweat; ~ **sur un devoir*** to sweat over an exercise*.

    (b) (*fig*) *[secret, projet, détails]* to come to light, leak out, transpire. **rien n'a transpiré** nothing came to light, nothing leaked out *ou* transpired.

transplant [tʀɑ̃splɑ̃] *nm* (*Bio*) transplant.

transplantable [tʀɑ̃splɑ̃tabl(ə)] *adj* transplantable.

transplantation [tʀɑ̃splɑ̃tasjɔ̃] *nf [arbre, peuple, traditions]* transplantation, transplanting; (*Méd*) (*technique*) transplantation; (*intervention*) transplant. ~ **cardiaque/du rein** heart/kidney transplant.

transplantement [tʀɑ̃splɑ̃tmɑ̃] *nm* (†) = **transplantation**.

transplanter [tʀɑ̃splɑ̃te] (1) *vt plante, arbre* (*Méd, fig*) to transplant. **se ~ dans un pays lointain** to uproot o.s. and move to a distant country, resettle in a distant country.

transpolaire [tʀɑ̃spɔlɛʀ] *adj* transpolar.

transport [tʀɑ̃spɔʀ] **1** *nm* **(a)** (*V* **transporter**) carrying; moving; transport(ation), conveying; conveyance; bringing; carrying over, transposition. (*Rail*) ~ **de voyageurs/marchandises** passenger/goods transportation, conveyance *ou* transport of passengers/goods; **un car se chargera du ~ des bagages** the luggage will be taken *ou* transported by coach; **pour faciliter le ~ des blessés** to facilitate the transport of the injured, to enable the injured to be moved more easily; **le ~ des blessés graves pose de nombreux problèmes** transporting *ou* moving seriously injured people poses many problems; **endommagé pendant le ~** damaged in transit; ~ **maritime** *ou* **par mer** shipping, sea transport(ation), transport(ation) by sea; ~ **par train** *ou* **rail** rail transport(ation), transport(ation) by rail; ~ **par air** *ou* **avion** air transport(ation); (*Mil*) ~ **de troupes** (*action*) troop transportation; (*navire, train*) troop transport; **matériel/frais de ~** transportation *ou* transport equipment costs; *V* **avion, moyen**.

    (b) **les ~s** transport; **~s publics** *ou* **en commun** public transport; **~s urbains** city *ou* urban transport; **~s fluviaux** transport by inland waterway; **~(s) routier(s)** road haulage *ou* transport ; **~s aériens/maritimes** air/sea transport; **mal des ~s** travel-sickness (*Brit*), motion sickness (*US*); **médicament contre le mal**

des ~s travel sickness drug (*Brit*), anti-motion-sickness drug (*US*); entreprise de ~s haulage company.

(c) (*littér, hum: manifestation d'émotion*) transport. **(avec) des ~s de joie/d'enthousiasme** (with) transports of delight/ enthusiasm; **~ de colère** fit of rage *ou* anger; **~ au cerveau** seizure, stroke; **~s amoureux** amorous transports.

2: (*Jur*) transport de justice, transport sur les lieux *visit by public prosecutor's department to scene of crime etc.*

transportable [tʀɑ̃spɔʀtabl(ə)] *adj* marchandise transportable; *blessé, malade* fit to be moved (*attrib*).

transporter [tʀɑ̃spɔʀte] (1) **1** *vt* **(a)** (*à la main, à dos*) to carry, move; (*avec un véhicule*) marchandises, voyageurs to transport, carry, convey; (*Tech*) énergie, son to carry. **le train transportait les écoliers/touristes** the train was carrying schoolchildren/tourists, the train had schoolchildren/tourists on board; **le train a transporté les soldats/le matériel au camp de base** the train took *ou* conveyed the soldiers/the equipment to base camp; **on a transporté le blessé à l'hôpital** the injured man was taken *ou* transported to hospital; **on l'a transporté d'urgence à l'hôpital** he was rushed to hospital; **~ des marchandises par terre** to transport *ou* carry *ou* convey goods by land; **~ qch par mer** to ship sth, transport sth by sea; **~ des marchandises par train/avion** to transport *ou* convey goods by train/plane; **ils ont dû ~ tout le matériel à bras** they had to move all the equipment by hand; **le sable/vin est transporté par péniche** the sand/wine is transported *ou* carried by barge; **elle transportait une forte somme d'argent** she was carrying a large sum of money; (*fig*) **cette musique nous transporte dans un autre monde/siècle** this music transports us into another world/century.

(b) (*transférer*) traditions, conflit to carry, bring; thème, idée to carry over, transpose. **~ la guerre/la maladie dans un autre pays** to carry *ou* spread war/disease into another country; **~ un fait divers à l'écran** to bring a news item to the screen; **~ une somme d'un compte à un autre** to transfer a sum of money from one account to another; **dans sa traduction, il transporte la scène à Moscou** in his translation, he shifts the scene to Moscow.

(c) (*littér: agiter, exalter*) to carry away, send into raptures. **~ qn de joie/d'enthousiasme** to send sb into raptures *ou* transports (*hum*) of delight/enthusiasm; **être** *ou* **se sentir transporté de joie/d'admiration** to be in transports (*hum*) of delight/admiration, be carried away with delight/admiration; **transporté de fureur** beside o.s. with fury; **cette musique m'a transporté** this music carried me away *ou* sent me into raptures.

2 se transporter *vpr* (*se déplacer*) to betake o.s. (*frm*), repair (*frm*). (*Jur*) **le parquet s'est transporté sur les lieux** the public prosecutor's office visited the scene of the crime; **se ~ quelque part par la pensée** to transport o.s. somewhere in imagination, let one's imagination carry one away somewhere.

transporteur [tʀɑ̃spɔʀtœʀ] *nm* **(a)** (*entrepreneur*) haulier (*Brit*), haulage contractor, carrier; (*Jur: partie contractante*) carrier. **~ aérien** airline company; **~ routier** road haulier (*Brit*), road haulage contractor. **(b)** (*Tech: appareil*) conveyor. **(c)** (*Chim, Bio*) carrier.

transposable [tʀɑ̃spozabl(ə)] *adj* transposable.
transposer [tʀɑ̃spoze] (1) *vti* to transpose.
transposition [tʀɑ̃spozisjɔ̃] *nf* transposition.
transrhénan, e [tʀɑ̃sʀenɑ̃, an] *adj* transrhenane.
transsexualisme [tʀɑ̃ssɛksɥalism(ə)] *nm* transexualism.
transsexuel, -elle [tʀɑ̃ssɛksɥɛl] *adj, nm, f* transsexual.
transsibérien, -enne [tʀɑ̃ssibeʀjɛ̃, ɛn] *adj* trans-Siberian. **le ~** the Trans-Siberian Railway.
transsubstantiation [tʀɑ̃ssypstɑ̃sjasjɔ̃] *nf* transubstantiation.
Transvaal [tʀɑ̃sval] *nm*: **le ~** the Transvaal.
transvasement [tʀɑ̃svazmɑ̃] *nm* decanting.
transvaser [tʀɑ̃svaze] (1) *vt* to decant.
transversal, e, mpl -aux [tʀɑ̃svɛʀsal, o] *adj* coupe, fibre, pièce, barre cross (*épith*), transverse (*T*); mur, chemin, rue which runs across *ou* at right angles; vallée transverse. (*Aut, Transport*) **axe ~, liaison ~e** cross-country trunk road (*Brit*) *ou* highway (*US*), cross-country link; **moteur ~** transverse engine.
transversalement [tʀɑ̃svɛʀsalmɑ̃] *adv* across, crosswise, transversely (*T*).
transverse [tʀɑ̃svɛʀs(ə)] *adj* (*Anat*) transverse.
transvestisme [tʀɑ̃svɛstism(ə)] *nm* = **travestisme**.
Transylvanie [tʀɑ̃silvani] *nf* Transylvania.
trapèze [tʀapɛz] *nm* **(a)** (*Géom*) trapezium (*Brit*), trapezoid (*US*). **(b)** (*Sport*) trapeze. **~ volant** flying trapeze; **faire du ~** to perform on the trapeze. **(c)** (*Anat*) (muscle) ~ trapezius (muscle).
trapéziste [tʀapezist(ə)] *nmf* trapeze artist.
trapézoèdre [tʀapezɔɛdʀ(ə)] *nm* (*Minér*) trapezohedron.
trapézoïdal, e, mpl -aux [tʀapezɔidal, o] *adj* trapezoid (*épith*).
trapézoïde [tʀapezɔid] *adj, nm*: (os) ~ trapezoid.
trappe [tʀap] *nf* **(a)** (*dans le plancher*) trap door; (*Tech: d'accès, d'évacuation*) hatch; (*Théât*) trap door; (*Aviat: pour parachute*) exit door. (*fig*) **mettre qn à la ~** to give sb the push*. **(b)** (*piège*) trap.
Trappe [tʀap] *nf* (*couvent*) Trappist monastery; (*ordre*) Trappist order.
trappeur [tʀapœʀ] *nm* trapper, fur trader.
trappiste [tʀapist(ə)] *nm* Trappist (monk).
trapu, e [tʀapy] *adj* **(a)** personne squat, stocky, thickset; maison squat. **(b)** (*arg Scol: calé*) élève brainy*, terrific*; question, problème tough, hard, stiff. **une question ~e** a stinker* of a question, a really tough question, a poser; **il est ~ en latin** he's terrific* at Latin.
traque [tʀak] *nf*: **la ~ (du gibier)** the tracking (of game).

traquenard [tʀaknaʀ] *nm* (*piège*) trap; (*fig*) (*grammaire, loi*) pitfall, trap.
traquer [tʀake] (1) *vt* gibier to track (down); fugitif to track down, run to earth, hunt down; (*fig littér*) abus, injustice to hunt down; (*harceler*) (*journalistes, percepteur etc*) to hound, pursue. **air/regard de bête traquée** look/gaze of a hunted animal; **c'était maintenant un homme traqué, aux abois** he was now at bay, a hunted man.
traquet [tʀake] *nm*: **~ (pâtre)** stonechat; **~ (motteux)** wheatear.
trauma [tʀoma] *nm* (*Méd, Psych*) trauma.
traumatique [tʀomatik] *adj* traumatic.
traumatisant, e [tʀomatizɑ̃, ɑ̃t] *adj* traumatizing.
traumatiser [tʀomatize] (1) *vt* to traumatize.
traumatisme [tʀomatism(ə)] *nm* traumatism. **~ crânien** cranial traumatism.
traumatologie [tʀomatɔlɔʒi] *nf* branch of medicine dealing with road and industrial accidents etc. **service de ~ d'un hôpital** casualty department *ou* accident-and-emergency department of a hospital.
traumatologique [tʀomatɔlɔʒik] *adj* traumatological.
traumatologiste [tʀomatɔlɔʒist(ə)] *nmf*, **traumatologue** [tʀomatɔlɔg] *nmf* trauma specialist, accident and emergency specialist.

travail¹, pl -aux [tʀavaj, o] **1** *nm* **(a)** (*labeur, tâches à accomplir*) le ~ work; **~ intellectuel** brainwork, intellectual *ou* mental work; **~ manuel** manual work; **~ musculaire** heavy labour; **fatigue due au ~ scolaire** tiredness due to school work; **je n'y touche pas: c'est le ~ de l'électricien** I'm not touching it — that's the electrician's job; **observer qn au ~** to watch sb at work, watch sb working; **séance/déjeuner de ~** working session/lunch; **ce mouvement demande des semaines de ~** it takes weeks of work to perfect this movement; **avoir du ~/beaucoup de ~** to have (some) work/a lot of work to do; **se mettre au ~** to set *ou* get down to work; **j'ai un ~ fou en ce moment*** I've got a load of work on at the moment*, I'm up to my eyes in work at the moment*, I'm snowed under with work at the moment*; **V cabinet, table.**

(b) (*tâche*) work (*U*), job; (*ouvrage*) work (*U*). **c'est un ~ de spécialiste** (*difficile à faire*) it's work for a specialist, it's a specialist's job; (*bien fait*) it's the work of a specialist; **fais-le tout seul, c'est ton ~** do it yourself, it's your job; **commencer/achever/interrompre un ~** to start/complete/interrupt a piece of work *ou* a job; **ce n'est pas du ~** that's not work!, (do you) call that work!; **les ~aux de la commission seront publiés** the committee's work *ou* deliberations *ou* findings will be published; **~aux scientifiques/de recherche** scientific/research work; **~aux sur bois** woodwork; **~aux sur métal** metalwork; **il est l'auteur d'un gros ~ sur le romantisme** he is the author of a sizeable work on romanticism; (*Mil*) **~aux d'approche/de siège** sapping *ou* approach/siege works; **~aux de réfection/de réparation/de construction** renovation/repair/building work; **faire faire des ~aux dans la maison** to have some work *ou* some jobs done in the house; **~aux de plomberie** plumbing work; **~aux d'aménagement** alterations, alteration work; **les ~aux de la ferme** farm work; **les ~aux pénibles, les gros ~aux** the heavy work *ou* tasks; **entreprendre de grands ~aux d'assainissement/d'irrigation** to undertake large-scale sanitation/irrigation work; **'pendant les ~aux, le magasin restera ouvert'** 'business as usual during alterations', 'the shop will remain open (as usual) during alterations'; **attention! ~aux!** caution! work in progress!; (*sur la route*) road works (*Brit*) *ou* roadwork (*US*) ahead!; **il y a des ~aux (sur la chaussée)** the road is up, there are roadworks in progress.

(c) (*métier, profession*) job, occupation; (*situation*) work (*U*), job, situation. (*activité rétribuée*) **le ~ work** (*U*); **avoir un ~ intéressant/lucratif** to have an interesting/a highly paid occupation *ou* job; **apprendre un ~** to learn a job; **être sans ~, ne pas avoir de ~** to be out of work *ou* without a job *ou* unemployed; **~ à mi-/plein temps** part-/full-time work; (*Ind*) **accident/conflit/législation du ~** industrial accident/dispute/legislation; **~ de bureau/d'équipe** office/team work; **~ en usine** factory work, work in a factory; **~ en atelier** work in a workshop; **~ à la pièce** *ou* **aux pièces** piecework; **~ à domicile** outwork (*Brit*), homework; **elle a un ~ à domicile/au dehors** she has a job at home/outside, she works at home/goes out to work; (*Ind*) **cesser le ~** to stop work, down tools; **reprendre le ~** to go back to work; **V bleu.**

(d) (*Écon: opposé au capital*) labour. **l'exploitation du ~** the exploitation of labour; **association capital-~** cooperation between workers and management *ou* workers and the bosses*; **les revenus du ~** earned income; **le monde du ~** the workers; **V division.**

(e) (*facture*) work (*U*). **dentelle d'un ~ très fin** finely-worked lace; **sculpture d'un ~ délicat** finely-wrought sculpture; **c'est un très joli ~** it's a very nice piece of handiwork *ou* craftsmanship *ou* work.

(f) (*façonnage*) (*bois, cuir, fer*) working. (*Peinture*) **le ~ de la pâte** working the paste; **le ~ du marbre requiert une grande habileté** working with marble requires great skill.

(g) (*machine, organe*) work. **~ musculaire** muscular effort, work of the muscles.

(h) (*effet*) (*gel, érosion, eaux*) work; (*évolution*) (*bois*) warp, warping; (*vin, cidre*) working. **le ~ de l'imagination/l'inconscient** the workings of the imagination/the unconscious; **le ~ du temps** the work of time.

(i) (*Phys*) work. **unité de ~** unit of work.

(j) (*Méd*) (*femme*) labour. **femme en ~** woman in labour; **entrer en ~** to go into *ou* start labour; **salle de ~** labour ward.

2: travaux agricoles agricultural *ou* farm work; **travaux**

d'aiguille needlework; (*fig*) **travaux d'approche** (*pour faire la cour*) initial overtures (*auprès de* to); (*pour demander qch*) preliminary manoeuvres *ou* moves (*auprès de* with); **faire** *ou* **entreprendre des travaux d'approche auprès du patron pour une augmentation** to broach the subject of a rise with the boss, introduce the idea of a rise to the boss; (*fig*) **un travail de Bénédictin** a painstaking task; **travail à la chaîne** assembly line *ou* production line work; **travaux des champs = travaux agricoles; les travaux de dame** handwork; (*Univ*) **travaux dirigés** tutorial (class) (*Brit*), section (of a course) (*US*); (*fig*) **travail de forçat** hard labour (*fig*); **c'est un travail de forçat** it's hard labour; **travaux forcés** hard labour; (*Jur*) **être condamné aux travaux forcés** to be sentenced to hard labour; (*fig*) **dans cette entreprise c'est vraiment les travaux forcés** it's real slave labour in this company; **les travaux d'Hercule** the labours of Hercules; (*Scol*) **travaux manuels** handicrafts; **travaux ménagers** housework; **travail au noir** moonlighting; **le travail posté** shift work; (*Scol, Univ*) **travaux pratiques** (*gen*) practical work; (*en laboratoire*) lab work (*Brit*), lab (*US*); **travaux préparatoires** [*projet de loi*] preliminary documents; **travaux publics** civil engineering; **ingénieur des travaux publics** civil engineer; **entreprise des travaux publics** civil engineering firm; **un travail de Romain** a Herculean task; **travaux d'utilité collective** community work, ≃ YTS (*Brit*).

travail², *pl* **~s** [tʀavaj] *nm* (*appareil*) trave.

travaillé, -e [tʀavaje] (*ptp de* **travailler**) *adj* (a) (*façonné*) *bois, cuivre* worked, wrought.
(b) (*fignolé*) *style, phrases* polished, studied; *meuble, ornement* intricate, finely-worked.
(c) (*tourmenté*) **~ par le remords/la peur/la jalousie** tormented *ou* distracted by remorse/fear/jealousy.

travailler [tʀavaje] (1) **1** *vi* (a) (*faire sa besogne*) to work. **~ dur/d'arrache-pied** to work hard/flat out*; **~ comme un forçat/une bête de somme** to work like a galley slave/a horse *ou* a Trojan; **il aime ~ au jardin** he likes working in the garden; **je vais ~ un peu à la bibliothèque** I'm going to do some work in the library; **faire ~ sa tête** *ou* **sa matière grise** to set one's mind *ou* the grey matter to work; **fais ~ ta tête!** get your brain working!, use your head!; **faire ~ ses bras** to exercise one's arms; **~ du chapeau*** to be slightly dotty* *ou* a bit cracked* *ou* touched* *ou* nuts*; **va ~** (go and) get on with your work.
(b) (*exercer un métier*) to work. **~ en usine** to work in a factory; **~ à domicile** to work at home; **~ aux pièces** to do piecework; **~ au noir** to moonlight, do moonlighting; **tu pourras te l'offrir quand tu travailleras** you'll be able to buy *ou* afford it once you start work; **dans ce pays on fait ~ les enfants à 8 ans** in this country they put children to work at the age of 8 *ou* they make children work from the age of 8; **il a commencé à ~ chez X hier** he started work *ou* he went to work at X's yesterday; **sa femme travaille** his wife goes out to work, his wife works; **on finit de ~ à 17 heures** *ou* **finish** *ou* stop work at 5 o'clock.
(c) (*s'exercer*) [*artiste, acrobate*] to practise, train; [*boxeur*] to have a workout, train; [*musicien*] to practise. [*enfant*] **son père le fait ~ tous les soirs** his father makes him work every evening; **~ sans filet** (*lit*) to work without a safety net; (*fig*) to be out on one's own, work in the dark, work without any backup.
(d) (*agir, fonctionner*) [*firme, argent*] to work. **l'industrie travaille pour le pays** industry works for the country; **~ à perte** to work *ou* be working at a loss; **faire ~ l'argent** to make one's money work for one; **le temps travaille pour/contre eux** time is on their side/against them.
(e) [*métal, bois*] to warp; [*vin, cidre*] to work, ferment; [*pâte*] to work, rise; (*fig*) [*imagination*] to work.
2 *vt* (a) (*façonner*) *matière, verre, fer* to work, shape. **~ la terre** to work *ou* cultivate the land; **~ la pâte** (*Culin*) to knead *ou* work the dough; (*Peinture*) to work the paste.
(b) (*potasser*) *branche, discipline* to work at *ou* on; *morceau de musique* to work on, practise; [*fignoler*] *style, phrase* to polish up, work on; (*Sport*) *mouvement, coup* to work on. **~ son anglais** to work on one's English; **~ le chant/piano** to practise singing/the piano; **~ son piano/violon** to do one's piano/violin practice; (*Tennis*) **~ une balle** to put some spin on a ball.
(c) (*agir sur*) *personne* to work on. **~ l'opinion/les esprits** to work on public opinion/people's minds; **~ qn au corps** (*Boxe*) to punch *ou* pummel sb around the body; (*fig*) to badger sb, give sb a hard time.
(d) (*faire s'exercer*) *taureau, cheval* to work.
(e) (*préoccuper*) [*doutes, faits*] to distract, worry; (*tourmenter*) [*douleur, fièvre*] to distract, torment. **cette idée/ce projet le travaille** this idea/plan is on his mind *ou* is preying on his mind; **le ventre me ~** I have pains in my stomach.
3 travailler à *vt indir* *livre, projet* to work on; *cause, but* to work for; (*s'efforcer d'obtenir*) to work towards. **~ à la perte de qn** to work towards sb's downfall, endeavour to bring about sb's downfall; **~ à nuire à qn** to endeavour to harm sb.

travailleur, -euse [tʀavajœʀ, øz] **1** *adj* (*consciencieux*) hardworking, painstaking, diligent (*frm*).
2 *nm,f* (a) (*gén*) worker. **un bon/mauvais ~, une bonne/mauvaise ~euse** a good/bad worker.
(b) (*personne consciencieuse*) (hard) worker.
3 *nm* (*personne exerçant un métier, une profession*) worker. **les ~s** the workers, working people; **les revendications des ~s** the claims made by the workers; **il avait loué sa ferme à des ~s étrangers** he had rented his farm to immigrant workers; **le problème des ~s étrangers** the problem of immigrant labour *ou* workers.
4: travailleur agricole agricultural *ou* farm worker; **travailleur à domicile** homeworker; **travailleuse familiale** home help;

travailleur de force labourer; **travailleur indépendant** self-employed person, freelance worker; **travailleur intellectuel** non-manual *ou* intellectual worker; **travailleur manuel** manual worker; **travailleur au noir** moonlighter.

travaillisme [tʀavajism(ə)] *nm* Labour philosophy, Labour brand of socialism.

travailliste [tʀavajist(ə)] **1** *adj* Labour. **2** *nmf* Labour Party member. **il est ~** he is Labour, he supports Labour; **les ~s** Labour, the Labour Party.

travailloter [tʀavajɔte] (1) *vi* (*péj*) to work a little, work without over-straining o.s.

travée [tʀave] *nf* (a) (*section*) [*mur, voûte, rayon, nef*] bay; [*pont*] span.
(b) (*Tech: portée*) span.
(c) (*rangée*) [*église, amphithéâtre*] row (of benches); [*théâtre*] row (of seats). **les ~s du fond manifestèrent leur mécontentement** the back rows showed their annoyance.

travelling [tʀavliŋ] *nm* (*Ciné*) (*dispositif*) dolly, travelling platform; (*mouvement*) tracking. **~ avant/arrière/latéral** tracking in/out/sideways; **~ optique** zoom shots (*pl*).

travelo‡ [tʀavlo] *nm* (*travesti*) drag queen‡.

travers¹ [tʀaveʀ] *nm* (*défaut*) failing, fault, shortcoming. **chacun a ses petits ~** everyone has his little failings *ou* faults; **tomber dans le ~ qui consiste à faire** to make the opposite mistake of doing.

travers² [tʀaveʀ] *nm* (a) (*sens diagonal, transversal*) **en ~** across, crosswise; **en ~ de** across; **couper/scier en ~** to cut/saw across; **pose la planche en ~** lay the plank across *ou* crosswise; **un arbre était en ~ de la route** a tree was lying across the road; **le véhicule dérapa et se mit en ~ (de la route)** the vehicle skidded and stopped sideways on *ou* stopped across the road; (*fig*) **se mettre en ~ (des projets de qn)** to stand in the way (of sb's plans); *V* **tort**.
(b) (*Naut*) **navire en ~, par le ~** abeam, on the beam; **vent de ~** wind on the beam; **mettre un navire en ~** to heave to; **se mettre en ~** to heave to; **s'échouer en ~** to run aground on the beam.
(c) **au ~** through; **au ~ de** through; **la palissade est délabrée: on voit au ~/le vent passe au ~** the fence is falling down and you can see (right) through/the wind comes (right) through; **au ~ de ses mensonges, on devine sa peur** through his lies, you can tell he's frightened; (*fig*) **passer au ~** to escape; **le truand est passé au ~** the criminal slipped through the net *ou* escaped; **tout le monde a eu la grippe mais je suis passé au ~** everyone had flu but I managed to avoid *ou* escape it.
(d) **de ~** (*pas droit*) crooked, askew; (*fig: à côté*) **répondre de ~** to give a silly answer; **comprendre de ~** to misunderstand; (*fig: mal*) **aller** *ou* **marcher de ~** to be going wrong; **avoir la bouche/le nez de ~** to have a crooked mouth/nose; [*ivrogne*] **marcher de ~** to stagger *ou* totter along; **il répond toujours de ~** he never gives a straight *ou* proper answer; **il raisonne toujours de ~** his reasoning is always unsound; **se mettre de ~** [*véhicule etc*] to stop sideways on; **elle a mis son chapeau de ~** she has put her hat on crooked, her hat is not on straight; **il a l'esprit un peu de ~** he's slightly odd; **il lui a jeté un regard** *ou* **il l'a regardé de ~** he looked askance at him, he gave him a funny look; **il a avalé sa soupe de ~, sa soupe est passée de ~** his soup has gone down the wrong way; **tout va de ~ chez eux en ce moment** everything is going wrong *ou* nothing is going right for them at the moment; **prendre qch de ~** to take sth amiss *ou* the wrong way; **il prend tout de ~** he takes everything the wrong way *ou* amiss.
(e) **à ~** *vitre, maille, trou, foule* through; *campagne, bois* across, through; **voir qn à ~ la vitre** to see sb through the window; **ce n'est pas opaque, on voit à ~** it's not opaque — you can see through it; **le renard est passé à ~ le grillage** the fox went through the fence; **sentir le froid à ~ un manteau** to feel the cold through a coat; **juger qn à ~ son œuvre** to judge sb through his work; **à ~ les siècles** through *ou* across the centuries; **à ~ les divers rapports, on entrevoit la vérité** through the various reports, we can get some idea of the truth; **passer à ~ champs/bois** to go through *ou* across fields *ou* across country/through woods; **la couche de glace est mince, tu risques de passer à ~** the layer of ice is thin — you could fall through; (*lit, fig*) **passer à ~ (les mailles du filet)** to slip through the net.
(f) (*Boucherie*) (*de porc*) sparerib of pork.

traversable [tʀavɛʀsabl(ə)] *adj* which can be crossed, traversable (*frm*). **rivière ~ à gué** fordable river.

traverse [tʀavɛʀs(ə)] *nf* (a) (*Rail*) sleeper. (b) (*pièce, barre transversale*) strut, crosspiece. (c) **chemin de ~, ~†** road which cuts across, shortcut.

traversée [tʀavɛʀse] **1** *nf* (a) [*rue, mer, pont etc*] crossing; [*ville, forêt, tunnel etc*] going through. **la ~ des Alpes/de l'Atlantique en avion** the crossing of the Alps/of the Atlantic by plane; **la ~ de la ville en voiture peut prendre 2 heures** driving through *ou* crossing the town can take 2 hours by car; **faire la ~ d'un fleuve à la nage** to swim across a river.
(b) (*Naut: trajet*) crossing.
(c) (*Alpinisme*) (*course*) through-route; (*passage*) traverse.
2: (*fig Pol*) traversée du désert time (spent) in the wilderness.

traverser [tʀavɛʀse] (1) *vt* (a) [*personne, véhicule*] *rue, pont* to cross; *chaîne de montagnes, mer* to cross, traverse (*littér*); *ville, forêt, tunnel* to go through. **~ une rivière à la nage** to swim across a river; **~ une rivière en bac** to take a ferry across a river, cross a river by ferry; **~ (une rivière) à gué** to ford a river, wade across a river; **il traversa le salon à grands pas** he strode across the living room; **avant de ~, assurez-vous que la chaussée est libre** before crossing, see that the road is clear.
(b) [*pont, route*] to cross, run across; [*tunnel*] to cross under; [*barre, trait*] to run across. **le fleuve/cette route traverse tout le pays** the river/this road runs *ou* cuts right across the country; **ce**

tunnel traverse les Alpes this tunnel crosses under the Alps; **un pont traverse le Rhône en amont de Valence** a bridge crosses *ou* there is a bridge across the Rhone upstream from Valence; **une cicatrice lui traversait le front** he had a scar (right) across his forehead, a scar ran right across his forehead.

   (c) (*percer*) [*projectile, infiltration*] to go *ou* come through. ∼ **qch de part en part** to go right through sth; **les clous ont traversé la semelle** the nails have come through the sole; **la pluie a traversé la tente** the rain has come through the tent; **une balle lui traversa la tête** a bullet went through his head; **il s'effondra, la cuisse traversée d'une balle** he collapsed, shot through the thigh; **une douleur lui traversa le poignet** a pain shot through his wrist; **une idée lui traversa l'esprit** an idea passed through his mind *ou* occurred to him.

   (d) (*passer à travers*) ∼ **la foule** to make one's way through the crowd.

   (e) (*fig: dans le temps*) *période* to go *ou* live through; *crise* to pass *ou* go through, undergo. **sa gloire a traversé les siècles** his glory travelled down the ages.

traversier, -ière [tʀavɛʀsje, jɛʀ] **1** *adj* **(a)** *rue* which runs across. **(b)** (*Naut*) *navire* cutting across the bows. **(c)** *V* **flûte. 2** *nm* (*Can*) ferryboat.

traversin [tʀavɛʀsɛ̃] *nm* [*lit*] bolster.

travesti, e [tʀavɛsti] (*ptp de* **travestir**) **1** *adj* (*gén: déguisé*) disguised; (*Théât*) *acteur* playing a female role; *rôle* female (*played by man*); *V* **bal.**

   2 *nm* **(a)** (*Théât: acteur*) actor playing a female role; (*artiste de cabaret*) female impersonator, drag artist; (*Psych: homosexuel*) transvestite. **numéro de** ∼ drag act.

   (b) (*déguisement*) fancy dress. **en** ∼ in fancy dress.

travestir [tʀavɛstiʀ] (2) **1** *vt* **(a)** (*déguiser*) *personne* to dress up; *acteur* to cast in a female role. ∼ **un homme en femme** to dress a man up as a woman.

   (b) (*fig*) *vérité, paroles* to travesty, misrepresent, parody.

   2 se travestir *vpr* (*pour un bal*) to put on fancy dress; (*Théât*) to put on a woman's costume; (*pour un numéro de cabaret*) to put on drag; (*Psych*) to dress as a woman, cross-dress. **se** ∼ **en Arlequin** to dress up as Harlequin.

travestisme [tʀavɛstism(ə)] *nm* (*Psych*) transvestism.

travestissement [tʀavɛstismã] *nm* **(a)** (*action*) [*personne*] (*gén*) dressing-up; (*Psych*) cross-dressing; [*vérité, paroles*] travesty, misrepresentation. **(b)** (*habit*) fancy dress (*U*).

traviole* [tʀavjɔl] *adv:* **de** ∼ skew-whiff*, crooked; **être/mettre de** ∼ to be/put skew-whiff* *ou* crooked; **il comprend tout de** ∼ he gets hold of the wrong end of the stick every time*, he gets in a muddle about everything.

trayeur, -euse [tʀɛjœʀ, øz] **1** *nm, f* milker. **2 trayeuse** *nf* (*machine*) milking machine.

trébuchant, e [tʀebyʃã, ãt] *adj* (*chancelant*) *démarche, ivrogne* tottering (*épith*), staggering (*épith*); (*fig*) *diction, voix* halting (*épith*), quavering (*épith*); *V* **espèce.**

trébucher [tʀebyʃe] (1) *vi* (*lit, fig*) to stumble. **faire** ∼ **qn** to trip sb up; ∼ **sur** *ou* **contre** *racine, pierre* to stumble over, trip against; *mot, morceau difficile* to stumble over.

trébuchet [tʀebyʃɛ] *nm* **(a)** (*piège*) bird-trap. **(b)** (*balance*) assay balance.

tréfilage [tʀefilaʒ] *nm* wiredrawing.

tréfiler [tʀefile] (1) *vt* to wiredraw.

tréfilerie [tʀefilʀi] *nf* wireworks.

tréfileur [tʀefilœʀ] *nm* (*ouvrier*) wireworker, wiredrawer.

tréfileuse [tʀefiløz] *nf* (*machine*) wiredrawing machine.

trèfle [tʀɛfl(ə)] *nm* **(a)** (*Bot*) clover. ∼ **à quatre feuilles** four-leaf clover; ∼ **blanc** white clover.

   (b) (*Cartes*) clubs. **jouer** ∼ to play a club *ou* clubs; **le 8 du** ∼ the 8 of clubs.

   (c) (*Aut*) (*carrefour en*) ∼ cloverleaf (junction *ou* intersection).

   (d) (*Archit*) trefoil.

   (e) (‡: *argent*) lolly‡ (*Brit*), dough‡.

   (f) (*emblème de l'Irlande*) **le** ∼ the shamrock; (*Rugby*) **l'équipe du** ∼ the Irish team.

tréflière [tʀeflijɛʀ] *nf* field of clover.

tréfonds [tʀefɔ̃] *nm* (*littér*) **le** ∼ **de** the inmost depths of; **ébranlé jusqu'au** ∼ deeply *ou* profoundly shaken, shaken to the core; **dans le** ∼ **de mon cœur** deep down in my heart; **le** ∼ **de l'homme** the inmost depths of man; **dans le** ∼ **de son âme** deep down, in the depths of his soul.

treillage [tʀɛjaʒ] *nm* (*sur un mur*) lattice work, trellis(work); (*clôture*) trellis fence.

treillager [tʀɛjaʒe] (3) *vt* **mur** to trellis, lattice; *fenêtre* to lattice. **treillagé de rubans** criss-crossed with tape.

treille [tʀɛj] *nf* (*tonnelle*) vine arbour; (*vigne*) climbing vine; *V* **jus.**

treillis¹ [tʀeji] *nm* (*en bois*) trellis; (*en métal*) wire-mesh; (*Constr*) lattice work.

treillis² [tʀeji] *nm* (*Tex*) canvas; (*Mil: tenue*) combat uniform.

treize [tʀɛz] *adj inv, nm inv* thirteen. ∼ **à la douzaine** baker's dozen; **il m'en a donné** ∼ **à la douzaine** he gave me a baker's dozen; **vendre des huîtres** ∼ **à la douzaine** to sell oysters at thirteen for the price of twelve; *pour autres loc V* **six.**

treizième [tʀɛzjɛm] *adj, nmf* thirteenth. ∼ **mois** (*de salaire*) (bonus) thirteenth month's salary; *pour loc V* **sixième.**

treizièmement [tʀɛzjɛmmã] *adv* in the thirteenth place.

tréma [tʀema] *nm* dieresis. **i** ∼ **i** dieresis.

trémail [tʀemaj] *nm* = **tramail.**

tremblant, e [tʀãblã, ãt] *adj* *personne, membre, main* trembling, shaking; *voix* trembling, tremulous, shaky, quavering (*épith*); *lumière* trembling (*épith*), quivering (*épith*), flickering (*épith*). **il vint me trouver,** ∼ he came looking for me in fear and trembling.

---

il se présenta ∼ **devant son chef** he appeared trembling *ou* shaking before his boss; ∼ **de froid** shivering with *ou* trembling with cold; ∼ **de peur** trembling *ou* shaking *ou* shivering with fear.

tremble [tʀãbl(ə)] *nm* aspen.

tremblé, e [tʀãble] (*ptp de* **trembler**) *adj* **(a)** *écriture, dessin* shaky; *voix* trembling, shaky, tremulous, quavering (*épith*); *note* quavering (*épith*). **(b)** (*Typ*) (*filet*) ∼ wavy *ou* waved rule.

tremblement [tʀãbləmã] **1** *nm* **(a)** (*V* **trembler**) shiver; trembling (*U*); shaking (*U*); fluttering (*U*); flickering (*U*); quivering (*U*); wavering (*U*); quavering (*U*); vibration. **un** ∼ **le parcourut** a shiver went through him; **il fut saisi d'un** ∼ **convulsif** he was seized with a violent fit of shivering *ou* trembling; **avec des** ∼**s dans la voix** with a trembling *ou* quavering *ou* shaky voice.

   (b) (*loc*) **tout le** ∼* (*choses ou personnes*) the whole outfit*, the whole caboodle*; (*choses*) all that jazz* *ou* guff‡.

   2: tremblement de terre earthquake; **léger tremblement de terre** earth tremor.

trembler [tʀãble] (1) *vi* **(a)** [*personne*] (*de froid, de fièvre*) to shiver, tremble, shake (*de* with); (*de peur, d'indignation, de colère*) to tremble, shake (*de* with). **il tremblait de tout son corps** *ou* **de tous ses membres** he was shaking *ou* trembling all over; ∼ **comme une feuille** to shake *ou* tremble like a leaf.

   (b) [*feuille*] to tremble, flutter; [*lumière*] to tremble, flicker, quiver; [*flamme*] to tremble, flicker, waver; [*voix*] to tremble, shake, quaver; [*son*] to tremble, quaver; [*main*] to tremble, shake.

   (c) [*bâtiment, fenêtre*] to shake, tremble; [*plancher*] to tremble, vibrate; [*terre*] to shake, quake, tremble. **faire** ∼ **le sol** to make the ground tremble, shake the ground; **la terre a tremblé** there has been an earth tremor.

   (d) (*fig: avoir peur*) to tremble. ∼ **pour qn/qch** to fear for *ou* tremble for sb/sth, be anxious over sb/sth; ∼ **à la pensée de qch** to tremble at the (very) thought of sth; **il tremble de l'avoir perdu** he is afraid *ou* he fears that he has lost it; **je tremble qu'elle ne s'en remette pas** I fear that she may not recover; **il fait** ∼ **ses subordonnés** he strikes fear (and trembling) into those under him, his subordinates live in dread of him.

tremblotant, e [tʀãblɔtã, ãt] *adj* *personne, main* trembling, shaking; *voix* quavering (*épith*), tremulous; *flamme* trembling (*épith*), flickering (*épith*), wavering (*épith*); *lumière* trembling (*épith*), quivering (*épith*), flickering (*épith*).

tremblote* [tʀãblɔt] *nf:* **avoir la** ∼ (*froid*) to have the shivers*; (*peur*) to have the jitters*; [*vieillard*] to have the shakes*.

tremblotement [tʀãblɔtmã] *nm* (*V* **trembloter**) trembling (*U*); shaking (*U*); quavering (*U*); flickering (*U*). **avec un** ∼ **dans sa voix** with a tremble in his voice.

trembloter [tʀãblɔte] (1) *vi* [*personne, mains*] to tremble *ou* shake (slightly); [*voix*] to quaver, tremble; [*lumière*] to tremble, quiver, flicker; [*flamme*] to tremble, flicker, waver.

trémie [tʀemi] *nf* **(a)** (*Tech: entonnoir*) [*concasseur, broyeur, trieuse*] hopper. **(b)** (*mangeoire*) feedbox. **(c)** (*Constr*) [*cheminée*] hearth cavity *ou* space; [*escalier*] stair cavity.

trémière [tʀemjɛʀ] *adj f V* **rose.**

trémolo [tʀemolo] *nm* [*instrument*] tremolo; [*voix*] quaver, tremor. **avec des** ∼**s dans la voix** with a quaver *ou* tremor in one's voice.

trémoussement [tʀemusmã] *nm* jigging about (*Brit*) (*U*), wiggling (*U*).

trémousser (se) [tʀemuse] (1) *vpr* to jig about (*Brit*), wiggle. **se** ∼ **sur sa chaise** to wriggle *ou* jig about (*Brit*) on one's chair; **marcher en se trémoussant** to wiggle as one walks.

trempage [tʀãpaʒ] *nm* [*linge, graines, semences*] soaking; [*papier*] damping, wetting.

trempe [tʀãp] *nf* **(a)** (*Tech*) [*acier*] (*processus*) quenching; (*qualité*) temper. **de bonne** ∼ well-tempered.

   (b) (*fig*) [*personne, âme*] calibre. **un homme de sa** ∼ a man of his calibre *ou* of his moral fibre.

   (c) (*Tech: trempage*) [*papier*] damping, wetting; [*peaux*] soaking.

   (d) (*) (*correction*) walloping*, hiding*; (*gifle*) slap, clout*.

trempé, e [tʀãpe] (*ptp de* **tremper**) *adj* **(a)** (*mouillé*) *vêtement, personne* soaked, drenched. ∼ **de sueur** bathed *ou* soaked in *ou* streaming with perspiration; ∼ **jusqu'aux os** *ou* **comme une soupe*** wet through, soaked to the skin, absolutely drenched, like a drowned rat; **joues/visage** ∼(**es**) **de pleurs** cheeks/face bathed in tears.

   (b) (*Tech*) *acier, verre* tempered. (*fig*) **caractère bien** ∼ sturdy character.

tremper [tʀãpe] (1) **1** *vt* **(a)** (*mouiller*) to soak, drench; (*gén faire* ∼) *linge, graines* to soak; *aliments* to soak, steep; *papier* to damp, wet; *tiges de fleurs* to stand in water. **la pluie a trempé sa veste/le tapis** the rain has soaked *ou* drenched his jacket/the carpet.

   (b) (*plonger*) *mouchoir, plume* to dip (*dans* into, in); *pain, biscuit* to dip, dunk (*dans* in). ∼ **sa main dans l'eau** to dip one's hand in the water; ∼ **ses lèvres dans une boisson** to take just a sip of a drink; **il n'aime pas qu'on lui trempe la tête dans l'eau** he doesn't like having his head ducked in the water; ∼ **la soupe†** to pour soup onto bread.

   (c) (*Tech*) *métal, lame* to quench.

   (d) (*littér: aguerrir, fortifier*) *personne, caractère, âme* to steel, strengthen.

   2 *vi* **(a)** [*tige de fleur*] to stand in water; [*linge, graines, semences*] to soak. **mettre le linge à** ∼ to soak the washing, put the washing to soak.

   (b) (*fig péj: participer*) ∼ **dans** *crime, affaire, complot* to take part in, have a hand in, be involved in.

   3 se tremper *vpr* (*prendre un bain rapide*) to have a quick dip; (*se mouiller*) to get (o.s.) soaked *ou* soaking wet, get drenched. **je ne fais que me** ∼ I'm just going for a quick dip.

trempette [tʀɑ̃pɛt] *nf* **(a)** (*pain trempé*) piece of bread (*for dunking*); (*sucre trempé*) sugar lump (*for dunking*). **faire ~** to dunk one's bread; to dunk one's sugar. **(b)** (*baignade*) (quick) dip. **faire ~** to have a (quick) dip.

tremplin [tʀɑ̃plɛ̃] *nm* **(a)** (*lit*) [*piscine*] diving-board, springboard; [*gymnase*] springboard; (*Ski*) ski-jump. **(b)** (*fig*) springboard. **servir de ~ à qn** to be a springboard for sb.

trémulation [tʀemylasjɔ̃] *nf* (*Méd*) tremor.

trentaine [tʀɑ̃tɛn] *nf* (*âge, nombre*) about thirty, thirty or so; *pour loc V* **soixantaine**.

trente [tʀɑ̃t] **1** *adj inv, nm inv* thirty; *pour loc V* **six, soixante, tour**.
2: (*Jeu*) **trente-et-quarante** *nm inv* trente et quarante; **trente-six** (*lit*) thirty-six; (**fig: beaucoup*) umpteen*; **il y en a une trente-six modèles** there are umpteen* models; **il n'y a pas trente-six possibilités** there aren't all that many choices; **tous les trente-six du mois** once in a blue moon; **j'ai trente-six mille choses à faire** I've a thousand and one things to do; **voir trente-six chandelles*** to see stars; **dans le trente-sixième dessous*** right down (*Brit*) *ou* way down (*US*) in the dumps*; **trente et un** *nm* (*lit, Cartes*) thirty-one; (*fig*) **être/se mettre sur son trente et un*** to be wearing/put on one's Sunday best *ou* one's glad rags*, be/get all dressed up to the nines*, be/get dressed to kill*.

trentenaire [tʀɑ̃tnɛʀ] *adj* thirty-year. **concession ~** thirty-year lease.

trentième [tʀɑ̃tjɛm] *adj, nm* thirtieth; *pour loc V* **sixième, soixantième**.

trépan [tʀepɑ̃] *nm* (*Méd*) trephine, trepan; (*Tech*) trepan.

trépanation [tʀepanasjɔ̃] *nf* (*Méd*) trephination, trepanation.

trépaner [tʀepane] (1) *vt* (*Méd*) to trephine, trepan.

trépas [tʀepa] *nm* (*littér*) demise, death; *V* **vie**.

trépassé, e [tʀepase] (*ptp de* **trépasser**) *adj* (*littér*) deceased, dead. **les ~s** the departed; (*Rel*) **le jour** *ou* **la fête des T~s** All Souls' (day).

trépasser [tʀepase] (1) *vi* (*littér*) to pass away, depart this life.

trépidant, e [tʀepidɑ̃, ɑ̃t] *adj plancher* vibrating, quivering; *machine* vibrating, throbbing; *rythme* pulsating (*épith*), thrilling (*épith*); *vie* hectic, busy.

trépidation [tʀepidasjɔ̃] *nf* vibration; (*fig*) [*vie*] flurry (*U*), whirl (*U*).

trépider [tʀepide] (1) *vi* [*plancher*] to vibrate, reverberate; [*machine*] to vibrate, throb.

trépied [tʀepje] *nm* (*gén*) tripod; (*dans l'âtre*) trivet.

trépignement [tʀepiɲmɑ̃] *nm* stamping (of feet) (*U*).

trépigner [tʀepiɲe] (1) **1** *vi* to stamp one's feet. **~ d'impatience/d'enthousiasme** to stamp (one's feet) with impatience/enthusiasm; **~ de colère** to stamp one's feet with rage, be hopping mad*. **2** *vt* to stamp *ou* trample on.

trépointe [tʀepwɛ̃t] *nf* welt.

tréponème [tʀeponɛm] *nm* treponema.

très [tʀɛ] *adv* (*avec adj*) very, awfully*, terribly*, most; (*avec adv*) very; (*devant certains ptp etc*) (very) much, greatly, highly. **~ intelligent/difficile** very *ou* awfully* *ou* most *ou* pretty* *ou* terrifically* intelligent/difficult; **~ admiré** greatly *ou* highly *ou* (very) much admired; **~ industrialisé/automatisé** highly industrialized/automatized; **il est ~ conscient de** he is very much aware of *ou* very conscious of; **c'est ~ bien écrit/fait** it's very *ou* awfully* well written/done; **~ peu de gens** very few people; **c'est un garçon ~ travailleur** he is a very *ou* most hard-working lad, he's a very *ou* an awfully* hard worker; **elle est ~ grande dame** she is very much the great lady *ou* every bit a great lady; **avoir ~ peur** to be very much afraid *ou* very *ou* terribly* *ou* dreadfully frightened; **avoir ~ faim** to be very *ou* terribly* *ou* dreadfully hungry; **elle a été vraiment ~ aimable** she was really most *ou* awfully* kind; **c'est ~ nécessaire** it's most *ou* absolutely essential; **ils sont ~ amis/~ liés** they are great friends/very close (friends); **je suis ~, ~ content** I'm very, very *ou* terribly, terribly* pleased; **j'ai ~ envie de le rencontrer** I would very much like to meet him, I am very *ou* most anxious to meet him; **il est ~ en avant/arrière** (*sur le chemin*) he is well *ou* a long way ahead/behind; (*dans une salle*) he is well forward *ou* a long way to the front/well back *ou* a long way back; **un jeune homme ~ comme il faut** a well brought-up young man, a very respectable young man; **être ~ à la page*** *ou* **dans le vent*** to be very *ou* terribly with-it*; **je ne suis jamais ~ à mon aise avec lui** I never feel very *ou* particularly *ou* terribly* comfortable with him; **êtes-vous fatigué? — ~/pas ~** are you tired? — very *ou* terribly*/not very *ou* not terribly*; **~ bien, si vous insistez** all right *ou* fine* *ou* very good *ou* O.K.*, I'll explain to him; **travailler le samedi? ~ peu pour moi!** work on Saturday? not likely!* *ou* not me!; (*Dieu*) **le T~-Haut** the Almighty; *V* **peu**.

trésor [tʀezɔʀ] *nm* **(a)** (*richesses enfouies*) treasure (*U*); (*Jur: trouvé*) treasure-trove; (*fig: chose, personne, vertu précieuse*) treasure. **découvrir un ~** to find some treasure *ou* a treasure-trove; **course** *ou* **chasse au/chercheur de ~** treasure hunt/hunter.
(b) (*petit musée*) treasure-house, treasury. **le ~ de Notre-Dame** the treasure-house of Notre-Dame.
(c) (*gén pl: richesses*) treasure. **les ~s du Louvre/de l'océan** the treasures *ou* riches of the Louvre/the ocean; (*hum*) **je vais chercher dans mes ~s** I'll look through my treasures *ou* precious possessions.
(d) (*source*) **un ~ de conseils/renseignements** a mine *ou* wealth *ou* store of advice/information; (*quantité*) **des ~s de dévouement/de patience** a wealth of devotion/patience, boundless devotion/patience; **dépenser des ~s d'ingéniosité** to expend boundless ingenuity.

(e) (*ouvrage*) treasury.
(f) (*Admin, Fin: ressources*) [*roi, état*] exchequer, finances; [*organisation secrète*] finances, funds. (*service*) **T~** (**public**) public revenue department; *V* **bon²**.
(g) (*affectif*) **mon** (**petit**) **~** my (little) treasure, my precious; **tu es un ~ de m'avoir acheté ce disque** you're a (real) treasure for buying me this record.

trésorerie [tʀezɔʀʀi] *nf* **(a)** (*bureaux*) [*Trésor public*] public revenue office; [*firme*] accounts department.
(b) (*gestion*) accounts. **leur ~ est bien/mal tenue** their accounts are well/badly kept; *V* **moyen**.
(c) (*argent disponible*) finances, funds. **difficultés de ~** cash shortage, cash (flow) problems, shortage of funds.
(d) (*fonction de trésorier*) treasurership.

trésorier, -ière [tʀezɔʀje, jɛʀ] *nm,f* (*gén*) [*club, association*] treasurer. (*Admin*) **~-payeur général** paymaster (*for a département*).

tressage [tʀesaʒ] *nm* (*V* **tresser**) plaiting; braiding; weaving; twisting.

tressaillement [tʀesajmɑ̃] *nm* (*V* **tressaillir**) thrill; quiver, quivering (*U*); shudder, shuddering (*U*); wince; start; twitch, twitching (*U*); shaking (*U*), vibration.

tressaillir [tʀesajiʀ] (13) *vi* **(a)** (*frémir*) (*de plaisir*) to thrill, quiver; (*de peur*) to shudder, shiver; (*de douleur*) to wince. **son cœur tressaillait** his heart was fluttering.
(b) (*sursauter*) to start, give a start. **faire ~ qn** to startle sb, make sb jump.
(c) (*s'agiter*) [*personne, animal, nerf*] to quiver, twitch; [*plancher, véhicule*] to shake, vibrate.

tressautement [tʀesotmɑ̃] *nm* (*V* **tressauter**) start; jump, jumping (*U*); jolt, jolting (*U*), tossing (*U*); shaking (*U*).

tressauter [tʀesote] (1) *vi* **(a)** (*sursauter*) to start, jump. **faire ~ qn** to startle sb, make sb jump.
(b) (*être secoué*) [*voyageurs*] to be jolted *ou* tossed about; [*objets*] to shake about, jump about. **faire ~ les voyageurs** to toss the passengers about; **les tasses tressautent sur le plateau** the cups are shaking *ou* jumping *ou* jiggling about on the tray.

tresse [tʀɛs] *nf* **(a)** (*cheveux*) plait, braid. **(b)** (*cordon*) braid (*U*). **(c)** (*Archit: motif*) strapwork.

tresser [tʀese] (1) *vt* **(a)** *cheveux, rubans* to plait, braid; *paille* to plait. **(b)** *panier, guirlande* to weave; *câble, corde, cordon* to twist. (*fig*) **~ des couronnes à qn** to laud sb to the skies, sing sb's praises.

tréteau, pl ~x [tʀeto] *nm* **(a)** trestle. **(b)** (*Théât fig*) **les ~x** the boards, the stage; **monter sur les ~x** to go on the boards *ou* the stage.

treuil [tʀœj] *nm* winch, windlass.

treuiller [tʀœje] (1) *vt* to winch up.

trêve [tʀɛv] *nf* **(a)** (*Mil, Pol*) truce. (*Hist*) **~ de Dieu** truce of God; (*hum*) **~ des confiseurs** Christmas *ou* New Year (political) truce.
(b) (*fig: répit*) respite, rest. **s'accorder une ~** to allow o.s. a (moment's) respite *ou* a rest; (*littér*) **faire ~ à** *disputes, travaux* to rest from.
(c) **~ de** (*assez de*) **~ de plaisanteries/d'atermoiement** enough of this joking/procrastination.
(d) **sans ~** (*sans cesse*) unremittingly, unceasingly, relentlessly.

Trèves [tʀɛv] *n* Trier.

trévise [tʀeviz] *nf* radioso lettuce.

tri [tʀi] *nm* **(a)** (*gén*) sorting out; [*fiches*] sorting; [*volontaires*] selection; [*wagons*] marshalling, shunting; [*lentilles*] picking over; (*calibrage*) grading; (*tamisage*) sifting. **faire le ~ de** to sort out; to select; to marshal; to pick over; to grade; to sift; **on a procédé à des ~s successifs pour sélectionner les meilleurs candidats** they used a series of selection procedures to sift out the best candidates.
(b) (*Poste*) sorting. **le** (**bureau de**) **~** the sorting office.

tri ... [tʀi] *préf* tri ... .

triacide [tʀiasid] *nm* triacid.

triade [tʀijad] *nf* (*littér*) triad.

triage [tʀijaʒ] *nm* = **tri**; *V* **gare**.

triangle [tʀijɑ̃gl(ə)] *nm* (*Géom, Mus*) triangle. **en ~** in a triangle; **~ isocèle/équilatéral/rectangle/scalène** isosceles/equilateral/right-angled/scalene triangle; **~s semblables/égaux** similar/equal triangles; **~ quelconque** ordinary triangle; **soit un ~ quelconque ABC** let ABC be any triangle; (*Aut*) **~ de présignalisation** warning triangle; **le ~ des Bermudes** the Bermuda Triangle.

triangulaire [tʀijɑ̃gylɛʀ] **1** *adj section, voile, prisme* triangular; *débat, tournoi* three-cornered. **2** *nf:* (*élection*) **~** three-cornered (election) contest *ou* fight.

triangulation [tʀijɑ̃gylasjɔ̃] *nf* triangulation.

trianguler [tʀijɑ̃gyle] (1) *vt* to triangulate.

trias [tʀijas] *nm* (*terrain*) trias; (*période*) Triassic, Trias.

triasique [tʀijazik] *adj* Triassic.

triathlon [tʀi(j)atlɔ̃] *nm* triathlon.

triatomique [tʀijatɔmik] *adj* triatomic.

tribal, e, mpl -aux [tʀibal, o] *adj* tribal.

tribalisme [tʀibalism(ə)] *nm* (*littér*) tribalism.

tribasique [tʀibazik] *adj* tribasic.

tribo-électricité [tʀiboelɛktʀisite] *nf* tribo-electricity.

tribo-luminescence [tʀiboˈlyminesɑ̃s] *nf* tribo-luminescence.

tribord [tʀibɔʀ] *nm* starboard. **à ~** to starboard, on the starboard side.

tribu [tʀiby] *nf* (*Ethnologie, Hist, fig*) tribe.

tribulations [tʀibylasjɔ̃] *nfpl* (*mésaventures*) tribulations, trials, troubles.

tribun [tʀibœ̃] *nm* (*Hist romaine*) tribune; (*orateur*) powerful orator; (*littér: défenseur*) tribune (*littér*).

tribunal, *pl* **-aux** [tʀibynal, o] **1** *nm* (a) court. ~ **judiciaire/ d'exception** judicial/special court; ~ **révolutionnaire/militaire** revolutionary/military tribunal; **porter une affaire devant les** ~**aux** to bring a case before the courts; **affaire renvoyée d'un** ~ **à l'autre** case referred from one court to another.

(b) (*fig*) **le** ~ **des hommes** the justice of men; **être jugé par le** ~ **suprême** *ou* **de Dieu** to appear before the judgment seat of God; **être condamné par le** ~ **de l'histoire** to be condemned by the judgment of history, be judged and condemned by history; **s'ériger en** ~ **du goût/des mœurs** to set o.s. up as an arbiter of (good) taste/morals.

2: tribunal administratif tribunal dealing with internal disputes in the French civil service; **tribunal des conflits** jurisdictional court; **tribunal correctionnel** ≃ magistrates' court (*dealing with criminal matters*); **tribunal pour enfants** juvenile court; **tribunal de grande instance** ≃ high court; **tribunal d'instance** ≃ magistrates' court (*dealing with civil matters*); **tribunal de police** police court; **tribunal de première instance** † = **tribunal de grande instance**.

tribune [tʀibyn] **1** *nf* (a) (*pour le public*) [*église, assemblée, tribunal*] gallery; (*gén pl*) [*stade, champ de courses*] stand. ~ **d'honneur** grandstand; **les** ~**s du public/de la presse**public/press gallery; **les applaudissements des** ~**s** applause from the stands; **il avait une** ~ he had a seat in the stand; (*Parl*) ~ **du public** visitors' gallery.

(b) (*pour un orateur*) platform, rostrum. **monter à la** ~ to mount the platform *ou* rostrum, stand up to speak; (*Parl: parler*) to address the House.

(c) (*fig: débat*) forum. ~ **radiophonique** radio forum; **offrir une** ~ **à la contestation** to offer a forum *ou* platform for protest; ~ **libre d'un journal** opinion column in *ou* of a newspaper; **organiser une** ~ **sur un sujet d'actualité** to organize an open forum *ou* a free discussion on a topic of the day; **se présenter à l'élection pour avoir une** ~ **afin de faire connaître ses vues** to stand for election to give o.s. a platform from which to publicize one's views.

2: tribune d'orgue organ loft.

tribut [tʀiby] *nm* (*lit, fig*) tribute. **payer** ~ **au vainqueur** to pay tribute to the conqueror (*money etc*); **rendre** *ou* **payer un** ~ **d'admiration/de respect à qn** to give sb the admiration/respect due to him; (*fig littér*) **payer** ~ **à la nature** to go the way of all flesh, pay the debt of nature.

tributaire [tʀibytɛʀ] *adj* (a) (*dépendant*) **être** ~ **de** to be dependent *ou* reliant on. (b) (*Géog*) **être** ~ **de** to be a tributary of, flow into. (c) (*Hist*) tributary. **être** ~ **de qn** to be a tributary of sb, pay tribute to sb.

tric [tʀik] *nm* = **trick**.

tricentenaire [tʀisɑ̃tnɛʀ] **1** *adj* three-hundred-year-old (*épith*). **2** *nm* tercentenary, tricentennial.

tricéphale [tʀisefal] *adj* (*littér*) three-headed.

triceps [tʀisɛps] *adj, nm*: (muscle) ~ triceps (muscle).

triche* [tʀiʃ] *nf* cheating. **c'est de la** ~ it's cheating *ou* a cheat.

tricher [tʀiʃe] (1) *vi* (*gén*) to cheat. ~ **au jeu** to cheat at gambling; ~ **sur son âge** to lie about *ou* cheat over one's age; ~ **sur le poids/la longueur** to cheat over *ou* on the weight/the length, give short weight/short measure; ~ **sur les prix** to cheat over the price, overcharge; ~ **en affaires/en amour** to cheat in business/love; **on a dû** ~ **un peu: un des murs est en contre-plaqué** we had to cheat a bit — one of the walls is plywood.

tricherie [tʀiʃʀi] *nf* (*tromperie*) cheating (*U*). **gagner par** ~ to win by cheating; **c'est une** ~ *ou* **de la** ~ it's a cheat *ou* cheating; (*astuce*) **on s'en tire avec une petite** ~ we'll get round it by using a little trick to fix it, we'll cheat a bit to fix it.

tricheur, -euse [tʀiʃœʀ, øz] *nm, f* (*gén*) cheater, cheat*; (*en affaires*) swindler, trickster, cheat.

trichloréthylène [tʀiklɔʀetilɛn] *nm* trichlorethylene, trichloroethylene.

trichrome [tʀikʀom] *adj* (*Tech*) three-colour (*épith*), trichromatic.

trichromie [tʀikʀɔmi] *nf* (*Tech*) three-colour process.

trick [tʀik] *nm* (*Bridge*) seventh trick.

tricolore [tʀikɔlɔʀ] *adj* (*gén*) three-coloured, tricolour(ed) (*frm*); (*aux couleurs françaises*) red, white and blue. **le drapeau** ~ (French) tricolour; (*fig*) **le chauvinisme** ~ French *ou* Gallic chauvinism; (*Sport*) **l'équipe** ~*, **les** ~**s*** the French team.

tricorne [tʀikɔʀn(ə)] *nm* three-cornered hat, tricorn(e).

tricot [tʀiko] *nm* (a) (*vêtement*) jumper (*Brit*), sweater, jersey. ~ **de corps** vest (*Brit*), undershirt (*US*); **emporte des** ~**s** take some woollens *ou* woollies* with you.

(b) (*technique*) knitting (*U*); (*ouvrage*) (*gén*) knitting (*U*); (*Comm*) knitwear (*U*). **faire du** ~ to knit, do some knitting; ~ **jacquard** Jacquard knitwear; **V point²**.

(c) (*tissu*) knitted fabric. **en** ~ knitted; ~ **plat** ordinary knitting, knitting on 2 needles; ~ **rond** knitting on 4 needles; **vêtements en** ~ knitwear.

tricotage [tʀikɔtaʒ] *nm* knitting.

tricoter [tʀikɔte] (1) **1** *vt* vêtement, maille to knit. **2** *vi* (a) to knit; *V* aiguille, laine, machine³.

(b) (*) [*cycliste*] to twiddle* (*Brit*), pedal fast*; [*danseur*] to prance about *ou* jig about like a mad thing* (*Brit*) *ou* like crazy*. ~ **des jambes** [*fugitif*] to run like mad*; [*danseur*] to prance about *ou* jig about madly*.

tricoteur, -euse [tʀikɔtœʀ, øz] **1** *nm, f* knitter. ~ **de filets** netmaker. **2 tricoteuse** *nf* (*machine*) knitting machine; (*meuble*) tricoteuse.

trictrac [tʀiktʀak] *nm* (*Hist*) (*jeu*) backgammon; (*partie*) game of backgammon; (*plateau*) backgammon board.

tricycle [tʀisikl(ə)] *nm* [*enfant*] tricycle; [*livreur*] delivery tricycle.

tridactyle [tʀidaktil] *adj* tridactyl, tridactylous.

trident [tʀidɑ̃] *nm* (*Myth*) trident; (*Pêche*) trident, fish-spear; (*Agr*) three-pronged fork.

tridimensionnel, -elle [tʀidimɑ̃sjɔnɛl] *adj* three-dimensional.

trièdre [tʀiɛdʀ(ə)] **1** *adj* trihedral. **2** *nm* trihedron.

triennal, e, *mpl* **-aux** [tʀienal, o] *adj* prix, foire, élection triennial, three-yearly; charge, mandat, plan three-year (*épith*); magistrat, président elected *ou* appointed for three years. (*Agr*) **assolement** ~ 3-year rotation of crops.

triennat [tʀiena] *nm* three-year period of office. **X, durant son** ~ X, during his three years in office.

trier [tʀije] (7) *vt* (a) (*classer*) (*gén*) to sort out; lettres, fiches to sort; wagons to marshal; fruits to sort; (*en calibrant*) to grade.

(b) (*sélectionner*) grains, visiteurs to sort out; volontaires to select, pick; lentilles to pick over; (*en tamisant*) to sift. (*fig*) **triés sur le volet** hand-picked.

Trieste [tʀijɛst(ə)] *n* Trieste.

trieur, -euse [tʀijœʀ, øz] **1** *nm, f* (*personne*) sorter; grader. **2** *nm* (*machine*) sorter. ~ **de grains** grain sorter; ~**-calibreur** [*fruits*] sorter; [*œufs*] grader, grading machine. **3 trieuse** *nf* (*machine*) (*gén*) sorter; [*ordinateur, photocopieur*] sorting machine.

trifolié, e [tʀifɔlje] *adj* trifoliate, trifoliated.

trifouiller* [tʀifuje] (1) *vt* to rummage about in, root about in. **2** *vi* to rummage about, root about.

triglyphe [tʀiglif] *nm* triglyph.

trigonométrie [tʀigɔnɔmetʀi] *nf* trigonometry.

trigonométrique [tʀigɔnɔmetʀik] *adj* trigonometric(al).

trijumeau [tʀijymo] *adj, nm*: (nerf) ~ trigeminal *ou* trifacial nerve.

trilatéral, e, *mpl* **-aux** [tʀilateʀal, o] *adj* (a) (*Géom*) trilateral, three-sided. (b) (*Écon*) accords tripartite. **la** (**commission**) ~**e** the Trilateral Commission.

trilingue [tʀilɛ̃g] *adj* dictionnaire, secrétaire trilingual. **il est** ~ he's trilingual, he speaks three languages.

trille [tʀij] *nm* [*oiseau, flûte*] trill.

trillion [tʀiljɔ̃] *nm* trillion.

trilobé, e [tʀilɔbe] *adj* feuille trilobate; ogive trefoil (*épith*).

trilogie [tʀilɔʒi] *nf* trilogy.

trimaran [tʀimaʀɑ̃] *nm* trimaran.

trimard*† [tʀimaʀ] *nm* road. **prendre le** ~ to take to *ou* set out on the road.

trimarder*† [tʀimaʀde] (1) **1** *vi* (*vagabonder*) to walk the roads, be on the road. **2** *vt* (*transporter*) to lug* *ou* cart* along.

trimardeur, -euse*† [tʀimaʀdœʀ, øz] *nm, f* (*vagabond*) tramp (*Brit*), hobo (*US*).

trimbal(l)age [tʀɛ̃balaʒ] *nm* [*bagages, marchandises*] carting *ou* lugging around*. **on en a bien pour 3 à 4 heures de** ~ we'll be carting *ou* lugging this stuff around for 3 or 4 hours*.

trimbal(l)er [tʀɛ̃bale] (1) **1** *vt* (*) bagages, marchandises to lug* *ou* cart* around; (*péj*) personne to trail along. **qu'est-ce qu'il (se) trimballe!** (*bêtise*) he's as thick (*Brit*) *ou* dumb as they come*; (*ivresse*) he's had a skinful* (*Brit*) *ou* a snootful* (*US*), he's loaded to the eyeballs*.

2 se trimbal(l)er *vpr* to trail along. **on a dû se** ~ **en voiture jusque chez eux** we had to trail over to their place in the car; **il a fallu que je me trimballe jusqu'à la gare avec mes valises** I had to trail all the way to the station with my suitcases.

trimer* [tʀime] (1) *vi* to slave away. **faire** ~ **qn** to keep sb's nose to the grindstone, drive sb hard, keep sb hard at it*.

trimestre [tʀimɛstʀ(ə)] *nm* (a) (*période*) (*gén, Comm*) quarter; (*Scol*) term. (*Scol*) **premier/second/troisième** ~ autumn/winter/summer term. (b) (*somme*) (*loyer*) quarter, quarter's rent; (*frais de scolarité*) term's fees; (*salaire*) quarter's income.

trimestriel, -elle [tʀimɛstʀijɛl] *adj* publication quarterly; paiement three-monthly, quarterly; fonction, charge three-month (*épith*), for three months (*attrib*); (*Scol*) bulletin, examen end-of-term (*épith*), termly (*épith*).

trimestriellement [tʀimɛstʀijɛlmɑ̃] *adv* payer on a quarterly *ou* three-monthly basis, every quarter, every three months; publier quarterly; (*Scol*) once a term.

trimètre [tʀimɛtʀ(ə)] *nm* trimeter.

trimoteur [tʀimɔtœʀ] *nm* three-engined aircraft.

tringle [tʀɛ̃gl(ə)] *nf* (a) (*Tech*) rod. ~ **à rideaux** curtain rod *ou* rail. (b) (*Archit: moulure*) tenia. (c) **se mettre la** ~* to tighten one's belt.

tringler [tʀɛ̃gle] (1) *vt* (a) (*Tech*) to mark with a line. (b) (*): sexuellement) to lay*, screw**, fuck**. **se faire** ~ to have it off* (*avec* with), get laid*.

trinitaire [tʀinitɛʀ] *adj, nmf* (*Rel*) Trinitarian.

trinité [tʀinite] *nf* (*triade*) trinity. **la T**~ (*dogme*) the Trinity; (*fête*) Trinity Sunday; **à la T**~ on Trinity Sunday; **la Sainte T**~ the Holy Trinity; **V Pâques.** (b) (*Géog*) **T**~ **et Tobago** Trinidad and Tobago; (**l'île de**) **la T**~ Trinidad.

trinitrobenzène [tʀinitʀɔbɛzɛn] *nm* trinitrobenzene.

trinitrotoluène [tʀinitʀɔtɔlɥɛn] *nm* trinitrotoluene, trinitrotoluol.

trinôme [tʀinom] *nm* (*Math*) trinomial.

trinquer [tʀɛ̃ke] (1) *vi* (a) (*porter un toast*) to clink glasses. ~ **à qch/qn** to drink to sth/sb.

(b) (*: écoper*) to cop it* (*Brit*), take the rap*. **il a trinqué pour les autres** he took the rap for the others*; **si on les prend, on va se faire** ~ if we catch them we'll give them what for* *ou* we'll really make them pay (for it).

(c) (†*: trop boire*) to booze*.

(d) (†*: se heurter*) to knock *ou* bump into one another.

trinquet [tʀɛ̃kɛ] *nm* (*Naut*) foremast.

trinquette [tʀɛ̃kɛt] *nf* (*Naut*) fore(-topmast) staysail.

trio [tʀijo] nm (Mus) trio; (groupe) threesome, trio.
triode [tʀiɔd] nf triode.
triolet [tʀijɔlɛ] nm (Mus) triplet; (Hist Littérat) triolet.
triomphal, e, mpl **-aux** [tʀijɔfal, o] adj succès, élection triumphal; entrée, accueil, geste, air triumphant; (Hist romaine) triumphal.
triomphalement [tʀijɔfalmɑ̃] adv accueillir, saluer in triumph; annoncer triumphantly.
triomphalisme [tʀijɔfalism(ə)] nm triumphalism.
triomphaliste [tʀijɔfalist(ə)] adj triumphalist.
triomphant, e [tʀijɔfɑ̃, ɑ̃t] adj triumphant.
triomphateur, -trice [tʀijɔfatœʀ, tʀis] 1 adj parti, nation triumphant. 2 nm, f (vainqueur) triumphant victor. 3 nm (Hist romaine) triumphant general.
triomphe [tʀijɔf] nm (a) (Mil, Pol, Sport, gén) triumph; [maladie, mode] victory. la ~ de la mini-jupe the victory ou triumph of the mini-skirt; cet acquittement représente le ~ de la justice/du bon sens this acquittal represents the triumph of ou is a triumph for justice/commonsense.
(b) (Hist romaine, gén: honneurs) triumph. en ~ in triumph; porter qn en ~ to bear ou carry sb in triumph, carry sb shoulder-high (in triumph); V arc.
(c) (exultation) triumph. air/cri de ~ air/cry of triumph, triumphant air/cry; leur ~ fut de courte durée their triumph was short-lived.
(d) (succès) triumph. cette pièce/cet artiste a remporté un ~ this play/artist has been ou had a triumphant success.
triompher [tʀijɔfe] (1) 1 vi (a) (militairement) to triumph; (aux élections, en sport, gén) to triumph, win; [cause, raison] to prevail, be triumphant; [maladie] to claim its victim. faire ~ une cause to bring ou give victory to a cause; il a fait ~ la mode des cheveux longs he ensured success for the fashion for long hair; V vaincre.
(b) (crier victoire) to exult, rejoice.
(c) (exceller) to triumph, excel.
2 **triompher de** vt indir ennemi to beat, triumph over, vanquish; concurrent, rival to beat, triumph over, overcome; obstacle, difficulté to triumph over, surmount, overcome; peur, timidité to conquer, overcome.
trip* [tʀip] nm (arg Drogue) trip (arg).
tripaille‡ [tʀipaj] nf (péj) guts*, innards.
triparti, e [tʀipaʀti] adj (Bot, Pol: à trois éléments) tripartite; (Pol: à trois partis) three-party (épith).
tripartisme [tʀipaʀtism(ə)] nm three-party government.
tripartite [tʀipaʀtit] adj = **triparti**.
tripatouillage* [tʀipatujaʒ] nm (péj: action: V tripatouiller) fiddling about*; fiddling*; messing about* (de with); (opération malhonnête) fiddle*. ~ électoral election fiddle* (Brit), electoral jiggery-pokery* (U).
tripatouiller* [tʀipatuje] (1) vt (péj) (a) (remanier) texte to fiddle about with*, comptes, résultats électoraux to fiddle*, tamper with.
(b) (manier) to fiddle ou mess about with*, toy with; femme to paw*.
tripatouilleur, -euse* [tʀipatujœʀ, øz] nm, f (péj) (touche-à-tout) fiddler*; (affairiste) grafter* (péj).
tripe [tʀip] nf (a) (Culin) ~s tripe; ~s à la mode de Caen/à la lyonnaise tripe à la mode de Caen/à la Lyonnaise.
(b) (*: intestins) ~s guts*; cela vous prend aux ~s that gets you in the guts* ou right there; rendre ~s et boyaux to be as sick as a dog*.
(c) (*fig: fibre) avoir la ~ républicaine/royaliste to be a republican/a royalist through and through ou to the core.
triperie [tʀipʀi] nf (boutique) tripe shop; (commerce) tripe trade.
tripette* [tʀipɛt] nf: ça ne vaut pas ~ that's not worth tuppence* (Brit) ou a wooden nickel* (US).
triphasé, e [tʀifaze] 1 adj three-phase. 2 nm three-phase current.
triphtongue [tʀiftɔ̃g] nf triphthong.
tripier, -ière [tʀipje, jɛʀ] nm, f tripe butcher.
triplace [tʀiplas] adj three-seater.
triplan [tʀiplɑ̃] nm triplane.
triple [tʀipl(ə)] 1 adj (à trois éléments ou aspects) triple; (trois fois plus grand) treble, triple. au ~ galop hell for leather*; le prix est ~ de ce qu'il était the price is three times ou treble what it was, the price has trebled; faire qch en ~ exemplaire to make three copies of sth, do sth in triplicate; il faut que l'épaisseur soit ~ three thicknesses are needed, a treble thickness is needed; avec ~ couture triple stitched; avec ~ semelle with a three-layer sole; les murs sont ~s there are three thicknesses of wall, the wall is in three sections; l'inconvénient en est ~, il y a un ~ inconvénient there are three disadvantages, the disadvantages are threefold; ~ naissance birth of triplets; prendre une ~ dose (de) to take three times the dose (of), take a triple dose (of).
(b) (intensif) c'est un ~ idiot he's a prize idiot; ~ idiot! you great idiot! ou fool!
2 nm: manger/gagner le ~ (de qn) to eat/earn three times as much (as sb ou as sb does); celui-ci pèse le ~ de l'autre this one weighs three times as much as the other ou is three times ou treble the weight of the other; 9 est le ~ de 3 9 is three times 3; c'est le ~ du prix normal/de la distance Paris-Londres it's three times the price ou treble the normal price/the distance between Paris and London; on a mis le ~ de temps à le faire it took three times as long ou treble the time to do it.
3: la **Triple-Alliance** the Triple Alliance; (Mus) triple croche nf demi-semiquaver (Brit), thirty-second note (US); la **Triple-Entente** the Triple Entente; (péj) triple menton nm row of chins; (Sport) triple saut nm triple jump.
triplé, e [tʀiple] (ptp de **tripler**) 1 nm (a) (Courses de chevaux) betting on 3 different horses in 3 different races.
(b) (Sport) [athlète] triple success. il a réussi un beau ~ he came

first in three events; [équipe] réussir le ~ dans le 4.000 mètres to win the first three places ou come 1st, 2nd and 3rd in the 4,000 metres; (fig iro) c'est un beau ~! that's a fine catalogue of disasters!
2 **triplés** nmpl (bébés) triplets; (mâles) boy triplets.
3 **triplées** nfpl girl triplets.
triplement [tʀipləmɑ̃] 1 adv (pour trois raisons) in three ways; (à un degré triple, valeur intensive) trebly, three times over. 2 nm (V tripler) trebling (de of), tripling (de of); threefold increase (de in).
tripler [tʀiple] (1) 1 vt to treble, triple. il tripla la dose he made the dose three times as big, he tripled ou trebled the dose; ~ la longueur/l'épaisseur de qch to treble ou triple the length/thickness of sth, make sth three times as long/thick; ~ la couche protectrice to put on three protective coats, give three layers of protective coating; ~ le service d'autobus/la garnison to make the bus service three times as frequent/the garrison three times as large, treble the frequency of the bus service/the size of the garrison; ~ sa mise to treble one's stake.
2 vi to triple, treble, increase threefold. ~ de valeur/de poids to treble in value/in weight.
triplette [tʀiplɛt] nf (Boules) threesome.
triplex [tʀiplɛks] nm ® (verre) Triplex ®.
triporteur [tʀipɔʀtœʀ] nm delivery tricycle.
tripot [tʀipo] nm (péj) dive*, joint*.
tripotage [tʀipotaʒ] nm (péj: action: V tripoter) playing (de with); speculating (de with); fingering; fiddling (de with); pawing; (manigances) jiggery-pokery* (U). ~s électoraux election fiddles* (Brit), electoral jiggery-pokery*.
tripotée‡ [tʀipote] nf (a) (correction) belting*, hiding*, thrashing.
(b) (grand nombre) une ~ de... loads* of...; lots of...; avoir toute une ~ d'enfants to have a whole string of children*.
tripoter* [tʀipote] (1) (péj) 1 vt (a) fonds to play with, speculate with.
(b) objet, fruits to fiddle with, finger; (machinalement) montre, stylo, bouton to fiddle with, play with, toy with. se ~ le nez/la barbe to fiddle with one's nose/beard.
(c) (‡) femme, partie du corps to paw*.
2 vi (a) (fouiller) to root about, rummage about. ~ dans les affaires de qn/dans un tiroir to root about ou rummage about in sb's things/in a drawer.
(b) (trafiquer) ~ en Bourse/dans l'immobilier to be ou get involved in some shady business on the Stock Market/in property; il a tripoté dans diverses affaires assez louches he has had a hand in a few fairly shady affairs.
tripoteur, -euse* [tʀipotœʀ, øz] nm, f (péj) (affairiste) shark*, shady dealer*; (‡: peloteur) feeler‡, groper‡.
triptyque [tʀiptik] nm (a) (Art, Littérat) triptych. (b) (Admin: classement) triptyque.
triquard [tʀikaʀ] nm (arg Crime) ex-con (arg).
trique [tʀik] nf cudgel. mener qn à la ~ to bully sb along, drive sb like a slave; donner des coups de ~ à to cudgel, thrash; maigre ou sec comme un coup de ~ as skinny as a rake.
trirectangle [tʀiʀɛktɑ̃gl(ə)] adj trirectangular.
trirème [tʀiʀɛm] nf trireme.
trisaïeul, pl ~s ou **-eux** [tʀizajœl, ø] nm great-great-grandfather. les ~eux the great-great-grandparents.
trisaïeule [tʀizajœl] nf great-great-grandmother.
trisannuel, -elle [tʀizanɥɛl] adj fête, plante triennial.
trisection [tʀisɛksjɔ̃] nf (Géom) trisection.
trisser (se)‡ [tʀise] (1) vpr (partir) to clear off*, skedaddle*.
trissyllabe [tʀisilab] = **trisyllabe**.
trissyllabique [tʀisilabik] adj = **trisyllabique**.
Tristan [tʀistɑ̃] nm Tristan, Tristram.
triste [tʀist(ə)] adj (a) (malheureux, affligé) personne sad, unhappy; regard, sourire sad, sorrowful. d'un air ~ sadly, with a sad look; d'une voix ~ sadly, in a sad ou sorrowful voice; un enfant à l'air ~ a sad-looking ou an unhappy-looking child; les animaux en cage ont l'air ~ caged animals look sad ou miserable; être ~ à l'idée ou à la pensée de partir to be sad at the idea ou thought of leaving; elle était ~ de voir partir ses enfants she was sad to see her children go.
(b) (sombre, maussade) personne, pensée sad, gloomy, glum; couleur, temps, journée dreary, dismal miserable; paysage sad, bleak, dreary. il aime les chansons ~s he likes sad ou melancholy songs; ~ à pleurer hopelessly miserable; il est ~ comme une porte de prison ou un bonnet de nuit he's as miserable as sin; faire ~ mine ou figure à to give a cool reception to, greet unenthusiastically; avoir ou faire ~ mine, avoir ou faire ~ figure to cut a sorry figure, look a sorry sight; V vin.
(c) (attristant, pénible) nouvelle, épreuve, destin sad. depuis ces ~s événements since these sad events took place; c'est une ~ nécessité it is a painful necessity, it is sadly necessary; il se lamente toujours sur son ~ sort he is always bewailing his unhappy ou sad fate; ce furent des mois bien ~s these were very sad ou unhappy months; il est de mon ~ devoir de vous dire que ... it is my painful duty to have to tell you that ...; ~ chose que it is a sorry ou sad state of affairs when; depuis son accident, il est dans un ~ état (ever) since his accident he has been in a sad ou sorry state; c'est pas ~!* it's no joke!
(d) (avant n: péj: lamentable) quelle ~ personne/époque what a dreadful person/age; une ~ réputation/affaire a sorry reputation/business; un ~ sire ou personnage an unsavoury ou dreadful individual; ses ~s résultats à l'examen his wretched ou deplorable exam results.
tristement [tʀistəmɑ̃] adv (a) (d'un air triste) sadly, sorrowfully.
(b) (de façon lugubre) sadly, gloomily, glumly.
(c) (valeur intensive, péjorative) sadly, regrettably. il est ~

célèbre he is regrettably well-known; **c'est ~ vrai** sadly it is only too true, it is sadly true.

tristesse [tʀistɛs] *nf* (a) (*caractère, état*) *[personne, pensée]* sadness, gloominess; *[couleur, temps, journée]* dreariness; *[paysage]* sadness, bleakness, dreariness. **il sourit toujours avec une certaine ~** there is always a certain sadness in his smile; **enclin à la ~** given to melancholy, inclined to be gloomy *ou* sad.

(b) (*chagrin*) sadness (*U*), sorrow. **avoir un accès de ~** to be overcome by sadness; **les ~s de la vie** life's sorrows, the sorrows of life; **c'est avec une grande ~ que nous apprenons son décès** it is with deep sadness *ou* sorrow that we have learned of his death.

tristounet, -ette* [tʀistunɛ, ɛt] *adj temps, nouvelles* gloomy, depressing. **il avait l'air ~** he looked a bit down in the mouth* *ou* down in the dumps*.

trisyllabe [tʀisilab] **1** *adj* trisyllabic. **2** *nm* trisyllable.

trisyllabique [tʀisilabik] *adj* trisyllabic.

tritium [tʀitjɔm] *nm* tritium.

triton[1] [tʀitɔ̃] *nm* (*Zool*) triton. (*Myth*) **T~** Triton.

triton[2] [tʀitɔ̃] *nm* (*Mus*) tritone, augmented fourth.

trituration [tʀityʀɑsjɔ̃] *nf* (*V* **triturer**) grinding up, trituration (*T*); pummelling, kneading; manipulation.

triturer [tʀityʀe] (1) *vt* (a) (*broyer*) *sel, médicament, fibres* to grind up, triturate (*T*).

(b) (*malaxer*) *pâte* to pummel, knead; (*fig: manipuler*) *objet, clef, poignée* to manipulate. **ce masseur vous triture les chairs** this masseur really pummels you; **il s'agit non plus d'influencer, mais véritablement de ~ l'opinion** it's no longer a matter of influencing public opinion but of bludgeoning *ou* coercing it into changing.

(c) **se ~ la cervelle*** *ou* **les méninges*** to rack *ou* cudgel one's brains*.

triumvir [tʀijɔmviʀ] *nm* triumvir.

triumviral, e, *mpl* **-aux** [tʀijɔmviʀal, o] *adj* triumviral.

triumvirat [tʀijɔmviʀa] *nm* triumvirate.

trivalence [tʀivalɑ̃s] *nf* trivalence, trivalency.

trivalent, e [tʀivalɑ̃, ɑ̃t] *adj* trivalent.

trivalve [tʀivalv(ə)] *adj* trivalve.

trivial, e, *mpl* **-aux** [tʀivjal, o] *adj* (a) (*vulgaire*) *langage plaisanterie* coarse, crude.

(b) (*littér: ordinaire*) *objets, actes* mundane, commonplace; *détail* mundane, trivial; (†: *rebattu*) trite, commonplace. **le style ~** the commonplace style; **le genre ~** the commonplace.

trivialement [tʀivjalmɑ̃] *adv* (*V* **trivial**) coarsely, crudely; in a mundane way; in a commonplace way; trivially; tritely.

trivialité [tʀivjalite] *nf* (*V* **trivial**) (a) (*caractère*) coarseness, crudeness; mundane nature; commonplace nature; triviality; triteness.

(b) (*remarque*) coarse *ou* crude remark; commonplace *ou* trite remark.

(c) (*détail*) coarse *ou* crude detail; mundane *ou* trivial detail.

troc [tʀɔk] *nm* (*échange*) exchange; (*système*) barter. **faire un ~ avec qn** to make an exchange with sb; **faire le ~ de qch avec qch d'autre** to barter *ou* exchange *ou* swap sth for sth else.

trochaïque [tʀɔkaik] *adj* trochaic.

trochée [tʀɔʃe] *nm* trochee.

troène [tʀɔɛn] *nm* privet.

troglodyte [tʀɔglɔdit] *nm* (*Ethnologie*) cave dweller; (*fig*) troglodyte; (*Orn*) wren.

troglodytique [tʀɔglɔditik] *adj* (*Ethnologie*) troglodytic (*T*), cave-dwelling (*épith*). **habitation ~** cave dwelling, cave-dweller's settlement.

trogne [tʀɔɲ] *nf* (*péj: visage*) mug✲; (*péj*), face.

trognon [tʀɔɲɔ̃] *nm [fruit]* core; *[chou]* stalk. **~ de pomme** apple core; **se faire avoir jusqu'au ~✲** to be well and truly had✲, be led right up the garden path*; **mon petit ~*** sweetie pie*.

Troie [tʀwa] *n* Troy. **la guerre/le cheval de ~** the Trojan War/ Horse.

troïka [tʀɔika] *nf* (*lit, Pol*) troika.

trois [tʀwa] **1** *adj inv* (a) three; (*troisième*) third. **ils habitent *ou* vivent à ~ dans une seule pièce** there are three of them living in (the) one room; **volume/acte ~** volume/act three; **le ~ (janvier)** the third (of January); **Henri III** Henry the Third; *pour autres loc V* **six** *et* **fois, ménage** *etc.*

(b) (*approximation*) **achète deux ou ~ *ou* ~ ou quatre citrons** buy a couple of lemons; **je pars dans ~ minutes** I'm off in a couple of *ou* a few minutes; **il n'a pas dit ~ mots** he hardly opened his mouth *ou* said a word; **en ~ coups de cuillère à pot*** in two shakes of a lamb's tail*, in a jiffy*, in no time (at all).

2 *nm inv* three; (*troisième*) third; (*Cartes, Dés*) three; *[égratignure, cadeau]* **c'est ~ fois rien** it's nothing at all, it's hardly anything; **ça coûte ~ fois rien** it costs next to nothing; **et de ~!** that makes three!; *pour loc V* **six**.

3: (*Théât*) **les trois coups** *mpl* the three knocks (*announcing beginning of play*); (*Mus*) **trois-deux** *nm* three-two time; (*Phys*) **les trois dimensions** *fpl* the three dimensions; **à trois dimensions** three-dimensional; **trois étoiles** (*adj*) *cognac, restaurant* three-star (*épith*); (*nm*) (*restaurant*) three-star restaurant; (*hôtel*) three-star hotel; (*Myth*) **les trois Grâces** *fpl* the three Graces; (*Mus*) **trois-huit** *nm* three-eight (time); (*travail*) **faire les trois-huit** to operate three eight-hour shifts, operate round the clock in eight-hour shifts; (*Naut*) **trois-mâts** *nm inv* three-master; **les trois Mousquetaires** *mpl* the Three Musketeers; (*Hist*) **les trois ordres** *mpl* the three estates; **trois-pièces** *nm inv* (*complet*) three-piece suit; (*appartement*) three-room flat (*Brit*) *ou* apartment (*US*); (*Aut*) **trois-portes** *nf inv* two-door hatchback; **trois-quarts**[1] *nmpl* three-quarters; **portrait de trois-quarts** three-quarter(s) portrait; **manteau trois-quarts** three-quarter (length) coat; **j'ai fait les trois-quarts du travail** I've done three-quarters of the work; **les trois-**

quarts des gens l'ignorent the great majority of people *ou* most people don't know this; **aux trois-quarts détruit** almost totally destroyed; **trois-quarts**[2] *nm inv* (*violon*) three-quarter violin; (*Rugby*) three-quarter; **il joue trois-quarts aile** he plays wing (three-quarter); (*Rugby*) **trois-quarts centre** centre (three-quarter); (*Rugby*) **la ligne des trois-quarts** the three-quarter line; (*Mus*) **trois-quatre** *nm* three-four time; (*Mus*) **trois temps** three beats to the bar; **à trois temps** in triple time.

troisième [tʀwazjɛm] **1** *adj, nmf* third. **le ~ degré** (*torture*) the third degree; **le ~ sexe** the third sex; **le ~ âge** (*période*) the years of retirement; (*groupe social*) senior citizens; **personne du ~ âge** senior citizen; **~ cycle d'université** graduate school; **étudiant de ~ cycle** graduate *ou* post-graduate (*Brit*) student; **être** *ou* **faire le ~ larron dans une affaire** to take advantage of the other two quarrelling over some business; *pour autres loc V* **sixième**.

2 *nf* (a) (*Scol*) (*classe de*) **~** fourth form *ou* year (*Brit*), 8th grade (*US*).

(b) (*Aut*) third (gear). **en ~** in third (gear).

troisièmement [tʀwazjɛmmɑ̃] *adv* third(ly), in the third place.

trolley [tʀɔlɛ] *nm* (*dispositif*) trolley(-wheel); (*: *bus*) trolley bus.

trolleybus [tʀɔlɛbys] *nm* trolley bus.

trombe [tʀɔ̃b] *nf* (a) (*Mét*) waterspout. (*fig: pluie*) **une ~ d'eau, des ~s d'eau** a cloudburst, a downpour; (*fig*) **des ~s de lave/ débris** streams *ou* torrents of lava/debris. (b) **entrer/sortir/ passer en ~** to sweep in/out/by like a whirlwind.

trombine✲ [tʀɔ̃bin] *nf* (*visage*) face, mug✲ (*péj*); (*tête*) nut*.

tromblon [tʀɔ̃blɔ̃] *nm* (a) (*Mil*) (*Hist*) blunderbuss; *[fusil lance-roquettes]* grenade launcher. (b) (✲: *chapeau*) hat, titfer (*Brit arg*), headgear* (*U*).

trombone [tʀɔ̃bɔn] *nm* (a) (*Mus*) (*instrument*) trombone; (*tromboniste*) trombonist, trombone (player). **~ à coulisse/à pistons** slide/valve trombone; **~ basse** bass trombone. (b) (*agrafe*) paper clip.

tromboniste [tʀɔ̃bɔnist] *nmf* trombonist, trombone (player).

trompe [tʀɔ̃p] **1** *nf* (a) (*Mus*) trumpet, horn; (†: *avertisseur, sirène*) horn. **~ de chasse** hunting horn; **~ de brume** fog horn; *V* **son**[2].

(b) (*Zool*) *[éléphant]* trunk, proboscis (*T*); *[insecte]* proboscis; *[tapir]* snout, proboscis (*T*); (*: *nez*) proboscis (*hum*), snout*.

(c) (*Tech*) **~ à eau/mercure** water/mercury pump.

(d) (*Archit*) squinch.

2: (*Anat*) **trompe d'Eustache** Eustachian tube; (*Anat*) **trompe de Fallope** *ou* **utérine** Fallopian tube.

trompe-la-mort [tʀɔ̃plamɔʀ] *nmf inv* death-dodger.

trompe-l'œil [tʀɔ̃plœj] *nm inv* (a) trompe-l'œil. **peinture en ~** trompe-l'œil painting; **décor en ~** decor done in trompe-l'œil; **peint en ~ sur un mur** painted in trompe-l'œil on a wall. (b) (*fig: esbroufe*) eyewash*. **c'est du ~** it's all eyewash*.

tromper [tʀɔ̃pe] (1) **1** *vt* (a) (*duper*) to deceive, trick, fool; (*être infidèle à*) *époux* to be unfaithful to, deceive. **~ qn sur qch** to deceive *ou* mislead sb about *ou* over sth; **~ sa femme avec une autre** to deceive one's wife *ou* be unfaithful to one's wife with another woman; **un mari trompé** a husband who has been deceived; **cela ne trompe personne** that doesn't fool anybody.

(b) (*induire en erreur par accident*) *[personne]* to mislead; *[symptômes etc]* to deceive, mislead. **les apparences trompent** appearances are deceptive *ou* misleading; **c'est ce qui vous trompe** that's where you are mistaken *ou* wrong; **c'est un signe qui ne trompe pas** it's a clear *ou* an unmistakable sign, it's clear proof.

(c) (*déjouer*) *poursuivants [personne]* to elude, trick, escape from, outwit; *[manœuvre]* to fool, trick; *vigilance* to elude. **il a trompé la surveillance de ses gardes et s'est enfui** he evaded *ou* eluded *ou* outwitted the guards and made his escape.

(d) (*décevoir*) **~ l'attente/l'espoir de qn** to fall short of *ou* fail to come up to *ou* deceive (*frm*) sb's expectations/hopes; **être trompé dans son attente/ses espoirs** to be disappointed *ou* deceived (*frm*) in one's expectations/hopes; **~ la faim/la soif** to stave off one's hunger/thirst; **pour ~ le temps** to kill *ou* pass time, to while away the time; **pour ~ leur longue attente** to while away *ou* beguile (*frm*) their long wait.

2 se tromper *vpr* (a) to make a mistake, be mistaken. **se ~ de 5 F dans un calcul** to be 5 francs out (*Brit*) *ou* off (*US*) in one's calculations; **tout le monde peut se ~** anybody can make a mistake; **se ~ sur les intentions de qn** to be mistaken about *ou* regarding sb's intentions, misjudge *ou* mistake sb's intentions; **on pourrait s'y ~, c'est à s'y ~** you'd hardly know the difference; **ne vous y trompez pas, il arrivera à ses fins** make no mistake — he will obtain his ends; **si je ne me trompe** if I am not mistaken, unless I'm very much mistaken.

(b) **se ~ de route/de chapeau** to take the wrong road/hat; **se ~ d'adresse** to get the wrong address; (*fig*) **tu te trompes d'adresse** *ou* **de porte** you've come to the wrong place, you've got the wrong person; **se ~ de jour/date** to get the day/date wrong, make a mistake about the day/date.

tromperie [tʀɔ̃pʀi] *nf* (a) (*duperie*) deception, deceit, trickery (*U*). (b) (*littér: illusion*) illusion.

trompeter [tʀɔ̃p(ə)te] (4) *vt* (*péj*) *nouvelle* to trumpet abroad, shout from the housetops.

trompette [tʀɔ̃pɛt] **1** *nf* (a) (*Mus*) trumpet. **~ de cavalerie** bugle; **~ d'harmonie** *ou* **à pistons** *ou* **chromatique** *ou* **naturelle** orchestral *ou* valve *ou* chromatic *ou* natural trumpet; **~ basse/ bouchée** bass/muted trumpet; (*Bible*) **la ~ du Jugement dernier** the last Trump; (*littér*) **la ~ de la Renommée** the Trumpet of Fame; **avoir la queue en ~** to have a turned-up tail; *V* **nez, tambour**.

(b) (*Bot*) **~ de la mort** *ou* **des morts** horn of plenty.

(c) (*coquillage*) trumpet shell.

2 *nm* (*trompettiste*) trumpeter, trumpet (player); (*Mil*) bugler.

trompettiste [trɔ̃petist(ə)] *nmf* trumpet player, trumpeter.
trompeur, -euse [trɔ̃pœʀ, øz] **1** *adj* (a) *personne* deceitful, deceiving *(épith); paroles, discours* deceitful.
 (b) *apparences* deceptive, misleading; *distance, profondeur* deceptive. **les apparences sont ~euses** appearances are deceptive.
 2 *nm,f* deceiver. *(Prov)* **à ~, ~ et demi** every rogue has his match.
trompeusement [trɔ̃pøzmɑ̃] *adv* (*V* **trompeur**) deceitfully; deceptively.
tronc [trɔ̃] **1** *nm* (a) *[arbre]* trunk; *[colonne]* shaft, trunk; *(Géom) [cône, pyramide]* frustum; *(Anat) [nerf, vaisseau]* trunk, mainstem. **~ d'arbre** tree trunk; **~ de cône/pyramide** truncated cone/ pyramid.
 (b) *(Anat: thorax et abdomen)* trunk; *[cadavre mutilé]* torso.
 (c) *(boîte)* (collection) box. **le ~ des pauvres** the poorbox.
 2: *(Scol)* **tronc commun** common-core syllabus.
troncation [trɔ̃kasjɔ̃] *nf (Ling)* truncating.
troncature [trɔ̃katyʀ] *nf (Minér)* truncation.
tronche‡ [trɔ̃ʃ] *nf (visage)* mug‡ *(péj)*, face; *(tête)* nut*.
tronçon [trɔ̃sɔ̃] *nm* (a) *[tube, colonne, serpent]* section. **(b)** *[route, voie]* section, stretch; *[convoi, colonne]* section; *[phrase, texte]* part.
tronconique [trɔ̃kɔnik] *adj* like a flattened cone *ou* a sawn-off cone.
tronçonnage [trɔ̃sɔnaʒ] *nm,* **tronçonnement** [trɔ̃sɔnmɑ̃] *nm (V* **tronçonner)** sawing *ou* cutting up; cutting into sections.
tronçonner [trɔ̃sɔne] (1) *vt tronc* to saw *ou* cut up; *tube, barre* to cut into sections.
tronçonneuse [trɔ̃sɔnøz] *nf* chain saw.
trône [tron] *nm* (a) *(siège, fonction)* throne. **~ pontifical** papal throne; **placer qn/monter sur le ~** to put sb on/come to *ou* ascend the throne; **chasser du ~** to dethrone, remove from the throne; **le ~ et l'autel** King and Church.
 (b) *(‡hum: des W.-C.)* throne* *(hum)*. **être sur le ~** to be on the throne*.
trôner [trone] (1) *vi* (a) *[roi, divinité]* to sit enthroned, sit on the throne. **(b)** *(avoir la place d'honneur) [personne]* to sit enthroned; *[chose]* to sit imposingly; *(péj: faire l'important)* to lord it.
tronquer [trɔ̃ke] (1) *vt* a) *colonne, statue* to truncate. **(b)** *(fig) citation, texte* to truncate, curtail, cut down, shorten; *détails, faits* to abbreviate, cut out. **version tronquée** shortened *ou* truncated version.
trop [tro] **1** *adv* (a) *(avec vb: à l'excès)* too much; *(devant adv, adj)* too. **beaucoup** *ou* **bien ~ manger** *etc* far *ou* much too much; **beaucoup** *ou* **bien** *ou* *(littér)* **par ~** *(avec adj)* far too, much too; **il a ~ mangé/bu** he has had too much to eat/drink, he has eaten/ drunk too much; **je suis exténué d'avoir ~ marché** I'm exhausted from having walked too far *ou* too much; **il a ~ travaillé** he has worked too hard, he has done too much work, he has overworked; **la pièce est ~ chauffée** the room is overheated; **la maison est ~ grande/loin pour eux** the house is too large/far for them; **un ~ grand effort l'épuiserait** too great an effort would exhaust him; **des restrictions ~ sévères aggraveraient la situation économique** too severe restrictions would aggravate the economic situation; **elle en a déjà bien ~ dit** she has said far *ou* much too much already; **il ne faut pas ~ demander/insister** one mustn't be too greedy/pressing, one mustn't be overdemanding/overinsistent; **tu as conduit ~ vite/lentement** you drove too fast/slowly; **tu as ~ conduit** you drove too far for too long, you have been driving (for) too long; **il ne faut pas ~ aller le voir** we must not go to visit him too often, we mustn't overdo the visits; **vous êtes ~ (nombreux)/ ~ peu (nombreux)** there are too many/too few of you; **une ~ forte dose** an overdose; **en faire ~, aller beaucoup ~ loin** to go over-board*, go too far, overdo it; **elle en fait ~ pour qu'on la croit vraiment malade** she makes so much fuss it's difficult to believe she's really ill.
 (b) **~ de** *(quantité)* too much; *(nombre)* too many; **j'ai acheté ~ de pain/d'oranges** I've bought too much bread/too many oranges; **n'apportez pas de pain, il y en a déjà ~** don't bring any bread — there is too much already; **n'apportez pas de verres, il y en a déjà ~** don't bring any glasses — there are too many already; **s'il te reste ~ de dollars, vends-les moi** if you have dollars left over *ou* to spare, sell them to me; **nous avons ~ de personnel** we are overstaffed; **il y a ~ de monde dans la salle** the hall is over-crowded *ou* overfull, there are too many people in the hall; **j'ai ~ de travail** I'm overworked, I have too much work (to do); **ils ne seront pas ~ de deux pour ce travail** this job will need at least the two of them (on it); **~ de bonté/d'égoïsme** excessive kindness/ selfishness.
 (c) *(avec conséquence)* too much; *(devant adj, adv)* too. **il mange beaucoup ~ pour maigrir** he eats far too much to lose any weight; **le village est ~ loin pour qu'il puisse y aller à pied** the village is too far for him to walk there; **elle a ~ de travail pour qu'on lui permette de sortir tôt** she has too much work (to do) for her to be allowed out early; **il est bien ~ idiot pour comprendre** he is far too stupid *ou* too much of an idiot to understand; **c'est ~ beau pour être vrai!** it's too good to be true!; **les voyages à l'étranger sont ~ rares pour ne pas en profiter** trips abroad are too rare to be missed.
 (d) *(superl, intensif)* too, so (very). **j'ai oublié mes papiers, c'est vraiment ~ bête** how stupid (of me) *ou* it's too stupid for words — I've forgotten my papers; **il y a vraiment par ~ de gens égoïstes** there are far too many selfish people about; **c'est par ~ injuste** it's too unfair for words; **c'est ~ drôle!** it's too funny for words!, it's hilarious!, how funny!; **il n'est pas ~ satisfait/mécontent du résultat** he's not over-pleased *ou* too satisfied *ou* too pleased/not too unhappy *ou* dissatisfied with the result; **nous n'avons pas ~ de**

place chez nous we haven't got (so) very much room *ou* (àll) that much* room at our place; **vous êtes ~ aimable** you are too *ou* most kind; **je ne sais ~ que faire** I am not too *ou* quite sure what to do *ou* what I should do, I don't really know what to do; **il n'aime pas ~ ça*** he isn't too keen *(Brit) ou* overkeen *(Brit)* (on it), he doesn't like it overmuch *ou* (àll) that much*; **cela n'a que ~ duré** it's gone on (far) too long already; **je ne le sais que ~** I know only too well, I am only too well aware; **je n'ai pas ~ confiance en lui** I haven't much *ou* all that much* confidence in him; **c'est ~!, c'en est ~!, ~ c'est ~!** that's going too far!, enough is enough!; **cela ne va pas ~ bien** things are not going so *ou* terribly well; **je n'en sais ~ rien** I don't really know; *V* **tôt**.
 (e) de ~, en ~: **il y a une personne/2 personnes de ~** *ou* **en ~ dans l'ascenseur** there is one person/there are 2 people too many in the lift; **s'il y a du pain en ~, j'en emporterai** if there is any bread (left) over *ou* any bread extra *ou* any surplus bread I'll take some away; **il m'a rendu 2 F de ~** *ou* **en ~** he gave me back 2 francs too much; **ces 5 F sont de ~** that's 5 francs too much; **l'argent versé en ~** the excess payment; **il pèse 3 kg de ~** he is 3 kg over-weight; **ce régime vous fait perdre les kilos en ~** this diet will help you lose those extra pounds; **si je suis de ~, je peux m'en aller!** if I'm in the way *ou* not welcome I can always leave!; **cette remarque est de ~** that remark is uncalled-for; **il a bu un verre** *ou* **un coup* de ~** he's had a drink *ou* one* too many; **tu manges/bois de ~*** you eat/drink too much.
 2 *nm* excess, surplus. **le ~ d'importance accordé à** the excessive importance attributed to; **que faire du ~ qui reste?** what is to be done with what is left (over)? *ou* with the extra?
trope [trop] *nm (Littérat)* trope.
trophée [trofe] *nm* trophy. **~ de chasse** hunting trophy.
tropical, e, *mpl* **-aux** [trɔpikal, o] *adj* tropical.
tropique [trɔpik] **1** *adj* tropical. **2** *nm* (a) *(Géog: ligne)* tropic. **~ du cancer/capricorne** tropic of Cancer/Capricorn. **(b)** *(zone)* **les ~s** the tropics; **le soleil des ~s** the tropical sun; **vivre sous les ~s** to live in the tropics.
tropisme [trɔpism(ə)] *nm (Bio)* tropism.
troposphère [trɔpɔsfɛʀ] *nf* troposphere.
trop-perçu, pl trop-perçus [trɔpɛʀsy] *nm (Admin, Comm)* excess (tax) payment, overpayment (of tax).
trop-plein, pl trop-pleins [trɔplɛ̃] *nm* (a) *(excès d'eau) [réservoir, barrage]* overflow; *[vase]* excess water; *(tuyau d'évacuation)* overflow (pipe); *(déversoir)* overflow outlet.
 (b) *(excès de contenu: grains etc)* excess, surplus.
 (c) *(fig)* **~ d'amour/d'amitié** overflowing love/friendship; **~ de vie** *ou* **d'énergie** surplus *ou* boundless energy; **déverser le ~ de son cœur/âme** to pour out one's heart/soul *ou* all one's pent-up feelings.
troquer [trɔke] (1) *vt:* **~ qch contre qch d'autre** to barter *ou* exchange *ou* trade *ou* swap sth for sth else; *(fig: remplacer)* to swap sth for sth else.
troquet‡ [trɔke] *nm* small café.
trot [tro] *nm [cheval]* trot. **petit/grand ~** jog/full trot; **~ de manège** dressage trot; **~ assis/enlevé** close/rising trot; **course de ~ attelé** trotting race; **course de ~ monté** trotting race under saddle; *(lit)* **aller au ~** to trot along; *(fig)* **au ~*** at the double; **vas-y, et au ~!** off you go, at the double *ou* and be quick about it; *(lit, *fig)* **partir au ~** to set off at a trot; **prendre le ~** to break into a trot.
Trotski [trɔtski] *nm* Trotsky.
trotskisme, trotskysme [trɔtskism(ə)] *nm* Trotskyism.
trotskiste, trotskyste [trɔtskist(ə)] *adj, nmf* Trotskyist, Trotskyite *(péj)*.
trotte* [trɔt] *nf:* **il y a une** *ou* **ça fait une ~ (d'ici au village)** it's a fair step* *ou* distance (from here to the village); **on a fait une (jolie) ~** we've come a good way, we covered a good distance.
trotte-bébé [trɔtbebe] *nm inv* baby-walker ®.
trotter [trɔte] (1) **1** *vi* a) *[cheval, cavalier]* to trot.
 (b) *(fig) [personne]* (*marcher à petits pas*) to trot about *(ou along etc)*; *(marcher beaucoup)* to run around, run hither and thither; *[souris, enfants]* to scurry (about), scamper (about); *[bébé]* to toddle along. **un air/une idée qui vous trotte dans** *ou* **par la tête** *ou* **la cervelle** a tune/an idea which keeps running through your head; **cela fait ~ l'imagination** that makes you imagine things *ou* wonder.
 2 se trotter* *vpr (se sauver)* to dash (off).
trotteur, -euse [trɔtœʀ, øz] **1** *nm,f [cheval]* trotter, trotting horse. **2** *nm (chaussure)* flat shoe. **3 trotteuse** *nf (aiguille)* (sweep) second hand.
trottin†† [trɔtɛ̃] *nm* (dressmaker's) errand girl.
trottinement [trɔtinmɑ̃] *nm (V* **trottiner)** jogging; trotting; scurrying, scampering; toddling.
trottiner [trɔtine] (1) *vi [cheval]* to jog along; *[personne]* to trot along; *[souris]* to scurry *ou* scamper about *ou* along; *[bébé]* to toddle along.
trottinette [trɔtinɛt] *nf* (child's) scooter.
trottoir [trɔtwaʀ] *nm* (a) pavement *(Brit)*, sidewalk *(US)*. **~ roulant** moving walkway, travellator *(Brit)*. **(b)** *(péj)* **faire le ~*** to walk the streets, be on the game‡.
trou [tru] **1** *nm* (a) *(gén, Golf)* hole; *(terrier)* hole, burrow; *[flûte etc]* (finger-)hole; *[aiguille]* eye. **par le ~ de la serrure** through the keyhole; *(Théât)* **le ~ du souffleur** the prompt box; **faire un ~** *(dans le sol)* to dig *ou* make a hole; *(dans une haie)* to make a hole *ou* a gap; *(dans un mur avec une vrille etc)* to bore *ou* make a hole; *(en perforant: dans le cuir, papier)* to punch *ou* make a hole; *(avec des ciseaux, un couteau)* to cut a hole; *(en usant, frottant)* to wear a hole *(dans* in); *(Golf)* **faire un ~** **en un** to get a hole in one; **il a fait un ~ à son pantalon** *(usure)* he has (worn) a hole in his trousers; *(brûlure, acide)* he has burnt a hole in his trousers; *(déchirure)* he

has torn a hole in his trousers; **ses chaussettes sont pleines de ~s** *ou* **ont des ~s partout** his socks are in holes *ou* are full of holes; **sol/rocher creusé** *ou* **piqué de ~s** ground/rock pitted with holes; (*fig*) **une œuvre qui a des ~s** a work with certain weaknesses *ou* weak parts.

(b) (*fig*) (*moment de libre*) gap; (*déficit*) deficit; (*Sport: trouée*) gap, space. **un ~ (de 10 millions) dans la comptabilité** a deficit (of 10 million) in the accounts; (*Sport*) **faire le ~** to break *ou* burst through; **il y a des ~s dans son témoignage** there are gaps in his account, there are things missing from his account; **cela a fait un gros ~ dans ses économies** it made quite a hole in his savings; **j'ai un ~ dans la matinée, venez me voir** I have a gap in my schedule during the morning so come and see me; [*professeur*] **j'ai un ~** *ou* **une heure de ~** I have a free period *ou* an hour's free time; **j'ai eu un ~ (de mémoire)** my memory failed me for a moment, my mind went blank.

(c) (*Anat*) foramen. **~ optique** optic foramen; **~s intervertébraux** intervertebral foramina; *V* **œil**.

(d) (*péj: localité*) place, hole* (*péj*). **ce village est un ~** this village is a real hole* (*péj*) *ou* dump* (*péj*); **il n'est jamais sorti de son ~** he has never been out of his own backyard; **chercher un petit ~ pas cher** to look for a little place that's not too expensive; **un ~ perdu** *ou* **paumé*** a dead-and-alive (little) hole* (*péj*), a godforsaken hole* *ou* dump*.

(e) (*loc*) (*fig*) (**se) faire son ~*** to make a niche for o.s.; (*fig*) **vivre tranquille dans son ~** to live quietly in one's little hideyhole* (*Brit*) *ou* hideaway; (*prison*) **mettre/être au ~*** to put/be in (the) nick‡ (*Brit*) *ou* in clink‡; (*fig*) **quand on sera dans le ~*** when we're dead and buried *ou* dead and gone, when we're six feet under*; *V* **boire**.

2: **trou d'aération** airhole, (air) vent; (*Aviat*) **trou d'air** air pocket; **trou de balle*** arse-hole*,* (*Brit*), asshole*,* (*US*); (*fig: imbécile*) berk‡ (*Brit*), twat*,*; (*Naut*) **trou du chat** lubber's hole; **trou du cul*,* = trou de balle*,*; **trou d'homme** manhole; **troumadame** *nm, pl* **trous-madame** troll-madam (*type of bagatelle*); **trou de nez*** nostril; (*Astron*) **trou noir** black hole; (*fig: désespoir*) **c'était le trou noir I** (*ou* **he** *etc*) was in the depths of despair; **trou normand** *glass of spirits, often Calvados, drunk between courses of meal*; **trou d'obus** shell-hole, shell-crater; **trou de souris** mousehole; **elle était si gênée, qu'elle serait rentrée dans un trou de souris** she was so embarrassed that she would have liked the ground to swallow her up; (*Couture*) **trou-trou** *nm, pl* **troutrous** *lace trimming through which ribbon is passed.*

troubadour [tʀubaduʀ] *nm* troubadour.

troublant, e [tʀublɑ̃, ɑ̃t] *adj* (*déconcertant*) disturbing, disquieting, unsettling; (*sexuellement provocant*) disturbing, arousing.

trouble¹ [tʀubl(ə)] **1** *adj* (a) *eau, vin* unclear, cloudy, turbid (*littér*); *regard* misty, dull; *image* blurred, misty, indistinct; *photo* blurred, out of focus. **avoir la vue ~** to have blurred vision; *V* **pêcher¹**.

(b) (*fig*) (*impur, équivoque*) *personnage, rôle* fishy, suspicious, dubious; *affaire* shady, murky, fishy; *désir* dark (*épith*); *joie* perverse (*épith*); (*vague, pas franc*) *regard* shifty, uneasy.

2 *adv*: **voir ~** to have blurred vision, see things dimly *ou* as if through a mist.

trouble² [tʀubl(ə)] *nm* (a) (*agitation, remue-ménage*) tumult, turmoil; (*zizanie, désunion*) discord, trouble.

(b) (*émeute*) **~s** unrest (*U*), disturbances, troubles; **~s politiques/sociaux** political/social unrest (*U*) *ou* disturbances *ou* upheavals; **des ~s sanglants** disturbances *ou* troubles causing bloodshed; **des ~s ont éclaté dans le sud du pays** rioting has broken out *ou* disturbances have broken out in the south of the country; *V* **fauteur**.

(c) (*émoi affectif ou sensuel*) (inner) turmoil, agitation; (*inquiétude, désarroi*) distress; (*gêne, perplexité*) confusion, embarrassment. **le ~ étrange qui s'empara d'elle** the strange feeling of turmoil *ou* agitation which overcame her; **le ~ profond causé par ces événements traumatisants** the profound distress caused by these traumatic events; (*littér*) **le ~ de son âme/cœur** the tumult *ou* turmoil in his soul/heart; **le ~ de son esprit** the agitation in his mind, the turmoil his mind was in; **dominer/se laisser trahir par son ~** to overcome/give o.s. away by one's confusion *ou* embarrassment; **semer le ~ dans l'esprit des gens** to sow confusion in peoples' minds.

(d) (*gén pl: Méd*) trouble (*U*), disorder. **~s physiologiques/psychiques** physiological/psychological trouble *ou* disorders; **il a des ~s de la vision** he has trouble with his (eye)sight *ou* vision; **~s de la personnalité** *ou* **du caractère** personality problems *ou* disorders; **~s du comportement** behavioural problems; **~s du langage** speech difficulties; **ce n'est qu'un ~ passager** it's only a passing disorder.

trouble-fête [tʀubləfɛt] *nmf inv* spoilsport, killjoy.

troubler [tʀuble] (1) **1** *vt* (a) (*perturber*) *ordre* to disturb, disrupt; *sommeil, tranquillité, silence* to disturb; *représentation, réunion* to disrupt; *jugement, raison, esprit* to cloud. **~ l'ordre public** to disturb public order, cause a breach of public order, disturb the peace; **en ces temps troublés** in these troubled times.

(b) *personne* (*démonter, impressionner*) to disturb, disconcert; (*inquiéter*) to trouble, perturb; (*gêner, embrouiller*) to bother, confuse; (*d'émoi amoureux*)-to disturb, agitate, arouse. **ce film/cet événement l'a profondément troublé** this film/event has disturbed him deeply; **la perspective d'un échec ne le trouble pas du tout** the prospect of failure doesn't perturb *ou* trouble him in the slightest; **il y a quand même un détail qui me trouble** there's still a detail which is bothering me *ou* confusing me; **cesse de parler, tu me troubles (dans mes calculs)** stop talking — you are disturbing me *ou* putting me off (in my calculations); **~ un candidat** to

disconcert a candidate, put a candidate off; **~ (les sens de) qn** to disturb *ou* agitate sb.

(c) (*brouiller*) *eau* to make cloudy *ou* muddy *ou* turbid (*littér*); *vin* to cloud, make cloudy; *atmosphère* to cloud; *ciel* to darken, cloud; (*TV*) *image* to upset, disturb. **les larmes lui troublaient la vue** tears clouded *ou* blurred her vision.

2 se troubler *vpr* (a) (*devenir trouble*) [*eau*] to cloud, become cloudy *ou* muddy *ou* turbid (*littér*); [*temps*] to become cloudy *ou* overcast; [*ciel*] to become cloudy *ou* overcast, darken.

(b) (*perdre contenance*) to become flustered. **il se trouble facilement aux examens/lorsqu'il a à parler** he is easily flustered *ou* disconcerted in exams/when he has to speak; **il répondit sans se ~** he replied unperturbed.

troué, e [tʀue] (*ptp de* **trouer**) **1** *adj*: **bas/sac ~** stocking/bag with a hole *ou* with holes in it; **avoir un bas (de) ~** to have a hole in one's stocking, have a stocking with a hole in it; **ce sac est ~** this bag has a hole *ou* holes (in it); **une veste toute ~e** a jacket that is full of holes; **ses chaussettes sont toutes ~es** *ou* **~es de partout** his socks are full of holes; **le rocher était ~ comme une éponge** the rock was pitted like a sponge; **ce seau est ~ de partout** *ou* **comme une passoire** *ou* **comme une écumoire** this bucket has a bottom like a sieve *ou* colander, this bucket has as many holes in it as a sieve *ou* colander; **corps ~ comme une passoire** *ou* **écumoire** body riddled with bullets; **son gant ~ laissait passer son pouce** his thumb stuck *ou* poked out through a hole in his glove.

2 trouée *nf* (a) *[haie, forêt, nuages]* gap, break (*de* in).

(b) (*Mil*) breach. **faire une ~e** to make a breach, break through.

(c) (*Géog*) *défilé* gap. **la ~e de Belfort** the Belfort Gap.

trouer [tʀue] *vt* (a) *vêtement* to make *ou* wear a hole in; *ticket* to punch (a hole in); (*transpercer*) to pierce. **il a troué son pantalon** (*avec une cigarette*) he's burnt a hole in his trousers; (*dans les ronces*) he's torn *ou* ripped a hole in his trousers; (*par usure*) he's worn a hole in his trousers; **ces chaussettes se sont trouées très vite** these socks soon got holes in them *ou* soon went into holes (*Brit*); **~ qch de part en part** to pierce sth through, pierce a hole right through sth; **la poitrine trouée d'une balle** his chest pierced by a bullet; **~ la peau à qn‡** to put a bullet into sb*; **se faire ~ la peau‡** to get a bullet in one's hide*.

(b) (*fig: traverser*) *silence, nuit* to pierce. **une fusée troua l'obscurité** a rocket pierced the darkness; **un cri troua l'air** a shout rent *ou* pierced the air; **le soleil troue les nuages** the sun breaks through the clouds; **des élancements lui trouaient la tête** sharp pains shot through his head.

(c) (*fig: parsemer: gén ptp*) to dot. **la plaine trouée d'ombres** the plain dotted with shadows; **des rochers troués de lichen/de mousse** rocks dotted with lichen/moss.

troufignon‡ [tʀufiɲɔ̃] *nm* backside‡, arse*,* (*Brit*), ass*,* (*US*).

troufion* [tʀufjɔ̃] *nm* soldier. **quand j'étais ~** when I was in the army *ou* a soldier.

trouillard, e‡ [tʀujaʀ, aʀd(ə)] (*péj*) **1** *adj* yellow*, chicken* (*attrib*), yellow-bellied‡. **2** *nm, f* yellowbelly‡.

trouille‡ [tʀuj] *nf*: **avoir la ~** to be in a (blue) funk‡ (*Brit*), have the wind up* (*Brit*), be scared to death; **j'ai eu la ~ de ma vie** I got the fright of my life *ou* a hell of a fright*; **flanquer** *ou* **ficher la ~ à qn** to put the wind up sb* (*Brit*), scare the pants off sb‡.

trouillomètre‡ [tʀujɔmɛtʀ(ə)] *nm*: **avoir le ~ à zéro** to be in a blue funk‡ (*Brit*), be scared witless*.

troupe [tʀup] *nf* (a) (*Mil, Scoutisme*) troop. (*Mil*) **la ~** (*l'armée*) the army; (*les simples soldats*) the troops (*pl*), the rank and file; **les ~s** the troops; **~s de choc/de débarquement** shock/landing troops; **lever des ~s** to raise troops; **faire intervenir la ~** to call *ou* bring in the army; **réservé à la ~** reserved for the troops; **il y avait de la ~ cantonnée au village** there were some army units billeted in the village; *V* **enfant, homme**.

(b) *[chanteurs, danseurs]* troupe. *[acteurs]* **~ (de théâtre)** (theatrical) company.

(c) *[gens, animaux]* band, group, troop. **se déplacer en ~** to go about in a band *ou* group *ou* troop.

troupeau, pl ~x [tʀupo] *nm* *[bœufs, chevaux]* (*dans un pré*) herd; (*transhumant*) drove; *[moutons, chèvres]* flock; *[éléphants, buffles, giraffes etc]* herd; *[oies]* gaggle; (*péj*) *[touristes, prisonniers]* herd (*péj*). (*Rel*) **le ~ du Seigneur** the Lord's flock.

troupiale [tʀupjal] *nm* (*oiseau*) troupial.

troupier [tʀupje] **1** *nm* (†) private. **boire comme un ~** to drink like a fish; **fumer comme un ~** to smoke like a chimney; **jurer comme un ~** to swear like a trooper. **2** *adj* *V* comique.

trousse [tʀus] *nf* (a) (*étui*) (*gén*) case, kit; [*médecin, chirurgien*] instrument case; [*écolier*] pencil case *ou* wallet. **~ à aiguilles** needle case; **~ à couture** sewing case *ou* kit; **~ de maquillage** (*mallette*) vanity case *ou* bag; (*sac*) make-up bag; **~ à outils** toolkit; **~ à ongles** nail kit, manicure set; **~ de toilette** *ou* **de voyage** (*sac*) toilet bag, sponge bag; (*mallette*) travelling case, grip.

(b) (*loc*) **aux ~s de** (hot) on the heels of, on the tail of; **les créanciers/policiers étaient à ses ~s** the creditors/policemen were on his tail *ou* (hot) on his heels; **avoir la police aux ~s** to have the police on one's tail *ou* (hot) on one's heels.

trousseau, pl ~x [tʀuso] *nm* (a) **~ de clefs** bunch of keys. (b) (*vêtements, linge*) [*mariée*] trousseau; [*écolier*] outfit.

troussequin [tʀuskɛ̃] *nm* (a) (*Équitation*) cantle. (b) (*outil*) = **trusquin**.

trousser [tʀuse] (1) *vt* (a) (*Culin*) *volaille* to truss. (b) (†: *retrousser*) *robe, jupes* to pick up *ou* tuck up. **se ~** to pick *ou* tuck up one's skirts. (c) (†, *hum*) *femme* to tumble†. (d) (†: *expédier*) *poème, article, discours* to dash off, throw together.

trousseur [tʀusœʀ] *nm* (†, *hum*) **~ de jupons** womanizer, ladykiller.

trouvaille [tRuvɑj] *nf* (*objet*) find; (*fig: idée, métaphore, procédé*) brainwave, stroke of inspiration; (*mot*) coinage.

trouver [tRuve] (1) **1** *vt* (a) (*en cherchant*) *objet, emploi, main-d'œuvre, renseignement* to find. **je ne le trouve pas** I can't find it; **où peut-on le ~?** where can he be found?, where is he to be found?; **on lui a trouvé une place dans un lycée** he was found a place in a lycée, they found him a place *ou* a place for him in a lycée; **est-ce qu'ils trouveront le chemin?** will they find the way? *ou* their way?; **~ le temps/l'énergie/le courage de faire qch** to find (the) time/the energy/the courage to do sth; **~ refuge/faveur auprès de qn** to find refuge/favour with sb; **comment avez-vous trouvé un secrétaire si compétent?** how did you come by *ou* find such a competent secretary?; **elle a trouvé en lui un ami sûr/un associé compétent** she has found in him a faithful friend/a competent partner; **on ne lui trouve que des qualités** he has only virtues *ou* good qualities; *V* **chercher, enfant, objet.**

(b) (*rendre visite*) **aller/venir ~ qn** to go/come and see sb.

(c) (*rencontrer par hasard*) *document, information, personne* to find, come upon, come across; *difficultés* to meet with, come across, come up against. **on trouve cette plante** *ou* **cette plante se trouve sous tous les climats humides** this plant is found *ou* is to be found in all damp climates.

(d) (*imaginer, inventer*) *solution, prétexte, cause, moyen* to find, think out. (*énigme*) **comment as-tu fait pour ~?** how did you manage to find out?, how did you work it out?; **j'ai trouvé!** I've got it!*; **c'est tout trouvé** it's quite simple *ou* straightforward; **formule bien trouvée** clever *ou* happy phrase; (*iro*) **tu as trouvé ça tout seul!** did you think it out all by yourself? (*iro*); **où est-il allé ~ ça?** where (on earth) did he get that idea from?, whatever gave him that idea?

(e) (*avec à + infin*) **~ à redire (à tout)** to find fault with everything, find something to criticize (in everything); **~ à manger/à boire** to find something to eat/to drink; **elle trouve toujours à faire dans la maison** she can always find something to do in the house; **~ à se distraire/à s'occuper** to find a way to amuse/occupy o.s., find something to amuse/occupy o.s. with; **on ne peut rien ~ à redire là-dessus** there's nothing to say *ou* you can say to that; **ils trouveront bien à les loger quelque part** they will surely find a way to put them up somewhere, they will surely find somewhere to put them up.

(f) (*éprouver*) **~ du plaisir à qch/à faire qch** to take pleasure in sth/in doing sth; **~ un malin plaisir à taquiner qn** to get a mischievous pleasure out of teasing sb, take a mischievous pleasure in teasing sb; **~ de la difficulté à faire** to find *ou* have difficulty (in) doing; **~ une consolation dans le travail** to find consolation in work *ou* in working.

(g) (*avec attribut du complément*) (*découvrir*) to find; (*penser*) to think. **~ qch cassé/vide** to find sth broken/empty; (*estimer, juger*) **~ qch à son goût/trop cher** to find sth to one's liking/too expensive; (*fig*) **j'ai trouvé les oiseaux envolés** I found the birds had flown; **~ porte close** to find nobody at home *ou* in; **~ que** to find *ou* think that; **tu ne trouves pas que j'ai raison?** don't you think I'm right?; **je trouve cela trop sucré/lourd** I find it too sweet/ heavy, it's too sweet/heavy for me; **elle trouve qu'il fait trop chaud ici** she finds it too hot (in) here; **je le trouve fatigué** I think he looks tired, I find him tired-looking, I find him looking tired; **tu lui trouves bonne mine?** do you think he's looking well?; **comment l'as-tu trouvé?** what did you think of him?, how did you find him?; **vous la trouvez sympathique?** do you like her?, do you think she's nice?, do you find her a nice person?; **trouvez-vous cela normal?** do you think that's as it should be?; **tu trouves ça drôle!** *ou* **que c'est drôle!** so you think that's funny!, so you find that funny!; **vous trouvez?** (do) you think so?; **il a trouvé bon de nous écrire** he thought *ou* saw fit to write to us; **~ le temps court/ long** to find that time passes quickly *ou* races on/passes slowly *ou* hangs heavy *ou* heavily on one's hands.

(h) (*loc*) **~ grâce auprès de qn** to find favour with sb; **il a trouvé à qui parler** he met his match; **il va ~ à qui parler** he'll get more than he bargained for; **~ son maître** to find one's master; **cet objet n'avait pas trouvé d'amateur** no one had expressed *ou* shown any interest in the object; **cet objet n'avait pas trouvé preneur** the object had had no takers; **~ la mort (dans un accident)** to meet one's death (in an accident); **je la trouve mauvaise!*** *ou* **saumâtre!*** I think it's a bit off* (*Brit*), I don't like it at all; (*hum*) **trouvez-vous votre bonheur** *ou* **votre vie dans ce bric-à-brac?** can you find what you're after *ou* what you're looking for in this jumble?; **~ le sommeil** to get to sleep, fall asleep; **~ chaussure à son pied** to find a suitable match; (*fig*) **~ le joint*** to come up with a solution, find an answer *ou* a way out; **il a trouvé son compte dans cette affaire** he got something out of this bit of business; (*lit*) **~ le moyen de faire** to find some means of doing; (*fig hum*) **il a trouvé le moyen de s'égarer** he managed *ou* contrived to get (himself) lost.

2 se trouver *vpr* (a) (*être dans une situation*) [*personne*] to find o.s.; [*chose*] to be. **il se trouva nez à nez avec Paul** he found himself face to face with Paul; **la question se trouva reléguée au second plan** the question was relegated to the background; **la voiture se trouva coincée entre ...** the car was jammed between ...; **je me suis trouvé dans l'impossibilité de répondre** I found myself unable to reply; **nous nous trouvons dans une situation délicate** we are in a delicate situation; **il se trouve dans l'impossibilité de venir** he is unable to come, he is not in a position to come; **il se trouve dans l'obligation de partir** he has to *ou* is compelled to leave; (*iro*) **je me suis trouvé fin!** a fine *ou* right* fool I looked!

(b) (*être situé*) [*personne*] to be; [*chose*] to be, be situated. **ça ne se trouve pas sur la carte** it isn't *ou* doesn't appear on the map; **son nom ne se trouve pas sur la liste** his name is not on *ou* does not appear on the list; **je me trouvais près de l'entrée** I was (standing *ou* sitting *etc*) near the entrance; **il ne fait pas bon se ~ dehors par ce froid** it's not pleasant to be out in this cold; **la maison se trouve au coin de la rue** the house is (situated) *ou* stands on the corner of the street; **où se trouve la poste?** where is the post office?; **les toilettes se trouvent près de l'entrée** the toilets are (situated) near the entrance; **ça ne se trouve pas sous le pas** *ou* **le sabot d'un cheval** it's not easy to find *ou* to come by.

(c) (*se sentir*) to feel. **se ~ bien** (*dans un fauteuil etc*) to feel comfortable; (*santé*) to feel well; **il se trouve mieux en montagne** he feels better in the mountains; **elle se trouvait bien dans ce pays** she was happy in this country; **se ~ mal** to faint, pass out; **se ~ bien/mal d'avoir fait qch** to have reason to be glad/to regret having done sth; **il s'en est bien trouvé** he benefited from it; **il s'en est mal trouvé** he lived to regret it.

(d) (*avec infin: exprime la coïncidence*) **se ~ être/avoir ...** to happen to be/have ...; **elles se trouvaient avoir le même chapeau** it turned out that they had *ou* they happened to have the same hat.

(e) (*en méditant etc*) **essayer de se ~** to try to find o.s.

3 se trouver *vpr impers* (a) (*le fait est*) **il se trouve que c'est moi** it happens to be me, it's me as it happens; **il se trouvait que j'étais là** I happened to be there; **il se trouvait qu'elle avait menti** it turned out that she had been lying; **comme il se trouve parfois/ souvent** as is sometimes/often the case, as sometimes/often happens; **et s'il se trouve qu'elles ne viennent pas?** and what if *ou* suppose *ou* supposing they don't come?

(b) (*il y a*) **il se trouve toujours des gens qui disent ...** *ou* **pour dire ...** there are always people *ou* you'll always find people who will say ....

(c) (*) **ils sont sortis, si ça se trouve** they may well be out, they're probably out; **si ça se trouve, il ne viendra pas** it's quite likely he won't come.

trouvère [tRuvɛR] *nm* trouvère.

troy [tRɔj] *nm*: **le système ~** the troy system.

troyen, -enne [tRwajɛ̃, ɛn] **1** *adj* Trojan. **2** *nm,f*: **T~(ne)** Trojan.

truand, e [tRyɑ̃, ɑ̃d] **1** *nm* (*gangster*) gangster, mobster (*US*); (*escroc*) crook. **2** *nm,f* (†: *mendiant*) beggar.

truander‡ [tRyɑ̃de] (1) *vt* to swindle, do‡. **se faire ~** to be swindled *ou* done‡.

trublion [tRyblijɔ̃] *nm* troublemaker, agitator.

truc¹ [tRyk] *nm* (a) (*) (*moyen, combine*) way, trick; (*dispositif*) thingummy*, whatsit*. **il a trouvé le ~ (pour le faire)** he's found the way (of doing it), he's got the trick (of doing it); **il n'a pas encore compris le ~** he's not yet grasped *ou* learnt the trick; **avoir le ~** to have the knack; **cherche un ~ pour venir me voir** try to wangle coming to see me*, try to find some way of coming to see me; **c'est connu leur ~*,** **on le connaît leur ~*** we know what they're up to* *ou* playing at*, we're onto their little game*; **les ~s du métier** the tricks of the trade.

(b) (*tour*) [*prestidigitateur*] trick; (*trucage: Ciné etc*) trick, effect. **c'est impressionnant mais ce n'est qu'un ~** it's impressive but it's only a trick *ou* an effect; **il y a un ~!** there's a trick in it!

(c) (*: *chose, idée*) thing. **on m'a raconté un ~ extraordinaire** I've been told an extraordinary thing; **j'ai pensé (à) un ~** I've thought of something, I've had a thought; **il y a un tas de ~s à faire** there's a heap of things to do*; **il n'y a pas un ~ de vrai là-dedans** there's not a word of truth in it.

(d) (*: *machin*) (*dont le nom échappe*) thingumajig*, thingummy*, whatsit*; (*inconnu, jamais vu*) contraption, thing, thingumajig*; (*tableau, statue bizarre*) thing. **méfie-toi de ces ~s-là** be careful of *ou* beware of those things.

(e) (‡:*personne*) **T~(-chouette), Machin-~** what's-his-(*ou* her-) name*, what-d'you-call-him* (*ou* -her), thingummybob*.

truc² [tRyk] *nm* (*Rail*) truck, waggon.

trucage [tRykaʒ] *nm* = **truquage.**

truchement [tRyʃmɑ̃] *nm* (a) **par le ~ de qn** through (the intervention of) sb; **par le ~ de qch** with the aid of sth. (b) (††, *littér: moyen d'expression, intermédiaire*) medium, means of expression.

trucider* [tRyside] (1) *vt* (*hum*) to knock off‡, bump off‡.

truck [tRyk] *nm* = **truc².**

trucmuche‡ [tRykmyʃ] *nm* thingumajig*, thingummybob*, whatsit*.

truculence [tRykylɑ̃s] *nf* (*V truculent*) vividness; colourfulness; raciness. **la ~ de ce personnage** the liveliness *ou* verve of this character.

truculent, e [tRykylɑ̃, ɑ̃t] *adj langage* vivid, colourful, racy; *personnage* colourful, larger-than-life (*épith*), larger than life (*attrib*).

truelle [tRyɛl] *nf* [*maçon*] trowel. (*Culin*) **~ à poisson** fish slice.

truffe [tRyf] *nf* (a) (*Bot*) truffle. (b) (*Culin*) **~s (au chocolat)** (chocolate) truffles. (c) (*nez du chien*) nose; (*: nez*) conk* (*Brit*), hooter* (*Brit*). (d) (*: idiot*) nitwit*, twit*.

truffer [tRyfe] (1) *vt* (a) (*Culin*) to garnish with truffles. (b) (*fig: remplir*) **~ qch de** to pepper sth with; **truffé de citations** peppered *ou* larded with quotations; **truffé de pièges** bristling with traps; **truffé de fautes** packed full of mistakes, riddled with mistakes.

truie [tRɥi] *nf* (*Zool*) sow.

truisme [tRyism(ə)] *nm* (*littér*) truism.

truite [tRɥit] *nf* trout (*pl inv*). **~ saumonée** salmon trout; **~ de mer** sea trout; **~ arc-en-ciel** rainbow trout; (*Culin*) **~ meunière** truite *ou* trout meunière.

truité, e [tRɥite] *adj* (*tacheté*) *cheval* mottled, speckled; *chien* spotted, speckled. (b) (*craquelé*) *porcelaine* crackled.

trumeau, pl ~x [tRymo] *nm* (a) (*pilier*) pier; (*entre portes, fenêtres*) pier; (*panneau ou glace*) pier glass; [*cheminée*] overmantel. (b) (*Culin*) shin of beef.

truquage [tRykaʒ] *nm* (a) (*action: V truquer*) rigging; fixing*;

adapting; doctoring*; fiddling*; faking. (*Ciné*) le ~ d'une scène using special effects in a scene.

   (b) (*Ciné*) un ~ très réussi a very successful effect; ~s optiques optical effects *ou* illusions; ~s de laboratoire lab effects.

truqué, e [tryke] (*ptp de* truquer) *adj* élections rigged; *combat* fixed*; *cartes, dés* fixed*. (*Ciné*) une scène ~e a scene involving special effects.

truquer [tryke] (1) *vt* (a) élections to rig, fix*; (*gén ptp*) *combat* to fix. (*Ciné*) ~ une scène to use special effects in a scene.

   (b) *serrure, verrou* to adapt, fix*; *cartes, dés* to fix*.

   (c) (†:*falsifier*) *dossier* to doctor*; *comptes* to fiddle*; *œuvre d'art, meuble* to fake.

truqueur, -euse [trykœr, øz] *nm,f* (a) (*fraudeur*) cheat. (b) (*Ciné*) special effects man (*ou* woman).

truquiste [trykist(ə)] *nmf* = truqueur (b).

trusquin [tryskẽ] *nm* marking gauge.

trust [trœst] *nm* (*Écon: cartel*) trust; (*toute grande entreprise*) corporation; *V* antitrust.

truster [trœste] (1) *vt* (*Écon*) *secteur du marché* to monopolize, corner; *produit* to have the monopoly of, monopolize; (*: accaparer*) to monopolize. **ils ont trusté les médailles aux derniers Jeux olympiques** they carried off all the medals *ou* they made a clean sweep of the medals at the last Olympic Games.

trypanosome [tripanozɔm] *nm* trypanosome.

tsar [dzar] *nm* tsar, czar, tzar.

tsarévitch [dzarevitʃ] *nm* tsarevich, czarevich, tzarevich.

tsarine [dzarin] *nf* tsarina, czarina, tzarina.

tsarisme [dzarism(ə)] *nm* tsarism, czarism, tzarism.

tsariste [dzarist(ə)] *adj* tsarist, czarist, tzarist.

tsé-tsé [tsetse] *nf:* (**mouche**) ~ tsetse fly.

T.S.F.† [teesɛf] (*abrév de* **télégraphie sans fil**) *nf* (*procédé*) wireless telegraphy; (*radio*) wireless, radio; (*poste*) wireless. **à la** ~ **on the radio** *ou* **wireless**.

tsigane [tsigan] **1** *adj* (Hungarian) gypsy *ou* gipsy, tzigane. **violoniste/musique** ~ (Hungarian) gypsy violinist/music. **2** *nmf:* **T**~ (Hungarian) Gypsy *ou* Gipsy, Tzigane.

tsoin-tsoin‡, **tsouin-tsouin‡** [tswẽtswẽ] *excl* boom-boom!

tss-tss [tsstss] *excl* tut-tut!

T.S.V.P. (*abrév de* **tournez s'il vous plaît**) P.T.O.

t.t.c. [tetese] *abrév de* **toutes taxes comprises**; *V* taxe.

tu, t'[ty, t] **1** *pron pers* you (*as opposed to 'vous': familiar form of address*); (*Rel*) thou. **t'as* de la chance** you're lucky.

   2 *nm:* **employer le** ~ to use the 'tu' form; **dire** ~ **à qn** to address sb as 'tu'; **être à** ~ **et à toi avec qn** to be on first-name terms with sb, be a great pal of sb*.

T.U. [tey] *nm abrév de* **temps universel**; *V* temps.

tuant, e [tɥɑ̃, ɑ̃t] *adj* (*fatigant*) killing, exhausting; (*énervant*) exasperating, tiresome.

tub [tœb] *nm* (*bassin*) (bath)tub; (*bain*) bath.

tuba [tyba] *nm* (*Mus*) tuba; (*Sport*) snorkel, breathing tube. ~ **d'orchestre** bass tuba.

tubage [tybaʒ] *nm* (*Méd*) intubation, cannulation.

tubard, e‡ [tybar, ard(ə)] (*abrév péj de* **tuberculeux**) **1** *adj* suffering from TB. **2** *nm,f* TB case.

tube [tyb] *nm* (a) (*tuyau*) (*gén, de mesure, en verre*) tube; (*de canalisation, tubulure, métallique*) pipe. ~ **capillaire** capillary tube; ~ **compte-gouttes** pipette; ~ **à essai** test tube; (*TV*) ~ **image** cathode ray tube; ~ **à injection** hypodermic syringe; (*Mil*) ~ **lance-torpilles** torpedo tube; (*Elec*) ~ **au néon** neon tube; (*Elec*) ~ **redresseur** vacuum diode; ~ **régulateur de potentiel** triode; (*Elec, TV, Ordin*) ~ **cathodique** cathode ray tube; ~ **à vide** vacuum valve *ou* tube.

   (b) (*emballage*) [*aspirine, comprimés, dentifrice etc*] tube. ~ **de rouge (à lèvres)** lipstick.

   (c) (*Anat, Bot: conduit*) ~ **digestif** digestive tract, alimentary canal; ~s **urinifères** uriniferous tubules; ~ **pollinique** pollen tube.

   (d) (*: *chanson à succès*) hit song (*ou* record).

   (e) (*†: *téléphone*) **donner un coup de** ~ **à qn** to give sb a buzz* *ou* a tinkle*.

   (f) (†*: *haut-de-forme*) topper*.

   (g) (*loc*) [*moteur*] **marcher à pleins** ~s* to be running full throttle *ou* at maximum revs; (*fig*) **délirer à pleins** ~s* to be raving mad*, be off one's head* *ou* rocker*.

tubercule [tyberkyl] *nm* (*Anat, Méd*) tubercle; (*Bot*) tuber.

tuberculeux, -euse [tyberkylø, øz] **1** *adj* (a) (*Méd*) tuberculous, tubercular. **être** ~ to suffer from tuberculosis *ou* TB, have tuberculosis *ou* TB. (b) (*Bot*) tuberous, tuberose. **2** *nm,f* tuberculosis *ou* tubercular *ou* TB patient.

tuberculine [tyberkylin] *nf* tuberculin.

tuberculinique [tyberkylinik] *adj test* tuberculinic, tuberculin.

tuberculose [tyberkyloz] *nf* tuberculosis. ~ **pulmonaire** pulmonary tuberculosis; ~ **osseuse** tuberculosis of the bones.

tubéreux, -euse [tyberø, øz] **1** *adj* tuberous. **2 tubéreuse** *nf* (*Bot*) tuberose.

tubulaire [tybyler] *adj* tubular.

tubulé, e [tybyle] *adj plante* tubulate; *flacon* tubulated.

tubuleux, -euse [tybylø, øz] *adj* tubulous, tubulate.

tubulure [tybylyr] *nf* (a) (*tube*) pipe. (b) (*Tech: ouverture*) tubulure. (*tubes*) ~s piping; (*Aut*) ~ **d'échappement/d'admission** exhaust/inlet manifold; ~ **d'alimentation** feed *ou* supply pipe.

T.U.C. [tyk] *nmpl abrév de* **travaux d'utilité collective**; *V* travail.

tudieu†† [tydjø] *excl* zounds!††, 'sdeath!††.

tué, e [tɥe] (*ptp de* tuer) *nm,f* (*dans un accident, au combat*) person killed. **les** ~s the dead, those killed; **il y a eu 5** ~s **et 4 blessés** there were 5 (people) killed *ou* 5 dead and 4 injured.

tue-mouche [tymuʃ] **1** *nm inv* (*Bot*) (**amanite**) ~ fly agaric. **2** *adj:* **papier** *ou* **ruban** ~(**s**) flypaper.

tuer [tɥe] (1) **1** *vt* (a) *personne, animal* to kill; (*à la chasse*) to shoot. (*Bible*) **tu ne tueras point** thou shalt not kill; ~ **qn à coups de pierre/de couteau** to stone/knife sb to death; ~ **qn d'une balle** to shoot sb dead; **l'alcool tue** alcohol can kill *ou* is a killer; **la route tue** the highway is deadly *ou* is a killer; **cet enfant me tuera** this child will be the death of me; **la honte/le déshonneur la tuerait** the shame/dishonour would kill her; (*fig*) **il est à** ~! you (*ou* I) could kill him!; **il n'a jamais tué personne!** he wouldn't hurt a fly, he's quite harmless; **quelle odeur! ça tue les mouches à 15 pas!*** what a stink!* it would kill a man at 15 paces!; (*fig*) **un coup** *ou* **une gifle à** ~ **un bœuf** a blow to fell an ox; ~ **la poule aux œufs d'or/le veau gras** to kill the goose that lays the golden eggs/the fatted calf.

   (b) (*ruiner*) to kill; (*exténuer*) to exhaust, wear out. **la bureaucratie tue toute initiative** bureaucracy kills (off) all initiative; **les supermarchés n'ont pas tué le petit commerce** supermarkets have not killed off small traders; **ce rouge tue tout leur décor** this red kills (the effect of) their whole decor; **ces escaliers/ces querelles me tuent** these stairs/quarrels will be the death of me; ~ **qch dans l'œuf** to nip sth in the bud; ~ **le temps** to kill time.

   2 se tuer *vpr* (a) (*accident*) to be killed. **il s'est tué en montagne/en voiture** he was killed in a mountaineering/car accident.

   (b) (*suicide*) to kill o.s. **il s'est tué d'une balle dans la tête** he put a bullet through his head, he killed himself with a bullet through his *ou* the head.

   (c) (*fig*) **se** ~ **à la peine** to work o.s. to death; **se** ~ **de travail** to work o.s. to death, kill o.s. with work; **se** ~ **à répéter/à essayer de faire comprendre qch à qn** to wear o.s. out repeating sth to sb/trying to make sb understand sth.

tuerie [tyri] *nf* (*carnage*) slaughter, carnage.

tue-tête [tytɛt] *adv:* **crier/chanter à** ~ to shout/sing at the top of one's voice, shout/sing one's head off*.

tueur, -euse [tɥœr, øz] **1** *nm,f* (a)(*assassin*) killer. ~ (**à gages**) hired *ou* professional killer, contract killer, hitman*. (b) (*chasseur*) ~ **de lions-/d'éléphants** lion-/elephant-killer. **2** *nm* (*d'abattoir*) slaughterman, slaughterer.

tuf [tyf] *nm* (*Géol*) (*volcanique*) tuff; (*calcaire*) tufa.

tuile [tɥil] *nf* (a) (*lit*) tile. ~ **creuse** *ou* **romaine** *ou* **ronde** curved tile; ~ **faîtière** ridge tile; ~s **mécaniques** industrial *ou* interlocking tiles; **couvrir un toit de** ~ to tile a roof; ~s **de pierre/d'ardoise** stone/slate tiles; **nous préférons la** ~ **à l'ardoise** we prefer tiles to slate. (b) (*: *coup de malchance*) blow. **quelle** ~! what a blow! (c) (*Culin*) thin sweet biscuit.

tuilerie [tɥilri] *nf* (*fabrique*) tilery; (*four*) tilery, tile kiln.

tuilier, ière [tɥilje, jɛr] **1** *adj* tile (*épith*). **2** *nm,f* tile maker *ou* manufacturer.

tulipe [tylip] *nf* (*Bot*) tulip; (*ornement*) tulip-shaped glass (*ou* lamp etc).

tulipier [tylipje] *nm* tulip tree.

tulle [tyl] *nm* tulle. **robe de** ~ tulle dress; (*Méd*) ~ **gras** sofra-tulle.

tuméfaction [tymefaksjɔ̃] *nf* (*effet*) swelling *ou* puffing up, tumefaction (*T*); (*partie tuméfiée*) swelling.

tuméfier [tymefje] (7) **1** *vt* to cause to swell, tumefy (*T*). **visage/œil tuméfié** puffed-up *ou* swollen face/eye. **2 se tuméfier** *vpr* to swell *ou* puff up, tumefy (*T*).

tumescence [tymesɑ̃s] *nf* tumescence.

tumescent, e [tymesɑ̃, ɑ̃t] *adj* tumescent.

tumeur [tymœr] *nf* tumour (*de* of), growth (*de* in). ~ **bénigne/maligne** benign/malignant tumour; ~ **au cerveau** brain tumour.

tumoral, e, *mpl* **-aux** [tymɔral, o] *adj* tumorous, tumoral.

tumulte [tymylt(ə)] *nm* (a) (*bruit*) [*foule*] commotion; [*voix*] hubbub; [*acclamations*] thunder, tumult. **un** ~ **d'applaudissements** thunderous applause, a thunder of applause; (*littér*) **le** ~ **des flots/de l'orage** the tumult of the waves/of the storm.

   (b) (*agitation*) [*affaires*] hurly-burly; [*passions*] turmoil, tumult; [*rue, ville*] hustle and bustle (*de* in, of), commotion (*de* in).

tumultueusement [tymyltɥøzmɑ̃] *adv* (*V* tumultueux) stormily; turbulently; tumultuously.

tumultueux, -euse [tymyltɥø, øz] *adj séance* stormy, turbulent, tumultuous; *foule* turbulent, agitated; (*littér*) *flots, bouillonnement* turbulent; *vie, période* stormy, turbulent; *passion* tumultuous, turbulent.

tumulus [tymylys] *nm* burial mound, tumulus (*T*), barrow (*T*).

tuner [tynɛr] *nm* (*amplificateur*) tuner.

tungstène [tœ̃kstɛn] *nm* tungsten, wolfram.

tunique [tynik] *nf* (a) (*romaine, d'uniforme scolaire ou militaire*) tunic; (*de prêtre*) tunicle, tunic; (*de femme*) (*droite*) tunic; (*à forme ample*) smock; (*longue*) gown; (*d'écolière*) gym-slip.

   (b) (*Anat*) tunic, tunica; (*Bot*) tunic. ~ **de l'œil** tunica albuginea of the eye.

Tunis [tynis] *n* Tunis.

Tunisie [tynizi] *nf* Tunisia.

tunisien, -enne [tynizjẽ, ɛn] **1** *adj* Tunisian. **2** *nmf:* **T**~(**ne**) Tunisian.

tunnel [tynɛl] *nm* (a) (*lit, gén*) tunnel. ~ **routier** road tunnel; ~ **aérodynamique** wind tunnel; **le** ~ **sous la Manche** the Chunnel, the Channel Tunnel.

   (b) (*fig*) tunnel. **arriver au bout** *ou* **voir le bout du** ~ to come to the end of the tunnel.

tuque [tyk] *nf* (*Can*) woollen cap, tuque (*Can*).

turban [tyrbɑ̃] *nm* turban.

turbin‡ [tyrbẽ] *nm* (*emploi*) job. **aller au** ~ to go off to the daily grind*; **se remettre au** ~ to get back to the slog* *ou* the grind*; **après le** ~ after the day's grind*, after work.

turbine [tyʀbin] *nf* turbine. ~ **hydraulique** water *ou* hydraulic turbine; ~ **à réaction/à impulsion** reaction/impulse turbine; ~ **à vapeur/à gaz** steam/gas turbine.
turbiner‡ [tyʀbine] (1) *vi* to graft (away)‡, slog away‡, slave away. **faire** ~ **qn** to make sb work, keep sb at it* *ou* with his nose to the grindstone*.
turbocompresseur [tyʀbɔkɔ̃pʀesœʀ] *nm* turbo-compressor.
turbomoteur [tyʀbɔmɔtœʀ] *nm* turbine engine.
turbopompe [tyʀbɔpɔ̃p] *nf* turbopump, turbine-pump.
turbopropulseur [tyʀbɔpʀɔpylsœʀ] *n* turboprop.
turboréacteur [tyʀbɔʀeaktœʀ] *nm* turbojet (engine).
turbot [tyʀbo] *nm* turbot.
turbotrain [tyʀbotʀɛ̃] *nm* turbotrain.
turbulence [tyʀbylɑ̃s] *nf* (**a**) (*agitation*) excitement.
   (**b**) (*dissipation*) rowdiness, boisterousness, unruliness.
   (**c**) (*Sci: remous*) turbulence (*U*). (*Aviat*) **il y a des** ~**s** there is (air) turbulence.
turbulent, e [tyʀbylɑ̃, ɑ̃t] *adj* (**a**) *enfant, élève* rowdy, unruly, boisterous. (**b**) (*littér: tumultueux*) *passion* turbulent, stormy; (*Sci*) turbulent.
turc, turque [tyʀk(ə)] **1** *adj* Turkish. **à la turque** *accroupi, assis* cross-legged; *cabinets* seatless; (*Mus*) alla turca; *V* **bain, café, tête**.
   2 *nm* (**a**) (*personne*) **T**~ Turk; (*fig*) **les jeunes T**~**s d'un parti** the Young Turks of a party. (**b**) (*Ling*) Turkish.
   3 *nf*: **Turque** Turkish woman.
turf [tyʀf] *nm* (*terrain*) racecourse. (*activité*) **le** ~ racing, the turf.
turfiste [tyʀfist(ə)] *nmf* racegoer.
turgescence [tyʀʒesɑ̃s] *nf* turgescence.
turgescent, e [tyʀʒesɑ̃, ɑ̃t] *adj* turgescent.
turgide [tyʀʒid] *adj* (*littér*) swollen.
turlupiner* [tyʀlypine] (1) *vt* to bother, worry. **ce qui me turlupine** what bugs me* *ou* worries me.
turne [tyʀn(ə)] *nf* (**a**) († *péj: logement*) digs*. (**b**) (*Scol: chambre*) room.
turpitude [tyʀpityd] *nf* (**a**) (*caractère*) turpitude. (**b**) (*acte: gén pl*) base act.
turque [tyʀk] *V* **turc**.
Turquie [tyʀki] *nf* Turkey.
turquoise [tyʀkwaz] *nf, adj inv* turquoise.
tutélaire [tyteleʀ] *adj* (*littér: protecteur*) tutelary, protecting (*épith*); (*Jur: de la tutelle*) tutelary.
tutelle [tytɛl] *nf* (**a**) (*Jur*) [*mineur, aliéné*] guardianship. **avoir la** ~ **de qn, avoir qn en** ~ to have the guardianship of sb; **mettre qn en** ~ to put sb in the care of a guardian; **enfant en** ~ child under guardianship.
   (**b**) (*dépendance*) supervision; (*protection*) tutelage, protection. **sous (la)** ~ **américaine** under American supervision; **mettre sous** ~ to put under supervision; **sous** ~ **administrative/de l'État** under administrative/state supervision; **territoires sous** ~ trust territories; **être sous la** ~ **de qn** (*dépendant*) to be under sb's supervision; (*protégé*) to be in sb's tutelage; **prendre qn sous sa** ~ to take sb under one's wing.
tuteur, -trice [tytœʀ, tʀis] **1** *nm, f* (*Jur, fig littér: protecteur*) guardian. ~ **légal/testamentaire** legal/testamentary guardian; ~ **ad hoc** *specially appointed guardian*. **2** *nm* (*Agr*) stake, support, prop.
tuteurage [tytœʀaʒ] *nm* (*Agr*) staking.
tuteurer [tytœʀe] (1) *vt* (*Agr*) to stake (up).
tutoiement [tytwamɑ̃] *nm* use of (the familiar) 'tu' (*instead of 'vous'*).
tutorat [tytɔʀa] *nm* (*Scol*) pastoral care, guidance (teaching); (*Univ*) student counselling.
tutoyer [tytwaje] (8) *vt* (**a**) (*lit*) ~ **qn** to use (the familiar) 'tu' when speaking to sb, address sb as 'tu' (*instead of 'vous'*). (**b**) (*fig littér*) to be on familiar *ou* intimate terms with.
tutti quanti [tutikwɑ̃ti] *nmpl*: **et** ~ and all the rest (of them), and all that lot* *ou* crowd*.
tutu [tyty] *nm* tutu, ballet skirt.
tuyau, pl ~**x** [tɥijo] **1** *nm* (**a**) (*gén, rigide*) pipe, length of piping; (*flexible, en caoutchouc, vendu au mètre*) length of rubber tubing, rubber tubing (*U*); [*pipe*] stem. (*fig*) **il me l'a dit dans le** ~ **de l'oreille*** he whispered it to me, he tipped me off about it.
   (**b**) (*Habillement: pli*) flute.
   (**c**) (*) (*gén: conseil*) tip; (*renseignement*) gen* (*U*). **quelques** ~**x pour le bricoleur** a few tips for the do-it-yourself enthusiast; **il nous a donné des** ~**x sur leurs activités/projets** he gave us some gen* on their activities/plans.
   2: **tuyau d'alimentation** feeder pipe; **tuyau d'arrosage** hosepipe, garden hose; **tuyau de cheminée** chimney pipe *ou* flue; **tuyau de descente** (*pluvial*) downpipe, fall pipe; [*lavabo, W.-C.*] wastepipe; **tuyau d'échappement** exhaust (pipe); **tuyau d'orgue** (*Géol, Mus*) organ pipe; **tuyau de poêle** stovepipe; (*)† *fig*) (*chapeau en*) **tuyau de poêle** stovepipe hat; **tuyau de pompe** pump pipe.
tuyautage [tɥijotaʒ] *nm* (**a**) [*linge*] fluting, goffering. (**b**) (*: renseignement*) tipping off.
tuyauter [tɥijote] (1) *vt* (**a**) *linge* to flute, goffer. **un tuyauté** a fluted frill. (**b**) (*) ~ **qn** (*conseiller*) to give sb a tip; (*mettre au courant*) to give sb some gen*, put sb in the know*, give sb the tip-off*.
tuyauterie [tɥijotʀi] *nf* [*machines, canalisations*] piping (*U*); [*orgue*] pipes.
tuyauteur, -euse* [tɥijotœʀ, øz] *nm, f* (*qui renseigne*) informant.

tuyère [tyjɛʀ] *nf* [*turbine*] nozzle; [*four, haut fourneau*] tuyère, twyer. ~ **d'éjection** exhaust *ou* propulsion nozzle.
T.V. [teve] *abrév de* **télévision**.
T.V.A. [tevea] *nf* (*abrév de* **taxe sur la valeur ajoutée**) VAT.
tweed [twid] *nm* tweed.
twist [twist] *nm* (*danse*) twist.
tympan [tɛ̃pɑ̃] *nm* (**a**) (*Anat*) eardrum, tympanum (*T*). **bruit à vous déchirer** *ou* **crever les** ~**s** earsplitting noise; *V* **caisse**. (**b**) (*Archit*) tympan(um). (**c**) (*Tech: pignon*) pinion.
tympanique [tɛ̃panik] *adj* (*Anat*) tympanic.
tympanon [tɛ̃panɔ̃] *nm* (*Mus*) dulcimer.
type [tip] **1** *nm* (**a**) (*modèle*) type. **il y a plusieurs** ~**s de bicyclettes** there are several types of bicycle; **une pompe du** ~ **B5** a pump of type B5, a type B5 pump; **une pompe du** ~ **réglementaire** a regulation-type pump; **une voiture (de)** ~ **break** an estate-type (*Brit*) *ou* station-wagon-type (*US*) car; **des savanes (du)** ~ **jungle** jungle-type savannas; **certains** ~**s humains** certain human types; **avoir le** ~ **oriental/nordique** to be Oriental-/Nordic-looking, have Oriental/Nordic looks; **un beau** ~ **de femme/d'homme** a fine specimen of womanhood/manhood; **c'est le** ~ **d'homme à faire cela** he's the type *ou* sort of man who would do that; **ce** *ou* **il/elle n'est pas mon** ~* he/she is not my type *ou* sort.
   (**b**) (*personne, chose: représentant*) classic example. **c'est le** ~ (*parfait*) **de l'intellectuel/du vieux garçon** he's the epitome of *ou* he's the typical intellectual/old bachelor, he's a perfect *ou* classic example of the intellectual/old bachelor; **il s'était efforcé de créer un** ~ **de beauté** he had striven to create an ideal type of beauty; **c'est le** ~ **même de la machination politique** it's a classic example of political intrigue.
   (**c**) (*: individu*) guy*, chap*, bloke* (*Brit*); (†: *individu remarquable*) character; (*amant*) boyfriend. **quel sale** ~! what a rotter* *ou* swine‡ *ou* bastard‡ he is!; **c'est vraiment un** ~!† he's quite a character!
   (**d**) (*Typ*) (*pièce, ensemble des caractères*) type; (*empreinte*) typeface; (*Numismatique*) type.
   2 *adj inv* typical, classic; (*Statisique*) standard. **l'erreur/le politicien** ~ the typical *ou* classic mistake/politician; (*Statistique*) **l'écart** ~ the standard deviation; **l'exemple/la situation** ~ the typical *ou* classic example/situation; **un portrait** ~ **du Français** a picture of the classic *ou* typical Frenchman.
typer [tipe] (1) *vt* (**a**) (*caractériser*) *auteur/acteur qui type son personnage* author/actor who brings out the features of the character well; **un personnage bien typé** a character well rendered as a type; **il est japonais mais il n'est pas très typé** he's Japanese but he doesn't look very Japanese. (**b**) (*Tech*) stamp, mark.
typesse [tipɛs] *nf* (‡† *péj*) female* (*péj*).
typhique [tifik] *adj* (*du typhus*) typhous; (*de la typhoïde*) typhic. **bacille** ~ typhoid bacillus.
typhoïde [tifɔid] *adj* typhoid. **la (fièvre)** ~ typhoid (fever).
typhoïdique [tifɔidik] *adj* typhic.
typhon [tifɔ̃] *nm* typhoon.
typhus [tifys] *nm* typhus (fever).
typique [tipik] *adj* (*gén*) typical; (*Bio*) true to type. ~ **de ...** typical of ...; **sa réaction est** ~ his reaction is typical (of him) *ou* true to form *ou* type; **un cas** ~ **de ...** a typical case of ... .
typiquement [tipikmɑ̃] *adv* typically.
typo* [tipo] *nm* (*abrév de* **typographe**) typo*.
typographe [tipɔgʀaf] *nmf* (*gén*) typographer; (*compositeur à la main*) hand compositor.
typographie [tipɔgʀafi] *nf* (**a**) (*procédé d'impression*) letterpress (printing); (*opérations de composition, art*) typography. (**b**) (*aspect*) typography.
typographique [tipɔgʀafik] *adj* *procédé, impression* letterpress (*épith*); *opérations, art* typographic(al). **erreur** *ou* **faute** ~ **typographic(al)** *ou* **printer's error**, misprint; **argot** ~ typographers' jargon; **cet ouvrage est une réussite** ~ this work is a success typographically *ou* as regards typography.
typographiquement [tipɔgʀafikmɑ̃] *adv* **imprimer** by letterpress. **livre** ~ **réussi** book that is a success typographically *ou* successful as regards typography.
typolithographie [tipɔlitɔgʀafi] *nf* typolithography.
typologie [tipɔlɔʒi] *nf* typology.
typologique [tipɔlɔʒik] *adj* typological.
Tyr [tiʀ] *n* Tyre.
tyran [tiʀɑ̃] *nm* (*lit, fig*) tyrant.
tyranneau, pl ~**x** [tiʀano] *nm* (*hum, péj*) petty tyrant.
tyrannie [tiʀani] *nf* (*lit, fig*) tyranny. **la** ~ **de la mode/d'un mari** the tyranny of fashion/of a husband; **exercer sa** ~ **sur qn** to tyrannize sb, wield one's tyrannical powers over sb.
tyrannique [tiʀanik] *adj* tyrannical, tyrannous.
tyranniquement [tiʀanikmɑ̃] *adv* tyrannically.
tyranniser [tiʀanize] (1) *vt* (*lit, fig*) to tyrannize.
tyrannosaure [tiʀanozɔʀ] *nm* tyrannosaur, tyrannosaurus.
Tyrol [tiʀɔl] *nm*: **le** ~ the Tyrol.
tyrolien, -ienne [tiʀɔljɛ̃, jɛn] **1** *adj* Tyrolean; *V* **chapeau**. **2** *nm, f*: **T**~**(ne)** Tyrolean. **3** **tyrolienne** *nf* (*chant*) yodel, Tyrolienne.
tzar [dzaʀ] *nm*, **tzarévitch** [dzaʀevitʃ] *nm*, **tzarine** [dzaʀin] *nf* = **tsar, tsarévitch, tsarine**.
tzigane [dzigan] = **tsigane**.

u

U, u [y] *nm* (*lettre*) U, u. **poutre en U** U(-shaped) beam; **vallée en U** U-shaped valley.

UAL [yɑɛl] *nf* (*abrév de* unité arithmétique et logique) ALU.

ubac [ybak] *nm* (*Géog*) north(-facing) side, ubac (*T*).

ubiquité [ybikɥite] *nf* ubiquity. **avoir le don d'~** to be ubiquitous, be everywhere at once (*hum*).

ubuesque [ybyɛsk(ə)] *adj* (*grotesque*) grotesque; (*Littérat*) Ubuesque.

UDF [ydeɛf] *nf abrév de* **Union pour la démocratie française.**

UE [yə] *nf abrév de* unité d'enseignement; *V* **unité.**

UEFA [yefa] *nf abrév de* **Union of European Football Association. la coupe de l'~** the UEFA cup.

UER† [yœɛʀ] *nf abrév de* Unité d'études et de recherches; *V* **unité.**

UFR [yefɛʀ] *nf abrév de* Unité de formation et de recherches; *V* **unité.**

UHF [yaʃɛf] (*abrév de* ultra-high frequency) UHF.

uhlan [ylɑ̃] *nm* uhlan.

UHT [yaʃte] *nf* (*abrév de* **ultra-haute température**) UHT.

ukase [ykɑz] *nm* (*Hist, fig*) ukase.

Ukraine [ykʀɛn] *nf* Ukraine.

ukrainien, -ienne [ykʀɛnjɛ̃, jɛn] **1** *adj* Ukrainian. **2** *nm* (*Ling*) Ukrainian. **3** *nm,f*: **U~(ne)** Ukrainian.

ulcération [ylseʀasjɔ̃] *nf* ulceration.

ulcère [ylsɛʀ] *nm* ulcer. **~ à l'estomac** stomach ulcer.

ulcérer [ylseʀe] (6) *vt* **(a)** (*révolter*) to sicken, appal. **être ulcéré (par l'attitude de qn)** to be sickened *ou* appalled (by sb's attitude). **(b)** (*Méd*) to ulcerate. **blessure qui s'ulcère** wound that ulcerates *ou* festers; **plaie ulcérée** festering *ou* ulcerated wound.

ulcéreux, -euse [ylseʀø, øz] *adj* ulcerated, ulcerous.

ULM [yɛlɛm] *nm abrév de* ultra léger motorisé; *V* **ultra.**

ulmaire [ylmɛʀ] *nf* (*plante*) meadowsweet.

Ulster [ylstɛʀ] *nm* Ulster.

ultérieur, e [ylteʀjœʀ] *adj* later, subsequent, ulterior. **à une date ~e** at a later date; (*Comm*) **commandes ~es** further orders.

ultérieurement [ylteʀjœʀmɑ̃] *adv* later, subsequently.

ultimatum [yltimatɔm] *nm* ultimatum. **envoyer** *ou* **adresser un ~ à qn** to present sb with an ultimatum.

ultime [yltim] *adj* ultimate, final.

ultra [yltʀa] **1** *nm* (*réactionnaire*) extreme reactionary; (*extrémiste*) extremist. (*Hist*) **U~(-royaliste)** ultra(-royalist); *V* **nec.** **2** *préf*: **~-chic/-rapide/-long** ultra-fashionable/-fast/-long; **crème ~-pénétrante** deep-cleansing cream; **~-court** (*gén*) ultra-short; (*Rad*) **ondes ~-courtes** ultra-high frequency; (*Aviat*) **~ léger motorisé** *nm* ultra-light; **~-sensible** *surface, balance* ultra-sensitive; *peau* highly sensitive; **film** *ou* **pellicule ~-sensible** high-speed film.

ultra-confidentiel, -ielle [yltʀakɔ̃fidɑ̃sjɛl] *adj* (*gén*) top secret; (*sur un dossier*) top secret; *V* **secret.**

ultramicroscope [yltʀamikʀɔskɔp] *nm* ultramicroscope.

ultramicroscopique [yltʀamikʀɔskɔpik] *adj* ultramicroscopic.

ultramoderne [yltʀamɔdɛʀn(ə)] *adj* (*gén*) ultramodern; *équipement* high tech, state-of-the-art (*épith*).

ultramontain, e [yltʀamɔ̃tɛ̃, ɛn] *adj* (*Hist*) ultramontane.

ultra(-)son [yltʀasɔ̃] *nm* ultrasonic sound. **les ~s** ultra-sonic sound, ultrasonics.

ultra(-)sonique [yltʀasɔnik] *adj* ultrasonic.

ultra(-)violet [yltʀavjɔlɛ] **1** *adj* ultraviolet. **2** *nm* ultraviolet ray.

ultravirus [yltʀaviʀys] *nm* ultravirus.

ululement [ylylmɑ̃] *nm* = **hululement.**

ululer [ylyle] (1) *vi* = **hululer.**

Ulysse [ylis] *nm* Ulysses.

un, une [œ̃, yn] **1** *art indéf* **(a)** a, an (*devant voyelle*); (*un, une quelconque*) some. **ne venez pas ~ dimanche** don't come on a Sunday; **le témoignage d'~ enfant n'est pas valable** a child's evidence *ou* the evidence of a child is not valid; **c'est l'œuvre d'~ poète** it's the work of a poet; **retrouvons-nous dans ~ café** let's meet in a café *ou* in some café (or other); **~ jour/soir il partit un jour/evening he went away; **une fois, il est venu avec ~ ami et ... once he came with a friend ... ; **passez ~ soir** drop in one *ou* some evening; **~ jour sur deux** every other day; **une semaine sur trois** one week in every three, every third week, one week out of three; **~ jour, tu comprendras** one day *ou* some day you'll understand; *V* **fois, pas'** *etc.*

(b) (*avec noms abstraits*) **avec une grande sagesse/violence** with great wisdom/violence, very wisely/violently; **des hommes d'~ courage sans égal** men of unparalleled courage; *V* **certain, rien.**

(c) (*avec nom propre*) a, an. **ce n'est pas ~ Picasso** (*hum: personne*) he's no Picasso, he's not exactly (a) Picasso; (*tableau*) it's not a Picasso; **~ certain M X** a (certain) Mr X, one Mr X; **on a élu ~ (nommé)** *ou* **~ (certain) Dupont** a certain Dupont has been appointed, they've appointed a man called Dupont; **Monsieur Un tel** Mr so-and-so; **Madame Une telle** Mrs so-and-so; **c'est encore ~ Kennedy qui fait parler de lui** that's yet another Kennedy in the news; **il a le talent d'~ Hugo** he has the talent of a Hugo; **cet enfant sera ~ Paganini** this child will be another Paganini.

(d) (*intensif*) **elle a fait une scène!** *ou* **une de ces scènes!** she made a dreadful scene! *ou* such a scene!, what a scene she made!; **j'ai une faim/une soif!** *ou* **une de ces faims/une de ces soifs!** I'm so hungry/thirsty, I'm starving/terribly thirsty; **il est d'~ sale!** *ou* **d'une saleté!** he's so dirty!, he's filthy!; *V* **besoin, comble, monde.**

2 *pron* **(a)** one. **prêtez-moi ~ de vos livres** lend me one of your books; **prêtez-m'en ~** lend me one (of them); **il est ~ des rares qui m'ont écrit** he's one of the few (people) who wrote to me; **j'en connais ~ qui sera content!** I know someone *ou* somebody *ou* one person who'll be pleased!; **il est ~ de ces enfants qui s'ennuient partout** he's the kind of child *ou* one of those children who gets bored wherever he goes; **j'en ai vu ~ très joli de chapeau*** I've seen a very nice hat; **~ à qui je voudrais parler c'est Jean** there's someone *ou* one person I'd like to speak to and that is John, someone *ou* one person I'd like to speak to is John.

(b) (*avec art déf*) **l'~** one; **les ~s** some; **l'une des meilleures chanteuses** one of the best singers; **l'~ ... l'autre** (the) one ... the other; **les ~s disent ... les autres ...** some say ... others ... ; **prenez l'~ ou l'autre** take one or the other; **l'une et l'autre solution sont acceptables** either solution is acceptable, both solutions are acceptable; **elles étaient assises en face l'une de l'autre** they were sitting opposite one another *ou* each other; **ils se regardaient l'~ l'autre** they looked at one another *ou* at each other; **malgré ce que peuvent dire les ~s et les autres** despite what some *ou* other people may say; (*Rel*) **aimez-vous les ~s les autres** love one another; (*à tout prendre*) **l'~ dans l'autre** on balance, by and large; **l'~ dans l'autre, cela fera dans les 2.000 F** (what) with one thing and another it will work out at some 2,000 francs; (*loc*) **à la une, à la deux, à la trois** with a one and a two and a three.

3 *adj* **(a)** (*cardinal*) one. **vingt-et-~** twenty-one; **il n'en reste qu'~** there's only one left; **nous sommes six contre ~** we are six against one; **~ seul** one only, only one; **pas ~ (seul)** not one; (*emphatique*) **not a single one; **il n'y en a pas eu ~ pour m'aider** not a soul *ou* nobody lifted a finger to help me; **je suis resté une heure/~ jour** I stayed one hour/one day; **~ à ~, ~ par ~** one by one, one after another; (*l'*) **des trois a dû mentir** one of the three must have been lying; **sans ~ (sou)*** penniless, broke*; **le cavalier ne faisait qu'~ avec son cheval** horse and rider were as one; **les deux frères ne font qu'~** the two brothers are like one person; **pour moi c'est tout ~** as far as I'm concerned it amounts to the same thing *ou* it's all the same; (*Prov*) **une de perdue, dix de retrouvées** win a few — lose a few, there are plenty more fish in the sea; *V* **fois, moins.**

(b) (*chiffre*) one. **~ et ~ font deux** one and one are two; **compter de ~ à 100** to count from one to a 100; **j'ai tiré le (numéro) ~** I picked (number) one; **et d'~** (*de fait*) that's one done *ou* finished *ou* out of the way; (*d'abord*) **et d'une!*** for a start!; **personne ne t'a forcé de venir, et d'une!** no one forced you to come — that's the first thing!, for a start no one forced you to come!; **il n'a fait ni une ni deux, il a accepté** he accepted without a second's hesitation *ou* like a shot; **il n'a fait ni une ni deux et il est parti** he left there and then *ou* without further ado.

(c) (*ordinal*) page/chapitre **~** page/chapter one; (*Presse*) **la une** the front page, page one; (*TV*) **la une** channel one; (*Presse*) **sur cinq colonnes à la une** in banner headlines on the front page; **il est une heure** it's one o'clock.

(d) (*formant un tout*) **le Dieu ~ et indivisible** the one and indivisible God.

unanime [ynanim] *adj témoins, sentiment, vote* unanimous. **~s à penser que** unanimous in thinking that.

unanimement [ynanimmɑ̃] *adv* unanimously, with one accord.

unanimité [ynanimite] *nf* unanimity. **vote acquis à l'~** unanimous vote; **ils ont voté à l'~ pour** they voted unanimously for; **élu/voté à l'~** elected/voted unanimously; **il y a ~ pour dire que** the unanimous opinion is that, everyone agrees that; **élu à l'~ moins une voix** elected with only one vote against *ou* with only one dissenting vote; **cette décision a fait l'~** this decision was approved unanimously.

U.N.E.F. [ynɛf] *nf abrév de* **Union nationale des étudiants de France** (*French national students' union*).

U.N.E.S.C.O. [ynɛsko] *nf* (*abrév de* United Nations Educational, Scientific and Cultural Organization) UNESCO.

uni, e [yni] (*ptp de* unir) *adj* **(a)** (*sans ornements*) *tissu, jupe* plain, self-coloured (*Brit*); *couleur* plain. **tissu de couleur ~e** self-coloured (*Brit*) ou plain fabric; **l'imprimé et l'~** printed and plain *ou* self-coloured (*Brit*) fabrics *ou* material.

(b) (*soudé*) *couple, amis* close; *famille* close(-knit). **ils sont ~s comme les deux doigts de la main, ils sont très ~s** they are very close; **présenter un front ~ contre l'adversaire** to present a united front to the enemy.

(c) (*uniforme, lisse*) *surface* smooth, even; *mer* calm, unruffled. **l'~ une vie ~e et sans nuages** a serene untroubled life.

U.N.I.C.E.F. [ynisɛf] *nf ou m* (*abrév de* United Nations Children's Fund) UNICEF.

unicellulaire [yniselylɛʀ] *adj* unicellular.

unicité [ynisite] *nf* uniqueness, unicity (*T*).

unicolore [ynikɔlɔʀ] *adj* self-coloured (*Brit*), plain.

unidirectionnel, -elle [ynidiʀɛksjɔnɛl] *adj* unidirectional.

unième [ynjɛm] *adj*: **vingt/trente et** ~ twenty-/thirty-first.

unièmement [ynjɛmmɑ̃] *adv*: **vingt/trente et** ~ in the twenty-/thirty-first place.

unificateur, -trice [ynifikatœʀ, tʀis] *adj* unifying.

unification [ynifikɑsjɔ̃] *nf* (*V* unifier) unification; standardization.

unifier [ynifje] (7) *vt pays, systèmes* to unify; *parti* to unify, unite; (*Comm*) *tarifs etc* to standardize, unify. **des pays qui s'unifient lentement** countries that slowly become unified.

uniforme [ynifɔʀm(ə)] **1** *adj* (*gén*) uniform; *vitesse, mouvement* regular, uniform, steady; *terrain, surface* even; *style* uniform, unvarying; *vie, conduite* unchanging, uniform.
2 *nm* (*lit, fig*) (*vêtement*) uniform. **en** (**grand**) ~ in (dress) uniform, in full regalia; **endosser/quitter l'**~ to join/leave the forces; **il y avait beaucoup d'**~**s à ce dîner** there were a great many officers at the dinner; ~ **scolaire** school uniform.

uniformément [ynifɔʀmemɑ̃] *adv* (*V* uniforme) uniformly; regularly; steadily; evenly; unvaryingly; unchangingly. **le temps s'écoule** ~ time passes at a steady *ou* an unchanging pace *ou* rate, time goes steadily by; (*Phys*) **vitesse** ~ **accélérée** uniform (rate of) change of speed.

uniformisation [ynifɔʀmizɑsjɔ̃] *nf* standardization.

uniformiser [ynifɔʀmize] (1) *vt paysage, mœurs, tarifs* to standardize; *teinte* to make uniform.

uniformité [ynifɔʀmite] *nf* (*V* uniforme) uniformity; regularity; steadiness; evenness.

unijambiste [yniʒɑ̃bist(ə)] **1** *adj* one-legged. **2** *nmf* one-legged man (*ou* woman).

unilatéral, e, *mpl* **-aux** [ynilateʀal, o] *adj* (*gén, Bot, Jur*) unilateral; *V* **stationnement**.

unilatéralement [ynilateʀalmɑ̃] *adv* unilaterally.

unilingue [ynilɛ̃g] *adj* unilingual.

uniment [ynimɑ̃] *adv* (*littér: uniformément*) smoothly. (†: *simplement*) (**tout**) ~ (quite) plainly.

uninominal, e, *mpl* **-aux** [yninɔminal, o] *adj vote* for a single member (*attrib*).

union [ynjɔ̃] **1** *nf* (**a**) (*alliance*) *[états, partis, fortunes]* union. **en** ~ **avec** in union with; (*fig*) **ils ont fait l'**~ **sacrée** they presented a united front; (*Prov*) **l'**~ **fait la force** strength through unity.
(**b**) (*mariage*) union.
(**c**) (*juxtaposition*) *[éléments, couleurs]* combination, blending; *V* **trait**.
(**d**) (*groupe*) association, union. **l'Union sportive de Strasbourg** *etc* Strasbourg *etc* sports club.
2: **union charnelle** union of the flesh; **union conjugale** marital union; **union de consommateurs** consumers' association; **union douanière** customs union; **l'union libre** free love; (*Zool*) **union monogame** pair-bonding; (*Rel*) **union mystique** mystic union; **Union des Républiques Socialistes Soviétiques** Union of Soviet Socialist Republics; **l'Union Soviétique** the Soviet Union.

unionisme [ynjɔnism(ə)] *nm* (*gén*) unionism; (*Hist*) Unionism.

unioniste [ynjɔnist(ə)] *adj, nmf* (*gén*) unionist; (*Hist*) Unionist.

unipare [ynipaʀ] *adj* uniparous.

unipersonnel, -elle [ynipɛʀsɔnɛl] **1** *adj* impersonal. **2** *nm* (*verbe*) impersonal verb.

unipolaire [ynipɔlɛʀ] *adj* unipolar.

Uniprix [ynipʀi] *nm* ® department store (*for inexpensive goods*), ≃ Woolworth's ® (*Brit*), five and ten (*US*).

unique [ynik] *adj* (**a**) (*seul*) only. **mon** ~ **souci/espoir** my only *ou* sole (*frm*) *ou* one concern/hope; **fils/fille** ~ only son/daughter; (*Pol*) **système à parti** ~ one-party system; (*Rail*) **voie** ~ single track; **route à voie** ~ single-lane road; **tiré par un cheval** ~ drawn by only one *ou* by a single horse; ~ **en France/en Europe** unique *ou* the only one of its kind in France/in Europe; **deux aspects d'un même et** ~ **problème** two aspects of one and the same problem; **rayon à prix** ~ department where all items are at one price; (*dans un cinéma*) **'places: prix** ~ **30 F'** 'all seats 30 francs'; *V* **salaire, seul**.
(**b**) (*après n: exceptionnel*) *livre, talent* unique. ~ **en son genre** unique of its kind; **un paysage** ~ **au monde** an absolutely unique landscape.
(**c**) (**: impayable*) priceless*. **il est** ~ **ce gars-là!** that fellow's priceless!*

uniquement [ynikmɑ̃] *adv* (**a**) (*exclusivement*) only, solely, exclusively. **ne fais-tu que du classement? — pas** ~ are you only doing the sorting out? — not only *ou* not just that; **il était venu** ~ **pour me voir** he had come solely to see me, he had come for the sole purpose of seeing me; **il pense** ~ **à l'argent** he thinks only of money; **si** ~ **dévoué à son maître** so exclusively devoted to his master.
(**b**) (*simplement*) only, merely, just. **c'était** ~ **par curiosité** it was only *ou* just *ou* merely out of curiosity.

unir [yniʀ] (2) *vt* (**a**) (*associer*) *états, partis, fortunes* to unite (**à** with). ~ **ses forces** to combine one's forces; **ces noms unis dans notre mémoire** these names linked in our memory; **le sentiment commun qui les unit** the common feeling which binds them together *ou* unites them.
(**b**) (*marier*) to unite, join together. ~ **en mariage** to unite *ou* join in marriage; **ils ont voulu** ~ **leurs deux destinées** they wanted to unite their destinies through marriage.
(**c**) (*juxtaposer, combiner*) *couleurs, qualités* to combine (**à** with). **il unit l'intelligence au courage** he combines intelligence with courage.
(**d**) (*relier*) *continents, villes* to link, join up.

2 s'unir *vpr* (**a**) (*s'associer*) *[pays, partis, fortunes]* to unite (**à, avec** with). **s'**~ **contre un ennemi commun** to unite against a common enemy.
(**b**) (*se marier*) to be joined (together) in marriage. **des jeunes gens qui vont s'**~ a young couple who are going to be joined (together) in marriage.
(**c**) (*s'accoupler*) **s'**~ **dans une étreinte fougueuse** to come together in a passionate embrace.
(**d**) (*se combiner*) *[mots, formes, couleurs, qualités]* to combine (**à, avec** with).

unisexe [ynisɛks] *adj inv* unisex.

unisexualité [ynisɛksɥalite] *nf* unisexuality.

unisexué, e [ynisɛksɥe] *adj* (*Bio, Bot*) unisexual.

unisson [ynisɔ̃] *nm* (*Mus*) unison. **à l'**~ *chanter* in unison; (*fig*) *penser* with one mind, identically.

unitaire [ynitɛʀ] **1** *adj* (*Comm, Math, Phys*) unitary, unit (*épith*); (*Pol*) unitarian; (*Rel*) Unitarian. **prix** ~ unit price. **2** *nmf* (*Rel*) Unitarian.

unitarien, -ienne [ynitaʀjɛ̃, jɛn] *adj, nm, f* (*Pol*) unitarian; (*Rel*) Unitarian.

unitarisme [ynitaʀism(ə)] *nm* (*Pol*) unitarianism; (*Rel*) Unitarianism.

unité [ynite] *nf* (**a**) (*cohésion*) unity. ~ **de vues** unity *ou* unanimity of views; **l'**~ **d'action des syndicats** the united action of the unions; (*Littérat*) **les trois** ~**s** the three unities; **roman qui manque d'**~ novel lacking in unity *ou* cohesion.
(**b**) (*gén, Comm, Math: élément*) unit. ~ **de mesure/de poids** unit of measure/of weight; ~ **administrative** administrative unit; ~ **monétaire** monetary unit; ~ **de production/de fabrication** production/manufacturing unit; ~ **lexicale** lexical item; **la colonne des** ~**s** the units column; **antibiotique à 100.000** ~**s** antibiotic with 100,000 units; **prix de vente à l'**~ unit selling price, selling price per item; **nous ne les vendons pas à l'**~ we don't sell them singly *ou* individually.
(**c**) (*troupe*) unit; (*bateau*) ship. (*Mil*) **rejoindre son** ~ to rejoin one's unit; ~ **mobile de police** police mobile unit; ~ **de réanimation** resuscitation unit.
(**d**) (*Univ*) ~ **de formation et de recherches,** ~ **d'études et de recherches†** university department; ~ **d'enseignement,** ~ **de valeur†** ≃ credit, course.
(**e**) (*Ordin*) ~ **arithmétique et logique** arithmetic logic unit; ~ **centrale** mainframe, central processing unit; ~ **de commande** control unit; ~ **de (lecteur de) disquettes** disk drive unit; ~ **périphérique de sortie** output device.
(**f**) (**: 10.000 F*) ten thousand francs.

univers [ynivɛʀ] *nm* (*gén*) universe; (*milieu, domaine*) world, universe. **son** ~ **se borne à son travail** his work is his whole universe *ou* world; (*Ling*) **l'**~ **du discours** the universe of discourse; **l'**~ **mathématique** the field of mathematics; **s'exhiber aux yeux de (tout) l'**~ to show o.s. to the whole wide world; **clamer qch à la face de l'**~ to shout sth from the rooftops *ou* for all the world to hear.

universal, *pl* ~**aux** [ynivɛʀsal, o] *nm*: ~ (**du langage**) (language) universal; (*Philos*) **les** ~**aux** the universals.

universalisation [ynivɛʀsalizasjɔ̃] *nf* universalization.

universaliser [ynivɛʀsalize] (1) *vt* to universalize.

universalisme [ynivɛʀsalism(ə)] *nm* (*Rel*) Universalism; (*Philos*) universalism.

universaliste [ynivɛʀsalist(ə)] *adj, nmf* (*Rel*) Universalist; (*Philos*) universalist.

universalité [ynivɛʀsalite] *nf* universality.

universel, -elle [ynivɛʀsɛl] *adj* (**a**) (*gén*) universal. **esprit** ~ polymath; **c'est un homme** ~ he is a polymath *ou* a man of vast *ou* universal knowledge; **un produit de réputation** ~**le** a world-famous product, a product which is universally renowned; **il a une réputation** ~**le d'honnêteté** he is well-known for his honesty, his honesty is universally recognized; *V* **légataire, suffrage**.
(**b**) (*aux applications multiples*) *outil, appareil* universal, all-purpose (*épith*). **remède** ~ universal remedy; *V* **pince**.

universellement [ynivɛʀsɛlmɑ̃] *adv* universally.

universitaire [ynivɛʀsitɛʀ] **1** *adj vie étudiante, restaurant* university (*épith*); *études, milieux, carrière, diplôme* university (*épith*); academic; *V* **année, centre, cité**.
2 *nmf* academic. **une famille d'**~**s** a family of academics.

université [ynivɛʀsite] *nf* university. **l'U**~ **s'oppose à ...** the Universities are against ...; ~ **du troisième âge** university of the third age, post-retirement *ou* senior citizens' university; ~ **d'été** summer school.

univocité [ynivɔsite] *nf* (*Math, Philos*) univocity.

univoque [ynivɔk] *adj mot* univocal; *relation* one-to-one.

Untel [œ̃tɛl] *n*: **Monsieur/Madame** ~ Mr/Mrs so-and-so; **les** ~ the so-and-sos.

uppercut [ypɛʀkyt] *nm* uppercut.

uranifère [yʀanifɛʀ] *adj* uranium-bearing.

uranium [yʀanjɔm] *nm* uranium. ~ **enrichi** enriched uranium.

uranoscope [yʀanɔskɔp] *nm* stargazer.

Uranus [yʀanys] **1** *nm* (*Myth*) Uranus. **2** *nf* (*Astron*) Uranus.

urbain, e [yʀbɛ̃, ɛn] *adj* (**a**) (*de la ville*) (*gén*) urban; *transports* city (*épith*), urban. (**b**) (*littér: poli*) urbane.

urbanisation [yʀbanizasjɔ̃] *nf* urbanization.

urbaniser [yʀbanize] (1) *vt* to urbanize. **la campagne environnante s'urbanise rapidement** the surrounding countryside is quickly becoming urbanized *ou* is being quickly built up; *V* **zone**.

urbanisme [yʀbanism(ə)] *nm* town planning.

urbaniste [yʀbanist(ə)] **1** *nmf* town planner. **2** *adj* = **urbanistique**.

urbanistique [yʀbanistik] *adj* *réglementation, impératifs* town-planning (*épith*), urbanistic. **nouvelles conceptions** ~s new concepts in town planning.
urbanité [yʀbanite] *nf* urbanity.
urée [yʀe] *nf* urea.
urémie [yʀemi] *nf* uraemia.
urémique [yʀemik] *adj* uraemic.
uretère [yʀtɛʀ] *nm* ureter.
urètre [yʀɛtʀ(ə)] *nm* urethra.
urgence [yʀʒɑ̃s] *nf* **(a)** *[décision, départ, situation]* urgency. **il y a** ~ it's urgent, it's a matter of (great) urgency; **y a-t-il** ~ **à ce que nous fassions ...?** is it urgent for us to do ...?; **d'**~ *mesures, situation* emergency (*épith*); **faire qch d'**~/**de toute** *ou* **d'extrême** ~ to do sth as a matter of urgency/with the utmost urgency; **transporté d'**~ **à l'hôpital** rushed to hospital (*Brit*), rushed to the hospital (*US*); **à envoyer d'**~ to be sent immediately, for immediate dispatch; **convoquer d'**~ **les actionnaires** to call an emergency meeting of the shareholders; *V* **cas, état.**
(b *(cas urgent)* emergency. **service/salle des** ~s emergency section/ward.
urgent, e [yʀʒɑ̃, ɑ̃t] *adj* *(pressant)* urgent. **rien d'**~ nothing urgent; **l'**~ **est** de the most urgent thing is to; **il est** ~ **de réparer le toit** the roof needs urgent repair; **c'est plus qu'**~ it's desperately urgent.
urger* [yʀʒe] (3) *vi*: **ça urge!** it's urgent!
urinaire [yʀinɛʀ] *adj* urinary.
urinal, pl -aux [yʀinal, o] *nm* (bed) urinal.
urine [yʀin] *nf* urine (*U*). **sucre dans les** ~s sugar in the urine.
uriner [yʀine] (1) *vi* to urinate, pass *ou* make water (*T*).
urinoir [yʀinwaʀ] *n* (public) urinal.
urique [yʀik] *adj* uric.
urne [yʀn] *nf* **(a)** *(Pol)* ~ *(electorale)* ballot box; **aller aux** ~s to vote, go to the polls. **(b)** *(vase)* urn. ~ **funéraire** funeral urn.
urogénital, e, mpl -aux [yʀoʒenital, o] *adj* urogenital.
urographie [yʀogʀafi] *nf* intravenous pyelogram.
urologie [yʀolɔʒi] *nf* urology.
urologue [yʀolɔg] *nmf* urologist.
U.R.S.S. [yʀs] *nf* (*abrév de* **Union des Républiques Socialistes Soviétiques**) USSR.
U.R.S.S.A.F. [yʀsaf] *nf* *abrév de* **Union pour le recouvrement des cotisations de la sécurité sociale et des allocations familiales.**
ursuline [yʀsylin] *nf* Ursuline.
urticaire [yʀtikɛʀ] *nf* nettle rash, hives, urticaria (*T*).
urubu [yʀyby] *nm* buzzard.
Uruguay [yʀygwɛ] *nm* Uruguay.
uruguayen, -enne [yʀygwajɛ̃, ɛn] **1** *adj* Uruguayan. **2** *nm,f:* **U**~**(ne)** Uruguayan.
U.S. ... *nf abrév de* **Union sportive de ...** ; *V* **union.**
us [ys] *nmpl* (††) customs. ~ **et coutumes** (habits and) customs.
usage [yzaʒ] *nm* **(a)** *(utilisation)* *[appareil, méthode]* use. **apprendre l'**~ **de la boussole** to learn how to use a compass; **il fait un** ~ **immodéré d'eau de toilette** he uses (far) too much *ou* an excessive amount of toilet water; **abîmé par l'**~ damaged through constant use; **elle nous laisse l'**~ **de son jardin** she lets us use her garden, she gives us *ou* allows us the use of her garden; *V* **garanti.**
(b) *(exercice, pratique)* *[membre, langue]* use, *[faculté]* use, power. **perdre l'**~ **de ses yeux/membres** to lose the use of one's eyes/limbs; **perdre l'**~ **de la parole** to lose the power of speech; (*littér*) **il n'a pas l'**~ **du monde** he lacks savoir-faire *ou* the social graces.
(c) *(fonction, application)* *[instrument]* use. **outil à** ~s **multiples** multi-purpose tool; (*Méd*) **à** ~ **externe/interne** for external/internal use; **servir à divers** ~s to have several uses, serve several purposes; **moquette/pile à** ~ **intensif** heavy-duty carpeting/battery; *V* **valeur.**
(d) *(coutume habitude)* custom. **un** ~ **qui se perd** a vanishing custom, a custom which is dying out; **c'est l'**~ it's the custom, it's what's done, it's the way things are done; **ce n'est pas l'**~ **(de)** it's not done (to), it's not the custom (to); **entrer dans l'**~ **(courant)** *[objet, mot]* to come into common *ou* current use; *[mœurs]* to become common practice; **contraire aux** ~s contrary to common practice *ou* to custom; **il n'est pas dans les** ~s **de la compagnie de faire cela** the company is not in the habit of doing that, it is not the usual policy of the company to do that *ou* customary for the company to do that; **il était d'**~ *ou* **c'était un** ~ **de** it was customary *ou* a custom *ou* usual to; **formule d'**~ set formula; **après les compliments/recommandations d'**~ after the usual *ou* customary compliments/recommendations.
(e)(*Ling*) **l'**~ usage; **expression consacrée par l'**~ expression fixed by usage; **l'**~ **écrit/oral** written/spoken usage; **l'**~ **décide** (common) usage decides; *V* **aussi bon¹.**
(f) (*littér: politesse*) **avoir de l'**~ to have breeding; **manquer d'**~ to lack breeding, be lacking in the social graces.
(g) (*loc*) **faire** ~ **de** *pouvoir, droit* to exercise; *permission, avantage* to make use of; *violence, force, procédé* to use, employ; *expression* to use; *objet, thème* to make use of; **faire (un) bon/mauvais** ~ **de qch** to put sth to good/bad use, make good/bad use of sth; **avoir l'**~ **de qch** *(droit d'utiliser)* to have the use of sth; *(occasion d'utiliser)* **en aurez-vous l'**~**?** will you have any use for it?; **ces souliers ont fait de l'**~ these shoes have lasted a long time, I've (*ou* we've *etc*) had good use out of these shoes; **vous verrez à l'**~ **comme c'est utile** you'll see when you use it how useful it is; **ça s'assouplira à l'**~ it will soften with use; **son français s'améliorera à l'**~ his French will improve with practice; **à l'**~ **de** for use of, for; **à son** ~ **personnel, pour son propre** ~ for his personal use; **notice à l'**~ **de** notice for (the attention of); **à l'**~ **des écoles** *émission* for schools; *manuel* for use in schools; **en** ~ *dispositif, mot* in use; *V* **hors.**

usagé, e [yzaʒe] *adj* *(qui a beaucoup servi)* *pneu, habits* worn, old; *(d'occasion)* used, secondhand. **quelques ustensiles** ~s some old utensils.
usager, -ère [yzaʒe, ɛʀ] *nm,f* user. ~ **de la route** road user; ~ **de la drogue** drug user; **les** ~s **de la langue française** French language users, speakers of the French language.
usant, e* [yzɑ̃, ɑ̃t] *adj* *(fatigant)* *travail* exhausting, wearing; *personne* tiresome, wearing. **il est** ~ **avec ses discours** he wears *ou* tires you out with his talking.
usé, e [yze] (*ptp de* **user**) *adj* **(a)** *(détérioré)* *objet* worn; *vêtement, tapis* worn, worn-out; *(fig)* *personne* worn-out *(in health or age)*. ~ **jusqu'à la corde** threadbare; *V* **eau.**
(b) *(banal)* *thème, expression* hackneyed, trite, well-worn; *plaisanterie* well-worn, stale, corny*.
user [yze] (1) **1** *vt* **(a)** *(détériorer)* *outil, roches* to wear away; *vêtements* to wear out. ~ **un manteau jusqu'à la corde** to wear out a coat, wear a coat threadbare; *(hum)* **ils ont usé leurs fonds de culottes sur les mêmes bancs** they were at school together.
(b) *(fig: épuiser)* *personne, forces* to wear out; *nerfs* to wear down; *influence* to weaken, sap. **la maladie l'avait usé** illness had worn him out.
(c) *(consommer)* *essence, charbon* to use, burn; *papier, huile, eau* to use. **ce poêle use trop de charbon** this stove uses *ou* burns too much coal; **il use 2 paires de chaussures par mois** he goes through 2 pairs of shoes (in) a month.
2 *vi* (*littér: se comporter*) **en** ~ **mal avec** *ou* **à l'égard de qn** to treat *ou* use sb badly, deal badly by sb (*Brit*); **en** ~ **bien avec** *ou* **à l'égard de qn** to treat sb well, deal well by sb (*Brit*).
3 user de *vt indir* (*utiliser*) *pouvoir, patience, droit* to exercise; *permission, avantage* to make use of; *violence, force, procédé* to use, employ; *expression, mot* to use; (*littér*) *objet, thème* to make use of. **usant de douceur** using gentle means; **il en a usé et abusé** he has used and abused it.
4 s'user *vpr* *[tissu, vêtement]* to wear out. **mon manteau s'use** my coat is showing signs of wear; **elle s'use les yeux à trop lire** she's straining her eyes by reading too much; **elle s'est usée au travail** she wore herself out with work.
usinage [yzinaʒ] *nm* (*V* **usiner**) machining; manufacturing.
usine [yzin] **1** *nf* factory. **un copain de l'**~ *ou* **d'**~ a mate from the works *ou* factory; **travailler en** ~ to work in a factory; **travail en** ~ factory work; (*fig*) **ce bureau est une vraie** ~**!*** this office is like a factory!; *V* **cheminée.**
2: usine atomique atomic energy station, atomic plant; **usine automatisée** automated factory; **usine d'automobiles** car factory *ou* plant; **usine à gaz** gasworks; **usine métallurgique** ironworks; **usine de pâte à papier** paper mill; **usine de raffinage** refinery; **usine sidérurgique** steelworks, steel mill; **usine textile** textile plant *ou* factory, mill; **usine de traitement des ordures** sewage works *ou* farm *ou* plant.
usiner [yzine] (1) *vt* (*travailler, traiter*) to machine; (*fabriquer*) to manufacture. (*travailler dur*) **ça usine dans le coin!*** they're hard at it round here!*
usinier, -ière [yzinje, jɛʀ] *adj* *industrie* factory (*épith*), manufacturing; *faubourg* working-class.
usité, e [yzite] *adj* in common use, common. **un temps très/peu** ~ a very commonly-used/a rarely-used tense; **le moins** ~ the least (commonly) used; **ce mot n'est plus** ~ this word is no longer used *ou* in use.
ustensile [ystãsil] *nm* (*gén: outil, instrument*) implement. (*: attirail*) ~s* implements, tackle (*U*), gear (*U*); ~ **(de cuisine)** (kitchen) utensil; ~s **de ménage** household cleaning stuff *ou* things; ~s **de jardinage** gardening tools *ou* implements; **qu'est-ce que c'est que cet** ~**?*** what's that gadget? *ou* contraption?
usuel, -elle [yzɥɛl] **1** *adj* *objet* everyday (*épith*), ordinary; *mot, expression, vocabulaire* everyday (*épith*). **dénomination** ~**le d'une plante** common name for *ou* of a plant; **il est** ~ **de faire** it is usual to do, it is common practice to do.
2 *nm* (*livre*) book on the open shelf. **c'est un** ~ it's on the open shelves.
usuellement [yzɥɛlmɑ̃] *adv* ordinarily, commonly.
usufruit [yzyfʀɥi] *nm* usufruct.
usufruitier, -ière [yzyfʀɥitje, jɛʀ] *adj, nm,f* usufructuary.
usuraire [yzyʀɛʀ] *adj* *taux, prêt* usurious.
usure¹ [yzyʀ] *nf* **(a)** (*processus*) *[vêtement]* wear (and tear); *[objet]* wear; *[terrain, roche]* wearing away; *[forces, énergie]* wearing out; (*Ling*) *[mot]* weakening. ~ **normale** fair wear and tear; **résiste à l'**~ resists wear, wears well; **subir l'**~ **du temps** to be worn away by time; (*Pol*) **c'est l'**~ **du pouvoir** it's the wearing effect of being in power; ~ **de la monnaie** debasement of the currency; **on l'aura à l'**~ we'll wear him down in the end; *V* **guerre.**
(b) (*état*) *[objet, vêtement]* worn state.
usure² [yzyʀ] *nf* (*intérêt*) usury. **prêter à** ~ to lend at usurious rates of interest; (*fig littér*) **je te le rendrai avec** ~ I will pay you back (with interest), I will get my own back (on you) with interest (*Brit*).
usurier, -ière [yzyʀje, jɛʀ] *nm,f* usurer.
usurpateur, -trice [yzyʀpatœʀ, tʀis] **1** *adj* *tendance, pouvoir* usurping (*épith*).
2 *nm,f* usurper.
usurpation [yzyʀpɑsjɔ̃] *nf* (*V* **usurper**) usurpation; encroachment.
usurpatoire [yzyʀpatwaʀ] *adj* usurpatory. (*Jur*) **signature** ~ unauthorised signature.
usurper [yzyʀpe] (1) **1** *vt* *pouvoir, honneur* to usurp. **il a usurpé le titre de docteur en médecine** he wrongfully took *ou* assumed the title of Doctor of Medicine; **réputation usurpée** usurped reputation.
2 *vi* (*littér: empiéter*) ~ **sur** to encroach (up)on.
ut [yt] *nm* (*Mus*) (the note) C; *V* **clef.**

Utah [yta] *nm* Utah.
utérin, e [yterɛ̃, in] *adj* uterine.
utérus [yterys] *nm* womb; *V* col.
utile [ytil] **1** *adj* **(a)** *objet, appareil, action* useful; *aide, conseil* useful, helpful (*à qn* to *ou* for sb). **livre ~ à lire** useful book to read; **cela vous sera certainement ~** that'll certainly be of use to you; **ton parapluie m'a été bien ~ ce matin** your umbrella came in very handy (for me) this morning; **ne considérer que l'~** to be only concerned with what's useful; **est-il vraiment ~ d'y aller** *ou* **que j'y aille** do I really need to go?; *V* **charge, temps¹.**
   (b) *collaborateur, relation* useful. **il adore se rendre ~** he loves to make himself useful; **puis-je vous être ~?** can I be of help?, can I do anything for you?
   2 *nm*: **l'~** what is useful; *V* **joindre.**
utilement [ytilmã] *adv* (*avec profit*) profitably, usefully. **conseiller ~ qn** to give sb useful advice.
utilisable [ytilizabl(ə)] *adj* usable. **est-ce encore ~?** *[cahier, vêtement]* can it still be used?, is it still usable?; *[appareil]* is it still usable? *ou* working?
utilisateur, -trice [ytilizatœr, tris] *nm, f [appareil]* user. (*Ordin*) **~ final** end user.
utilisation [ytilizasjɔ̃] *nf* (*gén*) use; (*Culin*) *[restes]* using (up).
utiliser [ytilize] (1) *vt* **(a)** (*employer*) *appareil, système* to use, utilize; *outil, produit, mot* to use; *force, moyen* to use, employ; *droit* to use; *avantage* to make use of. **savoir ~ les compétences** to know how to make the most of *ou* make use of people's abilities.
   (b) (*tirer parti de*) *personne, incident* to make use of; (*Culin*) *restes* to use (up).

utilitaire [ytilitɛr] **1** *adj* utilitarian; *V* **véhicule. 2** *nm* (*Ordin*) utility.
utilitarisme [ytilitarism(ə)] *nm* utilitarianism.
utilitariste [ytilitarist(ə)] *adj, nmf* (*Philos*) utilitarian.
utilité [ytilite] *nf* (*caractère utile*) usefulness; (*utilisation possible*) use. **je ne conteste pas l'~ de cet appareil** I don't deny the usefulness of this apparatus; **cet outil a son ~** this tool has its uses; **cet outil peut avoir son ~** this tool might come in handy *ou* useful; **d'une grande ~** very useful, of great use *ou* usefulness *ou* help (*attrib*); **ce livre ne m'est pas d'une grande ~** this book isn't much use *ou* help *ou* a great deal of use *ou* help to me; **de peu d'~** of little use *ou* help (*attrib*); **d'aucune ~** (of) no use (*attrib*) *ou* help; **sans ~** useless; **auras-tu l'~ de cet objet?** can you make use of this object?, will you have any use for this object?; **de quelle ~ est-ce que cela peut (bien) vous être?** what earthly use is it to you?, what on earth can you use it for?; (*Jur*) **reconnu** *ou* **déclaré d'~ publique** state-approved; **jouer les ~s** (*Théât*) to play small *ou* bit parts; (*fig*) to play second fiddle.
utopie [ytɔpi] *nf* **(a)** (*genre, ouvrage, idéal politique*) utopia, Utopia. **(b)** (*idée, plan chimérique*) utopian view *ou* idea *etc.* **~s** utopianism, utopian views *ou* ideas; **ceci est une véritable ~** that's sheer utopianism.
   V **socialisme.**
utopisme [ytɔpism(ə)] *nm* Utopianism.
utopiste [ytɔpist(ə)] *nmf* utopian, Utopian.
U.V. [yve] **1** *nf* (†: *Univ*) *abrév de* unité de valeur; *V* **unité.**
   2 *nm abrév de* ultra-violet; *V* **ultra(-)violet.**
uvulaire [yvyler] *adj* uvular.
uvule [yvyl] *nf* (*luette*) uvula.

V, v [ve] *nm* (*lettre*) V, v. **en V** V-shaped; **moteur en V** V-engine; **encolure en V** V-neck; **un décolleté en V** a plunging (V-)neckline; **le V de la victoire** the victory sign, the V for victory.
va [va] *V* **aller.**
vacance [vakãs] **1** *nf* **(a)** (*Admin: poste*) vacancy.
   (b) (*Jur*) **~ de succession** abeyance of succession; **~ du pouvoir** power vacuum.
   (c) (*litter: disponibilité*) unencumbered state (*littér*). **en état de ~** unencumbered (*littér*), vacant.
   2 vacances *nfpl* **(a)** (*gén: repos*) holiday (*Brit*), vacation (*US*); (*Scol*) holiday(s) (*Brit*), vacation (*US*); (*Univ*) vacation; *[salariés]* holiday(s) (*Brit*), vacation (*US*). **les ~s de Noël** the Christmas holidays *ou* vacation; **partir en ~s** to go away on holiday *ou* on vacation; **au moment de partir en ~s** at the time of setting off on (our) holiday *ou* on our holidays *ou* on (our) vacation; **il n'a jamais pris de ~s** he has never taken a holiday *ou* vacation; **avoir droit à 4 semaines de ~s** to be entitled to 4 weeks' holiday(s) (*Brit*); **prendre ses ~s en une fois** to take (all) one's holiday(s) *ou* vacation at once; **être en ~s** to be on holiday *ou* vacation; **j'ai besoin de ~s/de quelques jours de ~s** I need a holiday *ou* vacation/a few days' holiday *ou* vacation; **aller en ~s en Angleterre** to go on holiday *ou* vacation to England; **~s de neige** winter sports holiday *ou* vacation; **pays/lieu de ~s** holiday country/place; **la ville est déserte pendant les ~s** the town is deserted during the holidays *ou* vacation; **~s actives/à thème** activity/special interest holiday(s) *ou* vacation; *V* **colonie, devoir, grand.**
   (b) (*Jur*) **~s judiciaires** recess, vacation; **~s parlementaires** parliamentary recess.
vacancier, -ière [vakãsje, jɛr] *nm, f* holiday-maker (*Brit*), vacationist (*US*).
vacant, e [vakã, ãt] *adj* **(a)** *poste, siège* vacant; *appartement* unoccupied, vacant.
   (b) (*Jur*) *biens, succession* in abeyance (*attrib*).
   (c) (*fig littér*) **l'air ~** with a vacant air; **un cœur/esprit ~** an empty *ou* unencumbered (*littér*) heart/mind.
vacarme [vakarm(ə)] *nm* din, racket, row, pandemonium, hullabaloo*. **faire du ~** to make a din *ou* racket *ou* row; **un ~ de klaxons** the blaring of hooters; **un ~ continuel de camions/de coups de marteau** a constant roaring of lorries/thumping of hammers.
vacataire [vakatɛr] *nmf* temporary replacement, stand-in; (*Univ*) part-time lecturer (on contract). **il est ~** he's on a temporary contract.
vacation [vakasjɔ̃] *nf* (*Jur*) *[expert, notaire]* (*temps de travail*) session, sitting; (*honoraires*) fee. **être payé à la ~** to be paid on a sessional basis; (*Jur: vacances*) **~s** recess, vacation.
vaccin [vaksɛ̃] *nm* (*substance*) vaccine; (*vaccination*) vaccination, inoculation. **faire un ~ à qn** to give sb a vaccination *ou* inoculation; (*fig*) **un ~ contre qch** a safeguard against sth.

vaccinable [vaksinabl(ə)] *adj* able to be vaccinated *ou* inoculated, that can be vaccinated *ou* inoculated.
vaccinal, e, *mpl* **-aux** [vaksinal, o] *adj* vaccinal.
vaccinateur, -trice [vaksinatœr, tris] **1** *adj* vaccinating (*épith*), inoculating (*épith*).
   2 *nm, f* vaccinator, inoculator.
vaccination [vaksinasjɔ̃] *nf* vaccination, inoculation.
vaccine [vaksin] *nf* (*maladie*) cowpox, vaccinia (*T*); (†: *inoculation*) inoculation of cowpox. **fausse ~** vacinella, false vaccinia.
vacciner [vaksine] (1) *vt* (*Méd*) to vaccinate, inoculate (*contre* against). **se faire ~** to have a vaccination *ou* an inoculation, get vaccinated *ou* inoculated; (*fig*) **être vacciné contre qch*** to be cured of sth; **merci, maintenant je suis vacciné!*** thanks, I've learnt my lesson! *ou* I'm cured of that!
vachard, e‡ [vaʃar, ard(ə)] *adj* (*méchant*) nasty, rotten*, mean*.
vache [vaʃ] **1** *nf* **(a)** (*Zool*) cow; (*cuir*) cowhide. **~ laitière** dairy cow; *V* **lait, plancher¹.**
   (b) (‡ *péj: police*) **les ~s** the fuzz‡, the bulls‡ (*US*); (*hum*) **~ à roulette†** motorbike cop*.
   (c) (‡: *personne méchante*) (*femme*) bitch‡, cow‡; (*homme*) swine‡, sod‡; *V* **peau.**
   (d) (*loc*) **comme une ~ qui regarde passer les trains** stolidly, phlegmatically, with a gormless* *ou* vacant air; **il parle français comme une ~ espagnole** he absolutely murders the French language; **manger de la ~ enragée** to go through hard *ou* lean times; **période de ~s grasses/maigres pour l'économie française** good *ou* prosperous/lean *ou* hard times for the French economy; **donner des coups de pied en ~ à qn** to kick sb slyly; **faire un coup en ~ à qn** to pull a fast one on sb*, do the dirty on sb‡ (*Brit*); **ah! les ~!‡** the swine(s)‡; **ah la ~!‡** (*surprise, admiration*) blimey!‡ (*Brit*), I'll be jiggered!*; (*douleur, indignation*) hell!‡, damn (me)!‡; (*intensif*) **une ~ de‡** ... a *ou* one hell of a‡ ...; **une ~ de surprise/bagnole‡** a *ou* one hell of a surprise/car‡.
   2 *adj* (‡: *méchant, sévère*) rotten*, mean*. **il est ~** he's a (rotten) swine‡ *ou* sod‡, he's really rotten* *ou* mean; **elle est ~** she's a (mean *ou* rotten) cow‡ *ou* bitch‡, she's really rotten* *ou* mean; **il n'a pas été ~ avec toi** he was quite kind *ou* good to you; **c'est ~ pour eux** it's really rotten for them*.
   3: vache à eau (canvas) water bag; (*péj*) **vache à lait*** mug* (*person*) (*péj*).
vachement‡ [vaʃmã] *adv* **(a)** (*très*) **~ bon/difficile** damned‡ *ou* bloody‡ (*Brit*) good/hard; **on s'est ~ dépêchés** we rushed like hell‡; **ça m'a ~ aidé** it helped me a hell of a lot*, it helped me no end*; **on s'est ~ trompés** we made one *ou* a hell of a mistake*; **il pleut ~** it's raining damned‡ *ou* bloody‡ (*Brit*) hard.
   (b) (*méchamment*) in a rotten* *ou* mean way.
vacher [vaʃe] *nm* cowherd.
vachère [vaʃɛr] *nf* cowgirl.

vacherie [vaʃʀi] *nf* **(a)** (‡: *méchanceté*) [*personne, remarque*] rottenness*, meanness; (*action*) dirty trick*; (*remarque*) nasty *ou* bitchy‡ remark. **faire une ~ à qn** to play a dirty* *ou* mean trick on sb; **dire des ~s** to make nasty remarks.
(b) (‡: *intensif*) **c'est de la ~** it's rubbish *ou* junk*; **c'est une sacrée ~** [*appareil*] it's a dead loss*, it's a useless thing; [*maladie*] it's a nasty illness; **cette ~ d'appareil ne veut pas marcher** this damned‡ *ou* blasted* *ou* confounded *ou* bloody‡ (*Brit*) machine refuses to go; **quelle ~ de temps!** what damned‡ *ou* bloody‡ (*Brit*) awful weather!
(c) († : *étable*) cowshed, byre.
vacherin [vaʃʀɛ̃] *nm* (*glace*) vacherin; (*fromage*) vacherin cheese.
vachette [vaʃɛt] *nf* (*jeune vache*) young cow. **(b)** (*cuir*) calfskin.
vacillant, e [vasijɑ̃, ɑ̃t] *adj* **(a)** (*lit*) *jambes, démarche* unsteady, shaky, wobbly; *lueur, flamme* flickering (*épith*). **(b)** (*fig*) *santé, mémoire* shaky, failing; *raison* failing; *courage* wavering, faltering; *caractère* indecisive, wavering (*épith*).
vacillation [vasijɑsjɔ̃] *nf* [*démarche*] unsteadiness, shakiness; [*flamme*] flickering. **les ~s de la flamme** the flickering of the flame; **les ~s de son esprit/sa raison** the wavering of his mind/reason, his wavering *ou* failing mind/reason.
vacillement [vasijmɑ̃] *nm* (*V* **vaciller**) swaying; wobbling; faltering, wavering, flickering. **ses ~s m'inquiétaient: je craignais qu'elle ne fût malade** her unsteadiness *ou* shakiness worried me and I feared that she might be ill.
vaciller [vasije] (1) *vi* **(a)** (*lit*) [*personne*] to sway (to and fro); [*blessé, ivrogne*] to totter, reel, stagger; [*bébé*] to wobble; [*mur, poteau*] to sway (to and fro); [*meuble*] to wobble. **~ sur ses jambes** to stand unsteadily on one's legs, sway to and fro (on one's legs); **il s'avança en vacillant vers la porte** he tottered *ou* reeled *ou* staggered towards the door.
(b) [*flamme, lumière*] to flicker.
(c) (*fig*) [*voix*] to shake; [*résolution, courage*] to falter, waver; [*raison, intelligence*] to fail; [*santé, mémoire*] to be shaky, be failing. **il vacillait dans ses résolutions** he wavered *ou* vacillated in his resolution.
va-comme-je-te-pousse [vakɔmʒtəpus] *adv*: **à la ~** in a slap-dash manner, any old how* (*Brit*) *ou* way.
vacuité [vakɥite] *nf* (*littér: vide*) vacuity (*littér*), emptiness; (*intellectuelle, spirituelle*) vacuity, vacuousness.
vade-mecum [vademekɔm] *nm inv* pocketbook, vade mecum.
vadrouille* [vadʀuj] *nf* ramble, jaunt. **être en ~** to be out on a ramble; **faire une ~** to go on a ramble *ou* jaunt.
vadrouiller* [vadʀuje] (1) *vi* to rove around *ou* about. **~ dans les rues de Paris** to knock* *ou* loaf* *ou* rove about the streets of Paris.
va-et-vient [vaevjɛ̃] *nm inv* **(a)** [*personnes, véhicules*] comings and goings (*pl*), to-ings and fro-ings (*pl*); [*rue, bureau, café*] comings and goings (*pl*) (*de* in), to-ings and fro-ings (*pl*) (*de* in).
(b) [*piston, pièce*] (mouvement de) **~** (*gén*) to and fro (motion), backwards and forwards motion; (*verticalement*) up-and-down movement; **faire le ~ entre** [*bateau, train*] to go to and fro between, ply between; [*pièce de mécanisme*] to go to and fro between.
(c) (*gond*) helical hinge. **porte à ~** swing door.
(d) (*bac*) (small) ferryboat.
(e) (*téléphérage*) jig-back.
(f) (*Élec*) (interrupteur de) **~** two-way switch; **circuit de ~** two-way wiring (*U*) *ou* wiring system.
vagabond, e [vagabɔ̃, ɔ̃d] **1** *adj* (*littér*) *peuple, vie* wandering (*épith*); *imagination* roaming (*épith*), roving (*épith*), restless. **avoir l'humeur ~e** to be in a restless mood. **2** *nm, f* (*péj: rôdeur*) tramp, vagrant, vagabond; (*littér: aventurier*) wanderer.
vagabondage [vagabɔ̃daʒ] *nm* (*errance*) wandering, roaming; (*Jur, péj: vie sans domicile fixe*) vagrancy. **leurs ~s à travers l'Europe** their wanderings *ou* roamings across Europe; **après une longue période de ~ il échoua en prison** after a long period of vagrancy he ended up in prison; **le ~ de son imagination** the rovings of his imagination.
vagabonder [vagabɔ̃de] (1) *vi* [*personne*] to roam, wander; (*fig*) [*imagination, esprit*] to roam, rove, wander. **~ à travers l'Europe** to roam the length and breadth of Europe, wander across Europe.
vagin [vaʒɛ̃] *nm* vagina.
vaginal, e, *mpl* **-aux** [vaʒinal, o] *adj* vaginal; *V* **frottis**.
vaginite [vaʒinit] *nf* vaginitis (*U*).
vagir [vaʒiʀ] (2) *vi* [*bébé*] to wail, cry.
vagissant, e [vaʒisɑ̃, ɑ̃t] *adj* wailing, crying.
vagissement [vaʒismɑ̃] *nm* cry, wail.
vague¹ [vag] **1** *adj* (*imprécis*) *renseignement, geste* vague; *notion, idée* vague, hazy; *sentiment, forme* vague, indistinct; (*distrait*) *air, regard* faraway (*épith*), abstracted (*épith*); (*ample*) *robe, manteau* loose(-fitting). **un ~ cousin**; some sort of distant cousin; **il avait un ~ diplôme** he had a diploma of sorts *ou* some kind of (a) diploma; **d'un air ~** with a faraway look, with an abstracted expression; **il y avait rencontré une ~ parente** there he had met someone vaguely related to him *ou* some distant relation or other; *V* **nerf, terrain**.
2 *nm* **(a)** (*littér*) [*forme*] vagueness, indistinctness; [*passions, sentiments*] vagueness.
(b) **le ~** vagueness; **j'ai horreur du ~** I can't bear vagueness; **nous sommes dans le ~** things are rather unclear to us; **il est resté dans le ~** he kept it all rather vague; **regarder dans le ~** to gaze (vacantly) into space *ou* into the blue; **les yeux perdus dans le ~** with a faraway look in his eyes.
(c) **à l'âme** vague melancholy; **avoir du ~ le ~ à l'âme** to feel vaguely melancholy.
vague² [vag] *nf* **(a)** (*lit*) wave. **~ de fond** (*lit*) ground swell (*U*); (*fig*) surge of opinion; (*littér*) **le gonflement de la ~** the swelling of the waves.

(b) (*fig: deferlement*) wave. **~ d'enthousiasme/de tendresse** wave *ou* surge of enthusiasm/tenderness; **~ d'applaudissements/de protestations** wave of applause/protest(s); **premières ~s d'arrivées** first waves of arrivals; **premières ~s de touristes/d'immigrants** first influxes of tourists/immigrants; (*Mil*) **~ d'assaut** wave of assault; (*Mét*) **~ de chaleur** heatwave; (*Mét*) **~ de froid** cold spell *ou* snap; **~ de criminalité** crime wave; *V* **nouveau**.
(c) [*émanations*] wave. **une ~ de gaz se propagea jusqu'à nous** a smell of gas drifted *ou* wafted up to us.
(d) (*fig: ondulation*) (*Archit*) waved motif; [*chevelure*] wave; (*littér*) [*blés, fougères etc*] wave, undulation (*littér*). **effet de ~** ripple effect; (*complications*) **faire des ~s** to make waves; **surtout pas de ~s** above all let's avoid a scandal.
vaguelette [vaglɛt] *nf* wavelet, ripple.
vaguement [vagmɑ̃] *adv* vaguely. **un geste ~ surpris/incrédule** a gesture of vague surprise/incredulity, a vaguely surprised/incredulous gesture.
vaguemestre [vagmɛstʀ(ə)] *nm* (*Mil, Naut*) officer responsible for the delivery of mail.
vaguer [vage] (1) *vi* (*littér*) to wander, roam.
vahiné [vaine] *nf* vahine.
vaillamment [vajamɑ̃] *adv* (*V* **vaillant**) bravely, courageously; valiantly, gallantly.
vaillance [vajɑ̃s] *nf* (*courage*) courage, bravery; (*au combat*) valour, gallantry, valiance.
vaillant, e [vajɑ̃, ɑ̃t] *adj* **(a)** (*courageux*) brave, courageous; (*au combat*) valiant, gallant; *V* **à, sou**.
(b) (*vigoureux, plein de santé*) vigorous, hale and hearty, robust. **je ne me sens pas très ~** I'm feeling ~ (a bit) under the weather (*Brit*), I don't feel particularly great today*.
vaille que vaille [vajkəvaj] *loc adv* after a fashion, somehow (or other).
vain, e [vɛ̃, vɛn] **1** *adj* **(a)** (*futile*) *paroles, promesse* empty, hollow, vain (*épith*); *craintes, espoir, plaisirs* vain (*épith*), empty. **des gens pour qui la loyauté n'est pas un ~ mot** people for whom loyalty is not an empty word, people for whom the word loyalty really means something.
(b) (*frivole*) *personne, peuple* shallow, superficial.
(c) (*infructueux*) *effort, tentative, attente* vain (*épith*), in vain (*attrib*), futile, fruitless; (*stérile*) *regrets, discussion* vain (*épith*), useless, idle (*épith*). **son sacrifice n'aura pas été ~** his sacrifice will not have been in vain; **il est ~ d'essayer de ...** it is futile to try to ... .
(d) (*littér: vaniteux*) vain (*de* of). **contrairement à ce qu'un ~ peuple pense** contrary to accepted belief.
(e) (*loc*) **en ~** in vain; **elle essaya en ~ de s'en souvenir** she tried vainly *ou* in vain to remember; **ce ne fut pas en ~ que ... it** was not in vain that ... ; **je ressayai, mais en ~** I tried again, but in vain *ou* but to no avail; (*frm*) **invoquer le nom de Dieu en ~** to take the name of God in vain.
2: (*Jur*) **vaine pâture** common grazing land.
vaincre [vɛ̃kʀ(ə)] (42) *vt* **(a)** *rival, concurrent* to defeat, beat; *armée, ennemi* to defeat, vanquish (*littér*), conquer. **les meilleurs ont fini par ~** the best men finally won; **sachons ~ ou sachons périr!** do or die!; (*Prov*) **à ~ sans péril, on triomphe sans gloire** triumph without peril brings no glory; **nous vaincrons** we shall overcome.
(b) *obstacle* to overcome; *difficulté, maladie* to overcome, triumph over, conquer; *instincts, timidité, sentiment* to triumph over, conquer, overcome; *résistance* to overcome, defeat.
vaincu, e [vɛ̃ky] (*ptp de* **vaincre**) **1** *adj* beaten, defeated, vanquished (*littér*). **s'avouer ~** to admit defeat, confess o.s. beaten; **il part ~ d'avance** he feels he's beaten *ou* defeated before he begins.
2 *nm, f* defeated man (*ou* woman). **les ~s** the vanquished (*littér*), the defeated; **malheur aux ~s!** woe to the vanquished! (*littér*); **mentalité/attitude de ~** defeatist mentality/attitude.
vainement [vɛnmɑ̃] *adv* vainly, unavailingly. **j'ai ~ essayé de lui expliquer** I tried in vain to explain to him, I tried to explain to him (but) to no avail.
vainqueur [vɛ̃kœʀ] **1** *nm* (*à la guerre*) conqueror, victor; (*en sport*) winner. **le ~ de l'Everest** the conqueror of Everest; **les ~s de cette équipe** the conquerors of this team; **les ~s de cette compétition** the winners in *ou* of this competition; **sortir ~ d'une épreuve** to emerge (as) the winner of a contest; **arriver quelque part en ~** to arrive somewhere as a winner *ou* as conqueror.
2 *adj m* victorious, triumphant.
vair [vɛʀ] *nm* vair.
vairon [vɛʀɔ̃] **1** *nm* (*Zool*) minnow.
2 *adj m*: **yeux ~s** wall-eyes.
vaisseau, pl ~x [veso] *nm* **(a)** (*Naut*) vessel (*frm*), ship. **~ amiral** flagship; **~ de guerre** warship; **~ fantôme** ghost ship; (*Mus*) **le V~ fantôme** the Flying Dutchman; (*Aviat*) **~ spatial** spaceship; *V* **brûler, capitaine, lieutenant**.
(b) (*Anat*) vessel. **~ sanguin/lymphatique/capillaire** blood/lymphatic/capillary vessel.
(c) (*Bot*) vessel. **plante à ~x** vascular plant.
(d) (*Archit*) nave.
(e) (*littér: récipient*) vessel.
vaisselier [vɛsəlje] *nm* dresser (*cupboard*).
vaisselle [vɛsɛl] *nf* (*plats*) crockery; (*plats à laver*) dishes (*pl*), crockery; (*lavage*) washing-up (*Brit*), dishes (*pl*). **~ de porcelaine/faïence** china/earthenware crockery; **~ plate** (gold *ou* silver) plate; **faire la ~** to wash up, do the washing-up (*Brit*) *ou* the dishes; **la ~ était faite en deux minutes** the washing-up (*Brit*) was *ou* the dishes were done in two minutes; *V* **eau, essuyer, laver**.
val, pl ~s *ou* **vaux** [val, vo] *nm* (*gén dans noms de lieux*) valley. **le V~ de Loire** the Val de Loire, the Loire Valley; *V* **mont**.
valable [valabl(ə)] *adj* **(a)** (*utilisable, legitime*) *contrat, passeport,*

(*Jur*) valid; *excuse, raison* valid, legitimate, good (*épith*); *loi, critère, théorie, motif* valid. **elle n'a aucune raison ~ de le faire** she has no good *ou* valid reason for doing so; **ce n'est ~ que dans certains cas** it is only valid *ou* it only holds *ou* applies in certain cases; **il faut que cela soit jugé ~ par les scientifiques** it must pass muster with the scientists *ou* be accepted as valid by the scientists; (*Comm*) **offre ~ une semaine** firm offer for a week, offer which remains valid for a week.

(b) (*de qualité*) *œuvre, solution, commentaire* really good, worthwhile; *équipements* acceptable, decent, worthwhile; *concurrent, auteur* really good, worth his (*ou* her) salt (*attrib*); *V* **interlocuteur.**

valablement [valabləmɑ̃] *adv* **(a)** (*légitimement: V* **valable**) validly; legitimately. **ce billet ne peut pas être ~ utilisé** this ticket is not valid; **ne pouvant ~ soutenir que ...** not being able to uphold legitimately *ou* justifiably that ... .

(b) (*de façon satisfaisante*) **pour en parler ~, il faut des connaissances en linguistique** to be able to say anything worthwhile *ou* valid about it one would have to know something about linguistics, to have anything worth saying *ou* any valid comments to make one would have to know something about linguistics.

valdinguer‡ [valdɛ̃ge] **(1)** *vi*: **aller ~** *[personne]* to go flat on one's face*, go sprawling; **les boîtes ont failli ~** (**par terre**) the boxes nearly came crashing down *ou* nearly went flying*; (*fig*) **envoyer ~ qn** to tell sb to clear off* *ou* buzz off*, send sb packing*, send sb off with a flea in his ear*; **envoyer ~ qch** to send sth flying*.

Valence [valɑ̃s] *n* (*en Espagne*) Valencia; (*en France*) Valence.

valence [valɑ̃s] *nf* (*Phys*) valency (*Brit*), valence (*US*). **~-gramme** gramme-equivalent.

valenciennes [valɑ̃sjɛn] *nf inv* Valenciennes lace.

Valentin [valɑ̃tɛ̃] *nm* Valentine.

valériane [valerjan] *nf* valerian.

valet [valɛ] **1** *nm* **(a)** (*domestique*) (man)servant; (*Hist*) *[seigneur]* valet; (*péj Pol*) lackey (*péj*). **premier ~ de chambre du roi** king's first valet; (*Théât*) **~ de comédie** manservant (part *ou* role); (*Théât*) **jouer les ~s** to play servant parts *ou* roles.

(b) (*Cartes*) jack, knave. **~ de cœur** jack *ou* knave of hearts.

(c) (*cintre*) **~ (de nuit)** valet.

(d) (*Tech*) **~ (de menuisier)** (woodworker's) clamp.

2: valet d'âtre companion set; **valet de chambre** manservant, valet; **valet d'écurie** groom, stableboy, stable lad (*Brit*); **valet de ferme** farmhand; **valet de pied** footman.

valetaille [valtɑj] *nf* († *ou* *péj*) menials (*pl*), flunkeys† (*pl*).

valétudinaire [valetydinɛʀ] *adj, nmf* (*littér*) valetudinarian.

valeur [valœʀ] *nf* **(a)** (*prix*) value, worth; (*Fin*) *[devise, action]* value, price. (*Écon*) **~ d'usage/d'échange** usage *ou* practical/exchange value; (*Comm*) **~ marchande** market value; **~ vénale** monetary value; **vu la ~ de ces objets il faudra les faire assurer** in view of the value of these things they will have to be insured; **quelle est la ~ de cet objet?** what is this object worth?, what is the value of this object?; **prendre/perdre de la ~** to go up/down in value, lose/gain in value; **la ~ intrinsèque de qch** the intrinsic value *ou* worth of sth; **fixer la ~ d'une devise** to fix the value *ou* price of a currency; **quelle est la ~ de la livre en ce moment?** what is the pound worth *ou* what is the value of the pound at the moment?; (*jugement subjectif*) **la livre/le franc/cette pièce n'a plus de ~** the pound/franc/this coin is worthless; **estimer la ~ d'un terrain/tableau à 10.000 F** to value a piece of land/a picture at 10,000 francs, put the value *ou* estimate the value of a piece of land/of a picture at 10,000 francs; **ces tableaux sont de même ~** *ou* **ont la même ~** these pictures are of equal value *ou* have the same value *ou* are worth the same amount; (*Poste*) **en ~ déclarée** value declared; **~ nominale** face value; *V* **taxe.**

(b) (*Bourse: gén pl: titre*) security. (*Bourse*) **~s** (**boursières**) securities, stocks and shares; (*Comm: effet*) bill (of exchange); **~s** (**mobilières**) transferable securities; (*Comm*) **~ en compte** value in account; **~s disponibles** liquid assets; **~s de premier ordre** *ou* **de tout repos** *ou* **de père de famille** gilt-edged *ou* blue-chip securities; *V* **bourse.**

(c) (*qualité*) *[personne, auteur]* worth, merit; *[roman, tableau]* value, merit; *[science, théorie]* value. **un homme de (grande) ~** a man of great personal worth *ou* merit; **professeur/acteur de ~** teacher/actor of considerable merit; **la ~ de cette méthode/découverte reste à prouver** the value of this method/discovery is still to be proved; **estimer** *ou* **juger qn/qch à sa (juste) ~** to estimate *ou* judge sb/sth at his/its true value *ou* worth; **son œuvre n'est pas sans ~** his work is not without value *ou* merit; **je doute de la ~ de cette méthode** I am doubtful as to the value *ou* merit(s) of this method *ou* as to how valuable this method is; **ce meuble n'a qu'une ~ sentimentale** this piece of furniture has only sentimental value; **accorder** *ou* **attacher de la ~ à qch** to value sth, place value on sth; *V* **jugement, juste.**

(d) **~s** (**morales/intellectuelles**) (moral/intellectual) values; **échelle** *ou* **hiérarchie des ~s** scale of values; **système de ~s** value system.

(e) (*idée de mesure, de délimitation*) *[couleur, terme, carte à jouer]* value; (*Math*) *[fonction]* value; (*Mus*) *[note]* value, length. **la ~ affective/poétique d'un mot** the emotive/poetic value of a word; (*Math*) **~ absolue** absolute value; **~ relative/absolue d'un terme** relative/absolute value of a term; **en ~ absolue/relative l'ouvrier américain gagne plus que son homologue français** in absolute/relative terms American workmen earn more than their French counterparts; (*Mus*) **la ~ d'une blanche est deux noires** one minim (*Brit*) *ou* half note (*US*) is equivalent to two crochets (*Brit*) *ou* quarter notes (*US*); **donnez-lui la ~ d'un verre à liqueur/d'une cuiller à café** give him the equivalent of a

liqueur glass/a teaspoonful, give him a liqueur glass's worth/a teaspoon's worth.

(f) (*loc*) **de ~** *bijou, meuble* valuable, of value; **objets de ~** valuables, articles of value; **sans ~** *objet* valueless, worthless; **témoignage** invalid, valueless; **mettre en ~** *bien, terrain* to exploit; *capitaux* to exploit, turn to good account; (*fig*) *détail, caractéristique* to bring out, highlight; *objet décoratif* to set off, show (off) to advantage, highlight; **mettre qn en ~** *[conversation, esprit]* to bring out sb's personal qualities, show sb to advantage *ou* in a flattering light; **se mettre en ~** to show o.s. off to advantage; **ce chapeau te met en ~** that hat (of yours) is very flattering *ou* becoming, that hat really suits you; *V* **mise².**

valeureusement [valœʀøzmɑ̃] *adv* valorously.

valeureux, -euse [valœʀø, øz] *adj* valorous.

validation [validɑsjɔ̃] *nf* (*V* **valider**) validation; authentication; ratification; stamping.

valide [valid] *adj* **(a)** *personne* (*non blessé ou handicapé*) able, able-bodied; (*en bonne santé*) fit, well (*attrib*); *membre* good (*épith*). **la population** the able-bodied population; **se sentir assez ~ pour faire** to feel fit *ou* well enough to do, feel up to doing.

(b) *billet, carte d'identité* valid.

validement [validmɑ̃] *adv* (*Jur*) validly.

valider [valide] **(1)** *vt passeport, billet* to validate; *document* to authenticate; *décision* to ratify. **faire ~ un bulletin** to get a coupon validated *ou* stamped.

validité [validite] *nf* validity. **durée de ~ d'un billet** (period of) validity of a ticket.

valise [valiz] *nf* (suit)case, bag. **faire sa ~/ses ~s** to pack one's (suit)case/(suit)cases *ou* bags, pack; (*fig: partir*) **faire ses ~s** *ou* **sa ~** to pack one's bags, pack up and leave; **la ~** (**diplomatique**) the diplomatic bag; *V* **boucler.**

Valkyrie [valkiʀi] *nf* Valkyrie, Walkyrie.

vallée [vale] *nf* (*Géog*) valley. **les gens de la ~** the lowland people; **~ suspendue/glaciaire** hanging/U-shaped *ou* glaciated valley; (*fig littér*) **la vie est une ~ de larmes** life is a vale *ou* valley of tears (*littér*).

vallon [valɔ̃] *nm* small valley.

vallonné, e [valɔne] *adj* undulating, cut by valleys (*attrib*).

vallonnement [valɔnmɑ̃] *nm* undulation.

valoche* [valɔʃ] *nf* case, bag.

valoir [valwaʀ] **(29) 1** *vi* **(a)** *[propriété, bijou]* **~** (**un certain prix/une certaine somme**) to be worth (a certain price/amount); **ça vaut combien?** how much is it (worth)?; **~ de l'argent** to be worth money; **ça vaut bien 50 F** (*estimation*) it must be worth 50 francs; (*jugement*) it is well worth 50 francs; **~ cher/encore plus cher** to be worth a lot/still more; **cette montre vaut-elle plus cher que l'autre? — elles se valent à peu près** is this watch worth more than the other one? — they are worth about the same (amount); *V* **pesant.**

(b) (*avoir certaines qualités*) **que vaut cet auteur/cette pièce/le nouveau maire?** is this author/this play/the new mayor any good?; **sa dernière pièce ne valait pas grand-chose** his last play wasn't particularly good, his last play wasn't up to much* (*Brit*); **ils ne valent pas mieux l'un que l'autre** there's nothing to choose between them, they are two of a kind, one's as bad as the other; **leur fils ne vaut pas cher!** their son isn't much good, their son's a bit of a waster *ou* a bad egg*; **tissu/marchandise qui ne vaut rien** material/article which is no good, rubbishy *ou* trashy material/article; **il a conscience de ce qu'il vaut** he is aware of his worth, he knows his (own) worth *ou* value, he knows what he's worth; **ce climat ne vaut rien pour les rhumatismes** this climate is no good (at all) for rheumatism; **l'inaction ne lui vaut rien** inactivity does not suit him *ou* isn't (any) good for him *ou* does nothing for him*; **ça ne lui a rien valu** that didn't do him any good; **votre argument ne vaut rien** your argument is worthless; **cet outil ne vaut rien** this tool is useless *ou* no good *ou* no use.

(c) (*être valable*) to hold, apply, be valid. **ceci ne vaut que dans certains cas** this only holds *ou* applies *ou* is only valid in certain cases; **la décision vaut pour tout le monde** the decision goes for *ou* applies to *ou* is applicable to everyone; **cette pièce/cet auteur vaut surtout par son originalité** this play's/author's merit *ou* worth lies chiefly in its/his originality, the chief *ou* principal merit of this play/author lies in its/his originality; *V aussi* **vaille.**

(d) (*équivaloir à*) **la campagne vaut bien la mer** the countryside is just as good *ou* is every bit as good as the seaside; (*Mus*) **une blanche vaut deux noires** one minim (*Brit*) *ou* half note (*US*) is equivalent to *ou* equals two crochets (*Brit*) *ou* quarter notes (*US*), one minim (*Brit*) *ou* half note (*US*) is worth (the same as) two crochets (*Brit*) *ou* quarter notes (*US*); **il vaut largement son frère** he is every bit as good as his brother *ou* quite the equal of his brother; **ce nouveau médicament/traitement ne vaut pas le précédent** this new medicine/treatment is not as good as *ou* isn't up to* (*Brit*) *ou* isn't a patch on* (*Brit*) the previous one; **tout cela ne vaut pas la mer/la liberté** this is all very well but it's not like the seaside/having one's freedom *ou* but give me the seaside/freedom any day!; **rien ne vaut la mer** there's nothing like the sea, there's nothing to beat the sea; **ces deux candidats/méthodes se valent** there's nothing to choose between these two applicants/methods, these two applicants/methods are of equal merit *ou* are much of a muchness*; **cette méthode en vaut une autre** it's as good a method as any (other); (*en mal*) **ces deux frères se valent** these two brothers are two of a kind *ou* are both about as bad as each other; **ça se vaut*** it's six of one and half a dozen of the other*, it's all one, it's all the same; *V* **homme.**

(e) (*justifier*) to be worth. **Lyon vaut (bien) une visite/le déplacement** Lyons is (well) worth a visit/the journey; **le musée valait le détour** the museum was worth the detour; **cela vaut la**

peine it's worth it, it's worth the trouble; **le film vaut (la peine) d'être vu** *ou* **qu'on le voie** the film is worth seeing; **cela valait la peine d'essayer** it was worth trying *ou* a try *ou* a go; **ça vaut la peine qu'il y aille** it's worth it for him to go, it's worth his while going; **cela ne vaut pas la peine d'en parler** (*c'est trop mauvais*) it's not worth wasting one's breath over, it's not worth talking about; (*c'est insignifiant*) it's hardly *ou* not worth mentioning.

  (f) (*Comm*) **à ~** to be deducted; **paiement/acompte à ~ sur ...** payment/deposit to be deducted from ...; **j'ai 90 F à ~** *ou* **j'ai un à ~ de 90F dans ce grand magasin** I've 90 francs' credit at this store.

  (g) faire ~ domaine to exploit; *titres, capitaux* to exploit, turn to (good) account, invest profitably; *droits* to assert; *fait, argument* to emphasize; (*mettre en vedette*) *caractéristique* to highlight, bring out; *personne* to show off to advantage; **je lui fis ~ que ...** I impressed upon him that ..., I pointed out to him that ...; **se faire ~** to push o.s. forward, get o.s. noticed; **il ne sait pas se faire ~** he doesn't know how to make sure he's noticed *ou* to show himself off to best advantage; *V aussi* **faire**.

  (h) (*loc*) **cette nouvelle machine ne vaut pas un clou*** this new machine is no use to man nor beast* *ou* is no earthly use*; **cet auteur/ce film ne vaut pas un clou*** *ou* **un pet de coucou*** this author/film is a dead loss* *ou* is a waste of time*; **ne faire/n'écrire rien qui vaille** to do/write nothing useful *ou* worthwhile *ou* of any use; **cela ne me dit rien qui vaille** it doesn't appeal to me in the least *ou* slightest; **ça vaut le coup*** it's worth a go* *ou* a bash* (*Brit*); **ça ne vaut pas le coup de partir pour 2 jours*** it's not worth going (just) for 2 days; **il vaut mieux refuser, mieux vaut refuser** it is better to refuse; **il vaudrait mieux que vous refusiez** you had better refuse, you would do better *ou* best to refuse, you had best refuse; **avertis-le: ça vaut mieux** I would tell him if I were you, it would be better if you told him; **il vaut mieux le prévenir** we (*ou* you *etc*) had better tell him; **mieux vaut trop de travail que pas assez** too much work is better than not enough; *V* **mieux, vaille que vaille**.

  2 *vt* (*causer, coûter*) **~ qch à qn** to earn sb sth; **ceci lui a valu des louanges/des reproches** this earned *ou* brought him praise/ reproaches *ou* brought praise/reproaches upon him; **les soucis/les ennuis que nous a valus cette affaire!** the worry/trouble that this business has cost *ou* brought us!; **qu'est ce qui nous vaut l'honneur de cette visite?** to what do we owe the honour of this visit?; **l'incident lui a valu d'être accusé d'imprudence** the incident earned him the accusation of carelessness; **un bon rhume, c'est tout ce que cela lui a valu de sortir sous la pluie** a bad cold is all he gained *ou* got for going out in the rain.

valorisation [valɔʀizasjɔ̃] *nf* [*région*] (economic) development; [*produit*] enhanced value; (*Psych*) self-actualization (*T*).

valoriser [valɔʀize] (1) *vt* **(a)** (*Écon*) *région* to develop (the economy of); *produit* to enhance the value of. **(b)** (*Psych*) *conduite, personne* to increase the standing of, actualize (*T*). **se ~** to increase one's standing, self-actualize (*T*).

valse [vals(ə)] *nf* **(a)** (*danse, air*) waltz. **~ lente/viennoise** slow/ Viennese waltz; **~ musette** waltz (*to accordion accompaniment*). **(b)** (*fig: carrousel*) musical chairs. **la ~ des étiquettes** constant price rises; **la ~ des ministres** *ou* **des portefeuilles** the ministerial musical chairs; **~-hésitation** pussyfooting* (*U*).

valser [valse] (1) *vi* **(a)** (*danser*) to waltz.

  (b) (*fig) **envoyer ~ qch/qn** (*en heurtant*) to send sth/sb flying; **envoyer ~ qn** (*rembarrer*) to send sb packing*; **il est allé ~ contre le mur** he went flying against the wall; **faire ~ l'argent** to spend money like water, throw money around; **faire ~ les chiffres** to dazzle people with figures; **faire ~ les ministres/les employés** to play musical chairs with ministerial/staff posts.

valseur, -euse [valsœʀ, øz] *nm, f* waltzer.

valve [valv(ə)] *nf* (*Bot, Elec, Tech, Zool*) valve.

valvulaire [valvylɛʀ] *adj* (*Anat, Méd*) valvular.

valvule [valvyl] *nf* (*Anat*) valvule; (*Bot*) valve. **~ mitrale** mitral valve.

vamp [vãp] *nf* vamp.

vamper* [vãpe] (1) *vt* to vamp.

vampire [vãpiʀ] *nm* **(a)** (*fantôme*) vampire. **(b)** (*fig*) (†: *criminel*) vampire; (*escroc, requin*) vulture, vampire, bloodsucker. **(c)** (*Zool*) vampire bat.

vampirisme [vãpiʀism(ə)] *nm* (*Psych*) necrophilia; (*fig: rapacité*) vampirism.

van¹ [vã] *nm* (*panier*) winnowing basket.

van² [vã] *nm* (*véhicule*) horse-box (*Brit*), horse trailer (*US*).

vanadium [vanadjɔm] *nm* vanadium.

Vancouver [vãkuvɛʀ] *n* Vancouver. **île de ~** Vancouver Island.

vandale [vãdal] **1** *nmf* vandal, hooligan; (*Hist*) Vandal. **2** *adj* vandal (*épith*), hooligan (*épith*); (*Hist*) Vandalic.

vandalisme [vãdalism(ə)] *nm* vandalism, hooliganism.

vandoise [vãdwaz] *nf* dace.

vanille [vanij] *nf* (*Bot, Culin*) vanilla. **crème/glace à la ~** vanilla cream/ice cream.

vanillé, e [vanije] *adj* vanilla (*épith*), vanilla-flavoured.

vanillier [vanije] *nm* vanilla plant.

vanité [vanite] *nf* **(a)** (*amour-propre*) vanity, conceit; (*frivolité*) shallowness, superficiality. **il avait des petites ~s d'artiste** he had the little conceits of an artist; **sans ~** without false modesty; **tirer ~ de** to pride o.s. on; **flatter/blesser qn dans sa ~** to flatter/ wound sb's pride.

  (b) (*littér: futilité*; *V* **vain**) emptiness; hollowness; vanity; shallowness, superficiality; futility, fruitlessness; uselessness, idleness.

vaniteusement [vanitøzmã] *adv* vainly, conceitedly.

vaniteux, -euse [vanitø, øz] **1** *adj* vain, conceited. **2** *nm, f* vain *ou* conceited person.

vannage [vanaʒ] *nm* winnowing.

vanne [van] *nf* **(a)** (*écluse*) (lock) gate, sluice (gate); [*barrage, digue*] floodgate, (sluice) gate; [*moulin*] (weir) hatch; [*canalisation*] gate. (*Aut*) **~ thermostatique** thermostat. **(b)** (*: *remarque*) dig*, jibe. **envoyer une ~ à qn** to have a dig at sb*, jibe at sb.

vanneau, *pl* **~x** [vano] *nm* peewit, lapwing.

vanner [vane] (1) *vt* **(a)** (*Agr*) to winnow. **(b)** (‡: *fatiguer*) to fag out* (*Brit*), do in*, knacker‡ (*Brit*). **je suis vanné** I'm dead-beat* *ou* fagged out* (*Brit*) *ou* knackered‡ (*Brit*).

vannerie [vanʀi] *nf* (*métier*) basketry, basketwork; (*objets*) wickerwork, basketwork.

vanneur, -euse [vanœʀ, øz] *nm, f* winnower.

vannier [vanje] *nm* basket maker, basket worker.

vantail, *pl* **-aux** [vãtaj, o] *nm* [*porte*] leaf; [*armoire*] door. **porte à double ~** *ou* **à (deux) vantaux** Dutch door.

vantard, e [vãtaʀ, aʀd(ə)] **1** *adj* boastful, bragging (*épith*). **2** *nm, f* braggart, boaster.

vantardise [vãtaʀdiz] *nf* (*caractère*) boastfulness; (*propos*) boast, boasting (*U*), bragging (*U*).

vanter [vãte] (1) **1** *vt* (*recommander, préconiser*) *auteur, endroit* to speak highly of, speak in praise of; *qualités* to vaunt (*frm*), praise, speak highly of, speak in praise of; *méthode, avantages, marchandises* to vaunt (*frm: louer*) *personne, qualités* to extol (*frm*), laud (*frm*), sing the praises of. **film dont on vante les mérites** much-praised film.

  2 se vanter *vpr* **(a)** (*fanfaronner*) to boast, brag. **sans (vouloir) me ~** without wishing to blow my own trumpet, without false modesty, without wishing to boast *ou* brag.

  (b) (*se targuer*) **se ~ de** to pride o.s. on; **se ~ d'avoir fait qch** to pride o.s. on having done sth; **il se vante de (pouvoir) faire ...** he boasts he can *ou* will do ...; (*iro*) **il ne s'en est pas vanté** he kept quiet about it; **il n'y a pas de quoi se ~** there's nothing to be proud of *ou* to boast about; **et il s'en vante!** and he's proud of it!

va-nu-pieds [vanypje] *nmf inv* (*péj*) tramp, beggar.

vapes‡ [vap] *nfpl*: **tomber dans les ~** to fall into a dead faint, pass out; **être dans les ~** (*distrait*) to have one's head in the clouds; (*évanoui*) to be out for the count* *ou* out cold*; (*drogué, après un choc*) to be woozy* *ou* in a daze.

vapeur [vapœʀ] **1** *nf* **(a)** (*littér: brouillard*) haze (*U*), vapour (*U*).

  (b) **~ (d'eau)** steam, (water) vapour; **~ atmosphérique** atmospheric vapour; (*Tech*) **à ~ steam** (*épith*); **bateau à ~ steam**-ship, steamer; **repassage à la ~ steam**-ironing; (*Culin*) (*cuit à la*) **~ steamed**.

  (c) (*émanation: Chim, Phys*) vapour. (*nocives*) **~s** fumes; **~s d'essence** petrol (*Brit*) *ou* gasoline (*US*) fumes; **~ saturante** saturated vapour; **~ sèche** dry steam.

  (d) (†: *gén pl: malaises*) **~s** vapours†; **avoir ses ~s** (*bouffées de chaleur*) to have hot flushes; (†: *malaise*) to have the vapours†.

  (e) (*gén pl: griserie*) **les ~s de l'ivresse/de la gloire** the heady fumes of intoxication/of glory.

  (f) (*loc*) **aller à toute ~** [*navire*] to sail full steam ahead; (*fig) to go at full speed, go full steam ahead (*fig*); **renverser la ~** (*lit*) to reverse engines; (*fig*) to go into reverse.

  2 *nm* (*bateau*) steamship, steamer.

vaporeusement [vapɔʀøzmã] *adv* vaporously.

vaporeux, -euse [vapɔʀø, øz] *adj* *tissu, robe* filmy, gossamer (*épith, littér*), diaphanous; (*littér*) *lumière, atmosphère* hazy, misty, vaporous; *nuage, cheveux* gossamer (*épith, littér*). (*Art*) **lointain ~** sfumato background.

vaporisateur [vapɔʀizatœʀ] *nm* (*à parfum*) spray, atomizer; (*Agr*) spray; (*Tech*) vaporizer.

vaporisation [vapɔʀizasjɔ̃] *nf* (*V* **vaporiser**) spraying; vaporization.

vaporiser [vapɔʀize] (1) **1** *vt* **(a)** *parfum, insecticide, surface* to spray. **(b)** (*Phys*) to vaporize, turn to vapour. **2 se vaporiser** *vpr* (*Phys*) to vaporize.

vaquer [vake] (1) **1 vaquer à** *vt indir* (*s'occuper de*) to attend to, see to. **~ à ses occupations** to attend to one's affairs, go about one's business. **2** *vi* **(a)** (†: *être vacant*) to stand *ou* be vacant. **(b)** (*Admin: être en vacances*) to be on vacation.

varappe [vaʀap] *nf* (*sport*) rock-climbing; (*ascension*) (rock) climb.

varapper [vaʀape] (1) *vi* to rock-climb.

varappeur [vaʀapœʀ] *nf* (rock-)climber, cragsman.

varappeuse [vaʀapøz] *nf* (rock-)climber.

varech [vaʀɛk] *nm* wrack, kelp, varec.

vareuse [vaʀøz] *nf* [*pêcheur, marin*] pea jacket; (*d'uniforme*) tunic; (*de ville*) jacket.

variabilité [vaʀjabilite] *nf* **(a)** [*temps, humeur*] changeableness, variableness. **(b)** (*Math, Sci*) variability.

variable [vaʀjabl(ə)] **1** *adj* **(a)** (*incertain*) *temps* variable, changeable, unsettled; *humeur* changeable, variable; (*Mét*) *vent* variable. **le baromètre est au ~** the barometer is at *ou* reads 'change'; **le temps est au ~** the weather is variable *ou* changeable *ou* unsettled.

  (b) (*susceptible de changements*) *montant, allocation, part* variable; *dimensions, modalités, formes* adaptable, variable; (*Math, Sci*) *grandeur, quantité, facteur* variable; (*Ling*) *forme, mot* inflectional, inflected (*épith*). (*Fin*) **à revenu ~ variable** yield (*épith*); **la récolte est ~**: parfois bonne, parfois maigre the harvest is variable *ou* varies: sometimes good, sometimes poor; **mot ~ en genre** word that is inflected *ou* marked for gender; *V* **foyer, géométrie**.

  (c) (*au pl: varié*) *résultats, réactions* varied, various, varying (*épith*). **les réactions sont très ~s**: certains sont pour, d'autres sont contre reactions are very varied *ou* vary greatly: some are for and others are against.

  2 *nf* (*Chim, Ling, Math, Phys, Statistique*) variable. (*Ordin*) **~ entière/numérique** integer/numeric variable.

variance [varjɑ̃s] *nf* (*Sci*) variance.
variante [varjɑ̃t] *nf* (*gén*) variant (*de* of), variation (*de* on); (*Ling, Littérat*) variant (*de* of). **une variante** (**d'itinéraire**) an alternative route.
variateur [varjatœr] *nm*: ~ **de vitesse** speed variator.
variation [varjasjɔ̃] *nf* (a) (*action*: *V* **varier**) variation, varying; change, changing.
 (**b**) (*écart, changement, Sci*) variation (*de* in); (*transformation*) change (*de* in). **les** ~**s de la température** the variations in (the) temperature, the temperature variations; **les** ~**s du mode de vie au cours des siècles** the changes in life-style through the centuries; **les** ~**s orthographiques/phonétiques au cours des siècles/selon les régions** spelling/phonetic variations *ou* variants throughout the centuries/from region to region.
 (**c**) (*Mus*) variation. (*fig hum*) ~**s sur un thème connu** variations on the same old theme *ou* on a well-worn theme.
varice [varis] *nf* (*Méd*) varicose vein, varix (*T*). **bas à** ~**s** support stockings.
varicelle [varisɛl] *nf* chickenpox, varicella (*T*).
varié, e [varje] (*ptp de* **varier**) *adj* (a) (*non monotone*) *style, existence, paysage* varied, varying (*épith*); *programme, menu* (*qu'on change souvent*) varying (*épith*); (*diversifié*) varied. **un travail très** ~ a very varied job; (*Mil*) **en terrain** ~ on irregular terrain; (*Mus*) **air** ~ theme with *ou* and variations; *V* **musique**.
 (**b**) (*littér: non uni*) *tissu, couleur* variegated.
 (**c**) (*divers*) *résultats* various, varying (*épith*), varied; *produits, sujets, objets* various. **hors-d'œuvre** ~**s** selection of hors d'œuvres, hors d'œuvres variés; **ayant recours à des arguments** ~**s** having recourse to various arguments; **on rencontre les opinions les plus** ~**es** you come across the most varied *ou* diverse opinions on the subject.
varier [varje] (7) **1** *vi* (a) (*changer*) to vary, change. (*Math*) **faire** ~ **une fonction** to vary a function; *V* **souvent**.
 (**b**) (*différer, présenter divers aspects ou degrés, Sci*) to vary; (*Ling*) [*mot, forme*] to be inflected. **les professeurs varient souvent dans leurs opinions au sujet de** ... teachers' opinions often vary on the subject of ... .
 2 *vt* (a) *style, vie* (*changer*) to vary; (*rendre moins monotone*) to vary, lend *ou* give variety to. (*iro*) **pour** ~ **les plaisirs** just for a pleasant change (*iro*); **ils ne font que** ~ **la sauce*** they only dress it up differently, they just make it look different; **elle variait souvent sa coiffure/le menu** she often varied *ou* changed her hair style/the menu *ou* rang the changes on her hair style/the menu.
 (**b**) *problèmes, thèmes, produits* to vary, diversify.
variété [varjete] *nf* (a) (*caractère*: *V* **varié**) variety, diversity. **étonné par la grande** ~ **des produits/opinions** surprised at the great variety *ou* diversity *ou* the wide range of products/opinions; **aimer la** ~ to like variety; ~ **des langues** language variety.
 (**b**) (*type, espèce*) variety; (*aspect, forme*) variety, type. **il cultive exclusivement cette** ~ **de rose** he cultivates exclusively this variety of rose; **on y rencontrait toutes les** ~**s de criminels/de costumes** there you could find every possible variety *ou* type of criminal/costume.
 (**c**) ~**s** (*Littérat*) miscellanies; (*Music hall*) variety show; (*Rad, TV: musique*) light music (*U*); **émission/spectacle/théâtre de** ~**s** variety programme/show/hall.
variole [varjɔl] *nf* smallpox, variola (*T*).
variolé, e [varjɔle] *adj* pockmarked.
varioleux, -euse [varjɔlø, øz] **1** *adj* suffering from smallpox, variolous (*T*). **2** *nm* (*gén pl*) smallpox case, patient suffering from smallpox.
variolique [varjɔlik] *adj* smallpox (*épith*), variolous (*T*).
variqueux [varikø, øz] *adj ulcère* varicose.
varlope [varlɔp] *nf* trying-plane.
varloper [varlɔpe] (1) *vt* to plane (down).
Varsovie [varsɔvi] *n* Warsaw.
vasculaire [vaskylɛr] *adj* (*Anat, Bot*) vascular. **système** ~ **sanguin** blood-vascular system.
vascularisation [vaskylarizasjɔ̃] *nf* (*processus*) vascularization; (*réseau*) vascularity.
vascularisé, e [vaskylarize] *adj* vascular.
vase¹ [vɑz] **1** *nm* (*à fleurs, décoratif*) vase, bowl. (*fig*) **en** ~ **clos** *vivre, croître* in isolation, cut off from the world, in seclusion; *étudier, discuter* behind closed doors, in seclusion; (*Horticulture*) **taillé en** ~ cut in the shape of a vase, vase-shaped; *V* **goutte**.
 2: vases communicants communicating vessels; (*Aut*) **vase d'expansion** expansion bottle *ou* tank; **vase de nuit** chamber(pot); (*Rel*) **vases sacrés** sacred vessels.
vase² [vɑz] *nf* silt, mud, sludge (*on riverbed*).
vaseline [vazlin] *nf* vaseline®, petroleum jelly.
vaseux, -euse [vɑzø, øz] *adj* (a) (**) (*fatigué, drogué*) woozy*, in a daze*; (*confus*) *raisonnement* woolly*, hazy, muddled. (**b**) (*boueux*) silty, muddy, sludgy.
vasistas [vazistas] *nm* [*porte*] (*opening*) window, fanlight; [*fenêtre*] fanlight.
vaso(-)constricteur, *pl* **vaso(-)constricteurs** [vazɔkɔ̃striktœr] **1** *adj m* vasoconstrictor (*épith*). **2** *nm* vasoconstrictor (*nerve*).
vaso(-)dilatateur, *pl* **vaso(-)dilatateurs** [vazɔdilatatœr] **1** *adj m* vasodilator (*épith*). **2** *nm* vasodilator (*nerve*).
vaso(-)dilatation [vazɔdilatasjɔ̃] *nf* vasodilatation.
vaso(-)moteur, -trice [vazɔmotœr, tris] *adj* vasomotor (*épith*).
vasouillard, e* [vazujar, ard(ə)] *adj personne* woozy*, in a daze; *explication, raisonnement* woolly*, hazy, muddled.
vasouiller* [vazuje] (1) *vi* [*personne*] to flounder, struggle, fumble about; [*opération, affaire*] to struggle along, limp along; [*argument, article*] to go haywire*.

vasque [vask(ə)] *nf* (*bassin, lavabo*) basin; (*coupe*) bowl.
vassal, e, *mpl* **-aux** [vasal, o] *nm, f* (*Hist, fig*) vassal.
vassalité [vasalite] *nf*, **vasselage** [vaslaʒ] *nm* (*Hist, fig*) vassalage.
vaste [vast(ə)] *adj* (a) *surface, édifice, salle* vast, immense, enormous, huge; *vêtement* huge, enormous; *organisation, groupement* vast, huge. **à la tête d'un** ~ **empire industriel** at the head of a vast *ou* huge industrial empire; **de par le** ~ **monde** throughout the whole wide world.
 (**b**) (*fig*) *connaissances, érudition, ambitions* vast, immense, enormous, far-reaching; *génie, culture* immense, enormous; *domaine, sujet* wide(-ranging), huge, vast; *problème* wide-ranging, far-reaching. **un homme d'une** ~ **culture** a man of immense *ou* enormous culture, a highly cultured man; **ce sujet est trop** ~ this subject is far too wide(-ranging) *ou* vast.
 (**c**) (*: *intensif*) **c'est une** ~ **rigolade** *ou* **plaisanterie** *ou* **fumisterie** it's a huge *ou* an enormous joke *ou* hoax *ou* farce.
va-t-en-guerre [vatɑ̃gɛr] *nm inv* warmonger.
Vatican [vatikɑ̃] *nm*: **le** ~ the Vatican.
Vaticane [vatikan] *adj f*: **la** (**bibliothèque**) ~ the Vatican Library.
vaticinateur, -trice [vatisinatœr, tris] *nm, f* (*littér*) vaticinator (*frm, littér*).
vaticination [vatisinasjɔ̃] *nf* (*littér*) vaticination (*frm, littér*). (*péj*) ~**s** pompous predictions *ou* prophecies.
vaticiner [vatisine] (1) *vi* (*littér: prophétiser*) to vaticinate (*frm, littér*); (*péj*) to make pompous predictions *ou* prophecies.
va-tout [vatu] *nm*: **jouer son** ~ to stake *ou* risk one's all.
vaudeville [vodvil] *nm* vaudeville, light comedy. (*fig*) **ça tourne au** ~ it's turning into a farce.
vaudevillesque [vodvilɛsk(ə)] *adj* vaudeville (*épith*); (*fig*) farcical.
vaudevilliste [vodvilist(ə)] *nm* writer of vaudeville.
vaudois, e [vodwa, waz] **1** *adj* (*Hist*) Waldensian; (*Géog*) Vaudois, of *ou* from the canton of Vaud. **2** *nm, f* (*Hist*) Waldensian. (*Géog*) **V~**(e) Vaudois.
vaudou [vodu] **1** *nm*: **le** (**culte du**) ~ voodoo. **2** *adj inv* voodoo (*épith*).
vau-l'eau [volo] *adv*: **à** ~ (*lit*) with the stream *ou* current; (*fig*) **aller** *ou* **s'en aller à** ~ to be on the road to ruin, go to the dogs*; **voilà tous mes projets à** ~! there are all my plans in ruins! *ou* down the drain!* *ou* gone for a burton!* (*Brit*).
vaurien, -enne [vorjɛ̃, ɛn] **1** *nm, f* (*voyou*) good-for-nothing; (*garnement*) little devil*. **petit** ~! little devil!* **2** *nm* (*Naut*) small yacht *ou* sailing boat.
vaut [vo] *V* **valoir**.
vautour [votur] *nm* (*Zool, fig*) vulture.
vautrer (se) [votre] (1) *vpr*: **se** ~ **dans** *boue*, (*fig*) *vice, obscénité, oisiveté* to wallow in; *fauteuil* to loll *ou* slouch in; **se** ~ **sur** *tapis, canapé* to sprawl on; **vautré à plat ventre** *ou* **par terre** sprawling *ou* sprawled (flat) on the ground; **vautré dans l'herbe/sur le tapis** sprawling *ou* sprawled in the grass/on the carpet; (*fig littér*) **se** ~ **dans la fange** to wallow in the mire.
vauvert [vovɛr] *V* **diable**.
vaux [vo] *nmpl V* **val**.
va-vite* [vavit] *adv*: **à la** ~ in a rush *ou* hurry; **faire qch à la** ~ to rush sth, do sth in a rush *ou* hurry.
veau, *pl* ~**x** [vo] *nm* (a) (*Zool*) calf. (*Bible*) **le V~ d'or** the golden calf; **adorer le V~ d'or** to worship Mammon; **tuer le** ~ **gras** to kill the fatted calf; *V* **crier, pleurer**.
 (**b**) (*Culin*) veal. **escalope/côte/paupiettes de** ~ veal escalope/chop/olives; **foie/pied/tête de** ~ calf's liver/foot/head; **rôti de** ~ roast veal; ~ **marengo** veal marengo; *V* **blanquette**.
 (**c**) (*cuir*) calfskin.
 (**d**) (*péj) (*personne*) sheep; (*cheval*) nag (*péj*); (*automobile*) tank* (*péj*).
vécés* [vese] *nmpl*: **les** ~ the toilet, the restroom (*US*).
vecteur [vɛktœr] **1** *adj m* (*Astron, Géom*) **rayon** ~ radius vector. **2** *nm* (*Math*) vector; (*Mil: véhicule*) carrier; (*Bio: d'un virus*) carrier, vector (?).
vectoriel, -elle [vɛktɔrjɛl] *adj* (*Math*) vectorial. **calcul** ~ vector analysis.
vécu, e [veky] (*ptp de* **vivre**) **1** *adj histoire, aventure* real(-life) (*épith*), true(-life) (*épith*); *roman* real-life (*épith*), based on fact (*attrib*); (*Philos*) *temps, durée* lived.
 2 *nm* (*Philos*) **le** ~ that which has been lived; **ce que le lecteur veut, c'est du** ~ what the reader wants is real-life *ou* actual experience.
vedettariat [vədɛtarja] *nm* (*état*) stardom; (*vedettes*) stars (*pl*). **détester le** ~ **politique** to hate the way politicians try to achieve stardom *ou* the way politicians behave like stars.
vedette [vədɛt] *nf* (a) (*artiste, fig: personnage en vue*) star. **les** ~**s de l'écran/du cinéma** screen/film stars; **une** ~ **de la diplomatie/de la politique** a leading light *ou* figure in diplomacy/politics; (*fig*) **produit-**~ leading product, flagship (*fig*); **station-**~ leading station.
 (**b**) (*Ciné, Théât: première place*) **avoir la** ~ to top the bill, have star billing; (*fig*) **avoir** *ou* **tenir la** ~ (**de l'actualité**) to be in the spotlight, make the headlines; (*fig*) **pendant toute la soirée il a eu la** ~ he was in the limelight *ou* was the centre of attraction all evening; **partager la** ~ **avec qn** (*Théât*) to share star billing with sb, top the bill alongside sb; (*fig*) to share the limelight with sb; **mettre qn en** ~ (*Ciné*) to give sb star billing; (*fig*) to push sb into the limelight, put the spotlight on sb; (*fig*) **ravir la** ~ to steal the show (*à qn* from sb); **en** ~ **américaine** as a special guest star.
 (**c**) (*embarcation*) launch; (*Mil*) patrol boat; (*munie de canons*) gun boat. ~ **lance-torpilles** motor torpedo boat.
 (**d**) (*Mil*††: *guetteur*) sentinel.

vedettisation [vədɛtizasjõ] *nf*: la ~ de qn pushing sb into the limelight, putting the spotlight on sb.

védique [vedik] *adj* Vedic.

védisme [vedism(ə)] *nm* Vedaism.

végétal, e, *mpl* -aux [veʒetal, o] **1** *adj graisses, teintures, huiles* vegetable (*épith*); *biologie, histologie, fibres, cellules* plant (*épith*); *sol* rich in humus; *ornementation* plant-like; *V* **règne. 2** *nm* vegetable, plant.

végétalien, -ienne [veʒetaljɛ̃, jɛn] *adj, nm, f* vegan.

végétalisme [veʒetalism(ə)] *nm* veganism.

végétarien, -ienne [veʒetaʀjɛ̃, jɛn] *adj, nm, f* vegetarian.

végétarisme [veʒetarism(ə)] *nm* vegetarianism.

végétatif, -ive [veʒetatif, iv] *adj* **(a)** (*Bot, Physiol*) vegetative. **(b)** (*fig péj*) vegetative, vegetable (*épith*).

végétation [veʒetasjõ] *nf* **(a)** (*Bot*) vegetation. **(b)** (*Méd*) ~s (**adénoïdes**) adenoids.

végéter [veʒete] (6) *vi* **(a)** (*péj*) [*personne*] to vegetate; [*affaire*] to stagnate. **(b)** (*Agr*) (*être chétif*) to grow poorly, be stunted; (†: *pousser*) to grow, vegetate.

véhémence [veemãs] *nf* (*littér*) vehemence. **protester avec** ~ to protest vehemently.

véhément, e [veemã, ãt] *adj* (*littér*) vehement.

véhémentement [veemãtmã] *adv* (*littér*) vehemently.

véhiculaire [veikylɛʀ] *adj* (*Ling*) **langue** ~ lingua franca, common language.

véhicule [veikyl] *nm* **(a)** (*moyen de transport, agent de transmission*) vehicle. ~ **automobile/utilitaire/industriel** motor/commercial/industrial vehicle; ~ **tout terrain** all-purpose *ou* all-roads vehicle. **(b)** (*fig*) vehicle, medium. **le langage est le** ~ **de la pensée** language is the vehicle *ou* medium of thought.

véhiculer [veikyle] (1) *vt marchandises, troupes* to convey, transport; (*fig*) *substance, idées* to convey, serve as a vehicle for.

veille [vɛj] *nf* **(a)** (*état*) wakefulness; (*période*) period of wakefulness. **en état de** ~ in a waking state, awake; **entre la** ~ **et le sommeil** between waking and sleeping.
   (b) (*garde*) (night) watch. **homme de** ~ (night) watch; **prendre la** ~ to take one's turn on watch.
   (c) (*jour précédent*) **la** ~ the day before; **la** ~ **au soir** the previous evening, the night *ou* evening before; **la** ~ **de Pâques/de cet examen** the day before Easter/that exam; **la** ~ **de Noël/du jour de l'an** Christmas/New Year's Eve; **la** ~ **de sa mort** on the eve of his death, on the day before his death; *V* **demain.**
   (d) (*fig*) **à la** ~ **de** *guerre, révolution* on the eve of; **être à la** ~ **de commettre une grave injustice/une grosse erreur** to be on the brink *ou* verge of committing a grave injustice/of making a big mistake; **ils étaient à la** ~ **d'être renvoyés/de manquer de vivres** they were on the point of being dismissed/of running out of supplies.

veillée [veje] *nf* **(a)** (*période*) evening (*spent in company*); (*réunion*) evening gathering *ou* meeting. **passer la** ~ **à jouer aux cartes** to spend the evening playing cards; **il se souvient de ces** ~s **d'hiver** he remembers those winter evening gatherings; ~ **d'armes** (*Hist*) knightly vigil; (*fig*) night before combat (*fig*).
   (b) ~ (**funèbre**) watch.

veiller [veje] (1) **1** *vi* **(a)** (*ne pas se coucher*) to stay up, sit up. ~ **au chevet d'un malade** to sit up at the bed of a sick person; ~ **auprès du mort** to keep watch over the body.
   (b) (*être de garde*) to be on watch; (*rester vigilant*) to be watchful, be vigilant.
   (c) (*être en état de veille*) to be awake.
   (d) (*faire la veillée*) to spend the evening in company.
   2 *vt mort, malade* to watch over, sit up with. (*fig: obscurité*) **on veille les morts ici!** it's pitch dark in here.
   3 *vt indir* **(a)** **veiller à** *intérêts, approvisionnement* to attend to, see to, look after; *bon fonctionnement, bonne marche de qch* to attend to, see to. ~ **au bon fonctionnement d'une machine** to see to it that a machine is working properly, attend *ou* see to the proper working of a machine; ~ **à ce que ...** to see to it that ..., make sure that ...; **veillez à ce que tout soit prêt** make sure that *ou* ensure that everything is ready; (*fig*) ~ **au grain** to keep an eye open for trouble *ou* problems, look out for squalls (*fig*).
   (b) (*surveiller*) **veiller sur** *personne, santé, bonheur de qn* to watch over, keep a watchful eye on.

veilleur [vɛjœʀ] *nm* **(a)** ~ (**de nuit**) (night) watchman. **(b)** (*Mil*) look-out.

veilleuse [vɛjøz] *nf* **(a)** (*lampe*) night light; (*Aut*) sidelight. **mettre en** ~ *lampe* to dim; (*fig*) **mettre qch en** ~ to shelve sth, go quiet about sth; **se mettre en** ~ to slacken off; **mets-la en** ~**!**‡ cool it!‡ **(b)** (*flamme*) pilot light.

veinard, e* [vɛnaʀ, aʀd(ə)] **1** *adj* lucky, jammy‡ (*Brit*). **2** *nm,f* lucky devil* *ou* dog*, jammy so-and-so‡ (*Brit*).

veine [vɛn] *nf* **(a)** (*Anat*) vein. ~ **coronaire/pulmonaire** coronary/pulmonary vein; ~ **cave** vena cava; ~ **porte** portal vein; (*fig*) **avoir du feu dans les** ~s to have fire in one's veins; *V* **ouvrir, saigner.**
   (b) (*nervure*) vein; (*filon*) [*houille*] seam, vein; [*minerai non ferreux*] vein; [*minerai de fer*] lode, vein.
   (c) (*fig: inspiration*) inspiration. ~ **poétique/dramatique** poetic/dramatic inspiration; **sa** ~ **est tarie** his inspiration has dried up; **de la même** ~ in the same vein; **être en** ~ to be inspired, have a fit of inspiration; **être en** ~ **de patience/bonté/confidences** to be in a patient/benevolent/confiding mood *ou* frame of mind.
   (d) (*: *chance*) luck. **c'est une** ~ that's a bit of luck, what a bit of luck; **un coup de** ~ a stroke of luck; **pas de** ~! hard *ou* bad *ou* rotten* luck!; **avoir de la** ~ to be lucky; **il n'a pas de** ~ (*dans la vie*) he has no luck; (*aujourd'hui*) he's out of luck; **ce type a de la** ~ that fellow's a lucky devil* *ou* dog*; **avoir une** ~ **de cocu**‡ *ou* **pendu*** to

have the luck of the devil*; **il a eu de la** ~ **aux examens** he was lucky *ou* in luck at the exams, his luck was in at the exams; **il n'a pas eu de** ~ **aux examens** he was unlucky in the exams, his luck was out at the exams; (*iro*) **c'est bien ma** ~ that's just my (rotten*) luck; ~ **alors!** what luck!, lucky me!

veiné, e [vene] (*ptp de* **veiner**) *adj* **(a)** *bras, peau* veined, veiny. **bras à la peau** ~**e** arm with the veins apparent on the skin.
   (b) (*fig*) *bois* grained; *marbre* veined. **marbre** ~ **de vert** marble with green veins, green-veined marble.

veiner [vene] (1) *vt* (*pour donner l'aspect du bois*) to grain; (*pour donner l'aspect du marbre*) to vein. **les stries qui veinent une dalle de marbre** the streaks veining the surface of a marble slab; **les nervures qui veinent une feuille** the veins that appear on the surface of a leaf.

veineux, -euse [vɛnø, øz] *adj* **(a)** *système, sang* venous. **(b)** *bois* grainy; *marbre* veined.

veinule [venyl] *nf* (*Anat*) veinlet, venule (*T*); (*Bot*) venule.

veinure [venyʀ] *nf* (*V* **veiner**) graining; veining. **admirant la** ~ **du marbre** admiring the veins *ou* veining of the marble.

vêlage [vɛlaʒ] *nm* (*Géog, Zool*) calving.

vélaire [velɛʀ] *adj, nf*: (**consonne/voyelle**) ~ velar (consonant/vowel).

vélarisation [velaʀizasjõ] *nf* velarization.

vélariser [velaʀize] (1) *vt* to velarize.

velcro [vɛlkʀo] *nm* ® velcro ®.

vêlement [vɛlmã] *nm* = **vêlage.**

vêler [vele] (1) *vi* to calve.

vélin [velɛ̃] *nm* (*peau*) vellum. (**papier**) ~ vellum (paper).

véliplanchiste [veliplãʃist(ə)] *nmf* windsurfer.

vélite [velit] *nm* (*Hist*) ~s velites.

velléitaire [veleitɛʀ] **1** *adj* irresolute, indecisive, wavering (*épith*). **2** *nmf* waverer.

velléité [veleite] *nf* vague desire, vague impulse. **leurs** ~s **révolutionnaires ne m'effrayaient guère** I was scarcely alarmed by their vague desire for revolution *ou* their vague revolutionary impulses; **une** ~ **de sourire/menace** a hint of a smile/threat.

vélo [velo] *nm* bike, cycle. ~ **de course** racing cycle; ~ **de santé,** ~ **d'appartement** exercise bike; ~**-cross** (*Sport*) stunt-riding; (*vélo*) stunt bike; **faire du** ~**-cross** to go stunt-riding; **être à** ~ *ou* **en** ~ to be on a bike; **venir à** *ou* **en** ~ to come by bike *ou* on a bike; **il sait faire du** ~ he can ride a bike; **je fais beaucoup de** ~ I cycle a lot, I do a lot of cycling; **on va faire un peu de** ~ we're going out (for a ride) on our bikes; **à 5 ans il allait déjà à** ~ he could already ride a bike at 5; **on y va à** ~**?** shall we go by bike? *ou* on our bikes?, shall we cycle there?

véloce [velɔs] *adj* (*littér*) swift, fleet (*littér*).

vélocement [velɔsmã] *adv* (*littér*) swiftly, fleetly (*littér*).

vélocipède†† [velɔsipɛd] *nm* velocipede.

vélocité [velɔsite] *nf* **(a)** (*Mus*) nimbleness, swiftness. **exercices de** ~ exercises for the agility of the fingers. **(b)** (*Tech*) velocity; (*littér: vitesse*) swiftness, fleetness (*littér*).

vélodrome [velɔdʀom] *nm* velodrome.

véloski [veloski] *nm* skibob.

vélomoteur [velɔmotœʀ] *nm* motorized bike, velosolex ®.

vélomotoriste [velɔmotɔʀist(ə)] *nmf* rider of a velosolex ®.

velours [v(ə)luʀ] *nm* **(a)** (*tissu*) velvet. ~ **de coton/de laine** cotton/wool velvet; ~ **côtelé** corduroy, cord; ~ **uni** velvet; *V* **jouer, main.**
   (b) (*velouté*) velvet. **le** ~ **de la pêche** the bloom of the peach; **le** ~ **de sa joue** the velvety texture of her cheek, her velvet(y) cheek; **peau/yeux de** ~ velvety skin/eyes; (*fig*) **faire des yeux de** ~ **à qn** to make sheep's eyes at sb; **ce potage/cette crème est un vrai** ~ this soup/cream dessert is velvety-smooth; *V* **œil, patte.**

velouté, e [velute] (*ptp de* **velouter**) **1** *adj* **(a)** (*Tex*) brushed; (*à motifs*) with a raised velvet pattern.
   (b) (*fig: doux*) *joues* velvet (*épith*), velvety, velvet-smooth; *pêche* velvety, downy; *crème, potage* velvety, smooth; *vin* smooth, velvety; *lumière, regard* soft, mellow; *voix* velvet-smooth, mellow.
   2 *nm* **(a)** (*douceur*: *V adj*) velvetiness; smoothness; downiness; softness; mellowness.
   (b) (*Culin*) (*sauce*) velouté sauce; (*potage*) velouté. ~ **de tomates/d'asperges** cream of tomato/asparagus soup.

velouter [velute] (1) **1** *vt* **(a)** (*papier*) to put a velvety finish on. (*fig*) **le duvet qui veloutait ses joues** the down that gave a velvet softness to her cheeks.
   (b) *joues, pêche* to give a velvet(y) texture to; *vin, crème, potage* to make smooth; *lumière, regard* to soften, mellow; *voix* to mellow.
   2 se velouter *vpr* (*V* **velouter**) to take on a velvety texture; to become smooth; to soften; to mellow.

velouteux, -euse [velutø, øz] *adj* velvet-like, velvety.

velu, e [vəly] *adj main* hairy; *plante* hairy, villous (*T*).

vélum, vélum [velɔm] *nm* canopy.

venaison [vənɛzõ] *nf* venison.

vénal, e, *mpl* -aux [venal, o] *adj* **(a)** *personne* venal, mercenary; *activité, affection* venal. **(b)** (*Hist*) *office* venal; *V* **valeur.**

vénalement [venalmã] *adv* venally.

vénalité [venalite] *nf* venality.

venant [v(ə)nã] *nm V* **tout.**

vendable [vãdabl(ə)] *adj* saleable, marketable.

vendange [vãdãʒ] *nf* (*parfois pl: récolte*) wine harvest, grape harvest *ou* picking, vintage; (*raisins récoltés*) grapes (harvested), grape crop; (*pl: période*) grape harvest *ou* picking (time), vintage. **pendant les** ~s during the grape harvest *ou* picking (time), during the vintage; **faire la** ~ *ou* **les** ~s to harvest *ou* pick the grapes.

vendanger [vãdãʒe] (3) **1** *vt vigne* to gather *ou* pick *ou* harvest grapes from; *raisins* to pick, harvest, vintage. **2** *vi* (*faire la* *vendange*) to pick *ou* harvest the grapes; (*presser le raisin*) to press the grapes.

vendangeur, -euse [vãdãʒœʀ, øz] **1** *nm, f* grape-picker, vintager. **2 vendangeuse** *nf* (*fleur*) aster.

vendéen, -enne [vãdeẽ, ɛn] **1** *adj* of *ou* from the Vendée. **2** *nm, f*: V~(ne) inhabitant *ou* native of the Vendée.

vendémiaire [vãdemjɛʀ] *nm* Vendémiaire (*1st month of French Republican calendar*).

venderesse [vãdʀɛs] *nf* vendor.

vendetta [vãdeta] *nf* vendetta.

vendeur [vãdœʀ] *nm* (a) (*dans un magasin*) shop assistant (*Brit*), salesman, salesclerk (*US*); [*grand magasin*] shop assistant (*Brit*), sales assistant, salesman. 'cherchons **2** ~s, rayon librairie' '2 sales assistants required for our book department'.

(b) (*marchand*) seller, salesman. ~ ambulant itinerant *ou* travelling salesman; ~ à la sauvette street hawker; ~ de journaux newsvendor, newspaper seller.

(c) (*Comm: chargé des ventes*) salesman. (*fig*) c'est un excellent ~ he is an excellent salesman, he has a flair for selling.

(d) (*Jur*) vendor, seller; (*Écon*) seller. cette responsabilité incombe au ~ this responsibility falls on the vendor *ou* seller; je ne suis pas ~ I'm not selling; il serait ~ he'd be ready *ou* willing to sell; les pays ~s de cacao the cocoa-selling countries.

vendeuse [vãdøz] *nf* (a) (*dans un magasin*) shop assistant (*Brit*), saleswoman, salesclerk (*US*); [*grand magasin*] shop assistant (*Brit*), sales assistant, saleswoman; (*jeune*) salesgirl. (b) (*marchande*) seller, saleswoman. ~ de poissons/légumes fish/vegetable seller *ou* saleswoman.

vendre [vãdʀ(ə)] (41) **1** *vt* (a) *marchandise, valeurs* to sell (*à* to). ~ qch à qn to sell sb sth *ou* sth to sb; elle vend des foulards à **40 F** she sells scarves for *ou* at 40 francs; il m'a vendu un tableau **900 F** he sold me a picture for 900 francs; l'art de ~ the art of selling; elle vend cher she is expensive *ou* dear (*Brit*), her prices are high; (*Comm*) ces affiches publicitaires font ~ these advertising posters get things sold *ou* are boosting sales; ~ qch aux enchères to sell sth by auction; ~ sa part d'une affaire to sell (out) one's share of a business; (*maison/terrain*) à ~ (house/land) for sale; (*Bible*) ~ son droit d'aînesse pour un plat de lentilles to sell one's birthright for a mess of potage; V crédit, prix *etc*.

(b) (*péj*) *droit, honneur, charge* to sell. ~ son âme/honneur to sell one's soul/honour; ~ son silence to be paid for one's silence; il vendrait (ses) père et mère he would sell his father and mother.

(c) (*fig: faire payer*) ils nous ont vendu très cher ce droit/cet avantage they made us pay dear *ou* dearly for this right/advantage; ~ chèrement sa vie *ou* sa peau* to sell one's life *ou* one's skin dearly.

(d) (*: trahir*) *personne, complice* to sell.

(e) (*loc*) ~ la peau de l'ours (avant de l'avoir tué) to count one's chickens (before they are hatched); ~ la mèche* (*volontairement*) to give the game *ou* show away*; (*involontairement*) to let the cat out of the bag, give the game *ou* show away*.

2 se vendre *vpr* (a) [*marchandise*] to sell, be sold. se ~ à la pièce/douzaine to be sold singly/by the dozen; ça se vend bien/comme des petits pains that sells well/like hot cakes; un ouvrage/auteur qui se vend bien a work/an author that sells well.

(b) (*péj: se laisser corrompre*) to sell o.s. se ~ à un parti/l'ennemi to sell oneself to a party/the enemy.

vendredi [vãdʀədi] *nm* Friday. (*personnage de Robinson Crusoe*) V~ Man Friday; ~ saint Good Friday; c'était un ~ treize it was Friday the thirteenth; *pour autres loc* V samedi.

vendu, e [vãdy] (*ptp de* **vendre**) **1** *adj fonctionnaire, juge* bribed, who has sold himself for money; V adjuger. **2** *nm* (*péj*) Judas, mercenary traitor.

venelle [vənɛl] *nf* alley.

vénéneux, -euse [venenø, øz] *adj* (*lit*) poisonous; (*fig littér*) pernicious, harmful.

vénérable [veneʀabl(ə)] **1** *adj* (*littér, hum: respectable*) venerable; (*hum: très vieux*) *personne* ancient, venerable; *chose* ancient. une automobile d'un âge ~ a motorcar of venerable age, an ancient motorcar. **2** *nm* (*Rel*) Venerable; (*Franc-Maçonnerie*) Worshipful Master.

vénération [veneʀɑsjɔ̃] *nf* (*Rel*) veneration; (*gén: grande estime*) veneration, reverence.

vénérer [veneʀe] (6) *vt* (*Rel*) to venerate; (*gén*) to venerate, revere.

vénerie [venʀi] *nf* (a) (*art*) venery (*T*), hunting. petite ~ small game hunting; grande ~ hunting of larger animals. (b) (*administration*) la ~ the Hunt.

vénérien, -ienne [veneʀjẽ, jɛn] **1** *adj* (a) (*Méd*) venereal. maladies ~nes venereal diseases, V.D., sexually transmitted diseases. (b) (††: *sexuel*) venereal††, sexual. **2** *nm* (*gén pl: malade*) V.D. patient, person with V.D. *ou* venereal disease.

vénér(é)ologie [veneʀ(e)ɔlɔʒi] *nf* venereology.

vénér(é)ologiste [veneʀ(e)ɔlɔʒist(ə)] *nmf* venereologist.

Vénétie [venesi] *nf* Venetia.

veneur [vənœʀ] *nm* (*Hist*) huntsman, venerer††; V grand.

Venezuela [venezɥela] *nm* Venezuela.

vénézuélien, -ienne [venezɥeljẽ, jɛn] **1** *adj* Venezuelan. **2** *nm, f*: V~(ne) Venezuelan.

vengeance [vãʒãs] *nf* (V se venger) vengeance, revenge. tirer ~ de to be avenged for, be revenged for; exercer sa ~ sur to take (one's) vengeance *ou* revenge on; ce forfait crie *ou* demande ~ this crime cries out *ou* demands vengeance *ou* revenge; agir par ~ to act out of revenge; de petites ~s petty acts of vengeance *ou* revenge; une ~ cruelle cruel vengeance *ou* revenge; la ~ divine divine vengeance; (*Prov*) la ~ est un plat qui se mange froid never take revenge in the heat of the moment.

venger [vãʒe] (3) **1** *vt* (a) *personne, honneur, mémoire* to avenge (*de* for).

(b) *injustice, affront* to avenge. rien ne vengera cette injustice nothing will avenge this injustice, there is no revenge for this injustice.

2 se venger *vpr* to avenge o.s., take (one's) revenge *ou* vengeance. se ~ de qn to take revenge *ou* vengeance on sb, get one's own back on sb (*sur qn d'autre* through sb else); se ~ de qch to avenge o.s. for sth, to take one's revenge for sth; je me vengerai I shall be avenged, I shall get *ou* have *ou* take my revenge; (*fig*) il se vengeait par son éclatante santé de la préférence accordée à ses sœurs his radiant health more than avenged him *ou* compensated for the preference shown for his sisters; je n'ai pas pris de fromage mais je me vengerai sur les fruits I haven't had any cheese but I'll make up for it with the fruit.

vengeur, -geresse [vãʒœʀ, ʒʀɛs] **1** *adj personne* (re)vengeful; *bras, lettre, pamphlet* avenging (*épith*). **2** *nm, f* avenger.

véniel, -elle [venjɛl] *adj faute, oubli* venial (*littér*), pardonable, excusable; V péché.

véniellement [venjɛlmã] *adv* venially.

venimeux, -euse [vənimø, øz] *adj* (a) (*lit*) *serpent, piqûre* venomous, poisonous. (b) (*fig*) *personne, voix* venomous, vicious; *remarque, haine* venomous, envenomed, vicious. une langue ~euse a poisonous *ou* venomous *ou* vicious tongue.

venimosité [vənimozite] *nf* venomousness, venom.

venin [vənẽ] *nm* (a) (*lit*) venom, poison. ~ de serpent snake venom; crochets à ~ poison fangs; sérum contre les ~s anti-venom serum.

(b) (*fig*) venom, viciousness. jeter *ou* cracher son ~ to spit out one's venom; répandre son ~ contre qn to pour out one's venom against sb; paroles pleines de ~ venomous *ou* envenomed words, words full of venom *ou* viciousness.

venir [v(ə)niʀ] (22) **1** *vi* (a) (*gén*) to come. ils sont venus en voiture they came by car, they drove (here); ils sont venus par le train they came by train; ils sont venus en avion they came by air, they flew (here); je viens! I'm coming!, I'm on my way!; je viens dans un instant I'm coming *ou* I'll be there in a moment; le voisin est venu the man from next door came round *ou* called; il vint vers moi he came up to *ou* towards me; il venait sur nous sans nous voir/l'air furieux he advanced upon us without seeing us/looking furious; (*s'adresser à*) il est venu à nous plutôt qu'à son supérieur he came to us rather than (to) his superior; il vient chez nous tous les jeudis he comes (round) to our house *ou* to us every Thursday; il ne vient jamais aux réunions he never comes to meetings; je viens de la part de Jules I've come here on behalf of Jules; de la part de qui venez-vous? who asked you to come?, who sent you?, who had you come?; V aller.

(b) faire ~ *médecin, plombier* to call, send for; tu nous as fait ~ pour rien: la réunion n'a pas eu lieu you got us to come *ou* you made us come for nothing — the meeting didn't take place; faire ~ son vin de Provence/ses robes de Paris to have *ou* get one's wine sent from Provence/one's dresses sent from Paris, send to Provence for one's wine/to Paris for one's dresses; on va prendre l'apéritif, ça les fera peut-être ~ we'll have a pre-dinner drink and perhaps that will bring them; ferme la fenêtre tu vas faire ~ les moustiques shut the window or you'll attract the mosquitoes *ou* bring in the mosquitoes; le patron l'a fait ~ dans son bureau the boss called him into his office; ça me fait ~ des démangeaisons it makes me itch.

(c) (*fig*) [*idées, bruit*] to come. mot qui vient sur les lèvres/sous la plume word that comes to the tongue/pen; les idées ne viennent pas the ideas aren't coming; le bruit est venu jusqu'à nous que ... word has reached us *ou* come to us that ...; l'idée lui est venue de ... the idea came *ou* occurred to him to ..., it occurred to him to ...; ça ne me serait pas venu à l'idée *ou* à l'esprit that would never have occurred to me *ou* entered my head, I should never have thought of that; une idée m'est venue (à l'esprit) an idea crossed my mind, an idea occurred to me.

(d) (*survenir*) to come. quand l'aube vint when dawn came; la nuit vient vite night is coming (on) fast; ceci vient à point/mal à propos this comes (along) just at the right/wrong moment; V voir.

(e) (*dans le temps, dans une série*) to come. ça vient avant/après that comes before/after; le moment viendra où ... the time will come when ...; la semaine/l'année qui vient the coming week/year; V venu.

(f) (*se développer*) [*plante*] to come along. cette plante vient bien this plant is coming along *ou* is doing well *ou* nicely.

(g) ~ de (*provenance, cause*) to come from; (*Ling*) to derive from; ils viennent de Paris (*en voyage*) they're coming from Paris; (*par les origines*) they come *ou* are from Paris; les victimes venaient de Lyon the casualties were on their way *ou* were coming from Lyons; ce produit vient du Maroc this product comes from Morocco; l'épée lui vient de son oncle the sword has been passed down to him by his uncle; ces troubles viennent du foie this trouble comes *ou* stems from the liver; ceci vient de son imprudence this is the result of his carelessness, this comes from his carelessness; d'où vient que ...? how is it that ...?, what is the reason that ...?; de là vient que ... the result of this is that ...; d'où vient cette hâte soudaine? what's the reason for this sudden haste?, how come* *ou* why this sudden haste?; ça vient de ce que ... it comes *ou* results *ou* stems from the fact that ... .

(h) (*atteindre*) ~ à (*vers le haut*) to come up to, reach (up to); (*vers le bas*) to come down to, reach (down to); (*en longueur, en superficie*) to come out to, reach; l'eau nous vient aux genoux the water comes up to *ou* reaches (up to) our knees, we are knee-deep in (the) water; il me vient à l'épaule he comes up to my shoulder; sa jupe lui vient aux genoux her skirt comes (down) to *ou* reaches her knees; **la forêt vient jusqu'à la route** the forest comes (right) to *ou* reaches the road.

(i) en ~ à: j'en viens maintenant à votre question/à cet aspect du problème I shall now come *ou* turn to your question/that aspect of the problem; **venons-en au fait** let's get to the point; **j'en viens à la conclusion que ...** I have come to *ou* reached the conclusion that ..., I'm coming to the conclusion that ...; **j'en viens à leur avis** I'm coming round to their opinion; **j'en viens à me demander si ...** I'm beginning to wonder if ...; **il faudra bien en ~ là** we'll have to come *ou* resort to that in the end, that's what it'll come to in the end; **il en est venu à mendier** he was reduced to begging, he had to resort to begging; **il en est venu à haïr ses parents** he has come to loathe his parents, he has got to the stage of loathing his parents; **comment les choses en sont-elles venues là?** how did things come to this? *ou* get to this stage? *ou* get into this state?; **en ~ aux mains** *ou* **coups** to come to blows; **où voulez-vous en ~?** what are you getting *ou* driving at?

(j) y ~: j'y viens, mais ne me brusquez pas I'm coming round to it *ou* to the idea, but don't hustle me; **il faudra bien qu'il y vienne** he'll just have to come round to it.

(k) *(loc)* **~ au monde** to come into the world, be born; **il est allé** *ou* **retourné comme il est venu** he left as he came; *(menace)* **viens-y!** just (you) come here!; *(menace)* **qu'il y vienne!** just let him come!; *(impatience)* **ça vient?** well, when are we getting it?, come on!; **alors ce dossier ça vient?** well, when am I *(ou* are we) getting this file?, how much longer must I *(ou* we *etc)* wait for this file?; **les années/générations à ~** the years/generations to come, future years/generations; **~ à bout de travail** to get through, get to the end of; *adversaire* to get the better of, overcome; *repas, gâteau* to get through; **je n'en viendrai jamais à bout** I'll never manage it, I'll never get through it, I'll never see the end of it.

2 *vb aux* **(a)** *(se déplacer pour)* **je suis venu travailler** I have come to work; **il va ~ la voir** he's going to come to see her; **viens m'aider** come and help me; **après cela ne viens pas te plaindre!** and don't (you) come and complain *ou* come complaining afterwards!

(b) *(passé récent)* **~ de faire** to have just done; **il vient d'arriver** he has just arrived; **elle venait de se lever** she had just got up.

(c) *(éventualité)* **s'il venait à mourir** if he were to die *ou* if he should (happen to) die; **vint à passer un officier** an officer happened to pass by; **s'il venait à passer par là** if he should (happen *ou* chance to) go that way.

3 *vb impers* **(a)** **il vient beaucoup d'enfants** a lot of children are coming, there are a lot of children coming; **il lui est venu des boutons** he came out in spots; **il ne lui viendrait pas à l'idée** *ou* **à l'esprit que ...** it wouldn't occur to him that ..., it wouldn't enter his head that ..., it wouldn't cross his mind that ...

(b) **il vient un temps/une heure où ...** the time/the hour comes when ...

(c) *(éventualité)* **s'il vient à pleuvoir/neiger** if it should (happen to) rain/snow.

4 **s'en venir** *vpr (littér, †)* to come, approach. **il s'en venait tranquillement** he was coming along *ou* approaching unhurriedly; **il s'en vint nous voir** he came to see us.

Venise [vəniz] *n* Venice.

vénitien, -ienne [venisjɛ̃, jɛn] **1** *adj* Venetian; *V* **lanterne, store. 2** *nm, f:* **V~(ne)** Venetian.

vent [vɑ̃] **1** *nm* **(a)** wind. **~ du nord/d'ouest** North/West wind; *(Astron)* **~ solaire** solar wind; **il y a** *ou* **il fait du ~** it is windy, there's a wind blowing; *(lit, fig)* **le ~ tourne** the wind is turning; **un ~ d'orage** a stormy wind; **un ~ à décorner les bœufs** a fierce gale, a howling wind; **un coup** *ou* **une rafale de ~ a emporté son chapeau** a gust of wind carried *ou* blew his hat off; **flotter au ~** to flutter in the wind; *(lit, fig)* **observer d'où vient le ~** to see how the wind blows *ou* (from) which way the wind blows; **être en plein ~** to be exposed to the wind; *V* **coup, moulin, quatre** *etc.*

(b) *(fig: tendance)* **le ~ est à l'optimisme** there is a feeling of optimism, there is optimism in the air; **un ~ de révolte/contestation soufflait** a wind of revolt/protest was blowing.

(c) *(euph, †: gaz intestinal)* wind (U). **il a des ~s** he has wind; **lâcher un ~** to break wind.

(d) *(loc: Chasse, Naut)* **au ~ (de)** to windward (of); **sous le ~ (de)** to leeward (of); **avoir bon ~** to have a fair wind; **bon ~!** *(Naut)* fair journey!; *(*: fichez le camp)* good riddance!; **prendre le ~** *(lit)* to test the wind; *(fig)* to find out *ou* see how the wind blows *ou* (from) which way the wind is blowing *ou* how the land lies; **venir au ~** to turn into the wind; **~ arrière/debout** *ou* **contraire** rear/head wind; **avoir le ~ debout** to head into the wind; **avoir le ~ arrière** *ou* **en poupe** to have the wind astern, sail *ou* run before the wind; *(fig)* **il a le ~ en poupe** he has the wind in his sails; **aller contre le ~** to go into the wind; **chasser au ~** *ou* **dans le ~** to hunt upwind.

(e) *(loc)* **à tous les ~s** *ou* **aux quatre ~s** to the four winds (of heaven), to all (four) points of the compass; **être dans le ~*** to be with it* *ou* hip*, be trendy* *(Brit)*; **il est dans le ~*** he's very with it* *ou* hip*; **une jeune fille/robe dans le ~*** a trendy *(Brit) ou* with it* girl/dress*; *(péj)* **c'est du ~*** it's all wind *ou* hot air*; **avoir ~ de** to get wind of; **ayant eu ~ de sa nomination** having got wind of his nomination; *(gén hum)* **quel bon ~ vous amène?** to what do I *(ou* we) owe the pleasure (of seeing you *ou* of your visit)? *(hum)*; **elle l'a fait contre ~s et marées** she did it against all the odds *ou* despite all the obstacles; **je le ferai contre ~s et marées** I'll do it come hell or high water; **faire du ~** *[éventail]* to create a breeze; *(sur le feu)* to fan the flame, blow up the fire; *(péj: être inefficace)* to make a lot of hot air*; *(être ivre)* **avoir du ~ dans les voiles*** to be half-seas over* *(Brit)*, be tiddly*; **rapide comme le ~** swift as the wind.

2: vent coulis draught.

ventail, *pl* **-aux** [vɑ̃taj, o] *nm* ventail.

vente [vɑ̃t] **1** *nf* **(a)** *(action)* sale. **la ~ de cet article est interdite** the sale of this article is forbidden; **bureau de ~** sales office; **être en ~ libre** *(gén)* to be freely sold, have no sales restrictions; *(sans ordonnance)* to be sold without prescription; **en ~ dès demain** available *ou* on sale (as) from tomorrow; **en ~ dans toutes les pharmacies/chez votre libraire** available *ou* on sale at all chemists/at your local bookshop; **tous les articles exposés sont en ~** all (the) goods on show are for sale; **mettre en ~** *produit* to put on sale; *maison, objet personnel* to put up for sale; **mise en ~** *[maison]* putting up for sale; *[produit]* putting on sale; **les articles en ~ dans ce magasin** the goods on sale in this store; **nous n'en avons pas la ~** we have no demand *ou* sale for that, we can't sell that; **contrat/promesse de ~** sales contract/agreement; *V* **crédit, point¹, sauvette** *etc.*

(b) *(Comm)* *(transaction)* sale. **la ~** *(service)* sales *(pl)*; *(technique)* selling; **avoir l'expérience de la ~** to have sales experience, have experience in selling; **s'occuper de la ~** *(dans une affaire)* to deal with the sales; **il a un pourcentage sur les ~s** he gets a percentage on sales; **directeur/direction/service des ~s** sales director/management/department.

(c) **~ (aux enchères)** *(auction)* sale, auction; **courir les ~s** to do the rounds of the sales *ou* auctions; *V* **hôtel, salle.**

(d) *(Bourse)* selling. **la livre vaut 10 F à la ~** the selling rate for (the pound) sterling is 10 francs.

2: vente par adjudication sale by auction; **vente de charité** charity sale *ou* bazaar, jumble sale, sale of work; **vente par correspondance** mail-order; **vente par courtage** direct selling; **vente à domicile** door-to-door selling; **vente judiciaire** auction by order of the court; **vente paroissiale** church sale *ou* bazaar; **vente publique** public sale; **vente à tempérament** hire purchase *(Brit)*, installment plan *(US)*.

venté, e [vɑ̃te] *(ptp de venter) adj* windswept, windy.

venter [vɑ̃te] **(1)** *vb impers (littér)* **il vente** the wind blows; *V* **pleuvoir.**

venteux, -euse [vɑ̃tø, øz] *adj* windswept, windy.

ventilateur [vɑ̃tilatœʀ] *nm (gén)* fan; *(dans un mur, une fenêtre)* ventilator, fan. **~ électrique** electric fan; **~ à hélice** blade fan; **~ à turbine** turbine ventilator; *V* **courroie.**

ventilation [vɑ̃tilasjɔ̃] *nf* **(a)** *(aération)* ventilation. *(Med)* **~ respiratoire** respiratory ventilation; **il y a une bonne ~ dans cette pièce** this room is well ventilated, this room has good ventilation.

(b) *[sommes]* breaking down; *(Jur: évaluation)* separate valuation. **voici la ~ des ventes pour l'année 1976** here is the breakdown of sales for (the year) 1976.

ventiler [vɑ̃tile] **(1)** *vt* **(a)** *(aérer)* *pièce, tunnel* to ventilate. **pièce bien/mal ventilée** well/poorly ventilated room. **(b)** *(décomposer)* *total, chiffre, somme* to break down; *(Jur)* *produit d'une vente* to value separately. **(c)** *(répartir)* *touristes, élèves* to divide up (into groups).

ventôse [vɑ̃toz] *nm* Ventôse *(6th month of French Republican calendar)*.

ventouse [vɑ̃tuz] *nf* **(a)** *(Méd)* cupping glass. **poser des ~s à qn** to place cupping glasses on sb, cup sb.

(b) *(Zool)* sucker.

(c) *(dispositif adhésif)* suction disc, suction pad; *(pour déboucher)* plunger. **faire ~** to cling, adhere; **porte-savon à ~** suction-grip soap holder, self-adhering soap holder; *V* **voiture.**

(d) *(Tech: ouverture)* airhole, air-vent.

ventral, e, *mpl* **-aux** [vɑ̃tʀal, o] *adj* ventral; *V* **parachute, rouleau.**

ventre [vɑ̃tʀ(ə)] *nm* **(a)** *(abdomen)* stomach, tummy* *(gén langage enfantin)*, belly. **dormir/être étendu sur le ~** to sleep/be lying on one's stomach *ou* front; **avoir/prendre du ~** to have/be getting rather a paunch, have/be getting a bit of a tummy* *ou* belly; **rentrer le ~** to hold *ou* pull in one's stomach; *(fig)* **passer sur le ~ de qn** to ride roughshod over sb, walk over sb; **il faudra me passer sur le ~!** over my dead body!; *V* **bas¹, danse, plat¹.**

(b) *(estomac)* stomach. **avoir le ~ creux** to have an empty stomach; **avoir le ~ plein** to be full; **avoir mal au ~**, **avoir des maux de ~** to have stomach ache *ou* (a) tummy ache*; *(fig)* **ça me ferait mal au ~*** it would sicken me, it would make me sick; *(Prov)* **~ affamé n'a point d'oreilles** words are wasted on a starving man; **le ~ de la terre** the bowels of the earth; *V* **œil, reconnaissance.**

(c) *(utérus)* womb.

(d) *(animal)* (under)belly.

(e) *[cruche, vase]* bulb, bulbous part; *[bateau]* belly, bilge; *[avion]* belly; *V* **atterrissage.**

(f) *(Tech)* **faire ~** *[mur]* to bulge; *[plafond]* to sag, bulge.

(g) *(Phys)* *[onde]* antinode.

(h) *(loc)* **courir** *ou* **aller ~ à terre** to go flat out* *(Brit) ou* at top speed, go hell for leather* *(Brit) ou* hell bent for leather* *(US)*; **nous allons voir s'il a quelque chose dans le ~** we'll see what he's made of, we'll see if he has guts*; **il n'a rien dans le ~** he has no guts*, he's spineless; **chercher à savoir ce que qn a dans le ~** to try and find out what is (going on) in sb's mind; *(fig)* **ouvrir sa montre pour voir ce qu'elle a dans le ~*** to open (up) one's watch to see what it has got inside *ou* what's inside it; *V* **cœur.**

ventrebleu†† [vɑ̃tʀəblø] *excl* gadzooks!††, zounds!††.

ventrée† [vɑ̃tʀe] *nf (repas)* stuffing* (U). **une ~ de pâtes** a good bellyful* of pasta; **ou s'en est mis une bonne ~*** we pigged‡ *ou* stuffed* ourselves on it.

ventre-saint-gris†† [vɑ̃tʀəsɛ̃gʀi] *excl* gadzooks!††, zounds!††.

ventriculaire [vɑ̃tʀikylɛʀ] *adj* ventricular.

ventricule [vɑ̃tʀikyl] *nm* ventricle.

ventrière [vɑ̃tʀijɛʀ] *nf* **(a)** *(sangle)* girth; *(toile de transport)* sling.

(b) *(Constr)* purlin; *(Naut)* bilge block.

ventriloque [vãtʀilɔk] *nmf* ventriloquist. **il est ~** he can throw his voice; (*de profession*) he's a ventriloquist.
ventriloquie [vãtʀilɔki] *nf* ventriloquy, ventriloquism.
ventripotent, e [vãtʀipɔtã, ãt] *adj* potbellied.
ventru, e [vãtʀy] *adj personne* potbellied; *pot, commode* bulbous.
venu, e [v(ə)ny] (*ptp de* **venir**) **1** *adj* (a) (*fondé, placé*) **être bien ~ de** *ou* **à faire** to have (good) grounds for doing; **être mal ~ de** *ou* **à faire** to have no grounds for doing, be in no position to do; **il serait mal ~ de** *ou* **à se plaindre/refuser** he is in no position to complain/refuse, he should be the last to complain/refuse.
   (b) (*à propos*) **bien ~** *événement, question, remarque* timely, apposite; **mal ~** *événement, question* untimely, inapposite, out-of-place (*épith*); **sa remarque était plutôt mal ~e** his remark was rather out of place *ou* uncalled-for, his remark was a bit off*; **un empressement mal ~** unseemly *ou* unfitting haste; **il serait mal ~ de lui poser cette question** it would not be fitting *ou* it would be a bit out of place to ask him (that).
   (c) (*développé*) **bien ~** *enfant* sturdy, sturdily built; *plante, arbre* well-developed, fine; *pièce, œuvre* well-written; **mal ~** *enfant, arbre* stunted.
   (d) (*arrivé*) **tard ~** late; **tôt ~** early; **V** **dernier, nouveau, premier.**
   2 venue *nf* (a) [*personne*] coming. **à l'occasion de sa ~e nous irons ...** when he comes we'll go ... ; **V allée.**
   (b) (*littér: avènement*) coming. **la ~e du printemps/du Christ** the coming of spring/of Christ; **lors de ma ~e au monde** when I came into the world.
   (c) (*loc: littér*) **d'une seule ~e, tout d'une ~e** *arbre* straight-growing (*épith*); **d'une belle ~e** finely *ou* beautifully developed.
Vénus [venys] *nf* (*Astron, Myth*) Venus; (*Zool*) venus. (*fig: femme*) **une ~** a venus, a great beauty; **V mont.**
vêpres [vɛpʀ(ə)] *nfpl* vespers. **sonner les ~** to ring the vespers bell.
ver [vɛʀ] **1** *nm* (*gén*) worm; (*larve*) grub; [*viande, fruits, fromage*] maggot; [*bois*] woodworm (*U*). **mangé** *ou* **rongé aux ~s** worm-eaten; (*Méd*) **avoir des ~s** to have worms; (*Agr*) **mes poireaux ont le ~** my leeks have been eaten *ou* attacked by grubs; (*fig*) **le ~ est dans le fruit** the rot has already set in; **tirer les ~s du nez à qn*** to worm information out of sb; **V nu, piqué.**
   2: ver d'eau caddis worm; **ver blanc** May beetle grub; **ver luisant** glow-worm; **ver de sable** sea slug; **ver à soie** silkworm; **ver solitaire** tapeworm; **ver de terre** (*lit*) earthworm; (*fig péj*) worm.
véracité [veʀasite] *nf* [*rapport, récit, témoin*] veracity (*frm*), truthfulness; [*déclaration, fait*] truth, veracity (*frm*). **raconter qch avec ~** to tell sth truthfully.
véranda [veʀãda] *nf* veranda(h).
verbal, e, *mpl* **-aux** [vɛʀbal, o] *adj* (a) (*oral*) verbal; **V procès, rapport.** (b) (*Ling*) *adjectif, locution* verbal; *système, forme, terminaison* verb (*épith*), verbal. **groupe ~** verb phrase.
verbalement [vɛʀbalmã] *adv* dire, faire savoir verbally, by word of mouth; approuver, donner son accord verbally.
verbalisateur [vɛʀbalizatœʀ] *adj m*: **l'agent ~ devra toujours ...** an officer reporting an offence must always ... ; **l'agent ~ a oublié de ...** the officer who booked* (*Brit*) *ou* reported me (*ou* him *etc*) forgot to ... .
verbalisation [vɛʀbalizasjɔ̃] *nf* (a) (*Police*) reporting (by an officer) of an offence. (b) (*Psych*) verbalization.
verbaliser [vɛʀbalize] (1) **1** *vi* (a) (*Police*) **l'agent a dû ~** the officer had to book* (*Brit*) *ou* report him (*ou* me *etc*). (b) (*Psych*) to verbalize. **2** *vt* (*Psych*) to verbalize.
verbalisme [vɛʀbalism(ə)] *nm* verbalism.
verbe [vɛʀb(ə)] *nm* (a) (*Gram*) verb. **~ défectif/impersonnel** defective/impersonal verb; **~ transitif/intransitif** transitive/intransitive verb; **~ actif/passif** active/passive verb, verb in the active/passive (voice); **~ d'action/d'état** verb of action/state; **~ fort** strong verb; **~ à particule** phrasal verb.
   (b) (*Rel*) **le V~** the Word; **le V~ s'est fait chair** the Word was made flesh.
   (c) (*littér: mots, langage*) language, word. **la magie du ~** the magic of language *ou* the word.
   (d) (*littér: ton de voix*) tone (of voice). **avoir le ~ haut** to speak in a high and mighty tone, sound high and mighty.
verbeusement [vɛʀbøzmã] *adv* verbosely.
verbeux, -euse [vɛʀbø, øz] *adj* verbose, wordy, prolix.
verbiage [vɛʀbjaʒ] *nm* verbiage.
verbosité [vɛʀbozite] *nf* verbosity, wordiness, prolixity.
verdâtre [vɛʀdɑtʀ(ə)] *adj* greenish.
verdeur [vɛʀdœʀ] *nf* (a) (*jeunesse*) vigour, vitality. (b) [*fruit*] tartness, sharpness; [*vin*] acidity. (c) [*langage*] forthrightness.
verdict [vɛʀdik(t)] *nm* (*Jur, gén*) verdict. (*Jur*) **~ de culpabilité/ d'acquittement** verdict of guilty/of not guilty; **rendre un ~** to give a verdict, return a verdict.
verdier [vɛʀdje] *nm* greenfinch.
verdir [vɛʀdiʀ] (2) **1** *vi* to turn *ou* go green. **2** *vt* to turn green.
verdoiement [vɛʀdwamã] *nm* (*état*) verdancy (*littér*), greenness. (*action*) **le ~ des prés au printemps** the greening of the meadows *ou* the verdant hue taken on by the meadows in spring (*littér*).
verdoyant, e [vɛʀdwajã, ãt] *adj* verdant (*littér*), green.
verdoyer [vɛʀdwaje] (8) *vi* (*être vert*) to be verdant (*littér*) *ou* green; (*devenir vert*) to become verdant (*littér*) *ou* green.
verdunisation [vɛʀdynizasjɔ̃] *nf* chlorination.
verduniser [vɛʀdynize] (1) *vt* to chlorinate.
verdure [vɛʀdyʀ] *nf* (a) (*végétation*) greenery (*U*), verdure (*U*) (*littér*). **tapis de ~** greensward (*littér*); **rideau de ~** curtain of greenery *ou* verdure (*littér*); **tapisserie de ~ ou à ~s** verdure (*tapestry*); **je vous mets un peu de ~?** (*pour un bouquet*) shall I put some greenery in for you?; **V théâtre.**
   (b) (*littér: couleur*) verdure (*littér*), greenness.

   (c) (*légumes verts*) green vegetable, greenstuff (*U*).
véreux, -euse [veʀø, øz] *adj* (a) (*lit*) *aliment* maggoty, worm-eaten. (b) (*fig*) *agent, financier* dubious, shady*; *affaire* dubious, fishy*, shady*.
verge [vɛʀʒ(ə)] *nf* (a) (†: *baguette*) stick, cane, rod. (*pour fouetter*) **~s** birch(-rod); **ce serait lui donner des ~s pour nous faire battre** that would be giving him a stick to beat us with. (b) (*Hist: insigne d'autorité*) [*huissier*] wand; [*bedeau*] rod. (c) (*Anat*) penis. (d) (*Tech: tringle*) shank. (e) (*Can*) yard (*0,914 m*).
vergé, e [vɛʀʒe] *adj, nm*: (**papier**) **~** laid paper.
verger [vɛʀʒe] *nm* orchard.
vergeté, e [vɛʀʒəte] *adj* streaked.
vergeture [vɛʀʒətyʀ] *nf* stretch mark.
verglacé, e [vɛʀglase] *adj* icy, iced-over (*attrib*).
verglas [vɛʀgla] *nm* (black) ice (*on road etc*).
vergogne [vɛʀgɔɲ] *nf*: **sans ~** (*adj*) shameless; (*adv*) shamelessly.
vergue [vɛʀg(ə)] *nf* (*Naut*) yard. **grand-~** main yard; **~ de misaine** foreyard; **~ de hune** topsail yard.
véridique [veʀidik] *adj récit, témoignage* truthful, true, veracious (*frm*); *témoin* truthful, veracious (*frm*); *repentir, douleur* genuine, authentic.
véridiquement [veʀidikmã] *adv* truthfully, veraciously (*frm*).
vérifiable [veʀifjabl(ə)] *adj* verifiable. **c'est aisément ~** it can easily be checked.
vérificateur, -trice [veʀifikatœʀ, tʀis] **1** *adj appareil, système* checking (*épith*), verifying (*épith*). *employé* **~** controller, checker.
   2 *nm, f* controller, checker. **~ des douanes** Customs inspector; (*Fin*) **~ des comptes** auditor; (*Can*) **~ général** Auditor General.
   3 vérificatrice *nf* (*Tech*) verifier.
vérificatif, -ive [veʀifikatif, iv] *adj* checking (*épith*).
vérification [veʀifikasjɔ̃] *nf* (a) (*contrôle*) check; (*action:* V **vérifier** a) checking; verifying; verification; ascertaining; auditing. (*opération*) **une** *ou* **plusieurs ~s** one *ou* several checks; **~ faite, il se trouve que ...** on checking, we find that ... ; (*Police*) **~ d'identité** identity check; (*Pol*) **~ du scrutin** *ou* **des votes** scrutiny of votes.
   (b) (*preuve*) proof; (*confirmation*) confirmation; (*action:* V **vérifier** b) establishing; confirming; proving (to be true).
vérifier [veʀifje] (7) **1** *vt* (a) (*contrôler*) *affirmation, fait, récit* to check, verify; *adresse, renseignement* to check; *véracité, authenticité* to ascertain, verify, check; (*Fin*) *comptes* to audit; *poids, mesure, classement* to check. **ne vous faites pas de souci, cela a été vérifié et revérifié** don't worry — it has been checked and double-checked *ou* cross-checked; **vérifie que/si la porte est bien fermée** check that/if the door is properly closed.
   (b) (*confirmer, prouver*) *affirmation, fait* to establish the truth of, confirm (the truth of), prove to be true; *axiome* to establish *ou* confirm the truth of; *témoignage* to establish the truth *ou* veracity (*frm*) of, confirm (the veracity of); *authenticité, véracité* to establish, confirm, prove; *soupçons, conjecture* to bear out, confirm; *hypothèse, théorie* to bear out, confirm, prove. **cet accident a vérifié mes craintes** this accident has borne out *ou* confirmed my fears.
   2 se vérifier *vpr* [*craintes*] to be borne out, be confirmed; [*théorie*] to be borne out, be proved.
vérifieur, -euse [veʀifjœʀ, øz] *nm, f* (*personne*) checker.
vérin [veʀɛ̃] *nm* jack. **~ hydraulique/pneumatique** hydraulic/ pneumatic jack; **monté sur ~** raised on a jack.
véritable [veʀitabl(ə)] *adj* (a) (*authentique*) *cuir, perles, larmes, colère* real, genuine; *argent, or* real; *ami, artiste, vocation* real (*épith*), genuine, true (*épith*). **l'art/l'amour ~ se reconnaît d'emblée** true art/love is immediately recognizable.
   (b) (*épith: vrai, réel*) *identité, raisons* true, real; *nom* real. **la ~ religion/joie** true religion/joy; **sous son jour ~** in its (*ou* his *etc*) true light; **ça n'a pas de ~ fondement** that has no real foundation.
   (c) (*intensif: qui mérite bien son nom*) real. **un ~ coquin** an absolute *ou* a real *ou* a downright rogue; **~ provocation** real *ou* downright *ou* sheer provocation; **c'est une ~ folie** it's absolute *ou* sheer madness; **c'est une ~ expédition/révolution** it's a real *ou* veritable (*frm*) expedition/revolution.
véritablement [veʀitabləmã] *adv* really. **est-il ~ fatigué/ diplômé?** is he really *ou* truly tired/qualified?; **il l'a ~ fait/ rencontré** he actually *ou* really did it/met him; **ce n'est pas truqué: ils traversent ~ les flammes** it isn't fixed — they really *ou* genuinely do go through the flames; **ce n'est pas ~ un roman/ dictionnaire** it's not really *ou* exactly a novel/dictionary, it's not a real *ou* proper novel/dictionary; (*intensif*) **c'est ~ délicieux** it's absolutely *ou* positively *ou* really delicious.
vérité [veʀite] *nf* (a) **la ~** (*connaissance du vrai*) truth; (*conformité aux faits*) the truth; **nul n'est dépositaire de la ~** no one has a monopoly of truth; **la ~ d'un fait/principe** the truth of a fact/ principle; **c'est l'entière ~** it is the whole truth; **c'est la ~ vraie*** it's the honest truth*; **la ~ toute nue** the naked *ou* unadorned truth; **son souci de (la) ~** his desire for (the) truth; **dire la ~** to tell *ou* speak the truth; (*Jur, hum*) **jurez de dire la ~, toute la ~, rien que la ~** do you swear to tell the truth, the whole truth and nothing but the truth?; **la ~, c'est qu'il est paresseux** the truth (of the matter) is, he's lazy, truth is *ou* truth to tell, he's lazy; **la ~ historique/matérielle** historical/material truth; (*Prov*) **la ~ sort de la bouche des enfants** out of the mouths of babes and sucklings (comes forth truth) (*Prov*); (*Prov*) **la ~ n'est pas toujours bonne à dire** the truth is sometimes best left unsaid.
   (b) (*vraisemblance, ressemblance au réel*) [*portrait*] lifelikeness, trueness to life; [*tableau, personnage*] trueness to life. **s'efforcer à la ~ en art** to strive to be true to life in art; **le désespoir de ce peintre était de ne pouvoir rendre la ~ de certains objets** it was the despair of this painter that he was unable to depict the true

nature of certain objects; (*la réalité*) la ~ dépasse souvent ce qu'on imagine (the) truth often surpasses one's imaginings, truth is often stranger than fiction.
  (c) (*sincérité, authenticité*) truthfulness, sincerity. un air/accent de ~ an air/a note of sincerity *ou* truthfulness, a truthful look/note; **ce jeune auteur s'exprime avec une ~ rafraîchissante** this young author expresses himself with refreshing sincerity *ou* truthfulness *ou* openness.
  (d) (*fait vrai, évidence*) truth. une ~ bien sentie a heartfelt truth; ~s éternelles/premières eternal/first truths *ou* verities (*frm*); V quatre.
  (e) (*loc*) en ~ (*en fait*) really, actually; c'est (bien) peu de chose, en ~ it's really *ou* actually nothing very much; (*Bible*) 'en ~ je vous le dis' 'verily I say unto you'; (*frm*) à la ~, en ~ (*à dire vrai*) to tell the truth, truth to tell, to be honest; (*frm*) à la ~ *ou* en ~ il préfère s'amuser que de travailler to tell the truth *ou* truth to tell *ou* to be honest he prefers to enjoy himself rather than work; plus qu'il n'en faut, en ~, pour en causer la ruine in fact *ou* indeed more than enough to cause its downfall; j'étais à la ~ loin de m'en douter to tell the truth *ou* truth to tell I was far from suspecting it; la ~, c'est que je n'en sais rien the truth (of the matter) is that *ou* to tell the truth I know nothing about it.
verjus [vɛʀʒy] *nm* verjuice.
verlan [vɛʀlɑ̃] *nm* (back) slang.
vermeil, -eille [vɛʀmɛj] **1** *adj tissu, objet* vermilion, bright red; *bouche* ruby (*épith*), cherry (*épith*), ruby- *ou* cherry-red; *teint* rosy. **2** *nm* (*métal*) vermeil.
vermicelle [vɛʀmisɛl] *nm* (*souvent pl: pâtes*) ~(s) vermicelli; (potage au) ~(s) vermicelli soup.
vermiculaire [vɛʀmikylɛʀ] *adj* (*Anat*) vermicular, vermiform. appendice ~ vermiform appendix; éminence ~ vermis; contraction ~ peristalsis (*U*).
vermiculé, e [vɛʀmikyle] *adj* vermiculated.
vermiculure [vɛʀmikylyʀ] *nf* (*gén pl*) vermiculation (*U*).
vermiforme [vɛʀmifɔʀm(ə)] *adj* vermiform.
vermifuge [vɛʀmifyʒ] *adj, nm* vermifuge (*T*). poudre ~ worm powder.
vermillon [vɛʀmijɔ̃] **1** *nm* (*poudre*) vermilion, cinnabar. (*couleur*) (rouge) ~ vermilion, scarlet. **2** *adj inv* vermilion, scarlet.
vermine [vɛʀmin] *nf* (a) (*parasites*) vermin (*U*). couvert de ~ crawling with vermin, lice-ridden. (b) († *littér péj: racaille*) vermin; († *péj: vaurien*) knave († *littér*), cur († *littér*).
vermisseau, pl ~**x** [vɛʀmiso] *nm* (*ver*) small worm, vermicule (*T*). (*fig*) un ~ a mere worm.
Vermont [vɛʀmɔ̃] *nm* Vermont.
vermoulu, e [vɛʀmuly] *adj bois* full of woodworm, worm-eaten. **cette commode est** ~**e** there is woodworm in this chest, this chest is full of woodworm *ou* is worm-eaten.
vermoulure [vɛʀmulyʀ] *nf* (*traces*) woodworm (*U*), worm holes (*pl*).
vermout(h) [vɛʀmut] *nm* vermouth.
vernaculaire [vɛʀnakylɛʀ] *adj* vernacular. langue ~ vernacular.
vernal, e, mpl -aux [vɛʀnal, o] *adj* (*littér*) vernal (*littér*).
verni, e [vɛʀni] (*ptp de vernir*) *adj* (a) *bois* varnished; (*fig: luisant*) *feuilles* shiny, glossy. cuir ~ patent leather; souliers ~s patent (leather) shoes; poterie ~e glazed earthenware.
  (b) (*: chanceux*) lucky, jammy‡ (*Brit*). il est ~, c'est un ~ he's lucky *ou* jammy‡ (*Brit*), he's a lucky devil* *ou* dog*.
vernier [vɛʀnje] *nm* vernier (scale).
vernir [vɛʀniʀ] (2) *vt bois, tableau, ongles, cuir* to varnish; *poterie* to glaze. (*Ébénisterie*) ~ au tampon to French polish.
vernis [vɛʀni] *nm* (a) [*bois, tableau, mur*] varnish; [*poterie*] glaze. ~ (à ongles) nail varnish *ou* polish; ~ cellulosique/synthétique cellulose/synthetic varnish; ~ au tampon French polish.
  (b) (*éclat*) shine, gloss. des chaussures d'un ~ éclatant shoes with a brilliant shine *ou* a high gloss (on them).
  (c) (*fig*) veneer (*U*). un ~ de culture a veneer of culture.
vernissage [vɛʀnisaʒ] *nm* (a) (*action: V vernir*) varnishing; glazing; (*V vernisser*) glazing. (b) (*exposition*) private viewing, preview (*at art gallery*).
vernissé, e [vɛʀnise] (*ptp de vernisser*) *adj poterie, tuile* glazed; (*fig: luisant*) *feuillage* shiny, glossy.
vernisser [vɛʀnise] (1) *vt* to glaze.
vernisseur, -euse [vɛʀnisœʀ, øz] *nm,f* [*bois*] varnisher; [*poterie*] glazer.
vérole [veʀɔl] *nf* (a) (*variole*) V petit. (b) (*: syphilis*) pox‡. il a/il a attrapé la ~ he's got/he has caught the pox‡.
vérolé, e‡ [veʀɔle] *adj*: il est ~ he has the pox‡.
véronal [veʀɔnal] *nm* (*Pharm*) veronal.
Vérone [veʀɔn] *n* Verona.
véronique [veʀɔnik] *nf* (*Bot*) speedwell, veronica; (*Tauromachie*) veronica.
Véronique [veʀɔnik] *nf* Veronica.
verrat [veʀa] *nm* boar.
verre [vɛʀ] **1** *nm* (a) (*substance*) glass. ~ moulé/étiré/coulé pressed/cast/drawn glass; cela se casse *ou* se brise comme du ~ it's as brittle as glass; V laine, papier, pâte.
  (b) (*objet*) [*vitre, cadre*] glass; [*lunettes*] lens. mettre qch sous ~ to put sth under glass; ~ grossissant/déformant magnifying/distorting glass; porter des ~s to wear glasses; ~ de contact contact lens.
  (c) (*récipient, contenu*) glass. ~ à bière/liqueur beer/liqueur glass; (*pour une recette*) ajouter un ~ à liqueur de .../un ~ de lait ≃ add two tablespoons of .../one cup of milk; un ~ d'eau/de bière a glass of water/beer; V casser, noyer², tempête.
  (d) (*boisson alcoolique*) drink. payer un ~ à qn to buy *ou* offer sb a drink; boire *ou* prendre un ~ to have a drink; videz vos ~s!

drink up!; un petit ~* a quick one*, a dram* (*Brit*); il est toujours entre deux ~s* he's always on the bottle*; avoir bu un ~ de trop*, avoir un ~ dans le nez* to have had one too many*, have had a drop too much*, have had one over the eight*.
  2: verre armé wired glass; verre ballon balloon glass, brandy glass; verre blanc plain glass; verre cathédrale cathedral glass; verres de contact (souples/durs) (soft/hard) contact lenses; verres correcteurs (de la vue) corrective lenses; verre à *ou* de dégustation wine-tasting glass; verre à dents tooth mug *ou* glass; verre dépoli frosted glass; verre feuilleté laminated glass; verres fumés tinted lenses; verre incassable unbreakable glass; verre de lampe lamp glass, (lamp) chimney; verre de montre watch glass; (*fig*) souple comme un verre de montre stiff as a ramrod, wooden (*fig*); verre à moutarde (glass) mustard jar; verre à pied stemmed glass; verre de sécurité safety glass; verre trempé toughened glass; verre à vin wineglass; verre à vitre window glass; verre à whisky whisky glass *ou* tumbler.
verrerie [vɛʀʀi] *nf* (*usine*) glassworks, glass factory; (*fabrication du verre*) glass-making; (*manufacture d'objets*) glass-working; (*objets*) glassware; (*commerce*) glass trade *ou* industry.
verrier [vɛʀje] *nm* (*ouvrier*) glassworker; (*artiste*) glass artist, artist in glass.
verrière [vɛʀjɛʀ] *nf* (a) (*fenêtre*) [*église, édifice*] window. (b) (*toit vitré*) glass roof. (c) (*paroi vitrée*) glass wall. (d) (*Aviat*) canopy.
verroterie [vɛʀɔtʀi] *nf* glass jewellery. un collier de ~ a necklace of glass beads; bijoux en ~ glass jewellery.
verrou [vɛʀu] *nm* (a) [*porte*] bolt. tire/pousse le ~ unbolt/bolt the door; as-tu mis le ~? have you bolted the door?; (*fig*) mettre qn sous les ~s to put sb under lock and key; être sous les ~s to be behind bars; (*fig*) faire sauter le ~ to break the deadlock.
  (b) (*Tech*) [*aiguillage*] facing point lock; [*culasse*] bolt.
  (c) (*Géol*) constriction.
  (d) (*Mil*) stopper (*in breach*).
  (e) (*Ordin*) lock.
verrouillage [vɛʀujaʒ] *nm* (a) (*action: V verrouiller*) bolting; locking; closing. (*Aut*) ~ automatique des portes central (door) locking. (b) (*dispositif*) locking mechanism.
verrouiller [vɛʀuje] (1) *vt porte* to bolt; *culasse* to lock; (*Mil*) *brèche* to close; (*Ordin*) to lock. (*lit, fig*) ses parents le verrouillent his parents keep him locked in; (*fig*) se ~ chez soi to shut o.s. away at home.
verrouilleur [vɛʀujœʀ] *nm* (*Rugby*) last man in the line-out.
verrue [vɛʀy] *nf* (*lit*) wart, verruca (*T*); (*fig*) eyesore. ~ plantaire verruca; cette usine est une ~ au milieu du paysage this factory is a blot on the landscape *ou* an eyesore in the middle of the countryside.
verruqueux, -euse [vɛʀykø, øz] *adj* warty, verrucose (*T*).
vers¹ [vɛʀ] *prép* (a) (*direction*) toward(s), to. en allant ~ Aix/la gare going to *ou* toward(s) Aix/the station; le lieu ~ lequel il nous menait the place he was leading us to *ou* to which he was leading us; ~ la droite, la brume se levait to *ou* toward(s) the right the mist was rising; ~ la mer se dirigeait ~ la plage the crowd was making for the beach; '~ la plage' 'to the beach'; '~ les bateaux' 'to the boats'; elle fit un pas ~ la fenêtre she took a step toward(s) the window; notre chambre regarde ~ le sud/la colline our bedroom faces *ou* looks south/faces the hills *ou* looks toward(s) the hills; il tendit la main ~ la bouteille he reached out for the bottle, he stretched out his hand toward(s) the bottle; le pays se dirige droit ~ l'abîme the country is heading straight for disaster; c'est un pas ~ la paix/la vérité it's a step toward(s) (establishing) peace/(finding out) the truth; (*titre*) 'V~ une sémantique de l'anglais' 'Towards a Semantics of English'.
  (b) (*aux environs de*) around. ~ Aix que nous avons eu une panne it was (somewhere) near Aix *ou* round about Aix that we broke down; ~ 2.000 mètres l'air est frais at around the 2,000 metres mark *ou* at about 2,000 metres the air is cool.
  (c) (*temps: approximation*) (at) about, (at) around. ~ quelle heure doit-il venir? (at) around *ou* (at) about what time is he due?; elle a commencé à lire ~ 6 ans she started reading at about 6 *ou* around 6; il était ~ (les) 3 heures quand je suis rentré it was about *ou* around 3 when I came home; ~ la fin de la soirée/de l'année toward(s) *ou* going on for (*Brit*) the end of the evening/the year; ~ 1900/le début du siècle toward(s) *ou* about 1900/the turn of the century; ~ ce temps-là at about that time.
vers² [vɛʀ] *nm* (a) (*sg: ligne*) line. au 3e ~ in line 3, in the 3rd line; ~ de dix syllabes, ~ décasyllabe line of ten syllables, decasyllabic line; ~ blancs/libres blank/free verse; un ~ boiteux a short line, a hypometric line (*T*); je me souviens d'un ~ de Virgile I recall a line by Virgil; réciter quelques ~ to recite a few lines of poetry.
  (b) (*pl: poésie*) verse (*U*). ~ de circonstance occasional verse; traduction en ~ verse translation; faire *ou* écrire des ~ to write verse, versify (*péj*); mettre en ~ to put into verse; il fait des ~ de temps en temps he writes a little verse from time to time; écrire des ~ de mirliton to write a bit of doggerel.
Versailles [vɛʀsaj] *n* Versailles.
versant [vɛʀsɑ̃] *nm* [*vallée*] side; [*massif*] slopes (*pl*). les Pyrénées ont un ~ français et un ~ espagnol the Pyrenees have a French side and a Spanish side; le ~ nord/français de ce massif the northern/French slopes of this range.
versatile [vɛʀsatil] *adj* fickle, changeable, capricious.
versatilité [vɛʀsatilite] *nf* fickleness, changeability, capriciousness.
verse [vɛʀs(ə)] *adv*: à ~ in torrents; il pleut à ~ it is pouring down, it's coming down in torrents *ou* in buckets*.
versé, e [vɛʀse] (*ptp de verser*) *adj*: ~/peu ~ dans l'histoire ancienne (well-)versed/ill-versed in ancient history; ~/peu ~

dans l'art de l'escrime (highly) skilled *ou* accomplished/ unaccomplished in the art of fencing; **l'homme le plus ~ de France** dans **l'art chaldéen** the most learned man in France in the field of Chaldean art.

Verseau [vɛrso] *nm* (*Astron*) **le ~** Aquarius, the Water-carrier. **être (du) ~** to be Aquarius *ou* an Aquarian.

versement [vɛrsəmɑ̃] *nm* payment; (*échelonné*) instalment. **le ~ d'une somme sur un compte** the payment of a sum into an account; **~ par chèque/virement** payment by cheque/credit transfer; **en ~s** (**échelonnés**) in *ou* by instalments; **je veux faire un ~ sur mon compte** I want to put some money into my account, I want to make a deposit into my account; **le ~ de ces sommes se fera le mois prochain** these sums will be paid next month; **~ en espèces** cash deposit; **~ à une œuvre** donation to a charity; **un premier ~** *ou* **un ~ initial de 1000 F** a first *ou* an initial payment of 1000 francs.

verser [vɛrse] (1) **1** *vt* (**a**) *liquide, grains* to pour, tip (*dans* into, *sur* onto); (*servir*) *thé, café, vin* to pour (out) (*dans* into). **~ le café dans les tasses** to pour the coffee into the cups; **~ des haricots** (**d'un sac**) **dans un bocal** to pour *ou* tip beans (from a bag) into a jar; **~ du vin à qn** to pour sb some wine; **~ un verre de vin à qn** to pour sb a glass of wine, pour a glass of wine for sb; **verse-lui/-toi à boire pour him/yourself a drink; **veux-tu ~ à boire/le vin s'il te plaît?** will you pour (out) *ou* serve the drinks/the wine please?; V **huile**.

(**b**) (*répandre*) *larmes, sang,* (*littér*) *clarté* to shed; (*déverser*) to pour out, scatter (*sur* onto); (*littér: apporter*) *apaisement etc* to dispense, pour forth (*à qn* to sb). (*tuer*) **~ le sang** to shed *ou* spill blood; **sans ~ une goutte de sang** without shedding *ou* spilling a drop of blood; (*littér, hum*) **~ un pleur/quelques pleurs** to shed a tear/a few tears; **ils versaient des brouettées de fleurs devant la procession** they scattered *ou* strewed barrowfuls of flowers in front of the procession; **drogue qui verse l'oubli** drug which brings oblivion.

(**c**) (*classer*) **~ une pièce à un dossier** to add an item to a file.

(**d**) (*payer: gén, Fin*) to pay. **~ une somme à un compte** to pay a sum of money into an account; **~ des intérêts à qn** to pay sb interest; **~ des arrhes** to put down *ou* pay a deposit; **~ une rente à qn** to pay sb a pension.

(**e**) (*affecter, incorporer*) **~ qn dans** to assign *ou* attach sb to; **se faire ~ dans l'infanterie** to get o.s. assigned *ou* attached to the infantry.

(**f**) (*renverser: plus gén* **faire ~**) *voiture* to overturn; (*coucher*) *blés, plantes* to flatten. **le chauffeur les a versés dans la rivière** the driver tipped them into the river.

2 *vi* (**a**) (*basculer*) [*véhicule*] to overturn. **il va nous faire ~ dans le fossé** he'll tip us into the ditch, we'll end up in the ditch because of him; **il a déjà versé deux fois** he has already overturned twice.

(**b**) (*tomber dans*) **~ dans** *sentimentalité etc* to lapse into.

verset [vɛrsɛ] *nm* (*Rel*) (*passage de la Bible*) verse; (*prière*) versicle; (*Littérat*) verse.

verseur, -euse [vɛrsœr, øz] **1** *adj*: **bec ~** (pouring) lip; **bouchon ~** pour-through stopper; **sucrier ~** sugar dispenser. **2** *nm* (*dispositif*) pourer. **3** **verseuse** *nf* (*cafetière*) coffeepot.

versificateur [vɛrsifikatœr] *nm* writer of verse, versifier (*péj*), rhymester (*péj*).

versification [vɛrsifikasjɔ̃] *nf* versification.

versifier [vɛrsifje] (7) **1** *vt* to put into verse. **une œuvre versifiée** a work put into verse. **2** *vi* to write verse, versify (*péj*).

version [vɛrsjɔ̃] *nf* (**a**) (*Scol: traduction*) translation (*into the mother tongue*), unseen (translation). **~ grecque/anglaise** Greek/ English unseen (translation), translation from Greek/English.

(**b**) (*variante*) [*œuvre, texte*] version. **film en ~ originale** film in the original language *ou* version; **la ~ française du film** the French version of the film; **film italien en ~ française** Italian film dubbed in French; (*Aut*) **~ 4 portes** 4-door model.

(**c**) (*interprétation*) [*incident, faits*] version. **donner sa ~ des faits** to give one's (own) version of the facts.

verso [vɛrso] *nm* back. **au ~** on the back (of the page); **'voir au ~'** 'see over(leaf)'.

verste [vɛrst(ə)] *nf* verst.

vert, verte [vɛr, vɛrt(ə)] **1** *adj* (**a**) (*couleur*) green; **~ de peur** green with fear; (*fig: téléphone*) **numéro ~** (**d'appel gratuit**) Freefone (*Brit*) *ou* toll free (*US*) number; V **feu¹, haricot, tapis** *etc*.

(**b**) (*pas mûr*) *céréale, fruit* unripe, green; *vin* young; (*frais, non séché*) *foin, bois* green. **être au régime ~** to be on a green-vegetable diet *ou* a diet of green vegetables; (*fig: par dépit*) **ils sont trop ~s!** it's sour grapes; V **cuir**.

(**c**) (*fig*) *vieillard* vigorous, sprightly, spry. **au temps de sa verte jeunesse** in the first bloom of his youth.

(**d**) (†: *sévère*) *réprimande* sharp, stiff.

(**e**) *propos, histoire* spicy, saucy. **elle en a vu des vertes et des pas mûres*** she has been through it, she has had a hard time (of it); **il en a dit des vertes (et des pas mûres)*** he said some pretty spicy *ou* saucy things; V **langue**.

(**f**) (*de la campagne*) **tourisme ~** country holidays; **classe ~e** school camp; **l'Europe ~e** European agriculture.

2 *nm* (**a**) (*couleur*) green; (*Golf*) green. **~ olive/pistache/ émeraude** olive/pistachio/emerald(-green); **~ pomme/d'eau/ bouteille** apple-/sea-/bottle-green; **mettre un cheval au ~** to put a horse out to grass *ou* to pasture; (*fig*) **se mettre au ~** [*vacancier*] to take a rest *ou* a refreshing break in the country; [*gangster*] to lie low *ou* hole up for a while in the country; (*Aut*) **passer au ~** to go through on the green light; V **tendre**.

(**b**) (*Pol: écologistes*) **les V~s** the Greens.

3 verte *nf* (†*: absinthe*) absinth(e).

4: vert-de-gris (*nm inv*) verdigris; (*adj inv*) grey(ish)-green;

vert-de-grisé, e *adj, mpl* **vert-de-grisés** coated with verdigris; (*fig*) grey(ish)-green.

vertébral, e, *mpl* -**aux** [vɛrtebral, o] *adj* vertebral; V **colonne**.

vertèbre [vɛrtɛbr(ə)] *nf* vertebra. **se déplacer une ~** to slip a disc, dislocate a vertebra (*T*).

vertébré, e [vɛrtebre] *adj, nm* vertebrate.

vertement [vɛrtəmɑ̃] *adv* *réprimander, répliquer* sharply, in no uncertain terms.

vertex [vɛrtɛks] *nm* (*Anat*) vertex.

vertical, e, *mpl* -**aux** [vɛrtikal, o] **1** *adj* (*gén*) *ligne, plan, éclairage* vertical; *position du corps, station* vertical, upright; V **concentration**.

2 verticale *nf* (**a**) **la ~e** the vertical; **à la ~e** **s'élever, tomber** vertically; **falaise à la ~e** vertical *ou* sheer cliff; **écarté de la ~e** off the vertical.

(**b**) (*ligne, Archit*) vertical line.

3 *nm* (*Astron*) vertical circle.

verticalement [vɛrtikalmɑ̃] *adv* *monter* vertically, straight up; *descendre* vertically, straight down.

verticalité [vɛrtikalite] *nf* verticalness, verticality.

vertige [vɛrtiʒ] *nm* (**a**) (*peur du vide*) le ~ vertigo; **avoir le ~** to suffer from vertigo, get dizzy *ou* giddy; **il eut soudain le ~** *ou* **fut pris soudain de ~** he was suddenly overcome with vertigo *ou* dizziness *ou* giddiness, he suddenly felt dizzy *ou* giddy, he had a sudden fit of vertigo *ou* dizziness *ou* giddiness; **un précipice à donner le ~** a precipice that would make you (feel) dizzy *ou* giddy; **cela me donne le ~** it makes me feel dizzy *ou* giddy, it gives me vertigo.

(**b**) (*étourdissement*) dizzy *ou* giddy spell, dizziness (*U*), giddiness (*U*). **avoir un ~** to have a dizzy *ou* giddy spell *ou* turn; **être pris de ~s** to get dizzy *ou* giddy turns *ou* spells.

(**c**) (*fig: égarement*) fever. **les spéculateurs étaient gagnés par ce ~** the speculators had caught this fever; **le ~ de la gloire** the intoxication of glory; **d'autres, gagnés eux aussi par le ~ de l'expansion ...** others, who had also been bitten by the expansion bug ... *ou* who had also caught the expansion fever ...; **le ~ de la violence** the heady lure of violence.

vertigineusement [vɛrtiʒinøzmɑ̃] *adv*: **~ haut** vertiginously *ou* breathtakingly high, of a dizzy height; **se lancer ~ dans la descente** to plunge into a vertiginous *ou* breathtaking descent; **les prix montent ~** prices are rising at a dizzy *ou* breathtaking rate, prices are rocketing *ou* are going sky-high*; **les cours se sont effondrés ~** stock market prices have dropped at a dizzy *ou* breathtaking rate.

vertigineux, -euse [vɛrtiʒinø, øz] *adj* (**a**) *plongée, descente* vertiginous, breathtaking; *précipice* breathtakingly high; *vitesse, hauteur* breathtaking, dizzy (*épith*), giddy (*épith*). **nous descendions par un sentier ~** we came down by a vertiginous path.

(**b**) (*fig: très rapide*) breathtaking. **une hausse/baisse de prix ~euse** a breathtaking rise/drop in price.

(**c**) (*Méd*) vertiginous.

vertigo [vɛrtigo] *nm* (*Vét*) (blind) staggers.

vertu [vɛrty] *nf* (**a**) (*gén: morale*) virtue. **à la ~ farouche** of fierce virtue; (*fig: personne*) **ce n'est pas une ~** she's no saint *ou* angel, she's no paragon of virtue; **les ~s bourgeoises** the bourgeois virtues; **les (quatre) ~s cardinales** the (four) cardinal virtues; **~s théologales** theological virtues; V **femme, nécessité, prix**.

(**b**) (*littér*) (*pouvoir*) virtue (†, *littér*), power; (*courage*) courage, bravery. **~ magique** magic power; **~ curative** healing virtue.

(**c**) **en ~ de** in accordance with; **en ~ des pouvoirs qui me sont conférés** in accordance with *ou* by virtue of the powers conferred upon me; **en ~ de l'article 4 de la loi** in accordance *ou* compliance with article 4 of the law; **en ~ de quoi je déclare** in accordance with which I declare, by virtue of which I declare.

vertueusement [vɛrtɥøzmɑ̃] *adv* virtuously.

vertueux, -euse [vɛrtɥø, øz] *adj* virtuous.

vertugadin [vɛrtygadɛ̃] *nm* (*Hist: vêtement*) farthingale.

verve [vɛrv(ə)] *nf* (**a**) (*esprit, éloquence*) witty eloquence. **être en ~** to be in brilliant form. (**b**) (*littér: fougue, entrain*) verve, vigour, zest. **la ~ de son style** the verve *ou* vigour of his style.

verveine [vɛrvɛn] *nf* (*plante*) vervain, verbena; (*tisane*) verbena tea; (*liqueur*) vervain liqueur.

vésical, e, *mpl* -**aux** [vezikal, o] *adj* vesical.

vésicant, e [vezikɑ̃, ɑ̃t] *adj* vesicant, vesicatory.

vésicatoire [vezikatwar] **1** *adj* vesicatory. **2** *nm* (*Méd*) vesicatory.

vésiculaire [vezikylɛr] *adj* vesicular.

vésicule [vezikyl] *nf* vesicle. **la ~ (biliaire)** the gall-bladder.

vésiculeux, -euse [vezikylø, øz] *adj* = **vésiculaire**.

vespa [vɛspa] *nf* ® Vespa ®.

vespasienne [vɛspazjɛn] *nf* urinal.

vespéral, e, *mpl* -**aux** [vɛsperal, o] **1** *adj* (*littér*) evening (*épith*). **2** *nm* (*Rel*) vesperal.

vesse [vɛs] *nf* (*Bot*) **~-de-loup** puffball.

vessie [vɛsi] *nf* (*Anat*) bladder, vesica (*T*); (*animale: utilisée comme sac*) bladder. **~ natatoire** swim bladder; **elle veut nous faire prendre des ~s pour des lanternes** she would have us believe that the moon is made of green cheese, she's trying to pull the wool over our eyes.

Vesta [vɛsta] *nf* Vesta.

vestale [vɛstal] *nf* (*Hist*) vestal; (*fig littér*) vestal, vestal virgin.

veste [vɛst(ə)] *nf* jacket. **~ droite/croisée** single-/double-breasted jacket; **~ de pyjama** pyjama jacket *ou* top; **~ d'intérieur** smoking jacket.

(**b**) (***loc*) **retourner sa ~** to turn one's coat, change one's colours; **ramasser** *ou* **prendre une ~** (*gén*) to come a cropper* (*Brit*), fall flat on one's face; (*dans une élection etc*) to be beaten hollow; V **tomber**.

vestiaire [vɛstjɛr] *nm* (**a**) [*théâtre, restaurant*] cloakroom; [*stade,

piscine] changing-room. **la dame du ~** the cloakroom attendant *ou* lady; **réclamer son ~** to get one's belongings out of *ou* collect one's belongings from the cloakroom; **au ~! au ~!* get off!**
    (b) *(meuble)* coat stand, hat stand. *(métallique)* (armoire-)~ locker.
    (c) *(garde-robe)* wardrobe. **un ~ bien fourni** a well-stocked wardrobe.
vestibulaire [vɛstibylɛʀ] *adj* vestibular.
vestibule [vɛstibyl] *nm* **(a)** *[maison]* hall; *[hôtel]* hall, vestibule; *[église]* vestibule. **(b)** *(Anat)* vestibule.
vestige [vɛstiʒ] *nm (objet)* relic; *(fragment)* trace; *[coutume, splendeur, gloire]* vestige, remnant, relic. **~s** *[ville]* remains, vestiges; *[civilisation, passé]* vestiges, remnants, relics; **il avait gardé un ~ de son ancienne arrogance** he had retained a trace *ou* vestige of his former arrogance; **les ~s de leur armée décimée** the remnants of their decimated army; **les ~s de la guerre** the vestiges of war.
vestimentaire [vɛstimɑ̃tɛʀ] *adj:* **dépenses ~s** clothing expenditure, expenditure on clothing; **élégance ~** sartorial elegance; **ces fantaisies ~s n'étaient pas de son goût** these eccentricities of dress were not to his taste; **il se préoccupait beaucoup de détails ~s** he was very preoccupied with the details of his dress.
veston [vɛstɔ̃] *nm* jacket; *V* **complet**.
Vésuve [vezyv] *nm* Vesuvius.
vêtement [vɛtmɑ̃] *nm* **(a)** *(article d'habillement)* garment, item *ou* article of clothing; *(ensemble, combinaison)* set of clothes, clothing *(U)*, clothes *(pl)*; *(frm: de dessus: manteau, veste)* coat. *(Comm: industrie)* **le ~** the clothing industry, the rag trade*, the garment industry *(US)*; **c'est un ~ très pratique** it's a very practical garment *ou* item of clothing *ou* article of clothing; **le ~ anti-g des astronauts** astronauts' anti-gravity clothing *ou* clothes.
    (b) **~s** clothes; **où ai-je mis mes ~s?** where did I put my clothes? *ou* things?*; **emporte des ~s chauds** take (some) warm clothes *ou* clothing; **porter des ~s de sport/de ville** to wear sports/town clothes *ou* sports/town gear*; **acheter des ~s de bébé** to buy baby garments *ou* clothes; **il portait des ~s de tous les jours** he was wearing ordinary *ou* everyday clothes; **~s sacerdotaux** pastoral robes; **~s de travail** working clothes; **~s de deuil** mourning clothes; **~s du dimanche** Sunday clothes, Sunday best *(parfois hum ou péj)*; **~s de dessous** underwear *(U)*, underclothes.
    (c) *(rayon de magasin)* (rayon) **~s** clothing department; **~s pour hommes/dames/enfants** menswear *(U)*/ladies' wear *(U)*/children's wear *(U)*; **~s de sport** sportswear *(U)*; **~s de ski** skiwear *(U)*; **~s de bébé** babywear *(U)*.
    (d) *(parure)* garment *(fig)*. **le style est le ~ de la pensée** style is what clothes thought.
vétéran [veteʀɑ̃] *nm (Mil)* veteran, old campaigner; *(fig)* veteran, old hand, old stager. **un ~ de l'enseignement primaire** a veteran of *ou* an old hand* at primary teaching.
vétérinaire [veteʀinɛʀ] **1** *nm* vet, veterinary surgeon *(Brit)*, veterinarian *(US)*. **2** *adj* veterinary.
vétille [vetij] *nf* trifle, triviality. **ergoter sur des ~s** to quibble over trifles *ou* trivia *ou* trivialities.
vétilleux, -euse [vetijø, øz] *adj* punctilious.
vêtir [vetir] (20) **1** *vt* **(a)** *(habiller)* enfant, miséreux to clothe, dress *(de* in). **(b)** *(revêtir)* uniforme to don *(frm)*, put on.
    2 se vêtir *vpr* to dress (o.s.). **aider qn à se ~** to help sb (to) get dressed; *(littér)* **les monts se vêtaient de pourpre** the mountains were clothed *ou* clad in purple *(littér)*.
vétiver [vetivɛʀ] *nm* vetiver.
veto [veto] *nm (Pol, gén)* veto. **opposer son ~ à qch** to veto sth; **droit de ~** right of veto; **je mets mon ~** I veto that.
vêtu, e [vety] *(ptp de* **vêtir***) adj* dressed. **bien/mal ~** well-/badly-dressed; **court ~e** short-skirted; **à demi-~** half-dressed, half-clad; **~ de** dressed in, wearing; **~e d'une jupe** wearing a skirt, dressed *ou* clad in a skirt, with a skirt on; **~ de bleu** dressed in *ou* wearing blue; *(littér)* **colline ~e des ors de l'automne** hill clad *ou* clothed in the golden hues of autumn *(littér)*.
vétuste [vetyst(ə)] *adj* delapidated, ancient, timeworn.
vétusté [vetyste] *nf [objet]* delapidation, (great) age. **branlant de ~** wobbly with age.
veuf, veuve [vœf, vœv] **1** *adj* **(a)** widowed. **il est deux fois ~** he has been twice widowed, he is a widower twice over; **rester ~/veuve de qn** to be left sb's widower/widow; *(fig)* **ce soir je suis ~/veuve** I'm a bachelor/grass widow tonight.
    (b) *(fig littér)* **~ de** bereft of.
    2 *nm* widower.
    3 veuve *nf (gén)* widow. **défenseur de la veuve et de l'orphelin** defender of the weak and of the oppressed.
veule [vøl] *adj* personne, air spineless.
veulerie [vølʀi] *nf* spinelessness.
veuvage [vœvaʒ] *nm [femme]* widowhood; *[homme]* widowerhood.
veuve [vœv] *V* **veuf.**
vexant, e [vɛksɑ̃, ɑ̃t] *adj* **(a)** *(contrariant)* annoying, vexing. **c'est ~ de ne pas pouvoir profiter de l'occasion** it's annoying *ou* vexing *ou* a nuisance not to be able to take advantage of the situation. **(b)** *(blessant)* paroles hurtful *(pour* to).
vexation [vɛksasjɔ̃] *nf* **(a)** *(humiliation)* (little) humiliation. **essuyer des ~s** to suffer (little) humiliations. **(b)** *(littér, †: exaction)* harassment.
vexatoire [vɛksatwaʀ] *adj* procédés, attitude persecutory, hurtful. **mesures ~s** harassment.
vexer [vɛkse] (1) **1** *vt (offenser)* to hurt, upset, offend. **être vexé par qch** to be hurt by sth, be upset *ou* offended at sth.
    2 se vexer *vpr* to be hurt *(de* by), be *ou* get upset *ou* offended *(de* at). **se ~ d'un rien** to be easily hurt *ou* upset *ou* offended.

V.H.F. [veaʃɛf] *(abrév de* **very high frequency)** VHF. **antenne ~** VHF aerial.
via [vja] *prép* via, by way of.
viabilisé, e [vjabilize] *adj* terrain with services (laid on), serviced. **entièrement ~** fully serviced.
viabiliser [vjabilize] (1) *vt* terrain to service.
viabilité [vjabilite] *nf* **(a)** *[chemin]* practicability. **avec/sans ~ terrain** with/without services (laid on), serviced/unserviced. **(b)** *[organisme, entreprise]* viability.
viable [vjabl(ə)] *adj* situation, enfant, compromis viable.
viaduc [vjadyk] *nm* viaduct.
viager, -ère [vjaʒe, ɛʀ] **1** *adj (Jur)* rente, revenus life *(épith)*, for life *(attrib)*. **à titre ~** for as long as one lives, for the duration of one's life.
    2 *nm (rente)* life annuity; *(bien)* property mortgaged for a life annuity. **mettre/acheter un bien en ~** to sell/buy a property in return for a life annuity.
viande [vjɑ̃d] *nf* **(a)** meat. **~ rouge/blanche** red/white meat; **~ de boucherie** fresh meat, (butcher's) meat; *(charcuterie)* **~s froides** cold meat(s); **~ hachée** minced meat *(Brit)*, ground meat *(US)*, hamburger *(US)*; *V* **plat²**. **(b)** (‡) **montrer sa ~** to bare one's flesh; **amène ta ~!** shift your carcass over here‡; *V* **sac.**
viander (se) [vjɑ̃de] (1) *vpr* to smash o.s. up* *ou* get smashed up* in an accident.
viatique [vjatik] *nm (argent)* money (for the journey); *(provisions)* provisions *(pl)* (for the journey); *(Rel: communion)* viaticum; *(littér: soutien)* (precious) asset. **la culture est un ~** culture is a precious asset.
vibrant, e [vibʀɑ̃, ɑ̃t] *adj* **(a)** *(lit)* corde, membrane vibrating. **(b)** son, voix vibrant, resonant; *(Phonétique)* consonne lateral, vibrant. **voix ~e d'émotion** voice vibrant *ou* resonant with emotion.
    (c) discours (powerfully) emotive; nature emotive. **~ d'émotion contenue** vibrant with suppressed emotion.
vibraphone [vibʀafɔn] *nm* vibraphone, vibes *(pl)*.
vibraphoniste [vibʀafɔnist(ə)] *nmf* vibraphone player, vibes player.
vibrateur [vibʀatœʀ] *nm* vibrator.
vibratile [vibʀatil] *adj* vibratile.
vibration [vibʀasjɔ̃] *nf (gén, Phys)* vibration. **la ~ de sa voix** the vibration *ou* resonance of his voice; **la ~ de l'air (due à la chaleur)** the quivering *ou* shimmering of the air (due to the heat).
vibrato [vibʀato] *nm* vibrato. **jouer qch avec ~** to play sth (with) vibrato.
vibratoire [vibʀatwaʀ] *adj* vibratory.
vibrer [vibʀe] (1) **1** *vi* **(a)** *(gén, Phys)* to vibrate. **faire ~ qch** to cause sth to vibrate, vibrate sth.
    (b) *(d'émotion)* [voix] to quiver, be vibrant *ou* resonant; [passion] to be stirred; [personne, âme] to thrill *(de* with). **~ en écoutant Beethoven** to be stirred when listening to a piece by Beethoven; **faire ~ qn/un auditoire** to stir *ou* thrill sb/an audience, send a thrill through sb/an audience; **~ d'enthousiasme** to be vibrant with enthusiasm; **des accents qui font ~ l'âme** accents which stir *ou* thrill the soul.
    2 *vt (Tech)* béton to vibrate.
vibreur [vibʀœʀ] *nm* vibrator.
vibrion [vibʀijɔ̃] *nm (bacille)* vibrio; *(*: enfant)* fidget*.
vibromasseur [vibʀɔmasœʀ] *nm* vibrator.
vicaire [vikɛʀ] *nm [paroisse]* curate. *[évêque]* **grand ~, ~ général** vicar-general; *[pape]* **~ apostolique** vicar apostolic; **le ~ de Jésus-Christ** the vicar of Christ.
vicariat [vikaʀja] *nm* curacy.
vice [vis] *nm* **(a)** *(défaut moral, mauvais penchant)* vice. *(mal, débauche)* **le ~** vice; *(hum)* **le tabac est mon ~** tobacco is my vice *(hum)*; **elle travaille 15 heures par jour: c'est du ~!*** it's perverted *ou* it's sheer perversion the way she works 15 hours a day like that!; **vivre dans le ~** to live a life of vice; *V* **oisiveté, pauvreté.**
    (b) *(défectuosité)* fault, defect; *(Jur)* defect. **~ de prononciation** fault in pronunciation; **~ de conformation** congenital malformation; **~ de construction** construction fault *ou* defect, fault *ou* defect in construction; *(Jur)* **~ rédhibitoire** redhibitory defect; *(Jur)* **~ de forme** legal flaw *ou* irregularity; **~ caché** latent defect.
vice- [vis] **1** *préf* vice-.
    2: vice-amiral *nm, pl* **vice-amiraux** vice-admiral, rear admiral; **vice-amiral d'escadre** vice-admiral; **vice-chancelier** *nm, pl* **vice-chanceliers** vice-chancellor; **vice-consul** *nm, pl* **vice-consuls** vice-consul; **vice-consulat** *nm, pl* **vice-consulats** vice-consulate; **vice-légat** *nm, pl* **vice-légats** vice-legate; **vice-légation** *nf, pl* **vice-légations** vice-legateship; **vice-présidence** *nf, pl* **vice-présidences** vice-presidency, vice-chairmanship; **vice-président, nm, f, pl** **vice-présidents** vice-president, vice-chairman; **vice-reine** *nf, pl* **vice-reines** lady viceroy, vicereine; **vice-roi** *nm, pl* **vice-rois** viceroy; **vice-royauté** *nf, pl* **vice-royautés** viceroyalty.
vicelard, e‡ [vislaʀ, aʀd(ə)] *adj, nm, f* = **vicieux.**
vicennal, e, *mpl* **-aux** [visenal, o] *adj* vicennial.
vicésimal, e, *mpl* **-aux** [visezimal, o] *adj* vigesimal, vicenary.
vice versa [visevɛʀsa] *adv* vice versa.
vichy [viʃi] *nm* **(a)** *(Tex)* gingham. **(b)** (eau de) **~ vichy** *ou* Vichy water; **~ fraise** strawberry syrup in vichy water; **carottes ~** boiled carrots, carrots vichy; *(Pol)* **le gouvernement de V~** the Vichy government.
vichyssois, e [viʃiswa, waz] *adj* gouvernement Vichy *(épith)*; population of Vichy.
viciation [visjasjɔ̃] *nf (V* **vicier)** pollution; tainting; vitiation *(frm)*; contamination.
vicié, e [visje] *(ptp de* **vicier)** *adj (V* **vicier)** polluted; tainted; vitiated *(frm)*; contaminated.

vicier [visje] (7) *vt* **(a)** *atmosphère* to pollute, taint, vitiate (*frm*); *sang* to contaminate, taint, vitiate (*frm*).
(b) (*fig*) *rapports* to taint; *esprit, atmosphère* to taint, pollute.
(c) (*Jur*) *élection* to invalidate; *acte juridique* to vitiate, invalidate.

vicieusement [visjøzmɑ̃] *adv* (*V* **vicieux**) licentiously; lecherously; pervertedly; nastily*; incorrectly; wrongly.

vicieux, -euse [visjø, øz] **1** *adj* **(a)** (*pervers*) *personne, penchant* licentious, dissolute, lecherous, perverted, depraved. **c'est un petit ~** he's a little lecher.
(b) (*littér: pourri de vices*) *vicious* (*littér*), depraved, vice-ridden.
(c) (*rétif*) *cheval* restive, unruly.
(d) (*trompeur, pas franc*) *attaque, balle* well-disguised, nasty*; *V* **cercle.**
(e) (*fautif*) *prononciation, expression* incorrect, wrong.
2 *nm,f* pervert.

vicinal, e, *mpl* **-aux** [visinal, o] *adj* (*Admin*) **chemin ~** by-road, byway.

vicissitudes [visisityd] *nfpl* (*infortunes*) vicissitudes, tribulations, trials, trials and tribulations; (*littér: variations, événements*) vicissitudes, vagaries. **il a connu bien des ~** he has had many ups and downs *ou* trials and tribulations.

vicomte [vikɔ̃t] *nm* viscount.

vicomté [vikɔ̃te] *nf* viscountcy, viscounty.

vicomtesse [vikɔ̃tɛs] *nf* viscountess.

victime [viktim] *nf* (*gén*) victim; (*accident, catastrophe*) casualty, victim; (*Jur*) aggrieved party, victim. **la ~ du sacrifice** the sacrificial victim; **cet arbre fut la première ~ du froid** this tree was the first casualty *ou* victim of the cold; **entreprise ~ de la concurrence** business which was a victim of competition; **il a été ~ de son imprudence/imprévoyance** he was the victim of his own imprudence/lack of foresight; **être ~ de escroc, crise cardiaque, calomnie** to be the victim of; **l'incendie a fait de nombreuses ~s** the fire claimed many casualties *ou* victims.

victoire [viktwaʀ] *nf* (*gén*) victory; (*Sport*) win, victory. (*Boxe*) **~ aux points** win on points; **~ à la Pyrrhus** Pyrrhic victory; **crier** *ou* **chanter ~** to crow (over one's victory).

Victor [viktɔʀ] *nm* Victor.

Victoria [viktɔʀja] **1** *nf* Victoria. **le lac ~** Lake Victoria.
2 *nm* (*Géog*) Victoria.

victoria [viktɔʀja] *nf* (*Bot, Hist: voiture*) victoria.

victorien, -ienne [viktɔʀjɛ̃, jɛn] *adj* Victorian.

victorieusement [viktɔʀjøzmɑ̃] *adv* (*V* **victorieux**) victoriously; triumphantly.

victorieux, -euse [viktɔʀjø, øz] *adj général, campagne, armée* victorious; *équipe* winning (*épith*), victorious; *parti* victorious; *air, sourire* triumphant.

victuailles [viktɥaj] *nfpl* provisions, victuals.

vidage [vidaʒ] *nm* **(a)** *[récipient]* emptying. **(b)** (*: expulsion*) kicking out*, chucking out*.

vidame [vidam] *nm* (*Hist*) vidame.

vidange [vidɑ̃ʒ] *nf* **(a)** *[fosse, tonneau, réservoir, fosse d'aisance]* emptying; (*Aut*) oil change. **entreprise de ~** sewage disposal business; (*Aut*) **faire la ~** to change the oil, do an *ou* the oil change.
(b) (*matières*) **~s** sewage.
(c) (*dispositif*) *[lavabo]* waste outlet.

vidanger [vidɑ̃ʒe] (3) *vt* **(a)** *réservoir, fosse d'aisance* to empty. **(b)** *huile, eau* to drain (off), empty out.

vidangeur [vidɑ̃ʒœʀ] *nm* cesspool emptier.

vide [vid] **1** *adj* **(a)** (*lit*) (*gén*) empty; (*disponible*) *appartement, siège* empty, vacant; (*Ling*) *élément* empty. **avoir l'estomac** *ou* **le ventre ~** to have an empty stomach; **ne partez pas le ventre ~** don't leave on an empty stomach; (*Comm*) **bouteilles/caisses ~s** empty bottles/cases, empties*; *V* **case, main.**
(b) (*fig*) (*sans intérêt, creux*) *journée, heures* empty; (*stérile*) *discussion, paroles, style* empty, vacuous. **sa vie était ~** his life was empty *ou* a void; **passer une journée ~** to spend a day with nothing to do, spend an empty day; *V* **tête.**
(c) **~ de empty** *ou* **(de)void of; ~ de sens** *mot, expression* meaningless, empty *ou* (de)void of (all) meaning; *paroles* meaningless, empty; **les rues ~s de voitures** the streets empty *ou* devoid of cars; **elle se sentait ~ de tout sentiment** she felt (de)void *ou* empty of all feeling.
2 *nm* **(a)** (*absence d'air*) vacuum. **le ~** absolu an absolute vacuum; **pompe à ~** vacuum pump; **faire le ~ dans un récipient** to create a vacuum in a container; **sous ~** under vacuum; **emballé sous ~** vacuum-packed; **emballage sous ~** vacuum packing; *V* **nature, tube.**
(b) (*trou*) (*entre objets*) gap, empty space; (*Archit*) void. (*Constr*) **~ sanitaire** underfloor space.
(c) (*abîme*) drop. (*l'espace*) **le ~** the void; **être au-dessus du ~** to be over *ou* above a drop; **tomber dans le ~** to fall into empty space *ou* into the void; **j'ai peur/je n'ai pas peur du ~** I am/I am not afraid of heights, I have no head/I have a good head for heights.
(d) (*néant*) emptiness. **le ~ de l'existence** the emptiness of life; **ce lieu n'est que ~ et silence** this place is nothing but emptiness and silence; **regarder dans le ~** to gaze *ou* stare into space *ou* emptiness.
(e) (*fig: manque*) **un ~ douloureux dans son cœur** an aching void in one's heart; **son départ/sa mort laisse un grand ~** his departure/his death leaves a big empty space *ou* a great emptiness; **~ juridique** gap in the law.
(f) (*loc*) **faire le ~ autour de soi** to isolate o.s., drive everyone away; **faire le ~ autour de qn** to isolate sb completely, leave sb on his own; **faire le ~ dans son esprit** to make one's mind a blank; **parler dans le ~** (*sans objet*) to talk vacuously; (*personne n'écoute*) to talk to a brick wall, waste one's breath; *[camion]* **repartir à ~** to

go off again empty; *V* **nettoyage, passage, tourner.**

vide- [vid] *préf V* **vider.**

vidé, e [vide] (*ptp de* **vider**) *adj* (*) *personne* worn out, dead beat*, all in*.

vidéo [video] **1** *adj inv* video. **caméra/jeu/signal ~** video camera/game/signal; **cassette ~** video cassette. **2** *nf* video.

vidéocassette [videokasɛt] *nf* video cassette.

vidéoclip [videoklip] *nm* (*chanson*) video.

vidéoclub [videoklœb] *nm* videoclub.

vidéoconférence [videokɔ̃feʀɑ̃s] *nf* videoconference, teleconference.

vidéodisque [videodisk(ə)] *nm* videodisk.

vidéofréquence [videofʀekɑ̃s] *nf* video frequency.

vidéotex [videotɛks] *adj inv, nm inv* ® videotex ®.

vidéothèque [videotɛk] *nf* video library.

vider [vide] (1) **1** *vt* **(a)** *récipient, réservoir, meuble, pièce* to empty; *étang, citerne* to empty, drain. **~ un appartement de ses meubles** to empty *ou* clear a flat of its furniture; **~ un étang de ses poissons** to empty *ou* clear a pond of fish; **~ un tiroir sur la table/dans une corbeille** to empty a drawer (out) onto the table/into a wastebasket; (*en consommant*) **ils ont vidé 3 bouteilles** they emptied *ou* drained 3 bottles; **il vida son verre et partit** he emptied *ou* drained his glass and left; (*en emportant*) **ils ont vidé tous les tiroirs** they cleaned out *ou* emptied all the drawers.
(b) *contenu* to empty (out). **~ l'eau d'un bassin** to empty the water out of a basin; **va ~ les ordures** go and empty (out) the rubbish; **~ des déchets dans une poubelle** to empty waste into a dustbin.
(c) (*faire évacuer*) *lieu* to empty, clear. **la pluie a vidé les rues** the rain emptied *ou* cleared the streets.
(d) (*quitter*) *endroit, logement* to quit, vacate. **~ les lieux** to quit *ou* vacate the premises.
(e) (*évider*) *poisson, poulet* to gut, clean out; *pomme* to core.
(f) (†: *régler*) *querelle, affaire* to settle.
(g) (*Équitation*) *cavalier* to throw. **~ les arçons/les étriers** to leave the saddle/the stirrups.
(h) (*: expulser*) *trouble-fête, indésirable* to throw out*, chuck out*. **~ qn d'une réunion/d'un bistro** to throw *ou* chuck sb out of a meeting/café*.
(i) (*épuiser*) to wear out. **ce travail m'a vidé** this piece of work has worn me out; **travail qui vous vide l'esprit** occupation that leaves you mentally drained *ou* exhausted.
(j) (*loc*) **~ son sac*** to come out with it*; **~ l'abcès** to root out the evil; **~ son cœur** to pour out one's heart.
2 se vider *vpr* *[récipient, réservoir, bassin]* to empty. **les eaux sales se vident dans l'égout** the dirty water empties *ou* drains into the sewer; **ce réservoir se vide dans un canal** this reservoir empties into a canal; **en août, la ville se vide (de ses habitants)** in August, the town empties (of its habitants).
3: vide-ordures *nm inv* (rubbish) chute; **vide-poches** *nm inv* tidy; (*Aut*) glove compartment; **vide-pomme** *nm, pl* **vide-pommes** apple-corer.

videur, -euse [vidœʀ, øz] *nm,f* (*de boîte de nuit*) bouncer*.

viduité [vidɥite] *nf* (*Jur*) *[femme]* widowhood, viduity (*T*); *[homme]* widowerhood, viduity (*T*). **délai de ~** minimum legal period of widowhood (*ou* widowerhood).

vie [vi] *nf* **(a)** (*gén, Bio, fig*) life. **la ~** life; (*Rel*) **la V ~** the Life; **être en ~** to be alive; **être bien en ~** to be well and truly alive, be alive and kicking*; **donner la ~** to give birth (*à* to); **donner/risquer sa ~ pour** to give/risk one's life for; **rappeler qn à/revenir à la ~** to bring sb back/come back to life; **tôt/tard dans la ~** early/late in life; **attends de connaître la ~ pour juger** wait until you know (something) about life before you pass judgment; **~ intra-utérine** life in the womb, intra-uterine life (*T*); **~ végétative** vegetable existence.
(b) (*animation*) life. **être plein de ~** to be full of life; **donner de la ~ à, mettre de la ~ dans** to liven up, enliven, bring life to; **sa présence met de la ~ dans la maison** he brings some life *ou* a bit of life into the house, he livens the house up.
(c) (*activités*) life. **dans la ~ courante** in everyday life; (*mode de*) **~ way of life, life style; avoir/mener une ~ facile/dure** to have/lead an easy/a hard life; **mener une ~ sédentaire** to have a sedentary way of life *ou* a sedentary life style, lead a sedentary life; **mener joyeuse ~** to have a happy life, lead a happy *ou* lively existence; **la ~ intellectuelle à Paris** the intellectual life of Paris, intellectual life in Paris; **~ sentimentale/conjugale/professionnelle** love/married/professional life; **~ de garçon** bachelor's life *ou* existence (*V* **enterrer**); **la ~ militaire** life in the services; **la ~ d'un professeur n'est pas toujours drôle** a teacher's life *ou* the life of a teacher isn't always much fun; **la ~ des animaux/des plantes** animal/plant life; **il poursuivit sa petite ~** he carried on with his day-to-day existence *ou* his daily affairs; **la ~ (à l')américaine** the American way of life; **~ de bohème/de patachon*** bohemian/disorderly way of life *ou* life style; **mener la ~ de château** to live a life of luxury *ou* the life of Riley*; *V* **certificat, vivre** *etc.*
(d) (*moyens matériels*) living. **(le coût de) la ~** the cost of living; **la ~ augmente** the cost of living is rising *ou* going up; **la ~ chère est la cause du mécontentement** the high cost of living is the cause of discontent; *V* **coût, gagner, niveau.**
(e) (*durée*) life(time). **il a habité ici toute sa ~** he lived here all his life; **des habits qui durent une ~** clothes that last a lifetime; **faire qch une fois dans sa ~** to do sth once in one's life(time); **une telle occasion arrive une seule fois dans la ~** such an opportunity occurs *ou* happens only once in a lifetime.
(f) (*biographie*) life (story). **écrire/lire une ~ de qn** to write/read a life of sb; **j'ai lu la ~ de Hitler** I read Hitler's life story *ou* the

story of Hitler's life; **elle m'a raconté toute sa** ~ she told me her whole life story, she told me the story of her life.

(**g**) *(loc) (nommer qn etc)* **à** ~ for life; **il est nommé à** ~ he is appointed for life, he has a life appointment; **directeur nommé à** ~ life director, director for life; **à la** ~ **à la mort** *amitié, fidélité* undying *(épith)*; **amis à la** ~ **à la mort** friends for life; **entre nous, c'est à la** ~ **à la mort** we have sworn eternal friendship, we are friends for life; **rester fidèle à qn à la** ~ **à la mort** to remain faithful to sb to one's dying day; **il est infirme pour la** ~ he is an invalid for life; **amis pour la** ~ friends for life, lifelong friends; **passer de** ~ **à trépas** to pass on; **faire passer qn de** ~ **à trépas** to dispatch sb into the next world; **une question de** ~ **ou de mort** a matter of life and death; **de ma** ~ **je n'ai jamais vu de telles idioties** never (in my life) have I seen such stupidity, I have never (in my life) seen such stupidity; **c'était la belle** ~! those were the days!; **il a la belle** ~ he has an easy *ou* a cushy* life; **c'est la belle** ~! this is the life!; **ce n'est pas une** ~! it's a rotten* *ou* hard life!; ~ **de bâton de chaise** riotous *ou* wild existence; **c'est une** ~ **de chien!*** it's a rotten *ou* a dog's life!*; **c'est la** ~! that's life!; **la** ~ **est ainsi faite!** such is life!, that's life!; **jamais de la** ~ **je n'y retournerai** I shall never go back there in my life, I shall never go there again, I shall never ever go back there; **jamais de la** ~! never!, not on your life!; **être entre la** ~ **et la mort** to be at death's door; **avoir la** ~ **dure** *[personne, animal]* to have nine lives; *[superstitions]* to die hard; **mener la** ~ **dure à qn** to give sb a hard time of it, make life hard for sb; **sans** ~ *personne (mort)* lifeless; *(évanoui)* insensible; *(amorphe)* lifeless, listless; *regard* lifeless, listless; **vivre sa** ~ to live (one's life) as one pleases *ou* sees fit, live one's own life; **elle a refait sa** ~ **avec lui** she started *ou* made a new life with him; **faire la** ~ *(se débaucher)* to live it up, lead a life of pleasure; *(*: faire une scène)* to kick up* a fuss *ou* a row, make a scene; **chaque fois, elle me fait la** ~ she goes on (and on) at me every time; **il en a fait une** ~ **lorsque ...** he kicked up a real row* *ou* fuss* *ou* made a real scene when ...; **faire une** ~ **impossible à qn** to make sb's life intolerable *ou* impossible (for him); **laisser la** ~ **sauve à qn** to spare sb's life; **il dut à sa franchise d'avoir la** ~ **sauve** he owed his life to his frankness, it was thanks to his frankness that his life was spared; **voir la** ~ **en rose** to see life through rose-tinted *ou* rose-coloured glasses, take a rosy view of life; **ce roman montre la** ~ **en rose** this novel gives a rosy picture *ou* view of life.

vieil [vjεj] *V* **vieux**.

vieillard [vjεjaʀ] *nm* old man, old timer*. **les** ~**s** the elderly, old people *ou* men.

vieille¹ [vjεj] *V* **vieux**.

vieille² [vjεj] *nf (poisson)* wrasse.

vieillerie [vjεjʀi] *nf* **(a)** *(objet)* old-fashioned thing; *(idée)* old *ou* worn-out *ou* stale idea. **aimer les** ~**s** to like old *ou* old-fashioned things *ou* stuff. **(b)** *(littér: cachet suranné)* outdatedness, old-fashionedness.

vieillesse [vjεjεs] *nf* **(a)** *(période)* old age; *(fait d'être vieux)* (old) age. **mourir de** ~ to die of old age; **dans sa** ~ in his old age; *V* **bâton**.
(**b**) *(vieillards)* **la** ~ the old, the elderly, the aged; **aide à la** ~ help for the old *ou* the elderly *ou* the aged; *V* **jeunesse**.
(**c**) *[choses]* age, oldness.

vieilli, e [vjeji] *(ptp de* **vieillir***) adj (marqué par l'âge)* aged, grown old *(attrib)*; *(suranné)* dated. **vin** ~ **dans la cave** wine aged in the cellar; ~ **dans la profession** grown old in the profession; **une ville** ~**e** a town which has aged *ou* grown old; **une population** ~ an ageing *ou* aged population.

vieillir [vjejiʀ] (2) **1** *vi* **(a)** *(prendre de l'âge) [personne, maison, organe]* to grow *ou* get old; *[population]* to age. ~ **dans un métier** to grow old in a job; **savoir** ~ to grow old gracefully; **l'art de** ~ the art of growing old gracefully.
(**b**) *(paraître plus vieux)* to age. **il a vieilli de 10 ans en quelques jours** he aged (by) 10 years in a few days; **je la trouve très vieillie** I find she has aged a lot; **il ne vieillit pas** he doesn't get any older.
(**c**) *(fig: passer de mode) [auteur, mot, doctrine]* to become (out)dated.
(**d**) *(Culin) [vin, fromage]* to age.
2 *vt* **(a)** *[coiffure, maladie]* to age, put years on. **cette coiffure vous vieillit** that hair style ages you *ou* puts years on you *ou* makes you look older.
(**b**) *(par fausse estimation)* ~ **qn** to make sb older than he (really) is; **vous me vieillissez de 5 ans** you're making me 5 years older than I (really) am.
3 se vieillir *vpr* to make o.s. older. **il se vieillit à plaisir** he makes himself older when it suits him.

vieillissant, e [vjejisɑ̃, ɑ̃t] *adj personne* ageing, who is growing old; *œuvre* ageing, which is becoming (out)dated.

vieillissement [vjejismɑ̃] *nm* **(a)** *[personne, population, maison, institution]* ageing. **le** ~ **fait perdre à la peau son élasticité** ageing *ou* the ageing process makes the skin lose its elasticity.
(**b**) *[mot, doctrine, œuvre]* becoming (out)dated. **le** ~ **prématuré d'un auteur** an author's becoming dated before his time.
(**c**) *[vin, fromage]* ageing. ~ **forcé** artificial ageing.

vieillot, -otte [vjεjo, ɔt] *adj* **(a)** *(démodé)* antiquated, quaint.
(**b**) *(vieux)* old-looking.

vielle [vjεl] *nf* hurdy-gurdy *(kind of viol)*.

Vienne [vjεn] *n (en Autriche)* Vienna.

viennois, e [vjεnwa, waz] **1** *adj* Viennese. *V* **pain**. **2** *nm, f:* **V**~**(e)** Viennese.

viennoiserie [vjεnwazʀi] *nf* Viennese bread and buns.

vierge [vjεʀʒ(ə)] **1** *nf* **(a)** *(pucelle)* virgin.
(**b**) *(Rel)* **la (Sainte) V**~ the (Blessed) Virgin; **la V**~ **(Marie)** the Virgin (Mary); *V* **fil**.

(**c**) *(Astron)* **la V**~ Virgo, the Virgin; **être (de la) V**~ to be Virgo *ou* a Virgoan.
2 *adj* **(a)** *personne* virgin *(épith)*. **rester/être** ~ to remain/be a virgin.
(**b**) *ovule* unfertilized.
(**c**) *(fig) feuille de papier* blank, virgin *(épith)*; *film* unexposed; *bande magnétique, disquette d'ordinateur* blank; *casier judiciaire* clean; *terre, neige* virgin *(épith)*; *(Sport) sommet* unclimbed; *V* **huile, laine, vigne** *etc*.
(**d**) *(littér: exempt)* ~ **de** free from, unsullied by; ~ **de tout reproche** free from (all) reproach.

Viet-Nam, Vietnam [vjεtnam] *nm* Vietnam. ~ **du Nord/du Sud** North/South Vietnam.

vietnamien, -ienne [vjεtnamjɛ̃, jεn] **1** *adj* Vietnamese. **2** *nm (Ling)* Vietnamese. **3** *nm, f:* **V**~**(ne)** Vietnamese; **V**~**(ne) du Nord/Sud** North/South Vietnamese.

vieux [vjø], **vieille¹** [vjεj], **vieil** [vjεj] *devant nm commençant par une voyelle ou h muet, mpl* **vieux** [vjø] **1** *adj* **(a)** *(âgé)* old. **très** ~ ancient, very old; **un vieil homme** an old man; **une vieille femme** an old woman; **c'est un homme déjà** ~ he's already an old man; **les vieilles gens** old folk, the aged *ou* elderly; **il est plus** ~ **que moi** he is older than I am; ~ **comme Hérode** *ou* **Mathusalem** *ou* **comme le monde** as old as the hills; **il commence à se faire** ~ he is getting on (in years), he's beginning to grow old *ou* to age; **il est** ~ **avant l'âge** he is old before his time; **sur ses** ~ **jours**, **il était devenu sourd** he had gone deaf in his old age; **un** ~ **retraité** an old pensioner; **il n'a pas fait de** ~ **os** he didn't last *ou* live long; **il n'a pas fait de** ~ **os dans cette entreprise** he didn't last long in that firm; *V* **retraite, vivre**.
(**b**) *(ancien: idée de valeur) demeure, bijoux, meuble* old. **une belle vieille demeure** a fine old house; **un vin** ~ an old wine; **vieilles danses** old dances; ~ **français** Old French; **vieil anglais** Old English.
(**c**) *(expérimenté) marin, soldat, guide* old, seasoned. **un** ~ **renard** a sly old fox *ou* dog; **un** ~ **routier de la politique** a wily old politician, an old hand at politics.
(**d**) *(usé) objet, maison, habits* old. **ce pull est très** ~ this sweater is ancient *ou* very old; ~ **papiers** waste paper; ~ **journaux** old (news)papers; **de vieilles nouvelles** old news.
(**e**) *(avant n: de longue date) ami, habitude, amitié* old, longstanding; *(passé) coutumes* old, ancient. **un vieil ami, un ami de vieille date** a long-standing friend, a friend of long standing; **de vieille race** *ou* **souche** of ancient lineage; **vieille famille** old *ou* ancient family; **connaître qn de vieille date** to have known sb for a very long time; **c'est une vieille histoire** it's an old story; **nous avons beaucoup de** ~ **souvenirs en commun** we have a lot of old memories in common; **c'est la vieille question/le** ~ **problème** it's the same old question/problem; **traîner un** ~ **rhume** to have a cold that is dragging on.
(**f**) *(avant n: de naguère)* old; *(précédent)* old, former, previous. **la vieille génération** the older generation; **mon vieil enthousiasme** my old *ou* former *ou* previous enthusiasm; **ma vieille voiture était plus rapide que la nouvelle** my old *ou* former *ou* previous car was quicker than the new one; **le** ~ **Paris/Lyon** old Paris/Lyons; **dans le bon** ~ **temps** in the good old days *ou* times; **la vieille France/ Angleterre** the France/England of bygone days; **il est de la vieille école** he belongs to *ou* is (one) of the old school; **ses vieilles craintes se réveillaient** his old fears were aroused once more.
(**g**) *(péj: intensif)* **vieille bique‡, vieille peau‡ old bag‡;** *(péj)* ~ **jeton*** *ou* **shnock‡** old misery*; **vieille noix*** (silly) old twit* *ou* **fathead‡; quel** ~ **chameau!*** what an old beast!* *ou* **pig!‡; espèce de** ~ **crétin***! stupid twit*!; **c'est un** ~ **gâteux*** he's an old dodderer*; **n'importe quel** ~ **bout de papier fera l'affaire** any old bit of paper will do; *V* **bon¹**.
2 *nm* **(a)** old man, old timer*. **les** ~ the old *ou* aged *ou* elderly, old people *ou* old folk; **un** ~ **de la vieille*** one of the old brigade; *(père)* **le** ~‡ my *ou* the old man‡; *(parents)* **ses** ~**s** his folks*, his old man and woman *ou* lady‡; **mon (petit)** ~*, **tu vas m'expliquer ça** listen you, you're going to give me an explanation; **alors, (mon)** ~*, **tu viens?** are you coming then, old man?* *ou* old chap?* *(Brit) ou* old boy?* *(Brit) ou* old buddy* *(US)*; **comment ça va, mon** ~?* how are you, old boy?* *(Brit) ou* old buddy?* *(US)*; **tu fais partie des** ~ maintenant you're one of the old folks* now; *V* **petit**.
(**b**) **préférer le** ~ **au neuf** to prefer old things to new; **faire du neuf avec du** ~ to turn old into new; *V* **coup**.
3 vieille *nf* old woman. *(mère)* **la vieille‡** my *ou* the old woman‡ *ou* lady‡; **alors, ma vieille*, tu viens?** are you coming then, old girl?*; *(hum: à un homme)* are you coming then, old man?* *ou* old chap?* *(Brit) ou* old boy?* *(Brit)*; **comment ça va, ma vieille?*** how are you, old girl?*; *V* **petit**.
4 *adv* **vivre** to an old age, to a ripe old age; **s'habiller** old. **elle s'habille trop** ~ she dresses too old (for herself); **ce manteau fait** ~ this coat makes you (look) old.
5: *(péj)* **vieux beau** ageing beau; *(† hum fig)* **vieille branche** old fruit* *(Brit) ou* bean* *(hum)*; **vieille fille** spinster, old maid; **elle est très vieille fille** she is very old-maidish; **vieille France** *adj inv personne, politesse* old-world, old(e)-world(e) *(hum)*; **vieux garçon** bachelor; **des habitudes de vieux garçon** bachelor ways; **la vieille garde** the old guard; **vieux jeu** *adj inv idées* old hat *(attrib)*, outmoded; *personne* behind the times *(attrib)*, old-fashioned, old hat *(attrib)*; *vêtement* old-fashioned, out-of-date *(épith)*, out of date *(attrib)*; **vieilles lunes** olden days; **le Vieux Monde** the Old World; *V* **rose** *ou n, adj inv* old gold; **vieux rose** *adj inv* old rose.

vif, vive¹ [vif, viv] **1** *adj* **(a)** *(plein de vie)* **enfant, personne** lively, vivacious; *mouvement, rythme, style* lively, animated, brisk; *(alerte)* sharp, quick *(attrib)*; *imagination* lively, keen; *intelligence* keen, quick. **il a l'œil** *ou* **le regard** ~ he has a sharp *ou* keen eye; **à l'esprit** ~ quick-witted; **eau vive** running water.

(b) (*brusque, emporté*) *personne* sharp, brusque, quick-tempered; *ton, propos, attitude* sharp, brusque, curt. **il s'est montré un peu ~ avec elle** he was rather sharp *ou* brusque *ou* curt *ou* quick-tempered with her; **le débat prit un tour assez ~** the discussion took on a rather acrimonious tone.

(c) (*profond*) *émotion* keen (*épith*), intense, strong; *souvenirs* vivid; *impression* vivid, intense; *plaisirs, désir* intense, keen (*épith*); *déception* acute, keen (*épith*), intense. **j'ai le sentiment très ~ de l'avoir vexé** I have the distinct feeling that I have offended him, I'm keenly aware of having offended him.

(d) (*fort, grand*) *goût* strong, distinct; *chagrin, regret, satisfaction* deep, great; *critiques, réprobation* strong, severe. **une vive satisfaction** a great *ou* deep feeling of satisfaction, deep *ou* great satisfaction; **une vive impatience** great impatience; **il lui fit de ~s reproches** he severely reprimanded him; **un ~ penchant pour ...** a strong liking *ou* inclination for ...; **à vive allure** at a brisk pace; (*formules de politesse*) **avec mes plus ~s remerciements** with my most profound thanks; **c'est avec un ~ plaisir que ...** it is with very great pleasure that ....

(e) (*cru, aigu*) *lumière, éclat* bright, brilliant; *couleur* vivid, brilliant; *froid* biting, bitter, sharp; *douleur* sharp; *vent* keen, biting, bitter; *ongles, arête* sharp. **l'air ~ les revigorait** the sharp *ou* bracing air gave them new life; **rouge ~** vivid *ou* brilliant red; **il faisait un froid très ~** it was bitterly cold.

(f) (*à nu*) *pierre* bare; *joints* dry.

(g) († : *vivant*) alive. **brûler/enterrer ~ qn** to burn/bury sb alive; **de vive voix** *renseigner, communiquer, remercier* personally, in person; **il vous le dira de vive voix** he'll tell you himself *ou* in person; *V* **chaux, mort², œuvre** *etc.*

2 *nm* (a) (*loc*) **à ~ chair** bared; *plaie* open; **avoir les nerfs à ~** to have frayed nerves, be on edge; **avoir la sensibilité à ~** to be highly strung *ou* very sensitive; **être atteint** *ou* **touché** *ou* **piqué au ~** to be cut *ou* hurt to the quick; **tailler** *ou* **couper** *ou* **trancher dans le ~** (*lit*) to cut into the living flesh; (*fig: prendre une décision*) to take strong *ou* firm action; **entrer dans le ~ du sujet** to get to the heart of the matter; **sur le ~** *peindre, décrire* from life; **prendre qn (en photo) sur le ~** to photograph sb in a real-life situation; **faire un reportage sur le ~** to do a live *ou* on-the-spot broadcast; **les réactions de qn sur le ~** sb's instant *ou* on-the-spot reactions.

(b) (*Pêche*) live bait (*U*). **pêcher au ~** to fish with live bait.

(c) (*Jur: personne vivante*) living person. **donation entre ~s** donation inter vivos; *V* **mort²**.

3: (*Chim*) **vif-argent** *nm inv* quicksilver; (*fig*) **il a du vif-argent dans les veines, c'est du vif-argent** he is a live wire.

vigie [viʒi] *nf* (a) (*Naut*) (*matelot*) look-out, watch; (*poste*) [*mât*] look-out dom, crow's-nest; [*proue*] look-out dom. **être en ~** to be on watch. (b) (*Rail*) **~ de frein** brake cabin.

vigilance [viʒilɑ̃s] *nf* (*V* **vigilant**) vigilance; watchfulness.

vigilant, e [viʒilɑ̃, ɑ̃t] *adj personne, œil* vigilant, watchful; *attention, soins* vigilant.

vigile¹ [viʒil] *nf* (*Rel*) vigil.

vigile² [viʒil] *nm* (*Hist*) watch; (*veilleur de nuit*) (night) watchman; [*police privée*] vigilante.

vigne [viɲ] 1 *nf* (a) (*plante*) vine. (†) **être dans les ~s du Seigneur** to be in one's cups†; *V* **cep, pied**. (b) (*vignoble*) vineyard. **des champs de ~** vineyards; (*activité*) **la ~ rapporte peu** wine-growing is not profitable; **les produits de la ~** the produce of the vineyards; *V* **pêche¹**. 2: **vigne vierge** Virginia creeper.

vigneau, pl ~x [viɲo] *nm* winkle.

vigneron, -onne [viɲrɔ̃, ɔn] *nm,f* wine grower.

vignette [viɲɛt] *nf* (a) (*Art: motif*) vignette.

(b) († : *illustration*) illustration.

(c) (*Comm: timbre*) (manufacturer's) label *ou* seal. (*Aut*) **la ~ (automobile)** ≃ the (road) tax disc (*Brit*), (annual) licence tag (*US*); **~ de la Sécurité sociale** price label on medicines for reimbursement by Social Security.

vignoble [viɲɔbl(ə)] *nm* vineyard. (*ensemble de vignobles*) **le ~ français/bordelais** the vineyards of France/Bordeaux.

vignot [viɲo] *nm* = **vigneau**.

vigogne [vigɔɲ] *nf* (*Zool*) vicuna; (*Tex*) vicuna (wool).

vigoureusement [viguʀøzmɑ̃] *adv taper, frotter* vigorously, energetically; *protester, résister* vigorously; *peindre, écrire* vigorously, with vigour. **plante qui pousse ~** plant that grows vigorously *ou* sturdily.

vigoureux, -euse [viguʀø, øz] *adj* (a) (*robuste*) *personne* sturdy, vigorous; *corps* robust, vigorous; *bras* sturdy, strong; *mains* strong, powerful; *santé* robust; *plante* vigorous, sturdy, robust. **manier la hache d'un bras ~** to wield the axe with vigour, wield the axe vigorously; **il est encore ~ pour son âge** he's still hale and hearty *ou* still vigorous for his age.

(b) (*fig*) *esprit* vigorous; *style, dessin* vigorous, energetic; *sentiment, passion* vigorous; *résistance, protestations* vigorous, strenuous. **donner de ~ coups de poing à qch** to deal sth sturdy *ou* strong *ou* energetic blows.

vigueur [vigœʀ] *nf* (a) (*robustesse: V* **vigoureux**) sturdiness; vigour; robustness; strength. **sans ~** without vigour; **dans toute la ~ de la jeunesse** in the full vigour of youth; **se débattre avec ~** to defend o.s. vigorously *ou* with vigour; **donner de la ~ à** to invigorate.

(b) (*spirituelle, morale*) vigour, strength; [*réaction, protestation*] vigour, vigorousness. **~ intellectuelle** intellectual vigour; **s'exprimer/protester avec ~** to express o.s./protest vigorously.

(c) (*fermeté*) [*coloris, style*] vigour, energy.

(d) **en ~** *loi, dispositions* in force; *terminologie, formule* current, in use; **entrer en ~** to come into force *ou* effect; **en ~ depuis hier** in force as of *ou* from yesterday; **faire entrer en ~** to bring into force *ou* effect *ou* operation; **cesser d'être en ~** to cease to apply.

Viking [vikiŋ] *nm* Viking.

vil, e [vil] *adj* (a) (*littér: méprisable*) vile, base. (b) († : *non noble*) low(ly). (c) († : *sans valeur*) *marchandises* worthless, cheap. **métaux ~s** base metals. (d) **à ~ prix** at a very low price.

vilain, e [vilɛ̃, ɛn] 1 *adj* (a) (*laid à voir*) *personne, visage* plain(-looking), ugly(-looking); *vêtement* ugly, unattractive; *couleur* nasty. **elle n'est pas ~e** she's not bad-looking, she's not unattractive; **le V~ petit canard** the Ugly Duckling; (*fig*) **1000 F d'augmentation, ce n'est pas ~** 1000 francs rise — that's not bad.

(b) (*mauvais*) *temps* nasty, bad, lousy*; *odeur* nasty, bad. **il a fait ~ toute la semaine*** it has been nasty *ou* lousy* (weather) all week.

(c) (*grave, dangereux*) *blessure, affaire* nasty, bad. **une ~e plaie** a nasty wound; *V* **drap**.

(d) (*méchant*) *action, pensée* wicked; *enfant, conduite* naughty, bad. **~s mots** naughty *ou* wicked words; **c'est un ~ monsieur** *ou* **coco*** he's a nasty customer *ou* piece of work* (*Brit*); **il a été ~** he was a naughty *ou* bad boy (*avec* with); **il a été ~ au cinéma/avec sa grand-mère** he was naughty at the cinema/with his grandmother; **jouer un ~ tour à qn** to play a nasty *ou* naughty trick on sb.

2 *nm* (a) (*Hist*) villein, villain.

(b) (*méchant*) (*garçon*) naughty *ou* bad boy. **oh le (gros) ~!** what a naughty boy (you are)!

(c) (*: loc*) **il va y avoir du ~**, **ça va tourner au ~**, **ça va faire du ~** it's going to turn nasty.

3 **vilaine** *nf* (*méchant*) naughty *ou* bad girl. **oh la (grosse) ~e!** what a naughty girl (you are)!

vilainement [vilɛnmɑ̃] *adv* wickedly.

vilebrequin [vilbʀəkɛ̃] *nm* (*outil*) (bit-)brace; (*Aut*) crankshaft.

vilement [vilmɑ̃] *adv* (*littér*) vilely, basely.

vilenie [vilni] *nf* (*caractère*) vileness, baseness; (*acte*) villainy, vile *ou* base deed.

vilipender [vilipɑ̃de] (1) *vt* (*littér*) to revile, vilify, inveigh against.

villa [vila] *nf* villa, (detached) house. (*Antiq*) **les ~s romaines** Roman villas.

village [vilaʒ] *nm* (*bourg, habitants*) village. **~ de toile** tent village, holiday encampment (*Brit*); **~ de vacances** holiday (*Brit*) *ou* vacation (*US*) village; *V* **idiot**.

villageois, e [vilaʒwa, waz] 1 *adj atmosphère, coutumes* village (*épith*), rustic (*épith*). **un air ~** a rustic air. 2 *nm* (*résident*) villager, village resident; († : *campagnard*) countryman. 3 **villageoise** *nf* villager, village resident; countrywoman.

ville [vil] 1 *nf* (a) (*cité, habitants*) town; (*plus importante*) city. **en ~**, **à la ~** in town, in the city; **aller en ~** to go into town; **habiter la ~** to live in a town *ou* city; **sa ~ d'attache était Genève** the town he had most links with was Geneva, Geneva was his home-base; *V* **centre, hôtel, sergent¹**.

(b) (*quartier*) **~ basse/haute** lower/upper (part of the) town; **vieille ~** old (part of) town; **~ arabe/européenne** Arab/European quarter.

(c) (*municipalité*) ≃ local authority, town *ou* city council. **dépenses assumées par la ~** local authority spending *ou* expenditure.

(d) (*vie urbaine*) **la ~** town *ou* city life, the town *ou* city; **aimer la ~** to like town *ou* city life *ou* the town *ou* city; **les gens de la ~** townspeople, townsfolk, city folk; **vêtements de ~** town wear *ou* clothes.

2: **ville champignon** mushroom town; **ville d'eaux** spa (town); **la Ville éternelle** the Eternal City; **ville forte** fortified town; **ville industrielle** industrial town *ou* city; **la Ville lumière** the City of Light, Paris; **Ville sainte** Holy City; **ville satellite** satellite town; **ville universitaire** university town *ou* city.

villégiature [vileʒjatyʀ] *nf* (a) (*séjour*) holiday (*Brit*), vacation (*US*). **être en ~ quelque part** to be on holiday (*Brit*) *ou* vacation (*US*) *ou* to be holidaying (*Brit*) *ou* vacationing (*US*) somewhere; **aller en ~ dans sa maison de campagne** to go for a holiday (*Brit*) *ou* vacation (*US*) *ou* to holiday (*Brit*) *ou* vacation (*US*) in one's country cottage.

(b) (*lieu de*) **~** (holiday (*Brit*) *ou* vacation (*US*)) resort.

villeux, -euse [vilø, øz] *adj* villous.

villosité [vilozite] *nf* villosity.

vin [vɛ̃] *nm* (a) wine. **~ blanc/rouge/rosé** white/red/rosé wine; **~ mousseux/de liqueur/de coupage** sparkling/fortified/blended wine; **~ ordinaire** *ou* **de table/de messe** ordinary *ou* table/altar *ou* communion wine; **~ nouveau** new wine; **grand/petit ~** vintage/local wine; **~ chaud** mulled wine; **~ cuit** liqueur wine; *V* **lie, quand** *etc.*

(b) (*réunion*) **~ d'honneur** reception (*where wine is served*).

(c) (*liqueur*) **~ de palme/de canne** palm/cane wine.

(d) (*loc*) **être entre deux ~s** to be tipsy; **avoir le ~ gai/triste/mauvais** to get happy/get depressed/turn nasty when one has had a drink *ou* after a few glasses (of wine *etc*).

vinaigre [vinɛgʀ(ə)] *nm* vinegar. **~ de vin/d'alcool** wine/spirit vinegar; (*fig*) **tourner au ~** to turn sour; (*fig*) **faire ~*** to hurry up, get a move on; *V* **mère, mouche**.

vinaigrer [vinegʀe] (1) *vt* to season with vinegar. **salade trop vinaigrée** salad with too much vinegar (on it).

vinaigrerie [vinegʀəʀi] *nf* (*fabrication*) vinegar-making; (*usine*) vinegar factory.

vinaigrette [vinegʀɛt] *nf* French dressing, vinaigrette, oil and vinegar dressing. **tomates (en** *ou* **à la) ~** tomatoes in French dressing *ou* in oil and vinegar dressing, tomatoes (in) vinaigrette.

vinaigrier [vinegʀije] *nm* (a) (*fabricant*) vinegar-maker; (*commerçant*) vinegar dealer. (b) (*flacon*) vinegar cruet *ou* bottle.

vinasse [vinas] *nf* (*péj*) plonk* (*Brit péj*), cheap wine; (*Tech*) vinasse.

Vincent [vɛ̃sɑ̃] *nm* Vincent.

vindicatif, -ive [vɛ̃dikatif, iv] *adj* vindictive.

vindicte [vɛ̃dikt(ə)] *nf (Jur)* ~ **publique** prosecution and conviction; **désigner qn à la** ~ **publique** to expose sb to public condemnation.

vineux, -euse [vinø, øz] *adj* **(a)** *couleur, odeur, goût* win(e)y, of wine; *pêche* wine-flavoured, that tastes win(e)y; *haleine* wine-laden *(épith)*, that smells of wine; *teint* (cherry-)red. **d'une couleur ~euse** wine-coloured, win(e)y-coloured, the colour of wine; **rouge** ~ wine-red, win(e)y red. **(b)** *(Tech)* full-bodied. **(c)** (†: *riche en vin*) **coteaux** ~ vine-covered hills; **une région ~euse** a rich wine-growing area.

vingt [vɛ̃] [(vɛ̃t] *en liaison et dans les nombres de 22 à 29)* **1** *adj inv*, *nm inv* twenty. **je te l'ai dit** ~ **fois** I've told you a hundred times; **il n'avait plus son cœur/ses jambes de** ~ **ans** he no longer had the heart/legs of a young man *ou* of a twenty-year-old; ~ **dieux!** ye gods!; **il mérite** ~ **sur** ~ he deserves full marks; *pour autres loc V* **six, soixante**.

2: vingt-deux *adj inv, nm inv* twenty-two; **vingt-deux*!** watch out!; **vingt-deux (voilà) les flics!‡** watch out! it's the fuzz!‡; **vingt-quatre heures** twenty-four hours; **vingt-quatre heures sur vingt-quatre** round the clock, twenty-four hours a day; **vingt-et-un** *(nombre)* twenty-one; *(jeu)* **le vingt-et-un** blackjack, pontoon, vingt-et-un, twenty-one *(US)*.

vingtaine [vɛ̃tɛn] *nf*: **une** ~ about twenty, twenty or so, (about) a score; **une** ~ **de personnes** (about) a score of people, twenty people or so, about twenty people; **un jeune homme d'une** ~ **d'années** a young man of around *ou* about twenty *ou* of twenty or so.

vingtième [vɛ̃tjɛm] **1** *adj* twentieth. **la** ~ **partie** the twentieth part; **au** ~ **siècle** in the twentieth century. **2** *nm* twentieth, twentieth part.

vingtièmement [vɛ̃tjɛmmɑ̃] *adv* in the twentieth place.

vinicole [vinikɔl] *adj industrie* wine *(épith)*; *région* wine-growing *(épith)*, wine-producing; *établissement* wine-making *(épith)*.

vinifère [vinifɛʀ] *adj* viniferous.

vinification [vinifikɑsjɔ̃] *nf [raisin]* wine-making (process), wine production; *[sucres]* vinification.

vinifier [vinifje] (7) *vt moût* to convert into wine.

vinyle [vinil] *nm* vinyl.

vinylique [vinilik] *adj (peinture)* vinyl *(épith)*.

vioc‡ [vjɔk] *nmf* = **vioque‡**.

viol [vjɔl] *nm [femme]* rape; *[temple]* violation, desecration. **au ~!** rape!

violacé, e [vjɔlase] *(ptp de* **violacer***)* **1** *adj* purplish, mauvish. **2 violacée** *nf (Bot)* **les ~es** the violaceae.

violacer [vjɔlase] (3) **1** *vt* to make *ou* turn purple *ou* mauve. **2 se violacer** *vpr* to turn *ou* become purple *ou* mauve, take on a purple hue *(littér)*.

violateur, -trice [vjɔlatœʀ, tʀis] *nm,f* **(a)** *(profanateur) [tombeau]* violator, desecrator; *[lois]* transgressor. **(b)** (††) *[femme]* ravisher *(littér)*.

violation [vjɔlɑsjɔ̃] *nf (V* **violer***)* violation; breaking; transgression; infringement; desecration. *(Jur)* ~ **de domicile** forcible entry *(into a person's home)*; *(Jur)* ~ **du secret professionnel** breach *ou* violation of professional secrecy; *(Jur)* ~ **de sépulture** violation *ou* desecration of graves.

violâtre [vjɔlɑtʀ] *adj* purplish, mauvish.

viole [vjɔl] *nf* viol. ~ **d'amour** viola d'amore; ~ **de gambe** viola da gamba, bass viol.

violemment [vjɔlamɑ̃] *adv* violently.

violence [vjɔlɑ̃s] *nf* **(a)** *(caractère: V* **violent***)* violence; pungency; fierceness; strenuousness; drastic nature. **(b)** *(force brutale)* violence; *(acte)* violence *(U)*, act of violence. **mouvement de** ~ violent impulse; **répondre à la** ~ **par la** ~ to meet violence with violence; **commettre des** ~**s contre qn** to commit acts of violence against sb; **inculpé de** ~ **à agent** found guilty of assaulting a police officer *ou* of an assault on a police officer; *V* **non**. **(c)** *(contrainte)* **faire** ~ **à qn** to do violence to sb; **faire** ~ **à une femme†** to use a woman violently††; **se faire** ~ to force o.s.; **faire** ~ **à texte, sentiments** to do violence to, savage, desecrate; *V* **doux**.

violenter [vjɔlɑ̃te] (1) *vt* **(a)** *femme* to assault (sexually). **elle a été violentée** she has been sexually assaulted. **(b)** *(littér) texte, désir* to do violence to, desecrate, savage.

violer [vjɔle] (1) *vt* **(a)** *traité* to violate, break; *loi* to violate, transgress, break; *droit* to violate, infringe; *promesse* to break. **(b)** *sépulture, temple* to violate, desecrate; *frontières, territoire* to violate. ~ **le domicile de qn** to force an entry into sb's home. **(c)** *consciences* to violate. **(d)** *femme* to rape, ravish (†, *littér*), violate *(littér)*. **se faire** ~ to be raped.

violet, -ette [vjɔlɛ, ɛt] **1** *adj* purple; *(pâle)* violet. **2** *nm (couleur)* purple; *(pâle)* violet. **le** ~ **lui va bien** purple suits him (well); **porter du** ~ to wear purple; **peindre qch en** ~ to paint sth purple; *(Peinture)* **un tube de** ~ a tube of purple; **robe d'un** ~ **assez pâle** dress in a rather pale shade of purple *ou* violet, dress in (a) rather pale purple *ou* violet. **3 violette** *nf (Bot)* violet. ~**te odorante** sweet violet; ~**te de Parme** Parma violet.

violeur [vjɔlœʀ] *nm* rapist.

violine [vjɔlin] *adj* dark purple, deep purple.

violon [vjɔlɔ̃] *nm* **(a)** *(instrument d'orchestre)* violin, fiddle*; *(de violoneux)* fiddle; *V* **accorder**. **(b)** *(musicien d'orchestre)* violin, fiddle*. **premier** ~ *[orchestre]* leader; *[quatuor]* first violin *ou* fiddle*; **second** ~ second violin *ou* fiddle*; *(groupe)* **les premiers/seconds** ~**s** the first/second violins; *V* **vite**. **(c)** (*: *prison*) cells *(pl)*, jug‡, nick‡ *(Brit)*. **au** ~ in the cells *ou* the jug‡ *ou* the nick‡ *(Brit)*. **(d)** ~ **d'Ingres** (artistic) hobby.

violoncelle [vjɔlɔ̃sɛl] *nm* cello, violoncello *(T)*.

violoncelliste [vjɔlɔ̃selist(ə)] *nmf* cellist, cello player, violoncellist *(T)*.

violoneux [vjɔlɔnø] *nm (de village, péj)* fiddler.

violoniste [vjɔlɔnist(ə)] *nmf* violinist, violin player, fiddler*.

vioque‡ [vjɔk] *nmf (vieillard)* old person, old timer*. *(père, mère)* **le** ~ my *ou* the old man‡; **la** ~ my *ou* the old woman‡ *ou* lady‡.

viorne [vjɔʀn] *nf (Bot)* viburnum.

vipère [vipɛʀ] *nf* adder, viper. ~ **aspic** asp; **cette femme est une** ~ that woman is a (real) viper; **elle a une langue de** ~ she's got a viper's tongue *ou* a poisonous *ou* venomous tongue; *V* **nœud**.

vipereau, *pl* ~x [vipʀo] *nm* young viper.

vipérin, e [vipeʀɛ̃, in] **1** *adj (Zool)* viperine; *(fig) propos* vicious, poisonous. **2 vipérine** *nf* **(a)** *(Bot)* viper's bugloss. **(b)** *(Zool)* (couleuvre) ~ viperine snake *(T)*, grass snake.

virage [viʀaʒ] *nm* **(a)** *(action) [avion, véhicule, coureur, skieur]* turn. *(Aviat)* **faire un** ~ **sur l'aile** to bank; *(Aut)* **prendre un** ~ **sur les chapeaux de roues** to take a bend *(Brit) ou* curve *(US) ou* turn *(US)* on two wheels *ou* on one's hub caps; **prendre un** ~ **à la corde** to hug the bend *ou* turn; *(Ski)* ~ **parallèle** parallel turn. **(b)** *(Aut: tournant)* bend *(Brit)*, turn *(US)*. ~ **en épingle à cheveux** hairpin bend *ou* turn; ~ **en S** S-bend, S-curve *(US)*; **'~s sur 3 km'** 'bends for 3 km'; ~ **relevé** banked corner; **voiture qui chasse dans les** ~**s** car which skids round bends *ou* turns; **cette voiture prend bien les** ~**s** this car corners well, this car takes bends *ou* corners well; **il a pris son** ~ **trop vite** he went into *ou* took the bend *ou* curve *(US)* too fast; **accélérer dans les** ~**s** to accelerate round the bends *ou* corners. **(c)** *(fig)* change in policy *ou* direction. **le** ~ **européen du gouvernement britannique** the British government's change of policy *ou* direction over Europe, the change in the British government's European policy; **amorcer un** ~ **à droite** to take a turn to the right; **un** ~ **à 180 degrés de la politique française** a U-turn in French politics. **(d)** *(transformation) (Chim) [papier de tournesol]* change in colour. *(Phot)* ~ **à l'or/au cuivre** gold/copper toning; *(Méd)* ~ **d'une cuti-réaction** positive reaction of a skin test.

virago [viʀago] *nf* virago.

viral, e, *mpl* -aux [viʀal, o] *adj* viral.

vire [viʀ] *nf* ledge *(on slope, rock face)*.

virée [viʀe] *nf (en voiture)* drive, run, trip, ride, spin; *(de plusieurs jours)* trip, tour; *(à pied)* walk; *(de plusieurs jours)* walking *ou* hiking tour; *(en vélo)* run, trip; *(de plusieurs jours)* trip; *(dans les cafés etc)* tour. **faire une** ~ to go for a run *(ou* walk, drive *etc)*; **faire une belle** ~ **(à vélo) dans la campagne** to go for a nice (bicycle) run in the country, go for a nice run *ou* trip in the country (on one's bicycle); **faire une** ~ **en voiture** to go for a drive, go for a run *ou* trip *ou* ride *ou* spin in the car; **on a fait une** ~ **en Espagne** we went on a trip *ou* tour round Spain; **cette** ~ **dans les cafés de la région s'est mal terminée** this tour of the cafés of the district had an unhappy ending.

virelai [viʀlɛ] *nm (Littérat)* virelay.

virement [viʀmɑ̃] *nm* **(a)** *(Fin)* ~ **(bancaire)** credit transfer; ~ **postal** ≃ (National) Giro transfer *(Brit)*; **faire un** ~ **(d'un compte sur un autre)** to make a (credit) transfer (from one account to another); ~ **budgétaire** reallocation of funds. **(b)** *(Naut)* ~ **de bord** tacking.

virer [viʀe] (1) **1** *vi* **(a)** *(changer de direction) [véhicule, avion, bateau]* to turn. *(Aviat)* ~ **sur l'aile** to bank. **(b)** *(Naut)* ~ **de bord** to tack; ~ **vent devant** to go about; ~ **vent arrière** to wear; ~ **sur ses amarres** to turn at anchor; ~ **au cabestan** to heave at the capstan. **(c)** *(tourner sur soi)* to turn round and round. *(littér, †)* ~ **à tout vent** to be as changeable as a weathercock. **(d)** *(changer de couleur, d'aspect) [couleur]* to turn, change; *(Phot) [épreuves]* to tone; *(Méd) [cuti-réaction]* to come up positive. **bleu qui vire au violet** blue which is turning purple, blue which is changing to purple; ~ **à l'aigre** to turn sour; *[temps]* ~ **au froid/à la pluie/au beau** to turn cold/rainy/fine *ou* fair. **2** *vt* **(a)** *(Fin)* to transfer *(à un compte* (in)to an account). **(b)** (*) *(expulser)* to kick out*, chuck out*; *(renvoyer)* to sack *(Brit)*, kick out*, chuck out*. ~ **qn d'une réunion** to kick *ou* chuck sb out of a meeting*; **se faire** ~ *(expulser)* to get o.s. kicked *ou* thrown out, get put out (of doors); *(renvoyer)* to get (o.s.) kicked *ou* chucked out (of one's job)*, get the sack *(Brit)*. **(c)** *(Phot) épreuve* to tone. *(Méd)* **il a viré sa cuti(-réaction)*** he gave a positive skin test, his skin test came up positive; *(fig)* ~ **sa cuti*** to throw off the fetters *(fig)*.

vireux, -euse [viʀø, øz] *adj (littér)* noxious. **amanite ~euse** amanita virosa.

virevoltant, e [viʀvɔltɑ̃, ɑ̃t] *adj danseuse* twirling, pirouetting; *cheval* prancing; *jupons* twirling.

virevolte [viʀvɔlt(ə)] *nf [danseuse]* twirl, pirouette; *[cheval]* demivolt, pirouette; *(fig: volte-face)* about-turn, volte-face. **les** ~**s élégantes de la danseuse** the elegant twirling of the dancer.

virevolter [viʀvɔlte] (1) *vi [danseuse]* to twirl around, pirouette; *[cheval]* to do a demivolt, pirouette.

Virgile [viʀʒil] *nm* Virgil.
virginal, e, *mpl* **-aux** [viʀʒinal, o] **1** *adj* (*littér*) virginal, maidenly (*littér*). **blanc** ~ virgin white. **2** *nm* (*Mus*) virginal, virginals (*pl*).
Virginie [viʀʒini] *nf* (**a**) éog) Virginia. ~-**Occidentale** West Virginia. (**b**) (*prénom*) Virginia.
virginité [viʀʒinite] *nf* (**a**) (*lit*) virginity, maidenhood (*littér*). **refaire une** ~ **à qn** to restore sb's image.
(**b**) (*fig littér*) *[neige, aube, âme]* purity. **il voulait rendre à ce lieu sa** ~ he wished to give back to this place its untouched *ou* virgin quality.
virgule [viʀgyl] *nf* (**a**) (*ponctuation*) comma. **mettre une** ~ to put a comma; (*fig*) **sans y changer une** ~ without changing a (single) thing, without touching a single comma; (*fig*) **moustaches en** ~ curled moustache; *V* **point**[1].
(**b**) (*Math*) (decimal) point. (**arrondi à**) **3 chiffres après la** ~ (correct to) 3 decimal places; **5** ~ **2** (*5,2*) 5 point 2, 5·2; ~ **fixe/ flottante** fixed/floating decimal (point).
viril, e [viʀil] *adj attributs, apparence, formes* male, masculine; *attitude, courage, langage, traits* manly, virile; *prouesses, amant* virile. **force** ~**e** virile *ou* manly strength; *V* **âge, membre, toge**.
virilement [viʀilmɑ̃] *adv* in a manly *ou* virile way.
virilisant, e [viʀilizɑ̃, ɑ̃t] *adj médicament* that provokes male characteristics.
virilisation [viʀilizasjɔ̃] *nf* (*Méd*) virilism.
viriliser [viʀilize] (1) *vt* (*Bio*) to give male characteristics to; (*en apparence*) *femme* to make appear mannish *ou* masculine; *homme* to make (appear) more manly *ou* masculine.
virilisme [viʀilism(ə)] *nm* virility.
virilité [viʀilite] *nf* (*V* viril) masculinity; manliness; virility.
virole [viʀɔl] *nf* (**a**) (*bague*) ferrule. (**b**) (*Tech: moule*) collar (*mould*).
viroler [viʀɔle] (1) *vt* (**a**) *couteau, parapluie* to ferrule, fit with a ferrule. (**b**) (*Tech*) to place in a collar.
virologie [viʀɔlɔʒi] *nf* virology.
virologiste [viʀɔlɔʒist(ə)] *nmf*, **virologue** [viʀɔlɔg] *nmf* virologist.
virtualité [viʀtɥalite] *nf* (*V* virtuel) potentiality; virtuality.
virtuel, -elle [viʀtɥɛl] *adj* (*gén*), *sens, revenu* potential; (*Philos, Phys*) virtual; *V* **image**.
virtuellement [viʀtɥɛlmɑ̃] *adv* (**a**) (*littér: en puissance*) potentially. (**b**) (*pratiquement*) virtually, to all intents and purposes. **c'était** ~ **fini** it was virtually finished, to all intents and purposes it was finished, it was as good as finished.
virtuose [viʀtɥoz] **1** *nmf* (*Mus*) virtuoso; (*fig: artiste*) master, virtuoso. ~ **du violon** violin virtuoso; ~ **de la plume** master of the pen, virtuosic writer; ~ **du pinceau** master of the brush, virtuosic painter. **2** *adj* virtuoso.
virtuosité [viʀtɥozite] *nf* virtuosity. (*Mus*) **exercices de** ~ exercises in virtuosity; (*péj*) **c'est de la** ~ **pure** it's technically brilliant (but lacking in feeling).
virulence [viʀylɑ̃s] *nf* virulence, viciousness, harshness. **critiquer avec** ~ to criticize virulently *ou* viciously *ou* harshly.
virulent, e [viʀylɑ̃, ɑ̃t] *adj* virulent, vicious, harsh.
virus [viʀys] *nm* (*lit*) virus. ~ **de la rage** rabies virus; (*fig*) **le** ~ **de la danse/du jeu** the dancing/gambling bug; **attraper le** ~ **du jeu** to be bitten by the gambling bug.
vis[1] [vis] **1** *nf* (**a**) (*à bois etc*) screw. ~ **à bois** wood screw; ~ **à métaux** metal screw; ~ **à tête plate/à tête ronde** flat-headed/ round-headed screw; ~ **à ailettes** wing nut; ~ **cruciforme** Phillips screw; **il faudra donner un tour de** ~ you'll have to screw the screw a turn *ou* tighten the screw a little; *V* **pas**[1], **serrer, tour**[2].
(**b**) **escalier à** ~, ~† spiral staircase.
2: vis d'Archimède Archimedes' screw; **vis sans fin** worm, endless screw; **vis micrométrique** micrometer screw; (*Aut*) **vis platinées** (contact) points; **vis de pressoir** press screw; **vis de serrage** binding *ou* clamping screw.
vis[2] [vi] *V* **vivre, voir**.
visa [viza] *nm* (*gén*) stamp; *[passeport]* visa. ~ **de censure** (censor's) certificate; (*fig*) ~ **pour ... passport to ... ;** (*Fin*) **carte** ~ ® Visa ® card.
visage [vizaʒ] **1** *nm* (**a**) (*figure, fig: expression, personne, aspect*) face. **au** ~ **pâle/joufflu** pale-/chubby-faced; **un** ~ **connu/ami** a known/friendly face; **je lui trouve bon** ~ (to me) he is looking well; **sans** ~ faceless; **le vrai** ~ **de ...** the true face of ... ; **un homme à deux** ~**s** a two-faced man; *V* **soin**.
(**b**) (*loc*) **agir/parler à** ~ **découvert** to act/speak openly; **elle changea de** ~ her face *ou* expression changed; **faire bon** ~ to put a good face on it; **faire bon** ~ **à qn** to put on a show of friendliness *ou* amiability (*frm*) for sb.
2: Visage pâle paleface.
visagiste [vizaʒist(ə)] *nmf* beautician.
vis-à-vis [vizavi] **1** *prép* (**a**) (*en face de*) ~ **de la place** opposite *ou* vis-à-vis the square.
(**b**) (*comparé à*) ~ **de** beside, vis-à-vis, next to, against; **mon savoir est nul** ~ **du sien** my knowledge is nothing next to *ou* beside *ou* against *ou* vis-à-vis his.
(**c**) ~ **de** (*envers*) towards, vis-à-vis; (*à l'égard de*) as regards, with regard to, vis-à-vis; **être sincère** ~ **de soi-même** to be frank with oneself; **être méfiant** ~ **de la littérature** to be mistrustful towards literature; **j'en ai honte** ~ **de lui** I'm ashamed of it in front of *ou* before him.
2 *adv* (*face à face*) face to face. **leurs maisons se font** ~ their houses are facing *ou* opposite each other.
3 *nm inv* (**a**) (*position*) **en** ~ facing *ou* opposite each other; **des immeubles en** ~ buildings facing *ou* opposite each other; **assis en** ~ sitting facing *ou* opposite each other, sitting face to face.

(**b**) (*tête-à-tête*) encounter, meeting. **un** ~ **ennuyeux** a tiresome encounter *ou* meeting.
(**c**) (*personne faisant face*) person opposite; (*aux cartes: partenaire*) partner; (*homologue*) opposite number, counterpart.
(**d**) (*immeuble etc*) **immeuble sans** ~ building with an open *ou* unimpeded outlook; **avoir une école pour** ~ to have a school opposite, look out at *ou* on a school.
(**e**) (*canapé*) tête-à-tête.
viscéral, e, *mpl* **-aux** [viseral, o] *adj* (**a**) (*Anat*) visceral. (**b**) (*fig*) *haine, peur* visceral, deep-seated, deep-rooted.
viscéralement [viseralmɑ̃] *adv:* **détester** ~ **qch** to have a gut* *ou* visceral hatred of sth; ~ **jaloux** pathologically jealous.
viscère [viseʀ] *nm* (*gén pl*) ~**s** intestines, entrails, viscera (*T*).
viscose [viskoz] *nf* viscose.
viscosité [viskozite] *nf* *[liquide]* viscosity; *[surface gluante]* stickiness, viscosity.
visée [vize] *nf* (**a**) (*avec une arme*) taking aim (*U*), aiming (*U*); (*Arpentage*) sighting. **pour faciliter la** ~, **ce fusil comporte un dispositif spécial** to help you to (take) aim *ou* to help your aim, this rifle comes equipped with a special device; *V* **ligne**[1].
(**b**) (*gén pl: dessein*) aim, design. **avoir des** ~**s sur qn/qch** to have designs on sb/sth; ~**s coupables** wicked designs.
viser[1] [vize] (1) **1** *vt* (**a**) *objectif* to aim at *ou* for; *cible* to aim at.
(**b**) (*ambitionner*) *effet* to aim at; *carrière* to aim at, set one's sights on.
(**c**) (*concerner*) *[mesure]* to be aimed at, be directed at; *[remarque]* to be aimed *ou* directed at, be meant *ou* intended for. **cette mesure vise tout le monde** this measure applies to everyone, everyone is affected by this measure; **se sentir visé** to feel one is being got at*.
(**d**) (‡: *regarder*) to have a dekko‡ (*Brit*) at, take a look at. **vise un peu ça!** just have a dekko‡ (*Brit*) *ou* take a look at that!
2 *vi* (**a**) *[tireur]* to aim, take aim. ~ **juste/trop haut/trop bas** to aim accurately/(too) high/(too) low; ~ **à la tête/au cœur** to aim for the head/heart.
(**b**) (*fig: ambitionner*) ~ **haut/plus haut** to set one's sights high/ higher, aim high/higher.
3 viser à *vt indir* (*avoir pour but de*) ~ **à qch/à faire** to aim at sth/at doing *ou* to do; **scène qui vise à provoquer le rire** scene which sets out to raise a laugh *ou* to make people laugh; **mesures qui visent à la réunification de la majorité** measures which are aimed at reuniting *ou* which aim *ou* are intended to reunite the majority.
viser[2] [vize] (1) *vt* (*Admin*) *passeport* to visa; *document* to stamp. **faire** ~ **un passeport** to have a passport visaed.
viseur [vizœʀ] *nm* (**a**) *[arme]* sights (*pl*); *[caméra, appareil photo]* viewfinder. (*Phot*) ~ **à cadre lumineux** collimator viewfinder. (**b**) (*Astron: lunette*) telescopic sight.
visibilité [vizibilite] *nf* (*gén, Sci*) visibility. **bonne/mauvaise** ~ good/bad visibility; ~ **nulle** nil *ou* zero visibility; **ce pare-brise permet une très bonne** ~ this windscreen gives excellent visibility; **sans** ~ *pilotage, virage* blind (*épith*).
visible [vizibl(ə)] *adj* (**a**) (*lit*) visible.
(**b**) (*fig: évident, net*) *embarras, surprise* obvious, evident, visible; *amélioration, progrès* clear, visible, perceptible; *réparation, reprise* obvious. **son embarras était** ~ his embarrassment was obvious *ou* evident *ou* visible, you could see his embarrassment *ou* that he was embarrassed; **il ne le veut pas, c'est** ~ he doesn't want to, that's obvious *ou* apparent *ou* clear; **il est** ~ **que ...** it is obvious *ou* apparent *ou* clear that ... .
(**c**) (*en état de recevoir*) **Monsieur est-il** ~? is Mr X (*ou* Lord X *etc*) able to receive visitors?, is Mr X (*ou* Lord X *etc*) receiving visitors?; **elle n'est pas** ~ **le matin** she's not at home to visitors *ou* not in to visitors in the morning.
visiblement [viziblǝmɑ̃] *adv* (**a**) (*manifestement*) visibly, obviously, clearly. **il était** ~ **inquiet** he was visibly *ou* obviously *ou* clearly worried; ~, **c'est une erreur** obviously *ou* clearly it's a mistake.
(**b**) (*de façon perceptible à l'œil*) visibly, perceptibly.
visière [vizjeʀ] *nf* (**a**) *[casquette plate, képi etc]* peak; (*pour le soleil, en celluloid*) eyeshade. **mettre sa main en** ~ to shade one's eyes with one's hand. (**b**) *[armure]* visor; *V* **rompre**.
vision [vizjɔ̃] *nf* (**a**) (*action de voir qch*) **la** ~ **de ce film l'avait bouleversé** seeing this film had really upset him.
(**b**) (*faculté*) eye/sight, vision (*frm, T*); (*perception*) vision, sight. **une** ~ **défectueuse** defective (eye)sight *ou* vision; **le mécanisme de la** ~ the mechanism of vision *ou* sight; **champ de** ~ field of view *ou* vision; **pour faciliter la** ~ to aid (eye)sight *ou* vision; ~ **nette/floue** clear/hazy vision; **porter des lunettes pour la** ~ **de loin** to wear glasses for seeing distances *ou* for seeing at a distance.
(**c**) (*conception*) vision. **la** ~ **romantique de ce peintre** this painter's romantic vision.
(**d**) (*image, apparition, mirage*) vision. **tu as des** ~**s*** you're seeing things.
visionnaire [vizjɔnɛʀ] *adj, nmf* visionary.
visionner [vizjɔne] (1) *vt* to view.
visionneuse [vizjɔnøz] *nf* viewer (*for transparencies or film*).
visiophone [vizjɔfɔn] *nm* videophone, viewphone.
Visitation [vizitasjɔ̃] *nf* (*Rel*) **la** ~ the Visitation.
visite [vizit] **1** *nf* (**a**) (*action: V* visiter) visiting; going round; examination, inspection; going over, searching; going through; calling on. (*à la prison, l'hôpital*) **heures/jour de** ~ *ou* **des** ~**s** visiting hours/day; **la** ~ **du château a duré 2 heures** it took 2 hours to go round (*Brit*) *ou* go through (*US*) the castle; *V* **droit**[3].
(**b**) (*tournée, inspection*) visit; (*Méd*) *[médecin hospitalier avec ses étudiants]* ward round. **au programme il y a des** ~**s de musée** there are museum visits on the programme; ~ **accompagnée** *ou*

guidée guided tour; **ces ~s nocturnes au garde-manger** these nocturnal visits *ou* trips to the pantry; **il redoutait les ~s de l'inspecteur** he feared the inspector's visits.
(c) (*chez une connaissance etc*) visit. **une courte ~** a short visit, a call; **une ~ de politesse/de remerciements** a courtesy/thank you call *ou* visit; **être en ~ chez qn** to be paying sb a visit, be on a visit to sb; **rendre ~ à qn** to pay sb a visit, call on sb, visit sb; **je vais lui faire une petite ~, cela lui fera plaisir** I'm going to pay him a call *ou* a short visit *ou* I'm going to call on him — that will please him; **rendre à qn sa ~** to return sb's visit, pay sb a return visit; **avoir** *ou* **recevoir la ~ de qn** to have a visit from sb; *V* **carte**.
(d) (*visiteur*) visitor. **nous avons des ~s** we've got visitors *ou* company *ou* guests; **j'ai une ~ dans le salon** I have a visitor *ou* I have company in the lounge; **nous attendons de la ~** *ou* **des ~s** we are expecting visitors *ou* company *ou* guests; (*hum*) **tiens, nous avons de la ~*** hey, we've got company *ou* guests.
(e) (*officielle*) [*chef d'État*] visit. **en ~ officielle dans les pays de l'Est** on an official visit to the countries of the eastern bloc.
(f) (*médicale*) **~** (**à domicile**) (house)call, visit; **~ de contrôle** follow-up visit; **la ~** (*chez le médecin*) (medical) consultation; (*Mil*) (*quotidienne*) sick parade; (*d'entrée*) medical (*Brit*), medical examination (*Brit*), physical examination (*US*); **aller à la ~** to go to the surgery (for a consultation); [*recrue etc*] **passer à la ~** (**médicale**) to have a medical (*Brit*) *ou* physical (*US*) examination; **l'heure de la ~ dans un service d'hôpital** the time when the doctor does his ward round(s) in hospital.
(g) (*Comm*) visit, call; (*d'expert*) inspection. **j'ai reçu la ~ d'un représentant** I received a visit *ou* call from a representative, a representative called (on me).
2: (*Rel*) **visite du diocèse** = **visite épiscopale**; (*Jur*) **visite domiciliaire** house search; **visite de douane** customs inspection *ou* examination; (*Rel*) **visite épiscopale** pastoral visitation.
visiter [vizite] (1) *vt* (a) (*en touriste, curieux*) *pays, ville* to visit; *château, musée* to go round, visit. **~ une maison** (*à vendre*) to go over *ou* view a house, look a house over, look over a house; **il me fit ~ sa maison/laboratoire** he showed me round (*Brit*) *ou* through (*US*) his house/laboratory; **il nous a fait ~ la maison que nous envisagions d'acheter** he showed us round (*Brit*) *ou* through (*US*) *ou* over (*Brit*) the house we were thinking of buying.
(b) (*en cherchant qch*) *bagages* to examine, inspect; *boutiques* to go over, search; *recoins* to search (in), examine; *armoire* to go through, search (in); (*Admin*) *navire* to inspect; (*hum*) *coffre-fort* to visit (*hum*), pay a visit to (*hum*).
(c) (*par charité*) *malades, prisonniers* to visit.
(d) [*médecin, représentant, inspecteur*] to visit, call on.
(e) (*Rel*) to visit.
(f) (*fréquenter*) *voisins, connaissances* to visit, call on.
visiteur, -euse [vizitœR, øz] 1 *nm, f* (*gén: touriste, à l'hôpital*) visitor. (*représentant*) **~ en bonneterie/pharmacie** hosiery/pharmaceutical *ou* drugs representative *ou* rep*; *V* **infirmière**.
2: **visiteur des douanes** customs inspector; **visiteur médical** medical representative *ou* rep*.
vison [vizɔ̃] *nm* (*animal, fourrure*) mink; (*manteau*) mink (coat).
visonnière [vizɔnjɛR] *nf* (*Can*) mink farm, minkery (*Can*).
visqueux, -euse [viskø, øz] *adj* (a) *liquide* viscous, thick; *pâte* sticky, viscous; (*péj*) *surface, objet* sticky, goo(e)y*, viscous. (b) (*fig péj*) *personne, manière* smarmy (*Brit*), slimy.
vissage [visaʒ] *nm* screwing (on *ou* down).
visser [vise] (1) *vt* (a) (*au moyen de vis*) *plaque, serrure* to screw on; *couvercle* to screw down *ou* on. **ce n'est pas bien vissé** it's not screwed down *ou* up properly; **~ un objet sur qch** to screw an object on to sth; (*fig*) **rester vissé sur sa chaise** to be *ou* sit rooted *ou* glued to one's chair; (*fig*) **rester vissé devant qn** to be rooted to the spot before sb; **le chapeau vissé sur la tête** with his hat jammed hard *ou* tight on his head.
(b) (*en tournant*) *couvercle, bouchon, écrou* to screw on. **ce couvercle se visse** this is a screw-on lid, this lid screws on; **ce n'est pas bien vissé** [*bouchon*] it's not screwed on *ou* down properly; [*écrou*] it's not screwed down *ou* up properly.
(c) (*Sport: donner de l'effet à*) *balle* to put (a) spin on.
(d) (*: *surveiller*) *élève, employé* to keep a tight rein on, crack down on*. **depuis la fugue du petit Marcel, ils les vissent** ever since little Marcel ran off they keep a tight rein on them *ou* they have really cracked down on them*.
visu [vizy] *adv*: **de ~** with one's own eyes; **s'assurer de qch de ~** to check sth with one's own eyes *ou* for oneself.
visualisation [vizɥalizasjɔ̃] *nf* (*V* **visualiser**) visualization; making visual; (*Ordin*) display. (*Ordin*) **écran de ~** VDU.
visualiser [vizɥalize] (1) *vt* (*Tech: par fluorescence etc*) *courant de particules etc* to make visible, visualize; (*audio-visuel*) *concept, idée* to make visual.
visuel, -elle [vizɥɛl] 1 *adj* (*gén*) visual. **troubles ~s** eye trouble (*U*); **cet écrivain est un ~** visual images predominate in the writings of this author; *V* **audio-, champ**. 2 *nm* (*Ordin*) visual display unit, VDU. **~ graphique** graphical display unit.
visuellement [vizɥɛlmɑ̃] *adv* visually.
vit [vi] *V* **vivre, voir**.
vital, e, *mpl* -aux [vital, o] *adj* (*Bio, gén*) vital; *V* **centre, espace, minimum**.
vitalisme [vitalism(ə)] *nm* (*Philos*) vitalism.
vitalité [vitalite] *nf* [*personne*] energy, vitality; [*institution, terme*] vitality. **il est plein de ~** he's full of energy *ou* go *ou* vitality; **la ~ de ces enfants est incroyable** the energy of these children is unbelievable.
vitamine [vitamin] *nf* vitamin; *V* **carence**.
vitaminé, e [vitamine] *adj* with added vitamins.
vitaminique [vitaminik] *adj* vitamin (*épith*).

vite [vit] 1 *adv* (a) (*à vive allure*) *rouler, marcher* fast, quickly; *progresser, avancer* quickly, rapidly, swiftly.
(b) (*rapidement*) *travailler, se dérouler, se passer* quickly, fast; (*en hâte*) *faire un travail* quickly, in a rush *ou* hurry. **ça s'est passé si ~, je n'ai rien vu** it happened so quickly *ou* fast I didn't see a thing; **il travaille ~ et bien** he works quickly *ou* fast and well; **c'est trop ~ fait** it was done too quickly *ou* in too much of a rush *ou* hurry; **inutile d'essayer de faire cela ~: ce sera du mauvais travail** there's no point in trying to do that quickly *ou* in a hurry *ou* rush — it will just be a bad piece of work; **vous avez fait ~ pour venir** it didn't take you long to come, you were quick getting here; **ça ne va pas ~** it's slow work; **fais ~!** be quick about it!, look sharp!*; **le temps passe ~** time flies; (*fig*) **la police est allée ~ en besogne*** the police were quick off the mark *ou* worked fast *ou* didn't waste any time; **vous allez un peu ~ en besogne*** you're working too fast, you're a bit too quick off the mark; **aller plus ~ que les violons** *ou* **la musique** to jump the gun; *V* **aller**.
(c) (*sous peu, tôt*) soon, in no time. **on a ~ fait de dire que ...** it's easy to say that ...; **il eut ~ fait de découvrir que...** he soon *ou* quickly discovered that ..., in no time he discovered that ...; **ce sera ~ fait** it won't take long, it won't take a moment *ou* a second; **elle sera ~ arrivée/guérie** she'll soon be here/better, she'll be here/better in no time.
(d) (*sans délai, toute de suite*) quick. **lève-toi ~!** get up quick!; **va ~ voir!** go and see quick!; **au plus ~** as quickly as possible; **il faut le prévenir au plus ~** he must be warned as quickly *ou* as soon as possible; **faites-moi ça, et ~!** do this for me and be quick about it!; **eh, pas si ~!** hey, not so fast!, hey, hold on (a minute)!; **~! un médecin quick!** a doctor; **et plus ~ que ça!** and get a move on!*, and be quick about it!; **là il (y) va un peu ~** he's being a bit hasty.
2 *adj* (*style journalistique: Sport*) fast.
vitesse [vitɛs] 1 *nf* (a) (*promptitude, hâte*) speed, quickness, rapidity. **surpris de la ~ avec laquelle ils ont fait ce travail/répondu** surprised at the speed *ou* quickness *ou* rapidity with which they did this piece of work/replied; **en ~** (*rapidement*) quickly; (*en hâte*) in a hurry *ou* rush; **faites-moi ça en ~** do this for me quickly; **faites-moi ça, et en ~!** do this for me and be quick about it!; **on va prendre un verre en ~** we'll go for a quick drink; **écrire un petit mot en ~** to scribble a hasty note; **j'ai préparé le déjeuner/cette conférence un peu en ~** I prepared lunch/this lecture in a bit of a hurry *ou* rush; **à toute ~, en quatrième ~** at full *ou* top speed; **il faut toujours tout faire en quatrième ~** everything always has to be done at top speed *ou* in a great rush; (**à la nouvelle**) **il est arrivé en quatrième ~** *ou* **à toute ~** (on hearing the news) he came like a shot *ou* at the double.
(b) [*courant, processus*] speed; [*véhicule, projectile*] velocity. **aimer la ~** to love speed; **à la ~ de 60 km/h** at (a speed of) 60 km/h; **à quelle ~ allait-il, à quelle ~ faisait-il?** what speed was he going at? *ou* doing?; **faire de la ~** to go *ou* drive fast; **faire une ~ (moyenne) de 60** to do an average (speed) of 60; **prendre de la ~** to gather *ou* increase speed, pick up speed; **gagner** *ou* **prendre qn de ~** (*lit*) to beat sb, outstrip sb; (*fig*) to beat sb to it, pip sb at the post* (*Brit*), beat sb by a nose (*US*); **il est parti à la ~ grand V*** he went tearing off*, he left like a bullet from a gun; **entraîné par sa propre ~** carried along by his own momentum; **~ acquise** momentum; **~ moyenne/maximale** average/maximum speed; **~ de propagation/de réaction/de rotation** speed of propagation/reaction/rotation; *V* **course, excès, perte**.
(c) (*Rail*) **grande/petite ~** fast/slow goods service; **expédier un colis en petite ~** to send a parcel by slow goods service; **expédier un colis en grande ~** to express (*Brit*) a parcel, send a parcel express *ou* by fast goods service.
(d) (*Aut*) gear. **changer de ~** to change gear; **en 2e/4e ~** in 2nd/4th gear; **passer les ~s** *ou* **ses ~s** *ou* **run through the gears**; *V* **boîte**.
2: **vitesse acquise** momentum; **vitesse de croisière** cruising speed; **vitesse initiale** muzzle velocity; **vitesse de libération** escape velocity *ou* speed; **vitesse de pointe** maximum *ou* top speed; **vitesse du son** speed of sound; **vitesse de sustentation** minimum flying speed.
viticole [vitikɔl] *adj industrie* wine (*épith*); *région* wine-growing (*épith*), wine-producing; *établissement* wine-producing, winemaking (*épith*). **culture ~** wine growing, viticulture (*T*).
viticulteur [vitikyltœR] *nm* wine grower, viticulturist (*T*).
viticulture [vitikyltyR] *nf* wine growing, viticulture (*T*).
vitrage [vitraʒ] *nm* (a) (*action: V* **vitrer**) glazing. (b) (*vitres*) windows (*pl*); (*cloison*) glass partition; (*toit*) glass roof. **double ~** double glazing. (c) (*rideau*) net curtain; (*tissu*) net curtaining.
vitrail, *pl* -aux [vitraj, o] *nm* stained-glass window, church window. **l'art du ~, le ~** the art of stained-glass window making.
vitre [vitʀ(ə)] *nf* (a) [*fenêtre, vitrine*] (window) pane, pane (of glass); [*voiture*] window. **poser/mastiquer une ~** to put in/putty a window pane *ou* a pane of glass; **verre à ~** window glass; **laver les ~s** to wash the windows; **appuyer son front à la ~** to press one's forehead against the window (pane); **les camions font trembler les ~s** the lorries make the window panes *ou* the windows rattle; **casser une ~** to break a window (pane); (*Aut*) **la ~ arrière** the rear window.
(b) (*fenêtre*) **~s** windows; **fermer les ~s** to close the windows.
vitré, e [vitʀe] (*ptp de* **vitrer**) *adj* (a) *porte, cloison* glass (*épith*); *V* **baie**. (b) (*Anat*) *corps* ~ vitreous body; **humeur ~e** vitreous humour.
vitrer [vitʀe] (1) *vt fenêtre* to glaze, put glass in; *véranda, porte* to put windows in, put glass in.
vitrerie [vitʀəʀi] *nf* (*activité*) glaziery, glazing; (*marchandise*) glass.
vitreux, -euse [vitʀø, øz] *adj* (a) (*Anat*) *humeur* vitreous. (b) (*Géol*) vitreous; *V* **porcelaine**. (c) (*péj: terne, glauque*) *yeux* glassy, dull; *regard* glassy, glazed, lacklustre (*épith*); *surface, eau* dull.

vitrier [vitʀije] *nm* glazier.
vitrification [vitʀifikɑsjɔ̃] *nf* (*V* vitrifier) vitrification; glazing.
vitrifier [vitʀifje] (7) **1** *vt* (*par fusion*) to vitrify; (*par enduit*) to glaze, put a glaze on; *parquet* to seal, varnish. (*fig*) **les couloirs de neige vitrifiés par le gel** the snow gullies that the frost had made like glass. **2 se vitrifier** *vpr* to vitrify.
vitrine [vitʀin] *nf* (**a**) (*devanture*) (shop) window. **en ~** in the window; **la ~ du boucher/de la pâtisserie** the butcher's/cake (*Brit*) *ou* pastry shop window; **faire les ~s** to dress the windows; ~ **publicitaire** display case, showcase; (*fig*) **cette exposition est la ~ de l'Europe** this exhibition is Europe's shop window; *V* **lécher**. (**b**) (*armoire*) (*chez soi*) display cabinet; (*au musée etc*) showcase, display cabinet.
vitriol [vitʀijɔl] *nm* (*Hist Chim*) vitriol. **huile de ~** oil of vitriol; (*fig*) **une critique/un style au ~** a vitriolic review/style; († *fig*) **un alcool au ~**, **du ~** firewater.
vitriolage [vitʀijɔlaʒ] *nm* (*Tech*) vitriolization.
vitrioler [vitʀijɔle] (1) *vt* (**a**) (*Tech*) to vitriolize, treat with vitriol *ou* (concentrated) sulphuric acid. (**b**) *victime d'agression* to throw acid *ou* vitriol at.
vitro [vitʀo] *adj, adv V* **in vitro**.
vitupération [vitypeʀɑsjɔ̃] *nf* (*propos*) ~**s** rantings and ravings, vituperations (*frm*).
vitupérer [vitypeʀe] (6) **1** *vi* to vituperate (*contre* against), rant and rave (*contre* about). ~ **contre qn/qch** to rail against sb/sth, rant and rave about sb/sth. **2** *vt* (*littér*) to vituperate, revile, inveigh against.
vivable [vivabl(ə)] *adj* (**a**) (***) *personne* livable-with*. **il n'est pas ~** he's not livable-with*, he's impossible to live with; **ce n'est pas ~!** it's unbearable! *ou* intolerable! (**b**) *milieu, monde* fit to live in. **cette maison n'est pas ~** this house is not fit to live in.
vivace¹ [vivas] **1** *adj* (**a**) *arbre* hardy. **plante ~** (hardy) perennial. (**b**) *préjugé* inveterate, indestructible; *haine* indestructible, inveterate, undying; *foi* steadfast, undying. **2** *nf* (*plante*) perennial.
vivace² [vivatʃe] *adv, adj* (*Mus*) vivace.
vivacité [vivasite] *nf* (**a**) (*rapidité, vie*) *[personne]* liveliness, vivacity; *[mouvement]* liveliness, briskness; *[intelligence]* sharpness, quickness, keenness. ~ **d'esprit** quick-wittedness; **avoir de la ~** to be lively *ou* vivacious. (**b**) (*brusquerie*) sharpness, brusqueness. ~ **d'humeur** brusqueness, quick-temperedness. (**c**) *[lumière, éclat]* brightness, brilliance; *[couleur]* vividness; *[froid]* bitterness; *[douleur]* sharpness; *[vent]* keenness. (**d**) (*intensité*) *[émotion, plaisir]* keenness, intensity; *[impression]* vividness.
vivandière [vivɑ̃djɛʀ] *nf* (*Hist*) vivandière.
vivant, e [vivɑ̃, ɑ̃t] **1** *adj* (**a**) (*en vie*) living, alive (*attrib*), live (*épith*). **né ~** born alive; **il est encore ~** he's still alive *ou* living; **il n'en sortira pas ~** he won't come out of it alive; **expériences sur des animaux ~s** experiments on live *ou* living animals, live animal experiments; (*fig*) **c'est un cadavre/squelette ~** he's a living corpse/skeleton. (**b**) (*plein de vie*) *regard, visage, enfant* lively; *ville, quartier, rue* lively, full of life (*attrib*); *portrait* lifelike, true to life (*attrib*); *dialogue, récit, film* lively; (*fig*) *personnage* lifelike. (**c**) (*doué de vie*) *matière, organisme* living; *V* **être**. (**d**) (*constitué par des êtres vivants*) *machine, témoignage, preuve* living. **c'est le portrait ~ de sa mère** he's the (living) image of his mother; *V* **tableau**. (**e**) (*en usage*) *expression, croyance, influence* living. **une expression encore très ~e** an expression which is still very much alive; *V* **langue**. (**f**) (*Rel*) **le pain ~** the bread of life; **le Dieu ~** the living God.
2 *nm* (**a**) (*personne*) (*Rel*) **les ~s** the living; **les ~s et les morts** (*gén*) the living and the dead; (*Bible*) the quick and the dead; **rayer qn du nombre des ~s** to strike sb's name from the number of the living; *V* **bon¹**. (**b**) (*vie*) **de son ~** in his lifetime, while he was alive; **du ~ de ma mère, mon père ne buvait pas beaucoup** in my mother's lifetime *ou* while my mother was alive, my father didn't drink much.
vivarium [vivaʀjɔm] *nm* vivarium.
vivat [viva] *nm* (*gén pl*) ~**s** cheers.
vive² [viv] **1** *V* **vif, vivre**. **2** *excl*: ~ **le roi/la France/l'amour!** long live the king/France/love!; **vivent les vacances!** three cheers for *ou* hurrah for the holidays!
vive³ [viv] *nf* weever.
vivement [vivmɑ̃] *adv* (**a**) (*avec brusquerie*) sharply, brusquely. (**b**) (*beaucoup*) *regretter* deeply, greatly; *désirer* keenly, greatly; *affecter, ressentir, intéresser* deeply, keenly. **s'intéresser ~ à** to take a keen *ou* deep interest in, be keenly *ou* deeply interested in. (**c**) (*avec éclat*) *colorer* brilliantly, vividly; *briller* brightly, brilliantly. (**d**) (*littér: rapidement*) *agir, se mouvoir* in a lively manner. (**e**) (*marque un souhait*) ~ **les vacances!** I can't wait for the holidays!, if only the vacation were here! (*US*), roll on the holidays!* (*Brit*); ~ **que ce soit fini!** I'll be glad when it's all over!, roll on the end!* (*Brit*).
viveur [vivœʀ] *nm* high liver, reveller, roisterer.
vivier [vivje] *nm* (*étang*) fishpond; (*réservoir*) fish-tank.
vivifiant, e [vivifjɑ̃, ɑ̃t] *adj* *air, brise* invigorating, enlivening, bracing; *joie, ambiance* invigorating, enlivening, vivifying; *V* **grâce**.
vivifier [vivifje] (7) *vt* (**a**) *personne* to invigorate, enliven; *sang, plante* to invigorate; (*fig littér*) *âme* to vitalize, quicken (*littér*); *race* to vitalize, give life to. (**b**) (*Rel, littér*) *foi, force*) to give life, quicken (*littér*). **l'esprit vivifie** the spirit gives life.

vivipare [vivipaʀ] *adj* viviparous. ~**s** vivipara.
viviparité [vivipaʀite] *nf* viviparity.
vivisection [viviseksjɔ̃] *nf* vivisection.
vivo [vivo] *adj, adv V* **in vivo**.
vivoter [vivɔte] (1) *vi [personne]* to rub *ou* get along (somehow), live from hand to mouth; *[affaire]* to struggle along.
vivre [vivʀ(ə)] (46) **1** *vi* (**a**) (*être vivant*) to live, be alive. **il n'a vécu que quelques jours** he lived only a few days; **je ne savais pas qu'il vivait encore** I did not know he was still alive *ou* living; **quand l'ambulance est arrivée, il vivait encore** he was still alive when the ambulance arrived; **quand elle arriva, il avait cessé de ~** he was dead when she arrived; ~ **vieux** to live to a ripe old age, live to a great age; **ce manteau a vécu*** this coat is finished *ou* has had its day; **il fait bon ~** it's good to be alive, it's a good life; *V* **âme, qui**. (**b**) (*habiter*) to live. ~ **à Londres/en France** to live in London/in France; ~ **avec qn** to live with sb; **ils vivent ensemble/comme mari et femme** they live together/as husband and wife; ~ **dans le passé/dans ses livres/dans la crainte** to live in the past/in one's books/in fear. (**c**) (*exister, se comporter*) to live. ~ **saintement** to lead a saintly life, live like a saint; **se laisser ~** to live for the day, take life *ou* each day as it comes; **être facile/difficile à ~** to be easy/difficult to live with *ou* to get on with; **ces gens-là savent ~** those people (really) know how to live. (**d**) (*exister*) to live. **on vit bien en France** life is good in France; **c'est un homme qui a beaucoup vécu** he's a man who has seen a lot of life; (*fig*) **elle ne vit plus depuis que son fils est pilote** she lives on her nerves since her son became a pilot; **il ne vit que pour sa famille** he lives only for his family; *V* **art, joie, savoir**. (**e**) (*subsister*) to live (*de* on). ~ **de laitages/de son traitement/ de rentes** to live on dairy produce/one's salary/one's (private) income; (*Bible*) **l'homme ne vit pas seulement de pain** man shall not live by bread alone; ~ **au jour le jour** to live from day to day *ou* from hand to mouth; ~ **largement** *ou* **bien** to live well; **avoir (juste) de quoi ~** to have (just) enough to live on; **travailler/ écrire pour ~** to work/write for a living; **faire ~ qn** to provide (a living) for sb, support sb; ~ **de l'air du temps** to live on air; ~ **d'amour et d'eau fraîche** to live on love alone; **il faut bien ~!** a man (*ou* woman) has got to live!, you have to live!; *V* **crochet**. (**f**) (*fig*) *[portrait, idée, rue, paysage]* to be alive. **un portrait qui vit** a lively *ou* lifelike portrait, a portrait which seems alive; **sa gloire vivra longtemps** his glory will live on *ou* will endure; **les plantes et les roches vivent comme les hommes** plants and rocks are alive *ou* have a life of their own just like men.
2 *vt* (**a**) (*passer*) to live, spend. ~ **des jours heureux/des heures joyeuses** to live through *ou* spend happy days/hours; **il vivait un beau roman d'amour** his life was a love story come true; **la vie ne vaut pas la peine d'être vécue** life is not worth living. (**b**) (*être mêlé à*) *événement, guerre* to live through. **nous vivons des temps troublés** we are living in *ou* through troubled times; **le pays vit une période de crise** the country is going through a period of crisis. (**c**) (*éprouver intensément*) ~ **sa vie** to live one's own life, live as one pleases *ou* sees fit; ~ **sa foi/son art** to live out one's faith/one's art; ~ **l'instant/le présent** to live for the moment/the present; ~ **son époque intensément** to be intensely involved in the period one lives in.
3 *nm* (*littér*) **le ~ et le couvert** bed and board; **le ~ et le logement** board and lodging.
4 *nmpl*: **les ~s** supplies, provisions; *V* **couper**.
vivrier, -ière [vivʀije, ijɛʀ] *adj* food-producing (*épith*).
vizir [viziʀ] *nm* vizier.
v'là [vla] *prép* (*abrév de* voilà) ~ **le facteur** here's the postman (*Brit*) *ou* mailman (*US*).
vlan, v'lan [vlɑ̃] *excl* wham!, bang! **et ~!** dans la figure smack *ou* slap-bang in the face; **et ~! il est parti en claquant la porte** wham! *ou* bang! he slammed the door and left.
v.o. [veo] *nf abrév de* version originale. **film en ~** film in the original version *ou* language; **en ~ soustltrée** in the original version with subtitles.
vocable [vɔkabl(ə)] *nm* (**a**) (*mot*) term. (**b**) (*Rel*) **église sous le ~ de saint Pierre** church dedicated to St Peter.
vocabulaire [vɔkabylɛʀ] *nm* (**a**) (*dictionnaire*) vocabulary, word list. ~ **français-anglais** French-English vocabulary; ~ **de la photographie** dictionary *ou* lexicon of photographic terms. (**b**) (*d'un individu, d'un groupe; terminologie*) vocabulary. **enrichir son ~** to enrich one's vocabulary; **il avait un ~ exact** he had a very precise vocabulary; **quel ~!** what language!; ~ **technique/ médical** technical/medical vocabulary.
vocal, e, *mpl* -aux [vɔkal, o] *adj* *organe, musique* vocal; *V* **corde**.
vocalement [vɔkalmɑ̃] *adv* vocally.
vocalique [vɔkalik] *adj* vowel (*épith*), vocalic. **système ~** vowel system.
vocalisation [vɔkalizɑsjɔ̃] *nf* (*Ling*) vocalization; (*Mus*) singing exercise.
vocalise [vɔkaliz] *nf* singing exercise. **faire des ~s** to practise (one's) singing exercises.
vocaliser [vɔkalize] (1) **1** *vt* (*Ling*) to vocalize. **2** *vi* (*Mus*) to practise (one's) singing exercises. **3 se vocaliser** *vpr* (*Ling*) to become vocalized.
vocalisme [vɔkalism(ə)] *nm* (*Ling*) (*théorie*) vocalism; (*système vocalique*) vowel system; *[mot]* vowel pattern.
vocatif [vɔkatif] *nm* vocative (case).

vocation [vɔkɑsjɔ̃] *nf* **(a)** (*Rel, pour un métier, une activité*) vocation, calling. **~ contrariée** frustrated vocation; **avoir/ne pas avoir la ~** to have/lack a vocation; **avoir la ~ de l'enseignement/du théâtre** to be cut out to be a teacher *ou* for teaching/for acting *ou* the theatre; **~ artistique** artistic calling; **rater sa ~** to miss one's vocation; (*hum*) **il a la ~** it's a real vocation for him.
   (b) (*destin*) vocation, calling. **la ~ maternelle de la femme** woman's maternal vocation *ou* calling; **la ~ industrielle du Japon** the industrial calling of Japan.
   (c) (*Admin*) **avoir ~ à** *ou* **pour** to have authority.

vociférateur, -trice [vɔsiferatœʀ, tʀis] **1** *adj* vociferous. **2** *nm,f* vociferator.

vocifération [vɔsiferɑsjɔ̃] *nf* cry of rage, vociferation.

vociférer [vɔsifeʀe] (6) **1** *vi* to utter cries of rage, vociferate. **~ contre qn** to shout angrily at sb, scream at sb. **2** *vt insulte, ordre* to shout (out), scream. **~ des injures** to hurl abuse, shout (out) *ou* scream insults.

vodka [vɔdka] *nf* vodka.

vœu, *pl* **~x** [vø] *nm* **(a)** (*promesse*) vow. **faire (le) ~ de faire** to vow to do, make a vow to do; **~x de religion** religious vows; **~x de célibat** vows of celibacy; (*Rel*) **prononcer ses ~x** to take one's vows; **~ de chasteté** vow of chastity; **faire ~ de pauvreté** to take a vow of poverty.
   (b) (*souhait*) wish. **faire un ~** to make a wish; **nous formons des ~x pour votre santé** we send our good wishes for your recovery *ou* health; **tous nos ~x de prompt rétablissement** our best wishes for a speedy recovery; **l'assemblée a émis le ~ que** ... the assembly expressed the wish *ou* its desire that ...; **je fais le ~ qu'il me pardonne** I pray (that) he may forgive me; **tous nos ~x de bonheur** all good wishes *ou* every good wish for your happiness; **tous nos ~x vous accompagnent** our very best wishes go with you.
   (c) (*au jour de l'An*) **les ~x télévisés du Président de la République** the President of the Republic's televised New Year speech *ou* address; **il a reçu les ~x du corps diplomatique** he received New Year's greetings from the diplomatic corps; **tous nos (meilleurs *ou* bons) ~x de bonne et heureuse année, meilleurs ~x** best wishes for the New Year, happy New Year; (*sur une carte*) 'Season's Greetings'.

vogue [vɔg] *nf* **(a)** (*popularité*) fashion, vogue. **connaître une ~ extraordinaire** to be extremely fashionable *ou* popular, be tremendously in vogue; **être en ~** to be in fashion *ou* vogue, be fashionable; **la ~ de la mini-jupe est en baisse** miniskirts are going out of fashion, the fashion *ou* vogue for miniskirts is on the way out; **c'est la grande ~ maintenant** it's all the rage now.
   (b) (*dial: foire*) fair.

voguer [vɔge] (1) *vi* (*littér*) *[embarcation, vaisseau spatial]* to sail; (*fig*) *[pensées]* to drift, wander. **nous voguions vers l'Amérique** we were sailing towards America; **l'embarcation voguait au fil de l'eau** the boat was drifting *ou* floating along on *ou* with the current; (*fig*) **nous voguons, frêles esquifs, au gré du hasard** we drift (along), frail vessels on the waters of fate (*littér*); (*hum*) **vogue la galère!** come what may!

voici [vwasi] *prép* **(a)** (*pour désigner: opposé à voilà*) here is, here are, this is, these are. **~ mon bureau et voilà le vôtre** here is *ou* this is my office and there is *ou* that is yours; **~ mon frère et voilà sa femme** this is *ou* here is my brother and there is *ou* that is his wife; **~ mes parents** here are *ou* these are my parents.
   (b) (*pour désigner: même valeur que voilà*) here is, here are, this is, these are. **~ mon frère** this is my brother; **~ le livre que vous cherchiez** here's the book you were looking for; **l'homme/la maison que ~** this (particular) man/house; **M Dupont, que ~** M Dupont here; **il m'a raconté l'histoire que ~** he told me the following story.
   (c) (*pour annoncer, introduire*) here is, here are, this, these are. **~ le printemps/la pluie** here comes spring/the rain; **~ la fin de l'hiver** the end of winter is here; **me/nous/le** *etc* **~ here** I am/we are/he is *etc*; **les ~ prêts à partir** they're ready to leave, that's them ready to leave*; **nous ~ arrivés** here we are, we've arrived; **le ~ qui se plaint encore** there he goes, complaining again, that's him complaining again*; **me ~ à me ronger les sangs pendant que lui** ... (*au présent*) here am I *ou* here's me* in a terrible state while he ...; (*au passé*) there was I *ou* there was me* in a terrible state while he ...; **vous voulez des preuves, en ~** you want proof, well here you are then; **nous y ~** (*lieu*) here we are; (*question délicate etc*) now we're getting there *ou* near it; **~ qui va vous surprendre** here's something that'll surprise you; **~ qu'il se met à pleuvoir maintenant** and now it's starting to rain; **~ ce que je compte faire** this is what I'm hoping to do; **~ ce qu'il m'a dit/ce dont il s'agit** this is what he told me/what it's all about; **~ comment il faut faire** this is the way to do it, this is how it's done; **~ pourquoi je l'ai fait** this *ou* that was why I did it; **~ pourquoi je l'avais supprimé** that was why I'd eliminated it; **~ que tombe la nuit** night is falling, it is getting dark.
   (d) (*il y a*) **~ 5 ans que je ne l'ai pas vu** it's 5 years (now) since I last saw him, I haven't seen him for the past 5 years; **il est parti ~ une heure** he left an hour ago, it's an hour since he left; **~ bientôt 20 ans que nous sommes mariés** it'll soon be 20 years since we got married, we'll have been married 20 years soon.

voie [vwa] **1** *nf* **(a)** (*chemin*) way; (*Admin: route, rue*) road; (*itinéraire*) route. (*Hist*) **~ romaine/sacrée** Roman/sacred way; **par la ~ des airs** by air; **emprunter la ~ maritime** to go by sea, use the sea route; **~s de communication** communication routes; **~ sans issue** no through road, cul-de-sac; **~ privée** private road; **~ à double sens** two-way road; **~ mise en sens unique** one-way road.
   (b) (*partie d'une route*) lane. **'travaux — passage à ~ unique'** 'roadworks — single-lane traffic'; **route à ~ unique** single-lane

road, single-track road; **route à 3/4 ~s** 3-/4-lane road; **~ réservée aux autobus** bus lane; **~ à contresens** contraflow lane; **une ~ de circulation a été mise en sens inverse sur** ... there is a contraflow system in operation on ... .
   (c) (*Rail*) track, (railway) line. **ligne à ~ unique/à 2 ~s** single-/double-track line; **ligne à ~ étroite** narrow-gauge line; **on répare les ~s** the line *ou* track is under repair; **~ montante/descendante** up/down line; **le train est annoncé sur la ~ 2** the train will arrive at platform 2.
   (d) (*Anat*) **~s digestives/respiratoires/urinaires** digestive/respiratory/urinary tract; **par ~ buccale** *ou* **orale** orally; **évacuer qch par les ~s naturelles** to get rid of sth by the natural routes *ou* naturally.
   (e) (*fig*) way. **la ~ du bien/mal** the path of good/evil; **la ~ de l'honneur** the honourable course; **rester dans la ~ du devoir** to keep to the line *ou* path of duty; **entrer dans la ~ des aveux** to make a confession; **ouvrir/tracer/montrer la ~** to open up/mark out/show the way; **préparer la ~ à qn/qch** to prepare *ou* pave the way for sb/sth; **continuez sur cette ~** continue in this way; **il est sur la bonne ~** he's on the right track; **l'affaire est en bonne ~** the matter is shaping *ou* going well; **mettre qn sur la ~** to put sb on the right track; **trouver sa ~** to find one's way (in life); **la ~ est libre** the way is clear *ou* open.
   (f) (*filière, moyen*) **par des ~s détournées** by devious *ou* roundabout means; **par la ~ hiérarchique/diplomatique** through official/diplomatic channels; **par ~ de conséquence** in consequence, as a result.
   (g) en ~ de: **en ~ de réorganisation** in the process of reorganization, undergoing reorganization; **en ~ d'exécution** in (the) process of being carried out, being carried out; **pays en ~ de développement** developing country; **en ~ de guérison** getting better, regaining one's health, on the road to recovery; **en ~ de cicatrisation** (well) on the way to healing over; **en ~ d'achèvement** (well) on the way to completion, nearing completion, being completed; **il est en ~ de perdre sa situation** he is on the way to losing his job, he's heading for dismissal.
   2: voie d'accès access road; **voie Appienne** Appian Way; **voie de dégagement urbain** urban relief road; **les voies de Dieu, les voies divines** the ways of God *ou* Providence; **les voies de Dieu sont insondables** the ways of God are unfathomable; **voie d'eau** leak; **voie express** motorway (*Brit*), freeway (*US*), expressway; (*Jur*) **voie de fait** assault (and battery) (*U*); **voie de fait simple** common assault; **se livrer à des voies de fait sur qn** to assault sb, commit an assault on sb; (*Rail*) **voie ferrée** railway (*Brit*) *ou* railroad (*US*) line; (*Rail*) **voie de garage** siding, (*fig*) **mettre sur une voie de garage** *affaire* to shelve; *personne* to shunt to one side; (*Télec*) **on m'a mis sur une voie de garage** they put my call on hold, they didn't put my call through; **la voie lactée** the Milky Way; **voies navigables** waterways; **voie de passage** major route; **les voies de la Providence = les voies de Dieu**; (*Admin*) **la voie publique** the public highway; **voie de raccordement** slip road; **voie rapide = voie express**; (*Admin*) **voie vicinale** local road.

voilà [vwala] **1** *prép* **(a)** (*pour désigner: opposé à voici*) there is, there are, that is, those are; (*même sens que voici*) here is, here are, this is, these are. **voici mon bureau et ~ le vôtre** here is *ou* this is my office and there's *ou* that's yours; **voici mon frère et ~ sa femme** this is *ou* here is my brother and that is *ou* there is his wife; **~ mon frère** this is *ou* here is my brother; **~ le livre que vous cherchiez** there's *ou* here's the book you were looking for; **l'homme/la maison que ~** that man/house (there); **M Dupont que ~** M Dupont there; **il m'a raconté l'histoire que ~** he told me the following story.
   (b) (*pour annoncer, introduire*) there is, there are, that is, those are. **~ le printemps/la pluie** here comes spring/the rain; **~ la fin de l'hiver** the end of winter is here; **le ~, c'est lui** there he is, that's him; **le ~ prêt à partir** he's ready to leave, that's him ready to leave*; **le ~ qui se plaint encore** there he goes, complaining again, that's him complaining again*; **me ~ à me ronger les sangs pendant que lui** ... (*au présent*) there am I *ou* there's me* in a terrible state while he ...; (*au passé*) there was I *ou* there was me* in a terrible state while he ...; **~ ce que je compte faire** this is what I'm hoping to do; **~ ce qu'il m'a dit/ce dont il s'agit** that's *ou* this is what he told me/what it's all about; **~ comment il faut faire** this is how it's done; **~ pourquoi je l'ai fait** that's why I did it; **~ que tombe la nuit** night is falling, it's getting dark; **~ qu'il se met à pleuvoir maintenant** now it's starting to rain, here comes the rain now; **~ où je veux en venir** that's what I'm getting at, that's my point; **nous y ~** (*lieu*) here we are; (*question délicate etc*) now we're getting there *ou* near it.
   (c) (*pour résumer*) ... **et ~ pourquoi je n'ai pas pu le faire** ... and that's why *ou* that's the reason I wasn't able to do it; **~ ce qui fait que c'est impossible** that's what makes it impossible; **~ qui est louche** that's a bit odd *ou* suspicious; **~ qui s'appelle parler** that's what I call talking, that's something like talking*.
   (d) (*il y a*) **~ une heure que je l'attends** I've been waiting for him for an hour now, that's a whole hour I've been waiting for him now; **~ 5 ans que je ne l'ai pas vu** it's 5 years since I last saw him, I haven't seen him for the past 5 years; **il est parti ~ une heure** he left an hour ago, it's an hour since he left; **~ bientôt 20 ans que nous sommes mariés** it'll soon be 20 years since we got married, we'll have been married 20 years soon.
   (e) (*loc*) **en ~ une histoire/blague!** what a story/joke!, that's some story/joke!; **en ~ un imbécile!** there's an idiot for you!, what a fool!; **en ~ assez!** that's enough!, that'll do!; **veux-tu de l'argent? — en ~** do you want some money? — here's some *ou* here you are; **vous voulez des preuves, en ~** you want proof, well here you are then; **~ le hic** that's the snag *ou* catch, there's *ou* that's the hitch;

~ **tout** that's all; **et ~ tout** and that's all there is to it *ou* all there is to say, and that's the top and bottom of it* (*Brit*); ~ **bien les Français!** how like the French!, isn't that just like the French!, that's the French all over!*; **(et) ne ~-t-il pas qu'il s'avise de se déshabiller** lo and behold, he suddenly decides to get undressed!, I'm blest if he doesn't suddenly decide to get undressed!; **nous ~ frais!** now we're in a mess! *ou* a nice pickle!*, that's a fine mess *ou* pickle we're in!*

    2 *excl*: ~! **j'arrive!** here I come!, there — I'm coming!; **ah!** ~! **je comprends!** oh, (so) that's it, I understand!, oh, I see!; **je n'ai pas pu le faire, et** ~! I couldn't do it and that's all there was to it! *ou* so there!*; ~, **je m'appelle M Dupont et je suis votre nouvel instituteur** right (then), my name is M Dupont and I'm your new teacher; ~, **tu l'as cassé!** there you are, you've broken it!

voilage [vwalaʒ] *nm* (*rideau*) net curtain; (*tissu*) net (*U*), netting (*U*), veiling (*U*); [*chapeau, vêtement*] gauze (*U*), veiling (*U*).

voile¹ [vwal] *nf* **(a)** [*bateau*] sail. ~ **carrée/latine** square/lateen sail; **faire** ~ **vers** to sail towards; **mettre à la** ~ to make way under sail; (*lit*) **mettre toutes** ~**s dehors** to crowd *ou* cram on all sail; **se rapprocher toutes** ~**s dehors** to draw near with full sail on; (* *fig*) **mettre les** ~**s** to clear off‡, push off‡; [*bisexuel*] **marcher à la** ~ **et à la vapeur*** to be AC/DC‡ *ou* bi‡.
    (b) (*gén littér: embarcation*) sail (*inv: littér*), vessel.
    (c) (*navigation, sport*) sailing, yachting. **faire de la** ~ to sail, go sailing *ou* yachting; **demain on va faire de la** ~ we're going sailing *ou* yachting tomorrow.

voile² [vwal] *nm* **(a)** (*gén: coiffure, vêtement*) veil. ~ **de deuil** (mourning) veil; **les musulmanes portent le** ~ Moslem women wear the veil; (*Rel*) **prendre le** ~ to take the veil.
    (b) [*statue, plaque commémorative*] veil.
    (c) (*tissu*) net (*U*), netting (*U*). ~ **de coton/de tergal** ® cotton/Terylene ® net *ou* netting.
    (d) (*fig: qui cache*) veil. **le** ~ **de l'oubli** the veil of oblivion; **sous le** ~ **de la franchise** under the veil *ou* a pretence of candour; **jeter/tirer un** ~ **sur qch** to cast/draw a veil over sth; **lever le** ~ **de** to unveil, lift the veil from; **enlever un coin du** ~ to lift a corner of the veil.
    (e) (*fig: qui rend flou*) ~ **de brume** veil of mist, veiling mist; **un** ~ **de cheveux blonds** a fringe of fair hair; **avoir un** ~ **devant les yeux** to have a film before one's eyes.
    (f) (*Phot*) fog (*U*). **un** ~ **sur la photo** a shadow on the photo.
    (g) (*Méd*) ~ **au poumon** shadow on the lung; **le** ~ **noir/gris/rouge des aviateurs** blackout/greyout/redout.
    (h) (*Anat*) ~ **du palais** soft palate, velum.
    (i) (*Bot*) [*champignon*] veil.
    (j) (*enregistrement du son*) warp.

voilé, e¹ [vwale] (*ptp de* **voiler¹**) *adj* **(a)** *femme, statue* veiled.
    (b) *termes, allusion, sens* veiled. **accusation à peine** ~**e** thinly disguised accusation; **il fit une allusion peu** ~**e à** he made a broad hint *ou* a thinly veiled hint at.
    (c) (*flou*) *lumière, ciel, soleil* hazy; *éclat* dimmed; *regard* misty; *contour* hazy, misty; *photo* fogged. **les yeux** ~**s de larmes** his eyes misty *ou* misted (over) *ou* blurred with tears; **sa voix était un peu** ~**e** his voice was slightly husky.

voilé, e² [vwale] (*ptp de* **voiler²**) *adj* (*tordu*) *roue* buckled; *planche* warped.

voilement [vwalmɑ̃] *nm* (*Tech*) [*roue*] buckle; [*planche*] warp.

voiler¹ [vwale] (1) **1** *vt* (*lit, fig: littér*) to veil. **les larmes voilaient ses yeux** tears dimmed his eyes, his eyes were misty with tears; **un brouillard voilait les sommets** the peaks were veiled in *ou* by *ou* shrouded in fog; (*fig*) **je préfère lui** ~ **la vérité** I prefer to shield him from the truth *ou* to conceal the truth from him.
    2 se voiler *vpr* **(a)** **se** ~ **le visage** [*musulmane*] to wear a veil; (*fig*) **se** ~ **la face** to hide one's face, look away, avert one's gaze.
    (b) (*devenir flou*) [*horizon, soleil*] to mist over; [*ciel*] to grow hazy *ou* misty; [*regard, yeux*] to mist over, become glazed; [*voix*] to become husky.

voiler² [vwale] (1) **1 se voiler** *vpr* [*roue*] to buckle; [*planche*] to warp. **2** *vt* to buckle; to warp.

voilerie [vwalri] *nf* sail-loft.

voilette [vwalɛt] *nf* (hat) veil.

voilier [vwalje] *nm* **(a)** (*navire à voiles*) sailing ship; (*de plaisance*) sailing dinghy *ou* boat, yacht. **(b)** (*fabricant de voiles*) sail maker.
    (c) (*Zool*) long-flight bird.

voilure¹ [vwalyr] *nf* **(a)** [*bateau*] sails. **réduire la** ~ to shorten sail; **une** ~ **de 1.000m²** 1,000m² of sail. **(b)** [*planeur*] aerofoils. **(c)** [*parachute*] canopy.

voilure² [vwalyr] *nf* = **voilement**.

voir [vwar] (30) **1** *vt* **(a)** to see. **je l'ai vu de mes (propres) yeux, je l'ai vu, de mes yeux vu** I saw it with my own eyes; **est-ce que tu le vois?** can you see it?; **je vois deux arbres** I (can) see two trees; **on n'y voit rien** you can't see a thing; **c'est un film à** ~ it's a film worth seeing; **aller** ~ **un film/une exposition** to go to (see) a film/an exhibition; **il a vu du pays** he has been around a bit *ou* seen the world; **nous les avons vus sauter** we saw them jump; **on a vu le voleur entrer** the thief was seen entering; **j'ai vu bâtir ces maisons** I saw these houses being built; **il faut le** ~ **pour le croire** it has to be seen to be believed; **as-tu jamais vu pareille impolitesse?** have you ever seen *ou* did you ever see such rudeness?; **je voudrais la** ~ **travailler avec plus d'enthousiasme** I'd like to see her work more enthusiastically; **je voudrais** ~ **ça** I'd like to see how you'd do it!, I'd like to see you try!; **je l'ai vu naître!** I've known him since he was born *ou* since he was a baby; **le pays qui l'a vu naître** the land of his birth, his native country; **il a deux guerres** he has lived through *ou* seen two wars; **cette maison a vu bien des drames** this house has known *ou* seen many a drama; **à le**

~ **si joyeux/triste** seeing him look so happy/sad; (*fig*) **on commence à y** ~ **plus clair** the smoke is beginning to clear, things are beginning to come clear.
    (b) (*imaginer, se représenter*) to see, imagine. **je ne le vois pas** *ou* **je le vois mal habitant la banlieue** I (somehow) can't see *ou* imagine him living in the suburbs; **nous ne voyons pas qu'il ait de quoi s'inquiéter** we can't see that he has any reason for worrying; **ne** ~ **que par qn** to see only *ou* see everything through sb's eyes; **je le/me verrais bien dans ce rôle** I could just see him/myself in this role; **elle se voyait déjà célèbre** she imagined herself already famous; **voyez-vous une solution?** can you see a solution?; **il ne s'est pas vu mourir** death took him unawares; ~ **la vie en rose** to look at life through rose-coloured glasses, take a rosy view of life; ~ **les choses en noir** to take a black view of things; ~ **loin** to see ahead; ~ **le problème sous un autre jour** to see *ou* view the problem in a different light; **je ne vois pas comment ils auraient pu gagner** I can't *ou* don't see how they could have won; **je ne vois pas d'inconvénient** I can't see any drawback; **on n'en voit pas le bout** *ou* **la fin** there seems to be no end to it.
    (c) (*examiner, étudier*) *problème, dossier* to look at; *leçon* to look *ou* go over; *circulaire* to see, read. **il faudra** ~ **la question de plus près** we'll have to look at *ou* into the question more closely, the question requires closer examination; **il faut** *ou* **il faudra** ~ we'll have to see; **je verrai (ce que je dois faire)** I'll have to see, I'll think about it *ou* think what to do; **il a encore 3 malades à** ~ he still has 3 patients to see.
    (d) (*juger, concevoir*) to see. **c'est à vous de** ~ **s'il est compétent** it's up to you to see *ou* decide whether he is competent; **voici comment on peut** ~ **les choses** you can look at things this way; **se faire mal** ~ **(de qn)** to be frowned on (by sb); **se faire bien** ~ **(de qn)** to (try to) make o.s. popular (with sb), be well viewed (by sb); **nous ne voyons pas le problème de la même façon** we don't see *ou* view the problem in the same way, we don't take the same view of the problem; **façon de** ~ view of things, outlook; **il a vu petit/grand** he planned things on a small/grand *ou* big scale, he thought small/big; **ne** ~ **aucun mal à** to see no harm in; **ne** ~ **que son intérêt** to consider only one's own interest.
    (e) (*découvrir, constater*) to see, find (out). **aller** ~ **s'il y a quelqu'un** to go and see *ou* go and find out if there is anybody there; **vous verrez que ce n'est pas leur faute** you will see *ou* find that they are not to blame *ou* that it's not their fault; **il ne fera plus cette erreur — c'est à** ~ he won't make the same mistake again — that remains to be seen *ou* — we shall see; **nous allons bien** ~! we'll soon find out!, we'll see soon enough!; (*attendons*) **on verra bien** let's wait and see; **voyez si elle accepte** see if she'll agree; **des meubles comme on en voit dans tous les appartements bourgeois** the sort of furniture you find in any middle-class home.
    (f) (*recevoir, rendre visite à*) *médecin, avocat* to see. **il voit le directeur ce soir** he is seeing the manager tonight; **on ne vous voit plus** we never see you these days, you've become quite a stranger; **nous essayerons de nous** ~ **à Londres** we shall try to see each other *ou* to meet (up) in London; **le ministre doit** ~ **les délégués** the minister is to see *ou* meet the delegates; **ils se voient beaucoup** they see a lot of each other; **passez me** ~ **quand vous serez à Paris** look me up *ou* call in and see me (*Brit*) when you're in Paris; **aller** ~ *docteur, avocat* to go and see; *connaissance* to go and see, call on, visit; **aller** ~ **qn à l'hôpital** to visit sb *ou* go and see sb in hospital.
    (g) (*faire l'expérience de*) **il en a vu (de dures** *ou* **de toutes les couleurs** *ou* **des vertes et des pas mûres**) he has been through the mill *ou* through some hard times, he has taken some hard knocks; **en faire** ~ **(de dures** *ou* **de toutes les couleurs) à qn** to give sb a hard time, lead sb a merry dance; **j'en ai vu d'autres!** I've been through *ou* seen worse!; **a-t-on jamais vu ça?, on n'a jamais vu ça!** did you ever see *ou* hear the like?; **on aura tout vu!** we've seen everything now!, that beats all!; **vous n'avez encore rien vu!** you haven't seen anything yet!
    (h) (*comprendre*) to see. **il ne voit pas ce que vous voulez dire** he doesn't see *ou* grasp what you mean; **il ne voyait pas le côté drôle de l'aventure** he could not see *ou* appreciate the funny side of what happened; **vous aurez du mal à lui faire** ~ **que ...** you will find it difficult to make him see *ou* realize that ... ; **je ne vois pas comment il a pu oublier** I don't see how he could forget; ~ **clair dans un problème/une affaire** to have a clear understanding of a problem/matter, grasp a problem/matter clearly.
    (i) (*avec faire, laisser, pouvoir*) **laisser** ~ (*révéler*) to show, reveal; **il a bien laissé** ~ **sa déception** he couldn't help showing his disappointment *ou* making his disappointment plain; **faire** ~ (*montrer*) to show; **fais** ~! show me!, let me have a look!; **faites-moi** ~ **ce dessin** let me see *ou* show me this picture; **elle ne peut pas le** ~* she can't stand (the sight of) him; **va te faire** ~ **(ailleurs)!*** nothing doing!*, get lost!*, you're not on!*
    (j) ~ **venir** to wait and see; (*les événements*) to wait and see (what happens); **on t'a vu venir*** they saw you coming!*; **je te vois venir*** I can see what you're leading up to *ou* getting at.
    (k) (*loc*) **tu vois, vois-tu, voyez-vous** you see; **voyons** let's see now; **tu vois ça d'ici** you can just imagine it; **un peu de charité, voyons!** come (on) now, let's be charitable; **mais voyons, il n'a jamais dit cela!** come, come, *ou* come now, he never said that; **dites** ~, **vous connaissez la nouvelle?** tell me, have you heard the news?; **dis-moi** ~ tell me; **essaie** ~!* just try it and see!, just you try it!; **c'est ce que nous verrons** we'll see about that; **regarde** ~ **ce qu'il a fait*** just look what he has done!; **histoire de** ~, **pour** ~ just to see; (*menace*) **essaie un peu, pour** ~!, **faudrait** ~ **à** ~!* just you try!; **son travail est fait (il) faut** ~ **(comme)!** you should just see the state of the work he has done!; **c'est tout vu** it's a foregone conclusion; **qu'il aille se faire** ~! he can go to hell!; **il ferait beau** ~ **qu'il** ... it would be a fine thing if he ... ; **va** ~ **ailleurs si j'y suis**‡

get lost‡; allez donc ~ si c'est vrai! just try and find out if it's true!; je n'ai rien à ~ dans cette affaire this matter has nothing to do with me *ou* is no concern of mine; cela n'a rien/a quelque chose à ~ avec ... this has got nothing/something to do with ...; n'y ~ que du feu to be completely hoodwinked *ou* taken in; (être ivre) ~ double to see double; ~ trente-six chandelles to see stars; ne pas ~ plus loin que le bout de son nez to see no further than the end of one's nose; je l'ai vu comme je vous vois I saw him as plainly as I see you now.

2 voir à *vt indir* (*littér*: veiller à) to make sure that, see (to it) that. **nous verrons à vous contenter** we shall do our best *ou* our utmost to please you; **il faudra ~ à ce qu'il obéisse** we must see *ou* make sure that he obeys; **voyez à être à l'heure** see that *ou* make sure that you are on time *ou* are prompt; (*menace*) **il faudrait ~ à ne pas nous ennuyer** you had better make sure not to cause us any trouble, you had better not cause us any trouble.

3 se voir *vpr* (**a**) (*se trouver*) **se ~ forcé de** to find o.s. forced to; **je me vois dans la triste obligation de** sadly, I find myself obliged to; **se ~ soudain dans la misère** to find o.s. suddenly in poverty.

(**b**) (*être visible, évident*) [*tache, couleur, sentiments*] to show. **cette reprise/tache ne se voit pas** this alteration/stain doesn't show; **cela se voit!** that's obvious!

(**c**) (*se produire*) **cela se voit tous les jours** it happens every day, it's an every day occurrence; **ça ne se voit pas tous les jours** it's not something you see every day, it's quite a rare event; **cela ne s'est jamais vu!** it's unheard of!; **une attitude qui ne se voit que trop fréquemment** an all-too-common attitude; **des attitudes/préjugés qui se voient encore chez** ... attitudes/prejudices which are still commonplace *ou* encountered in ....

(**d**) (*fonction passive*) **ils se sont vu interdire l'accès du musée** they found themselves refused admission *ou* they were refused admission to the museum; **ces outils se sont vus relégués au grenier** these tools have been put away in the attic; **je me suis vu répondre que c'était trop tard** I was told (that) it was too late.

voire [vwar] *adv* (**a**) (*frm: et même*) indeed, nay (†, *littér*). **il faudrait attendre une semaine, ~ un mois** you would have to wait a week *ou* (perhaps) even a month; **c'est révoltant, ~ même criminel** it's disgusting, indeed even criminal. (**b**) (†, *hum: j'en doute*) indeed? (†, *hum*).

voirie [vwari] *nf* (**a**) (*enlèvement des ordures*) refuse collection; (*dépotoir*) refuse dump. (**b**) (*entretien des routes etc*) highway maintenance; (*service administratif*) highways department; (*voie publique*) (public) highways.

voisé, e [vwaze] *adj* (*Phonétique*) voiced.

voisement [vwazmã] *nm* (*Phonétique*) voicing.

voisin, e [vwazɛ̃, in] **1** *adj* (**a**) (*proche*) neighbouring; (*adjacent*) next. **les maisons/rues ~es** the neighbouring houses/streets; **il habite la maison/rue ~e** he lives in the next house/street; **2 maisons ~es** (l'une de l'autre) 2 adjoining houses, 2 houses next to each other; **une maison ~e de l'église** a house next to *ou* adjoining the church; **les pays ~s de la Suisse** the countries bordering on *ou* adjoining Switzerland; **les années ~es de 1870** the years around 1870.

(**b**) (*fig*) idées, espèces, cas connected. **~ de** akin to, related to; **un animal ~ du chat** an animal akin to *ou* related to the cat; **dans un état ~ de la folie** in a state bordering on *ou* akin to madness.

2 *nm,f* (**a**) (*gén*) neighbour. **nos ~s d'à-côté** our next-door neighbours, the people next door; **nos ~s de palier** our neighbours across the landing; **un de mes ~s de table** one of the people next to me at table, one of my neighbours at table; **je demandai à mon ~ de me passer le sel** I asked the person (sitting) next to me *ou* my neighbour to pass me the salt; (*en classe*) **qui est ta ~e cette année?** who is sitting next to you this year?; **mon ~ de dortoir/de salle** the person in the next bed to mine (in the dormitory/ward); (*pays*) **notre ~ allemand** our neighbour, Germany, our German neighbours.

(**b**) (*fig: prochain*) fellow.

voisinage [vwazinaʒ] *nm* (**a**) (*voisins*) neighbourhood. **ameuter tout le ~** to rouse the whole neighbourhood; **être connu de tout le ~** to be known throughout the neighbourhood.

(**b**) (*relations*) être en bon ~ avec qn, entretenir des relations de bon ~ avec qn to be on neighbourly terms with sb.

(**c**) (*environs*) vicinity. **les villages du ~** the villages in the vicinity, the villages round about; **se trouver dans le ~** to be in the vicinity.

(**d**) (*proximité*) proximity, closeness. **le ~ de la montagne** the proximity *ou* closeness of the mountains; **il n'était pas enchanté du ~ de cette usine** he wasn't very happy at having the factory so close *ou* on his doorstep; **le ~ du printemps** the closeness *ou* nearness of spring.

(**e**) (*Math*) [*point*] neighbourhood.

voisiner [vwazine] (1) *vi* (*être près de*) **~ avec qch** to be (placed) side by side with sth.

voiture [vwatyr] **1** *nf* (**a**) (*automobile*) car, motor car (*Brit*), automobile (*US*). **~ particulière** private car; (*Tour de France*) **~ publicitaire** promoter's *ou* sponsor's back-up vehicle; **~ école** driving school car; **~ piégée** car bomb, booby-trapped car; **~ de location** hired (*Brit*) *ou* rented car; **~ de sport** sportscar; **~ de tourisme** saloon (*Brit*), sedan (*US*); **~ de compétition** competition car; **~ sans chauffeur** car for self-drive hire; **~ de grande remise** hired limousine (with chauffeur).

(**b**) (*wagon*) carriage, coach (*Brit*), car (*US*). **~ de tête/queue** front/back carriage *ou* coach (*Brit*) *ou* car (*US*); **~-bar** buffet car; **~-couchette** couchette; **~-lit** sleeper (*Brit*), Pullman (*US*); **~-restaurant** dining car; **en ~!** all aboard!

(**c**) (*véhicule attelé, poussé*) (*pour marchandises*) cart; (*pour voyageurs*) carriage, coach; V **petit.**

2: voiture à bras handcart; **voiture cellulaire** prison *ou* police van (*Brit*), patrol *ou* police wagon (*US*); **voiture à cheval** horse-drawn carriage; **voiture d'enfant** pram (*Brit*), baby carriage (*US*), perambulator (*Brit frm*); **voiture d'infirme** wheelchair, invalid carriage (*Brit*); **voiture pie†** ≃ panda car (*Brit*), police (patrol) car; **voiture de poste** mailcoach, stagecoach; **voiture des quatre saisons** costermonger's (*Brit*) *ou* greengrocer's (*Brit*) barrow, sidewalk vegetable barrow (*US*); (*Admin*) **voiture de place** taxi cab, hackney cab *ou* carriage (*Brit*); **voiture de pompiers** fire engine; **voiture-radio** radio car; **voiture ventouse** illegally parked car (*exceeding the time limit for parking*).

voiturée† [vwatyre] *nf* [*choses*] cartload; [*personnes*] carriageful, coachload.

voiturer [vwatyre] (1) *vt* (†, *hum*) (*sur un chariot*) to wheel in; (*: en voiture*) to take in the car.

voiturette [vwatyrɛt] *nf* (*d'infirme*) carriage; (*petite auto*) little *ou* small car.

voiturier [vwatyrje] *nm* (†, *Jur*) carrier, carter.

voix [vwa] *nf* (**a**) voice. **à ~ basse/haute** in a low *ou* hushed/loud voice; **ils parlaient à ~ basse** they were talking in hushed *ou* low voices *ou* in undertones; **de crécelle/de fausset/de gorge** rasping/falsetto/throaty voice; **d'une ~ blanche** in a toneless *ou* flat voice; **à haute et intelligible ~** loud and clear; **avoir de la ~** to have a good (singing) voice; **être *ou* rester sans ~** to be speechless (*devant* before, at); **de la ~ et du geste** by word and gesture, with words and gestures; **une ~ lui cria de monter** a voice shouted to him to come up; **donner de la ~** (*aboyer*) to bay, give tongue; (*: crier*) to bawl; **la ~ des violons** the voice of the violins; V **élever, gros, portée²** etc.

(**b**) (*conseil, avertissement*) **~ de la conscience/raison** voice of conscience/reason; **se fier à la ~ d'un ami** to rely on *ou* trust to a friend's advice; **la ~ du sang** the ties of blood, the call of the blood; **c'est la ~ du sang qui parle** he must heed the call of his blood.

(**c**) (*opinion*) (*Pol: suffrage*) vote. **la ~ du peuple** the voice of the people, vox populi; **mettre qch aux ~** to put sth to the vote; **la proposition a recueilli 30 ~** the proposal received *ou* got 30 votes; **demander la mise aux ~ d'une proposition** to ask for a vote on a proposal, ask for a proposal to be put to the vote; **avoir ~ consultative** to have consultative powers *ou* a consultative voice; **avoir ~ prépondérante** to have a casting vote; **gagner des ~** to win votes; **donner sa ~ à un candidat** to give a candidate one's vote, vote for a candidate; **le parti obtiendra peu de/beaucoup de ~ en Écosse** the party will poll badly/heavily in Scotland; **avoir ~ au chapitre** to have a say in the matter.

(**d**) (*Mus*) voice. **chanter à 2/3 ~** to sing in 2/3 parts; **fugue à 3 ~** fugue in 3 voices; **~ de basse/ténor** bass/tenor (voice); **chanter d'une ~ fausse/juste** to sing out of tune/in tune; **~ de tête/de poitrine** head/chest voice; **être/ne pas être en ~** to be/not to be in good voice; **la ~ humaine/céleste de l'orgue** the vox humana/voix céleste on the organ.

(**e**) (*Ling*) voice. **~ active/passive** active/passive voice.

vol¹ [vɔl] **1** *nm* (**a**) [*oiseau, avion*] (*gén*) flight. (*Zool*) **~ ramé/plané** flapping/gliding flight; **faire un ~ plané** [*oiseau*] to glide through the air; (*fig: tomber*) to fall flat on one's face; (*Aviat*) **~ d'essai/de nuit** trial/night flight; **~ régulier** scheduled flight; **il y a 8 heures de ~ entre** ... it's an 8-hour flight between ...; **heures/conditions de ~** flying hours/conditions; **V haut, ravitaillement.**

(**b**) (*Zool: formation*) flock, flight. **un ~ de perdrix** a covey *ou* flock of partridges; **un ~ de canards sauvages** a flight of wild ducks; **un ~ de moucherons** a cloud of gnats.

(**c**) (*loc*) **en (plein) ~** in (full) flight; **prendre son ~** to take wing, fly off *ou* away; **attraper au ~ autobus** to leap onto as it moves off; **ballon, objet lancé** to catch as it flies past, catch in midair; **saisir une occasion au ~** to leap at *ou* seize an opportunity; **saisir *ou* cueillir une remarque/une impression au ~** to catch a chance *ou* passing remark/impression; **à ~ d'oiseau** as the crow flies; **tirer un oiseau au ~** to shoot (at) a bird on the wing.

2: vol libre hang-gliding; **pratiquer le vol libre** to hang-glide, go hang-gliding; **vol à voile** gliding.

vol² [vɔl] **1** *nm* (*délit*) theft. (*Jur*) **~ simple/qualifié** common/aggravated *ou* compound theft; **~s de voiture** car thefts; (*fig*) **c'est du ~!** it's daylight robbery!, it's a rip-off!‡; (*fig*) **c'est du ~ organisé** it's a racket.

2: vol à l'arraché bagsnatching; **vol domestique** *theft committed by an employee*; **vol avec effraction** robbery *ou* theft with breaking and entering; **vol à l'escalade** theft by housebreaking; **vol à l'étalage** shoplifting (*U*); **vol à main armée** armed robbery; **vol à la roulotte** car theft, theft of objects from cars; **vol à la tire** pick-pocketing (*U*).

volage [vɔlaʒ] *adj* époux, cœur flighty, fickle, inconstant.

volaille [vɔlaj] *nf* (*Culin, Zool*) une ~ a fowl; **la ~** poultry; (‡: *les flics*) the cops‡ (*Brit*), the fuzz‡; (‡: *les femmes*) the birds‡ (*Brit*), the chicks‡ (*US*); **les ~s cancanaient dans la basse-cour** the poultry *ou* fowls were cackling in the farmyard; **~ rôtie** roast poultry (*U*) *ou* fowl.

volailler [vɔlaje] *nm* poulterer.

volant¹ [vɔlã] **1** *nm* (**a**) (*Aut*) steering wheel. **être au ~** to be at *ou* behind the wheel; **la femme au ~** the woman driver, women drivers; **prendre le ~, se mettre au ~** to take the wheel; **un brusque coup de ~** a sharp turn of the wheel; **as du ~** crack *ou* ace driver.

(**b**) (*Tech: roue*) (*régulateur*) flywheel; (*de commande*) (hand)wheel.

(**c**) [*rideau, robe*] flounce. **jupe à ~s** flounced skirt, skirt with flounces.

(**d**)(*balle de badminton*) shuttlecock; (*jeu*) badminton, battle-dore and shuttlecock††.

(e) *[carnet à souches]* tear-off portion.
2: volant magnétique magneto; **volant de sécurité** reserve, margin, safeguard.

volant², e [vɔlɑ̃, ɑ̃t] *adj* **(a)** (*gén, Aviat: qui vole*) flying. (*Aviat*) **le personnel** ∼, **les** ∼**s** the flight *ou* flying staff; *V* **poisson, soucoupe, tapis** *etc.*
(b) (*littér: fugace*) *ombre, forme* fleeting.
(c) (*mobile, transportable*) *pont, camp, personnel* flying; *V* **feuille.**

vola pük [vɔlapyk] *nm* Volapuk.
volatil, e¹ [vɔlatil] *adj* (*Chim*) volatile; (*littér: éphémère*) evanescent, ephemeral; *V* **alcali.**
volatile² [vɔlatil] *nm* (*gén hum*) (*volaille*) fowl; (*tout oiseau*) winged *ou* feathered creature.
volatilisable [vɔlatilizabl(ə)] *adj* volatilizable.
volatilisation [vɔlatilizasjɔ̃] *nf* (*V* **volatiliser**) volatilization; extinguishing; obliteration.
volatiliser [vɔlatilize] (1) **1** *vt* (*Chim*) to volatilize; (*fig*) to extinguish, obliterate. **2 se volatiliser** *vpr* (*Chim*) to volatilize; (*fig*) to vanish (into thin air).
volatilité [vɔlatilite] *nf* volatility.
vol-au-vent [vɔlovɑ̃] *nm inv* vol-au-vent.
volcan [vɔlkɑ̃] *nm* **(a)** (*Géog*) volcano. ∼ **en activité/éteint** active/extinct volcano. **(b)** (*fig*) (*personne*) spitfire; (*situation*) powder keg, volcano. **nous sommes assis sur un** ∼ we are sitting on a powder keg *ou* a volcano.
volcanique [vɔlkanik] *adj* (*lit, fig*) volcanic.
volcanisme [vɔlkanism(ə)] *nm* volcanism.
volcanologie [vɔlkanɔlɔʒi] *nf* vulcanology.
volcanologue [vɔlkanɔlɔg] *nmf* vulcanologist.
volée [vɔle] *nf* **(a)** *[oiseaux]* (*envol, distance*) flight. (*groupe*) **une** ∼ **de moineaux/corbeaux** a flock *ou* flight of sparrows/crows; (*fig*) **une** ∼ **d'enfants** a swarm of children; **prendre sa** ∼ (*lit*) to take wing, fly off *ou* away; (*fig: s'affranchir*) to spread one's wings; *V* **haut.**
(b) (*décharge, tir*) ∼ **de flèches** flight *ou* volley of arrows; ∼ **d'obus** volley of shells.
(c) (*suite de coups*) volley. **une** ∼ **de coups** a volley of blows; **une** ∼ **de coups de bâton** a volley *ou* flurry of blows; **administrer/recevoir une bonne** ∼ to give/get a sound thrashing *ou* beating.
(d) (*Ftbl, Tennis*) volley. **de** ∼ on the volley; (*Tennis*) ∼ **croisée/de face** cross/forehand volley; ∼ **coupée** *ou* **arrêtée** chop; *V* **demi-.**
(e) ∼ **d'escalier** flight of stairs.
(f) (*loc*) **à la** ∼: **semer qch à la** ∼ to fling sth about; **semer à la** ∼ to sow broadcast, broadcast; **attraper la balle à la** ∼ to catch the ball in midair; **saisir une allusion à la** ∼ to pick up a passing allusion; **à la** ∼, **à toute** ∼ *gifler, lancer* vigorously, with full force; **les cloches sonnaient à toute** ∼ the bells were pealing out; **il referma la porte/fenêtre à la** ∼ *ou* **à toute** ∼ he slammed the door/window shut.
voler¹ [vɔle] (1) *vi* **(a)** *[oiseau, avion, pilote]* to fly. **vouloir** ∼ **avant d'avoir des ailes** to want to run before one can walk; ∼ **de ses propres ailes** to stand on one's own two feet, fend for o.s.; *V* **entendre.**
(b) (*fig*) *[flèche, pierres, insultes]* to fly. ∼ **en éclats** to fly *ou* smash into pieces; ∼ **au vent** *[neige, voile, feuille]* to fly in the wind, float on the wind; ∼ **de bouche en bouche** *[nouvelles]* to fly from mouth to mouth, spread like wildfire.
(c) (*s'élancer*) ∼ **vers qn/dans les bras de qn** to fly to sb/into sb's arms; ∼ **au secours de qn** to fly to sb's assistance; **il lui a volé dans les plumes*** he flew at him, he attacked him, he went for him; **se** ∼ **dans les plumes*** to go for each other, fly at each other.
(d) (*littér: passer, aller très vite*) *[temps]* to fly; *[embarcation, véhicule]* to fly (along). **son cheval volait/semblait** ∼ his horse flew (along)/seemed to fly (along).
voler² [vɔle] (1) *vt* **(a)** ∼ **de l'argent/une idée** *etc* **à qn** to steal money/an idea *etc* from sb; ∼ **par nécessité** to steal out of necessity; **se faire** ∼ **ses bagages** to have one's luggage stolen; (*fig*) **il ne l'a pas volé!** he asked for it!; *V* **qui.**
(b) ∼ **qn** (*dérober son argent*) to rob sb; ∼ **les clients** to rob *ou* cheat customers; ∼ **les clients sur le poids/la quantité** to cheat customers over (the) weight/quantity, give customers short measure; ∼ **qn lors d'un partage** to cheat sb when sharing out; **se sentir volé** (*spectacle interrompu etc*) to feel cheated *ou* robbed; **on n'est pas volé*** you get your money's worth all right*, it's good value for money; **le boucher ne t'a pas volé sur le poids** the butcher gave you good weight.
volet [vɔle] *nm* **(a)** *[fenêtre, hublot]* shutter.
(b) (*Aviat*) flap. ∼ **d'intrados/de freinage** split/brake flap; ∼ **de courbure** *[parachute]* flap.
(c) (*Aut*) *panneau articulé* bonnet flap; (*Tech*) *[roue à aube]* paddle. ∼ **de carburateur** throttle valve, butterfly valve.
(d) (*triptyque*) volet, wing; *[feuillet, carte]* section; *V* **trier.**
(e) (*fig: aspect*) facet.
voleter [vɔlte] (4) *vi* *[oiseau]* to flutter about, flit about; *[rubans, flocons]* to flutter.
voleur, -euse [vɔlœʀ, øz] **1** *adj*: **être** ∼ (*gén*) to be light-fingered, be a (bit of a) thief; (*commerçant*) to be a cheat *ou* swindler, be dishonest; *[animal]* to be a thief; ∼ **comme une pie** thievish as a magpie.
2 *nm, f* (*malfaiteur*) thief; (*escroc, commerçant*) swindler. ∼ **de grand chemin** highwayman; ∼ **à l'étalage** shoplifter; ∼ **à la tire†** pickpocket; ∼ **d'enfants†** kidnapper; **au** ∼**!** stop thief!; ∼ **de voitures** car thief; **se sauver comme un** ∼ to run off *ou* take to one's heels like a thief.

Volga [vɔlga] *nf* Volga.
volière [vɔljɛʀ] *nf* (*cage*) aviary. (*fig*) **ce bureau est une** ∼ this office is a proper henhouse* (*hum*).
volige [vɔliʒ] *nf [toit]* lath.
volitif, -ive [vɔlitif, iv] *adj* volitional, volitive.
volition [vɔlisjɔ̃] *nf* volition.
volley-ball [vɔlebol] *nm* volleyball.
volleyeur, -euse [vɔlɛjœʀ, øz] *nm, f* (*Volley-ball*) volleyball player; (*Tennis*) volleyer.
volontaire [vɔlɔ̃tɛʀ] **1** *adj* **(a)** (*voulu*) *acte, enrôlement, prisonnier* voluntary; *oubli* intentional; *V* **engagé. (b)** (*décidé*) *personne* self-willed, wilful, headstrong; *expression, menton* determined. **2** *nmf* (*Mil, gén*) volunteer.
volontairement [vɔlɔ̃tɛʀmɑ̃] *adv* **(a)** (*de son plein gré*) voluntarily, of one's own free will; (*Jur: facultativement*) voluntarily. **(b)** (*exprès*) intentionally, deliberately. **il a dit ça** ∼ he said it on purpose *ou* deliberately. **(c)** (*d'une manière décidée*) determinedly.
volontariat [vɔlɔ̃taʀja] *nm* (*Mil*) voluntary service.
volontarisme [vɔlɔ̃taʀism(ə)] *nm* voluntarism.
volontariste [vɔlɔ̃taʀist(ə)] *adj, nmf* voluntarist.
volonté [vɔlɔ̃te] *nf* **(a)** (*faculté*) will; (*souhait, intention*) wish, will (*frm*). **manifester sa** ∼ **de faire qch** to show one's intention of doing sth; **accomplir/respecter la** ∼ **de qn** to carry out/respect sb's wishes; **la** ∼ **nationale** the will of the nation; **la** ∼ **générale** the general will; ∼ **de puissance** will for power; ∼ **de guérir/réussir** will to recover/succeed; (*Rel*) **que ta** *ou* **votre** ∼ **soit faite** Thy will be done; *V* **dernier, volonté,** *etc*, **quatre.**
(b) (*disposition*) **bonne** ∼ goodwill, willingness; **mauvaise** ∼ lack of goodwill, unwillingness; **il a beaucoup de bonne** ∼ **mais peu d'aptitude** he has a lot of goodwill but not much aptitude, he shows great willingness but not much aptitude; **il met de la bonne/mauvaise** ∼ **à faire son travail** he goes about his work with goodwill/grudgingly, he does his work willingly/unwillingly *ou* with a good/bad grace; **il fait preuve de bonne/mauvaise** ∼ his attitude is positive/negative; **il y met de la mauvaise** ∼ he's grudging about it, he does it unwillingly *ou* grudgingly *ou* with a bad grace; **paix sur la terre, aux hommes de bonne** ∼ peace on earth (and) goodwill to all men; **faire appel aux bonnes** ∼**s pour construire qch** to appeal to volunteers to construct sth; **avec la meilleure** ∼ **du monde** with the best will in the world.
(c) (*caractère, énergie*) willpower, will. **faire un effort de** ∼ to make an effort of will(power); **avoir de la** ∼ to have willpower; **cet homme a une** ∼ **de fer** this man has an iron will *ou* a will of iron; **réussir à force de** ∼ to succeed through sheer will(power) *ou* determination; **échouer par manque de** ∼ to fail through lack of will(power) *ou* determination; **faire preuve de** ∼ to display willpower.
(d) (*loc*) **servez-vous de pain à** ∼ take as much bread as you like; **'sucrer à** ∼**'** 'sweeten to taste'; **vous pouvez le prendre ou le laisser à** ∼ you can take it or leave it as you wish *ou* just as you like; **nous avons de l'eau à** ∼ we have as much water as we want, we have plenty of water; **vin à** ∼ **pendant le repas** as much wine as one wants *ou* unlimited wine with the meal; (*Comm*) **billet payable à** ∼ promissory note payable on demand; **il en fait toujours à sa** ∼ he always does things his own way, he always does as he pleases *ou* likes, he always suits himself; *V* **feu¹.**
volontiers [vɔlɔ̃tje] *adv* **(a)** (*de bonne grâce*) with pleasure, gladly, willingly. **je l'aiderais** ∼ I would gladly *ou* willingly help him; **voulez-vous dîner chez nous?** — **would you like to eat with us?** — I'd love to *ou* with pleasure.
(b) (*naturellement*) readily, willingly. **il lit** ∼ **pendant des heures** he will happily *ou* willingly read for hours on end; **on croit** ∼ **que** ... people readily believe that ..., people are apt *ou* quite ready to believe that ...; **il est** ∼ **pessimiste** he is given to pessimism, he is pessimistic by nature.
volt [vɔlt] *nm* volt.
voltage [vɔltaʒ] *nm* voltage.
voltaïque [vɔltaik] *adj* voltaic, galvanic.
voltaire [vɔltɛʀ] *nm* Voltaire chair.
voltairien, -ienne [vɔltɛʀjɛ̃, jɛn] *adj* Voltairian, Voltairean.
volte [vɔlt(ə)] *nf* (*Équitation*) volte.
volte-face [vɔltəfas] *nf inv* **(a)** (*lit*) **faire** ∼ to turn round. **(b)** (*fig*) volte-face, about-turn. **faire une** ∼ to make a volte-face, do *ou* make an about-turn.
volter [vɔlte] (1) *vi* (*Équitation*) **faire** ∼ **un cheval** to make a horse circle.
voltige [vɔltiʒ] *nf* (*Équitation*) trick riding. (*Aviat*) ∼ (**aérienne**) aerobatics (*pl*); (*Gym*) (**haute**) ∼ acrobatics; (*Gym*) **faire de la** ∼ to do acrobatics; **c'est de la (haute)** ∼ **intellectuelle** it's mental gymnastics.
voltiger [vɔltiʒe] (3) *vi* *[oiseau]* to flit about, flutter about; *[objet léger]* to flutter about.
voltigeur [vɔltiʒœʀ] *nm* **(a)** (*acrobate*) acrobat. **(b)** (*Hist Mil*) light infantryman.
voltmètre [vɔltmɛtʀ(ə)] *nm* voltmeter.
volubile [vɔlybil] *adj* **(a)** *personne, éloquence* voluble. **(b)** (*Bot*) voluble.
volubilis [vɔlybilis] *nm* convolvulus, morning glory.
volubilité [vɔlybilite] *nf* volubility.
volucompteur [vɔlykɔ̃tœʀ] *nm* (*volume*) indicator.
volume [vɔlym] *nm* **(a)** (*livre, tome*) volume. (*fig*) **écrire des** ∼**s à qn*** to write reams to sb*.
(b) (*gén, Art, Géom, Sci: espace, quantité*) volume. ∼ **moléculaire/atomique** molecular/atomic volume; ∼ **d'eau d'un fleuve** volume of water in a river; **eau oxygénée à 20** ∼**s** 20-volume hydrogen peroxide; **le** ∼ **des importations** the volume of imports; **faire du** ∼ *[gros objets]* to be bulky, take up space.

(c) (*intensité*) [*son*] volume. ~ de la voix/la radio volume of the voice/radio; ~ sonore sound volume.

volumétrique [vɔlymetʀik] *adj* volumetric.

volumineux, -euse [vɔlyminø, øz] *adj* voluminous, bulky. **masse** ~euse d'un corps voluminal mass of a body.

volupté [vɔlypte] *nf* (*sensuelle*) sensual delight, sensual *ou* voluptuous pleasure; (*morale, intellectuelle*) exquisite delight *ou* pleasure.

voluptueusement [vɔlyptɥøzmɑ̃] *adv* voluptuously.

voluptueux, -euse [vɔlyptɥø, øz] *adj* voluptuous.

volute [vɔlyt] *nf* **(a)** [*colonne, grille, escalier*] volute, scroll; [*fumée*] curl, wreath; [*vague*] curl. **en** ~ voluted, scrolled. **(b)** (*Zool*) volute.

volve [vɔlv(ə)] *nf* volva.

vomi [vɔmi] *nm* vomit.

vomique [vɔmik] *adj f* V **noix**.

vomiquier [vɔmikje] *nm* nux vomica (*tree*).

vomir [vɔmiʀ] (2) *vt* **(a)** *aliments* to vomit, bring up; *sang* to spit, bring up.

(b) (*emploi absolu*) to be sick, vomit. il a vomi partout he was sick everywhere; ça te fera ~ it'll make you vomit ou be sick; avoir envie de ~ to want to be sick; (*fig*) cela donne envie de ~, c'est à ~ it makes you *ou* it's enough to make you sick, it's nauseating.

(c) (*fig*) *lave, flammes* to belch forth, spew forth; *injures, haine* to spew out.

(d) (*fig: détester*) to loathe, abhor. il vomit les intellectuels he has a loathing for *ou* loathes intellectuals.

vomissement [vɔmismɑ̃] *nm* **(a)** (*action*) vomiting (*U*). il fut pris de ~s he (suddenly) started vomiting. **(b)** (*matières*) vomit (*U*).

vomissure [vɔmisyʀ] *nf* vomit (*U*).

vomitif, -ive [vɔmitif, iv] *adj, nm* (*Pharm*) emetic, vomitory.

vorace [vɔʀas] *adj animal, personne, curiosité* voracious. **appétit** ~ voracious *ou* ravenous appetite; **plantes** ~s plants which deplete the soil.

voracement [vɔʀasmɑ̃] *adv* voraciously.

voracité [vɔʀasite] *nf* voracity, voraciousness.

vortex [vɔʀtɛks] *nm* (*littér*) vortex.

vos [vo] *adj poss* V **votre**.

Vosges [voʒ] *nfpl*: les ~ the Vosges.

vosgien, -ienne [voʒjɛ̃, jɛn] **1** *adj* Vosges (*épith*), of *ou* from the Vosges. **2** *nm,f*: V~(ne) inhabitant *ou* native of the Vosges.

votant, e [vɔtɑ̃, ɑ̃t] *nm,f* voter.

votation [vɔtasjɔ̃] *nf* (*Suisse*) voting.

vote [vɔt] *nm* **(a)** [*projet de loi*] vote (*de* for); [*loi, réforme*] passing; [*crédits*] voting.

(b) (*suffrage, acte, opération*) vote; (*ensemble des votants*) voters. le ~ socialiste Socialist voters, the Socialist vote; ~ de confiance vote of confidence; procéder au ~ to proceed to a vote, take a vote; ~ à main levée vote by a show of hands; ~ à bulletin secret/par correspondance secret/postal vote *ou* ballot; ~ par procuration proxy vote; ~ direct/indirect direct/indirect vote; V **bulletin, bureau, droit³**.

voter [vɔte] (1) **1** *vi* to vote. ~ à main levée to vote by a show of hands; ~ à droite/pour X to vote for the Right/for X; ~ pour/contre qch to vote for/against sth; j'ai voté contre I voted against it; ~ sur une motion to vote on a motion. **2** *vt* (*adopter*) *projet de loi* to vote for; *loi, réforme* to pass; *crédits* to vote. ~ la censure to pass a vote of censure; ne pas ~ amendement to vote out; ~ libéral to vote Liberal.

votif, -ive [vɔtif, iv] *adj* votive.

votre [vɔtʀ(ə)], *pl* **vos** [vo] *adj poss* your; (*emphatique*) your own; (†, *Rel*) thy. laissez ~ manteau et vos gants au vestiaire (*à une personne*) leave your coat and gloves in the cloakroom; (*à plusieurs personnes*) leave your coats and gloves in the cloakroom; (†, *Rel*) que ~ volonté soit faite Thy will be done (†); V~ Excellence/Majesté Your Excellency/Majesty; pour autres loc V **son¹, ton¹**.

vôtre [votʀ(ə)] **1** *pron poss*: le ~, la ~, les ~s yours, your own; ce sac n'est pas le ~ this bag is not yours, this is not your bag; nos enfants sont sortis avec les ~s our children are out with yours *ou* your own; à la (bonne) ~! your (good) health!, cheers!; (*fig*) vous voulez y aller quand même — à la bonne ~! you still want to go? — rather you than me!; pour autres loc V **sien**.

2 *nmf* **(a)** j'espère que vous y mettrez du ~ I hope you'll pull your weight *ou* do your bit*; V **aussi sien**.

(b) les ~s your family, your (own) folks*; vous et tous les ~s you and all those like you, you and your ilk (*péj*); bonne année à vous et à tous les ~s Happy New Year to you and yours; nous pourrons être des ~s ce soir we shall be able to join your party *ou* join you tonight; V **sien**.

3 *adj poss* (*littér*) yours. son cœur est ~ depuis toujours his heart has always been yours; V **sien**.

vouer [vwe] (1) *vt* **(a)** (*Rel*) ~ qn à Dieu/à la Vierge to dedicate sb to God/to the Virgin Mary; voué à la mémoire de sacred to the memory of; V **savoir**.

(b) (*promettre*) to vow. il lui a voué un amour éternel he vowed his undying love to her.

(c) (*consacrer*) to devote. ~ son temps à ses études to devote one's time to one's studies; se ~ à une cause to dedicate o.s. *ou* devote o.s. to a cause.

(d) (*gén ptp: condamner*) to doom. projet voué à l'échec plan doomed *ou* destined for failure; famille vouée à la misère family doomed to poverty.

vouloir [vulwaʀ] (31) **1** *vt* **(a)** (*sens fort: exiger*) *objet, augmentation, changement* to want. ~ faire to want to do; je veux que tu viennes tout de suite I want you to come at once; ~ que qn fasse/qch se fasse to want sb to do/sth to be done; qu'il le veuille ou non whether he likes *ou* wants it or not; il veut absolument ce jouet/

venir/qu'elle parte he is set on this toy/coming/her leaving, he is determined to have this toy/to come/(that) she should leave; il a voulu partir avant la nuit he wanted to leave before dark; il ne veut pas y aller/qu'elle y aille he doesn't want to go/her to go; (*Prov*) ~, c'est pouvoir where there's a will there's a way (*Prov*); qu'est-ce qu'ils veulent maintenant? what do they want now?; il sait ce qu'il veut he knows what he wants.

(b) (*sens affaibli: désirer, souhaiter*) voulez-vous à boire/manger? would you like something to drink/eat?; tu veux (*ou* vous voulez) quelque chose à boire?* would you like *ou* do you want something to drink?; comment voulez-vous votre poisson, frit ou poché? how would you like your fish — fried or poached?; je ne veux pas qu'il se croie obligé de ... I shouldn't like *ou* I don't want him to feel obliged to ...; je voulais vous dire I meant to tell you; il voulait partir hier mais ... he meant *ou* intended to leave yesterday but ...; il ne voulait pas vous blesser he didn't want *ou* mean to hurt you; ça va comme tu veux (*ou* vous voulez)?* is everything going all right *ou* O.K. (for you)?*; veux-tu que je te dise *ou* raconte pourquoi ...? shall I tell you why ...?; ~ du bien/mal à qn to wish sb well/ill *ou* harm, be well-/ill-disposed towards sb; je ne lui veux pas de mal I don't wish him any harm; (*iro*) un ami qui vous veut du bien a well-wisher (*iro*); que lui voulez-vous? what do you want with him?

(c) (*avec le conditionnel*) je voudrais ceci/faire ceci/qu'il fasse cela I would like this/to do this/him to do this; je voudrais une livre de beurre I would like a pound of butter; il aurait voulu être médecin mais ... he would have liked to be a doctor *ou* he'd like to have been a doctor but ...; je voudrais/j'aurais voulu que vous voyiez sa tête! I wish you could see/could have seen his face!; je voudrais qu'il soit plus énergique, (*frm*) je lui voudrais plus d'énergie I wish he showed *ou* would show more energy.

(d) (*avec si, comme*) si tu veux (*ou* vous voulez) if you like; s'il voulait, il pourrait être ministre if he wanted (to), he could be a minister, he could be a minister if he so desired; s'il voulait (bien) nous aider, cela gagnerait du temps if he'd help us *ou* if he felt like helping us, it would save time; comme tu veux (*ou* vous voulez) as you like *ou* wish *ou* please; bon, comme tu voudras all right, have it your own way *ou* as you like *ou* suit yourself*; comme vous voulez, moi ça m'est égal just as you like *ou* please *ou* wish, it makes no difference to me; oui, si vous like; s'ils veulent garder leur avance, ils ne peuvent se permettre de relâcher leur effort if they want *ou* are *ou* intend to keep their lead they can't afford to reduce their efforts.

(e) (*escompter, demander*) ~ qch de qn to want sth from sb; je veux de vous plus de fermeté/une promesse I want more firmness/a promise from you; ~ un certain prix de qch to want a certain price for sth; j'en veux 10 F I want 10 francs for it.

(f) bien ~: je veux bien le faire/qu'il vienne (*très volontiers*) I'm happy *ou* I'll be happy to do it/for him to come; (*il n'y a pas d'inconvénient*) I'm quite happy to do it/for him to come; (*s'il le faut vraiment*) I don't mind doing it/if he comes; moi je veux bien le croire mais ... I'll take his word for it but ..., I'm quite willing *ou* prepared to believe him but ...; je voudrais bien y aller I'd really like *ou* I'd love to go; si tu voulais bien le faire, ça nous rendrait service if you'd care *ou* be willing to do it *ou* if you'd be kind enough to do it, you'd be doing us a favour; moi je veux bien, mais ... fair enough*, but ... .

(g) (*consentir*) ils ne voulurent pas nous recevoir they wouldn't see us, they weren't willing to see us; le moteur ne veut pas partir the engine won't start; le feu n'a pas voulu prendre the fire wouldn't light *ou* catch; il plays quand il veut he plays well when he wants to *ou* has a mind (to) *ou* when he puts his mind to it.

(h) [*choses*] (*requérir*) to want, require. ces plantes veulent de l'eau these plants want *ou* need water; l'usage veut que ... custom requires that ... .

(i) (*ordre*) veux-tu (bien) te taire!, voulez-vous (bien) vous taire! will you be quiet!; veuillez quitter la pièce immédiatement please leave the room at once; veux-tu bien arrêter! will you please stop it!, stop it will you *ou* please!

(j) [*destin, sort etc*] le hasard voulut que ... chance decreed that ..., as fate would have it ... .

(k) (*chercher à, essayer*) to try. elle voulut se lever mais elle retomba she tried to get up but she fell back; il veut se faire remarquer he wants to make himself noticed, he's out to be noticed.

(l) (*s'attendre à*) to expect. comment voulez-vous que je sache? how do you expect me to know?, how should I know?; il a tout, pourquoi voudriez-vous qu'il réclame? he has everything so why should he complain?; qu'est-ce que vous voulez que j'y fasse? what do you expect *ou* want me to do about it?; et dans ces conditions, vous voudriez que nous acceptions? and under these conditions you expect us to agree? *ou* you would have us agree?

(m) (*formules de politesse*) voulez-vous bien leur dire que ... would you please tell them that ...; voudriez-vous avoir l'obligeance *ou* l'amabilité de would you be so kind as to; veuillez croire à toute ma sympathie please accept my deepest sympathy; voulez-vous me prêter ce livre? will you lend me this book?; voudriez-vous fermer la fenêtre? would you mind closing the window?; V **agréer**.

(n) (*prétendre*) to claim. une philosophie qui veut que l'homme soit ... a philosophy which claims that man is ...; il veut que les hommes soient égaux: je ne suis pas d'accord avec lui he'd have it that *ou* he makes out that men are equal but I don't agree with him.

(o) en ~ à: en ~ à qn to have sth against sb, have a grudge against sb; en ~ à qn de qch to hold sth against sb; il m'en veut beaucoup d'avoir fait cela he holds a tremendous grudge against me for having done that; **il m'en veut d'avoir fait rater ce projet** he holds it against me that I made the plan fail, he has a grudge against me for making the plan fail; **il m'en veut de mon incompréhension** he holds my lack of understanding against me, he resents my failure to understand; **ne m'en voulez pas,** (frm) **m'en veuillez pas** don't hold it against me; **tu ne m'en veux pas?** no hard feelings?; **en ~ à qch** to be after sth; **il en veut à son argent** he is after her money.

(p) **~ dire** (signifier) to mean; **qu'est-ce que cela veut dire?** (mot etc) what does that mean?; (attitude de qn) what does that imply? **ou** mean?; **je veux dire qu'il a raison** I mean (to say) he's right, what I mean is he's right.

(q) (loc) **que voulez-vous!** (ou **que veux-tu!**), **qu'est-ce que vous voulez!** what can we do?, what can ou do you expect!; **je voudrais bien vous y voir!** I'd like to see how you'd do it! ou you doing it!; **je veux être pendu si ...** I'll be hanged ou damned if ... ; **qu'est-ce que vous voulez qu'on y fasse?** what can anyone do about it?, what can be done about it?, what do you expect us (ou them etc) to do?; **sans le ~** unintentionally, involuntarily, inadvertently; **tu l'as voulu** you asked for it; **tu l'auras voulu** it'll have been your own fault, you'll have brought it on yourself; **il veut sans ~** he only half wants to; **il y a eu des discours en veux-tu en voilà** there were speeches galore; **elle fait de lui ce qu'elle veut** she does what she likes with him, she twists him round her little finger.

2 vouloir de vt indir (gén nég, interrog) **~ de qn/qch** to want sb/sth; **on ne veut plus de lui au bureau** they don't want him ou won't have him in the office any more; **je ne veux pas de lui comme chauffeur** I don't want him ou won't have him as a driver; **voudront-ils de moi dans leur nouvelle maison?** will they want me in their new house?; **je veux plus de ce chapeau** she doesn't want this hat any more; [gâteau] **est-ce que tu en veux?** do you want some?, would you like some?; **il en veut** (lit) (gâteau) he wants some; (fig: il veut réussir) he's dead keen*, he wants to win; **l'équipe de France en veut ce soir** the French team is raring to go* ou is out to win tonight.

3 nm (a) (littér: volonté) will.
(b) **bon ~** goodwill; **mauvais ~** ill will, reluctance; **selon le bon ~ de** according to the pleasure of; **avec un mauvais ~ évident** with obvious ill will; **attendre le bon ~ de qn** to wait on sb's pleasure; **cette décision dépend du bon ~ du ministre** this decision depends on the minister's good will.

voulu, e [vuly] (ptp de **vouloir**) adj (a) (requis) required, requisite. **il n'avait pas l'argent ~** he didn't have the required ou requisite money ou the money required; **le temps ~** the time required.
(b) (volontaire) deliberate, intentional. **c'est ~*** it's done on purpose, it's intentional ou deliberate.

vous [vu] **1** pron pers (a) (sujet, objet) you; (sg: tu, toi) you. (valeur indéfinie) **les gens qui viennent ~ poser des questions** people who come asking questions ou who come and ask you questions; **~ avez bien répondu tous les deux** you both answered well, the two of you answered well; **vous et lui, ~ êtes aussi têtus l'un que l'autre** you and he are as stubborn (the) one as the other, you are both equally stubborn; **si j'étais ~, j'accepterais** if I were you ou in your shoes I'd accept; **eux ont accepté, ~ pas** ou pas **~** they accepted but you didn't, they accepted but not you; **~ parti(s), je pourrai travailler** once you've gone ou with you out of the way, I'll be able to work; **c'est enfin ~, ~ voilà enfin** here you are at last; **qui l'a vu?, ~?** who saw him?, (did) you? **ou** was it you?; **je ~ ai demandé de m'aider** I asked you to help me; **elle n'obéit qu'à ~** you're the only one ou ones she obeys.
(b) (emphatique: insistance, apostrophe) (sujet) you, you yourself (sg), you yourselves (pl); (objet) you. **~ tous écoutez-moi** listen to me all of you ou the lot of you*; **~ vous n'avez pas à vous plaindre** you have no cause to complain; **vous ne le connaissez pas ~** you don't know him; **pourquoi ne le ferais-je pas: vous l'avez bien fait, ~!** why shouldn't I do it — you did (it)! ou you yourself ou you yourselves did it!; **~ mentir?, ce n'est pas possible** you tell a lie?, I can't believe it; **alors ~ vous ne partez pas?** so what about you — aren't you going?; **~ aidez-moi** you (there) ou hey you, give me a hand!; **je vous demande à ~ parce que je vous connais** I'm asking you because I know you; **~ vous m'agacez!, vous m'agacez ~!** (oh) you're getting on my nerves!; **~ je vois que vous n'êtes pas bien** it's obvious to me that you are not well.
(c) (emphatique avec qui, que) **c'est ~ qui avez raison** it's you who ou are right; **~ tous qui m'écoutez** all of you listening to me; **et ~ qui détestiez le cinéma, vous avez bien changé** and (to think) you were the one who hated the cinema ou you used to say you hated the cinema — well you've changed a lot!
(d) (avec prép) you. **à ~ 4 vous pourrez le porter** with 4 of you ou between (the) 4 of you you'll be able to carry it; **cette maison est-elle à ~?** does this house belong to you?, is this house yours? ou your own?; **vous n'avez même pas une chambre à ~ tout seul/tout seuls?** you don't even have a room of your own? ou a room to yourself/yourselves; **c'est à ~ de décider** (sg) it's up to you ou to yourself to decide; (pl) it's up to you ou to yourselves to decide; **l'un de ~ ou d'entre ~ doit le savoir** one of you must know; **vous ne pensez qu'à ~** you think only of yourself ou yourselves.
(e) (dans comparaisons) you. **il me connaît mieux que ~** (mieux qu'il ne vous connaît) he knows me better than he (knows) you; (mieux que vous ne me connaissez) he knows me better than you do; **il est plus/moins fort que ~** he is stronger than you/not as strong as you (are); **il a fait comme ~** he did as ou what you did, he did like you* ou the same as you.

(f) (avec vpr: souvent non traduit) **~ êtes-vous bien amusé(s)?** did you have a good time?; **je crois que vous ~ connaissez** I believe you know each other; **servez-~ donc** do help yourself ou yourselves; **ne ~ disputez pas** don't fight; **asseyez-~ donc** do sit down.
2 nm: **dire ~ à qn** to call sb 'vous'; **le ~ est de moins en moins employé** (the form of address) 'vous' ou the 'vous' form is used less and less frequently.

vous-même, pl **vous-mêmes** [vumɛm] pron V **même**.
voussoir [vuswaʀ] nm voussoir.
voussoyer [vuswaje] (8) vt = **vouvoyer**.
voussure [vusyʀ] nf (courbure) arching; (partie cintrée) arch; (Archit: archivolte) archivolt.
voûte [vut] **1** nf (Archit) vault; (porche) archway. **~ en plein cintre/d'arête** semi-circular/groined vault; **~ en ogive/en berceau** ribbed/barrel vault; **~ en éventail** fan-vaulting (U); **en ~ vaulted**; (fig) **la ~ d'une caverne** the vault of a cave; (fig) **une ~ d'arbres** an archway of trees; V **clef.**
2: **la voûte céleste** the vault ou canopy of heaven; **voûte crânienne** dome of the skull, vault of the cranium (T); **la voûte étoilée** the starry vault ou dome; **voûte du palais** ou **palatine** roof of the mouth, hard palate; **voûte plantaire** arch (of the foot).
voûté, e [vute] (ptp de **voûter**) adj (a) cave, plafond vaulted, arched. (b) dos bent; personne stooped. **être ~, avoir le dos ~** to be stooped, have a stoop.
voûter [vute] (1) vt (a) (Archit) to arch, vault. (b) personne, dos to make stooped. **la vieillesse l'a voûté** age has given him a stoop; **il s'est voûté avec l'âge** he has become stooped with age.
vouvoiement [vuvwamɑ̃] nm addressing sb as 'vous', using the 'vous' form.
vouvoyer [vuvwaje] (8) vt: **~ qn** to address sb as 'vous', use the 'vous' form to sb.
vox populi [vɔkspɔpyli] nf vox populi, voice of the people.
voyage [vwajaʒ] nm (a) journey, trip. **le ~, les ~s** travelling; **il aime les ~s** he likes travel ou travelling; **le ~ la fatigue** travelling tires him; **le ~ l'a fatigué** the journey tired him; **j'ai fait un beau ~** I had a very nice trip; **les ~s de Christophe Colomb** the voyages ou journeys of Christopher Columbus; **les ~s de Gulliver** Gulliver's Travels; **il revient de ~** he's just come back from a journey ou a trip; **les fatigues du ~** the strain of the journey; **il est en ~** he's away; **il est absent — il est parti en ~** he's away — he has gone off on a trip ou a journey; **au moment de partir en ~** just as he (ou I etc) was setting off on his (ou my etc) journey ou travels; **il reste 3 jours de ~** there are still 3 days' travelling left, the journey will take another 3 days (to do); **lors de notre ~ en Espagne** on our trip to Spain, during ou on our travels in Spain; **frais/souvenirs de ~** travel expenses/souvenirs; **~ d'affaires/d'agrément/d'études** business/pleasure/study ou field trip; **~ d'information** fact-finding trip; **~ de noces** honeymoon; **~ organisé** ou **à forfait** package tour ou holiday (Brit); (Prov) **les ~s forment la jeunesse** travel broadens the mind V **agence**, **bon¹.**
(b) (course) trip, journey. **faire 2 ~s pour transporter qch** to make 2 trips ou journeys to transport sth; **j'ai dû faire le ~ de Grenoble une seconde fois** I had to make the trip ou journey to Grenoble a second time; **un ~ de charbon devrait suffire** one load of coal should be enough.
(c) (Drogue) trip.
voyager [vwajaʒe] (3) vi (a) (faire des voyages) to travel. **comment as-tu voyagé?** how did you travel?; **j'ai voyagé en avion/par mer/en 1ère classe** I travelled by air/by sea/1st class; **aimer ~** to be fond of travelling; **il a beaucoup voyagé** he has travelled widely ou a great deal, he has done a lot of travelling.
(b) (Comm) to travel. **~ pour un quotidien parisien** to travel for a Paris daily paper.
(c) [chose] to travel. **cette malle a beaucoup voyagé** this trunk has travelled a great deal ou has done a lot of travelling; **ces vins/ces denrées voyagent mal/bien** these wines/goods travel badly/well; **ce paquet s'est abîmé en voyageant** this package has been damaged in transit.
voyageur, -euse [vwajaʒœʀ, øz] **1** adj (littér) humeur, tempérament wayfaring (littér); V **commis, pigeon. 2** nm,f (explorateur, Comm) traveller; (passager) traveller, passenger. **~ de commerce,** (Admin) **~, représentant, placier** commercial traveller, sales representative.
voyagiste [vwajaʒist(ə)] nm tour operator.
voyance [vwajɑ̃s] nf clairvoyance.
voyant, e [vwajɑ̃, ɑ̃t] **1** adj couleurs loud, gaudy, garish.
2 nm,f (illuminé) visionary, seer; (personne qui voit) sighted person.
3 voyante nf (cartomancienne etc) **~e (extra-lucide)** clairvoyant.
4 nm (a) (signal) **~ (lumineux)** light; **~ d'essence/d'huile** petrol/oil warning light.
(b) (de l'arpenteur) levelling rod ou staff.
voyelle [vwajɛl] nf vowel. **~ orale/nasale/cardinale/centrale** oral/nasal/cardinal/central vowel.
voyeur, -euse [vwajœʀ, øz] nm,f (frare) peeping Tom, voyeur (T).
voyeurisme [vwajœʀism(ə)] nm voyeurism.
voyou [vwaju] **1** nm (a) (délinquant) lout, hoodlum, hooligan, yobbo‡ (Brit). (b) (garnement, enfant) street urchin, guttersnipe. **espèce de petit ~!** you little rascal! **2** adj (gén inv, frare: **voyoute**) loutish. **un air ~** a loutish manner.
vrac [vʀak] adv: **en ~** (au poids, sans emballage) (au détail) loose; (en gros) in bulk ou quantity; (fig: en désordre) in a jumble, higgledy-piggledy; **acheter du vin en ~** to buy wine in bulk for bottling o.s.; **il a tout mis en ~ dans la valise** he jumbled everything into the case, he filled the case any old how; **il a cité en ~**

Hugo, Balzac et Baudelaire he quoted Hugo, Balzac and Baudelaire at random, he jumbled together quotes from Hugo, Balzac and Baudelaire.

vrai, vraie [vʀɛ] **1** *adj* **(a)** *(après n: exact) récit, fait* true; *(Art, Littérat) couleurs, personnage* true. **ce que tu dis est ~** what you say is true *ou* right; **c'est dangereux, c'est *ou* (frm) il est ~, mais ... it's dangerous, it's true *ou* certainly, but ...; **le tableau, tristement ~, que peint de notre société cet auteur** the picture, sadly only too true (to life), which this author paints of our society; **pas ~?*** right?*, aren't (*ou* won't *etc*) we (*ou* you *etc*)?; **c'est pas ~!*** oh no!; **il n'en est pas moins ~ que** it's nonetheless *ou* nevertheless true that; **ce n'est que trop ~** it's only too true; **cela est si ~ que** it's absolutely true that; **V trop, vérité.**

(b) *(gén avant n: réel)* real. **ce sont ses ~s cheveux** that's his real *ou* own hair; **une vraie blonde** a real *ou* genuine blonde; **un ~ Picasso** a real *ou* genuine Picasso; **son ~ nom c'est Charles** his real *ou* true name is Charles; **des bijoux en or ~** jewellery in real gold; **lui c'est un cheik, un ~ de ~*** he's a sheik — the real thing *ou* the genuine article; **un ~ socialiste** a true socialist.

(c) *(avant n: intensif)* real. **c'est un ~ fou!** he's really mad!, he's downright mad!; **c'est un ~ mendiant!** he's a real beggar!; **c'est une vraie mère pour moi** she's a real mother to me; **un ~ chef-d'œuvre/héros** a real masterpiece/hero.

(d) *(avant n: bon)* real. **c'est le ~ moyen de le faire** that's the real way to do it.

(e) *(Sci)* **le temps solaire/le jour ~** real solar time/time.

2 *nm* **(a)** *(la vérité)* **le ~** the truth; **il y a du ~ dans ce qu'il dit** there's some truth *ou* there's an element of truth in what he says; **distinguer le ~ du faux** to distinguish truth from falsehood *ou* the true from the false; **être dans le ~** to be right; **V plaider.**

(b) *(loc)* **il dit ~** he's right (in what he says), it's true what he says; **à dire ~, à ~ dire, à vrai dire le ~** to tell (you) the truth, in (actual) fact; *(gén langage enfantin)* **pour de ~*** for real*, really, seriously; **c'est pour de ~?*** is it for real?*, do you (*ou* they *etc*) really mean it?; **au ~†, de ~†** in (actual) fact.

3 *adv.* **faire ~** *[décor, perruque]* to look real *ou* like the real thing; *[peintre, artiste]* to strive for realism, paint (*ou* draw *etc*) realistically; **~†, quelle honte!** oh really, how shameful!

vraiment [vʀɛmɑ̃] *adv* **(a)** *(véritablement)* really. **s'aiment-ils ~?** do they really (and truly) love each other?; **nous voulons ~ la paix** we really (and truly) want peace.

(b) *(intensif)* really. **il est ~ idiot** he's a real idiot; **~, il exagère!** really, he's going too far!; **je ne sais ~ pas quoi faire** I really *ou* honestly don't know what to do; **oui ~, c'est dommage** yes, it's a real shame; **vous trouvez? — ah oui, ~!** do you think so? — oh yes, definitely!

(c) *(de doute)* **— ~?** really?, is that so?; **il est parti — ~?** he has gone — (has he) really?

vraisemblable [vʀɛsɑ̃blabl(ə)] *adj hypothèse, interprétation* likely; *situation, intrigue* plausible, convincing. **peu ~ excuse, histoire** improbable, unlikely; **il est (très) ~ que** it's (highly *ou* very) likely *ou* probable that.

vraisemblablement [vʀɛsɑ̃blabləmɑ̃] *adv* probably, in all likelihood *ou* probability, very likely. **viendra-t-il? — ~/~ pas** will he come? — probably/probably not; **la fin, ~ proche, des hostilités** the likelihood of an imminent end to the hostilities.

vraisemblance [vʀɛsɑ̃blɑ̃s] *nf [hypothèse, interprétation]* likelihood; *[situation romanesque]* plausibility, verisimilitude. **selon toute ~** in all likelihood, in all probability.

vrille [vʀij] *nf* **(a)** *(Bot)* tendril.

(b) *(Tech)* gimlet.

(c) *(spirale)* spiral; *(Aviat)* spin, tailspin. **escalier en ~** spiral staircase; *(Aviat)* **descente en ~** spiral dive; *(Aviat)* **descendre en ~** to spiral downwards, come down in a spin; *(Aviat)* **se mettre en ~** to go into a tailspin.

vrillé, e [vʀije] *(ptp de* **vriller)** *adj tige* tendrilled; *fil* twisted.

vriller [vʀije] **(1) 1** *vt* to bore into, pierce. **2** *vi (Aviat)* to spiral, spin; *[fil]* to become twisted.

vrombir [vʀɔ̃biʀ] **(2)** *vi [moteur]* to roar, hum. **faire ~ son moteur** to rev one's engine.

vrombissement [vʀɔ̃bismɑ̃] *nm* humming (*U*).

vroum [vʀum] *excl* brum! brum!

V.R.P. [veɛʀpe] *nm abrév de* **voyageur, représentant, placier;** *V* **voyageur.**

V.S.O.P. [veɛsɔpe] *adj abrév de* **very superior old pale.**

vu¹, vue¹ [vy] *(ptp de* **voir) 1** *adj* **(a)** *(*: compris)* **c'est ~?** all right?, got it?*, understood?; **c'est ~? all** clear?*, is that quite clear?; **~? O.K.?*, right?*; c'est tout ~** it's a foregone conclusion; *V* **ni.**

(b) *(jugé)* **une balle/passe/remarque bien vue** a well-judged ball/pass/remark.

(c) *(considéré)* **bien ~ personne** well thought of, highly regarded; *chose* good form *(attrib)*; **mal ~ personne** poorly thought of; *chose* bad form *(attrib)*; **il est mal ~ du patron** the boss thinks poorly of him *ou* has a poor opinion of him; **ici c'est bien ~ de porter une cravate** it's good form *ou* the done thing here to wear a tie.

2 *nm*: **au ~ et au su de tous** openly and publicly.

vu² [vy] **1** *prép (gén, Jur)* in view of. **~ la situation, cela valait mieux** it was better, in view of *ou* considering *ou* given the situation.

2 *conj* **(*) ~ que** in view of the fact that, seeing *ou* considering that; **~ qu'il était tard, nous avons abandonné la partie** seeing *ou* considering how late it was, we abandoned the game.

vue² [vy] *nf* **(a)** *(sens)* sight, eyesight. **perdre la ~** to lose one's (eye)sight; **troubles de la ~** sight trouble, disorders of vision *(frm)*; **il a la ~ basse** *ou* **courte** he is short-sighted *(Brit)* *ou* near-sighted *(US)*; **don de seconde** *ou* **double ~** gift of second sight.

(b) *(regard)* **détourner la ~** to look away, avert one's gaze;

(littér) **porter la ~ sur qn/qch** to cast one's eyes over sb/sth, look in sb's direction/in the direction of sth; **s'offrir à la ~ de tous** to present o.s. for all to see; **il l'a fait à la ~ de tous** he did it in full view of everybody; *(lit, fig)* **perdre de ~** to lose sight of; **il lui en a mis plein la ~*** he put on quite a show for her; **il a essayé de m'en mettre plein la ~** he tried to impress me.

(c) *(panorama)* view. **de cette colline, on a une très belle ~ de la ville** there's a very fine view *ou* you get a very good *ou* fine view of the town from this hill; **d'ici il y a de la ~** you get a good *ou* fine view from here; **avec ~ imprenable** with an open *ou* unimpeded *ou* unobstructed view *ou* outlook *(no future building plans)*; **ces immeubles nous bouchent la ~** those buildings block our view; **cette pièce a ~ sur la mer** this room looks out onto the sea; **de là, on avait une ~ de profil de la cathédrale** from there you had a side view of the cathedral; *V* **perte, point¹.**

(d) *(spectacle)* sight. **la ~ du sang l'a fait s'évanouir** the sight of the blood made him faint; **à sa ~ elle s'est mise à rougir** when she saw him she began to blush.

(e) *(image)* view. **des ~s de Paris** views of Paris; **un film de 36 ~s** a 36-exposure film; **~ photographique** photographic view, shot; **ils nous ont montré des ~s prises lors de leurs vacances** they showed us some photos they'd taken on their holidays; **~ de la ville sous la neige** view of the town in the snow.

(f) *(opinion)* **~s;** **présenter ses ~s sur un sujet** to present one's views on a subject; **de courtes ~s** short-sighted views; *V* **échange.**

(g) *(conception)* view. **il a une ~ pessimiste de la situation** he has a pessimistic view of the situation; **donner une ~ d'ensemble** to give an overall view *ou* an overview; **c'est une ~ de l'esprit** that's a purely theoretical view; *V* **point¹.**

(h) *(projet)* **~s** plans; *(sur qn ou ses biens)* designs; **il a des ~s sur la fortune de cette femme** he has designs on *ou* he has his eye on that woman's fortune; **elle a des ~s sur lui** *(pour un projet, pour l'épouser)* she has her eye on him.

(i) *(Jur: fenêtre)* window.

(j) *(loc)* **de ~** by sight; **je le connais de ~** I know him by sight; **à ~ payable** *ou* **at sight;** *(Aviat)* **piloter, atterrir** visually; **atterrissage** visual; **à ~ d'œil** *(rapidement)* before one's very eyes; *(par une estimation rapide)* at a quick glance; **il maigrit à ~ d'œil** he seems to be getting thinner before our very eyes *ou* by the minute*; **à ~ de nez*** roughly*, at a rough guess; **en ~** *(lit, fig: proche)* in sight; *(en évidence)* **(bien) en ~** conspicuous; *(célèbre)* **très/assez en ~** very much/much in the public eye; **il a mis sa pancarte bien en ~** he put his placard in a prominent *ou* a conspicuous position *ou* where everyone could see it; **c'est un des politiciens les plus en ~** he's one of the most prominent *ou* best-known men in politics; **avoir un poste en ~** to have one's sights on a job; **avoir un collaborateur en ~** to have an associate in mind; **avoir en ~ de faire** to have it in mind to do, plan to do; **il a acheté une maison en ~ de son mariage** he has bought a house with his marriage in mind; **il s'entraîne en ~ de la course de dimanche/de devenir champion du monde** he's training with a view to the race on Sunday/becoming world champion; **il a dit cela en ~ de le décourager** he said that with the idea of *ou* with a view to discouraging him; *V* **changement, garder, tirer.**

vulcain [vylkɛ̃] *nm (papillon)* red admiral.

Vulcain [vylkɛ̃] *nm* Vulcan.

vulcanisation [vylkanizasjɔ̃] *nf* vulcanization.

vulcaniser [vylkanize] **(1)** *vt* to vulcanize.

vulcanologie [vylkanɔlɔʒi] *nf* vulcanology.

vulcanologue [vylkanɔlɔg] *nmf* vulcanologist.

vulgaire [vylgɛʀ] **1** *adj* **(a)** *(grossier)* **langage, personne** vulgar, coarse; **genre, décor** vulgar, crude.

(b) *(prosaïque)* **réalités, problèmes** commonplace, everyday *(épith)*, mundane.

(c) *(usuel, banal)* common, popular. **nom ~** common *ou* popular name; **langues ~s** common languages; *V* **latin.**

(d) *(littér,†)*: *du peuple)* common. **esprit ~** common mind; **l'opinion ~** the common opinion.

(e) *(avant n: quelconque)* common, ordinary. **~ escroc** common swindler; **de la ~ matière plastique** ordinary plastic, common or garden plastic *(Brit)*.

2 *nm* **(†, hum: peuple)** **le ~** the common herd; *(la vulgarité)* **tomber dans le ~** to lapse into vulgarity.

vulgairement [vylgɛʀmɑ̃] *adv* **(a)** *(grossièrement)* vulgarly, coarsely.

(b) *(couramment)* **dénommer** popularly, commonly. **le fruit de l'églantier, ~ appelé** *ou* **que l'on appelle ~ gratte-cul** the fruit of the wild rose, commonly known as *ou* called haws.

vulgarisateur, -trice [vylgarizatœʀ, tʀis] *nm,f* popularizer.

vulgarisation [vylgarizasjɔ̃] *nf* popularization. **~ scientifique** scientific popularization; **ouvrage de ~** popularizing work; **ouvrage de ~ scientifique** popular scientific work.

vulgariser [vylgarize] **(1)** *vt* **(a)** *ouvrage* to popularize. **(b)** *(littér: rendre vulgaire)* to coarsen. **cet accent la vulgarise** this accent makes her sound coarse.

vulgarisme [vylgarism(ə)] *nm* vulgarism.

vulgarité [vylgarite] *nf* **(a)** *(grossièreté)* vulgarity, coarseness (*U*). **des ~s** vulgarities. **(b)** *(littér: terre à terre)* commonplaceness, ordinariness.

vulgate [vylgat] *nf* vulgate.

vulgum pecus* [vylgɔmpekys] *nm (hum)* **le ~** the common herd.

vulnérabilité [vylnerabilite] *nf* vulnerability.

vulnérable [vylnerabl(ə)] *adj (gén, Cartes)* vulnerable.

vulvaire [vylvɛʀ] **1** *adj (Anat)* vulvar. **2** *nf (Bot)* stinking goosefoot.

vulve [vylv(ə)] *nf* vulva.

vulvite [vylvit] *nf* vulvitis.

W X Y Z

W, w [dubləve] *nm* (*lettre*) W, w.
wagnérien, -ienne [vagneʀjɛ̃, jɛn] **1** *adj* Wagnerian. **2** *nm, f* Wagnerian, Wagnerite.
wagon [vagɔ̃] **1** *nm* (**a**) (*Rail: véhicule*) (*de marchandises*) truck, wagon, freight car (*US*); (*de voyageurs*) carriage, car (*US*). (**b**) (*contenu*) truckload, wagonload. **un plein ~ de marchandises** a truckful *ou* truckload of goods; **il y en a tout un ~*** there are stacks of them*, there's a whole pile of them*.
   2: wagon à bestiaux cattle truck *ou* wagon; **wagon-citerne** *nm, pl* **wagons-citernes** tanker, tank wagon; **wagon-foudre** *nm, pl* **wagons-foudres** (wine) tanker *ou* tank wagon; **wagon frigorifique** refrigerated van; **wagon-lit** *nm, pl* **wagons-lits** sleeper (*Brit*), Pullman (*US*); **wagon de marchandises** goods truck, freight car (*US*); **wagon-poste** *nm, pl* **wagons-postes** mail van; **wagon-réservoir** *nm, pl* **wagons-réservoirs** = **wagon-citerne**; **wagon-restaurant** *nm, pl* **wagons-restaurants** restaurant *ou* dining car; **wagon de voyageurs** passenger carriage *ou* car (*US*).
wagonnet [vagɔnɛ] *nm* small truck.
Walhalla [valala] *nm* Valhalla.
walkman [wɔkman] *nm* ® walkman ®, personal stereo.
walkyrie [valkiʀi] *nf* Valkyrie.
wallaby, pl wallabies [walabi] *nm* wallaby.
wallon, -onne [walɔ̃, ɔn] **1** *adj* Walloon. **2** *nm* (*Ling*) Walloon. **3** *nm, f*: **W~(ne)** Walloon.
wapiti [wapiti] *nm* wapiti.
Washington [waʃiŋtɔn] **1** *n* (*ville*) Washington D.C. **2** *nm* (**a**) (*personne*) Washington. (**b**) (*État*) Washington (State).
wassingue [wasɛ̃g] *nf* floorcloth.
water-closet(s) [watɛʀklozɛt] *nmpl* = **waters**.
Waterloo [watɛʀlo] *n* Waterloo. **la bataille de ~** the Battle of Waterloo.

water-polo [watɛʀpolo] *nm* water polo.
waters [watɛʀ] *nmpl* toilet, lavatory, loo* (*Brit*), bathroom (*euph*), restroom (*US*). **où sont les ~** where is the toilet?
watt [wat] *nm* watt.
wattheure [watœʀ] *nm* watt hour.
wattman† [watman] *nm* tram driver.
W.-C. [(dublə)vese] *nmpl* (*abrév de* **water-closet(s)**) = **waters**.
weber [vebɛʀ] *nm* weber.
week-end, pl week-ends [wikɛnd] *nm* weekend. **partir en ~** to go away for the weekend; **partir en ~ prolongé** to go away on *ou* for a long weekend.
Weimar [vajmar] *n* Weimar. **la république de ~** the Weimar Republic.
welter [wɛltɛʀ] *nm* V **poids**.
western [wɛstɛʀn] *nm* western. **~-spaghetti** *ou* **italien** spaghetti western.
Westphalie [vɛsfali] *nf* Westphalia.
whisky, pl whiskies [wiski] *nm* whisky; (*irlandais*) whiskey. **~ américain** bourbon.
whist [wist] *nm* whist.
white-spirit [wajtspiʀit] *nm* white-spirit.
wigwam [wigwam] *nm* wigwam.
winch [wintʃ] *nm* (*Naut*) winch.
Winchester [winʃɛstɛʀ] **1** *nf*: (**carabine**) ~ Winchester (rifle). **2** *nm* (*Ordin*) (**disque**) ~ Winchester disk.
Wisconsin [viskɔnsin] *nm* Wisconsin.
wishbone [wiʃbon] *nm* (*Naut*) wishbone.
wisigoth, e [vizigo, ɔt] **1** *adj* Visigothic. **2** *nm, f*: **W~(e)** Visigoth.
wisigothique [vizigotik] *adj* Visigothic.
wolfram [wɔlfʀam] *nm* wolfram.
woofer [wufœʀ] *nm* woofer.
Wyoming [wajɔmin] *nm* Wyoming.

X, x [iks] *nm* (**a**) (*lettre*) X, x; (*Math*) x. (*Math*) **l'axe des x** the x axis; **croisés en X** forming an x; **ça fait x temps que je ne l'ai pas vu*** I haven't seen him for n months*, it's months since I (last) saw him; **je te l'ai dit x fois** I've told you umpteen times *ou* innumerable times; (*Jur*) **plainte contre X** action against person or persons unknown; **Monsieur X** Mr X; **film classé X X** film†, 18 film; *V* **rayon**.
   (**b**) (*arg Univ*) **l'X** the École Polytechnique; **un X** a student of the École Polytechnique.
Xavier [gzavje] *nm* Xavier.
xénon [ksenɔ̃] *nm* xenon.

xénophobe [ksenɔfɔb] **1** *adj* xenophobic. **2** *nmf* xenophobe.
xénophobie [ksenɔfɔbi] *nf* xenophobia.
Xénophon [gzenɔfɔ̃] *nm* Xenophon.
xérès [gzeʀɛs] **1** *nm* (*vin*) sherry. **2** *n*: **X~** (*ville*) Jerez.
Xerxès [gzɛʀsɛs] *nm* Xerxes.
xylographe [ksilɔgʀaf] *nm* xylographer.
xylographie [ksilɔgʀafi] *nf* (*technique*) xylography; (*gravure*) xylograph.
xylographique [ksilɔgʀafik] *adj* xylographic.
xylophène [ksilɔfɛn] *nm* ® woodworm and pesticide fluid.
xylophone [ksilɔfɔn] *nm* xylophone.

Y, y¹ [igʀɛk] *nm* (*lettre*) Y, y. (*Math*) **l'axe des y** the y axis.
y² [i] **1** *adv* (*indiquant le lieu*) there. **restez-~** stay there; **nous ~ avons passé 2 jours** we spent 2 days there; **il avait une feuille de papier et il ~ dessinait un bateau** he had a sheet of paper and he was drawing a ship on it; **avez-vous vu le film? — j'~ vais demain** have you seen the film? — I'm going (to see it) tomorrow; **les maisons étaient neuves, personne n'~ avait habité** the houses were new and nobody had lived in them; **la pièce est sombre, quand on ~ entre, on n'~ voit rien** the room is dark and when you go in you can't see a thing; **j'~ suis, j'~ reste** here I am and here I stay; **nous ~ allez, à ce dîner?*** are you going to this dinner then?; **je suis passé le voir mais il n'~ était pas** I called in (*Brit*) *ou* I stopped by to see him but he wasn't there.
   2 *pron pers* (**a**) (*gén se rapportant à des choses*) it. **vous serez là? — n'~ comptez pas** you'll be there? — it's highly unlikely *ou* I don't suppose so *ou* I doubt it; **n'~ pensez plus** forget (about) it, don't think about it; **à votre place, je ne m'~ fierais pas** if I were you I wouldn't trust it; **il a plu alors que personne ne s'~ attendait** it rained when no one was expecting it (to); **il ~ trouve du plaisir** he finds pleasure in it, he gets enjoyment out of it.
   (**b**) (*loc*) **elle s'~ connaît** she knows all about it, she's an expert; **il faudra vous ~ faire** you'll just have to get used to it; **je n'~ suis pour rien** it is nothing to do with me, I had no part in it; **ça ~ est! c'est fait!** that's it, it's done!; **ça ~ est il a cassé le verre** there you are, he's broken the glass; **ça ~ est, il a signé le contrat** that's it *ou* that's settled, he's signed the contract; **ça ~ est oui!, je peux parler?** is that it then? *ou* have you finished then? can I talk now?; **ça ~ est pour aujourd'hui** that's it *ou* that's that *ou* that's finished for today; **ça ~ est, vous êtes prêt?— non ça n'~ est pas** is that it then, are you ready? — no I'm not; **ça ~ est pour quelque chose** it has something to do with it; *V* avoir, comprendre, voir *etc*.
   (**c**) (*: il*) (*aussi iro*) **c'est-~ pas gentil?** isn't it nice?; **~ en a qui exagèrent** some people *ou* folk go too far; **du pain? ~ en a pas** bread? there's none *ou* there isn't any.

yacht [jɔt] *nm* yacht. **~-club** yacht club.
yachting† [jɔtin] *nm* yachting. **faire du ~** to go out on one's yacht, go yachting.
yacht(s)man† [jɔtman], *pl* **yacht(s)men** [jɔtmɛn] *nm* yacht owner, yacht(s)man.
ya(c)k [jak] *nm* yak.
yang [jãg] *nm* yang.
Yang Tsé Kiang [jãgtsekjãg] *nm* Yangtze (Kiang).
yankee [jãki] *adj, nmf* Yankee.
yaourt [jauʀ(t)] *nm* yog(h)urt.
yaourtière [jauʀtjɛʀ] *nf* yoghurt-maker.
yard [jaʀd] *nm* yard.
yatagan [jatagã] *nm* yataghan.
yearling [jœʀlin] *nm* (*cheval*) yearling.
Yémen [jemɛn] *nm*: **le ~** the Yemen; **Nord-/Sud-~** North/South Yemen.
yéménite [jemenit] **1** *adj* Yemeni. **2** *nmf*: **Y~** Yemeni.
yen [jɛn] *nm* (*Fin*) yen.
yeuse [jøz] *nf* holm oak, ilex.
yeux [jø] *nmpl de* **œil**.
yé-yé*, pl yé-yés [jeje] **1** *adj*: **musique ~** pop music (*of the early 1960s*); (*fig*) **il veut faire ~** he wants to look with-it*. **2** *nmf* pop singer or teenage fan of the early 1960s.
yiddish [(j)idiʃ] *adj, nm* Yiddish.
Yi king [jikin] *nm* I Ching.
yin [jin] *nm* yin.
yod [jɔd] *nm* yod.
yoga [jɔga] *nm* yoga. **faire du ~** to do yoga.
yoghourt [jɔguʀ(t)] *nm* = **yaourt**.
yogi [jɔgi] *nm* yogi.
yole [jɔl] *nf* skiff.
Yom Kippur [jɔmkipuʀ] *nm* Yom Kippur.
yougoslave [jugoslav] **1** *adj* Yugoslav, Yugoslavian. **2** *nmf*: **Y~** Yugoslav, Yugoslavian.
Yougoslavie [jugoslavi] *nf* Yugoslavia.

youp [jup] *excl* hup! **allez ~ dégagez!** come on, get a move on!
youpi [jupi] *excl* yippee.
youpin, e [jupɛ̃, in] *nm,f* (*péj*) Yid (*péj*).
yourte [juʀt(ə)] *nf* yurt.
youyou [juju] *nm* dinghy.
yo-yo [jojo] *nm inv* yo-yo.

ypérite [ipeʀit] *nf* mustard gas, yperite (*T*).
ytterbium [itɛʀbjɔm] *nm* ytterbium.
yttrium [itʀijɔm] *nm* yttrium.
yucca [juka] *nm* yucca.
Yukon [jykɔ̃] *nm* Yukon. **le (territoire du) ~** the Yukon (Territory).

Z, z [zɛd] *nm* (*lettre*) Z, z; *V* **A.**
ZAC [zak] *nf abrév de* **zone d'aménagement concerté**; *V* **zone.**
Zacharie [zakaʀi] *nm* Zechariah.
ZAD [zad] *nf abrév de* **zone d'aménagement différé**; *V* **zone.**
zagaie [sage] *nf* = **sagaie.**
Zaïre [zaiʀ] *nm* Zaire.
zaïrois, -oise [zaiʀwa, waz] **1** *adj* Zairian. **2** *nm,f*: **Z~(e)** Zairian.
zakouski [zakuski] *nmpl* zakuski, zakouski.
Zambèze [zɑ̃bɛz] *nm*: **le ~** the Zambezi.
Zambie [zɑ̃bi] *nf* Zambia.
zambien, -ienne [zɑ̃bjɛ̃, jɛn] **1** *adj* Zambian. **2** *nm,f*: **Z~(ne)** Zambian.
zanzi [zɑ̃zi] *nm* dice game.
Zanzibar [zɑ̃zibaʀ] *n* Zanzibar.
Zarathoustra [zaʀatustʀa] *nm* Zarathustra.
zazou [zazu] *nm* (*parfois péj*) ≃ hepcat*.
zébi [zebi] *nm* **V peau.**
zèbre [zɛbʀ(ə)] *nm* (*Zool*) zebra; (*: individu*) bloke* (*Brit*), guy*. **un drôle de ~** a queer fish*, an odd bod* (*Brit*); **filer** *ou* **courir comme un ~** to run like a hare *ou* the wind.
zébrer [zebʀe] (6) *vt* to stripe, streak (*de* with).
zébrure [zebʀyʀ] *nf* stripe, streak; (*coup de fouet*) weal, welt.
zébu [zeby] *nm* zebu.
Zélande [zelɑ̃d] *nf* Zealand; *V* **nouveau.**
zélateur, -trice [zelatœʀ, tʀis] *nm,f* (*gén*) champion, partisan (*péj*), zealot (*péj*); (*Rel*) Zealot.
zèle [zɛl] *nm* zeal. **avec ~** zealously, with zeal; (*péj*) **faire du ~** to be over-zealous, overdo it; **pas de ~!** don't overdo it!; *V* **grève.**
zélé, e [zele] *adj* zealous.
zélote [zelɔt] *nm* (*Hist*) Zealot.
zénana [zenana] *nm* **V peau.**
zénith [zenit] *nm* (*lit, fig*) zenith. **le soleil est au ~** *ou* **à son ~** the sun is at its zenith *ou* height; **au ~ de la gloire** at the zenith *ou* peak of glory.
zénithal, e, *mpl* **-aux** [zenital, o] *adj* zenithal.
Zénon [zenɔ̃] *nm* Zeno.
zéphyr [zefiʀ] *nm* (*vent*) zephyr. (*Myth*) **Z~** Zephyr(us).
zéphyrien, -ienne [zefiʀjɛ̃, jɛn] *adj* (*littér*) zephyr-like (*littér*).
zeppelin [zɛplɛ̃] *nm* zeppelin.
zéro [zeʀo] **1** *nm* (a) (*gén, Math*) zero, nought (*Brit*); (*compte à rebours*) zero; (*dans un numéro de téléphone*) O (*Brit*), zero (*US*). **remettre un compteur à ~** to reset a meter *ou* to zero; **tout ça, pour moi, c'est ~,** je veux des preuves* as far as I'm concerned that's worthless *ou* a waste of time — I want some proof; **les avoir à ~‡** to be scared out of one's wits*, be scared stiff*; **repartir de ~,** **recommencer à ~** to start from scratch *ou* rock-bottom again, go back to square one; **taux de croissance ~** zero growth; (*Mil*) **l'option ~** the zero option; *V* **moral, partir¹, réduire.**
(b) (*température*) freezing (point), zero (*Centigrade*). **3 degrés au-dessus de ~** 3 degrees above freezing (point) *ou* above zero; **3 degrés au-dessous de ~** 3 degrees below freezing (point) *ou* below zero, 3 degrees below*, minus 3 (degrees Centigrade); **~ absolu** absolute zero.
(c) (*Rugby, Ftbl*) nil (*Brit*), zero, nothing (*US*); (*Tennis*) love. (*Tennis*) **mener par 2 jeux/sets à ~** to lead (by) 2 games/sets to love; **~ à ~** *ou* **~ partout à la mi-temps** no score at half time; **gagner par 2 (buts) à ~** to win by 2 goals to nil (*Brit*) *ou* zero; **la France avait ~ à la mi-temps** France hadn't scored *ou* had no score by half time.
(d) (*Scol*) zero, nought. **~ de conduite** bad mark for behaviour *ou* conduct; **~ pointé** (*Scol*) nought (*Brit*), nothing (*counted in the final average mark*); (*fig*) **le gouvernement mérite un ~ pointé** the government deserves nothing out of 20; (*fig*) **mais en cuisine, ~ (pour la question)*** but as far as cooking goes he's (*ou* she's) useless *ou* a dead loss*.
(e) (*: personne*) nonentity, dead loss*, washout*.
2 *adj*: **~ heure** (*gén*) midnight; (*heure GMT*) zero hour; **~ heure trente** (*gén*) half-past midnight; (*heure GMT*) zero thirty hours; **il a fait ~ faute** he didn't make any mistakes, he didn't make a single mistake; **j'ai eu ~ point** I got no marks (*Brit*) *ou* points (*US*) (at all), I got zero; **ça m'a coûté ~ franc ~ centime*** I got it for precisely *ou* exactly nothing.
zeste [zɛst(ə)] *nm* (*citron, orange*) peel (*U*); (*en cuisine*) zest (*U*), peel (*U*). **avec un ~ de citron** with a piece of lemon peel.
zêta [dzeta] *nm* zeta.
zeugma [zøgma] *nm* zeugma.
Zeus [zøs] *nm* Zeus.

zézaiement [zezɛmɑ̃] *nm* lisp.
zézayer [zezeje] (8) *vi* to lisp.
zibeline [ziblin] *nf* sable.
zieuter‡ [zjøte] (1) *vt* (*longuement*) to eye; (*rapidement*) to have a dekko at‡ (*Brit*), have a squint at*.
zig*† [zig] *nm*, **zigomar*†** [zigomaʀ] *nm*, **zigoto*†** [zigɔto] *nm* guy*, bloke* (*Brit*), chap* (*Brit*), geezer*†. **c'est un drôle de ~** he's a queer fish*, he's a strange geezer*†.
zigue*† [zig] *nm* = **zig*†.**
zigzag [zigzag] *nm* zigzag. **route en ~** windy *ou* winding *ou* zigzagging road; **faire des ~s** [*route*] to zigzag; [*personne*] to zigzag along.
zigzaguer [zigzage] (1) *vi* to zigzag (along).
Zimbabwe [zimbabwe] *nm* Zimbabwe.
zimbabwéen, -enne [zimbabweɛ̃, ɛn] **1** *adj* Zimbabwean. **2** *nm,f*: **Z~(ne)** Zimbabwean.
zinc [zɛ̃g] *nm* (a) (*métal*) zinc. (b) (*: avion*) plane. (c) (*: comptoir*) bar, counter. **boire un coup sur** *ou* **devant le ~** to have a drink (up) at the bar *ou* counter.
zinguer [zɛ̃ge] (1) *vt* *toiture* to cover with zinc; *acier* to coat with zinc.
zingueur [zɛ̃gœʀ] *nm* zinc worker.
zinnia [zinja] *nm* zinnia.
zinzin* [zɛ̃zɛ̃] **1** *adj* cracked*, nuts*, barmy*. **2** *nm* thingummy(jig)* (*Brit*), thingamajig (*US*), what's-it*.
zip [zip] *nm* zip.
zippé, e [zipe] (*ptp de* **zipper**) *adj* zip-up (*épith*), with a zip.
zipper [zipe] (1) *vt* to zip up.
zircon [ziʀkɔ̃] *nm* zircon.
zirconium [ziʀkɔnjɔm] *nm* zirkonium.
zizanie [zizani] *nf* ill-feeling. **mettre** *ou* **semer la ~ dans une famille** to set a family at loggerheads, stir up ill-feeling in a family.
zizi* [zizi] *nm* (*hum, langage enfantin: pénis*) willy* (*Brit hum*), peter* (*US hum*).
zob*‡ [zɔb] *nm* (*pénis*) dick*‡, prick*‡, cock*‡.
zodiacal, e, *mpl* **-aux** [zɔdjakal, o] *adj* constellation, signe of the zodiac; *lumière* zodiacal.
zodiaque [zɔdjak] *nm* zodiac.
zombi [zɔ̃bi] *nm* zombie.
zona [zona] *nm* shingles (*sg*), herpes zoster (*T*).
zonage [zonaʒ] *nm* zoning.
zonard‡ [zonaʀ] *nm* (*marginal*) dropout*.
zone [zon] **1** *nf* (a) (*gén, Sci*) zone, area. (*Agr*) **~ d'élevage** *etc* cattle-breeding *etc* area; **~ d'influence (d'un pays)** sphere *ou* zone of influence (of a country); **~ franc/sterling** franc/sterling area; (*fig*) **de deuxième/troisième ~** second-/third-rate.
(b) (*bidonville*) **la ~** the slum belt.
2: zone d'aménagement concerté mixed housing development zone (*public and private housing*); **zone d'aménagement différé** future development zone; **la zone des armées** the war zone; **zone bleue** ≃ restricted parking zone *ou* area; **zone dangereuse** danger zone; (*Mét*) **zone de dépression** trough of low pressure; **zone franche** free zone; **zone industrielle** industrial park *ou* estate; **zone piétonnière** pedestrian precinct; **zone de salaires** salary weighting; (*Admin*) **zone à urbaniser en priorité** urban development zone, suburban expansion zone.
zoo [zoo] *nm* zoo.
zoologie [zɔɔlɔʒi] *nf* zoology.
zoologique [zɔɔlɔʒik] *adj* zoological.
zoologiste [zɔɔlɔʒist(ə)] *nmf*, **zoologue** [zɔɔlɔg] *nmf* zoologist.
zoom [zum] *nm* (*objectif*) zoom lens; (*effet*) zoom.
Zoroastre [zɔʀɔastʀ(ə)] *nm* Zoroaster, Zarathustra.
zoroastrisme [zɔʀɔastʀism(ə)] *nm* Zoroastrianism.
zou [zu] *excl*: **(allez) ~!** (*partez*) off with you!, shoo!*; (*dépêchez-vous*) get a move on!*; **et ~, les voilà partis!** zoom, off they go!*
zouave [zwav] *nm* Zouave, zouave. **faire le ~*** to play the fool, fool around.
Zoulou [zulu] *nm* Zulu.
Zoulouland [zululɑ̃d] *nm* Zululand.
zozo*† [zozo] *nm* nit(wit)*, ninny*.
zozoter [zɔzɔte] (1) *vi* to lisp.
ZUP [zyp] *nf abrév de* **zone à urbaniser en priorité**; *V* **zone.**
Zurich [zyʀik] *n* Zurich. **le lac de ~** Lake Zurich.
zut* [zyt] *excl* (*c'est embêtant*) dash (it)!* (*Brit*), darn (it)!*, drat (it)!*; (*tais-toi*) (do) shut up!*
zygote [zigɔt] *nm* zygote.

A, a¹ [eɪ] **1** *n* **(a)** (*letter*) A, a *m*. **A for Able** A comme Anatole; **to know sth from A to Z** connaître qch de A (jusqu')à Z; **he doesn't know A from B** il est ignare; (*in house numbers*) **24a** le 24 bis; **to get from A to B** aller d'un endroit à un autre; (*Brit Aut*) **on the A4** sur la (route) A4, ≃ sur la RN4 *or* la nationale 4.
(b) (*Mus*) la *m*.
(c) (*Scol*) excellent (*de 15 à 20 sur 20*).
2 *cpd*: **A-1**, (*US*) **A number 1**, **A-OK*** parfait, champion*; **ABC** *V* **ABC**; **A-bomb** bombe *f* A *or* atomique; (*Brit Scol*) **A-levels** ≃ baccalauréat *m*; (*Brit Scol*) **to do an A-level in geography** passer l'épreuve de géographie au bac; **A-line dress** robe *f* trapèze *inv*; (*US*) **A and M college** ≃ école supérieure d'agriculture; [*record*] **A-side** face *f* A; **A-test** essai *m* de la bombe A.
a² [eɪ, ə] *indef art* (*before vowel or mute h:* **an**) **(a)** un, une. ~ **tree** un arbre; **an apple une pomme; such ~ hat** un tel *or* pareil chapeau; **so large ~ country** un si grand pays.
(b) (*def art in French*) le, la, les. **to have ~ good ear** avoir l'oreille juste; **he smokes ~ pipe** il fume la pipe; **to set an example** donner l'exemple; **I have read ~ third of the book** j'ai lu le tiers du livre; **we haven't ~ penny** nous n'avons pas le sou; ~ **woman hates violence** les femmes détestent la violence.
(c) (*absent in French*) **she was ~ doctor** elle était médecin; **as ~ soldier** en tant que soldat; **my uncle, ~ sailor** mon oncle, qui est marin; **what ~ pleasure!** quel plaisir!; **to make ~ fortune** faire fortune.
(d) un(e) certain(e). **I have heard of ~ Mr X** j'ai entendu parler d'un certain M X.
(e) le *or* la même. **they are much of an age** ils sont du même âge; **they are of ~ size** ils sont de la même grandeur.
(f) (*a single*) un(e) seul(e). **to empty a glass at ~ draught** vider un verre d'un trait; **at ~ blow** d'un seul coup.
(g) (*with abstract nouns*) du, de la, des. **to make ~ noise/~ fuss** faire du bruit/des histoires.
(h) *few survivors* quelques survivants; ~ **lot of** *or* ~ **great many flowers** beaucoup de fleurs.
(i) (*distributive use*) **£4 ~ person/head** 4 livres par personne/ par tête; **3 francs ~ kilo** 3 F le kilo; **twice ~ month** deux fois par mois; **twice ~ year** deux fois l'an *or* par an; **80 km an hour** 80 km/h, 80 kilomètres à l'heure.
AA [eɪˈeɪ] *n abbr* **(a)** (*Brit: abbr of* **Automobile Association**) ≃ Touring Club *m* de France.
(b) (*Brit*) *abbr of* **Alcoholics Anonymous**; *V* **alcoholic.**
(c) (*US Univ abbr of* **Associate in Arts**) ≃ DEUG *m* de Lettres.
A.A.A. [ˌeɪeɪˈeɪ] *n abbr of* **Amateur Athletics Association**.
Aachen [ˈɑːxən] *n* Aix-la-Chapelle.
Aaron [ˈɛərən] *n* Aaron *m*.
A.A.U. [ˌeɪeɪˈjuː] *n* (*US*) *abbr of* **Amateur Athletic Union**.
A.A.U.P. [ˌeɪeɪjuːˈpiː] *n* (*US*) *abbr of* **American Association of University Professors**.
A.B. [eɪˈbiː] *n abbr of* **able-bodied seaman**.
A.B.A. [ˌeɪbiːˈeɪ] *n abbr of* **Amateur Boxing Association**.
aback [əˈbæk] *adv*: **to be taken ~** être interloqué *or* décontenancé, en rester tout interdit *or* déconcerté.
abacus [ˈæbəkəs] *n, pl* **abaci** [ˈæbəsaɪ] **(a)** boulier *m* (compteur), abaque *m*. **(b)** (*Archit*) abaque *m*.
Abadan [ˌæbəˈdæn] *n* Abadan.
abaft [əˈbɑːft] (*Naut*) **1** *adv* sur *or* vers l'arrière. **2** *prep* en arrière de, sur l'arrière de.
abalone [ˌæbəˈləʊnɪ] *n* (*US*) ormeau *m*, haliotide *f*.
abandon [əˈbændən] **1** *vt* **(a)** (*forsake*) *person* abandonner; *wife, child* abandonner, délaisser; *car* abandonner, laisser. (*fig*) **to ~ o.s. to** se livrer à, s'abandonner à, se laisser aller à.
(b) *property, right, project* renoncer à; *action* se désister de. **to ~ the attempt to do sth** renoncer à faire qch; (*Sport*) **play was ~ed** la partie a été interrompue.
(c) (*Jur*) *cargo* faire (acte de) délaissement de. (*Naut*) **to ~ ship** abandonner le navire; (*Jur*) **to ~ any claim** renoncer à toute prétension.
2 *n* (*Jur*) laisser-aller *m*, abandon *m*, relâchement *m*. **with (gay) ~** avec (une belle) désinvolture.
abandoned [əˈbændənd] *adj* **(a)** (*forsaken*) *person* abandonné, délaissé; *place* abandonné. **(b)** (*dissolute*) débauché. **(c)** *dancing* frénétique; *emotion* éperdu.
abandonment [əˈbændənmənt] *n* (*lit, fig*) abandon *m*; (*Jur*) [*action*] désistement *m*; [*property, right*] cession *f*; [*cargo*] délaissement *m*.

abase [əˈbeɪs] *vt* (*humiliate*) *person* mortifier, humilier; (*degrade*) *person* abaisser, avilir; *person's qualities, actions* rabaisser, ravaler. **to ~ o.s. so far as to do** s'abaisser *or* s'humilier jusqu'à faire.
abasement [əˈbeɪsmənt] *n* (*U*) (*moral decay*) dégradation *f*, avilissement *m*; (*humiliation*) humiliation *f*, mortification *f*.
abashed [əˈbæʃt] *adj* confus.
abate [əˈbeɪt] **1** *vi* [*storm, emotions, pain*] s'apaiser, se calmer; [*noise, flood*] baisser; [*fever*] baisser, décroître; [*wind*] se modérer; (*Naut*) mollir; [*courage*] faiblir, s'affaiblir, diminuer; [*rent*] baisser.
2 *vt tax* baisser; (*Jur*) *writ* annuler; *sentence* remettre.
abatement [əˈbeɪtmənt] *n* (*U*) (*gen*) réduction *f*. (*Fin*) ~ **of the levy** abattement *m* sur le prélèvement; *V* **noise**.
abattoir [ˈæbətwɑːr] *n* abattoir *m*.
abbess [ˈæbɪs] *n* abbesse *f*.
abbey [ˈæbɪ] *n* abbaye *f*. **Westminster A~** l'Abbaye de Westminster.
abbot [ˈæbət] *n* abbé *m*, (Père *m*) supérieur *m*.
abbreviate [əˈbriːvɪeɪt] *vt* abréger, raccourcir.
abbreviation [əˌbriːvɪˈeɪʃən] *n* abréviation *f*.
ABC [ˌeɪbiːˈsiː] *n* **(a)** abc *m*, alphabet *m*. (*Brit Rail*) **the ~ (guide)** l'indicateur *m* des chemins de fer; **it's as easy** *or* **simple as ~ *** c'est simple comme bonjour, rien de plus simple. **(b)** *abbr of* **Associated British Cinemas**. **(c)** *abbr of* **Australian Broadcasting Commission**.
abdicate [ˈæbdɪkeɪt] **1** *vt right* renoncer à, abdiquer; *post, responsibility* se démettre de. **to ~ the throne** renoncer à la couronne, abdiquer. **2** *vi* abdiquer.
abdication [ˌæbdɪˈkeɪʃən] *n* [*king*] abdication *f*, renonciation *f*; [*mandate etc*] démission *f* (*of* de); [*right*] renonciation (*of* à), désistement *m* (*of* de).
abdomen [ˈæbdəmən], (*Med*) æbˈdəʊmen] *n* abdomen *m*.
abdominal [æbˈdɒmɪnl] *adj* abdominal.
abduct [æbˈdʌkt] *vt* enlever, kidnapper.
abduction [æbˈdʌkʃən] *n* enlèvement *m*, rapt *m*; *V* **child**.
abductor [æbˈdʌktər] *n* **(a)** (*person*) ravisseur *m*, -euse *f*. **(b)** (*Anat*) abducteur *m*.
abed† [əˈbed] *adv* (*liter*) au lit, couché. **to lie ~** rester couché.
Abel [ˈeɪbl] *n* Abel *m*.
Aberdonian [ˌæbəˈdəʊnɪən] **1** *n* habitant(e) *m(f)* *or* natif (*f* native) d'Aberdeen. **2** *adj* d'Aberdeen.
aberrant [əˈberənt] *adj* (*Bio, fig*) aberrant, anormal.
aberration [ˌæbəˈreɪʃən] *n* (*lit, fig*) aberration *f*.
abet [əˈbet] *vt* encourager, soutenir. **to ~ sb in a crime** aider qn à commettre un crime; *V* **aid 2**.
abetter, abettor [əˈbetər] *n* complice *mf*.
abeyance [əˈbeɪəns] *n* (*U*) [*law, custom*] **to be in ~** ne pas être en vigueur; **to fall into ~** tomber en désuétude; **the question is in ~** la question reste en suspens.
abhor [əbˈhɔːr] *vt* abhorrer, avoir en horreur, exécrer; *V* **nature**.
abhorrence [əbˈhɒrəns] *n* horreur *f*, aversion *f* (*of* de), répulsion *f*. **to hold in ~** avoir horreur de, avoir en horreur.
abhorrent [əbˈhɒrənt] *adj* odieux, exécrable, répugnant (*to* à).
abide [əˈbaɪd] **1** *vt* **(a)** (*neg only: tolerate*) **I can't ~ her** je ne peux pas la supporter *or* la souffrir; **I can't ~ living here** je ne supporte pas de vivre ici.
(b) (*liter: await*) attendre.
2 *vi* (†: *endure*) subsister, durer, se maintenir; (*live*) demeurer, habiter.
◆ **abide by** *vt fus rule, decision* se soumettre à, se conformer à, respecter; *consequences* accepter, supporter; *promise* rester *or* demeurer fidèle à; *resolve* maintenir, s'en tenir à. **I abide by what I said** je maintiens ce que j'ai dit.
abiding [əˈbaɪdɪŋ] *adj* (*liter*) constant, éternel; *V* **law** *etc*.
ability [əˈbɪlɪtɪ] *n* **(a)** (*U: power, proficiency*) aptitude *f* (*to do* à faire), capacité *f* (*to do* pour faire); *competence f* (*in en, to do* pour faire). **to the best of one's ~** de son mieux; (*Fin, Jur*) ~ **to pay** solvabilité *f*; (*Fin, Jur*) ~ **to pay tax** capacité *or* faculté contributive.
(b) (*U: cleverness*) habileté *f*, talent *m*. **a person of great ~** une personne de grand talent; **he has a certain artistic ~** il a un certain don *or* talent artistique.
(c) (*mental powers*) **abilities** talents *mpl*, dons intellectuels; (*Scol etc*) compétences *fpl*.
abject [ˈæbdʒekt] *adj person, action* abject, vil, méprisable; *state, condition* misérable, pitoyable; *apology* servile. **in ~ poverty** dans la misère noire.
abjectly [ˈæbdʒektlɪ] *adv apologize etc* avec servilité.
abjure [əbˈdʒʊər] *vt one's rights* renoncer (publiquement *or* par

A-C

serment) à. **to ~ one's religion** abjurer sa religion, apostasier.
ablative ['æblətɪv] **1** *n* ablatif *m*. **in the ~** à l'ablatif; **~ absolute** ablatif absolu. **2** *adj* ablatif.
ablaze [ə'bleɪz] *adv, adj* (*lit*) en feu, en flammes. **to set ~** embraser (*liter*); **to be ~** flamber; (*fig*) **~ with anger** enflammé de colère; (*fig*) **~ with light** resplendissant de lumière.
able ['eɪbl] **1** *adj* (a) ('*to be ~* ' *sert d'infinitif à l'auxiliaire de mode 'can/could' dans quelques-uns des sens de cet auxiliaire*) **to be ~ to do** (*have means or opportunity*) pouvoir faire; (*know how to*) savoir faire; (*be capable of*) être à même de *or* en mesure de faire; **I ran fast and so was ~ to catch the bus** en courant vite j'ai réussi à attraper l'autobus (*NB 'could' ne peut être employé dans ce contexte*).
(b) (*having power, means, opportunity*) capable, en état (*to do* de faire), apte, propre (*to do* à faire). **~ to pay** en mesure de payer; **you are better ~ to do it than he is** (*it's easier for you*) vous êtes mieux à même de le faire *or* plus en état de le faire que lui; (*you're better qualified*) vous êtes plus propre à le faire *or* mieux désigné pour le faire que lui.
(c) (*clever*) capable, compétent, de talent. **an ~ man** un homme de talent.
(d) (*Med: healthy*) sain. (*Jur*) **~ in body and mind** sain de corps et d'esprit.
2 *cpd*: **able-bodied** robuste, fort, solide; (*Mil*) *recruit* bon pour le service; (*Naut*) **able seaman** matelot breveté *or* de deuxième classe; **able-minded** intelligent; (*Brit Naut*) **able rating** matelot breveté.
ablution [ə'bluːʃən] *n* (*Rel*) ablution *f*.
ably ['eɪblɪ] *adv* de façon très compétente, habilement.
ABM [,eɪbiː'em] *n abbr of* anti-ballistic missile.
abnegate ['æbnɪgeɪt] *vt responsibility* renier, répudier, rejeter; *one's rights* renoncer à; *one's religion* abjurer.
abnegation [,æbnɪ'geɪʃən] *n* (*denial*) reniement *m*, désaveu *m*; (*renunciation*) renoncement *m*. **self-~** abnégation *f*.
abnormal [æb'nɔːməl] *adj* anormal.
abnormality [,æbnɔː'mælɪtɪ] *n* (a) (*U*) caractère anormal *or* exceptionnel. (b) (*instance of this, also Bio, Psych*) anomalie *f*; (*Med*) difformité *f*, malformation *f*.
abnormally [æb'nɔːməlɪ] *adv* anormalement.
aboard [ə'bɔːd] **1** *adv* (a) (*Aviat, Naut*) à bord. **to go ~** (s')embarquer, monter à bord; **to take ~** embarquer; **all ~!** (*Rail*) en voiture!; (*Naut*) tout le monde à bord!
(b) (*Naut*) le long du bord. **close ~** bord à bord.
2 *prep* (*Aviat, Naut*) à bord de. **~ the train/bus** dans le train/le bus; **~ ship** à bord.
abode [ə'bəʊd] *n* (*liter*) demeure *f*. (*Jur*) **place of ~** domicile *m*; **to take up one's ~** élire domicile; *V* fixed.
abolish [ə'bɒlɪʃ] *vt practice, custom* supprimer; *death penalty* abolir; *law* abroger, abolir.
abolishment [ə'bɒlɪʃmənt] *n*, **abolition** [,æbəʊ'lɪʃən] *n* (*V* abolish) suppression *f*; abolition *f*; abrogation *f*.
abolitionist [,æbəʊ'lɪʃənɪst] *n* (*Hist*) abolitionniste *mf*, anti-esclavagiste *mf*.
abominable [ə'bɒmɪnəbl] *adj* (*hateful*) abominable, odieux, détestable; (*unpleasant*) abominable, affreux, horrible. **the ~ snowman** l'abominable homme des neiges.
abominably [ə'bɒmɪnəblɪ] *adv* (a) abominablement, odieusement. (b) **it's ~ cold** il fait un froid abominable.
abominate [ə'bɒmɪneɪt] *vt* abhorrer, exécrer, abominer.
abomination [ə,bɒmɪ'neɪʃən] *n* (a) (*U*) abomination *f*. **I hold him in ~** je l'ai en abomination *or* en horreur, il me remplit d'horreur.
(b) (*loathsome thing, act*) abomination *f*, objet *m* d'horreur, acte *m* abominable. **this coffee is an ~*** ce café est abominable *or* est une abomination*.
aboriginal [,æbə'rɪdʒənl] *adj, n person* autochtone (*mf*), aborigène (*mf*); *plant, animal* aborigène; (*Austr*) aborigène d'Australie.
aborigine [,æbə'rɪdʒɪnɪ] *n* aborigène *mf*; (*Austr*) aborigène d'Australie.
abort [ə'bɔːt] **1** *vi* (*Med, fig*) avorter; (*Mil, Space*) échouer.
2 *vt* (*Med, fig*) faire avorter; (*Space*) *mission, operation* abandonner *or* interrompre (pour raison de sécurité); (*fig) *deal, agreement* faire capoter.
3 *n* (*Comput*) abandon *m*.
abortion [ə'bɔːʃən] *n* (a) (*Med*) avortement *m*, interruption *f* (volontaire) de grossesse. **spontaneous ~** avortement spontané, interruption de grossesse; **to have an ~** se faire avorter; **~ law reform** réforme *f* de la loi sur l'avortement.
(b) (*fig*) [*plans etc*] avortement *m*.
abortionist [ə'bɔːʃənɪst] *n* avorteur *m*, -euse *f*. **backstreet ~** faiseuse *f* d'anges.
abortive [ə'bɔːtɪv] *adj* (a) (*unsuccessful*) *plan* manqué, raté, qui a échoué. **it was an ~ effort** c'était un coup manqué *or* raté; **he made an ~ attempt to speak** il a fait une tentative infructueuse pour parler.
(b) (*Med*) *method, medicine* abortif.
abortively [ə'bɔːtɪvlɪ] *adv* en vain.
abound [ə'baʊnd] *vi* [*fish, resources etc*] abonder; [*river, town, area etc*] abonder (*in* en), regorger (*in* de).
about [ə'baʊt] (*phr vb elem*) **1** *adv* (a) (*approximately*) vers, à peu près, environ. **~ 11 o'clock** vers 11 heures, sur les 11 heures; **it's ~ 11 o'clock** il est environ *or* à peu près 11 heures; (*emphatic*) **it's ~ time!** (bien) temps!; **it's ~ time to go** il est presque temps de partir; **there were ~ 25 and now there are ~ 30** il y en avait environ 25 *or* dans les 25 et à présent il y en a une trentaine; **she's ~ as old as you** elle est à peu près de votre âge; **I've had ~ enough!*** je commence à en avoir marre!* *or* en avoir jusque là!* *or* en avoir ras le bol!*

(b) (*here and there*) çà *or* ici et là, de tous côtés. **shoes lying ~** des chaussures dans tous les coins *or* traînant çà et là; **to throw one's arms ~** gesticuler, agiter les bras en tous sens.
(c) (*near*) près, par ici, par là. **there was nobody ~** il n'y avait personne; **there is a rumour ~ that...** le bruit court que..., on dit que...; **he's somewhere ~** il n'est pas loin, il est par ici quelque part, il est (quelque part) dans les parages; **there's a lot of flu ~** il y a beaucoup de cas de grippe en ce moment.
(d) (*all round*) autour, à la ronde. **all ~** tout autour; **to glance ~** jeter un coup d'œil autour de soi.
(e) (*opposite direction*) à l'envers. (*fig*) **it's the other way ~** c'est tout le contraire; (*Mil*) **~ turn!**, **~ face!** demi-tour, marche!; (*Naut*) **to go** *or* **put ~** virer de bord; *V* ready, right.
(f) (*in phrases*) **to be ~ to do** être sur le point de faire, aller faire; **she's up and ~ again** elle est de nouveau sur pied; **you should be out and ~!** ne restez donc pas enfermé!; *V* bring about, come about, turn about *etc*.
2 *prep* (a) (*concerning*) au sujet de, concernant, à propos de. **~ it** en (*before vb*); **it je** n'en ai pas entendu parler; **what is it ~ ?** de quoi s'agit-il?; **I know what it's all ~** je sais de quoi il retourne; **to speak ~ sth** parler de qch; **well, what ~ it?*** (*does it matter?*) et alors?*; (*what do you think?*) alors qu'est-ce que tu en penses?; **what ~ me?** et moi alors?*; **how ~** *or* **what ~ going to the pictures?*** si on allait au cinéma?; **what ~ a coffee?** si on prenait un café?, est-ce que tu veux un café?
(b) (*near to*) vers, dans le voisinage de; (*somewhere in*) en, dans. **I dropped it ~ here** je l'ai laissé tomber par ici *or* près d'ici; **round ~ the Arctic Circle** près du Cercle polaire; **~ the house** quelque part dans la maison; **to wander ~ the town/the streets** errer dans la ville/par les rues.
(c) (*occupied with*) occupé à. **what are you ~?** que faites-vous?, qu'est-ce que vous fabriquez là?*; **while we're ~ it** pendant que nous y sommes; **I don't know what he's ~** je ne sais pas ce qu'il fabrique*; **mind what you're ~!** faites (un peu) attention!; **how does one go ~ it?** comment est-ce qu'on s'y prend?; **to go ~ one's business** s'occuper de ses (propres) affaires; **to send sb ~ his business** envoyer promener* qn.
(d) (*with, on*) **I've got it ~ me somewhere** je l'ai quelque part sur moi; **there is something horrible ~ him** il y a quelque chose d'horrible en lui; **there is something interesting ~ him** il a un côté intéressant; **there is something charming ~ him** il a un certain charme.
(e) (*round*) autour de. **the trees (round) ~ the pond** les arbres qui entourent l'étang; **the countryside (round) ~ Edinburgh** la campagne autour d'Édimbourg.
about-face [ə'baʊt'feɪs], **about-turn** [ə'baʊt'tɜːn] **1** *vi* (*Mil*) faire un demi-tour; (*fig*) faire volte-face.
2 *n* (*Mil*) demi-tour *m*; (*fig*) volte-face *f*. **to do an ~** faire un demi-tour; (*fig*) faire volte-face.
above [ə'bʌv] (*phr vb elem*) **1** *adv* (a) (*overhead, higher up*) au-dessus, en haut. **from ~** d'en haut; **view from ~** vue plongeante; **the flat ~** l'appartement au-dessus *or* du dessus; **the powers ~** (*of higher rank*) les autorités supérieures; (*in heaven*) les puissances célestes; (*fig*) **a warning from ~** un avertissement (venu) d'en haut.
(b) (*more*) **boys of 16 and ~** les garçons à partir de 16 ans; **seats at 10 francs and ~** places à partir de 10 F; *V* over.
(c) (*earlier: in book etc*) ci-dessus, plus haut. **as ~** comme ci-dessus, comme plus haut; **the address as ~** l'adresse ci-dessus.
(d) (*upstream*) en amont, plus haut.
2 *prep* (a) (*higher than, superior to*) au-dessus de, plus haut que. **~ it** plus haut; **~ the horizon** au-dessus de l'horizon; **~ average** au-dessus de la moyenne, supérieur à la moyenne; **~ all** par-dessus tout, surtout.
(b) (*more than*) plus de. **children ~ 7 years of age** les enfants de plus de 7 ans *or* au-dessus de 7 ans; **it will cost ~ £10** ça coûtera plus de 10 livres; **over and ~ (the cost of)** ... en plus de (ce que coûte) ... .
(c) (*beyond*) au-delà de. **to get ~ o.s.** avoir des idées de grandeur; **to live ~ one's means** vivre au-delà de *or* au-dessus de ses moyens; **that is quite ~ me*** ceci me dépasse; **this book is ~ me*** ce livre est trop compliqué pour moi; *V* head.
(d) (*too proud, honest etc for*) **he is ~ such behaviour** il est au-dessus d'une pareille conduite; **he's not ~ stealing/theft** il irait jusqu'à voler/jusqu'au vol; **he's not ~ playing with the children** il ne dédaigne pas de jouer avec les enfants.
(e) (*upstream from*) en amont de, plus haut que.
(f) (*north of*) au nord de, au-dessus de.
3 *adj* ci-dessus mentionné, précité. **the ~ decree** le décret précité.
4 *cpd*: **aboveboard** (*adj*) *person, action* régulier, correct; (*adv*) cartes sur table; **aboveground** (*lit*) au-dessus du sol, à la surface; (*Tech*) extérieur; (*US fig) déclaré; **above-mentioned** mentionné ci-dessus, susmentionné, précité; **above-named** susnommé.
abracadabra [,æbrəkə'dæbrə] *excl* abracadabra!
abrade [ə'breɪd] *vt* user en frottant *or* par le frottement; *skin etc* écorcher, érafler; (*Geol*) éroder.
Abraham ['eɪbrəhæm] *n* Abraham *m*.
abrasion [ə'breɪʒən] *n* (*V* abrade) frottement *m*; (*Med*) écorchure *f*, érosion *f*; (*Geol*) érosion *f*.
abrasive [ə'breɪsɪv] **1** *adj* abrasif; (*fig*) *voice* caustique; *wit* corrosif.
2 *n* abrasif *m*.
abreast [ə'brest] *adv* (a) [*horses, vehicles, ships*] de front; [*persons*] de front, l'un(e) à côté de l'autre, côte à côte. **to walk 3 ~** marcher 3 de front; (*Naut*) (*in*) **line ~** en ligne de front.
(b) **~ of** à la hauteur de, parallèlement à, en ligne avec; (*Naut*) **to be ~ of a ship** être à la hauteur *or* par le travers d'un navire;

(*fig*) **to be ~ of the times** marcher avec son temps; (*fig*) **to keep ~ of** suivre (les progrès de), se maintenir *or* se tenir au courant de.
abridge [ə'brɪdʒ] *vt book* abréger; *article, speech* raccourcir, abréger; *interview* écourter; *text* réduire.
abridgement [ə'brɪdʒmənt] *n* (**a**) (*shortened version*) résumé *m*, abrégé *m*. (**b**) (*U*) diminution *f*, réduction *f*.
abroad [ə'brɔːd] *adv* (**a**) (*in foreign land*) à l'étranger. **to go/be ~** aller/être à l'étranger; **news from ~** nouvelles de l'étranger; *V* **home**.
  (**b**) (*far and wide*) au loin; (*in all directions*) de tous côtés, dans toutes les directions. **scattered ~** éparpillé de tous côtés *or* aux quatre vents; **there is a rumour ~ that** ... le bruit circule *or* court que ...; *V* **noise**.
  (**c**) (†: *out of doors*) (au) dehors, hors de chez soi.
abrogate ['æbrəʊgeɪt] *vt* abroger, abolir.
abrogation [ˌæbrəʊ'geɪʃən] *n* abrogation *f*.
abrupt [ə'brʌpt] *adj turn* soudain; *question, dismissal* brusque; *departure* précipité; *person, conduct* bourru, brusque; *style, speech* heurté; *slope* abrupt, raide.
abruptly [ə'brʌptlɪ] *adv turn, move* brusquement, tout à coup; *speak, behave* avec brusquerie, sans cérémonie, abruptement; *rise* en pente raide, à pic.
abruptness [ə'brʌptnɪs] *n* (*suddenness*) soudaineté *f*; (*haste*) précipitation *f*; [*style*] décousu *m*; [*person, behaviour*] brusquerie *f*, rudesse *f*; (*steepness*) raideur *f*.
abscess ['æbsɪs] *n* abcès *m*.
abscond [əb'skɒnd] *vi* s'enfuir, prendre la fuite (*from* de).
absconder [əb'skɒndər] *n* fugitif *m*, -ive *f*; (*from prison*) évadé(e) *m(f)*.
absconding [əb'skɒndɪŋ] **1** *adj* en fuite. **2** *n* fuite *f*; [*prisoner*] évasion *f*.
abseil ['æpsaɪl] **1** *vi* descendre en rappel. **2** *n* (descente *f* en) rappel *m*. **~ device** descendeur *m*.
absence ['æbsəns] *n* (**a**) (*U*) (*being away*) absence *f*, éloignement *m*; (*Jur*) non-comparution *f*, défaut *m*. **in** *or* **during the ~ of sb** pendant *or* en l'absence de qn; (*Jur*) **sentenced in his ~** condamné par contumace; **~ makes the heart grow fonder** loin des yeux, loin du cœur; *V* **leave, unauthorized**.
  (**b**) (*instance of this*) absence *f*. **an ~ of 3 months** une absence de 3 mois.
  (**c**) (*U: lack*) manque *m*, défaut *m*. **in the ~ of information** faute de renseignements.
  (**d**) **~ of mind** distraction *f*, absence *f*.
absent ['æbsənt] **1** *adj* (**a**) (*away*) absent (*from* de). **to be** *or* **go ~ without leave** (*Mil*) être absent sans permission; (*: gen*) être sorti sans permission; **to ~ friends!** à nos amis absents!
  (**b**) (*absent-minded*) distrait.
  (**c**) (*lacking*) absent. **sympathy was noticeably ~ from his manner** son attitude révélait clairement un manque de sympathie.
  2 *cpd*: **absent-minded** *person* distrait; *air, manner* absent, distrait; **absent-mindedly** distraitement, d'un air distrait *or* absent; **absent-mindedness** distraction *f*, absence *f*.
  3 [æb'sent] *vt*: **to ~ o.s.** s'absenter (*from* de).
absentee [ˌæbsən'tiː] **1** *n* absent(e) *m(f)*, manquant(e) *m(f)*; (*habitual*) absentéiste *mf*. **2** *cpd*: (*US Pol*) **absentee ballot** vote *m* par correspondance; **absentee landlord** propriétaire *mf* absentéiste *mf*; (*Ind, Scol*) **absentee rate** taux *m* d'absentéisme; **absentee voter** électeur *m*, -trice *f* par correspondance.
absenteeism [ˌæbsən'tiːɪzəm] *n* absentéisme *m*.
absently ['æbsəntlɪ] *adv* distraitement.
absinth(e) ['æbsɪnθ] *n* absinthe *f*.
absolute ['æbsəluːt] **1** *adj* (**a**) (*whole, undeniable*) absolu, total, complet (*f* -ète); (*Chem*) *alcohol* absolu, anhydre. (*Jur*) **the divorce was made ~** le (jugement en) divorce a été prononcé; **it's an ~ scandal*** c'est un véritable scandale; **~ idiot*** parfait crétin*; **it's an ~ fact that** ... c'est un fait indiscutable que ... .
  (**b**) (*unlimited*) *power* absolu, souverain; *monarch* absolu.
  (**c**) (*unqualified*) *refusal, command, majority* absolu; (*Jur*) *proof* irréfutable, formel. **~ veto** véto formel; (*Fin, Jur*) **~ liability** responsabilité objective; *V* **ablative**.
  (**d**) (*Mus*) **to have ~ pitch** avoir l'oreille absolue.
  2 *n* absolu *m*.
absolutely [ˌæbsə'luːtlɪ] *adv* (**a**) (*completely*) absolument, complètement, tout à fait.
  (**b**) (*unconditionally*) *refuse* absolument, formellement.
  (**c**) (*certainly*) absolument. **oh ~!** mais bien sûr!
  (**d**) ['æbsəluːtlɪ] (*Gram*) **verb used ~** verbe employé absolument *or* dans un sens absolu.
absolution [ˌæbsə'luːʃən] *n* absolution *f*, remise *f* des péchés. (*in liturgy*) **the A~** l'absoute *f*.
absolutism ['æbsəluːtɪzəm] *n* (*Pol*) absolutisme *m*; (*Rel*) prédestination *f*.
absolve [əb'zɒlv] *vt* (*from sin, of crime*) absoudre (*from, of* de); (*Jur*) acquitter (*of* de); (*from obligation, oath*) décharger, délier (*from* de).
absorb [əb'sɔːb] *vt* (**a**) (*lit, fig*) absorber; *sound, shock* amortir. **to ~ surplus stocks** absorber les surplus.
  (**b**) (*gen pass*) **to become ~ed in one's work/in a book** s'absorber dans son travail/dans la lecture d'un livre; **to be ~ed in a book** être plongé dans un livre; **to be completely ~ed in one's work** être tout entier à son travail.
absorbency [əb'sɔːbənsɪ] *n* pouvoir absorbant; (*Chem, Phys*) absorptivité *f*.
absorbent [əb'sɔːbənt] **1** *adj* absorbant. (*US*) **~ cotton** coton *m* hydrophile. **2** *n* absorbant *m*.
absorbing [əb'sɔːbɪŋ] *adj* (*lit*) absorbant; (*fig*) *book, film* passionnant, captivant; *work* absorbant.

absorption [əb'sɔːpʃən] *n* (**a**) (*Phys, Physiol*) absorption *f*; (*Aut*) [*shocks*] amortissement *m*; (*fig*) [*person into group etc*] absorption, intégration *f*.
  (**b**) (*fig*) concentration *f* (d'esprit). **his ~ in his studies prevented him from** ... ses études l'absorbaient à tel point qu'elles l'empêchaient de ... .
absquatulate* [æb'skwɒtʃəleɪt] *vi* se tirer‡, mettre les voiles‡.
abstain [əb'steɪn] *vi* (**a**) s'abstenir (*from* de, *from doing* de faire).
  (**b**) (*be teetotaller*) s'abstenir complètement (de l'usage) des boissons alcoolisées.
abstainer [əb'steɪnər] *n* (**a**) (*also* **total ~**) personne *f* qui s'abstient de toute boisson alcoolisée. (**b**) (*Pol*) abstentionniste *mf*.
abstemious [əb'stiːmɪəs] *adj person* sobre, frugal; *meal* frugal.
abstemiousness [əb'stiːmɪəsnɪs] *n* (*V* **abstemious**) sobriété *f*; frugalité *f*.
abstention [əb'stenʃən] *n* (*from voting*) abstention *f*; (*from drinking*) abstinence *f*. (*Parl etc*) **400 votes with 3 ~s** 400 voix et 3 abstentions.
abstinence ['æbstɪnəns] *n* (*also Rel*) abstinence *f* (*from* de). (**total**) **~** abstention *f* de toute boisson alcoolisée.
abstinent ['æbstɪnənt] *adj* sobre, tempérant; (*Rel*) abstinent.
abstract ['æbstrækt] **1** *adj idea, number, art, artist* abstrait. **~ expressionism** lyrisme abstrait.
  2 *n* (**a**) (*Philos*) abstrait *m*. **in the ~** dans l'abstrait.
  (**b**) (*summary*) résumé *m*, abrégé *m*. (*Fin*) **~ of accounts** extrait *m* de compte.
  (**c**) (*work of art*) œuvre abstraite.
  3 [æb'strækt] *vt* (**a**) (*also Chem: remove*) extraire (*from* de).
  (**b**) (*steal*) soustraire (*sth from sb* qch à qn), dérober.
  (**c**) (*summarize*) book résumer.
abstracted [æb'stræktɪd] *adj person* (*absent-minded*) distrait; (*preoccupied*) préoccupé, absorbé.
abstraction [æb'strækʃən] *n* (**a**) (*act of removing*) extraction *f*; (*: stealing*) appropriation *f*.
  (**b**) (*absent-mindedness*) distraction *f*. **with an air of ~** d'un air distrait *or* préoccupé.
  (**c**) (*concept*) idée abstraite, abstraction *f*.
abstruse [æb'struːs] *adj* abstrus.
abstruseness [æb'struːsnɪs] *n* complexité *f*, caractère abstrus.
absurd [əb'sɜːd] **1** *adj* déraisonnable, absurde. **it's ~!** c'est idiot!, c'est insensé!, c'est absurde! **2** *n* (*Philos*) absurde *m*.
absurdity [əb'sɜːdɪtɪ] *n* absurdité *f*.
absurdly [əb'sɜːdlɪ] *adv* absurdement, ridiculement.
ABTA ['æbtə] *n abbr of* **Association of British Travel Agents**.
Abu Dhabi [ˌæbuː'dɑːbɪ] *n* Abou Dhabî.
abundance [ə'bʌndəns] *n* (*U*) (**a**) (*plenty*) abondance *f*, profusion *f*. **in ~** en abondance, à foison, à profusion. (**b**) (*wealth*) abondance *f*, aisance *f*. **to live in ~** vivre dans l'abondance.
abundant [ə'bʌndənt] *adj* riche (*in* en), abondant. **there is ~ proof that he is guilty** les preuves de sa culpabilité abondent.
abundantly [ə'bʌndəntlɪ] *adv* abondamment, copieusement. **to grow ~** pousser à foison; **it was ~ clear that** ... il était tout à fait clair que ...; **he made it ~ clear to me that** ... il m'a bien fait comprendre *or* m'a bien précisé que ... .
abuse [ə'bjuːz] **1** *vt* (**a**) (*misuse*) *privilege* abuser de.
  (**b**) *person* (*insult*) injurier, insulter; (*ill-treat*) maltraiter, malmener.
  2 [ə'bjuːs] *n* (**a**) [*power, authority*] abus *m*.
  (**b**) (*unjust practice*) abus *m*. **to remedy ~s** réprimer les abus.
  (**c**) (*U: curses, insults*) insultes *fpl*, injures *fpl*; (*ill treatment*) mauvais traitements *mpl* (*of* infligés à). **child ~** mauvais traitements infligés aux enfants.
Abu Simbel [ˌæbuː'sɪmbl] *n* Abou Simbel.
abusive [ə'bjuːsɪv] *adj* (*offensive*) *speech, words* injurieux, offensant, grossier. **to use ~ language to sb** injurier qn; **he was very ~** il s'est montré très grossier, ce qu'il a dit était très offensant. (**b**) (*wrongly used*) abusif, mauvais.
abut [ə'bʌt] *vi*: **to ~ on** confiner à, être contigu (*f* -guë) à.
abutment [ə'bʌtmənt] *n* (*Archit*) contrefort *m*, piédroit *m*; (*esp on bridge*) butée *f*.
abysmal [ə'bɪzməl] *adj taste, quality* épouvantable, catastrophique*. **~ ignorance** ignorance *crasse or sans bornes*; **his work was quite ~** son travail était tout à fait exécrable.
abysmally [ə'bɪzməlɪ] *adv* abominablement, atrocement. **~ ignorant** d'une ignorance crasse *or* sans bornes; **his work is ~ bad** son travail est atrocement *or* abominablement mauvais.
abyss [ə'bɪs] *n* (*lit, fig*) abîme *m*, gouffre *m*; (*in sea*) abysse *m*.
Abyssinia [ˌæbɪ'sɪnɪə] *n* Abyssinie *f*.
Abyssinian [ˌæbɪ'sɪnɪən] **1** *adj* abyssinien, abyssin (*rare*).
  2 *n* Abyssinie(nne) *m(f)*, Abyssin(e) *m(f)* (*rare*). **the ~ Empire** l'empire *m* d'Éthiopie.
a/c *n* (*abbr of* **account**) C, compte.
acacia [ə'keɪʃə] *n* acacia *m*.
Acad. 1 *n abbr of* **academy**. **2** *adj abbr of* **academic**.
academic [ˌækə'demɪk] **1** *adj* (**a**) (*of studying, colleges*) universitaire, scolaire; *failure, progress* scolaire. **~ gown** toge *f* de professeur *or* d'étudiant; **~ freedom** liberté *f* de l'enseignement; **~ year** année *f* universitaire; **~ standards** niveaux *mpl* scolaires; (*US*) **~ dean** ≃ président(e) *m(f)* de faculté; (*US*) **~ advisor** directeur *m*, -trice *f* des études; (*US*) **~ officers** personnel enseignant et cadres administratifs; (*US*) **~ rank** grade *m*.
  (**b**) (*theoretical*) théorique, spéculatif. **~ debate** discussion sans portée pratique *or* toute théorique.
  (**c**) (*scholarly*) *style, approach* intellectuel.
  (**d**) (*of no practical use*) **that's all quite ~**, **it's an ~ question** ça n'a aucun intérêt pratique; **out of purely ~ interest** par simple curiosité.

(e) *art, portrait* académique.
2 *n* (*university teacher*) universitaire *mf*.
academically [ˌækə'demɪkəlɪ] *adv gifted, competent* sur le plan scolaire; *sound* intellectuellement. ~ **qualified** possédant des diplômes universitaires.
academicals [ˌækə'demɪkəlz] *npl* toge *f* (, épitoge *f*) et bonnet *m* universitaires.
academician [əˌkædə'mɪʃən] *n* académicien(ne) *m(f)*.
academy [ə'kædəmɪ] *n* (a) (*private college*) école privée, collège *m*, pensionnat *m*. **military/naval** ~ école militaire/navale; (*Brit*) ~ **of music** conservatoire *m*; *V* **police**.
(b) (*society*) académie *f*, société *f*. **the (Royal) A**~ l'Académie Royale (*de Londres*); *V* **French**.
acanthus [ə'kænθəs] *n* acanthe *f*.
ACAS, Acas ['eɪkæs] *n abbr of* **Advisory, Conciliation and Arbitration Service**.
accede [æk'siːd] *vi* (a) **to** ~ **to** *request* agréer, donner suite à; *suggestion* agréer, accepter.
(b) (*gain position*) entrer en possession (*to an office* d'une charge). **to** ~ **to the throne** monter sur le trône.
(c) (*join*) adhérer, se joindre (*to a party* à un parti).
accelerate [æk'seləreɪt] **1** *vt movement* accélérer; *work* activer; *events* précipiter, hâter. (*US Univ*) ~**d program** cursus intensif. **2** *vi* (*esp Aut*) accélérer.
acceleration [ækˌselə'reɪʃən] *n* accélération *f*. (*Fin*) ~ **clause** clause *f* d'accélération; (*Fin*) **repayment by** ~ remboursement *m* par déchéance du terme.
accelerator [æk'seləreɪtəʳ] *n* (*Brit Aut*) accélérateur *m*. **to step on the** ~ appuyer sur l'accélérateur *or* le champignon*.
accent ['æksənt] **1** *n* (a) (*stress on part of word*) accent *m* (tonique).
(b) (*intonation, pronunciation*) accent *m*. **to speak French without an** ~ parler français sans accent.
(c) (*written mark*) accent *m*; *V* **acute** etc.
(d) (*liter: way of speaking*) ~**s** accents *mpl*, paroles *fpl*; **in** ~**s of rage** avec des accents de rage (dans la voix).
2 [æk'sent] *vt* (a) (*emphasize*) *word* accentuer, mettre l'accent sur; *syllable* accentuer, appuyer sur.
(b) (*fig: make prominent*) accentuer, mettre en valeur.
accentuate [æk'sentjʊeɪt] *vt* (*emphasize*) accentuer, faire ressortir, souligner; (*draw attention to*) attirer l'attention sur.
accentuation [ækˌsentjʊ'eɪʃən] *n* accentuation *f*.
accept [ək'sept] *vt* (a) *gift, invitation, apology* accepter; *goods* prendre livraison de; *excuse, fact, report, findings* admettre, accepter; *one's duty* se soumettre à; *one's fate* accepter, se résigner à; *task* se charger de, accepter; (*Comm*) *bill* accepter. **I** ~ **that ...** je conviens que ....
(b) (*allow*) *action, behaviour* admettre, accepter.
acceptability [əkˌseptə'bɪlɪtɪ] *n* (*Ling*) acceptabilité *f*.
acceptable [ək'septəbl] *adj* (a) (*worth accepting*) *offer, suggestion* acceptable (*also Ling*). **I hope you will find this** ~ j'espère que cela vous conviendra; (*frm*) **if this offer is** ~ to you si la présente offre est à votre convenance. (b) (*welcome*) bienvenu, opportun; *gift* qui fait plaisir. **the money was most** ~ l'argent était vraiment le bienvenu.
acceptance [ək'septəns] *n* (a) [*invitation, gift*] acceptation *f*; [*proposal*] consentement *m* (*of* à); (*Comm*) [*bill*] acceptation; (*Comm, Jur: of delivered goods*) réception *f*. ~ **house** banque *f* d'acceptation.
(b) (*approval*) réception *f* favorable, approbation *f*. **the idea met with general** ~ l'idée a reçu l'approbation générale.
acceptation [ækˌsep'teɪʃən] *n* (a) (*meaning*) acception *f*, signification *f*. (b) (*approval*) approbation *f*.
accepted [ək'septɪd] *adj* accepté; *fact* reconnu; *idea* répandu; *behaviour, pronunciation* admis. **in the** ~ **sense of the word** dans le sens usuel *or* courant du mot.
acceptor [ək'septəʳ] *n* (*Comm*) accepteur *m*.
access ['ækses] **1** *n* (a) (*U: way of approach*) accès *m*, abord *m*; (*Jur*) droit *m* de passage. **easy of** ~ d'accès facile, facilement accessible; ~ **to his room is by a staircase** on accède à sa chambre par un escalier; [*road*] **to give** ~ **to** donner accès à.
(b) (*way of entry*) **there is another** ~ **to this room** cette pièce a une autre ouverture.
(c) (*U: permission to see, use*) accès *m*; (*Jur: in divorce*) droit *m* de visite. **to have** ~ **to sb** avoir accès auprès de qn, avoir ses entrées chez qn; **to have (right of)** ~ **to papers** avoir accès à des documents.
(d) (*Comput*) ~ **port/time** port *m*/temps *m* d'accès; *V* **random**.
(e) (*sudden outburst*) [*anger, remorse*] accès *m*; [*generosity*] élan *m*; [*illness*] accès, attaque *f*, crise *f*.
2 *cpd*: **access road** route *f* d'accès; [*motorway*] bretelle *f* d'accès *or* de raccordement; (*to motorway*) **there is an access road for Melun** Melun est raccordé (à l'autoroute).
accessary [æk'sesərɪ] (*Jur*) **1** *n* complice *mf*. ~ **before the fact/after the fact** complice par instigation/par assistance. **2** *adj* complice (*to* de).
accessibility [ækˌsesɪ'bɪlɪtɪ] *n* accessibilité *f*.
accessible [æk'sesəbl] *adj* (a) *place* accessible, d'accès facile; *knowledge* à la portée de tous, accessible; *person* accessible, approchable, d'un abord facile.
(b) (*able to be influenced*) ouvert, accessible (*to* à).
accession [æk'seʃən] **1** *n* (a) (*gaining of position*) accession *f* (*to* à); (*to fortune, property*) accession (*to* à), entrée *f* en possession (*to* de). ~ (**to the throne**) avènement *m*.
(b) (*addition, increase*) accroissement *m*, augmentation *f*. **the** ~ **of new members to the party** l'adhésion *f* de membres nouveaux au parti.

(c) (*consent*) accord *m*, assentiment *m*; (*Jur, Pol: to a treaty etc*) adhésion *f*.
(d) (*in library, museum*) nouvelle acquisition.
2 *vt library book etc* mettre au catalogue.
accessory [æk'sesərɪ] **1** *adj* (a) (*additional*) accessoire, auxiliaire.
(b) (*Jur*) = **accessary 2**.
2 *n* (a) (*gen pl: Dress, Theat etc*) accessoire(s) *m(pl)*; (*Comm, Tech*) accessoire. **car accessories** accessoires d'automobile; **toilet accessories** objets *mpl* de toilette.
(b) (*Jur*) = **accessary 1**.
accidence ['æksɪdəns] *n* (*Ling*) morphologie flexionnelle; (*Philos*) accident *m*.
accident ['æksɪdənt] **1** *n* (a) (*mishap, disaster*) accident *m*, malheur *m*. **to meet with** *or* **have an** ~ avoir un accident; **road** ~ accident de la route *or* de la circulation; ~**s in the home** accidents domestiques.
(b) (*unforeseen event*) événement fortuit, accident *m*; (*chance*) hasard *m*, chance *f*. **by** ~ *injure, break* accidentellement; *meet, find* par hasard.
(c) (*Philos*) accident *m*.
2 *cpd*: (*road*) **accident figures/statistics** chiffres *mpl*/ statistiques *fpl* des accidents de la route; **accident insurance** assurance *f* (contre les) accidents; **accident prevention** (*Aut*) prévention *or* sécurité routière; (*in home, factory*) prévention *f* des accidents; **to be accident-prone** être prédisposé(e) *or* sujet(te) aux accidents, attirer les accidents; (*Aut*) **accident protection** protection routière; **Accident (and Emergency)** Police-secours *m*.
accidental [ˌæksɪ'dentl] **1** *adj* (a) (*happening by chance*) *death* accidentel; *meeting* fortuit. (b) (*of secondary importance*) *effect, benefit* secondaire, accessoire. (c) (*Mus, Philos*) accidentel. **2** *n* (*Mus*) accident *m*.
accidentally [ˌæksɪ'dentəlɪ] *adv* (*by chance*) par hasard; (*not deliberately*) accidentellement. **it was done quite** ~ on ne l'a pas fait exprès.
acclaim [ə'kleɪm] **1** *vt* (*applaud*) acclamer. **to** ~ **sb king** proclamer qn roi. **2** *n* acclamations *fpl*. **it met with great public/critical** ~ cela a été salué unanimement par le public/les critiques.
acclamation [ˌæklə'meɪʃən] *n* acclamation *f*.
acclimate [ə'klaɪmət] *vt* (*US*) = **acclimatize**.
acclimatization [əˌklaɪmətaɪ'zeɪʃən] *n*, (*US*) **acclimation** [ˌæklaɪ'meɪʃən] *n* (*lit*) acclimatation *f*; (*fig: to new situation etc*) accoutumance *f* (*to* à).
acclimatize [ə'klaɪmətaɪz], (*US*) **acclimate** [ə'klaɪmət] **1** *vt* (*lit, fig*) acclimater (*to* à). **2** *vi* (*also* **become** ~**d**) (*lit*) s'acclimater (*to* à); (*fig*) s'accoutumer (*to* à).
acclivity [ə'klɪvɪtɪ] *n* montée *f*.
accolade ['ækəʊleɪd] *n* accolade *f*; (*fig*) marque *f* d'approbation.
accommodate [ə'kɒmədeɪt] *vt* (a) (*provide lodging or housing for*) loger; (*contain*) [*car*] contenir; [*house*] contenir, recevoir. **the hotel can** ~ **60 people** l'hôtel peut recevoir *or* accueillir 60 personnes.
(b) (*supply*) équiper (*sb with sth* qn de qch), fournir (*sb with sth* qch à qn); (*satisfy*) *demand etc* accéder à. **to** ~ **sb with a loan** consentir un prêt à qn; **I think we can** ~ **you** je crois que nous pouvons satisfaire à votre demande.
(c) (*adapt*) *plans, wishes* accommoder, adapter (*to* à). **to** ~ **o.s. to** s'adapter à, s'accommoder à.
accommodating [ə'kɒmədeɪtɪŋ] *adj* (*obliging*) obligeant; (*easy to deal with*) accommodant, conciliant.
accommodation [əˌkɒmə'deɪʃən] **1** *n* (a) (*person*) logement *m*. (*US*) ~**s** logement *m*; '~ **(to let)**' 'appartements *mpl or* chambres *fpl* à louer'; **we have no** ~ **(available)** nous n'avons pas de place, c'est complet; **there is no** ~ **for children** on n'accepte pas les enfants; **office** ~ **(to let)** bureaux *mpl* (à louer); *V* **seating**.
(b) (*compromise*) compromis *m*.
(c) (*Anat, Psych*) accommodation *f*.
2 *cpd*: **accommodation address** adresse *f* (*utilisée simplement pour la correspondance*); (*Comm*) **accommodation bill** billet *m or* effet *m* de complaisance; **accommodation bureau** agence *f* de logement; (*Naut*) **accommodation ladder** échelle *f* de coupée; **accommodation officer** responsable *mf* de l'hébergement; **accommodation road** route *f* à usage restreint; (*US Rail*) **accommodation train** (train *m*) omnibus *m*.
accompaniment [ə'kʌmpənɪmənt] *n* accompagnement *m*, complément *m*; (*Mus*) accompagnement; (*Culin*) accompagnement, garniture *f*.
accompanist [ə'kʌmpənɪst] *n* (*Mus*) accompagnateur *m*, -trice *f*.
accompany [ə'kʌmpənɪ] *vt* (a) (*escort*) accompagner, suivre. **accompanied by** accompagné de *or* par. (b) (*fig*) accompagner. **cold accompanied by shivering** rhume accompagné de frissons.
(c) (*Mus*) accompagner (*on* à).
accomplice [ə'kʌmplɪs] *n* complice *mf*. **to be an** ~ **to** *or* **in a crime** tremper dans un crime, être complice d'un crime.
accomplish [ə'kʌmplɪʃ] *vt* accomplir, exécuter; *task* accomplir, achever; *desire* réaliser; *journey* effectuer. **to** ~ **one's object** arriver à ses fins.
accomplished [ə'kʌmplɪʃt] *adj person* doué, accompli, qui possède tous les talents; *performance* accompli, parfait.
accomplishment [ə'kʌmplɪʃmənt] *n* (a) (*achievement*) œuvre accomplie, projet réalisé. (b) (*skill: gen pl*) ~**s** talents *mpl*. (c) (*U: completion*) réalisation *f*, accomplissement *m*.
accord [ə'kɔːd] **1** *vt favour* accorder, concéder (*to* à).
2 *vi* s'accorder, concorder (*with* avec).
3 *n* (a) (*U: agreement*) consentement *m*, accord *m*. **of his own** ~ de son plein gré, de lui-même, de son propre chef; **with one** ~ d'un commun accord; **to be in** ~ **with** être d'accord avec.
(b) (*treaty*) traité *m*, pacte *m*.

accordance [əˈkɔːdəns] n accord m (with avec), conformité (with à). in ~ with conformément à, suivant, en accord avec; to be in ~ with être conforme à, correspondre à.

according [əˈkɔːdɪŋ] adv (a) ~ to (gen) selon, suivant; classified ~ to size classés par ordre de grandeur; everything went ~ to plan tout s'est passé comme prévu or sans anicroches; ~ to what he says d'après ce qu'il dit, à en juger par ce qu'il dit; ~ to him they've gone selon lui or d'après lui ils sont partis; to act ~ to the law agir conformément à la loi.
  (b) ~ as dans la mesure où, selon que, suivant que + indic.

accordingly [əˈkɔːdɪŋlɪ] adv (a) (therefore) en conséquence, par conséquent. (b) (in accordance with circumstances) en conséquence. and he acted ~ et il a fait le nécessaire.

accordion [əˈkɔːdɪən] n accordéon m. ~ pleat pli m (en) accordéon.

accordionist [əˈkɔːdɪənɪst] n accordéoniste mf.

accost [əˈkɒst] vt accoster, aborder; (Jur) accoster.

account [əˈkaʊnt] 1 n (a) (Comm, Fin) compte m. to open an ~ ouvrir un compte; put it on my ~ (in shop) vous le mettrez à or sur mon compte; (in hotel) vous le mettrez sur mon compte or sur ma note; (Bank) to pay a sum into one's ~ verser une somme à son compte; (shop) I have an ~ with them ils me font crédit; in ~ with en compte avec; ~s payable comptes clients, comptes créditeurs; to ~ rendered facture non payée; ~s receivable comptes fournisseurs, effets mpl à recevoir; on ~ à compte; payment on ~ acompte m, à-valoir m, paiement m à compte; to pay £50 on ~ verser un acompte de 50 livres; (Advertising) they have the Michelin ~ ce sont eux qui détiennent le budget or la publicité Michelin; V bank², current, settle² etc.
  (b) (calculation) compte m, calcul m. to keep the ~s tenir la comptabilité or les comptes.
  (c) (U: benefit) profit m, avantage m. to turn or put sth to (good) ~ mettre qch à profit, tirer parti de qch.
  (d) (explanation) compte rendu, explication f. to call sb to ~ for having done demander des comptes à qn pour avoir fait; to be held to ~ for sth devoir rendre des comptes pour qch; he gave a good ~ of himself il s'en est bien tiré, il a fait bonne impression; (fig) to settle or square ~s with sb régler son compte à qn.
  (e) (report) compte rendu, exposé m, récit m. by all ~s d'après l'opinion générale, au dire de tous; to give an ~ of faire le compte rendu de or un exposé sur; by her own ~ d'après ce qu'elle dit, d'après ses dires.
  (f) (U: importance, consideration) importance f, valeur f. man of no ~ homme sans importance; your statement is of no ~ to them ils n'attachent aucune importance or valeur à votre déclaration; to take ~ of sth/sb, to take sth/sb into ~ tenir compte de qch/qn; these facts must be taken into ~ ces faits doivent entrer en ligne de compte; to leave sth out of ~, to take no ~ of sth ne pas tenir compte de qch; to take little ~ of faire peu de cas de.
  (g) on ~ of à cause de; on no ~, not on any ~ en aucun cas, sous aucun prétexte; on her ~ à cause d'elle; on this ~ pour cette raison.
  2 cpd: account book livre m de comptes; (Comm, Fin) account day terme m, jour m de liquidation; accounts department (service m de) comptabilité f.
  3 vt estimer, juger. to ~ o.s. lucky s'estimer heureux; to ~ sb (to be) innocent considérer qn comme innocent.

◆**account for** vt fus (a) (explain, justify) expenses rendre compte de, justifier de; one's conduct justifier; circumstances expliquer. there's no accounting for tastes des goûts et des couleurs on ne dispute pas (Prov), chacun son goût; everyone is accounted for on n'a oublié personne; (after accident etc) 3 people have not yet been accounted for 3 personnes n'ont pas encore été retrouvées.
  (b) (represent) représenter. this ~s for 10% of the total ceci représente 10% du chiffre total; this area ~s for most of the country's mineral wealth cette région produit or possède la plus grande partie des ressources minières du pays; the rise in the birthrate ~s for the increase in population la hausse du taux de la natalité est responsable de la croissance de la population.
  (c) (kill, destroy) (shooting etc) tuer; (Fishing: catch) attraper. he ~ed for 4 enemy planes il a abattu 4 avions ennemis.

accountability [əˌkaʊntəˈbɪlɪtɪ] n responsabilité f; (financial) responsabilité financière.

accountable [əˈkaʊntəbl] adj responsable (for de). to be ~ to sb for sth être responsable de qch or répondre de qch devant qn; he is not ~ for his actions (need not account for) il n'a pas à répondre de ses actes; (is not responsible for) il n'est pas responsable de ses actes.

accountancy [əˈkaʊntənsɪ] n (subject) comptabilité f; (profession) profession f de comptable. to study ~ faire des études de comptable.

accountant [əˈkaʊntənt] n comptable mf. ~'s office agence f comptable.

accounting [əˈkaʊntɪŋ] n comptabilité f. ~ practices pratique f comptable, usages mpl comptables.

accoutred [əˈkuːtəd] adj (esp Mil) équipé (with de).

accoutrements [əˈkuːtrəmənts], (US) **accouterments** [əˈkuːtərmənts] npl (Mil) équipement m; (gen) attirail m.

accredit [əˈkredɪt] vt (a) (credit) rumour accréditer. to ~ sth to sb attribuer qch à qn; to be ~ed with having done être censé avoir fait.
  (b) representative, ambassador accréditer (to auprès de).
  (c) (Univ, Scol) ~ed institution école/université etc dont les diplômes sont reconnus par l'État.

accreditation [əˌkredɪˈteɪʃn] n (US Scol, Univ) habilitation f. (US Scol) ~ officer inspecteur m d'académie.

accredited [əˈkredɪtɪd] adj person accrédité, autorisé; opinion, belief admis, accepté. ~ representative représentant accrédité (to auprès de).

accretion [əˈkriːʃən] n (a) (increase, growth) accroissement m (organique). (b) (result of growth: Geol etc) concrétion f, addition f; [wealth etc] accroissement m, accumulation f.

accruals [əˈkruːəlz] (Fin) compte m de régularisation (du passif).

accrue [əˈkruː] vi (a) [money, advantages] revenir (to à). (b) (Fin) [interest] courir, s'accroître, s'accumuler. ~d interest intérêt couru; ~d income recettes échues; (Fin) ~d expenses/charges frais mpl/charges fpl à payer; (Jur) ~d alimony pension f alimentaire due.

accumulate [əˈkjuːmjʊleɪt] 1 vt accumuler. 2 vi s'accumuler.

accumulation [əˌkjuːmjʊˈleɪʃən] n (a) (U) accumulation f; (Fin) [capital] accroissement m; [interest] accumulation. (b) (objects accumulated) amas m, tas m, monceau m.

accumulative [əˈkjuːmjʊlətɪv] adj qui s'accumule; (Fin) cumulatif.

accumulator [əˈkjuːmjʊleɪtər] n (Elec) accumulateur m, accus* mpl.

accuracy [ˈækjʊrəsɪ] n [figures, clock] exactitude f; [aim, shot, story, report] précision f; [translation] exactitude, fidélité f; [judgment, assessment] justesse f.

accurate [ˈækjʊrɪt] adj (V accuracy) exact; précis; juste; memory, translation fidèle. to take ~ aim viser juste, bien viser.

accurately [ˈækjʊrɪtlɪ] adv (V accuracy) avec précision; fidèlement; exactement.

accursed, accurst [əˈkɜːst] adj (liter) (damned) maudit; (hateful) détestable, exécrable.

accusal [əˈkjuːzl] n accusation f.

accusation [ˌækjʊˈzeɪʃən] n accusation f; (Jur) accusation, plainte f. (Jur) to bring an ~ against sb porter plainte or déposer (une) plainte contre qn.

accusative [əˈkjuːzətɪv] 1 n accusatif m. in the ~ à l'accusatif. 2 adj accusatif.

accuse [əˈkjuːz] vt accuser (sb of sth qn de qch, sb of doing qn de faire).

accused [əˈkjuːzd] n (Jur) accusé(e) m(f), inculpé(e) m(f).

accuser [əˈkjuːzər] n accusateur m, -trice f.

accusing [əˈkjuːzɪŋ] adj accusateur (f -trice).

accusingly [əˈkjuːzɪŋlɪ] adv d'une manière accusatrice.

accustom [əˈkʌstəm] vt habituer, accoutumer (sb to sth qn à qch, sb to doing qn à faire). to ~ o.s. to s'habituer à, s'accoutumer à.

accustomed [əˈkʌstəmd] adj (a) (used) habitué, accoutumé (to à, to do, to doing à faire). to become or get ~ to sth/to doing s'habituer or s'accoutumer à qch/à faire; I am not ~ to such treatment je n'ai pas l'habitude qu'on me traite (subj) de cette façon.
  (b) (usual) habituel, coutumier, familier.

AC/DC [ˈeɪsiːˈdiːsiː] 1 n abbr of alternating current/direct current.
  2 adj: he's ~‡ il marche à la voile et à la vapeur‡.

ace [eɪs] n (a) (Cards, Dice, Dominoes, Tennis) as m. ~ of diamonds as de carreau; (fig) to keep an ~ up one's sleeve, (US) to have an ~ in the hole* avoir une carte maîtresse or un atout en réserve; (fig) to play one's ~ jouer sa meilleure carte; (fig) within an ~ of sth à deux doigts de qch; (Tennis) to serve an ~ passer une balle de service irrattrapable, servir un as; (US) A~ ® bandage bande de Velpeau ®; V clean. (b) (pilot, racing driver etc) as m. (US fig) he's ~s* il est super*.

acerbity [əˈsɜːbɪtɪ] n âpreté f, aigreur f.

acetate [ˈæsɪteɪt] n acétate m.

acetic [əˈsiːtɪk] adj acétique. ~ acid acide m acétique.

acetone [ˈæsɪtəʊn] n acétone f.

acetylene [əˈsetɪliːn] 1 n acétylène m.
  2 cpd: acetylene burner chalumeau m à acétylène; acetylene lamp lampe f à acétylène; acetylene torch = acetylene burner; acetylene welding soudure f acétylénique.

ache [eɪk] 1 vi faire mal, être douloureux. my head ~s j'ai mal à la tête; to be aching all over (after exercise) être courbaturé; (from illness) avoir mal partout; it makes my heart ~ cela me brise or me fend le cœur; her heart ~d for them elle souffrait pour eux; (fig) to be aching or to ~ to do mourir d'envie de faire, brûler de faire.
  2 n (a) (physical) douleur f, souffrance f. all his ~s and pains toutes ses douleurs, tous ses maux; he's always complaining of ~s and pains il se plaint toujours d'avoir mal partout; V tooth etc.
  (b) (fig) peine f; V heart.

achieve [əˈtʃiːv] vt (gen) accomplir, réaliser; aim, standard atteindre, arriver à; success obtenir; fame parvenir à; victory remporter. what they have ~d ce qu'ils ont accompli or réalisé; how did you ~ that? comment est-ce que vous avez réussi à faire ça?; to ~ something in life arriver à quelque chose dans la vie; I feel I've really ~d something today j'ai l'impression d'avoir fait quelque chose de valable aujourd'hui; V number.

achievement [əˈtʃiːvmənt] n (a) (success, feat) exploit m, réussite f, haut fait. (b) (Scol) the level of ~ le niveau des élèves; (Brit Scol) ~ test test m de niveau (fait dans les écoles primaires). (c) (U: completion) exécution f, accomplissement m, réalisation f.

Achilles [əˈkɪliːz] n Achille m. (fig) ~' heel talon m d'Achille. (Anat) ~' tendon tendon m d'Achille.

aching [ˈeɪkɪŋ] adj douloureux, endolori. (fig) to have an ~ heart avoir le cœur gros.

achromatic [ˌeɪkrəʊˈmætɪk] adj achromatique.

acid [ˈæsɪd] 1 n (a) acide m.
  (b) (Drugs sl) acide m.
  2 cpd: (Drugs sl) acid head drogué(e) m(f) au LSD; acid-proof résistant aux acides; (fig) acid test épreuve décisive; (fig) to stand the acid test être à toute épreuve.
  3 adj (a) (sour) acide. (Brit) ~ drops bonbons acidulés.
  (b) (fig: sharp) person revêche; voice aigre; remark mordant, acide.

acidify [ə'sɪdɪfaɪ] vt acidifier.
acidity [ə'sɪdɪtɪ] n (Chem, fig) acidité f.
acidulous [ə'sɪdjʊləs] adj acidulé.
ack-ack ['æk'æk] n défense f contre avions, D.C.A. f. ~ **fire** tir m de D.C.A.; ~ **guns** canons antiaériens or de D.C.A.
acknowledge [ək'nɒlɪdʒ] vt (a) (admit) avouer, admettre; error reconnaître, avouer, confesser. **to** ~ **sb as leader** reconnaître qn pour chef; **to** ~ **o.s. beaten** s'avouer battu.
　(b) (confirm receipt of) greeting répondre à; (also ~ receipt of) letter, parcel accuser réception de. **to** ~ **a gift from sb** remercier qn pour or d'un cadeau.
　(c) (express thanks for) person's action, services, help manifester sa gratitude pour, se montrer reconnaissant de; applause, cheers saluer pour répondre à.
　(d) (indicate recognition of) faire attention à. **I smiled at him but he didn't even** ~ **me** je lui ai souri mais il n'a même pas fait mine d'y répondre or mais il a fait comme s'il ne me voyait pas; **he didn't even** ~ **my presence** il a fait comme si je n'étais pas là; (Jur) **to** ~ **a child** reconnaître un enfant.
acknowledged [ək'nɒlɪdʒd] adj leader, expert etc reconnu (de tous); child reconnu; letter dont on a accusé réception.
acknowledgement [ək'nɒlɪdʒmənt] n (a) (U) reconnaissance f; [one's error etc] aveu m. **in** ~ **of your help** en reconnaissance or en remerciement de votre aide.
　(b) [money] reçu m, récépissé m, quittance f; [letter] accusé m de réception; (in preface etc) remerciements mpl. **to quote without** ~ faire une citation sans mentionner la source.
acme ['ækmɪ] n point culminant, faîte m, apogée m.
acne ['æknɪ] n acné f.
acolyte ['ækəʊlaɪt] n acolyte m.
aconite ['ækənaɪt] n aconit m.
acorn ['eɪkɔːn] n (Bot) gland m. ~ **cup** cupule f.
acoustic [ə'kuːstɪk] adj acoustique. (Phon) ~ **feature** trait m distinctif acoustique; (Phon) ~ **phonetics** phonétique f acoustique; (Audio Recording) ~ **feedback** or **regeneration** effet m Larsen, réaction f acoustique.
acoustics [ə'kuːstɪks] n (a) (Phys: + sg vb) acoustique f. (b) [room etc] (+ pl vb) acoustique f.
ACPO ['ækpəʊ] n abbr of Association of Chief Police Officers.
acquaint [ə'kweɪnt] vt (a) (inform) aviser, avertir, instruire (sb with sth qn de qch), renseigner (sb with sth qn sur qch). **to** ~ **sb with the situation** mettre qn au courant or au fait de la situation.
　(b) **to be** ~**ed with** person, subject connaître; fact savoir, être au courant de; **to become** ~**ed with sb** faire la connaissance de qn; **to become** ~**ed with the facts** prendre connaissance des faits.
acquaintance [ə'kweɪntəns] n (a) (U) connaissance f. **to make sb's** ~ faire la connaissance de qn, faire connaissance avec qn; **to improve upon** ~ gagner à être connu; **to have some** ~ **with French** avoir une certaine connaissance du français, savoir un peu le français; V claim.
　(b) (person) relation f, connaissance f. **to have a wide circle of** ~**s** avoir des relations très étendues; **she's an** ~ **of mine** je la connais un peu, c'est une de mes relations; **old** ~**s** de vieilles connaissances.
acquaintanceship [ə'kweɪntəns∫ɪp] n relations fpl, cercle m de connaissances. **a wide** ~ de nombreuses relations.
acquiesce [,ækwɪ'es] vi acquiescer, consentir. **to** ~ **in an opinion** se ranger à une opinion or à un avis; **to** ~ **in a proposal** donner son accord or son assentiment à une proposition.
acquiescence [,ækwɪ'esns] n consentement m, assentiment m.
acquiescent [,ækwɪ'esnt] adj consentant.
acquire [ə'kwaɪəʳ] vt house, car, knowledge, money, fame, experience acquérir; language apprendre; habit prendre, contracter; reputation se faire. **to** ~ **a taste for** prendre goût à; (hum) **she has** ~**d a new husband** elle s'est dotée d'un nouveau mari.
acquired [ə'kwaɪəd] adj: ~ **characteristic** caractère acquis; **it's an** ~ **taste** on finit par aimer ça, c'est un goût qui s'acquiert; ~ **immune deficiency syndrome** syndrome m immuno-déficitaire acquis.
acquirement [ə'kwaɪəmənt] n (U) acquisition f (of de).
acquisition [,ækwɪ'zɪ∫ən] n acquisition f (also Ling); (*: person) recrue f (to pour). (Fin) ~ **of holdings** prise f de participations.
acquisitive [ə'kwɪzɪtɪv] adj (for money) âpre au gain, thésauriseur (liter); (greedy) avide (of de). ~ **instinct** instinct m de possession; **to have an** ~ **nature** avoir l'instinct de possession très développé.
acquisitiveness [ə'kwɪzɪtɪvnɪs] n instinct m de possession, goût m de la propriété.
acquit [ə'kwɪt] vt (a) (Jur) acquitter, décharger (of de).
　(b) **to** ~ **o.s. well in battle** bien se conduire or se comporter au combat; **it was a difficult job but he** ~**ted himself well** c'était une tâche difficile mais il s'en est bien tiré.
　(c) debt régler, s'acquitter de.
acquittal [ə'kwɪtl] n (a) (Jur) acquittement m. (b) [duty] accomplissement m. (c) [debt] acquittement m.
acre ['eɪkəʳ] n ≃ demi-hectare m, arpent† m, acre f. **he owns a few** ~**s in Sussex** il possède quelques hectares dans le Sussex; (fig) **the rolling** ~**s of the estate** la vaste étendue du domaine; (fig) ~**s of** ** des kilomètres et des kilomètres de; V god.
acreage ['eɪkərɪdʒ] n aire f, superficie f. **what** ~ **have you?** combien avez-vous d'hectares?; **to farm a large** ~ cultiver or exploiter de grandes superficies.
acrid ['ækrɪd] adj (lit) âcre; (fig) remark, style acerbe, mordant.
Acrilan ['ækrɪlæn] n ® Acrilan m ®.
acrimonious [,ækrɪ'məʊnɪəs] adj acrimonieux, aigre.
acrimony ['ækrɪmənɪ] n acrimonie f, aigreur f.
acrobat ['ækrəbæt] n acrobate mf.
acrobatic [,ækrəʊ'bætɪk] adj acrobatique.

acrobatics [,ækrəʊ'bætɪks] npl acrobatie f. **to do** ~ faire des acrobaties or de l'acrobatie.
acronym ['ækrənɪm] n acronyme m.
Acropolis [ə'krɒpəlɪs] n Acropole f.
across [ə'krɒs] (phr vb elem) **1** prep (a) (from one side to other of) d'un côté à l'autre de. ~ **it** d'un côté à l'autre; **bridge** ~ **the river** pont m sur le fleuve; **to walk** ~ **the road** traverser la route.
　(b) (on other side of) de l'autre côté de. ~ **it** de l'autre côté; **he lives** ~ **the street** il habite en face; **the shop** ~ **the road** le magasin d'en face, le magasin de l'autre côté de la rue; **lands** ~ **the sea** terres fpl d'outre-mer; **from** ~ **the Channel** de l'autre côté de la Manche, d'outre-Manche.
　(c) (crosswise over) en travers de, à travers. ~ **it** en travers; **to go** ~ **the fields** or ~ **country** aller or prendre à travers champs; **plank** ~ **a door** planche f en travers d'une porte; **with his arms folded** ~ **his chest** les bras croisés sur la poitrine.
　2 adv (from one side to other) **the river is 5 km** ~ **le fleuve a 5 km de large; to help sb** ~ aider qn à traverser; (fig) **to get sth** ~ faire comprendre or apprécier qch (to sb à qn), faire passer la rampe à qch; ~ **from** en face de.
acrostic [ə'krɒstɪk] n acrostiche m.
acrylic [ə'krɪlɪk] adj, n acrylique (m).
act [ækt] **1** n (a) (deed) acte m. **in the** ~ **of doing** en train de faire; **caught in the** ~ pris sur le fait or en flagrant délit; ~ **of God** désastre naturel; ~ **of faith** acte de foi; (Rel) **A**~**s of the Apostles** Actes des Apôtres.
　(b) (Jur) loi f. **A**~ **of Parliament/Congress** loi (adoptée par le Parlement/Congrès).
　(c) [play] acte m; (in circus etc) numéro m. (fig) **he's just putting on an** ~ il joue la comédie; (fig) **to get in on the** ~* (parvenir à) participer aux opérations; (fig) **to get one's** ~ **together*** se reprendre en main.
　2 vi (a) (do sth) agir. **the government must** ~ **now** le gouvernement doit agir immédiatement or prendre des mesures immédiates; **you have** ~**ed very generously** vous avez été très généreux; **to** ~ **for the best** faire pour le mieux; **to** ~ **on sb's behalf** agir au nom de qn, représenter qn; (Admin) **the Board** ~**ing by a majority** le conseil statuant à la majorité; (Admin) ~**ing on a proposal from the Commission** sur proposition de la Commission.
　(b) (behave) agir, se comporter, se conduire. **to** ~ **like a fool** agir or se comporter comme un imbécile.
　(c) (Theat) jouer. **have you ever** ~**ed before?** avez-vous déjà fait du théâtre (or du cinéma)?; **she's not crying, she's only** ~**ing** elle ne pleure pas, elle fait seulement semblant or elle joue la comédie.
　(d) (serve) servir, faire office (as de). **the table** ~**s as a desk** la table sert de bureau; **she** ~**s as his assistant** elle lui sert d'assistante.
　(e) [medicine, chemical] (have an effect) agir (on sur).
　3 vt (Theat) part jouer, tenir. **to** ~ **Hamlet** jouer or tenir le rôle d'Hamlet, incarner Hamlet; (Theat, fig) **to** ~ **the part of** tenir le rôle de; (fig) **to** ~ **the fool*** faire l'idiot(e).
◆**act out** vt sep event faire un récit mimé de; fantasies vivre; emotions exprimer, mimer.
◆**act up** vi (a) (*) [person] se conduire mal. **the car has started acting up** la voiture s'est mise à faire des caprices.
　(b) **to act up to one's principles** mettre ses principes en pratique.
◆**act (up)on** vt fus advice, suggestion suivre, se conformer à; order exécuter. **I acted (up)on your letter at once** j'ai fait le nécessaire dès que j'ai reçu votre lettre.
acting ['æktɪŋ] **1** adj suppléant, provisoire, par intérim. ~ **headmaster** directeur suppléant; ~ **president/head of department/police superintendent** etc président m/ chef m de section/commissaire m par intérim.
　2 n (Cine, Theat: performance) jeu m, interprétation f. **his** ~ **is very good** il joue très bien; **I like his** ~ j'aime son jeu; **he has done some** ~ il a fait du théâtre (or du cinéma).
actinic [æk'tɪnɪk] adj actinique.
actinium [æk'tɪnɪəm] n actinium m.
action ['æk∫ən] **1** n (a) (U) action f, effet m. **to put into** ~ plan mettre à exécution; one's principles, a suggestion mettre en action or en pratique; machine mettre en marche; **the time has come for** ~ il est temps d'agir; **they want a piece of the** ~* or **their share of the** ~* ils veulent être dans le coup*; **let's go where the** ~ **is*** allons où ça bouge vraiment* or où il se passe quelque chose; **to take** ~ agir, prendre des mesures; **to go into** ~ entrer en action, passer à l'action or à l'acte (V 1 f); **he needs prodding into** ~ il faut vraiment le pousser pour qu'il agisse or qu'il passe à l'action; **telephone out of** ~ appareil m en dérangement; (lit, fig) **to put sth out of** ~ mettre qch hors d'usage or hors de service; **machine out of** ~ machine hors d'usage or détraquée; **his illness put him out of** ~ **for 6 weeks** sa maladie l'a mis hors de combat pendant 6 semaines; **through** or **by volcanic** etc ~ sous l'action des volcans etc.
　(b) (deed) acte m, action f. **to judge sb by his** ~**s** juger qn sur ses actes; **to suit the** ~ **to the word** joindre le geste à la parole; ~**s speak louder than words** les actes sont plus éloquents que les paroles.
　(c) (Theat) [play] intrigue f, action f. (Cine) ~! moteur!; **the** ~ **(of the play) takes place in Greece** l'action (de la pièce) se passe en Grèce; **there's not enough** ~ **in the play** la pièce manque d'action or n'avance pas.
　(d) (Jur) procès m, action f en justice. **to bring an** ~ **against sb** intenter une action or un procès contre qn, poursuivre qn en justice, actionner qn.
　(e) (Tech) mécanisme m, marche f; [piano] action f, mécanique f; [clock etc] mécanique f.

(f) *(Mil)* combat *m*, engagement *m*, action *f*. **to go into ~** *[unit, person]* aller *or* marcher au combat; *[army]* engager le combat; **killed in ~** tué à l'ennemi *or* au champ d'honneur *(frm)*; **he saw (some) ~ in North Africa** il a combattu *or* il a vu le feu en Afrique du Nord; *V* **enemy**.
2 *cpd*: **an action-packed film** un film plein d'action; **an action-packed weekend** un week-end bien rempli; **action painting** tachisme *m*; *(Brit: TV Sport)* **action replay** répétition immédiate d'une séquence; *(Mil)* **action stations** postes *mpl* de combat; *(Mil, fig)* **action stations!** à vos postes!
3 *vt (Admin)* exécuter.
actionable ['ækʃnəbl] *adj* **claim** recevable; **person** passible de poursuites.
activate ['æktɪveɪt] *vt (also Chem, Tech)* activer; *(Phys)* rendre radioactif.
active ['æktɪv] *adj* **(a)** **person** actif, leste, agile; **life** actif; **mind, imagination** vif, actif; **file, case** en cours. **~ volcano** volcan *m* en activité; **to take an ~ part in** prendre une part active à, avoir un rôle positif dans; **to give ~ consideration to sth** soumettre qch à une étude attentive; **we're giving ~ consideration to the idea of doing** nous examinons sérieusement la possibilité *or* le projet de faire; **in ~ employment** en activité; *(Med)* **~ childbirth** accouchement sauvage *or* accroupi.
(b) *(Mil)* **on ~ service** en campagne; **he saw ~ service in Italy and Germany** il a fait campagne *or* il a servi en Italie et en Allemagne; **the ~ list** l'armée active; **to be on the ~ list** être en activité (de service).
(c) *(Gram)* **~ voice** voix active, actif *m*; **in the ~ (voice)** à l'actif.
actively ['æktɪvlɪ] *adv* activement.
activism ['æktɪvɪzəm] *n* activisme *m*.
activist ['æktɪvɪst] *n* militant(e) *m(f)*, activiste *mf*.
activity [æk'tɪvɪtɪ] **1** *n* **(a)** *(U)* *[person]* activité *f*; *[town, port]* mouvement *m*. **(b) activities** activités *fpl*, occupations *fpl*; **business activities** activités professionnelles. **2** *cpd*: **activity holiday** vacances actives, vacances à thème; *(Scol)* **activity method** méthode active.
actor ['æktə'] *n* acteur *m*, comédien *m*.
actress ['æktrɪs] *n* actrice *f*, comédienne *f*.
A.C.T.T. [ˌeɪsiːtiː'tiː] *n abbr of* **Association of Cinematographic, Television and Allied Technicians**.
actual ['æktjʊəl] *adj (real)* réel, véritable; *(factual)* concret, positif. **the ~ figures** les chiffres exacts; **its ~ value** sa valeur réelle; **this is the ~ house** voici la maison elle-même *or* en question; **and this is the ~ house they bought** et vous voyez ici la maison qu'ils ont acheté; **there is no ~ contract** il n'y a pas vraiment *or* à proprement parler de contrat; **the ~ result** le résultat même *or* véritable; **to take an ~ example** prendre un exemple concret; **an ~ fact** un fait positif *or* réel; **in ~ fact** en fait; **his ~ words were ...** il a dit très exactement ....
actuality [ˌæktjʊ'ælɪtɪ] *n* **(a)** *(U)* réalité *f*. **(b) actualities** réalités *fpl*, conditions réelles *or* actuelles.
actualize ['æktjʊəlaɪz] *vt* réaliser; *(Philos)* actualiser.
actually ['æktjʊəlɪ] *adv* **(a)** *(gen)* en fait; *(truth to tell)* en fait, à vrai dire. **~ I don't know him at all** en fait *or* à vrai dire je ne le connais pas du tout; **his name is Smith, ~** en fait, il s'appelle Smith; **the person ~ in charge is ...** la personne véritablement responsable *or* la personne responsable en fait, c'est ...; **~ you were quite right** en fait *or* au fond vous aviez entièrement raison; **I don't ~ feel like going** au fond je n'ai pas envie d'y aller, je n'ai pas vraiment envie d'y aller; **I bet you've never done that! — ~ I have** je parie que tu n'as jamais fait ça! — si, en fait.
(b) *(truly, even: often showing surprise)* vraiment. **are you ~ going to buy it?** est-ce que tu vas vraiment l'acheter?; **if you ~ own a house ...** si vous êtes vraiment *or* bel et bien propriétaire d'une maison ...; **what did he ~ say?** qu'est-ce qu'il a dit exactement? *or* au juste?; **did it ~ happen?** est-ce que ça s'est vraiment *or* réellement passé?; **it's ~ taking place right now** ça se produit en ce moment même.
actuarial [ˌæktjʊ'ɛərɪəl] *adj* actuariel. **~ expectation** espérance *f* mathématique.
actuary ['æktjʊərɪ] *n* actuaire *mf*.
actuate ['æktjʊeɪt] *vt person* faire agir, inciter, pousser.
acuity [ə'kjuːɪtɪ] *n* acuité *f*.
acumen ['ækjʊmen] *n* flair *m*, perspicacité *f*. **business ~** sens aigu des affaires.
acupuncture ['ækjʊpʌŋktʃə'] *n* acupuncture *f*, acuponcture *f*.
acupuncturist [ˌækjʊ'pʌŋktʃərɪst] *n* acupuncteur *m*, acuponcteur *m*.
acute [ə'kjuːt] *adj* **(a)** **person, mind** pénétrant, perspicace, avisé; **intelligence** aigu *(f* -guë). **to have an ~sense of smell/ ~ hearing** avoir l'odorat fin/l'oreille fine.
(b) *(Med)* aigu *(f* -guë); *(fig)* **remorse, anxiety** vif; **pain** aigu, vif; **situation** critique, grave. **an ~ scarcity** un manque aigu, une grave pénurie; *(Med)* **~ respiratory disease** maladie aigüe de l'appareil respiratoire.
(c) *(Math)* **~ angle** angle aigu; **~-angled** acutangle.
(d) *(Gram)* **~ accent** accent aigu.
acutely [ə'kjuːtlɪ] *adv* **(a)** *(intensely)* **suffer** vivement, intensément. **I am ~ aware that** je suis profondément conscient de tout cela que.
(b) *(shrewdly)* **observe** avec perspicacité.
acuteness [ə'kjuːtnɪs] *n* **(a)** *(Med)* violence *f*. **(b)** *[person]* perspicacité *f*, finesse *f*, pénétration *f*; *[senses]* finesse.
A.D. [eɪ'diː] **(a)** *(abbr of* **Anno Domini)** ap J.-C. **(b)** *(US Mil: abbr of* **active duty)** service actif.
ad [æd] *n (abbr of* **advertisement)** *(announcement)* annonce *f*; *(Comm)* réclame *f*; *V* **small**.

adage ['ædɪdʒ] *n* adage *m*.
Adam ['ædəm] *n* Adam *m*. **~'s apple** pomme *f* d'Adam; *(fig)* **I don't know him from ~*** je ne le connais ni d'Ève ni d'Adam.
adamant ['ædəmənt] *adj* inflexible.
adapt [ə'dæpt] **1** *vt* adapter, approprier, ajuster *(sth to sth* qch à qch). **to ~ o.s.** s'adapter, s'accommoder, se faire *(to* à); **to ~ a novel for television** adapter un roman pour la télévision.
2 *vi* s'adapter. **he ~s easily** il s'adapte bien *or* à tout; **she's very willing to ~** elle est très accommodante *or* très conciliante.
adaptability [əˌdæptə'bɪlɪtɪ] *n [person]* faculté *f* d'adaptation. **~ of a play to television** possibilité *f* qu'il y a d'adapter une pièce pour la télévision.
adaptable [ə'dæptəbl] *adj* adaptable.
adaptation [ˌædæp'teɪʃən] *n* adaptation *f (of* de, *to* à).
adapter, adaptor [ə'dæptə'] *n* **(a)** *(person)* adaptateur *m*,-trice *f*. **(b)** *(device)* adaptateur *m*; *(Brit Elec)* prise *f* multiple. *(Phot)* **~ ring** bague *f* intermédiaire.
add [æd] *vt* **(a)** ajouter *(to* à). **~ some more pepper** ajoutez encore *or* rajoutez un peu de poivre; **to ~ insult to injury** *(et)* pour comble; **that would be ~ing insult to injury** ce serait vraiment dépasser la mesure *or* aller trop loin; **~ed to which ...** ajoutez à cela que ...; *V* **also** **added**.
(b) *(Math)* **figures** additionner; **column of figures** totaliser.
(c) *(say besides)* ajouter *(that* que). **there is nothing to ~** c'est tout dire, il n'y a rien à ajouter.
♦add in *vt sep* **details** inclure, ajouter; **considerations** faire entrer en ligne de compte.
♦add to *vt fus (amount, numbers)* augmenter; *(anxiety, danger)* accroître, ajouter à.
♦add together *vt sep* **figures, advantages, drawbacks** additionner.
♦add up 1 *vi [figures, results]* se recouper. *(Math)* **these figures don't add up (right)** *or* **won't add up** ces chiffres ne font pas le compte (exact); *(fig)* **it all adds up*** tout cela concorde, tout s'explique; *(fig)* **it doesn't add up*** cela ne rime à rien, il y a quelque chose qui cloche.
2 *vt sep* **(a)** **figures** additionner. **to add up a column of figures** totaliser une colonne de chiffres.
(b) *(fig)* **advantages, reasons** faire la somme de.
♦add up to *vt fus [figures]* s'élever à, se monter à; *(* **fig**: *mean)* signifier, se résumer à.
added ['ædɪd] *adj* **advantage, benefit** supplémentaire.
addendum [ə'dendəm] *n, pl* **addenda** [ə'dendə] addendum *m*.
adder ['ædə'] *n* **(a)** *(snake)* vipère *f*. **(b)** *(machine)* additionneur *m*.
addict ['ædɪkt] **1** *n (Med)* intoxiqué(e) *m(f)*; *(fig)* fanatique *mf*. **he's an ~ now** il ne peut plus s'en passer; **he's a yoga ~*** c'est un fanatique *or* un mordu* *or* un fana* du yoga; *V* **drug, heroin** *etc*. **2** [ə'dɪkt] *vt*: **to ~ o.s. to** s'adonner à.
addicted [ə'dɪktɪd] *adj* adonné *(to* à). **to become ~ to** s'adonner à; **~ to drink/drugs** adonné à la boisson/aux stupéfiants; **he's ~ to drugs** c'est un drogué *or* toxicomane; **he's ~ to cigarettes** c'est un fumeur invétéré; *(fig)* **to be ~ to football*** se passionner pour le football, être un mordu* *or* un fana* du football.
addiction [ə'dɪkʃən] *n* penchant *or* goût très fort *(to* pour); *(Med)* dépendance *f (to* à). **this drug produces ~** cette drogue crée une dépendance; *V* **drug**.
addictive [ə'dɪktɪv] *adj* qui crée une dépendance.
adding machine ['ædɪŋməˌʃiːn] *n* machine *f* à calculer.
Addis Ababa ['ædɪs'æbəbə] *n* Addis-Ababa.
addition [ə'dɪʃən] *n* **(a)** *(Math etc)* addition *f*.
(b) *(increase)* augmentation *f (to* de); *(to tax, income, profit)* surcroît *m (to* de); *(fact of adding)* adjonction *f*. **in ~** de plus, de surcroît, en sus; **in ~ to** en plus de, en sus de; **there's been an ~ to the family** la famille s'est agrandie; **he is a welcome ~ to our team** son arrivée enrichit notre équipe; **this is a welcome ~ to the series/collection** *etc* ceci enrichit la série/la collection *etc*.
additional [ə'dɪʃənl] *adj* supplémentaire; *(extra)* supplémentaire, de plus. *(Fin)* **~ benefits** avantages *mpl* accessoires; *(Fin)* **~ charge** supplément *m* de prix; *(Jur)* **~ agreement** accord *m* complémentaire.
additionally [ə'dɪʃnəlɪ] *adv* de plus, en outre, en sus.
additive ['ædɪtɪv] *adj*, *n* additif *m*.
addled ['ædld] *adj (fig)* **brain** fumeux, brouillon; *(lit)* **egg** pourri.
addle-headed ['ædl'hedɪd] *adj* écervelé, brouillon.
address [ə'dres] **1** *n* **(a)** *[person]* *(on letter etc)* adresse *f*. **to change one's ~** changer d'adresse *or* de domicile; **he has left this ~** il n'est plus à cette adresse; *V* **name**.
(b) *(Comput, Ling)* adresse *f*.
(c) *(talk)* discours *m*, allocution *f*; *V* **public**.
(d) *(way of speaking)* conversation *f*; *(way of behaving)* abord *m*.
(e) form *or* **manner of ~** titre *m (à employer en s'adressant à* qn).
(f) *(†, liter)* **~es** cour *f*, galanterie *f*; **to pay one's ~es to a lady** faire la cour à une dame.
2 *vt* **(a)** *(put address on)* **envelope, parcel** adresser *(to sb* à qn), mettre *or* écrire l'adresse sur; *(direct)* **speech, writing, complaints** adresser *(to* à). **this is ~ed to you** *[letter etc]* ceci vous est adressé; *[words, comments]* ceci s'adresse à vous; **to ~ o.s. to a task** s'attaquer *or* se mettre à une tâche; **to ~ (o.s. to) an issue** aborder un problème.
(b) *(speak to)* s'adresser à; **crowd** haranguer; *(write to)* adresser un écrit à. **he ~ed the meeting** il a pris la parole devant l'assistance; **don't ~ me as 'Colonel'** ne m'appelez pas 'Colonel'; *V* **chair**.
addressee [ˌædre'siː] *n* destinataire *mf*; *(Ling)* allocutaire *mf*.
addressing [ə'dresɪŋ] *n (Comput)* adressage *m*.
Addressograph [ə'dresəʊgrɑːf] *n ®* adressographe *m*.

adduce [ə'djuːs] *vt proof, reason* apporter, fournir; *authority* invoquer, citer.

adductor [ə'dʌktər] *n (Anat)* adducteur *m*.

Adelaide ['ædəleɪd] *n* Adelaïde.

Aden ['eɪdn] *n* Aden.

adenoidal ['ædmɔɪdl] *adj* adénoïde. **in an ~ voice** en parlant du nez.

adenoids ['ædmɔɪdz] *npl* végétations *fpl* (adénoïdes).

adept ['ædept] **1** *n* expert *m (in, at* en). **2** [ə'dept] *adj* expert *(in, at* à, en, dans, *at doing* à faire), versé *(in* en, dans).

adequacy ['ædɪkwəsɪ] *n [reward, punishment, amount]* fait *m* d'être suffisant; *[description]* à-propos *m*; *[person]* compétence *f*, capacité *f*; *(Ling)* adéquation *f*.

adequate ['ædɪkwɪt] *adj amount, supply* suffisant, adéquat *(for sth* pour qch, *to do* pour faire); *tool etc* adapté, qui convient *(to* à); *essay, performance* satisfaisant, acceptable; *(Ling)* adéquat. **to feel ~ to the task** se sentir à la hauteur de la tâche.

adequately ['ædɪkwɪtlɪ] *adv prepared, equipped* suffisamment, convenablement. **he behaved ~** il s'est conduit convenablement.

adhere [əd'hɪər] *vi* **(a)** *(stick)* adhérer, coller *(to* à). **(b)** *(be faithful to)* **to ~ to** *party* adhérer à, donner son adhésion à; *rule* obéir à; *resolve* persister dans, maintenir. **the plan must be ~d to** il faut se conformer au plan.

adherence [əd'hɪərəns] *n* adhésion *f (to* à).

adherent [əd'hɪərənt] *n (gen)* adhérent(e) *m(f)*, partisan *m*; *[religion, doctrine]* adepte *mf*.

adhesion [əd'hiːʒən] *n (lit, Med, Tech)* adhérence *f*; *(fig: support)* adhésion *f*.

adhesive [əd'hiːzɪv] **1** *adj paper etc* adhésif, collant; *envelope* gommé. **~ plaster** pansement adhésif; **~ tape** *(Med)* sparadrap *m*; *(stationery)* ruban adhésif, Scotch *m* ®. **2** *n* adhésif *m*.

ad hoc [ˌæd'hɒk] *adj decision, solution* adapté aux circonstances, improvisé. **ad hoc committee** commission *f* temporaire.

adieu [ə'djuː] *n, excl* adieu *m*. (†, *frm)* **to bid sb ~** faire ses adieux à qn.

ad infinitum [ˌædmfɪ'naɪtəm] *adv* à l'infini.

ad interim ['æd'ɪntərɪm] **1** *adv* par intérim. **2** *adj (Jur) judgment* provisoire.

adipose ['ædɪpəʊs] *adj* adipeux.

adiposity [ˌædɪ'pɒsɪtɪ] *n* adiposité *f*.

adjacent [ə'dʒeɪsənt] *adj (Math) angle* adjacent; *street* adjacent *(to* à); *room, house* voisin *(to* de), contigu *(f* -guë) *(to* à); *building* qui jouxte, jouxtant; *territory* limitrophe.

adjectival [ˌædʒek'taɪvəl] *adj* adjectif, adjectival.

adjectivally [ˌædʒek'taɪvəlɪ] *adv use* adjectivalement.

adjective ['ædʒektɪv] *n* adjectif *m*.

adjoin [ə'dʒɔɪn] **1** *vt* être contigu *(f* -guë) à, toucher à. **2** *vi* se toucher, être contigu.

adjoining [ə'dʒɔɪnɪŋ] *adj* voisin, attenant. **the room ~ the kitchen** la pièce à côté de *or* attenant à la cuisine; **in the ~ room** dans la pièce voisine *or* à côté.

adjourn [ə'dʒɜːn] **1** *vt* ajourner, renvoyer, remettre, reporter *(to, for, until* à). **to ~ sth until the next day** ajourner *or* renvoyer *or* remettre *or* reporter qch au lendemain; **to ~ sth for a week** remettre *or* renvoyer qch à huitaine; **to ~ a meeting** *(break off)* suspendre la séance; *(close)* lever la séance.

2 *vi* **(a)** *(break off)* suspendre la séance; *(close)* lever la séance. **the meeting ~ed** on a suspendu *or* levé la séance; *Parliament ~ed (concluded debate)* la séance de la Chambre a été levée; *(interrupted debate)* la Chambre a suspendu *or* interrompu la séance; *(recess)* la Chambre s'est ajournée jusqu'à la huitaine.

(b) *(move)* se retirer *(to* dans, à), passer *(to* à). **to ~ to the drawing room** passer au salon.

adjournment [ə'dʒɜːnmənt] *n [meeting]* suspension *f*, ajournement *m*; *(Jur) [case]* remise *f*, renvoi *m*. *(Parl)* **to move the ~** demander la clôture; *(Parl)* **~ debate** ≃ débat *m* de clôture.

adjudge [ə'dʒʌdʒ] *vt* **(a)** *(pronounce, declare)* déclarer. **he was ~d the winner** il a été déclaré gagnant. **(b)** *(Jur) (pronounce)* prononcer; *declare; (decree)* décider; *(award) costs, damages* adjuger, accorder *(to sb* à qn). **to ~ sb bankrupt** déclarer qn en faillite; **the court ~d that** ... le tribunal a décidé que ...; **the court shall ~ costs** le tribunal statue sur les frais.

adjudicate [ə'dʒuːdɪkeɪt] **1** *vt competition* juger; *claim* décider. **2** *vi (frm)* se prononcer *(upon* sur).

adjudication [əˌdʒuːdɪ'keɪʃən] *n (a)* jugement *m*, arrêt *m*, décision *f (du juge etc)*. **(b)** *(Jur)* **~ of bankruptcy** déclaration *f* de faillite.

adjudicator [ə'dʒuːdɪkeɪtər] *n* juge *m (d'une compétition etc)*.

adjunct ['ædʒʌŋkt] **1** *n* **(a)** *(thing)* accessoire *m*; *(person)* adjoint(e) *m(f)*, auxiliaire *mf*.

(b) *(Gram)* adjuvant *m*.

2 *adj* **(a)** *(added, connected)* accessoire, complémentaire.

(b) *(subordinate)* person subordonné, auxiliaire, subalterne.

adjure [ə'dʒʊər] *vt* adjurer, supplier *(sb to do* qn de faire).

adjust [ə'dʒʌst] **1** *vt* **(a)** *height, speed, flow, tool* ajuster, régler; *knob, lever, length of clothes* ajuster; *machine, engine, brakes* régler, mettre au point; *formula, plan, production, terms* ajuster, adapter *(to* à), mettre au point; *(Admin) salaries, wages, prices* rajuster; *(correct) figures etc* rectifier; *differences* régler; *hat, tie, clothes* rajuster. **you can ~ the record player to 3 different speeds** on peut régler *or* mettre l'électrophone sur 3 vitesses différentes; *(TV)* **do not ~ your set** ne changez pas le réglage de votre appareil; **to ~ sth to meet requirements** adapter qch pour satisfaire aux conditions requises; **the terms have been ~ed in your favour** on a ajusté les conditions en votre faveur; **we have ~ed all salaries upwards/downwards** nous avons relevé/abaissé tous les salaires; **figures ~ed for seasonal variation(s)** en

données corrigées des variations saisonnières; **to ~ o.s. to a new situation** s'adapter à une situation nouvelle; **to ~ o.s. to new demands** faire face à de nouvelles exigences.

(b) *(Insurance)* **to ~ a claim** ajuster une demande d'indemnité. **2** *vi* **(a)** *[person] (to new country, circumstances)* s'adapter *(to* à); *(to new requirements, demands)* faire face *(to* à).

(b) *[device, machine]* se régler, s'ajuster. **the seat ~s to various heights** on peut régler *or* ajuster le siège à différentes hauteurs.

adjustability [əˌdʒʌstə'bɪlɪtɪ] *n (U: V adjustable)* possibilité *f* de réglage *or* d'ajustement; adaptabilité *f*.

adjustable [ə'dʒʌstəbl] *adj* **(a)** *height, angle, tool etc* ajustable, réglable; *shape* ajustable, adaptable; *rate of production, repayment rate, dates, hours* flexible. **~ spanner** clef *f* à ouverture variable, clé universelle; *(Scol, Univ)* **~ timetable** horaire aménagé.

(b) *person, animal* adaptable, qui sait s'adapter.

adjustment [ə'dʒʌstmənt] *n (to height, speed etc)* ajustage *m (to* à), réglage *m; (to knob, lever, clothes)* ajustage *m; (to machine, engine)* réglage, mise *f* au point; *(to plan, terms etc)* ajustement *m (to* à), mise au point; *(to wages, prices etc)* rajustement *m (to* à). **the text needs a lot of ~** ce texte a vraiment besoin d'une mise au point; **to make ~s** *(psychologically, socially)* s'adapter *(to* à); **'exchange flat for house — cash ~'** 'échangerais appartement contre maison: règlement de la différence comptant'.

adjutant ['ædʒətənt] *n* **(a)** *(Mil)* adjudant-major *m*. **(b)** *(also ~ bird)* marabout *m*.

Adlerian [æd'lɪərɪən] *adj* de Adler.

ad lib [æd'lɪb] **1** *adv continue* à volonté; *(Mus)* ad libitum. **2** *n* ad-lib *(Theat)* improvisation(s) *f(pl)*, paroles improvisées; *(witticism)* mot *m* d'esprit impromptu. **3** *adj speech, performance* improvise, spontané, impromptu. **4** *vi (Theat etc)* improviser. **5** *vt (*: *gen, also Theat) speech, joke* improviser.

adman* ['ædmæn] *n* publicitaire *m*, spécialiste *m* de la publicité.

admass ['ædmæs] **1** *n* masse(s) *f(pl)*. **2** *cpd culture, life* de masse, de grande consommation.

admin ['ædmɪn] *n (Brit) abbr of* administration a.

administer [əd'mɪnɪstər] **1** *vt* **(a)** *(manage) business, company* gérer, administrer; *sb's affairs, funds* gérer; *property* régir; *public affairs, a department, a country* administrer.

(b) *(dispense etc) alms* distribuer *(to* à); *justice* rendre, dispenser; *punishment, sacraments, medicine, drug, relief* administrer *(to* à). **to ~ the law** appliquer la loi; **to ~ an oath to sb** faire prêter serment à qn; **the oath has been ~ed to the witness** le témoin a prêté serment.

2 *vi:* **to ~ to sb's needs** subvenir *or* pourvoir aux besoins de qn.

administration [ədˌmɪnɪs'treɪʃən] *n* **(a)** *(U: management) [business, company etc]* administration *f*, gestion *f*, direction *f; (funds)* gestion; *[public affairs, department, country]* administration; *(Jur) [estate, inheritance]* curatelle *f*. **his new job contains a lot of ~** son nouveau poste est en grande partie administratif.

(b) *(Pol) (government)* gouvernement *m; (ministry)* ministère *m.* **under previous ~s** sous des gouvernements précédents.

(c) *(U) [justice, remedy, sacrament]* administration *f; [oath]* prestation *f*.

administrative [əd'mɪnɪstrətɪv] *adj* administratif. *(US Jur)* **~ court** tribunal administratif; **~ machinery** rouages administratifs.

administrator [əd'mɪnɪstreɪtər] *n [business, public affairs etc]* administrateur *m*, -trice *f; (Jur) [estate, inheritance]* curateur *m*, -trice *f*.

admirable ['ædmərəbl] *adj* admirable, excellent.

admirably ['ædmərəblɪ] *adv* admirablement.

admiral ['ædmərəl] *n* **(a)** *(Naut)* amiral *m* (d'escadre). **A~ of the Fleet** ≃ Amiral *m* de France. **(b)** *(butterfly)* vanesse *f*, paon-de-jour *m*; **V red**.

admiralty ['ædmərəltɪ] *n:* **A~** *(Brit: since 1964* **~ Board)** ≃ ministère *m* de la Marine; *(US Jur)* **~ court** tribunal *m* maritime.

admiration [ˌædmə'reɪʃən] *n* admiration *f (of, for* pour). **to be the ~ of** faire l'admiration de.

admire [əd'maɪər] *vt* admirer.

admirer [əd'maɪərər] *n* **(a)** admirateur *m*, -trice *f*. **(b)** (†: *suitor)* soupirant† *m*.

admiring [əd'maɪərɪŋ] *adj* admiratif.

admiringly [əd'maɪərɪŋlɪ] *adv* avec admiration.

admissibility [ədˌmɪsə'bɪlɪtɪ] *n* admissibilité *f; (Jur, Fin)* recevabilité *f*.

admissible [əd'mɪsəbl] *adj idea, plan* acceptable, admissible; *(Jur) appeal, evidence, witness* recevable; *document* valable.

admission [əd'mɪʃən] *n* **(a)** *(entry)* admission *f*, entrée *f*, accès *m (to* à). **~ free** entrée gratuite; **no ~ to minors** entrée interdite aux mineurs; **a visa is necessary for ~ to this country** il faut un visa pour entrer dans ce pays; **~ to a school** admission à une école; **to gain ~ to sb** trouver accès auprès de qn; **to gain ~ to a school/club** être admis dans une école/un club; **to grant sb ~ to a society** admettre qn dans une association; **~ fee** droits *mpl* d'admission; *(US Univ)* **~s office** service *m* des inscriptions; *(US Univ)* **~s form** dossier *m* d'inscription.

(b) *(person admitted)* entrée *f*.

(c) *(Jur) [evidence etc]* acceptation *f*, admission *f*.

(d) *(confession)* aveu *m*. **by** *or* **on one's own ~** de son propre aveu; **it's an ~ of guilt** en fait, c'est un aveu.

admit [əd'mɪt] *vt* **(a)** *(let in) person* laisser entrer, faire entrer; *light, air* laisser passer, laisser entrer. **children not ~ted** entrée interdite aux enfants; **this ticket ~s 2** ce billet est valable pour 2 personnes; *(US Med)* **~ting office** service *m* d'admissions.

(b) *(have space for) [halls, harbours etc]* contenir, (pouvoir) recevoir.

(c) (*acknowledge, recognize*) reconnaître, admettre (*that* que). to ~ the truth of sth reconnaître *or* admettre que qch est vrai; he ~ted that this was the case il a reconnu *or* admis que tel était le cas; I must ~ that je le reconnais, je l'admets, j'en conviens; I must ~ I was wrong, I was wrong I ~ je reconnais que j'ai eu tort, j'ai eu tort, j'en conviens.

(d) [*criminal, wrongdoer*] avouer (*that* que); *crime, murder etc* reconnaître avoir commis. he ~ted stealing the books il a reconnu avoir volé les livres; you'll never get him to ~ it vous ne le lui ferez jamais avouer *or* reconnaître; to ~ one's guilt reconnaître sa culpabilité, s'avouer coupable.

(e) *claim* faire droit à. (*Jur*) to ~ sb's evidence admettre comme valable le témoignage de qn, prendre en considération les preuves fournies par qn.

◆admit of *vt fus* admettre, permettre. it admits of no delay cela n'admet *or* ne peut souffrir aucun retard; V excuse.

◆admit to *vt fus* reconnaître; *crime* reconnaître avoir commis. to admit to a feeling of ... avouer avoir un sentiment de ... .

admittance [əd'mɪtəns] *n* droit *m* d'entrée, admission *f* (*to sth* à qch), accès *m* (*to sth* à qch; *to sb* auprès de qn). I gained ~ to the hall on m'a laissé entrer dans la salle; I was denied ~ on m'a refusé l'entrée; ~: 50 pence droit d'entrée: 50 pence; no ~ accès interdit au public; no ~ except on business accès interdit à toute personne étrangère au service.

admittedly [əd'mɪtɪdlɪ] *adv* de l'aveu général, de l'aveu de tous. ~ this is true il faut reconnaître *or* convenir que c'est vrai.

admixture [əd'mɪkstʃər] *n* mélange *m*, incorporation *f*. X with an ~ of Y X additionné de Y.

admonish [əd'mɒnɪʃ] *vt* (a) (*reprove*) admonester, réprimander (*for doing* pour avoir fait; *about, for* pour, à propos de).
(b) (*warn*) avertir, prévenir (*against doing* de ne pas faire), mettre en garde (*against* contre); (*Jur*) avertir.
(c) (*exhort*) exhorter, engager (*to do* à faire).
(d) (†, *liter: remind*) to ~ sb of a duty rappeler qn à un devoir.

admonition [,ædməʊ'nɪʃən] *n* (a) (*rebuke*) remontrance *f*, réprimande *f*, admonestation *f*. (b) (*warning*) avertissement *m*, admonition *f*; (*Jur*) avertissement.

ad nauseam [,æd'nɔːsɪæm] *adv repeat* à satiété; *do* jusqu'à saturation, à satiété. to talk ~ about sth raconter des histoires à n'en plus finir sur qch.

adnominal [,æd'nɒmɪnl] *adj, n* (*Ling*) adnominal (*m*).

ado [ə'duː] *n* agitation *f*, embarras *m*, affairement *m*. much ~ about nothing beaucoup de bruit pour rien; without more ~ sans plus de cérémonie *or* d'histoires*.

adobe [ə'dəʊbɪ] *n* pisé *m*. ~ wall mur *m* d'adobe.

adolescence [,ædəʊ'lesns] *n* adolescence *f*.

adolescent [,ædəʊ'lesnt] *adj, n* adolescent(e) *m(f)*.

Adonis [ə'dəʊnɪs] *n* (*Myth, fig*) Adonis *m*.

adopt [ə'dɒpt] *vt* (a) *child* adopter. (b) *idea, method* adopter, choisir, suivre; *career* choisir; (*Pol*) *motion* adopter; *candidate* choisir; (*Jur, Admin*) *wording* retenir.

adopted [ə'dɒptɪd] *adj child* adopté; *country* d'adoption, adoptif. ~ son fils adoptif; ~ daughter fille adoptive.

adoption [ə'dɒpʃən] *n* [*child, country, law*] adoption *f*; [*career, idea, method*] choix *m*. a Londoner by ~ un Londonien d'adoption.

adoptive [ə'dɒptɪv] *adj parent, child* adoptif; *country* d'adoption.

adorable [ə'dɔːrəbl] *adj* adorable.

adoration [,ædə'reɪʃən] *n* adoration *f*.

adore [ə'dɔːr] *vt* adorer.

adoring [ə'dɔːrɪŋ] *adj expression* d'adoration; *eyes* remplis d'adoration. his ~ wife sa femme qui est en adoration devant lui.

adoringly [ə'dɔːrɪŋlɪ] *adv* avec adoration.

adorn [ə'dɔːn] *vt room* orner (*with* de); *dress* orner, parer (*with* de). to ~ o.s. se parer.

adornment [ə'dɔːnmənt] *n* (a) (*in room*) ornement *m*; (*on dress*) parure *f*. (b) (*U*) décoration *f*.

A.D.P. [,eɪdiː'piː] *n abbr of* automatic data processing.

adrenal [ə'driːnl] 1 *adj* surrénal. 2 *n* (*also* ~ gland) surrénale *f*.

adrenalin [ə'drenəlɪn] *n* (*Brit*) adrénaline *f*. (*fig*) he felt the ~ rising il a senti son pouls s'emballer.

Adriatic (Sea) [,eɪdrɪ'ætɪk('siː)] *n* (mer *f*) Adriatique *f*.

adrift [ə'drɪft] *adv, adj* (*Naut*) à la dérive; (*fig*) à l'abandon. [*ship*] to go ~ aller à la dérive; (*fig*) to be (all) ~ divaguer; (*fig*) to turn sb ~ laisser qn se débrouiller tout seul; (*fig*) to come ~* [*wire etc*] se détacher; [*plans*] tomber à l'eau.

adroit [ə'drɔɪt] *adj* adroit, habile.

adroitly [ə'drɔɪtlɪ] *adv* adroitement, habilement.

adroitness [ə'drɔɪtnɪs] *n* adresse *f*, dextérité *f*.

adspeak* ['ædspiːk] *n* style *m* or jargon *m* de publicité.

adulate ['ædjʊleɪt] *vt* aduler, flagorner.

adulation [,ædjʊ'leɪʃən] *n* adulation *f*, flagornerie *f*.

adult ['ædʌlt] 1 *n* adulte *mf*. (*Cine etc*) ~s only interdit aux moins de 18 ans.
2 *adj* (a) *person, animal* adulte.
(b) *film, book* pour adultes. ~ classes cours *m* pour *or* d'adultes; ~ education enseignement *m* pour adultes (*donné généralement en cours de soir*).

adulterate [ə'dʌltəreɪt] 1 *vt* frelater, falsifier. ~d milk lait falsifié.
2 *adj goods, wine* falsifié, frelaté.

adulteration [ə,dʌltə'reɪʃən] *n* frelatage *m*, falsification *f*.

adulterer [ə'dʌltərər] *n* adultère *m* (*personne*).

adulteress [ə'dʌltərɪs] *n* adultère *f*.

adulterous [ə'dʌltərəs] *adj* adultère.

adultery [ə'dʌltərɪ] *n* adultère *m*.

adumbrate ['ædʌmbreɪt] *vt* esquisser, ébaucher; *event* faire pressentir, préfigurer.

advance [əd'vɑːns] 1 *n* (a) (*progress, movement forward*) avancée *f*,

marche *f* en avant; [*science, ideas*] progrès *mpl*; (*Mil*) avance, progression *f*. with the ~ of (old) age avec l'âge; to make ~s in technology faire des progrès en technologie.

(b) (*U*) in ~ *book, warn, prepare, announce* à l'avance; *thank, pay, decide* à l'avance, d'avance; to send sb on in ~ envoyez qn en avant; £10 in ~ 10 livres d'avance; he arrived in ~ of the others il est arrivé en avance sur les autres; to be in ~ of one's time être en avance sur *or* devancer son époque; a week in ~ une semaine à l'avance; (*Rail*) luggage in ~ bagages enregistrés.

(c) (*in prices, wages*) hausse *f*, augmentation *f* (*in* de).

(d) (*sum of money*) avance *f* (*in* sur).

(e) (*overtures of friendship*) ~s avances *fpl*; to make ~s to sb faire des avances à qn.

2 *cpd*: advance booking office (guichet *m* de) location *f*; advance copy [*book*] exemplaire *m* de lancement; [*speech*] texte distribué à l'avance (*à la presse*); advance deposit dépôt *m* préalable; (*Mil*) advance guard avant-garde *f*; (*US Pol*) advance man organisateur *m* de la publicité (*pour une campagne publicitaire*); advance notice préavis *m*, avertissement *m*; (*Mil*) advance party pointe *f* d'avant-garde; (*Fin*) advance payment paiement anticipé *or* par anticipation; (*Mil*) advance post poste avancé; advance warning = advance notice.

3 *vt* (a) (*move forward*) *date, time* avancer; (*Mil*) *troops* avancer; *work, knowledge, project* faire progresser *or* avancer; *interest, growth* développer; *cause* promouvoir; (*promote*) *person* élever, promouvoir (*to* à).

(b) (*suggest, propose*) *reason, explanation* avancer; *opinion* avancer, émettre.

(c) *money* avancer, faire une avance de.

(d) (*raise*) *prices* augmenter, faire monter, hausser.

(e) (*US Pol*) *campaign* organiser.

4 *vi* (a) (*go forward*) avancer, s'avancer, marcher (*on, towards* vers); [*army*] avancer (*on* sur); (*during a battle*) [*troops*] se porter en avant. he ~d upon me il est venu vers *or* a marché sur moi.

(b) (*progress*) [*work, civilization, mankind*] progresser, faire des progrès; [*person*] (*in rank*) recevoir de l'avancement; (*Mil*) monter en grade.

(c) (*rise*) [*prices*] monter, augmenter, être en hausse.

advanced [əd'vɑːnst] *adj ideas, age, pupil, child* avancé; *studies, class* supérieur; *work* poussé; *equipment etc* de pointe. ~ mathematics hautes études mathématiques; ~ technology technologie avancée *ou* de pointe; the season is well ~ la saison est bien avancée; ~ in years d'un âge avancé; (*Brit Scol*) ~ level = A-level; to receive ~ standing être admis par équivalence.

advancement [əd'vɑːnsmənt] *n* (a) (*improvement*) progrès *m*, avancement *m*. (b) (*promotion*) avancement *m*, promotion *f*.

advantage [əd'vɑːntɪdʒ] 1 *n* (a) *avantage m*. to have an ~ over sb, to have the ~ of sb avoir un avantage sur qn; that gives you an ~ over me cela vous donne un avantage sur moi; to get the ~ of sb prendre l'avantage sur qn (*by doing* en faisant); to have the ~ of numbers avoir l'avantage du nombre (*over* sur); to take ~ of sb profiter de qn; [*employer etc*] exploiter qn; (*sexually*) abuser de qn; I took ~ of the opportunity j'ai profité de l'occasion; to turn sth to ~ tirer parti de qch, tourner qch à son avantage; I find it to my ~ j'y trouve mon compte; it is to his ~ to do it cela l'arrange *or* c'est son intérêt de le faire; to the best ~ le plus avantageusement possible; this dress shows her off to ~ cette robe l'avantage.

(b) (*Tennis*) avantage *m*. (*Rugby*) to play the ~ rule laisser jouer la règle de l'avantage.

2 *vt* avantager.

advantageous [,ædvən'teɪdʒəs] *adj* avantageux (*to* pour).

advent ['ædvənt] *n* (a) *venue f*, avènement *m*. (b) (*Rel*) A~ l'Avent *m*; A~ Sunday dimanche *m* de l'Avent.

adventitious [,ædven'tɪʃəs] *adj* fortuit, accidentel; (*Bot, Med*) adventice.

adventure [əd'ventʃər] 1 *n* aventure *f*. to have an ~ avoir une aventure. 2 *vt* aventurer, risquer, hasarder. 3 *vi* s'aventurer, se risquer (*on* dans). 4 *cpd story, film* d'aventures. adventure playground aire *f* de jeux.

adventurer [əd'ventʃərər] *n* aventurier *m*.

adventuress [əd'ventʃərɪs] *n* aventurière *f*.

adventurous [əd'ventʃərəs] *adj person* aventureux, audacieux; *journey* aventureux, hasardeux.

adverb ['ædvɜːb] *n* adverbe *m*.

adverbial [əd'vɜːbɪəl] *adj* adverbial.

adverbially [əd'vɜːbɪəlɪ] *adv use* adverbialement.

adversarial [,ædvə'sɛərɪəl] *adj*: the ~ system le système de débat contradictoire.

adversary ['ædvəsərɪ] *n* adversaire *mf*.

adverse ['ædvɜːs] *adj factor, report, opinion* défavorable, hostile; *circumstances* défavorable; *wind* contraire, debout. ~ to hostile à, contraire à.

adversity [əd'vɜːsɪtɪ] *n* (a) (*U*) adversité *f*. in ~ dans l'adversité. (b) (*event*) malheur *m*.

advert[1] [əd'vɜːt] *vi* se reporter, faire allusion, se référer (*to* à).

advert[2] ['ædvɜːt] *n* (*Brit abbr of* advertisement) (*announcement*) annonce *f* (*publicitaire*); (*Comm*) réclame *f*, pub* *f*.

advertise ['ædvətaɪz] 1 *vt* (a) (*Comm etc*) *goods* faire de la publicité *or* de la réclame pour. I've seen that soap ~d on television j'ai vu une publicité pour ce savon à la télévision.

(b) (*in newspaper etc*) to ~ a flat (for sale) mettre *or* insérer une annonce pour vendre un appartement. I saw it ~d in a shop window j'ai vu une annonce là-dessus dans une vitrine.

(c) (*draw attention to*) afficher. don't ~ your ignorance! inutile d'afficher votre ignorance!; don't ~ the fact that ... essaie de ne pas trop laisser voir que ... , ne va pas crier sur les toits que ... .

2 *vi* **(a)** (*Comm*) faire de la publicité *or* de la réclame. **it pays to ~ la publicité paie.**
(b) chercher par voie d'annonce. **to ~ for a flat/a secretary** faire paraître une annonce pour trouver un appartement/une secrétaire.

advertisement [əd'vɜ:tɪsmənt] *n* **(a)** (*Comm*) réclame *f*, publicité *f*; (*TV*) spot *m* publicitaire. (*Cine, Press, Rad, TV*) **~s** publicité; **I saw an ~ for that soap in the papers** j'ai vu une réclame *or* une publicité pour ce savon dans les journaux; **I made tea during the ~s** j'ai fait le thé pendant que passait la publicité; **he's not a good ~ or an ~ for his school** il ne constitue pas une bonne réclame pour son école.
(b) (*private: in newspaper etc*) annonce *f*. **~ column** petites annonces; **to put an ~ in a paper** mettre une annonce dans un journal; **I got it through an ~** je l'ai eu par *or* grâce à une annonce; **V classified, small.**
(c) (*U*) réclame *f*, publicité *f*. (*fig*) **his arrival received no ~** son arrivée n'a pas été annoncée; *V* **self.**

advertiser ['ædvətaɪzər] *n* annonceur *m* (publicitaire).

advertising ['ædvətaɪzɪŋ] **1** *n* (*activity*) publicité *f*; (*advertisements*) réclames *fpl*. **a career in ~** une carrière dans la publicité.
2 *cpd* **firm, work** publicitaire. **advertising agency** agence *f* de publicité; **advertising campaign** campagne *f* publicitaire; **advertising medium** organe *m* de publicité; **advertising rates** tarifs *mpl* publicitaires; **advertising revenues** recettes *fpl* publicitaires; (*Brit*) **Advertising Standards Authority** ≃ Bureau *m* de vérification de la publicité; *V* **jingle.**

advice [əd'vaɪs] *n* **(a)** (*U*) conseils *mpl*, avis *m*. **a piece of ~** un avis, un conseil; **to seek ~ from sb** demander conseil à qn; **to take medical/legal ~** consulter un médecin/un avocat; **to take or follow sb's ~** suivre le(s) conseil(s) de qn.
(b) (*Comm: notification*) avis *m*. **as per ~ of or from** suivant avis de; **~ note** avis; **~ of despatch** avis d'expédition.

advisability [əd,vaɪzə'bɪlɪtɪ] *n* opportunité *f* (*of sth* de qch, *of doing* de faire).

advisable [əd'vaɪzəbl] *adj* conseillé, recommandé. **it is ~ to be vaccinated** il est conseillé de se faire vacciner; **I do not think it ~ for you to come** je ne vous conseille pas de venir.

advise [əd'vaɪz] *vt* **(a)** (*give advice to*) conseiller, donner des conseils à (*sb on/about sth* qn sur/à propos de qch). **to ~ sb to do** conseiller à qn de faire, recommander à qn de faire, engager qn à faire; **to ~ sb against sth** déconseiller qch à qn; **to ~ sb against doing** conseiller à qn de ne pas faire.
(b) (*recommend*) *course of action* recommander. **I shouldn't ~ your going to see him** je ne vous conseillerais *or* recommanderais pas d'aller le voir; **you would be well/ill ~d to wait** vous feriez bien/vous auriez tort d'attendre.
(c) (*inform*) **to ~ sb of sth** aviser *or* informer qn de qch, faire part à qn de qch; (*Fin*) **advising bank** banque notificatrice.

advisedly [əd'vaɪzɪdlɪ] *adv* délibérément, en (toute) connaissance de cause, après mûre réflexion.

adviser, advisor [əd'vaɪzər] *n* conseiller *m*, -ère *f*; (*Brit: Scol Admin*) **French ~** conseiller *m*, -ère *f* pédagogique de français/de maths; *V* **educational, legal, spiritual.**

advisory [əd'vaɪzərɪ] *adj* consultatif. **~ board** conseil consultatif; **in an ~ capacity** à titre consultatif; **~ service** (*for students etc*) service *m* de renseignements; (*US Pol*) **~ committee** comité consultatif; (*US Jur*) **~ opinion** avis consultatif de la cour.

advocacy ['ædvəkəsɪ] *n* [*cause etc*] plaidoyer *m* (*of* en faveur de).

advocate ['ædvəkɪt] **1** *n* **(a)** (*upholder*) [*cause etc*] défenseur *m*, avocat(e) *m(f)*. **to be an ~ of** être partisan(e) de; **to become the ~ of** se faire le champion (*or* la championne) de; *V* **devil.**
(b) (*Scot Jur*) avocat *m* (plaidant); *V* **lord.**
2 ['ædvəkeɪt] *vt* recommander, préconiser, prôner.

advt. (*abbr of* **advertisement**) publicité *f*.

adz(e) [ædz] *n* herminette *f*, doloire *f*.

A.E.A. [,eɪɪ'eɪ] *n* (*Brit*) *abbr of* **Atomic Energy Authority.**

A.E.C. [,eɪɪ'si:] *n* (*Brit*) *abbr of* **Atomic Energy Commission.**

Aegean [i:'dʒi:ən] *adj:* **~ (Sea)** (mer *f*) Égée *f*; **~ Islands** îles *fpl* de la mer Égée.

Aegeus [i:'dʒi:əs] *n* Égée *m*.

aegis ['i:dʒɪs] *n* égide *f*. **under the ~ of** sous l'égide de.

aegrotat ['aɪgrəʊtæt] *n* (*Brit Univ*) équivalence *f* d'obtention d'un examen (*accordée à un bon étudiant malade*).

Aeneas [ɪ'ni:əs] *n* Énée *m*.

Aeneid [ɪ'ni:ɪd] *n* Énéide *f*.

aeolian [i:'əʊlɪən] *adj* éolien. **~ harp** harpe éolienne.

Aeolus ['i:ələs] *n* Éole *m*.

aeon ['i:ən] *n* temps infini, période *f* incommensurable. **through ~s of time** à travers des éternités.

aerate ['ɛəreɪt] *vt* *liquid* gazéifier; *blood* oxygéner; *soil* retourner. **~d water** eau gazeuse.

aerial ['ɛərɪəl] **1** *adj* **(a)** (*in the air*) aérien. **~ cableway** téléphérique *m*; **~ camera** appareil *m* de photo pour prises de vues aériennes; (*US*) **~ ladder** échelle pivotante; **~ photograph** photographie aérienne; **~ railway** téléphérique; **~ survey** levé aérien.
(b) (*immaterial*) irréel, imaginaire.
2 *n* (*esp Brit: Telec etc*) antenne *f*; *V* **indoor.**
3 *cpd:* **aerial input** puissance reçue par l'antenne; **aerial mast** mât *m* d'antenne; **aerial tanker** ravitailleur *m* en vol.

aerie ['ɛərɪ] *n* (*esp US*) aire *f* (*d'aigle etc*).

aero ... ['ɛərəʊ] *pref* aéro ... .

aerobatics [,ɛərəʊ'bætɪks] *npl* acrobatie(s) aérienne(s).

aerodrome ['ɛərədrəʊm] *n* (*Brit*) aérodrome *m*.

aerodynamic ['ɛərəʊdaɪ'næmɪk] *adj* aérodynamique.

aerodynamics ['ɛərəʊdaɪ'næmɪks] *n* (*U*) aérodynamique *f*.

aero-engine ['ɛərəʊ,endʒɪn] *n* aéromoteur *m*.

aerogram ['ɛərəʊgræm] *n* radiotélégramme *m*.

aerograph ['ɛərəʊgræf] *n* météorographe *m*.

aerolite ['ɛərəlaɪt] *n* aérolithe *m*.

aeromodelling ['ɛərəʊ'mɒdlɪŋ] *n* aéromodélisme *m*.

aeronaut ['ɛərənɔ:t] *n* aéronaute *mf*.

aeronautic(al) [,ɛərə'nɔ:tɪk(əl)] *adj* aéronautique. **~ engineering** aéronautique *f*.

aeronautics [,ɛərə'nɔ:tɪks] *n* (*U*) aéronautique *f*.

aeroplane ['ɛərəplem] *n* (*Brit*) avion *m*, aéroplane† *m*.

aerosol ['ɛərəsɒl] **1** *n* **(a)** (*system*) aérosol *m*. **(b)** (*container, contents*) bombe *f*. **2** *cpd* **insecticide, paint** en aérosol, en bombe; **perfume** en atomiseur.

aerospace ['ɛərəʊspeɪs] *adj* **industry, project** aérospatial.

Aeschylus ['i:skɪləs] *n* Eschyle *m*.

Aesculapius [,i:skjʊ'leɪpɪəs] *n* Esculape *m*.

Aesop ['i:sɒp] *n* Ésope *m*. **~'s Fables** les fables *fpl* d'Ésope.

aesthete, (US) esthete ['i:sθi:t] *n* esthète *mf*.

aesthetic(al), (US) esthetic(al) [i:s'θetɪk(əl)] *adj* esthétique.

aesthetically, (US) esthetically [i:s'θetɪkəlɪ] *adv* esthétiquement.

aestheticism, (US) estheticism [i:s'θetɪsɪzəm] *n* esthétisme *m*.

aesthetics, (US) esthetics [i:s'θetɪks] *n* (*U*) esthétique *f*.

A.E.U. [,eɪɪ'ju:] *n* (*Brit*) *abbr of* **Amalgamated Engineering Union** (*syndicat*).

a.f. [,eɪ'ef] *n* (*abbr of* **audiofrequency**) audiofréquence *f*.

A.F.A. [,eɪef'eɪ] *n* (*Brit*) *abbr of* **Amateur Football Association.**

afar [ə'fɑ:r] *adv* au loin, à distance. **from ~** de loin.

AFB [,eɪef'bi:] *n* (*US Mil*) *abbr of* **Air Force Base.**

AFDC [,eɪefdi:'si:] *n* (*US Admin*) *abbr of* **Aid to Families with Dependent Children.**

affability [,æfə'bɪlɪtɪ] *n* affabilité *f*, amabilité *f*.

affable ['æfəbl] *adj* affable, aimable.

affably ['æfəblɪ] *adv* avec affabilité, affablement.

affair [ə'fɛər] *n* **(a)** (*event*) affaire *f*. **it was a scandalous ~** ce fut un scandale; **it was an odd ~ altogether** c'était vraiment (une histoire *or* une affaire) bizarre; **~ of honour** affaire d'honneur; **the Suez ~** l'affaire de Suez.
(b) (*concern*) affaire *f*. **this is not her ~** ce n'est pas son affaire, cela ne la regarde pas; **that's my ~** c'est mon affaire, ça ne regarde que moi; **it's not your ~ what I do in the evenings** ce que je fais le soir ne te regarde pas.
(c) (*business of any kind*) **~s** affaires *fpl*; **in the present state of ~s** les choses étant ce qu'elles sont, étant donné les circonstances actuelles; **it was a dreadful state of ~s** la situation était épouvantable; **~s of state** affaires d'État; **to put one's ~s in order** (*business*) mettre de l'ordre dans ses affaires; (*belongings*) mettre ses affaires en ordre; **your private ~s don't concern me** votre vie privée ne m'intéresse pas; **she never interferes with his business** ~s elle n'intervient jamais dans ses activités professionnelles *or* dans ses affaires; *V* **current, foreign.**
(d) (*love* ~) liaison *f*, affaire *f* de cœur, aventure *f* (amoureuse). **to have an ~ with sb** avoir une liaison avec qn.
(e) (*: material object*) affaire *f*, chose *f*.

affect [ə'fekt] **1** *vt* **(a)** (*have effect on*) *result, experiment, numbers* avoir un effet *or* des conséquences sur, modifier; *decision, career, the future* influer sur; (*Jur*) avoir une incidence sur; (*have detrimental effect on*) *person* atteindre, toucher; *conditions, substance, health* détériorer. **this will certainly ~ the way we approach the problem** cela va certainement influer sur la façon dont nous aborderons le problème; **you mustn't let it ~ you** ne te laisse pas décourager *or* abattre par ça.
(b) (*concern*) concerner, toucher. **this decision ~s all of us** cette décision nous concerne tous; **it does not ~ me personally** cela ne me touche pas personnellement.
(c) (*emotionally: move*) émouvoir, affecter; (*sadden*) affecter, toucher, frapper. **she was deeply ~ed by the news** elle a été très affectée *or* touchée par la nouvelle.
(d) [*disease*] *organ, powers of recuperation* attaquer, atteindre; [*drug*] agir sur.
(e) (*feign*) *ignorance, surprise* affecter, feindre.
(f) († *or frm: have liking for*) affectionner. **she ~s bright colours** elle a une prédilection pour *or* elle affectionne les couleurs vives.
2 *n* ['æfekt] (*Psych*) affect *m*.

affectation [,æfek'teɪʃən] *n* **(a)** (*pretence*) affectation *f*, simulation *f*. **an ~ of interest/indifference** une affectation d'intérêt/d'indifférence.
(b) (*artificiality*) affectation *f*, manque *m* de naturel. **her ~s annoy me** ses manières affectées *or* ses poses *fpl* m'agacent.

affected [ə'fektɪd] *adj* (*insincere*) *person, behaviour* affecté, maniéré; *accent, clothes* affecté. [*person*] **to be ~** poser.

affectedly [ə'fektɪdlɪ] *adv* avec affectation, d'une manière affectée.

affecting [ə'fektɪŋ] *adj* touchant, émouvant.

affection [ə'fekʃən] *n* **(a)** (*U: fondness*) affection *f*, tendresse *f* (*for, towards* pour). **to win sb's ~(s)** se faire aimer de qn, gagner l'affection *or* le cœur de qn; **I have a great ~ for her** j'ai beaucoup d'affection pour elle.
(b) (*Med*) affection *f*, maladie *f*.

affectionate [ə'fekʃənɪt] *adj* affectueux, tendre, aimant. (*letter-ending*) **your ~ daughter** votre fille affectionnée.

affectionately [ə'fekʃənɪtlɪ] *adv* affectueusement. (*letter-ending*) **yours ~** (bien) affectueusement (à vous).

affective [ə'fektɪv] *adj* affectif (*also Ling*).

affidavit [,æfɪ'deɪvɪt] *n* (*Jur*) déclaration écrite sous serment. **to swear an ~ (to the effect that)** déclarer par écrit sous serment (que).

affiliate [ə'fɪlɪeɪt] *vt* affilier (*to, with* à). **to ~ o.s., to be ~d** s'affilier (*to, with* à); (*Comm*) **~d company** entreprise liée.
affiliation [ə,fɪlɪ'eɪʃən] *n* **(a)** (*Comm etc*) affiliation *f*. **(b)** (*Jur*) attribution *f* de paternité. **~ order** jugement *m* en constatation de paternité; **~ proceedings** action *f* en recherche de paternité. **(c)** (*connection*) affiliation *f*, attaches *fpl*.
affinity [ə'fɪnɪtɪ] *n* **(a)** (*gen, Bio, Chem, Ling, Math, Philos*) affinité *f* (*with, to* avec, *between* entre); (*connection, resemblance*) ressemblance *f*, rapport *m*. **the ~ of one thing to another** la ressemblance d'une chose avec une autre.
(b) (*Jur: relationship*) affinité *f* (*to, with* avec).
(c) (*liking*) attrait *m*, attraction *f* (*with, for* pour). **there is a certain ~ between them** ils ont des affinités.
affirm [ə'fɜːm] *vt* affirmer, soutenir (*that* que). **to ~ sth to sb** assurer qn de la vérité de qch.
affirmation [,æfə'meɪʃən] *n* affirmation *f*, assertion *f*.
affirmative [ə'fɜːmətɪv] **1** *n* (*Ling*) affirmatif *m*. **in the ~** à l'affirmatif; (*gen*) **to answer in the ~** répondre affirmativement *or* par l'affirmative, répondre oui.
2 *adj* affirmatif. **if the answer is ~** si la réponse est affirmative, si la réponse est oui *or* dans l'affirmative; (*US: Pol, Ind*) **~ action** mesures *fpl* anti-discriminatoires en faveur des minorités.
affirmatively [ə'fɜːmətɪvlɪ] *adv* affirmativement.
affix [ə'fɪks] **1** *vt* *seal, signature* apposer, ajouter (*to* à); *stamp* coller (*to* à). **2** [ə'fɪks] *n* (*Gram*) affixe *m*.
afflict [ə'flɪkt] *vt* affliger. **to be ~ed with** gout être affligé *or* souffrir de la goutte.
affliction [ə'flɪkʃən] *n* **(a)** (*U*) affliction *f*, détresse *f*. **people in ~** les gens dans la détresse. **(b)** **the ~s of old age** les misères *fpl* *or* les calamités *fpl* de la vieillesse.
affluence ['æfluəns] *n* (*plenty*) abondance *f*; (*wealth*) richesse *f*. **to rise to ~** parvenir à la fortune.
affluent ['æfluənt] **1** *adj* (*plentiful*) abondant; (*wealthy*) riche. **to be ~** vivre dans l'aisance; **the ~ society** la société d'abondance. **2** *n* (*Geog*) affluent *m*.
afflux ['æflʌks] *n* **(a)** (*Med*) afflux *m*. **(b)** [*people etc*] affluence *f*, afflux *m*.
afford [ə'fɔːd] *vt* **(a)** (*following can, could, be able to*) **to be able to ~ to buy sth** avoir les moyens d'acheter qch; **I can't ~ a new hat** je ne peux pas m'offrir *or* me payer* un nouveau chapeau; **he can well ~ a new car** il a tout à fait les moyens de s'acheter une nouvelle voiture; (*fig*) **he can't ~ (to make) a mistake** il ne peut pas se permettre (de faire) une erreur; **I can't ~ the time to do it** je n'ai pas le temps de le faire; *V* ill.
(b) (*provide*) fournir, offrir, procurer. **to ~ sb great pleasure** procurer un grand plaisir à qn; **this will ~ me an opportunity to say** ceci me fournira l'occasion de dire.
afforest [æ'fɒrɪst] *vt* reboiser.
afforestation [æ,fɒrɪs'teɪʃən] *n* boisement *m*. **~ policy** politique *f* de boisement.
affranchise [æ'fræntʃaɪz] *vt* affranchir.
affray [ə'freɪ] *n* bagarre *f*, échauffourée *f*, rixe *f*.
affricate ['æfrɪkɪt] *n* (*Phon*) affriquée *f*.
affright [ə'fraɪt] (*†, liter*) **1** *vt* effrayer, terrifier. **2** *n* effroi *m*, épouvante *f*, terreur *f*.
affront [ə'frʌnt] **1** *vt* **(a)** (*insult*) insulter, faire un affront à, offenser. **(b)** (*face*) affronter, braver. **2** *n* affront *m*, insulte *f*.
Afghan ['æfgæn] **1** *n* **(a)** Afghan(e) *m(f)*. **(b)** (*Ling*) afghan *m*. **(c)** (*also ~ hound*) lévrier afghan. **2** *adj* afghan.
Afghanistan [æf'gænɪstæn] *n* Afghanistan *m*.
aficionado [ə,fɪʃjə'nɑːdəʊ] *n*: **he's an ~ of jazz** *or* **a jazz ~** c'est un fana* *or* un mordu* du jazz.
afield [ə'fiːld] *adv*: **far ~** *be* au loin; *go* loin; **countries further ~** pays plus lointains; **very far ~** très loin; **too far ~** trop loin; **to explore farther ~** pousser plus loin l'exploration; (*fig*) **to go farther ~ for help/support** chercher plus loin de l'aide/un soutien.
afire [ə'faɪəʳ] *adj, adv* (*liter*) (*lit*) en feu, embrasé (*liter*); (*fig*) enflammé (*with* de).
aflame [ə'fleɪm] *adj, adv* en flammes, en feu, embrasé (*liter*). (*fig*) **to be ~ with colour** briller de vives couleurs, rutiler; (*fig*) **~ with anger** enflammé de colère.
afloat [ə'fləʊt] *adv* **(a)** (*on water*) à flot, sur l'eau. **to set a boat ~** mettre un bateau à l'eau *or* à flot; **to stay ~** [*person*] garder la tête hors de l'eau, surnager; [*thing*] flotter, surnager; (*fig*) **to get a business ~** lancer une affaire; (*fig*) **to keep a business ~** maintenir une affaire à flot.
(b) (*Naut: on board ship*) en mer, à la mer. **service ~** service *m* à bord; **to serve ~** servir en mer.
(c) (*fig: of rumour etc*) en circulation, qui court *or* se répand. **there is a rumour ~ that ...** le bruit court que ... + *indic or cond*.
afocal ['eɪfəʊkəl] *adj* (*Phot*) afocal.
afoot [ə'fʊt] *adv* **(a)** (*in progress*) **there is something ~** il se prépare quelque chose; **there is a plan ~ to do** on a formé le projet *or* on envisage de faire.
(b) (*†, liter*) go, come à pied. **to be ~** être sur pied.
aforementioned [ə,fɔː'menʃənd] *adj*, **aforenamed** [ə'fɔːneɪmd] *adj*, **aforesaid** [ə'fɔːsed] *adj* (*Jur etc*) susdit, susmentionné, précité.
aforethought [ə'fɔːθɔːt] *adj* prémédité; *V* malice.
afoul [ə'faʊl] *adv* (*esp US*) **to run ~ of sb** se mettre qn à dos, s'attirer le mécontentement de qn; **to run ~ of a ship** entrer en collision avec un bateau.
afraid [ə'freɪd] *adj* **(a)** (*frightened*) **to be ~** avoir peur; **to be ~ of sb/sth** avoir peur de qn/qch, craindre qn/qch; **don't be ~!** n'ayez pas peur!, ne craignez rien!; **I am ~ of hurting him** *or* **that I might hurt him** j'ai peur *or* je crains de lui faire mal; **I am ~ he will** *or*

might hurt me, (*liter*) **I am ~ lest he (might) hurt me** je crains *or* j'ai peur qu'il (ne) me fasse mal; **I am ~ to go** *or* **of going** je n'ose pas y aller, j'ai peur d'y aller; **he is ~ of work** il n'aime pas beaucoup travailler; **he is not ~ of work** le travail ne lui fait pas peur *or* ne le rebute pas.
(b) (*expressing polite regret*) **I'm ~ I can't do it** je regrette *or* je suis désolé, (mais) je ne pourrai pas le faire; **I'm ~ that ...** je regrette de vous dire que ...; **I am ~ I shall not be able to come** je suis désolé de ne pouvoir venir, je crains de ne pas pouvoir venir; **are you going? — I'm ~ not/I'm ~ so** vous y allez? — hélas non/hélas oui; **there are too many people, I'm ~** je regrette, mais il y a trop de monde.
afresh [ə'freʃ] *adv* de nouveau. **to start ~** recommencer.
Africa ['æfrɪkə] *n* Afrique *f*; *V* south.
African ['æfrɪkən] **1** *n* Africain(e) *m(f)*. **2** *adj* africain. **~ elephant** éléphant *m* d'Afrique; **~ violet** saintpaulia *f*; *V* south.
Afrikaans [,æfrɪ'kɑːns] *n* (*Ling*) afrikaans *m*.
Afrikaner [,æfrɪ'kɑːnəʳ] *n* Afrikaner *mf*.
afro ['æfrəʊ] *adj, pref*: **to go ~**‡ s'africaniser; **~ hair style** coiffure *f* afro*; **A~-Asian** afro-asiatique.
aft [ɑːft] *adv* (*Naut*) sur *or* à *or* vers l'arrière. **wind dead ~** vent en poupe, vent arrière.
after ['ɑːftəʳ] (*phr vb elem*) **1** *prep* **(a)** (*time*) après. **~ that** après cela, après ça; **~ dinner** après le dîner; **the day ~ tomorrow** après-demain *m*; **~ this** date passé cette date; **shortly ~ 10 o'clock** peu après 10 heures; **it was ~ 2 o'clock** il était plus de 2 heures; (*US*) **it was 20 ~ 3** il était 3 heures 20; **~ hours*** après la fermeture, après le travail; **~ seeing her** après l'avoir vue; **~ which** he sat down après quoi il s'est assis; **~ what has happened** après ce qui s'est passé.
(b) (*order*) après. **the noun comes ~ the verb** le substantif vient après le verbe; **~ you,** sir après vous, Monsieur; **~ you with the salt*** passez-moi le sel s'il vous plaît (quand vous aurez fini).
(c) (*place*) après. **to run ~ sb** courir après qn; **he shut the door ~ her** il a refermé la porte sur elle; **come in and shut the door ~ you** entrez et (re)fermez la porte (derrière vous); **to shout ~ sb** crier à qn.
(d) **~ all** après tout; **to succeed ~ all** réussir malgré *or* après tout; **~ all, no one made him go** après tout, personne ne l'a obligé à y aller; **~ all, you'd expect her to say that** évidemment, il n'est pas étonnant qu'elle dise ça; **it's only 2 days, ~ all** après tout *or* au fond, ça fait seulement 2 jours.
(e) (*often expressing surprise*) après. **~ all I said to him** après tout ce que je lui ai dit; **~ all I've done for you!** après tout ce que j'ai fait pour toi!; quand je pense à tout ce que j'ai fait pour toi!; **~ all that happened,** it's not surprising avec tout ce qui est arrivé *or* quand on pense à tout ce qui est arrivé, ça n'a rien d'étonnant.
(f) (*succession*) **day ~ day** jour après jour, tous les jours; (*for*) **kilometre ~ kilometre** sur des kilomètres et des kilomètres; **kilometre ~ kilometre of forest** des kilomètres et des kilomètres de forêt; **you tell me lie ~ lie** tu me racontes mensonge sur mensonge; **time ~ time** maintes (et maintes) fois; **they went out one ~ the other** (*individually*) ils sont sortis les uns après les autres; (*in a line*) ils sont sortis à la file.
(g) (*manner: according to*) **~ El Greco** d'après Le Gréco; **~ the old style** à la vieille mode, à l'ancienne; **she takes ~ her mother** elle tient de sa mère; **a young man ~ your own heart** un jeune homme comme tu les aimes; **to name a child ~ sb** donner à un enfant le nom de qn.
(h) (*pursuit, inquiry*) **to be ~ sb/sth** chercher qn/qch; (*after loss, disappearance etc*) rechercher qn/qch; **the police are ~ him for this robbery** il est recherché par la police *or* la police est à ses trousses pour ce vol; **she's ~ a green hat** elle cherche *or* voudrait un chapeau vert; **what are you ~?** (*want*) qu'est-ce que vous voulez? *or* désirez?; (*have in mind*) qu'avez-vous en tête?; **I see what he's ~** je vois où il veut en venir; (*fig: nagging*) **she's always ~ her children*** elle est toujours après ses enfants*; **she inquired ~ you** elle a demandé de vos nouvelles.
2 *adv* (*place, order, time*) après, ensuite. **for years ~** pendant des années après cela; **soon ~** bientôt après; **the week ~** la semaine d'après, la semaine suivante; **what comes ~?** qu'est-ce qui vient ensuite?, et ensuite?
3 *conj* après (que). **~ he had closed the door, she spoke** après qu'il eut fermé la porte, elle parla; **~ he had closed the door, he spoke** après avoir fermé la porte, il a parlé.
4 *adj*: **in ~life** *or* **~ years** *or* **~ days** plus tard (dans la vie), par *or* dans la suite.
5 *npl* (*Brit: dessert*) **~s*** le dessert.
6 *cpd*: (*Med*) **afterbirth** placenta *m*; **afterburner, afterburning** postcombustion *f*; **aftercare** [*convalescent*] post-cure *f*; (*prisoner*) **aftercare** assistance *f* (aux anciens détenus); (*Naut*) **afterdeck** arrière-pont *m*, pont *m* arrière; **after-dinner drink** digestif *m*; **after-dinner speaker** orateur *m* (de fin de banquet); **he's a good after-dinner speaker** il fait de très bonnes allocutions *or* de très bons discours (de fin de banquet); **after-effect** [*events etc*] suite *f*, répercussion *f*; [*treatment*] réaction *f*; [*illness*] séquelle *f*; (*Psych*) **after-effect** *m*; **afterglow** [*setting sun*] dernières lueurs, derniers reflets; [*person*] (*after exercise*) réaction *f* agréable; **afterlife** vie future (*V* 4); **to have an after-lunch nap** faire la sieste; **aftermath** suites *fpl*, conséquences *fpl*, séquelles *fpl*; **the aftermath of war** le contrecoup *or* les conséquences de la guerre; **afternoon** *V* afternoon; (*Comm*) **after-sales service** service *m* après-vente; **after-school** *activities etc* extra-scolaire; (*US Scol*) **after-school center**, (*Brit Scol*) **after-school club** garderie *f*; **after-shave lotion** *f* après-rasage, **after-shave** *m*; (*lit, fig*) **aftertaste** arrière-goût *m*; **after-thought** *V* afterthought; **after-treatment** (*Med etc*) soins *mpl*; (*Tex*) apprêt *m*, fixage *m*; **afterwards** *V* afterwards.

afternoon ['ɑ:ftə'nu:n] **1** *n* après-midi *m or f.* **in the ~** , *(US)* **~s** l'après-midi; **at 3 o'clock in the ~** à 3 heures de l'après-midi; **on Sunday ~(s)** le dimanche après-midi; **every ~** l'après-midi, chaque après-midi; **on the ~ of December 2nd** l'après-midi du 2 décembre, le 2 décembre dans l'après-midi; **he will go this ~** il ira cet après-midi; **good ~!** *(on meeting sb)* bonjour!; *(on leaving sb)* au revoir!; **have a nice ~!** bon après-midi!; **in the early ~** tôt dans l'après-midi; **this ~** cet après-midi; **tomorrow/yesterday ~** demain/hier après-midi; **the next or following ~** l'après-midi suivant; **the ~ before** l'après-midi précédant; **every Sunday ~** le dimanche après-midi; **one summer ~** (par) un après-midi d'été. **2** *cpd* lecture, class, train, meeting (de) l'après-midi. **afternoon performance** matinée *f*; **afternoon tea** thé *m* (de cinq heures).

afterthought ['ɑ:ftəθɔ:t] *n* pensée *f* après coup. **I had an ~** cela m'est venu après coup; **I had ~s or an ~ about my decision** j'ai eu après coup des doutes sur ma décision; **the window was added as an ~** la fenêtre a été ajoutée après coup.

afterwards ['ɑ:ftəwədz] *adv* après, ensuite, plus tard, par la suite.

A.G. [eɪ'dʒi:] *n* **(a)** *abbr of* **Adjutant General. (b)** *abbr of* **Attorney General.**

again [ə'gen] *(phr vb elem) adv* **(a)** *(once more)* de nouveau, encore une fois, une fois de plus. **here we are ~!** nous revoilà!; **~ and ~, time and ~** à plusieurs reprises, maintes et maintes fois; **I've told you ~ and ~** je te l'ai dit et répété (je ne sais combien de fois); **he was soon well ~** il s'est vite remis; **she is home ~** elle est rentrée chez elle, elle est de retour chez elle; **what's his name ~?** comment s'appelle-t-il déjà?; **to begin ~** recommencer; **to see ~** revoir; *V* **now.**
(b) *(with neg)* **not ... ~** ne ... plus; **I won't do it ~** je ne le ferai plus; **never ~** jamais plus, plus jamais; **I won't do it ever ~** je ne le ferai plus jamais; *(excl)* **never ~!** c'est bien la dernière fois!; *(iro)* **not ~!** encore!
(c) as much ~ deux fois autant; **he is as old ~ as Mary** il a deux fois l'âge de Marie.
(d) *(emphatic: besides, moreover)* de plus, d'ailleurs, en outre. **then ~, and ~** d'autre part, d'un autre côté; **~, it is not certain that ... et** d'ailleurs or et encore il n'est pas sûr que ... .

against [ə'genst] *(phr vb elem) prep* **(a)** *(indicating opposition, protest)* contre, en opposition à, à l'encontre de. **~ the law** *(adj)* contraire à la loi; *(adv)* contrairement à la loi; *(lit, fig)* **there's no law ~** il n'y a pas de loi qui s'y oppose, il n'y a pas de loi contre*; **I've got nothing ~ him/it** je n'ai rien contre lui/rien contre (cela); **conditions are ~ us** les conditions nous sont défavorables or sont contre nous; **to be ~ capital punishment** être contre la peine de mort; **I'm ~ helping him at all** je ne suis pas d'avis qu'on l'aide *(subj)*; **I'm ~ it** je suis contre (cela); **to be dead ~ sth** s'opposer absolument à qch; *(Pol)* **to run ~ sb** se présenter contre qn; **~ all comers** envers et contre tous; **now we're up ~ it!** nous voilà au pied du mur!, c'est maintenant qu'on va s'amuser!*; **~ my will** *(despite myself)* malgré moi, à contre-cœur; *(despite my opposition)* malgré moi, contre ma volonté; **to work ~ time** or **the clock** travailler contre la montre, faire la course contre la montre *(fig)*; *V* **grain, hair, odds.**
(b) *(indicating collision, impact)* contre, sur. **to hit one's head ~ the mantelpiece** se cogner la tête contre la cheminée; **the truck ran ~ a tree** le camion s'est jeté sur or a percuté un arbre.
(c) *(indicating support)* contre. **to lean ~ a wall** s'appuyer contre un mur or au mur; **push the chairs right back ~ the wall** repoussez les chaises tout contre le mur; **he leaned ~** il s'y est appuyé, il s'est appuyé contre*; *V* **up 1 h.**
(d) *(in contrast to)* contre, sur. **~ the light** à contre-jour; **the trees stood out ~ the sunset** les arbres se détachaient sur le (soleil) couchant.
(e) *(in preparation for)* en vue de, en prévision de, pour. **preparations ~ sb's return** préparatifs pour le retour or en prévision du retour de qn; **to have the roof repaired ~ the rainy season** faire réparer le toit en vue de la saison des pluies.
(f) *(indicating comparison)* **(as) ~** contre, en comparaison de; **my rights as ~ his** mes droits comparés aux siens; **the strength of the pound (as) ~ the dollar** la fermeté de la\livre par rapport au dollar; **~ that**, it might be said ... en revanche or par contre, on pourrait dire ... ; *V* **over, word.**
(g) numbered tickets are available ~ this voucher on peut obtenir des billets numérotés contre remise de ce bon; **~ presentation of documents** sur présentation des pièces justificatives.

Agamemnon [,ægə'memnən] *n* Agamemnon *m.*

agape [ə'geɪp] *adj, adv* bouche bée.

agar-agar [,eɪgə'eɪgəʳ] *n* agar-agar *m*, gélose *f.*

agaric [ə'gærɪk] *adj* agaric *m.*

agate ['ægət] *n* agate *f.*

agave [ə'geɪv] *n* agave *m.*

age [eɪdʒ] **1** *n* **(a)** *(length of life)* âge *m.* **what's her ~?, what ~ is she?** quel âge a-t-elle?; **when I was your ~** quand j'avais votre âge; **I have a daughter your ~ or the same ~ as you** j'ai une fille de votre âge; **be or act your ~!** allons, sois raisonnable!; **he is 10 years of ~** il a 10 ans; **you don't look your ~** vous ne faites pas votre âge; **he's twice your ~** il a le double de votre âge; **we are of an ~** nous sommes du même âge; *(Jur etc)* **to be under ~** être mineur; **to come of ~** atteindre sa majorité; **to be of ~** être majeur; *(Jur)* **~ of consent** âge à partir duquel les rapports sexuels entre parties consentantes sont licites; *V* **middle etc.**
(b) *(latter part of life)* vieillesse *f*, âge *m.* **the infirmities of ~** les infirmités de la vieillesse or de l'âge; *V* **old.**
(c) *(Geol etc)* âge *m*; *(Hist, Literat)* époque *f*, siècle *m*; *V* **enlightenment, stone etc.**
(d) *(*: gen pl: long time)* **I haven't seen him for ~s** il y a un siècle

que je ne le vois plus, il y a une éternité que je ne l'ai vu; **she stayed for ~s or for an ~** elle est restée (là) pendant une éternité or un temps fou.
2 *vi* vieillir, prendre de l'âge. **she had ~d beyond her years** elle paraissait or faisait maintenant plus que son âge; **to ~ well** *[wine]* s'améliorer en vieillissant; *[person]* vieillir bien; **he has ~d a lot** il a beaucoup vieilli, il a pris un coup de vieux.
3 *vt* **(a)** vieillir. **this dress ~s you** cette robe vous vieillit.
(b) *wine etc* laisser vieillir.
4 *cpd* d'âge. **age bracket, age group** tranche *f* d'âge; **the 40-50 age group** la tranche d'âge de 40 à 50 ans, les 40 à 50 ans; **age limit** limite *f* d'âge; **age-old** séculaire, antique; **age range: children in the age range 12-14** les enfants (qui sont) âgés de 12 à 14 ans.

aged [eɪdʒd] **1** *adj* **(a)** âgé de. **a boy ~ 10** un garçon (âgé) de 10 ans.
(b) ['eɪdʒɪd] *(old)* âgé, vieux *(f* vieille). **2** *npl:* **the ~** les personnes âgées; **the ~ and infirm** les gens âgés et infirmes.

ageing ['eɪdʒɪŋ] **1** *adj person* vieillissant; *person* qui se fait vieux *(f* vieille); *hairstyle etc* qui fait paraître plus vieux *(f* vieille). **2** *n* vieillissement *m.*

ageless ['eɪdʒlɪs] *adj person* sans âge; *beauty* toujours jeune.

agency ['eɪdʒənsɪ] *n* **(a)** *(Comm)* agence *f*, bureau *m*; *(Govt)* organisme *m.* **this garage has the Citroën ~** ce garage est le concessionnaire Citroën; **he has the sole ~ for ...** il a l'exclusivité de ... ; **~ agreement** contrat *m* de représentation; *V* **advertising, news, tourist etc.**
(b) *(means)* action *f*, intermédiaire *m*, entremise *f.* **through or by the ~ of friends** par l'intermédiaire or l'entremise d'amis, grâce à des amis; **through the ~ of water** par l'action de l'eau.

agenda [ə'dʒendə] *n* ordre *m* du jour, programme *m.* **on the ~** à l'ordre du jour.

agent ['eɪdʒənt] *n* **(a)** *(Comm)* *(person)* agent(e) *m(f)*, représentant(e) *m(f)*; *(firm)* concessionnaire *m*; *V* **foreign, free, law, special etc. (b)** *(thing, person, also Ling)* agent *m*; *V* **chemical, principal etc.**

agentive ['eɪdʒəntɪv] *n (Ling)* agentif *m.*

agglomerate [ə'glɒməreɪt] **1** *vt* agglomérer. **2** *vi* s'agglomérer. **3** *adj* aggloméré.

agglomeration [ə,glɒmə'reɪʃən] *n* agglomération *f.*

agglutinate [ə'glu:tɪneɪt] **1** *vt* agglutiner. *(Ling)* **agglutinating language** langue agglutinante. **2** *vi* s'agglutiner. **3** *adj* agglutiné; *(Ling)* agglutinant.

agglutination [ə,glu:tɪ'neɪʃən] *n* agglutination *f.*

agglutinative [ə'glu:tɪnətɪv] *adj substance, language* agglutinant.

aggrandize [ə'grændaɪz] *vt* agrandir, grandir.

aggrandizement [ə'grændɪzmənt] *n* agrandissement *m*; *[influence]* accroissement *m.*

aggravate ['ægrəveɪt] *vt* **(a)** *illness* aggraver, (faire) empirer; *quarrel, situation* envenimer; *pain* augmenter. *(Jur)* **~d assault** coups *mpl* et blessures.
(b) *(annoy)* exaspérer, agacer, porter or taper sur les nerfs de*.

aggravating ['ægrəveɪtɪŋ] *adj* **(a)** *(worsening)* circumstances aggravant. **(b)** *(annoying)* exaspérant, agaçant.

aggravation [,ægrə'veɪʃən] *n (V aggravate)* aggravation *f*, envenimement *m*; exaspération *f*, agacement *m*, irritation *f.*

aggregate ['ægrɪgɪt] **1** *n* **(a)** ensemble *m*, total *m.* **in the ~** dans l'ensemble, en somme; **on ~** ≃ au total des points *(dans le groupe de sélection).*
(b) *(Constr, Geol)* agrégat *m.*
2 *adj* collectif, global, total. **~ value** valeur collective.
3 ['ægrɪgeɪt] *vt* **(a)** *(gather together)* agréger, rassembler.
(b) *(amount to)* s'élever à, former un total de.
4 *vi* s'agréger, s'unir en un tout.

aggression [ə'greʃən] *n (also Psych)* agression *f*; *(aggressiveness)* agressivité *f*; *V* **non-aggression.**

aggressive [ə'gresɪv] *adj person, behaviour, speech* agressif; *salesman, ad etc* accrocheur; *(Mil etc) tactics, action* offensif; *(Psych)* agressif.

aggressively [ə'gresɪvlɪ] *adv* agressivement.

aggressiveness [ə'gresɪvnɪs] *n* agressivité *f.*

aggressor [ə'gresəʳ] *n* agresseur *m.*

aggrieved [ə'gri:vd] *adj* chagriné, blessé, affligé *(at, by* par); *V* **party.**

aggro* ['ægrəʊ] *n (abbr of* **aggression)** *(emotion)* agressivité *f*; *(physical violence)* grabuge* *m.*

aghast [ə'gɑ:st] *adj* atterré *(at* de), frappé d'horreur.

agile ['ædʒaɪl] *adj* agile, leste.

agility [ə'dʒɪlɪtɪ] *n* agilité *f*, souplesse *f.*

Agincourt ['ædʒɪn,kɔ:t] *n* Azincourt.

aging ['eɪdʒɪŋ] = **ageing.**

agitate ['ædʒɪteɪt] **1** *vt* **(a)** *liquid* agiter, remuer.
(b) *(excite, upset)* agiter, émouvoir, troubler.
2 *vi:* **to ~ for/against sth** faire campagne or mener une campagne en faveur de/contre qch.

agitated ['ædʒɪteɪtɪd] *adj* inquiet *(f* -ète), agité. **to be very ~** être dans tous ses états.

agitation [,ædʒɪ'teɪʃən] *n* **(a)** *[mind]* émotion *f*, trouble *m*, agitation *f.* **in a state of ~** agité.
(b) *(social unrest)* agitation *f*, troubles *mpl*; *(deliberate stirring up)* campagne *f (for* pour, *against* contre).
(c) *[liquid]* agitation *f*, mouvement *m.*

agitator ['ædʒɪteɪtəʳ] *n (a)* *(person)* agitateur *m*, -trice *f*, fauteur *m* (de troubles), trublion *m.* **(b)** *(device)* agitateur *m.*

aglow [ə'gləʊ] *adj sky* embrasé *(liter)*; *fire* rougeoyant, incandescent. **the sun sets the mountain ~** le soleil embrase la montagne; *(fig)* **~ with pleasure/health** rayonnant de plaisir/de santé.

A.G.M. [,eɪdʒi:'em] *n (abbr of* **annual general meeting)** AG *f*, assemblée générale.

Agnes ['ægnıs] *n* Agnès *f.*

agnostic [æg'nɒstɪk] *adj, n* agnostique (*mf*).

agnosticism [æg'nɒstɪsɪzəm] *n* agnosticisme *m.*

ago [ə'gəʊ] *adv* il y a. **a week** ~ il y a huit jours; **how long** ~? il y a combien de temps (de cela)?; **a little while** ~ il y a peu de temps; **he left 10 minutes** ~ il est sorti il y a 10 minutes *or* depuis 10 minutes; **as long** ~ **as 1950** déjà en 1950, dès 1950; **no longer** ~ **than yesterday** pas plus tard qu'hier; *V* **long.**

agog [ə'gɒg] *adj* en émoi. **to be** (**all**) ~ (**with excitement**) **about sth** être en émoi à cause de qch; **to set** ~ mettre en émoi; **to be** ~ **to do** griller d'envie *or* être impatient de faire, brûler de faire; ~ **for news** impatient d'avoir des nouvelles.

agonize ['ægənaız] *vi:* **to** ~ **over** *or* **about sth** se tourmenter à propos de qch; **to** ~ **over how to do sth** se ronger les sangs pour savoir comment faire qch.

agonized ['ægənaızd] *adj* atroce, d'angoisse.

agonizing ['ægənaızıŋ] *adj situation* angoissant; *cry* déchirant. ~ **reappraisal** réévaluation *or* révision déchirante.

agony ['ægənı] **1** *n* (*mental pain*) angoisse *f*, supplice *m*; (*physical pain*) douleur *f* atroce. **it was** ~ la douleur était atroce; **death** ~ agonie *f*; **to suffer agonies** souffrir le martyre *or* mille morts; **to be in an** ~* **of impatience** se mourir d'impatience; **to be in** ~ souffrir le martyre; *V* **pile on. 2** *cpd:* (*Brit Press*) **agony aunt*** *journaliste qui tient la rubrique du courrier du cœur;* **agony column** courrier *m* du cœur.

AGR [ˌeɪdʒiː'ɑːr] *abbr of* **advanced gas-cooled reactor.**

agrammatical [ˌeɪgrə'mætɪkəl] *adj* agrammatical.

agraphia [ˌeɪ'græfɪə] *n* agraphie *f.*

agrarian [ə'grɛərɪən] **1** *adj reform, laws* agraire. **A**~ **Revolution** réforme(s) *f(pl)* agraire(s). **2** *n* (*Pol Hist*) agrarien(ne) *m(f).*

agree [ə'griː] **1** *vt* (**a**) (*consent*) consentir (*to do* à faire), accepter (*to do* de faire); *statement, report* accepter *or* reconnaître la véracité de. **he** ~**d to do it** il a consenti à *or* accepté de le faire, il a bien voulu le faire.

(**b**) (*admit*) reconnaître, admettre (*that* que). **I** ~ (**that**) **I was wrong** je reconnais *or* conviens que je me suis trompé.

(**c**) (*come to an agreement*) convenir (*to do* de faire), se mettre d'accord (*to do* pour faire); *time, price* se mettre d'accord sur, convenir de; (*be of same opinion*) être d'accord (*with* avec; *that* que). **everyone** ~**s that we should stay** tout le monde s'accorde à reconnaître que *or* tout le monde est unanime pour reconnaître que nous devrions rester, de l'avis de tous nous devrions rester; **they** ~**d** (**amongst themselves**) **to do it** ils ont convenu de le faire, ils se sont mis d'accord *or* se sont accordés pour le faire; **it was** ~**d** c'était convenu; **to** ~ **to differ** rester sur ses positions, garder chacun son opinion; **I** ~ **that it's difficult** je suis d'accord que c'est difficile; **the delivery was later than** ~**d** la livraison a été effectuée après la date convenue; (*Jur*) **unless otherwise** ~**d** sauf accord contraire, sauf convention contraire.

2 *vi* (**a**) (*hold same opinion*) être d'accord (*with* avec), être du même avis (*with* que). **I** (**quite**) ~ je suis (tout à fait) d'accord; **I don't** ~ (**at all**) je ne suis pas (du tout) d'accord; **I** ~ **about trying again tomorrow** je suis d'accord avec l'idée de ressayer demain; **they all** ~**d in finding the play dull** tous ont été d'accord pour trouver la pièce ennuyeuse, tous ont été d'avis que la pièce était ennuyeuse; **she** ~**s with me that it is unfair** elle est d'accord avec moi pour dire *or* elle trouve comme moi que c'est injuste; **he entirely** ~**s with me** il est tout à fait d'accord *or* en plein accord avec moi; **I can't** ~ **with you** there je ne suis absolument pas d'accord avec vous sur ce point; **I don't** ~ **with children smoking** je n'admets pas que les enfants fument (*subj*).

(**b**) (*come to terms*) se mettre d'accord (*with* avec); (*get on well*) s'entendre (bien), s'accorder (bien). **to** ~ **about** *or* **on sth** se mettre d'accord sur qch, convenir de qch; **we haven't** ~**d about the price/about where to go** nous ne nous sommes pas mis d'accord sur le prix/sur l'endroit où aller, nous n'avons pas convenu du prix/de l'endroit où aller; **they** ~**d as to** *or* **on how to do it/as to what it should cost** ils sont tombés *or* se sont mis d'accord sur la manière de le faire/sur le prix que cela devrait coûter; *V* **agreed.**

(**c**) **to** ~ **to a proposal** accepter une proposition, donner son consentement *or* son adhésion à une proposition; **he won't** ~ **to that** il ne sera jamais d'accord, il n'acceptera pas; **I** ~ **to your marriage/your marrying her** je consens à votre mariage/à ce que vous l'épousiez; **he** ~**d to the project** il a donné son adhésion au projet.

(**d**) [*ideas, stories, assessments*] concorder, coïncider (*with* avec). **his explanation** ~**s with what I know** son explication correspond à ce que je sais; **these statements do not** ~ **with each other** ces affirmations ne concordent pas.

(**e**) (*Gram*) s'accorder (*with* avec; *in* en).

(**f**) (*suit the health of*) **sea air** ~**s with invalids** l'air marin est bon pour les malades *or* réussit aux malades; **the heat does not** ~ **with her** la chaleur l'incommode; **onions don't** ~ **with me** les oignons ne me réussissent pas.

agreeable [ə'griːəbl] *adj* (**a**) (*pleasant*) agréable.

(**b**) (*willing*) consentant. **to be** ~ **to** (**doing**) **sth** consentir volontiers à (faire) qch; **I am quite** ~ volontiers, je veux bien; **I am quite** ~ **to doing it** je ne demande pas mieux que de le faire.

agreeably [ə'griːəblɪ] *adv* agréablement.

agreed [ə'griːd] *adj* (**a**) d'accord. **we are** ~ nous sommes d'accord (*about* au sujet de, à propos de, *on* sur); **the ministers were** ~ les ministres sont tombés d'accord.

(**b**) *time, place, amount* convenu. **it's all** ~ c'est tout décidé *or* convenu; **as** ~ comme convenu; **it's** ~ **that** il est convenu que + *indic*; (**is that**) ~? entendu?, d'accord?; ~! entendu!, d'accord!

agreement [ə'griːmənt] *n* (**a**) (*mutual understanding*) accord *m*, harmonie *f.* **to be in** ~ **on a subject** être d'accord sur un sujet; **by**

(**mutual**) ~ (*both thinking same*) d'un commun accord; (*without quarrelling*) à l'amiable.

(**b**) (*arrangement, contract*) accord *m*, accommodement *m*; (*Pol, frm*) pacte *m*. **to come to an** ~ parvenir à *or* en venir à un accommodement, tomber d'accord; **to sign an** ~ signer un accord; **the Helsinki** ~ les accords *mpl* d'Helsinki; *V* **gentleman.**

(**c**) (*Gram*) accord *m.*

agribusiness ['ægrɪ,bɪznɪs] *n* agrobusiness *m*, agro-industries *fpl.*

agricultural [ˌægrɪ'kʌltʃərəl] *adj worker, produce, country* agricole; *tool* aratoire, agricole. ~ **engineer** ingénieur *m* agronome; ~ **expert** expert *m* agronome; ~ **college** école *f* d'agriculture; ~ **show** exposition *f* agricole, salon *m* de l'agriculture; (*local*) comice *m* agricole.

agriculture ['ægrɪkʌltʃər] *n* agriculture *f.* (*Brit*) **Minister/Ministry of A**~, (*US*) **Secretary/Department of A**~ ministre *m*/ministère *m* de l'Agriculture.

agricultur(al)ist [ˌægrɪ'kʌltʃər(əl)ɪst] *n* agronome *mf*; (*farmer*) agriculteur *m.*

agronomist [ə'grɒnəmɪst] *n* agronome *mf.*

agronomy [ə'grɒnəmɪ] *n* agronomie *f.*

aground [ə'graʊnd] *adv, adj ship* échoué. **to be** ~ toucher le fond; **to be fast** ~ être bien échoué; **to run** ~ s'échouer.

ague†† ['eɪgjuː] *n* (*Med*) fièvre *f.*

ah [ɑː] *excl* ah!

aha [ɑː'hɑː] *excl* ah, ah!

Ahasuerus [ə,hæzjʊ'ɪərəs] *n* Assuérus *m.*

ahead [ə'hed] (*phr vb elem*) *adv* (**a**) (*in space*) en avant, devant. **to draw** ~ gagner de l'avance; **stay here, I'll go on** ~ restez ici, moi je vais en avant; (*lit, fig*) **to get** ~ prendre de l'avance; (*Naut, also fig*) **full speed** ~! en avant toute!; *V* **fire ahead, go ahead** *etc.*

(**b**) (*in time*) *book, plan* à l'avance. ~ **of time** *decide, announce* d'avance; *arrive, be ready* avant l'heure, en avance; **2 hours** ~ **of the next car** en avance de 2 heures sur la voiture suivante; **he's 2 hours** ~ **of you** il a 2 heures d'avance sur vous; **clocks here are 2 hours** ~ **of clocks over there** les pendules d'ici ont 2 heures d'avance sur celles de là-bas *or* avancent de 2 heures sur celles de là-bas; **the months** ~ les mois à venir *or* en perspective; **looking** *or* **thinking** ~ **5 years, what** ... essayez d'imaginer la situation dans 5 ans d'ici — qu'est-ce que ...; (*fig*) **to be** ~ **of one's time** être en avance sur son époque; **to plan** ~ faire des projets à l'avance; **to think** ~ prévoir, penser à l'avenir, anticiper; **what is** *or* **lies** ~ ce qui reste à venir.

ahoy [ə'hɔɪ] *excl* (*Naut*) ohé!, holà! **ship** ~! ohé du navire!

A.I. [ˌeɪ'aɪ] *n* (**a**) (*abbr of* **artificial intelligence**) IA *f*, intelligence artificielle. (**b**) (*abbr of* **artificial insemination**) IA *f*, insémination artificielle. (**c**) (*abbr of* **Amnesty International**) *organisation internationale qui se consacre à la défense des prisonniers politiques.*

aid [eɪd] **1** *n* (**a**) (*U*) (*help*) aide *f*, assistance *f*, secours *m*; (*international*) aide. **by** *or* **with the** ~ **of sb** avec l'aide de qn; **by** *or* **with the** ~ **of sth** à l'aide de qch; **sale in** ~ **of the blind** vente *f* (de charité) au profit des aveugles; (*Brit fig*) **what is the meeting in** ~ **of?*** c'est dans quel but *or* en quel honneur* cette réunion?, à quoi rime cette réunion? (*pej*); **Marshall A**~ le plan Marshall; *V* **first aid, mutual.**

(**b**) (*helper*) aide *mf*, assistant(e) *m(f)*; (*gen pl: equipment, apparatus*) aide *f.* **audio-visual** ~**s** support audio-visuel, moyens audio-visuels; **teaching** ~**s** outils *mpl* *or* matériel *m* pédagogique(s); *V* **deaf.**

2 *cpd:* (*Climbing*) **aid climbing** escalade artificielle.

3 *vt person* aider, assister, secourir, venir en aide à; *progress, recovery* contribuer à. **to** ~ **one another** s'entraider, s'aider les uns les autres; **to** ~ **sb to do** aider qn à faire; (*Jur*) **to** ~ **and abet** (**sb**) être complice de (qn).

A.I.D. [ˌeɪɑː'diː] (**a**) *abbr of* **artificial insemination by donor.**

(**b**) (*US*) *abbr of* **Agency for International Development.**

(**c**) (*US Admin*) *abbr of* **Aid to Families with Dependent Children.**

aide [eɪd] *n* aide *mf*, assistant(e) *m(f).* ~**-de-camp** aide *m* de camp; ~**-mémoire** mémorandum *m.*

AIDS, aids [eɪdz] *n* (*abbr of* **acquired immune deficiency syndrome**) SIDA *m.*

aigrette [e'gret] *n* (*Bot, Zool*) aigrette *f.*

ail [eɪl] **1** *vt:* **what** ~**s you?** qu'avez-vous?; **what's** ~**ing them?** quelle mouche les a piqués? **2** *vi* souffrir, être souffrant.

aileron ['eɪlərɒn] *n* (*Aviat*) aileron *m.*

ailing ['eɪlɪŋ] *adj* en mauvaise santé, souffrant. **she is always** ~ elle est de santé fragile, elle a une petite santé; **an** ~ **company** une compagnie qui périclite.

ailment ['eɪlmənt] *n* affection *f.* **all his** (**little**) ~**s** tous ses maux.

aim [eɪm] **1** *n* (**a**) **to miss one's** ~ manquer son coup *or* son but; **to take** ~ viser; **to take** ~ **at sb/sth** viser qn/qch; **his** ~ **is bad** il vise mal.

(**b**) (*fig: purpose*) but *m*, objet *m*, visées *fpl.* **with the** ~ **of doing** dans le but de faire; **her** ~ **is to do** elle a pour but de faire, elle vise à faire; **the** ~ **of this policy is to** ... cette politique a pour but de ...; **the** ~ **of this government is to** ... le but que s'est fixé ce gouvernement; **his** ~**s are open to suspicion** ses visées ambitieuses *or* ses ambitions sont suspectes; **political** ~**s** finalités *fpl* *or* buts *mpl* politiques.

2 *vt* (**a**) (*direct*) *gun* braquer (*at* sur); *missile* pointer (*at* sur); *blow* allonger, décocher (*at* à); *remark* diriger (*at* contre). **to** ~ **a gun at sb** braquer un revolver sur qn, viser qn avec un revolver; **to** ~ **a stone at sb** lancer une pierre sur *or* à qn; (*fig*) **his remarks are** ~**ed at his father** ses remarques visent son père.

(**b**) (*intend*) viser, aspirer (*to do, at doing* à faire).

3 *vi* viser. **to** ~ **at** (*lit*) viser; (*fig*) viser, aspirer à; *V* **high.**

aimless ['eimlis] adj person, way of life sans but, désœuvré; pursuit sans objet, qui ne mène à rien, futile.
aimlessly ['eimlisli] adv wander sans but; stand around sans trop savoir que faire; chat, kick ball about pour passer le temps.
ain't‡ [eint] = am not, is not, are not, has not, have not; V be, have.
air [ɛər] 1 n (a) air m. in the open ~ en plein air; a change of ~ un changement d'air; I need some ~! j'ai besoin d'air!; to go out for a breath of (fresh) ~ sortir prendre l'air or le frais; to take the ~ † prendre le frais; to transport by ~ transporter par avion; to go by ~ aller en or voyager par avion; to throw sth (up) into the ~ jeter qch en l'air; the balloon rose up into the ~ le ballon s'est élevé (dans les airs); (seen) from the ~ vu d'en haut.
  (b) (fig phrases) there's sth in the ~ il se prépare qch, il se trame qch; it's still all in the ~ ce ne sont encore que des projets en l'air or de vagues projets; all her plans were up in the ~ (vague) tous ses projets étaient vagues or flous; all her plans have gone up in the ~ (destroyed) tous ses projets sont tombés à l'eau; there's a rumour in the ~ that ... le bruit court que ...; he went up in the ~* when he heard the news (in anger) il a bondi en apprenant la nouvelle; (in excitement) il a sauté d'enthousiasme en apprenant la nouvelle; to be up in the ~ about* (angry) être très monté or très en colère à l'idée de; (excited) être tout en émoi or très excité à l'idée de; I can't live on ~ je ne peux pas vivre de l'air du temps; to walk or tread on ~ être aux anges, ne pas se sentir de joie; (US) to give sb the ~* [employer] virer* or renvoyer qn; [girlfriend etc] plaquer‡ qn; V castle, hot, mid', thin.
  (c) on the ~ (Rad) à la radio, sur les ondes, à l'antenne; (TV) à l'antenne; you're on the ~ vous avez l'antenne; he's on the ~ every day il parle à la radio tous les jours; the station is on the ~ la station émet; the programme goes or is put on the ~ every week l'émission passe (sur l'antenne) or est diffusée toutes les semaines; to go off the ~ quitter l'antenne.
  (d) (†: breeze) brise f, léger souffle.
  (e) (manner) aspect m, mine f, air m. with an ~ of bewilderment d'un air perplexe; with a proud ~ d'un air fier, avec une mine hautaine; she has an ~ about her elle a de l'allure, elle a un certain chic; to put on ~s, to give o.s. ~s se donner de grands airs; ~s and graces minauderies fpl; to put on ~s and graces minauder.
  (f) (Mus) air m.
2 vt (a) clothes, room, bed aérer.
  (b) anger exhaler; opinions faire connaître; idea, proposal mettre sur le tapis.
  (c) (* US: broadcast) diffuser.
3 cpd: air alert alerte aérienne; air base base aérienne; (Brit) air bed matelas m pneumatique; airborne troops troupes aéroportées; the plane was airborne l'avion avait décollé; air brake (on truck) frein m à air comprimé; (Aviat) frein aérodynamique, aérofrein m; (Constr) air brick brique évidée or creuse; air bridge pont aérien; air brush aérographe m; air bubble (in liquids) bulle f d'air; (in glass, metal) soufflure f; air burst explosion aérienne; (Aut, Physiol) air chamber chambre f à air; (Brit) air chief marshal général m d'armée aérienne; (Brit) air commodore général m de brigade aérienne; air-conditioned climatisé; air conditioner climatiseur m; air conditioning climatisation f; air-cooled engine à refroidissement par air; (US*) room climatisé; air corridor couloir aérien; air cover couverture aérienne; aircraft (pl inv) avion m; aircraft carrier porte-avions m inv; (Brit) aircraft(s)man soldat m de deuxième classe (de l'armée de l'air); aircrew équipage m (d'un avion); air current courant m atmosphérique; air cushion coussin m pneumatique; (Tech) matelas m or coussin m d'air; air cylinder cylindre m à air comprimé; air disaster catastrophe aérienne; air display fête f aéronautique, meeting m d'aviation; (US) airdrome aérodrome m; airdrop (vt) parachuter; (n) parachutage m; air-dry sécher à l'air; (Tech) air duct conduit m d'air or d'aération; (US) air express cargo aérien; air ferry avion transbordeur; airfield terrain m d'aviation, (petit) aérodrome m; air flow courant m atmosphérique; (in wind tunnel) écoulement m d'air; air force armée f de l'air, aviation f militaire; (US) Air Force One l'avion présidentiel; airframe cellule f (d'avion); airframe industry industrie f de la construction des cellules aéronautiques; air freight (goods) fret aérien; (method) transport aérien; to send by air freight expédier par voie aérienne; airgun fusil m or carabine f à air comprimé; air hole trou m d'aération; air hostess hôtesse f de l'air; air intake entrée f d'air, prise f d'air; air lane couloir aérien or de navigation aérienne; air letter lettre f par avion; airlift (n) pont aérien; (vt) évacuer (or amener etc) par pont aérien; airline (Aviat) ligne aérienne, compagnie f d'aviation; (diver's) voie f d'air; airliner avion m de ligne, (avion) long-courrier m or moyen-courrier m; airlock (in spacecraft, caisson etc) sas m; (in pipe) bouchon m or bulle f d'air; airmail V airmail; airman aviateur m; (Brit Aviat) soldat m (de l'armée de l'air); (US Aviat) soldat m de première classe; (US) airman first class caporal m; air marshal général m de corps aérien; (Met) air mass masse f d'air; air mattress matelas m pneumatique; air miss quasi-collision f; (US Mil) airmobile aéroporté; (US) airplane avion m; air pocket trou m or poche f d'air; airport aéroport m; air tax(es) taxes fpl d'aéroport; air power puissance aérienne; air pressure pression f atmosphérique; air pump compresseur m, machine f pneumatique; air purifier purificateur m d'air; air raid attaque aérienne, raid aérien; air-raid precautions défense passive; air-raid shelter abri antiaérien; air-raid warden préposé(e) m(f) à la défense passive; air-raid warning alerte f (aérienne); air rifle carabine f à air comprimé; (Brit) airscrew hélice f (d'avion); air-sea base base aéronavale; air-sea rescue sauvetage m en mer (par hélicoptère etc); air shaft (Min) puits m d'aérage; (Naut) manche f

à vent; airshed hangar m (d'aviation); airship (ballon m) dirigeable m; air show (trade exhibition) salon m de l'aéronautique; (flying display) meeting m or rallye m d'aviation; air shuttle navette de l'air; air sock manche f à air; air space espace aérien; French air space l'espace aérien français; (Aviat) airspeed vitesse relative; airspeed indicator badin m; air stream courant m atmosphérique; (Ling) colonne f d'air; airstrip piste f d'atterrissage; air superiority supériorité aérienne; (Aut) air suspension suspension f pneumatique; air terminal aérogare f; airtight hermétique, étanche (à l'air); (Mil) air-to-air air-air inv, avion-avion inv; (Mil) air-to-ground, air-to-surface air-sol inv; air-to-sea air-mer inv; air traffic control contrôle m du trafic; air traffic controller contrôleur m, -euse f de la navigation aérienne, aiguilleur m du ciel; airtrap*: to airtrap from coast to coast* traverser le continent en faisant de nombreuses escales; air valve soupape f; air vent prise f d'air; (Brit) air vice marshal général m de division aérienne; air waves ondes fpl (hertziennes); airway (route) voie aérienne; (airline company) compagnie f d'aviation; (ventilator shaft) conduit m d'air; airwoman aviatrice f; (in Air Force) (femme f) auxiliaire f (de l'armée de l'air); airworthiness navigabilité f (V certificate a); airworthy en état de navigation.
Airedale ['ɛədeil] n airedale m.
airily ['ɛərili] adj légèrement, d'un ton dégagé, avec désinvolture or insouciance.
airiness ['ɛərinis] n [room] aération f, (bonne) ventilation f; (fig) [manner] désinvolture f, insouciance f.
airing ['ɛəriŋ] 1 n [linen] aération f. (fig) to go for or take an ~* (aller) prendre l'air, faire un petit tour; (fig) to give an idea an ~ mettre une idée en discussion or sur le tapis. 2 cpd: (Brit) airing cupboard placard-séchoir m.
airless ['ɛəlis] adj (a) room privé d'air. it is ~ in here il n'y a pas d'air ici, cela sent le renfermé ici. (b) weather lourd.
airmail ['ɛəmeil] 1 n poste aérienne. by ~ par avion.
2 vt letter, parcel expédier par avion.
3 cpd: airmail edition édition f par avion; airmail letter lettre f par avion; airmail paper papier m pelure; airmail stamp, airmail sticker étiquette f 'par avion'.
airy ['ɛəri] 1 adj (a) room clair. (b) (immaterial) léger, impalpable, éthéré. (c) (casual) manner léger, désinvolte, dégagé. ~ promises promesses fpl en l'air or vaines. 2 cpd: (Brit) airy-fairy* idea, person farfelu.
aisle [ail] n (a) [church] bas-côté m, nef latérale; (between pews) allée centrale. to take a girl up the ~ mener une jeune fille à l'autel; (after wedding) when they were walking down the ~ alors qu'ils sortaient de l'église. (b) [theatre, cinema] allée f; [train, coach] couloir m (central).
aitch [eitʃ] n (letter) H, h m or f. (Culin) ~ bone culotte f (de bœuf); V drop.
Ajaccio [ə'ʒæsjəʊ] n Ajaccio.
ajar [ə'dʒɑːr] adj, adv entrouvert, entrebâillé.
Ajax ['eidʒæks] n Ajax m.
Ak. (US) abbr of Alaska.
akimbo [ə'kimbəʊ] adj: with arms ~ les poings sur les hanches.
akin [ə'kin] adj: ~ to (similar) qui tient de, qui ressemble à; (of same family as) parent de, apparenté à.
Al. (US) abbr of Alabama.
Alabama [,ælə'bæmə] n Alabama m. in ~ dans l'Alabama.
alabaster ['æləbɑːstər] 1 n albâtre m. 2 cpd (lit, fig) d'albâtre.
alacrity [ə'lækriti] n empressement m, promptitude f, alacrité f.
Aladdin [ə'lædin] n Aladin m.
Alan ['ælən] n Alain m.
alarm [ə'lɑːm] 1 n (a) (warning) alarme f, alerte f. to raise the ~ donner l'alarme or l'éveil; ~s and excursions (Theat) bruits mpl de bataille en coulisse; (fig) branlebas m de combat; V burglar, false.
  (b) (U: fear) inquiétude f, alarme f. to cause sb ~ mettre qn dans l'inquiétude, alarmer qn.
  (c) = ~ clock; V 3.
2 vt (a) (frighten) person alarmer, éveiller des craintes chez; animal, bird effaroucher, faire peur à. to become ~ed [person] prendre peur, s'alarmer; [animal] prendre peur, s'effaroucher.
  (b) (warn) alerter, alarmer.
3 cpd call d'alarme. alarm bell sonnerie f d'alarme; alarm clock réveil m, réveille-matin m inv; alarm signal signal m d'alarme.
alarming [ə'lɑːmiŋ] adj alarmant.
alarmingly [ə'lɑːmiŋli] adv d'une manière alarmante.
alarmist [ə'lɑːmist] adj, n alarmiste (mf).
alas [ə'læs] excl hélas!
Alaska [ə'læskə] n Alaska m. in ~ en Alaska; ~ Highway route f de l'Alaska; ~ Range chaîne f de l'Alaska; V bake.
Alaskan [ə'læskən] 1 n habitant(e) m(f) de l'Alaska. 2 adj de l'Alaska.
alb [ælb] n aube f (d'un prêtre).
Albania [æl'beiniə] n Albanie f.
Albanian [æl'beiniən] 1 adj albanais. 2 n (a) Albanais(e) m(f). (b) (Ling) albanais m.
albatross ['ælbətrɒs] n albatros m (also Brit Golf).
albeit [ɔːl'biːit] conj (liter) encore que + subj, bien que + subj.
Albert ['ælbɜːt] n Albert m.
Alberta [æl'bɜːtə] n (Geog) Alberta f.
Albigensian [,ælbi'dʒensiən] 1 n Albigeois(e) m(f). 2 adj albigeois.
albinism ['ælbinizəm] n albinisme m.
albino [æl'biːnəʊ] n albinos mf. ~ rabbit lapin m albinos.
Albion ['ælbiən] n Albion f.
album ['ælbəm] n (book, long-playing record) album m.

albumen, albumin ['ælbjʊmm] *n* (*egg white*) albumen *m*, blanc *m* de l'œuf; (*Bot*) albumen; (*Physiol*) albumine *f*.
albuminous [æl'bju:mɪnəs] *adj* albumineux.
Alcestis [æl'sestɪs] *n* Alceste *f*.
alchemist ['ælkɪmɪst] *n* alchimiste *m*.
alchemy ['ælkɪmɪ] *n* (*lit, fig*) alchimie *f*.
alcohol ['ælkəhɒl] *n* alcool *m*.
alcoholic [,ælkə'hɒlɪk] **1** *adj person* alcoolique; *drink* alcoolisé, alcoolique. **2** *n* alcoolique *mf*. **A~s Anonymous** Alcooliques *mpl* anonymes.
alcoholism ['ælkəhɒlɪzəm] *n* alcoolisme *m*.
alcove ['ælkəʊv] *n* (*in room*) alcôve *f*; (*in wall*) niche *f*; (*in garden*) tonnelle *f*, berceau *m*.
alder ['ɔ:ldər] *n* aulne *m* or aune *m*.
alderman ['ɔ:ldəmən] *n* alderman *m*, conseiller *m*, -ère *f* municipal(e); (*Hist*) échevin *m*.
ale [eɪl] *n* bière *f*, ale *f*; *V* brown, light², pale¹.
aleatoric [,ælɪə'tɒrɪk] *adj* (*Mus*) aléatoire.
Alec ['ælɪk] *n* (*dim of* **Alexander**) Alex *m*; *V* smart.
Aleppo [ə'lepəʊ] *n* Alep.
alert [ə'lɜ:t] **1** *n* alerte *f*. **to give the ~** donner l'alerte; **on the ~** (*gen*) sur le qui-vive; (*Mil*) en état d'alerte.
  2 *adj* (*watchful*) vigilant; (*bright*) alerte, vif; *child* éveillé.
  3 *vt* alerter; (*fig*) éveiller l'attention de (*to* sur). **we are now ~ed to the dangers** notre attention est maintenant éveillée sur les dangers, nous sommes maintenant sensibilisés aux dangers.
alertness [ə'lɜ:tnɪs] *n* (*V* alert 2) vigilance *f*; vivacité *f*; esprit éveillé.
Aleutian [ə'lu:ʃən] *adj*: **~ Islands, ~s** (îles *fpl*) Aléoutiennes *fpl*.
alevin ['ælɪvɪn] *n* alevin *m*.
alewife ['ælwaɪf] *n* (sorte *f* d')alose *f*.
Alexander [,ælɪg'zɑ:ndər] *n* Alexandre *m*.
Alexandria [,ælɪg'zɑ:ndrɪə] *n* Alexandrie.
alexandrine [,ælɪg'zændraɪn] *adj*, *n* alexandrin (*m*).
alfalfa [æl'fælfə] *n* luzerne *f*.
Alfonso [,æl'fɒnsəʊ] *n* Alphonse *m*.
Alfred ['ælfrɪd] *n* Alfred *m*.
alfresco [æl'freskəʊ] *adj*, *adv* en plein air.
alga ['ælgə] *n*, *pl* **algae** ['ældʒi:] (*gen pl*) algue(s) *f*(*pl*).
algebra ['ældʒɪbrə] *n* algèbre *f*.
algebraic [,ældʒɪ'breɪk] *adj* algébrique.
Algeria [æl'dʒɪərɪə] *n* Algérie *f*.
Algerian [æl'dʒɪərɪən] **1** *n* Algérien(ne) *m*(*f*). **2** *adj* algérien.
Algiers [æl'dʒɪəz] *n* Alger.
ALGOL ['ælgɒl] *n* (*Comput*) ALGOL *m*.
Algonquian [,æl'gɒŋkwɪən], **Algonquin** [æl'gɒŋkwɪn] *adj* algonquin, algonkin.
algorithm ['ælgə,rɪðəm] *n* (*Comput, Ling*) alogorithme *m*.
algorithmic [,ælgə'rɪ'ðmkɪk] *adj* algorithmique.
Alhambra [,æl'hæmbrə] *n* Alhambra *m*.
alias ['eɪlɪæs] **1** *adv* alias. **2** *n* faux nom, nom d'emprunt; [*writer*] pseudonyme *m*.
Ali Baba ['ælɪ'bɑ:bə] *n* Ali Baba *m*.
alibi ['ælɪbaɪ] **1** *n* (*Police*) alibi *m*; (*gen*) excuse *f*, alibi (*hum*). **2** *vi* (*US*) trouver des excuses (*for sth* pour expliquer qch; *for doing sth* pour avoir fait qch). **3** *vt* (*US*) **to ~ sb** trouver des excuses à qn.
Alice ['ælɪs] *n* Alice *f*. **~ band** bandeau *m* (*pour les cheveux*); **~ in Wonderland** Alice au pays des merveilles.
alien ['eɪlɪən] **1** *n* (*from abroad*) étranger *m*, -ère *f*; (*from outer space*) extra-terrestre *mf*.
  2 *adj* (a) (*foreign*) étranger; (*from outer space*) extra-terrestre.
  (b) (*different*) ~ **from** étranger à, éloigné de; ~ **to sth** contraire à qch, opposé à qch; **cruelty is ~ to him** il ne sait pas ce que c'est que la cruauté *or* que d'être cruel.
alienate ['eɪlɪəneɪt] *vt* (*also Jur*) aliéner. **this has ~d all his friends** ceci (lui) a aliéné tous ses amis; **she has ~d all her friends** elle s'est aliéné tous ses amis (*by doing en* faisant).
alienation [,eɪlɪə'neɪʃən] *n* (a) (*estrangement*) désaffection *f*, éloignement *m* (*from* de). (b) (*Jur, Psych*) aliénation *f*.
alienist ['eɪlɪənɪst] *n* aliéniste *mf*.
alight¹ [ə'laɪt] *vi* [*person*] descendre (*from* de), mettre pied à terre; [*bird*] se poser (*on* sur).
  ♦**alight on** *vt fus fact* apprendre par hasard; *idea* tomber sur.
alight² [ə'laɪt] *adj fire* allumé; *building* en feu. **keep the fire ~** ne laissez pas s'éteindre le feu; **to set sth ~** mettre le feu à qch; (*fig*) **her face was ~ with pleasure** son visage rayonnait de joie.
align [ə'laɪn] **1** *vt* (a) aligner, mettre en ligne; (*Tech*) dégauchir.
  (b) (*Fin, Pol*) aligner (*on, with* sur). **to o.s. with sb** s'aligner sur qn; **the non-~ed countries** les pays non-alignés *or* neutralistes.
  2 *vi* [*persons*] s'aligner (*with* sur); [*objects*] être alignés.
alignment [ə'laɪnmənt] *n* (*lit, fig*) alignement *m*; (*Aut*) parallélisme *m*; *V* non-alignment.
alike [ə'laɪk] **1** *adj* semblable, pareil, égal. [*people*] **to be ~ se** ressembler, être semblables; **it's all ~ to me** cela m'est tout à fait égal, je n'ai pas de préférence.
  2 *adv treat, speak* de la même façon. **winter and summer ~** été comme hiver; **they always think ~** ils sont toujours du même avis; **to dress ~** s'habiller de la même façon.
alimentary [,ælɪ'mentərɪ] *adj* alimentaire. **~ canal** tube digestif.
alimony ['ælɪmənɪ] *n* (*Jur*) pension *f* alimentaire.
alive [ə'laɪv] *adj* (a) (*living*) vivant, en vie, vif; (*in existence*) au monde. **to burn ~** brûler vif; **to bury sb ~** enterrer qn vivant; **while ~, he was always ...** de son vivant, il était toujours ...; **it's good to be ~** il fait bon vivre; **no man ~** personne au monde; **to do sth as well as anyone ~** faire qch aussi bien que n'importe qui; **to keep ~** (*lit*) *person* maintenir en vie; (*fig*) *tradition* préserver;

memory garder; **to stay ~** rester en vie, survivre.
  (b) ~ **to** sensible à; **I am very ~ to the honour you do me** je suis très sensible à l'honneur que vous me faites; **to be ~ to one's interests** veiller à ses intérêts; **to be ~ to a danger** être conscient d'un danger.
  (c) (*alert*) alerte, vif; (*active*) actif, plein de vie. **to be ~ and kicking*** (*living*) être bien en vie; (*full of energy*) être plein de vie; **look ~!*** allons, remuez-vous!*
  (d) ~ **with insects** grouillant d'insectes.
alkali ['ælkəlaɪ] *n* alcali *m*.
alkaline ['ælkəlaɪn] *adj* alcalin.
alkalinity [,ælkə'lɪnɪtɪ] *n* alcalinité *f*.
alkaloid ['ælkəlɔɪd] *n* alcaloïde *m*.
all [ɔ:l] **1** *adj* (a) (*every one of, the whole*) tout (le), toute (la), tous (les), toutes (les). ~ **the country** tout le pays, le pays tout entier; ~ **my life** toute ma vie; **people of ~ countries** les gens de tous les pays; ~ **the others** tous (*or* toutes) les autres; ~ **you boys** vous (tous) les garçons; ~ **three** tous (*or* toutes) les trois; ~ **three men** les trois hommes; ~ **three said the same** tous les trois ont dit la même chose; ~ (**the**) **day** toute la journée; **to dislike ~ sport** détester le sport *or* tout (genre de) sport; ~ **that** tout cela; **and ~ that** (*kind of thing*) et tout ça, et que sais-je (encore); **it's not as bad as ~ that** ce n'est pas (vraiment) si mal que ça; **for ~ that** malgré tout, en dépit de tout cela; ~ **kinds of,** ~ **sorts of,** ~ **manner of** toutes sortes de; **it is beyond ~ doubt** c'est indéniable *or* incontestable; **why ask me of ~ people?** pourquoi me le demander à moi?; ~ **things considered** à tout prendre.
  (b) (*the utmost*) tout, le plus possible. **with ~ haste** en toute hâte; **with ~ (possible) care** avec tout le soin possible.
  2 *pron* (a) (*the whole amount, everything*) tout *m*. ~ **is well** tout va bien; **that is ~** c'est tout, voilà tout; **if that's ~** then **it's not important** s'il n'y a que cela *or* si ce n'est que cela alors ce n'est pas important; ~ **in good time** chaque chose en son temps; **when ~ is said and done** somme toute, en fin de compte, tout compte fait; **and I don't know what ~** et je ne sais quoi encore; **what with the snow and ~ we didn't go** avec la neige et (tout) le reste* nous n'y sommes pas allés; ~ **of the house** toute la maison; ~ **of it was lost** (le) tout a été perdu; **he drank ~ of it** il a tout bu, il l'a bu en entier; ~ **of Paris** Paris tout entier; **that is ~ he said** c'est tout ce qu'il a dit; ~ **I want is to sleep** tout ce que je veux c'est dormir; **he saw ~ there was to see** il a vu tout ce qu'il y avait à voir; ~ **that is in the box is yours** tout ce qui est dans la boîte est à vous; **bring it ~** apportez le tout.
  (b) (*pl*) tous *mpl*, toutes *fpl*. **we ~ sat down** nous nous sommes tous assis (*or* toutes assises); **the girls ~ knew that ...** les jeunes filles savaient toutes que ...; ~ **of them failed** ils ont tous échoué, tous ont échoué; ~ **of the boys came** tous les garçons sont venus, les garçons sont tous venus; **they were ~ broken** ils étaient tous cassés; **one and ~** tous sans exception; ~ **who knew him loved him** tous ceux qui l'ont connu l'ont aimé; ~ **(whom) I saw said that ...** tous ceux que j'ai vus ont dit que ...; **evening, ~!*** bonsoir, tout le monde!; **the score was two ~** (*Tennis*) le score était deux partout; (*other sports*) le score était deux à deux; *V* each, sundry.
  (c) (*in phrases*) ~ **but** finished/dead *etc* pratiquement fini/mort *etc*; **if she comes at ~** si tant est qu'elle vienne; **do you think she will come at ~?** croyez-vous seulement qu'elle vienne?; **very rarely if at ~** très rarement si tant est, très rarement et encore; **I don't know at ~** je n'en sais rien (du tout); **if you study this author at ~** pour peu que vous étudiiez cet auteur; **if there is any water at ~** si seulement il y a de l'eau; **if at ~ possible** dans la mesure du possible; **are you going? — not at ~** vous y allez? — pas du tout; **thank you! — not at ~!** merci! — je vous en prie! *or* (il n'y a) **pas de quoi!** *or* **de rien!*; **it was ~ I could do to stop him from leaving** c'est à peine *or* tout juste si j'ai pu l'empêcher de s'en aller; **it was ~ I could do not to laugh** c'est à peine *or* tout juste si j'ai pu m'empêcher de rire, j'ai eu toutes les peines du monde à m'empêcher de rire; **it isn't ~ that expensive!*** ce n'est pas si cher que ça!; **that's ~ very well but ...** tout cela est bien beau *or* joli mais ...; **taking it ~ in ~** à tout prendre; **she is ~ in ~ to him** elle est tout pour lui; ~ **but** presque, à peu de choses près; **he ~ but lost it** c'est tout juste s'il ne l'a pas perdu, il a bien failli le perdre; **the film was ~ but over** le film touchait à sa fin; **for ~ I know** autant que je sache; **for ~ his wealth he was unhappy** toute sa fortune ne l'empêchait pas d'être malheureux; **for ~ he may say** quoi qu'il en dise; **once and for ~** une fois pour toutes; **most of ~** surtout; **it would be best of ~ if he resigned, the best of ~ would be for him to resign** le mieux serait qu'il donne (*subj*) sa démission.
  3 *adv* (a) (*quite, entirely*) tout, tout à fait, complètement. ~ **of a sudden** tout à coup, tout d'un coup, soudain, subitement; ~ **too soon** il was time to go malheureusement il a bientôt fallu partir; **the evening passed ~ too quickly** la soirée n'est passée que trop rapidement; **dressed ~ in white** habillé tout en blanc, tout habillé de blanc; **she was ~ ears** elle était tout oreilles; ~ **along the road** tout le long de la route; **I feared that ~ along** je l'ai craint depuis le début; **he won the race ~ the same** il a néanmoins *or* tout de même gagné la course; **it's ~ the same to me** tout ça m'est fait égal, peu m'importe; **it's ~ one to them** cela leur est entièrement égal; ~ **over** (*everywhere*) partout, d'un bout à l'autre; (*finished*) fini; ~ **covered ~ over with dust** tout couvert de poussière; **the match was ~ over before ...** le match était fini *or* terminé avant ...; **suddenly he was ~ over me** tout à coup il s'est jeté sur moi; **to be ~ for sth*** être tout à fait en faveur de qch; **I'm ~ for it*** je suis tout à fait pour*; **to be ~ for doing*** ne demander qu'à faire, vouloir à toute force faire; ~ **in one piece** tout d'une pièce; **to be ~ in*** être éreinté, n'en pouvoir plus, être à bout*; **to be ~ there*** être sain d'esprit, avoir toute sa tête; **she's not quite ~ there*** il lui manque une case*; **it is ~ up with him*** il est fichu*; ~ **at one go**

d'un seul coup; *V* all right, square.
  (b) (*with comps*) ~ the better! tant mieux!; ~ the more ... as d'autant plus ... que; ~ the more so since ... d'autant plus que ... .
  4 *n*: **I would give my** ~ **to see him** je donnerais tout ce que j'ai pour le voir; **to stake one's** ~ risquer le tout pour le tout; **she had staked her** ~ **on his coming** elle avait tout misé sur sa venue.
  5 *cpd*: **all-American** cent pour cent américain; (*US*) **all-around** = **all-round**; **all clear!** fin d'alerte!; **all clear (signal)** (signal *m* de) fin *f* d'alerte; **all-day** qui dure toute la journée; **all-embracing** qui embrasse tout, compréhensif; (*US*) **all-fired*** rudement*; **All Fools' Day** le premier avril; **on all fours** à quatre pattes; (*US*) **angry** *etc* **as all get-out‡** vachement* en colère; **All Hallows** la Toussaint; **all-important** de la plus haute importance, capital; (*Brit*) **all-in** price net, tout compris; *insurance policy* tous risques; (*Comm*) *tariff* inclusif; (*Brit*) **the holiday cost £80** all-in les vacances ont coûté 80 livres tout compris; **all-in wrestling** lutte *f* libre; (*Aut*) **all-metal body** carrosserie toute en tôle; (*Mil*) **all-night pass** permission *f* de nuit; (*Comm etc*) **all-night service** permanence *f* de nuit, service *m* de nuit; (*Cine*) **all-night showing** spectacle *m* de nuit; **to go all out** aller à la limite de ses forces, y mettre toutes ses forces; **all-out effort** effort *m* maximum; **all-out strike** grève totale; **all-out war** guerre totale; **allover** (qui est) sur toute la surface; **allover pattern** dessin *m* or motif *m* qui recouvre toute une surface; (*US*) **all-points bulletin** alerte générale, alerte tous azimuts; **all-powerful** tout-puissant; **all-purpose** qui répond à tous les besoins; *knife, spanner* universel; **all right** *V* all right; **all-right** *V* all-right; **all-round** *sportsman* complet (*f* -ète); *improvement* général, sur toute la ligne; **to be a good all-rounder** être solide en tout *or* bon en tout; **All Saints' Day** (le jour de) la Toussaint; **All Souls' Day** le jour *or* la fête des Morts; **allspice** poivre *m* de la Jamaïque; (*Theat*) **all-star performance, show with an all-star cast** plateau *m* de vedettes; **all-terrain vehicle** véhicule *m* tout-terrain; **all-time** *V* all-time; **all-weather** de toute saison, tous temps; **all-weather court** (terrain *m* en) quick *m* ®; **all-the-year-round** *sport* que l'on pratique toute l'année; *resort* ouvert toute l'année.

Allah ['ælə] *n* Allah *m*.
allay [ə'leɪ] *vt fears* modérer, apaiser; *pain, thirst* soulager, apaiser. **to** ~ **suspicion** dissiper les soupçons.
allegation [,ælɪ'geɪʃən] *n* allégation *f*.
allege [ə'ledʒ] *vt* alléguer, prétendre (*that* que). **to** ~ **illness** prétexter *or* alléguer une maladie; **he is** ~**d to have said that** ... il aurait dit que ..., on prétend qu'il a dit que ... .
alleged [ə'ledʒd] *adj reason* allégué, prétendu; *thief, author* présumé.
allegedly [ə'ledʒɪdlɪ] *adv* à ce que l'on prétend, paraît-il.
allegiance [ə'liːdʒəns] *n* allégeance *f* (*to* à). (*Brit*) **the oath of** ~ le serment d'allégeance.
allegoric(al) [,ælɪ'gɒrɪk(əl)] *adj* allégorique.
allegorically [,ælɪ'gɒrɪkəlɪ] *adv* sous forme d'allégorie, allégoriquement.
allegory ['ælɪgərɪ] *n* allégorie *f*.
alleluia [,ælɪ'luːjə] *excl* alléluia!
allergic [ə'lɜːdʒɪk] *adj* (*Med, *fig*) allergique (*to* à).
allergist ['ælədʒɪst] *n* allergologiste *mf*, allergologue *mf*.
allergy ['ælədʒɪ] *n* allergie *f* (*to* à).
alleviate [ə'liːvɪeɪt] *vt pain* alléger, soulager, calmer; *sorrow* adoucir; *thirst* apaiser, calmer.
alleviation [ə,liːvɪ'eɪʃən] *n* (*V* alleviate) allègement *m*, soulagement *m*; adoucissement *m*; apaisement *m*.
alley¹ ['ælɪ] **1** *n* (*between buildings*) ruelle *f*; (*in garden*) allée *f*; (*US: between counters*) passage *m*. (*fig*) **this is right up my** ~* c'est tout à fait mon rayon; *V* blind, bowling.
  2 *cpd*: **alley cat** chat *m* de gouttière; **she's got the morals of an alley cat‡** elle couche à droite et à gauche*; **alleyway** ruelle *f*.
alley² ['ælɪ] *n* (*Sport*) (grosse) bille *f*, callot *m*.
alliance [ə'laɪəns] *n* [*states*] alliance *f*, pacte *m*, union *f*; [*persons*] alliance. **to enter into an** ~ **with** s'allier avec.
allied ['ælaɪd] *adj* **(a)** allié, apparenté (*to* à, *with* avec). ~ **nations** nations alliées *or* coalisées; (*Jur*) ~ **products** produits assimilés; (*US*) ~ **health professional** ≃ auxiliaire *mf* médical(e). **(b)** (*Bio*) de la même famille *or* espèce. (*fig*) **history and** ~ **subjects** l'histoire et sujets connexes *or* apparentés.
alligator ['ælɪgeɪtə'] *n* alligator *m*. ~**(-skin) bag** sac *m* en alligator.
alliteration [ə,lɪtə'reɪʃən] *n* allitération *f*.
alliterative [ə'lɪtərətɪv] *adj* allitératif.
allocate ['æləkeɪt] *vt* **(a)** (*allot*) *money, task* allouer, attribuer (*to sb* à qn); *money* affecter (*to a certain use* à un certain usage). **(b)** (*apportion*) répartir, distribuer (*among* parmi). **(c)** (*Jur, Fin*) ventiler.
allocation [,æləʊ'keɪʃən] *n* **(a)** (*allotting*) affectation *f*, allocation *f*; (*to individual*) attribution *f*. **(b)** (*apportioning*) répartition *f*. **(c)** (*money allocated*) part *f*, allocation *f*. **(d)** (*Jur, Fin*) ventilation *f*.
allograph ['æləgrɑːf] *n* (*Ling*) allographe *m*.
allomorph ['æləmɔːf] *n* (*Ling*) allomorphe *m*.
allopathic [,ælə'pæθɪk] *adj* allopathique.
allophone ['æləfəʊn] *n* (*Ling*) allophone *m*.
allot [ə'lɒt] *vt* **(a)** attribuer, assigner (*sth to sb* qch à qn). **everyone was** ~**ted a piece of land** chacun a reçu un terrain en lot; **to do sth in the time** ~**ted (to one)** faire qch dans le temps qui (vous) est imparti *or* assigné; **to** ~ **sth to a certain use** affecter *or* destiner qch à un certain usage.
  (b) (*share among group*) répartir, distribuer.
allotment [ə'lɒtmənt] *n* **(a)** (*Brit: ground for cultivation*) parcelle *f or* lopin *m* de terre (*loué pour la culture*), lotissement *m*. **(b)** (*division of shares*) partage *m*, lotissement *m*; (*distribution of shares*) distribution *f*, part *f*.

allow [ə'laʊ] *vt* **(a)** (*permit*) permettre, autoriser; (*tolerate*) tolérer, souffrir. **to** ~ **sb sth** permettre qch à qn; **to** ~ **sb to do** permettre à qn de faire, autoriser qn à faire; **to** ~ **sb in/out/past** *etc* permettre à qn d'entrer/de sortir/de passer *etc*; **to** ~ **sth to happen** laisser se produire qch; **to** ~ **o.s. to be persuaded** se laisser persuader; ~ **us to help you** permettez que nous vous aidions, permettez-nous de vous aider; **we are not** ~**ed much freedom on** nous accorde peu de liberté; **smoking is not** ~**ed** il est interdit *or* défendu de fumer; **no children/dogs** ~**ed** interdit aux enfants/chiens; **I will not** ~ **such behaviour** je ne tolérerai *or* souffrirai pas une telle conduite.
  (b) (*grant*) *money* accorder, allouer. **to** ~ **sb £30 a month** allouer *or* accorder à qn 30 livres par mois; (*Jur*) **to** ~ **sb a thousand pounds damages** accorder à qn mille livres de dommages et intérêts; **to** ~ **space for** prévoir *or* ménager de la place pour; (*Comm*) **to** ~ **sb a discount** faire bénéficier qn d'une remise, consentir une remise à qn; ~ **(yourself) an hour to cross the city** comptez une heure pour traverser la ville; ~ **5 cm for shrinkage** prévoyez 5 cm (de plus) pour le cas où le tissu rétrécirait.
  (c) (*agree as possible*) *claim* admettre.
  (d) (*concede*) admettre, reconnaître, convenir (*that* que). ~**ing that** ... en admettant que ... + *subj*.
♦ allow for *vt fus* tenir compte de; *money spent, funds allocated* (*by deduction*) déduire pour; (*by addition*) ajouter pour. **allowing for the circumstances** compte tenu des circonstances; **after allowing for his expenses** déduction faite de *or* en tenant compte de ses dépenses; **we must allow for the cost of the wood** il faut compter (avec) le prix du bois; **allowing for the shrinking of the material** en tenant compte du rétrécissement du tissu *or* du fait que le tissu rétrécit; **to allow for all possibilities** parer à toute éventualité.
♦ allow of *vt fus* admettre, souffrir.
allowable [ə'laʊəbl] *adj* permis, admissible, légitime. (*Tax*) ~ **expenses** dépenses *fpl* déductibles.
allowance [ə'laʊəns] *n* **(a)** (*money given to sb*) allocation *f*, rente *f*, pension *f*; (*for lodgings, food etc*) indemnité *f*; (*from separated husband*) pension *f* alimentaire; (*salary*) appointements *mpl*; (*food*) ration *f*; (*esp US: pocket money*) argent *m* de poche. **he makes his mother an** ~ il verse une rente *or* une pension à sa mère; **his father gives him an** ~ **of £100 per month** son père lui alloue 100 livres par mois *or* lui verse une mensualité de 100 livres; **rent** ~ allocation de logement; ~ **in kind** prestation *f* en nature; (*Mil*) ~ **for quarters** indemnité de logement; *V* car, clothing, family *etc*.
  (b) (*Comm, Fin: discount*) réduction *f*, rabais *m*, concession *f*. **tax** ~**s** sommes *fpl* déductibles.
  (c) **you must learn to make** ~**s** tu dois apprendre à faire la part des choses; **to make** ~**(s) for sb** (*excuse*) se montrer indulgent envers qn, essayer de comprendre qn; (*allow for*) **to make** ~**(s) for sth** tenir compte de qch, prendre qch en considération.
alloy ['ælɔɪ] **1** *n* alliage *m*; [*gold*] carature *f*. ~ **steel** acier allié *or* spécial; (*Aut*) ~ **wheels** roues *fpl* en alliage léger. **2** [ə'lɔɪ] *vt* (*Metal*) allier, faire un alliage de.
all right ['ɔːl'raɪt] **1** *adj* **(a)** (*satisfactory*) (très) bien. **it's** ~ ça va*, tout va bien; **he's** ~ (*doubtfully*) il n'est pas mal*; (*approvingly*) c'est un brave type*, c'est un type bien*; *V* bit².
  (b) (*safe, well*) en bonne santé. **to be** ~ (*healthy*) aller bien, être en bonne santé; (*safe*) être sain et sauf; **she's** ~ **again** elle est tout à fait remise, la revoilà d'aplomb; **I'm** ~ **Jack*** moi je suis peinard*, moi, ça va* (= *tant pis pour vous*).
  (c) (*well provided with money*) **we're** ~ **for the rest of our lives** nous sommes tranquilles *or* nous avons tout ce qu'il nous faut pour le restant de nos jours.
  2 *excl* (*in approval*) ça y est!, ça va!*; (*in agreement*) entendu!, c'est ça!; (*in exasperation*) ça va!*; **you say I was wrong. A**~ **but** ... vous dites que j'avais tort. D'accord *or* Admettons, mais ... .
all-right* ['ɔːl'raɪt] *adj* (*US*) **an** ~ **guy** un type sûr *or* réglo.
all-time ['ɔːl'taɪm] *adj* sans précédent, inouï, de tous les temps. ~ **record** record *m* sans précédent; **an** ~ **low*** un record de médiocrité; **the pound has reached an** ~ **low** la livre est tombée au taux le plus bas jamais atteint.
allude [ə'luːd] *vi*: **to** ~ **to** [*person*] faire allusion à; [*letter etc*] avoir trait à, se rapporter à.
allure [ə'ljʊə'] **1** *vt* (*attract*) attirer; (*entice*) séduire. **2** *n* attirance *f*, charme *m*, attrait *m*.
alluring [ə'ljʊərɪŋ] *adj* attrayant, séduisant.
allusion [ə'luːʒən] *n* allusion *f*.
allusive [ə'luːsɪv] *adj* allusif, qui contient une allusion.
allusively [ə'luːsɪvlɪ] *adv* par allusion.
alluvial [ə'luːvɪəl] *adj ground* alluvial; *deposit* alluvionnaire.
alluvium [ə'luːvɪəm] *n* alluvion *f*.
ally¹ [ə'laɪ] **1** *vt* allier, unir (*with* avec). **to** ~ **o.s. with** s'allier avec. **2** ['ælaɪ] *n* (*gen*) allié(e) *m(f)*; (*Pol*) allié(e), coalisé(e) *m(f)*. **the Allies** les Alliés.
ally² ['ælɪ] *n* = alley².
alma ['ælmə] ~ **mater** *n* lycée *or* université dont on est issu.
almanac ['ɔːlmənæk] *n* almanach *m*, annuaire *m*; *V* nautical.
almighty [ɔːl'maɪtɪ] **1** *adj* **(a)** tout-puissant, omnipotent. **A**~ **God** Dieu Tout-Puissant; **the** ~ **dollar** le dollar tout-puissant.
  (b) (*) *row, scandal* formidable, fantastique. **an** ~ **din** un vacarme de tous les diables.
  2 *n*: **the A**~ le Tout-Puissant.
  3 *adv* (*) extrêmement, énormément.
almond ['ɑːmənd] **1** *n* amande *f*; (*also* ~ **tree**) amandier *m*. **split** ~**s** amandes effilées; *V* burnt, sugar *etc*. **2** *cpd oil, paste* d'amande. **almond-eyed** aux yeux en amande; **almond-shaped** en amande.
almoner ['ɑːmənə'] *n* (*Brit*) (**lady**) ~ assistante sociale (*attachée à un hôpital*).

almost ['ɔːlməʊst] *adv* presque. it is ~ midnight il est presque *or* bientôt minuit; ~ always presque toujours; he ~ fell il a failli tomber; you are ~ there vous y êtes presque; I can ~ do it j'arrive presque à le faire; ~ finished/cooked/cold *etc* presque *or* à peu près terminé/cuit/froid *etc*.

alms [ɑːmz] *n* aumône *f*. to give ~ faire l'aumône *or* la charité; ~ box tronc *m* des *or* pour les pauvres; (*Hist*) ~ house hospice *m*.

aloe ['æləʊ] *n* aloès *m*; *V* bitter.

aloft [ə'lɒft] *adv* (*also* up ~) en haut, en l'air; (*Naut*) dans la mâture; (*hum*) au ciel.

Aloha [ə'ləʊə] *nf*: (*US*) the ~ State Hawaï.

alone [ə'ləʊn] *adj*, *adv* (a) (*by o.s.*) seul. all ~ tout(e) seul(e); quite ~ tout à fait seul(e); you can't do it ~ vous ne pouvez pas le faire seul; leave them ~ together laissez-les seuls ensemble.

(b) (*the only one*) seul. he ~ could tell you lui seul pourrait vous le dire; you ~ can do it vous êtes le seul à pouvoir le faire; we are not ~ in thinking nous ne sommes pas les seuls à penser, il n'y a pas que nous à penser *or* qui pensions; he lives on bread ~ il ne vit que de pain, il vit uniquement de pain; this book is mine ~ ce livre est à moi seul; that charm which is hers ~ ce charme qui lui est propre *or* qui n'appartient qu'à elle.

(c) (*fig*) to let *or* leave sb ~ laisser qn tranquille, laisser la paix à qn; leave *or* let me ~! laisse-moi tranquille!, fiche-moi la paix!*; leave *or* let him ~ to do it laisse-le faire tout seul; leave *or* let the book ~! ne touche pas au livre!, laisse le livre tranquille!*; I advise you to leave the whole business ~ je vous conseille de ne pas vous mêler de l'affaire; (*Prov*) let well ~ le mieux est l'ennemi du bien (*Prov*).

(d) (*as conj*) let ~ sans parler de; he can't read, let ~ write il ne sait pas lire, encore moins écrire; he can't afford food, let ~ clothes il n'a pas de quoi s'acheter de la nourriture, sans parler de vêtements *or* encore moins des vêtements.

along [ə'lɒŋ] (*phr vb elem*) 1 *adv* (a) en avant. come ~! allez venez!, venez donc!; to go *or* move ~ avancer; to run/roll ~ avancer en courant/en roulant; I'll be ~ in a moment j'arrive tout de suite; she'll be ~ tomorrow elle viendra demain; how is he getting ~? (*in health*) comment va-t-il?; (*in business etc*) comment vont ses affaires?; (*Scol*) comment vont ses études?; *V* move along *etc*.

(b) come ~ with me venez avec moi; he came ~ with 6 others il est venu accompagné de 6 autres; bring your friend ~ amène ton camarade (avec toi); ~ here dans cette direction-ci, par là, de ce côté-ci; (*fig*) get ~ with you!* (*go away*) fiche le camp!*, décampe!‡; (*you can't mean it*) allons donc!, sans blague!*.

(c) all ~ (*space*) d'un bout à l'autre; (*time*) depuis le début; I could see all ~ that he would refuse je voyais depuis le début qu'il allait refuser.

2 *prep* le long de. to walk ~ the beach se promener le long de la plage; the railway runs ~ the beach la ligne de chemin de fer longe la plage; the trees ~ the road les arbres qui sont au bord de la route *or* qui bordent la route; all ~ the street tout le long de *or* d'un bout à l'autre de la rue; somewhere ~ the way he lost a glove quelque part en chemin il a perdu un gant; (*fig*) somewhere ~ the way *or* somewhere ~ the line* someone made a mistake à un moment donné quelqu'un a fait une erreur; to proceed ~ the lines suggested agir *or* procéder conformément à la ligne d'action proposée.

alongside [ə'lɒŋ'saɪd] 1 *prep* (*along: also Naut*) le long de; (*beside*) à côté de, près de. (*Naut*) to come ~ the quay accoster le quai; the road runs ~ the beach la route longe la plage; (*vehicle*) to stop ~ the kerb s'arrêter au bord du trottoir *or* le long du trottoir; the car drew up ~ me la voiture s'est arrêtée à côté de moi *or* à ma hauteur.

2 *adv* (*Naut*) [*ships*] (*beside one another*) bord à bord, à couple. to come ~ accoster; to make fast ~ (*quayside*) s'amarrer à or au quai; (*another vessel*) s'amarrer bord à bord, s'amarrer à *or* en couple; to pass ~ of a ship longer un navire.

aloof [ə'luːf] 1 *adj* person, character distant. he was very ~ with me il s'est montré très distant à mon égard; she kept very (much) ~ elle s'est montrée très distante, elle a gardé *or* conservé ses distances.

2 *adv* à distance, à l'écart. to remain *or* stay *or* stand *or* keep ~ from a group se tenir à l'écart *or* à distance d'un groupe; to remain *or* stay *or* stand *or* keep ~ from arguments ne pas se mêler aux discussions, ne jamais se mêler à la discussion.

aloofness [ə'luːfnɪs] *n* réserve *f*, attitude distante.

alopecia [ˌæləʊ'piːʃə] *n* alopécie *f*.

aloud [ə'laʊd] *adv* read à haute voix, à voix haute, tout haut; *think*, *wonder* tout haut.

alp [ælp] *n* (*peak*) pic *m*; (*mountain*) montagne *f*; (*pasture*) alpe *f*. the A~s les Alpes.

alpaca [æl'pækə] *n* alpaga *m*.

alpenhorn ['ælpɪn,hɔːn] *n* cor *m* des Alpes.

alpenstock ['ælpɪnstɒk] *n* alpenstock *m*.

alpha ['ælfə] *n* (a) (*letter*) alpha *m*. ~ particle particule *f* alpha. (b) (*Brit: Scol, Univ*) ≃ très bonne note. ~ plus ≃ excellente note.

alphabet ['ælfəbet] *n* alphabet *m*. ~ soup (*Culin*) potage *m* aux pâtes (en forme de lettres); (**fig pej*) salade *f* de sigles; *V* deaf, finger.

alphabetic(al) [ˌælfə'betɪk(əl)] *adj* alphabétique. in alphabetical order par ordre alphabétique, dans l'ordre alphabétique.

alphabetically [ˌælfə'betɪkəlɪ] *adv* alphabétiquement, par ordre alphabétique.

alphabetize ['ælfəbətaɪz] *vt* classer par ordre alphabétique.

alphanumeric [ˌælfənjuː'merɪk] *adj* alphanumérique.

alpine ['ælpaɪn] *adj* des Alpes; *climate*, *scenery* alpestre; *club*, *skiing*, *troops* alpin. ~ hut (chalet-)refuge *m*; ~ range chaîne alpine;

~ plants (*on lower slopes*) plantes *fpl* alpestres, (*on higher slopes*) plantes alpines.

alpinist ['ælpɪnɪst] *n* alpiniste *mf*.

already [ɔːl'redɪ] *adv* déjà. (*US‡: expressing impatience*) that's enough ~!‡ ça va comme ça!*

alright [ˌɔːl'raɪt] = **all right**.

Alsace ['ælsæs] *n* Alsace *f*.

Alsace-Lorraine ['ælsæslə'rem] *n* Alsace-Lorraine *f*.

Alsatian [æl'seɪʃən] 1 *n* (a) Alsacien(ne) *m(f)*. (b) (*Brit: also* ~ dog) chien *m* loup, berger allemand. 2 *adj* alsacien, d'Alsace; *wine* d'Alsace.

also ['ɔːlsəʊ] 1 *adv* (a) (*too*) aussi, également. her cousin ~ came son cousin aussi est venu *or* est venu également.

(b) (*moreover*) de plus, en outre, également. ~ I must explain that ... de plus *or* en outre, je dois expliquer que ..., je dois également expliquer que ... .

2 *cpd*: also-ran (*Sport*) autre concurrent *m* (*n'ayant pas pu se classer*); (*Horse-racing*) cheval non classé; (**: person*) perdant(e) *m(f)*.

Altamira [ˌæltə'miːrə] *n*: the ~ caves les grottes *fpl* d'Altamira.

altar ['ɒltər] 1 *n* (*Rel*) autel *m*. high ~ maître-autel *m*; (*fig*) he was sacrificed on the ~ of productivity il a été immolé sur l'autel de la productivité.

2 *cpd*: altar boy enfant *m* de chœur; altar cloth nappe *f* d'autel; altar piece retable *m*; altar rail(s) clôture *f or* balustre *m* (du chœur); (*Rel*) table *f* de communion.

alter ['ɒltər] 1 *vt* (a) (*gen*) changer, modifier, (*stronger*) transformer; (*adapt*) adapter, ajuster; *painting, poem, speech etc* retoucher, (*stronger*) remanier; *garment* retoucher, (*stronger*) transformer. to ~ one's plans modifier *or* transformer ses projets; to ~ one's attitude changer d'attitude (*to* envers); that ~s the case voilà qui est différent *or* qui change tout; (*Naut*) to ~ course changer de cap *or* de route; to ~ sth for the better changer qch en mieux, améliorer qch; to ~ sth for the worse changer qch en mal, altérer qch.

(b) (*falsify*) date, evidence falsifier, fausser; *text* altérer.

(c) (*US: castrate*) châtrer, castrer.

2 *vi* changer. to ~ for the better [*circumstances*] s'améliorer; [*person, character*] changer en mieux; to ~ for the worse [*circumstances*] empirer, s'aggraver; [*person, character*] changer en mal.

alteration [ˌɒltə'reɪʃən] *n* (a) (*U: V alter: act of altering*) changement *m*, modification *f*; transformation *f*; retouchage *m*, remaniement *m*. programme/timetable subject to ~ programme/horaire sujet à des changements *or* modifications.

(b) (*to plan, rules etc*) modification *f*, changement *m* (*to, in* apporté à); (*to painting, poem, essay etc*) retouche *f*, (*major*) remaniement *m*; (*to garment*) retouche, (*major*) transformation *f*. (*Archit*) ~s transformations *fpl* (*to* apportées à); they're having ~s made to their house ils font des travaux dans leur maison; he made several ~s to his canvas/manuscript en peignant/en écrivant il a eu plusieurs repentirs; (*Naut*) ~ of route (*deliberate*) changement de route; (*involuntary*) déroutement *m*.

altercation [ˌɒltə'keɪʃən] *n* altercation *f*. to have an ~ se disputer, avoir une altercation.

alter ego ['æltər'iːgəʊ] *n* alter ego *m*. he is my ~ c'est un autre moi-même, c'est mon alter ego.

alternate [ɒl'tɜːnɪt] 1 *adj* (a) (*by turns*) alterné; (*Bot, Math*) leaves, angle alterne. ~ action of tranquillizers and stimulants action alternée des tranquillisants et des stimulants; a week of ~ rain and sunshine une semaine de pluie et de beau temps en alternance; (*Poetry*) ~ rhymes rimes croisées *or* alternées.

(b) (*every second*) tous les deux. on ~ days tous les deux jours, un jour sur deux; they work on ~ days ils travaillent un jour sur deux à tour de rôle, l'un travaille un jour et l'autre le lendemain.

(c) (*US*) = alternative 1.

2 *n* (*US*) remplaçant(e) *m(f)*, suppléant(e) *m(f)*.

3 ['ɒltɜːneɪt] *vt* faire alterner, employer alternativement *or* tour à tour. to ~ crops alterner les cultures, pratiquer l'assolement.

4 *vi* (a) (*occur etc in turns*) alterner (*with* avec), se succéder (tour à tour).

(b) to ~ between one thing and another aller *or* passer d'une chose à une autre.

(c) (*interchange regularly*) se relayer, travailler (*or* jouer *etc*) en alternance.

(d) (*Elec*) changer de sens de façon périodique.

alternately [ɒl'tɜːnɪtlɪ] *adv* alternativement, tour à tour à tour de rôle. ~ with en alternance avec.

alternating ['ɒltɜːneɪtɪŋ] *adj* alternant, en alternance; (*Math*) ~ series série alternée; (*Elec*) ~ current courant alternatif.

alternation [ˌɒltɜː'neɪʃən] *n* alternance *f*; [*emotions etc*] alternatives *fpl*.

alternative [ɒl'tɜːnətɪv] 1 *adj* (a) *possibility, answer, lifestyle* autre; (*Philos*) proposition alternatif; (*Mil*) position de repli; (*Tech*) de rechange. ~ proposal contre-proposition *f*; the only ~ method la seule autre méthode, la seule méthode de rechange; (*Aut*) ~ route itinéraire *m* de délestage; ~ sources of energy sources *fpl* d'énergie de substitution.

(b) (*non-traditional*) society, medicine etc parallèle, alternatif. ~ technology les technologies douces; (*US*) ~ school école privée adoptant des méthodes nouvelles; (*US*) ~ education enseignement privé basé sur des méthodes nouvelles.

2 *n* (*choice*) (*between two*) alternative *f*, choix *m*; (*among several*) choix; (*solution*) (*only one*) alternative, seule autre solution, solution unique de rechange; (*one of several*) autre solution, solution de rechange; (*Philos*) terme *m* d'une alternative *or* d'un dilemme. she had no ~ but to accept elle n'avait pas d'autre

solution que d'accepter, force lui a été d'accepter; **there's no** ~ **il** n'y a pas le choix.

alternatively [ɒl'tɜːnətɪvlɪ] *adv* comme alternative, sinon. **or** ~ **ou bien.**

alternator ['ɒltɜːneɪtər] *n* (*Brit Elec*) alternateur *m*.

although [ɔːl'ðəʊ] *conj* bien que + *subj*, quoique + *subj*, malgré le fait que + *subj*, encore que + *subj*. ~ **it's raining there are 20 people here already** bien qu'il pleuve *or* malgré la pluie il y a déjà 20 personnes; **I'll do it** ~ **I don't want to** je le ferai bien que *or* quoique *or* encore que je n'en aie pas envie; ~ **poor they were honest** ils étaient honnêtes bien que *or* quoique *or* encore que pauvres; ~ **young he knew that** ... bien qu'il *or* quoiqu'il *or* encore qu'il fût jeune, il savait que ..., malgré sa jeunesse il savait que ...; ~ **he might agree to go** quand bien même il accepterait d'y aller; (*liter*) **I will do it** ~ **I (should) die in the attempt** je le ferai dussé-je y laisser la vie.

altimeter [ælti:m:tər] *n* altimètre *m*.

altitude ['æltɪtjuːd] *n* (*height above sea level*) altitude *f*; [*building*] hauteur *f*. (*gen pl: high place*) ~**s** hauteur(s), altitude; **it is difficult to breathe at these** ~**s** *or* **at this** ~ il est difficile de respirer à cette altitude; ~ **sickness** mal *m* d'altitude *or* des montagnes.

alto ['æltəʊ] 1 *n* (**a**) (*female voice*) contralto *m*; (*male voice*) haute-contre *f*. (**b**) (*instrument*) alto *m*. 2 *adj part, voice* de contralto; de haute-contre; d'alto. ~ **clef** clef *f* d'ut; ~ **saxophone/flûte** saxophone *m*/flûte *f* alto.

altogether [ɔːltə'geðər] 1 *adv* (**a**) (*wholly*) entièrement, tout à fait, complètement. **it is** ~ **out of the question** il n'en est absolument pas question.

(**b**) (*on the whole*) somme toute, tout compte fait, au total. ~ **it wasn't very pleasant** somme toute ce n'était pas très agréable.

(**c**) (*with everything included*) en tout. **what do I owe you** ~? je vous dois combien en tout?, combien vous dois-je au total?; **taken** ~ à tout prendre.

2 *n* (*hum*) **in the** ~* tout nu, en costume d'Adam (*or* d'Ève)*.

altruism ['æltruːzəm] *n* altruisme *m*.

altruist ['æltruːst] *n* altruiste *mf*.

altruistic [ˌæltru'ɪstɪk] *adj* altruiste.

ALU [ˌeɪel'juː] *n* (*Comput: abbr of* **arithmetic logic unit**) UAL *f*.

alum ['æləm] *n* alun *m*.

alumina [ə'luːmɪnə] *n* alumine *f*.

aluminium [ˌæljʊ'mɪnɪəm] (*Brit*), (*US*) **aluminum** [ə'luːmɪnəm] 1 *n* aluminium *m*. 2 *cpd pot, pan etc* en *or* d'aluminium. ~ **bronze** bronze *m* d'aluminium.

alumnus [ə'lʌmnəs] *nm, pl* **alumni** [ə'lʌmnaɪ], **alumna** [ə'lʌmnə] *nf, pl* **alumnae** [ə'lʌmniː] (*US*) (*Scol*) ancien(ne) élève *mf*; (*Univ*) ancien(ne) étudiant(e) *m(f)*.

alveolar [æl'vɪələr] *adj* alvéolaire. ~ **ridge** alvéoles *fpl* dentaires.

alveolus [æl'vɪələs], *pl* **alveoli** [ælvɪə'laɪ] *n* alvéole *f*.

always ['ɔːlweɪz] *adv* toujours. **as/for/nearly** ~ comme/pour/presque toujours; **office** ~ **open** (bureau *m* ouvert en) permanence *f*; *V* **excepting.**

am [æm] *V* **be.**

a.m. [eɪ'em] *adv* (*abbr of* **ante meridiem**) du matin; *V* **ante meridiem.**

A.M.A. [ˌeɪem'eɪ] *abbr of* **American Medical Association.**

amalgam [ə'mælgəm] *n* amalgame *m*.

amalgamate [ə'mælgəmeɪt] 1 *vt metals* amalgamer; *companies, shares* (faire) fusionner, unifier. 2 *vi* [*metals*] s'amalgamer; [*companies*] fusionner, s'unifier; [*ethnic groups*] se mélanger.

amalgamation [əˌmælgə'meɪʃən] *n* (*V* **amalgamate**) amalgamation *f*; fusion *f*, fusionnement *m*, unification *f*; [*ethnic groups*] mélange *m*.

amanuensis [əˌmænjʊ'ensɪs] *n*, *pl* **amanuenses** [əˌmænjʊ'ensiːz] (*secretary, assistant*) secrétaire *mf*; (*copyist*) copiste *mf*.

amaryllis [ˌæmə'rɪlɪs] *n* amaryllis *f*.

amass [ə'mæs] *vt objects* amasser, accumuler, amonceler; *fortune* amasser, réunir.

amateur ['æmətər] 1 *n* (*also Sport*) amateur *m*.

2 *cpd painter, sports, player* amateur *inv*; *photography etc* d'amateur. **amateur dramatics** théâtre *m* amateur; **to have an amateur interest in sth** s'intéresser à qch en amateur; **amateur status** statut *m* d'amateur; (*pej*) **amateur work** travail *m* d'amateur *or* de dilettante (*gen pej*).

amateurish ['æmətərɪʃ] *adj* (*pej*) d'amateur, de dilettante. ~ **efforts/work** efforts/travail peu sérieux.

amateurism ['æmətərɪzəm] *n* amateurisme *m* (*also pej*), dilettantisme *m*.

amatory ['æmətərɪ] *adj* (*frm, liter*) *feelings* amoureux; *poetry* galant; *letter* d'amour.

amaze [ə'meɪz] *vt* stupéfier, frapper de stupeur, ébahir. (*iro*) **you** ~ **me!** pas possible!, c'est pas vrai!* (*iro*).

amazed [ə'meɪzd] *adj glance, expression* ébahi, plein de stupeur; *person* ébahi, frappé de stupeur. **to be** ~ **at (seeing) sth** être stupéfait de (voir) qch.

amazement [ə'meɪzmənt] *n* stupéfaction *f*, stupeur *f*, ébahissement *m*. **she listened in** ~ elle écoutait, complètement stupéfaite *or* ébahie.

amazing [ə'meɪzɪŋ] *adj* stupéfiant, ahurissant, renversant*. **it's** ~! c'est ahurissant!, je n'en reviens pas!; (*Comm*) !~ **new offer!** 'offre sensationnelle'.

amazingly [ə'meɪzɪŋlɪ] *adv* étonnamment. ~ (**enough**), **he got it right first time** chose étonnante, il a réussi du premier coup; ~, **he survived** par miracle il en a réchappé; **she is** ~ **courageous** elle est d'un courage extraordinaire *or* étonnant.

Amazon ['æməzən] *n* (**a**) (*river*) Amazone *f*. (**b**) (*Myth*) Amazone *f*. (*US pej*) **a**~ virago *f*, grande bonne femme; (*fig*) **she's a real** ~ c'est une véritable athlète.

Amazonia [ˌæmə'zəʊnɪə] *n* (*Geog*) Amazonie *f*.

ambassador [æm'bæsədər] *n* (*lit, fig*) ambassadeur *m* (*to France* en France). **French** ~ ambassadeur de France; ~**-at-large** ambassadeur extraordinaire *or* chargé de mission(s).

ambassadorial [æmˌbæsə'dɔːrɪəl] *adj* d'ambassadeur.

ambassadorship [æm'bæsədəʃɪp] *n* fonction *f* d'ambassadeur, ambassade *f*.

ambassadress [æm'bæsɪdrɪs] *n* (*lit, fig*) ambassadrice *f*.

amber ['æmbər] 1 *n* ambre *m*. 2 *adj jewellery* d'ambre. ~**-coloured** ambré; (*Brit Aut*) ~ **light** feu *m* orange; **the lights are at** ~ les feux sont à l'orange.

ambergris ['æmbəgriːs] *n* ambre gris.

ambi ... ['æmbɪ] *pref* ambi ... .

ambidextrous [ˌæmbɪ'dekstrəs] *adj* ambidextre.

ambient ['æmbɪənt] 1 *adj* ambiant. 2 *n* (*Phot*) lumière *f* d'ambiance.

ambiguity [ˌæmbɪ'gjuːɪtɪ] *n* (**a**) (*U*) [*word, phrase*] ambiguïté *f* (*also Ling*), équivoque *f*; (*in thought, speech: lack of clarity*) ambiguïté, obscurité *f*. (**b**) (*ambiguous phrase etc*) ambiguïté *f*, expression ambiguë.

ambiguous [æm'bɪgjʊəs] *adj word, phrase* ambigu (*f* -guë) (*also Ling*), équivoque; *thought* obscur; *past* douteux, équivoque.

ambiguously [æm'bɪgjʊəslɪ] *adv* de façon ambiguë.

ambit ['æmbɪt] *n* [*person*] sphère *f* d'attributions, compétence *f*; [*authority etc*] étendue *f*, portée *f*.

ambition [æm'bɪʃən] *n* ambition *f*. **it is my** ~ **to do** mon ambition est de faire, j'ai l'ambition de faire.

ambitious [æm'bɪʃəs] *adj person, plan* ambitieux. **to be** ~ **to do** ambitionner de faire; **to be** ~ **of** *or* **for fame** briguer la gloire.

ambitiously [æm'bɪʃəslɪ] *adv* ambitieusement.

ambivalence [æm'bɪvələns] *n* ambivalence *f*.

ambivalent [æm'bɪvələnt] *adj* ambivalent.

amble ['æmbl] 1 *vi* [*horse*] aller l'amble, ambler; [*person*] aller *or* marcher d'un pas tranquille. **to** ~ **in/out** *etc* entrer/sortir *etc* d'un pas tranquille; [*person*] **to** ~ **along** se promener *or* aller sans se presser; **he** ~**d up to me** il s'est avancé vers moi sans se presser; **the train** ~**s through the valley** le train traverse lentement la vallée.

2 *n* [*horse*] amble *m*; [*person*] pas *m* *or* allure *f* tranquille.

ambrosia [æm'brəʊzɪə] *n* ambroisie *f*.

ambrosial [æm'brəʊzɪəl] *adj* (au parfum *or* au goût) d'ambroisie.

ambulance ['æmbjʊləns] 1 *n* ambulance *f*; *V* **flying.**

2 *cpd*: (*US pej*) **ambulance chaser*** avocat *m* marron (*qui encourage les victimes d'accident à le consulter*); **ambulance driver** ambulancier *m*, -ière *f*; **ambulance man** (*driver*) ambulancier *m*; (*inside*) infirmier *m* (d'ambulance); (*carrying stretcher*) brancardier *m*; **ambulance nurse** infirmière *f* (d'ambulance); **ambulance train** train *m* sanitaire.

ambulatory [ˌæmbjʊ'leɪtərɪ] *adj* (*US Med*) ambulatoire. ~ **patient/care** malade *mf*/traitement *m* ambulatoire.

ambush ['æmbʊʃ] 1 *n* embuscade *f*, guet-apens *m*. **troops in** ~ troupes embusquées; **to be** *or* **lie in** ~ se tenir en embuscade; **to be** *or* **lie in** ~ **for sb** tendre une embuscade à qn; *V* **fall**. 2 *vt* (*wait for*) tendre une embuscade à; (*attack*) faire tomber dans une embuscade.

ameba [ə'miːbə] *n* = **amoeba.**

ameliorate [ə'miːlɪəreɪt] 1 *vt* améliorer. 2 *vi* s'améliorer.

amelioration [əˌmiːlɪə'reɪʃən] *n* amélioration *f*.

amen ['ɑː'men] 1 *excl* (*Rel*) amen, ainsi soit-il. 2 *n* amen *m inv*. (*Rel, fig*) **to say** ~ **to, to give one's** ~ **to** dire amen à.

amenable [ə'miːnəbl] *adj* (**a**) (*answerable*) *person* responsable (*to sb* envers qn, *for sth* de qch). ~ **to the law** responsable devant la loi.

(**b**) (*tractable, responsive*) *person* maniable, souple. **he is** ~ **to argument** c'est un homme qui est prêt à se laisser convaincre; ~ **to discipline** disciplinable; ~ **to kindness** sensible à la douceur; ~ **to reason** raisonnable, disposé à entendre raison.

(**c**) (*within the scope of*) ~ **to** qui relève de, du ressort de.

amend [ə'mend] 1 *vt rule* amender, modifier; (*Parl*) amender; *wording* modifier; *mistake* rectifier, corriger; *habits* réformer. 2 *vi* s'amender.

amendment [ə'mendmənt] *n* (*V* **amend**) amendement *m*; modification *f*; rectification *f*; (*Parl*) amendement; (*Fin: to contract*) avenant *m* (*to* à). (*Jur*) **proposals for the** ~ **of this treaty** projet *m* tendant à la révision du présent traité.

amends [ə'mendz] *npl* compensation *f*, réparation *f*, dédommagement *m*. **to make** ~ (*apologize*) faire amende honorable; (*by doing sth*) se racheter; **to make** ~ **to sb for sth** dédommager qn de qch, faire réparation à qn de qch; **to make** ~ **for an injury** (*with money*) compenser un dommage; (*with kindness*) réparer un tort; **I'll try to make** ~ j'essaierai de réparer mes torts *or* de me racheter.

amenity [ə'miːnɪtɪ] 1 *n* (**a**) (*U: pleasantness*) [*district, climate, situation*] charme *m*, agrément *m*.

(**b**) (*gen pl*) **amenities** (*pleasant features*) agréments *mpl*; (*facilities*) aménagements *mpl*, agréments *mpl* (locaux). (*Jur*) **public amenities** équipements collectifs.

(**c**) (*tpl: courtesies*) **amenities** civilités *fpl*, politesses *fpl*.

2 *cpd*: (*Brit Med*) **amenity bed** lit 'privé' (dans un hôpital); **amenity society** association *f* pour la sauvegarde de l'environnement.

amenorrhoea, (*US*) **amenorrhea** ['eɪmenə'rɪə] *n* (*Med*) aménorrhée *f*.

Amerasia [ˌæmə'reɪʒə] *n* Amérique *f* jaune, Asie américaine.

Amerasian [ˌæmə'reɪʒən] 1 *adj* amérasien. 2 *n* Amérasien(ne) *m(f)*.

America [ə'merɪkə] *n* Amérique *f*; *V* **north, united** *etc*.

American [ə'merɪkən] 1 *adj* (*of America*) américain, d'Amérique;

(*of USA*) américain, des États-Unis. (*US*) ~ **cheese** cheddar américain; ~ **Civil War** guerre *f* de Sécession; ~ **Eagle** aigle *m* d'Amérique; ~ **embassy** ambassade *f* des États-Unis; ~ **English** anglais américain; ~ **Indian** (*n*) Indien(ne) *m(f)* d'Amérique; (*adj*) des Indiens d'Amérique; (*US: in hotels*) ~ **plan** (chambre avec) pension complète.
  2 *n* (**a**) Américain(e) *m(f)*.
  (**b**) (*Ling*) américain *m*.
Americana [ə‚merɪˈkɑːnə] *n* (*US*) objets *or* documents appartenant à l'héritage culturel américain.
americanism [əˈmerɪkənɪzəm] *n* américanisme *m*.
americanize [əˈmerɪkənaɪz] *vt* américaniser.
americium [‚æməˈrɪsɪəm] *n* (*Chem*) américium *m*.
Amerind [ˈæmərɪnd] *n* (**a**) Indien(ne) *m(f)* d'Amérique. (**b**) (*Ling*) langue amérindienne.
Amerindian [‚æməˈrɪndɪən] **1** *n* = **Amerind. 2** *adj* amérindien.
amethyst [ˈæmɪθɪst] **1** *n* améthyste *f*. **2** *cpd jewellery* d'améthyste; *colour* violet d'améthyste *inv*.
amiability [‚eɪmɪəˈbɪlɪtɪ] *n* amabilité *f*, gentillesse *f* (*to, towards* envers).
amiable [ˈeɪmɪəbl] *adj* aimable, gentil.
amiably [ˈeɪmɪəblɪ] *adv* aimablement, avec amabilité, avec gentillesse.
amicable [ˈæmɪkəbl] *adj feeling* amical; *relationship* amical, d'amitié. (*Jur*) ~ **settlement** arrangement *m* à l'amiable.
amicably [ˈæmɪkəblɪ] *adv* amicalement; (*Jur*) à l'amiable.
amidships [əˈmɪdʃɪps] *adv* (*Naut*) au milieu *or* par le milieu du navire.
amid(st) [əˈmɪd(st)] *prep* parmi, au milieu de.
amino acid [əˈmiːnəʊˈæsɪd] *n* acide aminé, aminoacide *m*.
amiss [əˈmɪs] **1** *adv* (*wrongly*) mal, de travers; (*at wrong place, time etc*) mal à propos. **to take sth** ~ prendre qch de travers *or* en mauvaise part; **don't take it** ~ ne le prenez pas mal, ne vous en offensez pas; **to speak** ~ **of** parler mal de; **nothing comes** ~ **to** him il tire parti de tout, il s'arrange de tout; **a drink wouldn't come** ~* je ne refuserais pas un verre; **a little courtesy on his part wouldn't come** ~ un peu de politesse ne lui ferait pas de mal.
  2 *adj* (*wrongly worded, timed etc*) mal à propos. **something is** ~ **in your calculations** il y a quelque chose qui ne va pas *or* qui cloche* dans tes calculs; **what's** ~ **with you?** qu'est-ce qui ne va pas?, qu'est-ce qui te tracasse?; **there's something** ~ il y a quelque chose qui ne va pas *or* qui cloche*; **to say something** ~ dire quelque chose mal à propos.
amity [ˈæmɪtɪ] *n* amitié *f*, bonne intelligence; (*between two countries*) concorde *f*, bons rapports, bonnes relations.
Amman [əˈmɑːn] *n* Amman.
ammeter [ˈæmɪtə*r*] *n* ampèremètre *m*.
ammo [ˈæməʊ] *n* (*Mil sl abbr of* **ammunition**) munitions *fpl*.
ammonia [əˈməʊnɪə] *n* (*gaz m*) ammoniac *m*; (*liquid*) ammoniaque *f*, *V* **household, liquid**.
ammunition [‚æmjʊˈnɪʃən] **1** *n* munitions *fpl*. **2** *cpd*: **ammunition belt** ceinturon *m*; **ammunition dump** dépôt *m or* parc *m* de munitions; **ammunition pouch** cartouchière *f*.
amnesia [æmˈniːzɪə] *n* amnésie *f*.
amnesiac [‚æmˈniːzɪæk] *adj* amnésique.
amnesty [ˈæmnɪstɪ] **1** *n* amnistie *f*. **under an** ~ en vertu d'une amnistie; **A~ International** Amnesty International. **2** *vt* amnistier.
amniocentesis [‚æmnɪəʊsənˈtiːsɪs] *n* amniocentèse *f*.
amnion [ˈæmnɪən] *n* (*Anat*) amnios *m*.
amniotic [‚æmnɪˈɒtɪk] *adj* (*Anat*) amniotique. ~ **fluid/cavity** liquide *m*/cavité *f* amniotique; ~ **sac** poche *f* des eaux.
amoeba [əˈmiːbə] *n* amibe *f*.
amoebic [əˈmiːbɪk] *adj* amibien. ~ **dysentery** dysenterie amibienne.
amok [əˈmɒk] *adv* = **amuck**.
among(st) [əˈmʌŋ(st)] *prep* parmi, entre. ~ **the crowd** parmi la foule; **divide the chocolates** ~ **you** partagez-vous les chocolats; ~ **the lambs is one black one** un des agneaux est noir, parmi les agneaux il y en a un noir; **this is** ~ **the things we must do** ceci fait partie des choses que nous avons à faire; **settle it** ~ **yourselves** arrangez cela entre vous; **don't quarrel** ~ **yourselves** ne vous disputez pas, pas de disputes entre vous; **he is** ~ **those who know** il est de ces gens qui savent, il fait partie de ceux qui savent; ~ **other things** entre autres (choses); ~ **the French** chez les Français; **to count sb** ~ **one's friends** compter qn parmi *or* au nombre de ses amis; **to be** ~ **friends** être entre amis; **one** ~ **a thousand** un entre mille; **to be sitting** ~ **the audience** être assis au milieu des *or* parmi les spectateurs.
amoral [eɪˈmɒrəl] *adj* amoral.
amorous [ˈæmərəs] *adj* amoureux. **to make** ~ **advances to** faire des avances à (*connotations sexuelles*).
amorously [ˈæmərəslɪ] *adv* amoureusement.
amorphous [əˈmɔːfəs] *adj* (*also Miner*) amorphe; (*fig*) *personality* amorphe; *style, ideas* informe, sans forme.
amortization [ə‚mɔːtaɪˈzeɪʃən] *n* amortissement *m*.
amortize [əˈmɔːtaɪz] *vt debt* amortir.
amortizement [əˈmɔːtɪzmənt] *n* = **amortization**.
amount [əˈmaʊnt] *n* (**a**) (*total*) montant *m*, total *m*; (*sum of money*) somme *f*. **the** ~ **of a bill** le montant d'une facture; **debts to the** ~ **of £20** dettes qui se montent à 20 livres; **there is a small** ~ **still to pay** il reste une petite somme à payer; (*Fin, Comm*) **to the** ~ **of** à concurrence de; (*US*) **check in the** ~ **of $50** chèque de 50 dollars; (*Fin*) ~ **allotted** to dotation accordée à.
  (**b**) (*quantity*) quantité *f*. **I have an enormous** ~ **of work** j'ai énormément de travail; **quite an** ~ **of** beaucoup de; **any** ~ **of** quantité de, énormément de; **she's got any** ~ **of friends** elle a

énormément *or* des quantités d'amis; **I've got any** ~ **of time** j'ai tout le temps qu'il (me) faut, j'ai tout mon temps.
  (**c**) (*U: value, importance*) importance *f*, signification *f*. **the information is of little** ~ ce renseignement n'a pas grande importance.
♦ **amount to** *vt fus* (**a**) (*Math etc*) [*sums, figures, debts*] s'élever à, se monter à, se chiffrer à.
  (**b**) (*be equivalent to*) équivaloir à, se ramener à, se réduire à. **it amounts to the same thing** cela revient au même; **it amounts to stealing** cela revient *or* équivaut à du vol; **it amounts to a change in policy** cela représente un changement de politique; **this amounts to very little** cela ne représente pas grand-chose; **he will never amount to much** il ne fera jamais grand-chose; **one day he will amount to something** un jour il sera quelqu'un.
amour [əˈmʊə*r*] **1** *n* intrigue amoureuse, liaison *f*. **2** *cpd*: amour-propre amour-propre *m*.
amp(ère) [ˈæmp(ɛə*r*)] **1** *n* ampère *m*. **2** *cpd*: **ampère-hour** ampère-heure *m*; **a 13-amp plug** une prise de 13 ampères.
ampersand [ˈæmpəsænd] *n* esperluète *f*.
amphetamine [æmˈfetəmiːn] *n* amphétamine *f*.
amphibia [æmˈfɪbɪə] *npl* batraciens *mpl*, amphibiens *mpl*.
amphibian [æmˈfɪbɪən] **1** *adj animal, vehicle, tank* amphibie. **2** *n* (*Zool*) amphibie *m*; (*car*) voiture *f* amphibie; (*aircraft*) avion *m* amphibie; (*tank*) char *m* amphibie.
amphibious [æmˈfɪbɪəs] *adj* amphibie.
amphitheatre, (*US*) **amphitheater** [ˈæmfɪ‚θɪətə*r*] *n* (*Hist, Theat, gen*) amphithéâtre *m*; (*in mountains*) cirque *m*.
amphora [ˈæmfərə] *n*, *pl* **amphorae** [ˈæmfə‚riː] amphore *f*.
ample [ˈæmpl] *adj* (**a**) (*more than enough of*) money etc bien *or* largement assez de; *reason, motive* solide; *resources* gros, abondant. ~ **grounds for divorce** de solides motifs de divorce; **to have** ~ **means** avoir de gros moyens *or* une grosse fortune; **to have** ~ **reason to believe that ...** avoir de fortes *or* de solides raisons de croire que ...; **there is** ~ **room for** il y a largement la place pour; (*fig*) **there is** ~ **room for improvement** il y a encore bien du chemin *or* bien des progrès à faire; **to have** ~ **time** avoir grandement *or* largement le temps (*to do* de *or* pour faire).
  (**b**) (*large*) garment ample.
amplification [‚æmplɪfɪˈkeɪʃən] *n* amplification *f*. (*Jur*) ~ **of previous evidence** amplification des offres de preuve.
amplifier [ˈæmplɪfaɪə*r*] *n* amplificateur *m*, ampli* *m*.
amplify [ˈæmplɪfaɪ] *vt sound* amplifier; *statement, idea* développer; *story* amplifier.
amplitude [ˈæmplɪtjuːd] *n* (*Astron, Phys*) amplitude *f*; [*style, thought*] ampleur *f*.
amply [ˈæmplɪ] *adv* amplement, grandement, largement.
ampoule [ˈæmpuːl] *n* ampoule *f* (*pour seringue*).
ampulla [æmˈpʊlə] *n*, *pl* **ampullae** [æmˈpʊliː] (*Anat*) ampoule *f*.
amputate [ˈæmpjʊteɪt] *vt* amputer. **to** ~ **sb's leg** amputer qn de la jambe.
amputation [‚æmpjʊˈteɪʃən] *n* amputation *f*. **to carry out the** ~ **of a limb** pratiquer l'amputation d'un membre.
Amsterdam [ˈæmstədæm] *n* Amsterdam.
Amtrak [ˈæmtræk] *n* (*US*) société mixte de transports ferroviaires interurbains pour voyageurs.
amuck [əˈmʌk] *adv*: **to run** ~ (*lit*) être pris d'un accès *or* d'une crise de folie meurtrière *or* furieuse; (*in Far East*) s'abandonner à l'amok; (*fig*) [*person*] perdre tout contrôle de soi-même; [*crowd*] se déchaîner.
amulet [ˈæmjʊlɪt] *n* amulette *f*.
amuse [əˈmjuːz] *vt* (**a**) (*cause mirth to*) amuser, divertir, faire rire. **it** ~d **us** cela nous a fait rire; **to be** ~d **at** *or* **by** s'amuser de; **he was not** ~d **il** n'a pas trouvé ça drôle; **an** ~d **expression** un air amusé.
  (**b**) (*entertain*) distraire, divertir, amuser. **to** ~ **o.s. by doing** s'amuser à faire; **to** ~ **o.s. with sth/sb** s'amuser avec qch/aux dépens de qn; **you'll have to** ~ **yourselves** il va vous falloir trouver de quoi vous distraire *or* de quoi vous occuper.
amusement [əˈmjuːzmənt] **1** *n* (**a**) (*U*) amusement *m*, divertissement *m*. **look of** ~ regard amusé; **to hide one's** ~ dissimuler son envie de rire; **to do sth for** ~ faire qch pour se distraire; (*much*) **to my** ~ à mon grand amusement; **there was general** ~ **at this** ceci a fait rire tout le monde.
  (**b**) (*diversion, pastime*) distraction *f*, jeu *m*, amusement *m*. **a town with plenty of** ~s une ville qui offre beaucoup de distractions.
  2 *cpd*: **amusement arcade** galerie *f* de jeux *or* d'attractions; **amusement park** (*fairground*) parc *m* d'attractions; (*playground*) parc.
amusing [əˈmjuːzɪŋ] *adj* amusant, drôle, divertissant. **highly** ~ divertissant au possible, très drôle.
amusingly [əˈmjuːzɪŋlɪ] *adv* d'une manière amusante, drôlement.
amylase [ˈæmɪleɪz] *n* (*Physiol*) amylase *f*.
an [æn, ən, n] **1** *art V* **a². 2** *conj* (†) si.
Anabaptist [‚ænəˈbæptɪst] *n*, *adj* anabaptiste (*mf*).
anachronism [əˈnækrənɪzəm] *n* anachronisme *m*.
anachronistic [ə‚nækrəˈnɪstɪk] *adj* anachronique.
anaconda [‚ænəˈkɒndə] *n* eunecte *m*, anaconda *m*.
Anacreon [əˈnækrɪən] *n* Anacréon *m*.
anacreontic [ə‚nækrɪˈɒntɪk] **1** *adj* anacréontique. **2** *n* poème *m* anacréontique.
anaemia [əˈniːmɪə] *n* anémie *f*, *V* **pernicious**.
anaemic [əˈniːmɪk] *adj* (*Med, fig*) anémique. **to become** ~ s'anémier.
anaesthesia [‚ænɪsˈθiːzɪə] *n* anesthésie *f*.
anaesthetic [‚ænɪsˈθetɪk] **1** *n* anesthésique *m*. **under the** ~ sous anesthésie; **to give sb an** ~ anesthésier qn. **2** *adj* anesthésique.
anaesthetist [æˈniːsθɪtɪst] *n* anesthésiste *mf*.

anaesthetize [æ'ni:sθɪtaɪz] *vt* (*by anaesthetic*) anesthésier; (*by other methods*) insensibiliser.
anaglyph ['ænəglɪf] *n* (*Art*) anaglyphe *m*.
anagram ['ænəgræm] *n* anagramme *f*.
anal ['eɪnəl] *adj* anal.
analgesia [ˌænæl'dʒiːzɪə] *n* analgésie *f*.
analgesic [ˌænæl'dʒiːsɪk] *adj*, *n* analgésique (*m*).
analog ['ænəlɒg] *n* (*US*) = **analogue**. ~ **computer** calculateur *m* analogique.
analogic(al) [ˌænə'lɒdʒɪk(əl)] *adj* analogique.
analogous [ə'næləgəs] *adj* analogue (*to, with* à).
analogue ['ænəlɒg] *n* analogue *m*.
analogy [ə'nælədʒɪ] *n* analogie *f* (*between* entre; *with* avec). **to argue from** ~ raisonner par analogie; **by** ~ **with** par analogie avec.
analysand [ə'nælɪˌsænd] *n* (*Psych*) sujet *m* en analyse.
analyse, (*US*) **analyze** ['ænəlaɪz] *vt* (**a**) analyser, faire l'analyse de; (*Gram*) *sentence* faire l'analyse logique de. (**b**) (*Psych*) psychanalyser.
analysis [ə'næləsɪs] *n*, *pl* **analyses** [ə'næləsiːz] (**a**) analyse *f*; (*Gram*) [*sentence*] analyse logique. (*fig*) **in the ultimate** *or* **last** *or* **final** ~ en dernière analyse, finalement. (**b**) (*Psych*) psychanalyse *f*. **to be in** ~ poursuivre une analyse, être en cours d'analyse.
analyst ['ænəlɪst] *n* (**a**) (*Chem etc*) analyste *m*. (**b**) (*Psych*) (psych)analyste *mf*; *V* **news**.
analytic(al) [ˌænə'lɪtɪk(əl)] *adj* analytique. ~ **psychology** psychologie *f* analytique *or* des profondeurs; (*Comput*) ~ **engine** machine *f* de Babbage.
analyze ['ænəlaɪz] *vt* (*US*) = **analyse**.
anamorphosis [ˌænə'mɔːfəsɪs] *n* anamorphose *f*.
anapaest, (*US*) **anapest** ['ænəpiːst] *n* anapeste *m*.
anaphoric [ˌænə'fɒrɪk] *adj* (*Ling*) anaphorique.
anarchic(al) [æ'nɑːkɪk(əl)] *adj* anarchique.
anarchism ['ænəkɪzəm] *n* anarchisme *m*.
anarchist ['ænəkɪst] *n* anarchiste *mf*.
anarchy ['ænəkɪ] *n* anarchie *f*.
anastigmatic [ˌænəstɪg'mætɪk] *adj* (*Phot*) anastigmate.
anathema [ə'næθɪmə] *n* (*Rel, fig*) anathème *m*. (*fig*) **the whole idea of exploiting people was** ~ **to him** il avait en abomination l'idée d'exploiter les gens.
anathematize [ə'næθɪmətaɪz] *vt* frapper d'anathème.
Anatolia [ˌænə'təʊlɪə] *n* Anatolie *f*.
Anatolian [ˌænə'təʊlɪən] *adj* anatolien.
anatomical [ˌænə'tɒmɪkəl] *adj* anatomique.
anatomist [ə'nætəmɪst] *n* anatomiste *mf*.
anatomize [ə'nætəmaɪz] *vt* disséquer.
anatomy [ə'nætəmɪ] *n* (*Med, Sci*) anatomie *f*; (*fig*) [*country etc*] structure *f*. **he had spots all over his** ~ il avait des boutons partout, il était couvert de boutons.
ancestor ['ænsɪstə'] *n* (*lit*) ancêtre *m*, aïeul *m*; (*fig*) ancêtre.
ancestral [æn'sestrəl] *adj* ancestral. ~ **home** château ancestral.
ancestress ['ænsɪstrɪs] *n* aïeule *f*.
ancestry ['ænsɪstrɪ] *n* (**a**) (*lineage*) ascendance *f*. (**b**) (*collective n*) ancêtres *mpl*, aïeux *mpl*, ascendants *mpl*.
anchor ['æŋkə'] **1** *n* ancre *f*. **to be at** ~ être à l'ancre; **to come to** ~ jeter l'ancre, mouiller; *V* **cast**, **ride**, **weigh** *etc*.
2 *vt* (*Naut*) mettre à l'ancre; (*fig*) ancrer, enraciner.
3 *vi* (*Naut*) mouiller, jeter l'ancre, se mettre à l'ancre.
4 *cpd*: **anchor ice** glaces *fpl* de fond; **anchorman/anchorwoman** (*Rad, TV*) présentateur-réalisateur *m*/présentatrice-réalisatrice *f*; (*in team, organization*) pilier *m*, pivot *m*.
anchorage ['æŋkərɪdʒ] *n* (*Naut*) mouillage *m*, ancrage *m*. ~ **dues** droits *mpl* de mouillage *or* d'ancrage; (*Aut*) ~ **point** point *m* d'ancrage.
anchorite ['æŋkəraɪt] *n* anachorète *m*.
anchovy ['æntʃəvɪ] *n* anchois *m*. ~ **paste** pâte *f* d'anchois (*vendue toute préparée*); ~ **sauce** sauce *f* aux anchois.
ancient ['eɪnʃənt] **1** *adj* (**a**) *world, painting* antique; *document, custom* ancien. **in** ~ **days** dans les temps anciens; ~ **history** histoire ancienne; **it's** ~ **history*** c'est de l'histoire ancienne; (*Brit*) (**scheduled as an**) ~ **monument** (classé) monument *m* historique; ~ **Rome** la Rome antique; ~ **rocks** de vieilles roches.
(**b**) (*: gen hum*) *person* très vieux (*f* vieille); *clothes, object* antique, æntédiluvien*. **this is positively** ~ cela remonte à Mathusalem *or* au déluge; **a really** ~ **car** une antique guimbarde*; **he's getting pretty** ~ il se fait vieux, il prend de la bouteille*.
2 *n* (**a**) (*people of long ago*) **the** ~**s** les anciens *mpl*.
(**b**) (*hum*) vieillard *m*, patriarche *m*.
ancillary [æn'sɪlərɪ] *adj* *service, help, forces* auxiliaire. ~ **to** subordonné à; (**hospital**) ~ **workers** personnel *m* des services auxiliaires (des hôpitaux), agents *mpl* des hôpitaux; (*Brit Scol*) ~ **staff** agents *mpl* (d'un établissement scolaire); (*Fin, Comm*) ~ **costs** frais *mpl* accessoires *or* annexes.
and [ænd, ənd, nd, ən] *conj* (**a**) et. **a man** ~ **a woman** un homme et une femme; **his table** ~ **chair** sa table et sa chaise; ~ **how!** et comment!*; ~**?** et alors?; **on Saturday** ~/**or Sunday** (*Admin*) samedi et/ou dimanche; (*gen*) samedi ou dimanche ou les deux.
(**b**) (*in numbers*) **three hundred** ~ **ten** trois cent dix; **two thousand** ~ **eight** deux mille huit; **two pounds** ~ **six pence** deux livres (et) six pence; **an hour** ~ **twenty minutes** une heure vingt (minutes); **five** ~ **three quarters** cinq trois quarts.
(**c**) (+ *infin vb*) **try** ~ **come** tâchez de venir; **he went** ~ **opened the door** il est allé ouvrir la porte; **wait** ~ **see** on verra bien, attendez voir.
(**d**) (*repetition, continuation*) **better** ~ **better** de mieux en mieux; **now** ~ **then** de temps en temps; **for hours** ~ **hours** pendant des heures et des heures; **I rang** ~ **rang** j'ai sonné et resonné;

he talked ~ **talked/waited** ~ **waited** il a parlé/attendu pendant des heures; ~ **so on**, ~ **so forth** et ainsi de suite; **he goes on** ~ **on*** quand il commence il n'y a plus moyen de l'arrêter.
(**e**) (*with comp adj*) **uglier** ~ **uglier** de plus en plus laid; **more** ~ **more difficult** de plus en plus difficile.
(**f**) (*with neg or implied neg*) **ni. to go out without a hat** ~ **coat** sortir sans chapeau ni manteau; **you can't buy** ~ **sell here** on ne peut ni acheter ni vendre ici.
(**g**) (*phrases*) **eggs** ~ **bacon** œufs au bacon; **summer** ~ **winter** (**alike**) été comme hiver; **a carriage** ~ **pair** une voiture à deux chevaux.
(**h**) (*implying cond*) **flee** ~ **you are lost** fuyez et vous êtes perdu, si vous fuyez vous êtes perdu.
Andalucia, Andalusia [ˌændəlu'si:ə] *n* Andalousie *f*.
Andalucian, Andalusian [ˌændəlu'si:ən] *adj* andalou (*f* -ouse).
Andean ['ændɪən] *adj* des Andes, andin.
Andes ['ændiːz] *n* Andes *fpl*.
andiron ['ændaɪən] *n* chenet *m*.
Andorra [æn'dɔːrə] *n* (la république d')Andorre *f*.
Andorran [æn'dɔːrən] **1** *adj* andorran. **2** *n* Andorran(e) *m(f)*.
Andrew ['ændruː] *n* André *m*.
androgen ['ændrədʒən] *n* (*Physiol*) androgène *m*.
Andromache [æn'drɒməkɪ] *n* Andromaque *f*.
Andromeda [æn'drɒmɪdə] *n* Andromède *f*.
anecdotal [ˌænɪk'dəʊtəl] *adj* anecdotique. **his lecture was very** ~ sa conférence faisait une large part à l'anecdote.
anecdote ['ænɪkdəʊt] *n* anecdote *f*.
anemia [ə'niːmɪə] *n* = **anaemia**.
anemic [ə'niːmɪk] *adj* = **anaemic**.
anemone [ə'nemənɪ] *n* anémone *f*; *V* **sea**.
anent [ə'nent] *prep* (*Scot*) concernant, à propos de.
aneroid ['ænərɔɪd] *adj* anéroïde. ~ (**barometer**) baromètre *m* anéroïde.
anesthesia [ˌænɪs'θiːzɪə] *n* = **anaesthesia**.
anesthetic [ˌænɪs'θetɪk] *n* = **anaesthetic**.
anesthetist [æ'niːsθɪtɪst] *n* = **anaesthetist**.
anesthetize [æ'niːsθɪtaɪz] *vt* = **anaesthetize**.
aneurism ['ænjʊrɪzəm] *n* anévrisme *m*.
anew [ə'njuː] *adv* (*again*) de nouveau, encore; (*in a new way*) à nouveau. **to begin** ~ recommencer.
angel ['eɪndʒəl] **1** *n* ange *m*; (*: person*) ange, amour *m*; (*Theat‡*) commanditaire *mf*. ~ **of Darkness** ange des Ténèbres; **be an** ~ **and fetch me my gloves** apporte-moi mes gants, tu seras un ange; **speak** *or* **talk of** ~**s!*** quand on parle du loup (on en voit la queue)!; (*fig*) **to go where** ~**s fear to tread** s'aventurer en terrain dangereux; *V* **guardian**.
2 *cpd*: **angel cake** ≃ gâteau *m* de Savoie; **angelfish** scalaire *m*; (*shark*) ange *m* de mer; **angel shark** ange *m* de mer.
Angeleno [ˌændʒə'liːnəʊ] *n* (*US*) habitant(e) *m(f)* de Los Angeles.
angelic [æn'dʒelɪk] *adj* angélique.
angelica [æn'dʒelɪkə] *n* angélique *f*.
angelical [æn'dʒelɪkəl] *adj* angélique.
Angelino [ˌændʒə'liːnəʊ] *n* = **Angeleno**.
angelus ['ændʒɪləs] *n* (*prayer, bell*) angélus *m*.
anger ['æŋgə'] **1** *n* colère *f*; (*violent*) fureur *f*, courroux *m* (*liter*). **to act in** ~ agir sous l'empire *or* sous le coup de la colère, agir avec emportement; **words spoken in** ~ mots prononcés sous l'empire *or* sous le coup de la colère; **to move sb to** ~ mettre qn en colère; **his** ~ **knew no bounds** sa colère *or* son emportement ne connut plus de bornes; **in great** ~ furieux, courroucé (*liter*).
2 *vt* mettre en colère, irriter; (*greatly*) courroucer (*liter*). **to be easily** ~**ed** se mettre facilement en colère, s'emporter facilement.
angina [æn'dʒaɪnə] *n* angine *f*. ~ (**pectoris**) angine de poitrine.
angle¹ ['æŋgl] **1** *n* (*also Math*) angle *m*. **at an** ~ formant un angle de; **at an** ~ en biais (*to* par rapport à); **cut at an** ~ *pipe, edge* coupé en biseau; **the building stands at an** ~ **to the street** le bâtiment fait angle avec la rue; (*Aviat*) ~ **of climb** angle d'ascension; (*Constr*) ~ **iron** fer *m*, équerre *f*; *V* **acute**, **right**.
(**b**) (*fig*: *aspect, point of view*) angle *m*, aspect *m*. **the various** ~**s of a topic** les divers aspects d'un sujet; **to study a topic from every** ~ étudier un sujet sous toutes ses faces *or* sous tous les angles; **this article gives a new** ~ **on the question** cet article apporte un éclairage original sur la question; **from the parents'** ~ du point de vue des parents; **let's have your** ~ **on it*** dites-nous votre point de vue là-dessus, dites-nous comment vous voyez ça*.
2 *vt* (**a**) (*: *) *information, report* présenter sous un certain angle. **he** ~**d his article towards middle-class readers** il a rédigé son article à l'intention des classes moyennes *or* de façon à plaire au lecteur bourgeois.
(**b**) (*Tennis*) **to** ~ **a shot** croiser sa balle, jouer la diagonale.
(**c**) *lamp etc* régler à l'angle voulu. **she** ~**d the lamp towards her desk** elle a dirigé la lumière (de la lampe) sur son bureau.
angle² ['æŋgl] *vi* (**a**) (*lit*) pêcher à la ligne. **to** ~ **for trout** pêcher la truite.
(**b**) (*fig*) **to** ~ **for sb's attention** chercher à attirer l'attention de qn; **to** ~ **for compliments** chercher *or* quêter des compliments; **to** ~ **for a rise in salary/for an invitation** chercher à se faire augmenter/à se faire inviter; **she's angling for a husband** elle fait la chasse au mari.
Anglepoise ['æŋglpɔɪz] *n* ®: ~ **lamp** lampe *f* d'architecte.
angler ['æŋglə'] *n* pêcheur *m*, -euse *f* (à la ligne). ~ (**fish**) lotte *f* de mer.
Angles ['æŋglz] *npl* (*Hist*) Angles *mpl*.
Anglican ['æŋglɪkən] *adj*, *n* anglican(e) *m(f)*. **the** ~ **Communion** la communion *or* la communauté anglicane.
Anglicanism ['æŋglɪkənɪzəm] *n* anglicanisme *m*.
anglicism ['æŋglɪsɪzəm] *n* anglicisme *m*.

anglicist ['æŋglɪsɪst] *n* angliciste *mf*.
anglicize ['æŋglɪsaɪz] *vt* angliciser.
angling ['æŋglɪŋ] *n* pêche *f* (à la ligne).
Anglo⃰ ['æŋgləʊ] *n* Américain blanc, Américaine blanche (d'origine non hispanique).
Anglo- ['æŋgləʊ] *pref* anglo-.
Anglo-Catholic ['æŋgləʊ'kæθəlɪk] *adj, n* anglo-catholique (*mf*).
Anglo-Catholicism ['æŋgləʊkə'θɒlɪsɪzəm] *n* anglo-catholicisme *m*.
Anglo-French ['æŋgləʊ'frentʃ] *adj* anglo-français, franco-britannique, franco-anglais.
Anglo-Indian ['æŋgləʊ'ɪndɪən] *n* (*English person in India*) Anglais(e) *m(f)* des Indes; (*person of English and Indian descent*) métis(se) *m(f)* d'Anglais(e) et d'Indien(ne).
anglophile ['æŋgləʊfaɪl] *adj, n* anglophile (*mf*).
anglophobe ['æŋgləʊfəʊb] *adj, n* anglophobe (*mf*).
Anglo-Saxon ['æŋgləʊ'sæksən] **1** *adj* anglo-saxon. **2** *n* (**a**) Anglo-Saxon(ne) *m(f)*. (**b**) (*Ling*) anglo-saxon *m*.
Angola [æŋ'gəʊlə] *n* Angola *m*.
Angolan [æŋ'gəʊlən] **1** *adj* angolais. **2** *n* Angolais(e) *m(f)*.
angora [æŋ'gɔːrə] **1** *n* (**a**) (*cat/rabbit*) (chat *m*/lapin *m*) angora *m*; (*goat*) chèvre *f* angora. (**b**) (*wool*) laine *f* angora, angora *m*. **2** *adj* cat, rabbit etc angora *inv*; sweater (en) angora.
angostura [æŋgə'stjʊərə] *n* angusture *f*. ® **~ bitters** bitter *m* à base d'angusture.
angrily ['æŋgrɪlɪ] *adv* leave en colère; talk avec colère, avec emportement.
angry ['æŋgrɪ] *adj* (**a**) *person* en colère, fâché (*with sb* contre qn, *at sth* à cause de qch, *about sth* à propos de qch); (*furious*) furieux (*with sb* contre qn, *at sth* de qch, *about sth* à cause de qch); (*annoyed*) irrité (*with sb* contre qn, *at sth* de qch, *about sth* à cause de qch); look irrité, furieux, courroucé (*liter*); reply plein *or* vibrant de colère; (*fig*) sea mauvais, démonté. **to get ~** se fâcher, se mettre en colère; **to make sb ~** mettre qn en colère; **he was ~ at being dismissed** il était furieux d'avoir été renvoyé *or* qu'on l'ait renvoyé; **in an ~ voice** sur le ton de la colère; **you won't be ~ if I tell you?** vous n'allez pas vous fâcher si je vous le dis?; **this sort of thing makes me ~** ce genre de chose me met hors de moi; **there were ~ scenes when it was announced that ...** des incidents violents ont éclatés quand on a annoncé que ...; (*Brit Literat*) **~ young man** jeune homme *m* en colère.
(**b**) (*inflamed*) *wound* enflammé, irrité; (*painful*) douloureux. **the blow left an ~ mark on his forehead** le coup lui a laissé une vilaine meurtrissure au front.
Anguilla [æŋ'gwɪlə] *n* Anguilla.
anguish ['æŋgwɪʃ] *n* (*mental*) angoisse *f*, anxiété *f*; (*physical*) supplice *m*. **to be in ~** (*mentally*) être dans l'angoisse *or* angoissé; (*physically*) être au supplice, souffrir le martyre.
anguished ['æŋgwɪʃt] *adj* (*mentally*) angoissé; (*physically*) plein de souffrance.
angular ['æŋgjʊlər] *adj* angle anguleux; face anguleux, osseux, maigre; features anguleux; movement dégingandé, saccadé.
aniline ['ænɪliːn] *n* aniline *f*. **~ dyes** colorants *mpl* à base d'aniline.
anima *n* (*Psych*) anima *f*.
animal ['ænɪməl] **1** *n* (*lit*) animal *m*; (*⃰pej: person*) brute *f*. **I like ~s** j'aime les animaux *or* les bêtes; **man is a social ~** l'homme est un animal sociable; (*pej*) **the ~ in him** la bête en lui, son côté bestial; **he's nothing but an ~** ce n'est qu'une petite brute; (*fig*) **there's no such ~** ça n'existe pas; (*fig*) **they're two different ~s** ce sont deux choses complètement différentes. **2** *adj* fats, oil, instinct animal. **~ husbandry** élevage *m*; **~ kingdom** règne animal; **~ lover** personne *f* qui aime les animaux; **~ rights** les droits *mpl* des animaux; **~ spirits** entrain *m*, vivacité *f*; **full of ~ spirits** plein d'entrain *or* de vivacité *or* de vie.
animate ['ænɪmɪt] **1** *adj* (*living*) vivant, animé; (*Ling*) animé.
2 ['ænɪmeɪt] *vt* (**a**) (*lit*) animer, vivifier (*liter*).
(**b**) (*fig*) discussion animer, rendre vivant, aviver.
animated ['ænɪmeɪtɪd] *adj* animé. **to become ~** s'animer; **the talk was growing ~** la conversation s'animait *or* s'échauffait; (*Cine*) **(~) cartoon** dessin(s) animé(s), film *m* d'animation.
animatedly ['ænɪmeɪtɪdlɪ] *adv* talk d'un ton animé, avec animation; behave avec entrain, avec vivacité.
animation [ˌænɪ'meɪʃən] *n* [person] vivacité *f*, entrain *m*; [face] animation *f*; [scene, street etc] activité *f*, animation; (*Cine*) animation; V suspend.
animator ['ænɪmeɪtər] *n* (*Cine*) animateur *m*, -trice *f*.
animism ['ænɪmɪzəm] *n* animisme *m*.
animist ['ænɪmɪst] *adj, n* animiste (*mf*).
animosity [ˌænɪ'mɒsɪtɪ] *n* animosité *f* (*against, towards* contre), hostilité *f* (*against, towards* envers), antipathie *f* (*against, towards* pour).
animus ['ænɪməs] *n* (**a**) (*U*) = **animosity**. (**b**) (*Psych*) animus *m*.
anise ['ænɪs] *n* anis *m*.
aniseed ['ænɪsiːd] **1** *n* graine *f* d'anis. **2** *cpd* flavoured à l'anis. **aniseed ball** bonbon *m* à l'anis.
anisette [ˌænɪ'zet] *n* anisette *f*.
Anjou [ɑ̃'ʒuː] *n* Anjou *m*.
Ankara ['æŋkərə] *n* Ankara *f*.
ankle ['æŋkl] **1** *n* cheville *f*.
2 *cpd* **anklebone** astragale *m*; **he was ankle-deep in water** l'eau lui montait *or* il avait de l'eau (jusqu')à la cheville; **the water is ankle-deep** l'eau monte *or* vient (jusqu')à la cheville; **ankle joint** articulation *f* de la cheville; (*Brit*) **ankle sock** socquette *f*; **ankle strap** bride *f*.
anklet ['æŋklɪt] *n* bracelet *m* *or* anneau *m* de cheville; (*US*) socquette *f*.
ankylosis [ˌæŋkɪ'ləʊsɪs] ankylose *f*.

Ann [æn] *n* Anne *f*.
annalist ['ænəlɪst] *n* annaliste *m*.
annals ['ænəlz] *npl* annales *fpl*.
Annam [æ'næm] *n* Annam *m*.
Annapurna [ˌænə'pʊənə] *n* Annâpurnâ *m*.
Anne [æn] *n* Anne *f*; V queen.
anneal [ə'niːl] *vt* glass, metal recuire.
annex [ə'neks] **1** *vt* annexer. **2** ['æneks] *n* (*building, document*) annexe *f*.
annexation [ˌænek'seɪʃən] *n* (*act*) annexion *f* (*of* de); (*territory*) territoire *m* annexe.
annexe ['æneks] *n* = **annex 2**.
Annie Oakley⃰ [ˌænɪ'əʊklɪ] *n* (*US*) billet *m* de faveur.
annihilate [ə'naɪəleɪt] *vt* army, fleet anéantir; space, time annihiler, supprimer; effect annihiler.
annihilation [əˌnaɪə'leɪʃən] *n* (*Mil*) anéantissement *m*; (*fig*) suppression *f*.
anniversary [ˌænɪ'vɜːsərɪ] **1** *n* anniversaire *m* (*d'une date, d'un événement*); V wedding. **2** *cpd*: **anniversary dinner** dîner commémoratif *or* anniversaire.
Anno Domini ['ænəʊ'dɒmɪnaɪ] *n* (**a**) l'an *m* de notre ère, après Jésus-Christ, ap. J.-C., l'an de grâce (*liter*). **in 53 ~** en 53 après Jésus-Christ *or* ap. J.-C., en l'an 53 de notre ère; **the 2nd century ~** le 2e siècle de notre ère.
(**b**) (*⃰*) vieillesse *f*, le poids des ans (*hum*). **he is showing signs of ~** il commence à prendre de l'âge *or* à se faire vieux.
annotate ['ænəʊteɪt] *vt* annoter.
annotation [ˌænəʊ'teɪʃən] *n* annotation *f*, note *f*.
announce [ə'naʊns] *vt* annoncer. **to ~ the birth/death of** faire part de la naissance du/du décès de; **'I won't', he said** 'je ne le ferai pas' annonça-t-il; **it is ~d from London** on apprend de Londres.
announcement [ə'naʊnsmənt] *n* (*gen*) annonce *f*; (*esp Admin*) avis *m*; [birth, marriage, death] avis; (*privately inserted or circulated*) faire-part *m inv*.
announcer [ə'naʊnsər] *n* (*Rad, TV*) (*linking programmes*) speaker(ine) *m(f)*, annonceur *m*, -euse *f*; (*within a programme*) présentateur *m*, -trice *f*; (*newsreader*) journaliste *mf*.
annoy [ə'nɔɪ] *vt* (*vex*) ennuyer, agacer, contrarier; (*deliberately irritate*) person, animal agacer, énerver, embêter⃰; (*inconvenience*) importuner, ennuyer. **to be/get ~ed with sb** être/se mettre en colère contre qn; **to be ~ed about or over an event** être contrarié par un événement; **to be ~ed about or over a decision** être mécontent d'une décision; **to be ~ed with sb about sth** être mécontent de qn à propos de qch, savoir mauvais gré à qn de qch (*frm*); **to get ~ed with a machine** se mettre en colère *or* s'énerver contre une machine; **don't get ~ed!** ne vous fâchez pas!; **I am very ~ed that he hasn't come** je suis très ennuyé *or* contrarié qu'il ne soit pas venu; **I am very ~ed with him for not coming** je suis très mécontent qu'il ne soit pas venu.
annoyance [ə'nɔɪəns] *n* (**a**) (*displeasure*) mécontentement *m*, déplaisir *m*, contrariété *f*. **with a look of ~** d'un air contrarié *or* ennuyé; **he found to his great ~ that ...** il s'est aperçu à son grand mécontentement *or* déplaisir que ... .
(**b**) (*cause of ~*) tracas *m*, ennui *m*, désagrément *m*.
annoying [ə'nɔɪɪŋ] *adj* (*slightly irritating*) agaçant, énervant, embêtant⃰; (*very irritating*) ennuyeux, fâcheux. **the ~ thing about it is that ...** ce qui est agaçant *or* ennuyeux dans cette histoire c'est que ...; **how ~!** que c'est agaçant! *or* ennuyeux!
annoyingly [ə'nɔɪɪŋlɪ] *adv* d'une façon agaçante. **the sound was ~ loud** le son était si fort que c'en était gênant.
annual ['ænjʊəl] **1** *adj* annuel. (*Comm etc*) **~ general meeting** assemblée générale annuelle. **2** *n* (**a**) (*Bot*) plante annuelle; V hardy. (**b**) (*book*) publication annuelle; (*children's*) album *m*.
annually ['ænjʊəlɪ] *adv* annuellement, tous les ans. **£5,000 ~** 5.000 livres par an.
annuity [ə'njuːɪtɪ] *n* (*regular income*) rente *f*; (*for life*) rente viagère, viager *m*; (*investment*) viager. **to invest money in an ~** placer de l'argent en viager; **~ bond** titre *m* de rente; V defer[1], life.
annul [ə'nʌl] *vt* law abroger, abolir; decision, judgment casser, annuler, infirmer; marriage annuler.
annulment [ə'nʌlmənt] *n* (V annul) abrogation *f*, abolition *f*; cassation *f*, annulation *f*, infirmation *f*.
Annunciation [əˌnʌnsɪ'eɪʃən] *n* Annonciation *f*.
anode ['ænəʊd] *n* anode *f*.
anodize ['ænədaɪz] *vt* anodiser.
anodyne ['ænədaɪn] **1** *n* (*Med*) analgésique *m*, calmant *m*; (*fig liter*) baume *m*. **2** *adj* (*Med*) antalgique, analgésique, calmant; (*fig liter*) apaisant.
anoint [ə'nɔɪnt] *vt* oindre (*with* de), consacrer *or* bénir par l'onction. **to ~ sb king** sacrer qn, faire qn roi par la cérémonie du sacre; **the ~ed King** le roi consacré; (*fig: lucky*) **to be ~ed⃰** avoir une veine de pendu⃰.
anointing [ə'nɔɪntɪŋ] *n* (*Rel*) **~ of the sick** onction *f* des malades.
anomalous [ə'nɒmələs] *adj* (*Gram, Med*) anormal, irrégulier; (*fig*) anormal.
anomaly [ə'nɒməlɪ] *n* anomalie *f*.
anomie, anomy ['ænəʊmɪ] *n* anomie *f*.
anon[1] [ə'nɒn] *adv* (*t or hum*) tout à l'heure, sous peu; V ever.
anon[2] [ə'nɒn] *adj* (*abbr of anonymous*) anonyme. (*at end of text*) **'A~'** 'anonyme', 'auteur inconnu'.
anonymity [ˌænə'nɪmɪtɪ] *n* anonymat *m*.
anonymous [ə'nɒnɪməs] *adj* author, letter anonyme. **to remain ~** garder l'anonymat.
anonymously [ə'nɒnɪməslɪ] *adv* publish anonymement, sans nom d'auteur; donate anonymement, en gardant l'anonymat.
anorak ['ænəræk] *n* anorak *m*.
anorexia [ænə'reksɪə] *n* anorexie *f*. **~ nervosa** anorexie mentale.

anorexic [æneˈreksɪk] *adj, n* anorexique (*mf*).
another [əˈnʌðər] **1** *adj* **(a)** (*one more*) un ... de plus, encore un. **take** ~ **10** prenez-en encore 10; **to wait** ~ **hour** attendre une heure de plus *or* encore une heure; **I shan't wait** ~ **minute!** je n'attendrai pas une minute de plus!; **without** ~ **word** sans ajouter un mot, sans un mot de plus; ~ **glass?** vous reprendrez bien un verre?; **in** ~ **20 years** dans 20 ans d'ici; (*what's more*) **and** ~ **thing** et de plus, et d'ailleurs.
(b) (*similar*) un autre, un second. **there is not** ~ **book like it, there is not** ~ **such book** il n'y a pas d'autre livre qui lui ressemble (*subj*), ce livre est unique dans son genre; **he will be** ~ **Hitler** ce sera un second *or* nouvel Hitler.
(c) (*different*) un autre. **that's quite** ~ **matter** c'est une tout autre question, c'est tout autre chose; **do it** ~ **time** remettez cela à plus tard, vous le ferez une autre fois.
2 *pron* **(a)** un(e) autre, encore un(e). **many** ~ bien d'autres, beaucoup d'autres, maint(e) autre (*liter*); **between** *or* **what with one thing and** ~ en fin de compte; *V also* **thing.**
(b) one ~ = each other; *V* **each.**
anoxia [əˈnɒksɪə] *n* anoxie *f.*
anoxic [əˈnɒksɪk] *adj* anoxique.
answer [ˈɑːnsər] **1** *n* **(a)** réponse *f*; (*sharp*) réplique *f*, riposte *f*; (*to criticism, objection*) réponse, réfutation *f*. **to get an** ~ obtenir une réponse; **to write sb an** ~ répondre à qn (par écrit); **his only** ~ **was to shrug his shoulders** pour toute réponse il a haussé les épaules, il a répondu par un haussement d'épaules; (*Telec*) **there's no** ~ ça ne répond pas; **I knocked but there was no** ~ j'ai frappé mais sans réponse *or* mais on ne m'a pas répondu; (*Comm*) **in** ~ **to your letter** suite à *or* en réponse à votre lettre; **I could find no** ~ je n'ai rien trouvé à répondre; **she's always got an** ~ elle a réponse à tout; (*Jur*) ~ **to a charge** réponse à une accusation; (*Rel*) **the** ~ **to my prayer** l'exaucement de ma prière; (*hum*) **it's the** ~ **to a maiden's prayer*** c'est ce dont j'ai toujours rêvé; (*hum*) **for her he was the** ~ **to a maiden's prayer*** c'était l'homme de ses rêves; **there is no** ~ **to that** que voulez-vous répondre à ça?; **it's the poor man's** ~ **to caviar** c'est le caviar du pauvre; *V* **know.**
(b) (*solution to problem*) solution *f.* ~ **to the riddle** mot *m* de l'énigme; (*fig*) **there is no easy** ~ c'est un problème difficile à résoudre; **there must be an** ~ il doit y avoir une explication *or* une solution, cela doit pouvoir s'expliquer.
2 *cpd*: **answer-back** (*code*) indicatif *m.*
3 *vt* **(a)** *letter, question* répondre à; *criticism* répondre à, (*sharply*) répliquer à. ~ **me** répondez-moi; **to** ~ **the bell** *or* **door** aller *or* venir ouvrir (la porte), aller voir qui est à la porte *or* qui est là; [*servant summoned*] **to** ~ **the bell** répondre au coup de sonnette; **to** ~ **the phone** répondre (au téléphone); **I didn't** ~ **a word** je n'ai rien répondu, je n'ai pas soufflé mot; ~**ing machine** répondeur *m* automatique; ~**ing service** permanence *f* téléphonique.
(b) (*fulfil; solve*) *description* répondre à, correspondre à; *prayer* exaucer; *problem* résoudre; *need* répondre à, satisfaire. **it** ~**s the purpose** cela fait l'affaire; **this machine** ~**s several purposes** cet appareil a plusieurs utilisations.
(c) (*Jur*) **to** ~ **a charge** répondre à *or* réfuter une accusation.
(d) (*Naut*) **to** ~ **the helm** obéir à la barre.
4 *vi* **(a)** (*say, write in reply*) répondre, donner une réponse.
(b) (*succeed*) [*plan etc*] faire l'affaire, réussir.
(c) he ~**s to the name of** il répond au nom de, il s'appelle; **he** ~**s to that description** il répond à cette description.
♦**answer back** *vi, vt sep* répondre (avec impertinence) (*sb, to sb* à qn). **don't answer back!** ne réponds pas!
♦**answer for** *vt fus* *sb's safety etc* répondre de, se porter garant de, être responsable de. **to answer for the truth of sth** garantir l'exactitude de qch; **he has a lot to answer for** il a bien des comptes à rendre, il a une lourde responsabilité.
answerable [ˈɑːnsərəbl] *adj* **(a)** *question* susceptible de réponse, qui admet une réponse; *charge, argument* réfutable; *problem* soluble.
(b) (*responsible*) responsable (*to sb* devant qn, *for sth* de qch), garant (*to sb* envers qn, *for sth* de qch), comptable (*to sb* à qn, *for sth* de qch). **I am** ~ **to no one** je n'ai de comptes à rendre à personne.
ant [ænt] *n* fourmi *f.* ~ **eater** fourmilier *m*; ~**-heap,** ~**hill** fourmilière *f*; (*fig*) **to have** ~**s in one's pants*** ne pas tenir en place.
antacid [ˈæntˈæsɪd] **1** *adj* alcalin, antiacide. **2** *n* (médicament *m*) alcalin *m*, antiacide *m.*
antagonism [ænˈtægənɪzəm] *n* antagonisme *m* (*between* entre), opposition *f* (*to* à). **to show** ~ **to an idea** se montrer hostile à une idée.
antagonist [ænˈtægənɪst] *n* antagoniste *mf*, adversaire *mf.*
antagonistic [æn,tægəˈnɪstɪk] *adj* *force, interest* opposé,contraire. **to be** ~ **to sth** être opposé *or* hostile à qch; **to be** ~ **to sb** être en opposition avec qn; **two** ~ **ideas/decisions** deux idées/décisions antagonistes *or* opposées.
antagonize [ænˈtægənaɪz] *vt* *person* éveiller l'hostilité de, contrarier. **I don't want to** ~ **him** je ne veux pas le contrarier *or* me le mettre à dos.
Antarctic [æntˈɑːktɪk] **1** *n* régions antarctiques *or* australes, Antarctique *m.* **2** *adj* antarctique, austral. ~ **Circle** cercle *m* Antarctique; ~ (**Ocean**) océan *m* Antarctique *or* Austral.
Antarctica [æntˈɑːktɪkə] *n* Antarctique *m*, continent *m* antarctique, Antarctide *f.*
ante [ˈæntɪ] **1** *n* (*Cards: in poker*) première mise; (*fig*) **to raise the** ~***** placer plus haut la barre (*fig*). **2** *vi* (*Cards*) faire une première mise; (*US***: pay*) casquer*.
♦**ante up** *vi* (*Cards*) augmenter l'enjeu; (*US***: pay*) casquer*.
ante... [ˈæntɪ] *pref* anti ..., anti ... .
antebellum [ˌæntɪˈbeləm] *adj* (*US Hist*) d'avant la guerre de Sécession.

antecedent [ˌæntɪˈsiːdənt] **1** *adj* antérieur (*to* à), précédent. **2** *n* **(a)** (*Gram, Math, Philos*) antécédent *m.* **(b) the** ~**s of sb** les antécédents *or* le passé de qn.
antechamber [ˈæntɪˌtʃeɪmbər] *n* antichambre *f.*
antedate [ˈæntɪˈdeɪt] *vt* **(a)** (*give earlier date to*) *document* antidater. **(b)** (*come before*) *event* précéder, dater d'avant.
antediluvian [ˈæntɪdɪˈluːvɪən] *adj* antédiluvien; (*hum) *person, hat* antédiluvien* (*hum*).
antelope [ˈæntɪləʊp] *n* (*pl* ~**s** *or inv*) antilope *f.*
antenatal [ˈæntɪˈneɪtl] *adj* prénatal. ~ **clinic** service *m* de consultation prénatale; **to attend an** ~ **clinic** aller à la consultation prénatale; ~ **ward** salle *f* de surveillance prénatale.
antenna [ænˈtenə] *n, pl* **antennae** [ænˈteniː] (*Rad, Telec, TV, Zool*) antenne *f.*
antepenultimate [ˈæntɪprɪˈnʌltɪmɪt] *adj* antépénultième.
anterior [ænˈtɪərɪər] *adj* antérieur (*to* à).
anteroom [ˈæntɪrʊm] *n* antichambre *f*, vestibule *m.*
anthem [ˈænθəm] *n* motet *m*; *V* **national.**
anther [ˈænθər] *n* anthère *f.*
anthologist [ænˈθɒlədʒɪst] *n* anthologiste *mf.*
anthology [ænˈθɒlədʒɪ] *n* anthologie *f.*
Anthony [ˈæntənɪ] *n* Antoine *m.*
anthracite [ˈænθrəsaɪt] **1** *n* anthracite *m.* **2** *adj:* ~ (**grey**) (gris) anthracite *inv.*
anthrax [ˈænθræks] *n* (*Med, Vet: disease*) charbon *m*; (*Med: boil*) anthrax *m.*
anthropo ... [ˈænθrəʊpɒ] *pref* anthropo ... .
anthropoid [ˈænθrəʊpɔɪd] *adj, n* anthropoïde (*m*).
anthropological [ˌænθrəpəˈlɒdʒɪkəl] *adj* anthropologique.
anthropologist [ˌænθrəˈpɒlədʒɪst] *n* anthropologiste *mf*, anthropologue *mf.*
anthropology [ˌænθrəˈpɒlədʒɪ] *n* anthropologie *f.*
anthropometry [ˌænθrəˈpɒmɪtrɪ] *n* anthropométrie *f.*
anthropomorphic [ˌænθrəpəʊˈmɔːfɪk] *adj* anthropomorphiste, anthropomorphique.
anthropomorphism [ˌænθrəʊpəˈmɔːfɪzəm] *n* anthropomorphisme *m.*
anthropomorphist [ˌænθrəpəʊˈmɔːfɪst] *adj, n* anthropomorphiste (*mf*).
anthropomorphous [ˌænθrəʊpəˈmɔːfəs] *adj* anthropomorphe.
anthropophagi [ˌænθrəʊˈpɒfəgaɪ] *npl* anthropophages *mpl*, cannibales *mpl.*
anthropophagous [ˌænθrəʊˈpɒfəgəs] *adj* anthropophage, cannibale.
anthropophagy [ˌænθrəʊˈpɒfədʒɪ] *n* anthropophagie *f*, cannibalisme *m.*
anthroposophical [ˌænθrəpəʊˈsɒfɪkəl] *adj* anthroposophique.
anthroposophy [ˌænθrəˈpɒsəfɪ] *n* anthroposophie *f.*
anti... [ˈæntɪ] *pref* anti..., contre... . **he's rather** ~***** il est plutôt contre*.
antiabortion [ˈæntɪəˈbɔːʃən] *n:* ~ **campaign** campagne *f* contre l'avortement.
antiabortionist [ˌæntɪəˈbɔːʃənɪst] *n* adversaire *m* de l'avortement.
anti-aircraft [ˈæntɪˈɛəkrɑːft] *adj* *gun, missile* antiaérien. ~ **defence** défense *f* contre avions, D.C.A. *f.*
antiauthority [ˈæntɪɔːˈθɒrɪtɪ] *adj* contestataire.
antiballistic [ˈæntɪbəˈlɪstɪk] *adj* *missile* antibalistique.
antibiotic [ˈæntɪbaɪˈɒtɪk] *adj, n* antibiotique (*m*).
antibody [ˈæntɪˌbɒdɪ] *n* anticorps *m.*
antic [ˈæntɪk] *n* (*gen pl*) [*child, animal*] cabriole *f*, gambade *f*; [*clown*] bouffonnerie *f*, singerie *f.* (*pej: behaviour*) **all his** ~**s** tout le cinéma* *or* le cirque‡ qu'il a fait; **he's up to his** ~**s again** il fait de nouveau des siennes*.
Antichrist [ˈæntɪkraɪst] *n* Antéchrist *m.*
anticipate [ænˈtɪsɪpeɪt] *vt* **(a)** (*expect, foresee*) prévoir, s'attendre à. **we don't** ~ **any trouble** nous ne prévoyons pas d'ennuis; **I** ~ **that he will come** je m'attends à ce qu'il vienne; **do you** ~ **that it will be easy?** pensez-vous que ce sera facile?; **they** ~**d great pleasure from this visit** ils se sont promis beaucoup de joie de cette visite; **I** ~ **seeing him tomorrow** je pense le voir demain; **the attendance is larger than I** ~**d** je ne m'attendais pas à ce que l'assistance soit aussi nombreuse; **as** ~**d** comme prévu.
(b) (*use, deal with* or *get before due time*) *pleasure* savourer à l'avance; *grief, pain* souffrir à l'avance; *success* escompter; *wishes, objections, comment, request* aller au devant de, prévenir, devancer; *needs* aller au devant de; *blow, attack, events* anticiper sur. **to** ~ **one's income/profits** anticiper sur son revenu/sur ses bénéfices.
(c) (*forestall*) **to** ~ **sb's doing sth** faire qch avant qn; **they** ~**d Columbus' discovery of America** *or* ~**d Columbus in discovering America** ils ont découvert l'Amérique avant Christophe Colomb.
anticipation [ænˌtɪsɪˈpeɪʃən] *n* **(a)** (*expectation, foreseeing*) attente *f.*
(b) (*experiencing etc in advance*) [*pleasure*] attente *f*; [*grief, pain*] appréhension *f*; [*profits, income*] jouissance anticipée. ~ **of sb's wishes** *etc* empressement *m* à aller au-devant des désirs *etc* de qn.
(c) in ~ **by anticipation,** in ~, à l'avance; (*Comm*) **thanking you in** ~ en vous remerciant d'avance, avec mes remerciements anticipés; **in** ~ **of a fine week** en prévision d'une semaine de beau temps; **we wait with growing** ~ nous attendons avec une impatience grandissante.
anticipatory [ænˈtɪsɪˈpeɪtərɪ] *adj* (*Phon*) régressif.
anticlerical [ˈæntɪˈklerɪkl] *adj, n* anticlérical(e) *m(f).*
anticlericalism [ˈæntɪˈklerɪkəlɪzəm] *n* anticléricalisme *m.*
anticlimax [ˈæntɪˈklaɪmæks] *n* [*style, thought*] chute *f* (*dans le trivial*). **the ceremony was an** ~ la cérémonie a été une déception

par contraste à l'attente *or* n'a pas répondu à l'attente; **what an ~!** quelle retombée!, quelle douche froide!

anticline ['æntıklaın] *n* anticlinal *m*.

anticlockwise ['æntı'klɒkwaız] *adv* (*Brit*) dans le sens inverse des aiguilles d'une montre.

anticoagulant ['æntıkəʊ'ægjʊlənt] *adj, n* anticoagulant (*m*).

anticorrosive ['æntıkə'rəʊsıv] *adj, n* anticorrosif (*m*).

anticyclone ['æntı'saıkləʊn] *n* anticyclone *m*.

antidandruff ['æntı'dændrʌf] *adj* anti-pelliculaire.

anti-dazzle ['æntı'dæzl] *adj* antiaveuglant. (*Aut*) ~ **headlights** phares anti-éblouissants.

antidepressant ['æntıdı'presənt] *n* antidépresseur *m*.

antidotal ['æntıdəʊtəl] *adj* antivénéneux.

antidote ['æntıdəʊt] *n* (*Med, fig*) antidote *m* (*for, to* à, contre), contrepoison *m* (*for, to* de).

antiestablishment ['æntı'stæblıʃmənt] *adj* contestataire.

antifreeze ['æntı'fri:z] *n* antigel *m*.

anti-friction ['æntı'frıkʃən] *adj* antifriction *inv*.

antigen ['æntıdʒən] *n* antigène *m*.

anti-glare ['æntı'glɛər] *adj* = **anti-dazzle**.

Antigone [æn'tıgənı] *n* Antigone *f*.

Antigua [æn'tıgjʊə] *n*: ~ **and Barbuda** Antigua-et-Barbuda.

antihistamine [,æntı'hıstəmın] *n* (produit *m*) antihistaminique *m*.

anti-interference ['æntııntə'fıərəns] *adj* antiparasite.

anti-knock ['æntı'nɒk] *n* antidétonant *m*.

Antilles [æn'tıli:z] *n*: **the ~** les Antilles *fpl*; **the Greater/the Lesser ~** les Grandes/Petites Antilles.

anti-lock ['æntı'lɒk] *adj* (*Aut*) ~ **device** dispositif *m* anti-blocage.

antilogarithm ['æntı'lɒgərıθəm] *n* antilogarithme *m*.

antimacassar ['æntımə'kæsər] *n* têtière *f*, appui-tête *m*.

antimagnetic ['æntımæg'netık] *adj* antimagnétique.

anti-marketeer ['æntımɑ:kə'tıər] *n* (*Brit Pol*) adversaire *m* du Marché commun.

antimatter ['æntı,mætər] *n* antimatière *f*.

antimissile ['æntı'mısaıl] *adj* antimissile.

antimony ['æntımənı] *n* antimoine *m*.

anti-motion ['æntı'məʊʃən] *adj*: ~**-sickness tablets** comprimés *mpl* contre le mal des transports.

antinuclear ['æntı'nju:klıər] *adj* antinucléaire.

antinuke* [,æntı'nju:k] *adj* antinucléaire.

Antioch ['æntıɒk] *n* Antioche *f*.

antipathetic ['æntıpə'θetık] *adj* antipathique (*to* à).

antipathy [æn'tıpəθı] *n* antipathie *f*, aversion *f* (*against, to* pour).

antipersonnel ['æntıpɜ:sə'nel] *adj* (*Mil*) antipersonnel *inv*.

antiphony [æn'tıfənı] *n* (*Mus*) antienne *f*.

antipodes [æn'tıpədi:z] *npl* antipodes *mpl*.

antiquarian [,æntı'kwɛərıən] **1** *adj* d'antiquaire. ~ **bookseller** libraire *mf* spécialisé(e) dans le livre ancien; ~ **collection** collection *f* d'antiquités. **2** *n* (**a**) amateur *m* d'antiquités. (**b**) (*Comm*) antiquaire *mf*. ~**'s shop** magasin *m* d'antiquités.

antiquary ['æntıkwərı] *n* (*collector*) collectionneur *m*, -euse *f* d'antiquités; (*student*) archéologue *mf*; (*Comm*) antiquaire *mf*.

antiquated ['æntıkweıtıd] *adj* vieilli, vieillot (*f* -otte); *ideas, manners* vieillot, suranné; *person* vieux jeu *inv*; *building* vétuste.

antique [æn'ti:k] **1** *adj* (*very old*) ancien; (*pre-medieval*) antique; (* *hum*) antédiluvien*. ~ **furniture** meubles anciens.
2 *n* (*sculpture, ornament etc*) objet *m* d'art (ancien); (*furniture*) meuble ancien. **it's a genuine ~** c'est un objet (*or* un meuble) d'époque.
3 *cpd*: **antique dealer** antiquaire *mf*; **antique shop** magasin *m* d'antiquités.

antiquity [æn'tıkwıtı] *n* (**a**) (*U: old times*) antiquité *f*. (**b**) **antiquities** (*buildings*) monuments *mpl* antiques; (*works of art*) objets *mpl* d'art antiques, antiquités *fpl*.

antiracist ['æntı'reısıst] *adj* antiraciste, contre le racisme.

antireligious ['æntırı'lıdʒəs] *adj* antireligieux.

anti-riot ['æntı'raıət] *n*: ~ **police** ≃ garde *f* mobile; (*Police*) ~ **squad** brigade *f* anti-emeute.

anti-roll bar ['æntı'rəʊlbɑːr] *n* (*Brit*) barre *f* anti-roulis, stabilisateur *m*.

antirrhinum [,æntı'raınəm] *n* muflier *m*, gueule-de-loup *f*.

anti-rust ['æntı'rʌst] *adj* antirouille *inv*.

antisegregationist ['æntısegrə'geıʃənıst] *adj* antiségrégationniste.

anti-semite ['æntı'si:maıt] *n* antisémite *mf*.

anti-semitic ['æntısı'mıtık] *adj* antisémite, antisémitique.

anti-semitism ['æntı'semıtızəm] *n* antisémitisme *m*.

antisepsis [,æntı'sepsıs] *n* antisepsie *f*.

antiseptic [,æntı'septık] *adj, n* antiseptique (*m*).

anti-skid ['æntı'skıd] *adj* antidérapant.

antislavery ['ætı'sleıvərı] *adj* antiesclavagiste.

anti-smoking ['æntı'sməʊkıŋ] *adj* anti-tabac.

antispasmodic ['æntıspæz'mɒdık] *adj* antispasmodique.

antisocial ['æntı'səʊʃəl] *adj* *tendency, behaviour* antisocial. **don't be ~*, come and join us** ne sois pas si sauvage, viens nous rejoindre.

anti-strike ['ætı'straık] *adj* antigrève.

anti-submarine ['æntısʌbmə'ri:n] *adj* anti-sous-marin.

anti-tank ['æntı'tæŋk] *adj* antichar. ~ **mines** mines *fpl* antichars.

anti-terrorist ['ætı'terərıst] *adj* antiterroriste. ~ **squad** brigade *f* anti-gang.

anti-theft ['æntı'θeft] *adj*: ~ **device** (*Aut*) antivol *m*; (*gen*) dispositif *m* contre le vol, dispositif antivol.

antithesis [æn'tıθısıs] *n, pl* **antitheses** [æn'tıθısi:z] (**a**) (*direct opposite*) opposé *m*, contraire *m* (*to, of* de).
(**b**) (*contrast*) [*ideas etc*] antithèse *f* (*between* entre, *of one thing to*

another d'une chose avec une autre), contraste *m*, opposition *f* (*between* entre).
(**c**) (*Literat*) antithèse *f*.

antithetic(al) [,æntı'θetık(əl)] *adj* antithétique.

antithetically [,æntı'θetıkəlı] *adv* par antithèse.

antitoxic ['æntı'tɒksık] *adj* antitoxique.

antitoxin ['æntı'tɒksın] *n* antitoxine *f*.

anti-trust law ['æntı'trʌst,lɔ:] *n* loi *f* antitrust *inv*.

antivivisection ['æntıvıvı'sekʃən] *n* antivivisection *f*, antivivisectionnisme *m*.

antivivisectionist ['æntı,vıvı'sekʃənıst] *n* adversaire *mf* de la vivisection.

anti-wrinkle ['æntı'rıŋkl] *adj* antirides *inv*.

antler ['æntlər] *n* merrain *m*. **the ~s** les bois *mpl*, la ramure (*U*).

Antony ['æntənı] *n* Antoine *m*.

antonym ['æntənım] *n* antonyme *m*.

antonymy [æn'tɒnımı] *n* antonymie *f*.

antsy‡ ['æntsı] *adj* (*US*) nerveux, agité.

Antwerp ['æntwɜ:p] *n* Anvers.

anus ['eınəs] *n* anus *m*.

anvil ['ænvıl] *n* enclume *f*.

anxiety [æŋ'zaıətı] *n* (**a**) (*concern*) anxiété *f*, grande inquiétude, appréhension *f*; (*Psych*) anxiété. **deep ~** angoisse *f*; **this is a great ~ to me** ceci m'inquiète énormément, ceci me donne énormément de soucis; (*Psych*) ~ **neurosis** anxiété névrotique.
(**b**) (*keen desire*) grand désir, désir ardent, fièvre *f*. ~ **to do well** grand désir de réussir; **in his ~ to be gone he left his pen behind** il était si préoccupé de partir qu'il en a oublié son stylo, dans son souci de partir au plus vite il a oublié son stylo.

anxious ['æŋkʃəs] *adj* (**a**) (*troubled*) anxieux, angoissé, (très) inquiet (*f* -ète). **very ~ about** très inquiet de; **with an ~ glance** jetant un regard anxieux *or* angoissé; **to be over-** être d'une anxiété maladive; **she is ~ about my health** mon état de santé la préoccupe *or* l'inquiète beaucoup.
(**b**) (*causing anxiety*) *news* inquiétant, alarmant, angoissant. **an ~ moment** un moment d'anxiété *or* de grande inquiétude; ~ **hours** des heures sombres.
(**c**) (*strongly desirous*) anxieux, impatient, très désireux (*for* de). ~ **for praise** avide de louanges; ~ **to start** pressé *or* impatient de partir; **he is ~ to see you before you go** il tient beaucoup à *or* désirerait beaucoup vous voir avant votre départ; **I am ~ that he should do it** je tiens beaucoup à ce qu'il le fasse; **I am ~ for her return** *or* **for her to come back** il me tarde qu'elle revienne, j'attends son retour avec impatience; **not to be very ~ to do** avoir peu envie de faire.

anxiously ['æŋkʃəslı] *adv* (**a**) (*with concern*) avec inquiétude, anxieusement. (**b**) (*eagerly*) avec impatience.

anxiousness ['æŋksəsnıs] *n* = **anxiety**.

any ['enı] **1** *adj* (**a**) (*with neg and implied neg = some*) **I haven't ~ money/books** je n'ai pas d'argent/de livres; **you haven't ~ excuse** vous n'avez aucune excuse; **this pan hasn't ~ lid** cette casserole n'a pas de couvercle; **there isn't ~ sign of life** il n'y a pas le moindre signe de vie; **without ~ difficulty** sans la moindre difficulté; **the impossibility of giving them ~ money/advice** l'impossibilité de leur donner de l'argent/aucun conseil; **I have hardly ~ money left** il ne me reste presque plus d'argent.
(**b**) (*in interrog sentences, clauses of cond and hypotheses = some*) **have you ~ butter?** avez-vous du beurre?; **can you see ~ birds in this tree?** voyez-vous des oiseaux dans cet arbre?; **are there ~ others?** y en a-t-il d'autres?; **is it ~ use trying?** est-ce que cela vaut la peine d'essayer?; **have you ~ complaints?** avez-vous quelque sujet de vous plaindre?, avez-vous à vous plaindre de quelque chose?; **is there ~ man who will help me?** y a-t-il quelqu'un qui pourrait m'aider?; **he can do it if ~ man can** si quelqu'un peut le faire c'est bien lui; **if it is in ~ way inconvenient to you** si cela vous cause un dérangement quel qu'il soit, si cela vous cause le moindre dérangement; **if you see ~ children** si vous voyez des enfants; **if you have ~ money** si vous avez de l'argent.
(**c**) (*in affirmative sentences: no matter which*) n'importe quel, quelconque; (*each and every*) tout. **take ~ two points** prenez deux points quelconques; **take ~ dress you like** prenez n'importe quelle robe, prenez la robe que vous voulez, prenez n'importe laquelle de ces robes; **come at ~ time** venez à n'importe quelle heure; **at ~ hour of the day (or night)** à toute heure du jour (ou de la nuit); ~ **number of** n'importe quelle quantité de; ~ **person who breaks the rules will be punished** toute personne qui enfreindra le règlement sera punie; *V* **day**, **minute** *etc*.
(**d**) (*phrases*) **in ~ case** de toute façon; **at ~ rate** en tout cas; **we have ~ amount of time/money** nous avons tout le temps/tout l'argent qu'il nous faut; **there are ~ number of ways to do it** il y a des quantités de façons *or* il y a mille façons de le faire.
2 *pron* (**a**) (*with neg and implied neg*) **she has 2 brothers and I haven't ~** elle a 2 frères alors que moi je n'en ai pas (un seul); **I don't believe ~ of them** je ne crois pas qu'aucun d'eux l'ait fait; **I have hardly ~ left** il ne m'en reste presque plus; **I haven't ~ gloves and I can't go out without ~** je ne peux pas sortir sans gants et je n'en ai pas, je n'ai pas de gants et je ne peux pas sortir sans*.
(**b**) (*in interrog, cond, hypothetical constructions*) **have you got ~?** en avez-vous?; **if ~ of you can sing** si l'un (quelconque) d'entre vous *or* si quelqu'un parmi vous sait chanter; **if ~ of them come out** si quelques uns d'entre eux sortent, s'il y en a parmi eux qui sortent; **if ~ of them comes out** si l'un (quelconque) d'entre eux sort; **few, if ~, will come** il viendra peu de gens — si tant est qu'il en vienne, il viendra peu de gens et peut-être même personne.
(**c**) (*in affirmative sentences*) ~ **of those books will do** n'importe lequel de ces livres fera l'affaire; ~ **but him would have**

been afraid tout autre que lui aurait eu peur.
3 *adv* **(a)** (*in neg sentences, 'gen with comps*) nullement, en aucune façon, aucunement. **she is not ~ more intelligent than her sister** elle n'est nullement *or* aucunement plus intelligente que sa sœur; **I can't hear him ~ more** je ne l'entends plus; **don't do it ~ more!** ne recommence pas!; **we can't go ~ further** nous ne pouvons pas aller plus loin; **I shan't wait ~ longer** je n'attendrai pas plus longtemps; **they didn't behave ~ too well** ils ne se sont pas tellement bien conduits; **without ~ more discussion they left** ils sont partis sans ajouter un mot.
   (b) (*in interrog, cond and hypothetical constructions, gen with comps*) un peu, si peu que ce soit. **are you feeling ~ better?** vous sentez-vous un peu mieux?; **do you want ~ more soup?** voulez-vous encore de la soupe? *or* encore un peu de soupe?; **if you see ~ more beautiful flower than this** si vous voyez jamais plus belle fleur que celle-ci; **I couldn't do that ~ more than I could fly** je ne serais pas plus capable de faire cela que de voler.
   (c) (*) **the rope didn't help them ~** la corde ne leur a pas servi à grand-chose *or* ne leur a servi à rien du tout.
anybody ['enɪbɒdɪ] *pron* **(a)** (*with neg and implied neg* = *somebody*) **I can't see ~** je ne vois personne; **there is hardly ~ there** il n'y a presque personne là; **without ~ seeing him** sans que personne le voie; **it's impossible for ~ to see him today** personne ne peut le voir aujourd'hui.
   (b) (*in interrog, cond and hypothetical constructions* = *somebody*) quelqu'un. **was there ~ there?** est-ce qu'il y avait quelqu'un (là)?; **did ~ see you?** est-ce que quelqu'un t'a vu?, est-ce qu'on t'a vu?; **~ want my sandwich?*** quelqu'un veut mon sandwich?*; **if ~ touches that** si quelqu'un touche à cela; **if ~ can do it, he can** si quelqu'un peut le faire c'est bien lui.
   (c) (*in affirmative sentences: no matter who*) **~ who wants to do it should say so now** si quelqu'un veut le faire qu'il le dise tout de suite; **~ could tell you** n'importe qui pourrait vous le dire; **~ would have thought he had lost** on aurait pu croire *or* on aurait cru qu'il avait perdu; **bring ~ you like** amenez qui vous voudrez; **~ who had heard him speak would agree** quiconque l'a entendu parler serait d'accord; **~ with any sense would know that!** le premier venu saurait cela pourvu qu'il ait un minimum de bon sens!; **~ but Robert** n'importe qui d'autre que *or* tout autre que Robert; **~ else** n'importe qui d'autre, toute autre personne; **~ else would have cried but not him** un autre aurait pleuré, lui non; **bring ~ else you like** amenez n'importe qui d'autre; **is there ~ else I can talk to?** est-ce qu'il y a quelqu'un d'autre à qui je puisse parler?; **bring somebody to help us, ~ will do** amenez quelqu'un pour nous aider, n'importe qui *or* le premier venu fera l'affaire.
   (d) (*person of importance*) quelqu'un (d'important *or* de bien *or* de connu); (*person of no importance*) n'importe qui. **work harder if you want to be ~** il faut travailler plus si vous voulez devenir quelqu'un; **he's not just ~, he's the boss** ce n'est pas n'importe qui, c'est le patron.
anyhow ['enɪhaʊ] *adv* **(a)** (*in any way whatever*) **do it ~ you like** faites-le comme vous voulez; **the house was closed and I couldn't get in ~** la maison était fermée et je n'avais aucun moyen d'entrer; **~ I do it, it always fails** de quelque façon que je m'y prenne ça ne réussit jamais.
   (b) (*carelessly, haphazardly: also* **any old how***) n'importe comment. **I came in late and finished my essay ~*** je suis rentré tard et j'ai fini ma dissertation n'importe comment *or* à la va-vite*; **the books were all ~* on the floor** les livres étaient tous en désordre *or* en vrac *or* n'importe comment par terre.
   (c) (*in any case, at all events*) en tout cas, dans tous les cas, de toute façon. **whatever you say, they'll do it ~** vous pouvez dire ce que vous voulez, ils le feront de toute façon *or* quand même; **~ he eventually did it** toujours est-il qu'il a fini par le faire, il a quand même fini par le faire; **you can try ~** vous pouvez toujours essayer.
anyone ['enɪwʌn] *pron* = **anybody.**
anyplace* ['enɪpleɪs] *adv* (*US*) = **anywhere.**
anything ['enɪθɪŋ] *pron* **(a)** (*with neg and implied neg* = *something*) **there wasn't ~ to be done** il n'y avait rien à faire; **there isn't ~ in the box** il n'y a rien dans la boîte; **we haven't seen ~** nous n'avons rien vu; **hardly ~** presque rien; **without ~ happening** sans qu'il se passe (*subj*) rien; **this is ~ but pleasant** ceci n'a vraiment rien d'agréable; (*reply to question*) **~ but!** pas du tout!, pas le moins du monde!, tout *or* bien au contraire!
   (b) (*in interrog, cond and hypothetical constructions* = *something*) **was there ~ in the room?** est-ce qu'il y avait quelque chose dans la pièce?; **did you see ~?** avez-vous vu quelque chose?; **are you doing ~ tonight?** faites-vous *or* vous faites* quelque chose ce soir?, avez-vous quelque chose de prévu pour ce soir?; **is there ~ in this idea?** peut-on tirer quoi que ce soit de cette idée?; **can ~ be done?** y a-t-il quelque chose à faire?, peut-on faire quelque chose?; **can't ~ be done?** n'y a-t-il rien à faire?, ne peut-on faire quelque chose?; **~ else?** (*Comm*) et avec ça?*, c'est tout ce qu'il vous faut?, ce sera tout?; (*have you anything more to tell me, give me etc*) c'est tout?, il y a quelque chose d'autre?; **have you heard ~ of her?** avez-vous de ses nouvelles?; **is there ~ more tiring than ...?** y a-t-il rien de plus fatigant que ...?; **if ~ should happen to me** s'il m'arrivait quelque chose *or* quoi que ce soit; **if I see ~ I'll tell you** si je vois quelque chose je te le dirai; **he must have ~ between 15 and 20 apple trees** il doit avoir quelque chose comme 15 ou 20 pommiers; **if ~ it's an improvement** ce serait plutôt une amélioration; **it is, if ~, even smaller** c'est peut-être encore plus petit.
   (c) (*in affirmative sentences: no matter what*) **say ~ (at all)** dites n'importe quoi; **take ~ you like** prenez ce que vous voudrez; **~ else would disappoint her** n'en était autrement elle serait déçue; **~ else is impossible** il n'y a pas d'autre possibilité; **I'll try ~ else**

j'essaierai n'importe quoi d'autre; **I'd give ~ to know the secret** je donnerais n'importe quoi pour connaître le secret; **they eat ~** (*they're not fussy*) ils mangent de tout; (*also* **they eat any old thing***) ils mangent n'importe quoi.
   (d) (*: intensive adv phrases*) **he ran like ~** il s'est mis à courir comme un dératé* *or* un fou; **she cried like ~** elle a pleuré comme une Madeleine*; **we laughed like ~** on a ri comme des fous, ce qu'on a pu rire!; **they worked like ~** ils ont travaillé d'arrache-pied *or* comme des dingues‡; **it's raining like ~** ce qu'il peut pleuvoir!, il pleut *or* tombe des cordes*; **it's as big as ~** c'est très très grand; **it was as silly as ~** c'était idiot comme tout*.
anytime ['enɪtaɪm] *adv* = **any time;** *V* **time.**
anyway ['enɪweɪ] *adv* = **anyhow (c).**
anywhere ['enɪwɛə'] *adv* **(a)** (*in affirmative sentences*) n'importe où, partout. **I'd live ~ in France** j'habiterais n'importe où en France; **put it down ~** pose-le n'importe où; **you can find that soap ~** ce savon se trouve partout; **go ~ you like** va où tu veux; **~ you go it's the same** où que vous alliez c'est la même chose, c'est partout pareil; **~ else** partout ailleurs; **~ between 200 and 300** quelque chose entre 200 et 300; **the books were all ~* on the shelves** les livres étaient rangés *or* placés n'importe comment sur les rayons.
   (b) (*in neg sentences*) nulle part, en aucun endroit, en aucun lieu. **they didn't go ~** ils ne sont allés nulle part; **not ~ else** nulle part ailleurs; **not ~ special** nulle part en particulier; (*fig: in guessing etc*) **you aren't ~ near it!** vous n'y êtes pas du tout!; (*fig*) **it won't get you ~** cela ne vous mènera à rien; (*Sport etc*) **he came first and the rest didn't come ~*** il est arrivé très loin en tête des autres.
   (c) (*in interrog sentences*) quelque part. **have you seen it ~?** l'avez-vous vu quelque part?; **~ else** ailleurs.
Anzac ['ænzæk] *n abbr of* **Australia-New Zealand Army Corps** (*soldat australien ou néo-zélandais*).
A.O.C.B. [.eɪəʊsi:'bi:] *abbr of* **any other (competent) business** autres matières *fpl* à l'ordre du jour.
aorist ['eəʊrɪst] *n* aoriste *m*.
aorta [eɪ'ɔ:tə] *n* aorte *f*.
aortic [eɪ'ɔ:tɪk] *adj* (*Anat*) aortique.
Aosta [æ'ɒstə] *n* Aoste.
A.P. [.eɪ'pi:] *abbr of* **Associated Press** (*agence de presse*).
apace [ə'peɪs] *adv* rapidement, vite.
Apache [ə'pætʃɪ] *n* Apache *mf*.
apart [ə'pɑ:t] (*phr vb elem*) *adv* **(a)** (*separated*) **houses a long way ~** maisons (fort) éloignées l'une de l'autre *or* à une grande distance l'une de l'autre; **set equally ~** espacés à intervalles réguliers; **their birthdays were 2 days ~** leurs anniversaires étaient à 2 jours d'intervalle; **to stand with one's feet ~** se tenir les jambes écartées; *V* **class, world.**
   (b) (*on one side*) à part, de côté, à l'écart. **to hold o.s. ~** se tenir à l'écart (*from* de); **joking ~** plaisanterie à part; **that ~** à part cela, cela mis à part; **~ from these difficulties** en dehors de *or* à part ces difficultés, ces difficultés mises à part; **~ from the fact that** outre que, hormis que.
   (c) (*separately, distinctly*) séparément. **they are living ~ now** ils sont séparés maintenant; **he lives ~ from his wife** il est séparé de sa femme, il n'habite plus avec sa femme; **you can't tell the twins ~** on ne peut distinguer les jumeaux l'un de l'autre; **we'll have to keep those boys ~** il va falloir séparer ces garçons.
   (d) (*into pieces*) en pièces, en morceaux. **to take ~** démonter, désassembler; *V* **come, fall apart** *etc.*
apartheid [ə'pɑ:teɪt] *n* apartheid *m*. **the ~ laws** la législation permettant l'apartheid.
apartment [ə'pɑ:tmənt] *n* **(a)** (*Brit*) (*room*) pièce *f*; (*bedroom*) chambre *f*. **a 5-~ house** une maison de 5 pièces; (*notice*) "**~s**" "chambres à louer"; **furnished ~** meublé *m*.
   (b) (*US*) appartement *m*, logement *m*. **~ building, ~ house** (*block*) immeuble *m* (*de résidence*); (*divided house*) maison *f* (divisée en appartements).
apathetic [.æpə'θetɪk] *adj* apathique, indifférent, sans réaction.
apathy ['æpəθɪ] *n* apathie *f*, indifférence *f*.
ape [eɪp] **1** *n* (*Zool*) (grand) singe *m*, anthropoïde *m*. (*pej: person*) **big ~*** grande brute; (*US*) **to go ~‡** s'emballer* (*over* pour). **2** *vt* singer.
Apennines ['æpɪnaɪnz] *npl* Apennin *m*.
aperient [ə'pɪərɪənt] *adj, n* laxatif (*m*).
aperitif [ə.pera'ti:f] *n* apéritif *m*.
aperture ['æpətʃʊə'] *n* (*hole*) orifice *m*, trou *m*, ouverture *f*; (*gap*) brèche *f*, trouée *f*; (*Phot*) ouverture (du diaphragme).
apex ['eɪpeks] *n, pl* **~es** *or* **apices** ['eɪpɪsi:z] (*Geom, Med*) sommet *m*; (*tongue*) apex *m*, pointe *f*; (*fig*) sommet, point culminant.
APEX ['eɪpeks] *n* **(a)** *abbr of* **Association of Professional, Executive, Clerical and Computer Staff** (*syndicat*).
   (b) (*also* **apex:** *abbr of* **advance purchase excursion**) **~ fare/ticket** prix *m*/billet *m* APEX.
aphasia [æ'feɪzɪə] *n* aphasie *f*.
aphasic [æ'feɪzɪk] *adj* aphasique.
aphid ['eɪfɪd] *n* puceron *m* (des plantes).
aphis ['eɪfɪs] *n, pl* **aphides** ['eɪfɪdi:z] aphidé *m*.
aphonic [.eɪ'fɒnɪk] *adj* aphonique.
aphorism ['æfərɪzəm] *n* aphorisme *m*.
aphrodisiac [.æfrəʊ'dɪzɪæk] *adj, n* aphrodisiaque (*m*).
Aphrodite [.æfrəʊ'daɪtɪ] *n* Aphrodite *f*.
apiarist ['eɪpɪərɪst] *n* apiculteur *m*, -trice *f*.
apiary ['eɪpɪərɪ] *n* rucher *m*.
apiece [ə'pi:s] *adv* (*each person*) chacun(e), par personne, par tête; (*each thing*) chacun(e), (la) pièce.
aplomb [ə'plɒm] *n* sang-froid *m*, assurance *f*, aplomb *m* (*pej*).
Apocalypse [ə'pɒkəlɪps] *n* Apocalypse *f*.
apocalyptic [ə.pɒkə'lɪptɪk] *adj* apocalyptique.

apocopate [ə'pɒkəpeɪt] *vt* raccourcir par apocope.
apocope [ə'pɒkəpɪ] *n* apocope *f*.
Apocrypha [ə'pɒkrɪfə] *npl* apocryphes *mpl*.
apocryphal [ə'pɒkrɪfəl] *adj* apocryphe.
apogee ['æpəʊdʒi:] *n* apogée *m*.
apolitical [,eɪpə'lɪtɪkəl] *adj* apolitique.
Apollo [ə'pɒləʊ] *n* (*Myth*) Apollon *m*; (*Space*) Apollo *m*.
apologetic [ə,pɒlə'dʒetɪk] *adj* smile, look, gesture d'excuse. **an ~** air un air de s'excuser; **he was very ~ for not coming** il s'est confondu *or* s'est répandu en excuses de n'être pas venu; **she was very ~ about her mistake** elle s'est beaucoup excusée de son erreur.
apologetically [ə,pɒlə'dʒetɪkəlɪ] *adv* en s'excusant, pour s'excuser.
apologetics [ə,pɒlə'dʒetɪks] *n* (*U*) apologétique *f*.
apologize [ə'pɒlədʒaɪz] *vi* s'excuser. **to ~ to sb for sth** s'excuser de qch auprès de qn, faire *or* présenter des excuses à qn pour qch; **she ~d to them for her son** elle leur a demandé d'excuser la conduite de son fils; **to ~ profusely** se confondre *or* se répandre en excuses.
apologue ['æpəlɒg] *n* apologue *m*.
apology [ə'pɒlədʒɪ] *n* (**a**) (*expression of regret*) excuses *fpl*. **a letter of ~** une lettre d'excuses; **to make an ~ for sth/for having done** s'excuser de qch/d'avoir fait, faire *or* présenter ses excuses pour qch/pour avoir fait; (*for absence at meeting*) **there are apologies from X X** vous prie d'excuser son absence; **to send one's apologies** envoyer une lettre d'excuse; (*more informally*) envoyer un mot d'excuse.
(**b**) (*defence: for beliefs etc*) apologie *f*, justification *f* (*for* de).
(**c**) (*pej*) **it was an ~ for a bed/speech** en fait de *or* comme lit/discours c'était plutôt minable*; **he gave me an ~ for a smile** il m'a gratifié d'une sorte de grimace qui se voulait être un sourire; **we were given an ~ for a lunch** on nous a servi un casse-croûte minable pompeusement appelé déjeuner, on nous a servi un déjeuner absolument minable*.
apoplectic [,æpə'plektɪk] **1** *adj* apoplectique. (*Med, fig*) **~ fit** attaque *f* d'apoplexie. **2** *n* apoplectique *mf*.
apoplexy ['æpəpleksɪ] *n* apoplexie *f*.
apostasy [ə'pɒstəsɪ] *n* apostasie *f*.
apostate [ə'pɒstɪt] *adj, n* apostat(e) *m(f)*.
apostatize [ə'pɒstətaɪz] *vi* apostasier.
apostle [ə'pɒsl] *n* apôtre *m*. **A~s' Creed** symbole *m* des apôtres, Credo *m*; **to say the A~s' Creed** dire le Credo; **~ spoon** petite cuiller décorée d'une figure d'apôtre.
apostolate [æ'pɒstələt] *n* apostolat *m*.
apostolic [,æpəs'tɒlɪk] *adj* apostolique.
apostrophe [ə'pɒstrəfɪ] *n* (*Gram, Literat*) apostrophe *f*.
apostrophize [ə'pɒstrəfaɪz] *vt* apostropher.
apothecary†† [ə'pɒθɪkərɪ] *n* apothicaire†† *m*.
apotheosis [ə,pɒθɪ'əʊsɪs] *n* apothéose *f*.
appal, (*US*) **appall** [ə'pɔːl] *vt* consterner; (*frighten*) épouvanter. **I am ~led at your behaviour** ta conduite me consterne.
Appalachian [,æpə'leɪʃən] *adj, n*: **the ~ Mountains, the ~s** les (monts *mpl*) Appalaches *mpl*.
appalling [ə'pɔːlɪŋ] *adj* destruction épouvantable, effroyable; *ignorance* consternant, navrant.
appallingly [ə'pɔːlɪŋlɪ] *adv* épouvantablement, effroyablement.
apparatchik [,æpə'ræːtʃiːk] *n* apparatchik *m*.
apparatus [,æpə'reɪtəs] *n* (*for heating etc: also Anat*) appareil *m*; (*for filming, camping etc*) équipement *m*; (*in laboratory etc*) instruments *mpl*; (*in gym*) agrès *mpl*; (*device: for explosives etc*) dispositif *m*, mécanisme *m*; (*fig: of government*) machine *f*. **camping ~** équipement *m* de camping; **heating ~** appareil de chauffage; (*in gym*) **~ work** exercises *mpl* aux agrès; (*Literat*) **critical ~** appareil *m* or apparat *m* critique.
apparel† [ə'pærəl] (*liter*) **1** *n* (*U*) habillement *m*. **2** *vt* vêtir.
apparent [ə'pærənt] *adj* (**a**) (*obvious*) évident, apparent, manifeste. **a shape became ~** une forme est devenue visible *or* est apparue; **her incompetence is becoming more and more ~** son incompétence devient de plus en plus évidente; (*V* heir, fig) (*not real*) apparent, de surface. **in spite of his ~ weakness** malgré son air de faiblesse; **more ~ than real** plus apparent que réel.
apparently [ə'pærəntlɪ] *adv* apparemment, en apparence; (*according to rumour*) à ce qu'il paraît. **this is ~ the case** il semble que ce soit le cas, c'est paraît-il *or* apparemment le cas.
apparition [,æpə'rɪʃən] *n* (*spirit, appearance*) apparition *f*.
appeal [ə'piːl] **1** *vi* (**a**) (*request publicly*) lancer un appel (*on behalf of* en faveur de, *for* sth pour obtenir qch). **to ~ for the blind** lancer un appel au profit des *or* pour les aveugles; **to ~ for calm** faire un appel au calme; (*Fin*) **to ~ for funds** faire un appel de fonds; **he ~ed for silence** il a demandé le silence; **he ~ed for tolerance** il a demandé à ses auditeurs d'être tolérants; (*Pol*) **to ~ to the country** en appeler au pays.
(**b**) (*beg*) faire appel *m* (*to* à). **she ~ed to his generosity** elle a fait appel à sa générosité; **to ~ to sb for money/help** demander de l'argent/des secours à qn; **I ~ to you!** je vous le demande instamment!, je vous en supplie!
(**c**) (*Jur*) interjeter appel, se pourvoir en appel. **to ~ to the supreme court** se pourvoir en cassation; **to ~ against a judgment** appeler d'un jugement; **to ~ against a decision** faire opposition à une décision.
(**d**) (*attract*) **to ~ to** [*object, idea*] plaire à; attirer, tenter; [*person/*]plaire à; **it doesn't ~ to me** cela ne m'intéresse pas, cela ne me dit rien*; **the idea ~ed to him** l'idée l'a séduit; **it ~s to the imagination** cela parle à l'imagination.
2 *n* (**a**) (*public call*) appel *m*. **~ to arms** appel aux armes; (*Comm, Fin*) **~ for funds** appel de fonds; **he made a public ~ for**

the blind il a lancé un appel au profit des aveugles.
(**b**) (*by individual: for help etc*) appel *m* (*for* à); (*for money*) demande *f* (*for* de); (*supplication*) prière *f*, supplication *f*. **with a look of ~** d'un air suppliant *or* implorant; **~ for help** appel au secours.
(**c**) (*Jur*) appel *m*, pourvoi *m*. **notice of ~** infirmation *f*; **act of ~** acte *m* d'appel; **with no right of ~** sans appel; **acquitted on ~** acquitté en seconde instance; *V* enter, lodge, lord.
(**d**) (*attraction*) [*person, object*] attrait *m*, charme *m*; [*plan, idea*] intérêt *m*.
3 *cpd*: (*Jur*) **Appeal Court** cour *f* d'appel.
appealing [ə'piːlɪŋ] *adj* (*moving*) émouvant, attendrissant; *look* pathétique; (*begging*) suppliant, implorant; (*attractive*) attirant, attachant.
appealingly [ə'piːlɪŋlɪ] *adv* (*V* appealing) de façon émouvante; d'un air suppliant; (*charmingly*) avec beaucoup de charme.
appear [ə'pɪəʳ] *vi* (**a**) (*become visible*) [*person, sun etc*] apparaître, se montrer; [*ghost, vision*] apparaître, se manifester (*to sb* à qn).
(**b**) (*arrive*) arriver, se présenter, faire son apparition (*hum*). **he ~ed from nowhere** il est apparu comme par miracle *or* comme par un coup de baguette magique; **where did you ~ from?** d'où est-ce que tu sors?
(**c**) (*Jur etc*) comparaître. **to ~ before a court** comparaître devant un tribunal; **to ~ on a charge of** être jugé pour; **to ~ for sb** plaider pour qn, représenter qn; **to ~ for the defence/for the accused** plaider pour la défense/pour l'accusé; *V* fail, failure.
(**d**) (*Theat*) **to ~ in 'Hamlet'** jouer dans 'Hamlet'; **to ~ as Hamlet** jouer Hamlet; **to ~ on TV** passer à la télévision.
(**e**) [*publication*] paraître, sortir, être publié.
(**f**) (*seem: physical aspect*) paraître, avoir l'air. **they ~ (to be) ill** ils ont l'air malades.
(**g**) (*seem: on evidence*) paraître (*that* que *+indic*). **he came then? — so it ~s** *or* **so it would ~** il est donc venu? — il paraît que oui; **it ~s that he did say that** il paraît qu'il a bien dit cela (*V also* h); **he got the job** *or* **so it ~s** *or* **so it would ~** il a eu le poste à ce qu'il paraît, il paraît qu'il a eu le poste; **as will presently ~** comme il paraîtra par la suite, comme on verra bientôt; **it's raining! — (iro) so it ~s!** il pleut! — on dirait! (*iro*).
(**h**) (*seem: by surmise*) sembler (*that* que *gen* *+subj*), sembler bien (*that* que *+indic*), sembler à qn (*that* que *+indic*). **there ~s to be a mistake** il semble qu'il y ait une erreur; **it ~s he did say that** il semble avoir bien dit cela, il semble bien qu'il a dit cela; **it ~s to me they are mistaken** il me semble qu'ils ont tort; **how does it ~ to you?** qu'en pensez-vous?, que vous en semble-t-il?
appearance [ə'pɪərəns] *n* (**a**) (*act*) apparition *f*, arrivée *f*, entrée *f*. **to make an ~** faire son apparition, se montrer, se présenter; **to make a personal ~** apparaître en personne; **to put in an ~** faire acte de présence.
(**b**) (*Jur*) **~ before a court** comparution *f* devant un tribunal.
(**c**) (*Theat*) **since his ~ in 'Hamlet'** depuis qu'il a joué dans 'Hamlet'; **in order of ~** par ordre d'entrée en scène; **his ~ on TV** son passage à la télévision.
(**d**) (*publication*) parution *f*.
(**e**) (*look, aspect*) apparence *f*, aspect *m*. **to have a good ~** [*object, house*] avoir bon air; [*person*] faire bonne figure; **at first ~** au premier abord, à première vue; **the ~ of the houses** l'aspect des maisons; **his ~ worried us** la mine qu'il avait nous a inquiétés; **~s are deceptive** *or* **deceiving** il ne faut pas se fier aux apparences, les apparences peuvent être trompeuses; **you shouldn't go by ~s** il ne faut pas se fier aux apparences; **for ~s' sake, (in order) to keep up ~s** pour sauver les apparences, pour la forme; **to all ~s** selon toute apparence.
appease [ə'piːz] *vt* apaiser, calmer.
appeasement [ə'piːzmənt] *n* apaisement *m*; (*Pol*) apaisement, conciliation *f*.
appellant [ə'pelənt] **1** *n* partie appelante, appelant(e) *m(f)*. **2** *adj* appelant.
appellate [ə'pelɪt] *adj* (*US Jur*) **~ court** cour *f* d'appel; **~ jurisdiction** juridiction *f* d'appel.
appellation [,æpe'leɪʃən] *n* appellation *f*, désignation *f*.
append [ə'pend] *vt* notes joindre, ajouter; *document* joindre, annexer; *signature* apposer.
appendage [ə'pendɪdʒ] *n* appendice *m*.
appendectomy [,æpen'dektəmɪ] *n*, **appendicectomy** [,æpendɪ'sektəmɪ] *n* appendicectomie *f*.
appendicitis [ə,pendɪ'saɪtɪs] *n* appendicite *f*. **to have ~** avoir une (crise d')appendicite; **was it ~?** c'était une appendicite?
appendix [ə'pendɪks] *n, pl* **appendices** [ə'pendɪsiːz] (**a**) (*Anat*) appendice *m*. **to have one's ~ out** se faire opérer de l'appendicite.
(**b**) [*book*] appendice *m*; [*document*] annexe *f*.
apperception [,æpə'sepʃən] *n* aperception *f*.
appertain [,æpə'teɪn] *vi* (*belong*) appartenir (*to* à); (*form part*) faire partie (*to* de); (*relate*) se rapporter (*to* à), relever (*to* de).
appetite ['æpɪtaɪt] **1** *n* appétit *m*. **he has no ~** il n'a pas d'appétit, il n'a jamais faim; **to have a good ~** avoir bon appétit; **to eat with (an) ~** manger de bon appétit; **skiing gives one an ~** le ski ouvre l'appétit; (*fig*) **I have no ~ for this sort of book** je n'ai pas de goût pour ce genre de livre; *V* spoil.
2 *cpd*: **appetite depressant** coupe-faim *m inv*.
appetizer ['æpɪtaɪzəʳ] *n* (*drink*) apéritif *m*; (*food*) amuse-gueule *m inv*.
appetizing ['æpɪtaɪzɪŋ] *adj* (*lit, fig*) appétissant.
Appian ['æpɪən] *adj*: **~ Way** voie Appienne.
applaud [ə'plɔːd] *vt* person, thing applaudir; (*fig*) decision, efforts applaudir à, approuver.
applause [ə'plɔːz] *n* (*U*) applaudissements *mpl*, acclamation *f*. **to win the ~ of** être applaudi *or* acclamé par; **there was loud ~** les applaudissements ont crépité.

apple ['æpl] **1** n pomme f; (also ~ **tree**) pommier m. **he's/it's the ~ of my eye** je tiens à lui/j'y tiens comme à la prunelle de mes yeux; ~ **of discord** pomme de discorde; (US) **the (Big) A~*** New York; V Adam, cooking, eating.

2 cpd: **apple blossom** fleur f de pommier; **apple brandy** eau-de-vie f de pommes; **applecart** V upset **1a**; **applecore** trognon m de pomme; **apple dumpling** pomme f au four (enrobée de pâte brisée); **apple fritter** beignet m aux pommes; (US) **applejack** = **apple brandy**; **apple orchard** champ m de pommiers, pommeraie f; **apple pie** tourte f aux pommes (recouverte de pâte); (Brit) **apple-pie bed** lit m en portefeuille; **in apple-pie order** en ordre parfait; **apple sauce** (Culin) compote f de pommes; (US* fig) bobards* mpl; **apple tart** tarte f aux pommes; (individual) tartelette f aux pommes; **apple turnover** chausson m aux pommes.

appliance [ə'plaɪəns] n appareil m; (smaller) dispositif m, instrument m. **electrical/domestic** ~s appareils électriques/ménagers. (b) (Brit: fire engine) autopompe f, -euse f.

applicability [ˌæplɪkə'bɪlɪti] n applicabilité f.

applicable [ə'plɪkəbl] adj applicable (to à).

applicant ['æplɪkənt] n (for job) candidat(e) m(f) (for a post à un poste); postulant(e) m(f); (Jur) requérant(e) m(f); (Admin: for money, assistance etc) demandeur m, -euse f.

application [ˌæplɪ'keɪʃən] **1** n (a) (request) demande f (for de). ~ **for a job** demande d'emploi, candidature f à un poste; ~ **for membership** demande d'adhésion; **on** ~ **sur demande**; **to make** ~ **to sb for sth** s'adresser à qn pour obtenir qch; **to submit an** ~ **faire une demande; details may be had on** ~ **to X** s'adresser à X pour tous renseignements.

(b) (act of applying) application f (of sth to sth de qch à qch). (Pharm) **for external** ~ **only** réservé à l'usage externe.

(c) (diligence) application f, attention f.

(d) (relevancy) portée f, pertinence f. **his arguments have no** ~ **to the present case** ses arguments ne s'appliquent pas au cas présent.

2 cpd: **application form** (gen: for benefits etc) formulaire m de demande; (for job) formulaire de demande d'emploi; (for more important post) dossier m de candidature; (Univ) dossier d'inscription; **application software** logiciels mpl d'application.

applicator ['æplɪkeɪtər] n applicateur m.

applied [ə'plaɪd] adj (gen, Ling, Math, Sci etc) appliqué. ~ **arts** arts décoratifs. (b) **sciences** sciences appliquées.

appliqué [æ'pliːkeɪ] **1** vt coudre (en application). **2** n (ornament) application f; (end product: also ~ **work**) travail m d'application.

apply [ə'plaɪ] **1** vt (a) paint, ointment, dressing appliquer, mettre (to sur). **to** ~ **heat to sth** (Tech) exposer qch à la chaleur; (Med) traiter qch par la thermothérapie; **to** ~ **a match to sth** mettre le feu à qch avec une allumette, allumer qch avec une allumette.

(b) theory appliquer (to à), mettre en pratique or en application; rule, law appliquer (to à). **we can't** ~ **this rule to you** nous ne pouvons pas appliquer cette règle à votre cas.

(c) **to** ~ **pressure on sth** exercer une pression sur qch; **to** ~ **pressure on sb** faire pression sur qn; (Aut, Tech) **to** ~ **the brakes** actionner les freins, freiner.

(d) **to** ~ **one's mind** or **o.s. to (doing) sth** s'appliquer à (faire) qch; **to** ~ **one's attention to** porter or fixer son attention sur.

2 vi s'adresser, avoir recours (to sb for sth à qn pour obtenir qch). ~ **at the office/to the manager** adressez-vous au bureau/au directeur; (on notice) s'adresser au bureau/au directeur; (Jur) **right to** ~ **to the courts against decisions by ...** possibilité f de recours juridictionnel à l'encontre des décisions de ... .

◆**apply for** vt fus scholarship, grant, money, assistance demander. **to apply for a job** faire une demande d'emploi (to sb auprès de qn), poser sa candidature pour or être candidat à un poste; (Jur) **to apply for a divorce** formuler une demande en divorce; V **apply 2**, patent.

◆**apply to** vt fus (gen) s'appliquer à; [remarks] s'appliquer à, se rapporter à. **this does not apply to you** ceci ne vous concerne pas à vous, ceci ne vous concerne pas; V **apply 2**.

appoggiatura [əˌpɒdʒə'tuərə] n appoggiature f.

appoint [ə'pɔɪnt] vt (a) (fix, decide) date, place fixer, désigner. **at the** ~**ed time** à l'heure dite or convenue; ~**ed agent** agent attitré.

(b) (nominate) nommer, désigner (sb to a post qn à un poste). **to** ~ **sb manager** nommer qn directeur; **to** ~ **a new secretary** engager une nouvelle secrétaire.

(c) (†: ordain) prescrire, ordonner (that que + subj), décider (that que + indic).

(d) **a well-**~**ed house** une maison bien aménagée or installée.

appointee [əpɔɪn'tiː] n candidat retenu, titulaire mf du poste; (esp US) délégué m (or ambassadeur m etc) nommé pour des raisons politiques.

appointment [ə'pɔɪntmənt] n (a) (arrangement to meet) rendez-vous m; (meeting) entrevue f. **to make an** ~ **with sb** donner rendez-vous à qn, prendre rendez-vous avec qn; [2 people] **to make an** ~ **se donner rendez-vous; to keep an** ~ **aller à un rendez-vous; I have an** ~ **at 10 o'clock** j'ai (un) rendez-vous à 10 heures; (to caller) **have you an** ~**?** avez-vous pris rendez-vous?; **I have an** ~ **to see Mr X** j'ai rendez-vous avec M. X; **to meet sb by** ~ **rencontrer qn sur rendez-vous; V break.**

(b) (selection, nomination) nomination f, désignation f (to a post à un emploi); (office assigned) poste m; (posting) affectation f. **there are still several** ~**s to be made** il y a encore plusieurs postes à pourvoir; (Comm) **'By** ~ **to Her Majesty the Queen'** 'fournisseur m de S.M. la Reine'; (Press) **'**~**s (vacant)'** 'offres fpl d'emploi'; ~**s bureau** or **office** agence f or bureau m de placement.

apportion [ə'pɔːʃən] vt money répartir, partager; land, property lotir; blame répartir. **to** ~ **sth to sb** assigner qch à qn.

apportionment [ə'pɔːʃənmənt] n (US Pol) répartition f des sièges (par districts).

apposite ['æpəzɪt] adj juste, à propos, pertinent.

apposition [ˌæpə'zɪʃən] n apposition f. **in** ~ **en apposition.**

appositional [ˌæpə'zɪʃənl] adj en apposition.

appraisal [ə'preɪzəl] n évaluation f, estimation f, appréciation f.

appraise [ə'preɪz] vt property, jewellery évaluer, estimer (la valeur or le coût de); importance évaluer, estimer; worth estimer.

appreciable [ə'priːʃəbl] adj appréciable, sensible.

appreciably [ə'priːʃəblɪ] adv sensiblement, de façon appréciable.

appreciate [ə'priːʃɪeɪt] **1** vt (a) (assess, be aware of) fact, difficulty, sb's attitude se rendre compte de, être conscient de. **to** ~ **sth at its true value** estimer qch à sa juste valeur; **yes, I** ~ **that** oui, je sais bien or je comprends bien or je m'en rends bien compte; **I fully** ~ **the fact that** je me rends parfaitement compte du fait que; **they did not** ~ **the danger** ils ne se sont pas rendu compte du danger.

(b) (value, esteem, like) help apprécier; music, painting, books apprécier, goûter; person apprécier (à sa juste valeur), faire (grand) cas de.

(c) (be grateful for) être sensible à, être reconnaissant de. **we do** ~ **your kindness/your work/what you have done** nous vous sommes très reconnaissants de votre gentillesse/de votre travail que vous avez fait/de ce que vous avez fait; (Comm: in letter) **we should** ~ **an early reply** nous vous serions obligés de bien vouloir nous répondre dans les plus brefs délais; **we deeply** ~ **this honour** nous sommes profondément sensibles à cet honneur; **he felt that nobody** ~**d him** il ne se sentait pas apprécié à sa juste valeur, il avait le sentiment que personne ne l'appréciait à sa juste valeur.

(d) (raise in value) hausser la valeur de.

2 vi (Fin etc) [currency] monter; [object, property] prendre de la valeur.

appreciation [əˌpriːʃɪ'eɪʃən] n (a) (judgment, estimation) appréciation f, évaluation f, estimation f; (Art, Literat, Mus) critique f.

(b) (gratitude) reconnaissance f. **she smiled her** ~ elle a remercié d'un sourire; **in** ~ **of ...** en remerciement de ... .

(c) (Fin) hausse f, augmentation f, valorisation f.

appreciative [ə'priːʃɪətɪv] adj person sensible (of à); (admiring) admiratif; (grateful) reconnaissant; comment élogieux. **to be** ~ **of good food** apprécier la bonne cuisine; **an** ~ **glance** un regard connaisseur or admiratif.

apprehend [ˌæprɪ'hend] vt (a) (arrest) appréhender, arrêter. (b) (fear) redouter, appréhender.

apprehension [ˌæprɪ'henʃən] n (a) (fear) appréhension f, inquiétude f, crainte f. (b) (arrest) arrestation f.

apprehensive [ˌæprɪ'hensɪv] adj inquiet (f -ète), appréhensif, craintif. **to be** ~ **for sb's safety** craindre pour la sécurité de qn; **to be** ~ **of danger** appréhender or craindre or redouter le danger.

apprehensively [ˌæprɪ'hensɪvlɪ] adv avec appréhension, craintivement.

apprentice [ə'prentɪs] **1** n apprenti(e) m(f); (Archit, Mus etc) élève mf. **to place sb as an** ~ **to** mettre qn en apprentissage chez; **plumber's/joiner's** ~ apprenti plombier/menuisier.

2 vt mettre or placer en apprentissage (to chez), placer comme élève (to chez). **he is** ~**d to a joiner** il est en apprentissage chez un menuisier; **he is** ~**d to an architect** c'est l'élève d'un architecte.

3 cpd: **apprentice plumber** apprenti m plombier.

apprenticeship [ə'prentɪʃɪp] n apprentissage m.

apprise [ə'praɪz] vt informer, instruire, prévenir (sb of sth qn de qch), apprendre (sb of sth qch à qn). **to be** ~**d of sth** prendre connaissance de qch.

appro* ['æprəʊ] n (Comm: abbr of approval) **on** ~ à or sous condition, à l'essai.

approach [ə'prəʊtʃ] **1** vi [person, vehicle] (s')approcher; [date, season, death, war] approcher, être proche.

2 vt (a) place, person s'approcher de, s'avancer vers. **I saw him** ~**ing me** je l'ai vu qui venait vers moi.

(b) (tackle) problem, subject, task aborder. **it all depends on how one** ~**es it** tout dépend de la façon dont on s'y prend.

(c) (speak to) **to** ~ **sb about sth** s'adresser à qn à propos de qch, parler de qch à qn; **have you** ~**ed him already?** est-ce que vous lui avez déjà parlé?; **a man** ~**ed me in the street** un homme m'a abordé dans la rue; (fig) **he is easy/difficult to** ~ il est d'un abord facile/difficile.

(d) (get near to) approcher de. **we are** ~**ing the time when ...** le jour approche où ... ; **she is** ~**ing 30** elle approche de la trentaine, elle va sur ses 30 ans; **it was** ~**ing midnight** il était près de or presque minuit; **a colour** ~**ing red** une couleur qui touche au rouge or voisine du rouge.

3 n (a) [person, vehicle] approche f, arrivée f. **the cat fled at his** ~ le chat s'est enfui à son approche; **we watched his** ~ nous l'avons regardé arriver.

(b) [date, season, death etc] approche(s) f(pl). **at the** ~ **of Easter** à l'approche or aux approches de Pâques.

(c) (fig) **his** ~ **to the problem** sa façon d'aborder le problème; **I like his** ~ **(to it)** j'aime sa façon de s'y prendre; **a new** ~ **to teaching French** une nouvelle façon d'enseigner le français; **to make** ~**es to sb** (Comm etc, gen) faire des avances fpl or des ouvertures fpl à qn, faire des démarches fpl auprès de qn; (amorous) faire des avances à qn; (Comm, gen) **to make an** ~ **to sb** faire une proposition à qn; **he is easy/not easy of** ~ il est d'un abord facile/difficile; V also **3d**.

(d) (access route: to town) approche f, abord m, voie f d'accès; (Climbing) marche f d'approche. **a town easy/not easy of** ~ une ville d'accès facile/difficile; **the** ~ **to the top of the hill** le chemin qui mène au sommet de la colline; **the station** ~ les abords de la gare.

(e) (*approximation*) ressemblance *f* (*to* à), apparence *f* (*to* de). **some ~ to gaiety** une certaine apparence de gaieté.

4 *cpd*: (*Aviat*) **approach light** balise *f*; (*Aviat*) **approach lights** balisage *m*; (*Climbing*) **approach march** marche *f* d'approche; **approach road** (*gen*) route *f* d'accès; (*to motorway*) voie *f* de raccordement, bretelle *f*; (*Golf*) **approach shot** approche *f*; (*Aviat*) **approach stage** phase *f* d'approche.

approachable [ə'prəʊtʃəbl] *adj place* accessible, approchable; *person* abordable, approchable, accessible.

approaching [ə'prəʊtʃɪŋ] *adj date, event* prochain, qui (s')approche. **the ~ vehicle** le véhicule venant en sens inverse.

approbation [ˌæprə'beɪʃən] *n* approbation *f*. **a nod of ~** un signe de tête approbateur.

appropriate [ə'prəʊprɪt] **1** *adj moment, decision, ruling* opportun; *remark* bien venu, opportun, juste; *word* juste, propre; *name* bien choisi; *authority, department* compétent. **~ for** or **to** propre à, approprié à; **words/behaviour/a speech ~ to the occasion** paroles/conduite/un discours de circonstance; **it would not be ~ for me to comment** ce n'est pas à moi de faire des commentaires; **he is the ~ person to ask** c'est à lui qu'il faut le demander.

2 [ə'prəʊprɪeɪt] *vt* **(a)** (*take for one's own use*) s'approprier, s'attribuer, s'emparer de.

(b) (*set aside for special use*) *funds* affecter (*to, for* à).

appropriately [ə'prəʊprɪtlɪ] *adv speak, comment* avec à-propos, pertinemment; *decide* à juste titre; *design* convenablement. **~ situated** situé au bon endroit, situé où il faut; **~ named** bien nommé, au nom bien choisi.

appropriateness [ə'prəʊprɪtnɪs] *n* [*moment, decision*] opportunité *f*; [*remark, word*] justesse *f*.

appropriation [əˌprəʊprɪ'eɪʃən] *n* (*act: also Jur*) appropriation *f*; (*funds assigned*) dotation *f*; (*US Pol*) crédit *m* budgétaire. (*US Pol*) **~ bill** projet *m* de loi de finances; (*US Pol*) **A~s Committee** commission des finances de la Chambre des Représentants (*examinant les dépenses*).

approval [ə'pruːvəl] *n* approbation *f*, assentiment *m*. (*Comm*) **on ~** à or sous condition, à l'essai; **a nod of ~** un signe de tête approbateur; **does it meet with your ~?, has it got your ~?** l'approuvez-vous?, y consentez-vous?, cela a-t-il votre approbation?

approve [ə'pruːv] *vt action, publication, medicine, drug* approuver; *decision* ratifier, homologuer; *request* agréer. **to be ~d by** recueillir or avoir l'approbation de; **read and ~d** lu et approuvé; (*Brit* †) **~d school** maison *f* de correction†.

♦**approve of** *vt fus behaviour, idea* approuver, être partisan de; *person* avoir bonne opinion de. **I don't approve of his conduct** je n'approuve pas sa conduite; **I don't approve of your decision** je ne peux pas approuver or je désapprouve la décision que vous avez prise; **she doesn't approve of smoking/drinking** elle n'approuve pas qu'on fume(*subj*)/boive; **he doesn't approve of me** il n'a pas bonne opinion de moi, il n'approuve pas or il désapprouve ma façon d'être; **we approve of our new neighbours** nos nouveaux voisins nous plaisent.

approving [ə'pruːvɪŋ] *adj* approbateur (*f* -trice), approbatif.

approvingly [ə'pruːvɪŋlɪ] *adv* d'un air or d'un ton approbateur.

approx *abbr of* **approximately**.

approximate [ə'prɒksɪmɪt] **1** *adj time, date, heat, amount, calculation* approximatif. **a sum ~ to what is needed** une somme voisine or proche de celle qui est requise; **figures ~ to the nearest franc** chiffres arrondis au franc près.

2 [ə'prɒksɪmeɪt] *vi* être proche, se rapprocher (*to* de).

approximately [ə'prɒksɪmətlɪ] *adv* approximativement, à peu près, environ.

approximation [əˌprɒksɪ'meɪʃən] *n* approximation *f*.

appurtenance [ə'pɜːtɪnəns] *n* (*gen pl*) **~s** installations *fpl*, accessoires *mpl*; **the house and its ~s** (*its outhouses etc*) l'immeuble avec ses dépendances *fpl*; (*Jur: its rights, privileges etc*) l'immeuble avec ses circonstances et dépendances or ses appartenances.

APR [ˌeɪpiː'ɑːr] *n* (*abbr of* **annual(ized) percentage rate**) taux annuel.

après-ski [ˌæpreɪ'skiː] *n* après-ski *m* (*période*).

apricot ['eɪprɪkɒt] **1** *n* abricot *m*; (*also* **~ tree**) abricotier *m*. **2** *cpd*: **apricot jam** confiture *f* d'abricots; **apricot tart** tarte *f* aux abricots.

April ['eɪprəl] **1** *n* avril *m*; *for phrases V* **September**. **2** *cpd*: **April fool** (*person*) victime *f* d'un poisson d'avril; (*joke*) poisson d'avril; **to make an April fool of sb** faire un poisson d'avril à qn; **April Fools' Day** le premier avril; **April showers** ≃ giboulées *fpl* de mars.

apron ['eɪprən] *n* **(a)** (*garment*) tablier *m*. (*fig*) **tied to his mother's ~ strings** pendu aux jupes de sa mère. **(b)** (*Aviat*) aire *f* de stationnement. **(c)** (*Tech*) tablier *m*. **(d)** (*Theat: also* **~ stage**) avant-scène *f*. **(e)** (*Phot*) bande gaufrée.

apropos [ˌæprə'pəʊ] **1** *adv* à propos, opportunément. **~ of** à propos de. **2** *adj* opportun, (fait) à propos.

apse [æps] *n* abside *f*.

apt [æpt] *adj* **(a)** (*inclined, tending*) *thing* susceptible (*to do* de faire), sujet; *person* enclin, porté, disposé (*to sth* à qch, *to do* à faire). **he is ~ to be late** il a tendance à être en retard; **one is ~ to believe that** ... on croit volontiers que ..., on a tendance à croire que ... . **(b)** (*likely*) **am I ~ to find him in at this time?** ai-je une chance de le trouver chez lui à cette heure-ci?; **he's ~ to be out in the afternoons** il a tendance à ne pas être chez lui l'après-midi, il lui arrive souvent d'être sorti l'après-midi. **(c)** (*appropriate*) *remark, comment, reply* approprié, juste, pertinent. **(d)** (*gifted*) *pupil* doué, intelligent.

APT [ˌeɪpiː'tiː] *n* (*abbr of* **Advanced Passenger Train**) ≃ T.G.V. *m*, train *m* à grande vitesse.

aptitude ['æptɪtjuːd] *n* aptitude *f* (*for* à), disposition *f* (*for* pour). **to have an ~ for learning** avoir des dispositions pour l'étude; **he shows great ~** il promet beaucoup; **~ test** test *m* d'aptitude.

aptly ['æptlɪ] *adv answer* pertinemment, avec justesse; *behave* avec propos, à propos. **~ enough, he arrived just then** il est arrivé, fait à propos, juste à ce moment-là; (*iro*) comme par hasard, il est arrivé juste à ce moment-là (*iro*); **it's ~ named** c'est bien nommé, ça porte bien son nom.

aptness ['æptnɪs] *n* **(a)** (*suitability*) [*remark etc*] à-propos *m*, justesse *f*. **(b)** (*giftedness*) = **aptitude**.

Apulia [ə'pjuːljə] *n* Pouilles *fpl*.

aquafarming ['ækwəfɑːmɪŋ] *n* aquaculture *f*.

aqualung ['ækwəlʌŋ] *n* scaphandre *m* autonome.

aquamarine [ˌækwəmə'riːn] **1** *n* (*stone*) aigue-marine *f*; (*colour*) bleu vert *m inv*. **2** *adj* bleu-vert *inv*.

aquanaut ['ækwənɔːt] *n* aquanaute *m*, plongeur *m*.

aquaplane ['ækwəpleɪn] **1** *n* aquaplane *m*. **2** *vi* **(a)** (*Sport*) faire de l'aquaplane. **(b)** (*Aut*) faire de l'aquaplaning *m*.

Aquarian [ə'kwɛərɪən] *n* (personne née sous le signe du) Verseau *m*.

aquarium [ə'kwɛərɪəm] *n*, *pl* **~s** or **aquaria** [ə'kwɛərɪə] aquarium *m*.

Aquarius [ə'kwɛərɪəs] *n* (*Astron*) le Verseau. **I'm ~** je suis (du) Verseau.

aquatic [ə'kwætɪk] *adj animal, plant* aquatique; *sport* nautique.

aquatint ['ækwətɪnt] *n* aquatinte *f*.

aqueduct ['ækwɪdʌkt] *n* aqueduc *m*.

aqueous ['eɪkwɪəs] *adj* aqueux. **~ humour** humeur aqueuse.

aquiline ['ækwɪlaɪn] *adj nose* aquilin, en bec d'aigle; *profile* aquilin.

Aquinas [ə'kwaɪnəs] *n*: **St Thomas ~** saint Thomas d'Aquin.

Ar. (*US*) *abbr of* **Arkansas**.

Arab ['ærəb] **1** *n* **(a)** Arabe *mf*; *V* **street**. **(b)** (*horse*) (cheval *m*) arabe *m*. **2** *adj* arabe. **the ~ States** les États *mpl* arabes; **the United ~ Emirates** les Émirats arabes unis; **the ~-Israeli Wars** le conflit israélo-arabe.

arabesque [ˌærə'besk] *n* arabesque *f*.

Arabia [ə'reɪbɪə] *n* Arabie *f*.

Arabian [ə'reɪbɪən] *adj* arabe, d'Arabie. **~ Desert** désert *m* d'Arabie; **~ Gulf** golfe *m* Arabique; **the ~ Nights** les Mille et Une Nuits; **~ Sea** mer *f* d'Arabie.

Arabic ['ærəbɪk] **1** *n* (*Ling*) arabe *m*. **written ~** l'arabe littéral. **2** *adj* arabe. **~ numerals** chiffres *mpl* arabes; **V gum²**.

Arabist ['ærəbɪst] *n* (*scholar*) arabisant(e) *m(f)*; (*politician*) pro-Arabe *mf*.

arabization [ˌærəbaɪ'zeɪʃən] *n* arabisation *f*.

arabize [ˌærə'baɪz] *vt* arabiser.

arable ['ærəbl] *adj* arable, cultivable. **~ farming** culture *f*.

arachnid [ə'ræknɪd] *n*: **~s** arachnides *mpl*.

Aramaic [ˌærə'meɪɪk] *n* araméen *m*.

Aran ['ærən] *n*: **the ~ Islands** les Îles *fpl* Ar(r)an.

arbiter ['ɑːbɪtər] *n* arbitre *m*, médiateur *m*, -trice *f*.

arbitrarily ['ɑːbɪtrərɪlɪ] *adv* arbitrairement.

arbitrary ['ɑːbɪtrərɪ] *adj* arbitraire.

arbitrate ['ɑːbɪtreɪt] **1** *vt* arbitrer, juger, trancher. **2** *vi* décider en qualité d'arbitre, arbitrer.

arbitration [ˌɑːbɪ'treɪʃən] *n* (*also Ind*) arbitrage *m*. **to go to ~** recourir à l'arbitrage; **~ tribunal** instance chargée d'arbitrer les conflits sociaux; **~ clause** clause *f* compromissoire; *V* **refer**.

arbitrator ['ɑːbɪtreɪtər] *n* arbitre *m*, médiateur *m*, -trice *f*.

arboreal [ɑː'bɔːrɪəl] *adj shape* arborescent; *animal, technique* arboricole.

arboretum [ˌɑːbə'riːtəm] *n* arboretum *m*, collection *f* d'arbres.

arbour, (*US*) **arbor** ['ɑːbər] *n* tonnelle *f*, charmille† *f*.

arbutus [ɑː'bjuːtəs] *n* arbousier *m*.

arc [ɑːk] **1** *n* arc *m*. **2** *cpd*: **arc lamp, arc light** lampe *f* à arc; (*Cine, TV*) sunlight *m*; **arc welding** soudure *f* à l'arc voltaïque. **3** *vi* décrire un arc (de cercle). **the rocket ~ed down into the sea** la fusée a décrit un arc avant de retomber dans la mer.

A.R.C. [ˌeɪɑː'siː] *n* (*abbr of* **American Red Cross**) Croix-Rouge américaine.

arcade [ɑː'keɪd] *n* (*series of arches*) arcade *f*, galerie *f*; (*shopping precinct*) passage *m*, galerie marchande.

Arcadia [ɑː'keɪdɪə] *n* Arcadie *f*.

Arcadian [ɑː'keɪdɪən] **1** *adj* arcadien, d'Arcadie. **2** *n* Arcadien(ne) *m(f)*.

Arcady ['ɑːkədɪ] *n* (*Poet, Liter*) Arcadie *f*.

arch¹ [ɑːtʃ] **1** *n* **(a)** (*Archit*) (*in church etc*) arc *m*, cintre *m*, voûte *f*; [*bridge etc*] arche *f*. **~way** voûte (d'entrée), porche *m*, (*longer*) passage voûté. **(b)** [*eyebrow*] arcade *f*; [*foot*] cambrure *f*, voûte *f* plantaire; *V* **fallen**. **2** *vi* former voûte, être en forme d'arche, s'arquer. **3** *vt* arquer, cambrer. **the cat ~es his back** le chat fait le gros dos.

arch² [ɑːtʃ] *adj glance, person* malicieux, coquin.

arch³ [ɑːtʃ] **1** *adj* (*gen*) grand, par excellence. **an ~ traitor** un grand traître, le traître par excellence; **an ~ villain** un grand or parfait scélérat, un scélérat achevé; **the ~ villain** le principal scélérat. **2** *pref* arch(i).

archaeological, (*US*) **archeological** [ˌɑːkɪə'lɒdʒɪkəl] *adj* archéologique.

archaeologist, (*US*) **archeologist** [ˌɑːkɪ'ɒlədʒɪst] *n* archéologue *mf*.

archaeology, (*US*) **archeology** [ˌɑːkɪ'ɒlədʒɪ] *n* archéologie *f*.

archaic [ɑː'keɪɪk] *adj* archaïque.

archaism ['ɑːkeɪɪzəm] *n* archaïsme *m*.

archangel ['ɑːkˌeɪndʒəl] *n* archange *m*. **the A~ Michael**

l'archange Michel, saint Michel archange.
archbishop ['ɑːtʃbɪʃəp] *n* archevêque *m*.
archbishopric [ɑːtʃ'bɪʃəprɪk] *n* archevêché *m*.
archdeacon ['ɑːtʃ'diːkən] *n* archidiacre *m*.
archdiocese ['ɑːtʃ'daɪəsɪs] *n* archidiocèse *m*.
archduchess ['ɑːtʃ'dʌtʃɪs] *n* archiduchesse *f*.
archduchy ['ɑːtʃ'dʌtʃɪ] *n* archiduché *m*.
archduke ['ɑːtʃ'djuːk] *n* archiduc *m*.
arched [ɑːtʃt] *adj back etc* cambré; *eyebrows* arqué; *window* cintré.
arch-enemy ['ɑːtʃ'enɪmɪ] *n* ennemi *m* par excellence. (*Rel*) **the A~** Satan *m*.
archeology [ɑːkɪ'ɒlədʒɪ] *etc* (*US*) = **archaeology** *etc*.
archer ['ɑːtʃər] *n* archer *m*.
archery ['ɑːtʃərɪ] *n* tir *m* à l'arc.
archetypal ['ɑːkɪtaɪpəl] *adj* archétype.
archetype ['ɑːkɪtaɪp] *n* archétype *m*.
Archimedes [ˌɑːkɪ'miːdiːz] *n* Archimède *m*.
archipelago [ˌɑːkɪ'pelɪɡəʊ] *n, pl* ~s *or* ~es archipel *m*.
archiphoneme [ˌɑːkɪ'fəʊniːm] *n* archiphonème *m*.
architect ['ɑːkɪtekt] *n* architecte *m*; (*fig*) architecte, artisan *m*; *V* naval.
architectonic [ˌɑːkɪtek'tɒnɪk] *adj* (*Art*) architectonique.
architectural [ˌɑːkɪ'tektʃərəl] *adj* architectural.
architecture ['ɑːkɪtektʃər] *n* architecture *f*.
architrave ['ɑːkɪtreɪv] *n* (*Archit*) architrave *f*; *[door, window]* encadrement *m*.
archives ['ɑːkaɪvz] *npl* archives *fpl*.
archivist ['ɑːkɪvɪst] *n* archiviste *mf*.
archness ['ɑːtʃnɪs] *n* malice *f*.
archpriest ['ɑːtʃ'priːst] *n* archiprêtre *m*.
Arctic ['ɑːktɪk] **1** *adj* (*Geog*) arctique. (*fig: very cold*) **a~** glacial. **2** *n*: **the ~ (regions)** les régions *fpl* arctiques, l'Arctique *m*. **3** *cpd*: **Arctic Circle** cercle *m* polaire arctique; **Arctic Ocean** océan *m* Arctique; (*Orn*) **Arctic skua** labbe *m* parasite; (*Orn*) **Arctic tern** sterne *f* arctique.
ARD [ˌeɪɑː'diː] *abbr of* **acute respiratory disease**; *V* acute.
ardent ['ɑːdənt] *adj* ardent, passionné, fervent. **to be an ~ admirer of** être un fervent admirateur de.
ardently ['ɑːdəntlɪ] *adv* ardemment, avec ardeur.
ardour, (*US*) **ardor** ['ɑːdər] *n* ardeur *f*, ferveur *f*.
arduous ['ɑːdjʊəs] *adj work* ardu, difficile, laborieux; *road* ardu, raide; *hill* raide, escarpé.
arduously ['ɑːdjʊəslɪ] *adv* péniblement, laborieusement.
arduousness ['ɑːdjʊəsnɪs] *n* difficulté *f*, dureté *f*.
are [ɑːr, ər] *V* be.
area ['eərɪə] **1** *n* (**a**) (*surface measure*) aire *f*, superficie *f*. **this field has an ~ of 800 m²** ce champ a une superficie de 800 m² *or* a 800 m² de superficie, l'aire de ce champ est de 800 m².
  (**b**) (*region*) région *f*; (*Mil, Pol*) (*large*) territoire *m*; (*smaller*) secteur *m*, zone *f*. **the London ~** la région londonienne *or* de Londres; **in the whole ~** dans toute l'étendue du pays *or* de la région; **~ of outstanding natural beauty** site naturel; *V* sterling.
  (**c**) (*fig*) *[knowledge, enquiry]* domaine *m*, champ *m*. **the ~s of disagreement** les zones *fpl* de désaccord; **in this ~** à ce propos.
  (**d**) (*Brit, also* (*US*)) **~way**: *courtyard*) courette *f* en contre-bas (*sur la rue*).
  (**e**) (*part of room*) **dining ~** coin *m* salle-à-manger; **sleeping ~** coin chambre.
  2 *cpd*: **area code** (*Brit Post*) code postal; (*US Telec*) indicatif *m* de zone; **area manager** directeur régional; **area office** agence régionale.
arena [ə'riːnə] *n* arène *f*. (*fig*) **to enter the ~** descendre dans l'arène, entrer en lice; (*fig*) **the political ~** l'arène politique.
aren't [ɑːnt] = **are not, am not**; *V* be.
areola [ə'rɪələ] *n, pl* ~e [-liː] *or* ~s (*Anat*) aréole *f*.
Argentina [ˌɑːdʒən'tiːnə] *n* Argentine *f*.
Argentine ['ɑːdʒəntaɪn] **1** *n* (**a**) (*Geog*) **the ~** l'Argentine *f*; **in the ~** en Argentine. (**b**) = **Argentinian**. **2** *adj* argentin.
Argentinian [ˌɑːdʒən'tɪnɪən] **1** *n* Argentin(e) *m(f)*. **2** *adj* argentin.
argon ['ɑːɡɒn] *n* argon *m*.
Argonaut ['ɑːɡənɔːt] *n* Argonaute *m*.
Argos ['ɑːɡɒs] *n* Argos.
argosy ['ɑːɡəsɪ] *n* (*liter*) galion *m* (*de commerce*).
arguable ['ɑːɡjʊəbl] *adj* discutable, contestable. **it is ~ that** on peut soutenir que.
arguably ['ɑːɡjʊəblɪ] *adv*: **he is ~ the worst president ever known** on peut soutenir que *or* on pourrait dire que c'est le pire président qu'on ait jamais vu.
argue ['ɑːɡjuː] **1** *vi* (**a**) (*dispute, quarrel*) se disputer (*with sb* avec qn, *about sth* au sujet *or* à propos de qch). **they are always arguing** ils se disputent tout le temps; **don't ~!** pas de discussion!; (*to others arguing*) **stop arguing!** arrêtez de vous disputer!
  (**b**) (*debate*) argumenter (*frm*) (*against sb* contre qn; *about sth* sur qch). **he ~d against going** il a donné les raisons qu'il avait de ne pas vouloir y aller; **they ~d (about it) for hours** ils ont discuté (là-dessus) pendant des heures; **to ~ from sth** tirer argument de qch.
  (**c**) (*Jur etc*) *[fact, evidence]* témoigner (*against*; *in favour of* en faveur de). **it ~s well for him** cela parle en sa faveur.
  2 *vt* (**a**) **to ~ sb into/out of doing** persuader/dissuader qn de faire; **to ~ sb into/out of a scheme** persuader/dissuader qn d'adopter un projet; **they ~d me into believing it** à force d'arguments ils sont arrivés à me le faire croire.
  (**b**) (*debate*) *case* discuter, débattre. **a well-~d case** un cas étayé de bons arguments; **to ~ one's way out of a situation** se sortir d'une situation à force d'argumentation *or* d'arguments; **to ~ the toss*** discuter le coup*.

  (**c**) (*show evidence of*) dénoter, indiquer. **it ~s a certain lack of feeling** cela dénote *or* indique une certaine insensibilité.
  (**d**) (*maintain*) soutenir, affirmer (*that* que).
◆ **argue out** *vt sep problem* discuter *or* débattre (à fond).
argument ['ɑːɡjʊmənt] *n* (**a**) (*debate*) discussion *f*, controverse *f*, débat *m*. **it is beyond ~** c'est indiscutable; **you've only heard one side of the ~** tu n'as entendu qu'une seule version de l'affaire *or* de l'histoire; **for ~'s sake** à titre d'exemple; **he is open to ~** il est prêt à écouter les arguments; **it is open to ~ that** on peut soutenir que.
  (**b**) (*dispute*) dispute *f*, discussion *f*. **to have an ~** se disputer (*with sb* avec qn); (*hum*) **he has had an ~ with a tree** il s'est bagarré* avec un arbre (*hum*).
  (**c**) (*reasons advanced*) argument *m*. **his ~ is that ...** il soutient que ..., son argument est que ...; **there is a strong ~ in favour of** *or* **for doing** il y a de bonnes raisons pour faire; **there is a strong ~ in favour of his resignation** il y a de bonnes raisons pour qu'il démissionne (*subj*); **the ~ that the EEC needs Britain** le raisonnement selon lequel la CEE a besoin de la Grande Bretagne; *V* line¹.
  (**d**) (*synopsis*) sommaire *m*, argument *m*.
argumentation [ˌɑːɡjʊmən'teɪʃən] *n* argumentation *f*.
argumentative [ˌɑːɡjuː'mentətɪv] *adj* ergoteur, raisonneur.
argy-bargy* ['ɑːdʒɪ'bɑːdʒɪ] *n* (*Brit*) discutailleries* *fpl*. **to get caught up in an ~** se laisser entraîner dans des discussions sans fin.
aria ['ɑːrɪə] *n* aria *f*.
Ariadne [ˌærɪ'ædnɪ] *n* Ariane *f*.
Arian ['eərɪən] **1** *n* Arien(ne) *m(f)*. **2** *adj* arien.
Arianism ['eərɪənɪzəm] *n* arianisme *m*.
ARIBA [ə'riːbə] *abbr of* **Associate of the Royal Institute of British Architects** (*membre de l'institut des architectes*).
arid ['ærɪd] *adj* (*lit*) aride, desséché; (*fig*) aride, ingrat.
aridity [ə'rɪdɪtɪ] *n* (*lit, fig*) aridité *f*.
Aries ['eəriːz] *n* (*Astron*) le Bélier. **I'm ~** je suis (du) Bélier.
aright [ə'raɪt] *adv* bien, correctement, juste. **to set things ~** mettre bon ordre à l'affaire.
arise [ə'raɪz] *pret* **arose** [ə'rəʊz], *ptp* **arisen** [ə'rɪzn] *vi* (**a**) *[difficulty]* survenir, surgir; *[question]* se présenter, se poser; *[cry]* s'élever. **if the question ~s** le cas échéant; **should the need ~** en cas de besoin, si le besoin s'en fait sentir; **should the occasion ~** si l'occasion se présente; **a doubt arose** un doute s'est fait jour.
  (**b**) (*result*) résulter, provenir (*from* de). **arising from this, can you say that** à partir de ceci, pouvez-vous dire que.
  (**c**) (†, *liter*) *[person]* se lever; *[sun]* se lever, paraître, poindre (*liter*).
aristo [ə'rɪstəʊ] *adj*: **~ paper** aristotipe *m*.
aristocracy [ˌærɪs'tɒkrəsɪ] *n* aristocratie *f*.
aristocrat ['ærɪstəkræt] *n* aristocrate *mf*.
aristocratic [ˌærɪstə'krætɪk] *adj* aristocratique.
Aristophanes [ˌærɪs'tɒfəniːz] *n* Aristophane *m*.
Aristotelian [ˌærɪstə'tiːlɪən] *adj* aristotélicien.
Aristotelianism [ˌærɪstə'tiːlɪənɪzəm] *n* aristotélisme *m*.
Aristotle ['ærɪstɒtl] *n* Aristote *m*.
arithmetic [ə'rɪθmətɪk] **1** *n* arithmétique *f*. **2** [ˌærɪθ'metɪk] *adj* arithmétique. (*Comput*) **~ logic unit** unité *f* arithmétique et logique.
arithmetical [ˌærɪθ'metɪkəl] *adj* arithmétique.
arithmetician [əˌrɪθmə'tɪʃən] *n* arithméticien(ne) *m(f)*.
Arizona [ˌærɪ'zəʊnə] *n* Arizona *m*.
ark [ɑːk] *n* (*Hist*) arche *f*. (*Rel*) **A~ of the Covenant** arche d'alliance; (*fig*) **it's out of the ~*** c'est vieux comme Hérode, c'est antédiluvien*; *V* Noah.
Arkansas ['ɑːkənsɔː] *n* Arkansas *m*.
arm¹ [ɑːm] **1** *n* (**a**) (*Anat*) bras *m*. **to hold sth/sb in one's ~s** tenir qch/qn dans ses bras; **he had a coat over his ~** il avait un manteau sur le bras; **take my ~** prenez mon bras; **to give one's ~ to sb** donner *or* offrir le bras à qn; (†, *liter*) **to have sb on one's ~** avoir qn à son bras; **on her husband's ~** au bras de son mari; **to take sb in one's ~s** prendre qn dans ses bras; **to put one's ~ round sb** passer son bras autour des épaules de qn; **~ in ~** bras dessus bras dessous; **with ~s wide apart** les bras écartés *or* en croix; **within ~'s reach** à portée de la main; **with folded ~s** les bras croisés; **at ~'s length** à bout de bras; (*fig*) **to keep sb at ~'s length** tenir qn à distance (*V also* 2); **with open ~s** à bras ouverts; (*liter*) **in the ~s of Morpheus** dans les bras de Morphée; **the (long) ~ of the law** le bras de la justice; (*fig*) **to have a long ~** avoir le bras long; (*US*) **to put the ~ on sb*** (*gen*) forcer la main à qn (*to do* pour qu'il fasse); (*make him pay up*) faire cracher‡ qn; **I'd give an ~ and a leg* for that/to do that** je donnerais n'importe quoi pour avoir ça/pour faire ça; **they must have paid an ~ and a leg for that**, that must have cost them an ~ and a leg ça a dû leur coûter les yeux de la tête*; *V* babe, chance, open.
  (**b**) *[river, crane, pick-up]* bras *m*; *[spectacle frames]* branche *f* (*de monture*); *[coat etc]* manche *f*. *[armchair]* bras, accoudoir *m*. **~ of the sea** bras de mer.
  2 *cpd*: **armband** brassard *m*; (*mourning*) brassard de deuil, crêpe *m*; **armchair** fauteuil *m*; (*fig*) **armchair general** *etc* général *m etc* en chambre; **armhole** emmanchure *f*; (*Jur*) **arm's length agreement** contrat conclu dans les conditions normales du commerce; (*Fin*) **arm's length price** prix fixé dans les conditions normales de la concurrence; **armlet** *V* armlet; **armpit** aisselle *f*; **armrest** accoudoir *m*; (*fig*) **arm-twisting*** pressions *fpl* directes (*fig*); **I don't like his arm-twisting* techniques** je n'aime pas ses façons de faire pression sur les gens; **to arm-wrestle with sb** faire une partie de bras de fer avec qn; **arm-wrestling** bras *m* de fer.
arm² [ɑːm] **1** *n* (**a**) (*weapon*) arme *f*. **under ~s** sous les armes; **in ~s** armé; **to ~s!** aux armes!; (*lit, fig*) **to take up ~s against sb/sth**

s'insurger contre qn/qch (*lit, fig*); (*fig*) **to be up in ~s against sb/the authorities** être en rébellion ouverte contre qn/les autorités; **to be up in ~s against a decision/the cost of living** *etc* s'élever contre *or* partir en guerre contre une décision/le coût de la vie *etc*; **she was up in ~s about it** cela la mettait hors d'elle-même; **no need to get up in ~s over such a small thing!** pas la peine de te monter or t'emballer pour si peu!; *V* **man**.
  (**b**) (*branch of military service*) arme *f*; *V* **fleet**¹.
  (**c**) (*Her*) ~s armes *fpl*, armoiries *fpl*; *V* **coat**.
  2 *cpd*: **arms control** contrôle *m* des armements; **arms factory** fabrique *f* d'armes; **arms limitation** = **arms control**; (*Comm*) **arms manufacturer** fabricant *m* d'armes, armurier *m*; **arms race** course *f* aux armements.
  3 *vt* (**a**) *person, nation* armer. (*fig*) **to ~ o.s. with patience** s'armer de patience.
  (**b**) *missile* munir d'une (tête d')ogive.
  4 *vi* (s')armer, prendre les armes (*against* contre).
Armada [ɑːˈmɑːdə] *n* Armada *f*.
armadillo [ˌɑːməˈdɪləʊ] *n* tatou *m*.
Armageddon [ˌɑːməˈgedn] *n* (*lit*) Armageddon *m*; (*fig*) Armageddon, la lutte suprême.
armament [ˈɑːməmənt] *n* (**a**) (*gen pl: fighting strength*) force *f* de frappe. (**b**) (*weapons*) ~s armement *m*, matériel *m* de guerre. (**c**) (*U: preparation for war*) armement *m*.
armature [ˈɑːmətjʊəʳ] *n* (*gen, also Elec, Phys*) armature *f*; (*Zool*) carapace *f*.
armed [ɑːmd] *adj* (*lit, fig*) armé (*with* de); *missile* muni d'une (tête d') ogive. **~ to the teeth** armé jusqu'aux dents; **~ conflict** conflit armé; **the ~ forces** les (forces) armées *fpl*; **~ neutrality** neutralité armée; **~ robbery** vol *m or* attaque *f* à main armée.
-armed [ɑːmd] *adj ending in cpds*: **long-/short-armed** aux bras longs/courts.
Armenia [ɑːˈmiːnɪə] *n* Arménie *f*.
Armenian [ɑːˈmiːnɪən] **1** *adj* arménien. **2** *n* (**a**) Arménien(ne) *m(f)*.
  (**b**) (*Ling*) arménien *m*.
armful [ˈɑːmfʊl] *n* brassée *f*. **in ~s** à pleins bras; **to have ~s of** avoir plein les bras de.
armistice [ˈɑːmɪstɪs] *n* armistice *m*. **A~ Day** le onze novembre.
armlet [ˈɑːmlɪt] *n* (*armband*) brassard *m*; (*bracelet*) bracelet *m*.
armorial [ɑːˈmɔːrɪəl] **1** *adj* armorial. **~ bearings** armoiries *fpl*. **2** *n* armorial *m*.
armour, (*US*) **armor** [ˈɑːməʳ] **1** *n* (**a**) (*U*) (*knight*) armure *f*. **in full ~** armé de pied en cap; *V* **suit**.
  (**b**) (*Mil*) (*U: ~-plating*) blindage *m*; (*collective n*) (*vehicles*) blindés *mpl*; (*forces*) forces blindées.
  2 *cpd*: **armour-clad** (*Mil*) blindé; (*Naut*) cuirassé, blindé; **armoured car** voiture *f* blindée; **armoured personnel carrier** véhicule blindé de transport de troupes; **armour-piercing** (*Mil*) mine, gun antichar; *shell, bullet* perforant; **armour-plate, armour-plating** (*Mil*) blindage *m*; (*Naut*) cuirasse *f*; **armour-plated** = **armour-clad**.
armourer, (*US*) **armorer** [ˈɑːmərəʳ] *n* armurier *m*.
armoury, (*US*) **armory** [ˈɑːmərɪ] *n* dépôt *m* d'armes, arsenal *m*; (*US: arms factory*) fabrique *f* d'armes, armurerie *f*.
army [ˈɑːmɪ] **1** *n* (**a**) armée *f* (de terre). **to be in the ~** être dans l'armée, être militaire; **to join the ~** s'engager; **to go into the ~** [*professional*] devenir militaire *m* (de carrière); [*conscript*] partir au service; *V* **occupation, territorial**.
  (**b**) (*fig*) foule *f*, multitude *f*, armée *f*.
  2 *cpd* life, nurse, uniform militaire; *family* de militaires. **army corps** corps *m* d'armée; **Army List** annuaire *m* militaire, annuaire des officiers de carrière (*armée de terre*); **army officer** officier *m* (de l'armée de terre).
Arno [ˈɑːnəʊ] *n* Arno *m*.
aroma [əˈrəʊmə] *n* arôme *m*.
aromatic [ˌærəʊˈmætɪk] **1** *adj* aromatique. **2** *n* aromate *m*.
arose [əˈrəʊz] *pret of* **arise**.
around [əˈraʊnd] (*phr vb elem*) **1** *adv* (**a**) autour. **all ~** tout autour, de tous côtés; **for miles ~** sur *or* dans un rayon de plusieurs kilomètres.
  (**b**) (*nearby*) dans les parages. **he is somewhere ~** il est dans les parages; **to stroll ~** se promener (quelque part) par là; **she'll be ~ soon** elle sera bientôt là *or* ici; **is he ~?*** (cst-ce qu')il est là?; **there's a lot of flu ~** il y a beaucoup de cas de grippe en ce moment; **he's been ~*** (*travelled*) il a pas mal roulé sa bosse*; (*experienced*) il n'est pas né d'hier *or* de la dernière pluie; **it's been ~*** **for more than 20 years** ça existe depuis de 20 ans.
  2 *prep* (*esp US*) (**a**) (*round*) autour de. **~ the fire** autour du feu; **~ it** autour; **to go ~ an obstacle** faire le tour d'un *or* contourner un obstacle; **the country ~ the town** les environs *mpl or* alentours *mpl* de la ville; **the first building ~ the corner** le premier immeuble après le coin; **it's just ~ the corner** (*lit*) c'est juste après le coin; (*fig: very near*) c'est à deux pas (d'ici); (*in time*) c'est pour demain (*fig*).
  (**b**) (*about*) **to wander ~ the city** errer dans *or* par toute la ville; **they are somewhere ~ the house** ils sont quelque part dans la maison.
  (**c**) (*approximately*) environ, à peu près. **~ 2 kilos** environ *or* à peu près 2 kilos, 2 kilos environ; **~ 1800** vers *or* aux alentours de 1800; **~ 10 o'clock** vers 10 heures, vers *or* sur les 10 heures.
arousal [əˈraʊzəl] *n* excitation sexuelle.
arouse [əˈraʊz] *vt* (**a**) (*awaken*) *person* réveiller, éveiller. **to ~ sb from his sleep** tirer qn du sommeil.
  (**b**) (*cause*) suspicion, curiosity *etc* éveiller, susciter; *anger* exciter, provoquer; *contempt* susciter, provoquer.
  (**c**) (*stimulate*) stimuler, réveiller*; (*stir to action*) pousser à agir, secouer. **that ~d him to protest** cela l'a poussé à protester; **to ~ sb to an effort** obtenir un effort de qn.

arpeggio [ɑːˈpedʒɪəʊ] *n* arpège *m*.
arrack [ˈærək] *n* arac(k) *m*.
arraign [əˈreɪn] *vt* (*Jur*) traduire en justice; (*fig*) accuser, mettre en cause.
arraignment [əˈreɪnmənt] *n* (*Jur*) ≃ lecture *f* de l'acte d'accusation.
Arran [ˈærən] *n* île *f* d'Arran (*dans l'estuaire de la Clyde*).
arrange [əˈreɪndʒ] **1** *vt* (**a**) (*put in order*) room, clothing arranger; books, objects ranger, mettre en ordre; *flowers* arranger, disposer. **to ~ one's hair** arranger sa coiffure; **flower arranging** *or* **arrangement** art *m* de faire des bouquets, décoration florale; **room ~d as a waiting room** pièce aménagée en salon d'attente.
  (**b**) (*decide on*) meeting arranger, organiser, fixer; *date* fixer; plans, programme arrêter, convenir de, s'entendre sur. **it was ~d that** ... il a été arrangé *or* décidé *or* convenu que ... *+cond*; **I have something ~d for tonight** j'ai quelque chose de prévu pour ce soir; **to ~ a marriage** faire un mariage; (*Press*) **a marriage has been ~d between X and Y** on nous prie d'annoncer le mariage de X avec *or* et de Y.
  (**c**) (†: *settle*) dispute régler, arranger.
  (**d**) (*Mus*) arranger, adapter. **to ~ sth for violin and piano** arranger qch pour violon et piano.
  2 *vi* (*fix details*) s'arranger (*to do* pour faire; *with sb about sth* avec qn au sujet de qch), prendre des *or* ses dispositions (*for sb to do* pour que qn fasse). **we have ~d for the goods to be dispatched** nous avons fait le nécessaire pour que les marchandises soient expédiées; **to ~ for sb's luggage to be sent up** faire monter les bagages de qn; **to ~ with sb to do** décider avec qn de faire, s'entendre avec qn pour faire.
arrangement [əˈreɪndʒmənt] *n* (**a**) [*room*] aménagement *m*; [*furniture*] arrangement *m*, disposition *f*; [*flowers, hair, clothing*] arrangement; *V* **flower**.
  (**b**) (*agreement*) règlement *m*, arrangement *m*. **to do sth by ~ with sb** s'entendre *or* s'arranger avec qn pour faire qch; **larger sizes by ~** tailles supérieures sur demande; **price by ~** prix *m* à débattre; **to come to an ~ with sb** arriver à un arrangement avec qn, s'arranger *or* s'entendre avec qn (*to do* pour faire); **by ~ with Covent Garden** avec l'autorisation *f* de Covent Garden; *V* **exceptional**.
  (**c**) (*sth decided*) décision *f*, arrangement *m*. (*plans, preparations*) ~s mesures *fpl*, dispositions *fpl*, préparatifs *mpl*; **this ~ suited everyone** cette décision *or* cet arrangement convenait à tous; **I want to change the ~s we made** je veux changer les dispositions que nous avons prises *or* l'arrangement auquel nous étions arrivés; **the ~ whereby he should visit her monthly** l'arrangement selon lequel il doit aller la voir une fois par mois; **I write to confirm these ~s** je vous écris pour confirmer ces dispositions; **to make ~s for a holiday** faire des préparatifs pour des vacances, organiser des vacances (à l'avance); **to make ~s for sth to be done** prendre des mesures *or* dispositions pour faire faire qch; **can you make ~s to come tomorrow?** pouvez-vous vous arranger pour venir demain?
  (**d**) (*Mus*) adaptation *f*, arrangement *m*.
arrant [ˈærənt] *adj* fool fini; liar fieffé.
array [əˈreɪ] **1** *vt* (**a**) (*Mil*) troops déployer, ranger, disposer.
  (**b**) (*liter: clothe*) person revêtir (*in* de).
  2 *n* (**a**) (*Mil*) rang *m*, ordre *m*. **in battle ~** en ordre de bataille.
  (**b**) [*objects*] ensemble impressionnant, collection *f*, étalage *m*; [*people*] assemblée *f*. **an ~ of satellites** une batterie de satellites.
  (**c**) (*Math etc: also Comput*) tableau *m*. **~ of figures** tableau de nombres.
  (**d**) (*ceremonial dress*) habit *m* d'apparat; (*fine clothes*) parure *f*, atours *mpl* (*iro*).
arrears [əˈrɪəz] *npl* arriéré *m*. rent in **~** (loyer) arriéré; **to get into ~** s'arriérer; **she is 3 months in ~ with her rent, her rent is 3 months in ~** elle doit 3 mois de loyer; **to be/get in ~ with one's correspondence** avoir/prendre du retard dans sa correspondance; **~ of work** accumulation *f* de travail en retard.
arrest [əˈrest] **1** *vt* (**a**) [*police etc*] suspect arrêter, appréhender.
  (**b**) *person's attention, interest* retenir, attirer.
  (**c**) growth, development, progress (*stop*) arrêter; (*hinder*) entraver; (*retard*) retarder. **measures to ~ inflation** des mesures pour arrêter l'inflation; (*Med*) **to ~** (the course of) a disease enrayer une maladie; **~ed development** (*Med*) arrêt *m* de croissance; (*Psych*) atrophie *f* de la personnalité.
  2 *n* (**a**) [*person*] arrestation *f*. **under ~** en état d'arrestation; (*Mil*) aux arrêts; **to put sb under ~** arrêter qn; (*Mil*) mettre qn aux arrêts; **to make an ~** procéder à une arrestation; (*Mil*) **open/close ~** ≃ arrêts *mpl* simples/de rigueur.
  (**b**) (*Jur*) **~ of judgment** suspension *f* d'exécution d'un jugement.
arresting [əˈrestɪŋ] *adj* frappant, saisissant.
arrival [əˈraɪvl] *n* (**a**) (*U*) [*person, vehicle, letter, parcel*] arrivée *f*; (*Comm*) [*goods in bulk*] arrivage *m*. **on ~** à l'arrivée; (*Rail etc*) ~s **and departures** arrivées et départs; **~ platform** quai *m* d'arrivée; **~s board**, *US* **~ board** tableau *m* des arrivées; **~s lounge** salon *m* d'arrivée.
  (**b**) (*consignment*) **an ~ of** un arrivage de; (*person*) **who was the first ~?** qui est arrivé le premier?; **a new ~** un nouveau venu, une nouvelle venue; (*: baby*) un(e) nouveau-né(e); **the latest ~** le dernier arrivé.
arrive [əˈraɪv] *vi* (**a**) [*person, vehicle, letter, goods*] arriver. **to ~ at** a town arriver à *or* atteindre une ville; **as soon as he ~s** dès qu'il arrivera, dès son arrivée; (*on timetable etc*) **arriving Paris (at) 14.43** arrivée *f* à Paris (à) 14h.43; **to ~ (up)on the scene** survenir; **the moment has ~d when we must go** le moment est venu pour nous de partir.

(b) (*succeed in business etc*) arriver, réussir.

◆**arrive at** vt fus *decision, solution* aboutir à, parvenir à; *perfection* atteindre. **to arrive at a price** *[one person]* fixer un prix; *[2 people]* se mettre d'accord sur un prix; **they finally arrived at the idea of doing** ils en sont finalement venus à l'idée de faire.

arrogance ['ærəgəns] n arrogance f, morgue f.

arrogant ['ærəgənt] adj arrogant, plein de morgue.

arrogate ['ærəʊgeɪt] vt (a) (*claim unjustly*) *authority, right* revendiquer à tort, s'arroger; *victory* s'attribuer. (b) (*attribute unjustly*) attribuer injustement (*to sb* à qn).

arrow ['ærəʊ] 1 n (*weapon, directional sign*) flèche f. **to fire** or **shoot** or **loose an** ~ décocher une flèche.
2 vt *item on list etc* cocher; *route, direction* flécher. (*insert*) **to** ~ **sth in** indiquer l'emplacement de qch.
3 cpd: **arrowhead** fer m, pointe f (de flèche); **arrowroot** (*Culin*) arrow-root m; (*Bot*) marante f.

arse *** ['ɑːs] n (*esp Brit*) cul*** m.

◆**arse about***, **arse around*** vi déconner***.

arsenal ['ɑːsnl] n arsenal m.

arsenic ['ɑːsnɪk] n arsenic m. ~ **poisoning** empoisonnement m à l'arsenic.

arsenical [ɑː'senɪkəl] adj *substance* arsenical. ~ **poisoning** empoisonnement m à l'arsenic.

arson ['ɑːsn] n incendie volontaire or criminel.

arsonist ['ɑːsənɪst] n (*gen*) incendiaire mf; (*maniac*) pyromane mf.

art¹ [ɑːt] 1 n (a) (*U*) art m. ~ **for** ~'s **sake** l'art pour l'art; **to study** ~ (*gen*) faire des études d'art; (*Univ*) faire les beaux-arts; *V* **work**.
(b) (*human skill*) art m, habileté f. **the** ~ **of embroidering/embroidery** l'art de broder/de la broderie; **to do sth with** ~ faire qch avec art or habileté; ~**s and crafts** artisanat m (d'art); *V* **black, fine¹, state** etc.
(c) (*Univ*) **A**~**s** lettres fpl; **Faculty of A**~**s** faculté f des Lettres (et Sciences Humaines); **he's doing A**~**s** il fait des (études de) lettres; *V* **bachelor, master**.
(d) (*cunning*) artifice m, ruse f; (*trick*) stratagème m, artifice, ruse. **to use every** ~ **in order to do** user de tous les artifices pour faire.
2 cpd: **art collection** collection f de tableaux; **art college** ≃ école f des beaux-arts; **art deco** art m déco; **art exhibition** exposition f (de peinture or de sculpture); **art form** moyen m d'expression artistique; **art gallery** (*museum*) musée m d'art; (*shop*) galerie f (de tableaux or d'art); **art nouveau** Modern Style m; **art paper** papier couché; **art school** ≃ école f des beaux-arts; (*Brit*) **Arts Council** organisme autonome d'encouragement aux activités culturelles; (*Univ*) **Arts degree** licence f ès lettres; **art student** étudiant(e) m(f) des or en beaux-arts; **Arts student** étudiant(e) m(f) de or en lettres (et sciences humaines).

art² [ɑːt] (††, *liter*) thou ~ = you are; *V* **be**.

artefact ['ɑːtɪfækt] n objet fabriqué.

Artemis ['ɑːtɪmɪs] n Artémis f.

arterial [ɑː'tɪərɪəl] adj (a) (*Anat*) artériel. (b) (*Rail*) ~ **line** grande ligne; (*Aut*) ~ **road** route f or voie f à grande circulation.

arteriole [ɑː'tɪərɪəʊl] (*Anat*) artériole f.

arteriosclerosis [ɑː'tɪərɪəʊsklɪ'rəʊsɪs] n artériosclérose f.

artery ['ɑːtərɪ] n (*Anat*) artère f; (*fig: road*) artère, route f or voie f à grande circulation.

artesian [ɑː'tiːzɪən] adj: ~ **well** puits artésien.

artful ['ɑːtfʊl] adj rusé, malin (f -igne), astucieux. **he's an** ~ **one*** c'est un petit malin*; ~ **dodger** roublard(e)* m(f).

artfully ['ɑːtfəlɪ] adv (*cunningly*) astucieusement, avec astuce; (*skilfully*) avec adresse, habilement.

artfulness ['ɑːtfʊlnɪs] n (*cunning*) astuce f, ruse f; (*skill*) adresse f, habileté f.

arthritic [ɑː'θrɪtɪk] adj, n arthritique (mf).

arthritis [ɑː'θraɪtɪs] n arthrite f; *V* **rheumatoid**.

arthropod ['ɑːθrəpɒd] n arthropode m.

Arthurian [ɑː'θjʊərɪən] adj du roi Arthur, d'Arthur.

artichoke ['ɑːtɪtʃəʊk] n artichaut m; *V* **globe, Jerusalem**.

article ['ɑːtɪkl] 1 n (a) (*object*) objet m; (*Comm*) article m, marchandise f. ~ **of clothing** pièce f d'habillement; ~**s of clothing** vêtements mpl; ~ **of food** produit m or denrée f alimentaire; ~**s of value** objets de valeur.
(b) (*Press*) article m; *V* **leading**.
(c) (*Jur etc*) *[treaty, document]* article m. ~**s of apprenticeship** contrat m d'apprentissage; ~ **of faith** article de foi; (*Rel*) **the Thirty-Nine A**~**s** les trente-neuf articles de foi de l'Église anglicane; (*US Mil*) ~**s of war** code m de justice militaire.
(d) (*Gram*) article m; *V* **definite**.
2 vt (a) *apprentice* (*to trade*) mettre en apprentissage (*to* chez); (*to profession*) mettre en stage (*to* chez, auprès de).
(b) (*Jur*) stipuler.

articulate [ɑː'tɪkjʊlɪt] 1 adj (a) *speech* bien articulé, net, distinct; *thought* clair, net; *person* qui s'exprime bien, qui sait s'exprimer.
(b) (*Anat, Bot*) articulé.
2 [ɑː'tɪkjʊlɪt] vt (a) *word, sentence* articuler; (*fig*) *plan, goal* exprimer clairement.
(b) (*Anat, Bot*) articuler. (*Brit*) ~**d lorry** semi-remorque m.
3 vi articuler.

articulately [ɑː'tɪkjʊlɪtlɪ] adv avec facilité, avec aisance.

articulation [ɑːˌtɪkjʊ'leɪʃən] n (*also Ling*) articulation f.

articulatory [ɑːˌtɪkjʊ'leɪtərɪ] adj: ~ **phonetics** phonétique f articulatoire.

artifact ['ɑːtɪfækt] n = **artefact**.

artifice ['ɑːtɪfɪs] n (a) (*will, stratagem*) artifice m, ruse f, stratagème m. (b) (*U: cunning*) adresse f, art m. (c) (†: *contrivance*) stratagème m.

artificial [ˌɑːtɪ'fɪʃəl] adj (a) (*synthetic*) *light, flowers* artificiel;

(*Comm*) *leather, jewel* synthétique, artificiel. ~ **climbing** escalade artificielle; ~ **hair** cheveux mpl postiches; ~ **insemination** insémination artificielle; ~ **intelligence** intelligence artificielle; ~ **leg** jambe artificielle; ~ **limb** prothèse f, membre artificiel; ~ **manure** engrais mpl chimiques; ~ **respiration** respiration artificielle; ~ **silk** rayonne f, soie artificielle; ~ **teeth** fausses dents, prothèse f dentaire.
(b) (*affected*) *manner* factice, étudié, artificiel; *tears* feint, factice; *smile* forcé; *person* affecté. **it was a very** ~ **situation** la situation manquait de spontanéité or de naturel.

artificiality [ˌɑːtɪfɪʃɪ'ælɪtɪ] n manque m de naturel.

artificially [ˌɑːtɪ'fɪʃəlɪ] adv artificiellement.

artillery [ɑː'tɪlərɪ] n artillerie f. ~**man** artilleur m.

artisan ['ɑːtɪzæn] n artisan m. (*collectively*) **the** ~**s** l'artisanat m.

artist ['ɑːtɪst] n (a) (*Art etc, also fig*) artiste mf. (b) = **artiste**.
(c) (*‡*) con etc ~ spécialiste mf de l'escroquerie etc.

artiste [ɑː'tiːst] n (*Cine, Theat, TV*) artiste mf; *V* **variety**.

artistic [ɑː'tɪstɪk] adj *arrangement, activity, sense* artistique; *temperament* artiste. **she is very** ~ elle a un sens artistique très développé.

artistically [ɑː'tɪstɪkəlɪ] adv artistiquement, avec art.

artistry ['ɑːtɪstrɪ] n (*U*) art m, talent m artistique.

artless ['ɑːtlɪs] adj (a) (*without guile*) *person* naturel, ingénu. ~ **beauty** beauté naturelle; ~ **charm** charme ingénu. (b) (*slightly pej: crude*) *object* grossier; *translation* mal fait, lourd.

artlessly ['ɑːtlɪslɪ] adv ingénument.

artlessness ['ɑːtlɪsnɪs] n (*V* **artless**) ingénuité f; naturel m.

arty* ['ɑːtɪ] adj *person* qui a le genre artiste or bohème; *clothes* de style bohème; *decoration, style* (d'un art) apprêté.

arty-crafty* [ɑː'tɪ'krɑːftɪ] adj, (*US*) **artsy-craftsy*** ['ɑːtsɪ'krɑːftsɪ] adj (*pej*) *object, style* (exagérément) artisanal; *person* qui affiche un genre artiste or bohème.

ARV [ˌeɪɑː'viː] (*US Bible*) abbr of **American Revised Version** (*traduction américaine de la Bible*).

arvee* [ɑː'viː] n (*US*) abbr of **recreational vehicle**.

Aryan ['ɛərɪən] 1 n Aryen(ne) m(f). 2 adj aryen.

as [æz, əz] 1 conj (a) (*when, while*) comme, alors que, tandis que, pendant que. ~ **she was resting she heard it** tandis qu'elle or comme elle se reposait elle l'entendit; **I saw him** ~ **he came out** je l'ai vu au moment où or comme il sortait; ~ **a child, she was obedient** (étant) enfant, elle était obéissante; **he got deafer** ~ **he got older** il devenait plus sourd à mesure qu'il vieillissait or en vieillissant.
(b) (*since*) puisque, étant donné que, comme. ~ **he has not come, we cannot leave** puisqu'il or comme il or étant donné qu'il n'est pas arrivé, nous ne pouvons pas partir.
(c) (*in comparisons of equality*) **as** ... ~ aussi ... que; **not as** or **not so** ... ~ pas aussi or si ... que; **I am as tall** ~ **you** je suis aussi grand que vous; **I am not so** or **not as tall** ~ **you** je ne suis pas si grand que vous; **is it as difficult** ~ **that?** est-ce si or aussi difficile que ça?; **it's not so** or **not as good** ~ **all that** ce n'est pas si bon que cela; **you hate it as much** ~ **I do** vous en avez autant horreur que moi; **she is twice as rich** ~ **her sister** elle est deux fois plus riche que sa sœur; **it was one-third** ~ **expensive** cela coûtait trois fois moins; **by day (as well)** ~ **by night** de jour comme de nuit, le jour comme la nuit; (*frm*) **be so good/kind** ~ **to help me** soyez assez bon/gentil pour m'aider, ayez la bonté/la gentillesse de m'aider; *V* **far, long¹** etc.
(d) (*concessive*) **big** ~ **the box is, it won't hold them all** si grande que soit la boîte elle ne pourra pas les contenir tous; **important** ~ **the president is** ... pour or si important que soit le président ...; **try** ~ **he would, he couldn't do it** il a eu beau essayer, il n'y est pas arrivé; **be that** ~ **it may** quoi qu'il en soit.
(e) (*manner*) comme, de même que, ainsi (que). **do** ~ **you like** faites comme vous voudrez; **a woman dressed** ~ **a man** une femme vêtue comme un homme or habillée en homme; **disguised** ~ **a woman** déguisé en femme; **m** ~ **in Marcel** m comme Marcel; **she left** ~ **(she had) promised** elle est partie comme (elle l'avait) promis; **he came** ~ **(had been) agreed** il est venu comme (cela avait été) entendu or prévu; ~ **(is) usual** comme d'habitude, comme à l'ordinaire; **"My Autobiography", by X** ~ **told to John Smith** "Ma vie", par X, propos recueillis par John Smith; ~ **often happens** comme il arrive souvent; **the village, nestling** ~ **it does in the valley** le village, ainsi blotti dans la vallée; (*liter*) ~ **the father does, so will the son do** de même que fait le père ainsi fera le fils (*liter*); **knowing him** ~ **I do** le connaissant comme je le connais; **she is very gifted,** ~ **is her brother** elle est très douée, comme son frère or ainsi que son frère; **France,** ~ **you know, is** ... la France, comme or ainsi que vous le savez, est ...; ~ **it were** pour ainsi dire; ~ **you were!** (*Mil*) repos!; (*: in discussion etc*) au temps pour moi!; ~ **it is, I can't come** les choses étant ce qu'elles sont, je ne peux pas venir; **leave it** ~ **it is** laisse ça tel quel or tel que*; **to buy sth** ~ **is** acheter qch en l'état.
(f) (*in rel clauses following 'same' and 'such'*) **such people** ~ **knew him** les gens qui le connaissaient; **such a book** ~ **you gave him** un livre comme celui que tu lui as donné; **the same day** ~ **last year** le même jour que l'année dernière; **the same woman** ~ **spoke to me** la femme or celle qui m'a parlé; **the same girl** ~ **I saw yesterday** la même fille que j'ai vue hier; **such a man** ~ **he is, a man such** ~ **he is** un homme tel que lui, un homme comme lui; **animals such** ~ **cats, such animals** ~ **cats** les animaux tels que les chats, les animaux comme (par exemple) les chats.
(g) ~ **if,** ~ **though** comme si, comme; **he walks** ~ **if he's been drinking** il marche comme s'il avait bu or comme quelqu'un qui aurait bu; **he rose** ~ **if to go out** il s'est levé comme pour sortir; **it was** ~ **if** or **though he had not died** c'était comme s'il n'était pas mort.

(h) ~ **for,** ~ **to,** ~ **regards** quant à; ~ **for her mother** ... quant à sa mère ...; **to question sb** ~ **to his intentions** interroger qn sur ses intentions.

(i) **so** ~ **to** +*infin* pour, de façon à, afin de + *infin*; **he stood up so** ~ **to see better** il s'est levé pour mieux voir; **she put it down gently so** ~ **not to break it** elle l'a posé doucement pour ne pas le casser.

(j) ~ **from** *or* ~ **of last Tuesday** depuis mardi dernier; ~ **from** *or* ~ **of today/next Tuesday** à partir d'aujourd'hui/de mardi prochain.

2 *prep* **(a)** (*in the capacity of*) en tant que, en qualité de, comme. **sold** ~ **a slave** vendu comme esclave; ~ **a bachelor he cannot comment** étant donné qu'il est *or* en tant que célibataire il ne peut rien dire là-dessus; (*Theat*) **Olivier** ~ **Hamlet** Olivier dans le rôle de Hamlet; **Napoleon,** ~ **a statesman but not** ~ **a soldier, decided** ... Napoléon, en homme d'État mais pas en soldat, décida...; ~ **such** (*in that capacity*) à ce titre, comme tel (*f* telle), en tant que tel; (*in itself*) en soi; **the soldier,** ~ **such, deserves respect** tout soldat, comme tel, mérite le respect; **the work** ~ **such is boring but the pay is good** le travail en soi est ennuyeux mais le salaire est bon.

(b) (*after certain vbs*) **to treat sb** ~ **a child** traiter qn comme un enfant *or* en enfant; **to acknowledge sb** ~ **leader** reconnaître qn pour chef; **think of her** ~ **a teacher** considère-la comme un professeur; *V* **dress, regard, represent** *etc.*

3 *adv* aussi, si. **I am** ~ **tall as you** je suis aussi grand que vous; **I am not** ~ **tall as you** je ne suis pas si *or* pas aussi grand que vous; ~ **distinct from contrairement à**; *V* **yet.**

A.S. [eɪˈes] **(a)** *abbr of* **American Samoa. (b)** (*US*) *abbr of* **Associate in Sciences** (≃ *titulaire du DEUG des Sciences*).

A.S.A. [ˌeɪesˈeɪ] (*Brit*) **(a)** *abbr of* **Advertising Standards Authority**; *V* **advertising. (b)** *abbr of* **Amateur Swimming Association** (*fédération de natation*).

a.s.a.p. [ˌeɪeseɪˈpiː] (*abbr of* **as soon as possible**) aussitôt que possible.

asbestos [æzˈbestəs] *n* amiante *f*, asbeste *m*. ~ **mat** plaque *f* d'amiante.

asbestosis [ˌæzbesˈtəʊsɪs] *n* asbestose *f*.

ascend [əˈsend] **1** *vi* monter, s'élever (*to* à, jusqu'à); (*in time*) remonter (*to* à). **2** *vt* *ladder* monter à; *mountain* gravir, faire l'ascension de; *river* remonter; *staircase* monter. **to** ~ **the throne** monter sur le trône.

ascendancy [əˈsendənsɪ] *n* (*influence*) ascendant *m*, empire *m* (*over* sur); (*rise to power etc*) montée *f*, ascension *f*.

ascendant [əˈsendənt] **1** *n* (*Astrol, fig*) ascendant *m*. (*Astrol*) **to be in the** ~ être à l'ascendant; (*fig*) **his fortunes are in the** ~ tout lui sourit. **2** *adj* (*gen*) dominant; (*Astrol*) ascendant.

ascension [əˈsenʃən] *n* ascension *f*. (*Rel*) **the A~** l'Ascension; **A~ Day** (*jour m or* fête *f* de) l'Ascension; **A~ Island** île *f* de l'Ascension.

ascensionist [əˈsenʃənɪst] *n* ascensionniste *mf*.

ascent [əˈsent] *n* [*mountain etc*] ascension *f*, (*fig: in time*) retour *m*; (*in rank*) montée *f*, avancement *m*.

ascertain [ˌæsəˈteɪn] *vt* (*gen*) établir; *person's age, name, address etc* vérifier. **to** ~ **that sth is true** s'assurer *or* vérifier que qch est vrai; **when the facts were** ~**ed** quand les faits ont été vérifiés *or* avérés.

ascertainable [ˌæsəˈteɪnəbl] *adj* vérifiable.

ascertainment [ˌæsəˈteɪnmənt] *n* constatation *f*, vérification *f*.

ascetic [əˈsetɪk] **1** *adj* ascétique. **2** *n* ascète *mf*.

asceticism [əˈsetɪsɪzəm] *n* ascétisme *m*.

ascribable [əˈskraɪbəbl] *adj* (*V* **ascribe**) attribuable, imputable (*to* à).

ascribe [əˈskraɪb] *vt* *virtue, piece of work* attribuer (*to* à); *fault, blame* imputer (*to* à).

ascription [əˈskrɪpʃən] *n* (*V* **ascribe**) attribution *f*; imputation *f*.

asdic [ˈæzdɪk] *n* (*Brit Mil*) asdic *m*.

A.S.E.A.N. [ˌeɪesiːiːˈen] (*abbr of* **Association of South-East Asian Nations**) Association *f* des Nations de l'Asie du Sud-Est.

asemantic [eɪsɪˈmæntɪk] *adj* asémantique.

aseptic [eɪˈseptɪk] *adj* aseptique. (*Space*) ~ **tank** cuve *f* W.-C.

asexual [eɪˈseksjʊəl] *adj* asexué.

ash¹ [æʃ] *n* (*Bot: also* ~ **tree**) frêne *m*; *V* **mountain** *etc.*

ash² [æʃ] **1** *n* [*fire, coal, cigarette*] cendre *f*. (*of the dead*) ~**es** cendres; **to reduce sth to** ~**es** mettre *or* réduire qch en cendres; (*Rel*) ~**es to** ~**es,** dust to dust tu es poussière et tu retourneras en poussière; (*Cricket*) **the A~es** trophée fictif des matches Australie-Angleterre; *V* **sack²**.

2 *cpd:* **ash-bin** (*for ashes*) cendrier *m* (*d'un four etc*); (*for rubbish*) boîte *f* à ordures, poubelle *f*; **ash blond(e)** blond cendré *inv*; (*US*) **ashcan** poubelle *f*; **ash-coloured** gris cendré *inv*; (*US*) **ashman** éboueur *m*; **ash pan** cendrier *m* (*de poêle etc*); **ashtray** cendrier *m*; (*Rel*) **Ash Wednesday** mercredi *m* des Cendres.

ASH [æʃ] *abbr of* **Action on Smoking and Health** (*comité contre le tabagisme*).

ashamed [əˈʃeɪmd] *adj* honteux, confus. **to be** *or* **feel** ~ , **to be** ~ **of o.s.** avoir honte; **to be** ~ **of** avoir honte de, rougir de; **I am** ~ **of her** j'ai honte d'elle, elle me fait honte; **you ought to be** ~ (**of yourself**) vous devriez avoir honte; **I am** ~ **to say that** à ma honte je dois dire que; **he was** ~ **to ask for money** il était embarrassé d'avoir à demander de l'argent.

ashen [ˈæʃn] *adj* (**a**) (*pale*) *face* terreux, cendreux, plombé; (*greyish*) cendré, couleur de cendre. (**b**) (*of ashwood*) en (bois de) frêne.

ashlar [ˈæʃlər] *n* pierre *f* de taille (*équarrie*).

ashore [əˈʃɔːr] *adv* (*on land*) à terre; (*to the shore*) vers la rive, vers le rivage. **to go** ~ débarquer, descendre à terre; **to set** *or* **put sb** ~ débarquer qn; **to swim** ~ rejoindre la rive à la nage.

ashram [ˈæʃrəm] *n* ashram *m*.

ashy [ˈæʃɪ] *adj* (**a**) (*ash-coloured*) cendré, couleur de cendre; (*pale*) terreux, cendreux, plombé. (**b**) (*covered with ashes*) couvert de cendres.

Asia [ˈeɪʃə] *n* Asie *f*. ~ **Minor** Asie mineure.

Asian [ˈeɪʃn], **Asiatic** [ˌeɪsɪˈætɪk] **1** *adj* asiatique. (*Med*) **Asian flu** grippe *f* asiatique. **2** *n* Asiatique *mf*.

aside [əˈsaɪd] (*phr vb elem*) **1** *adv* de côté, à l'écart, à part. **to put sth** ~ mettre qch de côté; **can you put it** ~ **for me?** pouvez-vous me le réserver? *or* me le mettre de côté?; **to turn** ~ se détourner (*from* de); **to stand** ~, **to step** ~ s'écarter, faire un pas de côté; **to take sb** ~ prendre qn à part; (*Jur*) **to set** ~ **a verdict** casser un jugement; **joking** ~ plaisanterie *or* blague* à part; ~ **from** à part.

2 *n* (*esp Theat*) aparté *m*. **to say sth in an** ~ dire qch en aparté.

asinine [ˈæsɪnaɪn] *adj* sot (*f* sotte), stupide, idiot.

ask [ɑːsk] **1** *vt* (**a**) (*inquire*) demander. **to** ~ **sb sth** demander qch à qn; **to** ~ **sb about sth** interroger qn *or* questionner qn *or* poser des questions à qn au sujet de qch; **to** ~ (**sb**) **a question** poser une question (à qn); **I don't know,** ~ **your father** je ne sais pas, demande-(le) à ton père; ~ **him if he has seen her** demande-lui s'il l'a vue; ~**ed whether this was true, he replied** ... quand on lui a demandé si c'était vrai, il a répondu ...; **don't** ~ **me!** allez savoir!*, est-ce que je sais (moi)!*; (*in exasperation*) **I** ~ **you!*** je vous demande un peu!*; (*keep quiet*) **I'm not** ~**ing you!*** je ne te demande rien (à toi)!*

(**b**) (*request*) demander, solliciter; (*Comm*) *price* demander. **to** ~ **sb to do** demander à qn de faire, prier qn de faire; **to** ~ **that sth be done** demander que qch soit fait; **to** ~ **sb for sth** demander qch à qn; **he** ~**ed to go on the picnic** il a demandé à se joindre *or* s'il pouvait se joindre au pique-nique; **I don't** ~ **much from you** je t'en demande pas beaucoup; **that's** ~**ing a lot/too much!** c'est beaucoup/trop (en) demander!; **that's** ~**ing the impossible** c'est demander l'impossible; (*Comm*) **how much are they** ~**ing for it?** ils en demandent *or* veulent combien?; (*Comm*) **he is** ~**ing £80,000 for the house** il demande 80.000 livres *or* veut 80.000 livres pour la maison; (*Comm*) ~**ing price** prix *m* de départ, prix demandé au départ.

(**c**) (*invite*) inviter. **to** ~ **sb to** (**go to**) **the theatre** inviter qn (à aller) au théâtre; **to** ~ **sb to lunch** inviter qn à déjeuner; **I was** ~**ed into the drawing room** on m'a prié d'entrer au salon; **how about** ~**ing him?** et si on l'invitait?, et si on lui demandait de venir?; **to** ~ **sb in/out/up** *etc* demander à qn *or* prier qn d'entrer/de sortir/de monter *etc.*

2 *vi* demander. **to** ~ **about sth** s'informer de qch, se renseigner sur qch; **it's there for the** ~**ing** il suffit de le demander (pour l'obtenir), on l'a comme on veut.

♦ **ask after** *vt fus person* demander des nouvelles de. **to ask after sb's health** s'informer de la santé de qn.

♦ **ask along** *vt sep* inviter; (*to one's home*) inviter (à la maison).

♦ **ask back** *vt sep* (**a**) (*for a second visit*) réinviter.

(**b**) (*on a reciprocal visit*) **to ask sb back** rendre son invitation à qn.

♦ **ask for** *vt fus help, permission, money* demander; *person* demander à voir. **he asked for his pen back** il a demandé qu'on lui rende son stylo; **to ask for the moon** demander la lune; **they are asking for trouble*** ils cherchent les ennuis *or* les embêtements*; **she was asking for it!*** elle l'a bien cherché!*, elle ne l'a pas volé!*.

♦ **ask in** *vt sep* inviter à entrer. **to ask sb in for a drink** inviter qn à (entrer) prendre un verre.

♦ **ask out** *vt sep* inviter à sortir. **he asked her out to dinner/to see a film** il l'a invitée (à dîner) au restaurant/au cinéma.

askance [əˈskɑːns] *adv:* **to look** ~ **at** (*sideways*) regarder de côté; (*suspiciously/disapprovingly*) regarder d'un air soupçonneux/d'un œil désapprobateur; **to look** ~ **at a suggestion** se formaliser d'une suggestion.

askew [əˈskjuː] *adv* obliquement, de travers, de guingois*. (*US fig*) **something is** ~ il y a quelque chose qui ne tourne pas rond.

aslant [əˈslɑːnt] **1** *adv* de travers, de *or* en biais, obliquement. **2** *prep* en travers de.

asleep [əˈsliːp] **1** *adj* (**a**) (*sleeping*) endormi. **to be** ~ dormir, être endormi; **to be fast** *or* **sound** ~ dormir profondément *or* d'un sommeil profond *or* à poings fermés. (**b**) (*numb*) *finger etc* engourdi. **2** *adv:* **to fall** *or* **drop** ~ s'endormir.

ASLEF, Aslef [ˈæzlef] *Brit abbr of* **Associated Society of Locomotive Engineers and Firemen** (*syndicat de cheminots*).

asp¹ [æsp] *n* (*Zool*) aspic *m*.

asp² [æsp] *n* (*Bot*) = **aspen**.

asparagus [əˈspærəgəs] *n* (*U*) asperge *f*. **to eat** ~ manger des asperges; ~ **tips** pointes *fpl* d'asperges; ~ **fern** asparagus *m*.

A.S.P.C.A. [ˌeɪespiːsiːˈeɪ] (*US*) *abbr of* **American Society for the Prevention of Cruelty to Animals** (*S.P.A. américaine*).

aspect [ˈæspekt] *n* (**a**) (*appearance*) aspect *m*, air *m*, mine *f*. **of fierce** ~ à la mine *or* à l'aspect féroce.

(**b**) [*question, subject etc*] aspect *m*, angle *m*, face *f*. **to study every** ~ **of a question** étudier une question sous toutes ses faces *or* tous ses aspects; **seen from this** ~ vu sous cet angle.

(**c**) [*building etc*] exposition *f*, orientation *f*. **the house has a southerly** ~ la maison est exposée *or* orientée au midi.

(**d**) (*Gram*) aspect *m*.

aspen [ˈæspən] *n* (*Bot*) tremble *m*. **to shake** *or* **tremble like an** ~ trembler comme une feuille.

asperity [æsˈperɪtɪ] *n* (**a**) (*U*) [*manner, style, voice*] aspérité *f*; [*person*] rudesse *f*. (**b**) (*gen pl*) [*climate, weather*] rigueur(s) *f(pl)*.

aspersion [əsˈpɜːʃən] *n* (*untruthful*) calomnie *f*; (*truthful*) médisance *f*; *V* **cast**.

asphalt [ˈæsfælt] **1** *n* asphalte *m*. **2** *vt* asphalter. **3** *cpd road* asphalté. **asphalt jungle** jungle *f* des rues.

asphyxia [æsˈfɪksɪə] *n* asphyxie *f*.

asphyxiate [æsˈfɪksɪeɪt] **1** vt asphyxier. **2** vi s'asphyxier.
asphyxiation [æsˌfɪksɪˈeɪʃən] n asphyxie f.
aspic [ˈæspɪk] n (Culin) gelée f (pour hors d'œuvre). **chicken in** ~ aspic m de volaille.
aspidistra [ˌæspɪˈdɪstrə] n aspidistra m.
aspirant [ˈæspɪrənt] n aspirant(e) m(f), candidat(e) m(f) (to, after à).
aspirate [ˈæspərɪt] **1** n aspirée f. **2** adj aspiré. ~ **h** h aspiré(e). **3** [ˈæspəret] vt aspirer.
aspiration [ˌæspəˈreɪʃən] n (also Ling) aspiration f.
aspire [əsˈpaɪər] vi: **to** ~ **after** or **to sth** aspirer or viser à qch, ambitionner qch; **to** ~ **to do** aspirer à faire; **to** ~ **to fame** briguer la célébrité; **to** ~ **to a second car** ambitionner (d'avoir) une deuxième voiture; **we can't** ~ **to that** nos prétentions ne vont pas jusque-là.
aspirin [ˈæsprɪn] n (substance) aspirine f; (tablet) (comprimé m d')aspirine.
aspiring [əsˈpaɪrɪŋ] adj arriviste.
ass¹ [æs] n **(a)** âne m. **she**-~ ânesse f; ~'**s foal** ânon m.
(b) (*pej) idiot(e) m(f), imbécile mf. **he is a perfect** ~ il est bête comme ses pieds*; **to make an** ~ **of o.s.** se rendre ridicule, se conduire comme un idiot or imbécile; **don't be an** ~! (action) ne fais pas l'imbécile!; (speech) ne dis pas de sottises!
ass²⁑ [æs] (US) **1** n cul⁑ m. **my** ~! mon cul!⁑; **stick it** or **shove it up your** ~! tu peux te le foutre au cul!⁑; **to have one's** ~ **in a sling** être dans la merde⁑; **a piece of** ~ (act) une baise⁑; (girl) une fille bonne à baiser⁑; V **bust**.
2 cpd: **asshole** sale con⁑ m; **ass-wipe**⁑ papier-cul m⁑.
assail [əˈseɪl] vt (lit) attaquer, assaillir; (fig: with questions etc) assaillir, accabler (with de); (gen pass) [doubts etc] assaillir.
assailant [əˈseɪlənt] n agresseur m, assaillant(e) m(f).
Assam [æˈsæm] n Assam m.
assassin [əˈsæsɪn] n (Pol) assassin m.
assassinate [əˈsæsɪneɪt] vt (Pol) assassiner.
assassination [əˌsæsɪˈneɪʃən] n (Pol) assassinat m.
assault [əˈsɔːlt] **1** n **(a)** (Mil, Climbing) assaut m (on de). **taken by** ~ emporté or pris d'assaut; **to make an** ~ **on** donner l'assaut à, aller or monter à l'assaut de.
(b) (Jur) agression f. ~ **and battery** coups mpl et blessures fpl, voies fpl de fait; **the** ~ **on the old lady** l'agression dont a été victime la vieille dame; (fig) ~ **on sb's good name** atteinte f à la réputation de qn; V **aggravate, common, indecent**.
2 vt agresser; (Jur: attack) se livrer à des voies de fait sur; (attack sexually) se livrer à des violences sexuelles sur, violenter. (fig) **to** ~ **people's sensibilities** blesser la sensibilité des gens.
3 cpd: (Mil) **assault course** parcours m du combattant.
assay [əˈseɪ] **1** n essai m (d'un métal précieux etc). (US) ~ **office** laboratoire m d'essais (d'un hôtel des monnaies). **2** vt **(a)** mineral, ore essayer. **(b)** (††: try) essayer, tenter (to do de faire).
assemblage [əˈsemblɪdʒ] n **(a)** (Tech: putting together) assemblage m, montage m. **(b)** (collection) [things] collection f, ensemble m; [people] assemblée f.
assemble [əˈsembl] **1** vt objects, ideas assembler; people rassembler, réunir; (Tech) device, machine monter, assembler. **2** vi s'assembler, se réunir, se rassembler.
assembler [əˈsemblər] n (Comput) assembleur m.
assembly [əˈsemblɪ] **1** n **(a)** (meeting) assemblée f, réunion f; (Brit Scol) réunion f de tous les élèves de l'établissement (pour la prière etc). **in open** ~ en séance publique; V **unlawful**.
(b) (Tech: assembling of framework, machine) assemblage m, montage m; (whole unit) assemblage. **the engine** ~ le bloc moteur; V **tail**.
(c) (Mil: call) rassemblement m (sonnerie).
(d) (Pol) assemblée f.
(e) (Comput) assemblage m.
2 cpd: (Comput) **assembly language** langage m d'assemblage; **assembly line** chaîne f de montage; (US) **assemblyman** membre m d'une assemblée législative; **assembly room(s)** salle f de réunion; [town hall] salle des fêtes; **assembly shop** atelier m de montage.
assent [əˈsent] **1** n assentiment m, consentement m, acquiescement m. **with one** ~ d'un commun accord, (of more than two people) à l'unanimité; V **nod, royal**. **2** vi consentir, donner son assentiment, acquiescer (to à).
assert [əˈsɜːt] vt **(a)** (declare) affirmer, soutenir; one's innocence protester de. **(b)** (maintain) claim défendre; one's due revendiquer. **to** ~ **o.s.** or **one's rights** faire valoir ses droits.
assertion [əˈsɜːʃən] n **(a)** (statement) affirmation f, assertion f; V **self**. **(b)** [one's rights] revendication f.
assertive [əˈsɜːtɪv] adj tone, manner assuré; (pej) péremptoire.
assess [əˈses] vt **(a)** (estimate) estimer, évaluer.
(b) payment fixer or déterminer le montant de; income tax établir; rateable property calculer la valeur imposable de; damages fixer. ~**ed income** revenu m imposable; V **basis**.
(c) (fig: evaluate) situation évaluer; time, amount estimer, évaluer; candidate juger (la valeur de).
assessable [əˈsesəbl] adj imposable. (Fin) ~ **income** (or profits etc) assiette f de l'impôt.
assessment [əˈsesmənt] n (V **assess**) **(a)** estimation f, évaluation f.
(b) détermination f (du montant), établissement m (de l'impôt), calcul m (de la valeur imposable).
(c) (fig) évaluation f; estimation f; [candidate] jugement m (of sur), opinion f qu'on se fait (of de). **what is his** ~ **of the situation?** comment voit-il or juge-t-il la situation?
(d) (Educ) contrôle m de connaissances; (on pupil's report) appréciation f des professeurs. **methods of** ~ modalités fpl de contrôle; V **continuous**.

assessor [əˈsesər] n **(a)** (Jur) (juge m) assesseur m. **(b)** [property] expert m. (US) ~ **of taxes** contrôleur m, -euse f des contributions directes.
asset [ˈæset] **1** n **(a)** ~**s** biens mpl, actif m, capital m; (Comm, Fin, Jur) actif m; ~**s and liabilities** actif et passif m; **their** ~**s amount to £1M** ils ont un million de livres à leur actif, leur actif est d'un million de livres; V **liquid**.
(b) (advantage) avantage m, atout m. **he is one of our greatest** ~**s** sa collaboration (or sa présence etc) constitue un de nos meilleurs atouts.
2 cpd: (Fin) **asset-stripper** récupérateur m d'entreprises (en faillite); (Fin) **asset-stripping** récupération f d'entreprises (en faillite).
asseverate [əˈsevəreɪt] vt affirmer solennellement; one's innocence, loyalty protester de.
asseveration [əˌsevəˈreɪʃən] n (V **asseverate**) affirmation f (solennelle), protestation f.
assiduity [ˌæsɪˈdjuːɪtɪ] n assiduité f, zèle m.
assiduous [əˈsɪdjʊəs] adj assidu.
assiduously [əˈsɪdjʊəslɪ] adv assidûment.
assign [əˈsaɪn] vt **(a)** (allot) task, office assigner; date assigner, fixer; room attribuer (to sb à qn), affecter (to a purpose à un usage); meaning donner, attribuer, attacher (to à). **to** ~ **a reason for sth** donner la raison de qch; **the event is** ~**ed to the year 1600** on fait remonter cet événement à 1600.
(b) (appoint) person nommer, affecter, désigner (to à).
(c) (Jur) property, right céder, faire cession de (to sb à qn), transférer (to sb au nom de qn).
assignation [ˌæsɪgˈneɪʃən] n **(a)** (appointment) rendez-vous m (souvent galant). **(b)** (allocation) attribution f; [money] allocation f; [person, room] affectation f. **(c)** (Jur) cession f, transfert m (de biens).
assignee [ˌæsaɪˈniː] n (Jur) cessionnaire mf.
assignment [əˈsaɪnmənt] n **(a)** (task) mission f; (Scol) devoir m; (Univ) devoir, (essay) dissertation f. **(b)** (U) (allocation) attribution f; [money] allocation f; [person, room] affectation f. **(c)** (Jur) ~ **of contract** cession f des droits et obligations découlant d'un or du contrat.
assignor [ˌæsɪˈnɔːr] n (Jur) cédant m.
assimilate [əˈsɪmɪleɪt] **1** vt **(a)** (absorb) food, knowledge assimiler. **(b)** (compare) comparer, assimiler (to à), rapprocher (to de). **2** vi s'assimiler, être assimilé.
assimilation [əˌsɪmɪˈleɪʃən] n (absorption) assimilation f; (comparison) assimilation (to à), comparaison f, rapprochement m (to avec); (Phon) assimilation.
Assisi [əˈsiːzɪ] n Assise.
assist [əˈsɪst] **1** vt aider, assister (to do, in doing à faire), prêter son assistance à (to do, in doing pour faire). **to** ~ **sb in/out** etc aider qn à entrer/sortir etc; **to** ~ **one another** s'entr'aider; ~**ed by** avec le concours de; (Travel) ~**ed passage** billet subventionné.
2 vi **(a)** (help) aider, prêter secours. **to** ~ **in (doing) sth** aider à (faire) qch.
(b) (frm: be present) assister (at à).
assistance [əˈsɪstəns] n aide f, secours m, assistance f. **to give** ~ **to sb** prêter secours à qn; **to come to sb's** ~ venir à l'aide or au secours de qn, secourir qn; **can I be of** ~? puis-je vous aider?, puis-je vous être utile?
assistant [əˈsɪstənt] **1** n aide mf, auxiliaire mf. **(foreign language)** ~ (Scol) assistant(e) m(f); (Univ) lecteur m, -trice f; V **shop** etc.
2 cpd adjoint, sous-. (US Jur) **assistant judge** juge adjoint; **assistant librarian** bibliothécaire mf adjoint(e); **assistant manager** sous-directeur m, directeur adjoint; (Scol) **assistant master**, **assistant mistress** professeur m (qui n'a pas la responsabilité d'une section); **assistant priest** vicaire m; (Scol) **assistant principal**, directeur m, -trice f adjoint(e), (in lycée) censeur m; (US Univ) **assistant professor** ≃ maître assistant; **assistant secretary** secrétaire m adjoint(e), sous-secrétaire mf; **assistant teacher** (primary) instituteur m, -trice f, (secondary) professeur m (qui n'a pas la responsabilité d'une section).
assistantship [əˈsɪstəntʃɪp] n (US Univ) poste m d'étudiant(e) chargé(e) de travaux dirigés.
assizes [əˈsaɪzɪz] npl (Brit Jur) assises fpl.
associate [əˈsəʊʃɪɪt] **1** adj uni, associé, allié. (Jur) ~ **judge** juge m assesseur; (US Jur) **A~ Justice** juge m de la Cour suprême; (US Univ) ~ **professor** ≃ maître m de conférences.
2 n **(a)** (fellow worker) associé(e) m(f), collègue mf; (Jur: also ~ in crime) complice mf. **to be** ~**s in an undertaking** participer conjointement à une entreprise; V **business**.
(b) [a society] membre m, associé m; [learned body] (membre) correspondant m; (US Univ) ~'**s degree** ≃ D.E.U.G. m.
3 [əˈsəʊʃɪeɪt] vt **(a)** ideas, things associer (one thing with another une chose à or avec une autre).
(b) to be ~**d with sth** être associé à qch; **to** ~ **o.s.** or **be** ~**d with sb in an undertaking** s'associer à or avec qn dans une entreprise; **to be** ~**d with a plot** tremper dans un complot; **I should like to** ~ **myself with what has been said** je voudrais me faire l'écho de cette opinion; **I don't wish to be** ~**d with it** je préfère que mon nom ne soit pas mêlé à ceci.
4 vi: **to** ~ **with sb** fréquenter qn, être en relations avec qn.
association [əˌsəʊsɪˈeɪʃən] **1** n **(a)** (U) association f (with avec), fréquentation f (with de).
(b) (organization) association f, union f, société f, club m. **to form an** ~ constituer une société.
(c) (connection) [ideas] association f. **by** ~ **of ideas** par (une) association d'idées; **full of historic** ~**s** riche en souvenirs historiques; **this word has nasty** ~**s** ce mot a des connotations fpl désagréables.

2 *cpd*: (*Brit*) **association football** football *m* (association).
associative [ə'səʊʃɪətɪv] *adj* (*Comput*) ~ **storage** mémoire associative.
assonance ['æsənəns] *n* assonance *f*.
assort [ə'sɔːt] **1** *vt* ranger, classer, classifier. **2** *vi [colours etc]* s'assortir, aller bien (*with* avec).
assorted [ə'sɔːtɪd] *adj* assorti. **well-/ill-~** bien/mal assortis; (*Comm*) **in ~ sizes** dans toutes les tailles.
assortment [ə'sɔːtmənt] *n [objects]* collection *f*, assortiment *m*; *[people]* mélange *m*. **this shop has a good ~** ce magasin a un grand choix *or* a une bonne sélection; **an ~ of people/guests** des gens/ des invités (très) divers.
Asst. *abbr of* **Assistant.**
assuage [ə'sweɪdʒ] *vt hunger, desire, thirst* assouvir; *anger, pain* soulager, apaiser; *person* apaiser, calmer.
assume [ə'sjuːm] *vt* (**a**) (*accept, presume, suppose*) supposer, présumer, admettre. **assuming this to be true** en admettant *or* supposant que ceci est *or* soit vrai; **~d innocent** présumé innocent; **let us ~ that** admettons *or* supposons que + *subj*; **you resigned, I ~** vous avez démissionné, je suppose *or* présume; **you are assuming a lot** vous faites bien des suppositions.
  (**b**) (*take upon o.s.*) *responsibility, burden* assumer, endosser; *power, importance, possession* prendre; *title, right, authority* s'arroger, s'approprier, s'attribuer; *name* adopter, prendre; *air, attitude* adopter, se donner. **to ~ control of** prendre en main la direction de; **to ~ the role of arbiter** assumer le rôle d'arbitre; **to ~ a look of innocence** affecter un air d'innocence; **to go under an ~d name** se servir d'un nom d'emprunt *or* d'un pseudonyme.
assumption [ə'sʌmpʃən] *n* (**a**) (*supposition*) supposition *f*, hypothèse *f*. **on the ~ that** en supposant que + *subj*; **to go on the ~ that ...** présumer que ... .
  (**b**) *[power etc]* appropriation *f*; *[indifference]* affectation *f*.
  (**c**) (*Rel*) **the A~ l'Assomption** *f*; **A~ Day** (jour *m or* fête *f* de) l'Assomption; (*public holiday*) le 15 août.
assurance [ə'ʃʊərəns] *n* (**a**) (*certainty*) assurance *f*, conviction *f*. **in the ~ that** avec la conviction *or* l'assurance que.
  (**b**) (*self-confidence*) confiance *f* en soi, assurance *f*; (*overconfidence*) audace *f*.
  (**c**) (*promise*) garantie *f*, promesse formelle, assurance *f* ferme. **you have my ~ that** je vous promets formellement que.
  (**d**) (*Brit: insurance*) assurance *f*; **V life.**
assure [ə'ʃʊər] *vt* (**a**) (*state positively*) affirmer, assurer, certifier; (*convince, reassure*) convaincre, assurer (*sb of sth* qn de qch). **it is so, I (can) ~ you** c'est vrai, je vous assure; **V rest.**
  (**b**) (*make certain*) *happiness, success* garantir, assurer.
  (**c**) (*Brit: insure*) assurer.
assured [ə'ʃʊəd] *adj, n* assuré(e) *m(f)* (*of* de).
assuredly [ə'ʃʊərɪdlɪ] *adv* assurément, certainement, sans aucun *or* le moindre doute.
Assyria [ə'sɪrɪə] *n* Assyrie *f*.
Assyrian [ə'sɪrɪən] **1** *n* Assyrien(ne) *m(f)*. **2** *adj* assyrien.
A.S.T. [eɪes'tiː] (*US, Can*) *abbr of* **Atlantic Standard Time;** *V* **Atlantic.**
astatine ['æstətiːn] *n* astate *m*.
aster ['æstər] *n* aster *m*.
asterisk ['æstərɪsk] **1** *n* astérisque *m*. **2** *vt* marquer d'un astérisque.
astern [ə'stɜːn] *adv* (*Naut*) à *or* sur l'arrière, en poupe. **to go *or* come ~** faire machine arrière, battre en arrière, culer; **~ of** à *or* sur l'arrière de.
asteroid ['æstərɔɪd] *n* astéroïde *m*.
asthma ['æsmə] *n* asthme *m*. **~ sufferer** asthmatique *mf*.
asthmatic [æs'mætɪk] *adj, n* asthmatique (*mf*).
astigmatic [,æstɪg'mætɪk] *adj, n* astigmate (*mf*).
astigmatism [æs'tɪgmətɪzəm] *n* astigmatisme *m*.
astir [ə'stɜːr] *adj, adv* (*excited*) agité, en émoi; (*out of bed*) debout *inv*, levé.
A.S.T.M.S. [eɪestiːem'es] *abbr of* **Association of Scientific, Technical and Managerial Staffs** (*syndicat*).
astonish [ə'stɒnɪʃ] *vt* étonner; (*stronger*) ahurir, ébahir, stupéfier. (*iro*) **you ~ me!** non! pas possible!, ce n'est pas vrai! (*iro*).
astonished [ə'stɒnɪʃt] *adj* étonné, stupéfait. **I am ~ that** cela m'étonne *or* m'ahurit que ⏐ *subj*.
astonishing [ə'stɒnɪʃɪŋ] *adj* étonnant; (*stronger*) ahurissant, stupéfiant. **that is ~, coming from them** venant d'eux, c'est ahurissant *or* étonnant; **with an ~ lack of discretion** avec un incroyable manque de discrétion.
astonishingly [ə'stɒnɪʃɪŋlɪ] *adv* incroyablement. **~ enough** pour étonnant *or* stupéfiant que cela paraisse.
astonishment [ə'stɒnɪʃmənt] *n* étonnement *m*, surprise *f*; (*stronger*) ahurissement *m*, stupéfaction *f*. **look of ~** regard stupéfait; **to my ~** à mon grand étonnement, à ma stupéfaction.
astound [ə'staʊnd] *vt* stupéfier, confondre, abasourdir, ébahir.
astounded [ə'staʊndɪd] *adj* abasourdi, ébahi. **I am ~** j'en reste abasourdi, je n'en crois pas mes yeux *or* mes oreilles.
astounding [ə'staʊndɪŋ] *adj* stupéfiant, ahurissant, époustouflant*.
astrakhan [,æstrə'kæn] **1** *n* astrakan *m*. **2** *cpd* **coat** d'astrakan.
astral ['æstrəl] *adj* astral.
astray [ə'streɪ] *adv* (*lit, fig*) **to go ~** s'égarer; *V* **lead¹.**
astride [ə'straɪd] **1** *adj, adv* à califourchon, à cheval. **to ride ~** monter à califourchon. **2** *prep* à califourchon sur, à cheval sur, chevauchant.
astringent [əs'trɪndʒənt] **1** *adj* (*Med*) astringent; (*fig*) dur, sévère. **~ lotion** lotion astringente. **2** *n* (*Med*) astringent *m*.
astro ... ['æstrəʊ] *pref* astro ... .
astrologer [əs'trɒlədʒər] *n* astrologue *m*.
astrological [,æstrə'lɒdʒɪkəl] *adj* astrologique.

astrologist [ə'strɒlədʒɪst] *n* astrologue *m*.
astrology [əs'trɒlədʒɪ] *n* astrologie *f*.
astronaut ['æstrənɔːt] *n* astronaute *mf*.
astronautic(al) [,æstrəʊ'nɔːtɪk(əl)] *adj* astronautique.
astronautics [,æstrəʊ'nɔːtɪks] *n* (*U*) astronautique *f*.
astronomer [əs'trɒnəmər] *n* astronome *m*.
astronomic(al) [,æstrə'nɒmɪk(əl)] *adj* (*lit, fig*) astronomique.
astronomy [əs'trɒnəmɪ] *n* astronomie *f*.
astrophysicist [,æstrəʊ'fɪzɪsɪst] *n* astrophysicien(ne) *m(f)*.
astrophysics ['æstrəʊ'fɪzɪks] *n* (*U*) astrophysique *f*.
Astroturf ['æstrəʊtɜːf] *n* ® gazon artificiel.
Asturias [æ'stʊərɪæs] *n* Asturies *fpl*.
astute [əs'tjuːt] *adj* fin, astucieux, malin (*f* -igne), rusé (*pej*). **how very ~ of you!** quelle finesse! (*also iro*).
astutely [əs'tjuːtlɪ] *adv* avec finesse, astucieusement.
astuteness [əs'tjuːtnɪs] *n* (*U*) finesse *f*, sagacité *f*, astuce *f*.
asunder [ə'sʌndər] *adv* (*liter*) (*apart*) écartés, éloignés (l'un de l'autre); (*in pieces*) en morceaux.
Aswan [æs'wɑːn] *n* Assouan. **~ High Dam** haut barrage d'Assouan.
asylum [ə'saɪləm] *n* (**a**) (*U*) asile *m*, refuge *m*. **political ~** asile politique. (**b**) († : *also* **lunatic ~**) asile *m* (d'aliénés)†.
asymmetric(al) [,eɪsɪ'metrɪk(əl)] *adj* asymétrique. (*Sport*) **~ bars** barres *fpl* asymétriques.
asynchronous [æ'sɪŋkrənəs] *adj* (*Comput*) asynchrone.
at [æt] (*phr vb elem*) **1** *prep* (**a**) (*place, position*) à. **~ the table** à la table; **~ my brother's** chez mon frère; **~ home** à la maison, chez soi; **to dry o.s. ~ the fire** se sécher devant le feu; **to stand ~ the window** se tenir à *or* devant la fenêtre; **~ her heels** sur ses talons; **to come in ~ the door** entrer par la porte; **to find a gap to go in ~** trouver une brèche par où passer *or* entrer; **V hand, sea** *etc*.
  (**b**) (*direction*) vers, dans la direction de, sur. **look ~** them regardez-les; **to aim ~** sb viser qn; **an attempt ~ escape** une tentative d'évasion; *V* **jump at, laugh at** *etc*.
  (**c**) (*arrival*) à. **to arrive ~ the house** arriver à la maison; (*fig*) **to get ~ the truth** parvenir à la vérité.
  (**d**) (*time, frequency, order*) à. **~ 10 o'clock** à 10 heures; **~ night** la nuit; **3 ~ a time** 3 par 3, 3 à la fois, (*stairs, steps*) 3 à 3; **~ times** de temps en temps, parfois; **~ once** (*immediately*) immédiatement, tout de suite; (*at the same time*) en même temps, à la fois; **~ a time like this** à un moment pareil; **~ my time of life** à mon âge.
  (**e**) (*activity*) en train de, occupé à. **to play ~ football** jouer au football; **pupils ~ play** élèves en récréation; **while we are ~ it*** pendant que nous y sommes *or* qu'on y est*; **let me see you ~ it again!*** que je t'y reprenne!*; **they are ~ it again!*** les voilà qui recommencent!, voilà qu'ils remettent ça!*; **they are ~ it all day*** ils font ça toute la journée.
  (**f**) (*state, condition*) en. **good ~ languages** bon en langues; **~ war** en guerre.
  (**g**) (*manner*) **~ full speed** à toute allure; **~ 80 km/h** à 80 km/h; **he drove ~ 80 km/h** il faisait du 80 (à l'heure).
  (**h**) (*cause*) (à cause) de, à propos de. **to be surprised ~ sth** être étonné de qch; **annoyed ~** contrarié par; **angry ~** en colère contre; **~ the request of** à *or* sur la demande *or* la requête de.
  (**i**) (*rate, value, degree*) à, dans, en. **~ best** au mieux; **~ best I cannot arrive before ten** c'est tout au plus si je pourrai arriver à dix heures; **~ first** d'abord; **~ all** rien du tout; **~ all costs** à tout prix; **he sells them ~ 12 francs a kilo** il les vend 12 F le kilo; **let's leave it ~ that** restons-en là!; **he's only a teacher and a poor one ~ that** ce n'est qu'un professeur et encore assez piètre.
  (**j**) **she's been ~ me the whole day*** elle m'a harcelé *or* tanné* toute la journée; **she was (on) ~ her husband to buy a new car*** elle a harcelé son mari pour qu'il achète (*subj*) une nouvelle voiture; **he's always (on) ~ me*** il est toujours après moi*.
  2 *cpd*: **at-home** réception *f* (*chez soi*).
AT [eɪ'tiː] *abbr of* **alternative technology;** *V* **alternative.**
atavism ['ætəvɪzəm] *n* atavisme *m*.
atavistic [,ætə'vɪstɪk] *adj* atavique.
ataxia [ə'tæksɪə] *n* ataxie *f*.
ataxic [ə'tæksɪk] *adj* ataxique.
A.T.C. [eɪtiː'siː] *abbr of* **Air Training Corps** (*préparation à l'école de l'air*).
ate [et, eɪt, (*US*) eɪt] *pret of* **eat.**
Athalia [ə'θeɪlɪə] *n* Athalie *f*.
Athanasian [,æθə'neɪʃən] *adj:* **~ Creed** symbole *m* de saint Athanase.
Athanasius [,æθə'neɪʃəs] *n* Athanase *m*.
atheism ['eɪθɪɪzəm] *n* athéisme *m*.
atheist ['eɪθɪɪst] *n* athée *mf*.
atheistic(al) [,eɪθɪ'ɪstɪk(əl)] *adj* athée.
Athena [ə'θiːnə], **Athene** [ə'θiːnɪ] *n* Athéna *f*.
athenaeum [,æθɪ'niːəm] *n* association *f* littéraire (*or* culturelle).
Athenian [ə'θiːnɪən] **1** *n* Athénien(ne) *m(f)*. **2** *adj* athénien.
Athens ['æθɪnz] *n* Athènes *f*.
athirst [ə'θɜːst] *adj* (*liter: lit, fig*) altéré, assoiffé (*for* de).
athlete ['æθliːt] *n* (*in competitions*) athlète *mf*; (*gen*) **he's a fine ~** il est très sportif, c'est un sportif; (*Med*) **~'s foot** mycose *f*.
athletic [æθ'letɪk] *adj activity* athlétique; *meeting* sportif, d'athlétisme; (*gen*) *person* (*sporty*) sportif, (*muscular*) athlétique. (*US Scol, Univ*) **~ coach** entraîneur *m* (sportif); **~ sports** athlétisme *m*; (*US*) **~ supporter** suspensoir *m*.
athletics [æθ'letɪks] *n* (*U*) (*Brit*) athlétisme *m*; (*US*) sport *m*.
Athos ['æθɒs] *n*: **Mount ~** le mont Athos.
athwart [ə'θwɔːt] **1** *adv* en travers. (*Naut*) par le travers. **2** *prep* en travers de; (*Naut*) par le travers de.
Atlantic [ət'læntɪk] *adj coast, current* atlantique; *winds, island* de l'Atlantique. **the ~** (*Ocean*) l'Atlantique *m*, l'océan Atlantique; **~**

Charter Pacte *m* atlantique; ~ **liner** transatlantique *m*; (*Can*) **the** ~ **Provinces** les Provinces *fpl* atlantiques; ~ **Standard Time** l'heure normale de l'Atlantique; *V* **north** etc.
Atlanticism [ət'læntɪsɪzəm] *n* (*Pol*) atlantisme *m*.
Atlanticist [ət'læntɪsɪst] *adj, n* atlantiste (*mf*).
Atlantis [ət'læntɪs] *n* Atlantide *f*.
atlas ['ætləs] *n* (a) atlas *m*. (b) (*Myth*) A~ Atlas *m*; A~ **Mountains** (monts *mpl* de l')Atlas *m*.
atmosphere ['ætməsfɪər] *n* (*lit, Phys*) atmosphère *f*; (*fig*) atmosphère, ambiance *f*. (*fig*) **I can't stand** ~s je ne peux pas supporter une ambiance hostile.
atmospheric [,ætməs'ferɪk] *adj* atmosphérique; *film, music* d'ambiance.
atmospherics [,ætməs'ferɪks] *n* (*U: Rad, Telec*) parasites *mpl*.
atoll ['ætɒl] *n* atoll *m*.
atom ['ætəm] **1** *n* atome *m*; (*fig*) atome, grain *m*, brin *m*, parcelle *f*. **smashed to** ~s réduit en miettes; **not an** ~ **of truth** pas l'ombre *f* de la vérité, pas un brin *or* pas un grain de vérité; **if you had an** ~ **of sense** si tu avais une parcelle *or* un grain *or* un atome de bon sens.
2 *cpd*: **atom bomb** bombe *f* atomique.
atomic [ə'tɒmɪk] **1** *adj* atomique.
2 *cpd*: **the atomic age** l'ère *f* atomique; **atomic bomb** bombe *f* atomique; **atomic clock** horloge *f* atomique; **atomic energy** énergie *f* atomique *or* nucléaire; **Atomic Energy Authority** ≃ Commissariat *m* à l'Énergie atomique; **atomic number** nombre *m* *or* numéro *m* atomique; **atomic physicist/physics** physicien(ne) *m(f)*/physique *f* atomique; **atomic pile** pile *f* atomique; **atomic-powered** (fonctionnant à l'énergie) atomique; **atomic power station** centrale *f* nucléaire; **atomic warfare** guerre *f* nucléaire *or* atomique; **atomic weight** poids *m* *or* masse *f* atomique.
atomize ['ætəmaɪz] *vt* pulvériser, atomiser.
atomizer ['ætəmaɪzər] *n* atomiseur *m*.
atonal [æ'təʊnl] *adj* atonal.
atonality [,eɪtəʊ'nælɪtɪ] *n* atonalité *f*.
atone [ə'təʊn] *vi*: **to** ~ **for** *sin* expier; *mistake* racheter, réparer.
atonement [ə'təʊnmənt] *n* (*V* atone) expiation *f*; réparation *f*. **to make** ~ **for a sin** expier un péché; **to make** ~ **for a mistake** réparer une erreur.
atonic [æ'tɒnɪk] *adj syllable* atone; *muscle* atonique.
atop [ə'tɒp] **1** *adv* en haut, au sommet. **2** *prep* en haut de, au sommet de.
Atreus ['eɪtrɪəs] *n* Atrée *m*.
atria ['eɪtrɪə] *npl of* atrium.
Atridae ['ætrɪdeɪ] *npl* Atrides *mpl*.
atrium ['eɪtrɪəm] *n*, *pl* atria (*Anat*) orifice *m* de l'oreillette.
atrocious [ə'trəʊʃəs] *adj crime* atroce; (**: very bad*) affreux, horrible, atroce.
atrociously [ə'trəʊʃəslɪ] (*adv*) affreusement, horriblement.
atrocity [ə'trɒsɪtɪ] *n* atrocité *f*.
atrophy ['ætrəfɪ] **1** *n* atrophie *f*. **2** *vt* atrophier. **3** *vi* s'atrophier.
attaboy* ['ætəbɔɪ] *excel* bravo! vas-y! mon gars *or* allez-y les gars!
attach [ə'tætʃ] **1** *vt* (a) (*join*) attacher, lier, joindre (*to* à). **document** ~**ed to a letter** document joint à une lettre; **the** ~**ed letter** la lettre ci-jointe; (*in letter*) **I** ~ **a report from** ... je joins à cette lettre un rapport de ...; **to** ~ **o.s. to a group** se joindre à un groupe, entrer dans un groupe; (*fig: fond of*) **to be** ~**ed to sb/sth** être attaché à qn/qch; **he's** ~**ed*** (*married etc*) il n'est pas libre.
(b) (*attribute*) *value* attacher, attribuer (*to* à). **to** ~ **credence to** *V* **importance**.
(c) (*Jur*) *person* arrêter, appréhender; *goods, salary* saisir.
(d) *employee, troops* affecter (*to* à). **he is** ~**ed to the Foreign Office** il est attaché au ministère des Affaires étrangères.
2 *vi* (*rare, frm*) être attribué, être imputé (*to* à). **no blame** ~**es to you** le blâme ne repose nullement sur vous; **salary** ~**ing to a post** salaire afférent à un emploi (*frm*).
attaché [ə'tæʃeɪ] *n* attaché(e) *m(f)*. ~ **case** mallette *f*, attaché-case *m*.
attachment [ə'tætʃmənt] *n* (a) (*U*) fixation *f*.
(b) (*for tool etc: accessory*) accessoire *m*.
(c) (*fig: affection*) attachement *m* (*to* à), affection *f* (*to* pour).
(d) (*Jur*) (*on person*) arrestation *f*; (*on goods, salary*) saisie *f* (*on* de).
(e) (*period of practical work, temporary transfer*) stage *m*. **to be on** ~ faire un stage (*to* à, auprès de, chez).
attack [ə'tæk] **1** *n* (a) (*gen, Mil, Sport*) attaque *f* (*on* contre). **to return to the** ~ revenir à la charge; ~ **on sb's life** attentat *m* contre qn; (*Jur*) attentat à la vie de qn; (*fig*) **to leave o.s. open to** ~ prêter le flanc à la critique; ~ **is the best form of defence** le meilleur moyen de défense c'est l'attaque; **to be under** ~ (*Mil*) être attaqué (*from par*); (*fig*) être en butte aux attaques (*from* de); (*Psych*) **to feel under** ~ se sentir agressé.
(b) (*Med etc*) crise *f*. ~ **of fever** accès *m* de fièvre; ~ **of nerves** crise de nervosité, (*before exam etc*) le trac; *V* **heart**.
2 *vt* (a) (*lit, fig*) *person* attaquer; (*Mil*) *enemy* attaquer, assaillir. (*fig*) **to be** ~**ed by doubts** être assailli par des doutes.
(b) *task, problem* s'attaquer à; *poverty etc* combattre.
(c) (*Chem*) *metal* attaquer, corroder, ronger. (*fig*) **this idea** ~**s the whole structure of society** cette idée menace toute la structure de la société.
attackable [ə'tækəbl] *adj* attaquable.
attacker [ə'tækər] *n* attaquant(e) *m(f)*, agresseur *m*.
attain [ə'teɪn] **1** *vt aim, rank, age* atteindre, parvenir à, arriver à; *knowledge* acquérir; *happiness* atteindre à; *one's hopes* réaliser. **2** *vi* (*to perfection etc*) atteindre, toucher (*to* à); (*to power, prosperity*) parvenir (*to* à).
attainable [ə'teɪnəbl] *adj* accessible (*by* à), à la portée (*by* de).
attainder [ə'teɪndər] *n* (*Jur*) mort civile, *V* **bill**.

attainment [ə'teɪnmənt] *n* (a) (*U*) [*knowledge*] acquisition *f*; [*happiness*] conquête *f*; [*one's hopes*] réalisation *f*. (b) (*gen pl: achievement*) travail *m*, résultats *mpl* (obtenus).
attempt [ə'tempt] **1** *vt* essayer, tenter (*to do* de faire); *task* entreprendre, s'attaquer à. ~**ed escape/murder/theft** etc tentative *f* d'évasion/de meurtre/de vol etc; **to** ~ **suicide** essayer *or* tenter de se suicider.
2 *n* (a) tentative *f*, entreprise *f*, effort *m*; (*unsuccessful*) essai *m*. **an** ~ **at escape** une tentative d'évasion; **to make one's first** ~ faire son coup d'essai, essayer pour la première fois; **to make an** ~ **at doing** essayer de faire, s'essayer à faire; **to be successful at the first** ~ réussir du premier coup; **he failed at the first** ~ la première fois, il a échoué; **he had to give up the** ~ il lui a fallu (y) renoncer; **he made no** ~ **to help us** il n'a rien fait pour nous aider, il n'a pas essayé de nous aider; **to make an** ~ **on the record** essayer de battre le record; **he made two** ~s **at it** il a essayé par deux fois de le faire; **it was a good** ~ **on his part but** ... il a vraiment essayé mais ... .
(b) (*attack*) attentat *m* (*upon sb's life* contre qn).
attend [ə'tend] **1** *vt* (a) *meeting, lecture* assister à, être à; *classes, course of studies* suivre; *church, school* aller à. **the meeting was well** ~**ed** il y avait beaucoup de monde à la réunion; *V also* **well 6**.
(b) (*serve, accompany*) servir, être au service de. [*doctor*] **to** ~ **a patient** soigner un malade; ~**ed by a maid** servi par une *or* accompagné d'une femme de chambre; (*fig*) **method** ~**ed by great risks** méthode qui comporte de grands risques.
2 *vi* (a) (*pay attention*) faire attention (*to* à).
(b) (*be present*) être présent *or* là. **will you** ~? est-ce que vous y serez?
♦**attend to** *vt fus lesson, speech* faire attention à; *advice* prêter attention à; *one's task, one's business* s'occuper de. **to attend to a customer** s'occuper d'un client, servir un client; (*in shop*) **are you being attended to?** est-ce qu'on s'occupe de vous?
♦**attend (up)on†** *vt fus person* être au service de.
attendance [ə'tendəns] **1** *n* (a) service *m*. **he was in** ~ **on the queen** il escortait la reine; **to be in** ~ être de service; (*Med*) ~ **on a patient** visites *fpl* à un malade; *V* **dance**.
(b) (*being present*) présence *f*. **regular** ~ **at** assiduité *f* à; **is my** ~ **necessary?** est-il nécessaire que je sois présent? *or* là?
(c) (*number of people present*) assistance *f*. **a large** ~ une nombreuse assistance; **what was the** ~ **at the meeting?** combien de gens y avait-il à la réunion?
2 *cpd*: (*Brit Jur*) **attendance centre** prison *f* de week-end; (*Scol*) **attendance officer** ≃ inspecteur *m* (chargé de faire respecter l'obligation scolaire); (*Brit*) **attendance order** injonction exigeant des parents l'assiduité scolaire de leur enfant; (*book*) **attendance record, attendance register** registre *m* de(s) présence(s); **his attendance record is bad** il est souvent absent; **attendance sheet** feuille *f* d'appel.
attendant [ə'tendənt] **1** *n* (a) (*servant*) serviteur† *m*, domestique *mf*; [*museum etc*] gardien(ne) *m(f)*; [*petrol station*] pompiste *mf*.
(b) (*US: in hospital*) garçon *m* de salle; (†: *doctor*) médecin *m* (de famille).
(c) (*gen pl: companions, escort*) ~s membres *mpl* de la suite (*on* de); **the prince and his** ~s le prince et sa suite.
2 *adj* (a) (*accompanying*) qui accompagne. **the** ~ **crowd** la foule qui était présente; **the** ~ **circumstances** les circonstances concomitantes; **the** ~ **rise in prices** la hausse des prix correspondante; **old age and its** ~ **ills** la vieillesse et les infirmités qui l'accompagnent.
(b) (*serving*) au service (*on sb* de qn).
attention [ə'tenʃən] **1** *n* (a) (*U: consideration, notice, observation*) attention *f*. **may I have your** ~? puis-je avoir votre attention?; **give me your** ~ **for a moment** accordez-moi votre attention un instant; **to pay** ~ **to** faire *or* prêter attention à; **to pay special** ~ **to** faire tout particulièrement attention à, prêter une attention toute particulière à; **no** ~ **has been paid to my advice** on n'a fait aucun cas de *or* tenu aucun compte de *or* prêté aucune attention à mes conseils; **it has come to my** ~ **that** j'ai appris que; **for the** ~ **of X** à l'attention de X; **it needs daily** ~ il faut s'en occuper tous les jours; (*Comm etc*) **it shall have my earliest** ~ je m'en occuperai dès que possible; **I was all** ~* j'étais tout oreilles; *V* **attract, call, catch, hold**.
(b) (*kindnesses*) ~s attentions *fpl*, soins *mpl*, prévenances *fpl*; **to show** ~s **to** avoir des égards pour; **to pay one's** ~s **to a woman** faire la cour à *or* courtiser une femme.
(c) (*Mil*) garde-à-vous *m*. **to stand at/come to** ~ être/se mettre au garde-à-vous; ~**!** garde-à-vous.
2 *cpd*: **attention-seeking** (*adj*) cherchant à se faire remarquer; (*n*) désir *m* de se faire remarquer; **his attention span is too short** il ne peut pas se concentrer assez longtemps.
attentive [ə'tentɪv] *adj* (a) prévenant (*to sb* envers qn), empressé (*to sb* auprès de qn). ~ **to sb's interests** soucieux des intérêts de qn; ~ **to detail** soucieux du détail, méticuleux.
(b) *audience, spectator* attentif (*to* à).
attentively [ə'tentɪvlɪ] *adv* attentivement, avec attention. **to listen** ~ écouter de toutes ses oreilles *or* attentivement.
attentiveness [ə'tentɪvnɪs] *n* attention *f*, prévenance *f*.
attenuate [ə'tenjʊeɪt] **1** *vt* *statement* atténuer, modérer; *gas* raréfier; *thread, line* affiner, amincir. **attenuating circumstances** circonstances atténuantes.
2 *vi* s'atténuer, diminuer.
3 *adj* atténué, diminué; (*fig: refined*) adouci, émoussé.
attenuation [ə,tenjʊ'eɪʃən] *n* atténuation *f*, diminution *f*.
attest [ə'test] **1** *vt* (a) (*certify*) attester (*that* que); (*under oath*) affirmer sous serment (*that* que); (*prove*) démontrer, témoigner de, prouver; (*Jur*) *signature* légaliser. (*Brit Agr*) ~**ed herd** cheptel

certifié (*comme ayant été tuberculinisé*); (*Ling*) ~ed form forme attestée.
(b) (*put on oath*) faire prêter serment à.
2 *vi* prêter serment. **to ~ to sth** se porter garant de qch, témoigner de qch.
attestation [ˌætesˈteɪʃən] *n* (*V attest*) attestation *f* (*that* que); (*Jur*) attestation, témoignage *m*; [*signature*] légalisation *f*; (*taking oath*) assermentation *f*, prestation *f* de serment.
attic [ˈætɪk] *n* grenier *m*. ~ **room** mansarde *f*.
Attica [ˈætɪkə] *n* Attique *f*.
Attila [əˈtɪlə] *n* Attila *m*.
attire [əˈtaɪəʳ] **1** *vt* vêtir, parer (*in* de). **to ~ o.s.** in se parer de.
2 *n* (*U*) vêtements *mpl*, habits *mpl*; (*ceremonial*) tenue *f*; (*hum*) atours *mpl* (*hum*).
attitude [ˈætɪtjuːd] *n* (a) (*way of standing*) attitude *f*, position *f*. **to strike an ~** poser, prendre une pose affectée *or* théâtrale.
(b) (*way of thinking*) disposition *f*, attitude *f*. ~ **of mind** état *m or* disposition d'esprit; **his ~ towards me** son attitude envers moi *or* à mon égard; **I don't like your ~** je n'aime pas l'attitude que vous prenez; **if that's your ~** si c'est ainsi *or* si c'est comme ça* que tu le prends.
attitudinize [ˌætɪˈtjuːdɪnaɪz] *vi* se donner des attitudes, poser, prendre un air *or* un style affecté.
attorney [əˈtɜːnɪ] *n* (a) (*Comm, Jur*) mandataire *m*, représentant *m*; *V* **power**. (b) (*US: also* ~**-at-law**) avoué *m*; *V* **district**. **(c) A~ General** (*Brit*) ≃ Procureur Général; (*US*) ≃ Garde *m* des Sceaux, Ministre *m* de la Justice.
attract [əˈtrækt] *vt* (a) [*magnet etc*] attirer. (*fig*) **to ~ sb's interest/attention** susciter *or* éveiller *or* attirer l'intérêt/l'attention de qn. (b) (*charm, interest*) [*person, subject, quality*] attirer, séduire, exercer une attraction sur. **I am not ~ed to her** elle ne me plaît pas, elle ne m'attire pas.
attraction [əˈtrækʃən] *n* (a) (*U: Phys, fig*) attraction *f*. ~ **of gravity** attraction universelle.
(b) (*often pl: pleasant things*) attrait(s) *m(pl)*, séductions *fpl*. **the chief ~ of this plan** l'attrait principal de ce projet; **the chief ~ of the party** (*star turn*) le clou de la fête; **one of the ~s of family life** un des charmes de la vie de famille.
attractive [əˈtræktɪv] *adj* (a) *person, manner* attrayant, séduisant, attirant; *price, sum, idea, plan* intéressant; *prospect, offer* attrayant, intéressant. **a most ~ old house** une très belle vieille maison. (b) (*Phys*) attractif.
attractively [əˈtræktɪvlɪ] *adv* d'une manière attrayante *or* séduisante. ~ **designed garden** jardin agréablement dessiné; ~ **dressed woman** femme élégamment habillée.
attributable [əˈtrɪbjʊtəbl] *adj* attribuable, imputable (*to* à).
attribute [əˈtrɪbjuːt] **1** *vt* attribuer (*sth to sb* qch à qn); *feelings, words* prêter, attribuer (*to sb* à qn); *crime, fault* imputer (*to sb* à qn). **they ~ his failure to his laziness** ils attribuent son échec à sa paresse, ils mettent son échec sur le compte de sa paresse. **2** [ˈætrɪbjuːt] *n* (a) attribut *m*. (b) (*Ling*) attribut *m*.
attribution [ˌætrɪˈbjuːʃən] *n* (*gen*) attribution *f*. ~ **of sth to a purpose** affectation *f* de qch à un but.
attributive [əˈtrɪbjʊtɪv] **1** *adj* attributif (*also Gram*). **2** *n* attribut *m* (*also Gram*).
attrition [əˈtrɪʃən] *n* usure *f* (*par frottement*); *V* **war**.
attune [əˈtjuːn] *vt* (*lit, fig*) harmoniser, mettre à l'unisson, accorder (*to* avec). **tastes ~d to mine** des goûts en accord avec les miens; **to ~ o.s. to (doing) sth** s'habituer à (faire) qch.
A.T.V. [eɪtiːˈviː] *n* (a) (*Brit*) *abbr of* Associated Television (*société de télévision*). (b) (*US*) *abbr of* all terrain vehicle; *V* all 5.
atypical [eɪˈtɪpɪkl] *adj* atypique.
aubergine [ˈəʊbəʒiːn] *n* (*esp Brit*) aubergine *f*.
auburn [ˈɔːbən] *adj* auburn *inv*.
auction [ˈɔːkʃən] **1** *n* (vente *f* aux) enchères *fpl*, (vente à la) criée *f*. **to sell by ~** vendre aux enchères *or* à la criée; **to put sth up for ~** mettre qch dans une vente aux enchères; *V* **Dutch**.
2 *vt* (*also* ~ **off**) vendre aux enchères *or* à la criée.
3 *cpd*: **auction bridge** bridge *m* aux enchères; **auction room** salle *f* des ventes; **auction sale** (vente *f* aux) enchères *fpl*, vente à la criée.
auctioneer [ˌɔːkʃəˈnɪəʳ] *n* commissaire-priseur *m*.
audacious [ɔːˈdeɪʃəs] *adj* (*bold*) audacieux, hardi, intrépide; (*impudent*) effronté, insolent, impudent.
audacity [ɔːˈdæsɪtɪ] *n* (*V* **audacious**) audace *f*, hardiesse *f*, intrépidité *f*; effronterie *f*, insolence *f*, impudence *f*. **to have the ~ to say** avoir l'effronterie *or* l'audace de dire.
audibility [ˌɔːdɪˈbɪlɪtɪ] *n* audibilité *f*.
audible [ˈɔːdɪbl] *adj* (*gen*) audible, perceptible; *words* intelligible, distinct. **she was hardly ~** on l'entendait à peine; **there was ~ laughter** des rires se firent entendre.
audibly [ˈɔːdɪblɪ] *adv* distinctement.
audience [ˈɔːdɪəns] **1** *n* (a) (*U*) (*Theat*) spectateurs *mpl*, public *m*; (*of speaker*) auditoire *m*, assistance *f*; (*Mus, Rad*) auditeurs *mpl*; (*TV*) téléspectateurs *mpl*. (*Theat*) **the whole ~ applauded** toute la salle a applaudi; **those in the ~** les gens dans la salle, les membres de l'assistance *or* du public; **there was a big ~** les spectateurs étaient nombreux.
(b) (*formal interview*) audience *f*. **to grant an ~ to** donner *or* accorder audience à.
2 *cpd*: **it's got audience appeal** cela plaît au public; **audience chamber** salle *f* d'audience; **audience participation** participation *f* de l'assistance (*à ce qui se passe sur scène*); (*Rad, TV*) **audience rating** indice *m* d'écoute; (*Rad, TV*) **audience research** études *fpl* d'opinion.
audio [ˈɔːdɪəʊ] **1** *adj* acoustique. ~ **equipment** équipement *m* acoustique; ~ **frequency** audiofréquence *f*; ~ **recording** en-

registrement *m* sonore; ~ **system** système *m* audio. **2** *n* (*) partie *f* son. **the ~'s on the blink*** il n'y a plus de son.
audio- [ˈɔːdɪəʊ] *pref* audio-.
audiotronic [ˌɔːdɪəʊˈtrɒnɪk] *adj* audio-électronique.
audiotyping [ˈɔːdɪəʊtaɪpɪŋ] *n* audiotypie *f*.
audiotypist [ˈɔːdɪəʊtaɪpɪst] *n* audiotypiste *mf*.
audio-visual [ˌɔːdɪəʊˈvɪzjʊəl] *adj* audio-visuel. ~ **aids** supports *or* moyens audio-visuels; ~ **methods** l'audio-visuel *m*, méthodes audio-visuelles.
audit [ˈɔːdɪt] **1** *n* vérification *f* des comptes, audit *m*. **2** *vt* (a) *accounts* vérifier, apurer. ~**ed statement of accounts** état vérifié des comptes. (b) (*US Univ*) **to ~ a lecture course** assister (à un cours) comme auditeur libre.
auditing [ˈɔːdɪtɪŋ] *n* (*Fin*) ~ **of accounts** audit *m or* vérification *f* des comptes.
audition [ɔːˈdɪʃən] **1** *n* (a) (*Theat etc*) audition *f*; (*Cine, TV*) (séance *f* d')essai *m*. **to give sb an ~** (*Theat*) auditionner qn; (*Cine*) faire faire un essai à qn.
(b) (*U: power of hearing*) ouïe *f*, audition *f*.
2 *vt* auditionner. **he was ~ed for the part** on lui a fait passer une audition *or* fait faire un essai pour le rôle.
3 *vi* (*Theat*) auditionner. **he ~ed for (the part of) Hamlet** (*Theat*) il a auditionné pour le rôle de Hamlet; (*Cine, TV*) on lui a fait faire un essai pour le rôle de Hamlet.
auditor [ˈɔːdɪtəʳ] *n* (a) (*listener*) auditeur *m*, -trice *f*. (b) (*Comm*) expert-comptable *m*, vérificateur *m* (de comptes); *V* **internal**. (c) (*US Univ*) auditeur *m* libre.
auditorium [ˌɔːdɪˈtɔːrɪəm] *n* salle *f*.
auditory [ˈɔːdɪtərɪ] *adj* (*Physiol etc*) auditif. ~ **phonetics** phonétique *f* auditoire.
Audubon [ˈɔːdəbɒn] *n* (*US*) ~ **Society** société *f* de protection de la nature.
A.U.E.W. [ˌeɪjʊːˈdʌbljʊ] *n* (*Brit*) *abbr of* Amalgamated Union of Engineering Workers (*syndicat*).
Augean [ɔːˈdʒiːən] *adj*: **the ~ Stables** les écuries *fpl* d'Augias.
auger [ˈɔːgəʳ] *n* [*carpenter*] vrille *f*; (*Tech*) foreuse *f*.
aught [ɔːt] *n* (††, *liter*) = anything. **for ~ I know** (pour) autant que je sache; **for ~ I care** pour ce que cela me fait.
augment [ɔːgˈment] **1** *vt* augmenter (*with, by* de), accroître; (*Mus*) augmenter. (*Mus*) ~**ed sixth/third** sixte/tierce augmentée. **2** *vi* augmenter, s'accroître, grandir.
augmentation [ˌɔːgmenˈteɪʃən] *n* augmentation *f*, accroissement *m*.
augmentative [ɔːgˈmentətɪv] *adj* augmentatif.
augur [ˈɔːgəʳ] **1** *n* augure *m*. **2** *vi*: **to ~ well/ill** être de bon/de mauvais augure (*for* pour). **3** *vt* (*foretell*) prédire, prévoir; (*be an omen of*) présager. **it ~s no good** cela ne présage *or* n'annonce rien de bon.
augury [ˈɔːgjʊrɪ] *n* (*omen, sign*) augure *m*, présage *m*; (*forecast*) prédiction *f*. **to take the auguries** consulter les augures.
August [ˈɔːgəst] *n* août *m*; *for phrases V* **September**.
august [ɔːˈgʌst] *adj* auguste, imposant, majestueux.
Augustan [ɔːˈgʌstən] *adj* (a) d'Auguste. **the ~ Age** (*Latin Literat*) le siècle d'Auguste; (*English Literat*) l'époque *f* néoclassique. (b) ~ **Confession** Confession *f* d'Augsbourg.
Augustine [ɔːˈgʌstɪn] *n* Augustin *m*.
Augustinian [ˌɔːgəsˈtɪnɪən] **1** *adj* augustinien, de (l'ordre de) saint Augustin. **2** *n* augustin(e) *m(f)*.
Augustus [ɔːˈgʌstəs] *n*: (**Caesar**) ~ (*César*) Auguste *m*.
auk [ɔːk] *n* pingouin *m*.
aunt [ɑːnt] *n* tante *f*. **yes ~** oui ma tante; (*Brit*) **A~ Sally** (*game*) jeu *m* de massacre; (*fig: person*) tête *f* de Turc.
auntie*, aunty* [ˈɑːntɪ] *n* tantine* *f*, tata* *f*. ~ **Mary** tante Marie; (*Brit hum*) **A~** la B.B.C.
au pair [ˈəʊˈpɛə] **1** *adj*: ~ **girl** jeune fille *f* au pair. **2** *n, pl* **au pairs** jeune fille *f* au pair. **3** *adv* au pair.
aura [ˈɔːrə] *n* (*emanating from a person*) aura *f*, émanation *f*; (*surrounding a place*) atmosphère *f*, ambiance *f*.
aural [ˈɔːrəl, *Scot* ˈaʊrəl] *adj* (a) (*Anat*) auriculaire (*des oreilles*). (b) (*Educ*) ~ **comprehension (work)** compréhension *f* (orale); ~ **comprehension (test)** exercice *m* de compréhension (orale); (*Mus*) ~ **training** dictée musicale.
aureole [ˈɔːrɪəʊl] *n* (*Art, Astron*) auréole *f*.
auricle [ˈɔːrɪkl] *n* (*Med*) [*ear*] pavillon *m* auriculaire, oreille *f* externe; [*heart*] oreillette *f*.
aurochs [ˈɔːrɒks] *n* aurochs *m*.
aurora [ɔːˈrɔːrə] *n*: ~ **borealis/australis** aurore boréale/australe.
auscultate [ˈɔːskəlteɪt] *vt* ausculter.
auscultation [ˌɔːskəlˈteɪʃən] *n* auscultation *f*.
auspices [ˈɔːspɪsɪz] *npl* (*all senses*) auspices *mpl*. **under the ~ of** sous les auspices de.
auspicious [ɔːsˈpɪʃəs] *adj sign* de bon augure; *occasion, wind* propice, favorable. **to make an ~ start** prendre un bon départ.
auspiciously [ɔːsˈpɪʃəslɪ] *adv* favorablement, sous d'heureux auspices. **to start ~** prendre un bon départ.
Aussie* [ˈɒzɪ] = **Australian**.
austere [ʊsˈtɪəʳ] *adj* austère, sévère.
austerely [ʊsˈtɪəlɪ] *adv* avec austérité, austèrement.
austerity [ʊsˈterɪtɪ] *n* austérité *f*. **days** *or* **years of ~** période *f* d'austérité, temps *m* de restrictions.
Australasia [ˌɔːstrəˈleɪzɪə] *n* Australasie *f*.
Australasian [ˌɔːstrəˈleɪzɪən] **1** *n* habitant(e) *m(f) or* natif *m* (*f* native) d'Australasie. **2** *adj* d'Australasie.
Australia [ʊsˈtreɪlɪə] *n*: (**the Commonwealth of**) ~ l'Australie *f*.
Australian [ʊsˈtreɪlɪən] **1** *n* (a) Australien(ne) *m(f)*. (b) (*Ling*) australien *m*. **2** *adj* australien. ~ **Alps** Alpes australiennes; ~ **Antarctic Territory** Antarctide australienne; ~ **Capital Territory** Territoire fédéral de Canberra.

Austria ['ɒstrɪə] n Autriche f.
Austrian ['ɒstrɪən] 1 n Autrichien(ne) m(f). 2 adj autrichien.
Austro- ['ɒstrəʊ] pref austro-. ~**Hungarian** austro-hongrois.
A.U.T. [eɪjʊ'tiː] n (Brit) abbr of **Association of University Teachers** (syndicat).
authentic [ɔː'θentɪk] adj authentique. (Jur) **both texts shall be deemed** ~ les deux textes feront foi.
authenticate [ɔː'θentɪkeɪt] vt établir l'authenticité de; signature légaliser.
authenticity [ˌɔːθen'tɪsɪtɪ] n authenticité f.
author ['ɔːθəʳ] 1 n (a) (writer) écrivain m, auteur m. ~'**s copy** manuscrit m de l'auteur. (b) [any work of art] auteur m, créateur m; [plan, trouble etc] auteur. 2 vt (US*: be author of) être l'auteur de.
authoress ['ɔːθərɪs] n femme f auteur or écrivain, auteur m, écrivain m.
authoritarian [ˌɔːθɒrɪ'tɛərɪən] 1 adj autoritaire. 2 n partisan(e) m(f) de l'autorité.
authoritative [ɔː'θɒrɪtətɪv] adj opinion, source autorisé; person autoritaire; treatise, edition qui fait autorité.
authority [ɔː'θɒrɪtɪ] n (a) (power to give orders) autorité f, pouvoir m. **I'm in** ~ **here** c'est moi qui commande ici; **to be in** ~ **over sb** avoir autorité sur qn; **those in** ~ ceux qui nous gouvernent.
  (b) (permission, right) autorisation f (formelle), mandat m, pouvoir m. **to give sb** ~ **to do** autoriser qn à faire; **to do sth without** ~ faire qch sans autorisation; **she had no** ~ **to do it** elle n'avait pas qualité pour le faire; **on her own** ~ de son propre chef, de sa propre autorité; **on whose** ~? avec l'autorisation de qui?; **to speak with** ~ parler avec compétence or autorité; **to carry** ~ faire autorité; **I have it on good** ~ **that ...** je tiens or sais de source sûre or de bonne source que ...; **what is your** ~? sur quoi vous appuyez-vous (pour dire cela)?; **to say sth on the** ~ **of Plato** dire qch en invoquant l'autorité de Platon.
  (c) (gen pl: person or group) **authorities** autorités fpl, corps constitués, administration f; **apply to the proper authorities** adressez-vous à qui de droit or aux autorités compétentes; **the health authorities** les services mpl de la santé publique; **the public/local/district authorities** les autorités publiques/locales/régionales.
  (d) (person with special knowledge) autorité f (on en matière de), expert m (on en); (book) autorité, source f (autorisée). [person, book] **to be an** ~ faire autorité (on en matière de); **to consult an** ~ consulter un avis autorisé.
authorization [ˌɔːθəraɪ'zeɪʃən] n (a) (giving of authority) autorisation f (of, for pour, to do de faire). (b) (legal right) pouvoir m, mandat m (to do de faire).
authorize ['ɔːθəraɪz] vt autoriser (sb to do qn à faire). **to be** ~**d to do** avoir qualité pour faire, être autorisé à faire; ~**d by custom** sanctionné par l'usage; ~**d bank** banque agréée; (Fin) ~**d capital** ≃ capital m social; (Comm) ~**d dealer** distributeur agréé; (Jur, Fin) **duly** ~**d officer** représentant m dûment habilité; (Jur, Fin) ~**d signature** signature sociale; (Rel) **the A**~**d Version** la Bible de 1611.
authorship ['ɔːθəʃɪp] n [book, idea etc] paternité f. **to establish the** ~ **of a book** identifier l'auteur d'un livre, établir la paternité littéraire d'un ouvrage.
autism ['ɔːtɪzəm] n autisme m.
autistic [ɔː'tɪstɪk] adj autistique.
auto ['ɔːtəʊ] (US) 1 n voiture f, auto f. 2 cpd: **Auto show** Salon m de l'Auto; **auto worker** ouvrier m de l'industrie automobile.
auto- [ˈɔːtəʊ] pref auto-. ~**immune disease** maladie f auto-immune.
autobiographic(al) [ˈɔːtəʊˌbaɪəʊˈɡræfɪk(əl)] adj autobiographique.
autobiography [ˌɔːtəʊbaɪ'ɒɡrəfɪ] n autobiographie f.
autocade ['ɔːtəʊkeɪd] n (US) cortège m d'automobiles.
autocracy [ɔː'tɒkrəsɪ] n autocratie f.
autocrat ['ɔːtəʊkræt] n autocrate m.
autocratic [ˌɔːtəʊ'krætɪk] adj autocratique.
autocross ['ɔːtəʊkrɒs] n auto-cross m.
autocue ['ɔːtəʊkjuː] n (Brit TV) téléprompteur m.
autocycle ['ɔːtəʊsaɪkl] n (small) cyclomoteur m; (more powerful) vélomoteur m.
auto-da-fe ['ɔːtəʊdɑː'feɪ] n, pl **autos-da-fe** autodafé m.
autodrome ['ɔːtəʊdrəʊm] n autodrome m.
autogenic [ˌɔːtəʊ'dʒenɪk] adj: ~ **training** training m autogène, autorelaxation f.
autogiro ['ɔːtəʊ'dʒaɪərəʊ] n autogire m.
autograph ['ɔːtəɡrɑːf] 1 n autographe m. ~ **album** livre m or album m d'autographes; ~ **hunter** collectionneur m, -euse f d'autographes. 2 vt book dédicacer; other object signer.
autoloading ['ɔːtəʊləʊdɪŋ] adj semi-automatique.
automata [ɔː'tɒmətə] npl of **automaton**.
automat ['ɔːtəmæt] n cafétéria f automatique (munie exclusivement de distributeurs).
automate ['ɔːtəmeɪt] vt automatiser. ~**d teller** distributeur m automatique de billets.
automatic [ˌɔːtə'mætɪk] 1 adj (lit, fig) automatique. (Comput) ~ **data processing** traitement m automatique de l'information; ~ **vending machine** distributeur m automatique; (Aviat) **on** ~ **pilot** en pilotage automatique; (fig) **to work/drive on** ~ **pilot*** travailler/conduire comme un automate.
  2 n (gun) automatique m; (Brit Aut) voiture f à boîte or à transmission automatique. (Aut) **a Citroën** ~ une Citroën à boîte or transmission automatique.
automatically [ˌɔːtə'mætɪkəlɪ] adv (lit, fig) automatiquement. (Jur) ~ **void** nul de plein droit.
automation [ˌɔːtə'meɪʃən] n (technique, system, action) automatisation f; (state of being automated) automation f; **industrial** ~ productique f.

automaton [ɔː'tɒmətən] n, pl ~**s** or **automata** automate m.
automobile ['ɔːtəməbiːl] n automobile f, auto f.
automobilia [ˌɔːtəməʊ'biːlɪə] npl accessoires mpl auto.
automotive [ˌɔːtə'məʊtɪv] adj (a) (Aut) industry, design (de l')automobile. (b) (self-propelled) automoteur.
autonomous [ɔː'tɒnəməs] adj autonome.
autonomy [ɔː'tɒnəmɪ] n autonomie f.
autonymous [ɔː'tɒnɪməs] adj (Ling) autonyme.
autopilot ['ɔːtəʊpaɪlət] n pilote m automatique. **on** ~ sur pilote automatique.
autopsy ['ɔːtɒpsɪ] n autopsie f.
autosuggestion ['ɔːtəʊsə'dʒestʃən] n autosuggestion f.
auto-teller ['ɔːtəʊteləʳ] n (Banking) distributeur m automatique de billets.
autotimer ['ɔːtəʊtaɪməʳ] n [oven] programmateur m (de four).
autumn ['ɔːtəm] 1 n automne m. **in** ~ en automne. 2 cpd d'automne, automnal (liter). **autumn leaves** (dead) feuilles mortes; (on tree) feuilles d'automne.
autumnal [ɔː'tʌmnəl] adj d'automne, automnal (liter).
auxiliary [ɔːɡ'zɪlɪərɪ] 1 adj subsidiaire (to à), auxiliaire. (US) ~ **police** corps m de policiers auxiliaires volontaires; (Brit Scol) ~ **staff** personnel m auxiliaire non enseignant; (Aviat) ~ **tank** réservoir m supplémentaire; ~ **verb** verbe m auxiliaire. 2 n (a) auxiliaire mf. **nursing** ~ infirmier m, -ière f auxiliaire, aide-soignant(e) m(f); (Mil) **auxiliaries** auxiliaires mpl. (b) (Gram) (verbe m) auxiliaire m.
AV [eɪ'viː] abbr of **audio-visual**.
avail [ə'veɪl] 1 vt: **to** ~ **o.s. of** opportunity saisir, profiter de; right user de, valoir de; service utiliser. (Jur) **to** ~ **o.s. of the rules of jurisdiction** invoquer les règles de compétence.
  2 vi († liter) être efficace, servir. **nought** ~**ed** rien n'y faisait; **it** ~**ed him nothing** cela ne lui a servi à rien.
  3 n: **to no** ~ sans résultat; **your advice was of no** ~ vos conseils n'ont eu aucun effet; **it is of no** ~ **to complain** il ne sert à rien de protester; **to little** ~ sans grand effet; **it is of little** ~ cela ne sert pas à grand-chose.
availability [əˌveɪlə'bɪlɪtɪ] n (a) [material, people] disponibilité f. (b) (US: validity) validité f.
available [ə'veɪləbl] adj (a) personnel disponible; thing disponible, utilisable. **to make sth** ~ **to sb** mettre qch à la disposition de qn; (Comm) **other sizes/colours** ~ existe également en d'autres tailles/couleurs; **to try every** ~ **means** essayer (par) tous les moyens (possibles); **he is not** ~ **just now** il n'est pas libre en ce moment; (Press) **he is not** ~ **for comment** il se refuse à toute déclaration. (b) (US: valid) valable, valide (for pour).
avalanche ['ævəlɑːnʃ] 1 n (lit, fig) avalanche f. 2 cpd: **avalanche precautions** mesures fpl de sécurité anti-avalanche; **avalanche warning** alerte f aux avalanches; (on sign) 'attention (aux) avalanches'. 3 vi tomber en avalanche.
avalement [aval'mɑ̃] n (Ski) avalement m.
avant-garde ['ævɑ̃ɡɑːd] 1 n (Mil, fig) avant-garde f. 2 cpd (fig) dress, style d'avant-garde, ultramoderne.
avarice ['ævərɪs] n avarice f, cupidité f.
avaricious [ˌævə'rɪʃəs] adj avare, cupide (liter).
Av., Ave n (abbr of **Avenue**) av.
avdp n abbr of **avoirdupois**.
Ave Maria ['ɑː'veɪmə'rɪə] n avé Maria m inv.
avenge [ə'vendʒ] vt person, thing venger. **to** ~ **o.s.** se venger, prendre sa revanche (on sb sur qn).
avenger [ə'vendʒəʳ] n vengeur m, -eresse f.
avenging [ə'vendʒɪŋ] adj vengeur (f -eresse) (liter).
avenue ['ævənjuː] n (private road with trees) avenue f, allée bordée d'arbres; (wide road in town) avenue, boulevard m; (fig) route f.
aver [ə'vɜː] vt affirmer, déclarer.
average ['ævərɪdʒ] 1 n moyenne f. **on** ~ en moyenne; **a rough** ~ une moyenne approximative; **to take an** ~ **of results** prendre la moyenne des résultats; **above/below** ~ au-dessus/en-dessous de la moyenne; **to do an** ~ **of 70 km/h** rouler à or faire une moyenne de 70 km/h, faire du 70 de moyenne*.
  2 adj (lit, fig) moyen. **a** ~ **pupil** un élève moyen.
  3 vt (a) (find the ~ of) établir or faire la moyenne de.
  (b) (reach an ~ of) atteindre la moyenne de. **we** ~ **8 hours' work a day** nous travaillons en moyenne 8 heures par jour; **the sales** ~ **200 copies a month** la vente moyenne est de 200 exemplaires par mois; (Aut) **we** ~**d 50 the whole way** nous avons fait (du) 50 de moyenne pendant tout le trajet.
♦ **average out** 1 vi: **it'll average out in the end** en fin de compte ça va s'égaliser; **our working hours average out at 8 per day** nous travaillons en moyenne 8 heures par jour.
  2 vt sep faire la moyenne.
averse [ə'vɜːs] adj ennemi (to de), peu disposé (to à). **to be** ~ **to doing** répugner à faire; **he is** ~ **to getting up early** il a horreur de se lever tôt; **I am not** ~ **to an occasional drink** je ne suis pas opposé à un petit verre de temps à autre.
aversion [ə'vɜːʃən] n (a) (U: strong dislike) aversion f, dégoût m, répugnance f. **he has a strong** ~ **to work** il a horreur de travailler; **I have an** ~ **to garlic** une chose que je déteste, c'est l'ail; **he has a strong** ~ **to me** il ne peut pas me souffrir; **I took an** ~ **to him** je me suis mis à détester cela; **I have an** ~ **to him** il m'est antipathique.
  (b) (object of ~) objet m d'aversion. **my greatest** ~ **is ...** ce que je déteste le plus, c'est ...; **V pet¹**.
avert [ə'vɜːt] vt danger, accident prévenir, éviter; blow détourner, parer; suspicion écarter; one's eyes, one's thoughts détourner (from de).
aviary ['eɪvɪərɪ] n volière f.
aviation [ˌeɪvɪ'eɪʃən] n aviation f. ~ **fuel** kérosène m; ~ **industry** aéronautique f.

aviator ['eɪvɪeɪtə^r]*n* aviateur *m*, -trice *f*. ~ **glasses** lunettes *fpl* sport.
avid ['ævɪd] *adj* avide (*for* de).
avidity [ə'vɪdɪtɪ] *n* avidité *f* (*for* de).
avidly ['ævɪdlɪ] *adv* avidement, avec avidité.
Avila ['ævɪlə] *n* Avila.
avocado [,ævə'kɑːdəʊ] *n* (*Brit also* ~ **pear**) avocat *m*; (*tree*) avocatier *m*.
avocation [,ævəʊ'keɪʃən] *n* (a) (*employment*) métier *m*, profession *f*. (b) (*minor occupation*) activité *f* de loisir, passe-temps *m inv* (habituel), violon *m* d'Ingres.
avocet ['ævəset] *n* avocette *f*.
avoid [ə'vɔɪd] *vt person, obstacle* éviter; *danger* échapper à, éviter, esquiver. **to ~ tax** (*legally*) se soustraire à l'impôt; (*illegally*) frauder le fisc; **to ~ doing** éviter de faire; **~ being seen** évitez qu'on ne vous voie; **to ~ sb's eye** fuir le regard de qn; **to ~ notice** échapper aux regards; **I can't ~ going now** je ne peux plus faire autrement que d'y aller, je ne peux plus me dispenser d'y aller; **this way we ~ London** en passant par ici nous évitons Londres; **it is to be ~ed like the plague** il faut fuir cela comme la peste.
avoidable [ə'vɔɪdəbl] *adj* évitable.
avoidance [ə'vɔɪdəns] *n*: **his ~ of me** le soin qu'il met à m'éviter; **his ~ of his duty** ses manquements *mpl* au devoir; **tax ~** évasion fiscale.
avoirdupois [,ævədə'pɔɪz] **1** *n* (a) (*lit*) système *m* des poids commerciaux (*système britannique des poids et mesures*). (b) (*: overweight*) embonpoint *m*. **2** *cpd* conforme aux poids et mesures officiellement établis. **an avoirdupois pound** une livre (*453,6 grammes*).
avow [ə'vaʊ] *vt* avouer, confesser, admettre. **to ~ o.s. defeated** s'avouer *or* se déclarer battu.
avowal [ə'vaʊəl] *n* aveu *m*.
avowed [ə'vaʊd] *adj enemy, opponent, supporter* déclaré. **he is an ~ atheist** il avoue *or* reconnaît être athée.
avowedly [ə'vaʊɪdlɪ] *adv* de son propre aveu.
avuncular [ə'vʌŋkjʊlə^r] *adj* avunculaire.
AWACS ['eɪwæks] *n* (*abbr of* **Airborne Warning and Control System**): ~ **plane** (avion *m*) AWACS *m*.
await [ə'weɪt] *vt* (a) (*wait for*) *object, event* attendre, être dans l'attente de; *person* attendre. **parcels ~ing delivery** colis en souffrance; **long-~ed event** événement longtemps attendu.
   (b) (*be in store for*) être réservé à, être préparé pour, attendre. **the fate that ~s us** le sort qui nous attend *or* qui nous est réservé.
awake [ə'weɪk] *pret* **awoke** *or* **awaked**, *ptp* **awoken** *or* **awaked 1** *vi* s'éveiller, se réveiller. **to ~ from sleep** sortir du sommeil, s'éveiller, se réveiller; (*fig*) **to ~ to one's responsibilities** s'éveiller à *or* prendre conscience de *or* se rendre compte de ses responsabilités; (*fig*) **to ~ to the fact that** s'apercevoir du fait que; (*fig*) **to ~ from one's illusions** revenir de ses illusions.
   2 *vt* (a) (*wake*) *person* éveiller, réveiller.
   (b) (*fig: arouse*) *suspicion* éveiller; *hope, curiosity* éveiller, faire naître; *memories* réveiller. **2** *adj interest, passion* naissant.
   3 *adj* (a) (*not asleep*) éveillé, réveillé. **he was ~** il était réveillé, il ne dormait pas; **he was still ~** il ne s'était pas encore endormi; **to lie ~** être au lit sans (pouvoir) dormir; **to stay ~ all night** (*deliberately*) veiller toute la nuit; (*involuntarily*) passer une nuit blanche; **it kept me ~** cela m'a empêché de dormir.
   (b) (*alert*) en éveil, vigilant. **to be ~ to** être conscient de.
awaken [ə'weɪkən] *vti* = **awake**.
awakening [ə'weɪkənɪŋ] **1** *n* (*lit, fig*) réveil *m*. (*lit, fig*) **a rude ~** un réveil brutal. **2** *adj interest, passion* naissant.
award [ə'wɔːd] **1** *vt prize etc* décerner, attribuer (*to* à); *sum of money* allouer, attribuer (*to* à); *dignity, honour* conférer (*to* à); *damages* accorder (*to* à).
   2 *n* (a) (*prize*) prix *m*; (*for bravery etc*) récompense *f*, décoration *f*; (*scholarship*) bourse *f*.
   (b) (*Jur: judgment*) décision *f*, sentence arbitrale; (*sum of money*) montant *m* (*or* dommages-intérêts *mpl*) accordé(s) par le juge.
   3 *cpd*: **award-winner** (*person*) lauréat(e) *m(f)*; (*book etc*) livre *etc* primé; **award-winning** *person, book, film* primé.
aware [ə'wɛə^r] *adj* (a) (*conscious*) conscient (*of* de); (*informed*) au courant, averti (*of* de). **to become ~ of sth/that sth is happening** prendre conscience *or* se rendre compte de qch/que qch se passe; **to be ~ of sth** être conscient de qch, avoir conscience de qch; **to be ~ that something is happening** être conscient *or* avoir conscience que quelque chose se passe; **I am quite ~ of it** je le sais, je ne l'ignore pas, je m'en rends bien compte; **as far as I am ~** autant que je sache; **not that I am ~ of** pas que je sache; **to make sb ~ of sth** rendre qn conscient de qch.
   (b) (*knowledgeable*) informé, avisé. **politically ~** politisé; **socially ~** au courant des problèmes sociaux.
awareness [ə'wɛənɪs] *n* (*U*) conscience *f* (*of* de). ~ **programme** programme *m* de sensibilisation.
awash [ə'wɒʃ] *adj* (*Naut*) à fleur d'eau, qui affleure; (*flooded*) inondé (*with* de).
away [ə'weɪ] (*phr vb elem*) **1** *adv* (a) (*to or at a distance*) au loin, loin. **far ~** au loin, très loin; **the lake is 3 km ~** le lac est à 3 km de distance *or* à une distance de 3 km; **~ back in the distance** très loin derrière (dans le lointain); **~ back in prehistoric times** dans les temps reculés de la préhistoire; **~ back in 1600** il y a bien longtemps en 1600; **~ back in the 40s** il y a longtemps déjà dans les années 40; **keep the child ~ from the fire** tenez l'enfant loin *or* éloigné du feu; **~ over there** là-bas au loin *or* dans le lointain, loin là-bas.
   (b) (*absent*) ~! hors d'ici!; **~ with you!** allez-vous-en!; **he's ~ today** (*gen*) il est absent *or* il n'est pas là aujourd'hui; [*businessman etc*] il est en déplacement aujourd'hui; **he's ~ in London** il est (parti) à Londres; **when I have to be ~** lorsque je dois m'absenter; **she was ~ before I could speak** elle était partie avant que j'aie pu parler; *V* **brush away, go away** *etc*.

   (c) (*continuously*) sans arrêt *or* interruption, continuellement. **to be talking/working ~** parler/travailler sans arrêt.
   (d) (*expressing loss, lessening, exhaustion*) **to die ~** s'éteindre, s'évanouir, se dissiper; **to gamble ~ one's money** perdre son argent au jeu; **the snow has melted ~** la neige a fondu complètement; *V* **boil away, get away**.
   (e) (*phrases*) **now she's ~ with the idea that*** ... la voilà partie avec l'idée que ...; **he's really ~ with the whole scheme*** il est vraiment emballé* par le projet; *V* **far, out, right** *etc*.
   2 *adj* (*Sport*) ~ **match** match *m* à l'extérieur; ~ **team** (équipe *f* des) visiteurs *mpl*, équipe jouant à l'extérieur.
awe [ɔː] **1** *n* crainte révérentielle, effroi mêlé de respect *or* d'admiration. **to be** *or* **stand in ~ of sb** être intimidé par qn, être rempli du plus grand respect pour qn.
   2 *vt* inspirer un respect mêlé de crainte à. **in an ~d voice** d'une voix (à la fois) respectueuse et intimidée.
   3 *cpd*: **awe-inspiring, awesome** (*impressive*) impressionnant, imposant; (*frightening*) terrifiant; **awe-struck** (*frightened*) frappé de terreur; (*astounded*) stupéfait.
awful ['ɔːfəl] *adj* (a) affreux, terrible, atroce. **he's an ~ bore** il est assommant*; **what ~ weather!** quel temps affreux! *or* de chien!*; **he's got an ~ cheek!** il a un de ces culots!* *or* un fameux culot!*; **how ~!** comme c'est affreux!, quelle chose affreuse!; **it was simply ~** c'était affreux vous ne pouvez pas savoir*; **his English is ~** il parle anglais comme une vache espagnole; **an ~ lot of** un nombre incroyable de. (b) (*dreadful*) épouvantable, terrifiant, effrayant.
awfully ['ɔːflɪ] *adv* vraiment, très, terriblement. **he is ~ nice** il est absolument charmant *or* gentil comme tout*; **thanks ~** merci infiniment; **I am ~ glad** je suis rudement* content; **I am ~ sorry** je suis vraiment désolé; **an ~ big house** une très grande maison.
awfulness ['ɔːfʊlnɪs] *n* [*situation etc*] horreur *f*. **the ~ of it** ce qu'il y a d'affreux *or* de terrible dans cette affaire, ce que cette affaire a d'affreux *or* de terrible.
awhile [ə'waɪl] *adv* un instant, un moment, (pendant) quelque temps. **wait ~** attendez un peu; **not yet ~** pas de sitôt.
awkward ['ɔːkwəd] *adj* (a) (*inconvenient, difficult, embarrassing*) *tool* peu commode, peu maniable, mal conçu; *path* difficile, malaisé; (*Aut*) *bend* difficile *or* malaisé à négocier; *problem, task* délicat; *question* gênant, embarrassant; *silence* gêné, embarrassé; *situation* délicat, gênant. **at an ~ time** au mauvais moment; **an ~ moment** (*inconvenient*) un moment inopportun *or* mal à propos; (*embarrassing*) un moment gênant; **he's an ~ customer*** c'est un type pas commode *or* pas facile*; **an ~ shape** une forme malcommode; **can you come tomorrow? — it's a bit ~** pouvez-vous venir demain? — ce n'est pas très commode; **it's ~ for me** cela m'est assez difficile, cela ne m'est pas très facile; **he's being ~ about it** il ne se montre pas très coopératif à ce sujet; **it's all a bit ~** tout ceci est un peu ennuyeux *or* gênant.
   (b) (*clumsy*) *person* gauche, maladroit, empoté*; *movement, gesture* maladroit, peu élégant; *style* gauche, lourd, peu élégant. **the ~ age** l'âge ingrat.
awkwardly ['ɔːkwədlɪ] *adv* (a) *speak* d'un ton embarrassé *or* gêné.
   (b) *behave, handle* gauchement, maladroitement; *move, walk* maladroitement, peu élégamment. ~ **placed** placé à un endroit difficile *or* gênant; ~ **expressed** gauchement exprimé, mal dit.
awkwardness ['ɔːkwədnɪs] *n* (a) (*clumsiness*) gaucherie *f*, maladresse *f*. (b) [*situation*] côté gênant *or* embarrassant. (c) (*discomfort*) embarras *m*, gêne *f*.
awl [ɔːl] *n* alène *f*, poinçon *m*.
awning ['ɔːnɪŋ] *n* [*Naut*] taud *m* or taude *f*, tente *f*; [*shop*] banne *f*, store *m*; [*hotel door*] marquise *f*, [*tent*] auvent *m*; (*in garden*) vélum *m*.
awoke [ə'wəʊk] *pret of* **awake**.
awoken [ə'wəʊkən] *ptp of* **awake**.
AWOL ['eɪwɒl] (*Mil*) *abbr of* **absent without leave**; *V* **absent**.
awry [ə'raɪ] *adj, adv* (a) (*askew*) de travers, de guingois*. (b) (*wrong*) de travers. **to go ~** [*plan etc*] s'en aller à vau-l'eau; [*undertaking*] mal tourner.
ax (*US*), **axe** [æks] **1** *n* hache *f*; (*fig: in expenditure etc*) coupe *f* sombre. (*fig*) **to have an ~ to grind** prêcher pour son saint (*fig*); (*fig*) **I've no ~ to grind** ce n'est pas mon intérêt personnel que j'ai en vue, je ne prêche pas pour mon saint; (*fig*) **when the ~ fell** quand le couperet est tombé.
   2 *vt* (*fig*) *scheme, project* annuler, abandonner; *jobs* supprimer; *employees* licencier. **to ~ expenditure** réduire les dépenses, faire *or* opérer des coupes sombres dans le budget.
axial ['æksɪəl] *adj* axial.
axiom ['æksɪəm] *n* axiome *m*.
axiomatic [,æksɪəʊ'mætɪk] *adj* axiomatique; (*clear*) évident.
axis ['æksɪs] *n, pl* **axes** ['æksiːz] axe *m*. (*Hist*) **the A~ (Powers)** les puissances *fpl* de l'Axe.
axle ['æksl] **1** *n* [*wheel*] axe *m*; (*Aut*: ~-**tree**) essieu *m*. **front/rear axle** essieu avant/arrière.
   2 *cpd*: (*Rail*) **axle-box** boîte *f* d'essieu; **axle cap** chapeau *m* de roue *or* de moyeu; **axle grease** graisse *f* à essieux; **axle-pin** esse *f*, clavette *f* d'essieu.
ay(e) [aɪ] **1** *particle* (*esp Scot, N Engl*) oui. (*Naut*) ~, ~ **sir!** oui, commandant (*or* capitaine etc).
   2 *n* oui *m*. (*in voting*) **the ~s and noes** les voix *fpl* pour et contre; **90 ~s and 2 noes** 90 pour et 2 contre; **the ~s have it** les oui l'emportent.
aye† [eɪ] *adv* (*Scot*) toujours.
Az. (*US*) *abbr of* **Arizona**.
azalea [ə'zeɪlɪə] *n* azalée *f*.
Azores [ə'zɔːz] *npl* Açores *fpl*.
Aztec ['æztek] **1** *n* Aztèque *mf*. **2** *adj* aztèque.
azure ['eɪʒə^r] **1** *n* azur *m*. **2** *adj* azuré, d'azur, bleu ciel *inv*.

B

B, b [biː] n (a) (letter) B, b m. **B for Baker** B comme Berthe; (in house numbers) **number 7b** numéro m 7 ter; (US) **B-girl*** entraineuse f (de bar). (b) (Mus) si m. (c) (Scol) bien ($\simeq$ 14 sur 20). (d) (Cine) ~ **movie** or **picture** or **film** film m de série B.
B.A. [biːˈeɪ] n abbr of **Bachelor of Arts**; V bachelor.
baa [baː] 1 n bêlement m. ~! bê!; ~-lamb (mot enfantin désignant un) petit agneau. 2 vi bêler.
babble [ˈbæbl] 1 n [voices] rumeur f; [baby] babil m, babillage m; [stream] gazouillement m.
  2 vi (hastily, indistinctly) bredouiller, bafouiller*; (foolishly) bavarder; [baby] gazouiller, babiller; [stream] jaser, gazouiller.
  3 vt (also ~ out) (hastily, indistinctly) bredouiller; (foolishly) raconter. **to ~ (out) a secret** laisser échapper un secret.
♦**babble away**, **babble on** vi babiller or jaser sans arrêt.
babbler [ˈbæblər] n bavard(e) m(f).
babbling [ˈbæblɪŋ] 1 adj person, baby, stream babillard. 2 n = babble (1).
babe [beɪb] n (a) (liter) bébé m, enfant mf (en bas âge), petit(e) enfant. ~ **in arms** enfant au berceau or qui vient de naître. (b) (*: inexperienced person) naïf m (f naïve), innocent(e) m(f). (c) (US‡: girl) pépée‡ f, minette* f, nana‡ f. **come on** ~! viens ma belle!
babel [ˈbeɪbəl] n (noise) brouhaha m; (confusion) tohu-bohu m; V tower.
baboon [bəˈbuːn] n babouin m.
baby [ˈbeɪbɪ] 1 n (a) bébé m. **the** ~ **of the family** le petit dernier, la petite dernière, le benjamin, la benjamine; **I have known him since he was a** ~ je l'ai connu tout petit or tout bébé; (pej) **don't be such a** ~ **(about it)!** ne fais pas l'enfant!; (fig) **he was left holding the** ~* tout lui est retombé dessus, il est resté avec lui-faire sur les bras*; (fig) **to throw out the** ~ **with the bathwater** jeter le bébé avec l'eau du bain, pécher par excès de zèle; V have.
  (b) (US‡) (girlfriend) copine* f, petite amie, nana‡ f; (man, person) mec‡ m. **come on** ~! (to woman) viens ma belle!; (to man) viens mon gars!*
  (c) (*: special responsibility) **the new system is his** ~ le nouveau système est son affaire, il est le père du nouveau système; **that's not my** ~ je n'ai rien à voir là-dedans.
  (d) (US‡: thing) petite merveille.
  2 vt (*) person dorloter, cajoler.
  3 cpd clothes etc de bébé; rabbit bébé-. **baby-batterer** bourreau m d'enfants; **baby-battering** mauvais traitements infligés aux enfants; **baby boom** baby boom m; **baby boy** petit garçon; **baby carriage** voiture f d'enfant; **baby-doll pyjamas** baby-doll m; **baby elephant** éléphanteau m; **baby face** visage poupin; **baby food(s)** aliments mpl infantiles; **baby girl** petite fille; **baby grand (piano)** (piano m) demi-queue m; **baby linen** layette f; **baby-minder** nourrice f (qui garde les enfants pendant que leurs mères travaillent); **baby-scales** pèse-bébé m; **baby seat** siège m pour bébés; **baby-sit** garder les bébés or les enfants; **baby-sitter** baby-sitter mf; **baby-sitting** garde f d'enfants, baby-sitting m; **to go baby-sitting** faire du baby-sitting; (fig) **he/she is a baby-snatcher!*** il/elle les prend au berceau*; **baby talk** langage enfantin or de bébé; **baby tooth*** dent f de lait; **baby-walker** trotte-bébé m inv.
babyhood [ˈbeɪbɪhʊd] n petite enfance.
babyish [ˈbeɪbɪʃ] adj puéril, enfantin.
Babylon [ˈbæbɪlən] n (Geog, fig) Babylone.
Babylonian [ˌbæbɪˈləʊnɪən] 1 adj babylonien. 2 n Babylonien(ne) m(f).
baccalaureate [ˌbækəˈlɔːrɪɪt] n (US Univ) licence f.
baccara(t) [ˈbækəraː] n baccara m.
bacchanal [ˈbækənæl] 1 adj bachique. 2 n (worshipper) adorateur m, -trice f de Bacchus; (reveller) noceur* m, -euse* f; (orgy) orgie f.
bacchanalia [ˌbækəˈneɪlɪə] n (festival) bacchanales fpl; (orgy) orgie f.
bacchanalian [ˌbækəˈneɪlɪən] adj, **bacchic** [ˈbækɪk] adj bachique.
Bacchus [ˈbækəs] n Bacchus m.
baccy‡ [ˈbækɪ] n (abbr of tobacco) tabac m.
bachelor [ˈbætʃələr] 1 n (unmarried man) célibataire m; V confirmed.
  (b) (Univ) **B~ of Arts/of Science/of Law** licencié(e) m(f) ès lettres/ès sciences/en droit; **B~ of Education/Engineering** licencié(e) d'enseignement/d'ingénierie; ~**'s degree** $\simeq$ licence f.
  (c) (Hist) bachelier m.
  2 adj uncle etc célibataire; life, habits de célibataire. **bachelor flat** garçonnière f, studio m; **bachelor girl** célibataire f.
bachelorhood [ˈbætʃələhʊd] n vie f de garçon, célibat m (hommes seulement).
bacillary [bəˈsɪlərɪ] adj bacillaire.
bacillus [bəˈsɪləs] n, pl **bacilli** [bəˈsɪlaɪ] bacille m.
back [bæk] 1 (phr vb elem) 1 n (a) [person, animal] dos m. **to be on one's** ~ (lit) être (étendu) sur le dos; (*: be ill) être au lit; **to fall on one's** ~ tomber à la renverse; **to carry sb/sth on one's** ~ porter qn/qch sur son dos; (fig) **behind sb's** ~ derrière le dos de qn, en cachette de qn; (fig) **he went behind the teacher's** ~ **to the head-**

---

master il est allé voir le directeur derrière le dos du professeur or en cachette du professeur; (lit, fig) ~ **to** ~ dos à dos (V also 4); **with one's** ~ **to the light** le dos à la lumière; **he had his** ~ **to the houses** il tournait le dos aux maisons; **to stand** or **sit with one's** ~ **to sb/sth** tourner le dos à qn/qch; **he stood with his** ~ (up) **against the wall** il était adossé au mur; (fig) **to have one's** ~ **to the wall** être au pied du mur (fig); **to put one's** ~ **into doing sth** mettre toute son énergie à faire qch; (fig) **put your** ~ **into it!*** allons, un peu de nerf!*; **to put** or **get sb's** ~ **up** braquer qn; **to get off sb's** ~ laisser qn en paix, cesser de harceler qn; (fig) **I was glad to see the** ~ **of him*** j'étais content de le voir partir; (fig) **he's at the** ~ **of*** all this trouble il est à l'origine de tous ces ennuis; V break, see¹ etc.
  (b) [chair] dossier m; [book] dos m. **the ship broke its** ~ le navire s'est cassé en deux; V hard etc.
  (c) (as opposed to front) (gen) dos m, derrière m; [hand, hill, medal] revers m; [record] deuxième face f; [dress] dos; [head, house] derrière; [page, cheque] verso m; [material] envers m. **you've got it on** ~ **to front** tu l'as mis devant derrière; **at the** ~ **of the book** à la fin du livre; **to sit in the** ~ **(of a car)** être à l'arrière (d'une voiture); (US) **in** ~ **of the house** derrière la maison; **I know Paris like the** ~ **of my hand** je connais Paris comme ma poche.
  (d) (furthest from the front) [cupboard, garden, hall, stage] fond m. **at the very** ~ tout au fond; (fig) **at the** ~ **of beyond*** au diable (vert*), en plein bled*.
  (e) (Ftbl etc) arrière m. **right/left** ~ arrière droit/gauche.
  2 adj (a) (not front) wheel arrière inv; door de derrière. (fig) **to enter a profession through the** ~ **door** entrer dans une profession par la petite porte; (Brit) ~ **garden** jardin m de derrière; ~ **room** chambre f sur le derrière or du fond (V also 4); ~ **seat** siège m de derrière, siège or banquette f arrière; (fig) **to take a** ~**seat*** passer au second plan; (fig) **he's a** ~**seat driver*** il est toujours à donner des conseils (au conducteur); (Aut) **in the** ~ **seat** sur le siège arrière; (Sport) ~ **straight** ligne droite opposée; (Ftbl) ~ **pass** passe f en retrait; ~ **street** rue écartée; (pej) rue mal fréquentée or mal famée; **he grew up in the** ~ **streets of Leeds** il a grandi dans les quartiers pauvres de Leeds; ~ **tooth** molaire f; (Ling) ~ **vowel** voyelle postérieure; ~ **wheel** roue f arrière.
  (b) (overdue) taxes arriéré. **to make up** ~ **payments** solder l'arriéré; ~ **interest** intérêts courus; **to owe** ~ **rent** devoir un arriéré de loyer.
  3 adv (a) (to the rear) en arrière, à or vers l'arrière. **(stand)** ~! rangez-vous!, reculez!; **far** ~ loin derrière; **the house stands** ~ **from the road** la maison est en retrait par rapport à la route; **to go** ~ **and forth**, **to go** ~ **and forward** [person] faire des allées et venues; [pendulum] osciller; [piston] faire un mouvement de va-et-vient; V keep back, look back, pull back etc.
  (b) (in return) **to give** ~ rendre; V answer back, pay back etc.
  (c) (again: often re-+ vb in French) **to come** ~ revenir; **to go** ~ retourner; **to go** ~ **home** rentrer (chez soi); **to be** ~ être de retour, être rentré; **he's not** ~ **yet** il n'est pas encore rentré or revenu; **I'll be** ~ **at 6** je serai de retour or je rentrerai à 6 heures; **as soon as I'm** ~ dès mon retour; **he went to Lyons and then** ~ **to Paris** il est allé à Lyon et puis est rentré à Paris; **he went to Paris and** ~ il a fait le voyage de Paris aller et retour, il a fait Paris et retour*; **the journey there and** ~ le trajet aller et retour; **you can go there and** ~ **in a day** tu peux faire l'aller et retour en une journée.
  (d) (in time phrases) **as far** ~ **as 1800** dès 1800, en 1800 déjà; **far** ~ **in the past** à une époque reculée; **a week** ~* il y a une semaine.
  4 cpd: **backache** mal m de dos or aux reins; (Brit Parl) **backbench** banc m des membres sans portefeuille (de la majorité ou de l'op-position); **backbencher** membre m du Parlement sans portefeuille (dans la majorité comme dans l'opposition); **the backbenchers** le gros des députés; **backbite** médire de, débiner*; **backbiting** médisance f; (US Sport) **backboard** panneau m; (Brit) **back boiler** (petite) chaudière f (à l'arrière d'une cheminée); **backbone** V back-bone; **back-breaking work** travail m à vous casser les reins; **back burner**: (n) **to put sth on the back burner** mettre qch en veilleuse or en attente; (adj) **a back burner issue** (postponed) une question mise en attente; (to be postponed) une question à mettre en attente; **backchat** (*U) impertinence f; (Brit: Theat, fig) **back-cloth** toile f de fond; (Brit) **back-comb** hair crêper; **backdate** cheque antidater; **increase backdated to January** augmentation f avec rappel or avec effet rétroactif à compter de janvier; **backdoor** loan, attempt etc déguisé; **backdrop** = back-cloth; [bus, train] **back-end** arrière m; (Brit) **back-end of the year** arrière-saison f; **backfire** V back-fire; (Ling) **back-formation** dérivation régressive; **backgammon** trictrac m, jacquet m; **background** V background; **backhand** (adj) blow en revers; writing penché à gauche; (n) (Tennis) revers m; **backhand drive** coup m droit de dos; **backhand volley** volée f de revers; (fig) **backhanded** action déloyal; compliment équivoque; (Brit) **backhander** (blow) revers m; (: reproof) réprimande f, semonce f; (*: bribe) pot-de-vin m; **back-kitchen** arrière-cuisine f; **backlash** (Tech) secousse f, saccade f; [explosion] contre-coup m, répercussion f, (Pol, fig) réaction brutale, répercussions fpl, choc

m en retour; (*fig*) **there will be a white ~** il y aura un choc en retour chez les Blancs; (*US Sport*) **back-line player** arrière *m*; **backlog** (*of rent etc*) arriéré *m* (de loyers); (*of work*) arriéré de travail, accumulation *f* de travail (en retard); (*Comm*) **backlog of orders** commandes *fpl* en carnet, commandes inexécutées; (*Fin*) **backlog of accumulated arrears** accumulation *f* d'arriérés de paiement; *[newspaper etc]* **back number** vieux numéro; *[person]* **to be a back number** ne plus être dans le coup*; **back-pack** (*Space*) appareil dorsal de survie; (*Sport*) sac *m* à dos *or* de montagne; **back-packer** randonneur *m*, -euse *f*; **to go back-packing** faire de la randonnée (*sac au dos*); (*Med*) **back pain** mal *m or* maux *mpl* de dos; **back pay** rappel *m* de salaire *or* de traitement; (*Mil, Naut*) rappel *or* arriéré *m* de solde; **back-pedal** rétropédaler, pédaler en arrière; (*fig: retreat*) faire marche arrière; **back-pedalling** (*lit*) rétropédalage *m*; (*fig*) reculade *f*; (*Cine*) **back projection** transparence *f*; **backrest** dossier *m*; (*fig*) **the backroom boys*** (*gen*) ceux qui restent dans la coulisse; (*experts, scientists*) les chercheurs *mpl* anonymes *or* qui travaillent dans l'anonymat; **backshift** (*period*) poste *m* du soir; (*workers*) équipe *f* du soir; **to be on the backshift** faire le (poste du) soir; **back-shop** arrière-boutique *f*; **backside** (*back part*) arrière *m*; (*: buttocks*) derrière *m*, postérieur* *m*; **back sight** *[rifle]* cran *m* de mire; (*Surv*) rétrovisée *f*; (*fig*) **backslapping*** (grandes) démonstrations *fpl* d'amitié; **back-slider** (*ex-prisoner*) récidiviste *mf*; **backsliding** (*gen*) récidive *f*; (*Typ*) **backspace** rappeler le chariot; (*Typ*) **backspacer** rappel *m* de chariot, rappel arrière; **backstage** (*adv*) derrière la scène, dans la *or* les coulisse(s); (*n*) coulisse(s) *f(pl)*; **to go backstage** aller dans la coulisse; **backstair(s)** *V* **backstair(s); backstitch** point *m* arrière; **backstreet abortionist** faiseuse *f* d'anges; (*Swimming*) **backstroke** dos crawlé; **back talk** (*US*: *U*) = **backchat**; (*Brit*) a **row of back-to-back houses** une rangée de maisons adossées les unes aux autres; **back-to-the-office report** compte rendu de mission; **backtrack** faire marche arrière *or* machine arrière (*fig*); **to backtrack on a promise** revenir sur une promesse; (*US*) **to backtrack home*** retourner chez soi; **backup** *V* **backup**; **backward** *V* **backward**; (*Naut, fig*) **backwash** remous *m* (*from* provoqué par); **backwater** (*pool*) eau stagnante; *[river]* bras mort; (*fig: backward place*) trou perdu; (*fig: peaceful spot*) (petit) coin *m* tranquille; **to live in a backwater** habiter un petit coin tranquille; (*pej*) habiter en plein bled* (*pej*); **backwoods** région (forestière) inexploitée; (*fig pej*) **to live in the backwoods** vivre en plein bled* (*pej*); **backwoodsman** pionnier *m*; (*fig pej*) rustre *m*; **backyard** (*Brit*) arrière-cour *f*; (*US*) jardin *m* (de derrière).

5 *vt* (**a**) (*strengthen, support*) *wall* renforcer; *map* entoiler, renforcer; *book* endosser; *picture* maroufler; (*fig*) *singer* accompagner; (*encourage, support*) *person* soutenir, appuyer; *candidate* pistonner*; (*finance*) *person, enterprise* financer, commanditer; *loan* garantir. (*Fin*) **to ~ a bill** endosser *or* avaliser un effet; *V* **hilt**.

(**b**) (*bet on*) *horse* parier sur, miser sur, jouer. **the horse was heavily ~ed** le cheval était bien coté; **to ~ a horse each way** jouer un cheval gagnant et placé; (*lit, fig*) **to ~ the wrong horse** miser sur le mauvais cheval; **to ~ a loser** (*Sport*) parier *or* miser sur un (cheval) perdant; (*Comm*) ~ mal placer son argent; (*fig*) soutenir une cause perdue d'avance.

(**c**) (*reverse*) *car, horse, cart* faire reculer; *train* refouler. **to ~ the car in/out** *etc* entrer/sortir *etc* en marche arrière; (*Naut*) **to ~ water** *or* **the oars** nager à culer.

6 *vi* (**a**) (*move backwards*) *[person, animal]* reculer; *[vehicle]* faire marche arrière. **to ~ in/out** *etc [vehicle]* entrer/sortir *etc* en marche arrière; *[person]* entrer/sortir *etc* à reculons.

(**b**) *[wind]* tourner en sens inverse des aiguilles d'une montre.

◆**back away** *vi* (se) reculer. **to back away from** *problem etc* prendre ses distances par rapport à.

◆**back down** *vi* (*lit*) descendre à reculons; (*fig*) se dérober, se dégonfler*.

◆**back off** *vi* ne pas insister; (*US: withdraw*) tirer son épingle du jeu.

◆**back on to** *vt fus [house etc]* donner par derrière sur.

◆**back out 1** *vi* (*lit*) *[person]* sortir à reculons; *[car etc]* sortir en marche arrière (*of* de); (*fig*) *[of problem, deal]* se dégager (*of* de); (*of argument, duty*) se soustraire (*of* à), se dérober (*of* de). **at the last minute he backed out (of the outing)** à la dernière minute il a décidé de ne pas venir.

2 *vt sep vehicle* sortir en marche arrière.

◆**back up 1** *vi* (**a**) (*Aut*) faire marche arrière.

(**b**) *[water]* refouler.

(**c**) (*Comput*) *file* sauvegarder.

2 *vt sep* (**a**) (*support*) appuyer, soutenir, épauler.

(**b**) (*reverse*) *vehicle* faire reculer.

3 *backup* *V* **backup**.

backbone ['bækbəʊn] *n* (**a**) *[person, animal]* épine dorsale, colonne vertébrale; *[fish]* arête centrale. **English to the ~** anglais jusqu'à la moelle (des os).

(**b**) (*main part, axis*) point *m* d'appui, pivot *m*. **to be the ~ of an** organization être *or* former le pivot d'une organisation.

(**c**) (*strength of character*) énergie *f*, fermeté *f*, caractère *m*. **he's got no ~** c'est un mollusque.

-backed (*ending in cpds*) (**a**) à dossier. **low-backed chair** chaise *f* à dossier bas. (**b**) doublé de. **rubber-backed carpet** tapis doublé de caoutchouc. (**c**) (*supported by*) soutenu (*by* par). **American-backed** soutenu par les américains.

backer ['bækər] *n* (*supporter*) partisan(e) *m(f)*; (*Betting*) parieur *m*, -euse *f*; (*Fin*) *[bill]* avaliseur *m*; *firm, play, film* commanditaire *m*.

backfire ['bæk'faɪər] **1** *n* (*Aut*) (*explosion*) raté *m* (d'allumage); (*noise*) pétarade *f*; (*US: for halting a fire*) contre-feu *m*. **2** *vi* (*Aut*) pétarader, avoir un raté (d'allumage); (*miscarry*) *[plan etc]* échouer, foirer*; (*US: halt a fire*) allumer un contre-feu. (*fig*) his

attacks on his opponent seemed to ~ ses attaques contre son adversaire se sont retournées contre lui.

background ['bækgraʊnd] **1** *n* (**a**) (*Theat, Cine*) découverte *f*; *[picture, photo]* fond *m*. **in the ~** dans le fond, à l'arrière-plan (*V also* b); **on a blue ~** sur fond bleu.

(**b**) (*fig*) arrière-plan *m*, second plan. **to remain in the ~** s'effacer, rester dans l'ombre; **to keep sb in the ~** tenir qn à l'écart.

(**c**) (*circumstances etc*) antécédents *mpl*; (*Soc*) milieu socio-culturel, cadre *m* de vie; (*Pol*) climat *m* politique; (*basic knowledge*) données *fpl or* éléments *mpl* de base; (*experience*) fonds *m*, acquis *m*, formation *f*. **he has a good professional ~** il a de l'acquis *or* une bonne formation; **family/working-class ~** milieu familial/ ouvrier; **what is his ~?** (*social*) de quel milieu est-il?; (*professional*) qu'est-ce qu'il a comme formation?; (*fig*) **from diverse ~s** venant d'horizons différents; **what is the ~ to these events?** quel est le contexte de ces événements?; **this decision was taken against a ~ of violence** cette décision a été prise dans un contexte de violence.

(**d**) (*relevant information*) documentation *f*. **to fill in the ~** compléter la documentation.

2 *cpd*: (*Rad, Theat, TV etc*) **background music** musique *f* de fond; **to play sth as background music** passer qch en fond sonore; **background noise** bruit *m* de fond; **background paper** documents *m* de référence *or* d'information; **background reading** lectures générales (autour du sujet); (*Press*) **background story** papier *m* d'ambiance; **background studies** (études *fpl* de) culture générale.

backing ['bækɪŋ] **1** *n* (**a**) (*lit*) renforcement *m*, support *m*; *[book]* endossure *f*; *[picture]* entoilage *m*; (*fig*) (*Fin, Pol*) soutien *m*; (*Mus*) accompagnement *m*.

(**b**) (*Betting*) paris *mpl*.

(**c**) (*movement*) *[horse, cart etc]* recul *m*; *[boat]* nage *f* à culer; *[wind]* changement *m* de direction en sens inverse des aiguilles d'une montre.

2 *cpd*: (*Comput*) **backing store** mémoire *f* auxiliaire.

backstair(s) ['bæk'stɛə(z)] **1** *n* escalier *m* de service; (*secret*) escalier dérobé. (*fig*) ~ **gossip** propos *mpl* d'antichambre; (*fig*) ~ **intrigue** menées *fpl*, manigances *fpl*. **2** *adj, adv* (*in servants' quarter*) du côté des domestiques; (*fig*) **rumour, gossip** de couloirs.

backup ['bækʌp] **1** *n* (*support*) appui *m*, soutien *m* (*from* sb de qn); (*reserves*) réserves *fpl*, *[personnel]* remplaçants *mpl* (éventuels).

2 *adj* (**a**) *vehicles, supplies, weapons* supplémentaire, de réserve; *pilot, personnel etc* remplaçant.

(**b**) (*Comput*) de secours. **backup store** mémoire *f* auxiliaire; ~ **file** sauvegarde *f*.

backward ['bækwəd] **1** *adj* (**a**) (*to the rear*) *look, step* en arrière; (*fig*) *step, move* rétrograde, en arrière. ~ **and forward movement** mouvement *m* de va-et-vient; ~ **flow** contre-courant *m*.

(**b**) (*retarded*) *district, nation, culture* arriéré, peu avancé; (*Med*) *child* retardé.

(**c**) (*reluctant*) lent, peu disposé (*in doing* à faire), hésitant. **he was not ~ in taking the money** il ne s'est pas fait prier pour prendre l'argent.

2 *adv* = **backwards**.

3 *cpd*: **backward-looking** *project, attitude* rétrograde.

backwardness ['bækwədnɪs] *n* (*Psych*) retard mental; (*Econ*) état arriéré; (*reluctance, shyness*) manque *m* d'empressement, lenteur *f* (*in doing* à faire). **industrial ~** retard industriel.

backwards ['bækwəd(z)] (*phr vb elem*) *adv* (**a**) (*towards the back*) en arrière. **to fall ~** tomber à la renverse; **to flow ~** aller *or* couler à contre-courant; **to walk ~ and forwards** marcher de long en large, aller et venir; **to go ~ and forwards between two places** aller et venir *or* faire la navette entre deux endroits; *V* **lean** over.

(**b**) (*back foremost*) à rebours. **to go/walk ~** aller/marcher à reculons *or* à rebours; **the car moved ~ a little** la voiture a reculé un peu.

(**c**) (*in reverse of usual way*) à l'envers, en commençant par la fin. **I know the poem ~*** je sais le poème sur le bout des doigts; **I know this road ~*** je connais cette route comme ma poche; (*fig: misunderstood*) **he's got it ~*** il a tout compris de travers.

(**d**) (*fig: in time*) en arrière, vers le passé. **to look ~** jeter un regard en arrière, remonter dans le passé; **to reckon ~ to a date** remonter jusqu'à une date.

(**e**) (*retrogressively*) en rétrogradant.

bacon ['beɪkən] *n* lard *m* (*gén en tranches*). ~ **fat/rind** gras *m*/ couenne *f* de lard; ~ **and eggs** œufs *mpl* au lard; a ~ **rasher** une tranche de lard; ~ **-slicer** coup-jambon *m inv*; (*fig*) **to bring home the ~*** décrocher la timbale*; *V* **boil¹, save¹, streaky**.

Baconian [beɪ'kəʊnɪən] *adj* baconien.

bacteria [bæk'tɪərɪə] *npl of* **bacterium**.

bacterial [bæk'tɪərɪəl] *adj* bactérien.

bacteriological [bæk,tɪərɪə'lɒdʒɪkəl] *adj* bactériologique.

bacteriologist [bæk,tɪərɪ'ɒlədʒɪst] *n* bactériologiste *mf*.

bacteriology [bæk,tɪərɪ'ɒlədʒɪ] *n* bactériologie *f*.

bacterium [bæk'tɪərɪəm] *n, pl* **bacteria** bactérie *f*.

bad [bæd] **1** *adj, comp* **worse**, *superl* **worst** (**a**) (*wicked*) *action, habit* mauvais; *person* méchant; *behaviour* mauvais, détestable. ~ **language** grossièretés *fpl*, gros mots; **he's a ~ lot*** c'est un mauvais sujet *or* un sale type*; **it was a ~ thing to do/to say** ce n'était pas bien de faire cela/de dire cela; **it was very ~ of him to frighten the children** ce n'était vraiment pas bien de sa part de faire peur aux enfants; **you ~ boy!** vilain!, méchant!; ~ **dog!** vilain chien!

(**b**) (*inferior*) *workmanship* mauvais, de mauvaise qualité; (*decayed*) *food* mauvais, gâté; *tooth* carié; (*false*) *coin, money* faux (*f* fausse); (*unfavourable*) *report* mauvais; *opinion* mauvais, triste; *result* mauvais, malheureux; (*unpleasant*) *news, weather, smell* mauvais; (*serious*) *mistake, accident, wound* grave. **it is not so ~ ce n'est pas si mal; **it is not ~ at all** ce n'est pas mal du tout; **(that's) too ~!** (*indignant*) c'est un peu fort!; (*sympathetic*) quel dommage!; **it's too ~ of you** ce n'est vraiment pas bien de votre part; **she's ill? that's very ~** elle est malade? c'est bien ennuyeux; **how is he? — (he's) not so ~** comment va-t-il? — (il ne va) pas trop mal; **I did not know she was so ~** je ne la savais pas si malade; **that is ~ for the health/the eyes** cela ne vaut rien *or* c'est mauvais pour la santé/les yeux; **this is ~ for you** cela ne vous vaut rien; **it's ~ for him to eat fatty foods** les aliments gras sont mauvais pour lui; (*Med*) **to feel ~** se sentir mal; (*fig*) **I feel ~ about it*** je suis ennuyé; **things are going from ~ to worse** tout va *or* les choses vont de mal en pis; **business is ~** les affaires vont mal; **she speaks ~ English** elle parle un mauvais anglais; **to go ~** *[food]* se gâter, pourrir; *[milk]* tourner; *[bread etc]* moisir; *[teeth]* se gâter, se carier; **it's a ~ business** (*sad*) c'est une triste affaire; (*unpleasant*) c'est une mauvaise histoire; (*Insurance*) **~ claim** réclamation mal fondée; **a ~ cold** un gros *or* sale* rhume; **~ debt** créance douteuse *or* irrécouvrable; **to come to a ~ end** mal finir; **a ~ error of judgment** une grossière erreur de jugement; **in ~ faith** de mauvaise foi; **it is ~ form to do it** il est de mauvais ton de faire; **I've got a ~ head** j'ai mal à la tête; **~ headache** violent mal de tête; **her ~ leg** sa mauvaise jambe, sa jambe malade; **to be in a ~ mood** *or* **temper** être de mauvaise humeur; **to have a ~ name** avoir (une) mauvaise réputation; **~ quality food/material** *etc* aliments *mpl*/ tissu *m etc* de qualité inférieure *or* de mauvaise qualité; (*Ling*) **in a ~ sense** dans un sens péjoratif; **there is a ~ smell in this room** ça sent mauvais dans cette pièce; **it wouldn't be a ~ thing (to do)** ça ne ferait pas de mal (de faire), ce ne serait pas une mauvaise idée (de faire); *V* **news, penny, shot** *etc.*

2 *n* (*U*) mauvais *m.* **to take the good with the ~** prendre le bon avec le mauvais; **he's gone to the ~*** il a mal tourné; **I am 50p to the ~*** j'en suis de 50 pence*; (*US*) **I'm in ~ with him** je ne suis pas dans ses petits papiers, je suis mal vu de lui.

3 *adv* (*is obsessed by*) **he's got it ~*** (*about hobby etc*) c'est une marotte chez lui; (*about person*) il l'a dans la peau‡.

4 *cpd:* (*US*) **badlands bad-lands** *mpl;* (*US*) **badman*** bandit *m;* **bad-mannered** mal élevé; (*US*) **bad-mouth*** débiner*; **bad-tempered** *person* qui a un mauvais caractère, (*one one occasion*) de mauvaise humeur; *look, answer* désagréable.

baddie‡ ['bædɪ] *n* méchant *m.*

baddish ['bædɪʃ] *adj* pas fameux, pas brillant.

bade [beɪd] *pret of* **bid.**

badge [bædʒ] *n [team, association]* insigne *m; [an order, police]* plaque *f;* (*Mil*) insigne; (*sew-on, stick-on: for jeans etc*) badge *m;* (*Scouting*) badge; (*fig: symbol*) symbole *m*, signe *m* (distinctif). **his ~ of office** l'insigne de sa fonction.

badger ['bædʒər] **1** *n* (*animal, brush*) blaireau *m.* (*US*) **the B~ State** le Wisconsin. **2** *vt* harceler, importuner (*with de*). **to ~ sb to do sth** harceler qn jusqu'à ce qu'il fasse qch; **to ~ sth out of sb** soutirer qch à qn à force de le harceler.

badly ['bædlɪ] *adv, comp* **worse,** *superl* **worst** **(a)** mal. **~ dressed** mal habillé; (*in interview, exam etc*) **he did ~** il a mal réussi, ça a mal marché (pour lui); **you did ~** (*out of it*), **you came off ~** tu n'as pas été gâté; **I came off ~ in that transaction** c'est moi qui ai fait les frais de cette transaction; (*Comm, Fin*) **to be doing ~** faire de mauvaises affaires; **things are going ~** les choses vont *or* tournent mal; **he took it very ~** il a très mal pris la chose; *[machine etc]* **to work ~** mal fonctionner; **to be ~ off** être dans la gêne; **he is ~ off for space** il manque de place.

(b) (*seriously*) *wound, injure* grièvement, gravement; *disrupt, affect* sérieusement, gravement. **they were ~ defeated (by)** ils se sont vu infliger une sévère défaite (par), ils ont subi une sévère défaite; **he was ~ beaten** (*physically*) il a reçu des coups violents, on l'a violemment frappé; **the ~ disabled** les grands infirmes, les grands invalides.

(c) (*very much*) **to want sth ~** avoir grande envie de qch; **I need it ~** j'en ai absolument besoin, il me le faut absolument; **he ~ needs a beating*** il a sérieusement besoin d'une correction.

badminton ['bædmɪntən] *n* badminton *m.*

badness ['bædnɪs] *n* (*U*) **(a)** (*poor quality*) mauvaise qualité, mauvais état. **(b)** (*wickedness*) méchanceté *f.*

Baffin ['bæfɪn] *n:* **~ Bay** mer *f or* baie *f* de Baffin; **~ Island** terre *f* de Baffin.

baffle ['bæfl] **1** *vt person* déconcerter, dérouter; *pursuers* semer; *plot* déjouer; *hope, expectation* décevoir, tromper; *description, explanation* échapper à, défier.

2 *n* (*Tech*) déflecteur *m;* (*Acoustics*) baffle *m.*

3 *cpd:* **baffle-board** écran *m;* **baffle-plate** (*Tech*) déflecteur *m;* (*Acoustics*) baffle *m.*

baffling ['bæflɪŋ] *adj* déconcertant, déroutant.

bag [bæg] **1** *n* sac *m;* (*luggage*) valise *f;* (*Zool*) sac, poche *f.* **a ~ of sweets/apples** *etc* un sac de bonbons/pommes *etc;* (*Brit*) **a ~ of chips** un cornet de frites; **~s** (*luggage*) bagages *mpl*, valises *fpl;* (*Brit‡: trousers*) falzar‡ *m*, pantalon *m;* (*Brit*) **~s of*** des masses de*; *paper* **~** sac en papier; **she's got ~s under the eyes*** elle a des poches sous les yeux; **with ~ and baggage** avec armes et bagages; **to pack up ~ and baggage** plier bagage, prendre ses cliques et ses claques*; **the whole ~ of tricks** tout le bataclan*, tout le fourbi*; **tea/coffee ~** sachet *m* de thé/café; (*Hunting*) **to get a good ~** faire bonne chasse, faire un beau tableau; **it's in the ~*** c'est dans le sac* *or* dans la poche*; (*US*) **to be left holding the ~*** payer les pots cassés*; (*pej*) **she's an old ~‡** (*ugly*) c'est un vieux tableau*; (*grumpy*) c'est une vieille teigne; *V* **cat, money** *etc.*

2 *vt* **(a)** (*: get possession of*) empocher, mettre le grappin sur*; (*: steal*) faucher*, piquer‡; (*Brit*) **~s I, I ~s(that)!‡** moi, je le prends!; (*claim in advance*) **Anne has already ~ged that seat** Anne s'est déjà réservé cette place.

(b) (*Hunting: kill*) tuer.

(c) (*also ~ up*) *flour, goods* mettre en sac, ensacher.

3 *vi* (*also ~ out*) *[garment]* goder.

4 *cpd:* **bag lady*** clocharde *f;* **bagpiper** joueur *m* de cornemuse, joueur de biniou; **bagpipe(s)** *[Scotland]* cornemuse *f; [Brittany]* biniou *m*, cornemuse; **bag-snatching** vol *m* à l'arraché.

bagatelle [ˌbægə'tel] *n* (*trifle*) bagatelle *f;* (*Mus*) divertissement *m;* (*board game*) sorte *de flipper;* (*Billiards*) billard anglais, billard à blouses.

bagel ['beɪgl] *n* (*Culin*) petit pain en croissant ou en couronne.

bagful ['bægfʊl] *n* sac plein, plein sac.

baggage ['bægɪdʒ] **1** *n* (*luggage*) bagages *mpl;* (*Mil*) équipement *m;* *V* **bag.** **(b)** (**†*) (*pert girl*) coquine† *f.*

2 *cpd:* (*esp US*) **baggage car** fourgon *m;* **baggage check** bulletin *m* de consigne; (*US*) **baggage checkroom** consigne *f;* **baggage elastic** pieuvre *f;* **baggage handler** bagagiste *m;* **baggage locker** (casier *m* de) consigne *f* automatique; *[airport]* **baggage reclaim** livraison *f* des bagages; **baggage room** consigne *f;* (*Mil*) **baggage train** train *m* des équipages; **baggage wagon = baggage car.**

bagging ['bægɪŋ] *n* (*Tex*) toile *f* à sac.

baggy ['bægɪ] *adj* **(a)** (*puffy*) gonflé, bouffant. **(b)** *jacket, coat* trop ample, flottant; (*fashionably*) ample. **trousers ~ at the knees** pantalon *m* qui fait des poches aux genoux.

Bahama [bə'hɑːmə] *adj, n:* **the ~ Islands, the ~s** les Bahamas *fpl.*

Bahamian [bə'heɪmɪən] **1** *n* bahamien(ne) *m(f).* **2** *adj* bahamien.

Bahrain [baːˈreɪn] *n* Bahrein *m.*

Bahraini [baːˈreɪnɪ] **1** *n* bahreinite *mf.* **2** *adj* bahreinite.

Bahrein [baːˈreɪn] *n* Bahrein *m.*

Baikal [baɪˈkɑːl] *n:* **Lake ~** le lac Baïkal.

bail¹ [beɪl] **1** *n* (*Jur*) mise *f* en liberté sous caution; (*sum*) caution *f;* (*person*) caution, répondant *m.* **on ~** sous caution; **to free sb on ~** mettre qn en liberté provisoire sous caution; **to go** *or* **stand ~ for sb** se porter *or* se rendre garant de qn; **to find ~ for sb** fournir une caution pour qn (*pour sa mise en liberté provisoire*); **to ask for/ grant/refuse ~** demander/accorder/refuser la mise en liberté sous caution; **to put up ~ for sb** payer la caution de qn; *V* **jump, remand.**

2 *vt* **(a)** (*Jur*) (*also ~ out*) faire mettre en liberté provisoire sous caution. **(b)** *goods* mettre en dépôt.

♦**bail out** *vt sep* **(a)** = **bail¹ 2a.**

(b) (*fig*) sortir d'affaire.

bail² [beɪl] *n* (*Cricket*) bâtonnet *m.*

bail³ [beɪl] **1** *vt boat* écoper; *water* vider. **2** *n* écope *f.*

♦**bail out 1** *vi* (*Aviat*) sauter (en parachute).

2 *vt sep boat* écoper; *water* vider; *person, firm* renflouer, tirer d'affaire; *project* renflouer. (*fig*) **to bail o.s. out** s'en sortir.

bailee [beɪˈliː] *n* (*Jur*) dépositaire *m.*

bailey ['beɪlɪ] *n* (*wall*) mur *m* d'enceinte; (*courtyard*) cour intérieure. **B~ bridge** pont *m* Bailey; *V* **old.**

bailiff ['beɪlɪf] *n* (*Jur*) huissier *m;* (*Brit*) *[estate, lands]* régisseur *m*, intendant *m;* (*Hist*) bailli *m*, gouverneur *m.*

bailor ['beɪlər] *n* (*Jur*) déposant *m.*

bairn [bɛən] *n* (*Scot, N Engl*) enfant *mf.*

bait [beɪt] **1** *n* (*Fishing, Hunting*) amorce *f*, appât *m;* (*fig*) appât, leurre *m.* (*lit, fig*) **to take** *or* **rise to** *or* **swallow the ~** mordre à l'hameçon.

2 *vt* **(a)** *hook, trap* amorcer, appâter, garnir.

(b) (*torment*) tourmenter; *V* **bear².**

baize [beɪz] *n* serge *f*, reps *m;* (*Snooker*) tapis *m.* **(green) ~ door** porte matelassée.

bake [beɪk] **1** *vt* **(a)** (*Culin*) faire cuire au four. **she ~s her own bread** elle fait son pain elle-même; **to ~ a cake** faire (cuire) un gâteau; **~d apples/potatoes** pommes *fpl*/pommes de terre au four; **~d Alaska** omelette norvégienne; **~d beans** haricots blancs à la sauce tomate; *V* **half.**

(b) *pottery, bricks* cuire (au four). **earth ~d by the sun** sol desséché *or* cuit par le soleil.

2 *vi* **(a)** *[bread, cakes]* cuire (au four).

(b) **she ~s every Tuesday** (*makes bread*) elle fait du pain le mardi; (*bakes cakes*) elle fait de la pâtisserie tous les mardis.

(c) *[pottery etc]* cuire. (*fig*) **we are baking in this heat*** on cuit* *or* on grille* par cette chaleur; **it's baking (hot) today!*** il fait une de ces chaleurs aujourd'hui!

3 *cpd:* **bakehouse** boulangerie *f* (*lieu de fabrique*).

Bakelite ['beɪkəlaɪt] *n* ® Bakélite *f* ®.

baker ['beɪkər] *n* boulanger *m*, -ère *f.* **~'s shop** boulangerie *f;* (*fig*) **~'s dozen** treize à la douzaine.

bakery ['beɪkərɪ] *n* boulangerie(-pâtisserie) *f.*

Bakewell tart ['beɪkwel'taːt] *n* tourte *f* de Bakewell.

baking ['beɪkɪŋ] **1** *n* (*U*) cuisson *f.* **the bread is our own ~** nous faisons le pain nous-mêmes.

(b) *[bread]* fournée *f; [bricks etc]* cuisson *f.*

2 *cpd:* **baking dish** plat *m* allant au four; **baking powder** levure *f* (chimique), ≃ levure alsacienne; **baking sheet = baking tray; baking soda** bicarbonate *m* de soude; **baking tin** *[cakes]* moule *m* (à gâteaux); *[tarts]* tourtière *f;* **baking tray** plaque *f* à gâteaux *or* de four.

baksheesh ['bækʃiːʃ] *n* bakchich *m.*

Balaclava, Balaklava [ˌbælə'klɑːvə] *n* (*Geog*) Balaklava. (*Brit*) **b~** (*helmet*) passe-montagne *m.*

balalaika [ˌbælə'laɪkə] *n* balalaïka *f.*

balance ['bæləns] **1** *n* **(a)** (*scales*) balance *f.* (*fig*) **to be** *or* **hang in the ~** être en balance; (*fig*) **to hold the ~** faire pencher la balance; *V* **spring.**

(b) (*U: equilibrium*) équilibre *m*, aplomb *m.* (*lit, fig*) **to keep/lose one's ~** garder/perdre son équilibre; (*lit, fig*) **off ~** mal équilibré; **to throw sb off ~** (*lit*) faire perdre l'équilibre à qn; (*fig*) couper le

souffle à qn; **the ~ of nature** l'équilibre *m* de la nature; (*Jur*) **when the ~ of his mind was disturbed** alors qu'il n'était pas responsable de ses actes; (*fig*) **to strike a ~** trouver le juste milieu; **he has no sense of ~** il n'a aucun sens des proportions *or* de la mesure; **a nice ~ of humour and pathos** un délicat dosage d'humour et de pathétique.
  (**c**) (*Comm, Fin*) solde *m*; (*also* **bank ~**) solde *m* (d'un compte). (*in bank*) **what's my ~?** quelle est la position de mon compte?; **credit/debit ~** solde créditeur/débiteur; **in hand** solde créditeur; **~ carried forward** (*gen*) solde à reporter; (*on balance sheet*) report *m* à nouveau; **~ due** solde débiteur; **to pay off the ~ of an account** solder un compte; (*Econ*) **~ of trade** balance *f* commerciale; **~ of payments** balance des paiements; **sterling ~s** balances sterling; (*fig*) **on ~** à tout prendre, tout compte fait.
  (**d**) (*remainder*) reste *m*.
  (**e**) [*clock, watch*] régulateur *m*, balancier *m*.
  2 *cpd*: **balance of payments surplus** excédent *m* de la balance des paiements; **balance of payments deficit** déficit *m* de la balance des paiements; **balance of power** balance *or* équilibre *m* des forces; **the European balance of power** l'équilibre européen; **balance of terror** équilibre de la terreur; **balance sheet** bilan *m*; **balance weight** contrepoids *m*.
  3 *vt* (**a**) (*maintain equilibrium of*) tenir en équilibre; (*place in equilibrium*) mettre *or* poser en équilibre; [*wheels*] équilibrer; (*fig*) équilibrer, compenser. **I ~d the glass on top of the books** je plaçai en équilibre le verre sur les livres; **the seal ~d the ball on its nose** le phoque posa le ballon en équilibre sur son nez.
  (**b**) (*compare etc*) balancer, peser; **two arguments, two solutions** comparer. **this must be ~d against that** il faut peser le pour et le contre.
  (**c**) (*counterbalance*) (*in weighing, symmetrical display etc*) équilibrer; (*in value, amount*) compenser, contre-balancer. [*2 objects*] **they ~ each other** (*in weighing*) ils se font contrepoids; (*in symmetrical display*) ils s'équilibrent.
  (**d**) (*Comm, Fin*) **to ~ an account** arrêter un compte; **to ~ the budget** équilibrer le budget; **to ~ the books** arrêter les comptes, dresser le bilan; **to ~ the cash** faire la caisse.
  4 *vi* (**a**) [*2 objects*] se faire contrepoids; [*acrobat etc*] se maintenir en équilibre; [*scales*] être en équilibre. **to ~ on one foot** se tenir en équilibre sur un (seul) pied.
  (**b**) (*Comm, Fin*) [*accounts*] s'équilibrer, être en équilibre.
  ◆**balance out** *vt sep* (*fig*) contrebalancer, compenser.
balanced ['bælənst] *adj* (*gen*) équilibré. **~ views** vues *fpl* sensées *or* mesurées.
balancing ['bælənsɪŋ] *n* (**a**) (*equilibrium*) mise *f* en équilibre, stabilisation *f*. **to do a ~ act** (*Theat*) faire de l'équilibrisme; (*fig*) jongler.
  (**b**) (*Comm, Fin*) **~ of accounts** règlement *m* *or* solde *m* des comptes; (*Comm, Fin*) **~ of the books** balances *fpl* (mensuelles).
balcony ['bælkənɪ] *n* (**a**) balcon *m*. (**b**) (*Theat*) fauteuils *mpl* *or* stalles *fpl* de deuxième balcon.
bald [bɔːld] **1** *adj* (**a**) (*gen*) chauve; [*tyre*] lisse. **~ as a coot*** *or* an **egg*** chauve comme une boule de billard* *or* comme un œuf*; **to be going ~** perdre ses cheveux, devenir chauve, se déplumer*; **~ patch** [*person*] (petite) tonsure *f*; [*animal*] place dépourvue de poils; [*carpet etc*] coin *m* dégarni *or* pelé.
  (**b**) [*style*] plat, sec. **a ~ statement** une simple exposition de faits; **a ~ lie** un mensonge flagrant *or* non déguisé.
  2 *cpd*: **bald-headed** chauve, à (la) tête chauve; (*fig*) **he went bald-headed at it*** il s'y est pris brutalement.
baldachin ['bɔːldəkən] *n*, **baldachino** [ˌbældə'kiːnəʊ] *n* baldaquin *m*.
balderdash ['bɔːldədæʃ] *n* bêtises *fpl*, balivernes *fpl*.
balding ['bɔːldɪŋ] *adj* qui devient chauve, atteint de calvitie naissante.
baldly ['bɔːldlɪ] *adv* abruptement.
baldness ['bɔːldnɪs] *n* (*V* **bald**) [*person*] calvitie *f*; [*tyre*] état *m* lisse; [*mountains etc*] nudité *f*; [*style*] platitude *f*, pauvreté *f*.
bale¹ [beɪl] **1** *n* [*cotton, hay*] balle *f*. **2** *vt* (*also* **~ up**) emballotter; emballer.
bale² [beɪl] *vt* (*Naut*) = **bail³ 1**.
  ◆**bale out** = **bail out**: *V* **bail³**.
Balearic [ˌbælɪ'ærɪk] *adj*: **the ~ Islands, the ~s** les (îles *fpl*) Baléares *fpl*.
baleful ['beɪlfʊl] *adj* sinistre, funeste, maléfique. **to give sb/sth a ~ look** regarder qn/qch d'un œil torve.
balefully ['beɪlfəlɪ] *adv* look d'un œil torve; *say* d'un ton menaçant.
balk [bɔːk] **1** *n* (*Agr*) terre *f* non labourée; (*Constr*) (*on ceiling*) solive *f*; (*building timber*) bille *f*.
  2 *vt* contrecarrer.
  3 *vi* [*person*] s'arrêter, reculer, hésiter (*at* devant), regimber (*at* contre); [*horse*] se dérober (*at* devant).
Balkan ['bɔːlkən] *adj, n*: **the ~s** les États *mpl* balkaniques; **the ~ States** les Balkans *mpl*; **the ~ Peninsula** la péninsule balkanique.
balkanization ['bɔːlkənaɪˈzeɪʃən] *n* balkanisation *f*.
ball¹ [bɔːl] **1** *n* (**a**) (*gen, Cricket, Golf, Hockey, Tennis*) balle *f*; (*inflated: Ftbl etc*) ballon *m*; (*Billiards*) bille *f*, boule *f*; (*Croquet*) boule. **as round as a ~** rond comme une boule *or* bille; (*US fig*) **behind the eight ~*** dans le pétrin*; **cat curled up in a ~** chat couché en rond *or* pelotonné (en boule); **tennis/golf etc ~** balle de tennis/de golf *etc*; **croquet ~** boule de croquet; (*US fig*) **that's the way the ~ bounces!*** c'est la vie!; (*US*) **to have sth/a lot on the ~*** en avoir la-dedans* *or* dans le ciboulot‡; (*fig*) **to keep the ~ rolling** (*maintain conversation*) continuer *or* soutenir la conversation; (*maintain activity*) continuer à faire marcher la machine*, assurer la continuité; (*maintain interest*) soutenir l'intérêt; (*fig*) **to start** *or* **set the ~ rolling*** faire démarrer une affaire (*or* la conversation

etc); (*fig*) **he's got the ~ at his feet** c'est à lui de saisir cette chance; (*Brit fig*) **the ~ is with you** *or* **in your court** (c'est) à vous de jouer; (*fig*) **to be on the ~*** (*competent*) être à la hauteur (de la situation *or* des circonstances); (*alert*) ouvrir l'œil et le bon*; (*Met*) **~ of fire, ~ lightning** globe *m* de feu, éclair *m* en boule; (*fig*) **he's a real ~ of fire*** il est débordant d'activité; *V* **eye, play, tennis** *etc*.
  (**b**) [*rifle etc*] balle *f*. (*lit, fig*) **~ and chain** boulet *m*; *V* **cannon**.
  (**c**) [*wool, string*] pelote *f*, peloton *m*. **to wind up into a ~** mettre en pelote.
  (**d**) (*Culin*) [*meat, fish*] boulette *f*; [*potato*] croquette *f*.
  (**e**) (*Tech*) bille *f* (de roulement).
  (**f**) (*Anat*) **~ of the foot** (partie *f* antérieure de la) plante *f* du pied; **~ of the thumb** (partie charnue du) pouce *m*; *V* **eye**.
  (**g**) **~s*‡** (*Anat*) couilles*‡ *fpl*; (*Brit: nonsense*) conneries*‡ *fpl*, couillonnades*‡ *fpl*; (*excl*) **~s!*‡** quelles conneries!*‡
  2 *cpd*: **ball-and-socket joint** (joint *m* à) rotule *f*; **ball bearings** roulement *m* à billes; (*Tennis*) **ballboy** ramasseur *m* de balles; **ball cartridge** cartouche *f* à balle; **ballcock** robinet *m* à flotteur; **ball game** jeu *m* de balle (*or* ballon); (*fig*) **it's a whole new ball game***, **it's not the same ball game*** c'est une toute autre histoire; (*US*) **ballpark** stade *m* de base-ball; (*fig*) **in the ballpark*** dans cet ordre de grandeur; **ballpark figure*** chiffre approximatif; **ball-point (pen)** stylo *m* (à) bille, (pointe *f*) Bic *m* ®; **ball-shaped** sphérique; (*Brit*) **he made a balls-up‡ of the job** il a salopé le boulot‡; (*Brit*) **the meeting was a balls-up‡** la réunion a été bordélique‡ *or* un vrai bordel‡; (*US*) **ball-up‡** = **balls-up‡**.
  3 *vt wool etc* mettre en pelote, pelotonner.
  4 *vi* s'agglomérer.
  ◆**ball up 1** *vi* (*Ski etc*) botter.
  2 *vt sep* (*‡*) = **balls up*‡**.
  ◆**balls up*‡ 1** *vt sep* semer la pagaïe dans*, foutre la merde dans*‡. **to be/get ballsed up** être/se retrouver en pleine pagaïe* *or* dans la merde jusqu'au cou‡.
  2 balls-up‡ *n* [*ball¹ 2*.
ball² [bɔːl] **1** *n* (*dance*) bal *m*. (*lit, fig*) **to open the ~** ouvrir le bal; **to have a ~*** s'amuser comme des fous, se marrer*; *V* **fancy** *etc*. **2** *cpd*: **ballroom** [*hotel*] salle *f* de danse; [*mansion*] salle de bal; (*U*) **ballroom dancing** danse *f* de bal.
ballad ['bæləd] *n* (*Mus*) romance *f*; (*Literat*) ballade *f*.
ballast ['bæləst] **1** *n* (*U*) (**a**) (*Aviat, Naut*) lest *m*. **ship in ~** vaisseau *m* en lest; **to sail in ~** être sur lest; (*fig*) **he's got no ~** il n'a pas de plomb dans la cervelle, il n'a rien dans la tête.
  (**b**) (*stone, clinker*) pierraille *f*; (*Rail*) ballast *m*.
  2 *vt* (*Aviat, Naut*) lester.
  (**b**) (*Tech*) empierrer, caillouter; (*Rail*) ballaster.
ballerina [ˌbælə'riːnə] *n* ballerine *f*.
ballet ['bæleɪ] **1** *n* ballet *m*. **2** *cpd*: **ballet dancer** danseur *m*,-euse *f* de ballet; **ballet shoe** chausson *m* de danse; **ballet skirt** tutu *m*.
ballistic [bə'lɪstɪk] *adj* balistique. **~ missile** engin *m* balistique.
ballistics [bə'lɪstɪks] *n* (*U*) balistique *f*.
balloon [bə'luːn] **1** *n* (**a**) (*Aviat*) ballon *m*, aérostat *m*. **navigable/captive ~** ballon dirigeable/captif; **to go up in a ~** monter en ballon; (*fig*) **the ~ went up*** l'affaire a éclaté; (*meteorological or weather*) **~** ballon-sonde *m*; *V* **barrage** *etc*.
  (**b**) (*toy*) ballon *m*.
  (**c**) (*for brandy: also* **~ glass**) verre *m* ballon *inv*; (*Chem: also* **~ flask**) ballon *m*.
  (**d**) (*in drawings, comics: for speech etc*) bulle *f*.
  2 *vi* (**a**) **to go ~ing** faire une *or* des ascension(s) en ballon.
  (**b**) (*swell out*) gonfler, être ballonné.
  3 *cpd*: **balloon tyre** pneu *m* ballon.
balloonist [bə'luːnɪst] *n* aéronaute *mf*.
ballot ['bælət] **1** *n* (**a**) (*Pol etc*) (*paper*) bulletin *m* de vote; (*method of voting*) scrutin *m*; (*round of voting*) (tour *m* de) scrutin. **to vote by ~** voter par scrutin; **first/second ~** premier/second tour de scrutin; **to take a ~** procéder à un scrutin *or* à un vote.
  (**b**) (*drawing of lots*) tirage *m* au sort.
  2 *vi* (**a**) (*Pol etc*) voter au scrutin secret.
  (**b**) (*draw lots*) tirer au sort. **to ~ for a place** tirer au sort pour avoir une place.
  3 *cpd*: **ballot box** urne *f* (électorale); (*US Pol*) **ballot-box stuffing** fraude électorale; **ballot paper** bulletin *m* de vote.
balloting ['bælətɪŋ] *n* (*US Pol*) scrutin *m*.
bally*† ['bælɪ] *adj before n* (*Brit*) sacré*, satané*.
ballyhoo* [ˌbælɪ'huː] *n* (*pej*) (*publicity*) battage* *m*, bourrage *m* de crâne*; (*nonsense*) balivernes *fpl*.
balm [bɑːm] *n* (**a**) (*lit, fig*) baume *m*. (**b**) (*Bot*) mélisse *f* officinale; (*lemon ~*) citronelle *f*.
balmy ['bɑːmɪ] *adj* (**a**) (*liter*) (*fragrant*) embaumé, parfumé; (*mild*) doux *f* douce), adoucissant. (**b**) (*Bot*) balsamique. (**c**) (*Brit‡†*) timbré*, maboul‡.
baloney* [bə'ləʊnɪ] *n* (*U*) idiotie(s) *f(pl)*, balivernes *fpl*.
balsa ['bɔːlsə] *n* (*also* **~ wood**) balsa *m*.
balsam ['bɔːlsəm] *n* (**a**) (*substance*) baume *m*. **~ fir** sapin *m* baumier. (**b**) (*plant*) balsamine *f*. (**c**) (*Chem*) oléorésine *f*.
Baltic ['bɔːltɪk] **1** *n*: **the ~ (Sea)** la (mer) Baltique. **2** *adj* trade, port de la Baltique. **the ~ States** les pays *mpl* baltes.
baluster ['bæləstər] *n* balustre *m*. **~s** = **bannisters**.
balustrade [ˌbæləs'treɪd] *n* balustrade *f*.
bamboo [bæm'buː] **1** *n* bambou *m*. **2** *cpd* chair, fence de *or* en bambou. **bamboo shoots** pousses *fpl* de bambou; (*Pol*) **the Bamboo Curtain** le rideau de bambou.
bamboozle* [bæm'buːzl] *vt* (**a**) (*deceive*) avoir*, mettre dedans*, embobiner*. **he was ~d into writing the letter** en l'embobinant on est parvenu à lui faire écrire la lettre.
  (**b**) (*perplex*) déboussoler*. **she was quite ~d** elle ne savait plus où elle en était, elle était complètement perdue *or* déboussolée*.

ban [bæn] **1** *n* interdit *m*; (*Comm*) embargo *m*. **to put a ~ on sth/sb's doing** interdire qch/à qn de faire.
2 *vt* (*gen*) interdire (*sth* qch; *sb from doing* à qn de faire); (*exclude*) *person* exclure (*from* de); **B~ the Bomb Campaign** campagne *f* contre la bombe atomique.
banal [bə'nɑːl] *adj* banal, ordinaire.
banality [bə'nælɪtɪ] *n* banalité *f*.
banana [bə'nɑːnə] **1** *n* (*fruit*) banane *f*; (*tree*) bananier *m*.
2 *cpd*: **banana-boat** bananier *m* (*cargo*); (*pej*) **banana republic** république *f* d'Amérique latine (*sous-développée*); **banana skin** peau *f* de banane.
3 *adj*: **to go ~s‡** devenir dingue*; (*get angry*) piquer une crise*.
band¹ [bænd] *n* (*gen*) bande *f*; (*narrow*) bandelette *f*; (*barrel*) cercle *m*; (*metal wheel*) bandage *m*; (*leather*) lanière *f*; (*cigar*) bague *f*; (*hat*) ruban *m*; (*Rad*) bande; (*magnetic tape*) bande (magnétique); (*gramophone record*) plage *f*, (*Tech*) bande *or* courroie *f* de transmission; (*Educ*) tranche *f*. (*Opt*) **~s of the spectrum** bandes du spectre; **metal ~** bande métallique; **elastic** *or* **rubber ~** élastique *m*; (*Tech*) **~-saw** scie *f* à ruban; V **frequency, waist, wave** *etc*.
band² [bænd] **1** *n* (a) (*group*) bande *f*, troupe *f*.
(b) (*Mus*) orchestre *m*; (*Mil etc*) clique *f*, fanfare *f*, musique *f*. **members of the ~** musiciens *mpl*; V **brass, one-man** *etc*.
2 *cpd*: **bandmaster** chef *m* d'orchestre, (*Mil etc*) chef de musique *or* de fanfare; **bandsman** musicien *m*; **bandstand** kiosque *m* (à musique); **bandwagon**: (*fig*) **to jump** *or* **climb on the bandwagon** suivre le mouvement, prendre le train en marche*.
◆ **band together** *vi* se grouper; (*form a gang*) former une bande.
bandage [bændɪdʒ] **1** *n* (*for wound*) bande *f*; (*Med: prepared dressing*) bandage *m*, pansement *m*; (*blindfolding*) bandeau *m*. **head swathed in ~s** tête enveloppée de pansements *or* de bandages; V **crêpe**.
2 *vt* (*also ~ up*) *broken limb* bander; *wound* mettre un pansement *or* un bandage sur; *person* mettre un pansement *or* un bandage à.
Band-Aid [bændeɪd] *n* ® pansement *m* adhésif; (*US fig:**) *measures* de fortune. **a ~ approach** une methode qui tient du rafistolage.
bandan(n)a [bæn'dænə] *n* foulard *m* (*à pois*).
bandbox [bændbɒks] *n* carton *m* à chapeau(x). (*fig*) **to look as if you had just stepped out of a ~** avoir l'air de sortir d'une boîte.
banderol(e) [bændərɒl] *n* (*Archit, Her, Naut*) banderole *f*.
banding [bændɪŋ] *n* (*Brit Scol*) répartition *f* en classes de niveaux (*dans le primaire*).
bandit [bændɪt] *n* (*lit, fig*) bandit *m*; V **one**.
banditry [bændɪtrɪ] *n* (*U*) banditisme *m*.
bandolier [bændəˈlɪər] *n* cartouchière *f*.
bandy¹ [bændɪ] *vt ball, reproaches* se renvoyer; *jokes* échanger. **to ~ blows (with sb)** échanger des coups (avec qn); **to ~ words** discuter, avoir des mots* (avec qn).
◆ **bandy about** *vt sep story, report* faire circuler. **to bandy sb's name about** parler de qn; **to have one's name bandied about** faire parler de soi.
bandy² [bændɪ] *adj* (a) *leg* arqué, bancal. (b) (*also ~-legged*) *person* bancal; *horse* arqué. **to be ~-legged** avoir les jambes arquées.
bane [beɪn] *n* (a) fléau *m*, peste *f*. **he's/it's the ~ of my life*** il/cela m'empoisonne la vie, il est/c'est le fléau de mon existence. (b) (*poison*) poison *m*.
baneful [beɪnfʊl] *adj* funeste, fatal; *poison* mortel.
banefully [beɪnfəlɪ] *adv* funestement.
bang¹ [bæŋ] **1** *n* (a) (*noise*) détonation *f*, fracas *m*; (*Aviat*) bang *m* (supersonique); (*door*) claquement *m*. **the door closed with a ~** la porte a claqué; **to go off with a ~** (*fireworks*) détoner, éclater; (‡: *succeed*) être une réussite sensationnelle *or* du tonnerre*.
(b) (*blow*) coup *m* (violent).
2 *adv* (*) **to go ~** éclater; **~ in the middle** au beau milieu, en plein milieu; **~ against the wall** tout contre le mur; **I ran ~ into the worst traffic** je suis tombé en plein dans le pire embouteillage; **he came ~ up against fierce opposition** il s'est brusquement trouvé face à une opposition farouche; (*Brit*) **to hit the target ~ on** frapper en plein dans la cible *or* le mille; (*Brit*) **his answer was ~ on** sa réponse est tombée pile; (*Brit*) **she came ~ on time** elle est arrivée à l'heure pile; **~ went a £10 note!‡** et pan, voilà un billet de 10 livres de parti!*
3 *excl* pan!, vlan!, boum!
4 *vt* (a) frapper violemment. **to ~ one's fist on the table** taper du poing sur la table, frapper à table du poing; **to ~ one's head against** *or* **on sth** se cogner la tête contre *or* à qch; (*fig*) **you're ~ing your head against a brick wall when you argue with him*** autant cracher en l'air* que d'essayer de discuter avec lui; **to ~ the door** (faire) claquer la porte; **he ~ed the window shut** il a claqué la fenêtre.
(b) (‡*‡: have sex with*) *woman* baiser*‡*.
5 *vi* (a) (*door*) claquer, (*repeatedly*) battre; (*fireworks*) éclater; (*gun*) détoner.
(b) **to ~ on** *or* **at the door** donner de grands coups dans la porte; **to ~ on the table** taper du poing sur la table.
◆ **bang about***, **bang around*** **1** *vi* faire du bruit *or* du potin*.
2 *vt sep books, boxes, chairs* cogner les uns contre les autres.
◆ **bang away** *vi* (*guns*) tonner; (*person*) (*keep firing*) tirer sans arrêt (*at* sur); (*workman etc*) faire du vacarme. **to bang away at** taper sans arrêt sur.
◆ **bang down** *vt sep* poser *or* jeter brusquement. **to bang down the lid** rabattre violemment le couvercle; (*Telec*) **to bang down the receiver** raccrocher brutalement.
◆ **bang into** *vt fus* (a) (*collide with*) se cogner contre, heurter. **the**

car banged into a tree la voiture a heurté un arbre *or* est rentrée* dans un arbre.
(b) (‡: *meet*) tomber sur, se trouver nez à nez avec.
◆ **bang out** *vt sep tune etc* taper.
◆ **bang together** *vt sep objects* cogner l'un(e) contre l'autre. **I could have banged their heads together!*** j'en aurais pris un pour taper sur l'autre!
◆ **bang up against** *vt fus* = **bang into**.
bang² [bæŋ] *n* (*hair*) (*also US* **bangs**) frange *f* (droite).
banger* [bæŋər] *n* (*Brit*) (a) (*sausage*) saucisse *f*. **~s and mash** saucisses à la purée. (b) (*old car*) (vieux) tacot* *m*, (vieille) guimbarde *f*.
Bangkok [bæŋˈkɒk] *n* Bangkok.
Bangladesh [ˌbæŋɡləˈdeʃ] *n* Bangladesh *m*.
Bangladeshi [ˌbæŋɡləˈdeʃɪ] **1** *n* habitant(e) *m(f)* *or* natif *m* (*f* native) du Bangladesh. **2** *adj* du Bangladesh.
bangle [bæŋɡl] *n* (*arm, ankle*) bracelet *m*, (*rigid*) jonc *m*.
bang-up‡ [bæŋʌp] (*US*) formidable, impec*.
banish [bænɪʃ] *vt person* exiler (*from* de, *to* en, à), bannir (*from* de); *cares, fear* bannir, chasser.
banishment [bænɪʃmənt] *n* bannissement *m*, exil *m*.
banister [bænɪstər] *n* = **bannister**.
banjax‡ [bændʒæks] *vt* (*US*) assommer.
banjo [bændʒəʊ] *n*, *pl* **~es**, (*US*) **~s** banjo *m*.
bank¹ [bæŋk] *n* (a) (*mound: of earth, snow, flowers*) talus *m*; (*Rail: embankment*) remblai *m*; (*on road, racetrack*) bord relevé; (*in horseracing*) banquette *f* irlandaise; (*Min: coal face*) front *m* de taille; (*pithead*) carreau *m*; (*sand, sea, river*) banc *m*. **a ~ of clouds** un amoncellement de nuages.
(b) (*edge*) (*river, lake*) bord *m*, rive *f*; (*above water level*) berge *f*; (*canal*) bord, berge. (*river, lake*) **the ~s** le rivage; (*Paris*) **the left/right ~** la Rive gauche/droite.
(c) (*Aviat*) virage *m* incliné *or* sur l'aile.
2 *vt* (a) (*also ~ up*) *road* relever (*dans un virage*); *river* endiguer; *earth* amonceler. **to ~ the fire** couvrir le feu.
(b) **to ~ an aircraft** faire faire à un avion un virage sur l'aile.
3 *vi* (a) (*snow, clouds etc*) s'entasser, s'accumuler, s'amonceler.
(b) (*Aviat*) (*pilot, aircraft*) virer (sur l'aile).
bank² [bæŋk] **1** *n* (a) (*institution*) banque *f*; (*office*) agence *f* (bancaire), (bureau *m* de) banque. **~ of issue** banque *f* d'émission; **the B~ of France** la Banque de France; (*fig*) **it is as safe as the B~ of England** ça ne court aucun risque, c'est de tout repos, c'est de l'or en barre; V **saving**.
(b) (*Betting*) banque *f*. **to break the ~** faire sauter la banque.
(c) (*Med*) banque *f*; V **blood, eye** *etc*.
2 *cpd cheque, credit, employee, staff* bancaire. **bank acceptance** acceptation *f* bancaire; **bank account** compte *m* en banque, compte bancaire; **bank balance** soldes *mpl* bancaires; (*US*) **bank bill** billet *m* de banque; **bank-book** livret *m* *or* carnet *m* de banque; **bank card** carte *f* d'identité bancaire; (*Brit*) **bank charges** frais *mpl* bancaires; (*Brit*) **bank clerk** employé(e) *m(f)* de banque; **bank draft** traite *f* bancaire; (*Brit*) **bank holiday** jour férié; **bank loan** crédit *m* bancaire; **bank manager** directeur *m* d'agence (bancaire); **my bank manager** le directeur de l'agence où j'ai mon compte (bancaire); (*hum*) **I'll have to speak to my bank manager** il faudra que j'en parle à mon banquier; (*Brit*) **banknote** billet *m* de banque; **bank rate** taux *m* d'escompte; (*US*) **bankroll*** (*n*) fonds *mpl*, finances *fpl*; (*vt*) financer; **bank statement** relevé *m* de compte; **by bank transfer** par virement *m* bancaire.
3 *vt money* mettre *or* déposer en banque; (*Med*) *blood* entreposer, conserver.
4 *vi*: **to ~ with Lloyds** avoir un compte à la Lloyds; **where do you ~?** quelle est votre banque?
◆ **bank on** *vt fus* (*fig*) compter sur. **you mustn't bank on it** il ne faut pas compter là-dessus.
bank³ [bæŋk] **1** *n* (a) (*row, tier*) (*organ*) clavier *m*; (*type-writer*) rang *m*; (*Elec*) (*switches*) rangée *f*. **~ of oars** rangée d'avirons. (b) (*rowers' bench*) banc *m* (de rameurs). **2** *vt* (*Sport*) **double/single ~ed rowing** nage *f* à couple/en pointe.
◆ **bank up** *vt sep* (a) (*arrange in tiers*) étager, disposer par étages. (b) V **bank¹ 2a**.
bankable [bæŋkəbl] *adj* bancable, négociable en banque.
banker [bæŋkər] *n* (*Betting, Fin*) banquier *m*. **~'s card** carte *f* d'identité bancaire; **~'s draft** traite *f* bancaire; (*Brit*) **~'s order** prélèvement *m* bancaire (*pour paiements réguliers*); **~'s reference** références *fpl* bancaires.
banking¹ [bæŋkɪŋ] *n* (*Aviat*) virage *m* sur l'aile.
banking² [bæŋkɪŋ] **1** *n* (*Fin*) (*transaction*) opérations *fpl* de banque *or* bancaires; (*profession*) profession *f* de banquier, la banque. **to study ~** faire des études bancaires.
2 *cpd*: **banking account** compte *m* en banque, compte bancaire; **banking charges** frais *mpl* bancaires; **banking hours** heures *fpl* d'ouverture des banques; **banking house** banque *f*, établissement *m* bancaire; **the big banking houses** la haute banque, les grandes banques.
bankrupt [bæŋkrʌpt] **1** *n* (*Jur*) failli(e) *m(f)*; (*fig: penniless person*) fauché(e)* *m(f)*. **~'s certificate** concordat *m*; **~'s estate** actif *m* de la faillite.
2 *adj* (*Jur*) failli; (*fig: penniless*) fauché*. (*fig*) **~ of ideas** *etc* dépourvu *or* dénué d'idées *etc*; (*person, business*) **to go ~** faire faillite; (*person*) **to be ~** être en faillite; **to be declared ~** être déclaré *or* mis en faillite.
3 *vt person* mettre en faillite; (‡: *fig*) ruiner.
bankruptcy [bæŋkrəptsɪ] *n* (*Jur*) faillite *f*; (‡*fig*) ruine *f*. (*Brit*) **B~ Court** ≃ tribunal *m* de commerce; **~ proceedings** procédure *f* de faillite.
banner [bænər] *n* bannière *f*, étendard *m*; (*Rel, fig*) bannière

(*Press*) ~ **headlines** gros titres; **in** ~ **headlines** en gros titres, sur cinq colonnes à la une.
bannister ['bænɪstər] *n* rampe *f* (d'escalier). **to slide down the** ~**(s)** descendre sur la rampe.
banns [bænz] *npl* bans *mpl* (*de mariage*).
banquet ['bæŋkwɪt] **1** *n* (*ceremonial dinner*) banquet *m*; (*lavish meal*) festin *m*. **2** *vt* (*ceremoniously*) offrir un banquet à; (*more lavishly*) offrir un festin à, régaler. **3** *vi* faire un banquet, festoyer. **4** *cpd*: **banquet(ing) hall** salle *f* de(s) banquet(s).
banshee ['bæn'ʃiː] *n* (*Ir Myth*) fée *f* (*dont les cris présagent la mort*).
bantam ['bæntəm] *n* coq nain, poule naine (*de Bantam*). (*Boxing*) ~**-weight** poids *m* coq.
banter ['bæntər] **1** *n* badinage *m*, plaisanterie *f*. **2** *vi* badiner, plaisanter.
bantering ['bæntərɪŋ] *adj* plaisantin, badin.
banyan ['bænɪən] *n* banian *m*.
B.A.O.R. [,biːeɪəʊ'aːr] *n abbr of* **British Army of the Rhine** (*troupes britanniques stationnées en RFA*).
baptism ['bæptɪzəm] *n* baptême *m*. (*fig*) ~ **of fire** baptême du feu.
baptismal [bæp'tɪzməl] *adj* de baptême, baptismal. ~ **font** fonts baptismaux; ~ **name** nom *m* de baptême; ~ **vows** vœux *mpl* du baptême.
baptist ['bæptɪst] **1** *n* (a) baptiste *m*. (**Saint**) **John the B**~ saint Jean-Baptiste. (b) (*Rel*) **B**~ baptiste *mf*; **the B**~ **Church** l'Église *f* baptiste. **2** *adj* (*Rel*) **B**~ baptiste.
baptize [bæp'taɪz] *vt* (*Rel, fig*) baptiser.
bar¹ [baːr] **1** *n* (a) (*slab*) [*metal*] barre *f*; [*wood*] planche *f*; [*gold*] lingot *m*; [*chocolate*] tablette *f*. ~ **of soap** savonnette *f*, pain *m* de savon; ~ **of gold** lingot d'or.
(b) (*rod*) [*window, cage*] barreau *m*; [*grate*] barre *f*; [*door*] barre, bâcle *f*; (*Sport*) barre *f*; [*ski-lift*] perche *f*. **to be/put sb behind** (*prison*) ~**s** être/mettre qn sous les verrous; (*Aut*) **anti-roll** ~ barre *f* anti-roulis; *V* **parallel** *etc*.
(c) [*river, harbour*] barre *f*.
(d) (*fig: obstacle*) obstacle *m*. **to be a** ~ **to progress** *etc* faire obstacle au progrès *etc*; *V* **colour**.
(e) [*light*] raie *f*; [*colour*] bande *f*.
(f) (*U: Jur*) (*profession*) barreau *m*; (*in court*) barre *f*. (*Brit*) **to call to the** ~, (*US*) **to admit to the** ~ inscrire au barreau; (*Brit*) **to be called** *or* (*US*) **admitted to the** ~ s'inscrire au barreau; **to read for the** ~ préparer le barreau; **the prisoner at the** ~ l'accusé(e) *m(f)*.
(g) (*public house*) café *m*, bar *m*, bistro(t)* *m*; [*hotel, theatre*] bar; [*station*] café, bar; (*at open-air shows etc*) buvette *f*; *V* **coffee, public**.
(h) (*counter*) (*for drinks*) comptoir *m*. **to have a drink at the** ~ prendre un verre au comptoir *or* sur le zinc*; (*Comm*) **stocking/hat** ~ rayon *m* des bas/des chapeaux; **heel** ~ talons-minute *m*.
(i) (*Mus*) mesure *f*; (*also* ~ **line**) barre *f* de mesure. **the opening** ~**s** les premières mesures; *V* **double**.
(j) (*Brit Mil*) barrette *f* (*portée sur le ruban d'une médaille*), ≃ palme *f*; (*US Mil*) galon *m*.
(k) (*Her*) burelle *f*. ~ **sinister** barre *f* de bâtardise.
(l) (*Met*) bar *m*.
2 *cpd*: (*US Sport*) **barbell** barre *f* à disques; (*Comm*) **bar code** code *m* barres; **bar-coded** avec code barres; **bar-code reader** lecteur *m* de code barres; (*US*) **barfly*** pilier *m* de bistro; (*US*) **bar girl*** entraîneuse *f* de bar; **barmaid** serveuse *f* (*de bar*), barmaid *f*; **barman** barman *m*; **barroom** salle *f* de bar; **bartender** barman *m*.
3 *vt* (a) (*obstruct*) *road* barrer. **to** ~ **sb's way** barrer le passage à qn, couper la route à qn; **to** ~ **the way to progress** faire obstacle au progrès.
(b) (*put bars on*) *window* griller, munir de barreaux. **to** ~ **the door** mettre la barre à la porte; (*lit, fig*) **to** ~ **the door against sb** barrer la porte à qn.
(c) (*exclude, prohibit*) *person* exclure (*from* de); *action, thing* défendre. **to** ~ **sb from doing** interdire à qn de faire; **to** ~ **sb from a career** barrer une carrière à qn; **she** ~**s smoking in her house** elle défend qu'on fume (*subj*) chez elle; (*Jur*) [*contract provisions*] **to be** ~**red** se prescrire; *V* **hold**.
(d) (*stripe*) rayer, barrer.
bar² [baːr] *prep* excepté, sauf, à l'exception de, à part. ~ **accidents** sauf accident, à moins d'accident(s), sauf imprévu; ~ **none** sans exception; ~ **one** sauf un(e); *V also* **shouting**.
Barabbas [bə'ræbəs] *n* Barabbas *m*.
barb¹ [baːb] **1** *n* (a) [*fish hook*] barbillon *m*; [*arrow*] barbelure *f*; [*feather*] barbe *f*; (*fig*) [*wit etc*] trait *m*. **the** ~**s of criticism** les traits acérés de la critique; ~ **wire** = **barbed wire**; *V* **barbed 2**.
(b) (*Dress*) barbette *f*.
2 *vt arrow* garnir de barbelures, barbeler; *fish hook* garnir de barbillons.
barb² [baːb] *n* (*horse*) (cheval *m*) barbe *m*.
Barbadian [baː'beɪdɪən] **1** *n* Barbadien(ne) *m(f)*. **2** *adj* barbadien.
Barbados [baː'beɪdɒs] *n* Barbade *f* in ~ à la Barbade.
barbarian [baː'bɛərɪən] *adj, n* (*Hist, fig*) barbare (*mf*).
barbaric [baː'bærɪk] *adj* (*Hist, fig*) barbare, de barbare.
barbarism ['baːbərɪzəm] *n* (a) (*U: state*) barbarie *f*. (b) (*Ling*) barbarisme *m*.
barbarity [baː'bærɪtɪ] *n* barbarie *f*, cruauté *f*, inhumanité *f*. **the barbarities of modern warfare** la barbarie *or* les atrocités *fpl* de la guerre moderne.
barbarize ['baːbəraɪz] *vt* (a) *people* ramener à l'état barbare. (b) *language* corrompre.
Barbarossa [,baːbə'rɒsə] *n* Barberousse *m*.
barbarous ['baːbərəs] *adj* (*Hist, Ling, fig*) barbare.
barbarously ['baːbərəslɪ] *adv* cruellement, inhumainement.
Barbary ['baːbərɪ] **1** *n* Barbarie *f*, États *mpl* barbaresques. **2** *cpd*:

Barbary ape singe *m* de Barbarie; **Barbary Coast** Barbarie *f*; **Barbary duck** canard *m* de Barbarie; **Barbary horse** (cheval *m*) barbe *m*.
barbecue ['baːbɪkjuː] (*vb: prp* **barbecuing**) **1** *n* (*grid, occasion*) barbecue *m*. **to have a** ~ faire *or* organiser un barbecue. **2** *vt steak* griller au charbon de bois; *animal* rôtir tout entier. **3** *cpd*: **barbecue sauce** sauce *f* barbecue.
barbed [baːbd] **1** *adj arrow* barbelé; (*fig*) *words, wit* acéré. **2** *cpd*: **barbed wire** fil *m* de fer barbelé; **barbed-wire entanglements** (réseau *m* de) barbelés *mpl*; **barbed-wire fence** haie *f* barbelée, haie de barbelés.
barbel ['baːbəl] *n* (*fish*) barbeau *m*, (*smaller*) barbillon *m*; (*filament*) barbillon.
barber ['baːbər] **1** *n* coiffeur *m* (pour hommes). ~**'s pole** enseigne *f* de coiffeur.
2 *cpd*: (*US*) **barbershop** (*lit*) boutique *f* de coiffeur (pour hommes); (*Mus*) **barbershop** *fpl* mélodies (*chantées en harmonie étroite*); **barbershop quartet** groupe de 4 hommes chantant en harmonie étroite.
barbican ['baːbɪkən] *n* barbacane *f*.
barbitone ['baːbɪtəʊn] *n* véronal *m*.
barbiturate [baː'bɪtjʊrɪt] *n* barbiturique *m*. ~ **poisoning** le barbiturisme.
barbituric [,baːbɪ'tjʊərɪk] *adj* barbiturique.
barbs [baːbz] *npl* (*US*) barbituriques *mpl*.
barcarol(l)e [,baːkə'rəʊl] *n* barcarolle *f*.
Barcelona [,baːsɪ'ləʊnə] *n* Barcelone.
bard¹ [baːd] *n* (*minstrel*) (*esp Celtic*) barde *m*; [*Ancient Greece*] aède *m*; [*Poetry, also hum: poet*] poète *m*. **the B**~ **of Avon** le chantre d'Avon (*Shakespeare*).
bard² [baːd] (*Culin*) **1** *n* barde *f* (de lard). **2** *vt* barder.
bardic ['baːdɪk] *adj* (*esp Celtic*) *poetry etc* du barde, des bardes.
bare [bɛər] **1** *adj* (a) (*naked, uncovered*) *person, skin, sword, floor etc* nu; *hill, summit* pelé; *countryside, tree* dénudé, dépouillé; (*Elec*) *wire* dénudé, à nu. ~ **to the waist** nu jusqu'à la ceinture; **in his** ~ **skin** tout nu; **he killed the wolf with his** ~ **hands** il a tué le loup à mains nues; (*Boxing*) **to fight with** ~ **hands** boxer à main nue; ~ **patch** place dénudée *or* pelée; **the dog had a few** ~ **patches on his back** le chien avait la peau du dos pelée par endroits; **with his** ~ **head** ~ nu-tête *inv*; **to sleep on** ~ **boards** coucher sur la dure; **to lay** ~ **one's heart** mettre son cœur à nu; **to lay** ~ **a secret** révéler *or* dévoiler un secret; (*fig*) **to strip sth down to the** ~ **bones** réduire qch à l'essentiel *or* à sa plus simple expression (*V also* **3**); (*Cards*) **ace/king** ~ as/roi sec.
(b) (*empty, unadorned*) *garden* dépouillé de sa végétation; *wall* nu; *style* dépouillé. **room** ~ **of furniture** pièce *f* vide; ~ **placard** *m* vide *or* dégarni; ~ **statement of facts** simple énoncé *m* des faits.
(c) (*just enough*) **the** ~ **necessities** (**of life**) le strict nécessaire; **to earn a** ~ **living** gagner tout juste *or* à peine de quoi vivre; ~ **majority** faible majorité *f*; **the** ~ **minimum** le plus strict minimum; **it's a** ~ **possibility** c'est tout juste possible; **a** ~ **thank you** un merci tout sec.
2 *vt* mettre à nu, découvrir; *sword* dégainer, mettre à nu, tirer du fourreau; (*Elec*) *wire* dénuder, mettre à nu. [*person, animal*] **to** ~ **one's teeth** montrer les dents (*at* à); **he** ~**d his teeth in a smile** il a grimacé un sourire; **to** ~ **one's head** se découvrir (la tête).
3 *cpd*: **bareback** (*adv*) à nu, à cru; **bareback rider** cavalier *m*,-ière *f* qui monte à cru; (*US*) **bare-bones** réduit à l'essentiel *or* à sa plus simple expression; **barefaced** *lie, liar* éhonté, impudent, effronté; **it is barefaced robbery** c'est un *or* du vol manifeste; **barefooted** (*adv*) nu-pieds, (les) pieds nus; (*adj*) aux pieds nus; **bareheaded** (*adv*) nu-tête *inv*, (la) tête nue; (*adj*) nu-tête *inv*; *woman* en cheveux; **barelegged** (*adv*) nu-jambes, (les) jambes nues; (*adj*) aux jambes nues.
barely ['bɛəlɪ] *adv* (a) (*scarcely*) à peine, tout juste. **he can** ~ **read** c'est tout juste *or* à peine s'il sait lire, il sait tout juste *or* à peine lire.
(b) **a** ~ **furnished room** une pièce pauvrement meublée.
(c) (*plainly*) sans détails. **to state a fact** ~ donner un fait sans détails *or* tout sec.
bareness ['bɛənɪs] *n* [*person*] nudité *f*; [*room*] dénuement *m*; [*furniture*] pauvreté *f*; [*style*] (*poverty*) sécheresse *f*, pauvreté; (*simplicity*) dépouillé *m*.
Barents Sea ['bærənts'siː] *n* mer *f* de Barents.
barf [baːf] *vi* (*US*) dégueuler*, vomir.
bargain ['baːgɪn] **1** *n* (a) (*transaction*) marché *m*, affaire *f*. **to make** *or* **strike** *or* **drive a** ~ conclure un marché (*with* avec); **it's a** ~!* c'est convenu! *or* entendu!; **a bad/good** ~ une mauvaise/bonne affaire, une affaire désavantageuse/avantageuse; **a** ~**'s a** ~ marché conclu reste conclu; (*fig*) **into the** ~ par-dessus le marché, par surcroît, en plus; *V* **best, drive** *etc*.
(b) (*good buy*) occasion *f*. **it's a** (**real**) ~! c'est une véritable occasion! *or* affaire!
2 *cpd*: **bargain basement** coin *m* des (bonnes) affaires; **bargain-hunter** chercheur *m*, -euse *f* d'occasions; **bargain-hunting** chasse *f* aux (bonnes) occasions; (*Comm*) **bargain offer** offre exceptionnelle; **this week's bargain offer** la promotion de la semaine; **bargain price** prix avantageux; **bargain sale** soldes *mpl*.
3 *vi* (a) (*haggle*) **to** ~ **with sb** marchander qn; **to** ~ **over an article** marchander un article.
(b) (*negotiate*) négocier, entrer en négociation (*with* avec). **to** ~ **with sb for sth** négocier qch avec qn.
(c) (*fig*) **to** ~ **for sth** s'attendre à qch; **I did not** ~ **for that** je ne m'attendais pas à cela; **I got more than I** ~**ed for** je ne m'attendais pas à un coup pareil, j'ai eu du fil à retordre.
bargaining ['baːgənɪŋ] *n* marchandage *m*. **that gives us more** ~ **power** ceci nous donne une position de force *or* plus d'atouts

dans les négociations; V collective.
barge [bɑːdʒ] 1 n (on river, canal) chaland m; (large) péniche f; (with sail) barge f. the admiral's ~ la vedette de l'amiral; motor ~ chaland m automoteur, péniche f automotrice; state ~ barque f de cérémonie.
　2 cpd: **bargeman** batelier m, marinier m; **barge pole** gaffe f; (Brit) I wouldn't touch it with a barge pole* (revolting) je n'y toucherais pas avec des pincettes; (risky) je ne m'y frotterais pas.
　3 vi: to ~ into a room faire irruption dans une pièce, entrer sans façons dans une pièce; he ~d through the crowd il bousculait les gens pour passer.
◆**barge about, barge around** vi aller et venir comme un troupeau d'éléphants*.
◆**barge in** vi (enter) faire irruption; (interrupt) interrompre conversation; (interfere) se mêler de ce qui ne vous regarde pas.
◆**barge into** vt fus (knock against) person rentrer dans*; thing donner or se cogner contre; (interfere in) discussion, affair intervenir mal à propos dans, se mêler de, mettre son nez dans.
◆**barge through** vi traverser comme un ouragan.
bargee [bɑːˈdʒiː] n (Brit) batelier m, marinier m. to swear like a ~ jurer comme un charretier.
baritone [ˈbærɪtəʊn] 1 n (voice, singer, instrument) baryton m. 2 cpd voice, part de baryton.
barium [ˈbɛərɪəm] n baryum m. (Med) ~ meal (bouillie f de) sulfate m de baryum.
bark¹ [bɑːk] 1 n [tree] écorce f. to strip the ~ off a tree écorcer un arbre. 2 vt tree écorcer. to ~ one's shins s'écorcher or s'égratigner les jambes.
bark² [bɑːk] 1 n [dog] aboiement m, aboi m; [fox] glapissement m; (*: cough) toux f sèche. the ~ of a gun un coup de canon; to let out a ~ (lit) aboyer, pousser un aboiement; (cough) tousser; his ~ is worse than his bite il fait plus de bruit que de mal, tous les chiens qui aboient ne mordent pas (Prov).
　2 vi [dog] aboyer (at après); [fox] glapir; [gun] aboyer; (speak sharply) crier, vociférer, aboyer; (cough) tousser. to ~ at sb aboyer après qn; (fig) to ~ up the wrong tree faire fausse route, se tromper d'adresse.
◆**bark out** vt sep order glapir.
bark³ [bɑːk] n (liter) barque f; (Naut) trois-mâts m inv or quatre-mâts m inv carré.
barker [ˈbɑːkər] n [fairground] bonimenteur m, aboyeur† m.
barley [ˈbɑːlɪ] 1 n orge f. pearl ~ orge m perlé (note gender); Scotch ~ orge m mondé (note gender).
　2 cpd: **barley beer** cervoise f; **barleycorn** grain m d'orge; **barley field** champ m d'orge; **barley sugar** sucre m d'orge; (esp Brit) barley water boisson orgée, orgeat m.
　3 excl (N Engl, Scot: in games) pouce!
barm [bɑːm] n levure f (de bière).
bar mitzvah, Bar Mitzvah [bɑːˈmɪtsvə] n bar-mitzva f.
barmy*† [ˈbɑːmɪ] adj (Brit) timbré*, maboul‡.
barn [bɑːn] 1 n (a) grange f. it's a great ~ of a house* c'est une énorme bâtisse.
　(b) (US) [horses] écurie f; [cattle] étable f.
　2 cpd: **barn dance** danse soirée f de danse campagnarde or paysanne; **barn dancing** danse campagnarde or paysanne; it's as big as a **barndoor** c'est gros comme une maison; **barn owl** chouette-effraie f, chat-huant m; **barnstorm** (Theat) jouer sur les tréteaux; (US Pol) faire une tournée électorale (dans les circonscriptions rurales); **barnstormer** (Theat) acteur ambulant; (US Pol) orateur m électoral; **barnyard** basse-cour f; **barnyard fowls** volaille f.
barnacle [ˈbɑːnəkl] n (a) (shellfish) bernache f, anatife m; (pej: person) crampon* m; (‡: old sailor) vieux loup de mer* m. (b) (Orn: also ~ **goose**) bernache (nonnette) f, bernacle f.
barney* [ˈbɑːnɪ] n (Brit: quarrel) prise f de bec*.
barogram [ˈbærəʊɡræm] n barogramme m.
barograph [ˈbærəʊɡrɑːf] n barographe m.
barometer [bəˈrɒmɪtər] n (lit, fig) baromètre m. the ~ is showing set fair le baromètre est au beau fixe; V aneroid etc.
barometric [ˌbærəʊˈmetrɪk] adj barométrique.
baron [ˈbærən] n (a) baron m. (fig) industrial ~ magnat m de l'industrie, gros m industriel. (b) ~ of beef double aloyau m de bœuf.
baroness [ˈbærənɪs] n baronne f.
baronet [ˈbærənɪt] n baronnet m.
baronial [bəˈrəʊnɪəl] adj (lit, fig) baronnial, de baron, seigneurial. ~ hall demeure f seigneuriale.
barony [ˈbærənɪ] n baronnie f.
baroque [bəˈrɒk] adj, n (Archit, Art, Mus) baroque (m).
barque [bɑːk] n = bark³.
barrack¹ [ˈbærək] 1 n: ~s (often with sg vb) (Mil) caserne f, quartier m; cavalry ~ quartier m de cavalerie; in ~s à la caserne, au quartier; (Brit) it's a (great) ~(s) of a place* c'est une (vraie) caserne*; V confine, naval etc.
　2 cpd: **barrack life** vie f de caserne; **barrack room** chambrée f; **barrack-room joke/language** plaisanterie f/propos mpl de caserne or de corps de garde; (fig) to be a barrack-room lawyer se promener toujours avec le code sous le bras; (US) **barracks bag** sac m (de soldat); **barrack square** cour f (de caserne).
barrack² [ˈbærək] vt chahuter.
barracuda [ˌbærəˈkjuːdə] n barracuda m.
barrage [ˈbærɑːʒ] n (a) [river] barrage m. (b) (Mil) tir m de barrage; (fig) [questions, reproaches] pluie f; [words] flot m, déluge m. ~ balloon ballon m de barrage or de D.C.A.
-barred [bɑːd] adj ending in cpds: **five-barred gate** barrière f à cinq barreaux.
barrel [ˈbærəl] 1 n (a) (cask) [wine] tonneau m, barrique f, fût m; [cider] futaille f, [beer] tonneau m, [herring] caque f, [oil] baril m, [tar]

gonne f; (small) baril; (fig) **to have (got) sb over a** ~* tenir qn à sa merci; V biscuit, scrape.
　(b) [firearm] canon m; [fountain pen] corps m; [key] canon; [lock, clock] barillet m. **to give sb both** ~s* lâcher ses deux coups sur qn*.
　2 vt wine etc mettre en fût etc.
　3 vi (US*) foncer*, aller à toute pompe*.
　4 cpd: (US) **barrel-house jazz** jazz m de bastringue; **barrel organ** orgue m de Barbarie; **barrel-shaped** en forme de barrique or de tonneau; person gros comme une barrique; **barrel vault** voûte f en berceau.
barren [ˈbærən] 1 adj land stérile, improductif; (dry) aride; tree, plant, woman stérile; (fig) (lacking content) stérile; (lacking interest) ingrat, aride; discussion stérile; style aride, sec (f sèche). B~ **Lands** or **Grounds** toundra canadienne.
　2 n (esp US: gen pl) ~(s) lande(s) f(pl).
barrenness [ˈbærənnɪs] n (V barren) stérilité f; aridité f; sécheresse f.
barrette [bəˈret] n (US) barrette f.
barricade [ˌbærɪˈkeɪd] 1 n barricade f; (fig) barrière f. 2 vt street barricader; (also ~ in) person barricader. to ~ o.s. (in) se barricader.
barrier [ˈbærɪər] n barrière f; (Rail: also ticket ~) portillon m (d'accès); (fig) obstacle m (to à). ~ **cream** crème isolante or protectrice; V sound¹ etc.
barring [ˈbɑːrɪŋ] prep excepté, sauf. ~ **accidents** sauf accident, à moins d'accident(s); ~ **the unforeseen** sauf imprévu.
barrio [ˈbærɪəʊ] n (US) quartier m latino-américain.
barrister [ˈbærɪstər] n (Brit: also ~-at-law) avocat m.
barrow¹ [ˈbærəʊ] 1 n (also wheel~) brouette f; (also coster's ~) voiture f des quatre saisons; (Rail: also luggage ~) diable m; (also hand~) civière f, (without wheels) brancard m; (Min) wagonnet m. to wheel sth in a ~ brouetter qch.
　2 cpd: **barrow-boy** marchand m des quatre saisons.
barrow² [ˈbærəʊ] n (Archeol) tumulus m.
Bart [bɑːt] n (Brit) abbr of baronet.
barter [ˈbɑːtər] 1 n échange m, troc m. 2 vt échanger, troquer (for contre). 3 vi faire un échange or un troc.
◆**barter away** vt rights, liberty vendre (for pour); one's honour faire trafic de.
Bartholomew [bɑːˈθɒləmjuː] n Barthélemy m. (Hist) the **Massacre of St** ~ (le massacre de) la Saint-Barthélemy.
barytone [ˈbærɪtəʊn] n (Mus) baryton m (instrument).
basal [ˈbeɪsl] adj (lit, fig) fondamental; (Physiol) basal.
basalt [ˈbæsɔːlt] n basalte m.
bascule [ˈbæskjuːl] n bascule f. ~ **bridge** pont m à bascule.
base¹ [beɪs] 1 n (a) (main ingredient) base f; (starting point) base, point m de départ; (Chem, Math) base; (lowest part) base, partie inférieure; [column] base, pied m; [building] soubassement m; [cartridge, electric bulb] culot m; [tree] pied. (Comput) ~ **2/10** etc base 2/10 etc.
　(b) (Mil etc) base f; V air etc.
　(c) (Baseball) base f. (US fig) he's way off ~* il n'y est pas du tout.
　2 vt (fig) reasoning, belief, opinion baser, fonder (on sur). (Mil etc) **to be** ~d **on** York the post will be ~d **on London** but will involve considerable travel le poste sera centré sur Londres mais il exigera de nombreux déplacements; I am ~d **on Glasgow now** j'opère maintenant à partir de Glasgow.
　3 cpd: **baseball** base-ball m; (US Constr) **baseboard** plinthe f; (Climbing) **base camp** camp m de base; [paint] **base coat** première couche; (Ling) **base form** forme f de base; (Fin) **base lending rate** taux m de base bancaire; **base line** (Baseball) ligne f des bases; (Surv) base f; [diagram] ligne zéro; (Tennis) ligne de fond; (Art) ligne de fuite; (Fin) **baseline costs** coûts mpl de base; (Baseball) **baseman** gardien m de base; (Statistics) **base period** période f de référence; (Fin) **base year** année f de référence.
base² [beɪs] adj (a) action, motive, thoughts bas (f basse), abject, indigne; behaviour ignoble; ingratitude, mind bas; birth, descent bas; (before n) task bas, servile; coin faux (f fausse). ~ **metal** métal vil. (b) (US) = bass¹ 2.
-based [beɪst] adj ending in cpds: **London-based** firm dont le centre d'opérations est Londres; person qui opère à partir de Londres; **oil-based economy** économie basée sur le pétrole; **sea-/land-based missile** missile m marin/terrestre.
Basel [ˈbɑːzəl] n Bâle f.
baseless [ˈbeɪslɪs] adj accusation etc sans fondement; suspicion sans fondement, injustifié.
basely [ˈbeɪslɪ] adv bassement, vilement, lâchement.
basement [ˈbeɪsmənt] n sous-sol m. in the ~ au sous-sol; ~ **flat** appartement m en sous-sol.
baseness [ˈbeɪsnɪs] n (V base²) bassesse f, indignité f; ignominie f.
bash* [bæʃ] 1 n (a) coup m, coup de poing. to give sb a ~ on the nose donner un coup de poing sur le nez de qn; the car bumper has had a ~ le pare-choc est cabossé or bosselé; I'll have a ~ (at it)‡ je vais essayer un coup*; have a ~!* vas-y, essaie toujours!
　(b) (party) surboum* f.
　2 vt frapper, cogner. (US, fig) **to** ~ **one's head against a wall** se cogner la tête contre le mur; **to** ~ **sb on the head** assommer qn.
◆**bash about, bash around*** vt sep person (hit), flanquer* des coups à; (ill-treat) person maltraiter, rudoyer; object malmener.
◆**bash in** vt sep door enfoncer; hat, car cabosser, défoncer; lid, cover défoncer. to bash sb's head in défoncer le crâne de qn*.
◆**bash up*** vt sep car bousiller*; (Brit) person tabasser‡.
basher [ˈbæʃər] 1 n cogneur* m. 2 n ending in cpds: he's a queer-basher il déblatère toujours contre les pédés‡.

bashful ['bæʃfʊl] *adj* (*shy*) timide, intimidé; (*modest*) pudique; (*shamefaced*) honteux.
bashfully ['bæʃfəlɪ] *adv* (*V* **bashful**) timidement, avec timidité; pudiquement; avec honte.
bashfulness ['bæʃfʊlnɪs] *n* (*V* **bashful**) timidité *f*; modestie *f*, pudeur *f*; honte *f*.
bashing‡ ['bæʃɪŋ] **1** *n* rossée* *f*, raclée* *f*. **to take a ~** *[team, regiment]* prendre une raclée* *or* une dérouillée‡; *[car, carpet etc]* en prendre un (vieux *or* sacré) coup*. **2** *n ending in cpds:* **union-bashing** dénigration *f* systématique des syndicats.
basic ['beɪsɪk] **1** *adj* **(a)** (*fundamental*) *difficulty, principle, problem, essentials* fondamental; (*elementary*) *rule* élémentaire. (*Math*) **the four ~ operations** les quatre opérations fondamentales; **~ French** le français fondamental *or* de base; **a ~ knowledge of Russian** une connaissance de base du russe; **~ research** recherche *f* fondamentale; **~ vocabulary** vocabulaire *m* de base; **B~ English** l'anglais fondamental; **~ needs** besoins *mpl* essentiels.
  (b) (*forming starting point*) *salary, working hours* de base. **a ~ suit to which one can add accessories** un petit tailleur neutre auquel on peut ajouter des accessoires; **a ~ black dress** une petite robe noire.
  (c) (*Chem*) basique. **~ salt** sel *m* basique; **~ slag** scorie *f* de déphosphoration.
  2 *n:* **the ~s** l'essentiel *m*; **to get down to the ~s** en venir à l'essentiel.
  3 *cpd:* **basic account** compte *m* de base; (*US*) **basic airman** soldat *m* de deuxième classe; (*Fin*) **basic overhead expenditure** frais généraux essentiels; (*Fin, Comm*) **basic rate** taux *m* de référence; (*Mil*) **to do one's basic training** faire ses classes; (*Ski*) **basic turn** stem *m*.
BASIC, Basic ['beɪsɪk] *n* (*Comput*) basic *m*.
basically ['beɪsnklɪ] *adv* au fond, c'est simple. **it's ~ simple** au fond, c'est simple; **it's ~ the same** c'est pratiquement la même chose; **he's ~ lazy** au fond, il est paresseux, il est avant tout *or* fondamentalement paresseux; **well, ~, all I have to do is ...** eh bien, en fait, je n'ai qu'à ...; **~ we agree** en principe *or* dans l'ensemble, nous sommes d'accord.
basil ['bæzl] *n* (*Bot*) basilic *m*.
basilica [bə'zɪlɪkə] *n* basilique *f*.
basilisk ['bæzɪlɪsk] *n* (*Myth, Zool*) basilic *m*.
basin ['beɪsn] *n* **(a)** (*gen*) cuvette *f*, bassine *f*; (*for food*) bol *m*; (*wide: for cream etc*) jatte *f*; (*also* **wash~, wash-hand ~**) cuvette; (*plumbed in*) lavabo *m*; *[lavatory]* cuvette; *[fountain]* vasque *f*; *V* **sugar** etc.
  (b) (*Geog*) *[river]* bassin *m*; (*valley*) cuvette *f*; (*harbour*) bassin; *V* **catchment, tidal** etc.
basinful ['beɪsnfʊl] *n* *[milk]* bolée *f*; *[water]* pleine cuvette *f*. **I've had a ~‡** j'en ai par-dessus la tête* *or* ras le bol* (*of* de).
basis ['beɪsɪs] *n, pl* **bases** ['beɪsiːz] (*lit, fig*) base *f*. **on that ~** dans ces conditions; **on the ~ of what you've told me** par suite de ce que vous m'avez dit, en me basant sur ce que vous m'avez dit; (*Fin*) **~ for assessing VAT** assiette *f* de la TVA.
bask [bɑːsk] *vi:* **to ~ in the sun** se dorer au soleil; **to ~ in sb's favour** jouir de la faveur de qn; **~ing shark** (requin *m*) pèlerin *m*.
basket ['bɑːskɪt] **1** *n* **(a)** (*gen*) corbeille *f*; (*shopping ~*) (*one-handled*) panier *m*; (*deeper, two-handled*) cabas *m*; (*clothes ~*) corbeille *or* panier à linge (sale); (*wastepaper ~*) corbeille (à papier); (*on person's back*) hotte *f*; (*on donkey*) panier; *[for game, crab, oysters]* bourriche *f*; (*Basketball*) panier; (*on ski stick*) rondelle *f* (de ski). **~(ful) of eggs** un panier d'œufs; (*Basketball*) **to make a ~** marquer un panier; *V* **laundry, luncheon, work** etc.
  2 *cpd handle etc* de panier. **basketball** basket(-ball) *m*; **basketball player** basketteur *m*, -euse *f*; (*US‡*) **basket case** grand(e) invalide *m(f)*; (*US‡*) **he's a basket case** (*inadequate*) c'est un paumé*; (*nervous*) c'est un paquet de nerfs*; **basket chair** chaise *f* en osier; **basket maker** vannier *m*; **basketwork** vannerie *f*.
Basle [bɑːl] *n* Bâle *f*.
Basque [bæsk] **1** *n* **(a)** Basque *m*, Basque *f* *or* Basquaise *f*. **(b)** (*Ling*) basque *m*. **2** *adj* basque. **a ~ woman** une Basque, une Basquaise; **~ Country** Pays *m* Basque; **~ Provinces** provinces *fpl* basques.
bas-relief ['bæsrɪ,liːf] *n* bas-relief *m*.
bass¹ [beɪs] (*Mus*) **1** *n* (*part, singer*) basse *f*; (*: double bass*) contrebasse *f*; *V* **double** etc.
  2 *adj voice, note* bas (*f* basse), de basse; (*low-sounding*) bas, grave. **~ tones** sons *mpl* graves.
  3 *cpd:* **bass-baritone** baryton-basse *m*; **bass clarinet** clarinette *f* basse; **bass clef** clef *f* de fa; **bass drum** grosse caisse; **bass flute** flûte *f* basse; **bass horn** serpent *m*; **bass-relief** = **bas-relief**; **bass strings** basses *fpl*; **bass trombone** trombone *f* basse; **bass tuba** tuba *m* d'orchestre; **bass viol** viole *f* de gambe.
bass² [bæs] *n* (*fish*) (*freshwater*) perche *f*; (*sea*) bar *m*, loup *m*.
Bass [bæs] *n:* **~ Strait** détroit *m* de Bass.
basset ['bæsɪt] *n* **(a)** (*also* **~ hound**) (chien *m*) basset *m*. **(b)** (*Mus*) **~ horn** cor *m* de basset.
basso ['bæsəʊ] *n* (*Mus*) **~ continuo** basse *f* continue; **~ profundo** basse profonde.
bassoon [bə'suːn] *n* basson *m*; *V* **double**.
bastard ['bɑːstəd] **1** *n* **(a)** (*lit*) bâtard(e) *m(f)*, enfant naturel(le) *m(f)*.
  (b) (‡*pej: unpleasant person*) salaud‡ *m*, saligaud‡ *m*.
  (c) (‡) **he's a lucky ~!** c'est un drôle de veinard!*; **you old ~!** sacré vieux!*; **poor ~** pauvre type*; **silly ~!** quel corniaud!‡
  2 *adj child* naturel, bâtard; *language, dialect* corrompu, abâtardi; (*Typ*) *character* d'un autre œil. **~ title** faux-titre *m*.
bastardized ['bɑːstədaɪzd] *adj language* corrompu, abâtardi.

bastardy ['bɑːstədɪ] *n* bâtardise *f*.
baste¹ [beɪst] *vt* (*Sewing*) bâtir, faufiler.
baste² [beɪst] *vt* (*Culin*) arroser.
bastion ['bæstɪən] *n* bastion *m*.
Basutoland [bə'suːtəʊlænd] *n* Bas(o)utoland *m*.
bat¹ [bæt] *n* (*Zool*) chauve-souris *f*. (*fig*) **an old ~*** une vieille bique*; (*fig*) **to have ~s in the belfry*** avoir une araignée au plafond*; **to flee like a ~ out of hell*** s'enfuir comme si l'on avait le diable à ses trousses; *V* **blind**.
bat² [bæt] (*Sport* etc) **1** *n* **(a)** (*Baseball, Cricket*) batte *f*; (*Table Tennis*) raquette *f*. (*fig*) **off one's own ~** de sa propre initiative, de son propre chef; (*US*) **right off the ~** sur-le-champ; (*Sport*) **he's a good ~** il manie bien la batte.
  (b) (*blow*) coup *m*.
  2 *vi* (*Baseball, Cricket*) manier la batte. **he ~ted yesterday** il était à la batte hier; (*US fig: support*) **to go to ~ for sb*** intervenir en faveur de qn.
  3 *vt* **(a)** *ball* frapper (*avec une batte, raquette etc*).
  (b) (*: hit*) cogner*, flanquer un coup à*. (*US fig: discuss*) **to ~ sth around*** discuter de qch (à bâtons rompus); (*US fig*) **to ~ sth out*** faire qch en vitesse.
bat³ [bæt] *vt:* **he didn't ~ an eyelid** (*Brit*) *or* **an eye** (*US*) il n'a pas sourcillé *or* bronché; **without ~ting an eyelid** (*Brit*) *or* **an eye** (*US*) sans sourciller *or* broncher.
bat⁴‡ [bæt] *n* **(a)** (*Brit: speed*) allure *f*. **(b)** (*US: spree*) fête *f*, bombe* *f*, bringue‡ *f*. **to go off on a ~** (aller) faire la fête *or* la bombe* *or* la bringue‡.
batch [bætʃ] **1** *n* *[loaves]* fournée *f*; *[people]* groupe *m*; *[prisoners]* convoi *m*; *[recruits]* contingent *m*, fournée; *[letters]* paquet *m*, liasse *f*, tas *m*; (*Comm*) *[goods]* lot *m*; *[concrete]* gâchée *f*.
  2 *cpd:* (*Comput*) **in batch mode** en temps différé; **to batch-process** traiter par lots; **batch processing** traitement *m* par lots.
bated ['beɪtɪd] *adj:* **with ~ breath** en retenant son souffle.
bath [bɑːθ] **1** *n, pl* **~s** [bɑːðz] **(a)** bain *m*; (*~tub*) baignoire *f*. **to take** *or* **have a ~** prendre un bain; **to give sb a ~** baigner qn, donner un bain à qn; **while I was in my** *or* **the ~** pendant que j'étais dans *or* que je prenais mon bain; *[hotel]* **room with (private) ~** chambre *f* avec salle de bain (particulière); *V* **blood, eye, Turkish** etc.
  (b) **~s** (*washing*) (établissement *m* de) bains(-douches) *mpl*; (*swimming*) piscine *f*; (*Hist*) thermes *mpl*.
  (c) (*Chem, Phot, Tech*) bain *m*; (*Phot: container*) cuvette *f*.
  2 *vt* (*Brit*) baigner, donner un bain à.
  3 *vi* (*Brit*) prendre un bain.
  4 *cpd:* (*Brit*) **Bath bun** pain *m* aux raisins; **bathchair** fauteuil *m* roulant, voiture *f* de malade; **bathmat** tapis *m* de bain; **bathrobe** peignoir *m* de bain; **bathroom** *V* **bathroom**; **bath salts** sels *mpl* de bain; **bath sheet/towel** drap *m*/serviette *f* de bain; **bathtub** baignoire *f*; (*round*) tub *m*; **bathwater** eau *f* du bain.
bathe [beɪð] **1** *vt* (*gen, also fig*) baigner; *wound* laver. **to ~ one's eyes** se baigner *or* se bassiner les yeux; **to ~ one's feet** prendre un bain de pieds; **~d in tears** baigné de larmes; **to ~d in sweat** être en nage, ruisseler (de sueur); (*US*) **to ~ the baby** baigner l'enfant; (*fig*) **countryside ~d in light** paysage.
  2 *vi* se baigner, prendre un bain (*de mer, de rivière*); (*US*) prendre un bain (*dans une baignoire*).
  3 *n* bain *m* (*de mer, de rivière*). **an enjoyable ~** une baignade agréable; **to take** *or* **have a ~** se baigner; **let's go for a ~** allons nous baigner.
bather ['beɪðər] *n* baigneur *m*, -euse *f*.
bathing ['beɪðɪŋ] **1** *n* bains *mpl*, baignade(s) *f(pl)*. **~ prohibited** défense de se baigner, baignade interdite; **safe ~** baignade sans (aucun) danger; *V* **sea**.
  2 *cpd:* **bathing beauty** belle *f* baigneuse; **bathing cap** bonnet *m* de bain; (*Brit*) **bathing costume** maillot *m* (de bain); **bathing hut** cabine *f* (de bains); **bathing machine** cabine de bains roulante; **bathing suit** = **bathing costume**; (*Brit*) **bathing trunks** maillot *m* *or* slip *m* de bain, caleçon *m* de bain; **bathing wrap** peignoir *m* *or* sortie *f* de bain.
bathos ['beɪθɒs] *n* (*Literat*) chute *f* du sublime au ridicule.
bathroom ['bɑːθrʊm] **1** *n* salle *f* de bain(s). **to go to** *or* **use the ~** aller aux toilettes.
  2 *cpd:* **bathroom cabinet** armoire *f* de toilette; **bathroom fittings** (*main fixtures*) appareils *mpl* *or* installations *fpl* sanitaires; (*accessories*) accessoires *mpl* (de salle de bains); **bathroom scales** balance *f*, pèse-personne *m inv*.
bathysphere ['bæθɪsfɪər] *n* bathysphère *f*.
batiste [bæ'tiːst] *n* batiste *f*.
batman ['bætmæn] *n* (*Brit Mil*) ordonnance *f*.
baton ['bætən] *n* (*Mil, Mus*) bâton *m*, baguette *f*; (*Brit*) *[policeman]* matraque *f*; *[French traffic policeman]* bâton; *[relay race]* témoin *m*. **~ charge** charge *f* (*de police etc*) à la matraque.
bats‡ [bæts] *adj* toqué*, timbré*.
batsman ['bætsmən] *n* (*Cricket*) batteur *m*.
battalion [bə'tælɪən] *n* (*Mil, fig*) bataillon *m*.
batten¹ ['bætn] **1** *n* (*Carpentry*) latte *f*; *[roofing]* volige *f*; *[flooring]* latte, planche *f* (de parquet); (*Naut*) latte (de voile); (*Theat*) herse *f*.
  2 *vt* latter; *roof* voliger; *floor* planchéier.
  ◆ **batten down** *vt sep* (*Naut*) **to batten down the hatches** fermer les écoutilles, condamner les panneaux.
batten² ['bætn] *vi* (*prosper illegitimately*) s'engraisser (*on sb* aux dépens de qn, *on sth* de qch); (*feed greedily*) se gorger, se gaver, se bourrer (*on* de).
batter¹ ['bætər] *n* (*Culin*) (*for frying*) pâte *f* à frire; (*for pancakes*) pâte à crêpes. **fried fish in ~** poisson frit (enrobé de pâte à frire).
batter² ['bætər] **1** *vt* **(a)** (*strike repeatedly*) battre, frapper; *baby* maltraiter, martyriser. **ship ~ed by the waves** navire battu par

les vagues; **town** ~**ed by bombing** ville ravagée or éventrée par les bombardements.
  (**b**) (*Typ*) *type* endommager.
  2 *vi*: **to** ~ **at the door** cogner or frapper à la porte à coups redoublés.
  3 *n* (*US Sport*) batteur *m*.
♦**batter about** *vt sep person*: rouer de coups, rosser.
♦**batter down** *vt sep wall* démolir, abattre; (*Mil*) battre en brèche.
♦**batter in** *vt sep door* enfoncer, défoncer; *skull* défoncer.
battered ['bætəd] *adj hat, pan* cabossé, bosselé; *face* (*lit*) meurtri; (*fig*) buriné; *furniture, house* délabré. (*Med*) ~ **babies** or **children** enfants martyrs; **a** ~ **old car** un vieux tacot cabossé*; (*Med*) ~ **child syndrome** syndrome *m* de l'enfant martyr.
battering ['bætərɪŋ] *n*: **the town took a dreadful** ~ **during the war** la ville a été terriblement éprouvée pendant la guerre; **he got such a** ~ on l'a roué de coups, on l'a rossé; (*Mil*) ~ **ram** bélier *m*; *V* **baby**.
battery ['bætərɪ] **1** *n* (**a**) (*guns*) batterie *f*.
  (**b**) (*Elec*) [*torch, radio*] pile *f*; [*vehicle*] batterie *f*, accumulateurs *mpl*, accus* *mpl*.
  (**c**) (*number of similar objects*) batterie *f*. (*fig*) **a** ~ **of questions** une pluie de questions.
  (**d**) (*Agr*) éleveuse *f*.
  (**e**) (*Jur*) voie *f* de fait; *V* **assault**.
  2 *cpd*: (*Elec*) **battery charger** chargeur *m*; (*Agr*) **battery farming** élevage intensif or en batterie; (*Mil*) **battery fire** tir *m* par salves; (*Agr*) **battery hen** poule *f* de batterie; (*Aut*) **battery lead connection** cosse *f* de batterie; (*Rad*) **battery set** poste *m* à piles; ~ **operated** (fonctionnant) à pile(s).
battle ['bætl] **1** *n* (*lit, fig*) bataille *f*, combat *m*. **to fight a** ~ se battre, lutter (*against* contre); **the B**~ **of Britain** la bataille d'Angleterre; (*Mil*) **killed in** ~ tué à l'ennemi; **to have a** ~ **of wits** jouer au plus fin; **life is a continual** ~ la vie est un combat perpétuel or une lutte perpétuelle; (*fig*) **to do** ~ **for/against** lutter pour/contre; (*fig*) **to fight sb's** ~**s** se battre à la place de qn; (*fig*) **we are fighting the same** ~ nous nous battons pour la même cause; (*fig*) **that's half the** ~* c'est déjà pas mal*; (*fig*) ~ **for control of sth/to control sth** lutte or combat pour obtenir le contrôle de qch/pour contrôler qch; *V* **join, losing, Nile** etc.
  2 *cpd*: **in battle array** en bataille; **battle-axe** (*weapon*) hache *f* d'armes; (*pej*: *woman*) virago *f*; **battle cruiser** croiseur *m* cuirassé; **battle cry** cri *m* de guerre; (*Mil*) **battle dress** tenue *f* de campagne or de combat; (*Mil, fig*) **battlefield, battleground** champ *m* de bataille; **in battle order** = **in battle array**; **battle royal** (*quarrel*) bataille *f* en règle; **battle-scarred** (*lit*) *troops, country* marqué par les combats; (*fig*) *person* marqué par la vie; (*hum*) *furniture* endommagé, abîmé; **battleship** cuirassé *m*; **battle zone** zone *f* de combat.
  3 *vi* (*lit, fig*) se battre, lutter (*against* contre, *to do* pour faire), batailler (*to do* pour faire). (*fig*) **to** ~ **for breath** haleter.
battledore ['bætldɔːr] *n* (*Sport*) raquette *f*. ~ **and shuttlecock** (jeu *m* de) volant *m*.
battlements ['bætlmənts] *npl* (*wall*) remparts *mpl*; (*crenellation*) créneaux *mpl*.
batty‡ ['bætɪ] *adj* = **bats**‡.
bauble ['bɔːbl] *n* babiole *f*, colifichet *m*; [*jester*] marotte *f*.
baulk [bɔːlk] = **balk**.
bauxite ['bɔːksaɪt] *n* bauxite *f*.
Bavaria [bə'vɛərɪə] *n* Bavière *f*.
Bavarian [bə'vɛərɪən] **1** *n* Bavarois(e) *m(f)*. **2** *adj* bavarois. ~ **Alps** Alpes *fpl* bavaroises; (*Culin*) ~ **cream** bavaroise *f*.
bawbee [bɔː'biː] *n* (*Scot*) sou† *m*.
bawd†† [bɔːd] *n* (*prostitute*) catin† *f*.
bawdiness ['bɔːdɪnɪs] *n* paillardise *f*.
bawdy ['bɔːdɪ] *adj* paillard. ~**house** † maison *f* close.
bawl [bɔːl] **1** *vi* (**a**) brailler, gueuler‡, beugler*, beugler* (*at* contre). (**b**) (‡: *weep*) brailler, beugler*. **2** *vt* brailler, hurler, beugler*.
♦**bawl out** *vt sep* (**a**) = **bawl 2**.
  (**b**) (‡: *scold*) engueuler‡.
bay[1] [beɪ] *n* (*Geog*) baie *f*, (*small*) anse *f*. **the B**~ **of Biscay** le golfe de Gascogne; (*US*) **the B**~ **State** le Massachusetts.
bay[2] [beɪ] **1** *n* (*Bot*: *also* ~ **tree, sweet** ~) laurier(-sauce) *m*. (*fig*) ~ **wreath**, ~**s** couronne *f* de laurier. **2** *cpd*: **bay leaf** feuille *f* de laurier; **bay rum** lotion *f* capillaire.
bay[3] [beɪ] *n* (**a**) (*Archit*) travée *f*; [*window*] baie *f*. ~ **window** (*lit*) fenêtre *f* en saillie; (*US fig**) grosse bedaine* *f*. (**b**) (*Rail*) voie *f* d'arrêt, quai *m* subsidiaire; *V* **bomb, loading, parking, sick** etc.
bay[4] [beɪ] **1** *n* (*Hunting, fig*) **to be at** ~ être aux abois; (*Hunting, fig*) **to bring to** ~ acculer; (*fig*) **to keep** or **hold at** ~ tenir à distance or en échec.
  2 *vi* aboyer (*at* à, après), donner de la voix. **to** ~ (**at**) **the moon** aboyer or hurler à la lune.
bay[5] [beɪ] **1** *adj horse* bai. **2** *n* cheval *m* bai. (*horse*) **red** ~ alezan *m*.
Baykal [baɪ'kɑːl] *n*: **Lake** ~ le lac Baïkal.
bayonet ['beɪənɪt] **1** *n* baïonnette *f*; *V* **fix** etc.
  2 *vt* passer à la baïonnette.
  3 *cpd*: **bayonet charge** charge *f* à la baïonnette; **at bayonet point** à (la pointe de) la baïonnette; **bayonet practice** exercices *mpl* de baïonnette; (*Elec*) **bayonet socket** douille *f* à baïonnette.
bayou ['baɪjuː] *n* (*US*) bayou *m*, marécages *mpl*.
bazaar [bə'zɑːr] *n* (*in East*) bazar *m*; (*large shop*) bazar; (*sale of work*) vente *f* de charité.
bazoo‡ [bə'zuː] *n* (*US*) gueule‡ *f*, bouche *f*.
bazooka [bə'zuːkə] *n* bazooka *m*.
B.B. [biː'biː] *n* (**a**) *abbr of* **Boys' Brigade** (*patronnage pour garçons*). (**b**) (*US*) ~ **gun** carabine *f* à air comprimé.
B and B *n* (*Brit abbr of* **bed and breakfast**) *V* **bed**.

B.B.C. [biːbiː'siː] *n* (*abbr of* **British Broadcasting Corporation**) B.B.C. *f*.
B.C. [biː'siː] (**a**) (*abbr of* **Before Christ**) av. J.-C. (**b**) *abbr of* **British Columbia**.
BCD [biːsiː'diː] *n* (*Comput*: *abbr of* **binary-coded decimal**) DCB *f*.
BCG [biːsiː'dʒiː] *n* B.C.G. *m*.
B.D. [biː'diː] *n* (*Univ*) *abbr of* **Bachelor of Divinity** (*licence de théologie*).
B.D.S. [biːdiː'es] *n* (*Univ*) *abbr of* **Bachelor of Dental Surgery** (*diplôme de chirurgie dentaire*).
B.E. [biː'iː] *n* (*Comm*) *abbr of* **bill of exchange**; *V* **bill**.
be [biː] *pres* **am, is, are**, *pret* **was, were, wast**†, **wert**†, *ptp* **been 1** *copulative vb* (**a**) (*joining subject and predicate*) être. **the sky is blue** le ciel est bleu; ~ **good!** sois sage!; **my coffee is cold** mon café est froid; **he is lucky** il a de la chance; **he is a soldier** il est soldat; **he wants to** ~ **a doctor** il veut être médecin; **she is an Englishwoman who is that?** — **it's me!** qui est-ce? — c'est moi!
  (**b**) (*health*) aller, se porter. **how are you?** comment allez-vous?, comment vous portez-vous? (*frm*); **I am better now** je vais mieux maintenant; **she is none too well** elle ne va pas trop or très bien.
  (**c**) (*physical or mental state*) **to** ~ **cold/hot/hungry/thirsty/ashamed/right/wrong** avoir froid/chaud/faim/soif/honte/raison/tort; **my feet are cold** j'ai froid aux pieds; **my hands are frozen** j'ai les mains gelées; **I am worried** je suis inquiet.
  (**d**) (*age*) **how old is he?** quel âge a-t-il?; **he will** ~ **3 next week** il aura 3 ans la semaine prochaine.
  (**e**) (*measurement*) être. **the road is 1 km from the house** la route est à 1 km de la maison; **how far is London from here?** Londres est à quelle distance d'ici?, combien y-a-t-il d'ici à Londres?; **the door is 3 metres high** la porte a 3 mètres de haut; **how tall are you?** combien mesurez-vous?
  (**f**) (*cost*) coûter. **how much is it?** combien cela coûte-t-il?; **the book is 10 francs** le livre coûte 10 F; **it is cheap at the price** c'est bon marché à ce prix-là.
  (**g**) (*Math*) faire. **2 and 2 are 4** 2 et 2 font 4; **3 times 2 is 6** 3 fois 2 font 6.
  (**h**) (*+poss pron*) être, appartenir. **that book is mine** ce livre m'appartient or est à moi; **it's his** c'est à lui, c'est le sien.
  2 *aux vb* (**a**) (*+prp = continuous tense*) être en train de + *infin*. **what are you doing?** — **I am reading a book** qu'est-ce que vous faites? — je lis or je suis en train de lire un livre; **what have you been doing this week?** qu'avez-vous fait cette semaine?; **I have just been packing my case** je viens de faire ma valise; **I have been waiting for you for an hour** je vous attends depuis une heure; **the bus is stopping** l'autobus s'arrête; **so you aren't coming with us?** — **but I AM coming!** alors, vous ne venez pas avec nous? — mais si, je viens avec vous!; **she is always complaining** elle se plaint toujours, elle est toujours en train de se plaindre; **will you** ~ **seeing her tomorrow?** est-ce que vous allez la voir demain?, comptez-vous la voir demain?; **what's been keeping you?** qu'est-ce qui t'a retenu?
  (**b**) (*+ptp = pass*) être. **he was killed** il a été tué; **the door was shut in his face** on lui a fermé la porte au nez; **there is nothing left** il ne reste plus rien; **he is to** ~ **pitied** il est à plaindre; **the car is to** ~ **sold** la voiture doit être vendue; **peaches are sold by the kilo** les pêches se vendent au kilo; **let it** ~ **done** at once qu'on le fasse tout de suite; **it is said that** on dit que; **not to** ~ **confused with** à ne pas confondre avec; **is it to** ~ **wondered at if …?** faut-il s'étonner si …?
  (**c**) (*in tag questions, short answers*) **he's always late, isn't he?** — **yes, he is** il est toujours en retard, n'est-ce pas? — oui, toujours; **she is pretty** — **no, she isn't** elle est jolie — non, elle n'est pas jolie; **you are not ill, are you?** tu n'es pas malade j'espère?; **it's all done, is it?** tout est fait, alors?; **was he pleased to hear it!*** il a été rudement* content de l'apprendre!; **but wasn't she glad when*** … mais n'empêche qu'elle a été contente quand* ….
  (**d**) (*+to + infin*) **he is to do it** (*from duty, destiny, prearrangement*) il doit le faire; (*intention*) il va le faire; **I am to look after my mother** je dois m'occuper de ma mère; **they are shortly to** ~ **married** ils vont bientôt se marier; **she was never to return** elle ne devait jamais revenir; **the telegram was to warn us of the delay** le télégramme était pour nous avertir du retard.
  (**e**) (*+ neg + infin = prohibition*) **you are not to touch that** tu ne dois pas y toucher; **I am not to speak to him** on m'a défendu de lui parler; **I wasn't to tell you his name** je ne devais pas vous dire son nom; **this door is not to** ~ **opened** il est interdit or défendu d'ouvrir cette porte.
  (**f**) (*modal 'were': possibility, supposition*) **if we were** or (*frm*) **were we in London now** si nous étions à Londres maintenant; **if I were** or (*frm*) **were I to tell him, what could he do?** si je supposer même que je le lui dise or et quand bien même je le lui dirais, que pourrait-il faire?; **if I were you I should refuse** à votre place or si j'étais vous je refuserais.
  3 *vi* (**a**) (*exist, live, occur, remain, be situated*) être, exister. **to** ~ **or not to** ~ être ou ne pas être; **the best artist that ever was** le meilleur peintre qui ait jamais existé or qui fût jamais; **that may** ~ cela se peut, peut-être; ~ **that as it may** quoi qu'il en soit; **how is it that …?** comment se fait-il que? + *indic or subj*; **let me** ~ laissez-moi tranquille; **leave it as it is** laissez-le tel quel; **don't** ~ **too long in coming** ne tardez pas trop à venir; **I won't** ~ **long** je n'en ai pas pour longtemps; **to** ~ **in danger** être or se trouver en danger; **Christmas Day is on a Monday this year** Noël tombe un lundi cette année; **the match is tomorrow** le match a lieu demain; **he is there just now but he won't** ~ **(there)** much longer il est là en ce moment mais il ne va plus y être (pour) très longtemps.
  (**b**) **there is, there are** il y a, il est (*liter*); **there is a mouse in the room** il y a une souris dans la pièce; **there was once a castle here**

il y avait autrefois un château ici; **there will ~ dancing on dan-sera; there were three of us** nous étions trois; **there is nothing more beautiful** il n'y a *or* il n'est rien de plus beau; **there is no knowing what may happen** il est impossible de savoir ce qui va se passer; **he's a rogue if ever there was one** voilà un filou si jamais il en fut; **let there ~ light and there was light** que la lumière soit et la lumière fut; **there ~ing no alternative solution** comme il n'y a aucune autre solution.

(c) (*presenting, pointing out*) **here is a book** voici un livre; **here are 2 books** voici 2 livres; **there is the church** voilà l'église; **there are the 2 churches** voilà les 2 églises; **here you are!** (*I've found you*) ah vous voici!; (*take this*) tenez!; **there he was, sitting at the table** il était là, assis à la table.

(d) (*come, go: esp in perfect tense*) aller, venir, être. **I have been to see my aunt** je suis allé voir ma tante; **I have already been to Paris** j'ai déjà été *or* je suis déjà allé à Paris; **the postman has already been** le facteur est déjà passé; **has anyone been while I was out?** il est venu quelqu'un pendant que je n'étais pas là?; **he has been and gone** il est venu et reparti; **now you've been and done it!‡** eh bien tu as fait du joli! (*iro*) **I've just been and broken it!‡** (ça y est) voilà que je l'ai cassé!

(e) **the bride-/mother-to-~** la future mariée/maman.

4 *impers vb* (a) (*weather etc*) faire. **it is fine/cold/dark** il fait beau/froid/nuit; **it is windy/foggy** il fait du vent/du brouillard.

(b) (*time*) être. **it is morning** c'est le matin; **it is 6 o'clock** il est 6 heures; **tomorrow is Friday** demain c'est vendredi; **it is the 14th June today** nous sommes (aujourd'hui) *or* c'est aujourd'hui le 14 juin; **it is a long time since I last saw you** il y a longtemps que je ne vous ai vu.

(c) (*distance*) **it is 5 km to the nearest town** la ville la plus proche est à 5 km.

(d) (*emphatic*) **it is he who did it** c'est lui qui l'a fait; **it is they who are responsible** ce sont eux les responsables; **it is us who found it** c'est nous qui l'avons trouvé.

(e) (*supposition, probability*) **were it not that** si ce n'était que; **were it not for my friendship for him** si ce n'était mon amitié pour lui; **had it not been for him we should all be dead** sans lui nous serions tous morts; **as it were** pour ainsi dire; **and even if it were so** et quand bien même ce serait vrai.

5 *cpd:* **the be-all and end-all** le but suprême (*of* de), la fin des fins.

beach [bi:tʃ] **1** *n* [*sea*] plage *f*; [*shore*] grève *f*; [*lake*] rivage *m*. **private/sandy ~** plage privée/de sable.

2 *vt boat* échouer.

3 *cpd:* **beach ball** ballon *m* de plage; **beach buggy** buggy *m*; **beachcomber** (*person*) (*lit*) ramasseur *m* d'épaves; (*fig: idler*) propre *mf* à rien; (*wave*) vague *f* déferlante; **beachhead** tête *f* de pont; **beach hut** cabine *f* de bain *or* de plage; **beach umbrella** parasol *m*; **beachwear** tenue *f* de plage.

beacon ['bi:kən] **1** *n* (a) (*danger signal*) phare *m*, signal *m* lumineux; (*lantern itself*) fanal *m*; (*Naut*) balise *f*; (*Aviat*) balise, phare; (*fig*) phare, guide *m*, flambeau *m*; *V* **Belisha beacon, radio.**

(b) (*Hist: on hills*) feu *m* (d'alarme).

(c) (*hill: gen in place-names*) colline *f*.

2 *cpd:* **beacon light** balise *f* lumineuse.

bead [bi:d] *n* (a) (*of glass, coral, amber etc*) perle *f*; [*rosary*] grain *m*. (**string of**) **~s** collier *m*; *V* **tell** *etc.*

(b) (*drop*) [*dew*] perle *f*; [*sweat*] goutte *f*; (*bubble*) bulle *f*. **his forehead was covered in ~s of sweat** la sueur lui perlait au front.

(c) [*gun*] guidon *m*. **to draw a ~ on** ajuster, viser.

beading ['bi:dɪŋ] *n* (*Carpentry*) baguette *f*; (*Archit*) chapelet *m*; (*Dress*) broderie *f* perlée, garniture *f* de perles.

beadle ['bi:dl] *n* (*Brit Univ*) appariteur *m*, huissier *m*; (*Rel*) bedeau *m*.

beady ['bi:dɪ] *adj:* **to watch sth with ~ eyes** regarder qch avec des yeux de fouine; **~-eyed** (*glittering*) aux yeux en boutons de bottines; (*pej*) aux yeux de fouine.

beagle ['bi:gl] **1** *n* beagle *m.* **2** *vi* chasser avec des beagles.

beak [bi:k] *n* (a) [*bird, turtle etc*] bec *m*; (‡: *also* **~ed nose**) nez crochu. (b) (*Brit‡: judge etc*) juge *m*; († *Brit Scol sl: headmaster*) protal *m* (*sl*).

beaker ['bi:kər] *n* gobelet *m*; (*wide*) coupe *f*; (*Chem etc*) vase *m* à bec.

beam [bi:m] **1** *n* (a) (*Archit*) poutre *f*, solive *f*; (*thick*) madrier *m*; (*small*) poutrelle *f*, soliveau *m*; (*Sport: in gym*) poutre; *V* **cross** *etc.*

(b) (*Naut*) (*transverse member*) barrot *m*; (*greatest width*) largeur *f*. **on the ~** par le travers; (*Naut*) **on the port ~** à bâbord; **on the starboard ~** à tribord; *V* **broad** *etc.*

(c) (*Tech*) [*scales*] fléau *m*; [*engine*] balancier *m*; [*plough*] age *m*; [*loom*] rouleau *m*.

(d) [*light, sunlight*] rayon *m*, trait *m*; [*lighthouse, headlight, searchlight*] faisceau *m* (lumineux); (*Phys*) faisceau; (*Aviat, Naut*) chenal *m* de radio-guidage. **to be on/be off (the) ~** être/ne pas être dans le chenal de radio-guidage; (*fig*) **to be on (the) ~*** être sur la bonne voie; (*fig*) (*Brit*) **to be off (the) ~***, (*US*) **to be off the ~*** dérailler*; *V* **electron** *etc.*

(e) (*smile*) sourire *m* épanoui.

2 *vi* (a) [*sun*] rayonner, darder ses rayons. **to ~ forth** apparaître.

(b) **she ~ed** une visage s'est épanoui en un large sourire; **at the sight of the money she ~ed at me** elle a levé vers moi un visage épanoui *or* rayonnant en voyant l'argent; **her face was ~ing with joy** son visage rayonnait de joie.

3 *vt* (*Rad, Telec*) *message* transmettre par émission dirigée. **to ~ a programme to the Arab-speaking countries** diffuser un programme à l'intention des pays de langue arabe.

4 *cpd* (*Naut*) *sea, wind* de travers. **beam balance** balance *f* à

fléau; **beam compass** compas *m* à verge; (*Naut*) **on her beam-ends** couché sur le côté *or* le flanc; (*fig*) **to be on one's beam-ends*** être dans la dèche‡ *or* dans la gêne.

beaming ['bi:mɪŋ] *adj sun* radieux, resplendissant; *smile, face* rayonnant, radieux, épanoui.

bean [bi:n] **1** *n* (*Bot, Culin*) haricot *m*; (*green* **~**) haricot vert; (*broad* **~**) fève *f*; [*coffee*] grain *m*; (*US**) [*head*] tête *f*, tronche‡ *f*; [*brain*] cervelle *f*. (*Brit*) **to be full of ~s*** être en pleine forme, péter le feu*; (*US*) **he doesn't know ~s about it*** il n'en sait trois fois rien; (*Brit*) **he hasn't a ~*** il n'a pas le sou *or* un radis‡; **hullo, old ~!‡†** salut mon pote!‡; *V* **bake, kidney, spill¹** *etc.*

2 *cpd:* **beanbag** (*for throwing*) balle *f* lestée; (*chair*) sacco *m*; (*Brit*) **beanfeast***, (*Brit*) **beano‡** (*meal*) gueuleton‡ *m*; (*spree*) bombe* *f*, noubr* *f*; **beanpole** (*lit, fig*) perche *f*; (*Culin*) **bean-shoots, beansprouts** germes *mpl* de soja; **beanstalk** tige *f* de haricot.

3 *vt* frapper à la tête.

bear¹ [bɛər] *pret* **bore**, *ptp* **borne 1** *vt* (a) (*carry*) *burden, arms, message* porter. **music borne on the wind** musique portée par le vent; **to ~ away** emporter; **to ~ back** rapporter; *V* **mind.**

(b) (*show*) *inscription, mark, traces, signature* porter. **to ~ some resemblance to** ressembler à, offrir une ressemblance avec; **to ~ no relation to** être sans rapport avec, n'avoir aucun rapport avec.

(c) (*be known by*) *name* porter.

(d) **he bore himself like a soldier** (*carried himself*) il avait une allure militaire *or* de soldat; (*conducted himself*) il se comportait en soldat.

(e) (*feel*) avoir en soi, porter. **the love/hatred he bore her** l'amour/la haine qu'il lui portait *or* qu'il avait à son égard; **to ~ sb ill will** en avoir contre qn; *V* **grudge.**

(f) (*bring, provide*) apporter, fournir. **to ~ witness to sth** [*thing, result etc*] témoigner de qch; [*person*] attester qch; **to ~ false witness** porter un faux témoignage; **to ~ sb company†** tenir compagnie à qn.

(g) (*sustain, support*) supporter. **to ~ the weight of** supporter le poids de; **to ~ comparison with** soutenir la comparaison avec; **to ~ the expense of sth** prendre les frais de qch à sa charge; **to ~ the responsibility for sth** assumer la responsabilité de qch.

(h) (*endure*) supporter, tolérer, souffrir. **I cannot ~ (the sight of) that man** je ne peux pas souffrir *or* voir cet homme; **he can't ~ the smell of cooking** il ne peut pas supporter les odeurs de cuisine; **she cannot ~ being laughed at** elle ne supporte pas qu'on se moque (*subj*) d'elle; **his language will not ~ repeating** ses propos sont trop grossiers pour être rapportés; *V* **brunt, grin.**

(i) (*produce, yield*) *fruit* porter, produire, rapporter. (*lit, fig*) **to ~ fruit** porter des fruits; (*Fin*) **investment which ~s 5%** placement *m* qui rapporte 5%; (*Fin*) **to ~ interest at 5%** produire *or* rapporter un intérêt de 5%.

(j) (*give birth to*) donner naissance à, mettre au monde. **she has borne him 3 daughters** elle lui a donné 3 filles; *V* **born.**

(k) (*push, press*) entraîner, pousser, porter. **he was borne along by the crowd** il s'est trouvé entraîné *or* emporté par la foule.

2 *vi* (a) (*move*) se diriger. **to ~ right/left** prendre sur la droite/la gauche *or* à droite/à gauche; **~ towards the church** allez vers l'église; **~ north at the windmill** prenez la direction nord au moulin; (*Naut*) **to ~ off** virer (de bord).

(b) [*ice etc*] porter, supporter.

(c) [*fruit tree etc*] donner, produire.

(d) (*lean, press*) porter, appuyer (*on* sur). **he bore heavily on his stick** il s'appuyait lourdement sur sa canne; (*fig*) **these taxes ~ most heavily on the poor** ces impôts pèsent le plus lourdement sur les pauvres.

(e) (*phrases with 'bring'*) **to bring one's energies to ~ on sth** consacrer *or* mettre toute son énergie à qch; **to bring one's mind to ~ on sth** porter son attention sur qch; **to bring pressure to ~ on sb** exercer une pression sur qch; (*fig*) **to bring pressure to ~ on sb** faire pression sur qn; **to bring a telescope to ~ on sth** braquer une lunette sur; **to bring a gun to ~ on a target** pointer un canon sur un objectif.

◆**bear down 1** *vi* (a) (*approach*) **to bear down on** [*ship*] venir sur; [*person*] foncer sur.

(b) (*press*) appuyer fermement, peser (*on* sur).

2 *vt sep* abattre, vaincre. **borne down by adversity** abattu par l'adversité.

◆**bear in (up)on** *vt fus* (*pass only*) **it was gradually borne in upon me that** la conviction s'est faite peu à peu en moi que, il est apparu de plus en plus évident à mes yeux que.

◆**bear on** *vt fus* = **bear upon.**

◆**bear out** *vt sep* confirmer, corroborer. **to bear sb out, to bear out what sb says** corroborer les dires de qn, corroborer ce que qn dit; **the result bears out our suspicions** le résultat confirme nos soupçons; **you will bear me out that ...** vous serez d'accord avec moi (pour dire) que ... .

◆**bear up** *vi* ne pas se laisser abattre *or* décourager, tenir le coup*. **he bore up well under** *or* **against the death of his father** il a supporté courageusement la mort de son père; **bear up! courage!; how are you? — bearing up!*** comment ça va? — ça se maintient* *or* on tient le coup* *or* on fait aller*; *V* **bear¹ 2a.**

◆**bear upon** *vt fus* (*be relevant to*) se rapporter à, être relatif à, avoir trait à; (*concern*) intéresser, concerner.

◆**bear with** *vt fus person, sb's moods etc* supporter patiemment. **bear with me a little longer** je vous demande encore un peu de patience.

bear² [bɛər] **1** *n* (a) ours(e) *m(f)*. (*fig*) **he's like a ~ with a sore head*** il est d'une humeur massacrante *or* de dogue, il n'est pas à prendre avec des pincettes; (*Astron*) **the Great/the Little B~** la

Grande/ la Petite Ourse; *V* grizzly, koala, polar *etc.*
 (b) (*pej: person*) ours *m* (*pej*).
 (c) (*St Ex*) baissier *m*.
 2 *vt* (*St Ex*) chercher à faire baisser.
 3 *vi* (*St Ex*) jouer à la baisse.
 4 *cpd*: **bear-baiting** combat *m* d'ours et de chiens; **bear cub** ourson *m*; (*fig*) **bear garden** pétaudière *f*; **he gave me a big bear hug** il m'a serré très fort dans ses bras; (*St Ex*) **bear market** marché *m* en baisse; **bear pit** fosse *f* aux ours; (*Mil Dress*) **bearskin** bonnet *m* à poil; (*US*) **the Bear State** l'Arkansas *m*.
bearable ['bɛərəbl] *adj* supportable, tolérable.
beard [bɪəd] **1** *n* **(a)** barbe *f*; (*small, pointed*) barbiche *f*, bouc *m*. **to have a ~** porter la barbe; **to wear a full ~** porter sa barbe entière; **a man with a ~** un homme barbu *or* à barbe, un barbu; **a week's (growth of) ~** une barbe de huit jours.
 (b) [*fish, oyster*] barbe *f*; [*goat*] barbiche *f*; [*grain*] barbe, arête *f*; [*hook etc*] barbe, barbelure *f*; (*Typ*) talus *m*.
 2 *vt* (*face up to*) affronter, braver. (*fig*) **to ~ the lion in his den** aller braver le lion dans sa tanière.
bearded ['bɪədɪd] *adj* (*gen*) barbu. **a ~ man** un barbu; **the ~ lady** la femme à barbe.
beardless ['bɪədlɪs] *adj* imberbe, sans barbe. (*fig*) **~ youth** (petit) jeunet *m*.
bearer ['bɛərəʳ] **1** *n* **(a)** [*letter, news, burden*] porteur *m*,-euse *f*; (*at funeral*) porteur; (*servant*) serviteur *m*.
 (b) [*cheque, name, title*] porteur *m*; [*passport*] titulaire *mf*.
 (c) (*Bot*) **a good ~** un arbre qui donne bien.
 (d) (*Constr, Tech*) support *m*.
 2 *cpd*: **bearer bond** titre *m* au porteur; **bearer cheque** chèque *m* au porteur.
bearing ['bɛərɪŋ] *n* **(a)** (*posture, behaviour*) maintien *m*, port *m*, allure *f*. **soldierly ~** allure martiale; **noble ~** maintien noble; **queenly ~** port de reine.
 (b) (*relation, aspect*) relation *f*, rapport *m*. **to examine a question in all its ~s** examiner une question sous tous ses aspects; **to have no ~ on the subject** n'avoir aucun rapport avec le sujet.
 (c) **it is beyond (all) ~** c'est absolument insupportable.
 (d) (*Naut: direction*) position *f*. **to take a compass ~** prendre un relèvement au compas; **to take a ship's ~s** faire le point; **to take** *or* **get one's ~s** s'orienter, se repérer; (*fig*) **to lose one's ~s** être désorienté, perdre le nord.
 (e) (*Tech*) palier *m*; *V* **ball**¹, **main** *etc*.
 (f) (*Her*) *V* armorial.
bearish ['bɛərɪʃ] *adj* (*St Ex*) **~ tendency** tendance *f* à la baisse, tendance baissière.
beast [biːst] *n* **(a)** bête *f*, animal *m*. (*Rel*) **the B~** l'Antéchrist *m*, la grande Bête de l'Apocalypse; **the king of the ~s** le roi des animaux; **~ of burden** bête de somme *or* de charge; (*Agr*) **~s** bétail *m*, bestiaux *mpl*; *V* **brute, wild**.
 (b) (*pej: person*) (*cruel*) brute *f*; (*: disagreeable*) vache* *f*, chameau* *m*. [*greedy person*] **to make a ~ of o.s.** se goinfrer*.
beastliness ['biːstlɪnɪs] *n* (*U*) (*act, quality*) bestialité *f*; [*language*] obscénité *f*; (*: unpleasantness*) caractère *m* infect; [*person*] méchanceté *f*, rosserie* *f*.
beastly ['biːstlɪ] **1** *adj* person, conduct bestial, brutal; *language* obscène; *food, sight* dégoûtant, répugnant; (*: less strong*) abominable, infect*; *child, trick* sale, vilain (*both bef n*). **what ~ weather!*** quel temps infect!*, quel sale temps!; **it's a ~ business*** c'est une sale affaire; **to be ~ to sb*** être infect* avec qn, se conduire de façon abominable avec qn.
 2 *adv* (*Brit**) terriblement, vachement‡.
beat [biːt] (*vb: pret* **beat**, *ptp* **beaten**) **1** *n* **(a)** [*heart, pulse*] battement *m*, pulsation *f*; [*drums*] battement, roulement *m*; (*Acoustics*) battement. **to march to the ~ of the drum** marcher au (son du) tambour; *V* **also drum**.
 (b) (*Mus*) temps *m*; [*conductor's baton*] battement *m* (de la mesure); (*Jazz*) rythme *m*. **strong/weak ~** temps fort/faible.
 (c) [*policeman*] ronde *f*, secteur *m*; [*sentry*] ronde. **the policeman on the ~** noticed it l'agent la remarqué pendant qu'il effectuait sa ronde; **the system of the policeman on the ~** le système des agents affectés à la surveillance d'un quartier; (*fig*) **that's off my ~** cela n'est pas de mon domaine *or* de mon rayon*; *V* **off**.
 (d) (*Hunting*) battue *f*.
 (e) (‡) **= beatnik**.
 2 *adj* **(a)** (*: also* **dead-~**) éreinté, claqué*, crevé*.
 (b) (‡) **beatnik** *inv*.
 3 *cpd*: **beat-up** déglingué‡, bousillé*.
 4 *vt* **(a)** (*strike*) person, animal battre, frapper; *carpet* battre; *eggs, cream* fouetter, battre; *metal* battre. **to ~ sth flat** aplatir qch; **to ~ sb with a stick** donner des coups de bâton à qn; **to ~ sb black and blue** rouer qn de coups, battre qn comme plâtre; **to ~ a drum** battre du tambour; (*US fig: publicize*) **to ~ a drum for sth*** faire du battage* autour de qch; (*Mil*) **to ~ the retreat** battre la retraite; (*Mil, fig*) **to ~ a retreat** battre en retraite; (*fig*) **~ it!‡** fiche le camp!*, fous le camp!‡, file!*; (*liter*) **to ~ one's breast** se frapper la poitrine; **to ~ a way through sth** se frayer un passage *or* un chemin à travers qch; (*Hunting*) **to ~ the forest/the moors battre** les bois/les landes; **~ing the air with its wings** battant l'air de ses ailes; **the bird ~s its wings** l'oiseau bat des ailes; **to ~ time** battre la mesure; (*Brit Hist*) **to ~ the bounds** *marquer les limites d'une paroisse (au cours d'une procession)*; *V* **dead, living, tattoo**.
 (b) (*defeat*) vaincre, battre, triompher de. **the army was ~en** l'armée a été battue; **to ~ sb to the top of a hill** arriver au sommet d'une colline avant qn; (*fig*) **to ~ sb to it** couper l'herbe sous le pied à qn, devancer qn; **to ~ sb at chess** battre qn aux échecs; **to ~ sb hollow** (*Brit*) *or* **hands down** *or* **into a cooked hat** battre qn

à plate(s) couture(s); **to ~ the record** battre le record; **to ~ the system** trouver le joint (*fig*); (*US*) [*accused person*] **to ~ the charge*** échapper à l'accusation; (*US*) **to ~ the rap‡** échapper à la taule; **coffee ~s tea any day*** le café vaut tout le thé du monde; **the police confess themselves ~en** la police s'avoue vaincue; **the problem has got me ~en** *or* **~*** le problème me dépasse complètement; (*fig*) **that ~s everything!*, that takes some ~ing!*** ça, c'est le bouquet!*, faut le faire!*; (*fig*) **his behaviour takes some ~ing*** sa conduite dépasse tout; (*admiring*) **that will take some ~ing!*** pour faire mieux, il faudra se lever de bonne heure!*; (*fig*) **that ~s me*** cela me dépasse; (*fig*) **it ~s me how you can speak to her*** je ne comprends pas *or* ça me dépasse* que tu lui adresses (*subj*) la parole; **can you ~ it!*** tu as déjà vu ça toi!*, faut le faire!*
 5 *vi* **(a)** [*rain, wind*] battre; [*sun*] (*also* **~ down**) taper*, darder ses rayons. **to ~ at the door** cogner à la porte; **the rain was ~ing against the window** la pluie battait contre la vitre; **the waves ~ against the cliff** les vagues battent la falaise; (*fig*) **he doesn't ~ about the bush** il n'y va pas par quatre chemins, il ne tourne pas autour du pot; **well, not to ~ about the bush, he... bref, il...**.
 (b) [*heart, pulse, drum*] battre. **her heart was ~ing with joy** son cœur battait *or* palpitait de joie; **with ~ing heart** le cœur battant; **his pulse began to ~ quicker** son pouls s'est mis à battre plus fort; **they heard the drums ~ing** ils entendaient le roulement des tambours.
 (c) (*Naut*) **to ~ (to windward)** louvoyer au plus près.
 ◆**beat back** *vt sep* enemy, flames repousser.
 ◆**beat down 1** *vi*: **the rain was beating down** il pleuvait à verse *or* à seaux *or* à torrents; *V* **also beat 5a**.
 2 *vt sep* **(a)** (*reduce*) rabattre, baisser, faire baisser; *prices* faire baisser; *person* faire baisser ses prix à. **I beat him down to £2** je l'ai fait descendre à 2 livres.
 (b) **the rain has beaten down the wheat** la pluie a couché les blés.
 ◆**beat in** *vt sep* door défoncer. **to beat sb's brains in** défoncer le crâne à qn.
 ◆**beat off** *vt sep* attack, attacker repousser.
 ◆**beat out** *vt sep* **(a)** fire étouffer.
 (b) *metal* marteler, étaler *or* amincir au marteau. (*US fig*) **to beat one's brains out*** se creuser la cervelle.
 (c) **to beat out the rhythm** marquer le rythme, battre la mesure.
 ◆**beat up 1** *vt sep* **(a)** eggs, cream fouetter, battre; (*fig*) person passer à tabac, tabasser*.(*fig*) **to beat it up‡** faire la bombe*.
 (b) recruits, volunteers, customers racoler, recruter. **he beat up all the help he could** il a battu le rappel.
 2 beat-up* *adj V* **beat 3**.
 3 beating-up *n V* **beating 2**.
beaten ['biːtn] **1** *cpd* of **beat**.
 2 *adj* **(a)** *metal* battu, martelé; *earth, path* battu. **~ track** chemin *m or* sentier *m* battu; (*lit, fig*) **off the ~ track** hors des sentiers battus.
 (b) (*defeated*) battu, vaincu.
 (c) (*exhausted*) éreinté, claqué*, crevé*.
beater ['biːtəʳ] *n* **(a)** (*gadget*) [*carpet*] tapette *f*; [*eggs*] (*whisk*) fouet *m*; (*rotary*) batteur *m*; (*Tex*) peigne *m*. **(b)** (*Shooting*) rabatteur *m*.
beatific [ˌbiːə'tɪfɪk] *adj* béatifique. **to wear a ~ smile** sourire aux anges, arborer un sourire béat.
beatification [biːˌætɪfɪ'keɪʃən] *n* béatification *f*.
beatify [biː'ætɪfaɪ] *vt* béatifier.
beating ['biːtɪŋ] **1** *n* **(a)** (*series of blows*) correction *f*, raclée* *f*. **to give sb a ~** flanquer une correction *or* une raclée* à qn; **to get a ~** recevoir une correction *or* une raclée*.
 (b) (*U*) [*metal*] batte *f*; [*drums*] battement *m*, roulement *m*; [*carpet*] battage *m*.
 (c) (*defeat*) défaite *f*. (*Sport, also** *) **to take a ~** se faire battre à plate(s) couture(s), se faire piler*; **the car takes a ~ on that road*** la voiture en voit de dures sur cette route; *V* **beat 4b**.
 (d) [*wings, heart etc*] battement *m*.
 (e) (*Shooting*) battue *f*.
 2 *cpd*: **beating-up** passage *m* à tabac, raclée* *f*.
beatitude [biː'ætɪtjuːd] *n* béatitude *f*. **the B~s** les béatitudes.
beatnik ['biːtnɪk] *n, adj* beatnik (*mf*).
beau† [bəʊ] *n* (*dandy*) élégant *m*, dandy *m*; (*suitor*) galant *m*.
beauteous ['bjuːtɪəs] *adj* (*liter*) **= beautiful 1**.
beautician [bjuː'tɪʃən] *n* esthéticien(ne) *m(f)*, visagiste *mf*.
beautiful ['bjuːtɪfʊl] **1** *adj* person, music, picture, clothes beau (*before vowel* **bel**; *f* **belle**); *weather* superbe, splendide, magnifique; *dinner* magnifique. **really ~** de toute beauté. **2** *n*: **the ~** le beau.
beautifully ['bjuːtɪflɪ] *adv* sew, drive etc admirablement, à la perfection, on ne peut mieux; *quiet, empty* merveilleusement. **that will do ~** cela convient parfaitement, c'est tout à fait ce qu'il faut.
beautify ['bjuːtɪfaɪ] *vt* embellir, orner. **to ~ o.s.** se faire une beauté.
beauty ['bjuːtɪ] **1** *n* **(a)** (*U*) beauté *f*. **to mar** *or* **spoil** *or* **ruin the ~ of sth** déparer qch; (*Prov*) **~ is only skin-deep** la beauté n'est pas tout; (*Prov*) **~ is in the eye of the beholder** il n'y a pas de laides amours; (*fig*) **the ~ of it is that*** ... le plus beau, c'est que ...; (*fig*) **that's the ~ of it** c'est ça qui est formidable*.
 (b) beauté *f*. **she is a ~** c'est une belle femme *or* c'est d'une grande beauté, c'est une beauté; **she is no ~*** ce n'est pas une beauté; **B~ and the Beast** la Belle et la Bête; **isn't this car/this apple** *etc* **a ~!*** quelle merveille que cette voiture/cette pomme! *etc*.
 2 *cpd*: **beauty competition, beauty contest** concours *m* de beauté; **beauty cream** crème *f* de beauté; **beauty parlour** institut *m or* salon *m* de beauté; **beauty preparations** produits *mpl* de beauté; **beauty queen** reine *f* de beauté; **beauty salon = beauty parlour**; **off you go to bed now, you need your beauty sleep** va te coucher maintenant pour être tout frais demain matin; **beauty**

specialist esthéticien(ne) *m(f)*, visagiste *mf*; **beauty spot** *[skin]* (*natural*) grain *m* de beauté; (*applied*) mouche *f*; (*in countryside*) site *m* superbe; (*in tourist guide etc*) site touristique; **beauty treatment** soins *mpl* de beauté.

beaver ['biːvəʳ] **1** *n* (*Zool*) castor *m*; (*fur*) (fourrure *f* de) castor; (*hat*) (chapeau *m* de) castor. **to work like a ~** travailler d'arrache-pied; *V* **eager**.

2 *cpd* **coat, hat** (en poil) de castor. (*Constr*) **beaverboard** ® aggloméré *m* (bois); (*US*) **the Beaver State** l'Oregon *m*.

3 *vi* (*Brit fig*) **to ~ away*** at sth travailler d'arrache-pied à qch.

becalm [bɪˈkɑːm] *vt* (*gen pass*) **to be ~ed** être encalminé.

became [bɪˈkeɪm] *pret of* **become**.

because [bɪˈkɒz] **1** *conj* parce que. **I did it ~ you asked me to** je l'ai fait parce que tu me l'as demandé; **I shan't go out ~ it's raining** je ne sortirai pas à cause de la pluie; **it is the more surprising ~ we were not expecting it** c'est d'autant plus surprenant que nous ne nous y attendions pas; **if I did it, it was ~ it had to be done** je l'ai fait parce qu'il fallait bien le faire; **~ he lied, he was punished** il a été puni pour avoir menti *or* parce qu'il avait menti; **we are annoyed ~ the weather is bad** nous sommes contrariés parce qu'il fait mauvais *or* de ce qu'il fait mauvais; **not ~ he was offended but ~ he was angry** non qu'il fût offusqué mais parce qu'il était furieux; **~ he was leaving** à cause de son départ.

2 *prep*: **~ of** à cause de, en raison de, vu; **~ of his age** en raison de son âge, vu son âge.

beck[1] [bek] *n*: **to be at sb's ~ and call** être à l'entière disposition de qn, être constamment à la disposition de qn; **to have sb at one's ~ and call** faire marcher qn à la baguette *or* au doigt et à l'œil.

beck[2] [bek] *n* (*N Engl*) ruisseau *m*, ru *m*.

beckon ['bekən] *vti* faire signe (*to sb* à qn). **he ~ed** (**to**) **her to follow him** il lui a fait signe de le suivre; **he ~ed me in/back/over** *etc* il m'a fait signe d'entrer/de revenir/d'approcher *etc*.

become [bɪˈkʌm] *pret* **became,** *ptp* **become 1** *vi* (**a**) (*grow to be*) devenir, se faire. **to ~ famous** *etc* devenir célèbre *etc*; **to ~ old** vieillir, se faire vieux; **to ~ thin** maigrir; **to ~ fat** grossir; **to ~ accustomed to** s'accoutumer à, s'habituer à; **to ~ interested in** commencer à s'intéresser à; *[person]* **to ~ known** commencer à être connu, se faire connaître.

(**b**) (*acquire position of*) devenir. **to ~ king** devenir roi; **to ~ a doctor** devenir *or* se faire médecin.

2 *impers vb*: **what has ~ of him?** qu'est-il devenu?; **I don't know what will ~ of her** je ne sais pas ce qu'elle va devenir.

3 *vt* (*liter, frm*) (**a**) (*suit*) aller à. **her hat does not ~ her** son chapeau ne lui va pas *or* ne lui sied pas (*frm*).

(**b**) (*befit*) convenir à, être digne de. **it does not ~ him to speak thus** il lui sied mal de parler ainsi.

becoming [bɪˈkʌmɪŋ] *adj behaviour, speech* convenable, bienséant; *clothes, hair style* seyant, qui va bien. **her hat is not ~** son chapeau ne lui va pas *or* n'est pas seyant.

bed [bed] **1** *n* (**a**) (*furniture*) lit *m*. **room with 2 ~s** chambre *f* à 2 lits; **to go to ~** se coucher; (*euph*) **to go to ~ with sb*** coucher avec qn*; **to get into ~** se coucher, se mettre au lit; **to get out of ~** se lever; (*fig*) **to get out of ~ on the wrong side,** (*US*) **to get up on the wrong side of the ~*** se lever du pied gauche; **to get sb to ~** réussir à coucher qn; **to put sb to ~** coucher qn; **to make the ~** faire le lit; **to turn down the ~** préparer le lit (*en repliant le haut des draps*), faire la couverture; **to be in ~** être couché; (*through illness*) être alité, garder le lit; **to go home to ~** rentrer se coucher; **to sleep in separate ~s** faire lit à part; **before ~** avant de se coucher; (*frm, hum*) **~ of sickness** lit de douleur; (*Brit*) **'~ and breakfast'** 'chambres' (*avec petit déjeuner*); (*Brit*) **to book in** (**at a hotel**) **for ~ and breakfast** prendre une chambre avec le petit déjeuner (à l'hôtel); (*Brit*) **we stayed at ~-and-breakfast places** nous avons pris pension *or* pris une chambre chez des particuliers; **~ and board** le gîte *or* le vivre et le couvert; *[hotel etc]* pension *m* complète; (*Prov*) **as you make your ~ so you must lie on it** comme on fait son lit on se couche; (*fig*) **life is not a ~ of roses** la vie n'est pas une partie de plaisir; (*fig*) **my job isn't exactly a ~ of roses*** mon travail n'est pas exactement une sinécure; († *liter*) **she was brought to ~ of a boy** elle accoucha d'un garçon; (*Press*) **to put a paper to ~** boucler un journal; (*Press*) **the paper has gone to ~** le journal est bouclé; *V* **camp**[1]**, death, feather** *etc*.

(**b**) (*layer*) (*Geol*) *[coal]* couche *m*, gisement *m*; *[clay]* couche, lit *m*; *[coral]* banc *m*; *[ore]* gisement *m*; (*Constr*) *[mortar]* bain *m* (de mortier); *[oysters]* banc *m*.

(**c**) (*base*) (*Tech*) *[engine]* berceau *m*; *[lathe]* banc *m*; *[machine]* base *f*, bâti *m*; *[truck]* plateau *m*; (*Archit*) *[building]* assises *fpl*.

(**d**) (*bottom*) *[sea]* fond *m*; *[river]* lit *m*.

(**e**) (*Horticulture*) *[vegetables]* planche *f*, (*square*) carré *m*; *[flowers]* parterre *m*, massif *m*, (*strip*) plate-bande *f*, (*oval, circular*) corbeille *f*.

2 *cpd*: **bed bath** (grande) toilette *f* (*d'un malade*); **bedbug** punaise *f*; **bedclothes** couvertures *fpl* et draps *mpl* (de lit); **bedcover** couvre-lit *m*, dessus-de-lit *m inv*; (*lit*) **they were bedfellows for a night** ils ont partagé le même lit une nuit; (*fig*) **they are strange bedfellows** ils forment une drôle de paire *or* un drôle de couple; **bedhead** tête *f* de lit, chevet *m*; **bed jacket** liseuse *f*; **bed linen** draps *mpl* de lit (et taies *fpl* d'oreillers); (*US*) **bedmate*** partenaire *mf*, concubin(e) *m(f)*; (*lit*) **bed of nails** lit *m* à clous; (*Brit fig*) **it's a bed of nails** c'est extrêmement pénible; **bed pad** (*waterproof*) alaise *f*, (*for extra comfort*) molleton *m*; **bedpan** bassin *m* (hygiénique); **bedpost** colonne *f* de lit; **bedridden** alité, cloué au lit, (*permanently*) grabataire; **bedrock** (*Geol*) soubassement *m*; (*fig*) base *f*; **bedroom** *V* **bedroom**; **bed-settee** divan-lit *m*; **bedside** *V* **bedside**; (*Brit*) **bed-sitter,** (*Brit*) **bed-sitting room,** (*Brit*) **bedsit‡** chambre meublée, studio *m*; **bedsocks** chaussettes *fpl* (de lit); **bedsore** escarre *f*; **bedspread** dessus-de-lit *m inv*, couvre-lit *m*; **bed-**

spring (*framework: US*) sommier *m* à ressorts; (*single spring*) ressort *m* de sommier; **bedstead** châlit *m*, bois *m* de lit; (*Bot*) **bedstraw** gaillet *m*; **bedtime** *V* **bedtime**; (*Med*) **bedwetting** incontinence *f* nocturne.

3 *vt* (**a**) (*Horticulture*) **to ~** (**out**) **plants** repiquer des plantes.

(**b**) (*Tech*) *foundations* asseoir. **to ~ stones in mortar** cimenter *or* sceller des pierres.

(**c**) (‡) *woman* coucher avec*.

◆**bed down** *vi* (*go to bed*) (aller) se coucher; (*spend night*) coucher.

B.Ed. [biːˈed] *n abbr of* **Bachelor of Education;** *V* **bachelor**.

bedaub [bɪˈdɔːb] *vt* barbouiller (*with* de).

-bedded ['bedɪd] *adj ending in cpds*: **twin-bedded room** chambre *f* à deux lits.

bedding ['bedɪŋ] *n* (**a**) literie *f*; (*Mil*) matériel *m* de couchage; *[animals]* litière *f*. (**b**) (*Horticulture*) **~ out** repiquage *m*; **~** (**-out**) **plants** plantes *fpl* à repiquer.

bedeck [bɪˈdek] *vt* parer, orner (*with* de); (*slightly pej*) attifer* (*with* de).

bedevil [bɪˈdevl] *vt* (*confuse*) *issue, person* embrouiller; (*torment*) *person* tourmenter, harceler. **to be ~led by** *[person, project]* souffrir de.

bedevilment [bɪˈdevlmənt] *n* (*confusion*) confusion *f*; (*torment*) tourment *m*, harcèlement *m*.

bedlam ['bedləm] *n* (**a**) (*uproar*) chahut* *m*, chambard‡ *m*. **the class was a regular ~** la classe faisait un chahut terrible*. (**b**) (*Hist*) maison *f* de fous.

Bedouin ['bedʊɪn] **1** *n, pl inv or* **~s** Bédouin(e) *m(f)*. **2** *adj* bédouin.

bedraggled [bɪˈdrægld] *adj clothes, person* débraillé; *hair* embroussaillé; (*wet*) trempé.

bedroom ['bedrʊm] **1** *n* chambre *f* (à coucher); *V* **spare**. **2** *cpd*: (*Theat*) **bedroom farce** comédie *f* de boulevard; **bedroom slipper** pantoufle *f*; (*US fig*) **bedroom suburb*** banlieue-dortoir *f*; **bedroom suite** chambre *f* à coucher (*mobilier*).

Beds. [bedz] *n abbr of* **Bedfordshire**.

bedside ['bedsaɪd] **1** *n* chevet *m*. **at his ~** à son chevet.

2 *cpd* **book, lamp** de chevet. **bedside rug** descente *f* de lit; **bedside table** table *f* de chevet *or* de nuit; *[doctor]* **bedside manner** comportement *m* envers les malades; **he has a good bedside manner** il sait parler à ses malades.

bedtime ['bedtaɪm] **1** *n* heure *f* du coucher. **it is ~** il est l'heure d'aller se coucher *or* d'aller au lit; **his ~ is 7 o'clock** il se couche à 7 heures; **it's past your ~** tu devrais être déjà couché.

2 *cpd*: **bedtime drink** boisson chaude (avant de se coucher); **to tell a child a bedtime story** raconter une histoire à un enfant avant qu'il s'endorme.

bee [biː] **1** *n* (**a**) abeille *f*. (*fig*) **to have a ~ in one's bonnet*** avoir une idée fixe (*about* en ce qui concerne), avoir une marotte; **they crowded round him like ~s round a honeypot** ils se pressaient autour de lui comme des mouches sur un pot de confiture; *V* **bumblebee, busy, queen** *etc*.

(**b**) (*esp US: meeting*) réunion *f* de voisins pour une tâche commune. **they have a sewing ~ on Thursdays** elles se réunissent pour coudre le jeudi; *V* **spelling**.

2 *cpd*: (*Orn*) **bee eater** guêpier *m*; (*lit, fig*) **beehive** ruche *f*; **beehive hair style** coiffure *f* en casque de Minerve *or* toute en hauteur; (*US*) **the Beehive State** l'Utah *m*; **beekeeper** apiculteur *m*, -trice *f*; **in a beeline** à vol d'oiseau, en ligne droite; **to make a beeline for** (*go straight to*) se diriger tout droit *or* en droite ligne vers; (*rush towards*) se ruer sur, filer droit sur; **beeswax** (*n*) cire *f* d'abeille; (*vt*) *floor etc* cirer, encaustiquer.

Beeb* [biːb] *n* (*Brit*) **the ~** la B.B.C.

beech [biːtʃ] **1** *n* (*also* **~ tree**) hêtre *m*; (*wood*) (bois *m* de) hêtre; *V* **copper**.

2 *cpd* **hedge, chair** de hêtre. **beech grove** hêtraie *f*; **beechmast** faînes *fpl* (tombées); **beechnut** faîne *f*; **beechwood** (*material*) (bois *m* de) hêtre *m*; (*group of trees*) bois *m* de hêtres.

beef [biːf] **1** *n* (**a**) (*U*) bœuf *m*. **roast ~** rôti *m* de bœuf, rosbif *m*; **there's too much ~ on him‡** il a trop de viande‡, il est trop gros; *V* **bully, corned** *etc*.

(**b**) (*US‡: complaint*) **what's your ~?** qu'est-ce que tu as à râler?*

2 *cpd*: **beef cattle** bœufs *mpl* de boucherie; (*Brit*) **beefeater** hallebardier *m* (*de la Tour de Londres*); **beef olive** paupiette *f* de bœuf; **beef sausage** ≃ saucisse *f* de Strasbourg; **beefsteak** bifteck *m*, steak *m*; **beef tea** bouillon *m* de viande.

3 *vi* (‡: *complain*) rouspéter*, râler* (*about* contre).

◆**beef up‡** *vt sep speech, essay* étoffer.

beefy* ['biːfɪ] *adj* (*pej*) (*strong*) costaud* (*f inv*); (*fat*) bien en chair; *flavour* de bœuf.

been [biːn] *ptp of* **be**.

beep [biːp] **1** *n* *[watch]* bip *m*. **2** *vi* faire bip.

beer [bɪəʳ] **1** *n* bière *f*. (*Brit*) **life's not all ~ and skittles** tout n'est pas qu'une partie de rigolade* en ce monde; *V* **ginger** *etc*.

2 *cpd*: **beer barrel** tonneau *m* à bière; **beer bottle** canette *f*; **beer can** boîte *f* de bière (vide); **beer engine** pompe *f* à bière; (*US*) **beerfest** fête *f* de la bière; **beer glass** bock *m*; **beer pump** ≃ **beer engine**.

beery ['bɪərɪ] *adj atmosphere, room* qui sent la bière; *party* où la bière coule à flots; *person* un peu éméché*, parti*. **~ face** trogne *f* d'ivrogne*.

beet [biːt] **1** *n* betterave *f*. (*US*) **red ~** betterave (potagère); *V* **sugar** *etc*. **2** *cpd*: (*Brit*) **beetroot** betterave *f* (potagère); **beetroot salad** salade *f* de betterave(s); **beet sugar** sucre *m* de betterave.

beetle[1] ['biːtl] **1** *n* (*gen*) scarabée *m*; (*Zool*) coléoptère *m*; *V* **black, Colorado, death, stag** *etc*.

2 *vi* (‡) **to ~ in/through** *etc* entrer/traverser *etc* en vitesse.

◆**beetle off‡** *vi* décamper, ficher le camp*.

beetle² ['biːtl] *cpd*: **beetle-browed** (*bushy eyebrows*) aux sourcils broussailleux; (*sullen*) renfrogné; **beetling brow** front *m* proéminent; **beetling cliffs** falaises *fpl* surplombantes.
beetle³ ['biːtl] *n* (*mallet*) mailloche *f*; (*heavier*) mouton *m*.
beetroot ['biːtruːt] *n V* beet 2.
befall [bɪ'fɔːl] *pret* befell, *ptp* befallen (*liter: only infin and 3rd person*) 1 *vi* arriver, advenir, survenir. whatever may ~ quoi qu'il puisse arriver, quoi qu'il advienne. 2 *vt* arriver à, échoir à. a misfortune befell him il lui arriva un malheur.
befit [bɪ'fɪt] *vt* (*frm: only infin and 3rd person*) convenir à. it ill ~s him to speak thus il lui convient *or* il lui sied (*frm*) mal de parler ainsi.
befitting [bɪ'fɪtɪŋ] *adj* convenable, seyant. with ~ humility avec l'humilité qui convient *or* qui sied (*frm*).
befog [bɪ'fɒg] *vt* (*puzzle*) brouiller, embrouiller; (*obscure*) *origin, meaning* obscurcir. she was quite ~ged elle était dans le brouillard (le plus complet).
before [bɪ'fɔːr] (*phr vb elem*) 1 *prep* (a) *[time]* avant. ~ Christ avant Jésus-Christ; the day ~ yesterday avant-hier *m*; he came the year ~ last il est venu il y a deux ans; the year ~ last was his centenary son centenaire a eu lieu il y a deux ans; the programme ~ last l'avant-dernier programme; the day ~ their departure la veille de leur départ; two days ~ Christmas l'avant-veille *f* de Noël; I got there ~ you je suis arrivé avant vous, je vous ai devancé; that was ~ my time (*before I was here*) je n'étais pas encore là; (*before I was born*) je n'étais pas encore né; I cannot do it ~ next week je ne peux pas le faire avant la semaine prochaine; ~ it, ~ now, ~ then avant (cela *or* ça), auparavant; you should have done it ~ now vous devriez l'avoir déjà fait; ~ long avant peu, sous peu, d'ici peu, bientôt; ~ doing avant de faire.
(b) *[order, rank]* avant. ladies ~ gentlemen les dames avant les messieurs; ~ everything avant tout; to come ~ sb/sth précéder qn/qch.
(c) *[place, position]* devant. he stood ~ me il était (là) devant moi; ~ my (very) eyes sous mes (propres) yeux; the question ~ us la question qui nous occupe; the task ~ him la tâche qu'il a devant lui *or* qui l'attend; he fled ~ the enemy il s'est enfui à l'approche de *or* devant l'ennemi; (*Naut*) to sail ~ the mast servir comme simple matelot; (*Naut*) to run ~ the wind aller *or* avoir vent arrière; *V* carry.
(d) (*in presence of*) devant, en présence de. he said it ~ us all il l'a dit en notre présence *or* devant nous tous; ~ a lawyer pardevant notaire; to appear ~ a court/a judge comparaître devant un tribunal/un juge; he brought the case ~ the court il a saisi le tribunal de l'affaire.
(e) (*rather than*) plutôt que. to put death ~ dishonour préférer la mort au déshonneur; he would die ~ betraying his country il mourrait plutôt que de trahir sa patrie.
2 *adv* (a) (*time*) avant, auparavant. the day ~ la veille; the evening ~ la veille au soir; the week/year ~ la semaine/l'année d'avant *or* précédente; two days ~ l'avant-veille, deux jours avant *or* auparavant; I have read that book ~ j'ai déjà lu ce livre; I had read it ~ je l'avais déjà lu, je l'avais lu auparavant; I said ~ that ... j'ai déjà dit que ...; she has never met him ~ c'est la première fois qu'elle le rencontre, elle ne l'a jamais encore rencontré; it has never happened ~ c'est la première fois que cela arrive; long ~ longtemps auparavant; to continue as ~ faire comme par le passé; he should have told me ~ il aurait dû me le dire avant *or* plus tôt *or* auparavant.
(b) (*place*) en avant, devant.
(c) (*order*) avant. that chapter and the one ~ ce chapitre et le précédent *or* et celui d'avant.
3 *conj* (a) (*time*) avant de + *infin*, avant que (+ ne) + *subj*. I did it ~ going out je l'ai fait avant de sortir; go and see him ~ he goes allez le voir avant son départ *or* avant qu'il (ne) parte; ~ I come/go/return avant mon arrivée/mon départ/mon retour; we will need a year ~ it is finished il nous faudra un an pour l'achever; it will be a long time ~ he comes again il ne reviendra pas de *or* d'ici longtemps; it will be 6 weeks ~ the boat returns le bateau ne reviendra pas avant 6 semaines; (*fig*) ~ you could say Jack Robinson en moins de rien, en moins de deux, en moins de temps qu'il n'en faut pour le dire; ~ I forget, your mother phoned avant que je n'oublie (*subj*), votre mère a téléphoné.
(b) (*rather than*) plutôt que de + *infin*. he will die ~ he surrenders il mourra plutôt que de se rendre.
4 *cpd*: before-and-after test test *m* 'avant-après'; beforehand *V* beforehand; before-tax income salaire *m* brut.
beforehand [bɪ'fɔːhænd] *adv* d'avance, à l'avance, avant, au préalable. you must tell me ~ il faut me le dire à l'avance, il faut me prévenir avant *or* au préalable; to make preparations well ~ faire des préparatifs bien à l'avance.
befoul [bɪ'faʊl] *vt* (*liter: lit, fig*) souiller (*liter*), salir.
befriend [bɪ'frend] *vt* (*help*) venir en aide à, aider; (*be friend to*) traiter en ami, donner son amitié à.
befuddle [bɪ'fʌdl] *vt* (*confuse*) brouiller l'esprit *or* les idées de; (*make tipsy*) griser, émécher. ~d with drink éméché.
beg [beg] 1 *vt* (a) (*money, alms, food*) mendier.
(b) (*favour*) solliciter, quémander. to ~ sb's pardon demander pardon à qn; (I) ~ your pardon (*apologizing*) je vous demande pardon; (*not having heard*) pardon?, vous disiez?; (*frm*) I ~ to state that je me permets de (vous) faire remarquer que, qu'il me soit permis de faire remarquer que; I ~ to differ permettez-moi d'être d'un autre avis, je me permets de ne pas partager cet avis; (*frm*) I ~ to inform you that je tiens à *or* j'ai l'honneur (*frm*) de vous faire savoir que; (*frm*) to ~ leave to do solliciter l'autorisation de faire.
(c) (*entreat*) supplier. to ~ (of) sb to do supplier qn de faire; I

~ (of) you! je vous en supplie!, de grâce!
(d) to ~ the question (*evade the issue*) éluder la question; (*assume sth already proved*) présumer la question résolue.
2 *vi* (a) mendier, demander la charité. to ~ for money mendier; to ~ for food mendier de la nourriture; to live by ~ging vivre de charité *or* d'aumône; *[dog]* to sit up and ~ faire le beau; (*fig*) I'll have that sausage if it's going ~ging* donne-moi cette saucisse s'il n'y a pas d'amateurs.
(b) (*entreat*) supplier. to ~ for mercy/help demander grâce/de l'aide; *V also* 1c.
◆**beg off*** (*US*) *vi* se faire excuser (*from* de).
began [bɪ'gæn] *pret of* begin.
beget [bɪ'get] *pret* begot, *ptp* begotten *vt* (*lit: ††*) engendrer; (*fig*) engendrer, causer. the only begotten Son of the Father le Fils unique engendré par le Père.
beggar ['begər] 1 *n* (a) (*also* ~ man, ~ woman) mendiant(e) *m(f)*, mendigot(e)* *m(f)*; (*fig: very poor person*) indigent(e) *m(f)*, pauvre(sse) *m(f)*. (*Prov*) ~s can't be choosers nécessité fait loi (*Prov*); ~'s opera opéra *m* de quat' sous.
(b) (*: fellow*) poor ~! pauvre diable!*; a lucky ~ un veinard*; a queer little ~ un drôle de petit bonhomme.
2 *vt* (*lit*) réduire à la mendicité; (*fig: ruin*) mettre sur la paille, ruiner. (*fig*) to ~ description défier toute description.
3 *cpd*: (*Cards*) beggar-my-neighbour bataille *f*; (*Econ*) beggar-my-neighbour policy politique *f* protectionniste.
beggarly ['begəlɪ] *adj* amount piètre, misérable; *existence* misérable, sordide; *meal* maigre, piètre, pauvre; *wage* dérisoire, de famine.
beggary ['begərɪ] *n* mendicité *f*.
begin [bɪ'gɪn] *pret* began, *ptp* begun 1 *vt* (a) (*start*) commencer (*to do, doing* à faire, de faire), se mettre (*to do, doing* à faire); *work* commencer, se mettre à; *task* entreprendre; *song* commencer (à chanter), entonner; *attack* déclencher; *bottle, packet, cheese etc* commencer, entamer, déboucher; *book, letter [writer]* commencer (à écrire); *[reader]* commencer (à lire). to ~ a cheque book/a page commencer *or* prendre un nouveau carnet de chèques/une nouvelle page; to ~ a journey partir en voyage; he began the day with a glass of milk il a bu un verre de lait pour bien commencer la journée; to ~ the day right bien commencer la journée, se lever du pied droit; to ~ life as débuter dans la vie comme; that doesn't (even) ~ to compare with ... cela est loin d'être comparable à ..., cela n'a rien de comparable avec ...; it soon began to rain il n'a pas tardé à pleuvoir; I'd begun to think you were not coming je commençais à croire que tu ne viendrais pas; to ~ again *or* afresh recommencer (*to do* à faire), recommencer à zéro; 'it's late' he began 'il est tard' commença-t-il.
(b) (*originate, initiate*) *discussion* commencer, ouvrir; *conversation* amorcer, engager; *quarrel, argument, dispute* faire naître; *reform, movement, series of events* déclencher; *fashion* lancer; *custom, policy* inaugurer; *war* causer; *rumour* faire naître.
2 *vi* (a) *[person]* commencer, s'y mettre; *[speech, programme, meeting, ceremony]* commencer (*with* par). let's ~! commençons!, allons-y!, on s'y met!*; we must ~ at once il faut commencer *or* nous y mettre immédiatement; well, to ~ at the beginning eh bien! pour commencer par le commencement; it's ~ning rather well/badly cela s'annonce plutôt bien/mal; to ~ in business se lancer dans les affaires; just where the hair ~s à la naissance des cheveux; before October ~s avant le début d'octobre; to ~ again *or* afresh recommencer (à zéro); classes ~ on Monday les cours commencent *or* reprennent lundi; the classes ~ again soon les cours reprennent bientôt, c'est bientôt la rentrée; ~ning from Monday à partir de lundi; he began in the sales department/as a clerk il a débuté dans le service des ventes/comme employé; he began as a Marxist il a commencé par être marxiste, au début *or* au départ il a été marxiste; he began with the intention of writing a thesis au début son intention était *or* il avait l'intention d'écrire une thèse; to ~ by doing commencer par faire; ~ by putting everything away commence par tout ranger; to ~ with sth commencer *or* débuter par qch; ~ with me! commencez par moi!; to ~ with, there were only 3 of them but later ... (tout) d'abord, ils n'étaient que 3 mais plus tard ...; this is false to ~ with pour commencer *or* d'abord c'est faux; we only had 100 francs to ~ with nous n'avions que 100 F pour commencer au début; ~ on a new page prenez une nouvelle page.
(b) (*broach*) to ~ on book commencer (à écrire *or* à lire); *course of study* commencer, entreprendre; *bottle, packet, cheese etc* commencer, entamer. I began on the job last week j'ai commencé à travailler *or* j'ai débuté dans mon travail la semaine dernière.
(c) *[music, noise, guns]* commencer, retentir; *[fire]* commencer, prendre; *[river]* prendre sa source; *[road]* partir (*at* de); *[political party, movement, custom]* commencer, naître. that's when the trouble ~s c'est alors *or* là que les ennuis commencent; it all began when he refused to pay toute cette histoire a commencé *or* tout a commencé quand il a refusé de payer; since the world began depuis le commencement du monde, depuis que le monde est monde.
beginner [bɪ'gɪnər] *n* (a) (*novice*) débutant(e) *m(f)*, novice *mf*. it's just ~'s luck aux innocents les mains pleines (*Prov*). (b) (*originator*) auteur *m*, cause *f*.
beginning [bɪ'gɪnɪŋ] *n* (a) *[speech, book, film, career etc]* commencement *m*, début *m*. to make a ~ commencer, débuter; the ~ of the academic year la rentrée (universitaire *or* scolaire); the ~ of the world le commencement *or* l'origine *f* du monde; in the ~ au commencement, au début; from the ~ dès le début, dès le commencement; since the ~ of time depuis le commencement du monde, depuis que le monde est monde; from ~ to end du début *or* du commencement à la fin, de bout en bout, d'un bout à l'autre; to

start again at or from the ~ recommencer au commencement; the ~ of negotiations l'amorce f or l'ouverture f des négociations; it was the ~ of the end for him pour lui ce fut le commencement de la fin; they taught him the ~s of science ils lui ont enseigné les rudiments mpl de la science.

(b) (origin) origine f, commencement m. **the shooting was the ~ of the rebellion** la fusillade a été à l'origine de la révolte; **fascism had its ~s in Italy** le fascisme prit naissance en Italie.

begone [bɪˈgɒn] excl (liter ††) partez!, hors d'ici! (liter).

begonia [bɪˈgəʊnɪə] n bégonia m.

begot [bɪˈgɒt] pret of **beget**.

begotten [bɪˈgɒtn] ptp of **beget**.

begrimed [bɪˈgraɪmd] adj noirci, sale.

begrudge [bɪˈgrʌdʒ] vt = **grudge 1**.

beguile [bɪˈgaɪl] vt (a) tromper, duper. **to ~ sb with promises** bercer qn de promesses, endormir qn avec des promesses; **to ~ sb into doing sth** amener or entraîner qn par supercherie à faire qch; **to ~ the time (doing)** faire passer le temps (en faisant).

(b) (charm) séduire, captiver; (amuse) distraire.

beguiling [bɪˈgaɪlɪŋ] adj séduisant, captivant.

begum [ˈbeɪgəm] n bégum f.

begun [bɪˈgʌn] ptp of **begin**.

behalf [bɪˈhɑːf] n: **on ~ of** (as representing) de la part de, au nom de, pour; (in the interest of) en faveur de, dans l'intérêt de, pour; **to come on sb's ~** venir de la part de qn; **to act on sb's ~** agir pour qn or pour le compte de qn; **he spoke on my ~** il a parlé pour moi or en mon nom; **to plead on sb's ~** plaider en faveur de qn; **he was worried on my ~** il s'inquiétait pour moi or à mon sujet.

behave [bɪˈheɪv] vi (also ~ o.s.) (a) (conduct o.s.) se conduire, se comporter. **to ~** (o.s.) **well/badly** se conduire or se comporter bien/mal; **to ~ well towards sb** se comporter bien à l'égard de or envers qn, bien agir envers qn; **to ~ wisely** agir sagement; **to ~ like an honest man** se comporter or se conduire en honnête homme.

(b) (conduct o.s. well) bien se tenir; [child] être sage. **he knows how to ~ in society** il sait se tenir dans le monde; **~ yourself!** sois sage!, tiens-toi bien!

(c) [machines etc] marcher, fonctionner. **the ship ~s well at sea** le navire tient bien la mer.

behaviour, (US) **behavior** [bɪˈheɪvjər] n (a) (manner, bearing) conduite f, comportement m. **to be on one's best ~** se conduire de son mieux; [child] se montrer d'une sagesse exemplaire; **~ modification** modification f du comportement.

(b) (conduct towards others) conduite f, comportement m, façon f d'agir or de se comporter (to sb, towards sb envers qn, à l'égard de qn).

(c) [machines] fonctionnement m.

behavioural, (US) **behavioral** [bɪˈheɪvjərəl] adj (a) sciences, studies behavioriste. **(b)** pattern de comportement. **~ problems** troubles mpl du comportement.

behaviourism, (US) **behaviorism** [bɪˈheɪvjərɪzəm] n behaviorisme m.

behaviourist, (US) **behaviorist** [bɪˈheɪvjərɪst] adj, n behavioriste (mf).

behead [bɪˈhed] vt décapiter.

beheld [bɪˈheld] pret, ptp of **behold**.

behest [bɪˈhest] n (liter) commandement m, ordre m. **at the ~ of** sur l'ordre de.

behind [bɪˈhaɪnd] (phr vb elem) **1** adv (a) (in or at the rear) derrière, par derrière, en arrière. **to stay ~** rester derrière les autres or en arrière; **to look ~** regarder en arrière; (lit, fig) **to leave ~** laisser derrière soi; **to come ~** suivre, venir derrière; V **fall behind** etc.

(b) (late) en retard. **to be ~ with one's studies/payments** être en retard dans ses études/ses paiements; **to be ~ with one's work** avoir du travail en retard, être en retard dans son travail; **I'm too far ~ to catch up now** j'ai pris trop de retard pour me rattraper maintenant.

2 prep (a) (lit, fig: at the back of) derrière. **~ the table** derrière la table; **come out from ~ the door** sortez de derrière la porte; **walk close ~ me** suivez-moi de près; **~ my back** (lit) derrière mon dos; (fig) derrière mon dos, à mon insu; (fig) **to put sth ~ one** oublier qch, refuser de penser à qch; (Theat, fig) **~ the scenes** dans les coulisses; (fig) **he has the Communists ~ him** il a les communistes derrière lui; (fig) **SHE'S the one ~ this scheme** c'est elle qui est à l'origine de ce projet; (fig) **what is ~ this?** qu'y a-t-il là-dessous?

(b) (more backward than) en arrière de, en retard sur. **her son is ~ the other pupils** son fils est en retard sur les autres élèves.

(c) (time) **~ time** en retard; (fig) **to be ~ the times** être en retard sur son temps, ne pas être de son époque; **their youth is far ~ them** leur jeunesse est loin derrière eux.

3 n (*: buttocks) derrière m, postérieur* m.

behindhand [bɪˈhaɪndhænd] adv en retard (with dans).

behold [bɪˈhəʊld] pret, ptp **beheld** vt (liter) voir, apercevoir. **~!** voici!, tenez!, regardez!; **~ thy servant** voici ton serviteur; **and ~ I am with you** et voici que je suis avec vous; V **lo**.

beholden [bɪˈhəʊldən] adj (frm) **to be ~** être redevable (to sb for sth à qn de qch).

behove [bɪˈhəʊv], (US) **behoove** [bɪˈhuːv] impers vt (frm) incomber, appartenir (sb to do à qn de faire), être du devoir or de l'intérêt (sb to do de qn de faire).

beige [beɪʒ] adj, n beige (m).

being [ˈbiːɪŋ] n (a) (U: existence) existence f. **to come into ~** prendre naissance; **the world came into ~** le monde fut créé; **to bring or call into ~** faire naître, susciter; **to bring a plan into ~** exécuter or réaliser un plan; **then in ~** qui existait alors.

(b) être m, créature f. **human ~s** êtres humains; V **supreme**.

(c) (essential nature) être m, essence f. **all my ~ revolts at the idea** tout mon être se révolte à cette idée.

Beirut [beɪˈruːt] n Beyrouth.

bejewelled, (US) **bejeweled** [bɪˈdʒuːəld] adj person paré de bijoux; thing incrusté de joyaux; (fig) grass émaillé (with de).

belabour, (US) **belabor** [bɪˈleɪbər] vt rouer de coups; (fig: with words) invectiver.

belated [bɪˈleɪtɪd] adj apology, greetings, measures tardif.

belatedly [bɪˈleɪtɪdlɪ] adv tardivement.

belay [bɪˈleɪ] **1** vt (a) (Naut) amarrer. **~ing pin** cabillot m (d'amarrage). **(b)** (Climbing) assurer. **2** vi assurer. **3** n assurage m, assurance f.

belch [beltʃ] **1** vi [person] faire un renvoi, roter*. **2** vt (also ~ forth or out) [volcano, gun] smoke, flames vomir, cracher. **3** n renvoi m, rot* m.

beleaguered [bɪˈliːgəd] adj city assiégé, investi; army cerné.

belfry [ˈbelfrɪ] n beffroi m; [church] clocher m, beffroi; V **bat**[1].

Belgian [ˈbeldʒən] **1** n Belge mf. **2** adj belge, de Belgique.

Belgium [ˈbeldʒəm] n Belgique f.

Belgrade [belˈgreɪd] n Belgrade.

belie [bɪˈlaɪ] vt (fail to justify) hopes démentir, tromper; (prove false) words démentir à, démentir; proverb faire mentir; (misrepresent) facts donner une fausse impression or idée de.

belief [bɪˈliːf] n (a) (U: acceptance as true) croyance f (in en, à). **~ in ghosts** croyance aux revenants; **~ in God** croyance en Dieu; **he has lost his ~ in God** il ne croit plus en Dieu, il a perdu la foi (en Dieu); **worthy of ~** digne de foi; **it is beyond or past (all) ~** c'est incroyable, c'est à ne pas (y) croire; **wealthy beyond ~** incroyablement riche.

(b) (Rel) (faith) foi f; (doctrine) credo m.

(c) (conviction) opinion f, conviction f. **in the ~ that** persuadé que, convaincu que; **it is my ~ that** je suis convaincu or persuadé que; **to the best of my ~** autant que je sache; **to entertain the ~ that** être convaincu que, croire que; V **strong**.

(d) (U: trust) confiance f, foi f (in en). **he has no ~ in doctors** il n'a aucune confiance dans les médecins; **he has no ~ in the future** il ne fait pas confiance à l'avenir.

believable [bɪˈliːvəbl] adj croyable.

believe [bɪˈliːv] vt (a) (accept truth of) statement, account, evidence croire, donner or ajouter foi à; person croire. **to ~ what sb says** croire ce que dit qn; **I don't ~ a word of it** je n'en crois rien or pas un mot; **don't you ~ it!** ne va pas croire ça!*, crois-le et bois de l'eau (fraîche)*; **he could hardly ~ his eyes/ears** il en croyait à peine ses yeux/ses oreilles; **if he is to be ~d** à l'en croire, s'il faut l'en croire; **~ it or not, he ...** c'est incroyable, mais il ...; **I ~ you, thousands wouldn't*** moi, je te crois, mais je dois être le seul!

(b) (think) croire, estimer. **I ~ I'm right** je crois avoir raison; **I don't ~ he will come** je ne crois pas qu'il viendra or qu'il vienne; **he is ~d to be ill** on le croit malade; **he is ~d to have a chance of succeeding** on lui donne des chances de succès; **that is ~d to be true** cela passe pour vrai; **I have every reason to ~ that ...** j'ai tout lieu de croire que ...; **I ~ so** je crois que oui, je le crois; **I ~ not** je crois que non, je ne (le) crois pas; **I don't know what to ~** je ne sais que croire or à quoi m'en tenir; V **make**.

2 vi croire; (Rel) croire, avoir la foi. **to ~ in God** croire en; ghosts, promises, antibiotics etc croire à; **to ~ in sb** croire en qn, avoir confiance en qn; **to ~ in a method** être partisan d'une méthode; **I don't ~ in doctors** je n'ai pas confiance dans les médecins, je ne crois pas aux médecins; **I don't ~ in letting children do what they want** je ne suis pas d'avis qu'il faille laisser les enfants faire ce qu'ils veulent.

believer [bɪˈliːvər] n (a) partisan(e) m(f), adepte mf. **~ in capital punishment** partisan de la peine capitale; **he is a great ~ in** il est très partisan de.

(b) (Rel) croyant(e) m(f). **to be a ~** être croyant, avoir la foi; **to be a ~ in ghosts/in astrology** croire aux revenants/à l'astrologie.

Belisha beacon [bɪˈliːʃəˈbiːkən] n lampadaire m (à globe orange marquant un passage clouté).

belittle [bɪˈlɪtl] vt person, action, object déprécier, rabaisser. **to ~ o.s.** se déprécier.

Belize [beˈliːz] n Bélize m. **in ~** à Bélize.

Belizean [beˈliːzɪən] n Bélizien(ne) m(f). **2** adj bélizien.

bell[1] [bel] **1** n (a) [church, school] cloche f; (hand~) clochette f; [toys, cat's collar etc] grelot m; [cows] cloche, clarine f; [goats, sheep] clochette; [door] sonnette f; (electric) sonnerie f; [cycle, typewriter] timbre m; [telephone] sonnerie f. **great ~** bourdon m, grosse cloche; **the first ~ for mass** was ringing le premier coup de la messe sonnait; **there's the ~!** [door] on sonne!, ça sonne!*; [telephone] téléphone (sonne)!; (Naut) **~s** coups mpl de cloche; **eight ~s** huit coups piqués; **to sound four/six/eight ~s** piquer quatre/six/huit (coups); V **answer, chime, ring**[2] etc.

(b) [flower] calice m, clochette f; [trumpet] pavillon m.

2 vt mettre une cloche à. (fig) **to ~ the cat** attacher le grelot (fig).

3 cpd: **bell-bottomed trousers** pantalon m à pattes d'éléphant; (Naut) pantalon de marine; **bellboy** groom m, chasseur m; **bell glass** cloche f (en verre); **bell heather** bruyère cendrée; (US) **bellhop** = **bellboy**; **bell pull** [door] poignée f de sonnette; [room] cordon m de sonnette; **bell push** bouton m de sonnette; **bell ringer** sonneur m, carillonneur m; **bell rope** [belfry] corde f de cloche; [room] cordon m de sonnette; **bell-shaped** en forme de cloche or de clochette; **bell tent** tente f conique; **bell tower** clocher m.

bell[2] [bel] **1** n [stag] bramement m. **2** vi bramer.

belladonna [ˌbeləˈdɒnə] n (Bot, Med) belladone f.

belle [bel] n beauté f, belle f. **the ~ of the ball** la reine du bal.

bellicose [ˈbelɪkəʊs] adj belliqueux, guerrier.

bellicosity [ˌbelɪˈkɒsɪtɪ] n caractère belliqueux.

belligerence [bɪˈlɪdʒərəns] n, **belligerency** [bɪˈlɪdʒərənsɪ] n belligérance f.

belligerent [bɪˈlɪdʒərənt] adj, n belligérant(e) m(f).

bellow [ˈbeləʊ] **1** vi [animals] mugir; [esp cow, bull] beugler, meugler; [person] brailler, beugler* (with de); [wind, ocean] mugir.

2 vt (also ~ **out**) song, order brailler, beugler*, hurler; blasphemies vociférer.

3 n [animal] mugissement m; [esp cow, bull] beuglement m, meuglement m; [person] hurlement m, beuglement*; [storm, ocean] mugissement.

bellows [ˈbeləʊz] npl [forge, organ] soufflerie f; [fire] soufflet m. **a pair of** ~ un soufflet.

belly [ˈbelɪ] **1** n (a) (abdomen) ventre m; (big) panse* f, bedaine* f. **his eyes were bigger than his** ~*‡ il a eu les yeux plus grands que le ventre.

(b) (womb) ventre m.

(c) [container] panse f, ventre m; [stone] renflement m; [violin] table f harmonique; [guitar] table harmonique, ventre; [ship] ventre; [sail] creux m.

2 vt [wind] gonfler, enfler.

3 vi (also ~ **out**) se gonfler, s'enfler.

4 cpd: **bellyache** (n) mal m de or au ventre; (vi:‡) ronchonner*, bougonner*; **to have a bellyache** avoir mal au ventre; **bellyaching**‡ ronchonnement* m, bougonnement* m; **bellyband** sous-ventrière f; **belly button*** nombril m; **belly dance** danse f du ventre; **belly dancer** danseuse orientale; (Swimming) **to do a bellyflop** faire un plat-ventre; (Aviat) **belly-landing** atterrissage m sur le ventre; (Aviat) **to make a belly-landing** atterrir or se poser sur le ventre; **belly laugh** gros rire (gras); (Aviat) **belly tank** réservoir m de secours.

bellyful [ˈbelɪfʊl] n [food] ventre plein. **he had had a** ~*‡ il en avait plein le dos*, il en avait ras le bol*.

belong [bɪˈlɒŋ] vi (a) (be the property) appartenir, être (to à). **this book** ~s **to me** ce livre m'appartient, ce livre est à moi; **lands which** ~ **to the Crown** terres qui appartiennent à la Couronne; **the lid** ~s **to this box** le couvercle va avec cette boîte, c'est le couvercle de cette boîte.

(b) (be member, inhabitant etc) **to** ~ **to a society** faire partie or être membre d'une société; **to** ~ **to a town** [native] être originaire or natif d'une ville; [inhabitant] habiter une ville.

(c) (be in right place) être à sa place. **to feel that one doesn't** ~ se sentir étranger; **to** ~ **together** aller ensemble; **stockings that don't** ~ (together) des bas qui ne font pas la paire; **the book** ~s **on this shelf** le livre va sur ce rayon; **put it back where it** ~s remets-le à sa place; **murder** ~s **under the heading of capital crimes** le meurtre rentre dans la catégorie des crimes capitaux.

(d) (be the concern) appartenir (to à), relever, être l'affaire, dépendre (to de). **that does not** ~ **to my duties** cela ne relève pas de mes fonctions; (Jur) **this case** ~ed **to the Appeal Court** ce procès ressortissait à la cour d'appel.

belongings [bɪˈlɒŋɪŋz] npl affaires fpl, possessions fpl. **personal** ~ objets or effets personnels.

beloved [bɪˈlʌvɪd, bɪˈlʌvd] **1** adj bien-aimé, chéri. ~ **by all** aimé de tous; **dearly** ~ **brethren** mes biens chers frères. **2** n bien-aimé(e) m(f).

below [bɪˈləʊ] (phr vb elem) **1** prep (a) (under) sous; (lower than) au-dessous de. ~ **the bed** sous le lit; **on the bed and** ~ **it** sur le lit et en dessous; **her skirt is well** ~ **her knees** sa jupe est bien au-dessous du genou; ~ **average/sea level** au-dessous de la moyenne/ du niveau de la mer; ~ **freezing point** au-dessous de zéro; ~ **the horizon** au-dessous de l'horizon; ~ **the surface** sous la surface; **to be** ~ **sb in rank** occuper un rang inférieur à qn, être au-dessous de qn.

(b) [river] en aval de. **the Thames** ~ **London** la Tamise en aval de Londres.

(c) (unworthy of) **it would be** ~ **my dignity to speak to him** je m'abaisserais en lui parlant.

2 adv (a) (lower down) en bas, en dessous, plus bas; (Naut) en bas. **the tenants** ~ les locataires du dessous or d'en dessous; **they live 2 floors** ~ ils habitent 2 étages en dessous; ~, **we could see the valley** en bas or plus bas or en dessous nous apercevions la vallée; **voices from** ~ des voix venant d'en bas; **the road** ~ la route en contre-bas; (on earth) **here** ~ ici-bas; (in hell) **down** ~ en enfer; V **go below** etc.

(b) [documents] **see** ~ voir plus bas or ci-dessous; **as stated** ~ comme indiqué ci-dessous.

belt [belt] **1** n (a) (Dress, Judo, fig) ceinture f; (Mil etc) ceinturon m, ceinture; (corset) gaine f. **(shoulder)** ~ baudrier m; (fig) **he has 10 years' experience under his** ~ il a 10 années d'expérience à son actif or à son acquis; (Boxing, also fig) **blow below the** ~ coup bas; **to hit below the** ~ porter un coup bas; (fig) **that was below the** ~! c'était un coup bas! or un coup en traître!; (fig) **to pull in or tighten one's** ~ se mettre or se serrer la ceinture*; (Judo) **to be a Black B**~ être ceinture noire; (Scol) **to give sb the** ~ punir qn à coups d'étrivière; V **safety** etc.

(b) (tract of land) région f. **industrial** ~ région industrielle; **the cotton** ~ la région de culture du coton; V **green**.

(c) (Tech) courroie f. ~ **pulley** poulie f de courroie; V **conveyor** etc.

(d) (US: road) route f de ceinture.

2 cpd: (fig) **it was a belt-and-braces job*** on a fait ça pour se donner une marge de sécurité or être vraiment tranquille; (US) **beltway** route f de ceinture; (motorway-type) périphérique m.

3 vt (a) (thrash) administrer une correction à, donner une raclée* à; (‡: hit) flanquer or coller un gnon‡ à. **she** ~ed **him (one) in the eye**‡ elle lui a flanqué or collé un gnon‡ dans l'œil.

(b) (US) ~ **bolt out.**

4 vi (‡: rush) **to** ~ **in/out/across** etc entrer/sortir/traverser etc à toutes jambes or à toute blinde‡; **he** ~ed **down the street** il a descendu or dévalé la rue à fond de train.

◆ **belt down*** vt sep (US) drink descendre‡, se taper‡.

◆ **belt out*** vt sep: **to belt out a song** chanter une chanson de tout son cœur or à pleins poumons.

◆ **belt up** vi (a) (put on seat belt) attacher sa ceinture. (b) (Brit‡: be quiet) la boucler‡, la fermer‡. **belt up!** la ferme!‡, boucle-la!‡

belvedere [ˌbelvɪˈdɪər] n belvédère m.

bemoan [bɪˈməʊn] vt pleurer, déplorer.

bemuse [bɪˈmjuːz] vt stupéfier.

ben [ben] n (Scot) mont m, sommet m. **B**~ **Nevis** Ben Nevis m.

bench [bentʃ] **1** n (a) (seat) (gen, Parl) banc m; (in tiers) gradin m; (padded) banquette f; V **back, opposition** etc.

(b) (Jur) **the B**~ (court) la cour, le tribunal; (judges collectively) les magistrats m. **to be raised to the** ~ être nommé juge; **to be on the** ~ (permanent office) être juge (or magistrat); (when in court) siéger au tribunal; **to appear before the** ~ comparaître devant le tribunal; **the B**~ **has ruled that** la cour a décrété que; V **king**.

(c) (also **work**~) [laboratory, factory, workshop] établi m; V **test**.

2 cpd: **bench lathe** tour m à banc; **bench mark** (Surv) repère m de nivellement; (fig: reference point) point m de référence, repère; (Comput) jeu m d'essai; (Statistics) **the 1984 bench mark** l'année f de référence 1984; (Econ, Comm) **benchmark price** prix m de base or de référence; (Weightlifting) **bench-press** soulever; **bench scientist** expérimentateur m (f -trice); **bench seat** banquette f; **bench study** étude-pilote f; **bench vice** étau m d'établi; (US Sport) **benchwarmer*** joueur m (médiocre) m en réserve.

3 vt (US Sport*) player exclure du jeu (souvent comme pénalisation).

bencher [ˈbentʃər] n (Brit Jur) ≃ membre m de l'ordre des avocats; V **back**.

bend [bend] (vb: pret, ptp **bent**) **1** n [river] coude m, détour m; [tube, pipe] coude; [arm] pli m, saignée f; [knee] pli; [road] courbe f, coude, virage m; [Naut: knot] nœud m de jonction. **there is a** ~ **in the road** la route fait un coude or un virage; (Aut) ~**s for 8 km** virages sur 8 km; [car] **to take a** ~ prendre un virage or un tournant; (Brit) **round the** ~*‡ tombé sur la tête*, cinglé‡; (Med) **the** ~**s*** la maladie des caissons; (Her) ~ **sinister** barre f de bâtardise; V **double, hair** etc.

2 vt (a) back, body courber; leg, arm plier; knee, leg fléchir, plier; head baisser, pencher, courber; branch courber, faire ployer; light ray réfracter; rail, pipe, rod, beam tordre, courber; bow bander; (Naut) cable étalinguer; sail enverguer; (fig*) rule, one's principles faire une entorse à; **to** ~ **lightly** infléchir, arquer; **to** ~ **at right angles** couder; **to** ~ **out of shape** fausser, gauchir; **with head bent over a book** la tête penchée or courbée sur un livre; **on** ~ed **knee(s)** à genoux; **to go down on** ~ed **knee** s'agenouiller, se mettre à genoux; (fig: drink) **to** ~ **the elbow** lever le coude*; (fig) **to** ~ **sb to one's will** mettre qn sous son joug; (fig) **to** ~ **sb's ear** accrocher qn, accaper (l'attention de) qn; V also **bent**[1].

(b) (direct) **to** ~ **one's steps towards** se diriger vers, porter ses pas vers; **all eyes were bent on him** tous les yeux or les regards étaient fixés or braqués sur lui; **to** ~ **one's efforts towards changing sth** diriger ses efforts vers la transformation de qch.

(c) (pass only) **to be bent on doing** être résolu or décidé à faire, vouloir absolument faire; **he is bent on seeing me** il veut absolument me voir; **he is bent on pleasure** il ne recherche que son plaisir.

3 vi [person] se courber; [branch, instrument etc] être courbé, plier; [river, road] faire un coude, tourner; (fig: submit) se soumettre, céder (to à). **to** ~ **under a burden** ployer sous un fardeau; **to** ~ **backward/forward** se pencher en arrière/en avant; V **catch**.

◆ **bend back 1** vi [wire etc] se recourber; [person] se pencher en arrière.

2 vt sep replier, recourber.

◆ **bend down 1** vi [person] se courber, se baisser; [tree, branch] ployer, plier, se courber.

2 vt sep wire replier, recourber; branch faire ployer.

◆ **bend over 1** vi [person] se pencher. (fig) **to bend over backwards to help sb*** se mettre en quatre pour aider qn.

2 vt sep replier.

bender [ˈbendər] n (a) (Tech) cintreuse f. (b) **to go on a** ~*‡ aller se cuiter*.

beneath [bɪˈniːθ] **1** prep (a) (under) sous. ~ **the table** sous la table; **to bend** ~ **a burden** ployer sous un fardeau.

(b) (lower than) au-dessous de, sous. **town** ~ **the castle** ville (située au-dessous du château.

(c) (unworthy of) indigne de. **it is** ~ **my notice** cela ne mérite pas mon attention or que je m'y arrête (subj); **it is** ~ **her to interfere** il est indigne d'elle d'intervenir; **to marry** ~ **one** faire une mésalliance.

2 adv dessous, au-dessous, en bas. **the flat** ~ l'appartement au-dessous or du dessous.

Benedict [ˈbenɪdɪkt] n Benoît m.

Benedictine [ˌbenɪˈdɪktɪn] n (a) (Rel) bénédictin(e) m(f). (b) **b**~ [ˌbenɪˈdɪktiːn] (liqueur) Bénédictine f. **2** adj bénédictin.

benediction [ˌbenɪˈdɪkʃən] n (blessing) bénédiction f; (at table) bénédicité m; (Rel: office) salut m.

benefaction [ˌbenɪˈfækʃən] n (good deed) bienfait m; (gift) donation f, don m.

benefactor [ˈbenɪfæktər] n bienfaiteur m.

benefactress [ˈbenɪfæktrɪs] n bienfaitrice f.

benefice ['benɪfɪs] n bénéfice m (Rel).
beneficence [bɪ'nefɪsəns] n (a) (U) bienfaisance f. (b) (act) acte m or œuvre f de bienfaisance.
beneficent [bɪ'nefɪsənt] adj person bienfaisant; thing salutaire.
beneficial [ˌbenɪ'fɪʃəl] adj salutaire, avantageux (to pour), favorable (to à). ~ to the health bon pour la santé; the change will be ~ to you le changement vous fera du bien or vous sera salutaire; (Jur) ~ owner usufruitier m, -ière f.
beneficially [ˌbenɪ'fɪʃəlɪ] adv avantageusement.
beneficiary [ˌbenɪ'fɪʃərɪ] n [will etc] bénéficiaire mf, légataire mf; [person] ayant droit m; (Rel) bénéficier m.
benefit ['benɪfɪt] 1 n (a) (gen) avantage m. for the ~ of your health dans l'intérêt de votre santé; it's to your ~ c'est dans votre intérêt; the book was not (of) much ~ to me, I didn't get much ~ from the book le livre ne m'a pas beaucoup aidé or ne m'a pas été très utile; did he get much ~ from his holiday? est-ce que ses vacances lui ont profité? or lui ont fait du bien?; he's beginning to feel the ~ of his stay in the country il commence à ressentir les bienfaits de son séjour à la campagne; he had the ~ of the work I had put in il a profité de mon travail; a concert for the ~ of the refugees un concert au profit des réfugiés; we're doing all this for his ~ c'est pour lui que nous faisons tout cela; (fig) he's not really hurt, he's just crying for your ~* il ne s'est pas vraiment fait mal, il pleure pour se faire remarquer (par vous); to give sb/get the ~ of the doubt laisser à qn/avoir le bénéfice du doute; the ~s of a good education les bienfaits mpl or les avantages mpl d'une bonne éducation.
(b) (Admin: money) allocation f, prestation f. unemployment ~ allocation (de) chômage; V sickness.
(c) ~ of clergy (privileges) privilège m du clergé; (rites) rites mpl de l'Église, rites religieux; marriage without ~ of clergy mariage non béni par l'Église.
2 vt faire du bien à; (financially) profiter à.
3 vi [person] se trouver bien (from, by de); (financially) gagner (from, by doing à faire); [work, situation] être avantagé (from par). he will ~ from a holiday des vacances lui feront du bien.
4 cpd: benefit club assurance mutuelle, caisse f de secours mutuel; (Sport) benefit match match m au profit d'un joueur; benefit performance représentation f de bienfaisance; (US) benefit association or society société f de prévoyance, (société) mutuelle f.
Benelux ['benɪlʌks] n Bénélux m. the ~ countries les pays du Bénélux.
benevolence [bɪ'nevələns] n (a) (U) (kindness) bienveillance f; (generosity) bienfaisance f, générosité f. (b) (gift, act) bienfait m. (c) (Hist) don forcé (au souverain).
benevolent [bɪ'nevələnt] adj (a) (kind) bienveillant (to envers). ~ smile sourire bienveillant or plein de bonté. (b) (charitable) organization, society de bienfaisance.
B.Eng. n abbr of Bachelor of Engineering; V bachelor.
Bengal [beŋ'gɔːl] 1 n Bengale m. Bay of ~ golfe m du Bengale. 2 cpd: Bengal light feu m de Bengale; Bengal tiger tigre m du Bengale.
Bengali [beŋ'gɔːlɪ] 1 n (a) Bengali mf. (b) (Ling) bengali m. 2 adj bengali (f inv).
benighted [bɪ'naɪtɪd] adj (a) (fig) person plongé dans (les ténèbres de) l'ignorance; policy etc à courte vue, aveugle. (b) († lit) surpris par la nuit.
benign [bɪ'naɪn] adj, **benignant** [bɪ'nɪgnənt] adj (a) (kindly) bienveillant, affable; (beneficial) bienfaisant, salutaire; climate doux (f douce). (b) (Med) tumour bénin (f -igne).
Benin [be'niːn] n Bénin m.
Beninese [ˌbenɪ'niːz] 1 npl Béninois mpl. 2 adj béninois.
benison ['benɪzn] n bénédiction f.
Benjamin ['bendʒəmɪn] n Benjamin m.
benny ['benɪ] n (Drugs sl) (comprimé m de) benzédrine f.
bent¹ [bent] 1 pret, ptp of bend. 2 adj wire, pipe tordu; (‡: dishonest) véreux; (‡: homosexual) homosexuel; V bend.
bent² [bent] n (a) (aptitude) dispositions fpl, aptitudes fpl (for pour). to have a ~ for languages avoir des dispositions pour les langues.
(b) (liking) penchant m, goût m. to have a ~ for or towards sth avoir du goût or un penchant pour qch; to follow one's ~ suivre son inclination f; of literary ~ tourné vers les lettres.
bent³ [bent] n (grass, rushes) agrostide f; (land) lande f.
bentwood ['bentwʊd] adj furniture en bois courbé.
benumb [bɪ'nʌm] vt limb engourdir, endormir.
benumbed [bɪ'nʌmd] adj (cold) person transi (de froid); fingers engourdi par le froid; (frightened) transi de peur; (shocked) paralysé.
Benzedrine ['benzɪdriːn] n ® benzédrine f.
benzene ['benziːn] n benzène m.
benzine ['benziːn] n benzine f.
benzoin¹ ['benzəʊɪn] n (resin) benjoin m; (shrub) styrax m (benjoin).
benzoin² ['benzəʊɪn] n (Chem) benzoïne f.
bequeath [bɪ'kwiːð] vt (in will) léguer (to à); (fig) tradition transmettre, léguer (to à).
bequest [bɪ'kwest] n legs m.
berate [bɪ'reɪt] vt admonester (liter), réprimander.
Berber ['bɜːbər] 1 n (a) Berbère mf. (b) (Ling) berbère m. 2 adj berbère.
bereave [bɪ'riːv] vt (a) pret, ptp bereft (deprive) priver, dépouiller, déposséder (of de). bereft of hope dénué d'espoir; he is bereft of reason il a perdu la raison. (b) pret, ptp gen bereaved (by death) ravir (sb of sb qn à qn).
bereaved [bɪ'riːvd] 1 adj endeuillé, affligé. 2 npl: the ~ la famille du disparu.

bereavement [bɪ'riːvmənt] n (loss) perte f; (state) deuil m. a sad ~ une perte cruelle; in his ~ dans son deuil; owing to a recent ~ en raison d'un deuil récent.
bereft [bɪ'reft] pret, ptp of bereave a.
beret ['bereɪ] n béret m.
berg* [bɜːg] n abbr of iceberg.
bergamot ['bɜːgəmɒt] n bergamote f.
bergschrund ['berkʃrʊnt] n (Climbing) rimaye f.
beriberi ['berɪ'berɪ] n béribéri m.
Bering ['beɪrɪŋ] adj: ~ Sea/Strait mer f/détroit m de Béring or Behring.
Berks. n abbr of Berkshire.
berkelium [bɜː'kiːlɪəm] n berkélium m.
Berlin [bɜː'lɪn] 1 n (a) (Geog) Berlin. East/West ~ Berlin Est/Ouest. (b) (carriage) b~ berline f. 2 cpd: the Berlin Wall le mur de Berlin; Berlin wool laine f à broder.
Berliner [bɜː'lɪnər] n Berlinois(e) m(f).
berm [bɜːm] n (US Aut) accotement m, bas-côté m.
Bermuda [bɜː'mjuːdə] 1 n Bermudes fpl. 2 cpd: Bermuda shorts bermuda m; the Bermuda Triangle le triangle des Bermudes.
Bern [bɜːn] n Berne.
Bernard ['bɜːnəd] n Bernard m.
Bernese ['bɜːniːz] 1 adj bernois. ~ Alps or Oberland Oberland m bernois. 2 n Bernois(e) m(f).
berry ['berɪ] 1 n baie f; V brown. 2 vi: to go ~ing aller cueillir des baies.
berserk [bə'sɜːk] adj fou furieux (f folle furieuse). to go ~ devenir fou furieux, se déchaîner.
berth [bɜːθ] 1 n (a) [plane, train, ship] couchette f. (easy job) to find a soft ~‡ trouver une bonne planque‡.
(b) (Naut: place for ship) mouillage m, poste m d'amarrage. to give a wide ~ to a ship passer au large d'un navire; (fig) to give sb a wide ~ éviter qn, se tenir à une distance respectueuse de qn; (fig) you should give him a wide ~ vous devriez l'éviter à tout prix.
2 vi (at anchor) mouiller; (alongside) venir à quai, accoster.
3 vt ship (assign place) donner or assigner un poste d'amarrage à; (perform action) amarrer, faire accoster.
beryl ['berɪl] n béryl m.
beryllium [be'rɪljəm] n béryllium m.
beseech [bɪ'siːtʃ] pret, ptp besought or beseeched vt (liter) (a) (ask for) permission demander instamment, solliciter; pardon implorer. (b) (entreat) supplier, implorer, conjurer (sb to do qn de faire).
beseeching [bɪ'siːtʃɪŋ] 1 adj voice, look suppliant, implorant. 2 n supplications fpl.
beseechingly [bɪ'siːtʃɪŋlɪ] adv d'un air or d'un ton suppliant or implorant.
beset [bɪ'set] pret, ptp beset vt [dangers, fears] assaillir; [temptations] entourer. path ~ with obstacles chemin semé d'obstacles; ~ with difficulties enterprise, journey hérissé de difficultés; he is ~ with difficulties les difficultés l'assaillent (de toutes parts); ~ with or by doubts rongé or assailli par le doute.
besetting [bɪ'setɪŋ] adj: his ~ sin son grand défaut.
beside [bɪ'saɪd] prep (a) (at the side of) à côté de, auprès de. she sat down ~ him elle s'est assise à côté de lui; ~ it à côté.
(b) (compared with) en comparaison de, auprès de, à côté de, comparé à, par rapport à.
(c) (phrases) that's ~ the point or the mark cela n'a rien à voir; it's quite ~ the point to suggest that ... il est tout à fait inutile de suggérer que...; this is ~ the question ceci n'a rien à voir avec la question; to be ~ o.s. (with anger) être hors de soi; he was quite ~ himself (with excitement) il ne se possédait plus; he is ~ himself with joy il est fou or transporté de joie, il ne se sent pas de joie.
besides [bɪ'saɪdz] 1 adv (a) (in addition) en outre, en plus, de plus. many more ~ bien d'autres encore; he wrote a novel and several short stories ~ il a écrit un roman et aussi plusieurs nouvelles.
(b) (else) de plus, d'autre. there is nothing ~ il n'y a rien de plus or d'autre.
(c) (moreover) d'ailleurs, du reste, en outre.
2 prep (a) (in addition to) en plus de, en dehors de, outre. others ~ ourselves d'autres que nous; there were 3 of us ~ Mary nous étions 3 sans compter Marie; ~ this book I bought others outre ce livre, j'en ai acheté d'autres; ~ which he was unwell sans compter qu'il était souffrant, et par-dessus le marché il était souffrant.
(b) (except) excepté, hormis, en dehors de. no one ~ you personne en dehors de vous or excepté vous, personne d'autre que vous; who ~ them qui si ce n'est eux, qui à part eux or hormis eux.
besiege [bɪ'siːdʒ] vt (a) town assiéger, mettre le siège devant.
(b) (fig: surround) assaillir, entourer, se presser autour de. ~d by journalists assailli par des journalistes.
(c) (fig: pester) assaillir, harceler (with de). ~d with questions assailli de questions.
besmear [bɪ'smɪər] vt (lit) barbouiller (with de); (fig) salir, souiller (liter).
besmirch [bɪ'smɜːtʃ] vt ternir, entacher.
besom ['biːzəm] n balai m de bouleau.
besotted [bɪ'sɒtɪd] adj (a) (drunk) abruti, hébété (with de). (b) (infatuated) entiché, fou (f folle) (with de). (c) (foolish) idiot, imbécile.
besought [bɪ'sɔːt] pret, ptp of beseech.
bespatter [bɪ'spætər] vt éclabousser (with de).
bespeak [bɪ'spiːk] pret bespoke, ptp bespoken or bespoke vt (a) (order) goods commander; room, place retenir, réserver. (b) (indicate) annoncer, témoigner de, prouver; weakness, fault accuser.

bespectacled [br'spektikld] *adj* à lunettes.
bespoke [br'spəuk] **1** *pret, ptp of* bespeak. **2** *adj* (*Brit*) *goods* fait sur commande; *garments* fait sur mesure; *tailor etc* à façon. (*Comput*) ~ **software** logiciel *m* sur mesure.
bespoken [br'spəukən] *ptp of* bespeak.
besprinkle [br'sprɪŋkl] *vt* (*with liquid*) arroser, asperger (*with* de); (*with powder*) saupoudrer (*with* de); (*dot with*) parsemer (*with* de).
Bess [bes] *n* (*dim of* Elizabeth) (*Brit Hist*) **Good Queen** ~ la bonne reine Élisabeth (1ère).
Bessarabia [,besə'reɪbɪə] *n* Bessarabie *f*.
best [best] **1** *adj* (*superl of* good) le meilleur, la meilleure. **the** ~ **pupil in the class** le meilleur élève de la classe; **the** ~ **novel he's written** le meilleur roman qu'il ait écrit; **the** ~ **route to Paris** la route la meilleure *or* la plus directe pour Paris; **the** ~ **thing about her is** ... ce qu'il y a de meilleur chez elle c'est ...; **the** ~ **thing to do is** to wait le mieux c'est d'attendre; **the** ~ **years of one's life** les plus belles années de sa vie; **in one's** ~ **clothes** vêtu de ses plus beaux vêtements, sur son trente et un; **may the** ~ **man win!** que le meilleur gagne!; **to put one's** ~ **foot** *or* **leg forward** (*in walking*) allonger le pas; (*do one's best*) faire de son mieux; (*Cards*) **to have the** ~ **diamond** être maître à carreau; **she is her** ~ **friend** c'est sa meilleure amie; **she's his** ~ **girl** c'est sa petite amie *or* sa nana‡; (*fig*) **the** ~ **part of** la plus grande partie de; **for the** ~ **part of an hour/month** pendant près d'une heure/d'un mois; (*Comm: on product*) ~ **before** ... à consommer de préférence avant ... (*V also* 5); *V* behaviour, second-best, wish *etc*.
2 *n:* **the** ~ le mieux, le meilleur; **to do one's** ~ (*level*) ~ (*to win*) faire de son mieux (pour gagner), faire tout son possible (pour gagner); **do the** ~ **you can!** faites de votre mieux!, faites pour le mieux!; **it's the** ~ **I can do** je ne peux pas faire mieux; **to get the** ~ **out of sb/sth** tirer le maximum de qn/qch; **to get the** ~ **of the bargain** *or* **of it** l'emporter, avoir le dessus; **he wants the** ~ **of both worlds** il veut gagner sur les deux tableaux, il veut tout avoir; **the** ~ **there is** ce qu'il y a de mieux; **to make the** ~ **of sth** s'accommoder de qch (du mieux que l'on peut); **to make the** ~ **of a bad job** *or* **a bad business** *or* **a bad bargain** faire contre mauvaise fortune bon cœur; **to make the** ~ **of one's opportunities** profiter au maximum des occasions qui se présentent; **the** ~ **of it** *or* **the** ~ **of the matter is that** ... le plus beau de l'affaire c'est que ...; **to be the** ~ **of friends** être les meilleurs amis (du monde); **it's all for the** ~ c'est pour le mieux; **to do sth for the** ~ faire qch dans les meilleures intentions; **to the** ~ **of my ability/knowledge/recollection** *etc* autant que je puisse/que je sache/que je me souvienne *etc*; **in one's (Sunday)** ~' endimanché, sur son trente et un; **to look one's** ~ être resplendissant; [*woman*] être en beauté; **she looks her** ~ **when she's in blue** c'est le bleu qui l'avantage le plus; (*on form*) **to be at one's** ~ être en pleine forme* *or* en train; **the roses are at their** ~ just now les roses sont de toute beauté en ce moment; **that is Racine at his** ~ voilà du meilleur Racine; **even at the** ~ **of times** même dans les circonstances les plus favorables; **even at the** ~ **of times he's not very patient but** ... il n'est jamais particulièrement patient mais ...; **at** ~ au mieux; **even the** ~ **of us can make mistakes** tout le monde peut se tromper; **the** ~ **of plans can go astray** les meilleurs projets peuvent échouer; **he can sing with the** ~ **of them** il sait chanter comme pas un*.
3 *adv* (*superl of* well) le mieux, le plus. **the** ~ **dressed man in Paris** l'homme le mieux habillé de Paris; **the** ~ **loved actor** l'acteur le plus aimé; **I like apples** ~ ce que je préfère, ce sont les pommes; **I like strawberries** ~ **of all** je préfère les fraises à n'importe quoi *or* à tout; **that is the hat which suits her** ~ voilà le chapeau qui lui va le mieux; **I helped him as** ~ **I could** je l'ai aidé de mon mieux *or* du mieux que j'ai pu; **he thought it** ~ **to accept** il a trouvé *or* jugé préférable d'accepter; **do as you think** ~ faites à votre idée, faites pour le mieux; **you know** ~ vous savez mieux que personne, c'est vous le mieux placé pour en juger, vous êtes (le) meilleur juge en la matière; **you had** ~ **go at once** tu ferais mieux de t'en aller tout de suite.
4 *vt* (*defeat, win over*) battre, l'emporter sur.
5 *cpd:* (*Comm*) **best-before date** date *f* limite d'utilisation optimale; [*wedding*] **best man** garçon *m* d'honneur, témoin *m*; **bestseller** (*book*) best-seller *m*, livre *m* à succès, succès *m* de librairie; (*Comm: other article*) article *m* de grosse vente, best-seller *m*; (*author*) auteur *m* à succès.
bestial ['bestɪəl] *adj* (*lit, fig*) bestial.
bestiality [,bestɪ'ælɪtɪ] *n* (a) (*U*) bestialité *f*. (b) (*act*) acte bestial.
bestiary ['bestɪərɪ] *n* bestiaire *m* (*recueil*).
bestir [br'stɜːr] *vt:* **to** ~ **o.s.** se remuer, se démener, s'activer.
bestow [br'stəu] *vt* (a) (*grant*) *favour, sb's hand* accorder (*on, upon* à); *title* conférer (*on, upon* à).
(b) (*devote*) *energy* consacrer, employer (*upon* à); *admiration* accorder. **to** ~ **friendship on sb** prendre qn en amitié; **the attention** ~**ed on this boy** l'attention dont ce garçon est l'objet.
bestowal [br'stəuəl] *n* (*U*) octroi *m*.
bestraddle [br'strædl] *vt* *horse, bicycle* enfourcher; *wall* chevaucher; *chair* se mettre à califourchon sur.
bestrew [br'struː] *pret* **bestrewed**, *ptp* **bestrewed** *or* **bestrewn** *vt* (*liter*) parsemer, joncher (*with* de).
bestride [br'straɪd] *pret* **bestrode** [br'strəud], *ptp* **bestridden** [br'strɪdn] *vt* (a) *chair* être à cheval *or* à califourchon sur; *horse, bicycle* enfourcher. (b) *brook, ditch* enjamber.
bet [bet] *pret, ptp* **bet** *or* **betted 1** *vi* parier, miser (*against* contre, *on* sur, *with* avec). **to** ~ **10 to 1** parier *or* miser à 10 contre 1; **to** ~ **on horses** parier *or* jouer aux courses; **to** ~ **on a horse** jouer *or* miser sur un cheval, miser sur un cheval.
2 *vt:* **to** ~ **£10 on a horse** parier *or* miser 10 livres sur un cheval; **she** ~ **me £10 he would refuse** elle m'a parié 10 livres qu'il refuserait; (*fig*) **I** ~ **he'll come!** je te parie qu'il vient!* *or* qu'il

viendra!; **I'll** ~ **you anything (you like)** je te parie tout ce que tu veux; ~ **you won't do it*** (je te parie que) t'es pas capable de le faire‡; **you** ~**!*** un peu!*, tu parles!*; ~ **you can't!*** chiche!*; **you can** ~ **your boots*** *or* **your bottom dollar*** *or* **your life*** **that** ... tu peux parier tout ce que tu veux *or* parier ta chemise que ... .
3 *n* pari *m*. **to make** *or* **lay a** ~ (**on**) parier (sur), faire un pari (sur); **to accept** *or* **take (on) a** ~ accepter un pari; **to win a** ~ gagner un pari; (*fig*) **this is your best** ~ c'est ce que vous avez de mieux à faire; *V* hedge, lay'.
beta ['biːtə] *n* bêta *m*. (*Med, Pharm*) ~ **blocker** bêta-bloquant *m*; ~-**blocking** bêta-bloquant.
betake [br'teɪk] *pret* **betook**, *ptp* **betaken** [br'teɪkən] *vt:* **to** ~ **o.s. to (s'en)** aller à, se rendre à.
betcha‡ ['betʃə] *excl:* (you) ~! un peu!*, tu parles!*
betel ['biːtəl] *n* bétel *m*. ~ **nut** noix *f* de bétel.
Bethany ['beθənɪ] *n* Béthanie.
bethink [br'θɪŋk] *pret, ptp* **bethought** *vt:* **to** ~ **o.s.** réfléchir, considérer; **to** ~ **o.s. of sth/to do/that** ... s'aviser de qch/de faire/que ... .
Bethlehem ['beθlɪhem] *n* Bethléem.
bethought [br'θɔːt] *pret, ptp of* bethink.
betide [br'taɪd] *vti:* **whatever (may)** ~ quoi qu'il advienne *or* arrive (*subj*); *V* woe.
betimes [br'taɪmz] *adv* (*liter*) (*early*) de bonne heure, tôt; (*quickly*) promptement, vite; (*in good time*) à temps, assez tôt.
betoken [br'təukən] *vt* (*forecast*) présager, annoncer; (*indicate*) dénoter, être signe de.
betook [br'tuk] *pret of* betake.
betray [br'treɪ] *vt* (a) (*be disloyal to*) *one's country* trahir, être traître à; *friends* trahir; *woman* tromper, trahir; (*fig*) *hope etc* trahir, tromper, décevoir. **he has** ~**ed our trust** il a trahi notre confiance, il a commis un abus de confiance.
(b) (*give up treacherously*) *person, secret* livrer (*to* à), trahir. **to** ~ **sb into enemy hands** livrer qn à l'ennemi *or* aux mains de l'ennemi.
(c) (*disclose*) *age, fears, intentions, facts, truth* trahir, révéler. **to** ~ **o.s.** se trahir; **his speech** ~**ed the fact that he had been drinking** on devinait à l'écouter qu'il avait bu.
betrayal [br'treɪəl] *n* (*V* betray) (a) (*U*) [*country, ally etc*] trahison *f*; [*age, secret, plan*] divulgation *f*; [*fears, intentions*] manifestation *f* (involontaire); [*facts, truth*] révélation *f*. ~ **of trust** abus *m* de confiance.
(b) (*deed*) (acte *m* de) trahison *f*. **the** ~ **of Christ** la trahison envers le Christ.
betrayer [br'treɪər] *n* [*country*] traître(sse) *m(f)* (*of* à, envers); [*friend*] dénonciateur *m*, -trice *f* (*of* de). **she killed her** ~ elle a tué celui qui l'avait trahie.
betroth [br'trəuð] *vt* (*liter,††*) fiancer (*to* à, avec), promettre en mariage (*to* à).
betrothal [br'trəuðəl] *n* (*liter*) fiançailles *fpl* (*to* avec).
betrothed [br'trəuðd] *adj, n* (*liter or hum*) fiancé(e) *m(f)*.
better¹ ['betər] **1** *adj* (*comp of* good) meilleur. **that book is** ~ **than this one** ce livre-là est meilleur que celui-ci; **she is a** ~ **dancer than her sister, she is** ~ **at dancing than her sister** elle danse mieux que sa sœur; **she is** ~ **at dancing than at singing** elle danse mieux qu'elle ne chante; **he's a** ~ **man than his brother** il est mieux que son frère; (*hum*) **you're a** ~ **man than I am!** tu as plus de courage que moi!; **he's no** ~ **than a thief** c'est un voleur ni plus ni moins; **she's no** ~ **than she should be** (*slightly dishonest*) ce n'est pas l'honnêteté qui l'étouffe!*; (*sexually*) elle n'est pas d'une vertu farouche!; (*Med*) **he is much** ~ now il va *or* se porte bien mieux maintenant; (*Med*) **how are you?** — **much** ~ comment allez-vous? — bien mieux; (*Med*) **he got** ~ **very quickly after his illness** il s'est vite remis de sa maladie; **the weather is getting** ~ le temps s'améliore; **this book gets** ~ **towards the end** ce livre s'améliore vers la fin; **his technique got** ~ **as he grew older** sa technique s'est améliorée avec l'âge; **his writing is** ~ **since he got a new pen** son écriture est meilleure depuis qu'il a un nouveau stylo; (*it's getting*) ~ **and** ~! (ça va) de mieux en mieux!; **that's** ~! voilà qui est mieux!; **it couldn't be** ~, **nothing could be** ~! ça ne pourrait pas mieux tomber! *or* mieux se trouver!; **it would be** ~ **to stay at home** il vaudrait mieux rester à la maison; **wouldn't it be** ~ **to refuse?** ne vaudrait-il pas mieux refuser?; **it is** ~ **not to promise anything than to let him down** il vaut mieux ne rien promettre que de le décevoir; **a** ~ **class of hotel** un hôtel de catégorie supérieure; **he has seen** ~ **days** il a connu des jours meilleurs; **this hat has seen** ~ **days** ce chapeau n'est plus de la première fraîcheur; (*hum*) **his** ~ **half*** sa moitié* (*hum*); **his** ~ **nature stopped him from** ... ses bons sentiments, reprenant le dessus, l'ont empêché de ...; **to go one** ~ damer le pion à qn; **the** ~ **part of a year/of 200 km** *etc* près d'un an/de 200 km *etc*; **to hope for** ~ **things** espérer mieux.
2 *adv* (*comp of* well) mieux. **he sings** ~ **than you** il chante mieux que toi; **he sings** ~ **than he dances** il chante mieux qu'il ne danse; **the** ~ **I know him the more I admire him** mieux je le connais plus je l'admire; **I like it** ~ **than I used to** je l'aime mieux qu'autrefois *or* que je ne l'aimais autrefois; **all the** ~, **so much the** ~ tant mieux (*for pour*); **he was all the** ~ **for it** il s'en est trouvé mieux; **it would be all the** ~ **for a drop of paint** un petit coup de peinture ne lui ferait pas de mal; **they are no** ~ **off than we are** (*richer*) ils ont plus d'argent que nous; (*more fortunate*) ils sont dans une meilleure position que nous; **he is** ~ **off at his sister's than living alone** il est mieux chez sa sœur que s'il vivait tout seul; **I had** ~ **do it** (*must do it*) il faut que je le fasse; (*would be preferable to do it*) il vaut mieux que je le fasse; **hadn't you** ~ **speak to him?** ne vaudrait-il pas mieux que tu lui parles? (*subj*); **write to her, or** ~ **still go and see her** écris-lui, ou mieux encore va la voir; ~ **dressed** mieux habillé; ~ **known** plus *or* mieux

connu; (*Prov*) ~ **late than never** mieux vaut tard que jamais (*Prov*); *V* **know, think** *etc*.

3 *n* (a) mieux *m*. **it's a change for the** ~ c'est une amélioration, c'est un changement en mieux; **for** ~ **or** (**for**) **worse** pour le meilleur ou pour le pire; **to get the** ~ **of sb** triompher de qn; **to get the** ~ **of sth** venir à bout de qch.

(b) **one's** ~**s** ses supérieurs *mpl*.

4 *vt sb's achievements* dépasser; *record, score* améliorer. **to** ~ **o.s.** améliorer sa condition.

better² ['betəʳ] *n* parieur *m*, -euse *f*; (*at races*) turfiste *mf* (*qui parie sur les chevaux*).

betterment ['betəmənt] *n* amélioration *f*; (*Jur*) [*property*] plus-value *f*.

betting ['betɪŋ] **1** *n* pari(s) *m(pl)*. **the** ~ **was brisk** les paris allaient bon train; **the** ~ **was 2 to 1 on** ... la cote était 2 contre 1 sur..., on pariait à 2 contre 1 sur ...; **what is the** ~ **on his horse?** quelle cote fait son cheval?; (*fig*) **the** ~ **is he won't succeed** il y a peu de chances (pour) qu'il réussisse.

2 *cpd*: **if I were a betting man I'd say that** ... si j'avais l'habitude de faire des paris je dirais ...; **betting news** résultats *mpl* des courses; (*Brit*) **betting shop** bureau *m* de paris (*appartenant à un bookmaker*), ≃ bureau *m* de P.M.U.; (*Brit*) **betting slip** bulletin *m* de pari individuel (≃ P.M.U.).

bettor ['betəʳ] *n* = **better²**.

Betty ['betɪ] *n dim of* Elizabeth.

between [bɪ'twiːn] (*phr vb elem*) **1** *prep* (a) (*of place*) entre. **sit** ~ **those two boys** asseyez-vous entre ces deux garçons.

(b) (*of order, rank*) entre. **F comes** ~ **E and G** (la lettre) F se trouve *or* vient entre E et G; **a captain comes** ~ **a lieutenant and a major** un capitaine a un rang intermédiaire entre un lieutenant et un commandant.

(c) (*of time*) entre. ~ **5 and 6 o'clock** entre 5 et 6 heures.

(d) (*of distance, amount*) entre. ~ **6 and 7 km/litres** *etc* entre 6 et 7 km/litres *etc*; **she is** ~ **25 and 30** elle a entre 25 et 30 ans.

(e) (*to and from*) entre. **the ferry goes** ~ **Dover and Calais** le ferry fait la navette entre Douvres et Calais.

(f) (*from one to other*) entre. **you will have time to rest** ~ **planes** vous aurez le temps de vous reposer entre les deux avions; ~ **London and Birmingham there are several large towns** entre Londres et Birmingham il y a plusieurs grandes villes; **the train does not stop** ~ **here and London** le train est direct d'ici (à) Londres; ~ **now and next week we must** ... d'ici la semaine prochaine nous devons ... .

(g) (*connection, relationship*) entre. **the friendship** ~ **Paul and Robert** l'amitié entre Paul et Robert; **after all there has been** ~ **us** après tout ce qu'il y a eu entre nous; **no one can come** ~ **us** personne ne peut nous séparer; **to choose** ~ **2 hats** choisir entre 2 chapeaux; **the difference** ~ **them** la différence entre eux; **the match** ~ **A and B** le match qui oppose (*or opposait etc*) A à B; **the war** ~ **the 2 countries** la guerre entre les 2 pays; **a comparison** ~ **the 2 books** une comparaison entre les 2 livres, une comparaison des 2 livres; **the distance** ~ **them** la distance qui les sépare (l'un de l'autre), la distance entre eux.

(h) (*sharing*) entre. **divide the sweets** ~ **the 2 children** partagez les bonbons entre les 2 enfants; **the 4 boys have 5 oranges** ~ **them** les 4 garçons ont 5 oranges en tout *or* à eux tous; ~ **ourselves,** ~ **you and me, he is not very clever** entre nous, il n'est pas très intelligent.

(i) (*combination, cooperation*) **the boys managed to lift the box** ~ (**the two of**) **them** à eux deux les garçons sont arrivés à soulever la caisse; **we got the letter written** ~ **us** à nous tous nous avons réussi à écrire la lettre.

(j) (*combined effect*) entre. ~ **housework and study I have no time for going out** entre le ménage et mes études je n'ai pas le temps de sortir; ~ **rage and alarm she could hardly think properly** prise entre la colère et l'inquiétude elle avait du mal à mettre de l'ordre dans ses pensées.

2 *adv* au milieu, dans l'intervalle. **her visits are few and far** ~ ses visites sont très espacées *or* très rares; **rows of trees with grass in** ~ des rangées d'arbres séparées par de l'herbe.

betwixt [bɪ'twɪkst] **1** *prep* (††, *liter, dial*) = **between** 1. **2** *adv*: ~ **and between** entre les deux, ni l'un ni l'autre.

bevel ['bevəl] **1** *n* (*surface*) surface *f* oblique; (*also* ~ **edge**) biseau *m*; (*tool: also* ~ **square**) fausse équerre.

2 *cpd* en biseau. **bevel gear** engrenage *m* conique; **bevel wheel** roue dentée conique.

3 *vt* biseauter, tailler de biais *or* en biseau. ~**led edge** bord biseauté; ~**led mirror** glace biseautée.

beverage ['bevərɪdʒ] *n* boisson *f*; (*liter, hum*) breuvage *m*.

bevy ['bevɪ] *n* (*gen*) bande *f*, troupe *f*; (*girls, beauties*) essaim *m*; (*larks, quails*) volée *f*; (*roe deer*) harde *f*.

bewail [bɪ'weɪl] *vt one's lot* se lamenter sur, déplorer; *sb's death* pleurer.

beware [bɪ'wɛəʳ] *vti* (*ne s'emploie qu'à l'impératif et à l'infinitif*) **to** ~ (**of**) prendre garde (*sb/sth* à qn/à qch; *doing* de faire), se méfier (*sth* de qch); ~ **of falling** prenez garde de tomber; ~ **of being deceived,** (*frm*) ~ **lest you are** *or* **lest you be deceived** prenez garde qu'on ne vous trompe (*subj*); ~ **of listening to him** gardez-vous de l'écouter; ~ (**of**) **how you speak** faites attention à ce que vous dites, surveillez vos paroles; '~ **of the dog!'** '(attention) chien méchant'; '~ **of pickpockets!'** 'attention aux pickpockets!'; '**trespassers** ~!' 'défense d'entrer!'; (*Comm*) '~ **of imitations**' 'se méfier des contrefaçons'.

bewilder [bɪ'wɪldəʳ] *vt* dérouter; (*stronger*) abasourdir.

bewildered [bɪ'wɪldəd] *adj person, look* perplexe.

bewildering [bɪ'wɪldərɪŋ] *adj* déroutant, déconcertant; (*stronger*) ahurissant.

bewilderingly [bɪ'wɪldərɪŋlɪ] *adv* d'une façon déroutante *or* déconcertante *or* (*stronger*) ahurissante. **it is** ~ **complicated** c'est d'un compliqué déconcertant.

bewilderment [bɪ'wɪldəmənt] *n* confusion *f*, perplexité *f*; (*stronger*) ahurissement *m*.

bewitch [bɪ'wɪtʃ] *vt* ensorceler, enchanter; (*fig*) charmer, enchanter.

bewitching [bɪ'wɪtʃɪŋ] *adj look, smile* enchanteur (*f* -teresse), charmant, charmeur; *face, person* séduisant, charmant.

bewitchingly [bɪ'wɪtʃɪŋlɪ] *adv* d'une façon séduisante *or* enchanteresse. ~ **beautiful** belle à ravir.

bey [beɪ] *n* bey *m*.

beyond [bɪ'jɒnd] (*phr vb elem*) **1** *prep* (a) (*in space*) au-delà de, de l'autre côté de. ~ **the Pyrenees** au-delà des Pyrénées; **you can't go** ~ **the barrier** vous ne pouvez pas aller au-delà de la barrière, vous ne pouvez pas dépasser la barrière; ~ **the convent walls** en dehors des *or* par-delà les murs du couvent; **the countries** ~ **the sea** les pays au-delà des mers, les pays d'outre-mer.

(b) (*in time*) plus de. **she won't stay much** ~ **a month** elle ne restera pas beaucoup plus d'un mois; **it was** ~ **the middle of June** on avait dépassé la mi-juin; ~ **bedtime** passé l'heure du coucher.

(c) (*surpassing, exceeding*) au-dessus de. **a task** ~ **her abilities** une tâche au-dessus de ses capacités; **this work is quite** ~ **him** ce travail le dépasse complètement; **it was** ~ **her to pass the exam** réussir à l'examen était au-dessus de ses forces; **maths is quite** ~ **me** les maths, ça me dépasse*; **it's** ~ **me why he hasn't left her*** je ne comprends pas *or* ça me dépasse* qu'il ne l'ait pas quittée; ~ **my reach** hors de ma portée; ~ **doubt** (*adj*) hors de doute, indubitable; (*adv*) à n'en pas douter, indubitablement; **that is** ~ **human understanding** cela dépasse l'entendement humain; **he is** ~ **caring** il ne s'en fait plus du tout; ~ **repair** irréparable; ~ **his means** au-dessus de ses moyens; *V* **compare, grave¹, help** *etc*.

(d) (*with neg or interrog*) sauf, excepté. **he gave her no answer** ~ **a grunt** il ne lui a répondu que par un grognement, pour toute réponse il a émis un grognement.

2 *adv* au-delà, plus loin, là-bas. **the room** ~ **la** pièce d'après; **the lands** ~ **les** terres lointaines.

3 *n* au-delà *m*. **the great B**~ l'au-delà; *V* **back**.

bezant ['bezənt] *n* besant *m*.

bezel ['bezl] **1** *n* (*chisel*) biseau *m*; (*gem*) facette *f*; (*holding gem*) chaton *m*; (*holding watch glass*) portée *f*. **2** *vt* tailler en biseau.

bezique [bɪ'ziːk] *n* bésigue *m*.

B.F.P.O. [biːefpiː'əʊ] (*Brit Mil*) *abbr of* British Forces Post Office.

Bhutan [buː'tɑːn] *n* Bhoutan *m*, Bhutân *m*.

bi... [baɪ] *pref* bi... .

Biafra [bɪ'æfrə] *n* Biafra *m*.

Biafran [bɪ'æfrən] **1** *n* Biafrais(e) *m(f)*. **2** *adj* biafrais.

biannual [baɪ'ænjʊəl] *adj* semestriel.

bias ['baɪəs] **1** *n* (a) (*inclination*) tendance *f*, inclination *f* (*towards* à), penchant *m* (*towards* pour); (*prejudice*) préjugé *m*, parti pris (*towards* pour, *against* contre), prévention *f* (*towards* en faveur de, *against* contre); (*Jur*) distorsion *f*. **strong** ~ **towards** penchant marqué pour; **he is without** ~ il n'a aucun parti pris, il est sans préjugés.

(b) (*Sewing*) biais *m*. **cut on the** ~ coupé dans le biais; ~ **binding** biais (*ruban*).

(c) (*Sport*) [*bowls*] (*weight*) poids placé à l'intérieur d'une boule; (*swerve*) déviation *f*.

2 *vt* (*give inclination*) influencer (*towards* en faveur de, *against* contre); (*prejudice*) prévenir (*towards* en faveur de, *against* contre).

bias(s)ed ['baɪəst] *adj person, jury* qui n'est pas impartial; *judgment* qui n'est pas objectif; *report* déformé, tendancieux.

bib [bɪb] *n* (a) (*child*) bavoir *m*. (b) (*apron*) bavette *f*. (*fig*) **in her best** ~ **and tucker*** sur son trente et un.

Bible ['baɪbl] **1** *n* (*lit*) Bible *f*; (*fig*) bible, évangile *m*; *V* **holy**.

2 *cpd*: (*US*) **the Bible Belt** États du Sud profondément protestants; **Bible class** (*Scol*) classe *f* d'instruction religieuse; (*Rel*) catéchisme *m*; **Bible college** université *f* de théologie; **Bible oath** serment *m* (prêté) sur la Bible; (*US*) **Bible school** cours *m* d'été d'instruction religieuse; **Bible stories** histoires tirées de la Bible; **Bible study** étude *f* de la Bible; (*in group*) lecture commentée de la Bible; (*pej*) **Bible thumper*** évangéliste *m* de carrefour.

biblical ['bɪblɪkəl] *adj* biblique.

biblio... ['bɪblɪəʊ] *pref* biblio... .

bibliographer [ˌbɪblɪ'ɒɡrəfəʳ] *n* bibliographe *mf*.

bibliographic(al) [ˌbɪblɪəʊ'ɡræfɪk(əl)] *adj* bibliographique.

bibliography [ˌbɪblɪ'ɒɡrəfɪ] *n* bibliographie *f*.

bibliomania [ˌbɪblɪəʊ'meɪnɪə] *n* bibliomanie *f*.

bibliomaniac [ˌbɪblɪəʊ'meɪnɪæk] *n* bibliomane *mf*.

bibliophile ['bɪblɪəʊfaɪl] *n* bibliophile *mf*.

bibulous ['bɪbjʊləs] *adj* adonné à la boisson; *look* aviné; *evening, party* bien arrosé.

bicameral [baɪ'kæmərəl] *adj* bicaméral. ~ **system** bicamérisme *m*.

bicarbonate [baɪ'kɑːbənɪt] *n* bicarbonate *m*. ~ **of soda** bicarbonate de soude.

bicentenary [ˌbaɪsen'tiːnərɪ] *adj, n* bicentenaire (*m*).

bicentennial [ˌbaɪsen'tenɪəl] *adj, n* (*US*) bicentenaire (*m*).

bicephalous [baɪ'sefələs] *adj* bicéphale.

biceps ['baɪseps] *n* biceps *m*.

bichloride [baɪ'klɔːraɪd] *n* bichlorure *m*.

bichromate [baɪ'krəʊmɪt] *n* bichromate *m*.

bicker ['bɪkəʳ] *vi* (a) (*quarrel*) se chamailler. **they are always** ~**ing** ils sont toujours à se chamailler *or* toujours en bisbille*. (b) [*stream*] murmurer; [*flame*] trembloter, vaciller.

bickering ['bɪkərɪŋ] **1** *n* chamailleries *fpl*. **2** *adj* (a) *person* querelleur. (b) *stream* murmurant; *flame* tremblotant, vacillant.

bicuspid [bar'kʌspɪd] **1** *adj* bicuspide. **2** *n* (dent *f*) prémolaire *f*.

bicycle ['baɪsɪkl] **1** *n* bicyclette *f*, vélo *m*. **to ride a** ~ faire de la bicyclette *or* du vélo; *V* racing *etc*.
2 *vi* faire de la bicyclette *or* du vélo, aller à *or* en* bicyclette.
3 *cpd* lamp, chain, wheel de bicyclette, de vélo. **bicycle bell** sonnette *f or* timbre *m* de bicyclette; **bicycle clip** pince *f* de cycliste; **bicycle pump** pompe *f* à bicyclette; **bicycle rack** râtelier *m* à bicyclettes; (*on car roof*) porte-vélos *m inv*; **bicycle rickshaw** vélopousse *m*; **bicycle shed** abri *m* à bicyclettes; (*Sport*) **bicycle touring** cyclo-tourisme *m*; **bicycle track** piste *f* cyclable.

bid [bɪd] *pret* bade *or* bid, *ptp* bidden *or* bid **1** *vt* (a) (*command*) ordonner, commander, enjoindre (*sb to do* à qn de faire). **he was** ~den **to come on** lui a ordonné de venir; **do what I** ~ **you** fais ce que je te dis *or* t'ordonne.
(b) (*say*) dire. **to** ~ **sb good morning** dire bonjour à qn; **to** ~ **sb farewell** dire au revoir à qn; **to** ~ **sb welcome** souhaiter la bienvenue à qn.
(c) (*††: invite*) inviter, convier.
(d) (*offer*) amount offrir, faire une offre de; (*at auction*) faire une enchère de. **he is** ~**ding 2000 francs for the painting** il fait une offre *or* une enchère de 2000 F pour le tableau; **I did not** ~ (high) **enough** je n'ai pas offert assez; **the one that** ~s **most** le plus offrant.
(e) (*Cards*) demander. **he** ~ **3 spades** il a demandé 3 piques.
2 *vi* (a) (*make an offer*) faire une offre, offrir, proposer un prix (*for* pour). **to** ~ **for sth** faire une offre pour qch; (*at auction*) faire une enchère pour qch; **to** ~ **against sb** renchérir sur qn; (*US Comm*) **to** ~ **on** *contract etc* soumissionner.
(b) (*phrases*) **to** ~ **for power/fame** viser *or* ambitionner le pouvoir/la gloire; **to** ~ **fair to do** sembler devoir faire, promettre de faire; **everything** ~s **fair to be successful** tout semble annoncer *or* promettre le succès.
3 *n* (a) (*Comm*) offre *f*; (*at auction*) enchère *f*. **to make a** ~ faire une offre pour; (*at auction*) faire une enchère pour; **a high** ~ une forte enchère; **a higher** ~ une surenchère; **to make a higher** ~ surenchérir.
(b) (*Cards*) demande *f*, annonce *f*. **to raise the** ~ monter; (*Bridge*) **to make no** ~ passer parole; **'no** ~' 'parole', 'passe'.
(c) (*attempt*) tentative *f*. **suicide** ~ tentative de suicide; **to make a** ~ **for freedom** tenter de s'emparer du pouvoir; **to make a** ~ **to do** tenter de faire.
4 *cpd:* **bid bond** caution *f* de soumission.

biddable ['bɪdəbl] *adj* (a) *child* docile, obéissant. (b) (*Cards*) ~ **suit** couleur *f* demandable.

bidden ['bɪdn] *ptp of* bid.

bidder ['bɪdəʳ] *n* (*at sale*) enchérisseur *m*, offrant *m*; (*Fin*) soumissionnaire *m*. **the highest** ~ (*at sale*) le plus offrant; (*Fin*) le soumissionnaire le plus offrant; **the lowest** ~ (*at sale*) le moins offrant; (*Fin*) le soumissionnaire le moins disant; **successful** ~ adjudicataire *mf*; **there were no** ~s personne n'a fait d'offre.

bidding ['bɪdɪŋ] *n* (a) (*at sale*) enchères(s) *f*(*pl*). ~ **up** surenchères *fpl*; ~ **was brisk** les enchères étaient vives; **the** ~ **is closed** l'enchère est faite, c'est adjugé; (*at sale*) **to raise the** ~ surenchérir.
(b) (*Cards*) enchères *fpl*.
(c) (*order*) ordre *m*, commandement *m*. **at whose** ~? sur l'ordre de qui?; **I did his** ~ j'ai fait ce qu'il m'a dit; **he needed no second** ~ il ne se l'est pas fait dire deux fois.

biddy ['bɪdɪ] *n* († *or dial*) old ~ vieille bonne femme.

bide [baɪd] (†, *liter, dial*) **1** *vi* = abide **2**. **2** *vt* (a) (*still used*) **to** ~ **one's time** se réserver, attendre son heure *or* le bon moment, attendre le moment d'agir. (b) = abide **1**.

bidet ['bi:deɪ] *n* bidet *m*.

bidirectional [baɪdɪ'rekʃənl] *adj* (*Comput*) bidirectionnel.

biennial [baɪ'enɪəl] **1** *adj* (a) (*happening every two years*) biennal, bisannuel. (b) (*lasting two years*) biennal. **2** *n* (*Bot*) ~ (**plant**) (plante *f*) bisannuelle *f*.

bier [bɪəʳ] *n* (*for coffin*) brancards *mpl* (de cercueil); (*for corpse*) bière *f*.

biff* [bɪf] **1** *n* coup *m* de poing, baffe‡ *f*. **2** *excl* vlan!, pan! **3** *vt* cogner sur, flanquer une baffe à‡. **to** ~ **sb on the nose** flanquer* son poing dans *or* sur la figure de qn.

bifocal ['baɪˈfəʊkəl] **1** *adj* bifocal, à double foyer. **2** *npl:* ~s verres *mpl* à double foyer, lunettes bifocales.

bifurcate ['baɪfə:keɪt] **1** *vi* bifurquer. **2** *adj* à deux branches.

bifurcation [,baɪfə:'keɪʃən] *n* bifurcation *f*, embranchement *m*.

big [bɪg] **1** *adj* (a) (*in height*) person, building, tree grand. **a** ~ **fellow** un grand gaillard; **a** ~ **man** un homme grand et fort; **to grow** ~ *or* ~ger grandir; *V also* **1b**.
(b) (*in bulk, amount*) fruit, parcel, book gros (*f* grosse). (*US: $1000*) **a** ~ **one‡** (un billet de) mille dollars; **to grow** ~ *or* ~ger grossir; **a** ~ **stick** un gros bâton (*V also* stick); ~ **toe** gros orteil; ~ **with child** grosse, enceinte; *V* drum, money *etc*.
(c) (*in age*) grand, aîné. **my** ~ **brother** mon grand frère, mon frère aîné; **to be a** ~ **brother to sb** servir de conseiller à qn (*V also* **3**); **I am** ~ **enough to know** je suis assez grand pour savoir.
(d) (*important*) grand, important, marquant, remarquable. **a** ~ **man** un grand homme, un homme marquant *or* remarquable *or* important; **to look** ~ faire l'important; ~ **bug‡**, (*Brit*) ~ **noise***, ~ **shot*** huile‡ *f*, grosse légume‡; ~ **business** les grandes entreprises, les grandes firmes; (*fig: fashionable*) boots are ~ **this year*** les bottes sont in‡ cette année; **a** ~ **event** un événement marquant; **to have** ~ **ideas** voir grand; **a** ~ **lie** un gros mensonge; (*person*) **he's a** ~ **name in politics** c'est un grand nom de la politique; **the** ~ger **they are, the harder they fall** plus haut ils sont arrivés, plus dure sera la chute; **to do things in a** ~ **way** faire les choses en grand, **a tragedy? that's rather a** ~ **word** une

tragédie? c'est un bien grand mot; **to make the** ~ **time*** arriver, réussir (*V also* **3**).
(e) (*conceited*) person prétentieux; *words* ambitieux. ~ **talk** fanfaronnades *fpl*, grands discours; **he's too** ~ **for his boots** il a des prétentions; **he's got a** ~ **head*** il est crâneur*; **he's got a** ~ **mouth*** il ne sait pas se taire; **why can't you keep your** ~ **mouth shut!*** pas moyen que tu te taises!*, tu aurais mieux fait de la boucler!‡; *V also* **3**.
(f) (*generous*) grand, généreux. **a heart as** ~ **as yours** un cœur aussi grand *or* aussi généreux que le vôtre; (*iro*) **that's** ~ **of you!*** quelle générosité! (*iro*); **to be** ~ **on‡** *person* adorer, être un fan* de; *thing* être grand amateur *or* un fana* de.
2 *adv:* **to talk** ~* fanfaronner, se faire mousser*; **to go over** ~‡ avoir un succès fou *or* monstre*; **his speech went down** ~ **with his audience‡** ses auditeurs ont été emballés* par son discours.
3 *cpd:* (*Mus*) **big band** grand orchestre (*années 40-50*); (*Phys*) **big bang** big-bang *m*; (*Brit*) **Big Ben** Big Ben *m*; **big-boned** bien *or* fortement charpenté; (*Pol etc*) **Big Brother** l'État omniprésent; **Big Brother is watching you** l'État veille à l'œil; (*US Astron*) **the Big Dipper** la Grande Ourse; [*fairground*] **big dipper** montagnes *fpl* russes; (*US Univ*) **the Big Eight/Ten** les huit/dix grandes universités du Centre-Ouest; (*Aut*) **big end** tête *f* de bielle; (*Pol*) **the Big Four** les Quatre (Grands); (*Brit*) **big game** gros gibier; **big game hunter** chasseur *m* de gros gibier; **big game hunting** chasse *f* au gros gibier; **bighead*** crâneur*, *m*, -euse* *f*; **bigheaded*** crâneur*; **big-hearted** au grand cœur; **to be big-hearted** avoir bon cœur, avoir du cœur; **big-mouth*** gueulard(e)‡ *m(f)*, hâbleur *m*, -euse *f*; **he is just a bigmouth** il ne sait jamais la boucler‡; **big-mouthed*** fort en gueule*; **to be big-mouthed*** avoir une grande gueule*; **big-sounding** *idea, plan etc* prétentieux; *name* ronflant, pompeux; **the Big Ten** *V* **the Big Eight; big-time*** *politician, industrialist* de première catégorie; *part, role* de premier plan; *farming* sur une grande échelle; **big-time gambler** flambeur‡ *m*; **big top** (*circus*) cirque *m*; (*main tent of it*) grand chapiteau; **bigwig‡** grosse légume‡, huile‡ *f*.

bigamist ['bɪgəmɪst] *n* bigame *mf*.

bigamous ['bɪgəməs] *adj* bigame.

bigamy ['bɪgəmɪ] *n* bigamie *f*.

bight [baɪt] *n* (a) (*Geog*) baie *f*, anse *f*; (*larger*) golfe *m*. (b) [*rope*] boucle *f*.

bigot ['bɪgət] *n* (*Philos, Pol, Rel*) fanatique *mf*, sectaire *mf*. (*religious*) ~ bigot(e) *m(f)*.

bigoted ['bɪgətɪd] *adj* (*Rel*) bigot; (*Pol etc*) person fanatique, sectaire; *attitude, devotion* fanatique.

bigotry ['bɪgətrɪ] *n* (*U*) (*Rel*) bigoterie *f*; (*Philos, Pol etc*) fanatisme *m*, sectarisme *m*.

Bihar [bɪ'ha:ʳ] *n* Bihâr *m*.

bijou ['bi:ʒu:] *adj* (*Brit*) '~ **residence for sale'** 'maison à vendre, véritable petit bijou'.

bike [baɪk] **1** *n* (*) vélo *m*, bécane* *f*; (*abbr of* motorbike) moto *f*. **2** *vi* (‡) aller *or* venir à vélo. **3** *cpd:* **bike shed** abri *m* à bicyclettes; **bikeway** piste *f* cyclable.

bikini [bɪ'ki:nɪ] *n* bikini *m*.

bilabial [baɪ'leɪbɪəl] **1** *adj* bilabial. **2** *n* bilabiale *f*.

bilateral [baɪ'lætərəl] *adj* bilatéral.

bilberry ['bɪlbərɪ] *n* myrtille *f*, airelle *f*.

bile [baɪl] *n* (a) (*Anat*) bile *f*. ~ **duct** canal *m* biliaire; ~ **stone** calcul *m* biliaire. (b) (*fig: anger*) mauvaise humeur. (c) (*Hist: choler*) bile *f*.

bilevel [baɪ'levl] *adj* sur *or* à deux niveaux.

bilge [bɪldʒ] *n* (a) (*Naut*) (*rounded part of hull*) bouchain *m*, renflement *m*; (*bottom of hold*) fond *m* de cale, sentine *f*; (*also* ~ **water**) eau *f* de cale *or* de sentine.
(b) (‡: *nonsense*) idioties *fpl*, foutaises‡ *fpl*.

bilharzia [bɪl'ha:zɪə] *n*, **bilharziasis** [,bɪlha:'zaɪəsɪs] *n* bilharziose *f*.

bilingual [baɪ'lɪŋgwəl] *adj* bilingue.

bilingualism [baɪ'lɪŋgwəlɪzəm] *n* bilinguisme *m*.

bilious ['bɪlɪəs] *adj* (a) (*Med*) bilieux. ~ **attack** crise *f* de foie. (b) (*fig*) maussade, irritable.

biliousness ['bɪlɪəsnɪs] *n* (*U*) (*Med*) affection *f* hépatique.

bilk [bɪlk] *vt* creditor filouter, blouser*. **to** ~ **sb's efforts** mettre des bâtons dans les roues à qn.

bill¹ [bɪl] **1** *n* (a) (*for product, work done*) facture *f*; (*for gas etc*) note *f*; (*esp Brit*) (*restaurant*) addition *f*; (*hotel*) note. **have you paid the milk** ~? as-tu payé le lait?; **a pile of** ~s **in the post** une pile de factures dans le courrier; **may I have the** ~ **please** l'addition (*or* la note) s'il vous plaît; **put it on my** ~ **please** mettez-le sur ma note, s'il vous plaît; **the factory has a high wages** ~ l'usine a d'importantes sorties en salaires, le poste salaires est élevé dans l'entreprise; *V* foot, pay, settle² *etc*.
(b) (*written statement*) état *m*, liste *f*. ~ **of fare** menu *m*, carte *f* (du jour); ~ **of costs** état des frais; (*Naut*) ~ **of health** patente *f* (de santé) (*V* clean); ~ **of lading** connaissement *m*; (*Constr*) ~ **of quantities** métré *m* (*devis*); (*Hist*) B~ **of Rights** déclaration *f* des droits; (*fig*) ~ **of rights** déclaration des droits (*d'un peuple*); (*US*) **to sell sb a** ~ **of goods‡** rouler‡ *or* posséder‡ qn.
(c) (*Comm, Fin etc*) effet *m*, traite *f*. **to meet a** ~ faire honneur à un effet; **to draw a** ~ **on** tirer une traite sur, faire traite sur; (*Fin*) ~s **receivable** effets à recevoir; ~ **of exchange** lettre *f or* effet de change; ~ **of sale** acte *m or* contrat *m* de vente; **exchequer** ~ bon *m* du Trésor; **foreign** ~ devise étrangère; *V* endorse *etc*.
(d) (*US: banknote*) billet *m* (de banque). **5-dollar** ~ billet de 5 dollars.
(e) (*Parl*) projet *m* de loi. **to propose/pass/throw out a** ~ présenter/voter/rejeter un projet de loi; (*Brit*) **the** ~ **passed the Commons** le projet de loi a été voté par la Chambre des Communes.

(f) (*Jur*) plainte *f*, requête *f*. ~ **of indictment** acte *m* d'accusation; ~ **of attainder** décret *m* de confiscation de biens et de mort civile.

(g) (*poster, advertisement*) (*Theat etc*) affiche *f*; [*house for sale*] écriteau *m*; (*public notice*) placard *m*. **to head** *or* **top the** ~ être en vedette, être en tête d'affiche; V **fill, hand, stick** *etc*.

2 *vt* **(a)** *goods* facturer. **to** ~ **sb for sth** envoyer la facture de qch à qn.

(b) *play* mettre à l'affiche, annoncer. **he is** ~**ed to play Hamlet** il est à l'affiche dans le rôle de Hamlet.

3 *cpd*: **billboard** panneau *m* d'affichage; (*US*) **billfold** portefeuille *m*; **billposter, billsticker** colleur *m* d'affiches, afficheur *m*.

bill² [bɪl] **1** *n* **(a)** [*bird*] bec *m*. **long-**~**ed bird** oiseau *m* à long bec; V **scissor** *etc*. **(b)** (*Geog*) promontoire *m*, cap *m*, bec *m*. **Portland B**~ le Bec de Portland. **2** *vi* [*birds*] se becqueter. (*lit, fig*) **to** ~ **and coo** roucouler.

bill³ [bɪl] *n* **(a)** (*tool*) serpe *f*. ~**hook** serpette *f*. **(b)** (*Hist: weapon*) hache *f* d'armes.

Bill [bɪl] *n* (*dim of* **William**) Guillaume *m*.

billet¹ ['bɪlɪt] **1** *n* (*Mil*) (*document*) billet *m* de logement; (*accommodation*) cantonnement *m* (chez l'habitant). (*fig*) **a cushy** ~‡ un fromage*, une planque*. **2** *vt* (*Mil*) *soldier* loger, cantonner (*on sb* chez qn; *on a town* dans une ville).

billet² ['bɪlɪt] *n* [*wood etc*] billette *f* (*also Archit*).

billeting ['bɪlɪtɪŋ] *n* (*Mil*) cantonnement *m*. ~ **officer** chef *m* de cantonnement.

billiard ['bɪljəd] **1** *n* (*U*) ~**s** (jeu *m* de) billard *m*; **to have a game of** ~**s** faire une partie de billard. **2** *cpd*: **billiard ball** boule *f* de billard; **billiard cue** queue *f* de billard; (*Brit*) **billiard(s) saloon** (salle *f* de *or* café-)billard *m*; **billiard table** (table *f* de) billard *m*.

billing¹ ['bɪlɪŋ] *n* (*Theat*) **to get top/second** ~ figurer en tête d'affiche/en deuxième place à l'affiche.

billing² ['bɪlɪŋ] *n* (*lit, fig*) ~ **and cooing** roucoulements *mpl*.

Billingsgate ['bɪlɪŋzgɪt] *n* marché *m* au poisson de Londres. (*foul language*) **to talk** ~ [*man*] parler comme un charretier; [*woman*] parler comme une poissonnière.

billion ['bɪljən] *n* (*Brit*) billion *m*; (*US*) milliard *m*.

billow ['bɪləʊ] **1** *n* (*liter*) **the** ~**s** les flots (*liter*). **2** *vi* [*sail*] se gonfler; [*cloth*] onduler; [*smoke*] s'élever en tourbillons *or* en volutes, tournoyer.

◆**billow out** *vi* [*sail etc*] se gonfler.

billowy ['bɪləʊɪ] *adj sea* houleux, agité; *waves* gros (*f* grosse); *sail* gonflé (par le vent); *smoke* en (grosses) volutes.

billy¹ ['bɪlɪ] *n* (*US: club*) matraque *f*.

billy² ['bɪlɪ] *n* (*also* ~ **can**) gamelle *f*.

billy goat ['bɪlɪgəʊt] *n* bouc *m*. ~**-goat beard** bouc *m* (*barbe*).

billy-ho*, **billy-o*** ['bɪlɪhəʊ] *n*: **like** ~ *laugh* à gorge déployée; *run* à toutes jambes.

bimbo‡ ['bɪmbəʊ] *n* pute‡ *f*.

bimetallic [ˌbaɪmɪ'tælɪk] *adj* bimétallique.

bimetallism [baɪ'metəlɪzəm] *n* bimétallisme *m*.

bimonthly ['baɪ'mʌnθlɪ] **1** *adj* (*twice a month*) bimensuel; (*every two months*) bimestriel. **2** *adv* deux fois par mois; tous les deux mois.

bin [bɪn] **1** *n* **(a)** [*coal, corn*] coffre *m*; [*bread*] boîte *f*, (*larger*) huche *f*. **(b)** (*Brit*) [*wine*] casier *m* (à bouteilles). ~ **end** fin *f* de série. (*Brit: also* **dust**~, **rubbish** ~) boîte *f* à ordures, poubelle *f*. **2** *vt coal, corn* mettre dans un coffre.

binary ['baɪnərɪ] *adj* binaire. (*Mus*) ~ **form** forme *f* binaire; (*Math*) ~ **notation/number/system** numération *f*/nombre *m*/système *m* binaire.

bind [baɪnd] *pret, ptp* **bound** **1** *vt* **(a)** (*fasten*) *thing* attacher; *2 or more things* attacher, lier; *person, animal* lier, attacher (*to* à); *prisoner* ligoter. **he bound the sticks (together) with string** il a attaché *or* lié les baguettes avec une ficelle; **bound hand and foot** pieds et poings liés; (*fig*) **bound by gratitude to sb** attaché à qn par la reconnaissance.

(b) (*encircle*) entourer (*with* de), ceindre (*with* de) (*liter*); (*Med*) *artery* ligaturer; *wound* bander.

(c) (*secure edge of*) *material, hem* border (*with* de).

(d) *book* relier. **bound in calf** relié en veau.

(e) (*oblige, pledge*) obliger, contraindre (*sb to do* qn à faire). **to** ~ **o.s. to sth/to do sth** s'engager à qch/à faire qch; **to** ~ **sb to a promise** astreindre qn à tenir une promesse; **to** ~ **by an oath** lier par (un) serment; **to** ~ **sb as an apprentice (to)** mettre qn en apprentissage (chez); V **bound³**.

(f) (*stick together*) lier, cimenter, donner de la cohésion à; (*Med*) *bowels* resserrer. (*Culin*) ~ **the mixture with an egg** lier la préparation avec un œuf.

2 *vi* [*rule*] être obligatoire; [*agreement*] engager; [*machinery*] se coincer, (se) gripper.

3 *n* **(a)** (*Mus*) liaison *f*.

(b) (*Brit*‡: *nuisance*) (*person*) crampon* *m*, casse-pieds* *mf inv*, scie* *f*; (*thing*) scie*. **what a** ~ **you've got to go quelle barbe*** que tu aies à partir; **that meeting is a terrible** ~ cette réunion me casse les pieds* *or* me barbe*; **to be in a** ~ être dans le pétrin‡, être coincé.

4 *cpd*: **bindweed** liseron *m*.

◆**bind down** *vt sep* (*fig*) obliger, contraindre, astreindre (*sb to do* qn à faire). **to be bound down (to do)** être obligé *or* contraint (de faire), être astreint (à faire).

◆**bind on** **1** *vt sep* attacher (*avec une corde etc*).

2 *vi* (*) rouspéter*, geindre* (*about* à propos de).

◆**bind over** *vt sep* (*Jur*) mettre en liberté conditionnelle. **to bind sb over to keep the peace** relaxer qn sous condition qu'il ne trouble (*subj*) pas l'ordre public; **he was bound over for six months** on l'a

relaxé sous peine de comparaître en cas de récidive dans les six mois.

◆**bind together** *vt sep* (*lit*) *sticks* lier; (*fig*) *people* unir.

◆**bind up** *vt sep wound* panser, bander; (*fig*) lier, attacher. **your life is bound up in hers** votre existence est étroitement liée à la sienne; **to be totally bound up with sb** se dévouer entièrement à qn; **to be totally bound up with one's work** se donner corps et âme à son travail; **question closely bound up with another** question étroitement liée à une autre; **it's all bound up with whether he comes or not** tout dépend s'il va venir ou pas*.

binder ['baɪndər] *n* **(a)** (*Agr*) (*machine*) lieuse *f*; (*person*) lieur *m*, -euse *f*; V **book**.

(b) (*for papers*) classeur *m*; V **spring**.

(c) (*Med etc*) bandage *m*.

(d) (*Constr*) (*cement, mortar*) liant *m*, agglomérant *m*; (*joist*) entrait *m*.

(e) (*US: agreement in deal*) engagement *m*, option *f* d'achat.

bindery ['baɪndərɪ] *n* atelier *m* de reliure.

binding ['baɪndɪŋ] **1** *n* **(a)** [*book*] reliure *f*; V **cloth, half**.

(b) (*tape*) extra-fort *m*; V **bias**.

(c) [*skis*] fixation *f*.

2 *adj* **(a)** *rule* obligatoire; *agreement, promise* qui lie, qui engage; *price* ferme. **to be** ~ **on sb** être obligatoire pour qn, lier qn, engager qn; **a promise is** ~ **on** est lié par une promesse; (*Jur: of agreement*) ~ **effect** force *f* obligatoire; (*Jur*) **measure** ~ **on each contracting party** mesure *f* exécutoire pour chaque partie contractante; (*US Pol*) ~ **primary** élection *f* primaire dont le résultat lie le vote des délégués à la convention du parti.

(b) (*Med*) *food etc* constipant; (*Constr*) agglomérant.

binge‡ [bɪndʒ] *n* bringue‡ *f*. **to go on a** ~, **to have a** ~ aller faire la bombe* *or* la bringue‡.

bingo ['bɪŋgəʊ] *n* (jeu *m* de) loto *m* (*joué collectivement en public pour de l'argent*).

binnacle ['bɪnəkl] *n* (*Naut*) habitacle *m*.

binocular [bɪ'nɒkjʊlər] **1** *adj* binoculaire. **2** *npl*: ~**s** jumelle(s) *f(pl)*.

binomial [baɪ'nəʊmɪəl] *adj*, *n* (*Math*) binôme (*m*). **the** ~ **theorem** le théorème (de binôme) de Newton.

bint‡ [bɪnt] *n* nana‡ *f*.

binuclear [baɪ'njuːklɪər] *adj* binucléaire.

bio... ['baɪəʊ] *pref* bio....

biochemical [ˌbaɪəʊ'kemɪkəl] *adj* biochimique.

biochemist ['baɪəʊ'kemɪst] *n* biochimiste *mf*.

biochemistry ['baɪəʊ'kemɪstrɪ] *n* biochimie *f*.

biodegradable ['baɪəʊdɪ'greɪdəbl] *adj* biodégradable.

bioengineering [ˌbaɪəʊˌendʒɪ'nɪərɪŋ] *n* bioingénierie *f*.

biofeedback [ˌbaɪəʊ'fiːdbæk] *n* biofeedback *m*.

biofuel ['baɪəʊfjʊəl] *n* combustible *m* organique.

biogenesis ['baɪəʊ'dʒenɪsɪs] *n* biogénèse *f*.

biographer [baɪ'ɒgrəfər] *n* biographe *mf*.

biographic(al) [ˌbaɪəʊ'græfɪk(əl)] *adj* biographique.

biography [baɪ'ɒgrəfɪ] *n* biographie *f*.

biological [ˌbaɪə'lɒdʒɪkəl] *adj* biologique. ~ **clock** horloge *f* physiologique; ~ **soap powder** lessive *f* aux enzymes.

biologist [baɪ'ɒlədʒɪst] *n* biologiste *mf*.

biology [baɪ'ɒlədʒɪ] *n* biologie *f*.

biomass ['baɪəʊmæs] *n* biomasse *f*.

biome ['baɪəʊm] *n* biome *m*.

biometrics [baɪə'metrɪks] *n*, **biometry** [baɪ'ɒmɪtrɪ] *n* (*U*) biométrie *f*.

bionic [baɪ'ɒnɪk] *adj* bionique.

bionics [baɪ'ɒnɪks] *n* bionique *f*.

biophysical [ˌbaɪəʊ'fɪzɪkəl] *adj* biophysique.

biophysicist [ˌbaɪəʊ'fɪzɪsɪst] *n* biophysicien(ne) *m(f)*.

biophysics [ˌbaɪəʊ'fɪzɪks] *n* (*U*) biophysique *f*.

biopsy ['baɪɒpsɪ] *n* biopsie *f*.

biorhythm ['baɪəʊrɪðəm] *n* biorythme *m*.

biosphere ['baɪəsfɪər] *n* biosphère *f*.

biosynthesis [ˌbaɪəʊ'sɪnθɪsɪs] *n* biosynthèse *f*, anabolisme *m*.

biosynthetic [ˌbaɪəʊˌsɪn'θetɪk] *adj* biosynthétique.

biota [baɪ'əʊtə] *n* biote *m*.

biotechnology [ˌbaɪəʊtek'nɒlədʒɪ] *n* biotechnologie *f*.

biotic [baɪ'ɒtɪk] *adj* biotique.

biowarfare ['baɪəʊ'wɔː'fɛər] *n* guerre *f* biologique.

bipartisan [ˌbaɪpɑː'tɪzæn] *adj* biparti *or* bipartite. ~ **politics** politique *f* qui fait l'unanimité.

bipartite [baɪ'pɑːtaɪt] *adj* (*Bio, Pol*) biparti *or* bipartite; (*Jur*) *document* rédigé en double.

biped ['baɪped] *adj*, *n* bipède (*m*).

biplane ['baɪpleɪn] *n* (avion *m*) biplan *m*.

bipolar [baɪ'pəʊlər] *adj* bipolaire.

bipolarization [baɪˌpəʊlərɪ'zeɪʃən] *n* bipolarisation *f*.

bipolarize [baɪ'pəʊlaraɪz] *vt* bipolariser.

birch [bɜːtʃ] **1** *n* **(a)** (*also* ~ **tree**) bouleau *m*; (*also* ~ **wood**) (bois *m* de) bouleau; (*for whipping*) verge *f*, fouet *m*. (*Jur*) **the** ~ la peine du fouet (avec les verges); V **silver**. **2** *vt* fouetter. **3** *cpd* de bouleau. **birch plantation** boulaie *f*, plantation *f* de bouleaux.

birching ['bɜːtʃɪŋ] *n* peine *f* du fouet (avec les verges).

bird [bɜːd] **1** *n* **(a)** (*game*) gibier *m* (à plume); (*Culin*) volaille *f*. **they shot six** ~**s** ils ont abattu six pièces de gibier; **young** *or* **little** ~ petit oiseau, oisillon *m*; (*liter*) ~ **of ill omen** oiseau de mauvais augure *or* de malheur; (*lit, fig*) ~ **of passage** oiseau de passage; ~ **of prey** oiseau de proie; ~ **of paradise** oiseau de paradis; (*Prov*) **a** ~ **in the hand is worth two in the bush** un tiens vaut mieux que deux tu l'auras (*Prov*). (*Prov*) ~**s of a feather flock together** qui se ressemble s'assemble (*Prov*); **they're** ~**s of a feather** ils sont à mettre dans le même sac; **a little** ~ **told me*** mon petit doigt me l'a dit; (*fig*) **the** ~ **has flown** l'oiseau s'est envolé; (*fig*) **to give sb the ~**‡ envoyer paître* *or* bouler* qn; (*Theat sl*) huer *or* siffler qn; (*Theat sl*) **to get the ~** se faire siffler *or* huer; **that's strictly for the ~s**‡ ça c'est bon pour les imbéciles; **he'll have to be told about the ~s and the bees** il va falloir lui expliquer comment font les petits oiseaux *or* que les bébés ne naissent pas dans les choux; *V* **early**, **jail**, **kill** *etc*.

(b) (‡) (*fellow*) individu *m*, type* *m*; (*girl*) fille *f*, nana‡ *f*, pépée‡ *f*. **he's a queer ~** c'est un drôle d'oiseau *or* de numéro*; **he's a cunning old ~** c'est un vieux singe *or* rusé.

2 *cpd*: **bird bath** vasque *f* pour *or* où peuvent s'ébattre les oiseaux; (*pej*) **bird brain**‡ étourneau *m*, tête *f* de linotte; **birdcage** cage *f* à oiseaux; (*large*) volière *f*; **bird call** cri *m* d'oiseau; (*US*) **bird dog** chien *m* pour le gibier à plume; **bird fancier** aviculteur *m*, -trice *f*; **bird feeder** mangeoire *f*, trémie *f*; **birdlime** glu *f*; **to go bird nesting** aller dénicher les oiseaux; **bird sanctuary** refuge *m* d'oiseaux, réserve *f* d'oiseaux; **birdseed** millet *m*, graine *f* pour les oiseaux; **birds' eggs** œufs *mpl* d'oiseaux; (*Bot*) **bird's eye** petit chêne; (*lit*) **a bird's-eye view of Paris** Paris vu d'avion; (*fig*) **bird's-eye view** vue *f* d'ensemble, vue générale; (*Bot*) **bird's foot** pied-de-poule *m*; **bird's nest** nid *m* d'oiseau(x); (*Culin*) **bird's nest soup** soupe *f* aux nids d'hirondelles; **bird table** (*in garden*) mangeoire *f*; **bird-watcher** ornithologue *mf* amateur; **bird-watching** ornithologie *f*; **to go bird-watching** aller observer les oiseaux.

birdie ['bɜːdɪ] *n* **(a)** (*baby talk*) (gentil) petit oiseau. (*for photo*) **'watch the ~!***' 'le petit oiseau va sortir!' **(b)** (*Golf*) birdie *m*.

biretta [bɪ'retə] *n* barrette *f*.

birling ['bɜːlɪŋ] *n* (*US*) sport de bûcheron, consistant à faire tourner *avec les pieds, sans tomber, un tronc d'arbre flottant.*

Biro ['baɪərəʊ] *n* ® (*Brit*) stylo *m* (à) bille, (pointe *f*) Bic *m* ®.

birth [bɜːθ] **1** *n* **(a)** (*being born*) accouchement *m*, couches *fpl*; (*animal*) mise *f* bas. **during the ~** pendant l'accouchement; **to give ~ to** (*woman*) donner naissance à; (*animal*) mettre bas; **blind/orphan from ~** aveugle/orphelin de naissance; *V* **child**, **place**, **premature**.

(b) (*parentage*) naissance *f*, extraction *f*. **Scottish by ~** écossais de naissance; **of good ~** bien né, de bonne famille; **of humble ~** de basse extraction.

(c) (*fig*) (*movement, idea*) naissance *f*, éclosion *f*; (*new era*) naissance, commencement *m*; (*trend, project*) naissance, lancement *m*; (*phenomenon*) apparition *f*.

2 *cpd*: **birth certificate** acte *m* *or* extrait *m* de naissance; **birth control** régulation *f* *or* limitation *f* des naissances; **birthday** *V* **birthday**; **birthmark** tache *f* de vin, nævus *m*, angiome *m*; (*Med*) **birth pill** pilule *f* (anticonceptionnelle); **birthplace** (*gen*, *Admin*) lieu *m* de naissance; (*house*) maison natale; **the birthplace of civilization** le berceau de la civilisation; **birth rate** (taux *m* de) natalité *f*; **it is the birthright of every Englishman** c'est un droit que chaque Anglais a *or* acquiert en naissant; **birthstone** pierre *f* porte-bonheur (*selon le jour de naissance*).

birthday ['bɜːθdeɪ] **1** *n* anniversaire *m*. **what did you get for your ~?** qu'est-ce que tu as eu pour ton anniversaire?; *V* **happy**.

2 *cpd*: **birthday cake** gâteau *m* d'anniversaire; **birthday card** carte *f* d'anniversaire; (*Brit*) **Birthday Honours** *V* **honour 2**; **she is having a birthday party** on a organisé une petite fête *or* une soirée pour son anniversaire; **birthday present** cadeau *m* d'anniversaire; (*hum*) **in one's birthday suit*** dans le costume d'Adam (*or* d'Ève)*, dans le plus simple appareil (*hum*).

biscuit ['bɪskɪt] **1** *n* **(a)** (*Brit*) petit gâteau sec, biscuit *m*. **that takes the ~!**‡ ça c'est le bouquet!*; **he takes the ~!**‡ il est marrant ce gars-là!‡; *V* **digestive**, **ship**, **water** *etc*.

(b) (*US*) petit pain au lait.

2 *cpd*: **biscuit barrel** boîte *f* à biscuits; (*Pottery*) **biscuit-firing** dégourdi *m*; (*Pottery*) **biscuit ware** biscuit *m*.

3 *adj* (*also* **~-coloured**) (couleur) biscuit *inv*, beige.

bisect [baɪ'sekt] **1** *vt* couper *or* diviser en deux; (*Math*) couper en deux parties égales. **2** *vi* (*road etc*) bifurquer.

bisection [baɪ'sekʃən] *n* (*Math*) division *f* en deux parties égales; (*angle*) bissection *f*.

bisector [baɪ'sektəʳ] *n* (*Math*) bissectrice *f*.

bisexual ['baɪ'seksjʊəl] *adj* (*Bio, Zool*) bis(s)exué; (*Psych*) (sexuellement) ambivalent, bis(s)exuel.

bishop ['bɪʃəp] *n* (*Rel*) évêque *m*; (*Chess*) fou *m*.

bishopric ['bɪʃəprɪk] *n* (*diocese*) évêché *m*; (*function*) épiscopat *m*.

bismuth ['bɪzməθ] *n* bismuth *m*.

bison ['baɪsn] *n* bison *m*.

bisque [bɪsk] *n* (*Culin*, *Sport*) bisque *f*; (*Pottery*) biscuit *m*.

bissextile [baɪ'sekstaɪl] **1** *n* année *f* bissextile. **2** *adj* bissextile.

bistable [baɪ'steɪbl] *adj* (*Comput*) bistable.

bistoury ['bɪstʊrɪ] *n* bistouri *m*.

bistre ['bɪstəʳ] *n* bistre (*m*).

bit¹ [bɪt] *n* **(a)** (*horse*) mors *m*. (*lit, fig*) **to take the ~ between one's teeth** prendre le mors aux dents; *V* **champ¹**. **(b)** (*tool*) mèche *f*; *V* **brace**, **centre**.

bit² [bɪt] **1** *n* **(a)** (*piece*) (*bread*) morceau *m*; (*paper, string*) bout *m*; (*book, talk etc*) passage *m*; (*tiny amount*) peu *m*. **a ~ of garden** un bout de jardin, un tout petit jardin; **a tiny little ~** un tout petit peu; **there's a ~ of the soldier in him** il y a un peu du soldat en lui; **a ~ of advice** un petit conseil; **a ~ of news** une nouvelle; **a ~ of luck** une chance; **what a ~ of luck!** quelle chance! *or* veine!*; (*euph*) **he's got a ~ on the side**‡ il a une poule* quelque part.

(b) (*phrases*) **a ~** un peu; **a ~ of money** un peu d'argent; **a good ~ of money** pas mal d'argent; **he paid a good ~ for it** ça lui a coûté assez cher (*lit*); **I'm a ~/a little ~/a good ~ late** je suis un peu/un petit peu/très en retard; **it's a good ~ further than we thought** c'est bien *or* beaucoup plus loin que nous ne pensions; **a good ~ bigger** bien *or* beaucoup plus grand; **every ~ as good as** tout aussi bon que; **every ~ of the wall** le mur tout entier; **he's**

every ~ a soldier il est militaire jusqu'à la moelle; **I'm a ~ of a socialist*** je suis un peu socialiste sur les bords*; **she's a ~ of a liar** elle est un brin *or* un tantinet menteuse; **it was a ~ of a shock** ça (nous) a plutôt fait un choc; **that's a ~ of all right**‡ c'est terrible‡ *or* chouette*; **that's a ~ thick!*** ça c'est un peu fort* *or* violent*; **not a ~** pas du tout; **not a ~ of it!** pas du tout!, pas le moins du monde!; **don't believe a (single) ~ of it** n'en croyez pas un mot; **it's not a ~ of use** cela ne sert strictement *or* absolument à rien; **he wasn't a ~ the wiser** *or* **the better for it** il n'en était pas plus avancé; **in ~s and pieces** (*broken*) en morceaux, en miettes; (*dismantled*) en pièces détachées; (*fig*) *plan, scheme* en ruines; **bring all your ~s and pieces** apporte toutes tes petites affaires; **to come to ~s** (*break*) s'en aller *or* tomber en morceaux; (*dismantle*) se démonter; **he went to ~s** il a craqué*; **~ by ~** petit à petit; **and a ~ over et** même un peu plus; **to do one's ~** fournir sa part d'effort; **when it comes to the ~** en fin de compte, quand tout est dit.

(c) (*of time*) **after a ~** après un bout de temps; **a good ~** un bon bout de temps*; **wait a ~** attendez un instant *or* un peu.

(d) (*coin: gen*) pièce *f*; *V* **threepenny**, **two**.

(e) (*Comput*) bit *m*.

2 *adj* (*Theat*) **~ part** petit rôle, panne *f* (*Theat sl*).

bit³ [bɪt] *pret of* **bite**.

bitch [bɪtʃ] **1** *n* **(a)** (*dog*) chienne *f*; (*canines generally*) femelle *f*; (*fox*) renarde *f*; (*wolf*) louve *f*. **terrier ~** terrier *m* femelle.

(b) (‡ *pej: woman*) garce‡ *f*. **she's a ~** elle est rosse*, c'est une garce‡; **that ~ of a car**‡ cette garce de bagnole‡; **that ~ of a job**‡ cette saloperie de boulot‡.

(c) (*US: complaint*) **what's your ~?**‡ qu'est-ce que tu as à râler?‡

2 *vi* (‡: *complain*) rouspéter*, râler* (*about* contre).

bitchy‡ ['bɪtʃɪ] *adj* rosse*, vache‡. **to be ~ to/about sb** être vache‡ avec/en ce qui concerne qn; **he was ~ about it** il a été vache‡ à ce sujet.

bite [baɪt] (*vb: pret* **bit**, *ptp* **bitten**) **1** *n* **(a)** (*dog etc*) morsure *f*; (*snake, insect*) piqûre *f*. **face covered in (insect) ~s** visage couvert de piqûres d'insectes; (*US fig*) **to put the ~ on sb**‡ essayer de taper qn‡; *V* **bark²**, **flea** *etc*.

(b) (*piece bitten off*) bouchée *f*; (*something to eat*) morceau *m*, quelque chose (à manger). **a ~** (*to eat*) un casse-graine; **in two ~s** en deux bouchées; **chew each ~ carefully** mâchez bien chaque bouchée; **she grudged him every ~** elle lui reprochait chaque bouchée; **I'll get a ~ on the train** je mangerai un morceau dans le train; **there's not a ~ to eat** il n'y a rien à manger, il n'y a rien à se mettre sous la dent; **come and have a ~** venez manger un morceau; **to have two ~s at the cherry** s'y reprendre à deux fois.

(c) (*Fishing*) touche *f*. **I haven't had a ~ all day** je n'ai pas eu une seule touche aujourd'hui; **got a ~?*** ça a mordu?

(d) (*sauce etc*) piquant *m*. (*fig*) **there's a ~ in the air** l'air est piquant; **his speech hadn't much ~** son discours manquait de mordant.

2 *vt* (*person, animal*) mordre. **to ~ one's nails** se ronger les ongles; **to ~ one's tongue/lips/fingers** se mordre la langue/les lèvres/les doigts; **to ~ in two** couper en deux d'un coup de dents; **to ~ the bullet*** serrer les dents (*fig*); (*lit, fig*) **to ~ the dust** mordre la poussière; (*fig*) **to ~ the hand that feeds you** être d'une ingratitude monstrueuse; (*Prov*) **once bitten twice shy** chat échaudé craint l'eau froide (*Prov*); **to be bitten with* the desire to do** mourir d'envie de faire; (*be cheated*) **to get bitten**‡ se faire avoir*, se faire rouler*; **I've been bitten!**‡ j'ai été fait (comme un rat); *V* **biter**.

(b) (*snake, insect*) piquer, mordre. (*fig*) **what's biting you?**‡ qu'est-ce que tu as à râler?‡

3 *vi* (*dog*) mordre; (*fish*) mordre (à l'hameçon); (*insect*) piquer; (*cold, frost, wind*) mordre, piquer, pincer; (*cogs*) s'engrener; (*anchor, screw*) mordre. **to ~ into sth** (*person*) mordre (dans) qch; (*acid*) mordre sur qch.

♦**bite off** *vt sep* arracher d'un coup de dent(s). **she bit off a piece of apple** elle a mordu dans la pomme; (*fig*) **he has bitten off more than he can chew** il a eu les yeux plus grands que le ventre, il a visé trop haut; (*fig*) **to bite sb's head off*** rembarrer qn (brutalement).

♦**bite on** *vt fus* mordre, trouver prise sur.

♦**bite through** *vt fus tongue, lip* mordre (de part en part); *string, thread* couper *or* casser avec les dents.

biter ['baɪtəʳ] *n* (*loc*) **the ~ bit** tel est pris qui croyait prendre (*Prov*).

biting ['baɪtɪŋ] *adj cold* âpre, perçant, mordant; *winter* dur, rude; *wind* piquant, cinglant; (*fig*) *style, wit, remarks* mordant, caustique, cinglant. **~ irony** ironie mordante *or* cinglante; **~ sarcasm** sarcasme *m* acerbe *or* mordant; **~ insects** insectes piqueurs *or* voraces.

bitingly ['baɪtɪŋlɪ] *adv speak* d'un ton mordant *or* caustique.

bitten ['bɪtn] *ptp of* **bite**.

bitter ['bɪtəʳ] **1** *adj* **(a)** *taste* amer, âpre. (*fig*) **it was a ~ pill to swallow** la pilule était amère.

(b) *cold, weather* glacial; *wind* glacial, cinglant; *winter* rude, rigoureux.

(c) *person* amer; *critic, criticism* acerbe; *disappointment, reproach, tears* amer; *fate, sorrow* pénible, cruel; *hatred* acharné, profond; *opposition, protest* violent; *remorse* cuisant; *sight, look* amer, plein d'amertume; *suffering* âpre, cruel; *tone* âpre, amer, dur. (*fig*) **to the ~ end** jusqu'au bout; **his ~ enemy** son ennemi acharné; **he was always a ~ enemy of corruption** il a toujours été un adversaire acharné de la corruption; **I feel (very) ~ about the whole business** toute cette histoire m'a rempli d'amertume.

2 *n* **(a)** (*Brit: beer*) bière anglaise (*pression*).

(b) (*Pharm*) amer *m*. (*drink*) **~s** bitter *m*, amer *m*; **gin and ~s** cocktail *m* au gin et au bitter.

3 *cpd*: bitter aloes aloès *m* (médicinal); bitter lemon Schweppes *m* ® au citron; bitter orange orange amère, bigarade *f*; bittersweet (*adj*: *lit, fig*) aigre-doux (*f* -douce); (*n*) (*Bot*) douce-amère *f*; (*fig*) amère douceur.

bitterly ['bɪtəlɪ] *adv* (**a**) *speak, complain* amèrement, avec amertume; *criticize, reproach* âprement; *weep* amèrement; *oppose, resist* avec acharnement. (**b**) *disappointed* cruellement; *jealous* profondément, horriblement. (*Met*) it was ~ cold il faisait un froid sibérien *or* de loup.

bittern ['bɪtə:n] *n* butor *m* (*oiseau*).

bitterness ['bɪtənɪs] *n* (*U*) (*gen*) amertume *f*; [*opposition etc*] violence *f*.

bitty* ['bɪtɪ] *adj* (*Brit*) décousu.

bitumen ['bɪtjʊmɪn] *n* bitume *m*.

bituminous [bɪ'tju:mɪnəs] *adj* bitumineux.

bivalent ['baɪveɪlənt] *adj* (*Bio, Chem*) bivalent.

bivalve ['baɪvælv] *adj, n* bivalve (*m*).

bivouac ['bɪvʊæk] **1** *n* bivouac *m*. **2** *vi* bivouaquer.

bi-weekly ['baɪ'wi:klɪ] **1** *adj* (*twice in a week*) bihebdomadaire; (*fortnightly*) bimensuel. **2** *adv* (*twice a week*) deux fois par semaine; (*fortnightly*) tous les quinze jours.

biz‡ [bɪz] *n abbr of* business; *V* show 2.

bizarre [bɪ'zɑ:ʳ] *adj* bizarre.

bk (**a**) *abbr of* book. (**b**) *abbr of* bank.

B.L. [bi:'el] (**a**) *abbr of* Bachelor of Law; *V* bachelor. (**b**) *abbr of* British Leyland.

blab [blæb] **1** *vi* (**a**) (*tell secret*) manger le morceau‡. (**b**) (*chatter*) jaser. **2** *vt* (*also* ~ out) *secret* laisser échapper, aller raconter.

black [blæk] **1** *adj* (**a**) *hair, bread, clouds, coffee etc* noir. **eyes as** ~ **as** sloes des yeux noirs comme (du) jais, des yeux de jais; (*fig*) ~ **and blue** couvert de bleus; **to beat sb** ~ **and blue** battre qn comme plâtre, rouer qn de coups; ~ **bread** pain *m* de seigle; ~ **gold** l'or noir; *V also* **3** *and* **belt, coal, jet², pot** *etc*.

(**b**) *race, skin* noir. ~ **man** Noir *m*; ~ **woman** Noire *f*; **the** ~ **Americans** les Américains noirs; ~ **art** art *m* nègre; **'**~ **is beautiful'** ≃nous sommes fiers d'être noirs; (*US Univ*) ~ **college** université noire; ~ **consciousness** conscience *f* de la négritude; **B**~ **English** anglais *m* des Noirs américains; (*US*) **B**~ **Nationalism** mouvement nationaliste noir; **B**~ **Studies** études afroaméricaines; *V also* **3**.

(**c**) (*dark*) obscur, noir, sans lumière. **it is as** ~ **as pitch** il fait nuit noire, il fait noir comme dans un four.

(**d**) (*dirty*) noir, sale. **his hands were** ~ il avait les mains noires; **he was as** ~ **as a sweep** il était noir de la tête aux pieds.

(**e**) (*fig*) (*wicked*) *crime, action* noir; *thought* mauvais; (*gloomy*) *thoughts, prospects* noir; *grief* intense, violent; *rage* noir; *despair* sombre; (*angry*) furieux, menaçant. **he looked as** ~ **as thunder** il avait l'air furibond; **to look** ~ avoir l'air hors de soi; **to give sb a** ~ **look** jeter un regard noir à qn; **none of your** ~ **looks at me!** inutile de me lancer ces regards noirs! *or* meurtriers!; (*fig*) ~ **in the face** noir de fureur; **you can scream till you're** ~ **in the face but ...** tu peux toujours t'égosiller *or* t'époumoner mais ...; **a** ~ **deed** un crime, un forfait (*liter*); **he painted their conduct in the** ~**est colours** il a présenté leur conduite sous les couleurs les plus noires; **it's a** ~ **outlook, things are looking** ~ les choses se présentent très mal; **it's a** ~ **outlook** *or* **things are looking** ~ **for him** ses affaires se présentent très mal; **a** ~ **day on the roads** une sombre journée sur les routes; **it's a** ~ **day for England** c'est un jour (bien) triste pour l'Angleterre, (*stronger*) c'est un jour de deuil pour l'Angleterre; (*Brit Ind: during strike*) **to declare a cargo** *etc* ~ boycotter une cargaison *etc*; (*Ind*) ~ **goods** marchandises boycottées; ~ **economy** économie noire.

2 *n* (**a**) (*colour*) noir *m*, couleur noire; (*mourning*) noir, deuil *m*; (*Roulette etc*) noir. **dressed in** ~ habillé de noir; **to wear** ~ être en deuil, porter le deuil de qn; **there it is in** ~ **and white** c'est écrit noir sur blanc; (*Art*) ~ **and white** dessin *m* en noir et blanc; ~ **and white artist** artiste *m* qui travaille en noir et blanc; (*fig*) **two** ~**s don't make a white** la faute de l'un n'excuse pas (celle de) l'autre; **to swear that** ~ **is white** [*obstinate person*] se refuser à l'évidence, nier l'évidence; [*liar*] mentir effrontément; (*fig*) **to be in the** ~* être créditeur; *V* lamp.

(**b**) (*person*) Noir(e) *m(f)*.

(**c**) (*darkness*) ténèbres *fpl*, obscurité *f*; (*outdoors only*) nuit noire.

3 *cpd*: black art(s) magie noire, sciences *fpl* occultes; black-ball (*n*) vote *m* contraire; (*vt*) blackbouler; black bass achigan *m*; black beetle cafard *m*, cancrelat *m*; blackberry mûre *f*; blackberry bush mûrier *m*; to go blackberrying aller cueillir les *or* des mûres; blackbird merle *m*; blackboard tableau *m* (noir); blackboard duster chiffon *m*; the blackboard jungle la loi de la jungle (dans les classes); blackboard rubber frottoir *m*; she was in his black books elle n'était pas dans ses petits papiers*, elle était mal vue (de lui); (*Aviat*) black box boîte noire *or* enregistreuse; black cap (*Orn*) fauvette *f* à tête noire; (*Brit Hist Jur*) bonnet noir (*que mettait un juge avant de prononcer la peine de mort*); (*fig*) black-coated worker (*in office*) employé(e) *m(f)* de bureau; (*in shop*) commis *m*, employé de magasin; blackcock coq *m* de bruyère (*petit*), tétraslyre *m*; Black Country Pays Noir (*de l'Angleterre*) (*fruit, region*) blackcurrant cassis *m*; (*Hist*) Black Death peste noire; black eye œil poché *or* au beurre noir*; to give sb a black eye pocher l'œil à qn; (*US Theat*) blackface déguisé en nègre; Black Forest Forêt-Noire *f*; Black Forest gateau gâteau *m* Forêt-Noire; Black Friar frère *m* prêcheur; black frost gel *m*; black grouse = blackcock; blackguard *V* blackguard; blackhead point noir; black-headed gull mouette rieuse; black-hearted mauvais, malfaisant; (*Astron*) black hole trou noir; (*Brit Hist*) the Black Hole of Calcutta le cachot de Calcutta; black humour humour noir; black ice verglas

m; blackjack (*n*) (*flag*) pavillon noir (*des pirates*); (*drinking vessel*) pichet *m*; (*Min*) blende *f*; (*US: weapon*) matraque *f*; (*Cards*) vingt-et-un *m*; (*vt*) (*beat*) matraquer; (*coerce*) contraindre sous la menace (*sb into doing* qn à faire); blacklead (*n*) mine *f* de plomb, graphite *m*; (*vt*) *stove* frotter à la mine de plomb; blackleg *V* blackleg; blacklist (*n*) liste noire; (*vt*) *person* mettre sur la liste noire; *book* mettre à l'index; black magic magie noire; black mark: (*fig*) that gets a black mark c'est zéro; that's a black mark for him c'est un mauvais point pour lui; blackmail *V* blackmail; (*Brit*) Black Maria* panier *m* à salade*; black market marché noir; on the black market au marché noir; black marketeer profiteur *m*, -euse *f* (*vendant au marché noir*); black mass messe noire; Black Muslim Musulman(e) Noir(e) *m(f)*, Black Muslim *mf*; blackout *V* blackout; (*Pol*) Black Panthers Panthères Noires; (*Brit Scol*) Black Papers *livres blancs sur le système éducatif*; (*Brit Hist*) the Black Prince le Prince Noir; (*fig*) black pudding boudin *m*; (*Brit Parl*) Black Rod Huissier *m* à verge noire (*de la chambre des Lords*); Black Sea mer Noire; (*Pol*) Black September Septembre noir; (*fig*) black sheep (*of the family*) brebis galeuse (de la famille); (*Pol*) blackshirt chemise noire (*fasciste*); blacksmith (*shoes horses*) maréchal-ferrant *m*; (*forges iron*) forgeron *m*; (*Brit*) (*accident*) black spot point noir; (*Bot*) blackthorn épine noire, prunellier *m*; black tie (*on invitation*) 'smoking', 'cravate noire'; black-tie *dinner, function* habillé, en smoking; black velvet cocktail *m* (*de champagne et de stout*); (*Brit Mil*) Black Watch Black Watch *mpl* (*régiment écossais*); blackwater fever fièvre bilieuse hémoglobinurique.

4 *vt* (**a**) noircir; *shoes* cirer. **to** ~ **one's face** se noircir le visage; **to** ~ **sb's eye (for him)** pocher l'œil à qn.

(**b**) (*Brit Ind*) *cargo, firm, goods* boycotter.

♦**black out 1** *vi* (*faint*) s'évanouir, tomber dans les pommes*, tourner de l'œil*.

2 *vt sep* (*in wartime*) *town, building* faire le black-out dans. (*in peacetime*) **a power cut blacked out the building** une panne d'électricité a plongé l'immeuble dans l'obscurité (totale); (*Theat*) **to black out the stage** faire l'obscurité sur scène.

3 blackout *n V* blackout.

blackamoor†† ['blækəmʊəʳ] *n* nègre *m*.

blacken ['blækən] **1** *vt* (**a**) (*with dirt, soot, dust*) noircir, salir. **hands** ~**ed with filth** des mains noires de crasse.

(**b**) (*with paint, cosmetics etc*) noircir, barbouiller de noir.

(**c**) (*with smoke, by fire*) noircir. ~**ed remains** restes calcinés; **there were** ~**ed pots on the open fire** il y avait dans la cheminée des marmites noircies.

(**d**) (*fig: discredit*) salir, noircir, ternir.

2 *vi* [*sky*] noircir, s'assombrir; [*furniture*] noircir, devenir noir.

blackguard ['blægɑ:d] *n* canaille *f*, fripouille *f*.

blackguardly ['blægɑ:dlɪ] *adj deed, person* infâme, ignoble.

blacking ['blækɪŋ] *n* [*shoes*] cirage *m* (noir); [*stoves*] pâte *f* à noircir; [*goods, cargo*] boycottage *m*.

blackish ['blækɪʃ] *adj* tirant sur le noir, noirâtre (*pej*).

blackleg ['blækleg] (*Brit Ind*) **1** *n* jaune *m*, briseur *m* de grève. **2** *vi* briser la grève.

blackmail ['blækmeɪl] **1** *n* chantage *m*. **2** *vt* faire chanter, faire du chantage auprès de. **to** ~ **sb into doing** forcer qn par le chantage à faire.

blackmailer ['blækmeɪləʳ] *n* maître-chanteur *m*.

blackness ['blæknɪs] *n* [*colour, substance*] couleur *or* teinte noire, noir *m*; [*night*] obscurité *f*, ténèbres *fpl*; [*hands, face*] saleté *f*, crasse *f*; [*crime etc*] atrocité *f*, noirceur *f* (*liter*).

blackout ['blækaʊt] *n* (**a**) (*amnesia*) trou *m* de mémoire; (*fainting*) étourdissement *m*, évanouissement *m*. **to have a** ~ avoir un étourdissement, s'évanouir.

(**b**) [*lights*] panne *f* d'électricité; (*during war*) black-out *m*; (*Theat*) obscurcissement *m* de la scène.

bladder ['blædəʳ] **1** *n* (*Anat*) vessie *f*; (*Bot*) vésicule *f*; (*Ftbl etc*) vessie (*de ballon*); *V* gall¹. **2** *cpd*: bladder kelp fucus vésiculeux; bladderwort utriculaire *f*; bladderwrack = bladder kelp.

blade [bleɪd] *n* (**a**) [*knife, tool, weapon, razor*] lame *f*; [*chopper, guillotine*] couperet *m*; [*tongue*] dos *m*; [*oar*] plat *m*, pale *f*; [*spade*] fer *m*; [*turbine motor*] aube *f*; [*propeller*] pale, aile *f*; [*windscreen wiper*] caoutchouc *m*, balai *m*; [*grass, mace*] brin *m*; [*cereal*] pousse *f*; [*leaf*] limbe *m*. **wheat in the** ~ blé *m* en herbe; *V* shoulder.

(**b**) (*liter: sword*) lame *f*.

(**c**) (†: *gallant*) gaillard *m*.

-bladed ['bleɪdɪd] *adj ending in cpds*: two-bladed knife canif *m* à deux lames.

blaeberry ['bleɪbərɪ] *n* myrtille *f*, airelle *f*.

blah‡ [blɑː] **1** *n* boniment *m*, blablabla* *m*. (*US*) the ~s le cafard‡. **2** *adj* (*US*) barbant‡, peu attrayant.

blamable ['bleɪməbl] *adj* blâmable.

blame [bleɪm] **1** *vt* (**a**) (*fix responsibility on*) **to** ~ **sb for sth, to** ~ **sth on sb*** rejeter la responsabilité de qch sur qn, mettre qch sur le dos de qn*; **I'm not to** ~ ce n'est pas ma faute; **you have only yourself to** ~ tu ne peux t'en prendre qu'à toi-même, tu l'as bien cherché!; **whom/what are we to** ~ **for this accident?** à qui/à quoi attribuer cet accident?; *V* workman.

(**b**) (*censure*) condamner, blâmer. **to** ~ **sb for doing** reprocher à qn de faire; **to** ~ **sb for sth** reprocher qch à qn; **to** ~ **o.s. for sth/for having done se** reprocher qch/d'avoir fait; **he was greatly to** ~ **for doing that** il a eu grand tort de faire cela; **you can't** ~ **him for wanting to leave** vous ne pouvez lui reprocher de vouloir s'en aller; **he's leaving — you can't** ~ **him!** il part — tu ne peux pas lui en vouloir!

2 *n* (**a**) (*responsibility*) faute *f*, responsabilité *f*. **to put** *or* **lay** *or* **throw the** ~ **for sth on sb** rejeter la responsabilité de qch sur qn;

to bear the ~ supporter la responsabilité.
 (b) (*censure*) blâme *m*, reproches *mpl.* **without** ~ exempt de blâme, irréprochable.
blameless ['bleımlıs] *adj* irréprochable, sans reproche, exempt de blâme.
blamelessly ['bleımlıslı] *adv* d'une manière irréprochable, irréprochablement.
blameworthy ['bleımwɜ:ðı] *adj action* répréhensible; *person* blâmable.
blanch [blɑ:ntʃ] **1** *vt* (*gen, Agr, Culin*) blanchir. ~**ed almonds** amandes mondées *or* épluchées. **2** *vi* [*person*] blêmir.
blancmange [blə'mɒnʒ] *n* blanc-manger *m*.
bland [blænd] *adj* (*suave*) *manner* affable; *expression* aimable; (*ingratiating*) doucereux, mielleux; (*ironic*) légèrement moqueur *or* narquois; (*mild*) *air, flavour* doux (*f* douce).
blandish ['blændıʃ] *vt* flatter, cajoler.
blandishment ['blændıʃmənt] *n* (*gen pl*) flatterie(s) *f(pl)*.
blandly ['blændlı] *adv* (*V* **bland**) avec affabilité, affablement; aimablement; d'un air mielleux; d'un air un peu narquois, d'un ton légèrement moqueur *or* narquois.
blank [blæŋk] **1** *adj* **(a)** *paper* blanc (*f* blanche); *page* blanc, vierge; *map* muet; *cheque* en blanc. (*fig*) **to give sb a** ~ **cheque** (**to do**) donner à qn carte blanche (pour faire); ~ **cartridge** cartouche *f* à blanc; ~ **space** blanc *m*, (espace *m*) vide *m*; ~ **form** formulaire *m*, imprimé *m* (à remplir); (*on form*) **please leave** ~ laisser en blanc s.v.p.
 (b) (*unrelieved*) *wall* aveugle; *silence, darkness* profond; *refusal, denial* absolu, net; (*empty*) *life etc* dépourvu d'intérêt, vide; (*expressionless*) *face* sans expression; *look* sans expression, vide; (*puzzled*) déconcerté, dérouté. **to look** ~ (*expressionless*) être sans expression; (*puzzled*) avoir l'air interdit; **a look of** ~ **astonishment** un regard ébahi; **his mind went** ~ il a eu un passage à vide *or* un trou.
 (c) (*Poetry*) ~ **verse** vers blancs *or* non rimés.
 2 *n* **(a)** (*void*) blanc *m*, (espace *m*) vide *m*; (*fig: gap*) lacune *f*, trou *m*. **she left several** ~**s in her answers** elle a laissé plusieurs de ses réponses en blanc; **your departure has left a** ~ votre départ a laissé un vide; **my mind was a** ~ j'avais la tête vide, j'ai eu un passage à vide.
 (b) (*form*) formulaire *m*, imprimé *m*, fiche *f*. **telegraph** ~ formule *f* de télégramme.
 (c) [*target*] but *m*; (*Dominoes*) blanc *m*; [*coin, medal, record*] flan *m*; [*key*] ébauche *f*; (*cartridge*) cartouche *f* à blanc. (*fig*) **to draw a** ~ (*fail in search etc*) échouer, faire chou blanc; (*mentally*) avoir un trou; (*Dominoes*) **double** ~ double blanc.
blanket ['blæŋkıt] **1** *n* couverture *f*; [*snow etc*] couche *f*, [*fog*] manteau *m*, nappe *f*; [*smoke*] nuage *m*. **born on the wrong side of the** ~ (de naissance) illégitime, adultérin; *V* **electric, wet**.
 2 *cpd alteration, condemnation etc* général, global. **this insurance policy gives blanket cover** cette police d'assurances couvre tous les risques *or* est tous risques; **blanket finish** arrivée très serrée *or* dans un mouchoir; **blanket stitch** point *m* de feston; **blanket-stitch** border au point de feston.
 3 *vt* **(a)** [*snow*] recouvrir; [*smoke*] recouvrir, envelopper.
 (b) *sounds* étouffer, assourdir.
 (c) (*Naut*) déventer.
◆**blanket out** *vt* noyer.
blankety-blank* ['blæŋkıtı'blæŋk] *adj* (*euph*) = **blinking 1**.
blankly ['blæŋklı] *adv look* (*expressionlessly*) avec des yeux vides; (*puzzledly*) d'un air interdit *or* ébahi; *say, announce* positivement, carrément. **to look** ~ **at sb/sth** (*expressionlessly*) jeter sur qn/qch un regard dénué de toute expression; (*without understanding*) regarder qn/qch sans comprendre.
blankness ['blæŋknıs] *n* (*U*) (*in eyes, face*) air mort, absence *f* d'expression; [*life*] vide *m*.
blare [blɛər] **1** *n* (*gen*) vacarme *m*; [*hooter, car horn*] bruit strident; [*radio, music*] beuglement *m*; [*trumpet*] sonnerie *f*. **2** *vi* (*also* ~ **out**) [*music, horn etc*] retentir; [*loud voice*] trompeter, claironner; [*radio*] beugler. **3** *vt* (*also* ~ **out**) *music* faire retentir.
blarney ['blɑ:nı] **1** *n* boniment* *m*, bobards* *mpl.* (*loc*) **he's kissed the B**~ **stone** il sait faire du boniment*. **2** *vt person* enjôler, embobeliner*. **3** *vi* manier la flatterie.
blasé ['blɑ:zeı] *adj* blasé.
blaspheme [blæs'fi:m] *vti* blasphémer (*against* contre).
blasphemer [blæs'fi:mər] *n* blasphémateur *m*, -trice *f*.
blasphemous ['blæsfıməs] *adj person* blasphémateur (*f* -trice); *words* blasphématoire.
blasphemously ['blæsfıməslı] *adv* d'une façon impie, avec impiété. **to speak** ~ blasphémer.
blasphemy ['blæsfımı] *n* blasphème *m*. **to utter** ~ blasphémer, dire des blasphèmes; **it is** ~ **to say that** c'est blasphémer que de dire cela.
blast [blɑ:st] **1** *n* **(a)** (*sound*) [*bomb*] explosion *f*; [*space rocket*] grondement *m*, rugissement *m*; [*trumpets etc*] fanfare *f*, sonnerie *f*; [*whistle, car horn*] coup *m* strident. ~ **on the siren** coup de sirène; **to blow a** ~ **on the bugle** donner un coup de clairon; **the radio was going (at) full** ~ la radio marchait à plein.
 (b) (*explosion*) explosion *f*; (*shock wave*) [*bomb etc*] souffle *m*; (*gust*) [*furnace*] souffle (d'air chaud). ~ **victims** victimes *fpl* de l'explosion; [*lit, fig*] **at full** ~ à plein; ~ **of air/steam** jet *m* d'air/de vapeur; ~ **of wind** coup *m* de vent, rafale *f*.
 (c) (*liter: wind*) **the icy** ~ le souffle glacé (du vent).
 (d) (*US*: *party etc*) fête *f*, foire *f*. **to have a** ~ partie foire; **to get a** ~ **out of sth** trouver qch marrant*.
 2 *cpd*: **blast effect** effet *m* de souffle; **blast furnace** haut fourneau; (*Space*) **blast-off** lancement *m*, mise *f* à feu (*d'une fusée spatiale*).

 3 *vt* [*lightning*] *tree* foudroyer; (*with powder*) *rocks* faire sauter; (*blight*) *plant* détruire; (*fig*) *reputation, hopes, future* anéantir, détruire, briser; (*verbally*) attaquer à boulets rouges *or* violemment.
 4 *excl* (*Brit**) **la barbe!*** ~ **him!** il est embêtant!* *or* empoisonnant!*
◆**blast off 1** *vi* [*rocket etc*] être mis à feu; (*US fig*‡) partir.
 2 blast-off *n V* **blast 2**.
blasted ['blɑ:stıd] *adj* **(a)** *heath* désolé, desséché; *tree* foudroyé, frappé par la foudre; (*fig*) *hopes* anéanti.
 (b) (*: *annoying*) fichu* (*before n*). **he's a** ~ **nuisance** c'est un enquiquineur*, il nous enquiquine*.
blasting ['blɑ:stıŋ] *n* (*Tech*) minage *m*. '~ **in progress**' 'attention, tir de mines'; **to give sb a** ~ **for sth/for having done** attaquer violemment qn pour qch/pour avoir fait.
blastoderm ['blæstəʊdɜ:m] *n* blastoderme *m*.
blatancy ['bleıtənsı] *n* (*flagrance*) caractère flagrant, évidence *f*; (*showiness*) aspect criard *or* voyant.
blatant ['bleıtənt] *adj injustice, lie etc* criant, flagrant; *bully, social climber* éhonté; *coward, thief* fieffé. **a** ~ **liar** un menteur éhonté, un fieffé menteur.
blatantly ['bleıtəntlı] *adv* d'une manière flagrante.
blather ['blæðər] **1** *vi* raconter *or* débiter des bêtises, parler à tort et à travers.
 2 *vt* raconter.
 3 *n* bêtises *fpl*, idioties *fpl*, blablabla* *m*. **she's a** ~* elle dit n'importe quoi, elle dit tout ce qui lui passe par la tête.
 4 *cpd*: **blatherskite**‡ (*Scot: chatterbox*) moulin *m* à paroles; (*U: US: nonsense*) fadaises *fpl*.
blaze¹ [bleız] **1** *n* **(a)** (*fire*) feu *m*, flamme *f*, flambée *f*; (*conflagration*) incendie *m*, brasier *m*; (*light from fire*) lueur *f* des flammes *or* du brasier. **forest** ~ incendie de forêt; **all in a** ~ en flammes.
 (b) [*gems, beauty etc*] éclat *m*, splendeur *f*. ~ **of day** éclat du jour; ~ **of light** torrent *m* de lumière; ~ **of colour** flamboiement *m* de couleur(s).
 (c) [*rage*] explosion *f*. **in a** ~ **of anger he killed her** dans le feu de la colère *or* dans une explosion de colère il l'a tuée.
 (d) (*) **go to** ~**s!** va te faire voir!*; **what the** ~**s!** qu'est-ce que ça peut bien fiche!*; **how the** ~**s!** comment diable!; **what the** ~**s have you done** qu'est-ce que tu as encore fichu?*; **like** ~**s** comme un fou *or* dingue*, furieusement; **he ran like** ~**s** il a filé comme un zèbre; **he worked like** ~**s** il a travaillé comme une brute *or* un dingue*.
 2 *vi* **(a)** [*fire*] flamber; [*sun*] flamboyer, darder ses rayons.
 (b) [*colour*] flamboyer; [*jewel, light*] resplendir, jeter un vif éclat; [*anger*] éclater; (*fig*) resplendir (*with* de). **garden blazing with colour** jardin resplendissant de couleur.
◆**blaze abroad** *vt sep* (*liter*) *news etc* crier sur tous les toits.
◆**blaze away** *vi* [*fire etc*] flamber (toujours); [*soldiers, guns*] maintenir un feu nourri (*at* contre).
◆**blaze down** *vi* [*sun*] flamboyer, darder ses rayons.
◆**blaze forth** *vi* (*liter*) [*sun*] apparaître soudain (dans tout son éclat); [*anger*] éclater.
◆**blaze out** *vi* [*fire*] se déclencher, s'embraser, éclater; [*sun*] apparaître soudain; [*light*] ruisseler; [*anger, hatred*] éclater.
◆**blaze up** *vi* [*fire*] s'enflammer, s'embraser (*liter*); (*fig*) [*person*] éclater, s'emporter; [*anger*] éclater.
blaze² [bleız] **1** *n* (*mark*) [*horse etc*] étoile *f*; [*tree*] marque *f*, encoche *f*. **2** *vt tree* marquer. **to** ~ **a trail** (*lit*) frayer un *or* le chemin; (*fig*) montrer la voie, faire un travail de pionnier(s).
blazer ['bleızər] *n* blazer *m*.
blazing ['bleızıŋ] *adj* **(a)** *building etc* en feu, en flammes, embrasé; *torch* enflammé; *sun* éclatant, ardent; (*fig*) *eyes* flamboyant, qui jette des éclairs; *jewel* étincelant; *colour* très vif. **(b)** (*: *also* ~ **angry**) furibond, furibard*.
blazon ['bleızn] **1** *n* (*Her*) blason *m*. **2** *vt* (*Her*) blasonner; (*fig: also* ~ **abroad**, ~ **forth**) *virtues, story* proclamer, claironner.
bleach [bli:tʃ] **1** *n* décolorant *m*; (*liquid*) eau oxygénée. (*household*) ~ eau de Javel.
 2 *vt* **(a)** *linen, bones etc* blanchir. ~**ing agent** produit *m* à blanchir, décolorant *m*; ~**ing powder** (chlorure *m*) décolorant.
 (b) *hair* décolorer, oxygéner. **to** ~ **one's hair** se décolorer (les cheveux); ~**ed hair** cheveux décolorés *or* oxygénés.
 (c) (*Phot*) *image* blanchir.
 3 *vi* blanchir.
◆**bleach out** *vt sep colour* enlever.
bleachers ['bli:tʃəz] *n* (*US*) gradins *mpl* (*de stade en plein soleil*).
bleak¹ [bli:k] *n* (*fish*) ablette *f*.
bleak² [bli:k] *adj country, landscape* exposé au vent, morne, désolé; *room* nu, austère; *weather, wind* froid, glacial; (*fig*) *existence* sombre, désolé; *prospect* triste, morne, lugubre; *smile* pâle; *voice, tone* monocorde, morne. **it looks** *or* **things look rather** ~ **for him** les choses se présentent plutôt mal pour lui.
bleakly ['bli:klı] *adv look* d'un air désolé, sombrement; *speak* d'un ton morne, sombrement.
bleakness ['bli:knıs] *n* [*landscape*] aspect morne *or* désolé; [*room, furnishings*] austérité *f*; [*weather*] froid *m*, rigueurs *fpl*; [*prospects, future*] aspect sombre *or* décourageant.
bleary ['blıərı] *adj* **(a)** *eyes* (*from sleep, fatigue*) trouble, voilé; (*from illness*) chassieux; (*from tears, wind etc*) larmoyant. ~**-eyed** aux yeux troubles (*or* chassieux *or* larmoyants). **(b)** *outline* indécis, vague.
bleat [bli:t] **1** *vi* **(a)** [*sheep*] bêler; [*goat*] bêler, chevroter.
 (b) [*person, voice*] bêler, chevroter; (*: *talk nonsense*) débiter des idioties, débloquer‡; (‡: *complain*) se plaindre (*about* de), bêler*. **what are you** ~**ing about?**‡ qu'est-ce que tu as à te lamenter?

2 *vt* (*also* ~ **out**) dire d'une voix bêlante, chevroter.
3 *n* (**a**) *[sheep]* bêlement *m*; *[voice, goat]* bêlement, chevrotement *m*.
(**b**) (‡: *complaint*) lamentation *f*, jérémiade* *f*.
bleb [bleb] *n [skin]* cloque *f*, ampoule *f*; *[glass, water]* bulle *f*.
bled [bled] *pret, ptp of* **bleed**.
bleed [bli:d] *pret, ptp* **bled 1** *vi* (**a**) saigner, perdre du sang. his nose is ~ing il saigne du nez; he is ~ing to death il perd tout son sang; the wound bled profusely la plaie saignait copieusement; (*liter*) his heart is ~ing son cœur saigne; (*gen iro*) my heart ~s for you tu me fends le cœur (*iro*), tu vas me faire pleurer (*iro*).
(**b**) *[plant]* pleurer, perdre sa sève.
2 *vt* (**a**) (*Med*) person saigner, faire une saignée à; brakes, radiator purger.
(**b**) (*fig*: *get money from*) tirer de l'argent à, faire casquer‡. to ~ sb white saigner qn à blanc.
3 *n* saignement *m*; *V* nose.
bleeder ['bli:dər] *n* (**a**) (*Med**) hémophile *mf*. (**b**) (*Brit*‡*) salaud‡ *m*, saligaud‡ *m*.
bleeding ['bli:dɪŋ] **1** *n* (**a**) (*taking blood from*) saignée *f*; (*losing blood*) saignement *m*; (*more serious*) hémorragie *f*. ~ from the nose saignement de nez; to stop the ~ arrêter l'hémorragie.
(**b**) *[plant]* écoulement *m* de sève.
2 *adj* (**a**) *wound* saignant; *person* qui saigne, ensanglanté; (*fig*) heart angée, brisé. (*US: fig, pej*) ~-heart Liberal libéral(e) *m(f)* au grand cœur.
(**b**) (‡‡: *bloody*) foutu‡ (*before n*), maudit (*before n*).
3 *adv* (‡‡: *bloody*) vachement‡, foutrement‡‡.
bleep [bli:p] **1** *n* (*Rad, TV*) top *m*; (*pocket device*) bip *m*. **2** *vi [transmitter]* émettre des signaux. **3** *vt* (*in hospital etc*) biper.
bleeper ['bli:pər] *n* (*pocket device*) bip *m*.
blemish ['blemɪʃ] **1** *n* (*defect*) défaut *m*, imperfection *f*; (*on fruit*) tache *f*; (*fig*) (*moral*) souillure *f* (*liter*), tare *f*; (*inborn*) défaut. there's a ~ in this cup cette tasse a un défaut; to find a ~ in sth trouver à redire à qch; a ~ on his reputation une tache or une souillure (*liter*) à sa réputation; without (a) ~ (*lit*) sans imperfection; (*fig*) sans tache, sans souillure (*liter*).
2 *vt beauty etc* gâter; *reputation, honour* ternir, flétrir.
blench [blentʃ] *vi* (**a**) (*flinch*) sursauter. without ~ing sans sourciller, sans broncher. (**b**) (*turn pale*) pâlir or blêmir (de peur).
blend [blend] **1** *n* (*mixture*) *[tea, paint, whisky etc]* mélange *m*; *[qualities]* alliance *f*, mélange, fusion *f*. excellent ~ of tea thé *m* d'excellente qualité; *[coffee]* Brazilian ~ café *m* du Brésil; 'our own ~' 'mélange (spécial de la) maison'.
2 *vt* (*also* ~ **in**) mélanger, mêler (*with* à, avec), faire un mélange (*sth with sth* de qch avec qch); *teas, coffees etc* mélanger, faire un mélange de; *wines* couper, mélanger; *qualities* joindre, unir (*with* à); *ideas, people* fusionner; *colours, styles* fondre, mêler.
3 *vi* (*also* ~ **in**) se mêler, se mélanger (*with* à, avec), former un mélange (*with* avec), se confondre (*into* en); *[voices, perfumes]* se confondre, se mêler, se mélanger; *[styles]* se marier, s'allier; *[ideas, political parties, races]* fusionner; *[colours]* (*shade into one another*) se fondre; (*go well together*) aller bien ensemble. the colours ~ (in) well les couleurs vont bien ensemble.
blender ['blendər] *n* (*machine*) (*Tech*) malaxeur *m*; (*Culin*) mixer *m*.
blenny ['blenɪ] *n* (*fish*) blennie *f*.
bless [bles] *pret, ptp* **blessed** [blest] *or* **blest** *vt [God, priest, person, fate]* bénir. God ~ the king! Dieu bénisse le roi!; to be ~ed with avoir le bonheur de posséder; God did not ~ them with ... Dieu ne leur accorda pas le bonheur d'avoir ...; Nature ~ed him with ... la Nature l'a doué de ...; I was never ~ed with children je n'ai jamais connu le bonheur d'avoir des enfants; (*iro*) she'll ~ you for this! elle va te bénir!*; ~ you! mille fois merci!, vous êtes un ange!; (*sneezing*) à vos souhaits!; and Paul, ~ his heart, had no idea that ... et ce brave Paul (dans son innocence) ne savait pas que ...; ~ his little heart! qu'il est mignon!; ~ my soul!*† Mon Dieu!, Seigneur!†; well, I'm blest!* par exemple!, ça alors!*; I'm or I'll be blest if I remember!* c'est bien le diable* si je m'en souviens.
blessed ['blesɪd] **1** *adj* (**a**) (*Rel*) (*holy*) saint, sanctifié; (*beatified*) bienheureux. B~ Virgin Sainte Vierge; B~ Sacrament Saint Sacrement; ~ be God! (que) Dieu soit béni!; the B~ John X le bienheureux Jean X.
(**b**) (*Rel, liter: happy*) bienheureux, heureux. ~ are the pure in heart bienheureux *or* heureux ceux qui ont le cœur pur; of ~ memory d'heureuse mémoire.
(**c**) (*liter: giving joy*) thing béni; *person* cher.
(**d**) (*euph: cursed*) sacré* (*before n*), fichu* (*before n*), satané (*before n*). that child is a ~ nuisance! cet enfant, quelle peste! *or* quel poison!*; the whole ~ day toute la sainte journée; every ~ evening tous les soirs que le bon Dieu fait*.
2 *npl*: the B~ les bienheureux *mpl*.
blessedness ['blesɪdnɪs] *n* (*Rel*) béatitude *f*; (*happiness*) bonheur *m*, félicité *f*.
blessing ['blesɪŋ] *n* (**a**) (*divine favour*) grâce *f*, faveur *f*; (*prayer*) bénédiction *f*; (*at meal*) bénédicité *m*. with God's ~ we shall succeed nous réussirons par la grâce de Dieu; the priest pronounced the ~ le prêtre a donné la bénédiction; (*at meal*) to ask a *or* the ~ dire le bénédicité; (*fig*) the plan had his ~* il avait donné sa bénédiction à ce projet*.
(**b**) (*benefit*) bien *m*, bienfait *m*. the ~s of civilization les bienfaits *or* les avantages *mpl* de la civilisation; what a ~ that ...! quelle chance que ...!+*subj*, heureusement que ...; this rain has been a real ~* cette pluie a été une vraie bénédiction*; it was a ~ in disguise c'était malgré les apparences un bien, à quelque chose malheur est bon (*Prov*); *V* count[1].
blest [blest] (*liter*) **1** *pret, ptp of* **bless**. **2** *adj* heureux.
blether ['bleðər] = **blather**.

blew [blu:] *pret of* **blow**[1].
blight [blaɪt] **1** *n [cereals]* rouille *f*, nielle *f*, charbon *m*; *[potato]* mildiou *m*; *[rose]* rouille; *[fruit trees]* cloque *f*. this marriage was a ~ on his happiness ce mariage a terni son bonheur; she's been a ~ on his life elle a gâché son existence; what a ~ that woman is!‡ cette femme est un vrai fléau! *or* une véritable plaie!*; urban ~ dégradation urbaine.
2 *vt [disease]* plants rouiller; *wheat etc* nieller; *[wind]* saccager; (*fig*) hopes anéantir, détruire; *career, life* gâcher, briser; *future* gâcher.
blighter* ['blaɪtər] *n* (*Brit*) type* *m*, bonne femme. a funny ~ un drôle de numéro*; silly ~ crétin(e)* *m(f)*, imbécile *mf*; lucky ~! quel(le) veinard(e)*!; you ~! espèce de chameau!*
Blighty ['blaɪtɪ] *n* (*Brit Mil sl*:†) l'Angleterre *f*, 'le pays'.
blimey‡ ['blaɪmɪ] *excl* (*Brit*) mince alors!*, merde alors!‡
blimp [blɪmp] *n* (**a**) (*Brit*) a (Colonel) B~* une (vieille) culotte de peau (*pej*). (**b**) (*Aviat*) petit dirigeable de reconnaissance.
blind [blaɪnd] **1** *adj* (**a**) person, passion, obedience aveugle. a ~ man/woman un/une aveugle; a ~ boy un jeune aveugle; ~ from birth aveugle de naissance; ~ in one eye borgne; she is as ~ as a bat elle est myope comme une taupe; ~ spot (*Med*) point *m* aveugle; (*Aut, Aviat*) angle *m* mort; (*fig*) that was his ~ spot sur ce point il avait un bandeau sur les yeux *or* il refusait d'y voir clair; (*Aut, Aviat*) it was approaching on his ~ side cela approchait dans son angle mort; she was ~ to his faults elle ne voyait pas ses défauts; I am not ~ to that consideration cette considération ne m'échappe pas; (*fig*) to turn a ~ eye to fermer les yeux sur; ~ with passion aveuglé par la passion; *V* colour.
(**b**) (*fig*) corner, flying, landing sans visibilité; *passage* sans issue; *door, window* faux (*f* fausse). (*lit, fig*) ~ alley impasse *f*, cul-de-sac *m*; (*fig*) a ~-alley job une situation sans avenir; ~ date (*meeting*) rendez-vous *m* (avec quelqu'un qu'on ne connaît pas), rencontre arrangée; (*person*) inconnu(e) *m(f)* (avec qui on a rendez-vous); not a ~ bit of use‡ qui ne sert strictement à rien.
2 *vt* aveugler, rendre aveugle; *[sun, light]* aveugler, éblouir; (*fig*) aveugler, empêcher de voir. the war ~ed les aveugles *mpl* de guerre; her love ~ed her to his faults son amour l'aveuglait sur ses défauts.
3 *n* (**a**) the ~ les aveugles *mpl*; (*fig*) it's the ~ leading the ~ c'est comme l'aveugle qui conduit l'aveugle.
(**b**) *[window]* store *m*, jalousie *f*; *V* Venetian.
(**c**) (*pretence*) feinte *f*, faux prétexte, masque *m*. this action is only a ~ cette action n'est qu'une feinte *or* qu'un masque.
(**d**) to go on a ~‡ (aller) se soûler la gueule‡.
(**e**) (*Hunting*) affût *m*.
4 *adv* (*Aviat*) to fly ~ voler sans visibilité; ~ drunk‡ bourré‡, bituré‡, (*complètement*) rond‡.
5 *cpd*: blind man's buff colin-maillard *m*; blind-stitch (*n*) point perdu; (*vi*) coudre à points perdus; blindworm orvet *m*.
blinder ['blaɪndər] *n* (*US*) œillère *f*.
blindfold ['blaɪndfəʊld] **1** *vt* bander les yeux à *or* de. **2** *n* bandeau *m*. **3** *adj* aux yeux bandés. **4** *adv* les yeux bandés. it's so easy I could do it ~ (c'est si facile que) je le ferais les yeux bandés.
blinding ['blaɪndɪŋ] *adj* aveuglant.
blindly ['blaɪndlɪ] *adv* (*lit*) en aveugle, comme un aveugle; (*fig*) obey, follow aveuglément, à l'aveuglette.
blindness ['blaɪndnɪs] *n* cécité *f*; (*fig*) aveuglement *m* (*to* devant, à l'égard de). ~ to the truth refus *m* de voir la vérité; *V* colour.
blini(s) ['bliːni(z)] *n* blinis *m*.
blink [blɪŋk] **1** *n [eyes]* clignotement *m* (des yeux), battement *m* des paupières; *[sun]* (petit) rayon *m*; *[hope]* lueur *f*; (*glimpse*) coup *m* d'œil. my telly's on the ~* ma télé est détraquée.
2 *vi* (**a**) cligner des yeux; (*half-close eyes*) plisser les yeux.
(**b**) *[light]* vaciller.
3 *vt*: to ~ one's eyes cligner des yeux; to ~ back the tears refouler les larmes (d'un battement de paupières).
blinker ['blɪŋkər] *n* (**a**) (*Brit*) ~s œillères *fpl*; (*Aut*) feux *mpl* de détresse, clignotants *mpl*; (*fig*) to wear ~s avoir des œillères. (**b**) (*also* ~ light) (feu *m*) clignotant *m*.
blinking ['blɪŋkɪŋ] *adj* (*) sacré* (*before n*), fichu* (*before n*), satané (*before n*). ~ idiot espèce *f* d'idiot. **2** *n [eyes]* clignement *m* (d'yeux); *[light]* vacillement *m*.
bliss [blɪs] *n* (**a**) (*Rel*) béatitude *f*; (*gen*) félicité *f*, bonheur suprême *or* absolu.
(**b**) (*fig**) what ~ to collapse into a chair! quelle volupté de se laisser tomber dans un fauteuil!; the concert was ~ le concert était divin; isn't he ~! c'est un ange!; it's ~! c'est merveilleux!, c'est divin!
◆**bliss out**‡ *vi* (*US*) être au septième ciel*.
blissful ['blɪsfʊl] *adj* (*Rel, gen*) bienheureux; (*: wonderful*) divin, merveilleux.
blissfully ['blɪsfəlɪ] *adv* smile d'un air heureux *ou* béat. ~ happy merveilleusement heureux; (*iro*) unaware that ... parfaitement inconscient du *or* dans l'ignorance béate du fait que ... .
blister ['blɪstər] **1** *n [skin]* ampoule *f*, cloque *f*; *[paintwork]* boursouflure *f*; *[metal, glass]* soufflure *f*; *[glass]* bulle *f*; (‡ pej: person) fléau *m*, poison* *m*, plaie* *f*.
2 *cpd*: blister-pack (*for pills etc*) plaquette *f*; (*for pens, plugs etc*) emballage *m* pellicule; blister-packed pills etc en plaquette; *pens, plugs etc* sous emballage pellicule.
3 *vi [skin]* se couvrir d'ampoules; *[paintwork]* se boursoufler; *[metal, glass]* former des soufflures.
4 *vt paint* boursoufler.
blistering ['blɪstərɪŋ] **1** *n [skin]* formation *f* d'ampoules; *[paint]* boursouflage *m*. **2** *adj* heat étouffant; *sun* brûlant; (*fig*) attack, condemnation cinglant, virulent, impitoyable. a ~ day un jour de canicule.

blithe [blaɪð] *adj* (*liter*) joyeux, gai, allègre.
blithely ['blaɪðlɪ] *adv* gaiement, joyeusement, avec allégresse.
blithering* ['blɪðərɪŋ] *adj*: ~ idiot crétin fini*; (*excl*) you ~ idiot! espèce d'idiot!
blithesome ['blaɪðsəm] *adj* = blithe.
B.Litt. [bi:'lɪt] *abbr of* Bachelor of Literature.
blitz [blɪts] **1** *n* (*Mil*) attaque *f* éclair *inv*; (*Aviat*) bombardement *m* (aérien). **the B~** le Blitz; (*fig*) **to have a ~ on sth** s'attaquer à qch.
2 *cpd*: **blitzkrieg** guerre-éclair *f*.
3 *vt* bombarder. **~ed houses** maisons bombardées *or* sinistrées (*par un bombardement*).
blizzard ['blɪzəd] *n* tempête *f* de neige; (*in Arctic*) blizzard *m*.
bloated ['bləʊtɪd] *adj* gonflé, boursouflé, bouffi; *face* bouffi, boursouflé; *stomach* gonflé, ballonné; (*fig: with pride etc*) bouffi, gonflé (*with* de); *style* bouffi.
bloater ['bləʊtəʳ] *n* hareng saur *or* fumé.
blob [blɒb] *n* (*drop: gen*) (grosse) goutte *f*; [*ink*] pâté *m*, tache *f*; (*stain*) tache.
bloc [blɒk] *n* (a) (*Pol*) bloc *m*. (b) en ~ en bloc, en gros.
block [blɒk] **1** *n* (a) [*stone*] bloc *m*; [*wood*] bille *f*; [*blacksmith, butcher, executioner*] billot *m*; [*chocolate*] tablette *f*. (*toys*) ~s (jeu *m* de) cubes *mpl*, jeu de construction; **a ~ of ice cream** un litre (*or* demi-litre *etc*) de glace; **butcher's ~** billot de boucher; (*US*) **on the ~ buy** aux enchères; **pay** rubis sur l'ongle; **to die on the ~** périr sur le billot *or* l'échafaud; *V* chip.
(b) [*buildings*] pâté *m* (de maisons). (*Brit*) **a ~ of flats** un immeuble; **to take a stroll round the ~** faire le tour du pâté de maisons, faire un tour dans le coin; (*US*) **she lived 3 ~s away** elle habitait 3 rues plus loin.
(c) (*part of prison, hospital etc*) quartier *m*, pavillon *m*; [*factory etc*] bâtiment *m*. **H B~** bâtiment *m or* bloc *m* H.
(d) (*obstruction*) [*traffic*] embouteillage *m*, encombrement *m*; [*pipe*] obstruction *f*; (*Med, Psych*) blocage *m*. (*fig*) **I've got a (mental) ~ about that whole period** j'ai un trou (de mémoire) — je ne me souviens d'absolument rien au sujet de cette période; (*fig: frightened etc*) **I couldn't do it — I had a mental ~ about it** je n'ai pas pu le faire — c'est plus fort que moi; [*writer*] **he's/I've got a ~** c'est le vide *or* blocage total; *V* road.
(e) [*tickets*] série *f*; [*shares*] tranche *f*; [*seats*] groupe *m*.
(f) (*Brit Typ*) cliché *m* (*plaque*).
(g) (*also* ~ **and tackle**) palan *m*, moufles *mpl*.
(h) (*‡: head*) caboche* *f*, ciboulot‡ *m*; *V* knock.
(i) (*Brit: writing pad*) bloc *m*.
(j) (*Comput*) bloc *m*.
2 *cpd*: **block association** association *f* de copropriétaires (*d'un immeuble*); **blockbuster*** bombe *f* de gros calibre; (*film*) superproduction *f*, film *m* à succès; (*argument*) argument *m* massue *inv*; **he's a real blockbuster*** il est d'une efficacité à tout casser; in **block capitals = in block letters**; **block diagram** (*Comput, Geog*) bloc-diagramme *m*; (*Elec*) schéma *m* (de principe); (*Brit Admin*) **block grant** dotation *or* enveloppe gouvernementale (*accordée aux autorités escales*); (*pej*) **blockhead*** imbécile *mf*, crétin(e)* *m(f)*; (*Mil*) **blockhouse** casemate *f*, blockhaus *m*; in **block letters** en (caractères) majuscules d'imprimerie; (*Brit Educ*) **block release** système de stages de formation alternant avec l'activité professionnelle; (*Rail*) **block system** bloc-système *m*, bloc *m* automatique à signaux lumineux; (*Pol, Ind*) **block vote** vote groupé; (*Pol, Ind*) **blockvoting** la pratique du vote groupé.
3 *vt* (a) *pipe etc* boucher, bloquer, obstruer; *road* bloquer, barrer; *harbour, wheel* bloquer; *progress, traffic* entraver, gêner; (*Ftbl*) *opponent* gêner; *transaction, credit, negotiations* bloquer; (*Med*) *pain* anesthésier, neutraliser. **the leaves ~ed the drain** les feuilles mortes ont bouché *or* bloqué le puisard; **to ~ sb's way** barrer le chemin à qn; (*Ftbl etc*) **to ~ the ball** bloquer (la balle).
(b) *title, design* graver au fer.
4 *vi* [*wheel*] (se) bloquer.
♦**block off** *vt sep* *part of road etc* interdire, condamner; (*accidentally*) obstruer.
♦**block out** *vt sep* (a) (*obscure*) *view* boucher.
(b) (*sketch roughly*) *scheme, design* ébaucher.
♦**block up** *vt sep* *gangway* encombrer; *pipe* bloquer, obstruer; *window, entrance* murer, condamner; *hole* boucher, bloquer.
blockade [blɒ'keɪd] **1** *n* (*Mil*) blocus *m*; (*fig*) barrage *m*. **under ~** en état de blocus; **to break/raise the ~** forcer/lever le blocus.
2 *cpd*: **blockade runner** briseur *m* de blocus.
3 *vt* (a) (*Mil*) *town, port* bloquer, faire le blocus de; (*fig*) bloquer, obstruer.
(b) (*US*) *traffic* bloquer; *street* encombrer.
blockage ['blɒkɪdʒ] *n* (*gen*) obstruction *f*; (*Med*) obstruction, blocage *m*; (*intestinal*) occlusion *f*; (*mental*) blocage; (*fig*) bouchon *m*.
bloke* [bləʊk] *n* (*Brit*) type* *m*, mec‡ *m*.
blond(e) [blɒnd] *adj, n* blond(e) *m(f)*; *V* ash², platinum.
blood [blʌd] **1** *n* (a) (*U*) sang *m*. **till the ~ comes** jusqu'au sang; **it's like trying to get ~ out of a stone** c'est comme si on parlait à un mur; **bad ~** désaccord *m*; **there is bad ~ between them** le torchon brûle (entre eux); (*liter*) **his ~ will be on your head** vous aurez sa mort sur la conscience; (*fig*) **there is ~ on his hands** il a la mort de quelqu'un sur la conscience, il a du sang sur les mains; **the ~ rushed to his face** le sang lui est monté au visage; **it makes my ~ boil** cela me fait bouillir; **my ~ was boiling** je bouillais (de rage); **his ~ is up** il est très monté; **he's out for ~** elle veut quelqu'un sur qui passer sa colère; **she is out for his ~** elle veut sa peau*; **you make my ~ run cold** vous me donnez le frisson; **his ~ ran cold** son sang s'est figé *or* s'est glacé dans ses veines; **the ties of ~** les liens du sang; (*Prov*) **~ is thicker than water** la voix du sang est la plus forte; **it's in his ~** il a cela dans le sang; **of Irish ~** de sang irlandais; (*fig*) **this firm needs new ~** cette maison a besoin d'un *or* de sang nouveau; *V* blue, cold, flesh *etc*.
(b) (†: *dashing young man*) petit-maître† *m*.
(c) (*US‡: abbr of* blood brother) frère *m*.
2 *vt* (*Hunting*) *hounds* acharner, donner le goût du sang à; (*fig*) *troops* donner le baptême du feu à.
3 *cpd*: **a blood-and-thunder film** (*or* play) un sombre mélodrame; **blood-and-thunder novel** roman *m* à sensation; (*Med*) **blood bank** banque *f* du sang; (*fig*) **blood bath** bain *m* de sang, massacre *m*; **blood blister** pinçon *m*; **blood brother** frère *m* de sang; **blood cell** cellule sanguine; **blood corpuscle** globule sanguin; (*Med*) **blood count** numération *f* globulaire; **bloodcurdling** à (vous) figer *or* tourner* le sang, qui (vous) fige le sang; **blood donor** donneur *m*, -euse *f* de sang; **blood feud** vendetta *f*; (*Med*) **blood group** groupe sanguin; (*Med*) **blood grouping** recherche *f* du groupe sanguin; **blood heat** température *f* du sang; **bloodhound** (*dog*) limier *m*, (*‡: detective*) détective *m*, limier; (*Med*) **bloodletting** saignée *f*; **blood lust** soif *f* de sang; (*US*) **bloodmobile** centre *m* mobile de collecte du sang; **blood money** prix *m* du sang; **blood orange** (orange *f*) sanguine *f*; **blood plasma** plasma sanguin; **blood poisoning** empoisonnement *m* du sang; **blood pressure** *V* blood pressure; (*US*) **blood pudding** boudin *m*; **blood-red** rouge (*m*) sang *inv*; **blood relation** parent(e) *m(f)* par le sang; (*US*) **blood sausage** = blood pudding; **bloodshed** effusion *f* de sang, carnage *m*; **without bloodshed** sans verser de sang, sans effusion de sang; **bloodshot eyes** yeux injectés (de sang); **to become bloodshot** s'injecter; **blood sports** sports *mpl* sanguinaires; **bloodstain** tache *f* de sang; **bloodstained** taché de sang, souillé (*liter*) de sang, ensanglanté; **bloodstock** bêtes *fpl* de race (pure) *or* de sang; **bloodstone** héliotrope *m* (*pierre*); **bloodstream** sang *m*, système sanguin; (*Zool, also* *pej*) **bloodsucker** sangsue *f*; (*Med*) **blood test** analyse *f* de sang, examen *m* du sang; **bloodthirstiness** [*person, animal*] soif *f* de sang; [*book, story*] cruauté *f*, caractère *m* sanguinaire; **bloodthirsty** *person, animal* altéré *or* assoiffé de sang, sanguinaire; *disposition, tale* sanguinaire; **blood transfusion** transfusion sanguine *or* de sang; **blood vessel** vaisseau sanguin; *V* burst.
bloodiness ['blʌdɪnɪs] *n* (*lit*) état sanglant.
bloodless ['blʌdlɪs] *adj* (*without blood*) exsangue; *complexion* anémié, pâle; *victory* sans effusion de sang, pacifique. (*Brit Hist*) **the B~ Revolution** la révolution en Angleterre (1688-89).
bloodlessly ['blʌdlɪslɪ] *adv* sans effusion de sang, pacifiquement.
blood pressure ['blʌdpreʃəʳ] *n* tension *f* (artérielle). **to have high/low ~** faire de l'hypertension/hypotension; **to take sb's ~** prendre la tension de qn; (*Med*) **his ~ went up/down** sa tension a monté/a baissé; (*fig*) **his ~ rose at the news** il a failli avoir une attaque en apprenant la nouvelle.
bloody ['blʌdɪ] **1** *adj* (a) (*lit*) sanglant, taché de sang, ensanglanté; *battle* sanglant, sanguinaire; (*blood-coloured*) rouge, rouge sang *inv*. **a ~ nose** un nez en sang; **with ~ hands** les mains couvertes de sang *or* ensanglantées; **a ~ sun** un soleil rouge sang; **~ mary** vodka *f* (au) jus de tomate, bloody mary *m*.
(b) (*Brit‡*) foutu‡ (*before n*), sacré* (*before n*). **this ~ machine won't start!** cette bon Dieu‡ de machine *or* cette foutue‡ machine ne veut pas démarrer!; **shut the ~ door!** (mais) nom de Dieu*‡* veux-tu fermer la porte!; **it's a ~ nuisance** ce que c'est emmerdant‡; **you ~ fool!** espèce de con!*‡*; **you've got a ~ cheek!** *or* **nerve!** tu charries!‡; **those ~ doctors!** ces bon Dieu‡ de médecins, ces foutus‡ médecins; **~ hell!** merde alors!‡; **it's a ~ miracle he wasn't killed!** c'est un sacré* miracle qu'il n'ait pas été tué!; **we had a perfectly ~ evening with them** ils nous ont fait passer une soirée (drôlement) emmerdante‡.
2 *adv* (*Brit* *‡*) vachement‡. **not ~ likely!** tu te fous de moi!‡, tu te fous de ma gueule!‡
3 *cpd*: (*Brit*) **bloody-minded‡** *person* qui fait toujours des difficultés; *attitude* buté; **he's being bloody-minded‡** il le fait pour emmerder le monde‡; **out of sheer bloody-mindedness‡** (rien que) pour emmerder le monde‡.
4 *vt* ensanglanter, souiller de sang (*liter*).
bloom [blu:m] **1** *n* (a) fleur *f*.
(b) (*U*) [*flower, plant*] floraison *f*; (*fig*) épanouissement *m*, floraison; **in ~** *tree* en fleurs; *flower* éclos; **in full ~** *tree* en pleine floraison; *flower* épanoui; **to burst** *or* **come into ~** fleurir, s'épanouir; (*fig*) **in the ~ of her youth** dans la fleur de sa jeunesse, en pleine jeunesse.
(c) [*fruit, skin*] velouté *m*. **the ~ had gone from her cheek** ses joues avaient perdu leurs fraîches couleurs.
2 *vi* [*flower*] éclore; [*tree*] fleurir; [*person*] être florissant. **~ing with health** resplendissant de santé.
bloomer ['blu:məʳ] *n* (a) (*‡*) bévue *f*, gaffe *f*. **to make a ~** faire une gaffe, se foutre dedans‡, mettre les pieds dans le plat. (b) (*Dress*) **~s** culotte bouffante.
blooming ['blu:mɪŋ] *adj* (a) *tree* en fleur, fleuri; *looks, health* florissant. (b) (*‡*) = blinking 1.
blooper‡ ['blu:pəʳ] *n* (*US*) gaffe *f*.
blossom ['blɒsəm] **1** *n* (a) (*U*) floraison *f*, fleur(s) *f(pl)*. **a spray of ~** une petite branche fleurie, un rameau en fleur(s); **tree in ~** arbre *m* en fleur(s); **pear trees in full ~** poiriers *mpl* en pleine floraison; **to come into ~** fleurir, s'épanouir; **peach ~** fleur de pêcher; *V* orange.
(b) (*flower*) fleur *f*.
2 *vi* fleurir, être en fleur(s), se couvrir de fleurs; [*person*] s'épanouir. (*fig*) **to ~ (out) into** devenir.
blot [blɒt] **1** *n* [*ink*] tache *f*, pâté *m*; (*fig*) tache, souillure *f* (*liter*). **a ~ on his character** *or* **on his escutcheon** une tache à sa réputation; **to be a ~ on the landscape** déparer le paysage (*also fig hum*).
2 *vt* (a) (*spot with ink*) tacher, faire des pâtés sur, barbouiller.

(*Brit fig*) **you've really ~ted your copybook** ta réputation en a pris un coup*.
 (b) (*dry*) *ink, page* sécher.
 3 *vi* [*blotting paper*] boire (l'encre).
♦**blot out** *vt sep* **(a)** *words* biffer, rayer; *memories* effacer; [*fog etc*] *view* voiler, masquer.
 (b) (*destroy*) *nation* exterminer, liquider*; *city* annihiler, rayer de la carte.
blotch [blɒtʃ] **1** *n* **(a)** (*on skin*) (*mark*) tache *f*, marbrure *f*; (*spot*) bouton *m*. **(b)** [*ink, colour*] tache *f*. **2** *vt paper, written work* tacher, barbouiller, faire des taches sur.
blotchy [ˈblɒtʃɪ] *adj skin, complexion* marbré, couvert de taches *or* de marbrures; *drawing, written work* couvert de taches, barbouillé.
blotter [ˈblɒtəʳ] *n* **(a)** (*block*) (bloc *m*) buvard *m*; (*sheet*) buvard; (*hand ~*) tampon *m* buvard; (*desk pad*) sous-main *m inv*. **(b)** (*US: notebook*) registre *m*.
blotting [ˈblɒtɪŋ] *cpd*: **blotting pad** (bloc *m*) buvard *m*; **blotting paper** (papier *m*) buvard *m*.
blotto‡ [ˈblɒtəʊ] *adj* bourré‡, bituré‡, rond comme une barrique‡.
blouse [blaʊz] *n* [*woman*] corsage *m*, chemisier *m*; [*workman, artist, peasant*] blouse *f*, sarrau *m*; (*US Mil*) vareuse *f*.
blouson [ˈbluːzɒn] *n* blouson *m*.
blow¹ [bləʊ] (*vb: pret* **blew**, *ptp* **blown**) **1** *n* **(a)** **to give a ~** (*through mouth*) souffler; (*through nose*) se moucher.
 (b) (*wind*) coup *m* de vent, bourrasque *f*. **to go out for a ~** sortir prendre l'air *or* le frais.
 2 *cpd*: **blow drier** *or* **dryer** sèche-cheveux *m inv*; **blow-dry** *n* brushing *m*; **to blow-dry sb's hair** faire un brushing à qn; **blowfly** mouche *f* à viande; **blowgun** sarbacane *f*; (*US*) **blowhard** vantard *m*; **blowhole** [*whale*] évent *m*; (*Tech*) évent, bouche *f* d'aération; (*Metal*) **blowholes** soufflures *fpl*; (*Brit*) **blowlamp** lampe *f* à souder, chalumeau *m*; **blow-out** *V* **blow-out**; **blowpipe** [*weapon*] sarbacane *f*; (*Chem, Ind*) chalumeau *m*; (*Glass-making*) canne *f* (de souffleur), fêle *f*; **blowtorch** lampe *f* à souder, chalumeau *m*; **blow-up** explosion *f*; (‡: *quarrel*) engueulade‡ *f*, prise *f* de bec*, dispute *f*; (*Phot**) agrandissement *m*.
 3 *vt* **(a)** [*wind*] pousser; [*leaves*] chasser, faire voler. **the wind blew the ship off course** le vent a fait dévier le navire (de sa route) *or* a dérouté le navire; **a gust of wind blew her hat off** un coup de vent a fait s'envoler son chapeau; **the wind blew the chimney down** le vent a fait tomber *or* a renversé la cheminée; **the wind blew away the clouds** le vent a chassé *or* dispersé les nuages; **the wind blew the door open/shut** un coup de vent a ouvert/fermé la porte; *V* **ill**.
 (b) (*drive air into*) *fire* souffler sur; *bellows* faire marcher. **to ~ one's nose** se moucher; **to ~ an egg** vider un œuf (*en soufflant dedans*).
 (c) (*make by blowing*) *bubbles* faire; *glass* souffler. **to ~ a kiss** envoyer un baiser.
 (d) *trumpet, horn* jouer de, souffler dans. **the referee blew his whistle** l'arbitre a sifflé (*V also* **whistle**); (*fig*) **to ~ one's own trumpet** chanter ses propres louanges, se faire mousser*; **he blew the dust off the record** il a enlevé la poussière du disque en soufflant dessus; (*fig*) **that blew the lid off the whole business*** c'est celui qui a fait découvrir le pot aux roses.
 (e) (*Drugs sl*) **to ~ grass** fumer de l'herbe (*sl*).
 (f) (*destroy*) *fuse, safe* faire sauter. (*Aut*) **to ~ a gasket** griller* *or* faire sauter un joint de culasse; (*fig*) **to ~ a gasket*** *or* (*US*) **one's cork*** *or* (*US*) **one's stack*** *or* **one's top*** piquer une crise, exploser de rage; (*fig*) **the whole plan has been ~n sky-high** tout le projet a sauté.
 (g) (‡: *spend extravagantly*) *wages, money* claquer‡, bouffer‡. **I blew £20 on a new hat** j'ai claqué (un billet de) 20 livres pour un nouveau chapeau.
 (h) (*: *spoil, fail*) rater, gâcher; **he blew it*** il l'a loupé*, il a tout raté; **to ~ one's lines** mal dire son texte, se tromper dans son texte.
 (i) (*phrases*) **to ~ one's mind** prendre son pied‡, flipper‡; **to ~ sb's mind‡** faire prendre son pied à qn‡; **to ~ the gaff‡** vendre la mèche; **to ~ the gaff on sb‡** dénoncer *or* vendre qn; **he realized he was ~n‡** il a compris qu'il était brûlé*; **~ the expense!** tant pis pour la dépense!, au diable la dépense!; **well, I'm ~ed!*** ça alors!; **I'll be ~ed if I'll do it!*** pas question que je le fasse!, je veux être pendu si je le fais!*; **~ it!*** la barbe!*, zut!*
 4 *vi* **(a)** [*wind*] souffler. **the wind was ~ing hard** le vent soufflait très fort, il faisait grand vent; **it was ~ing a gale** le vent soufflait en tempête; **it's ~ing great guns*** il fait un vent à décorner les bœufs*; **the wind was ~ing from the south** le vent soufflait du sud; (*fig*) **to see which way the wind ~s** regarder *or* voir de quel côté souffle le vent; **she ~s hot and cold with me** avec moi elle souffle le chaud et le froid; **her enthusiasm ~s hot and cold** son enthousiasme a des hauts et des bas.
 (b) (*move with wind*) **the door blew open/shut** un coup de vent a ouvert/a fermé la porte; **his hat blew out of the window** son chapeau s'est envolé par la fenêtre.
 (c) [*trumpet*] sonner; [*whistle*] retentir; [*foghorn*] mugir. **when the whistle ~s** au coup de sifflet.
 (d) (*breathe out hard*) souffler; (*breathe hard*) [*person*] souffler, être à bout de souffle; [*animal*] souffler. [*whale*] **there she ~s!** elle souffle!; **to ~ on one's fingers** souffler dans ses doigts; **to ~ on one's soup** souffler sur sa soupe; *V* **puff**.
 (e) [*whale*] souffler (par les évents).
 (f) [*fuse, light bulb*] sauter, griller*; [*tyre*] éclater.
 (g) (‡: *leave*) filer*.
♦**blow down 1** *vi* [*tree etc*] être abattu par le vent, se renverser, tomber.

 2 *vt sep* [*wind*] faire tomber; [*person*] faire tomber (en soufflant), abattre (en soufflant).
♦**blow in 1** *vi* (*) s'amener*, débarquer*; (*unexpectedly*) arriver *or* débarquer* à l'improviste.
 2 *vt sep door, window* enfoncer. **look what the wind's blown in!*** regardez qui s'amène!*
♦**blow off 1** *vi* [*hat*] s'envoler.
 2 *vt sep* **(a)** *hat* emporter.
 (b) *air* laisser échapper, lâcher. (*fig*) **to blow off steam*** se défouler*, dire ce qu'on a sur le cœur (*about* au sujet de).
♦**blow out 1** *vi* [*light*] s'éteindre; [*tyre*] éclater; [*fuse*] sauter.
 2 *vt sep* **(a)** *light* éteindre; *candle* souffler.
 (b) (*puff out*) *one's cheeks* gonfler.
 (c) **to blow one's brains out** se faire sauter *or* se brûler la cervelle.
 3 **blow-out** *n* *V* **blow-out**.
♦**blow over 1** *vi* [*storm, dispute*] se calmer, s'apaiser, passer.
 2 *vt sep tree* renverser, abattre.
♦**blow up 1** *vi* **(a)** [*bomb*] exploser, sauter. (*fig*) **the whole thing has blown up** tout a été fichu en l'air*.
 (b) [*wind*] se lever; [*storm*] se préparer.
 (c) (*) (*with anger, indignation*) sauter au plafond*.
 (d) (*start up*) [*affair, crisis*] se déclencher.
 2 *vt sep* **(a)** *mine* (faire) exploser, faire sauter; *building, bridge* faire sauter.
 (b) *tyre* gonfler. (*fig*) **blown up with pride** gonflé *or* bouffi d'orgueil.
 (c) *photo* agrandir; *event* exagérer.
 (d) (‡: *reprimand*) *person* passer un (bon) savon à*.
 3 **blow-up** *n* *V* **blow¹** **2**.
blow² [bləʊ] *n* **(a)** (*lit*) coup *m*; (*with fist*) coup de poing. **to come to ~s** en venir aux mains; **at one ~** du premier coup; (*fig*) **he gave me a ~-by-~ account** il ne m'a fait grâce d'aucun détail; *V* **strike** *etc*.
 (b) (*fig: sudden misfortune*) coup *m*, malheur *m*. **it was a terrible ~ for them** cela a été un coup terrible pour eux.
blow³ [bləʊ] *vi* (††, *liter*) [*flowers*] fleurir, s'épanouir.
blower [ˈbləʊəʳ] *n* [*grate*] tablier *m* *or* rideau *m* de cheminée; [*ventilation*] ventilateur *m* (soufflant), machine *f* à vent; (*Min*) jet *m* de grisou; [*whale*] baleine *f*; (‡: *loudspeaker*) haut-parleur *m*; (*Brit*‡: *telephone*) bigophone* *m*. **to get on the ~‡ to sb** passer un coup de bigophone‡ à qn; *V* **glass**.
-blown [bləʊn] *adj ending in cpds* *V* **fly¹**, **wind¹**.
blow-out [ˈbləʊaʊt] *n* **(a)** [*tyre*] éclatement *m*. **he had a ~** il a eu un pneu qui a éclaté. **(b)** (*Elec*) **there's been a ~** les plombs *mpl* ont sauté. **(c)** (‡: *meal*) gueuleton‡ *m*. **to have a ~** faire un gueuleton‡, faire une grande bouffe‡.
blowy [ˈbləʊɪ] *adj* venté, venteux.
blowzed [blaʊzd] *adj*, **blowzy** [ˈblaʊzɪ] *adj hair* mal peigné; *woman* débraillé.
blub [blʌb] *vi* (*cry*) pleurer comme un veau.
blubber [ˈblʌbəʳ] **1** *n* **(a)** [*whale*] blanc *m* de baleine. **~-lipped** lippu. **(b)** **to have a ~** pleurer *or* chialer‡ un (bon) coup. **2** *vi* (*cry*) pleurer comme un veau.
blubbery [ˈblʌbərɪ] *adj* (*fat*) plein de graisse. **~ lips** grosses lèvres molles.
bludgeon [ˈblʌdʒən] **1** *n* gourdin *m*, matraque *f*. **2** *vt* matraquer, assener un coup de gourdin *or* de matraque à. (*fig*) **he ~ed me into doing it** il m'a forcé la main (pour que je le fasse).
blue [bluː] **1** *adj* **(a)** bleu. **~ with cold** violet *or* bleu de froid; (*lit*) **to be ~ in the face** avoir le visage cyanosé; **you may talk till you are ~ in the face*** tu peux toujours parler; **I've told you till I'm ~ in the face*** je me tue à te le dire; **once in a ~ moon** tous les trente-six du mois; **like a ~ streak*** *run, go* comme une flèche, au triple galop; **to have a ~ fit‡** piquer une crise*; *V also* **4** and **black**, **murder**, **true**.
 (b) (*: *miserable*) cafardeux*, triste. **to feel ~** broyer du noir‡, avoir le cafard*; **to be in a ~ funk** avoir la frousse* *or* la trouille‡.
 (c) (*fig: obscene*) *talk* grivois, gaulois, salé; *book, film* porno* *inv*.
 2 *n* **(a)** (*colour*) bleu *m*, azur *m*; *V* **navy**, **Prussian**, **sky** *etc*.
 (b) (*sky*) azur *m* (*liter*), ciel *m*. (*fig*) **to come out of the ~** (*gen*) être complètement inattendu; [*pleasant thing*] tomber du ciel, **to go off into the ~** (*into the unknown*) partir à l'aventure; (*out of touch*) disparaître de la circulation*; *V* **bolt**.
 (c) (*liter: sea*) **the ~** la mer, les flots *mpl*.
 (d) (*: *depression*) **the ~s** le cafard*; **to have the ~s** broyer du noir, avoir le cafard*, avoir des idées noires; (*Mus*) **the ~s** le blues.
 (e) (*Brit Univ*) **Dark/Light B~s** équipe *f* d'Oxford/de Cambridge; **he's got his ~ for rugby, he is a rugby ~** il a représenté son université au rugby (*gén* Oxford *ou* Cambridge).
 (f) (*in washing*) bleu *m*.
 3 *vt* (*Brit*‡: *squander*) *inheritance, fortune* manger, gaspiller; *money* claquer‡. **to ~ money on sth** gaspiller de l'argent pour qch.
 4 *cpd*: **blue baby** enfant bleu; **Bluebeard** Barbe-bleue *m*; **bluebell** jacinthe *f* des bois *f*; (*Scot: harebell*) campanule *f*; **blueberry** myrtille *f*, airelle *f*; **bluebird** (*Orn*) oiseau bleu; (*fig*) oiseau bleu (du bonheur); **blue blood** sang bleu *or* noble; **blue-blooded** de sang noble, aristocratique; **blue book** (*Brit Parl*) livre bleu; (*US Scol etc*) cahier *m* d'examen; **bluebottle** mouche bleue *or* de la viande; (*Bot*) bleuet *m*; (‡†: *policeman*) poulet* *m*, flic* *m*; **blue cheese** (fromage *m*) bleu *m*; **blue chips, blue-chip securities** valeurs *fpl* de premier ordre, placements *mpl* de tout repos; **blue collar worker** col bleu; **blue-eyed** aux yeux bleus; (*Brit fig*) **the blue-eyed boy** le chouchou*, le chéri; **blue fin tuna** *or* **tunny** thon *m* rouge; (*US*) **blue grass** pâturin *m* des champs; (*US*) **the Blue Grass State** le Kentucky; (*US*) **blue grass music** musique *f* bluegrass; (*US*) **the Blue Hen State** le Delaware; **blue jeans** blue-jean(s) *m(pl)*; (*US*)

blue law* *loi limitant les activités publiques le dimanche*; (*US*) **blue pencil** *vt* corriger; (*Naut*) **Blue Peter** pavillon *m* de partance; **blueprint** (*print, process*) bleu *m* (*tirage*); (*fig*) plan *m*, projet *m*, schéma directeur (*for de*); **blue shark** requin bleu; (*US*) **blue-sky stock, bond** douteux; (*US*) **blue-sky laws** *lois fpl protégeant le public contre les titres douteux*; (*fig*) **bluestocking** bas-bleu *m*; **blue tit** mésange bleue; **blue whale** baleine bleue.
blueness ['bluːnɪs] *n* bleu *m*.
bluey ['bluːɪ] *adj* bleuté.
bluff¹ [blʌf] **1** *adj* (a) *person* carré, direct. (b) *cliff, coast* à pic, escarpé. **2** *n* (*headland*) falaise avancée, cap *m*, promontoire *m*.
bluff² [blʌf] **1** *vi* (*also Cards*) bluffer*.
  2 *vt* (a) *person* bluffer*, donner le change à. **we ~ed him into believing ...** nous l'avons si bien bluffé* qu'il a cru .... (b) (*Cards*) *opponent* bluffer*. **3** *n* (*esp Cards*) bluff *m*; *V* **call**.
bluffer ['blʌfər] *n* bluffeur *m*.
bluish ['bluːɪʃ] *adj* tirant sur le bleu; (*pej*) bleuâtre.
blunder ['blʌndər] **1** *n* (*gaffe*) bévue *f*, impair *m*, gaffe *f*; (*error*) faute *f*, bourde *f*. **to make a ~** faire une gaffe *or* une bévue *or* un impair; **social ~** impair.
  2 *vi* (a) (*make mistake*) faire une bévue *or* une gaffe. **we ~ed through to victory** de bévue en bévue nous sommes parvenus à la victoire.
  (b) (*move clumsily*) avancer à l'aveuglette, tâtonner. **to ~ in/out** *etc* entrer/sortir *etc* à l'aveuglette; **to ~ against** *or* **into sth** buter *or* se cogner contre qch.
  3 *vt affair, business* gâcher, saboter.
blunderbuss ['blʌndəbʌs] *n* tromblon *m*, espingole *f*.
blunderer ['blʌndərər] *n* gaffeur *m*, -euse *f*.
blundering ['blʌndərɪŋ] **1** *adj person* gaffeur*, maladroit; *words, act* maladroit, malavisé. **2** *n* maladresse *f*.
blunt [blʌnt] **1** *adj* (a) *blade, knife* émoussé, qui ne coupe plus, peu tranchant; *pencil* mal taillé, épointé; *point, needle* émoussé, épointé. (*Jur, Police*) **with a ~ instrument** avec un instrument contondant.
  (b) (*fig: outspoken*) *person, speech* brusque, carré; *fact* brutal. **he was very ~** il n'a pas mâché ses mots.
  2 *vt blade, knife, point, sword* émousser; *pencil, needle* épointer; (*fig*) *palate, feelings* blaser, lasser.
bluntly ['blʌntlɪ] *adv speak* carrément, sans ménagements, sans mettre de gants.
bluntness ['blʌntnɪs] *n* (*V* **blunt**) manque *m* de tranchant, état émoussé; absence *f* de pointe; (*outspokenness*) brusquerie *f*. **~ of speech** franc-parler *m*.
blur [blɜːr] **1** *n* (a) (*smear, blot*) tache *f*; (*ink*) pâté *m*, bavure *f*. (b) (*vague form*) masse confuse, tache floue *or* indistincte.
  (c) (*mist: on mirror etc*) buée *f*.
  2 *vt* (a) *shining surface* embuer, troubler; *writing, inscription* estomper, effacer; *view, outline* estomper.
  (b) *sight, judgment* troubler, brouiller. **eyes ~red with tears** yeux voilés de larmes.
blurb [blɜːb] *n notice f publicitaire*; [*book*] (*texte m de*) présentation *f*, texte de couverture (*or au volet de jaquette*).
blurred [blɜːd] *adj photo, image* flou; *eyesight* troublé. **to become ~** [*outline, inscription*] s'estomper.
blurt [blɜːt] *vt* (*also ~ out*) *word* lâcher, jeter; *information, secrets* laisser échapper, lâcher étourdiment *or* à l'étourdie.
blush [blʌʃ] **1** *vi* (a) rougir, devenir rouge (*with de*). **to ~ deeply** rougir très fort, devenir tout rouge, piquer un fard*; **to ~ up to the ears** rougir jusqu'aux oreilles.
  (b) (*fig: be ashamed*) rougir, avoir honte. **I ~ for him** j'ai honte pour lui; **I ~ to say so** je rougis de le dire.
  2 *n rougeur f*. **with a ~** en rougissant; **without a ~** sans rougir; (*liter*) **the first ~ of dawn** les premières rougeurs de l'aube; (*liter*) **the ~ of the rose** l'incarnat *m* de la rose (*liter*); **at the first ~** au premier aspect, de prime abord; *V* **spare**.
blusher ['blʌʃər] *n* fard *m* à joues.
blushing ['blʌʃɪŋ] *adj* (*with shame*) le rouge au front; (*from embarrassment*) le rouge aux joues. (*hum*) **the ~ bride** la mariée rougissante.
bluster ['blʌstər] **1** *vi* (a) [*wind*] faire rage, souffler violemment *or* en rafales; [*storm*] faire rage, se déchaîner.
  (b) (*rage*) tempêter, fulminer (*at sb* contre qn); [*boast*] fanfaronner.
  2 *n* (*boasting*) air *m* bravache, fanfaronnade(s) *f(pl)*.
blusterer ['blʌstərər] *n* fanfaron(ne) *m(f)*, bravache *m*.
blustering ['blʌstərɪŋ] **1** *adj* fanfaron. **2** *n* fanfaronnades *fpl*.
blustery ['blʌstərɪ] *adj wind* de tempête, qui souffle en rafales; *weather, day* venteux, à bourrasques.
B.M. [biːˈem] *abbr of* **British Museum**.
B.M.A. [biːeмˈeɪ] (*abbr of* **British Medical Association**) ≃ Ordre *m* des Médecins.
B. Mus. (*abbr of* **Bachelor of Music**) diplômé(e) *m(f)* des études musicales.
B.O. [biːˈəʊ] (a) (*abbr of* **body odour**) odeur corporelle. (b) (*US*) *abbr of* **box office**.
boa ['bəʊə] *n* (*snake; fur or feather wrap*) boa *m*. **~ constrictor** (boa) constricteur *m*.
Boadicea [ˌbəʊædɪˈsiːə] *n* Boadicée *f*.
boar [bɔːr] **1** *n* (*wild*) sanglier *m*; (*male pig*) verrat *m*. **young (wild) ~** marcassin *m*; (*Culin*) **~'s head** hure *f* (de sanglier). **2** *cpd*: **boarhound** vautre *m*; **pack of boarhounds** vautrait *m*; **boar-hunting** chasse *f* au sanglier.
board [bɔːd] **1** *n* (a) (*piece of wood*) planche *f*. (*Theat*) **the ~s** les planches, la scène; (*fig*) **it is all quite above ~** c'est tout ce qu'il y a de plus régulier; (*fig*) **it's all fair and above ~** tout à fait dans les

règles; (*fig*) **across the ~** (*adv*) systématiquement; (*adj*) général, de portée générale; *V* **bread, chess, diving** *etc*.
  (b) (*U: provision of meals*) pension *f*. (*Brit*) **~ and lodging** (chambre *f* avec) pension; (*Brit*) **full ~** pension complète; *V* **bed, half**.
  (c) (*group of officials, council*) conseil *m*, comité *m*, commission *f*. **~ of directors** conseil d'administration; (*Fin, Ind*) **he is on the ~, he has a seat on the ~** il siège au conseil d'administration; (*Brit*) **B~ of Trade** ministère *m* du Commerce; (*US*) **~ of trade** chambre *f* de commerce; (*US Jur*) **~ of pardons** commission de remises des peines; (*US Jur*) **~ of parole** commission de remise en liberté surveillée; **medical ~** commission médicale; (*US*) **~ of health** service municipal d'hygiène; (*Mil*) conseil de révision; **~ of inquiry** commission d'enquête; [*Scol, Univ*] **~ of examiners** jury *m* d'examen; (*Brit Scol*) **~ of governors** ≃ conseil d'établissement (*d'un lycée ou d'un IUT*); (*Brit Scol*) **~ of managers** ≃ conseil d'établissement (*d'une école primaire*); (*US Univ*) **~ of trustees** *or* **regents** ≃ conseil d'université; (*US Scol*) **~ of education** ≃ conseil d'établissement.
  (d) (*U: Aviat, Naut*) bord *m*. **to go on ~** monter à bord, (s')embarquer; **to take goods on ~** embarquer des marchandises; **on ~ the Queen Elizabeth** à bord du Queen Elizabeth; **on ~ (ship)** à bord; (*fig*) **to go by the ~** [*plan, attempt*] échouer; [*principles, hopes, dreams*] être abandonné; [*business, firm*] aller à vau-l'eau; **to take sth on ~** (*take note of*) prendre note de qch; (*undertake, accept responsibility for*) prendre qch sur soi, assumer qch.
  (e) (*U: cardboard*) carton *m* (*U*); (*for games*) tableau *m*.
  2 *cpd* (*Ind, Comm*) **decision etc** du conseil d'administration. **board game** jeu *m* de société (*se jouant sur un tableau*); (*Ind, Comm*) **board meeting** réunion *f* du conseil d'administration; **board room** salle *f* de conférence; (*in large organization*) salle *f* du conseil; (*Hist*) **Board school** école communale; (*US*) **boardwalk** passage *m* en bois, trottoir *m* en planches; (*on beach*) promenade *f* (en planches).
  3 *vt* (a) (*go on to*) *ship, plane* monter à bord de; (*Naut*) (*in attack*) monter à l'abordage de, prendre à l'abordage; (*for inspection*) arraisonner; *train, bus* monter dans.
  (b) (*cover with boards*) couvrir *or* garnir de planches, planchéier.
  (c) (*feed, lodge*) prendre en pension *or* comme pensionnaire.
  4 *vi* (*lodge*) **to ~ with sb** être en pension chez qn.
  ◆**board out** *vt sep person* mettre en pension (*with* chez).
  ◆**board up** *vt sep door, window* boucher, clouer des planches en travers de.
boarder ['bɔːdər] *n* (a) pensionnaire *mf*. **to take in ~s** prendre des pensionnaires. (b) (*Brit Scol*) interne *mf*, pensionnaire *mf*; *V* **day**.
boarding ['bɔːdɪŋ] **1** *n* (a) [*floor*] planchéiage *m*; [*fence*] planches *fpl*.
  (b) [*ship, plane*] embarquement *m*; (*Naut*) (*in attack*) abordage *m*; (*for inspection*) arraisonnement *m*.
  2 *cpd*: (*Brit: Aviat, Naut*) **boarding card** carte *f* d'embarquement; **boarding house** pension *f* (de famille); (*Scol*) internat *m*; **to live at a boarding house** vivre dans une *or* en pension; **boarding officer** officier chargé de l'arraisonnement; (*Naut*) **boarding party** section *f* d'abordage; **boarding pass** = **boarding card**; **boarding school** pension *f*, pensionnat *m*, internat *m*; **to send a child to boarding school** mettre un enfant en pension, mettre un enfant comme interne *or* pensionnaire (au lycée *etc*); **to be at boarding school** être interne.
boast [bəʊst] **1** *n* rodomontade *f*, fanfaronnade *f*. **it is their ~ that they succeeded** ils se vantent *or* ils s'enorgueillissent d'avoir réussi; **it is their ~ that no one went hungry** ils se vantent que personne n'ait eu faim.
  2 *vi* se vanter (*of, about* de). **without ~ing** *or* **without wishing to ~, I may say ...** sans (vouloir) me vanter, je peux dire ...; **that's nothing to ~ about** il n'y a pas de quoi se vanter.
  3 *vt* être fier de posséder, se glorifier d'avoir. **the church ~s a fine organ** l'église est fière de posséder un bel orgue.
boaster ['bəʊstər] *n* vantard(e) *m(f)*, fanfaron(ne) *m(f)*.
boastful ['bəʊstfʊl] *adj person, words* fanfaron, vantard.
boastfully ['bəʊstfʊlɪ] *adv* en se vantant, avec forfanterie.
boasting ['bəʊstɪŋ] *n* vantardise *f*, fanfaronnade(s) *f(pl)*.
boat [bəʊt] **1** *n* (*gen*) bateau *m*; (*small light ~*) embarcation *f*; (*ship*) navire *m*, bâtiment *m*; (*vessel*) vaisseau *m*; (*liner*) paquebot *m*; (*rowing ~*) barque *f*, canot *m*; (*ship's ~*) canot, chaloupe *f*; (*sailing ~*) voilier *m*; (*barge*) chaland *m*, péniche *f*. **to go by ~** prendre le bateau; **to cross the ocean by ~** traverser l'océan en bateau *or* en paquebot; **to take the ~ at Dover** s'embarquer à *or* prendre le bateau à Douvres; (*fig*) **we're all in the same ~** nous sommes tous logés à la même enseigne, nous sommes tous dans la même galère; *V* **burn¹, life, miss¹** *etc*.
  2 *vi*: **to go ~ing** aller faire une partie de canot; **to ~ up/down the river** remonter/descendre la rivière en bateau.
  3 *cpd*: **boatbuilder** constructeur *m* de bateaux; **boatbuilding** construction *f* de bateaux; **boat deck** pont *m* des embarcations; **boat hook** gaffe *f*; **boathouse** hangar *m or* abri *m* à bateaux; **boat-load** [*goods etc*] cargaison *f*; [*people*] plein bateau, cargaison (*hum*); **boatman** (*boat-hire proprietor*) loueur *m* de canots; (*actually rowing*) passeur *m*; **boat people** boat people *mpl*; **boat race** course *f* d'aviron, régates *fpl*; **the Boat Race** la course d'aviron (*entre les Universités d'Oxford et de Cambridge*); **boat-shaped** en forme de bateau; **boat train** train *m* (qui assure la correspondance avec le ferry); **boatyard** chantier *m* de construction de bateaux.
boater ['bəʊtər] *n* (*hat*) canotier *m*.
boatful ['bəʊtfʊl] *n* [*goods*] cargaison *f*; [*people*] plein bateau, cargaison (*hum*).
boating ['bəʊtɪŋ] **1** *n* canotage *m*. **2** *cpd club, accident* de canotage.

boating holiday/trip vacances *fpl*/excursion *f* en bateau.
boatswain ['bəʊsn] *n* maître *m* d'équipage. ~'s chair sellette *f*; ~'s mate second maître; ~'s pipe sifflet *m*.
Bob [bɒb] *n* (*dim of Robert*) Bob *m*. ~'s your uncle!* ce n'est pas plus difficile que cela!, c'est simple comme bonjour!
bob¹ [bɒb] **1** *vi* (**a**) to ~ (up and down) (*in the air*) pendiller; (*in water*) danser sur l'eau; to ~ for apples essayer d'attraper avec les dents des pommes flottant sur l'eau.
(**b**) (*curtsy*) faire une (petite) révérence.
2 *n* (**a**) (*curtsy*) (petite) révérence *f*; (*nod*) (bref) salut *m* de tête; (*jerky movement*) petite secousse, petit coup.
(**b**) (*weight*) [*pendulum*] poids *m*; [*plumbline*] plomb *m*; (*float*) bouchon *m*; (*bait*) paquet *m* de vers.
3 *vi* (*Fishing*) pêcher à la ligne flottante.
◆**bob down** *vi* (**a**) (*duck*) baisser la tête; (*straight*) se baisser subitement.
(**b**) (‡: *be quiet*) la fermer‡.
◆**bob up** *vi* remonter brusquement.
bob²*† [bɒb] *n*, *pl inv* (*Brit*) shilling *m*.
bob³ [bɒb] **1** *n* (*curl*) boucle *f*, mèche courte; (*haircut*) coiffure courte; (*straight*) coiffure à la Jeanne d'Arc; (*horse's tail*) queue écourtée.
2 *vt* hair couper court; *horse's tail* écourter.
3 *cpd*: **bobcat** lynx *m*; **bobtail** (*tail*) queue écourtée (*V* **rag¹**); (*horse/dog*) cheval/chien écourté; **bobtailed** à (la) queue écourtée.
bob⁴ [bɒb] *n* (*sleigh*: *also* ~**sled**, ~**sleigh**) bobsleigh *m*, bob *m*; (*runner*) patin *m*.
bobbin ['bɒbɪn] *n* [*thread, wire*] bobine *f*; [*sewing machine*] bobine *f*; [*lace*] fuseau *m*. ~ **lace** dentelle *f* aux fuseaux.
bobble [bɒbl] **1** *n* (**a**) (*pompom*) pompon *m*. (**b**) (*US*: *mistake etc*) cafouillage* *m*. **2** *vt* (*US*: *handle ineptly*) cafouiller*.
bobby* ['bɒbɪ] *n* (*policeman*) flic* *m*.
bobby pin ['bɒbɪpɪn] *n* (*esp US*) pince *f* à cheveux.
bobbysocks* ['bɒbɪsɒks] *npl* (*US*) socquettes *fpl* (*de filles*).
bobbysoxer* ['bɒbɪsɒksər] *n* (*US*) minette* *f* (*des années 40*).
Boche [bɒʃ] (*pej*) **1** *n* Boche* *m* (*pej*). **2** *adj* boche* (*pej*).
bock [bɒk] *n* (*US*: ~ **beer**) (**a**) (*U*) bière *f* bock. (**b**) (*glass of beer*) bock *m*.
bod‡ [bɒd] *n* (*Brit*) type* *m*; (*US*) physique *m*, corps *m*; *V* **odd**.
bode [bəʊd] **1** *vi*: to ~ **well** être de bon augure (*for* pour); it ~s **ill** (*for*) cela est de mauvais augure (pour), cela ne présage rien de bon (pour). **2** *vt* présager, annoncer, augurer.
bodge* [bɒdʒ] = **botch**.
bodega [bəʊ'diːgə] *n* (*US*) épicerie portoricaine.
bodice ['bɒdɪs] *n* (**a**) [*dress*] corsage *m*; [*peasant's dress*] corselet *m*.
(**b**) (*undergarment*) cache-corset *m*.
-bodied ['bɒdɪd] *adj ending in cpds V* **able**, **full** *etc*.
bodily ['bɒdɪlɪ] **1** *adv* lift, carry à bras-le-corps; *carry* dans ses (*etc*) bras.
2 *adj* need, comfort matériel; *pain* physique. ~ **illness** troubles *mpl* physiques; ~ **harm** blessure *f*, *V* **grievous**.
bodkin ['bɒdkɪn] *n* (*big darning needle*) aiguille *f* à repriser; (*for threading tape*) passe-lacet *m*; (*for leather*) alène *f*; (††: *hairpin*) épingle *f* à cheveux.
body ['bɒdɪ] **1** *n* (**a**) [*man, animal*] corps *m*. just enough to keep ~ and soul together juste assez pour subsister; to belong to sb ~ and soul appartenir à qn corps et âme; *V* **sound²**.
(**b**) (*corpse*) cadavre *m*, corps *m*.
(**c**) (*main part of structure*) [*dress*] corsage *m*, corps *m* (de robe); [*car*] carrosserie *f*; [*plane*] fuselage *m*; [*ship*] coque *f*; [*church*] nef *f*; [*camera*] boîtier *m*; [*speech, document*] fond *m*, corps. in the ~ of the hall au centre de la salle.
(**d**) (*group, mass*) masse *f*, ensemble *m*, corps *m*. ~ **of troops** corps de troupes; **the main** ~ **of the army** le gros de l'armée; **the great** ~ **of readers** la masse des lecteurs; **a large** ~ **of people** une masse de gens, une foule nombreuse; **in a** ~ en masse; **taken in a** ~ pris ensemble, dans leur ensemble; **the** ~ **politic** le corps politique; **legislative** ~ corps législatif; **a large** ~ **of water** une grande masse d'eau; **a strong** ~ **of evidence** une forte accumulation de preuves; **a strong** ~ **of opinion was against it** une grande partie de l'opinion était contre.
(**e**) (*) (*man*) bonhomme* *m*; (*woman*) bonne femme*. **an inquisitive old** ~ une vieille fouine; **a pleasant little** ~ une gentille petite dame.
(**f**) (*Phys etc*: *piece of matter*) corps *m*. **heavenly** ~ corps céleste; *V* **foreign**.
(**g**) (*U*) [*wine, paper*] corps *m*. **this wine has not enough** ~ ce vin n'a pas assez de corps; **to give one's hair** ~ donner du volume à ses cheveux.
2 *cpd*: **bodybuilder** (*Aut*) carrossier *m*; (*food*) aliment *m* énergétique; (*person*) culturiste *m*; (*apparatus*) extenseur *m*; **body building** culturisme *m*; **body-building exercises** exercices *mpl* de culturisme *or* de musculation; (*Jur*) **body corporate** personne morale; **body count**: (*US*) **to do a body count** compter le nombre des personnes; (*after battle*) compter le nombre des morts; **bodyguard** (*person*) garde *m* du corps; (*group*) gardes *mpl* du corps; **body language** langage *m* du corps; **body lotion** lait *m* pour le corps; **body mike** micro *m* (*porté autour du cou*); (*Aut*) **body repairs** travaux *mpl* de carrosserie; **body scanner** scanner *m*, scanographe *m*; **body (repair) shop** atelier *m* de carrosserie; (*Hist*) **body snatcher** déterreur *m* de cadavres; **body stocking** body *m*; **body warmer** gilet matelassé; (*Space*) **body-waste disposal** évacuation *f* des matières organiques; (*Aut*) **bodywork** carrosserie *f*.
Boeotia [bɪ'əʊʃɪə] *n* Béotie *f*.
Boeotian [bɪ'əʊʃɪən] *adj* béotien.
Boer ['bəʊər] **1** *n* Boer *mf*. **the** ~ **War** la guerre des Boers. **2** *adj* boer (*f inv*).

boffin* ['bɒfɪn] *n* (*Brit*) chercheur *m* (*scientifique ou technique*).
boffo‡ ['bɒfəʊ] *adj* (*US*) sensationnel.
bog [bɒg] **1** *n* (**a**) marais *m*, marécage *m*; [*peat*] tourbière *f*.
(**b**) (*Brit*: *lavatory*) goguenot‡ *m*.
2 *vt* (*also* ~ **down**: *gen pass*) cart *etc* embourber, enliser. (*lit, fig*) **to be** *or* **get** ~**ged down** s'embourber, s'enliser (*in* dans).
3 *cpd*: **bog oak** chêne *m* des marais; (*Brit*) **bog paper‡** papier *m* de cabinets*; (*Brit*) **bog roll‡** rouleau *m* de papier de cabinets*.
bogey¹ ['bəʊgɪ] *n* (*frightening*) épouvantail *m*, démon *m*; (*bugbear*) bête noire. ~**man** croque-mitaine *m*, père fouettard; (*fig*) **this is a** ~ **for them** c'est leur bête noire.
bogey² ['bəʊgɪ] *n* (*Golf*) bogey *m*, bogée *m*.
bogey³ ['bəʊgɪ] *n* (*Rail*) bogie *m*; (*trolley*) diable *m*.
boggle [bɒgl] **1** *vi* (**a**) (*be alarmed, amazed*) être ahuri. **the mind** ~**s!** on croit rêver!; **his mind** ~**d when he heard the news** la nouvelle l'a plongé dans l'ahurissement. (**b**) (*hesitate*) hésiter (*at* à), reculer (*at* devant). **2** *vt* (*US*) **to** ~ **sb's mind** époustoufler qn.
boggy ['bɒgɪ] *adj* ground marécageux, bourbeux, tourbeux.
bogie ['bəʊgɪ] *n* = **bogey²**, **bogey³**.
bogus ['bəʊgəs] *adj* faux (*f* fausse), bidon‡ *inv*, simulé. ~ **transaction** transaction *f* *or* affaire *f* bidon‡ *inv or* à la gomme‡.
bogy ['bəʊgɪ] *n* = **bogey**.
Bohemia [bəʊ'hiːmɪə] *n* Bohême *f*.
Bohemian [bəʊ'hiːmɪən] **1** *n* (*Geog*) Bohémien(ne) *m(f)*; (*gipsy*) bohémien(ne); (*artist, writer etc*) bohème *mf*. **2** *adj* (*Geog*) bohémien; (*gipsy*) bohémien; *artist, surroundings* bohème. ~ **life** (vie *f* de) bohème *f*.
bohemianism [bəʊ'hiːmɪənɪzəm] *n* (vie *f* de) bohème *f*.
boil¹ [bɔɪl] **1** *vi* (**a**) [*water etc*] bouillir. **the kettle is** ~**ing** l'eau bout (dans la bouilloire); **to begin to** ~ se mettre à bouillir, entrer en ébullition; **to** ~ **fast/gently** bouillir à gros bouillons/à petits bouillons; **to let the kettle** ~ **dry** laisser s'évaporer complètement l'eau de la bouilloire; (*Culin*) **the potatoes were** ~**ing** les pommes de terre bouillaient; *V* **pot**.
(**b**) [*sea*] bouillonner; (*fig*) [*person*] bouillir (*with* de). **he was** ~**ing with rage** il bouillait (de rage); *V* **blood**, **boiling**.
2 *vt* (**a**) *water* faire bouillir, amener à ébullition.
(**b**) *food* (faire) cuire à l'eau, (faire) bouillir. ~**ed bacon** lard bouilli; ~**ed beef** bœuf bouilli, pot-au-feu *m*; ~**ed egg** œuf *m* à la coque; ~**ed ham** jambon cuit (à l'eau); ~**ed peas** pois cuits à l'eau; ~**ed potatoes** pommes *fpl* à l'anglaise *or* à l'eau; (*Brit*) ~**ed sweet** bonbon *m* à sucer; *V* **hard**, **soft**.
(**c**) (*wash*) **to** ~ **the whites** faire bouillir le (linge) blanc; ~**ed shirt*** chemise empesée.
3 *n*: **on the** ~ (*lit*) bouillant, qui bout; (*fig*) situation, project en ébullition; **off the** ~ (*lit*) qui ne bout plus; (*fig*) situation en voie d'apaisement; *projet* au ralenti; **to come to the** ~ venir à ébullition; **to go off the** ~ (*lit*) cesser de bouillir; (*fig*) [*person*] baisser; (*fig*) **to bring a situation to the** ~ amener une situation au point critique.
◆**boil away** *vi* (**a**) (*go on boiling*) bouillir très fort.
(**b**) (*evaporate completely*) s'évaporer, se réduire (par ébullition).
◆**boil down** *vi* (**a**) [*jam etc*] se réduire; (*fig*) se ramener, revenir (*to* à). **all the arguments boil down to this** tous les arguments se résument *or* reviennent *or* se ramènent à ceci; **it all boils down to the same thing** tout cela revient absolument au même.
2 *vt sep* sauce *etc* faire réduire (par ébullition); (*fig*) text réduire (*to* à), abréger.
◆**boil over** *vi* (**a**) [*water*] déborder; [*milk*] se sauver, déborder. **the kettle boiled over** l'eau dans la bouilloire a débordé.
(**b**) (*with rage*) bouillir (*with* de). (*fig*) **their anger boiled over into violence** leur colère a débouché sur la violence.
◆**boil up** (*lit*) [*milk*] monter. (*fig*) **anger was boiling up in him** la moutarde lui montait au nez; **they are boiling up* for a real row!** le torchon brûle!
boil² [bɔɪl] *n* (*Med*) furoncle *m*, clou *m*.
boiler ['bɔɪlər] **1** *n* (**a**) (*for hot water, steam*) chaudière *f*; (*Brit*: *for washing clothes*) lessiveuse *f*; (*pan*) casserole *f*; *V* **double**, **pot**.
(**b**) (*fowl*) poule *f* à faire au pot.
2 *cpd*: **boiler house** bâtiment *m* des chaudières; **boilermaker** chaudronnier *m*; **boilermaking** grosse chaudronnerie; (*Tech*) **boilerman** chauffeur *m*; **boiler room** (*gen*) salle *f* des chaudières; (*Naut*) chaufferie *f*, chambre *f* de chauffe; (*Brit*) **boiler suit** bleu(s) *m*(*pl*) (de travail *or* de chauffe).
boiling ['bɔɪlɪŋ] **1** *n* [*water etc*] ébullition *f*, bouillonnement *m*.
2 *adj* (**a**) *water, oil* bouillant. (*Brit fig*) **the whole** ~**‡ lot** tout le bataclan*, tout le bazar*; **it's** ~ (**hot**) **today** il fait une chaleur terrible aujourd'hui; **I'm** ~ (**hot**)* je meurs de chaleur!
(**b**) (**fig*: *angry*) bouillant de colère, en rage. **he is** ~ il bout de colère.
(**c**) (*Culin*) *beef* pour pot-au-feu. ~ **fowl** poule *f* à faire au pot.
3 *adv*: ~ **hot** (*lit*) tout bouillant; (*fig*) *V* **2**.
4 *cpd*: **boiling point** point *m* d'ébullition; (*fig*) **at boiling point** à ébullition.
boisterous ['bɔɪstərəs] *adj* (**a**) (*rough*) *sea* tumultueux, houleux, agité; *wind* furieux, violent. (**b**) (*exuberant*) *person* tapageur, bruyant, turbulent; *meeting* houleux. ~ **spirits** gaieté bruyante *or* débordante.
boisterously ['bɔɪstərəslɪ] *adv* tumultueusement, bruyamment, impétueusement.
bold [bəʊld] **1** *adj* (**a**) (*brave*) *person, action* hardi, audacieux, intrépide. **to grow** ~ (*enhardir*); **a** ~ **step** une démarche osée *or* audacieuse; **a** ~ **stroke** un coup d'audace; *V* **face**.
(**b**) *person, reply* hardi, effronté (*pej*); (*not shy*) assuré. **to be** *or* **make so** ~ **as to do** avoir l'audace de faire, oser faire; **to make** ~ **with sth** prendre la liberté de se servir de qch; **if I may make so** ~ ... si je peux me permettre de faire remarquer ...; **as** ~ **as brass** d'une impudence peu commune, culotté*.

(c) (*Art, Literat: striking*) hardi, vigoureux. **to bring out in** ~ **relief** faire ressortir vigoureusement; **to paint in** ~ **strokes** avoir une touche puissante.

(d) (*Typ*) en grasse *or* mi-grasse. ~ **type** caractères gras *or* mi-gras.

(e) *cliff, coastline* escarpé, abrupt.

2 *n* (*U: Typ*) caractères *mpl* gras.

boldly ['bəʊldlɪ] *adv* (*V* **bold**) hardiment, audacieusement, avec audace; effrontément, avec impudence; avec vigueur, vigoureusement.

boldness ['bəʊldnɪs] *n* (*V* **bold**) hardiesse *f*, audace *f*, intrépidité *f*; impudence *f*, effronterie *f*; vigueur *f*, hardiesse; escarpement *m*.

bole [bəʊl] *n* fût *m*, tronc *m* (d'arbre).

bolero [bə'lɛərəʊ] *n* **(a)** (*music, dance*) boléro *m*. **(b)** ['bɒlərəʊ] (*jacket*) boléro *m*.

boletus [bəʊ'li:təs] *n* bolet *m*.

bolide ['bəʊlaɪd] *n* (*Astron*) bolide *m*.

Bolivia [bə'lɪvɪə] *n* Bolivie *f*.

Bolivian [bə'lɪvɪən] **1** *n* Bolivien(ne) *m(f)*. **2** *adj* bolivien.

boll [bəʊl] *n* graine *f* (*du cotonnier, du lin*). ~ **weevil** anthonome *m* (*du cotonnier*).

bollard ['bɒləd] *n* [*quay*] bollard *m*; (*Brit*) [*road*] borne *f*.

bollix‡ ['bɒlɪks] *vt* (*US: also* ~ **up**) = **ball(s) up 1**.

bollocks•‡• ['bɒləks] *n* (*Brit*) = **balls**•‡•; *V* **ball**[1] **1h**.

Bologna [bə'ləʊnjə] *n* Bologne.

bolognese [bɒlə'njeɪz] *adj*: ~ **sauce** sauce bolognaise.

boloney‡ [bə'ləʊnɪ] *n* (*US: sausage*) sorte de saucisson; (*nonsense*) idioties *fpl*, foutaises‡ *fpl*.

Bolshevik ['bɒlʃəvɪk] **1** *n* Bolchevik *mf*. **2** *adj* bolchevique.

Bolshevism ['bɒlʃəvɪzəm] *n* bolchevisme *m*.

Bolshevist ['bɒlʃəvɪst] *n, adj* bolcheviste (*mf*).

bolshie*, bolshy* ['bɒlʃɪ] (*pej*) **1** *n* (*Pol*) rouge *mf*. **2** *adj* (*Pol*) rouge. (*fig*) **he's very** ~ il ne pense qu'à enquiquiner le monde*, c'est un mauvais coucheur; **he turned** ~ il a commencé à râler*.

bolster ['bəʊlstər] **1** *n* **(a)** [*bed*] traversin *m*. **(b)** (*Constr*) racinal *m*, sous-poutre *f*. **2** *vt* (*also* ~ **up**) *person, morale* soutenir (*with* par).

bolt [bəʊlt] **1** *n* **(a)** [*door, window*] verrou *m*; [*lock*] pêne *m*; (*Tech: for nut*) boulon *m*; [*crossbow*] carreau *m*; [*rifle*] culasse *f* mobile; (*Climbing: also* **expansion** ~) piton *m* à expansion; [*cloth*] rouleau *m*; [*lightning*] éclair *m*. (*fig*) **a** ~ **from the blue** un coup de tonnerre dans un ciel bleu; *V* **shoot**.

(b) (*dash*) fuite soudaine, départ *m* brusque. **he made a** ~ **for the door** il a fait un bond *or* a bondi vers la porte; **to make a** ~ **for it*** filer* *or* se sauver à toutes jambes.

2 *adv*: ~ **upright** droit comme un piquet *or* comme un i.

3 *cpd*: **bolt-hole** [*animal*] terrier *m*, trou *m*; [*person*] abri *m*, refuge *m*.

4 *vi* **(a)** (*run away*) [*horse*] s'emballer; [*person*] filer*, se sauver. **(b)** (*move quickly*) se précipiter, foncer*. **he** ~**ed along the corridor** il a enfilé le couloir à toutes jambes.

5 *vt* **(a)** *food* engouffrer, engloutir. **(b)** *door, window* verrouiller, fermer au verrou. ~ **the door!** mettez *or* poussez le(s) verrou(s)!

(c) (*Tech*) *beams* boulonner.

(d) (*US*: stop*) abandonner, laisser tomber.

♦**bolt in 1** *vi* (*rush in*) entrer comme un ouragan.

2 *vt sep* (*lock in*) enfermer au verrou.

♦**bolt on** *vt sep* (*Tech*) boulonner.

♦**bolt out** *vi* (*rush out*) sortir comme un ouragan.

bolus ['bəʊləs] *n* (*Med*) bol *m*.

bomb [bɒm] **1** *n* bombe *f*; (*US*: film etc*) fiasco *m*, bide* *m*. **letter/parcel** ~ lettre *f*/paquet *m* piégé(e); **the B**~ la bombe atomique; (*Brit fig*) **his party went like a** ~* sa réception a été (un succès) du tonnerre*; (*Brit fig*) **this car goes like a** ~‡ elle file, cette bagnole*; (*Brit fig*) **the car cost a** ~‡ la bagnole* a coûté les yeux de la tête; *V* **A, H** *etc*.

2 *cpd*: (*Aviat*) **bomb aimer** bombardier *m* (*aviateur*); **bomb bay** soute *f* à bombes; **bomb crater** entonnoir *m*; **bomb disposal** déminage *m*; **bomb disposal expert** artificier *m*; **bomb disposal squad** *or* **unit** équipe *f* de déminage; **bombproof** blindé; **bomb scare** alerte *f* à la bombe; **bombshell** *V* **bombshell**; **bomb shelter** abri *m* (anti-aérien); **bombsight** viseur *m* de bombardement; **bomb site** lieu bombardé.

3 *vt town* bombarder; *V* **dive**.

4 *vi* (*US*: fail*) être un fiasco *or* un bide*.

♦**bomb out** *vt sep house* détruire par un bombardement. **the family was bombed out** la famille a dû abandonner sa maison bombardée; **bombed out families** familles sinistrées (*par bombardement*).

bombard [bɒm'bɑ:d] *vt* (*Mil, Phys, fig*) bombarder (*with* de).

bombardier [ˌbɒmbə'dɪər] *n* (*Mil*) caporal *m* d'artillerie; (*Aviat*) bombardier *m* (*aviateur*).

bombardment [bɒm'bɑ:dmənt] *n* bombardement *m*.

bombast ['bɒmbæst] *n* grandiloquence *f*, boursouflure *f*.

bombastic [bɒm'bæstɪk] *adj style* ampoulé, grandiloquent, pompeux; *person* grandiloquent, pompeux.

bombastically [bɒm'bæstɪkəlɪ] *adv speak* avec grandiloquence, avec emphase; *write* dans un style ampoulé.

Bombay [bɒm'beɪ] *n* Bombay. (*Culin*) ~ **duck** poisson salé (*pour accompagner un curry*).

bombazine ['bɒmbəzi:n] *n* bombasin *m*.

bomber ['bɒmər] **1** *n* (*aircraft*) bombardier *m*; (*terrorist*) plastiqueur *m*. **2** *cpd*: **bomber command** aviation *f* de bombardement; **bomber jacket** blouson *m* d'aviateur; **bomber pilot** pilote *m* de bombardier.

bombing ['bɒmɪŋ] **1** *n* (*Aviat*) bombardement *m*; (*by terrorist*)

attentat *m* à la bombe; *V* **dive**. **2** *adj raid, mission, plane* de bombardement.

bombshell ['bɒmʃel] *n* **(a)** (*Mil*) obus *m*. (*fig*) **to come like a** ~ éclater comme une bombe, faire l'effet d'une bombe; **this news was a** ~ **to them** cette nouvelle leur est tombée dessus comme une bombe. **(b)** (*fig*) **she's a real** ~! c'est une fille sensass!*

bona fide ['bəʊnə'faɪdɪ] *adj traveller* véritable; *offer* sérieux.

bona fides ['bəʊnə'faɪdɪz] *n* bonne foi.

bonanza [bə'nænzə] *n* (*fig*) aubaine *f*, filon *m*, mine *f* d'or; (*US Min*) riche filon. ~ **year** année exceptionnelle; (*US*) **the B**~ **State** le Montana.

Bonaparte ['bəʊnəpɑ:t] *n* Bonaparte *m*.

bond [bɒnd] **1** *n* **(a)** (*agreement*) engagement *m*, obligation *f*, contrat *m*. **to enter into a** ~ s'engager (*to do* à faire).

(b) (*link*) lien(s) *m(pl)*, attachement *m*. **to break a** ~ **with the past** rompre les liens avec le passé; ~**s** (*chains*) fers *mpl*, chaînes *fpl*; (*fig: ties*) liens; **marriage** ~**s** liens conjugaux; *V* **pair**.

(c) (*Comm, Fin*) bon *m*, titre *m*.

(d) (*U: Comm: custody of goods*) entreposage *m* (*en attendant le paiement de la taxe*). **to put sth into** ~ entreposer qch en douane.

(e) (*adhesion between surfaces*) adhérence *f*.

(f) (*Constr*) appareil *m*.

(g) (*Chem*) liaison *f*.

(h) (*also* ~ **paper**) papier *m* à lettres de luxe.

2 *vt* **(a)** (*Comm*) *goods* entreposer. ~**ed warehouse** entrepôt *m* des douanes.

(b) (*Constr*) *bricks* liaisonner.

(c) (*Fin*) lier (par une garantie financière).

(d) (*place under bond*) placer sous caution; (*put up bond for*) se porter caution pour.

3 *cpd*: (*Fin*) **bondholder** porteur *m* d'obligations *or* de bons; **bondsman** (*Hist*) serf *m*, esclave *m*; (*Jur*) garant *m*, caution *f*.

bondage ['bɒndɪdʒ] *n* **(a)** (*lit*) esclavage *m*, servage *m*. (*Hist*) **to be in** ~ to être le serf de. **(b)** (*fig*) esclavage *m*, asservissement *m*.

bonding ['bɒndɪŋ] *n* (*Constr*) liaison *f*; [*wood, plastic etc*] collage *m* (*à la résine synthétique*); (*Elec*) système *or* circuit régulateur de tension; (*Psych*) liens affectifs (*entre parents et enfants*).

bone [bəʊn] **1** *n* **(a)** (*Anat*) os *m*; [*fish*] arête *f*. ~**s** [*the dead*] ossements *mpl*, os *mpl*, restes *mpl*; (*Mus*) castagnettes *fpl*; (‡: *dice*) dés *mpl* (à jouer); **chilled to the** ~ transi de froid, glacé jusqu'à la moelle (des os); (*hum*) **my old** ~**s** mes vieux os, ma vieille carcasse*; (*fig*) **I feel it in my** ~**s** j'en ai le pressentiment, quelque chose me le dit; ~ **of contention** pomme *f* de discorde; (*fig*) **to have a** ~ **to pick with sb** avoir un compte à régler avec qn; **he made no** ~**s about saying what he thought** il n'a pas hésité à dire ce qu'il pensait; **he made no** ~**s about it** il n'y est pas allé avec le dos de la cuiller* *or* par quatre chemins, il y est allé carrément; **there are no** ~**s broken** (*lit*) il n'y a rien de cassé; (*fig*) il y a plus de peur que de mal, il n'y a rien de grave; (*fig*) **he won't make old** ~**s** il ne fera pas de vieux os*; *V* **ankle, skin, work** *etc*.

(b) (*U: substance*) os *m*. **handle (made) of** ~ manche *m* en os.

(c) [*corset*] baleine *f*.

2 *cpd buttons etc* en os. **bone china** porcelaine *f* tendre; **bone-dry** absolument sec (*f* sèche); **bonehead**‡ crétin(e)* *m(f)*, abruti(e)* *m(f)*; **boneheaded**‡ idiot; **bone-idle***, **bone-lazy*** fainéant *or* paresseux comme un loir *or* comme une couleuvre; **bone meal** engrais *m* (de cendres d'os); **bone-shaker**‡ (*car*) vieille guimbarde, tacot* *m*; (†: *cycle*) vélocipède† *m* (*sans pneus*); (*US*) **boneyard*** cimetière *m*.

3 *vt* **(a)** *meat, fowl* désosser; *fish* ôter les arêtes de.

(b) (‡: *steal*) piquer*, barboter*.

♦**bone up**‡ *vt sep*, **bone up on**‡ *vt fus subject* bûcher*, potasser*, bosser‡.

boned [bəʊnd] *adj* **(a)** *meat* désossé; *fish* sans arêtes. **(b)** *corset* baleiné.

boneless ['bəʊnlɪs] *adj meat* désossé, sans os; *fish* sans arêtes.

boner‡ ['bəʊnər] *n* (*US*) gaffe *f*, bourde *f*. **to pull a** ~ faire une gaffe*, mettre les pieds dans le plat.

bonfire ['bɒnfaɪər] *n* feu *m* (de joie); (*for rubbish*) feu (de jardin). (*Brit*) **B**~ **Night** le 5 novembre (*commémoration de la tentative infructueuse de Guy Fawkes en 1605 de faire sauter le parlement anglais*).

bongo drum ['bɒŋgəʊdrʌm] *n* (tambour *m*) bongo *m*.

bonhomie ['bɒnɒmi:] *n* bonhomie *f*.

bonkers‡ ['bɒŋkəz] *adj* (*Brit*) cinglé*, dingue*.

bonnet ['bɒnɪt] *n* **(a)** (*hat*) [*woman*] capote *f*, bonnet *m*, chapeau *m* à brides; [*child*] béguin *m*, bonnet; (*Scot dial*) [*man*] béret *m*, bonnet; *V* **bee, sun** *etc*.

(b) (*Brit Aut*) capot *m*.

(c) (*Archit*) auvent *m*; [*chimney*] capuchon *m*.

(d) (*Naut*) bonnette *f*.

bonny ['bɒnɪ] *adj* (*esp Scot*) joli, beau (*f* belle).

bonsai ['bɒnsaɪ] *n* bonsaï *m*.

bonus ['bəʊnəs] *n* gratification *f*, prime *f*; (*Comm*) prime; (*Brit Fin*) **dividende** exceptionnel; (*Educ, Cycling*) bonification *f*. ~ **of 500 francs** 500 F de prime; (*fig*) **as a** ~ en prime; (*Fin*) ~ **issue** émission *f* d'actions gratuites; ~ **share** action gratuite; *V* **incentive, no** *etc*.

bony ['bəʊnɪ] *adj* **(a)** (*Anat*) *tissue* osseux; (*fig*) *knee, person* anguleux, maigre, décharné. **(b)** *fish* plein d'arêtes; *meat* plein d'os.

boo [bu:] **1** *excl* hou!, peuh! **he wouldn't say** ~ **to a goose*** il n'ose jamais ouvrir le bec*.

2 *vt actor, play* huer, siffler, conspuer. **to be** ~**ed off the stage** sortir de scène sous les huées *or* les sifflets.

3 *vi* huer.

4 *n* huée *f*.

boob‡ [bu:b] **1** *n* **(a)** (*mistake*) gaffe *f*; (*silly person*) ballot* *m*,

nigaud(e) *m(f)*. **(b)** (*breast*) sein *m*, nichon‡ *m*. **2** *vi* (*Brit*) gaffer. **3** *cpd*: **boobtube** (*US: TV set*) télé *f*; (*Dress: sun top*) bain *m* de soleil.
boo-boo‡ [,bu:'bu:] *n* boulette‡ *f*, bourde *f*.
booby ['bu:bɪ] **1** *n* nigaud(e) *m(f)*, bêta(sse)* *m(f)*.

2 *cpd*: **booby hatch** (*Naut*) écoutillon *m*; (*US pej*‡: *mental hospital*) cabanon‡ *m*; **booby prize** prix *m* de consolation (*décerné au dernier*); **booby trap** traquenard *m*; (*Mil*) objet piégé; **booby-trapped** *car, door etc* piégé.
boodle‡† ['bu:dl] *n* (*money*) oseille‡ *f*, pèze‡ *m*; (*US: bribe*) pot-de-vin *m*. (*US*) **the** ~ le tout, tous les trucs*.
boogie-woogie ['bu:gɪ,wu:gɪ] *n* boogie-woogie *m*.
booing ['bu:ɪŋ] *n* huées *fpl*.
book [buk] **1** *n* **(a)** livre *m*, bouquin* *m*. **the (Good) B**~ la Bible; *V* **bank²**, **telephone**, **text** *etc*.

(b) (*division*) *[Bible etc]* livre *m*; *[poem]* chant *m*. (*Bible*) **the B**~ **of** Job/Kings *etc* le livre de Job/des Rois *etc*.

(c) (*also* **exercise** ~) cahier *m*; *V* **note**.

(d) *[tickets, cheques etc]* carnet *m*. ~ **of matches** pochette *f* d'allumettes; *V* **cheque**, **pass**.

(e) (*Comm, Fin*) (**account**) ~s livre *m* de comptes; **to keep the** ~s **of a firm** tenir les livres *or* la comptabilité *or* les comptes *mpl* d'une firme; **the** ~s **and records** la comptabilité.

(f) *[club, society]* registre *m*. **to be on the** ~s **of an organization** être inscrit à une organisation; **to take one's name off the** ~s donner sa démission.

(g) (*Betting*) **to make (a)** ~ (*take bets*) inscrire les paris; (*bet*) parier.

(h) (*libretto*) *[opera etc]* livret *m*.

(i) (*Comm*) ~ **of samples** album *m or* jeu *m* d'échantillons.

(j) *[phrases]* **to bring sb to** ~ obliger qn à rendre des comptes; **by the** ~ selon les règles; **to go by the** ~, **to do** things ~ appliquer strictement le règlement; **I am in his good** ~s je suis dans ses petits papiers*, il m'a à la bonne‡; **to be in sb's bad** ~s être mal vu de qn; (*fig*) **in my** ~* **he's unreliable** à mon avis *or* d'après moi on ne peut pas se fier à lui; **he knew the district like a** ~ il connaissait la région comme sa poche; **that's one for the** ~!* c'est à marquer d'une pierre blanche!, il faut faire une croix à la cheminée!; *[regulation etc]* **already on the** ~s qui figure déja dans les textes; **to go on the** ~s entrer en vigueur; *V* **suit**, **throw**.

2 *cpd*: **bookbinder** relieur *m*, -euse *f*; **bookbinding** reliure *f* (*U*); **bookcase** bibliothèque *f* (*meuble*); **book club** cercle *m* de lecture, club *m* du livre; **book ends** serre-livres *m inv*, presse-livres *m inv*; **book jacket** jaquette *f*; **book-keeper** comptable *mf*; **book-keeping** comptabilité *f*; **book knowledge**, **book learning** connaissances *fpl* livresques; **book lover** bibliophile *mf*; **bookmaker** bookmaker *m*; **bookmark** marque *f*, signet *m*; (*US*) **bookmobile** bibliobus *m*; **bookplate** ex-libris *m inv*; **book post** tarif *m* livres *inv*; **bookrest** support *m* à livres; **bookseller** libraire *mf* (*V* **secondhand**); **bookshelf** rayon *m* (de bibliothèque), étagère *f* (à livres); **bookshop** librairie *f*; **secondhand bookshop** boutique *f* de livres d'occasion; (*Brit*) **bookstall** *[station etc]* kiosque *m* à journaux; *[secondhand books]* étalage *m* de bouquiniste; **bookstore** librairie *f*; (*Brit*) **book token** bon-cadeau *m* (*négociable en librairie*), chèque-livre *m*; (*fig*) **bookworm** rat *m* de bibliothèque.

3 *vt* **(a)** *seat* louer; *room, sleeper* retenir, réserver; (*Brit*) *ticket* prendre. **to** ~ **one's seat in advance** louer sa place à l'avance *or* d'avance; (*Theat*) **tonight's performance is** ~ed up *or* **fully** ~ed on joue à bureaux fermés *or* à guichets fermés ce soir; **the hotel is** ~ed up *or* **fully** ~ed l'hôtel est complet; **I'm** ~ed for tomorrow **lunch** je suis pris demain à déjeuner; ~ed **solid** *[hotel, film etc]* archi-complet; *[person]* complètement pris; (*Rail*) **to** ~ **sb through to Birmingham** assurer à qn une réservation jusqu'à Birmingham; **I've** ~ed (up) my holiday j'ai fait les réservations pour mes vacances.

(b) (*Comm, Fin*) *order* inscrire, enregistrer. **to** ~ **goods to sb's account** inscrire des marchandises au compte de qn.

(c) (*Police*) *driver etc* donner *or* mettre un procès-verbal *or* P.-V.* à; (*Ftbl*) *player* prendre le nom de. **to be** ~ed **for speeding** attraper une contravention *or* une contredanse* pour excès de vitesse.

4 *vi* réserver.

◆**book in 1** *vi* (*at hotel etc*) prendre une chambre.
2 *vt sep* *person* réserver une chambre à.

◆**book up 1** *vi* réserver.
2 *vt sep* retenir, réserver. **the school booked up all the seats on the coach** l'école a réservé toutes les places dans le car; **the tour is booked up** on ne prend plus d'inscriptions pour l'excursion; **the hotel is booked up until September** l'hôtel est complet jusqu'en septembre; **I'm very booked up** je suis très pris; *V also* **book 3a**.

bookable ['bukǝbl] *adj* *seat etc* qu'on peut retenir *or* réserver *or* louer. **seats** ~ **in advance** on peut retenir ses places (à l'avance); **seats** ~ **from 6th June** location (des places) ouverte dès le 6 juin.
bookie* ['bukɪ] *n* book‡ *m*, bookmaker *m*.
booking ['bukɪŋ] **1** *n* **(a)** (*esp Brit*) réservation *f*. **to make a** ~ louer, réserver, faire une réservation.

(b) (*Ftbl*) **there were 3** ~s **at the game** l'arbitre a dû prendre le nom de 3 joueurs durant le match.

2 *cpd*: (*Brit: Rail etc*) **booking clerk** préposé(e) *m(f)* aux réservations; (*Brit: Rail, Theat*) **booking office** (*bureau m* de) location *f*.
bookish ['bukɪʃ] *adj* qui aime les livres *or* la lecture, studieux; *word, phrase* livresque.
booklet ['buklɪt] *n* petit livre, brochure *f*, plaquette *f*.
Boolean ['bu:lɪǝn] *adj* booléen.
boom¹ [bu:m] *n* **(a)** (*barrier: across river etc*) barrage *m* (de radeaux, de chaînes etc), bôme *f*. **(b)** *[boat]* gui *m*; (*Tech: also* **derrick** ~) bras *m*; *[crane]* flèche *f*; *[microphone, camera]* perche *f*, girafe *f*.

boom² [bu:m] **1** *n* (*sound*) *[sea, waves]* grondement *m*, mugissement *m*; *[wind]* mugissement, hurlements *mpl*; *[guns, thunder]* grondement; *[storm]* rugissement *m*, grondement; *[voices]* rugissement, grondement. (*Aviat*) **sonic** ~ bang *m* supersonique.

2 *vi* **(a)** *[sea]* gronder, mugir; *[wind]* hurler, mugir (sourdement); *[thunder]* gronder, rouler.

(b) (*also* ~ **out**) *[organ]* ronfler; *[guns]* tonner, gronder; *[voice]* retentir, résonner, tonner; *[person]* tonner, tonitruer.

3 *vt* **'never!' he** ~ed **'jamais'**, dit -il d'une voix tonitruante.
boom³ [bu:m] **1** *vi* **(a)** (*Comm*) *[trade]* être en expansion *or* en hausse, prospérer. **business is** ~ing le commerce marche très bien *or* est en plein essor; **his books are** ~ing ses livres marchent très bien *or* se vendent comme des petits pains.

(b) (*Comm, Fin, St Ex*) *[prices]* monter en flèche.

2 *vt* (*US**) *market, sales* développer; (*publicize*) *person, place* promouvoir.

3 *n* (*Comm*) *[business, transactions]* montée *f* en flèche, forte hausse; *[firm]* forte progression; *[product]* popularité *f*, vogue *f*, boom *m*; *[sales]* progression *f*, accroissement *m*; (*Comm, Fin, St Ex*) *[prices, shares]* brusque *or* très forte hausse; (*Econ: period of economic growth*) (vague *f* de) prospérité *f*, boom.

4 *cpd*: **boom baby** bébé *m* du baby boom; **boom town** ville *f* en plein développement, ville champignon *inv*.
boomerang ['bu:mǝræŋ] **1** *n* (*lit, fig*) boomerang *m*. **2** *vi* (*fig*) *[words, actions]* faire boomerang.
booming ['bu:mɪŋ] *adj* *sound* retentissant; *voice* tonitruant.
boon [bu:n] **1** *n* **(a)** (*blessing*) bénédiction* *f*, aubaine *f*. **it would be a** ~ **if he went** quelle aubaine s'il s'en allait; **this new machine is a great** ~ cette nouvelle machine est une bénédiction*; **it is a** ~ **to me** cela m'est très précieuse.

(b) (*††: favour*) faveur *f*.

2 *cpd*: **boon companion** joyeux compère, compagnon *m* de virée.
boondocks* ['bu:ndɒks], **boonies**‡ ['bu:nɪz] *npl* (*Mil sl*) brousse *f*, bled *m*. (*US*) **the** ~ le bled* (*pej*).
boondoggle‡ ['bu:ndɒgl] *vi* (*US*) **(a)** (*work uselessly*) passer son temps à des tâches secondaires. **(b)** (*esp Pol*) créer des emplois bidon*.
boor [buǝr] *n* (*coarse*) rustre *m*; (*ill-mannered*) malotru(e) *m(f)*, butor *m*.
boorish ['buǝrɪʃ] *adj* rustre, grossier, malappris.
boorishly ['buǝrɪʃlɪ] *adv* (*V* **boor**) *behave* en rustre; *speak* grossièrement.
boorishness ['buǝrɪʃnɪs] *n* rudesse *f*, manque *m* d'éducation *or* de savoir-vivre, goujaterie *f*.
boost [bu:st] **1** *n*: **to give sb a** ~ (**up**) (*lit*) soulever qn par derrière *or* par en dessous; (*fig: also* **give a** ~ **to sb's morale**) remonter le moral à qn; (*do publicity for*) **to give sb/a product a** ~ faire du battage* pour qn/un produit.

2 *vt* **(a)** (*Elec*) survolter; (*Aut*) *engine* suralimenter. **the rockets** ~ed **the spacecraft** les fusées ont propulsé le vaisseau spatial.

(b) (*Comm, Ind etc: increase*) *price* hausser, faire monter; *output, productivity* accroître, développer; *sales, product* promouvoir, faire monter en flèche; *confidence etc* renforcer; (*Econ*) **to** ~ **the economy** donner du tonus à l'économie.

(c) (*do publicity for*) *person, product* faire de la réclame *or* du battage* pour.
booster ['bu:stǝr] *n* (*Elec*) (*device*) survolteur *m*; (*charge*) charge *f* d'appoint; (*Rad*) amplificateur *m*; (*Rail*) booster *m*; (*Space: also* ~ **rocket**) fusée *f* de lancement, booster; (*Med: also* ~ **shot**, ~ **dose**) (piqûre *f* de) rappel *m*; (*US**: *supporter*) supporter actif *or* enthousiaste.
boot¹ [bu:t] **1** *n* **(a)** (*gen*) botte *f*; (*ankle* ~) bottillon *m*; (*men's fashion*) boot *m*; (*wellington* ~) botte (en caoutchouc); (*lady's button* ~) bottine *f*; (*jack*~, *riding* ~) botte à l'écuyère; *[soldier]* brodequin *m*; *[workman etc]* grosse chaussure (montante), brodequin. (*Brit fig*) **the** ~ **is on the other foot** les rôles sont renversés; (*fig*) **to give sb (the order of) the** ~‡ flanquer* qn à la porte, sacquer qn*; **to get the** ~‡ être flanqué* à la porte, être sacqué*; (*Brit*) **B**~s garçon *m* d'hôtel; *V* **bet**, **big**, **die¹**, **lick** *etc*.

(b) (*Brit*) *[car etc]* coffre *m*, malle *f* (arrière).

(c) (*Hist: for torture*) brodequin *m*.

2 *vt* donner *or* flanquer* des coups de pied à. (*Comput: also* ~ **up**) remettre à zéro; (*lit and fig**) **to** ~ **sb out** flanquer* qn à la porte.

3 *cpd*: **bootblack** cireur *m* (de chaussures); (*Comput*) **booting up** remise *f* à zéro; **booting up switch** commande *f* de remise à zéro; **bootlace** lacet *m* (de chaussure); (*US*) **bootleg*** (*vi*) faire la contrebande de l'alcool *or* des boissons alcooliques; (*vt*) vendre *or* importer en contrebande, fabriquer illicitement; (*adj*) *spirits* de contrebande; (*US*) **bootlegger**‡ bootlegger *m*; **bootlicker** lécheur* *m*, -euse *f*; **lèche-bottes*** *mf inv*; **bootmaker** bottier *m*; **boot-polish** cirage *m*; **boot scraper** décrottoir *m*; **bootstrap** (*lit*) tirant *m* de botte; (*Comput*) programme *m* amorce, amorce *f*; **to pull o.s. up by one's (own) bootstraps** se faire tout seul.
boot² [bu:t] *n*: **to** ~ **par-dessus le marché, en plus, de plus, par surcroît; and his insolence to** ~ sans parler de son insolence.
bootee [bu:'ti:] *n* *[baby]* petit chausson (tricoté); *[woman]* bottillon *m*.
booth [bu:ð] *n* *[fair]* baraque *f* (foraine); *[cinema, language laboratory, telephone etc]* cabine *f*; *[voting]* isoloir *m*.
bootless ['bu:tlɪs] *adj* **(a)** (*without boots*) sans bottes. **(b)** (*liter: to no avail*) infructueux.
booty ['bu:tɪ] *n* butin *m*.
booze* [bu:z] **1** *n* (*U*) boisson(s) *f(pl)* alcoolisée(s). **bring the** ~ apporte à boire; **I'm going to buy some** ~ je vais acheter à boire; **to go on the** ~ picoler‡; **he's on the** ~ **just now** il picole‡ *or* biberonne* pas mal ces temps-ci; **he's off the** ~ il ne boit plus.

2 *vi* biberonner*, lever le coude*.

3 cpd: (Brit) **booze-up‡** beuverie f, partie f de soûlographie*.
boozed‡ [buːzd] adj bourré‡, bituré‡.
boozer‡ [ˈbuːzər] n (a) (drunkard) pochard(e)‡ m(f), poivrot(e)‡ m(f), soûlard(e)‡ m(f). (b) (Brit: pub) bistro* m.
boozy‡ [ˈbuːzɪ] adj person qui a la dalle en pente‡, pochard‡, soûlard‡. ~ party (partie f de) soûlographie* f.
bop¹ [bɒp] n (Mus) bop m.
bop²‡ [bɒp] vt (hit) cogner‡, taper.
◆**bop off** vi (US) filer.
bo-peep [bəʊˈpiːp] n cache-cache m. **Little Bo-Peep** la petite bergère (chanson enfantine).
boracic [bəˈræsɪk] adj borique.
borage [ˈbɒrɪdʒ] n bourrache f.
borax [ˈbɔːræks] n borax m.
Bordeaux [bɔːˈdəʊ] n (a) (Geog) Bordeaux. **native of** ~ Bordelais(e) m(f). (b) (wine) bordeaux m.
border [ˈbɔːdər] **1** n (a) (edge, side) [lake] bord m, rive f; [woods, field] lisière f, limite f, bordure f.
(b) (boundary, frontier) frontière f, limite f. **within the ~s of** dans les limites or frontières de, à l'intérieur des frontières de; **to escape over the ~** s'enfuir en passant la frontière; **on the ~s of** France aux frontières françaises; (Brit Geog) **the B~s** la région frontière du sud-est de l'Écosse.
(c) [garden] bordure f, plate-bande f; V **herbaceous**.
(d) (edging) [carpet, dress] bord m; [picture] bordure f, encadrement m, cadre m. [notepaper] **black ~** liséré noir.
2 cpd state, post frontière inv; zone, town frontière inv, frontalier; search, taxes à la frontière. (Brit Geog) **B~** (adj) du sud-est de l'Écosse; **border dispute** différend m sur une question de frontière(s); **border incident** incident m de frontière; **borderland** pays m frontière, région f limitrophe; (fig) **on the borderland of sleep** aux frontières du sommeil, à la veille; **borderline** ligne f de démarcation; **borderline case** cas m limite; (US Police) **border patrol** patrouille frontalière; **border police** police f de l'air et des frontières; **border raid** incursion f.
3 vt (a) [trees etc] (line edges of) border; (surround) entourer, encadrer.
(b) **France ~s Germany** la France touche à l'Allemagne, la France et l'Allemagne ont une frontière commune; **~ing countries** pays avoisinants or limitrophes.
◆**border (up)on** vt fus (a) [esp country] être limitrophe de, avoisiner. **the two countries border (up)on one another** les deux pays ont une frontière commune or se touchent; **his estate borders (up)on mine** sa propriété et la mienne se touchent.
(b) (fig: come near to being) être voisin or proche de, frôler. **to border (up)on insanity** être voisin de or frôler la folie; **it borders (up)on fanaticism** cela touche au fanatisme, cela frise le fanatisme; **with a boldness bordering (up)on insolence** avec une hardiesse qui frisait l'insolence.
borderer [ˈbɔːdərər] n frontalier m, -ière f; (Brit) Écossais(e) m(f) or Anglais(e) m(f) frontalier (f -ière).
bore¹ [bɔːr] **1** vt (a) hole percer; well forer, creuser; tunnel creuser, percer.
(b) rock forer. **to ~ one's way through** se frayer un chemin en creusant or en forant à travers.
2 vi forer, sonder. **to ~ for oil** forer (le sous-sol) pour extraire du pétrole, rechercher du pétrole par sondage or forage.
3 n (a) (also ~hole) trou m de sonde.
(b) [tube, pipe, shot, gun, musical instrument] calibre m. **a 12-~ shotgun** un fusil de calibre 12.
bore² [bɔːr] **1** n (person) raseur* m, -euse f, casse-pieds* mf inv, importun(e) m(f); (event, situation) ennui m, corvée f, scie* f. **what a ~ he is!** ce qu'il peut être ennuyeux! or raseur!* or casse-pieds!*; **it's a frightful ~ to have to do that** quel ennui or quelle barbe* or quelle scie* d'avoir à faire cela; **what a ~ this meeting is!** quelle corvée cette réunion!
2 vt ennuyer, assommer, raser*, casser les pieds* à. **to ~ sb stiff** or **to death** or **to tears**, **to ~ the pants off sb‡** ennuyer qn à mourir or mortellement.
bore³ [bɔːr] pret of **bear¹**.
bore⁴ [bɔːr] n (tidal wave) mascaret m.
bored [bɔːd] adj person qui s'ennuie; look de quelqu'un qui s'ennuie. **to be ~ stiff** or **to death** or **to tears** s'ennuyer ferme or à mourir, se casser les pieds*; **to be ~ (with doing)** s'ennuyer (à faire); **I am ~ with this work/this book/this film** ce travail/ce livre/ce film m'ennuie or m'assomme or me rase*; **he was ~ with reading** il en avait assez de lire.
boredom [ˈbɔːdəm] n ennui m. **his ~ with the whole proceedings** l'ennui que lui inspirait toute cette cérémonie.
borer [ˈbɔːrər] n (a) (Tech: tool) (for wood) vrille f, perforatrice f, foret m; (for metal cylinders) alésoir m; (for a well, mine) foret, sonde f; (person) foreur m, perceur m. (b) (Zool: insect) insecte m térébrant.
boric [ˈbɔːrɪk] adj borique.
boring¹ [ˈbɔːrɪŋ] (Tech) **1** n (V **borer a**) perforation f, forage m; alésage m; sondage m. **2** adj: ~ **machine** (gen) perforatrice f; (for metal cylinders) alésoir m.
boring² [ˈbɔːrɪŋ] adj (tedious) ennuyeux, assommant, rasant*.
born [bɔːn] **1** adj (a) né. **to be ~** naître; **to be ~ again** renaître (V also **2**); ~ **in Paris** né à Paris; **the town where he was ~** la ville où il est né, sa ville natale; **Napoleon was ~ in 1769** Napoléon naquit en 1769; **3 sons ~ to her** 3 fils nés d'elle; **every baby ~ into the world** tout enfant qui vient au monde; **when he was ~** quand il est né; ~ **and bred** né et élevé; **a Parisian ~ and bred** un Parisien de souche; (fig) **he wasn't ~ yesterday*** il n'est pas né d'hier or de la dernière pluie; **in all my ~ days*** de toute ma vie; **high/low~** de haute/de basse extraction; ~ **of poor parents** né de parents

pauvres; **people ~ to riches** ceux qui naissent riches; **poets are ~, not made** on naît poète, on ne le devient pas; **qualities ~ in him** qualités innées (en lui); (fig) **misfortunes ~ of war** malheurs dûs à la guerre; **there's one ~ every minute*** je (or il etc) tombe toujours dans le panneau*; V **first, new, silver, still² etc**.
(b) (innate) **a ~ poet** un poète né; ~ **fool** parfait idiot; V **loser**.
2 cpd: (Rel, fig) **born-again** régénéré.
-born [bɔːn] adj ending in cpds natif de + n, originaire de + n, d'origine + adj. **Chicago-~** natif or originaire de Chicago, né à Chicago; **Australian-~** d'origine australienne.
borne [bɔːn] ptp of **bear¹**.
Borneo [ˈbɔːnɪəʊ] n Bornéo m.
boron [ˈbɔːrɒn] n bore m.
borough [ˈbʌrə] n municipalité f; (in London) arrondissement m; (Brit Parl) circonscription électorale urbaine.
borrow [ˈbɒrəʊ] vt money, word, book emprunter (from à); (fig) idea etc emprunter (from à), adapter (from de). **a ~ed word** un mot d'emprunt; (US) **to ~ trouble** voir toujours tout en noir; (Math: in subtraction) ~ **10** ≃ j'ajoute 10.
borrower [ˈbɒrəʊər] n emprunteur m, -euse f.
borrowing [ˈbɒrəʊɪŋ] n (Fin, Ling) emprunt m. (Econ, Fin) ~ **rate** taux m d'intérêt des emprunts.
Borstal [ˈbɔːstl] n (Brit Jur†) ≃ maison f de redressement†. ~ **boy** jeune délinquant (qui est ou a été en maison de redressement).
borzoi [ˈbɔːzɔɪ] n (lévrier m) barzoï m.
bosh‡ [bɒʃ] n blague(s)* f(pl), bêtises‡ fpl, foutaises‡ fpl.
bosk [bɒsk] n, **bosket** [ˈbɒskət] n (plantation) bosquet m; (thicket) fourré m.
bos'n [ˈbəʊsn] n = **boatswain**.
bosom [ˈbʊzəm] n [person] poitrine f, seins mpl; [dress] corsage m; (fig) sein, milieu m, fond m. **in the ~ of the family** au sein de la famille; (liter) **the ~ of the earth** les entrailles fpl (liter) de la terre; ~ **friend** ami(e) m(f) intime or de cœur.
Bosphorus [ˈbɒsfərəs], **Bosporus** [ˈbɒspərəs] n: **the ~** le Bosphore.
bosquet [ˈbɒskɪt] n = **bosk**.
boss¹* [bɒs] **1** n patron(ne) m(f), chef m; [gang etc] caïd‡ m; (US Pol) chef (du parti). **we'll have to show him who's ~** il va falloir lui montrer qui commande ici; **who's the ~ round here?** qui est le chef ici?; **it's his wife who is the ~** c'est sa femme qui porte la culotte*.
2 vt person mener, régenter; organization mener, diriger, faire marcher.
3 adj (US‡: terrific) formidable, terrible*.
◆**boss about***, **boss around*** vt sep person mener à la baguette, régenter.
boss² [bɒs] **1** n (knob) [shield] ombon m; (Archit) bossage m; (Tech) mamelon m, bossage; [propeller] moyeu m. **2** cpd: **to be boss-eyed*** loucher.
BOSS [bɒs] (S. Africa) abbr of **Bureau of State Security**.
bossy* [ˈbɒsɪ] adj autoritaire, tyrannique. **she's very ~** elle aime mener tout le monde à la baguette, c'est un vrai gendarme*.
Boston [ˈbɒstən] n Boston. (US) ~ **ivy** vigne f vierge.
Bostonian [bɒsˈtəʊnɪən] n Bostonien(ne) m(f).
bosun [ˈbəʊsn] n = **boatswain**.
botanic(al) [bəˈtænɪk(əl)] adj botanique. ~ **garden** jardin m botanique.
botanist [ˈbɒtənɪst] n botaniste mf.
botanize [ˈbɒtənaɪz] vi herboriser.
botany [ˈbɒtənɪ] n (U) botanique f. ~ **wool** laine f mérinos.
botch [bɒtʃ] **1** vt (also ~ **up**) (repair) rafistoler*; (bungle) saboter, bousiller*, cochonner‡. **2** n (also ~-up): **to make a ~ of sth** bousiller* or saboter qch.
both [bəʊθ] **1** adj les deux, l'un(e) et l'autre. ~ **books are his** les deux livres sont à lui or ces deux livres sont les deux; **on ~ sides** des deux côtés, de part et d'autre; **to hold sth in ~ hands** tenir qch à or des deux mains; (fig) **you can't have it ~ ways*** il faut choisir.
2 pron tous (les) deux m, toutes (les) deux f, l'un(e) et l'autre m(f). ~ **(of them) were there, they were ~ there** ils étaient là tous les deux; **from ~ of us** de nous deux; ~ **of us agree** nous sommes d'accord tous les deux; ~ **alike** l'un comme l'autre.
3 adv: ~ **this and that** non seulement ceci mais aussi cela, aussi bien ceci que cela; ~ **you and I saw him** nous l'avons vu vous et moi, vous et moi (nous) l'avons vu; ~ **Paul and I came** Paul et moi sommes venus tous les deux; **she was ~ laughing and crying** elle riait et pleurait à la fois; **he can ~ read and write** il sait lire et écrire.
bother [ˈbɒðər] **1** vt (annoy) ennuyer, raser*, embêter*; (pester) harceler; (worry) inquiéter, ennuyer. **don't ~ me!** laisse-moi tranquille!, fiche-moi la paix!*, ne viens pas m'embêter!*; **don't ~ him with your problems** ne l'embête pas* or ne l'ennuie pas avec tes problèmes; **I'm sorry to ~ you** je m'excuse de vous déranger; **does it ~ you if I smoke?** ça vous ennuie or dérange que je fume? (subj) or si je fume?; **to ~ o.s.** or **one's head about sth** se tracasser au sujet de qch, se mettre martel en tête au sujet de qch; **to get (all hot and) ~ed*** se mettre dans tous ses états (about au sujet de); **I can't be ~ed going out** or **to go out** je n'ai pas le courage de sortir; **are you going? — I can't be ~ed** tu y vas? — non, je n'en ai pas envie or non, ça me casse les pieds*; **his leg ~s him a lot** sa jambe le fait pas mal souffrir.
2 vi se donner la peine (to do de faire). **please don't ~ to get up!** ne vous donnez pas la peine de vous lever!; **you needn't ~ to come** ce n'est pas la peine de venir; **don't ~ about me/about my lunch** ne vous occupez pas de moi/de mon déjeuner, ne vous tracassez pas pour moi/pour mon déjeuner; **I'll do it — please don't ~** je vais le faire — non ce n'est pas la peine or ne vous donnez pas cette peine.

3 n (a) ennui m, barbe* f, scie* f. **what a ~ it all is!** quel ennui or quelle barbe* que tout cela!

(b) (U) ennui m, embêtement* m. **she's having** or **she's in a spot of ~** elle a des ennuis or des embêtements* en ce moment; **we had a spot** or **bit of ~ with the car** on a eu un petit embêtement* avec la voiture.

4 excl (*: esp Brit) zut!*, flûte!*, la barbe!* **~ that child!** quelle barbe ce gosse!*

botheration* [ˌbɒðəˈreɪʃən] excl zut!*, flûte!*, la barbe!*

bothersome [ˈbɒðəsəm] adj ennuyeux, gênant.

Bothnia [ˈbɒθnɪə] n: **Gulf of ~** golfe m de Botnie.

Botswana [ˌbɒtˈswɑːnə] n Botswana m.

bottle [ˈbɒtl] **1** n (a) (container, contents) bouteille f; (perfume ~) flacon m; (medicine ~) flacon, fiole f; (wide-mouthed) bocal m; (goatskin) outre f; (of stone) cruche f, cruchon m; (for beer) canette f; (baby's ~) biberon m. **wine ~** bouteille à vin; **to drink a ~ of wine** boire une bouteille de vin; **we'll discuss it over a ~** nous en discuterons en prenant un verre; **he is too fond of the ~*** il aime trop la bouteille*; **to take to the ~*** se mettre à boire or picoler*; **her husband's on the ~*** son mari lève le coude*; **child brought up on the ~** enfant élevé or nourri au biberon; V **hot, ink** etc.

(b) (fig*) **he's got a lot of ~** il a un drôle de cran*.

2 cpd: **bottle bank** conteneur m de collecte du verre usagé; **bottlebrush** rince-bouteilles m inv; **bottle feed** (vt) allaiter au biberon; **bottle glass** verre m à bouteilles; **bottle-green** vert (m) bouteille inv; **bottleneck** (lit) goulot m; (fig) [road] rétrécissement m de la chaussée; [traffic] embouteillage m, bouchon m; [production etc] goulet m d'étranglement; **bottle-opener** décapsuleur m, ouvre-bouteille(s) m; **bottle party** surprise-party f (où chacun apporte une bouteille); **bottle rack** porte-bouteilles m inv, casier m à bouteilles; **bottlewasher** laveur m, -euse f de bouteilles, plongeur m, -euse f (V cook).

3 vt wine mettre en bouteille(s); fruit mettre en bocal or en conserve. **~d beer** bière f en canette; **~d wine** vin m en bouteille(s); **~d fruit** fruits mpl en bocal or en conserve.

◆**bottle up** vt sep (fig) feelings etc contenir, ravaler, refouler.

bottom [ˈbɒtəm] **1** n [box] (inside) fond m; [glass, well] fond; [dress, heap, page] bas m; [tree, hill] pied m; [sea, lake, river] fond; [garden] fond, bas; [chair] siège m, fond; [ship] carène f; (buttocks) derrière m, postérieur* m; (fig: origin, foundation) base f, origine f, fondement m. (on label) '~' 'dessous', 'fond', 'bas'; **at the ~ of page 10** en or au bas de la page 10; **at the ~ of the hill** au pied or au bas de la colline; **the name at the ~ of the list** le nom en bas de la liste; (fig) **he's at the ~ of the list** il est en queue de liste; **to be** (at **the**) **~ of the class** être le dernier de la classe; **~s up!*** cul sec!; **from the ~ of my heart** du fond de mon cœur; **at ~** au fond; **to knock the ~ out of an argument** démolir un argument; (Fin) **the ~ has fallen out of the market** le marché s'est effondré; **the ~ fell out of his world*** son monde s'est effondré or a basculé (sous ses pieds); **at the ~ of the table** en bout de table, au bout de la table; **the ship went to the ~** le navire a coulé; **the ship touched the ~** le navire a touché le fond; **the ship was floating ~ up** le navire flottait la quille en l'air; **to be at the ~ of sth** être à l'origine de qch; **to get to the ~ of a mystery** aller jusqu'au fond d'un mystère; **we can't get to the ~ of it** il est impossible de découvrir le fin fond de cette histoire or affaire.

2 adj shelf du bas, inférieur; step, rung etc premier; price le plus bas; part of garden etc du fond. **~ dollar** dernier dollar (V bet); (Brit) **to put sth away in one's ~ drawer** mettre qch de côté pour son trousseau; [building] **~ floor** rez-de-chaussée m; (Aut) **~ gear** première f (vitesse); **~ half** [box] partie inférieure; [class, list] deuxième moitié f; (US) **~ land** terre alluviale; (US) **~ lands** plaine alluviale; **the ~ line** (Fin) le résultat financier; (fig) l'essentiel; (US Culin) **~ round** gîte m à la noix; V **rock.**

3 cpd: **bottomless** pit, well sans fond, insondable; supply inépuisable; **bottommost** le plus bas.

◆**bottom out*** vi [figures, sales] atteindre son niveau plancher; [recession] atteindre son plus bas niveau.

botulism [ˈbɒtjʊlɪzəm] n botulisme m.

bouclé [buːˈkleɪ] **1** n (laine f or tissu m) bouclette f. **2** adj en laine or en tissu bouclette.

boudoir [ˈbuːdwɑːr] n boudoir m.

bouffant [ˈbuːfɒŋ] adj hairdo gonflant.

bougainvillaea [ˌbuːɡənˈvɪlɪə] n bougainvillée f, bougainvillier m.

bough [baʊ] n (liter) rameau m, branche f.

bought [bɔːt] pret, ptp of **buy.**

bouillon [ˈbuːjɔ̃] n bouillon m, consommé m. **~ cube** bouillon cube m.

boulder [ˈbəʊldər] n rocher m (rond), grosse pierre; (smaller) (gros) galet m. (Geol) **~ clay** dépôt m (argileux) erratique.

boulevard [ˈbuːləvɑːr] n boulevard m.

bounce [baʊns] **1** vi (a) [ball] bondir, sauter, se précipiter (into dans, out of hors de). [person] **to ~ in/out** etc entrer/sortir etc d'un bond; **the child ~d up and down on the bed** l'enfant faisait des bonds sur le lit; **the car ~d along the bad road** la voiture faisait des bonds sur la route défoncée; **the ball ~d down the stairs** la balle a rebondi de marche en marche.

(b) (*) [cheque] être sans provision, être refusé pour non-provision.

2 vt (a) ball faire rebondir.

(b) (*: eject) person vider*, flanquer* à la porte (out of de).

(c) (*) cheque refuser.

3 n (a) (rebound) [ball] bond m, rebond m.

(b) (U) **this ball hasn't much ~ left** cette balle ne rebondit plus beaucoup; **to give your hair ~** pour donner du volume à vos cheveux; (fig) **he's got plenty of ~*** il a beaucoup d'allant, il est très dynamique.

(c) **to get the ~*** se faire virer*; **to give sb the ~*** virer qn*.

◆**bounce back** vi se remettre très vite.

bouncer* [ˈbaʊnsər] n (at pub, dance hall etc) videur* m.

bouncing [ˈbaʊnsɪŋ] adj rebondi, dodu, potelé. **~ baby** beau bébé (florissant de santé).

bouncy [ˈbaʊnsɪ] adj ball, mattress élastique; hair vigoureux; person dynamique, plein d'allant.

bound¹ [baʊnd] **1** n (lit, fig) **~s** limite(s) f(pl), bornes fpl; **his ambition knows no ~s** son ambition est sans bornes; **to keep within ~s** (fig) rester dans la juste mesure, user de modération; (lit) rester dans les limites; **within the ~s of probability** dans les limites du probable; **within the ~s of possibility** dans la limite du possible; **to go over** or **pass over the ~s** dépasser les bornes; **out of ~s** place etc dont l'accès est interdit; (Scol) interdit aux élèves; (Sport) hors du terrain, sorti; **it's out of ~s to soldiers** c'est interdit or consigné aux soldats; V **break.**

2 vt (gen pass) country borner. **~ed by** borné or limité par.

bound² [baʊnd] **1** n bond m, saut m. **at a ~** d'un saut, d'un bond; V **leap.**

2 vi [person] bondir, sauter; [horse] bondir, faire un bond or des bonds. **to ~ in/away/back** etc entrer/partir/revenir etc en bondissant or d'un bond; **the horse ~ed over the fence** le cheval sauta la barrière (d'un bond).

bound³ [baʊnd] **1** pret, ptp of **bind.**

2 adj (a) lié, attaché; (Ling) morpheme lié. **~ hand and foot** pieds et poings liés; V **earth, ice, spell¹** etc.

(b) book relié. **~ in boards** cartonné.

(c) (fig) (obliged) obligé, tenu; (sure) sûr, certain. **you are not ~ to do it** vous n'êtes pas obligé de le faire; **I am ~ to confess** je suis forcé d'avouer; **you're ~ to do it** (obliged to) vous êtes tenu or obligé de le faire; (sure to) vous le ferez sûrement; **he's ~ to say so** (obliged to) il est de son devoir de le dire, il doit le dire; (sure to) il le dira sûrement, il ne manquera pas de le dire; **it is ~ to rain** il va sûrement pleuvoir, il va pleuvoir; **it was ~ to happen** cela devait arriver, c'était à prévoir; V **duty, honour** etc.

(d) (destined) **~ for** person en route pour; parcel à destination de; train en direction de, à destination de; ship, plane à destination de, en route pour; (about to leave) en partance pour; **where are you ~ for?** où allez-vous?

-bound [baʊnd] adj ending in cpds: **Australia-bound** à destination de l'Australie; **Paris-bound traffic** la circulation dans le sens province — Paris; V **north, outward** etc.

boundary [ˈbaʊndərɪ] **1** n limite f, frontière f. (Cricket) **to score a ~** envoyer une balle jusqu'aux limites du terrain.

2 cpd: (Brit Pol) **to make boundary changes** effectuer un redécoupage électoral; **boundary (line)** ligne f frontière inv or de démarcation; (Sport: gen) limites fpl du terrain; (Basketball) **boundary line** ligne f de touche; **boundary-stone** borne f, pierre f de bornage.

bounden [ˈbaʊndən] adj: **~ duty** devoir impérieux.

bounder†* [ˈbaʊndər] n (esp Brit) butor m, goujat m.

boundless [ˈbaʊndlɪs] adj space infini; trust illimité; ambition, devotion sans bornes.

bounteous [ˈbaʊntɪəs] adj, **bountiful** [ˈbaʊntɪfʊl] adj harvest abondant; rain bienfaisant; person généreux, libéral, prodigue; V **lady.**

bounty [ˈbaʊntɪ] n (a) (U: generosity) générosité f, libéralité f. (b) (gift) don m; (reward) prime f. **~ hunter†** chasseur m de primes.

bouquet [ˈbəʊkeɪ] n (a) [flowers] bouquet m. (Culin) **~ garni** bouquet garni. (b) [wine] bouquet m.

Bourbon [ˈbʊəbən] n (a) (Hist) Bourbon. (b) [ˈbɜːbən] (US) **b~** (whisky) bourbon m.

bourgeois [ˈbʊəʒwɑː] adj, n bourgeois(e) m(f).

bourgeoisie [ˌbʊəʒwɑːˈziː] n bourgeoisie f.

bout [baʊt] n (a) (period) période f; [malaria etc] attaque f, accès m. **~ of rheumatism** crise f de rhumatisme; (~ of fever) accès de fièvre; **a ~ of bronchitis** une bronchite; **a ~ of flu** une grippe; **he's had several ~s of illness** il a été malade plusieurs fois; **a ~ of work(ing)** une période de travail intensif; **drinking ~** beuverie f. (b) (Boxing, Wrestling) combat m; (Fencing) assaut m.

boutique [buːˈtiːk] n (shop) boutique f (de mode ou d'objets 'dans le vent'). (within a store) hat/teenage **~** rayon m des chapeaux/des jeunes.

bovine [ˈbəʊvaɪn] adj (lit, fig) bovin.

bovver boots* [ˈbɒvəːts] npl (Brit) brodequins mpl.

bow¹ [bəʊ] **1** n (a) (weapon etc) arc m. **to draw the ~** tirer à l'arc; V **cross, long¹, string** etc.

(b) (Mus) archet m.

(c) (curve) [rainbow etc] arc m; V **saddle.**

(d) (knot) [ribbon etc] nœud m (à boucles), rosette f.

2 vi (Mus) manier l'archet.

3 cpd: **bow and arrow** arc m et des flèches, jeu m de tir à l'arc; **bow compass** compas m à balustre; **bow-legged** aux jambes arquées; **bowlegs** jambes arquées; (Archery, Mus) **bowstring** corde f; **bow tie** nœud m papillon; **bow window** fenêtre f en saillie, **bow-window** m.

bow² [baʊ] **1** n (with head) salut m; (with body) révérence f. **to make a (deep) ~** saluer (bas); **to give sb a gracious ~** adresser un gracieux salut à qn; (fig) **to make one's ~ (as a pianist** etc) faire ses débuts de pianiste etc); **to take a ~** saluer.

2 vi (a) (in greeting) saluer, incliner la tête. **to ~ to sb** saluer qn; **to ~ and scrape** faire des courbettes; **~ing and scraping** salamalecs mpl, courbettes fpl.

(b) (bend) [branch etc] (in wind) fléchir, se courber, (under weight) ployer; [person] se courber.

(c) (fig: submit) s'incliner (before, to devant, under sous), se soumettre (before, to à, under sous). **to ~ before the storm** laisser passer l'orage; **we must** ~ **to your greater knowledge** nous devons nous incliner devant vos très grandes connaissances; **to** ~ **to sb's opinion** se soumettre à l'opinion de qn; **to** ~ **to the inevitable** s'incliner devant les faits *or* devant l'inévitable; **to** ~ **to the majority** s'incliner devant la majorité.

3 *vt* courber. **to** ~ **one's back** courber le dos; **to** ~ **one's knee** fléchir le genou; **to** ~ **one's head** pencher *or* courber la tête; **his head was** ~**ed in thought** il méditait la tête penchée; **to** ~ **one's consent** signifier son consentement par une inclination de tête; **to** ~ **sb in/out faire entrer/faire sortir** qn en saluant; **to** ~ **o.s. out** saluer pour prendre congé.

◆**bow down 1** *vi* (*lit, fig*) s'incliner (*to sb* devant qn).

2 *vt sep* (*lit*) faire plier, courber; (*fig*) écraser, briser.

◆**bow out** *vi* (*fig*) tirer sa révérence (*fig*); *V also* **bow² 3**.

bow³ [baʊ] **1** *n* **(a)** (*often pl*) [*ship*] avant *m*, proue *f*. **in the** ~**s** à l'avant, en proue; **on the port** ~ par bâbord devant; **on the starboard** ~ par tribord devant. **(b)** [*oarsman*] nageur *m* de l'avant. **2** *cpd*: **bowsprit** beaupré *m*.

Bow bells ['bəʊ'belz] *npl* les cloches *fpl* de l'église de St-Mary-le-Bow (*à Londres*). **born within the sound of** ~ né en plein cœur de Londres.

bowdlerization [ˌbaʊdlərarˈzeɪʃən] *n* expurgation *f*.

bowdlerize ['baʊdləraɪz] *vt* book expurger.

bowel ['baʊəl] *n* (*Anat: gen pl*) [*person*] intestin(s) *m(pl)*; [*animal*] boyau(x) *m(pl)*, intestin(s). ~ **complaint** dérangement intestinal; (*fig*) ~**s** entrailles *fpl*; ~**s of the earth** entrailles de la terre; (*liter*) ~**s of compassion** tendresse *f*, pitié *f*.

bower ['baʊər] *n* (*arbour*) berceau *m* de verdure, tonnelle *f*, retraite ombragée; (††, *liter: cottage*) chaumière *f*, petite maison (à la campagne); [*lady*] boudoir *m*.

bowing¹ ['bəʊɪŋ] *n* (*Mus*) technique *f* d'archet; (*marked on score*) indications *fpl* d'archet. **his** ~ **was sensitive** il avait un coup d'archet délicat; **to mark the** ~ indiquer *or* introduire les coups d'archet.

bowing² ['baʊɪŋ] *n* *V* **bow² 2a**.

bowl¹ [bəʊl] *n* **(a)** (*container: gen*) bol *m*; (*larger*) saladier *m*, jatte *f*; (*for water*) cuvette *f*; (*for fruit*) coupe *f*; [*beggar*] sébile *f*; (*US Sport*) championnat *m*, coupe *f*. **a** ~ **of milk** un bol de lait; **a** ~ **of water** une cuvette d'eau; **a** ~ **of punch** un bol de punch; *V* **finger, salad, sugar** *etc*.

(b) [*wineglass*] coupe *f*; [*pipe*] fourneau *m*; [*spoon*] creux *m*; [*lamp*] globe *m*; [*lavatory, sink*] cuvette *f*.

(c) (*Geog*) bassin *m*, cuvette *f*.

bowl² [bəʊl] **1** *n* (*Sport*) boule *f*. **(game of)** ~**s** (*Brit*) (jeu *m* de) boules; (*in Provence*) pétanque *f*, boules; (*US: skittles*) bowling *m*.

2 *vi* **(a)** (*Brit*) jouer aux boules; (*US*) jouer au bowling; (*Provence*) jouer à la pétanque; (*Cricket*) lancer (la balle) (*to* à).

(b) [*person, car*] **to** ~ **down the street** descendre la rue à bonne allure; [*car*] **to** ~ **along, to go** ~**ing along** rouler bon train.

3 *vt* **(a)** (*Sport*) bowl, hoop faire rouler; *ball* lancer.

(b) (*Cricket*) ball servir; *batsman* (*also* ~ **out**) mettre hors jeu.

◆**bowl down** *vt sep* renverser.

◆**bowl over** *vt sep* **(a)** ninepins renverser, faire tomber.

(b) (*fig*) stupéfier, renverser, sidérer*. **to be bowled over (by)** (*surprise*) rester stupéfait *or* abasourdi *or* sidéré* (devant); (*emotion*) être bouleversé (par).

bowler¹ ['bəʊlər] *n* (*Brit*) joueur *m*, -euse *f* de boules; (*US*) joueur de bowling; (*Provence*) joueur de pétanque, bouliste *mf*, pétanquiste *mf*; (*Cricket*) lanceur *m*, -euse *f* (de la balle).

bowler² ['bəʊlər] *n* (*Brit: also* ~ **hat**) (chapeau *m*) melon *m*.

bowline ['bəʊlɪn] *n* (*knot*) nœud *m* de chaise; (*rope*) bouline *f*.

bowling ['bəʊlɪŋ] **1** *n* (*Brit*) jeu *m* de boules; (*US*) bowling *m*; (*Provence*) pétanque *f*.

2 *cpd*: **bowling alley** bowling *m*; **bowling green** terrain *m* de boules (*sur gazon*); **bowling match** (*Brit*) concours *m* de boules; (*US*) concours de bowling; (*Provence*) concours de pétanque.

bow-wow ['baʊwaʊ] (*baby talk*) **1** *n* toutou *m*. **2** ['baʊ'waʊ] *excl* oua, oua!

box¹ [bɒks] **1** *n* **(a)** boîte *f*; (*crate*) caisse *f*; (*cardboard* ~) (boîte en) carton *m*; (*casket*) coffret *m*; (†: *trunk*) malle *f*. **a** ~ **of matches/chocolates** une boîte d'allumettes/de chocolats; (*Brit: television*) **(on) the** ~* (à) la télé*; *V* **ice, letter, tool** *etc*.

(b) [*money*] caisse *f*; (*Rel*) tronc *m*; *V* **strong** *etc*.

(c) (*Aut, Tech*) [*axle, steering*] carter *m*; *V* **axle, gear** *etc*.

(d) (*Theat*) loge *f*; [*coachman*] siège *m* (du cocher); (*Jur*) [*jury, press*] banc *m*; [*witness*] barre *f*; [*stable*] box *m*; *V* **horse, sentry, signal** *etc*.

(e) (*Brit: road junction*) zone *f* (de carrefour) d'accès réglementé.

2 *cpd*: **boxboard** carton compact; **box calf** box(-calf) *m*; **box camera** appareil *m* (photographique) (du modèle le plus rudimentaire); (*Rail*) **boxcar** wagon *m* (de marchandises) couvert; (*Constr*) **box girder** poutre-caisson *f*; (*Brit*) **box junction** = **box¹ 1e**; (*Post*) **box-number** (*in newspaper*) numéro *m* d'annonce (*V also* **post³**); **box office** *V* **box office**; (*Sewing*) **box pleat** pli creux; (*Brit*) **box room** (cabinet *m* de) débarras *m*; **box spring** sommier *m* à ressorts; (*US*) **box stall** box *m*.

3 *vt* **(a)** mettre en boîte *or* en caisse *etc*.

(b) (*Naut*) **to** ~ **the compass** réciter les aires du vent.

◆**box in** *vt sep* bath, sink encastrer. (*fig*) **to feel boxed in** se sentir confiné *or* à l'étroit; **house boxed in by tall buildings** maison coincée entre de grands immeubles.

◆**box off** *vt sep* compartimenter.

◆**box up** *vt sep* mettre en boîte; (*fig*) enfermer.

box² [bɒks] **1** *vi* (*Sport*) boxer, faire de la boxe. **2** *vt* **(a)** (*Sport*) boxer avec, boxer*. **(b) to** ~ **sb's ears** gifler *or* claquer qn, flanquer* une claque *or* une gifle à qn. **3** *n*: **a** ~ **on the ear** une claque, une gifle.

box³ [bɒks] **1** *n* (*Bot*) buis *m*. **2** *cpd* en *or* de buis. **boxwood** buis *m*.

boxer¹ ['bɒksər] *n* (*Sport*) boxeur *m*. ~ **shorts** boxer-short *m*.

boxer² ['bɒksər] *n* (*dog*) boxer *m*.

boxing ['bɒksɪŋ] **1** *n* boxe *f*. **2** *cpd*: **boxing gloves/match** gants *mpl*/match *m* de boxe; **boxing ring** ring *m*.

Boxing Day ['bɒksɪŋdeɪ] *n* (*Brit*) le lendemain de Noël.

box office ['bɒksɒfɪs] (*Theat*) **1** *n* (*office*) bureau *m* de location; (*window*) guichet *m* (de location). **this show will be good** ~ ce spectacle fera recette.

2 *cpd*: **box-office attraction** spectacle *m* à (grand) succès; **box-office receipts** recette *f*; **box-office success** pièce *f* *etc* qui fait courir les foules *or* qui fait recette.

boy [bɔɪ] **1** *n* **(a)** (*child*) garçon *m*, enfant *m*; (*young man*) jeune *m* (homme *m*), garçon; (*son*) fils *m*, garçon; (*Scol*) élève *m*, garçon. **little** ~ petit garçon, garçonnet *m*; **beggar** ~ petit mendiant; **English** ~ petit *or* jeune Anglais; **come here, my** ~ viens ici mon petit *or* mon grand; **bad** ~!, **naughty** ~! vilain!; **the Jones** ~ le petit Jones; **I lived here as a** ~ j'habitais ici quand j'étais petit *or* enfant; **he knew me from a** ~ il me connaissait depuis mon (*or* son) enfance, il me connaissait depuis tout petit; ~**s will be** ~**s**! les garçons, on ne les changera jamais!; **he was as much a** ~ **as ever** il était toujours aussi gamin; (*Brit Scol*) **an old** ~ un ancien élève; (*Scol*) **sit down,** ~**s** (*to small boys*) asseyez-vous mes enfants; (*to sixth formers etc*) asseyez-vous messieurs *or* mes amis; *V* **choir, day, page²** *etc*.

(b) (*: fellow*) **my dear** ~ mon cher (ami); **old** ~ mon vieux; **the old** ~ (*boss*) le patron; (*father*) le paternel*; **a night out with the** ~**s** une sortie avec les copains; *V* **wide**.

(c) (*native servant*) boy *m*.

2 *cpd*: **boyfriend** petit ami; (*Brit**) **the boys in blue** les défenseurs *mpl* de l'ordre; **boy-meets-girl story** (*film, novel etc*) histoire romantique conventionnelle; **boy scout**† (*Catholic*) scout *m*; (*non-Catholic*) éclaireur *m*; **boy soprano** soprano *m*.

3 *excl* (*) bigre!*

boycott ['bɔɪkɒt] **1** *vt* person, product, place boycotter. **2** *n* boycottage *m*.

boyhood ['bɔɪhʊd] *n* enfance *f*, adolescence *f*.

boyish ['bɔɪɪʃ] *adj* behaviour d'enfant, de garçon; smile gamin; (*pej*) enfantin, puéril; (*tomboyish*) girl garçonnier; behaviour garçonnier, de garçon. **he looks very** ~ il fait très gamin.

bozo ['bəʊzəʊ] *n* (*US*) drôle de type‡ *m*.

bra [brɑː] *n* (*abbr of* **brassière**) soutien-gorge *m*. **half-cup** ~ soutien-gorge pigeonnant.

Bp. *abbr of* **Bishop**.

B.R. [biːˈɑːr] (*abbr of* **British Rail**) *compagnie ferroviaire britannique*.

Brabant [brəˈbænt] *n* Brabant *m*.

brace [breɪs] **1** *n* **(a)** attache *f*, agrafe *f*; (*Med*) appareil *m* orthopédique; (*Constr*) entretoise *f*, étrésillon *m*; (*US Mil sl*) garde-à-vous *m* rigide. (*Brit Dress*) ~**s** bretelles *fpl*; (*for teeth*) ~**(s)** appareil *m* dentaire *or* orthodontique; (*Tech*) ~ **(and bit)** vilebrequin *m* (à main).

(b) (*pl inv: pair*) [*animals, pistols*] paire *f*.

(c) (*Mus, Typ: also* ~ **bracket**) accolade *f*.

2 *vt* **(a)** (*support, strengthen*) soutenir, consolider; *structure* entretoiser, étrésillonner; *beam* armer (*with* de), soutenir.

(b) **to** ~ **o.s.** (*lit*) s'arc-bouter; (*fig*) rassembler ses forces (*to do* à faire), fortifier son âme (*to do* pour faire); **he** ~**d his leg against the door** il bloqua la porte avec sa jambe; ~ **yourself for the news!** tenez-vous bien que je vous raconte (*subj*) la nouvelle *or* que je vous en dise une bien bonne*.

(c) [*climate etc*] fortifier, tonifier.

◆**brace up 1** *vt sep* person retremper, revigorer, remonter. **to brace o.s. up** rassembler ses forces (*to do* pour faire); (*by having a drink*) reprendre des forces (*hum*). **2** *vi* (*excl*) **brace up!** du courage!

bracelet ['breɪslɪt] *n* **(a)** bracelet *m*. **(b)** (*handcuffs*) ~**s**‡ menottes *fpl*, bracelets *mpl* (*hum*).

bracer‡ ['breɪsər] *n* (*drink*) remontant *m*.

bracing ['breɪsɪŋ] *adj* air, climate fortifiant, tonifiant. **a** ~ **wind** un vent vivifiant.

bracken ['brækən] *n* (*U*) fougère *f*.

bracket ['brækɪt] **1** *n* **(a)** (*angled support*) support *m*; [*shelf*] tasseau *m*, gousset *m*, potence *f*; (*Archit*) support, console *f*, corbeau *m*.

(b) [*lamp*] fixation *f*. ~ **lamp** applique *f*.

(c) (*small shelf*) rayon *m*, étagère *f*.

(d) (*Typ*) (*round*) parenthèse *f*; (*square*) crochet *m*; (*Mus, Typ: also* **brace** ~) accolade *f*. **in** ~**s** entre parenthèses.

(e) (*fig: group*) classe *f*, groupe *m*, tranche *f*. **the lower/upper income** ~ la tranche des petits/des gros revenus; **he's in the £10,000 a year** ~ il est dans la tranche (de revenus) des 10.000 livres par an.

2 *vt* **(a)** (*Typ*) sentence etc mettre entre parenthèses *or* entre crochets.

(b) (*join by brackets*) réunir par une accolade; (*fig: also* ~ **together**) names, persons mettre dans le même groupe *or* dans la même catégorie; candidates etc mettre ex aequo, accoler; (*fig: link in one's mind*) mettre dans le même sac. (*Scol, Sport etc*) ~**ed first** premiers ex aequo.

(c) (*Mil*) target encadrer.

bracketing ['brækətɪŋ] *n* (*Gram*) parenthétisation *f*.

brackish ['brækɪʃ] *adj* water, taste saumâtre.

brad [bræd] *n* semence *f*, clou *m* de tapissier. ~ **awl** poinçon *m*.

brae [breɪ] *n* (*Scot*) pente *f*, côte *f*.

brag [bræg] **1** *vi* se vanter, se glorifier, se targuer (*about, of* de, *about or of doing* de faire).

2 *vt*: **to** ~ **that one has done sth** se vanter d'avoir fait qch.

3 *n* **(a)** (*boast*) vantardise *f*, fanfaronnades *fpl*.
(b) = **braggart**.
(c) (*Cards*) *jeu de cartes semblable au poker*.
braggart ['brægət] *n* vantard(e) *m(f)*, fanfaron(ne) *m(f)*.
bragging ['brægɪŋ] *n* vantardise *f* (*about* à propos de).
Brahma ['brɑːmə] *n* **(a)** (*god*) Brahma *m*. **(b)** (*US Zool*) zébu américaine.
Brahman ['brɑːmən] *n*, **Brahmin** ['brɑːmɪn] *n* **(a)** (*person*) brahmane *m*. **(b)** = **Brahma b**.
Brahmaputra [,brɑːmə'puːtrə] *n* Brahmapoutre *m*, Brahmaputra *m*.
braid [breɪd] **1** *vt* **(a)** (*plait*) tresser, natter; (*interweave*) entrelacer (*with* avec).
(b) (*trim with* ∼) *clothing, material* soutacher, galonner, passementer.
2 *n* **(a)** (*plait of hair*) tresse *f*, natte *f*.
(b) (*U: trimming*) soutache *f*, ganse *f*, galon *m*; (*Mil*) galon. **gold** ∼ galon d'or *or* doré.
Braille [breɪl] **1** *n* braille *m*. **2** *adj* braille *inv*.
brain [breɪn] **1** *n* **(a)** (*Anat*) cerveau *m*; (*fig*) cerveau, tête *f*. (*Anat, Culin*) ∼s cervelle *f*; (*fig*) **he's got that on the** ∼* il ne pense qu'à ça!, ça le tient!*; (*fig*) **he's got politics on the** ∼* il n'a que la politique en tête; **his** ∼ **reeled** la tête lui a tourné; **to blow sb's** ∼**s out** brûler la cervelle à qn; (*Culin*) **calves'** ∼ cervelle de veau; V **pick, rack²** *etc*.
(b) (*fig: gen pl: intelligence*) ∼s intelligence *f*; **he's got** ∼s il est intelligent; **he's the** ∼**s of the family** c'est le cerveau de la famille.
2 *vt* (‡: *knock out*) *person* assommer.
3 *cpd* (*Med*) *disease, operation* cérébral. **brain-child** idée personnelle, invention personnelle; **it's his brain-child** c'est lui qui l'a inventé; **brain damage** lésions cérébrales; **brain dead** (*Med*) dans un coma dépassé; **brain death** (*Med*) mort cérébrale; **brain drain** exode *m* des cerveaux; **brain fever** fièvre cérébrale; **brain pan** boîte crânienne; **brain scan** scanographie *f* du cerveau; **brain scanner** scanner *m*; **brainstorm** (*Med*) congestion cérébrale; (*Brit fig: sudden aberration*) moment *m* d'aberration; (*brilliant idea*) idée géniale; **brainstorming** remue méninges *m* (*hum*), brain-storming *m*; **brains trust** (*panel of experts*) groupe *m* d'experts *or* de spécialistes; (*US: advisory experts: also* **brain trust**) brain-trust *m*; **brainwash** faire un lavage de cerveau à; **he was brainwashed into believing that** ... on a réussi à lui faire croire *or* à lui mettre dans la tête que ...; **brainwashing** [*prisoners etc*] lavage *m* de cerveau; (*) [*the public etc*] bourrage* *m* de crâne, intox* *f*; **brainwave** idée géniale, inspiration *f*; **brainwork** travail intellectuel.
brainless ['breɪnlɪs] *adj* *person* sans cervelle, stupide; *idea* stupide. [*person*] **to be** ∼ n'avoir rien dans la tête.
brainy* ['breɪnɪ] *adj* intelligent, doué.
braise [breɪz] *vt* (*Culin*) braiser.
brake¹ [breɪk] *n* (*Bot*) (*bracken*) fougère *f*; (*thicket*) fourré *m*.
brake² [breɪk] *n* (*vehicle*) break *m*.
brake³ [breɪk] **1** *n* (*Aut etc*) frein *m*. **to put on** *or* **apply the** ∼**s** freiner; (*fig*) **to act as a** ∼ **on sb's activities** mettre un frein aux activités de qn; V **hand, slam on** *etc*.
2 *vi* freiner.
3 *cpd*: **brake band** ruban *m* de frein; **brake block** sabot *m* *or* patin *m* de frein; **brake drum** tambour *m* de frein; **brake fluid** liquide *m* de freins, lockheed *m* ®; **brake horse power** puissance *f* au frein; **brake lever** frein *m* à main; **brake light** feu *m* de stop; **brake lining** garniture *f* de frein; (*US Rail*) **brakeman** chef *m* de train; **brake pad** plaquette *f* de frein; **brake pedal** pédale *f* de frein; **brake shoe** mâchoire *f* de frein; (*Brit Rail*) **brake-van** fourgon *m* à frein.
braking ['breɪkɪŋ] **1** *n* freinage *m*. **2** *cpd*: **braking distance/power** distance *f*/puissance *f* de freinage.
bramble ['bræmbl] *n* **(a)** (*thorny shrub*) roncier *m*, roncière *f*. **(b)** (*blackberry*) (*bush*) ronce *f* des haies, mûrier *m* sauvage; (*berry*) mûre *f* (sauvage).
brambling ['bræmblɪŋ] *n* (*bird*) pinson *m* du nord.
bran [bræn] *n* son *m* (*de blé*). **bran loaf** pain *m* au son; ∼ **mash** bran *or* son mouillé; (*Brit*) ∼ **tub** pêche miraculeuse (*jeu*).
branch [brɑːntʃ] **1** *n* **(a)** (*tree, candelabra*) branche *f*; [*river*] branche, bras *m*; [*mountain chain*] ramification *f*; [*road*] embranchement *m*; [*railway*] bifurcation *f*, raccordement *m*; [*pipe*] branchement *m*; [*family, race*] ramification, branche; (*Ling*) rameau *m*; [*subject, science etc*] branche; (*Admin*) division *f*, section *f*. (*Mil*) **he did not belong to their** ∼ **of the service** il n'appartenait pas à leur arme; V **olive, root** *etc*.
(b) (*Comm*) [*store*] succursale *f*; [*company*] succursale, branche *f*; [*bank*] agence *f*, succursale; [*police force*] antenne *f*.
(c) (*Comput*) branchement *m*.
(d) (*US: stream*) ruisseau *m*.
2 *cpd*: (*Comm*) **branch depot** dépôt *m* auxiliaire; (*Rail*) **branch line** ligne *f* secondaire; **branch manager** (*gen*) directeur *m* de succursale; [*bank*] directeur d'agence; **branch office** succursale *f* (locale); [*bank*] agence *f*, succursale; (*US*) **branch water*** eau *f* plate.
3 *vi* **(a)** [*tree*] se ramifier.
(b) [*road*] bifurquer; [*river*] (*divide into two*) bifurquer; (*into more than two*) se ramifier. **the road** ∼**es off the main road at** ... la route quitte la grand-route à ... .
♦ **branch off** *vi* [*road*] bifurquer.
♦ **branch out** *vi* [*person, company*] étendre ses activités. **the firm is branching out into the publishing business** la compagnie étend la sphère de ses activités à *or* se lance dans l'édition.
branching ['brɑːntʃɪŋ] *n* (*Gram*) branchement *m*, arborescence *f*. ∼ **rules** règle *f* de formation d'arbre.
brand [brænd] **1** *n* **(a)** (*Comm: trademark: also* ∼ **name**) marque *f* (de fabrique). **that rum is an excellent** ∼ c'est une excellente

marque de rhum, ce rhum est de très bonne marque.
(b) (*mark*) [*cattle, property*] marque *f*; [*prisoner*] flétrissure *f*; (*fig: stigma*) marque, stigmate *m*.
(c) (*also* ∼**ing-iron**) fer *m* à marquer.
(d) (*burning wood*) tison *m*, brandon *m*, flambeau *m* (*liter*); V **fire**.
(e) (*liter*, †: *sword*) glaive *m* (*liter*), épée *f*.
2 *vt* *cattle, property* marquer (au fer rouge); (*fig*) *person* étiqueter (*as* comme), stigmatiser. (*fig*) **he was** ∼**ed** (*as*) **a traitor** on lui a donné l'étiquette infamante de traître; **to** ∼ **sth on sb's memory** graver qch dans la mémoire de qn; (*Comm*) ∼**ed goods** produits *mpl* de marque.
3 *cpd*: (*Comm*) **brand acceptance** accueil réservé à une marque; (*Comm*) **brand image** image *f* de marque; **branding-iron** fer *m* à marquer; **brand-new** tout neuf (*f* toute neuve), flambant neuf (*f* flambant neuve).
brandish ['brændɪʃ] *vt* brandir.
brandy ['brændɪ] *n* cognac *m*. ∼ **and soda** fine à l'eau; **plum** ∼ eau-de-vie *f* de prune *or* de quetsche; (*Culin*) ∼ **snap** cornet croquant.
brash [bræʃ] *adj* (*reckless*) impétueux, fougueux; (*impudent*) impertinent, effronté; *colour* criard.
brashly ['bræʃlɪ] *adv* (V **brash**) impétueusement, fougueusement; avec impertinence, effrontément.
brashness ['bræʃnɪs] (V **brash**) impétuosité *f*, fougue *f*; impertinence *f*, effronterie *f*; [*colour*] caractère criard.
Brasilia [brə'zɪljə] *n* Brasilia.
brass [brɑːs] **1** *n* **(a)** (*U*) cuivre *m* (jaune), laiton *m*; V **bold**.
(b) (*tablet*) plaque *f* mortuaire (en cuivre).
(c) (*object/ornament of* ∼) objet *m*/ornement *m* en cuivre. **to do/clean the** ∼(**es**) faire/astiquer les cuivres; (*Mus*) **the** ∼ les cuivres *mpl*; (*Mil sl*) **the** (**top**) ∼ les huiles‡ *fpl*.
(d) (‡:*U*) (*impudence*) toupet* *m*, culot* *m*; (*Brit: money*) pognon‡ *m*.
2 *cpd* *ornament etc* en *or* de cuivre. **brass band** fanfare *f*, orchestre *m* de cuivres; **it's not worth a brass farthing*** cela ne vaut pas un clou *or* un pet de lapin‡ (V **care**); **brass foundry** fonderie *f* de cuivre; (*Mil sl*) **brass hat** huile* *f*; **brass knuckles** coup de poing américain; **he's got a brass neck‡** il a du toupet* *or* du culot*; **brass plate** plaque *f* de cuivre; [*church*] plaque mortuaire *or* commémorative; **brass rubbing** (*action*) décalquage *m* par frottement; (*object*) décalque *m*; **to get down to brass tacks*** en venir aux faits *or* aux choses sérieuses; **brassware** chaudronnerie *f* d'art, dinanderie *f*.
brassie ['brɑːsɪ] *n* (*Golf*) = **brassy 2**.
brassière† ['bræsɪər] *n* soutien-gorge *m*.
brassy ['brɑːsɪ] **1** *adj* *colour etc* cuivré; *sound* cuivré, claironnant; (*: impudent*) *person* culotté*. **2** *n* (*Golf*) brassie *m*.
brat [bræt] *n* (*pej*) moutard* *m*, môme* *mf*, gosse* *mf*. **all these** ∼**s** toute cette marmaille*; **one of his** ∼**s** un de ses lardons‡.
bravado [brə'vɑːdəʊ] *n* bravade *f*.
brave [breɪv] **1** *adj* **(a)** *person* courageux, brave, vaillant; *smile, attempt, action* courageux, brave. **to be as** ∼ **as a lion** être courageux comme un lion, être intrépide; **be** ∼! du courage!; **be** ∼ **and tell her** prends ton courage à deux mains et va lui dire; V **face**.
(b) (*liter: fine*) *beau* (*f* belle), élégant. (*iro*) **it's a** ∼ **new world!** on n'arrête pas le progrès! (*iro*).
2 *n* **(a)** **the** ∼**st of the** ∼ le brave des braves.
(b) (*Indian warrior*) guerrier indien, brave *m*.
3 *vt* *danger, person, sb's anger* braver, affronter.
♦ **brave out** *vt sep*: **to brave it out** faire face à la situation.
bravely ['breɪvlɪ] *adv* *fight, answer* bravement, courageusement, vaillamment. **the flag was flying** ∼ le drapeau flottait splendidement.
bravery ['breɪvərɪ] *n* (*U*) courage *m*, vaillance *f*, bravoure *f*.
bravo ['brɑː'vəʊ] *excl, n, pl* ∼**es** *or* ∼**s** bravo (*m*).
bravura [brə'vʊərə] *n* (*also Mus*) bravoure *f*.
brawl [brɔːl] **1** *vi* se bagarrer*, se quereller. **2** *n* rixe *f*, bagarre *f*. **drunken** ∼ querelle *f* d'ivrognes.
brawling ['brɔːlɪŋ] **1** *adj* bagarreur*, querelleur. **2** *n* rixe *f*, bagarre *f*.
brawn [brɔːn] *n* **(a)** (*Brit Culin*) fromage *m* de tête. **(b)** (*muscle*) muscle(s) *m(pl)*; (*strength*) muscle. **to have plenty of** ∼ être bien musclé, avoir du muscle.
brawny ['brɔːnɪ] *adj* *arm* musculeux, fort; *person* musclé, vigoureux, costaud*.
bray [breɪ] **1** *n* [*ass*] braiement *m*; [*trumpet*] fanfare *f*, son éclatant.
2 *vi* [*ass*] braire; [*trumpet*] résonner, éclater.
braze [breɪz] *vt* souder (au laiton).
brazen ['breɪzn] **1** *adj* (*liter*) (*brass*) de cuivre (jaune), de laiton; *sound* cuivré; (*fig: also* ∼-**faced**) impudent, effronté. ∼ **lie** mensonge effronté. **2** *vt*: **to** ∼ **it out** payer d'effronterie, crâner*.
brazenly ['breɪznlɪ] *adv* impudemment, effrontément.
brazier¹ ['breɪzɪər] *n* (*fire*) brasero *m*.
brazier² ['breɪzɪər] *n* (*craftsman*) chaudronnier *m*.
Brazil [brə'zɪl] *n* Brésil *m*. ∼ **nut** noix *f* du Brésil.
Brazilian [brə'zɪljən] **1** *n* Brésilien(ne) *m(f)*. **2** *adj* brésilien, du Brésil.
breach [briːtʃ] **1** *n* **(a)** (*Jur etc: violation*) infraction *f* (*of* à), manquement *m* (*of* à, aux devoirs de); [*rules, order, discipline*] infraction; [*friendship, good manners*] manquement (*of* à); [*law*] violation *f* (*of* de). ∼ **of contract** rupture *f* de contrat; **a** ∼ **of decorum** une inconvenance; ∼ **of faith** déloyauté *f*; ∼ **of the peace** attentat *m* à l'ordre public; (*US Pol*) ∼ **of privilege** atteinte portée aux prérogatives parlementaires; ∼ **of promise** violation de promesse de mariage; **action for** ∼ **of promise** ≃ action *f* en dommages-intérêts (*pour promesse de mariage*); ∼ **of professional**

secrecy violation du secret professionnel; ~ **of trust** abus *m* de confiance.

(b) (*estrangement*) brouille *f*, désaccord *m*.

(c) (*gap: in wall etc*) brèche *f*, trou *m*. (*Mil*) **to make a ~ in the enemy's lines** percer les lignes ennemies.

2 *vt wall* ouvrir une brèche dans, faire une trouée dans; (*Mil*) *enemy lines, defences* percer.

3 *vi* [*whale*] sauter hors de l'eau.

bread [bred] **1** *n* **(a)** pain *m*. **loaf of ~** pain, miche *f*; **new ~ pain** frais; **~ fresh from the oven** du pain sortant du four; **an invalid on a diet of ~** un malade qui se nourrit de pain trempé dans du lait; **~ and butter** tartine *f* (beurrée *or* de beurre) (*V also* 2); (*fig*) **writing is his ~ and butter** sa plume est son gagne-pain, il vit de sa plume; **to earn one's ~** gagner son pain *or* sa vie; **to take the ~ out of sb's mouth** retirer à qn le pain de la bouche; **to put sb on (dry) ~ and water** mettre qn au pain (sec) et à l'eau; (*fig*) **he knows which side his ~ is buttered** il sait où est son intérêt; (*fig*) **to throw *or* cast one's ~ upon the water(s)** agir de façon désintéressée; (*Rel*) **the ~ and wine** les (deux) espèces *fpl*; (*Rel*) **to break ~** [*congregation*] recevoir la communion; [*priest*] administrer la communion; (**: money*) fric** m*, oseille** f*.

(b) (**: money*) fric** m*, oseille** f*.

2 *cpd*: (*fig*) **bread-and-butter** *job etc* qui assure le nécessaire; (*reliable*) *player etc* sur qui l'on peut compter; **bread-and-butter letter** lettre *f* de château, lettre de remerciements (*pour hospitalité reçue*); **bread-and-butter pudding** pudding *m* de pain; **breadbasket** (*n*) corbeille *f* à pain; (**: stomach*) estomac *m*; (*adj*) (*Econ etc*) fondamental; **breadbin** boîte *f* à pain; (*larger*) huche *f* à pain; **breadboard** planche *f* à pain; (*US*) **breadbox = breadbin**; **breadcrumb** miette *f* de pain; (*Culin*) **breadcrumbs** chapelure *f*; **fried in breadcrumbs** pané; **with breadcrumbs** gratiné (*à la chapelure*); **breadfruit** (*tree*) arbre *m* à pain; (*fruit*) fruit *m* de l'arbre à pain; **breadknife** couteau *m* à pain; (*US*) **bread line** *queue f de gens qui attendent pour toucher des vivres*; (*Brit*) **to be on the bread line*** être sans le sou *or* dans la purée*; **bread poultice** cataplasme *m* à la mie de pain; **bread pudding** gâteau *m* à la mie de pain; **bread sauce** sauce *f* à la mie de pain; **breadwinner** soutien *m* (de famille).

breadth [bretθ] **1** *n* **(a)** (*width*) largeur *f*. **this field is 100 metres in ~** ce champ a 100 mètres de large; *V* **hairbreadth** *etc*.

(b) (*fig*) [*mind, thought*] largeur *f*; (*style*) ampleur *f*; (*Art*) largeur d'exécution; (*Mus*) jeu *m* large. (*Mus*) **~ of tone** ampleur du son.

2 *cpd*: **breadthwise** en largeur, dans la largeur.

break [breɪk] (*vb: pret* **broke**, *ptp* **broken**) **1** *n* **(a)** (*fracture*) (*lit*) cassure *f*, rupture *f*; (*fig*) [*relationship*] rupture, brouille *f*.

(b) (*gap*) [*wall*] trouée *f*, brèche *f*; [*rock*] faille *f*; [*line*] interruption *f*, rupture *f*.

(c) (*interruption, interval*) [*conversation*] interruption *f*, pause *f*; [*TV programme etc*] interruption *f*; [*journey*] arrêt *m*; (*Brit Scol*) récréation *f*; (*Gram, Typ*) points *mpl* de suspension. **I need a ~** (*few minutes*) il faut que je m'arrête (*subj*) cinq minutes; (*holiday*) j'ai besoin de vacances; (*change*) j'ai besoin de me changer les idées; **to take a ~** s'arrêter cinq minutes; prendre des vacances; se changer les idées; **6 hours without a ~** 6 heures de suite, 6 heures sans discontinuer; (*Rad*) **~ in transmission** interruption *f* (due à un incident technique); (*Rad, TV: advertisements*) **after the ~** après l'intermède *m* de publicité; (*Elec*) **~ in circuit** rupture *f* de circuit; **a ~ in the clouds** une éclaircie; **a ~ in the weather** un changement de temps; **with a ~ in her voice** d'une voix entrecoupée.

(d) (*liter*) **at ~ of day** au point du jour, à l'aube.

(e) (**: escape: also* **~out**) évasion *f*, fuite *f*, cavale** f*. **to make a ~ for it** prendre la fuite; **he made a ~ for the door** il s'est élancé vers la porte.

(f) (**: luck, opportunity*) chance *f*, veine** f*. **to have a good/bad ~** avoir une période de veine/de déveine*; **he's had all the ~s** il a eu toutes les veines*; **give him a ~!** (*give him a chance*) donnez-lui une chance!; (*leave him alone*) fichez-lui la paix!*

(g) (*Snooker*) série *f*.

(h) (*vehicle*) break *m*.

2 *cpd*: **breakaway** (*n*) (*separating*) [*people*] séparation *f*; [*group, movement*] rupture *f*; (*Sport*) échappée *f*; (*Boxing*) dégagement *m*; (*Cine*) accessoire *f* cassable; (*adj*) *group, movement* séparatiste, dissident; (*Pol*) **breakaway state** état dissident; **break dancer** smurfer *m*; **break dancing** le smurf; **breakdown** *V* **breakdown**; (*Comm*) **break-even point** seuil *m* de rentabilité; **break-in** cambriolage *m*; **at breakneck speed** (*run*) à une allure folle, à fond de train; (*drive*) à une allure folle, à tombeau ouvert; **breakout** évasion *f* (*de prison*); **break point** (*Tennis*) point *m* d'avantage; (*Comput*) point de rupture; **breakthrough** (*Mil*) percée *f*; [*research etc*] découverte capitale; **break-up** [*ship*] dislocation *f*; [*ice*] débâcle *f*; [*friendship*] rupture *f*; [*empire*] démembrement *m*; [*political party*] débâcle *f*; **breaking-up** (*school, college*) début *m* des vacances, fin *f* des classes; [*meeting etc*] clôture *f*, levée *f*; **breakwater** brise-lames *m inv*, digue *f*.

3 *vt* **(a)** (*smash, fracture, tear*) *cup, chair* casser, briser; *shoelace* casser; *stick* casser, briser, rompre; *bone* casser, fracturer; *skin* entamer, écorcher. **to ~ sth in two** casser qch en deux; **the child has broken all his toys** l'enfant a cassé *or* brisé *or* démoli tous ses jouets; **to ~ one's neck** se rompre *or* se casser le cou (*V also* 2); (*fig*) **I'll ~ his neck*** if **I catch him doing that again** si je l'y reprends je lui tords le cou*; **to ~ one's leg** se casser *or* se fracturer la jambe; (*Theat*) **~ a leg!*** bonne chance!, merde!***; **the bone is not broken** il n'y a pas de fracture; **his skin is not broken** il ne s'est pas écorché; **to ~ open** *door* enfoncer, forcer; *packet* ouvrir; *lock, safe* fracturer, forcer; (*fig*) **to ~ new *or* fresh ground** innover, faire œuvre de pionnier; (*Aviat*) **to ~ the sound barrier** franchir le mur du son; (*Sport etc*) **to ~ a record** battre un record; **to ~ one's back** ce casser la colonne vertébrale; **he almost broke**

his back trying to lift the stone il s'est donné un tour de reins en essayant de soulever la pierre; (*Brit fig*) **to ~ the back of a task** faire le plus dur *or* le plus gros d'une tâche; **to ~ one's heart over sth** avoir le cœur brisé par qch; **to ~ sb's heart** briser le cœur à *or* de qn; **to ~ the ice** (*lit, also in conversation etc*) briser *or* rompre la glace; (*broach tricky matter*) entamer le sujet (*délicat*); **to ~ surface** [*submarine*] revenir à la surface; [*diver*] réapparaître; **to ~ wind** lâcher un vent; *V* **bone, bread.**

(b) (*fig: fail to observe*) *promise* manquer à, violer; *treaty* violer; *commandment* désobéir à. (*Mil*) **to ~ bounds** violer la consigne; **to ~ faith with sb** manquer de parole à qn; **to ~ the law** violer la loi; **to ~ the sabbath** violer le sabbat; **to ~ a vow** rompre un serment, transgresser un vœu; **to ~ an appointment with sb** faire faux bond à qn; *V* **parole.**

(c) (*weaken, vanquish*) *health* abîmer, détériorer; *strike* briser; *rebellion* mater; *courage, spirit* abattre, briser; *horse* dresser; (*Mil*) *officer* casser. **to ~ sb** (*morally*) causer la perte de qn; (*financially*) ruiner qn; **this will make or ~ him** (*financially*) cela fera sa fortune ou sa ruine; (*morally*) cela sera son salut ou sa perte; **to ~ sb of a habit** faire perdre une habitude à qn; **to ~ a habit** se débarrasser *or* se défaire d'une habitude; (*Betting*) **to ~ the bank** faire sauter la banque.

(d) (*interrupt*) *silence, spell, fast* rompre; *journey* arrêter, interrompre; (*Elec*) *current, circuit* couper. (*Tennis*) **to ~ sb's service** prendre le service de qn; **to ~ the thread of a story** couper le fil d'un récit; (*fig: pause*) **we broke for lunch** nous nous sommes arrêtés *or* nous avons fait une pause pour le déjeuner.

(e) (*leave*) **to ~ jail** s'évader (de prison); **to ~ cover** [*fox, hare*] débusquer; [*stag*] débucher; [*hunted person*] sortir à découvert; **to ~ ranks** [*soldiers*] rompre les rangs; (*fig*) [*splinter group*] décider de faire bande à part; **to ~ camp** lever le camp.

(f) (*soften*) *fall, blow* amortir, adoucir. **the wall ~s the force of the wind** le mur coupe le vent.

(g) *news* révéler, annoncer. **try to ~ it to her gently** essayez de le lui annoncer avec ménagements.

(h) (*Naut*) *flag, signal* déferler.

4 *vi* **(a)** (*fracture, fall apart*) (*gen*) (se) casser, se briser; [*stick, rope*] se casser, se rompre; [*bone*] se casser, se fracturer; [*wave*] déferler; [*clouds*] se disperser, se dissiper; [*troops*] rompre les rangs; [*ranks*] se rompre; (*fig*) [*heart*] se briser. **to ~ in two** se casser en deux; (*Med*) **her waters broke** elle a perdu ses eaux.

(b) (*escape*) se libérer (*from* de). **to ~ free** se libérer, se dégager; **to ~ loose** [*person, animal*] s'échapper (*from* de); [*ship*] rompre ses amarres, partir à la dérive.

(c) [*news, story*] éclater, se répandre; [*storm*] éclater, se déchaîner.

(d) (*weaken, change*) [*health*] s'altérer, se détériorer; [*voice*] (*boy's*) muer; (*in emotion*) s'altérer, se briser, s'étrangler (*with* de); [*weather*] se gâter, s'altérer. **the heatwave was ~ing** la vague de chaleur touchait à sa fin; **he broke under torture** il a craqué sous la torture; **his courage *or* spirit broke** son courage l'a abandonné.

(e) (*Boxing*) se dégager. (*fig*) **to ~ with a friend** rompre avec un ami.

(f) [*dawn*] poindre; [*day*] se lever, poindre.

(g) **to ~ even** [*individual*] s'y retrouver, s'en tirer sans gains ni pertes; [*shop, company*] atteindre l'équilibre financier.

(h) (*Ling*) [*vowel*] se diphtonguer.

(i) (*Sport*) [*ball*] dévier.

♦**break away 1** *vi* **(a)** [*piece of cliff, railway coach*] se détacher (*from* de); [*boat*] rompre ses amarres, partir à la dérive. **to break away from a group** (*lit*) se détacher d'un groupe; (*fig*) se séparer d'un groupe; **to break away from routine** sortir de la routine.

(b) (*Ftbl*) s'échapper; (*Racing*) s'échapper, se détacher du peloton.

2 *vt sep* (*lit, fig*) détacher (*from* de).

3 breakaway *adj, n V* **break 2.**

♦**break down 1** *vi* **(a)** (*fail, cease to function*) [*vehicle, machine*] tomber en panne; [*health*] se détériorer; [*argument*] s'effondrer; [*resistance*] céder; [*negotiations, plan*] échouer. **after negotiations broke down** après l'échec *m or* la rupture des négociations.

(b) (*weep*) fondre en larmes, éclater en sanglots.

2 *vt sep* **(a)** (*demolish*) démolir, mettre en morceaux; *door* enfoncer; (*fig*) *opposition* briser.

(b) (*analyse*) *accounts* analyser, détailler; *reasons* décomposer (*into* en); *sales figures, costs* ventiler; (*Chem*) *substance* décomposer. **he broke down his argument into 3 points** il a décomposé son raisonnement en 3 points.

3 breakdown *n, cpd V* **breakdown.**

♦**break forth** *vi* (*liter*) [*light, water*] jaillir; [*storm*] éclater. **to break forth into song** se mettre à chanter, entonner un chant.

♦**break in 1** *vi* **(a)** (*interrupt, intrude*) interrompre. **to break in (up)on sb/sth** interrompre qn/qch.

(b) (*enter illegally*) entrer par effraction.

2 *vt sep* **(a)** *door* enfoncer; *cask* défoncer.

(b) (*tame, train*) *horse* dresser; (*US*) *engine, car* roder. **it will take you 6 months before you're broken in*** (*to the job*) vous mettrez 6 mois à vous faire au métier *or* à vous roder*.

3 break-in *n V* **break 2.**

♦**break into** *vt fus* **(a)** (*enter illegally*) *house* entrer par effraction dans. **to break into a safe** fracturer *or* forcer un coffre-fort; **to break into the cashbox** forcer la caisse.

(b) (*use part of*) *savings* entamer. **to break into a new box of sth** entamer une nouvelle boîte de qch.

(c) (*Comm*) **to break into a new market** percer sur un nouveau marché.

(d) (*begin suddenly*) commencer à, se mettre à. **to break into song** se mettre à chanter; **he broke into a long explanation** il s'est

lancé dans une longue explication; **to break into a trot** [horse] prendre le trot; [person] se mettre à trotter.
♦**break off 1** vi (a) [piece, twig] se détacher net, se casser net.
   (b) (stop) s'arrêter (doing de faire). **to break off from work** prendre un moment de répit or de récréation, interrompre le travail, faire la pause.
   (c) (end relationship) rompre (with sb avec qn).
   (d) (Snooker) commencer la partie.
   2 vt sep **(a)** piece of rock, chocolate etc casser, détacher.
   (b) (end, interrupt) engagement, negotiations rompre; habit rompre avec, se défaire de; work interrompre, cesser.
♦**break out 1** vi (a) [epidemic, fire] éclater, se déclarer; [storm, war, argument] éclater. **to break out in(to) spots** se couvrir de boutons; **to break out into a sweat** prendre une suée*, (from fear etc) commencer à avoir des sueurs froides; **he broke out into a stream of insults** il a sorti un chapelet d'injures.
   (b) (escape) s'échapper, s'évader (of de).
   2 vt sep champagne etc sortir.
   3 breakout n V break 2.
♦**break through 1** vi (Mil) faire une percée; [sun] percer (les nuages).
   2 vt fus defences, obstacles enfoncer, percer. **to break through sb's reserve** percer la réserve de qn; **to break through the crowd** se frayer un passage à travers la foule; (Aviat) **to break through the sound barrier** franchir le mur du son.
   3 breakthrough n V break 2.
♦**break up 1** vi **(a)** [ice] craquer, se fêler; [road] être défoncé; [ship in storm] se disloquer; [partnership] cesser, prendre fin; [health] se détériorer, se délabrer. **the weather is breaking up** le temps se gâte; **their marriage is breaking up** leur mariage est en train de se briser or est à vau-l'eau.
   (b) (disperse) [clouds, crowd] se disperser; [group] se disperser, se séparer; [meeting] se disperser; [friends] se quitter, se séparer; (Brit) [school, college] entrer en vacances. **the schools break up tomorrow** les vacances (scolaires) commencent demain.
   (c) (US‡: laugh) avoir le fou rire.
   2 vt sep **(a)** (lit) mettre en morceaux, morceler; house démolir; ground ameublir; road défoncer. **to break sth up into 3 pieces** mettre or casser qch en 3 morceaux.
   (b) (fig) coalition briser, rompre; empire démembrer. **to break up a marriage/a home** désunir un ménage/une famille.
   (c) (disperse) crowd, meeting disperser; **break it up!** séparez-vous!; (said by policeman) circulez!
   (d) (US‡: make laugh) donner le fou rire à.
   3 breaking-up n, **break-up** n V break 2.
breakable ['breikəbl] **1** adj cassable, fragile. **2** n: ~s objets mpl fragiles.
breakage ['breikidʒ] n (in chain) rupture f; [glass, china] casse f, bris m. **to pay for** ~s payer la casse.
breakdown ['breikdaʊn] **1** n **(a)** [machine, vehicle, electricity supply] panne f.
   (b) [communications etc] rupture f; [railway system etc] interruption f (subite) de service; (fig) [moral values etc] érosion f, dégradation f.
   (c) (Med) (mental) dépression nerveuse; (physical) effondrement m.
   (d) (analysis) analyse f; (into categories) décomposition f (into en); [sales figures, costs etc] ventilation f. **give me a** ~ **of these results** faites-moi l'analyse de ces résultats.
   2 cpd: (Brit Aut) **breakdown gang/service** équipe f/service m de dépannage; (Brit Aut) **breakdown van** or **truck** dépanneuse f.
breaker ['breikər] n **(a)** (wave) brisant m. **(b)** (person) briseur m, casseur m. **to send to the** ~**'s** ship envoyer à la démolition; car envoyer à la casse; V house, law etc. **(c)** (machine) concasseur m, broyeur m; V ice etc. **(d)** (CB user) cibiste mf.
breakfast ['brekfəst] **1** n petit déjeuner m. **to have** ~ déjeuner, prendre le (petit) déjeuner; V wedding etc.
   2 vi déjeuner (off, on de).
   3 cpd: **breakfast cereals** céréales fpl (flocons mpl d'avoine, de maïs etc); **breakfast cloth** nappe f (ordinaire); **breakfast cup** déjeuner m (tasse); **breakfast room** petite salle à manger; **breakfast set** service m à petit déjeuner; **breakfast TV** la télévision du matin or du petit déjeuner.
breaking ['breikiŋ] **1** n [cup, chair] bris m; [bone, limb] fracture f; (Jur) [window, seals] bris; [promise] manquement m (of à), violation f (of de); [treaty, law] violation f (of de); [commandment] désobéissance f (of à); [silence, spell] rupture f; [journey] interruption f (of de).
   2 cpd: (Jur) **breaking and entering** effraction f; (Tech) **breaking-point** point m de rupture; **to try sb's patience to breaking-point** pousser à bout la patience de qn; **she has reached breaking-point** elle est à bout, elle n'en peut plus; (Pol etc) **the situation has reached breaking-point** on est au point de rupture; (Tech) **breaking strain** point m de rupture; **breaking strength** module m de résistance; **breaking stress** = **breaking strain**.
bream [bri:m] n brème f.
breast [brest] **1** n **(a)** (chest) [man, woman] poitrine f; [animal] poitrine, poitrail m; (Culin) [chicken etc] blanc m; V beat, clean.
   (b) [woman] sein m, mamelle f (†, liter); [man] sein. **baby at the** ~ enfant mf au sein.
   (c) (Min) front m de taille; V chimney.
   2 vt (a) (face) waves, storm, danger affronter.
   (b) hill atteindre le sommet de; (Sport) **to** ~ **the tape** franchir la ligne d'arrivée (le premier).
   3 cpd: **breastbone** sternum m; [bird] bréchet m; **breast-fed** nourri au sein; **breast-feed** (vt) allaiter, donner le sein à; (vi) allaiter; **breast-feeding** allaitement maternel or au sein; **breast-**

plate [priest] pectoral m; [armour] plastron m (de cuirasse); **breast-pocket** poche f de poitrine; **breast-stroke** brasse f; **to swim breast-stroke** nager la brasse; **breastwork** (Mil) parapet m; (Naut) rambarde f.
breath [breθ] **1** n **(a)** haleine f, souffle m, respiration f. **bad** ~ mauvaise haleine; **to get one's** ~ **back** reprendre haleine, retrouver son souffle; **out of** ~ à bout de souffle, essoufflé, hors d'haleine; **to take** ~ respirer, reprendre haleine; **to take a deep** ~ respirer à fond; (fig) **take a deep** ~! accroche-toi bien!*; (fig) **to take sb's** ~ **away** couper le souffle à qn; **save your** ~! inutile de gaspiller ta salive!; **to be short of** ~ avoir le souffle court; **to gasp for** ~ haleter; **to stop for** ~ s'arrêter pour reprendre haleine; **below** or **beneath** or **under one's** ~ (gen) à voix basse, tout bas; **to laugh under one's** ~ rire sous cape; **she contradicted herself in the same** ~ elle s'est contredite dans la même seconde; **to say sth (all) in one** ~ dire qch tout d'un trait; (fig) **it was the** ~ **of life** to him c'était (toute) sa vie, cela lui était aussi précieux que la vie même; **his last** ~ son dernier soupir; **with one's dying** ~ en mourant; (liter) **to draw one's last** ~ rendre l'âme, rendre le dernier soupir; V catch, hold, waste etc.
   (b) (air in movement) souffle m. **there wasn't a** ~ **of air** il n'y avait pas un souffle d'air; **to go out for a** ~ **of air** sortir prendre l'air; **a little** ~ **of wind** un (léger) souffle d'air; (fig) **not a** ~ **of scandal** pas le moindre soupçon de scandale.
   2 cpd: **breathtaking** stupéfiant, à vous couper le souffle; (Aut) **breath test** alcootest m; **breath-test** (vt) faire subir l'alcootest à.
breathalyse, (US) **breathalyze** ['breθəlaiz] vt faire subir l'alcootest à.
Breathalyser, (US) **Breathalyzer** ['breθəlaizər]® n alcootest m.
breathe [bri:ð] **1** vi respirer. **to** ~ **deeply**, **to** ~ **heavily** (after running etc) haleter, souffler (fort); (in illness) respirer péniblement; **to** ~ **hard** souffler (fort), haleter; (fig) **to** ~ **freely**, **to** ~ **again** (pouvoir) respirer; (be alive) **she is still breathing** elle vit encore, elle est toujours en vie; **to** ~ **down sb's neck** harceler qn, talonner qn.
   2 vt **(a)** air respirer. **to** ~ **one's last (breath)** rendre le dernier soupir; **to** ~ **air into sth** insuffler de l'air or souffler dans qch; **to** ~ **new life into sb** redonner goût à la vie or du courage à qn.
   (b) (utter) sigh exhaler, laisser échapper, pousser; prayer murmurer. **to** ~ **a sigh of relief** pousser un soupir de soulagement; **don't** ~ **a word (about it)!** n'en dis rien à personne!, motus!
   (c) (Ling) aspirer.
♦**breathe in** vi, vt sep aspirer, inspirer.
♦**breathe out** vi, vt sep expirer.
breather* ['bri:ðər] n **(a)** (short rest) moment m de repos or répit. **to give sb a** ~ laisser souffler qn. **(b)** (fresh air) **let's go (out) for a** ~ sortons prendre l'air.
breathing ['bri:ðiŋ] **1** n **(a)** respiration f, souffle m; [singer, flautist etc] respiration f. **heavy** ~ respiration bruyante. **(b)** (Ling) aspiration f. (Greek Gram) **rough/smooth** ~ esprit rude/doux. **2** cpd: **breathing apparatus** appareil m respiratoire; (fig) **a breathing space** le temps de souffler, un moment de répit.
breathless ['breθlis] adj (from exertion) hors d'haleine, haletant; (through illness) oppressé, qui a de la peine à respirer. **with** ~ **excitement** le souffle coupé par l'émotion; **a** ~ **silence** un silence ému; **in** ~ **terror** le souffle coupé par la terreur.
breathlessly ['breθlisli] adv (en) haletant; (fig) en grande hâte.
bred [bred] **1** pret, ptp of **breed**. **2** adj ending in cpds: **well-bred** bien élevé; V country, ill.
breech [bri:tʃ] **1** n **(a)** [gun] culasse f.
   (b) (Med) ~ (birth or delivery) (accouchement m par le) siège m; **he** or **she was a** ~* c'était un siège.
   2 vt gun munir d'une culasse.
   3 cpd: **breechblock** bloc m de culasse; (US) **breechcloth** pagne m (d'étoffe); (Mil) **breechloader** arme f qui se charge par la culasse.
breeches ['britʃiz] **1** npl: (pair of) ~ (knee ~) haut-de-chausses m; (riding ~) culotte f (de cheval); **his wife wears the** ~ c'est sa femme qui porte la culotte. **2** ['bri:tʃiz] cpd: (Naut) **breeches buoy** bouée-culotte f.
breed [bri:d] pret, ptp **bred 1** vt animals élever, faire l'élevage de; (††) children élever; (fig: give rise to) faire naître, donner naissance à, engendrer. **he** ~**s horses** il fait l'élevage des chevaux; **to** ~ **in/out a characteristic** faire acquérir/faire perdre une caractéristique (par la sélection); V born, cross, familiarity.
   2 vi [animals] se reproduire, se multiplier. **they** ~ **like rabbits** ils se multiplient comme des lapins.
   3 n (Zool) (race) race f, espèce f; (within race) type m; (Bot) espèce; (fig) sorte f, espèce; V cross, half.
breeder ['bri:dər] n **(a)** (Phys: also ~ **reactor**) sur(ré)générateur m. **(b)** (Agr etc: person) éleveur m, -euse f; V cattle, plant, stock etc.
breeding ['bri:diŋ] **1** n **(a)** (reproduction) reproduction f, procréation f. ~ **season** [animals] saison f des accouplements; [birds] saison des nids.
   (b) (Agr: raising) élevage m; V cattle etc.
   (c) (upbringing) (good) ~ (bonne) éducation f, bonnes manières, savoir-vivre m; **to lack** ~ manquer de savoir-vivre.
   (d) (Phys) surrégénération f.
breeks [bri:ks] npl (Scot) pantalon m.
breeze¹ [bri:z] **1** n **(a)** (wind) brise f. **gentle** ~ petite brise, souffle m de vent; **stiff** ~ vent frais; **there is quite a** ~ cela souffle; V sea etc.
   (b) (US*) **it's a** ~ c'est facile comme tout; **to do sth in a** ~ faire qch les doigts dans le nez*.
   2 vi: **to** ~ **in/out** etc (cheerfully) entrer/sortir etc d'un air dégagé; (briskly) entrer/sortir etc en coup de vent; (US) **to** ~ **through sth*** faire qch les doigts dans le nez*.

breeze² [bri:z] *n* (*cinders*) cendres *fpl* (de charbon). (*Brit*) ~ **block** parpaing *m*.
breezily ['bri:zɪlɪ] *adv* jovialement.
breezy ['bri:zɪ] *adj weather, day* frais (*f* fraîche); *corner, spot* éventé; (*fig*) *person* jovial.
Bren [bren] *n* (*Mil*) ~ **gun** fusil mitrailleur; ~ (**gun**) **carrier** chenillette *f* (pour fusil mitrailleur).
brent [brent] *adj*: ~ **goose** bernache cravant *m*.
brethren ['breðrɪn] *npl* (**a**) (††, *Rel*) frères *mpl*. (**b**) (*fellow members*) [*trade union etc*] camarades *mpl*.
Breton ['bretən] **1** *adj* breton. **2** *n* (**a**) Breton(ne) *m(f)*. (**b**) (*Ling*) breton *m*.
breve [bri:v] *n* (*Typ*) brève *f*; (*Mus*) double ronde *f*.
brevet ['brevɪt] *n* (*esp Mil*) brevet *m*.
breviary ['bri:vɪərɪ] *n* bréviaire *m*.
brevity ['brevɪtɪ] *n* (*shortness*) brièveté *f*; (*conciseness*) concision *f*; (*abruptness*) [*reply*] laconisme *m*; [*manner*] brusquerie *f*. (*Prov*) ~ **is the soul of wit** les plaisanteries les plus courtes sont les meilleures.
brew [bru:] **1** *n* (**a**) [*beer*] brassage *m*; (*amount brewed*) brassin *m*; *V* **home**.
  (**b**) [*tea*] infusion *f*; [*herbs*] tisane *f*. **witch's** ~ brouet *m* de sorcière (†, *hum*); (*hum*) **what's this** ~* **in the jug?** qu'est-ce que c'est que ce liquide *or* cette mixture dans la cruche?
  2 *cpd*: (*Brit*) **let's have a** ~**-up*** on va se faire du thé.
  3 *vt beer* brasser; *tea* faire infuser, préparer; *punch* préparer, mélanger; (*fig*) *scheme, mischief, plot* tramer, mijoter*.
  4 *vi* (**a**) (*make beer*) brasser, faire de la bière.
  (**b**) [*beer*] fermenter; [*tea*] infuser; (*fig*) [*storm*] couver, se préparer; [*plot*] se tramer, (se) mijoter*. **there's trouble** ~**ing** il y a de l'orage dans l'air, ça va barder‡, il va y avoir du grabuge*; **something's** ~**ing** il se trame quelque chose.
◆**brew up 1** *vi* (**a**) (*: make tea*) faire du thé.
  (**b**) [*storm, dispute*] se préparer.
  2 brew-up* *n V* **brew 2**.
brewer ['bru:ər] *n* brasseur *m*.
brewery ['bru:ərɪ] *n* brasserie *f* (*fabrique*).
briar ['braɪər] *n* = **brier**.
bribe [braɪb] **1** *n* pot-de-vin *m*. **to take a** ~ se laisser corrompre *or* acheter, accepter un pot-de-vin; **to offer a** ~ faire une tentative de corruption, offrir un pot-de-vin; **I'll give the child a sweet as a** ~ **to be good** je donnerai un bonbon à l'enfant pour qu'il se tienne tranquille.
  2 *vt* suborner, acheter (la conscience de), soudoyer; *witness* suborner. **to** ~ **sb into silence** acheter le silence de qn; **to** ~ **sb to do sth** soudoyer *or* corrompre qn pour qu'il fasse qch; **to let o.s. be** ~**d** se laisser soudoyer.
bribery ['braɪbərɪ] *n* corruption *f*; (*Jur*) [*witness*] subornation *f*, (*Pol*) corruption électorale. (*Jur*) ~ **and corruption** corruption; **open to** ~ corruptible.
bric-à-brac ['brɪkəbræk] *n* (*U*) bric-à-brac *m*. ~ **dealer** brocanteur *m*.
brick [brɪk] **1** *n* (**a**) (*Constr*) brique *f*. **made of** ~ en brique(s); **it has not damaged the** ~**s and mortar** ça n'a pas endommagé les murs; (*fig*) **to put one's money into** ~**s and mortar** investir dans la pierre *or* l'immobilier; (*Prov*) **you can't make** ~**s without straw** à l'impossible nul n'est tenu (*Prov*); (*fig*) **he came down on me like a ton of** ~**s*** il m'a passé un de ces savons!*; (*fig*) **you might as well talk to a** ~ **wall*** autant (vaut) parler à un mur, autant cracher en l'air*; (*fig*) **to run one's head against** *or* **come up against a** ~ **wall** se heurter à un mur; *V* **cat, drop**.
  (**b**) (*Brit: toy*) cube *m* (*de construction*). **box of** ~**s** jeu *m or* boîte *f* de construction.
  (**c**) **a** ~ **of ice cream** une glace (*empaquetée*).
  (**d**) (*†: person*) type *m* sympa*, fille *f* sympa*. **be a** ~! sois sympa!* *or* chic!
  2 *cpd* (*also* **brick-built**) *house* en brique(s). **brickbat** (*lit*) morceau *m* de brique; (*fig*) critique *f*; **brick-kiln** four *m* à briques; **bricklayer** (ouvrier-) maçon *m*; **brick red** (rouge) brique *inv*; **brickwork** briquetage *m*, brique *f*; **brickworks, brickyard** briqueterie *f*.
◆**brick in, brick up** *vt sep door, window* murer.
bridal ['braɪdl] *adj feast* de noce; *bed, chamber, procession* nuptial; *veil, gown* de mariée. ~ **suite** suite *f* réservée aux jeunes mariés.
bride [braɪd] **1** *n* (jeune) mariée *f*; (*before wedding*) (future) mariée. **the** ~ **and** (~)**groom** les (jeunes) mariés; (*Rel*) **the** ~ **of Christ** l'épouse *f* du Christ.
  2 *cpd*: **bridegroom** (*just married*) (jeune) marié *m*; (*about to be married*) (futur) marié; **bridesmaid** demoiselle *f* d'honneur.
bridge¹ [brɪdʒ] **1** *n* (**a**) pont *m*. **to build/throw a** ~ **across a river** construire/jeter un pont sur un fleuve; *V* **cross, draw, foot** *etc*.
  (**b**) (*Naut*) passerelle *f* (de commandement).
  (**c**) [*nose*] arête *f*, dos *m*; [*spectacles*] arcade *f*, [*violin*] chevalet *m*.
  (**d**) (*Dentistry*) bridge *m*.
  2 *vt river* construire *or* jeter un pont sur. (*fig*) **to** ~ **a gap** (*between people*) établir un rapprochement (*between* entre); (*in knowledge, facts*) combler une lacune (*in* dans); (*in budget*) combler un trou (*in* dans).
  3 *cpd*: (*fig*) **bridgebuilder** médiateur *m*, -trice *f*; **bridge-building** (*Mil*) pontage *m*; (*fig*) efforts *mpl* de rapprochement; (*Mil*) **bridgehead** tête *f* de pont.
bridge² [brɪdʒ] **1** *n* (*Cards*) bridge *m*. **to play** ~ bridger, jouer au bridge; *V* **auction, contract¹**. **2** *cpd*: **bridge party** soirée *f or* réunion *f* de bridge; **bridge player** bridgeur *m*, -euse *f*; **bridge roll** petit pain (brioché).
bridging ['brɪdʒɪŋ] **1** *n* (*Climbing*) opposition *f*. **2** *cpd*: (*Brit Fin*) **bridging loan** prêt relais *m*.

bridle ['braɪdl] **1** *n* [*horse*] bride *f*; (*fig*) frein *m*, contrainte *f*. ~ **path** sentier *m*, piste cavalière.
  2 *vt horse* brider; *one's emotions* refréner, mettre la bride à. **to** ~ **one's tongue** se taire, tenir sa langue.
  3 *vi* (*in anger*) regimber, se rebiffer; (*in scorn*) lever le menton (*de mépris*).
brief [bri:f] **1** *adj* (**a**) (*short*) *life, meeting* bref; *stay* court, de courte durée, passager. **for a** ~ **period** pendant un temps très court; ~ **interval** court intervalle.
  (**b**) (*concise*) *speech etc* bref, concis. ~ **account** exposé *m* sommaire; **in** ~ en deux mots, en résumé; **to be** ~, **he didn't come** bref *or* pour vous dire la chose en deux mots, il n'est pas venu.
  (**c**) (*curt, abrupt*) *speech, reply* laconique; *manner* brusque.
  2 *n* (**a**) (*Jur*) dossier *m*, cause *f*, affaire *f*. (*Jur*) **to hold a** ~ **for sb** représenter qn en justice; (*fig*) **I hold no** ~ **for those who** ... je ne me fais pas l'avocat *or* le défenseur de ceux qui ...; (*fig*) **I hold no** ~ **for him** je ne prends pas sa défense; **to have a watching** ~ **for** veiller (en justice) aux intérêts de; (*Jur*) **to take a** ~ accepter de plaider une cause.
  (**b**) (*Mil: instructions*) briefing *m*. (*fig*) **his** ~ **is to** ... la tâche qui lui a été assignée consiste à ... .
  (**c**) (*Dress*) ~**s** slip *m*.
  3 *vt* (**a**) (*Jur*) *barrister* confier une cause à.
  (**b**) (*Mil*) *pilots, soldiers* donner des instructions à; (*gen*) *person* (*give order to*) donner des instructions à; (*bring up to date*) mettre au courant (*on sth* de qch). (*Mil*) **the pilots were** ~**ed** les pilotes ont reçu leurs (dernières) instructions.
  4 *cpd*: **briefcase** serviette *f*, (*handleless*) porte-documents *m inv*.
briefing ['bri:fɪŋ] *n* (*Aviat, Mil*) instructions *fpl*; (*gen*) briefing *m*.
briefly ['bri:flɪ] *adv visit* en coup de vent; *reply* laconiquement, en peu de mots; *speak* brièvement.
briefness ['bri:fnɪs] *n* (*V* **brief**) brièveté *f*; courte durée; concision *f*, laconisme *m*; brusquerie *f*.
brier ['braɪər] *n* (**a**) (*wood*) (racine *f* de) bruyère *f*; (*also* ~ **pipe**) pipe *f* de bruyère. (**b**) (*wild rose*) églantier *m*; (*thorny bush*) ronces *fpl*; (*thorn*) épine *f*. ~ **rose** églantine *f*.
brig [brɪg] *n* (*Naut*) brick *m*.
Brig. *abbr of* **brigadier**. ~ **A. Robert** le général A. Robert.
brigade [brɪ'geɪd] *n* (*Mil, fig*) brigade *f*. (*fig*) **one of the old** ~ un vétéran, un vieux de la vieille; *V* **fire**.
brigadier [,brɪgə'dɪər] *n* (*Brit*) général *m* de brigade; (*US*) ~**-general** (*Mil*) général *m* de brigade; (*Aviat*) général de brigade aérienne.
brigand ['brɪgənd] *n* brigand *m*, bandit *m*.
brigandage ['brɪgændɪdʒ] *n* brigandage *m*.
bright [braɪt] *adj* (**a**) (*shining*) *eyes* brillant, vif; *star, gem* brillant; *light* vif; *fire* vif, clair; *weather* clair, radieux; *sunshine* éclatant; *day, room* clair; *colour* vif, éclatant, lumineux; *metal* poli, luisant. ~**-eyed** aux yeux brillants; (*fig*) ~**-eyed and bushy-tailed*** frais (*f* fraîche) comme la rosée; (*Met*) **to become** ~ s'éclaircir; (*Met*) ~ **intervals** *or* **periods** éclaircies *fpl*; **the outlook is** ~**er** (*Met*) on prévoit une amélioration (du temps); (*fig*) **l'avenir se présente mieux** *or* **sous des couleurs plus favorables; (*fig*) the** ~ **lights*** la vie à la ville.
  (**b**) (*cheerful*) gai, joyeux; (*vivacious*) vif, animé; *face, smile, expression* rayonnant, radieux (*with* de); *look* radieux, brillant (*with* de); *prospects, future* brillant, splendide; *example, period of history* glorieux. ~**er days** des jours plus heureux; **as** ~ **as a button** gai comme un pinson; ~ **and early** de bon matin; (*fig*) **we must look on the** ~ **side** nous devons essayer d'être optimistes.
  (**c**) (*intelligent*) *person* intelligent, doué, (*familier*) *child* éveillé. **he's a** ~ **spark*** il est vraiment futé*, il est plein d'idées.
Bright [braɪt] *n*: ~**'s disease** mal *m* de Bright, néphrite *f* chronique.
brighten ['braɪtn] (*also* ~ **up**) **1** *vt* (**a**) (*make cheerful*) *room, spirits, person* égayer; *conversation* égayer, animer; *prospects, situation, future* améliorer.
  (**b**) (*make shine*) faire briller, rendre (plus) brillant; *metal* faire reluire; *colour* aviver.
  2 *vi* (**a**) [*weather, sky*] s'éclaircir, se dégager.
  (**b**) [*eyes*] s'éclairer, s'allumer; [*expression*] s'éclairer, s'épanouir; [*person*] s'égayer, s'animer; [*prospects, future*] s'améliorer, se présenter sous un meilleur jour.
brightly ['braɪtlɪ] *adv* (*V* **bright**) (**a**) avec éclat, brillamment. **the sun shone** ~ le soleil brillait d'un vif éclat, le soleil flamboyait; **the fire burnt** ~ un feu clair flambait.
  (**b**) *say, answer* gaiement, joyeusement; *smile, look* d'un air radieux.
brightness ['braɪtnɪs] *n* (*V* **bright**) (**a**) éclat *m*, brillant *m*; [*light*] intensité *f*. (**b**) gaieté *f or* gaîté *f*, joie *f*; vivacité *f*. (**c**) intelligence *f*.
brill¹ [brɪl] *n* barbue *f*.
brill²‡ [brɪl] *adj* (*abbr of* **brilliant**) sensass* *inv*, super* *inv*.
brilliance ['brɪljəns] *n*, **brilliancy** ['brɪljənsɪ] *n* (**a**) (*splendour: lit, fig*) éclat *m*, brillant *m*. (**b**) (*great intelligence*) intelligence supérieure.
brilliant ['brɪljənt] *adj* (**a**) *sunshine, light* éclatant. (**b**) *person, book, style, wit* brillant.
brilliantine ['brɪljən,ti:n] *n* brillantine *f*.
brilliantly ['brɪljəntlɪ] *adv* (*shine*) avec éclat; *suggest, devise* brillamment. **he did** ~ **in his exam** il a brillamment réussi son examen.
Brillo ['brɪləʊ] *adj* ®: ~ **pad** ≃ tampon *m* Jex ®.
brim [brɪm] **1** *n* [*cup, hat, lake*] bord *m*. **2** *vi* (être plein à) déborder (*with* de).
◆**brim over** *vi* (*lit, fig*) déborder (*with* de).
brimful ['brɪm'fʊl] *adj* (*lit*) plein à déborder; (*fig*) débordant (*with* de).
brimstone ['brɪmstəʊn] *n* soufre *m*; *V* **fire**.

brindle(d) ['brɪndl(d)] *adj* moucheté, tavelé.
brine [braɪn] *n* (**a**) (*salt water*) eau salée; (*Culin*) saumure *f*. (**b**) (*liter*) (*sea*) mer *f*, océan *m*; (*sea water*) eau *f* de mer.
bring [brɪŋ] *pret, ptp* **brought** 1 *vt* (**a**) *person, animal, vehicle* amener; *object, news, information* apporter. **to ~ sb up/down/ across** *etc* faire monter/faire descendre/faire traverser *etc* qn (avec soi); **to ~ sth up/down** monter/descendre qch; **I brought him up his breakfast** je lui ai monté son petit déjeuner; *V* bacon, bed.
(**b**) (*cause*) amener, entraîner, causer; (*produce*) produire. **his books brought him a good income** ses livres lui rapportaient bien *or* lui étaient d'un bon rapport; **the hot weather ~s storms** le temps chaud provoque *or* amène les orages; **to ~ good/bad luck** porter bonheur/malheur; **to ~ a blush to sb's cheeks** faire rougir qn, faire monter le rouge aux joues de qn; **to ~ tears to sb's eyes** faire venir les larmes aux yeux de qn; **that brought him to the verge of insanity** cela l'a mené *or* amené au bord de la folie; **to ~ sth (up)on o.s.** s'attirer qch; **to ~ sb to book** faire rendre des comptes à qn; **to ~ sth to a close** *or* **an end** faire aboutir qch, mettre fin à qch; **to ~ sb to his feet** faire lever qn; **to ~ sb to justice** traduire qn en justice; (*fig*) **to ~ sth to light** mettre qch en lumière; **to ~ sb low** abaisser qn; **to ~ sth to sb's knowledge** signaler qch à qn, porter qch à la connaissance de qn (*frm*); **to ~ sth to mind** rappeler qch, évoquer qch; **to ~ to nothing** faire échouer, faire avorter; (*liter*) **to ~ sth to pass** causer qch; **to ~ to perfection** porter à la perfection; **to ~ sth into play** *or* **line** faire jouer *or* agir qch; **to ~ sb to his senses** ramener qn à la raison; **to ~ into the world** mettre au monde; *V* bear¹, head.
(**c**) (+ *infin: persuade*) amener, pousser, persuader (*sb to do* qn à faire). **he brought him to understand that ...** il l'a amené à comprendre que ...; **I cannot ~ myself to speak to him** je ne peux me résoudre à lui parler.
(**d**) (*Jur*) **to ~ an action against sb** intenter un procès à qn; **to ~ a charge against sb** porter une accusation contre qn; **the case was brought before Lord X** la cause fut entendue par Lord X; **to ~ evidence** avancer *or* fournir des preuves.
2 *cpd*: (*Brit*) **bring-and-buy sale** vente *f* de charité *or* de bienfaisance.
◆**bring about** *vt sep* (**a**) *reforms, review* amener, provoquer; *war* causer, provoquer; *accident* provoquer, occasionner, faire arriver; *sb's ruin* entraîner, amener.
(**b**) *boat* faire virer de bord.
◆**bring along** *vt sep*: **to bring sth along (with one)** apporter qch (avec soi); **to bring sb along (with one)** amener qn (avec soi); **may I bring along a friend?** puis-je amener un ami?
◆**bring back** *vt sep* (**a**) *person* ramener; *object* rapporter. **to bring a spacecraft back to earth** récupérer un vaisseau spatial; **her holiday brought back her health** ses vacances lui ont rendu la santé; **a rest will bring him back to normal** du repos le remettra d'aplomb.
(**b**) (*call to mind*) rappeler (à la mémoire).
◆**bring down** *vt sep* (**a**) *kite etc* ramener au sol; (*Hunting*) *animal, bird* descendre; *plane* faire atterrir; (*Mil*) *enemy plane* abattre, descendre; *tree, one's enemy* abattre.
(**b**) *dictator, government* faire tomber; *temperature, prices, cost of living* faire baisser; *swelling* réduire; (*Math*) *figure* abaisser. **his action brought down everyone's wrath upon him** son action lui a attiré *or* lui a valu la colère de tout le monde; **the play brought the house down*** la pièce a fait crouler la salle sous les applaudissements.
◆**bring forth** *vt sep* (*liter*) *fruit* produire; *child* mettre au monde; *animal* mettre bas; (*fig*) *protests, criticism* provoquer.
◆**bring forward** *vt sep* (**a**) *person* faire avancer; *chair etc* avancer; *witness* produire; *evidence, proof, argument* avancer.
(**b**) (*advance time of*) *meeting* avancer.
(**c**) (*Book-keeping*) *figure, amount* reporter.
◆**bring in** *vt sep* (**a**) *person* faire entrer; *object* rentrer.
(**b**) (*introduce*) *fashion* lancer; *custom, legislation* introduire. **to bring in the police/the troops** faire intervenir la police/ l'armée; (*Parl*) **to bring in a bill** présenter *or* déposer un projet de loi.
(**c**) (*Fin*) *income* rapporter. **to bring in interest** rapporter des intérêts.
(**d**) (*Jur*) [*jury*] **to bring in a verdict** rendre un verdict; **to bring in a verdict of guilty** déclarer qn coupable.
◆**bring off** *vt sep* (**a**) *people from wreck* sauver.
(**b**) *plan, aim* réaliser; *deal* mener à bien, conclure; *attack, hoax* réussir. **he didn't manage to bring it off** il n'a pas réussi son coup.
◆**bring on** *vt sep* (**a**) (*cause*) *illness, quarrel* provoquer, causer. **to bring on sb's cold** enrhumer qn.
(**b**) (*Agr etc*) *crops, flowers* faire pousser.
(**c**) (*Theat*) *person* amener; *thing* apporter sur (la) scène.
◆**bring out** *vt sep* (**a**) *person* faire sortir; *object* sortir; (*fig*) *meaning* faire ressortir, mettre en évidence; *colour* faire ressortir; *qualities* faire valoir, mettre en valeur. **it brings out the best in him** c'est dans des cas comme celui-là qu'il se montre sous son meilleur jour.
(**b**) *book* publier, faire paraître; *actress, new product* lancer.
◆**bring over** *vt sep* (**a**) *person* amener; *object* apporter.
(**b**) (*convert*) *person* convertir, gagner (*to* à).
◆**bring round** *vt sep* (**a**) (*to one's house etc*) *person* amener, faire venir; *object* apporter. (*fig*) **to bring the conversation round to football** ramener la conversation sur le football.
(**b**) *unconscious person* ranimer.
(**c**) (*convert*) *person* convertir, gagner (*to* à).
◆**bring through** *vt sep* *sick person* sauver.
◆**bring to** *vt sep* (**a**) (*Naut*) mettre en panne.
(**b**) *unconscious person* ranimer.

◆**bring together** *vt sep* (**a**) (*put in touch*) *people* mettre en contact, faire se rencontrer.
(**b**) (*end quarrel between*) réconcilier.
(**c**) *facts etc* rassembler.
◆**bring under** *vt sep* (*fig*) assujettir, soumettre.
◆**bring up** *vt sep* (**a**) *person* faire monter; *object* monter.
(**b**) *child, animal* élever. **well/badly brought-up child** enfant bien/mal élevé.
(**c**) (*vomit*) vomir, rendre.
(**d**) (*call attention to*) *fact, allegation, problem* mentionner; *question* soulever. **we shan't bring it up again** nous n'en reparlerons plus.
(**e**) (*stop*) *person, vehicle* (faire) arrêter. **the question brought him up short** la question l'a arrêté net.
(**f**) (*Jur*) **to bring sb up before a court** citer *or* faire comparaître qn devant un tribunal.
(**g**) **to bring up to date** *accounts, correspondence etc* mettre qch à jour; *method etc* moderniser; **to bring sb up to date on sth** mettre qn au courant (des derniers développements) de qch.
brink [brɪŋk] *n* (*lit, fig*) bord *m*. **on the ~ of sth** à deux doigts de qch, au bord de qch; **on the ~ of doing** à deux doigts de faire, sur le point de faire.
brinkmanship* ['brɪŋkmənʃɪp] *n* stratégie *f* du bord de l'abîme.
briny ['braɪnɪ] 1 *adj* saumâtre, salé. 2 *n* (†, *hum*) **the ~** la grande bleue (†, *hum*).
briquet(te) [brɪ'ket] *n* briquette *f*, aggloméré *m*.
brisk [brɪsk] *adj* (**a**) *person* (*lively*) vif, animé; (*abrupt in manner*) brusque.
(**b**) *movement* vif, rapide. **~ pace** allure (très) vive; **to take a ~ walk** marcher *or* se promener d'un bon pas; **at a ~ trot** au grand trot; *V* start.
(**c**) *attack* vigoureux, vivement mené; *trade* actif, florissant; *demand* important. **business is ~** les affaires marchent (bien); (*St Ex*) **trading was ~** le marché était actif; **the betting was ~** les paris allaient bon train.
(**d**) *beer* mousseux; *champagne, cider* pétillant.
(**e**) *air, weather* vivifiant, vif, frais (*f* fraîche); *day* frais.
brisket ['brɪskɪt] *n* poitrine *f* de bœuf.
briskly ['brɪsklɪ] *adv* *move* vivement; *walk* d'un bon pas; *speak* brusquement; *act* sans tarder. (*Comm etc*) **these goods are selling ~** ces articles se vendent (très) bien.
briskness ['brɪsknɪs] *n* (*V* brisk) [*person*] vivacité *f*, animation *f*; brusquerie *f*; [*movement*] rapidité *f*; [*trade*] activité *f*; [*air*] fraîcheur *f*.
brisling ['brɪzlɪŋ] *n* sprat *m*.
bristle ['brɪsl] 1 *n* [*beard, brush*] poil *m*; [*boar etc*] soie *f*; [*plant*] poil, soie. **brush with nylon ~s** brosse en nylon.
2 *cpd*: (*Comm*) (*pure*) **bristle brush** brosse *f* pur sanglier *inv*.
3 *vi* (**a**) [*animal hair*] se hérisser. (*fig*) **shirt bristling with pins** chemise hérissée d'épingles; **bristling with difficulties** hérissé de difficultés; **town bristling with police** ville grouillante de policiers.
(**b**) (*fig*) [*person*] s'irriter (*at* de), se hérisser. **he ~d at the suggestion** il s'est hérissé à cette suggestion.
bristly ['brɪslɪ] *adj* *animal, chin* au(x) poil(s) raide(s) *or* dur(s); *hair, beard* hérissé.
Bristol ['brɪstəl] *n* (**a**) **~ Channel** canal *m* de Bristol; (*Art, Comm*) **~ board** bristol *m*; *V* shipshape. (**b**) **b~s‡** roberts‡ *mpl*, seins *mpl*.
Brit* [brɪt] *n* (*abbr of* **British** (**subject**)) Anglais(e) *m(f)*, Britannique *mf* (*surtout* à l'étranger).
Britain ['brɪtən] *n* (*also* **Great ~**) Grande-Bretagne *f*.
Britannia [brɪ'tænɪə] *n* Britannia *f*. **~ metal** métal anglais.
Britannic [brɪ'tænɪk] *adj*: **His** *or* **Her ~ Majesty** sa Majesté Britannique.
Briticism ['brɪtɪsɪzəm] *n* anglicisme *m* (*par opposition à américanisme*).
British ['brɪtɪʃ] 1 *adj* britannique, anglais. **~ ambassador/ embassy** ambassadeur *m*/ambassade *f* de Grande-Bretagne; **~ Antarctic Territory** Territoire *m* britannique de l'Antarctique; **~ Columbia** Colombie *f* britannique; **~ Columbian** (*adj*) de la Colombie britannique; (*n*) habitant(e) *m(f)* de la Colombie britannique; **the ~ Broadcasting Corporation** la BBC; **the ~ Commonwealth** le Commonwealth; (*US*) **~ English** l'anglais *m* d'Angleterre; **~ Honduras** Honduras *m* britannique; **~ Isles** îles *fpl* Britanniques; **the ~ nation** la nation britannique.
2 *n*: **the ~** les Britanniques *mpl*, les Anglais *mpl*.
Britisher ['brɪtɪʃər] *n* (*US*) Britannique *mf*, Anglais(e) *m(f)*.
Briton ['brɪtən] *n* (**a**) Britannique *mf*, Anglais(e) *m(f)*. (**b**) (*Hist*) Breton(ne) *m(f)* (d'Angleterre).
Brittany ['brɪtənɪ] *n* Bretagne *f*.
brittle ['brɪtl] *adj* cassant, fragile; (*Culin*) friable. (*fig*) **in a ~ voice** d'une voix crispée.
Bro. (*Rel*) *abbr of* **Brother**.
broach [brəʊtʃ] 1 *vt* *barrel* mettre en perce; *box, supplies* entamer; *subject, topic* entamer, aborder. 2 *n* (*Culin*) broche *f*; (*tool*) perçoir *m*, foret *m*.
broad [brɔːd] 1 *adj* (**a**) (*wide*) *road, smile* large; (*extensive*) *ocean, estates* vaste, immense. **to grow ~er** s'élargir; **to be ~ in the shoulder** être large d'épaules; (*fig*) **he's got a ~ back** il a bon dos; **the lake is 200 metres ~** le lac a 200 mètres de largeur *or* de large; (*fig*) **it's as ~ as it is long** c'est du pareil au même*, c'est bonnet blanc et blanc bonnet; **~ in the beam** *ship* ventru; (*pej) *person* fort de l'arrière-train*; **in ~ daylight** (*lit*) en plein jour, au grand jour; (*fig*) au vu et au su de tous; **it was ~ daylight** il faisait grand jour; **~ hint** allusion transparente *or* à peine voilée; *V* gauge.
(**b**) (*not detailed*) grand, général. **these are the ~ outlines** voilà

les grandes lignes *or* les données générales; **as a ~ rule** en règle générale; **in the ~est sense** au sens le plus large; (*Ling*) ~ **transcription** notation*f* large; (*US Jur*) ~ **construction** interprétation *f* large.

(c) (*liberal*) *mind, ideas* large, libéral. **B~ Church** groupe libéral au sein de l'Église anglicane.

(d) (*strongly marked*) *accent* prononcé. **he speaks ~ Scots** il parle avec un accent écossais à couper au couteau*.

(e) (*coarse*) grossier, vulgaire. **~ humour** humour grivois, gauloiserie *f*; **~ joke** plaisanterie grasse.

2 *n* **(a)** (*widest part*) **the ~ of the back** le milieu du dos; (*Geog*) **the (Norfolk) B~s** les Broads *or* les lacs *mpl* et estuaires *mpl* du Norfolk.

(b) (*US*‡) (*woman*) nana‡ *f*; (*prostitute*) putain‡ *f*.

3 *cpd*: **broad bean** fève *f*; **broad-brimmed** *hat* à larges bords; (*fig*) **broadbrush** *analysis, report* schématique, sommaire; **broadcast** V **broadcast**; **broadcloth** drap fin (*en grande largeur*); (*US Sport*) **broad jump** saut *m* en longueur; **broadleaved (tree)** feuillu (*m*); **broadloom** *carpet* en grande largeur; **he is broad-minded** il a les idées (très) larges; **broad-mindedness** largeur *f* d'esprit, tolérance *f*; **broadsheet** (*Hist, Typ*) placard *m*; (*Press*) journal *m* plein format; **broad-shouldered** large d'épaules; **broadside** V **broadside**; **broadsword** épée *f* à deux tranchants, glaive†† *m*; **broadways, broadwise** en largeur, dans le sens de la largeur.

broadcast ['brɔːdkɑːst] *pret, ptp* **broadcast 1** *vt* **(a)** *news, speech, programme* (*Rad*) (radio)diffuser, émettre; (*TV*) téléviser, émettre; (*fig*) *news, rumour etc* diffuser, répandre, raconter partout. (*fig*) **don't ~ it!*** ne va pas le crier sur les toits!

(b) (*Agr*) *seed* semer (à la volée).

2 *vi* (*Rad, TV*) [*station*] émettre; [*actor, interviewee*] participer à une émission; [*interviewer*] faire une émission. **X ~s by permission of …** X participe à cette émission avec l'accord de … .

3 *n* (*Rad, TV*) émission *f*. **live/recorded ~** émission en direct/en différé; **repeat ~** reprise *f*, rediffusion *f*.

4 *adj* (*Rad*) (radio)diffusé; (*TV*) télévisé. **~ account of a match** (*Rad*) reportage radiodiffusé d'un match; (*TV*) reportage télévisé d'un match; **~ journalism** reportage télévisé (*or* radiodiffusé); **~satellite** satellite *m* de radiodiffusion.

5 *adv* **sow** à la volée.

broadcaster ['brɔːdkɑːstər] *n* (*Rad, TV*) personnalité *f* de la radio *or* de la télévision.

broadcasting ['brɔːdkɑːstɪŋ] **1** *n* (*Rad*) radiodiffusion *f*; (*TV*) télévision *f*. **that is the end of ~ for tonight** ainsi prennent fin nos émissions de la journée; **~ was interrupted** les émissions ont été interrompues; **a career in ~** une carrière à la radio (*or* à la télévision).

2 *cpd*: **broadcasting station** station *f* de radio, poste émetteur; V **British**.

broaden ['brɔːdn] (*also ~ out*: *lit, fig*) **1** *vt* élargir. **to ~ one's outlook** élargir ses horizons. **2** *vi* s'élargir.

broadly ['brɔːdlɪ] *adv* (*fig*) dans les grandes lignes, en gros, généralement. **~ speaking** en gros, généralement parlant.

broadness ['brɔːdnɪs] *n* [*road*] largeur *f*; [*joke, story*] grossièreté *f*, vulgarité *f*; [*accent*] caractère prononcé.

broadside ['brɔːdsaɪd] *n* **(a)** (*Naut*) [*ship*] flanc *m*. (*Naut*) **~ on** (se présentant) par le travers; **he *or* his car hit me ~ on** il m'est rentré dans le flanc, il m'a heurté par le travers.

(b) (*Naut*) bordée *f*; (*fig*: *verbal*) attaque cinglante; (*insults*) bordée d'injures *or* d'invectives. (*Naut*) **to fire a ~** lâcher une bordée; (*fig*) **he let him have a ~** il l'a incendié*, il l'a descendu en flammes*.

brocade [brəʊ'keɪd] **1** *n* brocart *m*. **2** *cpd* de brocart.

broccoli ['brɒkəlɪ] *n* brocoli *m*.

brochure ['brəʊʃjʊər] *n* [*college, vacation course*] prospectus *m*; [*hotel, travel agent*] brochure *f*, dépliant *m* (touristique).

brock [brɒk] *n* (*Brit: Zool, rare*) blaireau *m*.

brogue[1] [brəʊg] *n* (*shoe*) chaussure *f* de marche, richelieu *m*.

brogue[2] [brəʊg] *n* (*accent*) (*Irish*) accent irlandais; (*gen*) accent de terroir.

broil [brɔɪl] **1** *vt* (*US Culin*) griller, faire cuire sur le gril; (*fig*) griller*. **~ing** *sun* soleil brûlant. **2** *vi* (*also fig*) griller.

broiler ['brɔɪlər] *n* **(a)** (*fowl*) poulet *m* (à rôtir). **~ house** éleveuse *f*. **(b)** (*US: grill*) rôtissoire *f*, gril *m*.

broke [brəʊk] **1** *pret of* **break**. **2** *adj* (*) à sec*, fauché*. **to be dead *or* stony ~** être fauché (comme les blés)*, être (complètement) à sec*; **to go ~** faire faillite.

broken ['brəʊkən] **1** *ptp of* **break**.

2 *adj* **(a)** (*lit*) cassé, brisé; *window* cassé; *neck, leg* fracturé, cassé; *rib* cassé, enfoncé; *walnuts, biscuits etc* brisé; (*fig*) *promise* rompu, violé; *appointment* manqué; (*Ling*) *vowel* diphtongué. **~ bones** fractures *fpl* (d'os); (*Mus*) **~ chord** arpège *m*; **~ heart** cœur brisé; **she died of a ~ heart** elle est morte de chagrin *or* morte le cœur brisé; **~ home** foyer brisé; (*Comm*) **~ lots** articles dépareillés; **~ marriage** mariage brisé, ménage désuni; (*Math*) **~ numbers** fractions *fpl*; **he is a ~ reed** on ne peut jamais compter sur lui; **a spell of ~ weather** un temps variable.

(b) (*uneven*) *ground* accidenté; *road* défoncé; *surface* raboteux; *line* brisé; *coastline* dentelé; V **check**[3].

(c) (*interrupted*) *journey* interrompu; *sleep* (*disturbed*) interrompu; (*restless*) agité; *sounds, gestures* incohérent; *voice* entrecoupé, brisé; *words* haché. **to speak ~ English** parler un mauvais anglais, baragouiner* l'anglais; **in ~ English** en mauvais anglais; **I've had several ~ nights** j'ai eu plusieurs mauvaises nuits.

(d) (*spoilt, ruined*) *health* délabré, affaibli; *spirit* abattu. **he is a ~ man** (*no spirit left*) il est brisé; (*financially*) il est ruiné; (*reputation-wise*) il est perdu de réputation.

3 *cpd*: **broken-down** *car* en panne; *machine* détraqué; *house* délabré; (*fig*: *old, worn-out*) fini, à bout; **broken-hearted** au cœur brisé; **broken-winded** poussif.

brokenly ['brəʊkənlɪ] *adv* **say** d'une voix entrecoupée; **sob** par à-coups.

broker ['brəʊkər] *n* **(a)** (*St Ex*) ≃ courtier *m* (en bourse), agent *m* de change. **(b)** (*Comm*) courtier *m*; (*Naut*) courtier maritime. **wine ~** courtier en vins, **(c)** (*secondhand dealer*) brocanteur *m*; V **pawn**[2] *etc*.

brokerage ['brəʊkərɪdʒ] *n*, **broking** ['brəʊkɪŋ] *n* (*trade, commission*) courtage *m*.

brolly* ['brɒlɪ] *n* (*Brit*) pépin* *m*, parapluie *m*.

bromide ['brəʊmaɪd] *n* **(a)** (*Chem, Typ*) bromure *m*; (*Med*) bromure (de potassium). **~ paper** papier *m* au (gelatino-)bromure d'argent. **(b)** (*fig*) banalité *or* platitude euphorisante.

bromine ['brəʊmiːn] *n* brome *m*.

bronchi ['brɒŋkaɪ] *npl of* **bronchus**.

bronchial ['brɒŋkɪəl] *adj infection* des bronches, bronchique. **~ tubes** bronches *fpl*.

bronchiole ['brɒŋkɪəʊl] *n* bronchiole *f*.

bronchitis [brɒŋ'kaɪtɪs] *n* (*U*) bronchite *f*. **to get *or* have ~** avoir *or* faire une bronchite.

bronchopneumonia [ˌbrɒŋkəʊnjuː'məʊnɪə] *n* (*U*) bronchopneumonie *f*.

bronchus ['brɒŋkəs] *n, pl* **bronchi** bronche *f*.

bronco ['brɒŋkəʊ] *n* cheval *m* semi-sauvage (de l'Ouest américain). (*US*) **~buster**‡ cowboy *m* (*qui dompte les chevaux sauvages*).

brontosaurus [ˌbrɒntə'sɔːrəs] *n* brontosaure *m*.

Bronx [brɒŋks] *n* (*US fig*) **~ cheer** bruit *m* de dérision.

bronze [brɒnz] **1** *n* (*metal, colour, work of art*) bronze *m*. **2** *vi* se bronzer, brunir. **3** *vt metal* bronzer; *skin* brunir, faire bronzer. **4** *cpd* **en bronze**; (*colour*) (couleur *f* de) bronze *inv*. **Bronze Age** âge *m* du bronze.

bronzed [brɒnzd] *adj skin, person* bronzé, basané.

brooch [brəʊtʃ] *n* broche *f* (*bijou*).

brood [bruːd] **1** *n* [*birds*] couvée *f*, nichée *f*; [*mice*] nichée *f*; [*children*] progéniture *f*, nichée (*hum*); [*vipers, scoundrels*] engeance *f*. **she has a great ~ of children** elle a une nombreuse progéniture; **I'm going to take my ~ home*** je vais remmener ma progéniture *or* ma nichée à la maison.

2 *cpd*: **brood hen** couveuse *f*; **brood mare** (jument *f*) poulinière *f*.

3 *vi* [*bird*] couver; [*storm, danger*] couver, menacer; [*person*] broyer du noir, ruminer. [*person*] **to ~ on** *misfortune* remâcher; *plan* ruminer; *the past* ressasser; **to ~ over** *sth* [*night etc*] planer sur qch; [*storm*] couver sur qch; (*oppressively*) peser sur qch.

broody ['bruːdɪ] *adj* **(a)** **~ hen** (poule *f*) couveuse *f*; **to be feeling ~** (**hum*) être en mal d'enfant. **(b)** (*) person* rêveur, distrait; (*gloomy*) cafardeux*.

brook[1] [brʊk] *n* ruisseau *m*.

brook[2] [brʊk] *vt* (*liter*) *contradiction* souffrir, supporter, tolérer; *delay, reply* admettre, souffrir.

brooklet ['brʊklɪt] *n* ruisselet *m*, petit ruisseau.

broom [brʊm] *n* **(a)** (*Bot*) genêt *m*.

(b) (*brush*) balai *m*. (*Prov*) **a new ~ sweeps clean** tout nouveau, tout beau; (*Prov*) **this firm needs a new ~** cette compagnie a besoin d'un bon coup de balai *or* a besoin de sang nouveau; **~stick** manche *m* à balai.

Bros. [brɒs] (*Comm: abbr of* **Brothers**) Frères *mpl*.

broth [brɒθ] *n* bouillon *m* de viande et de légumes.

brothel ['brɒθl] *n* bordel‡ *m*, maison *f* de tolérance.

brother ['brʌðər] **1** *n* **(a)** (*gen, Rel*) frère *m*. **older/younger ~** frère aîné/cadet; **B~ Francis** Frère François; V **lay**[4].

(b) (*in trade unions etc*) camarade *m*; (*US: also* **soul ~**) frère *m* (de couleur).

2 *adj*: **his ~ prisoners** *etc* ceux qui sont (*or* étaient *etc*) prisonniers *etc* comme lui, les autres prisonniers *etc*; **his ~ officers** ses compagnons *mpl* d'armes.

3 *cpd*: **brother-in-law** beau-frère *m*.

brotherhood ['brʌðəhʊd] *n* **(a)** (*U: lit*) fraternité *f*; (*fig*) fraternité, confraternité *f*. **~ of man** fraternité des hommes. **(b)** (*association: esp Rel*) confrérie *f*; (*US*) corporation *f*. (*Freemasonry*) **the B~** la franc-maçonnerie.

brotherly ['brʌðəlɪ] *adj* fraternel. **~ love** l'amour fraternel.

brougham ['bruːəm] *n* coupé *m* de ville.

brought [brɔːt] *pret, ptp of* **bring**.

brouhaha* ['bruːhɑːhɑː] *n* histoires* *fpl*.

brow [braʊ] *n* **(a)** (*forehead*) front *m*; (*arch above eye*) arcade sourcilière; (*eyebrow*) sourcil *m*; V **beetle**[2], **high, knit, sweat** *etc*. **(b)** [*hill*] sommet *m*; [*cliff*] bord *m*; (*Min*) tour *f* d'extraction.

browbeat ['braʊbiːt] *pret* **browbeat**, *ptp* **browbeaten** *vt* intimider, rudoyer, brusquer. **to ~ sb into doing sth** forcer qn à faire qch par l'intimidation.

brown [braʊn] **1** *adj* **(a)** brun, marron *inv*; *hair* châtain; *boots, shoes, leather* marron. (*Judo*) **~ belt** ceinture *f* marron; **~ bread** pain *m* bis; **~ flour** farine complète; **light ~ hair** cheveux *mpl* châtain clair *inv*; **light ~ material** étoffe *f* marron clair; **~ ale** bière brune; **~ bear** ours brun; **~ owl** (*Orn*) chat-huant *m*; [*Brownie Guides*] cheftaine *f*; **~ paper** papier *m* d'emballage; **~ rice** riz complet; (*fig*) **in a ~ study** plongé dans ses pensées *or* méditations; **~ sugar** cassonade *f*, sucre brun; **to go ~** [*leaves*] roussir; V **nut**.

(b) (*tanned*) *person, skin* bronzé, bruni, hâlé. **to go ~** brunir; **as ~ as a berry** tout bronzé.

(c) (*dusky-skinned*) brun de peau.

(d) (*US fig*) **to do sth up ~**‡ soigner qch dans les moindres détails.

2 *n* brun *m*, marron *m*. **her hair was a rich, deep ~** ses cheveux étaient d'un beau brun foncé.
3 *cpd*: (*US*) **to brownbag it*** apporter son repas (dans un sac en papier); (*US*) **brown-nose‡** (*n*) lèche-bottes* *mf inv*; (*vt*) lécher les bottes* de; (*US*) **brownout** (*Mil*) camouflage partiel des lumières; (*Elec*) panne partielle; (*US*) **brownstone** (*material*) grès brun; (*house*) bâtiment *m* de grès brun.
4 *vt a* [*sun*] *skin, person* bronzer, brunir, hâler.
  (**b**) (*Culin*) *meat, fish, potatoes* faire dorer; *sauce* faire roussir.
  (**c**) (*Brit*) **he is ~ed off‡** il en a marre* *or* ras le bol‡, il n'a plus le moral*.
5 *vi* (**a**) *[leaves]* roussir.
  (**b**) [*person, skin*] brunir.
  (**c**) (*Culin*) dorer.
brownie ['braʊnɪ] *n* (**a**) (*fairy*) lutin *m*, farfadet *m*. (**b**) **B~** (**Guide**) jeannette *f*; (*US**) **to win B~ points** ≃ gagner des bons points. (**c**) ® (*camera*) brownie *m* kodak ®. (**d**) (*US: cake*) gâteau *m* au chocolat et aux noix.
browning ['braʊnɪŋ] *n* (*Brit Culin*) produit préparé pour roux brun.
brownish ['braʊnɪʃ] *adj* qui tire sur le brun, brunâtre (*slightly pej*).
browse [braʊz] **1** *vi* [*animal*] brouter, paître; (*in bookshop, library*) feuilleter les livres; (*in other shops*) regarder sans acheter. (*fig*) **~ through a book** feuilleter *or* parcourir un livre; (*in shop*) **I'm only browsing** je regarde seulement, merci.
2 *vt animals* brouter, paître.
BRS ['bi:a:r'es] (*Brit*) *abbr of* **British Road Services** (*société nationale de transports routiers*).
brucellosis [,bru:sə'ləʊsɪs] *n* brucellose *f*.
bruise [bru:z] **1** *vt* (**a**) *person, part of body* faire un bleu à, contusionner; *finger* faire un pinçon à; *fruit* abîmer, taler; *lettuce* froisser. **to ~ one's foot** se faire un bleu au pied; **to be ~d all over** avoir le corps *or* être couvert de bleus.
  (**b**) (*crush*) écraser, piler. (*liter*) **~d heart** cœur meurtri *or* blessé; (*liter*) **~d spirit** esprit meurtri.
2 *vi* [*fruit*] se taler, s'abîmer. **peaches ~ easily** les pêches se talent facilement; **he ~s easily** il se fait facilement des bleus.
3 *n* [*person*] bleu *m*, contusion *f*, ecchymose *f*, meurtrissure *f*; [*fruit*] meurtrissure, talure *f*. **body covered with ~s** corps couvert d'ecchymoses *or* de meurtrissures.
bruiser* ['bru:zər] *n* malabar* *m*, cogneur* *m*.
brum* [brʊm] *excl* (*baby talk*) [*car etc*] **~, ~!** broum, broum!
Brum* [brʌm] *n abbr of* **Birmingham**.
Brummie* ['brʌmɪ] *n* habitant(e) *m(f)* *or* natif *m*, -ive *f* de Birmingham.
brunch [brʌntʃ] *n* (grand) petit déjeuner *m* (*pris comme déjeuner*).
brunette [bru:'net] **1** (*femme f*) brune *f*, brunette *f*. **2** *adj person, skin* brun; *eyes* marron *inv*; *hair* châtain.
brunt [brʌnt] *n*: **the ~** *[attack, blow]* le (plus gros du) choc; *[argument, displeasure]* le poids; **to bear the ~ of the assault** soutenir *or* essuyer le plus fort de l'attaque; **to bear the ~ of the work** faire le (plus) gros du travail; **to bear the ~ of the expense** payer le (plus) gros des frais; **he bore the ~ of it all** c'est lui qui a porté le poids de l'affaire.
brush [brʌʃ] **1** *n* (**a**) *brosse f*; (*paint ~*) pinceau *m*, brosse; (*broom*) balai *m*; (*short-handled: hearth ~ etc*) balayette *f*; (*scrubbing ~*) brosse (dure); (*bottle ~*) goupillon *m*, rince-bouteilles *m inv*; (*shaving ~*) blaireau *m*. **hair/nail/shoe/tooth~** brosse à cheveux/à ongles/à chaussures/à dents; **clothes/hat ~** brosse à habits/à chapeau; *V* **pastry, tar¹** *etc*.
  (**b**) *coup m de brosse*. **give your coat a ~** donne un coup de brosse à ton manteau.
  (**c**) (*light touch*) effleurement *m*.
  (**d**) *[fox]* queue *f*.
  (**e**) (*U: undergrowth*) broussailles *fpl*, taillis *m*.
  (**f**) (*skirmish*) accrochage *m*, escarmouche *f*. **to have a ~ with the law** avoir des démêlés *mpl* avec la justice, avoir maille à partir avec la justice; (*quarrel*) **to have a ~ with sb** avoir un accrochage *or* une prise de bec* avec qn.
  (**g**) (*Elec*) [*commutator*] balai *m*; [*dynamo*] frottoir *m*; (*discharge*) décharge *f*.
2 *cpd*: **brush maker** (*manufacturer*) fabricant *m* de brosses; (*employee*) brossier *m*, -ière *f*; **to give sb the brush-off*** envoyer promener *or* bouler* *or* balader* qn; **to get the brush-off*** se faire envoyer sur les roses* *or* balader* *or* bouler*; **brush-stroke** coup *m* *or* trait *m* de pinceau; **brush-up** coup *m* de brosse (*V* **wash**); **to give one's English a brush-up*** rafraîchir ses notions d'anglais; **brush-wood** (*undergrowth*) broussailles *fpl*, taillis *m*; (*cuttings*) menu bois, brindilles *fpl*; (*Art*) **brushwork** facture *f*.
3 *vt* (**a**) *carpet* balayer; *clothes, hair etc* brosser, donner un coup de brosse à. **to ~ one's teeth** se brosser *or* se laver les dents; **to ~ one's hair** se brosser les cheveux; **hair ~ed back** cheveux ramenés *or* rejetés en arrière; **he ~ed the chalk off his coat** il a enlevé (à la main *or* à la brosse) les traces de craie qui étaient sur son manteau.
  (**b**) (*touch lightly*) frôler, effleurer; *the ground* raser.
  (**c**) (*Tech*) *wool* gratter. (*Tex*) **~ed cotton** pilou *m*, finette *f*; **~ed nylon** nylon gratté.
4 *vi*: **to ~ against sb/sth** effleurer *or* frôler qn/qch; **to ~ past sb/sth** frôler qn/qch en passant.
◆**brush aside** *vt sep argument, objections* balayer (d'un geste); *protester, objector* repousser.
◆**brush away** *vt sep tears* essuyer; *mud, dust* (*on clothes*) enlever à la brosse *or* à la main; (*on floor*) balayer; *insects* chasser.
◆**brush down** *vt sep person, garment* donner un coup de brosse à; *horse* brosser.
◆**brush off 1** *vi*: **the mud brushes off easily** avec un coup

de brosse la boue s'enlève facilement.
2 *vt sep mud, snow* enlever (à la brosse *or* à coups de balai); *insect* balayer, écarter d'un geste; *fluff on coat* enlever à la brosse *or* à la main.
3 **brush-off*** *n* *V* brush 2.
◆**brush up 1** *vt sep* (**a**) *crumbs, dirt* ramasser avec une brosse *or* à la balayette.
  (**b**) *wool* gratter.
  (**c**) (*: *revise, improve*) se remettre à, revoir, réviser. **to brush up (on) one's English** se remettre à l'anglais.
2 **brush-up** *n* *V* brush 2, *also* wash.
brusque [bru:sk] *adj person, tone, manner* brusque, bourru, brutal.
brusquely ['bru:sklɪ] *adv behave, speak* avec brusquerie, avec rudesse.
brusqueness ['bru:sknɪs] *n* brusquerie *f*, rudesse *f*.
Brussels ['brʌslz] **1** *n* Bruxelles. **2** *cpd lace* de Bruxelles. **Brussels sprouts** choux *mpl* de Bruxelles.
brutal ['bru:tl] *adj* (**a**) *person, behaviour, reply* brutal, cruel. (**b**) (*lit*) brutal; *instincts* animal, de brute.
brutality [bru:'tælɪtɪ] *n* brutalité *f*, sauvagerie *f*.
brutalize ['bru:təlaɪz] *vt* (**a**) (*ill-treat*) brutaliser. (**b**) (*make brutal*) rendre brutal.
brutally ['bru:təlɪ] *adv hit, attack* brutalement, sauvagement; *say, reply* brutalement, cruellement. **~ assaulted** sauvagement attaqué.
brute [bru:t] **1** *n* (*animal*) brute *f*, bête *f*; (*person*) (*cruel*) brute, brutal *m*; (*coarse*) brute (épaisse). **this machine is a ~!*** quelle vache que cette machine!‡
2 *adj* (**a**) (*animal-like*) de brute, animal, bestial. **the ~ beast** la brute.
  (**b**) *strength, passion* brutal; *matter* brut. **by (sheer) ~ force** par la force.
brutish ['bru:tɪʃ] *adj* (*animal-like*) de brute, animal, bestial; (*unfeeling*) grossier, brutal; (*uncultured*) inculte, ignare.
B.S.A. [,bi:es'eɪ] *n* (*US*) *abbr of* **Boy Scouts of America** (*scouts américains*).
B.Sc. [,bi:es'si:] *n* (*Univ*) *abbr of* **Bachelor of Science**; *V* **bachelor 1b**.
BSI [,bi:es'aɪ] *n* (*Brit: abbr of* **British Standards Institute**) ≃ AFNOR *f*.
B.S.T. [,bi:es'ti:] *n* (*Brit: abbr of* **British Summer Time**) heure *f* d'été.
Bt. *abbr of* Baronet.
btu [,bi:ti:'ju:] *n abbr of* **British thermal unit**; *V* thermal.
bubble ['bʌbl] **1** *n* (**a**) (*gen: also* air **~**) bulle *f*; (*in liquid*) bouillon *m*; (*in glass*) bulle, soufflure *f*; (*in paint*) boursouflure *f*; (*in metal*) soufflure, boursouflement *m*. **to blow ~s** faire des bulles; **soap ~** bulle de savon.
  (**b**) (*fig*) chimère *f*; (*Comm*) affaire pourrie.
  (**c**) (*sound*) glouglou *m*.
2 *cpd*: (*Brit*) **bubble and squeak** *purée f aux choux et à la viande hachée*; **bubble bath** bain moussant; (*Brit*) **bubble-car** petite voiture (*à toit transparent*); (*Comm, Fin*) **bubble company** compagnie véreuse; **bubblegum** bubble-gum *m*; **bubble pack** *or* **package** (*for pills etc*) plaquette *f*; (*in supermarket: for pens, plugs etc*) emballage pelliculé; (*Comput*) **bubble store** mémoire *f* à bulles.
3 *vi* (**a**) *[liquid]* bouillonner, dégager des bulles; *[champagne]* pétiller; *[gas]* barboter; (*gurgle*) faire glouglou, glouglouter.
  (**b**) (*: *cry*) chialer‡, pleurer.
◆**bubble out** *vi [liquid]* sortir à gros bouillons.
◆**bubble over** *vi* (*lit, fig*) déborder. **to bubble over with joy** déborder de joie.
◆**bubble up** *vi [liquid]* monter en bouillonnant; *[excitement etc]* monter.
bubbly ['bʌblɪ] **1** *adj drink* pétillant, plein de bulles; *person, character* d'une vitalité pétillante. **2** *n* (‡: *U*) champagne *m*.
bubonic [bju:'bɒnɪk] *adj bubonique*. **~ plague** peste *f* bubonique.
buccaneer [,bʌkə'nɪər] *n* (*Hist*) boucanier *m*; (*fig*) flibustier *m*, pirate *m*.
Bucharest [,bu:kə'rest] *n* Bucarest.
buck [bʌk] **1** *n* (**a**) (*male of deer, rabbit, hare etc*) mâle *m*.
  (**b**) (†: *dandy*) élégant *m*, dandy *m*.
  (**c**) (*US*: dollar*) dollar *m*. **to be down to one's last ~** être sur la paille; **to make a few ~s on the side** se faire un peu de pognon‡ à côté, se faire un petit à-côté*; (*at sb's expense*) se sucrer en douce*; **to make a fast** *or* **quick ~** gagner du fric‡ facile.
  (**d**) **to pass the ~** refiler* la responsabilité aux autres; **the ~ stops here*** la responsabilité commence ici.
  (**e**) (*sawhorse*) chevalet *m*, baudet *m*; (*Gymnastics*) cheval *m* d'arçons.
  (**f**) **the horse gave a ~** le cheval a lancé une ruade.
2 *cpd*: (*US*) **the Buckeye State** l'Ohio *m*; (*US Mil*) **buck private** deuxième classe *m inv*; **buck rabbit** lapin *m* mâle; **bucksaw** scie *f* à bois (*montée dans un cadre*); (*US Mil*) **buck sergeant** simple sergent *m*; **buckshot** chevrotine(s) *f(pl)*; **buckskin** peau *f* de daim; **buckthorn** nerprun *m*, bourdaine *f*; **buck teeth** dents proéminentes; **to have buck teeth**, **to be buck-toothed** avoir des dents de lapin; **buckwheat** sarrasin *m*, blé noir.
3 *vi* (**a**) *[horse]* lancer *or* décocher une ruade.
  (**b**) (*object to*) **to ~ at sth‡** regimber devant qch.
  (**c**) (*US*) **to ~ for sth*** rechercher qch.
4 *vt* (*US*) **to ~ the system*** lutter contre l'ordre établi.
◆**buck up*** **1** *vi* (**a**) (*hurry up*) se grouiller*, se magner‡; (*exert o.s.*) se remuer*, se magner*. **buck up!** remue-toi!*, grouille-toi!*, active un peu!*
  (**b**) (*cheer up*) se secouer*.
2 *vt sep person* remonter le moral de, ravigoter*.

bucked‡ [bʌkt] *adj* tout content.
bucket ['bʌkɪt] **1** *n* (a) seau *m*. ~ of water seau d'eau; to weep ~s* pleurer toutes les larmes de son corps; chain of ~s chaîne *f* de seaux; they made a chain of ~s to fight the fire ils ont fait la chaîne pour combattre l'incendie; V kick, rain.
　(b) *(Tech)* *[dredger, grain elevator]* godet *m*; *[pump]* piston *m*; *[wheel]* auget *m*.
　2 *vi*: it's ~ing‡, the rain is ~ing (down)‡ il pleut à seaux *or* comme vache qui pisse‡, il tombe des cordes*.
　3 *cpd*: *(Tech)* bucket elevator noria*f*; bucket seat (siège-)baquet *m*; bucket shop *(Fin)* bureau *m or* maison *f* de contrepartie, bureau de courtier marron; *(for air tickets)* organisme *m* de vente de billets d'avion à prix réduit.
bucketful ['bʌkɪtfʊl] *n* plein seau. I've had a ~‡ of him/his nonsense j'en ai ras le bol‡ *or* par-dessus la tête de lui/de ses idioties.
buckle ['bʌkl] **1** *n* (a) *[shoe, belt]* boucle *f*.
　.(b) *(distortion)* *[wheel]* voilure*f*; *[metal]* gauchissement *m*, flambage *m*.
　2 *vt* (a) *belt* boucler, attacher.
　(b) *wheel* voiler; *metal* gauchir, fausser.
　3 *vi* (a) *[belt, shoe]* se boucler, s'attacher.
　(b) *[metal]* gauchir, se déformer; *[wheel]* se voiler.
◆**buckle down*** *vi* se coller au boulot*. to buckle down to a job s'atteler à un boulot*; buckle down to it! au boulot!*
◆**buckle on** *vt sep armour* revêtir, endosser; *sword* ceindre.
◆**buckle to*** *vi* s'y mettre, s'y coller*.
buckra* ['bʌkrə] *n (US pej)* Blanc *m*.
buckram ['bʌkrəm] *n* bougran *m*.
buckshee‡ [bʌk'ʃiː] *adj, adv (Brit)* gratis *inv*, à l'œil*.
bucolic [bjuː'kɒlɪk] **1** *adj* bucolique, pastoral. **2** *n (Literat)* the B~s les Bucoliques *fpl*.
bud¹ [bʌd] **1** *n* (a) *[tree, plant]* bourgeon *m*, œil *m*; *[grafting]* écusson *m*. to be in ~ bourgeonner; *(fig)* poet *etc* in the ~ poète *m etc* en herbe; V nip *etc*.
　(b) *[flower]* bouton *m*. in ~ en bouton; V rose².
　(c) *(Anat)* papille *f*; V taste.
　2 *vi* *[tree, plant]* bourgeonner, se couvrir de bourgeons; *[flower]* former des boutons; *[horns]* (commencer à) poindre *or* percer; *[talent etc]* (commencer à) percer.
　3 *vt (Horticulture)* tree greffer, écussonner.
bud²‡ [bʌd] *n (US)* = **buddy***.
Budapest [,bjuːdə'pest] *n* Budapest.
Buddha ['bʊdə] *n* Bouddha *m*.
Buddhism ['bʊdɪzəm] *n* bouddhisme *m*.
Buddhist ['bʊdɪst] **1** *n* Bouddhiste *mf*. **2** *adj* monk, nation bouddhiste; religion art, dogma bouddhique.
budding ['bʌdɪŋ] *adj plant* bourgeonnant; *flower* en bouton; *(fig)* poet *etc* en herbe; *passion* naissant.
buddleia ['bʌdlɪə] *n* buddleia *m*, lilas *m* de Chine.
buddy* ['bʌdɪ] *n (US)* copain *m*, pote‡ *m*. hi there, ~! salut, mon pote‡; they use the ~ system ils travaillent en équipe de deux.
budge [bʌdʒ] **1** *vi (move)* bouger; *(fig)* changer d'avis. I will not ~ an inch *(lit)* je ne bougerai pas d'ici; *(fig)* rien ne me fera changer d'avis.
　2 *vt (lit)* faire bouger. *(fig)* you can't ~ him il reste inébranlable, vous ne le ferez pas changer d'avis.
◆**budge over***, **budge up*** *vi* se pousser.
budgerigar ['bʌdʒərɪgɑːʳ] *n* perruche *f*.
budget ['bʌdʒɪt] **1** *n (gen, Fin)* budget *m*; *(Parl)* budget, loi *f* des finances. my ~ won't run to steak nowadays mon budget ne me permet plus d'acheter de bifteck; to be on a tight ~ disposer d'un budget modeste.
　2 *adj* (a)*(Econ, Fin)* spending, credit budgétaire. *(Comm)* ~ account compte-crédit *m*; *(Econ)* ~ cuts compressions *fpl* budgétaires; *(Parl)* ~ day jour *m* de la présentation du budget; *(Econ)* ~ deficit découvert *m* budgétaire; *(Econ, Comm)* ~ heading poste *m* budgétaire; *(US Comm)* ~ plan système *m* de crédit; *(Parl)* ~ speech discours *m* de présentation du budget; *(Econ)* ~ surplus excédent *m* budgétaire.
　(b) *(cut-price)* tour, holiday, price pour petits budgets, économique.
　3 *vi* dresser *or* préparer un budget. to ~ for sth *(Econ)* inscrire *or* porter qch au budget, budgétiser qch; *(gen)* inscrire qch à son budget, prévoir des frais de qch.
　4 *vt* budgétiser.
budgetary ['bʌdʒɪtrɪ] *adj* budgétaire. ~ year exercice *m* budgétaire.
budgeting ['bʌdʒɪtɪŋ] *n [company, institution]* prévisions *fpl* budgétaires. with careful ~ ... si on équilibre soigneusement le budget ....
budgie* ['bʌdʒɪ] *n abbr of* **budgerigar**.
Buenos Aires ['bwemɒs'aɪrɪz] *n* Buenos Aires.
buff¹ [bʌf] **1** *n* (a) *(leather)* (peau *f* de) buffle *m*; *(colour)* (couleur *f*) chamois *m*. in the ~‡ à poil‡. (b) *(polishing disc)* polissoir *m*. **2** *adj* (a) (de peau) de buffle, en buffle. (b) *(also* ~-coloured) (couleur) chamois *inv*. **3** *vt* metal polir.
buff² [bʌf] *n (*: enthusiast)* mordu(e)* *m(f).* a film ~ un(e) mordu(e)* du cinéma.
buffalo ['bʌfələʊ] *n, pl* ~ *or* ~es *(wild ox)* buffle *m*, bufflesse *f*; *(esp in US)* bison *m*; V water.
buffer¹ ['bʌfəʳ] **1** *n (lit, fig)* tampon *m*; *(Rail) (on train)* tampon; *(at terminus)* butoir *m*; *(US Aut)* pare-chocs *m inv*; *(Comput)* mémoire *f* tampon.
　2 *cpd*: *(Fin, Econ)* buffer fund fonds régulateur; *(Comput)* buffer memory mémoire *f* tampon; *(Chem)* buffer solution solution *f* tampon; *(Pol)* buffer state état *m* tampon.
　3 *vt (Chem)* tamponner.

buffer² ['bʌfəʳ] *n (for polishing)* polissoir *m*.
buffer³‡ ['bʌfəʳ] *n (Brit)* vieux fossile*.
buffet¹ ['bʌfɪt] **1** *n (blow) (with hand)* gifle *f*, soufflet *m*; *(with fist)* coup *m* de poing. *(fig)* the ~s of fate les coups du sort.
　2 *vt (with hand)* frapper, souffleter; *(with fist)* donner un coup de poing à. ~ed by the waves battu *or* ballotté par les vagues; ~ed by the wind secoué par le vent.
buffet² ['bʊfeɪ] **1** *n (refreshment bar, sideboard)* buffet *m*. *(in menu)* cold ~ viandes froides. **2** *cpd*: *(Brit Rail)* buffet car voiture-buffet *f*, buffet *m*; buffet lunch lunch *m*; buffet supper (souper-)buffet *m*.
buffeting ['bʌfɪtɪŋ] **1** *n [person, object]* bourrades *fpl*, coups *mpl*; *[wind, rain etc]* assaut *m*. to get a ~ from the waves être ballotté (de tous côtés) par les vagues. **2** *adj* wind violent.
buffing ['bʌfɪŋ] *n* polissage *m*.
buffoon [bə'fuːn] *n* bouffon *m*, pitre *m*, clown *m*.
buffoonery [bə'fuːnərɪ] *n* bouffonnerie(s) *f(pl)*.
bug [bʌg] **1** *n* (a) *(bedbug etc)* punaise *f*; *(*: any insect)* insecte *m*, bestiole* *f*. *(important person)* big ~‡ grosse légume*, huile* *f*; V fire.
　(b) *(*: germ)* microbe *m*. he picked up a ~ on holiday il a attrapé un microbe pendant ses vacances; the flu ~ le virus de la grippe.
　(c) *(defect, snag: esp Comput)* défaut *m*, inconvénient *m*.
　(d) *(*: hidden microphone)* micro *m* (caché).
　(e) *(US*: car)* petite voiture, coccinelle* *f*.
　(f) *(US‡: enthusiast)* a basketball ~ un(e) mordu(e)* du basket.
　2 *vt* (a) *(*)* phone etc brancher sur table d'écoute; room etc poser *or* installer des micros (cachés) dans.
　(b) *(annoy)* embêter*, casser les pieds à*.
　3 *cpd*: bugbear épouvantail *m* *(fig)*, cauchemar *m*; bug-eyed‡ aux yeux à fleur de tête; bughouse‡ *(US: asylum)* cabanon* *m*, maison *f* de dingues‡; *(Brit: cinema)* cinoche‡ *m*; bug-hunter‡ entomologiste *mf*, chasseur *m* de petites bestioles*; bug-ridden infesté de punaises.
◆**bug out‡** *vi (US)* foutre le camp‡.
bugaboo ['bʌgəbuː] *n* croque-mitaine *m*, loup-garou *m*.
bugger ['bʌgəʳ] **1** *n* (a) *(Jur)* pédéraste *m*.
　(b) *(*: fellow)* con‡* *m*, couillon‡* *m*, corniaud‡ *m*; *(child)* mouflet* *m*. silly ~‡* pauvre con‡*; poor little ~‡* pauvre petit bonhomme*.
　2 *excl*: ~ (it)!‡* merde alors!‡
　3 *vt* (a) *(Jur)* se livrer à la pédérastie avec.
　(b) well, I'm ~ed!‡* merde alors!‡
◆**bugger off‡*** *vi (Brit)* foutre le camp‡.
bugging ['bʌgɪŋ] *n* utilisation *f* d'appareils d'écoute. ~ device appareil *m* d'écoute *(clandestine)*.
buggy ['bʌgɪ] *n (horse-drawn)* boghei *m*; *(for beach)* buggy *m*; *(for moon)* jeep *f* lunaire; *(‡: car)* bagnole* *f*; *(baby)* ~ *(Brit: pushchair)* poussette-canne *f*; *(US: pram)* voiture *f* d'enfant.
bugle ['bjuːgl] *n* clairon *m*. ~ call sonnerie *f* de clairon.
bugler ['bjuːgləʳ] *n* (joueur *m* de) clairon *m*.
bugs‡ [bʌgz] *adj (US)* cinglé*, dingue*.
build [bɪld] *(vb: pret, ptp* built) **1** *n* carrure *f*, charpente *f*. man of strong ~ homme solidement bâti *or* charpenté; of medium ~ de corpulence moyenne; of slim ~ fluet; he's got the ~ of a wrestler il a une carrure de catcheur, il est bâti comme un catcheur; of the same ~ as ... de même carrure que ....
　2 *vt* house, town bâtir, construire; bridge, ship, machine construire; temple bâtir, édifier; nest faire, bâtir; *(fig)* theory, plan bâtir, construire, édifier; empire, company fonder, bâtir; *(Games)* words, sequence former. the house is being built la maison se bâtit; the architect who built the palace l'architecte qui a bâti *or* qui a fait bâtir le palais; the car was not built for speed la voiture n'était pas conçue pour la vitesse; *(fig)* to ~ castles in the air faire des châteaux en Espagne; to ~ a mirror into a wall encastrer un miroir dans un mur; *(fig)* his theory is not built on facts sa théorie n'est pas basée *or* construite sur des faits.
　3 *vi* bâtir; *[edifice]* se bâtir. to ~ (up)on a piece of land bâtir sur un terrain; *(lit, fig)* to ~ upon sand bâtir sur le sable; *(fig)* it's a good start—something to ~ on c'est une base solide sur laquelle on peut bâtir; *(frm, †)* to ~ upon sb/a promise faire fond sur qn/une promesse.
◆**build in 1** *vt sep (lit)* wardrobe encastrer *(into* dans); *(fig)* safeguards intégrer *(into* à).
　2 built-in *adj* V built 3.
◆**build on** *vt sep* room, annex ajouter *(to* à).
◆**build up 1** *vi [business connection etc]* se développer; *[pressure]* s'accumuler; *[tension, excitement]* monter, augmenter.
　2 *vt sep* (a) *(establish)* reputation édifier, bâtir; business créer, monter; theory échafauder; *(increase)* production, forces accroître, augmenter; pressure accumuler; tension, excitement augmenter, faire monter. to build up one's strength prendre des forces.
　(b) *(cover with houses)* area, land urbaniser.
　(c) *(fig: publicize)* person, reputation faire de la publicité pour, faire du battage* autour de.
　3 build-up *n* V build-up.
　4 built-up *adj* V built 3.
builder ['bɪldəʳ] *n* (a) *[houses etc]* (owner of firm) entrepreneur *m*; (worker) maçon *m*; *[ships, machines]* constructeur *m*. ~'s labourer ouvrier *m* du bâtiment; V organ. (b) *(fig)* fondateur *m*, -trice *f*, créateur *m*, -trice *f*; V empire.
building ['bɪldɪŋ] **1** *n* (a) *(gen)* bâtiment *m*, construction *f*; *(imposing)* édifice *m*; *(habitation or offices)* immeuble *m*; *(Jur, Insurance: in contract etc)* immeuble *m*; V public.
　(b) *(U)* construction *f*. the ~ of the church took 7 years la construction de l'église a demandé 7 ans, il a fallu 7 ans pour construire *or* édifier l'église; V body, empire.

2 *cpd*: **building block** (*toy*) cube *m*; (*fig*) composante *f*; **building contractor** entrepreneur *m* (de bâtiment *or* de construction); **building industry** (industrie *f* du) bâtiment *m*; **building labourer** ouvrier *m* du bâtiment; **building land** terrain *m* à bâtir; **building materials** matériaux *mpl* de construction; **building permit** permis *m* de construire; **building plot** (petit) terrain *m* à bâtir; **building site** chantier *m* (de construction); (*Brit*) **building society** ≃ société *f* de crédit immobilier; **building trade** = **building industry**; **the building trades** les métiers du bâtiment; **building workers** ouvriers *mpl* du bâtiment.

build-up ['bɪldʌp] *n* (**a**) (*increase*) [*pressure*] intensification *f*; [*gas*] accumulation *f*; (*Mil*) [*troops*] rassemblement *m*; [*production*] accroissement *m*; (*Comm*) [*stock etc*] accumulation; [*tension, excitement*] montée *f*. (*Mil*) **arms ~** accumulation des armements.

   (**b**) (*fig*) présentation *f* publicitaire, battage* *m*. **to give sb/sth a good ~** faire une bonne publicité pour qn/qch, faire beaucoup de battage* autour de qn/qch.

built [bɪlt] **1** *pret, ptp* of **build**.

   2 *adj* **house** bâti, construit (*of* de, en). [*person*] **to be solidly ~** avoir la charpente solide, être puissamment charpenté; *V* **well²**.

   3 *cpd*: **built-in** **oven, wardrobe, mirror, beam** encastré; [*fig*] **desire etc** inné, ancré (*V also* **obsolescence**); **built-in cupboard** placard *m* (encastré); (*Dress*) **built-up shoulders** rehaussé; **shoes** à semelle compensée; **built-up area** agglomération *f* (urbaine).

   4 **-built** *adj ending in cpds*: **pine-built house** maison *f* (construite) en bois de pin; **French-built ship** navire *m* de construction française.

bulb [bʌlb] *n* (**a**) [*plant*] bulbe *m*, oignon *m*. **~ of garlic** tête *f* d'ail; **tulip ~** bulbe *or* oignon de tulipe; **~ fibre** terreau enrichi (pour bulbes). (**b**) (*Elec*) ampoule *f*. (**c**) (*Chem*) ballon *m*; [*thermometer*] cuvette *f*.

bulbous ['bʌlbəs] *adj* **plant** bulbeux; **nose** gros (*f* grosse), bulbeux.
Bulgaria [bʌl'gɛərɪə] *n* Bulgarie *f*.
Bulgarian [bʌl'gɛərɪən] **1** *adj* bulgare. **2** *n* (**a**) Bulgare *mf*. (**b**) (*Ling*) bulgare *m*.

bulge [bʌldʒ] **1** *n* (**a**) [*surface, metal*] bombement *m*; [*cheek*] gonflement *m*; [*column*] renflement *m*; [*jug, bottle*] pans *m*, ventre *m*; [*plaster*] bosse *f*; [*tyre*] soufflure *f*, hernie *f*; [*pocket, jacket*] renflement; (*Brit Mil*) saillant *m*. (*Hist*) **the Battle of the B~** la contre-offensive *or* la bataille des Ardennes (1944).

   (**b**) (*increase*) [*numbers*] augmentation *f* temporaire; [*sales, prices, profits*] hausse *f*, poussée *f*; [*birth rate*] poussée. **the post-war ~** l'explosion *f* démographique de l'après-guerre.

   2 *vi* (*also* **~ out**) (*swell*) se renfler, bomber; (*stick out*) faire *or* former saillie; [*plaster*] être bosselé; [*pocket, sack, cheek*] être gonflé (*with* de).

bulging ['bʌldʒɪŋ] *adj* **forehead, wall** bombé; **stomach** ballonné, protubérant; **furniture** pansu, ventru; **eyes** protubérant, globuleux, exorbité; **pockets, suitcase** bourré, plein à craquer.

bulk [bʌlk] **1** *n* (**a**) (*great size*) [*thing*] grosseur *f*, grandeur *f*; [*person*] corpulence *f*; (*large volume*) masse *f*, volume *m*. **a ship of great ~** un navire de fort tonnage.

   (**b**) (*main part*) **the ~** la majeure partie, la plus grande partie, le (plus) gros (*of* de); **the ~ of the working community** la plus grande partie *or* l'ensemble de la population ouvrière; **the ~ of the work is done** le plus gros du travail est fait.

   (**c**) (*Comm*) **in ~** (*in large quantities*) en gros; (*not prepacked*) en vrac.

   (**d**) (*in food*) fibre *f* (végétale).

   (**e**) (*Naut*) cargaison *f* (en cale).

   2 *cpd*: **bulk-buy** [*trader*] acheter en gros; [*individual*] acheter par *or* en grosses quantités; **bulk-buying** [*trader*] achat *m* en gros; [*individual*] achat *m* par *or* en grosses quantités; **bulk carrier** transporteur *m* de vrac; (*Brit Naut*) **bulkhead** cloison *f*; **bulk transport** transport *m* en vrac.

   3 *adj* **order, supplies etc** en gros. **~ mailing** mailing *m* à grande diffusion; **~ mail** lettres *fpl or* envois *mpl* en nombre.

   4 *vi*: **to ~ large** occuper une large place *or* une place importante (*in sb's eyes* aux yeux de qn, *in sb's thoughts* dans la pensée *or* l'esprit de qn).

bulkiness ['bʌlkɪnɪs] *n* [*parcel, luggage*] grosseur *f*, volume *m*; [*person*] corpulence *f*.
bulky ['bʌlkɪ] *adj* **parcel, suitcase** volumineux, encombrant; **book** épais (*f* -aisse); **person** gros (*f* grosse), corpulent.
bull¹ [bʊl] **1** *n* (**a**) taureau *m*. (*fig*) **to take *or* seize *or* grasp the ~ by the horns** prendre *or* saisir le taureau par les cornes; **like a ~ in a china shop** comme un éléphant dans un magasin de porcelaine; **to him this word is like a red rag to a ~** c'est un mot qui lui fait monter la moutarde au nez; **to go at it like a ~ at a gate** foncer tête baissée; (*Astron*) **the B~** le Taureau; *V* **bull's-eye**, **cock**, **John**.

   (**b**) (*male of elephant, whale etc*) mâle *m*.

   (**c**) (*St Ex*) haussier *m*.

   (**d**) (*Mil sl*: *cleaning, polishing*) fourbissage *m*; (‡: *claptrap*) foutaise(s)‡ *f(pl)*, connerie(s)‡* *f(pl)*.

   2 *cpd* **elephant etc** mâle; (*St Ex*) à la hausse. **bull calf** jeune taureau *m*, taurillon *m*; **bulldog** *V* **bulldog**; **bulldoze** *V* **bulldoze**; **bull's-eye** *V* **bull's-eye**; **bullfight** course *f* de taureaux, corrida *f*; **bullfighter** matador *m*, torero *m*, toréador *m*; **bullfighting** courses *fpl* de taureaux; (*art*) tauromachie *f*; **bullfinch** bouvreuil *m*; **bullfrog** grosse grenouille (d'Amérique); **bull neck** cou *m* de taureau; **bull-necked** au cou de taureau, épais d'encolure; **bullring** arène *f* (*pour courses de taureaux*); (*US*) **bull session*** discussion *f* entre hommes; **bullshit‡** foutaise(s)‡ *f(pl)*, connerie(s)‡* *f(pl)*; **bull terrier** bull-terrier *m*.

   3 *vt* (*St Ex*) **stocks, shares** pousser à la hausse. **to ~ the market** pousser les cours à la hausse.

bull² [bʊl] *n* (*Rel*) bulle *f*. **papal ~** bulle papale.
bulldog ['bʊldɒg] **1** *n* bouledogue *m*. **2** *cpd* **tenacity etc** acharné. (*fig*) **he is one of the bulldog breed** il est d'une ténacité à toute épreuve; (*Brit*) **bulldog clip** pince *f* à dessin.
bulldoze ['bʊldəʊz] *vt* (*Constr*) passer au bulldozer. (*fig*) **to ~ sb into doing sth*** employer les grands moyens pour faire faire qch à qn; **he ~d his way into the meeting*** (*forced his way in*) il a réussi à pénétrer dans la salle où avait lieu la réunion; (*managed to contribute*) il a réussi à participer à cette réunion à la force du poignet.
bulldozer ['bʊldəʊzər] *n* bulldozer *m*.
bullet ['bʊlɪt] **1** *n* balle *f* (*projectile*). **2** *cpd*: **bullet-headed** à (la) tête ronde; **bullet hole** trou *m* de balle; **bulletproof** (*adj*) **garment etc** pare-balles *inv*; **car etc** blindé; (*vt*) blinder; **bullet train** train *m* à grande vitesse (*japonais*); **bullet wound** blessure *f* par balle.
bulletin ['bʊlɪtɪn] *n* bulletin *m*, communiqué *m*. **health ~** bulletin de santé; **~ board** tableau *m* d'affichage; *V* **news**.
bullhorn ['bʊlhɔːn] *n* (*US*) porte-voix *m inv*, mégaphone *m*.
bullion¹ ['bʊljən] *n* (*U*) encaisse-or *f*; (*gold ~*) or *m* en barre *or* en lingot(s); (*silver ~*) argent *m* en lingot(s).
bullion² ['bʊljən] *n* (*fringe*) frange *f* de cannetille.
bullish ['bʊlɪʃ] *adj* (*St Ex*) haussier.
bullock ['bʊlək] *n* bœuf *m*; (*young*) bouvillon *m*. **~ cart** char *m* à bœufs.
bull's-eye ['bʊlzaɪ] *n* (**a**) [*target*] centre *m*, noir *m* (de la cible), mille *m*. (*lit, fig*) **to get a ~**, **to hit the ~** faire mouche, tirer *or* mettre dans le mille.

   (**b**) (*sweet*) gros bonbon à la menthe.

   (**c**) (*window*) œil-de-bœuf *m*, oculus *m*; (*in glass*) boudine *f*.
bully¹ ['bʊlɪ] **1** *n* (**a**) tyran *m*; (*esp Scot*) petit(e) dur(e) *m(f)*, (petite) brute *f*.

   (**b**) (*Brit Hockey*: *also* **~-off**) engagement *m* (du jeu).

   2 *cpd*: **bully boy*** dur *m*, brute *f*.

   3 *vt* (*persecute*) tyranniser, persécuter; (*treat cruelly*) malmener, brutaliser; (*frighten*) intimider; (*Scot*) brutaliser, brimer. **to ~ sb into doing sth** contraindre qn par la menace à faire qch.

   4 *vi* être une brute.

♦**bully off** *vi* (*Brit*) mettre la balle en jeu, engager (le jeu).
bully²‡ ['bʊlɪ] **1** *adj* (†) épatant†. **2** *excl*: **~ for you!** t'es un chef!‡
bully³* ['bʊlɪ] *n* (*Mil*: *also* **~ beef**) corned-beef *m*, singe‡ *m*.
bullying ['bʊlɪɪŋ] **1** *adj* **person, manner** tyrannique, brutal. **2** *n* brimade(s) *f(pl)*, brutalité(s) *f(pl)*.
bulrush ['bʊlrʌʃ] *n* jonc *m*.
bulwark ['bʊlwək] *n* (*rampart*) rempart *m*, fortification *f*; (*breakwater*) brise-lames *m inv*; (*fig*: *defence*) rempart; (*Naut*) bastingage *m*.
bum¹* [bʌm] *n* (*esp US*) (*vagrant*) clochard *m*, clodo‡ *m*; (*good-for-nothing*) bon à rien *m*. **to give sb the ~'s rush*** vider qn par la peau des fesses‡; **to live on the ~*** vivre en clochard.

   2 *adj* (*bad*) moche*, minable*, de camelote*; (*false*) faux (*f* fausse). **a ~ rap‡** une accusation montée de toutes pièces.

   3 *vi* (**a**) (*scrounge*) taper* les autres.

   (**b**) (*loaf*: *also* **~ about** *or* **around**) fainéanter, être clochard *or* clodo‡.

   4 *vt* **money, food** écornifler*. **to ~ a meal off sb** taper qn d'un repas*.
bum²‡ [bʌm] **1** *n* (*Brit*: *bottom*) derrière *m*, arrière-train* *m*. **2** *cpd*: (*Ski*) **bumbag** banane *f*; **bumfreezer*** pet-en-l'air *m*.
bumbershoot* ['bʌmbəʃuːt] *n* (*US*†) pépin* *m*, parapluie *m*.
bumble ['bʌmbl] *vi*: **to ~ about** *or* **around** (**a place**) s'affairer (dans un endroit) sans rien faire de valable; **to ~ on about sth** rabâcher qch.
bumblebee ['bʌmblbiː] *n* (*Zool*) bourdon *m*.
bumbling ['bʌmblɪŋ] *adj* (*inept*) empoté; (*muttering*) rabâcheur.
bumboat ['bʌmbəʊt] *n* canot *m* d'approvisionnement.
bumf* [bʌmf] *n* (*Brit*: *forms etc*) paperasses *fpl*, paperasserie *f*; (*toilet paper*) papier *m* de cabinets*.
bummer‡ ['bʌmər] *n* (*US*) (*disappointment*) douche* *f*, déception *f*; (*flop*) fiasco *m*; (*Drugs sl*) mauvais trip*.
bump [bʌmp] **1** *n* (**a**) (*blow*) choc *m*, heurt *m*, coup *m*; (*jolt*) cahot *m*, secousse *f*; (*Boat-racing*) heurt.

   (**b**) (*lump: on head, in road, Ski*) bosse *f*. **~ of locality*** sens *m* de l'orientation.

   (**c**) (*Aviat: rising air current*) (soudain) courant ascendant.

   2 *vt* [*car*] **another car** heurter, tamponner; **boat** heurter. **to ~ one's head/knee** se cogner la tête/le genou (*against* contre); [*fairground*] **~ing cars** autos tamponneuses.

   3 *vi*: **to ~ along** cahoter, bringuebaler; **to ~ down** (*sit*) s'asseoir brusquement.

   4 *adv*: **the car ran ~ into a tree** la voiture est entrée de plein fouet *or* en plein dans un arbre.

   5 *excl* boum!, pan!

♦**bump into** *vt fus* (**a**) [*person*] butter contre, se cogner contre; [*vehicle*] entrer en collision avec, tamponner, rentrer dans*.

   (**b**) (*: meet*) rencontrer par hasard, tomber sur.

♦**bump off‡** *vt sep* liquider*, supprimer; (*with gun*) descendre‡.
♦**bump up** **1** *vi*: **the car bumped up onto the pavement** la voiture a grimpé sur le trottoir. **2** *vt sep* (*: increase sharply*) **prices, sales, statistics** faire grimper*.
♦**bump up against** *vt fus* = **bump into**.
bumper ['bʌmpər] **1** *n* (**a**) [*car*] pare-chocs *m inv*. (**b**) (*full glass*) rasade *f*, plein verre. **2** *adj* **crop, issue** exceptionnel, sensationnel. **~ sticker** *or* **strip** autocollant *m* (*pour voiture*); **to be ~-to-~** être pare-chocs contre pare-chocs, être à touche-touche*.
bumph* [bʌmf] *n* = **bumf***.
bumpkin ['bʌmpkɪn] *n* (*also* **country ~**) rustre *m*, péquenaud‡ *m*, paysan *m* (*pej*).

bumptious ['bʌmpʃəs] *adj* suffisant, prétentieux.
bumpy ['bʌmpɪ] *adj road* inégal, bosselé; *forehead* couvert de bosses; *ride* cahoteux; *crossing* agité. **we had a ~ flight/drive/ crossing** nous avons été très secoués *or* chahutés* pendant le vol/ sur la route/pendant la traversée.
bun [bʌn] **1** *n* (a) (*Culin*) petit pain au lait. **to have a ~ in the oven‡** avoir un polichinelle dans le tiroir‡. (b) *[hair]* chignon *m*. (c) (*US‡: get drunk*) **to get a ~** on prendre une biture‡; **he had a ~** on il tenait une de ces bitures!‡. **2** *cpd*: **bun-fight*** thé *m* (*servi pour un grand nombre de gens*).
bunch [bʌntʃ] **1** *n* (a) *[roses, tulips]* botte *f*, (*for presentation*) bouquet *m*; *[feathers]* touffe *f*; *[hair]* touffe, houppe *f*; *[bananas]* régime *m*; *[radishes, asparagus]* botte *f*; *[twigs]* poignée *f*, paquet *m*; *[keys]* trousseau *m*; *[ribbons]* nœud *m*, flot *m*. **~ of flowers** bouquet (de fleurs); **~ of grapes** grappe *f* de raisins; (*Brit*) **to wear one's hair in ~es** porter des couettes; (*fig*) **the pick of the ~** le dessus du panier.
(b) *[people]* groupe *m*, bande *f*, équipe* *f*; (*Sport*) *[runners]* peloton *m*. **the best of the ~** le meilleur de la bande *or* de l'équipe*; **the best of a bad ~*** le *or* les moins médiocre(s); **what a ~!** quelle équipe!*
2 *vt flowers* mettre en bouquets; *vegetables, straw* botteler, mettre en bottes.
◆**bunch together 1** *vi* se serrer (en foule), se grouper.
2 *vt sep people, things* grouper, concentrer.
◆**bunch up 1** *vi* **don't bunch up so much, space out!** ne vous entassez pas les uns sur les autres, desserrez-vous!
2 *vt sep* (a) *dress, skirt* retrousser, trousser.
(b) **they sat bunched up on the bench** ils étaient (assis) serrés sur le banc.
bunco* ['bʊŋkəʊ] (*US*) **1** *n* (*swindle*) arnaque‡ *m*, escroquerie *f*. **2** *vt* arnaquer‡, escroquer. **3** *cpd*: **bunco squad** ≃ brigade *f* de la répression des fraudes.
buncombe‡ ['bʌŋkəm] *n* (*US*) = **bunkum‡**.
bundle ['bʌndl] **1** *n* (a) *[clothes]* paquet *m*, ballot *m*, balluchon* *m*; *[goods]* paquet, ballot; *[hay]* botte *f*; *[letters, papers]* liasse *f*; *[linen]* paquet; *[firewood]* fagot *m*; *[rods, sticks]* faisceau *m*, poignée *f*, paquet. **he is a ~ of nerves** c'est un paquet de nerfs; **that child is a ~ of mischief** cet enfant est un sac à malices.
(b) (‡: *money*) **a ~** beaucoup d'argent, un matelas‡; **to make a ~** faire son beurre*.
2 *vt* (a) (*also ~ up*) empaqueter, mettre en paquet; *clothes* faire un ballot de; *hay* botteler; *papers, banknotes* mettre en liasse; *letters* mettre en paquet; *sticks* mettre en faisceau.
(b) (*put hastily*) **to ~** sth into a corner fourrer *or* entasser qch dans un coin; **to ~ sb into the house** pousser *or* faire entrer qn dans la maison à la hâte *or* sans cérémonie.
◆**bundle off** *vt sep person* faire sortir (en toute hâte), pousser dehors (sans façons). **he was bundled off to Australia** on l'a expédié en Australie.
◆**bundle out** *vt sep* pousser dehors (sans façons), faire sortir (en toute hâte).
◆**bundle up** *vt sep* (a) = **bundle 2a**.
(b) emmitoufler.
bung [bʌŋ] **1** *n [cask]* bondon *m*, bonde *f*. **~hole** bonde.
2 *vt* (a) (*also ~ up*) *cask* boucher; *pipe etc* boucher, obstruer. **his eyes were/his nose was ~ed up*** il avait les yeux tout bouffis/le nez bouché *or* pris; **I'm all ~ed up*** j'ai un gros rhume (de cerveau).
(b) (*Brit‡: throw*) envoyer*, balancer*.
◆**bung in‡** *vt sep* (*include*) rajouter (par-dessus le marché).
◆**bung out‡** *vt sep* flanquer* à la porte; *rubbish* jeter.
◆**bung up** *vt sep* V **bung 2a**.
bungaloid ['bʌŋɡəlɔɪd] *adj* (*pej*) de bungalow, genre *or* style bungalow. **~ growth** extension *f* pavillonnaire.
bungalow ['bʌŋɡələʊ] *n* (petit) pavillon *m* (en rez-de-chaussée); (*in East*) bungalow *m*.
bungle ['bʌŋɡl] **1** *vt* gâcher, bousiller*. **he ~d it** il s'y est mal pris, il a tout bousillé*; **it was a ~d job** c'était fait n'importe comment. **2** *vi* s'y prendre mal, faire les choses n'importe comment.
bungler ['bʌŋɡlər] *n* bousilleur* *m*, -euse *f*. **he is a ~** il bousille* tout, il est incompétent.
bungling ['bʌŋɡlɪŋ] **1** *adj person* maladroit, incompétent; *attempt* maladroit, gauche. **2** *n* (*U*) gâchis *m*, bousillage* *m*.
bunion ['bʌnjən] *n* (*Med*) oignon *m*.
bunk [bʌŋk] **1** *n* (a) (*Naut, Rail etc: bed*) couchette *f*.
(b) (*Brit*) **to do a ~‡** mettre les bouts‡ *or* les voiles*.
(c) (‡) *abbr of* **bunkum**.
2 *vi* (a) (*: also ~ down*) coucher, camper (*dans un lit de fortune*).
(b) (‡: *also ~ off*) mettre les bouts‡ *or* les voiles*.
3 *cpd*: **bunk beds** lits superposés; **to give sb a bunk-up*** soulever qn par derrière *or* par en dessous.
bunker ['bʌŋkər] **1** *n* (a) *[coal]* coffre *m*; (*Naut*) soute *f* (à charbon *or* à mazout).
(b) (*Golf*) bunker *m*; (*fig*) obstacle *m*.
(c) (*Mil*) blockhaus *m*, bunker *m*. (**nuclear**) **~** bunker *or* abri *m* anti-nucléaire.
2 *vt* (a) (*Naut*) *coal, oil* mettre en soute. (*Naut*) **to ~ a ship** mettre du charbon *or* du mazout en soute.
(b) **to be ~ed** (*Golf*) se trouver dans un bunker; (‡*fig*) se trouver face à un obstacle, se trouver dans une impasse.
3 *vi* (*Naut*) charbonner, mazouter.
bunkum‡ ['bʌŋkəm] *n* blague(s)* *f(pl)*, foutaise(s)‡ *f(pl)*, histoires *fpl*. **to talk ~** dire *or* débiter des balivernes *or* des foutaises‡; **that's all ~** tout ça c'est de la blague!*
bunny ['bʌnɪ] *n* (a) (*also ~ rabbit*) Jeannot *m* lapin. (b) (*US*: *pretty girl*) pépée* *f*, jolie fille; (*also ~ girl*) hôtesse *f* (*du Club Playboy*); V **ski, snow**.

Bunsen ['bʌnsn] *n*: **~ burner** bec *m* Bunsen.
bunting¹ ['bʌntɪŋ] *n* (*Orn*) bruant *m*; V **reed** etc.
bunting² ['bʌntɪŋ] *n* (*U*) (*material*) étamine *f* (à pavillon); (*flags etc*) drapeaux *mpl*, banderoles *fpl*, pavoisement *m*.
buoy [bɔɪ] **1** *n* bouée *f*, balise flottante. **to put down a ~** mouiller une bouée; **~ rope** orin *m*; V **life, mooring** etc. **2** *vt waterway* baliser; *net* liéger.
◆**buoy up** *vt sep* (*lit*) faire flotter, maintenir à flot; (*fig*) soutenir.
buoyancy ['bɔɪənsɪ] *n* (a) *[ship, object]* flottabilité *f*; *[liquid]* poussée *f*. **~ aid** gilet *m* de sauvetage; (*Naut*) **~ chamber** *or* **tank** caisson *m* étanche. (b) (*lightheartedness*) gaieté *f*, entrain *m*. (c) (*Fin*) fermeté *f*, tendance *f* à la hausse.
buoyant ['bɔɪənt] *adj* (a) *ship, object* capable de flotter, flottable; *liquid* dans lequel les objets flottent. **fresh water is not so ~ as salt** l'eau douce ne porte pas si bien que l'eau salée.
(b) (*lighthearted*) *person* enjoué, plein d'entrain *or* d'allant; *mood* gai, optimiste; *step* léger, élastique.
(c) (*Fin*) *market* soutenu, ferme, actif.
buoyantly ['bɔɪəntlɪ] *adv walk, float* légèrement; (*fig*) gaiement *or* gaîment, avec entrain, avec optimisme.
bur¹ [bɜːr] *n* (*Bot*) bardane *f*; (‡ *pej: person*) crampon* *m* (*pej*). **chestnut ~** bogue *f*.
bur² [bɜːr] *n* (*Ling*) grasseyement *m*. **to speak with a ~** grasseyer. **2** *vti*: **to ~** (*one's Rs*) prononcer les R grasseyés.
burble ['bɜːbl] **1** *vi* *[stream]* murmurer; *[person]* marmonner. **what's he burbling (on) about?** qu'est-ce qu'il marmonne (dans sa barbe)? **2** *n* *[stream]* murmure *m*.
burbling ['bɜːblɪŋ] **1** *n* (*U*) *[stream]* murmure *m*; *[person]* jacassements *mpl*. **2** *adj person* qui n'arrête pas de jacasser.
burbot ['bɜːbət] *n* lotte *f* (de rivière).
burden ['bɜːdn] **1** *n* (a) (*lit*) fardeau *m*, charge *f*, faix *m*; V **beast**.
(b) (*fig*) fardeau *m*, charge *f*; *[taxes, years]* poids *m*; *[debts]* fardeau. **to be a ~ to** être un fardeau pour; **to make sb's life a ~** rendre la vie intenable à qn; **the ~ of the expense** les frais *mpl* à charge; (*Jur*) **~ of proof** charge *or* fardeau de la preuve; **the ~ of proof lies** *or* **rests with him** la charge de la preuve lui incombe, il lui incombe d'en fournir la preuve.
(c) (*Naut*) port *m*, tonnage *m*. **ship of 4,000 tons' ~** navire *m* qui jauge 4.000 tonneaux.
(d) (*chorus*) refrain *m*.
(e) (*chief theme*) substance *f*, fond *m*, essentiel *m*. **the ~ of their complaint** leur principal grief *or* sujet de plainte.
2 *vt* (*place ~ on*) charger (*with* de); (*oppress*) accabler (*with* de). **to ~ the people with taxes** grever le peuple d'impôts; **to ~ one's memory with facts** se (sur)charger la mémoire de faits.
burdensome ['bɜːdnsəm] *adj load* lourd, pesant, écrasant; *task, restriction* pénible.
burdock ['bɜːdɒk] *n* bardane *f*.
bureau ['bjʊərəʊ] *n* (a) (*esp Brit: writing desk*) bureau *m*, secrétaire *m*. (b) (*US: chest of drawers*) commode *f* (*souvent à miroir*). (c) (*office*) bureau *m*; V **information, travel** etc. (d) (*government department*) service *m* (gouvernemental). (*US*) **federal ~** bureau fédéral; (*US*) **B~ of Prisons** administration *f* pénitentiaire.
bureaucracy [bjʊə'rɒkrəsɪ] *n* bureaucratie *f*.
bureaucrat ['bjʊərəʊkræt] *n* bureaucrate *mf*.
bureaucratese* [ˌbjʊərəʊkræ'tiːz] *n* jargon administratif.
bureaucratic [ˌbjʊərəʊ'krætɪk] *adj* bureaucratique.
burette [bjʊə'ret] *n* éprouvette graduée.
burg* [bɜːɡ] *n* (*US pej: town*) bled* *m*, patelin* *m*.
burgeon ['bɜːdʒən] *vi* (*liter*) (*commencer à*) éclore; *[plant]* bourgeonner, se couvrir de bourgeons; *[talent]* naître.
burger ['bɜːɡər] *n* (*US*) hamburger *m*.
burgess ['bɜːdʒɪs] *n* (a) (*Brit Hist*) (*citizen*) bourgeois *m*, citoyen *m*; (*Parl*) député *m*, représentant *m* (au Parlement) d'un bourg *or* d'une circonscription universitaire. (b) (*US Hist*) député *m*.
burgh ['bʌrə] *n* (*Scot*) ville *f* (*possédant une charte*).
burglar ['bɜːɡlər] **1** *n* cambrioleur *m*, -euse *f*; V **cat**. **2** *cpd*: **burglar alarm** sonnerie *f* d'alarme; **burglar-proof** *house* muni d'une sonnerie d'alarme; *lock* incrochetable.
burglarize ['bɜːɡləraɪz] *vt* (*US*) cambrioler.
burglary ['bɜːɡlərɪ] *n* cambriolage *m*.
burgle ['bɜːɡl] **1** *vt* cambrioler, dévaliser. **2** *vi* cambrioler.
burgomaster ['bɜːɡəʊˌmɑːstər] *n* bourgmestre *m*.
Burgundian [bɜːˈɡʌndɪən] **1** *adj* bourguignon, de Bourgogne. **2** *n* Bourguignon(ne) *m(f)*.
Burgundy ['bɜːɡəndɪ] *n* (*Geog*) Bourgogne *f*. (*wine*) **b~** le bourgogne, le vin de Bourgogne.
burial ['berɪəl] **1** *n* (*interment*) enterrement *m*, inhumation *f*, ensevelissement *m* (*liter*); (*religious*) sépulture *f*; (*ceremony*) funérailles *fpl*, obsèques *fpl*; *[hopes etc]* mort *f*, fin *f*. **Christian ~** sépulture ecclésiastique *or* chrétienne.
2 *cpd*: **burial ground** cimetière *m*; **burial mound** tumulus *m*; **burial place** lieu *m* de sépulture; **burial service** office *m* des morts, service *m* funèbre; **burial vault** tombeau *m*.
burin ['bjʊərɪn] *n* burin *m* (à graver).
burke [bɜːk] *vt* (*suppress*) *scandal* étouffer; (*shelve*) *question* escamoter.
burlap ['bɜːlæp] *n* toile *f* d'emballage, toile à sac.
burlesque [bɜːˈlesk] **1** *n* (a) (*parody*) *[book, poem etc]* parodie *f*; *[society, way of life]* caricature *f*.
(b) (*U: Literat*) (genre *m*) burlesque *m*.
(c) (*US: striptease*) revue déshabillée (*souvent vulgaire*).
2 *adj poem etc* burlesque; *description* caricatural.
3 *vt* (*make ridiculous*) tourner en ridicule; (*parody*) *book, author* parodier.
burly ['bɜːlɪ] *adj* de forte carrure, solidement charpenté. **a big ~ fellow** un grand costaud*; **a ~ policeman** un grand gaillard d'agent.

Burma ['bɜ:mə] n Birmanie f.
Burmese [bɜ:'mi:z] **1** adj birman, de Birmanie. **the ~ Empire** l'Empire birman; **~ cat** chat(te) m(f) de Birmanie. **2** n **(a)** Birman(e) m(f). **(b)** (Ling) birman m.
burn¹ [bɜ:n] (vb: pret, ptp **burned** or (Brit) **burnt**) **1** n **(a)** (also Med) brûlure f. **cigarette ~** brûlure de cigarette; V **degree**.
　(b) (Space) [rocket] (durée f de) combustion f.
　2 cpd: (Elec) **there's been a burnout** les circuits sont grillés.
　3 vt **(a)** (gen) brûler; town, building incendier, mettre le feu à, faire brûler. **to ~ to a cinder** carboniser, calciner; **to be ~t to death** être brûlé vif, mourir carbonisé; **to be ~t alive** or **at the stake** être brûlé vif; **to ~ o.s.** se brûler; **to ~ one's finger** se brûler le doigt; **he ~t a hole in his coat with a cigarette** il a fait un trou à son manteau avec une cigarette; (fig) **you could ~ your fingers over this** vous risquez de vous brûler les doigts dans cette affaire; (fig) **money ~s a hole in my pocket** l'argent me fond dans les mains; (fig) **to ~ one's boats/one's bridges** brûler ses vaisseaux/les ponts; (fig) **to ~ the candle at both ends** brûler la chandelle par les deux bouts; V **midnight** etc.
　(b) (Culin) meat, toast, cakes laisser brûler; sauce, milk laisser attacher.
　(c) [acid] brûler, ronger; [sun] person, skin brûler. **his skin was ~t black by the sun** il était noir d'avoir été brûlé par le soleil.
　4 vi **(a)** [wood, meat, cakes etc] brûler; [milk, sauce] attacher. **you left all the lights ~ing** vous avez laissé toutes les lumières allumées; **her skin ~s easily** elle a la peau facilement brûlée par le soleil, elle attrape facilement des coups de soleil; **my head is ~ing** j'ai la tête brûlante; **the wound was ~ing** la blessure cuisait.
　(b) [person] (lit) être brûlé vif; (fig) brûler (with de). **he was ~ing to get his revenge** or **~ing for revenge** il brûlait (du désir) de se venger.
　(c) acid ~s into metal l'acide ronge le métal; (fig) **the date ~ed into his memory** la date se grava dans sa mémoire.
　(d) (Space) [rocket] brûler.
◆**burn away 1** vi **(a)** (go on burning) **the fire was burning away** le feu flambait or brûlait bien.
　(b) (be consumed) se consumer.
　2 vt sep détruire (par le feu); paint brûler (au chalumeau).
◆**burn down 1** vi **(a)** [house etc] brûler complètement, être réduit en cendres.
　(b) [fire, candle] baisser.
　2 vt sep building incendier. **the house was burnt down** la maison a été réduite en cendres or calcinée.
◆**burn off** vt sep paint etc brûler (au chalumeau).
◆**burn out 1** vi [fire, candle] s'éteindre; [light bulb] griller, sauter.
　2 vt sep **(a)** candle laisser brûler jusqu'au bout; lamp griller. **the candle burnt itself out** la bougie est morte; (fig) **he burnt himself out** il s'est usé (à force de travail).
　(b) (force out by fire) enemy troops etc forcer à sortir en mettant le feu. **they were burnt out of house and home** un incendie a détruit leur maison avec tout ce qu'ils possédaient.
　3 n **burnout** V **burn¹ 2**.
◆**burn up 1** vi **(a)** [fire etc] flamber, monter.
　(b) [rocket etc in atmosphere] se volatiliser, se désintégrer.
　2 vt sep **(a)** rubbish brûler.
　(b) **burned up with envy** dévoré d'envie.
　(c) (US*: make angry) foutre en rogne‡.
burn² [bɜ:n] n (Scot) ruisseau m.
burner ['bɜ:nər] n [gas cooker] brûleur m; [lamp] bec m (de gaz); V **back**, **Bunsen**, **charcoal**, **front** etc.
Burnham ['bɜ:nəm] n (Brit Scol Admin) **~ scale** grille f indiciaire des enseignants.
burning ['bɜ:nɪŋ] **1** adj **(a)** (on fire) town, forest en flammes, embrasé (liter), incendié; fire, candle allumé; coals ardent; feeling cuisant. **the ~ bush** le buisson ardent; **with a ~ face** (shame) le rouge au front; (embarrassment) le rouge aux joues.
　(b) (fig) thirst, fever brûlant; faith ardent, intense; indignation violent; words véhément, passionné; topic brûlant, passionnant. **a ~ question** une question brûlante; **it's a ~* shame that ...** c'est une honte or un scandale que ... (+ subj).
　2 n **(a)** **there is a smell of ~** ça sent le brûlé or le roussi; **I could smell ~** je sentais une odeur de brûlé.
　(b) (setting on fire) incendie m, embrasement m. **they ordered the ~ of the town** ils ont ordonné l'incendie de la ville, ils ont ordonné qu'on mette le feu à la ville.
burnish ['bɜ:nɪʃ] vt metal brunir, polir. **~ed hair** (beaux) cheveux brillants.
burnisher ['bɜ:nɪʃər] n (person) brunisseur m, -euse f; (tool) brunissoir m.
burnt [bɜ:nt] **1** pret, ptp of **burn¹**.
　2 adj brûlé, carbonisé. (Prov) **a ~ child dreads the fire** chat échaudé craint l'eau froide (Prov); **~ almond** amande grillée, praline f; **~ lime** chaux vive; **~ offering**, **~ sacrifice** holocauste m; **~ orange** orange foncé inv; **~ sienna**, **~ umber** terre f de sienne or d'ombre brûlée; **~ smell/taste** odeur f/goût m de brûlé; **~ sugar** caramel m.
burp [bɜ:p] **1** vi roter*, faire un renvoi. **2** vt: **to ~ a baby** faire faire son rot* or son renvoi à un bébé. **3** n rot* m, renvoi m.
burr [bɜ:r] n = **bur**.
burrow ['bʌrəu] **1** n terrier m.
　2 vi [rabbits etc] creuser un terrier; [dog] creuser (la terre). [person] **to ~ under** (in earth) se creuser un chemin sous; (under blanket) se réfugier sous; (feel around in) fouiller sous; (fig) **to ~ into the past** fouiller dans le passé.
　3 vt creuser. **to ~ one's way underground** (se) creuser (un chemin) sous terre.
bursa ['bɜ:sə] n, pl **~s** or **~e** ['bɜ:si:] (Anat) bourse f.

bursar ['bɜ:sər] n **(a)** (administrator: gen) intendant(e) m(f); (in private school, hospital) économe mf. **(b)** (Brit: student) (élève mf) boursier m, -ière f.
bursary ['bɜ:sərɪ] n bourse f (d'études).
bursitis [bɜ:'saɪtɪs] n hygroma m.
burst [bɜ:st] (vb: pret, ptp **burst**) **1** n [shell etc] explosion f, éclatement m; [anger, indignation] explosion; [anger, laughter] éclat m; [affection, eloquence] élan m, transport m; [activity] vague f; [enthusiasm] accès m, montée f; [thunder] coup m; [applause] salve f; [flames] jaillissement m, jet m. **~ of rain** averse f; **to put on a ~ of speed** faire une pointe de vitesse; **~ of gunfire** rafale f (de tir); **~ of weeping** crise f de larmes.
　2 vi **(a)** [bomb, shell] éclater, faire explosion; [boiler] éclater, sauter; [bubble, balloon, abscess] crever; [tyre] (blow out) éclater, (puncture) crever; [bud] éclore. **to ~ open** [door] s'ouvrir violemment; [container] s'éventrer.
　(b) [sack etc] **to be ~ing (at the seams)** être plein à craquer (with de); **to fill a sack to ~ing point** remplir un sac à craquer; (fig) **to be ~ing with health** déborder de santé; **to be ~ing with impatience** brûler d'impatience; **to be ~ing with pride** éclater d'orgueil; **to be ~ing with joy** déborder de joie; **I was ~ing to tell you*** je mourais d'envie de vous le dire.
　(c) (move etc suddenly) se précipiter, se jeter (into dans, out of hors de).
　(d) (begin etc suddenly) **the horse ~ into a gallop** le cheval a pris le galop; **he suddenly ~ into speech/song** il s'est mis tout d'un coup à parler/chanter; **the truth ~ (in) upon him** la vérité lui a soudain sauté aux yeux; **the applause ~ upon our ears** les applaudissements ont éclaté à nos oreilles; **to ~ into tears** fondre en larmes; [flower] **to ~ into bloom** s'épanouir (soudain); **to ~ into flames** prendre feu (soudain); **the sun ~ through the clouds** le soleil a percé les nuages; **the oil ~ from the well** le pétrole a jailli du puits.
　3 vt balloon, bubble crever; tyre (blow out) faire éclater; (puncture) crever; boiler faire sauter. **to ~ open** door ouvrir violemment; container éventrer; **the river has ~ its banks** le fleuve a rompu ses digues; **to ~ one's sides with laughter** se tordre de rire; (Med) **to ~ a blood vessel** (se) faire éclater une veine, (se) rompre un vaisseau; (with anger etc) **he almost ~ a blood vessel*** il a failli (en) prendre un coup de sang* or (en) avoir une attaque*.
◆**burst forth** vi (liter) [person] sortir précipitamment; [sun] surgir.
◆**burst in 1** vi entrer en trombe or en coup de vent, faire irruption. **he burst in (on us/them etc)** il a fait irruption (chez nous/eux etc); **to burst in on a conversation** interrompre brutalement une conversation.
　2 vt sep door enfoncer.
◆**burst out** vi **(a)** **to burst out of a room** se précipiter hors d'une pièce, sortir d'une pièce en trombe.
　(b) **she's bursting out of that dress** elle éclate de partout or elle est très boudinée dans cette robe.
　(c) (in speech) s'exclamer, s'écrier. **to burst out into explanations/threats** etc se répandre en explications/menaces etc.
　(d) **to burst out laughing** éclater de rire; **to burst out crying** fondre en larmes; **to burst out singing** se mettre tout d'un coup à chanter.
bursting ['bɜ:stɪŋ] n (Comput) déliassage m.
burthen†† ['bɜ:ðən] = **burden**.
burton ['bɜ:tn] n: (Brit) **he's gone for a ~‡** il a eu son compte*, il est fichu* or foutu‡; **it's gone for a ~*** (broken etc) c'est fichu* or foutu‡; (lost) ça a disparu.
Burundi [bə'rʊndɪ] n Burundi m.
bury ['berɪ] vt **(a)** (gen) enterrer; (at funeral) enterrer, ensevelir, inhumer. **to ~ sb alive** enterrer qn vivant; **he was buried at sea** son corps fut immergé (en haute mer); **buried by an avalanche** enseveli par une avalanche; V **dead**.
　(b) treasure enterrer, enfouir; (fig) quarrel enterrer, oublier. **the dog buried a bone** le chien a enterré un os; (fig) **to ~ one's head in the sand** pratiquer la politique de l'autruche; (fig) **to ~ the hatchet** or (US) **the tomahawk** enterrer la hache de guerre.
　(c) (conceal) enfouir, cacher. **to ~ o.s. under the blankets** s'enfouir sous les couvertures; **to ~ one's face in one's hands** se couvrir or se cacher la figure de ses mains; **a village buried in the country** un village enfoui or caché or perdu en pleine campagne; **she buried herself in the country** elle est allée s'enterrer à la campagne.
　(d) (engross: gen ptp) plonger. **to ~ o.s. in one's studies** se plonger dans ses études; **buried in one's work** plongé or absorbé dans son travail; **buried in thought** plongé dans une rêverie or dans ses pensées.
　(e) (plunge) hands, knife enfoncer, plonger (in dans).
bus [bʌs] **1** n, pl **~es**, (US) **~es** or **~ses** **(a)** autobus m, bus* m; (long-distance) autocar m, car m. **all ~es stop here** arrêt m fixe or obligatoire; V **double**, **miss¹**, **trolley** etc.
　(b) (‡) (car) bagnole* f; (plane) (vieux) coucou* m.
　(c) (Comput) bus m.
　2 vi **(a)** (*: go by ~) prendre l'autobus (or le car).
　(b) (US*: in café) travailler comme aide-serveur, desservir.
　3 vt (esp US) **to ~ children to school** transporter des enfants à l'école en car (V **bussing**).
　4 cpd: (Comput) **busbar** bus m; (US) **busboy** aide-serveur m; **bus conductor/conductress** receveur m, -euse f d'autobus; **bus depot** dépôt m d'autobus; **bus driver** conducteur m d'autobus; (Brit) **bus lane** voie réservée aux autobus; **a busload of children** un autobus or un autocar plein d'enfants; **they came by the busload** or in **busloads** ils sont venus par cars entiers; **busman** (driver) conducteur m d'autobus; (conductor) receveur m; (fig) **to take a busman's holiday** passer ses vacances à travailler; **the busmen's strike** la

grève des employés des autobus; **the house is/is not on a bus route** la maison est/n'est pas sur un trajet d'autobus; **bus service** réseau *m or* service *m* d'autobus; **bus shelter** abribus *m*; **bus station** gare *f* d'autobus; *[coaches]* gare routière *or* des cars; **bus stop** arrêt *m* d'autobus; **bus ticket** ticket *m* d'autobus.

busby ['bʌzbɪ] *n* (*Brit*) bonnet *m* à poil (*de soldat*).

bush¹ [bʊʃ] **1** *n* (a) (*shrub*) buisson *m*. (*fig*) **he had a great ∼ of hair** il avait une épaisse tignasse; *V* **beat, burning, rose²** *etc*.
(b) (*thicket*) taillis *m*, fourré *m*; (*U: brushwood*) broussailles *fpl*. *[Africa, Australia]* **the ∼** la brousse; **to take to the ∼** partir *or* se réfugier dans la brousse; *[Corsica]* prendre le maquis.
2 *cpd*: (*Zool*) **bush baby** galago *m*; **bushfighting** guérilla *f*; **bushfire** feu *m* de brousse; **bush jacket** saharienne *f*; (*US Baseball*) **bush-league*** de catégorie médiocre; (*US*) **bush leaguer*** (*Baseball*) joueur *m* de catégorie médiocre; (*fig*) minus *m*; *[South Africa]* **Bushman** Boschiman *m*; *[Australia]* **bushman** broussard* *m*; **bushranger** *[Australia]* forçat réfugié dans la brousse, broussard* *m*; *[Can, US]* trappeur *m*; **bush telegraph** (*lit*) téléphone *m* de brousse; (* *fig*) téléphone arabe; (*US*) **bushwhack** (*vi*) se frayer un chemin à travers la brousse; (*vt: ambush*) tendre une embuscade à; **bushwhacker** (*frontiersman*) colon *m* de la brousse; (*guerilla soldier*) guérillero *m*; (*bandit*) bandit *m* de la brousse; *[Australia]* (*lumberjack*) bûcheron *m*; (*US*) **bushwhacking** = **bushfighting**.

bush² [bʊʃ] *n* (*Tech*) bague *f*.

bushed [bʊʃt] *adj* (a) (‡) (*puzzled*) ahuri; (*exhausted*) flapi*, claqué*. (b) (*Australia*) perdu en brousse.

bushel ['bʊʃl] *n* (*Brit: measure*) boisseau *m*; *V* **hide¹**.

bushing ['bʊʃɪŋ] *n* (*Tech: esp US*) bague *f*.

bushy ['bʊʃɪ] *adj land, ground* broussailleux, couvert de buissons; *shrub* épais (*f* -aisse); *tree* touffu; *beard, eyebrows, hair* touffu, broussailleux.

busily ['bɪzɪlɪ] *adv* (*actively, eagerly*) activement; (*pej: officiously*) avec trop de zèle. **to be ∼ engaged in sth/in doing** être très occupé *or* activement occupé à qch/à faire.

business ['bɪznɪs] **1** *n* (a) (*U*) (*commerce*) affaires *fpl*. **big ∼** les grandes entreprises, les grandes firmes; **it's good for ∼** ça fait marcher les affaires; **to be in ∼** être dans les affaires; **to be in the grocery ∼** être dans l'épicerie *or* l'alimentation; **to be in ∼ for o.s.** travailler pour son propre compte, être à son compte; **to set up in ∼ as a butcher etc** s'établir boucher *etc*; **to go out of ∼** [*businessman*] fermer; [*company*] cesser ses activités, fermer; **to put out of ∼ company, businessman** faire fermer; **to do ∼ with sb** faire des affaires avec qn, travailler avec qn, traiter avec qn (*frm*); **∼ is looking up** les affaires reprennent; **∼ is ∼** les affaires sont les affaires; **to go to Paris on ∼** aller à Paris pour affaires; **to be away on ∼** être en déplacement pour affaires; **his ∼ is cattle rearing** il a une affaire d'élevage de bestiaux; **his line of ∼** sa partie; **what's his line of ∼?*** qu'est-ce qu'il fait (dans la vie)?; **to know one's ∼** connaître son affaire, s'y connaître; (*fig*) **to get down to ∼** passer aux choses sérieuses; (*fig*) **now we're in ∼!*** tout devient possible!; **he means ∼*** il ne plaisante pas; **to mix ∼ with pleasure** joindre l'utile à l'agréable.
(b) (*U: volume of trade*) **our ∼ has doubled in the last year** notre chiffre d'affaires a doublé par rapport à l'année dernière, nous travaillons deux fois plus que l'année dernière; **most of the shop's ∼ comes from women** la clientèle de la boutique est pour la plupart féminine; **he gets a lot of ∼ from the Americans** il travaille beaucoup avec les Américains; **during the 10 days of the fair ∼ was excellent** pendant les 10 jours de la foire, le courant d'affaires fut excellent.
(c) (*commercial enterprise*) commerce *m*. **he has a little ∼ in the country** il tient un petit commerce *or* il a une petite affaire à la campagne; **he owns a grocery ∼** il a un commerce d'alimentation.
(d) (*task, duty*) affaire *f*, devoir *m*. **the ∼ of the day** les affaires courantes; **it's all part of the day's ∼** cela fait partie de la routine journalière; (*Admin etc*) **the ∼ before the meeting** l'ordre *m* du jour de l'assemblée; **to make it one's ∼ to do sth** se charger de faire qch; **that's none of his ∼** ce n'est pas son affaire, cela ne le regarde pas; **it's your ∼ to do it** c'est à vous de le faire; **you've no ∼ to do that** ce n'est pas à vous de faire cela; **that's my ∼ and none of yours** c'est mon affaire et non la vôtre; **mind your own ∼** mêlez-vous de vos affaires *or* de ce qui vous regarde; **I know my own ∼** je ne veux pas me mêler de ce qui ne me regarde pas; **to go about one's ∼** s'occuper de ses propres affaires; **to send sb about his ∼** envoyer promener* qn.
(e) (*difficult job*) **finding a flat is quite a ∼** c'est toute une affaire de trouver un appartement; **she made a (terrible) ∼ of helping him** elle a fait toute une histoire* pour l'aider.
(f) (*pej*) affaire *f*, histoire *f*. **it's a bad ∼** c'est une sale affaire *or* histoire; (*pej*) **I am tired of this protest ∼** j'en ai assez de cette histoire de contestation; **there's some funny ∼** on il se passe quelque chose de louche *or* de pas catholique*.
2 *cpd lunch, meeting* d'affaires. **business accounting** comptabilité *f* d'entreprise; **business activity** activité industrielle et commerciale; **his business address** l'adresse *f* de son travail *or* de son bureau; **business associate** collègue *mf*; **Jones & Co are business associates of ours** nous sommes en relations commerciales avec Jones & Cie; **business centre** centre *m* des affaires; **business college** école *f* de commerce; **business cycle** cycle *m* économique; **business day** jour *m* ouvrable; (*fig*) **the business end of a knife** le côté *or* la partie coupante d'un couteau; **business expenses** frais généraux; **business girl** jeune femme *f* d'affaires; **business hours** heures *fpl* ouvrables; **businessman** homme *m* d'affaires; **big businessman** brasseur *m* d'affaires; **he's a good businessman** il a le sens des affaires; **business manager** (*Comm, Ind*) directeur commercial; (*Sport*) manager *m*; (*Theat*) directeur *m*; **business reply**

service service-lecteurs *m*; **business school = business college**; **to have business sense** avoir du flair pour les affaires; (*Univ etc*) **business studies** études commerciales *or* de commerce; **business suit** complet *m* (veston); **business trip** voyage *m* d'affaires; **businesswoman** femme *f* d'affaires.

businesslike ['bɪznɪslaɪk] *adj person* pratique, méthodique, efficace; *firm, transaction* sérieux, régulier; *manner* sérieux, carré; *method* pratique, efficace; *style* net, précis; *appearance* sérieux. **this is a very ∼ knife!*** ça c'est un couteau (sérieux)!*

busk [bʌsk] *vi* (*Brit*) jouer (*or* chanter) dans la rue.

busker ['bʌskə'] *n* (*Brit*) musicien ambulant *or* des rues.

bus(s)ing ['bʌsɪŋ] *n* ramassage *m* scolaire (*surtout aux U.S.A. comme mesure de déségrégation*).

bust¹ [bʌst] *n* (a) (*Sculp*) buste *m*. (b) (*Anat*) buste *m*, poitrine *f*. **∼ measurement** tour *m* de poitrine.

bust² [bʌst] **1** *adj* (a) (*: *broken*) fichu*, foutu‡.
(b) (‡: *bankrupt*) **to go ∼** faire faillite; **to be ∼** être fauché*, être à sec*.
2 *n* (a) (‡: *spree*) bombe* *f*, bringue* *f*. **to go on the ∼**, **to have a ∼** faire la bombe* *or* la bringue*.
(b) (*US*: failure*) fiasco *m*.
3 *cpd*: **bust-up‡** engueulade‡ *f*; **to have a bust-up with sb‡** s'engueuler avec qn‡ (*et rompre*).
4 *vt* (a) (*) **= burst 3. to ∼ a gut‡** (*lit*) attraper une hernie; (*fig*) se donner un mal de chien* (*to do* pour faire); (*US*) **to ∼ one's ass‡** s'éreinter*, se crever le cul‡ (*to do* pour faire).
(b) (‡) (*denounce*) accomplice, criminal choper*; (*of police: break up*) crime ring etc démanteler; (*arrest*) drug addict arrêter; place perquisitionner; (*esp US*) (*demote*) police officer rétrograder.
(c) (*US**) horse dresser.
5 *vi* (*) **= burst 2. New York or ∼!** New York ou la mort!
♦**bust up‡ 1** *vi [friends]* se brouiller, rompre après une engueulade‡.
2 *vt sep* (*fig*) marriage, friendship flanquer en l'air*.
3 **bust-up‡** *n V* **bust² 3**.

bustard ['bʌstəd] *n* outarde *f*.

buster‡ ['bʌstə'] *n*: **hi, ∼!** salut mon pote!*

bustle¹ ['bʌsl] **1** *vi* s'affairer, se démener, s'agiter. **to ∼ about** s'affairer; **to ∼ in/out** etc entrer/sortir etc d'un air affairé; (*fig*) *[place, streets etc]* **to be bustling with** grouiller de; *V also* **bustling**.
2 *n* affairement *m*, remue-ménage *m*.

bustle² ['bʌsl] *n* (*Dress*) tournure *f*.

bustling ['bʌslɪŋ] **1** *adj person* actif, empressé, affairé; *place* bruyant, agité. **∼ with life** plein de vie, plein d'animation, trépidant. **2** *n* **= bustle¹ 2**.

busty ['bʌstɪ] *adj* (*) *woman* à la poitrine plantureuse. **she's rather ∼‡** il y a du monde au balcon‡, elle a une poitrine de nourrice*.

busy ['bɪzɪ] **1** *adj person* (*occupied*) occupé (*doing* à faire, *at/with sth* à qch); (*active*) énergique. **she's ∼ cooking** elle est en train de faire la cuisine; **he's ∼ playing with the children** il est occupé à jouer avec les enfants; **too ∼ to do sth** trop occupé pour faire qch; **he was ∼ at his work** il était tout entier à *or* absorbé dans son travail; **she's always ∼** (*active*) elle n'arrête pas; (*not free*) elle est toujours prise *or* occupée; **as ∼ as a bee** très occupé; **she's a real ∼ bee*** elle est toujours à s'activer, elle est débordante d'activité; **to keep o.s. ∼** trouver à s'occuper; **to get ∼** s'y mettre.
(b) *day* chargé; *period* de grande activité; *place* plein de mouvement *or* d'animation; *street* passant, animé; *town* animé, grouillant d'activité. **a ∼ time** une période de grande activité; **to keep a factory ∼** fournir du travail à une usine; **the shop is at its busiest in summer** c'est en été qu'il y a le plus d'affluence dans le magasin.
(c) (*esp US*) telephone line, room etc occupé. (*US*) **∼ signal** tonalité *f* occupé inv.
2 *vt*: **to ∼ o.s.** s'appliquer, s'occuper (*doing* à faire, *with sth* à qch).
3 *n* (‡: *detective*) flic* *m*.
4 *cpd*: **to be a busybody** faire la mouche du coche.

but [bʌt] **1** *conj* (a) (*coordinating*) mais. **I should like to do it ∼ I have no money** j'aimerais le faire, mais je n'ai pas d'argent; **she was poor ∼ she was honest** elle était pauvre, mais honnête.
(b) (*contradicting*) mais. **he's not English ∼ Irish** il n'est pas anglais, mais irlandais; **he wasn't singing, ∼ he was shouting** il ne chantait pas, plutôt il criait.
(c) (*subordinating*) **I never eat asparagus ∼ I remember that evening** je ne mange jamais d'asperges sans me souvenir de cette soirée; **never a week passes ∼ she is ill** il ne se passe jamais une semaine qu'elle ne soit malade; (*fig*) **it never rains ∼ it pours** un malheur n'arrive jamais seul.
2 *adv* seulement, ne ... que. (*liter*) **she's ∼ a child** ce n'est qu'une enfant; **I cannot (help) ∼ think** je suis bien obligé de penser, je ne peux m'empêcher de penser; **you can ∼ try** (*to sb trying sth*) vous pouvez toujours essayer; (*after sth has gone wrong*) ça valait quand même la peine d'essayer; (*liter*) **if I could ∼ tell you why** si je pouvais seulement vous dire pourquoi; (*liter*) **she left ∼ a few minutes ago** il n'y a que quelques minutes qu'elle est partie.
3 *prep* sauf, excepté; sinon. **no one ∼ me could do it** personne sauf moi ne pourrait le faire, je suis le seul à pouvoir *or* qui puisse le faire; **they've all gone ∼ me** ils sont tous partis sauf *or* excepté moi; **who could do it ∼ me?** qui pourrait le faire sinon moi?; **no one ∼ him** personne d'autre que lui; **anything ∼ that** tout mais pas ça; **there was nothing for it ∼ to jump** il n'y avait plus qu'à sauter; **the last house ∼ one** l'avant-dernière maison; **the next house ∼ one** la seconde maison à partir d'ici; **∼ for you/∼ for that** **I would be dead** sans vous/sans cela je serais mort.
4 *n*: **no ∼s about it!** il n'y a pas de mais (qui tienne)!; *V* **if**.

butane ['bjuːteɪn] *n* butane *m*; (*US: for camping*) butagaz *m*®. **∼ gas** gaz *m* butane, butagaz *m*.

butch‡ [bʊtʃ] **1** *adj* (*gen*) hommasse; (*homosexual*) de gouine‡ (*hommasse*). **2** *n* gouine‡ *f* (*hommasse*).

butcher ['bʊtʃər] **1** *n* (a) (*for meat*) boucher *m*. **at the ~'s** chez le boucher; **~'s boy** garçon *m* boucher, livreur *m* (*du boucher*); **~'s meat** viande *f* de boucherie; **~'s shop** boucherie *f* (*magasin*); **~'s wife** bouchère *f*; (*Brit*) **to have a ~'s (hook)**‡ regarder, zieuter‡; *V* **pork** *etc*.
(b) (*US: candy etc seller*) vendeur ambulant.
2 *vt animal* tuer, abattre; *person* égorger, massacrer; (*fig*) massacrer.

butchery ['bʊtʃərɪ] *n* (a) (*U*) (*lit*) abattage *m*; (*fig*) boucherie *f*, massacre *m*, carnage *m*. (b) (*slaughterhouse*) abattoir *m*.

butler ['bʌtlər] *n* maître *m* d'hôtel, majordome *m*. **~'s pantry** office *f*; **~'s tray** (*petit*) plateau *m* (*de service*).

butt¹ [bʌt] *n* (*wine, rainwater etc*) (gros) tonneau *m*.

butt² [bʌt] *n* (*end*) bout *m*; (*rifle*) crosse *f*; (*cigarette*) mégot *m*; (*US*‡: *cigarette*) clope‡ *f*; (*US*‡: *bottom*) derrière *m*, arrière-train* *m*.

butt³ [bʌt] *n* (*target*) cible *f*; (*earth mound*) butte *f* (de tir). **the ~s** le champ de tir, le polygone (de tir); (*fig*) **to be a ~ for ridicule** être un objet de risée, être en butte au ridicule; **the ~ of a practical joker** la victime d'un farceur.

butt⁴ [bʌt] **1** *n* coup *m* de tête; (*goat etc*) coup de corne. **2** *vt* (a) (*goat*) donner un coup de corne à; (*person*) donner un coup de tête à. (b) (*Tech*) abouter.
◆**butt in** *vi* (*fig*) s'immiscer dans les affaires des autres, intervenir; (*speaking*) dire son mot, mettre son grain de sel*. **I don't want to butt in** je ne veux pas m'immiscer dans la conversation.
◆**butt into** *vt fus meeting, conversation* intervenir dans, s'immiscer dans.

butter¹ ['bʌtər] **1** *n* beurre *m*. **he looks as if ~ wouldn't melt in his mouth** on lui donnerait le bon Dieu sans confession; *V* **bread**, **peanut** *etc*.
2 *cpd*: (*US*) **butterball*** patapouf* *m*, rondouillard(e) *m(f)*; (*Brit*) **butter bean** (gros) haricot blanc; **butter cloth** mousseline *f* à beurre, étamine *f*; **butter cooler** pot *m* à (rafraîchir le) beurre; (*Bot*) **buttercup** bouton *m* d'or, renoncule *f* des champs; **butter dish** beurrier *m*; **he is butter-fingered, he's a butterfingers** tout lui glisse des mains *or* des doigts; **butterfingers** maladroit(e) *m(f)*, empoté(e)* *m(f)*; (*excl*) **butterfingers!** espèce d'empoté!*; **butter-fly** *V* **butterfly**; **butter icing** glaçage *m* au beurre; **butter knife** couteau *m* à beurre; **buttermilk** babeurre *m*; **butter muslin** mousseline *f* à beurre, étamine *f*; (*dress material*) mousseline; **butter paper** papier *m* à beurre, papier sulfurisé; **butterscotch** caramel dur (au beurre).
3 *vt bread etc* beurrer.
◆**butter up*** *vt sep* (*Brit fig*) passer de la pommade* à.

butterfly ['bʌtəflaɪ] **1** *n* (*Zool, also fig*) papillon *m*. **to have butterflies in the stomach*** avoir le trac*.
2 *cpd*: **butterfly bush** buddleia *m*; **butterfly knot** nœud *m* papillon; **butterfly net** filet *m* à papillons; **butterfly nut** papillon *m*, écrou *m* à ailettes; **butterfly stroke** brasse *f* papillon *inv*.

buttery ['bʌtərɪ] **1** *adj taste* de beurre; (*spread with butter*) *bread, paper* beurré; *fingers* couvert de beurre. **2** *n* [*college, school*] dépense *f*, office *f*.

buttock ['bʌtək] *n* fesse *f*. **~s** [*person*] fesses; [*animal*] croupe *f*.

button ['bʌtn] **1** *n* (a) [*garment, door, bell, lamp, fencing foil*] bouton *m*. **chocolate ~s** pastilles *fpl* de chocolat; (*esp Brit*) [*hotel*] **B~s*** groom *m*, chasseur *m*; (*fig*) **on the ~**‡ absolument exact. (b) (*Bot*) bouton *m*.
(c) (*US*‡: *tip of chin*) pointe *f* de menton.
2 *vt* (a) (*also ~ up*) *garment* boutonner.
(b) **to ~ one's lip**‡ la fermer‡; **~ your lip!** boucle-la!‡, la ferme!‡.
3 *vi* [*garment*] se boutonner.
4 *cpd*: **button-down** (*lit*) *collar* boutonné; (*fig: square*) conformiste; **buttonhook** tire-bouton *m*; (*Ski*) **button lift** téléski *m* à perche; **button mushroom** (*petit*) champignon *m* de couche *or* de Paris; **button-through dress** robe *f* chemisier.

buttonhole ['bʌtnhəʊl] **1** *n* (a) [*garment*] boutonnière *f*. **~ stitch** point *m* de boutonnière.
(b) (*Brit: flower*) fleur *f* (*portée à la boutonnière*). **to wear a ~** avoir *or* porter une fleur à sa boutonnière.
2 *vt* (a) (*fig*) *person* accrocher*.
(b) (*Sewing*) faire du point de boutonnière sur.

buttress ['bʌtrɪs] **1** *n* (*Archit*) contrefort *m*, éperon *m*; (*flying ~*) arc-boutant *m*; (*fig*) pilier *m*, soutien *m*, appui *m*. **2** *vt* (*Archit*) arc-bouter, soutenir, étayer; (*fig*) *argument* étayer, soutenir.

butty ['bʌtɪ] *n* (*dial*) sandwich *m*.

buxom ['bʌksəm] *adj* bien en chair, aux formes généreuses.

buy [baɪ] *pret, ptp* **bought 1** *vt* (a) (*purchase*) acheter (*sth from sb* qch à qn, *sth for sb* qch pour *or* à qn). **the things that money cannot ~** les choses qui ne s'achètent pas; **to ~ petrol** prendre de l'essence; **to ~ a train ticket** prendre un billet de chemin de fer; **to ~ a theatre ticket** louer *or* retenir *or* prendre une place de théâtre; **to ~ and sell goods** acheter et revendre des marchandises; **to ~ a pig in a poke*** acheter chat en poche; **to ~ sth cheap** acheter qch bon marché *or* pour une bouchée de pain; (*fig*) **the victory was dearly bought** la victoire fut chèrement payée.
(b) (*bribe*) *person* acheter, corrompre. **to ~ one's way into a business** avoir recours à la corruption pour entrer dans une affaire.
(c) (*: believe*) croire. **he won't ~ that explanation** il n'est pas question qu'il avale* (*subj*) cette explication; **they bought the whole story** ils ont avalé* *or* gobé* toute l'histoire; **all right, I'll ~ it** (*bon*), d'accord *or* je marche*.
(d) (‡: *die*) **he's bought it** il y est resté*.
2 *n* affaire *f*. **that house is a good/bad ~** cette maison est une bonne/mauvaise affaire.

◆**buy back** *vt sep* racheter.
◆**buy in** *vt sep* (*Brit*) *goods* s'approvisionner en, stocker; (*St Ex*) acquérir, acheter.
◆**buy off** *vt sep* (*bribe*) *person, group* acheter (le silence de).
◆**buy out** *vt sep* (*Fin*) *business partner* désintéresser, racheter la part de. (*Mil*) **to buy o.s. out** se racheter (*d'un engagement dans l'armée*).
◆**buy over** *vt sep* (*bribe*) corrompre, acheter.
◆**buy up** *vt sep* acheter tout ce qu'il y a de, rafler*.

buyer ['baɪər] *n* (a) (*gen*) acheteur *m*, -euse *f*, acquéreur *m*. **~'s market** marché acheteur *or* à la hausse; **house-/car-buyers** les gens *mpl* qui achètent un logement/une voiture.
(b) (*for business firm, shop etc*) acheteur *m*, -euse *f* (*professionnel(le)*).

buying ['baɪɪŋ] *n* achat *m*. **~ power** pouvoir *m* d'achat.

buzz [bʌz] **1** *n* (a) [*insect*] bourdonnement *m*, vrombissement *m*.
(b) [*conversation*] bourdonnement *m*, brouhaha *m*. **~ of approval** murmure *m* d'approbation.
(c) (*: telephone call*) coup *m* de fil*. **to give sb a ~** donner *or* passer un coup de fil* à qn.
(d) (*Rad, Telec etc: extraneous noise*) friture *f*.
(e) (*US*‡: *sensation*) sensation forte.
2 *cpd*: **buzz bomb** V1 *m*; **buzz saw** scie *f* mécanique *or* circulaire; **buzz word*** mot *m* à la mode.
3 *vi* (a) [*insect*] bourdonner, vrombir.
(b) [*ears*] tinter, bourdonner. **my head is ~ing** j'ai des bourdonnements (dans la tête).
(c) [*hall, town*] être (tout) bourdonnant (*with* de).
4 *vt* (a) (*call by buzzer*) *person* appeler (par interphone); (*US*‡: *telephone*) donner *or* passer un coup de fil* à.
(b) (*Aviat*) *building* raser; *plane* frôler.
◆**buzz about*, buzz around*** *vi* s'affairer, s'agiter, s'activer.
◆**buzz off**‡ *vi* (*Brit*) filer*, décamper*, foutre le camp‡.

buzzard ['bʌzəd] *n* (*falcon*) buse *f*; (*vulture*) urubu *m*.

buzzer ['bʌzər] *n* (a) (*intercom*) interphone *m*. (b) (*factory hooter*) sirène *f*, sifflet *m*. (c) (*electronic: on cooker, timer etc*) sonnerie *f*.

buzzing ['bʌzɪŋ] **1** *n* (a) = **buzz 1a, 1b**. (b) (*in ears*) tintement *m*, bourdonnement *m*. **2** *adj insect* bourdonnant, vrombissant; *sound* confus, sourd.

BVDs [ˌbiːviːˈdiːz] *npl* (*US*) sous-vêtements *mpl* (*d'homme*).

by [baɪ] (*phr vb elem*) **1** *adv* (a) (*near*) près. **close** *or* **hard ~** tout près; *V* **stand by** *etc*.
(b) (*past*) **to go** *or* **pass ~** passer; **time goes ~** le temps passe; **he'll be ~ any minute** il sera là dans un instant; **it'll be difficult but we'll get ~** cela sera difficile mais on y arrivera; *V* **come by** *etc*.
(c) (*in reserve*) **to put** *or* **lay ~** mettre de côté; **I had £10 ~ for a rainy day** j'avais mis 10 livres de côté pour les mauvais jours.
(d) (*phrases*) **~ and ~** bientôt, (un peu) plus tard (*V also* 3); **~ and large** généralement parlant; **taking it ~ and large** à tout prendre.
2 *prep* (a) (*close to*) à côté de, près de. **sitting ~ the fire** assis près du feu; **sitting ~ it** assis à côté *or* tout près; **the house ~ the church** la maison à côté de l'église; **a holiday ~ the sea** des vacances au bord de la mer; **I've got it ~ me** je l'ai sous la main; **he is all ~ himself** il est (tout) seul; **he did it ~ himself** il l'a fait tout seul.
(b) (*direction: through, across, along*) par. **to come ~ the forest path** venir par le chemin de la forêt; **I went ~ Dover** j'y suis allé par Douvres; **he came in ~ the window** il est entré par la fenêtre; **to meet sb ~ the way** rencontrer qn en route; (*fig*) **~ the way, ~ the b(y)e** à propos, au fait, soit dit en passant; (*Mil*) **'~ the right, march!** 'à droite, droite!'
(c) (*direction: past*) le long de, à côté de, devant. **I go ~ the church every day** je passe devant l'église tous les jours; **I go ~ it every day** je passe devant *or* à côté tous les jours; **he rushed ~ me without seeing me** dans sa précipitation il est passé à côté de moi sans me voir.
(d) (*time: during*) **~ day** le jour, de jour; **~ night** la nuit, de nuit.
(e) (*time: not later than*) avant, pas plus tard que. **can you do it ~ tomorrow?** pouvez-vous le faire avant demain?; **I'll be back ~ midnight** je rentrerai avant minuit *or* pas plus tard que minuit; **~ tomorrow I'll be in France** demain je serai en France; (*US*‡: **~ 1990** d'ici à 1990; **~ the time I got there he had gone** lorsque je suis arrivé *or* le temps que j'arrive (*subj*) il était parti; **~ 30th September** we had paid out £500 au 30 septembre nous avions payé 500 livres; **~ yesterday I had realized that** dès hier je m'étais rendu compte que; **he ought to be here ~ now** il devrait être déjà ici; **~ then I knew he wasn't coming** à ce moment-là je savais déjà qu'il ne viendrait pas.
(f) (*amount*) à. **to sell ~ the metre/the kilo** vendre au mètre/au kilo; **to pay ~ the hour** payer à l'heure; **to rent a house ~ the month** louer une maison au mois; **to count ~ tens** compter par dix *or* par dizaines; **~ degrees** par degrés, graduellement; **one ~ one** un à un; **little ~ little** petit à petit, peu à peu.
(g) (*agent, cause*) par, de. **he was killed ~ lightning** il a été tué par la foudre; **he was killed ~ it** ça l'a tué; **he was warned ~ his neighbour** il a été prévenu par son voisin; **a painting ~ Van Gogh** un tableau de Van Gogh; **surrounded ~ soldiers** entouré de soldats.
(h) (*method, means, manner*) par. **~ land and (~) sea** par terre et par mer; **~ bus/car** en autobus/voiture; **~ bicycle** à bicyclette; **~ rail, ~ train** par le train, en train; **~ moonlight** au clair de lune; **~ electric light** à la lumière électrique; **~ return of post** par retour du courrier; **to know ~ heart** savoir par cœur; **to know sb ~ name/~ sight** connaître qn de nom/de vue; **he goes ~ the name of** il est connu sous le nom de; **~ chance** par hasard; **~ mistake** par (suite d'une) erreur; **made ~ hand/~ machine** fait à

la main/à la machine; **to lead ~ the hand** conduire par la main; **to pay ~ cheque** payer par chèque; **he had a daughter ~ his first wife** il a eu une fille de sa première femme; **~ means of** au moyen de, par; **~ leaving early he missed the rush** en partant de bonne heure il a évité la foule; **~ saving hard he managed to buy it** en économisant *or* à force d'économiser *or* à force d'économies il est arrivé à l'acheter; **~ nature** par nature; **~ birth** de naissance; **French ~ birth** français de naissance.

  (i) *(according to)* d'après, suivant, selon. **~ what he says** d'après *or* selon ce qu'il dit; **if we can go ~ what he says** si nous pouvons tabler sur ce qu'il dit; **to judge ~ appearances** juger sur les *or* d'après les apparences; **~ right** de droit; **~ rights** en toute *or* bonne justice; **~ my watch it is 9 o'clock** il est 9 heures à ma montre *or* d'après ma montre; **~ the rule** selon les règles; **to do one's duty ~ sb** remplir son devoir envers qn; **~ your leave** avec votre permission *(V also 3)*; **~ the terms of Article 1** aux termes de l'article 1; **to call sth ~ its proper name** appeler qch de son vrai nom; **it's all right ~ me*** je veux bien, je n'ai rien contre*.

  (j) *(measuring difference)* de. **broader ~ a metre** plus large d'un mètre; **to win ~ a head** gagner d'une tête; **it missed me ~ 10 centimetres** cela m'a manqué de 10 centimètres; **he's too clever ~ half*** il est beaucoup trop malin; **better ~ far** *(adv)* beaucoup mieux; *(adj)* bien meilleur; **~ far the best/dearest** de loin le meilleur/le plus cher.

  (k) *(Math, Measure)* **to divide ~** diviser par; **a room 3 metres ~ 4** une pièce de 3 mètres sur 4.

  (l) *(points of compass)* **south ~ south west** sud quart sud-ouest; **south-west ~ south** sud-ouest quart sud.

  (m) *(in oaths)* par. **I swear ~ all I hold sacred** je jure par tout ce que j'ai de plus sacré; *(Jur)* **'I swear ~ Almighty God'** ≃ 'je le jure'; **~ God*** I'll get you for this! nom d'un chien* *or* nom de Dieu*** je te le ferai payer!; **he swears ~ this remedy*** il ne jure que par ce remède.

  3 *cpd*: *(hum)* **in the sweet by-and-by*** un de ces jours; **by-**election** élection (législative) partielle; **bygone** *V* bygone; *(Brit)* **by-law** arrêté *m* (municipal); *(Press)* **by-line** signature *f* (en tête d'un article); **bypass** *V* bypass; *(Theat)* **by-play** jeu *m* de scène secondaire; **by-product** *(Ind etc)* sous-produit *m*, dérivé *m*; *(fig)* conséquence *f* (secondaire); **by-road** chemin détourné, chemin de traverse; **bystander** spectateur *m*, -trice *f*; **byway** chemin *m* (écarté); *(fig) [subject]* à-côté *m* *(V* highway); *(Brit)* **he** *or* **his name was a byword for meanness** son nom était devenu synonyme d'avarice; **without so much as a by-your-leave** sans même demander la permission.

bye¹ [baɪ] **1** *n*: **by the ~** à propos, au fait, soit dit en passant. **2** *cpd*: **bye-election** = **by-election**; **bye-law** = **by-law**.

bye²* [baɪ] *excl* *(abbr of* goodbye*)* au revoir!, salut!*, tchao!* **~ for now!** à tout à l'heure!

bye-bye* ['baɪ'baɪ] **1** *excl* au revoir!, salut!*, tchao!* **2** *n (baby talk)* **to go to ~s** aller au dodo*, aller faire dodo*.

bygone ['baɪgɒn] **1** *adj* passé, d'autrefois. **in ~ days** dans l'ancien temps, jadis. **2** *n* *(loc)* **let ~s be ~s** oublions le passé, passons l'éponge (là-dessus).

bypass ['baɪpɑːs] **1** *n* **(a)** *(road)* route *f* *or* bretelle *f* de contournement *m*. **the Carlisle ~** la route qui contourne Carlisle.
  (b) *(Tech: pipe etc)* conduit *m* de dérivation, by-pass *m inv*.
  (c) *(Elec)* dérivation *f*, by-pass *m inv*.
  (d) *(Med)* pontage *m*.
  2 *vt* **(a)** *town, village* contourner, éviter.
  (b) *source of supply, material* éviter d'utiliser, se passer de; *part of programme, method* omettre; *regulations* contourner. *(fig)* **he ~ed his foreman and went straight to see the manager** il est allé trouver le directeur sans passer par le contremaître.
  3 *cpd*: *(Med)* **bypass operation** *or* *(U)* **surgery** pontage *m*.

byre ['baɪər] *n (Brit)* étable *f* (à vaches).

byte [baɪt] *n (Comput)* octet *m*.

Byzantine [baɪ'zæntaɪn] *adj* byzantin, de Byzance.

Byzantium [baɪ'zæntɪəm] *n* Byzance.

C

C, c [siː] **1** *n* **(a)** *(letter)* C, c *m*. **C for Charlie** C comme Célestin. **(b)** *(Mus)* do *m*, ut *m*. **(c)** *(Comput)* C *m*. **(d)** *(Scol: mark)* assez bien (≃ 12 sur 20). **2 (a)** *(abbr of* Celsius, Centigrade*)* C. **(b)** *(US etc) abbr of* cent. **(c)** *abbr of* century. **(d)** *(abbr of* circa*)* vers.

C.A. [siːˈeɪ] **(a)** *n abbr of* chartered accountant; *V* chartered. **(b)** *abbr of* Central America; *V* central.

C/A *(Fin)* **(a)** *abbr of* capital account; *V* capital. **(b)** *abbr of* current account; *V* current. **(c)** *abbr of* credit account; *V* credit.

C.A.A. [siːeɪˈeɪ] *(Brit) abbr of* Civil Aviation Authority.

C.A.B. [siːeɪˈbiː] *(Brit) abbr of* Citizens' Advice Bureau.

cab [kæb] **1** *n* **(a)** *(taxi)* taxi *m*; *(horse-drawn)* fiacre *m*. **by ~** en taxi, en fiacre. **(b)** *(Aut, Rail: driver's ~)* cabine *f*. **2** *cpd*: **cabdriver, cabman** = **cabby***; **cab rank, cab stand** station *f* de taxis.

cabal [kəˈbæl] *n (intrigue)* cabale *f*, intrigue *f*; *(group)* cabale, clique *f*.

cabana [kəˈbɑːnə] *n (US)* cabine *f* (de plage).

cabaret ['kæbəreɪ] *n* cabaret *m*; *(Brit: floor show)* spectacle *m* (de cabaret).

cabbage ['kæbɪdʒ] **1** *n* chou *m*. *(fig pej)* **she's just a ~*** elle végète. **2** *cpd*: **cabbage lettuce** laitue pommée; **cabbage rose** rose *f* cent-feuilles; **cabbage tree** palmiste *m*; **cabbage white (butterfly)** piéride *f* du chou.

cab(b)ala [kəˈbɑːlə] *n* cabale *f* (juive).

cab(b)alistic [ˌkæbəˈlɪstɪk] *adj* cabalistique.

cabby* ['kæbɪ] *n [taxi]* chauffeur *m* (de taxi), taxi* *m*; *[horse-drawn cab]* cocher *m* (de fiacre).

caber ['keɪbər] *n (Sport)* tronc *m*. **to toss the ~** lancer le tronc; **tossing the ~** le lancement du tronc.

cabin ['kæbɪn] **1** *n (hut)* cabane *f*, hutte *f*; *(Naut)* cabine *f*; *(Rail: signal box)* cabine d'aiguillage; *(Aut, Rail: driver's ~)* cabine; *V* log¹. **2** *cpd*: *(Naut)* **cabin boy** mousse *m*; **cabin class** deuxième classe *f*; **cabin cruiser** cruiser *m*; **cabin trunk** malle-cabine *f*.

cabinet ['kæbɪnɪt] **1** *n* **(a)** *(furniture)* meuble *m* (de rangement); *(glass-fronted)* vitrine *f*; *(filing ~)* classeur *m*; *V* medicine.
  (b) *(Parl)* cabinet *m*, ≃ Conseil *m* des ministres. **to form a ~** former un gouvernement.
  2 *cpd* *(Parl)* *crisis, decision, post* ministériel. **cabinetmaker** ébéniste *m*; **cabinetmaking** ébénisterie *f*; *(Parl)* **Cabinet meeting** réunion *f* du cabinet *or* du Conseil des ministres; **Cabinet minister** ministre *m* siégeant au Cabinet; *V* reshuffle.

cable ['keɪbl] **1** *n (Elec, Telec, gen)* câble *m*; *(Naut: measure)* encablure *f*. *(Telec)* **by ~** par câble; *V* overhead.
  2 *vt* câbler, télégraphier *(sth to sb* qch à qn).
  3 *cpd*: **cablecar** téléphérique *m*; *(on rail)* funiculaire *m*; *(TV)* **cablecast** *(n)* émission *f* de télévision par câble; *(vt)* transmettre par câble; **cablegram** câblogramme *m*; **cable-laying** pose *f* de câbles; **cable(-laying) ship** câblier *m*; **cable railway** funiculaire *m*; *(Phot)* **cable release** déclencheur *m* souple; *(Knitting)* **cable stitch** point *m* de torsade; **cable television, cablevision** télévision câblée *or* par câble; **cableway** benne suspendue.

caboodle* [kəˈbuːdl] *n*: **the whole ~** tout le bataclan*, tout le fourbi*.

caboose [kəˈbuːs] *n (Brit Naut)* coquerie *f*; *(US Rail)* fourgon *m* de queue.

ca'canny* ['kɔːˈkænɪ] *excl (Scot)* doucement!

cacao [kəˈkɑːəʊ] *n (bean)* cacao *m*; *(tree)* cacaoyer *m*.

cache [kæʃ] **1** *n (place)* cachette *f*. **a ~ of guns** des fusils cachés. **2** *vt* mettre dans une cachette.

cachet ['kæʃeɪ] *n (all senses)* cachet *m*.

cack-handed* ['kæk'hændɪd] *adj (Brit)* maladroit.

cackle ['kækl] **1** *n [hen]* caquet *m*; *[people] (laugh)* gloussement *m*; *(talking)* caquetage *m*, jacasserie *f*; *V* cut. **2** *vi [hens]* caqueter; *[people] (laugh)* glousser; *(talk)* caqueter, jacasser.

cacophonous [kæˈkɒfənəs] *adj* cacophonique, discordant.

cacophony [kæˈkɒfənɪ] *n* cacophonie *f*.

cactus ['kæktəs] *n, pl* **cacti** ['kæktaɪ] cactus *m*.

cad*† [kæd] *n (Brit)* goujat *m*, malotru *m*, mufle *m*.

cadaver [kəˈdeɪvər] *n* cadavre *m*.

cadaverous [kəˈdævərəs] *adj (lit, fig)* complexion cadavéreux; *appearance* cadavérique.

caddie ['kædɪ] *(Golf)* **1** *n* caddie *m*, caddy *m*. **2** *vi*: **to ~ for sb** être le caddie de qn.

caddish*† ['kædɪʃ] *adj person* grossier, mufle. **a ~ thing to do** une muflerie.

caddy¹ ['kædɪ] *n* **(a)** *(also tea ~)* boîte *f* à thé. **(b)** *(US: shopping trolley)* chariot *m*, caddie *m*.

caddy² ['kædɪ] *n* = **caddie**.

cadence ['keɪdəns] *n (intonation)* modulation *f* (de la voix); *(rhythm)* cadence *f*, rythme *m*; *(Mus)* cadence.

cadenza [kəˈdenzə] *n (Mus)* cadence *f*.

cadet [kəˈdet] **1** *n* **(a)** *(Mil etc)* élève *m* officier *(d'une école militaire ou navale)*; *(Brit Police)* élève *mf* agent de police; *(Scol)* collégien qui poursuit une préparation militaire. **(b)** *(younger son)* cadet *m*. **2** *adj* cadet.
  3 *cpd*: *(Brit)* **cadet corps** *(in school)* peloton *m* de préparation militaire; *(Police)* corps *m* d'élèves policiers *(de moins de 18 ans)*; **cadet school** école *f* militaire.

cadge [kædʒ] *vt* (*Brit*) **to ~ 10 francs from** *or* **off sb** taper* qn de 10 F; **to ~ a meal from** *or* **off sb** se faire inviter par qn, se faire payer* à manger par qn; **to ~ a lift from** *or* **off sb** se faire emmener en voiture par qn; **he's always cadging** il est toujours à quémander quelque chose *or* à mendier.

cadger ['kædʒər] *n* (*Brit*) parasite *m*; *[money]* tapeur* *m*, -euse* *f*; *[meals]* pique-assiette *mf inv*.

Cadiz [kə'dız] *n* Cadix.

cadmium ['kædmıəm] *n* cadmium *m*.

cadre ['kædrı] *n* (*Mil, fig*) cadre *m*.

caecum, (*US*) **cecum** ['si:kəm] *n* caecum *m*.

Caesar ['si:zər] *n* César *m*. **Julius ~** Jules César.

Caesarea [,si:zə'rıə] *n* Caesarée.

Caesarean, Caesarian [si:'zɛərıən] *adj* césarien. (*Med*) **~** (**operation** *or* **section**) césarienne *f*.

caesium, (*US*) **cesium** ['si:zıəm] *n* caesium *m*.

caesura [sı'zjʊərə] *n* césure *f*.

C.A.F. [,si:eı'ef] *abbr of* **cost and freight**; *V* **cost 3**.

café ['kæfeı] *n* (*Brit*) snack(-bar) *m*.

cafeteria [,kæfı'tıərıə] *n* (*gen*) cafétéria *f*; (*US Scol*) cantine *f*; (*US Univ*) restaurant *m* universitaire.

caff‡ [kæf] *n* = **café**.

caffein(e) ['kæfi:n] *n* caféine *f*. **~-free** décaféiné.

caftan ['kæftæn] *n* caftan *m*.

cage [keıdʒ] **1** *n* cage *f*; *[elevator]* cabine *f*; (*Min*) cage; (*fig*) prison *f* (*fig*). **~ bird** oiseau *m* de volière *or* d'appartement. **2** *vt* (*also* **~ up**) mettre en cage, encager. **~d bird** oiseau *m* en cage.

cagey* ['keıdʒı] *adj* peu communicatif, *or* (*pej*) dissimulé. **she is ~ about her age** elle n'aime pas avouer son âge.

cagoule [kə'gu:l] *n* anorak *m* (long).

cahoot(s)* [kə'hu:t(s)] *n:* **to be in ~** (**with**) être de mèche (avec)*.

caiman ['keımən] *n* caïman *m*.

Cain [keın] *n* Caïn *m*. **to raise ~*** (*noise*) faire un boucan de tous les diables*; (*fuss*) faire tout un scandale (*about* à propos de).

cairn [kɛən] *n* (**a**) (*stone*) cairn *m*. (**b**) **~** (**terrier**) cairn *m*.

cairngorm ['kɛəngɔ:m] *n* (**a**) (*stone*) quartz fumé. (**b**) **C~ Mountains, C~s** monts *mpl* Cairngorm.

Cairo ['kaıərəʊ] *n* Le Caire.

caisson ['keısən] *n* (*Mil, Naut*) caisson *m*.

cajole [kə'dʒəʊl] *vt* cajoler. **to ~ sb into doing sth** faire faire qch à qn à force de cajoleries.

cajolery [kə'dʒəʊlərı] *n* cajoleries *fpl*.

Cajun ['keıdʒən] (*US*) **1** *n* Acadien(ne) *m(f)*. **2** *adj* acadien.

cake [keık] **1** *n* (**a**) (*large*) gâteau *m*; (*small*) pâtisserie *f*, gâteau; (*fruit ~ etc*) cake *m*; (*sponge ~ etc*) génoise *f*, gâteau de Savoie. (*fig*) **~s and ale** plaisirs *mpl*; **it's selling** *or* **going like hot ~s*** cela se vend comme des petits pains; **it's a piece of ~*** c'est du gâteau*, c'est de la tarte*; **he takes the ~*** à lui le pompon*; **that takes the ~!*** ça, c'est le bouquet!* *or* le comble!; **they want a slice of the ~, they want a fair(er) share of the ~** ils veulent leur part du gâteau (*fig*); (*fig*) **you can't have your ~ and eat it** on ne peut pas tout avoir, il faut choisir; *V* **Christmas, fish** *etc*. (**b**) *[chocolate]* tablette *f*; *[wax, tobacco]* pain *m*. **~ of soap** savonnette *f*, (pain de) savon *m*.

2 *cpd*: **cake mix** préparation instantanée pour gâteaux; **cake shop** pâtisserie *f* (*magasin*); **cake stand** assiette montée *or* à pied, (*tiered*) serviteur *m*; (*in shop*) présentoir *m* (à gâteaux); (*Mus*) **cakewalk** cake-walk *m*.

3 *vt:* **~d blood** coagulé; *mud* séché; **his clothes were ~d with mud/blood** ses vêtements étaient raidis par la boue/le sang.

4 *vi [mud]* durcir, faire croûte; *[blood]* se coaguler.

Cal. *abbr of* **California**.

calabash ['kæləbæʃ] *n* (*fruit*) calebasse *f*, gourde *f*; (*tree*) calebassier *m*; (*Mus*) calebasse (*utilisée comme bongo ou maraca*).

calaboose* ['kæləbu:s] *n* (*US*) taule‡ *f*.

Calabria [kə'læbrıə] *n* Calabre *f*.

Calabrian [kə'læbrıən] *adj* calabrais.

calamine ['kæləmaın] *n* calamine *f*. **~ lotion** lotion calmante à la calamine.

calamitous [kə'læmıtəs] *adj event, decision* catastrophique, désastreux; *person* infortuné.

calamity [kə'læmıtı] *n* calamité *f*, désastre *m*.

calcareous [kæl'kɛərıəs] *adj* calcaire. **~ clay** marne *f*.

calcification [,kælsıfı'keıʃən] *n* calcification *f*.

calcify ['kælsıfaı] **1** *vt* calcifier. **2** *vi* se calcifier.

calcination [,kælsı'neıʃən] *n* calcination *f*.

calcine ['kælsaın] **1** *vt* (*Ind*) calciner. **2** *vi* (*Ind*) se calciner.

calcium ['kælsıəm] *n* calcium *m*.

calculable ['kælkjʊləbl] *adj* calculable.

calculate ['kælkjʊleıt] **1** *vt* (**a**) *speed, weight, distance, numbers etc* calculer (*also Math*); (*reckon, judge*) *probability, consequence, risk etc* évaluer; (*US: suppose*) supposer, estimer. **to ~ the cost of** calculer le prix de; **to ~ one's chances of escape** évaluer les chances qu'on a de s'évader; **he ~d that he would have enough money to do it** il a estimé *or* calculé qu'il aurait assez d'argent pour le faire.

(**b**) (*fig*) **it is ~d to do** (*intended*) c'est conçu *or* calculé pour faire; **this was not ~d to reassure me** (*didn't have the effect of*) cela n'était pas fait pour me rassurer.

2 *vi* (*Math*) calculer, faire des calculs. (*fig*) **to ~ for sth** prévoir qch; (*fig*) **to ~ (on) doing** avoir l'intention de faire.

♦**calculate (up)on** *vt fus* compter sur. **to calculate (up)on having good weather** compter sur le beau temps.

calculated ['kælkjʊleıtıd] *adj action, decision* délibéré, réfléchi; *insult* délibéré, prémédité; *gamble, risk* pris en toute connaissance de cause. **~ indiscretion** indiscrétion voulue *or* délibérée.

calculating ['kælkjʊleıtıŋ] *adj* (**a**) (*scheming, unemotional*) cal-

culateur (*f* -trice), intéressé; (*cautious*) prudent, prévoyant. (**b**) **~ machine** = **calculator b**.

calculation [,kælkjʊ'leıʃən] *n* (*Math, fig*) calcul *m*. **to make a ~** faire *or* effectuer un calcul; **by my ~s** d'après mes calculs; **after much ~ they decided** après avoir fait beaucoup de calculs ils ont décidé; **it upset his ~s** cela a perturbé ses calculs.

calculator ['kælkjʊleıtər] *n* (**a**) (*machine*) machine *f* à calculer, calculatrice *f*; (*pocket*) calculatrice de poche, calculette *f*. (**b**) (*table of figures*) table *f*.

calculus ['kælkjʊləs] *n* (*Math, Med*) calcul *m*; *V* **differential, integral**.

Calcutta [kæl'kʌtə] *n* Calcutta.

calendar ['kæləndər] **1** *n* (**a**) calendrier *m*. (**b**) (*directory*) annuaire *m*. (*Brit*) **university ~** ≃ livret *m* de l'étudiant. (**c**) (*Jur*) rôle *m*. **2** *cpd*: **calendar month** mois *m* (de calendrier); **calendar year** année civile. **3** *vt* (*index*) classer (*par ordre de date*); (*record*) inscrire sur un calendrier.

calends ['kæləndz] *npl* calendes *fpl*. (*fig*) **at the Greek ~** aux calendes grecques.

calf¹ [ka:f] **1** *n, pl* **calves** (**a**) (*young cow or bull*) veau *m*. **a cow in** *or* **with ~** une vache pleine; *V* **fat**. (**b**) (*also* **~skin**) (cuir *m* de) veau *m*, vachette *f*; (*for shoes, bags*) box(-calf) *m*. (**c**) *[elephant]* éléphanteau *m*; *[deer]* faon *m*; *[whale]* baleineau *m*; *[buffalo]* buffletin *m*. **2** *cpd*: (*fig*) **calf love** amour *m* juvénile.

calf² [ka:f] *n, pl* **calves** (*Anat*) mollet *m*.

caliber ['kælıbər] *n* (*US*) = **calibre**.

calibrate ['kælıbreıt] *vt* étalonner, calibrer.

calibration [,kælı'breıʃən] *n* étalonnage *m*, calibrage *m*.

calibre, (*US*) **caliber** ['kælıbər] *n* (*lit, fig*) calibre *m*. **a man of his ~** un homme de son envergure *or* de son calibre.

calico ['kælıkəʊ] *n* calicot *m*; (*US*) indienne *f*.

Calif. *abbr of* **California**.

California [,kælı'fɔ:nıə] *n* Californie *f*.

Californian [,kælı'fɔ:nıən] **1** *n* Californien(ne) *m(f)*. **2** *adj* californien.

californium [,kælı'fɔ:nıəm] *n* californium *m*.

calipers ['kælıpəz] *npl* (**a**) (*Math*) compas *m*. (**b**) (*Med*) (*for limb*) gouttière *f*; (*for foot*) étrier *m*; (*leg-irons*) appareil *m* orthopédique.

caliph ['keılıf] *n* calife *m*.

calisthenics [,kælıs'θenıks] *n* (*U*) gymnastique *f* suédoise.

calk¹ [kɔ:k] **1** *vt shoe, horseshoe* munir de crampons. **2** *n [shoe, horseshoe]* crampon *m*.

calk² [kɔ:k] *vt drawing, design* décalquer, calquer.

call [kɔ:l] **1** *n* (**a**) (*shout*) appel *m*, cri *m*. **within ~** à portée de (la) voix; **a ~ for help** un appel au secours; *V* **roll**. (**b**) *[bird]* cri *m*; *[bugle, trumpet]* sonnerie *f*; *[drum]* batterie *f*. (**c**) (*also* **telephone ~**) coup *m* de téléphone, coup de fil*. **to make a ~** téléphoner, donner *or* passer un coup de fil*; **there's a ~ for you** on te demande au téléphone, il y a un coup de téléphone *or* un coup de fil* pour toi; *[operator]* **I have a ~ for you from London** on vous appelle de Londres, j'ai un appel pour vous de Londres; *[operator]* **I'm putting your ~ through** je vous mets en communication; **I want to pay for the 3 ~s I made** je voudrais régler mes 3 communications (téléphoniques); *V* **local, long¹, trunk**.

(**d**) (*summons, invitation: gen, also Comput*) appel *m*; *[justice]* exigence *f*; *[conscience]* voix *f*; (*Theat*) (*actor's reminder*) appel; (*curtain call*) rappel *m*; (*vocation*) vocation *f*; (*Rel: in Presbyterian church*) nomination *f* (de pasteur). (*Rel*) **to have** *or* **receive a ~ to** être nommé pasteur à; **to give sb an early morning ~** réveiller qn de bonne heure; **I'd like a ~ at 7 a.m.** j'aimerais qu'on me réveille (*subj*) à 7 heures; (*Telec, Rad etc*) **they put out a ~ for him** on l'a fait appeler, on a lancé un appel à son intention; *[doctor etc]* **to be on ~** être de garde; **the ~ of the unknown** l'attrait *m* de l'inconnu; **the ~ of the sea** l'appel du large; **the ~ of duty** l'appel du devoir; (*Fin*) **~ for capital** appel de fonds.

(**e**) (*short visit: also Med*) visite *f*. **to make** *or* **pay a ~ on sb** rendre visite à qn, aller voir qn; **I have several ~s to make** j'ai plusieurs visites à faire; (*Naut*) **place** *or* **port of ~** (port *m* d')escale *f*; *V also* **pay**.

(**f**) (*phrases*) (*Comm*) **there's not much ~ for these articles** ces articles ne sont pas très demandés; (*Fin*) **money repayable at** *or* **on ~/at 3 months'** ~ argent remboursable sur demande/à 3 mois; **I have many ~s on my time** je suis très pris *or* très occupé; **I have many ~s on my purse** j'ai beaucoup de dépenses *or* de frais; **there is no ~ for you to worry** vous n'avez pas besoin de *or* il n'y a pas lieu de vous inquiéter; **there was** *or* **you had no ~ to say that** vous n'aviez aucune raison de dire cela, vous n'aviez pas à dire cela.

(**g**) (*Bridge*) annonce *f*; (*Solo Whist*) demande *f*. **whose ~ is it?** à qui de parler? d'annoncer?

2 *cpd*: (*Comm*) *[defective product]* **callback** rappel *m* (de marchandises défectueuses); **callbox** (*Brit*) cabine *f* (téléphonique); (*US*) téléphone *m* de police-secours; **callboy** (*Theat*) avertisseur *m*; *[hotel]* chasseur *m*, groom *m*; **call girl** prostituée *f* (*qu'on appelle par téléphone*), call-girl *f*; (*US Rad*) **call-in** (*program*) programme *m* à ligne ouverte; (*US Telec*) **call letters** indicatif *m* (d'appel); (*Fin*) **call loan** prêt *m* exigible; (*Fin*) **call money** taux *m* de l'argent au jour le jour; (*US*) *[library book]* **call number** cote *f*; **call-over** appel nominal; (*Mil*) appel; (*Telec*) **call sign, call signal** indicatif *m* (d'appel); (*in library*) **call slip** fiche *f* de prêt; (*Mil*) **call-up** (*military service*) appel *m* (sous les drapeaux), convocation *f*; *[reservists]* rappel *m*; (*in wartime*) **general call-up** mobilisation générale,

levée f en masse; **call-up papers** feuille f de route.
3 vt (a) (person) appeler, (from afar) héler; sb's name appeler, crier. **to ~ sb in/out/up** etc crier à qn d'entrer/de sortir/de monter etc; 'hullo' he ~ed 'ohé' cria-t-il; (US fig) **to ~ the shots*** mener la barque*; V **tune**.
(b) (give name to) appeler. **to be ~ed** s'appeler; **what are you ~ed?** comment vous appelez-vous?; **he is ~ed after his father** on lui a donné or il porte le nom de son père; **he ~s himself a colonel** il se prétend colonel; (fig) **to ~ a spade a spade** appeler un chat un chat, ne pas avoir peur des mots; **are you ~ing me a liar?** dites tout de suite que je suis un menteur; **he ~ed her a liar** il l'a traitée de menteuse; V **name, so**.
(c) (consider) trouver, considérer. **would you ~ French a difficult language?** diriez-vous que le français est difficile?; **I ~ that a shame** j'estime que c'est une honte; (agreeing on price) **shall we ~ it £1?** disons une livre?
(d) (summon) appeler, convoquer; (waken) réveiller. **to ~ a doctor** appeler or faire venir un médecin; **~ me at eight** réveillez-moi à huit heures; (Rad) **London ~ing** ici Londres; **the fire brigade was ~ed** on a appelé les pompiers; **~ me a taxi!** appelez-moi or faites venir un taxi!; **duty ~s (me)** le devoir m'appelle; **to ~ a meeting** convoquer une assemblée; (Jur) **his case was ~ed today** son affaire est venue aujourd'hui devant le tribunal; **to ~ sb as a witness** (Jur) avoir qn comme témoin; (fig) prendre qn à témoin (to de).
(e) (Bridge) **to ~ 3 spades** annoncer or demander 3 piques; **to ~ game** demander la sortie.
(f) (US Sport) game arrêter, suspendre.
(g) (phrases) **to ~ sb to account** demander des comptes à qn; (Parl) **to ~ a division** passer au vote; (Mil) **to ~ to arms** [rebel leader] appeler aux armes; [government] appeler sous les drapeaux; **to ~ (sb's) attention to sth** attirer l'attention (de qn) sur qch; (Rel) **to ~ the banns** publier les bans; (Brit Jur) **to be ~ed to the bar** être inscrit au barreau; **to ~ sth into being** faire naître qch, créer; **to ~ my bluff** il a prouvé que je bluffais*, il m'a coincé*; **let's ~ his bluff** on va essayer de prouver qu'il bluffe*, on va le mettre au pied du mur; **let's ~ it a day!*** ça suffira pour aujourd'hui!; **we ~ed it a day* at 3 o'clock** à 3 heures on a décidé de s'en tenir là; **to ~ a halt to sth** mettre fin à qch; **I haven't a minute to ~ my own*** je n'ai pas une minute à moi; (fig) **to ~ sth into play** mettre qch en jeu; **to ~ sth in(to) question** mettre qch en doute; **to ~ the roll** faire l'appel; **to ~ a strike** lancer un ordre de grève; **to ~ a truce** conclure or établir une trêve; V **mind** etc.
4 vi (a) [person] appeler, crier; [birds] pousser un cri. **I have been ~ing for 5 minutes** cela fait 5 minutes que j'appelle; **to ~ (out) to sb** appeler qn, (from afar) héler qn.
(b) (visit: also ~ in) passer. **she ~ed (in) to see her mother** elle est passée voir sa mère; **he was out when I ~ed (in)** il n'était pas là quand je suis passé chez lui; **will you ~ (in) at the grocer's?** voulez-vous passer or vous arrêter chez l'épicier?; (Naut) **to ~ (in) at a port/at Dover** faire escale dans un port/à Douvres.
♦**call aside** vt sep person prendre à part, tirer à l'écart.
♦**call away** vt sep: **to be called away on business** être obligé de s'absenter pour affaires; **to be called away from a meeting** devoir quitter une réunion (pour affaires plus pressantes).
♦**call back** (Telec) **1** vi rappeler.
2 vt sep rappeler.
♦**call down** vt sep (a) curses appeler (on sb sur la tête de qn).
(b) (US*: scold) engueuler*, attraper.
♦**call for** vt fus (a) (summon) person appeler; food, drink demander, commander; (fig) courage demander, exiger, nécessiter. **to call for measures against** demander que des mesures soient prises contre; **the situation calls for a new approach** il est nécessaire d'envisager la situation d'une autre manière; **this contract calls for the development of ...** ce contrat prévoit le développement de ...; **strict measures are called for** des mesures strictes sont nécessaires, il est nécessaire de prendre des mesures strictes; **such rudeness was not called for** une telle grossièreté n'était pas justifiée.
(b) (collect) **I'll call for you at 6 o'clock** je passerai vous prendre à 6 heures; **he called for the books** il est passé chercher les livres.
♦**call forth** vt sep (liter) protest soulever, provoquer; remark provoquer.
♦**call in 1** vi = **call 4b**.
2 vt sep (a) doctor faire venir, appeler; police appeler. **he was called in to arbitrate** on a fait appel à lui pour arbitrer.
(b) money, library books faire rentrer; banknotes retirer de la circulation; faulty machines etc rappeler.
♦**call off 1** vi se décommander.
2 vt sep (a) appointment annuler; agreement rompre, résilier. **to call off a deal** résilier or annuler un marché; **to call off a strike** annuler un ordre de grève.
(b) dog rappeler.
♦**call out 1** vi pousser un or des cri(s). **to call out for sth** demander qch à haute voix; **to call out to sb** héler qn, interpeller qn.
2 vt sep (a) doctor appeler; troops, fire brigade, police faire appel à. **to call workers out** (on strike) donner la consigne de grève.
(b) (for duel) appeler sur le terrain.
♦**call over 1** vt sep (a) list of names faire l'appel de.
(b) **he called me over to see the book** il m'a appelé pour que je vienne voir le livre.
2 call-over n V **call 2**.
♦**call round** vi: **to call round to see sb** passer voir qn; **I'll call round in the morning** je passerai dans la matinée.
♦**call up 1** vt sep (a) (Mil) reinforcements, troops appeler, mobiliser; reservists rappeler.
(b) (esp US: Telec) appeler (au téléphone), téléphoner à.

(c) (recall) memories évoquer.
(d) (Comput) **to call up a file** rappeler un texte à l'écran.
2 call-up n, adj V **call 2**.
♦**call (up)on** vt fus (a) (visit) person rendre visite à, aller or passer voir.
(b) **to call (up)on sb to do** (invite) inviter qn à faire, prier qn de faire; (demand) sommer qn de faire, mettre qn en demeure de faire; **I now call (up)on Mr X to speak** je laisse maintenant la parole à M X; **to call (up)on sb for sth** demander or réclamer qch à qn; **to call (up)on God** invoquer le nom de Dieu.
caller ['kɔːlər] n (visitor) visiteur m, -euse f; (Brit Telec) demandeur m, -euse f.
calligramme, (US) **calligram** ['kælɪgræm] n calligramme m.
calligraphic [,kælɪ'græfɪk] adj calligraphique.
calligraphy [kə'lɪgrəfɪ] n calligraphie f.
calling ['kɔːlɪŋ] **1** n (a) (occupation) métier m, état† m; (vocation) vocation f. **by ~** de son état. (b) (U) [meeting etc] convocation f. **2** cpd: (US) **calling card** carte f de visite.
calliope [kə'laɪəpɪ] n (US) orgue m à vapeur.
callipers ['kælɪpəz] npl = **calipers**.
callisthenics [,kælɪs'θɛnɪks] n = **calisthenics**.
callosity [kæ'lɒsɪtɪ] n callosité f.
callous ['kæləs] adj (a) (fig) dur, sans cœur, sans pitié. **~ to** insensible à. (b) (Med) calleux.
callously ['kæləslɪ] adv act sans pitié, durement; speak avec dureté, durement; decide, suggest cyniquement.
callousness ['kæləsnɪs] n (V callous) dureté f, manque m de cœur or de pitié, insensibilité f.
callow ['kæləʊ] adj inexpérimenté, novice. **a ~ youth** un blanc-bec; **~ youth** la folle jeunesse.
callus ['kæləs] n cal m, durillon m.
calm [kɑːm] **1** adj sea, day calme, paisible, tranquille; person calme; attitude, behaviour calme, tranquille. **the sea was dead ~** la mer était d'huile or était plate; **the weather is ~** le temps est au calme; **keep ~!** du calme!, calmez-vous!; **to grow ~** se calmer; (fig) **~ and collected** maître (f maîtresse) de soi.
2 n (a) (~ period) période f de calme or de tranquillité; (after movement, agitation) accalmie f. (Naut) **a dead ~** un calme plat; (lit, fig) **the ~ before the storm** le calme qui précède la tempête.
(b) (calmness) calme m; (under stress) calme, sang-froid m. **I admire his ~** j'admire le calme or le sang-froid dont il fait preuve.
3 vt calmer, apaiser.
♦**calm down 1** vi se calmer, s'apaiser. **calm down!** du calme!, ne t'énerve pas!
2 vt sep person calmer, apaiser.
calming ['kɑːmɪŋ] adj calmant, apaisant.
calmly ['kɑːmlɪ] adv speak, act calmement, avec calme. **she ~ told me that she wouldn't help me** elle m'a dit sans sourciller qu'elle ne m'aiderait pas.
calmness ['kɑːmnɪs] n [person] calme m; (under stress) sang-froid m; [sea, elements] calme.
Calor ['kælər] n ® (Brit) **~ gas** butane m, butagaz m ®.
caloric [kə'lɒrɪk] **1** adj thermique. **~ energy** énergie f thermique.
2 n chaleur f.
calorie ['kælɒrɪ] n calorie f. **she's too ~-conscious* to eat potatoes** elle a trop la hantise des calories or de sa ligne pour manger des pommes de terre; V **low¹**.
calorific [,kælə'rɪfɪk] adj calorifique.
calque [kælk] n (also Ling) calque m (on de).
calumniate [kə'lʌmnɪeɪt] vt calomnier.
calumny ['kæləmnɪ] n calomnie f; (Jur) diffamation f.
calvary ['kælvərɪ] n (monument) calvaire m. **C~** le Calvaire.
calve [kɑːv] vi vêler, mettre bas.
calves [kɑːvz] npl of **calf**.
Calvin ['kælvɪn] n Calvin m.
Calvinism ['kælvɪnɪzəm] n calvinisme m.
Calvinist ['kælvɪnɪst] adj, n calviniste (mf).
Calvinistic [,kælvɪ'nɪstɪk] adj calviniste.
calypso [kə'lɪpsəʊ] n calypso m.
calyx ['keɪlɪks] n, pl **calyces** ['keɪlɪsiːz] (Bot) calice m.
cam [kæm] n came f. (Aut) **~shaft** arbre m à cames.
camaraderie [,kæmə'rɑːdərɪ] n camaraderie f.
camber ['kæmbər] **1** n [road] bombement m; (Archit) cambre f, cambrure f, courbure f; (Aviat) courbure; (Naut) [deck] tonture f.
2 vt road bomber; beam cambrer; (Naut) deck donner une tonture à.
3 vi [beam] être cambré; [road] bomber, être bombé.
Cambodia [kæm'bəʊdɪə] n Cambodge m.
Cambodian [kæm'bəʊdɪən] **1** adj cambodgien. **2** n (a) Cambodgien(ne) m(f). (b) (Ling) cambodgien m.
Cambrian ['kæmbrɪən] adj (Geol) period cambrien. **~ Mountains** monts mpl Cambriens.
cambric ['keɪmbrɪk] n, (US) chambray n batiste f.
Cambs. abbr of **Cambridgeshire**.
came [keɪm] pret of **come**.
camel ['kæməl] **1** n (gen) chameau m; (she-~) chamelle f; (dromedary) dromadaire m; (racing) dromadaire m, chameau m. **2** cpd: (colour) coat (de couleur) fauve inv. (Mil) **the Camel Corps** les méharistes mpl; **camel hair, camel's hair** (n) poil m de chameau; (adj) brush, coat en poil de chameau; **camel train** caravane f de chameaux.
camellia [kə'miːlɪə] n camélia m.
cameo ['kæmɪəʊ] n (a) camée m. (b) (Cine) **~** (part or appearance) brève apparition (d'une grande vedette).
camera ['kæmərə] **1** n (a) appareil m (photographique), appareil-photo m; (movie ~) caméra f; V **aerial, colour, film**.
(b) (Jur) **in ~** à huis clos, en privé.

2 cpd: (Cine, TV) **cameraman** (pl -men) cameraman m, cadreur m; (on credits) 'prise f de vue(s)'; **camera obscura** chambre noire (appareil); (Typ) **camera-ready copy** copie prête à la reproduction; (Cine) **camerawork** prise f de vue(s).
Cameroon [ˌkæməˈruːn] n Cameroun m.
Cameroonian [ˌkæməˈruːnɪən] **1** n Camerounais(e) m(f). **2** adj camerounais.
camisole ['kæmɪsəʊl] n camisole f.
camomile ['kæməʊmaɪl] n camomille f. ∼ **tea** (infusion f de) camomille.
camouflage ['kæmfləːʒ] (Mil, fig) **1** n camouflage m. **2** vt camoufler.
camp¹ [kæmp] **1** n camp m, (less permanent) campement m; (fig) camp, parti m. **to be in** ∼ **camp**; **to go to** ∼ partir camper; (fig) **in the same** ∼ du même bord; **to have a foot in both** ∼**s** avoir un pied dans chaque camp; V **concentration, holiday, pitch¹** etc.
2 cpd: (Brit) **camped** lit m de camp; (US Scol) **camp counsellor** animateur m, -trice f (de camp de vacances); **campfire** feu m de camp; **camp follower** (fig) sympathisant(e) m(f); (Mil†: prostitute) prostituée f; (Mil†: civilian worker) civil m accompagnant une armée; **camp(ing) chair** chaise pliante (de camping); **camping gas** ® (Brit: gas) butane m; (US: stove) camping -gaz m inv; **camp(ing) ground, camp(ing) site** (commercialized) (terrain m de) camping m; (clearing etc) endroit m où camper, emplacement m de camping; (with tent on it) camp m; **camp(ing) stool** pliant m; **camp(ing) stove** réchaud m de camping; **camping van** camping-car m.
3 vi camper. **to go** ∼**ing** (aller) faire du camping.
♦**camp out** vi camper, vivre sous la tente. (fig) **we'll have to camp out in the kitchen*** il va falloir que nous campions (subj) dans la cuisine.
camp²* [kæmp] **1** adj (a) (affected) person, behaviour, talk etc affecté, maniéré; (over-dramatic) person cabotin; gestures etc théâtral; (affecting delight in bad taste) qui aime le kitsch, qui fait parade de mauvais goût; (fashionable because of poor taste) kitsch inv. (b) (effeminate) efféminé; (homosexual) man (qui fait) pédé‡ or tapette‡; manners, clothes de pédé‡, de tapette‡.
2 n (also **high** ∼) [manners] affectation f, cabotinage m; (effeminate) manières ∼ efféminées.
3 vt: **to** ∼ **it up** caboliner.
campaign [kæm'peɪn] **1** n (Mil, fig) campagne f. **to lead** or **conduct** or **run a** ∼ **for/against** mener une campagne or faire campagne pour/contre; V **advertising, election.**
2 vi (Mil) faire campagne; (fig) mener une campagne (for pour, against contre).
3 cpd: (Pol) **campaign worker** membre m de l'état-major (d'un candidat).
campaigner [kæm'peɪnəʳ] n (Mil) old ∼ vétéran m; (fig) **a** ∼ **for/against apartheid** ∼ militant(e) m(f) pour/contre l'apartheid; (Pol) **his qualities as a** ∼ ses qualités en tant que candidat en campagne (électorale).
Campania [kæm'peɪnɪə] n Campanie f.
campanile [ˌkæmpə'niːlɪ] n campanile m.
camper ['kæmpəʳ] n (person) campeur m, -euse f; (van) camping-car m; (US) caravane pliante.
camphor ['kæmfəʳ] n camphre m.
camphorated ['kæmfəreɪtɪd] adj camphré. ∼ **oil** huile camphrée.
camping ['kæmpɪŋ] **1** n camping m (activité). **2** cpd V **camp¹ 2.**
campus ['kæmpəs] **1** n (Univ: gen) campus m; (building complex) campus, complexe m universitaire (terrain, unités d'enseignement, résidence); (fig) monde m universitaire; V **off, on. 2** cpd: (US Univ) **campus police** vigiles mpl.
campy‡ ['kæmpɪ] adj = **camp² 1.**
CAMRA ['kæmrə] (Brit) abbr of **Campaign for Real Ale** (association qui cherche à améliorer la qualité de la bière servie dans les pubs).
can¹ [kæn] **1** modal aux vb: neg **cannot; cond** and **pret could.**
(a) (indicating possibility; in neg improbability) **the situation can change from day to day** la situation peut changer d'un jour à l'autre; **it could be true** cela pourrait être vrai, il se peut que cela soit vrai; **she could still decide to go** elle pourrait encore décider d'y aller; **you could be making a big mistake** tu fais peut-être or tu es peut-être en train de faire une grosse erreur; **can he have done it already?** est-il possible qu'il l'ait déjà fait?; **could he have done it without being seen?** est-ce qu'il aurait pu le faire or lui aurait-il été possible de le faire sans être vu?; **can or could you be hiding something from us?** est-il possible or se peut-il que vous nous cachiez (subj) quelque chose?; **he could have changed his mind without telling you** il aurait pu changer d'avis sans vous le dire; **(perhaps) he could have forgotten** il a peut-être oublié; **it could have been you who did not hurt** cela aurait aussi bien pu vous le blessé; **you can't be serious!** (ce n'est pas possible,) vous ne parlez pas sérieusement!; **he can't have known about it until you told him** (il est) impossible qu'il l'ait su avant que vous (ne) lui en ayez parlé; **she can't be very clever if she failed this exam** elle ne doit pas être très intelligente pour avoir été refusée; **things can't be as bad as you say they are** la situation n'est sûrement pas aussi mauvaise que tu le dis; **that cannot be!†** c'est impossible!; **(stressed, expressing astonishment) he CAN'T be dead!** ce n'est pas possible, il n'est pas mort!; **how CAN you say that?** comment pouvez-vous or osez-vous dire ça?; **where CAN he be?** où peut-il bien être?; **what CAN it be?** qu'est-ce que cela peut bien être?; **what COULD she have done with it?** qu'est-ce qu'elle a bien pu en faire?; (phrases) **as big/pretty etc as can or could be** aussi grand/joli etc que possible; **as soon as can or could be** aussitôt or dès que possible, le plus vite possible.
(b) (am or able to) (je) peux etc. **he can lift the suitcase if he tries hard** il peut soulever la valise s'il fait l'effort nécessaire; **help**

me if you can aidez-moi si vous (le) pouvez; **he will do what he can** il fera ce qu'il pourra, il fera son possible; **he will help you all he can** il vous aidera de son mieux; **can you come tomorrow?** pouvez-vous venir demain?; **he couldn't speak because he had a bad cold** il ne pouvait pas parler parce qu'il était très enrhumé; **I could have done that 20 years ago but can't now** il y a 20 ans j'aurais pu le faire mais (je ne peux) plus maintenant; **he could have helped us if he'd wanted to** il aurait pu nous aider s'il l'avait voulu; **he could have described it but he refused to do so** il aurait pu or su le décrire mais il a refusé (de le faire).
(c) (know how to) (je) sais etc. **he can read and write** il sait lire et écrire; **he can speak Italian** il parle italien, il sait l'italien; **she could not swim** elle ne savait pas nager.
(d) (with verbs of perception) **I can see you** je vous vois; **they could hear him speak** ils l'entendaient parler; **can you smell it?** tu le sens?; **I could see them coming** je les voyais entrer or qui entraient; **he could hear her shouting** il l'entendait crier.
(e) (have the right to, have permission to) (je) peux etc. **you can go** vous pouvez partir; **can I have some milk?** — yes, you can **puis-je avoir du lait?** — (mais oui,) bien sûr; **could I have a word with you?** — yes, you could **est-ce que je pourrais vous parler un instant (s'il vous plaît)?** — oui bien sûr or certainement or mais naturellement; **I could have left earlier but decided to stay** j'aurais pu partir plus tôt, mais j'ai décidé de rester; **I can't go out** je n'ai pas le droit de sortir; **I couldn't leave until the meeting ended** il m'était impossible de partir or je ne pouvais pas partir avant la fin de la réunion.
(f) (indicating suggestion) **you could try telephoning him** tu pourrais (toujours) lui téléphoner; (indicating reproach) **you could have been a little more polite** tu aurais pu être un peu plus poli; **you could have told me before** tu aurais pu me le dire avant or plus tôt.
(g) (be occasionally capable of) **she can be very unpleasant** elle peut (parfois) être très désagréable; **it can be very cold here** il arrive qu'il fasse très froid ici.
(h) (*: could = want to) **I could smack him!** je le giflerais!, je pourrais le gifler!; **I could have smacked him** je l'aurais giflé; **I could have wept** j'en aurais pleuré.
2 cpd: (US) **can-do*** person, organization dynamique.
can² [kæn] **1** n (a) [milk, oil, water, petrol] bidon m; [garbage] boîte f à ordures, poubelle f; V **carry.**
(b) [preserved food] boîte f (de conserve). **a** ∼ **of fruit** une boîte de fruits (en conserve); **a** ∼ **of beer** une boîte de bière; **meat in** ∼**s** de la viande en boîte or en conserve.
(c) (Cine) [film] boîte f. (fig) **it's in the** ∼* c'est prêt.
(d) (US‡) (lavatory) waters mpl, chiottes*‡* fpl; (buttocks) postérieur* m.
(e) (US‡: jail) taule‡ f, prison f.
2 cpd: **can opener** ouvre-boîtes m inv.
3 vt (a) food mettre en boîte(s) or en conserve. ∼**ned fruit/ salmon** fruits mpl/saumon m en boîte or en conserve; ∼**ned food,** ∼**ned goods** conserves fpl; (US) ∼**ned heat** méta m ®; (fig) ∼**ned music*** musique f en conserve* or enregistrée; (Rad etc) ∼**ned laughter** rires mpl préenregistrés; (*: drunk) **to be** ∼**ned‡** être rétamé‡ or rond‡; (US) ∼ **it!‡** ferme-la!‡, la ferme!‡
(b) (US*: dismiss from job) virer*, renvoyer.
Canaan ['keɪnən] n terre f or pays m de C(h)anaan.
Canaanite ['keɪnənaɪt] n C(h)ananéen(ne) m(f).
Canada ['kænədə] n Canada m.
Canadian [kə'neɪdɪən] **1** adj (gen) canadien; government, embassy etc du Canada, canadien. (Ling) ∼ **English** anglo-canadien m, anglais m du Canada; ∼ **French** franco-canadien m, français m du Canada; ∼ **elk** original m. **2** n Canadien(ne) m(f); V **French.**
canal [kə'næl] **1** n (a) canal m. (b) (Anat) conduit m, canal m; V **alimentary. 2** cpd: **canal barge, canal boat** chaland m, péniche f; (Geog) **the Canal Zone** (Brit: Suez) la zone du canal de Suez; (US: Panama) la zone du canal de Panama.
canalization [ˌkænəlaɪ'zeɪʃən] n canalisation f.
canalize ['kænəlaɪz] vt canaliser.
canapé ['kænəpeɪ] n (Culin) canapé m.
canard [kæ'nɑːd] n canard* m, bobard* m.
canary [kə'nɛərɪ] n (a) (bird) canari m, serin m.
(b) (wine) vin m des Canaries.
2 cpd (also **canary yellow**) (de couleur) jaune serin inv, jaune canari inv. (Bot) ∼ **grass** alpiste m; (Geog) **Canary Islands** or **Isles, Canaries** (îles fpl) Canaries fpl; (Bot) **canary seed** millet m.
canasta [kə'næstə] n canasta f.
Canberra ['kænbərə] n Canberra m.
cancan ['kænkæn] n (also **French** ∼) cancan m.
cancel ['kænsəl] **1** vt (a) reservation, room booked, travel tickets, plans annuler; (annul, revoke) agreement, contract résilier, annuler; order, arrangement, meeting, performance, debt annuler; cheque faire opposition à; taxi, coach or car ordered, appointment, party décommander, annuler; stamp oblitérer; mortgage lever; decree, will révoquer; application retirer; ticket (punch) poinçonner; (stamp) oblitérer.
(b) flight, train etc annuler; (withdraw permanently) supprimer.
(c) (Math) figures, amounts éliminer.
(d) (cross out, delete) barrer, rayer, biffer.
2 vi [tourist etc] se décommander.
♦**cancel out** vt sep (Math) noughts barrer; amounts etc annuler, éliminer; (fig) neutraliser. **they cancel each other out** (Math) ils s'annulent, ils s'éliminent; (fig) ils se neutralisent.
cancellation [ˌkænsə'leɪʃən] n (V **cancel**) annulation f; résiliation f; opposition f; oblitération f; levée f; révocation f; biffage m; suppression f; retrait m; (Math) élimination f. ∼**s will not be accepted after ...** (travel, hotel) les réservations ne peuvent être

annulées après ...; (*Theat*) les locations ne peuvent être annulées après ...; **I have 2 ~s for tomorrow** j'ai 2 personnes qui se sont décommandées pour demain, j'ai 2 réservations qui ont été annulées pour demain.
cancer ['kænsə^r] **1** *n* (a) (*Med*) cancer *m*. **she has ~** elle a un cancer; **lung** *etc* **~** cancer du poumon *etc*. (b) (*Astron, Geog*) **C~** le Cancer; **I'm C~** je suis (du) Cancer.
　2 *cpd*: **cancer-causing** cancérigène; **cancer patient** cancéreux *m*, -euse *f*; **cancer-producing** = **cancer-causing**; **cancer research** cancérologie *f*, (*in appeals, funds, charities*) la lutte contre le cancer; **cancer specialist** cancérologue *mf*; (*Brit*) **cancer stick**‡ cigarette *f*.
cancerous ['kænsərəs] *adj* cancéreux.
candelabra [,kændɪ'lɑːbrə] *n* candélabre *m*.
candid ['kændɪd] *adj person, smile, criticism* franc (*f* franche), sincère; *report, biography* qui ne cache rien. **he gave me his ~ opinion of it** il m'a dit franchement ce qu'il en pensait; **~ camera** (*Phot*) appareil *m* photo à instantanés; (*TV game*) la Caméra invisible; (*Phot*) **a ~ camera shot** un instantané.
candidacy ['kændɪdəsɪ] *n* (*esp US*) candidature *f*.
candidate ['kændɪdeɪt] *n* candidat(e) *m(f)*. **to stand as/be a ~** se porter/être candidat.
candidature ['kændɪdətʃə^r] *n* (*Brit*) candidature *f*.
candidly ['kændɪdlɪ] *adv* franchement, sincèrement.
candidness ['kændɪdnɪs] *n* franchise *f*, sincérité *f*.
candied ['kændɪd] *adj* (*Culin*) *whole fruit* glacé, confit; *cherries, angelica etc* confit. **~ peel** écorce d'orange *or* de citron *etc* confite.
candle ['kændl] **1** *n* (a) (*wax: household, on cakes etc*) bougie *f*; (*tallow: tall, decorative*) chandelle *f*; (*church*) cierge *m*. **the game is not worth the ~** le jeu n'en vaut pas la chandelle; V **burn¹, hold, Roman**.
　(b) = **candle-power**; V **2**.
　2 *cpd*: **candle grease** (*from household candle*) suif *m*; (*from others*) cire *f*; **by candlelight** à la lueur d'une bougie (*or* de chandelles *etc*); **candlelight dinner** dîner *m* aux chandelles; (*US*) **candle pin** quille *f*; (*US: game*) **candle pins** jeu *m* de quilles; (*Elec*) **a 20 candle-power lamp** une (lampe de) 20 bougies; **candlestick** (*flat*) bougeoir *m*; (*tall*) chandelier *m*; **candlewick bedspread** dessus-de-lit *m* en chenille (de coton).
Candlemas ['kændlmæs] *n* la Chandeleur.
candour, (*US*) **candor** ['kændə^r] *n* franchise *f*, sincérité *f*.
candy ['kændɪ] **1** *n* sucre candi; (*US*) bonbon(s) *m(pl)*.
　2 *vt sugar* faire candir; *fruit* glacer, confire.
　3 *vi* se candir, se cristalliser.
　4 *cpd*: (*Brit*) **candy-floss** barbe *f* à papa; (*US*) **candy store** confiserie *f* (*souvent avec papeterie, journaux et tabac*); **candy-striped** à rayures multicolores; (*US*) **candy striper** *jeune fille s'occupant d'œuvres de bienfaisance dans un hôpital*.
cane [keɪn] **1** *n* (a) [*bamboo etc*] canne *f*; (*in basket- and furniture-making*) rotin *m*, jonc *m*; V **sugar**.
　(b) (*walking stick*) canne *f*; [*officer, rider*] badine *f*, jonc *m*; [*punishment*] trique *f*, bâton *m*; (*Scol*) verge *f*, baguette *f*. **the schoolboy got the ~** l'écolier a été fouetté *or* a reçu le fouet.
　2 *vt* administrer *or* donner des coups de trique *or* de bâton à; (*Scol*) fouetter; (*fig**) administrer une bonne volée à.
　3 *cpd* canné. **cane sugar** sucre *m* de canne.
canine ['keɪnaɪn] *adj* canin. (*Anat*) **~ (tooth)** canine *f*; (*US Police*) **~ corps** corps *m* des maîtres-chiens.
caning ['keɪnɪŋ] *n*: **to get a ~** (*lit*) recevoir la trique; (*Scol*) recevoir le fouet, être fouetté; (*fig**) recevoir une bonne volée; **to give sb a ~** = to cane sb; V **cane**.
canister ['kænɪstə^r] *n* boîte *f* (*gén en métal*). **a ~ of teargas** une bombe lacrymogène.
canker ['kæŋkə^r] **1** *n* (*Med*) ulcère *m*, (*gen syphilitic*) chancre *m*; (*Bot, fig*) chancre. **~-worm** ver *m*. **2** *vt* (*Med*) ronger.
cankerous ['kæŋkərəs] *adj sore* rongeur; *tissue* chancreux.
cannabis ['kænəbɪs] *n* (a) (*plant*) chanvre indien. (b) (*resin*) cannabine *f*. (c) (*drug*) cannabis *m*.
cannery ['kænərɪ] *n* (*US*) fabrique *f* de conserves, conserverie *f*.
cannibal ['kænɪbəl] *adj*, *n* cannibale (*mf*), anthropophage (*mf*).
cannibalism ['kænɪbəlɪzəm] *n* cannibalisme *m*, anthropophagie *f*.
cannibalize ['kænɪbəlaɪz] *vt* (*Tech*) *machine, car* démonter pour en réutiliser les pièces. **~d parts** pièces récupérées.
canning ['kænɪŋ] *n* mise *f* en conserve *or* en boîte. **~ factory** fabrique *f* de conserves, conserverie *f*; **~ industry** industrie *f* de la conserve, conserverie.
cannon ['kænən] **1** *n* (a) (*Mil: pl* **~** *or* **~s**) canon *m*; V **water**.
　(b) (*Tech*) canon *m*.
　(c) (*Brit Billiards*) carambolage *m*.
　2 *cpd*: **cannonball** boulet *m* de canon; (*Tennis*) **a cannonball serve** un service en boulet de canon; (*fig*) **cannon fodder** chair *f* à canon*; **within cannon-shot** à portée de canon.
　3 *vi* (*Brit Billiards*) caramboler. **to ~ off the red** caramboler la rouge; (*fig*) **to ~ into** *or* **against sth** percuter qch; (*fig*) **to ~ into** *or* **against sb** se heurter contre qn.
cannonade [,kænə'neɪd] *n* canonnade *f*.
cannot ['kænɒt] *neg of* **can¹**.
canny ['kænɪ] *adj* (*cautious*) prudent, circonspect; (*shrewd*) malin (*f* -igne), rusé, futé; (*careful with money*) regardant* (*pej*), économe. **~ answer** réponse *f* de Normand; V **ca'canny**.
canoe [kə'nuː] **1** *n* canoë *m*; (*African*) pirogue *f*; (*single-seated river ~*) canoë monoplace; (*Sport*) kayac *m*; V **paddle**. **2** *vi* (V **1**) faire du canoë; (*Sport*) faire du kayac; aller en pirogue.
canoeing [kə'nuːɪŋ] *n* (*Sport*) canoë-kayac *m*.
canoeist [kə'nuːɪst] *n* canoéiste *mf*.
canon ['kænən] *n* (*Mus, Rel, Tech*) canon *m*; (*fig*) canon, critère *m*. (*Rel*) **~ of the mass** canon de la messe; (*Rel*) **~ law** droit *m*

canon. (b) (*Rel: chapter member*) chanoine *m*.
cañon ['kænjən] *n* (*US*) = **canyon**.
canonical [kə'nɒnɪkəl] *adj* (*Rel*) canonique, conforme aux canons de l'église; (*Mus*) en canon; (*fig*) autorisé, qui fait autorité. (*Rel*) **~ dress, ~s** vêtements sacerdotaux.
canonization [,kænənaɪ'zeɪʃən] *n* (*Rel*) canonisation *f*.
canonize ['kænənaɪz] *vt* (*Rel, fig*) canoniser.
canoodle‡† [kə'nuːdl] *vi* se faire des mamours*.
canopy ['kænəpɪ] *n* [*bed*] baldaquin *m*, ciel *m* de lit; [*throne etc*] dais *m*; [*tent etc*] marquise *f*; (*Archit*) baldaquin; (*Aviat*) [*parachute*] voilure *f*; [*cockpit*] verrière *f*; (*fig*) [*sky, heavens, foliage*] voûte *f*.
cant¹ [kænt] **1** *n* (a) (*insincere talk*) paroles *fpl* hypocrites; (*stock phrases*) phrases toutes faites, clichés *mpl*, expressions stéréotypées.
　(b) (*jargon*) jargon *m*, argot *m* de métier. **lawyers' ~** jargon juridique; V **thief**.
　2 *vi* parler avec hypocrisie *or* affectation.
cant² [kænt] **1** *n* (a) (*slope, steepness*) pente *f*, déclivité *f*; (*sloping surface*) plan incliné, surface *f* oblique. **this wall has a definite ~** ce mur penche très nettement.
　(b) (*jolt*) secousse *f*, cahot *m*, à-coup *m*.
　2 *vi* (*tilt*) pencher, s'incliner; (*Naut: change direction*) prendre une direction oblique.
　3 *vt* (*tilt*) incliner, pencher; (*overturn*) renverser *or* retourner d'une saccade, retourner d'un coup sec.
can't [kɑːnt] *abbr of* **cannot**; V **can¹**.
Cantab. (*abbr of* **Cantabrigiensis**) de Cambridge.
Cantabrian [kæn'teɪbrɪən] *n*, *adj*: **the ~s, the ~ Mountains** les (monts *mpl*) Cantabriques *mpl*.
cantaloup(e) ['kæntəluːp] *n* cantaloup *m*.
cantankerous [kæn'tæŋkərəs] *adj* (*ill-tempered*) acariâtre, revêche; (*aggressive*) hargneux; (*quarrelsome*) querelleur.
cantata [kæn'tɑːtə] *n* cantate *f*.
canteen [kæn'tiːn] *n* (a) (*restaurant*) cantine *f*. (b) (*Mil*) (*flask*) bidon *m*; (*mess tin*) gamelle *f*. (c) **a ~ of cutlery** une ménagère (*couverts de table*).
canter ['kæntə^r] **1** *n* petit galop (*très rassemblé*). **to go for a ~** faire une promenade à cheval (*au petit galop*); (*Brit fig*) **to win in** *or* **at a ~*** gagner haut la main, arriver dans un fauteuil*.
　2 *vi* aller au petit galop.
　3 *vt* mener *or* faire aller au petit galop.
Canterbury ['kæntəbərɪ] *n* Cantorbéry. (*Bot*) **~ bell** campanule *f*; (*Literat*) **~ Tales** les Contes *mpl* de Cantorbéry.
cantharides [kæn'θærɪdiːz] *npl* cantharides *fpl*.
canticle ['kæntɪkl] *n* cantique *m*, hymne *m*. **the C~s** le cantique des cantiques.
cantilever ['kæntɪliːvə^r] **1** *n* (*Tech*) cantilever *m*; (*Archit*) corbeau *m*, console *f*. **2** *cpd*: **cantilever beam** poutre *f* en console; **cantilever bridge** pont *m* cantilever *inv*.
canting ['kæntɪŋ] *adj* (*whining*) pleurnicheur, pleurard; (*hypocritical*) hypocrite, tartufe.
cantle ['kæntl] *n* troussequin *m*.
canto ['kæntəʊ] *n* chant *m* (*d'un poème*).
canton ['kæntɒn] **1** *n* (*Admin*) canton *m*. **2** *vt* (a) *land* diviser en cantons. (b) (*Mil*) *soldiers* cantonner.
cantonal ['kæntənl] *adj* cantonal.
Cantonese [,kæntə'niːz] **1** *adj* cantonais. **2** *n* (a) (*pl inv*) Cantonais(e) *m(f)*. (b) (*Ling*) cantonais *m*.
cantonment [kən'tuːnmənt] *n* cantonnement *m*.
cantor ['kæntɔː^r] *n* (*Rel*) chantre *m*.
Cantuar. (*Brit Rel*) (*abbr of* **Cantuariensis**) de Cantorbéry.
Canuck* [kə'nʊk] *n* (*sometimes pej*) Canadien(ne) français(e) *m(f)*.
Canute [kə'njuːt] *n* Canut *m*.
canvas¹ ['kænvəs] **1** *n* (a) (*U*) (*Art, Naut, also of tent*) toile *f*; (*Tapestry*) canevas *m*. **under ~** (*in a tent*) sous la tente; (*Naut*) sous voiles.
　(b) (*painting*) toile *f*, tableau *m*.
　2 *cpd* en *or* de toile. **canvas chair** chaise pliante (*de toile*); **canvas shoes** (*rope-soled*) espadrilles *fpl*; (*gen*) chaussures *fpl* de toile.
canvas² ['kænvəs] = **canvass**.
canvass ['kænvəs] **1** *vt* (a) (*Pol*) *district* faire du démarchage électoral dans; *person* solliciter la voix *or* le suffrage de; (*US: scrutinize votes*) pointer.
　(b) (*Comm*) *customers* solliciter des commandes de; *district* prospecter.
　(c) (*seek support of*) *influential person* solliciter le soutien de. **candidates must not ~ committee members** les candidats doivent s'abstenir de toute démarche personnelle auprès des membres du comité.
　(d) (*seek opinion of*) *person* sonder (*on* à propos de). **to ~ opinions on sth** sonder l'opinion à propos de qch.
　(e) (*discuss*) *matter, question* débattre, examiner à fond.
　2 *vi* (a) (*Pol*) [*candidate*] solliciter des suffrages *or* des voix. **to ~ for sb** (*Pol*) solliciter des voix pour qn; (*gen*) faire campagne pour qn.
　(b) (*Comm*) visiter la clientèle, faire la place; (*door to door*) faire du démarchage.
　3 *n* = **canvassing**.
canvasser, (*also US*) **canvaser** [kænvəsə^r] *n* (a) (*Pol: esp Brit: for support*) agent électoral; (*US: checking votes*) scrutateur *m*, -trice *f*. (b) (*Comm*) placier *m*; (*door to door*) démarcheur *m*. **'no ~s'** 'accès interdit aux colporteurs'.
canvassing ['kænvəsɪŋ] *n* (*Pol*) démarchage électoral (*pour solliciter les suffrages*); (*when applying for job, membership etc*) visites *fpl* de candidature. (*to job applicants etc*) **no ~ allowed** ≃ s'abstenir de toute démarche personnelle.
canyon ['kænjən] *n* cañon *m*, gorge *f*.

cap [kæp] **1** *n* (a) (*headgear*) *[man, woman, boy, jockey]* casquette *f*; (*for women: regional*) coiffe *f*; *[judge]* toque *f*; *[baby, sailor]* bonnet *m*; *[officer]* képi *m*; *[soldier]* calot *m*; (*skull~*) calotte *f*; *[cardinal]* barrette *f*. (*Univ*) ~ **and gown** costume *m* universitaire; (*fig*) ~ **in hand** chapeau bas, humblement; (*fig*) **if the ~ fits, put it on** or **wear it** qui se sent morveux (qu'il) se mouche; *[woman]* **to set one's ~ at†** jeter son dévolu sur; ~ **and bells** marotte *f* (de bouffon); (*Brit Sport*) **he's got his ~ for England, he's an England ~** il a été sélectionné pour l'équipe d'Angleterre, il joue pour l'Angleterre; *V* **black, feather, night, thinking.**
  (b) (*lid, cover*) *[bottle]* capsule *f*; *[fountain pen]* capuchon *m*; (*Mil: on shell*) fusée *f*; (*Aut: of radiator, tyre-valve*) bouchon *m*; (*Med: contraceptive*) diaphragme *m*; (*Naut: of mast*) chouque *m* or chouquet *m*; (*Archit*) chapiteau *m*, couronnement *m*; *[mushroom]* chapeau *m*; *V* **axle, knee, toe** *etc*.
  (c) (*percussion ~*) capsule fulminante; (*for toy gun*) amorce *f*.
  2 *vt* (a) (*V* **1b**: *put cover on*) (*gen*) couvrir d'une capsule, d'un capuchon *etc*; *bottle etc* capsuler; (*Mil*) *shell* visser la fusée de; *V* **snow.**
  (b) *person* coiffer; (*Univ*) conférer un grade universitaire à. (*Sport*) **he was ~ped 4 times for England** il a joué 4 fois dans l'équipe d'Angleterre.
  (c) (*surpass, improve on*) *sb's words* renchérir sur; *achievements* surpasser. **he ~ped this story/quotation** il a trouvé une histoire/ une citation encore meilleure que celle-ci; **to ~ it all** pour couronner le tout, pour comble; **that ~s it all!** ça, c'est le bouquet!* or **le comble!**
  (d) (*limit*) *spending etc* restreindre; *V also* **rate.**
C.A.P. [ˌsiːeɪˈpiː] *n* (*Pol*) (*abbr of* **Common Agricultural Policy**) politique *f* agricole commune, PAC *f*.
capability [ˌkeɪpəˈbɪlɪtɪ] *n* (a) (*U*) aptitude *f* (*to do, of doing* à faire), capacité *f* (*to do, for doing* de faire). **he has the ~ to do it** il est capable de le faire, il en a la capacité, il a l'aptitude nécessaire.
  (b) **capabilities** moyens *mpl*; **this child has capabilities** cet enfant a des moyens or est assez doué.
  (c) *[machine]* potentiel *m*; (*Mil: range of weapons etc*) capacité *f*.
capable [ˈkeɪpəbl] *adj* (a) *person* capable; *event, situation* susceptible (*of* de). **he is ~ of great anger/of getting angry very quickly** il est capable de se mettre très en colère/de s'emporter très vite; **the situation is ~ of review** or **of being reviewed** la situation est susceptible d'être reconsidérée.
  (b) (*competent*) *child* capable; *worker* capable, compétent.
capably [ˈkeɪpəblɪ] *adv* habilement, avec compétence.
capacious [kəˈpeɪʃəs] *adj* *hall, hotel* vaste, d'une grande capacité; *container* d'une grande contenance or capacité.
capacity [kəˈpæsɪtɪ] **1** *n* (a) (*ability to hold, cubic content etc*) *[container]* contenance *f*, capacité *f*; *[hall, hotel]* capacité *f*. **filled to ~** *jug* plein; *box, suitcase* plein, bourré; *hall, bus etc* plein, comble *inv*, bondé; **the hall has a seating ~ of 400** la salle peut contenir 400 personnes, la salle a 400 places assises; **the tank has a ~ of 100 litres** le réservoir a une capacité or une contenance de 100 litres.
  (b) (*Elec, Phys*) capacité *f*.
  (c) (*Ind*) (*production potential*) moyens *mpl* de production; (*output, production*) rendement *m*. **to work at** (**full**) ~ produire à plein rendement; **we are increasing** (**our**) ~ nous augmentons nos moyens de production; **we haven't yet reached ~** nous n'avons pas encore atteint notre rendement maximum.
  (d) (*mental ability: also* **capacities**) aptitude *f*, capacité(s) *f(pl)*, moyens *mpl*. ~ **to do sth** aptitude à faire qch; **to the extent of my ~** dans la mesure de mes moyens; **this book is within the ~ of children** ce livre est à la portée des enfants; **he had lost all ~ for happiness** il avait perdu toute aptitude au bonheur or à être heureux; **he ~ for hard work** sa grande aptitude au travail.
  (e) (*position, status*) qualité *f*, titre *m*. **in my ~ as a doctor** en ma qualité de médecin; **in his official ~** dans l'exercice de ses fonctions; **in an advisory ~** à titre consultatif; **we must not employ him in any ~ whatsoever** il ne faut pas l'employer à quelque titre que ce soit.
  (f) (*legal power*) pouvoir légal (*to do* de faire). **to have the ~ to do** avoir qualité pour faire.
  2 *cpd*: (*Theat etc*) **there was a capacity attendance** c'était plein or bondé; **they were hoping for a capacity audience** ils espéraient la salle comble; **there was capacity booking** toutes les places étaient louées or retenues, on jouait à guichets fermés; **there was a capacity crowd** il n'y avait plus une place (de) libre; (*Sport*) **le stade était comble.**
caparison [kəˈpærɪsn] (*liter*) **1** *n* caparaçon *m*. **2** *vt* *horse* caparaçonner.
cape¹ [keɪp] *n* (*full length*) cape *f*; (*half length*) pèlerine *f*; (*policeman's, cyclist's*) pèlerine.
cape² [keɪp] **1** *n* (*Geog*) cap *m*; (*high ~*) promontoire *m*.
  2 *cpd*: **Cape Canaveral** le cap Canaveral; (*in South Africa*) **Cape Coloureds** métis sud-africains; **Cape Horn** le cap Horn; **Cape of Good Hope** le cap de Bonne Espérance; **Cape Province** province *f* du Cap; **Cape Town** Le Cap; **Cape Verde Islands** îles *fpl* du Cap-Vert.
caper¹ [ˈkeɪpər] **1** *vi [child, elf]* (*also* ~ **about**) gambader, faire des gambades or des cabrioles. (*fool around*) **to ~ about*** faire l'idiot.
  2 *n* (a) (*leap, jump*) cabriole *f*, gambade *f*. (*fig, gen pl: pranks*) ~**s** farces *fpl*.
  (b) (**: fun*) **was quite a ~** ça a été une vraie rigolade*; **how did your French ~ go?** comment s'est passé votre petite virée* en France?
  (c) (**: slightly pej: hassle*) **what a ~!** quelle affaire!; **how did the Golden Wedding ~ go?** votre bamboula*, pour le noces d'or, comment ça s'est passé?

caper² [ˈkeɪpər] *n* (*Culin*) câpre *f*; (*shrub*) câprier *m*. ~ **sauce** sauce *f* aux câpres.
capercaillie, capercailzie [ˌkæpəˈkeɪlɪ] *n* grand tétras, grand coq de bruyère.
Capernaum [kəˈpɜːnɪəm] *n* Capharnaüm.
capeskin [ˈkeɪpskɪn] *n* (*US*) peau *f* souple pour ganterie.
capful [ˈkæpfʊl] *n* (*measure of liquid*) **one ~ to 4 litres of water** une capsule (pleine) pour 4 litres d'eau.
capillary [kəˈpɪlərɪ] *adj, n* (*Bio, Bot*) capillaire (*m*).
capital [ˈkæpɪtl] **1** *adj* (a) (*Jur*) capital. ~ **offence** crime capital; ~ **punishment** peine capitale, peine de mort; ~ **sentence** condamnation *f* à mort.
  (b) (*essential, important*) capital, fondamental, essentiel. **of ~ importance** d'une importance capitale.
  (c) (*chief, principal*) capital, principal. ~ **city** *V* **2a**; ~ **letter** majuscule *f*, capitale *f*; ~ **A, B** *etc* A, B *etc* majuscule; (*Naut*) ~ **ship** grosse unité de guerre.
  (d) (**†: splendid*) épatant*, fameux*.
  2 *n* (a) (*also* ~ **city**) capitale *f*.
  (b) (*Typ*: ~ **letter**) majuscule *f*, capitale *f*.
  (c) (*U: Comm, Fin*) (*money and property*) capital *m* (en espèces et en nature); (*money only*) capital, capitaux *mpl*, fonds *mpl*. ~ **invested** mise *f* de fonds; ~ **and labour** le capital et la main d'œuvre; (*fig*) **to make ~ out of** tirer parti or profit de; *V* **working.**
  (d) (*Archit*) chapiteau *m*.
  3 *cpd*: (*Fin, Econ etc*) **capital account** compte capital; **capital allowances** amortissements *mpl* admis par le fisc; **capital assets** biens *mpl* de capital; **capital cost** coût *m* d'investissement; **capital equipment** biens *mpl* d'équipement or de capital; **capital expenditure** dépense *f* d'investissement; **capital gains** augmentation *f* de capital, plus-values *fpl* (en capital); **capital gains tax** impôt *m* sur les plus-values (en capital); **capital goods** biens *mpl* d'équipement; **capital intensive** *industry etc* à forte intensité de capital; **capital levy** prélèvement *m* or impôt *m* sur le capital; **capital reserves** réserves *fpl* et provisions *fpl*; **capital sum** capital *m*; **capital transactions** transactions *fpl* en capital; **capital transfer tax** impôt *m* sur le transfert de capitaux.
capitalism [ˈkæpɪtəlɪzəm] *n* capitalisme *m*.
capitalist [ˈkæpɪtəlɪst] *adj, n* capitaliste (*mf*).
capitalistic [ˌkæpɪtəˈlɪstɪk] *adj* capitaliste.
capitalization [kəˌpɪtəlaɪˈzeɪʃən] *n* capitalisation *f*.
capitalize [kəˈpɪtəlaɪz] **1** *vt* (a) (*Fin*) *property, plant* capitaliser; *company* constituer le capital social de (*par émission d'actions*); (*fig*) tirer profit or parti de. (*Fin*) **over-/under-~d** sur-/sous-capitalisé.
  (b) (*Typ*) *word* mettre une majuscule à.
  2 *vi* (*fig*) **to ~ on** *circumstances, information* exploiter, tirer profit or parti de; *talents* tirer parti de; (*financially*) monnayer.
capitation [ˌkæpɪˈteɪʃən] *n* (*Fin: also* ~ **tax**) capitation *f*. (*Brit Scol Admin*) ~ **allowance** dotation *f* forfaitaire par élève (*accordée à un établissement*).
Capitol [ˈkæpɪtl] *n*: **the ~** (*US*) le Capitole (*siège du Congrès américain*); (*Roman Hist*) le Capitole.
capitulate [kəˈpɪtjʊleɪt] *vi* (*Mil, fig*) capituler.
capitulation [kəˌpɪtjʊˈleɪʃən] *n* (a) (*Mil, fig*) capitulation *f*. (b) (*summary*) récapitulation *f*, sommaire *m*. (c) (*Jur*) ~**s** capitulation *f*.
capo [ˈkæpəʊ] *n* (*US*) chef *m* de mafia.
capon [ˈkeɪpən] *n* chapon *m*.
cappuccino [ˌkæpʊˈtʃiːnəʊ] *n* cappuccino *m*.
Capri [kəˈpriː] *n* Capri. **in ~** à Capri.
caprice [kəˈpriːs] *n* (a) (*change of mood*) saute *f* d'humeur; (*whim*) caprice *m*. (b) (*Mus*) capriccio *m*.
capricious [kəˈprɪʃəs] *adj* capricieux, fantasque.
capriciously [kəˈprɪʃəslɪ] *adv* capricieusement.
Capricorn [ˈkæprɪkɔːn] *n* (*Astron, Geog*) le Capricorne. **I'm ~** je suis (du) Capricorne.
caps [kæps] *npl abbr of* **capital letters**; *V* **capital.**
capsicum [ˈkæpsɪkəm] *n* (*plant, fruit*) (*sweet*) piment doux, poivron *m*; (*hot*) piment.
capsize [kæpˈsaɪz] **1** *vi* se renverser; (*Naut*) chavirer. **2** *vt* renverser; (*Naut*) faire chavirer.
capstan [ˈkæpstən] *n* (*Naut*) cabestan *m*. (*Brit*) ~ **lathe** tour *m* revolver.
capsule [ˈkæpsjuːl] *n* (*all senses*) capsule *f*.
Capt. *n* (*Mil*) *abbr of* **Captain**. (*on envelope*) ~ **P. Martin** Le capitaine P. Martin.
captain [ˈkæptɪn] **1** *n* (*Army, US Aviat*) capitaine *m*; (*Navy*) capitaine (de vaisseau); (*Merchant Navy*) capitaine *m*; (*Sport*) capitaine (d'équipe); (*US Police: also* **precinct ~**) ≃ commissaire *m* (de police) de quartier. (*Brit*) (**school**) ~ **élève** (*des classes terminales*) *chargé(e) d'un certain nombre de responsabilités*; ~ **of industry** capitaine d'industrie.
  2 *vt* (*Sport*) *team* être le capitaine de; (*Mil, Naut*) commander; (*fig*) diriger.
captaincy [ˈkæptənsɪ] *n* (*Mil*) grade *m* de capitaine; (*Sport*) poste *m* de capitaine. (*Mil*) **to get one's ~** être promu or passer capitaine; (*Sport*) **during his ~** quand il était capitaine (de l'équipe).
caption [ˈkæpʃən] **1** *n* (a) (*Press*) (*heading*) sous-titre *m*; (*under illustration*) légende *f*. (b) (*Cine*) sous-titre *m*. **2** *vt* *illustration* mettre une légende à; (*Cine*) sous-titrer.
captious [ˈkæpʃəs] *adj* *person* chicanier, vétilleux, qui trouve toujours à redire; *remark* critique.
captivate [ˈkæptɪveɪt] *vt* captiver, fasciner, tenir sous le charme.
captivating [ˈkæptɪveɪtɪŋ] *adj* captivant.
captive [ˈkæptɪv] **1** *n* captif *m*, -ive *f*. **to take sb ~** faire qn prisonnier;

to hold sb ~ garder qn en captivité; (*fig*) captiver qn, tenir qn sous le charme.

2 *adj person* captif, prisonnier; *balloon* captif. **she had a** ~ **audience** son auditoire était bien obligé de l'écouter.

captivity [kæpˈtɪvɪtɪ] *n* captivité *f*. **in** ~ en captivité.

captor [ˈkæptər] *n* (*unlawful*) ravisseur *m*; (*lawful*) personne *f* qui capture.

capture [ˈkæptʃər] **1** *vt animal, soldier* prendre, capturer; *escapee* reprendre; *city* prendre, s'emparer de; (*fig*) *attention* capter, captiver; *interest* gagner; (*Art*) reproduire, rendre. **they have** ~**d a large part of that market** ils ont conquis une grande partie de ce marché.

2 *n [town, treasure, escapee]* capture *f*.

capuchin [ˈkæpjʊʃɪn] *n* (**a**) cape *f* (*avec capuchon*). (**b**) (*Rel*) C~ capucin(e) *m(f)*.

car [kɑːʳ] **1** *n* (**a**) (*Aut*) voiture *f*, automobile *f*, auto *f*; V *racing, saloon, sport etc*.
(**b**) (*US Rail*) wagon *m*, voiture *f*; V *dining car, freight etc*.
(**c**) (*tramcar*) (voiture *f* de) tramway *m*, tram *m*.
(**d**) *[lift, elevator]* cabine *f* (d'ascenseur).
(**e**) (*Aviat*) nacelle *f* (*de dirigeable*).

2 *cpd wheel etc* de voiture. **car allowance** indemnité *f* de déplacements (en voiture); **car bomb** *or* **bombing** voiture piégée; (*Brit*) **car boot sale** vente *f* sauvage (*d'objets usagés etc, par des particuliers*); (*US*) **carborne** transporté en voiture; **car chase** course-poursuite *f*; **car coat** autocoat *m*, manteau *m* trois-quarts; **car expenses** frais *mpl* de déplacements (en voiture); (*US*) **car-fare** prix *m* du trajet; **car-ferry** *[sea]* ferry(-boat) *m*; *[river, small channel]* bac *m* (pour voitures); (*US*) **carhop** (*serving food*) serveur *m*, -euse *f* (*qui apporte à manger aux automobilistes dans leur voiture*); (*parking cars*) gardien *m* de parking (*qui gare les voitures*); **car journey** voyage *m* en voiture; (*shorter*) trajet *m* en voiture; **car licence** vignette *f* (de l'impôt); (*Brit*) **car number** numéro *m* d'immatriculation; (*Brit*) **car park** parking *m*, parc *m* de stationnement; (*US*) **car-pool** mode *m* de transport (*grâce auquel plusieurs personnes se servent d'une même voiture pour se rendre à leur travail*) (V *also* pool); **carport** auvent *m* (pour voiture(s)); **car radio** autoradio *f*; **to be car sick** être malade en voiture, avoir le mal de la route; **car sickness** mal *m* de la route; (*Rail*) **car sleeper** train *m* auto-couchettes; **car transporter** (*Aut*) camion *m* or (*Rail*) wagon *m* pour transport d'automobiles; **car wash** (*action*) lavage *m* de voitures; (*place*) portique *m* de lavage automatique; (*Ind*) **car-worker** ouvrier *m*, -ière *f* de l'industrie automobile.

carafe [kəˈræf] *n* carafe *f*; (*small*) carafon *m*.

caramel [ˈkærəməl] *n* caramel *m*. ~ **custard** *or* **cream** crème *f* (au) caramel.

caramelize [ˈkærəməlaɪz] **1** *vt* caraméliser. **2** *vi* se caraméliser.

carapace [ˈkærəpeɪs] *n* carapace *f*.

carat [ˈkærət] *n* carat *m*. **22** ~ **gold** or *m* à 22 carats.

caravan [ˈkærəvæn] *n* (*Brit Aut*) caravane *f*; *[gipsy]* roulotte *f*; (*group: in desert etc*) caravane. ~ **site** *[tourists]* camping *m* pour caravanes; *[gipsies]* campement *m*.

caravanette [ˌkærəvəˈnet] *n* (*Brit*) auto-camping *f*, voiture-camping *f*.

caravel [ˈkærəˈvel] *n* (*Naut*) caravelle *f*.

caraway [ˈkærəweɪ] *n* cumin *m*, carvi *m*. ~ **seeds** (graines *fpl* de) cumin, (graines de) carvi.

carbide [ˈkɑːbaɪd] *n* carbure *m*.

carbine [ˈkɑːbaɪn] *n* carabine *f*.

carbohydrate [ˈkɑːbəʊˈhaɪdreɪt] *n* hydrate *m* de carbone. (*in diets etc*) ~**s** farineux *mpl*, féculents *mpl*.

carbolic [kɑːˈbɒlɪk] *adj* phéniqué. ~ **acid** phénol *m*.

carbon [ˈkɑːbən] **1** *n* (*Chem*) carbone *m*; (*Art, Elec*) charbon *m*; (*paper, copy*) carbone.

2 *cpd*: **carbon copy** (*n*) *[typing etc]* carbone *m*; (*fig*) réplique *f*; (*adj: fig*) identique; (*Archeol*) **carbon-date** (*vt*) analyser le carbone 14 de; **carbon dating** datation *f* à l'analyse du carbone 14; **carbon dioxide** gaz *m* carbonique; **carbon fibre** fibre *f* de carbone; **carbon microphone** microphone *m* à charbon; **carbon monoxide** oxyde *m* de carbone; **carbon paper** (*Typ*) (papier *m*) carbone *m*; (*Phot: also* **carbon tissue**) papier *m* au charbon.

carbonaceous [ˌkɑːbəˈneɪʃəs] *adj* charbonneux; (*Chem*) carboné.

carbonate [ˈkɑːbənɪt] *n* carbonate *m*.

carbonic [kɑːˈbɒnɪk] *adj* carbonique.

carboniferous [ˌkɑːbəˈnɪfərəs] *adj* carbonifère.

carbonization [ˌkɑːbənaɪˈzeɪʃən] *n* carbonisation *f*.

carbonize [ˈkɑːbənaɪz] *vt* carboniser.

carbonless [ˈkɑːbənlɪs] *adj*: ~ **paper** papier autocopiant.

carborundum [ˌkɑːbəˈrʌndəm] *n* ® carborundum *m* ®, siliciure *m* de carbone.

carboy [ˈkɑːbɔɪ] *n* bonbonne *f*.

carbuncle [ˈkɑːbʌŋkl] *n* (**a**) (*jewel*) escarboucle *f*. (**b**) (*Med*) furoncle *m*.

carburation [ˌkɑːbjʊˈreɪʃən] *n* carburation *f*.

carburettor, (*US*) **carburetor** [ˌkɑːbjʊˈretəʳ] *n* carburateur *m*.

carcass [ˈkɑːkəs] *n* (**a**) *[animal]* carcasse *f*, cadavre *m*; (*Butchery*) carcasse; (*human corpse*) cadavre; (‡: *hum, iro: body*) carcasse. (*Culin*) **chicken** ~ os *mpl* or carcasse de poulet. (**b**) (*Aut, Naut, Tech*) charpente *f*, carcasse *f*.

carcinogen [kɑːˈsɪnədʒen] *n* substance *f* cancérigène *or* cancérogène.

carcinogenic [ˌkɑːsɪnəˈdʒenɪk] **1** *n* = **carcinogen**. **2** *adj* cancérigène *or* cancérogène.

carcinoma [ˌkɑːsɪˈnəʊmə] *n* carcinome *m*.

card[1] [kɑːd] **1** *n* (**a**) (*gen*) carte *f*; (*playing* ~) carte; (*visiting* ~) carte de visite; (*invitation* ~) carton *m* or carte d'invitation; (*post* ~) carte (postale), (*index* ~) fiche *f*; (*member's* ~) carte de

membre *or* d'adhérent; (*press* ~) carte de presse; (*library* ~) carte (d'abonnement); (*at dance, races*) programme *m*; (*piece of cardboard*) (morceau *m* de) carton *m*. **identity** ~ carte d'identité; **game of** ~**s** partie *f* de cartes; **to play** ~**s** jouer aux cartes; **high/low** ~ haute/basse carte; V **court, face, score, trump** *etc*.

(**b**) (*fig phrases*) **to play one's** ~**s well** bien mener son jeu *or* sa barque; **if you play your** ~**s properly** si vous manœuvrez habilement; **to play one's best/last** ~ jouer sa meilleure/dernière carte; **to hold all the** ~**s** avoir tous les atouts (dans son jeu *or* en main); **to put** *or* **lay one's** ~**s on the table** jouer cartes sur table; **to have a** ~ **up one's sleeve** avoir un atout dans sa manche; **to throw in the** ~**s** abandonner la partie (*fig*); **it's on the** ~**s*** *or* (*US*) **in the** ~**s*** **that** ... il y a de grandes chances (pour) que ... + *subj*; (*Brit Ind etc*) **to get one's** ~**s** être mis à la porte, être licencié; (*Brit Ind etc*) **to ask for one's** ~**s** plaquer* *or* quitter son travail; **he's (quite) a** ~**!*†** c'est un rigolo!*

2 *cpd*: **cardboard** (*n*) carton *m* (*U*); (*adj*) *bookcover* cartonné; *doll* de *or* en carton; **cardboard box** (boîte *f* en) carton *m*; **card-carrying member** membre *m*, adhérent(e) *m(f)*; **card catalogue** catalogue *m*, fichier *m* (*de bibliothèque etc*); **card game** (*e.g. bridge, whist etc*) jeu *m* de cartes; (*game of cards*) partie *f* de cartes; **card-holder** *[political party, organization etc]* membre *m*, adhérent(e) *m(f)*; *[library]* abonné(e) *m(f)*; *[restaurant etc]* habitué(e) *m(f)*; *[credit card]* titulaire *mf* d'une carte (or de cartes) de crédit; (*Comput*) **card hopper** magasin *m* d'alimentation; **card index** (*n*) fichier *m*; **card-index** (*vt*) ficher, mettre sur fiches; (*Brit Telec*) **cardphone** téléphone *m* à carte (magnétique); **card punch** perforatrice *f* de cartes; (*Comput*) **card reader** lecteur *m* de cartes perforées; **card-sharp(er)** tricheur *m*, -euse *f* (*professionnel*); (*Comput*) **card stacker** case *f* de réception; **card table** table *f* de jeu *or* à jouer; **card trick** tour *m* de cartes; (*Ind*) **card vote** vote *m* sur carte (*même nombre de voix que d'adhérents représentés*).

3 *vt* (**a**) (*put on cards*) ficher, mettre sur fiches.
(**b**) (*US: check sb's identity*) **to** ~ **sb*** demander à voir les pièces d'identité de.

card[2] [kɑːd] (*Tech*) **1** *n* carde *f*. **2** *vt wool, cotton* carder.

cardamom [ˈkɑːdəməm] *n* cardamome *f*.

carder [ˈkɑːdəʳ] *n* (*Tech*) cardeuse *f*.

cardiac [ˈkɑːdɪæk] *adj* cardiaque. ~ **arrest** arrêt *m* du cœur.

cardigan [ˈkɑːdɪgən] *n* cardigan *m*, gilet *m* (de laine).

cardinal [ˈkɑːdɪnl] **1** *adj number, point*, (*Ling*) *vowel* cardinal. **the four** ~ **virtues** les quatre vertus cardinales. **2** *n* (*Rel*) cardinal *m*. ~ **red** rouge cardinal *inv*, pourpre; V **college**.

cardio ... [ˈkɑːdɪəʊ] *pref* cardio-. ~**vascular** cardio-vasculaire.

cardiograph [ˈkɑːdɪəgrɑːf] *n* cardiographe *m*.

cardiography [ˌkɑːdɪˈɒgrəfɪ] *n* cardiographie *f*.

cardiological [ˌkɑːdɪəˈlɒdʒɪkəl] *adj* cardiologique.

cardiologist [ˌkɑːdɪˈɒlədʒɪst] *n* cardiologue *mf*.

cardiology [ˌkɑːdɪˈɒlədʒɪ] *n* cardiologie *f*.

care [keəʳ] **1** *n* (**a**) (*U: attention, heed*) attention *f*, soin *m*; (*charge, responsibility*) soins *mpl*, charge *f*, garde *f*. **with the greatest** ~ avec le plus grand soin; (*on parcels*) 'with ~' 'fragile'; **to take** ~ faire attention; **it got broken despite all our** ~ ça s'est cassé bien que nous y ayons fait très attention; **take** ~ **not to catch cold** *or* **that you don't catch cold** faites attention de *or* à ne pas prendre froid; **take** ~ (*fais*) attention; (*as good wishes*) fais bien attention (à toi); **have a** ~**!†** prenez garde!; **you should take more** ~ **with** *or* **give more** ~ **to your work** vous devriez apporter plus d'attention *or* plus de soin à votre travail; **you should take more** ~ **of yourself** tu devrais faire plus attention (à ta santé); (*Jur*) **convicted of driving without due** ~ **and attention** condamné pour conduite négligente; **he took** ~ **to explain why** ... il a pris soin d'expliquer pourquoi ...; **to take** ~ **of** *book, details, arrangements* s'occuper de, se charger de; *valuables* garder; *person, animal* prendre soin de, s'occuper de; **to take good** ~ **of sb** bien s'occuper de qn; **to take good** ~ **of sth** prendre grand soin de qch; (*threateningly*) **I'll take** ~ **of him!** je vais m'occuper de lui!; **I'll take** ~ **of that** je vais m'en occuper; **he can take** ~ **of himself** il peut *or* sait se débrouiller* tout seul; **that can take** ~ **of itself** cela s'arrangera tout seul; **let the car take** ~ **of itself for a moment!*** laisse la voiture tranquille cinq minutes!; **I leave** *or* **put it in your** ~ je le confie à vos soins, je vous le confie; (*on letters*) ~ **of** (*abbr* c/o) aux bons soins de, chez; **he was left in his aunt's** ~ on l'a laissé à la garde de sa tante; (*frm*) **to be in sb's** ~ être sous la garde *or* la surveillance de qn; **he is in the** ~ **of Dr X** c'est le docteur X qui le soigne.

(**b**) (*anxiety*) souci *m*. **he hasn't a** ~ **in the world** il n'a pas le moindre souci; **full of** ~**s** accablé de soucis; **the** ~**s of State** les responsabilités *fpl* de l'État.

(**c**) (*Admin, Soc*) **to put a child in** ~ retirer un enfant à la garde de ses parents; **he's been in** ~ **since the age of 3** on l'a retiré à la garde de ses parents quand il avait 3 ans.

2 *cpd*: **carefree** sans souci, insouciant; **careful** *etc* V **careful** *etc*; (*on garment*) **care label** instructions *fpl* de lavage (*étiquette*); **careless** *etc* V **careless** *etc*; (*Brit*) **caretaker** gardien(ne) *m(f)* (d'immeuble), concierge *mf*; (*Pol*) **caretaker government** gouvernement *m* intérimaire; **careworn** rongé par les soucis.

3 *vi* (**a**) (*feel interest, anxiety, sorrow*) se soucier (*about* de), s'intéresser (*about* à). **money is all he** ~**s about** il n'y a que l'argent qui l'intéresse (*subj*); **to** ~ **deeply about sth** être profondément concerné par qch; **to** ~ **deeply about sb** être profondément attaché à qn; **not to** ~ **about** se soucier peu de, se moquer de, se ficher de*; **not to** ~ **about** se soucier peu de, se moquer de, se ficher de*; **he's not** ~**ing** c'est vraiment important pour lui; **I don't** ~**!**, **as if I** ~**d!** ça m'est égal!, je m'en moque!, je m'en fiche!*; **what do I** ~? qu'est-ce que cela me fait? *or* peut me faire?; **for all I** ~ pour ce que cela me fait; **I couldn't** ~ **less*** **what people say** je me fiche pas mal* de ce que les gens peuvent dire; **shall we go to the pictures or not?** — **I don't** ~ **either way*** on va au cinéma ou non? — (l'un ou l'autre,) ça m'est égal; **he doesn't ~ a (brass) farthing*** or **a hang*** or **two hoots*** or **a damn‡** il s'en fiche* comme de l'an quarante or de sa première chemise; **who ~s!** qu'est-ce que cela peut bien faire!, on s'en moque!, on s'en fiche!*; V **naught.**

(b) (*like*) aimer. **would you ~ to take off your coat?** voulez-vous vous débarrasser de votre manteau?; **I shouldn't ~ to meet him** je n'aimerais pas le rencontrer, ça ne me dirait rien de le rencontrer; **I don't much ~ for it** cela ne me dit pas grand-chose; **I don't ~ for him** il ne me plaît pas tellement or beaucoup; **would you ~ for a cup of tea?** voulez-vous (prendre) une tasse de thé?; **would you ~ for a walk?** voulez-vous faire une promenade?

♦**care for** vt fus invalid soigner; child s'occuper de. **well-cared for** invalid qu'on soigne bien; child dont on s'occupe bien; hands, hair soigné; garden bien entretenu; house bien tenu.

careen [kə'ri:n] **1** vt (Naut) ship caréner, mettre or abattre en carène. **2** vi (Naut) donner de la bande (de façon dangereuse).

career [kə'rɪər] **1** n (a) (profession, occupation) carrière f, profession f. journalism is his ~ il fait carrière dans le journalisme; **he is making a ~ (for himself) in advertising** il est en train de faire carrière dans la publicité.

(b) (life, development, progress) vie f, carrière f. **he studied the ~s of the great** il a étudié la vie des grands hommes.

(c) (movement) in full ~ en pleine course.

2 cpd soldier, diplomat de carrière. **career girl** jeune fille f qui s'intéresse avant tout à sa carrière; **she's a career girl** elle s'intéresse avant tout à sa carrière, elle est très ambitieuse; career prospects possibilités fpl d'avancement; (Brit) careers advisor or officer, (Brit Scol) careers teacher, (US) careers counselor conseiller m, -ère f d'orientation professionnelle; (Brit) careers guidance orientation professionnelle; careers office centre m d'orientation (professionnelle).

3 vi (also ~ along) aller à toute vitesse or à toute allure. **to ~ up/down** etc monter/descendre etc à toute allure.

careerism [kə'rɪərɪzəm] n carriérisme m.

careerist [kə'rɪərɪst] n (pej) carriériste mf (pej).

careful ['kɛəfʊl] adj (a) (painstaking) writer, worker consciencieux, soigneux; work soigné. **~ over detail** attentif aux détails.

(b) (cautious) prudent; (acting with care) soigneux. (be) **~!** (fais) attention!; **be ~ with the glasses** fais attention aux verres; **be ~ to shut the door** n'oubliez pas de fermer la porte; **be ~ not to let it fall, be ~ (that) you don't let it fall** faites attention à ne pas le laisser tomber; **be ~ of the dog** (faites) attention au chien; **be ~ what you do** faites attention à ce que vous faites; **be ~ (that) he doesn't hear you** faites attention à ce qu'il ne t'entende pas, prenez garde qu'il ne vous entende; **he was ~ to point out that** il a pris soin de faire remarquer que; **he was ~ not to offend them** il était soucieux de ne pas les offenser; **you can't be too ~** (gen) on n'est jamais trop prudent, prudence est mère de sûreté (Prov); (when double-checking sth) deux précautions valent mieux qu'une.

(c) (rather miserly) parcimonieux; (*pej) regardant. **he is very ~ with (his) money** il regarde à la dépense, il est très regardant.

carefully ['kɛəfəlɪ] adv (a) (painstakingly) soigneusement, avec soin. (b) (cautiously) prudemment, avec précaution. (fig) **we must go ~ here** il faut nous montrer prudents là-dessus; **he replied ~** il a répondu avec circonspection.

carefulness ['kɛəfʊlnɪs] n soin m, attention f.

careless ['kɛəlɪs] adj (a) (taking little care) négligent, qui manque de soin; (unconcerned) inattentif (of à), insouciant (of de); (done without care) action inconsidéré, irréfléchi; work peu soigné. **~ driver** conducteur négligent; **convicted of ~ driving** condamné pour conduite négligente; **~ mistake** faute f d'inattention; **this work is too ~** ce travail n'est pas assez soigné.

(b) (carefree) sans souci, insouciant.

carelessly ['kɛəlɪslɪ] adv (a) (inattentively, thoughtlessly) négligemment, sans faire attention. (b) (in carefree way) avec insouciance.

carelessness ['kɛəlɪsnɪs] n (V careless) négligence f, manque m de soin; manque d'attention, insouciance f. **the ~ of his work** le peu de soin qu'il apporte à son travail.

caress [kə'res] **1** n caresse f. **2** vt (fondle) caresser; (kiss) embrasser.

caret ['kærət] n (Typ) lambda m (signe d'insertion).

cargo ['kɑ:gəʊ] n, pl ~es or ~s cargaison f, chargement m. **~ boat** cargo m.

Caribbean [ˌkærɪ'bi:ən, esp (US) kə'rɪbɪən] adj caraïbe, des Caraïbes. **the ~ (Sea)** la mer des Antilles or des Caraïbes; **~ Islands** petites Antilles.

caribou ['kærɪbu:] n caribou m.

caricature ['kærɪkətjʊər] **1** n (a) (Art, fig) caricature f. (b) (U) art m de la caricature. **2** vt (Art, fig) caricaturer.

caricaturist [ˌkærɪkə'tjʊərɪst] n caricaturiste mf.

caries ['kɛəri:z] n carie f.

carillon [kə'rɪljən] n carillon m.

caring ['kɛərɪŋ] adj parent aimant; teacher bienveillant. **a ~ society** une société humanitaire; **the ~ professions** les professions à vocation sociale; **a child needs a ~ environment** un enfant a besoin d'être entouré d'affection.

carious ['kɛərɪəs] adj carié, gâté.

Carmelite ['kɑ:məlaɪt] adj, n carmélite (f).

carmine ['kɑ:maɪn] adj, n carmin (m).

carnage ['kɑ:nɪdʒ] n carnage m.

carnal ['kɑ:nl] adj (of the flesh) charnel; (sensual) sensuel; (worldly) pleasure matériel; person matérialiste; (sexual) sexuel. (Jur) **to have ~ knowledge of sb** avoir des relations sexuelles avec qn.

carnation [kɑ:'neɪʃən] **1** n (Bot) œillet m. **2** adj (pink) rose; (red) incarnat.

carnet ['kɑ:neɪ] n (Jur, Comm) passavant m.

carnival ['kɑ:nɪvəl] **1** n carnaval m; (US: fair) fête foraine. **2** cpd hat, procession de carnaval.

carnivora [kɑ:'nɪvərə] npl (Zool) carnivores mpl.

carnivore ['kɑ:nɪvɔ:r] n carnivore m, carnassier m.

carnivorous [kɑ:'nɪvərəs] adj carnivore, carnassier.

carny‡ ['kɑ:nɪ] n (US) (carnival) foire f, fête foraine; (person) forain m.

carol ['kærəl] **1** n (a) (song) chant joyeux. **(Christmas) ~** chant de Noël; **~-singers** groupe de gens qui chantent des chants de Noël. (b) [birds] ramage m; [small birds] gazouillis m. **2** vi chanter joyeusement; [birds] chanter; [small birds] gazouiller. **3** vt chanter, célébrer (par des chants).

caroller ['kærələr] n chanteur m, -euse f.

carom ['kærəm] (Billiards) **1** n carambolage m. **2** vi caramboler.

carotid [kə'rɒtɪd] **1** n carotide f. **2** adj carotidien.

carousal [kə'raʊzəl] n beuverie f, ribote† f.

carouse [kə'raʊz] vi faire ribote†.

carousel [ˌkæru:'sel] n (a) (merry-go-round) manège m (de chevaux de bois etc). (b) (Phot: for slides) magasin m or panier m circulaire (pour diapositives). (c) (at airport: for luggage) carrousel m, tapis roulant à bagages.

carp¹ [kɑ:p] n (fish) carpe f.

carp² [kɑ:p] vi critiquer. **to ~ at** person critiquer, blâmer; thing, action trouver à redire à or dans.

carpal ['kɑ:pl] adj (Anat) carpien.

Carpathians [kɑ:'peɪθɪənz] npl: **the ~** les Carpates fpl.

carpel ['kɑ:pl] n (Bot) carpelle m.

Carpentaria [ˌkɑ:pən'tɛərɪə] n: **Gulf of ~** golfe m de Carpentarie.

carpenter ['kɑ:pɪntər] **1** n charpentier m; (joiner) menuisier m. **2** vi faire de la charpenterie, faire de la menuiserie.

carpentry ['kɑ:pɪntrɪ] n (V carpenter 1) charpenterie f; menuiserie f.

carpet ['kɑ:pɪt] **1** n tapis m; (fitted) moquette f. (fig) **to be on the ~*** [subject] être sur le tapis; [person scolded] être sur la sellette; V **fitted, red, sweep.**

2 vt (a) floor recouvrir d'un tapis; (with fitted carpet) recouvrir d'une moquette, moquetter. (fig) **garden ~d with flowers** jardin tapissé de fleurs.

(b) (*†: scold) person houspiller.

3 cpd: (US) **carpetbagger*** profiteur m, -euse f (qui s'installe quelque part pour y faire fortune); (Hist) profiteur nordiste installé dans le Sud des Etats-Unis après la guerre de Sécession; **carpet slippers** pantoufles fpl; **carpet sweeper** (mechanical) balai m mécanique; (vacuum cleaner) aspirateur m.

carpeting ['kɑ:pɪtɪŋ] n (U) moquette f; V **wall.**

carping ['kɑ:pɪŋ] **1** adj person chicanier, qui trouve à redire à tout; manner chicanier; criticism mesquin; voice malveillant. **2** n chicanerie f, critique f (malveillante).

carpus ['kɑ:pəs] n, pl **carpi** ['kɑ:paɪ] (Anat) carpe m.

carriage ['kærɪdʒ] **1** n (a) (horse-drawn) voiture f (de maître), équipage m. **~ and pair/and four** voiture or équipage or attelage m à deux chevaux/à quatre chevaux.

(b) (Brit Rail) voiture f, wagon m (de voyageurs).

(c) (U: Brit Comm: conveyance of goods) transport m, factage m. **~ forward** (en) port dû; **~ free** franco de port; **~ paid** (en) port payé.

(d) [typewriter] chariot m; [printing press] train m; (Mil: also gun-~) affût m.

(e) [person] (bearing) maintien m, port m.

2 cpd: **carriage drive** allée f (pour voitures), grande allée; (Comm) **carriage trade** clientèle f riche, grosse clientèle; (Brit) **carriageway** chaussée f; V **dual.**

carrier ['kærɪər] **1** n (a) (Comm) (company) entreprise f de transports; (truck owner etc) entrepreneur m de transports, transporteur m, camionneur m. **by ~** (Aut) par la route, par camion; (Rail) par chemin de fer; **express ~** messageries fpl.

(b) (for luggage: on car, cycle etc) porte-bagages m inv; (bag) sac m (en plastique).

(c) (Med) porteur m, -euse f.

(d) (aircraft ~) porte-avions m inv; (troop ~) (plane) appareil m transporteur (de troupes); (ship) transport m.

2 cpd: (Brit) **carrier-bag** sac m (en plastique); **carrier-pigeon** pigeon voyageur.

carrion ['kærɪən] **1** n (U) charogne f. **2** cpd: **carrion crow** corneille noire; **carrion feeder** (vulture) charognard m; (other) animal qui se nourrit de charognes; **carrion flesh** charogne f.

carrot ['kærət] n (lit, fig) carotte f.

carroty ['kærətɪ] adj hair carotte inv, roux (f rousse). **to have ~ hair** être rouquin* or poil-de-carotte inv.

carrousel [ˌkæru:'sel] n (US) = **carousel.**

carry ['kærɪ] **1** vt (a) (bear, transport) [person] porter; [vehicle] transporter; goods, heavy loads transporter; message, news porter. **she was ~ing the child in her arms** elle portait l'enfant dans ses bras; **this ship carries coal/passengers** ce bateau transporte du charbon/des passagers; **this coach carries 30 people** ce car contient 30 personnes; **they carried enormous sacks of apples all day** ils ont transporté d'énormes sacs de pommes toute la journée; **as fast as his legs could ~ him** à toutes jambes; **the sea carried the boat westward** la mer a emporté le bateau vers l'ouest; **to ~ in one's head** retenir dans sa tête; (fig) **he carried his audience with him** il a enthousiasmé son auditoire, il a emporté la conviction de son auditoire; (fig) **to ~ coals to Newcastle** porter de l'eau à la rivière; (Brit fig) **(to be left) to ~ the can*** (devoir) payer les pots cassés; **he carries his life in his hands** il risque sa vie; **this will ~ you far these days** de nos jours on ne va pas loin avec 5 livres; **enough food to ~ us through the winter** assez de provisions pour nous durer or nous faire* tout l'hiver; **he's had one or two drinks more than he can** ∼* il a bu un ou deux verres de trop; *V* torch.

    (b) *(have on one's person)* *identity card, documents* porter or avoir (sur soi); *matches, cigarettes, money* avoir (sur soi); *umbrella, gun, sword* porter.

    (c) *(have, be provided with)* *label, tag* porter, être muni de; *warning, notice* comporter. *(Comm)* **it carries a 5-year guarantee** c'est garanti pour 5 ans.

    (d) *(involve, lead to, entail)* avoir comme conséquence(s), produire; *consequences* entraîner. **to ∼ conviction** être convaincant; *(Fin)* **to ∼ interest** rapporter or produire des intérêts; **to ∼ a mortgage** être grevé d'une hypothèque; **this job carries a lot of responsibility** ce travail implique or comporte de grandes responsabilités; **it also carries extra pay** cela comporte aussi un salaire supplémentaire; **this offence carries a penalty of £100** ce délit est passible d'une amende de 100 livres; **to ∼ a crop** donner or produire une récolte; *(fig)* **to ∼ authority** faire autorité; *V* weight *etc*.

    (e) *(support)* *[pillar etc]* supporter, soutenir, porter. **the ship was ∼ing too much canvas** or **sail** le navire portait trop de toile.

    (f) *(Comm)* *goods, stock* stocker, vendre. **we don't ∼ that article** nous ne faisons pas cet article.

    (g) *(Tech)* *[pipe] water, oil* amener; *[wire] sound* conduire.

    (h) *(extend)* faire passer. **they carried the pipes under the street** ils ont fait passer les tuyaux sous la rue; *(fig)* **to ∼ sth too far** or **to excess** pousser qch trop loin; **this basic theme is carried through the book** ce thème fondamental se retrouve tout au long du livre.

    (i) *(win)* gagner, remporter; *fortress* enlever; *enemy's position* emporter d'assaut. **to ∼ the day** *(fig)* gagner (la partie), l'emporter; *(Mil)* **to ∼ all** or **everything before one** marcher en vainqueur, l'emporter sur tous les tableaux; **he carried his point** il a eu gain de cause; **the motion/bill was carried** la motion/le projet de loi a été voté(e); *(US Pol)* *[presidential candidate]* **he will ∼ Ohio** il va l'emporter dans l'Ohio.

    (j) **to ∼ o.s.** se tenir, se comporter, se conduire; **she carries herself very well** elle se tient très droite; **he carries himself like a soldier** il a le port d'un militaire; **he carries himself with dignity** *(stands, walks)* il a un maintien fort digne; *(frm: behave)* il se comporte avec dignité; **he carried his head erect** il tenait la tête bien droite.

    (k) *[newspaper etc] story, details* rapporter. **all the papers carried (the story of) the murder** l'histoire du meurtre était dans tous les journaux, tous les journaux ont parlé du meurtre.

    (l) *(Math)* retenir. **... and ∼ three** ... et je retiens trois.

    (m) *(Med) child* attendre. **when she was ∼ing her third son** quand elle était enceinte de or quand elle attendait son troisième fils.

    2 *vi [voice, sound]* porter.

    3 *cpd*: *(US)* **carryall** fourre-tout *m inv (sac)*; *(Brit)* **carrycot** porte-bébé *m*; *(wicker)* moïse *m*; *(pej)* **carry-on*** histoires *fpl*; **what a carry-on about nothing!*** que d'histoires pour rien!; **carry-out** *(adj)* meal etc à emporter; *(n)* snack *m* à emporter.

♦**carry away** *vt sep* **(a)** *(lit) person* emporter; *thing* emporter, enlever; *[tide, wind]* emporter.

    (b) *(fig)* transporter. **he was carried away by his friend's enthusiasm** il a été transporté par l'enthousiasme de son ami; **to get carried away by sth*** s'emballer* or s'enthousiasmer pour qch; **don't get carried away!*** ne t'emballe pas!*, du calme!; **I got carried away** *(with excitement etc)* je me suis laissé entraîner (by par), je n'ai pas su me retenir; *(with enthusiasm: forgetting time)* je n'ai pas vu l'heure passer, j'étais complètement absorbé.

♦**carry back** *vt sep* *(lit) things* rapporter; *person* ramener; *(fig)* reporter; *(Fin)* reporter *(sur comptes antérieurs)*. *(fig)* **the music carried me back to my youth** la musique m'a reporté à l'époque de ma jeunesse.

♦**carry forward** *vt sep (Book-keeping, gen)* reporter *(to* à). **carried forward** à reporter.

♦**carry off** *vt sep* **(a)** *(lit) thing* emporter, enlever; *(kidnap)* enlever, ravir.

    (b) *(fig) prizes, honours* remporter. **to carry it off well** s'en tirer à son honneur; **to carry it off*** réussir (son coup).

    (c) *(euph: kill)* emporter. **he was carried off by pneumonia** il a été emporté par une pneumonie.

♦**carry on 1** *vi* **(a)** continuer *(doing* à or de faire). **carry on!** continuez!; **carry on with your work!** continuez votre travail!; **if you carry on like that** si tu continues comme ça.

    (b) *(*: make a scene)* faire une scène, faire des histoires. **you do carry on!** tu en fais des histoires!; **don't carry on so!** ne fais (donc) pas tant d'histoires! or toute une scène!

    (c) *(*: have an affair)* **to carry on with sb** avoir une liaison avec qn.

    2 *vt sep* **(a)** *(conduct) business, trade* faire marcher, diriger; *correspondence* entretenir; *conversation* soutenir; *negotiations* mener.

    (b) *(continue) business, conversation* continuer, poursuivre; *tradition* poursuivre, entretenir, continuer.

    3 **carry-on*** *n V* carry 3.

    4 **carrying-on** *n V* carrying-on.

♦**carry out** *vt sep* **(a)** *(lit) thing, person, meal* emporter.

    (b) *(fig: put into action) plan* exécuter, mener à bonne fin, réaliser; *order* exécuter; *idea* mettre à exécution, donner suite à; *obligation* s'acquitter de; *experiment* se livrer à, effectuer; *search, investigation, inquiry* mener, procéder à, conduire; *reform* effectuer, opérer; *the law, regulations* appliquer. **to carry out one's duty** faire son devoir; **to carry out one's duties** s'acquitter de ses fonctions; **to carry out a promise** respecter or tenir une promesse.

♦**carry over** *vt sep* **(a)** *(lit)* faire passer du côté opposé, faire traverser.

    (b) *(from one page to the other)* reporter (d'une page à l'autre); *(Book-keeping, St Ex)* reporter. *(Comm)* **to carry over stock from one season to the next** stocker des marchandises d'une saison sur l'autre.

♦**carry through** *vt sep plan* mener à bonne fin, exécuter, réaliser; *person* soutenir dans l'épreuve. **his courage carried him through** son courage lui a permis de surmonter l'épreuve.

♦**carry up** *vt sep* monter.

carrying-on ['kærɪŋ'ɒn] *n* **(a)** *(U) [work, business etc]* continuation *f*. **(b)** *(*pej: often pl)* **carryings-on** façons *fpl* de se conduire or de faire.

cart [kɑːt] **1** *n (horse-drawn)* charrette *f*; *(tip-∼)* tombereau *m*; *(hand ∼)* voiture *f* à bras; *(US: for luggage, shopping)* chariot *m*. *(fig)* **to put the ∼ before the horse** mettre la charrue devant or avant les bœufs; *(fig)* **to be in the ∼*** être dans le pétrin; *V* dog.

    2 *cpd*: **cart-horse** cheval *m* de trait; **cartload** *(V 1)* charretée *f*, tombereau *m*, voiturée *f*; **cart-track** chemin rural or de terre; *(lit)* **cartwheel** roue *f* de charrette; *(fig)* **to do** or **turn a cartwheel** faire la roue *(en gymnastique etc)*; **cartwright** charron *m*.

    3 *vt goods (in van, truck)* transporter (par camion), camionner; *(in cart)* charroyer, charrier; *(*: also ∼ about, ∼ around) shopping, books* trimballer*, coltiner.

♦**cart away** *vt sep goods* emporter; *garbage* ramasser.

cartage ['kɑːtɪdʒ] *n (in van, truck)* camionnage *m*, transport *m*; *(in cart)* charroi *m*.

cartel [kɑːˈtel] *n (Comm)* cartel *m*.

carter ['kɑːtəʳ] *n (with lorry)* camionneur *m*; *(with cart)* charretier *m*.

Cartesian [kɑːˈtiːzɪən] *adj, n* cartésien(ne) *m(f)*.

Cartesianism [kɑːˈtiːzɪənɪzəm] *n* cartésianisme *m*.

Carthage ['kɑːθɪdʒ] *n* Carthage.

Carthaginian [ˌkɑːθəˈdʒɪnɪən] **1** *n*: **the ∼s** les Carthaginois *mpl*. **2** *adj* carthaginois.

Carthusian [kɑːˈθjuːzɪən] **1** *adj* de(s) chartreux. **a ∼ monk** un chartreux. **2** *n* chartreux *m*, -euse *f*.

cartilage ['kɑːtɪlɪdʒ] *n* cartilage *m*.

cartilaginous ['kɑːtɪlædʒɪnəs] *adj* cartilagineux.

cartographer [kɑːˈtɒɡrəfəʳ] *n* cartographe *mf*.

cartography [kɑːˈtɒɡrəfɪ] *n* cartographie *f*.

cartomancy ['kɑːtəmænsɪ] *n* cartomancie *f*.

carton ['kɑːtən] *n (for yogurt, cream)* pot *m* (en carton); *(for milk, squash)* carton *m*; *(for ice cream)* boîte *f* (en carton); *(for cigarettes)* cartouche *f*.

cartoon [kɑːˈtuːn] **1** *n [newspaper etc]* dessin *m* (humoristique); *(Cine, TV)* dessin animé; *(Art: sketch)* carton *m*. **2** *vt* caricaturer, ridiculiser *(par un dessin humoristique)*.

cartoonist [kɑːˈtuːnɪst] *n [newspaper etc]* caricaturiste *mf*, dessinateur *m*, -trice *f* humoristique; *(Cine, TV)* dessinateur, -trice de dessins animés, animateur *m*, -trice *f*.

cartridge ['kɑːtrɪdʒ] **1** *n [rifle etc]* cartouche *f*; *[cannon]* gargousse *f*; *[stylus]* cellule *f*; *[recording tape, typewriter or printer ribbon, pen]* cartouche; *[camera]* chargeur *m*.

    2 *cpd*: **cartridge belt** *(belt)* (ceinture-)cartouchière *f*; *(strip)* bande *f* (de mitrailleuse); **cartridge case** *[rifle]* douille *f*, étui *m* (de cartouche); *[cannon]* douille; **cartridge clip** chargeur *m* (d'arme à feu); **cartridge paper** papier *m* à cartouche, papier fort; **cartridge player** lecteur *m* de cartouche.

carve [kɑːv] **1** *vt* tailler *(in, out of* dans); *(sculpt)* sculpter *(in, out of* dans); *(chisel)* ciseler *(in, out of* dans); *(Culin)* découper. **to ∼ one's initials on** graver ses initiales sur or dans; **to ∼ one's way through sth** se frayer un chemin à travers qch à coups de hache *(or* d'épée *etc)*.

    2 *cpd*: *(fig)* **carve-up*** *[inheritance]* partage *m*; *[estate, country]* morcellement *m*.

♦**carve out** *vt sep piece of wood* découper *(from* dans); *piece of land* prendre *(from* à); *statue, figure* sculpter, tailler *(of* dans); *tool* tailler. *(fig)* **to carve out a career for o.s.** faire carrière, se tailler une carrière.

♦**carve up 1** *vt sep* **(a)** *meat* découper; *(fig) country* morceler; *(*: disfigure) person* amocher‡ à coups de couteau; *(*) sb's face* tailler, balafrer.

    (b) *(‡fig) play, performer* massacrer*, éreinter; *candidate, opponent* massacrer*.

    2 carve-up* *n V* carve 2.

carver ['kɑːvəʳ] *n* **(a)** *(Culin: knife)* couteau *m* à découper. **∼s** service *m* à découper. **(b)** *(person)* personne *f* qui découpe.

carving ['kɑːvɪŋ] *n* **(a)** *(Art)* sculpture *f*. **(b)** *(U: Culin)* découpage *m*. **∼ knife** couteau *m* à découper.

caryatid [ˌkærɪˈætɪd] *n* cariatide *f*.

cascade [kæsˈkeɪd] **1** *n* cascade *f*; *(fig) [ribbons, silks, lace]* flot *m*; *[sparks]* pluie *f*. **2** *vi* tomber en cascade.

cascara [kæsˈkɑːrə] *n (Pharm)* cascara sagrada *f*.

case¹ [keɪs] **1** *n* **(a)** cas *m*. **is it the ∼ that ...?** est-il vrai que ...?; **that's not the ∼** ce n'est pas le cas, il n'en est pas ainsi; **if that's the ∼** en ce cas, dans ce cas-là; **as is the ∼ here** comme c'est le cas ici; **such being the ∼**, in such a ∼ en tel cas, en pareil cas; **if such is the ∼** *(now)* si tel est le cas; *(if it happens)* le cas échéant, en tel or pareil cas; **put the ∼ that** ... admettons que ... + *subj*; **as the ∼ may be** selon le cas; **it's a clear ∼ of lying** c'est un exemple manifeste de mensonge; **in ∼ he comes** au cas où or pour le cas où il viendrait; **in ∼ of** en cas de; *(just)* in ∼ à tout hasard, pour le cas où*; **in any ∼** en tout cas; **in this ∼** dans or en ce cas; **in that ∼** dans ce cas-là; **in no ∼** en aucun cas; **in the present ∼** dans le cas présent; **as in the ∼ of** comme dans le cas; **in the ∼** in point en l'occurrence; **here is a ∼ in point** en voici un bon exemple, en voici un exemple typique; **in your ∼** en ce qui vous concerne, dans votre cas; in most ~s dans la plupart des cas; in nine ~s out of ten neuf fois sur dix; that alters the (whole) ~ cela change tout; a difficult ~ un cas difficile.

(b) (Med) cas m; (Soc) cas social. 6 ~s of pneumonia 6 cas de pneumonie; the most serious ~s were sent to hospital les cas les plus graves or les malades les plus atteints ont été envoyés à l'hôpital; (fig: person) he's a hard ~ c'est un dur*; she's a real ~!* c'est un cas* or un numéro* (, celle-là)!

(c) (Jur) affaire f, procès m, cause f. to try a ~ juger une affaire; to win one's ~ (Jur) gagner son procès; (fig) avoir gain de cause; the ~ for the defendant les arguments mpl en faveur de l'accusé; there is no ~ against ... il n'y a pas lieu à poursuites contre ...; he's working on the Smith ~ il s'occupe de l'affaire Smith; ~ before the Court affaire portée devant le tribunal.

(d) (argument, reasoning) arguments mpl. to make out one's ~ expliquer ses raisons, présenter ses arguments, établir le bien-fondé de ce qu'on avance; to make out a good ~ for sth réunir or présenter de bons arguments en faveur de qch; to make out a good ~ for doing bien expliquer pourquoi il faudrait faire; there is a strong ~ for/against compulsory vaccination il y a or aurait beaucoup à dire en faveur de la/contre la vaccination obligatoire; that is my ~ voilà mes arguments; a ~ of conscience un cas de conscience; to have a good/strong ~ avoir de bons/solides arguments.

(e) (Gram) cas m.

2 cpd: (Soc) casebook comptes rendus mpl or rapports mpl de cas sociaux (réunis dans un registre); (Jur, Med, Soc) case file dossier m; (Gram) case grammar grammaire f des cas; case history (Soc) évolution f du cas social; (Med) (past facts) antécédents médicaux; (past and present development) évolution f de la maladie; (Jur) case law droit jurisprudentiel; (Soc) case load dossiers sociaux (confiés à un(e) assistant(e) social(e)); to have a heavy case load avoir beaucoup de dossiers (sur les bras); (Jur, Med, Soc) case notes (notes fpl pour l'établissement d'un) dossier m; (Jur, Med, Soc) case papers pièces fpl de dossier; case study étude f de cas; (US Univ) case study method méthode f d'études de cas; (Gram) case system système casuel; (Soc) case work travail m avec des cas (sociaux) individuels; (Soc) case worker ≃ assistant(e) social(e).

case² [keɪs] 1 n (a) (Brit: suitcase) valise f; (packing ~) caisse f; (crate: for bottles etc) caisse f; (for peaches, lettuce, oysters etc) cageot m; (box) boîte f; (chest) coffre m; (for goods on display) vitrine f; (for jewels) coffret m; (for watch, pen, necklace etc) écrin m; (for camera, binoculars, umbrella, violin etc) étui m; (covering) enveloppe f; (Bookbinding) couverture f; (Tech) boîte; (Aut) carter m. violin/umbrella etc ~ étui à violon/parapluie etc; V book, pillow etc.

(b) (Typ) casse f; V lower¹, upper.

2 vt (a) (V 1 a) mettre dans une caisse or un cageot etc; mettre en boîte. ~d edition (of book) édition cartonnée.

(b) [burglars etc] to ~ the joint‡ surveiller la maison etc (avant un mauvais coup).

3 cpd: caseharden (Metal) cémenter; (fig) endurcir; (US) case knife couteau m à gaine.

casement ['keɪsmənt] n (window) fenêtre f (à battants), croisée f; (frame) battant m de fenêtre; (liter) fenêtre f.

cash [kæʃ] 1 n (U) (a) (notes and coins) espèces fpl, argent m. how much ~ is there in the till? combien d'argent y a-t-il dans la caisse?; I want to be paid in ~ and not by cheque je veux être payé en espèces et non pas par chèque; to pay in ~ payer en argent comptant or en espèces; to take the ~ to the bank porter l'argent à la banque; ready ~ (argent m) liquide m; how much do you have in (ready) ~? combien avez-vous en liquide?; V hard, petty, spot.

(b) (immediate payment) ~ down argent comptant; to pay ~ (down) payer comptant or cash*; discount for ~ escompte m or remise f au comptant; ~ with order payable à la commande; ~ on delivery paiement m à la livraison, livraison contre espèces or contre remboursement; ~ on shipment comptant m à l'expédition.

(c) (*: money in general) argent m, sous* mpl. how much ~ have you got? combien d'argent as-tu?, qu'est-ce que tu as comme argent or comme sous?*; I have no ~ je n'ai pas un sou or un rond*; to be short of ~ être à court (d'argent); I am out of ~ je suis à sec*, je suis sans le rond*.

2 cpd (gen) problems, calculations etc d'argent. (Fin) cash advance crédit m de caisse; cash-and-carry (n) libre-service m de gros, cash and carry m inv; (adj) goods, business de gros, de cash and carry; (US) cash bar bar payant (à une réception); cashbook livre m de caisse; cashbox caisse f; (US) cash crop culture f de rapport or commerciale; cash dealings transactions immédiates; cash deficit déficit m or découvert m de trésorerie; cashdesk [shop, restaurant] caisse f; [cinema, theatre] guichet m; cash discount escompte m or remise f au comptant; (Brit) cash dispenser distributeur m automatique de billets (de banque); cash economy économie f monétaire; cash flow marge brute d'autofinancement, cash-flow m; cash flow problems difficultés fpl de trésorerie; cash holdings avoirs mpl en caisse or en numéraire; cash income revenu m monétaire; cash in hand espèces fpl en caisse, encaisse f; cash offer offre f d'achat avec paiement comptant; he made me a cash offer il m'a proposé de payer comptant; cash on shipment comptant m à l'expédition; cash payment paiement m comptant, versement m en espèces; cash price prix m (au) comptant; cash prize prix m en espèces; cash receipts recettes fpl de caisse; cash reduction = cash discount; cash register caisse f (enregistreuse); cash sale vente f (au) comptant; (Econ) cash squeeze restrictions fpl de crédit; cash terms conditions fpl au comptant; cash transaction affaire f or opération f au comptant.

3 vt cheque encaisser, toucher; banknote changer, faire la monnaie de. to ~ sb a cheque donner à qn de l'argent contre un chèque; [bank] payer un chèque à qn; to ~ a bill encaisser une facture.

♦cash in vt sep bonds, savings certificates réaliser, se faire rembourser.

♦cash in on* vt fus tirer profit de.

cashew [kæˈʃuː] n anacardier m; (also ~ nut) noix f de cajou.

cashier¹ [kæˈʃɪər] n (Comm, Banking) caissier m, -ière f.

cashier² [kæˈʃɪər] vt (Mil) casser; (gen) renvoyer, congédier.

cashless ['kæʃlɪs] adj: the ~ society la société sans argent (où l'on ne paie plus qu'en argent électronique).

cashmere [kæʃˈmɪər] 1 n (Tex) cachemire m. 2 cpd de or en cachemire.

cashomat ['kæʃəʊmæt] n (US) distributeur m automatique de billets.

casing ['keɪsɪŋ] n (gen) revêtement m, enveloppe f; [door, window] chambranle m; [tyre] enveloppe extérieure; [oil well] cuvelage m.

casino [kəˈsiːnəʊ] n casino m.

cask [kɑːsk] n (gen) tonneau m, fût m; (large) pièce f, barrique f; (small) baril m. wine in ~ vin m en fût.

casket ['kɑːskɪt] n [jewels etc] coffret m, boîte f; (esp US: coffin) cercueil m.

Caspian ['kæspɪən] n: the ~ Sea la mer Caspienne.

Cassandra [kəˈsændrə] n (Myth) Cassandre f; (fig) oiseau m de malheur.

cassava [kəˈsɑːvə] n (Bot) manioc m; (Culin) farine f de manioc.

casserole ['kæsərəʊl] 1 n (Brit Culin: utensil) cocotte f; (food) ragoût m en cocotte. 2 vt meat (faire) cuire en or à la cocotte.

cassette [kæˈset] 1 n (Sound Recording) cassette f; (Phot) recharge f. 2 cpd: cassette deck platine f à cassettes; cassette player lecteur m de cassettes; cassette recorder magnétophone m à cassettes.

cassock ['kæsək] n soutane f.

cassowary ['kæsəwɛərɪ] n casoar m.

cast [kɑːst] (vb: pret, ptp cast) 1 n (a) (throw) [dice, net] coup m; (Fishing) lancer m.

(b) (Art, Tech) (act of ~ing metal) coulage m, coulée f.

(c) (mould) moule m; (in plaster, metal etc) moulage m; [medallion etc] empreinte f. (Med) to have one's leg in a ~ avoir une jambe dans le plâtre; (fig) ~ of features traits mpl (du visage); ~ of mind mentalité f, tournure f d'esprit; a man of quite a different ~ un homme d'un tout autre genre; V plaster etc.

(d) (Theat) (actors) acteurs mpl; (list on programme etc) distribution f; (Cine, TV) ~ (and credits) générique m; (Theat etc) ~ list distribution; he was in the ~ of Evita il a joué dans Evita.

(e) [snake] dépouille f; [worm] déjections fpl.

(f) (Med: squint) strabisme m. to have a ~ in one eye avoir un œil qui louche, loucher d'un œil.

2 cpd: castaway naufragé(e) m(f); (fig: from society etc) réprouvé(e) m(f); cast-iron (n) fonte f; (adj) de or en fonte; (fig) will, constitution de fer; excuse, alibi inattaquable, irréfutable; case solide; cast-off clothes, cast-offs vêtements mpl dont on ne veut plus, (pej) vieilles nippes* or frusques*; (fig) the cast-offs from society les laissés pour compte (de la société).

3 vt (a) (throw) dice jeter; net, fishing line, stone lancer, jeter. (Naut) to ~ anchor jeter l'ancre, mouiller (l'ancre); to ~ into jail jeter en prison; to ~ sb's horoscope tirer l'horoscope de qn; (liter) to ~ o.s. on sb's mercy s'en remettre à la clémence de qn (liter), remettre son sort entre les mains de qn; to ~ a vote voter; to ~ aspersions on sth/sb dénigrer qch/qn; to ~ the blame on sb rejeter le blâme sur qn; to ~ doubt on émettre des doutes sur; to ~ a look at jeter un regard sur; to ~ a shadow on (lit) projeter une ombre sur; (fig) jeter une ombre sur; to ~ one's eye(s) round a room promener ses regards or ses yeux sur une pièce, balayer une pièce du regard; to ~ one's eye(s) in the direction of porter ses regards du côté de; V die², light, lot, spell¹ etc.

(b) (shed) to ~ its skin [snake] se dépouiller de, perdre. [snake] to ~ its skin muer; [horse] to ~ a shoe perdre un fer; [animal] to ~ its young mettre bas (un petit) avant terme.

(c) (Art, Tech) plaster couler; metal couler, fondre; statue mouler; V mould¹.

(d) (Theat) play distribuer les rôles de. he was ~ as Hamlet or for the part of Hamlet on lui a donné le rôle de Hamlet.

♦cast about, cast around vi: to cast about for sth chercher qch; to cast about for how to do/how to reply chercher le moyen de faire/la façon de répondre.

♦cast aside vt sep rejeter, mettre de côté; (fig) rejeter, abandonner, se défaire de.

♦cast away 1 vt sep rejeter; (fig) se défaire de. (Naut) to be cast away être naufragé.

2 castaway n V cast 2.

♦cast back 1 vi (fig, liter) revenir (to à).

2 vt sep: to cast one's thoughts back se reporter en arrière.

♦cast down vt sep object jeter par terre, jeter vers le bas; eyes baisser; weapons déposer, mettre bas. (fig, liter) to be cast down être abattu or découragé or démoralisé.

♦cast in vi, vt sep: to cast in (one's lot) with sb partager le sort de qn.

♦cast off 1 vi (Naut) larguer les amarres, appareiller; (Knitting) arrêter (les mailles).

2 vt sep (Naut) larguer or lâcher les amarres de; (Knitting) arrêter; bonds, chains (lit) se défaire de, se libérer de; (fig) s'affranchir de.

3 cast-off n, adj V cast 2.

♦cast on (Knitting) 1 vi monter les mailles.

2 vt sep stitch, sleeve monter.

♦cast out vt sep (liter) renvoyer, chasser, expulser.

♦**cast up** *vt sep* (a) *(lit)* lancer en l'air. *(fig)* **to cast one's eyes up** lever les yeux au ciel.
  (b) *(Math)* calculer, faire l'addition de.
  (c) *(fig: reproach)* **to cast sth up to** *or* **at sb** reprocher qch à qn.
castanets [ˌkæstəˈnets] *npl* castagnettes *fpl.*
caste [kɑːst] **1** *n* caste *f*, classe sociale. **to lose** ∼ déroger, déchoir.
  2 *cpd*: **caste mark** *(in India)* signe *m* de (la) caste; *(fig)* signe distinctif (d'un groupe); **caste system** système *m* de caste(s).
castellated [ˈkæstəleɪtɪd] *adj (Archit)* crénelé, de style féodal. *(Tech)* ∼ **nut** écrou crénelé.
caster [ˈkɑːstəʳ] *n* (a) *(sifter)* saupoudroir *m.* *(Culin)* ∼ **sugar** sucre *m* en poudre. (b) *(wheel)* roulette *f.* *(Aut)* ∼ **angle** angle *m* de chasse.
castigate [ˈkæstɪgeɪt] *vt person* châtier *(liter)*, corriger, punir; *book etc* critiquer sévèrement; *theory, vice* fustiger *(liter).*
castigation [ˌkæstɪˈgeɪʃən] *n [person]* châtiment *m*, correction *f*, punition *f; [book]* critique *f* sévère.
Castile [kæˈstiːl] *n* Castille *f.*
Castilian [kæsˈtɪlɪən] **1** *adj* castillan. **2** *n* (a) Castillan(e) *m(f).* (b) *(Ling)* espagnol *m*, castillan *m.*
casting [ˈkɑːstɪŋ] **1** *n (U: act of throwing)* jet *m*, lancer *m*, lancement *m; (Tech) (act)* fonte *f*, coulée *f; (object)* pièce fondue; *(Art)* moulage *m; (Theat)* distribution *f.*
  2 *cpd*: **casting vote** voix prépondérante; **to have a** *or* **the casting vote** avoir voix prépondérante.
castle [ˈkɑːsl] **1** *n* (a) château *m* (fort). *(fig)* ∼**s in the air** châteaux en Espagne. (b) *(Chess)* tour *f.* **2** *vi (Chess)* roquer.
castling [ˈkɑːslɪŋ] *n (Chess)* roque *f.*
castor¹ [ˈkɑːstəʳ] *n* = **caster.**
castor² [ˈkɑːstəʳ] *n* (a) *(beaver)* castor *m.* (b) *(Med)* castoréum *m.* ∼ **oil** huile *f* de ricin; ∼ **oil plant** ricin *m.*
castrate [kæsˈtreɪt] *vt animal, man* châtrer, castrer, émasculer; *(fig) personality* émasculer; *text, film, book* expurger.
castration [kæsˈtreɪʃən] *n* castration *f.*
castrato [kæsˈtrɑːtəʊ] *n*, *pl* **castrati** [kæsˈtrɑːtiː] castrat *m.*
Castroism [ˈkæstrəʊɪzəm] *n (Pol)* castrisme *m.*
Castroist [ˈkæstrəʊɪst] *adj,n (Pol)* castriste *(mf).*
casual [ˈkæʒjʊl] **1** *adj* (a) *(happening by chance) error etc* fortuit, fait par hasard; *fall, spark* accidentel; *meeting* de hasard; *walk, stroll* sans but précis; *caller* venu par hasard; *remark* fait au hasard *or* en passant. **a** ∼ **acquaintance (of mine)** quelqu'un que je connais un peu; ∼ **glance** coup *m* d'œil (jeté) au hasard; **a** ∼ **(love) affair** une passade, une aventure; **to have** ∼ **sex** faire l'amour au hasard d'une rencontre; **I don't approve of** ∼ **sex** je n'approuve pas les rapports sexuels de rencontre.
  (b) *(informal) person, manners* sans-gêne *inv*, désinvolte; *tone, voice* désinvolte; *clothes* sport *inv*. **he tried to sound** ∼ il a essayé de parler avec désinvolture; **he was very** ∼ **about it** il ne semblait pas y attacher beaucoup d'importance; **she was very** ∼ **about the whole business** elle a pris tout ça avec beaucoup de désinvolture.
  (c) *work* intermittent; *worker* temporaire. ∼ **conversation** conversation *f* à bâtons rompus; ∼ **labourer** *(on building sites)* ouvrier *m* sans travail fixe; *(on a farm)* journalier *m*, -ière *f.*
  2 *n* (a) ∼**s** *(shoes)* chaussures *fpl* de sport; *(clothes)* vêtements *mpl* sport *inv.*
  (b) *(worker) (in office)* employé(e) *m(f)* temporaire; *(in factory)* ouvrier *m*, -ière *f* temporaire.
casually [ˈkæʒjʊlɪ] *adv (by chance)* par hasard, fortuitement; *(informally, carelessly)* avec sans-gêne, avec désinvolture. **he said it (quite)** ∼ il l'a dit sans insister *or* en passant.
casualty [ˈkæʒjʊltɪ] **1** *n* (a) *(Mil) (dead)* mort(e) *m(f); (wounded)* blessé(e) *m(f).* **casualties** les morts *mpl* et blessés *mpl; (dead)* les pertes *fpl.*
  (b) *(accident victim)* accidenté(e) *m(f)*, victime *f; (accident)* accident *m.*
  2 *cpd*: **casualty department** service *m* des urgences; **casualty list** *(Mil)* état *m* des pertes; *(Aviat, gen)* liste *f* des victimes; **casualty ward** salle *f* de traumatologie *or* des accidentés.
casuist [ˈkæzjʊɪst] *n* casuiste *m.*
casuistry [ˈkæzjʊɪstrɪ] *n (U)* casuistique *f; (instance of this)* arguments *mpl* de casuiste.
cat [kæt] **1** *n* (a) chat(te) *m(f); (species)* félin *m; (*pej: woman)* rosse* *f.* *(Zool)* **the big** ∼**s** les fauves *mpl;* V **tabby, tom.**
  (b) = **cat-o'-nine-tails;** V **2.**
  (c) *(phrases)* **to let the** ∼ **out of the bag** vendre la mèche; **the** ∼**'s out of the bag** ce n'est plus un secret maintenant; **to wait for the** ∼ **to jump, to wait to see which way the** ∼ **jumps** attendre pour voir la tournure prise par les événements *or* voir d'où vient le vent; **to fight like** ∼ **and dog** *(lit)* se battre comme des chiffonniers; *(fig)* être *or* s'entendre *or* vivre comme chien et chat; **to lead a** ∼ **and dog life** être *or* s'entendre *or* vivre comme chien et chat; *(Prov)* **a** ∼ **may look at a king** un chien regarde bien un évêque; **to be** *or* **jump around like a** ∼ **on hot bricks** être sur des charbons ardents; *(Prov)* **when the** ∼**'s away the mice will play** quand le chat n'est pas là les souris dansent; **that set the** ∼ **among the pigeons** ça a été le pavé dans la mare; **he thinks he's the** ∼**'s whiskers*** il se prend pour le nombril du monde* *(V also 2);* V **bell¹, grin, rain, room.**
  (d) *(US) (man)* mec* *m; (woman)* gonzesse* *f.*
  2 *cpd: (fig)* **to play (at) cat-and-mouse with sb, to play a cat-and-mouse game with sb** jouer avec qn comme un chat avec une souris; **cat-basket** *(for carrying)* panier *m* pour chat; *(for sleeping)* corbeille *f* de chat; *(US)* **to be in the catbird seat*** trôner en sécurité; **cat burglar** monte-en-l'air* *m inv; (Theat)* **catcall** *(n)* sifflet *m; (vi)* siffler; **cat door** porte *f* va-et-vient *(pour animal familier)*; **catfish** poisson-chat *m;* **cat flap** = **cat door; catgut** *(Mus, Sport)* boyau *m* (de chat); *(Med)* catgut *m; (US)* **cathouse**‡

---

bordel‡ *m;* **cat-lick*** toilette *f* de chat, brin *m* de toilette; **to give o.s. a cat-lick** faire une toilette de chat *or* un brin de toilette; **catlike** *(adj)* félin; *(adv)* comme un chat; **catmint** herbe *f* aux chats; **catnap** *(vi)* sommeiller, faire un (petit) somme; *(n)* (petit) somme *m;* **to take a catnap** sommeiller, faire un (petit) somme; *(US)* **catnip** = **catmint; cat-o'-nine-tails** martinet *m*, chat-à-neuf-queues *m;* **cat's-cradle** (jeu *m* des) figures *fpl (que l'on forme entre ses doigts avec de la ficelle); (Brit Aut)* **cat's eyes** clous *mpl* à catadioptre, catadioptres *mpl*, cataphotes *mpl; (fig)* **cat's-paw** dupe *f (qui tire les marrons du feu);* **catsuit** combinaison-pantalon *f; (Rad)* **cat's-whisker** chercheur *m* (de détecteur à galène); *(Constr, Theat)* **cat-walk** passerelle *f (gén courant le long d'une construction).*
cataclysm [ˈkætəklɪzəm] *n* cataclysme *m.*
catacombs [ˈkætəkuːmz] *npl* catacombes *fpl.*
catafalque [ˈkætəfælk] *n* catafalque *m.*
catalepsy [ˈkætəlepsɪ] *n* catalepsie *f.*
cataleptic [ˌkætəˈleptɪk] *adj* cataleptique.
catalogue, *(US)* **catalog** [ˈkætəlɒg] **1** *n* *(gen)* catalogue *m; (in library)* fichier *m; (US Univ etc : brochure)* brochure *f (d'un établissement d'enseignement supérieur).* **2** *vt* cataloguer.
Catalonia [ˌkætəˈləʊnɪə] *n* Catalogne *f.*
catalysis [kəˈtæləsɪs] *n* catalyse *f.*
catalyst [ˈkætəlɪst] *n* catalyseur *m.*
catalytic [ˌkætəˈlɪtɪk] *adj* catalytique.
catamaran [ˌkætəməˈræn] *n* catamaran *m.*
cataphoric [ˌkætəˈfɒrɪk] *adj (Ling)* cataphorique.
catapult [ˈkætəpʌlt] **1** *n (slingshot)* lance-pierre(s) *m inv; (Aviat, Mil)* catapulte *f. (Aviat)* ∼**-launched** catapulté; *(Aviat)* ∼ **launching** catapultage *m.* **2** *vt (gen, Aviat, fig)* catapulter.
cataract [ˈkætərækt] *n* (a) *(waterfall)* cataracte *f.* ∼ **of words** déluge *m* de paroles. (b) *(Med)* cataracte *f.*
catarrh [kəˈtɑːʳ] *n* rhume *m* (chronique), catarrhe *m.*
catarrhal [kəˈtɑːrəl] *adj* catarrheux.
catastrophe [kəˈtæstrəfɪ] *n* catastrophe *f.*
catastrophic [ˌkætəˈstrɒfɪk] *adj* catastrophique *(lit, *fig).*
catch [kætʃ] *(vb: pret, ptp* **caught**) **1** *n* (a) *(act, thing caught)* prise *f*, capture *f; (person caught)* capture *f; (Fishing)* pêche *f*, prise. *(Sport)* **good** ∼**!** bien rattrapé!; **the fisherman lost his whole** ∼ le pêcheur a perdu toute sa pêche *or* prise; *(as husband)* **he's a good** ∼* c'est un beau parti.
  (b) *(concealed drawback)* attrape *f*, entourloupette* *f.* **there must be a** ∼ **in it somewhere** il doit y avoir une entourloupette* *or* attrape là-dessous; **where's the** ∼**?** qu'est-ce qui se cache là-dessous?
  (c) *[buckle]* ardillon *m; (Brit: on door)* loquet *m; [latch]* mentonnet *m; [wheel]* cliquet *m; (Brit: on window)* loqueteau *m.*
  (d) *(fig)* **with a** ∼ **in one's voice** d'une voix entrecoupée.
  (e) *(Mus)* canon *m.*
  (f) *(game)* jeu *m* de balle.
  2 *cpd*: **it's a catch 22 situation*** il n'y a pas moyen de s'en sortir, de toute façon on perd; **catch-all** *(n)* fourre-tout *m inv (fig); (adj) regulation, clause etc* général, fourre-tout *inv;* **catch-all phrase** expression *f* passe-partout *inv;* **catch-as-catch-can catch** *m;* **catch phrase** *(constantly repeated)* rengaine *f*, scie *f; (vivid, striking phrase)* slogan accrocheur; **catch question** colle* *f; (US)* **catchup** = **ketchup; catchword** *(slogan)* slogan *m; (Pol)* mot *m* d'ordre, slogan; *(Printing) [foot of page]* réclame *f; [top of page]* mot-vedette *m; (Theat: cue)* réplique *f.*
  3 *vt* (a) *ball* attraper; *object* attraper, saisir, prendre; *fish, mice, thief* prendre, attraper. **to** ∼ **sb by the arm** prendre *or* saisir qn par le bras; **you can usually** ∼ **me (in) around noon*** en général on peut m'avoir* *or* me trouver vers midi; *(Rowing)* **to** ∼ **a crab** plonger la rame trop profond.
  (b) *(take by surprise)* surprendre, prendre, attraper. **to** ∼ **sb doing sth** surprendre qn à faire qch; **if I** ∼ **them at it!*** si je les y prends!; **if I** ∼ **you at it again!*** que je t'y reprenne!; **(you won't)** ∼ **me doing that again!*** (il n'y a) pas de danger que je recommence! *(subj)*, c'est bien la dernière fois que je le fais!; **caught in the act** pris sur le fait, pris en flagrant délit; *(US)* **to** ∼ **sb dead to rights** prendre qn sur le fait *or* en flagrant délit; **we were caught in a storm** nous avons été pris dans *or* surpris par un orage; **to get caught by sb** se faire *or* se laisser attraper par qn.
  (c) *(be in time for)* prendre, ne pas manquer. **I've got to** ∼ **the train** il ne faut pas que je manque *(subj)* le train; **he didn't** ∼ **his train** il a manqué son train; **to** ∼ **the post** arriver à temps pour la levée.
  (d) *(manage to see/hear etc) film, radio programme etc* réussir à voir/à entendre *etc.*
  (e) *(become entangled etc)* **the branch caught my skirt, I caught my skirt on the branch** ma jupe s'est accrochée à la branche; **the door caught my skirt, I caught my skirt on the door** ma jupe s'est prise dans la porte; **the top of the lorry caught the bridge** le haut du camion a accroché le pont; **to** ∼ **one's foot in** se prendre le pied dans.
  (f) *(understand, hear)* saisir, comprendre. **to** ∼ **the meaning of** saisir le sens de; **I didn't** ∼ **what he said** je n'ai pas saisi *or* compris ce qu'il a dit.
  (g) *flavour* sentir, discerner; *tune* attraper. **to** ∼ **the sound of sth** percevoir le bruit de qch.
  (h) *(Med) disease* attraper. **to** ∼ **a cold** attraper un rhume; **to** ∼ **cold** attraper *or* prendre froid; **to** ∼ **one's death of cold*, to** ∼ **one's death‡** attraper la crève*, prendre la mort*.
  (i) *(phrases)* **to** ∼ **sb's attention** attirer l'attention de qn; **to** ∼ **sb's eye** attirer l'attention de qn; **to** ∼ **the chairman's eye,** *(Brit Parl)* **to** ∼ **the Speaker's eye** obtenir *or* se faire accorder *or* se faire donner la parole; **to** ∼ **sb a blow** donner un coup à qn; **she caught him one on the nose*** elle lui a flanqué* un (bon) coup sur

le nez; **to ~ one's breath** retenir son souffle (un instant); **to ~ fire** prendre feu; **her dress caught fire** le feu a pris à sa robe, sa robe s'est enflammée *or* a pris feu; *(Art, Phot)* **to ~ a likeness** saisir une ressemblance; **to ~ sight of sb/sth** apercevoir qn/qch; **you'll ~ it!*** tu vas écoper!*, tu vas prendre quelque chose!*; **he caught it all right!*** qu'est-ce qu'il a pris!*; **to ~ sb on the wrong foot, to ~ sb off balance** *(lit)* prendre qn à contre-pied; *(fig)* prendre qn au dépourvu; **to ~ sb napping** *or* **bending** prendre qn en défaut.
   4 *vi* **(a)** *[fire, wood, ice]* prendre; *(Culin)* attacher.
   (b) *[lock]* fermer; *[key]* mordre.
   (c) her dress caught in the door/on a nail sa robe s'est prise dans la porte/s'est accrochée à un clou.
◆**catch at** *vt fus* object (essayer d')attraper. **to catch at an opportunity** sauter sur une occasion.
◆**catch on** *vi* **(a)** *(become popular)* *[fashion]* prendre; *[song]* devenir populaire, marcher.
   (b) *(understand)* saisir, comprendre, piger‡ *(to sth* qch).
◆**catch out** *vt sep (esp Brit)* *(catch sb napping)* prendre en défaut; *(catch sb in the act)* prendre sur le fait. **to catch sb out in a lie** surprendre qn en train de mentir, prendre à mentir; **he'll get caught out some day** un beau jour il se fera prendre.
◆**catch up 1** *vi* **(a)** se rattraper, combler son retard; *(with studies)* se rattraper, se remettre au niveau; *(with news, gossip)* se remettre au courant. **to catch up on** *or* **with one's work** se (re)mettre à jour dans son travail; **to catch up on** *or* **with sb** *(going in the same direction)* rattraper qn, rejoindre qn; *(in work etc)* rattraper qn; **the police caught up with him in Vienna** la police l'a attrapé à Vienne.
   (b) to be *or* **get caught up in sth** *(in net etc)* être pris dans qch; *(fig)* *(in activity, campaign etc)* être pris dans *or* mêlé à qch; *(in sb's enthusiasm etc)* être gagné par qch; *(in sb's ideas etc)* être emballé par qch; *(in circumstances etc)* être prisonnier de qch.
   2 *vt sep* **(a)** *person* rattraper.
   (b) *(interrupt)* *person* interrompre, couper la parole à.
   (c) *(pick up quickly)* ramasser vivement.
   (d) *hair* relever; *curtain* retenir.
catcher ['kætʃə^r] *n* **(a)** *(Baseball)* attrapeur *m*. ~'s **mitt** gant *m* de baseball. **(b)** *V* **mole**[1], **rat** *etc.*
catching ['kætʃɪŋ] *adj (Med)* contagieux; *(*fig)* *laughter, enthusiasm* contagieux, communicatif; *habit, mannerism* contagieux.
catchment ['kætʃmənt] *n* captage *m*. ~ **area** *(Geog: also* ~ **basin)** bassin *m* hydrographique; *[hospital]* circonscription hospitalière; *[school]* secteur *m* de recrutement scolaire.
catchpenny ['kætʃ,penɪ] *(pej)* **1** *adj* clinquant, accrocheur. **2** *n* : **it's a** ~ c'est de la pacotille.
catchy ['kætʃɪ] *adj tune* facile à retenir, entraînant.
catechism ['kætɪkɪzəm] *n* catéchisme *m*.
catechist ['kætɪkɪst] *n* catéchiste *mf*.
catechize ['kætɪkaɪz] *vt (Rel)* catéchiser; *(fig)* *(teach)* instruire *(par questions et réponses)*; *(examine)* interroger, questionner.
categoric(al) [,kætɪ'gɒrɪk(əl)] *adj* catégorique.
categorically [,kætɪ'gɒrɪkəlɪ] *adv* catégoriquement.
categorize ['kætɪgəraɪz] *vt* classer par catégories.
category ['kætɪgərɪ] *n* catégorie *f*.
cater ['keɪtə^r] *vi (provide food)* s'occuper de la nourriture, préparer un *or* des repas *(for* pour). *(fig)* **to ~ for sb's needs** pourvoir à; *sb's tastes* satisfaire; **this magazine ~s for all ages** ce magazine s'adresse à tous les âges; *(expect)* **I didn't ~ for that*** je n'avais pas prévu cela.
cater-cornered ['keɪtə'kɔːnəd] *adj (US)* diagonal.
caterer ['keɪtərə^r] *n (providing meals)* traiteur *m*; *(providing supplies)* fournisseur *m* *(en alimentation)*.
catering ['keɪtərɪŋ] **1** *n (providing meals)* restauration *f*; *(providing supplies)* approvisionnement *m*, ravitaillement *m*. **the ~ for our reception was done by X** le buffet de notre réception a été confié à X *or* aux soins de X, le traiteur pour notre réception était X.
   2 *cpd*: **catering industry** industrie *f* de la restauration; **catering trade** restauration *f*.
caterpillar ['kætəpɪlə^r] **1** *n (Tech, Zool)* chenille *f*. **2** *cpd vehicle, wheel* à chenilles. *(Tech)* **caterpillar track** chenille *f*; **caterpillar tractor** autochenille *f*.
caterwaul ['kætəwɔːl] **1** *vi [cat]* miauler; *(*)* *[person]* brailler, pousser des braillements. **2** *n [cat]* miaulement *m*.
caterwauling ['kætəwɔːlɪŋ] *n [cat]* miaulement *m*; *[music]* cacophonie *f*; *[person]* braillements *mpl*, hurlements *mpl*.
Cathar ['kæθə^r] *n* Cathare *mf*. **2** *adj* cathare.
catharsis [kə'θɑːsɪs] *n (Literat, Psych)* catharsis *f*.
cathartic [kə'θɑːtɪk] **1** *adj (Literat, Med, Psych)* cathartique. **2** *n (Med)* purgatif *m*, cathartique *m*.
Cathay [kæ'θeɪ] *n* Cathay *m*.
cathedral [kə'θiːdrəl] **1** *n* cathédrale *f*. **2** *cpd*: **cathedral church** cathédrale *f*; **cathedral city** évêché *m*, ville épiscopale.
Catherine ['kæθərɪn] *n* Catherine *f*. *(Hist)* ~ **the Great** la Grande Catherine, Catherine la Grande; *(firework)* ~ **wheel** soleil *m*.
catheter ['kæθɪtə^r] *n* cathéter *m*; *(for extracting fluid)* sonde creuse.
catheterize ['kæθɪtə,raɪz] *vt bladder, person* sonder.
cathode ['kæθəʊd] **1** *n* cathode *f*. **2** *cpd ray* cathodique. **cathode ray tube** tube *m* cathodique.
catholic ['kæθəlɪk] **1** *adj* **(a)** *(Rel)* C~ catholique; **the C~ Church** l'Église *f* catholique; C~ **school** école *f* catholique.
   (b) *(varied, all-embracing)* *taste(s), person* éclectique; *(universal)* universel; *(broadminded)* *views, person* libéral. **to be ~ in one's tastes** avoir des goûts éclectiques; **to be ~ in one's views** avoir des opinions libérales.
   2 *n*: C~ catholique *mf*.
Catholicism [kə'θɒlɪsɪzəm] *n* catholicisme *m*.
cation ['kætaɪən] *n (Chem)* cation *m*.
catkin ['kætkɪn] *n (Bot)* chaton *m*.
Cato ['keɪtəʊ] *n* Caton *m*.
catsup ['kætsəp] *n (US)* = **ketchup**.
cattery ['kætərɪ] *n* pension *f* pour chats.
cattiness* ['kætɪnɪs] *n* méchanceté *f*, rosserie* *f*.
cattle ['kætl] **1** *collective n* bovins *mpl*, bétail *m*, bestiaux *mpl*. **the prisoners were herded like** ~ les prisonniers étaient parqués comme du bétail; *V* **head**.
   2 *cpd*: **cattle breeder** éleveur *m* (de bestiaux); **cattle breeding** élevage *m* (du bétail); '**cattle crossing**' 'passage *m* de troupeaux'; *(US)* **cattle drive** rassemblement *m* de bétail; *(Brit)* **cattle grid** grille *f* à même la route permettant aux voitures mais non au bétail de passer; **cattleman** vacher *m*, bouvier *m*; **cattle market** foire *f* or marché *m* aux bestiaux; **cattle plague** peste bovine; **cattle raising** = **cattle breeding**; **cattle shed** étable *f*; **cattle show** concours *m* agricole (où l'on présente du bétail); **cattle truck** *(Aut)* fourgon *m* à bestiaux; *(Brit Rail)* fourgon *or* wagon *m* à bestiaux.
catty* ['kætɪ] *adj (pej)* *person, gossip, criticism* méchant, rosse*, vache*. ~ **remark** rosserie* *f*, vacherie* *f*; **to be ~ about sb/sth** dire des rosseries* *or* vacheries* de qn/qch.
Catullus [kə'tʌləs] *n* Catulle *m*.
Caucasia [kɔː'keɪzɪə] *n* Caucase *m (région)*.
Caucasian [kɔː'keɪzɪən] **1** *adj (Geog)* caucasien; *(Ethnology)* de race blanche *or* caucasique. **2** *n (Geog)* Caucasien(ne) *m(f)*; *(Ethnology)* Blanc *m*, Blanche *f*.
caucasoid ['kɔːkəsɔɪd] **1** *adj* de race blanche *or* caucasique. **2** *n* Blanc *m*, Blanche *f*.
Caucasus ['kɔːkəsəs] *n* Caucase *m (montagnes)*.
caucus ['kɔːkəs] *n (US)* *(committee)* comité électoral; *(meeting)* réunion *f* du comité électoral; *(Brit pej)* coterie *f* politique.
caudal ['kɔːdl] *adj* caudal.
caught [kɔːt] *pret, ptp of* **catch**.
caul [kɔːl] *n (Anat)* coiffe *f*.
cauldron ['kɔːldrən] *n* chaudron *m*.
cauliflower ['kɒlɪflaʊə^r] **1** *n* chou-fleur *m*. **2** *cpd*: *(Culin)* **cauliflower cheese** chou-fleur *m* au gratin; *(fig)* **cauliflower ear** oreille *f* en chou-fleur *or* en feuille de chou.
caulk [kɔːk] *vt (Naut)* calfater.
causal ['kɔːzəl] *adj* causal; *(Gram)* causal, causatif.
causality [kɔː'zælɪtɪ] *n* causalité *f*.
causation [kɔː'zeɪʃən] *n (causing)* causalité *f*; *(cause-effect relation)* relation *f* de cause à effet.
causative ['kɔːzətɪv] **1** *adj (gen, also Philos)* causal; *(Gram)* causal, causatif. *(frm)* ~ **of** (qui est) cause de. **2** *n (Gram)* mot causal *or* causatif.
cause [kɔːz] **1** *n* **(a)** *(gen, also Philos)* cause *f*; *(reason)* cause, raison *f*, motif *m*. ~ **and effect** la cause et l'effet *m*; **the relation of ~ and effect** la relation de cause à effet; **the ~ of his failure** la cause de son échec; **to be the ~ of** être cause de, causer; **the ~ is …** la cause en est …; *(Jur)* ~ **of action** fondement *m* (d'une action en justice); *(Jur)* ~ **of loss** fait générateur du sinistre; **she has no ~ to be angry** elle n'a aucune raison de se fâcher; **there's no ~ for anxiety** il n'y a pas lieu de s'inquiéter *or* de raison de s'inquiéter *or* de quoi s'inquiéter; **with (good)** ~ à juste titre, de façon très justifiée; **without ~** sans cause *or* raison *or* motif; **without good ~** sans raison *or* cause *or* motif valable; ~ **for complaint** sujet *m* de plainte.
   (b) *(purpose)* cause *f*, parti *m*. **to make common ~ with** faire cause commune avec; **in the ~ of justice** pour (la cause de) la justice; **to work in a good ~** travailler pour la *or* une bonne cause; **it's all in a good ~*** c'est pour le bien de la communauté *(hum)*; *V* **lost**.
   (c) *(Jur)* cause *f*. **to plead sb's** ~ plaider la cause de qn; ~ **list** rôle *m* des audiences.
   2 *vt* causer, occasionner, produire. **to ~ damage/an accident** causer des dégâts/un accident; **to ~ grief to sb** causer du chagrin à qn; **to ~ trouble** semer la perturbation; **to ~ trouble to sb** créer des ennuis à qn; **I don't want to ~ you any trouble** je ne veux en rien vous déranger; **to ~ sb to do sth** faire faire qch à qn; **to ~ sth to be done** faire faire qch.
causeway ['kɔːzweɪ] *n* chaussée *f*.
caustic ['kɔːstɪk] **1** *adj (Chem, fig)* caustique. ~ **soda** soude *f* caustique; ~ **remark** remarque *f* caustique. **2** *n* substance *f* caustique, caustique *m*.
cauterize ['kɔːtəraɪz] *vt* cautériser.
cautery ['kɔːtərɪ] *n* cautère *m*.
caution ['kɔːʃən] **1** *n* **(a)** *(U: circumspection)* prudence *f*, circonspection *f*. **proceed with ~** *(gen)* agissez avec prudence *or* circonspection; *(Aut)* avancez lentement.
   (b) *(warning)* avertissement *m*; *(rebuke)* réprimande *f*. *(on label)* '~' 'attention'; **he got off with a ~** il s'en est tiré avec une réprimande; *(Jur)* ~ **money** cautionnement *m*.
   (c) *(*†: *rascal)* numéro* *m*, phénomène* *m*.
   2 *vt* avertir, donner un avertissement à; *(Police: on charging suspect)* informer qn de ses droits. **to ~ sb against sth** mettre qn en garde contre qch; **to ~ sb against doing sth** prévenir qn de ce qui se passera s'il fait qch, déconseiller à qn de faire qch.
cautionary ['kɔːʃənərɪ] *adj (servant)* d'avertissement; *(Jur)* donné en garantie. **a ~ tale** un récit édifiant.
cautious ['kɔːʃəs] *adj* prudent, circonspect. **to be ~ about doing sth** longuement réfléchir avant de faire qch.
cautiously ['kɔːʃəslɪ] *adv* prudemment, avec prudence *or* circonspection.
cautiousness ['kɔːʃəsnɪs] *n* prudence *f*, circonspection *f*.
cavalcade [,kævəl'keɪd] *n* cavalcade *f*.

cavalier [ˌkævə'lɪər] **1** n (gen, Mil) cavalier m; (Brit Hist) royaliste m (partisan de Charles Ier et de Charles II).
   2 adj (a) (Brit Hist) royaliste.
   (b) (slightly pej) person, manners (free and easy) cavalier, désinvolte; (supercilious) arrogant, orgueilleux.

cavalierly [ˌkævə'lɪəlɪ] adv cavalièrement.

cavalry ['kævəlrɪ] **1** n cavalerie f; V household. **2** cpd: cavalry charge charge f de cavalerie; cavalryman cavalier m (soldat); cavalry officer officier m de cavalerie; (Tex) cavalry twill drap m sergé pour culotte de cheval, tricotine f.

cave[1] [keɪv] **1** n caverne f, grotte f.
   2 cpd: (Hist) cave dweller (in prehistory) homme m des cavernes; [primitive tribes] troglodyte mf; cave-in [floor, building] effondrement m, affaissement m; (*: defeat, surrender) effondrement, dégonflage* m; (Hist) caveman homme m des cavernes; cave painting peinture f rupestre; caving-in = cave-in.
   3 vi: to go caving faire de la spéléologie.
◆**cave in 1** vi (a) [floor, building] s'effondrer, s'affaisser; [wall, beam] céder.
   (b) (*: yield) se dégonfler*, caner*.
   2 cave-in, caving-in n V cave[1] 2.

cave[2] ['keɪvɪ] excl (Brit Scol sl†) ~! pet pet!*, vingt-deux!‡; to keep ~ faire le guet.

caveat ['kævɪæt] n (gen) avertissement m; (Jur) notification f d'opposition.

cavern ['kævən] n caverne f.

cavernous ['kævənəs] adj (a) (fig) ~ darkness ténèbres épaisses; ~ eyes yeux mpl caves; ~ voice voix caverneuse; ~ yawn bâillement profond. (b) mountain plein de cavernes.

caviar(e) ['kævɪɑːr] n caviar m.

cavil ['kævɪl] vi ergoter, chicaner (about, at sur).

caving ['keɪvɪŋ] n spéléologie f.

cavity ['kævɪtɪ] **1** n [wood, metal, earth] cavité f, creux m; [bone, tooth] cavité; (Phon) orifice m. **2** cpd: cavity wall mur m avec vide d'air; cavity wall insulation isolation f des murs creux.

cavort* [kə'vɔːt] vi (jump about) cabrioler, faire des cabrioles or des gambades. (fig) while you were ~ing (around) in Paris ... pendant que tu te baladais* à Paris ... .

cavy ['keɪvɪ] n (Zool) cobaye m, cochon m d'Inde.

caw [kɔː] **1** vi croasser. **2** n croassement m.

cawing ['kɔːɪŋ] n (U) croassement m.

cay [keɪ] n (sandbank) banc m de sable; (coral reef) récif m or banc de corail.

cayenne ['keɪen] n (also ~ pepper) (poivre m de) cayenne m.

cayman ['keɪmən] n (a) caïman m. (b) the C~ Islands les îles fpl Caïmans.

CB ['siː'biː] (a) (abbr of Citizens' Band Radio) C.B. f. ~ fan or user cibiste mf. (b) (Mil) abbr of confined to barracks; V confined.

C.B. ['siː'biː] n abbr of Companion (of the Order) of the Bath (titre honorifique).

C.B.E. ['siː'biː'iː] n abbr of Companion (of the Order) of the British Empire (titre honorifique).

C.B.I. ['siː'biː'aɪ] n abbr of Confederation of British Industry (conseil du patronat).

cc ['siː'siː] (abbr of cubic centimetre(s)) cm³.

C.C. ['siː'siː] abbr of County Council (conseil général du Comté).

C.D. ['siː'diː] (a) (abbr of Corps Diplomatique) CD m. (b) abbr of Civil Defence; V civil. (c) (US) abbr of Congressional District; V congressional. (d) n abbr of compact disc; V compact.

Cdr. (Mil) abbr of Commander. (on envelope) ~ J. Thomas Le commandant J. Thomas.

CDT ['siː'diː'tiː] (US) abbr of Central Daylight Time; V central 1.

cease [siːs] **1** vi [activity, noise etc] cesser, s'arrêter. (†, liter) to ~ from work cesser le travail; (†, liter) to ~ from doing cesser or s'arrêter de faire.
   2 vt work, activity cesser, arrêter. to ~ doing cesser or arrêter de faire; (Mil) to ~ fire cesser le feu; (Comm) to ~ trading fermer, cesser ses activités.
   3 n: without ~ sans cesse.
   4 cpd: (Mil) ceasefire cessez-le-feu m inv.

ceaseless ['siːslɪs] adj incessant, continuel.

ceaselessly ['siːslɪslɪ] adv sans cesse, sans arrêt, continuellement.

cecum ['siːkəm] n (US) = caecum.

cedar ['siːdər] **1** n cèdre m. ~ of Lebanon cèdre du Liban. **2** cpd de or en cèdre. cedar wood (bois m de) cèdre m.

cede [siːd] vt céder.

cedilla [sɪ'dɪlə] n cédille f.

ceiling ['siːlɪŋ] **1** n (gen, Aviat, fig) plafond m. to fix a ~ for or put a ~ on prices/wages fixer un plafond pour les prix/salaires; to hit the ~ (‡: get angry) sortir de ses gonds, piquer une crise*; [prices] crever le plafond; prices have reached their ~ at X les prix plafonnent à X.
   2 cpd lamp, covering de plafond; (fig) rate, charge plafond inv. ceiling decoration décoration f de plafond; ceiling price prix m plafond inv.

celandine ['seləndaɪn] n chélidoine f.

celebrant ['selɪbrənt] n célébrant m, officiant m.

celebrate ['selɪbreɪt] **1** vt person célébrer, glorifier; event célébrer, fêter. to ~ the anniversary of sth commémorer qch; (Rel) to ~ mass célébrer la messe. **2** vi (a) (Rel) célébrer (l'office). (b) (*) let's ~! il faut fêter ça!; (with drink) il faut arroser ça!*

celebrated ['selɪbreɪtɪd] adj célèbre.

celebration [ˌselɪ'breɪʃən] n (a) (often ~s) fête(s) f(pl); (at Christmas, for family event etc) fête, festivités fpl; (public event) cérémonies fpl, fête(s). we must have a ~ il faut fêter ça!; to join in the ~s participer à la fête or aux festivités; the victory ~s les cérémonies marquant la victoire.

(b) (U : act of celebrating) [event] célébration f (also Rel); [past event] commémoration f; [sb's virtues etc] éloge m, louange f. in ~ of ... victory etc pour fêter or célébrer ...; past victory etc pour commémorer...; sb's achievements pour célébrer ... .
   2 cpd dinner, outing etc de fête; (for past event) commémoratif.

celebrity [sɪ'lebrɪtɪ] n (fame; person) célébrité f.

celeriac [sə'lerɪæk] n céleri(-rave) m.

celerity [sɪ'lerɪtɪ] n célérité f, rapidité f, promptitude f.

celery ['selərɪ] **1** n céleri m (ordinaire or à côtes). **a bunch or head of** ~ un pied de céleri; **a stick of** ~ une côte de céleri. **2** cpd seeds, salt de céleri.

celesta [sɪ'lestə] n célesta m.

celestial [sɪ'lestɪəl] adj (lit, fig) céleste.

celiac ['siːlɪˌæk] adj (esp US) = coeliac.

celibacy ['selɪbəsɪ] n célibat m.

celibate ['selɪbɪt] adj, n célibataire (mf).

cell [sel] n (a) (gen: also Bio, Bot, Phot) cellule f; (Elec) élément m (de pile). (Pol) to form a ~ créer une cellule. (b) (Police etc) cellule f. he spent the night in the ~s il a passé la nuit au poste or en cellule; V condemn, death etc.

cellar ['selər] n [wine, coal] cave f; [food etc] cellier m. he keeps an excellent ~ il a une excellente cave; V coal etc.

cellist ['tʃelɪst] n violoncelliste mf.

cello ['tʃeləu] n violoncelle m.

cellophane ['seləfæm] n ® cellophane f ®.

cellular ['seljulər] adj (a) (Anat, Bio etc) cellulaire. (b) (Tex) blanket en cellular.

cellulite ['seljuˌlaɪt] n cellulite f (gonflement).

cellulitis [ˌseljuˈlaɪtɪs] n cellulite f (inflammation).

Celluloid ['seljulɔɪd] n ® celluloïd m ®. **2** cpd en celluloïd.

cellulose ['seljuləus] **1** n cellulose f. **2** adj cellulosique, en or de cellulose. ~ **acetate** acétate m de cellulose; ~ **varnish** vernis m cellulosique.

Celsius ['selsɪəs] adj Celsius inv.

Celt [kelt, selt] n Celte mf.

Celtic ['keltɪk, 'seltɪk] **1** adj celtique, celte. **2** n (Ling) celtique m.

cembalo ['tʃembələu] n (Mus) clavecin m.

cement [sə'ment] **1** n (a) (Constr, fig) ciment m. (b) (Chem, Dentistry) amalgame m. (c) = cementum. **2** vt (Constr, fig) cimenter; (Chem) cémenter; (Dentistry) obturer. **3** cpd: cement mixer bétonnière f.

cementation [ˌsiːmenˈteɪʃən] n (Constr, fig) cimentation f; (Tech) cémentation f.

cementum [sɪ'mentəm] n (Anat) cément m.

cemetery ['semɪtrɪ] n cimetière m.

cenotaph ['senətɑːf] n cénotaphe m.

censer ['sensər] n encensoir m.

censor ['sensər] **1** n censeur m. **2** vt censurer.

censorious [sen'sɔːrɪəs] adj person, comments hypercritique, sévère.

censorship ['sensəʃɪp] n (U) (censoring) censure f; (function of censor) censorat m.

censurable ['senʃərəbl] adj blâmable, critiquable.

censure ['senʃər] **1** vt blâmer, critiquer. **2** n critique f, blâme m; V vote.

census ['sensəs] n recensement m. **to take a** ~ **of the population** faire le recensement de la population; **the increase between** ~**es** l'augmentation f intercensitaire; (Brit) ~ **enumerator**, (US) ~ **taker** agent m recenseur.

cent [sent] n (a) per ~ pour cent. (b) (Can, US: coin) cent m. I haven't a ~* je n'ai pas un sou or rond*.

centaur ['sentɔːr] n centaure m.

centenarian [ˌsentɪ'nɛərɪən] adj, n centenaire (mf).

centenary [sen'tiːnərɪ] **1** adj centenaire. ~ **celebrations** fêtes fpl du centenaire. **2** n (anniversary) centenaire m; (century) siècle m. **he has just passed his** ~ il vient de fêter son centième anniversaire or son centenaire.

centennial [sen'tenɪəl] **1** adj (100 years old) centenaire, séculaire; (every 100 years) séculaire (frm). **2** n centenaire m, centième anniversaire m. (US) **The C~ State** le Colorado.

center ['sentər] n (US) = centre.

centesimal [sen'tesɪməl] adj centésimal.

cent(i)... ['sent(ɪ)] pref centi... .

centigrade ['sentɪgreɪd] adj thermometer, scale centigrade; degree centigrade, Celsius inv.

centigramme, (US) **centigram** ['sentɪgræm] n centigramme m.

centilitre, (US) **centiliter** ['sentɪˌliːtər] n centilitre m.

centimetre, (US) **centimeter** ['sentɪˌmiːtər] n centimètre m.

centipede ['sentɪpiːd] n mille-pattes m inv.

CENTO ['sentəu] (Pol: abbr of Central Treaty Organization) C.E.N.T.O. m.

central ['sentrəl] **1** adj central. **C~ African Republic** (n) République centrafricaine; (adj) centrafricain; **C~ America** Amérique centrale; **C~ American** (adj) de l'Amérique centrale; (n) habitant(e) m(f) de l'Amérique centrale; **C~ Asia** Asie centrale; (US) **C~ Daylight Time** heure f d'été du Centre; (Aut) ~ (door) locking device condamnation f électromagnétique des serrures; (Aut) ~ door locking verrouillage m électromagnétique des portes; **C~ Europe** Europe centrale; **C~ European** (adj) de l'Europe centrale; (n) habitant(e) m(f) de l'Europe centrale; **C~ European Time** heure f de l'Europe centrale; ~ **heating** chauffage central; (Physiol) ~ **nervous system** système nerveux central; (Comput) ~ **processing unit** unité centrale, UC f; (Brit Aut) ~ **reservation** terre-plein m (sur chaussée); (Can, US) ~ **standard time** heure normale du Centre.
   2 n (US) central m téléphonique.

centralism ['sentrəlɪzəm] n (Pol) centralisme m.

centralist ['sentrəlɪst] *adj, n (Pol)* centraliste (*mf*).
centralization [,sentrəlaɪ'zeɪʃən] *n* centralisation *f*.
centralize ['sentrəlaɪz] **1** *vt* centraliser. **2** *vi* se centraliser, être centralisé.
centrally ['sentrəlɪ] *adv organize etc* de façon centralisée. **~-based** centralisé; **~-heated** doté du chauffage central; **~ planned** economy économie *f* dirigée.
centre, (*US*) **center** ['sentər] **1** *n* (a) (*gen*) centre *m*. **the ~ of the target** le centre de la cible, le mille; **in the ~** au centre; **~ of gravity** centre de gravité; **~ of attraction** (*lit*) centre d'attraction; (*fig*) point *m* de mire; **city ~** centre de la ville; **~ of commerce** centre commercial (*ville*); **V nerve** *etc*.
(b) (*place for specific activity*) centre *m*. **adult education ~** centre d'enseignement post-scolaire; **law/business consultancy ~** boutique *f* de droit/de gestion; **V civic, community, job.**
2 *cpd row etc* central. (*Aut*) **centre armrest** accoudoir central; (*Tech*) **centre bit** mèche *f* (*d'une vrille*), foret *m*, mèche anglaise; (*Naut*) **centreboard** dérive *f* (*d'un bateau*); (*Tennis*) **centre court** court central; (*Press*) **centre fold** double page *f* (détachable); (*pinup picture*) photo *f* de pin up (*au milieu d'un magazine*); (*Sport*) **centre-forward** avant-centre *m*; (*Sport*) **centre-half** demi-centre *m*; (*Pol*) **centre parties** partis *mpl* du centre; [*table*] **centre-piece** milieu *m* de table; (*Sport*) **centre three-quarter** trois-quarts *m* centre; (*Phon*) **centre vowel** voyelle centrale.
3 *vt* centrer. (*Ftbl*) **to ~ the ball** centrer.
4 *vi* (a) [*thoughts, hatred*] se concentrer (*on, in* sur); [*problem, talk etc*] tourner (*on* autour de).
(b) (*Archery*) frapper au centre.
centrifugal [sen'trɪfjʊgəl] *adj* centrifuge. **~ force** force *f* centrifuge.
centrifuge ['sentrɪfju:ʒ] *n* (*Tech*) centrifugeur *m*, centrifugeuse *f*.
centripetal [sen'trɪpɪtl] *adj* centripète. **~ force** force *f* centripète.
centrism ['sentrɪzəm] *n* (*Pol*) centrisme *m*.
centrist ['sentrɪst] *adj, n* (*Pol*) centriste (*mf*).
centurion [sen'tjʊərɪən] *n* centurion *m*.
century ['sentjʊrɪ] **1** *n* (a) siècle *m*. **several centuries ago** il y a plusieurs siècles; **in the twentieth ~** au vingtième siècle.
(b) (*Mil Hist*) centurie *f*.
(c) (*Sport*) centaine *f* de points.
2 *cpd*: **centuries-old** séculaire, vieux (*f* vieille) de plusieurs siècles, plusieurs fois centenaire; (*US*) **century note‡** billet *m* de cent dollars.
CEO ['si:'i:'əʊ] (*US*) *abbr of* **chief executive officer; V chief.**
cephalic [sɪ'fælɪk] *adj* céphalique.
ceramic [sɪ'ræmɪk] **1** *adj art* céramique; *cup, vase* en céramique. **2** *n* (a) (*U*) **~s** la céramique. (b) (*objet m* en) céramique *f*.
Cerberus ['sɜ:bərəs] *n* Cerbère *m*.
cereal ['sɪərɪəl] **1** *n* (*plant*) céréale *f*; (*grain*) grain *m* (*de céréale*). **baby ~** blédine *f* ®; **breakfast ~** céréale *f*. **2** *adj* de céréale(s).
cerebellum [,serɪ'beləm] *n* cervelet *m*.
cerebral ['serɪbrəl] *adj* cérébral. **~ death** mort cérébrale; **~ palsy** paralysie cérébrale.
cerebration [,serɪ'breɪʃən] *n* cogitation *f*, méditation *f*; (*: hard thinking*) cogitation (*iro*).
cerebrum ['serəbrəm] *n* (*Anat*) cerveau *m*.
ceremonial [,serɪ'məʊnɪəl] **1** *adj rite* cérémoniel; *dress* de cérémonie; (*US*) *office, post* honorifique. **2** *n* cérémonial *m* (*U*); (*Rel*) cérémonial, rituel *m*.
ceremonially [,serɪ'məʊnɪəlɪ] *adv* selon le cérémonial d'usage.
ceremonious [,serɪ'məʊnɪəs] *adj* solennel; (*slightly pej*) cérémonieux.
ceremoniously [,serɪ'məʊnɪəslɪ] *adv* solennellement, avec cérémonie; (*slightly pej*) cérémonieusement.
ceremony ['serɪmənɪ] *n* (a) (*event*) cérémonie *f*; **V master.** (b) (*U*) cérémonies *fpl*, façons *fpl*. **to stand on ~** faire des cérémonies, faire des façons; **with ~** cérémonieusement; **without ~** sans cérémonie(s).
cerise [sə'ri:z] *adj* (de) couleur cerise, cerise *inv*.
cerium ['sɪərɪəm] *n* cérium *m*.
cert‡ [sɜ:t] *n* (*Brit*) certitude *f*. **it's a dead ~** ça ne fait pas un pli*, c'est couru*; **he's a ~ for the job** il est sûr et certain de décrocher le poste*.
certain ['sɜ:tən] *adj* (a) (*definite, indisputable*) certain, sûr, indiscutable; *death, success* certain, inévitable; *remedy, cure* infaillible. **he is ~ to come** il viendra sans aucun doute; **it is ~ that he will go** il est certain qu'il ira; **that's for ~*** c'est sûr et certain*, il n'y a pas de doute; **he'll do it for ~** il est certain qu'il le fera; **I cannot say for ~ that …** je ne peux pas affirmer que …; **I don't know for ~** je n'en suis pas sûr.
(b) (*some*) *person* certain, convaincu, sûr. **I am ~ he didn't do it** je suis certain qu'il n'a pas fait cela; **are you ~ or about that?** en êtes-vous sûr or certain?; **be ~ to go** allez-y sans faute, ne manquez pas d'y aller; **you can be ~ of success** vous êtes sûr or assuré de réussir; **you don't sound very ~** tu n'as pas l'air très convaincu or sûr; **to make ~ of sth** (*get facts about*) s'assurer de qch; (*be sure of getting*) s'assurer qch; **you should make ~ of your facts** vous devriez vérifier les faits que vous avancez; **I must make ~ of a seat** il faut que je m'assure (*subj*) d'avoir une place; **to make ~ that** s'assurer que.
(c) (*particular*) certain (*before n*), particulier; (*specific*) certain (*before n*), déterminé, précis. **a ~ gentleman** un certain monsieur; **on a ~ day** in spring un certain jour de printemps; **at a ~ hour** à une heure bien précise or déterminée; **there is a ~ way of doing it** il existe une façon particulière de le faire; **in ~ countries** dans certains pays.
(d) (*some*) certain (*before n*), quelque. **he had a ~ courage** all the same il avait tout de même un certain or du courage; **a ~**

difficulty une certaine difficulté, quelque difficulté; **to a ~ extent** dans une certaine mesure.
certainly ['sɜ:tənlɪ] *adv* certainement, assurément, sans aucun doute. **will you do this? — ~!** voulez-vous faire cela? — bien sûr! *or* volontiers!; **~ not!** certainement pas!, sûrement pas!; **this meat is ~ tough** il n'y a pas de doute, cette viande est dure; **it is ~ true that** on ne peut pas nier que *; **I shall ~ be there** j'y serai sans faute, je ne manquerai pas d'y être; **you may ~ leave tomorrow** vous pouvez partir demain bien sûr; **~, madam!** (*mais*) certainement *or* tout de suite, madame!
certainty ['sɜ:təntɪ] *n* (a) (*fact, quality*) certitude *f*, fait *or* événement certain. **for a ~** à coup sûr, sans aucun doute; **to a ~** certainement; **to be on a ~** parier à coup sûr; **his success is a ~** son succès est certain *or* ne fait aucun doute; **it is a moral ~** c'est une certitude morale; **faced with the ~ of disaster** voyant le désastre inévitable.
(b) (*U: conviction*) certitude *f*, conviction *f*.
certifiable [,sɜ:tɪ'faɪəbl] *adj* (a) *fact, statement* qu'on peut certifier. (b) (*: mad*) bon à enfermer.
certificate [sə'tɪfɪkɪt] *n* (a) (*legal document*) certificat *m*, acte *m*. **~ of airworthiness** *or* **seaworthiness** certificat de navigabilité; (*Comm*) **~ of origin/value** certificat d'origine/de valeur; **~ of baptism** extrait *m* de baptême; **birth ~** acte *or* extrait de naissance; **V death, marriage.**
(b) (*academic document*) diplôme *m*; (*for skilled or semi-skilled work*) qualification professionnelle. (*Brit Scol*) **C~ of Secondary Education** ≃ brevet *m* (d'études du premier cycle) (*dans une seule matière*); **V teacher.**
certificated [sə'tɪfɪkeɪtɪd] *adj* diplômé.
certification [,sɜ:tɪfɪ'keɪʃən] *n* (a) (*U*) certification *f*, authentification *f*. (b) (*document*) certificat *m*.
certify ['sɜ:tɪfaɪ] **1** *vt* (a) certifier, assurer, attester (*that* que). (*Jur*) **certified as a true copy** certifié conforme; (*Psych*) **to ~ sb** (*insane*) déclarer qn atteint d'aliénation mentale; (*US*) **certified public accountant** expert-comptable *m*, comptable agréé (*Can*); (*US Scol*) **certified teacher** (*state school*) professeur diplômé; (*private school*) professeur habilité.
(b) (*Fin*) *cheque* certifier. **certified cheque** chèque certifié.
(c) (*Comm*) *goods* garantir. (*US Post*) **to send by certified mail** ≃ envoyer en recommandé *or* avec avis de réception; (*US*) **certified milk** lait soumis aux contrôles d'hygiène réglementaires.
2 *vi*: **to ~ to sth** attester qch.
certitude ['sɜ:tɪtju:d] *n* certitude *f*, conviction absolue.
cerulean [sɪ'ru:lɪən] *adj* (*liter*) bleu ciel *inv*, azuré.
cerumen [sɪ'ru:men] *n* cérumen *m*.
ceruminous [sɪ'ru:mɪnəs] *adj* cérumineux.
cervical ['sɜ:vɪkl] *adj* cervical. **~ cancer** cancer *m* du col de l'utérus; **~ smear** frottis vaginal.
cervix ['sɜ:vɪks] *n* col *m* de l'utérus.
cesium ['si:zɪəm] *n* (*esp US*) = **caesium.**
cessation [se'seɪʃən] *n* cessation *f*, arrêt *m*, interruption *f*, suspension *f*. **~ of hostilities** cessation des hostilités.
cession ['seʃən] *n* cession *f*. **act of ~** acte *m* de cession.
cesspit ['sespɪt] *n* fosse *f* d'aisance; (*fig*) cloaque *m*.
cesspool ['sespu:l] *n* = **cesspit.**
C.E.T. ['si:'i:'ti:] *abbr of* **Central European Time; V central 1.**
cetacean [sɪ'teɪʃən] *adj, n* cétacé (*m*).
Ceylon [sɪ'lɒn] *n* Ceylan *m*.
Ceylonese [sɪlə'ni:z] **1** *adj* cingalais, ceylanais. **2** *n* (a) Cingalais(e) *m(f)*, Ceylanais(e) *m(f)*. (b) (*Ling*) cingalais *m*.
cf. (*abbr of* confer) cf.
c/f (*Fin*) *abbr of* **carried forward; V carry forward.**
cg (*abbr of* centigram(me)(s)) cg.
C.G. ['si:'dʒi:] *abbr of* **Coast Guard; V coast 3.**
c.h. *abbr of* **central heating; V central.**
Ch. *abbr of* **chapter.**
C.H. *abbr of* **Companion of Honour** (*titre honorifique*).
Chad [tʃæd] **1** *n* Tchad *m*. **Lake ~** le lac Tchad. **2** *adj* tchadien.
chafe [tʃeɪf] **1** *vt* (a) (*rub*) frotter, frictionner. **she ~d the child's hands** to warm them elle a frictionné les mains de l'enfant pour les réchauffer.
(b) (*rub against, irritate*) frotter contre, irriter. **his shirt ~d his neck** sa chemise frottait contre son cou *or* lui irritait le cou; **his neck was ~d** il avait le cou irrité.
(c) (*wear*) *collar, cuffs, rope* user (*en frottant*); (*Naut*) raguer.
2 *vi* s'user; [*rope*] raguer; (*fig*) s'impatienter, s'irriter (*at* de). **he ~d against these restrictions** ces restrictions l'irritaient; (*liter*) **they ~d under the yoke of tyranny** ils rongeaient leur frein sous la tyrannie.
chaff¹ [tʃɑ:f] **1** *n* (*U: Agr*) [*grain*] balle *f*; (*cut straw*) menue paille; **V wheat.** **2** *vt straw* hacher.
chaff² [tʃɑ:f] **1** *n* (*U: banter*) taquinerie *f*. **2** *vt* taquiner, blaguer*.
chaffinch ['tʃæfɪntʃ] *n* pinson *m*.
chafing dish ['tʃeɪfɪŋdɪʃ] *n* poêlon *m* (de table).
chagrin ['ʃægrɪn] **1** *n* contrariété *f*, (*vive*) déception *f*, (*vif*) dépit *m*. **much to my ~** à mon vif dépit. **2** *vt* contrarier, décevoir.
chain [tʃeɪn] **1** *n* (a) (*gen, also ornamental*) chaîne *f*. (*fetters*) **~s** chaînes, entraves *fpl*, fers *mpl*; [*mayor*] **~ of office** chaîne (*insigne de la fonction de maire*); **to keep a dog on a ~** tenir un chien à l'attache; **in ~s** enchaîné; (*Aut*) (*snow*) **~s** chaînes (à neige); [*lavatory*] **to pull the ~** tirer la chasse (d'eau); **V ball, bicycle** *etc*.
(b) [*mountains, atoms etc*] chaîne *f*; (*fig*) [*ideas*] enchaînement *m*; [*events*] série *f*, suite *f*. (*Comm*) **~ of shops** chaîne de magasins; [*people*] **to make a ~** faire la chaîne; **V bucket.**
(c) (*Tech*) (*for measuring*) chaîne *f* d'arpenteur; (*measure*) chaînée *f*.
2 *cpd*: **chain gang** chaîne *f* de forçats; **chain letter** lettre *f* faisant

partie d'une chaîne; **chain letters** chaîne *f* (de lettres); **chain light-ning** éclairs *mpl* en zigzag; (*U*) **chain mail** cotte *f* de mailles; (*Phys, fig*) **(to set up) a chain reaction** (provoquer) une réaction en chaîne; **chain saw** tronçonneuse *f*; **chain smoke** fumer cigarette sur cigarette, fumer comme un sapeur *or* un pompier; **chain smoker** fumeur *m*, -euse *f* invétéré(e) (*qui fume sans discontinuer*); (*Sewing*) **chain stitch** point *m* de chaînette; **chain store** grand magasin (à succursales multiples).

3 *vt* (*lit, fig*) enchaîner; *door* mettre la chaîne à. **he was ~ed to the wall** il était enchaîné au mur.

♦**chain down** *vt sep* enchaîner.

♦**chain up** *vt sep animal* mettre à l'attache.

chair [tʃɛəʳ] **1** *n* (a) chaise *f*; (*armchair*) fauteuil *m*; (*seat*) siège *m*; (*Univ*) chaire *f*; (*sedan* ~) chaise à porteurs; (*wheel* ~) fauteuil roulant; (*US: electric* ~) chaise électrique. **to take a ~** s'asseoir; **dentist's ~** fauteuil de dentiste; (*Univ*) **to hold the ~ of French** être titulaire de *or* avoir la chaire de français; (*US*) **to go to the ~** passer à la chaise électrique; *V* **deck, easy, high** *etc*.

(b) (*Admin etc: function*) fauteuil présidentiel, présidence *f*. **to take the ~, to be in the ~** prendre la présidence, présider; **to address the ~** s'adresser au président; **~! ~!** à l'ordre!

(c) (*Admin*) = **chairman**.

2 *cpd*: **chair back** dossier *m* (de chaise); **chairlift** télésiège *m*; **chairman** *V* **chairman**; **chairperson*** président *m*; (*US*) **chair-warmer‡** rond-de-cuir *m* (paresseux); **chairwoman** présidente *f*.

3 *vt* (a) (*Admin*) *meeting* présider.

(b) *hero* porter en triomphe.

chairman [ˈtʃɛəmən] *n* président *m* (*d'un comité etc*). **Mr C~** Monsieur le Président; **Madam C~** Madame la Présidente; (*US*) **~ and chief executive officer** président-directeur général, PDG *m*; **C~ Mao** le président Mao.

chairmanship [ˈtʃɛəmənʃɪp] *n* présidence *f* (*d'un comité etc*). **under the ~ of** sous la présidence de.

chaise [ʃeɪz] *n* cabriolet *m*.

chaise longue [ˈʃeɪzˈlɒŋ] *n* méridienne *f*.

chalet [ˈʃæleɪ] *n* (*gen*) chalet *m*; *[motel]* bungalow *m*.

chalice [ˈtʃælɪs] *n* (*Rel*) calice *m*; (*liter: wine cup*) coupe *f*.

chalk [tʃɔːk] **1** *n* (*U*) craie *f*. **a (piece of) ~** une craie, un morceau de craie; (*Brit*) **they're as different as ~ from cheese** (*persons*) ils sont comme le jour et la nuit; (*things*) ce sont deux choses qui n'ont rien en commun, c'est le jour et la nuit; (*Brit fig*) **by a long ~** de beaucoup, de loin; **did he win? — not by a long ~** est-ce qu'il a gagné? — non, loin de là *or* il s'en faut de beaucoup; *V* **French**.

2 *cpd*: (*US*) **chalk board** tableau *m* (noir); **chalkpit** carrière *f* de craie; (*US*) **chalk talk** conférence illustrée au tableau noir.

3 *vt* (*write with* ~) écrire à la craie; (*rub with* ~) frotter de craie; *billiard cue* enduire de craie; *luggage* marquer à la craie.

♦**chalk out** *vt sep* (*lit*) *pattern* esquisser, tracer (à la craie); (*fig*) *project* esquisser; *plan of action* tracer.

♦**chalk up** *vt sep* (a) **chalk it up** mettez-le sur mon compte; **he chalked it up to experience** il l'a mis au compte de l'expérience.

(b) *achievement, victory* remporter.

chalky [ˈtʃɔːkɪ] *adj soil* crayeux, calcaire; *water* calcaire; *complexion* crayeux, blafard.

challenge [ˈtʃælɪndʒ] **1** *n* (a) défi *m*. **to issue** *or* **put out a ~** lancer un défi; **to take up the ~** relever le défi; (*fig*) **the ~ of new ideas** la stimulation qu'offrent de nouvelles idées; **the ~ of the 20th century** le défi du 20e siècle; **Smith's ~ for leadership** la tentative qu'a faite Smith pour s'emparer du pouvoir; **this is a ~ to us all** c'est un défi qui s'adresse à nous tous; **the job was a great ~ to him** cette tâche constituait pour lui une gageure; **action that is a ~ to authority** action qui défie l'autorité; **it was a ~ to his skill** c'était un défi à son savoir-faire.

(b) (*Mil: by sentry*) sommation *f*.

(c) (*Jur: of juror, jury*) récusation *f*.

2 *vt* (a) (*summon, call*) défier (*sb to do* qn de faire); (*Sport*) inviter (*sb to a game* qn à faire une partie). **to ~ sb to a duel** provoquer qn en duel.

(b) (*call into question*) *statement* mettre en question, contester, révoquer en doute (*frm*). **to ~ sb's authority to do** contester à qn le droit de faire; **to ~ the wisdom of a plan** mettre en question la sagesse d'un projet; (*Jur*) **to ~ a measure** attaquer une mesure.

(c) (*Mil*) *[sentry]* faire une sommation à.

(d) (*Jur*) *juror, jury* récuser.

challenger [ˈtʃælɪndʒəʳ] *n* provocateur *m*, -trice *f*; (*Sport, also fig: Pol*) challenger *m*.

challenging [ˈtʃælɪndʒɪŋ] *adj remark, speech* provocateur *m* (*f* -trice); *look, tone* de défi; *book* stimulant. **he found himself in a ~ situation** il s'est trouvé là devant une gageure; **this is a very ~ situation** cette situation est une véritable gageure.

chamber [ˈtʃeɪmbəʳ] **1** *n* (a) (†, *frm*) (*room*) salle *f*, pièce *f*; (*also* **bed~**) chambre *f*.

(b) (*Brit*) (*lodgings*) **~s** logement *m*, appartement *m*; *[bachelor]* garçonnière *f*; *[barrister, judge, magistrate]* cabinet *m*; *[solicitor]* étude *f*. (*Jur*) **to hear a case in ~s** ≃ juger un cas en référé.

(c) (*hall*) chambre *f*. **C~ of Commerce** Chambre *f* de commerce; **the C~ of Deputies** la Chambre des députés; (*Parl*) **the Upper/Lower C~** la Chambre haute/basse; **the C~ of Horrors** la Chambre d'épouvante; *V* **audience, second¹**.

(d) *[revolver]* chambre *f*; (*Anat*) cavité *f*. **the ~s of the eye** les chambres de l'œil.

(e) (†,*) = **chamber pot**; *V* **2**.

2 *cpd*: **chambermaid** femme *f* de chambre (*dans un hôtel*); **chamber music** musique *f* de chambre; **chamber orchestra** orchestre *m* de chambre; **chamberpot** pot *m* de chambre, vase *m* de nuit†.

chamberlain [ˈtʃeɪmbəlɪn] *n* chambellan *m*.

chambray [ˈtʃæmbreɪ] *n* (*US*) = **cambric**.

chameleon [kəˈmiːlɪən] *n* (*Zool, fig*) caméléon *m*.

chamfer [ˈtʃæmfəʳ] (*Tech*) **1** *n* (*bevel*) chanfrein *m*; (*groove*) cannelure *f*. **2** *vt* chanfreiner; canneler.

chamois [ˈʃæmwɑː] *n* (a) (*Zool*) chamois *m*. (b) [ˈʃæmɪ] (*also* **~ cloth**) chamois *m*. **~ leather** peau *f* de chamois.

champ¹ [tʃæmp] **1** *vi* mâchonner. (*lit, fig*) **to ~ at the bit** ronger son frein. **2** *vt* mâchonner.

champ²‡ [tʃæmp] *n abbr of* **champion 1b**.

champagne [ʃæmˈpeɪn] **1** *n* (*wine*) champagne *m*. (*Geog*) **C~** Champagne *f*. **2** *cpd* (*also* **champagne-coloured**) champagne *inv*. **champagne cup** cocktail *m* au champagne; **champagne glass** verre *m* à champagne; (*wide*) coupe *f* à champagne; (*tall and narrow*) flûte *f* à champagne.

champion [ˈtʃæmpjən] **1** *n* (a) champion(ne) *m(f)*. **the ~ of free speech** le champion de la liberté d'expression.

(b) (*Sport: person, animal*) champion(ne) *m(f)*. **world ~** champion(ne) du monde; **boxing ~** champion de boxe; **skiing ~** champion(ne) de ski.

2 *adj* (a) *show animal* champion. **~ swimmer/skier** *etc* champion(ne) *m(f)* de natation/de ski *etc*.

(b) (*best*) sans rival, de première classe; (‡: *excellent*) *meal, holiday, film* du tonnerre*. **that's ~!** bravo!, chapeau!*, c'est champion!*

3 *vt person* prendre fait et cause pour; *action, cause, sb's decision* se faire le champion de, défendre.

championship [ˈtʃæmpjənʃɪp] *n* (a) (*Sport*) championnat *m*. **world ~** championnat du monde; **boxing ~** championnat de boxe; **world boxing ~** championnat du monde de boxe. (b) (*U*) *[cause etc]* défense *f*.

chance [tʃɑːns] **1** *n* (a) (*luck*) hasard *m*. **by sheer ~** tout à fait par hasard, par pur hasard; (*fortunately*) par pure chance, par un coup de chance; **have you a pen on you by (any) ~?** auriez-vous par hasard un stylo sur vous?; **it was not ~ that he came** s'il est venu ce n'est pas par hasard, ce n'est pas par hasard qu'il est venu; **to trust to ~** s'en remettre au hasard; **a game of ~** un jeu de hasard; **to leave things to ~** laisser faire le hasard; **he left nothing to ~** il n'a rien laissé au hasard.

(b) (*possibility*) chance(s) *f(pl)*, possibilité *f*. **he hasn't much ~ of winning** il n'a pas beaucoup de chances de gagner; **he's still in with a ~** il a encore une petite chance; **on the ~ of your returning** dans le cas où vous reviendriez; **I went there on the ~ of seeing him** j'y suis allé dans l'espoir de le voir; **the ~s are that** il y a de grandes chances que + *subj*, il est très possible que + *subj*; **the ~s are against that happening** il y a peu de chances pour que cela arrive (*subj*); **the ~s are against him** il y a peu de chances pour qu'il réussisse; **there is little ~ of his coming** il est peu probable qu'il vienne; **you'll have to take a ~ on his coming** tu verras bien s'il vient ou non; **he's taking no ~s** il ne veut rien laisser au hasard, il ne veut prendre aucun risque; **that's a ~ we'll have to take** c'est un risque que nous allons devoir prendre *or* que nous avons à courir; **no ~!*, not a ~!*** pas de danger!*, jamais!; *V* **long¹, off**.

(c) (*opportunity*) occasion *f*, chance *f*. **I had the ~ to go** *or* **of going** j'ai eu l'occasion d'y aller, l'occasion m'a été donnée d'y aller; **if there's a ~ of buying it** s'il y a une possibilité d'achat; **to lose a ~** laisser passer une occasion; **to stand a good** *or* **fair ~** avoir des chances de réussir; **she was waiting for her ~** elle attendait son heure; **she was waiting for her ~ to speak** elle attendait *or* guettait l'occasion de parler; **now's your ~!** (*in conversation, traffic etc*) vas-y!; (*in career etc*) saute sur l'occasion!, à toi de jouer!; **this is his big ~** c'est le grand moment pour lui; **give him another ~** laisse-lui encore sa chance; **he has had every ~** il a eu toutes les chances; **he never had a ~ in life** il n'a jamais eu sa chance dans la vie; **give me a ~ to show you what I can do** donnez-moi la possibilité de vous montrer ce que je sais faire; **you'll have your ~** (*your turn will come*) votre tour viendra; *V* **eye**.

2 *adj* fortuit, de hasard, accidentel. **a ~ companion** un compagnon rencontré par hasard; **a ~ discovery** une découverte accidentelle; **~ meeting** rencontre fortuite *or* de hasard.

3 *vt* (a) (*happen*) **to ~ to do** faire par hasard, venir à faire (*frm*); **I ~d to hear his name** j'ai entendu son nom par hasard, il s'est trouvé que j'ai entendu son nom; **it ~d that I was there** il s'est trouvé que j'étais là.

(b) (*risk*) *rejection, fine* risquer, courir le risque de. **to ~ doing** se risquer à faire, prendre le risque de faire; **I'll go round without phoning and ~ finding him there** je vais passer chez lui sans téléphoner en espérant l'y trouver *or* avec l'espoir de l'y trouver; **I want to see her alone and I'll have to ~ finding her husband there** je voudrais la voir seule, mais il faut que je prenne le risque d'y trouver son mari; **I'll ~ it!** je vais risquer le coup!; **to ~ one's arm*** risquer le tout (pour le tout); **to ~ one's luck** tenter *or* courir sa chance.

♦**chance upon** *vt fus* (*frm*) *person* rencontrer par hasard; *thing* trouver par hasard.

chancel [ˈtʃɑːnsəl] *n* chœur *m* (*d'une église*). **~ screen** clôture *f* du chœur, jubé *m*.

chancellery [ˈtʃɑːnsələrɪ] *n* chancellerie *f*.

chancellor [ˈtʃɑːnsələʳ] *n* (*Hist, Jur, Pol*) chancelier *m*; (*Brit Univ*) président(e) *m(f)* honoraire; (*US Univ*) président(e) *m(f)* d'université. (*Brit*) **C~ of the Exchequer** Chancelier *m* de l'Échiquier, ≃ ministre *m* des Finances; *V* **lord**.

chancellorship [ˈtʃɑːnsələʃɪp] *n* fonctions *fpl* de chancelier.

chancery [ˈtʃɑːnsərɪ] *n* (a) (*Brit, Jur*) *Court f* de la chancellerie (*une des 5 divisions de la Haute Cour de justice anglaise*). **ward in ~** pupille *mf* (*sous tutelle judiciaire*).

(b) (*US*) = **chancellory**.

(c) (*US: also* **court of ~**) ≃ cour *f* d'équité *or* de la chancellerie.

chancre ['ʃæŋkər] n (Med) chancre m.

chancy* ['tʃɑːnsɪ] adj (risky) risqué, hasardeux; (doubtful) aléatoire, problématique.

chandelier [ˌʃændə'lɪər] n lustre m.

chandler ['tʃɑːndlər] n: (ship's) ~ shipchandler m, marchand de fournitures pour bateaux.

change [tʃeɪndʒ] **1** n (a) (alteration) changement m (from, in de, into en); (slight) modification f. a ~ for the better un changement en mieux, une amélioration; a ~ for the worse un changement en pire or en plus mal; ~ in the weather changement de temps; ~ in public opinion revirement m de l'opinion publique; ~ in attitudes changement d'attitudes, évolution f des attitudes; (just) for a ~ pour changer un peu; by way of a ~ histoire de changer*; to make a ~ in sth changer qch, modifier qch; (fig) to have a ~ of heart changer d'avis; it makes a ~ ça change un peu; it will be a nice ~ cela nous fera un changement, voilà qui nous changera agréablement!; (iro) ça nous changera! (iro) the ~ of life le retour d'âge.

(b) (substitution) changement m, substitution f. ~ of address changement d'adresse; ~ of air changement d'air; he brought a ~ of clothes il a apporté des vêtements de rechange; I need a ~ of clothes il faut que je me change (subj); ~ of scene (Theat) changement de décor; (fig) changement d'air; ~ of horses relais m; ~ of job changement de travail or de poste.

(c) (U) changement m, variété f. she likes ~ elle aime le changement or la variété.

(d) (U: money) monnaie f. small ~ petite monnaie; can you give me ~ for this note/of £1? pouvez-vous me faire la monnaie de ce billet/d'une livre?; keep the ~ gardez la monnaie; (notice) 'no ~ given' 'on est tenu de faire l'appoint'; you don't get much ~ from a fiver these days aujourd'hui il ne reste jamais grand-chose d'un billet de cinq livres; you won't get much ~ out of him* tu perds ton temps avec lui.

(e) (St Ex) the C~ la Bourse; on the C~ en Bourse.

2 cpd: **change machine** distributeur m de monnaie; **changeover** changement m, passage m (from one thing to another d'une chose à une autre); (U: Mil) [guard] relève f; (US) **change purse** porte-monnaie m inv.

3 vt (a) (by substitution) changer de. to ~ (one's) clothes changer de vêtements, se changer; to ~ one's address changer d'adresse; to ~ colour changer de couleur; to ~ hands (one's grip) changer de main; [goods, property] changer de main or de propriétaire; [money] (between several people) circuler de main en main; (from one person to another) être échangé; (Mil) to ~ (the) guard faire la relève de la garde; (Theat) to ~ the scene changer le décor; let's ~ the subject changeons de sujet, parlons d'autre chose; to ~ one's tune changer de ton; to ~ trains/stations/buses changer de train/de gare/d'autobus; to ~ one's name/seat changer de nom/place; to ~ one's opinion or mind changer d'avis; (Aut) to ~ gear changer de vitesse; (Aut) to ~ a wheel changer une roue; (fig) to ~ tracks changer d'angle or de perspective.

(b) (exchange) échanger, troquer (sth for sth else qch contre qch d'autre). (lit) to ~ places (with sb) changer de place (avec qn); (fig) I wouldn't like to ~ places with you je n'aimerais pas être à votre place; to ~ sides or ends (Tennis) changer de côté; (Ftbl etc) changer de camp; (fig: in argument etc) to ~ sides changer de camp; they ~d hats (with one another) ils ont échangé leurs chapeaux.

(c) banknote, coin faire la monnaie de, changer; foreign currency changer, convertir (into en).

(d) (alter, modify, transform) changer, modifier, transformer (sth into sth else qch en qch d'autre). the witch ~d him into a cat la sorcière l'a changé en chat; his wife's death ~d him suddenly from a young man into an old one la mort de sa femme a fait du jeune homme qu'il était un vieillard, il a vieilli tout d'un coup après la mort de sa femme; this has ~d my ideas ceci a modifié mes idées; success has greatly ~d her la réussite l'a complètement transformée.

4 vi (a) (become different) changer, se transformer. you've ~d a lot! tu as beaucoup changé!; he will never ~ il ne changera jamais, on ne le changera pas; the prince ~d into a swan le prince s'est changé en cygne.

(b) (~ clothes) se changer. I must ~ at once je dois me changer tout de suite; she ~d into an old skirt elle s'est changée et a mis une vieille jupe.

(c) (Rail etc) changer. you must ~ at Edinburgh vous devez changer à Édimbourg; all ~! tout le monde descend!

(d) [moon] entrer dans une nouvelle phase.

◆**change down** vi (Aut) rétrograder.

◆**change over 1** vi (gen) passer (from de, to à); [two people] faire l'échange; (Sport: change ends) changer de côté.

2 changeover n V change 2.

◆**change up** vi (Aut) monter les vitesses.

changeability [ˌtʃeɪndʒə'bɪlɪtɪ] n [circumstances, weather] variabilité f.

changeable ['tʃeɪndʒəbl] adj person changeant, inconstant; character versatile, changeant; colour changeant; weather, wind, circumstances variable.

changeless ['tʃeɪndʒlɪs] adj rite immuable, invariable; person constant; character inaltérable.

changeling ['tʃeɪndʒlɪŋ] n enfant mf changé(e) (substitué à un enfant volé).

changing ['tʃeɪndʒɪŋ] **1** adj wind, prices, interest rates variable, changeant; expression mobile; social attitudes, principles qui change, qui évolue. a ~ society une société en mutation.

2 n (U) acte m de (se) changer, changement m. the ~ of the guard la relève de la garde; (Brit Sport) ~-room vestiaire m.

channel ['tʃænl] **1** n (a) (bed of river etc) lit m; (navigable passage) chenal m; (between two land masses) bras m de mer; (irrigation) (small) rigole f, (wider) canal m; (in street) caniveau m; (duct) conduit m. (Geog) the (English) C~ la Manche.

(b) (groove in surface) rainure f; (Archit) cannelure f.

(c) (TV) chaîne f.

(d) (fig) direction f. he directed the conversation into a new ~ il a fait prendre à la conversation une nouvelle direction; ~ of communication voie f de communication; (Admin) to go through the usual ~s suivre la filière (habituelle).

(e) (Comput) canal m.

2 cpd: (Geog) the **Channel Isles** or **Islands** les îles anglo-normandes, les îles de la Manche; the **Channel tunnel** le tunnel sous la Manche.

3 vt (a) (V 1a) (make ~s in) creuser des rigoles or des canaux dans; street pourvoir d'un or de caniveau(x). the river ~led its way towards ... la rivière a creusé son lit vers ... .

(b) (fig) crowd canaliser (into vers); energies, efforts, resources canaliser, diriger, orienter (towards, into vers); information canaliser (into, towards vers), concentrer (into, towards dans).

(c) (Archit) canneler.

◆**channel off** vt sep (lit) water capter; (fig) energy, resources canaliser.

chant [tʃɑːnt] **1** n (Mus) chant m (lent), mélopée f; (Rel Mus) psalmodie f; [crowd, demonstrators, audience etc] chant scandé.

2 vt (sing) chanter lentement; (recite) réciter; (Rel) psalmodier; [crowd, demonstrators etc] scander, crier sur l'air des lampions.

3 vi chanter; (Rel) psalmodier; [crowd, demonstrators etc] scander des slogans.

chantey ['ʃæntɪ] n (US) chanson f de marin.

chaos ['keɪɒs] n (lit, fig) chaos m.

chaotic [keɪ'ɒtɪk] adj chaotique.

chap¹ [tʃæp] **1** n (Med) gerçure f, crevasse f. ~ **stick** ® pommade f rosat or pour les lèvres. **2** vi se gercer, se crevasser. **3** vt gercer, crevasser.

chap² [tʃæp] n = chop².

chap³* [tʃæp] n (man) type* m. (term of address) old ~ mon vieux*; he was a young ~ c'était un jeune homme; a nice ~ un chic type*; the poor old ~ le pauvre vieux*; poor little ~ pauvre petit, pauvre bonhomme; he's very deaf, poor ~ pauvre garçon or pauvre vieux*, il est très sourd; be a good ~ and say nothing sois gentil (et) ne dis rien.

chapel ['tʃæpəl] n (a) [church, school, castle etc] chapelle f; [house] oratoire m. ~ **of ease** (église f) succursale f; ~ **of rest** chapelle ardente; V **lady**. (b) (nonconformist church) église f, temple m. (c) (Ind) [printers etc] association f.

chaperon(e) ['ʃæpərəʊn] **1** n chaperon m. she was the ~ elle faisait office de chaperon. **2** vt chaperonner.

chaplain ['tʃæplɪn] n [armed forces, prison, school, hospital etc] aumônier m; (to nobleman etc) chapelain m.

chaplaincy ['tʃæplənsɪ] n (V chaplain) aumônerie f, chapellenie f.

chaplet ['tʃæplɪt] n [flowers etc] guirlande f; (Archit, Rel) chapelet m.

chappy‡ ['tʃæpɪ] n = chap³.

chaps [tʃæps] npl (US) jambières fpl de cuir (portées par les cowboys).

chapter ['tʃæptər] **1** n (a) [book] chapitre m. in ~ 4 au chapitre 4; (fig) to give or quote ~ and verse citer ses références or ses autorités.

(b) (Rel) chapitre m.

(c) (fig: period) chapitre m, épisode m. a ~ of accidents une succession de mésaventures, une kyrielle de malheurs; this ~ is now closed en voilà assez sur ce chapitre.

(d) (branch of society, club, organization etc) branche f, section f.

2 cpd: (Rel) **chapterhouse** chapitre m (lieu); (Rel) **chapter room** salle f du chapitre or capitulaire.

char¹ [tʃɑːr] **1** vt (burn black) carboniser. **2** vi être carbonisé.

char²* [tʃɑːr] (Brit) **1** n (charwoman) femme f de ménage. **2** vi (also go out ~ring) faire des ménages.

char³ [tʃɑːr] n (fish) omble-chevalier m.

char⁴‡ [tʃɑːr] n (Brit: tea) thé m.

char-à-banc† ['ʃærəbæŋ] n (auto)car m (décapotable).

character ['kærɪktər] **1** n (a) (temperament, disposition) [person] caractère m, tempérament m. he has the same ~ as his brother il a le même caractère que son frère; it's very much in ~ (for him) c'est bien de lui, cela lui ressemble tout à fait; that was not in ~ (for him) cela ne lui ressemble pas, ce n'est pas dans son caractère.

(b) (U) [country, village] caractère m; [book, film] caractère, nature f.

(c) (U: strength, energy, determination etc) caractère m, détermination f, volonté f. it takes ~ to say such a thing il faut avoir du caractère pour dire une chose pareille.

(d) (outstanding individual) personnage m; (*: original person) numéro* m, phénomène* m. he's quite a ~!* c'est un numéro!* or un phénomène!*; he's a queer or an odd ~ c'est un type* curieux or un curieux personnage.

(e) réputation f. of good/bad ~ qui a une bonne/a mauvaise réputation; (Jur) evidence of good ~ preuve f d'honorabilité.

(f) (testimonial) références fpl.

(g) (Literat) personnage m; (Theat) personnage, rôle m. one of Shakespeare's ~s un des personnages de Shakespeare; he played the ~ of Hamlet il a joué (le rôle de) Hamlet.

(h) (Typ) caractère m, signe m (typographique). Gothic ~s caractères gothiques.

2 cpd: (Theat) **character actor/actress** acteur m/actrice f de genre; **character assassination** diffamation f (destinée à ruiner la réputation de qn); **character comedy** comédie f de caractère;

character part rôle *m* de composition; **character sketch** portrait *m or* description *f* rapide.

characteristic [ˌkærɪktəˈrɪstɪk] **1** *adj* caractéristique, typique. **with** (his) ~ **enthusiasm** avec l'enthousiasme qui le caractérise. **2** *n* caractéristique *f*, trait distinctif; (*Math*) caractéristique.

characteristically [ˌkærɪktəˈrɪstɪkəlɪ] *adv* (*gen*) d'une façon caractéristique, typiquement. ~, **he refused** comme on pouvait s'y attendre, il a refusé, il a refusé, ce qui était bien dans son caractère.

characterization [ˌkærɪktəraɪˈzeɪʃən] *n* (*gen*) caractérisation *f*; (*by playwright*) représentation *f* (des caractères); (*by novelist etc*) peinture *f* des caractères; (*by actor*) interprétation *f*. ~ **in Dickens** la peinture des caractères chez Dickens, l'art du portrait chez Dickens.

characterize [ˈkærɪktəraɪz] *vt* caractériser, être caractéristique de; (*Literat*) caractériser, décrire *or* peindre le caractère de.

characterless [ˈkærɪktəlɪs] *adj* sans caractère, fade.

charade [ʃəˈrɑːd] *n* charade *f*.

charcoal [ˈtʃɑːkəʊl] **1** *n* charbon *m* de bois. **2** *cpd drawing, sketch* au charbon; (*colour: also* **charcoal-grey**) gris foncé *inv*, (gris) anthracite *inv*. **charcoal burner** (*person*) charbonnier *m*; (*stove*) réchaud *m* à charbon de bois.

charge [tʃɑːdʒ] **1** *n* (a) (*Jur*) inculpation *f*, chef *m* d'accusation. **what is the** ~? quelle est l'inculpation?, de quoi est-il (*or* suis-je *etc*) inculpé?; **the** ~ **was murder** il était (*or* j'étais *etc*) inculpé de meurtre; **to be on a murder** ~ être inculpé de meurtre; **the** ~ **was read on** a lu l'acte *m* d'accusation; **no** ~ **was brought (against him)** il n'y a pas eu de poursuites (judiciaires), il n'a pas été poursuivi *or* inculpé; **the** ~ **was dropped** l'inculpation a été retirée, il y a eu cessation de poursuites; **to press** ~**s (against sb)** engager des poursuites (contre qn); **to bring** *or* **lay a** ~ **against sb** porter plainte *or* déposer une plainte contre qn; **to give sb in** ~ remettre qn à la police; **he was arrested on a** ~ **of murder** il a été arrêté sous l'inculpation de meurtre; **they were convicted on all three** ~**s** ils ont été reconnus coupables aux trois chefs d'accusation; [*soldier*] **to be on a** ~ être aux arrêts.

(b) (*gen: accusation*) accusation *f* (*of* de). **he denied these** ~**s** il a nié, il a repoussé ces accusations; **there were many** ~**s of cruelty** on les *etc* a fréquemment accusés de cruauté; **the** ~**s made against him** les accusations *or* les charges portées contre lui; ~**s that he had betrayed his friends** des accusations comme quoi il avait trahi ses amis; **to repudiate a** ~ repousser une accusation.

(c) (*esp Mil: attack*) charge *f*, attaque *f*; [*police, bull*] charge. **the police made three** ~**s into the crowd** la police a chargé trois fois la foule; (*Mil*) **to sound the** ~ sonner la charge; *V* **baton**, **bayonet**.

(d) (*fee*) prix *m*. **what's the** ~? combien?, ça revient à combien?; **what is his** ~? combien prend-il?; **is there a** ~? faut-il payer?, y a-t-il quelque chose à payer?; **there's no** ~ **for this, no** ~ **is made for this** c'est gratuit; **free of** ~ gratuit; **at a** ~ **of ... pour ...**, moyennant ...; **there is an extra** ~ **for ...** il y a un supplément (à payer) pour ...; **to make a** ~ **for sth** faire payer qch; **he made no** ~ **for mending it** il n'a pas fait payer la réparation, il n'a rien pris pour la réparation; **he made a** ~ **of £5 for doing it** il a pris 5 livres pour le faire; ~ **for admission** droit *m* d'entrée; **'no** ~ **for admission' 'entrée libre'**; (*Comm*) **the** ~ **for delivery, the delivery** ~ les frais *mpl* de port; **for a small** ~, **we can supply ...** pour un prix modique, nous pouvons fournir ...; *V* **bank**, **reverse** *etc*.

(e) (*control*) **who's in** ~ **here?** qui est le *or* la responsable?; **look, I'm in** ~ **here!** c'est moi qui commande ici!; **the person in** ~ le *or* la responsable; **to be in** ~ **of** *firm, department* diriger, être à la tête de; *ship, plane* commander; *operation, project* diriger, être responsable de; *children, animals* s'occuper de, avoir la charge de; **a few months later, he was in** ~ **of the shop** au bout de quelques mois, il dirigeait le magasin; **he's in** ~ **of the shop when I'm out** c'est lui qui s'occupe du magasin *or* qui surveille le magasin quand je m'absente; (*fml*) **while in** ~ **of a car, he ...** alors qu'il était au volant d'un véhicule, il ...; **to put sb in** ~ **of** *firm, department* confier à qn la direction de; *ship, plane* confier à qn le commandement de; *operation, project* confier à qn; *children, animals* confier aux soins *or* à la garde de qn; **to take** ~ **of doing sth** charger qn de faire qch; **to take** ~ (*in firm etc*) prendre *or* assurer la direction (*of* de); (*in project*) devenir responsable (*of* de); (*in ship, plane*) prendre *or* assurer le commandement (*of* de); **he took** ~ **of the situation at once** il a immédiatement pris la situation en main; **will you take** ~ **of the children while I'm away?** est-ce que tu veux bien te charger des enfants pendant mon absence?; **the patients in** *or* **under her** ~ les malades dont elle a la charge; **I left him in** ~ je lui ai laissé la charge de tout.

(f) (*person/thing cared for*) personne *f*/chose *f* confiée à la garde *or* à la charge (*de* qn); (*priest's parish*) cure *f*. **the priest's** ~**s** (*his parishioners*) les ouailles *fpl* du curé; **she took her** ~**s for a walk** elle a fait faire une promenade aux malades (*or* aux enfants *or* aux élèves *etc*) confiés à sa garde *or* dont elle avait la charge.

(g) (*financial burden*) charge *f*, fardeau *m* (*on* pour). **to be a** ~ **on** constituer une charge *or* un fardeau pour.

(h) (*instructions*) recommandation *f*, instruction *f*. **to have strict** ~ **to do** avoir reçu l'ordre formel de faire; (*Jur*) **the judge's** ~ **to the jury** les recommandations données aux jurés par le juge.

(i) (*Elec, Phys*) charge *f*. **to put a battery on** ~ mettre une batterie en charge; **there is no** ~ **left in the battery** la batterie est déchargée *or* à plat.

(j) [*firearm*] charge *f*; [*rocket*] charge *f*; *V* **depth**.

(k) (*Her*) meuble *m*.

2 *cpd*: (*Comm*) **charge account** compte *m*; (*Brit*) **charge hand** sous-chef *m* d'équipe; (*Brit*) **charge nurse** infirmier *m* en chef; (*Police*) **charge sheet** ≃ procès-verbal *m*.

3 *vt* (a) (*accuse: gen*) accuser (*sb with sth* qn de qch, *sb with*

doing/having done qn de faire/d'avoir fait); (*Jur*) inculper (*sb with sth* qn de qch). (*Jur*) **he was** ~**d with murder/with having stolen a car** il a été inculpé de meurtre/de vol de voiture; (*US*) **he** ~**d that some companies had infringed the regulations** il a allégué que certaines compagnies avaient enfreint le règlement.

(b) (*attack*) [*troops*] charger, attaquer; [*police, bull etc*] charger.

(c) (*in payment*) *person* faire payer; *amount* prendre, demander (*for* pour). **to** ~ **a commission** prélever une commission *or* un pourcentage; **I** ~**d him £2 for this table** je lui ai fait payer cette table 2 livres; **how much do you** ~ **for mending shoes?** combien prenez-vous pour réparer des chaussures?; **to** ~ **sb too much for sth** compter *or* faire payer qch trop cher à qn; **I won't** ~ **you for that** je ne vous compterai *or* prendrai rien pour cela.

(d) (*record as debt: also* ~ **up**) mettre sur le compte, porter au compte *or* au débit (*to sb* de qn). ~ **all these purchases (up) to my account** mettez tous ces achats sur mon compte; (*in shop*) **cash or** ~? vous payez comptant ou vous voulez que je le mette sur votre compte?; **I can** ~ **it to the company** je peux le faire payer *or* rembourser par la compagnie; (*US: in library*) **to** ~ **a book** inscrire un livre au registre du prêt.

(e) *firearm, battery* charger (*also Phys*). (*fig*) ~**d with emotion** plein d'émotion.

(f) (*command etc*) **to** ~ **sb to do** ordonner *or* commander *or* enjoindre (*liter*) à qn de faire, sommer qn de faire; **to** ~ **sb with sth** confier qch à qn.

4 *vi* (a) (*rush*) se précipiter, foncer ***. **to** ~ **in/out** entrer/sortir en coup de vent; **to** ~ **up/down** grimper/descendre à toute vitesse; **to** ~ **through** foncer à travers***.

(b) (*Mil*) **to** ~ **(down) on the enemy** fondre *or* foncer*** sur l'ennemi.

(c) [*battery*] se (re)charger, être en charge.

♦ **charge down** *vt sep* (*Rugby*) **to charge a kick down** contrer un coup de pied, faire un contre; *V also* **charge 4**.

♦ **charge up** *vt sep* (a) = **charge 3d**.

(b) *battery* charger.

chargeable [ˈtʃɑːdʒəbl] *adj* (a) (*Jur*) *person* ~ **with** passible de poursuites pour. (b) ~ **to** à mettre aux frais de, à porter au compte de; (*Fin*) ~ **event** fait *m* générateur de la taxe.

charger [ˈtʃɑːdʒəʳ] *n* (a) [*battery, firearm*] chargeur *m*. (b) (*Mil: horse*) cheval *m* (de bataille).

charily [ˈtʃɛərɪlɪ] *adv* prudemment, avec prudence *or* circonspection.

chariot [ˈtʃærɪət] *n* char *m*.

charioteer [ˌtʃærɪəˈtɪəʳ] *n* conducteur *m* de char, aurige *m*.

charisma [kæˈrɪzmə] *n* (*Rel*) charisme *m*; (*fig*) charisme, rayonnement *m*, magnétisme *m*.

charismatic [ˌkærɪzˈmætɪk] *adj* (*Rel*) charismatique; (*fig*) charismatique, plein de magnétisme.

charitable [ˈtʃærɪtəbl] *adj* *person, thought* charitable, généreux; *deed* de charité, charitable. ~ **institution** fondation *f* charitable.

charitably [ˈtʃærɪtəblɪ] *adv* charitablement.

charity [ˈtʃærɪtɪ] **1** *n* (a) (*U*) (*Christian virtue*) charité *f*; (*kindness*) charité, amour *m* du prochain. **for** ~**'s sake**, **out of** ~ par (pure) charité; (*Prov*) ~ **begins at home** charité bien ordonnée commence par soi-même (*Prov*); (*Rel*) **sister of C**~ sœur *f* de charité; *V* **cold**, **faith**.

(b) (*charitable action*) acte *m* de charité, action *f* charitable.

(c) (*U: alms*) charité *f*, aumône *f*. **to live on** ~ vivre d'aumônes; **to collect for** ~ faire une collecte pour une œuvre (charitable); **the proceeds go to** ~ les fonds recueillis sont versés à des œuvres.

(d) (*charitable society*) fondation *f* or institution *f* charitable, œuvre *f* de bienfaisance.

2 *cpd*: **charity sale** vente *f* de charité *or* de bienfaisance; (*Basketball*) **charity toss** lancer *m* franc.

charlady [ˈtʃɑːleɪdɪ] *n* (*Brit*) femme *f* de ménage.

charlatan [ˈʃɑːlətən] **1** *n* charlatan *m*. **2** *adj* charlatanesque.

Charlemagne [ˈʃɑːləmeɪn] *n* Charlemagne *m*.

Charles [tʃɑːlz] *n* Charles *m*.

charleston [ˈtʃɑːlstən] *n* charleston *m*.

charley horse* [ˈtʃɑːlɪhɔːs] *n* (*US*) crampe *f*, spasme *m*.

Charlie [ˈtʃɑːlɪ] *n* Charlot *m*. (*Brit*) **he must have looked a proper** ~!***** il a dû avoir l'air fin! *or* malin!*; (*Brit*) **I felt a right** ~!***** j'ai vraiment eu l'air idiot!

charlotte [ˈʃɑːlət] *n* (*Culin*) charlotte *f*. **apple** ~ charlotte aux pommes.

charm [tʃɑːm] **1** *n* (a) (*attractiveness*) charme *m*, attrait *m*. **a lady's** ~**s** les charmes d'une dame; **to have a lot of** ~ avoir beaucoup de charme; **to fall victim to the** ~**s of** se rendre aux charmes de.

(b) (*spell*) charme *m*, enchantement *m*, sortilège *m*. **to hold sb under a** ~ tenir qn sous le charme; **it works like a** ~ ça marche à merveille.

(c) (*amulet*) charme *m*, fétiche *m*, amulette *f*; (*trinket*) breloque *f*.

2 *cpd*: **charm bracelet** bracelet *m* à breloques; **charm school** cours *m* de maintien.

3 *vt* (*attract, please*) charmer, enchanter; (*cast spell on*) enchanter, ensorceler; *snakes* charmer. **to lead a** ~**ed life** être béni des dieux; **to** ~ **sth out of sb** obtenir qch de qn par le charme *or* en lui jetant du charme.

♦ **charm away** *vt sep* faire disparaître comme par enchantement *or* par magie. **to charm away sb's cares** dissiper les soucis de qn comme par enchantement *or* par magie.

charmer [ˈtʃɑːməʳ] *n* charmeur *m*, -euse *f*; *V* **snake**.

charming [ˈtʃɑːmɪŋ] *adj* charmant.

charmingly [ˈtʃɑːmɪŋlɪ] *adv* d'une façon charmante, avec (beaucoup de) charme. **a** ~ **simple dress** une robe d'une simplicité charmante.

charnel-house [ˈtʃɑːnlhaʊs] *n* ossuaire *m*, charnier *m*.

charr [tʃɑːʳ] n = **char³**.
chart [tʃɑːt] **1** n (a) (map) carte f (marine).
 (b) (graphs etc) graphique m, diagramme m, tableau m; (Med) courbe f. **temperature** ~ (sheet) feuille f de température; (line) courbe f de température.
 (c) (Mus) **the** ~**s** le hit-parade, le palmarès de la chanson; **in the** ~**s** au hit-parade; **to reach the** ~**s** figurer au hit-parade; **to top the** ~**s** être en tête du hit-parade.
 2 vt (a) (draw on map) route, journey porter sur la carte.
 (b) (on graph) sales, profits, results faire le graphique or la courbe de. **this graph** ~**s the progress made last year** ce graphique montre les progrès accomplis l'an dernier.
charter [tʃɑːtəʳ] **1** n (a) (document) charte f; [society, organization] statuts mpl, acte constitutif. **the C**~ **of the United Nations** la Charte des Nations Unies.
 (b) (U) [boat, plane, coach, train etc] affrètement m. **on** ~ **sous contrat d'affrètement.
 2 cpd: **charter flight** (vol m en) charter m; **to take a charter flight to Rome** aller à Rome en charter; (US) **charter member** membre fondateur; (Jur) **charter party** charte-partie f; **charter plane** charter m; **charter train** train m charter.
 3 vt (a) accorder une charte à, accorder un privilège (par une charte) à.
 (b) plane etc affréter.
chartered [tʃɑːtəd] adj (Brit, Can) ~ **accountant** expert-comptable m, comptable agréé (Can); ~ **company** société privilégiée; ~ **society** compagnie f à charte; ~ **surveyor** expert immobilier.
Chartist [tʃɑːtist] n (Hist) **the** ~**s** les chartistes mpl.
charwoman [tʃɑːwʊmən] n femme f de ménage.
chary [tʃɛərɪ] adj (a) (cautious) prudent, circonspect, avisé. **to be** ~ **of doing** hésiter à faire. (b) (stingy) économe, avare, peu prodigue (of de). **he is** ~ **of praise** il est avare de compliments.
chase¹ [tʃeɪs] **1** n (a) (action) chasse f, poursuite f. **to give** ~ **to** faire or donner la chasse à, poursuivre; **in** ~ **of** à la poursuite de; **the** ~ (Sport) la chasse (à courre); [huntsmen] la chasse, les chasseurs mpl; V **paper, steeple, wild** etc.
 (b) (game) gibier m; (enemy hunted) ennemi m (poursuivi).
 2 vt poursuivre, faire or donner la chasse à. **he** ~**d him down the hill** il l'a poursuivi jusqu'au bas de la colline; **go and** ~ **yourself!**‡ va te faire voir!‡
 3 vi (a) (lit, fig) **to** ~ **after sb** courir après qn.
 (b) (rush) **to** ~ **up/down/out** etc monter/descendre/sortir etc au grand galop; **to** ~ **about, to** ~ **here and there** galoper‡, courir à droite et à gauche.
◆**chase away, chase off 1** vi (‡) filer‡, se trotter‡.
 2 vt sep person, animal chasser, faire partir.
◆**chase up** vt sep information rechercher; sth already asked for réclamer. **to chase sb up for sth** rappeler à qn de faire (or donner etc) qch; **I'll chase it** (or him etc) **up for you** je vais essayer d'activer les choses.
chase² [tʃeɪs] vt (Tech) diamond enchâsser (in dans); silver ciseler; metal repousser; screw fileter.
chaser [tʃeɪsəʳ] n (a) [person, ship, plane] chasseur m. (b) (Tech) graveur m sur métaux; [screw] peigne m (à fileter). (c) (‡: drink) verre pris pour en faire descendre un autre.
chasm [kæzəm] n gouffre m, abîme m.
chassis [ʃæsɪ] n (Aut) châssis m; (Aviat) train m d'atterrissage; (US‡: body) châssis‡.
chaste [tʃeɪst] adj person chaste, pur; style sobre, simple, pur.
chastely [tʃeɪstlɪ] adv behave chastement; dress avec sobriété, simplement.
chasten [tʃeɪsn] vt (punish) châtier, corriger; (subdue) assagir, calmer; style châtier, épurer, corriger.
chastened [tʃeɪsnd] adj person assagi, calmé; style châtié.
chasteness [tʃeɪstnɪs] n (V **chaste**) chasteté f, pureté f; sobriété f, simplicité f.
chastening [tʃeɪsnɪŋ] adj thought qui fait réfléchir (à deux fois). **the accident had a very** ~ **effect on him** l'accident l'a fait réfléchir or l'a assagi.
chastise [tʃæs'taɪz] vt (punish) punir, châtier; (beat) battre, corriger.
chastisement [tʃæstɪzmənt] n (V **chastise**) punition f, châtiment m; correction f.
chastity [tʃæstɪtɪ] n chasteté f, pudeur f. ~ **belt** ceinture f de chasteté.
chasuble [tʃæzjʊbl] n chasuble f.
chat [tʃæt] **1** n causette f, brin m de conversation. **to have a** ~ bavarder, causer; **they were having a** ~ **in the corridor** ils bavardaient or causaient dans le couloir; **I must have a** ~ **with him about this** il faut que je lui en parle.
 2 cpd: (Brit TV) **chat show** causerie télévisée.
 3 vi bavarder, causer (with, to avec).
◆**chat up*** vt sep (Brit) baratiner*; (from sexual motive) baratiner*, faire du plat* à.
chattel [tʃætl] **1** npl: ~**s** (gen) biens mpl, possessions fpl; (Jur) biens meubles. **with all his goods and** ~ avec tout ce qu'il possède (or possédait etc). **2** cpd: (Jur, Fin) **chattel mortgage** nantissement m de biens meubles.
chatter [tʃætəʳ] **1** vi (a) (gen) bavarder, jacasser (pej); [children, monkeys] jacasser; [birds] jacasser, jaser.
 (b) [engines] cogner; [tools] brouter. **his teeth were** ~**ing** il claquait des dents.
 2 n [person] bavardage m; [birds, children, monkeys] jacassement m; [engines] cognement m; [tools] broutement m; [teeth] claquement m.
 3 cpd: **chatterbox** moulin m à paroles*, bavard(e) m(f); **to be a**

chatterbox avoir la langue bien pendue, être bavard comme une pie.
chatty* [tʃætɪ] adj person bavard; style familier, qui reste au niveau du bavardage; letter plein de bavardages.
Chaucerian [tʃɔː'sɪərɪən] adj de Chaucer, chaucérien.
chauffeur [ʃəʊfəʳ] n chauffeur m (de maître).
chauvinism [ʃəʊvɪnɪzəm] n (gen) chauvinisme m; (male ~) machisme m, phallocratie f.
chauvinist [ʃəʊvɪnɪst] **1** n (gen) chauvin(e) m(f); (male ~) macho m, phallocrate m. **2** adj (gen) chauvin; (male ~) macho* inv, machiste, de phallocrate. **male** ~ **pig** phallocrate m.
chauvinistic [ʃəʊvɪ'nɪstɪk] adj (gen) chauvin; (male ~) macho* inv, machiste, de phallocrate.
chaw [tʃɔː] (dial) = **chew**.
C.H.E. [si:eɪtʃ'i:] (abbr of **Campaign for Homosexual Equality**) campagne f pour l'égalité des homosexuels.
cheap [tʃiːp] **1** adj (a) (inexpensive) bon marché inv, peu cher (f peu chère); tickets à prix réduit; fare réduit; (Econ) money bon marché. **on the** ~ **buy, decorate** à bon marché, pour pas cher; (pej: too cheaply) au rabais, en faisant un minimum de dépenses; (Comm) **to come** or **be** ~**er** revenir or coûter moins cher; **it's** ~ **at the price** (Comm) c'est une occasion à ce prix-là; (fig) les choses auraient pu être pires; **a** ~**er coat** un manteau meilleur marché or moins cher; **the** ~**est coat** le manteau le meilleur marché or le moins cher; (Printing) ~ **edition** édition f populaire or bon marché; ~ **and cheerful** sans prétentions; V **dirt**.
 (b) (pej: of poor quality) de mauvaise qualité, de pacotille. **this stuff is** ~ **and nasty** c'est de la camelote*.
 (c) (fig pej: worthless) success, joke facile. **his behaviour was very** ~ il s'est très mal conduit; [woman] **to make o.s.** ~ être facile; **to feel** ~ avoir honte (about de).
 2 adv (not expensive) bon marché; (cut-price) au rabais.
 3 cpd: **cheapjack** (adj) de camelote; (US) **cheapshot*** (vt) débiner*, dénigrer.
cheapen [tʃiːpən] **1** vt baisser le prix de; (fig) déprécier. **to** ~ **o.s.** [woman] être facile; (gen) se déconsidérer. **2** vi baisser, devenir moins cher.
cheapie‡ [tʃiːpɪ] **1** adj pas cher. **2** n (ticket/meal etc) billet/repas etc cher.
cheaply [tʃiːplɪ] adv à bon marché, à bas prix, pour pas cher. (fig) **to get off** ~* s'en tirer à bon compte.
cheapness [tʃiːpnɪs] n (lit) bas prix m.
cheapskate‡ [tʃiːpskeɪt] n grigou* m, radin mf, avare mf.
cheat [tʃiːt] **1** vt (deceive) tromper, duper; (defraud) frauder; (swindle) escroquer; (fig) time etc tromper. **to** ~ **sb at cards** tromper qn aux cartes; **to** ~ **sb out of sth** escroquer qch à qn; **to** ~ **sb into doing sth** faire faire qch à qn en le trompant.
 2 vi (at cards, games) tricher (at à); (defraud) frauder. (US: be unfaithful to) **to** ~ **on sb*** tromper qn, être infidèle à qn.
 3 n (person) tricheur m, -euse f.
cheating [tʃiːtɪŋ] **1** n (at cards, games) tricherie f; (deceitful act) tromperie f; (fraud) fraude f; (swindle) escroquerie f. **2** adj tricheur.
check¹ [tʃek] **1** n = **cheque**. **2** cpd: **checkbook** carnet m de chèques, chéquier m.
check² [tʃek] **1** n (a) (setback) [movement] arrêt m brusque; [plans etc] empêchement m; (Mil) échec m, revers m; (pause, restraint) arrêt momentané, pause f, interruption f. **to hold** or **keep in** ~ (gen) emotions etc contenir, maîtriser; (Mil) tenir en échec; **to put a** ~ **on sth** mettre un frein à; **to act as a** ~ **upon** freiner; (US Pol) ~**s and balances** équilibre m des pouvoirs, mécanisme m d'équilibre.
 (b) (examination) [papers, passport, ticket] contrôle m; [luggage] vérification f; (at factory door) pointage m; (mark) marque f de contrôle. **to make a** ~ **on** contrôler, vérifier, pointer; **to keep a** ~ **on** surveiller; (US) ~**!** d'accord!, OK!*
 (c) (Chess) échec m. **in** ~ en échec; (excl) ~**!** échec au roi!
 (d) [left luggage] bulletin m de consigne; (Theat) contremarque f; [restaurant] addition f. (US fig) **to cash in one's** ~**s**‡ passer l'arme à gauche‡, mourir.
 2 cpd: (Aviat) **check-in** enregistrement m; (Aviat) **your check-in time is half-an-hour before departure** présentez-vous à l'enregistrement des bagages une demi-heure avant le départ; **check-list** (gen) liste f de contrôle; (Aviat) check-list f, (liste de) contrôle m; **checkmate** (n) (Chess) échec et mat m; (fig) échec total, fiasco m; (vt) (Chess) faire échec et mat à; (fig) person coincer*, mettre en déconfiture*; plans etc déjouer; (Comm) **check-out** caisse f (dans un libre-service); (in hotel) **check-out time** heure f limite d'occupation; (Aut, Mil, Sport) **checkpoint** contrôle m (poste); (Mil) **Checkpoint Charlie** checkpoint m Charlie; **checkroom** (US: cloakroom) vestiaire m; **checkup** (gen) contrôle m, vérification f; (Med) examen m médical, bilan m de santé, check-up m; (Med) **to go for** or **have a checkup** se faire faire un bilan (de santé).
 3 vt (a) (also US) ~ **out) (examine, verify)** accounts, figures, statement, quality etc vérifier; tickets, passports contrôler; (mark off) pointer, faire le pointage de; (tick off) cocher. **to** ~ **a copy against the original** vérifier une copie en se référant à l'original, collationner une copie avec l'original; **is it there? — hold on, I'll just** ~ ça y est? — attends, je vais vérifier.
 (b) (stop) enemy arrêter; advance enrayer; (restrain) excitement refréner, contenir; anger maîtriser, réprimer. **he was going to protest, but she** ~**ed him** il allait protester, mais elle l'a retenu; **to** ~ **o.s.** se contrôler, se retenir.
 (c) (rebuke) réprimander.
 (d) (Chess) faire échec à.
 (e) (US) coats (in cloakroom) mettre au vestiaire; (Rail) luggage (register) faire enregistrer; (left luggage) mettre à la consigne.
 4 vi (a) (pause) s'arrêter (momentanément).

(b) (also ~ out: confirm each other) [figures, stories] correspondre, s'accorder.
◆**check in 1** vi (in hotel) (arrive) arriver; (register) remplir une fiche (d'hôtel); (Aviat) se présenter à l'enregistrement.
 2 vt sep faire remplir une fiche (d'hôtel) à; (Aviat) enregistrer.
 3 check-in n, adj V **check² 2.**
◆**check off** vt sep pointer, cocher.
◆**check on** vt fus information, time etc vérifier. **to check on sb** voir ce que fait qn; **just go and check on the baby** va jeter un coup d'œil sur le bébé.
◆**check out 1** vi (a) (from hotel) régler sa note.
 (b) V **check² 4b.**
 (c) (‡euph: die) passer l'arme à gauche‡, mourir.
 2 vt sep **(a)** V **check² 3a.**
 (b) luggage retirer; person contrôler la sortie de; hotel guest faire payer sa note à.
 3 check-out n V **check² 2.**
◆**check over** vt sep examiner, vérifier.
◆**check up 1** vi se renseigner, vérifier. **to check up on sth** vérifier qch; **to check up on sb** se renseigner sur qn.
 2 checkup n V **check² 2.**
check³ [tʃek] **1** n (gen pl) ~s (pattern) carreaux mpl, damier m; (cloth) tissu m à carreaux; **broken** ~ pied-de-poule m. **2** cpd: **checked.**
checked [tʃekt] adj **(a)** tablecloth, suit, pattern à carreaux. **(b)** (Phon) ~ **vowel** voyelle entravée.
checker ['tʃekər] n (V **check² 3a**) vérificateur m, -trice f; contrôleur m, -euse f; (US: in supermarket) caissier m, -ière f; (US: in cloakroom) préposé(e) m(f) au vestiaire.
checkerboard ['tʃekəbɔːd] n (US) (Chess) échiquier m; (Checkers) damier m. ~ **pattern** motif m à damiers.
checkered ['tʃekəd] adj (US) = **chequered.**
checkers ['tʃekəz] npl (US) jeu m de dames.
checking ['tʃekɪŋ] **1** n (V **check² 3a**) vérification f (of, on de); contrôle m (of, on de). **2** cpd: (US Fin) **checking account** compte courant; **checking deposit** dépôt m à vue.
cheddar ['tʃedər] n (fromage de m de) cheddar m.
cheek [tʃiːk] **1** n (a) (Anat) joue f. ~ **by jowl** côte à côte; ~ **by jowl with** tout près de; **to dance** ~ **to** ~ danser joue contre joue; ~**bone** pommette f; V **tongue, turn.**
 (b) (*: impudence) toupet* m, culot* m. **to have the** ~ **to do** avoir le toupet* or le culot* de faire; **what (a)** ~!, **of all the** ~! quel culot!*, quel toupet!*
 2 vt (Brit*: also ~ up) person être insolent avec, narguer.
cheekily ['tʃiːkɪlɪ] adv effrontément, avec insolence.
cheekiness ['tʃiːkɪnɪs] n effronterie f, toupet* m, culot* m.
cheeky ['tʃiːkɪ] adj child effronté, insolent, culotté*; remark impertinent. ~ **child** petit(e) effronté(e) m(f); **you** ~ **monkey!**, **you** ~ **thing!** quel toupet!*
cheep [tʃiːp] **1** n [bird] piaulement m; [mouse] couinement m. **2** vi [bird] piauler; [mouse] couiner. **3** vt [person] couiner*.
cheer [tʃɪər] **1** n (a) ~s acclamations fpl, applaudissements mpl, hourras mpl, bravos mpl; **to give three** ~s **for** acclamer; **three** ~s **for** ...! un ban pour ...!, hourra pour ...!; **three** ~s! hourra!; **the children gave a loud** ~ les enfants ont poussé des acclamations; (esp Brit) ~s!* (your health!) à la vôtre!* (or à la tienne!*); (goodbye) au revoir!, tchao!*
 (b) (†: cheerfulness) gaieté f, joie f. **words of** ~ paroles fpl d'encouragement; **be of good** ~! prenez courage!
 (c) (†: food etc) chère f. **good** ~ bonne chère.
 2 cpd: (Sport) **cheer leader** meneur m (qui rythme les cris des supporters).
 3 vt **(a)** (also ~ up) person remonter le moral à, réconforter; room égayer.
 (b) (applaud) acclamer, applaudir.
 4 vi applaudir, pousser des vivats or des hourras.
◆**cheer on** vt sep person, team encourager (par des cris, des applaudissements).
◆**cheer up 1** vi (be gladdened) s'égayer, se dérider; (be comforted) prendre courage, prendre espoir. **cheer up!** courage!
 2 vt sep = **cheer 3a.**
cheerful ['tʃɪəfʊl] adj person, smile, conversation joyeux, gai, enjoué, plein d'entrain; place, appearance, colour gai, riant; prospect attrayant; news réconfortant, réjouissant, qui réjouit le cœur. (iro) **that's** ~! c'est réjouissant! (iro); V **cheap.**
cheerfully ['tʃɪəfʊlɪ] adv gaiement, joyeusement, avec entrain.
cheerfulness ['tʃɪəfʊlnɪs] n [person] bonne humeur f, gaieté f, entrain m; [smile, conversation] gaieté f [place] gaieté f, aspect riant or réjouissant.
cheerily ['tʃɪərɪlɪ] adv gaiement, joyeusement, avec entrain.
cheering ['tʃɪərɪŋ] **1** n (U) applaudissements mpl, acclamations fpl, hourras mpl. **2** adj news, sight réconfortant, réjouissant, qui remonte le moral.
cheerio* ['tʃɪərɪ'əʊ] excl (esp Brit) **(a)** (goodbye) au revoir!, salut!*, tchao!* **(b)** (your health) à la vôtre! (or à la tienne!).
cheerless ['tʃɪəlɪs] adj person, thing morne, sombre, triste.
cheery ['tʃɪərɪ] adj gai, joyeux.
cheese [tʃiːz] **1** n **(a)** Dutch ~ fromage de Hollande; (for photograph) **'say** ~' 'un petit sourire'; V **cottage, cream.**
 2 vt **(a)** (Brit) **to be** ~d **(off)**‡ en avoir marre*; **to be** ~d **off with sth**‡ en avoir marre de qch*.
 (b) (US) ~ **it!**‡ (look out) vingt-deux!‡; (run away) tire-toi!‡
 3 cpd sandwich au fromage. **cheese board** (dish) plateau m à fromage(s); (with cheeses on it) plateau de fromages; **cheeseburger** hamburger m au fromage; (U) **cheesecake** (Culin) flan m au fromage blanc; (*: fig) photo f (de fille) déshabillée; **cheesecloth** (for cheese) étamine f, mousseline f à fromage; (for clothes) toile f à

beurre; **cheese dip** (genre de) fondue f; **cheese dish** = **cheese board; cheeseparing** (n) économie(s) f(pl) de bouts de chandelles; (adj) person pingre, qui fait des économies de bouts de chandelles; attitude, action (de) rapiat*, pingre.
cheesy ['tʃiːzɪ] n **(a)** (lit) qui a un goût de fromage, qui sent le fromage. **(b)** (US‡: pej) moche*.
cheetah ['tʃiːtə] n guépard m.
chef [ʃef] n chef m (de cuisine).
cheiromancer ['kaɪərəmænsər] n = **chiromancer.**
cheiromancy ['kaɪərəmænsɪ] n = **chiromancy.**
Chekhov ['tʃekɒf] n Tchekhov m.
chemical ['kemɪkəl] **1** adj chimique. ~ **agent** agent m chimique; ~ **engineer** ingénieur m chimiste; ~ **engineering** génie m chimique; ~ **warfare** guerre f chimique; ~ **weapons** armes fpl chimiques. **2** n (gen pl) produit m chimique.
chemically ['kemɪkəlɪ] adv chimiquement.
chemise [ʃə'miːz] n (††: undergarment) chemise f (de femme); (dress) robe-chemisier f.
chemist ['kemɪst] n **(a)** (researcher etc) chimiste mf. **(b)** (Brit: pharmacist) pharmacien(ne) m(f). ~'s **shop** pharmacie f.
chemistry ['kemɪstrɪ] **1** n chimie f. (fig) **they work so well together because the** ~ **is right** ils travaillent très bien ensemble parce que le courant passe. **2** cpd: **chemistry set** panoplie f de chimiste.
chemotherapy [ˌkemoʊ'θerəpɪ] n chimiothérapie f.
chenille [ʃə'niːl] n (Tex) chenille f.
cheque, (US) **check** [tʃek] **1** n chèque m. ~ **for £10** chèque de 10 livres; ~ **in the amount of $10** chèque de 10 dollars; **to pay by** ~ payer par chèque; **bad** or **dud** ~ chèque sans provision or en bois*.
 2 cpd: **chequebook** carnet m de chèques, chéquier m; **chequebook journalism** pratique qui consiste à payer des sommes considérables pour obtenir les confidences exclusives de personnes impliquées dans une affaire; (Brit), **cheque card** carte f d'identité bancaire; V **traveller** etc.
chequered, (US) **checkered** ['tʃekəd] adj (lit) à carreaux, à damier; (fig) varié. **he had a** ~ **career** sa carrière a connu des hauts et des bas.
chequers ['tʃekəz] n jeu m de dames.
cherish ['tʃerɪʃ] vt person chérir, aimer; feelings, opinion entretenir; hope, illusions nourrir, caresser; memory chérir. **one of his** ~**ed dreams** l'un de ses rêves les plus chers.
cheroot [ʃə'ruːt] n petit cigare (à bouts coupés), cigarillo m.
cherry ['tʃerɪ] **1** n (fruit) cerise f; (also ~ **tree**) cerisier m. **wild** ~ (fruit) merise f; (tree) merisier m; V **bite.**
 2 cpd (colour) (rouge) cerise inv; (liter) lips vermeil; (Culin) pie, tart aux cerises. **cherry brandy** cherry-brandy m; **cherry orchard** cerisaie f; **cherry-red** (rouge) cerise inv.
cherub ['tʃerəb] n (a) pl ~s chérubin m, petit amour, petit ange. **(b)** (Rel) pl ~**im** chérubin m.
cherubic [tʃe'ruːbɪk] adj face de chérubin; child, smile angélique.
chervil ['tʃɜːvɪl] n cerfeuil m.
chess [tʃes] **1** n échecs mpl. **2** cpd: **chessboard** échiquier m; **chessman** pièce f (de jeu d'échecs); **chessplayer** joueur m, -euse f d'échecs.
chest¹ [tʃest] **1** n (box) coffre m, caisse f; (tea ~) caisse f. **2** cpd: **chest freezer** congélateur-bahut m; **chest of drawers** commode f; V **medicine, tool** etc.
chest² [tʃest] **1** n (Anat) poitrine f, cage f thoracique (Med frm). **to have a weak** ~ **être faible des bronches; to get something off one's** ~* déballer* ce qu'on a sur le cœur.
 2 cpd: **chest cold** rhume m de poitrine; **chest expander** extenseur m (pour développer les pectoraux); **chest infection** infection f des voies respiratoires; **chest pain** (U), **chest pains** douleurs fpl de poitrine; **chest specialist** spécialiste mf des voies respiratoires.
chesterfield ['tʃestəfiːld] n canapé m, chesterfield m.
chestnut ['tʃesnʌt] **1** n **(a)** châtaigne f; (Culin) châtaigne, marron m. (fig) **to pull sb's** ~s **out of the fire** tirer les marrons du feu pour qn; V **horse, Spanish, sweet.**
 (b) (also ~ **tree**) châtaignier m, marronnier m.
 (c) (horse) alezan m.
 (d) (*pej: old story) vieille histoire rabâchée, vieille blague* usée.
 2 adj: ~ **hair** cheveux châtains; ~ **horse** (cheval m) alezan m.
chesty ['tʃestɪ] adj (Brit) person fragile de la poitrine; cough de poitrine.
cheval glass [ʃə'vælglɑːs] n psyché f (glace).
chevron ['ʃevrən] n chevron m.
chew [tʃuː] **1** vt mâcher, mastiquer. **to** ~ **tobacco** chiquer; (lit, fig) **to** ~ **the cud** ruminer; **to** ~ **the fat**‡ or **the rag**‡ tailler une bavette*; ~**ing gum** chewing-gum m. **2** n mâchement m, mastication f; [tobacco] chique f.
◆**chew on** vt fus (fig) facts, problem tourner et retourner.
◆**chew out** vt sep engueuler.
◆**chew over** vt sep problem etc (think over) tourner et retourner; (discuss) discuter de.
◆**chew up** vt sep mâchonner, mâchouiller*.
chewy ['tʃuːɪ] adj (pej) difficile à mâcher. ~ **toffee** caramel mou.
chiaroscuro [kɪˌɑːrəs'kʊərəʊ] n clair-obscur m.
chiasma [kaɪ'æzmə] n, pl **chiasmata** [kaɪ'æzmətə] (Anat) chiasma m, chiasme m.
chic [ʃiːk] **1** adj chic inv, élégant. **2** n chic m, élégance f.
chicanery [ʃɪ'keɪnərɪ] n (legal trickery) chicane f; (false argument) chicane, chicanerie f.
Chicano [tʃɪ'kɑːnəʊ] n (US) Mexicain(e)-Américain(e) m(f), Chicano mf.
chichi* ['ʃiːʃiː] adj (US: too stylish) trop recherché.
chick [tʃɪk] **1** n **(a)** (chicken) poussin m; (nestling) oisillon m (qui vient d'éclore); V **day.**

(b) (‡: *child*) poulet* *m*, coco* *m*. **come here** ∼! viens ici mon coco! *or* mon petit poulet!

(c) (*US**: *girl*) pépée‡ *f*, poulette‡ *f*.

2 *cpd*: **chick pea** pois *m* chiche; **chickweed** mouron blanc *or* des oiseaux.

chickadee ['tʃɪkə,di:] *n* mésange *f* à tête noire.

chicken ['tʃɪkɪn] **1** *n* poulet(te) *m(f)*; (*very young*) poussin *m*; (*Culin*) poulet. (*pej*) **she's no (spring)** ∼!* elle n'est plus toute jeune *or* de la première jeunesse; (*fig*) **which came first, the** ∼ **or the egg?** quelle est la cause et quel est l'effet? allez savoir!; V **count**[1].

2 *adj* (*pej: *cowardly*) froussard*. **to play** ∼ jouer au premier qui se dégonfle*.

3 *cpd*: **chicken farmer** éleveur *m* avicole *or* de volailles, volailleur *m*; **chicken farming** élevage *m* avicole *or* de volailles; **chicken feed** (*lit*) nourriture *f* pour volaille; (*pej: *insignificant sum*) somme *f* dérisoire, bagatelle *f*; **chicken-hearted** peureux; **chicken liver** foie(s) *m(pl)* de volaille; **chickenpox** varicelle *f*; **chicken run** poulailler *m*; **chicken wire** grillage *m*.

♦**chicken out**‡ *vi* se dégonfler*.

chicory ['tʃɪkərɪ] *n* [*coffee*] chicorée *f*; [*salads*] endive *f*.

chide [tʃaɪd] *pret* **chid** [tʃɪd] *or* **chided**, *ptp* **chidden** ['tʃɪdn] *or* **chided** *vt* gronder, réprimander.

chief [tʃi:f] **1** *n* (a) (*gen*, *Her*) chef *m*. (*principally*) **in** ∼ principalement, surtout; ∼ **of police** ≃ préfet *m* (de police); (*Mil*) ∼ **of staff** chef d'état-major; (*US*) (**White House**) **C**∼ **of Staff** secrétaire *m* général (de la Maison Blanche); ∼ **of state** chef d'État; V **commander, lord**.

(b) (*: *boss*) patron *m*. **yes,** ∼! oui, chef! *or* patron!

2 *adj* principal, en chef. ∼ **assistant** premier assistant; (*Brit Police*) ∼ **constable** ≃ directeur *m* (de police); (*Scol*) ∼ **education officer** ≃ recteur *m* d'académie; (*Naut*) ∼ **engineer** ingénieur *m* en chef; **C**∼ **Executive** (*Brit: local government*) directeur *m*; (*US Pol*) chef *m* de l'Exécutif, président *m* des États-Unis; (*US Ind, Comm*) ∼ **executive officer** directeur général; ∼ **inspector** (*gen*) inspecteur principal *or* en chef; (*Brit Police*) commandant *m* (des gardiens de la paix); (*Brit Scol*) ∼ **inspector of schools** ≃ inspecteur général; (*US Aviat*) ∼ **master sergeant** major *m*; (*Naut*) ∼ **petty officer** ≃ maître *m*; ∼ **priest** archiprêtre *m*; ∼ **rabbi** grand rabbin; (*US Scol*) ∼ **state school officer** ≃ recteur *m* d'académie; (*Brit Police*) ∼ **superintendent** ≃ commissaire *m* divisionnaire; ∼ **town** chef-lieu *m*; (*Mil*) ∼ **warrant officer** adjudant *m* chef; V **lord**.

chiefly ['tʃi:flɪ] *adv* principalement, surtout.

chieftain ['tʃi:ftən] *n* chef *m* (*de clan, de tribu*).

chiffchaff ['tʃɪf,tʃæf] *n* pouillot *m* véloce.

chiffon ['ʃɪfɒn] **1** *n* mousseline *f* de soie. **2** *adj* **dress** en mousseline (de soie).

chignon ['ʃi:njɔ̃:ŋ] *n* chignon *m*.

chilblain ['tʃɪlbleɪn] *n* engelure *f*.

child [tʃaɪld] *pl* **children** **1** *n* (a) enfant *mf*. **when still a** ∼, **he** ... tout enfant, il ...; **don't be such a** ∼ ne fais pas l'enfant; **she has 3 children** elle a 3 enfants; **to be with** ∼† être enceinte.

(b) (*fig*) produit *m*, fruit *m*. **the** ∼ **of his imagination** le produit *or* le fruit de son imagination; V **brain**.

2 *cpd labour* des enfants; *psychology*, *psychiatry* de l'enfant, infantile; *psychologist*, *psychiatrist* pour enfants. (*Jur*) **child abduction** enlèvement *m* d'enfant; **child abuse** *or* **battering** mauvais traitements *m* à enfant; (*U*) **childbearing** maternité *f*; **constant childbearing** accouchements répétés, grossesses répétées; **of childbearing age** en âge d'avoir des enfants; **in childbed**† en couches; **childbirth** accouchement *m*; **in childbirth** en couches; **child care** protection *f* infantile *or* de l'enfance, assistance *f* à l'enfance; (*US*) **child care center** crèche *f*, garderie *f*; **child guidance** hygiène sociale de l'enfance; **child guidance centre** *or* **clinic** centre *m* psycho-pédagogique; **childlike** d'enfant, innocent, pur; [*door*] **child lock** serrure *f* de sécurité enfants; (*Brit*) **child minder** gardienne *f* d'enfants (en bas âge); (*Brit*) **child minding** garde *f* d'enfants (en bas âge); **child prodigy** enfant *mf* prodige; **childproof** *door etc* sans danger pour les enfants; **childproof (door) lock** serrure *f* de sécurité enfants; **the house is childproof** (*safe*) la maison est sans danger pour les enfants; (*cannot be damaged*) les enfants ne peuvent rien abîmer dans la maison; (*fig*) **it's child's play** c'est enfantin, c'est un jeu d'enfant (*to sb* pour qn); **child welfare** protection *f* de l'enfance; **Child Welfare Centre** centre *m* *or* service *m* de protection de l'enfance.

childhood ['tʃaɪldhʊd] *n* enfance *f*. **in his** ∼ **he** ... tout enfant il ...; V **second**.

childish ['tʃaɪldɪʃ] *adj* (a) (*slightly pej*) *behaviour* puéril (*pej*), d'enfant, enfantin. ∼ **reaction** réaction puérile; **don't be so** ∼ ne fais pas l'enfant; **he was very** ∼ **about it** il s'est montré très puéril à ce sujet.

(b) *ailment*, *disease* infantile. ∼ **games** jeux *mpl* d'enfants.

childishly ['tʃaɪldɪʃlɪ] *adv think, say* comme un enfant, puérilement; *behave* en enfant, comme un enfant.

childishness ['tʃaɪldɪʃnɪs] *n* (*slightly pej*) puérilité *f*, enfantillage *m*.

childless ['tʃaɪldlɪs] *adj* sans enfants.

children ['tʃɪldrən] *npl of* **child**.

Chile ['tʃɪlɪ] *n* Chili *m*.

Chilean ['tʃɪlɪən] **1** *adj* chilien. **2** *n* Chilien(ne) *m(f)*.

chili ['tʃɪlɪ] *n* (*Brit*) piment *m* (rouge). ∼ **con carne** bœuf haché aux piments et haricots rouges.

chill [tʃɪl] **1** *n* (a) fraîcheur *f*, froid *m*. **there's a** ∼ **in the air** il fait assez frais *or* un peu froid; **to take the** ∼ **off** *wine* chambrer; *water* dégourdir; *room* réchauffer un peu.

(b) (*fig*) froid *m*, froideur *f*. **to cast a** ∼ **over** jeter un froid sur;

there was a certain ∼ in the way she looked at me il y avait une certaine froideur dans sa façon de me regarder; **it sent a** ∼ **down my spine** j'en ai eu un frisson dans le dos; **he felt a certain** ∼ **as he remembered** ... il a eu un *or* le frisson en se rappelant ... .

(c) (*Med*) refroidissement *m*, coup *m* de froid. **to catch a** ∼ prendre froid, prendre un refroidissement.

2 *adj* frais (*f* fraîche), froid, (*fig*) froid, glacial, glacé.

3 *vt* (a) (*lit*) *person* faire frissonner, donner froid à; *wine, melon* (faire) rafraîchir; *champagne* frapper; *meat* frigorifier, réfrigérer; *dessert* mettre au frais; *plant* geler; (*Tech*) tremper en coquille. **to be** ∼**ed to the bone** *or* **marrow** être transi jusqu'aux os *or* jusqu'à la moelle.

(b) (*fig*) *enthusiasm* refroidir. **to** ∼ **sb's blood** glacer le sang de qn; V **spine**.

4 *vi* [*wine*] rafraîchir.

chilli ['tʃɪlɪ] *n* = **chili**.

chill(i)ness ['tʃɪl(ɪ)nɪs] *n* (*cold*) froid *m*; (*coolness*) fraîcheur *f*; (*fig*) froideur *f*.

chilling ['tʃɪlɪŋ] *adj* *wind* frais, froid; *look* froid, glacial, glacé; *thought* qui donne le frisson.

chilly ['tʃɪlɪ] *adj* *person* frileux; *weather, wind* froid, très frais (*f* fraîche); *manner, look, smile* glacé, froid. [*person*] **to feel** ∼ avoir froid; **it's rather** ∼ il fait frais *or* frisquet*.

chime [tʃaɪm] **1** *n* carillon *m*. **to ring the** ∼s carillonner; **a** ∼ **of bells** un carillon.

2 *vi* [*bells, voices*] carillonner; [*clock*] sonner.

3 *vt* *bells, hours* sonner.

♦**chime in** *vi* (*fig*) [*person*] faire chorus. **he chimed in with another complaint** il a fait chorus pour se plaindre à son tour.

chimera [kaɪˈmɪərə] *n* chimère *f*.

chimerical [kaɪˈmerɪkəl] *adj* chimérique.

chimney ['tʃɪmnɪ] **1** *n* (*Archit, Geog, Naut, Sport*) cheminée *f*; [*lamp*] verre *m*.

2 *cpd*: **chimney breast** manteau *m* de (la) cheminée; (*Climbing*) **chimney-climbing** ramonage *m*; **chimney corner** coin *m* du feu; **chimneypiece** (*dessus m or* tablette *f* de) cheminée *f*; **chimney pot** tuyau *m* de cheminée; **chimney-pot hat*** tuyau *m* de poêle*; **chimney stack** (*group of chimneys*) souche *f* de cheminée; [*factory*] tuyau *m* de cheminée (d'usine); **chimney sweep** ramoneur *m*.

chimp* [tʃɪmp] *n* = **chimpanzee**.

chimpanzee [,tʃɪmpænˈziː] *n* chimpanzé *m*.

chin [tʃɪn] **1** *n* menton *m*. **to keep one's** ∼ **up*** tenir bon, tenir le coup*; (**keep your**) ∼ **up!*** courage!, du cran!*; (*fig*) **to take it on the** ∼* encaisser*; V **double**.

2 *cpd*: **chin-chin!*** tchin-tchin!*; **chinstrap** jugulaire *f* (*de casque etc*); (*US Sport*) **to do chin-ups** faire des tractions à la barre fixe; **chinwag**‡ causerie *f*; **to have a chinwag**‡ tailler une bavette*, papoter.

3 *vi* (*US) bavarder.

China ['tʃaɪnə] **1** *n* Chine *f*. **2** *cpd*: (*pej*) **Chinaman** Chinois *m*, Chin(e)toque‡ *m* (*pej*); **China Sea** mer *f* de Chine; **China tea** thé *m* de Chine; **Chinatown** le quartier chinois (*d'une ville*).

china ['tʃaɪnə] **1** *n* (*U: material, dishes*) porcelaine *f*. **a piece of** ∼ une porcelaine; V **bone**. **2** *cpd cup, figure* de *or* en porcelaine. **china cabinet** dressoir *m*; **china clay** kaolin *m*; **china industry** industrie *f* de la porcelaine; (*U*) **chinaware** (*objets mpl* de) porcelaine *f*.

chinchilla [tʃɪnˈtʃɪlə] *n* chinchilla *m*. ∼ **coat** manteau *m* de chinchilla.

Chinese [tʃaɪˈniːz] **1** *adj* chinois. ∼ **lantern** lanterne vénitienne; ∼ **gooseberry** kiwi *m* (*fruit*); ∼ **leaves** bette *f*; ∼ **puzzle** casse-tête *m* *inv* chinois; ∼ **white** blanc *m* de zinc. **2** *n* (a) (*pl inv*) Chinois(e) *m(f)*. (b) (*Ling*) chinois *m*.

chink[1] [tʃɪŋk] *n* (*slit, hole*) [*wall*] fente *f*, fissure *f*; [*door*] entrebâillement *m*. (*fig*) **the** ∼ **in the armour** le défaut de la cuirasse, le point faible *or* sensible.

chink[2] [tʃɪŋk] **1** *n* (*sound*) tintement *m* (*de verres, de pièces de monnaie*). **2** *vt* faire tinter. **3** *vi* tinter.

Chink‡ [tʃɪŋk] *n* (*pej*) Chin(e)toque‡ *mf* (*pej*).

chinning ['tʃɪnɪŋ] *adj* (*Sport*) ∼ **bar** barre *f* fixe.

chintz [tʃɪnts] *n* (*Tex*) chintz *m*. ∼ **curtains** rideaux *mpl* de chintz.

chintzy ['tʃɪntsɪ] *adj* (a) *style* rustique. (b) (‡*US: mean*) moche*, mesquin.

chip [tʃɪp] **1** *n* (a) (*gen*) fragment *m*; [*wood*] copeau *m*, éclat *m*; [*glass, stone*] éclat; (*Electronics*) microplaquette *f*. **he's a** ∼ **off the old block*** c'est bien le fils de son père; **to have a** ∼ **on one's shoulder** être aigri; **to have a** ∼ **on one's shoulder because** ... n'avoir jamais digéré le fait que*...; (*Naut sl*) **C**∼s charpentier *m*; V **polystyrene**.

(b) (*Culin*) ∼s (*Brit*) (pommes *fpl* de terre) frites *fpl*; (*US*) chips *mpl*.

(c) (*Comput*) puce *f*, pastille *f*.

(d) (*break*) [*stone, crockery, glass*] ébréchure *f*; [*furniture*] écornure *f*. **this cup has a** ∼ cette tasse est ébréchée.

(e) (*Poker etc*) jeton *m*, fiche *f*. (*fig*) **to pass in** *or* **hand in** *or* **cash in one's** ∼s* passer l'arme à gauche*; **he's had his** ∼s‡ il est cuit* *or* fichu*; **when the** ∼s **are down*** dans les moments cruciaux; (*US*) **in the** ∼s‡ plein aux as‡.

(f) (*Golf*) coup coché.

2 *cpd*: **chip basket** panier *m* à frites; **chipboard** (*US*) carton *m*; (*Brit*) panneau *m* de particules.

3 *vt* (a) (*damage*) *cup, plate* ébrécher; *furniture* écorner; *varnish, paint* écailler; *stone* écorner, enlever un éclat de. **to** ∼ **wood** faire des copeaux; **the chicken** ∼ped **the shell open** le poussin a cassé sa coquille.

(b) (*Brit*) *vegetables* couper en lamelles. ∼ped **potatoes** (pommes *fpl* de terre) frites *fpl*.

(c) (*cut deliberately*) tailler.

(d) (*Golf*) **to ~ the ball** cocher.
4 *vi* (*V* **3a**) s'ébrécher; s'écorner; s'écailler.
◆**chip at** *vt fus* **(a)** *stone etc* enlever des éclats de. **(b)** (*: make fun of*) se ficher de*.
◆**chip away 1** *vi* [*paint etc*] s'écailler. (*fig*) **to chip away at** *sb's authority, lands* réduire petit à petit; *law, decision* réduire petit à petit la portée de.
2 *vt sep paint etc* enlever or décaper petit à petit (*au couteau etc*).
◆**chip in** *vi* **(a)** (*: interrupt*) dire son mot, mettre son grain de sel*.
(b) (*: contribute*) contribuer, souscrire (*à une collecte etc*). **he chipped in with 10 francs** il y est allé de (ses) 10 F*.
◆**chip off** = **chip away**.
chipmunk ['tʃɪpmʌŋk] *n* tamia *m*, suisse *m* (*Can*).
chipolata [tʃɪpə'lɑːtə] *n* (*Brit*) chipolata *f*.
chippings ['tʃɪpɪŋz] *npl* gravillons *mpl*. '**loose ~**' 'attention gravillons'.
chiromancer ['kaɪərəmænsər] *n* chiromancien(ne) *m(f)*.
chiromancy ['kaɪərəmænsɪ] *n* chiromancie *f*.
chiropodist [kɪ'rɒpədɪst] *n* (*Brit*) pédicure *mf*.
chiropody [kɪ'rɒpədɪ] *n* (*Brit*) (*science*) podologie *f*; (*treatment*) soins *mpl* du pied, traitement *m* des maladies des pieds.
chiropractic ['kaɪərəpræktɪk] *n* (*U*) chiropraxie *f*, chiropractie *f*.
chiropractor ['kaɪərəpræktər] *n* chiropracteur *m*.
chirp [tʃɜːp] **1** *vi* **(a)** [*birds*] pépier, gazouiller; [*crickets*] chanter, striduler (*liter*). **(b)** (*: slightly pej*) [*person*] pépier, couiner* (*pej*).
2 *n* [*birds*] pépiement *m*, gazouillis *m*; [*crickets*] chant *m*, stridulation *f*; [*person*] murmure *m*. **not a ~ from you!** je ne veux pas t'entendre!, je ne veux pas entendre un seul murmure!
chirpy* ['tʃɜːpɪ] *adj person* gai, de bonne humeur; *voice, mood* gai.
chirrup ['tʃɪrəp] = **chirp**.
chisel ['tʃɪzl] **1** *n* [*carpenter, sculptor, silversmith*] ciseau *m*; [*stonemason*] burin *m*; (*blunt ~*) matoir *m*; (*hollow ~*) gouge *f*; (*mortise ~*) bédane *m*; (*roughing-out ~*) ébauchoir *m*; *V* **cold**.
2 *vt* **(a)** ciseler; (*Engraving*) buriner. **~led features** traits burinés; **finely ~led features** traits finement ciselés.
(b) (*: swindle*) *thing* resquiller; *person* rouler*, posséder‡. **to ~ sb out of sth** carotter* qch à qn.
chiseller‡, (*US*) **chiseler‡** ['tʃɪzlər] *n* (*crook*) escroc *m*, filou *m*; (*scrounger*) resquilleur *m*, -euse *f*.
chit¹ [tʃɪt] *n*: **she's a mere ~ of a girl** ce n'est qu'une gosse* or une gamine* or une mioche*.
chit² [tʃɪt] *n* (*gen*) bulletin *m* de livraison; (*receipt*) reçu *m*; (*note*) note *f*.
chitchat ['tʃɪttʃæt] *n* bavardage *m*.
chitterlings ['tʃɪtəlɪŋz] *npl* tripes *fpl* (de porc).
chitty ['tʃɪtɪ] *n* = **chit²**.
chiv‡ [tʃɪv] *n* surin‡ *m*, couteau *m*.
chivalresque [ʃɪvəl'resk] *adj*, **chivalric** [ʃɪ'vælrɪk] *adj* chevaleresque.
chivalrous ['ʃɪvəlrəs] *adj* (*courteous*) chevaleresque; (*gallant*) galant.
chivalrously ['ʃɪvəlrəslɪ] *adv* (*V* **chivalrous**) de façon chevaleresque; galamment.
chivalry ['ʃɪvəlrɪ] *n* **(a)** chevalerie *f*. **the rules/the age of ~** les règles *fpl*/l'âge *m* de la chevalerie; (*hum*) **the age of ~ is not dead** on sait encore être galant aujourd'hui.
(b) (*quality*) qualités *fpl* chevaleresques; (*gallantry*) galanterie *f*.
(c) (*collective: Hist: knights*) chevalerie *f*.
chive [tʃaɪv] *n* (*gen pl*) ciboulette *f*, civette *f*.
chivvy* ['tʃɪvɪ] *vt* (*Brit*) **(a)** (*also ~ along*) *person, animal* chasser, pourchasser. **(b)** (*pester*) ne pas laisser la paix à. **she chivvied him into writing the letter** elle l'a harcelé jusqu'à ce qu'il écrive la lettre.
◆**chivvy about*** *vt sep person* harceler, tarabuster.
◆**chivvy up*** *vt sep person* faire activer.
chloral ['klɔːrəl] *n* chloral *m*.
chlorate ['klɔːreɪt] *n* chlorate *m*.
chloric ['klɔːrɪk] *adj* chlorique. **~ acid** acide *m* chlorique.
chloride ['klɔːraɪd] *n* chlorure *m*. **~ of lime** chlorure de chaux.
chlorinate ['klɒrɪneɪt] *vt water* javelliser; (*Chem*) chlorurer.
chlorination [klɒrɪ'neɪʃən] *n* [*water*] javellisation *f*.
chlorine ['klɔːriːn] *n* chlore *m*.
chloroform ['klɒrəfɔːm] **1** *n* chloroforme *m*. **2** *vt* chloroformer.
chlorophyll ['klɒrəfɪl] *n* chlorophylle *f*.
choc* [tʃɒk] *n* (*abbr of* **chocolate**) choco‡ *m*. **~-ice** esquimau *m*.
chock [tʃɒk] **1** *n* [*wheel*] cale *f*; [*barrel*] cale, chantier *m*; (*Naut*) chantier, cale.
2 *vt wheel* caler; (*Naut*) mettre sur le chantier or sur cales.
3 *cpd*: **chock-a-block**, **chock-full** *basket, pan, box* plein à déborder (*with, of* de); *room* plein à craquer (*with, of* de), comble.
chocolate ['tʃɒklɪt] **1** *n* chocolat *m*. (*drinking*) **~** chocolat; **a ~** un chocolat, une crotte au chocolat; *V* **dessert, milk, plain** *etc*.
2 *cpd* (*made of ~*) en chocolat; (*with ~ in it, flavoured with ~*) au chocolat, chocolaté; (*colour*) chocolat *inv*. **chocolate biscuit** biscuit or petit gâteau au chocolat; **chocolate chip cookie** biscuit *m* aux perles de chocolat; **chocolate eclair** éclair *m* au chocolat.
choice [tʃɔɪs] **1** *n* **(a)** (*act or possibility of choosing*) choix *m*. **to make a ~** faire un choix, choisir; **to take one's ~** faire son choix; **to have no ~** ne pas avoir le choix; **be careful in your ~** faites attention en choisissant; **let me have a free ~** il n'a pas été libre de choisir; **to have a very wide ~** avoir l'embarras du choix; **he had no ~ but to obey** il ne pouvait qu'obéir; **it's Hobson's ~** c'est à prendre ou à laisser; **from or for ~** de or par préférence; **he did it from ~** il l'a fait de son propre choix, il a choisi de le faire; **the house/girl of his (own) ~** la maison/fille de son (propre) choix.
(b) (*thing or person chosen*) choix *m*. **this book would be my ~** c'est ce livre que je choisirais.

(c) (*Comm etc: variety to choose from*) choix *m*, variété *f*. **a wide ~ of dresses** un grand choix de robes.
2 *adj* **(a)** (*Comm*) *goods, fruit* de choix. **~st** de premier choix.
(b) *word, phrase* bien choisi, approprié.
choir ['kwaɪər] **1** *n* **(a)** (*Mus*) chœur *m*, chorale *f*; (*Rel*) chœur, maîtrise *f*. **to sing in the ~** faire partie du chœur or de la chorale, chanter dans la maîtrise.
(b) (*Archit, Rel*) chœur *m*.
2 *vti* chanter en chœur.
3 *cpd*: **choirboy** jeune choriste *m*, petit chanteur; **choir master** (*Mus*) chef *m* de(s) chœur(s); (*Rel*) maître *m* de chapelle; **choir organ** petit orgue; (*keyboard*) positif *m*; **to go to choir practice** aller à la chorale; **choir school** maîtrise *f*, manécanterie *f* (*rattachée à une cathédrale*); **choir-stall** stalle *f* (du chœur).
choke [tʃəʊk] **1** *vt* **(a)** *person, voice, breathing* étrangler. **to ~ the life out of sb** étrangler qn; **in a voice ~d with sobs** d'une voix étranglée par les sanglots.
(b) (*fig*) *fire* étouffer; *pipe, tube* boucher, obstruer, engorger. **flowers ~d by weeds** fleurs étouffées par les mauvaises herbes; **street ~d with traffic** rue engorgée or embouteillée.
2 *vi* étouffer, s'étrangler. **she ~d with anger** la rage l'étouffait, elle étouffait de rage; **he was choking with laughter** il s'étranglait de rire.
3 *n* (*Aut*) starter *m*; (*Rad*) bobine *f* de réactance, inductance *f* de protection.
◆**choke back** *vt sep feelings* réprimer, étouffer, contenir; *tears* refouler; *words* contenir.
◆**choke down** *vt sep rage* contenir; *sobs* ravaler, étouffer.
◆**choke off** *vt sep* (*fig*) *suggestions etc* étouffer (dans l'œuf); *discussion* empêcher; *person* envoyer promener*.
◆**choke up 1** *vi* s'engorger, se boucher.
2 *vt sep pipe, drain* engorger, obstruer, boucher.
choker ['tʃəʊkər] *n* **(a)** (*scarf*) foulard *m*, écharpe *f*; (*necktie*) cravate *f*; (*collar*) col droit; (*necklace*) collier *m* (de chien). **(b)** (‡) argument *m* massue. **that's a ~!** ça vous la boucle!‡
choking ['tʃəʊkɪŋ] *n* (*Med*) suffocation *f*.
cholera ['kɒlərə] *n* choléra *m*.
choleric ['kɒlərɪk] *adj* colérique, coléreux.
cholesterol [kə'lestərɒl] *n* cholestérol *m*.
Chomskyan ['tʃɒmskɪən] *adj* chomskyen, de Chomsky.
choose [tʃuːz] *pret* **chose**, *ptp* **chosen 1** *vt* **(a)** (*select*) choisir, faire choix de; (*elect*) élire. **which will you ~?** lequel choisirez-vous?; **they chose a president** ils ont élu un président; **he was chosen leader** ils l'ont pris pour chef; **the chosen (people)** les élus *mpl*; **there is nothing to ~ between them** ils se valent; (*pej*) ils ne valent pas mieux l'un que l'autre; **in a few (well-)chosen words** en quelques mots choisis.
(b) (*decide, judge bon* (*to do* de faire), vouloir (*to do* faire). **he chose not to speak** il a jugé bon de se taire, il a préféré se taire; **I didn't ~ to do so** (*decided not to*) j'ai décidé de ne pas le faire; (*did it unwillingly*) je ne l'ai pas fait de mon propre choix.
2 *vi* choisir. **as you ~** comme vous voulez or l'entendez, à votre gré; **if you ~** si cela vous dit; **he'll do it when he ~s** il le fera quand il voudra or quand ça lui plaira; **to ~ between/among** faire un choix entre/parmi; **there's not much to ~ from** il n'y a pas tellement de choix.
choos(e)y* ['tʃuːzɪ] *adj person* difficile (à satisfaire). **I'm not ~** ça m'est égal; **you can't be ~ in your position** votre situation ne vous permet pas de faire le difficile; **I'm ~ about the people I go out with** je ne sors pas avec n'importe qui.
chop¹ [tʃɒp] *n* **(a)** (*Culin*) côtelette *f*. **mutton/pork ~** côtelette de mouton/de porc; *V* **loin**.
(b) (*blow*) coup *m* (de hache *etc*). **to get the ~*** [*employee*] se faire sacquer* or virer*; [*project*] être annulé.
(c) (*Tennis*) volée coupée or arrêtée.
2 *cpd*: **chop-chop‡** (*adv*) en moins de deux*; (*excl*) au trot!*, et que ça saute!*; **chophouse** (petit) restaurant *m*, gargote *f* (*pej*); **chopping block** billot *m*; **chopping board** planche *f* à hacher; **chopping knife** hachoir *m* (*couteau*); **chopsticks** baguettes *fpl* (*pour manger*).
3 *vt* **(a)** trancher, couper (*à la hache*). **to ~ wood** couper or casser du bois (*à la hache*); **to ~ one's way through** se frayer un chemin à coups de hache à travers; (*fig*: cancel*) **to ~ a project** annuler un projet.
(b) (*Culin*) *meat, vegetables* hacher.
(c) (*Sport*) *ball* couper.
◆**chop at** *vt fus person etc* essayer de frapper; (*with axe*) *wood* taillader (*à la hache*).
◆**chop down** *vt sep tree* abattre.
◆**chop off** *vt sep* trancher, couper. **they chopped off his head** on lui a tranché la tête.
◆**chop up** *vt sep* hacher, couper en morceaux; (*Culin*) hacher menu.
chop² [tʃɒp] *n* (*Culin*) [*pork*] joue *f*. **~s** (*jaws of animals*) mâchoires *fpl*; (*cheeks*) joues; [*person*] bajoues *fpl*; (*Tech*) [*vice*] mâchoires; **to lick one's ~s** se lécher or se pourlécher les babines.
chop³ [tʃɒp] **1** *vi* **(a)** (*Naut*) [*wind*] varier; [*waves*] clapoter.
(b) (*fig*) **to ~ and change** changer constamment d'avis; **he's always ~ping and changing** c'est une vraie girouette, il ne sait pas ce qu'il veut. **2** *vt* (*pej*) **to ~ logic** ergoter, discutailler.
chop⁴‡ [tʃɒp] *n* nourriture *f*, bouffe‡ *f*.
chopper ['tʃɒpər] **1** *n* **(a)** (*for cutting*) couperet *m*, hachoir *m*; (*Agr*) coupe-racines *m* inv. **(b)** (‡: *helicopter*) hélicoptère *m*, hélico* *m*, banane‡ *f*; (**US: motorcycle*) chopper *m*; (*Brit : cycle*) vélo *m* à haut guidon.
2 *vi* (‡*US : go by helicopter*) se rendre en hélicoptère (*to* à).
choppy ['tʃɒpɪ] *adj lake* clapoteux; *sea* un peu agité; *wind* variable.

chop suey [tʃɒpˈsuːɪ] *n* chop suey *m* (*sorte de ragoût en cuisine sino-américaine*).

choral [ˈkɔːrəl] *adj* choral, chanté en chœur. ~ **society** chorale *f*.

chorale [kɒˈrɑːl] *n* choral *m*.

chord [kɔːd] *n* (*Anat, Geom: also of harp etc*) corde *f*; (*Mus*) accord *m*. (*fig*) **to touch the right** ~ toucher la corde sensible; *V* **vocal**.

chore [tʃɔːr] *n* (*everyday*) travail *m* de routine; (*unpleasant*) corvée *f*. **the** ~**s** les travaux du ménage; **to do the** ~**s** faire le ménage.

choreographer [ˌkɒrɪˈɒgrəfər] *n* chorégraphe *mf*.

choreographic [ˌkɒrɪəˈgræfɪk] *adj* chorégraphique.

choreography [ˌkɒrɪˈɒgrəfɪ] *n* chorégraphie *f*.

chorister [ˈkɒrɪstər] *n* (*Rel*) choriste *mf*.

chortle [ˈtʃɔːtl] **1** *vi* rire (*about, at, over* de), glousser. **he was chortling over the newspaper** la lecture du journal le faisait glousser. **2** *n* gloussement *m*.

chorus [ˈkɔːrəs] **1** *n* **(a)** (*Mus, Theat: song, singers, speakers*) chœur *m*. **in** ~ **en chœur; she's in the** ~ (*at concert*) elle chante dans les chœurs; (*Theat*) elle fait partie de la troupe; (*Theat*) ~ **girl** girl *f*; (*fig*) **a** ~ **of praise/objections** un concert de louanges/protestations.
     (b) (*part of song*) refrain *m*. **to join in the** ~ *[one person]* reprendre le refrain; *[several people]* reprendre le refrain en chœur.
     2 *vt* song chanter *or* réciter en chœur; *verse* réciter en chœur. **'yes' they** ~**sed 'oui'** répondirent-ils en chœur.

chose [tʃəuz] *pret of* **choose**.

chosen [ˈtʃəuzn] *ptp of* **choose**; *V* **choose 1a**.

chough [tʃʌf] *n* crave *m* à bec rouge.

chow[1] [tʃau] *n* (*dog*) chow-chow *m*.

chow[2]‡ [tʃau] *n* (*food*) bouffe‡ *f*, boustifaille‡ *f*.

chowder [ˈtʃaudər] *n* (*US*) soupe épaisse de palourdes; *V* **clam**.

Christ [kraɪst] **1** *n* le Christ, Jésus-Christ.
     2 *excl* ~!*‡* merde (alors)!‡, Bon Dieu (de Bon Dieu)!‡
     3 *cpd*: **the Christ Child** l'enfant Jésus; **Christlike** qui ressemble *or* semblable au Christ; **he had a Christlike forbearance** il avait la patience du Christ.

Christadelphian [ˌkrɪstəˈdelfɪən] *adj,n* christadelphe (*mf*).

christen [ˈkrɪsn] *vt* (*Rel, also Naut*) baptiser; (*gen: name*) appeler, nommer; (*nickname*) surnommer. **to** ~ **sb after** donner à qn le nom de; **he was** ~**ed Robert but everyone calls him Bob** son nom de baptême est Robert mais tout le monde l'appelle Bob.

Christendom [ˈkrɪsndəm] *n* chrétienté *f*.

christening [ˈkrɪsnɪŋ] *n* baptême *m*.

Christian [ˈkrɪstən] **1** *adj* (*lit*) chrétien; (*fig*) charitable, compatissant. **the** ~ **era** l'ère chrétienne; **early** ~ paléochrétien; ~ **name** prénom *m*, nom *m* de baptême; **my** ~ **name is Mary** je m'appelle Marie, mon prénom est Marie; ~ **Science** science chrétienne; ~ **scientist** scientiste *mf* chrétien(ne).
     2 *n* chrétien(ne) *m(f)*. **to become a** ~ se faire chrétien.

christiania [ˌkrɪstɪˈɑːnɪə] *n* (*Ski*) christiania *m*.

Christianity [ˌkrɪstɪˈænɪtɪ] *n* (*faith, religion*) christianisme *m*; (*character*) caractère *m or* qualité *f* du chrétien. **his** ~ **did not prevent him from ...** le fait d'être chrétien ne l'a pas empêché de ... .

Christianize [ˈkrɪstɪənaɪz] *vt* christianiser.

Christmas [ˈkrɪsməs] **1** *n* Noël *m*. **at** ~ à Noël; **the week before** ~ la semaine précédant Noël; **for** ~ pour Noël; **she spent** ~ **with us** elle a passé (la) Noël chez nous; *V* **father, happy, merry**.
     2 *cpd* *visit, gift* de Noël. (*Brit*) **Christmas box** étrennes *fpl* (*offertes à Noël*); **Christmas cake** gâteau *m* de Noël (*gros cake décoré au sucre glace*); **Christmas card** carte *f* de Noël; **Christmas carol** chant *m* de Noël, noël *m*; (*Rel*) cantique *m* de Noël; **Christmas Day** le jour de Noël; **Christmas Eve** la veille de Noël; **Christmas Island** île *f* Christmas; **Christmas party** fête *f or* arbre *m* de Noël; **Christmas present** cadeau *m* de Noël; **Christmas rose** rose *f* de Noël; **I got it in my Christmas stocking** ≃ je l'ai trouvé dans mon soulier *or* dans la cheminée *or* sous l'arbre (de Noël); **Christmas time** la période de Noël *or* des fêtes; **at Christmas time** à Noël; **Christmas tree** arbre *m* de Noël.

Christopher [ˈkrɪstəfər] *n* Christophe *m*.

chromatic [krəˈmætɪk] *adj* (*Art, Mus*) chromatique. ~ **printing** impression *f* polychrome; ~ **scale** gamme *f* chromatique.

chrome [krəum] **1** *n* chrome *m*. **2** *cpd* *fittings etc* chromé. **chrome lacquer** laque *f or* peinture laquée (à base de chrome); **chrome steel** acier chromé; **chrome yellow** jaune *m* de chrome.

chromium [ˈkrəumɪəm] **1** *n* chrome *m*. **2** *cpd*: **chromium-plated** chromé; **chromium-plating** chromage *m*.

chromosome [ˈkrəuməsəum] *n* chromosome *m*.

chronic [ˈkrɒnɪk] *adj* (*Med*) *disease, state* chronique; (*fig*) *liar, smoker etc* invétéré; (‡) affreux, atroce*. ~ **weather!*** quel temps affreux! *or* atroce!*; **he's** ~!* il est imbuvable!*

chronicle [ˈkrɒnɪkl] **1** *n* chronique *f*. (*Bible*) (**the Book of**) **C**~**s** le livre des Chroniques; (*fig*) **a** ~ **of disasters** une succession de catastrophes. **2** *vt* faire la chronique de, enregistrer au jour le jour.

chronicler [ˈkrɒnɪklər] *n* chroniqueur *m*.

chronological [ˌkrɒnəˈlɒdʒɪkəl] *adj* chronologique. **in** ~ **order** par ordre chronologique.

chronologically [ˌkrɒnəˈlɒdʒɪkəlɪ] *adv* chronologiquement.

chronology [krəˈnɒlədʒɪ] *n* chronologie *f*.

chronometer [krəˈnɒmɪtər] *n* chronomètre *m*.

chrysalis [ˈkrɪsəlɪs] *n*, *pl* **chrysalises** [ˈkrɪsəlɪsɪz] chrysalide *f*.

chrysanthemum [krɪˈsænθəməm] *n* *also abbr* **chrysanth*** [krɪˈsænθ] chrysanthème *m*.

chub [tʃʌb] *n* chevesne *m*, chevaine *m*.

chubby [ˈtʃʌbɪ] *adj* *person, arm* potelé. ~**-cheeked**, ~**-faced** joufflu.

chuck[1] [tʃʌk] **1** *vt* **(a)** (*: throw*) lancer, jeter, envoyer.

(b) (‡: *give up*) *job, hobby* lâcher, laisser tomber*; *girlfriend* plaquer‡, laisser tomber*. ~ **it!** assez!, ça va!*, laisse tomber!*
     (c) **he** ~**ed her under the chin** il lui a pris *or* caressé le menton.
     2 *n* **(a) to give sb a** ~ **under the chin** prendre *or* caresser le menton à qn.
     (b) to give sb the ~‡ balancer qn*; **he got the** ~‡ il s'est fait balancer* *or* vider*.
◆**chuck away*** *vt sep* (*throw out*) *old clothes, books* balancer*; (*waste*) *money* jeter par les fenêtres; *opportunity* laisser passer.
◆**chuck in**‡ *vt sep* = **chuck up (a)**.
◆**chuck out*** *vt sep useless article* balancer*; *person* vider*, sortir*.
◆**chuck up**‡ *vt sep* **(a)** *job, hobby* lâcher, laisser tomber*.
     (b) (‡*US: vomit*) dégueuler‡, vomir.

chuck[2] [tʃʌk] **1** *n* (*Tech*) mandrin *m*. **2** *vt* (*Tech*) fixer sur un mandrin.

chuck[3] [tʃʌk] *n* **(a)** (*also* ~ **steak**) morceau *m* dans le paleron. **(b)** (*US*‡) bouffe‡ *f*, graille‡ *f*. ~ **wagon** cantine ambulante (*de l'Ouest américain*).

chucker-out* [ˈtʃʌkərˈaut] *n* (*Brit*) videur* *m*.

chuckle [ˈtʃʌkl] **1** *n* gloussement *m*, petit rire. **we had a good** ~ **over it** ça nous a bien fait rire. **2** *vi* rire (*over, at* de), glousser.

chuffed‡ [tʃʌft] *adj* (*Brit*) vachement‡ content (*about* de). **he was quite** ~ **about it** il était vachement‡ content.

chug [tʃʌg] **1** *n* [*machine*] souffle *m*; [*car, railway engine*] teuf-teuf *m*. **2** *vi* [*machine*] souffler; [*car*] haleter, faire teuf-teuf.
◆**chug along** *vi* [*car, train*] avancer en haletant *or* en faisant teuf-teuf.

chug-a-lug‡ [ˈtʃʌgəlʌg] *vt* (*US*) boire d'un trait.

chum* [tʃʌm] (*slightly†*) **1** *n* copain* *m*, copine* *f*. **2** *vi* (*share lodgings*) crécher ensemble‡.
◆**chum up*** *vi* fraterniser (*with* avec).

chummy* [ˈtʃʌmɪ] *adj* sociable, (très) liant. **she is very** ~ **with him** elle est très copine avec lui*.

chump [tʃʌmp] *n* **(a)** (*) ballot* *m*, crétin(e)* *m(f)*. **(b)** (‡: *head*) boule* *f*, caboche* *f*. **he's off his** ~ il est timbré* *or* toqué*, il a perdu la boule*. **(c)** (*Culin*) ~ **chop** côte *f* de mouton.

chunk [tʃʌŋk] *n* [*wood, metal, dough etc*] gros morceau *m*; [*bread*] quignon *m*.

chunky [ˈtʃʌŋkɪ] *adj* *person* trapu; *knitwear* de grosse laine.

Chunnel* [ˈtʃʌnəl] *n* (*abbr of* **Channel Tunnel**) tunnel *m* sous la Manche.

church [tʃɜːtʃ] **1** *n* **(a)** (*building*) église *f*; [*French Protestants*] église, temple *m*. **he is inside the** ~ **now** il est maintenant dans l'église *or* dans le temple.
     (b) (*U*) **to go to** ~ (*to church service: gen*) aller à l'église *f*; [*Catholics*] aller à la messe; **he doesn't go to** ~ **any more** il ne l'est plus pratiquant, il ne va plus à l'église *or* à la messe; **to be in** ~ être à l'église; [*Catholics*] être à la messe; **after** ~ après l'office, (*for Catholics*) après la messe.
     (c) (*whole body of Christians*) **the C**~ l'Église *f*; **the C**~ **Militant** l'Église militante.
     (d) (*denomination*) **the C**~ **of England** l'Église anglicane; **the C**~ **of Rome** l'Église catholique; **the C**~ **of Scotland/Ireland** l'Église d'Écosse/d'Irlande; *V* **high** etc.
     (e) (*religious orders*) **C**~ ordres *mpl*; **he has gone into the C**~ il est entré dans les ordres.
     2 *cpd*: **Church Fathers** Pères *mpl* de l'Église; **churchgoer** pratiquant(e) *m(f)*; **church hall** salle paroissiale; **he is/is not a good churchman** il est/n'est pas pratiquant; **church owl** chouette *f* des clochers, effraie *f*; **churchwarden** (*person*) bedeau *m*, marguillier *m*; (*pipe*) longue pipe (en terre); **churchyard** cimetière *m* (*autour d'une église*).
     3 *vt* (*Rel*) faire assister à une messe.

Churchillian [tʃɜːˈtʃɪlɪən] *adj* churchillien.

churching [ˈtʃɜːtʃɪŋ] *n* (*Rel*) **the** ~ **of women** la messe de relevailles.

churchy* [ˈtʃɜːtʃɪ] *adj* (*pej*) *person* bigot, calotin* (*pej*). **a** ~ **person** une grenouille de bénitier* (*pej*).

churl [tʃɜːl] *n* **(a)** (*ill-mannered person*) rustre *m*, malotru *m*; (*bad-tempered person*) ronchon *m*, personne *f* revêche. **(b)** (*Hist*) manant† *m*.

churlish [ˈtʃɜːlɪʃ] *adj* (*ill-mannered*) fruste, grossier; (*bad-tempered*) hargneux, revêche. **it would be** ~ **not to thank him** il serait grossier *or* impoli de ne pas le remercier.

churlishly [ˈtʃɜːlɪʃlɪ] *adv* (*V* **churlish**) grossièrement; avec hargne.

churlishness [ˈtʃɜːlɪʃnɪs] *n* (*bad manners*) grossièreté *f*; (*bad temper*) mauvaise humeur *f*.

churn [tʃɜːn] **1** *n* baratte *f*; (*Brit: milk can*) bidon *m*. **2** *vt* **(a)** (*Culin*) *butter* baratter. **(b)** (*also* ~ **up**) *water* battre, fouetter, faire bouillonner. **(c)** (*Aut*) *engine* faire tourner. **3** *vi* [*sea etc*] bouillonner.
◆**churn out** *vt sep objects* débiter; *essays, letters, books* produire à la chaîne, pondre en série*.
◆**churn up** *vt sep* = **churn 2b**.

chute [ʃuːt] *n* **(a)** *glissière f*; *V* **coal, refuse[2]**. **(b)** (*in river*) rapide *m*. **(c)** (*) = **parachute**. **(d)** (*Sport, for toboggans*) piste *f*; (*Brit: children's slide*) toboggan *m*.

chutney [ˈtʃʌtnɪ] *n* condiment *m* (*à base de fruits*). **apple/tomato** ~ condiment à la pomme/à la tomate.

chutzpa(h)‡ [ˈxutspə] *n* (*US*) culot* *m*.

chyme [kaɪm] *n* chyme *m*.

C.I. *abbr of* **Channel Islands**; *V* **channel 2**.

C.I.A. [ˌsiːaɪˈeɪ] (*US*) *abbr of* **Central Intelligence Agency** (*surveillance du territoire*).

ciao [tʃau] *interj* salut!*, tchao!*

cicada [sɪˈkɑːdə] *n* cigale *f*.

cicatrice [ˈsɪkətrɪs] *n* cicatrice *f*.

Cicero ['sısərəʊ] n Cicéron m.
cicerone [.tʃıtʃə'rəʊnı] n cicérone m.
Ciceronian [.sısə'rəʊnıən] adj cicéronien.
C.I.D. [.si:aɪ'di:] (Brit : abbr of **Criminal Investigation Depart-ment**) **1** n ≃ P.J. f, police f judiciaire. **2** cpd operation, team etc de la P.J. **C.I.D. man** or officer inspecteur m de police judiciaire or de la P.J.
cider ['saɪdər] **1** n cidre m. **2** cpd: **cider-apple** pomme f à cidre; **cider-press** pressoir m à cidre; **cider vinegar** vinaigre m de cidre.
cigar [sı'gɑ:r] **1** n cigare m. **2** cpd box etc à cigares. **cigar case** étui m à cigares; **cigar holder** fume-cigare m inv; (Aut) **cigar lighter** allume-cigare m inv; **cigar-shaped** en forme de cigare.
cigarette [.sıgə'ret] **1** n cigarette f.
2 cpd box etc à cigarettes. **cigarette ash** cendre f de cigarette; **cigarette case** étui m à cigarettes, porte-cigarettes m inv; **cigarette end** mégot m; **cigarette holder** fume-cigarette m inv; **cigarette lighter** briquet m; **cigarette paper** papier m à cigarettes.
ciliary ['sılıərı] adj ciliaire.
C.-in-C. abbr of **Commander-in-Chief**; V **commander**.
cinch [sıntʃ] **1** n (a) (US: saddle girth) sous-ventrière f, sangle f (de selle).
(b) it's a ~* (certain) c'est du tout cuit*, c'est du gâteau*; (easy) c'est l'enfance de l'art.
2 vt (a) horse sangler; saddle attacher par une sangle (de selle). **(b)** (fig) success rendre sûr, assurer.
cinder ['sındər] **1** n cendre f. ~s (burnt coal) cendres fpl (de charbon); [furnace, volcano] scories fpl; **to rake out the** ~s racler les cendres (du foyer); **burnt to a** ~ réduit en cendres.
2 cpd: (US) **cinder block** parpaing m; **cinder track** (piste f) cendrée f.
Cinderella [.sındə'relə] n Cendrillon f.
cine-camera ['sını'kæmərə] n (Brit) caméra f.
cine-film ['sınıfılm] n (Brit) film m.
cinema ['sınəmə] **1** n cinéma m. **to go to the** ~ aller au cinéma. **2** cpd: **cinema complex** multisalle f; **cinema-going** (n) fréquentation f des cinémas; **the cinema-going public** le public qui fréquente les cinémas.
Cinemascope ['sınəməskəʊp] n ® cinémascope m ®.
cinematograph [.sını'mætəgrɑ:f] n (Brit) cinématographe m.
cinematographer [.sınımə'tɒgrəfər] n (US) directeur m de la photo.
cine-projector [.sınıprə'dʒektər] n (Brit) projecteur m de cinéma.
Cinerama [.sınə'rɑ:mə] n ® cinérama m ®.
cinerary ['sınərərı] adj cinéraire.
cinnabar ['sınəbɑ:r] n cinabre m.
cinnamon ['sınəmən] **1** n cannelle f. **2** cpd cake, biscuit à la cannelle; (colour) cannelle inv.
Cinque [sıŋk] adj (Brit Hist) **the** ~ **Ports** les Cinq ports mpl (ancienne confédération des cinq ports du Kent et du Sussex).
cipher ['saɪfər] **1** n (a) (Arabic numeral) chiffre m (arabe); (zero) zéro m. (fig) **he's a mere** ~ c'est un zéro or une nullité.
(b) (secret writing) chiffre m, code secret. **in** ~ en chiffre, en code.
(c) (monogram) chiffre m, monogramme m.
2 vt calculations, communications chiffrer.
circa ['sɜ:kə] prep circa, environ.
circle ['sɜ:kl] **1** n cercle m; [hills, houses, vehicles] cercle; [mountains] cirque m; (round eyes) cerne m; (Gymnastics) soleil m; (Astron: orbit) orbite f; (Brit: Theat) balcon m; [knowledge] cercle, sphère f; (group of persons) cercle, groupe m; [underground railway] ligne f de ceinture. **to stand in a** ~ faire (un) cercle, se tenir en cercle; **to draw a** ~ tracer un cercle; (Math) tracer une circonférence or un cercle; **an inner** ~ **of advisers** un groupe de proches conseillers; **in political** ~s dans les milieux mpl politiques; **to come full** ~ revenir à son point de départ; (fig) **they were going** or **running round in** ~s ils tournaient en rond.
2 vt (a) (go round outside of sth) contourner, faire un circuit autour de; (keep moving round sth) tourner autour de; (liter: encircle) entourer, encercler.
(b) (draw ~ round) entourer d'un cercle.
3 vi [birds] faire or décrire des cercles; [aircraft] tourner (en rond). **the cyclists** ~d **round him** les cyclistes ont tourné autour de lui.
♦**circle about, circle around, circle round** vi faire or décrire des cercles, tourner.
circlet ['sɜ:klıt] n petit cercle m; [hair] bandeau m; [arm] brassard m; [finger] anneau m.
circuit ['sɜ:kıt] **1** n (a) (journey around) tour m, circuit m. **to make a** ~ of faire le tour de; **to make a wide** ~ **round a town** faire un grand détour or circuit autour d'une ville.
(b) (Brit Jur) (journey) tournée f (des juges d'assises); (district) circonscription f (judiciaire). **he is on the eastern** ~ il fait la tournée de l'est.
(c) (Cine, Theat: houses visited by same company) tournée f; (houses owned by same owner) groupe m.
(d) (Sport: series of races, matches etc) circuit m. (Tourism) **the Scottish cathedrals** ~ le circuit des cathédrales d'Écosse.
(e) (Elec) circuit m; V **closed**, **short**.
(f) (Sport: track) circuit m, parcours m.
2 cpd: (Elec) **circuit-breaker** disjoncteur m.
circuitous [sɜ:'kjʊɪtəs] adj road, route indirect, qui fait un détour; (fig) means détourné, indirect.
circuitously [sɜ:'kjʊɪtəslı] adv (lit) reach en faisant un détour; (fig) allude de façon détournée or indirecte, indirectement.
circular ['sɜ:kjʊlər] **1** adj outline, saw, ticket circulaire. ~ **letter** circulaire f; ~ **tour** voyage m circulaire, circuit m. **2** n (letter) circulaire f; (printed advertisement etc) prospectus m.

circularize ['sɜ:kjʊləraɪz] vt person, firm envoyer des circulaires or des prospectus à.
circulate ['sɜ:kjʊleɪt] **1** vi (all senses) circuler.
2 vt object, bottle faire circuler; news, rumour propager; document (from person to person) faire circuler; (send out) diffuser. (Math) **circulating decimal** fraction f périodique; **circulating library** bibliothèque f de prêt; (Fin) **circulating medium** monnaie f d'échange.
circulation [.sɜ:kjʊ'leɪʃən] **1** n (U) (Anat, Bot, Fin, Med) circulation f; [news, rumour] propagation f; [newspaper etc] tirage m. **a magazine with a** ~ **of 10 000** un magazine qui tire à 10 000; (Med) **he has poor** ~ il a une mauvaise circulation; (Fin) **to put into** ~ mettre en circulation; (Fin) **to take out of** or **withdraw from** ~ retirer de la circulation; (Fin) **in** ~ en circulation; **he's now back in** ~* il est à nouveau dans le circuit*; V **drop out**.
2 cpd: (Press) **circulation manager** directeur m du service de la diffusion.
circulatory [.sɜ:kjʊ'leɪtərı] adj circulatoire.
circum ... ['sɜ:kəm] pref circon ... .
circumcise ['sɜ:kəmsaɪz] vt (Med) circoncire; (fig) purifier.
circumcision [.sɜ:kəm'sıʒən] n circoncision f. (Rel) **the C**~ (la fête de) la Circoncision.
circumference [sə'kʌmfərəns] n circonférence f.
circumflex ['sɜ:kəmfleks] **1** adj circonflexe. **2** n accent m circonflexe.
circumlocution [.sɜ:kəmlə'kju:ʃən] n circonlocution f.
circumlunar [.sɜ:kəm'lu:nər] adj autour de la lune. ~ **flight** vol m autour de la lune.
circumnavigate [.sɜ:kəm'nævɪgeɪt] vt cape doubler, contourner. **to** ~ **the globe** faire le tour du monde en bateau, naviguer tout autour du globe.
circumnavigation ['sɜ:kəmnævɪ'geɪʃən] n circumnavigation f.
circumscribe ['sɜ:kəmskraɪb] vt (gen) circonscrire; powers limiter.
circumspect ['sɜ:kəmspekt] adj circonspect.
circumspection [.sɜ:kəm'spekʃən] n circonspection f.
circumspectly ['sɜ:kəmspektlı] adv avec circonspection, de façon circonspecte.
circumstance ['sɜ:kəmstəns] **1** n (a) (gen pl) circonstance f, état m de choses; (fact, detail) circonstance, détail m. **in** or **under the present** ~s dans les circonstances actuelles, vu l'état des choses; **in** or **under no** ~s en aucun cas; **under similar** ~s en pareil cas; **to take the** ~s **into account** tenir compte des or faire la part des circonstances; V **attenuate**, **extenuate**, **pomp**.
(b) (financial condition) ~s situation financière or pécuniaire; **in easy** ~s dans l'aisance, à l'aise; **in poor** ~s gêné, dans la gêne; **what are his** ~s? quelle est sa situation financière or pécuniaire?; **if our** ~s **allow it** si nos moyens nous le permettent.
circumstantial [.sɜ:kəm'stænʃəl] adj (a) (detailed) report, statement circonstancié, détaillé. **(b)** (indirect) knowledge indirect. (Jur) ~ **evidence** preuve indirecte. **(c)** (not essential) accessoire, subsidiaire.
circumstantiate [.sɜ:kəm'stænʃıeɪt] vt evidence confirmer en donnant des détails sur; event donner des détails circonstanciés sur.
circumvent [.sɜ:kəm'vent] vt person circonvenir; law, regulations, rule tourner; sb's plan, project faire échouer.
circumvention [.sɜ:kəm'venʃən] n [plan, project] mise f en échec. **the** ~ **of the guard/rule proved easy** circonvenir le garde/ tourner le règlement s'avéra facile.
circus ['sɜ:kəs] **1** n (Hist, Theat) cirque m; (in town) rond-point m. **2** cpd animal, clown de cirque.
cirrhosis [sı'rəʊsıs] n cirrhose f.
cirrus ['sırəs] n, pl **cirri** ['sıraɪ] (a) (cloud) cirrus m. (b) (Bot) vrille f.
cissy ['sısı] n = **sissy**.
Cistercian [sıs'tɜ:ʃən] **1** n cistercien(ne) m(f). **2** adj cistercien. ~ **Order** ordre m de Cîteaux; **a** ~ **monk** un cistercien.
cistern ['sıstən] n citerne f; [WC] réservoir m de la chasse d'eau; [barometer] cuvette f.
citadel ['sıtədl] n citadelle f.
citation [saı'teɪʃən] n (gen, Jur, Mil) citation f.
cite [saɪt] vt (gen, Jur, Mil) citer. **to** ~ **as an example** citer en exemple; (Jur) **to** ~ **sb to appear** citer qn; V **dispatch**.
citizen ['sıtızn] n [town] habitant(e) m(f); [state] citoyen(ne) m(f); (Admin) ressortissant(e) m(f); (Hist) bourgeois(e) m(f); (townsman) citadin(e) m(f). **the** ~s **of Paris** les habitants de Paris, les Parisiens mpl; French ~ ressortissant français; ~ **of the world** citoyen du monde; **Citizen's Band Radio** fréquence réservée au public; V **fellow**.
citizenry ['sıtıznrı] n: **the** ~ l'ensemble m des habitants.
citizenship ['sıtıznʃıp] n citoyenneté f. (US) ~ **papers** déclaration f de naturalisation.
citrate ['sıtreɪt] n citrate m.
citric ['sıtrık] adj citrique. ~ **acid** acide m citrique.
citron ['sıtrən] n (fruit) cédrat m; (tree) cédratier m.
citrus ['sıtrəs] n citrus mpl. ~ **fruits** agrumes mpl.
city ['sıtı] **1** n (a) (gen) (grande) ville f. **large cities like Leeds** les grandes villes comme Leeds; **life in the modern** ~ la vie dans la cité or la ville moderne.
(b) (Brit) **the C**~ la Cité (de Londres) (centre des affaires); **he's (something) in the C**~* il est dans les affaires, il travaille dans la Cité (de Londres).
2 cpd streets etc de la ville; offices, authorities etc municipal; (Brit Press) editor, page, news financier. (Brit) **City and Guilds** (examination) ≃ C.A.P. m, certificat m d'aptitude professionnelle; **city centre** centre m (de la) ville; (US Univ) **city college** université f (financée par la ville); (US) **city councilman** counseiller

municipal; **city dweller** citadin(e) *m(f)*; (*US*) **city editor** rédacteur en chef (pour les nouvelles locales); **the city fathers** les édiles *mpl*; **city hall** (*lit*) mairie *f*; (*in large towns*) hôtel *m* de ville; (*US fig: city authorities*) administration *f*; (*US*) **city manager** administrateur communal (*payé par une municipalité et faisant fonction de maire*); (*US*) **city planner** urbaniste *mf*; (*US*) **city planning** urbanisme *m*; (*US*) **city police** police municipale; (*pej*) **city slicker*** citadin mielleux et habile; **city state** cité *f*.
cityscape ['sɪtɪskeɪp] *n* (*US*) paysage *m or* panorama *m* urbain.
civet ['sɪvɪt] *n* (*cat, substance*) civette *f*.
civic ['sɪvɪk] *adj* **rights, virtues** civique; **guard, authorities** municipal. (*Brit*) ~ **centre** centre administratif (municipal); ~ **event** cérémonie officielle locale; ~ **restaurant** restaurant *m* communautaire.
civics ['sɪvɪks] *n* instruction *f* civique.
civvies* ['sɪvɪz] *npl* (*US*) = **civvies**; V **civvy 2**.
civil ['sɪvl] *adj* (a) (*of a community; also non-military*) civil. ~ **commotion** émeute *f*; ~ **defence** défense passive; ~ **disobedience** résistance passive (à la loi); ~ **disobedience campaign** campagne *f* de résistance passive; ~ **engineer** ingénieur *m* des travaux publics; ~ **engineering** génie civil; ~ **law** (*system*) code civil; (*study*) droit civil; ~ **liberties** libertés *fpl* civiques; (*Brit*) ~ **list** liste civile (*allouée à la famille royale*); ~ **rights** droits civils; ~ **rights campaign**, ~ **rights movement** campagne *f* pour les droits civils; ~ **servant** fonctionnaire *mf*; ~ **service** fonction publique, administration *f*; **Civil Service Commission** commission *f* de recrutement dans la fonction publique; ~ **service examination** concours *m* d'entrée dans la fonction publique; ~ **service recruitment** recrutement *m* de(s) fonctionnaires; ~ **war** guerre civile; (**American**) **Civil War** guerre *f* de Sécession; ~ **wedding** mariage civil; **to have a** ~ **wedding** se marier à la mairie.
  (b) (*polite*) civil, poli. **that's very** ~ **of you** vous êtes bien aimable; V **tongue**.
civilian [sɪ'vɪlɪən] **1** *n* civil(e) *m(f)* (*opposé à militaire*). **2** *adj* civil.
civility [sɪ'vɪlɪtɪ] *n* politesse *f*, courtoisie *f*, civilité *f*.
civilization [ˌsɪvɪlaɪˈzeɪʃən] *n* civilisation *f*.
civilize ['sɪvɪlaɪz] *vt* civiliser.
civilized ['sɪvɪlaɪzd] *adj* civilisé. **to become** ~ se civiliser.
civilly ['sɪvɪlɪ] *adv* poliment.
civism ['sɪvɪzəm] *n* civisme *m*.
civvy* ['sɪvɪ] (*abbr of* **civilian**) **1** *adj* (*Brit*) ~ **street** vie civile; **to be in** ~ **street** être civil *or* pékin*. **2** *npl*: **civvies** vêtements civils; **in civvies** (habillé) en civil *or* en bourgeois*.
cl (*abbr of* **centilitre(s)**) cl.
clack [klæk] **1** *n* claquement *m*; (*pump etc*) clapet *m*; (*fig: talk*) jacasserie *f*, caquet *m*. **2** *vi* claquer; (*fig*) jacasser. **this will set tongues** ~**ing** cela va faire jaser (les gens).
clad [klæd] *adj* habillé, vêtu (**in** de).
claim [kleɪm] **1** *vt* (a) (*demand as one's due*) revendiquer, réclamer (*from sb* à qn); **property, prize, right** revendiquer. **to** ~ **diplomatic immunity** réclamer l'immunité diplomatique; **to** ~ **the right to decide** revendiquer le droit de décider; **the group which** ~**ed responsibility for the attack** le groupe qui a revendiqué l'attentat; **no one has yet** ~**ed responsibility for the explosion** l'explosion n'a pas encore été revendiquée; **to** ~ **damages** réclamer des dommages et intérêts; (*fig*) **the epidemic has** ~**ed 100 victims** l'épidémie a fait 100 victimes; V **credit**.
  (b) (*profess, contend, maintain*) prétendre, déclarer. **to** ~ **acquaintance with sb** prétendre connaître qn; **he** ~**s to have seen you** il prétend *or* déclare vous avoir vu, il déclare qu'il vous a vu; **both armies** ~**ed the victory** les deux armées ont revendiqué la victoire.
  (c) (*demand*) **sb's attention** demander, solliciter; **sb's sympathy** solliciter.
  2 *n* (a) (*act of claiming, instance of this*) revendication *f*, réclamation *f*; (*Insurance*) ≃ déclaration *f* de sinistre, demande *f* d'indemnité. **to lay** ~ **to** prétendre à, avoir des prétentions à; **there are many** ~**s on my time** mon temps est très pris; **there are many** ~**s on my purse** j'ai beaucoup de frais, on fait beaucoup appel à ma bourse; **that's a big** ~ **to make!** la *or* cette prétention est de taille!; **his** ~ **that he acted legally** son affirmation d'avoir agi d'une manière licite; **to put in a** ~ (*gen*) faire une réclamation; (*Insurance*) faire une déclaration de sinistre *or* une demande d'indemnité; (*Ind*) **they put in a** ~ **for £1 per hour more** ils ont demandé une augmentation d'une livre de l'heure; (*Insurance*) **the** ~**s were all paid** les dommages ont été intégralement payés *or* réglés; (*Ind*) **a** ~ **for an extra £5 per week** une demande d'augmentation de 5 livres par semaine; V **outstanding**.
  (b) (*right*) droit *m*, titre *m*. ~ **to ownership** droit à la propriété; ~ **to the throne** droit à la couronne; ~**s to sb's friendship** droits à l'amitié de qn.
  (c) (*Min etc*) concession *f*; V **stake**.
  3 *cpd*: (*Admin*) **claim form** (*for benefit*) (formulaire *m* de) demande *f*; (*for expenses*) (feuille *f* pour) note *f* de frais; (*Insurance*) **claims adjuster** agent général d'assurances.
claimant ['kleɪmənt] *n* (*throne*) prétendant(e) *m(f)* (**to** à); (*social benefits*) demandeur *m*, -eresse *f*; (*Jur*) requérant(e) *m(f)*.
clairvoyance [klɛəˈvɔɪəns] *n* voyance *f*; (*don m de*) seconde vue.
clairvoyant(e) [klɛəˈvɔɪənt] **1** *n* voyant(e) *m(f)*, extra-lucide *mf*. **2** *adj* doué de seconde vue.
clam [klæm] *n* (a) (*Zool*) palourde *f*, clam *m*. (*US Culin*) ~ **chowder** soupe épaisse de palourdes. (b) (‡*US*) dollar *m*.
♦**clam up*** *vi* la boucler‡, la fermer‡. **to be clammed up like an oyster** être muet comme une carpe *or* comme la tombe; **he clammed up on me** il l'a bouclée‡, il ne m'a plus dit un mot là-dessus.
clamber ['klæmbər] **1** *vi* grimper (*en s'aidant des mains ou en*

rampant), se hisser (avec difficulté). **to** ~ **up a hill** gravir péniblement une colline; **to** ~ **over a wall** escalader un mur. **2** *n* escalade *f*.
clammy ['klæmɪ] *adj* **hand, touch** moite (et froid); **wall** suintant; **weather** humide, lourd.
clamorous ['klæmərəs] *adj* **crowd** vociférant, bruyant; (*fig*) **demand** impérieux, criant.
clamour, (*US*) **clamor** ['klæmər] **1** *n* (*shouts*) clameur *f*, vociférations *fpl*, cris *mpl*; (*demands*) revendications *or* réclamations bruyantes.
  2 *vi* vociférer, pousser des cris. **to** ~ **against sth/sb** vociférer contre qch/qn; **to** ~ **for sth/sb** (*lit: shout*) demander qch/qn à grands cris; (*fig: demand*), réclamer qch/qn à cor et à cri.
clamp¹ [klæmp] **1** *n* (*gen*) attache *f*, pince *f*; (*bigger*) crampon *m*; (*Med*) clamp *m*; (*also* **ring** ~) collier *m* de serrage; (*Carpentry*) valet *m* (d'établi); (*Archit*) agrafe *f*; [*china*] agrafe; (*Elec*) serre-fils *m inv*; (*Naut*) serre-cables *m inv*.
  2 *cpd*: **clampdown** (*gen*) répression *f* (*on sth* de qch, *on sb* contre qn); **a clampdown on terrorists** la répression *or* des mesures répressives contre les terroristes; **a clampdown on arms sales** un renforcement des restrictions sur la vente d'armes.
  3 *vt* (a) (*put* ~ *on*) serrer, cramponner; **stones, china** agrafer. **to** ~ **sth to sth** fixer qch à qch.
  (b) (**US*) **embargo, curfew** imposer (**on** sur).
♦**clamp down on*** **1** *vt fus* **person** serrer la vis à, prendre des mesures autoritaires contre; **inflation, expenditure** mettre un frein à; **information** supprimer, censurer; **the press, opposition** bâillonner.
  2 clampdown *n* V **clamp¹ 2**.
♦**clamp together** *vt sep* serrer ensemble.
clamp² [klæmp] **1** *n* [*bricks*] tas *m*, pile *f* (*de briques séchées*); [*potatoes*] silo *m* (*de pommes de terre sous paille etc*). **2** *vt* entasser.
clamp³ [klæmp] (*thump*) **1** *n* pas lourd *or* pesant. **2** *vi* marcher d'un pas pesant.
clan [klæn] **1** *n* clan *m* (écossais). **2** *cpd*: **clansman, clanswoman** membre *m* d'un clan (écossais).
clandestine [klæn'destɪn] *adj* clandestin.
clang [klæŋ] **1** *n* (*also* ~**ing noise**) bruit *m or* son *m* métallique; (*louder*) fracas *m* métallique. **2** *vi* émettre un son métallique. **the gate** ~**ed shut** la grille s'est refermée bruyamment *or* avec un bruit métallique.
clanger‡ ['klæŋər] *n* (*Brit*) gaffe *f*. **to drop a** ~ faire une gaffe, gaffer lourdement.
clangorous ['klæŋgərəs] *adj* **noise** métallique.
clangour, (*US*) **clangor** ['klæŋgər] *n* son *m or* bruit *m or* fracas *m* métallique.
clank ['klæŋk] **1** *n* cliquetis *m*, bruit *m* métallique (*de chaînes etc*). **2** *vi* cliqueter, émettre un son métallique. **3** *vt* faire cliqueter.
clankpin ['klæŋkpɪn] *n* (*Aut*) maneton *m*.
clannish ['klænɪʃ] *adj* (*slightly pej: exclusive, unwelcoming*) **group** fermé; **person** qui a l'esprit de clan *or* de clique.
clap¹ [klæp] **1** *n* (*sound*) claquement *m*, bruit sec; [*hands*] battement *m*; (*action*) tape *f*; (*applause*) applaudissements *mpl*. **a** ~ **on the back** une tape dans le dos; **to give the dog a** ~ donner une tape amicale au chien; **a** ~ **of thunder** un coup de tonnerre; **he got a good** ~ il a été très applaudi.
  2 *cpd*: **clapboard** bardeau *m*; **claptrap*** boniment* *m*, baratin* *m*.
  3 *vt* (a) battre, frapper, taper; (*applaud*) applaudir. **to** ~ **one's hands** battre des mains; **to** ~ **sb on the back** donner à qn une tape dans le dos; **to** ~ **a dog** donner des tapes amicales à un chien; **he** ~**ped his hand over my mouth** il a mis *or* collé* sa main sur ma bouche.
  (b) flanquer*, fourrer*. **to** ~ **sb in irons** jeter qn aux fers; **to** ~ **sb into prison** jeter qn en prison; **to** ~ **eyes on** voir.
  4 *vi* applaudir.
♦**clap on** *vt sep*: **to clap on one's hat** enfoncer son chapeau sur sa tête; (*Naut*) **to clap on sail** mettre toutes voiles dehors; (*Aut*) **to clap on the brakes** freiner brusquement, donner un coup de frein brutal.
♦**clap to** *vti* claquer.
clap²‡ [klæp] *n* (*disease*) chaude-pisse‡ *f*.
clapped out* ['klæptaʊt] *adj* **person** crevé*, flapi*; **horse** fourbu; **car** crevé*.
clapper ['klæpər] *n* [*bell*] battant *m*. (*Brit*) **to go like the** ~**s‡** aller à toute blinde‡.
clapping ['klæpɪŋ] *n* applaudissements *mpl*.
claque [klæk] *n* (*Theat*) claque *f*.
Clare [klɛər] *n* Claire *f*. (*Rel*) **the Poor** ~**s** clarisses *fpl*, Pauvres Dames *fpl*.
claret ['klærət] **1** *n* (vin *m* de) bordeaux *m* (rouge). **2** *adj* (*also* ~-**coloured**) bordeaux *inv*.
clarification [ˌklærɪfɪˈkeɪʃən] *n* (*gen*) clarification *f*, éclaircissement *m*; [*wine*] collage *m*. (*Jur*) **request for** ~ demande *f* d'éclaircissement.
clarify ['klærɪfaɪ] **1** *vt* **sugar, fat** clarifier; **wine** coller; (*fig*) **situation** éclaircir, clarifier. **2** *vi* se clarifier; (*fig*) s'éclaircir.
clarinet [ˌklærɪˈnet] *n* clarinette *f*.
clarinettist [ˌklærɪˈnetɪst] *n* clarinettiste *mf*.
clarion ['klærɪən] (*liter*) **1** *n* clairon *m*. **a** ~ **call** un appel de clairon. **2** *vt*: **to** ~ (**forth**) claironner.
clarity ['klærɪtɪ] *n* clarté *f*, précision *f*.
clash [klæʃ] **1** *vi* (a) (*bang noisily*) [*swords, metallic objects*] s'entrechoquer; [*cymbals*] résonner.
  (b) (*be in dispute*) [*armies*] se heurter. **the 2 parties** ~ **over the question of** les 2 partis sont en désaccord total en ce qui concerne.
  (c) (*conflict*) [*interests*] se heurter, être incompatible *or* en contradiction (**with** avec); [*personalities*] être incompatible (**with**

avec); *[colours]* jurer, détonner *(with* avec).

(d) *(coincide) [two events, invitations etc]* tomber en même temps *(or* le même jour *etc).* **the dates ~ les** deux événements *(or* rencontres *etc)* tombent le même jour.

2 *vt metallic objects* heurter *or* choquer *or* entrechoquer bruyamment; *cymbals* faire résonner. *(Aut)* **to ~ the gears** faire grincer les vitesses.

3 *n* **(a)** *(sound)* choc *m or* fracas *m* métallique.

(b) *[armies, weapons]* choc *m,* heurt *m;* (*between people, parties*) accrochage* *m; (with police, troops)* affrontement *m,* accrochage, échauffourée *f.* **during a ~ with the police** au cours d'un affrontement *or* d'une échauffourée avec la police; **I don't want a ~ with him about it** je ne veux pas me disputer avec lui à ce sujet; **to have a (verbal) ~ with sb** avoir un accrochage* *or* une algarade avec qn.

(c) *[interests]* conflit *m.* **a ~ of personalities** une incompatibilité de caractères.

(d) *[colours]* discordance *f,* heurt *m.*

(e) *[dates, events, invitations]* coïncidence fâcheuse.

clasp [klɑːsp] **1** *n* **(a)** *[brooch, necklace, purse]* fermoir *m; [belt]* boucle *f.*

(b) *(U: in one's arms, of a hand)* étreinte *f.*

2 *cpd:* **clasp knife** grand couteau pliant, eustache*† *m.*

3 *vt* étreindre, serrer. **to ~ sb's hand** serrer la main de qn; **to ~ one's hands (together)** joindre les mains; **with ~ed hands** les mains jointes; **to ~ sb in one's arms/to one's heart** serrer qn dans ses bras/sur son cœur.

4 *vi* s'agrafer, s'attacher, se fermer.

class [klɑːs] **1** *n* **(a)** *(group, division)* classe *f,* catégorie *f,* (*Bot, Ling, Mil, Soc, Zool etc*) classe *f; (Naut: of ship)* type *m;* (*in Lloyd's Register*) cote *f.* *(fig)* **he's not in the same ~ as his brother** il n'arrive pas à la cheville de son frère; **these books are just not in the same ~** il n'y a pas de comparaison (possible) entre ces livres; **in a ~ by itself** hors concours, unique; **they are in a ~ apart** ils sont tout à fait à part; **a good ~ (of) hotel** un très bon hôtel, un hôtel de très bonne classe; **the ruling ~** la classe dirigeante; *(Brit Univ)* **what ~ of degree did he get?** quelle mention a-t-il eue (à sa licence)?; **first ~ honours in history** ≃ licence *f* d'histoire avec mention très bien; **V middle, working** *etc.*

(b) *(Scol, Univ) (lesson)* classe *f,* cours *m;* (*students*) classe; *(US: year)* promotion *f* scolaire. **to give** *or* **take a ~** faire un cours; **to attend a ~** suivre un cours; **the French ~** la classe *or* le cours de français; **an evening ~** un cours du soir; *(US)* **the ~ of 1970** la promotion *or* la promo* de 1970.

(c) *(*U*)* classe *f,* distinction *f.* **to have ~** avoir de la classe.

2 *vt* classer, classifier; *(Naut Insurance)* coter. **he was ~ed with the servants** il était assimilé aux domestiques.

3 *cpd: (Jur)* **class actions** actions *fpl* de groupe; *(Jur)* **class action suit** recours collectif en justice; *(Soc)* **class bias** préjugés *mpl* de classe; **class-conscious** *person* conscient des distinctions sociales; (*pej: snobbish*) *person, attitude* snob *inv;* **class consciousness** conscience *f* de classe *or* des distinctions sociales; **class distinction** distinction sociale; *(Scol)* **class list** liste nominative des élèves; **classmate** *(Brit)* camarade *mf* de classe; *(US)* camarade de promotion (*or* de classe); *(Brit: in library)* **class number** cote *f* *(d'un livre en bibliothèque); (US)* **class president** ≃ chef *m* de classe; *(US Scol, Univ)* **class rank** numéro *m* de sortie; **class roll** = **class list; classroom** (salle *f* de) classe *f; (Pol)* **class society** société *f* de classes; **class struggle** lutte *f* des classes; *(Brit Scol)* **class teacher** professeur principal; **class war(fare)** = **class struggle.**

classic ['klæsɪk] **1** *adj (lit, fig)* classique. **it was ~!** *it was ~!** c'était le coup classique!* **2** *n (author, work)* classique *m; (Racing)* classique *f.* **to study ~s** étudier les humanités; *(fig)* **it is a ~ of its kind** c'est un classique du genre.

classical ['klæsɪkəl] *adj* classique. **~ Latin** latin *m* classique; **~ scholar** humaniste *mf.*

classicism ['klæsɪsɪzəm] *n* classicisme *m.*

classifiable ['klæsɪfaɪəbl] *adj* qu'on peut classifier.

classification [ˌklæsɪfɪˈkeɪʃən] *n* classification *f.*

classified ['klæsɪfaɪd] *adj* **(a)** classifié. *(Press)* **~ advertisement** petite annonce. **(b)** *(Admin: secret etc) document* classé secret (*f* classée secrète). **~ information** renseignements (classés) secrets.

classify ['klæsɪfaɪ] *vt* **(a)** classer, classifier. **(b)** *(Admin: restrict circulation)* classer secret.

classy* ['klɑːsɪ] *adj car, apartment, hotel* chic *inv,* de luxe; *person* chic *inv,* qui a de l'allure. **~ clothes** des vêtements tout ce qu'il y a de chic.

clatter ['klætər] **1** *n (noise)* cliquetis *m,* (*louder*) fracas *m.* **the ~ of cutlery** le bruit *or* cliquetis de couverts entrechoqués.

2 *vi (rattle) [heels, keys, typewriter, chains]* cliqueter; *(bang) [large falling object, cymbals]* résonner. **to ~ in/out/away** *etc* entrer/sortir/partir *etc* bruyamment.

3 *vt* choquer *or* entrechoquer bruyamment.

clause [klɔːz] *n* **(a)** *(Gram)* membre *m* de phrase, proposition *f.* **principal/subordinate ~** proposition principale/subordonnée. **(b)** *(Jur) [contract, law, treaty]* clause *f; [will]* disposition *f; V saving.*

claustrophobia [ˌklɔːstrəˈfəʊbɪə] *n* claustrophobie *f.*

claustrophobic [ˌklɔːstrəˈfəʊbɪk] **1** *adj person* claustrophobe; *feeling* de claustrophobie; *situation, atmosphere* claustrophobique. **2** *n* claustrophobe *mf.*

clavichord ['klævɪkɔːd] *n* clavicorde *m.*

clavicle ['klævɪkl] *n* clavicule *f.*

claw [klɔː] **1** *n* **(a)** *[cat, lion, small bird etc]* griffe *f; [bird of prey]* serre *f; [lobster etc]* pince *f; [hammer]* patte* *f.* **to get one's ~s into sb** tenir qn dans ses griffes; **to get one's ~s on*** mettre le grappin sur*; **get your ~s off (that)!‡** bas les pattes!*

(b) *(Tech) [bench]* valet *m; [hammer]* pied-de-biche *m.*

2 *cpd: (Econ)* **clawback** récupération *f;* **claw-hammer** marteau fendu, marteau à pied-de-biche.

3 *vt (scratch)* griffer; *(rip)* déchirer *or* labourer avec ses griffes *or* ses serres; *(clutch)* agripper, serrer.

♦**claw at** *vt fus object* essayer de s'agripper à; *person* essayer de griffer.

♦**claw back 1** *vt sep (Econ)* récupérer.

2 clawback *n V* **claw 2.**

clay [kleɪ] **1** *n* argile *f,* (terre *f)* glaise *f.* **potter's ~** argile (à potier); **V china. 2** *cpd:* **clay pigeon** pigeon *m* d'argile *or* de ball-trap; *(US fig)* victime *f or* cible *f* facile; **clay pigeon shooting** ball-trap *m;* **clay pipe** pipe *f* en terre; **clay pit** argilière *f,* glaisière *f, (Geol)* **clay-with-flints** argile *f* à silex.

clayey ['kleɪɪ] *adj* argileux, glaiseux.

clean [kliːn] **1** *adj* **(a)** *(not dirty) clothes, plates, hands, house, car* propre, net; *(having clean habits) person, animal* propre. **to have ~ hands** avoir les mains propres; *(fig)* avoir les mains nettes *or* la conscience nette, n'avoir été mêlé à rien; **a ~ piece of paper** une feuille blanche; *(fig)* **a ~ bomb** une bombe propre *or* sans retombées (radio-actives); **to wipe sth ~** essuyer qch; **keep it ~** ne le salissez pas, tenez-le propre; **as ~ as a new pin** propre comme un sou neuf; *(fig)* **to make a ~ breast of it** décharger sa conscience, dire ce qu'on a sur la conscience; **to make a ~ sweep** faire table rase *(of* de).

(b) *(pure etc) reputation* net, sans tache; *joke, story* qui n'a rien de choquant; *contest, game* loyal. **~ living** une *or* la vie saine; *(Jur)* **a ~ record** *or* **sheet** un casier (judiciaire) vierge; **a ~ driving licence** un permis de conduire où n'est portée aucune contravention; *(fig)* **let's keep the party ~!*** pas d'inconvenances!, pas de grossièretés!; **~ player** joueur *m,* -euse *f* fair-play *inv;* **the doctor gave him a ~ bill of health** le médecin l'a trouvé en parfait état de santé; *(Comm)* **~ bill of lading** connaissement net *or* sans réserves.

(c) *(elegant etc) shape* fin, net, bien proportionné; *line, stroke* net; *profile* pur. **~ outlines** des contours nets *or* dégagés; **a ~ ship** un navire aux lignes élégantes; **this car has very ~ lines** cette voiture a une belle ligne; **a ~ cut** une coupure nette *or* franche; **~ leap** saut *m* sans toucher (l'obstacle); *(Tennis)* **a ~ ace** un as.

(d) *(‡) he's ~ (unarmed)* il n'est pas armé, il n'a rien sur lui; *(innocent)* il n'a rien fait; *(no incriminating material in it)* **his room was quite ~** il n'y avait rien dans sa chambre, on n'a rien trouvé dans sa chambre.

2 *adv* entièrement, complètement, tout à fait. **I ~ forgot** j'ai complètement oublié; **he got ~ away** il a décampé sans laisser de traces; **to cut ~ through sth** couper qch de part en part; **he jumped ~ over the fence** il a sauté la barrière sans la toucher; **the car went ~ through the hedge** la voiture est carrément passée à travers la haie; **the fish jumped ~ out of the net** le poisson a sauté carrément hors du filet; **to break off ~** casser net; *(fig)* **to come ~‡** se mettre à table‡; **to come ~ about sth‡** révéler qch, tout dire sur qch.

3 *n:* **to give sth a good ~**(up) bien nettoyer qch.

4 *cpd: (Weightlifting)* **clean-and-jerk** épaulé-jeté *m;* **clean-cut** bien délimité, net, clair; **clean-limbed** bien proportionné, bien découplé; **clean-living** décent, honnête; **clean-out** nettoyage *m* à fond; **clean-shaven** *face* rasé de près, glabre; *head* rasé; **to be clean-shaven** n'avoir ni barbe ni moustache, être glabre; **cleanup** *V* **cleanup.**

5 *vt clothes, room* nettoyer; *vegetables* laver; *blackboard* essuyer. **to ~ one's teeth** se laver les dents; **to ~ one's nails** se nettoyer les ongles; **to ~ one's face** se débarbouiller, se laver la figure; **to ~ the windows** faire les vitres; *V* **dry.**

6 *vi* se nettoyer. **that floor ~s easily** ce plancher se nettoie facilement *or* est facile à nettoyer.

♦**clean off** *vt sep writing (on blackboard)* essuyer; *(on wall)* enlever.

♦**clean out 1** *vt sep drawer, box* nettoyer à fond; *cupboard, room* nettoyer *or* faire à fond; (*‡fig: leave penniless etc) person* nettoyer*. **the hotel bill cleaned me out*** la note de l'hôtel m'a nettoyé* *or* m'a mis à sec*; **he was cleaned out*** il était fauché *or* à sec*; **the burglars had cleaned out the whole house*** les cambrioleurs avaient complètement vidé la maison.

2 clean-out *n V* **clean 4.**

♦**clean up 1** *vi* **(a)** tout nettoyer, mettre de l'ordre. **she had to clean up after the children's visit** elle a dû tout remettre en ordre après la visite des enfants.

(b) *(‡fig: make profit)* faire son beurre*. **he cleaned up on that sale** cette vente lui a rapporté gros, il a touché un joli paquet* sur cette vente.

2 *vt* **(a)** *room* nettoyer. **to clean o.s. up** se laver, se débarbouiller.

(b) *(fig)* (re)mettre de l'ordre dans (les affaires de), épurer. **the new mayor cleaned up the city** le nouveau maire a épuré la ville *or* a remis de l'ordre dans la ville; **they are trying to clean up television** ils essaient d'épurer la télévision.

3 cleanup *n V* **clean 4.**

cleaner ['kliːnər] *n* **(a)** *(woman) (in home)* femme *f* de ménage; *(in office, school)* femme *f* de service; *(in hospital)* fille *f* de salle; *(man)* agent *m* de service, ouvrier *m* nettoyeur.

(b) *(Comm)* teinturier *m,* -ière *f; (device)* appareil *m* de nettoyage; *(household ~)* produit *m* d'entretien; *(stain-remover)* détachant *m.* **the ~'s shop** la teinturerie; **he took his coat to the ~'s** il a donné son pardessus à nettoyer *or* au teinturier; *(fig)* **to take sb to the ~'s‡** nettoyer* qn, soutirer le maximum à qn; *V* **dry, vacuum** *etc.*

cleaning ['kliːnɪŋ] **1** *n* nettoyage *m; (housework)* ménage *m; V*

spring. **2** *cpd*: **cleaning fluid** détachant *m*; **cleaning woman** femme *f* de ménage.
cleanliness ['klenlɪnɪs] *n* propreté *f*, habitude *f* de la propreté. (*Prov*) ~ **is next to godliness** la propreté du corps est parente de la propreté de l'âme.
cleanly¹ ['kliːnlɪ] *adv* proprement, nettement.
cleanly² ['klenlɪ] *adj person, animal* propre.
cleanness ['kliːnnɪs] *n* propreté *f*.
cleanse [klenz] *vt* nettoyer; *ditch, drain etc* curer; (*Bible: cure*) guérir; (*fig*) *person* laver (*of* de); (*Rel*) *soul etc* purifier. (*Med*) **to ~ the blood** dépurer le sang.
cleanser ['klenzə'] *n* (*detergent*) détersif *m*, détergent *m*; (*for complexion*) démaquillant *m*.
cleansing ['klenzɪŋ] **1** *adj* (*for complexion*) démaquillant; (*fig*) purifiant. ~ **cream/lotion** crème/lotion démaquillante; ~ **department** service *m* de voirie. **2** *n* nettoyage *m*.
cleanup ['kliːnʌp] *n* (a) [*room*] nettoyage *m*; [*person*] débarbouillage *m*; (*fig*) épuration *f*, assainissement *m*. **to give o.s. a** ~ se laver, se débarbouiller; *V also* **clean 3**.
(b) (**fig**) profit *m*. **he made a good** ~ **from that business** il a fait son beurre dans cette affaire*, cette affaire lui a rapporté gros.
clear [klɪə'] **1** *adj* (a) (*not opaque, cloudy, indistinct*) *piece of glass, plastic* transparent; *water* clair, limpide, transparent; *lake, stream* limpide, transparent; *sky* clair, sans nuages; *weather* clair, serein; *photograph* net; *outline* clair, net, distinct; *complexion* clair, lumineux, transparent. **on a** ~ **day** par temps clair; ~ **honey** miel *m* liquide; ~ **red** (*n*) rouge *m* vif; (*adj*) rouge vif *inv*; ~ **soup** bouillon *m*; (*made with meat*) bouillon (gras), consommé *m*; **my conscience is** ~ j'ai la conscience tranquille; **he left with a** ~ **conscience** il est parti la conscience tranquille.
(b) (*easily heard*) *sound* clair, distinct, qui s'entend nettement. **his words were quite** ~ ses paroles étaient tout à fait distinctes *or* s'entendaient très nettement; **you're not very** ~ je ne vous entends pas bien.
(c) (*keen, discerning, lucid*) *explanation, account* clair, intelligible; *reasoning* clair, lucide; *intelligence* clair, pénétrant; *style* clair, net. ~ **mind** *or* **thinker** esprit *m* lucide; **I want to be quite** ~ **on this point** (*understand clearly*) je veux savoir exactement ce qu'il en est; (*explain unambiguously*) je veux bien me faire comprendre; **he is not quite** ~ **about what he must do** il n'a pas bien compris *or* saisi ce qu'il doit faire; **to be quite** ~ **about sth, to get sth** ~ bien comprendre qch.
(d) (*obvious, indisputable*) *proof, sign, consequence* évident, clair, manifeste; *motive* clair, évident. ~ **indication** signe manifeste *or* certain; **it was a** ~ **case of murder** c'était un cas d'assassinat manifeste, il s'agissait manifestement d'un assassinat; **to make o.s.** *or* **one's meaning** ~ se faire bien comprendre, bien préciser ce que l'on veut dire; **do I make myself quite** ~? est-ce que c'est bien clair?, vous me comprenez?; **to make it** ~ **to sb that** faire comprendre à qn que; **I wish to make it** ~ **that** je tiens à préciser que; **as** ~ **as day** clair comme le jour *or* comme de l'eau de roche; (*iro*) **as** ~ **as mud‡** clair comme de l'encre; **it is** ~ **that he knows about such things** il est clair *or* évident qu'il s'y connaît; **it is** ~ **to me that** il me paraît hors de doute que; *V* **crystal**.
(e) (*free of obstacles etc*) *road, path etc* libre, dégagé; *route* sans obstacles, sans dangers. **the road is** ~ la route est dégagée *or* libre; ~ **space** espace *m* libre; **all** ~! (*you can go through*) la voie est libre; (*the alert is over*) l'alerte est passée; (*Mil*) fin d'alerte!; **we had a** ~ **view** rien ne gênait la vue; **after this traffic holdup we had a** ~ **run home** une fois ce bouchon passé la route était dégagée jusqu'à la maison; **we were** ~ **of the town** nous étions hors de *or* sortis de l'agglomération; ~ **of** (*free of*) débarrassé de, libre de, libéré de; ~ **of debts** libre de dettes; **a** ~ **profit** un bénéfice net; **a** ~ **loss** une perte sèche; **three** ~ **days** trois jours pleins *or* entiers; **a** ~ **majority** une nette majorité; *V* **coast**.
(f) (*Phon*) *vowel* clair.
2 *n*: **to send a message in** ~ envoyer un message en clair; **to be in the** ~* (*above suspicion*) être au-dessus de tout soupçon; (*no longer suspected*) n'être plus soupçonné, être blanchi de tout soupçon; (*out of debt*) être libre de toutes dettes; (*out of danger*) être hors de danger.
3 *adv* (a) distinctement, nettement. **loud and** ~ très distinctement.
(b) entièrement, complètement. **the thief got** ~ **away** le voleur a disparu sans laisser de traces, on n'a jamais revu le voleur.
(c) ~ **of** à l'écart de, à distance de; (*Naut*) **to steer** ~ **of** passer au large de; **to steer** *or* **keep** ~ **of sth/sb** éviter qch/qn; **to stand** ~ s'écarter, se tenir à distance; **stand** ~ **of the doors!** dégagez les portes!; **to get** ~ **of** (*go away from*) s'éloigner *or* s'écarter de; (*rid o.s. of*) se débarrasser de; **it will be easier once we get** ~ **of winter** cela sera plus facile une fois l'hiver passé.
4 *cpd*: **clear-cut** *outline, shape* net, précis, nettement défini; *attitude, proposal, situation* précis, clair; *problem, division* précis. **clear-cut features** traits nets *or* bien dessinés; **clear-headed** lucide, perspicace; **clear-headedness** perspicacité *f*, lucidité *f*; **clear-sighted** *person* clairvoyant, qui voit juste; *plan* réaliste, lucide; **clear-sightedness** [*person*] clairvoyance *f*; [*plan*] réalisme *m*; (*Brit*) **clearway** route *f* à stationnement interdit.
5 *vt* (a) (*clarify*) *liquid* clarifier; *wine* coller, clarifier; *skin* purifier; *complexion* éclaircir; (*Med*) *blood* dépurer, purifier; *bowels* purger, dégager; (*fig*) *situation, account* éclaircir, clarifier. **to** ~ **the air** aérer; (*fig*) détendre l'atmosphère; **to** ~ **one's throat** s'éclaircir la voix; **to** ~ **one's head** (*from fuzziness, hangover etc*) se dégager le cerveau; (*clear one's ideas*) se remettre les idées en place.
(b) (*remove obstacles etc from*) *canal, path, road, railway line* débarrasser, dégager, déblayer; *pipe* déboucher; *land* défricher. **to**

~ **the table** débarrasser la table, desservir; **to** ~ **the decks** (*for action*) se mettre en branle-bas (de combat); (*fig*) tout déblayer; **to** ~ **sth of rubbish** débarrasser qch; (*lit*) **to** ~ **the way for** faire place à, libérer le passage pour; (*fig*) **to** ~ **the way for further discussions** préparer le terrain pour *or* ouvrir la voie à des négociations ultérieures; ~ **the way!** circulez!, dégagez!*; **to** ~ **a way** *or* **a path through** (se) frayer un passage à travers; **to** ~ **a room** (*of people*) faire évacuer une salle; (*of things*) débarrasser une salle; (*Jur*) **to** ~ **the court** faire évacuer la salle; (*fig*) **to** ~ **the ground** déblayer le terrain; (*Post*) **the box is** ~**ed twice a day** la levée a lieu deux fois par jour; (*Ftbl*) **to** ~ **the ball** dégager le ballon.
(c) (*find innocent, acceptable etc*) *person* innocenter, disculper (*of* de). **he was** ~**ed of the murder charge** il a été disculpé de l'accusation d'assassinat; **he will easily** ~ **himself** il se disculpera facilement, il prouvera facilement son innocence; **to** ~ **sb of suspicion** laver qn de tout soupçon; **you will have to be** ~**ed by our security department** il faudra que nos services de sécurité donnent (*subj*) le feu vert en ce qui vous concerne; **we've** ~**ed it with him before beginning** nous avons obtenu son accord avant de commencer; **you must** ~ **the project with the manager** il faut que le directeur donne (*subj*) le feu vert à votre projet.
(d) (*get past or over*) sauter, franchir, sauter *or* passer par-dessus (*sans toucher*); *obstacle* éviter; (*Naut*) *rocks* éviter; *harbour* quitter. **the horse** ~**ed the gate by 10 cm** le cheval a sauté *or* a franchi la barrière avec 10 cm de reste *or* de marge; **the car** ~**ed the lamppost** la voiture a évité le réverbère de justesse; **raise the car till the wheel** ~**s the ground** soulevez la voiture jusqu'à ce que la roue ne touche (*subj*) plus le sol; **the boat just** ~**ed the bottom** le bateau a réussi à passer sans toucher le fond.
(e) *cheque* compenser; *account* solder, liquider; *debt* s'acquitter de; *profit* gagner net; (*Comm*) *goods* liquider; (*Customs*) *goods* dédouaner; *port dues* acquitter; *ship* expédier; (*fig*) *one's conscience* décharger; *doubts* dissiper. (*Comm*) **'half price to** ~' 'solde à moitié prix pour liquider'; **you must** ~ **your homework before you go out** il faut que tu te débarrasses (*subj*) de *or* que tu finisses tes devoirs avant de sortir; **I've** ~**ed £100 on this business** cette affaire me rapporte 100 livres net *or* tous frais payés; **I didn't even** ~ **my expenses** je ne suis même pas rentré dans mes frais.
6 *vi* [*weather*] s'éclaircir; [*sky*] se dégager; [*fog*] se dissiper; [*face, expression*] s'éclaircir; (*Naut*) [*ship*] prendre la mer; [*complexion*] s'éclaircir; [*skin*] devenir plus sain. **his brow** ~**ed** son visage s'est éclairci.
♦ **clear away 1** *vi* (a) [*mist etc*] se dissiper.
(b) (*clear the table*) desservir.
2 *vt sep* enlever, emporter, ôter. **to clear away the dishes** desservir, débarrasser (la table).
♦ **clear off 1** *vi* (*) filer*, décamper. **clear off! fichez le camp!*, filez!***
2 *vt sep* (a) (*get rid of*) se débarrasser de; *debts* s'acquitter de; (*Comm*) *stock* liquider; *goods* solder. **to clear off arrears of work** rattraper le retard dans son travail.
(b) (*remove*) *things on table etc* enlever.
♦ **clear out 1** *vi* (*) = **clear off 1**.
2 *vt sep cupboard* vider; *room* nettoyer, débarrasser; *unwanted objects* enlever, jeter. **he cleared everyone out of the room** il a fait évacuer la pièce; **he cleared everything out of the room** il a débarrassé la pièce, il a fait le vide dans la pièce.
♦ **clear up 1** *vi* (a) [*weather*] s'éclaircir, se lever. **I think it will clear up** je pense que ça va se lever.
(b) (*tidy*) ranger, faire des rangements.
2 *vt sep* (a) *mystery* éclaircir, résoudre; *matter, subject* éclaircir, tirer au clair.
(b) (*tidy*) *room* ranger, mettre en ordre; *books, toys* ranger.
clearance ['klɪərəns] **1** *n* (a) (*U*) [*road, path*] déblaiement *m*, dégagement *m*; [*land, bombsite*] déblaiement *m*; [*room, court*] évacuation *f*; [*litter, objects, rubbish*] enlèvement *m*; (*Comm*) soldes *mpl*, liquidation *f* (du stock).
(b) [*boat, car etc*] dégagement *m*, espace *m* libre. **2 metre** ~ espace de 2 mètres; **how much** ~ **is there between my car and yours?** je suis à combien de votre voiture?
(c) [*cheque*] compensation *f*; (*Customs*) dédouanement *m*; (*permission etc*) autorisation *f*, permis *m* (*de publier etc*). (*Naut*) **outwards/inwards permis** de sortie/d'entrée; **the despatch was sent to the Foreign Office for** ~ la dépêche a été soumise au ministère des Affaires étrangères pour contrôle; (*Aviat*) **to give** (**sb**) ~ **for takeoff** donner (à qn) l'autorisation de décoller.
(d) (*Ftbl*) dégagement *m*.
2 *cpd*: (*Naut*) **clearance certificate** congé *m* de navigation, lettre *f* de mer; (*Comm*) **clearance sale** soldes *mpl*.
clearing ['klɪərɪŋ] **1** *n* (a) (*in forest*) clairière *f*.
(b) (*U*) [*liquid*] clarification *f*; [*wine*] collage *m*; (*Med*) [*bowels*] purge *f*; [*blood*] dépuration *f*.
(c) (*U: tidying, unblocking*) [*room, cupboard, passage*] dégagement *m*, désencombrement *m*; [*rubbish*] ramassage *m*, enlèvement *m*; [*objects*] enlèvement *m*; [*land*] défrichement *m*; [*pipe etc*] débouchage *m*; [*road*] dégagement *m*, déblaiement *m*; [*room, court*] évacuation *f*.
(d) (*Jur*) [*accused*] disculpation *f*.
(e) (*Fin*) [*cheque*] compensation *f*; [*account*] liquidation *f*; [*debt*] acquittement *m*.
2 *cpd*: (*Brit*) **clearing bank** banque *f* (appartenant à une chambre de compensation); **clearing house** (*Banking*) chambre *f* de compensation; (*fig: for documents etc*) bureau central.
clearly ['klɪəlɪ] *adv* (a) (*distinctly*) *see, state* clairement, nettement; *hear* distinctement, nettement; *understand* bien, clairement. ~ **visible** bien visible. (b) (*obviously*) manifestement, évidemment.

clearness ['klɪənɪs] *n* **(a)** *[air, liquid]* transparence *f*, limpidité *f*; *[glass]* transparence. **(b)** *[sound, sight, print, thought etc]* clarté *f*, netteté *f*.

cleat [kli:t] *n* (*Carpentry*) tasseau *m*; (*Naut*) taquet *m*; (*on shoe*) clou *m*.

cleavage ['kli:vɪdʒ] *n* (*lit*) (*Chem, Geol*) clivage *m*; (*Bio*) *[cell]* division *f*; (*fig*) *[opinion]* division, clivage. **a dress which showed her ~*** une robe qui laissait voir la naissance des seins.

cleave¹ [kli:v] *pret* **cleft** *or* **clove**, *ptp* **cleft** *or* **cloven** 1 *vt* (*gen liter*) fendre; (*Chem, Geol*) cliver; (*Bio*) diviser; (*fig*) diviser, séparer, désunir. **2** *vi* se fendre; (*Chem, Geol*) se cliver; (*Bio*) se diviser. **to ~ through the waves** fendre les vagues.

cleave² [kli:v] *pret, ptp* **cleaved** *vi* (*liter*) (*stick*) coller, adhérer (*to* à); (*fig*) s'attacher, rester attaché *or* fidèle (*to* à).

cleaver ['kli:vəʳ] *n* fendoir *m*, couperet *m*.

clef [klef] *n* (*Mus*) clef *f or* clé *f* (*signe*); **V bass**¹, **treble**.

cleft [kleft] 1 *pret, ptp* **cleave**¹. **2** *adj* fendu; *stick* fourchu. (*fig*) **to be in a ~ stick** se trouver *or* être dans une impasse; (*Anat*) **~ palate** palais fendu; (*Gram*) **~ sentence** phrase clivée. **3** *n* (*in rock*) crevasse *f*, fissure *f*.

clematis ['klemətɪs] *n* clématite *f*.

clemency ['klemənsɪ] *n* (*person*) clémence *f* (*towards* envers); *[weather etc]* douceur *f*, clémence.

clement ['klemənt] *adj* person clément (*towards* envers); *weather* doux (*f* douce), clément.

clementine ['kleməntaɪn] *n* clémentine *f*.

clench [klentʃ] 1 *vt* (**a**) **to ~ sth** (*in one's hands*) empoigner *or* serrer qch dans ses mains; **to ~ one's fists/teeth** serrer les poings/les dents. **(b)** = **clinch** 1. **2** *n* = **clinch** 3a.

Cleopatra [ˌkli:ə'pætrə] *n* Cléopâtre *f*. **~'s needle** l'obélisque *m* de Cléopâtre.

clerestory ['klɪəstɔ:rɪ] *n* (*Archit*) claire-voie *f*, clair-étage *m*.

clergy ['klɜ:dʒɪ] *collective n* (membres *mpl* du) clergé *m*. **~man** ecclésiastique *m*; (*Protestant*) pasteur *m*; (*Roman Catholic*) prêtre *m*, curé *m*.

cleric ['klerɪk] *n* ecclésiastique *m*.

clerical ['klerɪkəl] *adj* (**a**) (*Rel*) clérical, du clergé; *collar* de pasteur.
(b) (*Comm, Fin, Jur*) *job, position* de commis, d'employé; *work, worker, staff* de bureau. **~ error** (*in book-keeping*) erreur *f* d'écriture (commise par un employé); (*in manuscripts*) faute *f* de copiste.

clericalism ['klerɪkəlɪzəm] *n* cléricalisme *m*.

clerihew ['klerɪhju:] *n* petit poème humoristique (*pseudo-biographique*).

clerk [klɑ:k, (*US*) klɜ:rk] 1 *n* (**a**) (*in office*) employé(e) *m(f)* (*de bureau, de commerce*), commis *m*; (*Jur*) clerc *m*. **bank ~** employé(e) de banque; (*in hotel*) **desk ~** réceptionniste *mf*; (*Jur*) **C~ of the Court** greffier *m* (du tribunal); **V head, town.**
(b) (††) (*Rel*) ecclésiastique *m*; (*scholar*) clerc†† *m*, savant *m*.
(c) (*US: shop assistant*) vendeur *m*, -euse *f*.
(d) (*Brit Constr*) **~ of works** conducteur *m* de travaux.
2 *vi* (**a**) (*US Jur*) **to ~ for a judge** être assistant(e) *m(f)* stagiaire d'un juge.
(b) (*US Comm*) travailler comme vendeur/vendeuse.

clerkship ['klɑ:kʃɪp, (*US*) 'klɜ:rkʃɪp] *n* fonctions *fpl* d'employé de bureau, emploi *m* de commis; (*Med*) stage *m*.

clever ['klevəʳ] 1 *adj* (**a**) (*intelligent*) *person* intelligent, à l'esprit éveillé, astucieux; *book* intelligemment écrit, ingénieux; *play, film* intelligemment *or* bien fait, intelligent; *machine, invention, explanation* ingénieux; *idea* astucieux, intelligent; *joke* fin, astucieux; *story* bien conduit, astucieux. **~ pupil** élève doué; **to be ~ at French** être fort en français.
(b) (*skilful*) *person* habile, adroit; *piece of work etc* bien fait. **a ~ workman** un ouvrier habile; **to be ~ at doing sth** être habile à faire qch; **to be ~ with one's hands** être adroit de ses mains; **he's very ~ with cars** il s'y connaît en voitures.
(c) (*smart*) *person* astucieux, malin (*f* -igne); *action* ingénieux, astucieux. **a ~ trick** un tour ingénieux *or* astucieux; **he was too ~ for me** il m'a roulé*, il m'a eu*; (*pej*) **~ Dick** petit *or* gros malin; **V half.**
2 *cpd*: (*pej*) **clever-clever*** un peu trop futé.

cleverly ['klevəlɪ] *adv* (*V* clever) intelligemment; astucieusement; ingénieusement; habilement; adroitement.

cleverness ['klevənɪs] *n* (*V* clever) intelligence *f*; astuce *f*, ingéniosité *f*; habileté *f*, adresse *f* (*at* à).

clew [klu:] *n* (*US*) = **clue.**

cliché ['kli:ʃeɪ] *n* cliché *m*, expression *or* phrase toute faite.

click [klɪk] 1 *n* déclic *m*, petit bruit sec; *[tongue]* claquement *m*; *[wheel]* cliquet *m*; (*Phon*) clic *m*.
2 *vi* (**a**) faire un bruit sec, cliqueter. **the door ~ed shut** la porte s'est refermée avec un déclic; **the part ~ed into place** la pièce s'est mise en place *or* s'est enclenchée avec un déclic; (*fig*) **suddenly it ~ed*** j'ai (*or* il a *etc*) pigé‡ tout à coup; (*fig*) **to ~ with sb*** se découvrir des atomes crochus* avec qn; (*sexually*) taper dans l'œil à qn*.
(b) (*: be successful*) *[product, invention]* bien marcher.
3 *vt*: **to ~ one's heels** claquer des talons; **to ~ one's tongue** faire claquer sa langue, clapper de la langue; **she ~ed the shelf back into place** elle a remis l'étagère en place avec un déclic.

clicking ['klɪkɪŋ] *n* cliquetis *m*.

client ['klaɪənt] *n* client(e) *m(f)*.

clientele [ˌkli:ɑ:n'tel] *n* (*Comm*) clientèle *f*; (*Theat*) habitués *mpl*.

cliff [klɪf] 1 *n* *[seashore]* falaise *f*; *[mountains]* escarpement *m*; (*Climbing*) à-pic *m*.
2 *cpd*: **cliff-dweller** (*lit*) troglodyte *mf*; (*US*) habitant(e) *m(f)* de gratte-ciel; **cliff-hanger*** récit *m* (*or* situation *f etc*) à suspense;

(*moment of suspense*) moment *m* d'angoisse; **cliff-hanging*** tendu, à suspense; **cliff-hanging vote*** vote *m* à suspense.

climacteric [klaɪ'mæktərɪk] 1 *n* climatère *m*; (*Med, esp US*) ménopause *f*. **2** *adj* climatérique; (*fig*) crucial, dangereux.

climactic [klaɪ'mæktɪk] *adj* à son *or* au point culminant, à son apogée.

climate ['klaɪmɪt] *n* (*Met, fig*) climat *m*. **the ~ of opinion** (les courants *mpl* de) l'opinion *f*.

climatic [klaɪ'mætɪk] *adj* climatique.

climatology [ˌklaɪmə'tɒlədʒɪ] *n* climatologie *f*.

climax ['klaɪmæks] 1 *n* point culminant, apogée *m*; (*sexual*) orgasme *m*; (*Rhetoric*) gradation *f*. **the ~ of his political career** l'apogée de sa vie politique; **this brought matters to a ~** cela a porté l'affaire à son point culminant; (*fig*) **to come to a ~** atteindre son point culminant; (*fig*) **to work up to a ~** *[story, events]* tendre vers son point culminant, s'intensifier; *[speaker]* amener le point culminant.
2 *vt* amener *or* porter à son point culminant *or* au point culminant.
3 *vi* atteindre son *or* le point culminant.

climb [klaɪm] 1 *vt* (*also ~ up*) *stairs, steps, slope* monter, grimper; *hill* grimper, escalader; *tree, ladder* grimper *or* monter sur *or* à; *rope* monter à; *cliff, wall* escalader; *mountain* gravir, faire l'ascension de; (*fig*) **to be ~ing the wall** être dingue.
2 *vi* (**a**) (*lit, fig: also ~ up*) monter, grimper; *[aircraft, rocket]* monter, prendre de l'altitude; *[sun]* monter; (*Sport*) escalader, grimper; (*also rock-~*) varapper.
(b) **to ~ down a tree** descendre d'un arbre; **to ~ down a mountain** descendre d'une montagne, effectuer la descente d'une montagne; **to ~ over a wall/an obstacle** escalader un mur/un obstacle; **to ~ into an aircraft/a boat** monter *or* grimper à bord d'un avion/bateau; **to ~ out of a hole** se hisser hors d'un trou; (*Sport*) **to go ~ing** faire de l'alpinisme; (*fig*) **to ~ to power** s'élever (jusqu'au) pouvoir.
3 *n* *[hill]* montée *f*, côte *f*; (*Climbing*) ascension *f*; *[aircraft]* montée *f*, ascension.
4 *cpd*: **climb-down*** reculade *f*, dérobade *f*.
♦**climb down** 1 *vi* (**a**) (*lit*) (*from tree, wall*) descendre; (*Climbing*) descendre, effectuer une descente.
(b) (*: abandon one's position*) en rabattre.
2 climb-down* *n V* climb 4.
♦**climb up** *V* climb 1, 2a.

climber ['klaɪməʳ] *n* (*person*) grimpeur *m*, -euse *f*; (*mountaineer*) alpiniste *mf*, ascensionniste *mf*; (*fig pej*) arriviste *mf* (*pej*); (*plant*) plante grimpante; (*bird*) grimpeur *m*; (*also rock-~*) varappeur *m*.

climbing ['klaɪmɪŋ] 1 *adj person, bird* grimpeur; (*Bot*) grimpant; (*Astron, Aviat*) ascendant.
2 *n* montée *f*, escalade *f*; (*Sport*) alpinisme *m*; (*also rock-~*) varappe *f*; (*fig*) arrivisme *m* (*pej*).
3 *cpd*: **climbing frame** cage *f* à poules; **climbing irons** crampons *mpl*; (*Aviat*) **climbing speed** vitesse ascensionnelle.

clinch [klɪntʃ] 1 *vt* (*also clench*) (*Tech*) *nail, rivet* river; (*Naut*) étalinguer; (*fig*) *argument* consolider, confirmer; *bargain* conclure. **to ~ the deal** conclure l'affaire; **to ~ an agreement** sceller un pacte; **that ~es it** comme ça c'est réglé, ça coupe court à tout*.
2 *vi* (*Boxing*) combattre corps à corps.
3 *n* (**a**) (*also clench*) (*Tech*) rivetage *m*; (*Naut*) étalingure *f*.
(b) (*Boxing*) corps-à-corps *m*. **to get into a ~** lutter corps à corps.
(c) (*: embrace*) étreinte *f*, enlacement *m*. **in a ~** enlacés.

cline [klaɪn] *n* cline *m*.

cling [klɪŋ] *pret, ptp* **clung** 1 *vi* (**a**) (*hold tight*) se cramponner, s'accrocher (*to* à). **to ~ together, to ~ to one another** se tenir étroitement enlacés, se cramponner l'un à l'autre; (*fig*) **despite the opposition of all he clung to his opinion** il s'est cramponné à *or* a maintenu son opinion envers et contre tous; (*fig*) **to ~ to a belief** se raccrocher à une croyance; **to ~ to the belief that** se raccrocher à la notion que.
(b) (*stick*) adhérer, (se) coller, s'attacher (*to* à); *[clothes]* coller. **to ~ together, to ~ to one another** rester *or* être collés l'un à l'autre.
2 *cpd*: **clingfilm** ®, **clingwrap** film alimentaire transparent, scellofrais ® *m*.

clinging ['klɪŋɪŋ] *adj garment* collant, qui moule le corps; *odour* tenace; (*pej*) *person* crampon* *inv*, collant*. (*US fig*) **~ vine** pot-de-colle* *m*, personne collante.

clinic ['klɪnɪk] *n* (*private nursing home, consultant's teaching session*) clinique *f*; (*health centre*) centre médico-social *or* d'hygiène sociale; (*also* **outpatients' ~**) service *m* de consultation (externe), dispensaire *m* (municipal).

clinical ['klɪnɪkəl] *adj* (**a**) (*Med*) *conditions, lecture* clinique. **~ thermometer** thermomètre médical. **(b)** (*fig*) *attitude, approach* objectif, impartial.

clink¹ [klɪŋk] 1 *vt* faire tinter *or* résonner *or* sonner. **to ~ glasses with sb** trinquer avec qn. **2** *vi* tinter, résonner. **3** *n* tintement *m* (*de verres etc*).

clink² [klɪŋk] *n* (*Prison sl*) taule‡ *f or* tôle‡ *f*, bloc* *m*.

clinker ['klɪŋkəʳ] 1 *n* (**a**) (*burnt out coal*) mâchefer *m*, scories *fpl*.
(b) (*paving material*) brique vitrifiée.
(c) (*US‡: mistake*) (*Mus*) pavé* *m*; (*gen*) couac* *m*; (*failed film, play etc*) four* *m*, bide* *m*.
2 *cpd*: (*Naut*) **clinker-built** (bordé) à clins.

clip¹ [klɪp] 1 *n* (*for papers*) attache *f*, trombone *m*; (*for hair*) pince *f*, barrette *f*; *[machine gun, rifle]* chargeur *m*; (*brooch*) clip *m*, bague *f*; (*also cartridge ~*) chargeur *m*.
2 *vt* (**a**) *papers* attacher (avec un trombone). **to ~ a brooch on one's dress** fixer une broche sur sa robe.
(b) (*US fig*) **to ~*** **the customers** estamper* les clients.

3 *cpd*: **clipboard** écritoire *f* à pince, clipboard *m*.
◆**clip on** *vt sep brooch* fixer; *document etc* attacher (avec un trombone).
◆**clip together** *vt sep* attacher.
clip² [klɪp] **1** *vt* **(a)** *(cut, snip)* couper (avec des ciseaux); *hedge* tailler; *sheep, dog* tondre; *ticket* poinçonner; *article from newspaper* découper; *hair* couper; *wings* rogner, couper. *(fig)* **to ~ sb's wings** rogner les ailes à qn; *(fig)* **he has a ~ped way of speaking** il avale ses mots *or* les syllabes (en parlant); *(fig)* **in a ~ped voice** d'un ton sec.
　(b) (*: *hit*) flanquer une taloche à*. **I ~ped him on the jaw*** je lui ai flanqué un marron‡ à travers la figure.
　2 *n* **(a) to give sth a ~** = **to clip sth**; *V* **1a**.
　(b) *(Cine, Rad)* court extrait; *(TV)* clip *m*.
　(c) (*: *blow*) taloche**f*, marron‡ *m*. **he gave him a ~ on the head** *or* **round the ear** il lui a flanqué une bonne taloche*.
　(d) *(US)* **at a ~** à toute vitesse.
3 *cpd*: *(pej)* **clip joint‡** boîte *f* où l'on se fait tondre *or* fusiller*; **that's a real clip joint** c'est vraiment le coup de fusil dans cette boîte*.
clipper ['klɪpər] *n* **(a)** *(Aviat, Naut)* clipper *m*. **(b) ~s** *(tool)* tondeuse *f*; *V* **hair, hedge, nail**.
clippie‡ ['klɪpɪ] *n* (*Brit: conductress*) receveuse *f*.
clipping ['klɪpɪŋ] *n [newspaper etc]* coupure *f* de presse *or* de journal.
clique [kli:k] *n (slightly pej)* clique *f*, coterie *f*, chapelle *f*.
cliquey ['kli:kɪ] *adj*, **cliquish** ['kli:kɪʃ] *adj (slightly pej)* exclusif, qui a l'esprit de clique *or* de (petite) chapelle.
cliquishness ['kli:kɪʃnɪs] *n (slightly pej)* esprit *m* de clique *or* de chapelle.
clitoral ['klɪtərəl] *adj* clitoridien.
clitoris ['klɪtərɪs] *n* clitoris *m*.
cloak [kləʊk] **1** *n* grande cape; *[shepherd etc]* houppelande *f*; *(fig)* manteau *m*, voile *m*. *(fig)* **as a ~ for sth** pour cacher *or* masquer qch; **under the ~ of darkness** sous le manteau *or* le voile de la nuit.
2 *vt (fig)* masquer, déguiser, cacher; *(Dress)* revêtir d'un manteau. *(fig)* **~ed with respectability/mystery** empreint de respectabilité/de mystère.
3 *cpd*: **cloak-and-dagger** clandestin; **the cloak-and-dagger boys*** les membres *mpl* du service secret, les barbouzes‡ *fpl*; a **cloak-and-dagger story** un roman d'espionnage.
cloakroom ['kləʊkrʊm] *n* **(a)** *[coats etc]* vestiaire *m*; (*Brit: left luggage*) consigne *f*. **to put** *or* **leave in the ~ clothes** mettre *or* déposer au vestiaire; *luggage* mettre à la consigne; **~ ticket** *[clothes]* numéro *m* de vestiaire; *[luggage]* bulletin *m* de consigne.
　(b) (*Brit euph: toilet*) (*public*) toilettes *fpl*; (*in house*) cabinets *mpl*.
clobber* ['klɒbər] **1** *n* (*U: Brit: belongings*) barda* *m*. **2** *vt (hit)* tabasser‡; *(fig)* mettre à plat*, démolir*.
cloche [klɒʃ] *n (Agr, Dress)* cloche *f*.
clock [klɒk] **1** *n* **(a)** *(large)* horloge *f*; *(smaller)* pendule *f*. **it's midday by the church ~** il est midi à l'horloge de *or* au clocher de l'église; **it lasted 2 hours by the ~** cela a duré 2 heures d'horloge; **to work round the ~** travailler vingt-quatre heures d'affilée; *(fig)* travailler sans relâche; **to work against the ~** travailler contre la montre; **to put the ~ back/forward** retarder/avancer l'horloge; *(fig)* **to put** *or* **set** *or* **turn the ~ back** revenir en arrière *(fig)*; *(fig)* **you can't put the ~ back** ce qui est fait est fait; **this decision will put the ~ back 50 years** cette décision va nous ramener 50 ans en arrière; *V* **grand, o'clock, sleep** etc.
　(b) *[taxi]* compteur *m*, taximètre *m*; (*Aut*: *milometer*) ≃ compteur (kilométrique). *(Aut)* **there were 50.000 miles on the ~** la voiture avait 50.000 milles au compteur.
　(c) *(Comput)* horloge *f*, base *f* de temps.
2 *cpd*: **clock-golf** jeu *m* de l'horloge; **clockmaker** horloger *m*, -ère *f*; **clock-radio** radio-réveil *m*; **clock repairer** horloger réparateur; **clock-tower** clocher *m*; *(pej)* **he's a terrible clock-watcher** il ne fait que guetter l'heure de sortie, il a les yeux fixés sur la pendule; **to be guilty of clock-watching** passer son temps à surveiller les aiguilles de la pendule.
3 *vt* **(a)** *(Sport) runner* chronométrer. **he ~ed 4 minutes for the mile** il a fait le mille en 4 minutes.
　(b) *(Brit‡: hit)* **he ~ed him one** il lui a flanqué un ramponneau‡ *or* un marron‡.
　(c) *(Aut sl)* **to ~ a car** trafiquer* le compteur d'une voiture.
◆**clock in 1** *vi (Ind)* pointer (à l'arrivée).
2 *vt sep*: **he clocked in 3 hours' work** il a fait 3 heures de travail.
◆**clock off** *vi (Ind)* pointer (à la sortie).
◆**clock on** *vi* = **clock in 1**.
◆**clock out** = **clock off**.
◆**clock up** *vt sep* **(a)** = **clock in 2**.
　(b) *(Aut)* **he clocked up 250 miles** il a fait 250 milles au compteur.
clockwise ['klɒkwaɪz] *adv, adj* dans le sens des aiguilles d'une montre.
clockwork ['klɒkwɜ:k] **1** *n (mechanism) [clock]* mouvement *m* (d'horloge); *[toy etc]* mécanisme *m*, rouages *mpl*. *(fig)* **to go like ~** aller comme sur des roulettes; *V* **regular**.
2 *cpd* **toy, tram, car** mécanique; *(fig)* précis, régulier. **with clockwork precision** avec la précision d'une horloge.
clod [klɒd] **1** *n [earth etc]* motte *f* (de terre etc). **2** *cpd*: **clodhopper‡** (*person*) lourdaud *m*, balourd *m*; *(shoe)* godillot‡ *m*.
clog [klɒg] **1** *n (shoe) (wooden)* sabot *m*; *(with wooden soles)* socque *m*, galoche *f*.
2 *vt (also ~ up) pipe* boucher, encrasser; *wheel* bloquer; *passage* boucher, bloquer, obstruer; *(fig)* entraver, gêner.
3 *vi (also ~ up) [pipe etc]* se boucher, s'encrasser.
cloister ['klɔɪstər] **1** *n (Archit, Rel)* cloître *m*. **2** *vt (Rel)* cloîtrer. *(fig)*

to lead a ~ed life mener une vie monacale *or* de cloître.
clone [kləʊn] **1** *n* clone *m*. **2** *vt* cloner.
cloning ['kləʊnɪŋ] *n* clonage *m*.
close¹ [kləʊs] **1** *adj* **(a)** *(near)* proche *(to* de), voisin *(to* de); *(fig)* proche, intime. **the house is ~ to the shops** la maison est près *or* proche des magasins; **sit here ~ to me** asseyez-vous ici près de moi; **his birthday is ~ to mine** son anniversaire est proche du mien; **to be ~ to tears** être au bord des larmes; **in ~ proximity to** dans le voisinage immédiat de, tout près de; **at ~ quarters** *(gen)* tout près *(to* de); *(Mil: hand to hand)* corps à corps; **~ connection between** rapport étroit entre; **~ contact** contact direct; **a ~ friendship** une amitié intime; **a ~ relative** un parent proche; **~ resemblance** ressemblance exacte *or* fidèle; **to bear a ~ resemblance to** ressembler beaucoup à; *(lit)* **to have a ~ shave** se (faire) raser de près; *(fig)* **to have a ~ call*** *or* **shave*** l'échapper belle, y échapper de justesse; **that was a ~ call!*** *or* **shave!*** il était moins une!*, on l'a échappé belle!; **she was very ~ to her brother** *(in age)* son frère et elle étaient d'âges très rapprochés *or* se suivaient de près; *(in friendship)* elle était très proche de son frère; **they were very ~ (friends)** ils étaient intimes; **a ~ circle of friends** un petit cercle d'amis intimes; *V* **comfort**.
　(b) *(compact) handwriting, texture, rain, order, rank* serré; *grain* fin, dense; *account* près *or* proche de la vérité; *argument* concis, précis; *reasoning* serré. *(Aviat, Mil)* **in ~ formation** *or* **order** en ordre serré.
　(c) *(strict) control, surveillance* étroit, qui ne se relâche pas; *(thorough) questioning, checking* serré, minutieux, attentif; *examination, study* attentif, rigoureux; *attention* soutenu; *translation* serré, fidèle; *silence* impénétrable; *investigation, enquiry* minutieux, détaillé. **to keep a ~ watch on sb/sth** surveiller qn/qch de près; **in ~ confinement** en détention surveillée.
　(d) *(airless) room* mal aéré, qui manque de ventilation *or* d'air; *atmosphere* lourd, étouffant; *air (in a room)* renfermé. **it's very ~ in here** on ne respire pas ici, il n'y a pas d'air ici; **a ~ smell** une odeur de renfermé; **~ weather** temps lourd *or* étouffant; *(Met)* **it's ~ today** il fait lourd aujourd'hui.
　(e) *(almost equal)* serré. **~ contest** lutte très serrée; **~ finish** arrivée serrée; **~ election** élection extrêmement serrée; **the two candidates were very ~** les deux candidats étaient presque à égalité.
　(f) *(Ling) vowel* fermé.
　(g) *(secretive) person* renfermé, secret, peu communicatif.
　(h) *(Sport)* **~ season** fermeture *f* de la chasse *or* de la pêche).
2 *adv* étroitement, de près. **to hold sb ~** serrer qn dans ses bras, tenir qn tout contre soi; **~ by** tout près; **~ by** *or* **to the bridge** (tout) près du pont; **~ to the surface of the water** à fleur d'eau; **~ to the ground** au ras du sol; **~ by us** tout à côté de nous; **~ at hand** tout près; **~ (up)on** tout près de; **he is ~ on 60** il a près de 60 ans, il frise la soixantaine; **it's ~ on midnight** il est près de minuit; **he followed ~ behind me** il me suivait de près, il m'emboîtait le pas; **~ against the wall** tout contre le mur; **~ together** serrés les uns contre les autres; **to come ~ together** se rapprocher; **shut ~**, **~** shut hermétiquement fermé *or* clos.
3 *cpd*: **close combat** corps à corps *m*; **close-cropped** *hair* (coupé) ras; *grass* ras; **close-fisted** avare, grippe-sou *inv*, pingre; **close-fitting** *clothes* ajusté, près du corps; **close-grained** *wood* au grain serré; **close-harmony** *singing* chant *m* dans une tessiture restreinte *or* rapprochée *or* réduite; *(fig)* **close-knit** très uni; *(fig)* **close-mouthed** taciturne, peu bavard; **close-run** race course très serrée; *(fig)* **it was a close-run thing** ils sont arrivés dans un mouchoir; **close-set** *eyes* rapprochés; **close-shaven** rasé de près; *(Cine, TV)* **close-up** *(photo, shot)* gros plan *m*; **in close-up** en gros plan; **close-up lens** bonnette *f*.
4 *n (enclosure)* clos *m*; *[cathedral]* enceinte *f*; *(Scot: alleyway)* passage *m*, couloir *m*.
close² [kləʊz] **1** *n (end)* fin *f*, conclusion *f*. **to come to a ~** arriver à sa fin, se terminer, prendre fin; **to draw to a ~** tirer à sa fin, approcher de sa conclusion; **to draw sth** *or* **bring sth to a ~** mettre fin à qch; *(liter)* **the ~ of (the) day** la tombée *or* la chute du jour; **towards the ~ of the century** vers la fin du siècle.
2 *cpd*: **close-down** *[shop, business etc]* fermeture *f* (définitive); (*Brit: Rad, TV*) fin *f* des émissions; *(US)* **close-out sale**, **closing-out sale** liquidation *f* avant fermeture.
3 *vt* **(a)** *(shut) banner, store; eyes, door, factory, shop* fermer; *pipe, tube, opening* boucher; *road* barrer. **road ~d to traffic** route interdite à la circulation; **the shop is ~d** le magasin est fermé; **the shop is ~d on Sundays** le magasin ferme le dimanche; *(fig)* **to ~ one's mind to new ideas** fermer son esprit à toute idée nouvelle; *V* **ear¹, eye** etc.
　(b) *(bring to an end) proceedings, discussion* achever, terminer, mettre fin à, clore; *(Fin) account* arrêter, clore; *bargain* conclure. **to ~ the meeting** lever la séance.
　(c) *(bring together)* serrer, rapprocher. **to ~ a gap between 2 objects** réduire l'intervalle qui sépare 2 objets; *(Mil, also fig)* **to ~ ranks** serrer les rangs.
　(d) *(Elec) circuit* fermer.
4 *vi* **(a)** *[door, box, lid, drawer]* fermer, se fermer; *[museum, theatre, shop]* fermer. **the door ~d** la porte s'est fermée; **the door/box ~s badly** la porte/la boîte ferme mal; **the shop ~s on Sundays/at 6 o'clock** le magasin ferme le dimanche/à 6 heures; **his eyes ~d** ses yeux se fermèrent; **his fingers ~d around the pencil** ses doigts se sont refermés sur le crayon.
　(b) *(end) [session]* se terminer, prendre fin; *[speaker]* terminer, finir. **the meeting ~d abruptly** la séance a pris fin *or* s'est terminée brusquement; **he ~d with an appeal to their generosity** il a terminé par un appel à leur générosité; *(St Ex)* **shares ~d at 120p** les actions étaient cotées à *or* valaient 120 pence en clôture.

◆**close down 1** vi [business, shop] fermer (définitivement); (Brit: Rad, TV) terminer les émissions.
2 vt sep shop, business fermer (définitivement).
3 close-down n V **close²** 2.

◆**close in 1** vi [hunters etc] se rapprocher, approcher; [evening, night] approcher, descendre, tomber; [darkness, fog] descendre. **the days are closing in** les jours raccourcissent (de plus en plus); **to close in on sb** (approach) s'approcher or se rapprocher de qn; (encircle) cerner qn de près.
2 vt sep clôturer, enclore.

◆**close on** vt fus **(a)** (get nearer to: in race, achievement etc) rattraper.
(b) (US) = **close in on**; V **close in 1**.

◆**close out** vt sep (US Comm) stock liquider (avant fermeture).

◆**close up 1** vi [people in line etc] se rapprocher, se serrer; (Mil) serrer les rangs; [wound] se refermer.
2 vt sep house, shop fermer (complètement); pipe, tube, opening fermer, obturer, boucher; wound refermer, recoudre.

◆**close with (a)** (strike bargain with) conclure un marché avec, tomber d'accord avec.
(b) (agree to) offer, conditions accepter.
(c) (grapple with) se prendre corps à corps avec.

closed [kləʊzd] adj door, eyes fermé, clos; road barré; pipe, opening etc bouché, obturé ; class, economy fermé; (Ling) syllable couvert. (notice) '~' (gen) 'fermé'; (Theat) 'relâche'; (lit, fig) **to find the door ~** trouver porte close; (Jur) **~ session** huis clos; **maths are a ~ book to me*** je suis complètement rebelle aux maths or bouché* en maths; **~-circuit television** télévision f en circuit fermé; (US Pol) **~ primary** élection primaire réservée aux membres d'un parti; (Sport) **~ season** fermeture f de la chasse (or de la pêche); (Ind) **~ shop** atelier m or organisation f qui n'admet que des travailleurs syndiqués; (Ind) **the unions insisted on a ~-shop policy** les syndicats ont exigé l'exclusion des travailleurs non syndiqués; (US) **~ staff hospital** hôpital où des médecins agréés peuvent traiter leurs propres malades.

closely ['kləʊslɪ] adv guard étroitement; grasp en serrant fort; watch, follow de près; resemble beaucoup; study de près, minutieusement, attentivement; listen attentivement. **he held her ~ to** him il la serrait or la tenait serrée (tout) contre lui; **a ~ contested match** un match très serré or disputé; **they are ~ related** ils sont proches parents; **a matter ~ connected with ...** une affaire en relation directe avec or étroitement liée à ....

closeness ['kləʊsnɪs] n **(a)** [cloth, weave] texture or contexture serrée; [friendship] intimité f; [resemblance, translation, reproduction] fidélité f; [examination, interrogation, study] minutie f, rigueur f; [reasoning] logique f; [pursuit] vigueur f; [pursuers] proximité f. **~ of blood relationship** proche degré m de parenté.
(b) (proximity) proximité f.
(c) [weather, atmosphere] lourdeur f; [room] manque m d'air.
(d) (stinginess) avarice f.

closet ['klɒzɪt] **1** n **(a)** (cupboard) armoire f, placard m; (for hanging clothes) penderie f.
(b) (small room) cabinet m (de travail), (petit) bureau m.
(c) (also water **~**) cabinets mpl, waters mpl.
(d) (fig) **to come out of the ~*** sortir de l'anonymat; **many bisexuals are coming out of the ~*** beaucoup de gens n'essaient plus de cacher leur bisexualité; **it was something that few people brought out of the ~*** c'était quelque chose dont peu de gens consentaient à parler.
2 cpd (*fig: secret) honteux, qui n'ose pas s'avouer. **he's a closet fascist*** il n'ose pas avouer qu'il est fasciste.
3 vt (gen pass) enfermer (dans un cabinet de travail etc). **he was ~ed with his father for several hours** son père et lui sont restés plusieurs heures enfermés à discuter.

closing ['kləʊzɪŋ] **1** n (U) [factory, house, shop] fermeture f; [meeting] clôture f, (Fin) clôture.
2 adj **(a)** final, dernier. **~ remarks** observations finales; **~ speech** discours m de clôture.
(b) de fermeture. **~ date** (for applications) date f limite de dépôt; (Fin, Jur) date de réalisation (d'une opération); (Brit) **~ time** heure f de fermeture (d'un magasin, d'un café etc); **when is ~ time?** à quelle heure fermez-vous?; ' **~ time!** ' 'on ferme!'; (St Ex) **~ price** cours m en clôture; V **early**.

closure ['kləʊʒər] n (U: act, condition) [factory, business] fermeture f; (Parl) clôture f. (Parl) **to move the ~** demander la clôture; (US Pol) **~ rule** règlement m limitant le temps de parole; V **lane**.

clot [klɒt] **1** n **(a)** [blood, milk] caillot m. **a ~ in the lung/on the brain** une embolie pulmonaire/cérébrale; **a ~ in the leg** une thrombose. (Brit‡ pej: person) ballot* m, balourd m, gourde* f.
2 vt blood coaguler. (Brit) **~ted cream** crème f en grumeaux. **3** vi [blood] (se) coaguler.

cloth [klɒθ] **1** n (U) tissu m, étoffe f; [linen, cotton] toile f; [wool] drap m; (Bookbinding) toile; (Naut) toile, voile f. **book bound in ~** livre relié toile; **~ of gold** drap d'or; V **oil**.
(b) (tablecloth) nappe f; (duster) chiffon m, linge m; V **dish, tea** etc.
(c) (Rel) (collective) **the ~** le clergé; **out of respect for his ~** par respect pour son sacerdoce.
2 cpd (made of **~**) de or en tissu, de or en étoffe. [books] cloth-binding reliure f en toile; **cloth-bound book** livre relié toile; (Brit) **cloth cap** casquette f (d'ouvrier); **cloth-eared‡** (deaf) sourdingue‡, dur de la feuille‡; **wake up cloth ears!‡** hé, tu es sourd ou quoi?*

clothe [kləʊð] vt habiller, vêtir (in, with de); (lit) revêtir, couvrir (in, with de).

clothes [kləʊðz] **1** npl **(a)** vêtements mpl, habits mpl. **with one's ~ on** (tout) habillé; **with one's ~ off** déshabillé, (tout) nu; **to put on one's ~** s'habiller; **to take off one's ~** se déshabiller; [baby] **in**

long **~** au or en maillot; V **plain**.
(b) (also bed**~**) draps mpl et couvertures fpl.
2 cpd: **clothes basket** panier m à linge; **clothes brush** brosse f à habits; **clothes drier** or **dryer** séchoir m, sèche-linge m; **clothes hanger** cintre m; **clothes horse** séchoir m (à linge); (fig) mannequin m; (US: clothes-conscious) **she's just a clothes horse*** elle ne pense qu'à ses toilettes; **clothes line** corde f (à linge); **clothes moth** mite f; (Brit) **clothes peg**, (US, Scot) **clothespin** pince f à linge; **clothespole, clothes prop** perche f or support m pour corde à linge; (in shop) **clothes rack** portant m de vêtements; **clothes rope** = **clothes line**; **clothes shop** magasin m de confection; (US) **clothes tree** portemanteau m.

clothier ['kləʊðɪər] n (clothes seller) marchand m (de vêtements) de confection; (cloth dealer, maker) drapier m.

clothing ['kləʊðɪŋ] n (U) **(a)** (clothes) vêtements mpl. **an article of ~** un vêtement, une pièce d'habillement; **~ allowance** indemnité f vestimentaire. **(b)** (act of **~**) habillage m; [monks, nuns] prise f d'habit; (providing with clothes) habillement m.

cloture ['kləʊtʃər] n (US Pol) clôture f. **~ rule** règlement m limitant le temps de parole.

cloud [klaʊd] **1** n **(a)** (Met) nuage m, nuée f (liter); [smoke, dust etc] nuage; [insects, arrows etc] nuée; [gas] nappe f. **to have one's head in the ~s** être dans les nuages or dans la lune; **to be on ~ nine‡** être aux anges or au septième ciel*; (fig) **under a ~** (under suspicion) en butte aux soupçons; (in disgrace) en disgrâce; V **silver**.
(b) (cloudiness) [liquid] nuage m; [mirror] buée f; [marble] tache noire.
2 vt liquid rendre trouble; mirror embuer; prospects, career assombrir; reputation ternir. **a ~ed sky** un ciel couvert or nuageux; **a ~ed expression** or **face** un air sombre or attristé; **~ed mind** un esprit obscurci; **to ~ the issue** brouiller les cartes (fig).
3 vi (also **~ over**) [sky] se couvrir (de nuages), s'obscurcir; (fig) [face, expression] s'assombrir, se rembrunir.
4 cpd: **cloudberry** (berry) (variété f de) framboise f; (bush) (variété de) framboisier m; **cloudburst** trombe(s) f(pl) (d'eau), grosse averse; (liter) **cloud-capped** couronné de nuages (liter); **cloud cover** couche f de nuages; **she lives in cloud-cuckoo land** elle plane complètement, elle n'a pas les pieds sur terre.

cloudiness ['klaʊdɪnɪs] n [sky] état or aspect nuageux; [liquid] aspect trouble; [mirror] buée f.

cloudless ['klaʊdlɪs] adj (lit, fig) sans nuages.

cloudy ['klaʊdɪ] adj sky nuageux, couvert; liquid trouble; diamond etc taché, nuageux; fabric chiné, moiré; leather marbré. (Met) **it was ~** le temps était couvert.

clout [klaʊt] **1** n **(a)** (blow) coup m de poing (or de canne etc). **(b)** (*fig: influence) influence f, poids m. **he's got** or **he carries** or **he wields a lot of ~*** il a le bras long. **(c)** (dial) (cloth) chiffon m; (garment) vêtement m. **2** vt object frapper; person donner un coup de poing (or de canne etc) à.

clove¹ [kləʊv] n clou m de girofle. **oil of ~s** essence f de girofle; **~ of garlic** gousse f d'ail.

clove² [kləʊv] pret of **cleave¹**. **2** cpd: **clove hitch** (knot) demi-clef f.

cloven ['kləʊvn] **1** ptp of **cleave¹**. **2** cpd: **clovenfooted** animal aux sabots fendus; devil aux pieds fourchus; **cloven hoof** [animal] sabot fendu; [devil] pied fourchu.

clover ['kləʊvər] n trèfle m. (fig) **to be in ~*** être or vivre comme un coq en pâte; **~leaf** (Bot) feuille f de trèfle; (road intersection) (croisement m en) trèfle; V **four**.

clown [klaʊn] **1** n [circus etc] clown m; (†, Theat) bouffon m, paillasse m; (fig) clown, pitre m. **2** vi (fig: also **~ about**, **~ around**) faire le clown or le pitre or le singe.

clowning ['klaʊnɪŋ] n (U) pitreries fpl, singeries fpl.

cloy [klɔɪ] **1** vt rassasier (with de), écœurer. **2** vi perdre son charme.

cloying ['klɔɪɪŋ] adj (lit, fig) écœurant.

club [klʌb] **1** n **(a)** (weapon) massue f, matraque f, gourdin m; (also golf **~**) club m; V **Indian**.
(b) (Cards) **~s** trèfles mpl; **the ace of ~s** l'as m de trèfle; **the six of ~s** le six de trèfle; (one **~** un trèfle; **he played a ~** il a joué (un or du) trèfle; **~s are trumps** atout trèfle; **a low/high ~** un petit/ gros trèfle; **have you any ~s?** avez-vous du trèfle?; **I haven't any ~s** je n'ai pas de trèfle; **three tricks in ~s** trois levées à trèfle.
(c) (circle, society) club m, cercle m. **tennis ~** club de tennis; **he is dining at his ~** il dîne à son club or à son cercle; (fig) **join the ~!*** tu n'es pas le or la seul(e)!; V **benefit, youth** etc.
2 vt person matraquer, frapper avec un gourdin or une massue. **to ~ sb with a rifle** assommer qn d'un coup de crosse.
3 cpd premises, secretary etc du club. (US Rail) **club car** wagon-restaurant m; **club chair** fauteuil m club inv; **club class** classe f club; **club-foot** pied-bot m; **club-footed** pied-bot inv; (Sport) **club-house** pavillon m; **clubman** membre m d'un club; (man about town) homme m du monde, mondain m; **he is not a clubman** il n'est pas homme à fréquenter les clubs or les cercles; **he is a club member** il est membre du club; **clubroom** salle f de club or de réunion; **club sandwich** sandwich m mixte (à deux étages); (US) **club soda** eau f de seltz; (US) **club steak** (bifteck pris dans la) queue f de filet; **club subscription** cotisation f.

◆**club together** vi se cotiser (to buy pour acheter).

clubbable* ['klʌbəbl] adj sociable.

cluck [klʌk] **1** vi [hens, people] glousser. **2** n gloussement m.

clue, (US) **clew** [klu:] n indice m, indication f, fil directeur; [crosswords] définition f. **to find the ~** to sth découvrir or trouver la clef de qch; (lit) **to have a ~** être sur une piste; (fig) **I haven't a ~!*** je n'en ai pas la moindre idée!, aucune idée!*

◆**clue in‡** vt sep mettre au courant or au parfum* (on, about sth à propos de qch).

◆**clue up‡** vt sep (gen pass) renseigner (on sur), mettre au courant (on de), affranchir‡. **to get clued up about** or **on sth** se faire renseigner sur qch; **he's very clued up on politics** il est très calé* en politique.

clueless* ['klu:lɪs] adj (Brit) sans or qui n'a pas la moindre idée, qui ne sait rien de rien*.

clump¹ [klʌmp] n [shrubs] massif m; [trees] bouquet m; [flowers] touffe f, (larger) massif; [grass] touffe.

clump² [klʌmp] 1 n (noise) bruit m de pas lourd(s) or pesant(s). 2 vi (also ~ about) marcher d'un pas lourd or pesant.

clumsily ['klʌmzɪlɪ] adv (inelegantly) gauchement, maladroitement; (tactlessly) sans tact.

clumsiness ['klʌmzɪnɪs] n [person, action] gaucherie f, maladresse f; [tool etc] incommodité f, caractère m peu pratique; [shape, form] lourdeur f; (fig: tactlessness) [person, remark] gaucherie, manque m de tact or de discrétion.

clumsy ['klʌmzɪ] adj person, action gauche, maladroit; tool etc malcommode, peu maniable, peu pratique; shape, form lourd, disgracieux; painting, forgery maladroit; (fig: tactless) person, remark gauche, maladroit, sans tact; apology, style gauche, lourd, inélégant.

clung [klʌŋ] pret, ptp of **cling**.

Cluniac ['klu:nræk] adj, n clunisien (m).

clunk [klʌŋk] 1 n (a) (sound) bruit sourd. (b) (US‡: stupid person) pauvre imbécile mf. 2 vi (make sound) faire un bruit sourd.

clunker‡ ['klʌŋkər] n (US: old car) guimbarde* f.

cluster ['klʌstər] 1 n [flowers, blossom, fruit] grappe f; [bananas] régime m; [trees] bouquet m; [bees] essaim m; [persons] (petit) groupe m, rassemblement m; (Ling) groupe m, aggrégat m; [houses, islands] groupe; [stars] amas m; [diamonds] entourage m. 2 cpd: **cluster bomb** bombe f à fragmentation. 3 vi [people] se rassembler, se grouper (around autour de); [things] (V 1) former un groupe or une grappe or un bouquet etc (around autour de).

clutch [klʌtʃ] 1 n (a) (action) étreinte f, prise f. (b) (Aut) embrayage m; (also ~ pedal) pédale f d'embrayage. **to let in the ~** embrayer; **to let out the ~** débrayer; **~ linkage** play, **~ pedal** play garde f d'embrayage; **~ plate** disque m d'embrayage. (c) [chickens, eggs] couvée f. (d) (fig) **to fall into sb's ~es** tomber sous les griffes fpl or sous la patte* de qn; **to get out of sb's ~es** se tirer des griffes de qn. (e) (US‡: crisis) crise f. 2 vt (grasp) empoigner, se saisir de, saisir, agripper; (hold tightly) étreindre, serrer fort; (hold on to) se cramponner à. 3 vi: **to ~ at** (lit) se cramponner à, s'agripper à; (fig) se cramponner à, se raccrocher à; (fig) **to ~ at a straw** or **at straws** se raccrocher à n'importe quoi.

clutter ['klʌtər] 1 n (a) (U: disorder, confusion) désordre m, pagaïe* f. **in a ~** en désordre, en pagaïe*. (b) (objects lying about) désordre m, fouillis m. 2 vt (also ~ up) (lit) mettre en désordre, mettre le désordre dans (à force de laisser traîner des objets divers); (lit, fig) encombrer (with de).

Clytemnestra [,klaɪtɪm'nestrə] n Clytemnestre f.

cm abbr of **centimetre(s)**.

CNAA [,si:enei'ei] (Brit Educ) abbr of **Council for National Academic Awards** (organisme qui valide les diplômes de l'enseignement supérieur décernés en dehors des universités).

C.N.D. [si:en'di:] abbr of **Campaign for Nuclear Disarmament** (mouvement pour le désarmement nucléaire).

C.O. [si:'əʊ] (a) (Mil) abbr of **Commanding Officer**; V commanding. (b) (Brit Admin) abbr of **Commonwealth Office**; V commonwealth. (c) abbr of **conscientious objector**; V conscientious. (d) (US Post) abbr of **Colorado**.

Co. (Comm: abbr of company) Cie.

c/o ['keərəv] (abbr of care of) chez, aux bons soins de.

co ..., **co-** [kəʊ] pref co ..., co-. **co-organizer** co-organisateur m; V also **co-driver**, **co(-)partner** etc.

coach [kəʊtʃ] 1 n (a) (Rail) voiture f, wagon m; (motor ~) car m, autocar m; (horse-drawn) carrosse m; (stagecoach) diligence f, coche m. **~ and four** carrosse à quatre chevaux. (b) (tutor) répétiteur m, -trice f; (Sport: gen) entraîneur m; (Ski) moniteur m, -trice f. 2 vt donner des leçons particulières à; (Sport) entraîner. **to ~ sb for an exam** préparer qn à un examen; **he had been ~ed in what to say** on lui avait fait répéter ce qu'il aurait à dire. 3 cpd: (Brit Aut) **coachbuilder** carrossier m; (Brit) **coach building** carrosserie f (construction); **coach driver** chauffeur m d'autocar; **coachman** cocher m; **coach operator** compagnie f de cars; **coach trip** excursion f en car; (Brit Aut) **coachwork** carrosserie f (caisse d'une automobile).

coadjutant [kəʊ'ædʒʊtənt] n assistant(e) m(f), aide mf.

coagulant [kəʊ'ægjʊlənt] n coagulant m.

coagulate [kəʊ'ægjʊleit] 1 vt coaguler. 2 vi se coaguler.

coagulation [kəʊˌægjʊ'leiʃən] n coagulation f.

coal [kəʊl] 1 n charbon m; (Ind) houille f. **piece of ~** morceau m de charbon; **soft ~** houille grasse; (fig) **to be on hot ~s** être sur des charbons ardents; V carry, heap. 2 vt fournir or ravitailler en charbon. (Naut) **to ~ ship** charbonner. 3 vi (Naut) charbonner. 4 cpd fire de charbon; box, shed à charbon. **coal basin** bassin m houiller; **coal-black** noir comme du charbon; (Brit) **Coal Board** ≃ Charbonnages mpl; **coal-burning** à charbon, qui marche au charbon; **coal cellar** cave f à charbon; **coal chute** glissière f à charbon; **coal cutter** mineur m; **coal depot** dépôt m de charbon; **coaldust** poussier m, poussière f de charbon; **coal face** front m de taille; **coalfield** bassin houiller, gisement m de houille; **coal fire** feu m de

cheminée; **coalfish** lieu noir m, colin m; **coalgas** gaz m (de houille); **coal hod** seau m à charbon; **coal hole** petite cave à charbon; **coal industry** industrie houillère, charbonnages mpl; **coaling station** dépôt m de charbon; **coalman** (also **coal merchant**) charbonnier m, marchand m de charbon; (delivery man) charbonnier; (Geol) **coal measures** gisements houillers; **coalmine** houillère f, mine f de charbon; **coalminer** mineur m; **coalmining** charbonnage m; (US) **coal oil** pétrole lampant, kérosène m; **coalpit** = coalmine; **coal scuttle** seau m à charbon; (Ind) **coal strike** grève f des mineurs; **coal tar** coaltar m, goudron m de houille; (Orn) **coal tit** mésange noire; **coal yard** dépôt m de charbon.

coalesce [,kəʊə'les] vi (lit, fig) s'unir (en une masse, en un groupe etc), se fondre (ensemble), se grouper.

coalescence [,kəʊə'lesəns] n (lit, fig) fusion f, combinaison f, union f.

coalition [,kəʊə'lɪʃən] n coalition f. (Pol) **~ government** gouvernement m de coalition.

coarse [kɔ:s] 1 adj (a) (in texture) material rude, grossier. **~ cloth** drap grossier; **~ linen** grosse toile; **~ salt** gros sel; **~ sand** sable m à gros grains, gros sable; **~ sandpaper** papier m de verre à gros grain; **~ skin** peau f rude; **~ weave** texture grossière. (b) (common) commun, ordinaire, grossier. **~ food** nourriture f fruste; **~ red wine** gros rouge. (c) (pej) (uncouth) manners grossier, vulgaire; (indecent) language, joke grossier, indécent, cru; laugh gros, gras; accent commun, vulgaire. 2 cpd: **coarse fishing** pêche f à la ligne (de poissons autres que le saumon et la truite); **coarse-grained** à gros grain.

coarsely ['kɔ:slɪ] adv (V coarse) grossièrement, vulgairement; indécemment, crûment; grassement. **~ woven cloth** tissu m de texture grossière.

coarsen ['kɔ:sn] (V coarse) 1 vt rendre grossier or vulgaire etc. 2 vi devenir rude or grossier or vulgaire etc.

coarseness ['kɔ:snɪs] n (V coarse) rudesse f; caractère m vulgaire or grossier; vulgarité f, grossièreté f.

coast [kəʊst] 1 n côte f; (also ~line) littoral m. (fig) **the ~ is clear** la voie or le champ est libre. 2 vi (a) (US: Aut, Cycling) **to ~ along/down** avancer/descendre en roue libre. (b) (Naut) caboter. 3 cpd: **coastguard** V coastguard.

coastal ['kəʊstəl] adj defence, state côtier. **~ navigation** navigation côtière; **~ traffic** navigation côtière, cabotage m.

coaster ['kəʊstər] 1 n (a) (Naut) caboteur m. (b) (drip mat) dessous m de verre or de bouteille; (wine tray) présentoir m à bouteilles (parfois roulant). (c) roller **~** V roller. 2 cpd: (US) [cycle] **coaster brake** frein m à rétropédalage.

coastguard ['kəʊst,ga:d] 1 n (a) (service) ≃ gendarmerie f maritime. (b) (person) membre m de la gendarmerie maritime; (Hist) garde-côte m. 2 cpd: (esp US) **coastguard(s)man** = coastguard 1b; **coastguard station** (bureau m de la) gendarmerie f maritime; **coastguard vessel** (vedette f) garde-côte m.

coat [kəʊt] 1 n (a) [man, woman] manteau m; [man] (also **over~**, **top~**) pardessus m. (fig) **to turn one's ~** retourner sa veste*; **a ~ and skirt** un ensemble manteau et jupe coordonnés; (Her) **~ of arms** blason m, armoiries fpl, écu m; **~ of mail** cotte f de maille; V house, morning, sport etc. (b) [animal] pelage m, poil m; [horse] robe f. (c) (covering) [paint, tar etc] couche f; [plastic] enveloppe f; V base¹, top etc. 2 vt enduire, couvrir, revêtir (with de); (Elec) armer; (Culin) (with chocolate) enrober; (with egg) dorer. **to ~ the wall with** paint passer une couche de peinture sur le mur; (Med) **his tongue was ~ed** il avait la langue chargée; (fig) (in order) **to ~ the pill** (pour) dorer la pilule; (Phot) **~ed lens** objectif traité. 3 cpd: **coat hanger** cintre m; **coatstand** portemanteau m; **coattails** queue f de pie (habit); (fig) **to be hanging on sb's coattails** être pendu aux basques de qn; (US Pol) **to ride on sb's coattails** se faire élire dans le sillage or à la traîne (pej) de qn.

coating ['kəʊtɪŋ] n (gen) couche f; (on saucepan etc) revêtement m.

co-author ['kəʊ,ɔ:θər] n co-auteur m.

coax [kəʊks] vt cajoler, câliner (pour amadouer). **to ~ sb into** doing amener qn à force de cajoleries or de câlineries à faire; **to ~ sth out of sb** obtenir or tirer qch de qn par des cajoleries or des câlineries.

coaxial [kəʊ'æksɪəl] adj (gen, Geom, Elec) coaxial. (Comput) **~ cable** câble coaxial.

coaxing ['kəʊksɪŋ] 1 n câlineries fpl, cajolerie(s) f(pl). 2 adj enjôleur, câlin.

coaxingly ['kəʊksɪŋlɪ] adv speak, ask d'une manière câline, d'un ton enjôleur; look d'un air câlin or enjôleur.

cob [kɒb] n (swan) cygne m mâle; (horse) cob m; (also **~-nut**) grosse noisette; [maize] épi m (de maïs); V corn¹.

cobalt ['kəʊbɒlt] n cobalt m. **~ 60** cobalt 60, cobalt radio-actif; **~ blue** bleu m de cobalt.

cobber‡ ['kɒbər] n (Australian) pote‡ m.

cobble ['kɒbl] vt: **to ~ together** object, figures bricoler*; solution, agreement bricoler*, concocter*.

cobbled ['kɒbld] adj: **~ street** rue pavée (de pavés ronds).

cobbler ['kɒblər] n (a) cordonnier m. **~'s wax** poix f de cordonnier. (b) (US Culin) tourte f aux fruits. (c) (US: drink) punch m (glacé). (d) (Brit: nonsense) **that's a load of ~s!‡** c'est de la connerie!‡

cobbles ['kɒblz] npl, **cobblestones** ['kɒblstəʊnz] npl pavés ronds.

COBOL, Cobol ['kəʊbɔːl] *n* (*Comput*) COBOL *m*.
cobra ['kəʊbrə] *n* cobra *m*.
cobweb ['kɒbweb] *n* toile *f* d'araignée.
cocaine [kə'keɪn] *n* cocaïne *f*. ~ **addict** cocaïnomane *mf*; ~ **addiction** cocaïnomanie *f*.
coccus ['kɒkəs] *n* coccidie *f*.
co-chairman ['kəʊ,tʃeəmən] *n* co-président(e) *m(f)*.
co-chairmanship [kəʊ'tʃeəmən,ʃɪp] *n* co-présidence *f*.
Cochin-China [,kɒtʃɪn'tʃaɪnə] *n* Cochinchine *f*.
cochineal ['kɒtʃɪniːl] *n* (*insect*) cochenille *f*; (*colouring*) colorant *m* rouge.
cochlea ['kɒklɪə] *n*, *pl* **cochleae** ['kɒklɪˌiː] (*Anat*) limaçon *m*.
cock [kɒk] **1** (**a**) (*rooster*) coq *m*; (*male bird*) (oiseau *m*) mâle *m*. (*fig*) the ~ of the walk le roi (*fig*); V **fighting, game, weather** *etc*.
  (**b**) (*tap*) robinet *m*.
  (**c**) *[rifle]* chien *m*. **at full** ~ armé; **at half** ~ au cran de repos.
  (**d**) *[hay]* meulon *m*; *[corn, oats]* moyette *f*.
  (**e**) (**⁎⁎⁎**) bitte**⁎⁎** *f*.
  2 *vt* (**a**) *gun* armer.
  (**b**) **to** ~ **one's ears** (*lit*) dresser les oreilles; (*fig*) dresser l'oreille; **to** ~ **one's eye** at glisser un coup d'œil à; (*lit*) **to** ~ **a snook (at)**⁎ faire un pied de nez (à); (*fig*) **to** ~ **a snook at**⁎ faire la nique à.
  3 *cpd* bird mâle. **cock-a-doodle-doo** cocorico *m*; **cock-a-hoop** (*adj*) fier comme Artaban; (*adv*) d'un air de triomphe; (*pej*) **cock-and-bull story** histoire *f* à dormir debout; **cockchafer** hanneton *m*; **at cockcrow** au premier chant du coq, à l'aube; **cock-eyed** (⁎: *cross-eyed*) qui louche; (⁎: *crooked*) de travers, de traviole⁎; (⁎: *mad, absurd*) absurde, qui ne tient pas debout, dingue**⁎**; (**⁑**: *drunk*) soûl⁎, schlass**⁑** *inv*; **cockfight** combat *m* de coqs; **cockfighting** combats *mpl* de coqs; **cock lobster** homard *m* (mâle); **cockpit** *[aircraft]* poste *m* de pilotage, cockpit *m*; *[yacht]* cockpit; *[racing car]* poste du pilote; (*Cockfighting*) arène *f* (*pour combats de coqs*); (*fig*) arènes; **cockroach** cafard *m*, blatte *f*, cancrelat *m*; **cockscomb** (*Orn*) crête *f* (*de coq*); (*Bot*) crête-de-coq *f* (V **coxcomb**); **cock sparrow** moineau *m* (mâle); (*pej*) **cocksure** (trop) sûr de soi, outrecuidant; **cocktail** V **cocktail**; **cock-teaser⁎⁎** *n* allumeuse⁎ *f*; **he made a cock-up of the job⁑** il a salopé le boulot⁑; **the meeting was a cock-up⁑** la réunion a été bordélique⁑ *or* un vrai bordel ⁑.
cockade [kɒ'keɪd] *n* cocarde *f*.
Cockaigne [kɒ'keɪn] *n*: (**land of**) ~ **pays** *m* de Cocagne.
cockamamie* [,kɒkə'meɪmɪ] *adj* (*US*) farfelu.
cockatoo [,kɒkə'tuː] *n* cacatoès *m*.
cocked [kɒkt] *adj*: ~ **hat** chapeau *m* à cornes; (*two points*) bicorne *m*; (*three points*) tricorne *m*; **to knock sb into a** ~ **hat**⁎ battre qn à plate(s) couture(s).
cocker ['kɒkə'] *n* (*also* ~ **spaniel**) cocker *m*.
cockerel ['kɒkərəl] *n* jeune coq *m*.
cockiness ['kɒkɪnɪs] *n* impudence *f*, impertinence *f*.
cockle ['kɒkl] **1** *n* (**a**) (*shellfish*) coque *f*. (*fig*) **it warmed the ~s of his heart** cela lui a réchauffé *or* réjoui le cœur.
  (**b**) (*wrinkle*) *[paper]* froissure *f*, pliure *f*; *[cloth]* faux pli.
  2 *cpd*: **cockle shell** (*Zool*) (coquille *f* de) coque *f*; (*boat*) petit canot, coquille de noix.
  3 *vt* (*wrinkle*) *paper* froisser; *cloth* chiffonner.
  4 *vi* *[paper]* se froisser; *[cloth]* se chiffonner.
cockney ['kɒknɪ] **1** *n* (**a**) (*person*) Cockney *mf* (*personne née dans l'East End' de Londres*). (**b**) (*Ling*) cockney *m*. **2** *adj* cockney, londonien.
cocktail ['kɒkteɪl] **1** *n* (*lit, fig*) cocktail *m* (*boisson*). **fruit** ~ salade *f* de fruits; (*Brit*) **prawn** ~, (*US*) **shrimp** ~ coupe *f* or cocktail de crevettes; V **Molotov**.
  2 *cpd*: **cocktail bar** bar *m* (*dans un hôtel*); **cocktail cabinet** bar *m* (*meuble*); **cocktail dress** robe *f* de cocktail; **cocktail lounge** bar *m* (*de luxe, dans un hôtel*); **cocktail onion** petit oignon (à apéritif); **cocktail party** cocktail *m* (*réunion*); **cocktail sausage** petite saucisse (à apéritif); **cocktail shaker** shaker *m*.
cocky ['kɒkɪ] *adj* (*pej*) suffisant, trop sûr de soi.
cocoa ['kəʊkəʊ] *n* (*drink, powder*) cacao *m*. ~ **butter** beurre *m* de cacao.
coconut ['kəʊkənʌt] **1** *n* noix *f* de coco. **2** *cpd*: **coconut matting** tapis *m* de fibre (*de noix de coco*); **coconut oil** huile *f* de coco; **coconut palm** cocotier *m*; **coconut shy** jeu *m* de massacre; **coconut tree** cocotier *m*.
cocoon [kə'kuːn] **1** *n* cocon *m*. (*fig*) **wrapped in a** ~ **of blankets** emmitouflé dans des couvertures. **2** *vt* (*fig*) *object* envelopper avec soin; *child* couver.
cod [kɒd] **1** *n*, *pl inv* (*Zool*) morue *f*; (*Culin*) (*also* **fresh** ~) morue fraîche, cabillaud *m*. **dried** ~ merluche *f*. **2** *cpd*: **codfish** *inv* morue *f*; **cod-liver oil** huile *f* de foie de morue; (*Brit*) **the Cod War** la guerre de la morue.
C.O.D. [,siːəʊ'diː] (**a**) (*Brit*) *abbr of* **cash on delivery**; V **cash**. (**b**) (*US*) *abbr of* **collect on delivery**; V **collect**.
coda ['kəʊdə] *n* coda *f*.
coddle ['kɒdl] *vt* (**a**) *child, invalid* dorloter, choyer. (**b**) (*Culin*) *eggs* (faire) cuire à feu doux.
code [kəʊd] **1** *n* (**a**) (*Admin, Jur, Ling, fig*) code *m*. ~ **of behaviour/of honour** code de conduite/de l'honneur; ~ **of ethics** (*gen*) sens *m* des valeurs morales, moralité *f*; *[profession etc]* déontologie *f*; ~ **of practice** (*gen*) déontologie *f*; (*set of rules*) règlements et usages *mpl*; V **highway, penal**.
  (**b**) (*cipher*) code *m*, chiffre *m*; (*Bio, Comput, Post etc*) code. **in** ~ en code, chiffré; V **Morse, zip**.
  2 *vt* *letter, despatch* chiffrer, coder.
  3 *cpd*: (*Comm*) **code dating** inscription *f* de date codée (*sur denrées périssables*); **code letter** chiffre *m*; **code name** nom codé; (*Tax*) **code number** ≃ indice *m* des déductions fiscales; **code word**

(*lit*) mot *m* de passe; (*fig: Pol*) mot codé.
codeine ['kəʊdiːn] *n* codéine *f*.
codex ['kəʊdeks] *n*, *pl* **codices** ['kɒdɪsiːz] manuscrit *m* (ancien).
codger⁑ ['kɒdʒə'] *n* drôle de vieux bonhomme *m*.
codicil ['kɒdɪsɪl] *n* codicille *m*.
codify ['kəʊdɪfaɪ] *vt* codifier.
coding ['kəʊdɪŋ] **1** *n* (*U*) *[telegram, message]* mise *f* en code, chiffrage *m*, codification *f*; (*Comput*) codage *m*; V **tax**. **2** *cpd*: (*Comput*) **coding sheet** feuille *f* de programmation.
co-driver ['kəʊdraɪvə'] *n* (*in race*) copilote *m*; *[lorry, bus]* deuxième chauffeur *m*.
codswallop⁑ ['kɒdzwɒləp] *n* (*U: Brit*) bobards⁎ *mpl*, foutaises⁑ *fpl*.
coed* ['kəʊ'ed] **1** *adj abbr of* **coeducational**. **2** *n* (*US*) étudiante *f* (*dans un établissement mixte*).
co-edition [,kəʊ'dɪʃən] *n* co-édition *f*.
coeducation ['kəʊ,edjʊ'keɪʃən] *n* éducation *f* mixte.
coeducational ['kəʊ,edjʊ'keɪʃənl] *adj* *school, teaching* mixte.
coefficient [,kəʊɪ'fɪʃənt] *n* coefficient *m*.
coeliac ['siːlɪæk] *adj* cœliaque. ~ **disease** cœlialgie *f*.
coequal [,kəʊ'iːkwəl] *adj, n* égal(e) *m(f)*.
coerce [kəʊ'ɜːs] *vt* contraindre. **to** ~ **sb into obedience/into obeying** contraindre qn à l'obéissance/à obéir.
coercion [kəʊ'ɜːʃən] *n* contrainte *f*, coercition *f*.
coercive [kəʊ'ɜːsɪv] *adj* coercitif.
coeval [kəʊ'iːvəl] **1** *adj* contemporain (*with* de), du même âge (*with* que). **2** *n* contemporain(e) *m(f)*.
coexist ['kəʊɪg'zɪst] *vi* coexister (*with* avec).
coexistence ['kəʊɪg'zɪstəns] *n* coexistence *f*; V **peaceful**.
coexistent ['kəʊɪg'zɪstənt] *adj* coexistant (*with* avec).
coextensive ['kəʊɪk'stensɪv] *adv*: ~ **with** (*in space*) de même étendue que; (*in time*) de même durée que.
C. of C. [,siːəv'siː] *abbr of* **Chamber of Commerce**; V **chamber**.
C. of E. [,siːəv'iː] (*Brit*) *abbr of* **Church of England**; V **church**.
coffee ['kɒfɪ] **1** *n* café *m* (*grain, boisson*). **a cup of** ~ une tasse de café; **one** *or* **a** ~ un café; **black** ~ café noir *or* nature; (*Brit*) **white** ~, (*US*) ~ **with milk** (*gen*) café au lait; (*in café : when ordering*) **a white** ~, **a** ~ **with milk** un café (au lait)-crème.
  2 *cpd*: **ice cream etc** au café. (*Brit*) **coffee bar** café *m*, cafétéria *f*; **coffee bean** grain *m* de café; **coffee break** pause(-)café *f*; **coffee cake** (*Brit*: *coffee-flavoured*) moka *m* (*au café*); (*US: served with coffee*) gâteau *m* (*que l'on sert avec le café*); **coffee-coloured** (couleur) café au lait *inv*; **coffee cup** tasse *f* à café, (*smaller*) tasse à moka; **coffee filter** filtre *m* à café; **coffee grounds** marc *m* de café; (*Hist*) **coffee house** café *m* (*au 18e siècle*); (*in café etc*) **coffee machine** percolateur *m*; **coffee-maker, coffee percolator** (*electric*) cafetière *f* électrique; (*non-electric*) cafetière *f*; **coffee mill** moulin *m* à café; **coffeepot** cafetière *f*; **coffee service, coffee set** service *m* à café; **coffee spoon** cuiller *f* à café *or* à moka; **coffee table** (petite) table basse; **a coffee table book** un beau livre grand format (*pour faire de l'effet*); **coffee tree** caféier *m*.
coffer ['kɒfə'] *n* (**a**) coffre *m*, caisse *f*. (*fig*) *[funds]* ~**s** coffres; **the** ~**s (of State)** les coffres de l'État. (**b**) (*Hydraulics*) caisson *m*. (**c**) (*also* ~**dam**) batardeau *m*.
coffin ['kɒfɪn] *n* cercueil *m*, bière *f*. (*cigarette*) ~ **nail**⁑† sèche⁑ *f*.
C. of I. [,siːəv'aɪ] (*Brit*) *abbr of* **Church of Ireland**.
C. of S. [,siːəv'es] (**a**) (*Brit*) *abbr of* **Church of Scotland**. (**b**) (*Mil*) *abbr of* **Chief of Staff**; V **chief**.
cog [kɒg] *n* (*Tech*) dent *f* (*d'engrenage*). (*fig*) **he's only a** ~ **in the wheel** il n'est qu'un simple rouage (de *or* dans la machine); ~ **wheel** roue dentée.
cogency ['kəʊdʒənsɪ] *n* *[argument etc]* puissance *f*, force *f*.
cogent ['kəʊdʒənt] *adj* (*compelling*) irrésistible; (*convincing*) puissant, convaincant; (*relevant*) pertinent, (fait) à-propos.
cogently ['kəʊdʒəntlɪ] *adv* (V **cogent**) irrésistiblement; puissamment; pertinemment, (avec) à-propos.
cogitate ['kɒdʒɪteɪt] **1** *vi* méditer, réfléchir (*up*)on sur). **2** *vt* *scheme* méditer.
cogitation [,kɒdʒɪ'teɪʃən] *n* (*U*) réflexion *f*; (*liter, iro*) cogitations *fpl* (*liter, iro*).
cognac ['kɒnjæk] *n* cognac *m*.
cognate ['kɒgneɪt] **1** *adj* apparenté, analogue (*with* à), de même origine *or* source (*with* que); (*Ling*) *word, language* apparenté; (*Jur*) parent. **2** *n* (*Ling*) mot apparenté; (*Jur*) cognat *m*, parent *m* proche.
cognition [kɒg'nɪʃən] *n* (*U*) connaissance *f*; (*Philos*) cognition *f*.
cognitive ['kɒgnɪtɪv] *adj* cognitif. (*Ling*) ~ **meaning** sens cognitif.
cognizance ['kɒgnɪzəns] *n* (**a**) (*Jur, gen: frm*) connaissance *f*. **to take/have** ~ **of** prendre/avoir connaissance de; **this is outside his** ~ ceci n'est pas de sa compétence; (*Jur*) **this case falls within the** ~ **of the court** cette affaire est de la compétence du tribunal.
  (**b**) (*Her*) emblème *m*.
cognizant ['kɒgnɪzənt] *adj* (*frm*) instruit, ayant connaissance (*of* de); (*Jur*) compétent (*of* pour).
cognomen [kɒg'nəʊmen] *n* (*surname*) nom *m* de famille; (*nickname*) surnom *m*.
cohabit [kəʊ'hæbɪt] *vi* cohabiter (*with* avec).
cohabitation [,kəʊhæbɪ'teɪʃən] *n* cohabitation *f*.
cohabitee [,kəʊhæbɪ'tiː] *n* (*Admin*) concubin(e) *m(f)*.
coheir ['kəʊ'eə'] *n* cohéritier *m*.
coheiress ['kəʊ'eərɪs] *n* cohéritière *f*.
cohere [kəʊ'hɪə'] *vi* (*fig*) *[argument]* (se) tenir; *[reasoning]* suivre logiquement; *[style]* être cohérent; (*lit: stick*) adhérer.
coherence [kəʊ'hɪərəns] *n* (*fig*) cohérence *f*; (*lit*) adhérence *f*.
coherent [kəʊ'hɪərənt] *adj* (*fig*) *person, words, behaviour* cohérent, logique; *account, story, speech* facile à comprendre *or* à suivre; (*lit*) adhérent.

coherently [kəʊˈhɪərəntlɪ] *adv* (*fig*) avec cohérence, d'une façon cohérente.
cohesion [kəʊˈhiːʒən] *n* cohésion *f*.
cohesive [kəʊˈhiːsɪv] *adj* cohésif.
cohort [ˈkəʊhɔːt] *n* (*Mil*) cohorte *f*.
COHSE [ˈkəʊzɪ] (*Brit*) *abbr of* **Confederation of Health Service Employees** (*syndicat*).
C.O.I. [ˌsiːəʊˈaɪ] (*Brit*) *abbr of* **Central Office of Information** (*service d'information gouvernemental*).
coif [kɔɪf] *n* (*headdress*) coiffe *f*; (*skullcap*) calotte *f*.
coiffure [kwɑːˈfjʊəʳ] *n* coiffure *f* (*arrangement des cheveux*).
coil [kɔɪl] **1** *vt rope* enrouler; *hair* enrouler, torsader; (*Elec*) *wire* bobiner; (*Naut*) gléner. **the snake ~ed itself (up)** le serpent s'est lové.
  2 *vi* [*river*] onduler, serpenter; [*rope*] s'enrouler (*round, about* autour de); [*snake*] se lover.
  3 *n* (**a**) (*loops, roll*) [*rope, wire etc*] rouleau *m*; (*Naut*) glène *f*; [*hair*] rouleau; (*at back of head*) chignon *m*; (*over ears*) macaron *m*.
  (**b**) (*one loop*) spire *f*; [*cable*] tour *m*, plet *m* (*rare*); [*hair*] boucle *f*; [*snake, smoke*] anneau *m*.
  (**c**) (*Elec*) bobine *f*; (*one loop*) spire *f*.
  (**d**) (*Med**: *contraceptive*) **the ~** le stérilet.
  4 *cpd*: **coil spring** ressort hélicoïdal.
coin [kɔɪn] **1** *n* (**a**) pièce *f* de monnaie. **a 10p ~** une pièce de 10 pence; *V* **toss** *etc*.
  (**b**) (*U*) monnaie *f*. **current ~** monnaie courante; **in (the) ~ of the realm** en espèces (sonnantes et trébuchantes); (*fig*) **to pay sb back in his own ~** rendre à qn la monnaie de sa pièce.
  2 *cpd*: (*Telec*) **coin box** cabine *f* téléphonique; **coin-operated** automatique; **coin-operated laundry**, (*abbr*) **coin-op*** laverie *f* automatique (*à libre-service*).
  3 *vt* (**a**) *money, medal* frapper. (*fig*) **he is ~ing money** il fait des affaires d'or.
  (**b**) (*fig*) *word, phrase* inventer, fabriquer. (*hum, iro*) **to ~ a phrase** si je peux m'exprimer ainsi.
coinage [ˈkɔɪnɪdʒ] *n* (*U*) (**a**) (*coins*) monnaie *f*; (*system*) système *m* monétaire. (**b**) (*act*) [*money*] frappe *f*; (*fig*) [*word etc*] création *f*, invention *f*.
coincide [ˌkəʊɪnˈsaɪd] *vi* coïncider (*with* avec).
coincidence [kəʊˈɪnsɪdəns] *n* coïncidence *f*.
coincidental [kəʊˌɪnsɪˈdentl] *adj* de coïncidence. **it's entirely ~** c'est une pure coïncidence.
coincidentally [kəʊˌɪnsɪˈdentlɪ] *adv* tout-à-fait par hasard. **not ~, we ...** ce n'est pas un hasard si nous ... .
coinsurance [ˌkəʊɪnˈʃʊərəns] *n* (*US Med*) assurance dont les cotisations sont payées pour moitié par l'entreprise.
coitus [ˈkɔɪtəs] *n* coït *m*.
coke¹ [kəʊk] *n* coke *m*. **~ oven** four *m* à coke.
coke² [kəʊk] *n* (*Drug sl*) coco *f*, cocaïne *f*, neige *f*.
Coke [kəʊk] *n* ® coca *m* ®.
Col. (*Mil*) *abbr of* **Colonel**. (*on envelope*) **Col. T. Richard** le Colonel T. Richard.
colander [ˈkʌləndəʳ] *n* passoire *f*.
cold [kəʊld] **1** *adj* (**a**) *day, drink, meal, meat, metal, water* froid. **to be as ~ as ice** [*object*] être froid comme de la glace; [*room*] être glacial; [*person*] être glacé jusqu'aux os; (*Met*) **it's as ~ as charity** il fait un froid de canard* *or* un froid sibérien; **it's a ~ morning/day** il fait froid ce matin/aujourd'hui; **I am ~** j'ai froid; **my feet are ~** j'ai froid aux pieds; (*fig*) **to have** *or* **get ~ feet** avoir la frousse* *or* la trouille*; **to get ~** [*weather, room*] se refroidir; [*food*] refroidir; [*person*] commencer à avoir froid, (*catch a chill*) attraper froid; (*Met*) **~ front** front froid; (*Met*) **~ snap** courte offensive du froid; (*Met*) **~ wave** vague *f* de froid; (*Aut*) (*Brit*) **~ start**, (*US*) **~ starting** démarrage *m* à froid; **a ~ colour** une couleur froide; **~ steel** arme blanche; **the scent is ~** la voie est froide, la piste a disparu (*also fig*); **that's ~ comfort** ce n'est pas tellement réconfortant *or* rassurant, c'est une maigre consolation; **to be in a ~ sweat (about)*** avoir des sueurs froides (au sujet de); **that brought him out in a ~ sweat** cela lui a donné des sueurs froides; (*fig*) **to throw ~ water on** *plans* démolir; *sb's enthusiasm* doucher; *V also* **2** *and* **blow¹, icy** *etc*.
  (**b**) (*fig*) (*unfriendly*) froid, manquant de *or* sans cordialité; (*indifferent*) froid, indifférent; (*dispassionate*) froid, calme, objectif. **a ~ reception** un accueil froid; **that leaves me ~*** ça ne me fait ni chaud ni froid, cela me laisse froid; **in ~ blood** de sang-froid.
  (**c**) (*: *unconscious*) sans connaissance. **he was out ~** il était sans connaissance *or* dans les pommes*; (*lit, fig*) **it knocked him ~** ça l'a mis K.O.
  2 *cpd*: **cold-blooded** (*Zool*) à sang froid; (*fig*) *person* insensible, sans pitié; *murder, attack* commis de sang-froid; (*fig*) **to be cold-blooded about sth** faire qch sans aucune pitié; **cold chisel** ciseau *m* à froid; **cold cream** crème *f* de beauté, cold-cream *m*; (*Culin*) **cold cuts** assiette anglaise; (*Agr*) **cold frame** châssis *m* de couches; **cold-hearted** impitoyable, sans pitié; **cold room** chambre froide *or* frigorifique; (*fig*) **to give sb the cold shoulder***, (*US*) **to turn a cold shoulder on** *or* **to sb***, **to cold-shoulder sb*** battre froid à qn, se montrer froid envers qn; (*Med*) **cold sore** bouton *m* de fièvre; **cold storage** conservation *f* par le froid; **to put into cold storage** *food* mettre en chambre froide *or* frigorifique; *fur coat* mettre en garde; (*fig*) *idea, book, scheme* mettre de côté *or* en attente; **cold store** entrepôt *m* frigorifique; (*Drugs sl*) **cold turkey** manque *m*; (*Pol*) **the cold war** la guerre froide.
  3 *n* (**a**) (*Met etc*) froid *m*. **I am beginning to feel the ~** je commence à avoir froid, je n'ai plus très chaud; **I never feel the ~** je ne crains pas le froid, je ne suis pas frileux; **don't go out in this ~!** ne

sors pas par ce froid!; **to come in out of** *or* **from the ~** se mettre à l'abri; (*fig*) **rentrer en grâce**; (*fig*) **to be left out in the ~** rester en plan*.
  (**b**) (*Med*) rhume *m*. **~ in the head/on the chest** rhume de cerveau/de poitrine; **a heavy** *or* **bad ~** un gros *or* sale* rhume; **to have a ~** être enrhumé; **to get a ~** s'enrhumer, attraper un rhume; *V* **catch, head**.
  4 *adv* (*US**) (*completely*) absolument; (*unexpectedly*) de façon totalement inattendue. **to know sth ~** connaître qch à fond *or* sur le bout du doigt.
coldly [ˈkəʊldlɪ] *adv* *look, say* froidement; *behave* avec froideur.
coldness [ˈkəʊldnɪs] *n* (*lit, fig*) froideur *f*.
coleslaw [ˈkəʊlslɔː] *n* salade *f* de chou cru.
coley [ˈkəʊlɪ] *n* lieu noir *m*, colin *m*.
colic [ˈkɒlɪk] *n* coliques *fpl*.
Coliseum [ˌkɒlɪˈsiːəm] *n* Colisée *m*.
colitis [kɒˈlaɪtɪs] *n* colite *f*.
collaborate [kəˈlæbəreɪt] *vi* (*also pej*) collaborer. **to ~ with sb on** *or* **in sth** collaborer avec qn à qch.
collaboration [kəˌlæbəˈreɪʃən] *n* (*also pej*) collaboration *f* (*in* à).
collaborator [kəˈlæbəreɪtəʳ] *n* (*gen*) collaborateur *m*, -trice *f*; (*pej*: *World War II*) collaborateur, -trice, collaborationniste *mf*, collabo* *mf*.
collage [kɒˈlɑːʒ] *n* (*Art*) collage *m*.
collapse [kəˈlæps] **1** *vi* (**a**) [*person, building, roof, floor*] s'écrouler, s'effondrer, s'affaisser; [*balloon*] se dégonfler; [*beam*] fléchir; (*fig*) [*one's health*] se délabrer, flancher*; [*government*] tomber, faire la culbute*; [*prices, defences*] s'effondrer; [*civilization, society, institution*] s'effondrer, s'écrouler; [*plan, scheme*] s'écrouler, tomber à l'eau; (*: *with laughter*) être plié en deux, se tordre (de rire). **he ~d at work and was taken to hospital** il a eu un grave malaise à son travail et on l'a emmené à l'hôpital; (*Med*) **his lung ~d** il a fait un collapsus pulmonaire; (*Med*) **~d lung** collapsus *m* pulmonaire.
  (**b**) (*lit: fold for storage etc*) [*table, chairs*] se plier.
  2 *vt* *table, chair* plier; (*fig*) *paragraphs, items* réduire, comprimer.
  3 *n* [*person, building, roof*] écroulement *m*, effondrement *m*; [*lung etc*] collapsus *m*; [*beam*] fléchissement *m*; [*health*] délabrement *m*; [*government*] chute *f*; [*prices, defences*] effondrement; [*civilization, plan, scheme*] effondrement, écroulement.
collapsible [kəˈlæpsəbl] *adj* *table, chair, umbrella* pliant.
collar [ˈkɒləʳ] **1** *n* (*attached: on garment*) col *m*; (*separate*) (*for men*) faux-col *m*; (*for women*) col, collerette *f*; (*for dogs, horses etc*) collier *m*; (*part of animal's neck*) collier; (*Culin*) [*beef*] collier; [*mutton etc*] collet *m*; (*Tech: on pipe etc*) bague *f*. **to get hold of sb by the ~** saisir qn au collet; *V* **white** *etc*.
  2 *vt* (**a**) (*) *person* (*lit*) prendre *or* saisir au collet, colleter; (*fig*) accrocher, intercepter*; *book, object* faire main basse sur.
  (**b**) (*Tech*) baguer.
  3 *cpd*: **collarbone** clavicule *f*; (*US*) **collar button**, (*Brit*) **collar-stud** bouton *m* de col.
collate [kɒˈleɪt] *vt* (**a**) collationner (*with* avec). (**b**) (*Rel*) nommer (*to* à).
collateral [kɒˈlætərəl] **1** *adj* (**a**) (*parallel*) parallèle; *fact, phenomenon* concomitant; (*Jur*) *relationship*, (*Med*) *artery* collatéral.
  (**b**) (*subordinate*) secondaire, accessoire; (*Fin*) subsidiaire. (*Fin*) **~ security** nantissement *m*.
  2 *n* (**a**) (*Fin*) nantissement *m*. **securities lodged as ~** titres remis en nantissement.
  (**b**) (*Jur*) collatéral(e) *m(f)*.
collation [kəˈleɪʃən] *n* collation *f*.
colleague [ˈkɒliːg] *n* collègue *mf*, confrère *m*, consœur *f* (*rare*).
collect¹ [ˈkɒlɛkt] *n* (*Rel*) collecte *f* (*prière*).
collect² [kəˈlɛkt] **1** *vt* (**a**) (*gather together, assemble*) *valuables, wealth* accumuler, amasser; *facts, information* rassembler, recueillir; *documents* recueillir, rassembler, grouper; *evidence, proof* rassembler. **the ~ed works of Shakespeare** les œuvres complètes de Shakespeare; **she ~ed (together) a group of volunteers** elle a rassemblé *or* réuni un groupe de volontaires; **the dam ~s the water from the mountains** le barrage accumule *or* retient l'eau des montagnes; (*fig*) **to ~ one's wits** rassembler ses esprits; (*fig*) **to ~ o.s.** (*regain control of o.s.*) se reprendre; (*reflect quietly*) se recueillir; (*fig*) **to ~ one's thoughts** se recueillir, se concentrer.
  (**b**) (*pick up*) *seashells etc* ramasser; *eggs* lever, ramasser. **the children ~ed (up) the books for the teacher** les enfants ont ramassé les livres pour l'instituteur; **these vases ~ the dust** ces vases prennent *or* ramassent* la poussière.
  (**c**) (*obtain*) *money, subscriptions* recueillir; *taxes, dues, fines* percevoir; *rents* encaisser, toucher. (*US*) **~ on delivery** paiement *m* à la livraison, livraison *f* contre remboursement.
  (**d**) (*take official possession of*) [*bus or railway company*] *luggage etc* prendre à domicile; [*ticket collector*] *tickets* ramasser. (*Brit Post*) **to ~ letters** faire la levée du courrier; **the rubbish is ~ed twice a week** les ordures sont enlevées *or* ramassées deux fois par semaine; **the firm ~s the empty bottles** la compagnie récupère les bouteilles vides; (*Comm*) **to ~ goods/an order** retirer des marchandises/une commande.
  (**e**) (*as hobby*) *stamps, antiques, coins* collectionner, faire collection de. (*pej*) **she ~s* poets/lame ducks** *etc* elle collectionne* les poètes/canards boiteux *etc*.
  (**f**) (*call for*) *person* aller chercher, (*passer*) prendre. **I'll ~ you** in the car/at 8 o'clock j'irai vous chercher *or* je passerai vous prendre en voiture/à 8 heures; **to ~ one's mail/one's keys** *etc* (*passer*) prendre son courrier/ses clefs *etc*; **I'll come and ~ the book this evening** je passerai prendre le livre ce soir; **the bus ~s the children each morning** l'autobus ramasse les enfants tous les matins.

2 vi (a) [people] se rassembler, se réunir, se grouper; [things] s'amasser, s'entasser; [dust, water] s'amasser, s'accumuler.
   (b) to ~ for the injured faire la quête or quêter pour les blessés.
3 adv (US Telec) to call ~ téléphoner en PCV.
4 cpd: (US Telec) collect call communication f en PCV.

collection [kə'lekʃən] **1** n (a) (act of collecting: V collect²) [wealth, valuables] accumulation f; [facts] rassemblement m; [seashells, eggs] ramassage m; [taxes] perception f; [rents] encaissement m; [luggage] livraison f. (at meetings, for charity etc) the ~ of money la collecte; your order is now awaiting ~ votre commande est prête.
   (b) (Rel etc: money) collecte f, quête f; (Brit Post) [mail] levée f. a ~ was made for the blind on a fait une quête or collecte pour les aveugles; there were several ~s for charity in the course of the evening on a fait plusieurs quêtes or on a quêté pour plusieurs œuvres au cours de la soirée; (Post) there are 5 ~s daily il y a 5 levées par jour.
   (c) (set of things collected) collection f. the spring ~ la collection de printemps; his ~ of stamps sa collection de timbres; (fig: a lot of) there was a ~ of books on the table il y avait un tas de livres sur la table.
2 cpd: (Fin, Comm) collection charges frais mpl d'encaissement.

collective [kə'lektɪv] **1** adj (gen, Jur) responsibility, farm, ownership, ticket, security collectif. ~ bargaining (négociations fpl pour une) convention collective de travail; (Ling) ~ noun collectif m. **2** n association collective.

collectively [kə'lektɪvlɪ] adv collectivement.

collectivism [kə'lektɪvɪzəm] n collectivisme m.

collectivist [kə'lektɪvɪst] adj, n collectiviste (mf).

collectivize [kə'lektɪvaɪz] vt collectiviser.

collector [kə'lektə²] n [taxes] percepteur m; [dues] receveur m; [rent, cash] encaisseur m; [stamps, coins etc] collectionneur m, -euse f; (also ticket ~) contrôleur m, -euse f.

colleen ['kɒliːn] n jeune Irlandaise; (in Ireland) jeune fille f.

college ['kɒlɪdʒ] **1** n (a) (institution for higher education) collège m, établissement m d'enseignement supérieur; (for professional training) école professionnelle, collège technique. (Brit) ~ of Advanced Technology ≃ IUT m, Institut m universitaire de technologie; ~ of agriculture institut m agronomique; ~ of art école des beaux-arts; ~ of domestic science école or centre m d'enseignement ménager; (Brit) C~ of Education (for primary teachers) ≃ école normale primaire; (for secondary) ≃ centre pédagogique régional de formation des maîtres; (Brit) C~ of Further Education ≃ institut m d'éducation permanente; ~ of music conservatoire m de musique; (Brit) to go to ~* faire des études supérieures; (US Univ) ~ catalog(ue) livret m de l'étudiant; ~ staff corps enseignant; V naval, teacher etc.
   (b) (within a university) collège m.
   (c) (institution) collège m, société f, académie f. C~ of Physicians/Surgeons Académie de médecine/de chirurgie; the C~ of Cardinals le Sacré Collège; V electoral.
2 cpd: (US Scol) college-bound student élève mf qui se destine aux études universitaires; (US Scol) college-bound program programme m de préparation aux études universitaires.

collegiate [kə'liːdʒɪt] adj life de collège; (Can) studies secondaire. ~ church collégiale f.

collide [kə'laɪd] vi (a) (lit) entrer en collision, se heurter, se tamponner. to ~ with entrer en collision avec, heurter, tamponner; (Naut) aborder. (b) (fig) se heurter (with à), entrer en conflit (with avec).

collie ['kɒlɪ] n colley m.

collier ['kɒlɪə²] n (miner) mineur m; (ship) charbonnier m.

colliery ['kɒlɪərɪ] n houillère f, mine f (de charbon).

collimator ['kɒlɪˌmeɪtə²] n collimateur m. (Phot) ~ viewfinder viseur m à cadre lumineux.

collision [kə'lɪʒən] **1** n (a) (lit) collision f, heurt m, choc m; (Rail) collision, tamponnement m; (Naut) abordage m. to come into ~ with [car] entrer en collision avec; [train] entrer en collision avec, tamponner; [boat] aborder.
   (b) (fig) conflit m, opposition f.
2 cpd: to be on a collision course (Naut etc) être sur une route de collision; (fig) aller au-devant de l'affrontement (with avec).

collocate ['kɒləˌkeɪt] (Ling) **1** n cooccurrent m. **2** vi [words] être cooccurrents. to ~ with être cooccurrent de.

collocation [ˌkɒlə'keɪʃən] n (Ling) collocation f.

colloquial [kə'ləʊkwɪəl] adj (language) familier, parlé, de la conversation; style familier.

colloquialism [kə'ləʊkwɪəlɪzəm] n (Ling) expression familière.

colloquially [kə'ləʊkwɪəlɪ] adv familièrement, dans le langage de la conversation, dans la langue parlée.

colloquium [kə'ləʊkwɪəm] n colloque m.

colloquy ['kɒləkwɪ] n colloque m, conversation f.

collusion [kə'luːʒən] n collusion f. in ~ with de complicité avec, de connivence avec.

collywobbles⁑ ['kɒlɪˌwɒblz] npl: to have the ~ (be scared) avoir la frousse* or la trouille*; (have stomach trouble) avoir des coliques.

Cologne [kə'ləʊn] n Cologne f.

Colombia [kə'lɒmbɪə] n Colombie f.

Colombian [kə'lɒmbɪən] **1** n Colombien(ne) m(f). **2** adj colombien.

colon¹ ['kəʊlən] n (Anat) côlon m.

colon² ['kəʊlən] n (Gram) deux-points m inv.

colonel ['kɜːnl] n colonel m. C~ Smith le colonel Smith; (on envelope) le Colonel Smith.

colonial [kə'ləʊnɪəl] **1** adj (a) colonial. C~ Office ministère m des Colonies. (b) (US) house en style du 18e siècle. **2** n colonial(e) m(f).

colonialism [kə'ləʊnɪəlɪzəm] n colonialisme m.

colonialist [kə'ləʊnɪəlɪst] adj, n colonialiste (mf).

colonic [kəʊ'lɒnɪk] adj du côlon. ~ irrigation lavement m.

colonist ['kɒlənɪst] n colon m (habitant etc d'une colonie).

colonization [ˌkɒlənaɪ'zeɪʃən] n colonisation f.

colonize ['kɒlənaɪz] vt coloniser.

colonnade [ˌkɒlə'neɪd] n colonnade f.

colony ['kɒlənɪ] n (all senses) colonie f; V leper.

colophon ['kɒləfən] n (emblem) logotype m, colophon m; (end text in book) achevé m d'imprimer; (end text in manuscript) colophon.

color ['kʌlə²] etc (US) = **colour** etc.

Colorado [ˌkɒlə'rɑːdəʊ] n (state, river) Colorado m. in ~ be, go au Colorado; live dans le Colorado; ~ beetle doryphore m.

coloration [ˌkʌlə'reɪʃən] n coloration f, coloris m; V protective.

coloratura [ˌkɒlərə'tʊərə] **1** n coloratura f. **2** adj voice, part de colorature.

colorcast ['kʌləkɑːst] **1** n émission f en couleurs. **2** vt retransmettre en couleurs.

colossal [kə'lɒsl] adj (lit, also fig) colossal.

Colossians [kə'lɒʃənz] n Colossiens mpl.

colossus [kə'lɒsəs] n colosse m.

colostomy [kə'lɒstəmɪ] n colostomie f.

colostrum [kə'lɒstrəm] n colostrum m.

colour, (US) **color** ['kʌlə²] **1** n (a) (hue) couleur f, teinte f. what ~ is it? de quelle couleur est-ce?; there is not enough ~ in it cela manque de couleur; to take the ~ out of sth décolorer qch; (fig) the ~ of a newspaper la couleur or les opinions f d'un journal; (fig) let's see the ~ of your money* fais voir la couleur de ton fric*; (fig) a symphony/a poem full of ~ une symphonie pleine/un poème plein de couleur; (fig) to give ~ and ~ to a tale colorer un récit; (fig) to give a false ~ to sth présenter qch sous un faux jour, dénaturer qch; (fig) under (the) ~ of sous prétexte or couleur de; V primary.
   (b) (complexion) teint m, couleur f (du visage). to change ~ changer de couleur or de visage; to lose (one's) ~ pâlir, perdre ses couleurs; to get one's ~ back reprendre des couleurs; he looks an unhealthy ~ il a très mauvaise mine; to have a high ~ être haut en couleur; V off.
   (c) (Art) (pigment) matière colorante, couleur f; (paint) peinture f; (dye) teinture f; (shades, tones) coloris m, couleur, ton m. to paint sth in bright/dark ~s (lit) peindre qch de couleurs vives/sombres; (fig) peindre qch sous de belles couleurs/sous des couleurs sombres; (fig) to see sth in its true ~s voir qch sous son vrai jour (V also d); V local, water etc.
   (d) (symbol of allegiance) ~s couleurs fpl (d'un club, d'un parti etc); (Mil) couleurs, drapeau m; (Naut) couleurs, pavillon m; (Sport) to get or win one's ~s être sélectionné pour (faire partie de) l'équipe; to salute the ~s saluer le drapeau; to fight with the ~s combattre sous les drapeaux; (fig) to stick to one's ~s rester fidèle à ses principes or à ce qu'on a dit; (fig) he showed his true ~s when he said ... il s'est révélé tel qu'il est vraiment quand il a dit ...; V flying, nail, troop.
   (e) (Pol) [race] couleur f. his ~ counted against him sa couleur jouait contre lui; it is not a question of ~ ce n'est pas une question de race.
2 cpd: (Brit) colour bar discrimination raciale; colour-blind daltonien; colour blindness daltonisme m, achromatopsie f; (TV) colour camera caméra f couleur inv; colourfast grand teint inv; colour film (for camera) pellicule f (en) couleur; (for movie camera; in cinema) film m en couleur; (Phot) colour filter filtre coloré; (US) color line = colour bar; colour photograph photographie f en couleur; colour photography photographie f en couleur; colour problem problème racial or du racisme; colour scheme combinaison f de(s) couleurs; to choose a colour scheme assortir les couleurs or les tons; (Brit Mil) colour sergeant ≃ sergent-chef m; colour slide diapositive f en couleur; (Brit Press) colour supplement supplément illustré; colour television télévision f (en) couleur; colour television (set) téléviseur m couleur inv; (Brit) colourway coloris m.
3 vt (a) (lit) (give ~ to) colorer, donner de la couleur à; (with paint) peindre; (with crayons etc) colorier; (dye) teindre; (tint) teinter. to ~ sth red colorer (or colorier etc) qch en rouge; to ~ (in) a picture colorier une image; (children) a ~ing book un album à colorier.
   (b) (fig) story, description colorer; facts (misrepresent) fausser; (exaggerate) exagérer.
4 vi [things] se colorer; [persons] (also ~ up) rougir.

coloured, (US) **colored** ['kʌləd] **1** adj (a) liquid, complexion coloré; drawing colorié; pencil de couleur; picture, photograph, slide, television en couleur; (fig) a highly ~ tale un récit très coloré.
   (b) (adj ending in cpds) -coloured (de) couleur. a straw-coloured hat un chapeau couleur paille; muddy-coloured couleur de boue.
   (c) person, race de couleur.
2 n: ~s (US, Brit) personnes fpl de couleur; (in South Africa) métis mpl; V cape².

colourful, (US) **colorful** ['kʌləfʊl] adj (lit) coloré, vif, éclatant; (fig) personality pittoresque, original; account coloré.

colouring, (US) **coloring** ['kʌlərɪŋ] n (a) (complexion) teint m. high ~ teint coloré.
   (b) (U) coloration f; [drawings etc] coloriage m; (fig) [news, facts etc] travestissement m, dénaturation f. ~ book album m à colorier.
   (c) (hue) coloris m, coloration f.

colourless, (US) **colorless** ['kʌlələs] adj (lit) sans couleur, incolore; (fig) incolore, terne, fade.

colt [kəʊlt] **1** n (a) (Zool) poulain m; (fig: a youth) petit jeune (pej), novice m. (b) ® (pistol) colt m, pistolet m (automatique).

2 cpd: (Bot) **coltsfoot** pas-d'âne m inv, tussilage m.
coltish ['kɒltɪʃ] adj (frisky) guilleret, folâtre; (inexperienced) jeunet, inexpérimenté.
Columbia [kə'lʌmbɪə] n (US) (District of) ~ district fédéral de Columbia; V British.
columbine ['kɒləmbaɪn] n ancolie f.
Columbine ['kɒləmbaɪn] n (Theat) Colombine f.
Columbus [kə'lʌmbəs] n: (Christopher) ~ Christophe Colomb m.
column ['kɒləm] n (all senses) colonne f; V fifth etc.
columnist ['kɒləmnɪst] n (Press) chroniqueur m, échotier m, -ière f.
coma ['kəʊmə] n coma m. in a ~ dans le coma.
comatose ['kəʊmətəʊs] adj comateux.
comb [kəʊm] 1 n (a) peigne m; (large-toothed) démêloir m. to run a ~ through one's hair, to give one's hair a ~ se donner un coup de peigne, se peigner; V tooth.
  (b) (for horse) étrille f; (Tech: for wool etc) peigne m, carde f; (Elec) balai m.
  (c) [fowl] crête f; [helmet] cimier m.
  (d) (honeycomb) rayon m de miel.
  2 vt (a) peigner; (Tech) peigner, carder; horse étriller. to ~ one's hair se peigner; to ~ sb's hair peigner qn.
  (b) (fig: search) area, hills, town fouiller, ratisser. he ~ed (through) the papers looking for evidence il a dépouillé le dossier à la recherche d'une preuve.
♦**comb out** vt sep hair peigner, démêler. they combed out the useless members of the staff on a passé le personnel au peigne fin et éliminé les incapables.
combat ['kɒmbæt] 1 n combat m; V close¹, unarmed etc.
  2 cpd: on combat duty en service commandé; **combat car** (véhicule m) blindé m léger de campagne; **combat jacket** veste f de treillis; **combat troops** troupes fpl de combat; **combat zone** zone f de combat.
  3 vt (lit, fig) combattre, lutter contre.
  4 vi combattre, lutter (for pour, with, against contre).
combatant ['kɒmbətənt] adj, n combattant(e) m(f).
combative ['kɒmbətɪv] adj combatif.
combe [ku:m] n = coomb.
combination [ˌkɒmbɪ'neɪʃən] 1 n (gen, Chem, Math: also of lock) combinaison f; [people] association f, coalition f; [events] concours m; [interests] coalition f. (undergarment) ~s combinaison-culotte f (de femme); (Brit Aut) (motorcycle) ~ side-car m.
  2 cpd: **combination lock** serrure f à combinaison.
combine [kəm'baɪn] 1 vt combiner (with avec), joindre (with à); (Chem) combiner. he ~d generosity with discretion il alliait la générosité à la discrétion; they ~d forces/efforts ils ont uni or joint leurs forces/efforts; to ~ business with pleasure joindre l'utile à l'agréable; ~d clock and radio combiné m radio-réveil; their ~d wealth was not enough leurs richesses réunies n'ont pas suffi; a ~d effort un effort conjugué; (Mil) ~d forces forces alliées; (Mil) ~d operation (by several nations) opération alliée; (by the different forces of the same nation) opération interarmes inv; (fig) entreprise réalisée en commun.
  2 vi s'unir, s'associer; [parties] fusionner; [workers] se syndiquer; (Chem) se combiner; (fig) se liguer (against contre); [events] concourir (to do à faire).
  3 [kɒmbaɪn] n (a) association f; (Comm, Fin) trust m, cartel m; (Jur) corporation f.
  (b) (also ~ harvester) moissonneuse-batteuse f.
combo‡ ['kɒmbəʊ] n (Mus) petite formation musicale; (clothes) ensemble m, combinaison f.
combustible [kəm'bʌstɪbl] adj combustible.
combustion [kəm'bʌstʃən] n combustion f. (Aut) ~ chamber chambre f d'explosion; V internal, spontaneous.
come [kʌm] pret **came**, ptp **come** 1 vi (a) (move) venir; (arrive) venir, arriver. ~ here venez ici; ~ with me venez avec moi; ~ and see me soon, (US) ~ see me soon venez me voir bientôt; he has ~ to mend the television il est venu réparer la télévision; he has ~ from Edinburgh il est venu d'Édimbourg; he has just ~ from Edinburgh il arrive d'Édimbourg; (fig: originate from) to ~ from [person] venir de, être originaire or natif de; [object, commodity] provenir or venir de; he ~s of a very poor family il vient or est d'une famille très pauvre; he has ~ a long way (lit) il est venu de loin; (fig: made much progress) il a fait du chemin; to ~ and go aller et venir; they were coming and going all day ils n'ont fait qu'aller et venir toute la journée; (TV) the picture ~s and goes l'image saute; the pain ~s and goes la douleur est intermittente; to ~ running/shouting etc arriver en courant/en criant etc; to ~ hurrying arriver en toute hâte; to ~ home rentrer (chez soi or à la maison); to ~ for sb/sth venir chercher or venir prendre qn/qch; you go on, I'll ~ after (you) allez-y, je vous suis; coming! j'arrive!; (excl) ~, ~!, ~ now! allons!, voyons!; when did he ~? quand est-il arrivé?; no one has ~ personne n'est venu; they came to a town ils sont arrivés à une ville, ils ont atteint or gagné une ville; the rain came closely after the thunderclap la pluie a suivi de près le coup de tonnerre; help came in time les secours sont arrivés à temps; it came into my head that il m'est venu à l'esprit que; it came as a shock to him cela lui a fait un choc; it came as a surprise to him cela l'a (beaucoup) surpris; when your turn ~s, when it ~s your turn quand ce sera (à) votre tour, quand votre tour viendra; when it ~s to mathematics, no one can beat him pour ce qui est des mathématiques, personne ne peut le battre; when it ~s to choosing quand il faut choisir; (fig) he will never ~ to much il ne sera or fera jamais grand-chose; the time will ~ when ... un jour viendra où ..., il viendra un temps où ...; (Jur) to ~ before a judge [accused] comparaître devant un juge; [case] être entendu par un juge.
  (b) (have its place) venir, se trouver, être placé. May ~s before June mai vient avant or précède juin; July ~s after June juillet vient après or suit juin; this passage ~s on page 10 ce passage se trouve à la page 10; the adjective must ~ before the noun l'adjectif doit être placé devant or précéder le substantif; a princess ~s before a duchess une princesse prend le pas or a la préséance sur une duchesse; V first.
  (c) (happen) arriver, advenir (to à), se produire. no harm will ~ to him il ne lui arrivera rien de mal; ~ what may quoi qu'il arrive (subj) or advienne, advienne que pourra; recovery came slowly la guérison à été lente; nothing came of it il n'en est rien résulté; that's what ~s of disobeying! voilà ce que c'est que de désobéir!, voilà ce qui arrive quand on désobéit; no good will ~ of it ça ne mènera à rien de bon, il n'en sortira rien de bon; how do you ~ to be so late? comment se fait-il que vous soyez si en retard?
  (d) (+ to + n) to ~ to a decision parvenir à or prendre une décision; to ~ to an end toucher à sa fin; to ~ to the throne monter sur le trône; V agreement, blow², grief etc.
  (e) (+ into + n) to ~ into sight apparaître, devenir visible; V bloom, blossom, effect etc.
  (f) (+ adj, adv etc = be, become) devenir, se trouver. his dreams came true ses rêves se sont réalisés; the handle has ~ loose le manche s'est desserré; it ~s less expensive to shop in town cela revient moins cher de faire ses achats en ville; swimming/reading ~s naturally or natural* to him il est doué pour la natation/la lecture; everything came right in the end tout s'est arrangé à la fin; this dress ~s in 3 sizes cette robe existe or se fait en 3 tailles; to ~ undone se défaire, se dénouer; to ~ apart (come off) se détacher; (come unstuck) se décoller; (fall to pieces) tomber en morceaux; it came apart in my hands ça s'est cassé tout seul.
  (g) (+ infin = be finally in a position to) en venir à, finir par. I have ~ to believe him j'en suis venu à le croire; he came to admit he was wrong il a fini par reconnaître qu'il avait tort; now I ~ to think of it réflexion faite, quand j'y songe; (frm, liter) it came to pass that il advint que (liter).
  (h) (phrases) the life to ~ la vie future; the years to ~ les années à venir; in time to ~ à l'avenir; if it ~s to that, you shouldn't have done it either ça compte-là or à ce moment-là* tu n'aurais pas dû le faire non plus; I've known him for 3 years ~ January cela fera 3 ans en janvier que je le connais; she will be 6 ~ August elle aura 6 ans au mois d'août or en août; she is coming* 6 elle va sur ses 6 ans, elle va avoir 6 ans; a week ~ Monday il y aura huit jours lundi; she had it coming to her* elle l'a or l'avait (bien) cherché; (fig: cause trouble) to ~ between two people (venir) se mettre entre deux personnes; she's as clever as they ~* elle est futée comme pas une*; you could see that coming* on voyait venir ça de loin, c'était gros comme le nez au milieu de sa figure; ~ again!‡ comment?, pardon?; how ~?* comment ça se fait?*; how ~ you can't find it?* comment se fait-il que tu n'arrives (subj) pas à le trouver?; he tried to ~ the innocent with me‡ il a essayé de jouer aux innocents avec moi; that's coming it a bit strong!‡ tu y vas un peu fort!*, tu pousses!*, tu charries!‡; (Brit) don't ~ that game with me ne jouez pas ce petit jeu-là avec moi; V clean.
  (i) (‡‡ : reach orgasm) jouir, partir‡.
  2 cpd: **come-at-able*** accessible; **comeback** (Theat etc) retour m, rentrée f; (US: response) réplique f; to make or stage a comeback (Theat) faire une rentrée; (fig) faire un comeback; **comedown** dégringolade* f, déchéance f, it was rather a comedown for him to have to work* c'était assez humiliant pour lui d'avoir à travailler; she gave him a come-hither* look elle lui a lancé un regard aguichant; **come-on*** attrape-nigaud m, truc* m; **comeuppance*** V comeuppance*.
♦**come about** vi (a) (impers: happen) se faire (impers) + que + subj, arriver, se produire. how does it come about that you are here? comment se fait-il que vous soyez ici?; this is why it came about voilà pourquoi c'est arrivé or cela s'est produit.
  (b) (Naut) [wind] tourner, changer de direction.
♦**come across** 1 vi (a) (cross) traverser.
  (b) he comes across as an honest man il donne l'impression d'être un homme honnête; his speech came across very well son discours a fait beaucoup d'effet; his speech came across very badly son discours n'a pas fait d'effet or n'a pas passé la rampe; despite his attempts to hide them, his true feelings came across quite clearly malgré ses efforts pour les cacher, ses vrais sentiments se faisaient sentir clairement.
  (c) (US*: keep promise etc) s'exécuter, tenir parole.
  2 vt fus (find or meet by chance) thing trouver par hasard, tomber sur; person rencontrer par hasard, tomber sur. if you come across my watch si vous tombez sur ma montre.
♦**come across with*** vt fus money se fendre de*, y aller de; information donner, vendre. he came across with £10 il s'est fendu* de 10 livres; the criminal came across with the names of his accomplices le criminel a donné* ses complices.
♦**come along** vi (a) (imper only) come along! (impatiently) (allons or voyons), dépêchez-vous!; (in friendly tone) (allez,) venez!
  (b) (accompany) venir, suivre. may my sister come along as well? est-ce que ma sœur peut venir aussi?; why don't you come along? pourquoi ne viendrais-tu pas?; come along with me suivez-moi, accompagnez-moi, venez avec moi.
  (c) (progress) faire des progrès [plants, children; [plans] avancer. he's coming along in French il fait des progrès en français; how is your broken arm? — it's coming along quite well comment va votre bras cassé? — il or ça se remet bien; my book isn't coming along at all well mon livre n'avance pas bien.
♦**come at** vt fus (a) (reach, get hold of) (lit) saisir, mettre la main sur; (fig) découvrir, déterminer. we could not come at the

documents nous n'avons pas pu mettre la main sur les documents; **it was difficult to come at the exact facts/what exactly had happened** il était difficile de déterminer les faits exacts/ce qui s'était passé exactement.

   (b) *(attack)* attaquer. **he came at me with an axe** il s'est jeté sur moi en brandissant une hache.

◆**come away** *vi* **(a)** *(leave)* partir, s'en aller. **she had to come away before the end** elle a dû partir avant la fin; **come away from there!** sors de là!, écarte-toi de là!

   (b) *(become detached)* *[button etc]* se détacher, partir. **it came away in my hands** cela m'est resté dans les mains.

◆**come back 1** *vi* *[person etc]* revenir; *[fashion etc]* revenir en vogue *or* à la mode. **he came back 2 hours later** il est revenu 2 heures plus tard; *(Sport)* **he came back strongly into the game** il est revenu en force dans le jeu; **I asked her to come back with me** je lui ai demandé de me raccompagner; **to come back to what I was saying** pour en revenir à ce que je disais; **I'll come back to you on that one*** nous en reparlerons (plus tard); *(fig)* **his face/name is coming back to me** son visage/son nom me revient (à la mémoire *or* à l'esprit).

   2 comeback *n* V **come 2.**

◆**come back with** *vt fus* répondre par. **when accused, he came back with a counter-accusation** quand on l'a accusé il a répondu par une contre-accusation.

◆**come by 1** *vt* passer (par là). **he came by yesterday and told us** il est venu *or* passé (par là) hier et nous l'a raconté.

   2 *vt fus (obtain) object* obtenir, se procurer; *idea, opinion* se faire. **how did you come by that book?** comment vous êtes-vous procuré ce livre?, comment avez-vous déniché ce livre?

◆**come down 1** *vi* **(a)** *(from ladder, stairs)* descendre *(from* de); *(from mountain)* descendre, faire la descente *(from* de); *[aircraft]* descendre. **come down from there at once!** descends de là tout de suite!; *(fig)* **to come down in the world** descendre dans l'échelle sociale, déchoir; *(fig)* **she had come down to begging** elle en était réduite à la mendicité; **her hair comes down to her shoulders** ses cheveux lui descendent jusqu'aux épaules *or* lui tombent sur les épaules; *(fig)* **to come down (strongly) for** *or* **in favour of sth** prendre (fermement) position en faveur de qch.

   (b) *[buildings etc] (be demolished)* être démoli, être abattu; *(fall down)* s'écrouler.

   (c) *(drop) [prices]* baisser.

   (d) *(be transmitted) [traditions etc]* être transmis (de père en fils).

   2 comedown* *n* V **come 2.**

◆**come down (up)on** *vt fus* **(a)** *(punish)* punir; *(rebuke)* s'en prendre à. **he came down on me like a ton of bricks*** il m'est tombé dessus à bras raccourcis.

   (b) **they came down on me* for a subscription** ils m'ont mis le grappin dessus* pour que je souscrive.

◆**come down with** *vt fus* **(a)** *(become ill from)* attraper. **to come down with flu** attraper une grippe.

   (b) **(*:** *pay out)* allonger‡.

◆**come forward** *vi* se présenter *(as* comme). **who will come forward as a candidate?** qui va se présenter comme candidat? *or* se porter candidat?; **after the burglary, her neighbours came forward with help/money** après le cambriolage, ses voisins ont offert de l'aider/lui ont offert de l'argent; **to come forward with a suggestion** offrir une suggestion; **to come forward with an answer** suggérer une réponse.

◆**come in** *vi* **(a)** *[person]* entrer; *[trains etc]* arriver; *[tide]* monter. *(fig)* **when do I come in?** quand est-ce que j'entre en jeu, moi?; *(fig)* **where does your brother come in?** *(how is he involved?)* qu'est-ce que ton frère a à voir là-dedans?; *(what's to be done with him?)* qu'est-ce qu'on fait de ton frère là-dedans?, qu'est-ce que ton frère devient là-dedans?

   (b) *[fashion]* faire son entrée *or* apparition dans la mode. **when do strawberries come in?** quand commence la saison des fraises?

   (c) *(in a race)* arriver. **he came in fourth** il est arrivé quatrième; *(Scol)* **he came in first in geography** il a eu la meilleure note en géographie, il a été premier en géographie.

   (d) *(Pol: be elected to power)* être élu, arriver au pouvoir. **the socialists came in at the last election** les socialistes sont arrivés au pouvoir aux dernières élections.

   (e) **he has £10,000 coming in every year** il touche *or* encaisse 10.000 livres chaque année; **there is at least £200 coming in each week to that household** c'est au moins 200 livres par semaine qui entrent dans ce ménage; **if I'm not working my pay won't be coming in** si je ne travaille pas ma paye ne tombera pas.

   (f) **to come in handy** *or* **useful** avoir son utilité, venir à propos; **to come in handy** *or* **useful for sth** servir à qch, être commode pour qch.

◆**come in for** *vt fus (receive) criticism* être l'objet de, subir, être en butte à; *reproach* subir; *praise* recevoir.

◆**come into** *vt fus (inherit)* hériter de, entrer en possession de. **to come into some money** *(gen)* recevoir une somme d'argent; *(by inheritance)* hériter (d'une somme d'argent); *(fig)* **to come into one's own** se réaliser, trouver sa voie.

◆**come near to** *vt fus:* **to come near to doing** faillir faire, être près de faire, être à deux doigts de faire; **I came near to telling her everything** pour un peu je lui aurais tout dit, j'étais à deux doigts de tout lui dire; **he came near to (committing) suicide** il a failli se suicider.

◆**come off 1** *vi* **(a)** *[button]* se détacher, se découdre; *[stains, marks]* s'enlever, partir.

   (b) *(take place)* avoir lieu, se produire. **her wedding did not come off after all** son mariage n'a finalement pas eu lieu.

   (c) *(succeed) [plans etc]* se réaliser; *[attempts, experiments]* réussir.

   (d) *(acquit o.s.)* se tirer d'affaire, s'en tirer, s'en sortir. **he came off well by comparison with his brother** il s'en est très bien tiré en comparaison de son frère; **to come off best** gagner.

   (e) **(*:** *ejaculate)* décharger*‡.

   2 *vt fus* **(a)** a button came off his coat un bouton s'est détaché *or* décousu de son manteau; **he came off his bike** il est tombé de son vélo; *(Fin)* **to come off the gold standard** abandonner l'étalon-or.

   (b) **come off it!*** et puis quoi encore?, à d'autres!

◆**come on 1** *vi* **(a)** *(follow)* suivre; *(continue to advance)* continuer de venir *or* d'avancer.

   (b) *(imper only)* **come on, try again!** allons *or* voyons *or* allez, encore un effort!

   (c) *(progress, develop)* faire des progrès, avancer, venir bien. **how are your lettuces/plans/children coming on?** où en sont vos laitues/vos projets/vos enfants?; **my lettuces are coming on nicely** mes laitues viennent bien; **my plans are coming on nicely** mes plans avancent; **how are the children? — they're coming on** comment vont les enfants? — ils poussent bien *or* ça pousse!*

   (d) *(start) [night]* tomber; *[illness]* se déclarer; *[storm]* survenir, éclater; *[seasons]* arriver. **it came on to rain, the rain came on** il s'est mis à pleuvoir; **I feel a cold coming on** je sens que je m'enrhume.

   (e) *(arise for discussion or judgment) [subjects]* être soulevé, être mis *or* venir sur le tapis; *[questions]* être posé. *(Jur)* **his case comes on this afternoon** son affaire viendra devant le juge cet après-midi.

   (f) *(Theat) [actor]* entrer en scène; *[play]* être joué *or* représenté *or* donné. **'Hamlet' is coming on next week** on donne 'Hamlet' la semaine prochaine.

   (g) *(US fig)* **he came on quite sincere** il a donné l'impression d'être tout à fait sincère; **he came on as a fine man** il a fait l'effet d'être un homme bien.

   2 *vt fus* = **come upon.**

   3 come-on *n* V **come 2.**

◆**come out** *vi [person, object, car, drawer]* sortir *(of* de); *[sun, stars]* paraître, se montrer; *[flowers]* pousser, sortir, venir; *[spots, rash]* sortir; *[secret, news]* être divulgué *or* révélé; *[truth]* se faire jour; *[books, magazines]* paraître, sortir, être publié; *[films]* paraître, sortir; *(Brit Ind: also* **to come out on strike**) se mettre en grève, faire grève; *(go into society)* faire ses débuts dans le monde; *(Scol etc: in exams)* se classer; *[qualities]* se manifester, se révéler, se faire remarquer; *[stains]* s'enlever, s'aller, partir; *[dyes, colours] (run)* déteindre; *(fade)* passer, se faner; *(Math) [problems]* se résoudre; *[division etc]* tomber juste. **this photo didn't come out well** cette photo n'a rien donné *or* est très mal venue; **the photo came out well** la photo a réussi *or* est très bonne; **you always come out well in photos** tu es toujours très bien sur les photos, tu es très photogénique; **the total comes out at** *or* **to 500** le total s'élève à 500; **he came out third in French** il s'est classé *or* il est troisième en français; *(Med)* **to come out in a rash** avoir une poussée de boutons, avoir une éruption; *(fig)* **to come out for/against sth** se déclarer ouvertement pour/contre qch, prendre position pour/contre qch.

◆**come out with*** *vt fus (say)* dire, sortir*, accoucher de‡. **you never know what she's going to come out with next** on ne sait jamais ce qu'elle va sortir*; **come out with it!** dis ce que tu as à dire!, accouche!‡

◆**come over 1** *vi* **(a)** *(lit)* venir. **he came over to England for a few months** il est venu passer quelques mois en Angleterre; **his family came over with the Normans** sa famille s'est installée ici du temps des Normands; *(fig)* **he came over to our side** il est passé de notre côté; **he came over to our way of thinking** il s'est rangé à notre avis.

   (b) **(*:** *feel suddenly)* **to come over queer** *or* **giddy** *or* **funny** se sentir mal tout d'un coup, se sentir tout chose*; **she came over faint** elle a failli s'évanouir *or* tourner de l'œil‡.

   (c) *(make impression)* **he came over well in his speech** son discours l'a bien mis en valeur; **his speech came over well** son discours a fait bonne impression; **he came over as a fine politician** il a donné l'impression d'être un bon homme politique.

   2 *vt fus [influences, feelings] person* affecter, saisir, s'emparer de. **a feeling of shyness came over her** la timidité la saisit, elle fut saisie de timidité; **I don't know what came over her to speak like that!** je ne sais pas ce qui lui a pris de parler comme cela!; **what's come over you?** qu'est-ce qui vous prend?

◆**come round 1** *vi* **(a)** *(lit)* faire le tour *or* un détour. **the road was blocked and we had to come round by the farm** la route était bloquée et nous avons dû faire un détour par la ferme.

   (b) venir, passer. **do come round and see me one evening** passez me voir un de ces soirs.

   (c) *(recur regularly)* revenir périodiquement. **your birthday will soon come round again** ce sera bientôt à nouveau ton anniversaire.

   (d) *(change one's mind)* changer d'avis. **perhaps in time she will come round** peut-être qu'elle changera d'avis avec le temps.

   (e) *(regain consciousness)* revenir à soi, reprendre connaissance; *(get better)* se rétablir, se remettre *(after* de).

   (f) *(throw off bad mood etc)* se radoucir, redevenir aimable. **leave her alone, she'll soon come round** laissez-la tranquille, elle reviendra bientôt à d'autres sentiments.

   (g) *[boat]* venir au vent.

◆**come through** *vi* **(a)** *(survive)* s'en tirer.

   (b) *(Telec)* **the call came through** on a reçu *or* eu la communication.

2 *vt fus* (*survive*) *illness* survivre à; *danger, war* se tirer indemne de.
♦**come through with** *vt fus* (*US*) = **come up with**.
♦**come to 1** *vi* (a) (*regain consciousness*) revenir à soi, reprendre connaissance.
　(b) (*Naut: stop*) s'arrêter.
　2 *vt fus* (*Comm etc*) revenir à, se monter à. **how much does it come to?** cela fait combien?, cela se monte à combien?; **it comes to much less per metre if you buy a lot** cela revient beaucoup moins cher le mètre si vous en achetez beaucoup.
♦**come together** *vi* (*assemble*) se rassembler; (*meet*) se rencontrer. (*fig*) **to come together again** se réconcilier.
♦**come under** *vt fus* (a) (*be subjected to*) *sb's influence, domination* tomber sous, subir, être soumis à.
　(b) (*be classified under*) être classé sous. **that comes under 'towns'** c'est classé or cela se trouve sous la rubrique 'villes'; (*Admin etc*) **this comes under another department** c'est du ressort or de la compétence d'un autre service.
♦**come up** *vi* (a) (*lit*) monter. (*fig*) **do you come up to town often?** est-ce que vous êtes souvent en ville?; **he came up to me with a smile** il m'a abordé en souriant; (*Brit*) **he came up to Oxford last year** il est entré à (l'université d')Oxford l'année dernière; (*in restaurant*) **'coming up!'** 'ça marche!'
　(b) (*Jur*) *[accused]* comparaître (*before* devant); *[case]* être entendu (*before* par).
　(c) *[plants]* sortir, germer, pointer. **the tulips haven't come up yet** les tulipes ne sont pas encore sorties.
　(d) (*fig*) *[matters for discussion]* être soulevé, être mis or venir sur le tapis; *[questions]* se poser, être soulevé. **the question of a subsidy came up** la question d'une subvention s'est posée or a été soulevée; **I'm afraid something's come up** malheureusement j'ai eu un empêchement.
♦**come up against** *vt fus* se heurter (*fig*) à or contre. **he came up against total opposition to his plans** il s'est heurté à une opposition radicale à ses projets; **to come up against sb** entrer en conflit avec qn.
♦**come up to** *vt fus* (a) (*reach up to*) s'élever jusqu'à, arriver à. **the water came up to his knees** l'eau lui montait or venait or arrivait jusqu'aux genoux; **my son comes up to my shoulder** mon fils m'arrive à l'épaule.
　(b) (*equal*) répondre à. **to come up to sb's hopes** réaliser les or répondre aux espoirs de qn; **his work has not come up to our expectation** son travail n'a pas répondu à notre attente.
♦**come up with** *vt fus object, money, funds* fournir; *idea, plan* proposer, suggérer, sortir*. **he comes up with some good ideas** il sort* de bonnes idées.
♦**come upon** *vt fus* (a) (*attack by surprise*) tomber sur, fondre sur, surprendre.
　(b) (*find or meet by chance*) *object* trouver par hasard, tomber sur; *person* rencontrer par hasard, tomber sur.
Comecon ['kɒmɪˌkɒn] *n* (*abbr of* **Council for Mutual Economic Aid**) COMECON *m*.
comedian [kə'miːdɪən] *n* (a) (*Theat*) *[variety]* comique *m*; *[plays]* comédien *m*; (*fig*) comique, pitre *m*, clown *m*. (b) (††: *author*) auteur *m* de comédies.
comedienne [kəˌmiːdɪ'en] *n* (*Theat*) *[variety]* actrice *f* comique; *[plays]* comédienne *f*.
comedy ['kɒmɪdɪ] *n* (*play: also fig*) comédie *f*; (*U: style of play*) la comédie, le genre comique. **C~ of Errors** Comédie des Méprises; **~ of manners** comédie de mœurs; **high ~** haute comédie; **low ~** farce *f*; (*fig*) **cut (out) the ~!‡** pas de comédie!; *V* musical.
comeliness ['kʌmlɪnɪs] *n* (*V* comely) (*liter*) beauté *f*, charme *m*, grâce *f*; (††) bienséance *f*.
comely ['kʌmlɪ] *adj* (*liter: beautiful*) beau (*f* belle), charmant, gracieux; (††: *proper*) bienséant.
comer ['kʌmər] *n* (*gen in cpds*) arrivant(e) *m(f)*. **open to all ~s** ouvert à tout venant or à tous; **the first ~** le premier venu, le premier arrivant; *V* **late, new** *etc*.
comestible† [kə'mestɪbl] **1** *adj* comestible. **2** *n* (*gen pl*) **~s** denrées *fpl* comestibles, comestibles *mpl*.
comet ['kɒmɪt] *n* comète *f*.
comeuppance* [ˌkʌm'ʌpəns] *n*: **to get one's ~*** recevoir ce qu'on mérite; **he got his ~*** il a échoué (*or* perdu *etc*) et il ne l'a pas volé* or et il l'a bien cherché.
comfit ['kʌmfɪt] *n* dragée *f*.
comfort ['kʌmfət] **1** *n* (a) (*well-being: U*) confort *m*, bien-être *m*. (*material goods*) **~s** aises *fpl*, commodités *fpl* (de la vie); **he has always been used to ~** il a toujours eu tout le or son confort; **to live in ~** vivre dans l'aisance or à l'aise; **every (modern) ~** tout le confort moderne; **he likes his ~s** il aime ses aises; **he has never lacked ~s** il n'a jamais manqué des choses matérielles.
　(b) (*consolation*) consolation *f*, réconfort *m*, soulagement *m*. **to take ~ from sth** trouver du réconfort or une consolation à or dans qch; **your presence is/you are a great ~ to me** votre présence est/vous êtes pour moi d'un grand réconfort; **if it's any ~ to you** si ça peut te consoler; **it is a ~ to know that ...** c'est un soulagement or c'est consolant de savoir que ...; **to take ~ from the fact that/ from the knowledge that** trouver rassurant le fait que/de savoir que; *V* **cold**.
　(c) (*peace of mind*) **the fighting was too close for (my) ~** les combats étaient trop près pour ma tranquillité (d'esprit) or mon goût.
　2 *cpd*: (*US euph*) **comfort station** toilette(s) *f(pl)*.
　3 *vt* (*console*) consoler; (*bring relief to*) soulager; (††: *hearten*) réconforter, encourager.
comfortable ['kʌmfətəbl] *adj armchair, bed, journey, hotel* confortable; *temperature* agréable; *person* à l'aise; *thought, idea, news*

rassurant, réconfortant; *win, majority* confortable. **I am quite ~ here** je me trouve très bien ici; **to make o.s. ~** (*in armchair etc*) s'installer confortablement; (*make o.s. at home*) se mettre à son aise, faire comme chez soi; **to have a ~ income** avoir un revenu très suffisant; **he is in ~ circumstances** il mène une vie aisée or large; (*Sport etc*) **we've got a ~ lead** nous avons une bonne avance; (*fig*) **I am not very ~ about it** cela m'inquiète un peu.
comfortably ['kʌmfətəblɪ] *adv* (*V* comfortable) confortablement; agréablement; à son aise, à l'aise; *live* à l'aise, dans l'aisance. **they are ~ off** ils sont à l'aise.
comforter ['kʌmfətər] *n* (*person*) consolateur *m*, -trice *f* (*liter*); (*scarf*) cache-nez *m inv*; (*dummy-teat*) tétine *f*, sucette *f*; (*US: quilt*) édredon *m*.
comforting ['kʌmfətɪŋ] *adj* (*V* comfort 3) consolant; soulageant; réconfortant, encourageant. **it is ~ to think that ...** il est réconfortant de penser que ... .
comfortless ['kʌmfətlɪs] *adj room* sans confort; *person* désolé, triste; *thought, prospect* désolant, peu rassurant, triste.
comfy* ['kʌmfɪ] *adj chair, room etc* confortable, agréable. **are you ~?** êtes-vous bien?
comic ['kɒmɪk] **1** *adj* comique, amusant; (*Theat*) comique, de la comédie. **~ opera** opéra *m* comique; **~ relief** (*Theat*) intervalle *m* comique; (*fig*) moment *m* de détente (comique); **~ verse** poésie *f* humoristique.
　2 *n* (a) (*person*) (acteur *m*) comique *m*, actrice *f* comique.
　(b) (*magazine*) comic *m*. (*within newspaper etc*) **the ~s** les bandes dessinées.
　3 *cpd*: **comic book** magazine *m* de bandes dessinées; **comic strip** bande dessinée.
comical ['kɒmɪkəl] *adj* drôle, cocasse, comique.
comically ['kɒmɪkəlɪ] *adv* drôlement, comiquement.
coming ['kʌmɪŋ] **1** *n* (a) arrivée *f*, venue *f*. **~ and going** va-et-vient *m*; **~s and goings** allées *fpl* et venues; **~ away/back/down/in/out** *etc* départ *m*/retour *m*/descente *f*/entrée *f*/sortie *f etc*.
　(b) (*Rel*) avènement *m*; *V* **second**[1].
　2 *adj* (a) (*future*) à venir, futur; (*in the near future*) prochain. **the ~ year** l'année à venir, l'année prochaine; **~ generations** les générations à venir or futures.
　(b) (*promising*) qui promet, d'avenir. **a ~ politician** un homme politique d'avenir; **it's the ~ thing*** c'est le truc* à la mode; *V* **up**.
Comintern ['kɒmɪnˌtəːn] *n* Komintern *m*.
comity ['kɒmɪtɪ] *n* courtoisie *f*. (*Jur*) **~ of nations** courtoisie internationale.
comma ['kɒmə] *n* (a) (*Gram*) virgule *f*; *V* **invert**. (b) (*Mus*) comma *m*.
command [kə'mɑːnd] **1** *vt* (a) (*order*) ordonner, commander, donner l'ordre (*sb to do* à qn de faire). **to ~ that ...** ordonner or commander que ... + *subj*; **to ~ sth to be done** donner l'ordre de (faire) faire qch.
　(b) (*be in control of*) *army, ship* commander; *passions, instincts* maîtriser, dominer.
　(c) (*be in position to use*) *money, services, resources* disposer de, avoir à sa disposition.
　(d) (*deserve and get*) *respect etc* imposer, exiger. **that ~s a high price** cela se vend très cher.
　(e) *[places, building]* (*overlook*) avoir vue sur, donner sur; (*overlook and control*) commander, dominer.
　2 *vi* (*be in*) (*Mil, Naut*) commander, avoir le commandement; (*gen*) commander; (*order*) commander, donner un ordre.
　3 *n* (a) (*order*) ordre *m*; (*Mil*) commandement *m*. **at** or **by the ~ of** sur l'ordre de; **at the word of ~** au commandement.
　(b) (*U: Mil: power, authority*) commandement *m*. **to be in ~ of** être à la tête de, avoir sous ses ordres; **to have/take ~ of** avoir/ prendre le commandement de; **under the ~ of** sous le commandement or les ordres de; (*gen*) **who's in ~ here?** qui est-ce qui commande ici?; *V* **second**[1].
　(c) (*Mil*) (*troops*) troupes *fpl*; (*district*) région *f* militaire; (*military authority*) commandement *m*; *V* **high** *etc*.
　(d) (*fig: possession, mastery*) maîtrise *f*, possession *f*. **~ of the seas** maîtrise des mers; **he has a ~ of 3 foreign languages** il possède 3 langues étrangères; **his ~ of English** sa maîtrise de l'anglais; **to have at one's ~** avoir à sa disposition; **all the money at my ~** tout l'argent à ma disposition or dont je peux disposer; **to be at sb's ~** être à la disposition de qn, être prêt à obéir à qn.
　4 *cpd*: (*Space*) **command module** module *m* de commande; (*Brit Theat*) **command performance** ≃ représentation *f* de gala (*à la requête du souverain*); (*Mil*) **command post** poste *m* de commandement.
commandant ['kɒmənˌdænt] *n* (*Mil*) commandant *m* (*d'un camp militaire, d'une place forte etc*).
commandeer [ˌkɒmən'dɪər] *vt* réquisitionner.
commander [kə'mɑːndər] *n* (a) (*gen*) chef *m*; (*Mil*) commandant *m*; (*Naut*) capitaine *m* de frégate; (*Brit Police*) ≃ commissaire *m* (de police) divisionnaire, divisionnaire *m*. (*Mil*) **~-in-chief** commandant *m* en chef, généralissime *m*; *V* **lieutenant, wing**.
　(b) *[order of chivalry]* commandeur *m*.
commanding [kə'mɑːndɪŋ] **1** *adj* (a) *look* impérieux; *air* imposant; *voice, tone* impérieux, de commandement.
　(b) *position* (*overlooking*) élevé; (*overlooking and controlling*) dominant. (*lit, fig*) **to be in a ~ position** avoir une position dominante.
　2 *cpd*: (*Mil*) **commanding officer** commandant *m*.
commandment [kə'mɑːndmənt] *n* commandement *m* (*de Dieu ou de l'Église*). **the Ten C~s** les dix commandements, le décalogue (*frm*).
commando [kə'mɑːndəʊ] *n* (*all senses*) commando *m*.
commemorate [kə'meməreɪt] *vt* commémorer.

commemoration [kə,memə'reɪʃən] n commémoration f; (Rel) commémoraison f.

commemorative [kə'memərətɪv] adj commémoratif.

commence [kə'mens] vti commencer (sth qch, to do, doing à faire). (Jur) to ~ proceedings against former un recours contre (devant une juridiction).

commencement [kə'mensmənt] n (a) commencement m, début m; [law] date f d'entrée en vigueur. (b) (Univ: Cambridge, Dublin, US) remise f des diplômes.

commend [kə'mend] vt (praise) louer, faire l'éloge de; (recommend) recommander, conseiller; (entrust) confier (to à), remettre (to aux soins de). to ~ o.s. to [person] se recommander à; [idea, project] être du goût de; his scheme did not ~ itself to the public son projet n'a pas été du goût du public; his scheme has little to ~ it son projet n'a pas grand-chose qui le fasse recommander; (†,frm) ~ me to Mr X présentez mes devoirs à M X (frm), rappelez-moi au bon souvenir de M X; to ~ one's soul to God recommander son âme à Dieu.

commendable [kə'mendəbl] adj louable.

commendably [kə'mendəblɪ] adv behave etc d'une façon louable. that was ~ short cela avait le mérite de la brièveté.

commendation [,kɒmen'deɪʃən] n (a) (V commend) louange f, éloge m; recommandation f. (b) (U) remise f (to à, aux soins de).

commensurable [kə'menʃərəbl] adj commensurable (with, to avec).

commensurate [kə'menʃərɪt] adj (of equal extent) de même mesure (with que); (Math) coétendu (with à), de même mesure (with que); (proportionate) proportionné (with, to à).

comment ['kɒment] 1 n (spoken, written) commentaire m (bref), observation f, remarque f; (written) annotation f; (critical) critique f. his action went or passed without ~ son action n'a donné lieu à aucun commentaire; he let it pass without ~ il n'a pas relevé; (Press) 'no ~' 'je n'ai rien à dire'; he passed a sarcastic ~ il a fait une observation or une remarque sarcastique; put your ~s in the margin inscrivez vos commentaires dans la marge; (Scol: on report) teacher's ~s appréciations fpl du professeur.
2 vt text commenter. he ~ed that ... il a remarqué que ..., il a fait la remarque que ... .
3 vi faire des remarques or des observations or des commentaires. to ~ on sth commenter qch, faire des remarques or des observations sur qch.

commentary ['kɒməntərɪ] n (remarks) commentaire m, observation f; (Rad, TV: on news, events) commentaire m; (Sport) reportage m; V running.

commentate ['kɒmenteɪt] 1 vi (Rad, TV) faire un reportage (on sur). 2 vt (Rad, TV) match commenter.

commentator ['kɒmenteɪtər] n (Rad, TV) reporter m; V sport. (b) (on texts etc) commentateur m, -trice f.

commerce ['kɒmɜːs] n (a) (Comm) commerce m (généralement en gros ou international), affaires fpl. he is in ~ il est dans le commerce or dans les affaires; (US) Secretary/Department of C~ ≃ ministre m/ministère m du Commerce; V chamber. (b) (fig: intercourse, dealings) relations fpl, rapports mpl.

commercial [kə'mɜːʃəl] 1 adj (Admin, Comm, Fin, Jur) dealings, art, attaché commercial; world du commerce; value marchand, commercial; district commerçant. ~ bank banque commerciale or de commerce; ~ college école f de commerce; ~ law droit m commercial; ~ traveller voyageur m or représentant m de commerce, commis-voyageur† m; ~ vehicle véhicule m utilitaire; V establishment.
2 n (Rad, TV) annonce f publicitaire, publicité f, spot m.

commercialism [kə'mɜːʃəlɪzəm] n (U) (attitude) mercantilisme m (pej), esprit commerçant; (on large scale) affairisme m (pej); (business practice) (pratique f du) commerce m, (pratique des) affaires fpl.

commercialization [kə,mɜːʃəlaɪ'zeɪʃən] n commercialisation f.

commercialize [kə'mɜːʃəlaɪz] vt commercialiser.

commercially [kə'mɜːʃəlɪ] adv commercialement.

commie* ['kɒmɪ] adj, n (pej abbr of communist) coco‡ (mf) (pej).

commiserate [kə'mɪzəreɪt] vi (show commiseration) témoigner de la sympathie (with à); (feel commiseration) éprouver de la commisération (with pour). I do ~ with you je compatis; I went to ~ with him on his exam results je suis allé m'apitoyer avec lui sur ses résultats d'examen.

commiseration [kə,mɪzə'reɪʃən] n commisération f.

commissar ['kɒmɪsɑːr] n commissaire m du peuple (en URSS etc).

commissariat [,kɒmɪ'sɛərɪət] n (Mil) intendance f, (Admin, Pol) commissariat m; (food supply) ravitaillement m.

commissary ['kɒmɪsərɪ] n (a) (US Mil etc: shop) intendance f. (b) (US Mil: officer) intendant m. (c) (US Cine) restaurant m du studio. (d) (representative) représentant m; (Rel: of bishop) délégué m (d'un évêque).

commission [kə'mɪʃən] 1 n (a) (gen) ordres mpl, instructions fpl; (to artist etc) commande f. he gave the artist a ~ il a passé une commande à l'artiste.
(b) (Comm) commission f, courtage m. on a ~ basis à la commission; he gets 10% ~ il reçoit une commission de 10%.
(c) (errand) commission f.
(d) (Jur) [crime etc] perpétration f (Jur, liter).
(e) (official warrant) pouvoir m, mandat m; (Mil) brevet m. to get one's ~ être nommé officier; to give up one's ~ démissionner.
(f) (U: delegation of authority etc) délégation f de pouvoir or d'autorité, mandat m.
(g) (body of people) commission f, comité m. ~ of inquiry commission d'enquête; V royal.
(h) (U: Naut) armement m (d'un navire). to put in ~ armer; to

take out of ~ désarmer; in ~ en armement, en service; out of ~ (Naut) hors de service; (Naut: in reserve) en réserve; (gen: not in working order) hors service.
2 cpd: commission agent (bookmaker) bookmaker m; (Comm) courtier m.
3 vt (a) donner pouvoir or mission à, déléguer. he was ~ed to inquire into ... il reçut mission de faire une enquête sur ...; I have been ~ed to say j'ai été chargé de dire.
(b) artist passer une commande à; book, painting commander. this work was ~ed by the town council cette œuvre a été commandée par le conseil municipal.
(c) (Mil etc) officer nommer à un commandement. ~ed officer officier m; he was ~ed in 1970 il a été nommé officier en 1970; he was ~ed sub-lieutenant il a été nommé or promu au grade de sous-lieutenant.
(d) (Naut) ship mettre en service, armer.

commissionaire [kə,mɪʃə'nɛər] n (Brit, Can) commissionnaire m (d'un hôtel etc), chasseur m, coursier m.

commissioner [kə'mɪʃənər] n membre m d'une commission, commissaire m; (Brit Police) ≃ préfet m de police; (US Police) (commissaire m) divisionnaire m. (US Scol, Univ) ~ of education ≃ recteur m, doyen m; (Jur) ~ for oaths officier m ayant qualité pour recevoir les déclarations sous serment; (Can) C~ of Official Languages Commissaire m aux langues officielles; V high, lord.

commit [kə'mɪt] vt (a) crime, sacrilege commettre; mistake commettre, faire. to ~ hara-kiri faire hara-kiri; to ~ perjury se parjurer, (Jur) faire un faux serment; to ~ suicide se suicider.
(b) (consign) letter etc confier (to à), remettre (to à la garde de, aux soins de); person confier (to à). to ~ sb to sb's care confier qn à la garde de qn; (Jur) to ~ sb (to prison) faire incarcérer qn; to ~ sb to a mental hospital interner qn; (Jur) to ~ sb for trial mettre qn en accusation; to ~ to writing or to paper consigner or coucher par écrit; (liter) to ~ to the flames livrer aux flammes; to ~ to memory apprendre par cœur; (US Jur) ~ing magistrate juge m d'instruction.
(c) (Parl) bill renvoyer à une commission.
(d) to ~ o.s. s'engager (to sth à qch, to doing à faire); to be ~ted to a policy s'être engagé à poursuivre une politique; I'm afraid I'm ~ted je regrette, je me suis déjà engagé.

commitment [kə'mɪtmənt] n (a) (gen) engagement m; (responsibility, obligation) charges fpl, responsabilité(s) f(pl); (Comm, Fin) engagement financier. (Comm) 'without ~' 'sans obligation'; (Fin) ~ fee commission f d'engagement; teaching ~s (heures fpl d')enseignement m; he has heavy teaching ~s il a un enseignement chargé; (Comm etc) to have a ~ to another firm avoir des obligations envers une autre société.
(b) (Jur: also ~ order) mandat m de dépôt.
(c) (Parl) [bill] renvoi m à une commission.

committal [kə'mɪtl] n (a) (U) remise f (to à, aux soins de); (to prison) incarcération f, emprisonnement m; (to mental hospital) internement m; (burial) mise f en terre. ~ for trial mise en accusation; (Jur) ~ order mandat m de dépôt; ~ proceedings ≃ mise f en accusation.
(b) (U) [crime etc] perpétration f (Jur, liter).
(c) (Parl) = commitment c.

committed [kə'mɪtɪd] adj writer etc engagé; Christian etc convaincu; parent etc dévoué, attentif. a ~ supporter un supporter ardent.

committee [kə'mɪtɪ] 1 n commission f, comité m; (Parl) commission. to be or sit on a ~ faire partie d'une commission or d'un comité; (Parl) ~ of inquiry commission d'enquête; (US Pol) C~ of the Whole séance de commission étendue à la chambre entière; V management, organize.
2 cpd: committee meeting réunion f de commission or de comité; committee member membre m d'une commission or d'un comité.

commode [kə'məud] n (a) (chest of drawers) commode f. (b) (also night-~) chaise percée.

commodious [kə'məudɪəs] adj spacieux, vaste.

commodity [kə'mɒdɪtɪ] 1 n produit m de base, matière première; (consumer goods) produit m, article m; (food) denrée f. staple commodities produits de base; household commodities articles de ménage; dollar commodities matières premières négociées en dollars.
2 cpd: commodity loan financement m de marchandises gagées; commodity markets bourse f de marchandises; commodity-producing countries pays mpl de production primaire; commodity trade négoce m de matières premières.

commodore ['kɒmədɔːr] n (Mil) contre-amiral m; (Naut) commodore m; (yacht club) président m; (shipping line) doyen m (des capitaines).

common ['kɒmən] 1 adj (a) (used by or affecting many) interest, cause, language commun. to make ~ cause with sb faire cause commune avec qn; by ~ consent d'un commun accord; (fig) ~ ground point commun, terrain m d'entente; there is no ~ ground for negotiations il n'y a aucun terrain d'entente pour (entreprendre) des négociations; it's ~ knowledge or property that ... chacun sait que ..., il est de notoriété publique que ...; ~ land terrain communal or banal; ~ lodging house hospice m, asile m de nuit; the C~ Market le Marché commun; ~ ownership copropriété f, (Admin, Jur) ~ prostitute prostituée f; ~ wall mur mitoyen; (Jur) ~ assault voie de fait simple; V talk.
(b) (usual, ordinary) commun, ordinaire; plant commun; (universal) général, universel; (not outstanding) moyen, ordinaire. it's quite ~ c'est très courant, ça n'a rien d'extraordinaire, c'est tout à fait banal (pej); ~ belief croyance universelle; (Med) the ~ cold le rhume de cerveau; it's a ~ experience cela arrive à tout le

monde, c'est une chose qui arrive à tout le monde; **it is only ~ courtesy to apologise** la politesse la plus élémentaire veut qu'on s'excuse (subj); (pej) **the ~ herd** la plèbe, la populace (pej); **~ honesty** la simple honnêteté; **the ~ man** l'homme du commun or du peuple; **the ~ people** le peuple, les gens du commun (pej); **a ~ occurrence** une chose fréquente or répandue; **in ~ parlance** dans le langage courant; (Rel) **the Book of C~ Prayer** le livre du rituel anglican; **the ~ run of mankind** le commun des hommes or des mortels; **out of the ~ run** hors du commun, exceptionnel; **~ salt** sel m (ordinaire); **~ gull** goéland cendré; **a ~ sight** un spectacle familier; **a ~ soldier** un simple soldat; **~ or garden** (pej) plant commun; (hum) **he's just a ~ or garden office boy** il n'est qu'un vulgaire or simple garçon de bureau; (hum) **the ~ or garden variety** le modèle standard or ordinaire.

   (c) (vulgar) accent, clothes, person commun, vulgaire.
   (d) (Math) commun. **~ denominator/factor** dénominateur/ facteur commun; **~ multiple** commun multiple.
   (e) (Gram) gender non marqué; noun commun.
   (f) (Mus) **~ time or measure** (duple) mesure f à deux temps; (quadruple) mesure à quatre temps.

   2 n (a) (land) terrain communal. (Jur) **right of ~** [land] communauté f de jouissance; [property] droit m de servitude.
   (b) **in ~** en commun; **to hold in ~** partager; (fig) **they have nothing in ~** ils n'ont rien de commun; **in ~ with** en commun avec; (by agreement with) en accord avec.

   3 cpd: (US) **common area charges** charges locatives; **common carrier** transporteur m (public), entreprise f de transport public; (Educ) **common core, common-core syllabus** tronc m commun; **common crab** dormeur m, tourteau m; (Brit Scol) **Common Entrance** examen d'entrée dans l'enseignement privé; **common law** le droit coutumier; **common-law wife/marriage** épouse f/ mariage m de droit coutumier; **commonplace** (adj) banal, commun, ordinaire; (n) lieu commun, platitude f, banalité f; **such things are commonplace** de telles choses sont courantes or sont monnaie courante; **common room** salle commune; (staffroom) salle des professeurs; **commonsense** sens commun, bon sens; **commonsense attitude** attitude sensée or pleine de bon sens; (US St Ex) **common stock** actions cotées en bourse.

commoner ['kɒmənəʳ] n (not noble) roturier m, -ière f; (Univ Oxford etc) étudiant(e) m(f) non boursier (-ière); (Brit Jur: with common land rights) personne f qui a droit de vaine pâture.

commonly ['kɒmənlɪ] adv (a) (usually) communément, ordinairement, généralement. (b) (vulgarly) vulgairement, d'une façon vulgaire or commune.

commonness ['kɒmənnɪs] n (U) (frequency) fréquence f; (ordinariness) caractère commun or ordinaire, banalité f (pej); (universality) généralité f, universalité f, caractère général or universel; (vulgarity) vulgarité f.

commons ['kɒmənz] npl (a) **the ~** le peuple, le tiers état; (Parl) **the C~** les Communes fpl; V **house**. (b) (food) nourriture f (partagée en commun). **to be on short ~** faire maigre chère, être réduit à la portion congrue.

commonweal ['kɒmən,wi:l] n (general good) bien public; (the people) l'État m.

commonwealth ['kɒmənwelθ] n (a) **the (British) C~ (of Nations)** le Commonwealth; (Brit) **Minister of or Secretary of State for Commonwealth Affairs** ministre m du Commonwealth.
   (b) (Brit Hist) **the C~** la république de Cromwell.
   (c) (††) = **commonweal**.
   (d) **the C~ of Australia/Puerto Rico** etc le Commonwealth d'Australie/de Porto-Rico etc.

commotion [kə'məʊʃən] n (a) (noise) **to make a ~** faire du tapage; **what a ~!** quel brouhaha or vacarme!
   (b) (upheaval) **to cause a ~** semer la perturbation; **what a ~!** quel cirque!; **to be in a (state of) ~** [person] être bouleversé or vivement ému; [crowd] être agité; [town] être en émoi.
   (c) (Pol: uprising) insurrection f, révolte f, troubles mpl; V **civil**.

communal ['kɒmju:nl] adj (of whole community) profit, good communautaire, de la communauté; (owned etc in common) commun. **a ~ bathroom** une salle de bains commune; **~ life** la vie collective.

communally ['kɒmju:nəlɪ] adv en commun, collectivement.

commune [kə'mju:n] **1** vi (a) converser intimement, avoir un entretien à cœur ouvert (with avec). **to ~ with nature** communier avec la nature.
   (b) (US Rel) communier.
   2 ['kɒmju:n] n (a) (group of people living together) communauté f. **to live in a ~** vivre en communauté.
   (b) (administrative division) commune f.
   (c) (French Hist) **the C~** la Commune.

communicable [kə'mju:nɪkəbl] adj communicable; (Med) transmissible.

communicant [kə'mju:nɪkənt] **1** n (a) (Rel) communiant(e) m(f).
   (b) (informant) informateur m, -trice f. **2** adj (a) qui communique (avec), communicant. (b) (Rel) **~ member** fidèle mf, pratiquant(e) m(f).

communicate [kə'mju:nɪkeɪt] **1** vt (a) news etc communiquer, transmettre, faire parvenir or connaître; illness transmettre (to à); feelings, enthusiasm etc communiquer, faire partager.
   (b) (Rel) donner la communion à.
   2 vi (a) communiquer, se mettre en rapport, entrer en contact or relations (with avec). **to ~ with sb by letter/by telephone** communiquer avec qn par lettre/par téléphone; **I no longer ~ with him** je n'ai plus aucun contact avec lui.
   (b) [rooms] communiquer. **communicating rooms** des chambres qui communiquent or communicantes.
   (c) (Rel) communier, recevoir la communion.

communication [kə,mju:nɪ'keɪʃən] **1** n (a) (U) communication f.

to be in ~ with sb être en contact or rapport or relations avec qn, avoir des communications avec qn; **to be in radio ~ with sb** communiquer avec qn par radio; **to get into ~ with sb** se mettre or entrer en contact or rapport or relations avec qn; **there is/has been no ~ between them** il n'y a/n'y a eu aucun contact entre eux.
   (b) (message transmitted) communication f, message m, information f, renseignement m.
   (c) (roads, railways, telegraph lines etc) **~s** communications fpl; (Mil) liaison f, communications.
   2 cpd: (Brit Rail) **communication cord** sonnette f d'alarme; **communication gap** manque m or absence f de communication; (Mil etc) **communication line** ligne f de communication; **communications satellite** satellite m de communication; **communication science** sciences fpl de la communication; **communications zone** (zone f des) arrières mpl.

communicative [kə'mju:nɪkətɪv] adj (a) (talkative) communicatif, expansif, bavard. (b) difficulties etc de communication. **communicative competence** compétence f à la communication.

communion [kə'mju:nɪən] **1** n (gen) communion f; (Rel) (religious group) communion; (denomination) confession f; (also Holy C~) communion. **a ~ of interests** des intérêts mpl en commun; **to make one's ~** communier; **to make one's Easter ~** faire ses pâques; **to take ~** recevoir la communion.
   2 cpd: (Rel) **communion rail** table f de communion, balustre m du chœur; **communion service** office m de communion (protestant); **communion table** sainte table.

communiqué [kə'mju:nɪkeɪ] n communiqué m; V **joint**.

communism ['kɒmjunɪzəm] n communisme m.

communist ['kɒmjunɪst] adj, n communiste (mf). **the C~ Manifesto** le Manifeste Communiste.

communistic [,kɒmju'nɪstɪk] adj communisant.

community [kə'mju:nɪtɪ] **1** n (a) (group of people) communauté f, groupement m; [monks, nuns] communauté. **the French ~ in Edinburgh** la colonie française d'Édimbourg; **the student ~** les étudiants mpl, le monde étudiant; **to belong to the same ~** appartenir à la même communauté; **the ~** le public, la communauté; **for the good of the ~** pour le bien de la communauté.
   (b) (common ownership) propriété collective; (Jur) communauté f. **~ of goods/interests** communauté de biens/ d'intérêts.
   (c) (Pol: EEC) **the C~** la Communauté.
   2 cpd: (US) **community antenna distribution** câblodistribution f; (Pol) **Community bodies/budget/regulations** instances fpl/ budget m/règlements mpl communautaire(s); **community centre** foyer municipal; (US) **community chest** fonds commun; (US Univ) **community college** centre m universitaire (de premier cycle); (US) **community correctional center** centre m de détention; **community health centre** centre médico-social; (Brit) **community home** centre m d'éducation surveillée; (US Med) **community hospital** hôpital communal; (Soc) **community life** la vie associative; **community medicine** médecine générale; (Brit) **community policeman** ≃ îlotier m; **community policing** ≃ îlotage m; (US Jur) **community property** communauté f des biens entre époux; (Brit) **community school** école servant de maison de la culture; **community singing** chants mpl en chœur (improvisés); **community spirit** sens m or esprit m communautaire, sens de la solidarité; **community worker** animateur m, -trice f socio-culturel(le).

communize ['kɒmju:naɪz] vt (a) people, countries (convert to communism) convertir au communisme; (impose communism on) imposer le régime communiste à. (b) land, factories collectiviser.

commutable [kə'mju:təbl] adj interchangeable, permutable; (Jur) commuable (to en).

commutability [kə,mju:tə'bɪlɪtɪ] n interchangeabilité f, permutabilité f; (Jur) commuabilité f.

commutation [,kɒmju'teɪʃən] n (a) échange m, substitution f; (Fin) échange; (Elec, Jur) commutation f. (Jur) **~ of punishment** commutation de peine. (b) (US) trajet journalier. **~ ticket** carte f d'abonnement.

commutative [kə'mju:tətɪv] adj (Math) **~ laws** lois commutatives.

commute [kə'mju:t] **1** vt substituer (into à); interchanger, échanger (for, into pour, contre, avec); (Elec) commuer; (Jur) commuer (into en). (Jur) **~d sentence** sentence commuée.
   2 vi faire un or le trajet régulier, faire la navette (between entre, from de).

commuter [kə'mju:təʳ] n banlieusard(e) m(f) (qui fait un trajet régulier pour se rendre à son travail). (Brit) **I work in London but I'm a ~** je travaille à Londres mais je fais la navette; (Brit) **the ~ belt** la grande banlieue.

commuting [kə'mju:tɪŋ] n (U) migrations quotidiennes, trajets réguliers.

Comoro ['kɒmə,rəʊ] n: **the ~ Islands, the ~s** les Comores fpl.

compact [kəm'pækt] **1** adj (lit) compact, dense, serré; (fig) style concis, condensé. **~ disc** disque compact; **a ~ mass** une masse compacte; **the house is very ~** la maison n'a pas de place perdue.
   2 vt (gen pass) (lit) rendre compact, resserrer; (fig) condenser. (††) **~ed of** composé de.
   3 ['kɒmpækt] n (a) (agreement) contrat m, convention f; (informal) entente f.
   (b) (also **powder ~**) poudrier m.
   (c) (US Aut) (voiture f) compacte f, voiture f de faible encombrement.

compactly [kəm'pæktlɪ] adv (V **compact 1**) d'une manière or de façon compacte; (fig) dans un style concis, d'une manière concise. **~ built/designed** construit/conçu sans perte de place or sans espace perdu.

compactness [kəm'pæktnɪs] n (V compact 1) compacité f, densité f; (fig) concision f. **the ~ of the kitchen** l'économie f d'espace dans la cuisine.

companion [kəm'pænjən] 1 n (a) compagnon m, compagne f; (also **lady ~**) dame f de compagnie; (in order of knighthood) compagnon. **travelling ~s** compagnons de voyage; **~s in arms/in misfortune** compagnons d'armes/d'infortune.
   (b) (one of pair of objects) pendant m.
   (c) (handbook) manuel m.
   2 cpd: (Naut) **companion ladder** (Navy) échelle f; (Merchant Navy) escalier m; **companion volume** volume m qui va de pair (to avec); **companionway** (Naut) escalier m des cabines; [small vessel] montée f, descente f; (in yacht: also **companion hatch**) capot m (d'escalier).

companionable [kəm'pænjənəbl] adj person sociable, d'une société agréable; presence sympathique.

companionship [kəm'pænjənʃɪp] n (U) (a) (friendliness) **I enjoy the ~ at the club** j'apprécie la camaraderie or l'esprit cordial du cercle.
   (b) (company) compagnie f. **she keeps a cat for ~** elle a un chat, ça lui fait une compagnie.

company ['kʌmpənɪ] 1 n (a) compagnie f. **to keep sb ~** tenir compagnie à qn; **to keep ~ with** fréquenter; **to part ~ with** se séparer de; **in ~ with** en compagnie de; **he is good ~** on ne s'ennuie pas avec lui; **he's bad ~** il n'est pas d'une compagnie très agréable; **she keeps a cat, it's ~ for her** elle a un chat, ça lui fait une compagnie or ça lui tient compagnie.
   (b) (guests) assemblée f, compagnie f, société f. **we are expecting ~** nous attendons des visites or des invités; **we've got ~** nous avons de la visite*; **to be in good ~** être en bonne compagnie; V present.
   (c) (companions) compagnie f, fréquentation f. **to keep or get into good/bad ~** avoir de bonnes/mauvaises fréquentations; **she is no(t) fit ~ for your sister** ce n'est pas une compagnie or une fréquentation pour votre sœur; (Prov) **a man is known by the ~ he keeps** dis-moi qui tu hantes, je te dirai qui tu es (Prov).
   (d) (Comm, Fin) société f, compagnie f, firme f. **Smith & C~** Smith et Compagnie; **shipping ~** compagnie de navigation; (US: CIA) **the C~*** la C.I.A.; V **affiliate, holding** etc.
   (e) (group) compagnie f; [actors] troupe f, compagnie. **National Theatre C~** la troupe du Théâtre National; (Naut) **ship's ~** équipage m.
   (f) (Mil) compagnie f.
   2 cpd: (Jur) **Companies Act** loi f sur les sociétés; (Brit) **company car** voiture f de fonction; (Mil) **company commander** capitaine m (de compagnie); **company law** le droit des affaires; (Brit Jur) **company lawyer** avocat m d'entreprise; (working within company) juriste m; **company man** employé dévoué; **he's a real company man** il a vraiment l'esprit maison; (Brit) **company manners*** belles manières; (Brit Comm) **company secretary** secrétaire général (d'une société); (Mil) **company sergeant-major** adjudant m; (US) **company union** syndicat-maison m or syndicat m groupant les employés d'une même société.

comparable ['kɒmpərəbl] adj comparable (with, to à). **the two things are not ~** il n'y a pas de comparaison possible entre les or ces deux choses.

comparative [kəm'pærətɪv] 1 adj (a) method comparatif; literature etc comparé; (Gram) comparatif. **~ linguistics/law** linguistique comparée/droit comparé.
   (b) (relative) cost, freedom relatif; **to live in ~ luxury** vivre dans un luxe relatif; **he's a ~ stranger** je le connais relativement peu.
   2 n (Gram) comparatif m. **in the ~** au comparatif.

comparatively [kəm'pærətɪvlɪ] adv comparativement; (relatively) relativement.

compare [kəm'pɛəʳ] 1 vt (a) comparer (with à, avec), mettre en comparaison or dans la balance (with avec). **~ the first letter with the second** comparez la première lettre à or avec la seconde; **~d with** en comparaison de, par comparaison avec; (fig) **to ~ notes with sb** échanger ses impressions or ses vues avec qn.
   (b) comparer, assimiler (to à). **the poet ~d her eyes to stars** le poète compara ses yeux à des étoiles.
   (c) (Gram) adjective, adverb former les degrés de comparaison de.
   2 vi être comparable (with à). **how do the cars ~ for speed?** quelles sont les vitesses respectives des voitures?; **how do the prices ~?** est-ce que les prix sont comparables?; **it doesn't ~ can't ~ with the previous one** il n'y a aucune comparaison avec le précédent; **he can't ~ with you** il n'y a pas de comparaison (possible) entre vous et lui; **it ~s very favourably** cela soutient la comparaison.
   3 n: **beyond or without or past ~** (adv) incomparablement; (adj) sans comparaison possible.

comparison [kəm'pærɪsn] n (a) comparaison f. **in ~ with** en comparaison de; **by ~ (with)** par comparaison (avec); **to stand ~ (with)** soutenir la comparaison (avec); **there's no ~** il n'y a pas de comparaison (possible); **~ test** essai comparatif.
   (b) (Gram) comparaison f. **degrees of ~** degrés mpl de comparaison.

compartment [kəm'pɑ:tmənt] n compartiment m, subdivision f; (Naut, Rail) compartiment; V **water**.

compartmentalize [ˌkɒmpɑ:t'mentəlaɪz] vt compartimenter.

compass ['kʌmpəs] 1 n (a) boussole f; (Naut) compas m; V **box¹**, **point** etc.
   (b) (Math) **~es** (also **a pair of ~es**) compas m.
   (c) (fig) (extent) étendue f; (reach) portée f; (scope) rayon m, champ m; (Mus) [voice] étendue, portée. **within the ~ of education/religion** dans les limites de l'enseignement/la religion;

within the ~ of this committee pour ce qui est du ressort de ce comité; V **narrow**.
   2 cpd: (Naut) **compass card** rose f des vents; **compass course** route f magnétique; **compass rose = compass card**.
   3 vt (go round) faire le tour de; (surround) encercler, entourer.

compassion [kəm'pæʃən] n compassion f.

compassionate [kəm'pæʃənɪt] adj compatissant. **on ~ grounds** pour raisons de convenance personnelle or de famille; (Mil) **~ leave** permission exceptionnelle (pour raisons de famille).

compatibility [kəmˌpætə'bɪlɪtɪ] n compatibilité f (with avec).

compatible [kəm'pætɪbl] adj compatible (with avec).

compatibly [kəm'pætɪblɪ] adv d'une manière compatible.

compatriot [kəm'pætrɪət] n compatriote mf.

compel [kəm'pel] vt (a) contraindre, obliger, forcer (sb to do qn à faire). **to be ~led to do** être contraint or obligé or forcé de faire.
   (b) admiration etc imposer, forcer. **to ~ obedience/respect from sb** forcer or contraindre qn à obéir/à manifester du respect.

compelling [kəm'pelɪŋ] adj irrésistible.

compellingly [kəm'pelɪŋlɪ] adv irrésistiblement, d'une façon irrésistible.

compendious [kəm'pendɪəs] adj compendieux, concis.

compendium [kəm'pendɪəm] n (a) (summary) abrégé m, condensé m, compendium m. (b) (Brit) **~ of games** boîte f de jeux.

compensate ['kɒmpənseɪt] 1 vt (a) (indemnify) dédommager, indemniser (for de); (pay) rémunérer (for pour); (in weight, strength) compenser, contrebalancer; (Tech) compenser, neutraliser.
   2 vi être or constituer une compensation (for de), compenser; (in money) indemniser, dédommager (for pour).

compensation [ˌkɒmpən'seɪʃən] n (indemnity) compensation f, dédommagement m, indemnité f; (payment) rémunération f; (in weight etc) contrepoids m; (Tech) compensation, neutralisation f. **in ~** en compensation; **as a ~ (for)** à titre de compensation (de).

compensatory [ˌkɒmpən'seɪtərɪ] adj (gen) compensateur (f -trice). (EEC Econ) **~ levy** prélèvement m compensatoire.

compère ['kɒmpɛəʳ] (Brit: Rad, Theat, TV) 1 n animateur m, -trice f, meneur m, -euse f de jeu. 2 vt show animer, présenter.

compete [kəm'pi:t] vi (a) (gen) rivaliser (with sb avec qn, for sth pour obtenir qch, to do pour faire). **there were 10 students competing for 6 places on the course** 10 étudiants se disputaient les 6 places disponibles pour cette option, il y avait 10 concurrents pour les 6 places disponibles de l'option; **there were only 4 people competing** il n'y avait que 4 concurrents; **they are competing for the history prize** ils se disputent le prix d'histoire, ils sont rivaux pour le prix d'histoire; **to ~ with sb for a prize** disputer un prix à qn; (fig) **his poetry can't ~ with Eliot's** sa poésie n'a rien de comparable avec celle d'Eliot, sa poésie ne peut pas rivaliser avec celle d'Eliot; (fig) **we can't ~ with their financial resources** vu leurs ressources financières, il nous est impossible de rivaliser avec eux; (fig) **he can't ~ any more** il est à bout de course maintenant.
   (b) (Comm) faire concurrence (with sb à qn, for sth pour (obtenir) qch). **there are 6 firms competing for a share in the market** 6 entreprises se font concurrence pour une part du marché; **they are forced to ~ with the multinationals** ils sont obligés d'entrer en concurrence or en compétition avec les multinationales.
   (c) (Sport) concourir (against sb avec qn, for sth pour (obtenir) qch, to do pour faire). **to ~ in a race** participer à une course; **he's competing against world-class athletes** il concourt avec or il est en compétition avec des athlètes de réputation mondiale; **the teams are competing to be the first to do ...** les équipes sont en compétition pour être la première à faire ...; **there were only 4 horses/teams/runners competing** il n'y avait que 4 chevaux/équipes/coureurs sur les rangs.

competence ['kɒmpɪtəns] n (a) compétence f (for pour, in en), capacité f (for pour, in en), aptitude f (for à, in en); (Ling) compétence. (b) (Jur) compétence f. **within the ~ of the court** de la compétence du tribunal.

competency ['kɒmpɪtənsɪ] n (a) = **competence**. (b) (money, means) aisance f, moyens mpl.

competent ['kɒmpɪtənt] adj (a) (capable) compétent, capable; (qualified) qualifié (for pour), compétent (for pour). **he is a very ~ teacher** c'est un professeur très compétent or capable; **he is not ~ to teach English** il n'est pas compétent or qualifié pour enseigner l'anglais.
   (b) (adequate) qualities suffisant, satisfaisant, honorable. **a ~ knowledge of the language** une connaissance suffisante de la langue.
   (c) (Jur) court compétent; evidence admissible, recevable; person habile; V **court**.

competently ['kɒmpɪtəntlɪ] adv (V competent) avec compétence, d'une façon compétente; suffisamment.

competition [ˌkɒmpɪ'tɪʃən] 1 n (a) (U) compétition f, concurrence f, rivalité f (for pour); (Comm) concurrence. **unfair ~** concurrence or compétition déloyale; **there was keen ~ for it** on se l'est âprement disputé, il y a eu beaucoup de concurrence pour l'avoir; **in ~ with** en concurrence avec.
   (b) concours m (for pour); (Sport) compétition f; (Aut) course f. **to choose by ~** choisir au concours; **to go in for a ~** se présenter à un concours; **beauty/swimming ~** concours de beauté/de natation; **I won it in a newspaper ~** je l'ai gagné en faisant un concours dans le journal.
   (c) (other competitors) **he was waiting to see what the ~ would be like** il attendait de voir qui lui ferait concurrence or qui seraient ses rivaux.
   2 cpd: **competition car** voiture f de compétition.

competitive [kəm'petɪtɪv] adj (a) entry, selection par concours, déterminé par un concours. ~ **examination** concours *m*. (**b**) *person* qui a l'esprit de compétition; *price* concurrentiel, compétitif; *goods* à prix concurrentiel *or* compétitif. ~ **bidding** appel *m* d'offres.

competitiveness [kəm'petɪtɪvnɪs] *n* compétitivité *f*.

competitor [kəm'petɪtər] *n* (*also Comm*) concurrent(e) *m(f)*.

compilation [,kɒmpɪ'leɪʃən] *n* compilation *f*.

compile [kəm'paɪl] *vt material* compiler; *dictionary* composer (par compilation); *list, catalogue, inventory* dresser.

compiler [kəm'paɪlər] *n* (*gen*) compilateur *m*, -trice *f*; *[dictionary]* rédacteur *m*, -trice *f*; (*Comput*) compilateur *m*.

complacence [kəm'pleɪsəns] *n*, **complacency** [kəm'pleɪsnɪ] *n* contentement *m* de soi, suffisance *f*.

complacent [kəm'pleɪsənt] *adj* content *or* satisfait de soi, suffisant.

complacently [kəm'pleɪsəntlɪ] *adv* d'un air *or* ton suffisant, avec suffisance.

complain [kəm'pleɪn] *vi* (**a**) se plaindre (*of, about* de). **to** ~ **that** se plaindre que + *subj or indic or* de ce que + *indic;* **how are you?** — **I can't** ~* comment vas-tu? — je ne peux pas me plaindre.
(**b**) (*make a complaint*) formuler une plainte *or* une réclamation (*against* contre), se plaindre. **you should** ~ **to the manager** vous devriez vous plaindre au directeur; (*Jur*) **to** ~ **to the court of justice** saisir la Cour de Justice.

complainant [kəm'pleɪnənt] *n* (*Jur*) demandeur *m*, -deresse *f*.

complaint [kəm'pleɪnt] *n* (**a**) (*expression of discontent*) plainte *f*, récrimination *f*, doléances *fpl*; (*reason for* ~) grief *m*, sujet *m* de plainte; (*Comm*) réclamation *f*; (*Jur*) plainte. **don't listen to his** ~**s** n'écoutez pas ses doléances *or* ses récriminations; **I have no** ~(**s**), **I have no cause for** ~ je n'ai aucun sujet *or* motif de plainte, je n'ai pas lieu de me plaindre; (*Comm*) **to make a** ~ se plaindre (*about* de), faire une réclamation; (*Jur*) **to lodge** *or* **lay a** ~ **against** porter plainte contre; *V* **police**.
(**b**) (*Med*) maladie *f*, affection *f*. **what is his** ~? de quoi souffre-t-il?, de quoi se plaint-il?; **a heart** ~ une maladie de cœur; **bowel** ~ affection intestinale.

complaisance [kəm'pleɪzəns] *n* complaisance *f*, obligeance *f*.

complaisant [kəm'pleɪzənt] *adj* complaisant, obligeant, aimable.

complected [kəm'plektɪd] *adj* (*US*) **dark/light-**~ au teint foncé/clair.

complement ['kɒmplɪmənt] **1** *n* (*gen, Gram, Math*) complément *m*; *[staff etc]* personnel tout entier, effectif complet. **with full** ~ au grand complet. **2** ['kɒmplɪment] *vt* compléter, être le complément de.

complementary [,kɒmplɪ'mentərɪ] *adj* (*gen, Math*) complémentaire.

complete [kəm'pli:t] **1** *adj* (**a**) (*having all necessary parts*) complet (*f* -ète); (*finished*) achevé, terminé, fini. (*Literat*) **the** ~ **works** les œuvres complètes; **the celebrations weren't** ~ **without him** les festivités n'étaient pas complètes sans lui; **at last her happiness was** ~ enfin son bonheur était total; **the** ~ **man** l'homme complet.
(**b**) ~ **with** doté de, pourvu de; **a house** ~ **with furniture** une maison meublée.
(**c**) (*thorough, absolute*) *surprise, victory, failure* complet (*f* -ète), total; *satisfaction, approval* complet, entier, total. **he's a** ~ **idiot** il est complètement idiot; **it was a** ~ **disaster** ça a été un désastre sur toute la ligne* *or* un désastre complet.
2 *vt* (**a**) *collection* compléter; *misfortune, happiness* mettre le comble à; *piece of work* achever, finir, terminer; *form, questionnaire* remplir. **and to** ~ **his happiness** et pour comble de bonheur; **and just to** ~ **things** et pour couronner le tout; **to** ~ **an order** exécuter une commande.
(**b**) (*fill in*) *form, questionnaire* remplir.

completely [kəm'pli:tlɪ] *adv* complètement.

completeness [kəm'pli:tnɪs] *n* état complet.

completion [kəm'pli:ʃən] **1** *n [work]* achèvement *m*; *[happiness, misfortune]* comble *m*; (*Jur*) *[contract, sale]* exécution *f*. **near** ~ près d'être achevé; **payment on** ~ **of contract** paiement *m* à la signature du contrat.
2 *cpd*: (*Jur*) **completion date** (*for work*) date *f* d'achèvement (*des travaux*); (*in house-buying*) date d'exécution du contrat.

complex ['kɒmpleks] **1** *adj* (*all senses*) complexe.
2 *n* (**a**) complexe *m*, ensemble *m*, tout *m*. **industrial/mining** ~ complexe industriel/minier; **housing** ~ (ensemble de) résidences *fpl*, (*high rise*) grand ensemble; *V* **cinema**.
(**b**) (*Psych*) complexe *m*. **he's got a** ~ **about it** ça lui a donné un complexe, il en fait (tout) un complexe; *V* **inferiority** *etc*.

complexion [kəm'plekʃən] *n [face]* teint *m*, (*fig*) caractère *m*, aspect *m*. **that puts a new** ~ **on the whole affair** l'affaire se présente maintenant sous un tout autre aspect *or* jour.

complexity [kəm'pleksɪtɪ] *n* complexité *f*.

compliance [kəm'plaɪəns] *n* (*U*) (*acceptance*) acquiescement *m* (*with* à); (*conformity*) conformité *f* (*with* avec). **in** ~ **with** conformément à, en accord avec. (**b**) (*submission*) basse complaisance, servilité *f*.

compliant [kəm'plaɪənt] *adj* accommodant, docile.

complicate ['kɒmplɪkeɪt] *vt* compliquer (*with* de); (*muddle*) embrouiller. **that** ~**s matters** cela complique les choses; **she always** ~**s things** elle complique toujours tout, elle se crée des problèmes.

complicated ['kɒmplɪkeɪtɪd] *adj* (*involved*) compliqué, complexe; (*muddled*) embrouillé.

complication [,kɒmplɪ'keɪʃən] *n* (*gen, Med*) complication *f*.

complicity [kəm'plɪsɪtɪ] *n* complicité *f* (*in* dans).

compliment ['kɒmplɪmənt] **1** *n* (**a**) compliment *m*. **to pay sb a** ~ faire *or* adresser un compliment à qn.
(**b**) (*frm*) ~**s** compliments *mpl*, respects *mpl*, hommages *mpl* (*frm*); **give him my** ~**s** faites-lui mes compliments; (**I wish you**) **the** ~**s of the season** (je vous présente) tous les vœux d'usage *or* tous mes vœux; **'with the** ~**s of Mr X'** 'avec les hommages *or* les bons compliments de M X'; (*Comm*) ~**s slip** ≃ papillon *m* (avec les bons compliments de l'expéditeur).
2 ['kɒmplɪment] *vt* complimenter, féliciter (*on* de), faire des compliments à (*on* de, sur).

complimentary [,kɒmplɪ'mentərɪ] *adj* (**a**) (*praising*) flatteur. (**b**) (*gratis*) gracieux, à titre gracieux. ~ **copy** exemplaire offert en hommage; ~ **ticket** billet *m* de faveur.

complin(e) ['kɒmplɪn] *n* (*Rel*) complies *fpl*.

comply [kəm'plaɪ] *vi* (**a**) *[person]* se soumettre (*with* à). **to** ~ **with the rules** observer *or* respecter le règlement; **to** ~ **with sb's wishes** se conformer aux désirs de qn; **to** ~ **with a request** faire droit à une requête, accéder à une demande; (*Admin, Jur*) **to** ~ **with a clause** observer *or* respecter une disposition.
(**b**) *[equipment, object]* (*to specifications etc*) être conforme (*with* à).

component [kəm'pəunənt] **1** *adj* composant, constituant. **the** ~ **parts** les parties constituantes. **2** *n* (*gen, also Econ*) élément *m*; (*Chem*) composant *m*; (*Aut, Tech*) pièce *f*. ~**s factory** usine *f* de pièces détachées.

componential [,kɒmpə'nenʃəl] *adj* componentiel. (*Ling*) ~ **analysis** analyse componentielle.

comport [kəm'pɔ:t] **1** *vt*: **to** ~ **o.s.** se comporter, se conduire. **2** *vi* convenir (*with* à), s'accorder (*with* avec).

comportment [kəm'pɔ:tmənt] *n* comportement *m*, conduite *f*.

compose [kəm'pəuz] *vt* (*Literat, Mus, Typ*) composer; (*gen, Chem, Tech*) composer, constituer. **to be** ~**d of** se composer de; **to** ~ **o.s.** se calmer; **to** ~ **one's features** composer son visage; **to** ~ **one's thoughts** mettre de l'ordre dans ses pensées.

composed [kəm'pəuzd] *adj* calme, tranquille, posé.

composedly [kəm'pəuzɪdlɪ] *adv* avec calme, posément, tranquillement.

composer [kəm'pəuzər] *n* (*Mus*) compositeur *m*, -trice *f*.

composite ['kɒmpəzɪt] **1** *adj* (*gen, Archit, Phot*) composite; (*Bot, Math*) composé. (*Can*) ~ **school** école polyvalente. **2** *n* (*Archit*) (ordre *m*) composite *m*; (*Bot*) composée *f*, composacée *f*.

composition [,kɒmpə'zɪʃən] **1** *n* (**a**) (*U: gen, Art, Mus, Typ*) composition *f*. **music/verse of his own** ~ de la musique/des vers de sa composition.
(**b**) (*thing composed*) composition *f*, œuvre *f*; (*Scol: essay*) rédaction *f*. **one of his most famous** ~**s** une de ses œuvres les plus célèbres.
(**c**) (*gen, Chem, Tech: parts composing whole*) composition *f*, constitution *f*; (*mixture of substances*) mélange *m*, composition, composé *m* (*of* de); (*Archit*) stuc *m*. **to study the** ~ **of a substance** étudier la constitution d'une substance.
(**d**) (*Gram*) *[sentence]* construction *f*; *[word]* composition *f*.
(**e**) (*temperament, make-up*) nature *f*, constitution intellectuelle *or* morale.
(**f**) (*Jur*) accommodement *m*, compromis *m*, arrangement *m* (*avec un créancier*). (*frm*) **to come to a** ~ venir à composition (*frm*), arriver à une entente *or* un accord.
2 *cpd*: **substance** synthétique. **composition rubber** caoutchouc *m* synthétique.

compositor [kəm'pɒzɪtər] *n* (*Typ*) compositeur *m*, -trice *f*.

compos mentis ['kɒmpɒs'mentɪs] *adj* sain d'esprit.

compost ['kɒmpɒst] **1** *n* compost *m*. ~ **heap** tas *m* de compost. **2** *vt* composter.

composure [kəm'pəuʒər] *n* calme *m*, sang-froid *m*, maîtrise *f* de soi.

compote ['kɒmpəut] *n* compote *f*; (*US: dish*) compotier *m*.

compound ['kɒmpaund] **1** *n* (**a**) (*Chem*) composé *m* (*of* de); (*Gram*) (mot *m*) composé *m*; (*Tech*) compound *f*.
(**b**) (*enclosed area*) enclos *m*, enceinte *f*.
2 *adj* (*Chem*) composé, combiné; (*Math*) *number* complexe; *interest* composé; (*Med*) *fracture* compliqué; (*Tech*) *engine* compound *inv*; (*Gram*) *tense, word* composé; *sentence* complexe. (*Mus*) ~ **time** la mesure composée.
3 [kəm'paund] *vt* (**a**) (*Chem, Pharm*) *mixture* composer (*of* de); *ingredients* combiner, mêler, mélanger; (*fig*) *problem, difficulties* aggraver.
(**b**) (*Jur etc*) *debt, quarrel* régler à l'amiable, arranger par des concessions mutuelles. **to** ~ **a felony** composer *or* pactiser (avec un criminel).
4 *vi* (*Jur etc*) composer, transiger (*with* avec, *for* au sujet de, pour), s'arranger à l'amiable (*with* avec, *for* au sujet de). **to** ~ **with one's creditors** s'arranger à l'amiable *or* composer avec ses créanciers.

compounding ['kɒmpaundɪŋ] *n* (*Ling*) composition *f*.

comprehend [,kɒmprɪ'hend] *vt* (**a**) (*understand*) comprendre, saisir. (**b**) (*include*) comprendre, englober, embrasser.

comprehending [,kɒmprɪ'hendɪŋ] *adj* compréhensif.

comprehensible [,kɒmprɪ'hensəbl] *adj* compréhensible, intelligible.

comprehension [,kɒmprɪ'henʃən] *n* (**a**) (*understanding*) compréhension *f*, entendement *m*, intelligence *f*. **that is beyond my** ~ cela dépasse ma compréhension *or* mon entendement.
(**b**) (*Scol*) exercice *m* de compréhension.
(**c**) (*inclusion*) inclusion *f*.

comprehensive [,kɒmprɪ'hensɪv] **1** *adj* (**a**) *description, report, review, survey* détaillé, complet (*f* -ète); *knowledge* vaste, étendu; *planning* global; *label, rule* compréhensif. ~ **measures** mesures *fpl* d'ensemble; (*Insurance*) ~ **insurance (policy)** assurance *f* tous-risques.
(**b**) (*Brit Scol*) *education, system* polyvalent. ~ **school** établissement secondaire non sélectif; **he is against** ~ **schools** il est pour les critères sélectifs d'entrée (*dans le secondaire*); **to go** ~ abandonner les critères sélectifs d'entrée.

2 *n* = ~ school; V **1**.
compress [kəm'pres] **1** *vt substance* comprimer; *essay, facts* condenser, concentrer, réduire. ~ed air air comprimé. **2** *vi* se comprimer; se condenser, se réduire. **3** ['kɒmpres] *n* compresse *f*.
compression [kəm'preʃən] *n* compression *f*; (*fig*) condensation *f*, concentration *f*, réduction *f*. ~ **pistol** ensemble *m* pistolet compresseur; (*Aut*) ~ **ratio** taux *m* de compression.
compressor [kəm'presəʳ] *n* compresseur *m*. ~ **unit** groupe *m* compresseur.
comprise [kəm'praɪz] *vt* comprendre, être composé de, consister en.
compromise ['kɒmprəmaɪz] **1** *n* compromis *m*, transaction *f*. **to come to** *or* **reach a** ~ aboutir à un compromis, transiger; **to agree to a** ~ accepter un compromis.
  2 *vi* transiger (*over* sur), aboutir à *or* accepter un compromis.
  3 *vt* (**a**) *reputation etc* compromettre. **to** ~ **o.s.** se compromettre. (**b**) (*imperil*) mettre en péril, risquer.
  4 *cpd*: **compromise decision** décision *f* de compromis; **compromise solution** solution *f* de compromis.
compromising ['kɒmprəmaɪzɪŋ] *adj* compromettant.
comptometer [kɒmp'tɒmɪtəʳ] *n* ® machine *f* comptable. ~ **operator** (opérateur *m*, -trice *f*) mécanographe *mf*.
comptroller [kən'trəʊləʳ] *n* (*Admin*) économe *mf*, intendant(e) *m(f)*, administrateur *m*, -trice *f*; (*Fin*) contrôleur *m*, -euse *f*. (*US Jur, Pol*) **C~ General** ≃ Président *m* de la Cour des Comptes.
compulsion [kəm'pʌlʃən] *n* contrainte *f*, force *f*, coercition *f*. **under** ~ de force, sous la contrainte; **you are under no** ~ vous n'êtes nullement obligé, rien ne vous force.
compulsive [kəm'pʌlsɪv] *adj reason, demand* coercitif; (*Psych*) *desire, behaviour* compulsif. **he's a** ~ **smoker** c'est un fumeur invétéré, il ne peut pas s'empêcher de fumer; **she's a** ~ **talker** parler est un besoin chez elle; **she's a** ~ **cleaner** c'est une maniaque de la propreté.
compulsively [kəm'pʌlsɪvlɪ] *adv* (*Psych*) *drink, smoke, talk* d'une façon compulsive, sans pouvoir s'en empêcher. **she doodled** ~ elle griffonnait machinalement *or* sans pouvoir s'en empêcher.
compulsorily [kəm'pʌlsərɪlɪ] *adv purchased, retired* d'office.
compulsory [kəm'pʌlsərɪ] **1** *adj* (**a**) *action, military service* obligatoire; *loan* forcé. ~ **education** instruction *f* obligatoire; (*Brit*) ~ **purchase** (**order**) (ordre *m* d')expropriation *f* pour cause d'utilité publique; (*Fin*) ~ **liquidation** liquidation forcée; ~ **retirement** mise *f* à la retraite d'office.
  (**b**) (*compelling*) *powers* coercitif, contraignant; *regulations* obligatoire.
  2 *n* (*Skating*) **the compulsories** les figures imposées.
compunction [kəm'pʌŋkʃən] *n* remords *m*, scrupule *m*; (*Rel*) componction *f*. **without the slightest** ~ sans le moindre scrupule *or* remords; **he had no** ~ **about doing it** il n'a eu aucun scrupule à le faire.
computation [ˌkɒmpjʊ'teɪʃən] *n* (**a**) (*gen*) calcul *m*, computation *f*. (**b**) (*U*) estimation *f*, évaluation *f* (*of* de).
computational [ˌkɒmpjʊ'teɪʃənl] *adj* (*gen*) statistique, quantitatif. ~ **linguistics** linguistique computationelle.
compute [kəm'pju:t] *vt* calculer. **to** ~ **sth at** évaluer *or* estimer qch à.
computer [kəm'pju:təʳ] **1** *n* (**a**) (*electronic*) ordinateur *m*; (*mechanical*) calculatrice *f*. **he is in** ~**s** il est dans l'informatique; V **analog, digital, personal**.
  (**b**) (*person*) calculateur *m*, -trice *f*.
  2 *cpd*: **the computer age** l'ère *f* de l'ordinateur *or* de l'informatique; **computer-aided**, **computer-assisted** assisté par ordinateur; **computer-dating service** club *m* de rencontres sélectionnées par ordinateur; **computer game** jeu *m* électronique; **computer graphics** (*field*) infographie *f*; **computer language** langage *m* de programmation, langage *m* machine; **computer literacy** degré *m* d'initiation à l'informatique; **computer literate** initié à l'informatique; **computer model** modèle calculé par ordinateur; **computer operator** opérateur *m*, -trice *f*; **computer programmer** programmeur *m*, -euse *f*; **computer programming** programmation *f*; **computer science** informatique *f*; **computer scientist** informaticien(ne) *m(f)*; **the computer society** la société à l'heure de l'informatique; **computer studies** l'informatique *f*.
computerate* [kəm'pju:tərɪt] *adj* = **computer literate**; V **computer 2**.
computerese* [kəm,pju:tə'ri:z] *n* jargon *m* informatique.
computerist [kəm'pju:tərɪst] *n* (*US*) informaticien(ne) *m(f)*.
computerization [kəm,pju:təraɪ'zeɪʃən] *n* (**a**) [*information etc*] traitement *m* (électronique). (**b**) [*system, process*] automatisation *f* *or* automation *f* électronique; [*records, accounts*] mise *f* sur ordinateur.
computerize [kəm'pju:təraɪz] *vt* traiter *or* gérer par ordinateur, informatiser; *records, accounts* mettre sur ordinateur.
computing [kəm'pju:tɪŋ] *n* informatique *f*.
comrade ['kɒmrɪd] *n* camarade *mf*. ~**-in-arms** compagnon *m* d'armes.
comradeship ['kɒmrɪdʃɪp] *n* camaraderie *f*.
comsat ['kɒmsæt] *n* (*US*) *abbr of* **communications satellite**; V **communication 2**.
con¹ [kɒn] *vt* (**a**) (*study*) étudier soigneusement, apprendre par cœur. (**b**) (*Naut*) gouverner; (*US Naut*) piloter.
con² [kɒn] *prep, n* contre (*m*); V **pro¹**.
con³* [kɒn] **1** *vt* escroquer, duper. **to** ~ **sb into doing** amener qn à faire en l'abusant *or* en le dupant; **I've been** ~**ned!** on m'a eu!*, je me suis fait avoir!*
  2 *n* (**a**) **it was all a big** ~ (*empty boasting etc*) tout ça c'était de la frime*; (*swindle*) c'était une vaste escroquerie.

(**b**) (*sl: abbr of* **convict**: *person*) taulard‡ *m*.
  3 *cpd*: **con artist*** arnaqueur* *m*; **con man** escroc *m*; **con game** escroquerie *f*.
concatenate [kɒn'kætɪneɪt] *vt* enchaîner.
concatenation [kɒn,kætɪ'neɪʃən] *n* [*circumstances*] enchaînement *m*; (*series*) série *f*, chaîne *f*; (*Ling, Comput*) concaténation *f*.
concave ['kɒnkeɪv] *adj* concave.
concavity [kɒn'kævɪtɪ] *n* concavité *f*.
conceal [kən'si:l] *vt* (*hide*) *object* cacher, dissimuler; (*keep secret*) *news, event* garder *or* tenir secret; *emotions, thoughts* dissimuler. **to** ~ **sth from sb** cacher qch à qn; **to** ~ **the fact that** dissimuler le fait que; ~**ed lighting** éclairage indirect; (*Aut*) ~**ed turning** *or* **road** intersection cachée.
concealment [kən'si:lmənt] *n* (*U*) dissimulation *f*; (*Jur*) [*criminal*] recel *m*; [*facts*] non-divulgation *f*; (*place of* ~) cachette *f*.
concede [kən'si:d] **1** *vt privilege* concéder, accorder; *point* concéder; (*Sport*) *match* concéder. **to** ~ **that** concéder *or* admettre *or* reconnaître que; **to** ~ **victory** s'avouer vaincu. **2** *vi* céder.
conceit [kən'si:t] *n* (*pride*: *U*) vanité *f*, suffisance *f*, prétention *f*; (*witty expression*) trait *m* d'esprit, expression brillante. (*liter*) **he is wise in his own** ~ il se croit très sage; (*Literat*) ~**s** concetti *mpl*.
conceited [kən'si:tɪd] *adj* vaniteux, suffisant, prétentieux.
conceitedly [kən'si:tɪdlɪ] *adv* avec vanité, avec suffisance, prétentieusement.
conceivable [kən'si:vəbl] *adj* concevable, imaginable. **it is hardly** ~ **that** il est à peine concevable que + *subj*.
conceivably [kən'si:vəblɪ] *adv* de façon concevable, en théorie. **she may** ~ **be right** il est concevable *or* il se peut bien qu'elle ait raison.
conceive [kən'si:v] **1** *vt child, idea, plan* concevoir. **to** ~ **a hatred/love for sb/sth** concevoir de la haine/de l'amour pour qn/qch; **I cannot** ~ **why he wants to do it** je ne comprends vraiment pas pourquoi il veut le faire.
  2 *vi*: **to** ~ **of** concevoir, avoir le concept de; **I cannot** ~ **of anything better** je ne conçois rien de mieux; **I cannot** ~ **of a better way to do it** je ne conçois pas de meilleur moyen de le faire.
concelebrant [kən'selɪ,brænt] *n* (*Rel*) concélébrant *m*.
concentrate ['kɒnsəntreɪt] **1** *vt attention* concentrer (*on* sur); *hopes* reporter (*on* sur); *supplies* concentrer, rassembler; (*Chem, Mil*) concentrer.
  2 *vi* (**a**) (*converge*) [*troops, people*] se concentrer, converger. **the crowds began to** ~ **round the palace** la foule a commencé à se concentrer *or* à se rassembler autour du palais; **they** ~**d in the square** ils ont convergé vers la place.
  (**b**) (*direct thoughts, efforts etc*) se concentrer, concentrer *or* fixer son attention (*on* sur). **to** ~ **on doing** s'appliquer à faire; **I just can't** ~! je n'arrive pas à me concentrer!; **try to** ~ **a little more** essaie de te concentrer un peu plus *or* de faire un peu plus attention; ~ **on getting yourself a job** essaie avant tout de *or* occupe-toi d'abord de te trouver du travail; **the terrorists** ~**d on the outlying farms** les terroristes ont concentré leurs attaques sur les fermes isolées; ~ **on getting well** occupe-toi d'abord de ta santé; [*speaker*] **today I shall** ~ **on the 16th century** aujourd'hui je traiterai en particulier le 16e siècle *or* m'occuperai en particulier du 16e siècle.
  3 *adj, n* (*Chem*) concentré (*m*).
concentration [ˌkɒnsən'treɪʃən] *n* concentration *f*. ~ **camp** camp *m* de concentration.
concentric [kən'sentrɪk] *adj* concentrique.
concept ['kɒnsept] *n* concept *m*.
conception [kən'sepʃən] *n* (*gen, Med*) conception *f*; V **immaculate**.
conceptual [kən'septjʊəl] *adj* conceptuel.
concern [kən'sɜ:n] **1** *vt* (**a**) (*affect*) concerner, toucher, affecter; (*be of importance to*) concerner, intéresser, importer à; (*be the business of*) regarder, être l'affaire de; (*be about*) [*report etc*] se rapporter à. **as** ~**s** en ce qui concerne, à propos de; **that doesn't** ~ **you** cela ne vous regarde pas, ce n'est pas votre affaire; (*frm*) **to whom it may** ~ à qui de droit; **as far as** *or* **so far as he is** ~**ed** en ce qui le concerne, quant à lui; **where we are** ~**ed** en ce qui nous concerne; **the persons** ~**ed** les intéressés; **the department** ~**ed** (*under discussion*) le service en question *or* dont il s'agit; (*relevant*) le service compétent; **my brother is the most closely** ~**ed** le premier intéressé c'est mon frère; **to be** ~**ed in** avoir un intérêt dans; **to** ~ **o.s. in** *or* **with** se mêler de, s'occuper de, s'intéresser à; **we are** ~**ed only with facts** nous ne nous occupons que des faits.
  (**b**) (*trouble: gen pass*) inquiéter. **to be** ~**ed by** *or* **for** *or* **about** *or* **at** s'inquiéter de, être inquiet (*f* -ète) de; **I am** ~**ed about him** je m'inquiète à son sujet, je me fais du souci à son sujet; **I am** ~**ed to hear that** ... j'apprends avec peine *or* inquiétude que ... .
  2 *n* (**a**) (*relation, connexion*) rapport *m* (*with* avec), relation *f* (*with* avec). **to have no** ~ **with** n'avoir rien à voir avec, être sans rapport avec.
  (**b**) (*interest, business*) affaire *f*; (*responsibility*) responsabilité *f*. **it's no** ~ **of his, it's none of his** ~ ce n'est pas son affaire, cela ne le regarde pas; **what** ~ **is it of yours?** en quoi est-ce que cela vous regarde?
  (**c**) (*Comm: also* **business** ~) entreprise *f*, affaire *f*, firme *f*, maison *f* (de commerce); V **going**.
  (**d**) (*interest, share*) intérêt(s) *m(pl)* (*in* dans). **he has a** ~ **in the business** il a des intérêts dans l'affaire.
  (**e**) (*anxiety*) inquiétude *f*, souci *m*; (*stronger*) anxiété *f*. **he was filled with** ~ il était très soucieux *or* inquiet; **a look of** ~ un regard inquiet.
  (**f**) (*: object, contrivance*) truc* *m*, bidule‡ *m*.
concerned [kən'sɜ:nd] *adj* (*worried*) inquiet (*f* -ète), soucieux (*about, at, for* de); (*affected*) affecté (*by* par).

concerning [kən'sɜːnɪŋ] *prep* en ce qui concerne, au sujet de, à propos de, concernant.
concert ['kɒnsət] **1** *n* (**a**) (*Mus*) concert *m*.
(**b**) */voices etc/* unisson *m*, chœur *m*. **in** ~ à l'unisson, en chœur. (**c**) (*fig*) accord *m*, harmonie *f*, entente *f*. **in** ~ **with** de concert avec.
2 *cpd* **ticket, hall** de concert. **concertgoer** habitué(e) *m(f)* des concerts, amateur *m* de concerts; **concert grand** piano *m* de concert; (*US*) **concertmaster** premier violon *m*; **concert performer** concertiste *mf*; **concert pianist** pianiste *mf* de concert; (*Mus*) **concert pitch** le diapason (de concert); (*fig: on top form*) **at concert pitch** au maximum *or* à l'apogée de la forme; **concert tour** tournée *f* de concerts.
3 [kən'sɜːt] *vt* concerter, arranger (ensemble). **a** ~**ed effort** un effort concerté.
concertina [,kɒnsə'tiːnə] **1** *n* concertina *m*. (*Aut*) ~ **crash** caram-bolage *m*. **2** *vi:* **the vehicles** ~**ed into each other** les véhicules se sont emboutis *or* télescopés (les uns les autres).
concerto [kən'tʃɛətəʊ] *n, pl* ~**s** *or* **concerti** [kən'tʃɛatiː] concerto *m*.
concession [kən'seʃən] *n* (*gen, Jur*) concession *f*; (*Comm*) réduction *f*.
concessionaire [kən,seʃə'nɛər] *n* concessionnaire *mf*.
concessionary [kən'seʃənərɪ] **1** *adj* (*Fin, Jur etc*) concession-naire; (*Comm*) *ticket, fare* à prix réduit. ~ **aid** aide libérale. **2** *n* concessionnaire *mf*.
conch [kɒntʃ] *n* (*shell, Anat*) conque *f*, (*Archit*) voûte *f* semi-circulaire, (voûte d')abside *f*.
concha ['kɒŋkə] *n,pl* **conchae** ['kɒŋkiː] (*Anat*) conque *f*.
conchology [kɒŋ'kɒlədʒɪ] *n* conchyliologie *f*.
conciliate [kən'sɪlɪeɪt] *vt* (**a**) (*placate*) apaiser; (*win over*) se concilier (l'appui de). (**b**) (*reconcile*) *opposing views, extremes* concilier.
conciliation [kən,sɪlɪ'eɪʃən] *n* (*V* conciliate) apaisement *m*; conciliation *f*. (*Ind*) ~ **board** conseil *m* d'arbitrage; ~ **service** (*gen*) service *m* de conciliation; (*Ind*) service de règlement amiable.
conciliator [kən'sɪlɪeɪtər] *n* conciliateur *m*, -trice *f*; (*Ind*) médiateur *m*.
conciliatory [kən'sɪlɪətərɪ] *adj person* conciliateur (*f* -trice), conciliant; *speech, words, manner* conciliant; *spirit* de conciliation; (*Jur, Pol*) *procedure* conciliatoire.
concise [kən'saɪs] *adj* (*short*) concis; (*shortened*) abrégé.
concisely [kən'saɪslɪ] *adv* avec concision.
conciseness [kən'saɪsnɪs] *n*, **concision** [kən'sɪʒən] *n* concision *f*.
conclave ['kɒnkleɪv] *n* (*Rel*) conclave *m*; (*fig*) assemblée *f* (secrète), réunion *f* (privée). (*fig*) **in** ~ en réunion privée.
conclude [kən'kluːd] **1** *vt* (**a**) (*end*) *business, agenda* conclure, achever, finir, terminer. **'to be** ~**d'** 'suite et fin au prochain numéro'.
(**b**) (*arrange*) *treaty* conclure, aboutir à.
(**c**) (*infer*) conclure, déduire, inférer (*from* de, *that* que).
(**d**) (*US: decide*) décider (*to do* de faire).
2 *vi* (*end*) */things, events/* se terminer, s'achever (*with* par, sur); */persons/* conclure. **to** ~ **I must say** ... pour conclure *or* en conclusion je dois dire ... .
concluding [kən'kluːdɪŋ] *adj* final.
conclusion [kən'kluːʒən] *n* (**a**) (*end*) conclusion *f*, fin *f*, terme *m*. **in** ~ pour conclure, finalement, en conclusion; **to bring to a** ~ mener à sa conclusion *or* à terme.
(**b**) (*settling*) */treaty etc/* conclusion *f*.
(**c**) (*opinion, decision*) conclusion *f*, déduction *f*. **to come to the** ~ **that** conclure que; **to draw a** ~ **from** tirer une conclusion de; **this leads (one) to the** ~ **that** ... ceci amène à conclure que ...; *V* **foregone, jump.**
(**d**) (*Philos*) conclusion *f*.
(**e**) **to try** ~**s with sb** se mesurer avec *or* contre qn.
conclusive [kən'kluːsɪv] *adj* concluant, définitif.
conclusively [kən'kluːsɪvlɪ] *adv* de façon concluante, définitive-ment.
concoct [kən'kɒkt] *vt* (*Culin etc*) confectionner, composer; (*fig*) *scheme, excuse* fabriquer, inventer, combiner.
concoction [kən'kɒkʃən] *n* (**a**) (*Culin etc*) (*action*) confection *f*, préparation *f*; (*product*) mélange *m*, mixture *f* (*pej*). (**b**) (*U: fig*) */scheme, excuse/* combinaison *f*, élaboration *f*.
concomitant [kən'kɒmɪtənt] **1** *adj* concomitant. **2** *n* événement concomitant.
concord ['kɒnkɔːd] *n* (**a**) concorde *f*, harmonie *f*, entente *f*. **in com-plete** ~ en parfaite harmonie. (**b**) (*Gram*) accord *m*. **to be in** ~ **with** s'accorder avec. (**c**) (*Mus*) accord *m*.
concordance [kən'kɔːdəns] *n* (**a**) (*agreement*) accord *m*. (**b**) (*index*) index *m*; *[Bible etc]* concordance *f*.
concordant [kən'kɔːdənt] *adj* concordant, s'accordant (*with* avec).
concordat [kɒn'kɔːdæt] *n* concordat *m*.
Concorde ['kɒnkɔːd] *n* (*Aviat*) Concorde *f*. **in** ~ en Concorde.
concourse ['kɒnkɔːs] *n* */circumstances/* concours *m*; */people, vehicles/* multitude *f*, affluence *f*, concours; (*crowd*) foule *f*; (*place*) lieu *m* de rassemblement; (*in pedestrian precinct*) parvis *m*, piazza *f*; (*US: in a park*) carrefour *m*; (*in building, station*) hall *m*; (*US: street*) cours *m*, boulevard *m*.
concrete ['kɒnkriːt] **1** *adj* (**a**) (*Philos*) concret (*f* -ète), réel, matériel; (*Gram, Math, Mus*) concret; (*fig*) *proof, advantage* concret, matériel; *offer* concret, précis.
(**b**) (*Constr*) en béton. ~ **mixer** bétonnière *f*; (*fig*) **the** ~ **jungle** la jungle des villes; (*fig*) **they live in one of those** ~ **jungles** ils habitent dans une de ces jungles urbaines.
2 *n* (**a**) (*U: Constr*) béton *m*; *V* **prestressed, reinforce.**
(**b**) (*Philos*) **the** ~ le concret.

3 *vt* (*Constr*) bétonner.
concretion [kən'kriːʃən] *n* concrétion *f*.
concubine ['kɒŋkjʊbaɪn] *n* concubine *f*.
concupiscence [kən'kjuːpɪsəns] *n* concupiscence *f*.
concupiscent [kən'kjuːpɪsənt] *adj* concupiscent.
concur [kən'kɜːr] *vi* (**a**) (*agree*) */person/* être d'accord, s'entendre (*with sb* avec qn, *in sth* sur *or* au sujet de qch); */opinions/* converger.
(**b**) (*happen together*) coïncider, arriver en même temps; (*contribute*) concourir (*to* à). **everything** ~**red to bring about this result** tout a concouru à produire ce résultat.
concurrent [kən'kʌrənt] *adj* (**a**) (*occurring at same time*) concomitant, coïncident, simultané. (**b**) (*acting together*) concerté. (**c**) (*in agreement*) concordant, d'accord. (**d**) (*Math, Tech*) concourant.
concurrently [kən'kʌrəntlɪ] *adv* simultanément.
concuss [kən'kʌs] *vt* (*gen pass*) commotionner. **to be** ~**ed** être commotionné, être sous l'effet d'un choc. (**b**) (*shake*) secouer violemment, ébranler.
concussion [kən'kʌʃən] *n* (**a**) (*Med*) commotion *f* (cérébrale). (**b**) (*shaking*) ébranlement *m*, secousse *f*.
condemn [kən'dem] *vt* (**a**) (*gen, Jur, Med, fig*) condamner (*to* à). (*Jur*) **to** ~ **to death** condamner à mort; **the** ~**ed man** le condamné; **the** ~**ed cell** la cellule des condamnés.
(**b**) (*Tech*) *building* déclarer inhabitable, condamner; (*Mil, Tech*) *materials* réformer, déclarer inutilisable.
condemnation [,kɒndem'neɪʃən] *n* (*gen, Jur, fig*) condamnation *f*; (*US Jur: of property*) expropriation *f* pour cause d'utilité publique.
condensation [,kɒnden'seɪʃən] *n* condensation *f*; (*on glass*) buée *f*, condensation.
condense [kən'dens] **1** *vt* condenser, concentrer; (*Phys*) *gas* condenser; *rays* concentrer; (*fig*) condenser, résumer. ~**d milk** lait concentré; ~**d book** livre condensé. **2** *vi* se condenser, se concentrer.
condenser [kən'densər] *n* (*Elec, Tech*) condensateur *m*; (*Phys*) *[gas]* condenseur *m*; *[light]* condensateur.
condescend [,kɒndɪ'send] *vi* (**a**) condescendre (*to do* à faire), daigner (*to do* faire). **to** ~ **to sb** se montrer condescendant envers *or* à l'égard de qn. (**b**) (†: *stoop to*) s'abaisser (*to* à), descendre (*to* à, jusqu'à).
condescending [,kɒndɪ'sendɪŋ] *adj* condescendant.
condescendingly [,kɒndɪ'sendɪŋlɪ] *adv* avec condescendance.
condescension [,kɒndɪ'senʃən] *n* condescendance *f*.
condign [kən'daɪn] *adj* (*fitting*) adéquat, proportionné; (*deserved*) mérité.
condiment ['kɒndɪmənt] *n* condiment *m*.
condition [kən'dɪʃən] **1** *n* (**a**) (*determining factor*) condition *f*. **on** ~ **that** à condition que + *fut indic or subj*, à condition de + *infin*; **on this** ~ à cette condition; (*Comm*) ~ **of sale** condition de vente; (*Jur*) ~ **of a contract** condition d'un contrat; **he made the** ~ **that no one should accompany him** il a stipulé que personne ne devait l'accompagner; *V* **term.**
(**b**) (*circumstances*) ~**s** conditions *fpl*, circonstances *fpl*; **under** *or* **in the present** ~**s** dans les conditions actuelles; **working/living** ~**s** conditions de travail/de vie; **weather** ~**s** conditions météo-rologiques.
(**c**) (*U: state, nature*) état *m*, condition *f*. **physical/mental** ~ état physique/mental; **in** ~ *thing* en bon état; *person* en forme, en bonne condition physique; (*Comm etc*) **in good** ~ en bon état; **it's out of** ~ c'est en mauvais état; **he's out of** ~ il n'est pas en forme; **she was not in a** ~ *or* **in any** ~ **to go out** elle n'était pas en état de sortir; (*euph*) **she is in an interesting** ~* elle est dans un état *or* une position intéressant(e) (*euph hum*).
(**d**) (*U: social position*) condition *f*, position *f*, situation *f*.
2 *vt* (**a**) (*determine*) déterminer, conditionner, être la condition de. **his standard of living is** ~**ed by his income** son niveau de vie dépend de ses revenus.
(**b**) (*bring into good* ~) *animals* mettre en forme; *things* remettre en bon état; *hair, skin* traiter; *V* **air.**
(**c**) (*Psych, fig*) *person, animal* provoquer un réflexe conditionné chez, conditionner; (*by propaganda*) *person* conditionner (*into believing* à croire), mettre en condition. ~**ed reflex** réflexe conditionné; ~**ed response** réaction conditionnée; **the nation has been** ~**ed into believing that the government is right** on a conditionné la nation à croire que le gouvernement a raison.
conditional [kən'dɪʃənl] **1** *adj* (**a**) *promise, agreement* conditionnel. (*Jur*) ~ **clause** clause conditionnelle.
(**b**) **to be** ~ **(up)on** dépendre de; **his appointment is** ~ **(up)on his passing his exams** sa nomination dépend de son succès aux examens, pour être nommé il faut qu'il soit reçu à ses examens.
(**c**) (*Gram*) *mood, clause* conditionnel.
2 *n* (*Gram*) conditionnel *m*. **in the** ~ au conditionnel.
conditionally [kən'dɪʃnəlɪ] *adv* conditionnellement.
conditioner [kən'dɪʃənər] *n* (*for hair*) baume démêlant; (*for skin*) crème traitante *or* équilibrante.
condo ['kɒn,dəʊ] *n* (*US*) *abbr of* **condominium unit.**
condole [kən'dəʊl] *vi* exprimer *or* offrir ses condoléances, exprimer sa sympathie (*with sb* à qn).
condolences [kən'dəʊlənsɪz] *npl* condoléances *fpl*.
condom ['kɒndəm] *n* préservatif *m*.
condominium [,kɒndə'mɪnɪəm] *n* (**a**) condominium *m*. (**b**) (*US*) (*ownership*) copropriété *f*; (*building*) immeuble *m* (en copropriété); (*rooms*) appartement *m* (dans un immeuble en copropriété). ~ **unit** appartement en copropriété.
condone [kən'dəʊn] *vt* (*overlook*) fermer les yeux sur; (*forgive*) pardonner. (*Jur*) **to** ~ **adultery** ≃ pardonner un adultère; (*Educ*) **to** ~ **a student** repêcher un étudiant; **to** ~ **a student's exam results** remonter les notes d'un étudiant.

condonement [kən'dəʊnmənt] n [student] repêchage m.
condor ['kɒndɔːʳ] n condor m.
conduce [kən'djuːs] vi: to ~ to conduire à, provoquer.
conducive [kən'djuːsɪv] adj contribuant (to à). to be ~ to conduire à, provoquer, mener à.
conduct ['kɒndʌkt] 1 n (a) (behaviour) conduite f, tenue f, comportement m. good/bad ~ bonne/mauvaise conduite or tenue; his ~ towards me sa conduite or son comportement à mon égard or envers moi; V disorderly.
  (b) (leading) conduite f; V safe.
2 cpd: (Scol) **conduct mark** avertissement m; (Scol) **conduct report** rapport m (sur la conduite d'un élève); **conduct sheet** (Mil) feuille f or certificat m de conduite; (Naut) cahier m des punis.
  3 [kən'dʌkt] vt (a) (lead) conduire, mener. he ~ed me round the gardens il m'a fait faire le tour des jardins; ~ed visit visite guidée; (Brit) ~ed tour excursion accompagnée, voyage organisé; [building] visite guidée.
  (b) (direct, manage) diriger. to ~ one's business diriger ses affaires; to ~ an orchestra diriger un orchestre; (Jur) to ~ an inquiry conduire or mener une enquête; (Jur) to ~ sb's case assurer la défense de qn.
  (c) to ~ o.s. se conduire, se comporter.
  (d) (Elec, Phys) heat etc conduire, être conducteur m, -trice f de.
conduction [kən'dʌkʃən] n (Elec, Phys) conduction f.
conductivity [ˌkɒndʌk'tɪvɪtɪ] n (Elec, Phys) conductivité f.
conductor [kən'dʌktəʳ] n (a) (leader) conducteur m, chef m; (Mus) chef d'orchestre. (b) [bus] receveur m; (US Rail) chef m de train.
  (c) (Phys) (corps m) conducteur m; V lightning.
conductress [kən'dʌktrɪs] n receveuse f.
conduit ['kɒndɪt] n conduit m, tuyau m, canalisation f; (Elec) tube m.
condyle ['kɒndɪl] n (Anat) condyle m.
cone [kəʊn] n (Astron, Geol, Math, Mil, Naut, Opt, Rad, Tech) cône m; (Bot) [pine etc] cône, pomme f; (Culin) [ice cream] cornet m.
coney ['kəʊnɪ] n = **cony**.
confab‡ ['kɒnfæb] n (brin m de) causette* f.
confabulate [kən'fæbjʊleɪt] vi converser, bavarder, causer (with avec).
confabulation [kənˌfæbjʊ'leɪʃən] n conciliabule m, conversation f.
confection [kən'fekʃən] n (a) (Culin) (sweet) sucrerie f, friandise f; (cake) gâteau m, pâtisserie f; (dessert) dessert m (sucré); (Dress) vêtement m de confection. (b) (U) confection f.
confectioner [kən'fekʃənəʳ] n (sweet-maker) confiseur m,-euse f; (cakemaker) pâtissier m, -ière f. ~'s (shop) confiserie f (-pâtisserie f); (US) ~'s sugar sucre m glace.
confectionery [kən'fekʃənərɪ] n confiserie f; (Brit: cakes etc) pâtisserie f. (US) ~ sugar sucre m glace.
confederacy [kən'fedərəsɪ] n (a) (Pol: group of states) confédération f. (US Hist) the C~ les Etats Confédérés. (b) (conspiracy) conspiration f.
confederate [kən'fedərɪt] 1 adj (a) confédéré. (b) (US Hist) C~ Confédéré. 2 n (a) confédéré(e) m(f); (in criminal act) complice mf. (b) (US Hist) C~ Confédéré m. 3 [kən'fedəreɪt] vt confédérer. 4 vi se confédérer.
confederation [kənˌfedə'reɪʃən] n confédération f.
confer [kən'fɜːʳ] 1 vt conférer, accorder (on à). to ~ a title conférer un titre; (at ceremony) to ~ a degree remettre un diplôme. 2 vi conférer, s'entretenir (with sb avec qn, on, about sth de qch).
conference ['kɒnfərəns] 1 n (meeting, Pol) congrès m, assemblée f; (especially academic) congrès, colloque m (on sur); (discussion) conférence, consultation f. to be in ~ être en conférence; (the) ~ decided ... les participants à la conférence or les congressistes ont décidé ...; V press.
  2 cpd: (Telec) **conference call** audioconférence f, conférence f par téléphone; **conference centre** (town) ville f de congrès; (building) palais m des congrès; (in institution) centre m de conférences; (US Pol) **conference committee** commission interparlementaire de compromis sur les projets de loi; **conference member** congressiste mf; **conference room** salle f de conférences; (lit, fig) **conference table** table f de conférence.
conferment [kən'fɜːmənt] n action f de conférer; (Univ) [degree] remise f (de diplômes); [title, favour] octroi m.
confess [kən'fes] 1 vt (a) crime avouer, confesser; mistake reconnaître, avouer. he ~ed that he had stolen the money/to having stolen the money il a avoué or reconnu or confessé qu'il avait volé l'argent/avoir volé l'argent; to ~ (to) a liking for sth reconnaître qu'on aime qch.
  (b) (Rel) faith confesser, proclamer; sins confesser, se confesser de; penitent confesser.
  2 vi (a) avouer, passer aux aveux. to ~ to crime avouer, confesser; mistake reconnaître, avouer; to ~ to having done avouer or reconnaître or confesser avoir fait; V also 1.
  (b) (Rel) se confesser.
confessedly [kən'fesɪdlɪ] adv (generally admitted) de l'aveu de tous; (on one's own admission) de son propre aveu.
confession [kən'feʃən] n (V confess) (a) aveu m, confession f (of de). (Jur) to make a full ~ faire des aveux complets.
  (b) (Rel) confession f. to hear sb's ~ confesser qn; to go to ~ aller se confesser; to make one's ~ se confesser; ~ of faith confession de foi; general ~ confession générale; (sects) ~s confessions.
confessional [kən'feʃənl] (Rel) 1 n confessionnal m. under the seal of the ~ sous le secret de la confession. 2 adj confessionnel.
confessor [kən'fesəʳ] n confesseur m.
confetti [kən'fetiː] n confettis mpl.
confidant [ˌkɒnfɪ'dænt] n confident m.

confidante [ˌkɒnfɪ'dænt] n confidente f.
confide [kən'faɪd] vt (a) object, person, job, secret confier (to sb à qn). to ~ sth to sb's care confier qch à la garde or aux soins de qn; to ~ secrets to sb confier des secrets à qn.
  (b) avouer en confidence. she ~d to me that ... elle m'a avoué en confidence que ..., elle m'a confié que ... .
◆**confide in** vt fus (a) (have confidence in) sb's ability se fier à, avoir confiance en. you can confide in me vous pouvez me faire confiance.
  (b) (tell secrets to) s'ouvrir à, se confier à. to confide in sb about sth confier qch à qn; to confide in sb about what one is going to do révéler à qn ce qu'on va faire.
confidence ['kɒnfɪdəns] 1 n (a) (trust, hope) confiance f. to have ~ in sb/sth avoir confiance en qn/qch, faire confiance à qn/qch; to put one's ~ in sb/sth mettre sa confiance en qn/qch; to have every ~ in sb/sth faire totalement confiance à qn/qch, avoir pleine confiance en qn/en or dans qch; to have ~ in the future faire confiance à l'avenir; I have every ~ that he will come back je suis sûr or certain qu'il reviendra; (Pol etc) motion of no ~ motion f de censure; V vote.
  (b) (self-~) confiance f en soi, assurance f. he lacks ~ il manque d'assurance.
  (c) (U) confidence f. to take sb into one's ~ faire des confidences à qn, se confier à qn; he told me that in ~ il me l'a dit en confidence or confidentiellement; this is in strict ~ c'est strictement confidentiel; 'write in strict ~ to X' 'écrire à X: discrétion garantie'.
  (d) (private communication) confidence f. they exchanged ~s ils ont échangé des confidences.
  2 cpd: **confidence game** abus m de confiance, escroquerie f; **confidence man** escroc m; **confidence trick** = **confidence game**; **confidence trickster** = **confidence man**.
confident ['kɒnfɪdənt] adj (a) (sure) assuré, sûr, persuadé (of de). to be ~ of success or of succeeding être sûr de réussir; I am ~ that he will succeed je suis sûr or persuadé qu'il réussira. (b) (self-~) sûr de soi, assuré.
confidential [ˌkɒnfɪ'denʃəl] adj letter, remark, information confidentiel; servant de confiance. ~ clerk homme m de confiance; ~ secretary secrétaire mf particulier (-ière); in a ~ tone of voice sur le ton de la confidence.
confidentiality [ˌkɒnfɪˌdenʃɪ'ælɪtɪ] n confidentialité f.
confidentially [ˌkɒnfɪ'denʃəlɪ] adv confidentiellement, en confidence.
confidently ['kɒnfɪdəntlɪ] adv avec confiance; predict, state avec assurance; expect avec optimisme.
confiding [kən'faɪdɪŋ] adj confiant, sans méfiance.
configuration [kənˌfɪgjʊ'reɪʃən] n configuration f (also Ling, Comput).
confine [kən'faɪn] 1 vt (a) (imprison) emprisonner, enfermer; (shut up) confiner, enfermer (in dans). to ~ a bird in a cage enfermer un oiseau dans une cage; to be ~d to the house/to one's room/to bed être obligé de rester chez soi/de garder la chambre/de garder le lit; (Mil) to ~ sb to barracks consigner qn.
  (b) (limit) remarks, opinions limiter, borner, restreindre. to ~ o.s. to doing se borner à faire; to ~ o.s. to generalities s'en tenir à des généralités; the damage is ~d to the back of the car seul l'arrière de la voiture est endommagé.
  2 ~s ['kɒnfaɪnz] npl (lit, fig) confins mpl, bornes fpl, limites fpl; within the ~s of dans les limites de.
confined [kən'faɪnd] adj atmosphere, air confiné. in a ~ space dans un espace restreint or réduit; (Mil) ~ to barracks/base consigné; (in childbirth) to be ~ accoucher, être en couches.
confinement [kən'faɪnmənt] n (Med) couches fpl; (imprisonment) emprisonnement m, détention f, réclusion f (Jur, liter); (Mil: also ~ to barracks) consigne f (au quartier). (Mil) to get 10 days' ~ to barracks attraper 10 jours de consigne; ~ to bed alitement m; ~ to one's room/the house obligation f de garder la chambre/de rester chez soi; V close[1].
confirm [kən'fɜːm] vt statement, report, news, suspicions confirmer, corroborer; arrangement, reservation confirmer (with sb auprès de qn); authority or affirmir, consolider; one's resolve fortifier, raffermir; treaty, appointment ratifier; (Rel) confirmer; (Jur) decision entériner, homologuer; election valider. to ~ sth to sb confirmer qch à qn; to ~ sb in an opinion confirmer or fortifier qn dans une opinion; to be ~ed in one's opinion voir son opinion confirmée; we ~ receipt of your letter nous avons bien reçu votre lettre, nous accusons réception de votre lettre.
confirmation [ˌkɒnfə'meɪʃən] n (V confirm) confirmation f; corroboration f; raffermissement m, consolidation f; ratification f; (Rel) confirmation; (Jur) entérinement m.
confirmed [kən'fɜːmd] adj smoker, drunkard, liar invétéré; bachelor, sinner endurci; habit incorrigible, invétéré. I am a ~ admirer of ... je suis un fervent admirateur de ... .
confiscate ['kɒnfɪskeɪt] vt confisquer (sth from sb qch à qn).
confiscation [ˌkɒnfɪs'keɪʃən] n confiscation f.
conflagration [ˌkɒnflə'greɪʃən] n incendie m, sinistre m; (fig) conflagration f.
conflict ['kɒnflɪkt] 1 n conflit m, lutte f; (quarrel) dispute f; (Mil) conflit, combat m; (Jur) conflit; (fig) [interests, ideas, opinions] conflit. (Mil) armed ~ conflit armé; to come into ~ with entrer en conflit or en lutte avec; a great deal of ~ un conflit considérable.
  2 [kən'flɪkt] vi (a) être or entrer en conflit or en lutte (with avec).
  (b) [opinions, ideas] s'opposer, se heurter. that ~s with what he told me ceci est en contradiction avec or contredit ce qu'il m'a raconté.
conflicting [kən'flɪktɪŋ] adj views, opinions incompatible, discordant; reports, evidence contradictoire.

confluence ['kɒnfluəns] n [rivers] (place) confluent m; (act) confluence f; (fig: crowd) foule f, assemblée f.

conform [kən'fɔ:m] **1** vt one's life, actions, methods conformer, adapter, rendre conforme (to à). **2** vi (a) se conformer, s'adapter (to, with à); [actions, sayings] être en conformité (to avec). (b) (gen, Rel) être conformiste mf.

conformable [kən'fɔ:məbl] adj (a) conforme (to à). (b) (in agreement with) adapté (to à), compatible, en accord (to avec). (c) (submissive) docile, accommodant.

conformation [ˌkɒnfə'meɪʃən] n conformation f, structure f.

conformist [kən'fɔ:mɪst] adj, n (gen, Rel) conformiste (mf).

conformity [kən'fɔ:mɪtɪ] n (likeness) conformité f, ressemblance f; (agreement) conformité, accord m; (submission) conformité, soumission f; (Rel) adhésion f à la religion conformiste. in ~ with your wishes en accord avec vos désirs, conformément à vos désirs.

confound [kən'faʊnd] vt (perplex) déconcerter; (frm: defeat) enemy, plans confondre (frm); (mix up) confondre (sth with sth qch avec qch), prendre (sth with sth qch pour qch). ~ it!* la barbe!*; ~ him!* qu'il aille au diable!, (que) le diable l'emporte!†; it's a ~ed nuisance!* c'est la barbe!*, quelle barbe!*

confront [kən'frʌnt] vt (a) (bring face to face) confronter (with avec), mettre en présence (with de). the police ~ed the accused with the witnesses la police a confronté l'accusé avec les témoins; the police ~ed the accused with the evidence la police a mis l'accusé en présence des témoignages; to ~ two witnesses confronter deux témoins (entre eux).

(b) enemy, danger affronter, faire face à; (defy) affronter, défier. the problems which ~ us les problèmes auxquels nous devons faire face.

confrontation [ˌkɒnfrən'teɪʃən] n (a) (military) affrontement m; (in human relationships) conflit m, affrontement. (b) (act of confronting) confrontation f (of sb with sth de qn à qch avec qch).

Confucian [kən'fju:ʃən] **1** adj confucéen. **2** n Confucianiste mf.

Confucianism [kən'fju:ʃənɪzəm] n Confucianisme m.

Confucius [kən'fju:ʃəs] n Confucius m.

confuse [kən'fju:z] vt (a) (throw into disorder) opponent confondre; plans semer le désordre dans, bouleverser; (perplex) jeter dans la perplexité; (embarras) embarrasser; (disconcert) troubler; (mix up) persons embrouiller; ideas embrouiller, brouiller; memory brouiller. you are just confusing me tu ne fais que m'embrouiller (les idées); to ~ the issue compliquer or embrouiller les choses.

(b) to ~ sth with sth confondre qch avec qch, prendre qch pour qch; to ~ two problems confondre deux problèmes.

confused [kən'fju:zd] adj person (muddled) désorienté (perplexed) déconcerté; (embarrassed) confus, embarrassé; opponent confondu; mind embrouillé, confus; sounds, voices confus, indistinct; memories confus, brouillé, vague; ideas, situation confus, embrouillé. to have a ~ idea avoir une vague idée; to get ~ (muddled up) ne plus savoir où on en est, s'y perdre; (embarrassed) se troubler.

confusedly [kən'fju:zɪdlɪ] adv confusément.

confusing [kən'fju:zɪŋ] adj déroutant. it's all very ~ on ne s'y retrouve plus, on s'y perd.

confusion [kən'fju:ʒən] n (disorder, muddle) confusion f, désordre m; (embarrassment) confusion, trouble m; (mixing up) confusion (of sth with sth else de qch avec qch d'autre). he was in a state of ~ la confusion régnait dans son esprit, il avait l'esprit troublé; the books lay about in ~ les livres étaient en désordre or pêle-mêle; V throw.

confute [kən'fju:t] vt person prouver or démontrer l'erreur de, réfuter les arguments de; argument réfuter.

congeal [kən'dʒi:l] **1** vi [oil] (se) figer; [milk] (se) cailler; [blood] se coaguler; [paint] sécher. **2** vt oil faire figer; milk faire cailler; blood coaguler.

congenial [kən'dʒi:nɪəl] adj person, atmosphere, surroundings sympathique, agréable. he found few people ~ to him il y avait peu de gens qu'il trouvait sympathiques or avec lesquels il se trouvait en sympathie.

congenital [kən'dʒenɪtl] adj congénital.

conger ['kɒŋgər] n: ~ eel congre m, anguille f de roche.

congested [kən'dʒestɪd] adj town, countryside surpeuplé; street encombré, embouteillé; corridors, pavement encombré; telephone lines embouteillé; (Med) congestionné. ~ traffic embouteillage(s) m(pl), encombrement(s) m(pl).

congestion [kən'dʒestʃən] n [town, countryside] surpeuplement m; [street, traffic] encombrement m, embouteillage m; (Med) congestion f.

conglomerate [kən'glɒmərɪt] **1** vt conglomérer (frm), agglomérer. **2** vi s'agglomérer. **3** [kən'glɒmərɪt] adj congloméré (also Geol), aggloméré. **4** n (gen, Econ, Geol) conglomérat m.

conglomeration [kənˌglɒmə'reɪʃən] n (a) (U: act, state) conglomération f (frm), agglomération f. (b) (group) [objects] groupement m, rassemblement m; [houses] agglomération f.

Congo ['kɒŋgəʊ] n (river, state) Congo m.

Congolese [ˌkɒŋgəʊ'li:z] **1** adj congolais. **2** n, pl inv Congolais(e) m(f).

congratulate [kən'grætjʊleɪt] vt féliciter, complimenter (sb on sth qn de qch, sb on doing qn d'avoir fait or (future action) de faire). to ~ o.s. on sth/on doing sth se féliciter de qch/d'avoir fait qch; we would like to ~ you on your engagement nous vous présentons toutes nos félicitations à l'occasion de vos fiançailles.

congratulations [kənˌgrætjʊ'leɪʃənz] npl félicitations fpl, compliments mpl. ~! toutes mes félicitations!; ~ on your success/engagement (toutes mes) félicitations pour votre succès/à l'occasion de vos fiançailles.

congratulatory [kən'grætjʊlətərɪ] adj de félicitations.

congregate ['kɒŋgrɪgeɪt] **1** vi se rassembler, s'assembler, se réunir (round autour de, at à). **2** vt rassembler, réunir, assembler.

congregation [ˌkɒŋgrɪ'geɪʃən] n rassemblement m, assemblée f; (Rel) [worshippers] assemblée (des fidèles), assistance f; [cardinals, monks etc] congrégation f; (Univ) [professors] assemblée générale.

congregational [ˌkɒŋgrɪ'geɪʃnl] adj (V congregation) de l'assemblée des fidèles, en assemblée; de congrégation, d'une congrégation. the C~ Church l'Église f congrégationaliste.

Congregationalist [ˌkɒŋgrɪ'geɪʃənəˌlɪst] adj,n congrégationaliste (mf).

congress ['kɒŋgres] n (a) congrès m. education ~ congrès de l'enseignement; V trade.

(b) (US Pol) C~ Congrès m; (session) session f du Congrès. **2** cpd: (US Pol) congressman membre m du Congrès, ≃ député m; (US) congressman-at-large représentant non attaché à une circonscription électoral; Congressman J. Smith said that ... Monsieur le Député J. Smith a dit que ...; congress member congressiste mf; (US) congressperson membre m du Congrès; congresswoman membre m du Congrès, ≃ député m.

congressional [kɒŋ'greʃənl] adj (a) d'un congrès. (b) (US Pol) C~ du Congrès; C~ Directory annuaire m du Congrès; C~ district circonscription f d'un Représentant; C~ Record Journal Officiel du Congrès.

congruent ['kɒŋgrʊənt] adj d'accord, en harmonie (with avec), conforme (with à); (suitable) convenable (with à); (Math) number congru (with à); triangle congruent.

congruity [kɒŋ'gru:ɪtɪ] n convenance f, congruité f.

congruous ['kɒŋgrʊəs] adj qui convient, convenable (to, with à), approprié (to, with à), qui s'accorde (to, with avec); (Rel) congru.

conic(al) ['kɒnɪk(əl)] adj (de forme) conique.

conifer ['kɒnɪfər] n conifère m.

coniferous [kəʊ'nɪfərəs] adj tree conifère; forest de conifères.

conjectural [kən'dʒektərəl] adj conjectural.

conjecture [kən'dʒektʃər] **1** vt conjecturer, supposer. **2** vi conjecturer, faire des conjectures. **3** n conjecture f.

conjoin [kən'dʒɔɪn] **1** vt adjoindre, unir. **2** vi s'unir.

conjoint ['kɒn'dʒɔɪnt] adj joint, uni, associé.

conjointly ['kɒn'dʒɔɪntlɪ] adv conjointement.

conjugal ['kɒndʒʊgəl] adj state, rights, happiness conjugal.

conjugate ['kɒndʒʊgeɪt] (Bio, Gram) **1** vt conjuguer. **2** vi se conjuguer.

conjugation [ˌkɒndʒʊ'geɪʃən] n conjugaison f.

conjunct [kən'dʒʌŋkt] adj conjoint.

conjunction [kən'dʒʌŋkʃən] n (Astron, Gram) conjonction f; (U) conjonction, connexion f, jonction f, union f. in ~ with conjointement avec.

conjunctiva [ˌkɒndʒʌŋk'taɪvə] n, pl **conjunctivae** [ˌkɒndʒʌŋk'taɪvi:] or ~s (Anat) conjonctive f.

conjunctive [kən'dʒʌŋktɪv] adj (Anat, Gram) conjonctif.

conjunctivitis [kənˌdʒʌŋktɪ'vaɪtɪs] n conjonctivite f. to have ~ avoir de la conjonctivite.

conjuncture [kən'dʒʌŋktʃər] n (combination of circumstances) conjoncture f, circonstance f (pl); (crisis) moment m critique.

conjure [kən'dʒʊər] **1** vt (a) (appeal to) conjurer, prier, supplier (sb to do qn de faire).

(b) ['kʌndʒər] faire apparaître (par la prestidigitation). he ~d a rabbit from his hat il a fait sortir un lapin de son chapeau.

2 vi faire des tours de passe-passe; (juggle) jongler (with avec); (fig) jongler (with avec). (fig) a name to ~ with un nom prestigieux.

◆**conjure away** vt sep faire disparaître (comme par magie).

◆**conjure up** vt sep ghosts, spirits faire apparaître; memories évoquer, rappeler. to conjure up visions of ... évoquer ....

conjurer ['kʌndʒərər] n prestidigitateur m, -trice f, illusionniste mf.

conjuring ['kʌndʒərɪŋ] n prestidigitation f, illusionnisme m. ~ trick tour m de passe-passe or de prestidigitation.

conjuror ['kʌndʒərər] n = conjurer.

conk‡ [kɒŋk] **1** n (Brit: nose) pif‡ m, blair‡ m; (US: head) caboche‡ f. **2** vi [engine, machine] tomber or rester en panne. **3** vt (US) frapper sur la caboche‡. **4** cpd: (US) conk-out‡ panne mécanique.

◆**conk out**‡ **1** vi [person] crever‡, clamecer‡; [engine, machine] tomber or rester en panne. her car conked out sa voiture est restée en carafe*. **2** conk-out‡ adj V conk 4.

conker* ['kɒŋkər] n (Brit) marron m.

connect [kə'nekt] **1** vt (a) (join: gen) [person] joindre, relier, rattacher (with, to à); (Tech) pinions embrayer; wheels engrener; pipes, drains raccorder (to à); shafts etc articuler, joindre; (Elec) two objects raccorder, connecter. (Elec) to ~ to the mains brancher sur le secteur; (Elec) to ~ to earth mettre à la masse; (to water, electricity etc services) we haven't been ~ed yet nous ne sommes pas encore reliés or branchés, nous n'avons pas encore l'eau etc.

(b) (Telec) caller mettre en communication (with sb avec qn); telephone brancher. we're trying to ~ you nous essayons d'obtenir votre communication; I'm ~ing you now vous êtes en ligne, vous avez votre communication; ~ed by telephone person, place relié par téléphone (to, with à).

(c) (associate) associer (with, to à). I always ~ Paris with springtime j'associe toujours Paris au printemps; I'd never have ~ed them je n'aurais jamais fait le rapport entre eux; V also connected.

(d) (form link between) [road, railway] relier (with, to à); [rope etc] relier, rattacher (with, to à). the city is ~ed to the sea by a canal la ville est reliée à la mer par un canal.

2 vi (a) (be joined) [two rooms] être relié, communiquer; [two parts, wires etc] être connectés or raccordés.

(b) *[coach, train, plane]* assurer la correspondance *(with* avec). **this train ~s with the Rome express** ce train assure la correspondance avec l'express de Rome.

(c) (*: *hit etc) [golf club etc]* **to ~ with the ball** frapper la balle; **my fist ~ed with his jaw*** je l'ai touché à la mâchoire, mon poing l'a cueilli à la mâchoire.

connected [kə'nektɪd] *adj* **(a)** *languages* affin *(frm),* connexe; *(Bot, Jur)* connexe; *(fig) argument* logique; *talk, oration* suivi. **(closely) ~ professions** des professions *fpl* connexes; **a (properly) ~ sentence** une phrase correctement construite; *(Ling)* **~ speech** la chaîne parlée.

(b) these matters are not ~ at all ces affaires n'ont aucun lien *or* rapport entre elles; **these two things are ~ in my mind** les deux sont liés dans mon esprit; **to be ~ with** *(be related to)* être allié à, être parent de; *(have dealings with)* avoir des rapports *or* des contacts *or* des relations avec; *(have a bearing on)* se rattacher à, avoir rapport à; **people ~ with education** ceux qui ont quelque chose à voir avec le monde de l'éducation; **he is ~ with many big firms** il a des rapports *or* des contacts *or* des relations avec beaucoup de firmes importantes, il est en relations avec beaucoup de firmes importantes; **his departure is not ~ with the murder** son départ n'a aucun rapport *or* n'a rien à voir avec le meurtre; **he's very well ~** *(of good family)* il est de très bonne famille, il est très bien apparenté; *(of influential family)* sa famille a des relations; *V also* **connect.**

Connecticut [kə'nektɪkət] *n* Connecticut. **in ~** dans le Connecticut.

connecting [kə'nektɪŋ] **1** *adj rooms etc* communicant; *parts, wires* raccordé, connecté. **bedroom with ~ bathroom** chambre avec salle de bains attenante. **2** *cpd:* *(US, Aut)* **connecting rod** bielle *f.*

connection, connexion [kə'nekʃən] *n* **(a)** *(V* connect*)* jonction *f,* liaison *f;* *(Elec)* prise *f;* *(Tech)* contact *m,* connexion *f;* *(Tech)* embrayage *m,* engrenage *m;* raccord *m,* raccordement *m;* articulation *f;* *(Telec)* communication *f* (téléphonique); *(act of connecting)* connexion. **wrong ~** faux numéro, fausse communication.

(b) *(fig)* rapport *m* (*with* avec), lien *m* (*between* entre), relation *f,* liaison *f;* *(relationship)* rapports, relations. **this has no ~ with** what he did ceci n'a aucun rapport avec ce qu'il a fait; **in this** *or* **that ~** à ce sujet, à ce propos, dans cet ordre d'idées; **in ~ with** à propos de, relativement à; **in another ~** dans un autre ordre d'idées; **to form a ~ with sb** établir des relations *or* des rapports avec qn; **to break off a ~ (with sb)** rompre les relations (avec qn); **to build up a ~ with a firm** établir des relations d'affaires avec une firme; **to have no further ~ with** rompre tout contact avec; *(Comm)* **we have no ~ with any other firm** toute ressemblance avec une autre compagnie est purement fortuite; **to have important ~s** avoir des relations (importantes).

(c) *(clientele, business contacts)* clientèle *f,* relations *fpl* d'affaires. **this grocer has a very good ~** cet épicier a une très bonne clientèle.

(d) *[family]* (*kinship)* parenté *f;* *(relative)* parent(e) *m(f).* **~s** famille *f;* **there is some family ~ between them** ils ont un lien de parenté; **he is a distant ~** c'est un parent éloigné; **she is a ~ of mine** c'est une de mes parentes.

(e) *(Jur)* **criminal ~** liaison criminelle *or* adultérine; **sexual ~** rapports sexuels.

(f) *(Rail)* correspondance *f* (*with* avec). **to miss one's ~** manquer la correspondance.

(g) *(Drugs sl)* filière *f.*

(h) *(Rel)* secte *f* (religieuse).

connective [kə'nektɪv] **1** *adj (gen, Gram, Anat)* conjonctif. **2** *n* *(Gram, Logic)* conjonction *f.*

conning tower ['kɒnɪŋˌtaʊəʳ] *n* *[submarine]* kiosque *m;* *[warship]* centre opérationnel.

conniption* [kə'nɪpʃən] *n* *(US: also* **~s)** crise *f* de colère *or* de rage.

connivance [kə'naɪvəns] *n* connivence *f,* accord *m* tacite. **this was done with her ~/in ~ with her** cela s'est fait avec sa connivence *or* son accord tacite/de connivence avec elle.

connive [kə'naɪv] *vi:* **to ~ at** *(pretend not to notice)* fermer les yeux sur; *(aid and abet)* être de connivence dans, être complice de; **to ~ (with sb) in sth/in doing** être de connivence (avec qn) dans qch/ pour faire.

connoisseur [ˌkɒnə'sɜːʳ] *n* connaisseur *m,* -euse *f* (*of* de, en).

connotation [ˌkɒnəʊ'teɪʃən] *n* *(Ling)* connotation *f;* *(Philos)* connotation, compréhension *f;* *(Logic)* implication *f.*

connotative [kə'nəʊtɪv] *adj* *(meaning)* connotatif.

connote [kɒ'nəʊt] *vt* impliquer, suggérer, comporter l'idée de; *(Ling, Philos)* connoter; (*: *signify)* signifier.

connubial [kə'njuːbɪəl] *adj* conjugal.

conquer ['kɒŋkəʳ] *vt* *(lit) person, enemy* vaincre, battre; *nation, country* conquérir, subjuguer; *castle* conquérir; *(fig) feelings, habits* surmonter, vaincre; *sb's heart, one's freedom* conquérir; *one's audience* subjuguer.

conquering ['kɒŋkərɪŋ] *adj* victorieux.

conqueror ['kɒŋkərəʳ] *n* *(Mil)* conquérant *m;* *(of mountain etc)* vainqueur *m;* *V* **William.**

conquest ['kɒŋkwest] *n* conquête *f.* **to make a ~*** faire une conquête; **she's his latest ~*** c'est sa dernière conquête*.

consanguinity [ˌkɒnsæŋ'gwɪnɪtɪ] *n* consanguinité *f.*

conscience ['kɒnʃəns] **1** *n* conscience *f.* **to have a clear** *or* **an easy ~** avoir bonne conscience, avoir la conscience tranquille; **he left with a clear ~** il est parti la conscience tranquille; **he has a bad** *or* **guilty ~** il a mauvaise conscience, il n'a pas la conscience tranquille; **to have sth on one's ~** avoir qch sur la conscience; **in (all) ~** en conscience; **for ~' sake** par acquit de conscience; **upon my ~, I swear ...** en mon âme et conscience, je jure ...; **to make sth a matter of ~** faire de qch un cas de conscience.

2 *cpd:* *(Jur)* **conscience clause** clause *f or* article *m* qui sauvegarde la liberté de conscience; **conscience money** argent restitué (*généralement au Trésor par scrupule de conscience*); **conscience-stricken** pris de remords.

conscientious [ˌkɒnʃɪ'enʃəs] *adj* **(a)** *person, worker, piece of work* consciencieux. **(b)** *scruple, objection* de conscience. **~ objector** objecteur *m* de conscience.

conscientiously [ˌkɒnʃɪ'enʃəslɪ] *adv* consciencieusement, avec conscience.

conscientiousness [ˌkɒnʃɪ'enʃəsnɪs] *n* conscience *f.*

conscious ['kɒnʃəs] *adj* **(a)** conscient, ayant conscience *(of* de). **to be ~ of one's responsibilities** être conscient de ses responsabilités; **to be ~ of doing** avoir conscience de faire; **to become ~ of sth** prendre conscience de qch, s'apercevoir de qch.

(b) *(Med)* conscient. **to become ~** revenir à soi, reprendre connaissance.

(c) *(clearly felt) guilt* conscient, dont on a conscience, ressenti clairement. **with ~ superiority** avec une supériorité consciente de soi, avec la nette conscience de sa *(or leur etc)* supériorité.

(d) *(deliberate) insult* conscient, intentionnel, délibéré. **~ humour** humour voulu.

(e) *(Philos)* conscient.

consciously ['kɒnʃəslɪ] *adv* consciemment; *(deliberately)* sciemment, intentionnellement.

consciousness ['kɒnʃəsnɪs] **1** *n* **(a)** *(Med)* connaissance *f.* **to lose ~** perdre connaissance; **to regain ~** revenir à soi, reprendre connaissance.

(b) *(Philos)* conscience *f.*

(c) *(awareness)* conscience *f (of* de), sentiment *m (of* de). **the ~ that he was being watched prevented him from ...** le sentiment qu'on le regardait l'empêchait de ... .

2 *cpd:* *(Psych)* **consciousness-raising** prise *f* de conscience (personnelle); **consciousness-raising is a priority** il nous faut d'abord faire prendre conscience aux gens.

conscript [kən'skrɪpt] **1** *vt troops* enrôler, recruter (par conscription), appeler sous les drapeaux. **2** ['kɒnskrɪpt] *n* conscrit *m,* appelé *m.* **3** *adj* conscrit.

conscription [kən'skrɪpʃən] *n* conscription *f.*

consecrate ['kɒnsɪkreɪt] *vt church etc* consacrer; *bishop* consacrer, sacrer; *(fig) custom, one's life* consacrer *(to* à). **he was ~d bishop** il a été sacré *or* consacré évêque.

consecration [ˌkɒnsɪ'kreɪʃən] *n* *(V* consecrate*)* consécration *f;* sacre *m.*

consecutive [kən'sekjʊtɪv] *adj* **(a)** consécutif. **on 4 ~ days** pendant 4 jours consécutifs *or* de suite. **(b)** *(Gram) clause* consécutif.

consecutively [kən'sekjʊtɪvlɪ] *adv* consécutivement. **he won 2 prizes ~** il a gagné consécutivement *or* coup sur coup 2 prix; *(Jur)* **... the sentences to be served ~** ...avec cumul *m* de peines.

consensus [kən'sensəs] **1** *n* consensus *m,* accord général. **~ of opinion** consensus d'opinion; **what is the ~?** quelle est l'opinion générale? **2** *adj decision, view* collectif.

consent [kən'sent] **1** *vi* consentir (*to sth* à qch, *to do* à faire); *(to request)* accéder (*to sth* à qch). *(Jur)* **between ~ing adults** entre adultes consentants.

2 *n* consentement *m,* assentiment *m.* **to refuse one's ~** to refuser son consentement *or* assentiment à; **by common ~** de l'aveu de tous *or* de tout le monde, de l'opinion de tous; **by mutual ~** *(general agreement)* d'un commun accord; *(private arrangement)* de gré à gré, à l'amiable; **divorce by (mutual) ~** divorce *m* par consentement mutuel; *(Jur)* **age of ~** âge *m* nubile (légal); *V* **silence.**

consentient [kən'senʃɪənt] *adj* d'accord, en accord (*with* avec).

consequence ['kɒnsɪkwəns] *n* **(a)** *(result, effect)* conséquence *f,* suites *fpl.* **in ~** par conséquent; **in ~ of which** par suite de quoi; **as a ~ of sth** en conséquence de qch; **to take** *or* **face the ~s** accepter *or* supporter les conséquences *(of* de).

(b) *(U: importance)* importance *f,* conséquence *f.* **it's of no ~** cela ne tire pas à conséquence, cela n'a aucune importance; **a man of no ~** un homme de peu d'importance *or* de peu de poids; **he's of no ~** lui, il ne compte pas.

consequent ['kɒnsɪkwənt] *adj* *(following)* consécutif (*on* à); *(resulting)* résultant (*on* de). **the loss of harvest ~ upon the flooding** la perte de la moisson résultant des *or* causée par les inondations.

consequential [ˌkɒnsɪ'kwenʃəl] *adj* **(a)** consécutif, conséquent *(to* à). *(Jur)* **~ damages** dommages-intérêts indirects. **(b)** *(pej) person* suffisant, arrogant.

consequently ['kɒnsɪkwəntlɪ] *adv* par conséquent, donc, en conséquence.

conservancy [kən'sɜːvənsɪ] *n* **(a)** *(Brit: commission controlling forests, ports etc)* administration *f.* **(b)** = **conservation.**

conservation [ˌkɒnsə'veɪʃən] **1** *n* préservation *f;* *(nature)* défense *f* de l'environnement; *(Phys)* conservation *f.* **2** *cpd:* *(Brit)* **conservation area** secteur sauvegardé.

conservationist [ˌkɒnsə'veɪʃənɪst] *n* défenseur *m* de l'environnement.

conservatism [kən'sɜːvətɪzəm] *n* conservatisme *m.*

conservative [kən'sɜːvətɪv] **1** *adj* **(a)** conservateur (*f* -trice). *(Brit Pol)* **the C~ Party** le parti conservateur; **C~ and Unionist Party** parti conservateur et unioniste.

(b) *assessment* modeste; *style, behaviour* traditionnel. **at a ~ estimate** au bas mot.

2 *n* *(Pol)* conservateur *m,* -trice *f.*

conservatoire [kən'sɜːvətwɑːʳ] *n* *(Mus)* conservatoire *m.*

conservator [kən'sɜːveɪtəʳ] *n* *(gen)* gardien(ne) *m(f);* *(US Jur)* tuteur *m* *(d'un incapable).*

conservatorship ['kɒnsəveɪtəˌʃɪp] *n* *(US Jur)* tutelle *f.*

conservatory [kən'sɜːvətrɪ] n (a) (greenhouse) serre f (attenante à une maison). (b) (Art, Mus, Theat) conservatoire m.

conserve [kən'sɜːv] 1 vt conserver, préserver; one's resources, one's strength ménager; energy, electricity, supplies économiser. 2 n (Culin) ~s confitures fpl, conserves fpl (de fruits).

consider [kən'sɪdəʳ] vt (a) (think about) problem, possibility considérer, examiner; question, matter, subject réfléchir à. I had not ~ed taking it with me je n'avais pas envisagé de l'emporter; everything or all things ~ed tout bien considéré, toute réflexion faite, tout compte fait; it is my ~ed opinion that ... après avoir mûrement réfléchi je pense que ...; he is being ~ed for the post on songe à lui pour le poste.

(b) (take into account) facts prendre en considération; person's feelings avoir égard à, ménager; cost, difficulties, dangers tenir compte de, considérer, regarder à. when one ~s that ... quand on considère or pense que ... .

(c) (be of the opinion) considérer, tenir. she ~s him very mean elle le considère comme très avare, elle le tient pour très avare; to ~ o.s. happy s'estimer heureux; ~ yourself lucky* estimez-vous heureux; ~ yourself dismissed considérez-vous comme renvoyé; I ~ that we should have done it je considère que or à mon avis nous aurions dû le faire; to ~ sth as done tenir qch pour fait; I ~ it an honour to help you je m'estime honoré de (pouvoir) vous aider.

considerable [kən'sɪdərəbl] adj number, size considérable; sum of money considérable, important. there was a ~ number of ... il y avait un nombre considérable de ...; to a ~ extent dans une large mesure; we had ~ difficulty in finding you nous avons eu beaucoup de mal à vous trouver.

considerably [kən'sɪdərəblɪ] adv considérablement.

considerate [kən'sɪdərɪt] adj prévenant (towards envers), plein d'égards (towards pour, envers).

considerately [kən'sɪdərɪtlɪ] adv act avec prévenance, avec égards.

consideration [kən,sɪdə'reɪʃən] n (a) (U: thoughtfulness) considération f, estime f, égard m. out of ~ for par égard pour; to show ~ for sb's feelings ménager les susceptibilités de qn.

(b) (U: careful thought) considération f. to take sth into ~ prendre qch en considération, tenir compte de qch; taking everything into ~ tout bien considéré or pesé; he left it out of ~ il n'en a pas tenu compte, il n'a pas pris cela en considération; the matter is under ~ l'affaire est à l'examen or à l'étude; in ~ of en considération de, eu égard à; after due ~ après mûre réflexion; please give my suggestion your careful ~ je vous prie d'apporter toute votre attention à ma suggestion.

(c) (fact etc to be taken into account) préoccupation f, considération f; (motive) motif m. money is the first ~ il faut considérer d'abord or en premier lieu la question d'argent; many ~s have made me act thus plusieurs considérations or motifs m'ont amené à agir ainsi; on no ~ à aucun prix, en aucun cas; it's of no ~ cela n'a aucune importance; money is no ~ l'argent n'entre pas en ligne de compte; his age was an important ~ son âge constituait un facteur important.

(d) (reward, payment) rétribution f, rémunération f. to do sth for a ~ faire qch moyennant finance or contre espèces; (Jur, Fin) for a good and valuable ~ ≃ moyennant contrepartie valable.

(e) (reason) on no ~ sous aucun prétexte.

considering [kən'sɪdərɪŋ] 1 prep vu, étant donné. ~ the circumstances vu or étant donné les circonstances.

2 conj vu que, étant donné que. ~ she has no money vu que or étant donné qu'elle n'a pas d'argent.

3 adv tout compte fait, en fin de compte. he played very well, ~ il a très bien joué, tout compte fait or en fin de compte.

consign [kən'saɪn] vt (a) (send) goods expédier (to sb à qn, à l'adresse de qn). (b) (hand over) person, thing confier, remettre. to ~ a child to the care of confier or remettre un enfant aux soins de.

consignee [,kɒnsaɪ'niː] n consignataire mf.

consigner [kən'saɪnəʳ] n = consignor.

consignment [kən'saɪnmənt] n (a) (U) envoi m, expédition f. goods for ~ abroad marchandises fpl à destination de l'étranger; (Brit) ~ note (Comm) lettre f de voiture. (b) (quantity of goods) (incoming) arrivage m, (outgoing) envoi m.

consignor [kən'saɪnəʳ] n expéditeur m, -trice f (de marchandises), consignateur m, -trice f.

consist [kən'sɪst] vi (a) (be composed) consister (of en). what does the house ~ of? en quoi consiste la maison?, de quoi la maison est-elle composée?

(b) (have as its essence) consister (in doing à faire, in sth dans qch). his happiness ~s in helping others son bonheur consiste à aider autrui.

consistency [kən'sɪstənsɪ] n [liquids etc] consistance f, (fig) [actions, argument, behaviour] cohérence f, uniformité f. (fig) to lack ~ manquer de logique.

consistent [kən'sɪstənt] adj person, behaviour conséquent, logique. his arguments are not ~ ses arguments ne se tiennent pas; ~ with compatible avec, d'accord avec.

consistently [kən'sɪstəntlɪ] adv (a) (logically) avec esprit de suite, avec logique. (b) (unfailingly) régulièrement, sans exception, immanquablement. (c) (in agreement) conformément (with à).

consolation [,kɒnsə'leɪʃən] 1 n consolation f, réconfort m. 2 cpd ~ prize de consolation.

consolatory [kən'sɒlətərɪ] adj consolant, consolateur (f -trice), réconfortant.

console¹ [kən'səul] vt consoler (sb for sth qn de qch).

console² [kən'səul] n (a) (organ, language lab) console f; (Comput) console, pupitre m; [aircraft] tableau m de bord, commandes fpl. (b) (radio cabinet) meuble m de radio. (c) (Archit) console f.

consolidate [kən'sɒlɪdeɪt] 1 vt (a) (make strong) one's position consolider, raffermir. (b) (Comm, Fin: unite) businesses réunir; loan, funds, annuities consolider. ~d fund ≃ fonds consolidés; (Jur) ~d laws codification f (des lois); (US Scol) ~d school district secteur scolaire élargi. 2 vi se consolider, s'affermir.

consolidation [kən,sɒlɪ'deɪʃən] n (V consolidate) (a) consolidation f, affermissement m. (b) (Comm, Fin) unification f, consolidation f; [companies] fusion f; [balance sheet] consolidation. (Jur) C~ Act codification f.

consoling [kən'səulɪŋ] adj consolant, consolateur (f -trice).

consols ['kɒnsɒlz] npl (Brit Fin) fonds consolidés.

consonance ['kɒnsənəns] n [sounds] consonance f, accord m; [ideas] accord, communion f.

consonant ['kɒnsənənt] 1 n (Ling) consonne f. ~ cluster groupe m consonantique; ~ shift mutation f consonantique. 2 adj en accord (with avec). behaviour ~ with one's beliefs comportement qui s'accorde avec ses croyances.

consonantal [,kɒnsə'næntl] adj consonantique.

consort ['kɒnsɔːt] 1 n (a) (spouse) époux m, épouse f; (also prince ~) (prince m) consort m.

(b) (Naut) conserve f. in ~ de conserve.

2 [kən'sɔːt] vi (a) (associate) to ~ with sb fréquenter qn, frayer avec qn.

(b) (be consistent) [behaviour] s'accorder (with avec).

consortium [kən'sɔːtɪəm] n consortium m, comptoir m.

conspectus [kən'spektəs] n vue générale.

conspicuous [kən'spɪkjuəs] adj person, behaviour, clothes voyant, qui attire la vue; bravery insigne; difference, fact notable, remarquable, manifeste. the poster was ~ l'affiche attirait les regards, on ne pouvait pas manquer de voir l'affiche; there was a ~ lack of ... il y avait un manque manifeste de or une absence manifeste de ...; he was in a ~ position (lit) il était bien en évidence; (fig) il occupait une situation très en vue; to make o.s. ~ se faire remarquer, se singulariser; to be ~ by one's absence briller par son absence; (Econ etc) ~ consumption consommation f ostentatoire.

conspicuously [kən'spɪkjuəslɪ] adv behave d'une manière à se faire remarquer; opposed, angry visiblement, manifestement. he was ~ absent son absence se remarquait, il brillait par son absence.

conspiracy [kən'spɪrəsɪ] n (a) (plot) conspiration f, complot m, conjuration f. a ~ of silence une conspiration du silence (on the part of sb de la part de qn). (b) (U: Jur: also criminal ~) ≃ association f de malfaiteurs.

conspirator [kən'spɪrətəʳ] n conspirateur m, -trice f, conjuré(e) m(f).

conspire [kən'spaɪəʳ] 1 vi (a) [people] conspirer (against contre). to ~ to do comploter de or se mettre d'accord pour faire. (b) [events] conspirer, concourir (to do à faire). 2 vt (†) comploter, méditer.

constable ['kʌnstəbl] n (Brit: also police ~) (in town) agent m de police, gardien m de la paix; (in country) gendarme m. 'yes, C~' 'oui, monsieur l'agent (or monsieur le gendarme)'; V chief, special.

constabulary [kən'stæbjulərɪ] collective n (Brit) (in town) (la) police en uniforme; (in country) (la) gendarmerie; V royal.

Constance ['kɒnstəns] n: Lake ~ le lac de Constance.

constancy ['kɒnstənsɪ] n (firmness) constance f, fermeté f; [feelings, affection] fidélité f, constance; [temperature etc] invariabilité f, constance.

constant ['kɒnstənt] 1 adj (a) (occurring often) quarrels, interruptions incessant, continuel, perpétuel. (b) (unchanging) affection inaltérable, constant; friend fidèle, loyal. 2 n (Math, Phys) constante f. (US Scol) ~s matières fpl obligatoires.

Constantine ['kɒnstən,taɪn] n Constantin m.

Constantinople [,kɒnstæntɪ'nəupl] n Constantinople.

constantly ['kɒnstəntlɪ] adv constamment, continuellement, sans cesse.

constellation [,kɒnstə'leɪʃən] n constellation f.

consternation [,kɒnstə'neɪʃən] n consternation f. filled with ~ frappé de consternation, consterné, accablé; there was general ~ la consternation était générale.

constipate ['kɒnstɪpeɪt] vt constiper.

constipated ['kɒnstɪpeɪtɪd] adj (lit, fig) constipé.

constipation [,kɒnstɪ'peɪʃən] n constipation f.

constituency [kən'stɪtjuənsɪ] n (Pol) (place) circonscription électorale; (people) électeurs mpl (d'une circonscription). ~ party section locale (du parti).

constituent [kən'stɪtjuənt] 1 adj part, element constituant, composant, constitutif. (Pol) ~ assembly assemblée constituante; ~ power pouvoir constituant.

2 n (a) (Pol) électeur m, -trice f (de la circonscription d'un député). one of my ~s wrote to me ... quelqu'un dans ma circonscription m'a écrit ...; he was talking to one of his ~s il parlait à un habitant or un électeur de sa circonscription.

(b) (part, element) élément constitutif; (Ling) constituant m. (Ling) ~ analysis analyse f en constituants immédiats.

constitute ['kɒnstɪtjuːt] vt (a) (appoint) constituer, instituer, désigner. to ~ sb leader of the group désigner qn (comme) chef du groupe.

(b) (establish) organization monter, établir; committee constituer.

(c) (amount to, make up) faire, constituer. these parts ~ a whole toutes ces parties font or constituent un tout; that ~s a lie cela constitue un mensonge; it ~s a threat to our sales ceci représente une menace pour nos ventes; so ~d that ... fait de telle façon que ..., ainsi fait que ... .

constitution [,kɒnstɪ'tjuːʃən] n (a) (Pol) constitution f. under the

French ~ selon *or* d'après la constitution française; **the C~ State** le Connecticut.
  (b) *[person]* constitution *f*. **to have a strong/weak** *or* **poor ~** avoir une robuste/chétive constitution; **iron ~** santé *f* de fer.
  (c) *(structure)* composition *f*, constitution *f (of* de).
constitutional [ˌkɒnstɪˈtjuːʃənl] **1** *adj* **(a)** *(also Pol) government, reform, vote* constitutionnel, de constitution. *(Univ etc)* ~ **law** le droit constitutionnel. **(b)** *(Med) weakness, tendency* constitutionnel, diathésique. **2** *n (*hum)* **to go for a ~** faire sa petite promenade *or* son petit tour.
constitutionally [ˌkɒnstɪˈtjʊənəlɪ] *adv* **(a)** *(Pol etc)* constitutionnellement, conformément à la constitution. **(b)** de nature, par nature.
constitutive [ˈkɒnstɪtjuːtɪv] *adj* constitutif.
constrain [kənˈstreɪn] *vt* **(a)** *(force)* contraindre, forcer, obliger *(sb to do* qn à faire). **I find myself ~ed to write to you** je me vois dans la nécessité de vous écrire; **to be/feel ~ed to do** être/se sentir contraint *or* forcé *or* obligé de faire.
  (b) *(restrict) liberty, person* contraindre.
constrained [kənˈstreɪnd] *adj atmosphere* de gêne; *voice, manner* contraint.
constraint [kənˈstreɪnt] *n* **(a)** *(compulsion)* contrainte *f*. **to act under ~** agir sous la contrainte.
  (b) *(restriction)* contrainte *f (upon* qui s'exerce sur), retenue *f*, gêne *f*; *(Ling)* contrainte. **to speak freely and without ~** parler librement et sans contrainte; **the ~s placed upon us** les contraintes auxquelles nous sommes soumis.
constrict [kənˈstrɪkt] *vt (gen)* resserrer; *(tighten) muscle etc* serrer; *(hamper) movements* gêner.
constricted [kənˈstrɪktɪd] *adj* **(a)** *space* réduit, restreint; *freedom* restreint; *movement* limité. *(fig)* **a ~ view of events** une vue bornée des événements; **to feel ~** *(by clothes etc)* se sentir à l'étroit; *(fig)* **I feel ~ by these regulations** le règlement me pèse.
  (b) *(Phon)* constrictif.
constriction [kənˈstrɪkʃən] *n (esp Med)* constriction *f*, resserrement *m*, étranglement *m*.
construct [kənˈstrʌkt] **1** *vt building* construire, bâtir; *novel, play* construire, composer; *theory, one's defence* bâtir; *(Ling)* construire. **2** [ˈkɒnstrʌkt] *n (Philos, Psych)* construction mentale.
construction [kənˈstrʌkʃən] **1** *n* **(a)** *(roads, buildings]* construction *f*, édification *f*. **in course of ~, under ~** en construction.
  (b) *[building, structure]* construction *f*, édifice *m*, bâtiment *m*.
  (c) *(interpretation)* interprétation *f*. **to put a wrong ~ on sb's words** mal interpréter *or* interpréter à contresens les paroles de qn.
  (d) *(Gram)* construction *f*.
  2 *cpd:* **construction engineer** ingénieur *m* des travaux publics et des bâtiments.
constructional [kənˈstrʌkʃənl] *adj* de construction. **~ engineering** construction *f* mécanique.
constructive [kənˈstrʌktɪv] *adj* constructif.
constructively [kənˈstrʌktɪvlɪ] *adv* d'une manière constructive.
constructor [kənˈstrʌktər] *n* constructeur *m*, -trice *f*; *(Naut)* ingénieur *m* des constructions navales.
construe [kənˈstruː] **1** *vt* **(a)** *(gen: interpret meaning of)* interpréter. **you can ~ that in different ways** vous pouvez interpréter cela de différentes manières; **her silence was ~d as consent** son silence a été interprété comme *or* pris pour un assentiment; **this was ~d as a progress in the negotiations** cela a été interprété comme un progrès dans les négociations; **his words were wrongly ~d** ses paroles ont été mal comprises, on a interprété ses paroles à contresens.
  (b) *(Gram: parse etc) sentence* analyser, décomposer; *Latin etc text* analyser.
  (c) *(explain) poem, passage* expliquer.
  2 *vi (Gram)* s'analyser grammaticalement. **the sentence will not ~** la phrase n'a pas de construction.
consul [ˈkɒnsəl] *n* consul *m*. **~ general** consul général.
consular [ˈkɒnsjʊlər] *adj* consulaire. **~ section** service *m* consulaire.
consulate [ˈkɒnsjʊlɪt] *n* consulat *m*. **~ general** consulat général.
consulship [ˈkɒnsəlʃɪp] *n* poste *m* or charge *f* de consul.
consult [kənˈsʌlt] **1** *vt* **(a)** *book, person, doctor* consulter *(about* sur, au sujet de).
  (b) *(show consideration for) person's feelings* avoir égard à, prendre en considération; *one's own interests* consulter.
  2 *vi* consulter, être en consultation *(with* avec). **to ~ together over sth** se consulter sur *or* au sujet de qch.
  3 *cpd:* **consulting engineer** ingénieur-conseil *m*, ingénieur consultant; *(Brit Med)* **consulting hours** heures *fpl* de consultation; *(Brit esp Med)* **consulting room** cabinet *m* de consultation.
consultant [kənˈsʌltənt] *n (gen)* consultant *m*, expert-conseil *m*, conseiller *m*; *(Brit Med)* médecin consultant, spécialiste *m*. **he acts as ~ to the firm** il est expert-conseil auprès de la compagnie; *V* **management** *etc*.
  2 *cpd:* **consultant engineer** ingénieur-conseil *m*, ingénieur consultant; **consultant physician/psychiatrist** médecin/psychiatre consultant(e).
consultation [ˌkɒnsəlˈteɪʃən] *n* **(a)** *(U)* consultation *f*. **in ~ with** en consultation avec. **(b)** consultation *f*. **to hold a ~** conférer *(about* de), délibérer *(about* sur), tenir une délibération.
consultative [kənˈsʌltətɪv] *adj* consultatif. **in a ~ capacity** dans un rôle consultatif.
consumables [kənˈsjuːməblz] *npl (Econ etc)* produits *mpl* de consommation; *(Comput)* consommables *mpl*.
consume [kənˈsjuːm] *vt food, drink* consommer; *supplies, resources* consommer, dissiper; *[engine] fuel* brûler, consommer; *[fire]* **build**

ings consumer, dévorer. *(fig)* **to be ~d with grief** se consumer de chagrin; **to be ~d with desire** brûler de désir; **to be ~d with jealousy** être rongé par la jalousie.
consumer [kənˈsjuːmər] **1** *n (gen)* consommateur *m*, -trice *f*; *(gas etc user)* abonné(e) *m(f)*.
  2 *cpd:* **consumer credit** crédit *m* à la consommation; **consumer demand** demande *f* de consommation; **consumer durables** biens *mpl* durables; **consumer electronics** électronique *f* grand public; **consumer goods** biens *mpl* de consommation; **consumer protection** protection *f* du consommateur; *(Brit)* **Secretary of State for** *or* **Minister of Consumer Protection** ministre *m* pour la protection des consommateurs, ≃ secrétaire *m* d'État à la Consommation; **Department** *or* **Ministry of Consumer Protection** ministère *m* pour la protection des consommateurs, ≃ Secrétariat *m* d'État à la Consommation; **consumer research** études *fpl* de marchés; **consumer resistance** résistance *f* du consommateur; **consumer society** société *f* de consommation.
consumerism [kənˈsjuːməˌrɪzəm] *n* **(a)** *(consumer protection)* défense *f* du consommateur, consumérisme *m*. **(b)** *(Econ: policy)* consumérisme *m*.
consuming [kənˈsjuːmɪŋ] *adj desire, passion* dévorant, brûlant.
consummate [kənˈsʌmɪt] **1** *adj* consommé, accompli, achevé. **2** [ˈkɒnsʌmeɪt] *vt* consommer.
consummation [ˌkɒnsʌˈmeɪʃən] *n [union esp marriage]* consommation *f*; *[art form]* perfection *f*; *[one's desires, ambitions]* couronnement *m*, apogée *m*.
consumption [kənˈsʌmpʃən] *n (U)* **(a)** *[food, fuel]* consommation *f*. **not fit for human ~** *(lit)* non-comestible; *(*pej)* pas mangeable, immangeable. **(b)** *(Med*†*: tuberculosis)* consomption *f* (pulmonaire)†, phtisie† *f*.
consumptive† [kənˈsʌmptɪv] *adj, n* phtisique† *(mf)*, tuberculeux *m*, -euse *f*.
contact [ˈkɒntækt] **1** *n* **(a)** contact *m*. **point of ~** point *m* de contact *or* de tangence; **to be in/come into/get into ~ with sb** être/entrer/se mettre en contact *or* rapport avec qn; **we have had no ~ with him for 6 months** nous sommes sans contact avec lui depuis 6 mois; **I seem to make no ~ with him** je n'arrive pas à communiquer avec lui; *(Volleyball)* **~ with the net** faute *f* de filet.
  (b) *(Elec)* contact *m*. **to make/break the ~** établir/couper le contact; *(Aviat)* **~!** contact!
  (c) *(in secret service etc)* agent *m* de liaison; *(acquaintance)* connaissance *f*, relation *f*. **he has some ~s in Paris** il a des relations à Paris, il connaît des gens *or* il est en relation avec des gens à Paris.
  (d) *(Med)* contaminateur *m* possible, contact *m*.
  2 *vt person* se mettre en contact *or* en rapport avec, entrer en relations avec, contacter. **we'll ~ you soon** nous nous mettrons en rapport avec vous sous peu.
  3 *cpd adhesive etc* de contact. *(Elec)* **contact breaker** interrupteur *m*, rupteur *m*; **contact cement** ciment *m* de contact; **contact lenses** verres *mpl* de contact, lentilles cornéennes; *(Comm)* **contact man** agent *m* de liaison; *(Phot)* **contact print** (épreuve *f* par) contact *m*.
contagion [kənˈteɪdʒən] *n* contagion *f*.
contagious [kənˈteɪdʒəs] *adj (Med) illness, person* contagieux; *(fig) laughter, emotion* contagieux, communicatif.
contain [kənˈteɪn] *vt* **(a)** *(hold) [box, bottle, envelope etc]* contenir; *[book, letter, newspaper]* contenir, renfermer. **sea water ~s a lot of salt** l'eau de mer contient beaucoup de sel *or* a une forte teneur en sel; **the room will ~ 70 people** la salle peut contenir 70 personnes; *V* **self**.
  (b) *(hold back, control) one's emotions, anger* contenir, refréner, maîtriser. **he couldn't ~ himself for joy** il ne se sentait pas de joie; *(Mil)* **to ~ the enemy forces** contenir les troupes ennemies.
  (c) *(Math)* être divisible par.
container [kənˈteɪnər] **1** *n* **(a)** *(goods transport)* conteneur *m*.
  (b) *(jug, box etc)* récipient *m*; *(for plants)* godet *m*. *(for food) (foil)* **~** barquette *f* (en alu(minium)).
  2 *cpd train, ship* porte-conteneurs *inv*. **container dock** dock *m* pour la manutention de conteneurs; *(Naut)* **container line** ligne *f* transconteneurs *inv*; **container terminal** terminal *m* (à conteneurs); **container transport** transport *m* par conteneurs.
containerization [kənˌteɪnəraɪˈzeɪʃən] *n* conteneurisation *f*.
containerize [kənˈteɪnəraɪz] *vt* mettre en conteneurs, conteneuriser.
containment [kənˈteɪnmənt] *n (Pol)* endiguement *m*.
contaminate [kənˈtæmɪneɪt] *vt (lit, fig)* contaminer, souiller; *[radioactivity]* contaminer. **~d air** air vicié *or* contaminé.
contamination [kənˌtæmɪˈneɪʃən] *n (V* **contaminate***)* contamination *f*; souillure *f*.
contd *abbr of* **continued**.
contemplate [ˈkɒntempleɪt] *vt* **(a)** *(look at)* contempler, considérer avec attention. **(b)** *(plan, consider) action, purchase* envisager. **to ~ doing** envisager de *or* songer à *or* se proposer de faire; **I don't ~ a refusal from him** je ne m'attends pas à *or* je n'envisage pas un refus de sa part.
contemplation [ˌkɒntemˈpleɪʃən] *n (U)* **(a)** *(act of looking)* contemplation *f*. **(b)** *(deep thought)* contemplation *f*, méditation *f*. **deep in ~** plongé dans de profondes méditations. **(c)** *(expectation)* prévision *f*. **in ~ of their arrival** en prévision de leur arrivée.
contemplative [kənˈtemplətɪv] **1** *adj mood* contemplatif, méditatif; *attitude* recueilli; *(Rel) prayer, order* contemplatif. **2** *n (Rel)* contemplatif *m*, -ive *f*.
contemporaneous [kənˌtempəˈreɪnɪəs] *adj* contemporain *(with* de).
contemporaneously [kənˌtempəˈreɪnɪəslɪ] *adv* à la même époque *(with* que).

contemporary [kən'tempərərɪ] **1** adj (of the same period) contemporain (with de), de la même époque (with que); (modern) contemporain, moderne. Dickens and ~ writers Dickens et les écrivains contemporains or de son époque; **he's bought an 18th century house and is looking for** ~ **furniture** il a acheté une maison du 18e siècle et il cherche des meubles d'époque; **a** ~ **narrative** un récit de l'époque; **I like** ~ **art** j'aime l'art contemporain or moderne; **it's all very** ~ c'est tout ce qu'il y a de plus moderne.
2 n contemporain(e) m(f).
contempt [kən'tempt] n mépris m. **to hold in** ~ mépriser, avoir du mépris pour; **this will bring you into** ~ ceci vous fera mépriser; **in** ~ **of danger** au mépris or en dépit du danger; **it's beneath** ~ c'est tout ce qu'il y a de plus méprisable, c'est au-dessous de tout; (Jur) ~ **of court** outrage m à la Cour.
contemptible [kən'temptəbl] adj méprisable, indigne, vil.
contemptuous [kən'temptjʊəs] adj person dédaigneux (of de); manner etc méprisant, altier, dédaigneux; gesture de mépris.
contemptuously [kən'temptjʊəslɪ] adv avec mépris, dédaigneusement.
contend [kən'tend] **1** vi combattre, lutter (with contre). **to** ~ **with sb for sth** disputer qch à qn; **to** ~ **with sb over sth** se disputer or se battre avec qn au sujet de qch; **they had to** ~ **with very bad weather conditions** ils ont dû faire face à des conditions météorologiques déplorables; **we have many problems to** ~ **with** nous sommes aux prises avec de nombreux problèmes; **he has a lot to** ~ **with** il a pas mal de problèmes à résoudre; **I should not like to have to** ~ **with him** je ne voudrais pas avoir affaire à lui; **you'll have me to** ~ **with** vous aurez affaire à moi.
2 vt soutenir, prétendre (that que).
contender [kən'tendər] n prétendant(e) m(f) (for à); (in contest, competition, race) concurrent(e) m(f); (in election, for a job) candidat m. **presidential** ~ candidat à l'élection présidentielle.
contending [kən'tendɪŋ] adj opposé, ennemi.
content¹ [kən'tent] **1** adj content, satisfait. **to be** ~ **with sth** se contenter or s'accommoder de qch; **she is quite** ~ **to stay there** elle ne demande pas mieux que de rester là.
2 n contentement m, satisfaction f; V **heart**.
3 vt person contenter, satisfaire. **to** ~ **o.s. with doing** se contenter de or se borner à faire.
content² [ˈkɒntent] n **(a)** ~**s** (thing contained) contenu m; (amount contained) contenu, contenance f; [house etc] (gen) contenu; (Insurance) biens mpl mobiliers; [book] (table of) ~**s** table f des matières.
(b) (U) [book, play, film] contenu m (also Ling); [official document] teneur f; [metal] teneur, titre m. **what do you think of the** ~ **of the article?** que pensez-vous du contenu or du fond de l'article?; **oranges have a high vitamin C** ~ les oranges sont riches en vitamines C; **gold** ~ teneur en or; **the play lacks** ~ la pièce est mince or manque de profondeur.
contented [kən'tentid] adj content, satisfait (with de).
contentedly [kən'tentidlɪ] adv avec contentement. **to smile** ~ avoir un sourire de contentement.
contentedness [kən'tentidnis] n contentement m, satisfaction f.
contention [kən'tenʃən] n **(a)** (dispute) démêlé m, dispute f, contestation f; V **bone**. **(b)** (argument, point argued) assertion f, affirmation f. **it is my** ~ **that** je soutiens que.
contentious [kən'tenʃəs] adj person querelleur, chamailleur; subject, issue contesté, litigieux.
contentment [kən'tentmənt] n contentement m, satisfaction f.
conterminous [ˌkɒn'tɜːmɪnəs] adj **(a)** (contiguous) county, country limitrophe (with à); estate, house, garden adjacent, attenant (with, to à). **(b)** (end to end) bout à bout. **(c)** (coextensive) de même étendue (with que).
contest [kən'test] **1** vt (argue, debate) question, matter, result contester, discuter; (Jur) judgment attaquer. **to** ~ **sb's right to do** contester à qn le droit de faire; (Jur) **to** ~ **a will** attaquer or contester un testament.
(b) (compete for) disputer. (Parl) **to** ~ **a seat** disputer un siège; (Pol) **to** ~ **an election** disputer une élection.
2 vi se disputer (with, against avec), contester.
3 [ˈkɒntest] n (struggle: lit, fig) combat m, lutte f (with avec, contre, between entre); (Sport) lutte; (Boxing, Wrestling) combat, rencontre f; (competition) concours m. **beauty** ~ concours de beauté; ~ **of skill** lutte d'adresse; **the mayoral** ~ (la lutte pour) l'élection du maire.
contestant [kən'testənt] n **(a)** (for prize, reward) concurrent(e) m(f). **(b)** (in fight) adversaire mf.
contestation [ˌkɒntes'teɪʃən] n contestation f.
context [ˈkɒntekst] n contexte m. **in/out of** ~ dans le/hors contexte; (Ling) ~ **of situation** situation f de discours.
contextual [kɒn'tekstjʊəl] adj contextuel, d'après le contexte.
contiguous [kən'tɪgjʊəs] adj contigu (f -guë). ~ **to** contigu à or avec, attenant à; **the two fields are** ~ les deux champs se touchent or sont contigus.
continence [ˈkɒntɪnəns] n (V **continent¹**) continence f; chasteté f.
continent¹ [ˈkɒntɪnənt] adj (chaste) chaste; (self-controlled) continent†; (Med) qui n'est pas incontinent.
continent² [ˈkɒntɪnənt] n (Geog) continent m. (Brit) **the C~** l'Europe continentale; (Brit) **on the C~** en Europe (continentale).
continental [ˌkɒntɪ'nentl] **1** adj continental. ~ **breakfast** petit déjeuner à la française, café (or thé) complet; ~ **drift** dérive f des continents; (Brit) ~ **quilt** couette f; ~ **shelf** plateforme continentale, plateau continental; ~ **shields** aires continentales.
2 n (Brit) Européen(ne) m(f) (continental).
contingency [kən'tɪndʒənsɪ] **1** n (a) éventualité f, événement imprévu or inattendu. **in a** ~, **should a** ~ **arise** en cas d'imprévu; **to provide for all contingencies** parer à toute éventualité.

(b) (Statistics) contingence f.
2 cpd: **contingency fund** caisse f de prévoyance; **contingency planning** mise f sur pied de plans d'urgence; **contingency plans** plans mpl d'urgence; (Space) **contingency sample** échantillon m lunaire (prélevé dès l'alunissage).
contingent [kən'tɪndʒənt] **1** adj contingent. **to be** ~ **upon sth** dépendre de qch, être subordonné à qch. **2** n (gen, also Mil) contingent m.
continual [kən'tɪnjʊəl] adj continuel.
continually [kən'tɪnjʊəlɪ] adv continuellement, sans cesse.
continuance [kən'tɪnjʊəns] n (duration) durée f; (continuation) continuation f; [human race etc] perpétuation f, continuité f.
continuant [kən'tɪnjʊənt] n (Phon) continue f.
continuation [kən,tɪnjʊ'eɪʃən] n **(a)** (no interruption) continuation f. **(b)** (after interruption) reprise f. **the** ~ **of work after the holidays** la reprise du travail après les vacances. **(c)** [serial story] suite f.
continue [kən'tɪnjuː] **1** vt continuer (to do à or de faire); piece of work continuer, poursuivre; tradition perpétuer, maintenir; policy maintenir; (after interruption) conversation, work reprendre. [serial story etc] **to be** ~**d** à suivre; ~**d on page 10** suite page 10; **to** ~ **(on) one's way** continuer or poursuivre son chemin; (after pause) se remettre en marche; 'and now,' **he** ~**d** 'et ainsi,' reprit-il or poursuivit-il; **to** ~ **sb in a job** maintenir qn dans un poste.
2 vi **(a)** (go on) [road, weather, celebrations] continuer; (after interruption) reprendre. **the forest** ~**s to the sea** la forêt s'étend jusqu'à la mer; **his speech** ~**d until 3 a.m.** son discours s'est prolongé jusqu'à 3 heures du matin.
(b) (remain) rester. **to** ~ **in one's job** garder or conserver son poste; **he** ~**d with his voluntary work** il a poursuivi son travail bénévole; **she** ~**d as his secretary** elle est restée sa secrétaire.
continuing [kən'tɪnjʊɪŋ] adj argument ininterrompu; correspondence soutenu. ~ **education** formation permanente or continue.
continuity [ˌkɒntɪ'njuːɪtɪ] n (gen, Cine, Rad) continuité f. (Cine, TV) ~ **girl** script-girl f, script f.
continuo [kən'tɪnjuˌəʊ] n (Mus) basse continue.
continuous [kən'tɪnjʊəs] adj **(a)** continu. (Scol, Univ) ~ **assessment** contrôle continu des connaissances; (Cine) ~ **performance** spectacle permanent; (Comput) ~ **stationery** papier m en continu. **(b)** (Gram) aspect imperfectif; tense progressif. **in the present/past** ~ à la forme progressive du présent/du passé.
continuously [kən'tɪnjʊəslɪ] adv (uninterruptedly) sans interruption, continûment; (repeatedly) continuellement, sans arrêt.
continuum [kən'tɪnjʊəm] n continuum m.
contort [kən'tɔːt] vt **(a)** one's features, limbs tordre, contorsionner. **a face** ~**ed by pain** un visage tordu or contorsionné par la douleur. **(b)** (fig) sb's words, story déformer, fausser.
contortion [kən'tɔːʃən] n [esp acrobat] contorsion f; [features] torsion f, crispation f, convulsion f.
contortionist [kən'tɔːʃənɪst] n contorsionniste mf.
contour [ˈkɒntʊər] **1** n contour m, profil m (d'un terrain). **2** vt: **to** ~ **a map** tracer les courbes de niveau sur une carte. **3** cpd: **contour flying** vol m à très basse altitude (qui épouse le relief); **contour line** courbe f de niveau; **contour map** carte f avec courbes de niveau.
contra... [ˈkɒntrə] pref contre-, contra....
contraband [ˈkɒntrəbænd] **1** n contrebande f. **2** cpd goods de contrebande.
contrabass [ˌkɒntrə'beɪs] n contrebasse f.
contrabassoon [ˌkɒntrəbə'suːn] n contrebasson m.
contraception [ˌkɒntrə'sepʃən] n contraception f.
contraceptive [ˌkɒntrə'septɪv] **1** n contraceptif m. **2** adj device, measures contraceptif, anticonceptionnel.
contract [ˈkɒntrækt] **1** n **(a)** contrat m; (US Comm: tender) adjudication f. **marriage** ~ contrat de mariage; **to enter into a** ~ **with sb for sth** passer un contrat avec qn pour qch; **to put work out to** ~ mettre or donner du travail en adjudication or à l'entreprise; **by** ~ par or sur contrat; (Jur) ~ **for services** contrat de louage d'ouvrage; (fig: by killer) **there's a** ~ **out for him**‡ on a payé quelqu'un pour le descendre; V **breach**.
(b) (also ~ **bridge**) (bridge m) contrat m.
2 cpd: (Jur) **contracting party** partie contractante; **contracting parties** contractants mpl; **contract killer** tueur m à gages; **contract price** prix m forfaitaire; **contract work** travail m à forfait or à l'entreprise.
3 [kən'trækt] vt **(a)** debts, illness contracter; habits, vices prendre, contracter.
(b) alliance contracter. **to** ~ **to do** s'engager (par contrat) à faire; **to** ~ **with sb to do** passer un contrat avec qn pour faire.
(c) metal, muscle etc contracter.
(d) (Ling) word, phrase contracter (to en). ~**ed form** forme contractée.
4 [ˌkən'trækt] vi **(a)** [metal, muscles] se contracter.
(b) (Comm) s'engager (par contrat). **he has** ~**ed for the building of the motorway** il a un contrat pour la construction de l'autoroute.
♦**contract in** vi s'engager (par contrat).
♦**contract out 1** vi se libérer, se dégager (of de), se soustraire (of à). **to contract out of a pension scheme** cesser de cotiser à une caisse de retraite.
2 vt sep work etc sous-traiter (to sb à qn).
contractile [kən'træktaɪl] adj contractile.
contraction [kən'trækʃən] n **(a)** (U) [metal etc] contraction f. **(b)** (Ling) forme contractée, contraction f. **can't is a** ~ **of cannot** can't est une forme contractée or contraction de cannot. **(c)** (acquiring: of habit etc) acquisition f. ~ **of debts** endettement m.
contractor [kən'træktər] n **(a)** (Comm) entrepreneur m. **army** ~ fournisseur m de l'armée; V **building**. **(b)** (Jur) partie contractante.

contractual [kənˈtræktʃʊəl] *adj* contractuel.

contradict [ˌkɒntrəˈdɪkt] *vt* (a) *(deny truth of) person, statement* contredire. **don't ~!** ne (me) contredites pas! (b) *(be contrary to) statement, event* contredire, démentir. **his actions ~ed his words** ses actions démentaient ses paroles.

contradiction [ˌkɒntrəˈdɪkʃən] *n* contradiction *f*, démenti *m*. **to be in ~ with** être en contradiction avec, donner le démenti à; **a ~ in terms** une contradiction dans les termes.

contradictory [ˌkɒntrəˈdɪktərɪ] *adj* contradictoire, opposé *(to* à).

contradistinction [ˌkɒntrədɪsˈtɪŋkʃən] *n* contraste *m*, opposition *f*. **in ~ to** en contraste avec, par opposition à.

contraflow [ˈkɒntrəˌfləʊ] *adj* *(Aut)* **~ lane** voie *f* à contresens; **there is a ~ system in operation on ...** une voie a été mise en sens inverse sur ...; **~ (bus) lane** couloir *m* (d'autobus) à contre-courant.

contraindicated [ˌkɒntrəˈɪndɪˌkeɪtɪd] *adj* *(Med)* contra-indiqué.

contraindication [ˌkɒntrəˌɪndɪˈkeɪʃən] *n* *(Med)* contre-indication *f*.

contralto [kənˈtræltəʊ] **1** *n (voice, person)* contralto *m*. **2** *adj voice, part* de contralto; *aria* pour contralto.

contraption* [kənˈtræpʃən] *n* machin* *m*, bidule* *m*, truc* *m*.

contrapuntal [ˌkɒntrəˈpʌntl] *adj* en contrepoint, contrapuntique.

contrarily [kənˈtreərɪlɪ] *adv* contrairement.

contrariness [kənˈtreərɪnɪs] *n* esprit *m* de contradiction, esprit contrariant.

contrariwise [kənˈtreərɪwaɪz] *adv* (a) *(on the contrary)* au contraire, par contre. (b) *(in opposite direction)* en sens opposé.

contrary [ˈkɒntrərɪ] **1** *adj* (a) *(opposite)* contraire, opposé *(to* à), en opposition *(to* avec); *statements, winds* contraire. **in a ~ direction** en sens inverse *or* opposé; **~ to nature** contre nature.
(b) [kənˈtreərɪ] *(self-willed) person, attitude* contrariant, entêté.
2 *adv* contrairement *(to* à), à l'encontre *(to* de). **~ to accepted ideas** à l'encontre des idées reçues; **~ to what I had thought** contrairement à ce que j'avais pensé.
3 *n* contraire *m*. **on the ~** au contraire; **quite the ~!** bien au contraire!; **come tomorrow unless you hear to the ~** venez demain sauf avis contraire *or* sauf contrordre; **I have nothing to say to the ~** je n'ai rien à dire contre *or* à redire, je n'ai pas d'objections (à faire); *[events]* **to go by contraries** se passer contrairement à ce à quoi on s'attendait.

contrast [kənˈtrɑːst] **1** *vt* mettre en contraste, contraster *(one thing with another)* une chose avec une autre).
2 *vi* contraster, faire contraste *(with* avec). *[colour]* **to ~ strongly** trancher *(with* sur).
3 [ˈkɒntrɑːst] *n (gen, TV)* contraste *m (between* entre). **in ~** par contraste; **in ~ to** par opposition à, par contraste avec; **to stand out in ~** *(in landscapes, photographs)* se détacher *(to* de, sur), ressortir *(to* sur, contre); *[colours]* contraster *(to* avec), trancher *(to* sur).

contrasting [kənˈtrɑːstɪŋ] *adj colours* contrasté; *opinions* opposé.

contrastive [kənˈtrɑːstɪv] *adj* contrastif.

contravene [ˌkɒntrəˈviːn] *vt* (a) *law* enfreindre, violer, contrevenir à *(frm)*. (b) *statement* nier, opposer un démenti à.

contravention [ˌkɒntrəˈvenʃən] *n* infraction *f (of the law* à la loi). **in ~ of the rules** en violation des règles, en dérogation aux règles.

contribute [kənˈtrɪbjuːt] **1** *vt money* contribuer, cotiser. **he has ~d £5** il a offert *or* donné 5 livres; **to ~ an article to a newspaper** donner *or* envoyer un article à un journal; **his presence didn't ~ much to the success of the evening** sa présence n'a pas beaucoup contribué à faire de la soirée un succès.
2 *vi*: **to ~ to a charity** contribuer à une (bonne) œuvre; **he ~d to the success of the venture** il a contribué à assurer le succès de l'affaire; **to ~ to a discussion** prendre part *or* participer à une discussion; **to ~ to a newspaper** collaborer à un journal; **it all ~d to the muddle** tout cela a contribué au désordre.

contribution [ˌkɒntrɪˈbjuːʃən] *n [money, goods etc]* contribution *f*; *(Admin)* cotisation *f*; *(to publication)* article *m*.

contributor [kənˈtrɪbjʊtər] *n (to publication)* collaborateur *m*, -trice *f*; *[money, goods]* donateur *m*, -trice *f*.

contributory [kənˈtrɪbjʊtərɪ] *adj* (a) *cause* accessoire. **it was a ~ factor in his downfall** cela a contribué à sa ruine *or* a été un des facteurs de sa ruine; **~ negligence** faute *f* de la victime; *(Jur)* compensation *f* des fautes.
(b) **~ pension scheme** caisse *f* de retraite (à laquelle cotisent les employés).

contrite [ˈkɒntraɪt] *adj* contrit, pénitent.

contrition [kənˈtrɪʃən] *n* contrition *f*, pénitence *f*.

contrivance [kənˈtraɪvəns] *n (tool, machine etc)* appareil *m*, machine *f*, dispositif *m*; *(scheme)* invention *f*, combinaison *f*. **it is beyond his ~** il n'en est pas capable.

contrive [kənˈtraɪv] *vt* (a) *(invent, design) plan, scheme* combiner, inventer. **to ~ a means of doing** trouver un moyen pour faire.
(b) *(manage)* s'arranger *(to do* pour faire), trouver (le) moyen *(to do* de faire). **can you ~ to be here at 3 o'clock?** est-ce que vous pouvez vous arranger pour être ici à 3 heures?; **he ~d to make matters worse** il a trouvé moyen d'aggraver les choses.

contrived [kənˈtraɪvd] *adj* artificiel, forcé, qui manque de naturel.

control [kənˈtrəʊl] **1** *n* (a) *(U) (authority, power to restrain)* autorité *f*; *(regulating) [traffic]* réglementation *f*; *[aircraft]* contrôle *m*; *[pests]* élimination *f*, suppression *f*. **the ~ of disease/forest fire** la lutte contre la maladie/les incendies de forêt; *(Pol)* **~ of the seas** maîtrise *f* des mers; **he has no ~ over his children** il n'a aucune autorité sur ses enfants; **to keep a dog under ~** tenir un chien, se faire obéir d'un chien; **to have a horse under ~** (savoir) maîtriser un cheval; **to lose ~ (of o.s.)** perdre tout contrôle de soi; **to lose ~ of a vehicle/situation** perdre le contrôle d'un véhicule/d'une situation, ne plus être maître d'un véhicule/d'une situation; **to be**

in ~ of a vehicle/situation, to have a vehicle/situation under ~ être maître d'un véhicule/d'une situation; **to bring** *or* **get under ~** *fire* maîtriser; *situation* dominer; *gangsters, terrorists, children, dog* mater; *inflation* maîtriser, mettre un frein à; **the situation is under ~** on a *or* on tient la situation bien en main; **everything's under ~*** tout est en ordre; **his car got out of ~** il a perdu le contrôle *or* la maîtrise de sa voiture; **the children are quite out of ~** les enfants sont déchaînés; **under French ~** sous contrôle français; **under government ~** sous contrôle gouvernemental; **circumstances beyond our ~** circonstances indépendantes de notre volonté; **who is in ~ here?** qui *or* quel est le responsable ici?; *(Sport)* **his ~ of the ball is not very good** il ne contrôle pas très bien le ballon; *V* birth, self *etc*.
(b) **~s** *[train, car, ship, aircraft]* commandes *fpl*; *[radio, TV]* boutons *mpl* de commande; *(Rail etc)* **to be at the ~s** être aux commandes; *(Rad, TV)* **volume/tone ~** (bouton *m* de) réglage *m* de volume/de sonorité.
(c) **price ~s** le contrôle des prix.
(d) *(Phys, Psych etc: standard of comparison)* cas *m* témoin.
2 *vt (regulate, restrain) emotions* maîtriser, dominer, réprimer; *child, animal* se faire obéir de; *car* avoir *or* garder la maîtrise de; *crowd* contenir; *organization, business* diriger, être à la tête de; *expenditure* régler; *prices, wages* mettre un frein à la hausse de; *immigration* contrôler; *inflation, unemployment* maîtriser, mettre un frein à; *a market* dominer. **to ~ o.s.** se contrôler, se maîtriser, rester maître de soi; **~ yourself!** calmez-vous!, maîtrisez-vous!; **she can't ~ the children** elle n'a aucune autorité sur les enfants; **to ~ traffic** régler la circulation; **to ~ a disease** enrayer une maladie; *(Sport)* **to ~ the ball** contrôler le ballon; *V also* controlled.
3 *cpd*: *(Med, Psych etc)* **control case** cas *m* témoin; *(Aviat)* **control column** manche *m* à balai; *(Med, Psych etc)* **control group** groupe *m* témoin; **control knob** bouton *m* de commande *or* de réglage; **control panel** *[aircraft, ship]* tableau *m* de bord; *[TV, computer]* pupitre *m* de commande; **control point** contrôle *m*; **control room** *(Naut)* poste *m* de commande; *(Mil)* salle *f* de commande; *(Rad, TV)* régie *f*; *(Aviat)* **control tower** tour *f* de contrôle; *(Comput)* **control unit** unité *f* de commande.

controllable [kənˈtrəʊləbl] *adj child, animal* discipliné; *expenditure, inflation, imports, immigration* qui peut être freiné *or* restreint; *disease* qui peut être enrayé.

controlled [kənˈtrəʊld] *adj emotion* contenu. **he was very ~** il se dominait très bien; **... he said in a ~ voice ...** dit-il en se contrôlant *or* en se dominant; *(Econ)* **~ economy** économie dirigée *or* planifiée.

-controlled [kənˌtrəʊld] *adj ending in cpds,* e.g. **a Labour-controlled council** un conseil municipal à majorité travailliste; **a government-controlled organisation** une organisation sous contrôle gouvernemental; **computer-controlled equipment** outillage commandé par ordinateur.

controller [kənˈtrəʊlər] *n* (a) *[accounts etc]* contrôleur *m*, vérificateur *m*. (b) *(Admin, Ind etc: manager)* contrôleur *m*. (c) *(Tech: device)* appareil *m* de contrôle.

controlling [kənˈtrəʊlɪŋ] *adj factor* déterminant. *(Fin)* **~ interest** participation *f* majoritaire.

controversial [ˌkɒntrəˈvɜːʃəl] *adj speech, action, decision* discutable, sujet à controverse; *book, suggestion* controversé, discuté. **one of the most ~ figures of his time** l'un des personnages les plus discutés de son époque.

controversy [kənˈtrɒvəsɪ] *n* controverse *f*, polémique *f*; *(Jur, Fin)* différend *m*. **there was a lot of ~ about it** ça a provoqué *or* soulevé beaucoup de controverses, ça a été très contesté *or* discuté; **to cause ~** provoquer *or* soulever une controverse; **they were having a great ~** ils étaient au milieu d'une grande polémique.

controvert [ˈkɒntrəvɜːt] *vt (rare)* disputer, controverser.

contumacious [ˌkɒntjʊˈmeɪʃəs] *adj* rebelle, insoumis, récalcitrant.

contumacy [ˈkɒntjʊməsɪ] *n (resistance)* résistance *f*, opposition *f*; *(rebelliousness)* désobéissance *f*, insoumission *f*; *(Jur)* contumace *f*.

contumelious [ˌkɒntjʊˈmiːlɪəs] *adj (liter)* insolent, méprisant.

contumely [ˈkɒntjuː(ː)mlɪ] *n (liter)* mépris *m*.

contusion [kənˈtjuːʒən] *n* contusion *f*.

conundrum [kəˈnʌndrəm] *n* devinette *f*, énigme *f*; *(fig)* énigme.

conurbation [ˌkɒnɜːˈbeɪʃən] *n* conurbation *f*.

convalesce [ˌkɒnvəˈles] *vi* relever de maladie, se remettre (d'une maladie). **to be convalescing** être en convalescence.

convalescence [ˌkɒnvəˈlesəns] *n* convalescence *f*.

convalescent [ˌkɒnvəˈlesənt] **1** *n* convalescent(e) *m(f)*. **2** *adj* convalescent. **~ home** maison *f* de convalescence *or* de repos.

convection [kənˈvekʃən] **1** *n* convection *f*. **2** *cpd heating* à convection.

convector [kənˈvektər] *n* radiateur *m* (à convection).

convene [kənˈviːn] **1** *vt* convoquer. **2** *vi* se réunir, s'assembler; *V also* convening.

convener [kənˈviːnər] *n* président(e) *m(f) (de commission etc)*.

convenience [kənˈviːnɪəns] **1** *n* (a) *(U) (suitability, comfort)* commodité *f*. **the ~ of a modern flat** la commodité *or* le confort d'un appartement moderne; **I doubt the ~ of an office in the suburbs** je ne suis pas sûr qu'un bureau en banlieue soit pratique; **for ~'(s) sake** par souci de commodité; *(Comm)* **at your earliest ~** dans les meilleurs délais; **to find sth to one's ~** trouver qch à sa convenance; **do it at your own ~** faites-le quand cela vous conviendra; *V* marriage.
(b) **~s** commodités *fpl*; **the house has all modern ~s** la maison a tout le confort moderne.
(c) *(Brit euph)* toilettes *fpl*, W.-C. *mpl*; *V* public.
2 *cpd*: **convenience foods** aliments tout préparés; *(complete*

dishes) plats cuisinés; (US) **convenience market** or **store** épicerie f de dépannage, commerce m de proximité.

convenient [kən'viːnɪənt] adj tool, place commode. **if it is ~ to you** si vous n'y voyez pas d'inconvénient, si cela ne vous dérange pas; **will it be ~ for you to come tomorrow?** est-ce que cela vous arrange or vous convient de venir demain?; **what would be a ~ time for you?** quelle heure vous conviendrait?; **is it ~ to see Mr X now?** peut-on voir M. X tout de suite sans le déranger?; **it is not a very ~ time** le moment n'est pas très bien choisi; **we were looking for a ~ place to stop** nous cherchions un endroit convenable or un bon endroit où nous arrêter; **his cousin's death was very ~ for him** la mort de sa cousine est tombée au bon moment pour lui; **the house is ~ for** (US **to**) **shops and buses** la maison est bien située pour les magasins et les autobus; **he put it down on a ~ chair** il l'a posé sur une chaise qui se trouvait (là) à portée.

conveniently [kən'viːnɪəntlɪ] adv d'une manière commode. **~ situated for the shops** bien situé pour les magasins; **her aunt ~ lent her a house** sa tante lui a prêté une maison fort à propos; **very ~ he arrived late** il est arrivé en retard de façon fort opportune.

convening [kən'viːnɪŋ] **1** adj: **~ authority** autorité habilitée à or chargée de convoquer; **~ country** pays m hôte. **2** n convocation f.

convenor [kən'viːnər] n = **convener**.

convent ['kɒnvənt] **1** n couvent m. **to go into a ~** entrer au couvent. **2** cpd: **convent school** couvent m.

conventicle [kən'ventɪkl] n conventicule m.

convention [kən'venʃən] n (meeting, agreement) convention f; (accepted behaviour) usage m, convenances fpl. **according to ~** selon l'usage, selon les convenances; **there is a ~ that ladies do not dine here** l'usage veut que les dames ne puissent pas dîner ici.

conventional [kən'venʃənl] adj (a) method conventionnel, classique. **~ weapons** armes classiques; **~ wisdom** la croyance populaire.
  (b) (slightly pej) person conventionnel, conformiste; behaviour, remarks conventionnel, de convention, banal.

converge [kən'vɜːdʒ] vi converger (on sur).

convergence [kən'vɜːdʒəns] n convergence f.

convergent [kən'vɜːdʒənt] adj, **converging** [kən'vɜːdʒɪŋ] adj convergent. **~ thinking** raisonnement convergent.

conversant [kən'vɜːsənt] adj: **to be ~ with** car, machinery s'y connaître en; language, science, laws, customs connaître; facts être au courant de; **I am ~ with what he said** je suis au courant de ce qu'il a dit; **I am not ~ with mathematics** je ne comprends rien aux mathématiques; **I am not ~ with sports cars** je ne m'y connais pas en voitures de sport.

conversation [ˌkɒnvə'seɪʃən] **1** n conversation f, entretien m. **to have a ~ with sb** avoir une conversation or un entretien avec qn, s'entretenir avec qn; **I have had several ~s with him** j'ai eu plusieurs entretiens or conversations avec lui; **to be in ~ with** s'entretenir avec, être en conversation avec; **what was your ~ about?** de quoi parliez-vous?; **she has no ~** elle n'a aucune conversation.
  2 cpd: (Art) **conversation piece** tableau m de genre, scène f d'intérieur; **her hat was a real conversation piece*** son chapeau a fait beaucoup jaser; **that was a conversation stopper*** cela a arrêté net la conversation, cela a jeté un froid sur la conversation.

conversational [ˌkɒnvə'seɪʃənl] adj **(a)** voice, words de la conversation; person qui a la conversation facile. **to speak in a ~ tone** parler sur le ton de la conversation. **(b)** (Comput) conversationnel.

conversationalist [ˌkɒnvə'seɪʃənəlɪst] n causeur m, -euse f. **she's a great ~** elle a de la conversation, elle brille dans la conversation.

conversationally [ˌkɒnvə'seɪʃənəlɪ] adv speak sur le ton de la conversation. **'nice day' she said ~** 'il fait beau' dit-elle du ton de quelqu'un qui cherche à entamer une conversation.

converse¹ [kən'vɜːs] vi converser. **to ~ with sb about sth** s'entretenir avec qn de qch.

converse² ['kɒnvɜːs] **1** adj (opposite, contrary) statement contraire, inverse; (Math, Philos) inverse; proposition inverse, réciproque. **2** n [statement] contraire m, inverse m; (Math, Philos) inverse.

conversely [kɒn'vɜːslɪ] adv inversement, réciproquement. **... and ~ ...** et vice versa.

conversion [kən'vɜːʃən] **1** n (U: gen, Fin, Math, Philos, Rel) conversion f; (Rugby) transformation f. **the ~ of salt water into drinking water** la conversion or la transformation d'eau salée en eau potable; **the ~ of an old house into flats** l'aménagement m or l'agencement m d'une vieille maison en appartements; **improper ~ of funds** détournement m de fonds, malversations fpl; **his ~ to Catholicism** sa conversion au catholicisme.
  2 cpd: **conversion table** table f de conversion.

convert ['kɒnvɜːt] **1** n converti(e) m(f). **to become a ~ to** se convertir à.
  2 [kən'vɜːt] vt (gen) convertir, transformer, changer (into en); (Rel etc) convertir (to à). **to ~ pounds into francs** (on paper) convertir des livres en francs; (by exchanging them) changer or convertir des livres en francs; (Rugby) **to ~ a try** transformer un essai; **he has ~ed me to his way of thinking** il m'a converti or amené à sa façon de penser.
  (b) (alter) house arranger, aménager, agencer (into en). **they have ~ed one of the rooms into a bathroom** ils ont aménagé une des pièces en salle de bains.

converter [kən'vɜːtər] n (Elec, Metal) convertisseur m; (Rad) changeur m de fréquence.

convertibility [kən,vɜːtə'bɪlɪtɪ] n convertibilité f.

convertible [kən'vɜːtəbl] **1** adj (gen) convertible (into en). (room, building) **~ into** aménageable en. **2** n (US Aut) (voiture f) décapotable f.

convex ['kɒn'veks] adj convexe.

convexity [kɒn'veksɪtɪ] n convexité f.

convey [kən'veɪ] vt goods, passengers transporter; [pipeline etc] amener; sound transmettre; (Jur) property transférer, transmettre, céder (to à); opinion, idea communiquer (to à); order, thanks transmettre (to à). **to ~ to sb that ...** faire comprendre à qn que ...; **I couldn't ~ my meaning to him** je n'ai pas pu lui communiquer ma pensée or me faire comprendre de lui; **would you ~ my congratulations to him?** voudriez-vous lui transmettre mes félicitations?; **words cannot ~ how I feel** les paroles ne peuvent traduire ce que je ressens; **the name ~s nothing to me** le nom ne me dit rien; **what does this music ~ to you?** qu'est-ce que cette musique évoque pour vous?

conveyance [kən'veɪəns] n **(a)** (U) transport m. **~ of goods** transport de marchandises; **means of ~** moyens mpl de transport. **(b)** (vehicle) voiture f, véhicule m. **(c)** (Jur) [property] transmission f, transfert m, cession f; (document) acte translatif (de propriété), acte de cession.

conveyancer [kən'veɪənsər] n rédacteur m d'actes translatifs de propriété.

conveyancing [kən'veɪənsɪŋ] n (Jur) (procedure) procédure translative (de propriété); (operation) rédaction f d'actes translatifs.

conveyor [kən'veɪər] n transporteur m, convoyeur m. (Tech) **~ belt** convoyeur, tapis roulant.

convict ['kɒnvɪkt] **1** n prisonnier m, détenu m.
  2 [kən'vɪkt] vt (Jur) person déclarer or reconnaître coupable (sb of a crime qn d'un crime). **he was ~ed** il a été déclaré or reconnu coupable; **a ~ed murderer** un homme (or une femme) reconnu(e) coupable de meurtre.
  3 vi [jury] rendre un verdict de culpabilité.

conviction [kən'vɪkʃən] n **(a)** (Jur) condamnation f. **there were 12 ~s for drunkenness** 12 personnes ont été condamnées pour ivresse; V previous, record.
  (b) (U) persuasion f, conviction f. **to be open to ~** être ouvert à la persuasion; **to carry ~** être convaincant; **his explanation lacked ~** son explication manquait de conviction or n'était pas très convaincante.
  (c) (belief) conviction f. **the ~ that ...** la conviction selon laquelle ... ; V courage.

convince [kən'vɪns] vt convaincre, persuader (sb of sth qn de qch). **he ~d her that she should leave** il l'a persuadée de partir, il l'a convaincue qu'elle devait partir; **I am ~d he won't do it** je suis persuadé or convaincu qu'il ne le fera pas.

convincing [kən'vɪnsɪŋ] adj speaker, argument, manner, words persuasif, convaincant; win, victory décisif, éclatant.

convincingly [kən'vɪnsɪŋlɪ] adv speak d'un ton or d'une façon convaincant(e), avec conviction; win de façon décisive or éclatante.

convivial [kən'vɪvɪəl] adj person amateur de bonnes choses, bon vivant; atmosphere, evening joyeux, plein d'entrain.

conviviality [kən,vɪvɪ'ælɪtɪ] n jovialité f, gaieté f.

convocation [ˌkɒnvə'keɪʃən] n (act) convocation f; (assembly) assemblée f, réunion f; (Rel) assemblée, synode m; (US Educ) cérémonie f de remise des diplômes.

convoke [kən'vəʊk] vt convoquer.

convoluted ['kɒnvəluːtɪd] adj pattern, object convoluté (also Bot); (fig) argument, ideas, speech compliqué; style contourné; excuses embarrassé.

convolution [ˌkɒnvə'luːʃən] n circonvolution f.

convolvulus [kən'vɒlvjʊləs] n (flower) volubilis m; (weed) liseron m.

convoy ['kɒnvɔɪ] **1** n [ships, vehicles] convoi m. **in ~** en convoi. **2** vt convoyer, escorter (to à).

convulse [kən'vʌls] vt ébranler, bouleverser. **a land ~d by war** un pays bouleversé par la guerre; **a land ~d by earthquakes** un pays ébranlé par des tremblements de terre; (fig) **to be ~d (with laughter)** se tordre de rire; **a face ~d with pain** un visage décomposé or contracté par la douleur.

convulsion [kən'vʌlʃən] n **(a)** (Med) convulsion f. **to have ~s** avoir des convulsions; (fig) **to go into ~s of laughter** se tordre de rire. **(b)** (violent disturbance) [land] convulsion f, bouleversement m, ébranlement m; [soul] violente agitation.

convulsive [kən'vʌlsɪv] adj movement, laughter convulsif.

cony ['kəʊnɪ] n (US) lapin m; (also ~ **skin**) peau f de lapin.

coo¹ [kuː] **1** vti [doves etc] roucouler; [baby] gazouiller; V bill². **2** n roucoulement m, roucoulade f.

coo²* [kuː] excl (Brit) ça alors!*

co-occur [ˌkəʊə'kɜːr] vi (Ling) figurer simultanément, être cooccurrent(s) (with avec).

co-occurrence [ˌkəʊə'kʌrəns] n (Ling) cooccurrence f.

cooing ['kuːɪŋ] n roucoulement m, roucoulade f.

cook [kʊk] **1** n cuisinier m, -ière f. **she is a good ~** elle est bonne cuisinière, elle fait bien la cuisine; **to be head** or **chief ~ and bottle-washer*** (in a household) servir de bonne à tout faire; (elsewhere) être le factotum.
  2 cpd: **cookbook** livre m de cuisine; (Mil, Naut) **cookhouse** cuisine f; (US) **cookout** grillade f en plein air.
  3 vt **(a)** food (faire) cuire. (fig) **to ~ sb's goose*** mettre qn dans le pétrin*.
  (b) (Brit*: falsify) accounts truquer, maquiller. **to ~ the books*** truquer les comptes.
  4 vi [food] cuire; [person] faire la cuisine, cuisiner. **she ~s well** elle fait bien la cuisine, elle cuisine bien; (fig) **what's ~ing?*** qu'est-ce qui se mijote?*
  ◆ **cook up*** vt sep story, excuse inventer, fabriquer.

cooker ['kʊkər] n **(a)** (Brit) cuisinière f (fourneau); V **gas**. **(b)** (apple) pomme f à cuire.

cookery ['kʊkərɪ] *n* (*gen, also school etc subject*) cuisine *f* (*activité*). ~ **book** livre *m* de cuisine; ~ **teacher** professeur *m* d'enseignement ménager.

cookie ['kʊkɪ] *n* (*US*) (a) (*biscuit*) petit gâteau (sec). **that's the way the ~ crumbles*** c'est la vie! (b) (‡: *person*) type* *m*; (*US*) (*girl*) jolie fille. **a smart ~** un petit malin; **tough ~** dur à cuire *m*.

cooking ['kʊkɪŋ] **1** *n* cuisine *f* (*activité*). **plain/French ~** cuisine bourgeoise/française.
2 *cpd utensils* de cuisine; *apples, chocolate* à cuire. **cooking film** film *m* alimentaire; **cooking foil** papier-alu *m*, papier *m* d'aluminium; **cooking salt** gros sel, sel de cuisine.

cool [ku:l] **1** *adj* (a) *weather, day, water, hands, colour* frais (*f* fraîche); *drink* frais, rafraîchissant; (*not hot enough*) *soup etc* qui n'est plus chaud; (*lightweight*) *dress etc* qui ne tient pas chaud, léger. **'keep in a ~ place'** 'conservez dans un endroit frais'; **'serve ~, not cold'** 'servir frais et non glacé'; [*air temperature*] **it's quite ~** il fait plutôt frais; **it's turning ~er** le temps fraîchit *or* vire à la fraîcheur; **I feel quite ~ now** j'ai bien moins chaud maintenant; **it helps you (to) keep ~** [*drink, cologne*] c'est très rafraîchissant; [*fan*] ça vous donne un peu de fraîcheur; **she's as ~ as a cucumber** elle n'a pas chaud du tout (*V also* 1b); **his brow is much ~er now** il a le front bien moins chaud maintenant; **to slip into something ~** passer quelque chose de plus léger.
(b) (*calm, unperturbed*) *person, manner* calme; (*relaxed*) cool*, relaxe*, décontracté. **to keep ~** garder son sang-froid; **to keep a ~ head** ne pas perdre la tête; **keep ~!** du calme!; **play it ~!*** pas de panique!*, ne nous emballons pas!; **to be as ~ as a cucumber** garder son calme *or* son sang-froid *or* son flegme; **'I've lost it' he said as ~ as a cucumber** 'je l'ai perdu' dit-il sans sourciller *or* sans s'émouvoir *or* en gardant tout son flegme; **she looked as ~ as a cucumber** elle affichait un calme imperturbable; **to be ~ and calculating** être froid et calculateur.
(c) (*unenthusiastic, unfriendly*) *greeting, reception* frais (*f* fraîche), froid. **to be ~ towards sb** battre froid à qn, traiter qn avec froideur.
(d) (*: impertinent*) *behaviour* effronté. **he's a ~ customer** il a du culot*, il n'a pas froid aux yeux; **he spoke to her as ~ as you please** il lui a parlé sans la moindre gêne; **that was very ~ of him** quel toupet (il a eu)!*
(e) (: *emphatic*) **he earns a ~ £40,000 a year** il se fait la coquette somme de 40.000 livres par an.
(f) (* : *elegant, sophisticated*) **a ~ blonde** une blonde éthérée.
(g) (‡: *excellent*) super *inv*, génial. **that's ~, man!** c'est super, mec!‡
(h) (*Jazz*) cool *inv*.
2 *adv* (*fig*) **to play it ~** ne pas s'exciter *or* s'énerver.
3 *cpd*: **cool-headed** calme, imperturbable; **cooling-off period** période *f* de détente.
4 *n* (a) fraîcheur *f*, frais *m*. **in the ~ of the evening** dans la fraîcheur du soir; **to keep sth in the ~** tenir qch au frais.
(b) (‡) **keep your ~!** t'énerve pas!*; **he lost his ~** (*panicked*) il a paniqué*; (*got angry*) il s'est fichu en rogne*.
5 *vt* (a) *air* rafraîchir, refroidir. (*fig*) **to ~ one's heels** faire le pied de grue; **to leave sb to ~ his heels** faire attendre qn, faire poireauter* qn.
(b) **~ it!‡** t'énerve pas!*, panique pas!*
6 *vi* (*also ~ down*) [*air, liquid*] (se) rafraîchir, refroidir.
♦**cool down 1** *vi* (*lit*) refroidir; (*fig*) [*anger*] se calmer, s'apaiser; [*critical situation*] se détendre; (*) [*person*] se calmer. **let the situation cool down!** attendez que la situation se détende! *or* que les choses se calment! (*subj*).
2 *vt sep* (*lit*) faire refroidir; (*fig*) calmer.
♦**cool off** *vi* (*lose enthusiasm*) perdre son enthousiasme, se calmer; (*change one's affections*) se refroidir (*towards sb* à l'égard de qn, envers qn); (*become less angry*) se calmer, s'apaiser.

cooler ['ku:lər] *n* (a) (*for food*) glacière *f*. **in the ~** dans la glacière. (b) (*Prison sl*) taule‡ *f*. **in the ~** en taule‡; **to get put in the ~** se faire mettre au frais* *or* à l'ombre*.

coolie ['ku:lɪ] *n* coolie *m*.

cooling ['ku:lɪŋ] **1** *adj* *drink, swim* rafraîchissant. **2** *n* (*Aut*) refroidissement *m*. **3** *cpd*: (*Aut*) **cooling fan** ventilateur *m*; **cooling system** circuit *m* de refroidissement; (*Tech*) **cooling tower** refroidisseur *m*.

coolly ['ku:lɪ] *adv* (*calmly*) de sang-froid, calmement; (*unenthusiastically*) fraîchement, froidement, avec froideur; (*impertinently*) avec impertinence, sans la moindre gêne, avec (le plus grand) culot*.

coolness ['ku:lnɪs] *n* [*water, air, weather*] fraîcheur *f*; [*welcome*] froideur *f*; (*calmness*) sang-froid *m*, impassibilité *f*, flegme *m*; (*impudence*) toupet* *m*, culot* *m*.

coomb [ku:m] *n* petite vallée, combe *f*.

coon [ku:n] *n* (a) (*Zool: abbr of* **raccoon**) raton-laveur *m*. (b) (‡* *pej: Negro*) nègre *m*, négresse *f*.

coop [ku:p] **1** *n* (*also* **hen ~**) poulailler *m*, cage *f* à poules. **2** *vt hens* enfermer dans un poulailler.
♦**coop up** *vt sep person* claquemurer, cloîtrer, enfermer; *feelings* refouler.

co-op ['kəʊ.ɒp] *n* (a) (*Brit shop: abbr of* **cooperative**) coopérative *f*, coop* *f*. (b) (*US: abbr of* **cooperative apartment**) appartement *m* en copropriété. (c) (*US Univ: abbr of* **cooperative**) coopérative étudiante.

cooper ['ku:pər] *n* tonnelier *m*.

cooperage ['ku:pərɪdʒ] *n* tonnellerie *f*.

cooperate [kəʊ'ɒpəreɪt] *vi* coopérer, collaborer (*with sb* avec qn, *in sth* à qch, *to do* pour faire). **I hope he'll ~** j'espère qu'il va se montrer coopératif.

cooperation [kəʊ.ɒpə'reɪʃən] *n* coopération *f*, concours *m*. **in ~ with, with the ~ of** avec la coopération *or* le concours de; (*Jur*) **international judicial ~** entraide *f* judiciaire internationale.

cooperative [kəʊ'ɒpərətɪv] **1** *adj person, firm, attitude* coopératif. (*US*) **~ apartment** appartement *m* en copropriété; (*Comm etc*) **~ society** coopérative *f*, société coopérative *or* mutuelle; (*Can Pol*) **C~ Commonwealth Federation** parti *m* social démocratique (*Can*). **2** *n* coopérative *f*.

coopt [kəʊ'ɒpt] *vt* coopter (*onto* à). **~ed member** membre coopté.

cooption [kəʊ'ɒpʃən] *n* cooptation *f*.

coordinate [kəʊ'ɔ:dɪnɪt] **1** *adj* (*gen, Gram, Math*) coordonné. **~ geometry** géométrie *f* analytique.
2 *n* (a) (*gen, Math, on map*) coordonnée *f*.
(b) (*Dress*) **~s** ensemble *m* (coordonné), coordonnés *mpl*.
3 [kəʊ'ɔ:dɪneɪt] *vt* coordonner (*one thing with another* une chose avec une autre). (*Ling*) **coordinating conjunction** conjonction *f* de coordination.

coordination [kəʊ.ɔ:dɪ'neɪʃən] *n* coordination *f*.

coordinator [kəʊ'ɔ:dɪneɪtər] *n* coordinateur *m*, -trice *f*.

coot [ku:t] *n* (a) (*Orn*) foulque *f*. **V bald.** (b) (‡: *fool*) tourte* *f*.

cop* [kɒp] **1** *n* (a) (*policeman*) flic* *m*, poulet *m*. **to play at ~s and robbers** jouer aux gendarmes et aux voleurs.
(b) (*Brit*) **it's no great ~*,** it's not much **~*** ça ne vaut pas grand-chose *or* tripette.
2 *cpd*: **cop-out*** échappatoire *f*, excuse *f* facile, dérobade *f*; **the cop-shop*** la maison Poulaga*, le commissariat (de police).
3 *vt* (*Brit: arrest, catch*) pincer*, piquer*; (*steal*) piquer*, faucher*; (*obtain*) obtenir. (*Brit*) **to ~ it*** écoper*, trinquer*; (*US*) **to ~ a plea‡** plaider coupable (*pour une charge mineure, afin d'éviter une plus grave*).
♦**cop out‡ 1** *vi* se défiler*.
2 cop-out *V* **cop 2.**

copacetic* [kəʊpə'setɪk] *adj* (*US*) formidable.

copartner ['kəʊ'pɑ:tnər] *n* coassocié(e) *m(f)*, coparticipant(e) *m(f)*.

copartnership ['kəʊ'pɑ:tnəʃɪp] *n* (*Fin*) société *f* en nom collectif; (*gen*) coassociation *f*, coparticipation *f*.

cope¹ [kəʊp] *n* (*Dress Rel*) chape *f*.

cope² [kəʊp] *vi* se débrouiller, s'en tirer. **to ~ with** *task, difficult person* se charger de, s'occuper de; *situation* faire face à; *difficulties, problems* (*tackle*) affronter; (*solve*) venir à bout de; **they ~ with 500 applications a day** 500 formulaires leur passent entre les mains chaque jour; **you get the tickets, I'll ~ with the luggage** va chercher les billets, moi je m'occupe *or* je me charge des bagages; **I'll ~ with him** je m'occupe *or* me charge de lui; **can you ~?** ça ira?, vous y arriverez?, vous vous débrouillerez?; **leave it to me, I'll ~** laissez cela, je m'en charge *or* je m'en occupe; **he's got a lot to ~ with** (*work*) il a du pain sur la planche; (*problems*) il a pas mal de problèmes à résoudre; **how are you coping without a secretary?** vous arrivez à vous débrouiller sans secrétaire?; **he's coping pretty well** il s'en tire *or* se débrouille très bien; **I can ~ in Spanish** je me débrouille en espagnol; **she just can't ~ any more** (*she's overworked etc*) elle ne s'en sort plus; (*work is too difficult for her*) elle n'est plus du tout dans la course*, elle est complètement dépassée.

Copenhagen [.kəʊpn'heɪgən] *n* Copenhague.

Copernicus [kə'pɜ:nɪkəs] *n* Copernic *m*.

copestone ['kəʊpstəʊn] *n* (*Archit*) couronnement *m*; [*wall*] chaperon *m*; (*fig*) [*career etc*] couronnement, point culminant.

copier ['kɒpɪər] *n* machine *f* à photocopier.

co-pilot ['kəʊ'paɪlət] *n* (*Aviat*) copilote *m*, pilote *m* auxiliaire.

coping ['kəʊpɪŋ] *n* chaperon *m*. **~ stone** = **copestone.**

copious ['kəʊpɪəs] *adj food, notes* copieux; *amount* ample, abondant; *harvest* abondant; *writer* fécond; *letter* prolixe.

copiously ['kəʊpɪəslɪ] *adv* copieusement.

copper ['kɒpər] **1** *n* (a) (*U*) cuivre *m*.
(b) (*money*) **~s** la petite monnaie; **I gave the beggar a ~** j'ai donné une petite pièce au mendiant.
(c) (*washtub*) lessiveuse *f*.
(d) (*: policeman*) flic‡ *m*, poulet‡ *m*. **~'s nark** indic* *m*, mouchard *m*.
2 *cpd* **mine** de cuivre; *wire, bracelet* de *or* en cuivre. **copper beech** hêtre *m* pourpre; **copper-coloured** cuivré; (*US: snake*) **copperhead** vipère cuivrée; (*in engraving*) **copperplate** (*n*) planche *f* (de cuivre) gravée; (*adj*) sur cuivre, en taille-douce; **copperplate handwriting** écriture moulée, belle ronde; **coppersmith** chaudronnier *m* (en cuivre).

coppery ['kɒpərɪ] *adj* cuivré.

coppice ['kɒpɪs] *n* taillis *m*, boqueteau *m*.

copra ['kɒprə] *n* copra *m*.

co-presidency [kəʊ'prezɪdənsɪ] *n* coprésidence *f*.

co-president [kəʊ'prezɪdənt] *n* coprésident(e) *m(f)*.

copse [kɒps] *n* = **coppice.**

Copt [kɒpt] *n* copte *mf*.

'copter ['kɒptər] *n* (*abbr of* **helicopter**) hélico* *m*.

coptic ['kɒptɪk] *adj* copte. **the C~ Church** l'Église copte.

copula ['kɒpjʊlə] *n* (*Gram*) copule *f*.

copulate ['kɒpjʊleɪt] *vi* copuler.

copulation [.kɒpjʊ'leɪʃən] *n* copulation *f*.

copulative ['kɒpjʊlətɪv] *adj* (*Gram*) copulatif.

copy ['kɒpɪ] **1** *n* (a) [*painting etc*] copie *f*, reproduction *f*; [*letter, document, memo*] copie *f*; (*Phot: print*) épreuve *f*. **to take *or* make a ~ of sth** faire une copie de qch; *V* **carbon, fair¹, rough** *etc*.
(b) [*book*] exemplaire *m*; [*magazine, newspaper*] exemplaire *m*, numéro *m*; *V* **author, presentation.**
(c) (*U*) (*for newspaper etc*) copie *f*, sujet *m* d'article, matière *f* à reportage; (*for advertisement*) message *m*, texte *m*. **to give him ~ for several articles** cela lui a fourni la matière de *or* un sujet pour *or* de la copie pour plusieurs articles; **that's always good ~** c'est

un sujet qui rend toujours bien; **the murder will make good** ∼ le meurtre fera de l'excellente copie; **the journalist handed in his** ∼ le journaliste a remis son article *or* papier*; **they are short of** ∼ ils sont à court de copie.
   2 *cpd*: **copybook** (*n*) cahier *m* (*V* blot); (*adj*: *trite*) banal; (*ideal, excellent*) modèle; (*Press*) **copyboy** grouillot *m* de rédaction; **copycat‡** copieur *m*, -ieuse *f*; (*Press*) **copy editor** secrétaire *mf* de rédaction; **copying ink** encre *f* à copier; **copy machine** machine *f* à photocopier; **copy press** presse *f* à copier; (*US Press*) **copyreader** correcteur-rédacteur *m*, correctrice-rédactrice *f*; **copyright** *V* copyright; **copywriter** rédacteur *m*, -trice *f* publicitaire.
   3 *vt* **(a)** (*also* ∼ **out**) *letter, passage from book* copier.
   (b) (*imitate*) *person, gestures* copier, imiter.
   (c) (*Scol etc*) *sb else's work* copier. **he copied in the exam** il a copié à l'examen.
   (d) (*Comput, Ling*) copier.
   (e) (*Rad, Telec: sl*) copier.
copyist ['kɒpɪɪst] *n* copiste *mf*, scribe *m*.
copyright ['kɒpɪraɪt] **1** *n* droit *m* d'auteur, copyright *m*. ∼ **reserved** tous droits (de reproduction) réservés; **out of** ∼ dans le domaine public. **2** *vt book* obtenir les droits exclusifs sur *or* le copyright de.
coquetry ['kɒkɪtrɪ] *n* coquetterie *f*.
coquette [kɒ'ket] *n* coquette *f*.
coquettish [kɒ'ketɪʃ] *adj person* coquet, provocant; *look* aguichant, provocant.
cor‡ [kɔːr] *excl* (*Brit: also* ∼ **blimey**) mince alors!*
coracle ['kɒrəkl] *n* coracle *m*, canot *m* (d'osier).
coral ['kɒrəl] **1** *n* corail *m*. **2** *cpd necklace* de corail; *island* coralien; (*also* **coral-coloured**) (couleur) corail *inv*. (*liter*) **her coral lips** ses lèvres de corail; **coral reef** récif *m* de corail.
cor anglais ['kɔːr'ɑːŋgleɪ] *n*, *pl* **cors anglais** ['kɔːz'ɑːŋgleɪ] cor anglais.
cord [kɔːd] **1** *n* **(a)** (*curtains, pyjamas etc*) cordon *m*; (*windows*) corde *f*; (*parcel etc*) ficelle *f*; (*US Elec*) cordon *or* fil *m* électrique; (*Anat: also* **umbilical** ∼) cordon ombilical; *V* spinal, vocal.
   (b) (*U: Tex*) = **corduroy**.
   (c) ∼**s*** (*npl*) pantalon *m* en velours côtelé.
   2 *cpd trousers* en velours côtelé. **cord carpet** tapis *m* de corde.
   3 *vt* (*tie*) corder.
cordage ['kɔːdɪdʒ] *n* (*U*) cordages *mpl*.
corded ['kɔːdɪd] *adj fabric* côtelé.
cordial ['kɔːdɪəl] **1** *adj person, atmosphere* cordial; *welcome* chaleureux. **2** *n* cordial *m*.
cordiality [kɔːdɪ'ælɪtɪ] *n* cordialité *f*.
cordially ['kɔːdɪəlɪ] *adv* cordialement. **I** ∼ **detest him** je le déteste cordialement.
cordless ['kɔːdlɪs] *adj* à piles, fonctionnant sur piles. ∼ **telephone** téléphone *m* sans fil.
cordon ['kɔːdn] **1** *n* (*all senses*) cordon *m*. ∼ **bleu** cordon bleu. **2** *vt* (*also* ∼ **off**) *crowd* tenir à l'écart (*au moyen d'un cordon de police etc*); *area* interdire l'accès à (*au moyen d'un cordon de police etc*).
corduroy ['kɔːdərɔɪ] **1** *n* (*Tex*) velours côtelé. ∼**s** pantalon *m* en velours côtelé. **2** *cpd trousers, jacket* en velours côtelé; (*US*) **road** de rondins.
CORE [kɔːr] *n* (*US*) *abbr of* **Congress of Racial Equality** (*défense des droits des Noirs*).
core [kɔːr] **1** *n* (*fruit*) trognon *m*, cœur *m*; (*magnet, earth*) noyau *m*; (*cable*) âme *f*, noyau; (*Chem: of atom*) noyau; (*nuclear reactor*) cœur *m*; (*Comput: also* ∼ **memory**) mémoire *f* centrale; (*fig: of problem etc*) essentiel *m*. **apple** ∼ trognon de pomme; **the earth's** ∼ le noyau terrestre; (*Geol*) ∼ **sample** carotte *f*; (*fig*) **he is rotten to the** ∼ il est pourri jusqu'à l'os; **English to the** ∼ anglais jusqu'à la moelle (des os); *V* hard.
   2 *cpd*: **core curriculum** tronc commun; **core subject** matière fondamentale; **core time** plage *f* fixe.
   3 *vt fruit* enlever le trognon *or* le cœur de.
co-religionist ['kəʊrɪ'lɪdʒənɪst] *n* coreligionnaire *mf*.
corer ['kɔːrər] *n* (*Culin*) vide-pomme *m*.
co-respondent ['kəʊrɪs'pɒndənt] *n* (*Jur*) co-défendeur *m*, -deresse *f* (*d'un adultère*).
Corfu [kɔː'fuː] *n* Corfou.
corgi ['kɔːgɪ] *n* corgi *m*.
coriander [ˌkɒrɪ'ændər] *n* coriandre *f*.
Corinth ['kɒrɪnθ] *n* Corinthe. ∼ **Canal** le canal de Corinthe.
Corinthian [kə'rɪnθɪən] **1** *adj* corinthien. **2** *n* Corinthien(ne) *m(f)*.
Coriolanus ['kɒrɪə'leɪnəs] *n* Coriolan *m*.
cork [kɔːk] **1** *n* **(a)** (*U*) liège *m*.
   (b) (*in bottle etc*) bouchon *m*. **to pull the** ∼ **out of a bottle** déboucher une bouteille; (*Fishing: also* ∼ **float**) flotteur *m*, bouchon.
   2 *vt* (*also* ∼ **up**) *bottle* boucher.
   3 *cpd mat, tiles, flooring* de liège. **cork oak** = **cork tree**; **corkscrew** tire-bouchon *m*; **corkscrew curls** frisettes *fpl*; **cork-tipped** à bout de liège; **cork tree** chêne-liège *m*.
corkage ['kɔːkɪdʒ] *n* droit *m* de bouchon (*payé par le client qui apporte dans un restaurant une bouteille achetée ailleurs*).
corked [kɔːkt] *adj wine* qui sent le bouchon.
corker‡ ['kɔːkər] *n* (*lie*) mensonge *m* de taille, gros mensonge; (*story*) histoire fumante*; (*Sport: shot, stroke*) coup fumant*; (*player*) crack* *m*; (*girl*) beau morceau de fille). **that's a** ∼! ça vous en bouche un coin*.
corking*† ['kɔːkɪŋ] *adj* (*Brit†*) épatant*†, fameux*, fumant*.
corm [kɔːm] *n* bulbe *m* (*de crocus etc*).
cormorant ['kɔːmərənt] *n* cormoran *m*.
corn¹ [kɔːn] **1** *n* **(a)** (*seed*) grain *m* (*de céréale*).
   (b) (*Brit*) blé *m*; (*US*) maïs *m*. ∼ **on the cob** épi *m* de maïs.

   (c) (*US: whiskey*) bourbon *m*.
   (d) (*sentimentality*) sentimentalité vieillotte *or* bébête; (*humour*) humour *m* bébête.
   2 *cpd*: (*US*) **corncob** épi *m* de maïs; **the Corncracker State** le Kentucky; (*Orn*) **corncrake** râle *m* des genêts; **corn crops** céréales *fpl*; (*Brit*) **corn dolly** bouquet *m* de moisson; **corn exchange** halle *f* au blé; **cornfield** (*Brit*) champ *m* de blé; (*US*) champ de maïs; **cornflakes** céréales *fpl*, cornflakes *fpl*; (*Brit*) **cornflour** farine *f* de maïs, maïzena *f* ®; **cornflower** (*n*) bleuet *m*, barbeau *m*; (*adj: also* **cornflower blue**) bleu vif *inv*, bleu barbeau *inv*; (*US*) **corn liquor** gnôle *f* à base de maïs (*fabrication artisanale*); **corn oil** huile *f* de maïs; **corn poppy** coquelicot *m*; **corn salad** doucette *f*; (*US*) **cornstarch** = **cornflour**; (*US*) **corn whiskey** whisky *m* (de maïs), bourbon *m*.
corn² [kɔːn] *n* (*Med*) cor *m*. (*Brit fig*) **to tread on sb's** ∼**s** toucher qn à l'endroit sensible, blesser qn dans son amour-propre; (*Med*) ∼ **plaster** pansement *m* (*pour cors*).
cornea ['kɔːnɪə] *n* cornée *f*.
corneal ['kɔːnɪəl] *adj* cornéen.
corned beef ['kɔːnd'biːf] (*Brit*) corned-beef *m*.
cornelian [kɔː'niːlɪən] *n* cornaline *f*.
corner ['kɔːnər] **1** *n* (*page, field, eye, mouth*) coin *m*; (*street, box, table*) coin, angle *m*; (*room*) coin, encoignure *f*, angle; (*Aut*) tournant *m*, virage *m*; (*Climbing*) dièdre; (*Ftbl*) coup *m* (de pied) de coin. **to put a child in the** ∼ mettre un enfant au coin; (*fig*) **to drive sb into a** ∼ mettre qn au pied du mur, coincer* qn; (*fig*) **to be in a (tight)** ∼ être dans le pétrin, être dans une situation difficile, être coincé*; **to look at sb out of the** ∼ **of one's eye** regarder qn du coin de l'œil; **it's just round the** ∼ (*lit*) c'est juste après le coin; (*very near*) c'est à deux pas d'ici; **Christmas is just around the** ∼ on est presque à Noël; **the domestic robot is just around the** ∼ le robot domestique, c'est pour demain; **you'll find the church round the** ∼ vous trouverez l'église juste après le coin; **the little shop around the** ∼ la petite boutique du coin; **to take a** ∼ (*Aut*) prendre un tournant; (*Ftbl*) faire un corner; **in every** ∼ **of the garden** dans tout le jardin; **treasures hidden in odd** ∼**s** des trésors cachés dans des recoins; **in every** ∼ **of the house** dans tous les coins et recoins de la maison; (*fig*) **in every** ∼ **of Europe** dans toute l'Europe; **in (all) the four** ∼**s of the earth** aux quatre coins du monde *or* de la planète; (*Fin*) **to make a** ∼ **in wheat** accaparer le marché du blé; *V* cut, turn *etc*.
   2 *vt hunted animal* acculer; (*fig: catch to speak to etc*) coincer*. (*Comm*) **to** ∼ **the market** accaparer le marché; **she** ∼**ed me in the hall** elle m'a coincé* dans l'entrée; (*fig*) **he's got you** ∼**ed** il t'a coincé*, il t'a mis au pied du mur.
   3 *vi* (*Aut*) prendre un virage.
   4 *cpd*: **corner cupboard** placard *m* de coin; **corner flag** (*Ftbl*) piquet *m* de coin; (*flagstone in roadway*) dalle *f* de coin; **the corner house** la maison du coin, la maison qui fait l'angle (de la rue); (*Ftbl*) **corner kick** coin *m*, coup *m* (de pied) de coin; (*Rail*) **corner seat** (*place f* de) coin *m*; **corner shop** boutique *f* du coin; **the house has a corner situation** la maison fait l'angle; **cornerstone** (*lit, fig*) pierre *f* angulaire; (*foundation stone*) première pierre; **corner-ways fold** pli *m* en triangle.
cornering ['kɔːnərɪŋ] *n* (*Aut*) façon *f* de prendre les virages.
cornet ['kɔːnɪt] *n* (**a**) (*Mus*) cornet *m* (à pistons). ∼ **player** cornettiste *mf*. (**b**) (*Brit*) (*sweets etc*) cornet *m*; (*ice cream*) cornet (de glace).
cornice ['kɔːnɪs] *n* corniche *f*.
Cornish ['kɔːnɪʃ] *adj* de Cornouailles, cornouaillais.
cornucopia [ˌkɔːnjʊ'kəʊpɪə] *n* corne *f* d'abondance.
Cornwall ['kɔːnwəl] *n* (comté *m* de) Cornouailles *f*.
corny* ['kɔːnɪ] *adj* bébête; *joke* bébête, rebattu; *story* à l'eau de rose, bébête.
corolla [kə'rɒlə] *n* corolle *f*.
corollary [kə'rɒlərɪ] *n* corollaire *m*.
corona [kə'rəʊnə] *n* (*Anat, Astron*) couronne *f*; (*Elec*) couronne électrique; (*Archit*) larmier *m*.
coronary ['kɒrənərɪ] **1** *adj* (*Anat*) coronaire. ∼ **care unit** unité *f* de soins coronariens; ∼ **thrombosis** infarctus *m* du myocarde, thrombose *f* coronarienne. **2** *n* (*Med*, *) infarctus *m*.
coronation [ˌkɒrə'neɪʃən] **1** *n* (*ceremony*) couronnement *m*; (*actual crowning*) sacre *m*. **2** *cpd ceremony, oath, robe* du sacre; **day** du couronnement.
coroner ['kɒrənər] *n* coroner *m* (*officiel chargé de déterminer les causes d'un décès*). ∼**'s inquest** enquête *f* judiciaire (*menée par le coroner*); ∼**'s jury** jury *m* (*siégeant avec le coroner*).
coronet ['kɒrənɪt] *n* (*duke etc*) couronne *f*; (*lady*) diadème *m*.
corporal¹ ['kɔːpərəl] *n* (*infantry, RAF*) caporal-chef *m*; (*cavalry etc*) brigadier-chef *m*. (*on envelope etc*) **C**∼ **Smith** le Caporal-Chef Smith.
corporal² ['kɔːpərəl] *adj* corporel. ∼ **punishment** châtiment corporel.
corporate ['kɔːpərɪt] *adj* (**a**) (*Fin: forming a corporation*) constitué (en corporation). ∼ **body** *or* **institution** personne morale.
   (**b**) (*Fin: belonging to a corporation*) *property* appartenant à une corporation. ∼ **car** voiture *f* de fonction; ∼ **name** raison sociale; ∼ **stock** actions *fpl*; ∼ **tax** impôt *m* sur les sociétés.
   (**c**) (*joint, of a group*) *action, ownership* en commun; *decision, responsibility* collectif.
corporation [ˌkɔːpə'reɪʃən] **1** *n* (**a**) (*Brit*) (*town*) conseil municipal. **the Mayor and C**∼ le corps municipal, la municipalité.
   (**b**) (*Comm, Fin*) société commerciale; (*US*) société à responsabilité limitée, compagnie commerciale. ∼ **lawyer** avocat *m* d'entreprise.
   (**c**) (*Brit*) bedaine* *f*, brioche* *f*. **to develop a** ∼ prendre de la bedaine* *or* de la brioche*.

2 *cpd* (*Brit*) *school, property* de la ville, municipal. (*Brit*) cor-poration tax impôt *m* sur les sociétés.

corporatism ['kɔːpərətɪzəm] *n* corporatisme *m*.

corporatist ['kɔːpərətɪst] *adj* corporatiste.

corporeal [kɔː'pɔːrɪəl] *adj need* corporel, physique; *property* matériel.

corps [kɔːr] *n, pl* **corps** [kɔːz] corps *m*. ~ **de ballet** corps de ballet; *V* **army, diplomatic** *etc*.

corpse [kɔːps] *n* cadavre *m*, corps *m*.

corpulence ['kɔːpjʊləns] *n* corpulence *f*, embonpoint *m*.

corpulent ['kɔːpjʊlənt] *adj* corpulent.

corpus ['kɔːpəs] *n, pl* **corpora** ['kɔːpərə], **corpuses** (*Literat*) cor-pus *m*, recueil *m*; (*Ling*) corpus; (*Fin*) capital *m*. (*Rel*) **C~** Christi la Fête-Dieu.

corpuscle ['kɔːpʌsl] *n* (**a**) (*Anat, Bio*) corpuscule *m*. (**blood**) ~ globule sanguin; **red/white** ~s globules rouges/blancs. (**b**) (*Phys*) électron *m*.

corral [kə'rɑːl] (*US*) **1** *n* corral *m*. **2** *vt cattle* enfermer dans un corral; (**fig*) *people, support* réunir.

correct [kə'rekt] **1** *adj* (**a**) (*right, exact*) *answer, amount* correct, exact, juste; *temperature* exact; *forecast, estimate* correct. **have you the ~ time?** avez-vous l'heure exacte?; (*in buses etc*) '~ **money or change only**' 'on est tenu de faire l'appoint'; **the predictions proved ~** les prédictions se sont avérées justes; **am I ~ in think-ing ...?** ai-je raison de penser ...?; **you are quite ~** vous avez par-faitement raison; **he was quite ~ to do it** il a eu tout à fait raison de le faire.

(**b**) (*seemly, suitable*) *person, behaviour, manners, language* cor-rect, convenable; *dress* correct, bienséant. ~ **dress must be worn** une tenue correcte est exigée; **it's the ~ thing** c'est l'usage, c'est ce qui se fait; **the ~ procedure** la procédure d'usage.

2 *vt* (**a**) *piece of work, text, manuscript* corriger; *error* rectifier, corriger; (*Typ*) *proofs* corriger. **to ~ sb's punctuation/spelling** corriger la ponctuation/l'orthographe de qn.

(**b**) (*put right*) *person* reprendre, corriger. **he ~ed me several times during the course of my speech** il m'a repris plusieurs fois pendant mon discours; **I stand ~ed** je reconnais mon erreur; ~ **me if I'm wrong** corrigez-moi si je me trompe.

(**c**) (††: *punish*) réprimander, reprendre.

correction [kə'rekʃən] *n* (**a**) (*U*) [*proofs, essay*] correction *f*; [*error*] correction, rectification *f*. **I am open to ~, but ... corrigez-moi si je me trompe, mais ... .**

(**b**) [*school work, proof*] correction *f*; [*text, manuscript*] correc-tion, rectification *f*. **a page covered with ~s** une page couverte de corrections; ~ **fluid** liquide correcteur.

(**c**) (††: *punishment*) correction *f*, châtiment *m*. **house of ~**†† maison *f* de correction†.

corrective [kə'rektɪv] *adj action* rectificatif; (*Jur, Med*) *measures, training* de rééducation, correctif.

correctly [kə'rektlɪ] *adv* (*V* **correct**) correctement, d'une manière exacte, avec justesse; convenablement.

correctness [kə'rektnɪs] *n* (*V* **correct**) correction *f*, exactitude *f*, justesse *f*; bienséance *f*.

Correggio [kor'reddʒo] *n* le Corrège.

correlate ['kɒrɪleɪt] **1** *vi* correspondre (*with* à), être en corrélation (*with* avec). **2** *vt* mettre en corrélation, corréler (*with* avec).

correlation [ˌkɒrɪ'leɪʃən] *n* corrélation *f*.

correlative [kɒ'relətɪv] **1** *n* corrélatif *m*. **2** *adj* corrélatif.

correspond [ˌkɒrɪs'pɒnd] *vi* (**a**) (*agree*) correspondre (*with* à), s'accorder (*with* avec). **that does not ~ with what he said** cela ne correspond pas à ce qu'il a dit.

(**b**) (*be similar, equivalent*) correspondre (*to* à), être l'équivalent (*to* de). **this ~s to what she was doing last year** ceci est semblable *or* correspond à ce qu'elle faisait l'année dernière; **his job ~s roughly to mine** son poste équivaut à peu près au mien *or* est à peu près l'équivalent du mien.

(**c**) (*exchange letters*) correspondre (*with* avec). **they ~** ils s'écrivent, ils correspondent.

correspondence [ˌkɒrɪs'pɒndəns] **1** *n* (**a**) (*gen*) correspondance *f* (*between* entre, *with* avec).

(**b**) (*letter-writing*) correspondance *f*. **to be in ~ with sb** entretenir une *or* être en correspondance avec qn; **to read one's ~** lire son courrier *or* sa correspondance.

2 *cpd*: **correspondence card** carte-lettre *f*; **correspondence college** établissement *m* d'enseignement par correspondance; (*Press*) **correspondence column** courrier *m* (des lecteurs); **corre-spondence course** cours *m* par correspondance.

correspondent [ˌkɒrɪs'pɒndənt] *n* (*gen, Comm, Press, Bank*) correspondant(e) *m(f)*. **foreign/sports ~** correspondant étranger/sportif; *V* **special**.

corresponding [ˌkɒrɪs'pɒndɪŋ] *adj* correspondant. ~ **to** conforme à; **a ~ period** une période analogue; **the ~ period** la période cor-respondante.

correspondingly [ˌkɒrɪs'pɒndɪŋlɪ] *adv* (*as a result*) en conséquence; (*proportionately*) proportionnellement.

corridor ['kɒrɪdɔːr] *n* couloir *m*, corridor *m*. (*Brit*) ~ **train** train *m* à couloir; (*fig*) **the ~s of power** les allées du pouvoir.

corroborate [kə'rɒbəreɪt] *vt* corroborer, confirmer.

corroboration [kəˌrɒbə'reɪʃən] *n* confirmation *f*, corroboration *f*. **in ~ of** à l'appui de, en confirmation de.

corroborative [kə'rɒbərətɪv] *adj* qui confirme *or* corrobore.

corrode [kə'rəud] **1** *vt metal* corroder, attaquer, ronger; (*fig*) attaquer, corroder. **2** *vi* [*metals*] se corroder.

corrosion [kə'rəuʒən] *n* corrosion *f*.

corrosive [kə'rəuzɪv] **1** *adj* corrosif. **2** *n* corrosif *m*.

corrugated ['kɒrəgeɪtɪd] *adj* ridé, plissé; *road, surface* ondulé. ~ **cardboard/paper** carton/papier ondulé; ~ **iron** tôle ondulée.

corrupt [kə'rʌpt] **1** *adj* (**a**) *person, action, behaviour* (*evil, immoral*) corrompu, dépravé; (*dishonest*) vénal. ~ **practices** (*dishonesty*) tractations *fpl* malhonnêtes; (*Jur: bribery etc*) trafic *m* d'influence, malversations *fpl*; **a ~ society** une société corrompue *or* pourrie; ~ **tastes** des goûts pervers.

(**b**) (*decaying, putrid*) vicié, corrompu.

(**c**) (*incorrect*) *text* altéré.

2 *vt person, morals* corrompre, dépraver, pervertir; (*bribe*) cor-rompre, soudoyer; *text* altérer.

corruption [kə'rʌpʃən] *n* (*V* **corrupt**) corruption *f*; dépravation *f*; altération *f*; (*Comput*) [*data*] altération.

corsage [kɔː'sɑːʒ] *n* (*bodice*) corsage *m*; (*flowers*) petit bouquet (*de fleurs porté au corsage*).

corsair ['kɔːsɛər] *n* (*ship, pirate*) corsaire *m*, pirate *m*.

corset ['kɔːsɪt] *n* (*Dress: also* ~s) corset *m*; (*lightweight*) gaine *f*; (*Med*) corset.

Corsica ['kɔːsɪkə] *n* Corse *f*.

Corsican ['kɔːsɪkən] **1** *adj* corse. **2** *n* Corse *mf*.

cortège [kɔː'tɛːʒ] *n* cortège *m*.

cortex ['kɔːteks] *n, pl* **cortices** ['kɔːtɪsiːz] (*Bot*) cortex *m*, écorce *f*; (*Anat*) cortex.

corticoids ['kɔːtɪkɔɪdz], **corticosteroids** [ˌkɔːtɪkəu'stɪərɔɪdz] *npl* corticoïdes *mpl*.

cortisone ['kɔːtɪzəun] *n* cortisone *f*.

corundum [kə'rʌndəm] *n* corindon *m*.

coruscate ['kɒrəskət] *vi* briller, scintiller.

coruscating ['kɒrəskeɪtɪŋ] *adj* (*fig*) *wit, humour* brillant, scin-tillant.

corvette [kɔː'vet] *n* (*Naut*) corvette *f*.

C.O.S. [ˌsiːəu'es] *abbr of* **cash on shipment**; *V* **cash 1b**.

cos[1] [kɒs] *n* (*Brit: lettuce*) (laitue *f*) romaine *f*.

cos[2] [kɒs] *n abbr of* **cosine**.

cosh [kɒʃ] (*Brit*) **1** *vt* (***) taper sur, cogner* sur. **2** *n* gourdin *m*, matraque *f*.

cosignatory ['kəu'sɪgnətərɪ] *n* cosignataire *mf*.

cosine ['kəusaɪn] *n* cosinus *m*.

cosiness ['kəuzɪnɪs] *n* (*V* **cosy**) atmosphère douillette, confort *m*.

cosmetic [kɒz'metɪk] **1** *adj surgery* plastique, esthétique; *prepara-tion* cosmétique; (*fig*) superficiel, symbolique. **2** *n* cosmétique *m*, produit *m* de beauté.

cosmic ['kɒzmɪk] *adj* (*lit*) cosmique; (*fig*) immense, incommensu-rable. ~ **dust/rays** poussière *f*/rayons *mpl* cosmique(s).

cosmogony [kɒz'mɒgənɪ] *n* cosmogonie *f*.

cosmographer [kɒz'mɒgrəfər] *n* cosmographe *mf*.

cosmography [kɒz'mɒgrəfɪ] *n* cosmographie *f*.

cosmology [kɒz'mɒlədʒɪ] *n* cosmologie *f*.

cosmonaut ['kɒzmənɔːt] *n* cosmonaute *mf*.

cosmopolitan [ˌkɒzmə'pɒlɪtən] *adj, n* cosmopolite (*mf*).

cosmos ['kɒzmɒs] *n* cosmos *m*.

Cossack ['kɒsæk] *n* cosaque *m*.

cosset ['kɒsɪt] *vt* dorloter, choyer.

cost [kɒst] **1** *vt* (**a**) (*pret, ptp* **cost**) (*lit, fig*) coûter. **how much or what does the dress ~?** combien coûte *or* vaut la robe?; **how much or what will it ~ to have it repaired?** combien est-ce que cela coûtera de le faire réparer?; **what does it ~ to get in?** quel est le prix d'entrée?; **it ~ him a lot of money** cela lui a coûté cher; **it ~s him £6 a week** cela lui revient à *or* lui coûte 6 livres par semaine, il en a pour 6 livres par semaine; **it ~s too much** cela coûte trop cher, c'est trop cher; **it ~s the earth*** cela coûte les yeux de la tête; **I know what it ~ him to apologize** je sais ce qu'il lui en a coûté de s'excuser; **it ~ him a great effort** cela lui a coûté *or* demandé un gros effort; **it ~ him a lot of trouble** cela lui a causé beaucoup d'ennuis; **it will ~ you your life** il vous en coûtera la vie; **it'll ~ you!*** tu vas le sentir passer!; **it will ~ you a present!** vous en serez quitte pour lui (*or* me *etc*) faire un cadeau!; **politeness ~s very little** il ne coûte rien d'être poli; (*fig*) ~ **what it may, whatever it ~s** coûte que coûte.

(**b**) (*pret, ptp* ~**ed**) (*Comm*) *articles for sale* établir le prix de revient de; *piece of work* évaluer le coût de. **the job was ~ed at £2000** le devis pour (l'exécution de) ces travaux s'est monté à 2000 livres.

2 *n* coût *m*. ~ **and freight** coût *m* et frêt *m*; **the ~ of these apples** le coût *or* le prix de ces pommes; (*Fin*) **to cut the ~ of loans** réduire le loyer de l'argent; **to bear the ~ of** (*lit*) faire face aux frais *mpl or* aux dépenses *fpl* de; (*fig*) faire les frais de; (*lit, fig*) **at great ~** à grands frais; **at little ~** à peu de frais; (*fig*) **at little ~ to himself** sans que cela lui coûte (*subj*) beaucoup; **at ~ (price)** au prix coûtant; (*Jur*) ~**s** dépens *mpl*, frais *mpl* judiciaires; (*Jur*) **to be ordered to pay ~s** être condamné aux dépens; (*fig*) **at all ~s, at any ~** coûte que coûte, à tout prix; **at the ~ of his life/health** au prix de sa vie/santé; (*fig*) **to my ~** à mes dépens; *V* **count**[1].

3 *cpd*: **cost accountant** analyste *mf* de coûts; **cost accounting** comptabilité *f* analytique *or* d'exploitation; **cost-benefit analysis** analyse *f* coûts-avantages; **cost-cutting** compression *f or* réduc-tion *f* des coûts; **cost-cutting plan** *etc* plan *m etc* de réduction des coûts; **cost-effective** rentable, d'un bon rapport rendement-prix; **cost-effectiveness** rentabilité *f*, efficacité-coût *f*; **cost estimate** devis *m*, estimation *f* des coûts; **cost-in-use** coûts *mpl* d'utilisa-tion; **cost of living** coût *m* de la vie; **cost-of-living allowance** indemnité *f* de vie chère; **cost-of-living increase** rattrapage *m* pour cherté de la vie; **cost-of-living index** index *m* du coût de la vie; **cost plus** prix *m* de revient majoré du pourcentage contrac-tuel; **on a cost-plus basis** à des coûts majorés; (*Brit*) **cost price** prix coûtant *or* de revient.

co-star ['kəustɑːr] (*Cine, Theat*) **1** *n* partenaire *mf*. **2** *vi* partager l'affiche (*with* avec). '~**ring X**' 'avec X'.

Costa Rica ['kɒstə'riːkə] *n* Costa Rica *m*.

Costa Rican ['kɒstə'riːkən] **1** *adj* costaricien. **2** *n* Costaricien(e) *m(f)*.
coster ['kɒstər] *n*, **costermonger** ['kɒstə,mʌŋgər] *n* (*Brit*) marchand(e) *m(f)* des quatre saisons.
costing ['kɒstɪŋ] *n* estimation *f* du prix de revient.
costive ['kɒstɪv] *adj* constipé.
costliness ['kɒstlɪnɪs] *n* (*value*) (grande) valeur; (*high price*) cherté *f*.
costly ['kɒstlɪ] *adj furs, jewels* de grande valeur, précieux; *undertaking, trip* coûteux; *tastes, habits* dispendieux, de luxe (*hum*).
costume ['kɒstjuːm] **1** *n* (**a**) (*gen*) costume *m*. **national** ~ costume national; (*fancy dress*) **in** ~ déguisé. (**b**) (†: *lady's suit*) tailleur *m*. **2** *cpd*: **costume ball** bal masqué; **costume jewellery** bijoux *mpl* (de) fantaisie; (*Theat*) **costume piece** *or* **play** pièce *f* historique (*en costume d'époque*).
costumier [kɒs'tjuːmɪər] *n*, (*esp US*) **costumer** [kɒs'tjuːmər] *n* costumier *m*, -ière *f*.
cosy, (*US*) **cozy** ['kəʊzɪ] **1** *adj room* douillet, confortable; *atmosphere* douillet. **we are very** ~ **here** nous sommes très bien ici; **it is** ~ **in here** il fait bon ici; **a** ~ **little corner** un petit coin intime. **2** *adv* (*fig*) **to play it** ~* y aller mollo*. **3** *n* (*tea* ~) couvre-théière *m*; (*egg* ~) couvre-œuf *m*. **4** *vi* (*esp US*) **to** ~ **up to sb**‡ faire de la lèche à qn‡.
cot [kɒt] *n* (*Brit: child's*) lit *m* d'enfant, petit lit; (*US: folding bed*) lit *m* de camp. ~-**death** mort subite du nourrisson.
coterie ['kəʊtərɪ] *n* coterie *f*, cénacle *m*, cercle *m*.
cotillion [kə'tɪljən] *n* cotillon *m*, quadrille *f*.
cottage ['kɒtɪdʒ] **1** *n* petite maison (*à la campagne*), cottage *m*; (*thatched*) chaumière *f*; (*in holiday village etc*) villa *f*. **2** *cpd*: **cottage cheese** fromage blanc (egoutté); (*Brit*) **cottage hospital** petit hôpital; **cottage industry** (*working at home*) industrie familiale; (*informally organized industry*) industrie artisanale; (*Brit*) **cottage loaf** miche *f*, pain *m* de ménage.
cottager ['kɒtɪdʒər] *n* (*Brit*) paysan(ne) *m(f)*; (*US*) propriétaire *mf* de maison de vacances.
cottar, cotter ['kɒtər] *n* (*Scot*) paysan(ne) *m(f)*.
cotton ['kɒtn] **1** *n* (*U*) (*Bot, Tex*) coton *m*; (*Brit: sewing thread*) fil *m* (de coton); *V* **absorbent, gin. 2** *cpd shirt, dress* de coton. (*US*) **cotton batting** = **cotton wool**; (*Agr*) **the cotton belt** le Sud cotonnier (*Alabama, Géorgie, Mississippi*); **cotton cake** tourteau *m* de coton; (*US*) **cotton candy** barbe *f* à papa *f*; **cotton goods** cotonnades *fpl*; **cotton grass** linaigrette *f*, lin *m* des marais; **cotton industry** industrie cotonnière *or* du coton; **cotton lace** dentelle *f* de coton; **cotton mill** filature *f* de coton; **cotton-picking** (*adj US: pej*) sale* (*before n*); **sacré** (*before n*); **cottonseed oil** huile *f* de coton; **the Cotton State** l'Alabama; (*US*) **cottontail** lapin *m*; **cotton waste** déchets *mpl* de coton, coton *m* d'essuyage; (*Brit*) **cotton wool** ouate *f*, absorbent **cotton wool** ouate *f or* coton *m* hydrophile; (*fig*) **to bring up a child in cotton wool** élever un enfant dans du coton; **my legs felt like cotton wool*** j'avais les jambes en coton; (*US*) **cottonwood** peuplier *m* de Virginie; **cotton yarn** fil *m* de coton.
♦**cotton on*** *vi* piger*. **to cotton on to sth** piger* qch, saisir qch.
♦**cotton to**‡ *vt fus person* avoir à la bonne‡; *plan, suggestion* apprécier, approuver. **I don't cotton to it much** je ne suis pas tellement pour*, ça ne me botte pas tellement‡.
cotyledon [,kɒtɪ'liːdən] *n* cotylédon *m*.
couch [kaʊtʃ] **1** *n* (**a**) (*settee*) canapé *m*, divan *m*, sofa *m*; (*doctor*) lit *m*; (*psychoanalyst*) divan *m*; (*liter: bed*) couche *f* (*liter*). (*US fig*) **to be on the** ~* être en analyse. (**b**) (*Bot: also* ~ **grass**) chiendent *m*. **2** *vt* formuler, exprimer. **request** ~**ed in insolent language** requête formulée *or* exprimée en des termes insolents; **request** ~**ed in the following terms** demande ainsi rédigée. **3** *vi* (*animal*) (*lie asleep*) être allongé *or* couché; (*ready to spring*) s'embusquer.
couchette [kuːˈʃet] *n* (*Rail etc*) couchette *f*.
cougar ['kuːgər] *n* couguar *m or* cougouar *m*.
cough [kɒf] **1** *n* toux *f*. **to give a warning** ~ tousser en guise d'avertissement; **he has a (bad)** ~ il a une mauvaise toux, il tousse beaucoup. **2** *cpd*: **cough drop, cough lozenge** pastille *f* pour la toux; **cough mixture** sirop *m* pour la toux, (sirop) antitussif *m*. **3** *vi* tousser.
♦**cough up** *vt sep* (**a**) (*lit*) expectorer, cracher en toussant. (**b**) (*: fig*) *money* cracher*.
could [kʊd] *pret, cond of* **can**[1].
coulee ['kuːleɪ] *n* (*US*) ravine *f*.
couldn't ['kʊdnt] = **could not**; *V* **can**[1].
couloir ['kuːlwaːr] *n* (*Climbing*) couloir *m*.
council ['kaʊnsl] **1** *n* conseil *m*, assemblée *f*. ~ **of war** conseil de guerre; **city** *or* **town** ~ conseil municipal; **they decided in** ~ **that ...** l'assemblée a décidé que ...; **the Security C**~ of the U.N. le conseil de Sécurité des Nations Unies; (*US*) **the C**~ of **Economic Advisors** les Conseillers *mpl* Économiques (du Président); *V* **lord, parish, privy. 2** *cpd*: (*Brit*) **council flat/house** appartement *m*/maison *f* loué(e) à la municipalité, ≃ habitation *f* à loyer modéré, H.L.M. *m or f*; (*Brit*) **council housing** logements sociaux; (*Brit*) **council housing estate** *or* **scheme** quartier *m* de logements sociaux, (*high rise*) ≃ grand ensemble; (*US*) **councilman** membre *m* d'un conseil, conseiller municipal; (*Brit*) **council school** école publique.
councillor ['kaʊnsɪlər] *n* conseiller *m*, -ère *f*, membre *m* d'un conseil. (*form of address*) **C**~ **X** Monsieur le conseiller municipal X, Madame la conseillère municipale X; *V* **privy, town**.
counsel ['kaʊnsəl] **1** *n* (**a**) (*U*) consultation *f*, conseil *m*, délibéra-

tion *f*. **to take** ~ **with sb** prendre conseil de qn, consulter qn; **to keep one's own** ~ garder ses intentions (*or* projets *or* ses opinions) pour soi. (**b**) (*pl inv: Jur*) avocat(e) *m(f)*. (*Brit*) ~ **for the defence** (avocat de la) défense *f*; (*Brit*) ~ **for the prosecution** avocat du ministère public; **King's** *or* **Queen's C**~ avocat de la couronne (*qui peut néanmoins plaider pour des particuliers*); *V* **defending, prosecute. 2** *vt* (*frm, liter*) recommander, conseiller (*sb to do* à qn de faire). **to** ~ **caution** recommander *or* conseiller la prudence.
counseling (*US*), **counselling** ['kaʊnsəlɪŋ] **1** *n* (*gen: advice*) conseils *mpl*; (*Psych, Soc*) assistance *f* socio-psychologique; (*Brit Scol*) aide *f* psychopédagogique. **2** *cpd*: (*US Univ*) **counseling service** service *m* d'orientation et d'assistance universitaire.
counsellor, (*US also*) **counselor** ['kaʊnslər] *n* (**a**) (*gen*) conseiller *m*, -ère *f*; (*Psych, Soc*) conseiller *m*, -ère *f* socio-psychologique; (*US Educ*) conseiller d'orientation; *V* **student.** (**b**) (*Ir, US: also* ~-**at-law**) avocat *m*.
count[1] [kaʊnt] **1** *n* (**a**) compte *m*, dénombrement *m*, calcul *m*; (*votes at election*) dépouillement *m*. **to make a** ~ faire un compte; **at the last** ~ (*gen*) la dernière fois qu'on a compté; (*Admin*) au dernier recensement; (*Boxing*) **to be out for the** ~, **to take the** ~ être (mis) knock-out, aller au tapis pour le compte; **to be out for the** ~* être K.-O.*; **to keep (a)** ~ **of** tenir le compte de; (*fig*) **to take** **no** ~ **of** ne pas tenir compte de; **every time you interrupt you make me lose** ~ chaque fois que tu m'interromps je perds le fil; **I've lost** ~ je ne sais plus où j'en suis; **I've lost** ~ **of the number of times I've told you** je ne sais plus combien de fois je te l'ai dit; **he lost** ~ **of the tickets he had sold** il ne savait plus combien de billets il avait vendus. (**b**) (*Jur*) chef *m* d'accusation. **guilty on 3** ~**s** coupable à 3 chefs. **2** *cpd*: **countdown** compte *m* à rebours; **count noun** nom *m* comptable. **3** *vt* (**a**) (*add up*) compter; *inhabitants, injured, causes* dénombrer; *one's change etc* compter, vérifier. **to** ~ **the eggs in the basket** compter les œufs dans le panier; (*Admin, Pol*) **to** ~ **the votes** dépouiller le scrutin; (*Prov*) **don't** ~ **your chickens (before they're hatched)** il ne faut pas vendre la peau de l'ours (avant de l'avoir tué) (*Prov*); (*US fig*) **to** ~ **noses*** compter les présents; (*fig*) **to** ~ **sheep** compter les moutons; **to** ~ **the cost** (*lit*) compter *or* calculer la dépense; (*fig*) faire le bilan; (*lit, fig*) **without** ~**ing the cost** sans compter; (*you must*) ~ **your blessings** estimez-vous heureux; *V* **stand.** (**b**) (*include*) compter. **10 people not** ~**ing the children** 10 personnes sans compter les enfants; **three more** ~**ing him** trois de plus lui inclus *or* compris; **to** ~ **sb among one's friends** compter qn parmi ses amis; **do not** ~ **his youth against him** ne lui faites pas grief de sa jeunesse; **will you** ~ **it against me if I refuse?** m'en tiendrez-vous rigueur *or* m'en voudrez-vous si je refuse? (**c**) (*consider*) tenir, estimer. **to** ~ **sb as dead** tenir qn pour mort; **we must** ~ **ourselves fortunate** nous devons nous estimer heureux; **I** ~ **it an honour to (be able to) help you** je m'estime honoré de pouvoir vous aider. **4** *vi* (**a**) compter. **can he** ~? est-ce qu'il sait compter?; ~**ing from tonight** à compter de ce soir; ~**ing from the left** à partir de la gauche. (**b**) (*be considered*) compter. **you** ~ **among my best friends** vous comptez parmi *or* au nombre de mes meilleurs amis; **two children** ~ **as one adult** deux enfants comptent pour un adulte; **that doesn't** ~ cela ne compte pas. (**c**) (*have importance*) compter. **every minute** ~**s** chaque minute compte, il n'y a pas une minute à perdre; **his lack of experience** ~**s against him** son inexpérience est un désavantage *or* un handicap; **that** ~**s for nothing** cela ne compte pas, cela compte pour du beurre*; **he** ~**s for a lot in that firm** il joue un rôle important dans cette compagnie; **a university degree** ~**s for very little nowadays** de nos jours un diplôme universitaire n'a pas beaucoup de valeur *or* ne pèse pas lourd*.
♦**count down 1** *vi* faire le compte à rebours. **2 countdown** *n V* **count**[1] **2**.
♦**count in*** *vt sep* compter. **to count sb in on a plan** inclure qn dans un projet; **you can count me in!** je suis de la partie!
♦**count out** *vt sep* (**a**) (*Boxing*) **to be counted out** être mis knock-out, être envoyé *or* aller au tapis pour le compte. (**b**) *money* compter pièce par pièce; *small objects* compter, dénombrer. (**c**) **you can count me out of*** **this business** ne comptez pas sur moi dans cette affaire. (**d**) (*Parl etc*) **to count out a meeting** ajourner une séance (*le quorum n'étant pas atteint*); (*Brit*) **to count out the House** ajourner la séance (*du Parlement*).
♦**count up** *vt sep* faire le compte de, compter, additionner.
♦**count (up)on** *vt fus* compter (sur). **I'm counting (up)on you** je compte sur vous; **to count (up)on doing** compter faire.
count[2] [kaʊnt] *n* (*nobleman*) comte *m*.
countability [,kaʊntə'bɪlɪtɪ] *n* (*Ling: fact of being countable*) fait *m* d'être comptable. **the problem of** ~ le problème de savoir si un (*or* le *etc*) substantif est comptable ou non.
countable ['kaʊntəbl] *adj* comptable, dénombrable, nombrable. (*Gram*) ~ **noun** nom *m* comptable.
countenance ['kaʊntnəns] **1** *n* (**a**) (*liter: face*) (expression *f* du) visage *m*, figure *f*; (*expression*) mine *f*. **out of** ~ décontenancé; **to keep one's** ~ ne pas se laisser décontenancer. (**b**) (*frm: approval*) **to give** ~ **to** *person* encourager; *plan* favoriser; *rumour, piece of news* accréditer. **2** *vt* approuver, admettre (*sth* qch; *sb's doing* que qn fasse).
counter[1] ['kaʊntər] *n* **1** (**a**) (*in shop, canteen*) comptoir *m*;

(*position: in bank, post office etc*) guichet *m*; (*in pub*) comptoir *m*, zinc* *m*. **the girl behind the** ~ (*in shop*) la vendeuse; (*in pub*) la serveuse; (*fig*) **to buy/sell under the** ~ acheter/vendre clandestinement; **it was all very under the** ~* tout ceci se faisait sous le manteau *or* très en-dessous *or* très en sous-main.

(b) (*disc*) jeton *m*, fiche *f*.

(c) (*Tech*) compteur *m*; V **Geiger counter** *etc*.

2 *cpd*: **counter hand** (*in shop*) vendeur *m*, -euse *f*; (*in snack bar*) serveur *m*, -euse *f*; (*US*) **counterman** serveur *m*.

counter² ['kauntər] **1** *adv*: ~ **to** à l'encontre de, à l'opposé de, contrairement à; **to go** *or* **run** ~ **to** aller à l'encontre de.

2 *vt decision, order* aller à l'encontre de, s'opposer à; *plans* contrecarrer, contrarier; *blow* parer.

3 *vi* (*fig*) contre-attaquer, riposter; (*Boxing, Fencing etc*) (parer un coup et) riposter. **he** ~**ed with a right** il a riposté par un droit.

counter ... ['kauntər] *pref* contre ... .

counteract [,kauntər'ækt] *vt* neutraliser, contrebalancer.

counterattack ['kauntərə,tæk] (*Mil, fig*) **1** *n* contre-attaque *f*. **2** *vti* contre-attaquer.

counterattraction ['kauntərə,trækʃən] *n* attraction rivale, spectacle rival.

counterbalance ['kauntə,bæləns] **1** *n* contrepoids *m*. **2** *vt* contrebalancer, faire contrepoids à.

counterblast ['kauntəbla:st] *n* réfutation *f or* démenti *m* énergique.

countercharge ['kauntətʃa:dʒ] *n* (*Jur*) contre-accusation *f*.

countercheck ['kauntətʃek] **1** *n* deuxième contrôle *m or* vérification *f*. **2** *vt* revérifier.

counterclaim ['kauntəkleim] *n* (*Jur*) demande reconventionnelle. **to bring a** ~ introduire une demande reconventionnelle.

counterclockwise [,kauntə'klɒk,waiz] *adv, adj* en sens inverse des aiguilles d'une montre.

counterespionage [,kauntər'espiə,na:ʒ] *n* contre-espionnage *m*.

counterexample ['kauntərig,za:mpəl] *n* contre-exemple *m*.

counterfeit ['kauntəfit] **1** *adj* faux (*f* fausse). ~ **coin/money** fausse pièce/monnaie. **2** *n* faux *m*, contrefaçon *f*. **3** *vt banknote, signature* contrefaire. **to** ~ **money** fabriquer de la fausse monnaie.

counterfoil ['kauntəfɔil] *n* (*Brit*) [*cheque etc*] talon *m*, souche *f*.

counter-gambit ['kauntəgæmbit] *n* contre-gambit *m*.

counterinsurgency [,kauntərin'sɜ:dʒənsi] *n* contre-insurrection *f*.

counterinsurgent [,kauntərin'sɜ:dʒənt] *n* contre-insurgé(e) *m(f)*.

counterintelligence [,kauntərin'telidʒəns] *n* contre-espionnage *m*.

counterintuitive [,kauntərin'tju:itiv] *adj* contraire à l'intuition.

counterirritant [,kauntər'iritənt] *n* (*Med*) révulsif *m*.

countermand ['kauntəma:nd] *vt order* annuler. **unless** ~**ed** sauf contrordre.

countermeasure ['kauntəmeʒər] *n* mesure défensive, contre-mesure *f*.

countermove ['kauntəmu:v] *n* (*Mil*) mouvement *m* en contre-attaque, retour offensif.

counteroffensive ['kauntərəfensiv] *n* (*Mil*) contre-offensive *f*.

counter-order ['kauntə,rɔ:dər] *n* contrordre *m*.

counterpane ['kauntəpein] *n* dessus-de-lit *m*, couvre-lit *m*; (*quilted*) courtepointe *f*.

counterpart ['kauntəpa:t] *n* [*document etc*] (*duplicate*) double *m*, contrepartie *f*; (*equivalent*) équivalent *m*; [*person*] homologue *mf*.

counterplea ['kauntəpli:] *n* réplique *f*.

counterpoint ['kauntəpɔint] *n* (*Mus*) contrepoint *m*.

counterpoise ['kauntəpɔiz] **1** *n* (*weight, force*) contrepoids *m*; (*equilibrium*) équilibre *m*. **in** ~ en équilibre. **2** *vt* contrebalancer, faire contrepoids à.

counterproductive [,kauntəprə'dʌktiv] *adj* (*Comm, Ind*) qui entrave la productivité. (*fig*) **that is** ~ ça va à l'encontre du but recherché.

Counter-Reformation [,kauntə,refə'meiʃən] *n* (*Hist*) Contre-Réforme *f*.

counter-revolution [,kauntə,revə'lu:ʃən] *n* contre-révolution *f*.

counter-revolutionary [,kauntə,revə'lu:ʃənri] *adj,n* contre-révolutionnaire (*mf*).

counter-shot ['kauntəʃɒt] *n* (*Cine*) contrechamp *m*.

countersign ['kauntəsain] **1** *vt* contresigner. **2** *n* mot *m* de passe *or* d'ordre.

countersink ['kauntəsiŋk] *vt hole* fraiser; *screw* noyer.

counter-stroke ['kauntəstrəuk] *n* (*lit, fig*) retour offensif.

countertenor [,kauntə'tenər] *n* (*Mus*) (*singer*) haute-contre *m*; (*voice*) haute-contre *f*.

counter-turn ['kauntətɜ:n] *n* (*Ski*) contre-virage *m*.

countervailing ['kauntəveiliŋ] *adj* (*Fin*) ~ **duties** droits *mpl* compensatoires.

counterweight ['kauntəweit] *n* contrepoids *m*.

countess ['kauntis] *n* comtesse *f*.

counting ['kauntiŋ] **1** *n* (*school subject*) calcul *m*. **2** *cpd*: (*Brit†*) **counting house** salle *f or* immeuble *m* des comptables.

countless ['kauntlis] *adj* innombrable, sans nombre. **on** ~ **occasions** je ne sais combien de fois.

countrified ['kʌntrifaid] *adj* rustique, campagnard.

country ['kʌntri] **1** *n* (**a**) pays *m*. **the different countries of the world** les divers pays du monde; **the** ~ **wants peace** le pays désire la paix; (*Brit Pol*) **to go to the** ~ appeler le pays aux urnes.

(b) (*native land*) patrie *f*. **to die for one's** ~ mourir pour la patrie; V **old**.

(c) (*U: as opposed to town*) campagne *f*. **in the** ~ à la campagne; **the** ~ **round the town** les environs *mpl* de la ville; **the surrounding** ~ la campagne environnante; **to live off the** ~ (*gen*) vivre des produits de la terre; (*Mil*) vivre sur le pays.

(d) (*U: region*) pays *m*, région *f*. **there is some lovely** ~ **to the north** il y a de beaux paysages dans le nord; **mountainous** ~ région montagneuse; **this is good fishing** ~ c'est une bonne région pour la pêche; **this is unknown** ~ **to me** (*lit*) je ne connais pas la région; (*fig*) je suis en terrain inconnu; V **open**.

2 *cpd life style* campagnard, de (la) campagne. (*US Mus*) **country-and-western** musique *f* country (and western); **country born** né à la campagne; **country bred** élevé à la campagne; (*pej*) **country bumpkin** péquenaud(e)‡ *m(f)* (*pej*), cul-terreux* *m* (*pej*); **country club** club *m* de loisirs (*à la campagne*); **country cottage** petite maison (à la campagne); [*weekenders*] maison de campagne; (*fig*) **country cousin** cousin *m* de province; **country dance**, (*U*) **country dancing** danse *f* folklorique; **to go country dancing** danser (des danses folkloriques); **country dweller** campagnard(e) *m(f)*; **country folk** gens *mpl* de la campagne, campagnards *mpl*, ruraux *mpl*; **country gentleman** gentilhomme campagnard; **country house** manoir *m*, (petit) château *m*; **country life** vie *f* de la *or* à la campagne, vie campagnarde; **countryman** (*also* **fellow countryman**) compatriote *m*, concitoyen *m*; (*opposed to town dweller*) habitant *m* de la campagne, campagnard *m*; **country music** la musique country; **country people** campagnards *mpl*, gens *mpl* de la campagne; **country road** petite route (de campagne); **country seat** château *m*; **the countryside** la campagne; **country-wide** qui englobe *or* touche tout le pays; **countrywoman** (*also* **fellow countrywoman**) compatriote *f*, concitoyenne *f*; (*opposed to town dweller*) habitante *f* de la campagne, campagnarde *f*.

county ['kaunti] **1** *n* (**a**) comté *m* (*division administrative*), ≃ département *m*; V **home**.

(b) (*people*) habitants *mpl* d'un comté. (*Brit: nobility etc*) **the** ~ l'aristocratie terrienne (*du comté*).

2 *adj* (*Brit*) *voice, accent* aristocratique. **he's very** ~ il est *or* fait très hobereau; **she's very** ~ elle est *or* fait très aristocratie terrienne.

3 *cpd*: (*US*) **county agent** ingénieur-agronome *m*; (*US Admin*) **county clerk** ≃ sous-préfet *m*; (*Brit*) **county court** tribunal civil; (*Brit*) **county cricket** le cricket disputé entre les comtés; (*Brit*) **county family** vieille famille; (*US*) **county jail** *ou* prison centrale *f*; (*US*) **county police** police régionale, ≃ gendarmerie *f*; (*US*) **county seat**, (*esp Brit*) **county town** chef-lieu *m*.

coup [ku:] *n* (*beau*) coup *m* (*fig*); (*Pol*) coup d'État.

coupé ['ku:pei] *n* (*Aut*) coupé *m*.

couple ['kʌpl] **1** *n* couple *m*. **to hunt in** ~**s** aller par deux; **the young (married)** ~ les jeunes mariés *or* époux, le jeune ménage, le jeune couple; **a** ~ **of** deux; **I've seen him a** ~ **of times** je l'ai vu deux ou trois fois; **I did it in a** ~ **of hours** je l'ai fait en deux heures environ; **we had a** ~* **in the bar** nous avons pris un verre ou deux au bar; **when he's had a** ~* **he begins to sing** quand il a un verre dans le nez* il se met à chanter; V **first**.

2 *vt* (**a**) (*also* ~ **up**) *railway carriages* atteler, (ac)coupler; *ideas, names* associer, accoupler.

(b) ~**d with** (*prep*) ajouté à; ~**d with the fact that** venant en plus du fait que.

3 *vi* (*mate*) s'accoupler.

coupler ['kʌplər] *n* (*Comput*) coupleur *m*; (*US Rail*) attelage *m*. (*Comput*) **acoustic** ~ coupleur acoustique.

couplet ['kʌplit] *n* distique *m*.

coupling ['kʌpliŋ] *n* (**a**) (*U*) accouplement *m*, association *f*. **(b)** (*device*) (*Rail*) attelage *m*; (*Elec*) couplage *m*.

coupon ['ku:pɒn] *n* [*newspaper advertisements etc*] coupon *m* (*détachable*); [*cigarette packets etc*] bon *m*, prime *f*, vignette *f*; (*Comm: offering price reductions*) bon de réduction; (*rationing*) ticket *m*, bon; (*Fin*) coupon, bon; V **football, international**.

courage ['kʌridʒ] *n* courage *m*. **I haven't the** ~ **to refuse** je n'ai pas le courage de refuser, je n'ose pas refuser; **to take/lose** ~ prendre/perdre courage; **to take** ~ **from sth** être encouragé par qch; **to have the** ~ **of one's convictions** avoir le courage de ses opinions; **to take one's** ~ **in both hands** prendre son courage à deux mains; V **Dutch, pluck up**.

courageous [kə'reidʒəs] *adj* courageux.

courageously [kə'reidʒəsli] *adv* courageusement.

courgette [kuə'ʒet] *n* (*Brit*) courgette *f*.

courier ['kuriər] *n* (*messenger*) courrier *m*, messager *m*; (*tourist guide*) guide *m*, cicérone *m*.

course [kɔ:s] **1** *n* (**a**) **of** ~ bien sûr, naturellement; **did he do it?** — **of** ~ **!/of** ~ **not!** est-ce qu'il l'a fait? — bien entendu! *or* naturellement!/bien sûr que non!; **may I take it?** — **of** ~ **!/of** ~ **not!** est-ce que je peux le prendre? — bien sûr! *or* mais oui!; **of** ~ **I won't do it!** je ne vais évidemment pas faire ça!; **you'll come on Saturday of** ~ il va sans dire *or* bien entendu vous venez samedi.

(b) (*duration, process*) [*life, events, time, disease*] cours *m*. **in the ordinary** ~ **of things** *or* **events** normalement, en temps normal *or* ordinaire; **in the** ~ **of conversation** au cours *or* dans le courant de la conversation; **a house in (the)** ~ **of construction** une maison en cours de construction; **it is in (the)** ~ **of being investigated** c'est en cours d'investigation; **in the** ~ **of centuries** au cours des siècles; **in the** ~ **of the next few months** pendant les *or* au cours des prochains mois; **in the** ~ **of time** finalement, un beau jour; **in the** ~ **of the week** dans le courant de la semaine; V **due, matter**.

(c) (*direction, way, route*) [*river*] cours *m*, lit *m*; [*ship*] route *f*; [*planet*] cours. **to keep** *or* **hold one's** ~ poursuivre sa route; (*Naut*) **to hold (one's)** ~ suivre son chemin; (*Naut*) **to set** ~ **for** mettre le cap sur; (*Naut*) **to change** ~ changer de cap; (*Naut, fig*) **to go off** ~ faire fausse route; **to take a certain** ~ **of action** adopter une certaine ligne de conduite; **we have no other** ~ **but to ...** nous n'avons d'autre moyen *or* ressource que de ..., aucune autre voie ne s'offre à nous que de ...; **there are several** ~**s open to us** plusieurs partis s'offrent à nous; **what ~ do you suggest?** quel parti (nous) conseillez-vous de prendre?; **let him take his own ~** laissez-le agir à sa guise *or* faire comme il veut; **the best ~ would be to leave at once** la meilleure chose *or* le mieux à faire serait de partir immédiatement; **to let sth take its ~** laisser qch suivre son cours, laisser qch prendre son cours naturel; **the affair/the illness has run its ~** l'affaire/la maladie a suivi son cours; *V* **middle.**

(**d**) (*Scol, Univ*) cours *m*. **to go to a French ~** suivre un cours *or* des cours de français; **he gave a ~ of lectures on Proust** il a donné une série de conférences sur Proust; **I have bought part two of the German ~** j'ai acheté la deuxième partie de la méthode *or* du cours d'allemand; **~ of study** (*Scol*) programme *m* scolaire; (*Univ*) cursus *m* universitaire; (*Med*) **~ of treatment** traitement *m*; *V* **correspondence.**

(**e**) (*Sport*) (*distance covered: Racing, for military training etc*) parcours *m*; (*ground on which sport takes place: Golf etc*) terrain *m*; *V* **golf, race¹, stay¹** *etc*.

(**f**) (*Culin*) plat *m*. **first ~** entrée *f*; *V* **main.**

(**g**) (*Constr*) assise *f* (*de briques etc*); *V* **damp.**

(**h**) (*Naut*) **~s** basses voiles.

2 *vi* (**a**) [*water etc*] couler à flots. **tears ~d down her cheeks** les larmes ruisselaient sur ses joues; **it sent the blood coursing through his veins** cela lui fouetta le sang.

(**b**) (*Sport*) chasser (le lièvre).

3 *vt* (*Sport*) *hare* courir, chasser.

courser [ˈkɔːsəʳ] *n* (*person*) chasseur *m* (*gén de lièvres*); (*dog*) chien courant; (*liter: horse*) coursier *m* (*liter*).

coursing [ˈkɔːsɪŋ] *n* (*Sport*) chasse *f* au lièvre.

court [kɔːt] **1** *n* (**a**) (*Jur*) cour *f*, tribunal *m*. (*Brit*) **~ of appeal,** (*US*) **~ of appeals** cour d'appel; (*US*) **C~ of Claims** tribunal *fédéral chargé de régler les réclamations contre l'État*; **~ of competent jurisdiction** tribunal compétent; **~ of inquiry** commission *f* d'enquête; (*US*) **C~ of International Trade** *tribunal de commerce international*; **~ of justice** palais *m* de justice; (*US*) **~ of last resort** tribunal jugeant en dernier ressort; (*Scot*) **C~ of Session** cour de cassation; **to settle a case out of ~** arranger une affaire à l'amiable; **to rule sth out of ~** déclarer qch inadmissible; **to take sb to ~ over** *or* **about sth** poursuivre *or* actionner qn en justice à propos de qch; **he was brought before the ~s several times** il est passé plusieurs fois en jugement; **to clear the ~** faire évacuer la salle; *V* **high, law.**

(**b**) (*monarch*) cour *f* (*royale*). **the C~ of St James** la cour de Saint-James; **to be at ~** (*for short time*) être à la cour; (*for long time*) faire partie de la cour.

(**c**) **to pay ~ to a woman** faire sa *or* la cour à une femme.

(**d**) (*Tennis*) court *m*; (*Basketball*) terrain *m*. (*Tennis*) **they've been on ~ for 2 hours** cela fait 2 heures qu'ils jouent.

(**e**) (*also* **~yard**) cour *f* (*de maison, de château*); (*passage between houses*) ruelle *f*, venelle *f*.

2 *cpd*: (*esp Brit*) **court card** figure *f* (*de jeu de cartes*); **court circular** bulletin quotidien de la cour; (*Jur*) **courthouse** palais *m* de justice, tribunal *m*; **a courting couple** un couple d'amoureux; (*Jur*) **court order** décision *f* judiciaire; (*US Jur*) **court record** compte rendu *m* d'audience; (*Jur*) **court room** salle *f* de tribunal; (*Brit*) **court shoe** escarpin *m*; **courtyard** cour *f* (*de maison, de château*).

3 *vt woman* faire la *or* sa cour à, courtiser; *sb's favour* solliciter, rechercher; *danger, defeat* aller au-devant de, s'exposer à.

4 *vi*: **they are ~ing*** ils sortent ensemble; **are you ~ing?*** tu as un petit copain* (*or* une petite amie*)?

Courtelle [kɔːˈtel] *n* ® Courtelle *m* ®.

courteous [ˈkɜːtɪəs] *adj* courtois, poli (*towards* envers).

courteously [ˈkɜːtɪəslɪ] *adv* d'une manière courtoise, courtoisement, poliment.

courtesan [ˌkɔːtɪˈzæn] *n* courtisane *f* (*liter*).

courtesy [ˈkɜːtɪsɪ] **1** *n* courtoisie *f*, politesse *f*. **you might have had the ~ to explain yourself** vous auriez pu avoir la politesse de vous expliquer; **will you do me the ~ of reading it?** auriez-vous l'obligeance de lire?; **exchange of courtesies** échange *m* de politesses; **by ~ of** avec la permission de.

2 *cpd*: **courtesy call** visite *f* de politesse; **courtesy car** voiture gratuite; (*US*) **courtesy card** carte *f* de priorité (*utilisable dans les hôtels, banques etc*); (*Brit*) **courtesy coach** navette gratuite; (*Aut*) **courtesy light** plafonnier *m*; **courtesy title** titre *m* de courtoisie; **courtesy visit = courtesy call.**

courtier [ˈkɔːtɪəʳ] *n* courtisan *m*, dame *f* de la cour.

courtly [ˈkɔːtlɪ] *adj* élégant, raffiné. (*Hist Literat*) **~ love** amour courtois.

court-martial [ˈkɔːtˈmɑːʃəl] **1** *n*, *pl* **courts-martial** (*Mil*) conseil *m* de guerre. **to be tried by ~** passer en conseil de guerre. **2** *vt* traduire *or* faire passer en conseil de guerre.

courtship [ˈkɔːtʃɪp] *n*: **his ~ of her** la cour qu'il lui fait (*or* faisait *etc*); **during their ~** au temps où ils sortaient ensemble.

cousin [ˈkʌzn] *n* cousin(e) *m(f)*; *V* **country, first** *etc*.

couth* [kuːθ] **1** *adj* raffiné. **2** *n* bonnes manières.

cove¹ [kəʊv] *n* (*Geog*) crique *f*, anse *f*; (*cavern*) caverne naturelle; (*US*) vallon encaissé.

cove²‡ [kəʊv] *n* (*Brit: fellow*) mec‡ *m*.

covenant [ˈkʌvɪnənt] **1** *n* (*gen*) convention *f*, engagement formel; (*Brit Fin*) engagement contractuel; (*Jewish Hist*) alliance *f*; (*Scot Hist*) **the C~** le Covenant (*de 1638*); *V* **deed.**

2 *vt* s'engager (*to do* à faire), convenir (*to do* de faire). (*Fin*) **to ~ (to pay) £100 per annum to a charity** s'engager par obligation contractuelle à verser 100 livres par an à une œuvre.

3 *vi* convenir (*with sb for sth* de qch avec qn).

covenanter [ˈkʌvɪnəntəʳ] *n* (*Scot Hist*) covenantaire *mf* (*adhérent au covenant de 1638*).

Coventry [ˈkɒvəntrɪ] *n* Coventry. (*Brit fig*) **to send sb to ~** mettre qn en quarantaine, boycotter qn.

cover [ˈkʌvəʳ] **1** *n* (**a**) [*saucepan, bowl*] couvercle *m*; [*dish*] couvercle, dessus-de-plat *m inv*; [*table*] nappe *f*; [*umbrella*] (*fabric*) étoffe *f*, (*case*) fourreau *m*, (*for folding type*) étui *m*; (*over furniture, typewriter*) housse *f*; (*over merchandise, vehicle etc*) bâche *f*; [*bed*~] dessus-de-lit *m inv*; [*book*] couverture *f*; (*envelope*) enveloppe *f*; [*parcel*] emballage *m*. [*bedclothes*] **the ~s** les couvertures *fpl*; **to read a book from ~ to ~** lire un livre de la première à la dernière page; (*Comm*) **under separate ~** sous pli séparé; *V* **first, loose, plain.**

(**b**) (*shelter*) abri *m*; (*Hunting: for game*) fourré *m*, couvert *m*, abri; (*Mil etc: covering fire*) feu *m* de couverture *or* de protection. (*Mil, gen*) **there was no ~ for miles around** il n'y avait pas d'abri à des kilomètres à la ronde; **he was looking for some ~** il cherchait un abri; **the trees gave him ~** (*hid*) les arbres le cachaient; (*sheltered*) les arbres l'abritaient; (*to soldier etc*) **give me ~!** couvrez-moi!; **to take ~** (*hide*) se cacher; (*Mil*) s'embusquer; (*shelter*) s'abriter, se mettre à l'abri; **to take ~ from the rain/the bombing** se mettre à l'abri *or* s'abriter de la pluie/des bombes; (*Mil*) **to take ~ from enemy fire** se mettre à l'abri du feu ennemi; **under ~** à l'abri, à couvert; **to get under ~** se mettre à l'abri *or* à couvert; **under ~ of darkness** à la faveur de la nuit; **under ~ of friendship** sous le masque de l'amitié; *V* **break.**

(**c**) (*Fin*) couverture *f*, provision *f*. (*Fin*) **to operate without ~** opérer à découvert.

(**d**) (*Brit Insurance: gen*) couverture *f*, garantie *f* (d'assurances) (*against* contre). **~ for a building against fire etc** couverture *or* garantie d'un immeuble contre l'incendie *etc*; **full ~** garantie totale *or* tous risques; **fire ~** assurance-incendie *f*; **they've got no (insurance) ~ for** *or* **on this** ils ne sont pas assurés pour *or* contre cela; **we must extend our (insurance) ~** nous devons augmenter le montant de notre garantie (d'assurances); **the (insurance) ~ ends on 5th July** le contrat d'assurances *or* la police d'assurances expire le 5 juillet.

(**e**) (*in espionage etc*) fausse identité. **what's your ~?** quelle est votre identité d'emprunt?

(**f**) (*at table*) couvert *m*. **~s laid for 6** une table de 6 couverts.

2 *cpd*: (*Dress*) **coveralls** bleu(s) *m(pl)* de travail, combinaison *f* (*d'ouvrier etc*); [*restaurant etc*] **cover charge** couvert *m*; **covered wagon** chariot couvert *or* bâché; **covergirl** cover-girl *f*; (*Brit Insurance*) **cover note** récépissé *m* (d'assurance); **cover story** (*Press*) article principal (*illustré en couverture*); (*in espionage etc*) couverture *f*; **our cover story this week** en couverture cette semaine; **cover-up tentatives** faites pour étouffer l'affaire.

3 *vt* (**a**) (*gen*) *object, person* couvrir (*with* de); *book, chair* recouvrir, couvrir (*with* de); *snow* **~s the ground** la neige recouvre le sol; **ground ~ed with leaves** sol couvert de feuilles; **he ~ed the paper with writing** il a couvert la page d'écriture; **the car ~ed us in mud** la voiture nous a couverts de boue; **to ~ one's eyes** (*when crying*) se couvrir les yeux; (*against sun etc*) se protéger les yeux; **to ~ one's face with one's hands** se couvrir le visage des mains; **~ed with confusion/ridicule** couvert de confusion/de ridicule; **to ~ o.s. with glory** se couvrir de gloire.

(**b**) (*hide*) *feelings, facts* dissimuler, cacher; *noise* couvrir.

(**c**) (*protect*) *person* couvrir, protéger. **the soldiers ~ed our retreat** les soldats ont couvert notre retraite; (*fig*) **he only said that to ~ himself** il n'a dit cela que pour se couvrir.

(**d**) (*Insurance*) couvrir. **it ~s the house against fire etc** l'immeuble est couvert contre l'incendie *etc*; **it doesn't ~ you for** *or* **against flood damage** vous n'êtes pas couvert contre les dégâts des eaux; **it ~s (for) fire only** cela ne couvre que l'incendie.

(**e**) (*point gun at*) *person* braquer un revolver sur. **to keep sb ~ed** tenir qn sous la menace du revolver; **I've got you ~ed!** ne bougez pas ou je tire!

(**f**) (*Sport*) *opponent* marquer.

(**g**) *distance* parcourir, couvrir. **we ~ed 8 km in 2 hours** nous avons parcouru *or* couvert 8 km en 2 heures; **to ~ a lot of ground** (*travelling*) faire beaucoup de chemin; (*deal with many subjects*) traiter un large éventail de questions; (*do large amount of work*) faire du bon travail.

(**h**) (*be sufficient for*) couvrir; (*take in, include*) englober, traiter, comprendre. **his work ~s many different fields** son travail englobe *or* embrasse plusieurs domaines différents; **goods ~ed by this invoice** les marchandises faisant l'objet de cette facture; **the book ~s the subject thoroughly** le livre traite le sujet à fond; **the article ~s the 18th century** l'article traite tout le 18e siècle; **his speech ~ed most of the points raised** dans son discours il a traité la plupart des points en question; **such factories will not be ~ed by this report** ce rapport ne traitera pas de ces usines; **in order to ~ all possibilities** pour parer à toute éventualité; **in order to ~ the monthly payments** pour faire face aux mensualités; **to ~ one's costs** *or* **expenses** rentrer dans ses frais; **£5 will ~ everything** 5 livres payeront tout *or* suffiront à couvrir toutes les dépenses; **to ~ a deficit/a loss** combler un déficit/une perte.

(**i**) (*Press etc*) *news, story, scandal* assurer la couverture de; *lawsuit* faire le compte rendu de. **he was sent to ~ the riots** on l'a envoyé assurer le reportage des émeutes.

(**j**) [*animal*] couvrir.

4 *vi* (**a**) (*US*) **= cover up 1b.**

(**b**) *V* **3(d)** *above.*

◆**cover in** *vt sep* *trench, grave* remplir.

◆**cover over** *vt sep* recouvrir.

◆**cover up 1** *vi* (**a**) se couvrir. **it's cold, cover up warmly** il fait froid, couvre-toi chaudement.

(**b**) **to cover up for sb** couvrir qn, protéger qn.

2 *vt sep* (**a**) *child, object* recouvrir, envelopper (*with* de).

(b) (*hide*) truth, facts dissimuler, cacher, étouffer. **to cover up one's tracks** (*lit*) couvrir sa marche; (*fig*) couvrir sa marche, brouiller les pistes.
3 cover-up n V cover 2.

coverage ['kʌvərɪdʒ] n (a) (*Press, Rad, TV*) reportage m. **to give full ~ to an event** assurer la couverture complète d'un événement, traiter à fond un événement; **the match got nationwide ~** (*Rad*) le reportage du match a été diffusé sur l'ensemble du pays; (*TV*) le match a été retransmis or diffusé sur l'ensemble du pays; (*Press*) it got full-page ~ in the main dailies les principaux quotidiens y ont consacré une page entière.
(b) (*Insurance*) couverture f.

covering ['kʌvərɪŋ] 1 n (*wrapping etc*) couverture f, enveloppe f; (*of snow, dust etc*) couche f. 2 adj: ~ **letter** lettre explicative; (*Mil*) ~ **fire** feu m de protection or de couverture.

coverlet ['kʌvəlɪt] n dessus-de-lit m inv, couvre-lit m; (*quilted*) courtepointe f.

covert ['kʌvət] 1 adj threat voilé, caché; attack indirect; glance furtif, dérobé. 2 n (*Hunting*) fourré m, couvert m; (*animal's hiding place*) gîte m, terrier m.

covet ['kʌvɪt] vt convoiter.

covetous ['kʌvɪtəs] adj person, attitude, nature avide; look de convoitise. **to cast ~ eyes on sth** regarder qch avec convoitise.

covetously ['kʌvɪtəslɪ] adv avec convoitise, avidement.

covetousness ['kʌvɪtəsnɪs] n convoitise f, avidité f.

covey ['kʌvɪ] n compagnie f (*de perdrix*).

cow¹ [kaʊ] 1 n (a) vache f; (*female of elephant etc*) femelle f. (*fig*) till the ~s come home jusqu'à la Trinité (*fig*), jusqu'au jour où les poules auront des dents*; (*fig*) to wait till the ~s come home* attendre la semaine des quatre jeudis*.
(b) (*‡pej: woman*) rosse* f, vache* f, chameau* m.
2 cpd: **cow elephant/buffalo** etc éléphant m/buffle m etc femelle; **cowbell** sonnaille f, clochette f (à bestiaux); (*Rail*) **cowcatcher** chasse-pierres m inv; (*US Scol*) **cow college*** (*provincial college*) boîte f dans le bled*; (*agricultural college*) école f d'agriculture; **cowherd** vacher m, bouvier m; **cowhide** (n) (*skin*) peau f de vache; (*US: whip*) fouet m (à lanière de cuir); (vt: US) fouetter (avec une lanière de cuir); **cowlick** mèche f (sur le front); (*Brit*) **cowman** = **cowherd**; (*Bot*) **cow parsley** cerfeuil m sauvage; (*US*) **cowpea** dolique f; (*US*) **cowpoke** cowboy m; **cowpox** variole f de la vache; **cowpox** vaccine vaccin m antivariolique; (*US*) **cowpuncher*** = **cowboy**; **cowshed** étable f; (*Bot*) **cowslip** coucou m, primevère f; (*US pej*) **cowtown** bled m, patelin m.

cow² [kaʊ] vt person effrayer, intimider. **a ~ed look** un air de chien battu.

coward ['kaʊəd] n lâche mf, poltron(ne) m(f).

cowardice ['kaʊədɪs] n, **cowardliness** ['kaʊədlɪnɪs] n lâcheté f.

cowardly ['kaʊədlɪ] adj person lâche, poltron; action, words lâche.

cowboy ['kaʊbɔɪ] 1 n cowboy m; (*pej*) fumiste m. **to play ~s and Indians** jouer aux cowboys. 2 adj (*pej*) pas sérieux, fumiste. 3 cpd: **cowboy boots** rangers mpl; **cowboy hat** chapeau m de cowboy, feutre m à larges bords.

cower ['kaʊər] vi (also ~ **down**) se tapir, se recroqueviller. (*fig*) **to ~ before sb** trembler devant qn.

cowl [kaʊl] n (a) (*hood*) capuchon m (de moine). ~ **neck(line)** col m boule. **(b)** [*chimney*] capuchon m.

co-worker ['kəʊ'wɜːkər] n collègue mf, camarade mf (de travail).

cowrie, cowry ['kaʊrɪ] n cauri m.

cox [kɒks] 1 n barreur m. 2 vt boat barrer, gouverner. ~ed **four** quatre barré, quatre avec barreur. 3 vi barrer.

coxcomb† ['kɒkskəʊm] n fat m, poseur m, muscadin† m.

coxless ['kɒkslɪs] adj (*Rowing*) ~ **four** quatre m sans barreur.

coxswain ['kɒksn] n (*Rowing*) barreur m; (*Naut*) patron m.

coy [kɔɪ] adj (*affectedly shy*) person qui joue à or fait l'effarouché(e), qui fait le or la timide; smile de sainte nitouche (*pej*); (*coquettish*) woman qui fait la coquette.

coyly ['kɔɪlɪ] adv (V coy) avec une timidité feinte; avec coquetterie.

coyness ['kɔɪnɪs] n (V coy) airs effarouchés, timidité affectée or feinte; coquetterie f.

coyote [kɔɪ'əʊtɪ] n coyote m. **the C~ State** le Dakota du Sud.

cozy ['kəʊzɪ] (*US*) = **cosy**.

C.P. [si:'pi:] n (a) abbr of **Cape Province**. **(b)** abbr of **Communist Party**.

c/p abbr of **carriage paid**; V **carriage**.

cp abbr of **compare**.

C.P.A. [ˌsi:pi:'eɪ] n (*US*) abbr of **Certified Public Accountant**; V **certify**.

C.P.I. [ˌsi:pi:'aɪ] n (*US*) abbr of **Consumer Price Index**; V **consumer**.

Cpl. (*Mil*) abbr of **corporal**.

C.P.O. [ˌsi:pi:'əʊ] n (*Naut*) abbr of **chief petty officer**; V **chief**.

CPU [ˌsi:pi:'ju:] n (*Comput: abbr of* **central processing unit**) UC f.

cr. (a) abbr of **credit**. **(b)** abbr of **creditor**.

crab¹ [kræb] n (a) (*Zool*) crabe m; V **catch**. **(b)** (*Tech*) [*crane*] chariot m. **(c)** (*Med: also* ~ **louse**) morpion m. **(d)** (*Climbing*) mousqueton m.

crab² [kræb] n (*also* ~**apple**) pomme f sauvage; (*also* ~(apple) **tree**) pommier m sauvage.

crab³ [kræb] 1 vt (*US‡: spoil*) gâcher. **to ~ sb's act** gâcher les effets de qn; **to ~ a deal** faire rater* une affaire. 2 vi (*US‡: complain*) rouspéter* (*about* à cause de).

crabbed ['kræbd] adj person revêche, hargneux, grincheux. **in a ~ hand, in ~ writing** en pattes de mouche.

crabby ['kræbɪ] adj person revêche, grincheux, grognon.

crabwise ['kræbwaɪz] adv en crabe.

crack [kræk] 1 n (a) (*split, slit*) fente f, fissure f; (*in glass, mirror, pottery, bone etc*) fêlure f; (*in wall*) fente f, lézarde f, crevasse f; (*in ground*) crevasse f; (*in skin*) (petite) crevasse; (*Climbing*) fissure. (*in*

paint, varnish) ~s craquelure(s) f(pl); **through the ~ in the door** (*slight opening*) par l'entrebâillement de la porte; **leave the window open a ~** laissez la fenêtre entrouverte; **at the ~ of dawn** au point du jour, dès potron-minet*.
(b) (*noise*) [*twigs*] craquement m; [*whip*] claquement m; [*rifle*] coup m (sec), détonation f. ~ **of thunder** coup de tonnerre; **the ~ of doom** la trompette du Jugement dernier.
(c) (*sharp blow*) **to give sb a ~ on the head** assener à qn un grand coup sur la tête.
(d) (*joke etc*) plaisanterie f. **that was a ~* at your brother** ça, c'était pour votre frère; **that was a dirty ~*** he made c'est une vacherie‡ ce qu'il a dit là, c'était vache* or rosse* de dire ça.
(e) (*try*) **to have a ~ at doing*** essayer (un coup*) de faire; **to have a ~ at sth*** se lancer dans qch, tenter le coup sur qch; **I'll have a ~ at it*** je vais essayer (un coup*).
2 cpd sportsman, sportswoman de première classe, fameux*. **a crack tennis player/skier** un as or un crack du tennis/du ski; **crack shot** bon or excellent fusil; (*Mil, Police etc*) tireur m d'élite; (*pej*) **a crack-brained** person détraqué; plan cinglé*; (*pej*) **a crack-brained idea** une idée saugrenue or loufoque*; **crackdown (on)** mesures fpl énergiques (contre); mesures de répression (contre); **tour m de vis** (à); **crack-jaw*** impossible à prononcer, imprononçable; **crack-jaw* name** nom m à coucher dehors*; (*pej*) **crackpot*** (n: person) tordu(e)* m(f), cinglé(e)* m(f); (adj) idea tordu; (*Prison sl: burglar*) **cracksman** cambrioleur m, casseur m (sl); **crack-up*** [*plan, organization*] effondrement m, écroulement m; [*person*] (physical) effondrement; (mental) dépression nerveuse; (*US: accident*) [*vehicle*] collision f, accident m; [*plane*] accident (d'avion).
3 vt (a) pottery, glass, bone fêler; wall lézarder, crevasser; ground crevasser; nut etc casser. **to ~ one's skull** se fendre le crâne; **to ~ sb over the head** assommer qn; (*fig*) **to ~ a crib‡** faire un casse‡, faire un fric-frac‡; **to ~ a safe*** faire‡ or cambrioler un coffre-fort; (*US Comm*) **to ~ a market*** réussir à s'implanter sur un marché; **to ~ a bottle*** ouvrir or déboucher une bouteille; (*US*) **to ~ a book*** ouvrir un livre (pour l'étudier).
(b) petroleum etc craquer, traiter par craquage.
(c) whip faire claquer. **to ~ one's finger joints** faire craquer ses doigts; (*fig*) **to ~ jokes*** faire des astuces, sortir des blagues*.
(d) code etc déchiffrer; spy network démanteler. [*detective, police*] **to ~ a case (wide open)** (être sur le point de) résoudre une affaire.
4 vi (a) [*pottery, glass*] se fêler; [*ground*] se crevasser, se craqueler; [*wall*] se fendiller, se lézarder; [*skin*] se crevasser, (*from cold*) se gercer; [*ice*] se craqueler.
(b) [*whip*] claquer; [*dry wood*] craquer. **we heard the pistol ~** nous avons entendu partir le coup de pistolet.
(c) [*voice*] se casser; [*boy's voice*] muer.
(d) (*Brit*) **to get ~ing** s'y mettre, se mettre au boulot*; **let's get ~ing** allons-y!, au boulot!*; **get ~ing!** magne-toi!‡, grouille-toi!‡

♦**crack down on 1** vt fus person sévir contre, serrer la vis à; expenditure, sb's actions mettre le frein à.
2 crackdown n V **crack 2**.

♦**crack up* 1** vi (a) (*physically*) ne pas tenir le coup; (*mentally*) être au bout de son rouleau, s'effondrer, flancher*. (*hum*) **I must be cracking up!** ça ne tourne plus rond chez moi!*
(b) (*US*) [*vehicle*] s'écraser; [*plane*] s'écraser (au sol); [*person*] (*with laughter*) se tordre or éclater de rire.
2 vt sep (a) (*praise etc*) person, quality, action, thing vanter, louer; method prôner. **he's not all he's cracked up to be*** il n'est pas aussi sensationnel qu'on le dit or prétend.
(b) (*US: crash etc*) vehicle emboutir; plane faire s'écraser.
3 crack-up n V **crack 2**.

cracked [krækt] adj (a) plate fêlé, fendu; wall lézardé. **(b)** (*: mad*) toqué*, timbré*, cinglé*.

cracker ['krækər] 1 n (a) (*esp US: biscuit*) craquelin m, cracker m, biscuit m (salé). **(b)** (*firework*) pétard m. **(c)** (*Brit: at parties etc*) diablotin m. **(d)** (*nut*) ~s casse-noisettes m inv, casse-noix m inv.
(e) pauvre blanc m (du Sud). **2** cpd: **the Cracker State** la Géorgie.

cracker-barrel ['krækə‚bærəl] adj (*US*) ~ du café du commerce.

crackers‡ ['krækəz] adj (*Brit*) cinglé*, dingue‡.

cracking ['krækɪŋ] 1 n (a) [*petroleum*] craquage m, cracking m. **(b)** (*cracks: in paint, varnish etc*) craquelure f. 2 adj (a) **at a ~ speed** or **pace** à toute vitesse. **(b)** (*Brit: excellent*) de premier ordre, de première. 3 adv (*Brit*) formidablement.

crackle ['krækl] 1 vi [*twigs burning*] pétiller, crépiter; [*sth frying*] grésiller.
2 n (a) (*noise*) [*wood*] crépitement m, craquement m; [*food*] grésillement m; (*on telephone etc*) crépitement(s), friture* f.
(b) [*china, porcelain etc*] craquelure f. ~ **china** porcelaine craquelée.

crackling ['krækliŋ] n (a) (*sound*) crépitement m; (*Rad*) friture* f (U). **(b)** (*Culin*) couenne rissolée (de rôti de porc).

cracknel ['kræknl] n (*biscuit*) craquelin m; (*toffee*) nougatine f.

cradle ['kreɪdl] 1 n (a) (*lit, fig*) berceau m. **from the ~ to the grave** du berceau à la tombe; **the ~ of civilization** le berceau de la civilisation; (*US fig*) **to rob the ~*** les prendre au berceau*.
(b) (*Naut: framework*) ber m; (*Constr*) nacelle f, pont volant; [*telephone*] support m; (*Med*) arceau m.
2 vt: **to ~ a child** (in one's arms) bercer un enfant (dans ses bras); **she ~d the vase in her hands** elle tenait délicatement le vase entre ses mains; **he ~d the telephone under his chin** il maintenait le téléphone sous son menton.
3 cpd: (*pej*) **she's a cradle snatcher*** elle les prend au berceau*; **cradlesong** berceuse f.

craft [krɑːft] 1 n (a) (*skill*) art m, métier m; (*job, occupation*) métier, profession f (*généralement de type artisanal*); (*U: Scol: subject*) travaux manuels; V **art¹**, **needle** etc.

(b) (*tradesmen's guild*) corps *m* de métier, corporation*f*.

(c) (*pl inv: boat*) embarcation *f*, barque *f*, petit bateau; (*plane*) appareil *m*; *V* air, space *etc*.

(d) (*U: cunning*) astuce *f*, ruse *f* (*pej*). by ~ par ruse; his ~ in doing that l'astuce dont il a fait preuve en le faisant.

2 *cpd*: craftsman artisan *m*, ouvrier *m*, homme *m* de métier; (*U*) craftsmanship connaissance *f* d'un métier; (*artistry*) art *m*; what craftsmanship! quel travail!; a superb piece of craftsmanship un *or* du travail superbe; craft union fédération *f*.

craftily ['krɑːftɪlɪ] *adv* astucieusement, avec ruse (*pej*).

craftiness ['krɑːftɪnɪs] *n* astuce *f*, finesse *f*, ruse *f* (*pej*).

crafty ['krɑːftɪ] *adj* malin (*f* -igne) astucieux, rusé (*pej*). he's a ~ one* c'est un malin; a ~ little gadget* un petit truc* astucieux; that was a ~ move* *or* a ~ thing to do c'était un coup très astucieux.

crag [kræg] *n* rocher escarpé *or* à pic; (*Climbing*) école *f* d'escalade.

craggy ['krægɪ] *adj* rock escarpé, à pic; *area* plein d'escarpements. ~ features/face traits/visage taillé(s) à la serpe *or* à coups de hache.

cram [kræm] **1** *vt* **(a)** fourrer (*into* dans). to ~ books into a case fourrer des livres dans une valise, bourrer une valise de livres; we can ~ in another book nous pouvons encore faire place pour un autre livre *or* y faire tenir un autre livre; to ~ food into one's mouth enfourner* de la nourriture; we can't ~ any more people into the hall/the bus on n'a plus la place de faire entrer qui que ce soit dans la salle/l'autobus; we were all ~med into one room nous étions tous entassés *or* empilés dans une seule pièce; he ~med his hat (down) over his eyes il a enfoncé son chapeau sur ses yeux.

(b) bourrer (*with* de). shop ~med with good things magasin *m* qui regorge de bonnes choses; drawer ~med with letters tiroir bourré de lettres; to ~ sb with food bourrer *or* gaver qn de nourriture; to ~ o.s. with food se bourrer *or* se gaver de nourriture; (*fig*) he has his head ~med with odd ideas il a la tête bourrée *or* farcie d'idées bizarres.

(c) (*Scol*) *pupil* chauffer*, faire bachoter.

2 *vi* **(a)** [*people*] s'entasser, s'empiler. they all ~med into the kitchen tout le monde s'est entassé dans la cuisine.

(b) to ~ for an exam bachoter, préparer un examen.

3 *cpd*: cram-full *room, bus* bondé; *case* bourré (*of* de).

crammer ['kræmə'] *n* (*slightly pej*) (*tutor*) répétiteur *m*, -trice *f* (*qui fait faire du bachotage*); (*student*) bachoteur *m*, -euse *f*; (*book*) précis *m*, aide-mémoire *m inv*; (*also* ~'s: *school*) boîte *f* à bachot*.

cramp¹ [kræmp] **1** *n* (*Med*) crampe *f*. to have ~ in one's leg avoir une crampe à la jambe; *V* writer.

2 *vt* (*hinder*) *person* gêner, entraver. to ~ sb's progress gêner *or* entraver les progrès de qn; (*fig*) to ~ sb's style priver qn de ses moyens, enlever ses moyens à qn; (*fig*) your presence is ~ing my style* tu me fais perdre (tous) mes moyens.

cramp² [kræmp] **1** *n* (*Constr, Tech*) agrafe *f*, crampon *m*, happe *f*. **2** *vt* stones cramponner.

cramped [kræmpt] *adj* **(a)** *handwriting* en pattes de mouche. **(b)** *space* resserré, à l'étroit. we were very ~ (for space) on était à l'étroit, on n'avait pas la place de se retourner; in a ~ position dans une position inconfortable.

crampon ['kræmpən] *n* (*Climbing, Constr*) crampon *m*. (*Climbing*) ~ technique cramponnage *m*.

cramponning ['kræmpənɪŋ] *n* (*Climbing*) cramponnage *m*.

cranberry ['krænbərɪ] *n* (*Bot*) canneberge *f*. turkey with ~ sauce dinde *f* aux canneberges.

crane [kreɪn] **1** *n* (*Orn, Tech*) grue *f*. **2** *cpd*: crane driver grutier *m*; cranefly tipule *f*, crane operator = crane driver; (*Bot*) crane's-bill géranium *m*. **3** *vt*: to ~ one's neck tendre le cou.

◆**crane forward** *vi* tendre le cou (*pour voir etc*).

crania ['kreɪnɪə] *npl of* cranium.

cranial ['kreɪnɪəl] *adj* crânien.

cranium ['kreɪnɪəm] *n, pl* crania crâne *m*, boîte crânienne.

crank¹ [kræŋk] *n* (*Brit*: *person*) excentrique *mf*, loufoque* *mf*. a religious ~ un fanatique religieux.

crank² [kræŋk] **1** *n* (*Tech*) manivelle *f*. **2** *cpd*: (*Aut*) crankcase carter *m*; (*Aut*) crankshaft vilebrequin *m*. **3** *vt* (*also* ~ up) *car* faire partir à la manivelle; *cine-camera, gramophone etc* remonter (à la manivelle); *barrel organ* tourner la manivelle de.

◆**crank out** *vt* (*US*) produire (avec effort).

cranky* ['kræŋkɪ] *adj* (*eccentric*) excentrique, loufoque*; (*bad-tempered*) revêche, grincheux.

cranny ['krænɪ] *n* (petite) faille *f*, fissure *f*, fente *f*; *V* nook.

crap** ['kræp] *n* (*excrement*) merde***** *f*; (*nonsense*) conneries***** *fpl*, couillonnades** *fpl*; (*junk*) merde***, saloperie** *f*.

crape [kreɪp] *n* **(a)** = crêpe. **(b)** (*for mourning*) crêpe *m* (*de deuil*). ~ band brassard *m* (de deuil); ~hanger* (*US*) rabat-joie *m inv*.

crappy* ['kræpɪ] *adj* merdique**.

craps [kræps] *n* (*US*) jeu *m* de dés (*sorte de zanzi ou de passe anglaise*). to shoot ~ jouer aux dés.

crapulous ['kræpjʊləs] *adj* crapuleux.

crash¹ [kræʃ] **1** *n* **(a)** (*noise*) fracas *m*. a ~ of thunder un coup de tonnerre; a sudden ~ of dishes un soudain fracas d'assiettes cassées; ~, bang, wallop!* badaboum!, patatras!

(b) (*accident*) [*car*] collision *f*, accident *m*; [*aeroplane*] accident (d'avion). in a car/plane ~ dans un accident de voiture/d'avion; we had a ~ on the way here nous avons eu un accident en venant ici.

(c) (*Fin*) [*company, firm*] faillite *f*; (*St Ex*) krach *m*.

2 *adv*: he went ~ into the tree il est allé se jeter *or* se fracasser contre l'arbre.

3 *cpd*: (*Brit*) crash barrier glissière *f* (de sécurité); crash course cours intensif; crash helmet casque *m* (protecteur); (*Aviat*) crash-land atterrir *or* se poser en catastrophe; crash landing atterrissage forcé *or* en catastrophe; crashpad** piaule** de dépannage; crash programme programme intensif.

4 *vi* **(a)** [*aeroplane*] s'écraser au sol; [*vehicle*] s'écraser; [*two vehicles*] se percuter, se rentrer dedans*. the cars ~ed at the junction les voitures se sont percutées au croisement; to ~ into sth rentrer dans qch*, percuter qch, emboutir qch; the plate ~ed to the ground l'assiette s'est fracassée par terre; the car ~ed through the gate la voiture a enfoncé la barrière *or* s'est jetée à travers la barrière.

(b) (*Comm, Fin*) [*bank, firm*] faire faillite. the stock market ~ed les cours de la Bourse se sont effondrés.

(c) (**: *sleep*) pieuter**, crécher**. can I ~ in your room for a few days? est-ce que je peux pieuter** chez toi pendant quelques jours?; to ~ at sb's place pieuter** *or* crécher** chez qn.

5 *vt* **(a)** *car* avoir une collision *or* un accident avec. he ~ed the car through the barrier il a enfoncé la barrière (avec la voiture); he ~ed the car into a tree il a percuté un arbre (avec la voiture); he ~ed the plane il s'est écrasé (au sol); to ~ the gears faire grincer le changement de vitesse.

(b) (*Brit*) to ~ a party s'introduire dans une réception sans invitation, resquiller; to ~ a market (*US Comm*) pénétrer en force sur un marché.

◆**crash down, crash in** *vi* [*roof etc*] s'effondrer (avec fracas).

◆**crash out** **1** *vi* (*fall asleep etc*) tomber raide.

2 *vt sep*: to be crashed out être raide* *or* pété* *or* fait**.

crash² [kræʃ] *n* (*Tex*) grosse toile.

crashing ['kræʃɪŋ] *adj*: a ~ bore un raseur de première.

crass [kræs] *adj* grossier, crasse. ~ ignorance/stupidity ignorance *f*/bêtise *f* crasse.

crate [kreɪt] **1** *n* **(a)** [*fruit*] cageot *m*; [*bottles*] caisse *f* (à claire-voie); (*esp Naut*) caisse. **(b)** (**: *aeroplane*) zinc* *m*; (**: *car*) bagnole* *f*. **2** *vt* *goods* mettre en cageot(s) *or* en caisse(s).

crater ['kreɪtə'] *n* [*volcano, moon*] cratère *m*. bomb ~ entonnoir *m*; shell ~ trou *m* d'obus, entonnoir.

cravat(e) [krə'væt] *n* cravate *f*, foulard *m* (*noué autour du cou*).

crave [kreɪv] *vti* **(a)** (*also* ~ for) *drink, tobacco etc* avoir un besoin maladif *or* physiologique de; to ~ (for) affection avoir soif *or* avoir grand besoin d'affection.

(b) (*frm*) *attention* solliciter. to ~ permission avoir l'honneur de solliciter l'autorisation; he ~d permission to leave il supplia qu'on lui accordât la permission de partir; may I ~ leave to ...? j'ai l'honneur de solliciter l'autorisation de ...; to ~ sb's pardon implorer le pardon de qn.

craven ['kreɪvən] *adj, n* (*liter*) lâche (*mf*), poltron(ne) *m(f)*.

craving ['kreɪvɪŋ] *n* [*drink, drugs, tobacco*] besoin *m* (maladif *or* physiologique) (*for* de); [*affection*] grand besoin, soif *f* (*for* de); [*freedom*] désir *m* insatiable (*for* de).

craw [krɔː] *n* [*bird*] jabot *m*; [*animal*] estomac *m*. (*fig*) it sticks in my ~ cela me reste en travers de la gorge.

crawfish ['krɔːfɪʃ] **1** *n* = crayfish. **2** *vi* (*US fig*) se défiler*, faire marche arrière.

crawl [krɔːl] **1** *n* **(a)** [*vehicles*] allure très ralentie, poussette* *f*. we had to go at a ~ through the main streets nous avons dû avancer au pas *or* faire la poussette* dans les rues principales.

(b) (*Swimming*) crawl *m*. to do the ~ nager *or* faire le crawl, crawler.

2 *vi* **(a)** [*animals*] ramper, se glisser; [*person*] se traîner, ramper. to ~ in/out *etc* entrer/sortir *etc* en rampant *or* à quatre pattes; to ~ on one's hands and knees aller à quatre pattes; the child has begun to ~ (around) l'enfant commence à se traîner à quatre pattes; (*fig*) to ~ to sb s'aplatir devant qn, lécher les bottes de *or* à qn; the fly ~ed up the wall/along the table la mouche a grimpé le long du mur/a avancé le long de la table; to make sb's skin ~ rendre qn malade de dégoût, donner la chair de poule à qn; to ~ with vermin grouiller de vermine; (*pej*) the street is ~ing* with policemen la rue grouille d'agents de police.

(b) [*vehicles*] avancer au pas, faire la poussette*.

crawler ['krɔːlə'] *n* (*person*) lécheur* *m*, -euse* *f*, lèche-bottes* *mf inv*; (*vehicle*) véhicule lent. (*Brit Aut*) ~ lane file *f or* voie *f* pour véhicules lents.

crayfish ['kreɪfɪʃ] *n* (*freshwater*) écrevisse *f*; (*saltwater*) (*large*) langouste *f*; (*small*) langoustine *f*.

crayon ['kreɪən] **1** *n* (*coloured pencil*) crayon *m* (de couleur); (*Art: pencil, chalk etc*) pastel *m*; (*Art: drawing*) crayon, pastel. **2** *vt* crayonner, dessiner au crayon; (*Art*) colorier au crayon *or* au pastel.

craze [kreɪz] **1** *n* engouement *m* (*for* pour), manie *f* (*for* de). it's all the ~* cela fait fureur. **2** *vt* **(a)** (*make mad*) rendre fou (*f* folle). **(b)** *glaze, pottery* craqueler. **3** *vi* [*glaze, pottery*] craqueler; [*windscreen*] s'étoiler.

crazed [kreɪzd] *adj* **(a)** (*mad*) affolé, rendu fou (*f* folle) (*with* de). **(b)** *glaze, pottery* craquelé; *windscreen* étoilé.

crazily ['kreɪzɪlɪ] *adv behave* follement, d'une manière insensée; *lean, slant* dangereusement.

crazy ['kreɪzɪ] **1** *adj* **(a)** (*mad*) fou (*f* folle). to go ~ devenir fou *or* cinglé* *or* dingue**; to drive sb ~ c'est à vous rendre fou *or* dingue**; it was enough to drive you ~ c'est à vous rendre fou *or* dingue**; it was a ~ idea c'était une idée idiote; you were ~ to want to go there tu étais fou *or* dingue** de vouloir y aller, c'était de la folie de vouloir y aller.

(b) (**: *enthusiastic*) fou (*f* folle), fana* (*f inv*) (*about sb/sth* de qn/qch). I was ~ about her il ne m'emballe* pas; he's ~ about her il en est fou, il l'aime à la folie.

(c) (*fig*) *price, height etc* incroyable; (*US: excellent*) terrible*, formidable. the tower leant at a ~ angle la tour penchait d'une façon menaçante *or* inquiétante.

2 *cpd:* (*US*) ~ **bone** petit juif* (*partie du coude*); (*US*) **crazy house**‡ cabanon* *m*, asile *m* d'aliénés; **crazy paving** dallage irrégulier (*en pierres plates*).

creak [kri:k] **1** *vi* [*door hinge*] grincer, crier; [*shoes*] craquer, grincer; [*floorboard, joints*] craquer. **2** *n* (*V* **1**) grincement *m*; craquement *m*.

creaky ['kri:kɪ] *adj stair, floorboard, joints, shoes* qui craque *or* crisse; *hinge* grinçant.

cream [kri:m] **1** *n* (**a**) crème *f*. (*Brit*) **single/double** ~ crème fraîche liquide/épaisse; **to take the** ~ **off the milk** écrémer le lait; (*fig*) **the** ~ **of society** la crème *or* la fine fleur de la société; (*Confectionery*) **chocolate** ~ chocolat fourré (à la crème); **vanilla** ~ (*dessert*) crème à la vanille; (*biscuit*) biscuit fourré à la vanille; *V* **clot**.
　(**b**) (*face* ~, *shoe* ~) crème *f*; *V* **cold, foundation** *etc*.
　2 *adj* (~*-coloured*) crème *inv*; (*made with* ~) cake à la crème.
　3 *cpd:* **cream cheese** fromage *m* à la crème, fromage blanc *or* frais; (*Brit*) **cream jug** pot *m* à crème; **cream of tartar** crème *f* de tartre; **cream of tomato soup** crème *f* de tomates; **cream puff** chou *m* à la crème.
　4 *vt* (**a**) *milk* écrémer.
　(**b**) (*Culin*) *butter* battre. **to** ~ (**together**) **sugar and butter** travailler le beurre en crème avec le sucre; ~**ed potatoes** purée *f* de pommes de terre.
　(**c**) (*US*‡ *fig*) *enemy, opposing team* rosser*, battre à plates coutures.
　◆**cream off** *vt sep* (*fig*) *best talents, part of profits* prélever, écrémer.

creamer ['kri:məʳ] *n* (*to separate cream*) écrémeuse *f*; (*US: pitcher*) pot *m* à crème.

creamery ['kri:mərɪ] *n* (**a**) (*on farm*) laiterie *f*; (*butter factory*) laiterie, coopérative laitière. (**b**) (*small shop*) crémerie *f*.

creamy ['kri:mɪ] *adj* crémeux; *complexion* crème *inv*, crémeux.

crease [kri:s] **1** *n* [*material, paper*] pli *m*, pliure *f*; [*trouser legs, skirt etc*] pli; (*unwanted fold*) faux pli; (*on face*) ride *f*. ~**-resistant** infroissable.
　2 *vt* (*crumple*) froisser, chiffonner, plisser; (*press* ~ *in*) plisser.
　3 *vi* se froisser, se chiffonner, prendre un faux pli. (*fig*) **his face** ~**d with laughter** le rire a plissé son visage.

create [kri:'eɪt] **1** *vt* (*gen*) créer; *new fashion* lancer, créer; *work of art, character, role* créer; *impression* produire, faire; *problem, difficulty* créer, susciter, provoquer; *noise, din* faire. **to** ~ **a sensation** faire sensation; **two posts have been** ~**d** il y a eu deux créations de poste, deux postes ont été créés; **he was** ~**d baron** il a été fait baron.
　2 *vi* (*Brit*‡: *fuss*) faire une scène, faire un foin‡.

creation [kri:'eɪʃən] *n* (**a**) (*U*) création *f*. **since the** ~ depuis la création du monde. (**b**) (*Art, Dress*) création *f*. **the latest** ~**s from Paris** les toutes dernières créations de Paris.

creative [kri:'eɪtɪv] *adj mind, power* créateur (*f* -trice); *person, atmosphere, activity* créatif; (*Educ*) ~ **writing** la création littéraire.

creativity [,kri:eɪ'tɪvɪtɪ] *n* imagination créatrice, esprit créateur, créativité *f*.

creator [kri:'eɪtəʳ] *n* créateur *m*, -trice *f*.

creature ['kri:tʃəʳ] **1** *n* (*gen, also fig*) créature *f*; (*animal*) bête *f*, animal *m*; (*human*) être *m*, créature. **dumb** ~**s** les bêtes; **the** ~**s of the deep** les animaux marins; **she's a poor/lovely** ~ c'est une pauvre/ravissante créature; (*fig pej*) **they were all his** ~**s** tous étaient ses créatures.
　2 *cpd:* **creature comforts** confort matériel; **he likes his creature comforts** il aime son petit confort *or* ses aises.

crèche [kreɪʃ] *n* (*Brit*) pouponnière *f*, crèche *f*; (*daytime*) crèche, garderie *f*.

credence ['kri:dəns] *n* croyance *f*, foi *f*. **to give** ~ **to** ajouter foi à.

credentials [krɪ'denʃəlz] *npl* (*identifying papers*) pièce *f* d'identité; (*diplomat*) lettres *fpl* de créance; (*references*) références *fpl*, certificat *m*. **to have good** ~ avoir de bonnes références.

credibility [,kredə'bɪlɪtɪ] **1** *n* crédibilité *f*. **to lose** ~ perdre sa crédibilité. **2** *cpd:* **credibility gap** manque *f* de crédibilité, crise *f* de confiance; **his credibility rating is not very high** sa (marge de) crédibilité est très entamée.

credible ['kredɪbl] *adj witness* digne de foi; *person* crédible; *statement* plausible. **it's hardly** ~ c'est peu plausible.

credit ['kredɪt] **1** *n* (**a**) (*Banking, Comm, Fin*) crédit *m*; (*Book-keeping*) crédit, avoir *m*. **to give sb** ~ faire crédit à qn; 'no ~' 'la maison ne fait pas (de) crédit'; **to sell on** ~ vendre à crédit; **you have £10 to your** ~ vous avez un crédit de 10 livres.
　(**b**) (*belief, acceptance*) **to give** ~ **to** [*person*] ajouter foi à; [*event*] donner foi à, accréditer; **I gave him** ~ **for more sense** je lui supposais *or* croyais plus de bon sens; **to gain** ~ **with** s'accréditer auprès de; **his** ~ **with the electorate** son crédit auprès des électeurs.
　(**c**) honneur *m*. **to his** ~ **we must point out that** ... il faut faire remarquer à son honneur *or* à son crédit que ...; **he is a** ~ **to his family** il fait honneur à sa famille, il est l'honneur de sa famille; **the only people to emerge with any** ~ les seuls à s'en sortir à leur honneur; **to give sb** ~ **for his generosity** *etc* reconnaître la générosité *etc* de qn; **to give sb** ~ **for doing sth** reconnaître que qn a fait qch; **to take (the)** ~ **for sth** s'attribuer le mérite de qch; **it does you (great)** ~ cela est tout à votre honneur, cela vous fait grand honneur; (*Cine*) ~**s** générique *m*.
　(**d**) (*Scol*) unité *f* d'enseignement *or* de valeur, U.V. *f*.
　2 *vt* (**a**) (*believe*) *rumour, news* croire, ajouter foi à. **I could hardly** ~ **it** je n'arrivais pas à le croire; **you wouldn't** ~ **it** vous ne le croiriez pas.
　(**b**) **to** ~ **sb/sth with (having) certain powers/qualities** (*gen*)

reconnaître à qn/qch certains pouvoirs/certaines qualités; **to be** ~**ed with having done** passer pour avoir fait; **I** ~**ed him with more sense** je lui croyais *or* supposais plus de bon sens; **it is** ~**ed with (having) magic powers** on lui attribue des pouvoirs magiques.
　(**c**) (*Banking*) **to** ~ **£5 to sb, to** ~ **sb with £5** créditer (le compte de) qn de 5 livres, porter 5 livres au crédit de qn.
　3 *cpd:* **credit account** compte créditeur; (*US*) **credit agency** établissement *m* *or* agence *f* de crédit; **credit arrangements** accords *mpl* de crédit; (*Banking*) **credit balance** solde créditeur; **credit card** carte *f* de crédit; **credit charges** coût *m* du crédit; (*Fin*) **credit entry** inscription *f* *or* écriture *f* au crédit; **credit facilities** (*Banking*) ligne *f* de crédit; (*Comm: to buyer*) facilités *fpl* de paiement *or* de crédit; (*US Scol, Univ*) **credit hour** ≃ unité *f* de valeur; **credit line** (*Banking*) ligne *f* de crédit; (*Cine*) mention *f* au générique; (*in book*) mention de la source; (*Brit*) **credit note** avoir *m*; **credit rating** réputation *f* de solvabilité; **credit sales** ventes *fpl* à crédit; (*Book-keeping, also fig*) **on the credit side** à l'actif; (*Econ*) **credit squeeze** restrictions *fpl* de crédit; **credit terms** conditions *fpl* de crédit; (*Cine*) **credit titles** générique *m*; **credit transfer** transfert *m*, virement *m*; **creditworthiness** solvabilité *f*, capacité *f* d'emprunt; **creditworthy** solvable.

creditable ['kredɪtəbl] *adj* honorable, estimable.

creditably ['kredɪtəblɪ] *adv* honorablement, avec honneur.

creditor ['kredɪtəʳ] *n* créancier *m*, -ière *f*.

credo ['kreɪdəʊ] *n* credo *m*.

credulity [krɪ'dju:lɪtɪ] *n* crédulité *f*.

credulous ['kredjʊləs] *adj* crédule, naïf (*f* naïve).

credulously ['kredjʊləslɪ] *adv* avec crédulité, naïvement.

creed [kri:d] *n* credo *m*, principes *mpl*. (*Rel*) **the C**~ le Credo, le symbole des Apôtres.

creek [kri:k] *n* (**a**) (*esp Brit: inlet*) crique *f*, anse *f*. **to be up the** ~‡ (*be wrong*) se fourrer le doigt dans l'œil (jusqu'au coude)*; (*be in trouble*) être dans le pétrin. (**b**) (*stream*) ruisseau *m*, petit cours d'eau.

creel [kri:l] *n* panier *m* de pêche (*en osier*).

creep [kri:p] *pret, ptp* **crept 1** *vi* [*animal, person*] ramper; [*plants*] ramper, grimper; (*move silently*) se glisser. **to** ~ **between** se faufiler entre; **to** ~ **in/out/away** *etc* [*person*] entrer/sortir/ s'éloigner *etc* à pas de loup; [*animal*] entrer/sortir/s'éloigner *etc* sans un bruit; **to** ~ **about/along on tiptoe** marcher/avancer sur la pointe des pieds; **to** ~ **up on sb** [*person*] surprendre qn, s'approcher de qn à pas de loup, [*old age etc*] prendre qn par surprise; **old age is** ~**ing on** on se fait vieux*; **the traffic crept along** les voitures avançaient au pas; (*fig*) **an error crept into it** une erreur s'y est glissée; **a feeling of peace crept over me** un sentiment de paix me gagnait peu à peu *or* commençait à me gagner; **it makes my flesh** ~ cela me donne la chair de poule.
　2 *n:* **it gives me the** ~**s*** cela me donne la chair de poule, cela me fait froid dans le dos; (*pej*) **he's a** ~‡ il vous dégoûte, c'est un saligaud‡.

creeper ['kri:pəʳ] *n* (**a**) (*Bot*) plante grimpante *or* rampante; *V* **Virginia**. (**b**) (*US*) ~**s** barboteuse *f*. (**c**) (*: *person*) lécheur* *m*, -euse* *f*, lèche-bottes* *mf inv*.

creeping ['kri:pɪŋ] *adj* (**a**) *plant* grimpant, rampant; (*fig pej*) *person* lécheur. (**b**) (*gradual*) *change* larvé; *inflation* rampant. (*Med*) ~ **paralysis** paralysie progressive.

creepy ['kri:pɪ] **1** *adj story, place* qui donne la chair de poule, qui fait frissonner, terrifiant. **2** *cpd:* (*Brit*) **creepy-crawly*** (*adj*) qui fait frissonner, qui donne la chair de poule, horrifiant; (*n*) petite bestiole; **I hate creepy-crawlies*** je déteste toutes les petites bestioles qui rampent.

cremate [krɪ'meɪt] *vt* incinérer (*un cadavre*).

cremation [krɪ'meɪʃən] *n* crémation *f*, incinération *f*.

crematorium [,kremə'tɔ:rɪəm] *n, pl* **crematoria** [,kremə'tɔ:rɪə] (*Brit*), **crematory** ['kremə,tɔ:rɪ] (*US*) *n* (*place*) crématorium *m*, crématoire *m*; (*furnace*) four *m* crématoire.

crenellated ['krenɪleɪtɪd] *adj* crénelé, à créneaux.

crenellations [,krenɪ'leɪʃənz] *npl* créneaux *mpl*.

creole ['kri:əʊl] **1** *adj* créole. **2** *n:* **C**~ Créole *mf*; **the C**~ **State** la Louisiane.

creosote ['krɪəsəʊt] **1** *n* créosote *f*. **2** *vt* créosoter.

crêpe [kreɪp] **1** *n* (*Tex*) crêpe *m*. **2** *cpd:* **crêpe bandage** bande *f* Velpeau ®; **crêpe paper** papier *m* crêpon; **crêpe(-soled) shoes** chaussures *fpl* à semelles de crêpe.

crept [krept] *pret, ptp of* **creep.**

crepuscular [krɪ'pʌskjʊləʳ] *adj* crépusculaire.

crescendo [krɪ'ʃendəʊ] **1** *n, pl* ~**s** (*Mus, fig*) crescendo *m inv*. **2** *vi* (*Mus*) faire un crescendo.

crescent ['kresnt] **1** *n* (**a**) croissant *m*. (*Islamic faith etc*) **the C**~ le Croissant. (**b**) (*street*) rue *f* (*en arc de cercle*). **2** *cpd:* **crescent moon** croissant *m* de (la) lune; (*Culin*) **crescent roll** croissant *m*; **crescent-shaped** en (forme de) croissant.

cress [kres] *n* cresson *m*; *V* **mustard, water.**

crest [krest] **1** *n* [*bird, wave*] crête *f*; [*helmet*] cimier *m*; [*mountain*] crête, (*long ridge*) arête *f*; [*road*] haut *m* *or* sommet *m* de côte; (*above coat of arms, shield*) timbre *m*; (*on seal etc*) armoiries *fpl*. **the** ~ **of the wave** les armoiries familiales; (*fig*) **he is on the** ~ **of the wave** tout lui réussit en ce moment.
　2 *vt wave, hill* franchir la crête de. ~**ed notepaper** papier à lettres armorié; ~**ed tit** mésange huppée.

crestfallen ['krest,fɔ:lən] *adj person* déçu, découragé, déconfit. **to look** ~ avoir l'air penaud, avoir l'oreille basse.

cretaceous [krɪ'teɪʃəs] *adj* crétacé. (*Geol*) **the C**~ (**age**) le crétacé.

Cretan ['kri:tən] **1** *adj* crétois. **2** *n* Crétois(e) *m(f)*.

Crete [kri:t] *n* Crète *f*. **in** ~ en Crète.

cretin ['kretɪn] n (Med) crétin(e) m(f); (*pej) crétin(e), imbécile mf, idiot(e) m(f).
cretinism ['kretɪnɪzəm] n (Med) crétinisme m.
cretinous ['kretɪnəs] adj (Med, also *pej) crétin.
cretonne [kre'tɒn] n cretonne f.
crevasse [krɪ'væs] n (Geol, Climbing) crevasse f.
crevice ['krevɪs] n fissure f, fente f, lézarde f.
crew¹ [kru:] **1** n (Aviat, Naut) équipage m; (Cine, Rowing etc) équipe f; (group, gang) bande f, équipe. (pej) **what a ~!*** tu parles d'une équipe!*, quelle engeance!
　　2 vi (Sailing) **to ~ for sb** être l'équipier de qn; **would you like me to ~ for you?** voulez-vous de moi comme équipier?
　　3 vt yacht armer.
　　4 cpd: **to have a crewcut** avoir les cheveux en brosse; **crew-neck sweater** pull(-over) m ras du cou.
crew² [kru:] pret of **crow**² 2a.
crewel ['kru:ɪl] n (yarn) laine f à tapisserie; (work) tapisserie f sur canevas.
crib [krɪb] **1** n (a) (Brit: for infant) berceau m; (US: for toddler) lit m d'enfant; (Rel) crèche f.
　　(b) (manger) mangeoire f, râtelier m, crèche f.
　　(c) (plagiarism) plagiat m, copiage m; (Brit Scol) anti-sèche* f.
　　2 cpd: (US) **crib death** mort subite du nourrisson.
　　3 vt (Brit Scol) copier, pomper*. **to ~ sb's work** copier le travail de qn, copier or pomper* sur qn.
　　4 vi copier. **to ~ from a friend** copier sur un camarade; **he had ~bed from Shakespeare** il avait plagié Shakespeare.
cribbage ['krɪbɪdʒ] n (sorte f de) jeu m de cartes.
crick [krɪk] **1** n crampe f. **~ in the neck** torticolis m; **~ in the back** tour m de reins. **2** vt: **to ~ one's neck** attraper un torticolis; **to ~ one's back** se faire un tour de reins.
cricket¹ ['krɪkɪt] n (insect) grillon m, cri-cri* m inv.
cricket² ['krɪkɪt] **1** n (Sport) cricket m. (fig) **that's not ~** cela ne se fait pas, ce n'est pas fair-play. **2** cpd: **cricket ball/bat/match/pitch** balle f/batte f/match m/terrain m de cricket.
cricketer ['krɪkɪtəʳ] n joueur m de cricket.
crier ['kraɪəʳ] n crieur m; (law courts) huissier m; V **town**.
crikey⁑ ['kraɪkɪ] excl (Brit) mince (alors)!*
crime [kraɪm] **1** n (gen) crime m; (Mil) manquement m à la discipline, infraction f. **~ and punishment** le crime et le châtiment; **a life of ~** une vie de criminel or de crime; **~ is on the increase/decrease** il y a un accroissement/une régression de la criminalité; **~ doesn't pay** le crime ne paye pas; **it's a ~ to make him do it*** c'est un crime de le forcer à le faire; V **organized**.
　　2 cpd: **crime car** voiture de police banalisée; **crime prevention** la lutte contre le crime; **crime prevention officer** policier chargé de la lutte contre le crime; **Crime Squad** brigade criminel; **crime wave** vague f de criminalité.
Crimea [kraɪ'mɪə] n: **the ~** la Crimée.
Crimean [kraɪ'mɪən] adj, n: **the ~ (War)** la guerre de Crimée.
criminal ['krɪmɪnl] **1** n criminel m, -elle f.
　　2 adj action, motive, law criminel. (fig) **it's ~* to stay indoors today** c'est un crime de rester enfermé aujourd'hui; (Jur) **~ assault** agression criminelle, voie f de fait; (US Jur) **~ conversation** adultère m (de la femme); **~ investigation** enquête criminelle; (Brit) **the C~ Investigation Department** la police judiciaire, la P.J.; **~ law** droit pénal or criminel; **~ lawyer** pénaliste m, avocat m au criminel; **~ offence** délit m; **it's a ~ offence to do that** c'est un crime puni par la loi de faire cela; (Jur) **to take ~ proceedings against sb** poursuivre qn au pénal; **~ record** casier m judiciaire; **he hasn't got a ~ record** il a un casier judiciaire vierge; (Brit) **the C~ Records Office** l'identité f judiciaire; V **conspiracy**.
criminalization [,krɪmɪnəlaɪ'zeɪʃən] n criminalisation f.
criminalize ['krɪmɪnəlaɪz] vt criminaliser.
criminologist [,krɪmɪ'nɒlədʒɪst] n criminologiste mf.
criminology [,krɪmɪ'nɒlədʒɪ] n criminologie f.
crimp [krɪmp] **1** vt (a) hair crêper, friser, frisotter; pastry pincer.
　　(b) (US: hinder) gêner, entraver. **2** n (US) (person) raseur m, -euse f. **to put a ~ in** mettre obstacle à, mettre des bâtons dans les roues de.
Crimplene ['krɪmpli:n] n ® ≃ crêpe m acrylique.
crimson ['krɪmzn] adj, n cramoisi (m).
cringe [krɪndʒ] vi (shrink back) avoir un mouvement de recul, reculer (from devant); (fig: humble o.s.) ramper, s'humilier (before devant). (fig) **the very thought of it makes me ~*** rien qu'à y penser j'ai envie de rentrer sous terre.
cringing ['krɪndʒɪŋ] adj movement craintif, timide; attitude, behaviour servile, bas (f basse).
crinkle ['krɪŋkl] **1** vt paper froisser, chiffonner. **2** vi se froisser. **3** n fronce f, pli m.
crinkly ['krɪŋklɪ] adj paper gaufré; hair crépu, crêpelé.
crinoline ['krɪnəlɪn] n crinoline f.
cripple ['krɪpl] **1** n (lame) estropié(e) m(f), boiteux m, -euse f; (disabled) infirme mf, invalide mf; (from accident, war) invalide; (maimed) mutilé(e) m(f).
　　2 vt (a) estropier.
　　(b) (fig) ship, plane désemparer; (Ind) [strikes etc] production, exports etc paralyser. **crippling taxes** impôts écrasants; **activities ~d by lack of funds** activités paralysées par le manque de fonds.
crippled [krɪpld] adj person estropié, handicapé; (fig) plane, vehicle accidenté; (after bomb etc) factory gravement endommagé. **~ with rheumatism** perclus de rhumatismes.
crisis ['kraɪsɪs] n, pl **crises** ['kraɪsi:z] crise f. **to come to a ~**, **to reach a ~** atteindre un point critique; **to solve a ~** dénouer or résoudre une crise; **we've got a ~ on our hands** nous avons un problème urgent, nous sommes dans une situation critique; **the first oil ~** le premier choc pétrolier.

　　2 cpd: **crisis centre** or (US) **center** (for large-scale disaster) cellule f de crise; (for personal help) centre m d'aide; (for battered women) association f d'aide d'urgence.
crisp [krɪsp] **1** adj biscuit croquant, croustillant; vegetables croquant; bread croustillant; snow craquant; paper raide, craquant; linen apprêté; dress etc pimpant; weather vif (f vive), piquant; reply, style vif, précis, tranchant (pej), brusque (pej); tone, voice acerbe, cassant (pej).
　　2 n (Brit) (potato) **~s** (pommes) chips fpl; **packet of ~s** sachet m or paquet m de chips.
　　3 cpd: **crispbread** pain m scandinave.
　　4 vt (Culin: also ~ up) faire réchauffer (pour rendre croustillant).
Crispin ['krɪspɪn] n Crépin.
crisply ['krɪsplɪ] adv say etc d'un ton acerbe or cassant (pej).
crispness ['krɪspnɪs] n [biscuit etc] craquant m. **it has lost its ~** il n'est plus aussi craquant.
crispy ['krɪspɪ] adj: **~ noodles** nouilles sautées; **~ pancakes** crêpes croustillantes.
criss-cross ['krɪskrɒs] **1** adj lines entrecroisés; (in muddle) enchevêtré. **in a ~ pattern** en croisillons. **2** n entrecroisement m; enchevêtrement m. **3** vt entrecroiser (by de). **4** vi [lines] s'entrecroiser. **5** adv formant (un) réseau.
crit* [krɪt] n [play, book etc] papier* m, critique f.
criterion [kraɪ'tɪərɪən] n, pl **criteria** [kraɪ'tɪərɪə] or **~s** critère m.
critic ['krɪtɪk] n [books, painting, music, films etc] critique m; (fault-finder) critique, censeur m (frm), détracteur m, -trice f. (Press) **film ~** critique de cinéma; **he is a constant ~ of the government** il ne cesse de critiquer le gouvernement; **his wife is his most severe ~** sa femme est son plus sévère critique.
critical ['krɪtɪkəl] adj (a) (Pol etc) critique, crucial; situation critique; (Med) condition, stage of illness critique. **at a ~ moment** à un moment critique or crucial; (Aviat, Opt) **~ angle** angle m critique; (gen, Comput) **~ path** chemin critique.
　　(b) (Art, Literat) writings, essay critique, de critique; analysis, edition critique; (from the critics) praise etc de la critique, des critiques. **~ work on Chaucer** travail m or travaux mpl critique(s) sur Chaucer.
　　(c) (faultfinding) person, attitude, approach sévère, critique. **to be ~ of** critiquer, trouver à redire à.
critically ['krɪtɪkəlɪ] adv (a) (discriminatingly) judge, consider, discuss en critique, d'un œil critique. **(b)** (adversely) review, report sévèrement. **(c)** **~ ill** dangereusement or gravement malade; **the ~ ill** les grands malades.
criticism ['krɪtɪsɪzəm] n critique f.
criticize ['krɪtɪsaɪz] vt (a) (assess) book etc critiquer, faire la critique de. **(b)** (find fault with) behaviour, person critiquer, réprouver, censurer (frm). **I don't want to ~, but ...** je ne veux pas avoir l'air de critiquer, mais ... .
critique [krɪ'ti:k] n critique f.
critter⁑ ['krɪtəʳ] n (US) créature f; (animal) bête f, bestiole f.
croak [krəʊk] **1** vi (a) [frog] coasser; [raven] croasser; [person] parler d'une voix rauque; (*: grumble) maugréer, ronchonner.
　　(b) (⁑: die) claquer*, crever*.
　　2 vt dire avec une or d'une voix rauque or sourde. **'help' he ~ed feebly** 'au secours' appela-t-il d'une voix rauque or sourde.
　　3 n [frog] coassement m; [raven] croassement m. **his voice was a mere ~** il ne proférait que des sons rauques.
croaker⁑ ['krəʊkəʳ] n (US) toubib* m.
Croat ['krəʊæt] n Croate mf.
Croatia [krəʊ'eɪʃə] n Croatie f.
Croatian [krəʊ'eɪʃən] adj croate.
crochet ['krəʊʃeɪ] **1** n (U: also ~ work) (travail m au) crochet m. **~ hook** crochet. **2** vt garment faire au crochet. **3** vi faire du crochet.
crock [krɒk] n (a) (pot) cruche f, pot m de terre. (broken pieces) **~s** débris mpl de faïence; **the ~s*** la vaisselle. **(b)** (*) (horse) vieille rosse, cheval fourbu; (esp Brit: car etc) guimbarde f, vieille bagnole*, vieux clou*. **he's an old ~** c'est un croulant*.
crockery ['krɒkərɪ] n (U) (earthenware) poterie f, faïence f; (cups, saucers, plates) vaisselle f.
crocodile ['krɒkədaɪl] **1** n (a) crocodile m. **~ tears** larmes fpl de crocodile. **(b)** (Brit Scol) cortège m en rangs (par deux). **to walk in a ~** aller deux par deux. **2** cpd shoes, handbag en crocodile, en croco*. **crocodile clip** pince f crocodile.
crocus ['krəʊkəs] n crocus m.
Croesus ['kri:səs] n Crésus m. **as rich as ~** riche comme Crésus.
croft [krɒft] n (Brit) petite ferme.
crofter ['krɒftəʳ] n (Brit) petit fermier.
Cromwellian [krɒm'welɪən] adj de Cromwell.
crone [krəʊn] n vieille ratatinée*, vieille bique.
crony* ['krəʊnɪ] n copain m, copine* f.
crook [krʊk] **1** n (a) [shepherd] houlette f; [bishop] crosse f; (Mus) [brass instrument] ton m de rechange. **(b)** [road] angle m; [river] angle, coude m, détour m. **(c)** (*: thief) escroc m, filou m. **2** vt one's finger courber, recourber; one's arm plier.
crooked ['krʊkɪd] adj (a) stick courbé, crochu, tordu. **a ~ old man** un vieillard tout courbé; **a ~ path** un sentier tortueux; **she gave a ~ smile** elle a fait un pauvre sourire or un sourire contraint; **the picture is ~** le tableau est de travers.
　　(b) (fig) person, action, method malhonnête.
　　2 adv (*) de travers, de traviole⁑.
crookedness ['krʊkɪdnɪs] n (lit) courbure f; (fig) malhonnêteté f, fausseté f.
croon [kru:n] vti (sing softly) chantonner, fredonner; (in show business) chanter (en crooner).
crooner ['kru:nəʳ] n chanteur m, -euse f de charme.
crooning ['kru:nɪŋ] n (U) la chanson de charme.
crop [krɒp] **1** n (a) (produce) produit m agricole, culture f; (amount

produced) récolte f, (of fruit etc) récolte, cueillette f, (of cereals) moisson f; (fig: of problems, questions) série f, quantité f, tas* m. (at harvest time) **the ～s** la récolte; **one of the basic ～s** l'une des cultures de base; **we had a good ～ of strawberries** la récolte or la cueillette des fraises a été bonne; **to get the ～s in** faire la récolte or la cueillette or la moisson, rentrer les récoltes or la moisson.
  (b) [bird] jabot m.
  (c) [whip] manche m; (also **riding ～**) cravache f.
  (d) (Hairdressing) **to give sb a (close) ～** couper ras les cheveux de qn; **Eton ～** cheveux mpl à la garçonne.
  2 cpd: **crop dusting, crop spraying** pulvérisation f des cultures; **crop sprayer** (device) pulvérisateur m; (plane) avion-pulvérisateur m.
  3 vt **(a)** [animals] grass brouter, paître.
  (b) tail écourter; hair tondre. **～ped hair** cheveux coupés ras.
  (c) (Phot) recadrer.
  4 vi [land] donner or fournir une récolte.
◆**crop out** vi (Geol) affleurer.
◆**crop up** vi **(a)** [questions, problems] surgir, survenir, se présenter. **the subject cropped up during the conversation** le sujet a été amené or mis sur le tapis au cours de la conversation; **something's cropped up and I can't come** il s'est passé or il est survenu quelque chose qui m'empêche de venir; **he was ready for anything that might crop up** il était prêt à toute éventualité.
  (b) (Geol) affleurer.
cropper* ['krɒpər] n (lit, fig) **to come a ～** (fall) se casser la figure*; (fail in attempt) se planter*; (in exam) se faire coller* or étendre.
cropping ['krɒpɪŋ] n (Phot) recadrage m.
croquet ['krəʊkeɪ] **1** n croquet m. **2** cpd: **croquet hoop/mallet** arceau m/maillet m de croquet.
croquette [krəʊ'ket] n croquette f. **potato ～** croquette de pommes de terre.
crosier ['krəʊʒər] n crosse f (d'évêque).
cross [krɒs] **1** n **(a)** (mark, emblem) croix f. **to mark/sign with a ～** marquer/signer d'une croix; **the iron ～** la croix de fer; (Rel) **the C～** la Croix; (fig) **it is a ～ he has to bear** c'est sa croix, c'est la croix qu'il lui faut porter; **we each have our ～ to bear** chacun a or porte sa croix; V **market, red, sign** etc.
  (b) (Bio, Zool) hybride m. **～ between two different breeds** mélange m or croisement m de deux races différentes, hybride; (fig) **it's a ～ between a novel and a poem** cela tient du roman et du poème.
  (c) (U) [material] biais m. (Sewing) **to cut material on the ～** couper du tissu dans le biais; **a skirt cut on the ～** une jupe en biais; **line drawn on the ～** ligne tracée en biais or en diagonale.
  2 adj **(a)** (angry) person de mauvaise humeur, en colère. **to be ～ with sb** être fâché or en colère contre qn; **it makes me ～ when ...** cela m'agace quand ...; **to get ～ with sb** se mettre en colère or se fâcher contre qn; **don't be ～ with me** ne m'en veuillez or voulez* pas; **they haven't had a ～ word in 10 years** ils ne se sont pas disputés une seule fois en 10 ans.
  (b) (traverse, diagonal) transversal, diagonal.
  3 cpd: **crossbar** (Rugby etc) barre transversale; (bicycle) barre; **crossbeam** traverse f, sommier m; (Parl) **crossbencher** député non inscrit; (Orn) **crossbill** bec-croisé m; **crossbones** V **skull**; **crossbow** arbalète f; **crossbow archery** tir m à l'arbalète; **cross-bred** métis (f -isse); **crossbreed** (n) (animal) hybride m, métis(se) m(f); (*pej: person) sang-mêlé mf inv; (vt: pret, ptp **crossbred**) croiser, métisser; **cross-Channel ferry** ferry m qui traverse la Manche; **cross-check** (n) contre-épreuve f, recoupement m; (vt) facts vérifier par contre-épreuve, faire se recouper; (vi) vérifier par recoupement; (Comput) **cross-compiler** compilateur croisé; **cross-country** à travers champs; **cross-country** (race or running) cross(-country) m; **cross-country skiing** ski m de randonnée; **cross court drive** coup droit croisé; **cross-current** contre-courant m; **cross-cut chisel** bédane m; **cross-disciplinary** interdisciplinaire; (esp Jur) **cross-examination** contre-interrogatoire m; **cross-examine** (Jur) faire subir un contre-interrogatoire à; (gen) interroger or questionner (de façon serrée); **cross-eyed** atteint de strabisme; **to be cross-eyed** loucher, avoir un œil qui dit zut* or merde* à l'autre; (Bot) **cross-fertilize** species croiser avec une autre; plants faire un croisement de; (Mil) **crossfire** feux croisés; (Mil) **exposed to crossfire** pris entre deux feux; (fig) **caught in a crossfire of questions** pris dans un feu roulant de questions; **cross-grained** wood à fibres irrégulières; person aigre, acariâtre, atrabilaire; **crosshatch** hachurer en croisillons; **cross-hatching** hachures croisées; **cross-legged** en tailleur; **crossover** [roads] (croisement m par) pont routier; (Rail) voie f de croisement; (Dress) **crossover bodice** corsage croisé; **crosspatch*** grincheux m, -euse f, grognon(ne) m(f); **crosspiece** traverse f; (Aut) **cross-ply** (adj) à carcasse diagonale; **cross-pollination** pollinisation croisée; **to be at cross-purposes with sb** (misunderstand) comprendre qn de travers; (disagree) être en désaccord avec qn; **I think we are at cross-purposes** je crois qu'il y a un malentendu, nous nous sommes mal compris; **we were talking at cross-purposes** notre conversation tournait autour d'un quiproquo; **cross-question** faire subir un interrogatoire à; **cross-refer** renvoyer (to à); **cross-reference** renvoi m, référence f (to à); (Brit) **crossroads** (lit) croisement m, carrefour m; (fig) carrefour; **cross section** (Bio etc) coupe transversale; [population etc] échantillon m; **cross-stitch** (n) point m de croix; (vt) coudre or broder au point de croix; **cross swell** houle traversière; (Rad, Telec) **crosstalk** diaphonie f; (Brit: conversation) joutes fpl oratoires; (esp US) **crosstie** traverse f (de voie ferrée); (Tennis) **cross volley** volée croisée; (Pol) **cross-vote** (vi) voter contre son parti; (US) **crosswalk** passage clouté; (US) **crossway** croisement m; **crosswind** vent m de travers; **crosswise** (in shape of cross) en croix; (across)

en travers; (diagonally) en diagonale; en travers; en croix; **crossword (puzzle)** mots croisés.
  4 vt **(a)** room, street, sea, continent traverser; river, bridge traverser, passer; threshold, fence, ditch franchir. **the bridge ～es the river here** c'est ici que le pont franchit or enjambe la rivière; **it ～ed my mind that ...** il m'est venu à l'esprit que ..., l'idée m'est venue (à l'esprit) que ...; (Prov) **don't ～ your bridges before you come to them** chaque chose en son temps (Prov); (fig) **let's ～ that bridge when we come to it** on s'occupera de ce problème-là en temps et lieu; (Ind) **to ～ the picket lines** traverser un piquet de grève; (fig) **to ～ sb's path** se trouver sur le chemin de qn; (Parl) **to ～ the floor (of the House)** ≈ s'inscrire à un parti opposé.
  (b) (Rel) **to ～ o.s.** se signer, faire le signe de (la) croix; (fig) **～ my heart (and hope to die)!*** croix de bois croix de fer (si je mens je vais en enfer)!*; **to ～ a 't'** barrer un 't'; (Brit) **to ～ a cheque** barrer un chèque; **to ～ sb's palm with silver** donner la pièce à qn.
  (c) **to ～ one's arms/legs** croiser les bras/les jambes; (lit, fig) **to ～ swords with sb** croiser le fer avec qn; (fig) **to ～ one's fingers*** faire une petite prière (fig); (fig) **keep your fingers ～ed for me*** fais une petite prière pour moi (, ça me portera bonheur); (Brit Telec) **the lines are ～ed, we've got a ～ed line** les lignes sont embrouillées; (fig) **they've got their lines ～ed*** il y a un malentendu quelque part.
  (d) (thwart) person contrarier, contrecarrer; plans contrecarrer. **～ed in love** malheureux en amour.
  (e) animals, plants croiser (with avec). **to ～ two animals/plants** croiser or métisser deux animaux/plantes.
  5 vi **(a)** (also ～ over) **he ～ed from one side of the room to the other to speak to me** il a traversé la pièce pour venir me parler; **to ～ from one place to another** passer d'un endroit à un autre; **to ～ from Newhaven to Dieppe** faire la traversée de Newhaven à Dieppe.
  (b) [roads, paths] se croiser, se rencontrer; [letters, people] se croiser.
◆**cross off** vt sep item on list barrer, rayer, biffer; person radier (from de). **to cross sb off a list** radier qn d'une liste.
◆**cross out** vt sep word barrer, rayer, biffer.
◆**cross over 1** vi traverser; V also **cross 5a**.
  2 crossover n, adj V **cross 3**.
crosse [krɒs] n crosse f (au jeu de lacrosse).
crossing ['krɒsɪŋ] n **(a)** (esp by sea) traversée f. **the ～ of the line** le passage de l'équateur or de la ligne.
  (b) (road junction) croisement m, carrefour m; (also **pedestrian ～**) passage clouté; (Rail: also **level ～**) passage à niveau. (school) **～ patrol** contractuel m, -elle f (chargé(e) de faire traverser la rue aux enfants); (on road) **cross at the ～** traversez sur le passage clouté or dans les clous*; V **zebra**.
crossly ['krɒslɪ] adv avec (mauvaise) humeur.
crotch [krɒtʃ] n [body, tree] fourche f; [garment] entre-jambes m inv. **a kick in the ～** un coup de pied entre les jambes.
crotchet ['krɒtʃɪt] n (Brit Mus) noire f.
crotchety ['krɒtʃɪtɪ] adj grognon, grincheux.
crouch [kraʊtʃ] **1** vi (also ～ down) [person, animal] s'accroupir, se tapir; (before springing) se ramasser. **2** n accroupissement m; action f de se ramasser.
croup¹ [kruːp] n (Med) croup m.
croup² [kruːp] n [horse] croupe f.
croupier ['kruːpɪeɪ] n croupier m.
crow¹ [krəʊ] **1** n (Orn) corneille f; (generic term) corbeau m. **as the ～ flies** à vol d'oiseau, en ligne droite; (US) **to make sb eat ～*** faire rentrer les paroles dans la gorge à qn; (US) **to eat ～*** faire des excuses humiliantes; V **carrion** etc.
  2 cpd: **crowbar** (pince f à) levier m; **crowfoot** (Bot) renoncule f; (Naut) araignée f; (Mil) chausse-trappe f; **crow's feet** pattes fpl d'oie (rides), **Crow Jim*** racisme m contre les Blancs, racisme inversé; (Naut) **crow's-nest** nid m de pie.
crow² [krəʊ] **1** n [cock] chant m du coq, cocorico m; [baby] gazouillis m; (fig) cri m de triomphe.
  2 vi (pret **crowed** or **crew**, ptp **crowed** [cock] chanter.
  (b) (pret, ptp **crowed** [baby] gazouiller; [victor] chanter victoire. **he ～ed with delight** il poussait des cris de joie; **it's nothing to ～ about** il n'y a pas de quoi pavoiser.
◆**crow over** vt fus person se vanter d'avoir triomphé de, chanter sa victoire sur.
crowd [kraʊd] **1** n **(a)** foule f, multitude f, masse f; (disorderly) cohue f. **in ～s** en foule, en masse; **to get lost in the ～** se perdre dans la foule; **a large ～** or **large ～ had gathered** une foule immense s'était assemblée; **there was quite a ～** il y avait beaucoup de monde, il y avait foule; **how big was the ～?** est-ce qu'il y avait beaucoup de monde?; **there was quite a ～ at the concert** il y avait une bonne salle au concert; (Cine, Theat: actors) **the ～** les figurants mpl; (fig) **that would pass in a ～*** ça peut passer si on n'y regarde pas de trop près, en courant vite on n'y verrait que du feu*; **there were ～s of books/people** il y avait des masses* de livres/de gens.
  (b) (U: people in general) **the ～** la foule, la masse du peuple; **to follow or go with the ～** suivre la foule or le mouvement.
  (c) (*: group, circle) bande f, clique f. **I don't like that ～ at all** je n'aime pas du tout cette bande; **he's one of our ～** il fait partie de notre groupe or bande.
  2 cpd: **crowd-puller*** grosse attraction; **to be a real crowd-puller** attirer les foules; (Cine, Theat) **crowd scene** scène f de foule.
  3 vi: **they ～ed into the small room** ils se sont entassés dans la petite pièce; **don't all ～ together** ne vous serrez donc pas comme ça; **to ～ through the gates** passer en foule par le portail; **they ～ed round to see ...** ils ont fait cercle or se sont attroupés pour

voir ...; **they ~ed round him** ils se pressaient autour de lui; **they ~ed (up) against him** ils l'ont bousculé; **to ~ down/in/up** *etc* descendre/entrer/monter *etc* en foule.

4 *vt* (*push*) *objects* entasser (*into* dans); (*jostle etc*) *person* bousculer; *car* serrer. **pedestrians ~ed the streets** les piétons se pressaient dans les rues; **he was ~ed off the pavement** la cohue l'a forcé à descendre du trottoir; **don't ~ me** ne me poussez pas, arrêtez de me bousculer; **the houses are ~ed together** les maisons sont les unes sur les autres; **a room ~ed with children** une pièce pleine d'enfants; **house ~ed with furniture** maison encombrée de meubles; **a house ~ed with guests** une maison pleine d'invités; **a week ~ed with incidents** une semaine riche en incidents; **memory ~ed with facts** mémoire bourrée de faits; (*Naut*) **to ~ on sail** mettre toutes voiles dehors; *V also* **crowded**.

♦**crowd out** *vt sep*: **we shall be crowded out** la cohue nous empêchera d'entrer; **this article was crowded out of yesterday's edition** cet article n'a pas pu être inséré dans l'édition d'hier faute de place.

crowded ['kraʊdɪd] *adj room, hall, train, café* bondé, plein; *bus* bondé, plein à craquer; *town* encombré (de monde); *streets* plein (de monde). **the streets are ~** il y a foule dans les rues; **the shops are too ~ for my liking** il y a trop d'affluence *or* de monde pour mon goût dans les magasins; (*Theat*) **~ house** salle *f* comble; **a ~ day** une journée chargée; **it is a very ~ profession** c'est une profession très encombrée *or* bouchée.

crown [kraʊn] **1** *n* (**a**) couronne *f*; (*fig*) couronne, pouvoir royal, monarchie *f*. **~ of roses/thorns** couronne de roses/d'épines; (*fig*) **to wear the ~** régner, porter la couronne; **to succeed to the ~** monter sur le trône; (*Jur*) **the C~** la Couronne, ≃ le ministère public; **the law officers of the C~** les conseillers *mpl* juridiques de la Couronne; **C~ witness** témoin *m* à charge.

(**b**) (*money*) couronne *f* (*ancienne pièce de la valeur de cinq shillings*).

(**c**) [*head*] sommet *m* de la tête; [*hat*] fond *m*; [*road*] milieu *m*; [*roof*] faîte *m*; [*arch*] clef *f* (*d'une voûte*); [*tooth*] couronne *f*; [*anchor*] diamant *m*; [*hill*] sommet, faîte; [*tree*] cime *f*; (*size of paper*) couronne (*format 0,37 sur 0,47 cm*); (*fig: climax, completion*) couronnement *m*.

2 *vt* couronner (*with* de); [*draughts*] damer; *tooth* couronner; (*: hit*) flanquer* un coup sur la tête à. **he was ~ed king** il fut couronné roi; (*fig*) **all the ~ed heads of Europe** toutes les têtes couronnées d'Europe; **work ~ed with success** travail couronné de succès; **the hill is ~ed with trees** la colline est couronnée d'arbres; (*fig*) **to ~ it all* it began to snow** pour comble (de malheur) *or* pour couronner le tout il s'est mis à neiger; **that ~s it all!*** il ne manquait plus que ça!

3 *cpd*: (*Brit Jur*) **Crown** *witness, evidence etc* à charge; (*Brit*) **crown colony** colonie *f* de la couronne; (*Jur*) **Crown court** ≃ Cour *f* d'assises (*en Angleterre et au Pays de Galles*); **crown domaine** *m* de la couronne; **crown jewels** joyaux *mpl* de la couronne; **crown lands** terres domaniales; **crown law** droit pénal; **crown prince** prince héritier; (*Brit Aut*) **crown wheel** grande couronne; **crown wheel and pinion** couple *m* conique.

crowning ['kraʊnɪŋ] **1** *n* (*ceremony*) couronnement *m*. **2** *adj achievement, moment* suprême. **his ~ glory** son plus grand triomphe.

crucial ['kruːʃəl] *adj* critique, crucial, décisif; (*Med*) crucial.

crucible ['kruːsɪbl] *n* creuset *m*; (*fig: test*) (dure) épreuve *f*.

crucifix ['kruːsɪfɪks] *n* crucifix *m*, christ *m*; [*roadside*] calvaire *m*.

crucifixion [,kruːsɪ'fɪkʃən] *n* crucifiement *m*. (*Rel*) **the C~** la crucifixion, la mise en croix.

cruciform ['kruːsɪfɔːm] *adj* cruciforme.

crucify ['kruːsɪfaɪ] *vt* (*lit*) crucifier, mettre en croix; (*fig*) crucifier, mettre au pilori. (*Rel*) **to ~ the flesh** mortifier la chair.

crud‡ [krʌd] *n* (*US*) (**a**) (*filth*) saloperies‡, saletés *fpl*. (**b**) (*illness*) **the ~** la crève‡.

crude [kruːd] **1** *adj materials* brut; *sugar* non raffiné; *drawing* rudimentaire, qui manque de fini; *piece of work* à peine ébauché, mal fini, sommaire; *object, tool* grossier, rudimentaire; *light, colour* cru, vif; *person, behaviour* grossier; *manners* fruste, de rustre. **~ oil** (pétrole *m*) brut *m*; **he managed to make a ~ hammer** il a réussi à fabriquer un marteau rudimentaire; **he made a ~ attempt at building a shelter** il a essayé tant bien que mal de construire un abri; **a ~ expression** *or* **word** une grossièreté.

2 *n* (*also* **~ oil**) brut *m*, *V* heavy.

crudely ['kruːdlɪ] *adv* (*make, fashion*) imparfaitement, sommairement; (*say, order, explain*) crûment, grossièrement, brutalement, sans ménagements. **to put it ~ I think he's mad** pour dire les choses crûment je pense qu'il est fou.

crudeness ['kruːdnɪs] *n*, **crudity** ['kruːdɪtɪ] *n* (*V* crude) état brut; grossièreté *f*; manque *m* de fini, caractère *m* rudimentaire.

cruel ['kruəl] *adj* cruel (*to* envers).

cruelly ['kruəlɪ] *adv* cruellement.

cruelty ['kruəltɪ] *n* (**a**) cruauté *f* (*to* envers); *V* **prevention**. (**b**) (*Jur*) sévices *mpl*. **prosecuted for ~ to his wife** poursuivi pour sévices sur sa femme; **divorce on the grounds of ~** divorce *m* pour sévices; **mental ~** cruauté mentale.

cruet ['kruːɪt] *n* (**a**) (*Brit: also* **~ set**, **~ stand**) service *m* à condiments, garniture *f* de table (pour condiments). (**b**) (*US: small bottle*) petit flacon (*pour l'huile ou le vinaigre*). (**c**) (*Rel*) burette *f*.

cruise [kruːz] **1** *vi* (**a**) [*fleet, ship*] croiser. **they are cruising in the Pacific** (*Naut*) ils croisent dans le Pacifique; [*tourists*] ils sont en croisière dans le Pacifique; **cruising yacht** yacht *m* de croisière.

(**b**) [*cars*] rouler; [*aircraft*] voler. **the car was cruising (along) at 80 km/h** la voiture faisait 80 km/h sans effort; **we were cruising along the road when suddenly** ... nous roulions tranquillement quand tout à coup ...; (*Aut, Aviat*) **cruising speed** vitesse *f* or

régime *m* de croisière; (*Aviat*) **cruising range** autonomie *f* de vol.

(**c**) [*taxi, patrol car*] marauder, faire la maraude. **a cruising taxi** un taxi en maraude.

(**d**) (**US: looking for pick-up*) draguer‡ en voiture.

2 *n* (**a**) (*Naut*) croisière *f*. **to go on** *or* **for a ~** partir en croisière, faire une croisière.

(**b**) (*also* **~ missile**) missile *m* de croisière. **a campaign against ~** une campagne contre les missiles de croisière.

cruiser ['kruːzə'] *n* (*warship*) croiseur *m*; (*cabin ~*) yacht *m* de croisière. (*Boxing*) **~ weight** poids *m* mi-lourd; *V* **battle** *etc*.

cruller ['krʌlə'] *n* (*US*) beignet *m*.

crumb [krʌm] *n* miette *f*; (*U: inside of loaf*) mie *f*; (*fig*) miette, brin *m*; [*information*] miettes, fragments *mpl*. **a ~ of comfort** un brin de réconfort; **~s!*** ça alors!, zut!*; **he's a ~*** c'est un pauvre type*; *V* **bread**.

crumble ['krʌmbl] **1** *vt bread* émietter; *plaster* effriter; *earth, rocks* (faire s')ébouler.

2 *vi* [*bread*] s'émietter; [*buildings etc*] tomber en ruines, se désagréger; [*plaster*] s'effriter; [*earth, rocks*] s'ébouler; (*fig*) [*hopes etc*] s'effondrer, s'écrouler.

3 *n* dessert à la compote (*pommes, rhubarbe etc*).

crumbly ['krʌmblɪ] *adj* friable.

crumby‡, **crummy**‡ ['krʌmɪ] *adj* minable*. **what a ~ thing to do!** c'est un coup minable!*, c'est vraiment mesquin de faire ça!

crump [krʌmp] *n* éclatement *m* (*d'un obus*); (*Mil sl: shell*) obus *m*.

crumpet ['krʌmpɪt] *n* (*Culin*) petite crêpe épaisse (*servie chaude et beurrée*). (*Brit fig*) **a bit of ~**‡ une belle nana*.

crumple ['krʌmpl] **1** *vt* froisser, friper; (*also* **~ up**) chiffonner. **he ~d the paper (up) into a ball** il a fait une boule de la feuille (de papier).

2 *vi* se froisser, se chiffonner, se friper. (*fig*) **her features ~d when she heard the bad news** son visage s'est décomposé quand elle a appris la mauvaise nouvelle.

crunch [krʌntʃ] **1** *vt* (**a**) (*with teeth*) croquer. **to ~ an apple/a biscuit** croquer une pomme/un biscuit.

(**b**) (*underfoot*) écraser, faire craquer.

2 *vi*: **he ~ed across the gravel** il a traversé en faisant craquer le gravier sous ses pas.

3 *n* (*sound of teeth*) coup *m* de dents; (*of broken glass, gravel etc*) craquement *m*, crissement *m*. (*fig: moment of reckoning*) **the ~*** l'instant *m* critique; **here's the ~*** c'est le moment crucial; **when it comes to the ~* he** ... dans une situation critique *or* au moment crucial, il ... .

♦**crunch up** *vt sep* broyer.

crunchy ['krʌntʃɪ] *adj* croquant.

crupper ['krʌpə'] *n* [*harness*] croupière *f*; (*hindquarters*) croupe *f* (*de cheval*).

crusade [kruː'seɪd] **1** *n* (*Hist: also fig*) croisade *f*. **2** *vi* (*fig*) faire une croisade (*against* contre, *for* pour); (*Hist*) partir en croisade, être à la croisade.

crusader [kruː'seɪdə'] *n* (*Hist*) croisé *m*; (*fig*) champion *m* (*for* de, *against* en guerre contre), militant(e) *m(f)* (*for* en faveur de, *against* en guerre contre). **the ~s for peace/against the bomb** ceux qui militent pour la paix/contre la bombe.

crush [krʌʃ] **1** *n* (**a**) (*crowd*) foule *f*, cohue *f*. **there was a great ~ to get in** c'était la bousculade pour entrer; **there was a terrible ~ at the concert** il y avait une vraie cohue au concert; **he was lost in the ~** il était perdu dans la foule *or* la cohue.

(**b**) **to have a ~ on sb*** avoir le béguin* pour qn.

(**c**) (*Brit: drink*) jus *m* de fruit. **orange ~** orange pressée.

2 *cpd*: [*theatre*] **crush bar** bar *m* du foyer; (*Brit*) **crush barrier** barrière *f* de sécurité; **crush-resistant** infroissable.

3 *vt* (**a**) (*compress*) *stones, old cars* écraser, broyer; *grapes* écraser, presser; *ore* bocarder. **to ~ to a pulp** réduire en pulpe.

(**b**) (*crumple*) *clothes* froisser. **to ~ clothes into a bag** fourrer *or* bourrer des vêtements dans une valise; **to ~ objects into a suitcase** tasser *or* entasser des objets dans une valise; **we were very ~ed in the car** nous étions très tassés dans la voiture.

(**c**) (*overwhelm*) *enemy* écraser, accabler; *country* écraser; *revolution* écraser, réprimer; *hope* détruire; *opponent in argument* écraser; (*snub*) remettre à sa place, rabrouer.

4 *vi* (**a**) s'écraser, se presser, se serrer. **they ~ed round him** ils se pressaient autour de lui; **they ~ed into the car** ils se sont entassés *or* tassés dans la voiture; **to ~ (one's way) into/through** *etc* se frayer un chemin dans/à travers *etc*.

(**b**) [*clothes*] se froisser.

♦**crush out** *vt sep juice etc* presser, exprimer; *cigarette end* écraser, éteindre; (*fig*) *revolt* écraser, réprimer.

crushing ['krʌʃɪŋ] *adj defeat* écrasant; *reply* percutant.

crust [krʌst] **1** *n* (*on bread, pie, snow*) croûte *f*; (*piece of* ~) croûton *m*, croûte *f*; (*Med: on wound, sore*) croûte, escarre *f*; [*wine*] dépôt *m* (*de tanin*). **there were only a few ~s to eat** pour toute nourriture il n'y avait que quelques croûtes de pain; **a thin ~ of ice** une fine couche de glace; (*Geol*) **the earth's ~** la croûte terrestre; *V* **upper**.

2 *vt*: **frost ~ed the windscreen** le givre recouvrait le pare-brise; **~ed snow** neige croûtée.

crustacean [krʌs'teɪʃən] *adj, n* crustacé (*m*).

crusty ['krʌstɪ] *adj loaf* croustillant; (**fig: irritable*) hargneux, bourru.

crutch [krʌtʃ] *n* (**a**) (*support*) soutien *m*, support *m*; (*Med*) béquille *f*; (*Archit*) étançon *m*; (*Naut*) support (de gui). **he gets about on ~es** il marche avec des béquilles; (*fig*) **alcohol is a ~ for him** l'alcool lui sert de soutien.

(**b**) (*Anat: crotch*) fourche *f*; [*trousers etc*] entre-jambes *m inv*.

crux [krʌks] *n* (**a**) point crucial; [*problem*] cœur *m*, centre *m*. **the ~ of the matter** le nœud de l'affaire, le point capital dans l'affaire. (**b**) (*Climbing*) passage-clef *m*.

cry [kraɪ] **1** *n* **(a)** (*loud shout: also of sellers, paperboys etc*) cri *m*; *[hounds]* aboiements *mpl*, voix *f*. **to give a** ~ pousser un cri; **he gave a** ~ **for help** il a crié *or* appelé au secours; **he heard a** ~ **for help** il a entendu crier au secours; **the cries of the victims** les cris des victimes; (*fig*) **there was a great** ~ **against the rise in prices** la hausse des prix a soulevé un tollé; *V* **far, full.**
(b) (*watchword*) slogan *m*. **'votes for women' was their** ~ leur slogan était 'le vote pour les femmes'; *V* **battle, war.**
(c) (*weep*) **she had a good** ~* elle a pleuré un bon coup*.
2 *cpd*: **crybaby** pleurnicheur *m*, -euse *f*.
3 *vt* **(a)** (*shout out*) crier. **'here I am' he cried** 'me voici' s'écria-t-il *or* cria-t-il; **'go away' she cried to me** 'allez-vous-en' me cria-t-il; **to** ~ **mercy** crier grâce; **to** ~ **shame** crier au scandale; **to** ~ **shame on sb/sth** crier haro sur qn/qch; (*fig*) **to** ~ **wolf** crier au loup; *V* **quits.**
(b) to ~ **o.s. to sleep** s'endormir à force de pleurer; **to** ~ **one's eyes** *or* **one's heart out** pleurer toutes les larmes de son corps.
4 *vi* **(a)** (*weep*) pleurer (*about, for, over* sur). **to** ~ **with rage** pleurer de rage; **to laugh till one cries** pleurer de rire, rire aux larmes; **to** ~ **for sth** pleurer pour avoir qch; (*fig*) **I'll give him sth to** ~ **for!*** je vais lui apprendre à pleurnicher!; (*Prov*) **it's no use** ~**ing over spilt milk** ce qui est fait est fait; *V* **shoulder.**
(b) (*call out*) *[person, animal, bird]* pousser un cri *or* des cris. **the baby cried at birth** l'enfant a poussé un cri *or* a crié en naissant; **he cried (out) with pain** il a poussé un cri de douleur; **to** ~ **for help** appeler à l'aide, crier au secours; **to** ~ **for mercy** demander miséricorde, implorer la pitié; **the starving crowd cried for bread** la foule affamée réclama du pain; *V* **moon.**
(c) *[hunting dogs]* donner de la voix, aboyer.
♦**cry down*** *vt sep* (*decry*) décrier.
♦**cry off 1** *vi* (*from meeting*) se décommander; (*from promise*) se dédire, se rétracter. **I'm crying off!** je ne veux plus rien savoir!
2 *vt fus* (*cancel*) *arrangement, deal* annuler; (*withdraw from*) *project* ne plus se mêler à, se retirer de, se désintéresser de; *meeting* décommander.
♦**cry out** *vi* (*inadvertently*) pousser un cri; (*deliberately*) s'écrier. **he cried out with joy** il a poussé un cri de joie; **to cry out to sb** appeler qn à haute voix, crier pour appeler qn; **to cry out for sth** demander *or* réclamer qch à grands cris; (*fig*) **that floor is just crying out to be washed*** ce plancher a grandement besoin d'être lavé; (*fig*) **the door is crying out for a coat of paint*** la porte a bien besoin d'une couche de peinture.
♦**cry up*** *vt sep* (*praise*) vanter, exalter. **he's not all he's cried up to be** il n'est pas à la hauteur de sa réputation, il n'est pas aussi formidable* qu'on le dit.
crying ['kraɪɪŋ] **1** *adj* (*lit*) pleurant, qui pleure; (*fig*) criant, flagrant. ~ **injustice** injustice criante *or* flagrante; ~ **need for sth** besoin pressant *or* urgent de qch; **it's a** ~ **shame** c'est une honte, c'est honteux; (*excl*) **for** ~ **out loud!‡** il ne manquait plus que ça!, c'est le bouquet!*
2 *n* (*shouts*) cris *mpl*; (*weeping*) larmes *fpl*, pleurs *mpl*.
cryobiology [ˌkraɪəʊbaɪˈɒlədʒɪ] *n* cryobiologie *f*.
cryonics [kraɪˈɒnɪks] *n* cryogénisation *f*.
cryosurgery [ˌkraɪəʊˈsɜːdʒərɪ] *n* cryochirurgie *f*.
crypt [krɪpt] *n* crypte *f*.
cryptic(al) ['krɪptɪk(əl)] *adj* (*secret*) secret (*f* -ète); (*mysterious*) sibyllin, énigmatique; (*terse*) laconique.
cryptically ['krɪptɪkəlɪ] *adv* (*mysteriously*) énigmatiquement; (*tersely*) laconiquement.
crypto- [krɪptəʊ] *pref* crypto-. ~**communist** *etc* cryptocommuniste *etc*.
cryptogram ['krɪptəʊgræm] *n* cryptogramme *m*.
cryptographer [krɪpˈtɒgrəfər] *n* cryptographe *mf*.
cryptographic(al) [ˌkrɪptəʊˈgræfɪk(əl)] *adj* cryptographique.
cryptography [krɪpˈtɒgrəfɪ] *n* cryptographie *f*.
crystal ['krɪstl] **1** *n* **(a)** (*U*) cristal *m*; *V* **rock².**
(b) (*Chem, Min*) cristal *m*. **salt** ~**s** cristaux de sel.
(c) (*US: watch glass*) verre *m* de montre.
(d) (*Rad*) galène *f*.
2 *cpd* (*lit*) vase de cristal; (*fig*) *waters, lake* de cristal (*fig, liter*). **crystal ball** boule *f* de cristal; **crystal-clear** clair comme le jour *or* comme de l'eau de roche; **crystal-gazer** voyant(e) *m(f)* (*qui lit dans la boule de cristal*); **crystal-gazing** (l'art *m* de la) voyance *f*; (*fig*) les prédictions *fpl*, les prophéties *fpl*; (*Rad*) **crystal set** poste *m* à galène.
crystalline ['krɪstəlaɪn] *adj* cristallin, clair *or* pur comme le cristal. (*Opt*) ~ **lens** cristallin *m*.
crystallize ['krɪstəlaɪz] **1** *vi* (*lit, fig*) se cristalliser. **2** *vt* cristalliser; *sugar* (faire) cuire au cassé. ~**d fruits** fruits confits *or* candis.
crystallography [ˌkrɪstəˈlɒgrəfɪ] *n* cristallographie *f*.
CSC [ˌsiːesˈsiː] *n* *abbr of* **Civil Service Commission**; *V* **civil.**
CSE [ˌsiːesˈiː] *n* (*Brit Educ: abbr of* **Certificate of Secondary Education**) ≃ BEPC.
CSEU [ˌsiːesiːˈjuː] (*Brit*) *abbr of* **Confederation of Shipbuilding and Engineering Unions** (*syndicat*).
CS gas [ˌsiːesˈgæs] *n* (*Brit*) gaz *m* C.S.
CST [ˌsiːesˈtiː] (*US*) *abbr of* **Central Standard Time**; *V* **central.**
CSU [ˌsiːesˈjuː] (*Brit*) *abbr of* **Civil Service Union** (*syndicat*).
Ct (*US Post*) *abbr of* **Connecticut.**
ct *abbr of* **carat.**
cub [kʌb] **1** *n* **(a)** *[animal]* petit(e) *m(f)*; (*: youth*) gosse *m*, petit morveux (*pej*); *V* **bear², fox, wolf** *etc*. **(b)** (*also* ~ **scout**) louveteau *m* (*scout*). **2** *cpd*: (*Scouting*) **cub master** chef *m*; **cub mistress** cheftaine *f*; (*Press*) **cub reporter** jeune reporter *m*.
Cuba ['kjuːbə] *n* Cuba *f* (*no art*). **in** ~ à Cuba.
Cuban ['kjuːbən] **1** *adj* cubain. **2** *n* Cubain(e) *m(f)*.
cubbyhole ['kʌbɪhəʊl] *n* (*cupboard*) débarras *m*, cagibi *m*; (*poky*

room) cagibi; (*Brit Aut*) vide-poches *m inv*.
cube [kjuːb] **1** *n* (*gen, Culin, Math*) cube *m*. (*Math*) ~ **root** racine *f* cubique; *V* **soup, stock. 2** *vt* (*Math*) cuber; (*Culin*) couper en cubes *or* en dés.
cubic ['kjuːbɪk] *adj* (*of shape, volume*) cubique; (*of measures*) cube. ~ **capacity** volume *m*; ~ **content** contenance *f* cubique; ~ **measure** mesure *f* de volume; ~ **metre** mètre *m* cube; (*Math*) ~ **equation** équation *f* du troisième degré.
cubicle ['kjuːbɪkl] *n* [*hospital, dormitory*] box *m*, alcôve *f*; [*swimming baths*] cabine *f*.
cubism ['kjuːbɪzəm] *n* cubisme *m*.
cubist ['kjuːbɪst] *adj, n* cubiste (*mf*).
cuckold† ['kʌkəld] **1** *n* (mari *m*) cocu‡ *m*. **2** *vt* cocufier‡, faire cocu‡.
cuckoo ['kuku:] **1** *n* (*Orn*) coucou *m*. **2** *adj* (‡: *mad*) piqué*, toqué*. **to go** ~‡ perdre la boule*. **3** *cpd*: **cuckoo clock** coucou *m* (*pendule*); (*Bot*) **cuckoopint** pied-de-veau *m*; (*Bot*) **cuckoo spit** crachat *m* de coucou.
cucumber ['kjuːkʌmbər] *n* concombre *m*; *V* **cool.**
cud [kʌd] *n* *V* **chew 1.**
cuddle ['kʌdl] **1** *n* étreinte *f*, caresse(s) *f(pl)*. **to have a** ~ (se) faire (un) câlin*; **to give sb a** ~ faire un câlin* à qn.
2 *vt* embrasser, caresser; *child* bercer, câliner.
3 *vi* s'enlacer, se serrer, se blottir l'un contre l'autre.
♦**cuddle down** *vi* [*child in bed*] se pelotonner. **cuddle down now!** maintenant allonge-toi (et dors)!
♦**cuddle up** *vi* se pelotonner (*to, against* contre).
cuddly ['kʌdlɪ] *adj child* caressant, câlin; *animal* qui donne envie de le caresser; *toy* doux (*f* douce), qu'on a envie de câliner.
cudgel ['kʌdʒəl] **1** *n* gourdin *m*, trique *f*. (*fig*) **to take up the** ~**s for** *or* **on behalf of** prendre fait et cause pour. **2** *vt* frapper à coups de trique. (*fig*) **to** ~ **one's brains** se creuser la cervelle *or* la tête (*for* pour). [*handwritten: = se triturer la cervelle/les méninges*]
cue [kjuː] **1** *n* **(a)** (*Theat*) (*verbal*) réplique *f* (*indiquant à un acteur qu'il doit parler*); (*action*) signal *m*; (*Mus*) signal d'entrée; (*Rad, TV*) signal. (*Theat*) **to give sb his** ~ donner la réplique à qn; (*Theat*) **to take one's** ~ entamer sa réplique; (*Theat*) **X's exit was the** ~ **for Y's entrance** la sortie d'X donnait à Y le signal de son entrée; (*fig*) **to take one's** ~ **from sb** emboîter le pas à qn (*fig*).
(b) (*Billiards etc*) queue *f* de billard.
(c) *[wig]* queue *f* (*de perruque*).
2 *vt* (*Theat*) donner la réplique à.
♦**cue in** *vt sep* (*Rad, TV*) donner le signal à; (*Theat*) donner la réplique à. **to cue sb in on sth** mettre qn au courant de qch.
cuesta ['kwestə] *n* (*Geog, Geol*) cuesta *f*.
cuff [kʌf] **1** *n* **(a)** (*gen*) poignet *m*; *[shirt]* manchette *f*; *[coat]* parement *m*; (*US*) *[trousers]* revers *m inv* de pantalon. ~ **link** bouton *m* de manchette; (*fig*) **off the** ~ à l'improviste, au pied levé (*V also* **off**); **to speak off the** ~ improviser; (*US*) **to buy on the** ~‡ acheter à crédit.
(b) (*blow*) gifle *f*, calotte* *f*.
2 *vt* (*strike*) gifler, calotter*.
cul-de-sac ['kʌldəˌsæk] *n* (*esp Brit*) cul-de-sac *m*, impasse *f*. (*road sign*) '~' 'voie sans issue'.
culinary ['kʌlɪnərɪ] *adj* culinaire.
cull [kʌl] **1** *vt* **(a)** (*take samples from*) sélectionner. **(b)** (*remove inferior items, animals etc*) éliminer, supprimer; *seals* abattre, massacrer. **(c)** (*pick*) *flowers, fruit* cueillir. **2** *n* **(a)** (*killing*) massacre *m*; *V* **seal¹. (b)** (*animal*) animal *m* à éliminer (dans une portée).
culminate ['kʌlmɪneɪt] *vi*: **to** ~ **in sth** (*end in*) finir *or* se terminer par qch; (*lead to*) mener à qch; **it** ~**ed in his throwing her out pour** finir il l'a mise à la porte.
culminating ['kʌlmɪneɪtɪŋ] *adj* culminant. ~ **point** point culminant, sommet *m*.
culmination [ˌkʌlmɪˈneɪʃən] *n* (*Astron*) culmination *f*; (*fig*) *[success, career]* apogée *m*; *[disturbance, quarrel]* point culminant.
culotte(s) [kjuːˈlɒt(s)] *n(pl)* jupe-culotte *f*.
culpability [ˌkʌlpəˈbɪlɪt] *n* culpabilité *f*.
culpable ['kʌlpəbl] *adj* coupable (*of* de), blâmable. (*Jur*) ~ **homicide** homicide *m* volontaire; (*Scot*) homicide sans préméditation; (*Jur*) ~ **negligence** négligence *f* coupable.
culprit ['kʌlprɪt] *n* coupable *mf*.
cult [kʌlt] **1** *n* (*Rel, fig*) culte *m* (*of* de). **he made a** ~ **of cleanliness** il avait le culte de la propreté. **2** *cpd*: **cult figure** objet *m* d'un culte, idole *f*; (*fig*) **he has become a cult figure** il est devenu l'objet d'un véritable culte *or* une véritable idole.
cultivable ['kʌltɪvəbl] *adj* cultivable.
cultivar ['kʌltɪˌvɑːr] *n* variété cultivée.
cultivate ['kʌltɪveɪt] *vt* (*lit, fig*) cultiver. **to** ~ **the mind** se cultiver (l'esprit).
cultivated ['kʌltɪveɪtɪd] *adj land, person* cultivé; *voice* distingué. ~ **pearls** perles *fpl* de culture.
cultivation [ˌkʌltɪˈveɪʃən] *n* culture *f*. **fields under** ~ cultures *fpl*; **out of** ~ en friche, inculte.
cultivator ['kʌltɪveɪtər] *n* (*person*) cultivateur *m*, -trice *f*; (*machine*) cultivateur, (*power-driven*) motoculteur *m*.
cultural ['kʌltʃərəl] *adj* **(a)** *background, activities* culturel. ~ **attaché** attaché culturel; ~ **environment** environnement *or* milieu culturel; ~ **integration** acculturation *f*; **the C**~ **Revolution** la Révolution Culturelle. **(b)** (*Agr*) de culture, cultural.
culture ['kʌltʃər] **1** *n* **(a)** culture *f*. **physical** ~ culture physique; **a woman of no** ~ une femme sans aucune culture *or* complètement inculte; **French** ~ la culture française.
(b) (*Agr*) culture *f*; *[bees]* apiculture *f*; *[fish]* pisciculture *f*; *[farm animals]* élevage *m*.
(c) (*Med*) culture *f*.
2 *cpd* **tube** à culture. (*US Scol, Univ*) **culture-fair test** examen

conçu pour ne pas défavoriser les minorités ethniques; **culture fluid** bouillon *m* de culture; **culture gap** fossé culturel; **culture medium** milieu *m* de culture; **culture shock** choc culturel; *(hum)* **culture vulture*** fana *mf* de culture.

cultured ['kʌltʃəd] *adj* cultivé. ∼ **pearl** perle *f* de culture.

culvert ['kʌlvət] *n* caniveau *m*.

cumbersome ['kʌmbəsəm] *adj*, **cumbrous** ['kʌmbrəs] *adj (bulky)* encombrant, embarrassant; *(heavy)* lourd, pesant.

cumin ['kʌmɪn] *n* cumin *m*.

cum laude [kʊm 'laʊdeɪ] *adj (Univ)* avec distinction *(obtention d'un diplôme, d'un titre)*.

cummerbund ['kʌməbʌnd] *n* ceinture *f (de smoking; aussi portée par les Hindous)*.

cumulative ['kjuːmjʊlətɪv] *adj* cumulatif. *(Jur)* ∼ **evidence** preuve *f* par accumulation de témoignages; *(Fin)* ∼ **interest** intérêt cumulatif; ∼ **voting** vote plural.

cumulonimbus [ˌkjuːmjələʊ'nɪmbəs] *n* cumulo-nimbus *m inv*.

cumulus ['kjuːmjələs] *n* cumulus *m*.

cuneiform ['kjuːnɪfɔːm] **1** *adj* cunéiforme. **2** *n* écriture *f* cunéiforme.

cunning ['kʌnɪŋ] **1** *n* finesse *f*, astuce *f*; *(pej)* ruse *f*, fourberie *f*, duplicité *f*; *(††: skill)* habileté *f*, adresse *f*. **2** *adj* **(a)** astucieux, malin *(f* -igne); *(pej)* rusé, fourbe. **a** ∼ **little gadget*** un petit truc astucieux*. **(b)** *(US‡)* charmant, mignon.

cunningly ['kʌnɪŋlɪ] *adv* avec astuce, finement; *(pej)* avec ruse, avec fourberie; *(*: cleverly)* astucieusement.

cunt*‡ [kʌnt] *n* con*‡ *m*, chatte*‡ *f*; *(woman)* nana‡ *f*; *(despicable person)* salaud‡ *m*, salope‡ *f*.

cup [kʌp] **1** *n* **(a)** tasse *f*; *(goblet)* coupe *f*; *(cupful)* tasse, coupe. ∼ **of tea** tasse de thé; **he drank four** ∼**s** *or* ∼**fuls** il (en) a bu quatre tasses; *(Culin)* **one** ∼ *or* ∼**ful of sugar/flour** *etc* une tasse de sucre/ farine *etc*; **cider/champagne** *etc* ∼ cup *m* au cidre/au champagne *etc*; *(fig)* **he was in his** ∼**s** il était dans les vignes du Seigneur, il avait un verre dans le nez*; *(fig)* **that's just his** ∼ **of tea*** c'est tout à fait à son goût, c'est exactement ce qui lui convient; *(fig)* **that's not my** ∼ **of tea*** ce n'est pas du tout à mon goût, ça n'est vraiment pas mon genre*; *(fig)* **it isn't everyone's** ∼ **of tea*** ça ne plaît pas à tout le monde; *(liter)* **his** ∼ **of happiness was full** son bonheur était complet *or* parfait; *(liter)* **to drain the** ∼ **of sorrow** vider *or* boire le calice (jusqu'à la lie); *V* **coffee, slip** *etc*.
(b) *(Tech)* godet *m*; *[flower]* corolle *f*; *(Rel: also* **communion** ∼) calice *m*; *(Brit Sport etc: prize, competition)* coupe *f*; *(Geog)* cuvette *f*; *(Anat) [bone]* cavité *f* articulaire, glène *f*; *(Med: cupping glass)* ventouse *f*; *[brassière]* bonnet *m (de soutien-gorge)*; *V* **world**.
2 *vt* **(a)** **to** ∼ **one's hands** mettre ses mains en coupe; **to** ∼ **one's hands round sth** mettre ses mains autour de qch; **to** ∼ **one's hands round one's ear/one's mouth** mettre ses mains en cornet/ en porte-voix.
(b) *(Med* ††) appliquer des ventouses sur.
(c) *(Golf)* **to** ∼ **the ball** faire un divot.
3 *cpd*: **cup bearer** échanson *m*; *(Culin)* **cupcake** petit gâteau; *(Brit Ftbl)* **cup final** finale *f* de la coupe; *(Brit Ftbl)* **cup-tie** match *m* de coupe *or* comptant pour la coupe.

cupboard ['kʌbəd] *n (esp Brit)* placard *m*. *(Brit)* ∼ **love** amour intéressé; *V* **skeleton**.

cupful ['kʌpfʊl] *n (contenu d'une)* tasse *f*; *V* **cup**.

Cupid ['kjuːpɪd] *n (Myth)* Cupidon *m*; *(Art: cherub)* amour *m*. ∼'**s darts** les flèches *fpl* de Cupidon.

cupidity [kjuː'pɪdɪtɪ] *n* cupidité *f*.

cupola ['kjuːpələ] *n* **(a)** *(Archit) (dome)* coupole *f*, dôme *m*; *(US: lantern, belfry)* belvédère *m*. **(b)** *(Naut)* coupole *f*. **(c)** *(Metal)* cubilot *m*.

cuppa‡ ['kʌpə] *n (Brit)* tasse *f* de thé.

cupric ['kjuːprɪk] *adj* cuprique. ∼ **oxide** oxyde *m* de cuivre.

cur [kɜːr] *n (a) (pej: dog)* sale chien *m*, sale cabot* *m*. **(b)** *(* pej: man)* malotru *m*, mufle* *m*, rustre *m*.

curable ['kjʊərəbl] *adj* guérissable, curable.

curare [kjʊə'rɑːrɪ] *n* curare *m*.

curate ['kjʊərɪt] *n* vicaire *m*. *(Brit)* **it's like the** ∼'**s egg** il y a du bon et du mauvais.

curative ['kjʊərətɪv] *adj* curatif.

curator [kjʊə'reɪtər] *n (a) [museum etc]* conservateur *m*. **(b)** *(Scot Jur)* curateur *m (d'un aliéné or d'un mineur)*.

curb [kɜːb] **1** *n* **(a)** *[harness]* gourmette *f*; *(fig)* frein *m*; *(on trade etc)* restriction *f*. *(fig)* **to put a** ∼ **on** mettre un frein à.
(b) *(US: at roadside)* bord *m* du trottoir.
2 *vt (US)* **horse** mettre un mors à; *(fig)* **impatience, passion** refréner, maîtriser, contenir; **expenditure** réduire, restreindre.
3 *cpd*: **curb bit** mors *m*; **curb chain** gourmette *f*; *(US)* **curb crawler** dragueur motorisé, conducteur *m* qui accoste les femmes sur le trottoir; **curb crawling** drague motorisée; **curb reins** rênes *fpl* de filet; *(Archit)* **curb roof** comble brisé; *(US)* **curb service** service *m* au volant (dans un restaurant drive-in); *(US)* **curbstone** pavé *m (pour bordure de trottoir)*; *(US)* **curb(stone) market** marché *m* après bourse; *(US Aut)* **curb weight** poids *m* à vide.

curd [kɜːd] *n (gen pl)* ∼**(s)** lait caillé; ∼ **cheese** ≃ fromage blanc; *V* **lemon**.

curdle ['kɜːdl] **1** *vt* **milk** cailler; *[mayonnaise]* faire tomber. **it was enough to** ∼ **the blood** c'était à vous (faire) figer *or* glacer le sang dans les veines.
2 *vi [milk]* se cailler; *[mayonnaise]* tomber. *(fig)* **his blood** ∼**d** son sang s'est figé dans ses veines; **it made my blood** ∼ cela m'a glacé *or* figé le sang dans les veines.

cure [kjʊər] **1** *vt* **(a)** *(Med)* **disease, patient** guérir *(of* de); *(fig)* **poverty** éliminer; **unfairness** éliminer, remédier à. **to** ∼ **an injustice** réparer une injustice; **to** ∼ **an evil** remédier à un mal; **to be** ∼**d (of)** guérir (de); **to** ∼ **a child of a bad habit** faire perdre une

mauvaise habitude à un enfant; **to** ∼ **o.s. of smoking** se déshabituer du tabac, se guérir de l'habitude de fumer; *(Prov)* **what can't be** ∼**d must be endured** il faut savoir accepter l'inévitable.
(b) **meat, fish** *(salt)* saler; *(smoke)* fumer; *(dry)* sécher; **skins** traiter.
2 *n* **(a)** *(Med) (remedy)* remède *m*, cure *f*; *(recovery)* guérison *f*. **to take** *or* **follow a** ∼ faire une cure; **past** *or* **beyond** ∼ **person** inguérissable, incurable; **state, injustice, evil** irrémédiable, irréparable; *V* **rest**.
(b) *(Rel)* cure *f*. ∼ **of souls** charge *f* d'âmes.
3 *cpd*: **cure-all** panacée *f*.

curfew ['kɜːfjuː] *n* couvre-feu *m*. **to impose a/lift the** ∼ décréter/ lever le couvre-feu.

curie ['kjʊərɪ] *n (Phys)* curie *m*.

curing ['kjʊərɪŋ] *n (V* **cure 1 b**) salaison *f*; fumaison *f*; séchage *m*.

curio ['kjʊərɪəʊ] *n* bibelot *m*, curiosité *f*.

curiosity [ˌkjʊərɪ'ɒsɪtɪ] *n* **(a)** *(U: inquisitiveness)* curiosité *f (about* de). **out of** ∼ par curiosité; *(Prov)* ∼ **killed the cat** la curiosité est toujours punie. **(b)** *(rare object)* curiosité *f*, rareté *f*. ∼ **shop** magasin *m* de brocante *or* de curiosités.

curious ['kjʊərɪəs] *adj* **(a)** *(inquisitive)* curieux *(about* de). **I'm** ∼ **to know what he did** je suis curieux de savoir ce qu'il a fait. **(b)** *(odd)* curieux, bizarre, singulier.

curiously ['kjʊərɪəslɪ] *adv (inquisitively)* avec curiosité; *(oddly)* curieusement, singulièrement. ∼ **enough, he didn't come** chose bizarre, il n'est pas venu.

curium [ˌkjʊərɪəm] *n* curium *m*.

curl [kɜːl] **1** *n* **(a)** *[hair]* boucle *f (de cheveux)*.
(b) *(gen)* courbe *f*; *[smoke]* spirale *f*, volute *f*; *[waves]* ondulation *f*. *(fig)* **with a** ∼ **of the lip** avec une moue méprisante.
2 *cpd*: **curling irons, curling tongs** fer *m* à friser; **curl paper** papillote *f*.
3 *vt* **hair** *(loosely)* (faire) boucler; *(tightly)* friser. **she** ∼**s her hair** elle frise *or* boucle ses cheveux; **he** ∼**ed his lip in disdain** il a fait une moue méprisante; **the dog** ∼**ed its lip menacingly** le chien a retroussé ses babines d'un air menaçant.
4 *vi [hair] (tightly)* friser; *(loosely)* boucler. *(fig)* **it's enough to make your hair** ∼* c'est à vous faire dresser les cheveux sur la tête; **his lip** ∼**ed disdainfully** il a eu une moue de dédain; **the dog's lip** ∼**ed menacingly** le chien a retroussé ses babines d'un air menaçant.
◆**curl up 1** *vi* s'enrouler; *[person]* se pelotonner; *(*: from shame etc)* rentrer sous terre; *[cat]* se mettre en boule, se pelotonner; *[dog]* se coucher en rond; *[leaves]* se recroqueviller; *[paper]* se recourber, se replier; *(corners only)* se corner; *[stale bread]* se racornir. **he lay curled up on the floor** il était couché en boule par terre; **to curl up with laughter** se tordre de rire; **the smoke curled up** la fumée montait en volutes *or* en spirales.
2 *vt sep* enrouler. **to curl o.s. up** *[person]* se pelotonner; *[cat]* se mettre en boule, se pelotonner; *[dog]* se coucher en rond.

curler ['kɜːlər] *n* **(a)** *[hair]* rouleau *m*, bigoudi *m*. **(b)** *(Scot Sport)* joueur *m*, -euse *f* de curling.

curlew ['kɜːluː] *n* courlis *m*.

curlicue ['kɜːlɪkjuː] *n [handwriting]* fioriture *f*; *[skating]* figure *f (de patinage)*.

curling ['kɜːlɪŋ] *n (Sport)* curling *m*.

curly ['kɜːlɪ] *adj* **hair** *(loosely)* bouclé; *(tightly)* frisé. ∼ **eyelashes** cils recourbés; ∼**-haired**, ∼**-headed** aux cheveux bouclés *or* frisés; ∼ **lettuce** laitue frisée.

currant ['kʌrənt] *n* **(a)** *(Bot) (fruit)* groseille *f*; *(also* ∼ **bush)** groseillier *m*; **V black, red**. **(b)** *(dried fruit)* raisin *m* de Corinthe. ∼ **bun** petit pain *m* aux raisins; ∼ **loaf** pain *m* aux raisins.

currency ['kʌrənsɪ] **1** *n (U)* **(a)** *(Fin)* monnaie *f*, devise *f*; *(money)* argent *m*. **the** ∼ **is threatened** la monnaie est en danger; **this coin is no longer legal** ∼ cette pièce n'a plus cours (légal); **foreign** ∼ devise *or* monnaie étrangère; **I have no French** ∼ je n'ai pas d'argent français; *V* **hard, paper** *etc*.
(b) **this coin is no longer in** ∼ cette pièce n'est plus en circulation.
(c) *(acceptance, prevalence)* cours *m*, circulation *f*. **to gain** ∼ se répandre, s'accréditer; **to give** ∼ **to** accréditer; **such words have short** ∼ de tels mots n'ont pas cours longtemps.
2 *cpd*: *(Fin, Jur)* **currency exemptions** dispenses *fpl* en matière de réglementation des changes; *(Fin)* **currency market** place financière; **currency note** billet *m*; **currency restrictions** contrôle *m* des changes; **currency snake** serpent *m* monétaire; **currency unit** unité *f* monétaire.

current ['kʌrənt] **1** *adj* **opinion** courant, commun, admis; **word, phrase** commun, courant; **price** courant, en cours; **fashion, tendency, popularity** actuel. **to be** ∼ *[report, rumour]* avoir cours; *[phrase, expression]* être accepté *or* courant; **to be in** ∼ **use** être d'usage courant; **at the** ∼ **rate of exchange** au cours actuel du change; *(Brit Banking)* ∼ **account** compte courant; ∼ **affairs** questions *fpl or* problèmes *mpl* d'actualité, actualité *f (U)*; *(Fin)* ∼ **assets** actif *m* de roulement; ∼ **liabilities** passif *m* exigible *or* dettes *fpl* exigibles à court terme; ∼ **events** événements actuels, actualité *f (U)*; ∼ **expenditure** dépenses *fpl* de fonctionnement *or* d'exploitation; *(Press)* ∼ **issue** dernier numéro; ∼ **month** mois courant *or* en cours; ∼ **week** semaine *f* en cours; **his** ∼ **job** le travail qu'il fait *or* le poste qu'il occupe en ce moment; **her** ∼ **boyfriend*** le copain* *or* petit ami* du moment.
2 *n [air, water]* courant *m (also Elec)*; *[of events etc]* cours *m*, tendance *f*; *(of opinions)* tendance *f*. *(lit, fig)* **to go with the** ∼ suivre le courant; **to drift with the** ∼ *(lit)* se laisser aller au fil de l'eau; *(fig)* aller selon le vent; **to go against the** ∼ *(lit)* remonter le courant; *(fig)* aller à contre-courant; *V* **alternating, direct**.

currently ['kʌrəntlɪ] *adv* actuellement, en ce moment. **it is ~ thought that** ... on pense maintenant *or* à présent que ... .

curriculum [kə'rɪkjʊləm] **1** *n* programme *m* scolaire *or* d'études. **2** *cpd*: (*US Scol*) **curriculum council** ≃ service *m* des programmes scolaires; (*US Scol*) **curriculum coordinator** responsable *m* des programmes scolaires; **curriculum vitae** curriculum vitae *m*, C.V. *m*.

curry¹ ['kʌrɪ] (*Culin*) **1** *n* curry *m or* cari *m*. **beef ~ curry** de bœuf. **2** *cpd*: **curry powder** (poudre *f* de) curry *m*. **3** *vt* accommoder au curry.

curry² ['kʌrɪ] **1** *vt horse* étriller; *leather* corroyer. (*fig*) **to ~ favour with sb** chercher à gagner la faveur de qn. **2** *cpd*: **curry-comb** (*n*) étrille *f*; (*vt*) étriller.

curse [kɜːs] **1** *n* (**a**) malédiction *f*. **a ~ on him!**†; **maudit soit-il!**†; **to call down a ~ on sb** maudire qn.
(**b**) (*swearword*) juron *m*, imprécation *f*. **~s!*** zut!*
(**c**) (*fig: bane*) fléau *m*, malheur *m*, calamité *f*. **the ~ of drunkenness** le fléau de l'ivrognerie; **it has been the ~ of my life** c'est un sort qui m'a poursuivi toute ma vie; (*menstruation*) **she has the ~*** elle a ses règles; **this essay is a dreadful ~*** quelle corvée cette dissertation!; **the ~* of it is that** ... l'embêtant* c'est que ... .
2 *vt* maudire. **~ the child!*** maudit enfant!; (*fig*) **to be ~d with** être affligé de.
3 *vi* jurer, sacrer.

cursed* ['kɜːsɪd] *adj* sacré*, maudit, satané (*all before n*).

cursive ['kɜːsɪv] **1** *adj* cursif. **2** *n* (écriture *f*) cursive *f*.

cursor ['kɜːsəʳ] *n* (*Comput*) curseur *m*.

cursorily ['kɜːsərɪlɪ] *adv* (*V* cursory) superficiellement; hâtivement, à la hâte.

cursory ['kɜːsərɪ] *adj* (*superficial*) superficiel; (*hasty*) hâtif. **to give a ~ glance at** *person, object* jeter un coup d'œil à; *book, essay, letter* lire en diagonale*.

curt [kɜːt] *adj person, manner* brusque, sec (*f* sèche), cassant; *explanation, question* brusque, sec. **in a ~ voice** d'un ton cassant; **with a ~ nod** avec un bref signe de tête.

curtail [kɜː'teɪl] *vt account* écourter, raccourcir, tronquer; *proceedings, visit* écourter; *period of time* écourter, raccourcir; *wages* rogner, réduire; *expenses* restreindre, réduire.

curtailment [kɜː'teɪlmənt] *n* (*V* curtail) raccourcissement *m*; réduction *f*.

curtain ['kɜːtn] **1** *n* (**a**) (*gen, Theat*) rideau *m*; (*fig*) rideau, voile *m*. **to draw** *or* **pull the ~s** tirer les rideaux; (*Mil*) **~ of fire** rideau de feu; (*fig*) **it was ~s for him⁑** il était fichu* *or* foutu⁑; *V* iron, safety.
(**b**) (*Theat: also ~ call*) rappel *m*. **she took 3 ~s** elle a été rappelée 3 fois.
2 *cpd*: **curtain hook** crochet *m* de rideau; **curtain pole** tringle *f* à rideau(x); (*Theat*) **curtain raiser** lever *m* de rideau (*pièce*); **curtain ring** anneau *m* de rideau; **curtain rod** tringle *f* à rideau(x); (*Theat*) **curtain-up** lever *m* du rideau.
3 *vt window* garnir de rideaux.
♦ **curtain off** *vt sep room* diviser par un *or* des rideau(x); *bed, kitchen area* cacher derrière un *or* des rideau(x).

curtly ['kɜːtlɪ] *adv* avec brusquerie, sècheresse, d'un ton cassant.

curtness ['kɜːtnɪs] *n* brusquerie *f*, sècheresse *f*.

curtsey, curtsy ['kɜːtsɪ] **1** *n* révérence *f*. **to make** *or* **drop a ~** faire une révérence. **2** *vi* faire une révérence (*to* à).

curvaceous* [kɜː'veɪʃəs] *adj woman* bien balancée*, bien roulée*.

curvature ['kɜːvətʃəʳ] *n* courbure *f*; (*Med*) déviation *f*. **~ of the spine** déviation de la colonne vertébrale, scoliose *f*; **the ~ of space** la courbure de l'espace.

curve [kɜːv] **1** *n* (*gen*) courbe *f*; (*arch*) voussure *f*; (*beam*) cambrure *f*; (*graph*) courbe. **~ in the road** courbe, tournant *m*, virage *m*; **a woman's ~s*** les rondeurs *fpl* d'une femme.
2 *vt* courber; (*Archit*) arch, roof cintrer.
3 *vi* (*line, surface, beam*) se courber, s'infléchir; (*road etc*) faire une courbe, être en courbe. **the road ~s down into the valley** la route descend en courbe dans la vallée; **the river ~s round the town** la rivière fait un méandre autour de la ville.

curved [kɜːvd] *adj* (*gen*) courbe; *edge of table etc* arrondi; *road* en courbe; (*convex*) convexe.

curvet [kɜː'vet] (*Equitation*) **1** *n* courbette *f*. **2** *vi* faire une courbette.

curvilinear [ˌkɜːvɪ'lɪnɪəʳ] *adj* curviligne.

cushion ['kʊʃɪn] **1** *n* (**a**) coussin *m*. **on a ~ of air** sur un coussin d'air; *V* pin *etc*.
(**b**) (*Billiards*) bande *f*. **stroke off the ~** doublé *m*.
2 *vt sofa* mettre des coussins à; *seat* rembourrer; (*Tech*) matelasser; (*fig*) *shock* amortir; (*Fin*) *losses* atténuer. **to ~ sb's fall** amortir la chute de qn; (*fig*) **to ~ sb against sth** protéger qn contre qch; **to ~ one's savings against inflation** mettre ses économies à l'abri de l'inflation.

cushy⁑ ['kʊʃɪ] *adj* (*Brit*) pépère⁑, tranquille. **a ~ job** une bonne planque⁑, un boulot pépère⁑; **to have a ~ time** se la couler douce*; *V* billet¹.

cusp [kʌsp] *n* (*Bot*), (*tooth*) cuspide *f*; (*moon*) corne *f*.

cuspidor ['kʌspɪdɔːʳ] *n* (*US*) crachoir *m*.

cuss* [kʌs] (*US* = curse) **1** *n* (**a**) (*oath*) juron *m*. **he's not worth a tinker's ~** il ne vaut pas un pet de lapin*. (**b**) (*gen pej: person*) individu *m* (*pej*), type* *m*, bonne femme (*gen pej*). **he's a queer ~** c'est un drôle de type*. **2** *vi* jurer.

cussed* ['kʌsɪd] *adj* entêté, têtu comme une mule*.

cussedness* ['kʌsɪdnɪs] *n* esprit contrariant *or* de contradiction. **out of sheer ~** histoire d'embêter le monde*.

custard ['kʌstəd] **1** *n* (*pouring*) crème anglaise; (*set*) crème renversée. **2** *cpd*: (*Bot*) **custard apple** anone *f*; **custard cream** (biscuit) biscuit fourré; **custard powder** crème instantanée (en poudre); **custard tart** flan *m*.

custodial [kʌs'təʊdɪəl] *adj* (**a**) (*Jur*) **~ sentence** peine privative de liberté. (**b**) *[museum etc]* **~ staff** personnel *m* de surveillance.

custodian [kʌs'təʊdɪən] *n* *[building]* concierge *mf*, gardien(ne) *m(f)*; *[museum]* conservateur *m*, -trice *f*; *[tradition etc]* gardien(ne), protecteur *m*, -trice *f*.

custody ['kʌstədɪ] *n* (**a**) (*Jur etc*) garde *f*. **in safe ~** sous bonne garde; **the child is in the ~ of his aunt** l'enfant est sous la garde de sa tante; (*Jur*) **after the divorce she was given ~ of the children** après le divorce elle a reçu la garde des enfants.
(**b**) (*gen*) garde *f* à vue; (*imprisonment*) emprisonnement *m*, captivité *f*; (*also* **police ~**) (*for short period*) garde à vue; (*before trial*) détention préventive. **in ~** en détention préventive; **to be kept in (police) ~** être mis en garde à vue; **to take sb into ~** mettre qn en état d'arrestation; **to give sb into ~** remettre qn aux mains de la police; *V* protective, remand.

custom ['kʌstəm] **1** *n* (**a**) (*established behaviour*) coutume *f*, usage *m*, pratique courante; (*habit*) coutume, habitude *f*. **as ~ has it** selon la coutume, selon les us et coutumes; **it was his ~ to rest each morning** il avait l'habitude de se reposer chaque matin.
(**b**) (*Brit Comm*) clientèle *f*, pratique†† *f*. **the grocer wanted to get her ~** l'épicier voulait obtenir sa clientèle; **he has lost a lot of ~** il a perdu beaucoup de clients; **he took his ~ elsewhere** il est allé se fournir ailleurs.
(**c**) (*Jur*) coutume *f*, droit coutumier.
2 *cpd*: (*Comm*) **custom-built** (fait) sur commande; (*US Comm*) **custom-made** *clothes* (fait) sur mesure; *other goods* (fait) sur commande.

customary ['kʌstəmərɪ] *adj* habituel, coutumier, ordinaire; (*Jur*) coutumier. (*Jur*) **~ tenant** tenancier *m* censitaire; **it is ~ to do it** c'est ce qui se fait d'habitude, c'est la coutume.

customer ['kʌstəməʳ] *n* (**a**) (*Comm*) client(e) *m(f)*. (**b**) (*) type* *m*, individu *m* (*pej*). **he's an awkward ~** il n'est pas commode; **queer ~** drôle de type* *or* d'individu; **ugly ~** sale type* *or* individu.

customize ['kʌstəmaɪz] *vt* fabriquer (*or* construire *or* arranger *etc*) sur commande. (*Comput*) **~d software** logiciel *m* sur mesure.

customs ['kʌstəmz] **1** *n* (**a**) (*sg or pl: authorities, place*) douane *f*. **to go through (the) ~** passer la douane; **at** *or* **in the ~** à la douane.
(**b**) (*pl: duty payable*) droits *mpl* de douane.
2 *cpd regulations, receipt etc* de la douane. **customs border patrol** brigade volante des services du douane; **customs declaration** *f* de douanc; **customs duty** droit(s) *m(pl)* de douane; **customs house** (poste *m or* bureaux *mpl* de) douane *f*; **customs inspection** visite douanière *or* de douane; **customs officer** douanier *m*, -ière *f*; **customs post** = **customs house**; **customs service** service *m* des douanes; **customs shed** local *m* de la douane; **customs union** union douanière.

cut [kʌt] (*vb: pret, ptp* **cut**) **1** *n* (**a**) (*stroke*) coup *m*; *[cards]* coupe *f*; (*mark, slit*) coupure *f*; *[notch]* entaille *f*; *[slash]* estafilade *f*; *[gash]* balafre *f*; (*Med*) incision *f*. **sabre ~** coup de sabre; **saw ~** trait *m* de scie; **a deep ~ in the leg** une profonde coupure à la jambe; **he had a ~ on his chin from shaving** il s'était coupé au menton en se rasant; **there is a ~ in his jacket** il y a une entaille à sa veste; (*fig*) **the ~ and thrust of modern politics** les estocades *fpl* de la politique contemporaine; (*fig*) **that remark was a ~ at me** cette remarque était une pierre dans mon jardin; (*fig*) **the unkindest ~ of all** le coup le plus perfide; (*fig*) **he is a ~ above the others*** il vaut mieux que les autres, il est supérieur aux autres; (*fig*) **that's a ~ above him*** ça le dépasse; *V* short.
(**b**) (*reduction: gen, esp Econ*) réduction *f* (*in* de), diminution *f* (*in* de); (*in staff*) compression *f* (*in* de). (*Fin*) **the ~s** les compressions budgétaires; **the ~s in the armed forces** la réduction *or* la compression (du personnel) *or* la diminution de l'effectif des forces armées; **the ~s in the defence budget** la diminution *or* la réduction du budget de la défense; **the ~s in education** les réductions dans les budgets scolaires; (*Econ*) **drastic ~s** coupes claires; **power** *or* **electricity ~** coupure *f* de courant; **to take a ~ in salary** subir une diminution *or* réduction de salaire; **to make ~s in a book/play** *etc* faire des coupures dans un livre/une pièce *etc*.
(**c**) *[meat]* (*piece*) morceau *m*; *[slice]* tranche *f*; (*: *share*) part *f*. **a nice ~ of beef** un beau morceau de bœuf; **a ~ off** *or* **from the joint** un morceau de rôti; **they all want a ~ in the profits*** ils veulent tous leur part du gâteau* (*fig*).
(**d**) *[clothes]* coupe *f*; *[jewel]* taille *f*. **I like the ~ of this coat** j'aime la coupe de ce manteau; *V* jib.
(**e**) (*US Typ: block*) cliché *m*.
(**f**) (*Cine, TV*) coupe *f* (*from* de, *to* à).
(**g**) (*US*: from school etc*) absence injustifiée.
2 *adj*: **~ glass** (*n:U*) cristal taillé; (*adj*) de *or* en cristal taillé; **~ flowers** fleurs coupées; **~ tobacco** tabac découpé; **~ prices** prix réduits; **well-~ coat** manteau bien coupé *or* de bonne coupe; (*fig*) **it was all ~ and dried** (*fixed beforehand*) c'était déjà décidé, tout était déjà arrangé; (*impossible to adapt*) il n'y avait pas moyen de changer quoi que ce soit; **~ and dried opinions** opinions toutes faites.
3 *cpd*: **cutaway** (*drawing* *or* *sketch*) (dessin *m*) écorché *m*; **cutback** (*reduction*) *[expenditure, production]* réduction *f*, diminution *f* (*in* de); (*in staff*) compressions *fpl* (*in* de); (*Cine: flashback*) flashback *m* (*to* sur); (*Econ etc*) **drastic cutbacks** coupes claires; **cutoff** (*short cut*) raccourci *m*; (*Tech: stopping*) arrêt *m*; (*automatic*) **cutoff device** système *m* d'arrêt (automatique); **cutoff switch** interrupteur *m*; **cutoffs** jeans coupés; **cutout** (*Elec*) disjoncteur *m*, coupe-circuit *m inv*; (*Aut*) échappement *m* libre; (*figure of wood or paper*) découpage *m*; **cutout book** livre *m* de découpages; (*Space*) **cutout point** point *m* de largage; (*Brit*) **cut-price** (*adj*) *goods, ticket* à prix réduit, au rabais; *shop* à prix réduits; (*manufacturer, shopkeeper*) qui vend à prix réduits; (*adv*) **buy, get** à prix réduit; (*US*) **cut-rate** = **cut price**; **cut-price shop** *or* **store** magasin *m* à prix

réduits; **cut-throat** assassin *m*; **cut-throat competition** compétition acharnée; (*Cards*) **cut-throat game** partie *f* à trois; (*Brit*) **cut-throat razor** rasoir *m* à main *or* de coiffeur; **cut up*** (*Brit: upset*) vexé; (*US: funny*) rigolo (*f* -ote), farceur.

4 *vt* (a) couper; *joint of meat* découper; (*slice*) découper en tranches; (*Med*) *abscess* inciser; *tobacco* découper; (*notch*) encocher; (*castrate*) châtrer. **to ~ one's finger** se couper le doigt *or* au doigt; **to ~ sb's throat** couper la gorge à qn, égorger qn; (*fig*) **he is ~ting his own throat** il prépare sa propre ruine (*fig*); **to ~ in half/in three** *etc* couper en deux/en trois *etc*; **to ~ in pieces** (*lit*) couper en morceaux; (*fig*) *army* tailler en pièces; *reputation* démolir; **to ~ open** (*with knife*) ouvrir au *or* avec un couteau; (*with scissors etc*) ouvrir avec des ciseaux *etc*; **he ~ his arm open on a nail** il s'est ouvert le bras sur un clou; **he ~ his head open** il s'est fendu le crâne; **to ~ sb free** délivrer qn en coupant ses liens; (*fig*) **to ~ short** abréger, couper court à; **to ~ a visit short** écourter une visite; **to ~ sb short** couper la parole à qn; **to ~ a long story short, he came** bref *or* pour en finir, il est venu.

(b) (*shape*) couper, tailler; *steps* tailler; *channel* creuser, percer; *figure, statue* sculpter (*out of* dans); (*engrave*) graver; *jewel, key, glass, crystal* tailler; *screw* fileter; *dress* couper. **to ~ a (gramophone) record** graver un disque; **to ~ one's way through** se frayer *or* s'ouvrir un chemin à travers; (*fig*) **to ~ one's coat according to one's cloth** vivre selon ses moyens.

(c) (*mow, clip, trim*) *hedge, trees* tailler; *corn, hay* faucher; *lawn* tondre. **to ~ one's nails/hair** se couper les ongles/les cheveux; **to have** *or* **get one's hair ~** se faire couper les cheveux.

(d) (*not to go*) *class etc* manquer, sécher*; *appointment* manquer exprès. (*ignore, avoid*) **to ~ sb (dead)** faire semblant de ne pas voir *or* reconnaître qn; **she ~ me dead** elle a fait comme si elle ne me voyait pas.

(e) (*cross, intersect*) couper, croiser, traverser; (*Math*) couper. **the path ~s the road here** le sentier coupe la route à cet endroit.

(f) (*reduce*) *profits, wages* réduire, diminuer; *text, book, play* réduire, faire des coupures dans. **to ~ prices** réduire les prix, vendre à prix réduit *or* au rabais; **we ~ the journey time by half** nous avons réduit de moitié la durée du trajet; (*Sport*) **he ~ 30 seconds off the record, he ~ the record by 30 seconds** il a amélioré le record de 30 secondes.

(g) (*fig: wound, hurt*) *person* blesser (profondément), affecter. **it ~ me to the heart** cela m'a profondément blessé; **the wind ~ his face** le vent lui coupait le visage; *V* **quick.**

(h) *[child]* **to ~ a tooth** percer une dent; **he is ~ting teeth** il fait ses dents; (*fig*) **to ~ one's teeth on sth** se faire les dents sur qch.

(i) *cards* couper.

(j) (*Sport*) **to ~ the ball** couper la balle.

(k) (*Cine etc*) *film* monter.

(l) (*dilute*) *drink* couper.

(m) (*phrases*) **he ~ a sorry figure** il faisait piètre figure; **she ~s a fine figure in that dress** elle a grand air (*frm*) *or* elle a beaucoup d'allure dans cette robe; **to ~ a dash** faire de l'effet; **to ~ it fine** compter un peu juste, ne pas (se) laisser de marge; **you're ~ting it too fine** vous comptez trop juste; **that ~s no ice** *or* **that doesn't ~ much ice with me** ça ne me fait aucun effet, ça ne m'impressionne guère; **to ~ the ground from under sb's feet** couper l'herbe sous le pied de qn; **to ~ one's losses** faire la part du feu, sauver les meubles*; (*Aut*) **to ~ a corner** prendre un virage à la corde; (*fig*) **to ~ corners** prendre des raccourcis (*fig*); (*fig: financially*) **to ~ corners** (on sth) rogner sur les coûts (de qch); **to ~ the Gordian knot** trancher le nœud gordien; **the ~ the cackle!‡** assez bavardé comme ça!*; *V* **mustard.**

5 *vi* (a) *[person, knife etc]* couper, tailler, trancher. **he ~ into the cake** il a fait une entaille dans le gâteau, il a entamé le gâteau; **to ~ along the dotted line** découper suivant le pointillé; **his sword ~ through the air** son épée fendit l'air; **this knife ~s well** ce couteau coupe bien; (*fig*) **this ~s across all I have learnt** ceci va à l'encontre de tout ce que j'ai appris; (*fig*) **what you say ~s both ways** ce que vous dites est à double tranchant; (*fig*) **that argument ~s both ways** c'est un argument à double tranchant; (*fig*) **to ~ and run*** mettre les bouts‡, filer*; (*Naut*) **to ~ loose** couper les amarres; (*fig*) **he ~ loose (from his family)** il a coupé les amarres (avec sa famille).

(b) *[material]* se couper. **paper ~s easily** le papier se coupe facilement; **this piece will ~ into 4** ce morceau peut se couper en 4.

(c) (*Math*) se couper. **lines A and B ~ at point C** les lignes A et B se coupent au point C.

(d) (*run, hurry*) **~ across the fields and you'll soon be there** coupez à travers champs et vous serez bientôt arrivé; **to ~ across country** couper à travers champs; **if you ~ through the lane you'll save time** si vous coupez *or* passez par la ruelle vous gagnerez du temps.

(e) (*Cine, TV*) **they ~ from the street to the shop scene** ils passent de la rue à la scène du magasin; **~! coupez!**

(f) (*Cards*) couper. **to ~ for deal** tirer pour la donne.

◆**cut along** *vi* s'en aller, filer*.

◆**cut away 1** *vt sep branch* élaguer; *unwanted part* dégager, enlever (en coupant).

2 cutaway *n, adj V* cut **3.**

◆**cut back 1** *vt sep plants, shrubs* élaguer, tailler; (*fig: also* **cut back on**) *production, expenditure* réduire, diminuer.

2 *vi* revenir (sur ses pas). **he cut back to the village and gave his pursuers the slip** il est revenu au village par un raccourci et a semé ses poursuivants.

3 cutback *n V* cut **3.**

◆**cut down** *vt sep* (a) *tree* couper, abattre; *corn* faucher; *person* (*by sword etc*) abattre (*d'un coup d'épée etc*); (*fig: through illness etc*)

terrasser. **cut down by pneumonia** terrassé par la *or* une pneumonie.

(b) (*reduce*) réduire; *expenses* réduire, rogner; *article, essay* couper, tronquer; *clothes* (*gen*) rapetisser, diminuer. **she cut down the trousers to fit her son** elle a coupé le pantalon pour en faire un pour son fils; (*fig*) **to cut sb down to size*** remettre qn à sa place.

◆**cut down on** *vt fus food* manger moins de; *alcohol* boire moins de; *cigarettes* fumer moins de; *expenditure* réduire. **you should cut down on drink** vous devriez boire moins.

◆**cut in 1** *vi* (*into conversation*) se mêler à la conversation; (*Aut*) se rabattre. (*Aut*) **to cut in on sb** faire une queue de poisson à qn; (*Comm, Fin*) **to cut in on the market** s'infiltrer sur le marché.

2 *vt sep*: **to cut sb in** *on* **or** *into* **a deal*** intéresser qn à une affaire.

◆**cut off 1** *vi* (*†: *leave*) filer*, se trotter‡.

2 *vt sep* (a) *piece of cloth, cheese, meat, bread* couper (*from* dans); *limbs* amputer, couper. **to cut off sb's head** trancher la tête de *or* à qn, décapiter qn; (*loc*) **to cut off one's nose to spite one's face** scier la branche sur laquelle on est assis, par dépit.

(b) (*disconnect*) *telephone caller, telephone, car engine, gas, electricity* couper. **our water supply has been cut off** on nous a coupé l'eau; (*Telec*) **we were cut off** nous avons été coupés; **to cut off sb's supplies** (*of food, money etc*) couper les vivres à qn.

(c) (*isolate*) isoler (*sb from sth* qn de qch). **to cut o.s. off from** rompre ses liens avec; **he feels very cut off in that town** il se sent très isolé dans cette ville; **town cut off by floods** ville isolée par des inondations; (*Mil*) **to cut off the enemy's retreat** couper la retraite à l'ennemi; (*fig*) **to cut sb off with a shilling** déshériter qn.

3 cutoff *n, adj, cutoffs npl V* cut **3.**

◆**cut out 1** *vi* (a) (*Aut, Aviat*) *[engine]* caler.

(b) (‡: *leave*) filer*, se tailler‡.

2 *vt sep* (a) *picture, article* découper (*of, from* de); *statue, figure* sculpter, tailler (*of* dans); *coat* couper, tailler (*of, from* dans); (*Phot*) détourer. **to cut out a path through the jungle** se frayer un chemin à travers la jungle; (*fig*) **to be cut out for sth** avoir des dispositions pour qch; (*fig*) **he's not cut out for** *or* **to be a doctor** il n'est pas fait pour être médecin, il n'a pas l'étoffe d'un médecin; (*fig*) **he had his work cut out for him** il avait du pain sur la planche; (*fig*) **you'll have your work cut out to get there on time** vous n'avez pas de temps à perdre si vous voulez y arriver à l'heure; **you'll have your work cut out to persuade him to come** vous aurez du mal à le persuader de venir.

(b) (*fig*) *rival* supplanter.

(c) (*remove*) enlever, ôter; *unnecessary detail* élaguer. (*fig*) **cut it out!*** ça suffit!*, ça va comme ça!*; (*fig*) **cut out the talking!** assez bavardé!, vous avez fini de bavarder?; (*fig*) **you can cut out the tears for a start!*** et pour commencer arrête de pleurnicher!

(d) (*give up*) *tobacco* supprimer. **to cut out smoking/drinking** arrêter de fumer/boire.

3 cutout *n, adj V* cut **3.**

◆**cut up 1** *vi* (a) (*Brit*) **to cut up rough*** se mettre en rogne* *or* en boule*; *V* **ugly.**

(b) (*US: clown around*) faire le pitre.

2 *vt sep* (a) *wood, food* couper; *meat* (*carve*) découper; (*chop up*) hacher; (*fig*) *enemy, army* tailler en pièces, anéantir.

(b) (*Brit**: *pass only*) **to be cut up about sth** (*hurt*) être affecté *or* démoralisé par qch; (*annoyed*) être très embêté par qch*; **he's very cut up** il n'a plus le moral*; **he was very cut up by the death of his son** la mort de son fils l'a beaucoup affecté.

3 cut-up‡ *adj V* cut **3.**

cutaneous [kju:'teɪnɪəs] *adj* cutané.

cute* [kju:t] *adj* (a) (*attractive*) mignon; (*pej*) affecté. (b) (*clever*) malin (*f* -igne), futé. **don't try and be ~ (with me)** ne fais pas le malin!

cutely ['kju:tlɪ] *adv* (*cleverly*) d'un air malin. **to smile ~** faire un sourire mignon.

cuticle ['kju:tɪkl] *n* (*skin*) épiderme *m*; *[fingernails]* petites peaux, envie *f*, (*Bot*) cuticule *f*. **~ remover** repousse-peaux *m*.

cutie‡ ['kju:tɪ] *n* (*US*) (*girl*) jolie fille; (*shrewd person*) malin *m*, -igne *f*, (*shrewd action*) beau coup.

cutlass ['kʌtləs] *n* (*Naut*) coutelas *m*, sabre *m* d'abordage.

cutler ['kʌtlər] *n* coutelier *m*.

cutlery ['kʌtlərɪ] *n* (a) (*knives, forks, spoons etc*) couverts *mpl*; *V* **canteen.** (b) (*knives, daggers etc*) coutellerie *f*.

cutlet ['kʌtlɪt] *n* (a) (*gen*) côtelette *f*; *[veal]* escalope *f*. (b) (*US: croquette of meat, chicken etc*) croquette *f*.

cutter ['kʌtər] *n* (a) (*person*) *[clothes]* coupeur *m*, -euse *f*; *[stones, jewels]* tailleur *m*; *[films]* monteur *m*, -euse *f*. (b) (*tool*) coupoir *m*, couteau *m*. (c) (*sailing boat*) cotre *m*, cutter *m*; (*motor boat*) vedette *f*; *[coastguards]* garde-côte *m*; *[warship]* canot *m*. (d) (*US: sleigh*) traîneau *m*.

cutting ['kʌtɪŋ] **1** *n* (a) (*U*) coupe *f*; *[diamond]* taille *f*; *[film]* montage *m*; *[trees]* coupe, abattage *m*.

(b) (*for road, railway*) tranchée *f*.

(c) (*piece cut off*) *[newspaper]* coupure *f*; *[cloth]* coupon *m*; (*Agr*) bouture *f*; *[vine]* marcotte *f*.

(d) (*reduction*) *[prices, expenditure]* réduction *f*, diminution *f*.

2 *adj* (a) *knife* coupant, tranchant. **the ~ edge** le tranchant; **~ pliers** pinces coupantes.

(b) (*fig*) *wind* glacial, cinglant; *rain* cinglant; *cold* piquant, glacial; *words* blessant, cinglant, incisif; *remark* mordant, caustique, blessant. **~ tongue** langue acérée.

3 *cpd*: **cutting board** planche *f* à découper; (*Sewing*) **cutting-out scissors** ciseaux *mpl* à couture *or* de couturière; (*Cine*) **cutting room** salle *f* de montage.

cuttlebone ['kʌtlbəʊn] *n* os *m* de seiche.

cuttlefish ['kʌtlfɪʃ] n seiche f.
CV [siː'viː] n abbr of curriculum vitae.
C & W ['siːən'dʌbljuː] abbr of country-and-western; V country.
C.W.O. [siː'dʌbljuːəʊ] (a) abbr of cash with order; V cash. (b) abbr of chief warrant officer; V chief.
CWS ['siː,dʌbljuː'es] abbr of Cooperative Wholesale Society (Coop).
cwt abbr of hundredweight(s).
cyanide ['saɪənaɪd] n cyanure m. ~ of potassium cyanure de potassium.
cyanose ['saɪənəʊz] n cyanose f.
cybernetics [,saɪbə'netiks] n (U) cybernétique f.
cyclamen ['sɪkləmən] n cyclamen m.
cycle ['saɪkl] **1** n (a) = bicycle **1**.
  (b) [poems, seasons etc] cycle m.
  2 vi faire de la bicyclette, faire du vélo. he ~s to school il va à l'école à bicyclette or à vélo or en vélo.
  3 cpd lamp, chain, wheel de bicyclette; race cycliste. **cycle bell** sonnette f or timbre m de bicyclette; **cycle clip** pince f à vélo; **cycle path** piste f cyclable; **cycle pump** pompe f à bicyclette; **cycle rack** râtelier m à bicyclettes; (on car roof) porte-vélos m inv; **cycle shed** abri m à bicyclettes; **cycle track** piste f cyclable.
cyclic(al) ['saɪklik(əl)] adj cyclique.
cycling ['saɪklɪŋ] **1** n cyclisme m. **to do a lot of ~** (gen) faire beaucoup de bicyclette or de vélo; (Sport) faire beaucoup de cyclisme.
  2 cpd de bicyclette. **cycling clothes** tenue f cycliste; **to go on a cycling holiday** or **tour** faire du cyclotourisme; **cycling tour** circuit m à bicyclette; **cycling track** vélodrome m.
cyclist ['saɪklɪst] n cycliste mf; V racing.
cyclone ['saɪkləʊn] n cyclone m. (US) ~ **cellar** abri m anticyclone.
Cyclops ['saɪklɒps] n, pl **Cyclopes** [saɪ'kləʊpiːz] cyclope m.
cyclorama [,saɪklə'rɑːmə] n (also Cine) cyclorama m.
cyclostyle ['saɪkləstaɪl] **1** n machine f à polycopier (à stencils). **2** vt polycopier.
cyclothymia [,saɪkləʊ'θaɪmɪə] n cyclothymie f.
cyclothymic [,saɪkləʊ'θaɪmɪk] adj, n cyclothymique (mf).
cyclotron ['saɪklətrɒn] n cyclotron m.

cygnet ['sɪgnɪt] n jeune cygne m.
cylinder ['sɪlɪndər] **1** n (a) (Aut, Math, Tech) cylindre m. **a 6-~ car** une 6-cylindres; **to fire on all 4 ~s** (lit) avoir les 4 cylindres qui donnent; (fig) marcher or fonctionner à pleins gaz* or tubes*.
  (b) [typewriter] rouleau m; [clock, gun] barillet m.
  2 cpd (Aut) **cylinder block** bloc-cylindres m; **cylinder capacity** cylindrée f; **cylinder head** culasse f; **to take off the cylinder head** déculasser; **cylinder head gasket** joint m de culasse.
cylindrical [sɪ'lɪndrɪkəl] adj cylindrique.
cymbal ['sɪmbəl] n cymbale f.
cynic ['sɪnɪk] **1** n (gen, Philos) cynique mf. **2** adj = **cynical**.
cynical ['sɪnɪkəl] adj (gen, Philos) cynique.
cynically ['sɪnɪklɪ] adv cyniquement, avec cynisme.
cynicism ['sɪnɪsɪzəm] n (gen, Philos) cynisme m. ~s remarques fpl cyniques, sarcasmes mpl.
cynosure ['saɪnəʃʊər] n (also ~ of every eye) point m de mire, centre m d'attraction.
CYO [siː'waɪ'əʊ] n (US) abbr of Catholic Youth Organization (mouvement catholique).
cypher ['saɪfər] = **cipher**.
cypress ['saɪprɪs] n cyprès m.
Cypriot ['sɪprɪət] **1** adj cypriote, chypriote. **2** n Cypriote mf, Chypriote mf.
Cyprus ['saɪprəs] n Chypre f (no art). **in ~** à Chypre.
cyst [sɪst] n (Med) kyste m; (Bio) sac m (membraneux).
cystitis [sɪs'taɪtɪs] n cystite f.
cytological [,saɪtə'lɒdʒɪkəl] adj cytologique.
cytology [saɪ'tɒlədʒɪ] n cytologie f.
CZ [siː'zed] (US Geog) abbr of Canal Zone; V canal.
czar [zɑːr] n V tsar.
czarina [zɑː'riːnə] n V tsarina.
czarism ['zɑːrɪzəm] n V tsarism.
czarist ['zɑːrɪst] n, adj V tsarist.
Czech [tʃek] **1** adj tchèque. **2** n (a) Tchèque mf. (b) (Ling) tchèque m.
Czechoslovak [tʃekəʊ'sləʊvæk] **1** adj tchécoslovaque. **2** n Tchécoslovaque mf.
Czechoslovakia [tʃekəʊslə'vækɪə] n Tchécoslovaquie f.
Czechoslovakian [tʃekəʊslə'vækɪən] = **Czechoslovak**.

D

D, d [diː] **1** n (a) (letter) D, d m. **D for dog** D comme Désirée; (Cine etc) (in) 3-D en relief. (b) (Mus) ré m. (c) (Scol: mark) passable (≃ 10 sur 20). (d) († Brit) abbr for penny (ancien). (e) abbr of died. (f) (US) abbr of Democrat(ic). **2** cpd: (Med) **D and C*** dilatation f et curetage m; (Mil) **D-day** le jour J.
D.A. [diː'eɪ] n abbr of District Attorney.
dab¹ [dæb] **1** n (a) a ~ of un petit peu de; a ~ of glue une goutte de colle; **to give sth a ~ of paint** donner un petit coup or une petite touche de peinture à qch.
  (b) (esp Brit: fingerprints) ~s* empreintes digitales.
  2 vt tamponner. **to ~ one's eyes** se tamponner les yeux; **to ~ paint on sth** donner un petit coup de peinture à qch, mettre un peu de peinture sur qch; **to ~ iodine on a wound** appliquer de la teinture d'iode à petits coups sur une blessure.
  ◆**dab on** vt sep appliquer or mettre or étaler à petits coups.
dab² [dæb] n (fish) limande f.
dab³ [dæb] adj (Brit) **to be a ~ hand* at sth/at doing sth** être doué en qch/pour faire qch.
dabble ['dæbl] **1** vt: **to ~ one's hands/feet in the water** barboter dans l'eau avec les mains/les pieds. **2** vi (fig) **to ~ in sth** (gen) faire qch en amateur; **to ~ in politics** donner dans la politique; **to ~ in stocks and shares** boursicoter.
dabbler ['dæblər] n (often pej) amateur m.
dabchick ['dæbtʃɪk] n petit grèbe.
dace [deɪs] n vandoise f.
dachshund ['dækshʊnd] n teckel m.
Dacron ['dækrɒn] n ® tergal m ®.
dactyl ['dæktɪl] n dactyle m.
dactylic [dæk'tɪlɪk] adj dactylique.
dad [dæd] n (a) (*) papa m. (b) (‡: to old man) come on, ~! allez viens pépé!*; (hum) D~'s army l'armée f de (grand-)papa (hum).
Dada ['dɑːdɑː] **1** n Dada m. **2** cpd school, movement dada inv, dadaïste.
dadaism ['dɑːdɑːɪzəm] n dadaïsme m.
dadaist ['dɑːdɑːɪst] adj, n dadaïste (mf).
daddy ['dædɪ] **1** n (*) papa m. **2** cpd: **daddy-long-legs** (pl inv) (harvestman) faucheur m or faucheux m; (Brit: cranefly) tipule f.
dado ['deɪdəʊ] n plinthe f; [pedestal] dé m; [wall] lambris m d'appui.

Daedalus ['diːdələs] n Dédale m.
daemon ['diːmən] n démon m.
daffodil ['dæfədɪl] n jonquille f. ~ **yellow** (jaune) jonquille inv.
daffy‡ ['dæfɪ] adj toqué*, timbré*.
daft [dɑːft] adj person idiot, dingue‡; idea stupide, idiot. **to be ~ about*** être fou (f folle) de.
dagger ['dægər] n (a) poignard m, (shorter) dague f. (fig) **to be at ~s drawn with sb** être à couteaux tirés avec qn; **to look ~s at sb** lancer des regards furieux or meurtriers à qn, foudroyer qn du regard. (b) (Typ) croix f.
dago ['deɪgəʊ] n (pej) métèque m (pej) (gén d'origine italienne ou espagnole etc).
daguerreotype [də'gerəʊtaɪp] n daguerréotype m.
dahlia ['deɪlɪə] n dahlia m.
Dail Eireann [dɔɪl'eərən] n Chambre f des Députés de la république d'Irlande.
daily ['deɪlɪ] **1** adj task, routine, walk quotidien; consumption, output, wage journalier; (everyday) de tous les jours. (Rel) our ~ **bread** notre pain quotidien or de chaque jour; ~ **consumption** consommation journalière; ~ **dozen*** gymnastique f (quotidienne); (pej) the ~ **grind*** le train-train (quotidien); ~ **paper** quotidien m (V also **3a**).
  2 adv quotidiennement, tous les jours, journellement. **twice ~** deux fois par jour.
  3 n (a) (newspaper) quotidien m.
  (b) (Brit*: also ~ **help**, ~ **woman**) femme f de ménage.
daimon ['daɪmən] n = **daemon**.
daintily ['deɪntɪlɪ] adv eat, hold délicatement; dress coquettement; walk à petits pas élégants.
daintiness ['deɪntɪnɪs] n (V dainty a, b) délicatesse f.
dainty ['deɪntɪ] **1** adj (a) food de choix, délicat. a ~ **morsel** un morceau de choix.
  (b) figure menu; handkerchief, blouse délicat. **she is a ~ little thing** elle est mignonne à croquer.
  (c) (difficult to please) difficile. **he is a ~ eater** il est difficile (pour or sur la nourriture).
  2 n mets délicat.
daiquiri ['daɪkərɪ] n daiquiri m.
dairy ['dɛərɪ] **1** n (on farm) laiterie f; (shop) crémerie f, laiterie.

2 *cpd cow, farm* laitier. **dairy butter** beurre fermier; **dairy farm-ing** industrie laitière; **dairy herd** troupeau *m* de vaches laitières; **dairy ice cream** glace *f* faite à la crème; **dairymaid** fille *f* de laiterie; **dairyman** (*on farm etc*) employé *m* de laiterie; (*in shop*) crémier *m*; **dairy produce** produits laitiers.

dais ['deɪs] *n* estrade *f*.

daisied ['deɪzɪd] *adj* (*liter*) émaillé (*liter*) de pâquerettes.

daisy ['deɪzɪ] **1** *n* pâquerette *f*; (*cultivated*) marguerite *f*; *V* **fresh, push up. 2** *cpd*: **daisy chain** guirlande *f* or collier *m* de pâquerettes; (*US fig*) série *f*, chapelet *m*; (*US Culin*) ~ (**ham**) jambon fumé désossé; **daisy wheel** marguerite *f*; **daisy wheel printer** imprimante *f* à marguerite.

Dalai Lama ['dælaɪˈlɑːmə] *n* dalaï-lama *m*.

dale [deɪl] *n* (*N Engl, also liter*) vallée *f*, vallon *m*. (*Brit*) **the (York-shire) D~s** le pays vallonné du Yorkshire.

dalliance ['dælɪəns] *n* (*liter*) badinage *m* (amoureux).

dally ['dælɪ] *vi* (*dawdle*) lambiner*, lanterner (*over sth* dans or sur qch). **to ~ with an idea** caresser une idée; **to ~ with sb†** badiner (amoureusement) avec qn.

Dalmatian [dælˈmeɪʃən] *n* (*also* **d~**: *dog*) dalmatien *m*.

dalmatic [dælˈmætɪk] *n* dalmatique *f*.

daltonism ['dɔːltənɪzəm] *n* daltonisme *m*.

dam¹ [dæm] **1** *n* (a) (*wall*) [*river*] barrage *m* (de retenue), digue *f*; [*lake*] barrage de (retenue).
  (b) (*water*) réservoir *m*, lac *m* de retenue.
  2 *vt* (a) (*also* ~ **up**) *river* endiguer; *lake* construire un barrage sur. **to ~ the waters of the Nile** faire or construire un barrage pour contenir les eaux du Nil.
  (b) *flow of words, oaths* retenir.
  3 *cpd*: **dambuster** (*bomb*) bombe *f* à ricochets; (*person*) (aviateur *m*) briseur *m* de barrages (*se réfère à un épisode de la seconde guerre mondiale*).

dam² [dæm] *n* (*animal*) mère *f*.

dam³‡ [dæm] *adj, adv* (a) = **damn 4, 5.** (b) (*US*) **~Yankee** sale* Yankee or Nordiste.

damage ['dæmɪdʒ] **1** *n* (a) (*U*) dommage(s) *m(pl)*; (*visible, eg to car*) dégâts *mpl*, dommages; (*to ship, cargo*) avarie(s) *f(pl)*; (*fig*) préjudice *m*, tort *m*. **~ to property** dégâts matériels; **to make good the ~** réparer les dégâts; **the bomb did a lot of ~** la bombe a causé des dommages importants, la bombe a fait de gros dégâts; **there was a lot of ~ (done) to the house** la maison a beaucoup souffert; **there's no ~ done** il n'y a pas de mal; **that has done ~ to our cause** cela a fait du tort or porté préjudice à notre cause; (*fig: how much is it?*) **what's the ~?*** cela se monte à combien?; (*Insurance*) **~ survey** expertise *f* d'avarie.
  (b) (*Jur*) **~s** dommages *mpl* et intérêts *mpl*, dommages-intérêts *mpl*; **liable for ~s** tenu des dommages et intérêts; **war ~** dommages or indemnités *fpl* de guerre; *V* **sue.**
  2 *vt furniture, goods, crops, machine, vehicle* endommager, causer des dégâts à, abîmer; *food* abîmer, gâter; *eyesight, health* abîmer; *good relations, reputation* nuire à, porter atteinte à; *cause, objectives* faire du tort à.

damageable ['dæmɪdʒəbl] *adj* dommageable.

damaging ['dæmɪdʒɪŋ] *adj* préjudiciable, nuisible (*to* à); (*Jur*) préjudiciable.

Damascus [dəˈmɑːskəs] *n* Damas *m*.

damask ['dæməsk] **1** *n* (a) (*cloth*) [*silk*] damas *m*, soie damassée; [*linen*] (*linge m*) damassé *m*. (b) ~ (**steel**) (acier *m*) damasquiné *m*. **2** *adj cloth* damassé. (*liter*) **her ~ cheeks** ses joues vermeilles (*liter*). **3** *cpd*: **damask rose** rose *f* de Damas.

dame [deɪm] *n* (a) (*esp Brit*) (†, *liter, also hum*) dame *f*. (*Brit Theat*) **the ~** la vieille dame (*rôle féminin de farce bouffonne joué par un homme*); (*Hist*) ~ **school** école enfantine, petit cours privé; (†, *liter*) **D~ Fortune** Dame Fortune.
  (b) (*Brit: in titles*) **D~** titre porté par une femme décorée d'un ordre de chevalerie (eg *Dame Margot Fonteyn, Dame Margot*).
  (c) (*US‡*) fille *f*, nana* *f*.

damfool‡ ['dæmˈfuːl] *adj* (*Brit*) idiot, crétin, fichu*. **that ~ waiter** ce crétin de garçon, ce fichu* garçon.

dammit‡ ['dæmɪt] *excl* (*Brit*) nom de nom!*, zut!*, nom d'une pipe!* **it weighs 2 kilos as near as ~** cela pèse 2 kilos à un cheveu près or à un poil* près.

damn [dæm] **1** *excl* (‡: *also* ~ **it!**) bon sang!*, merde!‡; *V* **2c.**
  2 *vt* (a) (*Rel*) damner; *book* condamner, éreinter. **to ~ with faint praise** éreinter sous couleur d'éloge; **his long hair ~ed him from the start** ses cheveux longs le condamnaient dès le départ or d'avance.
  (b) (*swear at*) pester contre, maudire.
  (c) (‡: ~ **him!** qu'il aille au diable!, qu'il aille se faire fiche!*; **the boy pinched my book**, ~ **him!** il a fauché mon livre, le petit salaud!‡; **well I'll be ~ed!** ça c'est trop fort!; **I'll be ~ed if ...** je veux bien être pendu si..., que le diable m'emporte si...; ~ **this machine!** au diable cette machine!, il y en a marre de cette machine!‡
  3 *n* (‡) **I don't care a ~, I don't give a ~** je m'en fiche pas mal or comme de l'an quarante*; **it's not worth a ~** cela ne vaut pas un clou*, ça ne vaut strictement rien, c'est de la foutaise‡.
  4 *adj* (‡: *also* **dam³**, **damned**) fichu* (*before n*), sacré* (*before n*). **it is one ~ thing after another** quand ce n'est pas une chose c'est l'autre; **it's a ~ nuisance!** quelle barbe!*, c'est la barbe!*
  5 *adv* (a) (‡: *also* **dam, damned**) (*extremely*) vachement‡, sacrément*, rudement*.
  (b) (*also* **dam**) **I know ~ all about it** je n'en sais fichtre* rien; **can you see anything?** — ~ **all!** tu vois quelque chose? — zéro!* or rien de rien!*; **there's ~ all to drink in the house** il n'y a pas une goutte à boire dans la maison; **that's ~ all good** or **use** tu parles d'un truc utile!*, comme utilité c'est zéro!*; **he's done ~ all today** il n'a rien fichu* or foutu‡ aujourd'hui.

damnable* ['dæmnəbl] *adj* détestable, odieux.

damnably* ['dæmnəblɪ] *adv* vachement‡, rudement*.

damnation [dæmˈneɪʃən] **1** *n* (*Rel*) damnation *f*. **2** *excl* (‡) enfer et damnation! (*hum*), malheur!, misère!, merde!‡

damned [dæmd] **1** *adj* (a) *soul* damné, maudit. (b) (‡) *V* **damn 4. 2** *adv* (‡) *V* **damn 5. 3** *n* (*Rel, liter*) **the ~** les damnés.

damnedest‡ ['dæmdɪst] *n*: **to do one's ~ to help/to get away** faire l'impossible or tout (son possible) pour aider/pour s'évader.

damning ['dæmɪŋ] *adj words, facts, evidence* accablant. **the criticism was ~** c'était un éreintement.

Damocles ['dæməkliːz] *n*: **the Sword of ~** l'épée de Damoclès.

damp [dæmp] **1** *adj air, room, clothes, heat* humide; *skin* moite. (*Brit*) **that was a ~ squib*** c'est tombé à plat, ça a fait long feu.
  2 *n* (a) [*atmosphere, walls*] humidité *f*.
  (b) (*Min*) (*choke* ~) mofette *f*; (*fire* ~) grisou *m*.
  3 *vt* (a) *a cloth, ironing* humecter.
  (b) *sounds* amortir, étouffer; (*Mus*) étouffer; *fire* couvrir.
  (c) *enthusiasm, courage* refroidir. **to ~ sb's spirits** décourager or déprimer qn.
  4 *cpd*: (*Brit Constr*) **damp course** couche isolante; **damp-dry** prêt à repasser (*encore humide*); **damp-proof** imperméable, étanche, hydrofuge.

♦**damp down** *vt sep fire* couvrir; (*fig*) *crisis etc* décrisper.

dampen ['dæmpən] *vt* = **damp 3a, 3c.**

damper ['dæmpə^r] *n*, (*US*) **dampener** ['dæmpənə^r] *n* (a) [*chimney*] registre *m*. (b) (*: depressing event*) douche *f* (froide)*. **to put a ~ on** jeter un froid sur. (c) (*Mus*) étouffoir *m*. (d) (*Aut, Elec, Tech*) amortisseur *m*. (e) (*for stamps, envelopes, clothes*) mouilleur *m*.

dampish ['dæmpɪʃ] *adj* un peu humide.

dampness ['dæmpnɪs] *n* (*V* **damp**) humidité *f*; moiteur *f*.

damsel ['dæmzəl] **1** *n* (††, *liter, also hum*) damoiselle *f*. ~ **in distress** damoiselle en détresse. **2** *cpd*: (*Zool*) **damsel-fly** demoiselle *f*, libellule *f*.

damson ['dæmzən] *n* (*fruit*) prune *f* de Damas; (*tree*) prunier *m* de Damas.

dan [dæn] *n* (*Sport*) dan *m*.

dance [dɑːns] **1** *n* (a) (*movement*) danse *f*. **the D~ of Death** la danse macabre; (*Brit fig*) **to lead sb a (pretty) ~** donner à qn du fil à retordre; **may I have the next ~?** voudriez-vous m'accorder la prochaine danse?; *V* **folk, sequence** etc.
  (b) (*social gathering*) bal *m*, soirée dansante, sauterie *f* (*more informal*). **to give** or **hold a ~** donner un bal; **to go to a ~** aller à un bal or à une soirée dansante.
  2 *vt waltz etc* danser. (*fig*) **to ~ attendance on sb** être aux petits soins pour qn.
  3 *vi* [*person, leaves in wind, boat on waves, eyes*] danser. **he ~d with her** il l'a fait danser; **she ~d with him** elle a dansé avec lui; (*fig*) **to ~ in/out** etc entrer/sortir etc joyeusement; **to ~ about, to ~ up and down** gambader, sautiller; **the child ~d away** or **off** l'enfant s'est éloigné en gambadant or en sautillant; **to ~ for joy** sauter de joie; **to ~ with rage** trépigner de colère.
  4 *cpd*: **dance band** orchestre *m* de danse; **dance floor** piste *f* (de danse); **dance hall** dancing *m*; **dance hostess** entraîneuse *f*; **dance music** musique *f* de danse; **dance programme** carnet *m* de bal.

dancer ['dɑːnsə^r] *n* danseur *m*, -euse *f*.

dancing ['dɑːnsɪŋ] **1** *n* (*U*) danse *f*.
  2 *cpd*: **dance master, school** de danse. **dancing-girl** danseuse *f*; **dancing-partner** cavalier *m*, -ière *f*, partenaire *mf*; **dancing shoes** [*men*] escarpins *mpl*; [*women*] souliers *mpl* de bal; (*for ballet*) chaussons *mpl* de danse.

dandelion ['dændɪlaɪən] *n* pissenlit *m*, dent-de-lion *f*.

dander* ['dændə^r] *n*: **to get sb's ~ up** mettre qn hors de lui or en rogne*; **to have one's ~ up** être hors de soi or en rogne*.

dandified ['dændɪfaɪd] *adj* vêtu en dandy, qui a une allure de dandy.

dandle ['dændl] *vt child* (*on knees*) faire sauter sur ses genoux; (*in arms*) bercer dans ses bras, câliner.

dandruff ['dændrəf] *n* (*U*) pellicules *fpl* (*du cuir chevelu*).

dandy ['dændɪ] **1** *n* dandy *m*, élégant *m*. **2** *adj* (*: esp US*) épatant*.

Dane [deɪn] *n* (a) Danois(e) *m(f)*. (b) *V* **great 3.**

dang* [dæŋ] (*euph*) = **damn 1, 4, 5.**

danger ['deɪndʒə^r] **1** *n* danger *m*, péril *m*. **to be a ~ to** être un danger pour; **to put in ~** mettre en danger or en péril; **in ~** en danger; **he was in little ~** il ne courait pas grand risque; (*gen, Med*) **out of ~** hors de danger; **in ~ of invasion** menacé d'invasion; **he was in ~ of losing his job** il risquait de or il était menacé de perdre sa place; **he was in ~ of falling** il risquait de tomber; **there was no ~ that she would be recognized** or **of her being recognized** elle ne courait aucun risque d'être reconnue; **there is a ~ of fire** il y a un risque d'incendie; (*Rail*) **signal at ~** signal à l'arrêt; '~ **road up**' 'attention (aux) travaux'; '~ **keep out**' 'danger: défense d'entrer'.
  2 *cpd*: **danger area** = **danger zone**; (*Med*) **to be on the danger list** être dans un état critique or très grave; **danger money** prime *f* de risque; **danger point** point *m* critique, cote *f* d'alerte; **danger signal** signal *m* d'alarme; (*Rail*) arrêt *m*; **danger zone** zone dangereuse.

dangerous ['deɪndʒrəs] *adj person, animal, behaviour, example, maxim, topic, river, event, tool* dangereux; *expedition* dangereux, périlleux; *illness* grave. **it is ~ to do that** il est dangereux de faire cela; **in a ~ situation** dans une situation périlleuse, dans une mauvais pas; (*fig*) **to be on ~ ground** être sur un terrain glissant.

dangerously ['deɪndʒrəslɪ] *adv* (a) (*in a dangerous way*) *live, sway, shake etc* dangereusement.
  (b) (*to a dangerous degree*) gravement, dangereusement, sérieusement. ~ **ill** gravement malade; ~ **wounded** grièvement or

gravement blessé; **food supplies were ~ low** les vivres commençaient sérieusement à manquer; **he stood ~ near the fire** il se tenait dangereusement près du feu; (*fig*) **he came ~ close to admitting it** il s'en est fallu d'un doigt qu'il l'admette, il a été à deux doigts de l'admettre; **the date is getting ~ close** la date s'approche de manière menaçante or inquiétante.

dangle ['dæŋgl] **1** *vt object on string* balancer, suspendre; *arm, leg* laisser pendre, balancer; (*fig*) *prospect, offer* faire miroiter (*before sb* à qn).
  2 *vi [object on string]* pendre, pendiller; *[arms, legs]* pendre, (se) balancer. **with arms dangling** les bras ballants; **with legs dangling** les jambes pendantes.

Daniel ['dænjəl] *n* Daniel *m.*

Danish ['deɪnɪʃ] **1** *adj* danois. **2** *cpd*: **Danish blue (cheese)** bleu *m* (du Danemark); **Danish pastry** feuilleté *m* (fourré aux fruits *etc*). **3** *n* (**a**) (*Ling*) danois *m*. (**b**) (*US*) = **Danish pastry**; *V* **2**.

dank [dæŋk] *adj air, weather* humide et froid; *dungeon* humide et froid, aux murs suintants.

Dante ['dæntɪ] *n* Dante *m.*

Dantean ['dæntɪən], **Dantesque** [dæn'tesk] *adj* dantesque.

Danube ['dænju:b] *n* Danube *m.*

Danzig ['dænsɪg] *n* Dan(t)zig.

Daphne ['dæfnɪ] *n* (**a**) (*name*) Daphné *f*. (**b**) (*plant*) d~ daphné *f* lauréola, lauréole *f.*

daphnia ['dæfnɪə] *n* daphnie *f.*

dapper ['dæpər] *adj* (*neat*) pimpant, soigné de sa personne; (*nimble*) fringant, sémillant.

dapple ['dæpl] **1** *vt* tacheter. **2** *cpd*: **dapple grey** (cheval *m*) gris pommelé *inv.*

dappled ['dæpld] *adj surface* tacheté, moucheté; *sky* pommelé; *horse* miroité, (*grey*) pommelé.

DAR [,di:eɪ'ɑ:r] (*US*) *abbr of* **Daughters of the American Revolution** (*club de descendantes des combattants de la Révolution américaine*).

Darby ['dɑ:bɪ] *n*: ~ **and Joan** ≃ Philémon et Baucis; (*Brit*) ~ **and Joan club** cercle *m* pour couples du troisième âge.

Dardanelles [,dɑ:də'nelz] *n*: **the** ~ les Dardanelles *fpl.*

dare [dεər] *pret* **dared** or **durst**††, *ptp* **dared 1** *vt modal aux vb* (**a**) oser (*do, to do* faire). **he dare not** or **daren't climb that tree** il n'ose pas grimper à cet arbre; **he dared not do it, he didn't dare (to) do it** il n'a pas osé le faire; **dare you do it?** oserez-vous le faire?; **how dare you say such things?** comment osez-vous dire des choses pareilles?; **how dare you!** vous osez!, comment osez-vous?, vous (en) avez du culot!*; **don't dare say that!** je vous défends d'oser dire cela!; **I daren't!** je n'ose pas!
  (**b**) **I dare say he'll come** il viendra sans doute, il est probable qu'il viendra; **I dare say you're tired after your journey** vous êtes sans doute fatigué or j'imagine que vous êtes fatigué après votre voyage; **I dare say she's 40** elle pourrait bien avoir 40 ans, je lui donne dans les 40 ans; **he is very sorry** — (*iro*) **I dare say!** il le regrette beaucoup — c'est bien possible! (*iro*).
  (**c**) (*face the risk of*) *danger, death* affronter, braver.
  (**d**) (*challenge*) **to dare sb to do** défier qn de faire, mettre qn au défi de faire; (**I**) **dare you!** chiche!*
  2 *n* défi *m.* **to do sth for a dare** faire qch pour relever un défi.
  3 *cpd*: **daredevil** (*n*) casse-cou *m inv*, cerveau brûlé, risque-tout *m inv*; (*adj*) *behaviour* de casse-cou; *adventure* fou (*f* folle), audacieux.

daring ['dεərɪŋ] **1** *adj person, attempt* audacieux, téméraire, hardi; *dress, opinion, proposal* osé, audacieux, hardi. **2** *n* audace *f*, hardiesse *f.*

daringly ['dεərɪŋlɪ] *adv* audacieusement, témérairement.

dark [dɑ:k] **1** *adj* (**a**) (*lacking light*) *night, room* sombre, obscur; *dungeon* noir, ténébreux. **it is** ~ il fait nuit or noir; **it is getting** ~ il commence à faire nuit; **it is as** ~ **as pitch** or **night** il fait nuit noire; **the sky is getting** ~ le ciel s'assombrit; **the** ~ **side of the moon** la face cachée de la lune.
  (**b**) *colour* foncé, sombre. ~ **blue/green** bleu/vert foncé *inv*; ~ **brown hair** cheveux châtain foncé *inv*; **a** ~ **blue** un bleu sombre; ~ **glasses** lunettes noires; ~ **chocolate** chocolat *m* à croquer; *V* **also blue.**
  (**c**) *complexion, skin, hair* brun. **she is very** ~ elle est très brune; **she has a** ~ **complexion** elle a le teint foncé or brun or basané; **she has** ~ **hair** elle est brune, elle a les cheveux bruns.
  (**d**) mystérieux, obscur, secret (*f* -ète); (*sinister*) noir. **to keep sth** ~ tenir qch secret; **keep it** ~! pas un mot!, pas un mot à la Reine Mère!*; ~ **designs** noirs desseins; ~ **hint** allusion sibylline or énigmatique; ~ **threats** sourdes menaces; (*fig*) ~ **horse** (*gen*) quantité inconnue; (*US Pol*) candidat inattendu.
  (**e**) (*gloomy, sad*) *thoughts* sombre, triste. **to look on the** ~ **side of things** voir tout en noir.
  (**f**) (*Phon*) sombre.
  2 *n* (**a**) (*absence of light*) nuit *f*, obscurité *f*, noir *m*. **after** ~ la nuit venue, après la tombée de la nuit; **until** ~ jusqu'à (la tombée de) la nuit; **to be afraid of the** ~ avoir peur du noir.
  (**b**) (*fig*) **I am quite in the** ~ **about it** je suis tout à fait dans le noir là-dessus, j'ignore tout de cette histoire; **he has kept** or **left me in the** ~ **as to** or **about what he wants to do** il m'a laissé dans l'ignorance or il ne m'a donné aucun renseignement sur ce qu'il veut faire; **to work in the** ~ travailler à l'aveuglette; *V* **shot.**
  3 *cpd*: **the Dark Ages** l'âge *m* des ténèbres or de l'ignorance, le Haut Moyen Âge; **dark-complexioned** brun (de teint), basané; **the Dark Continent** le continent noir; **dark-eyed** aux yeux noirs; (*Phot*) **dark room** chambre noire; **dark-skinned** *person* brun (de peau), à la peau brune; *race* de couleur.

darken ['dɑ:kən] **1** *vt room, landscape* obscurcir, assombrir; *sky* assombrir; *sun* obscurcir, voiler; *complexion* brunir, basaner;

colour foncer; *brilliance* ternir; (*fig*) *reason* obscurcir; *future* assombrir; (*sadden*) assombrir, attrister. (††, *hum*) **never** ~ **my door again!** ne mettez plus les pieds chez moi!
  2 *vi [sky, evening]* s'assombrir; *[room]* s'obscurcir, s'assombrir; *[colours]* foncer. **the night** ~**ed gradually** la nuit s'assombrit peu à peu or se fit peu à peu plus épaisse; (*fig*) **his brow** ~**ed** sa mine s'est rembrunie.

darkey‡, darkie‡ ['dɑ:kɪ] *n* (*pej*) moricaud(e) *m(f)* (*pej*), nègre *m* (*pej*), négresse *f* (*pej*).

darkish ['dɑ:kɪʃ] *adj sky* (un peu) sombre; *hair, person* plutôt brun.

darkly ['dɑ:klɪ] *adv* (**a**) *outlined* obscurément. **hills rose** ~ des collines dressaient leurs silhouettes sombres. (**b**) *hint* mystérieusement, énigmatiquement. (**c**) (*gloomily*) tristement; (*sinisterly*) sinistrement, lugubrement.

darkness ['dɑ:knɪs] *n* (*U*) (**a**) *[night, room]* (*also fig*) obscurité *f*, ténèbres *fpl*. **in total** or **utter** ~ dans une complète or totale obscurité; **the house was in** ~ la maison était plongée dans l'obscurité; *V* **prince.**
  (**b**) *[colour]* teinte foncée; *[face, skin]* teint brun or bronzé or basané.

darky‡ ['dɑ:kɪ] *n* = **darkey‡.**

darling ['dɑ:lɪŋ] **1** *n* bien-aimé(e) *m(f)*, favori(te) *m(f)*. (*fig*) **the** ~ **of** la coqueluche de; **a mother's** ~ un chouchou*, une chouchoute*, un(e) enfant gâté(e); **she's a little** ~ c'est un petit amour, elle est adorable; **come here,** ~ viens (mon) chéri or mon amour; (*to child*) viens (mon) chéri or mon petit chou; **be a** ~* **and bring me my glasses** sois un chou or un ange et apporte-moi mes lunettes; **she was a perfect** ~ **about it*** elle a été un ange (dans cette histoire).
  2 *adj child* chéri, bien-aimé; (*liter*) *wish* le plus cher. **a** ~ **little place*** un petit coin ravissant or adorable.

darn[1] [dɑ:n] **1** *vt socks* repriser; *clothes etc* raccommoder. **2** *n* reprise *f.*

darn[2]* [dɑ:n], **darned*** [dɑ:nd] *euph for* **damn, damned**; *V* **damn 1, 2c, 3, 4, 5.**

darnel ['dɑ:nl] *n* ivraie *f*, ray-grass *m.*

darning ['dɑ:nɪŋ] **1** *n* (**a**) (*U*) raccommodage *m*, reprise *f*. (**b**) (*things to be darned*) raccommodage *m*, linge *m* or vêtements *mpl* à raccommoder. **2** *cpd*: **darning needle** aiguille *f* à repriser; **darning stitch** point *m* de reprise; **darning wool** laine *f* à repriser.

dart [dɑ:t] **1** *n* (**a**) **to make a sudden** ~ **at** foncer* sur, se précipiter sur.
  (**b**) (*Sport*) fléchette *f*. (*game of*) ~**s** (jeu *m* de) fléchettes.
  (**c**) (*weapon*) trait *m*, javelot *m*; (*liter*) *[serpent, bee]* dard *m*; (*fig*) trait, flèche *f*; *V* **Cupid, paper.**
  (**d**) (*Sewing*) pince *f.*
  2 *vi* se précipiter, s'élancer, foncer* (*at* sur). **to** ~ **in/out** *etc* entrer/sortir *etc* comme une flèche.
  3 *vt rays* darder; *look* darder, décocher.
  4 *cpd*: **dartboard** cible *f* (*de jeu de fléchettes*).

Darwinian [dɑ:'wɪnɪən] *adj* darwinien.

Darwinism ['dɑ:wɪnɪzəm] *n* darwinisme *m.*

dash [dæʃ] **1** *n* (**a**) (*sudden rush*) mouvement *m* brusque (*en avant*), élan *m*; *[crowd]* ruée *f.* **there was a** ~ **for the door** tout le monde se précipita or se rua vers la porte; **to make a** ~ se précipiter, se ruer, foncer* (*at* sur, *towards* vers); **to make a** ~ **for freedom** saisir l'occasion de s'enfuir; **he made a** ~ **for it*** il a pris ses jambes à son cou; (*Sport*) **the 100 metre** ~ le sprint, le 100 mètres; *V* **cut.**
  (**b**) (*small amount*) petite quantité; *[spirits, flavouring]* goutte *f*, larme *f*, doigt *m*; *[seasonings etc]* pointe *f*; *[vinegar, lemon]* filet *m*; *[colour]* touche *f*, tache *f.* **a** ~ **of soda** un peu d'eau de Seltz.
  (**c**) (*punctuation mark*) tiret *m*; (*in handwriting*) trait *m* de plume.
  (**d**) (*Morse*) trait *m.*
  2 *vt* (**a**) (*throw violently*) jeter or lancer violemment. **to** ~ **sth to pieces** casser qch en mille morceaux; **to** ~ **sth down** or **to the ground** jeter or flanquer* qch par terre; **to** ~ **one's head against** se cogner la tête contre; **the ship was** ~**ed against a rock** le navire a été jeté contre un écueil.
  (**b**) (*fig*) *spirits* abattre; *person* démoraliser. **to** ~ **sb's hopes** anéantir les espoirs de qn.
  3 *vi* (**a**) (*rush*) se précipiter, filer*. **to** ~ **away/back/up** *etc* s'en aller/revenir/monter *etc* à toute allure or en coup de vent; **to** ~ **into a room** se précipiter dans une pièce; **I must** ~* il faut que je file* (*subj*).
  (**b**) (*crash*) *[waves]* se briser (*against* contre); *[car, bird, object]* se heurter (*against* à), se jeter (*against* contre).
  4 *excl* (*euph for* **damn**) ~ (**it)!,** ~ **it all!** zut alors!*, flûte!*; **but** ~ **it all*, you can't do that!** mais quand même, tu ne peux faire ça!
  ◆**dash off 1** *vi* partir précipitamment.
  2 *vt sep letter etc* faire en vitesse; *drawing* dessiner en un tour de main.

dashboard ['dæʃbɔ:d] *n* (*Aut*) tableau *m* de bord.

dashed* [dæʃt] *adj, adv euph for* **damned**; *V* **damn 4, 5.**

dashiki [dɑ:'ʃi:kɪ] *n* tunique africaine.

dashing ['dæʃɪŋ] *adj person, behaviour* impétueux, plein d'allant; *person, appearance* fringant, qui a grande allure, plein de panache.

dashingly ['dæʃɪŋlɪ] *adv behave* avec brio, avec fougue, avec panache; *dress* avec une élégance fringante.

das(s)n't ['dæsənt] (*US*) = **dare not**; *V* **dare.**

dastardly ['dæstədlɪ] *adj* († or *liter*) *person, action* lâche, ignoble.

data ['deɪtə] **1** *npl of* **datum** (*sometimes with sg vb*) données *fpl*, information *f* (*brute*), informations (*brutes*); (*Comput*) données.
  2 *cpd* (*Comput*) *input, sorting etc* de(s) données. **data bank** banque *f* de or des données; (*Comput*) **database** base *f* de données; **data capture** saisie *f* des données; **data directory** or **dictionary** dictionnaire *m* de données; **data file** fichier *m* de données or informatisé; **data link** liaison *f* de transmission; (*Brit Post*)

Datapost ® ≃ Postexpress ® (PTT); **data preparation** prépara-tion *f* de données; **data processing** informatique *f*, traitement *m* de données; **data processor** (*machine*) machine *f* de traitement de données; (*person*) informaticien(ne) *m(f)*; **data transmission** transmission *f* de données.

3 *vt* (**US*) *person etc* ficher.

date¹ [deɪt] **1** *n* (**a**) (*time of some event*) date*f*; (*Jur*) quantième *m* (du mois). ~ **of birth** date de naissance; **what is today's** ~? quelle est la date aujourd'hui?, nous sommes le combien aujourd'hui?; **what** ~ **is he coming (on)?** à quelle date vient-il?, quel jour arrive-t-il?; **what is the** ~ **of this letter?** de quand est cette lettre?; **to fix a** ~ **for a meeting** prendre date *or* convenir d'une date pour un rendez-vous.

(**b**) [*coins, medals etc*] millésime *m*.

(**c**) (*phrases*) **the announcement of recent** ~ **that** ... l'annonce récente *or* de fraîche date que ...; **to** ~ **we have accomplished nothing** jusqu'ici *or* à ce jour nous n'avons rien accompli; **to be out of** ~ [*document*] ne plus être applicable; [*building*] être démodé, ne plus être au goût du jour, être de conception dépassée; [*person*] retarder, ne pas être de son temps *or* à la page; **he's very out of** ~ il retarde vraiment; **to be out of** ~ **in one's opinions** avoir des opinions complètement dépassées; **to be up to** ~ [*document*] être à jour; [*building*] être moderne, être au goût du jour; [*person*] être moderne *or* à la page *or* dans le vent; **to be up to** ~ **in one's work** *etc* être à jour dans son travail *etc*; **to bring up to** ~ **accounts,** *correspondence etc* mettre à jour; *method etc* moderniser; **to bring sb up to** ~ mettre qn au courant (*about sth* de qch); *V* **also out, up.**

(**d**) (*: *appointment*) rendez-vous *m*, rancard‡ *m*; (*: *person*) petit(e) ami(e) *m(f)*. **to have a** ~ **with sb** avoir (pris) rendez-vous avec qn; **they made a** ~ **for 8 o'clock** ils ont pris rendez-vous *or* fixé un rendez-vous pour 8 heures; **have you got a** ~ **for tonight?** as-tu (un) rendez-vous ce soir?; **he's my** ~ **for this evening** je sors avec lui ce soir; *V* **blind.**

2 *cpd*: (*US*) **date book** agenda *m*; **date-line** (*Geog*) ligne *f* de changement de date *or* de changement de jour; (*Press*) date *f* (d'une dépêche); **date stamp** (*n*) [*library etc*] tampon *m* (encreur) (*pour dater un document*), dateur *m*; (*Post*) tampon *or* cachet *m* (de la poste); (*for cancelling*) oblitérateur *m*; (*postmark*) cachet de la poste; **date-stamp** (*vt*) *library book* tamponner; (*letter, document*) (*gen*) apposer le cachet de la date sur; (*Post*) apposer le cachet de la poste sur; (*cancel*) *stamp* oblitérer.

3 *vt* (**a**) *letter* dater; *ticket, voucher* dater; (*with machine*) compos-ter. **letter** ~**d August 7th** lettre datée du 7 août; **a coin** ~**d 1390** une pièce au millésime de 1390.

(**b**) *manuscript, ruins etc* donner *or* assigner une date à, fixer la date de. **his taste in ties certainly** ~**s him** son goût en matière de cravates trahit son âge; *V* **carbon.**

(**c**) (*: *esp US*) (*go out regularly with*) sortir avec; (*arrange meet-ing with*) prendre rendez-vous avec.

4 *vi* (**a**) **to** ~ **from,** ~ **back to** dater de, remonter à.

(**b**) (*become old-fashioned*) [*clothes, expressions etc*] dater.

date² [deɪt] *n* (*fruit*) datte *f*; (*tree: also* ~ **palm**) dattier *m*.

dated [ˈdeɪtɪd] *adj* démodé, qui date (*or* datait *etc*), suranné.

Datel, datel ® [ˈdeɪtel] *n* ≃ Transpac®, transmission *f* de données informatiques par la poste.

dateless [ˈdeɪtlɪs] *adj* qui ne date jamais.

dative [ˈdeɪtɪv] **1** *n* datif *m*. **in the** ~ au datif. **2** *adj*: ~ **case** (cas *m*) datif *m*; ~ **ending** flexion *f* du datif.

datum [ˈdeɪtəm] *n*, *pl* **data** donnée *f*; *V* **data.**

daub [dɔːb] **1** *vt* (*pej*) (*with paint, make-up*) barbouiller, peintur-lurer* (*with* de); (*with clay, grease*) enduire, barbouiller (*with* de).

2 *n* (**a**) (*Constr*) enduit *m*. (**b**) (*pej: bad picture*) croûte*f*, bar-bouillage *m*.

daughter [ˈdɔːtər] *n* (*lit, fig*) fille *f*. ~**-in-law** belle-fille *f*, bru *f*.

daunt [dɔːnt] *vt* intimider, décourager, démonter. **nothing** ~**ed,** he continued sans se (laisser) démonter, il a continué.

daunting [ˈdɔːntɪŋ] *adj* décourageant, intimidant.

dauntless [ˈdɔːntlɪs] *adj person* intrépide; *courage* indomptable.

dauntlessly [ˈdɔːntlɪslɪ] *adv* intrépidement, avec intrépidité.

davenport [ˈdævnpɔːt] *n* (**a**) (*esp US: sofa*) canapé *m*. (**b**) (*Brit: desk*) secrétaire *m*.

David [ˈdeɪvɪd] *n* David *m*.

davit [ˈdævɪt] *n* (*Naut*) bossoir *m*.

Davy [ˈdeɪvɪ] *n* (*dim of David*). (*Naut*) **to go to** ~ **Jones' locker*** boire à la grande tasse‡; (*Min*) ~ **lamp** lampe *f* de sécurité (*de mineur*).

dawdle [ˈdɔːdl] *vi* (*also* ~ **about,** ~ **around**) flâner, traîner, lam-biner*. **to** ~ **on the way** s'amuser en chemin; **to** ~ **over one's work** traînasser sur son travail.

◆**dawdle away** *vt sep*: **to dawdle away one's time** passer *or* perdre son temps à flâner.

dawdler [ˈdɔːdlər] *n* traînard(e) *m(f)*, lambin(e)* *m(f)*, flâneur *m*, -euse *f*.

dawdling [ˈdɔːdlɪŋ] **1** *adj* lambin*, traînard. **2** *n* flânerie *f*.

dawn [dɔːn] **1** *n* (**a**) aube *f*, point *m* du jour, aurore *f*. **at** ~ à l'aube, au point du jour; **from** ~ **to dusk** du matin au soir; **it was the** ~ **of another day** c'était l'aube d'un nouveau jour.

(**b**) (*U*) [*civilization*] aube *f*; [*an idea, hope*] naissance *f*.

2 *vi* (**a**) [*day*] poindre, se lever. **the day** ~**ed bright and clear** l'aube parut, lumineuse et claire; **the day** ~**ed rainy** le jour a commencé dans la pluie, il pleuvait au lever du jour; **the day will** ~ **when** ... un jour viendra où ... .

(**b**) (*fig*) [*era, new society*] naître, se faire jour; [*hope*] luire. **an idea** ~**ed upon him** une idée lui vint à l'esprit; **the truth** ~**ed upon him** il a commencé à entrevoir la vérité; **it suddenly** ~**ed on him that no one would know** il lui vint tout d'un coup à l'esprit que personne ne saurait.

3 *cpd*: **dawn chorus** concert *m* (matinal) des oiseaux.

dawning [ˈdɔːnɪŋ] **1** *adj day, hope* naissant, croissant. **2** *n* = **dawn 1b.**

day [deɪ] **1** *n* (**a**) (*unit of time: 24 hours*) jour *m*. **3** ~**s ago** il y a 3 jours; **to do sth in 3** ~**s** faire qch en 3 jours, mettre 3 jours à faire qch; **he's coming in 3** ~**s** *or* **3** ~**s' time** il vient dans 3 jours; **what** ~ **is it today?** quel jour sommes-nous aujourd'hui?; **what** ~ **of the month is it?** nous sommes le combien?; **she arrived (on) the** ~ **they left** elle est arrivée le jour de leur départ; **on that** ~ ce jour-là; **on a** ~ **like this** un jour comme aujourd'hui; **on the following** ~ le lendemain; **the** ~ **after** ~ on à partir *or* à dater de ce jour; **twice a** ~ deux fois par jour; **the** ~ **before yesterday** avant-hier; **the** ~ **before/two** ~**s before her birthday** la veille/ l'avant-veille de son anniversaire; **the** ~ **after, the following** ~ le lendemain; **two** ~**s after her birthday** le surlendemain de son anniversaire, deux jours après son anniversaire; **the** ~ **after tomorrow** après-demain; **this** ~ **week** d'aujourd'hui en huit; **from that** ~ **onwards** dès lors, à partir de ce jour (-là); (*frm*) **from this** ~ **forth** désormais, dorénavant; **2 years ago to the** ~ il y a 2 ans jour pour jour *or* exactement; **he will come any** ~ **now** il va venir d'un jour à l'autre; **every** ~ tous les jours; **every other** ~ tous les deux jours; **one** ~ **we saw the king** un (beau) jour nous vîmes le roi; **one** ~ **she will come** un jour (ou l'autre) elle viendra; **one of these** ~**s** un de ces jours, un jour ou l'autre; ~ **by** ~ jour après jour; ~ **in** ~ **out** tous les jours que (le bon) Dieu fait; ~ **after** ~ jour après jour; **for** ~**s on end** pendant des jours et des jours; **for** ~**s at a time** pendant des jours entiers; **to live from** ~ **to** ~ vivre au jour le jour; **the other** ~ l'autre jour, il y a quelques jours; **this** ~ **of all** ~**s** ce jour entre tous; **I remember it to this** ~ je m'en souviens encore aujourd'hui; **he's fifty if he's a** ~* il a cinquante ans bien sonnés*; **as of D**~ **1***, **from D**~ **1*** dès le premier jour; (*Rel*) **D**~ **of Atonement** jour *m* du Pardon, fête *f* du Grand Pardon; (*Rel*) **the** ~ **of judgment, the** ~ **of reckoning** le jour du jugement dernier; (*fig*) **the** ~ **of reckoning will come** un jour il faudra rendre des comptes; *V* **Christmas, Easter** *etc*.

(**b**) (*daylight hours*) jour *m*, journée *f*. **during the** ~ pendant la journée; **to work all** ~ travailler toute la journée; **to travel by** ~ voyager de jour; **to work** ~ **and night** travailler jour et nuit; (*liter*) **the** ~ **is done** le jour baisse, le jour tire à sa fin; **it's a fine** ~ il fait beau aujourd'hui; **one summer's** ~ un jour d'été; **on a wet** ~ par une journée pluvieuse; (*Mil, fig*) **to carry the** ~ remporter la victoire; (*Mil, fig*) **to lose the** ~ perdre la bataille; (*US fig*) **to give sb a** ~ **in court*** donner à qn l'occasion de s'expliquer *or* de se faire entendre; *V* **break, good, time.**

(**c**) (*working hours*) journée *f*. **paid by the** ~ payé à la journée; **it's all in the** ~**'s work!** ça fait partie de la routine!; **to take a** ~ **off** prendre un jour de congé; **it's my** ~ **off** c'est mon jour de congé *or* mon jour libre; ~ **of rest** jour de repos; **to work an 8-hour** ~ travailler 8 heures par jour, faire une journée de 8 heures; *V* **call, working.**

(**d**) (*period of time: often pl*) époque *f*, temps *m*. **these** ~**s, in the present** ~ à l'heure actuelle, de nos jours, actuellement; **in this** ~ **and age** par les temps qui courent; **in** ~**s to come** dans l'avenir, dans les jours à venir; **in his working** ~**s** au temps *or* à l'époque où il travaillait; **in his younger** ~**s** quand il était plus jeune; **in the** ~**s of Queen Victoria, in Queen Victoria's** ~ du temps de *or* sous le règne de la reine Victoria; **in Napoleon's** ~ à l'époque *or* du temps de Napoléon; **famous in her** ~ célèbre à son époque; **in the good old** ~**s** au bon vieux temps; **they were sad** ~**s** then c'était une époque sombre; **the happiest** ~**s of my life** les jours les plus heureux *or* la période la plus heureuse de ma vie; **during the early** ~**s of the war** tout au début *or* pendant les premiers temps de la guerre; **to end one's** ~**s in misery** finir ses jours dans la misère; **that has had its** ~ (*old-fashioned*) cela est passé de mode; (*worn out*) cela a fait son temps; **his** ~ **will come** son jour viendra; *V* **dog, olden** *etc*.

2 *cpd*: (*US*) **day bed** banquette-lit *f*; (*Scol*) **day boarder** demi-pensionnaire *mf*; (*Comm*) **daybook** main courante *f*, brouillard *m*; (*Brit Scol*) **day boy** externe *m*; **daybreak** point *m* du jour, lever *m* du jour, aube *f*; **at daybreak** au point du jour, à l'aube; **day care centre** (*Brit*) *or* **center** (*US*) ≃ garderie *f*; (*Brit*) **day-care services** système de crèches; (*Brit*) **day centre** centre spécialisé de jour pour le troisième âge, les handicapés *etc*; **daydream** (*n*) rêverie *f*, rêvasserie *f*; (*vi*) rêvasser, rêver (tout éveillé); (*Scol*) **day girl** ex-terne*f*; **day labourer** journalier *m*, ouvrier *m* à la journée; (*US*) **day letter** ≃ télégramme-lettre *m*; **daylight** *V* **daylight**; (*liter*) **daylong** continuel, qui dure toute la journée; **day nurse** infirmière *f* (de jour); **day nursery** (*public*) ≃ garderie *f*; (*room in private house*) pièce *f* des enfants; **day-old chick** poussin *m* d'un jour; (*Ski*) **day-pass** carte journalière; (*Brit: Comm, Ind*) **day release course** ≃ cours professionnel (de l'industrie *etc*) à temps partiel; **to be on day release** faire un (*or* deux) jour(s) par semaine de stage (de formation); (*Brit Rail*) **day return (ticket)** (billet *m* d')aller et retour *m* (*valable pour la journée*); **to go to day school** être externe *mf* (*Scol*); **day shift** (*workers*) équipe *f* *or* poste *m* de jour; **to be on day shift, to work day shift** travailler de jour, être de jour; (*Ski*) **day-ticket** = **day-pass**; **daytime** (*n*) jour *m*, journée *f*; (*adj*) de jour; **in the daytime** le jour, de jour, dans *or* pendant la journée; **day-to-day** *occurrence* qui se produit tous les jours, journalier; *routine* journalier, ordinaire; **on a day-to-day basis** au jour le jour; **day trip** excursion *f* (d'une journée); **to go on a day trip to Calais** faire une excursion (d'une journée) à Calais; **day-tripper** excursionniste *mf*.

daylight [ˈdeɪlaɪt] **1** *n* (**a**) = **daybreak**; *V* **day 2.**

(**b**) (*lumière f* du) jour *m*. **in the** ~ à la lumière du jour, au grand jour; **it is still** ~ il fait encore jour; **I begin to see** ~* (*under-stand*) je commence à voir clair; (*see the end appear*) j'en aperçois

la fin; **to beat** or **knock** or **thrash the (living) ~s out of sb‡** (*beat up*) rosser* qn, tabasser‡ qn; (*knock out*) mettre qn K.O.; **to scare** or **frighten the (living) ~s out of sb‡** flanquer une peur bleue or la frousse* à qn; V **broad**.
  2 *cpd* attack de jour. (*Brit*) **it's daylight robbery*** c'est du vol caractérisé, c'est de l'arnaque; (*Brit*) **daylight-saving time** l'heure *f* d'été.

daze [deɪz] **1** *n* (*after blow*) étourdissement *m*; (*at news*) stupéfaction *f*, ahurissement *m*, confusion *f*; (*from drug*) hébétement *m*. **in a ~** étourdi, stupéfait, ahuri, hébété, médusé. **2** *vt [drug]* stupéfier, hébéter; *[blow]* étourdir; *[news etc]* abasourdir, méduser, sidérer.

dazed [deɪzd] *adj* (V **daze**) hébété; tout étourdi; abasourdi, sidéré.

dazzle ['dæzl] **1** *vt* (*lit*) éblouir, aveugler; (*fig*) éblouir. **to ~ sb's eyes** éblouir qn. **2** *n* lumière aveuglante, éclat *m*. **blinded by the ~ of the car's headlights** ébloui par les phares de la voiture.

dazzling ['dæzlɪŋ] *adj* (*lit*) éblouissant, aveuglant; (*fig*) éblouissant.

dazzlingly ['dæzlɪŋlɪ] *adv* shine de manière éblouissante. **~ beautiful** d'une beauté éblouissante.

dB (*abbr of* decibel) dB.

DC [di:'si:] (a) *abbr of* direct current; V **direct 1**. (b) *abbr of* District of Columbia (*district fédéral*).

D.D. [di:'di:] (a) (*Univ*) *abbr of* Doctor of Divinity (*doctorat en théologie*). (b) (*US Mil*) *abbr of* dishonourable discharge; V **dishonourable**.

dd (*Comm*) (a) (*abbr of* delivered) livré. (b) (*abbr of* dated) en date du ... .

d.d. (*Comm*) *abbr of* demand draft; V **demand 3**.

De (*US Post*) *abbr of* Delaware.

de... [di:] *pref* de..., dé..., des..., dés...

deacon ['di:kən] *n* diacre *m*. (*US*) **~'s bench** siège *m* à deux places (de style colonial).

deaconess ['di:kənes] *n* diaconesse *f*.

dead [ded] **1** *adj* (a) *person* mort, décédé; *animal, plant* mort. **~ or alive** mort ou vif; **more ~ than alive** plus mort que vif; (*lit, fig*) **~ and buried** mort et enterré; **to drop down ~, to fall (stone) ~** tomber (raide) mort; **as ~ as a doornail** or **as mutton** or **as the dodo** tout ce qu'il y a de plus mort; **to wait for a ~ man's shoes*** attendre que quelqu'un veuille bien mourir (pour prendre sa place); **will he do it? — over my ~ budy!*** il le fera? — pas question!* or il faudra d'abord qu'il me passe (*subj*) sur le corps!; (*fig*) **to flog** (*Brit*) or **beat** (*US*) **a ~ horse** s'acharner inutilement, perdre sa peine et son temps; (*Prov*) **~ men tell no tales** les morts ne parlent pas; **he's/it's a ~ duck*** il/c'est fichu* or foutu‡; (*at hospital*) **he was found to be ~ on arrival** les médecins n'ont pu que constater le décès; V **drop, strike, world** *and* **4** *below*.
  (b) *limbs* engourdi. **my fingers are ~** j'ai les doigts gourds; **he's ~ from the neck up‡** il n'a rien dans la tête, il a la cervelle vide; **he was ~ to the world*** il dormait comme une souche.
  (c) (*fig*) *custom* tombé en désuétude; *fire* mort, éteint; *cigarette* éteint; *battery* à plat; *town* mort, triste; *colour* éteint, terne; *sound* sourd, feutré. (*Fin*) **~ account** compte dormant or inactif; **~ language** langue morte; (*Telec*) **the line has gone ~** or **is ~** on n'entend plus rien (sur la ligne); **the engine's ~** le moteur est kaputt.
  (d) (*absolute, exact*) **~ calm** calme plat; **to hit sth in the ~ centre** frapper qch au beau milieu or en plein milieu; **it's a ~ cert‡ that he'll come** il viendra à coup sûr, sûr qu'il viendra*; **this horse is a ~ cert‡** ce cheval est le gagnant sûr; **in ~ earnest** avec le plus grand sérieux, très sérieusement; **he's in ~ earnest** il ne plaisante pas; **on a ~ level** with exactement au même niveau que; **a ~ loss** (*Comm etc*) une perte sèche; (*: person*) un bon à rien; **that idea was a ~ loss*** cette idée n'a absolument rien donné; **this book/knife is a ~ loss*** ce livre/couteau ne vaut rien; **a ~ shot** être un tireur d'élite; **~ silence** silence *m* de mort; **he's the ~ spit of his father*** c'est son père tout craché; **to come to a ~ stop** s'arrêter net or pile; V **catch**.
  2 *adv* (*Brit: completely*) absolument, complètement. **~ ahead** tout droit; **~ broke‡** fauché (comme les blés)*; **to be ~ certain about sth*** être absolument certain or convaincu de qch, être sûr et certain de qch*; **~ drunk*** ivre mort; **to be ~ on time** être juste à l'heure or à l'heure pile; **it was ~ lucky‡** c'était le coup de pot monstre‡; (*order*) **~ slow** (*Aut*) roulez au pas; (*Naut*) en avant lentement; **to go ~ slow** aller aussi lentement que possible; **to stop ~** s'arrêter net or pile; **~ tired** claqué*, éreinté, crevé*; **he went ~ white** il est devenu pâle comme un mort.
  3 *n* (a) **the ~** les morts *mpl*; (*Rel*) **office** or **service for the ~** office *m* des morts or funèbre.
  (b) **at ~ of night, in the ~ of night** au cœur de or au plus profond de la nuit; **in the ~ of winter** au plus fort de l'hiver, au cœur de l'hiver.
  4 *cpd*: **dead-and-alive** *town* triste, mort; **a dead-and-alive little place** un trou perdu; (*Ftbl*) **dead ball** ballon sorti; (*Rugby*) **dead-ball line** ligne *f* du ballon mort; **dead-beat*** (*n*) chiffe molle; (*US*) parasite *m*, pique-assiette *mf inv*; (*adj*) éreinté, crevé*, claqué*; **I'm dead-beat*** je suis claqué* or mort* or sur les rotules*; (*Tech*) **dead centre** point mort; (*lit, fig*) **dead end** impasse *f*; (*fig*) **to come to a dead end** être dans une impasse; **a dead-end job** un travail sans débouchés; **dead-head** (*vt*) enlever les fleurs fanées de; V *also* **deadhead***; **the race was a dead heat** ils sont arrivés ex-aequo; (*Horse-racing*) **la course s'est terminée** par un dead-heat; (*Post*) **dead letter** lettre tombée au rebut; (*Jur*) **to become a dead letter** lettre morte, tomber en désuétude, devenir lettre morte; (*Post*) **dead-letter office** bureau *m* des rebuts; **deadline** (*Press etc*) date *f* or heure *f* limite, dernière limite; (*US: boundary*) limite *f* qu'il est interdit de franchir; **to work to a deadline** travailler en vue d'une date or d'une heure limite; **he was working to a 6 o'clock deadline** son

travail devait être terminé à 6 heures dernière limite; **deadlock** impasse *f*; **to reach (a) deadlock** aboutir à une impasse; **to be at (a) deadlock** être dans une impasse, être au point mort; **dead march** marche *f* funèbre; **dead matter** matière inanimée; (*Typ*) composition *f* à distribuer; (*fig*) **dead men*** (*empty bottles*) bouteilles *fpl* vides, cadavres‡ *mpl*; **deadnettle** ortie blanche; **deadpan** (*adj*) *face* sans expression, figé, de marbre; *humour* pince-sans-rire *inv*; (*adv*) sans expression; (*Naut*) **dead reckoning** estime *f*; **by dead reckoning** à l'estime; **Dead Sea** mer Morte; **Dead Sea Scrolls** manuscrits *mpl* de la mer Morte; (*Comm, Press*) **dead season** morte-saison *f*; **to make a dead set at sth*** s'acharner comme un beau diable pour avoir qch; **to make a dead set at sb*** chercher à mettre le grappin sur qn*; **to be dead set on doing sth*** vouloir faire qch à tout prix; **to be dead set against sth*** s'opposer absolument à qch; (*US fig*) **dead soldiers** bouteilles *fpl* vides, cadavres‡ *mpl*; **dead stock** invendu(s) *m(pl)*, rossignols* *mpl*; **dead weight** poids mort or inerte; (*Naut*) charge *f* or port *m* en lourd; (*Elec*) **dead wire** fil *m* sans courant; (*lit, fig*) **deadwood** bois mort; (*fig*) **to get rid of the deadwood in the office*** se débarrasser du personnel improductif or inutile.

deaden ['dedn] *vt* *shock, blow* amortir; *feeling* émousser; *sound* assourdir, feutrer; *passions* étouffer; *pain* calmer; *nerve* endormir.

deadening ['dednɪŋ] *n* (*V* **deaden**) amortissement *m*; assourdissement *m*.

deadhead* ['dedhed] (*US*) **1** *n* (a) (*person using free ticket*) (*Rail*) personne *f* possédant un titre de transport gratuit; (*Theat*) personne possédant un billet de faveur. (b) (*stupid person*) nullité *f*. (c) (*empty truck/train etc*) camion *m*/train *m* etc roulant à vide. **2** *adj* *truck etc* roulant à vide.

deadliness ['dedlɪnɪs] *n* *[poison]* caractère mortel; *[aim]* précision *f* infaillible; *[boredom]* ennui mortel.

deadly ['dedlɪ] **1** *adj* (a) *blow, poison, sin, enemy* mortel; *hatred* mortel, implacable; *aim* qui ne rate jamais; *weapon* meurtrier; *pallor* de mort. (*Bot*) **~ nightshade** belladone *f*; **the seven ~ sins** les sept péchés capitaux; **in ~ earnest** avec le plus grand sérieux, très sérieusement.
  (b) (*: boring*) casse-pieds* *inv*, rasoir* *inv*.
  2 *adv* *dull* mortellement, terriblement. **~ pale** d'une pâleur mortelle, pâle comme un(e) mort(e) or la mort.

deadness ['dednɪs] *n* (*fig*) (*place*) absence *f* de vie or de vitalité; *[limbs]* engourdissement *m*; *[colour]* fadeur *f*.

deaf [def] **1** *adj* (a) sourd. **~ in one ear** sourd d'une oreille; **~ as a (door)post** or **a stone** sourd comme un pot; (*Prov*) **there's none so ~ as those who will not hear** il n'y a pire sourd que celui qui ne veut pas entendre (*Prov*).
  (b) (*unwilling to listen*) sourd, insensible (*to* à). **to be ~ to sth** rester sourd à qch; **to turn a ~ ear to sth** faire la sourde oreille à qch.
  2 *n*: **the ~** les sourds *mpl*.
  3 *cpd*: **deaf-aid** appareil *m* acoustique, audiophone *m*; **deaf-and-dumb** sourd-muet; **deaf-and-dumb alphabet** alphabet *m* des sourds et muets; **deaf-mute** sourd(e)-muet(te) *m(f)*.

deafen ['defn] *vt* (*lit*) rendre sourd; (*fig*) assourdir, rendre sourd, casser les oreilles à*.

deafening ['defnɪŋ] *adj* (*lit, fig*) assourdissant.

deafness ['defnɪs] *n* surdité *f*.

deal¹ [di:l] (*vb: pret, ptp* **dealt**) **1** *n* (a) (*U*) **a good ~ of, a great ~ of, a ~ of** une grande quantité de, beaucoup de, pas mal de*, énormément de; **to have a great ~ to do** avoir beaucoup à faire, avoir bien des choses à faire; **a good ~ of the work is done** une bonne partie du travail est terminée; **that's saying a good ~** ce n'est pas peu dire; **there's a good ~ of truth in what he says** il y a beaucoup de vrai dans ce qu'il dit; **to think a great ~ of sb** avoir beaucoup d'estime pour qn; **to mean a great ~ to sb** compter beaucoup pour qn; (*adv phrase*) **a good ~** nettement, beaucoup; **she's a good ~ cleverer than her brother** elle est nettement plus intelligente que son frère; **she's a good ~ better today** elle va beaucoup mieux aujourd'hui; **they've travelled a good ~** ils ont beaucoup voyagé.
  (b) (*agreement*) marché *m*, affaire *f*; (*pej*) coup *m*; (*Comm, Fin: also* **business ~**) affaire, marché; (*St Ex*) opération *f*, transaction *f*. **to do a ~ with sb** (*gen*) conclure un marché avec qn; (*Comm etc*) faire or passer un marché avec qn, faire (une) affaire avec qn; **we might do a ~?** on pourrait (peut-être) s'arranger?; **it's a ~!** d'accord!, marché conclu!; (*fig: treatment*) **he got a very bad ~ from them** ils se sont très mal conduits envers lui, ils ont agi très malhonnêtement avec lui; (*Pol etc*) **a new ~** un programme de réformes; (*iro*) **big ~!** la belle affaire!, tu parles!*; **don't make such a big ~ out of it!*** n'en fais pas toute une histoire! or tout un plat!*; V **fair¹, raw** *etc*.
  (c) (*Cards*) donne *f*, distribution *f*. **it's your ~** à vous la donne, à vous de distribuer or donner.
  2 *vt* (a) (*also* **~ out**) *cards* donner, distribuer.
  (b) **to ~ sb a blow** porter or assener un coup à qn; (*fig*) **this dealt a nasty blow to individual freedom** cela a porté un coup très dur aux libertés individuelles.
  3 *vi* (a) **to ~ well/badly by sb** agir bien/mal avec qn, se comporter bien/mal envers qn.
  (b) *[business firm]* **this company has been ~ing for 80 years** cette société est en activité depuis 80 ans; **to ~ in wood/property** etc être dans le commerce du bois/dans l'immobilier etc; **to ~ on the Stock Exchange** faire or conclure des opérations de bourse.
  (c) (*Cards*) donner, distribuer.

◆**deal out** *vt sep gifts, money* distribuer, répartir, partager (*between* entre). **to deal out justice** rendre (la) justice; V **deal 2 a**.

◆**deal with** *vt fus* (a) (*have to do with*) *person* avoir affaire à, traiter avec. **teachers who have to deal with very young** children les enseignants qui ont affaire à de très jeunes enfants; **workers dealing with the public** les employés qui sont en contact avec le public *or* qui ont affaire au public; **they refused to deal with him because of this** ils ont refusé de traiter avec lui *or* d'avoir affaire à lui à cause de cela; **he's not very easy to deal with** il n'est pas commode *or* facile.

   (b) *(be responsible for) person* s'occuper de; *task, problem* se charger de, s'occuper de; *(take action as regards) person, problem* s'occuper de, prendre des mesures concernant. **I'll deal with it/him** je me charge de cela/lui; **I can deal with that alone** je peux m'en occuper tout seul; **in view of the situation he had to deal with** vu la situation qu'il avait sur les bras; **he dealt with the problem very well** il a très bien résolu le problème; **you naughty boy, I'll deal with you later!** vilain garçon, tu vas avoir affaire à moi *or* tu vas avoir de mes nouvelles tout à l'heure!; **the head-master dealt with the culprits individually** le directeur s'est occupé des coupables un par un; **the committee deals with questions such as...** le comité s'occupe de questions telles que...; **the police officer dealing with crime prevention** l'agent chargé de la prévention des crimes; *(treat)* **to know how to deal with sb** savoir s'y prendre avec qn; **they dealt with him very fairly** ils ont été très corrects avec lui; **you must deal with them firmly** il faut vous montrer fermes à leur égard; **the firm deals with over 1,000 orders every week** l'entreprise traite plus de 1 000 commandes par semaine.

   (c) *(be concerned with, cover) [book, film etc]* traiter de; *[speaker]* parler de. **the next chapter deals with...** le chapitre suivant traite de ...; **I shall now deal with ...** je vais maintenant vous parler de ... .

   (d) *(buy from or sell to)* **a list of the suppliers our company deals with** une liste des fournisseurs de notre société; **I won't deal with that firm again** je ne m'adresserai plus à cette société; **I always deal with the same butcher** je me sers *or* me fournis toujours chez le même boucher.

deal² [diːl] *(plank)* planche *f*; *(thicker)* madrier *m*; *(planks collectively)* plot *m*.

dealer [ˈdiːləʳ] *n* (a) *(Comm: gen)* marchand *m* *(in* de), négociant *m* *(in* en); *(wholesaler)* stockiste *m*, fournisseur *m* (en gros) *(in* de); **Citroën ~** concessionnaire *mf* Citroën; *V* **double, secondhand**. (b) *(Cards)* donneur *m*.

dealership [ˈdiːləʃɪp] *n (Comm)* concession *f*. **~ network** réseau *m* de concessionnaires.

dealing [ˈdiːlɪŋ] *n* (a) *(U) (also* **~ out**) distribution *f*; *[cards]* donne *f*. (b) *(St Ex)* opérations *fpl*, transactions *fpl*; *V* **wheel**.

dealings [ˈdiːlɪŋz] *npl (gen)* relations *fpl (with sb* avec qn); *(Comm, St Ex)* transactions *fpl (in sth* en qch); *(trafficking)* trafic *m* *(in sth* de qch).

dealt [delt] *pret, ptp of* **deal¹**.

dean [diːn] *n (Rel, fig)* doyen *m*; *(Brit Univ)* doyen; *(US Scol)* conseiller *m*, -ère *f* (principal(e)) d'éducation; *(US Univ)* **~ of education** directeur *m* d'école normale d'instituteurs, directrice *f* d'école normale d'institutrices; *(US Univ)* **~'s list** liste *f* des meilleurs étudiants.

deanery [ˈdiːnərɪ] *n (Univ)* demeure *f or* résidence *f* du doyen; *(Rel)* doyenné *m*, demeure du doyen.

deanship [ˈdiːnʃɪp] *n (Rel, fig etc)* décanat *m*.

dear [dɪəʳ] 1 *adj* (a) *(loved) person, animal* cher; *(precious) object* cher, précieux; *(lovable) child* mignon, adorable. **she is very ~ to me** elle m'est très chère; **a ~ friend of mine** un de mes meilleurs amis, un de mes amis les plus chers; **to hold sb/sth ~** chérir qn/qch; **his ~est wish** son plus cher désir, son souhait le plus cher; **what a ~ child!** quel amour d'enfant!; **what a ~ little dress!*** quelle ravissante *or* mignonne petite robe!

   (b) *(in letter-writing)* cher. **D~ Daddy** Cher Papa; **My ~ Anne** Ma chère Anne; **D~ Alice and Robert** Chère Alice, cher Robert, Chers Alice et Robert; **D~est Paul** Bien cher Paul; **D~ Mr Smith** Cher Monsieur; **D~ Mr & Mrs Smith** Cher Monsieur, chère Madame; **D~ Sir Monsieur; D~ Sirs** Messieurs; *(fig)* **D~ John letter*** lettre *f* de rupture.

   (c) *(expensive) prices, goods* cher, coûteux; *shop* cher. **to get ~er** *[goods]* augmenter, renchérir; *[prices]* augmenter.

   2 *excl (surprise: also* **~ !, ~ me!**) mon Dieu!, vraiment!, pas possible!; *(regret: also* **oh ~!**) oh là là!, oh mon Dieu!

   3 *n* cher *m*, chère *f*, chéri(e) *m(f)*. **my ~** mon ami(e), mon cher ami, ma chère amie; *(to child)* mon petit; **my ~est** mon chéri, mon amour; **poor ~** *(to child)* pauvre petit, pauvre chou*; *(to woman)* ma pauvre; **your mother is a ~*** votre mère est un amour; **give it to me, there's a ~*** sois gentil donne-le-moi, donne-le-moi tu seras (bien) gentil.

   4 *adv (lit, fig)* buy, pay, sell cher.

dearie* [ˈdɪərɪ] *n* mon petit chéri, ma petite chérie.

dearly [ˈdɪəlɪ] *adv* (a) *(tenderly)* tendrement, avec tendresse. **he loves this country ~** il est très attaché à ce pays; **I should ~ like to live here** j'aimerais infiniment habiter ici.

   (b) *(lit, fig)* **to pay ~ for sth** payer qch cher; *(fig)* **~ bought** chèrement payé.

dearness [ˈdɪənɪs] *n* (a) *(expensiveness)* cherté *f*. (b) *(lovableness)* **your ~ to me** la tendresse que j'ai pour vous.

dearth [dɜːθ] *n [food]* disette *f*; *[money, resources, water]* pénurie *f*; *[ideas etc]* stérilité *f*, pauvreté *f*. **there is no ~ of young men** les jeunes gens ne manquent pas.

deary* [ˈdɪərɪ] *n* = **dearie***.

death [deθ] 1 *n* mort *f*, décès *m* *(Jur, frm)*; *[plans, hopes]* effondrement *m*, anéantissement *m*. **to be burnt to ~** mourir carbonisé; **he drank himself to ~** c'est la boisson qui l'a tué; **starved/frozen to ~** mort de faim/de froid; **he was stabbed to ~** il a été poignardé mortellement; **he jumped to his ~** il a sauté dans le vide et il s'est tué; **to be bored to ~*** s'ennuyer à mourir *or* à crever*; **you look**

tired to **~*** tu as l'air crevé*; **I'm sick to ~*** *or* **tired to ~*** **of all this** j'en ai par-dessus la tête *or* j'en ai marre* de tout ceci; **to be at ~'s door** être à (l'article de) la mort; *(Jur)* **to sentence sb to ~** condamner qn à mort; *(Jur)* **to put sb to ~** mettre qn à mort, exécuter qn; **a fight to the ~** une lutte à mort; *(fig)* **to be in at the ~** assister au dénouement (d'une affaire); *(lit)* **it will be the ~ of him** il le paiera de sa vie, cela va l'achever; *(fig)* **he will be the ~ of me** il me fera mourir, il sera ma mort; *(fig)* **he died the ~*** il aurait voulu rentrer sous terre; *V* **catch, dance, do¹**.

   2 *cpd:* **deathbed** *(n)* lit *m* de mort; *(adj)* repentance de la dernière heure; *(Theat)* **this is a deathbed scene** la scène se passe au chevet du mourant; *(Insurance)* **death benefit** capital *m* décès; *(lit, fig)* **death-blow** coup mortel *or* fatal; **death cell** cellule *f* de condamné à mort; **death certificate** acte *m* de décès; *(Brit Fin)* **death duty** *or* **duties** droits *mpl* de succession; **death grant** allocation *f* de décès; *(US: in jail)* **death house** quartier *m* des condamnés à mort; **death-like** semblable à la mort, de mort; **death march** marche *f* de la mort; **death mask** masque *m* mortuaire; *(Jur)* **death penalty** peine *f* de mort; **death rate** (taux *m* de) mortalité *f*; **death rattle** râle *m* (d'agonie); **death ray** rayon *m* de la mort, rayon qui tue; **death roll** liste *f* des morts; *(US)* **death row** = **death house**; **death sentence** *(lit)* condamnation *f* à mort, arrêt *m* de mort; *(fig)* arrêt de mort; **death's-head** tête *f* de mort; **death's-head moth** (sphinx *m*) tête *f* de mort; **death squad** escadron *m* de la mort; **death throes** affres *fpl* de la mort, agonie *f*; *(fig)* agonie; **death toll** chiffre *m* des morts; **deathtrap** endroit *(or* véhicule *etc)* dangereux; **that corner is a real deathtrap** ce tournant est mortel; *(Jur)* **death warrant** ordre *m* d'exécution; *(fig)* **to sign the death warrant of a project** condamner un projet, signer la condamnation d'un projet; **death-watch beetle** vrillette *f*, horloge *f* de la mort; *(Psych, also fig)* **death wish** désir *m* de mort.

deathless [ˈdeθlɪs] *adj* immortel, impérissable, éternel. *(iro, hum)* **~ prose** prose *f* impérissable.

deathly [ˈdeθlɪ] 1 *adj appearance* semblable à la mort, de mort, cadavérique. **~ hush, ~ silence** silence mortel *or* de mort. 2 *adv* **~ pale** au teint blafard *or* cadavérique, d'une pâleur mortelle.

deb* [deb] *n abbr of* **débutante**.

debag‡ [diːˈbæg] *vt (Brit)* déculotter.

debar [dɪˈbɑːʳ] *vt (from club, competition)* exclure *(from* de). **to ~ sb from doing** interdire *or* défendre à qn de faire.

debark [dɪˈbɑːk] *vti (US)* débarquer.

debarkation [ˌdiːbɑːˈkeɪʃən] *n (US)* débarquement *m*.

debarment [dɪˈbɑːmənt] *n* exclusion *f (from* de).

debase [dɪˈbeɪs] *vt* (a) *person* avilir, ravaler. **to ~ o.s.** s'avilir *or* se ravaler *(by doing* en faisant). (b) *(reduce in value or quality) word, object* dégrader; *metal* altérer; *(Fin)* coinage déprécier, dévaloriser.

debasement [dɪˈbeɪsmənt] *n (V* **debase***)* avilissement *m*; dégradation *f*; altération *f*; dépréciation *f*.

debatable [dɪˈbeɪtəbl] *adj* discutable, contestable. **it's a ~ point** c'est discutable; **it is ~ whether** on est en droit de se demander si.

debate [dɪˈbeɪt] 1 *vt* question discuter, débattre.

   2 *vi* discuter *(with* avec, *about* sur). **he was debating with himself whether to refuse** *or* **not** il se demandait bien s'il refuserait ou non, il s'interrogeait pour savoir s'il refuserait ou non.

   3 *n* discussion *f*, débat *m*, délibération *f*; *(Parl)* débat(s); *(esp in debating society)* conférence *f* ou débat *m* contradictoire. **to hold long ~s** discuter longuement; **after much ~** après de longues discussions; **the ~ was on** *or* **about la discussion portait sur; the death penalty was under ~** on délibérait sur la peine de mort.

debater [dɪˈbeɪtəʳ] *n* maître *m* dans l'art de la discussion. **he is a good ~** c'est un bon argumentateur *or* dialecticien.

debating [dɪˈbeɪtɪŋ] *n* art *m* de la discussion. **~ society** société *f* de conférences *or* débats contradictoires.

debauch [dɪˈbɔːtʃ] 1 *vt* person débaucher, corrompre; *morals* corrompre; *woman* séduire; *taste* corrompre, vicier. 2 *n* débauche *f*.

debauched [dɪˈbɔːtʃd] *adj* débauché.

debauchee [ˌdebɔːˈtʃiː] *n* débauché(e) *m(f)*.

debaucher [dɪˈbɔːtʃəʳ] *n [person, taste, morals]* corrupteur *m*, -trice *f*; *[woman]* séducteur *m*.

debauchery [dɪˈbɔːtʃərɪ] *n (U)* débauche *f*, dérèglement *m* de(s) mœurs.

debenture [dɪˈbentʃəʳ] 1 *n (Customs)* certificat *m* de drawback; *(Fin)* obligation *f*, bon *m*. 2 *cpd:* **debenture bond** titre *m* d'obligation; **debenture holder** obligataire *mf*; **debenture stock** obligations *fpl* sans garantie.

debilitate [dɪˈbɪlɪteɪt] *vt* débiliter.

debility [dɪˈbɪlɪtɪ] *n (Med)* débilité *f*, faiblesse *f*.

debit [ˈdebɪt] 1 *n (Comm)* débit *m*.

   2 *cpd:* debit account. **debit balance** solde débiteur; **debit entry** inscription *f or* écriture *f* au débit; **on the debit side**; *(fig)* **on the debit side there is the bad weather** à mettre au passif il y a le mauvais temps.

   3 *vt:* **to ~ sb's account with a sum, to ~ a sum against sb's account** porter une somme au débit du compte de qn; **to ~ sb with a sum, to ~ a sum to sb** porter une somme au débit de qn, débiter qn d'une somme.

debonair [ˌdebəˈnɛəʳ] *adj* raffiné, doucereux.

debouch [dɪˈbaʊtʃ] *(Geog, Mil)* 1 *vi* déboucher. 2 *n* débouché *m*.

debrief [ˌdiːˈbriːf] *vt (Mil etc) patrol, astronaut, spy* faire faire un compte rendu oral (de fin de mission) à; *freed hostages etc* recueillir le témoignage de. *(Mil)* **to be ~ed** faire un compte rendu oral.

debriefing [ˌdiːˈbriːfɪŋ] *n (V* **debrief***)* compte rendu *m* (de fin de mission); témoignage *m*.

debris [ˈdebriː] *n* débris *mpl*; *(Geol)* roches *fpl* détritiques.

debt [det] 1 *n (payment owed)* dette *f*, créance *f*. **bad ~s** créances irrécouvrables; **~ of honour** dette d'honneur; **outstanding ~**

créance à recouvrer; **to be in** ～ avoir des dettes, être endetté; **he is in** ～ **to everyone** il doit à tout le monde; **I am £5 in** ～ je dois 5 livres; **to be out of sb's** ～ être quitte envers qn; **to get** or **run into** ～ faire des dettes, s'endetter; **to get out of** ～ s'acquitter de ses dettes; **to be out of** ～ n'avoir plus de dettes; (*fig*) **to repay a** ～ acquitter une dette; (*fig*) **I am greatly in your** ～ **for sth/for having done** je vous suis très redevable de qch/d'avoir fait; *V* **eye, head, national** *etc*.
　2 *cpd*: **debt collector** agent *m* de recouvrements; **debt consolidation** consolidation *f* de la dette; **debt-ridden** criblé de dettes.
debtor ['detər] *n* débiteur *m*, -trice *f*.
debug [di:'bʌg] *vt* (**a**) (*Comput, fig*) mettre au point. (**b**) (*remove microphones from*) *room etc* enlever les micros cachés dans.
debugging [di:'bʌgɪŋ] *n* (*Comput*) mise *f* au point.
debunk* [ˌdi:'bʌŋk] *vt person* déboulonner*; *claim* démentir; *institution* discréditer; *theories, beliefs, religion* démystifier, démythifier.
début ['deɪbju:] *n* (*Theat*) début *m*; (*in society*) entrée *f* dans le monde. **he made his** ～ **as a pianist** il a débuté comme pianiste.
débutante ['debju:tɑ̃:nt] *n* débutante *f* (*jeune fille qui fait son entrée dans le monde*).
Dec. *abbr of* **December**.
decade ['dekeɪd] *n* (**a**) décennie *f*, décade *f*. (**b**) (*rosary*) dizaine *f*.
decadence ['dekədəns] *n* décadence *f*.
decadent ['dekədənt] **1** *adj person, civilization* en décadence, décadent; *book, attitude* décadent. **2** *n* (*Literat*) décadent *m*.
decaffeinate [ˌdi:'kæfmeɪt] *vt* décaféiner.
decagramme, (*US*) **decagram** ['dekəgræm] *n* décagramme *m*.
decal [dɪ'kæl] *n* (*US*) décalcomanie *f*.
decalcification [ˌdi:ˌkælsɪfɪ'keɪʃən] *n* décalcification *f*.
decalcify [ˌdi:'kælsɪfaɪ] *vt* décalcifier.
decalitre, (*US*) **decaliter** ['dekəˌli:tər] *n* décalitre *m*.
decalogue ['dekəlɒg] *n* décalogue *m*.
decametre, (*US*) **decameter** ['dekəˌmi:tər] *n* décamètre *m*.
decamp [dɪ'kæmp] *vi* (**a**) (*) décamper, ficher le camp*. (**b**) (*Mil*) lever le camp.
decant [dɪ'kænt] *vt wine* décanter. **he** ～**ed the solution into another container** il a transvasé la solution.
decanter [dɪ'kæntər] *n* carafe *f* (à liqueur or à vin); (*small*) carafon *m*.
decapitate [dɪ'kæpɪteɪt] *vt* décapiter.
decapitation [dɪˌkæpɪ'teɪʃən] *n* décapitation *f*, décollation *f* (*liter etc*).
decapod ['dekəpɒd] *n* décapode *m*.
decarbonization ['di:ˌkɑ:bənaɪˈzeɪʃən] *n* (*Aut*) décalaminage *m*; *[steel]* décarburation *f*.
decarbonize [ˌdi:'kɑ:bənaɪz] *vt* (*Aut*) décalaminer; *steel* décarburer.
decathlete [dɪ'kæθli:t] *n* décathlonien *m*.
decathlon [dɪ'kæθlən] *n* décathlon *m*.
decay [dɪ'keɪ] **1** *vi* (**a**) (*go bad etc*) *[food]* pourrir, se gâter; *[flowers, vegetation, wood]* pourrir; *[tooth]* se carier, se gâter; *[stone, work of art]* s'altérer, se détériorer.
　(**b**) (*crumble*) *[building]* se délabrer, tomber en ruines.
　(**c**) (*Phys*) *[radioactive nucleus]* se désintégrer.
　(**d**) (*fig*) *[hopes]* s'enfuir; *[beauty]* se faner; *[civilization]* décliner; *[race, one's faculties]* s'affaiblir.
　2 *vt food, wood* faire pourrir; *tooth* carier.
　3 *n* (**a**) (*Culin*) pourrissement *m*; (*Bot*) pourrissement, dépérissement *m*; (*Med*) carie *f*.
　(**b**) (*Archit*) délabrement *m*, décrépitude *f*. **to fall into** ～ tomber en ruines, se délabrer.
　(**c**) (*Phys*) désintégration *f*.
　(**d**) (*fig*) *[hopes, friendship, beauty]* ruine *f*; *[civilization]* décadence *f*, déclin *m*; *[race]* affaiblissement *m*, déchéance *f*; *[faculties]* affaiblissement, déclin.
decayed [dɪ'keɪd] *adj tooth* carié, gâté; *wood* pourri; *food* gâté, pourri; *building* délabré; (*Phys*) partiellement désintégré; *faculty, health, civilization* en déclin; *hopes, friendship* en ruines.
decaying [dɪ'keɪɪŋ] *adj food* en train de s'avarier; *vegetation etc* pourrissant; *flesh* en pourriture; *tooth* qui se carie; *building* en état de délabrement; *stone* qui s'altère; *civilization* en décadence.
decease [dɪ'si:s] (*Admin, frm*) **1** *n* décès *m*. **2** *vi* décéder.
deceased [dɪ'si:st] **1** *adj* (*Admin, frm*) décédé, défunt. **John Brown** ～ feu John Brown. **2** *n*: **the** ～ le défunt, la défunte.
deceit [dɪ'si:t] *n* (**a**) supercherie *f*, tromperie *f*, duperie *f*. (**b**) (*U*) = **deceitfulness**.
deceitful [dɪ'si:tfʊl] *adj person* trompeur, faux (*f* fausse), fourbe; *words, conduct* trompeur, mensonger.
deceitfulness [dɪ'si:tfʊlnɪs] *n* fausseté *f*, duplicité *f*.
deceitfully [dɪ'si:tfəlɪ] *adv* avec duplicité, faussement, par supercherie.
deceive [dɪ'si:v] **1** *vt* tromper, abuser, duper; *spouse* tromper; *hopes* tromper, décevoir. **to** ～ **sb into doing** amener qn à faire (en le trompant); **he** ～**d me into thinking that he had bought it** il m'a (faussement) fait croire qu'il l'avait acheté; **I thought my eyes were deceiving me** je n'en croyais pas mes yeux; **to be** ～**d by appearances** être trompé par or se tromper sur les apparences; **to** ～ **o.s.** s'abuser, se faire illusion.
　2 *vi* tromper, être trompeur. **appearances** ～ les apparences sont trompeuses.
deceiver [dɪ'si:vər] *n* trompeur *m*, -euse *f*, imposteur *m*, fourbe *m*.
decelerate [di:'seləreɪt] *vti* ralentir.
deceleration ['di:ˌselə'reɪʃən] *n* *[engine, programme]* ralentissement *m*; *[car]* décélération *f*, freinage *m*.
December [dɪ'sembər] *n* décembre *m*; *for phrases V* **September**.
decency ['di:sənsɪ] *n* (**a**) (*U*) *[dress, conversation]* décence *f*,

biénséance *f*; *[person]* pudeur *f*. **to have a sense of** ～ avoir de la pudeur.
　(**b**) (*good manners*) convenances *fpl*. **to observe the decencies** observer or respecter les convenances; **common** ～ la simple politesse, le simple savoir-vivre; **for the sake of** ～ par convenance, pour garder les convenances; **to have the** ～ **to do sth** avoir la décence de faire qch; **you can't in all** ～ **do that** tu ne peux pas décemment faire ça; **sheer human** ～ **requires that** ... le respect de la personne humaine exige que ... .
　(**c**) (*: *niceness*) gentillesse *f*.
decent ['di:sənt] *adj* (**a**) (*respectable*) *person* convenable, honnête, bien* *inv*; *house, shoes* convenable; (*seemly*) *language, behaviour, dress* décent, bienséant. **no** ～ **person would do it** jamais une personne convenable ne ferait cela, quelqu'un de bien* ne ferait jamais cela.
　(**b**) (*: *good, pleasant*) *person* bon, brave. **a** ～ **sort of fellow** un bon or brave garçon, un type bien*; **it was** ～ **of him** c'était chic* de sa part; **I've got quite a** ～ **flat** j'ai un appartement qui n'est pas mal; **I could do with a** ～ **meal** un bon repas ne me ferait pas de mal.
　(**c**) (**US: great*) formidable, terrible*.
decently ['di:səntlɪ] *adv dress, behave* décemment, convenablement, avec bienséance. **you can't** ～ **ask him that** décemment vous ne pouvez pas lui demander cela.
decentralization [di:ˌsentrəlaɪˈzeɪʃən] *n* décentralisation *f*.
decentralize [di:'sentrəlaɪz] *vt* décentraliser.
deception [dɪ'sepʃən] *n* (**a**) (*deceiving*) tromperie *f*, duperie *f*; (*being deceived*) illusion *f*, erreur *f*. **he is incapable of** ～ il est incapable de tromperie; **to obtain money by** ～ obtenir de l'argent par des moyens frauduleux. (**b**) (*deceitful act*) supercherie *f*.
deceptive [dɪ'septɪv] *adj distance, speed, tone, attitude* trompeur; *cheerfulness, smile* trompeur, illusoire.
deceptively [dɪ'septɪvlɪ] *adv*: **the village looks** ～ **near** le village donne l'illusion d'être proche; **he was** ～ **quiet/obedient** *etc* il était calme/obeissant *etc*, mais ce n'était qu'un apparence.
deceptiveness [dɪ'septɪvnɪs] *n* caractère trompeur or illusoire.
decibel ['desɪbel] *n* décibel *m*.
decide [dɪ'saɪd] **1** *vt* (**a**) (*make up one's mind*) se décider (*to do* à faire), décider (*to do* de faire), se résoudre (*to do* à faire). **I** ～**d to go** or **that I would go** je me suis décidé à y aller, j'ai décidé d'y aller; **what made you** ～ **to go?** qu'est-ce qui vous a décidé à y aller?; **it has been** ～**d that** on a décidé or il a été décidé que.
　(**b**) (*settle*) *question* décider, trancher; *quarrel* décider, arbitrer; *piece of business* régler; *difference of opinion* juger; *sb's fate, future* décider de. (*Jur*) **to** ～ **a case** statuer sur un cas.
　(**c**) (*cause to make up one's mind*) décider, déterminer (*sb to do* qn à faire).
　2 *vi* se décider. **you must** ～ il vous faut prendre une décision, il faut vous décider; **to** ～ **for sth** se décider pour qch or en faveur de qch; **to** ～ **against sth** se décider contre qch; *[judge, arbitrator, committee]* **to** ～ **for/against sb** donner raison/tort à qn; **to** ～ **in favour of sb** décider en faveur de qn, donner gain de cause à qn.
◆**decide on** *vt fus thing, course of action* se décider pour, choisir (finalement). **to decide on doing** se décider à faire.
decided [dɪ'saɪdɪd] *adj improvement, progress* incontestable; *difference* net, marqué; *refusal* catégorique; *character, person* résolu, décidé, déterminé; *manner, tone, look* résolu, décidé; *opinion* arrêté.
decidedly [dɪ'saɪdɪdlɪ] *adv act, reply* résolument, avec décision, d'une façon marquée. ～ **lazy** incontestablement paresseux.
decider [dɪ'saɪdər] *n* (*goal*) but décisif; (*point*) point décisif; (*factor*) facteur décisif. (*game*) **the** ～ la belle.
deciding [dɪ'saɪdɪŋ] *adj factor, game, point* décisif.
deciduous [dɪ'sɪdjʊəs] *adj tree* à feuilles caduques; *leaves, antlers* caduc (*f* -uque).
decilitre, (*US*) **deciliter** ['desɪˌli:tər] *n* décilitre *m*.
decimal ['desɪməl] **1** *adj number, system, coinage* décimal. ～ **fraction** fraction décimale; **to three** ～ **places** (jusqu'à) la troisième décimale; ～ **point** virgule *f* (*de fraction décimale*); *V* **fixed, floating**.
　2 *n* décimale *f*. ～**s** le calcul décimal, la notation décimale; *V* **recurring**.
decimalization [ˌdesɪməlaɪˈzeɪʃən] *n* décimalisation *f*.
decimalize ['desɪməlaɪz] *vt* décimaliser.
decimate ['desɪmeɪt] *vt* (*lit, fig*) décimer.
decimation [ˌdesɪ'meɪʃən] *n* décimation *f*.
decimetre, (*US*) **decimeter** ['desɪˌmi:tər] *n* décimètre *m*.
decipher [dɪ'saɪfər] *vt* (*lit, fig*) déchiffrer.
decipherable [dɪ'saɪfərəbl] *adj* déchiffrable.
decision [dɪ'sɪʒən] **1** *n* (**a**) (*act of deciding*) décision *f*; (*Jur*) jugement *m*, arrêt *m*. **to come to a** ～ arriver à or prendre une décision, prendre (un) parti, se décider; **his** ～ **is final** sa décision est irrévocable or sans appel; (*Jur*) **to give a** ～ **on a case** statuer sur un cas.
　(**b**) (*U*) décision *f*, résolution *f*, fermeté *f*. **a look of** ～ un air décidé or résolu.
　2 *cpd*: **decision-maker** décideur *m*; **he's good at decision-making** il sait prendre des décisions; (*Comput*) **decision table** table *f* de décision.
decisive [dɪ'saɪsɪv] *adj* (**a**) *battle, experiment, victory* décisif, concluant; *factor* décisif. (**b**) *manner, answer* décidé, catégorique. **he is very** ～ il a de la décision; **a** ～ **woman** une femme décidée.
decisively [dɪ'saɪsɪvlɪ] *adv speak* d'un ton décidé or catégorique; *act* avec décision, sans hésiter.
decisiveness [dɪ'saɪsɪvnɪs] *n* (*U*) *[experiment]* caractère décisif or concluant; *[person]* ton or air décidé or ferme.
deck [dek] **1** *n* (**a**) (*Naut*) pont *m*. **to go up on** ～ monter sur le pont; **below** ～**s** sous le pont, en bas; **between** ～**s** dans l'entrepont; (*US*

fig) on ~ prêt à l'action; *V* after, clear, flight¹, hand.
  (b) *[vehicle]* plate-forme *f.* top ~, upper ~ *[bus]* impériale *f;* *[jumbo jet]* étage *m.*
  (c) *(US)* ~ of cards jeu *m* de cartes.
  (d) *[record player etc]* table *f* de lecture; *(for recording)* platine *f* magnétophone; *V also* cassette.
  (e) *(US : Drugs sl)* sachet *m* d'héroïne.
  2 *vt* (a) *(also* ~ out) orner, parer, agrémenter *(with* de). to ~ o.s. (out) in one's Sunday best se mettre sur son trente et un, s'endimancher *(pej).*
  (b) *(‡US)* flanquer* par terre.
  3 *cpd:* deck cabin cabine *f* (de pont); deck cargo pontée *f;* deck-chair chaise longue, transat* *m,* transatlantique *m;* deck hand matelot *m;* deckhouse rouf *m; (US Aut)* decklid capot *m* du coffre à bagages.
-decker ['dekər] *n ending in cpds: (Naut)* a three-decker un vaisseau à trois ponts, un trois-ponts; *(bus)* a single-decker un autobus sans impériale; *V* double *etc.*
deckle ['dekl] *n (also* ~ edge) barbes *fpl.*
declaim [dɪ'kleɪm] *vti (lit, fig)* déclamer *(against* contre), s'indigner *(that* que).
declamation [,deklə'meɪʃən] *n* déclamation *f.*
declamatory [dɪ'klæmətərɪ] *adj* déclamatoire.
declaration [,deklə'reɪʃən] *n [love, war, intentions, taxes, goods at Customs]* déclaration *f; (Cards)* annonce *f; (public announcement)* proclamation *f,* déclaration (publique). *(US Hist)* D~ of Independence Déclaration d'indépendance.
declarative [dɪ'klærətɪv] *adj (Gram)* déclaratif, assertif.
declaratory [dɪ'klærətərɪ] *adj (Jur)* ~ judgment jugement *m* déclaratoire.
declare [dɪ'klɛər] 1 *vt* (a) *intentions, (Fin etc) income* déclarer; *results* proclamer. *(Customs)* have you anything to ~? avez-vous quelque chose à déclarer?; *[suitor]* to ~ o.s. faire sa déclaration, se déclarer; to ~ war (on) déclarer la guerre (à); to ~ a state of emergency déclarer l'état d'urgence.
  (b) *(assert)* déclarer *(that* que). to ~ o.s. for/against se déclarer *or* se prononcer *or* prendre parti en faveur de/contre; to ~ sb president/bankrupt déclarer qn président/en faillite.
  2 *vi* (a) well I (do) ~!* (ça) par exemple!
  (b) *(US Pol) [presidential candidate]* annoncer sa candidature.
declared [dɪ'klɛəd] *adj* déclaré, avoué, ouvert.
declaredly [dɪ'klɛərɪdlɪ] *adv* ouvertement, formellement, de son propre aveu.
declarer [dɪ'klɛərər] *n (Cards)* déclarant(e) *m(f).*
declassify [di:'klæsɪfaɪ] *vt information, document* rayer de la liste des documents secrets.
declension [dɪ'klenʃən] *n (Gram)* déclinaison *f.*
declinable [dɪ'klaɪnəbl] *adj (Gram)* déclinable.
declination [,deklɪ'neɪʃən] *n (Astron)* déclinaison *f.*
decline [dɪ'klaɪn] 1 *n [day, life]* déclin *m; [empire]* déclin, décadence *f.* ~ in price baisse *f* de prix; to be on the ~ *[prices]* être en baisse, baisser; *[fame, health]* décliner; cases of real poverty are on the ~ les cas d'indigence réelle sont de moins en moins fréquents *or* sont en diminution; *(Med)* to go into a ~ dépérir.
  2 *vt* (a) *(gen)* refuser *(to do* de faire); *invitation, honour* refuser, décliner; *responsibility* décliner, rejeter. he ~d to do it il a refusé (poliment) de le faire; *(Jur)* to ~ a jurisdiction se déclarer incompétent.
  (b) *(Gram)* décliner.
  3 *vi* (a) *[health, influence]* décliner, baisser; *[empire]* tomber en décadence; *[prices]* baisser, être en baisse; *[business]* être en baisse, péricliter, décliner. to ~ in importance perdre de l'importance.
  (b) *(slope)* s'incliner, descendre.
  (c) *[sun]* décliner, se coucher; *[day]* tirer à sa fin, décliner.
  (d) *(Gram)* se décliner.
declining [dɪ'klaɪnɪŋ] 1 *adj* sur son déclin. in his ~ years au déclin de sa vie; in ~ health d'une santé devenue chancelante *or* qui décline. 2 *n [invitation]* refus *m; [empire]* décadence *f, (Gram)* déclinaison *f.*
declivity [dɪ'klɪvɪtɪ] *n* déclivité *f,* pente *f.*
declutch ['di:'klʌtʃ] *vi* débrayer; *V* double.
decoction [dɪ'kɒkʃən] *n* décoction *f.*
decode ['di:'kəʊd] *vt* (a) déchiffrer, traduire (en clair), décoder.
  (b) *(Comput, Ling)* décoder. (c) *(fig) (understand)* comprendre; *(explain)* expliquer.
decoder [di:'kəʊdər] *n (Comput, TV)* décodeur *m.*
decoding [di:'kəʊdɪŋ] *n (Comput)* décodage *m.*
decoke [di:'kəʊk] *(Brit Aut)* 1 *vt* décalaminer. 2 ['di:kəʊk] *n* décalaminage *m.*
decollate [dɪ'kɒleɪt] *vt (Comput)* déliasser.
décolletage [deɪ'kɒltɑːʒ] *n,* **décolleté** [deɪ'kɒlteɪ] *n* décolletage *m,* décolleté *m.*
décolleté(e) [deɪ'kɒlteɪ] *adj* décolleté.
decompartmentalization [,di:kɒmpɑːt,mentəlaɪ'zeɪʃən] *n (Soc)* décloisonnement *m.*
decompartmentalize [,di:kɒmpɑːt'mentəlaɪz] *vt (Soc)* décloisonner.
decompose [,di:kəm'pəʊz] 1 *vt* décomposer. 2 *vi* se décomposer.
decomposition [,di:kɒmpə'zɪʃən] *n* décomposition *f.*
decompression [,di:kəm'preʃən] 1 *n (Med, Phys, Tech)* décompression *f.* 2 *cpd:* decompression chamber caisson *m* de décompression; decompression sickness maladie *f* des caissons.
decontaminate [,di:kən'tæmɪneɪt] *vt* décontaminer, désinfecter.
decontamination ['di:kən,tæmɪ'neɪʃən] *n* décontamination *f,* désinfection *f.*
decontrol [,di:kən'trəʊl] 1 *vt (Admin, Comm)* libérer des contrôles gouvernementaux. to ~ (the price of) butter libérer le prix du

beurre, lever *or* supprimer le contrôle du prix du beurre; ~led road route non soumise à la limitation de vitesse. 2 *n [price]* libération *f.*
décor ['deɪkɔːr] *n* décor *m.*
decorate ['dekəreɪt] *vt* (a) orner, décorer *(with* de); *cake* décorer; *(paint etc) room* décorer, peindre (et tapisser). to ~ with flags pavoiser. (b) *soldier* décorer, médailler. he was ~d for gallantry il a été décoré pour son acte de bravoure.
decorating ['dekəreɪtɪŋ] *n* (a) (painting and) ~ décoration intérieure; they are doing some ~ ils sont en train de refaire les peintures. (b) *[cake etc]* décoration *f.*
decoration [,dekə'reɪʃən] *n* (a) *(U) [cake]* décoration *f; [hat]* ornementation *f; [room] (act)* décoration (intérieure); *(state)* décoration, décor *m; [town]* décoration; *(with flags)* pavoisement *m.*
  (b) *(ornament) [hat]* ornement *m; (in streets)* décoration *f.* Christmas ~s décorations de Noël.
  (c) *(Mil)* décoration *f,* médaille *f.*
decorative ['dekərətɪv] *adj* décoratif.
decorator ['dekəreɪtər] *n (designer)* décorateur *m,* -trice *f,* ensemblier *m; (esp Brit: also* painter-and-decorator) peintre-décorateur *m.*
decorous ['dekərəs] *adj action* convenable, bienséant, comme il faut; *behaviour, person* digne.
decorously ['dekərəslɪ] *adv (V* decorous) convenablement, avec bienséance, comme il faut; avec dignité, d'un air digne.
decorum [dɪ'kɔːrəm] *n* décorum *m,* étiquette *f,* bienséance *f.* with ~ avec bienséance, comme il faut; a breach of ~ une inconvenance; to have a sense of ~ avoir le sens des convenances.
decoy ['di:kɔɪ] 1 *n (bird) (live)* appeau *m,* chanterelle *f; (artificial)* leurre *m; (animal)* proie *f* (servant d'appât); *(person)* compère *m.* police ~ policier *m* en civil *(servant à attirer un criminel dans une souricière).*
  2 *cpd:* decoy duck *(lit)* appeau *m,* chanterelle *f; (fig)* compère *m.*
  3 *[also* dɪ'kɔɪ] *vt (V* 1) attirer avec un appeau *or* une chanterelle *or* un leurre; *(fig)* attirer dans un piège. to ~ sb into doing sth faire faire qch à qn en le leurrant.
decrease [di:'kri:s] 1 *vi [amount, numbers, supplies]* diminuer, décroître, s'amoindrir; *[birth rate, population]* décroître, diminuer; *[power]* s'affaiblir; *[strength, intensity]* s'affaiblir, décroître, aller en diminuant; *[price, value]* baisser; *[enthusiasm]* se calmer, se refroidir; *(Knitting)* diminuer.
  2 *vt* diminuer, réduire.
  3 ['di:kri:s] *n [amount, supplies]* diminution *f,* amoindrissement *m (in* de); *[numbers]* diminution, décroissance *f (in* de); *[birth rate, population]* diminution *(in* de); *[power]* affaiblissement *m (in* de); *[strength, intensity]* diminution, décroissance *(in* de); *[price, value]* baisse *f (in* de); *[enthusiasm]* baisse, refroidissement *m (in* de). ~ in speed ralentissement *m;* ~ in strength affaiblissement.
decreasing [di:'kri:sɪŋ] *adj amount, numbers, population* décroissant; *power* qui s'affaiblit; *enthusiasm, strength, intensity* décroissant, diminué; *price, value* en baisse.
decreasingly [di:'kri:sɪŋlɪ] *adv* de moins en moins.
decree [dɪ'kri:] 1 *n (Pol, Rel)* décret *m; [tribunal]* arrêt *m,* jugement *m; (municipal)* arrêté *m.* by royal/government ~ par décret du roi/du gouvernement; *[divorce]* ~ absolute jugement définitif; ~ nisi jugement provisoire de divorce.
  2 *vt (gen; also Pol, Rel)* décréter *(that* que + *indic); (Jur)* ordonner *(that* que + *subj); [mayor, council etc]* arrêter *(that* que + *indic).*
decrepit [dɪ'krepɪt] *adj objet* délabré; *building* délabré, décrépit; *(*) person* décrépit, décati*.
decrepitude [dɪ'krepɪtjuːd] *n (V* decrepit) délabrement *m;* décrépitude *f.*
decretal [dɪ'kri:tl] *n* décrétale *f.*
decriminalize [di:'krɪmɪnəlaɪz] *vt* décriminaliser.
decry [dɪ'kraɪ] *vt* décrier, déniger, déprécier.
dedicate ['dedɪkeɪt] *vt church, shrine, book* dédier *(to* à); *one's life* consacrer *(to sth* à qch, *to doing* à faire); *(consecrate) church* consacrer; *(open officially) building* inaugurer officiellement. to ~ o.s. to sth/to doing se vouer *or* se consacrer à qch/à faire.
dedicated ['dedɪ,keɪtɪd] *adj attitude* consciencieux; *thoroughness* scrupuleux. she's very ~ elle est très consciencieuse *or* dévouée.
dedication [,dedɪ'keɪʃən] *n* (a) *[church]* dédicace *f,* consécration *f.* (b) *(in book)* dédicace *f.* to write a ~ in a book dédicacer un livre.
  (c) *(quality: devotion)* dévouement *m.*
deduce [dɪ'dju:s] *vt* déduire, inférer, conclure *(from* de, *that* que).
deducible [dɪ'dju:sɪbl] *adj* qu'on peut déduire *or* inférer *(from* de).
deduct [dɪ'dʌkt] *vt amount* déduire, retrancher, défalquer *(from* de); *numbers* retrancher, soustraire *(from* de); *tax* retenir, prélever *(from* sur). to ~ something from the price faire une réduction sur le prix; to ~ sth for expenses retenir qch pour les frais; to ~ 5% from the wages faire une retenue de *or* prélever 5% sur les salaires; after ~ing 5% déduction faite de 5%.
deductible [dɪ'dʌktəbl] 1 *adj* à déduire, à retrancher, à défalquer *(from* de); *(Tax)* expenses déductible. 2 *n (US Insurance)* franchise *f.* a 50 dollar ~ une franchise de 50 dollars.
deduction [dɪ'dʌkʃən] *n* (a) *(sth deducted)* déduction *f,* défalcation *f (from* de); *(from wage)* retenue *f,* prélèvement *m (from* sur). (b) *(sth deduced)* déduction *f,* raisonnement déductif.
deductive [dɪ'dʌktɪv] *adj* déductif.
deed [di:d] 1 *n* (a) *(action)* action *f,* acte *m.* brave ~ haut fait, exploit *m.* good ~(s) bonne(s) action(s); *V* word.
  (b) in ~ de fait, en fait; master in ~ if not in name maître de *or* en fait sinon de *or* en titre.
  (c) *(Jur)* acte notarié, contrat *m.* ~ of covenant *or* gift (acte de) donation *f;* ~ of partnership contrat de société.

2 *cpd*: **to change one's name by deed poll** ≃ changer de nom officiellement.
3 *vt* (*US Jur*) transférer par acte notarié.
deejay* ['di:ʤeɪ] *n* disc-jockey *m*, animateur *m*.
deem [di:m] *vt* juger, estimer, considérer. **to ~ it** prudent to do juger prudent de faire; **to be ~ed worthy of (doing) sth** être jugé digne de (faire) qch.
deep [di:p] **1** *adj* (a) (*extending far down*) *water, hole, wound* profond; *snow* épais (*f* -aisse). **the water/pond was 4 metres ~** l'eau/l'étang avait 4 mètres de profondeur; **he was ankle-~ in water** l'eau lui arrivait aux chevilles; (*fig*) **to be in ~ water(s)** avoir de gros ennuis, être en mauvaise posture, être dans de vilains draps; *[swimming pool]* **the ~ end** le grand bain; (*fig*) **to go off (at) the ~ end*** (*excited*) se mettre dans tous ses états; (*angry*) se flanquer* *or* se ficher* en colère; (*fig*) **he went in** *or* **plunged in** *or* **was thrown in at the ~ end** cela a été le baptême du feu (pour lui); **the snow lay ~** il y avait une épaisse couche de neige; **the streets were 2 feet ~ in snow** les rues étaient sous 60 cm *or* étaient recouvertes de 60 cm de neige.
(b) (*extending far back*) *shelf, cupboard* large, profond. **a plot of ground 15 metres ~** un terrain de 15 mètres de profondeur; **the spectators stood 10 ~** il y avait 10 rangs de spectateurs debout; **~ space** espace intersidéral *or* interstellaire; (*US Geog*) **the ~ South** le Sud profond (des États-Unis), les États *mpl* les plus au sud.
(c) (*broad*) *edge, border* large, haut.
(d) (*fig*) *sound* grave; *voice, tones* grave, profond; (*Mus*) *note, voice* bas (*f* basse); grave; *sorrow, relief* profond, intense; *concern, interest* vif; *colour* intense, profond; *mystery, darkness* profond, total; *sleep* profond; *writer, thinker, book* profond; (*: *crafty*) *person* malin (*f* -igne), rusé. **~ in thought/in a book** plongé *or* absorbé dans ses pensées/dans un livre; **~ in debt** criblé de dettes, dans les dettes jusqu'au cou; **~ breathing** (*action, sound*) respiration profonde; (*exercises*) exercices *mpl* respiratoires; **he's a ~ one*** il est plus malin qu'il n'en a l'air, il cache bien son jeu; *V* mourning.
(e) (*Gram*) **~ structure** structure profonde; **~ grammar** grammaire profonde.
2 *adv* profondément. **don't go in too ~ if you can't swim** ne va pas trop loin si tu ne sais pas nager; **to go ~ into the forest** pénétrer profondément *or* très avant dans la forêt; **to read ~ into the night** lire tard dans la nuit; **to drink ~** boire à longs traits; **to breathe ~** respirer profondément *or* à pleins poumons; **to thrust one's hands ~ in one's pockets** enfoncer ses mains dans ses poches; **he's in it pretty ~***, **he's pretty ~ in*** il s'est engagé très loin *or* à fond là-dedans, (*pej*) il est dedans jusqu'au cou; (*fig*) **~ down he still mistrusted him** en son for intérieur elle se méfiait encore de lui; **she seems abrupt, but ~ down she's kind** sous son air *or* son extérieur brusque, c'est quelqu'un de gentil; *V* knee, skin, still² *etc*.
3 *n* (a) (*liter*) **the ~** (les grands fonds de) l'océan *m*, les grandes profondeurs.
(b) (*rare: also* depth) **in the ~ of winter** au plus fort *or* au cœur de l'hiver.
4 *cpd*: **deep-chested** *person* large de poitrine; *animal* à large poitrail; **deep-freeze** (*n: also* **Deepfreeze** ® *in US*) congélateur *m*; (*vt*) surgeler; (*US*) **deep freezer** congélateur *m*; **deep-freezing** congélation *f*; (*industrially*) surgélation *f*; **deep-frozen foods** aliments surgelés; **deep-fry** faire frire (en friteuse); **deep (ray) therapy** radiothérapie destructrice *or* à rayons X durs; **deep-rooted** *affection, prejudice* profond, profondément enraciné, vivace; *habit* invétéré, ancré; *tree* aux racines profondes; **deep-sea** *animal, plant* pélagique, abyssal; *current* pélagique; **deep-sea diver** plongeur sous-marin; **deep-sea diving** plongée sous-marine; **deep-sea fisherman** pêcheur hauturier *or* de haute mer; **deep-sea fishing** pêche hauturière, grande pêche; **deep-seated** *prejudice, dislike* profond, profondément enraciné; *conviction* fermement ancré; **deep-seated cough** toux bronchiale *or* caverneuse; **deep-set** *eyes* très enfoncé, creux, cave; *window* profond; (*US*) **deep-six‡** (*throw out*) balancer‡; (*kill*) liquider‡.
deepen ['di:pən] **1** *vt* *hole* approfondir; *sorrow, interest* rendre plus intense *or* vif, augmenter; *darkness* épaissir, approfondir; *sound* rendre plus grave; *colour* foncer.
2 *vi* (*V* 1) devenir *or* se faire plus profond (*or* plus foncé *etc*), s'approfondir; *[night, mystery]* s'épaissir; *[voice]* se faire plus profond *or* plus grave.
deepening ['di:pənɪŋ] (*V* deepen) **1** *adj* qui s'approfondit; qui se fonce, qui se fait plus intense *etc*. **2** *n* *[meaning, mystery etc]* intensification *f*; *[colour, sound]* augmentation *f* d'intensité.
deeply ['di:plɪ] *adv* (a) *dig, cut* profondément, à une grande profondeur; (*fig*) *drink* abondamment, à longs traits; *think, consider* profondément. (*fig*) **to go ~ into sth** approfondir qch.
(b) (*very much*) *grateful, moving, concerned* infiniment, extrêmement. **~ offended** profondément offensé; **to regret ~** regretter vivement.
deer [dɪəʳ] **1** *n, pl inv* cerf *m*, biche *f*; (*red ~*) cerf; (*fallow ~*) daim *m*; (*roe ~*) chevreuil *m*. **certain types of ~** certains types de cervidés *mpl*; **look at those ~!** regardez ces cerfs! *or* ces biches!
2 *cpd*: **deerhound** limier *m*; **deerskin** peau *f* de daim; **deer-stalker** (*hat*) casquette *f* à la Sherlock Holmes; (*hunter*) chasseur *m* de cerf; **deer-stalking** chasse *f* au cerf à pied.
de-escalate [di:'eskəleɪt] *vt* *tension* faire baisser, diminuer; *situation* détendre, décrisper.
de-escalation [di:ˌeskə'leɪʃən] *n* (*Mil, Pol*) désescalade *f*; (*in industrial relations*) décrispation *f*.
deface [dɪ'feɪs] *vt* *monument, door* dégrader; *work of art* mutiler; *poster* barbouiller; *inscription* barbouiller, rendre illisible.
de facto [deɪ'fæktəʊ] *adj, adv* de facto.

defamation [ˌdefə'meɪʃən] *n* diffamation *f*.
defamatory [dɪ'fæmətərɪ] *adj* diffamatoire, diffamant.
defame [dɪ'feɪm] *vt* diffamer.
default [dɪ'fɔ:lt] **1** *n* (a) (*Jur*) (*failure to appear: in civil cases*) défaut *m*, non-comparution *f*; (*in criminal cases*) contumace *f*; (*failure to meet financial obligation*) défaillance *f*, manquement *m*. **judgment by ~** jugement *m* par contumace *or* par défaut.
(b) **we must not let it go by ~** ne laissons pas échapper l'occasion (faute d'avoir agi); (*Sport*) **match won by ~** match gagné par forfait *or* par walk-over*.
(c) (*lack, absence*) manque *m*, carence *f*. **in ~ of** à défaut de, faute de.
(d) (*Fin*) cessation *f* de paiements.
2 *vt* (*Jur*) condamner par défaut *or* par contumace, rendre un jugement par défaut contre.
3 *vi* (a) (*Jur*) faire défaut, être en état de contumace.
(b) (*gen*) manquer à ses engagements, être en défaut.
(c) (*Fin*) manquer à ses paiements.
defaulter [dɪ'fɔ:ltəʳ] *n* (*gen*) coupable *mf*; (*offender*) délinquant(e) *m(f)*; (*Mil, Naut*) soldat *m* (*or* marin *m*) en infraction; (*Mil, Naut: undergoing punishment*) consigné *m*; (*Jur*) contumace *mf*; (*Fin, St Ex*) défaillant(e) *m(f)*, débiteur *m*, -trice *f* (qui n'acquitte pas une dette); (*defaulting tenant*) locataire *mf* qui ne paie pas son loyer.
defaulting [dɪ'fɔ:ltɪŋ] *adj* (a) (*St Ex etc*) défaillant, en défaut. (b) (*Jur*) défaillant, qui n'a pas comparu.
defeat [dɪ'fi:t] **1** *n* (*act, state*) *[army, team]* défaite *f*; *[project, ambition]* échec *m*, insuccès *m*; *[legal case, appeal]* rejet *m*.
2 *vt* *opponent* vaincre, battre; *army* battre, défaire, mettre en déroute; *team* battre; *hopes* frustrer, ruiner; *ambitions, plans, efforts, attempts* faire échouer; (*Parl*) *government, opposition* mettre en minorité; *bill, amendment* rejeter. **~ed in his attempts to ...** n'ayant pas réussi à ...; **to ~ one's own ends** *or* **object** aller à l'encontre du but que l'on s'est (*or* s'était *etc*) proposé; **that plan will ~ its own ends** ce plan sera auto-destructeur.
defeated [dɪ'fi:tɪd] *adj* *army* vaincu; *team, player* battu, vaincu.
defeatism [dɪ'fi:tɪzəm] *n* défaitisme *m*.
defeatist [dɪ'fi:tɪst] *adj, n* défaitiste (*mf*).
defecate ['defəkeɪt] *vti* déféquer.
defecation [ˌdefə'keɪʃən] *n* défécation *f*.
defect ['di:fekt] **1** *n* (*gen*) défaut *m*, imperfection *f*, faute *f*; (*in workmanship*) défaut, malfaçon *f*. **physical ~** vice *m or* défaut de conformation; **hearing/sight ~** défaut de l'ouïe/de la vue; **speech ~** difficulté *f* du langage; **mental ~** anomalie *or* déficience mentale; **moral ~** défaut; *V* latent.
2 [dɪ'fekt] *vi* (*Pol*) faire défection. **to ~ from one country to another** s'enfuir d'un pays pour aller dans un autre (*pour raisons politiques*); **to ~ to the West/to another party/to the enemy** passer à l'Ouest/à un autre parti/à l'ennemi.
defection [dɪ'fekʃən] *n* (*Pol*) défection *f*; (*Rel*) apostasie *f*. **his ~ to the East was in all the papers** quand il est passé à l'Est, tous les journaux en ont parlé; **after his ~ from Russia, he lost contact with his family** quand il s'est enfui d'Union Soviétique, il a été coupé de sa famille.
defective [dɪ'fektɪv] **1** *adj* *machine* défectueux; *reasoning* mauvais; *(Med)* déficient; (*Gram*) défectif. **to be ~ in sth** manquer de qch; **~ workmanship** malfaçons *fpl*; *V* mental, mentally. **2** *n* (*Med*) déficient(e) *m(f)*; (*Gram*) mot défectif.
defector [dɪ'fektəʳ] *n* (*Pol*) transfuge *mf*; (*Rel*) apostat *m*.
defence, (*US*) **defense** [dɪ'fens] **1** *n* (a) (*U*) défense *f*, protection *f*; *[action, belief]* justification *f*; (*Jur, Physiol, Psych, Sport*) défense. **in ~ of** à la défense de, pour défendre; (*Brit*) **Secretary (of State) for** *or* **Minister of D~**, (*US*) **Secretary of Defense** ministre *m* de la Défense nationale; (*Brit*) **Department** *or* **Ministry of D~**, (*US*) **Department of Defense** ministère *m* de la Défense nationale; *V* civil.
(b) *défense f.* **~s** (*gen, also Mil: weapons etc*) moyens *mpl* de défense; (*Mil: constructions*) ouvrages défensifs; **the body's ~s against disease** la défense de l'organisme contre la maladie; **as a ~ against** pour se défendre *or* se protéger contre, en guise de défense contre; **to put up a stubborn ~** se défendre obstinément; **his conduct needs no ~** sa conduite n'a pas à être justifiée; **in his ~** (*Jur*) à sa décharge; (*gen*) à sa décharge, pour sa défense; (*Jur*) **witness for the ~** témoin *m* à décharge; (*Jur*) **the case for the ~** la défense.
(c) *[argument, decision]* justification *f*; (*Univ*) *[thesis]* soutenance *f*.
2 *cpd* (*gen*) de défense; *industry, manufacturer etc* travaillant pour la défense nationale; *product, contract* destiné à la défense nationale. (*Jur*) **defence** (*Brit*) *or* **defense** (*US*) **counsel** avocat *m* de la défense; **defence expenditure** dépenses *fpl* militaires; (*Mil*) **the defence forces** les forces défensives, la défense; **defence mechanism** (*Physiol*) système *m* de défense; (*Psych*) défenses *fpl*.
defenceless [dɪ'fenslɪs] *adj* (*lit, fig*) sans défense (*against* contre). **he is quite ~** il est incapable de se défendre, il est sans défense.
defend [dɪ'fend] *vt* *country, town, person* défendre (*against* contre); (*Chess, Jur, Sport*) défendre; (*fig*) *friend* défendre, prendre le parti de; *action, decision, opinion* défendre, justifier. **to ~ o.s.** se défendre (*against* contre); **he is well able to ~ himself** il est très capable de *or* il sait se défendre; **he can't ~ himself** il est incapable de se défendre; (*Univ*) **to ~ a thesis** soutenir une thèse.
defendant [dɪ'fendənt] *n* (*Jur*) défendeur *m*, -deresse *f*; (*on appeal*) intimé(e) *m(f)*; (*in criminal case*) prévenu(e) *m(f)*; (*in assizes court*) accusé(e) *m(f)*.
defender [dɪ'fendəʳ] *n* (*lit, fig*) défenseur *m*; (*Sport*) *[record, title]* détenteur *m*, -trice *f*. (*Brit Hist*) **~ of the faith** défenseur de la foi.

defending [dɪ'fendɪŋ] *adj* (*Sport*) ~ **champion** champion(ne) *m(f)* en titre; (*Jur*) ~ **counsel** avocat *m* de la défense.
defense [dɪ'fens] (*US*) = **defence**.
defensible [dɪ'fensɪbl] *adj* (*lit*) défendable; (*fig*) justifiable, soutenable, défendable.
defensive [dɪ'fensɪv] **1** *adj* (*Mil, fig*) défensif. **2** *n* (*Mil, fig*) défensive *f.* (*lit, fig*) **to be on the** ~ être sur la défensive.
defer¹ [dɪ'fɜːʳ] *vt* (**a**) *journey* différer, reporter, remettre (à plus tard); *meeting* ajourner, reporter; *business* renvoyer; *payment* différer, reculer, retarder; *decision, judgment* suspendre, différer. **to** ~ **doing** différer de *or* à faire; (*Fin*) ~**red annuity** rente *f* à paiement différé; (*Jur, Fin*) ~**red liabilities** dettes *fpl* chirographaires; (*Comm etc*) ~**red payment** paiement *m* par versements échelonnés.
(**b**) (*Mil*) **to** ~ **sb's call-up** mettre qn en sursis (d'incorporation); **to** ~ **sb on medical grounds** réformer qn (pour raisons médicales).
defer² [dɪ'fɜːʳ] *vi* (*submit*) **to** ~ **to sb** déférer (*frm*) à qn, s'incliner devant *or* s'en remettre à la volonté de qn; **to** ~ **to sb's knowledge** s'en remettre aux connaissances de qn; (*Jur*) **to** ~ **to California jurisdiction** accepter la compétence des tribunaux californiens.
deference ['defərəns] *n* déférence *f*, égards *mpl* (*to* pour). **in** ~ **to**, **out of** ~ **for** par déférence *or* égards pour; **with all due** ~ **to you** avec tout le respect que je vous dois, sauf votre respect.
deferential [,defə'renʃəl] *adj person, attitude* respectueux, plein de déférence *or* d'égards; *tone* de déférence. **to be** ~ **to sb** se montrer plein de déférence pour *or* envers qn.
deferentially [,defə'renʃəlɪ] *adv* avec déférence.
deferment [dɪ'fɜːmənt] *n* (*V* **defer¹**) report *m*; ajournement *m*; renvoi *m*; retard *m* (*of* dans); suspension *f.* (*Mil*) **to apply for** ~ faire une demande de sursis (d'incorporation).
defiance [dɪ'faɪəns] *n* défi *m.* **a gesture/act of** ~ un geste/acte de défi; **a** ~ **of our authority** un défi à notre autorité; **his** ~ **of my orders caused the accident** le fait qu'il a défié mes ordres a causé l'accident; **I won't tolerate this** ~ **of my orders** je ne peux pas tolérer cette façon de défier mes ordres; **to act in** ~ of défier, braver, narguer; **in** ~ **of** *the law, instructions* au mépris de; *person* en dépit de, au mépris de.
defiant [dɪ'faɪənt] *adj attitude, tone* de défi, provocant; *reply* provocant; *person* rebelle, intraitable. **to be** ~ **of sth** défier qch.
defiantly [dɪ'faɪəntlɪ] *adv* d'un air *or* d'un ton provocant *or* de défi.
deficiency [dɪ'fɪʃənsɪ] **1** *n* (**a**) [*goods*] manque *m*, insuffisance *f*, défaut *m* (*of* de); (*Med*) (*of iron etc*) carence *f* (*of* en); (*of liver etc*) déficience *f* (*of* de); *V* mental, vitamin *etc.*
(**b**) (*in character, system*) imperfection *f*, faille *f*, faiblesse *f* (*in* dans). **his** ~ **as an administrator** son incompétence en tant qu'administrateur.
(**c**) (*Fin*) déficit *m*, découvert *m.*
2 *cpd*: (*Med*) **deficiency disease** maladie *f* de carence.
deficient [dɪ'fɪʃənt] *adj* (*defective*) défectueux; (*inadequate*) faible (*in* en), insuffisant. **to be** ~ **in sth** manquer de qch.
deficit ['defɪsɪt] *n* (*Fin etc*) déficit *m.*
defile¹ ['diː'faɪl] **1** *n* (*procession; place*) défilé *m.* **2** [dɪ'faɪl] *vi* (*march in file*) défiler.
defile² [dɪ'faɪl] *vt* (*pollute: lit, fig*) souiller (*liter*), salir; (*desecrate*) profaner.
defilement [dɪ'faɪlmənt] *n* (*pollution: lit, fig*) souillure *f* (*liter*); (*desecration*) profanation *f.*
definable [dɪ'faɪnəbl] *adj* définissable.
define [dɪ'faɪn] *vt* (**a**) *word, feeling* définir; *attitude* préciser, définir; *conditions* définir, déterminer; *boundaries, powers, duties* délimiter, définir.
(**b**) (*outline*) dessiner *or* dégager (les formes de). **the tower was clearly** ~**d against the sky** la tour se détachait nettement sur le ciel.
definite ['defɪnɪt] *adj* (**a**) (*exact, clear*) *decision, agreement* bien déterminé, précis, net; *stain, mark* très visible; *improvement* net, manifeste; *intention, order, sale* ferme; *plan* déterminé, précis. **to come to a** ~ **understanding** parvenir à un accord précis *or* à une entente précise (*on sth* sur qch).
(**b**) (*certain*) certain, sûr; *manner, tone* assuré, positif. **is that** ~? (*gen*) c'est certain?, c'est sûr?; (*of sth official*) c'est confirmé?, **it is** ~ **that it is certain que** + *indic*; **is it** ~ **that** ...? c'est-il certain que ...? + *subj*; **she was very** ~ **about it** elle a été catégorique *or* très nette sur la question.
(**c**) (*Gram*) ~ **article** article défini; **past** ~ (**tense**) prétérit *m.*
(**d**) (*Math*) ~ **integral** intégrale définie.
definitely ['defɪnɪtlɪ] *adv* (**a**) (*without doubt*) sans aucun doute, certainement. **he is** ~ **leaving** il part, c'est certain; **oh** ~! absolument!, bien sûr!
(**b**) (*appreciably*) nettement, manifestement. **she is** ~ **more intelligent than** ... elle est nettement *or* manifestement plus intelligente que ... .
(**c**) (*emphatically*) catégoriquement, d'une manière précise *or* bien déterminée. **she said very** ~ **that she was not going out** elle a déclaré catégoriquement qu'elle ne sortirait pas.
definition [,defɪ'nɪʃən] *n* (**a**) [*word, concept*] définition *f.* **by** ~ par définition. (**b**) [*powers, boundaries, duties*] délimitation *f.* (**c**) (*Phot*) netteté *f*; (*TV*) définition *f*; (*Rad etc*) [*sound*] netteté; (*Opt*) [*lens*] (pouvoir *m* de) résolution *f.*
definitive [dɪ'fɪnɪtɪv] *adj study, work* définitif, qui fait autorité; *result* décisif.
definitively [dɪ'fɪnɪtɪvlɪ] *adv* définitivement.
deflate [diː'fleɪt] *vt* (**a**) *tyre* dégonfler. ~**d tyre** pneu dégonflé *or* à plat.
(**b**) (*Fin*) **to** ~ **the currency** provoquer la déflation monétaire; **to** ~ **prices** faire tomber *or* faire baisser les prix.

(**c**) (*) *person* démonter, rabattre le caquet à.
deflation [diː'fleɪʃən] *n* (**a**) (*Econ*) déflation *f.* (**b**) [*tyre, ball*] dégonflement *m.*
deflationary [diː'fleɪʃənərɪ] *adj measures, policy* de déflation, déflationniste.
deflationist [diː'fleɪʃənɪst] *adj* déflationniste.
deflect [dɪ'flekt] **1** *vt ball, projectile* faire dévier; *stream* dériver, détourner; *person* détourner (*from* de). **2** *vi* dévier; [*magnetic needle*] décliner.
deflection [dɪ'flekʃən] *n* [*projectile*] déviation *f*; [*light*] déflexion *f*, déviation; [*magnetic needle*] déclinaison *f* (magnétique), déviation.
deflector [dɪ'flektər] *n* déflecteur *m* (*sauf au sens Aut*).
defloration [,diː'flɔː'reɪʃən] *n* (*lit, fig*) défloration *f.*
deflower [diː'flaʊər] *vt* (**a**) *girl* déflorer. (**b**) (*Bot*) défleurir.
defoliant [diː'fəʊlɪənt] *n* défoliant *m.*
defoliate [diː'fəʊlɪeɪt] *vt* défolier.
defoliation [,diː'fəʊlɪ'eɪʃən] *n* défoliation *f.*
deforest [diː'fɒrɪst] *vt* déboiser.
deforestation [diː,fɒrɪst'eɪʃən] *n* déboisement *m.*
deform [dɪ'fɔːm] *vt outline, structure* déformer; (*Tech*) fausser; (*Anat, Phys*) déformer; *mind, tastes* déformer; *town* défigurer, enlaidir.
deformation [,diː'fɔː'meɪʃən] *n* déformation *f.*
deformed [dɪ'fɔːmd] *adj limb, body* difforme; *person* difforme, contrefait; *mind, structure* déformé, tordu.
deformity [dɪ'fɔːmɪtɪ] *n* [*body*] difformité *f*; [*mind*] déformation *f.*
defraud [dɪ'frɔːd] *vt Customs, state* frauder; *person* escroquer. **to** ~ **sb of sth** escroquer qch à qn, frustrer qn de qch (*Jur*).
defrauder [dɪ'frɔːdər] *n* fraudeur *m*, -euse *f.*
defray [dɪ'freɪ] *vt* (*reimburse*) *expenses* payer, rembourser; (*cover*) *cost* couvrir. **to** ~ **sb's expenses** défrayer qn, rembourser ses frais à qn.
defrayal [dɪ'freɪəl] *n*, **defrayment** [dɪ'freɪmənt] *n* paiement *m or* remboursement *m* des frais.
defrock [diː'frɒk] *vt* défroquer.
defrost [diː'frɒst] **1** *vt refrigerator, windscreen* dégivrer; *meat, vegetables* décongeler. **2** *vi* [*fridge*] se dégivrer; [*frozen food*] se décongeler.
defroster [diː'frɒstər] *n* (*Aut*) dégivreur *m*; (*US*) dispositif *m* antibuée.
deft [deft] *adj hand, movement* habile, preste, adroit. **to be** ~ avoir la main preste.
deftly ['deftlɪ] *adv* adroitement, prestement.
deftness ['deftnɪs] *n* adresse *f*, habileté *f*, dextérité *f.*
defunct [dɪ'fʌŋkt] **1** *adj* (*lit*) défunt, décédé; (*fig*) défunt. **2** *n*: **the** ~ le défunt, la défunte.
defuse [diː'fjuːz] *vt bomb* désamorcer. (*fig*) **to** ~ **the situation** désamorcer la situation.
defy [dɪ'faɪ] *vt* (**a**) *person, law, danger, death* braver, défier.
(**b**) *attack* défier. **it defies description** cela défie toute description; **the window defied all efforts to open it** la fenêtre a résisté à tous nos (*or* leurs) efforts pour l'ouvrir.
(**c**) (*challenge*) **to** ~ **sb to do** défier qn de faire, mettre qn au défi de faire.
degeneracy [dɪ'dʒenərəsɪ] *n* dégénérescence *f.*
degenerate [dɪ'dʒenəreɪt] **1** *vi* [*race, people*] dégénérer (*into* en), s'abâtardir. (*fig*) **the expedition** ~**d into a farce** l'expédition a dégénéré en farce. **2** [dɪ'dʒenərɪt] *adj* dégénéré. **3** [dɪ'dʒenərɪt] *n* dégénéré(e) *m(f).*
degeneration [dɪ,dʒenə'reɪʃən] *n* [*mind, body, morals, race, people*] dégénérescence *f.*
degradation [,degrə'deɪʃən] *n* [*person*] déchéance *f*; [*character*] avilissement *m*; (*Chem, Geol, Mil, Phys*) dégradation *f.* **the** ~ **of having to accept charity** l'humiliation d'avoir à accepter la charité; (*poverty*) **a scene of utter** ~ une scène de misère absolue.
degrade [dɪ'greɪd] *vt* (**a**) *official* dégrader; (*Mil*) dégrader, casser.
(**b**) (*debase*) dégrader. **he felt** ~**d** il se sentait avili *or* dégradé; **he** ~**d himself by accepting it** il s'est dégradé en l'acceptant; **I wouldn't** ~ **myself to do that** je n'irais pas m'abaisser *or* m'avilir à faire cela.
(**c**) (*Chem, Geol, Phys*) dégrader.
degrading [dɪ'greɪdɪŋ] *adj* dégradant, avilissant, humiliant.
degree [dɪ'griː] *n* (**a**) (*Geog, Math*) angle *m* of 90 ~**s** angle *m* de 90 degrés; **40** ~**s east of Greenwich** à 40 degrés de longitude est de Greenwich; **20** ~**s of latitude** 20 degrés de latitude; (*fig*) a **180**—~ **turn** un virage à 180 degrés.
(**b**) [*temperature*] degré *m.* **it was 35** ~**s in the shade** il faisait *or* il y avait 35 (degrés) à l'ombre.
(**c**) (*step in scale*) degré *m*, rang *m*, échelon *m.* **to do sth by** ~**s** faire qch par degrés *or* petit à petit; (*esp Brit*) **to a** ~ énormément, extrêmement, au plus haut point *or* degré; **to some** ~, **to a certain** ~ à un certain degré, jusqu'à un certain point, dans une certaine mesure; **to a high** ~ au plus haut degré, au suprême degré; **not in the least** ~ **angry** pas le moins du monde fâché; **to such a** ~ **that** à (un) tel point que; (*Med*) **first-/second-/third-** ~ **burns** brûlures *fpl* au premier/deuxième/troisième degré; (*US Jur*) **first-** ~ **murder** assassinat *m*; (*US Jur*) **second-** ~ **murder** meurtre *m*; ~**s of kinship** degrés de parenté; *V* **third.**
(**d**) (*amount*) **some** ~ **of freedom, a (certain)** ~ **of freedom** une certaine liberté; **a fairly high** ~ **of error** d'assez nombreuses erreurs, un taux d'erreurs assez élevé; **a considerable** ~ **of doubt** des doutes considérables; **his** ~ **of commitment was low** il ne se sentait pas vraiment engagé à fond.
(**e**) (*Univ*) diplôme *m* (universitaire). (*Arts, Science, Law*) **first** ~ ≃ licence *f*; **higher** ~ (*master's*) ≃ maîtrise *f*; (*doctorate*) ≃ doctorat *m*; ~ **in** licence de; **I'm taking a science** ~ *or* **a** ~ **in science** je fais une licence de sciences; **he got his** ~ il a eu son diplôme; **he**

got his ~ in geography il a eu sa licence de géographie.
   (f) (*Gram*) degré *m.* **three ~s of comparison** trois degrés de comparaison.
   (g) (*liter: position in society*) rang *m.* **of high ~** de haut rang.
   2 *cpd:* (*Brit Univ*) **to do a degree course (in)** faire une licence (de); **the degree course consists of** ... le cursus (universitaire) consiste en ...; (*US pej*) **degree mill** usine *f* à diplômes.
dehumanize [diːˈhjuːmənaɪz] *vt* déshumaniser.
dehydrate [ˌdiːharˈdreɪt] *vt* déshydrater.
dehydrated [ˌdiːharˈdreɪtɪd] *adj* person, skin, vegetables déshydraté; *milk, eggs* en poudre.
dehydration [ˌdiːharˈdreɪʃən] *n* déshydratation *f.*
de-ice [ˈdiːˈaɪs] *vt* (*Aut, Aviat*) dégivrer.
de-icer [ˈdiːˈaɪsər] *n* (*Aut, Aviat*) dégivreur *m.*
de-icing [ˈdiːˈaɪsɪŋ] *n* (*Aut, Aviat*) dégivrage *m.* (*Aut*) ~ **spray** bombe *f* antigel.
deictic [ˈdaɪktɪk] *n* (*Ling*) déictique *m.*
deification [ˌdiːɪfɪˈkeɪʃən] *n* déification *f.*
deify [ˈdiːɪfaɪ] *vt* déifier, diviniser.
deign [deɪn] *vt* daigner (*to do* faire), condescendre (*to do* à faire).
deism [ˈdiːɪzəm] *n* déisme *m.*
deist [ˈdiːɪst] *n* déiste *mf.*
deity [ˈdiːɪtɪ] *n* (a) (*Myth, Rel*) dieu *m*, déesse *f*, divinité *f*, déité *f.* **the D~** Dieu *m.* (b) (*U*) divinité *f.*
deixis [ˈdaɪksɪs] *n* (*Ling*) déixis *f.*
dejected [dɪˈdʒektɪd] *adj* abattu, découragé, déprimé. **to become** *or* **get ~** se décourager, se laisser abattre.
dejection [dɪˈdʒekʃən] *n* abattement *m*, découragement *m.*
dekko‡ [ˈdekəʊ] *n* (*Brit*) petit coup d'œil. **let's have a ~** fais voir ça, on va (y) jeter un œil*.
Delaware [ˈdeləˌwɛər] *n* Delaware *m.* **in ~** dans le Delaware.
delay [dɪˈleɪ] **1** *vt* (a) (*postpone*) action, event retarder, différer; *payment* différer. **~ed effect** effet *m* à retardement; **to ~ doing sth** tarder *or* différer (*frm*) à faire qch, ne pas faire qch à temps.
   (b) (*keep waiting, hold up*) person retarder, retenir; train, plane retarder; traffic retarder, ralentir, entraver. **I don't want to ~ you** je ne veux pas vous retenir *or* retarder.
   2 *vi* s'attarder (*in doing* en faisant). **don't ~!** dépêchez-vous!
   3 *n* (a) (*waiting period*) délai *m*, retard *m.* **with as little ~ as possible** dans les plus brefs délais; **without ~** sans délai; **without further ~** sans plus tarder *or* attendre, sans autre délai; **they arrived with an hour's ~** ils sont arrivés avec une heure de retard.
   (b) (*postponement*) retardement *m*, arrêt *m.* **after 2 or 3 ~s** après 2 ou 3 arrêts; **there will be ~s to trains on the London-Brighton line** on prévoit des retards pour les trains de la ligne Londres-Brighton; **there will be ~s to traffic** la circulation sera ralentie.
   4 *cpd:* **delayed-action** *adj* bomb, fuse à retardement; (*Phot*) **delayed-action shutter** obturateur *m* à retardement.
delaying [dɪˈleɪɪŋ] *adj* action dilatoire, qui retarde. **~ tactics** moyens *mpl* dilatoires.
delectable [dɪˈlektəbl] *adj* délectable, délicieux.
delectation [ˌdiːlekˈteɪʃən] *n* délectation *f.*
delegate [ˈdelɪgeɪt] **1** *vt* authority, power déléguer (*to* à). **to ~ responsibility** déléguer les responsabilités; **to ~ sb to do sth** déléguer qn *or* se faire représenter par qn pour faire qch. **2** [ˈdelɪgɪt] *n* délégué(e) *m(f)* (*to* à). **~ to a congress** congressiste *mf.*
delegation [ˌdelɪˈgeɪʃən] *n* (a) (*U*) [*power*] délégation *f*; [*person*] nomination *f*, désignation *f* (*as* comme). **(b)** (*group of delegates*) délégation *f.*
delete [dɪˈliːt] *vt* (gen) effacer (*from* de); (*score out*) barrer, rayer (*from* de), biffer; (*Gram*) supprimer, effacer. (*on forms etc*) **'~ where inapplicable'** 'rayer les mentions inutiles'.
deleterious [ˌdelɪˈtɪərɪəs] *adj* effect, influence nuisible, délétère (*to* à); gas délétère.
deletion [dɪˈliːʃən] *n* (a) (*U*) effacement *m.* (b) (*thing deleted*) rature *f.*
delft [delft] *n* faïence *f* de Delft. **D~ blue** (*colour*) bleu *m* (de) faïence.
Delhi [ˈdelɪ] *n* Delhi.
deli*‡ [ˈdelɪ] *n* (*abbr of* delicatessen) épicerie fine-traiteur *f.*
deliberate [dɪˈlɪbərɪt] **1** *adj* (a) (*intentional*) action, insult, lie délibéré, voulu, intentionnel. **it wasn't ~** ce n'était pas fait exprès.
   (b) (*cautious, thoughtful*) action, decision bien pesé, mûrement réfléchi; character, judgment réfléchi, circonspect, avisé; (*slow, purposeful*) air, voice décidé; manner, walk mesuré, posé.
   2 [dɪˈlɪbəreɪt] *vi* (a) (*think*) délibérer, réfléchir (*upon* sur).
   (b) (*discuss*) délibérer, tenir conseil.
   3 [dɪˈlɪbəreɪt] *vt* (a) (*study*) réfléchir sur, considérer, examiner.
   (b) (*discuss*) délibérer sur, débattre.
deliberately [dɪˈlɪbərɪtlɪ] *adv* (a) (*intentionally*) do, say exprès, à dessein, délibérément, de propos délibéré. (b) (*slowly, purposefully*) move, talk avec mesure, posément.
deliberation [dɪˌlɪbəˈreɪʃən] *n* (a) (*consideration*) délibération *f*, réflexion *f.* **after due** *or* **careful ~** après mûre réflexion.
   (b) (*discussion: gen pl*) **~s** débats *mpl*, délibérations *fpl.*
   (c) (*slowness*) mesure *f*, manière posée.
deliberative [dɪˈlɪbərətɪv] *adj* (a) speech mûrement réfléchi. (b) **~ assembly** assemblée délibérante.
delicacy [ˈdelɪkəsɪ] *n* (a) (*U: V* delicate) délicatesse *f*, finesse *f*; fragilité *f*; sensibilité *f*; tact *m.* (b) (*tasty food*) mets délicat, friandise *f.* **it's a great ~** c'est un mets très délicat. (c) (*Gram*) syntaxe fine, finesse *f.*
delicate [ˈdelɪkɪt] *adj* (a) (*fine, exquisite*) silk, work délicat, fin; china, flower délicat, fragile; colour délicat. **of ~ workmanship** d'un travail délicat.

   (b) (*Med*) health, person, liver fragile. (*hum*) **in a ~ condition** dans une position intéressante (*hum*).
   (c) (*sensitive*) instrument délicat; compass sensible; touch léger, délicat; person délicat, sensible; (*tactful*) plein de tact, délicat, discret (*f* -ète).
   (d) (*requiring skilful handling*) operation, subject, question, situation délicat.
   (e) food, flavour fin, délicat.
delicately [ˈdelɪkɪtlɪ] *adv* (*V* delicate) touch délicatement; act, say, express avec délicatesse (*or* finesse *or* tact etc).
delicatessen [ˌdelɪkəˈtesn] *n* (a) (*shop*) épicerie fine-traiteur *f.* **(b)** (*food*) plats cuisinés, charcuterie *f.*
delicious [dɪˈlɪʃəs] *adj* dish, smell, person délicieux, exquis.
deliciously [dɪˈlɪʃəslɪ] *adv* délicieusement.
delight [dɪˈlaɪt] **1** *n* (a) (*intense pleasure*) grand plaisir, joie *f*, délectation *f.* **to my ~** à *or* pour ma plus grande joie *or* mon plus grand plaisir; **to take ~ in sth/in doing** prendre grand plaisir à qch/à faire; **with ~** (gen) avec joie; (*more sensual: taste, smell*) avec délices; **to give ~** charmer.
   (b) (*source of pleasure: often pl*) délice *m* (*f in pl*), joie *f*, charme *m.* **she is the ~ of her mother** elle fait les délices *or* la joie de sa mère; **this book is a great ~** ce livre est vraiment merveilleux; **a ~ to the eyes** un régal *or* un plaisir pour les yeux; **he's a ~ to watch** il fait plaisir à voir; **the ~s of life in the open** les charmes *or* les délices de la vie en plein air.
   2 *vt* person réjouir, enchanter, faire les délices de; *V* **delighted.**
   3 *vi* prendre plaisir (*in sth* à qch, *in doing* à faire), se délecter, se complaire (*in doing* à faire). **she ~s in him/it** il/cela lui donne beaucoup de joie.
delighted [dɪˈlaɪtɪd] *adj* ravi, enchanté (*with, at, by* de, par; *to do* de faire; *that* que + *subj*). **absolutely ~!** tout à fait ravi!; **~ to meet you!** enchanté (de faire votre connaissance)!; **will you go?** — (**I shall be**) **~** voulez-vous y aller? — avec grand plaisir *or* je ne demande pas mieux *or* très volontiers.
delightful [dɪˈlaɪtfʊl] *adj* person, character, smile délicieux, charmant; evening, landscape, city, appearance, dress ravissant. **it's ~ to live like this** c'est merveilleux de vivre ainsi.
delightfully [dɪˈlaɪtfəlɪ] *adv* friendly, vague délicieusement; arranged, decorated d'une façon ravissante; smile, behave de façon charmante.
Delilah [dɪˈlaɪlə] *n* Dalila *f.*
delimit [diːˈlɪmɪt] *vt* délimiter.
delimitation [ˌdiːlɪmɪˈteɪʃən] *n* délimitation *f.*
delineate [dɪˈlɪnɪeɪt] *vt* (a) (*lit*) outline etc délinéer, tracer. **mountains clearly ~d** montagnes qui se détachent clairement à l'horizon. (b) plan etc (*present*) présenter; (*in more detail*) énoncer en détail; (*with diagram etc*) représenter graphiquement. (c) (*fig*) character représenter, dépeindre, décrire.
delineation [dɪˌlɪnɪˈeɪʃən] *n* [*outline*] dessin *m*, tracé *m*; [*plan*] présentation *f* (détaillée); [*character*] description *f*, peinture *f.*
delinquency [dɪˈlɪŋkwənsɪ] *n* (a) (*U*) délinquance *f*; *V* juvenile. **(b)** (*act of ~*) faute *f*, délit *m.*
delinquent [dɪˈlɪŋkwənt] **1** *adj* délinquant; *V* juvenile. **2** *n* délinquant(e) *m(f)*; (*fig*) coupable *mf*, fautif *m*, -ive *f.*
deliquescence [ˌdelɪˈkwesəns] *n* déliquescence *f.*
delirious [dɪˈlɪrɪəs] *adj* (*Med*) qui a le délire, délirant; (*fig: very excited*) en proie au délire. **to be ~** (*Med*) délirer, avoir le délire; (*fig*) [*individual*] délirer de joie; [*crowd*] être en délire; (*Med, fig*) **to become** *or* **grow ~** être pris de délire; **~ with joy** délirant de joie.
deliriously [dɪˈlɪrɪəslɪ] *adv* (*Med*) en délire; (*fig*) frénétiquement. **~ happy** débordant *or* transporté de joie.
delirium [dɪˈlɪrɪəm] *n* (*Med, fig*) délire *m.* **bout of ~** accès *m* de délire; **~ tremens** delirium *m* tremens.
deliver [dɪˈlɪvər] *vt* (a) (*take*) remettre (*to* à); *letters etc* distribuer (*à domicile*); goods livrer. **to ~ a message to sb** remettre un message à qn; **milk is ~ed each day** le lait est livré tous les jours; (*Comm*) **'we ~ daily'** 'livraisons quotidiennes'; **'~ed free'** 'livraison gratuite'; **I will ~ the children to school tomorrow** j'emmènerai les enfants à l'école demain; **to ~ a child (over) into sb's care** confier un enfant aux soins de qn; (*fig*) **to ~ the goods*** tenir parole, tenir ses promesses.
   (b) (*rescue*) délivrer, sauver, retirer (*sb from sth* qn de qch). **~ us from evil** délivrez-nous du mal.
   (c) (*utter*) speech, sermon prononcer. **to ~ an ultimatum** lancer un ultimatum; (*frm*) **to ~ o.s. of an opinion** émettre une opinion.
   (d) (*Med*) baby mettre au monde; woman (faire) accoucher. (*frm*) **to be ~ed of a son** accoucher d'un fils.
   (e) (*hand over: also* **~ over, ~ up**) céder, remettre, transmettre. **to ~ a town (up** *or* **over) into the hands of the enemy** livrer une ville à l'ennemi; *V* stand.
   (f) blow porter, assener.
   2 *vi* (*: keep promise*) [*person, nation*] tenir parole, tenir ses promesses (*on sth* quant à qch); [*machine etc*] faire le travail.
deliverance [dɪˈlɪvərəns] *n* (a) (*U*) délivrance *f*, libération *f* (*from* de). (b) (*statement of opinion*) déclaration *f* (formelle); (*Jur*) prononcé *m* (du jugement).
deliverer [dɪˈlɪvərər] *n* (a) (*saviour*) sauveur *m*, libérateur *m*, -trice *f.* (b) (*Comm*) livreur *m.*
delivery [dɪˈlɪvərɪ] **1** *n* (a) [*goods*] livraison *f*; [*parcels*] remise *f*, livraison; [*letters*] distribution *f.* **to take ~ of** prendre livraison de; **to pay on ~** payer à la *or* sur livraison; **payable on ~** payable à la livraison; (*Comm*) **price on ~** (gen) prix *m* à la livraison; [*car*] prix clés en main; *V* charge, free etc.
   (b) (*Med*) accouchement *m.*
   (c) (*U*) [*speaker*] débit *m*, élocution *f*; [*speech*] débit. **his speech was interesting but his ~ dreary** son discours était intéressant mais son débit monotone.

2 *cpd:* **delivery man** livreur *m*; **delivery note** bulletin *m* de livraison; **delivery order** bon *m* de livraison; *(Med)* **delivery room** salle *f* de travail *or* d'accouchement; **delivery service** service *m* de livraison; **delivery time** délai *m* de livraison; **delivery truck,** *(Brit)* **delivery van** voiture *f* de livraison.
dell [del] *n* vallon *m*.
delouse ['di:'laʊs] *vt person, animal* épouiller; *object* ôter les poux de.
Delphi ['delfaɪ] *n* Delphes.
Delphic ['delfɪk] *adj oracle* de Delphes; *(fig liter)* obscur.
delphinium [del'fɪnɪəm] *n* pied-d'alouette *m*, delphinium *m*.
delta ['deltə] **1** *n* delta *m*. **2** *cpd:* *(Aviat)* **delta-winged** à ailes (en) delta.
deltoid ['deltɔɪd] *adj, n* deltoïde *(m)*.
delude [dɪ'lu:d] *vt* tromper, duper *(with* par), induire en erreur *(with* par). **to ~ sb into thinking that** amener qn à penser *(par des mensonges)* que, faire croire à qn *(par des mensonges)* que; **to ~ o.s.** se faire des illusions, se leurrer, se bercer d'illusions.
deluded [dɪ'lu:dɪd] *adj:* **to be ~** être victime d'illusions, avoir été induit en erreur; **the poor ~ boy said ...** le pauvre garçon, dans son erreur, dit ... .
deluding [dɪ'lu:dɪŋ] *adj* trompeur, illusoire.
deluge ['delju:dʒ] **1** *n (lit)* déluge *m*, inondation *f*; *(fig)* déluge. **the D~** le déluge; **a ~ of rain** une pluie diluvienne; **a ~ of protests** un déluge de protestations; **a ~ of letters** une avalanche de lettres. **2** *vt (lit, fig)* inonder, submerger *(with* de).
delusion [dɪ'lu:ʒən] *n (false belief)* illusion *f*; *(Psych)* fantasme *m*, hallucination *f*, psychose *f* paranoïaque. **to suffer from ~s** être en proie à des fantasmes; **to be under a ~** se faire illusion, s'abuser; **~s of grandeur** illusions de grandeur; **happiness is a ~** le bonheur est une illusion.
delusive [dɪ'lu:sɪv] *adj* = **deluding.**
delusiveness [dɪ'lu:sɪvnɪs] *n* caractère trompeur *or* illusoire.
de luxe [dɪ'lʌks] *adj (gen)* de luxe, somptueux. **a ~ flat** un appartement (de) grand standing; *(car, machine)* **~ model** modèle *m* (de) grand luxe.
delve [delv] *vi* **(a)** *(into book etc)* fouiller *(into* dans). **to ~ into a subject** creuser *or* approfondir un sujet, étudier un sujet à fond; **to ~ (down) into the past** fouiller le passé. **(b)** *(in drawer etc)* fouiller *(into* dans). **to ~ into one's pockets** *(lit)* fouiller dans ses poches; *(fig)* mettre la main au portefeuille. **(c)** *(dig)* creuser *(into* dans); *(with spade)* bêcher.
Dem. *(US Pol)* **1** *n abbr of* **Democrat. 2** *adj abbr of* **Democratic.**
demagnetize [,di:'mægnɪtaɪz] *vt* démagnétiser.
demagogic [,demə'gɒgɪk] *adj* démagogique.
demagogue ['deməgɒg] *n* démagogue *m*.
demagoguery ['demə'gɒgərɪ] *n (US)* agissements *mpl or* méthodes *fpl* de démagogue, démagogie *f*.
demagogy ['deməgɒgɪ] *n* démagogie *f*.
de-man [,di:'mæn] *vt* **(a)** *(Brit: reduce manpower)* réduire *or* dégraisser les effectifs de. **(b)** *(deprive of virility)* déviriliser.
demand [dɪ'mɑ:nd] **1** *vt money, explanation, help* exiger, réclamer *(from, of* de); *higher pay etc* revendiquer, réclamer. **to ~ to do** exiger de faire, demander expressément à faire; **he ~s to be obeyed** il exige qu'on lui obéisse; **he ~s that you leave at once** il exige que vous partiez *(subj)* tout de suite; **a question/situation that ~s our attention** une question/une situation qui réclame *or* exige notre attention.
2 *n* **(a)** *[person]* exigence(s) *f(pl)*, demande *f*; *[duty, problem, situation etc]* exigence(s); *(claim)* *(for better pay etc)* revendication *f*, réclamation *f*; *(for help, money)* demande. **payable on ~** payable sur demande *or* sur présentation; **final ~** *(for payment)* dernier avertissement *(d'avoir à payer)*; **to make ~s on sb** exiger beaucoup de qn *or* de la part de qn; **you make too great ~s on my patience** vous abusez de ma patience; **the ~s of the case** les nécessités *fpl* du cas; **I have many ~s on my time** je suis très pris, mon temps est très pris.
(b) *(U: Comm, Econ)* demande *f*. **to be in great ~** être très demandé *or* recherché; **the ~ for this product increases** ce produit est de plus en plus demandé; **to create a ~ for a product** créer la demande pour un produit; **do you stock suede hats? — no, there's no ~ for them** avez-vous des chapeaux en daim? — non, ils ne sont pas demandés; *V* **supply¹.**
3 *cpd:* *(Fin)* **demand bill** *or* **draft** bon *m or* effet *m* à vue; **demand feeding** alimentation *f* libre; **demand liabilities** engagements *mpl* à vue; *(Econ)* **demand management** contrôle *m* (gouvernemental) de la demande; **demand note** = **demand bill.**
demanding [dɪ'mɑ:ndɪŋ] *adj person* exigeant, difficile; *work* exigeant, astreignant. **physically ~** qui demande beaucoup de résistance (physique).
demarcate ['di:mɑ:keɪt] *vt* tracer la *or* une ligne de démarcation entre *or* de, délimiter.
demarcation [,di:mɑ:'keɪʃən] *n* démarcation *f*, délimitation *f*. **~ line** ligne *f* de démarcation; **~ dispute** conflit *m* d'attributions.
démarche ['deɪmɑ:ʃ] *n* démarche *f*, mesure *f*.
demean [dɪ'mi:n] *vt:* **to ~ o.s.** s'abaisser *(to do* à faire), s'avilir, se ravaler.
demeaning [dɪ'mi:nɪŋ] *adj* avilissant, abaissant.
demeanour, *(US)* **demeanor** [dɪ'mi:nər] *n (behaviour)* comportement *m*, attitude *f*, conduite *f*; *(bearing)* maintien *m*.
demented [dɪ'mentɪd] *adj (Med)* dément, en démence; *(*)* fou *(f* folle), insensé. *(Med)* **to become ~** tomber en démence; **to drive sb ~** rendre qn fou, faire perdre la tête à qn.
dementedly [dɪ'mentɪdlɪ] *adv* comme un fou *(f* une folle).
dementia [dɪ'menʃɪə] *n* démence *f*. **~ praecox** démence précoce; *V* **senile.**
demerara [,demə'rɛərə] *n (Brit: also* **~ sugar)** sucre roux (cristallisé), cassonade *f*.

demerit [di:'merɪt] *n* démérite *m*, tort *m*, faute *f*. *(US Scol)* **~ (point)** avertissement *m*, blâme *m*.
demesne [dɪ'meɪn] *n* domaine *m*, terre *f*; *(Jur)* possession *f*. *(Jur)* **to hold sth in ~** posséder qch en toute propriété.
demi... ['demɪ] *pref* demi-. **~god** demi-dieu *m*.
demijohn ['demɪdʒɒn] *n* dame-jeanne *f*, bonbonne *f*.
demilitarization ['di:,mɪlɪtəraɪ'zeɪʃən] *n* démilitarisation *f*.
demilitarize [di:'mɪlɪtəraɪz] *vt* démilitariser.
demise [dɪ'maɪz] **1** *n* **(a)** *(death: frm, hum)* décès *m*, mort *f*; *(fig: of institution, custom etc)* mort, fin *f*.
(b) *(Jur)* *(by legacy)* cession *f or* transfert *m* par legs, transfert par testament; *(by lease)* transfert par bail. **~ of the Crown** transmission *f* de la Couronne *(par décès ou abdication)*.
2 *vt (Jur) estate* léguer; *the Crown, sovereignty* transmettre.
demisemiquaver ['demɪsemɪ,kweɪvər] *n (Brit)* triple croche *f*.
demist [di:'mɪst] *vt* désembuer.
demister [di:'mɪstər] *(Brit Aut)* dispositif *m* antibuée.
demisting [di:'mɪstɪŋ] *n* désembuage *m*.
demitasse ['demɪtæs] *n (US) (cup)* tasse *f* (à moka); *(contents)* (tasse de) café noir.
demo* ['deməʊ] *n* **(a)** *(Brit abbr of* **demonstration)** manif* *f*. **(b)** *(US)* = **demonstration model;** *V* **demonstration 2. (c)** *(US)* = **demolition worker;** *V* **demolition 2.**
demob* ['di:'mɒb] *vt, n (Brit) abbr of* **demobilize, demobilization.**
demobilization ['di:,məʊbɪlaɪ'zeɪʃən] *n* démobilisation *f*.
demobilize [di:'məʊbɪlaɪz] *vt* démobiliser.
democracy [dɪ'mɒkrəsɪ] *n* démocratie *f*. **they are working towards ~** ils sont en train de se démocratiser; *V* **people.**
democrat ['deməkræt] *n* démocrate *mf*. *(US Pol)* **D~** démocrate.
democratic [,demə'krætɪk] *adj institution, spirit* démocratique; *(believing in democracy)* démocrate. *(US Pol)* **the D~ Party** le parti démocrate; **The D~ Republic of ...** la République démocratique de ... .
democratically [,demə'krætɪkəlɪ] *adv* démocratiquement. **to be ~ minded** avoir l'esprit démocrate.
democratize [dɪ'mɒkrətaɪz] **1** *vt* démocratiser. **2** *vi* se démocratiser.
demographer [dɪ'mɒgrəfər] *n* démographe *mf*.
demographic [,demə'græfɪk] *adj* démographique.
demography [dɪ'mɒgrəfɪ] *n* démographie *f*.
demolish [dɪ'mɒlɪʃ] *vt building* démolir, abattre; *fortifications* démanteler; *(fig) theory* démolir, détruire; *(*)* *cake* liquider*, dire deux mots à*.
demolisher [dɪ'mɒlɪʃər] *n (lit, fig)* démolisseur *m*.
demolition [,demə'lɪʃən] **1** *n* démolition *f*. **2** *cpd:* **demolition area** = **demolition zone; demolition squad** équipe *f* de démolition; **demolition work** démolition *f*; **demolition worker** démolisseur *m*; **demolition zone** zone *f* de démolition.
demon ['di:mən] *n (all senses)* démon *m*. **the D~** le Démon; **the D~ drink** le démon de la boisson; **that child's a ~!*** cet enfant est un petit démon!; **to be a ~ for work** être un bourreau de travail.
demonetization [di:,mʌnɪtaɪ'zeɪʃən] *n* démonétisation *f*.
demonetize [di:'mʌnɪtaɪz] *vt* démonétiser.
demoniac [dɪ'məʊnɪæk] *adj, n* démoniaque *(mf)*.
demoniacal [,di:məʊ'naɪəkəl] *adj* démoniaque, diabolique. **~ possession** possession *f* diabolique.
demonology [,di:mə'nɒlədʒɪ] *n* démonologie *f*.
demonstrable ['demənstrəbl] *adj* démontrable.
demonstrably ['demənstrəblɪ] *adv* visiblement, manifestement, de façon évidente. **a ~ false statement** une affirmation dont la fausseté est facilement démontrable.
demonstrate ['demənstreɪt] **1** *vt* **(a)** *truth, need* démontrer, prouver. **to ~ that ...** démontrer *or* prouver que ... .
(b) *appliance* faire une démonstration de; *system* expliquer, décrire. **to ~ how sth works** montrer le fonctionnement de qch; **to ~ how to do sth** montrer comment faire qch.
2 *vi (Pol etc)* manifester, faire *or* organiser une manifestation *(for* pour, *in favour of* en faveur de, *against* contre).
demonstration [,demən'streɪʃən] **1** *n* **(a)** *(U)* *[truth etc]* démonstration *f*.
(b) *(Comm)* démonstration *f*. **to give a ~ (of)** faire une démonstration (de).
(c) *(Pol etc)* manifestation *f*. **to hold a ~** manifester, faire *or* organiser une manifestation.
(d) *[love, affection]* manifestations *fpl*, témoignage(s) *m(pl)*.
2 *cpd car, lecture* de démonstration. *[car, machine etc]* **demonstration model** modèle *m* de démonstration.
demonstrative [dɪ'mɒnstrətɪv] *adj behaviour, person* démonstratif, expansif; *(Gram, Math, Philos)* démonstratif.
demonstrator ['demənstreɪtər] *n (Comm)* démonstrateur *m*, -trice *f*; *(Educ)* préparateur *m*, -trice *f*; *(Pol)* manifestant(e) *m(f)*.
demoralization [dɪ,mɒrəlaɪ'zeɪʃən] *n* démoralisation *f*, découragement *m*.
demoralize [dɪ'mɒrəlaɪz] *vt* démoraliser, décourager. **to become ~d** perdre courage *or* le moral*.
demoralizing [dɪ'mɒrəlaɪzɪŋ] *adj* démoralisant.
demote [dɪ'məʊt] *vt (also Mil)* rétrograder.
demotic [dɪ'mɒtɪk] **1** *adj* **(a)** *(of the people)* populaire. **(b)** *(Ling)* démotique. **2** *n* démotique *m*.
demotion [dɪ'məʊʃən] *n* rétrogradation *f*.
demulcent [dɪ'mʌlsənt] *adj, n (Med)* émollient *(m)*, adoucissant *(m)*.
demur [dɪ'mɜ:r] **1** *vi* hésiter *(at sth* devant qch, *at doing* à faire), faire *or* soulever des difficultés *(at doing* pour faire), élever des objections *(at sth* contre qch); *(Jur)* opposer une exception.

2 *n* hésitation *f*, objection *f*. **without ~** sans hésiter, sans faire de difficultés.

demure [dɪˈmjʊəʳ] *adj smile, look* modeste, sage, réservé; *girl* modeste, sage; *child* très sage. **a ~ hat** un petit chapeau bien sage.

demurely [dɪˈmjʊəlɪ] *adv* modestement, sagement, avec réserve; *(coyly)* avec une modestie affectée.

demureness [dɪˈmjʊənɪs] *n (V demure)* air *m* modeste; sagesse *f*.

demurrage [dɪˈmʌrɪdʒ] *n (Jur)* surestarie *f*. **goods in ~** marchandises *fpl* en souffrance (sur le quai).

demurrer [dɪˈmʌrəʳ] *n (Jur)* ≃ exception *f* péremptoire.

demystification [diːˌmɪstɪfɪˈkeɪʃən] *n* démystification *f*.

demystify [diːˈmɪstɪˌfaɪ] *vt* démystifier.

demythification [diːˌmɪθɪfɪˈkeɪʃən] *n* démythification *f*.

demythify [diːˈmɪθɪˌfaɪ] *vt* démythifier.

den [den] *n* **(a)** *[lion, tiger]* tanière *f*, antre *m*; *[thieves]* repaire *m*, antre. *(lit, fig)* **the lion's ~** l'antre du lion; **~ of iniquity** *or* vice lieu *m* de perdition *or* de débauche; *V* gambling, opium. **(b)** *(*: room, study)* antre *m*, turne* *f*, piaule* *f*.
◆**den up** *vi (US)* se retirer dans sa piaule*.

denationalization [diːˌnæʃnəlaɪˈzeɪʃən] *n* dénationalisation *f*.

denationalize [diːˈnæʃnəlaɪz] *vt* dénationaliser.

denature [diːˈneɪtʃəʳ] *vt* dénaturer.

dengue [ˈdeŋɡɪ] *n* dengue *f*.

denial [dɪˈnaɪəl] *n* **(a)** *[rights, truth]* dénégation *f*; *[report, accusation]* démenti *m*; *[guilt]* dénégation; *[authority]* répudiation *f*, rejet *m*, reniement *m*. **~ of justice** déni *m* (de justice); **~ of self** abnégation *f*; **he met the accusation with a flat ~** il a nié catégoriquement l'accusation; **to issue a ~** publier un démenti.
(b) Peter's ~ of Christ le reniement du Christ par Pierre.

denier [ˈdenɪəʳ] *n* **(a)** *(weight)* denier *m*. **25 ~ stockings** bas *mpl* de 25 deniers. **(b)** *(coin)* denier *m*.

denigrate [ˈdenɪɡreɪt] *vt* dénigrer, discréditer.

denigration [ˌdenɪˈɡreɪʃən] *n* dénigrement *m*.

denim [ˈdenɪm] *n (for jeans, skirts etc)* (toile *f* de) jean *m*; *(heavier: for uniforms, overalls etc)* treillis *m*; *(Dress)* **~s** *(trousers)* blue-jean *m*, jean; *(workman's overalls)* bleus *mpl* de travail.

denizen [ˈdenɪzn] *n* **(a)** *(inhabitant)* habitant(e) *m(f)*. **~s of the forest** habitants *or* hôtes *mpl (liter)* des forêts. **(b)** *(Brit Jur)* étranger *m*, -ère *f* (ayant droit de cité). **(c)** *(naturalized plant/animal)* plante *f*/animal *m* acclimaté(e).

Denmark [ˈdenmɑːk] *n* Danemark *m*.

denominate [dɪˈnɒmɪneɪt] *vt* dénommer.

denomination [dɪˌnɒmɪˈneɪʃən] *n* **(a)** *(group)* groupe *m*, catégorie *f*; *(Rel)* confession *f*; *[money]* valeur *f*; *[weight, measure]* unité *f*. **(b)** *(U)* dénomination *f*, appellation *f*.

denominational [dɪˌnɒmɪˈneɪʃənl] *adj (Rel)* confessionnel, appartenant à une confession. *(US)* **~ college** université confessionnelle; *(US)* **~ school** école *f* libre *or* confessionnelle.

denominative [dɪˈnɒmɪnətɪv] *adj, n* dénominatif *(m)*.

denominator [dɪˈnɒmɪneɪtəʳ] *n* dénominateur *m*; *V* common.

denotation [ˌdiːnəʊˈteɪʃən] *n* **(a)** *(U) (gen; also Ling, Philos)* dénotation *f*; *(meaning)* signification *f*. **(b)** *(symbol)* indices *mpl*, signes *mpl*.

denotative [dɪˈnəʊtətɪv] *adj (Ling)* dénotatif.

denote [dɪˈnəʊt] *vt (indicate)* dénoter, marquer, indiquer; *(mean)* signifier; *(Ling, Philos)* dénoter.

denounce [dɪˈnaʊns] *vt* **(a)** *(speak against) person* dénoncer *(to* à); *action* dénoncer. **to ~ sb as an impostor** accuser publiquement qn d'imposture.
(b) *(repudiate) treaty* dénoncer.

denouncement [dɪˈnaʊnsmənt] *n* = **denunciation**.

denouncer [dɪˈnaʊnsəʳ] *n* dénonciateur *m*, -trice *f*.

dense [dens] *adj* **(a)** *fog, forest* dense, épais *(f* -aisse); *crowd* dense, compact; *population* nombreux, dense. **(b)** *(Opt, Phot)* opaque. **(c)** *(*: stupid) person* bête, obtus, bouché*. **(d)** *(US: meaningful)* profond.

densely [ˈdenslɪ] *adv:* **~ wooded** couvert de forêts épaisses; **~ populated** très peuplé, à forte densité de population.

denseness [ˈdensnɪs] *n* **(a)** = **density**. **(b)** *(*)* stupidité *f*.

densitometer [ˌdensɪˈtɒmɪtəʳ] *n* densitomètre *m*.

density [ˈdensɪtɪ] *n (Phys)* densité *f*; *[fog]* densité, épaisseur *f*; *[population]* densité.

dent [dent] **1** *n (in wood)* entaille *f*; *(in metal)* bosse *f*, bosselure *f*. *(Aut)* **to have a ~ in the bumper** avoir le pare-choc bosselé *or* cabossé; **his holiday in Rome made a ~ in his savings*** ses vacances à Rome ont fait un trou dans *or* ont écorné ses économies.
2 *vt hat* cabosser; *car* bosseler, cabosser; *wood* entailler.

dental [ˈdentl] **1** *adj* **(a)** *treatment, school* dentaire. **~ floss** fil *m* dentaire; **~ hygienist** assistant(e) *m(f)* de dentiste; **~ receptionist** réceptionniste *f* dans un cabinet dentaire; **~ surgery** cabinet *m* dentaire *or* de dentiste; **~ surgeon** chirurgien *m* dentiste; **~ technician** mécanicien *m* dentiste.
(b) *(Ling)* dental.
2 *n (Ling)* dentale *f*.

dentifrice [ˈdentɪfrɪs] *n* dentifrice *m*.

dentine [ˈdentiːn] *n* dentine *f*.

dentist [ˈdentɪst] *n* dentiste *mf*. **~'s chair** fauteuil *m* de dentiste; **~'s surgery** cabinet *m* dentaire *or* de dentiste.

dentistry [ˈdentɪstrɪ] *n* dentisterie *f*. **to study ~** faire des études dentaires, faire l'école dentaire.

dentition [denˈtɪʃən] *n* dentition *f*.

denture [ˈdentʃəʳ] *n* dentier *m*, râtelier *m* (†, *hum)*.

denude [dɪˈnjuːd] *vt (lit, fig)* dénuder, dépouiller.

denunciation [dɪˌnʌnsɪˈeɪʃən] *n* **(a)** *[person]* dénonciation *f*; *(in public)* accusation publique, condamnation *f*; *[action]* dénonciation. **(b)** *[treaty]* dénonciation *f*.

denunciator [dɪˈnʌnsɪeɪtəʳ] *n* dénonciateur *m*, -trice *f*.

deny [dɪˈnaɪ] *vt* **(a)** *(repudiate)* nier *(having done* avoir fait, *that* que + *indic or subj)*; *fact, accusation* nier, refuser d'admettre; *sb's authority* rejeter. **there is no ~ing it** c'est indéniable; **I'm not ~ing the truth of it** je ne nie pas que ce soit vrai.
(b) *(refuse)* **to ~ sb sth** refuser qch à qn, priver qn de qch; **he was denied admittance** on lui a refusé l'entrée; **to ~ o.s. cigarettes** se priver de cigarettes; **to ~ sb the right to do** refuser *or* dénier à qn le droit de faire.
(c) *(disown) leader, religion* renier.

deodorant [diːˈəʊdərənt] *adj, n* déodorant *(m)*, désodorisant *(m)*.

deodorize [diːˈəʊdəraɪz] *vt* désodoriser.

deontology [ˌdiːɒnˈtɒlədʒɪ] *n* déontologie *f*.

deoxidize [diːˈɒksɪdaɪz] *vt* désoxyder.

deoxyribonucleic [diːˌɒksɪˈraɪbəʊnjuːˌkliːɪk] *adj:* **~ acid** acide *m* désoxyribonucléique.

depart [dɪˈpɑːt] **1** *vi* **(a)** *(go away) [person]* partir, s'en aller; *[bus, plane, train etc]* partir. **to ~ from a city** quitter une ville, partir *or* s'en aller d'une ville; **to be about to ~** être sur le *or* son départ; *(on timetable etc)* **'~ing London at 12.40'** 'départ de Londres (à) 12.40'.
(b) *(fig)* **to ~ from** *(gen)* s'écarter de; *(from habit, principle, the truth)* faire une entorse à.
2 *vt (liter)* **to ~ this world** *or* **this life** quitter ce monde, trépasser *(liter)*.

departed [dɪˈpɑːtɪd] **1** *adj* **(a)** *(liter: dead)* défunt. **the ~ leader** le chef défunt, le défunt chef. **(b)** *(bygone) glory, happiness* passé; *friends* disparu. **2** *n (liter)* **the ~** le défunt, la défunte, les défunts *mpl*.

department [dɪˈpɑːtmənt] **1** *n (government ~)* ministère *m*, département *m*; *(Ind)* service *m*; *[shop, store]* rayon *m*; *[smaller shop]* comptoir *m*; *(Scol)* section *f*; *(Univ)* ≃ U.E.R. *f (Unité d'études et de recherches)*, département; *(French Admin, Geog)* département; *(fig: field of activity)* domaine *m*, rayon. *(Admin)* **D~ of Health** ministère de la Santé; *(Ind)* **he works in the sales ~** il travaille au service des ventes; **which government ~ is involved?** de quel ministère *or* département cela relève-t-il?; **in all the ~s of public service** dans tous les services publics; *(Comm)* **the shoe ~** le rayon des chaussures; **the French D~** *(Scol)* la section de français; *(Univ)* l'U.E.R. *or* le département de français; **gardening is my wife's ~*** le jardinage c'est le rayon de ma femme; *V* head, state, trade etc.
2 *cpd:* *(Univ)* **department chairman** *or* **head** ≃ directeur *m*, -trice *f* d'U.E.R.; **department store** grand magasin.

departmental [ˌdiːpɑːtˈmentl] *adj (V department)* d'un *or* du ministère *or* département *or* service; d'une *or* de la section; *[France]* départemental. *[shop]* **~ manager** chef *m* de rayon.

departmentalization [ˌdiːpɑːtˌmentəlaɪˈzeɪʃən] *n* organisation *f* en départements.

departmentalize [ˌdiːpɑːtˈmentəlaɪz] *vt* organiser en départements.

departure [dɪˈpɑːtʃəʳ] **1** *n* **(a)** *(from place) [person, vehicle]* départ *m*; *[from job]* départ, démission *f*. **on the point of ~** sur le point de partir, sur le départ; *V* arrival etc.
(b) *(from custom, principle)* dérogation *f*, entorse *f (from* à); *(from law)* manquement *m (from* à). **a ~ from the norm** une exception à la règle, un écart par rapport à la norme; **a ~ from the truth** une entorse à la vérité.
(c) *(change of course, action)* nouvelle voie *or* orientation *or* direction; *(Comm: new type of goods)* nouveauté *f*, innovation *f*. **it's a new ~ in biochemistry** c'est une nouvelle voie qui s'ouvre en *or* pour la biochimie.
(d) *(liter: death)* trépas *m (liter)*.
2 *cpd preparations etc* de départ. *(Aviat, Rail)* **departure board** horaire *m* des départs; *(Aviat)* **departure gate** porte *f* (de départ); *(Aviat, Rail)* **departure indicator** horaire *m* des départs; *(Ling)* **departure language** langue-source *f*; *(Aviat)* **departure lounge** salle *f* d'embarquement; *(Rail)* **departure platform** quai *m* de départ; *(Rail)* **departure signal** signal *m* de départ; **departure time** heure *f* de départ.

depend [dɪˈpend] *impers vi* dépendre *(on sb/sth* de qn/qch). **it all ~s, that ~s** cela dépend, c'est selon*; **it ~s on you whether he comes or not** cela dépend de vous *or* il ne tient qu'à vous qu'il vienne ou non; **it ~s (on) whether he will do it** *or* **not** cela dépend s'il veut le faire ou non; **it ~s (on) what you mean** cela dépend de ce que vous voulez dire *(by* par); **~ing on what happens tomorrow ...** selon ce qui se passera demain ... .
◆**depend (up)on** *vt fus* **(a)** *(rely on)* compter sur, se fier à, se reposer sur. **you can always depend (up)on him** on peut toujours compter sur lui *or* se fier à lui; **you may depend (up)on his coming** vous pouvez compter qu'il viendra *or* compter sur sa venue; **I'm depending (up)on you to tell me what he wants** je me fie à vous *or* je compte sur vous pour savoir ce qu'il veut; **you can depend (up)on it** soyez-en sûr, je vous le promets *or* garantis; **you can depend (up)on it that he'll do it wrong again** tu peux être sûr (et certain*) qu'il le fera de nouveau de travers.
(b) *(need support or help from)* dépendre de. **he depends (up)on his father for pocket money** il dépend de son père pour son argent de poche; **I'm depending (up)on you for moral support** votre appui moral m'est indispensable; **your success depends (up)on your efforts** votre succès dépendra de vos efforts.

dependability [dɪˌpendəˈbɪlɪtɪ] *n [machine]* sécurité *f* de fonctionnement; *[person]* sérieux *m*. **his ~ is well-known** tout le monde sait qu'on peut compter sur lui.

dependable [dɪˈpendəbl] *adj person* sérieux, sûr, sur qui on peut compter; *mechanism* fiable; *information* sûr. **this is a really ~ car** on peut vraiment avoir confiance en cette voiture, c'est vraiment une voiture solide; **he is not ~** on ne peut pas compter sur lui *or* se fier à lui *or* lui faire confiance.

dependant [dɪ'pendənt] n personne f à charge, charge f de famille **he had many ~s** il avait de nombreuses personnes à (sa) charge.
dependence [dɪ'pendəns] n (a) (state of depending: also **dependency**) dépendance f (on à, à l'égard de, envers), sujétion f (on à). ~ **on one's parents** dépendance à l'égard de or envers ses parents; ~ **on drugs** (situation f or état m de) dépendance à l'égard de la drogue; **to place ~ on sb** faire confiance à or se fier à qn.
(b) ~ **of success upon effort** rapport m or dépendance f entre le succès et l'effort.
dependency [dɪ'pendənsɪ] n (a) = **dependence a.** (Jur) ~ **allowance** indemnité f pour charges de famille. (b) (Ling) **dépendance** f. ~ **grammar** grammaire dépendancielle. (c) (country) dépendance f, colonie f.
dependent [dɪ'pendənt] **1** adj (a) (person **dépendant** (on de); child, relative à charge; condition, decision **dépendant** (on de), subordonné (on à). **to be ~ on charity** dépendre de la charité, subsister de charité; **to be (financially) ~ on sb** vivre aux frais de qn, être à la charge de qn, dépendre de qn financièrement; **to be ~ on one another** dépendre l'un de l'autre; **to be ~ on drugs** avoir une dépendance psychologique à l'égard de la drogue.
(b) (contingent) ~ **on** tributaire de; **tourism is ~ on the climate** le tourisme est tributaire du climat; **the time of his arrival will be ~ on the weather** son heure d'arrivée dépendra du temps.
(c) (Gram) clause subordonné.
(d) (Math) **dépendant.** ~ **variable** variable dépendante, fonction f.
2 n = **dependant.**
depersonalize [di:'pɜːsənəlaɪz] vt dépersonnaliser.
depict [dɪ'pɪkt] vt (in words) peindre, dépeindre, décrire; (in picture) représenter. **surprise was ~ed on his face** la surprise se lisait sur son visage, son visage exprimait la surprise.
depiction [dɪ'pɪkʃən] n (V depict) peinture f; représentation f.
depilate ['depɪleɪt] vt épiler.
depilatory [dɪ'pɪlətərɪ] adj, n dépilatoire (m).
deplane [ˌdi:'pleɪn] vi descendre d'avion.
deplenish [dɪ'plenɪʃ] vt (reduce) dégarnir; (empty) vider.
deplete [dɪ'pli:t] vt (a) (reduce) supplies réduire; strength diminuer, réduire; (exhaust) supplies, strength épuiser. (Comm) **our stock is very ~d** nos stocks sont très bas; (Mil) **the regiment was greatly ~d** (by cuts etc) l'effectif du régiment était très réduit; (by war, sickness) le régiment a été décimé; **numbers were greatly ~d** les effectifs étaient très réduits.
(b) (Med) décongestionner.
depletion [dɪ'pli:ʃən] n (V deplete) réduction f; diminution f; épuisement m. (Jur) ~ **allowance** reconstitution f des gisements.
deplorable [dɪ'plɔːrəbl] adj déplorable, lamentable.
deplorably [dɪ'plɔːrəblɪ] adv déplorablement, lamentablement.
deplore [dɪ'plɔːr] vt déplorer, regretter vivement. **to ~ the fact that** déplorer le fait que + indic, regretter vivement que + subj.
deploy [dɪ'plɔɪ] **1** vt (Mil) missiles, ships, tanks, troops etc déployer; (gen) resources, equipment faire usage de, utiliser; staff utiliser (in services de); skills, talents déployer, faire preuve de. **2** vi (Mil) être déployé.
deployment [dɪ'plɔɪmənt] n (Mil) déploiement m; (fig) usage m, utilisation f; V rapid.
depolarization ['di:ˌpəʊlərəraɪˈzeɪʃən] n dépolarisation f.
depolarize [di:'pəʊləraɪz] vt dépolariser.
deponent [dɪ'pəʊnənt] **1** n (a) (Gram) déponent m. (b) (Jur) déposant(e) m(f). **2** adj (Gram) déponent.
depopulate [ˌdi:'pɒpjʊleɪt] vt dépeupler.
depopulation ['di:ˌpɒpjʊ'leɪʃən] n dépopulation f, dépeuplement m. **rural ~** exode rural.
deport [dɪ'pɔːt] vt (a) (expel) expulser (from de); (transport) déporter (from de; to à); (Hist) prisoner déporter. (b) (behave) **to ~ o.s.** se comporter, se conduire.
deportation [ˌdi:pɔː'teɪʃən] n expulsion f; (Hist) déportation f. (Jur) ~ **order** arrêt m d'expulsion.
deportment [dɪ'pɔːtmənt] n maintien m, tenue f. ~ **lessons** leçons fpl de maintien.
depose [dɪ'pəʊz] **1** vt king déposer, détrôner; official destituer. **2** vti (Jur) déposer, attester par déposition.
deposit [dɪ'pɒzɪt] **1** vt (a) (put down) parcel etc déposer, poser.
(b) money, valuables déposer, laisser or mettre en dépôt (in or with the bank à la banque; with sb chez qn), confier (sth with sb qch à qn).
(c) (Geol) déposer, former un dépôt de.
2 n (a) (in bank) dépôt m. **to make a ~ of £50** déposer 50 livres; **loan on ~** prêt m en nantissement.
(b) (part payment) arrhes fpl, acompte m, provision f; (in hire purchase: down payment) premier versement comptant; (for renting goods, renting accommodation: against damage etc) caution f, cautionnement m; (on bottle etc) consigne f; (Brit Pol) cautionnement (à verser pour faire acte de candidature). (Comm) **to leave a ~ of £2** or **a £2 ~ on a dress** verser 2 livres d'arrhes or d'acompte sur une robe; (Comm) '**a small ~ will secure any goods**' 'on peut faire mettre tout article de côté moyennant (le versement d')un petit acompte'; (Brit Pol) **to lose one's ~** perdre son cautionnement.
(c) (Chem) dépôt m, précipité m; sédiment m; (in wine) dépôt; (Geol) (alluvial) dépôt; (mineral, oil) gisement m. **to form a ~** se déposer.
3 cpd: (Brit Banking) **deposit account** compte m sur livret; **deposit bank** banque f de dépôt; **deposit slip** bulletin m de versement.
depositary [dɪ'pɒzɪtərɪ] n (a) (person) dépositaire mf. (b) = **depository.**
deposition [ˌdi:pə'zɪʃən] n (a) (U) [king, official] déposition f. (b) (Jur) déposition f sous serment, témoignage m.

depositor [dɪ'pɒzɪtər] n déposant(e) m(f).
depository [dɪ'pɒzɪtərɪ] n dépôt m, entrepôt m.
depot ['depəʊ] **1** n (a) (Mil) dépôt m.
(b) (Brit: garage) garage m, dépôt m.
(c) [(Brit) 'depəʊ, (US) 'di:pəʊ] (warehouse) dépôt m, entrepôt m. **coal ~** dépôt or entrepôt de charbon.
(d) (only US: ['di:pəʊ]) (railway station) gare f; (bus station) dépôt m.
2 cpd: **depot ship** (navire m) ravitailleur m.
depravation [ˌdeprə'veɪʃən] n dépravation f, corruption f.
deprave [dɪ'preɪv] vt dépraver, corrompre.
depraved [dɪ'preɪvd] adj dépravé, perverti, vicié. **to become ~** se dépraver.
depravity [dɪ'prævɪtɪ] n dépravation f, perversion f.
deprecate ['deprɪkeɪt] vt action, behaviour désapprouver, s'élever contre. **I ~ his having spoken to you** j'estime qu'il n'aurait pas dû vous parler.
deprecating ['deprɪkeɪtɪŋ] adj (a) (disapproving) air, voice désapprobateur (f -trice), de reproche. (b) (apologetic) smile d'excuse, humble.
deprecatingly ['deprɪkeɪtɪŋlɪ] adv (V deprecating) d'un ton désapprobateur; avec l'air de s'excuser, humblement.
deprecatory ['deprɪkətərɪ] adj = **deprecating.**
depreciate [dɪ'pri:ʃɪeɪt] **1** vt (Fin) property, currency déprécier, dévaloriser; (fig) help, talent déprécier, dénigrer. **2** vi (Fin, fig) se déprécier, se dévaloriser.
depreciation [dɪˌpri:ʃɪ'eɪʃən] n [property, car] dépréciation f, perte f de valeur; [currency] dépréciation, dévalorisation f; (Comm, Econ) [goods] moins-value f; (fig) [talent etc] dépréciation, dénigrement m.
depredation [ˌdeprɪ'deɪʃən] n (gen pl) déprédation(s) f(pl), ravage(s) m(pl).
depress [dɪ'pres] vt (a) person déprimer, donner le cafard* à; (Med) déprimer. (b) (press down) lever appuyer sur, abaisser. (c) status réduire; trade réduire, (faire) diminuer; the market, prices faire baisser.
depressant [dɪ'presnt] adj, n (Med) dépresseur (m).
depressed [dɪ'prest] adj (a) person déprimé, abattu, découragé (about à cause de); (Med) déprimé. **to feel ~** se sentir déprimé or démoralisé, avoir le cafard*; **to get ~** se décourager, se laisser abattre.
(b) industry, area en déclin, touché par la crise; (Fin) market, trade en crise, languissant; business dans le marasme, languissant; (Soc) class, group économiquement faible.
depressing [dɪ'presɪŋ] adj déprimant, décourageant. **I find it very ~** je trouve cela très déprimant or décourageant, ça me donne le cafard*.
depressingly [dɪ'presɪŋlɪ] adv sigh, say d'un ton découragé; point out, conclude de façon déprimante or décourageante. ~ **weak/monotonous** etc d'une faiblesse/monotonie etc déprimante.
depression [dɪ'preʃən] n (a) (U) [person] découragement m; (Med) dépression f, état dépressif. (Med) **to suffer from ~** faire de la dépression.
(b) (in ground) creux m; (Geog) dépression f; (Met) dépression (atmosphérique); (Econ) crise f, dépression, récession f. (Met) **a deep/shallow ~** une forte/faible dépression; (Hist) **the D~** la Crise (de 1929); **the country's economy was in a state of ~** l'économie du pays était dans le marasme or en crise.
(c) [lever, key etc] abaissement m.
depressive [dɪ'presɪv] adj, n (Med) dépressif (m), -ive (f).
depressurization [dɪˌpreʃərəraɪ'zeɪʃən] n dépressurisation f.
depressurize [dɪ'preʃəraɪz] vt (Phys etc) dépressuriser; (fig: take strain off) person faciliter la vie à.
deprivation [ˌdeprɪ'veɪʃən] n (act, state) privation f; (loss) perte f; (Psych) carence affective. (Jur) ~ **of office** destitution f de fonction; V maternal.
deprive [dɪ'praɪv] vt (of sleep, food, company) priver (of de); (of right) priver, déposséder (of de); (of asset) ôter, enlever (sb of sth qch à qn). **to ~ o.s. of** se priver de; (Soc) ~**d child/family** enfant/famille déshérité(e).
dept. abbr of **department.**
depth [depθ] **1** n (a) [water, hole] profondeur f; [shelf, cupboard] profondeur, largeur f; [snow] épaisseur f, [edge, border] largeur, hauteur f, épaisseur; [voice, tone] registre m grave; [knowledge, feeling] profondeur; [sorrow, relief] profondeur, intensité f, acuité f, [concern, interest] acuité, intensité; [colour] intensité. **at a ~ of 3 metres** à 3 mètres de profondeur, par 3 mètres de fond; **the water is 3 metres in ~** l'eau a 3 mètres de profondeur, il y a 3 mètres de fond; (lit, fig) **to get out of one's ~** perdre pied; (in swimming pool etc) **don't go out of your ~** ne va pas là où tu n'as pas pied; (fig) **I am quite out of my ~** je nage complètement*, je suis complètement dépassé*; **the ~s of the ocean** les profondeurs océaniques; **from the ~s of the earth** des profondeurs or des entrailles fpl de la terre; **a great ~ of feeling** une grande profondeur de sentiment; **to study in ~** étudier en profondeur; (Phot) ~ **of field/of focus** profondeur de champ/de foyer.
(b) (fig) ~**s** fond m; **to be in the ~s of despair** toucher le fond du désespoir; **I would never sink to such ~s as to do that** je ne tomberais jamais assez bas pour faire cela; **in the ~ of winter** au plus fort or au cœur de l'hiver; **in the ~ of night** au milieu or au plus profond de la nuit; **in the ~s of the forest** au plus profond or au cœur de la forêt.
2 cpd: **depth charge** grenade sous-marine; **in-depth interview** interview f en profondeur; **depth psychology** psychologie f des profondeurs.
deputation [ˌdepjʊ'teɪʃən] n délégation f, députation f.
depute [dɪ'pju:t] vt power, authority déléguer; person députer, déléguer (sb to do qn pour faire).

deputize ['depjʊtaɪz] **1** *vi* assurer l'intérim (*for sb* de qn). **2** *vt* députer (*sb to do* qn pour faire).

deputy ['depjʊtɪ] **1** *n* (**a**) (*second in command*) adjoint(e) *m(f)*; (*replacement*) remplaçant(e) *m(f)*, suppléant(e) *m(f)*; (*in business*) fondé *m* de pouvoir; (*member of deputation*) délégué(e) *m(f)*.
  (**b**) (*French Pol*) député *m*.
  (**c**) (*US*) shérif adjoint, ≃ gendarme *m*.
  2 *adj* adjoint. **deputy chairman** vice-président *m*; **deputy director** sous-directeur *m*, -trice *f*; (*Scol*) **deputy head** (*gen*) directeur *m*, -trice adjoint(e), (*of lycée*) censeur *m*; (*Scol*) **deputy headmaster**, **deputy headmistress** = **deputy head**; **deputy judge** juge suppléant; **deputy mayor** maire adjoint; (*US*) **Deputy Secretary** ministre adjoint; (*US*) **deputy sheriff** = **deputy 1c**.

derail [dɪ'reɪl] **1** *vt* faire dérailler. **2** *vi* dérailler.

derailleur [də'reɪljə*r*] *n* (*also* ~ **gears**) dérailleur *m*.

derailment [dɪ'reɪlmənt] *n* déraillement *m*.

derange [dɪ'reɪndʒ] *vt* (**a**) *plan* déranger, troubler; *machine* dérégler. (**b**) (*Med*) déranger (le cerveau de), aliéner. ~**d person/mind** personne *f*/esprit *m* dérangé(e); **to be (mentally)** ~**d** avoir le cerveau dérangé.

derangement [dɪ'reɪndʒmənt] *n* (**a**) (*Med*) aliénation mentale. (**b**) [*machine*] dérèglement *m*.

Derby ['dɑ:bɪ, (*US*) 'dɜ:bɪ] *n* (**a**) (*Brit*) (*Horse-racing*) **the** ~ le Derby (d'Epsom); (*Sport*) local ~ match *m* entre équipes voisines. (**b**) (*US*) **d**~ (**hat**) (chapeau *m*) melon *m*.

deregulate [dɪ'regjʊ‚leɪt] *vt* prices libérer.

deregulation [dɪ‚regjʊ'leɪʃən] *n* [*prices*] libération *f*.

derelict ['derɪlɪkt] **1** *adj* (**a**) (*abandoned*) abandonné, délaissé; (*ruined*) (tombé) en ruines. (**b**) (*frm: neglectful of duty*) négligent. **2** *n* (**a**) (*Naut*) navire abandonné (*en mer*). (**b**) (*person*) épave *f* (humaine).

dereliction [‚derɪ'lɪkʃən] *n* [*property*] état *m* d'abandon; [*person*] délaissement *m*. ~ **of duty** négligence *f* (dans le service), manquement *m* au devoir.

derestricted [‚di:rɪ'strɪktɪd] *adj* (*Brit*) road, area sans limitation de vitesse.

deride [dɪ'raɪd] *vt* rire de, railler, tourner en ridicule.

derision [dɪ'rɪʒən] *n* dérision *f*. **object of** ~ objet *m* de dérision *or* de risée.

derisive [dɪ'raɪsɪv] *adj* (**a**) *smile, person* moqueur, railleur. (**b**) *amount, offer* dérisoire.

derisively [dɪ'raɪsɪvlɪ] *adv* d'un ton railleur *or* moqueur, d'un air *or* d'un ton de dérision.

derisory [dɪ'raɪsərɪ] *adj* (**a**) *amount, offer* dérisoire. (**b**) *smile, person* moqueur, railleur.

derivation [‚derɪ'veɪʃən] *n* dérivation *f*.

derivative [dɪ'rɪvətɪv] **1** *adj* (*Chem, Ling, Math*) dérivé; (*fig*) *literary work etc* peu original. **2** *n* (*Chem, Ling*) dérivé *m*; (*Math*) dérivée *f*.

derive [dɪ'raɪv] **1** *vt* profit, satisfaction tirer (*from* de), trouver (*from* dans); comfort, ideas puiser (*from* dans); name, origins tenir (*from* de); word (faire) dériver (*from* de). **to** ~ **one's happiness from** devoir son bonheur à, trouver son bonheur dans; **to be** ~**d from** V 2.
  2 *vi*: **to** ~ **from** (*also* **be** ~**d from**) dériver de, provenir de, venir de; [*power, fortune*] provenir de; [*idea*] avoir sa source *or* ses origines dans; [*word*] dériver de; **it all** ~**s from the fact that** tout cela tient au fait que *or* provient du fait que.

dermatitis [‚dɜ:mə'taɪtɪs] *n* dermatite *f*, dermite *f*.

dermatologist [‚dɜ:mə'tɒlədʒɪst] *n* dermatologue *mf*, dermatologiste *mf*.

dermatology [‚dɜ:mə'tɒlədʒɪ] *n* dermatologie *f*.

dermis ['dɜ:mɪs] *n* derme *m*.

derogate ['derəgeɪt] *vi*: **to** ~ **from** porter atteinte à; **without derogating from his authority/his merits** sans rien enlever à *or* sans vouloir diminuer son autorité/ses mérites; (*liter*) **to** ~ **from one's position** déroger (à son rang) (*liter*).

derogation [‚derə'geɪʃən] *n* (V **derogate**) atteinte *f* (*from* à), diminution *f* (*from* de); (*liter*) dérogation *f* (*liter*) (*from* à).

derogatory [dɪ'rɒgətərɪ] *adj* remark désobligeant (*of, to* à), peu flatteur, dénigrant; *attitude* de dénigrement.

derrick ['derɪk] *n* (*lifting device, crane*) mât *m* de charge; (*above oil well*) derrick *m*.

derring-do†† ['derɪŋ'du:] *n* bravoure *f*. **deeds of** ~ hauts faits, prouesses *fpl*.

derringer ['derɪndʒə*r*] *n* (*US*) pistolet *m* (court *et* à gros calibre), derringer *m*.

derv [dɜ:v] *n* (*Brit Aut*) gas-oil *m*.

dervish ['dɜ:vɪʃ] *n* derviche *m*.

DES [‚di:i:'es] *abbr of* **Department of Education & Science** (*ministère de l'Éducation*).

desalinate [di:'sælɪneɪt] *vt* dessaler.

desalination [di:‚sælɪ'neɪʃən] *n* dessalage *m*, dessalaison *f*.

descale [di:'skeɪl] *vt* détartrer. **descaling agent** *or* **product** (produit *m*) détartrant *m*.

descant ['deskænt] *n* déchant *m*. **to sing** ~ chanter une partie du déchant.

descend [dɪ'send] **1** *vi* (**a**) (*go down*) [*person, vehicle, road, hill etc*] descendre (*from* de); [*rain, snow*] tomber. **to** ~ **into oblivion** tomber dans l'oubli; **sadness** ~**ed upon him** la tristesse l'a envahi; **in** ~**ing order of importance** par ordre d'importance décroissante.
  (**b**) (*by ancestry*) descendre, être issu (*from* de); [*plan, event etc*] tirer son origine (*from* de).
  (**c**) (*pass by inheritance*) [*property, customs, rights*] passer (par héritage) (*from* de, *to* à).
  (**d**) (*attack suddenly*) s'abattre, se jeter, tomber (*on, upon* sur);

(*Mil, fig*) faire une descente (*on* sur). (*fig*) **visitors** ~**ed upon us** des gens sont arrivés (chez nous) sans crier gare.
  (**e**) (*lower o.s. to*) **to** ~ **to lies** *or* **to lying** s'abaisser à mentir, descendre jusqu'à mentir; **I'd never** ~ **to that** je refuserais de m'abaisser ainsi *or* de descendre si bas.
  2 *vt* (**a**) *stairs* descendre.
  (**b**) **to be** ~**ed from sb** descendre de qn, être issu de qn.

descendant [dɪ'sendənt] *n* descendant(e) *m(f)*.

descender [desə'n'dɜ:r] *n* (*Climbing*) descendeur *m*.

descendible [dɪ'sendəbl] *adj* (*Jur*) transmissible.

descent [dɪ'sent] *n* (**a**) (*going down*) [*person*] descente *f* (*into* dans); (*fig: into crime etc*) chute *f*; (*Aviat, Sport*) descente; [*hill*] descente, pente *f*. **the street made a sharp** ~ la rue était très en pente *or* descendait en pente très raide; ~ **by parachute** descente en parachute.
  (**b**) (*ancestry*) origine *f*, famille *f*. **of noble** ~ de noble extraction; **to trace one's** ~ **back to** faire remonter sa famille à; **to trace back the** ~ **of** établir la généalogie de.
  (**c**) (*property, customs etc*) transmission *f* (par héritage) (*to* à).
  (**d**) (*Mil etc: attack*) descente *f*, irruption *f*. (*Mil*) **to make a** ~ **on the enemy camp** faire une descente sur *or* faire irruption dans le camp ennemi; (*Mil*) **to make a** ~ **on the enemy** faire une descente sur l'ennemi.

describe [dɪs'kraɪb] *vt* (**a**) *scene, person* décrire, faire la description de, dépeindre. ~ **what it is like** racontez *or* dites comment c'est; ~ **him for us** décrivez-le-nous; **which cannot be** ~**d** indescriptible, qu'on ne saurait décrire.
  (**b**) (*represent*) décrire, représenter (*as* comme), qualifier (*as* de). **he** ~**s himself as a doctor** il se dit *or* se prétend docteur.
  (**c**) (*Math*) décrire.

description [dɪs'krɪpʃən] *n* (**a**) [*person*] description *f*, portrait *m*; (*Police*) signalement *m*; [*scene, object*] description; [*event, situation*] description, exposé *m*. **to give an accurate/lively** ~ faire *or* donner une description exacte/vivante; **beyond** ~ indescriptible, qu'on ne saurait décrire; **it beggars** *or* **defies** ~ cela défie toute description; V **answer**.
  (**b**) (*sort*) sorte *f*, espèce *f*, genre *m*. **vehicles of every** ~ véhicules de toutes sortes.

descriptive [dɪs'krɪptɪv] *adj* (*gen, also Ling*) descriptif. ~ **geometry/linguistics** géométrie/linguistique descriptive.

descriptivism [dɪ'skrɪptɪvɪzəm] *n* (*Ling*) descriptivisme *m*.

descriptivist [dɪ'skrɪptɪvɪst] *n* (*Ling*) descriptiviste *mf*.

descry [dɪs'kraɪ] *vt* discerner, distinguer.

desecrate ['desɪkreɪt] *vt* shrine, memory profaner, souiller (*liter*).

desecration [‚desɪ'kreɪʃən] *n* profanation *f*.

deseed [di:'si:d] *vt* fruit épépiner.

desegregate [‚di:'segrɪgeɪt] *vt* abolir *or* supprimer la ségrégation raciale dans. ~**d schools** écoles *fpl* où la ségrégation raciale n'est plus pratiquée.

desegregation [‚di:‚segrɪ'geɪʃən] *n* déségrégation *f*.

deselect [‚di:sɪ'lekt] *vt* (*Brit Pol*) candidate ne pas resélectionner.

desensitize [‚di:'sensɪtaɪz] *vt* désensibiliser.

desert[1] ['dezət] **1** *n* (*lit, fig*) désert *m*.
  2 *cpd* region, climate, animal, plant désertique. **desert boot** chaussure montante (en daim à lacets); **desert island** île déserte; (*Zool*) **desert rat** gerboise *f*; (*Brit Mil*) **Desert Rats*** forces britanniques combattant en Libye (*2e guerre mondiale*).

desert[2] [dɪ'zɜ:t] **1** *vt* post, people, land déserter, abandonner; *cause, party* déserter; *spouse, family* abandonner; *friend* délaisser. **his courage** ~**ed him** son courage l'a abandonné; **the place was** ~**ed** l'endroit était désert.
  2 *vi* (*Mil*) déserter; (*from one's party*) faire défection. **to** ~ **to the rebels** passer du côté des rebelles.

deserted [dɪ'zɜ:tɪd] *adj* road, place désert; *wife etc* abandonné.

deserter [dɪ'zɜ:tə*r*] *n* (*Mil*) déserteur *m*; (*to the enemy*) transfuge *m*.

desertion [dɪ'zɜ:ʃən] *n* (V **desert**[2]) désertion *f*, abandon *m*, défection *f*; (*Mil*) désertion; (*Jur*) [*spouse*] abandon du conjoint *or* du domicile conjugal. ~ **to the enemy** désertion *or* défection à l'ennemi; ~ **of one's family** abandon de sa famille.

deserts [dɪ'zɜ:ts] *npl* dû *m*, ce qu'on mérite; (*reward*) récompense méritée; (*punishment*) châtiment mérité. **according to his** ~ selon ses mérites; **to get one's (just)** ~ avoir *or* recevoir ce que l'on mérite.

deserve [dɪ'zɜ:v] **1** *vt* [*person*] mériter, être digne de; [*object, suggestion*] mériter. **he** ~**s to win** il mérite de gagner; **he** ~**s to be pitied** il mérite qu'on le plaigne, il est digne de pitié; **he** ~**s more money** il mérite d'être mieux payé; **he got what he** ~**d** il n'a eu que ce qu'il méritait, il ne l'a pas volé*; **the idea** ~**s consideration** l'idée mérite réflexion; V **well**[2] *etc*.
  2 *vi*: **to** ~ **well of one's country** bien mériter de la patrie; **man deserving of respect** homme digne d'un plus grand respect.

deservedly [dɪ'zɜ:vɪdlɪ] *adv* à bon droit, à juste titre (*also pej*).

deserving [dɪ'zɜ:vɪŋ] *adj* person méritant; *action, cause* méritoire, louable. **she's a** ~ **case** c'est une personne méritante; **the** ~ **poor** les pauvres méritants; V **deserve**.

deshabille [‚dezə'bi:l] *n* = **dishabille**.

desiccant ['desɪkənt] *n* dessiccatif *m*.

desiccate ['desɪkeɪt] *vt* dessécher, sécher. ~**d coconut** noix de coco séchée.

desiccation [‚desɪ'keɪʃən] *n* dessiccation *f*.

desiderata [dɪ‚zɪdə'rɑ:tə] *npl* desiderata *mpl*.

design [dɪ'zaɪn] **1** *n* (**a**) (*intention*) dessein *m*, intention *f*, projet *m*. **by** ~ à dessein, exprès, de propos délibéré; **his** ~**s became obvious when** ... ses intentions *or* ses projets sont devenu(e)s manifestes quand ...; **to form a** ~ **to do** former le projet *or* concevoir le dessein de faire; **to have** ~**s on sb/sth** avoir des

desseins *or* des visées *fpl* sur qn/qch; **imperialist ~s against** *or* **on Ruritania** les visées impérialistes sur la Ruritanie.
  (b) (*plan drawn in detail*) *[building, machine, car etc]* plan *m*, dessin *m* (*of, for* de); *[dress, hat]* croquis *m*, dessin *m* (*for* de); (*preliminary sketch*) ébauche *f*, étude *f* (*for* de). **have you seen the ~ for the new cathedral?** avez-vous vu les plans *or* les dessins *or* les ébauches de la nouvelle cathédrale?
  (c) (*way in which sth is planned and made*) *[building, book]* plan *m*, conception *f* (*of* de); *[dress etc]* style *m*, ligne *f* (*of* de); *[car, machine etc]* conception. **computer-aided ~** conception assistée par ordinateur; **the ~ of the apartment facilitates ...** le plan de l'appartement facilite ...; **the ~ of the car allows ...** la conception de la voiture *or* la façon dont la voiture est conçue permet ...; **the latest ~ in ...** le dernier modèle de ...; **the general ~ of 'Paradise Lost'** le plan général *or* l'architecture *f* du 'Paradis Perdu'; **the grand** *or* **overall ~** le plan d'ensemble; **this is a very practical ~** c'est conçu de façon très pratique; **the ~ was wrong** la conception était défectueuse, c'était mal conçu.
  (d) (*subject of study*) (*for furniture, housing*) design *m*; (*for clothing etc*) stylisme *m*. **industrial ~** l'esthétique *f* de la création industrielle; **his real interest is ~** ce qui l'intéresse vraiment, c'est le design.
  (e) (*ornamental pattern*) motif *m*, dessin *m* (*on* sur); (*geometric*) dessin. **the ~ on the material/the cups** le dessin *or* le motif du tissu/des tasses.
  2 *cpd*: **design award** prix *m* de la meilleure conception *or* du meilleur dessin; (*Ind*) **Design Office** bureau *m* d'études.
  3 *vt* (*think out*) concevoir; (*draw on paper*) *object* concevoir, dessiner; *building* concevoir, dessiner, faire le plan de; *dress, hat* créer, dessiner; *scheme* élaborer. **well-~d** bien conçu; **this machine was ~ed for a special purpose** cette machine a été conçue pour un usage spécifique; **room ~ed as a study** pièce conçue pour être un cabinet de travail; **~ed to hold wine** fait *or* conçu pour contenir du vin.
designate ['dezɪgneɪt] **1** *vt* **(a)** (*indicate, specify, appoint*) *person, thing* désigner (*as* comme; *to sth* à qch; *to do* pour faire). **he was ~d to take charge of the operations** on l'a désigné comme responsable des opérations; **these posts ~ the boundary between ...** ces poteaux montrent la frontière entre ... .
  (b) (*entitle*) *person, thing* désigner. **this area was ~d priority development region** cette région a été classée *or* choisie comme zone à développer en priorité.
  2 ['dezɪgnɪt] *adj* désigné. **the chairman ~** le président désigné.
designation [ˌdezɪg'neɪʃən] *n* (*gen*) désignation *f*. (*Jur, Comm*) **~ of origin** appellation *f* d'origine.
designedly [dɪ'zaɪnɪdlɪ] *adv* à dessein, exprès.
designer [dɪ'zaɪnə*r*] **1** *n* (*Archit, Art*) dessinateur *m*, -trice *f*, créateur *m*, -trice *f*; (*Comm, Ind*) concepteur-projeteur *m*; (*for furniture etc*) designer *m*; (*for dress*) styliste *mf*, modéliste *mf*; (*very famous*) couturier *m*; (*Cine, Theat*) décorateur *m*, -trice *f*; *V* **industrial** etc. **2** *adj* *jeans, gloves, scarves etc* haute couture.
designing [dɪ'zaɪnɪŋ] *adj* (*scheming*) intrigant; (*crafty*) rusé.
desirability [dɪˌzaɪərə'bɪlɪtɪ] *n* *[plan]* avantages *mpl*; *[woman]* charmes *mpl*, sex-appeal *m*.
desirable [dɪ'zaɪərəbl] *adj* *position, offer* désirable, enviable, tentant; *woman* désirable, séduisant; *action, progress* désirable, à désirer, souhaitable. **it is ~ that** il est désirable *or* souhaitable que + *subj*; **~ residence for sale** belle propriété à vendre.
desire [dɪ'zaɪə*r*] **1** *n* désir *m*, envie *f* (*for* de, *to do* de faire); (*sexual*) désir. **a ~ for peace** un désir (ardent) de paix; **it is my ~ that** c'est mon désir que + *subj*; **I have no ~ or I haven't the least ~ to do it** je n'ai nullement envie de le faire.
  2 *vt* **(a)** (*want*) désirer, vouloir (*to do* faire, *that* que + *subj*), avoir envie (*to do* de faire); *object* avoir envie de, désirer; *woman, peace* désirer. **his work leaves much to be ~d** son travail laisse beaucoup à désirer.
  (b) (*request*) prier (*sb to do* qn de faire).
desirous [dɪ'zaɪərəs] *adj* désireux (*of* de). **to be ~ of sth/of doing** désirer qch/faire.
desist [dɪ'zɪst] *vi* cesser, s'arrêter (*from doing* de faire). **to ~ from sth** cesser qch; (*Jur*) se désister de qch; **to ~ from criticism** renoncer à *or* cesser de critiquer; **to ~ from one's efforts** abandonner ses efforts.
desk [desk] **1** *n* **(a)** (*for pupil*) pupitre *m*; (*for teacher*) bureau *m*, chaire *f*; (*in office, home*) bureau; (*bureau-type*) secrétaire *m*; (*Mus*) pupitre; *V* **roll** etc.
  (b) (*Brit: in shop, restaurant*) caisse *f*; (*in hotel, at airport*) réception *f*. **ask at the ~** demandez à la caisse (*or* à la réception); (*Press*) **the ~** le secrétariat de rédaction; (*Press*) **the news/city ~** le service des informations/financier; *[Foreign Office, State Department]* **he's on the West African ~** il est à la direction des affaires ouest-africaines; *V* **cash** etc.
  2 *cpd*: **desk blotter** sous-main *m inv*; **desk-bound** sédentaire; (*US*) **desk clerk** réceptionniste *mf*; **desk diary** agenda *m* (de bureau); **he's got a desk job** il fait un travail de bureau; **desk lamp** lampe *f* de bureau; **desk pad** bloc *m* (de bureau), bloc-notes *m*; (*Brit fig: Econ etc*) **desk study** étude *f* sur documents; **desk-top** *model, micro* de table.
deskill [dɪ'skɪl] *vt* déqualifier.
desolate ['desəlɪt] **1** *adj* (*empty*) *place* désolé, désert; (*in ruins*) ravagé, dévasté; (*fig*) *outlook, future* sombre, morne. **(b)** (*grief-stricken*) affligé, au désespoir; (*friendless*) délaissé, solitaire. **a ~ cry** un cri de désespoir. **2** ['desəleɪt] *vt* *country* désoler, ravager; *person* désoler, affliger.
desolately ['desəlɪtlɪ] *adv* *say etc* d'un air désolé *or* affligé.
desolation [ˌdesə'leɪʃən] *n* **(a)** (*grief*) désolation *f*, affliction *f*; (*friendlessness*) solitude *f*; *[landscape]* aspect désert, solitude. **(b)**

(*of country, by war*) désolation *f* (*liter*), dévastation *f*.
despair [dɪs'pɛə*r*] **1** *n* (**a**) (*U*) désespoir *m* (*about, at, over* au sujet de, *at having done* d'avoir fait). **to be in ~** être au désespoir, être désespéré; **in ~ she killed him** de désespoir elle l'a tué; **to drive sb to ~** réduire qn au désespoir, désespérer qn.
  (b) (*cause of ~*) désespoir *m*. **this child is the ~ of his parents** cet enfant fait *or* est le désespoir de ses parents.
  2 *vi* (se) désespérer, perdre l'espoir. **don't ~!** ne te désespère pas!; **to ~ of (doing) sth** désespérer de (faire) qch; **his life was ~ed of** on désespérait de le sauver.
despairing [dɪs'pɛərɪŋ] *adj* *person* désespéré; *look, gesture* de désespoir, désespéré; (**) situation, sb's work* catastrophique*.
despairingly [dɪs'pɛərɪŋlɪ] *adv* *say* d'un ton désespéré; *look* d'un air désespéré; *agree, answer* avec désespoir; *look for* désespérément.
despatch [dɪs'pætʃ] = **dispatch**.
desperado [ˌdespə'rɑːdəʊ] *n* hors-la-loi *m inv*, desperado *m*.
desperate ['despərɪt] *adj* *person, animal, measure, attempt, situation* désespéré; *fight, effort* désespéré, acharné; *criminal* capable de tout, prêt à tout. **to feel ~** être désespéré; **to do something ~** commettre un acte de désespoir; **he's a ~ man** c'est un désespéré; **I am ~ for money/for a rest** il me faut absolument de l'argent/du repos, j'ai désespérément besoin d'argent/de repos.
  (b) (**: very bad*) atroce*, abominable.
desperately ['despərɪtlɪ] *adv* **(a)** *struggle* désespérément, avec acharnement, en désespéré; *regret* désespérément; *say, look* avec désespoir. **(b)** *cold, needy* terriblement, désespérément. **~ in love** éperdument amoureux; **~ ill** très gravement malade.
desperation [ˌdespə'reɪʃən] *n* (*U*) (*state*) désespoir *m*. **to be in ~** être au désespoir; **to drive sb to ~** pousser qn à bout; **in ~ she killed him** poussée à bout elle l'a tué; **in sheer ~** en désespoir de cause.
  (b) (*recklessness*) désespoir *m*, rage *f* *or* fureur *f* du désespoir. **to fight with ~** combattre avec la rage du désespoir.
despicable [dɪs'pɪkəbl] *adj* *action, person* ignoble, abject, méprisable.
despicably [dɪs'pɪkəblɪ] *adv* d'une façon méprisable *or* ignoble, bassement.
despise [dɪs'paɪz] *vt* *danger, person* mépriser. **to ~ sb for sth/for doing sth** mépriser qn pour qch/pour avoir fait qch.
despisingly [dɪs'paɪzɪŋlɪ] *adv* avec mépris, dédaigneusement.
despite [dɪs'paɪt] **1** *prep* malgré, en dépit de. **~ our objecting to this, they decided ...** bien que nous ayons fait des objections *or* malgré nos objections, ils ont décidé ... . **2** *n* (*liter*) dépit *m*.
despoil [dɪs'pɔɪl] *vt* (*liter*) *person* dépouiller, spolier (*of* de); *country* piller.
despoiler [dɪs'pɔɪlə*r*] *n* (*liter*) spoliateur *m*, -trice *f*.
despoiling [dɪs'pɔɪlɪŋ] *n* spoliation *f*.
despondence [dɪs'pɒndəns] *n*, **despondency** [dɪs'pɒndənsɪ] *n* découragement *m*, abattement *m*.
despondent [dɪs'pɒndənt] *adj* découragé, abattu, déprimé (*about* par).
despondently [dɪs'pɒndəntlɪ] *adv* avec découragement, d'un air *or* d'un ton découragé *or* abattu.
despot ['despɒt] *n* (*lit, fig*) despote *m*, tyran *m*.
despotic [des'pɒtɪk] *adj* (*lit*) despotique; (*fig*) despote.
despotically [des'pɒtɪkəlɪ] *adv* *behave* d'une manière despotique, despotiquement; *govern* despotiquement, en despote.
despotism ['despətɪzəm] *n* despotisme *m*.
dessert [dɪ'zɜːt] **1** *n* dessert *m*. **2** *cpd*: **dessert apple** pomme *f* à couteau; **dessert chocolate** chocolat *m* à croquer; **dessert plate** assiette *f* à dessert; (*Brit*) **dessertspoon** cuiller *f* à dessert; **dessert wine** vin doux.
destabilization [diːˌsteɪbɪlaɪ'zeɪʃən] *n* déstabilisation *f*.
destabilize [diː'steɪbɪlaɪz] *vt* (*Pol*) *regime etc* déstabiliser.
de-Stalinization [diːˌstælɪnaɪ'zeɪʃən] *n* déstalinisation *f*.
de-Stalinize [diː'stælɪnaɪz] *vt* déstaliniser.
destination [ˌdestɪ'neɪʃən] *n* destination *f*.
destine ['destɪn] *vt* *person, object* destiner (*for* à).
destined ['destɪnd] *adj* **(a)** (*by fate*) destiné (*to* à). **they were ~ to meet again later** ils étaient destinés à se rencontrer plus tard; **I was ~ never to see them again** je devais ne plus jamais les revoir; (*liter*) **at the ~ hour** à l'heure fixée par le destin.
  (b) (*heading for*) **~ for London** à destination de Londres; **letter ~ for her** une lettre qui lui est (*or* était *etc*) destinée.
destiny ['destɪnɪ] *n* destin *m*, destinée *f*, sort *m*. **D~ le destin, le sort, la destinée; the destinies of France during this period** le destin de la France pendant cette période; **it was his ~ to die in battle** il était écrit qu'il devait mourir au combat; **a man of ~** un homme promis à une grande destinée.
destitute ['destɪtjuːt] **1** *adj* **(a)** (*poverty-stricken*) indigent, sans ressources. **to be utterly ~** être dans le dénuement le plus complet. **(b)** (*lacking*) dépourvu, dénué (*of* de). **2** *npl*: **the ~** les pauvres *mpl*, les indigents *mpl*.
destitution [ˌdestɪ'tjuːʃən] *n* dénuement *m*, indigence *f*, misère noire.
destroy [dɪs'trɔɪ] *vt* **(a)** (*spoil completely*) *town, forest* détruire, ravager; *building* démolir; *toy, gadget* démolir; *document* détruire. **~ed by bombing** détruit par bombardement; **the village was ~ed by a fire** un incendie a ravagé le village.
  (b) (*kill*) *enemy* détruire, anéantir; *population* détruire, exterminer, décimer; (**) dangerous animal, injured horse* abattre; *cat, dog* supprimer, faire piquer. **to ~ o.s.** se suicider, se tuer.
  (c) (*put an end to*) *reputation, mood, beauty, influence, faith* détruire; *hope, love* anéantir, détruire.
destroyer [dɪs'trɔɪə*r*] *n* **(a)** (*Naut*) contre-torpilleur *m*, destroyer *m*. **~ escort** escorteur *m*. **(b)** (*person*) destructeur *m*, -trice *f*; (*murderer*) meurtrier *m*, -ière *f*.

destruct [dɪs'trʌkt] **1** *vt missile* détruire volontairement. **2** *vi* être détruit volontairement. **3** *n* destruction *f* volontaire. **4** *cpd*: **destruct button/mechanism** télécommande *f*/mécanisme *m* de destruction.

destructible [dɪs'trʌktəbl] *adj* destructible.

destruction [dɪs'trʌkʃən] *n* **(a)** (*U: act*) [*town, building*] destruction *f*; [*enemy*] destruction, anéantissement *m*; [*people, insects*] destruction, extermination *f*; [*documents*] destruction; [*reputation, hope*] destruction, ruine *f*; [*character, soul*] ruine, perte *f*. ~ **by fire** destruction par un incendie *or* par le feu.
  (b) (*U: damage: from war, fire*) destruction *f*, dégâts *mpl*, dommages *mpl*.

destructive [dɪs'trʌktɪv] *adj* **(a)** (*causing actual destruction*) *person, wind, fire etc* destructeur (*f* -trice); (*potentially destroying*) *power, instinct* destructif. [*child*] **he's very ~** c'est un brise-fer, il casse tout; **a ~ effect on** ... un effet destructeur sur ...; (*fig*) **it was a very ~ piece of writing** c'était vraiment un écrit destructeur *or* accablant.
  (b) (*not constructive*) *criticism, comment, idea* destructif.

destructively [dɪs'trʌktɪvlɪ] *adv* de façon destructrice.

destructiveness [dɪ'strʌktɪvnɪs] *n* [*fire, war, criticism etc*] caractère *or* effet destructeur; [*child etc*] penchant destructeur.

destructor [dɪs'trʌktəʳ] *n* (*Brit: also* **refuse ~**) incinérateur *m* (à ordures).

desuetude [dɪ'sjuːtjuːd] *n* (*liter*) désuétude *f*.

desultory ['desəltərɪ] *adj reading* décousu, sans suite, sans méthode; *attempt* peu suivi, peu soutenu; *firing, contact* irrégulier, interrompu, intermittent. **to have a ~ conversation** échanger des propos décousus.

detach [dɪ'tætʃ] *vt hook, rope, cart* détacher, séparer (*from* de). **to ~ o.s. from a group** se détacher d'un groupe; **a section became ~ed from** ... une section s'est détachée de ...; **troops were ~ed to protect the town** on a envoyé un détachement de troupes pour protéger la ville.

detachable [dɪ'tætʃəbl] *adj part of machine, section of document* détachable (*from* de); *collar, lining* amovible. (*Phot*) **~ lens** objectif *m* mobile.

detached [dɪ'tætʃt] *adj* **(a)** (*separate*) *part, section* détaché, séparé. (*Brit*) **~ house** maison individuelle (entourée d'un jardin), ≃ pavillon *m*, petite villa.
  (b) (*unbiased*) *opinion* désintéressé, objectif, sans préjugés; (*unemotional*) *manner* détaché, indifférent, dégagé. **he seemed very ~ about it** il semblait ne pas du tout se sentir concerné.

detachment [dɪ'tætʃmənt] *n* **(a)** (*U*) [*part, section etc*] séparation *f* (*from* de). (*Med*) **~ of the retina** décollement *m* de la rétine.
  (b) (*U: fig: in manner*) détachement *m*, indifférence *f*; (*towards pleasure, friends*) indifférence (*towards* à, à l'égard de).
  (c) (*Mil*) détachement *m*.

detail ['diːteɪl] **1** *n* **(a)** (*also Archit, Art*) détail *m*; (*information on sth wanted*) renseignements *mpl*. **in ~** en détail; **in great ~** dans les moindres détails; **his attention to ~** l'attention qu'il apporte au détail; **to go into ~s** entrer dans les détails; **in every ~ it resembles** ... de point en point *or* dans le moindre détail cela ressemble à ...; **but that's a tiny ~!** mais ce n'est qu'un (petit) détail!; **let me take down the ~s** je vais noter les renseignements nécessaires; (*Comm etc*) **please send me ~s of** ... veuillez m'envoyer des renseignements sur *or* concernant ...; **V personal.**
  (b) (*Mil*) détachement *m*.
  2 *cpd*: (*Archit, Tech*) **detail drawing** épure *f*.
  3 *vt* **(a)** *reason, fact* exposer en détail; *story, event* raconter en détail; *items, objects* énumérer, détailler.
  (b) (*Mil*) *troops* affecter (*for* à, *to do* à *or* pour faire), détacher, désigner (*for* pour, *to do* pour faire).

detailed ['diːteɪld] *adj work* détaillé, minutieux; *account* détaillé, circonstancié. (*Surv*) **a ~ survey** un levé de détail.

detain [dɪ'teɪn] *vt* **(a)** (*keep back*) retenir, garder. **Mr X has been ~ed at the office** M X a été retenu au bureau; **I don't want to ~ you any longer** je ne veux pas vous retarder *or* retenir plus longtemps. **(b)** (*in captivity*) détenir; (*Scol*) mettre en retenue, consigner.

detect [dɪ'tekt] *vt* (*perceive presence of*) *substance, gas* détecter, découvrir; *explosive* découvrir; *disease* dépister; *sadness* déceler; (*see or hear*) distinguer, discerner; **they ~ed traces of poison in the body** on a découvert des traces de poison dans le cadavre; **I thought I could ~ a note of sarcasm in his voice** j'avais cru déceler une note sarcastique dans sa voix; **I could just ~ his pulse** je sentais tout juste son pouls.

detectable [dɪ'tektəbl] *adj* (*V* **detect**) qu'on peut détecter *or* découvrir *etc*.

detection [dɪ'tekʃən] *n* [*criminal, secret*] découverte *f*; [*gas, mines*] détection *f*; (*Med*) dépistage *m*. **the ~ of crime** la chasse aux criminels; **the bloodstains led to the ~ of the criminal** les taches de sang ont mené à la découverte du criminel; **to escape ~** (*criminal*) échapper aux recherches; [*mistake*] passer inaperçu.

detective [dɪ'tektɪv] **1** *n* policier *m* (en civil); (*also* **private ~**) détective *m* (privé).
  2 *cpd*: (*Brit*) **detective chief inspector** ≃ inspecteur *m* de police principal; (*Brit*) **detective chief superintendent** ≃ commissaire *m* divisionnaire (de police judiciaire); (*Brit*) **detective constable** ≃ inspecteur *m* de police; **detective device** dispositif *m* de détection *or* de dépistage; (*Brit*) **detective inspector** ≃ inspecteur de police principal; (*Brit*) **detective sergeant** ≃ inspecteur(-chef) *m* de police; **detective story** roman *m* policier, polar‡ *m*; (*Brit*) **detective superintendent** ≃ commissaire *m* de police judiciaire; (*fig*) **detective work** enquêtes *fpl*.

detector [dɪ'tektəʳ] **1** *n* (*device, person*) détecteur *m*; *V* **lie²**, **mine²** *etc*. **2** *cpd*: (*Brit TV*) **detector van** voiture *f* gonio.

---

detente [deɪ'tɑːnt] *n* détente *f* (*Pol*).

detention [dɪ'tenʃən] **1** *n* (*captivity*) [*criminal, spy*] détention *f*; (*Mil*) arrêts *mpl*; (*Scol*) retenue *f*, consigne *f*. **to give a pupil 2 hours' ~** donner à un élève 2 heures de retenue *or* de consigne; *V* **preventive.**
  2 *cpd*: (*Brit Jur*) **detention centre**, (*US*) **detention home** centre *m* de détention pour mineurs.

deter [dɪ'tɜːʳ] *vt* (*prevent*) détourner (*from sth* de qch); dissuader, empêcher (*from doing* de faire); (*discourage*) décourager (*from doing* de faire); (*Mil*) *attack* prévenir; *enemy* dissuader. **I was ~red by the cost** le coût m'a fait reculer; **don't let the weather ~ you** ne vous laissez pas arrêter par le temps; **a weapon which ~s no one** une arme qui ne dissuade personne.

detergent [dɪ'tɜːdʒənt] *adj, n* détersif (*m*), détergent (*m*).

deteriorate [dɪ'tɪərɪəreɪt] **1** *vt material, machine* détériorer, abîmer.
  2 *vi* [*material*] se détériorer, s'altérer, s'abîmer; [*species, morals*] dégénérer; [*one's health, relationships, weather*] se détériorer; [*situation*] se dégrader. **his schoolwork is deteriorating** il y a un fléchissement dans son travail scolaire.

deterioration [dɪˌtɪərɪə'reɪʃən] *n* [*goods, weather, friendship*] détérioration *f*; [*situation, relations*] dégradation *f*; [*species*] dégénération *f*; (*in morality*) dégénérescence *f*; (*in taste, art*) déchéance *f*, décadence *f*.

determinable [dɪ'tɜːmɪnəbl] *adj* **(a)** *quantity* déterminable. **(b)** (*Jur*) résoluble.

determinant [dɪ'tɜːmɪnənt] *adj, n* déterminant (*m*).

determination [dɪˌtɜːmɪ'neɪʃən] *n* (*U*) **(a)** (*firmness of purpose*) détermination *f*, résolution *f* (*to do* de faire). **an air of ~** un air résolu. **(b)** (*gen, Math etc*) détermination *f*; [*frontiers*] délimitation *f*.

determinative [dɪ'tɜːmɪnətɪv] **1** *adj* déterminant; (*Gram*) déterminatif. **2** *n* facteur déterminant; (*Gram*) déterminant *m*.

determine [dɪ'tɜːmɪn] *vt* **(a)** (*settle, fix*) *conditions, policy, date* fixer, déterminer; *price* fixer, régler; *frontier* délimiter; *cause, nature, meaning* déterminer, établir; *sb's character, future* décider de, déterminer; (*Jur*) *contract* résoudre.
  (b) (*resolve*) décider (*to do* de faire), se déterminer, se résoudre (*to do* à faire); (*cause to decide*) *person* décider, amener (*to do* à faire).
  ♦**determine (up)on** *vt fus* décider de, résoudre de (*doing* faire); *course of action* se résoudre à; *alternative* choisir.

determined [dɪ'tɜːmɪnd] *adj* **(a)** *person, appearance* décidé, déterminé, résolu. **to be ~ to do** être déterminé *or* bien décidé à faire; **to be ~ that** être déterminé *or* décidé à ce que + *subj*; **he's a very ~ person** il est très décidé *or* volontaire *or* résolu, il a de la suite dans les idées.
  (b) *quantity* déterminé, établi.

determiner [dɪ'tɜːmɪnəʳ] *n* (*Gram*) déterminant *m*.

determining [dɪ'tɜːmɪnɪŋ] *adj* déterminant.

determinism [dɪ'tɜːmɪnɪzəm] *n* déterminisme *m*.

determinist [dɪ'tɜːmɪnɪst] *adj, n* déterministe (*mf*).

deterrent [dɪ'terənt] **1** *n* (*also Mil*) force *f* de dissuasion. **to act as a ~** exercer un effet de dissuasion; *V* **nuclear, ultimate. 2** *adj* de dissuasion, préventif.

detest [dɪ'test] *vt* détester, avoir horreur de, haïr. **to ~ doing** détester (de) *or* avoir horreur de faire; **I ~ that sort of thing!** j'ai horreur de ce genre de chose!

detestable [dɪ'testəbl] *adj* détestable, odieux.

detestably [dɪ'testəblɪ] *adv* détestablement, d'une manière détestable *or* odieuse.

detestation [ˌdiːtes'teɪʃən] *n* **(a)** (*U*) haine *f*. **(b)** (*object of hatred*) abomination *f*, chose *f* détestable.

dethrone [diː'θrəʊn] *vt* détrôner.

dethronement [diː'θrəʊnmənt] *n* déposition *f* (*d'un souverain*).

detonate ['detəneɪt] **1** *vi* détoner. **2** *vt* faire détoner *or* exploser.

detonation [ˌdetə'neɪʃən] *n* détonation *f*, explosion *f*.

detonator ['detəneɪtəʳ] *n* détonateur *m*, amorce *f*, capsule fulminante; (*Rail*) pétard *m*.

detour ['diːˌtʊəʳ] **1** *n* (*in river, road; also fig*) détour *m*; (*for traffic*) déviation *f*. **2** *v.* faire un détour. **3** *vt* (*US*) *traffic* dévier.

detox‡ [diː'tɒks] *abbr of* **detoxicate, detoxication, detoxification, detoxify.**

detoxicate [diː'tɒksɪkeɪt] *vt*, **detoxify** [diː'tɒksɪfaɪ] *vt* désintoxiquer.

detoxi(fi)cation [diːˌtɒksɪ(fɪ)'keɪʃən] *n* désintoxication *f*.

detract [dɪ'trækt] *vi*: **to ~ from** *quality, merit* diminuer; *reputation* porter atteinte à; **it ~s from the pleasure of walking** cela diminue le plaisir de se promener.

detraction [dɪ'trækʃən] *n* détraction *f*.

detractor [dɪ'træktəʳ] *n* détracteur *m*, -trice *f*, critique *m*.

detrain [diː'treɪn] **1** *vt* débarquer (*d'un train*). **2** *vi* [*troops*] débarquer (*d'un train*); (*US*) [*passengers*] descendre (*d'un train*).

detriment ['detrɪmənt] *n* détriment *m*, préjudice *m*, tort *m*. **to the ~ of** au détriment de, au préjudice de; **without ~ to** sans porter atteinte *or* préjudice à; **that is no ~ to** ... cela ne nuit en rien à ... .

detrimental [ˌdetrɪ'mentl] *adj* (*to health, reputation*) nuisible, préjudiciable, qui nuit (*to* à); (*to a case, a cause, one's interests*) qui nuit, qui fait tort, qui cause un préjudice (*to* à). **to have a ~ effect on**, **to be ~ to** nuire à.

detritus [dɪ'traɪtəs] *n* (*Geol*) roches *fpl* détritiques, pierraille *f*; (*fig*) détritus *m*.

deuce¹ [djuːs] *n* **(a)** (*Cards, Dice etc*) deux *m*. **(b)** (*Tennis*) égalité *f*. **to be at ~** être à égalité.

deuce² †‡ [djuːs] *n euph for* **devil**; *V* **devil 1 c.**

deuced †‡ ['djʊsɪd] **1** *adj* satané (*before n*), sacré* (*before n*). **2** *adv* diablement†. **what ~ bad weather!** quel sale temps!!

deuterium [dju:'tɪərɪəm] *n* deutérium *m*. ~ **oxide** eau lourde.
Deuteronomy [,dju:tə'rɒnəmɪ] *n* le Deutéronome.
devaluate [di:'væljʊeɪt] *vt* = **devalue**.
devaluation [,dɪvæljʊ'eɪʃən] *n* dévaluation *f*.
devalue ['di:'vælju:] *vt* (*Fin, fig*) dévaluer.
devastate ['devəsteɪt] *vt town, land* dévaster, ravager; *opponent, opposition* anéantir; (*fig*) *person* terrasser, foudroyer. **he was absolutely ~d when he heard the news** cette nouvelle lui a porté un coup terrible.
devastating ['devəsteɪtɪŋ] *adj wind, storm, power, passion* dévastateur (*f* -trice), ravageur; *news, grief* accablant; *argument, reply, effect* accablant, écrasant; *wit, humour, charm, woman* irrésistible.
devastatingly ['devəsteɪtɪŋlɪ] *adv beautiful, funny* irrésistiblement.
devastation [,devə'steɪʃən] *n* dévastation *f*.
develop [dɪ'veləp] **1** *vt* (a) *mind, body* développer, former; (*Math, Phot*) développer; *argument, thesis* développer, exposer (en détail), expliquer (en détail); *business, market,* développer.
 (b) *region* exploiter, mettre en valeur; (*change and improve*) aménager (*as* en). **this ground is to be ~ed** on va construire *or* bâtir sur ce terrain.
 (c) (*acquire, get*) *tic, boil, cold* attraper; *symptoms, signs* présenter; *disease, swollen ankles etc* commencer à souffrir de; *habit* contracter. **to ~ a taste for** acquérir *or* contracter le goût de; **to ~ a talent for** faire preuve de talent pour; **to ~ a tendency to** manifester une tendance à.
 2 *vi [person, region]* se développer; *[illness, tendency, talent]* se manifester, se déclarer; *[feeling]* se former; (*Phot*) se développer; *[plot, story]* se développer; *[event, situation]* se produire. **to ~ into** devenir; **it later ~ed that he had never seen her** plus tard il est devenu évident qu'il ne l'avait jamais vue.
developer [dɪ'veləpər] *n* (a) (*also* **property ~**) promoteur *m* (de construction). (b) (*Phot*) révélateur *m*, développateur *m*.
developing [dɪ'veləpɪŋ] **1** *adj crisis, storm* qui se prépare; *country* en voie de développement; *industry* en expansion.
 2 *n* (a) = **development 1a**.
 (b) (*Phot*) développement *m*. **'~ and printing'** 'développement et tirage', 'travaux photographiques'.
 3 *cpd*: (*Phot*) **developing bath** (bain *m*) révélateur *m*; **developing tank** cuve *f* à développement.
development [dɪ'veləpmənt] **1** *n* (a) (*U*) [*person, body*] développement *m*; [*mind*] développement, formation *f*; (*Math, Mus, Phot*) développement; [*subject, theme*] développement, exposé *m*; [*ideas*] développement, évolution *f*, progrès *m*; [*plot, story*] déroulement *m*, développement; [*region*] exploitation *f*, aménagement *m* (*as* en), mise *f* en valeur; [*site*] mise en exploitation; [*industry*] développement, expansion *f*. **at every stage in his ~** à chaque stade de son développement.
 (b) (*change in situation*) fait nouveau. **to await ~s** attendre la suite des événements; **an unexpected** *or* **a surprise ~** un rebondissement; **there have been no ~s** il n'y a pas de changements, il n'y a rien de nouveau.
 (c) (*US: also* **housing ~**) cité *f*; (*also* **industrial ~**) zone industrielle.
 2 *cpd*: (*Brit*) **development area** zone *f* à urbaniser en priorité, Z.U.P. *f*; **development bank** banque *f* de développement; **development company** société *f* d'exploitation; [*project, company*] **development period** phase *f* de démarrage; **development planning** planification *f* du développement.
deviance ['di:vɪəns], **deviancy** ['di:vɪənsɪ] *n* (*gen, also Psych*) déviance *f* (*from* de).
deviant ['di:vɪənt] **1** *adj behaviour* déviant, qui s'écarte de la norme; *development* anormal; (*sexually*) perverti; (*Ling*) *sentence, form* déviant. **2** *n* déviant(e) *m(f)*.
deviate ['di:vɪeɪt] *vi* (*from truth, former statement etc*) dévier, s'écarter (*from* de). **to ~ from the norm** s'écarter de la norme. (b) *[ship, plane]* dévier, dériver; *[projectile]* dévier.
deviation [,di:vɪ'eɪʃən] *n* (a) (*Math, Med, Philos: also from principle, custom*) déviation *f* (*from* de); (*from law, instructions*) dérogation *f* (*from* à); (*from social norm*) déviance *f* (*from* de). **there have been many ~s from the general rule** on s'est fréquemment écarté de la règle générale; **standard ~** écart type *m*.
 (b) *[ship, plane]* déviation *f*, dérive *f*; *[projectile]* déviation, dérivation *f*.
 (c) (*Aut*) déviation *f*.
deviationism [,di:vɪ'eɪʃənɪzəm] *n* déviationnisme *m*.
deviationist [,di:vɪ'eɪʃənɪst] *adj, n* déviationniste (*mf*).
device [dɪ'vaɪs] *n* (a) (*mechanical*) appareil *m*, engin *m*, mécanisme *m* (*for* pour). **a clever ~** une invention astucieuse; **nuclear ~** engin nucléaire; *V* **safety**.
 (b) (*scheme, plan*) formule *f*, truc* *m* (*to do* pour faire), moyen *m* (*to do* de faire). **to leave sb to his own ~s** laisser qn se débrouiller.
 (c) (*Her*) devise *f*, emblème *m*.
devil ['devl] **1** *n* (a) (*evil spirit*) diable *m*, démon *m*. **the D~** le Diable, Satan *m*.
 (b) (*) **poor ~!** pauvre diable!; **he's a nice little ~** c'est un bon petit diable; **you little ~!** petit monstre, va!; (*hum*) **go on, be a ~!** fais donc une folie!, laisse-toi tenter!
 (c) (*: as intensifier: also* **deuce, dickens**) **he had the ~ of a job to find it** il a eu toutes les peines du monde *or* un mal fou à le trouver; **the ~ of a wind** un vent du diable *or* de tous les diables; **he lives the ~ of a long way away** il habite au diable*; **it's the very ~** *or* **it's the ~ of a job to get him to come** c'est toute une affaire *or* c'est le diable pour le faire venir; **why the ~ didn't you say so?** pourquoi diable ne l'as-tu pas dit?; **how the ~ would I know?** comment voulez-vous que je (le) sache?; **where the ~ is he?** où diable peut-il bien être?; **oh well what the ~!** oh tant pis!,

oh qu'est-ce que ça peut bien faire!; **what the ~ are you doing?** mais enfin que diable fais-tu? *or* qu'est-ce que tu fabriques?* *or* qu'est-ce que tu fiches?*; **to work/run/shout** *etc* **like the ~** travailler/courir/crier *etc* comme un fou; **to be in a ~ of a mess** être dans de beaux draps, être dans un sacré pétrin*; (*fig*) **there will be the ~ to pay** cela va faire du grabuge*, ça va barder‡; **they were making the ~ of a noise** ils faisaient un chahut de tous les diables.
 (d) (*phrases*) **between the ~ and the deep blue sea** entre Charybde et Scylla; (*Prov*) **the ~ finds work for idle hands** l'oisiveté est la mère de tous les vices (*Prov*); **it will play the ~ with all your plans*** cela va bousiller* *or* foutre en l'air‡ tous vos projets; **go to the ~!‡** va te faire voir!*, va te faire foutre!‡; **he is going to the ~*** il court à sa perte; **his work has gone to the ~*** son travail ne vaut plus rien; **he has the ~ in him** today il a le diable au corps aujourd'hui; **speak** *or* **talk of the ~!** quand on parle du loup (on en voit la queue)!; **to be the ~'s advocate** se faire l'avocat du diable; **to give the ~ his due** ... pour être honnête il faut reconnaître que ...; **he has the luck of the ~*** *or* **the ~'s own luck*** il a une veine insolente *or* une veine de pendu* *or* une veine de cocu‡; (*Prov*) **better the ~ you know (than the ~ you don't)** il vaut mieux un danger qu'on connaît qu'un danger qu'on ne connaît pas.
 (e) (*printer's* **~**) apprenti imprimeur; (*hack writer*) nègre *m* (*d'un écrivain etc*); (*Jur*) ≃ avocat *m* stagiaire.
 2 *vi*: **to ~ for sb** (*Literat etc*) servir de nègre à qn; (*Jur*) ≃ faire office d'avocat stagiaire auprès de qn.
 3 *vt* (a) (*Culin*) *kidneys* (faire) griller au poivre et à la moutarde. **devilled** (*Brit*) *or* **deviled** (*US*) **egg** œuf *m* à la diable.
 (b) (*US*: *nag*) harceler (*verbalement*).
 4 *cpd*: **devilfish** mante *f*; **Devil's Island** île *f* du Diable; **devil-may-care** insouciant, je-m'en-foutiste‡; (*US*) **devil's food cake** (sorte *f* de) gâteau *m* au chocolat.
devilish ['devlɪʃ] **1** *adj* (a) *invention* diabolique, infernal. (b) *satané* (*before n*), maudit* (*before n*), sacré* (*before n*), du diable. **2** *adv difficult, beautiful* rudement*, diablement. **it's ~ cold** il fait un froid du diable *or* de canard*.
devilishly ['devlɪʃlɪ] *adv* (a) *behave* diaboliquement. (b) = **devilish**.
devilishness ['devlɪʃnɪs] *n* [*invention*] caractère *m* diabolique; [*behaviour*] méchanceté *f* diabolique.
devilment ['devlmənt] *n* (*U*) (*mischief*) diablerie *f*, espièglerie *f*; (*spite*) méchanceté *f*, malice *f*. **a piece of ~** une espièglerie; **out of sheer ~** par pure malice *or* méchanceté.
devilry ['devlrɪ], (*US*) **deviltry** ['devltrɪ] *n* (*daring*) (folle) témérité *f*; (*mischief*) diablerie *f*, espièglerie *f*; (*black magic*) magie noire, maléfices *mpl*; (*wickedness*) malignité *f*, méchanceté *f* (*diabolique*).
devious ['di:vɪəs] *adj route* détourné; *path, mind* tortueux; *means, method* détourné, tortueux; *character* dissimulé, sournois (*pej*). **he's very ~** il a l'esprit tortueux, il n'est pas franc.
deviously ['di:vɪəslɪ] *adv act, behave* d'une façon détournée.
deviousness ['di:vɪəsnɪs] *n* [*person*] sournoiserie *f*, [*scheme, method*] complexité(s) *f(pl)*.
devise [dɪ'vaɪz] **1** *vt scheme, style* imaginer, inventer, concevoir; *plot* tramer, ourdir; *escape* combiner, machiner; (*Jur*) léguer. **of his own devising** de son invention. **2** *n* (*Jur*) legs *m* (de biens immobiliers).
devisee [dɪvaɪ'zi:] *n* (*Jur*) légataire *mf* (*qui reçoit des biens immobiliers*).
deviser [dɪ'vaɪzər] *n* [*scheme, plan*] inventeur *m*, -trice *f*, auteur *m*.
devisor [dɪ'vaɪzər] *n* (*Jur*) testateur *m*, -trice *f* (*qui lègue des biens immobiliers*).
devitalization [di:,vaɪtəlaɪ'zeɪʃən] *n* affaiblissement *m*.
devitalize [di:'vaɪtəlaɪz] *vt* affaiblir.
devoiced [di:'vɔɪst] *adj* (*Phon*) *consonant* dévoisé.
devoicing [di:'vɔɪsɪŋ] *n* (*Phon*) dévoisement *m*.
devoid [dɪ'vɔɪd] *adj*: **~ of ornament/imagination** *etc* dépourvu *or* dénué d'ornement/d'imagination *etc*, sans ornement/imagination *etc*; **~ of sense** dénué de (bon) sens; **~ of error/guilt** *etc* exempt d'erreur/de culpabilité *etc*.
devolution [,di:və'lu:ʃən] *n* [*power, authority*] délégation *f*; (*Jur*) [*property*] transmission *f*, dévolution *f*; (*Pol etc*) décentralisation *f*; (*Bio*) dégénérescence *f*.
devolve [dɪ'vɒlv] **1** *vi* (a) [*duty*] incomber (*on, upon* à); (*by chance*) retomber (*on, upon* sur), échoir (*on, upon* à). **it ~s on you to take this step** c'est à vous qu'il incombe de faire cette démarche; **all the work ~s on me** tout le travail retombe sur moi.
 (b) (*Jur*) [*property*] passer (*on, upon* à), être transmis (*on, upon* à).
 2 *vt* déléguer, transmettre, remettre (*on, upon* à).
Devonian [də'vəʊnɪən] *adj* (*Geol*) *period* dévonien.
devote [dɪ'vəʊt] *vt time, life, book, magazine* consacrer (*to* à); *resources* affecter (*to* à), consacrer (*to* à), réserver (*to* pour). **to ~ o.s. to a cause** se vouer à, se consacrer à; *pleasure* se livrer à; *study, hobby* s'adonner à, se consacrer à, se livrer à; **the money ~d to education** l'argent consacré à *or* (*Admin*) les crédits affectés à l'éducation; **2 chapters ~d to his childhood** 2 chapitres consacrés à son enfance; (*Rad, TV*) **they ~d the whole programme to ...** ils ont consacré toute l'émission à ...
devoted [dɪ'vəʊtɪd] *adj husband, friend* dévoué; *admirer* fervent; *service, friendship* loyal, fidèle, dévoué. **to be ~ to** être dévoué *or* très attaché à.
devotedly [dɪ'vəʊtɪdlɪ] *adv* avec dévouement.
devotee [,devəʊ'ti:] *n* [*doctrine, theory*] partisan(e) *m(f)*; [*religion*] adepte *mf*; [*sport, music, poetry*] passionné(e) *m(f)*, fervent(e) *m(f)*.
devotion [dɪ'vəʊʃən] *n* (a) (*U*) (*to duty*) dévouement *m* (*to* à); (*to friend*) dévouement (*to* à, envers), (profond) attachement *m* (*to*

pour); (*to work*) dévouement (*to* à), ardeur *f* (*to* pour, à); (*Rel*) dévotion *f*, piété *f*. **with great ~** avec un grand dévouement. **(b)** (*Rel*) ~**s** dévotions *fpl*, prières *fpl*.

devotional [dɪ'vəʊʃənl] *adj book* de dévotion, de piété; *attitude* de prière, pieux.

devour [dɪ'vaʊər] *vt* **(a)** *food* dévorer, engloutir; (*fig*) *money* engloutir, dévorer; **to ~ sb with one's eyes** dévorer qn des yeux. **(b)** [*fire*] dévorer, consumer. (*fig*) ~**ed by jealousy** dévoré de jalousie.

devouring [dɪ'vaʊərɪŋ] *adj hunger, passion* dévorant; *zeal, enthusiasm* ardent.

devout [dɪ'vaʊt] *adj person* pieux, dévot; *prayer, attention, hope* fervent.

devoutly [dɪ'vaʊtlɪ] *adv pray* dévotement, avec dévotion; *hope* sincèrement, bien vivement.

DEW, dew¹ [dju:] (*US: abbr of* **distant early warning**) ~ **line** DEW *f* (*système de radars*).

dew² [dju:] **1** *n* rosée *f*; *V* **mountain**. **2** *cpd*: **dew claw** ergot *m*; **dewdrop** goutte *f* de rosée; [*cow, person*] **dewlap** fanon *m*; **dewpoint** point *m* de saturation; **dewpond** mare *f* (*alimentée par les eaux de condensation*).

dewy [djuːɪ] **1** *adj grass* couvert de *or* humide de rosée. (*liter*) ~ **lips** lèvres fraîches. **2** *cpd*: **dewy-eyed** (*innocent*) aux grands yeux ingénus; (*credulous*) (trop) naïf (*f* naïve); **to be dewy-eyed** faire l'ingénu(e); être (trop) naïf.

dex [deks] *n* (*Drugs sl*) Dexédrine *f* ®.

Dexedrine [deksɪ'driːn] *n* ® Dexédrine *f* ®.

dexie [deksɪ] *n* (*Drugs sl*) comprimé *m* de Dexédrine ®.

dexterity [deks'terɪtɪ] *n* dextérité *f*, adresse *f*, habileté *f*. ~ **in doing** habileté à faire, adresse avec laquelle on fait; **a feat of ~** un tour d'adresse.

dexterous [dekstrəs] *adj person* adroit, habile; *movement* adroit, agile. **by the ~ use of** par l'habile emploi de.

dexterously [dekstrəslɪ] *adv* adroitement, habilement, avec dextérité.

dextrin [dekstrɪn] *n* dextrine *f*.

dextrose [dekstrəʊs] *n* dextrose *m*.

dextrous(ly) [dekstrəs(lɪ)] = **dexterous(ly)**.

D.F. [di:'ef] *abbr of* **direction finder**; *V* **direction**.

dg *abbr of* **decigram(s)**.

D.G. [di:'dʒi:] **(a)** *abbr of* **director general**; *V* **director**. **(b)** (*abbr of* **Deo gratias**) par la grâce de Dieu.

DHSS [di:eɪtʃes'es] *n* (*Brit*) *abbr of* **Department of Health and Social Security**.

di... [daɪ] *pref* di....

diabetes [daɪə'bi:ti:z] *n* diabète *m*.

diabetic [daɪə'betɪk] *adj, n* diabétique (*mf*).

diabolic(al) [daɪə'bɒlɪk(əl)] *adj* **(a)** *action, invention, plan, power* diabolique, infernal, satanique; *laugh, smile* satanique, diabolique. **(b)** (**: dreadful*) *child* infernal*; *weather* atroce*, épouvantable.

diabolically [daɪə'bɒlɪkəlɪ] *adv behave etc* diaboliquement, d'une manière diabolique; (*) *hot, late etc* rudement*.

diachronic [daɪə'krɒnɪk] *adj* diachronique.

diacid [daɪ'æsɪd] *n* biacide *m*, diacide *m*.

diacritic [daɪə'krɪtɪk] **1** *adj* diacritique. **2** *n* signe *m* diacritique.

diacritical [daɪə'krɪtɪkəl] *adj* diacritique.

diadem [daɪədem] *n* (*lit, fig*) diadème *m*.

diaeresis, (*US*) **dieresis** [daɪ'erɪsɪs] *n* (*Ling*) diérèse *f*; (*sign for this*) tréma *m*.

diagnose [daɪəgnəʊz] *vt* (*Med, fig*) diagnostiquer. **his illness was ~d as** bronchitis on a diagnostiqué une bronchite, on a diagnostiqué que c'était d'une bronchite qu'il souffrait.

diagnosis [daɪəg'nəʊsɪs] *n, pl* **diagnoses** [daɪəg'nəʊsiːz] (*Med, fig*) diagnostic *m*; (*Bio, Bot*) diagnose *f*.

diagnostic [daɪəg'nɒstɪk] *adj* diagnostique.

diagnostician [daɪəgnɒs'tɪʃən] *n* diagnostiqueur *m*.

diagnostics [daɪəg'nɒstɪks] *n* (*U: Comput etc*) diagnostic *m*.

diagonal [daɪ'ægənl] **1** *adj* diagonal. **2** *n* diagonale *f*.

diagonally [daɪ'ægənlɪ] *adv cut, fold en* diagonale, obliquement, diagonalement. **the bank is ~ opposite the church** la banque est diagonalement opposée à l'église; **to cut ~ across a street** traverser une rue en diagonale; **the car was struck ~ by a lorry** la voiture a été prise en écharpe par un camion; **ribbon worn ~ across the chest** ruban porté en écharpe sur la poitrine.

diagram [daɪəgræm] *n* (*gen*) diagramme *m*, schéma *m*; (*Math*) diagramme, figure *f*. **as shown in the ~** comme le montre le diagramme *or* le schéma.

diagrammatic [daɪəgrə'mætɪk] *adj* schématique.

dial [daɪəl] **1** *n* cadran *m*; (‡*: face*) tronche‡ *f*; *V* **sun**.

2 *vt* (*Telec*) *number* faire, composer. **you must ~ 336-1295** il faut faire le 336-12-95; **to ~ 999** ≃ appeler police-secours; **to ~ a wrong number** faire un faux *or* mauvais numéro; **to ~ direct** appeler par l'automatique; **can I ~ London from here?** est-ce que d'ici je peux avoir Londres par l'automatique?

3 *cpd*: (*Telec*) **Dial-a-record** *etc* le disque *etc* du jour par téléphone; (*US Telec*) **dial tone** tonalité *f*; (*Comput*) **dial-up service** service *m* de télétraitement.

dial. *abbr of* **dialect**.

dialect [daɪəlekt] **1** *n* (*regional*) dialecte *m*, parler *m*; (*local, rural*) patois *m*. **the Norman ~** le dialecte normand, les parlers normands; **in ~** en dialecte, en patois.

2 *cpd word* dialectal. **dialect atlas** atlas *m* linguistique; **dialect survey** étude *f* de géographie linguistique *or* de dialectologie.

dialectal [daɪə'lektl] *adj* dialectal, de dialecte.

dialectical [daɪə'lektɪkəl] *adj* dialectique. **~ materialism** matérialisme *m* dialectique.

dialectician [daɪələk'tɪʃən] *n* dialecticien(ne) *m(f)*.

dialectic(s) [daɪə'lektɪk(s)] *n* (*U*) dialectique *f*.

dialectology [daɪələk'tɒlədʒɪ] *n* (*U*) dialectologie *f*.

dialling [daɪəlɪŋ] *n* (*Telec*) **1** composition *f* d'un numéro (de téléphone). **2** *cpd*: (*Brit*) **dialling code** indicatif *m*; (*Brit*) **dialling tone** tonalité *f*.

dialogue [daɪəlɒg] *n* (*lit, fig*) dialogue *m*.

dialysis [daɪ'æləsɪs] *n* dialyse *f*. **~ machine** rein artificiel.

diamagnetism [daɪə'mægnɪtɪzəm] *n* diamagnétisme *m*.

diamanté [daɪə'mæntɪ] *n* tissu diamanté.

diameter [daɪ'æmɪtər] *n* diamètre *m*. **the circle is one metre in ~** le cercle a un mètre de diamètre.

diametrical [daɪə'metrɪkəl] *adj* (*Math, fig*) diamétral.

diametrically [daɪə'metrɪkəlɪ] *adv* (*Math, fig*) diamétralement.

diamond [daɪəmənd] **1** *n* **(a)** (*stone*) diamant *m*; *V* **rough**.

(b) (*shape, figure*) losange *m*.

(c) (*Cards*) carreau *m*. **the ace/six of ~s** l'as/le six de carreau; *V* **club 1b**.

(d) (*Baseball*) diamant *m*, terrain *m* (de base-ball).

2 *cpd clip, ring* de diamant(s). **diamond-cutting** taille *f* du diamant; **diamond drill** foreuse *f* à pointe de diamant; **diamond jubilee** (célébration *f* du) soixantième anniversaire *m* (*d'un événement*); **diamond merchant** diamantaire *m*; **diamond necklace** rivière *f* de diamants; **diamond-shaped** en losange(s), (taillé) en losange; **diamond wedding** noces *fpl* de diamant.

Diana [daɪ'ænə] *n* Diane *f*.

diapason [daɪə'peɪzən] *n* diapason *m*. [*organ*] **open/stopped ~** diapason large/étroit.

diaper [daɪəpər] *n* (*US*) couche *f* (*de bébé*). **~ service** service *m* de couches à domicile.

diaphanous [daɪ'æfənəs] *adj* (*lit, fig*) diaphane.

diaphoretic [daɪəfə'retɪk] *adj, n* diaphorétique (*m*).

diaphragm [daɪəfræm] *n* (*all senses*) diaphragme *m*.

diarist [daɪərɪst] *n* [*personal events*] auteur *m* d'un journal intime; [*contemporary events*] mémorialiste *mf*, chroniqueur *m*.

diarrhoea, (*US*) **diarrhea** [daɪə'riːə] *n* diarrhée *f*. **to have ~** avoir la diarrhée *or* la colique.

diarrhoeal, (*US*) **diarrheal** [daɪə'rɪəl] *adj* diarrhéique.

diary [daɪərɪ] *n* (*record of events*) journal *m* (intime); (*for engagements*) agenda *m*. **to keep a ~** tenir un journal; **I've got it in my ~** je l'ai noté sur mon agenda.

Diaspora [daɪ'æspərə] *n* Diaspora *f*; (*fig*) diaspora.

diastole [daɪ'æstəlɪ] *n* diastole *f*.

diatonic [daɪə'tɒnɪk] *adj* diatonique.

diatribe [daɪətraɪb] *n* diatribe *f* (*against* contre).

dibasic [daɪ'beɪsɪk] *adj* dibasique.

dibber [dɪbər] *n* = **dibble 1**.

dibble [dɪbl] **1** *n* plantoir *m*. **2** *vt* repiquer au plantoir.

dibs [dɪbz] *npl* **(a)** (*game, knucklebones*) osselets *mpl*; (*Cards: counters*) jetons *mpl*. **(b)** (*Brit‡*) (*money*) fric‡ *m*. **(c)** (*US*) **to have ~ on sth‡** avoir des droits sur qch; **~ on the cookies!‡** prem'‡ pour les petits gâteaux!

dice [daɪs] **1** *n, pl inv* dé *m* (à jouer). **to play ~** jouer aux dés; (*fig: esp US*) **no ~!*** pas question!; *V* **load**. **2** *vi* jouer aux dés. (*fig*) **he was dicing with death** il jouait avec la mort. **3** *vt vegetables* couper en dés *or* en cubes.

dicey* [daɪsɪ] *adj* (*Brit*) risqué. **it's ~, it's a ~ business** c'est bien risqué.

dichotomy [dɪ'kɒtəmɪ] *n* dichotomie *f*.

dick‡ [dɪk] *n* (*detective*) flic* *m*; *V* **clever**.

Dick [dɪk] *n* (*dim of* **Richard**) Richard *m*.

dickens* [dɪkɪnz] *n* (*euph for* **devil**) *V* **devil 1c**.

Dickensian [dɪ'kenzɪən] *adj* à la Dickens.

dicker [dɪkər] *vi* (*US*) marchander.

dickey, dicky¹ [dɪkɪ] *n* **(a)** (*also ~ bird: baby talk*) petit zoziau (*baby talk*). **(b)** (*Brit: also ~ seat*) strapontin *m*; (*Aut*) spider *m*. **(c)** (*) [*shirt*] faux plastron (*de chemise*).

dicky² [dɪkɪ] *adj* (*Brit*) *person* patraque*, pas solide*; *health, heart* qui flanche*, pas solide*; *situation* pas sûr*, pas solide*.

dicta [dɪktə] *npl of* **dictum**.

Dictaphone [dɪktəfəʊn] *n* ® Dictaphone *m* ®. **~ typist** dactylo *f* qui travaille au dictaphone.

dictate [dɪk'teɪt] **1** *vt letter, passage* dicter (*to* à); *terms, conditions* dicter, prescrire, imposer. **his action was ~d by circumstances** il a agi comme le lui dictaient les circonstances.

2 *vi* **(a)** dicter. **he spent the morning dictating to his secretary** il a passé la matinée à dicter des lettres (*or* des rapports *etc*) à sa secrétaire.

(b) (*order about*) **to ~ to sb** imposer sa volonté à qn, régenter qn; **I won't be ~d to** je ne n'ai pas d'ordres à recevoir; **I don't like to be ~d to** je n'aime pas qu'on me commande (*subj*).

3 [dɪkteɪt] *n* (*gen pl*) ~**s** ordre(s) *m(pl)*, précepte(s) *m(pl)* (*de la raison etc*); **the ~s of conscience** la voix de la conscience.

dictation [dɪk'teɪʃən] *n* (*in school, office etc*) dictée *f*. **to write to sb's ~** écrire sous la dictée de qn; **at ~ speed** à une vitesse de dictée.

dictator [dɪk'teɪtər] *n* (*fig, Pol*) dictateur *m*.

dictatorial [dɪktə'tɔːrɪəl] *adj* (*fig, Pol*) dictatorial.

dictatorially [dɪktə'tɔːrɪəlɪ] *adv* (*fig, Pol*) autoritairement, dictatorialement, en dictateur.

dictatorship [dɪk'teɪtəʃɪp] *n* (*fig, Pol*) dictature *f*.

diction [dɪkʃən] *n* **(a)** (*Literat*) style *m*, langage *m*. **poetic ~** langage poétique. **(b)** [*pitch*], élocution *f*. **his ~ is very good** il a une très bonne diction *or* une élocution très nette.

dictionary [dɪkʃənrɪ] **1** *n* dictionnaire *m*. **to look up a word in a ~** chercher un mot dans un dictionnaire; **French ~** dictionnaire de français.

2 *cpd*: **dictionary-maker** lexicographe *mf*; **dictionary-making** lexicographie *f*.

dictum ['dɪktəm] *n, pl* **dicta** (*maxim*) dicton *m*, maxime *f*; (*pronouncement*) proposition *f*, affirmation *f*; (*Jur*) remarque *f* superfétatoire.

did [dɪd] *pret of* **do**¹.

didactic [dɪ'dæktɪk] *adj* didactique.

didactically [dɪ'dæktɪkəlɪ] *adv* didactiquement.

diddle* ['dɪdl] *vt* (*Brit*) rouler*, escroquer. **you've been ~d** tu t'es fait rouler* *or* avoir*; **to ~ sb out of sth** souffler qch à qn*; **to ~ sth out of sb** soutirer *or* carotter* qch à qn.

diddler* ['dɪdlər] *n* (*Brit*) carotteur* *m*, -euse* *f*, escroc *m*.

didn't ['dɪdənt] = **did not**; *V* **do**¹.

Dido ['daɪdəu] *n* Didon *f*.

die¹ [daɪ] *vi* (a) (*person*) mourir (*of* de), décéder (*frm*), s'éteindre (*euph*); [*animal, plant*] mourir, crever; [*engine, motor*] caler, s'arrêter. **to be dying** être à l'agonie *or* à la mort, se mourir; **they were left to ~** ils furent abandonnés à la mort; **to ~ of hunger** mourir de faim; **to ~ a natural/violent death** mourir de sa belle mort/de mort violente; **to ~ by one's own hand** se suicider, mettre fin à ses jours; (*fig*) **to ~ with one's boots on*** mourir debout *or* en pleine activité; **he ~d a hero** il est mort en héros; **they were dying like flies** ils mouraient *or* tombaient comme des mouches; **never say ~!** il ne faut jamais désespérer; **you only ~ once** on ne meurt qu'une fois; (*fig*) **I nearly ~d** (*from laughing*) j'ai failli mourir de rire; (*from fear*) j'ai failli mourir de peur; (*from embarrassment*) je voulais rentrer sous terre; **to ~ a thousand deaths** être au supplice, souffrir mille morts (*liter*); (*fig*) **to be dying to do*** mourir d'envie de faire; **I'm dying* for a cigarette** j'ai une envie folle d'une cigarette.

(b) [*fire, love, memory, daylight*] s'éteindre, mourir; [*custom*] mourir, disparaître. **the secret ~d with him** il a emporté le secret dans la tombe; **rumours/bad habits ~ hard** les bruits qui courent/ les mauvaises habitudes ont la vie dure.

♦**die away** *vi* [*sound, voice*] s'éteindre, mourir, s'affaiblir.

♦**die down** *vi* [*plant*] se flétrir, perdre ses feuilles et sa tige; [*emotion, protest*] se calmer, s'apaiser; [*wind*] tomber, se calmer; [*fire*] (*in blazing building*) diminuer, s'apaiser; (*in grate etc*) baisser, tomber; [*noise*] diminuer.

♦**die off** *vi* mourir *or* être emportés les uns après les autres.

♦**die out** *vi* [*custom, race*] disparaître, s'éteindre; [*showers etc*] disparaître.

die² [daɪ] **1** *n* (a) (*pl* **dice** [daɪs]) dé *m* (à jouer). **the ~ is cast** le sort en est jeté, les dés sont jetés; *V* **dice**.

(b) (*pl* **~s**) (*in minting*) coin *m*; (*Tech*) matrice *f*. **stamping ~** étampe *f*.

2 *cpd*: **die-casting** moulage *m* en coquille; **die-sinker** graveur *m* de matrices; **die-stamp** graver; **die-stock** (*frame*) cage *f* (de filière à peignes); (*tool*) filière *f* à main.

diectic [daɪ'ektɪk] *n* (*Ling*) diectique *m*.

dièdre [dɪ'edər] *n* (*Climbing*) dièdre *m*.

diehard ['daɪhɑːd] **1** *n* (*one who resists to the last*) jusqu'au-boutiste *mf*; (*opponent of change*) conservateur *m*, -trice *f* (à tout crin); (*obstinate politician etc*) dur(e) à cuire* *m(f)*, réactionnaire *mf*. **2** *adj* intransigeant, inébranlable; (*Pol*) réactionnaire.

dielectric [,daɪə'lektrɪk] *adj, n* diélectrique (*m*).

dieresis [daɪ'erɪsɪs] *n* (*US*) = **diaeresis**.

diesel ['diːzəl] **1** *n* diesel *m*. **2** *cpd*: **diesel-electric** diesel-électrique; **diesel engine** (*Aut*) moteur *m* diesel; (*Rail*) motrice *f*; **diesel fuel**, **diesel oil** gas-oil *m*, diesel; **diesel train** autorail *m*.

diet¹ ['daɪət] **1** *n* (a) (*restricted food*) régime *m*; (*light*) diète *f*. **milk ~** régime lacté; **to be/go on a ~** être/se mettre au régime *or* à la diète.

(b) (*customary food*) alimentation *f*, nourriture *f*. **to live on a** (*constant*) **~** of vivre *or* se nourrir de.

2 *vi* suivre un régime *or* une diète.

3 *vt* mettre au régime *or* à la diète.

diet² ['daɪət] *n* (*esp Pol*) diète *f*.

dietary ['daɪətərɪ] **1** *adj* (*gen*) de régime, diététique. **~ fibre** cellulose végétale. **2** *n* régime *m* alimentaire (*d'un hôpital, d'une prison etc*).

dietetic [,daɪə'tetɪk] *adj* diététique.

dietetics [,daɪə'tetɪks] *n* (*U*) diététique *f*.

dietician [,daɪə'tɪʃən] *n* spécialiste *mf* de diététique, diététicien(ne) *m(f)*.

differ ['dɪfər] *vi* (*be different*) différer, être différent, se distinguer (*from* de); (*disagree*) ne pas être d'accord, ne pas s'entendre (*from sb* avec qn, *on or about sth* sur qch). **the two points of view do not ~ much** ils ne sont pas très différents l'un de l'autre; **they ~ in their approach to the problem** ils diffèrent en *or* sur leur manière d'appréhender le problème; **I beg to ~** permettez-moi de ne pas partager cette opinion *or* de ne pas être de votre avis; **the texts ~** les textes ne s'accordent pas; (*Jur*) **to ~ from the rules** déroger aux règles; *V* **agree**.

difference ['dɪfrəns] *n* (a) (*in ideas, character, nature*) différence, divergence *f* (*in* de, *between* entre); (*in age, height, value, weight etc*) écart *m*, différence (*in* de, *between* entre); (*between numbers, amounts*) différence *f*. **that makes a big ~ to me** c'est très important pour moi, ça ne m'est pas du tout égal, cela compte beaucoup pour moi; **to make a ~ in sb/sth** changer qn/ qch; **that makes all the ~** voilà qui change tout; **what ~ does it make if ...?** qu'est-ce que cela peut faire que ...? + *subj*, quelle importance cela a-t-il si ...? + *indic*; **it makes no ~ to me** cela m'est égal, ça ne (me) fait rien; **for all the ~ it makes** pour ce que cela change *or* peut changer; **with this ~ that** à la différence que, à ceci

près que; **a car with a ~** une voiture pas comme les autres*; **~ of opinion** différence *or* divergence d'opinions; (*quarrel*) différend *m*; **to pay the ~** payer la différence; *V* **know**, **split**.

different ['dɪfrənt] *adj* (a) (*not the same*) différent (*from, to* de), autre; **completely ~** (*from*) totalement différent (de), tout autre (que); **he wore a ~ tie each day** il portait chaque jour une cravate différente; **go and put on a ~ tie** va mettre une autre cravate; **I feel a ~ person** je me sens tout autre; (*rested etc*) j'ai l'impression de faire peau neuve; **let's do something ~** faisons quelque chose de nouveau; **quite a ~ way of doing** une tout autre manière de faire; **that's quite a ~ matter** ça c'est une autre affaire, c'est tout autre chose; **she's quite ~ from what you think** elle n'est pas du tout ce que vous croyez; **he wants to be ~** il veut se singulariser.

(b) (*various*) différent, divers, plusieurs. **~ people had noticed this** plusieurs personnes l'avaient remarqué; **in the ~ countries I've visited** dans les différents *or* divers pays que j'ai visités.

differential [,dɪfə'renʃəl] **1** *adj* différentiel. (*Math*) **~ calculus/ operator** calcul/opérateur différentiel; **~ equation** équation différentielle; **~ gear** (engrenage *m*) différentiel *m*; **~ housing** boîtier *m* de différentiel.

2 *n* (*Math*) différentielle *f*; (*in pay*) écart salarial; (*Aut*) différentiel *m*.

differentially [,dɪfə'renʃəlɪ] *adv* (*Tech*) par action différentielle.

differentiate [,dɪfə'renʃɪeɪt] **1** *vi* faire la différence *or* la distinction (*between* entre). **he cannot ~ between red and green** il ne fait pas la différence entre le rouge et le vert; **in his article he ~s between ...** dans son article, il fait la distinction entre ... ; **we must ~ between the meanings of this term** il nous faut différencier les sens de ce mot.

2 *vt people, things* différencier, distinguer (*from* de); (*Math*) différentier, calculer la différentielle de. **this is what ~s the 2 brothers** c'est ce qui différencie les 2 frères; **this is what ~s one brother from the other** c'est ce qui distingue *or* différencie un frère de l'autre.

differentiation [,dɪfərenʃɪ'eɪʃən] *n* différenciation *f*; (*Math*) différentiation *f*.

differently ['dɪfrəntlɪ] *adv* différemment, d'une manière différente (*from* de), autrement (*from* que). **he thinks ~ from you** sa façon de penser n'est pas la même (que la vôtre); (*doesn't agree*) il n'est pas de votre avis.

difficult ['dɪfɪkəlt] *adj* problem, undertaking difficile, dur, ardu; writer, music, book difficile; person, character difficile, peu commode; child difficile. **~ to live with**, **~ to get on with** difficile à vivre; **this work is ~ to do** ce travail est difficile à faire *or* est ardu; **it is ~ to know** il est difficile de savoir; **it is ~ to deny that ...** on ne peut guère *or* on ne saurait (*frm*) nier que ... + *indic or subj*; **it is ~ for me or I find it ~ to believe** il m'est difficile de croire, j'ai de la peine *or* du mal à croire; **there's nothing ~ about it** cela ne présente aucune difficulté; **the ~ thing is to begin** le (plus) difficile *or* dur c'est de commencer.

difficulty ['dɪfɪkəltɪ] *n* (a) (*U*) [problem, undertaking, writing] difficulté *f*. **with/without ~** avec/sans difficulté *or* peine; **it's feasible, but with ~** c'est faisable, mais ce sera difficile; **she has ~ in walking** elle marche difficilement *or* avec difficulté, elle a de la difficulté *or* elle éprouve de la difficulté *or* elle a du mal à marcher; **a slight ~ in breathing** un peu de gêne dans la respiration; **there was some ~ in finding him** on a eu du mal à le trouver; **the ~ is in choosing** *or* **to choose** la difficulté *or* la difficulté c'est de choisir.

(b) difficulté *f*, obstacle *m*. **to make difficulties for sb** créer des difficultés à qn; **without meeting any difficulties** sans rencontrer d'obstacles *or* la moindre difficulté, sans accrocs; **to get into ~** *or* **difficulties** se trouver en difficulté; **to get into all sorts of difficulties** se trouver plongé dans toutes sortes d'ennuis; **to get o.s. into ~** se créer des ennuis; **to get out of a ~** se tirer d'affaire *or* d'embarras; **I am in ~** j'ai des difficultés, j'ai des problèmes; **to be in** (*financial*) **difficulties** dans l'embarras, avoir des ennuis d'argent; **he was in ~** *or* **difficulties over the rent** il était en difficulté pour son loyer; **he was working under great difficulties** il travaillait dans des conditions très difficiles; **I can see no ~ in what you suggest** je ne vois aucun obstacle à ce que vous suggérez; **he's having ~** *or* **difficulties with his wife/his car** il a des ennuis *or* des problèmes avec sa femme/sa voiture.

diffidence ['dɪfɪdəns] *n* manque *m* de confiance en soi, manque d'assurance, défiance *f* de soi.

diffident ['dɪfɪdənt] *adj* person qui se défie de soi, qui manque de confiance *or* d'assurance; smile embarrassé. **to be ~ about doing** hésiter à faire (par modestie *or* timidité).

diffidently ['dɪfɪdəntlɪ] *adv* avec (une certaine) timidité, de façon embarrassée.

diffract [dɪ'frækt] *vt* diffracter.

diffraction [dɪ'frækʃən] *n* diffraction *f*. **~ grating** réseau *m* de diffraction.

diffuse [dɪ'fjuːz] **1** *vt* light, heat, perfume, news diffuser, répandre. **~d lighting** éclairage diffus *or* indirect. **2** *vi* se diffuser, se répandre. **3** [dɪ'fjuːs] *adj* light, thought diffus; style, writer prolixe, diffus.

diffuseness [dɪ'fjuːsnɪs] *n* prolixité *f*, verbiage *m* (*pej*).

diffuser [dɪ'fjuːzər] *n* (*for light*) diffuseur *m*.

diffusion [dɪ'fjuːʒən] *n* diffusion *f*.

dig [dɪg] (*vb: pret, ptp* **dug**) **1** *n* (a) (*with hand/elbow*) coup *m* de poing/de coude. **to give sb a ~ in the ribs** donner un coup de coude dans les côtes de qn, pousser qn du coude.

(b) (*: sly remark*) coup *m* de patte. **to have a ~ at sb** donner un coup de patte *or* de griffe à qn; **that's a ~ at John** c'est une pierre dans le jardin de Jean.

(c) (*with spade*) coup *m* de bêche.

(d) (*Archeol*) fouilles *fpl*. **to go on a ~** aller faire des fouilles.

2 *vt* (a) ground (*gen*) creuser, (*with spade*) bêcher; grave, trench,

hole creuser; *tunnel* creuser, percer, ouvrir; *potatoes etc* arracher. **they dug their way out of prison** ils se sont évadés de prison en creusant un tunnel; (*fig*) **to ~ one's own grave** se mettre la corde au cou.
   (**b**) (*thrust*) *fork, pencil etc* enfoncer (*sth into sth* qch dans qch). (*fig*) **to ~ sb in the ribs** donner un coup de coude dans les côtes de qn, pousser qn du coude.
   (**c**) (‡) (*understand*) piger‡; (*take notice of*) viser‡. **~ that guy!** vise un peu le mec!‡; **I ~ that!** ça me botte!‡; **he really ~s jazz** il est vraiment fou de jazz; **I don't ~ football** le football ne me dit rien *or* me laisse froid.
   3 *vi* (**a**) *[dog, pig]* fouiller, fouir; *[person]* creuser (*into* dans); (*Tech*) fouiller; (*Archeol*) faire des fouilles. **to ~ for minerals** (creuser pour) extraire du minerai; (*fig*) **to ~ in one's pockets for sth** fouiller dans ses poches pour trouver qch; (*fig*) **to ~ into the past** fouiller dans le passé.
   (**b**) (*Brit*‡: *lodge*) loger (en garni) (*with* chez).
◆**dig in 1** *vi* (**a**) (*Mil*) se retrancher; (*fig*) tenir bon, se braquer, se buter (*pej*).
   (**b**) (*: eat*) attaquer* un repas (*or* un plat *etc*). **dig in! allez-y, mangez!**
   2 *vt sep compost etc* enterrer; *blade, knife* enfoncer. **to dig in one's spurs** éperonner son cheval, enfoncer ses éperons; (*fig*) **to dig one's heels in** se braquer, se buter (*pej*).
◆**dig into** *vt fus sb's past* fouiller dans; (*) *cake, pie* dire deux mots à*, entamer sérieusement*.
◆**dig out** *vt sep tree, plant* déterrer; *animal* déterrer, déloger; (*fig*) *facts, information* déterrer, dénicher. **to dig sb out of the snow** sortir qn de la neige (à coups de pelles et de pioches); **where did he dig out* that old hat?** où a-t-il été pêcher *or* dénicher ce vieux chapeau?
◆**dig over** *vt sep earth* retourner; *garden* bêcher, retourner.
◆**dig up** *vt sep weeds, vegetables* arracher; *treasure, body* déterrer; *earth* retourner; *garden* bêcher, retourner; (*fig*) *fact, solution, idea* déterrer, dénicher.
digest [daɪ'dʒɛst] **1** *vt food, idea* digérer, assimiler; *insult* digérer*. **this kind of food is not easily ~ed** ce genre de nourriture se digère mal *or* est un peu lourd.
   2 *vi* digérer.
   3 ['daɪdʒɛst] *n [book, facts]* (*summary*) sommaire *m*, résumé *m*; (*magazine*) digest *m*; (*Jur*) digeste *m*. **in ~ form** en abrégé.
digestible [dɪ'dʒɛstəbl] *adj* (*lit, fig*) facile à digérer *or* à assimiler, digeste.
digestion [dɪ'dʒɛstʃən] *n* (*Anat, Chem, fig*) digestion *f*.
digestive [dɪ'dʒɛstɪv] *adj* digestif. **~ system** système digestif; **~ tract** appareil digestif; (*Brit*) **~** (*biscuit*) (sorte *f* de) sablé *m*; *V* **juice**.
digger ['dɪgər] *n* (*machine*) excavatrice *f*, pelleteuse *f*; (*miner*) ouvrier mineur *m*; (*navvy*) terrassier *m*; (‡: *Australian/New Zealander*) Australien *m*/Néo-Zélandais *m*; *V* **gold**.
digging ['dɪgɪŋ] *n* (**a**) (*U*) (*with spade*) bêchage *m*; *[hole etc]* forage *m*; (*Min*) terrassement *m*, creusement *m*, excavation *f*. (**b**) **~s** (*Miner*) placer *m*; (*Archeol*) fouilles *fpl*.
digit ['dɪdʒɪt] *n* (*Math*) chiffre *m*; (*finger*) doigt *m*; (*toe*) orteil *m*; (*Astron*) doigt. **double-/triple-~** (*adj*) à deux/trois chiffres.
digital ['dɪdʒɪtəl] *adj* (*Comput*) numérique; (*Anat etc*) digital; *clock, watch* à affichage numérique. **~ computer** calculateur *m* numérique.
digitalin [ˌdɪdʒɪ'teɪlɪn] *n* digitaline *f*.
digitalis [ˌdɪdʒɪ'teɪlɪs] *n* (*Bot*) digitale *f*; (*Pharm*) digitaline *f*.
digitize ['dɪdʒɪtaɪz] *vt* (*Comput*) digitaliser.
digitizer [ˌdɪdʒɪtaɪzər] *n* (*Comput*) digitaliseur *m*, convertisseur *m* numérique.
diglossia [daɪ'glɒsɪə] *n* diglossie *f*.
dignified ['dɪgnɪfaɪd] *adj person, manner* plein de dignité, digne, grave; *pause, silence* digne. **a ~ old lady** une vieille dame très digne; **he is very ~** il a beaucoup de dignité; **it is not very ~ to do that** cela manque de dignité (de faire cela).
dignify ['dɪgnɪfaɪ] *vt* donner de la dignité à. **to ~ with the name of** honorer du nom de.
dignitary ['dɪgnɪtərɪ] *n* dignitaire *m*.
dignity ['dɪgnɪtɪ] *n* (**a**) (*U*) *[person, occasion, character, manner]* dignité *f*. **it's beneath his ~ (to do that)** il se croit au-dessus de (a); **it would be beneath his ~ to do such a thing** faire une chose pareille serait au-dessous de lui, il s'abaisserait en faisant une chose pareille; *V* **stand**.
   (**b**) (*high rank*) dignité *f*, haut rang, haute fonction; (*title*) titre *m*, dignité.
digress [daɪ'gres] *vi* s'écarter, s'éloigner (*from* de), faire une digression.
digression [daɪ'greʃən] *n* digression *f*. **this by way of ~** ceci (soit) dit en passant.
digs [dɪgz] *npl* (*Brit*: *lodgings*) chambre meublée, logement *m* (*avec ou sans pension*), piaule‡ *f*. **I'm looking for ~** je cherche une chambre *or* une piaule‡ à louer; **to be in ~** avoir une chambre (chez un particulier).
dihedral [daɪ'hiːdrəl] *adj, n* dièdre (*m*).
dike [daɪk] *n* = **dyke**.
dilapidated [dɪ'læpɪdeɪtɪd] *adj house* délabré; *clothes* dépenaillé*; *book* déchiré. **in a ~ state** dans un état de délabrement.
dilapidation [dɪˌlæpɪ'deɪʃən] *n [buildings]* délabrement *m*, dégradation *f*; *[clothes]* état dépenaillé*; (*Jur: gen pl*) détérioration *f* (*causée par un locataire*); (*Geol*) dégradation.
dilate [daɪ'leɪt] **1** *vt* dilater. **2** *vi* (**a**) se dilater. (**b**) (*talk at length*) **to ~ (up)on sth** s'étendre sur qch, raconter qch en détail.
dilation [daɪ'leɪʃən] *n* dilatation *f*. (*Med*) **~ and curettage** (dilatation et) curetage *m*.

dilatoriness ['dɪlətərɪnɪs] *n* lenteur *f* (*in doing* à faire), caractère *m* dilatoire.
dilatory ['dɪlətərɪ] *adj person* traînard, lent; *action, policy* dilatoire. **they were very ~ about it** ils ont fait traîner les choses (en longueur); (*Pol*) **~ motion** manœuvre *f* dilatoire.
dildo ['dɪldəʊ] *n* godemiché *m*.
dilemma [daɪ'lemə] *n* dilemme *m*. **to be in a ~ or on the horns of a ~** être pris dans un dilemme.
dilettante [ˌdɪlɪ'tæntɪ] *pl* **dilettanti** [ˌdɪlɪ'tæntɪ] **1** *n* dilettante *mf*. **2** *cpd* de dilettante.
dilettantism [ˌdɪlɪ'tæntɪzəm] *n* dilettantisme *m*.
diligence ['dɪlɪdʒəns] *n* soins assidus *or* attentifs, zèle *m*, assiduité *f*. **his ~ in trying to save the child** les efforts assidus qu'il a déployés *or* le zèle dont il a fait preuve en essayant de sauver l'enfant; **his ~ in his work** le zèle *or* l'assiduité qu'il apporte à son travail.
diligent ['dɪlɪdʒənt] *adj student, work* appliqué, assidu; *person, search* laborieux. **to be ~ in doing sth** mettre du zèle à faire qch, faire qch avec assiduité *or* zèle.
diligently ['dɪlɪdʒəntlɪ] *adv* avec soin *or* application *or* assiduité, assidûment.
dill [dɪl] *n* aneth *m*, fenouil bâtard.
dilly* ['dɪlɪ] *n* (*US*) **it's/he's a ~** c'est/il est sensationnel* *or* vachement* bien; **we had a ~ of a storm** nous avons eu une sacrée* tempête; *[problem]* **it's a ~** c'est un casse-tête.
dillydally [ˌdɪlɪ'dælɪ] *vi* (*dawdle*) lanterner, lambiner*; (*fritter time away*) musarder; (*vacillate*) tergiverser, atermoyer. **no ~ing!** ne traînez pas!
dillydallying ['dɪlɪdælɪŋ] *n* (*hesitating*) tergiversation(s) *f(pl)*.
dilute [daɪ'luːt] **1** *vt liquid* diluer, couper d'eau; *sauce* délayer, allonger; *colour* délayer; (*Pharm*) diluer; (*fig*) diluer, édulcorer. **'~ to taste'** 'à diluer selon votre goût'.
   2 *adj liquid* coupé *or* étendu d'eau, dilué; (*fig*) dilué, édulcoré.
diluter [daɪ'luːtər] *n* diluant *m*.
dilution [daɪ'luːʃən] *n* dilution *f*; *[wine, milk]* coupage *m*, mouillage *m*; (*fig*) édulcoration *f*.
dim [dɪm] **1** *adj light* faible, pâle; *lamp* faible; *room, forest etc* sombre; *sight* faible, trouble; *colour, metal* terne, mat (*f* mate), sans éclat; *sound* vague, indistinct; *memory, outline* vague, imprécis; (*Brit**: *stupid*) bouché*, borné. **~ shapes** formes indécises; **to have a ~ remembrance of** avoir un vague souvenir de; **to take a ~ view of sth** voir qch d'un mauvais œil; **to take a ~ view of sb** avoir une piètre opinion de qn; **she took a ~ view of his selling the car** elle n'a pas du tout apprécié qu'il ait vendu la voiture; *V also* **4**.
   2 *cpd*: (*US*) **dim-out** black-out partiel; **dim-sighted** à la vue basse; **dimwit**‡ imbécile *mf*, crétin(e)* *m(f)*; **dim-witted*** gourde*, idiot*; **a dim-witted*** mechanic un crétin* de mécanicien.
   3 *vt light* réduire, baisser; *lamp* mettre en veilleuse; *sight* brouiller, troubler; *colours, metals, beauty* ternir, obscurcir; *sound* affaiblir; *memory, outline* effacer, estomper; *mind, senses* affaiblir, troubler; *glory* ternir. (*Theat*) **to ~ the lights** baisser les lumières; (*US Aut*) **to ~ the headlights** se mettre en code.
   4 *vi* (*also* **grow ~**) *[light]* baisser, décliner; *[sight]* baisser, se troubler; *[metal, beauty, glory]* se ternir; *[colours]* devenir terne; *[outlines, memory]* s'effacer, s'estomper.
◆**dim out** (*US*) **1** *vt sep city* plonger dans un black-out partiel.
   2 dim-out *n V* **dim 2**.
dime [daɪm] (*Can, US*) **1** *n* (**a**) (*pièce f de*) dix cents. **it's not worth a ~*** cela ne vaut pas un clou* *or* un radis*; (*fig*) **they're a ~ a dozen*** il y en a *or* on en trouve à la pelle. (**b**) = **dime bag**; *V* **2**. **2** *cpd*: (*Drugs sl*) **dime bag** sachet *m* de marijuana à dix dollars; **dime novel** roman *m* de gare, roman de quatre sous; **dime store** ≃ prisunic *m*.
dimension [daɪ'menʃən] *n* (*size, extension in space*) dimension *f*; (*Archit, Geom*) dimension, cote *f*; (*fig: scope, extent*) *[problem, epidemic]* étendue *f*.
-dimensional [daɪ'menʃənl] *adj ending in cpds*: **two-dimensional** à deux dimensions; *V* **three** *etc*.
diminish [dɪ'mɪnɪʃ] **1** *vt cost, speed* réduire, diminuer; *effect, enthusiasm, strength* diminuer, amoindrir; *staff* réduire, (*Mus*) diminuer.
   2 *vi* diminuer, se réduire, s'amoindrir. **to ~ in numbers** diminuer en nombre, devenir moins nombreux.
diminished [dɪ'mɪnɪʃt] *adj numbers, speed, strength* diminué, amoindri, réduit; *character, reputation* diminué, rabaissé; *value* réduit; (*Mus*) diminué. **a ~ staff** un personnel réduit; (*Jur*) **~ responsibility** responsabilité atténuée.
diminishing [dɪ'mɪnɪʃɪŋ] **1** *adj amount, importance, speed* qui diminue, qui va en diminuant; *value, price* qui baisse, en baisse. (*Art*) **~ scale** échelle fuyante *or* de perspective; (*Econ*) **law of ~ returns** loi *f* des rendements décroissants.
   2 *n* diminution *f*, affaiblissement *m*, atténuation *f*.
diminuendo [dɪˌmɪnjʊ'endəʊ] **1** *n* diminuendo *m inv*. **2** *vi* faire un diminuendo.
diminution [ˌdɪmɪ'njuːʃən] *n [value]* baisse *f*, diminution *f*; *[speed]* réduction *f*; *[strength, enthusiasm]* diminution, affaiblissement *m* (*in* de); *[temperature]* baisse, abaissement *m* (*in* de); *[authority]* baisse (*in* de); (*Mus*) diminution.
diminutive [dɪ'mɪnjʊtɪv] **1** *adj* (**a**) *person, object* tout petit, minuscule; *house, garden* tout petit, exigu (*f* -guë), minuscule. (**b**) (*Ling*) diminutif. **2** *n* (*Ling*) diminutif *m*.
dimity ['dɪmɪtɪ] *n* basin *m*.
dimly ['dɪmlɪ] *adv shine* faiblement, sans éclat; *see* indistinctement, vaguement; *recollect* vaguement, imparfaitement. **~ lit room** pièce mal *or* faiblement éclairée.
dimmer ['dɪmər] *n* (*Elec*) variateur *m* (*de lumière*). (*US Aut*) **~s** phares *mpl* code *inv*; (*parking lights*) feux *mpl* de position.

dimming ['dɪmɪŋ] *n [light]* affaiblissement *m*, atténuation *f*; *[mirror, reputation]* ternissement *m*; *[headlights]* mise *f* en code.

dimness ['dɪmnɪs] *n [light, sight]* faiblesse *f*; *[room, forest]* obscurité *f*; *[outline, memory]* imprécision *f*, vague *m*; *[colour, metal]* aspect *m* terne; *[intelligence]* faiblesse *f*, manque *m* de clarté; (*: *stupidity*) intelligence bornée.

dimorphism [,daɪ'mɔːfɪzəm] *n* dimorphisme *m*.

dimple ['dɪmpl] **1** *n [chin, cheek]* fossette *f* (on à); *[water]* ride *f*. **2** *vi [cheeks]* former des fossettes; *[water]* se rider. **she ~d** un petit sourire creusa deux fossettes dans ses joues. **3** *vt*: **the wind ~d the water** le vent ridait la surface de l'eau.

dimpled ['dɪmpld] *adj* cheek, chin à fossettes; *hand, arm* potelé; *water* (doucement) ridé.

din [dɪn] **1** *n (from people)* vacarme *m*, tapage *m*; *(from factory, traffic)* vacarme; *(esp in classroom)* chahut *m*. **the ~ of battle** le fracas de la bataille; **to make** *or* **kick up* a ~** faire un boucan monstre*; *(esp Scol)* chahuter, faire un chahut monstre*.

2 *vt*: **to ~ cleanliness into sb** dresser qn à être propre; **she ~ned into the child that he mustn't speak to strangers** elle ne cessait de dire et de répéter à l'enfant de ne pas parler à des inconnus; **try to ~ it into her that** ... essayez de lui faire entrer dans la tête le fait que ... .

dine [daɪn] **1** *vi* dîner *(off, on* de). **to ~ out** dîner en ville *or* dehors; *(fig)* **he ~d out on that story for a long time afterwards** il a resservi cette histoire x fois par la suite. **2** *vt* offrir à dîner à; *V* **wine**.

diner ['daɪnər] *n* **(a)** *(person)* dîneur *m*, -euse *f*. **(b)** *(Rail)* wagon-restaurant *m*. **(c)** *(US)* petit restaurant.

dinero* [dɪ'nɛərəʊ] *n (US)* pognon* *m*, fric* *m*.

dinette [daɪ'net] *n* coin-repas *m*; *V* **kitchen**.

ding-a-ling ['dɪŋə'lɪŋ] *n* **(a)** *[bell, telephone]* dring dring *m*. **(b)** *(US‡: fool)* cloche* *f*.

dingbat‡ ['dɪŋ.bæt] *n (US)* imbécile *mf*, andouille‡ *f*.

ding-dong ['dɪŋ'dɒŋ] **1** *n* ding dong *m*. **2** *adj* (*) *fight* acharné, dans les règles *(fig)*. **3** *adv* ding dong.

dinghy ['dɪŋgɪ] *n* youyou *m*, petit canot; *(collapsible)* canot pneumatique; *(also sailing ~)* dériveur *m*.

dinginess ['dɪndʒɪnɪs] *n* aspect minable* *or* miteux.

dingo ['dɪŋgəʊ] *n* dingo *m*.

dingus‡ ['dɪŋgəs] *n (US)* truc* *m*, machin* *m*.

dingy ['dɪndʒɪ] *adj* minable*, miteux.

dining car ['daɪnɪŋkɑːr] *n (Brit Rail)* wagon-restaurant *m*.

dining hall ['daɪnɪŋhɔːl] *n* réfectoire *m*, salle *f* à manger.

dining room ['daɪnɪŋrʊm] **1** *n* salle *f* à manger. **2** *cpd* **table, chairs** de salle à manger. **dining room suite** salle *f* à manger *(meubles)*.

dink‡ [dɪŋk] *n (US: fool)* doux innocent *m (f* douce innocente).

dinky* ['dɪŋkɪ] *adj* **(a)** *(Brit)* mignon, gentil. **(b)** *(US pej)* de rien du tout.

dinner ['dɪnər] **1** *n (meal; occasion)* dîner *m*; *(regional use: lunch)* déjeuner *m*; *(for dog, cat)* pâtée *f*. **have you given the dog his ~?** tu as donné à manger au chien?; **he was at ~**, he was having his **~** il était en train de dîner; **we're having people to ~** nous avons du monde à dîner; **~'s ready!** le dîner est prêt!, à table!; **we had a good ~** nous avons bien dîné *or* mangé; **to go out to ~** *(in restaurant)* dîner dehors *or* en ville; *(at friends)* dîner chez des amis; **to give a (public) ~** in sb's honour donner un banquet en l'honneur de qn; **a formal ~** un dîner officiel, un grand dîner.

2 *cpd*: **the dinner bell has gone** on a sonné (pour) le dîner; **dinner dance** dîner-dansant *m*; *(Scol)* **dinner duty** service *m* de réfectoire; *(Scol)* **to do dinner duty, to be on dinner duty** être de service *or* de surveillance au réfectoire; *(Brit)* **dinner jacket** smoking *m*; **dinner knife** grand couteau; *(Brit Scol)* **dinner lady** femme *f* de service *(à la cantine)*; **dinner party** dîner *m (par invitation)*; **to give a dinner party** avoir du monde à dîner, donner un dîner; **dinner plate** (grande) assiette *f*; **dinner roll** petit pain; **dinner service, dinner service** *m* de table; **at the dinner table** pendant le dîner, au dîner, à table; **at dinner time** à l'heure du dîner; **it's dinner time** c'est l'heure du *or* de dîner; **dinner trolley, dinner wagon** table roulante; *(US)* **dinnerware** vaisselle *f*.

dinosaur ['daɪnəsɔːr] *n* dinosaure *m*.

dint [dɪnt] **1** *n* **(a)** = **dent 1**. **(b) by ~ of (doing) sth** à force de (faire) qch. **2** *vt* = **dent 2**.

diocesan [daɪ'ɒsɪsən] **1** *adj* diocésain. **2** *n* (évêque *m*) diocésain *m*.

diocese ['daɪəsɪs] *n* diocèse *m*.

diode ['daɪəʊd] *n* diode *f*.

diopter [daɪ'ɒptər] *n* dioptrie *f*.

diorama [daɪə'rɑːmə] *n* diorama *m*.

dioxide [daɪ'ɒksaɪd] *n* bioxyde *m*, déoxyde *m*.

dioxin [daɪ'ɒksɪn] *n* dioxine *f*.

Dip. *abbr of* **diploma.**

dip [dɪp] **1** *vt* **(a)** *(into liquid)* pen, hand, clothes tremper, plonger *(into* dans); *(Tech)* tremper, décaper; *sheep* laver. **she ~ped her hand into the bag** elle a plongé la main dans le sac; **to ~ a spoon into a bowl** plonger une cuiller dans un bol; **to ~ water from a lake** puiser de l'eau dans un lac.

(b) *(Brit Aut)* **to ~ one's headlights** se mettre en code; **~ped headlights** codes *mpl*, feux *mpl* de croisement; **to drive on ~ped headlights** rouler en code; *(Naut)* **to ~ one's flag** saluer avec le pavillon.

2 *vi* **(a)** *[ground]* descendre, s'incliner; *[road]* descendre; *[temperature, pointer on scale etc]* baisser; *[prices]* fléchir, baisser; *[sun]* baisser, descendre à l'horizon; *[boat, raft]* tanguer, piquer du nez*.

(b) puiser. **she ~ped into her handbag for money** elle a cherché de l'argent dans son sac à main; *(lit, fig)* **to ~ into one's pockets** puiser dans ses poches; **to ~ into one's savings** puiser dans ses économies; **to ~ into a book** feuilleter un livre.

3 *n* **(a)** (*: *in sea etc)* baignade *f*, bain *m (de mer etc)*. **to have a**

(quick) ~ prendre un bain rapide *(en mer etc)*, faire trempette *(hum)*.

(b) *(for cleaning animals)* bain *m* parasiticide.

(c) *(in ground)* déclivité *f*; *(Geol)* pendage *m*; *(Phys: also* **angle of ~**) inclinaison *f* magnétique.

(d) *(Culin) (cheese: hot)* fondue savoyarde *or* au fromage; *(cheese: cold)* hors d'œuvre *m* au fromage *(que l'on mange sur des biscuits salés, des chips etc)*; *(anchovy/shrimp etc)* mousse *f* aux anchois/aux crevettes *etc*.

(e) *V* **lucky**.

4 *cpd*: **dip needle, dipping needle** aiguille aimantée (de boussole); *(Aut)* **dipstick,** *(US)* **diprod** jauge *f (de niveau d'huile).*

diphtheria [dɪf'θɪərɪə] *n* diphtérie *f*. **~ vaccine** vaccin *m* anti-diphtérique.

diphthong ['dɪfθɒŋ] *n* diphtongue *f*.

diphthongize ['dɪfθɒŋaɪz] **1** *vt* diphtonguer. **2** *vi* se diphtonguer.

diploid ['dɪplɔɪd] *adj* diploïde.

diploma [dɪ'pləʊmə] *n* diplôme *m*. **teacher's/nurse's ~** diplôme d'enseignement/d'infirmière; **to hold** *or* **have a ~ in** être diplômé de *or* en.

diplomacy [dɪ'pləʊməsɪ] *n (Pol, fig)* diplomatie *f*. *(fig)* **to use ~** user de diplomatie.

diplomat ['dɪpləmæt] *n (Pol)* diplomate *m*, femme *f* diplomate; *(fig)* diplomate *mf*.

diplomatic [,dɪplə'mætɪk] *adj* **(a)** *mission, relations* diplomatique. **~ bag,** *(US)* **~ pouch** valise *f* diplomatique; **~ corps** corps *m* diplomatique; **~ immunity** immunité *f* diplomatique; **~ service** diplomatie *f*, service *m* diplomatique; **~ shuttle** navette *f* diplomatique.

(b) *(fig: tactful)* person diplomate; action, behaviour diplomatique, plein de tact; answer diplomatique, habile. **to be ~ in dealing with sth** s'occuper de qch avec tact *or* en usant de diplomatie.

diplomatically [,dɪplə'mætɪkəlɪ] *adv (Pol)* diplomatiquement; *(fig)* diplomatiquement, avec diplomatie.

diplomatist [dɪ'pləʊmətɪst] *n* = **diplomat.**

dipole ['daɪpəʊl] *n* dipôle *m*.

dipper ['dɪpər] *n (ladle)* louche *f*; *[mechanical shovel]* godet *m* (de pelleteuse); *(for river, sea)* benne *f* (de drague), hotte *f* à draguer; *(at fairground)* montagnes *fpl* russes; *(Aut: for headlamps)* basculeur *m* (de phares); *(Orn)* cincle *m* (plongeur). *(US Astron)* **the Big** *or* **Great D~** la Grande Ourse; **the Little D~** la Petite Ourse.

dippy‡ ['dɪpɪ] *adj* toqué*.

dipso‡ ['dɪpsəʊ] *n (abbr of* **dipsomaniac)** soûlard(e)‡ *m(f).*

dipsomania [,dɪpsəʊ'meɪnɪə] *n (Med)* dipsomanie *f*, alcoolisme *m*.

dipsomaniac [,dɪpsəʊ'meɪnɪæk] *n (Med)* dipsomane *mf*, alcoolique *mf.*

diptera ['dɪptərə] *npl* diptères *mpl.*

dipterous ['dɪptərəs] *adj* diptère.

dire [daɪər] *adj* event terrible, affreux; poverty extrême, noir; prediction sinistre. **~ necessity** dure nécessité; **they are in ~ need of food** ils ont un besoin urgent *or* extrême de nourriture; **in ~ straits** dans une situation désespérée.

direct [daɪ'rekt] **1** *adj* link, road, responsibility, attack, reference, train direct; cause, result direct, immédiat; refusal, denial direct, catégorique, absolu; danger immédiat, imminent; person, character, question, answer franc *(f* franche), direct. *(Comput)* **~ access/ addressing** accès/adressage direct; *(Ind etc)* **~ action** action directe; **to be a ~ descendant of sb** descendre de qn en ligne directe; *(Elec)* **~ current** courant continu; *(Comm)* **~ debit** prélèvement *m*; *(Brit)* **~ grant school†** établissement scolaire sous contrat avec l'État; **keep away from ~ heat** éviter l'exposition directe à la chaleur; **~ heating** chauffage direct; *(Mil)* **~ hit coup** *m* au but; **to make a ~ hit** porter un coup au but, frapper de plein fouet; *[bomb, projectile]* toucher *or* atteindre son objectif; **~-mail advertising** publicité *f* par courrier individuel; **~ method of teaching a language** méthode directe pour l'enseignement d'une langue; *(Astron)* **~ motion** mouvement direct; *(Gram)* **~ object** complément (d'objet) direct; *(Gram)* **~ speech,** *(US)* **~ discourse** discours *or* style direct; **~ tax** impôt direct.

2 *vt* **(a)** *(address, aim, turn)* remark, letter adresser *(to* à); torch diriger *(on* sur); efforts orienter *(towards* vers). **to ~ one's steps to(wards)** diriger ses pas *or* se diriger vers; **to ~ sb's attention to** attirer *or* appeler l'attention de qn sur; **can you ~ me to the town hall?** pourriez-vous m'indiquer le chemin de la mairie?

(b) *(control)* sb's work diriger; conduct diriger, gouverner; business diriger, gérer, administrer; movements guider; *(Theat)* play mettre en scène; *(Cine, Rad, TV)* film, programme réaliser; group of actors diriger.

(c) *(instruct)* charger *(sb to do* qn de faire), ordonner *(sb to do* à qn de faire). *(Jur)* **the judge ~ed the jury to find the accused not guilty** le juge imposa au jury un verdict de non-coupable; *(US Jur)* **~ed verdict** verdict rendu par le jury sur la recommandation du juge; **he did it as ~ed** il l'a fait comme on le lui avait dit *or* comme on l'en avait chargé; *(Med)* **'as ~ed'** 'suivre les indications du médecin'.

3 *adv* go, write directement.

direction [dɪ'rekʃən] **1** *n* **(a)** *(way)* direction *f*, sens *m*; *(fig)* direction, voie *f*. **in every ~** dans toutes les directions, en tous sens; **in the wrong/right ~** *(lit)* dans le mauvais/bon sens, dans la mauvaise/bonne direction; *(fig)* sur la mauvaise/bonne voie; *(fig)* **it's a step in the right ~** voilà un pas dans la bonne direction; **in the opposite ~** en sens inverse; **in the ~ of** dans la direction de, en direction de; **what ~ did he go in?** quelle direction a-t-il prise?; **a sense of ~** le sens de l'orientation.

(b) *(management)* direction *f*, administration *f*. **under the ~ of** sous la direction de, sous la conduite de.

(c) (*Theat*) mise *f* en scène; (*Cine, Rad, TV*) réalisation *f*. 'under the ~ of' (*Theat*) 'mise en scène de'; (*Cine, Rad, TV*) 'réalisation de'.

(d) (*instruction*) ordre *m*, indication *f*, instruction *f*. (*Comm*) ~s for use mode *m* d'emploi; (*Theat*) stage ~s indications scéniques.

2 *cpd*: direction finder radiogoniomètre *m*; direction finding radiogoniométrie *f*; (*Aut*) direction indicator clignotant *m*.

directional [dɪˈrekʃənl] *adj* directionnel. ~ antenna antenne directionnelle.

directive [dɪˈrektɪv] *n* directive *f*, instruction *f*.

directly [dɪˈrektlɪ] **1** *adv* **(a)** (*without deviating*) directement; go, return *etc* directement, tout droit. to be ~ descended from descendre en droite ligne *or* en ligne directe de; he's not ~ involved cela ne le concerne pas directement, il n'est pas directement en cause.

(b) (*frankly*) speak sans détours, sans ambages, franchement. to come ~ to the point aller droit au fait.

(c) (*completely*) opposite exactement; opposed diamétralement, directement. ~ contrary to diamétralement opposé à, exactement contraire à.

(d) (*Brit: immediately*) tout de suite, sur-le-champ, immédiatement.

2 *conj* (*esp Brit*) aussitôt que, dès que. he'll come ~ he's ready il viendra dès qu'il sera prêt.

directness [dɪˈrektnɪs] *n* [*character, reply*] franchise *f*; [*remarks*] absence *f* d'ambiguïté; [*person*] franchise, franc-parler *m*; [*attack*] caractère direct. to speak with great ~ parler en toute franchise.

director [dɪˈrektəʳ] *n* **(a)** (*person*) (*Brit: of company*) directeur *m*, -trice *f*, administrateur *m*, -trice *f*; [*institution*] directeur, -trice; (*Theat*) metteur *m* en scène; (*Cine, Rad, TV*) réalisateur *m*, -trice *f*; (*Rel*) directeur de conscience. ~ general directeur général; (*US: Univ etc*) ~ of admissions responsable *mf* du service des inscriptions; (*Brit*) D~ of Education ≃ recteur *m* d'académie; (*Mil*) ~ of music chef *m* de musique; (*Brit Jur*) D~ of Public Prosecutions ≃ procureur général; (*Univ*) ~ of studies (*for course*) directeur, -trice d'études *or* de travaux; (*for thesis*) directeur, -trice *or* patron(ne) *m(f)* de thèse; V board, managing, stage *etc*.

(b) (*device*) guide *m*.

directorate [dɪˈrektərɪt] *n* (*board of directors*) conseil *m* d'administration.

directorship [dɪˈrektəʃɪp] *n* poste *m* *or* fonctions *fpl* de directeur *or* d'administrateur, direction *f*.

directory [dɪˈrektərɪ] **1** *n* **(a)** [*addresses*] répertoire *m* (d'adresses); (*also* street ~) guide *m* des rues; (*Telec*) annuaire *m* (des téléphones); (*Comm*) annuaire du commerce.

(b) (*Hist*) D~ Directoire *m*.

2 *cpd*: (*Brit Telec*) directory inquiries, (*US Telec*) directory assistance (service *m* des) renseignements *mpl*.

directrix [dɪˈrektrɪks] *n* (*Math*) (ligne *f*) directrice *f*.

direful [ˈdaɪəful] *adj* sinistre, menaçant.

dirge [dɜːdʒ] *n* (*lit*) hymne *m* *or* chant *m* funèbre; (*fig*) chant lugubre.

dirigible [ˈdɪrɪdʒəbl] *adj*, *n* dirigeable (*m*).

dirk [dɜːk] *n* (*Scot*) dague *f*, poignard *m*.

dirndl [ˈdɜːndəl] *adj*, *n*: ~ (skirt) large jupe froncée.

dirt [dɜːt] **1** *n* **(a)** (*on skin, clothes, objects*) saleté *f*, crasse *f*; (*earth*) terre *f*; (*mud*) boue *f*; (*excrement*) crotte *f*, ordure *f*. covered with ~ (*gen*) très sale, couvert de crasse; clothes, shoes, mudguards couvert de boue, tout crotté; cog, stylus encrassé; a layer of ~ une couche de saleté *or* de crasse; dog ~ crotte de chien; horse ~ crottin *m* de cheval; cow ~ bouse *f* de vache; (*fig*) to eat ~* faire ses excuses les plus plates, ramper; to treat sb like ~* traiter qn comme un chien; (*US fig*) to do the ~ on sb*, to do sb ~* faire une vacherie* *or* une saloperie* à qn, jouer un tour de cochon* à qn.

(b) (*fig*) (*obscenity*) obscénité *f*; (*: scandal*) cancans *mpl*, calomnies *fpl*. (*fig*) to spread the ~* about sb cancaner sur qn, calomnier qn; what's the ~ on ...?* qu'est-ce qu'on raconte sur ...?

(c) (*Ind*) impuretés *fpl*, corps étrangers; (*on machine, in engine*) encrassement *m*.

2 *cpd*: dirt-cheap* (*adv*) pour rien, pour une bouchée de pain; (*adj*) très bon marché *inv*; it was dirt-cheap* c'était donné, c'était pour (presque) rien; (*US*) dirt farmer petit fermier (*sans ouvriers*); dirt road chemin non macadamisé; dirt track (*gen*) piste *f*; (*Sport*) cendrée *f*; dirt track racing courses *fpl* motocyclistes *or* de motos sur cendrée.

dirtily [ˈdɜːtɪlɪ] *adv* eat, live salement, malproprement; (*fig*) act, behave bassement; play, fight déloyalement.

dirtiness [ˈdɜːtɪnɪs] *n* saleté *f*.

dirty [ˈdɜːtɪ] **1** *adj* **(a)** hands, clothes, house, person, animal sale, malpropre, crasseux; shoes sale, (*mucky*) couvert de boue, crotté; job, work salissant; machine, plug encrassé; cut, wound infecté; bomb sale; colour sale, terne. to get ~ se salir; to get sth ~ salir qch; that coat gets ~ very easily ce manteau est très salissant.

(b) (*fig: lewd*) grossier, sale, cochon*. to have a ~ mind avoir l'esprit mal tourné; ~ old man vieux cochon*; ~ remarks propos orduriers; ~ story histoire sale *or* cochonne* *or* graveleuse; ~ word mot grossier, terme offensant; (*fig*) 'communist' is a ~ word* there le mot 'communiste' est une insulte là-bas; 'work' is a ~ word* for them ils ne veulent pas entendre parler de travail.

(c) (*unpleasant, dishonest*) sale (*before n*). that was a ~ business c'était une sale affaire *or* histoire; politics is a ~ business la politique est un sale métier; ~ crack vacherie *f*; it was a very ~ election c'était *or* ce fut une élection très déloyale; (*US*) ~ dozen* duel *m* d'obscénités; he's a ~ fighter il se bat en traître; to give sb a ~ look regarder qn d'un sale œil; ~ money argent mal acquis; (*US*) ~ pool* tour *m* de cochon*; he's a ~ rat* c'est un sale type*

or un salaud*; to play a ~ trick on sb jouer un sale tour *or* un tour de cochon* à qn; ~ weather sale *or* vilain temps; he left the ~ work for me to do il m'a laissé le plus embêtant du boulot* à faire.

2 *adv* **(a)** (*: unfairly*) play, fight déloyalement.

(b) (*: intensifier*) ~ great vachement* grand (*or* gros *etc*).

3 *vt* hands, clothes salir; reputation salir, souiller (*liter*); machine encrasser.

4 *n* (*Brit*) to do the ~ on sb* faire une vacherie* *or* une saloperie* à qn, jouer un tour de cochon* à qn.

5 *cpd*: dirty-faced à *or* qui a la figure sale; dirty-minded à *or* qui a l'esprit mal tourné.

disability [ˌdɪsəˈbɪlɪtɪ] **1** *n* **(a)** (*U*) (*physical*) invalidité *f*, incapacité *f*; (*mental*) incapacité. ~ for work incapacité de travail; complete/partial ~ incapacité totale/partielle.

(b) (*infirmity*) infirmité *f*; (*handicap*) désavantage *m*, handicap *m*. the disabilities of old age les infirmités de la vieillesse; this ~ made him eligible for a pension cette infirmité lui donnait droit à une pension, étant infirme *or* invalide il avait droit à une pension; to be under a ~ être dans une position désavantageuse, avoir un handicap.

2 *cpd*: disability allowance allocation *f* d'invalidité; disability pension pension *f* d'invalidité.

disable [dɪsˈeɪbl] *vt* [*illness, accident, injury*] rendre infirme, (*stronger*) rendre impotent; (*maim*) estropier, mutiler; tank, gun mettre hors d'action; ship (*gen*) avarier, mettre hors d'état; (*by enemy action*) mettre hors de combat, désemparer; (*Jur: make/pronounce incapable*) rendre/prononcer inhabile (*from doing* à faire).

disabled [dɪsˈeɪbld] **1** *adj* **(a)** (*permanently*) infirme, handicapé; (*esp Admin: unable to work*) invalide; (*maimed*) estropié, mutilé; (*Mil*) mis hors de combat. ~ ex-servicemen mutilés *mpl* *or* invalides *mpl* de guerre.

(b) (*Naut*) [*ship*] to be ~ avoir des avaries, être avarié *or* désemparé; [*propeller*] être immobilisé.

(c) (*Jur*) incapable (*from* de), inhabile (*from* à).

2 *n*: the ~ les handicapés *mpl*, les infirmes *mpl*, les invalides *mpl*; the war ~ les mutilés *mpl* *or* les invalides de guerre.

disablement [dɪsˈeɪblmənt] *n* invalidité *f*. ~ insurance assurance *f* invalidité; ~ pension/benefit pension *f* /allocation *f* d'invalidité.

disabuse [ˌdɪsəˈbjuːz] *vt* détromper, désenchanter (*of* de).

disadvantage [ˌdɪsədˈvɑːntɪdʒ] **1** *n* **(a)** (*U*) désavantage *m*, inconvénient *m*. to be at a ~ être dans une position désavantageuse; you've got me at a ~ vous avez l'avantage sur moi; to catch sb at a ~ prendre qn en position de faiblesse.

(b) (*prejudice, injury*) préjudice *m*, désavantage *m*; (*Comm: loss*) perte *f*. it would be to your ~ to be seen with him cela vous porterait préjudice *or* vous ferait du tort qu'on vous voie avec lui; to sell at a ~ vendre à perte.

2 *vt* désavantager, défavoriser.

disadvantaged [ˌdɪsədˈvɑːntɪdʒd] *adj* (*Econ, Soc*) (*financially etc*) déshérité. educationally *etc* ~ défavorisé sur le plan scolaire *etc*; the ~ les classes défavorisées, les économiquement faibles.

disadvantageous [ˌdɪsædvɑːnˈteɪdʒəs] *adj* désavantageux, défavorable (*to* à).

disadvantageously [ˌdɪsædvɑːnˈteɪdʒəslɪ] *adv* d'une manière désavantageuse, désavantageusement.

disaffected [ˌdɪsəˈfektɪd] *adj* (*discontented*) mécontent, mal disposé; (*disloyal*) rebelle.

disaffection [ˌdɪsəˈfekʃən] *n* désaffection *f*, mécontentement *m*.

disagree [ˌdɪsəˈgriː] *vi* **(a)** ne pas être d'accord (*with* avec, *on, about* sur), ne pas être du même avis (*with* que, *on, about* sur), se trouver *or* être en désaccord (*with* avec, *on, about* sur). I ~ je ne suis pas de cet avis, je ne suis pas d'accord; I ~ completely with you je ne suis pas du tout d'accord avec vous *or* pas du tout de votre avis; they always ~ (with each other) ils ne sont jamais du même avis *or* d'accord; (*always quarrelling*) ils sont incapables de s'entendre; to ~ with the suggestion that être contre la suggestion que; she ~s with everything he has done elle se trouve en désaccord avec tout ce qu'il a fait.

(b) (*be different*) [*explanations, reports, sets of figures*] ne pas concorder.

(c) [*climate, food*] to ~ with sb ne pas convenir à qn, être nuisible à qn; mutton ~s with him il ne digère pas le mouton, le mouton ne lui réussit pas; the mutton ~d with him il a mal digéré le mouton, le mouton n'est pas bien passé*.

disagreeable [ˌdɪsəˈgriːəbl] *adj* smell, work désagréable, déplaisant; experience désagréable, fâcheux; person, answer désagréable, désobligeant, maussade (*towards* envers).

disagreeableness [ˌdɪsəˈgriːəblnɪs] *n* [*work, experience*] nature désagréable *or* fâcheuse; [*person*] mauvaise humeur, maussaderie *f*, attitude *f or* manière(s) *f(pl)* désagréable(s).

disagreeably [ˌdɪsəˈgriːəblɪ] *adv* désagréablement, d'un air *or* d'une manière désagréable *or* désobligeant(e).

disagreement [ˌdɪsəˈgriːmənt] *n* **(a)** (*of opinion, also between accounts etc*) désaccord *m*. **(b)** (*quarrel*) désaccord *m*, différend *m*, différence *f* d'opinion. to have a ~ with sb avoir un différend avec qn (*about* à propos de).

disallow [ˌdɪsəˈlaʊ] *vt* (*gen*) rejeter; (*Sport*) goal *etc* refuser; (*Jur*) débouter, rejeter.

disambiguate [ˌdɪsæmˈbɪgjʊeɪt] *vt* désambiguïser.

disambiguation [ˌdɪsæmˌbɪgjʊˈeɪʃən] *n* désambiguïsation *f*.

disappear [ˌdɪsəˈpɪəʳ] *vi* [*person, vehicle*] disparaître; [*lost object*] disparaître, s'égarer; [*snow, objection*] disparaître; [*memory*] disparaître, s'effacer; [*difficulties*] disparaître, s'aplanir; [*custom*] disparaître, tomber en désuétude; (*Ling*) s'amuïr. he ~ed from sight on l'a perdu de vue; the ship ~ed over the horizon le navire a disparu à l'horizon; (*fig*) to do a ~ing trick* s'éclipser*, s'esquiver; to make sth ~ faire disparaître qch; [*conjurer*] escamoter qch.

disappearance [,dɪsə'pɪərəns] *n* disparition *f*; (*Ling*) [*sound*] amuïssement *m*.

disappoint [,dɪsə'pɔɪnt] *vt person* décevoir, désappointer, tromper dans ses espoirs *or* son attente; (*after promising*) manquer de parole à; *hope* décevoir; *expectations* tromper. **he promised to meet me but ~ed me several times** il m'a promis de me rencontrer mais il m'a fait faux bond plusieurs fois; **his schemes were ~ed** on a contrecarré ses plans.

disappointed [,dɪsə'pɔɪntɪd] *adj person* déçu, désappointé; *hope, ambition* déçu; *plan* contrecarré. **I'm very ~ in you** vous m'avez beaucoup déçu *or* désappointé; **he was ~ with her reply** sa réponse l'a déçu; **I was ~ to learn that ...** *or* **when I learned that ...** j'ai été déçu *or* désappointé d'apprendre que ...; **we were ~ at not seeing her** *or* **~ not to see her** cela a été une déception pour nous *or* nous avons été déçus de ne pas la voir; **to be ~ in one's hopes/in love** être déçu dans ses espoirs/en amour.

disappointing [,dɪsə'pɔɪntɪŋ] *adj* décevant. **how ~!** quelle déception!, comme c'est décevant!

disappointment [,dɪsə'pɔɪntmənt] *n* **(a)** (*U*) déception *f*, contrariété *f*, désappointement *m*. **to my great ~** à ma grande déception *or* contrariété *or* déconvenue.
(b) déception *f*, déboires *mpl*, désillusion *f*. **after a series of ~s** après une succession de déboires; **~s in love** chagrins *mpl* d'amour; **he/that was a great ~ to me** il/cela a été une grosse déception pour moi, il/cela m'a beaucoup déçu.

disapprobation [,dɪsæprə'beɪʃən] *n* (*liter*), **disapproval** [,dɪsə'pruːvəl] *n* désapprobation *f*; (*stronger*) réprobation *f*. **murmur** *etc* **of ~** murmure *etc* de désapprobateur *or* de désapprobation; **to show one's ~ of sb/sth** marquer sa désapprobation *or* sa réprobation à l'égard de qn/qch.

disapprove [,dɪsə'pruːv] **1** *vi*: **to ~ of sb/sth** désapprouver qn/qch, trouver à redire à qn/qch; **to ~ of sb's doing sth** désapprouver *or* trouver mauvais que qn fasse qch; **your mother would ~** ta mère serait contre*, ta mère ne trouverait pas ça bien; **he entirely ~s of drink** il est tout à fait contre la boisson.
2 *vt action, event* désapprouver.

disapproving [,dɪsə'pruːvɪŋ] *adj* désapprobateur (*f* -trice), de désapprobation.

disapprovingly [,dɪsə'pruːvɪŋlɪ] *adv* avec désapprobation, d'un air *or* d'un ton désapprobateur.

disarm [dɪs'ɑːm] *vti* (*also fig*) désarmer.

disarmament [dɪs'ɑːməmənt] *n* désarmement *m*. **~ talks** conférence *f* sur le désarmement.

disarming [dɪs'ɑːmɪŋ] **1** *n* (*Mil*) désarmement *m*. **2** *adj smile* désarmant.

disarmingly [dɪs'ɑːmɪŋlɪ] *adv* d'une manière désarmante.

disarrange ['dɪsə'reɪndʒ] *vt* déranger, mettre en désordre.

disarranged ['dɪsə'reɪndʒd] *adj bed* défait; *hair, clothes* en désordre.

disarray [,dɪsə'reɪ] *n* désordre *m*, confusion *f*. **the troops were in (complete) ~** le désordre *or* la confusion régnait parmi les troupes, les troupes étaient en déroute; **a political party in ~** un parti politique en plein désarroi *or* en proie au désarroi; **thoughts in complete ~** pensées très confuses; **she was** *or* **her clothes were in ~** ses vêtements étaient en désordre.

disassemble ['dɪsə'sembl] *vt* désassembler, démonter.

disassociate ['dɪsə'səʊʃɪeɪt] *vt* = **dissociate**.

disassociation ['dɪsəsəʊsɪ'eɪʃən] *n* = **dissociation**.

disaster [dɪ'zɑːstər] **1** *n* (*gen, also fig*) désastre *m*, catastrophe *f*; (*from natural causes*) catastrophe, sinistre *m*. **air ~** catastrophe aérienne; **the Madrid airport ~** la catastrophe de l'aéroport de Madrid; **financial ~** désastre financier; **a record of ~s** une série de désastres *or* de calamités *or* de malheurs; **attempt doomed to ~** tentative vouée à l'échec (total) *or* à la catastrophe; **on the scene of the ~** sur les lieux du désastre *or* de la catastrophe *or* du sinistre; **their marriage/her hair style was a ~*** leur mariage/sa coiffure était une catastrophe* *or* un (vrai) désastre.
2 *cpd*: **disaster area** région sinistrée; **disaster fund** collecte *f* au profit des sinistrés; **earthquake disaster fund** collecte *f* au profit des victimes du tremblement de terre.

disastrous [dɪ'zɑːstrəs] *adj* désastreux, funeste; (*) catastrophique*.

disastrously [dɪ'zɑːstrəslɪ] *adv* désastreusement.

disavow ['dɪsə'vaʊ] *vt one's words, opinions* désavouer, renier; *faith, duties* renier.

disavowal [,dɪsə'vaʊəl] *n* désaveu *m*, reniement *m*.

disband [dɪs'bænd] **1** *vt army, corporation, club* disperser. **2** *vi* [*army*] se débander, se disperser; [*organization*] se disperser.

disbar [dɪs'bɑːr] *vt barrister* rayer du tableau de l'ordre (des avocats). **to be ~red** se faire rayer du tableau de l'ordre (des avocats).

disbarment [dɪs'bɑːmənt] *n* radiation *f* (du barreau *or* du tableau de l'ordre).

disbelief ['dɪsbə'liːf] *n* incrédulité *f*. **in ~** avec incrédulité.

disbelieve ['dɪsbə'liːv] **1** *vt person* ne pas croire; *news etc* ne pas croire à. **2** *vi* (*also Rel*) ne pas croire (*in* à).

disbeliever ['dɪsbə'liːvər] *n* (*also Rel*) incrédule *mf*.

disbelieving ['dɪsbə'liːvɪŋ] *adj* incrédule.

disbud [dɪs'bʌd] *vt* ébourgeonner.

disburden [dɪs'bɜːdn] *vt* (*lit, fig*) décharger, débarrasser (*of* de); (*relieve*) soulager. **to ~ one's conscience** se décharger la conscience.

disburse [dɪs'bɜːs] *vti* débourser.

disbursement [dɪs'bɜːsmənt] *n* (*paying out*) déboursement *m*; (*money paid*) débours *mpl*.

disc [dɪsk] **1** *n* **(a)** (*also of moon etc*) disque *m*.
(b) (*Anat*) disque *m* (intervertébral); *V* **slip**.

(c) (*Mil: also* **identity ~**) plaque *f* d'identité.
(d) (*gramophone record*) disque *m*.
2 *cpd*: (*Brit*) **disc brakes** freins *mpl* à disque(s); **disc harrow** pulvériseur *m*; (*Rad*) **disc jockey** animateur *m*, -trice *f* (de variétés), disc-jockey *m*; (*Cine*) [*projector*] **disc shutter** obturateur *m* à disque.

discard [dɪs'kɑːd] **1** *vt* **(a)** (*get rid of*) se débarrasser de; (*throw out*) jeter; *jacket etc* se débarrasser de; *idea, plan* renoncer à, abandonner; *rocket, part of spacecraft* larguer.
(b) (*Bridge etc*) se défausser de, défausser; (*Cribbage*) écarter. **he was ~ing clubs** il se défaussait à trèfle; **he ~ed the three of hearts** il s'est défaussé du trois de cœur.
2 *vi* (*Bridge etc*) se défausser; (*Cribbage*) écarter.
3 ['dɪskɑːd] *n* **(a)** (*Bridge*) défausse *f*; (*Cribbage*) écart *m*.
(b) (*Comm, Ind*) pièce *f* de rebut, déchet *m*.

discern [dɪ'sɜːn] *vt person, object, difference* discerner, distinguer, percevoir; *feelings* discerner.

discernible [dɪ'sɜːnəbl] *adj object* visible; *likeness, fault* perceptible, sensible.

discernibly [dɪ'sɜːnəblɪ] *adv* visiblement, perceptiblement, sensiblement.

discerning [dɪ'sɜːnɪŋ] *adj person* judicieux, sagace, doué de discernement; *taste* délicat; *look* clairvoyant, perspicace.

discernment [dɪ'sɜːnmənt] *n* (*fig*) discernement *m*, pénétration *f*.

discharge [dɪs'tʃɑːdʒ] **1** *vt* **(a)** *ship, cargo* décharger; [*bus etc*] *passengers* débarquer; *liquid* déverser; (*Elec*) décharger. (*Med*) **to ~ pus** suppurer.
(b) *employee* renvoyer, congédier; (*Mil*) *soldier* rendre à la vie civile; (*for health reasons*) réformer; (*Jur*) *prisoner* libérer, mettre en liberté, élargir; (*Jur*) *jury* congédier; (*Jur*) *accused* relaxer; *bankrupt* réhabiliter; (*Med*) *patient* renvoyer (guéri) de l'hôpital. **the patient ~d himself** le malade est sorti en signant une décharge.
(c) *gun* décharger, faire partir; *arrow* décocher.
(d) (*Fin*) *debt, bill* acquitter, régler; *obligation, duty* remplir, s'acquitter de; *function* remplir.
2 *vi* [*wound*] suinter.
3 ['dɪstʃɑːdʒ] *n* **(a)** (*U*) [*cargo*] déchargement *m*; (*Elec*) décharge *f*; [*weapon*] décharge; [*liquid*] écoulement *m*; [*duty*] accomplissement *m*, exécution *f*, exercice *m*; [*debt*] acquittement *m*; [*employee*] renvoi *m*; [*prisoner*] libération *f*, élargissement *m*, mise *f* en liberté; [*patient*] renvoi. **the soldier got his ~ yesterday** le soldat a été libéré hier.
(b) (*Med*) (*gen*) suintement *m*; (*vaginal*) pertes *fpl* (blanches); [*pus*] suppuration *f*.

disciple [dɪ'saɪpl] *n* disciple *m*.

disciplinarian [,dɪsɪplɪ'nɛərɪən] *n* personne stricte en matière de discipline.

disciplinary ['dɪsɪplɪnərɪ] *adj action* disciplinaire; *committee* de discipline. (*Jur*) **~ complaint** recours *m* hiérarchique.

discipline ['dɪsɪplɪn] **1** *n* **(a)** (*U*) discipline *f*. **to keep ~** maintenir la discipline. **(b)** (*branch of knowledge*) discipline *f*, matière *f*. **2** *vt* (*control*) *person* discipliner; *mind* former, discipliner; (*punish*) punir.

disclaim [dɪs'kleɪm] *vt* **(a)** *news, statement* démentir; *responsibility* rejeter, nier; *authorship* nier; *paternity* désavouer. **to ~ all knowledge of** désavouer *or* nier toute connaissance de. **(b)** (*Jur*) se désister de, renoncer à.

disclaimer [dɪs'kleɪmər] *n* désaveu *m*, dénégation *f*, démenti *m*; (*Jur*) désistement *m* (*of* de), renonciation *f* (*of* à). **to issue a ~** démentir officiellement, publier un démenti.

disclose [dɪs'kləʊz] *vt secret* divulguer, dévoiler, mettre au jour; *news* divulguer; *intentions* révéler; *contents of envelope, box etc* exposer, montrer, laisser voir. (*Dentistry*) **disclosing agent** révélateur *m* de plaque dentaire.

disclosure [dɪs'kləʊʒər] *n* **(a)** (*U*) (*by newspaper etc*) divulgation *f*, révélation *f*; (*by individual to press etc*) communication *f* (de renseignements) (*to* à). **(b)** (*fact etc revealed*) révélation *f*.

disco* ['dɪskəʊ] **1** *n* (*abbr of* **discotheque**) disco *m*. **2** *cpd*: **disco dancing** disco *m*; (*US*) **disco jockey** animateur *m* de disco.

discography [dɪs'kɒgrəfɪ] *n* discographie *f*.

discolour, (*US*) **discolor** [dɪs'kʌlər] **1** *vt* (*change, spoil colour of, fade*) décolorer; *white material, teeth* jaunir. **2** *vi* décolorer, passer, s'altérer; [*white material, teeth*] jaunir; [*mirror*] se ternir.

discolo(u)ration, (*US*) **discoloration** [dɪs,kʌlə'reɪʃən] *n* (*V* **discolour**) décoloration *f*; jaunissement *m*; ternissure *f*.

discombobulate [,dɪskəm'bɒbjʊ,leɪt] *vt* (*US*) *person, plans* chambouler*.

discomfit [dɪs'kʌmfɪt] *vt* (*disappoint*) décevoir, tromper les espoirs de; (*confuse*) déconcerter, décontenancer, confondre.

discomfiture [dɪs'kʌmfɪtʃər] *n* (*disappointment*) déconvenue *f*; (*confusion*) embarras *m*, déconfiture* *f*.

discomfort [dɪs'kʌmfət] *n* **(a)** (*U: physical, mental*) malaise *m*, gêne *f*, manque *m* de bien-être *or* de confort. (*Med*) **he is in some ~** il a assez mal; **I feel some ~ from it but not real pain** ça me gêne mais ça ne me fait pas vraiment mal; **this ~ will pass** cette gêne va passer.
(b) (*cause of ~*) inconvénient *m*, inconfort *m*, incommodité *f*.

discomposure [,dɪskəm'pəʊʒər] *n* trouble *m*, confusion *f*.

disconcert [,dɪskən'sɜːt] *vt* déconcerter, décontenancer.

disconcerting [,dɪskən'sɜːtɪŋ] *adj* déconcertant, troublant, déroutant.

disconcertingly [,dɪskən'sɜːtɪŋlɪ] *adv* d'une manière déconcertante *or* déroutante.

disconnect ['dɪskə'nekt] *vt* (*gen*) détacher, séparer, disjoindre; *railway carriages* décrocher; *pipe, radio, television* débrancher; *gas, electricity, water supply, telephone* couper. (*Telec*) **to ~ a call**

couper *or* interrompre une communication; (*Telec*) **we've been ~ed** (*for non-payment etc*) on nous a coupé le téléphone; (*in mid-conversation*) nous avons été coupés.

disconnected [ˈdɪskəˈnektɪd] *adj speech, thought* décousu, sans suite; *facts* sans rapport.

disconsolate [dɪsˈkɒnsəlɪt] *adj* inconsolable.

disconsolately [dɪsˈkɒnsəlɪtlɪ] *adv* inconsolablement.

discontent [ˈdɪskənˈtent] *n* mécontentement *m*; (*Pol*) malaise *m* (social). **cause of ~** grief *m*.

discontented [ˈdɪskənˈtentɪd] *adj* mécontent (*with, about* de).

discontentment [ˈdɪskənˈtentmənt] *n* mécontentement *m*.

discontinuance [ˌdɪskənˈtɪnjʊəns], **discontinuation** [ˌdɪskənˌtɪnjʊˈeɪʃən] *n* (*gen*) interruption *f*; [*production etc*] arrêt *m*.

discontinue [ˈdɪskənˈtɪnju:] *vt* (*gen*) cesser, interrompre; *production etc* abandonner; *series* interrompre; *magazine* interrompre la publication de; (*Jur*) *case* abandonner. **to ~ one's subscription to a newspaper** (*permanently*) cesser de s'abonner à un journal; (*temporarily*) suspendre *or* interrompre son abonnement à un journal; (*Comm*) **a ~d line** une série *or* un article qui ne se fait plus; (*on sale article*) **'~d'** 'fin de série'.

discontinuity [ˌdɪskɒntɪˈnjuːɪtɪ] *n* (*gen, Math*) discontinuité *f*; (*Geol*) zone *f* de discontinuité.

discontinuous [ˈdɪskənˈtɪnjʊəs] *adj* discontinu (*also Ling*).

discord [ˈdɪskɔːd] *n* discorde *f*, dissension *f*, désaccord *m*; (*Mus*) dissonance *f*. **civil ~** dissensions civiles.

discordant [dɪsˈkɔːdənt] *adj opinions* incompatible; *sounds, colours* discordant; (*Mus*) dissonant.

discotheque [ˈdɪskəʊtek] *n* discothèque *f* (*dancing*).

discount [ˈdɪskaʊnt] **1** *n* escompte *m*; (*on article*) remise *f*, rabais *m*. **to give a ~** faire une remise (*on* sur); **to buy at a ~** acheter au rabais; **~ for cash** escompte au comptant; **at a ~** (*Fin*) en perte, au-dessous du pair; (*fig*) mal coté.
2 *cpd*: **discount house, discount store** magasin *m* de vente au rabais; **discount rate** taux *m* d'escompte.
3 [dɪsˈkaʊnt] *vt sum of money* faire une remise de, escompter; *bill, note* prendre à l'escompte, escompter; (*fig*) ne pas tenir compte de. **I ~ half of what he says** je divise par deux tout ce qu'il dit.

discourage [dɪsˈkʌrɪdʒ] *vt* (**a**) (*dishearten*) décourager, abattre. **to become ~d** se laisser décourager *or* rebuter, se laisser aller au découragement; **he isn't easily ~d** il ne se décourage pas facilement.
(**b**) (*advise against*) décourager, détourner, (essayer de) dissuader (*sb from sth/from doing* qn de qch/de faire).
(**c**) (*suggestion*) déconseiller; (*offer of friendship*) repousser. **she ~d his advances** elle a repoussé *or* découragé ses avances.

discouragement [dɪsˈkʌrɪdʒmənt] *n* (*act*) désapprobation *f* (*of* de); (*depression*) découragement *m*, abattement *m*.

discouraging [dɪsˈkʌrɪdʒɪŋ] *adj* décourageant, démoralisant.

discourse [ˈdɪskɔːs] **1** *n* (**a**) (*spoken*) discours *m*; (*written*) dissertation *f*, traité *m*. (**b**) (††) conversation *f*. **2** *cpd*: (*Ling*) **discourse analysis** analyse *f* du discours. **3** [dɪsˈkɔːs] *vi* (**a**) discourir (*on* sur), traiter (*on* de). (**b**) (††) s'entretenir (*with* avec).

discourteous [dɪsˈkɜːtɪəs] *adj* impoli, peu courtois, discourtois (*towards* envers, avec).

discourteously [dɪsˈkɜːtɪəslɪ] *adv* d'une manière peu courtoise, de façon discourtoise. **to behave ~ towards** manquer de politesse envers, se montrer impoli *or* discourtois avec.

discourtesy [dɪsˈkɜːtɪsɪ] *n* incivilité *f*, manque *m* de courtoisie, impolitesse *f*.

discover [dɪsˈkʌvəʳ] *vt country, planet* découvrir; *treasure* découvrir, trouver; *secret, person hiding* découvrir, surprendre; *reason, cause* découvrir, comprendre, pénétrer; *mistake, loss* s'apercevoir de, se rendre compte de; (*after search*) *house, book* dénicher. **to ~ that** (*find out*) apprendre que; (*notice*) s'apercevoir que; (*understand*) comprendre que.

discoverer [dɪsˈkʌvərəʳ] *n*: **the ~ of America/penicillin** celui qui le premier a découvert l'Amérique/la pénicilline.

discovery [dɪsˈkʌvərɪ] *n* (**a**) (*U*) [*fact, place, person*] découverte *f*. **it led to the ~ of penicillin** cela a conduit à la découverte de la pénicilline, cela a fait découvrir la pénicilline; *V* **voyage**.
(**b**) (*happy find*) trouvaille *f*.
(**c**) (*Jur*) **~ of documents** communication *f* des pièces du dossier avant l'audience.
(**d**) (*Scol: subject*) activités *fpl* d'éveil. **to learn through ~** apprendre par des activités d'éveil.

discredit [dɪsˈkredɪt] **1** *vt* (*cast slur on*) discréditer, déconsidérer; (*disbelieve*) ne pas croire, mettre en doute.
2 *n* discrédit *m*, déconsidération *f*. **to bring ~ upon sb** jeter le discrédit sur qn; **without any ~ to you** sans que cela nuise à votre réputation; **to be a ~ to** être une honte pour, faire honte à.

discreditable [dɪsˈkredɪtəbl] *adj* peu honorable, indigne, déshonorant.

discreet [dɪsˈkriːt] *adj person, silence, inquiry etc* discret (*f* -ète); *decor, colour* discret, sobre.

discreetly [dɪsˈkriːtlɪ] *adv speak, behave* discrètement; *dress* sobrement.

discrepancy [dɪsˈkrepənsɪ] *n* contradiction *f*, désaccord *m*, divergence *f* (*between* entre). **there is a slight ~ between the two explanations** les deux explications divergent légèrement *or* ne cadrent pas tout à fait.

discrete [dɪsˈkriːt] *adj* (*gen, Math, Med*) discret (*f* -ète).

discretion [dɪsˈkreʃən] *n* (**a**) (*tact*) discrétion *f*, réserve *f*, retenue *f*; (*prudence*) discrétion, sagesse *f*. (*Prov*) **~ is the better part of valour** prudence est mère de sûreté (*Prov*).
(**b**) (*freedom of decision*) discrétion *f*, arbitraire *m*, liberté *f* d'agir. **to leave sth to sb's ~** laisser qch à la discrétion de qn; **use your own ~** faites comme bon vous semblera, c'est à vous de

juger; **at the ~ of the judge/the chairman** *etc* it is possible to ... c'est au juge/au président *etc* de décider s'il est possible de ...; **the age of ~** l'âge de raison.

discretionary [dɪsˈkreʃənərɪ] *adj powers* discrétionnaire.

discriminant [dɪsˈkrɪmɪnənt] *n* (*Math*) discriminant *m*.

discriminate [dɪsˈkrɪmɪneɪt] **1** *vi* (**a**) (*distinguish*) distinguer, établir une distinction, faire un choix (*between* entre). **the public should ~** le public ne devrait pas accepter n'importe quoi *or* devrait exercer son sens critique.
(**b**) (*make unfair distinction*) établir une discrimination (*against* contre, *in favour of* en faveur de).
2 *vt* distinguer (*from* de), discriminer (*liter*).

discriminating [dɪsˈkrɪmɪneɪtɪŋ] *adj judgment, mind* judicieux, sagace; *taste* fin, délicat; *tariff, tax* différentiel. **he's not very ~, he watches every television programme** il ne fait guère preuve d'esprit critique, il regarde tous les programmes de la télévision.

discrimination [dɪsˌkrɪmɪˈneɪʃən] *n* (**a**) (*distinction*) distinction *f* (*between* entre), séparation *f* (*of one thing from another* d'une chose d'avec une autre); (*judgment*) discernement *m*, jugement *m*.
(**b**) discrimination *f* (*against* contre, *in favour of* en faveur de). **racial ~** discrimination raciale, racisme *m*; **sexual ~** discrimination sexuelle, sexisme *m*.

discriminatory [dɪsˈkrɪmɪnətərɪ] *adj* discriminatoire.

discursive [dɪsˈkɜːsɪv] *adj*, **discursory** [dɪsˈkɜːsərɪ] *adj* discursif, décousu (*pej*).

discus [ˈdɪskəs] *n* disque *m*. **~ thrower** lanceur *m* de disque, discobole *m* (*Hist*).

discuss [dɪsˈkʌs] *vt* (*examine in detail*) discuter, examiner; (*talk about*) *problem, project, price* discuter; *topic* discuter de *or* sur, débattre de. **we were ~ing him** nous parlions *or* discutions de lui; **I ~ed it with him** j'en ai discuté avec lui; **I won't ~ it any further** je ne veux plus (avoir à) revenir là-dessus.

discussant [dɪsˈkʌsənt] *n* (*US*) participant(e) *m(f)* (*à une discussion etc*).

discussion [dɪsˈkʌʃən] *n* discussion *f*, échange *m* de points de vue, débat *m* (*of, about* sur, au sujet de). **under ~** en discussion; **a subject for ~** un sujet de discussion.

disdain [dɪsˈdeɪn] **1** *vt* dédaigner (*to do* de faire). **2** *n* dédain *m*, mépris *m*. **in ~** avec dédain.

disdainful [dɪsˈdeɪnfʊl] *adj person* dédaigneux, *tone, look* dédaigneux, de dédain.

disdainfully [dɪsˈdeɪnfəlɪ] *adv* dédaigneusement, avec dédain.

disease [dɪˈziːz] *n* (*Med: mental, physical*) maladie *f*, affection *f*; (*Bot, Vet*) maladie, (*fig*) maladie, mal *m*; **V occupational, venereal, virus** *etc*.

diseased [dɪˈziːzd] *adj* malade.

disembark [ˌdɪsɪmˈbɑːk] *vti* débarquer.

disembarkation [ˌdɪsemˌbɑːˈkeɪʃən] *n* débarquement *m*.

disembodied [ˌdɪsɪmˈbɒdɪd] *adj* désincarné.

disembowel [ˌdɪsɪmˈbaʊəl] *vt* éventrer, éviscérer, étriper*.

disenchant [ˌdɪsɪnˈtʃɑːnt] *vt* désabuser, désenchanter, désillusionner.

disenchantment [ˌdɪsɪnˈtʃɑːntmənt] *n* désenchantement *m*, désillusion *f*.

disenfranchise [ˈdɪsɪnˈfræntʃaɪz] *vt* = **disfranchise**.

disengage [ˌdɪsɪnˈgeɪdʒ] **1** *vt object, hand* dégager, libérer (*from* de); (*Tech*) *machine* déclencher, débrayer. **to ~ o.s. from** se dégager de; (*Aut*) **to ~ the clutch** débrayer. **2** *vi* (*Fencing*) dégager (*le fer*); (*Tech*) se déclencher.

disengaged [ˌdɪsɪnˈgeɪdʒd] *adj* libre, inoccupé; (*Tech*) débrayé.

disengagement [ˌdɪsɪnˈgeɪdʒmənt] *n* (*Pol*) désengagement *m*.

disentangle [ˈdɪsɪnˈtæŋgl] **1** *vt wool, problem, mystery* débrouiller, démêler; *plot* dénouer, (*lit, fig*) **to ~ o.s. from** se dépêtrer de, se sortir de. **2** *vi* se démêler.

disestablish [ˈdɪsɪsˈtæblɪʃ] *vt the Church* séparer de l'État.

disestablishment [ˌdɪsɪsˈtæblɪʃmənt] *n* séparation *f* (de l'Église et de l'État).

disfavour, (*US*) **disfavor** [dɪsˈfeɪvəʳ] **1** *n* défaveur *f*, désapprobation *f*, mécontentement *m*. **to fall into ~** tomber en défaveur *or* en disgrâce; **to fall into ~ with sb** encourir la disgrâce de qn; **to be in ~ with sb** être mal vu de qn; **to incur sb's ~** s'attirer la défaveur de qn, encourir la désapprobation de qn; **to look with ~ on sth** regarder qch avec mécontentement *or* désapprobation.
2 *vt* (**a**) (*dislike*) désapprouver, voir avec mécontentement.
(**b**) (*US: disadvantage*) être défavorable à, défavoriser.

disfigure [dɪsˈfɪgəʳ] *vt face* défigurer; *scenery* défigurer, déparer.

disfigured [dɪsˈfɪgəd] *adj* défiguré (*by* par).

disfigurement [dɪsˈfɪgəmənt] *n* défigurement *m*, enlaidissement *m*.

disfranchise [dɪsˈfræntʃaɪz] *vt person* priver du droit électoral; *town* priver de ses droits de représentation.

disgorge [dɪsˈgɔːdʒ] **1** *vt food* dégorger, rendre; *contents, passengers* déverser. **2** *vi* [*river*] se dégorger, se décharger.

disgrace [dɪsˈgreɪs] **1** *n* (**a**) (*U*) (*dishonour*) honte *f*, déshonneur *m*; (*disfavour*) disgrâce *f*, défaveur *f*. **there is no ~ in doing** il n'y a aucune honte à faire; **to be in ~** [*politician etc*] être en disgrâce *or* en défaveur; [*child, dog*] être en pénitence; **to bring ~ on sb** déshonorer qn.
(**b**) (*cause of shame*) honte *f*. **it is a ~ to the country** cela est une honte pour *or* cela déshonore le pays; **the price of butter is a ~** le prix du beurre est une honte *or* un scandale; **she's a ~ to her family** elle est la honte de sa famille.
2 *vt family etc* faire honte à; *name, country* déshonorer, couvrir de honte *or* d'opprobre (*liter*). **don't ~ us** ne nous fais pas honte; **he ~d himself by drinking too much** il s'est très mal tenu *or* conduit en buvant trop; [*officer, politician*] **to be ~d** être disgracié.

disgraceful [dɪsˈgreɪsfʊl] *adj* honteux, scandaleux, déshonorant;

(*) honteux, scandaleux. **it was ~ of him** c'était scandaleux de sa part.
disgracefully [dɪs'greɪsfəlɪ] *adv act* honteusement, scandaleusement. **~ badly paid** scandaleusement mal payé.
disgruntled [dɪs'grʌntld] *adj person (discontented)* mécontent *(about, with* de); *(in bad temper)* de mauvaise humeur, mécontent *(about, with* à cause de); *expression* maussade, renfrogné.
disguise [dɪs'gaɪz] **1** *vt person* déguiser *(as* en); *mistake, voice* déguiser, camoufler; *building, vehicle, ship* camoufler *(as* en); *facts, feelings* masquer, dissimuler, déguiser. **to ~ o.s. as a woman** se déguiser en femme; **there is no disguising the fact that** ... on ne peut pas se dissimuler que ..., il faut avouer que ... . **2** *n* déguisement *m*; *(fig)* masque *m*, voile *m*, fausse apparence. **in ~** déguisé; **in the ~ of** déguisé en.
disgust [dɪs'gʌst] **1** *n* dégoût *m*, aversion *f*, répugnance *f (for, at* pour). *(lit, fig)* **he left in ~** il est parti dégoûté *or* écœuré; **to his ~ they left** écœuré, il les a vus partir; **to my ~ he refused to do it** j'ai trouvé dégoûtant qu'il refuse *(subj)* de le faire.
2 *vt* inspirer du dégoût à, dégoûter, écœurer; *(infuriate)* dégoûter, révolter.
disgusted [dɪs'gʌstɪd] *adj* dégoûté, écœuré *(at* de, par).
disgustedly [dɪs'gʌstɪdlɪ] *adv* avec écœurement, avec dégoût. **... he said ~** ... dit-il, écœuré.
disgusting [dɪs'gʌstɪŋ] *adj food* dégoûtant, écœurant; *smell* nauséabond; *behaviour; work* abominable. **what a ~ mess!** *(of room etc)* quelle pagaïe!*, quel bazar!*; *(of situation)* c'est dégoûtant!, c'est du propre! *(iro)*; **it is quite ~ to have to pay** ... c'est tout de même écœurant d'avoir à payer ... .
disgustingly [dɪs'gʌstɪŋlɪ] *adv* d'une manière dégoûtante. **~ dirty** d'une saleté dégoûtante *or* répugnante.
dish [dɪʃ] **1** *n* **(a)** plat *m*; *(in laboratory etc)* récipient *m*; *(Phot)* cuvette *f*. **vegetable ~** plat à légumes, légumier *m*; **the ~es** la vaisselle; **to do the ~es** faire la vaisselle.
(b) *(food)* plat *m*, mets *m*. *(fig)* **she's quite a ~*** c'est vraiment une belle fille, elle est rudement bien roulée*; *(US fig)* **this is not my ~*** ce n'est pas dans mes goûts, ce n'est pas mon truc*.
2 *cpd:* **dish aerial,** *(US)* **dish antenna** antenne *f* parabolique; **dishcloth** *(for washing)* lavette *f*; *(for drying)* torchon *m* (à vaisselle); **dishmop** lavette *f*; *(US)* **dishpan** bassine *f* (à vaisselle); **dishrack** égouttoir *m* (à vaisselle); **dishrag** lavette *f*; **dishtowel** torchon *m* (à vaisselle); **dishwasher** *(machine)* machine *f* à laver la vaisselle, lave-vaisselle *m inv*; *(person)* laveur *m*, -euse *f* de vaisselle; *(in restaurant)* plongeur *m*, -euse *f*; **to work as (a) dishwasher** travailler à la plonge; **dishwater** eau *f* de vaisselle; **this coffee's like dishwater*** ce café est de la lavasse* *or* de l'eau de vaisselle*; *V* dull.
3 *vt* **(a)** *food, meal* verser dans un plat.
(b) *(‡) opponent* enfoncer*; *sb's chances, hopes* foutre en l'air‡, flanquer par terre*.
◆**dish out** *vt sep food* servir; *(*: fig) money, sweets, books etc* distribuer; *punishment* administrer. **to dish out a hiding to sb*** flanquer* une correction à qn; *(fig)* **to dish it out to sb*** *(smack etc)* flanquer* une correction à qn; *(verbally)* passer un savon* à qn.
◆**dish up** *vt sep* **(a)** *food, meal* servir, verser dans un plat. **the meal was ready to dish up** le repas était prêt à servir; **I'm dishing it up!** je sers!
(b) *(*) facts, statistics* sortir tout un tas de*.
dishabille [ˌdɪsə'bi:l] *n* peignoir *m*, négligé *m*. **in ~** en déshabillé, en négligé.
disharmony ['dɪs'hɑ:mənɪ] *n* désaccord *m*, manque *m* d'harmonie; *[sound]* dissonance *f*.
dishearten [dɪs'hɑ:tn] *vt* décourager, abattre, démoraliser. **don't be ~ed** ne vous laissez pas décourager *or* abattre.
disheartening [dɪs'hɑ:tnɪŋ] *adj* décourageant, démoralisant.
dished [dɪʃt] *adj* **(a)** *(dish-shaped)* concave. **(b)** *(Aut)* **~ wheel** roue désaxée *or* gauchie. **(c)** *(*: fig) person, hopes* fichu*, foutu‡.
dishevelled [dɪ'ʃevld] *adj person, hair* échevelé, ébouriffé; *clothes* en désordre; *(scruffy) person, clothes* débraillé.
dishonest [dɪs'ɒnɪst] *adj* malhonnête; *(insincere)* déloyal, de mauvaise foi. **to be ~ with sb** être de mauvaise foi avec qn, être déloyal envers qn.
dishonestly [dɪs'ɒnɪstlɪ] *adv* malhonnêtement; *say* en mentant.
dishonesty [dɪs'ɒnɪstɪ] *n (V dishonest)* malhonnêteté *f*, déloyauté *f*, mauvaise foi. **an act of ~** une malhonnêteté.
dishonour [dɪs'ɒnər] **1** *n* déshonneur *m*, infamie *f*, opprobre *m (liter)*. **2** *vt* **(a)** *family* déshonorer, porter atteinte à l'honneur de; *woman* déshonorer, séduire. **(b)** *bill, cheque* refuser d'honorer. **a ~ed cheque** un chèque impayé *or* refusé *or* non honoré.
dishonourable [dɪs'ɒnərəbl] *adj* person peu honorable; *action, conduct etc* déshonorant. *(Mil)* **~ discharge** renvoi *m* à la vie civile pour manquement à l'honneur.
dishonourably [dɪs'ɒnərəblɪ] *adv* avec déshonneur, de façon déshonorante. *(Mil)* **to be ~ discharged** être renvoyé à la vie civile pour manquement à l'honneur.
dishy‡ ['dɪʃɪ] *adj (Brit) person* excitant, sexy*, appétissant.
disillusion [ˌdɪsɪ'lu:ʒən] **1** *vt* désillusionner, désabuser. **to be ~ed** être désillusionné *or* désabusé *or* désenchanté *(with* en ce qui concerne, quant à); **to grow ~ed** perdre ses illusions. **2** *n* désillusion *f*, désenchantement *m*, désabusement *m (liter)*.
disillusionment [ˌdɪsɪ'lu:ʒənmənt] *n* = **disillusion 2**.
disincentive [ˌdɪsɪn'sentɪv] **1** *n:* **it's a real ~** cela a un effet dissuasif *or* de dissuasion; **this is a ~ to work** cela n'incite pas à travailler *or* au travail. **2** *adj* dissuasif.
disinclination [ˌdɪsɪnklɪ'neɪʃən] *n* manque *m* d'enthousiasme *(to do* à faire, *for sth* pour qch).
disinclined ['dɪsɪn'klaɪnd] *adj* peu disposé, peu porté, peu enclin *(for* à, *to do* à faire).

disinfect [ˌdɪsɪn'fekt] *vt* désinfecter.
disinfectant [ˌdɪsɪn'fektənt] *adj, n* désinfectant *(m)*.
disinfection [ˌdɪsɪn'fekʃən] *n* désinfection *f*.
disinflation [ˌdɪsɪn'fleɪʃən] *n* déflation *f*.
disinflationary [ˌdɪsɪn'fleɪʃənərɪ] *adj* de déflation, déflationniste.
disinformation [ˌdɪsɪnfə'meɪʃən] *n* désinformation *f*.
disingenuous [ˌdɪsɪn'dʒenjʊəs] *adj* déloyal, insincère, *(stronger)* fourbe.
disingenuousness [ˌdɪsɪn'dʒenjʊəsnɪs] *n* déloyauté *f*, manque *m* de sincérité, fourberie *f*.
disinherit ['dɪsɪn'herɪt] *vt* déshériter.
disintegrate [dɪs'ɪntɪgreɪt] **1** *vi* se désintégrer, se désagréger; *(Phys)* se désintégrer. **2** *vt* désintégrer, désagréger; *(Phys)* désintégrer.
disintegration [dɪsˌɪntɪ'greɪʃən] *n* désintégration *f*, désagrégation *f*; *(Phys)* désintégration.
disinter [ˌdɪsɪn'tɜ:r] *vt* déterrer, exhumer.
disinterested [dɪs'ɪntrɪstɪd] *adj (impartial)* désintéressé; *(*: uninterested)* indifférent.
disinterestedness [dɪs'ɪntrɪstɪdnɪs] *n (impartiality)* désintéressement *m*, altruisme *m*; *(*: lack of interest)* indifférence *f*.
disinterment [ˌdɪsɪn'tɜ:mənt] *n* déterrement *m*, exhumation *f*.
disintoxicate [ˌdɪsɪn'tɒksɪkeɪt] *vt* désintoxiquer.
disintoxication [dɪsɪnˌtɒksɪ'keɪʃən] *n* désintoxication *f*.
disjoint [dɪs'dʒɔɪnt] *adj (Math)* disjoint.
disjointed [dɪs'dʒɔɪntɪd] *adj lecture, account, conversation* sans suite, décousu, incohérent; *style* haché, décousu.
disjunction [dɪs'dʒʌŋkʃən] *n* disjonction *f*.
disjunctive [dɪs'dʒʌŋktɪv] *adj* disjonctif. **~ pronoun** forme *f* tonique du pronom.
disk [dɪsk] **1** *n* **(a)** *(esp US)* = **disc. (b)** *(Comput)* disque *m*. **on ~** sur disque; *V* **double, floppy, hard** *etc.* **2** *cpd:* *(Comput)* **disk drive** lecteur *m* de disques; **disk pack** unité *f* de disques.
diskette [dɪs'ket] *n (Comput)* disquette *f*.
dislike [dɪs'laɪk] **1** *vt person, thing* ne pas aimer, avoir de l'aversion pour. **to ~ doing** ne pas aimer faire; **I don't ~ it** cela ne me déplaît pas, je ne le déteste pas; **I ~ her** je la trouve antipathique *or* désagréable, elle ne me plaît pas, je ne l'aime pas; **I ~ this intensely** j'ai cela en horreur.
2 *n* aversion *f*, antipathie *f*. **his ~ of sb/sth** l'aversion qu'il ressent *or* l'antipathie qu'il éprouve pour qn/qch; **one's likes and ~s** ce que l'on aime et ce que l'on n'aime pas; **to take a ~ to sb/sth** prendre qn/qch en grippe.
dislocate [dɪs'ləʊkeɪt] *vt* **(a)** *limb etc [person]* se disloquer, se démettre, se luxer; *[fall, accident]* disloquer, démettre, luxer. **(b)** *(fig) traffic, business* désorganiser; *plans, timetable* bouleverser.
dislocation [ˌdɪsləʊ'keɪʃən] *n (V dislocate)* dislocation *f*, luxation *f*, déboîtement *m*; bouleversement *m*.
dislodge [dɪs'lɒdʒ] *vt stone* déplacer, faire bouger; *cap, screw, nut* débloquer; *enemy* déloger; *person* faire bouger *(from* de).
disloyal ['dɪs'lɔɪəl] *adj person, behaviour* déloyal, infidèle *(to* à, envers).
disloyalty ['dɪs'lɔɪəltɪ] *n* déloyauté *f*, infidélité *f*.
dismal ['dɪzməl] *adj prospects, person, mood* lugubre, sombre, morne; *weather* maussade, morne. **the ~ science** la science funeste.
dismally ['dɪzməlɪ] *adv* lugubrement, d'un air sombre *or* maussade. **to fail ~** échouer lamentablement.
dismantle [dɪs'mæntl] *vt machine, furniture* démonter; *company, department* démanteler *(also Mil)*.
dismantling [dɪs'mæntəlɪŋ] *n [company, department]* démantèlement *m*.
dismast [dɪs'mɑ:st] *vt* démâter.
dismay [dɪs'meɪ] **1** *n* consternation *f*, désarroi *m*. **to my great ~** à ma grande consternation; **in ~** d'un air consterné. **2** *vt* consterner.
dismember [dɪs'membər] *vt* démembrer *(also fig)*.
dismemberment [dɪs'membəmənt] *n* démembrement *m*.
dismiss [dɪs'mɪs] *vt* **(a)** *employee* renvoyer, congédier, licencier; *official, officer* destituer, casser; *class, visitors* laisser partir, congédier; *assembly* dissoudre; *troops* faire rompre les rangs à. *(Mil)* **to be ~ed (from) the service** être renvoyé de l'armée *or* rayé des cadres; *(Mil)* **~!** rompez (les rangs)!; *(Scol)* **class ~!** partez!
(b) *subject of conversation* écarter, abandonner; *thought, possibility* écarter; *request* rejeter; *suggestion* écarter, exclure.
(c) *(gen) sb's appeal, claim* rejeter; *(Jur) accused* relaxer; *jury* congédier. *(Jur)* **to ~ sb's appeal** débouter qn de son appel; **to ~ a case** rendre une fin de non-recevoir; **to ~ a charge** rendre un (arrêt de *or* une ordonnance de) non-lieu.
dismissal [dɪs'mɪsəl] *n (V dismiss)* **(a)** *licenciement m*, renvoi *m*, congédiement *m*; *destitution f; départ m; dissolution f.* **he made a gesture of ~** d'un geste il les (*or* nous *etc*) a congédiés.
(b) rejet *m*, abandon *m*, exclusion *f*.
(c) *(Jur)* relaxe *f*; rejet *m*; *[jury]* congédiement *m*. **~ of case** fin *f* de non-recevoir; **~ of charge** non-lieu *m*.
dismount [dɪs'maʊnt] **1** *vi* descendre *(from* de), mettre pied à terre. **2** *vt rider* démonter, désarçonner; *troops, gun, machine* démonter *(from* de).
disobedience [ˌdɪsə'bi:dɪəns] *n (U)* désobéissance *f*, insoumission *f (to* à). **an act of ~** une désobéissance.
disobedient [ˌdɪsə'bi:dɪənt] *adj child* désobéissant *(to* à); *soldier* indiscipliné, insubordonné. **he has been ~** il a été désobéissant, il a désobéi.
disobey ['dɪsə'beɪ] *vt parents, officer* désobéir à, s'opposer à; *law* enfreindre, violer.
disobliging ['dɪsə'blaɪdʒɪŋ] *adj* désobligeant, peu agréable.
disorder [dɪs'ɔ:dər] **1** *n* **(a)** *(U) [room, plans etc]* désordre *m*,

confusion *f*. **to throw sth into** ~ semer *or* jeter le désordre dans qch; **in** ~ en désordre; (*Mil*) **to retreat in** ~ être en déroute *or* en débâcle.
   (**b**) (*Pol etc: rioting*) désordres *mpl*, émeute *f*.
   (**c**) (*Med*) troubles *mpl*. **kidney/stomach/mental** ~ troubles rénaux/gastriques/psychiques; **speech** ~ difficulté *f* de langage.
  2 *vt* **room** mettre en désordre; (*Med*) troubler, déranger.
disordered [dıs'ɔ:dəd] *adj* **room** en désordre; *imagination, existence* désordonné; (*Med*) **stomach** dérangé, malade; **mind** malade, déséquilibré.
disorderly [dıs'ɔ:dəlı] *adj* **room etc** en désordre; *flight, mind* désordonné; *behaviour, life* désordonné, déréglé; *crowd, meeting* désordonné, tumultueux. ~ **house** (*brothel*) maison *f* de débauche; (*gambling den*) maison de jeu, tripot *m*; (*Jur*) ~ **conduct** conduite *f* contraire aux bonnes mœurs; *V* **drunk**.
disorganization [dıs,ɔ:gənaı'zeıʃən] *n* désorganisation *f*.
disorganize [dıs'ɔ:gənaız] *vt* désorganiser, déranger. **she's very** ~**d*** elle est très désorganisée *or* brouillonne.
disorientate [dıs'ɔ:rıənteıt] *vt* désorienter.
disown [dıs'əʊn] *vt* **child, country, opinion, document** désavouer, renier; *debt, signature* nier, renier.
disparage [dıs'pærıdʒ] *vt* dénigrer, décrier, déprécier.
disparagement [dıs'pærıdʒmənt] *n* dénigrement *m*, dépréciation *f*.
disparaging [dıs'pærıdʒıŋ] *adj* peu flatteur, désobligeant, (plutôt) méprisant (*to* pour). **to be** ~ **about** faire des remarques désobligeantes *or* peu flatteuses sur.
disparagingly [dıs'pærıdʒıŋlı] *adv* **look, speak** de façon désobligeante *or* peu flatteuse.
disparate [dıspərıt] *adj* disparate.
disparity [dıs'pærıtı] *n* disparité *f*, inégalité *f*, écart *m*.
dispassionate [dıs'pæʃənıt] *adj* (*unemotional*) calme, froid; (*unbiased*) impartial, objectif.
dispassionately [dıs'pæʃənıtlı] *adv* (*unemotionally*) sans émotion, avec calme; (*unbiasedly*) impartialement, sans parti pris.
dispatch [dıs'pætʃ] **1** *vt* (**a**) (*send*) *letter, goods* expédier, envoyer; *messenger* dépêcher; (*Mil*) *troops* envoyer, faire partir; *convoy* mettre en route; (*fig*) *food, drink* expédier.
   (**b**) (*finish off*) *job* expédier, en finir avec; (*kill*) *person, animal* tuer, abattre.
  2 *n* (**a**) [*letter, messenger, telegram etc*] envoi *m*, expédition *f*. **date of** ~ date *f* d'expédition; **office of** ~ bureau *m* d'origine.
   (**b**) (*official report: also Mil*) dépêche *f*; (*Press*) dépêche (de presse). (*Mil*) **mentioned** *or* **cited in** ~**es** cité à l'ordre du jour.
   (**c**) (*promptness*) promptitude *f*.
  3 *cpd*: (*Brit Parl*) **dispatch box** ≃ tribune *f* (*d'où parlent les membres du gouvernement*); (*case*) valise officielle (*à documents*); **dispatch case** serviette *f*, porte-documents *m inv*; (*Comm*) **dispatch documents** documents *mpl* d'expédition; **dispatch rider** estafette *f*.
dispatcher [dıs'pætʃər] *n* expéditeur *m*, -trice *f*.
dispel [dıs'pel] *vt* dissiper, chasser.
dispensable [dıs'pensəbl] *adj* dont on peut se passer; (*Rel*) dispensable.
dispensary [dıs'pensərı] *n* (*Brit*) (*in hospital*) pharmacie *f*; (*in chemist's*) officine *f*; (*clinic*) dispensaire *m*.
dispensation [,dıspen'seıʃən] *n* (**a**) (*handing out*) [*food*] distribution *f*; [*justice, charity*] exercice *m*, pratique *f*. (**b**) (*exemption*) (*gen, Jur, Rel*) dispense *f* (*from* de); (*Univ, Scol : from exam etc*) dispense *f*, dérogation *f*.
dispense [dıs'pens] *vt* (**a**) *food* distribuer; *charity* pratiquer; *justice, sacrament* administrer; *hospitality* accorder, offrir. **to** ~ **alms** faire l'aumône (*to sb* à qn).
   (**b**) (*Pharm*) *medicine, prescription* préparer. **dispensing chemist** (*person*) pharmacien(ne) *m(f)*; (*shop*) pharmacie *f*.
   (**c**) (*also Rel: exempt*) dispenser, exempter (*sb from sth/from doing* qn de qch/de faire).
♦**dispense with** *vt fus* (*do without*) se passer de; (*make unnecessary*) rendre superflu.
dispenser [dıs'pensər] *n* (*Brit*) (*person*) pharmacien(ne) *m(f)*; (*device*) distributeur *m*.
dispersal [dıs'pɜ:səl] *n* dispersion *f*.
dispersant [dıs'pɜ:sənt] *n* (*Chem*) dispersant *m*.
disperse [dıs'pɜ:s] **1** *vt* **crowd, mist** disperser; *sorrow* dissiper, chasser; *paper, seeds* disperser, éparpiller; *knowledge* disséminer, répandre, propager; (*Chem, Opt*) décomposer.
  2 *vi* se disperser; se dissiper; se disséminer, se propager; se décomposer.
dispersion [dıs'pɜ:ʃən] *n* (*also Phys*) dispersion *f*. (*Hist*) **the D** ~ la dispersion des Juifs.
dispirit [dıs'pırıt] *vt* décourager, déprimer, abattre.
dispirited [dıs'pırıtıd] *adj* découragé, déprimé, abattu.
dispiritedly [dıs'pırıtıdlı] *adv* d'un air *or* d'un ton découragé, avec découragement.
displace [dıs'pleıs] *vt* (**a**) (*move out of place*) *refugees* déplacer; *furniture* déplacer, changer de place. ~**d person** personne déplacée.
   (**b**) (*deprive of office*) *officer* destituer; *official* déplacer; (*replace*) supplanter, remplacer.
   (**c**) (*Naut, Phys*) *water* déplacer.
displacement [dıs'pleısmənt] **1** *n* (*V* **displace**) déplacement *m*; destitution *f*; remplacement *m* (*by* par); (*Geol*) faille *f*.
  2 *cpd*: **displacement activity** (*Zool*) activité *f* de substitution; (*Psych*) déplacement *m*; (*Naut*) **displacement tonnage** déplacement *m*.
display [dıs'pleı] **1** *vt* (**a**) (*show*) *object* montrer; (*pej: ostentatiously*) exhiber (*pej*). **he** ~**ed his medals proudly** il

arborait fièrement ses médailles; **she** ~**ed the letter she had received from the President** elle a montré *or* brandi la lettre qu'elle avait reçue du président; **she bought a cabinet to** ~ **her china collection** elle a acheté une vitrine pour y exposer sa collection de porcelaines.
   (**b**) (*set out visibly*) *expoer*; *goods for sale* exposer, mettre à l'étalage; *items in exhibition* exposer; *notice, results, poster* afficher.
   (**c**) (*give evidence of*) *courage, interest, ignorance* faire preuve de; (*pej*) faire parade de, exhiber.
   (**d**) (*Comput*) visualiser; [*electronic device, watch etc*] afficher.
   (**e**) [*peacock*] étaler.
  2 *vi* (*Zool*) parader.
  3 *n* (**a**) (*U*) [*one's possessions, medals etc*] exposition *f*, déploiement *m*; (*pej: ostentatious*) étalage *m*; [*goods for sale*] étalage, exposition; [*items in exhibition*] exposition; [*notices, results, posters*] affichage *m*; [*courage, interest etc*] manifestation *f*. **on** ~ exposé; (*Mil*) **a** ~ **of force** démonstration *or* déploiement de force; (*pej*) **to make a great** ~ **of learning** faire parade de son érudition; **a fine** ~ **of paintings** ~ **of paintings** une belle exposition de tableaux/de porcelaines *etc*; (*in shop window*) **the** ~ **of fruit** *etc* l'étalage de fruits *etc*, les fruits *etc* exposés.
   (**b**) (*event, ceremony*) ~ **of gymnastics/dancing** *etc* exhibition *f* de gymnastique/de danse *etc*; **military** ~ **parade** *f* militaire; *V* **air**.
   (**c**) (*Comput*) (*device*) écran *m* de visualisation, visuel *m*; (*visual information*) affichage *m*.
   (**d**) (*Zool*) parade *f*.
  4 *cpd* (*Comm*) **goods** d'étalage. (*Press*) **display advertising** placards *mpl* (publicitaires); **display cabinet, display case** vitrine *f* (*meuble*); **display panel** écran *m* d'affichage; (*Comput*) **display unit** écran *m* de visualisation; **display window** étalage *m*, vitrine *f* (*de magasin*).
displease [dıs'pli:z] *vt* déplaire à, mécontenter, contrarier. ~**d** *at* *or* **with** mécontent de.
displeasing [dıs'pli:zıŋ] *adj* désagréable (*to* à), déplaisant (*to* pour). **to be** ~ **to sb** déplaire à qn.
displeasure [dıs'pleʒər] *n* mécontentement *m*, déplaisir *m*. **to incur sb's** ~ provoquer le mécontentement de qn; **to my great** ~ à mon grand mécontentement *or* déplaisir.
disport [dıs'pɔ:t] *vt*: **to** ~ **o.s.** s'amuser, s'ébattre, folâtrer.
disposable [dıs'pəʊzəbl] **1** *adj* (**a**) (*not reusable*) à jeter, à usage unique. ~ **nappy** couche *f* à jeter, couche-culotte *f*; (*Comm*) ~ **wrapping** emballage perdu. (**b**) (*available*) *objects, money* disponible. (*Fin*) ~ **income** revenu *m* net (d'impôts et de retenues).
  2 *npl*: ~**s** (*containers*) emballage perdu *or* à jeter; (*bottles*) verre perdu; (*nappies*) couches *fpl* à jeter, couches-culottes *fpl*.
disposal [dıs'pəʊzl] **1** *n* (**a**) [*rubbish*] (*collection*) enlèvement *m*; (*destruction*) destruction *f*; [*goods for sale*] vente *f*; [*bomb*] désamorçage *m*; (*Jur*) [*property*] disposition *f*, cession *f*; [*problem, question*] résolution *f*; [*matters under discussion, current business*] expédition *f*, exécution *f*; *V* **bomb, refuse²**.
   (**b**) (*arrangement*) [*ornaments, furniture*] disposition *f*, arrangement *m*; [*troops*] disposition; (*control*) [*resources, funds, personnel*] disposition *f*. **the means at one's** ~ les moyens à sa disposition *or* dont on dispose; **to put o.s./be at sb's** ~ se mettre/être à la disposition de qn.
  2 *cpd*: (*waste*) **disposal unit** broyeur *m* (d'ordures).
dispose [dıs'pəʊz] *vt* (**a**) (*arrange*) *papers, ornaments* disposer, arranger; *troops* disposer; *forces* déployer. (*Prov*) **man proposes, God** ~**s** l'homme propose, Dieu dispose (*Prov*).
   (**b**) disposer, porter (*sb to do* qn à faire). **this does not** ~ **me to like him** ceci ne me rend pas bien disposé à son égard.
♦**dispose of** *vt fus* (**a**) (*get rid of*) *sth no longer wanted or used* se débarrasser de, se défaire de, (*by selling*) vendre; *workers, staff* congédier, renvoyer, larguer*; *rubbish* [*householder etc*] jeter, se débarrasser de; [*refuse collection services*] (*remove*) enlever, (*destroy*) se débarrasser de, détruire; [*shop*] *stock* écouler, vendre; (*give away*) *one's property, money* disposer de (*to sb* à qn); (*fig: kill*) liquider*; (*Jur*) *property* aliéner.
   (**b**) (*deal with*) *bomb* désamorcer; *question, problem* résoudre, expédier; *business* expédier; *one's opponent, opposing team* régler son compte à; *meal* liquider*, expédier. (*Jur*) **to dispose of a case** trancher une affaire, statuer.
   (**c**) (*control*) *time, money* disposer de, avoir à sa disposition; (*settle*) *sb's fate* décider de.
disposed [dıs'pəʊzd] *adj* disposé, enclin (*to do* à faire). **well/ill-**~ **towards sb** bien/mal disposé *or* intentionné envers qn *or* à l'égard de qn.
disposer [dıs'pəʊzər] *n* (*also* **waste** ~) broyeur *m* (d'ordures).
disposition [,dıspə'zıʃən] *n* (**a**) (*temperament*) naturel *m*, caractère *m*, tempérament *m*. (**b**) (*readiness*) inclination *f* (*to do* à faire).
   (**c**) (*arrangement*) [*ornaments etc*] disposition *f*, arrangement *m*; [*troops*] disposition.
dispossess ['dıspə'zes] *vt* déposséder, priver (*of* de); (*Jur*) exproprier.
dispossession [,dıspə'zeʃən] *n* dépossession *f*; (*Jur*) expropriation *f*.
disproportion [,dısprə'pɔ:ʃən] *n* disproportion *f*.
disproportionate [,dısprə'pɔ:ʃnıt] *adj* disproportionné (*to* à, avec).
disproportionately [,dısprə'pɔ:ʃnıtlı] *adv* **react etc** d'une façon disproportionnée. ~ **large** *etc* d'une grandeur *etc* disproportionnée.
disprove [dıs'pru:v] *vt* établir *or* démontrer la fausseté de, réfuter.
disputable [dıs'pju:təbl] *adj* discutable, contestable, douteux.
disputably [dıs'pju:təblı] *adv* de manière contestable.
disputant [dıs'pju:tənt] *n* (*US Jur*) **the** ~**s** les parties *fpl* en litige.
disputation [,dıspju:'teıʃən] *n* (*argument*) débat *m*, controverse *f*, discussion *f*; (††: *formal debate*) dispute†† *f*.

disputatious [ˌdɪspjuːˈteɪʃəs] *adj* raisonneur.
dispute [dɪsˈpjuːt] **1** *n* (a) *(U)* discussion *f*. **beyond ~** *(adj)* incontestable; *(adv)* incontestablement; **without ~** sans contredit; **there is some ~ about the way he did it/what he's earning** on n'est pas d'accord sur ses motifs/le montant de son salaire; **there is some ~ about which horse won** il y a a contestation sur le gagnant; **in** *or* **under ~** *matter* en discussion; *territory, facts, figures* contesté; *(Jur)* en litige; **statement open to ~** affirmation sujette à contradiction, affirmation contestable; **it is open to ~ whether he knew** on peut se demander s'il savait.
(b) *(quarrel)* dispute *f*; *(argument)* discussion *f*, débat *m*; *(Jur)* litige *m*; *(Ind, Pol)* conflit *m*. **to have a ~ with sb about sth** se disputer avec qn à propos de qch; *(Ind)* **industrial ~** conflit social; **the miners'/postal workers' ~** le conflit des mineurs/des employés des postes; **the transport/Post Office ~** le conflit dans les transports/dans les services postaux; **the United Shipping Company ~** le conflit chez United Shipping; **wages ~** conflit salarial *or* sur les salaires.
2 *vt* (a) *(cast doubt on)* *statement, claim* contester, mettre en doute; *(Jur) will* attaquer, contester. **I do not ~ the fact that ... je** ne conteste pas (le fait) que ... + *subj*.
(b) *(debate)* *question, subject* discuter, débattre.
(c) *(try to win) victory, possession* disputer *(with sb* à qn).
disputed [dɪsˈpjuːtɪd] *adj decision* contesté, en discussion; *territory, fact* contesté; *(Jur)* en litige.
disqualification [dɪsˌkwɒlɪfɪˈkeɪʃən] *n* disqualification *f (also Sport)*, exclusion *f (from* de); *(Jur)* incapacité *f*. **his ~ (from driving)** le retrait de son permis (de conduire).
disqualify [dɪsˈkwɒlɪfaɪ] *vt* (a) *(debar)* rendre inapte *(from sth* à qch, *from doing* à faire); *(Jur)* rendre inhabile *(from sth* à qch, *from doing* à faire); *(Sport)* disqualifier. *(Jur)* **to ~ sb from driving** retirer à qn son *or* le permis de conduire; *(Jur)* **he was disqualified for speeding** on lui a retiré son permis pour excès de vitesse; *(Jur)* **he was accused of driving while disqualified** il a été accusé d'avoir conduit alors qu'on lui avait retiré son permis.
(b) *(incapacitate)* rendre incapable, mettre hors d'état *(from doing* de faire).
disquiet [dɪsˈkwaɪət] **1** *vt* inquiéter, troubler, tourmenter. **to be ~ed about s'**inquiéter de. **2** *n (U)* inquiétude *f*, trouble *m*; *(unrest)* agitation *f*.
disquieting [dɪsˈkwaɪətɪŋ] *adj* inquiétant, alarmant, troublant.
disquietude [dɪsˈkwaɪətjuːd] *n (U)* inquiétude *f*, trouble *m*.
disquisition [ˌdɪskwɪˈzɪʃən] *n (treatise)* traité *m*, dissertation *f*, étude *f (on* sur); *(discourse)* communication *f (on* sur); *(investigation)* étude approfondie *(on* de).
disregard [ˌdɪsrɪˈɡɑːd] **1** *vt fact, difficulty, remark* ne tenir aucun compte de, ne pas s'occuper de; *danger* mépriser, ne pas faire attention à; *feelings* négliger, faire peu de cas de; *authority, rules, duty* méconnaître, passer outre à.
2 *n [difficulty, comments, feelings]* indifférence *f (for* à); *[danger]* mépris *m (for* de); *[money]* mépris, dédain *m (for* de); *[safety]* négligence *f (for* en ce qui concerne); *[rule, law]* désobéissance *f (for* à), non-observation *f (for* de).
disrepair [ˌdɪsrɪˈpɛər] *n (U)* mauvais état, délabrement *m*, dégradation *f*. **in a state of ~** *building* délabré; *road* en mauvais état; **to fall into ~** *[building]* tomber en ruines, se délabrer; *[road]* se dégrader.
disreputable [dɪsˈrepjʊtəbl] *adj person* de mauvaise réputation, louche, peu recommandable; *behaviour* honteux, déshonorant; *clothes* minable*, miteux; *area* louche, mal famé. **a ~ crowd** une bande d'individus louches *or* peu reluisants.
disreputably [dɪsˈrepjʊtəblɪ] *adv behave* d'une manière honteuse *or* peu honorable; *dress* minablement*.
disrepute [ˌdɪsrɪˈpjuːt] *n* discrédit *m*, déconsidération *f*, déshonneur *m*. **to bring into ~** faire tomber dans le discrédit; **to fall into ~** tomber en discrédit.
disrespect [ˌdɪsrɪsˈpekt] *n* manque *m* d'égards *or* de respect, irrespect *m*, irrévérence *f*. **to show ~ to** manquer de respect envers.
disrespectful [ˌdɪsrɪsˈpektfʊl] *adj* irrespectueux, irrévérencieux *(towards, to* envers). **to be ~ to** manquer de respect envers, se montrer irrespectueux envers.
disrobe [dɪsˈrəʊb] **1** *vi* se dévêtir, enlever ses vêtements, *(undress)* se déshabiller. **2** *vt* enlever les vêtements (de cérémonie) à, dévêtir; déshabiller.
disrupt [dɪsˈrʌpt] *vt peace, relations, train service* perturber; *conversation* interrompre; *plans* déranger, *(stronger)* mettre *or* semer la confusion dans; *communications* couper, interrompre.
disruption [dɪsˈrʌpʃən] *n (V disrupt)* perturbation *f*; interruption *f*; dérangement *m*.
disruptive [dɪsˈrʌptɪv] *adj element, factor* perturbateur *(f-trice)*; *(Elec)* disruptif.
dissatisfaction [ˈdɪsˌsætɪsˈfækʃən] *n* mécontentement *m*, insatisfaction *f*. **growing/widespread ~** mécontentement croissant/général *(at, with* devant, provoqué par).
dissatisfied [ˈdɪsˈsætɪsfaɪd] *adj* mécontent, peu satisfait *(with* de).
dissect [dɪˈsekt] *vt animal, plant, truth* disséquer; *book, article* éplucher.
dissected [dɪˈsektɪd] *adj (Bot)* découpé.
dissection [dɪˈsekʃən] *n (Anat, Bot, fig)* dissection *f*.
dissemble [dɪˈsembl] **1** *vt (conceal)* dissimuler; *(feign)* feindre, simuler. **2** *vi (in speech)* dissimuler *or* déguiser *or* masquer sa pensée; *(in behaviour)* agir avec dissimulation.
disseminate [dɪˈsemɪneɪt] *vt* disséminer, semer. *(Med)* **~d sclerosis** sclérose *f* en plaques.
dissemination [dɪˌsemɪˈneɪʃən] *n [seeds]* dissémination *f*; *[ideas]* dissémination, propagation *f*.
dissension [dɪˈsenʃən] *n* dissension *f*, discorde *f*.

dissent [dɪˈsent] **1** *vi* différer (d'opinion *or* de sentiment) *(from sb* de qn); *(Rel)* être en dissidence, être dissident. *(US Jur)* **~ing opinion** avis *m* minoritaire de l'un des juges *(divergeant sur des questions de fond)*. **2** *n* dissentiment *m*, différence *f* d'opinion; *(Rel)* dissidence *f*.
dissenter [dɪˈsentər] *n (esp Rel)* dissident(e) *m(f)*.
dissentient [dɪˈsenʃənt] **1** *adj* dissident, opposé. **2** *n* dissident(e) *m(f)*, opposant(e) *m(f)*.
dissertation [ˌdɪsəˈteɪʃən] *n* (a) *(written)* mémoire *m (on* sur); *(spoken)* exposé *m (on* sur). (b) *(Univ) (Brit)* mémoire *m*; *(US)* thèse *f* (de doctorat).
disservice [dɪsˈsɜːvɪs] *n* mauvais service. **to do sb a ~** *[person]* ne pas rendre service à qn, rendre un mauvais service à qn; *[appearance etc]* constituer un handicap pour qn.
dissidence [ˈdɪsɪdəns] *n* dissidence *f (also Pol)*, désaccord *m*, divergence *f* d'opinion.
dissident [ˈdɪsɪdənt] *adj*, *n* dissident(e) *m(f)*.
dissimilar [ˈdɪˈsɪmɪlər] *adj* dissemblable *(to* à), différent *(to* de).
dissimilarity [ˌdɪsɪmɪˈlærɪtɪ] *n* différence *f*, dissemblance *f (between* entre).
dissimulate [dɪˈsɪmjʊleɪt] *vti* dissimuler.
dissimulation [dɪˌsɪmjʊˈleɪʃən] *n* dissimulation *f*.
dissipate [ˈdɪsɪpeɪt] **1** *vt fog, clouds, fears, suspicions* dissiper; *hopes* anéantir; *energy, efforts* disperser, gaspiller; *fortune* dissiper, dilapider. **2** *vi* se dissiper.
dissipated [ˈdɪsɪpeɪtɪd] *adj life, behaviour* déréglé, de dissipation; *person* débauché. **to lead** *or* **live a ~ life** mener une vie déréglée *or* une vie de bâton de chaise.
dissipation [ˌdɪsɪˈpeɪʃən] *n [clouds, fears]* dissipation *f*; *[energy, efforts]* gaspillage *m*; *[fortune]* dilapidation *f*; *(debauchery)* dissipation, débauche *f*.
dissociate [dɪˈsəʊʃɪeɪt] *vt* dissocier, séparer *(from* de); *(Chem)* dissocier. **to ~ o.s. from** se dissocier de, se désolidariser de.
dissociation [dɪˌsəʊsɪˈeɪʃən] *n (all senses)* dissociation *f*.
dissoluble [dɪˈsɒljʊbl] *adj* soluble.
dissolute [ˈdɪsəluːt] *adj person* débauché, dissolu *(liter)*; *way of life* dissolu, déréglé, de débauche.
dissolution [ˌdɪsəˈluːʃən] *n (all senses)* dissolution *f*.
dissolvable [dɪˈzɒlvəbl] *adj* soluble *(in* dans).
dissolve [dɪˈzɒlv] **1** *vt* (a) *[water etc] substance* dissoudre *(in* dans); *[person] chemical etc* faire dissoudre *(in* dans); *(Culin) sugar etc* faire fondre *(in* dans).
(b) *alliance, marriage, assembly* dissoudre.
2 *vi* (a) *(Chem)* se dissoudre; *(Culin)* fondre.
(b) *(fig) [hopes, fears]* disparaître, s'évanouir; *(Jur, Pol)* se dissoudre. *(fig)* **to ~ into thin air** s'en aller *or* partir en fumée; *(fig)* **to ~ into tears** fondre en larmes.
(c) *(Cine)* se fondre.
3 *n (Cine, TV)* fondu *m* (enchaîné). **~ in/out** ouverture *f/* fermeture *f* en fondu.
dissolvent [dɪˈzɒlvənt] **1** *adj* dissolvant, dissolutif. **2** *n* dissolvant *m*, solvant *m*.
dissonance [ˈdɪsənəns] *n* dissonance *f*, discordance *f*.
dissonant [ˈdɪsənənt] *adj* dissonant, discordant.
dissuade [dɪˈsweɪd] *vt* dissuader *(sb from doing* qn de faire), détourner *(sb from sth* qn de qch). **to try to ~ sb from doing** déconseiller à qn de faire.
dissuasion [dɪˈsweɪʒən] *n* dissuasion *f*.
dissuasive [dɪˈsweɪsɪv] *adj (gen)* dissuasif; *voice, person* qui cherche à dissuader; *powers* de dissuasion.
distaff [ˈdɪstɑːf] *n* quenouille *f*. *(fig)* **on the ~ side** du côté maternel *or* des femmes.
distance [ˈdɪstəns] **1** *n* (a) *(in space)* distance *f (between* entre). **the ~ between the boys/the houses/the towns** la distance qui sépare les garçons/les maisons/les villes; **the ~ between the eyes/rails/posts** *etc* l'écartement *m* des yeux/des rails/des poteaux *etc*; **at a ~** assez loin, à quelque distance; **at a ~ of 2 metres** à une distance de 2 mètres; **what ~ is it from London?** c'est à quelle distance de *or* c'est à combien de Londres?; **what ~ is it from here to London?** nous sommes *or* on est à combien de Londres?; **it's a good ~** c'est assez loin; **in the ~** au loin, dans le lointain; **from a ~** de loin; **seen from a ~** vu de loin; **it's within walking/cycling ~** on peut y aller à pied/en vélo; **a short ~ away** à une faible distance; **within hailing ~** à portée de voix; **it's no ~*** c'est à deux pas, c'est tout près; **to cover the ~ in 2 hours** franchir *or* parcourir la distance en 2 heures; **to go part of the ~ alone** faire une partie du trajet seul; **at an equal ~ from each other** à égale distance l'un de l'autre; **V long¹, middle** *etc*.
(b) *(in time)* distance *f*, intervalle *m*, écart *m*. **at a ~ of 400 years** à 400 ans d'écart; **at this ~ in time** après un tel intervalle de temps, après tant d'années.
(c) *(in rank etc)* distance *f*. **to keep sb at a ~** tenir qn à distance *or* à l'écart; **to keep one's ~** garder ses distances.
2 *vt (Sport etc)* distancer. *(fig)* **to ~ o.s. from sth** se distancier de qch.
3 *cpd*: *(Sport)* **(long-)distance race** épreuve *f* de fond; *(Educ)* **distance teaching** enseignement *m* à distance.
distancing [ˈdɪstənsɪŋ] *n* distanciation *f*.
distant [ˈdɪstənt] *adj* (a) *country, town* lointain, éloigné. **we had a ~ view of the church** nous avons vu l'église de loin; **the school is 2 km ~ from the church** l'école est à (une distance de) 2 km de l'église; *(US Mil)* **~ early warning line** DEW *f (système de radars)*.
(b) *(in time, age)* éloigné, reculé; *recollection* lointain. **in the ~ future/past** dans un avenir/un passé lointain.
(c) *(fig) cousin, relationship* éloigné; *likeness* vague, lointain.
(d) *(reserved) person, manner* distant, froid.

distantly ['dɪstəntlɪ] *adv* (a) *resemble* vaguement, un peu. ~ related d'une parenté éloignée. (b) (*haughtily*) *smile, say* froidement, avec hauteur, d'une manière distante.

distaste [dɪs'teɪst] *n* dégoût *m*, répugnance *f* (*for* pour).

distasteful [dɪs'teɪstʊl] *adj* déplaisant, désagréable. **to be** ~ **to** déplaire à, être désagréable à.

distemper¹ [dɪs'tempər] **1** *n* (*paint*) détrempe *f*, badigeon *m*. **2** *vt* peindre en détrempe *or* à la détrempe, badigeonner.

distemper² [dɪs'tempər] *n* (*Vet*) maladie *f* des jeunes chiens *or* de Carré.

distend [dɪs'tend] **1** *vt* distendre. (*Med*) ~**ed stomach** ventre dilaté. **2** *vi* se distendre, se ballonner.

distension [dɪs'tenʃən] *n* distension *f*, dilatation *f*.

distich ['dɪstɪk] *n* distique *m*.

distil, (*US*) **distill** [dɪs'tɪl] **1** *vt* (a) *alcohol, knowledge* distiller. (*Aut etc*) ~**led water** eau déminéralisée. (b) (*drip slowly*) laisser couler goutte à goutte. **2** *vi* se distiller; couler goutte à goutte.

distillation [,dɪstɪ'leɪʃən] *n* (*Chem etc, fig*) distillation *f*.

distiller [dɪs'tɪlər] *n* distillateur *m*.

distillery [dɪs'tɪlərɪ] *n* distillerie *f*.

distinct [dɪs'tɪŋkt] *adj* (a) (*clear*) *landmark, voice, memory* distinct, clair, net; *promise, offer* précis, formel; *preference, likeness* marqué, net; *increase, progress* sensible, net (*before* n).
  (b) (*different*) distinct, différent, séparé (*from* de). **as** ~ **from** par opposition à.

distinction [dɪs'tɪŋkʃən] *n* (a) (*difference*) distinction *f*, différence *f*; (*act of keeping apart*) distinction (*of ... from* de ... et de, *between* entre). **to make a** ~ **between two things** faire la *or* une distinction entre deux choses.
  (b) (*U*) (*pre-eminence*) distinction *f*, mérite *m*; (*refinement*) distinction. **to win** ~ se distinguer, acquérir une *or* de la réputation; **a pianist of** ~ un pianiste réputé *or* de marque; **she has great** ~ elle est d'une grande distinction.
  (c) (*Univ etc*) **he got a** ~ **in French** il a été reçu en français avec mention très bien.

distinctive [dɪs'tɪŋktɪv] *adj* distinctif, caractéristique; (*Phon*) distinctif; (*Semantics*) pertinent. **to be** ~ **of sth** caractériser qch.

distinctly [dɪs'tɪŋktlɪ] *adv* (a) (*clearly etc*) *speak, hear, see* distinctement, clairement; *promise* sans équivoque; *stipulate* expressément, formellement. **he was told** ~ **that** on lui a bien précisé que, on lui a stipulé formellement que.
  (b) (*very*) *cold, frightening etc* vraiment. ~ **better** incontestablement *or* sensiblement mieux.

distinguish [dɪs'tɪŋgwɪʃ] **1** *vt* (a) (*discern*) *landmark* distinguer, apercevoir; *change* discerner, percevoir.
  (b) *object, series, person* (*make different*) distinguer (*from* de); (*characterize*) caractériser. **to** ~ **o.s.** se distinguer (*as* en tant que); (*iro*) **you've really** ~**ed yourself!** tu t'es vraiment distingué! (*iro*); *V also* **distinguished, distinguishing.**
  2 *vi*: **to** ~ **between A and B** distinguer *or* faire la distinction entre A et B, distinguer A de B.

distinguishable [dɪs'tɪŋgwɪʃəbl] *adj* (a) (*which can be differentiated*) *problems, people* qui peut être distingué, qu'on peut distinguer (*from* de). **easily** ~ **from each other** faciles à distinguer l'un de l'autre.
  (b) (*discernible*) *landmark, change* visible, perceptible.

distinguished [dɪs'tɪŋgwɪʃt] *adj* (*refined etc*) distingué, qui a de la distinction; (*eminent*) *pianist, scholar* distingué. ~ **for his bravery** remarquable par *or* remarqué pour son courage; (*US Univ*) ~ **service professor** professeur *m* à titre personnel.

distinguishing [dɪs'tɪŋgwɪʃɪŋ] *adj* distinctif, caractéristique. ~ **mark** caractéristique *f*; (*on passport*) signe particulier.

distort [dɪs'tɔːt] *vt* (*physically*) déformer, altérer; (*fig*) *truth* défigurer, déformer; *text* déformer; *judgment* fausser; *words, facts* dénaturer, déformer.

distorted [dɪ'stɔːtɪd] *adj* (*lit*) déformé, altéré; (*fig*) *report, impression* faux (*f* fausse). **he gave us a** ~**ed version of the events** il a dénaturé les événements en les racontant.

distortion [dɪs'tɔːʃən] *n* (*gen, Electronics, Med, Opt*) distorsion *f*; (*tree etc*) déformation *f*; (*features*) distorsion, altération *f*, déformation *f*; (*shape, facts, text*) déformation, altération. **by** ~ **of the facts** en dénaturant les faits.

distract [dɪs'trækt] *vt* *person* (*interrupt*) distraire; (*destroy sb's concentration*) empêcher de se concentrer. **the noise** ~**ed him from working** le bruit le distrayait de son travail; **the noise** ~**ed him** le bruit l'empêchait de se concentrer; **he's busy, you mustn't** ~ **him** il est occupé, il ne faut pas le déranger; **to** ~ **sb's attention** détourner *or* distraire l'attention de qn (*from sth* de qch).

distracted [dɪs'træktɪd] *adj* éperdu, fou (*f* folle), égaré; *look* égaré, affolé. **to drive sb to** ~ **ness** faire perdre la tête à qn, rendre qn fou; ~ **with worry** *etc* fou d'anxiété *etc*; **she was quite** ~ elle était dans tous ses états.

distractedly [dɪs'træktɪdlɪ] *adv* *behave, run* comme un fou (*or* une folle), d'un air affolé; *love, weep* éperdument.

distracting [dɪs'træktɪŋ] *adj* gênant, qui empêche de se concentrer.

distraction [dɪs'trækʃən] *n* (a) (*U: lack of attention*) distraction *f*, inattention *f*.
  (b) (*interruption: to work etc*) interruption *f*; (*entertainment*) divertissement *m*, distraction *f*.
  (c) (*U: perplexity*) confusion *f*, trouble *m* d'esprit; (*madness*) affolement *m*. **to love to** ~ aimer à la folie; **to drive sb to** ~ (*noise etc*) rendre qn fou (*f* folle); (*love etc*) faire perdre la tête à qn.

distrain [dɪs'treɪn] *vi* (*Jur*) **to** ~ **upon sb's goods** saisir les biens de qn, opérer la saisie des biens de qn.

distrainee [,dɪstreɪ'niː] *n* (*Jur*) saisi *m*.

distrainor [dɪ'streɪnər] *n* (*Jur*) saisissant *m*.

distraint [dɪs'treɪnt] *n* (*Jur*) saisie *f*, saisie-exécution *f* (*sur les meubles d'un débiteur*).

distraught [dɪs'trɔːt] *adj* éperdu (*with, from* de), égaré, affolé.

distress [dɪs'tres] **1** *n* (a) (*physical*) douleur *f*; (*mental*) douleur, chagrin *m*, affliction *f*. **to be in great** ~ (*physical*) souffrir beaucoup; (*mental*) être bouleversé, être (plongé) dans l'affliction; **to be in great** ~ **over sth** être bouleversé *or* profondément affligé de qch; **to cause** ~ **to** causer une grande peine *or* douleur à.
  (b) (*great poverty*) détresse *f*, misère *f*. **in** ~ dans la détresse.
  (c) (*danger*) péril *m*, détresse *f*. **a ship in** ~ un navire en perdition; **a plane in** ~ un avion en détresse; **comrades in** ~ compagnons *mpl* d'infortune.
  (d) (*Jur*) saisie *f*.
  2 *vt* affliger, peiner.
  3 *cpd*: **distress rocket, distress signal** signal *m* de détresse.

distressed [dɪs'trest] *adj* affligé, peiné (*by* par, de). **she was very** ~ elle était bouleversée; (*Brit*) ~ **area** zone sinistrée; **in** ~ **circumstances** dans la détresse *or* la misère; ~ **gentlewomen** dames *fpl* de bonne famille dans le besoin.

distressing [dɪs'tresɪŋ] *adj* pénible, affligeant.

distributary [dɪs'trɪbjʊtərɪ] **1** *n* (*Geog*) défluent *m*. **2** *adj* de distribution.

distribute [dɪs'trɪbjuːt] *vt* *leaflets, prizes, type* distribuer; *dividends, load, weight* répartir; *money* distribuer, partager, répartir; (*Comm*) *goods* être concessionnaire de; *films* être distributeur de. **to** ~ **into categories** répartir en catégories.

distribution [dɪstrɪ'bjuːʃən] *n* (*V* **distribute**) distribution *f* (*also Comm, Ling*); répartition *f*. (*Econ*) **the** ~ **of wealth** la répartition *or* distribution des richesses.

distributional [,dɪstrɪ'bjuːʃənəl] *adj* (*Comm*) de distribution; (*Ling*) distributionnel.

distributive [dɪs'trɪbjʊtɪv] **1** *adj* (*Comm, Gram, Philos etc*) distributif. (*Econ*) **the** ~ **trades** le secteur de la distribution. **2** *n* (*Gram*) pronom *or* adjectif distributif.

distributor [dɪs'trɪbjʊtər] *n* (a) (*Comm*) (*goods over an area*) concessionnaire *mf*; (*films*) distributeur *m*. (b) (*Tech: device*) distributeur *m*; (*Aut*) delco *m* ®, distributeur. (*Aut*) ~ **cap** tête *f* de delco ®.

district ['dɪstrɪkt] **1** *n* (*of a country*) région *f*; (*in town*) quartier *m*; (*administrative area*) district *m*, (*in Paris etc*) arrondissement *m*; (*US Pol*) circonscription électorale (*or* administrative); *V* **electoral, postal.**
  2 *cpd*: (*US Jur*) **district attorney** représentant *m* du ministère public, ≃ Procureur *m* de la République; (*Brit*) **district commisioner** commissaire *m*; (*Brit: Local Govt*) **district council** ≃ conseil général; (*US Jur*) **district court** cour fédérale (de grande instance); ~ **heating** ≃ chauffage urbain; (*Comm*) **district manager** directeur régional; **district nurse** infirmière visiteuse.

distrust [dɪs'trʌst] **1** *vt* se méfier de, se défier de. **2** *n* méfiance *f*. **to feel some** ~ **of sb/sth** éprouver de la méfiance à l'égard de qn/qch.

distrustful [dɪs'trʌstfʊl] *adj* méfiant, qui se méfie (*of* de).

disturb [dɪs'tɜːb] *vt* (a) (*inconvenience*) *person* déranger. **don't** ~ **yourself!** ne vous dérangez pas!; **sorry to** ~ **you** excusez-moi de vous déranger; (*on notice*) '**please do not** ~' 'prière de ne pas déranger'.
  (b) (*alarm*) *person* troubler, inquiéter. **the news** ~**ed him greatly** la nouvelle l'a beaucoup troublé *or* ébranlé.
  (c) (*interrupt*) *silence, balance* troubler, rompre; *sleep, rest* troubler.
  (d) (*disarrange*) *waters, sediment* troubler, remuer; *air, atmosphere* perturber. **don't** ~ **those papers** ne dérangez pas ces papiers, laissez ces papiers comme ils sont.

disturbance [dɪs'tɜːbəns] *n* (a) (*political, social*) troubles *mpl*, émeute *f*; (*in house, street*) bruit *m*, tapage *m*. **to cause a** ~ faire du bruit *or* du tapage; (*Jur*) ~ **of the peace** tapage injurieux *or* nocturne.
  (b) (*U*) (*routine, papers*) dérangement *m*; (*liquid*) agitation *f*; (*air, atmosphere*) perturbation *f*.
  (c) (*U: alarm, uneasiness*) trouble *m* (d'esprit), perturbation *f* (de l'esprit).

disturbed [dɪs'tɜːbd] *adj* (a) *person* agité, troublé; (*Psych*) perturbé, troublé. **to be greatly** ~ être très troublé (*at, by* par). (b) *waters* troublé; *night, sleep* agité, troublé.

disturbing [dɪs'tɜːbɪŋ] *adj* (*alarming*) inquiétant, troublant; (*distracting*) gênant, ennuyeux.

disunite ['dɪsjuː'naɪt] *vt* désunir.

disunity [,dɪs'juːnɪtɪ] *n* désunion *f*.

disuse ['dɪs'juːs] *n* désuétude *f*. **to fall into** ~ tomber en désuétude.

disused ['dɪs'juːzd] *adj* *building* désaffecté, abandonné.

disyllabic [,dɪsɪ'læbɪk] *adj* dissyllabe, dissyllabique.

ditch [dɪtʃ] **1** *n* (*by roadside, between fields etc*) fossé *m*; (*for irrigation*) rigole *f*; (*around castle*) douve *f*. (*Aviat sl*) **the** ~ la patouille‡, la baille (*sl*); *V* **last**‡.
  2 *vt* (a) (‡: *get rid of*) *person* plaquer‡, laisser tomber*; *car etc* abandonner. **to** ~ **a plane** faire un amerrissage forcé.
  (b) (*US*) *class* sécher*.

ditcher ['dɪtʃər] *n* terrassier *m*.

ditching ['dɪtʃɪŋ] *n* (a) *creusement m* de fossés. **hedging and** ~ entretien *m* des haies et fossés. (b) (*Aviat*) amerrissage forcé (*d'un avion*).

dither* ['dɪðər] (*esp Brit*) **1** *n* panique *f*. **to be in a** ~, **to be all of a** ~ être dans tous ses états, paniquer*.
  2 *vi* hésiter, se tâter. **to** ~ **over a decision** se tâter pour prendre une décision; **stop** ~**ing and get on with it!** il n'y a pas à tortiller*, il faut que tu t'y mettes!

♦**dither about*, dither around*** *vi* tourner en rond (*fig*).

ditto ['dɪtəʊ] **1** *adv* idem. **you made a mistake and Robert** ~* tu

t'es trompé et Robert idem* *or* aussi. **2** *cpd*: **ditto mark, ditto sign** guillemets *mpl* de répétition.
ditty ['dɪtɪ] *n* chansonnette *f*.
diuresis [ˌdaɪjʊ'riːsɪs] *n* diurèse *f*.
diuretic [ˌdaɪjʊə'retɪk] *adj, n* diurétique (*m*).
diurnal [daɪ'ɜːnl] **1** *adj* (*Astron, Bot*) diurne. **2** *n* (*Rel*) diurnal *m*.
diva ['diːvə] *n* diva *f*, grande cantatrice.
divan [dɪ'væn] **1** *n* divan *m*. **2** *cpd*: **divan bed** divan-lit *m*.
dive [daɪv] **1** *n* (*a*) *[swimmer, goalkeeper]* plongeon *m*; *[submarine, deep-sea diver etc]* plongée *f*; *[aircraft]* piqué *m*. **to make a** ∼* foncer (tête baissée).
  (**b**) (‡ *pej: club, café etc*) bouge *m*.
  2 *cpd*: **dive-bomb** bombarder en piqué; **dive bomber** bombardier *m* (*qui bombarde en piqué*); **dive bombing** bombardement *m* en piqué.
  3 *vi* (**a**) *[swimmer etc]* plonger, faire un plongeon; *[submarine]* plonger, s'immerger; *[aircraft]* piquer du nez, plonger, descendre en piqué. **he** ∼**d in** head first il a piqué une tête dans l'eau; **to** ∼ **for pearls** pêcher des perles.
  (**b**) **to** ∼ **in/out** *etc* entrer/sortir *etc* tête baissée; **he** ∼**d for the exit** il a foncé (tête baissée) vers la sortie; **he** ∼**d into the crowd** il s'est engouffré dans la foule; **he** ∼**d under the table** il s'est jeté sous la table; **to** ∼ **for cover** se précipiter pour se mettre à l'abri; (*Ftbl*) **the goalie** ∼**d for the ball** le gardien de but a plongé pour bloquer le ballon; (*fig*) **to** ∼ **into one's pocket** plonger la main dans sa poche.
◆ **dive in** *vi* (**a**) *[swimmer]* plonger.
  (**b**) (‡: *start to eat*) **dive in!** attaquez!*
diver ['daɪvə^r] *n* (**a**) (*person*) plongeur *m*; (*in suit*) scaphandrier *m*; (*in diving bell*) plongeur (sous-marin); *V* **skin**. (**b**) (*Orn*) plongeon *m*, plongeur *m*.
diverge [daɪ'vɜːdʒ] *vi [lines, paths]* diverger, s'écarter; *[opinions, stories, explanations]* diverger.
divergence [daɪ'vɜːdʒəns] *n* divergence *f*.
divergent [daɪ'vɜːdʒənt] *adj* divergent. ∼ **thinking** raisonnement *m*.
divers ['daɪvəːz] *adj* (*liter*) divers, plusieurs.
diverse [daɪ'vɜːs] *adj* divers, différent.
diversification [daɪˌvɜːsɪfɪ'keɪʃən] *n* diversification *f*.
diversify [daɪ'vɜːsɪfaɪ] *vt* diversifier, varier.
diversion [daɪ'vɜːʃən] *n* (**a**) (*Brit: redirecting*) *[traffic]* déviation *f*; *[stream]* dérivation *f*, détournement *m*.
  (**b**) (*relaxation*) divertissement *m*, distraction *f*, diversion *f*. **it's a** ∼ **from work** cela change *or* distrait du travail.
  (**c**) (*Mil etc*) diversion *f*. **to create a** ∼ (*Mil*) opérer une diversion; (*in class, during argument etc*) faire diversion.
diversionary [daɪ'vɜːʃnərɪ] *adj remark, behaviour* destiné à faire diversion; (*Mil*) *landing, manoeuvre* de diversion.
diversity [daɪ'vɜːsɪtɪ] *n* diversité *f*, variété *f*.
divert [daɪ'vɜːt] *vt* (**a**) (*turn away*) *stream* détourner, dériver; *train, plane, ship* dérouter, détourner; (*Brit*) *traffic* dévier; *attention, eyes* détourner; *conversation* détourner, faire dévier; *blow* écarter.
  (**b**) (*amuse*) divertir, distraire, amuser.
diverting [daɪ'vɜːtɪŋ] *adj* divertissant, amusant.
divest [daɪ'vest] *vt* (*of clothes, weapons*) dévêtir, dépouiller (*of* de); (*of rights, property*) dépouiller, priver (*of* de); *room* dégarnir.
divide [dɪ'vaɪd] **1** *vt* (**a**) (*separate*) séparer (*from* de). **the Pyrenees** ∼ **France from Spain** les Pyrénées séparent la France de l'Espagne.
  (**b**) (*split: often* ∼ **up**: *gen*) diviser (*into* en; *among, between* entre); *money, work* diviser, partager, répartir; *property, kingdom* diviser, démembrer, morceler; *house* diviser, partager (*into* en); *apple, room* diviser, couper (*into* en); *one's time, attention* partager (*between* entre). **they** ∼**d it** (**amongst themselves**) ils se le sont partagé.
  (**c**) (*Math*) diviser. **to** ∼ **6 into 36, to** ∼ **36 by 6** diviser 36 par 6.
  (**d**) (*cause disagreement among*) *friends, political parties etc* diviser. **(Pol etc) policy of** ∼ **and rule** politique *f* consistant à diviser pour mieux régner.
  (**e**) (*Brit Parl*) **to** ∼ **the House** faire voter la Chambre.
  2 *vi* (**a**) *[river]* se diviser; *[road]* bifurquer.
  (**b**) (*also* ∼ **up**) *[people]* se diviser, se séparer (*into groups* en groupes); (*Bio*) *[cells etc]* se diviser.
  (**c**) (*Math*) être divisible (*by* par).
  (**d**) (*Brit Parl*) **the House** ∼**d** la Chambre a procédé au vote *or* a voté.
  3 *n* (*Geog*) ligne *f* de partage des eaux. **the Great D**∼ ligne de partage des montagnes Rocheuses.
◆ **divide off 1** *vi* se séparer (*from* de).
  2 *vt sep* séparer (*from* de).
◆ **divide out** *vt sep* répartir, distribuer (*among* entre).
◆ **divide up 1** *vi* = **divide 2b**.
  2 *vt sep* = **divide 1b**.
divided [dɪ'vaɪdɪd] *adj* (**a**) (*lit*) divisé; (*Bot*) découpé. (*US*) ∼ **highway** route *f* à chaussées séparées *or* à quatre voies; ∼ **skirt** jupeculotte *f*.
  (**b**) (*fig: in disagreement*) *people* divisés; *opinion* partagé; *couple, country* désuni. **they were** ∼**d on** (**the question of**) **the death penalty** ils étaient divisés sur la question de la peine de mort; **opinions are** ∼**d on that** les avis sont partagés là-dessus.
  (**c**) (*vacillating*) indécis. **I feel** ∼ (**in my own mind**) **about this** je me sens partagé *or* indécis à cet égard.
dividend ['dɪvɪdend] *n* (*Fin, Math*) dividende *m*; *V* **pay**.
divider [dɪ'vaɪdə^r] *n* (**a**) ∼**s** compas *m* à pointes sèches. (**b**) *V* **room 3**.
dividing [dɪ'vaɪdɪŋ] *adj wall, fence* mitoyen. ∼ **line** ligne *f* de démarcation.

divination [ˌdɪvɪ'neɪʃən] *n* (*lit, fig*) divination *f*.
divine¹ [dɪ'vaɪn] **1** *adj* (*Rel, fig*) divin. **D**∼ **Providence** la divine Providence; (*Hist*) ∼ **right of kings** le droit divin des rois; **by** ∼ **right** de droit divin; (*Rel*) ∼ **service/office** service/office divin; **my wife/that music** *etc* **is** ∼* ma femme/cette musique *etc* est divine.
  2 *n* ecclésiastique *m*, théologien *m*.
divine² [dɪ'vaɪn] **1** *vt* (**a**) (*foretell*) *the future* présager, prédire. (**b**) (*make out*) *sb's intentions* deviner, pressentir. (**c**) (*find*) *water, metal* découvrir par la radiesthésie. **2** *cpd*: **divining rod** baguette *f* divinatoire *or* de sourcier.
divinely [dɪ'vaɪnlɪ] *adv* (*Rel, fig*) divinement.
diviner [dɪ'vaɪnə^r] *n [future etc]* devin *m*, devineresse *f*; *[water]* radiesthésiste *mf*.
diving ['daɪvɪŋ] **1** *n* (**a**) (*underwater*) plongée sous-marine; (*skill*) art *m* *or* (*trade*) métier *m* du plongeur *or* du scaphandrier; *V* **skin**.
  (**b**) (*from diving board*) plongeon(s) *m(pl)*. (*Sport*) **platform high** ∼ plongée *f* de haut vol.
  2 *cpd*: **diving bell** cloche *f* à plongeur; **diving board** plongeoir *m*; (*springboard*) tremplin *m*; **diving suit** scaphandre *m*.
divinity [dɪ'vɪnɪtɪ] *n* (**a**) (*quality; god*) divinité *f*. **the D**∼ la Divinité. (**b**) (*theology*) théologie *f*.
divisible [dɪ'vɪzəbl] *adj* divisible (*by* par).
division [dɪ'vɪʒən] **1** *n* (**a**) (*act, state*) division *f*, séparation *f* (*into* en); (*sharing*) partage *m*, répartition *f*, distribution *f* (*between, among* entre); (*Bot, Math*) division *f*. ∼ **of labour** division du travail; *V* **simple**.
  (**b**) (*part: gen, Admin, Comm, Mil, Naut*) division *f*; (*Brit Police*) circonscription administrative; (*category*) classe *f*, catégorie *f*, section *f*; (*Ftbl etc*) division; (*in box, case*) division, compartiment *m*.
  (**c**) (*that which divides*) séparation *f*; (*in room*) cloison *f*; (*fig: between social classes etc*) barrière *f*; (*dividing line: lit, fig*) division *f*.
  (**d**) (*discord*) division *f*, désaccord *m*, brouille *f*.
  (**e**) (*Brit Parl*) **to call a** ∼ passer au vote; **to call for a** ∼ demander la mise aux voix; **the** ∼ **took place at midnight** la Chambre a procédé au vote à minuit; **without a** ∼ sans procéder au vote; **to carry a** ∼ avoir la majorité des voix.
  2 *cpd*: (*Brit Parl*) **division bell** sonnerie *f* qui annonce la mise aux voix; (*Math*) **division sign** symbole *m* de division.
divisive [dɪ'vaɪsɪv] *adj* qui entraîne la division, qui sème la discorde.
divisiveness [dɪ'vaɪsɪvnɪs] *n*: **the** ∼ **of this decision** les dissensions causées par cette décision.
divisor [dɪ'vaɪzə^r] *n* (*Math*) diviseur *m*.
divorce [dɪ'vɔːs] **1** *n* (*Jur, fig*) divorce *m* (*from* d'avec). **to get a** ∼ **from** obtenir le divorce d'avec.
  2 *vt* (*Jur*) divorcer avec *or* d'avec; (*fig*) séparer (*from* de). **SHE** ∼**d HIM** c'est elle qui a demandé le divorce *or* a voulu divorcer; (*fig*) **one cannot** ∼ **this case from** ... on ne peut pas séparer ce cas de ... .
  3 *cpd*: **divorce court** ≃ tribunal *m* de grande instance; **divorce proceedings** procédure *f* de divorce; **to start divorce proceedings** former une requête de divorce, demander le divorce.
divorced [dɪ'vɔːst] *adj* (*Jur*) divorcé (*from* d'avec).
divorcee [dɪˌvɔː'siː] *n* divorcé(e) *m(f)*.
divot ['dɪvət] *n* (*esp Golf*) motte *f* de gazon.
divulge [daɪ'vʌldʒ] *vt* divulguer, révéler.
divvy ['dɪvɪ] **1** *n* (*Brit**) *abbr of* **dividend**. **2** *vt* (*US*‡: *also* ∼ **up**) partager.
dixie ['dɪksɪ] *n* (*Brit Mil sl: also* ∼ **can**) gamelle *f*.
Dixie ['dɪksɪ], **Dixieland** ['dɪksɪlænd] **1** *n* (*US*) États *mpl* du Sud. **2** *cpd*: (*US Pol*) **Dixie Democrat** démocrate *mf* du Sud; **Dixieland** jazz le jazz (genre) Dixieland.
DIY [diːaɪ'waɪ] *Brit abbr of* **do-it-yourself**.
dizzily ['dɪzɪlɪ] *adv* (**a**) (*giddily*) *walk* avec un sentiment de vertige; *rise, fall, spin* d'une façon vertigineuse, vertigineusement. (**b**) (*fig: foolishly*) bêtement, de façon étourdie, étourdiment.
dizziness ['dɪzɪnɪs] *n* (*state*) vertige(s) *m(pl)*; (*also attack of* ∼) vertige, étourdissement *m*, éblouissement *m*.
dizzy ['dɪzɪ] *adj* (**a**) (*Med*) *person* pris de vertiges *or* d'étourdissements. **to feel** ∼ (*gen: unwell*) être pris de vertiges *or* d'étourdissements; (*from fear of heights*) avoir le vertige; **it makes me** ∼ cela me donne le vertige, j'en ai la tête qui tourne; **it makes one** ∼ **to think of it** c'est à donner le vertige (rien que d'y penser).
  (**b**) *height, speed, rise in price* vertigineux.
  (**c**) (*fig: heedless etc*) *person* tête de linotte *inv*, étourdi.
DJ [diː'dʒeɪ] *n* (*abbr of* **disc jockey**) disc-jockey *m*, animateur *m*.
Djibouti [dʒɪ'buːtɪ] Djibouti. **in** ∼ à Djibouti.
djinn [dʒɪn] *n* djinn *m*.
dl (*abbr of* **decilitre(s)**) dl.
D Lit(t) [diː'lɪt] *n abbr of* **Doctor of Literature** *and* **Doctor of Letters** (*doctorat ès Lettres*) dm.
dm (*abbr of* **decimetre(s)**) dm.
DMus *n abbr of* **Doctor of Music** (*doctorat de musique*).
DNA [diːen'eɪ] *n* (*Med: abbr of* **deoxyribonucleic acid**) A.D.N. *m*.
Dnieper ['dniːpə^r] *n* Dniepr *m*.
do. (*abbr of* **ditto**) id., idem.
do¹ [duː] *3rd person sg present* **does**, *pret* **did**, *ptp* **done** **1** *aux vb* (**a**) (*used to form interrog and neg in present and pret verbs*). ∼ **you understand?** comprenez-vous?, (est-ce que) vous comprenez?; **I** ∼ **not** *or* **don't understand** je ne comprends pas; **didn't you** *or* **did you not speak?** n'avez-vous pas parlé?; **never did I see so many** jamais je n'en ai vu autant.
  (**b**) (*for emphasis: with stress on 'do'*) **DO come!** venez donc, je vous en prie!; **DO tell him that** ... dites-lui bien que ...; **but I DO like it!** mais si je l'aime!, mais bien sûr que je l'aime!; **he DID say it** bien sûr qu'il l'a dit, il l'a bien dit; **so you DO know them!** alors c'est vrai

que vous les connaissez!; I DO wish I could come with you je voudrais tant pouvoir vous accompagner; do you like Paris? — do I like PARIS!‡ Paris te plaît? — ah si Paris me plaît!*

  (c) (*vb substitute: used to avoid repeating verb*) you speak better than I ∼ vous parlez mieux que moi *or* que je ne le fais; she always says she will go but she never does elle dit toujours qu'elle ira mais elle n'y va jamais; so ∼ I moi aussi; she used to like him and so did I elle l'aimait bien et moi aussi (je l'aimais); neither ∼ I ni moi, moi non plus; he doesn't like butter and neither ∼ I il n'aime pas le beurre et moi non plus; he said he would write to me and I believe he will ∼ (so) il a dit qu'il m'écrirait et je crois qu'il le fera; they said he would go and so he did on a dit qu'il s'en irait et c'est ce qui est arrivé *or* et c'est bien ce qu'il a fait; you know him, don't you? vous le connaissez, n'est-ce pas?; (so) you know him, ∼ you? alors vous le connaissez?; you DO agree, don't you? vous êtes bien d'accord, n'est-ce pas?; he didn't go, did he? il n'y est pas allé, tout de même?; she said that, did she? elle a vraiment dit ça?, elle a osé dire ça?; she said that, didn't she? elle a bien dit ça, n'est-ce pas?; I like them, don't you? je les aime, pas vous?; ∼ you see them often? — yes, I ∼ vous les voyez souvent? — oui bien sûr *or* oui (je les vois souvent); they speak French — oh, ∼ they? ils parlent français — ah oui? *or* vraiment? *or* c'est vrai?; they speak French — ∼ they really? ils parlent français — non, c'est vrai? *or* vraiment?; may I come in? — ∼! puis-je entrer? — bien sûr! *or* je vous en prie! (*frm*); shall I open the window? — no, don't! si j'ouvrais la fenêtre? — ah non!; I'll tell him — don't! je vais le lui dire — surtout pas!; who broke the mirror? — I did qui est-ce qui a cassé le miroir? — (c'est) moi.

  2 *vt* (a) (*be busy with, involved in, carry out*) faire. what are you ∼ing (now)? qu'est-ce que tu fais? *or* tu es en train de faire?; what are you ∼ing (these days *or* with yourself)? qu'est-ce que tu deviens?; what do you ∼ (for a living)? que faites-vous dans la vie?; what shall I ∼ next? qu'est-ce que je dois faire ensuite?; I've got plenty to ∼ j'ai beaucoup à faire, j'ai largement de quoi m'occuper; there's nothing to ∼ here il n'y a rien à faire ici; I don't know what to ∼ je ne sais que faire, je ne sais pas quoi faire; are you ∼ing anything this evening? êtes-vous pris ce soir?, vous faites quelque chose ce soir?; I shall ∼ nothing of the sort je n'en ferai rien; don't ∼ too much! n'en faites pas trop!; (*don't overwork*) ne vous surmenez pas!; he does nothing but complain il ne fait que se plaindre, il ne cesse (pas) de se plaindre; what must I ∼ to get better? que dois-je faire pour guérir?; what shall we ∼ for money? comment allons-nous faire pour trouver de l'argent?; what have you done with my gloves? qu'avez-vous fait de mes gants?

  (b) (*perform, accomplish*) faire, accomplir, rendre. I'll ∼ all I can je ferai tout mon possible; to ∼ one's best faire (tout) son possible, faire de son mieux; I'll ∼ my best to come je ferai (tout) mon possible *or* je ferai de mon mieux pour venir; how do you ∼ it? comment faites-vous?, comment vous y prenez-vous?; what's to be done? que faire?; what can I ∼ for you? en quoi puis-je vous aider? *or* vous être utile?; what do you want me to ∼ (about it)? qu'est-ce que vous voulez que je fasse? *or* que j'y fasse?; to ∼ sth again refaire qch; it's all got to be done again tout est à refaire *or* à recommencer; ∼ something for me, will you? rends-moi (un) service, veux-tu?; what's done cannot be undone ce qui est fait est fait; that's just not done! cela ne se fait pas!; well done! bravo!, très bien!; that's done it!* (*dismay*) il ne manquait plus que ça!; (*satisfaction*) (voilà) ça y est!; it's as good as done c'est comme si c'était fait; no sooner said than done aussitôt dit aussitôt fait; it's easier said than done c'est plus facile à dire qu'à faire; I've done a stupid thing j'ai fait une bêtise; (*Theat*) to ∼ a play monter une pièce; (*Cine*) to ∼ a film tourner un film; to ∼ one's military service faire son service militaire; to ∼ 6 years (in jail) faire 6 ans de prison; V bit², credit, good *etc*.

  (c) (*make, produce*) faire. ∼ this letter and 6 copies faites cette lettre et 6 copies; I'll ∼ a translation for you je vais vous (en) faire *or* donner la traduction, je vais vous le traduire; V wonder *etc*.

  (d) (*Scol etc: study*) faire, étudier. we've done Milton nous avons étudié *or* fait Milton; I've never done any German je n'ai jamais fait d'allemand.

  (e) (*solve*) faire. to ∼ a crossword/a problem faire des mots croisés/un problème; (*Math*) to ∼ a sum faire un calcul *or* une opération.

  (f) (*translate*) traduire, mettre (*into* en).

  (g) (*arrange*) to ∼ the flowers arranger les fleurs (dans les vases); to ∼ one's hair se coiffer; I can't ∼ my tie je n'arrive pas à faire mon nœud de cravate.

  (h) (*clean, tidy*) faire, laver, nettoyer. to ∼ one's nails se faire les ongles; to ∼ one's teeth se laver *or* se brosser les dents; to ∼ the shoes cirer les chaussures; this room needs ∼ing today cette pièce est à faire aujourd'hui; to ∼ the dishes/housework faire la vaisselle/le ménage; V washing *etc*.

  (i) (*deal with*) faire, s'occuper de. the barber said he'd ∼ me next le coiffeur a dit qu'il me prendrait après *or* qu'il s'occuperait de moi après; he does the film criticism for the 'Gazette' il fait la critique du cinéma dans la 'Gazette'; (*Comm*) we only ∼ one make of gloves nous n'avons *or* ne faisons qu'une marque de gants; I'll ∼ you‡ if I get hold of you! tu vas le payer cher *or* tu auras affaire à moi si je t'attrape!; he's hard done by on le traite durement; he's been badly done by on s'est très mal conduit à son égard.

  (j) (*complete, accomplish*) faire; (*use up*) finir. the work's done now le travail est fait maintenant; I've only done 3 pages je n'ai fait que 3 pages; a woman's work is never done une femme n'est jamais au bout de sa tâche; the soap is (all) done il ne reste plus de savon; I haven't done telling you what I think of you* je n'ai pas fini de vous dire ce que je pense de vous; (*Comm*) done! marché

conclu!, entendu!; (*frm*) have done! finissez donc!; when all's said and done tout compte fait, en fin de compte; it's all over and done (with) tout ça c'est fini *or* classé; to ∼ sb to death tuer qn, frapper qn à mort; this theme has been done to death ce thème est rebattu; to get done with sth en finir avec qch.

  (k) (*visit, see sights of*) city, country, museum visiter, faire*.

  (l) (*Aut etc*) faire; rouler; parcourir. the car was ∼ing 100 la voiture roulait à 100 à l'heure *or* faisait du 100 (à l'heure); this car does *or* can ∼ *or* will ∼ 100 cette voiture fait *or* peut faire du 100; we did London to Edinburgh in 8 hours nous avons fait (le trajet) Londres-Édimbourg en 8 heures; we've done 200 km since 2 o'clock nous avons fait *or* parcouru 200 km depuis 2 heures.

  (m) (*suit*) aller à; (*be sufficient for*) suffire à. that will ∼ me nicely (*that's what I want*) cela fera très bien mon affaire, ça m'ira bien; (*that's enough*) cela me suffit.

  (n) (*Theat, fig*) (*play part of*) faire, jouer le rôle de; (*pretend to be*) faire; (*mimic*) faire. she does the worried mother very convincingly elle joue à la mère inquiète avec beaucoup de conviction; he does his maths master to perfection il fait *or* imite son professeur de math à la perfection.

  (o) (*Brit*: *cheat*) avoir*, refaire*. you've been done! on vous a eu!* *or* refait!*; to ∼ sb out of £10 carotter* 10 livres à qn, refaire* qn de 10 livres; to ∼ sb out of a job prendre à qn son travail.

  (p) (*: provide food, lodgings for*) they ∼ you very well at that restaurant on mange rudement* bien à ce restaurant; she does her lodgers proud elle mitonne *or* dorlote ses pensionnaires; to ∼ o.s. well *or* proud ne se priver de rien.

  (q) (*Culin*) (*cook*) faire (cuire); (*prepare*) vegetables éplucher, préparer; salad faire, préparer. to ∼ the cooking faire la cuisine; to ∼ an omelette faire une omelette; how do you like your steak done? comment aimez-vous votre bifteck?; steak well done bifteck bien cuit; steak done to a turn bifteck à point.

  (r) (‡: *tire out*) éreinter*. I'm absolutely done! je n'en peux plus!, je suis crevé!*

  (s) (*phrases*) what am I to ∼ with you? qu'est-ce que je vais bien pouvoir faire de toi?; he didn't know what to ∼ with himself all day il ne savait pas quoi faire de lui-même *or* de sa peau* toute la journée; tell me what you did with yourself last week raconte-moi ce que tu as fait *or* fabriqué* la semaine dernière; what have you been ∼ing with yourself? (*greeting*) qu'est-ce que vous devenez?; (*mother to child*) qu'est-ce que tu as bien pu fabriquer?*; I shan't know what to ∼ with my free time je ne saurai pas quoi faire de *or* comment occuper mon temps libre.

  3 *vi* (a) (*act: be occupied*) faire, agir. ∼ as your friends ∼ faites comme vos amis; (*Prov*) ∼ as you would be done by ne faites pas aux autres ce que vous ne voudriez pas qu'on vous fasse; he did well by his mother il a bien agi envers sa mère; he did well to take advice il a bien fait de demander des conseils; you would ∼ well to rest more vous feriez bien de vous reposer davantage; he did right il a bien fait; he did right to go il a bien fait d'y aller; she was up and ∼ing at 6 o'clock elle était (debout et) à l'ouvrage dès 6 heures du matin.

  (b) (*get on, fare*) aller, marcher, se porter; être. how do you ∼? (*greeting*) bonjour, comment allez-vous?; (*on being introduced*) très heureux *or* enchanté (de faire votre connaissance); how are you ∼ing?* comment ça va?, comment ça marche?*; the patient is ∼ing very well le malade est en très bonne voie; the patient is ∼ing better now le malade va mieux; he's ∼ing well at school il marche bien* en classe; he *or* his business is ∼ing well ses affaires vont *or* marchent bien; the roses are ∼ing well this year les roses viennent bien cette année.

  (c) (*finish*) finir, terminer. have you done? (vous avez) terminé?, ça y est?; I've done with all that nonsense je ne veux plus rien avoir à faire avec toutes ces bêtises; have you done with that book? vous n'avez plus besoin de ce livre?; I've done with smoking je ne fume plus.

  (d) (*suit, be convenient*) convenir, aller. that will never ∼! (ah non!) ça ne peut pas aller!; this room will ∼ cette chambre ira bien *or* fera l'affaire; will it ∼ if I come back at 8? ça (vous) va si je reviens à 8 heures?; it doesn't ∼ to tell him what you think of him ce n'est pas (la chose) à faire (que) de lui dire ce que vous pensez de lui; these shoes won't ∼ for walking ces chaussures ne conviennent pas *or* ne vont pas pour la marche; this coat will ∼ for *or* as a cover ce manteau servira de couverture; nothing would ∼ but he should come il a fallu absolument qu'il vienne; (*fig*) to make ∼ and mend faire des économies de bouts de chandelle; you'll have to make ∼ with £10 il faudra vous contenter de *or* vous débrouiller* avec 10 livres; she hadn't much money but she made ∼ with what she had elle n'avait pas beaucoup d'argent mais elle s'en est tirée *or* elle s'est débrouillée* *or* elle a fait aller* avec ce qu'elle avait.

  (e) (*be sufficient*) suffire. half a kilo of flour will ∼ (for the cake/for the weekend) un demi-kilo de farine suffira (pour le gâteau/pour le week-end); can you lend me some money? — will £1 ∼? pouvez-vous me prêter de l'argent? — une livre, ça suffit? *or* ça (vous) va?; that will ∼! ça suffit!, assez!

  (f) (*do housework*) faire le ménage (et la cuisine) (*for* chez). the woman who does for me ma femme de ménage.

  (g) (*phrases*) what's ∼ing?* qu'est-ce qu'on fait?, qu'est-ce qui se passe?; there's nothing ∼ing in this town* il n'y a rien d'intéressant *or* il ne se passe rien dans cette ville; could you lend me £5? — nothing ∼ing!‡ tu pourrais me prêter 5 livres? — rien à faire!* *or* pas question! *or* tu peux toujours courir!*; this debate has to ∼ with the cost of living ce débat a à voir avec *or* concerne le coût de la vie; a doctor has to ∼ with all kinds of people un médecin a affaire à toutes sortes de gens; his business activities have nothing to ∼ with how much I earn ses affaires n'ont aucune influence sur ce que je touche; **money has a lot to ~ with it** l'argent c'est pour beaucoup, c'est surtout une question d'argent; **he has something to ~ with the government** il a quelque chose à voir dans or avec le gouvernement; **he has to ~ with the steel industry** il est dans la sidérurgie; **what has that got to ~ with it?** et alors, qu'est-ce que cela a à voir?; **that has nothing to ~ with it!** cela n'a rien à voir!, cela n'y est pour rien!, cela n'a aucun rapport!; **that's got a lot to ~ with it!** cela y est pour beaucoup!; **that has nothing to ~ with the problem** cela n'a rien à voir avec le problème; **that has nothing to ~ with you!** cela ne vous regarde pas!; **I won't have anything to ~ with it** je ne veux pas m'en mêler.

4 n (*) **(a)** (Brit) (party) soirée f, (ceremony) fête f, grand tralala*. **there's a big ~ at the Ritz tonight** il y a (un) grand tralala* ce soir au Ritz; **there's a big Air Force ~ tomorrow at noon** l'armée de l'air organise une grande fête demain à midi.
(b) (Brit: swindle) escroquerie f. **the whole business was a real ~ from start to finish** tout ça, c'était une escroquerie du début jusqu'à la fin.
(c) (phrases) **it's a poor ~!** c'est plutôt minable!*; **the ~s and don'ts** ce qu'il faut faire ou ne pas faire; **fair ~s all round** à chacun son dû; V **hair** etc.

◆**do away with** vt fus **(a)** (get rid of) custom, law, document supprimer; building démolir.
(b) (kill) person liquider*, supprimer. **to do away with o.s.** se suicider, se supprimer, mettre fin à ses jours.
◆**do down** vt sep (Brit) person rouler*, refaire*.
◆**do for** vt fus person (finish off) démolir*, (ruin) ruiner; project flanquer en l'air*, bousiller*; ambition mettre fin à. **he/it is done for** il/cela est fichu* or foutu; V also **do** 3f.
◆**do in** vt sep (a) (kill) supprimer, liquider*.
(b) (gen pass: exhaust) éreinter. **to be** or **feel (quite) done in** être claqué* or éreinté.
◆**do out** vt sep room faire or nettoyer (à fond).
(b) (: beat up) passer à tabac, tabasser.
◆**do up 1** vi [dress etc] s'attacher, se fermer.
2 vt sep **(a)** (fasten) buttons boutonner; zip fermer, remonter; dress attacher; shoes attacher (les lacets de).
(b) (parcel together) goods emballer, empaqueter. **to do sth up in a parcel** emballer or empaqueter qch; **to do a parcel** faire un paquet; **books done up in brown paper** des livres emballés or empaquetés dans du papier d'emballage.
(c) (renovate) house, room remettre à neuf, refaire; old dress etc rafraîchir. **to do o.s. up** se faire beau (f belle).
◆**do with** vt fus **(a)** (with 'can' or 'could': need) avoir besoin de, avoir envie de. **I could do with a cup of tea** je prendrais bien une tasse de thé.
(b) (in neg, with 'can' or 'could': tolerate) supporter, tolérer. **I can't do in with whining children** je ne peux pas supporter les enfants qui pleurnichent.
(c) = make do; V **do¹** 3d.
◆**do without** vt fus se passer de, se priver de. **I can do without your advice!** je vous dispense de vos conseils!; **I could have done without that!** je m'en serais très bien passé!; **you'll have to do without then!** alors il faudra bien que tu t'en passes (subj)! or que tu en fasses ton deuil!*

do² [dəʊ] n (Mus) do m, ut m.
D.O.A. abbr of dead on arrival; V **dead**.
d.o.b. abbr of date of birth; V **date¹**.
Doberman ['dəʊbəmən] n (also ~ **pinscher**) doberman m.
doc* [dɒk] n (US abbr of **doctor**) toubib* m. **yes ~*** oui docteur.
docile ['dəʊsaɪl] adj docile, maniable.
docility [dəʊ'sɪlɪtɪ] n docilité f, soumission f.
dock¹ [dɒk] n **1** (for berthing) bassin m, dock m; (for loading, unloading, repair: often pl) dock(s). **(Brit fig) my car is in ~*** ma voiture est en réparation; V **dry**, **graving** etc.
2 cpd: **dock house** bureaux mpl des docks; **dock labourer**, **dockworker**, **(US) dockwalloper*** docker m; **the dock strike** la grève des dockers; **dockyard** chantier naval or de constructions navales (V naval).
3 vt mettre à quai.
4 vi (a) (Naut) entrer au bassin or aux docks, arriver or se mettre à quai. **the ship has ~ed** le bateau est à quai.
(b) (Space) [two spacecraft] s'arrimer, s'amarrer.
dock² [dɒk] n (Brit Jur) banc m des accusés or des prévenus. **'prisoner in the ~ ...'** 'accusé ...'.
dock³ [dɒk] vt (a) animal's tail écourter, couper. **(b)** (Brit) wages rogner, faire une retenue sur. **to ~ £5 off sb's wages** retenir or rogner 5 livres sur le salaire de qn; **he had his wages ~ed for being late** on lui a fait une retenue sur son salaire pour retard; **to ~ a soldier of 2 days' pay/leave** supprimer 2 jours de solde/de permission à un soldat.
dock⁴ [dɒk] n (Bot) patience f.
docker ['dɒkər] n docker m, débardeur m.
docket ['dɒkɪt] **1** n (label: on document, parcel etc) étiquette f, fiche f (indiquant le contenu d'un paquet etc).
(b) (Jur) (register) registre m des jugements rendus; (list of cases) rôle m des causes; (abstract of letters patent) table f des matières, index m.
(c) (Brit: Customs certificate) récépissé m de douane, certificat m de paiement des droits de douane.
2 vt (a) contents résumer; (Jur) judgment enregistrer or consigner sommairement; (fig) information etc consigner, prendre note de.
(b) packet, document faire une fiche pour, étiqueter.
docking ['dɒkɪŋ] n (Space) arrimage m, amarrage m.

doctor ['dɒktər] **1** n **(a)** (Med) docteur m, médecin m. **who is your ~?** qui est votre docteur?, qui est votre médecin traitant?; **D~ Smith** le docteur Smith; (more formally) Monsieur or Madame le docteur Smith; **yes ~** oui docteur; **to send for the ~** appeler or faire venir le médecin or le docteur; **he/she is a ~** il/elle est médecin or docteur; **a woman ~** une femme docteur, une femme médecin; **he's under the ~** * il est suivi par le docteur, il est entre les mains du docteur; (Scol etc) (Brit) ~'s **line** or **note**, (US) ~'s **excuse** dispense f; (fig) **it's just what the ~ ordered*** c'est exactement ce qu'il me (or te etc) fallait; V **Dr.**
(b) (Univ etc) docteur m. (Univ) ~'s **degree** doctorat m; **D~ of Law/of Science** etc docteur en droit/ès sciences etc; **D~ of Philosophy** ≈ titulaire m d'un doctorat d'état; V **medicine**.
2 vt (a) sick person soigner.
(b) (*Brit) cat etc châtrer (un animal).
(c) (*pej: mend) rafistoler* (pej).
(d) (tamper with) wine frelater; food altérer; text, document arranger, tripatouiller*; figures, accounts falsifier, tripatouiller*.
doctoral ['dɒktərəl] adj de doctorat. (Univ) (Brit) ~ **thesis**, (US) ~ **dissertation** thèse f de doctorat.
doctorate ['dɒktərɪt] n doctorat m. ~ **in science/in philosophy** doctorat ès sciences/en philosophie.
doctrinaire [,dɒktrɪ'nɛər] adj, n doctrinaire (mf).
doctrinal [dɒk'traɪnl] adj doctrinal.
doctrine ['dɒktrɪn] n (Philos, Rel) doctrine f.
docudrama ['dɒkjʊ'drɑːmə] n (TV etc) docudrame m.
document ['dɒkjʊmənt] **1** n document m. ~s **relating to a case** dossier m d'une affaire; **official** ~ document officiel; (Jur) acte authentique public; (Jur) **judicial** ~ acte m judiciaire.
2 ['dɒkjʊment] vt (a) case documenter. (Jur) **complaints must be** ~ed les plaintes doivent être accompagnées de pièces justificatives.
(b) ship munir des papiers nécessaires.
3 cpd: **document case** porte-documents m inv; (Comput) **document reader** lecteur m de documents.
documentary [,dɒkjʊ'mentərɪ] **1** adj documentaire. (Jur) ~ **evidence** documents mpl, preuve f documentaire or par écrit; ~ **letter of credit** crédit m documentaire. **2** n (Cine, TV) (film m) documentaire m.
documentation [,dɒkjʊmen'teɪʃən] n documentation f; (Comm) documents mpl (à fournir etc).
DOD [,diː:əʊ'diː] (US) abbr of **Department of Defense.**
do-dad ['duː:dæd] n = **doodah.**
dodder ['dɒdər] vi ne pas tenir sur ses jambes, marcher d'un pas branlant; (fig) tergiverser, atermoyer.
dodderer ['dɒdərər] n vieux (or vieille) gaga*, croulant(e)* m(f), gâteux m, -euse f.
doddering ['dɒdərɪŋ] adj, **doddery** ['dɒdərɪ] adj (trembling) branlant; (senile) gâteux.
doddle ['dɒdəl] n (Brit) **it's a ~** c'est simple comme bonjour*, c'est du gâteau*.
Dodecanese [,dəʊdɪkə'niːz] n Dodécanèse m.
dodge [dɒdʒ] **1** n **(a)** (movement) mouvement m de côté, détour m; (Boxing, Ftbl) esquive f.
(b) (Brit*) (trick) tour m, truc* m; (ingenious scheme) combine* f, truc*. **he's up to all the ~s** il connaît (toutes) les ficelles; **that's an old ~** c'est le coup classique*; **I've got a good ~ for making money** j'ai une bonne combine* pour gagner de l'argent.
2 vt blow, ball esquiver; pursuer échapper à; (fig: avoid ingeniously) question esquiver, éluder; difficulty esquiver; tax éviter de payer; (shirk) work, duty esquiver, se dérober à. **he ~d the issue** il est volontairement passé à côté de la question; **I managed to ~ him before he saw me** j'ai réussi à l'éviter avant qu'il ne me voie.
3 vi faire un saut de côté or un brusque détour; (Boxing, Ftbl) faire une esquive. **to ~ out of sight** or **out of the way** s'esquiver; **to ~ behind a tree** disparaître derrière un arbre; **to ~ through the traffic/the trees** se faufiler entre les voitures/les arbres; **he saw the police and ~d round the back (of the house)** il a vu les agents et s'est esquivé (en faisant le tour de la maison) par derrière.
◆**dodge about** vi aller et venir, remuer.
dodgems ['dɒdʒəmz] npl (Brit) autos tamponneuses.
dodger ['dɒdʒər] n (a) (*: trickster) roublard(e)* m(f), finaud(e) m(f); (shirker) tire-au-flanc m inv; V **artful. (b)** (Naut) toile f de passerelle de commandement. **(c)** (US: handbill) prospectus m.
dodgy* ['dɒdʒɪ] adj (Brit: tricky) situation délicat, épineux, pas commode*. **the whole business seemed a bit ~** toute cette affaire était un peu risquée or douteuse; **he's very ~** or **in a very ~ situation financially** il est dans une mauvaise passe financièrement.
(b) (artful) malin (f -igne), rusé.
dodo ['dəʊdəʊ] n dronte m, dodo m; V **dead.**
DOE [,diː:əʊ'iː] **(a)** (Brit) abbr of **Department of the Environment**; V **environment. (b)** (US: abbr of **Department of Energy**) ministère de l'Énergie.
doe [dəʊ] n (a) (deer) biche f. **(b)** (rabbit) lapine f; (hare) hase f.
doer ['duː(:)ər] n **(a)** (author of deed) auteur m d'une action, personne f qui commet une action. **he's a great ~ of crosswords*** c'est un cruciverbiste fervent; **he's a great ~ of jigsaw puzzles*** il adore faire or il se passionne pour les puzzles; V **evil.**
(b) (active person) personne f efficace or dynamique.
does [dʌz] V **do¹.**
doeskin ['dəʊskɪn] n peau f de daim.
doesn't ['dʌznt] = **does not**; V **do¹.**
doff [dɒf] vt (†, hum) garment, hat ôter, enlever.
dog [dɒg] **1** n **(a)** chien(ne) m(f). **the ~'s dinner**, **the ~'s food** la pâtée du chien (V also 2); (fig) **it's a real ~'s dinner*** or ~'s **breakfast*** ça a l'air de Dieu sait quoi; **he's all done up like a ~'s dinner***

regarde comme il est attifé, il est attifé n'importe comment; **to lead a ~'s life** mener une vie de chien; **she led him a ~'s life** elle lui a fait une vie de chien; (*Brit Sport*) **the ~s*** les courses *fpl* de lévriers; (*fig*) **to go to the ~s*** [*person*] gâcher sa vie, mal tourner; [*institution, business*] aller à vau-l'eau, péricliter; **he is being a ~ in the manger** il fait l'empêcheur de tourner en rond; (*Prov*) **every ~ has his day** à chacun vient sa chance, à chacun son heure de gloire; **he hasn't a ~'s chance*** il n'a pas la moindre chance (de réussir); **it's (a case of) ~ eat ~** c'est un cas où les loups se mangent entre eux; (*Prov*) **give a ~ a bad name (and hang him)** qui veut noyer son chien l'accuse de la rage (*Prov*); (*US*) **to put on the ~‡** faire le ~'s épate*; *V* **cat, hair** *etc*.
　(b) (*male*) [*fox etc*] mâle *m*.
　(c) (*: *person*) **lucky ~** veinard(e)* *m(f)*; **gay ~** joyeux luron; **dirty ~** sale type* *m*; **sly ~** (petit) malin *m*, (petite) maligne *f*.
　(d) (*US: unattractive person*) fille *f* (*or* type *m*) moche*.
　(e) (*Tech*) (*clamp*) crampon *m*; (*pawl*) cliquet *m*.
　(f) (*feet*) ~s‡ panards‡ *mpl*.
　2 *cpd*: **dog basket** panier *m* de chien; **dog biscuit** biscuit *m* pour chien; **dog breeder** éleveur *m*, -euse *f* de chiens; **dog-cart** charrette anglaise, dog-cart *m*; **dog collar** (*lit*) collier *m* de chien; (*hum: clergyman's*) col *m* de pasteur, (faux-)col *m* d'ecclésiastique; **dog days** canicule *f*; **dog-eared** écorné; **dog fancier** (*connoisseur*) connaisseur *m*, -euse *f* en chiens; (*breeder*) éleveur *m*, -euse *f* de chiens; **dogfight** (*lit*) bataille *f* de chiens; (*Aviat*) combat *m* entre avions de chasse; (*between people*) bagarre *f*; **dogfish** chien *m* de mer, roussette *f*; **dogfood** nourriture *f* pour chiens; **dog fox** renard *m* (mâle); (*Aut*) **dog guard** barrière *f* pour chien (*à l'arrière d'une voiture*); (*Police etc*) **dog handler** maître-chien *m*; **doghouse** chenil *m*, niche *f* à chien; (*fig*) **he is in the doghouse*** il n'est pas en odeur de sainteté; **dog Latin** latin *m* de cuisine; **dog leg** (*n*) (*in road etc*) coude *m*, angle abrupt; (*adj*) qui fait un coude; **dog licence** permis *m* de posséder un chien; **dog-paddle** (*n*) nage *f* en chien; (*vi*) nager en chien; **dog rose** (*flower*) églantine *f*; (*bush*) églantier *m*; **she's the general dogsbody*** elle fait le factotum, elle est la bonne à tout faire; **dogshow** exposition canine; **Dog Star** Sirius *m*; (*US Mil sl*) **dog tag** plaque *f* d'identification (*portée au cou par les militaires*); **dog-tired*** claqué*, crevé*; **dog track** piste *f* (pour les courses de lévriers); **dogtrot** petit trot; (*US: passageway*) passage couvert; (*Naut*) **dog-watch** petit quart, quart de deux heures; **dog wolf** loup *m*; **dogwood** cornouiller *m*.
　3 *vt* (a) (*follow closely*) person suivre (de près). **he ~s my footsteps** il marche sur mes talons, il ne me lâche pas d'une semelle.
　(b) (*harass*) harceler. **~ged by ill fortune** poursuivi par la malchance.

doge [dəʊdʒ] *n* doge *m*.

dogged ['dɒgɪd] *adj* person, character déterminé, tenace, persévérant; courage opiniâtre, obstiné.

doggedly ['dɒgɪdlɪ] *adv* obstinément, avec ténacité *or* obstination.

doggedness ['dɒgɪdnɪs] *n* obstination *f*, entêtement *m*, ténacité *f*.

Dogger Bank ['dɒgəbæŋk] *n* Dogger Bank *m*.

doggerel ['dɒgərəl] *n* vers *mpl* de mirliton.

doggie ['dɒgɪ] *n* = **doggy**.

doggo* ['dɒgəʊ] *adv* (*Brit*) **to lie ~** se tenir coi; [*fugitive, criminal*] se terrer.

doggone(d)* ['dɒgɒn(d)] *adj* (*US*) *euph for* **damn, damned**; *V* **damn 1, 2c, 3, 4, 5**.

doggy ['dɒgɪ] **1** *n* (*baby talk*) chienchien* *m*, toutou* *m* (*langage enfantin*). **2** *adj* **smell** de chien. **she is a very ~ woman** elle a la folie des chiens. **3** *cpd*: **doggy bag*** petit sac pour emporter les restes.

dogie ['dəʊgɪ] *n* (*US*) veau *m* sans mère.

doglike ['dɒglaɪk] *adj* de bon chien.

dogma ['dɒgmə] *n* dogme *m*.

dogmatic [dɒg'mætɪk] *adj* (*Rel, fig*) dogmatique. **to be very ~ about sth** être très dogmatique sur qch.

dogmatically [dɒg'mætɪkəlɪ] *adv* (*gen*) dogmatiquement; *say, remark* d'un ton autoritaire.

dogmatism ['dɒgmətɪzəm] *n* (*Philos, Rel*) dogmatisme *m*; (*fig*) caractère *m or* esprit *m* dogmatique.

dogmatize ['dɒgmətaɪz] *vi* (*Rel, fig*) dogmatiser.

do-gooder ['duː'gʊdər] *n* (*slightly pej*) pilier *m* de bonnes œuvres, bonne âme (*iro*).

doh [dəʊ] *n* (*Mus*) = **do²**.

doily ['dɔɪlɪ] *n* (*under plate*) napperon *m*; (*on plate*) dessus *m* d'assiette.

doing ['duːɪŋ] *n* (a) action *f* de faire. **this is your ~** c'est vous qui avez fait cela; **it was none of my ~** ce n'y suis pour rien, ce n'est pas moi qui l'ai fait; **that takes some ~** ce n'est pas facile *or* commode, (il) faut le faire!*
　(b) **~s** faits *mpl* et gestes *mpl*.
　(c) (*Brit*‡: *thingummy*) **~s** machin* *m*, truc* *m*; **that ~s over there** ce machin* là-bas.

do-it-yourself ['duːɪtjə'self] **1** *n* bricolage *m*.
　2 *adj* (a) *shop* de bricolage. **~ enthusiast** bricoleur *m*, -euse *f*; **the ~ craze** la passion du bricolage, l'engouement *m* pour le bricolage; **~ kit** kit *m*, ensemble *m* de pièces détachées (à assembler soi-même).
　(b) (*fig*) *divorce, conveyancing* que l'on conduit soi-même (*sans employer les services d'un professionnel*).

do-it-yourselfer ['duːɪtjə:'selfər] *n* bricoleur *m*, -euse *f*.

doldrums ['dɒldrəmz] *npl* (*area*) zone *f* des calmes; (*weather*) calme équatorial. (*fig*) **to be in the ~** [*person*] avoir le cafard*, broyer du noir; [*business*] être dans le marasme.

dole [dəʊl] *n* allocation *f or* indemnité *f* de chômage. (*Brit*) **to go/be on the ~** s'inscrire/être au chômage.

◆**dole out** *vt sep* distribuer *or* accorder au compte-gouttes.

doleful ['dəʊlfʊl] *adj* face, tone dolent, plaintif, morne; prospect, song lugubre, morne.

dolefully ['dəʊlfəlɪ] *adv* d'un ton *or* d'une manière lugubre *or* morne, plaintivement.

dolichocephalic ['dɒlɪkəʊse'fælɪk] *adj* dolichocéphale.

doll [dɒl] *n* (a) poupée *f*. **to play with a ~** *or* **~s** jouer à la poupée; **~'s house/pram** maison *f*/voiture *f* de poupée.
　(b) (‡: esp US: girl) nana‡ *f*, pépée‡ *f*; (pretty girl) poupée *f*. (attractive person) **he's/she's a ~** il/elle est chou*, il/elle est adorable; (US) **you're a ~*** to help me tu es un ange de m'aider.

◆**doll up‡** *vt sep* person, thing bichonner. **to doll o.s. up, to get dolled up** se faire (tout) beau* (*or* (toute) belle*), se bichonner; **all dolled up** sur son trente et un.

dollar ['dɒlər] **1** *n* dollar *m*. (*US*) **it's ~s to doughnuts that ...** c'est du tout cuit‡ que ... ; *V* **half, sixty**. **2** *cpd*: **dollar area** zone *f* dollar; **dollar bill** billet *m* d'un dollar; (*US Pol*) **dollar diplomacy** diplomatie *f* à coups de dollars; **dollar gap** déficit *m* de la balance dollar; (*Fin*) **dollar rate** cours *m* du dollar; **dollar sign** signe *m* du dollar.

dollop* ['dɒləp] *n* [*butter, cheese etc*] gros *or* bon morceau; [*cream, jam etc*] bonne cuillerée.

dolly ['dɒlɪ] **1** *n* (a) (*: doll) poupée *f*.
　(b) (*for washing clothes*) agitateur *m*. **~ tub** (*for washing*) baquet *m* à lessive; (*Min*) cuve *f* à rincer.
　(c) (*wheeled frame*) chariot *m*; (*Cine, TV*) chariot, travelling *m* (*dispositif*); (*Rail: truck*) plate-forme *f*.
　2 *adj* (*Sport*: easy*) facile.
　3 *vt* (*Cine, TV*) **to ~ the camera in/out** avancer/reculer la caméra.
　4 *cpd*: (*Brit*) **dolly bird‡** jolie nana‡, poupée‡.

dolman ['dɒlmən] *n* dolman *m*. **~ sleeve** (sorte *f* de) manche *f* kimono *inv*.

dolmen ['dɒlmen] *n* dolmen *m*.

dolomite ['dɒləmaɪt] *n* dolomite *f*, dolomie *f*. (*Geog*) **the D~s** les Dolomites *fpl*.

dolphin ['dɒlfɪn] *n* (*Zool*) dauphin *m*.

dolphinarium [,dɒlfɪ'nɛərɪəm] *n* aquarium *m* pour dauphins savants.

dolt [dəʊlt] *n* balourd(e) *m(f)*.

doltish ['dəʊltɪʃ] *adj* gourde*, cruche*.

domain [dəʊ'meɪn] *n* (*liter*) domaine *m* (*also fig, Math etc*), propriété *f*, terres *fpl*. **in the ~ of science** dans le domaine des sciences.

dome [dəʊm] *n* (*Archit: on building*) dôme *m*, coupole *f*; (*liter: stately building*) (*noble*) édifice *m*; [*hill*] sommet arrondi, dôme; [*skull*] calotte *f*; [*heaven, branches*] dôme.

domed [dəʊmd] *adj* forehead bombé; building à dôme, à coupole.

Domesday Book ['duːmzdeɪˌbʊk] *n* Domesday Book *m* (*recueil cadastral établi par Guillaume le Conquérant*).

domestic [də'mestɪk] **1** *adj* (a) duty, happiness familial, de famille, domestique. **his public and his ~ life** sa vie publique et sa vie privée; **everything of a ~ nature** tout ce qui se rapporte au ménage; **~ chores** travaux *mpl* du ménage; **~ heating oil** fuel *m* domestique; (*esp Brit*) **~ science** arts ménagers; **~ science college** école ménagère *or* d'art ménager; **~ science teaching** enseignement ménager; **~ servants** domestiques *mfpl*, employé(e)s *m(f)pl* de maison; **she was in ~ service** elle était employée de maison *or* domestique; **~ staff** [*hospital, institution*] personnel *m* auxiliaire; [*private house*] domestiques *mfpl*.
　(b) (*Econ, Pol*) policy, affairs, flights intérieur; currency, economy national. **~ quarrels** querelles intestines; **~ rates** tarifs *mpl* en régime intérieur.
　(c) animal domestique.
　2 *n* domestique *mf*.

domesticate [də'mestɪkeɪt] *vt* person habituer à la vie du foyer; animal apprivoiser.

domesticated [də'mestɪkeɪtɪd] *adj* person qui aime son intérieur, pantouflard* (*pej*), pot-au-feu *inv* (*slightly pej*); animal domestiqué. **she's very ~** elle est très femme d'intérieur *or* femme au foyer.

domesticity [,dəʊmes'tɪsɪtɪ] *n* (*home life*) vie *f* de famille, vie casanière (*slightly pej*); (*love of household duties*) attachement *m* aux tâches domestiques.

domicile ['dɒmɪsaɪl] (*Brit Admin, Fin, Jur*) **1** *n* domicile *m*. **2** *vt* domicilier. **~d at** domicilié à, demeurant à.

domiciliary [,dɒmɪ'sɪlɪərɪ] *adj* domiciliaire.

dominance ['dɒmɪnəns] *n* (*gen: Ecol, Genetics, Psych*) dominance *f* (*over sur*); [*person, country etc*] prédominance *f*.

dominant ['dɒmɪnənt] **1** *adj* (a) nations, species dominant; (*Genetics*) dominant; feature dominant, principal; position dominant, élevé; personality, tone dominateur (*f* -trice).
　(b) (*Mus*) de dominante.
　2 *n* (*Mus*) dominante *f*; (*Ecol, Genetics*) dominance *f*.

dominate ['dɒmɪneɪt] *vti* dominer.

domination [,dɒmɪ'neɪʃən] *n* domination *f*.

domineer [,dɒmɪ'nɪər] *vi* agir en maître (autoritaire), se montrer autoritaire (*over* avec).

domineering [,dɒmɪ'nɪərɪŋ] *adj* dominateur (*f* -trice), impérieux, autoritaire.

Dominica [,dɒmɪ'niːkə] *n* (*Geog*) Dominique *f*.

Dominican¹ [də'mɪnɪkən] **1** *adj* (*Geog*) dominicain. **~ Republic** République dominicaine. **2** *n* Dominicain(e) *m(f)*.

Dominican² [də'mɪnɪkən] *adj*, *n* (*Rel*) dominicain(e) *m(f)*.

dominion [də'mɪnɪən] *n* (a) (*U*) domination *f*, empire *m* (*over* sur). **to hold ~ over sb** maintenir qn sous sa domination *or* sous sa dépendance. (b) (*territory*) territoire *m*, possessions *fpl*; (*Brit Pol*) dominion *m*. (*Can*) **D~ Day** fête *f* de la Confédération.

domino ['dɒmɪnəʊ] **1** *n, pl* ~es **(a)** domino *m*. to play ~es jouer aux dominos. **(b)** (*costume, mask, person*) domino *m*. **2** *cpd:* domino effect effet *m* d'entraînement; (*Pol*) domino theory théorie *f* des dominos, théorie du proche en proche.

Don [dɒn] *n* (*river*) Don *m*.

don¹ [dɒn] *n* **(a)** (*Brit Univ*) professeur *m* d'université (*surtout à Oxford et à Cambridge*). **(b)** (*Spanish title*) don *m*. **a D~ Juan** un don Juan. **(c)** (*US*) chef *m* de la Mafia.

don² [dɒn] *vt garment* revêtir, mettre.

donate [dəʊ'neɪt] *vt* faire don de. to ~ blood donner son sang.

donation [dəʊ'neɪʃən] *n* (*act of giving*) donation *f*; (*gift*) don *m*. to make a ~ to a fund faire un don *or* une contribution à une caisse.

done [dʌn] **1** *ptp of* do¹. **2** *adj* (V do¹) **(a)** the ~ thing ce qui se fait. **(b)** (*: tired out*) claqué*, crevé*. **(c)** (*used up*) fini. **the butter is** ~ le beurre est terminé, il n'y a plus de beurre.

donjon ['dʌndʒən] *n* donjon *m*.

donkey ['dɒŋkɪ] **1** *n* **(a)** âne(sse) *m(f)*, baudet* *m*. (*Brit*) she hasn't been here for ~'s years* il y a une éternité qu'elle n'est pas venue ici.
 (b) (*: fool*) âne *m*, imbécile *mf*.
 2 *cpd:* (*Tech*) donkey engine auxiliaire *m*, petit cheval, cheval alimentaire; donkey jacket grosse veste; donkey ride promenade *f* à dos d'âne; the donkey work le gros du travail.

donnish ['dɒnɪʃ] *adj look, tone* d'érudit, de savant; *person* érudit; (*pej*) pédant.

donor ['dəʊnər] *n* (*to charity etc*) donateur *m*, -trice *f*; (*Med*) [*blood, organ for transplant*] donneur *m*, -euse *f*.

don't [dəʊnt] **1** *vb* = do not; V do¹. **2** *n:* ~s choses *fpl* à ne pas faire; V do¹ 4c. **3** *cpd:* don't knows (*gen*) sans-opinion *inv*; (*voters*) indécis *mpl*.

donut ['dəʊnʌt] *n* (*US*) = doughnut; V dough 2.

doodah ['du:dɑ:] *n* (*gadget*) petit bidule*.

doodle ['du:dl] **1** *vi* griffonner (distraitement). **2** *n* griffonnage *m*. **3** *cpd:* doodlebug* (*Brit*) bombe volante; (*US*) petit véhicule.

doom [du:m] **1** *n* (*ruin*) ruine *f*, perte *f*; (*fate*) destin *m*, sort *m*. **2** *vt* condamner (*to* à), destiner (*to* à). ~ed to failure voué à l'échec; the project was ~ed from the start le projet était voué à l'échec dès le début. **3** *cpd:* doomwatch attitude *f* pessimiste, catastrophisme *m*; doomwatcher prophète *m* de malheur.

doomsday ['du:mzdeɪ] *n* jour *m* du Jugement dernier. (*fig*) till ~ jusqu'à la fin des siècles *or* des temps; D~ Book = Domesday Book.

door [dɔ:r] **1** *n* **(a)** [*house, room, cupboard*] porte *f*; [*railway carriage, car*] portière *f*. he shut *or* closed the ~ in my face il m'a fermé la porte au nez; he came through the ~ il est passé par la porte; in the ~(way) dans (l'embrasure de) la porte; (*outside door*) sous le porche; (*Theat etc*) 'pay at the ~' 'billets à l'entrée'; to go from ~ to ~ (*gen*) aller de porte en porte; [*salesman*] faire du porte à porte (V also 2); he lives 2 ~s down the street il habite 2 portes plus loin; out of ~s (au-)dehors; V answer, front, next door *etc*.
 (b) (*phrases*) to lay sth at sb's ~ imputer qch à qn, charger qn de qch; to open the ~ to further negotiations ouvrir la voie à des négociations ultérieures; to leave *or* keep the ~ open for further negotiations laisser la porte ouverte à des négociations ultérieures; to close *or* shut the ~ to sth barrer la route à qch, rendre qch irréalisable; V death, show *etc*.
 2 *cpd:* doorbell sonnette *f*; there's the doorbell! on sonne (à la porte)!; door chain chaîne *f* de sûreté; door curtain portière *f* (*tenture*); doorframe chambranle *m*, châssis *m* de porte; door handle poignée *f or* bouton *m* de porte; (*Aut*) poignée de portière; doorjamb montant *m* de porte, jambage *m*; doorkeeper = doorman; doorknob poignée *f or* bouton *m* de porte; door-knocker marteau *m* (de porte), heurtoir *m*; (*Aut*) door-locking mechanism dispositif *m* de verrouillage des portières; doorman [*hotel*] portier *m*; [*block of flats*] concierge *m*; doormat (*lit*) paillasson *m* (d'entrée), essuie-pieds *m inv*; (*: downtrodden person*) chiffe molle; doornail clou *m* de porte (V dead); doorpost montant *m* de porte, jambage *m* (V deaf); door scraper grattoir *m*; doorstep (*lit*) pas *m* de porte, seuil *m* de porte; (*: hum: hunk of bread*) grosse tartine; he left it on my doorstep il l'a laissé devant ma porte; the bus-stop is just at my doorstep l'arrêt du bus est (juste) à ma porte; (*Brit*) doorstep salesman, door-to-door salesman démarcheur *m*, vendeur *m* à domicile; (*Brit*) doorstep selling, door-to-door selling démarchage *m*, vente *f* à domicile, porte à porte *m inv*; doorstop(per) butoir *m* de porte; doorway (*gen*) porte *f*; in the doorway dans l'embrasure de la porte; V central.

dopamine ['dəʊpəmi:n] *n* dopamine *f*.

dope [dəʊp] **1** *n* **(a)** (*: drugs*) drogue *f*, dope* *f*; (*for athlete, horse*) dopant *m*, doping *m*; (*US: drug addict*) drogué(e) *m(f)*, toxico* *mf*. to take ~, to be on ~, (*US*) to do ~ se droguer, se doper.
 (b) (*U: information*) tuyaux* *mpl*. to give sb the ~ tuyauter* qn, affranchir* qn; what's the ~ on ...? qu'est-ce qu'on a comme tuyaux* sur ...?
 (c) (*: stupid person*) andouille* *f*, nouille* *f*.
 (d) (*varnish*) enduit *m*; (*Aut, Chem*) dopant *m*.
 (e) (*for explosives*) absorbant *m*.
 2 *cpd:* dope fiend* toxicomane *mf*, drogué(e) *m(f)*; dope peddler*, dope pusher* revendeur *m*, -euse *f* de stupéfiants *or* de drogue; dope-test* (*n*) test *m* anti-doping *inv*; (*vt*) faire subir le test anti-doping à.
 3 *vt horse, person* doper; *food, drink* mettre une drogue *or* un dopant dans.

♦**dope out** *vt sep* (*US*) deviner, piger*.

dopey ['dəʊpɪ] *adj* (*drugged*) drogué, dopé; (*very sleepy*) (à moitié) endormi; (*: stupid*) abruti*.

doping ['dəʊpɪŋ] *n* dopage *m*.

Doppler effect ['dɒplərɪˌfekt] *n* effet *m* Doppler-Fizeau.

dopy ['dəʊpɪ] *adj* = dopey.

Dordogne [dɔr'dɒŋ] *n* (*region*) Dordogne *f*. (*river*) the ~ la Dordogne.

Doric ['dɒrɪk] *adj* (*Archit*) dorique.

dorm [dɔ:m] *n* (*Scol sl*) = dormitory.

dormant ['dɔ:mənt] *adj energy, passion* en veilleuse, qui sommeille; (*Bio, Bot*) dormant; *volcano* en repos, en sommeil; *rule, law* inappliqué; *title* tombé en désuétude; (*Her*) dormant. to let a matter lie ~ laisser une affaire en sommeil.

dormer (window) ['dɔ:məˈwɪndəʊ] *n* lucarne *f*.

dormice ['dɔ:maɪs] *npl of* dormouse.

dormie ['dɔ:mɪ] *adj* (*Golf*) dormie.

dormitory ['dɔ:mɪtrɪ] **1** *n* (*Brit*) dortoir *m*; (*US Univ*) résidence *f* universitaire. **2** *cpd:* (*esp Brit*) dormitory suburb banlieue *f* dortoir; dormitory town ville *f* dortoir.

Dormobile ['dɔ:məbi:l] *n* ® (*Brit*) camping-car *m*, auto-camping *f*, voiture-camping *f*.

dormouse ['dɔ:maʊs] *n, pl* dormice loir *m*.

dorsal ['dɔ:sl] *adj* dorsal.

dory¹ ['dɔ:rɪ] *n* (*fish*) dorée *f*, saint-pierre *m inv*.

dory² ['dɔ:rɪ] *n* (*boat*) doris *m*.

dosage ['dəʊsɪdʒ] *n* (*dosing*) dosage *m*; (*amount*) dose *f*; (*on medicine bottle*) posologie *f*.

dose [dəʊs] **1** *n* **(a)** (*Pharm*) dose *f*. give him a ~ of medicine donne-lui son médicament; in small/large ~s à faible/haute dose; she's all right in small ~s* elle est supportable à petites doses; (*fig*) to give sb a ~ of his own medicine rendre à qn la monnaie de sa pièce.
 (b) (*bout of illness*) attaque *f* (*of* de). to have a ~ of flu avoir une bonne grippe*.
 (c) (*: venereal disease*) vérole* *f*.
 2 *vt person* administrer un médicament à. she's always dosing herself elle se bourre de médicaments.

doss [dɒs] (*Brit*) **1** *n* (*cheap bed for night*) pieu* *m*; (*sleep*) roupillon* *m*, somme *m*. **2** *cpd:* doss house asile *m* (de nuit). **3** *vi* coucher à l'asile (de nuit).

♦**doss down** *vi* crécher* (quelque part). to doss down for the night (trouver à) crécher quelque part pour la nuit.

dosser ['dɒsər] *n* (*Brit*) clochard(e) *m(f)*.

dossier ['dɒsɪeɪ] *n* dossier *m*, documents *mpl*.

Dosto(y)evsky [ˌdɒstɔɪˈefskɪ] *n* Dostoïevski *m*.

DOT [ˌdi:əʊˈti:] (*US*) *n abbr of* Department of Transportation; V transportation.

dot [dɒt] **1** *n* (*over i, on horizon, Math, Mus*) point *m*; (*on material*) pois *m*. (*Morse*) ~s and dashes points et traits *mpl*; (*in punctuation*) '~, ~, ~' 'points de suspension'; (*fig*) on the ~* à l'heure pile* *or* tapante; (*Brit*) in the year ~* il y a des siècles, dans la nuit des temps.
 2 *cpd:* (*Comput*) dot-matrix printer imprimante matricielle.
 3 *vt* **(a)** *paper, wall* marquer avec des points, pointiller. to ~ an i mettre un point sur un i; (*fig*) to ~ one's i's (and cross one's t's) mettre les points sur les i; to ~ and carry one (*Math*) reporter un chiffre; (*: limp*) boiter, clopiner; field ~ted with flowers champ parsemé de fleurs; cars ~ted along the route des voitures échelonnées sur le parcours; V also dotted.
 (b) to ~ sb one* flanquer un gnon* à qn.

dotage ['dəʊtɪdʒ] *n* **(a)** (*senility*) gâtisme *m*, seconde enfance. to be in one's ~ être gâteux. **(b)** (*blind love*) adoration folle (*on* pour).

dote [dəʊt] *vi* (*be senile*) être gâteux, être gaga*.

♦**dote on** *vt fus person, thing* aimer à la folie, être fou (*f* folle) de, raffoler de.

doting ['dəʊtɪŋ] *adj* **(a)** (*adoring*) qui aime follement, qui adore. her ~ father son père qui l'adore. **(b)** (*senile*) gâteux.

dotted ['dɒtɪd] *adj* **(a)** ~ line ligne pointillée *or* en pointillé; (*Aut*) to tear along the ~ line détacher suivant le pointillé; to sign on the ~ line (*lit*) signer à l'endroit indiqué *or* sur la ligne pointillée *or* sur les pointillés; (*fig*) (*agree officially*) donner son consentement (en bonne et due forme); (*accept uncritically*) s'incliner (*fig*).
 (b) (*Mus*) ~ note note pointée; ~ rhythm notes pointées.

dotterel ['dɒtrəl] *n* pluvier *m* (guignard).

dotty ['dɒtɪ] *adj* (*Brit*) toqué*, piqué*. to be ~ about sb/sth être toqué* de qn/qch.

double ['dʌbl] **1** *adj* **(a)** (*twice as much: also Bot*) double (*usu. before n*). a ~ amount of work une double quantité de travail; (*Ind*) to earn ~ time (on Sundays *etc*) être payé (au tarif) double (le dimanche *etc*); V also 4.
 (b) (*twofold; having two similar parts; in pairs*) deux fois, double (*usu. before n*). (*in numerals*) ~ seven five four (7754) deux fois sept cinq quatre, (*as telephone number*) soixante-dix-sept cinquante-quatre; spelt with a ~ 'p' écrit avec deux 'p'; (*Dominoes*) the ~ 6 le double 6; box with a ~ bottom boîte à double fond; V also 4.
 (c) (*made for two users*) pour *or* de deux personnes; V also 4.
 (d) (*for two purposes*) double (*usu. before n*). with a ~ meaning à double sens; ~ advantage double avantage *m*; that table serves a ~ purpose cette table a une double fonction; V also 4.
 (e) (*underhand, deceptive*) double (*usu. before n*). with a ~ face, faux (*f* fausse), trompeur. to lead a ~ life mener une double vie; to play a ~ game jouer un double jeu; V also 4.
 2 *adv* **(a)** (*twice*) deux fois. that costs ~ what it did last year cela coûte deux fois plus que l'année dernière, cela a doublé de prix depuis l'année dernière; I've got ~ what you've got j'en ai deux fois plus que toi, j'ai le double de ce que tu as; her salary is ~ what it was 10 years ago son salaire est le double de ce qu'il était il y a 10 ans; he did it in ~ the time il a mis deux fois plus de temps que moi à le faire; he's ~ your age il est deux fois plus âgé

que vous, il a le double de votre âge; ~ 6 is 12 deux fois 6 font 12, le double de 6 est 12; *V also* 4.

(b) (*in twos; twofold*) *fold etc* en deux. **to see** ~ voir double; **bent** ~ **with pain** plié en deux de douleur; *V also* 4.

3 *n* (a) (*twice a quantity, number, size etc*) double *m*. **12 is the** ~ **of 6** 12 est le double de 6; ~ **or quits** quitte ou double; **he earns the** ~ **of what I do** il gagne le double de ce que je gagne *or* deux fois plus que moi; (*fig: quickly*) **at the** ~ au pas de course.

(b) (*exactly similar thing*) réplique *f*; (*exactly similar person*) double *m*, sosie *m*; (*Cine: stand-in*) doublure *f*; (*Theat: actor taking two parts*) acteur *m*, -trice *f* qui tient deux rôles (*dans la même pièce*); (*Cards*) contre *m*; (*Betting*) pari doublé (*sur deux chevaux de deux courses différentes*); (*Dominoes*) double.

(c) (*Tennis*) ~**s** double *m*; **mixed** ~**s** double mixte; **ladies'/men's** ~**s** double dames/messieurs; **a** ~**s player** un joueur (*f* une joueuse) de double.

4 *cpd*: **double-acting** à double effet; **double agent** agent *m* double; (*Mus*) **double bar** double barre *f*; **double-barrelled** *gun* à deux coups; (*Brit fig*) *surname* à rallonges*, à tiroir*; **double bass** (*instrument, player*) contrebasse *f*; **double bassoon** contrebasson *m*; **double bed** grand lit, lit de deux personnes; (*Brit Aut*) **double bend** virage *m* en S; (*Cine etc*) **double bill** double programme *m*; **double bind*** situation *f* insoluble *or* sans issue, impasse *f*; **double-blind** *test, experiment* en double aveugle; *method* à double insu, à double anonymat; **double boiler** casserole *f* à double fond; **double-book** (*vi*) [*hotel/airline etc*] réserver deux fois la même chambre/place *etc*; (*vt*) *room, seat* réserver pour deux personnes différentes; **double booking** double réservation *f*; (*Tennis*) **double bounce** double *m*; (*Dress*) **double-breasted** croisé; **doublecheck** (*vti*) revérifier; (*n*) révérification *f*; **double chin** double menton *m*; **double-chinned** qui a un double menton; **double consonant** consonne *f* double *or* redoublée *or* géminée; (*Brit*) **double cream** crème fraîche épaisse *or* à fouetter; **double-cross*** (*vt*) trahir, doubler*; (*n*) traîtrise *f*, duplicité *f*; (*US*) **double-date** (*vi*) sortir à deux couples; **double-dealer** fourbe *m*; **double-dealing** (*n*) double jeu *m*, duplicité *f*; (*adj*) hypocrite, faux (*f* fausse) comme un jeton*; **double-decker** (*bus*) autobus *m* à impériale; (*aircraft*) deux-ponts *m inv*; (*sandwich*) sandwich *m* à deux garnitures (superposées); (*Aut*) **double-declutch** faire un double débrayage; **double-digit** (*adj: gen*) à deux chiffres; *inflation* égal ou supérieur à 10%; (*US pej*) **double-dipper** cumulard *m*; (*US pej*) **double-dipping** cumul *m* d'emplois *or* de salaires; **double door** porte *f* à deux battants; (*Brit*) **double Dutch*** baragouin* *m*, charabia* *m*; **to talk double Dutch*** baragouiner; **it was double Dutch to me*** pour moi c'était de l'hébreu; (*Golf*) **double eagle** albatros *m*; (*lit, fig*) **double-edged** à double tranchant, à deux tranchants; **double entendre** ambiguïté *f*, double entente *f*; (*Book-keeping*) **double entry** comptabilité *f* en partie double; (*Phot*) **double exposure** surimpression *f*, double exposition *f*; **double-faced** *material* réversible; (*pej*) *person* hypocrite; (*Tennis*) **double fault** (*n*) double faute *f*; (*vi*) faire une double faute; (*Cine*) **double feature** programme *m* de deux longs métrages; **double-figure** (*adj*) = **double-digit**; (*Univ*) **double first** (*n*) double mention *f* très bien (*dans deux disciplines*); (*Mus*) **double flat** double bémol *m*; (*Brit*) **to double-glaze a window** poser une double fenêtre; (*Brit*) **double glazing** (*gen*) double vitrage *m*; **to put in double glazing** (faire) installer des doubles fenêtres *or* un double vitrage; **double helix** double hélice *f*; (*US Insurance*) **double indemnity** indemnité *f* double; (*US Jur*) **double jeopardy** *mise en cause de l'autorité de la chose jugée*; **double-jointed** désarticulé; **double-knit(ting)** (*n: wool*) laine *f* sport; (*adj*) en laine sport; **double knot** double nœud *m*; **double-lock** fermer à double tour; **double lock** serrure *f* de sécurité; (*US Univ*) **double major** double *f* dominante; (*Educ*) **double marking** double correction *f*; **double negative** double négation *f*; (*Aut*) **double-park** stationner en double file; (*Aut*) **double-parking** stationnement *m* en double file; (*Med*) **double pneumonia** pneumonie *f* double; **double-quick, in double-quick time** *run etc* au pas de course *or* de gymnastique; *do, finish* en vitesse, en deux temps trois mouvements*; **double room** chambre *f* pour deux personnes; **double saucepan** = **double boiler**; (*Mus*) **double sharp** double dièse *m*; (*Comput*) **double-sided disk** disque *m* double; (*Typ*) **double-space** (*vt*) taper avec un double interligne; **in double spacing, double-spaced** à double interligne; **to have a double standard** *or* **double standards** avoir deux poids, deux mesures; **double star** étoile *f* double; (*Mus*) **double stopping** doubles cordes *fpl*; **to do a double take*** marquer un temps d'arrêt (*par surprise*); **double talk** paroles ambiguës *or* trompeuses; (*Fin, Jur*) **double taxation agreement** convention relative aux doubles impositions; **to do double think*** *tenir un raisonnement ou suivre une démarche où l'on s'accommode (sans vergogne) de contradictions flagrantes*; (*Mil*) **in double time** au pas redoublé (*V also* **time**); **double track** (*Cine*) double bande *f*; (*tape*) double piste *f*; (*Rail*) **double track line** ligne *f* à deux voies; **a double whisky** un double whisky; **double windows** doubles fenêtres *fpl*; **egg with a double yolk** œuf à deux jaunes.

5 *vt* (a) (*multiply by two*) *number* doubler; *salary, price* doubler, augmenter du double.

(b) (*fold in two: also* ~ **over**) plier en deux, replier, doubler.

(c) (*Theat*) **he** ~**s the parts of courtier and hangman** il joue les rôles *or* il a le double rôle du courtisan et du bourreau; **he's doubling the hero's part for X** il est la doublure de X dans le rôle du héros.

(d) (*Cards*) *one's opponent, his call* contrer; *one's stake* doubler. (*Bridge*) ~! contre!

6 *vi* (a) [*prices, incomes, quantity etc*] doubler.

(b) (*run*) courir, aller au pas de course.

(c) (*Cine*) **to** ~ **for sb** doubler qn.

(d) (*Bridge*) contrer.

(e) (*US fig*) **to** ~ **in brass** avoir une corde supplémentaire à son arc.

◆**double back 1** *vi* [*animal, person*] revenir sur ses pas; [*road*] faire un brusque crochet.

2 *vt sep* *blanket* rabattre, replier; *page* replier.

◆**double over 1** *vi* = **double up a.**

2 *vt sep* = **double 5b.**

◆**double up** *vi* (a) (*bend over sharply*) se plier, se courber. **to double up with laughter/pain** être plié en deux *or* se tordre de rire/de douleur.

(b) (*share room*) partager une chambre (*with* avec).

(c) (*Brit Betting*) parier sur deux chevaux.

doublet ['dʌblɪt] *n* (a) (*Dress*) pourpoint *m*, justaucorps *m*. (b) (*Ling*) doublet *m*.

doubleton ['dʌbltən] *n* (*Cards*) deux cartes *fpl* d'une (même) couleur, doubleton *m*.

doubling ['dʌblɪŋ] *n* [*number, letter*] redoublement *m*, doublement *m*.

doubly ['dʌblɪ] *adv* (*twice as much*) *difficult, grateful* doublement, deux fois plus; (*in two ways*) *mistaken, justified etc* doublement. **to be** ~ **careful** redoubler de prudence.

doubt [daʊt] **1** *n* (*U*) doute *m*, incertitude *f*. **his honesty is in** ~ (*in this instance*) son honnêteté est en doute; (*in general*) son honnêteté est sujette à caution; **I am in (some)** ~ **about his honesty** j'ai des doutes sur son honnêteté; **the outcome is in** ~ l'issue est indécise *or* dans la balance; (*outcome, result etc*) **it is not in** ~ cela ne fait aucun doute; **I am in no** ~ **as to** *or* **about what he means** je n'ai aucun doute sur ce qu'il veut dire; **to be in great** ~ **about** *sth* être dans une grande incertitude *or* dans le doute au sujet de qch; **there is room for** ~ il est permis de douter; **there is some** ~ **about whether he'll come** *or* **not on ne sait pas très bien s'il** viendra ou non; **to have one's** ~**s about** *sth* avoir des doutes sur *or* au sujet de qch; **I have my** ~**s (about) whether he will come** je doute qu'il vienne; **to cast** *or* **throw** ~**s on** *sth* mettre qch en doute, jeter le doute sur qch; **I have no** ~**(s) about it** je n'en doute pas; **no** ~ sans doute; **there is no** ~ **that** … il n'y a pas de doute que … + *indic*; **he'll come without any** ~, **there's no** ~ **that he'll come** il viendra sûrement, il n'y a pas de doute qu'il viendra; **no** ~ **he will come tomorrow** sans doute qu'il viendra demain; **without (a)** ~ sans aucun doute, sans le moindre doute; **beyond** ~ (*adv*) indubitablement, à n'en pas douter; (*adj*) indubitable; **if** *or* **when in** ~ s'il y a (un) doute, en cas de doute; *V* **benefit.**

2 *vt* (a) *person, sb's honesty, truth of statement* douter de. **I** ~ **it** (*very much*) j'en doute (fort); **I** ~**ed my own eyes** je n'en croyais pas mes yeux.

(b) douter. **I** ~ **whether he will come** je doute qu'il vienne; **I don't** ~ **that he will come** je ne doute pas qu'il vienne; **she didn't** ~ **that he would come** elle ne doutait pas qu'il viendrait; **I** ~ **he won't come now** je crains qu'il ne vienne pas maintenant; **I** ~ **if that is what she wanted** je doute que ce soit ce qu'elle voulait.

3 *vi* douter (*of* de), avoir des doutes (*of* sur), ne pas être sûr (*of* de). ~**ing Thomas** Thomas l'incrédule; **don't be a** ~**ing Thomas** ne fais pas ton (petit) saint Thomas.

doubter ['daʊtər] *n* incrédule *mf*, sceptique *mf*.

doubtful ['daʊtfʊl] *adj* (a) (*undecided*) *person* incertain, indécis, peu convaincu; *question* douteux, discutable; *result* indécis. **to be** ~ **about sb/sth** douter de qn/qch, avoir des doutes sur qn/qch; **I'm a bit** ~ **(about it)** je n'en suis pas (si) sûr; **to be** ~ **about doing** hésiter à faire; **to look** ~ avoir l'air peu convaincu; **it is** ~ **whether** … il est douteux que … + *subj*, on ne sait pas si … + *indic*, on se demande si … + *indic*; **it is** ~ **that** … il est douteux que … + *subj*.

(b) (*questionable*) *person* suspect, louche; *affair* douteux, louche. **in** ~ **taste** d'un goût douteux.

doubtfully ['daʊtfəlɪ] *adv* (*unconvincedly*) d'un air *or* d'un ton de doute, avec doute; (*hesitatingly*) en hésitant, d'une façon indécise.

doubtfulness ['daʊtfʊlnɪs] *n* (*hesitation*) indécision *f*, irrésolution *f*; (*uncertainty*) incertitude *f*; (*suspicious quality*) caractère *m* équivoque *or* suspect *or* louche.

doubtless ['daʊtlɪs] *adv* (*probably*) très probablement; (*indubitably*) sans aucun doute, assurément, indubitablement.

douceur [du:'sɜ:r] *n* (*gift, tip etc*) petit cadeau.

douche [du:ʃ] **1** *n* (*shower bath*) douche *f*; (*Med*) lavage *m* interne. (*fig*) **it was (like) a cold** ~ cela a été une douche froide*; (*US*) **a** ~**!** va te faire foutre!*.

2 *vt* doucher.

dough [dəʊ] **1** *n* (a) *pâte f. bread* ~ pâte à pain; (*fig*) **to be** ~ **in sb's hands** être comme une cire molle entre les mains de qn.

(b) (*‡: money*) fric* *m*, pognon* *m*.

2 *cpd*: **doughboy** (*Culin*) boulette *f* (de pâte); (*‡: US Mil*) sammy *m* (*soldat américain de la première guerre mondiale*); **dough-hook** crochet *m* de pétrissage; (*Brit*) **doughnut** beignet *m*.

doughty ['daʊtɪ] *adj* (*liter*) preux (*liter*), vaillant. ~ **deeds** hauts faits (*liter*).

doughy ['dəʊɪ] *adj consistency* pâteux; *bread* mal cuit; (*pej*) *complexion* terreux.

dour ['dʊər] *adj* austère, dur; (*stubborn*) buté. **a** ~ **Scot** un austère Écossais.

dourly ['dʊəlɪ] *adv* say d'un ton dur *or* maussade.

douse [daʊs] *vt* (a) (*drench*) plonger dans l'eau, tremper, inonder; *head* tremper. (b) *flames, light* éteindre.

dove [dʌv] **1** *n* colombe *f*; (*fig: Pol, esp US*) colombe; *V* **turtle** *etc*. **2** *cpd*: **dove-grey** gris perle *inv*; **dovecote** colombier *m*, pigeonnier *m*.

Dover ['dəʊvər] *n* Douvres; *V* **strait.**

dovetail ['dʌvteɪl] **1** *n* (*Carpentry*) queue *f* d'aronde. ~ **joint** assemblage *m* à queue d'aronde.

2 vt (Carpentry) assembler à queue d'aronde; (fig) plans etc faire concorder, raccorder.

3 vi (Carpentry) se raccorder (into à); (fig) bien cadrer, concorder (with avec).

dovish* ['dʌvɪʃ] adj (fig: esp US Pol) person partisan(e) m(f) de la négociation et du compromis; speech, attitude de compromis.

dowager ['daʊədʒər] n douairière f. ~ **duchess** duchesse f douairière.

dowdiness ['daʊdɪnɪs] n manque m de chic.

dowdy ['daʊdɪ] adj person mal fagoté*, sans chic; clothes démodé, sans chic.

dowel ['daʊəl] **1** n cheville f en bois, goujon m. **2** vt assembler avec des goujons, goujonner.

dower house ['daʊəhaʊs] n (Brit) petit manoir (de douairière).

Dow-Jones average ['daʊˈdʒəʊnzˈæv(ə)rɪdʒ] n (US) indice m Dow-Jones (moyenne quotidienne des principales valeurs boursières).

down¹ [daʊn] (phr vb elem) **1** adv (a) (indicating movement to lower level) en bas, vers le bas; (~ to the ground) à terre, par terre. (said to a dog) ~! couché!; ~ **with traitors!** à bas les traîtres!; to **come** or **go** ~ descendre; to **fall** ~ tomber; to **go/fall** ~ **and** ~ descendre/tomber de plus en plus bas; to **run** ~ descendre en courant; V **bend down, knock down, slide down** etc.

(b) (indicating position at lower level) en bas. ~ **there** en bas (là-bas); **I shall stay** ~ **here** je vais rester ici or en bas; **don't hit a man when he is** ~ ne frappez pas un homme à terre; **the sun is** ~ le soleil est couché; **the blinds were** ~ les stores étaient baissés; **John isn't** ~ **yet** Jean n'est pas encore descendu; (Boxing) **to be** ~ **for the count** être mis knock-out; V **face, head, stay down** etc.

(c) (from larger town, the north, university etc) **he came** ~ **from London yesterday** il est arrivé de Londres hier; **we're going** ~ **to the sea tomorrow** demain nous allons à la mer; **we're going** ~ **to Dover tomorrow** demain nous descendons à Douvres; (Univ) **he came** ~ **from Oxford in 1973** il a terminé ses études à Oxford or il est sorti d'Oxford en 1973; (US) ~ **East** (adj/adv) du/au nord-est de la Nouvelle Angleterre; ~ **under** (in Australia/New Zealand) en Australie/Nouvelle-Zélande, aux antipodes; **from** ~ **under** de l'Australie/la Nouvelle-Zélande; V **come down, go down, send down** etc.

(d) (indicating diminution in volume, degree, activity) **his shoes were quite worn** ~ **ses chaussures étaient tout éculées; the tyres are** ~/**right** ~ les pneus sont dégonflés/ à plat; **his temperature has gone** ~ sa température a baissé; **I'm £2** ~ **on what I expected** j'ai 2 livres de moins que je ne pensais; **she's very run** ~ **elle est en mauvaise forme, elle est très à plat*;** V **close down, put down** etc.

(e) (in writing) **I've got it** ~ **in my diary** je l'ai (mis) or c'est inscrit sur mon agenda; **let's get it** ~ **on paper** mettons-le par écrit; **did you get** ~ **what he said?** as-tu noté ce qu'il a dit?; **to be** ~ **for the next race** être inscrit dans or pour la course suivante; V **note, take down, write down** etc.

(f) (indicating a series or succession) ~ **to** jusqu'à; **from 1700** ~ **to the present** de or depuis 1700 jusqu'à nos jours; **from the biggest** ~ **to the smallest** du plus grand (jusqu')au plus petit; **from the king** ~ **to the poorest beggar** depuis le roi jusqu'au plus pauvre des mendiants; **we are** ~ **to our last £5** il ne nous reste plus que cinq livres.

(g) (phrases) [computer] **to go** ~ tomber en panne; **I've been** ~ **with flu** j'ai été au lit avec une grippe; **to be** ~ **on sb*** avoir une dent contre qn; **I know the subject** ~ **to the ground** je connais le sujet à fond; **I am** ~ **on my luck** je n'ai pas de chance or de veine; **it's** ~ **to him to do it** c'est à lui de le faire; **it's** ~ **to him now** c'est à lui de jouer maintenant; V also **6** and **cash, come, up** etc.

2 prep (a) (indicating movement to lower level) du haut en bas de. (lit) **he went** ~ **the hill** il a descendu la colline (V also **6**); **to slide** ~ **a wall** se laisser tomber d'un mur; **her hair hung** ~ **her back** ses cheveux lui tombaient dans le dos; **he ran his finger** ~ **the list** il a parcouru la liste du doigt.

(b) (at a lower part of) **he's** ~ **the hill** il est au pied or en bas de la côte; **she lives** ~ **the street** (from us) elle habite plus bas or plus loin (que nous) dans la rue; (fig) ~ **the ages** au cours des siècles.

(c) (along) le long de. **he was walking** ~ **the street** il descendait la rue; **he has gone** ~town il est allé or descendu or parti en ville; **looking** ~ **this street, you can see** … si vous regardez le long de cette rue, vous verrez … .

3 n (Brit) **to have a** ~ **on sb*** avoir une dent contre qn, en vouloir à qn; V **up**.

4 adj (a) **to be** or **feel** ~ avoir le cafard*, être déprimé.

(b) (Brit) train en provenance de la grande ville. **the** ~ **line** la ligne de la grande ville.

(c) computer en panne.

5 vt (*: replacing vb + down) **to** ~ **an opponent** terrasser or abattre un adversaire; **he** ~**ed 3 enemy planes** il a descendu* 3 avions ennemis; **to** ~ **tools** (stop work) cesser le travail; (strike) se mettre en grève, débrayer; **he** ~**ed a glass of beer** il a vidé or s'est envoyé* un verre de bière.

6 cpd: **to be down-and-out** (Boxing) aller au tapis pour le compte, être hors de combat; (destitute) être sur le pavé; **he's a down-and-out(er)** c'est un clochard; **down-at-heel** person, appearance miteux; shoes éculé; (Mus) **down-bow** tiré m; (Econ) **down-cycle** cycle m de récession; (US) **down-home*** (US South) du Sud, sudiste; (pej) péquenaud*; **down-in-the-mouth** abattu, tout triste; **to be down-in-the-mouth** être abattu or tout triste, avoir le moral à zéro*; **to look down-in-the-mouth** avoir l'air abattu, faire une sale tête; **down-market** (fig) goods, car bas de gamme inv; newspaper grande diffusion inv; **it's rather down-market** [programme etc] c'est plutôt du genre public de masse; (Fin) **down payment** payer un acompte m, premier versement m; **to make a**

down payment of £10 payer un acompte de 10 livres, payer 10 livres d'acompte; **down-river = downstream;** (Comput) **down time** durée f d'immobilisation or d'indisponibilité; **down-to-earth** terre à terre inv or terre-à-terre inv, réaliste; **it was a very down-to-earth plan** c'était un projet très terre à terre; **he's a very down-to-earth person** il a les pieds sur terre.

down² [daʊn] n [bird, person, plant] duvet m; [fruit] peau f (veloutée); V **eider, thistle** etc.

down³ [daʊn] n (a) (hill) colline dénudée. (Brit) **the D~s** les Downs fpl (collines herbeuses dans le sud de l'Angleterre). (b) (Brit Geog: Straits of Dover) **the D~s** les Dunes fpl.

downbeat ['daʊnbi:t] **1** n (Mus) temps m frappé. **2** adj (gloomy) person abattu; ending pessimiste; (relaxed) flegmatique, imperturbable.

downcast ['daʊnkɑ:st] **1** adj (discouraged) abattu, démoralisé, découragé; (looking down) look, eyes baissé. **2** n (Min) puits m d'aérage.

downcry‡ ['daʊnkraɪ] vt (US: denigrate) décrier, dénigrer.

downer‡ ['daʊnər] n (tranquilliser) tranquillisant m, sédatif m; (depressing experience) expérience déprimante or démoralisante.

downfall ['daʊnfɔ:l] n [person, empire] chute f, ruine f, effondrement m; [hopes] ruine; [rain] chute de pluie.

downgrade ['daʊngreɪd] **1** vt person rétrograder; hotel déclasser; work, job dévaloriser, déclasser. **2** n (Rail etc) rampe descendante, descente f. (fig) **on the** ~ sur le déclin.

downhearted [,daʊn'hɑ:tɪd] adj abattu, découragé, déprimé. **don't be** ~ ne te laisse pas décourager!

downhill ['daʊn'hɪl] **1** adj (a) road etc en pente, incliné; walk dans le sens de la descente (sur un terrain en pente).

(b) (Ski) ~ **race** descente f; ~ **racer,** ~ **specialist** descendeur m, -euse f; ~ **ski(ing)** (ski m de) descente f.

2 adv: **to go** ~ [road] aller en descendant, descendre; [person, car] descendre la côte or la pente; (fig: get worse) [person] être sur le déclin; [company, business etc] péricliter.

Downing Street ['daʊnɪŋ,stri:t] n (Brit) Downing Street (résidence du premier ministre britannique).

download ['daʊn,ləʊd] vt (Comput) transférer (pour garder, ou exploiter avec limitation des fonctions).

downloading ['daʊn,ləʊdɪŋ] n (Comput) transfert m or chargement m des programmes (avec limitation des fonctions).

downpipe ['daʊn,paɪp] n (Brit) (tuyau m de) descente f.

downplay‡ ['daʊn,pleɪ] vt (US fig) minimiser l'importance de.

downpour ['daʊn,pɔ:r] n averse f, (chute f de) pluie torrentielle, déluge m.

downright ['daʊnraɪt] **1** adj person franc (f franche), direct; refusal catégorique; lie effronté. **it's** ~ **cheek on his part*** il a un sacré culot* or un fier toupet*; **it's a** ~ **lie to say** … c'est mentir effrontément or c'est purement et simplement mentir que de dire …; **it's a** ~ **lie for him to say** … il ment carrément quand il dit …; **it is** ~ **rudeness** c'est d'une impolitesse flagrante.

2 adv rude carrément, franchement; refuse catégoriquement. **it's** ~ **impossible** c'est purement et simplement impossible.

downshift ['daʊn,ʃɪft] **1** vi (US Aut) rétrograder. **2** n rétrogradation f.

downside ['daʊn,saɪd] n (US) ~ **up** sens dessus dessous.

downspout ['daʊn,spaʊt] n (US) = **downpipe.**

Down's syndrome ['daʊnz,smdrəʊm] n mongolisme m, trisomie f. **a** ~ **baby** un bébé mongolien or trisomique.

downstage ['daʊn,steɪdʒ] adv sur or vers le devant de la scène (from par rapport à).

downstairs ['daʊn'stɛəz] **1** adv (gen) en bas; (to or on floor below) à l'étage inférieur or en-dessous; (to or on ground floor) au rez-de-chaussée. **to go** or **come** ~ descendre (l'escalier); **to run/crawl** etc ~ descendre (l'escalier) en courant/en rampant etc; **the people** ~ les gens mpl (de l'appartement) du dessous.

2 adj room etc (gen) en bas; (on floor below) de l'étage inférieur or au-dessous; (on ground floor) du rez-de-chaussée. **a** ~ **flat** un appartement au rez-de-chaussée.

downstate ['daʊn,steɪt] (US) **1** n campagne f, sud m de l'État. **2** adj de la campagne, du sud de l'État. **3** adv de à la campagne, dans le sud; go à la campagne, vers le sud.

downstream ['daʊn,stri:m] adj, adv en aval. **to go** ~ descendre le courant.

downstroke ['daʊn,strəʊk] n (a) (in writing) plein m. (b) [piston etc] course descendante, mouvement m de descente.

downswept ['daʊn,swept] adj (Aviat) wings surbaissé.

downswing ['daʊn,swɪŋ] n (fig) baisse f, passage m à la phase descendante.

downtown ['daʊn'taʊn] **1** adv en ville. **2** adj: ~ **Chicago** le centre or le quartier commerçant de Chicago.

downtrodden ['daʊn,trɒdən] adj (fig) person, nation opprimé, tyrannisé.

downturn ['daʊn,tɜ:n] = **downswing.**

downward ['daʊnwəd] **1** adj movement, pull vers le bas; road qui descend en pente; glance baissé. (fig) **the** ~ **path** la pente fatale, le chemin qui mène à la ruine; (St Ex) ~ **trend** tendance f à la baisse. **2** adv = **downwards.**

downwards ['daʊnwədz] (phr vb elem) adv go vers le bas, de haut en bas, en bas. **to slope (gently)** ~ descendre (en pente douce); **to look** ~ regarder en bas or vers le bas; **looking** ~ les yeux baissés, la tête baissée; **place the book face** ~ posez le livre face en dessous; (fig) **from the 10th century** ~ à partir du 10e siècle; (fig) **from the king** ~ depuis le roi (jusqu'au plus humble), du haut en bas de l'échelle sociale.

downwind ['daʊn,wɪnd] adv sous le vent (from par rapport à). (Hunting etc) **to be** ~ **of sth** avoir le vent or être sous le vent de qch.

downy ['daʊnɪ] *adj* (a) *skin, leaf* couvert de duvet, duveté; *softness* duveteux; *peach* duveté, velouté; *cushion* duveteux. (b) (*Brit‡*: *sly, sharp*) malin (*f* -igne), roublard*.

dowry ['daʊrɪ] *n* dot *f*.

dowse [daʊz] **1** *vi* (*search for water*) faire de l'hydroscopie *or* de la radiesthésie; (*search for ore*) faire de la radiesthésie. **dowsing rod** baguette *f* (de sourcier). **2** *vt* = **douse**.

dowser ['daʊzər] *n* (*for water*) sourcier *m*, radiesthésiste *mf*; (*for ore*) radiesthésiste.

doxology [dɒkˈsɒlədʒɪ] *n* doxologie *f*.

doxy ['dɒksɪ] *n* (‡, ††) catin†† *f*.

doyen ['dɔɪən] *n* doyen *m* (d'âge).

doyenne ['dɔɪen] *n* doyenne *f*.

doze [dəʊz] **1** *n* somme *m*. **to have a ~** faire un petit somme. **2** *vi* sommeiller. **to be dozing** être assoupi.

◆**doze off** *vi* s'assoupir, s'endormir.

dozen ['dʌzn] *n* douzaine *f*. **3 ~** 3 douzaines; **a ~ shirts** une douzaine de chemises; **a round ~** une bonne douzaine; **half-a-~, a half-~** une demi-douzaine; **20p a ~** 20 pence la douzaine; **~s of times** des dizaines *or* douzaines de fois; **there are ~s like that** des choses (*or* des gens) comme cela, on en trouve à la douzaine; *V* **baker, nineteen**.

dozy ['dəʊzɪ] *adj* (a) (*sleepy*) à moitié endormi, somnolent. (b) (‡: *stupid*) gourde*, pas très dégourdi*.

DPh [diːpiːˈeɪtʃ] *n*, **D Phil** [diːˈfɪl] *n* (*abbr of* Doctor of Philosophy) ≈ doctorat en philosophie.

DPM [diːpiːˈem] *abbr of* **Diploma in Psychiatric Medicine** (*diplôme de psychiatrie*).

DPP [diːpiːˈpiː] (*Brit*) *abbr of* **Director of Public Prosecutions**; *V* **director**.

Dr ['dɒktər] *abbr of* **Doctor**. (*on envelope*) **~ J.** Smith Dr. J. Smith; (*in letters*) **Dear ~ Smith** Monsieur, (*less formally*) Cher Monsieur; (*if known to writer*) Cher Docteur.

dr (*Comm*) *abbr of* **debtor**.

drab [dræb] **1** *adj colour* terne, fade; *surroundings, existence* terne, morne, gris. **2** *n* (a) (*U: Tex*) grosse toile bise. (b) (††) (*slattern*) souillon *f*; (*prostitute*) grue‡ *f*.

drabness ['dræbnɪs] *n* (*V* **drab**) caractère *m or* aspect *m* terne *or* morne; fadeur *f*.

drachm [dræm] *n* (a) (*Measure, Pharm*) drachme *f*. (b) = **drachma**.

drachma ['drækmə] *n, pl* **~s** *or* **~e** ['drækmiː] (*coin*) drachme *f*.

draconian [drəˈkəʊnɪən] *adj* draconien.

Dracula ['drækjʊlə] *n* Dracula *m*.

draft [drɑːft], (*US*) [dræft] **1** *n* (a) (*outline*) (*gen*) avant-projet *m*; [*letter*] brouillon *m*; [*novel*] premier jet, ébauche *f*.
  (b) (*Comm, Fin: for money*) traite *f*, effet *m*. **to make a ~ on** tirer sur.
  (c) (*Mil: group of men*) détachement *m*.
  (d) (*US Mil: conscript intake*) contingent *m*. **to be ~ age** être en âge de faire son service.
  (e) (*US*) = **draught**.
2 *cpd*: (*US Mil*) **draft board** conseil *m* de révision; (*US Mil*) **draft card** ordre *m* d'incorporation; (*US Mil*) **draft dodger** insoumis *m*; **a draft letter** un brouillon de lettre; (*more fml*) un projet de lettre; **a draft version** une version préliminaire.
3 *vt* (a) (*also* **~ out**) *letter* faire le brouillon de; *speech* (*gen*) écrire, préparer; (*first* **~**) faire le brouillon de; (*final version*) rédiger; (*Parl*) *bill*, (*Comm, Fin*) *contract* rédiger, dresser; *plan* esquisser, dresser; *diagram* esquisser.
  (b) (*US Mil*) *conscript* appeler (sous les drapeaux), incorporer. (*esp Mil*) **to ~ sb to a post/to do sth** détacher *or* désigner qn à un poste/pour faire qch.

draftee [drɑːfˈtiː] *n* (*US: Mil, fig*) recrue *f*.

draftiness ['drɑːftɪnɪs] *n* (*US*) = **draughtiness**.

draftsman ['drɑːftsmən] *n* (*US*) = **draughtsman a.**

draftsmanship ['drɑːftsmənʃɪp] *n* (*US*) = **draughtsmanship.**

drafty ['drɑːftɪ] *adj* (*US*) = **draughty**.

drag [dræg] **1** *n* (a) (*for dredging etc*) drague *f*; (*Naut: cluster of hooks*) araignée *f*; (*heavy sledge*) traîneau *m*; (*Agr: harrow*) herse *f*.
  (b) = **dragnet**; *V* **2** below.
  (c) (*Aviat, Naut etc: resistance*) résistance *f*, traînée *f*.
  (d) (*Aut, Rail etc: brake*) sabot *m or* patin *m* de frein.
  (e) (*Hunting*) drag *m*.
  (f) (*hindrance*) boulet *m*, entrave *f*, frein *m* (on à); (*: person*) raseur* *m*, -euse* *f*, casse-pieds* *mf inv*; (*tedium*) corvée* *f*. **he's an awful ~ on them** ils le traînent comme un boulet; **what a ~ to have to go there!** quelle corvée *or* quelle barbe* d'avoir à y aller!; **this thing is a ~!** quelle barbe* *or* ce que c'est embêtant ce truc-là!
  (g) (‡: *pull on cigarette, pipe*) bouffée *f*. **here, have a ~** tiens, tire une bouffée.
  (h) (‡: *women's clothing worn by men*) travesti *m*. **in ~** en travesti.
  (i) (*US‡: influence*) piston *m*. **to use one's ~** travailler dans la coulisse, user de son influence.
  (j) (*US*) **the main ~** la grand-rue.
2 *cpd*: (*Aut*) **drag coefficient** *or* **factor** coefficient *m* de pénétration dans l'air; (*Ski*) **drag lift** tire-fesses *m* (*pl inv*); **dragnet** (*for fish*) seine *f*, drège *f*; (*for birds*) tirasse *f*; (*fig: by police*) rafle *f* (policière); **drag queen‡** travelo‡ *m*; (*US Aut*) **drag race** course *f* de hot-rods à départ arrêté; (*Aut, Rail etc*) **drag shoe** sabot *m or* patin *m* (de frein); (*Theat*) **drag show‡** spectacle *m* de travestis; (*US Aut*) **dragstrip, dragway** piste ‡ de vitesse (*pour voitures au moteur gonflé*).
3 *vi* (a) (*trail along*) [*object*] traîner (à terre); [*anchor*] chasser.
  (b) (*lag behind*) rester en arrière, traîner.
  (c) (*Aut*) [*brakes*] frotter, (se) gripper.

  (d) (*fig*) [*time, work, an entertainment*] traîner; [*conversation*] traîner, languir.
4 *vt* (a) *person, object* traîner, tirer; *person* entraîner. **to ~ one's feet** (*scuff feet*) traîner les pieds; (*go slow*) traîner (exprès); (*fig: show reluctance*) faire preuve de mauvaise volonté; (*Naut*) **to ~ anchor** chasser sur ses ancres; (*fig*) **to ~ the truth from sb** arracher la vérité à qn; (*US*) **to ~ ass‡** glander‡, traînasser.
  (b) *river* draguer (*for* à la recherche de).

◆**drag about 1** *vi* traîner.
  2 *vt sep* traîner, trimbaler*. **to drag o.s. about** (in pain *etc*) se traîner péniblement (sous l'effet de la douleur *etc*).

◆**drag along** *vt sep person* entraîner (à contrecœur); *toy etc* tirer. **to drag o.s. along** se traîner, avancer péniblement.

◆**drag apart** *vt sep* séparer de force.

◆**drag away** *vt sep* arracher (*from* à), emmener de force (*from* de). **she dragged him away from the television*** elle l'a arraché à la télévision.

◆**drag down** *vt sep* tirer du haut, entraîner (en bas). (*fig*) **to drag sb down to one's own level** rabaisser qn à son niveau; **his illness is dragging him down** sa maladie l'affaiblit.

◆**drag in** *vt sep* (*fig*) *subject, remark* tenir à placer, amener à tout prix.

◆**drag on** *vi* [*meeting, conversation*] se prolonger, s'éterniser.

◆**drag out 1** *vi* = **drag on**.
  2 *vt sep discussion* faire traîner.

◆**drag up** *vt sep* (a) (‡ *pej*) *child* élever à la diable *or* tant bien que mal.
  (b) *scandal, story* remettre sur le tapis, déterrer.

dragoman ['drægəʊmən] *n* drogman *m*.

dragon ['drægən] **1** *n* (a) (*Myth, Zool, also fig: fierce person*) dragon *m*. (b) (*Mil: armoured tractor*) tracteur blindé. **2** *cpd*: **dragonfly** libellule *f*, demoiselle *f*.

dragoon [drəˈguːn] **1** *n* (*Mil*) dragon *m*. **2** *vt*: **to ~ sb into doing** contraindre *or* forcer qn à faire.

dragster ['drægstər] *n* (*US Aut*) voiture *f* au moteur gonflé, hot-rod *m*.

dragsville‡ ['drægzvɪl] *n* (*US*) **it's just ~‡** c'est casse-pieds* *or* barbant*, on s'emmerde‡.

drain [dreɪn] **1** *n* (a) (*in town*) égout *m*; (*in house*) canalisation *f* sanitaire, tuyau *m* d'écoulement; (*on washing machine etc*) tuyau d'écoulement; (*Agr, Med*) drain *m*; (*~ cover*) (*in street*) bouche *f* d'égout; (*beside house*) puisard *m*. **~s** (*in town*) égouts; (*in house*) canalisations *fpl* sanitaires; (*Agr*) drains; **open ~** canal *m or* fossé *m or* égout à ciel ouvert; (*fig*) **to throw one's money down the ~** jeter son argent par les fenêtres; **all his hopes have gone down the ~*** voilà tous ses espoirs fichus* *or* à l'eau*.
  (b) (*fig*) (*on resources, manpower*) saignée *f* (on de), perte *f* (on en); (*on strength*) épuisement *m* (on de). **looking after her father has been a great ~ on her** s'occuper de son père l'a complètement épuisée; *V* **brain**.
  2 *cpd*: **draining board**, (*US*) **drainboard** égouttoir *m*, paillasse *f*; **drainpipe** tuyau *m* d'écoulement *or* de drainage; (*Brit*) **drainpipe trousers** pantalon-cigarette *m*.
  3 *vt land, marshes* drainer, assécher; *vegetables, dishes* égoutter; *mine* vider, drainer; *reservoir* mettre à sec, vider; *boiler* vider, vidanger; (*Med*) *wound* drainer; *glass* vider complètement; *wine in glass* boire jusqu'à la dernière goutte. (*Comm*) **~ed weight** poids net égoutté; (*fig*) **to ~ sb of strength** épuiser qn; (*fig*) **to ~ a country of resources** saigner un pays.
  4 *vi* [*liquid*] s'écouler; [*stream*] s'écouler (*into* dans); [*vegetables*] (s')égoutter.

◆**drain away, drain off 1** *vi* [*liquid*] s'écouler; [*strength*] s'épuiser.
  2 *vt sep liquid* faire couler (*pour vider un récipient*).

drainage ['dreɪnɪdʒ] **1** *n* (a) (*act of draining*) drainage *m*, assèchement *m*; (*system of drains*) (on land) système *m* de fossés *or* de tuyaux de drainage; [*town*] système d'égouts; [*house*] système d'écoulement des eaux; (*sewage*) eaux usées; (*Geol*) système hydrographique fluvial.
  2 *cpd*: (*Geol*) **drainage area, drainage basin** bassin *m* hydrographique; (*Constr*) **drainage channel** barbacane *f*; (*Med*) **drainage tube** drain *m*.

drainer ['dreɪnər] *n* égouttoir *m*.

drake [dreɪk] *n* canard *m* (mâle); *V* **duck¹.**

dram [dræm] *n* (*Brit*) (a) (*Measure, Pharm*) drachme *f*. (b) (*: small drink*) goutte *f*, petit verre.

drama ['drɑːmə] **1** *n* (a) (*U: gen*) théâtre *m*. **to study ~** étudier l'art *m* dramatique. **English ~** le théâtre anglais.
  (b) (*play*) drame *m*, pièce *f* de théâtre; (*fig*) drame.
  (c) (*U: quality of being dramatic*) drame *m*.
  2 *cpd*: **drama critic** critique *m* dramatique.

dramatic [drəˈmætɪk] *adj* (a) (*Literat, Theat*) art, criticism, artist dramatique. (*Literat*) **~ irony** ironie *f* dramatique; *V* **amateur**. (b) (*fig: theatrical*) *effect, entry* théâtral; (*spectacular*) *effect, situation, event* spectaculaire; *change* spectaculaire.

dramatically [drəˈmætɪkəlɪ] *adv* (a) (*Literat, Theat*) *effective etc* du point du vue théâtral. (b) (*V* **dramatic** (b)) de manière théâtrale; dramatiquement, de manière dramatique.

dramatics [drəˈmætɪks] *npl* (*Theat*) art *m* dramatique; (*) comédie *f* (*fig*); *V* **amateur**.

dramatis personae ['dræmətɪspɜːˈsəʊnaɪ] *npl* personnages *mpl* (d'une pièce *etc*).

dramatist ['dræmətɪst] *n* auteur *m* dramatique, dramaturge *m*.

dramatization [ˌdræmətaɪˈzeɪʃən] *n* (*V* **dramatize**) adaptation *f* pour la scène *etc*; dramatisation *f*.

dramatize ['dræmətaɪz] *vt* (a) *novel* adapter pour la scène *or* (*Cine*) pour l'écran *or* (*TV*) pour la télévision. **they ~d several episodes**

from his life ils ont présenté plusieurs épisodes de sa vie sous forme de sketch.
    (b) *(make vivid) event* dramatiser, rendre dramatique *or* émouvant; *(exaggerate)* dramatiser, faire un drame de.
Drambuie [dræm'bjuː] *n* ® Drambuie *f* ®.
drank [dræŋk] *pret of* **drink**.
drape [dreɪp] **1** *vt window, statue, person* draper *(with* de); *room, altar* tendre *(with* de); *curtain, length of cloth* draper. **she** ~**d herself over the settee*** elle s'est étalée sur le canapé. **2** *n*: ~**s** *(Brit: hangings)* tentures *fpl; (US: curtains)* rideaux *mpl*.
draper ['dreɪpə'] *n (Brit)* marchand(e) *m(f)* de nouveautés.
drapery ['dreɪpərɪ] *n* **(a)** *(material)* draperie *f*, étoffes *fpl; (hangings)* tentures *fpl*, draperies. **(b)** *(Brit: also* **draper's shop)** magasin *m* de nouveautés.
drastic ['dræstɪk] *adj remedy* énergique; *effect, change* radical; *measures* énergique, sévère, draconien; *price reduction* massif.
drastically ['dræstɪkəlɪ] *adv change etc* radicalement; *cut, reduce* radicalement, sévèrement; *raise or reduce prices* considérablement.
drat* [dræt] *excl (euph for* **damn)** sapristi!*, diable! ~ **the child!** au diable cet enfant!, quelle barbe* que cet enfant!
dratted* ['drætɪd] *adj* sacré* *(before n)*, maudit *(before n)*.
draught [drɑːft], *(US)* **draft 1** *n* **(a)** *courant m* d'air; *(for fire)* tirage *m; (Naut)* tirant *m* d'eau. **beer on** ~ bière *f* à la pression; *(fig: financially)* **to feel the** ~ devoir se serrer la ceinture*; *(fig, esp US: unfriendliness)* **I felt a** ~* j'ai senti qu'il *(etc)* me traitait avec froideur.
    (b) *(drink)* coup *m; [medicine]* potion *f*, breuvage *m*. **a** ~ **of cider** un coup de cidre; **to drink in long** ~**s** boire à longs traits.
    (c) *(Brit)* (game of) ~**s** (jeu *m* de) dames *fpl*.
    (d) *(rough sketch)* = **draft 1a**.
    2 *cpd animal* de trait; *cider, beer* à la pression. *(Brit)* **draughtboard** damier *m;* **draught excluder** bourrelet *m (de porte, de fenêtre);* **draughtproof** *(adj)* calfeutré; *(vt)* calfeutrer; **draughtproofing** calfeutrage *m*, calfeutrement *m*.
draughtiness ['drɑːftɪnɪs], *(US)* **draftiness** *n (U)* courants *mpl* d'air.
draughtsman ['drɑːftsmən] *n* **(a)** *((US)* **draftsman)** *(Art)* dessinateur *m*, -trice *f; (in drawing office)* dessinateur, -trice industriel(le). **(b)** *(Brit: in game)* pion *m*.
draughtsmanship ['drɑːftsmənʃɪp], *(US)* **draftsmanship** *n [artist]* talent *m* de dessinateur, coup *m* de crayon; *(in industry)* art *m* du dessin industriel.
draughty ['drɑːftɪ], *(US)* **drafty** *adj room* plein de courants d'air; *street corner* exposé à tous les vents *or* aux quatre vents.
draw [drɔː] *pret* **drew**, *ptp* **drawn 1** *vt* **(a)** *(pull: gen) object, cord, string, bolt* tirer. **to** ~ **a bow** tirer à l'arc; **to** ~ **the curtains** *(open)* tirer *or* ouvrir les rideaux; *(shut)* tirer *or* fermer les rideaux; **to** ~ **one's hand over one's eyes** se passer la main sur les yeux; **I drew her arm through mine** j'ai passé *or* glissé son bras sous le mien; **to** ~ **a book towards one** tirer un livre vers soi; **to** ~ **one's finger along a surface** passer le doigt sur une surface; **to** ~ **one's hat over one's eyes** baisser son chapeau sur ses yeux; **to** ~ **one's belt tighter** serrer sa ceinture; *(Med)* **to** ~ **an abscess** faire mûrir un abcès; *(aim)* **to** ~ **a bead on sth** viser qch.
    (b) *(pull behind) coach, cart* tirer, traîner; *train* tirer; *caravan, trailer* remorquer.
    (c) *(extract, remove) teeth* extraire, arracher; *cork* retirer, enlever. *(fig)* **to** ~ **sb's teeth** mettre qn hors d'état de nuire; *(Sewing)* **to** ~ **threads** tirer des fils; **to** ~ **a ticket out of a hat** tirer un billet d'un chapeau; **to** ~ **one's gun** tirer son pistolet; **he drew a gun on me** il a tiré un pistolet et l'a braqué sur moi; *(fig)* **to** ~ **the sword** passer à l'attaque; **with** ~**n sword** l'épée dégainée.
    (d) *(obtain from source) wine* tirer *(from* de); *water (from tap, pump)* tirer *(from* de); *(from well)* puiser *(from* dans). **to** ~ **a bath** faire couler un bain, préparer un bain; **the stone hit him and drew blood** la pierre l'a frappé et l'a fait saigner; *(Med)* **to** ~ **blood from sb's arm** faire une prise de sang à qn; *(fig)* **that remark drew blood** cette remarque a porté; **to** ~ **(a)** *breath* aspirer, respirer; *(fig)* souffler; **to** ~ **lots (for sth)** tirer (qch) au sort; **to** ~ **straws** tirer à la courte paille; **they drew lots as to who should do it** ils ont tiré au sort (pour décider) qui le ferait; **to** ~ **the first prize** gagner *or* décrocher le gros lot; **to** ~ **a card from the pack** tirer une carte du jeu; *(Cards)* **to** ~ **trumps** tirer *or* faire tomber les atouts; **to** ~ **inspiration from** tirer son inspiration de, puiser son inspiration dans; **to** ~ **comfort from** puiser une *or* sa consolation dans; **her singing drew tears from the audience** sa façon de chanter a fait pleurer les auditeurs; **her singing drew applause from the audience** sa façon de chanter a provoqué les applaudissements des auditeurs; **to** ~ **a smile/a laugh from sb** faire sourire/rire qn; **I could** ~ **no reply from him** je n'ai pu tirer de lui aucune réponse; **to** ~ **money from the bank** retirer de l'argent à la banque *or* de la banque; **to** ~ **a cheque on a bank** tirer un chèque sur une banque; **to** ~ **one's salary/pay** toucher son traitement/son salaire; *V* **blank**.
    (e) *(attract) attention, customer, crowd* attirer. **the play has** ~**n a lot of criticism** la pièce a donné lieu à *or* s'est attiré de nombreuses critiques; **to feel** ~**n towards sb** se sentir attiré par *or* porté vers qn.
    (f) *(cause to move, do, speak etc)* **her shouts drew me to the scene** ses cris m'ont attiré sur les lieux; **to** ~ **sb into a plan** entraîner qn dans un projet; **he refuses to be** ~**n** *(will not speak)* il refuse de parler; *(will not react)* il refuse de se laisser provoquer *or* de réagir; **to** ~ **sth to a close** *or* **an end** mettre fin à qch.
    (g) *picture* dessiner; *plan, line, circle* tracer; *(fig) situation* faire un tableau de; *character* peindre, dépeindre. **to** ~ **sb's portrait** faire le portrait de qn; **to** ~ **a map** *(Geog)* dresser une carte; *(Scol*

faire *or* dessiner une carte; *(fig)* **I** ~ **the line at scrubbing floors** je n'irai pas jusqu'à *or* je me refuse à frotter les parquets; **I** ~ **the line at murder** *(personally)* je n'irai pas jusqu'au *or* je me refuse au meurtre; *(as far as others are concerned)* je n'admets pas *or* je ne tolère pas le meurtre; **we must** ~ **the line somewhere** il faut se fixer une limite, il y a des limites *or* une limite à tout; **it's hard to know where to** ~ **the line** il n'est pas facile de savoir où fixer les limites.
    (h) *(establish, formulate) conclusion* tirer *(from* de); *comparison, parallel* établir, faire *(between* entre); *distinction* faire, établir *(between* entre).
    (i) *(Naut)* **the boat** ~**s 4 metres** le bateau a un tirant d'eau de 4 mètres, le bateau cale 4 mètres.
    (j) **to** ~ **(a match)** *(Sport)* faire match nul; *(Chess)* faire partie nulle.
    (k) *(infuse) tea* faire infuser.
    (l) *(Culin) fowl* vider; *V* **hang**.
    (m) *(Hunting)* **to** ~ **a fox** débusquer *or* lancer un renard.
    (n) *metal* étirer; *wire* tréfiler.
    2 *vi* **(a)** *(move, come) [person]* se diriger *(towards* vers). **to** ~ **to one side** s'écarter; **to** ~ **round the table** se rassembler *or* s'assembler autour de la table; **the train drew into the station** le train est entré en gare; **the car drew over towards the centre of the road** la voiture a dévié vers le milieu de la chaussée; **he drew ahead of the other runners** il s'est détaché des autres coureurs; **the 2 horses drew level** les 2 chevaux sont arrivés à la hauteur l'un de l'autre; **to** ~ **near** *[person]* s'approcher *(to* de); *[time, event]* approcher; **to** ~ **nearer (to)** s'approcher un peu plus (de); **to** ~ **to an end** *or* **a close** tirer à *or* toucher à sa fin.
    (b) *[chimney, pipe]* tirer; *[pump, vacuum cleaner]* aspirer.
    (c) *(be equal) [two teams]* faire match nul; *(in exams, competitions)* être ex æquo *inv*. **the competitors/the teams drew for second place** les concurrents *mpl*/les équipes *fpl* sont arrivé(e)s deuxièmes ex æquo *or* ont remporté la deuxième place ex æquo.
    (d) *(Cards)* **to** ~ **for partners** tirer pour les partenaires.
    (e) *(Art)* dessiner. **he** ~**s well** il dessine bien, il sait bien dessiner.
    (f) *[tea]* infuser.
    3 *n* **(a)** *(lottery)* loterie *f*, tombola *f; (act of* ~*ing a lottery)* tirage *m* au sort; *V* **luck**.
    (b) *(Sport)* match nul, partie nulle. **the match ended in a** ~ ils ont fini par faire match nul; **5 wins and 2** ~**s** 5 matches gagnés et 2 matches nuls.
    (c) *(attraction)* attraction *f*, succès *m; (Comm)* réclame *f*. **Laurence Olivier was the big** ~ Laurence Olivier était la grande attraction.
    (d) **to beat sb to the** ~ *(lit)* dégainer plus vite que qn; *(fig)* devancer qn; **to be quick on the** ~ *(lit)* avoir la détente rapide; *(fig:*)* avoir la repartie facile.
    4 *cpd*: **drawback** *(disadvantage)* inconvénient *m*, désavantage *m (to* à); *(Tax: refund)* drawback *m;* **drawbridge** pont-levis *m*, pont basculant *or* à bascule; *(US)* **draw poker** sorte de jeu de poker; **draw-sheet** alaise *f;* **drawstring** cordon *m;* **draw(-top) table** table *f* à rallonge.
    ◆**draw along** *vt sep cart* tirer, traîner; *(fig) person* entraîner.
    ◆**draw apart** *vi* s'éloigner *or* s'écarter l'un de l'autre, se séparer.
    ◆**draw aside 1** *vi [people]* s'écarter.
    2 *vt sep person* tirer *or* prendre à l'écart; *object* écarter.
    ◆**draw away 1** *vi* **(a)** *[person]* s'éloigner, s'écarter *(from* de); *[car etc]* démarrer. **to draw away from the kerb** s'éloigner du trottoir.
    (b) *(move ahead) [runner, racehorse etc]* se détacher *(from* de), prendre de l'avance *(from* sur).
    2 *vt sep person* éloigner, emmener; *object* retirer, ôter.
    ◆**draw back 1** *vi (move backwards)* (se) reculer *(from* de), faire un mouvement en arrière; *(fig)* se retirer, reculer *(at, before, from* devant).
    2 *vt sep person* faire reculer; *object, one's hand* retirer.
    3 **drawback** *n V* **draw 4**.
    ◆**draw down** *vt sep blind* baisser, descendre; *(fig) blame, ridicule* attirer *(on* sur).
    ◆**draw in 1** *vi* **(a)** *(Aut)* **to draw in by the kerb** *(pull over)* se rapprocher du trottoir; *(stop)* s'arrêter le long du trottoir.
    (b) *(get shorter)* **the days are drawing in** les jours diminuent *or* raccourcissent.
    2 *vt sep* **(a)** *air* aspirer, respirer.
    (b) *(attract) crowds* attirer. **the play is drawing in huge returns** la pièce fait des recettes énormes; *(fig)* **to draw sb in on a project** recruter qn pour un projet.
    (c) *(pull in)* rentrer; *reins* tirer sur. **to draw in one's claws** *(gen, also fig)* rentrer ses griffes; *[cat]* faire patte de velours; *V* **horn**.
    ◆**draw off 1** *vi [army, troops]* se retirer.
    2 *vt sep gloves* retirer, ôter; *garment* ôter, enlever; *pint of beer* tirer; *(Med) blood* prendre.
    ◆**draw on 1** *vi [time]* s'avancer.
    2 *vt sep* **(a)** *stockings, gloves, garment* enfiler; *shoes* mettre.
    (b) *(fig: encourage) person* entraîner, encourager.
    3 *vt fus* = **draw upon**.
    ◆**draw out 1** *vi (become longer)* **the days are drawing out** les jours rallongent.
    2 *vt sep* **(a)** *(bring out, remove) handkerchief, purse* sortir, tirer *(from* de); *money from bank* retirer *(from* de); *secret, plan* soutirer *(from* à); *(fig) person* faire parler. **he's shy, try and draw him out** *(of his shell)* il est timide, essayez de le faire parler *or* de le faire sortir de sa coquille.
    (b) *(stretch, extend) wire* étirer, tréfiler; *(fig) speech, meeting* faire traîner, (faire) tirer en longueur; *meal* prolonger.

♦**draw up 1** vi (stop) [car etc] s'arrêter, stopper.
   2 vt sep (a) chair approcher; troops aligner, ranger; boat tirer à sec. **to draw o.s. up** (to one's full height) se redresser (fièrement).
   (b) (formulate, set out) inventory dresser; list, contract, agreement dresser, rédiger; plan, scheme formuler, établir; (Fin) bill établir, dresser.
♦**draw (up)on** vt fus: **to draw (up)on one's savings** prendre or tirer sur ses économies; **to draw (up)on one's imagination** faire appel à son imagination.
drawee [drɔːˈiː] n (Fin) tiré m.
drawer [drɔːʳ] n (a) [furniture] tiroir m; V **bottom, chest**[1] etc. (b) [ˈdrɔːəʳ] (person) [cheque etc] tireur m; (Art) [pictures] dessinateur m, -trice f.
drawers† [drɔːz] npl [men] caleçon m; [women] culotte f, pantalon(s)† m(pl).
drawing [ˈdrɔːɪŋ] **1** n (a) (Art) dessin m. **a pencil ~** un dessin au crayon; **a chalk ~** un pastel; **rough ~** ébauche f, esquisse f, croquis m.
   (b) (U: extending, tapering) [metals] étirage m.
   2 cpd: **drawing board** planche f à dessin; (fig) **the scheme is still on the drawing board** le projet est encore à l'étude; (Brit) **drawing office** bureau m de dessin industriel; (Art) **drawing paper** papier m à dessin; (Art) **drawing pen** tire-ligne m; (Brit) **drawing pin** punaise f (à papier); **drawing room** salon m; (larger) salle f or salon de réception.
drawl [drɔːl] **1** vi parler d'une voix traînante. **2** vt dire or prononcer d'une voix traînante. **3** n débit traînant, voix traînante. **a slight American ~** un léger accent américain; ... **he said with a ~** ... dit-il d'une voix traînante.
drawn [drɔːn] **1** ptp of **draw**; V also **long**.
   2 adj (a) (haggard) features tiré, crispé. **to look ~** avoir les traits tirés; **face ~ with pain** visage crispé par la douleur.
   (b) (equal) game, match nul. **~ battle** bataille indécise.
   3 cpd: (Culin) **drawn butter** beurre fondu; (Sewing) **drawn (-thread) work** ouvrage m à fils tirés or à jour(s).
dray [dreɪ] n [brewer] haquet m; [wood, stones] fardier m; [quarry work] binard m.
dread [dred] **1** vt redouter, appréhender. **to ~ doing** redouter de faire; **to ~ that ...** redouter que ... ne + subj. **2** n terreur f, effroi m, épouvante f. **in ~ of doing** dans la crainte de faire; **to be or stand in ~ of** redouter, vivre dans la crainte de. **3** adj (liter) redoutable, terrible.
dreadful [ˈdredfʊl] adj crime, sight, suffering épouvantable, affreux, atroce; weapon, foe redoutable; (less strong: unpleasant) weather affreux, atroce; (*) child insupportable, terrible. **what a ~ nuisance!*** quelle barbe!*, c'est rudement embêtant!*; **it's a ~ thing but ...** c'est terrible mais ...; **what a ~ thing to happen!** quelle horreur!; **I feel ~!** (ill) je ne me sens pas bien (du tout)!; (ashamed) j'ai vraiment honte!; V **penny**.
dreadfully [ˈdredfəlɪ] adv frightened, late terriblement, affreusement, horriblement. **I'm ~ sorry but ...** je regrette infiniment mais ...; **I'm ~ sorry** je suis absolument désolé.
dreadnought [ˈdrednɔːt] n (Naut) cuirassé m (d'escadre).
dream [driːm] (vb: pret, ptp **dreamed** or **dreamt**) **1** n (a) (during sleep) rêve m. **to have a ~ about sth** faire un rêve sur qch, rêver de qch; **I've had a bad ~** j'ai fait un mauvais rêve or un cauchemar; **the whole business was (like) a bad ~** toute cette affaire a été comme un mauvais rêve; **it was like a ~ come true** c'était comme dans un rêve; **sweet ~s!** fais de beaux rêves!; **to see sth in a ~** voir qch en rêve; **life is but a ~** la vie n'est qu'un songe.
   (b) (when awake) rêverie f, rêve m, songerie f. **half the time she goes around in a ~*** la moitié du temps elle est dans un rêve or elle est dans les nuages or elle rêvasse.
   (c) (fantasy) rêve m, vision f. **the house of his ~s** la maison de ses rêves; **his fondest ~ was to see her again** son vœu le plus cher était de la revoir; **to have ~s of doing** rêver de faire; **all his ~s came true** tous ses rêves se sont réalisés; **idle ~s** rêvasseries fpl; **rich beyond his wildest ~s** plus riche qu'il n'aurait jamais pu rêver de l'être.
   (d) (*: lovely thing, person) merveille f, amour* m. **a ~ of a hat** un amour de chapeau*, une merveille de petit chapeau; **isn't he a ~?** n'est-ce pas qu'il est adorable?
   2 adj: **a ~ house** une maison de rêve; **his ~ house** la maison de ses rêves.
   3 cpd: **he's a dream boat*** il est beau à faire rêver; **dreamland** pays m des rêves or des songes; **dream world** (ideal) monde m utopique; (imagination) monde imaginaire; **he lives in a dream world** il plane complètement.
   4 vi (a) (in sleep) rêver. **to ~ about** or **of sb/sth** rêver de qn/qch; **to ~ about** or **of doing** rêver qu'on a fait.
   (b) (when awake) rêvasser, se perdre en rêveries. **I'm sorry, I was ~ing** excusez-moi, j'étais dans la lune or je rêvais.
   (c) (imagine, envisage) songer, penser (of à), avoir l'idée (of de). **I should never have dreamt of doing such a thing** l'idée ne me serait jamais passée par la tête de faire une chose pareille, je n'aurais jamais songé or pensé à faire une chose pareille; **I shouldn't ~ of telling her!** jamais il ne me viendrait à l'idée de lui dire cela!; **will you come? — I shouldn't ~ of it!** vous allez venir? — jamais de la vie! or pas question!
   5 vt (a) (in sleep) rêver, voir en rêve. **to ~ a dream** faire un rêve; **I dreamt that she came** j'ai rêvé qu'elle venait; **you must have dreamt it!** vous avez dû le rêver!
   (b) (imagine) imaginer. **if I had dreamt you would do that ...** si j'avais pu imaginer un instant que tu ferais cela ...; **I didn't ~ he would come!** je n'ai jamais songé or imaginé un instant qu'il viendrait!

♦**dream away** vt sep time, one's life perdre en rêveries.
♦**dream up*** vt sep idea imaginer, concevoir. **where did you dream that up?** où est-ce que vous êtes allés pêcher cela?*
dreamer [ˈdriːməʳ] n (lit) rêveur m, -euse f; (fig) rêveur, songecreux m inv; (politically) utopiste mf.
dreamily [ˈdriːmɪlɪ] adv (V **dreamy**) d'un air or d'un ton rêveur or songeur, rêveusement, d'une manière distraite.
dreamless [ˈdriːmlɪs] adj sans rêves.
dreamt [dremt] pret, ptp of **dream**.
dreamy [ˈdriːmɪ] adj (a) nature rêveur, romanesque, songeur. (b) (absent-minded) rêveur, distrait, dans la lune or les nuages; expression rêveur. (c) music langoureux. (d) (*: adorable) ravissant.
dreariness [ˈdrɪərɪnɪs] n (V **dreary**) aspect m morne etc; monotonie f.
dreary [ˈdrɪərɪ] adj weather morne, lugubre; landscape morne, désolé, monotone; life morne, monotone; work monotone, ennuyeux; speech, person ennuyeux (comme la pluie).
dredge[1] [dredʒ] **1** n (net, vessel) drague f. **2** vt river, mud draguer. **3** vi draguer.
♦**dredge up** vt sep (lit) draguer; (fig) unpleasant facts déterrer, ressortir.
dredge[2] [dredʒ] vt (Culin) saupoudrer (with de, on to, over sur).
dredger[1] [ˈdredʒəʳ] n (Naut) (ship) dragueur m; (machine) drague f.
dredger[2] [ˈdredʒəʳ] n (Culin) saupoudreuse f, saupoudroir m.
dredging[1] [ˈdredʒɪŋ] n (Naut) dragage m.
dredging[2] [ˈdredʒɪŋ] n (Culin) saupoudrage m.
dregs [dregz] npl lie f (also fig). **to drink sth to the ~** boire qch jusqu'à la lie; **the ~ of society** la lie de la société; **he is the ~*** c'est la dernière des crapules.
drench [drentʃ] **1** vt (a) tremper, mouiller. **to get ~ed to the skin** se faire tremper jusqu'aux os, se faire saucer*; V **sun**. (b) (Vet) administrer or faire avaler un médicament à. **2** n (Vet) (dose f de) médicament m (pour un animal).
drenching [ˈdrentʃɪŋ] **1** n: **to get a ~** se faire tremper or saucer*.
   2 adj: **~ rain** pluie battante or diluvienne.
Dresden [ˈdrezdən] n (also **~ china**) porcelaine f de Saxe, saxe m. **a piece of ~** un saxe.
dress [dres] **1** n (a) robe f. **a long/silk/summer ~** une robe longue/de soie/d'été; V **cocktail, wedding** etc.
   (b) (U: clothing) habillement m, tenue f, vêtements mpl; (way of dressing) tenue, mise f. **articles of ~** vêtements; **in eastern ~** en tenue orientale; **careless in one's ~** d'une tenue or mise négligée; V **evening, full, national** etc.
   2 cpd: **dress circle** premier balcon, corbeille f; **dress coat** habit m, queue-de-pie f; **dress designer** dessinateur m, -trice f de mode, modéliste mf, (famous) (grand) couturier m; **dress length** (of material) hauteur f (de robe); **dressmaker** couturière f; **dress-making** couture f, confection f de robes; (US Mil) **dress parade** défilé m en grande tenue; **dress rehearsal** (Theat) (répétition f) générale f, (fig) répétition générale; **dress shield** dessous-de-bras m; **dress shirt** chemise f de soirée; **dress suit** habit m or tenue f de soirée or de cérémonie; (Mil) **dress uniform** tenue f de cérémonie.
   3 vt (a) (clothe) child, family, recruits, customer habiller. **to ~ o.s., to get ~ed** s'habiller; V also **dressed**.
   (b) (Theat) play costumer.
   (c) (arrange, decorate) gown parer, orner; (Naut) ship pavoiser. **to ~ a shop window** faire l'étalage, faire la vitrine; **to ~ sb's hair** coiffer qn.
   (d) (Culin) salad assaisonner, garnir (d'une vinaigrette, d'une sauce); food for table apprêter, accommoder; chicken préparer. **~ed crab** du crabe tout préparé (pour la table).
   (e) skins préparer, apprêter; material apprêter; leather corroyer; timber dégrossir; stone tailler, dresser.
   (f) (Agr) field façonner.
   (g) troops aligner.
   (h) wound panser. **to ~ sb's wound** faire le pansement de qn.
   4 vi (a) s'habiller, se vêtir. **to ~ in black** s'habiller de noir; **to ~ as a man** s'habiller en homme; **she ~es very well** elle s'habille avec goût; **to ~ for dinner** se mettre en tenue de soirée; [man] se mettre en smoking; [woman] se mettre en robe du soir; **we don't ~** (for dinner) nous ne nous habillons pas pour le dîner.
   (b) [soldiers] s'aligner. **right ~!** à droite, alignement!
♦**dress down 1** vt sep (a) (Brit*: scold) passer un savon à*.
   (b) horse panser.
   2 dressing-down* n V **dressing 2**.
♦**dress up 1** vi (a) (put on smart clothes) s'habiller, se mettre en grande toilette, s'endimancher (pej). (Brit) **to be dressed up to the nines*** être sur son trente et un; **there's no need to dress up*** il n'y a pas besoin de vous habiller.
   (b) (put on fancy dress) se déguiser, se costumer (as en). **the children love dressing up** les enfants adorent se déguiser.
   2 vt sep (a) (disguise) déguiser (as en).
   (b) **it dresses up the skirt** cela rend la jupe plus habillée.
dressed [drest] adj habillé. **well-~** bien habillé; **to be ~ for the country/for town/for tennis** être en tenue de sport/de ville/de tennis; **~ as a man** habillé en homme; **~ in black** habillé de noir; **to be ~ to kill***, (US) **to be ~ fit to kill*** être sapé à mort*; V also **dress 3a**.
dresser[1] [ˈdresəʳ] n (a) (Theat) habilleur m, -euse f; (Comm: window ~) étalagiste mf. **she's a stylish ~** elle s'habille avec chic; V **hair**. (b) (tool) (for wood) raboteuse f; (for stone) rabotin m.
dresser[2] [ˈdresəʳ] n (a) (furniture) buffet m, vaisselier m. (b) (US) = **dressing table**; V **dressing 2**.
dressing [ˈdresɪŋ] **1** n (a) (providing with clothes) habillement m. **~ always takes me a long time** je mets beaucoup de temps à m'habiller; V **hair** etc.
   (b) (Med) pansement m.

(c) (*Culin*) (*presentation*) présentation *f*; (*seasoning*) assaisonnement *m*, sauce *f*; (*stuffing*) farce *f*. **oil and vinegar** ~ vinaigrette *f*; V **salad**.

(d) (*manure*) engrais *m*, fumages *mpl*.

(e) (*for material, leather*) apprêt *m*.

(f) (*Constr*) parement *m*.

2 *cpd*: **dressing case** nécessaire *m* de toilette, trousse *f* de toilette *or* de voyage; **to give sb a dressing-down*** passer un savon à qn*; **to get a dressing-down*** recevoir *or* se faire passer un savon*, se faire enguirlander*; (*Brit*) **dressing gown** robe *f* de chambre; (*made of towelling*) peignoir *m*; (*negligée*) déshabillé *m*; **dressing room** (*in house*) dressing(-room) *m*, garde-robe *f*, vestiaire *m*; (*Theat*) loge *f* (*d'acteur*); (*US: in shop*) cabine *f* d'essayage; **dressing table** coiffeuse *f*, (table *f* de) toilette *f*; **dressing table set** accessoires *mpl* pour coiffeuse.

dressy* ['drɛsɪ] *adj person* chic *inv*, élégant; *party* (très) habillé; *clothes, material* (qui fait) habillé.

drew [druː] *pret of* **draw**.

dribble ['drɪbl] **1** *vi* [*liquids*] tomber goutte à goutte, couler lentement; [*baby*] baver; (*Sport*) dribbler. [*people*] **to** ~ **back/in** etc revenir/entrer *etc* par petits groupes *or* un par un.

2 *vt* **(a)** (*Sport*) *ball* dribbler.

(b) he ~**d** his milk all down his chin son lait lui dégoulinait le long du menton.

3 *n* **(a)** [*water*] petite goutte.

(b) (*Sport*) dribble *m*.

dribbler ['drɪblər] *n* (*Sport*) dribbleur *m*.

driblet ['drɪblɪt] *n* [*liquid*] gouttelette *f*. **in** ~**s** (*lit*) goutte à goutte; (*fig*) au compte-gouttes.

dribs and drabs ['drɪbzən'dræbz] *npl* petites quantités. **in** ~ (*gen*) petit à petit, peu à peu; *arrive* en *or* par petits groupes; *pay, give* au compte-gouttes.

dried [draɪd] **1** *pret, ptp of* **dry**. **2** *adj fruit, beans* sec (*f* sèche); *vegetables* séché, déshydraté; *eggs, milk* en poudre; *flowers* séché. ~ **fruit** fruits secs. **3** *cpd*: **dried out** *alcoholic* désintoxiqué.

drier ['draɪər] *n* = **dryer**.

drift [drɪft] **1** *vi* **(a)** (*on sea, river etc*) aller à la dérive, dériver; (*in wind/current*) être poussé *or* emporté (par le vent/le courant); (*Aviat*) dériver; [*snow, sand etc*] s'amonceler, s'entasser. **to** ~ **downstream** descendre le courant à la dérive; [*person*] **to** ~ **away/out/back** *etc* s'en aller/sortir/revenir *etc* d'une allure nonchalante; **he was** ~**ing aimlessly about** il flânait (sans but), il déambulait.

(b) (*fig*) [*person*] se laisser aller, aller à la dérive; [*events*] tendre (*towards* vers). **to let things** ~ laisser les choses aller à la dérive *or* à vau-l'eau; **he** ~**ed into marriage** il s'est retrouvé marié; **the nation was** ~**ing towards a crisis** le pays glissait vers une crise.

(c) (*Rad*) se décaler.

2 *n* **(a)** (*U: driving movement or force*) mouvement *m*, force *f*; [*air, water current*] poussée *f*. **the** ~ **of the current** (*speed*) la vitesse du courant; (*direction*) le sens *or* la direction du courant; **carried north by the** ~ **of the current** emporté vers le nord par le courant; (*fig*) **the** ~ **of events** le cours *or* la tournure des événements.

(b) (*mass*) [*clouds*] traînée *f*; [*dust*] nuage *m*; [*falling snow*] rafale *f*; [*fallen snow*] congère *f*, amoncellement *m*; [*sand, leaves*] amoncellement, entassement *m*; (*Geol: deposits*) apports *mpl*.

(c) (*U*) (*act of drifting*) [*ships, aircraft*] dérivation *f*; [*projectile*] déviation *f*; (*deviation from course*) dérive *f*; (*Ling*) évolution *f* (de la langue). **continental** ~ dérive des continents.

(d) (*general meaning*) [*question etc*] but *m*, portée *f*, sens *m* (*général*). **I caught the** ~ **of what he said, I caught his general** ~ j'ai compris le sens général de ses paroles, j'ai compris où il voulait en venir.

(e) (*Min*) galerie chassante.

3 *cpd*: **drift anchor** ancre flottante; **drift(ing) ice** glaces flottantes *or* en dérive; **drift-net** filet dérivant, traîne *f*; **driftwood** bois flotté.

drifter ['drɪftər] *n* (*boat*) chalutier *m*, drifter *m*; (*person*) personne *f* qui se laisse aller *or* qui est sans but dans la vie. **he's a bit of a** ~ il manque un peu de stabilité.

drill¹ ['drɪl] **1** *n* (*for metal, wood*) foret *m*, mèche *f*; (*for oil well*) trépan *m*; (*complete tool*) porte-foret *m*, perceuse *f*; (*Min*) perforatrice *f*, foreuse *f*; (*for roads*) marteau-piqueur *m*; [*dentist*] roulette *f*, fraise *f* (de dentiste). **electric (hand)** ~ perceuse électrique; V **pneumatic**.

2 *vt* *wood, metal* forer, driller, percer; *tooth* fraiser. **to** ~ **an oil well** forer un puits de pétrole; **to** ~ **sb full of holes**‡ trouer qn de balles.

3 *vi* forer, effectuer des forages (d'exploitation) (*for* pour trouver).

drill² [drɪl] **1** *n* (*U*) (*esp Mil: exercises etc*) exercice(s) *m(pl)*, manœuvre(s) *f(pl)*; (*in grammar etc*) exercices. (*fig*) **what's the** ~?* quelle est la marche à suivre?; **he doesn't know the** ~* il ne connaît pas la marche à suivre *or* la marche des opérations.

2 *vt soldiers* faire faire l'exercice à. **these troops are well-**~**ed** ces troupes sont bien entraînées; **to** ~ **pupils in grammar** faire faire des exercices de grammaire à des élèves; **to** ~ **good manners into a child** dresser un enfant à bien se tenir; **I** ~**ed it into him that he must not** ... je lui ai bien fait entrer dans la tête qu'il ne doit pas ...

3 *vi* (*Mil*) faire l'exercice, être à l'exercice.

4 *cpd*: (*Mil*) **drill sergeant** sergent *m* instructeur.

drill³ [drɪl] (*Agr*) **1** *n* (*furrow*) sillon *m*; (*machine*) drill *m*, semoir *m*.

2 *vt seeds* semer en sillons; *field* tracer des sillons dans.

drill⁴ [drɪl] *n* (*Tex*) coutil *m*, treillis *m*.

drilling¹ ['drɪlɪŋ] **1** *n* (*U*) [*metal, wood*] forage *m*, perçage *m*, perfora-

tion *f*; (*by dentist*) fraisage *m*. ~ **for oil** forage (pétrolier). **2** *cpd*: **drilling rig** derrick *m*; (*at sea*) plate-forme *f*; **drilling ship** navire *m* de forage.

drilling² ['drɪlɪŋ] *n* (*Mil*) exercices *mpl*, manœuvres *fpl*.

drillion‡ ['drɪljən] *n* (*US*) **a** ~ **dollars** des tonnes de dollars, des milliards et des milliards de dollars.

drily ['draɪlɪ] *adv* (*coldly*) sèchement, d'un ton sec; (*with dry humour*) d'un ton *or* d'un air pince-sans-rire.

drink [drɪŋk] (*vb: pret* **drank**, *ptp* **drunk**) **1** *n* **(a)** (*liquid to* ~) boisson *f*. **have you got** ~**s for the children?** est-ce que tu as des boissons pour les enfants?; **there's food and** ~ **in the kitchen** il y a de quoi boire et manger à la cuisine; **there's plenty of food and** ~ **in the house** il y a tout ce qu'il faut à boire et à manger dans la maison; **may I have a** ~? est-ce que je pourrais boire quelque chose?; **to give sb a** ~ donner à boire à qn; **he's a long** ~ **of water*** c'est un grand échalas, c'est une asperge.

(b) (*glass of alcoholic* ~) verre *m*, coup* *m*, pot* *m*; (*before meal*) apéritif *m*; (*after meal*) digestif *m*. **have a** ~! tu prendras bien un verre?; **let's have a** ~ on va prendre *or* boire quelque chose, on va prendre un verre *or* un pot*; **let's have a** ~ on it on va boire un coup* pour fêter ça; **I need a** ~! il me faut quelque chose à boire!, vite à boire!; **he likes a** ~ il aime bien boire un verre *or* un coup*; **to ask friends in for** ~**s** inviter des amis à venir prendre un verre *or* boire un pot*; **to stand sb a** ~ offrir un verre *or* un pot* à qn, offrir à boire à qn; **to stand a round of** ~**s** *or* ~**s** **all round** payer une tournée; **he had a** ~ **in him**‡ il avait un verre dans le nez*; V **short, soft, strong** *etc*.

(c) (*U: alcoholic liquor*) la boisson, l'alcool *m*. **to be under the influence of** ~, **to be the worse for** ~ être en état d'ébriété, être plutôt éméché* *or* parti*; **to take to** ~ s'adonner à la boisson; **to smell of** ~ sentir l'alcool; **his worries drove him to** ~ ses soucis l'ont poussé à boire *or* à la boisson; **it's enough to drive you to** ~! ça vous pousserait un honnête homme à la boisson!*; V **demon**.

(d) (‡: *sea*) flotte‡ *f*. **to be in the** ~ être à la baille‡ *or* à la patouille‡.

2 *cpd*: **the drink problem** le problème de l'alcoolisme; **to have a drink problem** boire (trop).

3 *vt wine, coffee* boire, prendre; *soup* manger. **would you like something to** ~? voulez-vous boire quelque chose?; **give me something to** ~ donnez-moi (quelque chose) à boire; **is the water fit to** ~? est-ce que l'eau est potable?; **this coffee isn't fit to** ~ ce café n'est pas buvable; **to** ~ **sb's health** boire à (la santé de) qn; **this wine should be drunk at room temperature** ce vin se boit chambré; (*fig*) **he** ~**s all his wages** il boit tout ce qu'il gagne; **to** ~ **o.s. to death** se tuer à force de boire; **to** ~ **sb under the table** faire rouler qn sous la table; V **toast** *etc*.

4 *vi* boire. **he doesn't** ~ il ne boit pas; **his father drank** son père buvait; **to** ~ **from the bottle** boire à (même) la bouteille; **to** ~ **out of a glass** boire dans un verre; (*notice*) **'don't** ~ **and drive'** 'attention, au volant l'alcool tue'; **to** ~ **like a fish*** boire comme un trou*; **to** ~ **to sb/to sb's success** boire à *or* porter un toast à qn/au succès de qn.

♦**drink away** *vt sep fortune* boire; *sorrows* noyer (dans l'alcool).

♦**drink down** *vt sep* avaler, boire d'un trait.

♦**drink in** *vt sep* [*plants, soil*] absorber, boire; (*fig*) *story* avaler*. **he drank in the fresh air** il a respiré *or* humé l'air frais; (*fig*) **the children were drinking it all in** les enfants n'en perdaient pas une miette* *or* goutte*.

♦**drink up** **1** *vi* boire, vider son verre. **drink up!** finis *or* bois ton vin! (*or* ton café! *etc*).

2 *vt sep* boire (jusqu'au bout), finir.

drinkable ['drɪŋkəbl] *adj* (*not poisonous*) *water* potable; (*palatable*) *wine etc* buvable.

drinker ['drɪŋkər] *n buveur m*, -euse *f*. *whisky* ~ buveur de whisky; **he's a hard** *or* **heavy** ~ il boit beaucoup, il boit sec.

drinking ['drɪŋkɪŋ] **1** *n* (fait *m* de) boire *m*; (*drunkenness*) boisson *f*. **eating and** ~ manger et boire; **he wasn't used to** ~ il n'avait pas l'habitude de boire; **there was a lot of heavy** ~ on a beaucoup bu; **his problem was** ~ son problème c'était qu'il buvait; **his** ~ **caused his marriage to break up** le fait qu'il buvait a fait des ravages dans son ménage; **I don't object to** ~ **in moderation** je ne vois pas d'inconvénient à boire *or* à ce que l'on boive avec modération; ~ **by the under-18s must be stopped** il faut empêcher les jeunes de moins de 18 ans de s'adonner à la boisson.

2 *cpd*: **drinking bout** (séance *f* de) beuverie *f*; **drinking chocolate** chocolat *m* (en poudre); **one of his drinking companions** un de ses compagnons de beuverie; **drinking fountain** (*in street*) fontaine publique; (*in toilets etc*) jet *m* d'eau potable; **drinking session** = **drinking bout**; **drinking song** chanson *f* à boire; **drinking trough** abreuvoir *m*, auge *f* à boire; **drinking water** eau *f* potable.

drip [drɪp] **1** *vi* [*water, sweat, rain*] tomber goutte à goutte, dégoutter, dégouliner; [*tap*] couler, goutter; [*cheese, washing*] s'égoutter; [*hair, trees etc*] dégoutter, ruisseler (*with* de). **the rain was** ~**ping down the wall** la pluie dégouttait *or* dégoulinait le long du mur; **sweat was** ~**ping from his brow** il avait le front ruisselant de sueur; **to be** ~**ping with sweat** ruisseler de sueur, être en nage; **his hands were** ~**ping with blood** il avait les mains dégoulinantes de sang; **the walls were** ~**ping (with water)** les murs suintaient; **he's** ~**ping wet*** il était trempé jusqu'aux os; **my coat is** ~**ping wet*** mon manteau est trempé *or* est à tordre.

2 *vt liquid* faire tomber *or* laisser tomber goutte à goutte; *washing, cheese* égoutter. **you're** ~**ping paint all over the place** tu mets de la peinture partout.

3 *n* **(a)** (*sound*) [*water, rain*] bruit *m* de l'eau qui tombe goutte à goutte; [*tap*] bruit d'un robinet qui goutte; (*drop*) goutte *f*; (*fig: spineless person*) lavette* *f*.

(b) (*Med*) (*liquid*) perfusion *f*; (*device*) goutte-à-goutte *m inv.* to put up a ∼ mettre un goutte-à-goutte; to be on a ∼ être sous perfusion, avoir le goutte-à-goutte.

(c) (*Archit: also* ∼stone) larmier *m*.

4 *cpd*: drip-dry *shirt* qui ne nécessite aucun repassage; (*Comm: on label*) 'ne pas repasser'; (*Med*) drip-feed alimenter par perfusion; drip mat dessous-de-verre *m inv*; (*Culin*) drip pan lèchefrite *f*.

dripping ['drɪpɪŋ] 1 *n* (a) (*Culin*) graisse *f* (de rôti). bread and ∼ tartine *f* à la graisse.

(b) (*action*) [*water etc*] égouttement *m*, égouttage *m*.

2 *adj* tap qui goutte *or* fuit; *rooftop, tree* ruisselant, qui dégoutte; *washing* qui dégoutte, trempé; (***) *coat, hat* trempé, dégoulinant*, saucé*.

3 *cpd*: (*Culin*) drip(ping) pan lèchefrite *f*.

drive [draɪv] (*vb: pret* drove, *ptp* driven) 1 *n* (a) (*Aut: journey*) promenade *f or* trajet *m* en voiture. to go for a ∼ faire une promenade en voiture; it's about one hour's ∼ from London c'est à environ une heure de voiture de Londres.

(b) (*private road*) (*into castle*) allée *f*, avenue *f*; (*into house*) allée.

(c) (*Golf*) drive *m*; (*Tennis*) coup droit, drive.

(d) (*energy*) dynamisme *m*, énergie *f*; (*Psych etc*) besoin *m*, instinct *m*. the sex ∼ les pulsions sexuelles; to have plenty of ∼ avoir de l'énergie *or* du dynamisme *or* de l'allant, être dynamique *or* entreprenant; to lack ∼ manquer d'allant *or* de dynamisme.

(e) (*Pol etc*) campagne *f*; (*Mil*) poussée *f*. a ∼ to boost sales une promotion systématique de vente; output ∼ effort *m* de production; V export, whist *etc*.

(f) (*Tech: power transmission*) commande *f*, transmission *f*, actionnement *m*. (*Aut*) front-wheel ∼ traction *f* avant; rear-wheel ∼ propulsion *f* arrière; left-hand ∼ conduite *f* à gauche.

(g) (*Comput*) (*for disk*) unité *f* de disques; (*for tape*) dérouleur *m*.

(h) (*herding*) rassemblement *m*. cattle ∼ rassemblement de bétail.

2 *cpd*: drive-in (*adj, n*) drive-in (*m*); (*Aut*) driveline transmission *f*; (*Aut etc*) driveshaft arbre *m* de transmission; (*US Rad*) drive-time heure *f* de pointe, heure d'encombrement; drivetrain = driveline; (*US*) drive-up window guichet *m* pour automobilistes; driveway = drive 1b.

3 *vt* (a) *people, animals* chasser *or* pousser (devant soi); (*Hunting*) *game* rabattre; *clouds* charrier, chasser, pousser; *leaves* chasser. to ∼ sb out of the country chasser qn du pays; (*fig*) to ∼ sb into a corner mettre qn au pied du mur; (*fig*); the dog drove the sheep into the farm le chien a fait rentrer les moutons à la ferme; the gale drove the ship off course la tempête a fait dériver le navire; the wind drove the rain against the windows le vent rabattait la pluie contre les vitres.

(b) *cart, car, train* conduire; *racing car* piloter; *passenger* conduire, emmener (en voiture). he ∼s a lorry/taxi (*for a living*) il est camionneur/ chauffeur de taxi; he ∼s a Peugeot il a une Peugeot; he ∼s racing cars il est pilote de course; (*Aut*) to ∼ sb back/off *etc* ramener/emmener *etc* qn en voiture; I'll ∼ you home je vais vous ramener en voiture, je vais vous reconduire chez vous; he drove me down to the coast il m'a conduit *or* emmené (en voiture) jusqu'à la côte; he drove his car straight at me il s'est dirigé *or* il a dirigé sa voiture droit sur moi.

(c) (*operate*) *machine* [*person*] actionner, commander; [*steam etc*] faire fonctionner. steam-driven train locomotive *f* à vapeur; machine driven by electricity machine fonctionnant à l'électricité.

(d) *nail* enfoncer; *stake* enfoncer, ficher; *rivet* poser; (*Golf, Tennis*) *driver*; *tunnel* percer, creuser; *well* forer, percer. to ∼ a nail home enfoncer un clou à fond; to ∼ this point home, he ... pour bien se faire comprendre *or* pour souligner son argumentation, il ... ; (*fig*) to ∼ a point home réussir à faire comprendre un argument; (*fig*) to ∼ sth into sb's head enfoncer qch dans la tête de qn; to ∼ sth out of sb's head faire complètement oublier qch à qn; to ∼ a bargain conclure un marché; to ∼ a hard bargain with sb soutirer le maximum à qn; he ∼s a hard bargain il ne fait pas de cadeau.

(e) (*fig*) to ∼ sb hard surcharger qn de travail, surmener qn; to ∼ sb mad rendre qn fou (*f* folle); to ∼ sb to despair réduire qn au désespoir; to ∼ sb to rebellion pousser *or* inciter qn à la révolte; to ∼ sb to do *or* into doing sth pousser qn à faire qch; I was driven to it j'y ai été poussé malgré moi, j'y ai été contraint.

4 *vi* (a) (*Aut*) (*drive a car etc*) conduire (une voiture); (*go by car*) aller en voiture. to ∼ away/back *etc* partir/revenir en voiture; she drove down to the shops elle est allée faire des courses en voiture; can you ∼? savez-vous conduire?; to ∼ at 50 km/h rouler à 50 km/h; to ∼ on the right rouler à droite, tenir la droite; did you come by train? — no, we drove êtes-vous venus par le train? — non, (nous sommes venus) en voiture; we have been driving all day nous avons fait de la route *or* nous avons roulé toute la journée; she was about to ∼ under the bridge elle s'apprêtait à s'engager sous le pont.

(b) the rain was driving in our faces la pluie nous fouettait le visage.

◆drive along 1 *vi* [*vehicle*] rouler, circuler; [*person*] rouler.

2 *vt sep* [*wind, current*] chasser, pousser.

◆drive at *vt fus* (*fig: intend, mean*) en venir à, vouloir dire. what are you driving at? où voulez-vous en venir?, que voulez-vous dire?

◆drive away 1 *vi* [*car*] démarrer; [*person*] s'en aller *or* partir en voiture.

2 *vt sep* (*lit, fig*) person, suspicions, cares chasser.

◆drive back 1 *vi* [*car*] revenir; [*person*] rentrer en voiture.

2 *vt sep* (a) (*cause to retreat*) (*Mil etc*) repousser, refouler, faire

reculer. the storm drove him back la tempête lui a fait rebrousser chemin.

(b) (*convey back*) ramener *or* rencondure en voiture.

◆drive in 1 *vi* [*car*] entrer; [*person*] entrer (en voiture).

2 *vt sep* nail enfoncer; *screw* visser. (*fig*) to drive an idea into sb's head enfoncer *or* faire entrer une idée dans la tête de qn.

3 drive-in *adj, n* V drive 2.

◆drive off 1 *vi* (a) = drive away 1.

(b) (*Golf*) driver.

2 *vt sep* = drive away 2.

3 *vt fus ferry* débarquer de.

◆drive on 1 *vi* [*person, car*] poursuivre sa route; (*after stopping*) reprendre sa route, repartir.

2 *vt sep* (*incite, encourage*) pousser, inciter, entraîner (*to* à, *to do, to doing* à faire).

◆drive on to *vt fus ferry* embarquer sur.

◆drive out 1 *vi* [*car*] sortir; [*person*] sortir (en voiture).

2 *vt sep* person faire sortir, chasser; *thoughts, desires* chasser.

◆drive over 1 *vi* venir *or* aller en voiture. we drove over in 2 hours nous avons fait le trajet en 2 heures.

2 *vt sep* (*convey*) conduire en voiture.

3 *vt fus* (*crush*) écraser.

◆drive up *vi* [*car*] arriver; [*person*] arriver (en voiture).

driv(e)ability [,draɪvə'bɪlɪtɪ] *n* maniabilité *f*, manœuvrabilité *f*.

drivel ['drɪvl] 1 *n* (U) radotage *m*, sornettes *fpl*, imbécillités *fpl*. what utter ∼! quelles imbécillités! *or* sornettes! 2 *vi* radoter. what's he ∼ling about? qu'est-ce qu'il radote?*

driven ['drɪvn] *ptp of* drive.

-driven ['drɪvn] *adj ending in cpds* fonctionnant à, *e.g.* electricity∼ fonctionnant à l'électricité; steam∼ à vapeur.

driver ['draɪvər] 1 *n* (a) [*car*] conducteur *m*, -trice *f*; [*taxi, truck, bus*] chauffeur *m*, conducteur, -trice; [*racing car*] pilote *m*; (*Brit*) [*locomotive*] mécanicien *m*, conducteur; [*cart*] charretier *m*; (*Sport: in horse race etc*) driver *m*. car ∼s automobilistes *mpl*; to be a good ∼ conduire bien; he's a very careful ∼ il conduit très prudemment; (*US*) ∼'s license permis *m* de conduire; (*Aut*) the ∼'s or driving seat la place du conducteur; to be in the ∼'s or driving seat (*lit*) être au volant; (*fig*) tenir les rênes, être aux commandes, diriger les opérations; V back, lorry, racing *etc*.

(b) [*animals*] conducteur *m*, V slave.

(c) (*golf club*) driver *m*.

2 *cpd*: (*US Scol*) driver education cours *mpl* de conduite automobile (dans les lycées).

driving ['draɪvɪŋ] 1 *n* (*Aut*) conduite *f*. his ∼ is awful il conduit très mal; bad ∼ conduite imprudente *or* maladroite; dangerous ∼ conduite dangereuse; ∼ is his hobby conduire est sa distraction favorite.

2 *adj* (a) *necessity* impérieux, pressant. he is the ∼ force c'est lui qui est la force agissante, il est la locomotive*.

(b) ∼ rain pluie battante.

3 *cpd*: driving belt courroie *f* de transmission; driving instructor moniteur *m*, -trice *f* de conduite *or* d'auto-école; driving lesson leçon *f* de conduite; (*Brit*) driving licence permis *m* de conduire; driving mirror rétroviseur *m*; driving school auto-école *f*; driving seat V driver a; driving test examen *m* du permis de conduire; to pass one's driving test avoir son permis; to fail the driving test être refusé *or* recalé* à son permis; (*Tech*) driving wheel roue motrice.

drizzle ['drɪzl] 1 *n* bruine *f*, crachin *m*. 2 *vi* bruiner, crachiner.

drizzly ['drɪzlɪ] *adj* de bruine, de crachin.

droll [drəʊl] *adj* (*comic*) comique, drôle; (*odd*) bizarre, drôle, curieux.

dromedary ['drɒmɪdərɪ] *n* dromadaire *m*.

drone [drəʊn] 1 *n* (a) (*bee*) abeille *f* mâle, faux-bourdon *m*; (*pej: idler*) fainéant(e) *m(f)*.

(b) (*sound*) [*bees*] bourdonnement *m*; [*engine, aircraft*] ronronnement *m*, (*louder*) vrombissement *m*; (*fig: monotonous speech*) débit *m* soporifique *or* monotone, ronronnement.

(c) (*Mus*) bourdon *m*.

(d) (*robot plane*) avion téléguidé, drone *m*.

2 *vi* [*bee*] bourdonner; [*engine, aircraft*] ronronner, (*louder*) vrombir; (*speak monotonously: also* ∼ away, ∼ on) parler d'une voix monotone *or* endormante. he ∼d on and on for hours il n'a pas cessé pendant des heures de parler de sa voix monotone.

3 *vt*: to ∼ (out) a speech débiter un discours d'un ton monotone.

drool [druːl] *vi* (*lit*) baver; (*fig) radoter. (*fig*) to ∼ over sth* baver d'admiration *or* s'extasier devant qch.

droop [druːp] 1 *vi* [*body*] s'affaisser; [*shoulders*] tomber; [*head*] pencher; [*eyelids*] s'abaisser; [*flowers*] commencer à se faner *or* à baisser la tête; [*feathers, one's hand*] retomber. his spirits ∼ed il a été pris de découragement; the heat made him ∼ il était accablé par la chaleur.

2 *vt head* baisser, pencher.

3 *n* [*body*] attitude penchée *or* affaissée; [*eyelids*] abaissement *m*; [*spirits*] langueur *f*, abattement *m*.

drop [drɒp] 1 *n* (a) [*water, rain etc*] goutte *f*; [*alcohol*] goutte, larme *f*. ∼ by ∼ goutte à goutte; (*Med*) ∼s gouttes; just a ∼! (juste une goutte! *or* une larme!, une (petite) goutte!; there's only a ∼ left il n'en reste qu'une goutte; to fall in ∼s tomber en gouttes; we haven't had a ∼ of rain nous n'avons pas eu une goutte de pluie; (*fig*) it's a ∼ in the ocean c'est une goutte d'eau dans la mer; he's had a ∼ too much* il a un verre dans le nez*; V nose, tear[2] *etc*.

(b) (*pendant*) [*chandelier*] pendeloque *f*; [*earring*] pendant *m*, pendeloque; [*necklace*] pendentif *m*. (*sweet*) acid ∼ bonbon acidulé.

(c) (*fall*) [*temperature*] baisse *f* (in de); [*prices*] baisse, chute *f* (in de). (*Elec*) ∼ in voltage chute de tension; (*fig*) at the ∼ of a hat act, *make speech etc* au pied levé; *leave, shoot, get angry* pour un oui pour un non.

(d) *(difference in level)* dénivellation *f*, descente *f* brusque; *(abyss)* précipice *m*; *(fall)* chute *f*; *(distance of fall)* hauteur *f* de chute; *(Climbing)* vide *m*; *[gallows]* trappe *f*; *(parachute jump)* saut *m* (en parachute); *(act of dropping: of supplies, arms)* parachutage *m*, droppage *m*; *(hiding place: for secret letter etc)* cachette *f*, dépôt clandestin. **there's a ~ of 10 metres between the roof and the ground** il y a (une hauteur de) 10 mètres entre le toit et le sol; **sheer ~** descente à pic; *(US fig)* **to have/get the ~ on sb** avoir/prendre l'avantage sur qn; *[gangster]* **to make a ~** déposer un colis.

(e) *(Theat: also ~ curtain)* rideau *m* d'entracte; *V* **back**.

2 *cpd*: *(US Univ etc)* **drop-add** remplacement *m* d'un cours par un autre; *(US)* **drop-cloth** bâche *f* de protection; **drop-forge** marteau-pilon *m*; *(Rugby)* **drop goal** drop(-goal) *m*; **to score a drop goal** passer un drop; **drop-hammer = drop-forge**; *(Rugby)* **drop kick** coup *m* de pied tombé, drop *m* *(coup de pied)*; **drop-leaf table** table *f* à volets, table anglaise; **drop-off** *(in sales, interest etc)* diminution *f* (in de); **dropout** *(from society)* drop-out* *mf*, marginal(e) *m(f)*; *(from college etc)* étudiant(e) *m(f)* qui abandonne ses études; *(Rugby)* **drop-out** renvoi *m* aux 22 mètres; *(Univ etc)* **dropping out** abandon *m*, désistement *m*; *(Comm)* **drop shipment** drop shipment *m*; *(Tennis)* **drop shot** amorti *m*.

3 *vt* **(a)** *rope, ball, cup (let fall)* laisser tomber; *(release, let go)* lâcher; *one's trousers etc* laisser tomber; *bomb* lancer, larguer; *liquid* laisser tomber goutte à goutte; *price* baisser; *(from car)* *person, thing* déposer; *(from boat)* cargo, passengers débarquer. *(Aut)* **I'll ~ you here** je vous dépose *or* laisse ici; **to ~ one's eyes/voice** baisser les yeux/la voix; **to ~ a letter in the postbox** mettre *or* jeter une lettre à la boîte; **to ~ soldiers/supplies by parachute** parachuter des soldats/du ravitaillement; *[parachutist]* **to be ~ped** sauter; *(Tennis)* **he ~ped the ball over the net** son amorti a juste franchi le filet; *(Naut)* **to ~ anchor** mouiller *or* jeter l'ancre; *(fig)* **to ~ a brick*** faire une gaffe* *or* une bourde*; *(Theat)* **to ~ the curtain** baisser le rideau; **to ~ a curtsy** faire une révérence; *(Rugby)* **to ~ a goal** marquer un drop; *(Knitting)* **to ~ a stitch** sauter *or* laisser échapper *or* laisser tomber une maille; **to ~ a hem** ressortir un ourlet.

(b) *(kill) bird* abattre; *(‡) person* descendre‡.

(c) *(utter casually) remark, clue* laisser échapper. **to ~ a hint about sth** *(drop) suggest* qch; **are you ~ping hints?** c'est une allusion?, ce sont des allusions?; **to ~ a word in sb's ear** glisser un mot à l'oreille de qn; **he let ~ that he had seen her** *(accidentally)* il a laissé échapper qu'il l'avait vue; *(deliberately)* il a fait comprendre qu'il l'avait vue.

(d) *letter, card* envoyer, écrire *(to* à). **to ~ sb a line** faire *or* écrire un (petit) mot à qn; **~ me a note** écrivez-moi *or* envoyez-moi un petit mot.

(e) *(omit) word, syllable (spoken)* avaler, *(written)* omettre; *(intentionally) programme, word, scene from play* supprimer; *(unintentionally) word, letter in type* laisser tomber, omettre. **to ~ one's h's** *or* **aitches** ne pas aspirer les h, avoir un accent vulgaire.

(f) *(abandon) habit, idea* renoncer à; *work* abandonner; *(Scol etc) subject* abandonner, laisser tomber; *plan* renoncer à, ne pas donner suite à; *discussion, conversation* abandonner; *friend* laisser tomber, lâcher, cesser de voir; *girlfriend, boyfriend* rompre avec, lâcher, laisser tomber. *(Sport)* **to ~ sb from a team** écarter qn d'une équipe; **they had to ~ 100 workers** ils ont dû se défaire de 100 salariés; **let's ~ the subject** parlons d'autre chose, laissons ce sujet, ne parlons plus de cela; **~ it!*** laisse tomber!*, finis!, assez!

(g) *(lose) money* perdre, laisser; *(Cards, Tennis etc) game* perdre. **to ~ a set/one's serve** perdre un set/son service.

(h) *[animal] (give birth to)* mettre bas.

(i) *(Drugs sl)* **to ~ acid** prendre *or* avaler du LSD.

4 *vi* **(a)** *[object]* tomber, retomber; *[liquids]* tomber goutte à goutte; *[person]* descendre, se laisser tomber; *(sink to ground)* se laisser tomber, tomber; *(collapse)* s'écrouler, s'affaisser. *(Theat)* **the curtain ~s** le rideau tombe; **you could have heard a pin ~** on aurait entendu voler une mouche; **to ~ into sb's arms** tomber dans les bras de qn; **to ~ on one's knees** se jeter *or* tomber à genoux; **I'm ready to ~*** je tombe de fatigue, je ne tiens plus debout, je suis claqué*; **she ~ped into an armchair** elle s'est écroulée dans un fauteuil; **~ dead!*‡** va te faire voir!*, va te faire foutre!*‡; *(select)* **to ~ on sth*** choisir qch; **to ~ on sb (like a ton of bricks)*** passer un fameux savon à qn*, secouer les puces à qn*; *V* **penny**.

(b) *(decrease) [wind]* se calmer, tomber; *[temperature, voice]* baisser; *[price]* baisser, diminuer.

(c) *(end) [conversation, correspondence]* en rester là, être interrompu, cesser. **there the matter ~ped** l'affaire en est restée là; **let it ~!*** laisse tomber!*, finis!, assez!

♦drop across* *vi*: **we dropped across to see him** nous sommes passés *or* allés le voir; **he dropped across to see us** il est passé *or* venu nous voir.

♦drop away *vi [numbers, attendance]* diminuer, tomber.

♦drop back, drop behind *vi* rester en arrière, se laisser devancer *or* distancer; *(in work etc)* prendre du retard.

♦drop down *vi* tomber.

♦drop in *vi*: **to drop in on sb** passer voir qn, débarquer* chez qn; **to drop in at the grocer's** passer chez l'épicier; **do drop in if you're in town** passez à la maison si vous êtes en ville.

♦drop off 1 *vi* **(a)** *(fall asleep)* s'endormir; *(for brief while)* faire un (petit) somme.

(b) *[leaves]* tomber; *[sales, interest]* diminuer.

(c) *(*: alight)* descendre.

2 *vt sep (set down from car etc) person, parcel* déposer, laisser.

3 drop-off *n V* **drop 2**.

♦drop out 1 *vi [contents etc]* tomber; *(fig)* se retirer, renoncer; *(from college etc)* abandonner ses études. **to drop out of a competition** se retirer d'une compétition, abandonner une compétition *or* un concours; **to drop out of circulation** se mettre hors circuit; **to drop out of sight** disparaître de la circulation; **to drop out (of society)** choisir de vivre marginalement *or* en marge de la société.

2 dropout *n V* **drop 2**.

droplet ['drɒplɪt] *n* gouttelette *f*.

dropper ['drɒpər] *n (Med)* compte-gouttes *m inv*.

droppings ['drɒpɪŋz] *npl [birds]* fiente *f*; *[animals]* crottes *fpl*; *[flies]* chiures *fpl*, crottes.

dropsical ['drɒpsɪkəl] *adj* hydropique.

dropsy ['drɒpsɪ] *n* hydropisie *f*.

drosophila [drə'sɒfɪlə] *n* drosophile *f*.

dross [drɒs] *n (U) (Metal)* scories *fpl*, crasse *f*, laitier *m*; *(Brit: coal)* menu *m* (de houille *or* de coke), poussier *m*; *(refuse)* impuretés *fpl*, déchets *mpl*; *(fig: sth worthless)* rebut *m*.

drought [draʊt] *n* sécheresse *f*.

drove [drəʊv] **1** *pret of* **drive**. **2** *n* **(a)** *[animals]* troupeau *m* en marche. **~s of people** des foules *fpl* de gens; **they came in ~s** ils arrivèrent en foule. **(b)** *(channel)* canal *m or* rigole *f* d'irrigation.

drover ['drəʊvər] *n* toucheur *m or* conducteur *m* de bestiaux.

drown [draʊn] **1** *vt person, animal* noyer; *land* inonder, submerger; *(fig) sorrows* noyer; *noise, voice* couvrir, noyer, étouffer. **because he couldn't swim he was ~ed** il s'est noyé parce qu'il ne savait pas nager; **he ~ed himself in despair** il s'est noyé de désespoir; **he's like a ~ed rat*** il est trempé jusqu'aux os *or* comme une soupe*; *(fig)* **to ~ one's sorrows** noyer son chagrin, *(of whisky etc)* **don't ~ it!*** n'y mets pas trop d'eau!, ne le noie pas!; *(fig)* **they were ~ed with offers of help*** ils ont été inondés *or* submergés d'offres d'assistance.

2 *vi* se noyer, être noyé.

drowning ['draʊnɪŋ] **1** *adj* qui se noie. *(Prov)* **a ~ man will clutch at a straw** un homme qui se noie se raccroche à un fétu de paille.

2 *n (death)* (mort *f or* asphyxie *f* par) noyade *f*; *[noise, voice]* étouffement *m*. **there were 3 ~s here last year** 3 personnes se sont noyées ici *or* il y a eu 3 noyades ici l'année dernière.

drowse [draʊz] *vi* être à moitié endormi *or* assoupi, somnoler. **to ~ off** s'assoupir.

drowsily ['draʊzɪlɪ] *adv* d'un air endormi, d'un air *or* d'un ton somnolent, à demi endormi.

drowsiness ['draʊzɪnɪs] *n* somnolence *f*, assoupissement *m*, engourdissement *m*.

drowsy ['draʊzɪ] *adj person* somnolent, qui a envie de dormir; *smile, look* somnolent; *afternoon, atmosphere* assoupissant, soporifique. **to grow ~** s'assoupir; **to feel ~** avoir envie de dormir.

drub [drʌb] *vt (thrash)* rosser*, rouer de coups; *(abuse)* injurier, traiter de tous les noms; *(defeat)* battre à plate(s) couture(s). *(fig)* **to ~ an idea into sb** enfoncer une idée dans la tête de qn; *(fig)* **to ~ an idea out of sb** arracher une idée de la tête de qn.

drubbing ['drʌbɪŋ] *n (thrashing)* volée *f* de coups, raclée* *f*; *(defeat)* raclée*. *(lit, fig)* **to give sb a ~** donner *or* administrer une belle raclée* à qn; *(fig)* **to take a ~** en prendre un coup*, en prendre pour son grade.

drudge [drʌdʒ] **1** *n* bête *f* de somme *(fig)*. **the household ~** la bonne à tout faire, la Cendrillon de la famille. **2** *vi* trimer‡, peiner.

drudgery ['drʌdʒərɪ] *n (U)* grosse besogne, corvée *f*, travail pénible et ingrat *or* fastidieux. **it's sheer ~** c'est (une corvée) d'un fastidieux!

drug [drʌg] **1** *n* drogue *f*, stupéfiant *m*, narcotique *m*; *(Med, Pharm)* drogue, médicament *m*. **he's on ~s, he's taking ~s** *(gen)* il se drogue; *(Med)* il est sous médication, on lui fait prendre des médicaments; *(fig)* **a ~ on the market** un article *or* une marchandise invendable; **television is a ~** la télévision est comme une drogue; *V* **hard, soft** etc.

2 *cpd*: **drug addict** drogué(e) *m(f)*, intoxiqué(e) *m(f)*, toxicomane *mf*; **drug addiction** toxicomanie *f*; **drug check** contrôle *m* antidopage; **the drug habit** l'accoutumance *f* à la drogue; **drug peddler, drug pusher** revendeur *m*, -euse *f* de drogue *or* de stupéfiants; **drug runner** trafiquant(e) *m(f)* (de la drogue); **drug-running = drug traffic**; *(Police)* **D~(s) Squad** brigade *f* des stupéfiants; *(US)* **drugstore** drugstore *m*; *(US fig)* **drugstore cowboy*** glandeur‡ *m*, traîne-savates* *m*; **drug taker** consommateur *m*, -trice *f* de drogue *or* de stupéfiants; **drug-taking** usage *m* de la drogue *or* de stupéfiants; **drug traffic** trafic *m* de la drogue *or* des stupéfiants; **drug user = drug taker**.

3 *vt person* droguer *(also Med)*; *food, wine etc* mêler un narcotique à. **to be in a ~ged sleep** dormir sous l'effet d'un narcotique; *(fig)* **to be ~ged with sleep/from lack of sleep** être abruti de sommeil/par manque de sommeil.

druggist ['drʌgɪst] *n* **(a)** *(Brit)* pharmacien(ne) *m(f)*. **~'s** pharmacie *f*, droguerie médicinale. **(b)** *(US)* droguiste-épicier *m*, -ière *f*.

druggy ['drʌgɪ] *n*, **drugster** ['drʌgstər] *n (Drugs sl)* camé(e)‡ *m(f)*, drogué(e) *m(f)*.

druid ['druːɪd] *n* druide *m*.

druidic [druː'ɪdɪk] *adj* druidique.

druidism ['druːɪdɪzəm] *n* druidisme *m*.

drum [drʌm] **1** *n* **(a)** *(Mus: instrument, player)* tambour *m*. **the big ~** la grosse caisse, *(Mil Mus, jazz)* **the ~s** la batterie; **to beat the ~** battre le *or* du tambour; *V* **kettle, tight** etc.

(b) *(for oil)* tonnelet *m*, bidon *m*; *(for tar)* gonne *f*; *(cylinder for wire etc)* tambour *m*; *(machine part)* tambour; *(Aut: brake ~)* tambour (de frein); *(Comput)* tambour magnétique; *(box: of figs, sweets)* caisse *f*.

(c) *(sound)* **= drumming**.

2 *cpd*: (*Aut*) **drum brake** frein *m* à tambour; (*Mil*) **drumfire** tir *m* de barrage, feu roulant; (*Mus*) **drumhead** peau *f* de tambour; (*Mil*) **drumhead court-martial** conseil *m* de guerre prévôtal; (*Mil*) **drumhead service** office religieux en plein air; **drum kit** batterie *f*; **drum major** (*Brit Mil*) tambour-major *m*; (*US*) chef *m* des tambours; (*US*) **drum majorette** majorette *f*; **drumstick** (*Mus*) baguette *f* de tambour; [*chicken*] pilon *m*.

3 *vi* (*Mus*) battre le *or* du tambour; [*person, fingers*] tambouriner, pianoter (*with* de, avec; *on* sur); [*insect etc*] bourdonner. **the noise was ~ming in my ears** le bruit me tambourinait aux oreilles.

4 *vt* tune tambouriner. **to ~ one's fingers on the table** tambouriner des doigts *or* avec les doigts sur la table; **to ~ one's feet on the floor** tambouriner des pieds sur le plancher; (*fig*) **to ~ sth into sb** enfoncer *or* fourrer* qch dans le crâne *or* la tête de qn, seriner* qch à qn; **I don't want to ~ it in but ...** je ne veux pas trop insister mais ... .

◆**drum out** *vt sep* (*Mil, also fig*) expulser (à grand bruit) (*of* de).

◆**drum up** *vt sep* (*fig*) *enthusiasm, support* susciter; *supporters* rassembler, racoler, battre le rappel de; *customers* racoler, raccrocher.

drumlin ['drʌmlɪn] *n* drumlin *m*.

drummer ['drʌmər] *n* **(a)** (joueur *m* de) tambour *m*; (*Jazz*) batteur *m*. **~ boy** petit tambour; (*fig*) **to march to *or* hear a different ~** marcher en dehors des sentiers battus. **(b)** (*US Comm**) commis voyageur.

drumming ['drʌmɪŋ] *n* [*drum*] bruit *m* du tambour; [*insect*] bourdonnement *m*; (*in the ears*) bourdonnement; [*fingers*] tambourinage *m*, tambourinement *m*.

drunk [drʌŋk] **1** *ptp of* **drink**.

2 *adj* ivre, soûl*; (*fig*) ivre, enivré, grisé (*with* de, par). **to get ~** s'enivrer, se griser, se soûler* (*on* de); (*Jur*) **~ and disorderly, ~ and incapable** ≃ en état d'ivresse publique *or* manifeste; **as ~ as a lord** soûl comme une grive* *or* un Polonais*; **~ with success** enivré *or* grisé par le succès; *V* **blind, dead**.

3 *n* (*) ivrogne(sse) *m(f)*, homme *or* femme soûl(e)*, soûlard(e)* *m(f)*.

drunkard ['drʌŋkəd] *n* ivrogne(sse) *m(f)*, alcoolique *mf*, buveur *m*, -euse *f*, soûlard(e)* *m(f)*.

drunken ['drʌŋkən] *adj person* (*habitually drunk*) ivrogne; (*intoxicated*) ivre, soûl*; *orgy, quarrel* d'ivrogne(s); *fury* causé par la boisson, d'ivrogne; *voice* aviné. **a ~ old man** un vieil ivrogne, un vieux soûlard*; **~ accused of ~ driving** accusé d'avoir conduit en état d'ivresse.

drunkenly ['drʌŋkənlɪ] *adv quarrel* comme un ivrogne; *sing* d'une voix avinée; *walk* en titubant, en zigzag.

drunkenness ['drʌŋkənnɪs] *n* (*state*) ivresse *f*, ébriété *f*; (*problem, habit*) ivrognerie *f*.

drunkometer ['drʌŋ'kɒmɪtər] *n* (*US*) alcooltest *m*, alcootest *m*.

druthers ['drʌðəz] *n* (*US*) **if I had my ~** s'il ne tenait qu'à moi.

dry [draɪ] **1** *adj* **(a)** *ground, climate, weather, skin, clothes* sec (*f* sèche); *day* sans pluie; *country* sec, aride; *riverbed, well* tari, à sec; (*Geol*) *valley* sec; (*Elec*) *cell* sec; *battery* à piles sèches. **on ~ land** sur la terre ferme; **as ~ as a bone** tout sec, sec comme de l'amadou; **to keep sth ~** tenir qch au sec; (*on label*) **'to be kept ~'** 'craint l'humidité'; **to wipe sth ~** essuyer *or* sécher qch; **the river ran ~** la rivière s'est asséchée *or* s'est tarie *or* a tari; **his mouth was ~ with fear** la peur lui desséchait la bouche; **~ bread** pain sec; **piece of ~ toast** tartine *f* de pain grillé sans beurre; (*Met*) **a ~ spell** une période sèche *or* de sécheresse; *V also* **2**.

(b) *wine, vermouth etc* sec (*f* sèche); *champagne* brut, dry *inv*.

(c) *country, state* (qui a le régime) sec. (*fig*: *thirsty*) **to feel *or* to be ~*** avoir le gosier sec*; **it's ~ work*** c'est un boulot* qui donne soif.

(d) *humour* pince-sans-rire *inv*; *sarcasm, wit* caustique, mordant. **he has a ~ sense of humour** il est pince-sans-rire, c'est un pince-sans-rire, il a l'esprit caustique.

(e) (*dull*) *lecture, book, subject* aride. **as ~ as dust** mortel*, ennuyeux comme la pluie.

(f) (*Brit Pol hum*) réactionnaire.

2 *cpd*: **dry-as-dust** aride, dépourvu d'intérêt, sec (*f* sèche); **dry-clean** (*vt*) nettoyer à sec, dégraisser; (*on label*) **'dry-clean only'** 'nettoyage à sec'; **to have a dress dry-cleaned** donner une robe à nettoyer *or* à la teinturerie, porter une robe chez le teinturier; **dry cleaner** teinturier *m*; **to take a coat to the dry cleaner's** porter un manteau à la teinturerie *or* chez le teinturier *or* au pressing; **dry cleaning** nettoyage *m* à sec, pressing *m*, dégraissage *m*; (*Naut*) **dry dock** cale sèche, bassin *m* *or* cale de radoub; **dry-eyed** les yeux secs, l'œil sec; (*Agr*) **dry farming** culture sèche, dry-farming *m*; (*Fishing*) **dry fly** mouche sèche; (*Comm*) **dry goods** tissus *mpl*, mercerie *f*; (*US Comm*) **dry goods store** magasin *m* de nouveautés; **dry ice** neige *f* carbonique; **dry measure** mesure *f* de capacité pour matières sèches; **dry rot** pourriture sèche (*du bois*); (*fig*) **dry run** (*n*) (*trial, test*) galop *m* d'essai; (*rehearsal*) répétition *f*; (*Brit*) **drysalter** marchand *m* de couleurs; **dry shampoo** shampooing sec; **dry-shod** à pied sec; **dry ski slope** piste (de ski) artificielle; (*Constr*) **dry(stone) wall** mur *m* de pierres sèches.

3 *vt* (*Brit Pol hum*) réactionnaire *mf*.

4 *vt paper, fruit, skin* sécher; (*with cloth*) essuyer, sécher; *clothes* (faire) sécher. (*on label*) **'~ away from direct heat'** 'ne pas sécher près d'une source de chaleur'; **to ~ one's eyes** *or* **one's tears** sécher ses larmes *or* ses pleurs; **to ~ the dishes** essuyer la vaisselle; **to ~ o.s.** s'essuyer, se sécher, s'éponger.

5 *vi* sécher; (*) [*actor, speaker*] sécher*, rester sec*.

◆**dry off** *vi, vt sep* sécher.

◆**dry out 1** *vi* **(a)** = **dry off**.

(b) [*alcoholic*] se faire désintoxiquer, subir une cure de désintoxication.

2 *vt sep alcoholic* désintoxiquer.

◆**dry up** *vi* [*stream, well*] se dessécher, (se) tarir; [*moisture*] s'évaporer; [*clay*] sécher; [*cow*] tarir; [*source of supply, inspiration*] se tarir.

(b) (*dry the dishes*) essuyer la vaisselle.

(c) (*: be silent*) se taire; [*actor, speaker*] sécher*, rester sec*. **dry up!*** tais-toi!, laisse tomber!*, boucle-la!‡

dryer ['draɪər] *n* **(a)** (*apparatus*) [*clothes*] séchoir *m* (à linge); [*hair*] (*gen*) séchoir (à cheveux); (*helmet type*) casque *m* (sèche-cheveux); *V* **spin, tumble** etc. **(b)** (*for paint*) siccatif *m*.

drying ['draɪɪŋ] **1** *n* [*river, clothes*] séchage *m*; (*with a cloth*) essuyage *m*. **2** *cpd*: **drying cupboard, drying room** séchoir *m*; **to do the drying-up** essuyer la vaisselle; **drying-up cloth** torchon *m* (à vaisselle).

dryly ['draɪlɪ] *adv* = **drily**.

dryness ['draɪnɪs] *n* [*soil, weather*] sécheresse *f*, aridité *f*; [*clothes, skin*] sécheresse; [*wit, humour*] causticité *f*; [*humorist*] ton *m* *or* air *m* pince-sans-rire.

D.Sc. *n* (*Univ*) *abbr of* **Doctor of Science** (*doctorat ès sciences*).

D.S.T. (*US*) *abbr of* **Daylight Saving Time**; *V* **daylight**.

DT (*Comput*) *abbr of* **data transmission**; *V* **data**.

DTI *n* (*Brit Admin*) *abbr of* **Department of Trade and Industry**; *V* **trade**.

D.T.'s [di:'ti:z] *npl* (*abbr of* **delirium tremens**) delirium tremens *m*.

dual ['djʊəl] **1** *adj* double, à deux. (*US Univ etc*) **~ admissions** double système *m* d'inscriptions (*avec sélection moins stricte pour étudiants défavorisés*); (*Brit*) **~ carriageway** route *f* à chaussées séparées *or* à quatre voies; (*Aut, Aviat*) **~ controls** double commande *f*; **~-control** (*adj*) à double commande; **~ national** personne *f* ayant la double nationalité, binational(e) *m(f)*; **~ nationality** double nationalité *f*; **~ ownership** co-propriété *f* (à deux); (*Psych*) **~ personality** dédoublement *m* de la personnalité; **~-purpose** (*adj*) à double usage, à double emploi.

2 *n* (*Gram*) duel *m*.

dualism ['djʊəlɪzəm] *n* (*Philos, Pol, Rel*) dualisme *m*.

dualist ['djʊəlɪst] *adj, n* (*Philos*) dualiste (*mf*).

duality [djʊ'ælɪtɪ] *n* dualité *f*, dualisme *m*.

dub [dʌb] *vt* **(a)** **to ~ sb a knight** donner l'accolade à qn; (*Hist*) adouber *or* armer qn chevalier; (*nickname*) **to ~ sb 'Ginger'** qualifier qn dc *or* surnommer qn 'Poil de Carotte'. **(b)** (*Cine*) post-sonoriser; (*into another language*) doubler (*dialogue*).

Dubai [du:'baɪ] *n* Dubaï *m*.

dubbin ['dʌbɪn] *n* dégras *m*, graisse *f* pour les chaussures.

dubbing ['dʌbɪŋ] *n* (*Cine*) doublage *m*.

dubiety [djuː'baɪətɪ] *n* doute *m*, incertitude *f*.

dubious ['djuːbɪəs] *adj company, offer, privilege* douteux, suspect; *reputation* douteux, équivoque; *person* qui doute (*of* de), hésitant, incertain (*of* de). **he was ~ (about) whether he should come or not** il se demandait s'il devait venir ou non; **~ of success** incertain du succès; **I'm very ~ about it** j'en doute fort, je n'en suis pas du tout sûr; **with a ~ air** d'un air de doute.

dubiously ['djuːbɪəslɪ] *adv* avec doute, d'un ton *or* d'un air incertain *or* de doute.

Dublin ['dʌblɪn] *n* Dublin. **~ Bay prawn** langoustine *f*.

Dubliner ['dʌblɪnər] *n* habitant(e) *m(f)* *or* natif *m*, -ive *f* de Dublin.

ducal ['djuːkəl] *adj* ducal, de duc.

ducat ['dʌkət] *n* ducat *m*.

duchess ['dʌtʃɪs] *n* duchesse *f*.

duchy ['dʌtʃɪ] *n* duché *m*.

duck¹ [dʌk] **1** *n, pl* **~s** *or* (*collective pl*) *inv* **(a)** canard *m*; (*female*) cane *f*; (*Mil: vehicle*) véhicule *m* amphibie. **wild ~** canard sauvage; (*Culin*) **roast ~** canard rôti; **to play at ~s and drakes** faire des ricochets (sur l'eau); **to play at ~s and drakes with one's money** jeter son argent par les fenêtres*, gaspiller son argent; **he took to it like a ~ to water** il était comme un poisson dans l'eau, c'était comme s'il l'avait fait toute sa vie; (*Brit*) **yes ~s‡, yes duckie‡** (*to child, friend*) oui mon chou*; (*to unknown adult*) oui mon petit monsieur *or* ma petite dame *or* ma petite demoiselle; **he is a ~** c'est un chou* *or* un amour; *V* **Bombay, dying, lame** etc.

(b) (*Brit Cricket*) **to make a ~, to be out for a ~** faire un score nul.

2 *cpd*: **duckbill, duck-billed platypus** ornithorynque *m*; **duckboard** caillebotis *m*; **duck-egg blue** bleu-vert (*pâle*) *inv*; **duck pond** mare *f* aux canards, canardière *f*; **duck shooting** chasse *f* au canard (sauvage); (*US fig*) **duck soup‡** du gâteau* (*fig*); **duckweed** lentille *f* d'eau, lenticule *f*.

3 *vi* (*also ~ down*) se baisser vivement *or* subitement; (*in fight etc*) esquiver un coup. **to ~ (down) under the water** plonger subitement sous l'eau.

4 *vt* **(a)** **to ~ sb** (*push under water*) plonger qn dans l'eau; (*as a joke*) faire faire le plongeon à qn; (*head only*) faire boire la tasse à qn*.

(b) *one's head* baisser vivement *or* subitement; *blow, question etc* éviter, esquiver.

duck² [dʌk] *n* (*Tex*) coutil *m*, toile fine. (*Brit*) **~s** pantalon *m* de coutil.

duckie‡ ['dʌkɪ] **1** *n* (*Brit*) *V* **duck¹ 1. 2** *adj* = **ducky**.

ducking ['dʌkɪŋ] *n* plongeon *m*, bain forcé. **to give sb a ~** faire faire le plongeon à qn; (*head only*) faire boire la tasse à qn*.

duckling ['dʌklɪŋ] *n* (*also Culin*) caneton *m*; (*female*) canette *f*; (*older*) canardeau *m*.

ducky* ['dʌkɪ] *adj* (*iro*) mimi*, mignon tout plein.

duct [dʌkt] *n* [*liquid, gas, electricity*] conduite *f*, canalisation *f*; (*Bot*) trachée *f*; (*Anat*) canal *m*, conduit *m*. **respiratory ~** conduit respiratoire.

ductile ['dʌktaɪl] *adj metal* ductile; *person* maniable, malléable, docile.

ductless ['dʌktlɪs] *adj*: ~ **gland** glande *f* endocrine.
dud* [dʌd] **1** *adj shell, bomb* non éclaté, qui a raté; *object, tool* mal fichu*, à la noix*; *note, coin* faux (*f* fausse); *cheque* sans provision, en bois*; *person* à la manque*, (très) mauvais, nul. (*Press*) ~ (story) canard* *m*.
 2 *n* (**a**) (*shell*) obus non éclaté; (*bomb*) bombe non éclatée; (*person*) type nul*, raté(e) *m(f)*. **this coin is a** ~ cette pièce est fausse; **this watch is a** ~ cette montre ne marche pas; **to be a** ~ **at geography** être nul en géographie; **to be a** ~ **at tennis** être un zéro *or* une nullité au tennis.
 (**b**) (✠†: *clothes*) ~**s** nippes* *fpl*.
dude* [dju:d] (*US*) **1** *n* (**a**) (*Easterner*) touriste *mf* de la côte Est (*à l'Ouest*). (**b**) (*man*) type* *m*, mec✠ *m*. (**c**) (*dandy*) dandy *m*, (*young*) gommeux* *m*. **2** *cpd*: **dude ranch** (hotel *m*) ranch *m*.
dudgeon ['dʌdʒən] *n*: **in** (**high**) ~ offensé dans sa dignité, furieux.
due [dju:] **1** *adj* (**a**) (*owing*) *sum, money* dû (*f* due). **the sum which is** ~ **to him** la somme qui lui est due *or* qui lui revient; **our thanks are** ~ **to X** nous aimerions remercier X, notre gratitude va à X (*frm*); **to fall** ~ échoir, venir à (l')échéance; ~ **on the 8th** payable le 8; **when is the rent** ~? quand faut-il payer le loyer?; **I am** ~ **6 days' leave** on me doit 6 jours de permission; **he is** ~ **for a rise** (*will get it*) il doit recevoir une augmentation; (*should get it*) il devrait recevoir une augmentation; **I am** ~ **for a holiday in September** en principe j'aurai des vacances en septembre.
 (**b**) (*proper, suitable*) *respect, regard* qu'on doit, qui convient. **he acted with** ~ **regard to the conditions** il a agi comme il convenait vu les circonstances; (*Jur*) **driving without** ~ **care and attention** conduite imprudente; **after** ~ **consideration** après mûre réflexion; **in** ~ **course** (*when the time is ripe*) en temps utile *or* voulu; (*in the long run*) à la longue; **it will come about in** ~ **course** cela arrivera en temps utile *or* voulu; **in** ~ **course it transpired that ...** à la longue il s'est révélé que ...; **in** ~ **time** à la longue, finalement; **in** ~ **form** en bonne et due forme; **with all** ~ **respect, I believe ...** sauf votre respect *or* sans vouloir vous contredire, je crois ... .
 (**c**) **when is the plane** ~ (**in**)? à quelle heure l'avion doit-il atterrir?; **the train is** ~ (**in** *or* **to arrive**) **at midday** le train doit arriver à midi; **they are** ~ **to start at 6** l'heure du départ est fixée pour 6 heures, ils doivent partir à 6 heures; **I am** ~ **there tomorrow** je dois être là-bas demain, on m'attend là-bas demain.
 (**d**) ~ **to** dû (*f* due) à, attribuable à; **it is** ~ **to his ineptitude that ...** c'est à cause de son incompétence que ...; **the accident was** ~ **to a drunken driver** l'accident a été provoqué par un conducteur en état d'ivresse; **the accident was** ~ **to the icy road** l'accident était dû au verglas; **it is** ~ **to you that he is alive today** c'est grâce à vous qu'il est en vie aujourd'hui; **what's it** ~ **to?** comment cela se fait-il?, quelle en est la cause?
 2 *adv* (*tout*) droit. **to go** ~ **west** aller droit vers l'ouest, faire route plein ouest; **to sail** ~ **north** avoir le cap au nord; **to face** ~ **north** [*house*] être (en) plein nord; [*person*] faire face au nord; ~ **east of the village** plein est par rapport au village.
 3 *n* (**a**) **to give sb his** ~ être juste envers qn, faire *or* rendre justice à qn; (**to**) **give him his** ~, **he did try hard** il faut (être juste et) reconnaître qu'il a quand même fait tout son possible; *V* **devil**.
 (**b**) (*fees*) ~**s** [*club etc*] cotisation *f*; [*harbour*] droits *mpl* (de port).
duel ['djuəl] **1** *n* duel *m*, rencontre *f*; (*fig*) duel, lutte *f*. ~ **to the death** duel à mort; *V* **challenge, fight**. **2** *vi* se battre en duel (*with* contre, avec). **3** *cpd*: **duelling pistols** pistolets *mpl* de duel.
duellist ['djuəlɪst] *n* duelliste *m*.
duet [dju:'et] *n* duo *m*. **to sing/play a** ~ chanter/jouer en duo; **violin** ~ duo de violon; **piano** ~ morceau *m* à quatre mains.
duff¹ [dʌf] *n* (*Culin*) pudding *m*; *V* **plum**.
duff² [dʌf] **1** *adj* (*Brit*) (**a**) (*out of order*) *machine, watch* déglingué*; *light bulb* mort; (*failed*) *shot* raté, loupé*; (*useless*) *suggestion, idea* stupide, inepte. **2** *vt* (✠: *alter, fake*) *stolen goods* maquiller, truquer.
 ◆**duff up**✠ *vt sep* tabasser, casser la gueule à✠.
duff*³ [dʌf] *n* (*US: buttocks*) postérieur *m*. **he just sits on his** ~ **all day** il ne fiche* rien de la journée; **get off your** ~! magne-toi le train!✠
duffel ['dʌfəl] *adj*: ~ **bag** sac *m* de paquetage, sac marin; ~ **coat** duffel-coat *m*.
duffer* ['dʌfəʳ] *n* cruche* *f*, gourde* *f*; (*Scol*) cancre* *m*, âne *m*. **he is a** ~ **at French** il est nul *or* c'est un cancre* en français; **to be a** ~ **at games** n'être bon à rien en sport.
duffle ['dʌfəl] *adj* = **duffel**.
dug¹ [dʌg] *n* mamelle *f*, tétine *f*; [*cow*] pis *m*.
dug² [dʌg] **1** *pret, ptp of* **dig. 2** *cpd*: **dugout** (*Mil*) tranchée-abri *f*; (*canoe*) pirogue *f*.
duke [dju:k] *n* (**a**) (*nobleman*) duc *m*. (**b**) (*esp US*✠: *fists*) ~**s** poings *mpl*.
dukedom ['dju:kdəm] *n* (*territory*) duché *m*; (*title*) titre *m* de duc.
dulcet ['dʌlsɪt] *adj* (*liter*) suave, doux (*f* douce), harmonieux.
dulcimer ['dʌlsɪməʳ] *n* tympanon *m*.
dull [dʌl] **1** *adj* (**a**) *sight, hearing* faible; (*slow-witted*) *person, mind* borné, obtus. (*Scol*) **the** ~ **ones** les moins doués; **his senses/his intellectual powers are growing** ~ ses sens/ses capacités intellectuelles s'émoussent *or* s'amoindrissent; **to be** ~ **of hearing** être dur d'oreille.
 (**b**) (*boring*) *book, evening, lecture* ennuyeux, dépourvu d'intérêt; *style* terne; *person* terne, insignifiant. **deadly** ~* assommant*, mortel*; **as** ~ **as ditchwater** *or* **dishwater** ennuyeux comme la pluie; **a** ~ **old stick*** un vieux raseur*.
 (**c**) (*not bright etc*) *colour, light, eyes, mirror* sans éclat, terne; *metal* terne; *sound* sourd, étouffé; *weather, sky* couvert, gris, sombre, maussade; *blade* émoussé; *pain* sourd, vague; (*St Ex*) mar-

ket calme, terne, lourd; (*Comm*) *trade, business* lent, languissant, stagnant; *person* déprimé, las (*f* lasse) (d'esprit); triste; *mood, humour* déprimé, triste, las; *look* terne, atone. **it's** ~ **today** il fait un temps maussade *or* il fait gris aujourd'hui; **a** ~ **day** un jour maussade; **a** ~ **thud** un bruit sourd *or* mat.
 2 *vt senses* émousser, engourdir; *mind* alourdir, engourdir; *pain, grief, impression* amortir, atténuer; *thing remembered* atténuer; *pleasure* émousser; *sound* assourdir, amortir; *edge, blade* émousser; *colour, mirror, metal* ternir.
 3 *vi* s'émousser; s'engourdir; s'alourdir; s'atténuer; s'amortir; s'assourdir; se ternir.
dullard ['dʌləd] *n* lourdaud(e) *m(f)*, balourd(e) *m(f)*; (*Scol*) cancre* *m*, âne *m*.
dullness ['dʌlnɪs] *n* (**a**) (*slow-wittedness*) lourdeur *f* d'esprit; [*senses*] affaiblissement *m*. ~ **of hearing** dureté *f* d'oreille.
 (**b**) (*tedium*) [*book, evening, lecture, person*] caractère ennuyeux, manque *m* d'intérêt.
 (**c**) [*colour, metal, mirror etc*] manque *m* or peu *m* d'éclat, aspect *m* terne; [*sound*] caractère sourd *or* étouffé; [*person*] ennui *m*, lassitude *f*, tristesse *f*; [*landscape, room*] tristesse *f*. **the** ~ **of the weather** le temps couvert.
dullsville✠ ['dʌlzvɪl] *n* (*US*) **it's** ~ **here** on s'emmerde ici✠, c'est pas la joie ici*.
dully ['dʌlɪ] *adv* (*depressedly*) *behave, walk* lourdement; *answer, listen* avec lassitude, avec découragement; (*boringly*) *talk, write* d'une manière ennuyeuse *or* insipide, avec monotonie.
duly ['dju:lɪ] *adv* (*properly*) comme il faut, ainsi qu'il convient; (*Jur etc*) dûment; (*on time*) en temps voulu, en temps utile. **he** ~ **protested** il a protesté comme on s'y attendait; **he said he would come and he** ~ **came at 8 o'clock** il avait promis de venir et est en effet venu à 6 heures; **everybody was** ~ **shocked** tout le monde a bien entendu été choqué.
dumb [dʌm] **1** *adj* (**a**) muet; (*with surprise, shock*) muet (*with, from* de), sidéré*, abasourdi (*with, from* de, par). **a** ~ **person** un(e) muet(te); ~ **animals** les animaux *mpl*; ~ **creatures** les bêtes *fpl*; **our** ~ **friends** nos amis les bêtes; **to be struck** ~ rester muet, être sidéré*; *V* **deaf**.
 (**b**) (✠: *stupid*) *person* bête, nigaud, bêta* (*f* -asse), gourde*; *action* bête. **a** ~ **blonde** une blonde évaporée; **to act** ~ faire l'innocent; (*US*) ~ **ox**✠ ballot* *m*, andouille* *f*.
 2 *cpd*: (*US*) **dumb-ass**✠ (*n*) con✠ *m*, conne✠ *f*; (*adj*) à la con✠; **dumbbell** (*Sport*) haltère *m*; (✠: *fool: also* **dumb cluck**✠) imbécile *mf*; **in dumb show** en pantomime, par (des) signes; **dumbwaiter** (*US: lift*) monte-plats *m inv*; (*Brit: trolley*) table roulante; (*revolving stand*) plateau tournant.
dumbfound [dʌm'faʊnd] *vt* confondre, abasourdir, ahurir, sidérer*.
dumbfounded [dʌm'faʊndɪd] *adj* ahuri, sidéré*. **I'm** ~ j'en suis ahuri *or* sidéré*, je n'en reviens pas.
dumbo✠ ['dʌmbəʊ] *n* (*US*) ballot* *m*, andouille* *f*.
dumbness ['dʌmnɪs] *n* (*Med*) mutisme *m*; (✠: *stupidity*) bêtise *f*, niaiserie *f*.
dum-dum ['dʌmdʌm] *n* (**a**) (*bullet*) balle *f* dumdum *inv*. (**b**) (✠: *stupid person*) crétin(e) *m(f)*, andouille* *f*.
dummy ['dʌmɪ] **1** *n* (**a**) (*Comm: sham object*) factice *m*; [*book*] maquette *f*; (*Comm, Sewing: model*) mannequin *m*; [*ventriloquist*] pantin *m*; (*Theat*) personnage muet, figurant *m*; (*Fin etc: person replacing another*) prête-nom *m*, homme *m* de paille; (*Bridge*) mort *m*; (*Sport*) feinte *f*. (*Sport*) **to sell sb the** ~ faire (qn); (*Bridge*) **to be** ~ faire *or* être le mort; (*Bridge*) **to play from** ~ jouer du mort.
 (**b**) (*Brit: baby's teat*) sucette *f*, tétine *f*.
 2 *adj* faux (*f* fausse), factice. (*Cards*) ~ **bridge** bridge *m* à trois; (*Sport*) ~ **pass** feinte *f* de passe; ~ **run** (*Aviat*) attaque *f* or bombardement *m* simulé(e); (*Comm, Ind*) (coup *m* d')essai *m*; (*Ling*) ~ **element**, ~ **symbol** postiche *m*.
 3 *vi* (*Sport*) feinter, faire une feinte.
dump [dʌmp] **1** *n* (**a**) (*pile of rubbish*) tas *m* or amas *m* d'ordures; (*place*) décharge *f* (publique), dépotoir *m*, terrain *m* de décharge. (*fig*) **to be** (**down**) **in the** ~**s*** avoir le cafard*, broyer du noir*.
 (**b**) (*Mil*) dépôt *m*; *V* **ammunition**.
 (**c**) (*pej*) (*place*) trou* *m*, bled✠ *m*; (*house, hotel*) baraque✠ *f*, boîte✠ *f*.
 2 *vt* (**a**) (*get rid of*) *rubbish* déposer, jeter; (*Comm*) *goods* vendre *or* écouler à bas prix (*sur les marchés extérieurs*), pratiquer le dumping pour; (✠) *person* larguer*, plaquer✠; (✠) *thing* larguer*, bazarder*.
 (**b**) (*put down*) *package* déposer; *sand, bricks* décharger, déverser; (*) *passenger* déposer. ~ **your bag on the table** plante *or* fiche* ton sac sur la table.
 3 *cpd*: **dump truck** = **dumper**.
dumper ['dʌmpəʳ] *n* tombereau *m* automoteur, dumper *m*.
dumping ['dʌmpɪŋ] **1** *n* [*load, rubbish*] décharge *f*; (*Ecol: in sea etc*) déversement *m* (de produits nocifs); (*Comm*) dumping *m*. **2** *cpd*: **dumping ground** dépotoir *m* (*also fig*).
dumpling ['dʌmplɪŋ] *n* (*Culin: savoury*) boulette *f* (de pâte); (*: person*) boulot(te) *m(f)*; *V* **apple**.
dumpy ['dʌmpɪ] *adj* courtaud, boulot (*f* -otte).
dun¹ [dʌn] **1** *adj* (*colour*) brun foncé *inv*, brun grisâtre *inv*. **2** *n* cheval louvet, jument louvette.
dun² [dʌn] *vt*: **to** ~ **sb** (**for money owed**) harceler *or* relancer qn (pour lui faire payer ses dettes).
dunce [dʌns] *n* (*Scol*) âne *m*, cancre* *m*. **to be a** ~ **at maths** être nul *or* un cancre* en maths; ~**'s cap** bonnet *m* d'âne.
dunderhead ['dʌndəhed] *n* imbécile *mf*, souche* *f*.
dune [dju:n] *n* dune *f*. ~ **buggy** buggy *m*.
dung [dʌŋ] **1** *n* (*U*) (*excrement*) excrément(s) *m(pl)*, crotte *f*; [*horse*] crottin *m*; [*cattle*] bouse *f*; [*bird*] fiente *f*; [*wild animal*] fumées *fpl*;

(manure) fumier m, engrais m. **2** cpd: **dung beetle** bousier m; **dunghill** (tas m de) fumier m.

dungarees [ˌdʌŋɡəˈriːz] npl [workman] bleu(s) m(pl) (de travail); (Brit) [child, woman] salopette f.

dungeon [ˈdʌndʒən] n (underground) cachot m (souterrain); (Hist: castle tower) donjon m.

dunk [dʌŋk] vt tremper. **to ~ one's bread in one's coffee** etc faire trempette.

Dunkirk [dʌnˈkɜːk] n Dunkerque.

dunlin [ˈdʌnlɪn] n bécasseau m variable.

dunnock [ˈdʌnək] n (Brit) accenteur m mouchet, fauvette f d'hiver or des haies.

dunny* [ˈdʌnɪ] n (Australian) chiottes‡ fpl, W.-C.* mpl.

Duns Scotus [ˌdʌnzˈskəʊtəs] n Duns Scot m.

duo [ˈdjuːəʊ] n (Mus, Theat) duo m.

duodecimal [ˌdjuːəʊˈdesɪməl] adj duodécimal.

duodenal [ˌdjuːəʊˈdiːnl] adj duodénal. **~ ulcer** ulcère m du duodénum.

duodenum [ˌdjuːəʊˈdiːnəm] n duodénum m.

dupe [djuːp] **1** vt duper, tromper. **to ~ sb into doing sth** amener qn à faire qch en le dupant. **2** n dupe f.

duple [ˈdjuːpl] adj (gen) double; (Mus) binaire. (Mus) **~ time** rythme m or mesure f binaire.

duplex [ˈdjuːpleks] **1** adj (gen) duplex inv. (Phot) **~ paper** bande f protectrice. **2** n (US) (also **~ house**) maison jumelée; (also **~ apartment**) duplex m.

duplicate [ˈdjuːplɪkeɪt] **1** vt document, map, key faire un double de; film faire un contretype de; (on machine) document polycopier; action etc répéter exactement. **duplicating machine** machine f à polycopier; **that is merely duplicating work already done** cela fait double emploi avec ce qu'on a déjà fait.

2 [ˈdjuːplɪkɪt] n [document, map] double m, copie exacte; (Jur etc) duplicata m inv, ampliation f; [key, ornament, chair] double. **in ~** en deux exemplaires, (Jur etc) en or par duplicata.

3 [ˈdjuːplɪkɪt] adj copy en double; bus, coach supplémentaire. **a ~ receipt** un reçu en duplicata; **a ~ cheque** un duplicata; **I've got a ~ key** j'ai un double de la clef; **~ bridge** bridge m de compétition or de tournoi.

duplication [ˌdjuːplɪˈkeɪʃən] n (U) [document] action f de copier, (on machine) polycopie f; [efforts, work] répétition f, reproduction f.

duplicator [ˈdjuːplɪkeɪtər] n duplicateur m.

duplicity [djuːˈplɪsɪtɪ] n duplicité f, fausseté f, double jeu m.

durability [ˌdjʊərəˈbɪlɪtɪ] n (V durable) solidité f, résistance f; durabilité f.

durable [ˈdjʊərəbl] **1** adj material, metal solide, résistant; friendship durable, de longue durée. (Comm) **~ goods** biens mpl de consommation durable, articles mpl d'équipement; '**~ press**' (adj: gen) 'repassage superflu'; trousers 'pli permanent'. **2** npl: **~s** = **~ goods**; V 1.

Duralumin [djʊəˈræljʊmɪn] n ® duralumin m.

duration [djʊəˈreɪʃən] n durée f. **~ of long** ~ de longue durée; **for the ~ of the war** jusqu'à la fin de la guerre; **for the ~*** (for ages) jusqu'à la saint-glinglin*.

Durban [ˈdɜːbæn] n Durban.

duress [djʊəˈres] n contrainte f, coercition f. **under ~** sous la contrainte, contraint et forcé (Jur).

Durex [ˈdjʊəreks] n ® préservatif m.

during [ˈdjʊərɪŋ] prep pendant, durant; (in the course of) au cours de.

durst†† [dɜːst] pret of **dare**.

dusk [dʌsk] n (twilight) crépuscule m; (gloom) (semi-)obscurité f. **at ~** au crépuscule, entre chien et loup, à la brune (liter); **in the ~** dans la semi-obscurité, dans l'obscurité.

duskiness [ˈdʌskɪnɪs] n [complexion] teint foncé or mat or bistré.

dusky [ˈdʌskɪ] adj complexion foncé, mat, bistré; person au teint foncé or mat or bistré; colour sombre, brunâtre; room sombre, obscur. **~ pink** vieux rose inv.

dust [dʌst] **1** n (U) (on furniture, ground) poussière f; [coal, gold] poussière, poudre f; [dead body] poudre. **there was thick ~, the ~ lay thick** il y avait une épaisse couche de poussière; **I've got a speck of ~ in my eye** j'ai une poussière dans l'œil; **to raise a lot of ~** (lit) faire de la poussière; (fig) faire tout un scandale, faire beaucoup de bruit; **to lay the ~** (lit) mouiller la poussière; (fig) ramener le calme, dissiper la fumée; (fig) **to throw ~ in sb's eyes** jeter de la poudre aux yeux de qn; **to kick up** or **raise a ~‡** faire un or du foin*; V **ash²**, **bite**, **shake off** etc.

2 cpd: **dust bag** sac m à poussière (d'aspirateur); [bird] **to take a dust bath** s'ébrouer dans la poussière, prendre un bain de poussière; (Brit) **dustbin** poubelle f, boîte f à ordures; (Brit) **dustbin man** = **dustman**; (Geog) **dust bowl** désert m de poussière, cratère(s) m(pl) de poussière; (Brit) **dustcart** tombereau m aux ordures, camion m des boueux; (US) **dust cloth** chiffon m (à poussière); **dustcloud** nuage m de poussière; **dust cover** [book] jaquette f, [furniture] housse f (de protection); **dustheap** (lit) tas m d'ordures, (fig) poubelle f (fig), rebut m; **dust jacket** jaquette f; (Brit) **dustman** boueux m, éboueur m; (Brit) **dustmen's strike** grève f des éboueurs; **dustpan** pelle f à poussière; **dustproof** anti-poussière; **dust sheet** housse f (de protection); **dust storm** tourbillon m de poussière; (Brit) **dust-up*** accrochage* m, bagarre* f, (Brit) **to have a dust-up with sb*** avoir un accrochage* or se bagarrer* avec qn.

3 vt (a) furniture épousseter, essuyer; room essuyer la poussière dans.

(b) (with talc, sugar etc) saupoudrer (with de).

◆**dust down** vt sep (with brush) brosser, épousseter; (with hand) épousseter.

◆**dust off** vt sep dust, crumbs enlever (en époussetant); object épousseter.

◆**dust out** vt sep box, cupboard épousseter.

duster [ˈdʌstər] n (a) (Brit) chiffon m (à poussière); (blackboard ~) chiffon (à effacer); V **feather**. (b) (US) (overgarment) blouse f de protection; (housecoat) robe-tablier f. (c) (device: also **crop ~**) pulvérisateur m d'insecticide (NB souvent un avion).

dusting [ˈdʌstɪŋ] **1** n (a) [furniture] époussetage m. **to do the ~** épousseter, essuyer (la poussière); **to give sth a ~** donner un coup de chiffon à qch.

(b) (Culin etc: sprinkling) saupoudrage m.

2 cpd: **dusting powder** (poudre f de) talc m.

dusty [ˈdʌstɪ] adj (a) table, path poussiéreux, couvert de or plein de poussière. **to get ~** se couvrir de poussière; **not so ~*** pas mal; **to get a ~ answer*** en être pour ses frais; **to give sb a ~ answer*** envoyer promener qn.

(b) **~ pink** vieux rose inv, rose fané inv; **~ blue** bleu cendré inv.

Dutch [dʌtʃ] **1** adj hollandais, de Hollande, néerlandais, des Pays-Bas. **the ~ government** le gouvernement néerlandais or hollandais; **the ~ embassy** l'ambassade néerlandaise or des Pays-Bas; **the ~ East Indies** les Indes néerlandaises; (Art) **the ~ School** l'école hollandaise; **~ cheese** fromage m de Hollande, hollande m.

2 cpd: (fig) **Dutch auction** enchères fpl au rabais; **Dutch barn** hangar m à récoltes; **Dutch cap** diaphragme m; (fig) **Dutch courage** courage puisé dans la bouteille; **the drink gave him Dutch courage** il a trouvé du courage dans la bouteille; (US) **Dutch door** porte f à double vantail, porte d'étable; **Dutch elm disease** champignon m parasite de l'orme; **to go on a Dutch treat** partager les frais; (casserole) **Dutch oven** grosse cocotte (en métal); **to talk to sb like a Dutch uncle*** dire à qn ses quatre vérités.

3 n (a) **the ~** les Hollandais mpl, les Néerlandais mpl.

(b) (Ling) hollandais m, néerlandais m. (fig) **it's (all) ~ to me*** c'est du chinois or de l'hébreu pour moi; V **double**.

(c) (US fig) **to be in ~ with sb*** être en difficulté avec or en disgrâce auprès de qn; **to get one's ~ up‡** se mettre en rogne*; **to get into ~‡** avoir des ennuis, se mettre dans le pétrin*.

4 adv (paying one's share) **to go ~*** partager les frais.

Dutchman [ˈdʌtʃmən] n Hollandais m. **he did say that or I'm a ~*** il a bien dit ça, j'en mettrais ma tête à couper; V **flying**.

Dutchwoman [ˈdʌtʃˌwʊmən] n Hollandaise f.

dutiable [ˈdjuːtɪəbl] adj taxable; (Customs) soumis à des droits de douane.

dutiful [ˈdjuːtɪfʊl] adj child obéissant, respectueux, soumis; husband plein d'égards; employee consciencieux.

dutifully [ˈdjuːtɪfəlɪ] adv obey, act avec soumission, respectueusement; work consciencieusement.

duty [ˈdjuːtɪ] **1** n (a) (U: moral, legal) devoir m, obligation f. **to do one's ~** s'acquitter de or faire son devoir (by sb envers qn); **it is my ~ to say that ..., I feel (in) ~ bound to say that ...** il est de mon devoir de faire remarquer que ...; **~ calls** le devoir m'appelle; **one's ~ to one's parents** le respect dû à or son devoir envers ses parents; **to make it one's ~ to do** se faire un devoir or prendre à tâche de faire.

(b) (gen pl: responsibility) fonction f, responsabilité f. **to take up one's duties** assumer ses fonctions, commencer or prendre son service; **to neglect one's duties** négliger ses fonctions; **my duties consist of ...** mes fonctions consistent en ...; **his duties have been taken over by his colleague** ses fonctions ont été reprises par son collègue.

(c) (U) on ~ (Mil, Admin etc) de service; (Med) de garde; (Admin, Scol) de jour, de service; **to be on ~** être de service (or de garde or de jour or de permanence); **to be off ~** être libre, n'être pas de service (or de garde or de jour); (Mil) avoir quartier libre; **to go on/off ~** prendre/quitter le service (or la garde); **in the course of ~** (Mil, Police etc) en service commandé; (civilian) dans l'accomplissement de mes (or ses etc) fonctions; **to do ~ for sb, to do sb's ~** remplacer qn; (fig) **the box does ~ for a table** la boîte fait fonction or office de table, la boîte sert de table; V **spell²**, **tour**.

(d) (Fin: tax) droit m, impôt m (indirect), taxe f (indirecte); (at Customs) frais mpl de douane. **to pay ~ on** payer un droit or une taxe sur; V **death**, **estate** etc.

2 cpd: **a duty call** une visite de politesse; **duty-free** hors taxe, exempté de douane, (admis) en franchise de douane; **duty-free allowance** quantités autorisées de produits hors taxe; **duty-free shop** magasin m hors-taxe; **duty officer** (Mil etc) officier m de permanence; (Police) officier m de police de service; (Admin) officiel m or préposé m de service; **duty paid** (adj) dédouané; **duty roster**, **duty rota** liste f de service, (esp Mil) tableau m de service.

duvet [ˈduːveɪ] n (Brit) couette f (édredon). **~ cover** housse f de couette.

DV [diːˈviː] adv (abbr of Deo volente) Dieu voulant.

DVM [ˌdiːviːˈem] n (US Univ) abbr of **Doctor of Veterinary Medicine** (doctorat vétérinaire).

dwarf [dwɔːf] **1** n (person, animal) nain(e) m(f); (tree) arbre nain. **2** adj person, tree, star nain.

3 vt (a) [skyscraper, person] rapetisser, écraser (fig); [achievement] écraser, éclipser.

(b) plant rabougrir, empêcher de croître.

dwell [dwel] pret, ptp **dwelt** vi (liter) habiter (in dans), demeurer, résider (frm) (in à); (fig) [interest, difficulty] résider (in dans). **the thought dwelt in his mind** la pensée lui resta dans l'esprit, la pensée demeura dans son esprit.

◆**dwell (up)on** vt fus (think about) s'arrêter sur, arrêter sa pensée sur; (talk at length on) s'étendre sur; (Mus) note appuyer sur. **to dwell (up)on the past** s'appesantir sur le passé, revenir sans cesse sur le passé; **to dwell (up)on the fact that ...** insister or appuyer or s'appesantir sur le fait que ...; **don't let's dwell (up)on it** passons là-dessus, glissons.

dweller [ˈdwelər] n habitant(e) m(f); V **country** etc.

dwelling ['dwelɪŋ] **1** *n* (*Admin or liter: also* ~ **place**) habitation *f*, résidence *f*. **to take up one's** ~ s'installer, élire domicile (*Admin*). **2** *cpd*: **dwelling house** maison *f* d'habitation.
dwelt [dwelt] *pret, ptp of* **dwell**.
dwindle ['dwɪndl] *vi* [*strength*] diminuer, décroître, s'affaiblir; [*numbers, resources*] diminuer, tomber (peu à peu); [*supplies, interest*] diminuer, baisser.
◆**dwindle away** *vi* diminuer; [*person*] dépérir.
dwindling ['dwɪndlɪŋ] **1** *n* diminution *f* (graduelle). **2** *adj interest* décroissant, en baisse; *strength* décroissant; *resources* en diminution.
dye [daɪ] **1** *n* (*substance*) teinture *f*, colorant *m*; (*colour*) teinte *f*, couleur *f*, ton *m*. **hair** ~ teinture pour les cheveux; **fast** ~ grand teint; **the** ~ **will come out in the wash** la teinture ne résistera pas au lavage, cela déteindra au lavage; (*fig liter*) **a villain of the deepest** ~ une canaille *or* crapule de la pire espèce.
2 *vt* teindre. **to** ~ **sth red** teindre qch en rouge; **to** ~ **one's hair** se teindre (les cheveux); *V also* **4** *and* **tie**.
3 *vi* [*cloth etc*] prendre la teinture, se teindre.
4 *cpd*: (*fig*) **dyed-in-the-wool** bon teint *inv*, invétéré; **dyestuffs** matières colorantes, colorants *mpl*; **dyeworks** teinturerie *f*.
dyeing ['daɪɪŋ] *n* (*U*) teinture *f*.
dyer ['daɪə^r] *n* teinturier *m*. ~'**s and cleaner's** teinturier (dégraisseur).
dying ['daɪɪŋ] **1** *adj person* mourant, agonisant, moribond; *animal, plant* mourant; (*fig*) *custom* en train de disparaître. **to my** ~ **day** jusqu'à ma dernière heure *or* mon dernier jour; (*hum*) **he looked like a** ~ **duck (in a thunderstorm)*** il avait un air lamentable *or* pitoyable.
2 *n* (a) (*death*) mort *f*; (*just before death*) agonie *f*.
(b) the ~ les mourants *mpl*, les agonisants *mpl*, les moribonds *mpl*; **prayer for the** ~ prière *f* des agonisants.
dyke [daɪk] *n* (a) (*channel*) fossé *m*; (*wall barrier*) digue *f*; (*cause-*

way) levée *f*, chaussée *f*; (*Geol*) filon *m* stérile, dyke *m*; (*Scots dial: wall*) mur *m*.
(b) (‡: *lesbian*) gouine‡ *f*.
dynamic [daɪ'næmɪk] *adj* (*Phys etc*) dynamique; *person etc* dynamique, énergique, plein d'entrain.
dynamics [daɪ'næmɪks] *n* (*U or pl*) dynamique *f* (*also Mus*).
dynamism ['daɪnəmɪzəm] *n* dynamisme *m*.
dynamite ['daɪnəmaɪt] **1** *n* (a) (*U*) dynamite *f*; *V* **stick**.
(b) (*fig: dangerous*) **that business is** ~* ça pourrait t'exploser dans les mains (*fig*); **it's political** ~ politiquement c'est un sujet explosif (*or* une affaire explosive).
(c) (*fig*) **he's** ~* (*terrific*) il est super* *or* du tonnerre*; (*full of energy etc*) il pète le feu*, il est d'un dynamisme!
2 *vt* faire sauter à la dynamite, dynamiter.
dynamo ['daɪnəməʊ] *n* (*esp Brit*) dynamo *f*. **he is a human** ~ il déborde d'énergie.
dynastic [daɪ'næstɪk] *adj* dynastique.
dynasty ['dɪnəstɪ, (*US*) 'daɪnəstɪ] *n* dynastie *f*.
dyne [daɪn] *n* dyne *f*.
dysenteric [,dɪsən'terɪk] *adj* dysentérique.
dysentery ['dɪsɪntrɪ] *n* dysenterie *f*.
dysfunction [dɪs'fʌŋkʃən] *n* dysfonction *f*.
dysfunctional [dɪs'fʌŋkʃənl] *adj* dysfonctionnel.
dyslexia [dɪs'leksɪə] *n* dyslexie *f*.
dyslexic [dɪs'leksɪk] *adj, n* dyslexique (*mf*).
dysmenorrhaea, (*US*) dysmenorrhea [,dɪsmenə'rɪə] *n* dysménorrhée *f*.
dyspepsia [dɪs'pepsɪə] *n* dyspepsie *f*.
dyspeptic [dɪs'peptɪk] *adj, n* dyspepsique (*mf*), dyspeptique (*mf*).
dysphasia [dɪs'feɪzɪə] *n* dysphasie *f*.
dysprosium [dɪs'prəʊsɪəm] *n* dysprosium *m*.
dystrophy ['dɪstrəfɪ] *n* dystrophie *f*; *V* **muscular**.

E

E, e [i:] *n* (a) (*letter*) E, e *m*. **E for Easy** E comme Eugène (*or* É comme Émile). **(b)** (*Mus*) mi *m*. **(c)** (*abbr of* **East**) E, est. **(d)** (*Scol*) ≃ faible.
E.A. [,iː'eɪ] *n* (*US Scol*) *abbr of* **educational age**; *V* **educational**.
each [iːtʃ] **1** *adj* chaque. ~ **passport** chaque passeport, tout passeport; ~ **day** chaque jour, tous les jours; ~ **one of us** chacun(e) de *or* d'entre nous; ~ (**and every**) **one of us**, ~ **and all of us** chacun(e) de nous sans exception.
2 *pron* (a) (*thing, person, group*) chacun(e) *m(f)*. ~ **of the boys** chacun des garçons; ~ **of us** chacun(e) de *or* d'entre nous; ~ **of them gave their*** *or* **his opinion** chacun a donné son avis, ils ont donné chacun leur avis; **we** ~ **had our own idea about it** nous avions chacun notre idée là-dessus; ~ **more beautiful than the next** *or* **the other** tous plus beaux les uns que les autres; ~ **of them was given a present** on leur a offert à chacun un cadeau, chacun d'entre eux a reçu un cadeau; **a little of** ~ **please** un peu de chaque s'il vous plaît.
(b) (*apiece*) chacun(e). **we gave them one apple** ~ nous leur avons donné une pomme chacun; **2 classes of 20 pupils** ~ 2 classes de chacune 20 élèves *or* de 20 élèves chacune; **the records are £2** ~ les disques coûtent 2 livres chacun *or* chaque; **carnations at one franc** ~ des œillets à un franc (la) pièce.
(c) ~ **other** l'un(e) l'autre *m(f)*, *mpl* les uns les autres, *fpl* les unes les autres; **they love** ~ **other** ils s'aiment (l'un l'autre); **they write to** ~ **other often** ils s'écrivent souvent; **they were sorry for** ~ **other** ils avaient pitié l'un de l'autre; **they respected** ~ **other** ils avaient du respect l'un pour l'autre, ils se respectaient mutuellement; **you must help** ~ **other** il faut vous entraider; **separated from** ~ **other** séparés l'un de l'autre; **they used to carry** ~ **other's books** ils s'aidaient à porter leurs livres.
eager ['iːgə^r] *adj* (*keen*) désireux, avide (*for* de, *to do* de faire); (*impatient*) impatient, pressé (*to do* de faire); *scholar, supporter* passionné; *lover* ardent, passionné; *desire* ardent, passionné, violent; *search, glance* avide; *pursuit, discussion* âpre. **to be** ~ **for happiness** rechercher avidement; *affection* être avide de; *power, vengeance, pleasure* être assoiffé de; *praise, fame, knowledge* avoir soif de; *nomination, honour* être avare de; ~ **for** nomination, ambitionner; ~ **for profit** âpre au gain; **to be** ~ **to do** (*keen*) être extrêmement désireux *or* avoir très envie de faire, désirer vivement faire; (*impatient*) brûler *or* être impatient *or* être pressé de faire; **to be** ~ **to help** être empressé à *or* très désireux d'aider; **to be an** ~ **student of** se passionner pour l'étude de; ~ **beaver*** (*gen*) personne *f* enthousiaste et consciencieuse; (*at work*) **he's an** ~ **beaver*** il en veut*, il se donne du mal pour réussir.

eagerly ['iːgəlɪ] *adv* (*V* **eager**) avidement; avec impatience, avec empressement; passionnément; ardemment; âprement.
eagerness ['iːgənɪs] *n* (*V* **eager**) (vif) désir *m*, avidité *f* (*for* de) (*liter*), désir ardent (*to do* de faire, *for* de); impatience *f* (*to do* de faire), empressement *m* (*to do* à faire); ardeur *f* (*for* à); âpreté *f* (*for* à).
eagle ['iːgl] **1** *n* (*Orn*) aigle *mf* (*gen m*); (*Rel: lectern*) aigle *m*; (*Her, Hist, Mil*) aigle *f*; (*Golf*) eagle *m*; *V* **golden**. **2** *cpd*: **eagle-eyed** qui a des yeux d'aigle; **eagle owl** grand-duc *m*; **eagle ray** aigle *m* de mer.
eaglet ['iːglɪt] *n* aiglon(ne) *m(f)*.
ear[1] [ɪə^r] **1** *n* oreille *f*. (*fig*) **to keep one's** ~**s open** ouvrir l'oreille; (*fig*) **to close** *or* **shut one's** ~**s to sth** faire la sourde oreille à qch; **to keep one's** ~ **to the ground** être aux écoutes; **to be all** ~**s*** être tout oreilles *or* tout ouïe; (*fig*) **that set them by the** ~**s!** ça a semé la zizanie (entre eux)!, cela les a mis aux prises!; (*US fig*) **to set** *or* **put sb on his** ~ (*irritate*) exaspérer qn; (*shock*) atterrer qn; **your** ~**s must have been burning** les oreilles ont dû vous tinter; **if that came to his** ~**s** si cela venait à ses oreilles; **it goes in one** ~ **and out of the other** cela lui (*or* vous *etc*) entre par une oreille et lui (*or* vous *etc*) sort par l'autre; **he has the** ~ **of the President** il a l'oreille du Président; **to be up to the** ~**s in work** avoir du travail par-dessus la tête; **to be up to the** ~**s in debt** être endetté jusqu'au cou; **to have an** ~ **for music** avoir l'oreille musicale; (*Mus*) **to have a good** ~ avoir de l'oreille, avoir l'oreille juste; (*Mus*) **to play by** ~ jouer d'instinct *or* à l'oreille; (*fig*) **I'll play it by** ~ je déciderai quoi faire *or* j'improviserai le moment venu, j'aviserai selon les circonstances; *V* **bend, box**[2], **deaf, half** *etc*.
2 *cpd operation* à l'oreille. **earache** mal *m* d'oreille(s); **to have earache** avoir mal à l'oreille *or* aux oreilles; (*Med*) **eardrops** gouttes *fpl* pour les oreilles; **eardrum** tympan *m* (*de l'oreille*); **to give sb an earful*** (*talk a lot*) en raconter de belles* à qn; (*scold*) passer un savon* à qn; **earmark** (*n*) (*fig*) marque *f*, signe distinctif, caractéristique *f*; (*vt*) *cattle* marquer (au fer rouge); (*fig*) *object, seat* réserver (*for* à); *funds, person* assigner, affecter, destiner (*for* à); **earmuff** serre-tête *m inv*; (*Med*) **ear, nose and throat department** service *m* d'oto-rhino-laryngologie; **ear, nose and throat specialist** oto-rhino-laryngologiste *mf*, oto-rhino* *mf*; (*Rad, Telec etc*) **earphone** écouteur *m*; **to listen on earphones** écouter au casque; (*Rad, Telec etc*) **earpiece** écouteur *m*; **earplugs** (*for sleeping*) boules *fpl* Quiès ®; (*for underwater*) protège-tympans *mpl*; **earring** boucle *f* d'oreille; (*Zool*) **ear shell** ormeau *m*; **out of earshot** hors de portée de voix; **within earshot** à portée de voix; **earsplitting** *sound, scream* strident; *din* fracassant; **ear stoppers** =

earplugs; ear trumpet cornet *m* acoustique; **ear wax** cérumen *m*, cire *f*; **earwig** perce-oreille *m*.

ear² [ɪəʳ] *n [grain, plant]* épi *m*.

earl [ɜːl] *n* comte *m*.

earldom ['ɜːldəm] *n (title)* titre *m* de comte; *(land)* comté *m*.

early ['ɜːlɪ] **1** *adj* (a) *(in day etc)* de bonne heure. **we've got an ~ start tomorrow** nous partons tôt *or* de bonne heure demain; **I caught an ~ train** j'ai pris un train tôt le matin; **I caught the ~ train** j'ai pris le premier train (du matin); **it was ~ in the morning/afternoon** c'était tôt le matin/l'après-midi; **in the ~ morning** de bon *or* grand matin; **very ~ in the morning** de très bonne heure le matin; **at an ~ hour** de bonne heure, très tôt; **at an ~ hour of the morning** à une heure matinale; **don't go, it's still ~** ne t'en va pas, il est encore tôt *or* il n'est pas tard; **it is too ~ to say that,** *(Brit)* **it's ~ in the day** *or* **it's ~ days to say that** il est un peu tôt pour dire ça; *(Brit)* **it's ~ closing (day)** aujourd'hui les magasins ferment l'après-midi; *(Prov)* **it's the ~ bird that catches the worm** l'avenir appartient à qui se lève matin *(Prov)*; **to be an ~ riser** *or* **an ~ bird*** être matinal, se lever tôt *or* de bonne heure; **to keep ~ hours** être un(e) couche-tôt *(pl inv)*, se coucher tôt.

(b) *(before expected time) departure etc* de bonne heure; *death* prématuré. **Easter is ~ this year** Pâques est tôt cette année; **raspberries are ~ this year** les framboises ont mûri tôt cette année *(V also* **e)**; **you're ~ today** vous arrivez de bonne heure *or* tôt aujourd'hui; **he's always ~** il est toujours en avance; **we're having an ~ holiday this year** nous partons tôt en vacances cette année; **his ~ arrival** son arrivée de bonne heure, le fait qu'il arrive *(or est arrivé etc)* de bonne heure; *(Admin)* **~ retirement** préretraite *f (Admin)*, retraite anticipée; *(Admin)* **~ to take ~ retirement** partir en préretraite *(Admin)*, prendre sa retraite anticipée; *(US Univ)* **~ admission** inscription *f* anticipée; *(Mil)* **~ warning system** système *m* de première alerte.

(c) *(towards the start of sth)* **in the ~ afternoon/spring** *etc* au début *or* au commencement de l'après-midi/du printemps *etc*; **in the ~ part of the century** au début *or* au commencement du siècle; **in the ~ days** au début, au commencement *(of sth* de qch); **the ~ days** *or* **stages of a project** les débuts d'un projet; **in the ~ Forties** *(years)* au début des années 40; **she's in her ~ forties** elle a juste dépassé la quarantaine; **from an ~ age** dès l'enfance, de bonne heure; **in his ~ youth** dans sa première *or* prime jeunesse; **his ~ life** sa jeunesse, ses premières années; **in (his** *etc)* **~ life** tôt dans la vie, de bonne heure.

(d) *(near the first etc) settlers, aeroplanes etc* premiers; *man, Church* primitif. **an ~ text** un texte très ancien, un des premiers textes; **an ~ film** dans un premier film; **the ~ Tudors** les premiers Tudors; **~ Christian** *(adj, n)* paléochrétien(ne) *m(f)*; **the ~ Victorians** les Victoriens *mpl* du début du règne; **an ~ Victorian table** une table du début de l'époque victorienne; *(Archit)* **E~ English** premier gothique anglais.

(e) *apples etc* précoce, hâtif. *(Comm)* **~ fruit/vegetables** primeurs *mpl;* **Worcesters are an ~ apple** la Worcester est une pomme précoce *or* hâtive; **the ~ apples are in the shops now** les premières pommes sont en vente maintenant.

(f) *(in future time)* **at an ~ date** bientôt, prochainement; **at an earlier date** à une date plus rapprochée; **at the earliest possible moment** le plus tôt possible, au plus tôt, dès que possible; *(Comm)* **at your earliest convenience** dans les meilleurs délais; *(Comm)* **to promise ~ delivery** promettre une livraison rapide; *(Comm)* **the earliest delivery time** le délai de livraison le plus court, le meilleur délai de livraison; *(Comm)* **hoping for an ~ reply** dans l'espoir d'une prompte réponse.

2 *adv* (a) *(in day) get up, set off etc* de bonne heure, tôt. **too ~** trop tôt, de trop bonne heure; **as ~ as possible** le plus tôt possible, dès que possible; **~ next day** le lendemain de bonne heure; **I get up earlier in summer** je me lève plus tôt en été; *(Prov)* **~ to bed, ~ to rise** tôt couché, tôt levé.

(b) *(before expected time)* de bonne heure, tôt. **they always come ~** ils arrivent toujours de bonne heure *or* en avance; **five years ~** avec cinq ans d'avance; **he arrived 10 minutes/two days ~** il est arrivé avec 10 minutes/deux jours d'avance, il est arrivé 10 minutes/deux jours à l'avance; **he took his summer holiday ~ this year** il a pris ses vacances d'été tôt cette année; **the peaches are ripening ~ this year** les pêches seront mûres tôt cette année.

(c) *(towards the start of sth)* **~ in the year/book** *etc* au commencement *or* au début de l'année/du livre *etc*; **~ in the meeting** vers le commencement de la réunion, peu après le commencement de la réunion; **~ in the morning** de bon *or* grand matin; **~ in the day** *(lit)* de bonne heure *(V also* **1a**); **~ in (his** *etc)* **life** dans *or* dès sa *(etc)* jeunesse.

(d) *(in good time)* (longtemps) à l'avance. **post ~** expédiez votre courrier à l'avance; **book ~** réservez longtemps à l'avance.

(e) **earlier** *(before, previously)* auparavant, plus tôt; **she had left 10 minutes earlier** elle était partie 10 minutes plus tôt *or* 10 minutes auparavant; **earlier on today, today** tôt, précédemment; **I said earlier that ...** tout à l'heure j'ai dit que ...; **not earlier than Thursday** pas avant jeudi; **the earliest he can come is Monday** le plus tôt qu'il puisse venir c'est lundi.

earn [ɜːn] *vt money* gagner; *salary* toucher; *(Fin) interest* rapporter; *praise, rest* mériter, gagner. **~ one's living** gagner sa vie; **his success ~ed him praise** sa réussite lui a valu des éloges; **~ed income** revenus salariaux, traitement(s) *m(pl)*, salaire(s) *m(pl)*; **~ing power** *(Econ)* productivité financière; **his ~ing power** son salaire *(etc)* potentiel.

earnest ['ɜːnɪst] **1** *adj (conscientious)* sérieux, consciencieux; *(eager)* ardent; *(sincere)* sincère; *prayer* fervent; *desire, request* pressant.

2 *n* (a) **in ~** *(with determination)* sérieusement; *(without joking)* sans rire. **this time I am in ~** cette fois je ne plaisante pas; **it is snowing in ~** il neige pour de bon.

(b) *(also ~ money)* arrhes *fpl*; *(fig: guarantee)* garantie *f*, gage *m*. **as an ~ of his good intentions** en gage de ses bonnes intentions.

earnestly ['ɜːnɪstlɪ] *adv speak* avec conviction, avec (grand) sérieux; *work* consciencieusement, avec ardeur; *beseech* instamment; *pray* avec ferveur.

earnestness ['ɜːnɪstnɪs] *n [person, tone]* gravité *f*, sérieux *m*; *[effort]* ardeur *f*; *[demand]* véhémence *f*.

earnings ['ɜːnɪŋz] *npl [person]* salaire *m*, gain(s) *m(pl)*; *[business]* profits *mpl*, bénéfices *mpl*. **~-related** *pension, contributions* proportionnel au salaire.

earth [ɜːθ] **1** *n* (a) *(the world)* terre *f*, monde *m*. **(the) E~** la Terre; **on ~** sur terre; **here on ~** ici-bas, en ce bas monde; *(fig)* **it's heaven on ~** c'est le paradis sur terre; **to the ends of the ~** au bout du monde; **where/why/how on ~ ...?** où/pourquoi/comment ...?; **nowhere on ~** nulle part au monde vous ne trouverez ...; **nothing on ~** rien au monde; *(fig)* **to promise sb the ~** promettre la lune à qn; **it must have cost the ~ !*** ça a dû coûter les yeux de la tête!*

(b) *(U) (ground)* terre *f*, sol *m*; *(soil)* terre; *(Brit Elec)* masse *f*, terre; *(Art: also ~ colour)* terre, couleur minérale. **to fall to ~** tomber à terre *or* par terre *or* au sol; *(lit, fig)* **to come back to ~** redescendre sur terre; **my boots are full of ~** j'ai les bottes pleines de terre; **V down¹**.

(c) *[fox, badger etc]* terrier *m*, tanière *f*. *(lit, fig)* **to run** *or* **go to ~** se terrer; **to run sth/sb to ~** découvrir *or* dépister *or* dénicher qch/qn.

2 *cpd: (liter)* **earthborn** humain; **earthbound** *(moving towards ~)* qui se dirige vers la terre; *(stuck on ~)* attaché à la terre; *(fig: unimaginative)* terre à terre *inv or* terre-à-terre *inv*; **earth closet** fosse *f* d'aisances; **earthman** terrien *m* *(par opposition à extraterrestre)*; **earth-mother** *(Myth)* déesse *f* de la fertilité; *(fig)* mère nourricière; **earthmover** bulldozer *m*; **earth-moving equipment** engins *mpl* de terrassement; **earthquake** tremblement *m* de terre, séisme *m*; **earth sciences** sciences *fpl* de la terre; *(fig)* **earth-shaking** stupéfiant; **earth tremor** secousse *f* sismique; **earthwork** *(Mil, Archeol)* ouvrage *m* de terre; *(Constr)* terrassement *m*; **earthworm** ver *m* de terre.

3 *vt (Elec) apparatus* mettre à la masse *or* à la terre.

♦ **earth up** *vt sep plant* butter.

earthen ['ɜːθən] **1** *adj* de terre, en terre. **2** *cpd:* **earthenware** poterie *f*; *(glazed)* faïence *f*; **earthenware jug** *etc* cruche *f etc* en faïence *or* en terre (cuite).

earthling ['ɜːθlɪŋ] *n* terrien(ne) *m(f)* *(par opposition à extraterrestre)*.

earthly ['ɜːθlɪ] **1** *adj being, paradise, possessions* terrestre. *(fig)* **there is no ~ reason** il n'y a pas la moindre raison de croire; **for no ~ reason** sans aucune raison; **he hasn't an ~ chance of succeeding** il n'a pas la moindre chance de réussir; **of no ~ use** d'aucune utilité, sans aucun intérêt; **it's no ~ use telling him that** ça ne sert absolument à rien de lui dire ça.

2 *n (Brit)* **not an ~*** pas la moindre chance, pas l'ombre d'une chance.

earthscape ['ɜːθskeɪp] *n* vue *f* de la terre prise d'un engin spatial *etc*.

earthward(s) ['ɜːθwəd(z)] *adv* dans la direction de la terre, vers la terre.

earthy ['ɜːθɪ] *adj taste, smell* terreux, de terre; *(fig) person* matériel, terre à terre *inv or* terre-à-terre *inv*; *humour* truculent.

ease [iːz] **1** *n (U)* (a) *(mental)* tranquillité *f*; *(physical)* bien-être *m*. **at (one's) ~** à l'aise; **to put sb at (his) ~** mettre qn à l'aise; **not at ~, ill-at-~** mal à son aise, mal à l'aise; **my mind is at ~** j'ai l'esprit tranquille; **to put sb's mind at ~** tranquilliser qn; **the feeling of ~ after a good meal** la sensation de bien-être qui suit un bon repas; **to take one's ~** prendre ses aises; **he lives a life of ~** il a une vie facile; *(Mil)* **(stand) at ~!** repos!

(b) *(lack of difficulty)* aisance *f*, facilité *f*. **with ~** facilement, aisément, sans difficulté.

2 *vt* (a) *(make less severe)* atténuer, soulager; *mind* calmer, rassurer, tranquilliser; *(liter) person* délivrer, soulager *(of a burden* d'un fardeau); *cord* détendre, desserrer; *strap* relâcher; *dress, coat* donner plus d'ampleur à; *pressure, tension* diminuer, modérer; *speed* ralentir. *(Naut)* **to ~ a rope** donner du mou à *or* mollir un cordage.

(b) **to ~ a key into a lock** introduire doucement *or* délicatement une clef dans une serrure; *(Aviat)* **to ~ back the stick** redresser doucement le manche (à balai); *(Aut)* **to ~ in the clutch** embrayer en douceur; *(Aut)* **he ~d the car into gear** il a passé la première en douceur; **he ~d out the screw** il a desserré délicatement la vis; **he ~d himself into the chair** il s'est laissé glisser dans le fauteuil; **he ~d himself through the gap in the fence** il s'est glissé par le trou de la barrière; **he ~d himself into his jacket** il a passé *or* enfilé doucement sa veste.

3 *vi* se détendre. **the situation has ~d** une détente s'est produite; **prices have ~d** les prix ont baissé, il y a eu une baisse des prix.

♦ **ease back** *vi (US)* **to ease back on sb/sth** se montrer moins strict envers qn/en ce qui concerne qch.

♦ **ease off 1** *vi (slow down)* ralentir; *(work less hard)* se relâcher; *[situation]* se détendre; *[pressure]* diminuer; *[work, business]* devenir plus calme; *[traffic]* diminuer; *[pain]* se calmer; *[demand]* baisser.

2 *vt sep bandage, stamp etc* enlever délicatement; *lid* enlever doucement.

♦ **ease up** *vi [person]* se détendre, se reposer, décoler; *[situation]* se

détendre. **ease up a bit!** vas-y plus doucement!; **to ease up on sb/sth** se montrer moins strict envers qn/en ce qui concerne qch.
easel ['iːzl] _n_ chevalet _m_.
easement ['iːzmənt] _n (US Jur)_ droit _m_ de passage.
easily ['iːzɪlɪ] _adv_ **(a)** _(without difficulty)_ facilement, sans difficulté, aisément. **the engine was running** ~ le moteur tournait régulièrement.
    (b) _(unquestionably)_ sans aucun doute, de loin; _(with amounts, measurements etc)_ facilement. **he is** ~ **the best** il est de loin _or_ sans aucun doute le meilleur; **that's** ~ **4 km** cela fait facilement 4 km.
    (c) _(possibly)_ bien. **he may** ~ **change his mind** il pourrait bien changer d'avis; **he could** ~ **be right** il pourrait bien avoir raison.
    (d) _(calmly)_ smile etc avec calme, tranquillement. **'yes' he said** ~ 'oui' dit-il tranquillement.
easiness ['iːzɪnɪs] _n_ facilité _f_.
east [iːst] **1** _n_ est _m, (frm)_ levant† _m_. **the E~** _(gen)_ l'Orient _m (Pol)_ les pays _mpl_ de l'Est; _(US Geog)_ (les états _mpl_ de) l'Est; **the mysterious E~** l'Orient mystérieux; **to the** ~ **of** à l'est de; **in the** ~ **of Scotland** dans l'est de l'Écosse; **house facing the** ~ maison exposée à l'est; _[wind]_ **to veer to the** ~, **to go into the** ~ tourner à l'est; **the wind is in the** ~ le vent est à l'est; **the wind is (coming or blowing) from the** ~ le vent vient _or_ souffle de l'est; **to live in the** ~ habiter dans l'Est; _V_ **far, middle** _etc_.
    2 _adj est inv_, de _or_ à l'est, oriental. ~ **wind** vent _m_ d'est; ~ **coast** côte est _or_ orientale; **on the** ~ **side** du côté est; **in** ~ **Devon** dans l'est du Devon; **in** ~ **Leeds** dans les quartiers est de Leeds; **room with an** ~ **aspect** pièce exposée à l'est; _(Archit)_ ~ **transept/door** transept/portail est _or_ oriental; _V also_ **4**.
    3 _adv_ go à _or_ vers l'est, en direction de l'est; _be_ à _or_ dans l'est. **further** ~ plus à l'est; **the town lies** ~ **of the border** la ville est située à l'est de la frontière; **we drove** ~ **for 100 km** nous avons roulé pendant 100 km en direction de l'est; **go** ~ **till you get to Crewe** allez en direction de l'est jusqu'à Crewe; **to sail due** ~ aller droit vers l'est; _(Naut)_ avoir le cap à l'est; ~ **by north** est quart nord _(m)_; ~ **by south** est quart sud _(m)_; ~ **by north-** ~ est quart nord-est.
    4 _cpd:_ **East Africa** l'Afrique orientale, l'Est _m_ de l'Afrique; **East African** _(adj)_ d'Afrique orientale; _(n)_ Africain(e) _m(f)_ de l'Est; **East Berlin** Berlin-Est; **East Berliner** _(n)_ habitant(e) _m(f)_ de Berlin-Est; **eastbound** _traffic, vehicles_ se déplaçant en direction de l'est; _car-riageway est inv_; _[London]_ **The East End** les quartiers _mpl_ est de Londres _(quartiers pauvres)_; **east-facing** exposé à l'est; **East Germany** Allemagne _f_ de l'Est; **East German** _(adj)_ est-allemand; _(n)_ Allemand(e) _m(f)_ de l'Est; **East Indies** Indes orientales; **east-north-east** est-nord-est _(m)_; _[New York]_ **the East Side** les quartiers _mpl_ est de New York; **east-south-east** est-sud-est _(m)_.
Easter ['iːstər] **1** _n_ Pâques _fpl or msg._ **at** ~ à Pâques; **Happy** ~ ! joyeuses Pâques!; ~ **is celebrated between ...** Pâques est célébré entre ... .
    2 _cpd_ egg de Pâques; _holidays_ pascal, de Pâques. **Easter bonnet** chapeau _m_ de printemps; **to make one's Easter communion** faire ses pâques _fpl_; **Easter Day** le jour de Pâques; **Easter Monday** le lundi de Pâques; **Easter parade** défilé pascal; **Easter Sunday** le dimanche de Pâques; **Eastertide** le temps pascal, la saison de Pâques; **Easter week** la semaine pascale.
easterly ['iːstəlɪ] **1** _adj wind_ d'est; _situation_ à l'est, à l'orient _(frm)_. **in an** ~ **direction** en direction de l'est, vers l'est; ~ **aspect** exposition _f_ à l'est. **2** _adv_ vers l'est.
eastern ['iːstən] **1** _adj est inv_, de l'est. **the** ~ **coast** la côte est _or_ orientale; **house with an** ~ **outlook** maison exposée à l'est; ~ **wall** mur exposé à l'est; ~ **Africa** Afrique orientale; ~ **France** la France de l'est, l'Est _m_ de la France; _(Pol)_ **the E~ bloc** les pays _mpl_ de l'Est; **the E~ Church** l'Église d'Orient; _(US)_ **E~ Daylight Time** heure _f_ de l'Est; **E~ European Time** heure _f_ de l'Europe orientale; _(US)_ **E~ Standard Time** heure _f_ de l'Est.
    2 _cpd:_ **easternmost** le plus à l'est.
easterner ['iːstənər] _n (esp US)_ homme _m or_ femme _f_ de l'Est. **he is an** ~ il vient de l'Est; **the** ~**s** les gens _mpl_ de l'Est.
eastward ['iːstwəd] **1** _adj_ à l'est. **2** _adv (also** ~**s)** vers l'est.
easy ['iːzɪ] **1** _adj_ **(a)** _(not difficult)_ problem, sum, decision facile; _person_ facile, accommodant. **as** ~ **as anything***, **as** ~ **as pie*** facile comme tout _or_ comme bonjour; **it is** ~ **to see that ...** on voit bien que ..., cela se voit que ...; **it is** ~ **for him to do that** il lui est facile de faire cela; **it's** ~ **to see why** il est facile de comprendre pourquoi; **it was** ~ **to get them to be quiet** on a eu vite fait de les faire taire; **it's easier said than done!** c'est vite dit!, c'est plus facile à dire qu'à faire!; **you've got an** ~ **life** tu as une vie sans problèmes, tu n'as pas de problèmes; **it's an** ~ **house to run** c'est une maison facile à tenir; **it's** ~ **money** c'est comme si on était payé à ne rien faire; **within** ~ **reach of a distance commode de; in** ~ **stages** _travel_ par petites étapes; _learn_ par degrés; **to have an** ~ **time (of it)** ne pas avoir beaucoup de mal _or_ de problèmes; **he is** ~ **to work with** il est agréable _or_ accommodant dans le travail; ~ **to get on with** facile à vivre; **to be** ~ **on the eye*** _(Brit)_ or **on the eyes*** _(US)_ _[person]_ être bien balancé*; _[thing]_ être drôlement* joli; **I'm** ~* ça m'est égal; **woman of** ~ **virtue** femme _f_ facile _or_ de petite vertu; **she's an** ~ **lay** _or (US)_ **make‡** elle couche avec n'importe qui*; **he came in an** ~ **first** il est arrivé bon premier _or_ dans un fauteuil*.
    (b) _(relaxed, comfortable)_ aisé, facile, tranquille; _manners_ aisé, naturel; _life_ tranquille, sans souci; _style_ facile, aisé, coulant; _con-ditions_ favorable. **to feel** ~ **in one's mind** être tout à fait tranquille, ne pas se faire de souci; **in** ~ **circumstances** dans l'aisance; **to be on** ~ **street*** être financièrement à l'aise; **at an** ~ **pace** à une allure modérée, ne pas se faire de souci; _(Comm)_ **on** ~ **terms**, **by** ~ **payments** avec facilités _fpl_ de paiement; _(St Ex)_ ~ **market** marché tranquille _or_ mou; _prices_

are ~ **today** les prix sont un peu moins hauts aujourd'hui; _V_ **mark²**.
    2 _adv_ doucement, tranquillement. **to take things** _or_ **it** ~ ne pas se fatiguer, en prendre à son aise _(pej)_, se la couler douce*; **take it** ~! _(don't worry)_ ne vous en faites pas!; _(calm down)_ ne vous emballez pas!; _(relax)_ ne vous fatiguez pas!; _(go slow)_ ne vous pressez pas!; **go** ~ **on** _or_ **with the sugar** ne mets pas trop de sucre, vas-y doucement avec le sucre; **go** ~ **on** _or_ **with the whisky** ne verse pas trop de whisky, vas-y doucement _or_ mollo‡ avec le whisky; **to go** ~ **on** _or_ **with sb** ne pas être trop dur envers qn, ménager qn, traiter qn avec ménagement; _(Prov)_ ~ **come,** ~ **go** ce n'est que de l'argent!, c'est fait pour être dépensé! _(V also **3**)_; ~ **does it!** allez-y doucement! _or_ mollo‡!; ~ **there!** tout doucement!; _(Mil)_ **stand** ~! repos!
    3 _cpd:_ **easy chair** fauteuil _m_ (rembourré); **to be easy come-easy go*** gagner et dépenser sans compter; **easy-going** accommodant, facile à vivre, qui ne s'en fait pas; _attitude_ complaisant.
eat [iːt] _pret_ **ate**, _ptp_ **eaten 1** _vt food_ manger. **to** ~ **(one's) break-fast** déjeuner, prendre son petit déjeuner; **to** ~ **(one's) lunch** déjeuner; **to** ~ **(one's) dinner** dîner; **to** ~ **a meal** prendre un repas; **to have nothing to** ~ n'avoir rien à manger _or_ à se mettre sous la dent; **to** ~ **one's fill** manger à sa faim; _(lit)_ **fit to** ~ mangeable, bon à manger; _(fig)_ **she looks good enough to** ~ elle est belle à croquer; _(fig)_ **to** ~ **one's words** se rétracter, ravaler ses paroles; _(fig)_ **to make sb** ~ **his words** faire rentrer ses mots dans la gorge à qn; **I'll** ~ **my hat if ...*** je veux bien être pendu si ...; **he won't** ~ **you*** il ne va pas te manger; **what's** ~**ing you?‡** qu'est ce qui ne va pas?, qu'est-ce qui te tracasse?
    2 _vi_ manger. **we** ~ **at 8** nous dînons à 20 heures; **to** ~ **like a horse** manger comme quatre _or_ comme un ogre; **he is** ~**ing us out of house and home*** son appétit va nous mettre à la rue; _(fig)_ **to** ~ **out of sb's hand** faire les quatre volontés de qn; **I've got him** ~**ing out of my hand** il fait tout ce que je lui dis _or_ tout ce que je veux.
    3 _n (Brit)_ ~**s*** bouffe‡ _f; (on notice)_ snacks _mpl;_ **the** ~**s* were very good** tout ce qu'il y avait à manger était très bon; **let's get some** ~**s*** mangeons quelque chose _or_ un morceau.
♦**eat away** _vt sep [sea]_ saper, éroder; _[acid, mice]_ ronger.
♦**eat into** _vt fus [acid, insects]_ ronger; _[moths]_ manger; _[expenditure]_ savings entamer, écorner.
♦**eat out 1** _vi_ aller au restaurant, déjeuner _or_ dîner en ville.
    2 _vt sep (fig)_ **to eat one's heart out** se ronger d'inquiétude.
♦**eat up 1** _vi:_ **eat up!** mangez!
    2 _vt sep_ **(a)** finir. **eat up your meat** finis ta viande; **eat up your meal** finis ton repas, finis de manger; _(fig)_ **to be eaten up with envy** être dévoré d'envie _or_ rongé par l'envie.
    (b) _(fig) fuel_ consommer; _resources, profits_ absorber; _savings_ engloutir. **this car eats up the miles** cette voiture dévore la route; **this car eats up petrol** cette voiture bouffe‡ l'essence _or_ consomme beaucoup; **it eats up the electricity/coal** cela consomme beaucoup d'électricité/de charbon.
eatable ['iːtəbl] **1** _adj_ _(fit to eat)_ mangeable, bon à manger; _(edible)_ comestible. **2** _n:_ ~**s*** comestibles _mpl_, victuailles _fpl (hum)_.
eaten ['iːtn] _ptp of_ **eat**.
eater ['iːtər] _n_ **(a)** _(person)_ mangeur _m_, -euse _f_. **to be a big** ~ être un grand _or_ gros mangeur; **to be a big meat** ~ être un gros mangeur de viande. **(b)** _(eating apple/pear)_ pomme _f_/poire _f_ à couteau _or_ de dessert.
eatery* ['iːtərɪ] _n (US)_ (café-)restaurant _m_.
eating ['iːtɪŋ] **1** _n:_ **these apples make good** ~ ces pommes sont bonnes à manger. **2** _cpd apple_ à couteau, de dessert. **eating chocolate** chocolat _m_ à croquer; _(US)_ **eating hall** réfectoire _m_; **eating house, eating place** restaurant _m_.
eau de Cologne ['əʊdəkə'ləʊn] _n_ eau _f_ de Cologne.
eaves ['iːvz] _npl_ avant-toit(s) _m(pl)_. **2** _cpd:_ **eavesdrop** écouter de façon indiscrète; **to eavesdrop on a conversation** écouter une conversation privée; **eavesdropper** oreille indiscrète.
ebb [eb] **1** _n [tide]_ reflux _m, (Naut)_ jusant _m_. ~ **and flow** le flux et le reflux; **the tide is on the** ~ la marée descend; _(fig)_ **to be at a low** ~ _[person]_ être bien bas; _[business]_ aller mal; **his spirits were at a low** ~ il avait le moral très bas _or_ à zéro*; **his funds were at a low** ~ ses fonds étaient bien bas _or_ bien dégarnis.
    2 _cpd:_ **ebb tide** marée descendante, reflux _m; (Naut)_ jusant _m_.
    3 _vi_ **(a)** _[tide]_ refluer, descendre. **to** ~ **and flow** monter et baisser.
    (b) _(fig: also** ~ **away) [enthusiasm etc]_ décliner, baisser, être sur le déclin.
ebonite ['ebənaɪt] _n_ ébonite _f_.
ebony ['ebənɪ] **1** _n_ ébène _f_. **2** _cpd_ **(~-coloured)** noir d'ébène; _(made of ~)_ en ébène, d'ébène.
ebullience [ɪ'bʌlɪəns] _n_ exubérance _f_.
ebullient [ɪ'bʌlɪənt] _adj person_ plein de vie, exubérant; _spirits, mood_ exubérant.
eccentric [ɪk'sentrɪk] **1** _adj_ _(fig) person, behaviour, clothes, ideas_ excentrique, original, bizarre; _(Math, Tech)_ orbit, curve, circles excentrique. **2** _n_ _(person)_ original(e) _m(f)_, excentrique _mf; (Tech)_ excentrique _m_.
eccentrically [ɪk'sentrɪkəlɪ] _adv (V eccentric)_ excentriquement, avec excentricité, d'une manière originale, bizarrement.
eccentricity [,eksən'trɪsɪtɪ] _n_ **(a)** _(V eccentric)_ excentricité _f_, originalité _f_, bizarrerie _f_. **(b)** _[action, whim]_ excentricité _f_.
Ecclesiastes [ɪ,kliːzɪ'æstiːz] _n (Bible)_ **(the Book of)** ~ (le livre de l')Ecclésiaste _m_.
ecclesiastic [ɪ,kliːzɪ'æstɪk] _adj_, _n_ ecclésiastique _(m)_.
ecclesiastical [ɪ,kliːzɪ'æstɪkəl] _adj_ ecclésiastique.
ecdysis ['ekdɪsɪs] _n_ ecdysis _f_.
ECG [,iːsiː'dʒiː] _n abbr of_ **electrocardiogram** _m_.
echelon ['eʃəlɒn] _n_ échelon _m_.

echinoderm [ɪˈkiːnədɜːm] *n* échinoderme *m*.
echo [ˈekəʊ] **1** *n* écho *m*; (*fig*) écho, rappel *m*. **to cheer to the** ~ applaudir à tout rompre.
2 *vt* (*lit*) répercuter, renvoyer. (*fig*) **he** ~**ed my words incredulously** il a répété ce que j'avais dit d'un ton incrédule; '**go home?' he** ~**ed** 'rentrer?' répéta-t-il; **to** ~ **sb's ideas** se faire l'écho de la pensée de qn.
3 *vi* [*sound*] retentir, résonner, se répercuter; [*place*] faire écho. (*liter*) **to** ~ **with music** retentir de musique; (*liter*) **the valley** ~**ed with their laughter** la vallée résonnait *or* retentissait de leurs rires.
4 *cpd*: (*Rad, TV*) **echo chamber** chambre *f* sonore; (*Naut*) **echo-sounder** sondeur *m* (à ultra-sons).
éclair [ˈeɪkleər] *n* (*Culin*) éclair *m* (à la crème).
eclampsia [ɪˈklæmpsɪə] *n* éclampsie *f*.
eclectic [ɪˈklektɪk] *adj, n* éclectique (*mf*).
eclecticism [ɪˈklektɪsɪzəm] *n* éclectisme *m*.
eclipse [ɪˈklɪps] **1** *n* (*Astron, fig*) éclipse *f*. (*Astron, fig*) **to be in** *or* **go into** ~ être éclipsé; **partial/total** ~ éclipse partielle/totale. **2** *vt* (*Astron*) éclipser; (*fig*) éclipser, faire pâlir, surpasser. **eclipsing binary** étoile *f* double.
ecliptic [ɪˈklɪptɪk] *adj* écliptique.
eclogue [ˈeklɒg] *n* églogue *f*.
eclosion [ɪˈkləʊʒən] *n* éclosion *f*.
eco… [ˈiːkəʊ] *pref* éco….
ecocide [ˈiːkəʊsaɪd] *n* écocide *m*.
ecological [ˌiːkəʊˈlɒdʒɪkəl] *adj* écologique.
ecologist [ɪˈkɒlədʒɪst] *n* écologiste *mf*.
ecology [ɪˈkɒlədʒɪ] *n* écologie *f*. (*Pol*) **the E**~ **Party** le parti écologique, les écolos* *mpl*, les Verts* *mpl*.
ecomovement [ˈiːkəʊˌmuːvmənt] *n* (*Pol*) mouvement *m* écologique.
econometer [ˌiːkəˈnɒmətər] *n* (*Aut*) économètre *m*.
econometric [ɪˌkɒnəˈmetrɪk] *adj* économétrique.
econometrician [ɪˌkɒnəməˈtrɪʃən] *n* économétricien(ne) *m(f)*.
econometrics [ɪˌkɒnəˈmetrɪks] *n* (*U*) économétrie *f*.
econometrist [ɪˌkɒnəˈmetrɪst] *n* = **econometrician**.
economic [ˌiːkəˈnɒmɪk] *adj* (a) *development, geography, factor* économique. **the** ~ **system of a country** l'économie *f* d'un pays; **the** ~ **crisis** la crise (économique); ~ **analyst** spécialiste *mf* de l'analyse économique; ~ **indicator** indicateur *m* économique *or* de conjoncture; ~ **management** gestion *f* de l'économie; ~ **performance** performance *f* de l'économie.
(b) (*profitable*) rentable, qui rapporte. ~ **rate of return** taux *m* de rentabilité économique; **an** ~ **rent** un loyer rentable; **this business is no longer** ~ *or* **an** ~ **proposition** cette affaire n'est plus rentable; **it isn't** ~ *or* **it isn't an** ~ **proposition** *or* **it doesn't make** ~ **sense to own a car in town** si l'on habite en ville il n'est pas intéressant d'avoir une voiture.
economical [ˌiːkəˈnɒmɪkəl] *adj person* économe; *method, appliance, speed* économique. **to be** ~ **with** économiser, ménager.
economically [ˌiːkəˈnɒmɪkəlɪ] *adv* économiquement. **to use sth** ~ économiser qch, ménager qch.
economics [ˌiːkəˈnɒmɪks] *n* (*U*) (*science*) économie *f* politique, (*science f*) économique *f*; (*financial aspect*) côté *m* économique. **the** ~ **of the situation/the project** le côté économique de la situation/ du projet; *V* **home**.
economist [ɪˈkɒnəmɪst] *n* économiste *mf*, spécialiste *mf* d'économie politique.
economize [ɪˈkɒnəmaɪz] **1** *vi* économiser (*on* sur), faire des économies. **2** *vt time, money* économiser, épargner. **to** ~ **20% on the costs** faire une économie de 20% sur la dépense.
economy [ɪˈkɒnəmɪ] **1** *n* (a) (*saving: in time, money etc*) économie *f* (*in* de). **to make economies** in faire des économies de; **economies of scale** économies d'échelle.
(b) (*U: system*) économie *f*, système *m* économique. **the country's** ~ **depends on …** l'économie du pays dépend de …; *V* **black, political** *etc*.
2 *cpd*: (*esp Aviat*) **economy class** classe *f* touriste; **economy drive** [*government, firm*] (campagne *f* de) restrictions *fpl* budgétaires; **I'm having an economy drive this month** ce mois-ci je m'efforce de faire des économies; (*Comm*) **economy pack/size** paquet *m*/taille *f* économique.
ecosphere [ˈiːkəʊˌsfɪə] *n* écosphère *f*.
ecosystem [ˈiːkəʊˌsɪstəm] *n* écosystème *m*.
ecotone [ˈiːkəˌtəʊn] *n* écotone *m*.
ecotype [ˈiːkəˌtaɪp] *n* écotype *m*.
ecru [ˈeɪkruː] *adj, n* écru (*m*).
ECSC [ˌiːsiːesˈsiː] *n* (*abbr of* **European Coal and Steel Community**) C.E.C.A. *f*, Communauté européenne du charbon et de l'acier.
ecstasy [ˈekstəsɪ] *n* extase *f* (*also Rel*), ravissement *m*, transport *m* (de joie) (*liter*). **with** ~ avec ravissement, avec extase; **to be in ecstasies over** *object* s'extasier sur; *person* être en extase devant.
ecstatic [eksˈtætɪk] *adj* extasié. **to be** ~ **over** *or* **about** *object* s'extasier sur; *person* être en extase devant.
ecstatically [eksˈtætɪkəlɪ] *adv* avec extase, avec ravissement, d'un air extasié.
ECT [ˌiːsiːˈtiː] *n abbr of* **electroconvulsive therapy**; *V* **electroconvulsive**.
ectomorph [ˈektəʊˌmɔːf] *n* ectomorphe *m*.
ectopic [ekˈtɒpɪk] *adj*: ~ **pregnancy** grossesse extra-utérine.
ectoplasm [ˈektəʊˌplæzəm] *n* ectoplasme *m*.
ECU [ˌiːsiːˈjuː] *n* (*abbr of* **European Currency Unit**) E.C.U. *m*.
Ecuador [ˈekwədɔːr] *n* Équateur *m*.
Ecuador(i)an [ˌekwəˈdɔːr(i)ən] **1** *adj* équatorien. **2** *n* Équatorien(ne) *m(f)*.

ecumenical [ˌiːkjʊˈmenɪkəl] *adj* œcuménique.
ecumenism [iˈkjuːmənɪzəm] *n* œcuménisme *m*.
eczema [ˈeksɪmə] *n* eczéma *m*. ~-**sufferer** personne sujette à l'eczéma.
eddy [ˈedɪ] **1** *n* [*water, air*] remous *m*, tourbillon *m*; [*snow, dust, smoke*] tourbillon; [*leaves*] tournoiement *m*, tourbillon. **2** *vi* [*air, smoke, leaves*] tourbillonner; [*people*] tournoyer; [*water*] faire des remous *or* des tourbillons.
edelweiss [ˈeɪdlvaɪs] *n* edelweiss *m inv*.
edema [ɪˈdiːmə] *n* (*esp US*) œdème *m*.
Eden [ˈiːdn] *n* Eden *m*, paradis *m* terrestre. **the garden of** ~ le jardin d'Éden.
edentate [ɪˈdenteɪt] *adj, n* édenté (*m*).
edge [edʒ] **1** *n* (a) [*knife, razor*] tranchant *m*, fil *m*. **a blade with a sharp** ~ une lame bien affilée; **to put an** ~ **on** aiguiser, affiler, affûter; **to take the** ~ **off** *knife, sensation* émousser; *appetite* calmer, émousser; **it sets my teeth on** ~ cela m'agace les dents; **he is on** ~ il est énervé *or* à cran*; **my nerves are all on** ~* j'ai les nerfs à vif *or* en pelote* *or* en boule*; (*fig*) **to have the** *or* **an** ~ **on** être légèrement supérieur à, l'emporter de justesse *or* d'un poil* sur.
(b) [*table, plate*] bord *m*; [*river, lake*] bord, rive *f*; [*sea*] rivage *m*, bord; [*cliff*] bord; [*forest*] lisière *f*, orée *f*; [*road*] bord, côté *m*; [*town*] abords *mpl*; [*cloth*] (*uncut*) lisière, bord; (*cut*) bord; [*coin*] tranche *f*; [*page*] bord, (*margin*) marge *f*; [*cube, brick*] arête *f*; (*distance round the* ~ *of an object*) pourtour *m*. **a book with gilt** ~**s** un livre doré sur tranches; **to stand sth on its** ~ poser qch de chant; **the trees at the** ~ **of the road** les arbres en bordure de la route; (*fig*) **to be on the** ~ **of disaster** être au bord du désastre, courir au désastre; (*fig*) **that pushed him over the** ~ ça a été plus qu'il ne pouvait supporter.
(c) [*ski*] arête *f*, (*metal strip*) carre *f*.
2 *cpd*: **edgeways, edgewise** de côté; **I couldn't get a word in edgeways*** je n'ai pas réussi à placer un mot.
3 *vt* (a) (*put a border on*) border (*with* de). **to** ~ **a collar with lace** border un col de dentelle.
(b) (*sharpen*) *tool, blade* aiguiser, affiler, affûter.
(c) **to** ~ **one's chair nearer the door** rapprocher sa chaise tout doucement de la porte; **to** ~ **one's way through** *etc* = **to edge through** *etc*; *V* **4**.
4 *vi* se glisser, se faufiler. **to** ~ **through/into** *etc* se glisser *or* se faufiler à travers/dans *etc*; **to** ~ **forward** avancer petit à petit; **to** ~ **away** s'éloigner tout doucement *or* furtivement; **to** ~ **up to sb** s'approcher tout doucement *or* furtivement de qn; **share prices** ~**d up** il y a eu une tendance à la hausse de valeurs boursières; **to** ~ **out of a room** se glisser hors d'une pièce, sortir furtivement d'une pièce.
edginess [ˈedʒɪnɪs] *n* (*U*) nervosité *f*, énervement *m*, irritation *f*.
edging [ˈedʒɪŋ] **1** *n* (a) (*gen*) bordure *f*; [*ribbon, silk*] liséré *m or* liséré *m*. (b) (*Ski*) prise *f* de carres. **2** *cpd*: **edging shears** cisaille *f* de jardinier *or* d'horticulteur.
edgy [ˈedʒɪ] *adj* énervé, à cran*, crispé.
edibility [ˌedɪˈbɪlɪtɪ] *n* comestibilité *f*.
edible [ˈedɪbl] *adj mushroom, berry* comestible, bon à manger; *meal* mangeable. ~ **snail** escargot *m* comestible; ~ **crab** dormeur *m*, tourteau *m*.
edict [ˈiːdɪkt] *n* (*gen, Jur, Pol*) décret *m*; (*Hist*) édit *m*.
edification [ˌedɪfɪˈkeɪʃən] *n* édification *f*, instruction *f*.
edifice [ˈedɪfɪs] *n* édifice *m*.
edify [ˈedɪfaɪ] *vt* édifier (*moralement*).
Edinburgh [ˈedɪnbərə] *n* Édimbourg.
edit [ˈedɪt] *vt magazine, review* diriger; *daily newspaper* être le rédacteur *or* la rédactrice en chef de; *article* mettre au point, préparer; *series of texts* diriger la publication de; *text, author* éditer, donner une édition de; *film* monter; *tape* mettre au point, couper et recoller; *dictionary, encyclopedia* assurer la rédaction de; *Rad or TV programme* réaliser; (*Comput*) *file* éditer.
editing [ˈedɪtɪŋ] *n* [*magazine*] direction *f*; [*newspaper, dictionary*] rédaction *f*; [*article, series of texts, tape*] mise *f* au point; [*text, author*] édition *f*; [*film*] montage *m*; (*Comput*) édition.
edition [ɪˈdɪʃən] *n* [*newspaper, book*] édition *f*; [*print, etching*] tirage *m*. **limited** ~ édition à tirage restreint *or* limité; **revised** ~ édition revue et corrigée; **to bring out an** ~ **of a text** publier *or* faire paraître l'édition d'un texte; **a one volume** ~ **of Corneille** une édition de Corneille en un volume.
editor [ˈedɪtər] *n* [*daily newspaper*] rédacteur *m*, -trice *f* en chef; [*magazine, review*] directeur *m*, -trice *f*; [*text*] éditeur *m*, -trice *f*; [*series*] directeur, -trice de la publication; [*dictionary, encyclopaedia*] rédacteur, -trice; [*Rad or TV programme*] réalisateur *m*, -trice *f*. (*Press*) **political** ~ rédacteur, -trice politique; **sports** ~ rédacteur sportif, rédactrice sportive; *V* **news** *etc*.
editorial [ˌedɪˈtɔːrɪəl] **1** *adj office* de (la) rédaction; *comment, decision* de la rédaction, du rédacteur. ~ **staff** rédaction *f*; **the** ~ '**we**' le 'nous' de modestie *or* d'auteur. **2** *n* [*newspaper etc*] éditorial *m*, article *m* de tête.
editorialist [ˌedɪˈtɔːrɪəlɪst] *n* (*US*) éditorialiste *mf*.
editorship [ˈedɪtəʃɪp] *n* (*V* **editor**) rédaction *f*; direction *f*. **under the** ~ **of** sous la direction de.
Edmund [ˈedmənd] *n* Edmond *m*.
EDT [ˌiːdiːˈtiː] *n* (*US*) *abbr of* **Eastern Daylight Time**; *V* **eastern**.
educable [ˈedjʊkəbl] *adj* éducable.
educate [ˈedjʊkeɪt] *vt pupil* instruire, donner de l'instruction à; *the mind, one's tastes* former; (*bring up*) *family, children* élever, éduquer. **he is being** ~**d in Paris** il fait ses études à Paris; **to** ~ **the public** éduquer le public; (*fig*) **to** ~ **sb to believe that …** enseigner à qn que ….
educated [ˈedjʊkeɪtɪd] **1** *ptp* of **educate**. **2** *adj person* instruit,

cultivé; *handwriting* distingué; *voice* cultivé. **hardly** ~ **at all** qui n'a guère d'instruction; *V* **guess, well.**

education [,edjʊ'keɪʃən] **1** *n* (*gen*) éducation *f*; (*teaching*) instruction *f*, enseignement *m*; (*studies*) études *fpl*; (*training*) formation *f*; (*knowledge*) culture *f*; (*Univ etc subject*) pédagogie *f*. **Department** *or* **Ministry of E**~ ministère *m* de l'Éducation nationale; (*Brit*) **Secretary of State for** *or* **Minister of E**~, (*US*) **Secretary for E**~ ministre *m* de l'Éducation (nationale); (*Brit*) **Department of E**~ **and Science** ≃ ministère *m* de l'Éducation nationale (*et de la Recherche scientifique*); **primary/secondary** ~ enseignement primaire/secondaire; **physical/political** ~ éducation physique/ politique; **literary/professional** ~ formation littéraire/ professionnelle; ~ **is free** l'instruction est gratuite, l'enseignement est gratuit; **he has had very little** ~ c'est un homme sans instruction; **man with a sound** ~ homme qui a une solide instruction; **he had a good** ~ il a reçu une bonne éducation; **the** ~ **he received at school** l'instruction qu'il a reçue à l'école (*or* au lycée *etc*); **his** ~ **was neglected** on a négligé son éducation; **his** ~ **was interrupted** ses études ont été interrompues; **the crisis in** ~, **the** ~ **crisis** la crise de l'enseignement; **the system of** ~, **the** ~ **system** (*gen*) le système éducatif *or* d'éducation; **the French system of** ~, **the** ~ **system in France** le système éducatif *or* l'enseignement en France; **people working in** ~ les gens qui travaillent dans l'enseignement; (*Univ etc*) **diploma in** ~ diplôme *m* de pédagogie; *V* **adult, further** *etc*.

2 *cpd* **theory, method** d'enseignement, pédagogique; **standards** d'instruction, scolaire; **costs** de l'enseignement; (*Pol etc*) **budget, minister** de l'Éducation nationale. (*Brit Parl*) **the Education Act** la loi sur l'enseignement; (*Brit*) **education authority** ≃ délégation départementale de l'enseignement; (*Brit: Scol Admin*) **Education Committee** commission *f* du conseil régional chargée des affaires scolaires *etc*; (*Press*) **education correspondent** correspondant(e) *m(f)* chargé(e) des questions de l'enseignement; (*ministry*) **Education Department** ministère *m* de l'Éducation nationale; (*Brit: of local authority*) **education department** ≃ délégation départementale de l'enseignement; (*Press*) **education page** rubrique *f* de l'enseignement; (*Brit: Scol Admin*) **Education Welfare Officer** assistant(e) social(e) scolaire.

educational [,edjʊ'keɪʃənl] *adj* (a) *methods* pédagogique; *establishment, institution* d'enseignement, scolaire; *system* d'éducation; *supplies* scolaire; *film, games, visit* éducatif; *role, function* éducateur (*f* -trice). ~ **standards are rising/falling** le niveau d'instruction monte/baisse; **his** ~ **standard** son niveau scolaire; (*Brit: Scol Admin*) ~ **adviser** conseiller *m*, -ère *f* pédagogique; (*US Scol*) ~ **age** niveau *m* scolaire (*d'un élève*); ~ **psychologist** psychologue *mf* scolaire; ~ **psychology** psychopédagogie *f*; (*US*) ~ **park** complexe *m* d'écoles primaires et secondaires; ~ **qualifications** titres *mpl* scolaires, diplômes *mpl*; (*US*) ~ **television** chaîne de télévision scolaire et culturelle.

(b) *experience, event* instructif. **we found the visit very** ~ cette visite a été très instructive.

education(al)ist [,edjʊ'keɪʃn(ə)l]ɪst] *n* éducateur *m*, -trice *f*, pédagogue *mf*.

educationally [,edjʊ'keɪʃnəlɪ] *adv* (*as regards teaching methods*) du point de vue pédagogique, pédagogiquement; (*as regards education, schooling*) sous l'angle scolaire *or* de l'éducation. **it is** ~ **wrong to do so** il est faux d'un point de vue pédagogique *or* il est pédagogiquement faux de procéder ainsi; ~ **subnormal** arriéré; ~ **deprived children** enfants déshérités sous l'angle scolaire *or* de l'éducation, enfants sous-scolarisés.

educative ['edjʊkətɪv] *adj* éducatif, éducateur (*f* -trice).

educator ['edjʊkeɪtər] *n* éducateur *m*, -trice *f*.

educe [ɪ'djuːs] *vt* dégager, faire sortir.

Edward ['edwəd] *n* Edouard *m*. (*Brit Hist*) ~ **the Confessor** Édouard le Confesseur.

Edwardian [ed'wɔːdɪən] (*Brit*) **1** *adj lady, architect, society* de l'époque du roi Édouard VII; *clothes, manners, design* dans le style 1900. **in** ~ **days** à l'époque d'Édouard VII, juste après 1900; **the** ~ **era** ≃ la Belle Époque.

2 *n personne f qui vivait sous le règne d'Édouard VII ou qui a les caractéristiques de cette époque.*

EEC [,i:i:'si:] *n* (*abbr of* **European Economic Community**) C.E.E. *f*.

EEG [,i:i:'dʒi:] *n abbr of* **electroencephalogram.**

eel [i:l] *n* anguille *f*. ~**worm** anguillule *f*; *V* **electric, slippery.**

e²n [i:n] *adv* (*liter*) = **even² 2.**

e'er [ɛər] *adv* (*liter*) = **ever.**

eerie, eery ['ɪərɪ] *adj* inquiétant, sinistre, qui donne le frisson.

EET [,i:i:'ti:] *n abbr of* **Eastern European Time;** *V* **eastern.**

efface [ɪ'feɪs] *vt* (*lit, fig*) effacer, oblitérer (*liter*).

effect [ɪ'fekt] **1** *n* (a) (*result*) effet *m*, conséquence *f* (*on* sur); (*Phys*) effect; *[wind, chemical, drug]* action *f* (*on* sur). **to have an** ~ **on** avoir *or* produire un effet sur; **to have no** ~ ne produire aucun effet, rester sans effet *or* sans suite; **it won't have any** ~ **on him** ça ne lui fera aucun effet, ça n'aura aucun effet sur lui; **this rule will have the** ~ **of preventing ...,** **the** ~ **of this rule will be to prevent ...** cette règle aura pour conséquence *or* effet d'empêcher ...; **the** ~ **of all this is that ...** il résulte de tout ceci que ...; **to feel the** ~**s of an accident** ressentir les effets d'un accident, se ressentir d'un accident; **the** ~**s of the new law are already being felt** les effets de la nouvelle loi se font déjà sentir; (*Phys*) **the Doppler** ~ l'effet Doppler-Fizeau; **to no** ~ en vain; **to such good** ~ **that** si bien que; **to put into** ~ mettre à exécution *or* en application; **to take** ~ *[drug]* produire *or* faire son effet, agir; *[law]* prendre effet, entrer en vigueur; **to be of no** ~ être inefficace *or* inopérant; **to come into** ~ entrer en vigueur; **in** ~ en fait, en réalité.

(b) (*impression*) effet *m*. (*Theat*) **stage** ~**s** effets scéniques; **sound** ~**s** bruitage *m*; **to make an** ~ faire effet *or* de l'effet; **to give**

a good ~ faire (un) bon effet; **literary** ~ effet littéraire; (*Art*) ~**s of light** effets de lumière; **he said it just for** ~ il ne l'a dit que pour faire de l'effet *or* pour impressionner; *V* **special.**

(c) (*meaning*) sens *m*. **his letter is to the** ~ **that** ... sa lettre nous apprend que ...; **an announcement to the** ~ **that** ... un communiqué déclarant que *or* dont la teneur est que ...; **orders to the** ~ **that** ... ordres suivant lesquels ...; **he used words to that** ~ il s'est exprimé dans ce sens; ... **or words to that** ~ ... ou quelque chose d'analogue *or* de ce genre; **we got a letter to the same** ~ nous avons reçu une lettre dans le même sens.

(d) (*property*) ~**s** biens *mpl*; (*Banking*) **'no** ~**s'** 'sans provision'; *V* **personal.**

2 *vt* (*gen*) *reform, reduction, payment* effectuer; *cure* obtenir; *improvement* apporter; *transformation* opérer, effectuer; *reconciliation, reunion* amener; *sale, purchase* réaliser, effectuer. **to** ~ **a saving (in** *or* **of)** faire une économie (de); **to** ~ **a settlement** arriver à un accord; **to** ~ **an entry** entrer de force.

effective [ɪ'fektɪv] **1** *adj* (a) (*efficient*) *cure* efficace; *word, remark* qui porte, qui a de l'effet. **the measures were** ~ les mesures ont été efficaces *or* ont fait leur effet; **the system is** ~ le système fonctionne bien; **an** ~ **argument** un argument décisif; **to become** ~ *[law, regulation, insurance cover]* prendre effet, entrer en vigueur (*from* à partir de); *[ticket]* être valide (*from* à partir de); **it was an** ~ **way of stopping him** c'était une bonne façon *or* une façon efficace de l'arrêter.

(b) (*striking, impressive*) frappant, saisissant, qui fait *or* qui produit de l'effet.

(c) (*actual*) *aid, contribution* effectif. **the** ~ **head of the family** le chef réel *or* véritable de la famille; (*Mil*) ~ **troops** hommes *mpl* valides.

(d) (*Econ, Fin*) *demand* solvable; *interest rate* réel. ~ **date** date *f* d'entrée en vigueur.

2 *npl* (*Mil*) ~**s** effectifs *mpl*.

effectively [ɪ'fektɪvlɪ] *adv* (*efficiently*) efficacement, d'une manière effective; (*usefully*) utilement; (*strikingly*) d'une manière frappante, avec beaucoup d'effet; (*in reality*) effectivement, réellement.

effectiveness [ɪ'fektɪvnɪs] *n* (*efficiency*) efficacité *f*; (*striking quality*) effet frappant *or* saisissant.

effector [ɪ'fektər] **1** *adj* effecteur (*f* -trice). **2** *n* effecteur *m*.

effectual [ɪ'fektjʊəl] *adj remedy, punishment* efficace, qui produit l'effet voulu; *document, agreement* valide.

effectually [ɪ'fektjʊəlɪ] *adv* efficacement.

effectuate [ɪ'fektjʊeɪt] *vt* effectuer, opérer, réaliser.

effeminacy [ɪ'femɪnəsɪ] *n* caractère efféminé.

effeminate [ɪ'femɪnɪt] *adj* efféminé.

efferent ['efərənt] *adj* efférent.

effervesce [,efə'ves] *vi [liquids]* être *or* entrer en effervescence; *[drinks]* pétiller, mousser; *[gas]* se dégager (en effervescence); (*fig*) *[person]* déborder (*with* de), être tout excité.

effervescence [,efə'vesns] *n* effervescence *f*, pétillement *m*; (*fig*) excitation *f*.

effervescent [,efə'vesnt] *adj liquid, tablet* effervescent; *drink* gazeux; (*fig*) plein d'entrain.

effete [ɪ'fi:t] *adj person* mou (*f* molle), veule; *empire, civilization* décadent; *government* affaibli; *method* (devenu) inefficace, stérile.

effeteness [ɪ'fi:tnɪs] *n* (*V* **effete**) veulerie *f*; décadence *f*; inefficacité *f*.

efficacious [,efɪ'keɪʃəs] *adj cure, means* efficace; *measure, method* efficace, opérant.

efficacy ['efɪkəsɪ] *n*, **efficaciousness** [,efɪ'keɪʃəsnɪs] *n* efficacité *f*.

efficiency [ɪ'fɪʃənsɪ] **1** *n [person]* capacité *f*, compétence *f*; *[method]* efficacité *f*; *[organization, system]* efficacité, bon fonctionnement; *[machine]* bon rendement, bon fonctionnement. **2** *cpd*: (*US*) **efficiency apartment** studio *m*.

efficient [ɪ'fɪʃənt] *adj person* capable, compétent, efficace; *method, system* efficace, opérant; *plan, organization* efficace; *machine* d'un bon rendement, qui fonctionne bien. **the** ~ **working of a machine** le bon fonctionnement d'une machine.

efficiently [ɪ'fɪʃəntlɪ] *adv* (*V* **efficient**) avec compétence, efficacement. *[machine]* **to work** ~ bien fonctionner, avoir un bon rendement.

effigy ['efɪdʒɪ] *n* effigie *f*. **in** ~ en effigie.

effloresce [,eflɔ'res] *vi* (*Chem*) effleurir.

efflorescence [,eflɔ'resns] *n* (*Chem, Med: also* **liter**) efflorescence *f*; (*Bot*) floraison *f*.

efflorescent [,eflɔ'resnt] *adj* (*Chem*) efflorescent; (*Bot*) en fleur(s).

effluence ['efluəns] *n* émanation *f*, effluence *f* (*liter, rare*).

effluent ['efluənt] *adj, n* effluent (*m*).

effluvium [e'flu:vɪəm] *n* effluve(s) *m(pl)*, émanation *f*, exhalaison *f*; (*pej*) exhalaison *or* émanation fétide.

effort ['efət] *n* effort *m*. **to make an** ~ **to do** faire un effort pour faire, s'efforcer de faire; **to make every** ~ *or* **a great** ~ **to do** (*try hard*) faire tous ses efforts *or* (tout) son possible pour faire, s'évertuer à faire; (*take great pains*) se donner beaucoup de mal *or* de peine pour faire; **to make an** ~ **to concentrate/to adapt** faire un effort de concentration/d'adaptation; **do make some** ~ **to help!** fais un petit effort pour aider!, essaie d'aider un peu!; **he made no** ~ **to be polite** il ne s'est pas donné la peine d'être poli; (*Scol*) **he makes no** ~ il ne fait aucun effort, il ne s'applique pas; **it's not worth the** ~ cela ne vaut pas la peine; **without** ~ sans peine, sans effort; **in an** ~ **to solve the problem/be polite** *etc* pour essayer de résoudre le problème/d'être poli *etc*; **the government's** ~ **to avoid ...** les efforts *or* les tentatives *fpl* du gouvernement pour éviter ...; **it's an awful** ~ **to get up!** il en faut du courage pour se lever!; **what do you think of his latest** ~**?*** qu'est-ce que tu penses de ce qu'il vient de faire?; **it's not bad for a first** ~ ça n'est pas (si)

mal pour un coup d'essai; **that's a good ~*** ça n'est pas mal (réussi); **it's a pretty poor ~*** ça n'est pas une réussite *or* un chef-d'œuvre.
effortless ['efətlɪs] *adj* success, victory facile; style, movement aisé.
effortlessly ['efətlɪslɪ] *adv* sans effort, sans peine, aisément, facilement.
effrontery [ɪ'frʌntərɪ] *n* effronterie *f*.
effusion [ɪ'fju:ʒən] *n [liquid]* écoulement *m*; *[blood, gas]* effusion *f*; *(fig)* effusion, épanchement *m*.
effusive [ɪ'fju:sɪv] *adj person, character* expansif, démonstratif; *welcome* chaleureux; *style* expansif; *thanks, apologies* sans fin.
effusively [ɪ'fju:sɪvlɪ] *adv greet, praise* avec effusion. **to thank sb ~** se confondre *or* se répandre en remerciements auprès de qn.
EFL [,i:ef'el] *n abbr of* **English as a Foreign Language**; *V* **English**.
eft [eft] *n (Zool)* triton *m* (crêté), salamandre *f* d'eau.
EFTA ['eftə] *n (abbr of* **European Free Trade Association**) A.E.L.E. *f*, Association européenne de libre-échange.
eg, e.g. [,i:'dʒi:] *adv (abbr of* **'exempli gratia'** = *'for example')* ex.
egad†† [ɪ'gæd] *excl* ciel!
egalitarian [ɪ,gælɪ'teərɪən] **1** *n* égalitariste *mf*. **2** *adj person* égalitariste; *principle* égalitaire.
egalitarianism [ɪ,gælɪ'teərɪənɪzəm] *n* égalitarisme *m*.
egest [ɪ'dʒest] *vt* évacuer.
egg [eg] **1** *n (Culin, Zool)* œuf *m*. **in the ~** dans l'œuf; **~s and bacon** œufs au bacon; **to lay an ~** *[hen etc]* pondre un œuf; (‡ : *fig : fail)* faire un fiasco *or* un bide‡; *(fig)* **to put all one's ~s in one basket** mettre tous ses œufs dans le même panier; **as sure as ~s is ~s‡** c'est sûr et certain*; (fig)* **to have ~ on one's face** avoir l'air plutôt ridicule; **he's a good/bad ~‡** c'est un brave/sale type*; *V* **boil¹**, **Scotch** *etc*.
   2 *cpd*: **eggbeater** *(rotary)* batteur *m* (à œufs); *(whisk)* fouet *m* (à œufs); (‡ :US: *helicopter)* hélico* *m*, hélicoptère *m*; **eggcup** coquetier *m*; **egg custard** ≃ crème renversée; **egg flip** *(with milk)* lait *m* de poule; *(with spirits)* eggflip *m*; **egghead‡** intellectuel(le) *m(f)*, cérébral(e) *m(f)*; **eggnog** eggflip *m*; **eggplant** aubergine *f*; **egg roll** pâté *or* rouleau impérial; **egg-shaped** ovoïde; **eggshell** coquille *f* (d'œuf); **eggshell china** coquille *f* d'œuf (*porcelaine)*; **paint with an eggshell finish** peinture presque mate; **egg timer** *(sand)* sablier *m*; *(automatic)* minuteur *m*; **egg whisk** fouet *m* (à œufs); **egg white** blanc *m* d'œuf; **egg yolk** jaune *m* d'œuf.
   3 *vt (*) pousser, inciter *(to do* à faire).
◆**egg on*** *vt sep* pousser, inciter *(to do* à faire).
eglantine ['egləntaɪn] *n (flower)* églantine *f*; *(bush)* églantier *m*.
ego ['i:gəʊ] **1** *n (Psych)* **the ~** le moi, l'ego *m*. **2** *cpd*: **to be on an ego trip** planer,* se sentir gonflé à bloc*; **having his name all over the papers is a great ego trip** le fait d'avoir son nom dans tous les journaux est pour lui une grande satisfaction d'amour-propre, depuis qu'il a son nom dans tous les journaux, il plane*.
egocentric(al) [,egəʊ'sentrɪk(əl)] *adj* égocentrique.
egoism ['egəʊɪzəm] *n* égoïsme *m*.
egoist ['egəʊɪst] *n* égoïste *mf*.
egoistical [,egəʊ'ɪstɪkəl] *adj* égoïste.
egomania [,egəʊ'meɪnɪə] *n* manie *f* égocentrique.
egotism ['egəʊtɪzəm] *n* égotisme *m*.
egotist ['egəʊtɪst] *n* égotiste *mf*.
egotistic(al) [,egəʊ'tɪstɪk(əl)] *adj* égotiste.
egregious [ɪ'gri:dʒəs] *adj (pej)* énorme *(iro)*, fameux* *(iro: before n)*; *folly, blunder* insigne. **he's an ~ ass** c'est un fameux* imbécile.
egress ['i:gres] *n (gen: frm)* sortie *f*, issue *f*; *(Astron)* émersion *f*.
egret ['i:grɪt] *n* aigrette *f*.
Egypt ['i:dʒɪpt] *n* Égypte *f*.
Egyptian [ɪ'dʒɪpʃən] **1** *adj* égyptien, d'Égypte. **2** *n* Égyptien(ne) *m(f)*.
Egyptologist [,i:dʒɪp'tɒlədʒɪst] *n* égyptologue *mf*.
Egyptology [,i:dʒɪp'tɒlədʒɪ] *n* égyptologie *f*.
eh [eɪ] *excl* **(a)** *(what did you say?)* comment?, quoi?, hein?* **(b)** **you'll do it for me, ~?** tu le feras pour moi, n'est-ce pas? *or* hein?*
eider ['aɪdər] *n* eider *m*. **~down** *(quilt)* édredon *m*; *(U: down)* duvet *m* (d'eider).
eidetic [ar'detɪk] *adj* eidétique.
Eiffel Tower [,aɪfəl 'taʊər] *n* tour *f* Eiffel.
Eiger ['aɪgər] *n* Eiger *m*.
eight [eɪt] **1** *adj* huit *inv. (Ind etc)* **an ~-hour day** la journée de huit heures; *(Ind etc)* **to do** *or* **work ~-hour shifts** faire des postes *mpl or* des roulements *mpl* de huit heures; *for other phrases V* **six**.
   2 *n* huit *m inv (also Rowing). (fig)* **he's had one over the ~*** il a du vent dans les voiles*, il a un verre dans le nez*; *V* **figure**.
   3 *pron* huit *mfpl*. **there are ~** il y en a huit.
eighteen ['eɪ'ti:n] **1** *adj* dix-huit *inv.* **2** *n* dix-huit *m inv; for phrases V* **six**. **3** *pron* dix-huit *mfpl*. **there are ~** il y en a dix-huit.
eighteenth ['eɪ'ti:nθ] **1** *adj* dix-huitième. **2** *n* dix-huitième *mf*; *(fraction)* dix-huitième *m; for phrases V* **sixth**.
eighth [eɪtθ] **1** *adj* huitième. *(US Mus)* **~ note** croche *f*. **2** *n* huitième *mf*; *(fraction)* huitième *m; for phrases V* **sixth**.
eightieth ['eɪtɪəθ] **1** *adj* quatre-vingtième. **2** *n* quatre-vingtième *mf*; *(fraction)* quatre-vingtième *m*.
eighty ['eɪtɪ] **1** *adj* quatre-vingts *inv.* **about ~ books** environ *or* à peu près quatre-vingts livres; *for other phrases V* **sixty**.
   2 *n* quatre-vingts *m*. **about ~** environ *or* à peu près quatre-vingts; **~-one** quatre-vingt-un; **~-two** quatre-vingt-deux; **~-first** quatre-vingt-unième; **page ~** page quatre-vingt; *for other phrases V* **sixty**.
   3 *pron* quatre-vingts *mfpl*. **there are ~** il y en a quatre-vingts.
   4 *cpd: (US)* **to eighty-six sb‡** *(refuse to serve)* refuser de servir qn; *(eject)* vider* qn.
Einsteinian [aɪn'staɪnɪən] *adj* einsteinien.
einsteinium [aɪn'staɪnɪəm] *n* einsteinium *m*.
Eire ['eərə] *n* République *f* d'Irlande.

Eisteddfod [aɪs'teðvɒd] *n* concours *m* de musique et de poésie *(en gallois)*.
either ['aɪðər] **1** *adj* **(a)** *(one or other)* l'un(e) ou l'autre, n'importe lequel *(f* laquelle) (des deux). **~ day would suit me** l'un ou l'autre jour *or* l'un de ces deux jours me conviendrait; **do it ~ way** faites-le de l'une ou l'autre façon; **~ way* I can't do anything about it** de toute façon *or* quoi qu'il arrive je n'y peux rien; **I don't like ~ book** je n'aime ni l'un ni l'autre de ces livres.
   (b) *(each)* chaque. **in ~ hand** dans chaque main; **on ~ side of the street** des deux côtés *or* de chaque côté de la rue; **on ~ side lay fields** de part et d'autre s'étendaient des champs.
   2 *pron* l'un(e) *m(f)* ou l'autre, n'importe lequel *m (or* laquelle *f)* (des deux). **which bus will you take? — ~** quel bus prendrez-vous? — l'un ou l'autre *or* n'importe lequel (des deux); **there are 2 boxes on the table, take ~** il y a 2 boîtes sur la table, prenez celle que vous voulez *or* n'importe laquelle *or* l'une ou l'autre; **I don't admire ~** je n'admire ni l'un ni l'autre; **I don't believe ~ of them** je ne les crois ni l'un ni l'autre; **give it to ~ of them** donnez-le soit à l'un soit à l'autre; **if ~ is attacked the other helps him** si l'un des deux est attaqué l'autre l'aide.
   3 *adv (after neg statement)* non plus. **he sings badly and he can't act ~** il chante mal et il ne sait pas jouer non plus *or* et il ne joue pas mieux; **I have never heard of him — no, I haven't ~** je n'ai jamais entendu parler de lui — moi non plus.
   4 *conj* **(a) ~ ... or** ou (bien) ... ou (bien), soit ... soit; *(after neg)* ni ... ni; **he must be ~ lazy or stupid** il doit être ou paresseux ou stupide; **he must ~ change his policy or resign** il faut soit qu'il change *(subj)* de politique soit qu'il démissionne *(subj)*; **~ be quiet or go out!** tais-toi ou sors d'ici!, ou (bien) tu te tais ou (bien) tu sors d'ici!; **I have never been ~ to Paris or to Rome** je ne suis jamais allé ni à Paris ni à Rome; **it was ~ he or his sister** c'était soit lui soit sa sœur, c'était ou (bien) lui ou (bien) sa sœur.
   (b) *(moreover)* **she got a sum of money, and not such a small one ~** elle a reçu une certaine somme, pas si petite que ça d'ailleurs.
ejaculate [ɪ'dʒækjʊleɪt] *vti (cry out)* s'exclamer, s'écrier; *(Physiol)* éjaculer.
ejaculation [ɪ,dʒækjʊ'leɪʃən] *n (cry)* exclamation *f*, cri *m*; *(Physiol)* éjaculation *f*.
ejaculatory [ɪ'dʒækjʊlətərɪ] *adj (Physiol)* éjaculatoire.
eject [ɪ'dʒekt] **1** *vt (Aviat, Tech etc)* éjecter; *tenant, troublemaker* expulser; *trespasser* chasser, reconduire; *customer* expulser, vider*. **2** *vi [pilot]* utiliser le mécanisme d'éjection.
ejection [ɪ'dʒekʃən] *n (U) [person]* expulsion *f*; *(Aviat, Tech)* éjection *f*.
ejector [ɪ'dʒektər] *n (Tech)* éjecteur *m*. *(Aviat)* **~ seat** siège *m* éjectable.
eke [i:k] *vt*: **to ~ out** *(by adding)* accroître, augmenter; *(by saving)* économiser, faire durer; **to ~ out one's pension by doing ...** augmenter un peu sa retraite en faisant ... .
el. *n (US: abbr of* **elevated railroad)** métro *m* aérien.
elaborate [ɪ'læbərɪt] **1** *adj scheme, programme* complexe; *ornamentation, design, sewing* détaillé, compliqué; *preparations* minutieux; *pattern, joke, excuse* compliqué, recherché; *meal* soigné, raffiné; *style* recherché, travaillé; *clothes* recherché, raffiné; *sculpture* ouvragé, travaillé; *drawing* minutieux, travaillé. **with ~ care** très soigneusement, minutieusement; **he made an ~ plan for avoiding ...** il a établi un projet détaillé *or* minutieux pour éviter ...; **his plan was so ~ that I couldn't follow it** son projet était si complexe *or* compliqué que je n'arrivais pas à le comprendre; **the work was so ~ that it took her years to finish it** le travail était si complexe *or* minutieux qu'elle a mis des années à le finir.
   2 [ɪ'læbəreɪt] *vt* élaborer; *(Ling)* **~d code** code *m* élaboré.
   3 [ɪ'læbəreɪt] *vi* donner des détails *(on* sur), entrer dans *or* expliquer les détails *(on* de).
elaborately [ɪ'læbərɪtlɪ] *adv (V* **elaborate)** en détail; minutieusement; soigneusement, avec soin; avec recherche.
elaboration [ɪ,læbə'reɪʃən] *n* élaboration *f*.
elapse [ɪ'læps] *vi* s'écouler, (se) passer.
elastic [ɪ'læstɪk] **1** *adj* élastique *(also fig). (Brit)* **~ band** élastique *m*, caoutchouc *m*; **~ stockings** bas *mpl* à varices. **2** *n* **(a)** *(U)* élastique *m*. **(b)** *(also* **baggage** *or* **luggage ~)** tendeur *m*, sandow *m* ℝ.
elasticity [,i:læs'tɪsɪtɪ] *n* élasticité *f*.
elate [ɪ'leɪt] *vt* transporter, ravir, enthousiasmer.
elated [ɪ'leɪtɪd] *adj* transporté (de joie), rempli d'allégresse. **to be ~** exulter.
elation [ɪ'leɪʃən] *n* allégresse *f*, exultation *f*.
Elba ['elbə] *n* l'île *f* d'Elbe.
Elbe [elb] *n* Elbe *f (fleuve)*.
elbow ['elbəʊ] **1** *n [person, road, river, pipe]* coude *m*. **to lean one's ~s on** s'accouder à *or* sur, être accoudé à; **to lean on one's ~s** s'appuyer sur le coude; **at his ~** à ses côtés; **out at the ~s** *garment* percé *or* troué aux coudes; *person* déguenillé, loqueteux; *(euph)* **he lifts his ~*** a bit il lève le coude*, il picole‡.
   2 *cpd*: **to use a bit of elbow grease** mettre de l'huile de coude*; **elbow joint** articulation *f* du coude; **elbow-rest** accoudoir *m*; *[armchair]* bras *m*; **to have enough elbow room** *(lit)* avoir de la place pour se retourner; *(fig)* avoir les coudées franches; **to have no elbow room** *(lit)* être à l'étroit; *(fig)* ne pas avoir de liberté d'action.
   3 *vi*: **to ~ through** se frayer un passage à travers (en jouant des coudes); **to ~ forward** avancer en jouant des coudes.
   4 *vt*: **to ~ sb aside** écarter qn du coude *or* d'un coup de coude; **to ~ one's way through** *etc* = **to elbow through** *etc (V* 3.
elder¹ ['eldər] **1** *adj* aîné *(de deux)*. **my ~ sister** ma sœur aînée; **Pliny the ~** Pline l'Ancien; **Alexandre Dumas the ~** Alexandre

Dumas père; ~ **statesman** vétéran *m* de la politique, homme politique chevronné.
  2 *n* aîné(e) *m(f)*; *[Presbyterian Church]* membre *m* du conseil d'une église presbytérienne. *[tribe, Church]* ~s anciens *mpl*; **one's** ~**s and betters** ses aînés.
elder² ['eldər] **1** *n* (*Bot*) sureau *m*. **2** *cpd*: **elderberry** baie *f* de sureau; **elderberry wine** vin *m* de sureau.
elderly ['eldəlɪ] *adj* assez âgé. **he's getting** ~ il prend de l'âge, il se fait vieux.
eldest ['eldɪst] *adj, n* aîné(e) *m(f)* (*de plusieurs*). **their** ~ (**child**) leur aîné(e), l'aîné(e) de leurs enfants; **my** ~ **brother** l'aîné de mes frères.
Eleanor ['elinər] *n* Éléonore *f.*
elect [ɪ'lekt] **1** *vt* (**a**) (*by vote*) élire; (*more informally*) nommer. **he was** ~**ed chairman/M.P.** il a été élu président/député; **to** ~ **sb to the senate** élire qn au sénat; (*Brit: local govt*) ~**ed member** conseiller *m*, -ère *f* municipal(e) *or* régional(e); ~**ed official** élu(e) *m(f)*.
  (**b**) (*choose*) choisir, opter (*to do* de faire). **to** ~ **French nationality** opter pour *or* choisir la nationalité française.
  2 *adj* futur (*before n*). **the president** ~ le président désigné, le futur président.
  3 *npl* (*esp Rel*) **the** ~ les élus *mpl.*
election [ɪ'lekʃən] **1** *n* élection *f.* **to hold an** ~ procéder à une élection; **to stand for** ~ **to Parliament** se porter candidat *or* se présenter aux élections législatives; *V* general. **2** *cpd campaign, speech, agent* électoral; *day, results* du scrutin; *publication* de propagande électorale. (*US*) **elections judge** scrutateur *m.*
electioneer [ɪ,lekʃə'nɪər] *vi* mener une campagne électorale, faire de la propagande électorale.
electioneering [ɪ,lekʃə'nɪərɪŋ] **1** *n* (*campaign*) campagne électorale; (*propaganda*) propagande électorale. **2** *cpd propaganda, publicity, speech* de propagande électorale.
elective [ɪ'lektɪv] **1** *adj* (*with power to elect*) *body, assembly, power* électoral; (*elected*) *official, body* électif, élu; (*Chem, fig*) électif; (*US: optional*) *class, course* facultatif. (*US Pol*) ~ **office** charge *f* élective. **2** *n* (*US Scol, Univ*) cours *m* facultatif.
elector [ɪ'lektər] *n* (*gen, Parl*) électeur *m*, -trice *f*; (*US Parl*) membre *m* du collège électoral. (*Hist*) E~ Électeur *m*, prince électeur.
electoral [ɪ'lektərəl] *adj* électoral. ~ **college** (*gen*) collège électoral; (*US*) collège électoral (présidentiel); ~ **district** *or* **division** circonscription électorale; ~ **roll** liste électorale; ~ **umbrella** étiquette électorale; (*US*) ~ **vote** vote *m* des grands électeurs.
electorate [ɪ'lektərɪt] *n* électorat *m*, électeurs *mpl.*
Electra [ɪ'lektrə] *n* Électre *f.*
electric [ɪ'lektrɪk] **1** *adj appliance, current, wire* électrique; *meter, account, generator* d'électricité, électrique; *car etc* (à propulsion) électrique. (*fig*) **the atmosphere was** ~ il y avait de l'électricité dans l'air*.
  2 *npl* (*Brit**) **the** ~**s** l'installation *f* électrique.
  3 *cpd*: **electric** (**arc**) **welding** soudure *f* électrique (à l'arc); **electric blanket** couverture chauffante; **electric-blue** (*adj,n*) bleu (*m*) électrique; **electric chair** chaise *f* électrique; **electric charge/current** charge *f*/courant *m* électrique; (*Zool*) **electric eel** anguille *f* électrique, gymnote *m*; **electric eye** cellule *f* photo-électrique; **electric fence** clôture électrifiée; **electric field** champ *m* électrique; (*Brit*) **electric fire** radiateur *m* électrique; **electric furnace** four *m* électrique; **electric guitar** guitare *f* électrique; **electric heater** = **electric fire**; **electric light** lumière *f* électrique; (*U: lighting*) éclairage *m* électrique *or* à l'électricité; **electric potential** potentiel *m* électrique; (*Zool*) **electric ray** raie *f* électrique; **electric shock** décharge *f* électrique; **to get an electric shock** recevoir une décharge électrique, recevoir le courant, prendre le jus***; **to give sb an electric shock** donner une décharge électrique à qn; (*Med*) **electric shock treatment*** électrochoc(s) *m(pl)*; **electric storm** orage *m* magnétique.
electrical [ɪ'lektrɪkəl] *adj* électrique. ~ **engineer** ingénieur *m* électricien; ~ **engineering** électrotechnique *f*; ~ **failure** panne *f* d'électricité; ~ **fitter** monteur *m* électricien.
electrician [ɪlek'trɪʃən] *n* électricien *m*. **electricians' dispute/strike** conflit *m*/grève *f* des employés de l'électricité.
electricity [ɪlek'trɪsɪtɪ] **1** *n* (*gen*) électricité *f*. (*also fig*) **to switch off/on the** ~ couper/rétablir le courant; *V* supply¹. **2** *cpd*: (*Brit*) **electricity board** office régional de l'électricité; **electricity dispute/strike** conflit *m*/grève *f* des employés de l'électricité.
electrification [ɪ,lektrɪfɪ'keɪʃən] *n* électrification *f.*
electrify [ɪ'lektrɪfaɪ] *vt* (**a**) (*Rail*) électrifier; (*charge with electricity*) électriser. (**b**) (*fig*) *audience* électriser, galvaniser.
electrifying [ɪ'lektrɪfaɪɪŋ] *adj* (*fig*) électrisant, galvanisant.
electro ... [ɪ'lektrəʊ] *pref* électro ... .
electrocardiogram [ɪ'lektrəʊ'kɑːdɪəgræm] *n* électrocardiogramme *m.*
electrocardiograph [ɪ'lektrəʊ'kɑːdɪəgræf] *n* électrocardiographe *m.*
electrochemical [ɪ,lektrəʊ'kemɪkəl] *adj* électrochimique.
electrochemistry [ɪ,lektrəʊ'kemɪstrɪ] *n* électrochimie *f.*
electroconvulsive [ɪ'lektrəkən'vʌlsɪv] *adj*: ~ **therapy** électrochocs *mpl*; **to give sb/have** ~ **therapy** traiter qn/être traité par électrochocs.
electrocute [ɪ'lektrəkjuːt] *vt* électrocuter.
electrocution [ɪ,lektrə'kjuːʃən] *n* électrocution *f.*
electrode [ɪ'lektrəʊd] *n* électrode *f.*
electrodialysis [ɪ'lektrəʊdaɪ'ælɪsɪs] *n* électrodialyse *f.*
electrodynamic [ɪ'lektrəʊdaɪ'næmɪk] *adj* électrodynamique.
electrodynamics [ɪ'lektrəʊdaɪ'næmɪks] *n* (*U*) électrodynamique *f.*
electrodynamometer [ɪ,lektrəʊ,daɪnə'mɒmɪtər] *n* électrodynamomètre *m.*

electroencephalogram [ɪ,lektrəʊen'sefələ,græm] *n* électro-encéphalogramme *m.*
electroencephalograph [ɪ,lektrəʊen'sefələ,græf] *n* électro-encéphalographie *f.*
electroforming [ɪ'lektrəʊ,fɔːmɪŋ] *n* électroformage *m.*
electrolyse [ɪ'lektrəʊ,laɪz] *vt* électrolyser.
electrolyser [ɪ'lektrəʊ,laɪzər] *n* électrolyseur *m.*
electrolysis [ɪlek'trɒlɪsɪs] *n* électrolyse *f.*
electrolyte [ɪ'lektrəʊ,laɪt] *n* électrolyte *m.*
electrolytic [ɪ,lektrəʊ'lɪtɪk] *adj* électrolytique.
electrolyze [ɪ'lektrəʊ,laɪz] *etc* (*US*) = **electrolyse** *etc.*
electromagnet [ɪ'lektrəʊ'mægnɪt] *n* électro-aimant *m.*
electromagnetic [ɪ'lektrəʊmæg'netɪk] *adj* électromagnétique. ~ **wave** faisceau *m* hertzien.
electromagnetism [ɪ,lektrəʊ'mægnɪ,tɪzəm] *n* électromagnétisme *m.*
electromechanical [ɪ,lektrəʊmɪ'kænɪkəl] *adj* électromécanique.
electromechanics [ɪ,lektrəʊmɪ'kænɪks] *n* (*U*) électromécanique *f.*
electrometallurgical [ɪ,lektrəʊ,metə'lɜːdʒɪkəl] *adj* électrométallurgique.
electrometallurgist [ɪ,lektrəʊmɪ'tælədʒɪst] *n* électrométallurgiste *m.*
electrometallurgy [ɪ,lektrəʊmɪ'tælədʒɪ] *n* électrométallurgie *f.*
electrometer [ɪlek'trɒmɪtər] *n* électromètre *m.*
electromotive [ɪ,lektrəʊ'məʊtɪv] *adj* électromoteur (*f* -trice).
electron [ɪ'lektrɒn] **1** *n* électron *m*. **2** *cpd microscope, telescope* électronique. **electron beam** faisceau *m* électronique; **electron camera** caméra *f* électronique; **electron engineering** génie *m* électronique; **electron gun** canon *m* à électrons; (*Comput*) **electron mail** courrier *m or* messagère *f* électronique.
electronegative [ɪ,lektrəʊ'negətɪv] *adj* électronégatif.
electronic [ɪlek'trɒnɪk] *adj* électronique. ~ **computer** ordinateur *m* électronique; ~ **data processing** traitement *m* électronique de données; ~ **flash** flash *m* électronique; ~ **music/organ** musique *f*/orgue *m* électronique; ~ **surveillance** utilisation *f* d'appareils d'écoute.
electronics [ɪlek'trɒnɪks] *n* (*U*) électronique *f.*
electrophysiological [ɪ,lektrəʊ,fɪzɪəʊ'lɒdʒɪkəl] *adj* électrophysiologique.
electrophysiologist [ɪ,lektrəʊ,fɪzɪ'ɒlədʒɪst] *n* électrophysiologiste *mf.*
electrophysiology [ɪ,lektrəʊ,fɪzɪ'ɒlədʒɪ] *n* électrophysiologie *f.*
electroplate [ɪ'lektrəʊpleɪt] **1** *vt* plaquer par galvanoplastie; (*with gold*) dorer *or* (*with silver*) argenter par galvanoplastie. ~**d nickel silver** ruolz *m*. **2** *n* (*U*) articles plaqués *etc* par galvanoplastie; (*silver*) articles de ruolz.
electropositive [ɪ,lektrəʊ'pɒzɪtɪv] *adj* électropositif.
electropuncture [ɪ'lektrəʊ'pʌŋktʃər] *n* électroponcture *f.*
electroshock [ɪ'lektrəʊ'ʃɒk] **1** *n* électrochoc *m*. **to give sb** ~ **treatment** traiter qn par électrochocs. **2** *cpd*: **electroshock therapy, electroshock treatment** (traitement *m* par) électrochocs *mpl.*
electrostatic [ɪ'lektrəʊ'stætɪk] *adj* électrostatique.
electrostatics [ɪ'lektrəʊ'stætɪks] *n* (*U*) électrostatique *f.*
electrosurgery [ɪ,lektrəʊ'sɜːdʒərɪ] *n* électrochirurgie *f.*
electrosurgical [ɪ,lektrəʊ'sɜːdʒɪkəl] *adj* électrochirurgical.
electrotechnological [ɪ,lektrəʊ,teknə'lɒdʒɪkəl] *adj* électrotechnique.
electrotechnology [ɪ,lektrəʊtek'nɒlədʒɪ] *n* électrotechnique *f.*
electrotherapeutic [ɪ,lektrəʊ,θerə'pjutɪk] *n* électrothérapeute *mf.*
electrotherapeutics [ɪ,lektrəʊ,θerə'pjuːtɪks] *n* (*U*) électro-thérapie *f.*
electrotherapist [ɪ,lektrəʊ'θerəpɪst] *n* électrothérapeute *mf.*
electrotherapy [ɪ,lektrəʊ'θerəpɪ] *n* électrothérapie *f.*
electrotype [ɪ'lektrəʊ,taɪp] **1** *n* galvanotype *m*, galvano* *m*. **2** *vt* clicher par galvanotypie.
electrovalency [ɪ,lektrəʊ'veɪlənsɪ] *n* électrovalence *f.*
electrovalent [ɪ,lektrəʊ'veɪlənt] *adj*: ~ **bond** liaison *f* électrostatique.
electrum [ɪ'lektrəm] *n* électrum *m.*
eleemosynary [,elɪ'mɒsɪnərɪ] *adj* (*fml*) de bienfaisance, charitable.
elegance ['elɪgəns] *n* (*V* elegant) élégance *f*; chic *m*; distinction *f*; grâce *f.*
elegant ['elɪgənt] *adj person, clothes* élégant, chic *inv*, distingué; *style, design* élégant, chic; *proportions, building* élégant, harmonieux; *manners, movement* élégant, gracieux.
elegantly ['elɪgəntlɪ] *adv* (*V* elegant) élégamment, avec élégance; avec chic *or* distinction; avec grâce.
elegiac [,elɪ'dʒaɪək] **1** *adj* élégiaque. ~ **couplet** distique *m* élégiaque. **2** *n*: ~**s** poèmes *mpl* élégiaques.
elegy ['elɪdʒɪ] *n* élégie *f.*
element ['elɪmənt] *n* (*Chem, Gram, Med, Phys, fig*) élément *m*; *[heater, kettle]* résistance *f*. (*Met*) **the** ~**s** les éléments; **the** ~**s of mathematics** les éléments *or* les rudiments *mpl* des mathématiques; **an** ~ **of danger/truth** une part de danger/de vérité; **the** ~ **of chance** le facteur chance; **it's the personal** ~ **that matters** c'est le rapport personnel qui compte; **the comic/tragic** ~ **in X's poetry** le comique/le tragique dans la poésie de X; **the communist** ~ **in the trade unions** l'élément communiste dans les syndicats; **to be in/out of one's** ~ être/ne pas être dans son élément; (*Rel*) **the E**~**s** les Espèces *fpl.*
elemental [,elɪ'mentl] **1** *adj forces* des éléments, élémentaire; (*Chem, Phys*) élémentaire; (*basic*) essentiel. ~ **truth** vérité première. **2** *n* (*Occult*) esprit *m* (élémental).
elementary [,elɪ'mentərɪ] *adj* (*gen*) élémentaire. (*Math*) ~ **particle**

particule *f* élémentaire; ~ **geometry course** cours élémentaire *or* fondamental de géométrie; ~ **science** les rudiments *mpl* de la science; (*US; also Brit†*) ~ **school/education** école *f*/enseignement *m* primaire; ~ **politeness requires that** ... la plus élémentaire politesse exige que ... + *subj*; ~, **my dear Watson!** c'est tout ce qu'il y a de plus simple, mon cher Watson!

elephant ['elɪfənt] *n* (*bull* ~) éléphant *m* (mâle); (*cow* ~) éléphant *m* (femelle); (*young* ~) éléphanteau *m*. ~ **seal** éléphant de mer; **African/Indian** ~ éléphant d'Afrique/d'Asie; *V* **white**.

elephantiasis [ˌelɪfən'taɪəsɪs] *n* éléphantiasis *f*.

elephantine [ˌelɪ'fæntaɪn] *adj* (*heavy, clumsy*) gauche, lourd; (*large*) éléphantesque; (*iro*) *wit* lourd. **with** ~ **grace** avec la grâce d'un éléphant.

elevate ['elɪveɪt] *vt* hausser, élever (*also fig, Rel*); *voice* hausser; *mind* élever; *soul* élever, exalter. **to** ~ **to the peerage** élever à la pairie, anoblir.

elevated ['elɪveɪtɪd] *adj position* élevé; *railway* aérien; *rank* éminent; *style* soutenu; *thoughts* noble, sublime. (*US*) ~ **railroad** métro *m* aérien.

elevating ['elɪveɪtɪŋ] *adj reading* qui élève l'esprit.

elevation [ˌelɪ'veɪʃən] *n* (a) (*U: V* elevate; *also Archit, Gunnery, Surv*) élévation *f*. **angle of** ~ angle *m* d'élévation; (*Archit*) **front** ~ façade *f*; **sectional** ~ coupe verticale.
(b) (*altitude*) altitude *f*, hauteur *f*; (*hill*) hauteur, éminence *f*. **at an** ~ **of 1000 metres** à 1000 mètres d'altitude.

elevator ['elɪveɪtər] *n* (a) élévateur *m*; (*esp US: lift*) ascenseur *m*; (*hoist*) monte-charge *m inv*; (*grain storehouse*) silo *m* (à élévateur pneumatique), élévateur *m*; (*Aviat*) gouvernail *m* de profondeur.
(b) (*US: also* ~ **shoe**) soulier *m* à talonnette.

eleven ['elevn] **1** *adj* onze *inv; for phrases V* **six**.
2 *n* (a) (*number*) onze *m inv*. **number** ~ **le numéro onze, le onze; (*Brit† Scol*) **the** ~ **plus** ≃ l'examen *m* d'entrée en sixième.
(b) (*Sport*) **the French** ~ le onze de France; **the first** ~ le onze, la première équipe; **the second** ~ la deuxième équipe.
3 *pron* onze *mfpl*. **there are** ~ il y en a onze.

elevenses* ['elevnzɪz] *npl* (*Brit*) ≃ pause-café *f* (*dans la matinée*).

eleventh ['elevnθ] **1** *adj* onzième. (*fig*) **at the** ~ **hour** à la onzième heure, à la dernière minute. **2** *n* onzième *mf*; (*fraction*) onzième *m; for phrases V* **sixth**.

elf [elf] *n, pl* **elves** (*lit*) elfe *m*, lutin *m*, farfadet *m*; (*fig*) lutin.

elfin ['elfɪn] *adj d'elfe*, de lutin; *light, music* féerique.

El Greco [el'grekəʊ] *n* Le Greco.

elicit ['lɪsɪt] *vt truth* arracher (*from sb* à); *admission* arracher (*from* à), provoquer; *reply, explanation, information* tirer, obtenir (*from* de); *smile* faire naître; *secret* tirer (*from* de), arracher (*from* à). **to** ~ **the facts of a case** tirer au clair les faits dans une affaire, tirer une affaire au clair; **to** ~ **the truth about a case** faire le jour *or* la clarté sur une affaire.

elide ['laɪd] *vt* élider. **to** ~**d** s'élider.

eligibility [ˌelɪdʒə'bɪlɪtɪ] *n* (*for election*) éligibilité *f*; (*for employment*) admissibilité *f*.

eligible ['elɪdʒəbl] *adj* (*for membership, office*) éligible (*for* à); (*for job*) admissible (*for* à). **to be** ~ **for a pension** avoir droit à la retraite, pouvoir faire valoir ses droits à la retraite (*fml*); **to be** ~ **for promotion** remplir les *or* satisfaire aux conditions requises pour obtenir de l'avancement; **an** ~ **young man** un beau *or* bon parti; **he's very** ~* c'est un parti très acceptable.

Elijah [ɪ'laɪdʒə] *n* Élie *m*.

Elisha [ɪ'laɪʃə] *n* Élisée *m*.

eliminate ['lɪmɪneɪt] *vt alternative, suspicion, competitor, candidate* éliminer, écarter; *possibility* écarter, exclure; *competition, opposition, suspect* éliminer; *mark, stain* enlever, faire disparaître; *bad language, expenditure, detail* éliminer, supprimer; (*Math, Physiol*) éliminer; (*Math*) supprimer.

elimination [ɪˌlɪmɪ'neɪʃən] *n* élimination *f*. **by (the process of)** ~ par élimination.

elision [ɪ'lɪʒən] *n* élision *f*.

elite [ɪ'liːt] **1** *n* (a) (*select group*) élite *f*. **(b)** (*Typ*) caractères *mpl* élite. **2** *adj* (a) *regiment, troops* d'élite; *school etc* réservé à l'élite.
(b) (*Typ*) élite *inv*.

elitism [ɪ'liːtɪzəm] *n* élitisme *m*.

elitist [ɪ'liːtɪst] *adj, n* élitiste (*mf*).

elixir [ɪ'lɪksər] *n* élixir *m*. ~ **of life** élixir de longue vie.

Elizabeth [ɪ'lɪzəbəθ] *n* Élisabeth *f*.

Elizabethan [ɪˌlɪzə'biːθən] **1** *adj* élisabéthain. **2** *n* Élisabéthain(e) *m(f)*.

elk [elk] *n* (*Zool*) élan *m*. **Canadian** ~ orignac *m or* orignal *m*.

ellipse [ɪ'lɪps] *n* (*Math*) ellipse *f*.

ellipsis [ɪ'lɪpsɪs] *n, pl* **ellipses** [ɪ'lɪpsiːz] (*Gram*) ellipse *f*.

ellipsoid [ɪ'lɪpsɔɪd] *adj, n* ellipsoïde (*m*).

elliptic(al) [ɪ'lɪptɪk(əl)] *adj* (*Gram, Math, fig*) elliptique.

elm [elm] *n* (*tree, wood*) orme *m*. **young** ~ ormeau *m; V* **Dutch**.

elocution [ˌelə'kjuːʃən] *n* élocution *f*, diction *f*.

elocutionist [ˌelə'kjuːʃənɪst] *n* (*teacher*) professeur *m* d'élocution *or* de diction; (*entertainer*) diseur *m*, -euse *f*.

elongate ['iːlɒŋgeɪt] **1** *vt* (*gen*) allonger, étirer; *line* prolonger. **2** *vi* s'allonger, s'étirer.

elongation [ˌiːlɒŋ'geɪʃən] *n* (*gen*) allongement *m*; (*line etc*) prolongement *m*; (*Astron, Med*) élongation *f*.

elope [ɪ'ləʊp] *vi*: **to** ~ **with sb** (*woman*) se faire *or* se laisser enlever par qn; (*man*) enlever qn; **they** ~**d** ils se sont enfuis (ensemble).

elopement [ɪ'ləʊpmənt] *n* fugue *f* (amoureuse).

eloquence ['eləkwəns] *n* éloquence *f*.

eloquent ['eləkwənt] *adj person* éloquent, qui a le don de la parole; *speech* éloquent; *words* entraînant; (*fig*) *look, gesture* éloquent, expressif, parlant. **his silence was** ~ son silence en disait long; *V* **wax²**.

eloquently ['eləkwəntlɪ] *adv* éloquemment, avec éloquence.

El Salvador [el'sælvəˌdɔːr] *n* Le Salvador.

else [els] **1** *adv* (a) (*other, besides, instead*) autre, d'autre, de plus. **anybody** ~ **would have done it** tout autre *or* n'importe qui d'autre l'aurait fait; **is there anybody** ~ **there?** y a-t-il quelqu'un d'autre?, y a-t-il encore quelqu'un?; **I'd prefer anything** ~ je préférerais n'importe quoi d'autre; **have you anything** ~ **to say?** avez-vous encore quelque chose à dire?, avez-vous quelque chose à ajouter?; **will there be anything** ~ **sir?** *[shop assistant]* désirez-vous quelque chose d'autre monsieur?, et avec ça* monsieur?; *[servant]* monsieur ne désire rien d'autre?; **nothing** ~, **thank you** plus rien, merci; **I couldn't do anything** ~ **but leave** il ne me restait plus qu'à partir; **anywhere** ~ **nobody would have noticed, but** ... n'importe où ailleurs personne ne s'en serait aperçu mais ...; **can you do it anywhere** ~? pouvez-vous le faire ailleurs?; **you won't find this flower anywhere** ~ vous ne trouverez cette fleur nulle part ailleurs; **how** ~ **can I do it?** quelle autre façon est-ce que je peux le faire?, comment est-ce que je peux le faire autrement?; **nobody** ~, **no one** ~ personne d'autre; **nothing** ~ rien d'autre; **nowhere** ~ nulle part ailleurs; **someone** *or* **somebody** ~ quelqu'un d'autre; **may I speak to someone** ~? puis-je parler à quelqu'un d'autre?; **this is someone** ~**'s umbrella** c'est le parapluie de quelqu'un d'autre; **something** ~ autre chose, quelque chose d'autre; (*fig*) **she's/it's something** ~* elle est/c'est vraiment fantastique *or* terrible*; **somewhere** ~, (*US*) **someplace** ~ ailleurs, autre part; **where** ~? à quel autre endroit?, où encore?; **who** ~? qui d'autre?, qui d'autre?; **what** ~? quoi encore, quoi d'autre?; **what** ~ **could I do?** que pouvais-je faire d'autre *or* de plus?; **they sell books and toys and much** ~ ils vendent des livres, des jouets et bien d'autres choses (encore) *or* et que sais-je encore; **there is little** ~ **to be done** il n'y a *or* il ne reste pas grand-chose d'autre à faire.
(b) **or** ~ **ou bien, sinon, autrement; do it or** ~ **go away** faites-le, ou bien allez-vous en; **do it now or** ~ **you'll be punished** fais-le tout de suite, sans ça *or* sinon tu seras puni; **do it or** ~!* faites-le sinon ...!
2 *cpd*: **elsewhere** ailleurs, autre part; **from elsewhere** (venu) d'ailleurs *or* d'un autre endroit (*or* pays *etc*).

ELT [ˌiːel'tiː] *n abbr of* **English Language Teaching**; *V* **English**.

elucidate [ɪ'luːsɪdeɪt] *vt text* élucider, expliquer, dégager le sens de; *mystery* élucider, tirer au clair, éclaircir.

elucidation [ɪˌluːsɪ'deɪʃən] *n* explication *f*, éclaircissement *m*, élucidation *f*.

elude [ɪ'luːd] *vt enemy, pursuit, arrest* échapper à; *question* éluder; *sb's gaze, police, justice* se dérober à; *obligation, responsibility* soustraire à, se dérober à; *blow* esquiver, éviter. **to** ~ **sb's grasp** échapper aux mains de qn; **the name** ~**s me** le nom m'échappe; **success** ~**d him** le succès restait hors de sa portée.

elusive [ɪ'luːsɪv] *adj enemy, prey, thoughts* insaisissable; *word, happiness, success* qui échappe; *glance, personality* fuyant; *answer* évasif.

elusively [ɪ'luːsɪvlɪ] *adv* de façon insaisissable *or* évasive.

elusiveness [ɪ'luːsɪvnɪs] *n* nature *f* insaisissable, caractère évasif.

elusory [ɪ'luːsərɪ] *adj* = **elusive**.

elver ['elvər] *n* civelle *f*.

elves [elvz] *npl of* **elf**.

Elysian [ɪ'lɪzɪən] *adj* élyséen.

elytron ['elɪtrɒn] *n, pl* **elytra** ['elɪtrə] élytre *m*.

EM [ˌiː'em] *n* (*US*) (a) *abbr of* **Engineer of Mines**; *V* **engineer**. **(b)** *abbr of* **enlisted man**; *V* **enlist**.

em [em] *n* (*Typ*) cicéro *m*.

emaciated [ɪ'meɪsɪeɪtɪd] *adj person, face* émacié, amaigri; *limb* décharné. **to become** ~ s'émacier, s'amaigrir, se décharner.

emaciation [ɪˌmeɪsɪ'eɪʃən] *n* émaciation *f*, amaigrissement *m*.

emanate ['eməneɪt] *vi [light, odour]* émaner (*from* de); *[rumour, document, instruction]* émaner, provenir (*from* de).

emanation [ˌemə'neɪʃən] *n* émanation *f*.

emancipate [ɪ'mænsɪpeɪt] *vt women* émanciper; *slaves* affranchir; (*fig*) émanciper, affranchir, libérer (*from* de). **to be** ~**d from** s'affranchir de, s'émanciper de.

emancipated [ɪ'mænsɪpeɪtɪd] *adj* (*fig*) émancipé, libéré.

emancipation [ɪˌmænsɪ'peɪʃən] *n* (*V* emancipate) émancipation *f*; affranchissement *m*; libération *f*.

emasculate [ɪ'mæskjʊleɪt] **1** *vt* émasculer (*also fig*). **2** *adj* émasculé (*also fig*).

embalm [ɪm'bɑːm] *vt* (*all senses*) embaumer.

embalmer [ɪm'bɑːmər] *n* embaumeur *m*.

embalming [ɪm'bɑːmɪŋ] **1** *n* embaumement *m*. **2** *cpd*: **embalming fluid** bain *m* de natron.

embankment [ɪm'bæŋkmənt] *n [path, railway line]* talus *m*, remblai *m; [road]* banquette *f* (de sûreté); [*canal, dam]* digue *f*, chaussée *f* (de retenue); *[river]* berge *f*, levée *f*, quai *m*. *[London]* **the E~** l'un des quais le long de la Tamise; (*fig*) **to sleep on the E~** coucher sous les ponts.

embargo [ɪm'bɑːgəʊ] **1** *n* (a) (*Pol, Comm, Naut etc*) embargo *m*. **to lay** *or* **put an** ~ **on** mettre l'embargo sur; **arms** ~ embargo sur les armes; **to lift an** ~ lever l'embargo.
(b) (*fig*) interdiction *f*, restriction *f*. **to put an** ~ **on sth** interdire qch.
2 *vt* (*Pol etc*) mettre l'embargo sur; (*fig*) interdire. (*Press: esp US*) **the story has been** ~**ed until noon Saturday** la nouvelle a été mise sous embargo jusqu'à samedi midi.

embark [ɪm'bɑːk] **1** *vt passengers* embarquer, prendre à bord; *goods* embarquer, charger.
2 *vi* (*Aviat, Naut*) (s')embarquer (*on* à bord de, sur). (*fig*) **to** ~ **on** *journey* commencer; *business undertaking, deal* s'engager dans, se lancer dans; *doubtful or risky affair, explanation, story* se lancer dans, s'embarquer dans*; *discussion* entamer.

embarkation [,embɑ:'keɪʃən] *n [passengers]* embarquement *m*; *[cargo]* embarquement *m*, chargement *m*. (*Aviat, Naut*) ∼ **card** carte *f* d'embarquement.

embarrass [ɪm'bærəs] *vt (disconcert)* embarrasser, gêner, déconcerter; (*hamper*) *[clothes, parcels]* embarrasser, gêner, encombrer. **I feel** ∼**ed about it** j'en suis gêné, cela m'embarrasse; **to be** (*financially*) ∼**ed** avoir des embarras *or* des ennuis d'argent, être gêné *or* à court.

embarrassing [ɪm'bærəsɪŋ] *adj* embarrassant, gênant. **to get out of an** ∼ **situation** se tirer d'embarras.

embarrassment [ɪm'bærəsmənt] *n* (**a**) (*emotion*) embarras *m*, gêne *f*, confusion *f* (*at* devant). **to cause sb** ∼ embarrasser qn; **financial** ∼ des embarras d'argent *or* financiers. (**b**) (*person or thing causing it*) her son is an ∼ to her son fils lui fait honte; **her scar is an** ∼ **to her** sa cicatrice est gênante *or* embarrassante pour elle.

embassy ['embəsɪ] *n* ambassade *f*. **the French E∼** l'ambassade de France.

embattled [ɪm'bætld] *adj army* rangé *or* formé en bataille; *town, camp* fortifié; (*fig*) *person, campaigner* aguerri, rompu aux conflits.

embed [ɪm'bed] *vt (in wood)* enfoncer; (*in cement*) noyer; (*in stone*) sceller; *jewel* enchâsser; (*encrust*) incruster; (*Ling*) enchâsser. (*fig*) ∼**ded in the memory/mind** fixé *or* gravé dans la mémoire/l'esprit.

embedding [ɪm'bedɪŋ] *n* action *f* de sceller; fixation *f*; (*Ling*) enchâssement *m*.

embellish [ɪm'belɪʃ] *vt (adorn)* embellir, orner, décorer (*with* de); *manuscript* relever, rehausser, enjoliver (*with* de); (*fig*) *tale, account* enjoliver; *truth* broder sur, orner.

embellishment [ɪm'belɪʃmənt] *n* (*V* **embellish**) embellissement *m*, ornement *m*, décoration *f*; enjolivement *m*; *[style, handwriting]* fioritures *fpl* (*gen pej*).

ember ['embər] *n* charbon ardent. ∼**s** braise *f*; **the dying** ∼**s** les tisons *mpl*; *V* **fan¹**.

Ember ['embər] *adj (Rel)* ∼ **days** Quatre-Temps *mpl*.

embezzle [ɪm'bezl] *vt* détourner, escroquer (*des fonds*).

embezzlement [ɪm'bezlmənt] *n* détournement *m* de fonds.

embezzler [ɪm'bezlər] *n* escroc *m*.

embitter [ɪm'bɪtər] *vt person* aigrir, remplir d'amertume; *relations, disputes* envenimer.

embittered [ɪm'bɪtəd] *adj person* aigri, plein d'amertume.

embitterment [ɪm'bɪtəmənt] *n* amertume *f*, aigreur *f*.

emblazon [ɪm'bleɪzən] *vt (extol)* chanter les louanges de; (*Her*) blasonner.

emblem ['embləm] *n (all senses)* emblème *m*.

emblematic [,emblə'mætɪk] *adj* emblématique.

embodiment [ɪm'bɒdɪmənt] *n* (**a**) incarnation *f*, personnification *f*. **to be the** ∼ **of progress** incarner le progrès; **he is the** ∼ **of kindness** c'est la bonté incarnée *or* personnifiée. (**b**) (*inclusion*) incorporation *f*.

embody [ɪm'bɒdɪ] *vt* (**a**) *spirit, quality* incarner; *one's thoughts, theories [person]* exprimer, concrétiser, formuler (*in* dans, en); *[work]* exprimer, donner forme à, mettre en application (*in* à). (**b**) (*include*) *[person] ideas* résumer (*in* dans); *[work] ideas* renfermer; *[machine] features* réunir.

embolden [ɪm'bəʊldən] *vt* enhardir. **to** ∼ **sb to do** donner à qn le courage de faire, enhardir qn à faire.

embolism ['embəlɪzəm] *n* embolie *f*.

emboss [ɪm'bɒs] *vt metal* travailler en relief, repousser, estamper; *leather, cloth* frapper, gaufrer; *velvet, paper* frapper.

embossed [ɪm'bɒst] *adj metal* estampé; *velvet, leather* frappé. ∼ **wallpaper** papier gaufré; ∼ **writing paper** papier à lettres à entête en relief.

embouchure [,ɒmbʊ'ʃʊər] *n (Mus)* embouchure *f*.

embrace [ɪm'breɪs] *vt* (**a**) *hug* embrasser, étreindre, enlacer. (**b**) (*fig*) *religion* embrasser; *opportunity* saisir; *cause* épouser, embrasser; *offer* profiter de. (**c**) (*include*) *[person] theme, experience* embrasser; *topics, hypotheses* inclure; *[work] theme, period* embrasser, englober; *ideas, topics* renfermer, comprendre. **his charity** ∼**s all mankind** sa charité s'étend à l'humanité tout entière; **an all-embracing review** une revue d'ensemble. **2** *vi* s'étreindre, s'embrasser. **3** *n (hug)* étreinte *f*, enlacement *m*. **they were standing in a tender** ∼ ils étaient tendrement enlacés; **he held her in a tender** ∼ il l'a enlacée tendrement.

embrasure [ɪm'breɪʒər] *n* embrasure *f*.

embrocation [,embrəʊ'keɪʃən] *n* embrocation *f*.

embroider [ɪm'brɔɪdər] *vt* broder; (*fig*) *facts, truth* broder sur; *story* enjoliver.

embroidery [ɪm'brɔɪdərɪ] **1** *n* broderie *f*. **2** *cpd*: **embroidery frame** métier *m or* tambour *m* à broder; **embroidery silk/thread** soie *f*/coton *m* à broder.

embroil [ɪm'brɔɪl] *vt* entraîner (*in* dans), mêler (*in* à). **to get (o.s.)** ∼**ed in** se laisser entraîner dans, se trouver mêlé à.

embroilment [ɪm'brɔɪlmənt] *n* implication *f* (*in* dans), participation *f* (*in* à).

embryo ['embrɪəʊ] *n (lit, fig)* embryon *m*. **in** ∼ (*lit*) à l'état *or* au stade embryonnaire; (*fig*) en germe.

embryological [,embrɪə'lɒdʒɪkəl] *adj* embryologique.

embryologist [,embrɪ'ɒlədʒɪst] *n* embryologiste *mf*, embryologue *mf*.

embryology [,embrɪ'ɒlədʒɪ] *n* embryologie *f*.

embryonic [,embrɪ'ɒnɪk] *adj* embryonnaire; (*fig*) en germe.

embus [ɪm'bʌs] **1** *vt* (faire) embarquer dans un car. **2** *vi* s'embarquer dans un car.

emcee ['em'si:] (*abbr MC* = **master of ceremonies**) **1** *n* (*gen*) maître *m* de cérémonies; (*in show etc*) animateur *m*, meneur *m* de jeu. **2** *vt show etc* animer.

emend [ɪ'mend] *vt text* corriger.

emendation [,i:men'deɪʃən] *n* correction *f*.

emerald ['emərəld] **1** *n* (*stone*) émeraude *f*; (*colour*) (vert *m*) émeraude *m*. **2** *cpd (set with* ∼*s*) (serti) d'émeraudes; (*also* **emerald green**) émeraude *inv*. **the Emerald Isle** l'île *f* d'Émeraude (*Irlande*); **emerald necklace** collier *m* d'émeraudes.

emerge [ɪ'mɜːdʒ] *vi (gen)* apparaître, surgir (*from* de, *from behind* de derrière); (*from water*) émerger, surgir, s'élever (*from* de); (*from hole, room*) sortir, surgir (*from* de); (*from confined space*) déboucher, sortir (*from* de); (*fig*) *[truth]* émerger (*from* de), apparaître, se faire jour; *[facts]* émerger (*from* de), apparaître; *[difficulties]* surgir, s'élever, apparaître; *[new nation]* naître; *[theory, school of thought]* apparaître, naître. **it** ∼**s that** il ressort que, il apparaît que.

emergence [ɪ'mɜːdʒəns] *n [truth, facts]* apparition *f*; *[theory, school of thought]* naissance *f*.

emergency [ɪ'mɜːdʒənsɪ] **1** *n* cas urgent, imprévu *m* (*U*). **in case of** ∼, **in an** ∼ en cas d'urgence *or* d'imprévu *or* de nécessité; **to be prepared for any** ∼ être prêt à *or* parer à toute éventualité; **in this** ∼ dans cette situation critique, dans ces circonstances critiques; **state of** ∼ état *m* d'urgence; **to declare a state of** ∼ déclarer l'état d'urgence.

2 *cpd measures, treatment, operation, repair* d'urgence; *brake, airstrip* de secours; (*improvised*) *mast* de fortune. (*Aut*) **emergency blinkers** feux *mpl* de détresse; (*Med*) **an emergency case** une urgence; **emergency centre** poste *m* de secours; **emergency exit** issue *f or* sortie *f* de secours; (*Mil*) **emergency force** force *f* d'urgence *or* d'intervention; (*Aviat*) **emergency landing** atterrissage forcé; **emergency powers** pouvoirs *mpl* extraordinaires; **emergency rations** vivres *mpl* de réserve; **emergency service** (*Med*) service *m* des urgences; (*Aut*) service de dépannage; (*Police etc*) **emergency services** police-secours *f*; (*Med*) **emergency ward**, (*US*) **emergency room** salle *f* des urgences.

emergent [ɪ'mɜːdʒənt] *adj* qui émerge; (*Opt, Philos*) émergent. ∼ **nations** pays *mpl* en voie de développement.

emeritus [ɪ'merɪtəs] *adj* (*Univ*) ∼ **professor**, **professor** ∼ professeur *m* émérite† *or* honoraire.

emery ['emərɪ] *n* émeri *m*. ∼ **board** lime *f* à ongles; ∼ **cloth** toile *f* (d')émeri; ∼ **paper** papier *m* (d')émeri, papier de verre.

emetic [ɪ'metɪk] *adj, n* émétique (*m*).

emigrant ['emɪgrənt] **1** *n* (*just leaving*) émigrant(e) *m(f)*; (*established*) émigré(e) *m(f)*. **2** *cpd*: **emigrant ship** bateau *m* d'émigrants. **3** *adj worker* émigré.

emigrate ['emɪgreɪt] *vi* émigrer.

emigration [,emɪ'greɪʃən] *n* émigration *f*.

émigré ['emɪgreɪ] *n* émigré(e) *m(f)*.

Emilia-Romagna [ɪ'miːlɪə rəʊ'mɑːnjə] *n* Émilie-Romagne *f*.

eminence ['emɪnəns] *n* (**a**) (*U: distinction*) distinction *f*. **to achieve** ∼ **in one's profession** parvenir à un rang éminent dans sa profession; **to win** ∼ **as a surgeon** acquérir un grand renom comme chirurgien; **the** ∼ **of his position** sa position éminente; (*Rel*) **His/Your E∼** Son/Votre Éminence. (**b**) (*high ground*) éminence *f*, élévation *f*, butte *f*.

eminent ['emɪnənt] *adj person* éminent, très distingué; *quality, services* éminent, insigne. (*Rel*) **Most E∼** éminentissime.

eminently ['emɪnəntlɪ] *adv* éminemment, parfaitement, admirablement. ∼ **suitable** qui convient admirablement *or* parfaitement; **an** ∼ **respectable gentleman** un monsieur des plus respectables *or* éminemment respectable.

emir [e'mɪər] *n* émir *m*.

emirate [e'mɪərɪt] *n* émirat *m*.

emissary ['emɪsərɪ] *n* émissaire *m*.

emission [ɪ'mɪʃən] **1** *n* (*V* **emit**) émission *f*, dégagement *m*. **2** *cpd*: **emission spectrum** spectre *m* d'émission.

emit [ɪ'mɪt] *vt gas, heat, smoke* émettre, dégager; *sparks* lancer, jeter; *light, electromagnetic waves, banknotes* émettre; *vapour, smell* dégager, répandre, exhaler; *lava* émettre, cracher, vomir; *cry* laisser échapper; *sound* rendre, émettre.

emitter [ɪ'mɪtər] *n* (*Electronics*) émetteur *m*.

Emmanuel [ɪ'mænjʊəl] *n* Emmanuel *m*.

Emmy ['emɪ] *n* Oscar *m* de la télévision américaine.

emollient [ɪ'mɒlɪənt] *adj, n* émollient (*m*).

emolument [ɪ'mɒljʊmənt] *n* émoluments *mpl*, rémunération *f*; (*fee*) honoraires *mpl*; (*salary*) traitement *m*.

emote* [ɪ'məʊt] *vi* donner dans le sentiment* *or* dans le genre exalté*.

emotion [ɪ'məʊʃən] *n* (**a**) (*U*) émotion *f*. **voice full of** ∼ voix émue. (**b**) (*jealousy, love etc*) sentiment *m*.

emotional [ɪ'məʊʃənl] *adj shock, disturbance* émotif; *reaction* émotionnel, affectif; *moment* d'émotion profonde *or* intense; *story, writing* qui fait appel aux sentiments *or* à l'émotion. **he's very** ∼ , **he's a very** ∼ **person** il est facilement ému *or* très sensible; **he was being very** ∼ *or* **he was in a very** ∼ **state about it** il prenait cela très à cœur, il laissait paraître son émotion *or* ses sentiments à ce sujet; **his** ∼ **state** son état émotionnel.

emotionalism [ɪ'məʊʃnəlɪzəm] *n* émotivité *f*, sensiblerie *f* (*pej*). **the article was sheer** ∼ l'article *m* n'était qu'un étalage de sensiblerie.

emotionally [ɪ'məʊʃnəlɪ] *adv speak* avec émotion. ∼ **worded article** article qui fait appel aux sentiments; ∼ **deprived** privé d'affection; **to be** ∼ **disturbed** avoir des troubles émotifs *or* de l'affectivité; **an** ∼ **disturbed child** un(e) enfant caractériel(le); **he is** ∼ **involved** ses sentiments sont en cause.

emotionless [ɪ'məʊʃnlɪs] *adj face etc* impassible, qui ne montre aucune émotion; *person* indifférent.

emotive [ɪ'məʊtɪv] *adj word, expression* chargé de connotations.

empanel [ɪmˈpænl] vt (Jur) jury constituer. **to ~ a juror** inscrire quelqu'un sur la liste du jury.

empanelment [ɪmˈpænlmənt] n [jury] constitution f.

empathetic [ˌempəˈθetɪk] adj compréhensif, ouvert à autrui.

empathetically [ˌempəˈθetɪkəlɪ] adv avec compréhension or sympathie or empathie.

empathic [emˈpæθɪk] adj = **empathetic**.

empathy [ˈempəθɪ] n empathie f, communion f d'idées (or de sentiments etc).

emperor [ˈempərər] **1** n empereur m. **2** cpd: **emperor butterfly** paon m de nuit; **emperor penguin** manchot m empereur.

emphasis [ˈemfəsɪs] n (in word, phrase) accentuation f, accent m d'intensité; (fig) accent. **to speak with ~** parler sur un ton d'insistance; **the ~ is on the first syllable** l'accent d'intensité or l'accentuation tombe sur la première syllabe; **to lay ~ on a word** souligner un mot, insister sur or appuyer sur un mot; (fig) **to lay ~ on one aspect of...** mettre l'accent sur or insister sur or attacher de l'importance à un aspect de ...; **the ~ is on sport** on accorde une importance particulière au sport; **this year the ~ is on femininity** cette année l'accent est sur la féminité; V **shift**.

emphasize [ˈemfəsaɪz] vt (stress) word, fact, point appuyer sur, insister sur, souligner; syllable insister sur, appuyer sur; (draw attention to) (gen) accentuer, sth pleasant or flattering mettre en valeur, faire valoir. **this point cannot be too strongly ~d** on ne saurait trop insister sur ce point; **I must ~ that ...** je dois souligner le fait que ...; **the long coat ~d his height** le long manteau faisait ressortir sa haute taille; **to ~ the eyes with mascara** mettre les yeux en valeur or souligner les yeux avec du mascara.

emphatic [ɪmˈfætɪk] adj tone, manner énergique; denial, speech, condemnation catégorique, énergique; person vigoureux, énergique. **I am ~ about this point** j'insiste sur ce point, sur ce point je suis formel.

emphatically [ɪmˈfætɪkəlɪ] adv speak énergiquement; deny, refuse catégoriquement, énergiquement. **yes, ~!** oui, absolument!; **~ no!** non, en aucun cas!, non, absolument pas!; **I must say this ~** je ne saurais trop insister sur ceci, sur ce point je suis formel.

emphysema [emfɪˈsiːmə] n emphysème m.

empire [ˈempaɪər] **1** n (all senses) empire m. **2** cpd: **Empire** costume, furniture Empire inv; (fig) **empire-builder** bâtisseur m d'empires; **he is empire-building, she is empire-building on his part** il joue les bâtisseurs d'empire; (US) **the Empire State** l'État m de New York.

empiric [emˈpɪrɪk] **1** adj empirique. **2** n empiriste mf; (Med) empirique m.

empirical [emˈpɪrɪkəl] adj empirique.

empiricism [emˈpɪrɪsɪzəm] n empirisme m.

empiricist [emˈpɪrɪsɪst] adj, n empiriste (mf).

emplacement [ɪmˈpleɪsmənt] n (Mil) emplacement m (d'un canon).

employ [ɪmˈplɔɪ] **1** vt person employer (as comme); means, method, process employer, utiliser; time employer (in or by doing à faire); force, cunning recourir à, employer; skill faire usage de, employer. **to be ~ed in doing** être occupé à faire.
2 n: **to be in the ~ of** être employé par, travailler chez or pour; [domestic staff] être au service de.

employee [ˌemplɔɪˈiː] n salarié(e) m(f).

employer [ɪmˈplɔɪər] n (Comm, Ind; also domestic) patron(ne) m(f); (Jur) employeur m, -euse f. (Ind: collectively) **~s** le patronat m; **~s' federation** syndicat patronal, fédération patronale; (Insurance) **~'s contribution** cotisation patronale.

employment [ɪmˈplɔɪmənt] **1** n (U: jobs collectively) emploi m (U); (a job) emploi, travail m; (modest) place f; (important) situation f, full ~ le plein emploi; **to take up ~** prendre un emploi; **in ~** qui travaille, qui a un emploi; **the numbers in ~** les actifs mpl; **without ~** sans emploi, au or en chômage; **to seek/find ~** chercher/trouver un emploi or du travail; **in sb's ~** employé par qn; **domestic staff** au service de qn; **conditions/place of ~** conditions fpl/lieu m de travail; (Brit) **Secretary (of State) for ~** Minister of **E~**, (US) **Secretary for E~** ministre m de l'Emploi; **Department** or **Ministry of E~** ministère m de l'Emploi.
2 cpd: **employment agency** agence f de placement; (Brit:†) **employment exchange** bourse f du travail; (US) **Employment Service** agence nationale pour l'emploi.

emporium [emˈpɔːrɪəm] n (shop) grand magasin, bazar m; (market) centre commercial, marché m.

empower [ɪmˈpaʊər] vt: **to ~ sb to do** autoriser qn à faire; (Jur) habiliter qn à faire; **to be ~ed to do** avoir pleins pouvoirs pour faire.

empress [ˈemprɪs] n impératrice f.

emptiness [ˈemptɪnɪs] n vide m; [pleasures etc] vanité f. **the ~ of life** le vide de l'existence.

empty [ˈemptɪ] **1** adj jar, box, car vide; house, room inoccupé, vide; lorry, truck vide, sans chargement; ship lège; post, job vacant; town, theatre vide, désert; (Ling) vide. **~ of** vide de, dénué de, sans; **on an ~ stomach** à jeun; **my stomach is ~** j'ai le ventre or l'estomac creux; (Prov) **~ vessels make most noise** les grands diseurs ne sont pas les grands faiseurs; **~ words** paroles creuses, discours mpl creux; **~ talk** verbiage m; **~ promises** promesses fpl en l'air; **~ threats** menaces vaines; (fig) **it's an ~ gesture** c'est un geste qui ne veut rien dire; **to look into ~ space** regarder dans le vide.
2 n: **empties** (bottles) bouteilles fpl vides; (boxes etc) boîtes fpl or emballages mpl vides; (in pub etc) verres mpl vides.
3 cpd: **empty-handed** les mains vides; **to return empty-handed** revenir bredouille or les mains vides; **empty-headed** sot (f sotte), sans cervelle; **an empty-headed girl** une écervelée, une évaporée.
4 vt (a) box, glass vider; pond, tank vider, vidanger; vehicle décharger. **the burglars emptied the shop** les voleurs ont dévalisé

or nettoyé* le magasin; **television has emptied the cinemas** la télévision a vidé les cinémas.
(b) (also **~ out**) box, tank, pocket vider; bricks, books sortir (of, from de, into dans); liquid vider (of, from de), verser (of, from de, into dans), transvaser (into dans).
5 vi [water] se déverser, s'écouler; [river] se jeter (into dans); [building, container] se vider.

empyema [ˌempaɪˈiːmə] n empyème m.

emu [ˈiːmjuː] n émeu m or émou m.

emulate [ˈemjʊleɪt] vt (imitate) imiter, essayer d'égaler; (successfully) être l'émule de.

emulation [ˌemjʊˈleɪʃən] n émulation f.

emulator [ˈemjʊleɪtər] n (Comput) émulateur m.

emulsify [ɪˈmʌlsɪfaɪ] vt émulsionner.

emulsion [ɪˈmʌlʃən] n émulsion f. **~ paint** peinture f mate or à émulsion.

en [en] n (Typ) n m, lettre moyenne.

enable [ɪˈneɪbl] vt: **to ~ sb to do** (give opportunity) permettre à qn de faire, donner à qn la possibilité de faire; (give means) permettre à qn de faire, donner à qn le moyen de faire, mettre qn à même de faire; (Jur etc: authorize) habiliter qn à faire, donner pouvoir à qn de faire; **enabling legislation** loi habilitante.

enact [ɪˈnækt] vt (a) (Jur) (make into law) promulguer, donner force de loi à; (decree) décréter, ordonner, arrêter. **as by law ~ed** aux termes de la loi, selon la loi; **~ing terms** dispositif m d'un jugement.
(b) (perform) play représenter, jouer; part jouer. (fig) **the drama which was ~ed yesterday** le drame qui s'est déroulé hier.

enactment [ɪˈnæktmənt] n promulgation f.

enamel [ɪˈnæməl] **1** n (a) (U: most senses) émail m. **nail ~** vernis m à ongles (laqué).
(b) (Art) **an ~** un émail.
2 vt émailler.
3 cpd saucepan, ornament, brooch en émail. **enamel paint** peinture laquée, ripolin m ®; (Art) **enamel painting** peinture f sur émail; **enamelware** articles mpl en métal émaillé.

enamelled [ɪˈnæməld] adj brooch en émail; metal émaillé; saucepan en émail, émaillé.

enamelling [ɪˈnæməlɪŋ] n émaillage m.

enamoured, (US) **enamored** [ɪˈnæməd] adj: **to be ~ of person** être amoureux or épris de, s'être amouraché de (pej); thing être enchanté de, être séduit par; **she was not ~ of the idea** l'idée ne l'enchantait pas.

encamp [ɪnˈkæmp] **1** vi camper. **2** vt faire camper.

encampment [ɪnˈkæmpmənt] n campement m.

encapsulate [ɪnˈkæpsjʊleɪt] vt (Pharm, Space) mettre en capsule; (fig) renfermer, résumer.

encase [ɪnˈkeɪs] vt (contain) enfermer, enchâsser (in dans); (cover) entourer, recouvrir (in de).

encaustic [enˈkɔːstɪk] **1** adj painting encaustique; tile, brick céramique. **2** n (painting) encaustique f.

encephalic [ensɪˈfælɪk] adj encéphalique.

encephalitis [ˌensefəˈlaɪtɪs] n encéphalite f.

encephalogram [enˈsefələɡræm] n encéphalogramme m.

encephalon [enˈsefəlɒn] n encéphale m.

enchain [ɪnˈtʃeɪn] vt enchaîner; (fig) enchaîner, retenir.

enchant [ɪnˈtʃɑːnt] vt (put under spell) enchanter, ensorceler, charmer; (delight) enchanter, ravir, charmer. **the ~ed wood** le bois enchanté.

enchanter [ɪnˈtʃɑːntər] n enchanteur m.

enchanting [ɪnˈtʃɑːntɪŋ] adj enchanteur (f -eresse), charmant, ravissant.

enchantingly [ɪnˈtʃɑːntɪŋlɪ] adv smile, dance d'une façon ravissante. **she is ~ beautiful** elle est belle à ravir.

enchantment [ɪnˈtʃɑːntmənt] n (V **enchant**) enchantement m; ensorcellement m; ravissement m.

enchantress [ɪnˈtʃɑːntrɪs] n enchanteresse f.

enchilada* [ˌentʃɪˈlædə] n (US) big **~** huile* f, grosse légume*, gros bonnet*.

encircle [ɪnˈsɜːkl] vt (gen) entourer; [troops, men, police] encercler, cerner, entourer; [walls, belt, bracelet] entourer, ceindre.

encirclement [ɪnˈsɜːklmənt] n encerclement m.

encircling [ɪnˈsɜːklɪŋ] **1** n encerclement m. **2** adj qui encercle. **~ movement** manœuvre f d'encerclement.

enc(l). (abbr of **enclosure(s)**) P.J., pièce(s) jointe(s).

enclave [ˈenkleɪv] n enclave f.

enclitic [ɪnˈklɪtɪk] n enclitique m.

enclose [ɪnˈkləʊz] vt (a) (fence in) enclore, clôturer; (surround) entourer, ceindre (with de); (Rel) cloîtrer. **to ~ within** enfermer dans; **an ~d space** un espace clos; (Rel) **~d order** ordre cloîtré.
(b) (with letter etc) joindre (in, with à). **to ~ sth in a letter** joindre qch à une lettre, inclure qch dans une lettre; **letter enclosing a receipt** lettre contenant un reçu; **please find ~d** veuillez trouver ci-joint or sous ce pli; **the ~d cheque** le chèque ci-joint or ci-inclus.

enclosure [ɪnˈkləʊʒər] **1** n (a) (U) [land] fait m de clôturer; (Brit Hist) enclosure f, clôture f des terres.
(b) (document etc enclosed) pièce jointe, document ci-joint or ci-inclus; (ground enclosed) enclos m, enceinte f; [monastery] clôture f; (fence etc) enceinte f, clôture f; [racecourse] **the ~** le pesage; **the public ~** la pelouse; **royal ~** enceinte réservée à la famille royale.
2 cpd: **enclosure wall** mur m d'enceinte.

encode [ɪnˈkəʊd] vti coder; (Comput) coder; (Ling) encoder.

encoder [ɪnˈkəʊdər] n (Comput) encodeur m.

encoding [ɪˈkəʊdɪŋ] n [message] codage m; (Comput, Ling) encodage m.

encomium [ɪnˈkəʊmɪəm] n panégyrique m, éloge m.

encompass [ɪnˈkʌmpəs] vt (lit) entourer, ceindre, environner (with de); (fig) (include) contenir, inclure; (beset) assaillir.

encore [ɒŋˈkɔːr] **1** excl bis! **2** [ˈɒŋkɔːr] n bis m. **to call for an** ~ bisser, crier 'bis'; **the pianist gave an** ~ le pianiste a joué un (morceau en) bis. **3** vt song, act bisser.

encounter [ɪnˈkaʊntər] **1** vt person rencontrer (à l'improviste), tomber sur; enemy affronter, rencontrer; opposition se heurter à; difficulties affronter, rencontrer, éprouver; danger affronter. **to** ~ **enemy fire** essuyer le feu de l'ennemi.
2 n rencontre f (inattendue); (Mil) rencontre, engagement m, combat m.
3 cpd: (Psych) **encounter group** atelier relationnel.

encourage [ɪnˈkʌrɪdʒ] vt person encourager; arts, industry, projects, development, growth encourager, favoriser; bad habits encourager, flatter. **to** ~ **sb to do** encourager or inciter or pousser qn à faire; **to** ~ **sb in his belief that** … confirmer qn dans sa croyance que …, encourager qn à croire que …; **to** ~ **sb in his desire to do** encourager le désir de qn de faire.

encouragement [ɪnˈkʌrɪdʒmənt] n encouragement m; (to a deed) incitation f (to à); (support) encouragement, appui m, soutien m.

encouraging [ɪnˈkʌrɪdʒɪŋ] adj encourageant.

encouragingly [ɪnˈkʌrɪdʒɪŋlɪ] adv speak etc d'une manière encourageante. **we had** ~ **little difficulty** le peu de difficulté rencontré a été encourageant or nous a encouragés.

encroach [ɪnˈkrəʊtʃ] vi (on sb's land, time, rights) empiéter (on sur). **the sea is** ~**ing on the land** la mer gagne (du terrain); (US fig) **to** ~ **on sb's turf** marcher sur les plates-bandes de qn.

encroachment [ɪnˈkrəʊtʃmənt] n empiètement m (on sur).

encrust [ɪnˈkrʌst] vt (with earth, cement) encroûter, couvrir (d'une croûte) (with de); (with jewels etc) incruster (with de).

encumber [ɪnˈkʌmbər] vt person, room encombrer (with de). **estate** ~**ed with debts** succession grevée de dettes.

encumbrance [ɪnˈkʌmbrəns] n (burden) fardeau m; (inhibiting career etc) handicap m, gêne f; (furniture, skirts etc) gêne f. **to be an** ~ **to sb** être un fardeau pour qn; handicaper qn; gêner qn, être une gêne pour qn; [heavy parcel] embarrasser qn.

encyclical [ɪnˈsɪklɪkəl] adj, n encyclique (f).

encyclop(a)edia [ɪnˌsaɪkləʊˈpiːdɪə] n encyclopédie f; V walking.

encyclop(a)edic [ɪnˌsaɪkləʊˈpiːdɪk] adj encyclopédique.

encyclop(a)edist [enˌsaɪkləʊˈpiːdɪst] n encyclopédiste m.

end [end] **1** n (a) (farthest part) [road, string, table, branch, finger] bout m, extrémité f; [procession, line of people] bout, queue f; [garden, estate] bout, limite f. **the southern** ~ **of the town** l'extrémité sud de la ville; **the fourth from the** ~ le quatrième avant la fin; **from** ~ **to** ~ d'un bout à l'autre, de bout en bout; **on** ~ debout (V also **1b**); **to stand a box** etc **on** ~ mettre une caisse etc debout; **his hair stood on** ~ ses cheveux se dressèrent sur sa tête; **the ships collided** ~ **on** les bateaux se sont heurtés de front or nez à nez; ~ **to** ~ bout à bout; **to the** ~**s of the earth** jusqu'au bout du monde; (Sport) **to change** ~**s** changer de côté or de camp; (fig) **to make (both)** ~**s meet** (faire) joindre les deux bouts; (fig) **he can't see beyond the** ~ **of his nose** il ne voit pas plus loin que le bout de son nez; (fig) **to begin at the wrong** ~ s'y prendre mal or par le mauvais bout; **to keep one's** ~ **up*** se défendre (assez bien); V **hair, loose, stick** etc.
(b) (conclusion) [story, chapter, month] fin f; [work] achèvement m; [efforts] fin, aboutissement m; [meeting] fin, issue f. **to read a book to the very** ~ lire un livre de A à Z or jusqu'à la dernière page; **it succeeded in the** ~ cela a réussi à la fin or finalement or en fin de compte; **he got used to it in the** ~ il a fini par s'y habituer; **in the** ~ **they decided to use** … ils ont décidé en définitive or ils ont fini par décider d'employer …; **at the** ~ **of the day** à la fin de la journée; (fig) **en fin de compte; at the** ~ **of December** à la fin de décembre; (Comm) fin décembre; **at the** ~ **of the century** à or vers la fin du siècle; **at the** ~ **of the winter** à la fin or au sortir de l'hiver; **at the** ~ **of three weeks** au bout de trois semaines; **the** ~ **of a session** la clôture d'une séance; **the** ~ **of the world** la fin du monde; (fig) **it's not the** ~ **of the world*** ce n'est pas une catastrophe, ce n'est pas la fin du monde; **that was the** ~ **of my watch** ma montre était fichue*; **that was the** ~ **of that!** on n'en a plus reparlé; **that was the** ~ **of him** on n'a plus reparlé de lui, on ne l'a plus revu; (fig) **there is no** ~ **to it all** cela n'en finit plus; **to be at an** ~ [action] être terminé or fini; [time, period] être écoulé; [material, supplies] être épuisé; **to be at the** ~ **of one's patience/ strength** être à bout de patience/forces; **my patience is at an** ~ ma patience est à bout; (fig) **to be at the** ~ **of one's tether** être à bout de nerfs; **to bring to an** ~ speech, writing achever, conclure; work terminer; relations mettre fin à; **to come to an** ~ prendre fin, se terminer, arriver à son terme (liter, frm); **to get to the** ~ **of** supplies, food finir; work, essay venir à bout de; troubles (se) sortir de; holiday arriver à la fin de; **to put an** ~ **to, to make an** ~ **of** mettre fin à, mettre un terme à; **to put an** ~ **to one's life** mettre fin à ses jours; (euph, liter) **to be nearing one's** ~ être à (l'article de) la mort, se mourir (liter); **to come to a bad** ~ mal finir; **we shall never hear the** ~ **of it** on n'a pas fini d'en entendre parler; **there was no** ~* **of** … il y avait une masse* de or un tas de or énormément de*…; **it pleased her no** ~* cela lui a fait un plaisir fou or énorme; **that's the (bitter)** ~!* il ne manquait plus que cela!, c'est la fin de tout!, c'est le comble!; (US: excellent) **it's the** ~! c'est super* or terrible*; **he's (just) the** ~!* c'est une vraie plaie!*; **for two hours on** ~ deux heures de suite or d'affilée; **for days on** ~ jour après jour, pendant des jours et des jours; **for several days on** ~ pendant plusieurs jours de suite; V **bitter, meet[1], sticky, untimely**.
(c) (remnant) [rope, candle] bout m; [loaf, meat] reste m, restant m; V **cigarette** etc.

(d) (purpose) but m, fin f, dessein m. **with this** ~ **in view** dans ce dessein or but, à cette fin, avec cet objectif en vue; **an** ~ **in itself** une fin en soi; **to no** ~ en vain; (Prov) **the** ~ **justifies the means** la fin justifie les moyens (Prov).
(e) (US Ftbl) ailier m.
2 cpd: **end-all** V be **5**; (Cards, Chess) **end game** fin f de partie, phase finale du jeu; **the end house in the street** la dernière maison de la rue; (Basketball) **end line** ligne f de fond; (Typ) **endpapers** gardes fpl, pages fpl de garde; **end product** (Comm, Ind) produit fini; (fig) résultat m; **end result** résultat final or définitif; (US fig) **end run** moyen détourné; (US) **end table** table f basse; **end user** (Comput etc) utilisateur final; **endways** V **endways.**
3 vt work finir, achever, terminer; period of service accomplir; speech, writing conclure, achever (with avec, par); broadcast, series terminer (with par); speculation, gossip, rumour mettre fin à, mettre un terme à; quarrel, war mettre fin à, faire cesser. **to** ~ **one's days** finir or achever ses jours; **this is the dictionary to** ~ **all dictionaries*** c'est ce qu'il y a de mieux comme dictionnaire; **that was the lie to** ~ **all lies!*** comme mensonge on ne fait pas mieux!* (iro).
4 vi [speech, programme, holiday, marriage, series] finir, se terminer, s'achever; [road] se terminer; [insurance cover etc] expirer, ~**ed species** espèce f en voie d'extinction. **the winter is** ~**ing** l'hiver tire à sa fin; **where's it all going to** ~?, **how will it all** ~? comment tout cela finira-t-il?; **word** ~**ing in an s/in -re** mot se terminant par un s/en -re; **stick which** ~**s in a point** bâton qui se termine en pointe; **it** ~**ed in a fight** cela s'est terminé par une bagarre*; **the plan** ~**ed in failure** le projet s'est soldé par un échec; **the film** ~**s with the heroine dying** le film se termine par la mort de l'héroïne.
◆**end off** vt sep finir, achever, terminer.
◆**end up** vi (a) finir, se terminer, s'achever (in en, par); [road] aboutir (in à). **it ended up in a fight** cela s'est terminé par une or en bagarre*.
(b) (finally arrive at) se retrouver, échouer (in à, en); (finally become) finir par devenir. **he ended up in Paris** il s'est retrouvé à Paris; **you'll end up in jail** tu vas finir or te retrouver or échouer en prison; **he ended up a rich man** il a fini (par devenir) riche; **the book she had planned ended up (being) an article** le livre qu'elle avait projeté a fini par n'être qu'un article.

endanger [ɪnˈdeɪndʒər] vt life, interests, reputation mettre en danger, exposer; future, chances, health compromettre. ~**ed species** espèce f en voie d'extinction.

endear [ɪnˈdɪər] vt faire aimer (to de). **this** ~**ed him to the whole country** cela l'a fait aimer de tout le pays; **what** ~**s him to me is** … ce qui me plaît en lui c'est …; **to** ~ **o.s. to everybody** se faire aimer de tout le monde; **that speech didn't** ~ **him to the public** ce discours ne l'a pas fait apprécier du public.

endearing [ɪnˈdɪərɪŋ] adj smile engageant; personality attachant, qui inspire l'affection; characteristic (qui rend) sympathique. **she's a very** ~ **person** elle est très attachante or sympathique.

endearingly [ɪnˈdɪərɪŋlɪ] adv de façon engageante or attachante or sympathique.

endearment [ɪnˈdɪəmənt] n: ~**s** (words) paroles affectueuses or tendres; (acts) marques fpl d'affection; **term of** ~ terme m d'affection; **words of** ~ paroles fpl tendres.

endeavour [ɪnˈdevər] **1** n effort m, tentative f (to do pour faire). **to make an** ~ **to do** essayer or s'efforcer de faire, se donner la peine de faire; **he made every** ~ **to go** il a fait tout son possible pour y aller, il a tout fait pour y aller; **in an** ~ **to please** dans l'intention de plaire, dans un effort pour plaire.
2 vi essayer, s'efforcer, tenter (to do de faire), (stronger) s'évertuer, s'appliquer (to do à faire).

endemic [enˈdemɪk] **1** adj endémique. **2** n endémie f.

ending [ˈendɪŋ] n (a) [story, book] fin f, dénouement m; [events] fin, conclusion f; [day] fin; (outcome) issue f; [speech etc] conclusion. **story with a happy** ~ histoire qui finit bien.
(b) (Ling) terminaison f, désinence f. **feminine** ~ terminaison féminine; **accusative** ~ flexion f de l'accusatif; V **nerve.**

endive [ˈendaɪv] n (curly) chicorée f; (smooth, flat) endive f.

endless [ˈendlɪs] adj road interminable, sans fin; plain sans bornes, infini; speech, vigil interminable, qui n'en finit plus, sans fin; times, attempts innombrable, sans nombre; discussion, argument continuel, incessant; chatter intarissable; patience infini; resources, supplies inépuisable; possibilities illimité, sans limites. **this job is** ~ **with** on n'en finit plus, on n'en voit pas la fin; (Tech) ~ **belt** courroie f sans fin.

endlessly [ˈendlɪslɪ] adv stretch out interminablement, sans fin, à perte de vue; chatter, argue continuellement, interminablement; speak sans cesse, continuellement; repeat sans cesse, infatigablement. ~ **kind/willing** d'une bonté/d'une bonne volonté à toute épreuve.

endocarditis [ˌendəʊkɑːˈdaɪtɪs] n endocardite f.

endocardium [ˌendəʊˈkɑːdɪəm] n endocarde m.

endocarp [ˈendəkɑːp] n endocarpe m.

endocrine [ˈendəʊkraɪn] adj endocrine. ~ **gland** glande f endocrine.

endocrinologist [ˌendəʊkraɪˈnɒlədʒɪst] n endocrinologue mf, endocrinologiste mf.

endogamy [enˈdɒgəmɪ] n (Sociol) endogamie f.

endogenous [enˈdɒdʒənəs] adj factor endogène f.

endolymph [ˈendəʊlɪmf] n (Anat) endolymphe f.

endometrium [ˌendəʊˈmiːtrɪəm] n, pl **endometria** [ˌendəʊˈmiːtrɪə] (Anat) endomètre m.

endorphin [enˈdɔːfɪn] n endorphine f.

endorse [ɪnˈdɔːs] vt (sign) document, cheque endosser; (guarantee) bill avaliser; (approve) claim, candidature appuyer; opinion souscrire à, adhérer à; action, decision approuver, sanctionner. **to**

~ **an insurance policy** faire un avenant à une police d'assurance; (*Brit Jur*) **to ~ a driving licence** ≃ porter une contravention au permis de conduire; **he has had his licence ~d** une contravention a été portée à son permis de conduire.
endorsement [ɪn'dɔːsmənt] *n* (*V* endorse) endossement *m*, endos *m*; aval *m*; appui *m* (*of* de); adhésion *f* (*of* à); approbation *f*, sanction *f* (*of* de); [*insurance policy*] avenant *m* (*to* à). (*Brit Jur: on driving licence*) **she has had 2 ~s** ≃ elle a eu 2 contraventions portées à son permis.
endoskeleton [ˌendəʊ'skelɪtən] *n* squelette *m* interne, endosquelette *m*.
endothermic [ˌendəʊ'θɜːmɪk] *adj* endothermique.
endow [ɪn'daʊ] *vt institution, church* doter (*with* de); *hospital bed, prize, chair* fonder. (*fig*) **to be ~ed with brains/beauty** *etc* être doté d'intelligence/de beauté *etc*.
endowment [ɪn'daʊmənt] **1** *n* (*V* endow) dotation *f*; fondation *f*.
   2 *cpd*: **endowment assurance** *or* **policy** assurance *f* à capital différé.
endue [ɪn'djuː] *vt* revêtir, douer (*with* de).
endurable [ɪn'djʊərəbl] *adj* supportable, tolérable, endurable.
endurance [ɪn'djʊərəns] **1** *n* endurance *f*, résistance *f*. **to have great powers of ~ against pain** être dur au mal; **he has come to the end of his ~** il n'en peut plus, il est à bout; **beyond ~, past ~** intolérable, au-delà de ce que l'on peut supporter; **tried beyond ~** excédé.
   2 *cpd*: (*Sport*) **endurance race** épreuve *f* de fond; **endurance test** (*Sport, Tech, fig*) épreuve *f* de résistance; (*Aut*) épreuve d'endurance.
endure [ɪn'djʊər] **1** *vt pain, insults* supporter, endurer, tolérer; *domination* subir; (*put up with*) supporter, souffrir (*doing* de faire). **she can't ~ being teased** elle ne peut pas supporter *or* souffrir qu'on la taquine (*subj*); **I cannot ~ him** je ne peux pas le supporter *or* le voir *or* le sentir*.
   2 *vi* [*building, peace, friendship*] durer; [*book, memory*] rester.
enduring [ɪn'djʊərɪŋ] *adj friendship, fame, peace* durable; *government, regime* stable; *illness, hardship* persistant, qui persiste.
endways ['endweɪz] *adv*, **endwise** ['endwaɪz] *adv* (**~ on**) en long, par le petit bout; (*end to end*) bout à bout.
enema ['enɪmə] *n* (*act*) lavement *m*; (*apparatus*) poire *f* or bock *m* à lavement.
enemy ['enəmɪ] **1** *n* (*Mil*) ennemi *m*; (*gen*) ennemi(e) *m(f)*, adversaire *mf*. **to make enemies** se faire *or* s'attirer des ennemis; **to make an ~ of sb** faire un ennemi de qn; **he is his own worst ~** il est son pire ennemi, il n'a de pire ennemi que lui-même; **they are deadly enemies** ils sont à couteaux tirés, ils sont ennemis jurés; (*fig*) **corruption is the ~ of the state** la corruption est l'ennemie de l'État; *V* **public.**
   2 *cpd tanks, forces, tribes* ennemi; *morale, strategy* de l'ennemi. **enemy action** attaque ennemie; **killed by enemy action** tombé à l'ennemi; **enemy alien** ressortissant(e) *m(f)* d'un pays ennemi; **enemy-occupied territory** territoire occupé par l'ennemi.
energetic [ˌenə'dʒetɪk] **1** *adj* (**a**) *person* énergique, plein d'énergie, actif. **~ children** enfants pleins d'énergie *or* débordants d'activité; **I've had a very ~ day** je me suis beaucoup dépensé aujourd'hui; **do you feel ~ enough to come for a walk?** est-ce que tu te sens assez d'attaque* pour faire une promenade?
   (**b**) *measure* énergique, rigoureux; *denial, refusal* énergique, vigoureux; *government* énergique, à poigne.
   2 *n* (*U*) **~s** énergétique *f*.
energetically [ˌenə'dʒetɪkəlɪ] *adv move, behave* énergiquement, avec énergie, avec vigueur; *speak, reply* avec force, avec vigueur.
energize ['enədʒaɪz] *vt person* stimuler, donner de l'énergie à; (*Elec*) alimenter (en courant).
energizing ['enədʒaɪzɪŋ] *adj food* énergétique.
energy ['enədʒɪ] **1** *n* (*gen*) énergie *f*, vigueur *f*; (*Phys*) énergie. **potential/kinetic ~** énergie potentielle/cinétique; **he has a lot of ~** il a beaucoup d'énergie, il est très dynamique; (*Brit*) **Secretary (of State) for** *or* **Minister of E~** ministre *m* de l'Énergie; **Department** *or* **Ministry of E~** ministère *m* or direction *f* de l'Énergie; **in order to save ~** pour faire des économies d'énergie; **with all one's ~** de toutes ses forces; **to put all one's ~** *or* **energies into sth/into doing** se consacrer tout entier à qch/à faire, appliquer toute son énergie à qch/à faire; **I haven't the ~ to go back** je n'ai pas l'énergie *or* le courage de retourner; **he seems to have no ~ these days** il semble sans énergie *or* à plat* en ce moment; **don't waste your ~** ne te fatigue pas*, ne te donne pas du mal pour rien; **he used up all his ~** *or* **energies doing it** il a épuisé ses forces à le faire; *V* **atomic** *etc.*
   2 *cpd*: **energy conservation** les économies *fpl* d'énergie; **the energy crisis** la crise énergétique *or* de l'énergie; **energy-giving** *food etc* énergétique; **energy-intensive industry** industrie grande consommatrice d'énergie; **energy level** niveau *m* or état *m* énergétique.
enervate ['enɜːveɪt] *vt* affaiblir.
enervating ['enɜːveɪtɪŋ] *adj* débilitant, amollissant.
enfeeble [ɪn'fiːbl] *vt* affaiblir.
enfeeblement [ɪn'fiːblmənt] *n* affaiblissement *m*.
enfilade [ˌenfɪ'leɪd] (*Mil*) **1** *vt* soumettre à un tir d'enfilade. **2** *n* tir *m* d'enfilade.
enfold [ɪn'fəʊld] *vt* envelopper (*in* de). **to ~ sb in one's arms** entourer qn de ses bras, étreindre qn.
enforce [ɪn'fɔːs] *vt decision, policy* mettre en application *or* en vigueur, appliquer; *ruling, law* faire obéir *or* respecter; *discipline* imposer; *argument, rights* faire valoir. **to ~ obedience** se faire obéir.
enforceable [ɪn'fɔːsɪbl] *adj law, rules* exécutoire, applicable.
enforced [ɪn'fɔːst] *adj* forcé, oblige, obligatoire.

enforcement [ɪn'fɔːsmənt] *n* [*decision, policy, law*] mise *f* en application *or* en vigueur; [*discipline*] imposition *f*. (*Jur*) **~ action** mesure coercitive; (*Jur, Fin*) **~ of securities** réalisation *f* des sûretés; *V* **law.**
enfranchise [ɪn'fræntʃaɪz] *vt* (*give vote to*) accorder le droit de vote à, admettre au suffrage; (*set free*) affranchir.
enfranchisement [ɪn'fræntʃɪzmənt] *n* (*V* enfranchise) admission *f* au suffrage; affranchissement *m*.
engage [ɪn'geɪdʒ] **1** *vt servant* engager; *workers* embaucher; *lawyer* prendre; (†) *room* retenir, réserver; (*fig*) *sb's attention, interest* éveiller, retenir; (*Mil*) *the enemy* engager le combat avec, attaquer; (*Tech*) engager; *gearwheels* mettre en prise. **to ~ sb in conversation** engager la *or* lier conversation avec qn; (*frm*) **to ~ o.s. to do** s'engager à faire; (*Aut*) **to ~ a gear** engager une vitesse; **to ~ gear** mettre en prise; **to ~ the clutch** embrayer.
   2 *vi* [*person*] s'engager (*to do* à faire); (*Tech*) [*wheels*] s'engrener, s'engager, se mettre en prise; [*bolt*] s'enclencher. **the clutch didn't ~** l'embrayage n'a pas fonctionné; **to ~ in** *politics, transaction* se lancer dans; *controversy* s'engager dans, s'embarquer dans; **to ~ in a discussion/in a conversation/in competition** entrer en discussion/en conversation/en concurrence (*with* avec).
engaged [ɪn'geɪdʒd] *adj* (**a**) (*betrothed*) fiancé (*to* à, avec). **to get ~** se fiancer (*to* à, avec); **the ~ couple** les fiancés.
   (**b**) *seat* occupé, pris, retenu; *taxi* pris, pas libre; (*Brit*) *toilet* occupé; (*Brit Telec*) *number, line* occupé; *person* occupé, pris. **Mr X is ~ just now** M X est occupé *or* est pris *or* n'est pas libre en ce moment; **to be ~ in doing** être occupé à faire; **to be ~ on sth** s'occuper de qch; (*Brit Telec*) **the ~ signal** *or* **tone** la tonalité occupé *inv or* pas libre.
engagement [ɪn'geɪdʒmənt] **1** *n* (**a**) (*appointment*) rendez-vous *m inv*; [*actor etc*] engagement *m*. **public ~** obligation officielle; **previous ~** engagement antérieur; **I have an ~** j'ai un rendez-vous, je ne suis pas libre, je suis pris.
   (**b**) (*betrothal*) fiançailles *fpl*. **to break off one's ~** rompre ses fiançailles.
   (**c**) (*frm: undertaking*) engagement *m*, obligation *f*, promesse *f*. **to give an ~ to do sth** s'engager à faire qch.
   (**d**) (*Mil*) action *f*, combat *m*, engagement *m*.
   2 *cpd*: **engagement book** agenda *m*; **engagement ring** bague *f* de fiançailles.
engaging [ɪn'geɪdʒɪŋ] *adj smile, look, tone* engageant; *personality* attirant, attachant.
engender [ɪn'dʒendər] *vt* engendrer (*fig*), produire (*fig*).
engine ['endʒɪn] **1** *n* (*Tech*) machine *f*, moteur *m*; [*ship*] machine; (*Rail*) locomotive *f*; (*Aut, Aviat*) moteur. (*Rail*) **to sit facing the ~** / **with one's back to the ~** être assis dans le sens de la marche/le sens contraire à la marche; *V* **jet**[1] *etc.*
   2 *cpd*: (*Aut*) **engine block** bloc-moteur *m*; (*Brit Rail*) **engine driver** mécanicien *m*; (*US Rail*) **engine house = engine shed**; (*Naut*) **engine room** salle *f* or chambre *f* des machines; (*Brit Rail*) **engine shed** rotonde *f*; **engine unit** bloc-moteur *m*.
-engined ['endʒɪnd] *adj ending in cpds*: **twin-engined** à deux moteurs, bimoteur; *V* **single** *etc.*
engineer [ˌendʒɪ'nɪər] **1** *n* (**a**) (*professional*) ingénieur *m*; (*tradesman*) technicien *m*; (*repairer: for domestic appliances etc*) dépanneur *m*, réparateur *m*. **woman ~** (*femme f*) ingénieur; (*Mil*) **the E~s** le génie; (*US*) **~ of mines** ingénieur des mines; **the TV ~** came le dépanneur est venu pour la télé*; *V* **civil, highway** *etc.*
   (**b**) (*Merchant Navy, US Rail*) mécanicien *m*; (*Navy*) mécanicien de la marine; *V* **chief.**
   2 *vt sb's dismissal etc, scheme, plan* machiner, manigancer.
engineering [ˌendʒɪ'nɪərɪŋ] **1** *n* (**a**) (*U*) ingénierie *f*, engineering *m*. **to study ~** faire des études d'ingénieur; *V* **civil, electrical, mechanical** *etc.*
   (**b**) (*fig, gen pej*) machination(s) *f(pl)*, manœuvre(s) *f(pl)*.
   2 *cpd*: **engineering consultant** ingénieur-conseil *m*; **engineering factory** atelier *m* de construction mécanique; **engineering industries** industries *fpl* d'équipement; **engineering works = engineering factory.**
England ['ɪŋglənd] *n* Angleterre *f*.
English ['ɪŋglɪʃ] **1** *adj* anglais; *king, embassy* d'Angleterre.
   2 *n* (**a**) **the ~** les Anglais *mpl*.
   (**b**) (*Ling*) anglais *m*. **the King's** *or* **Queen's ~** l'anglais correct; **in plain** *or* **simple ~** en termes très simples, ≃ en bon français; **~ as a Foreign Language** l'anglais langue étrangère; **~ as a Second Language** l'anglais deuxième langue; **~ for Special Purposes** l'anglais appliqué; **~ Language Teaching** l'enseignement de l'anglais.
   (**c**) (*US Billiards, Bowling etc: often* **e~**) effet *m* (*donné à une boule*).
   3 *cpd*: (*in hotel etc*) **English breakfast** petit déjeuner anglais; **the English Channel** la Manche; **Englishman** Anglais *m*; (*Prov*) **an Englishman's home is his castle** charbonnier est maitre chez soi (*Prov*); **English-speaker** anglophone *mf*; **English-speaking** qui parle anglais; *nation etc* anglophone; **Englishwoman** Anglaise *f*.
engraft [ɪn'grɑːft] *vt* (*Agr, Surg, fig*) greffer (*into, on* sur).
engram ['engræm] *n* engramme *m*.
engrave [ɪn'greɪv] *vt wood, metal, stone* graver; (*Typ*) graver au burin; (*fig*) graver, empreindre. **~d on the heart/the memory** gravé dans le cœur/la mémoire.
engraver [ɪn'greɪvər] *n* graveur *m*.
engraving [ɪn'greɪvɪŋ] *n* gravure *f*. (*Typ*) **~ plate** cliché *m* typo; *V* **wood** *etc.*
engross [ɪn'grəʊs] *vt* (**a**) *attention, person* absorber, captiver. **to be ~ed in work** être absorbé par, s'absorber dans; *reading, thoughts* être plongé dans, s'abimer dans (*liter*). (**b**) (*Jur*) grossoyer.

engrossing [ɪn'grəʊsɪŋ] *adj book, game* absorbant, captivant; *work* absorbant.

engrossment [ɪn'grəʊsmənt] *n* (*US Pol*) rédaction définitive d'un projet de loi.

engulf [ɪn'gʌlf] *vt* engouffrer, engloutir. **to be ~ed in** s'engouffrer dans, sombrer dans.

enhance [ɪn'hɑːns] *vt attraction, beauty* mettre en valeur, rehausser; *powers* accroître, étendre; *numbers, price, value* augmenter; *position, chances* améliorer; *prestige, reputation* accroître, rehausser; (*Admin: increase*) majorer (*by* de).

enhancement [ɪn'hɑːnsmənt] *n* (*Admin: of pension entitlement*) majoration *f*.

enharmonic [,enhɑː'mɒnɪk] *adj* enharmonique.

enigma [ɪ'nɪgmə] *n* énigme *f*. (*fig*) **he is an ~** cet homme est une énigme.

enigmatic [,enɪg'mætɪk] *adj* énigmatique.

enigmatically [,enɪg'mætɪkəlɪ] *adv* d'une manière énigmatique.

enjambement [ɪn'dʒæmmənt] *n* enjambement *m*.

enjoin [ɪn'dʒɔɪn] *vt* (**a**) (*urge*) *silence, obedience* imposer (*on* à); *discretion, caution* recommander (*on* à). **to ~ sb to do** ordonner *or* prescrire à qn de faire. (**b**) (*US: forbid*) **to ~ sb from doing** interdire à qn de faire, enjoindre à qn de ne pas faire.

enjoy [ɪn'dʒɔɪ] *vt* (**a**) (*take pleasure in*) *theatre, cinema, football, music* aimer; *game, pastime* aimer, trouver agréable; *evening, walk, holiday, company, conversation* aimer, prendre plaisir à; *book, meal* apprécier, trouver bon, goûter (*frm*). **to ~ doing** trouver du plaisir *or* prendre plaisir à faire, aimer faire, trouver agréable de faire; **I ~ed doing it** cela m'a fait (grand) plaisir de le faire; **to ~ greatly** se délecter (*sth* de qch, *doing* à faire); **to ~ life** jouir de *or* profiter de la vie; **to ~ a weekend/an evening/holidays** passer un bon weekend/une soirée très agréable/de bonnes vacances; **did you ~ the concert?** le concert vous a-t-il plu?; **to ~ one's dinner** bien manger *or* dîner; **the children ~ed their meal** les enfants ont bien mangé *or* ont mangé de bon appétit.

(**b**) **to ~ o.s.** s'amuser, prendre *or* se donner du bon temps; **did you ~ yourself in Paris?** est-ce que tu t'es bien amusé à Paris?; **~ yourself!** amusez-vous bien!; (*tonight/at weekend*) passez une bonne soirée/ un bon week-end!; **she always ~s herself in the country** elle se plaît toujours à la campagne, elle est toujours contente d'être à la campagne.

(**c**) (*benefit from*) *income, rights, health, advantage* jouir de.

enjoyable [ɪn'dʒɔɪəbl] *adj visit, evening* agréable; *meal* excellent.

enjoyment [ɪn'dʒɔɪmənt] *n* (*U*) (**a**) plaisir *m*. **to get ~ from** (*doing*) **sth** trouver du plaisir à (faire) qch. (**b**) [*rights etc*] jouissance *f*, possession *f* (*of* de).

enlarge [ɪn'lɑːdʒ] **1** *vt house, territory* agrandir; *empire, influence, field of knowledge, circle of friends* étendre; (*Med*) *organ* hypertrophier; *pore* dilater; (*Phot*) agrandir; *business* développer, agrandir; *hole* élargir, agrandir; *numbers* augmenter; *majority* accroître. **~ed edition** édition augmentée.

2 *vi* (**a**) (*grow bigger*) s'agrandir; s'étendre; s'hypertrophier; se dilater; se développer; s'élargir; s'accroître.

(**b**) **to ~ (up)on** *subject, difficulties etc* s'étendre sur; *idea* développer.

enlarged [ɪn'lɑːdʒd] *adj edition* augmenté; *majority* accru; (*Med*) *organ* hypertrophié; *pore* dilaté.

enlargement [ɪn'lɑːdʒmənt] *n* (**a**) (*V* enlarge) agrandissement *m*; dilatation *f*; élargissement *m*; accroissement *m*; hypertrophie *f*. (**b**) (*Phot*) agrandissement *m*.

enlarger [ɪn'lɑːdʒər] *n* (*Phot*) agrandisseur *m*.

enlighten [ɪn'laɪtn] *vt* éclairer (*sb on sth* qn sur qch).

enlightened [ɪn'laɪtnd] *adj person, views, mind* éclairé. (*gen iro*) **in this ~ age** dans notre siècle de lumières, à notre époque éclairée.

enlightening [ɪn'laɪtnɪŋ] *adj* révélateur (*f* -trice) (*about* au sujet de).

enlightenment [ɪn'laɪtnmənt] *n* (*explanations*) éclaircissements *mpl*; (*knowledge*) instruction *f*, édification *f*. **we need some ~ on this point** nous avons besoin de quelques éclaircissements *or* lumières *fpl* sur ce point; **the Age of E~** le Siècle des lumières.

enlist [ɪn'lɪst] **1** *vi* (*Mil etc*) s'engager, s'enrôler (*in* dans). (*US Mil*) **~ed man** simple soldat *m*, militaire *m* du rang; (*woman*) ≈ caporal *m*. **2** *vt recruits* enrôler, engager; *soldiers, supporters* recruter. **to ~ sb's support/sympathy** s'assurer le concours/la sympathie de qn.

enlistment [ɪn'lɪstmənt] *n* (*V* enlist) engagement *m*, enrôlement *m*; recrutement *m*.

enliven [ɪn'laɪvn] *vt conversation, visit, evening* animer; *décor, design* mettre une note vive dans, égayer.

enmesh [ɪn'meʃ] *vt* (*lit, fig*) prendre dans un filet. **to get ~ed in** s'empêtrer dans.

enmity ['enmɪtɪ] *n* inimitié *f*, hostilité *f* (*towards* envers, *for* pour).

enneathlon [,en'æθlɒn] *n* (*Sport*) ennéathlon *m*.

ennoble [ɪ'nəʊbl] *vt* (*lit*) anoblir; (*fig*) *person, mind* ennoblir, élever.

enologist [iː'nɒlədʒɪst] (*US*) = **oenologist**.

enology [iː'nɒlədʒɪ] (*US*) = **oenology**.

enormity [ɪ'nɔːmɪtɪ] *n* (**a**) (*U*) [*action, offence*] énormité *f*. (**b**) (*crime*) crime *m* très grave, outrage *m*; [*blunder*] énormité *f*.

enormous [ɪ'nɔːməs] *adj object, animal, influence, difference* énorme; *patience* immense; *strength* prodigieux; *stature* colossal. **an ~ quantity of** énormément de; **an ~ number of** une masse* *or* un tas de; **an ~ number of people** un monde fou, un tas de gens*.

enormously [ɪ'nɔːməslɪ] *adv* (+ *vb or ptp*) énormément; (+ *adj*) extrêmement. **the village has changed ~** le village a énormément changé; **he told an ~ funny story** il a raconté une histoire extrêmement drôle.

enosis ['enəʊsɪs] *n* Enosis *m*.

enough [ɪ'nʌf] **1** *adj, n* assez (de). **~ books** assez de livres; **~ money** assez *or* suffisamment d'argent; **~ to eat** assez à manger; **he earns ~ to live on** il gagne de quoi vivre; **I've had ~** (*eating*) j'ai assez mangé; (*protesting*) j'en ai assez; **I've had ~ of this novel/of obeying him** j'en ai assez de ce roman/de lui obéir; **you can never have ~ of this music** on ne se lasse jamais de cette musique; **one song was ~ to show he couldn't sing** une chanson a suffi à prouver qu'il ne savait pas chanter; **it is ~ for us to know that ...** il nous suffit de savoir que ...; **that's ~, thanks** cela suffit *or* c'est assez, merci; **that's ~!** ça suffit!; **~ of this!** ça suffit comme ça!*; **~ said!** assez parlé! *or* causé!*; **this noise is ~ to drive you mad** ce bruit est à (vous) rendre fou; **I've had more than ~ wine** j'ai bu plus de vin que je n'aurais dû, j'ai bu un peu trop de vin; **there's more than ~ for all** il y en a largement (assez) *or* plus qu'assez pour tous; **~'s ~!** ça suffit comme ça!; (*Prov*) **~ is as good as a feast** il ne faut pas abuser des meilleures choses.

2 *adv* (**a**) (*sufficiently*) assez, suffisamment. **are you warm ~?** avez-vous assez chaud?; **he has slept long ~** il a suffisamment dormi; **he is old ~ to go alone** il est suffisamment *or* assez grand pour y aller tout seul; **your work is good ~** votre travail est assez bon *or* est honorable; **that's a good ~ excuse** c'est une excuse satisfaisante; **he knows well ~ what I've said** il sait très bien ce que j'ai dit; **I was fool ~ or ~ of a fool to believe him** j'ai été assez bête pour le croire.

(**b**) (*disparaging*) assez. **she is pretty ~** elle est assez jolie, elle n'est pas mal; **he writes well ~** il écrit assez bien, il n'écrit pas mal; **it's good ~ in its way** ce n'est pas (si) mal dans son genre*.

(**c**) (*intensifying*) oddly *or* funnily **~**, **I saw him too** chose curieuse *or* c'est curieux, je l'ai vu aussi; *V* sure.

enquire [ɪn'kwaɪər] *etc* = **inquire** *etc*.

enrage [ɪn'reɪdʒ] *vt* mettre en rage *or* en fureur, rendre furieux. **it ~s me to think that ...** j'enrage *or* je rage* de penser que ... .

enrapture [ɪn'ræptʃər] *vt* ravir, enchanter. **~d by** ravi de, enchanté par.

enrich [ɪn'rɪtʃ] *vt person, language, collection, mind* enrichir; *soil* fertiliser, amender; (*Phys*) enrichir. **~ed uranium** uranium enrichi.

enrichment [ɪn'rɪtʃmənt] *n* enrichissement *m*; [*soil*] fertilisation *f*, amendement *m*.

enrol, (gen US) enroll [ɪn'rəʊl] **1** *vt workers* embaucher; *students* immatriculer, inscrire; *members* inscrire; *soldiers* enrôler. (*US Pol*) **~ed bill** projet *m* de loi ratifié par les deux Chambres.

2 *vi* [*labourer etc*] se faire embaucher (*as* comme); (*Univ etc*) se faire immatriculer *or* inscrire, s'inscrire (*in* à, *for* pour); (*Mil*) s'enrôler, s'engager (*in* dans). **to ~ as a member of a club/party** s'inscrire à un club/un parti.

enrolment [ɪn'rəʊlmənt] *n* (*U: V* enrol) embauchage *m*; immatriculation *f*; inscription *f*; enrôlement *m*. **school with an ~ of 600** une école avec un effectif de 600 élèves.

ensconce [ɪn'skɒns] *vt*: **to ~ o.s.** bien se caler, bien s'installer; **to be ~d** être bien installé *or* calé.

ensemble [ɑ̃ːnsɑ̃ːmbl] *n* (*Dress, Mus*) ensemble *m*.

enshrine [ɪn'ʃraɪn] *vt* (*Rel*) enchâsser; (*fig*) *memory* conserver pieusement *or* religieusement.

ensign ['ensən] *n* (**a**) ['ensən] (*flag*) drapeau *m*; (*Naut*) pavillon *m*; (*Brit*) **red~white ~** pavillon de la marine marchande/de la marine de guerre; **~-bearer** porte-étendard *m inv*.

(**b**) (*emblem*) insigne *m*, emblème *m*.

(**c**) (*Mil Hist*) (*officer*) porte-étendard *m inv*.

(**d**) (*US Naut*) enseigne *m* de vaisseau de deuxième classe.

enslave [ɪn'sleɪv] *vt* (*lit*) réduire en esclavage, asservir; (*fig*) asservir. **to be ~d by tradition** être l'esclave de la tradition.

enslavement [ɪn'sleɪvmənt] *n* asservissement *m*.

ensnare [ɪn'snɛər] *vt* (*lit, fig*) prendre au piège; [*woman, charms*] séduire.

ensue [ɪn'sjuː] *vi* s'ensuivre, résulter (*from, on* de).

ensuing [ɪn'sjuːɪŋ] *adj event* qui s'ensuit; *year, day* suivant.

en suite [ɑ̃ː'swiːt] *adj*: **with bathroom ~, with an ~ bathroom** avec salle de bains attenante.

ensure [ɪn'ʃʊər] *vt* (**a**) assurer, garantir. **he did everything to ~ that she came** il a tout fait pour qu'elle vienne *or* pour s'assurer qu'elle viendrait. (**b**) = **insure b**.

E.N.T. [,iːen'tiː] (*Med: abbr of* Ear, Nose and Throat) O.R.L. *f*.

entail [ɪn'teɪl] *vt* (**a**) (*gen, also Philos*) entraîner; *expense, work, delay* occasionner; *inconvenience, risk, difficulty* comporter; *suffering, hardship* imposer, entraîner. **it ~ed buying a car** cela nécessitait l'achat d'une voiture.

(**b**) (*Jur*) **to ~ an estate** substituer un héritage; **~ed estate** biens *mpl* inaliénables.

entangle [ɪn'tæŋgl] *vt* (*catch up*) empêtrer; (*twist together*) *hair* emmêler; *wool, thread* emmêler, embrouiller; (*fig*) *person* entraîner, impliquer (*in* dans), mêler (*in* à). **to become ~d in an affair** s'empêtrer *or* se laisser entraîner dans une affaire; **to become ~d in ropes/lies/explanations** s'empêtrer dans des cordages/des mensonges/des explications.

entanglement [ɪn'tæŋglmənt] *n* (*V* entangle) (*lit*) enchevêtrement *m*, emmêlement *m*; (*fig*) implication *f*. **his ~ with the police** son affaire *f* avec la police.

enter ['entər] **1** *vt* (**a**) (*come or go into*) *house etc* entrer dans, pénétrer dans; *vehicle* monter dans, entrer dans; *path, road etc* s'engager dans. **he ~ed the grocer's** il est entré chez l'épicier *or* dans l'épicerie; (*Naut*) **to ~ harbour** entrer au port *or* dans le port; **the thought never ~ed my head** cette pensée ne m'est jamais venue à l'esprit; **he is ~ing his sixtieth year** il entre dans sa soixantième année.

(**b**) (*become member of*) *a profession, the army etc* entrer dans; *university, college etc* s'inscrire à, se faire inscrire à *or* dans. **to ~**

the Church se faire prêtre, recevoir la prêtrise; **to ~ society** faire ses débuts dans le monde.

(c) (*submit, write down*) *amount, name, fact, order* (*on list etc*) inscrire; (*in notebook*) noter; (*Comput*) *data* introduire, entrer; **to ~ an item in the ledger** porter un article sur le livre de comptes; (*Comm*) **~ these purchases to me** mettez or portez ces achats à or sur mon compte; **to ~ a horse for a race** engager or inscrire un cheval dans une course; **to ~ a dog for a show** présenter un chien dans un concours; **to ~ a pupil for an exam/a competition** présenter un élève à un examen/à un concours; **he has ~ed his son for Eton** il a inscrit son fils (à l'avance) à Eton; **to ~ a protest** rédiger or élever or présenter une protestation; (*Jur*) **to ~ an appeal** interjeter appel; (*Jur*) **to ~ an appearance** comparaître (en justice).

2 *vi* **(a)** entrer. (*Theat*) **~ Macbeth** entre Macbeth.

(b) to ~ for a race s'inscrire pour une course; **to ~ for an examination** s'inscrire à un examen.

♦ **enter into** *vt fus* **(a)** *explanation, apology* se lancer dans; *correspondence, conversation* entrer en; *plot* prendre part à; *negotiations* entamer; *contract* passer; *alliance* conclure.

(b) *sb's plans, calculations* entrer dans. (*lit, fig*) **to enter into the spirit of the game** entrer dans le jeu; **her money doesn't enter into it at all** son argent n'y est pour rien or n'a rien à voir là-dedans.

♦ **enter up** *vt sep sum of money, amount* inscrire; *diary, ledger* tenir à jour.

♦ **enter (up)on** *vt fus career* débuter dans, entrer dans; *negotiations* entamer; *alliance* conclure; *subject* aborder; *inheritance* prendre possession de.

enteric [en'terik] *adj* entérique. **~ fever** (fièvre *f*) typhoïde *f*.

enteritis [,entə'raitis] *n* entérite *f*.

enterostomy [,entə'rɒstəmi] *n* entérostomie *f*.

enterotomy [,entə'rɒtəmi] *n* entérotomie *f*.

enterovirus [,entərəʊ'vairəs] *n* entérovirus *m*.

enterprise ['entəpraiz] *n* **(a)** (*undertaking, company*) entreprise *f*.
(b) (*U: initiative*) (esprit *m* d')initiative *f*, esprit entreprenant, hardiesse *f*; **V free** etc.

enterprising ['entəpraiziŋ] *adj person* plein d'initiative, entreprenant; *venture* audacieux, hardi. **that was ~ of you!** vous avez fait preuve d'initiative!, vous avez eu de l'idée!*

enterprisingly ['entəpraiziŋli] *adv* (*showing initiative*) de sa (etc) propre initiative; (*daringly*) hardiment, audacieusement.

entertain [,entə'tein] *vt* **(a)** (*amuse*) *audience* amuser, divertir; *guests, children* distraire.

(b) (*offer hospitality to*) *guests* recevoir. **to ~ sb to dinner** offrir un dîner à qn; (*at home*) recevoir qn à dîner; **they ~ a lot** ils reçoivent beaucoup.

(c) (*bear in mind*) *thought* considérer, méditer; *intention, suspicion, doubt, hope* nourrir; *proposal* accueillir favorablement. **I wouldn't ~ it for a moment** je repousserais tout de suite une telle idée.

entertainer [,entə'teinə^r] *n* artiste *mf* (de music-hall etc), fantaisiste *mf*. **a well-known radio ~** un(e) artiste bien connu(e) à la radio; **he's a born ~** c'est un amuseur né.

entertaining [,entə'teiniŋ] **1** *adj* amusant, divertissant. **2** *n*: **she does a lot of ~** elle reçoit beaucoup; **their ~ is always sumptuous** ils reçoivent toujours avec faste, leurs réceptions sont toujours fastueuses.

entertainingly [,entə'teiniŋli] *adv* d'une façon amusante or divertissante.

entertainment [,entə'teinmənt] **1** *n* **(a)** (*U: V entertain*) amusement *m*, divertissement *m*; distraction *f*. **much to the ~ of** au grand amusement de; **for your ~ we have invited ...** pour vous distraire or amuser nous avons invité ...; **for my own ~** pour mon divertissement personnel; **the cinema is my favourite ~** le cinéma est ma distraction préférée.

(b) (*performance*) spectacle *m*, attractions *fpl*. **musical ~** soirée musicale.

2 *cpd*: **entertainment allowance** or **expenses** frais *mpl* de représentation; **entertainment tax** taxe *f* sur les spectacles; **the entertainment world** le monde du spectacle.

enthral(l) [in'θrɔːl] *vt* [*book, film, talk etc*] captiver, passionner; [*beauty, charm*] séduire, ensorceler; (††: *enslave*) asservir. **enthralled by what one is reading** captivé par une lecture.

enthralling [in'θrɔːliŋ] *adj story, film* passionnant; *beauty* ensorcelant.

enthrone [in'θrəʊn] *vt king* placer sur le trône, introniser; *bishop* introniser. (*liter*) **to sit ~d** trôner; (*fig*) **~d in the hearts of his countrymen** vénéré par ses compatriotes.

enthuse [in'θjuːz] *vi*: **to ~ over sb/sth** porter qn/qch aux nues, parler avec (beaucoup d')enthousiasme de qn/qch, être emballé* par qn/qch.

enthusiasm [in'θjuːziæzəm] *n* (*U*) enthousiasme *m* (*for* pour). **to move** or **arouse to ~** enthousiasmer; **I haven't much ~ for going out** cela ne me dit pas grand-chose de sortir.

enthusiast [in'θjuːziæst] *n* enthousiaste *mf*. **he is a jazz/bridge/ sport** etc **~** il est passionné pour le or il est passionné de jazz/bridge/ sport etc; **all these football ~s** tous ces passionnés or enragés* de football; **a Vivaldi ~** un(e) fervent(e) de Vivaldi.

enthusiastic [in,θjuːzi'æstik] *adj person, attitude, response* enthousiaste; *welcome* enthousiaste, chaleureux; *shout* enthousiaste, d'enthousiasme. **an ~ swimmer** un nageur passionné or enragé*; **an ~ supporter** un partisan enthousiaste or fervent or passionné (*of* de); **to grow** or **wax ~ over** s'enthousiasmer or se passionner pour; *plan, suggestion* être enthousiasmé par; **he was very ~ about the plan** il a accueilli le projet avec enthousiasme; **I'm not very ~ about it** cela ne me dit pas grand-chose; **to make sb ~** enthousiasmer qn (*about* pour).

enthusiastically [in,θjuːzi'æstikəli] *adv receive, speak, applaud* avec enthousiasme; *work* avec zèle, avec ferveur, avec élan; *support* avec enthousiasme, avec ferveur.

entice [in'tais] *vt* attirer (*towards* vers; *into* dans), entraîner (*sb away from somewhere* qn à l'écart d'un endroit), éloigner (*sb away from sb* qn de qn); (*with food, prospects*) allécher; (*with false promises*) leurrer. **to ~ sb to do** entraîner qn (par la ruse) à faire.

enticement [in'taismənt] *n* (*act*) séduction *f*; (*attraction*) attrait *m*.

enticing [in'taisiŋ] *adj person* séduisant; *prospects, offer* attrayant; *food* alléchant, appétissant.

entire [in'taiə^r] *adj* **(a)** (*whole*) entier, tout. **the ~ week** la semaine entière, toute la semaine; **the ~ world** le monde entier.

(b) (*complete*) entier, complet (*f* -ète); (*unreserved*) entier (*before n*), total, absolu. **the ~ house** la maison (tout) entière; **the ~ text** le texte tout entier; (*unexpurgated*) le texte intégral; **my ~ confidence** mon entière confiance, ma confiance totale or absolue.

(c) (*unbroken*) entier, intact.

entirely [in'taiəli] *adv* entièrement, tout à fait, totalement, absolument, complètement; *change* du tout au tout.

entirety [in'taiərəti] *n* intégralité *f*, totalité *f*. **in its ~** en (son) entier, intégralement.

entitle [in'taitl] *vt* **(a)** *book* intituler. **to be ~d** s'intituler.

(b) (*bestow right on*) autoriser, habiliter (*Jur*) (*to do* à faire). **to ~ sb to sth** donner droit à qch; **to ~ sb to do** donner à qn le droit de faire; **this ticket ~s the bearer to do ...** ce billet donne au porteur le droit de faire ...; **to be ~d to sth** avoir droit à qch; **to be ~d to do** (*by position, qualifications*) avoir qualité pour faire, être habilité à faire (*Jur*); (*by conditions, rules*) avoir le droit or être en droit de faire; **you're ~d to a bit of fun!** tu as bien le droit de t'amuser un peu!; **he is quite ~d to believe that ...** il est tout à fait en droit de croire que ...; (*Jur etc*) **~d to vote** ayant voix délibérative; **these statements ~ us to believe that ...** ces déclarations nous autorisent à croire que ... .

entitlement [in'taitlmənt] *n* droit *m* (*to* à). (*US Pol*) **~ programs** grands programmes sociaux.

entity ['entiti] *n* entité *f*; **V legal**.

entomb [in'tuːm] *vt* mettre au tombeau, ensevelir; (*fig*) ensevelir.

entombment [in'tuːmmənt] *n* mise *f* au tombeau, ensevelissement *m*.

entomological [,entəmə'lɒdʒikəl] *adj* entomologique.

entomologist [,entə'mɒlədʒist] *n* entomologiste *mf*.

entomology [,entə'mɒlədʒi] *n* entomologie *f*.

entourage [,ontʊ'raːʒ] *n* entourage *m*.

entr'acte ['ontrækt] *n* entracte *m*.

entrails ['entreilz] *npl* (*lit, fig*) entrailles *fpl*.

entrain [in'trein] **1** *vt* (faire) embarquer dans un train. **2** *vi* s'embarquer dans un train.

entrance[1] [in'trɑːns] **1** *n* **(a)** (*way in*) (*gen*) entrée *f* (*to* de); [*cathedral*] portail *m*; [*hall*] entrée, vestibule *m*; **V trade**.

(b) (*act*) entrée *f*. **on his ~** à son entrée; (*esp Theat*) **to make an ~** faire son entrée; **to force an ~ into** forcer l'entrée de; **door giving ~ to a room** porte qui donne accès à une pièce.

(c) (*right to enter*) admission *f*. **~ to a school** admission à or dans une école; **to gain ~ to a university** être admis à or dans une université.

2 *cpd*: **entrance card** carte *f* or billet *m* d'entrée or d'admission; **entrance examination** examen *m* d'entrée; (*Admin*) concours *m* de recrutement; (*Brit*) **entrance fee** droit *m* d'inscription; **entrance permit** visa *m* d'entrée; (*Educ*) **entrance qualifications** or **requirements** diplômes exigés à l'entrée; **entrance ramp** (*US Aut*) bretelle *f* d'accès; **entrance ticket = entrance card**.

entrance[2] [in'trɑːns] *vt* transporter, ravir, enivrer. **she stood there ~d** elle restait là extasiée or en extase.

entrancing [in'trɑːnsiŋ] *adj* enchanteur (*f* -teresse), ravissant, séduisant.

entrancingly [in'trɑːnsiŋli] *adv dance, sing* à ravir; *smile* d'une façon ravissante or séduisante. **she is ~ beautiful** elle est belle à ravir.

entrant ['entrənt] *n* (*to profession*) nouveau venu *m* (*to* dans, en); (*in race*) concurrent(e) *m(f)*, participant(e) *m(f)*; (*in competition*) candidat(e) *m(f)*, concurrent(e); (*in exam*) candidat(e).

entrap [in'træp] *vt* prendre au piège. **to ~ sb into doing sth** amener qn à faire qch par la ruse or la feinte.

entrapment [in'træpmənt] *n* (*US Jur*) incitation policière à commettre un délit qui justifiera ensuite l'arrestation de son auteur.

entreat [in'triːt] *vt* supplier, implorer, prier instamment (*sb to do* qn de faire). **listen to him, I ~ you** écoute-le, je vous en supplie or je vous en conjure; **to ~ sth of sb** demander instamment qch à qn; **to ~ sb for help** implorer le secours de qn.

entreating [in'triːtiŋ] **1** *adj* suppliant, implorant. **2** *n* supplications *fpl*.

entreatingly [in'triːtiŋli] *adj look* d'un air suppliant; *ask* d'un ton suppliant, d'une voix suppliante.

entreaty [in'triːti] *n* prière *f*, supplication *f*. **at his (earnest) ~** sur ses (vives) instances *fpl*; **a look of ~** un regard suppliant.

entrée ['ontrei] *n* entrée *f*.

entrench [in'trentʃ] *vt* retrancher.

entrenched [in'trentʃd] *adj* (*Mil*) retranché; (*fig*) *person* indélogeable; *attitude* très arrêté. **he is ~ in the belief that ...** il ne veut pas démordre de l'idée que ...; *customs* **~ by long tradition** coutumes implantées par une longue tradition.

entrenchment [in'trentʃmənt] *n* (*Mil*) retranchement *m*.

entrepôt ['ontrəpəʊ] *n* entrepôt *m*.

entrepreneur [,ontrəprə'nɜː^r] *n* entrepreneur *m* (*chef d'entreprise*).

entrepreneurial [,ontrəprə'nɜːriəl] *adj* animé de l'esprit d'entreprise.

entropy ['entrəpı] n entropie f.

entrust [ın'trʌst] vt secrets, valuables, letters, confier (to à); child confier (to sb à qn, à la garde de qn); prisoner confier (to à la garde de). **to ~ sb/sth to sb's care** confier or remettre qn/qch aux soins de qn; **to ~ sb with a task** charger qn d'une tâche, confier à qn une tâche; **to ~ sb with the job of doing** charger qn de faire qch, confier à qn le soin de faire qch.

entry ['entrı] **1** n **(a)** (action) entrée f. **to make an ~** faire son entrée; (Theat) **to make one's ~** entrer en scène; **'no ~'** (on gate etc) 'défense d'entrer', 'entrée interdite'; (in one-way street) 'sens interdit'.

(b) (way in) (gen) entrée f; [cathedral] portail m.

(c) (item) [list] inscription f; [account book, ledger] écriture f; [dictionary] (term) entrée f; [headword] adresse f, entrée; [encyclopedia] article m; (piece of text) article. (Book-keeping) **single/double ~** comptabilité f en partie simple/double; (Naut) **~ in the log** entrée du journal de bord.

(d) (Sport etc) **there is a large ~ for the 200 metres** il y a une longue liste de concurrents pour le 200 mètres; **there are only 3 entries** (for race, competition) il n'y a que 3 concurrents; (for exam) il n'y a que 3 candidats.

2 cpd: (Ling) **entry condition** condition f d'admission (à un système); **entry examination** examen m d'entrée; (Admin) concours m de recrutement; **entry form** feuille f d'inscription; **entry permit** visa m d'entrée; **entry phone** portier m électrique; (Educ) **entry qualifications** or **requirements** diplômes exigés à l'entrée; (US Lexicography) **entry word** entrée f, adresse f.

entwine [ın'twaın] **1** vt stems, ribbons entrelacer; garland tresser; (twist around) enlacer (with de). **2** vi s'entrelacer, s'enlacer, s'entortiller (around autour de).

enumerate [ı'nju:məreıt] vt énumérer, dénombrer.

enumeration [ı,nju:mə'reıʃən] n énumération f, dénombrement m.

enunciate [ı'nʌnsıeıt] vt sound, word prononcer, articuler; principle, theory énoncer, exposer. **to ~** clearly bien articuler.

enunciation [ı,nʌnsı'eıʃən] n [sound, word] articulation f; [theory] énonciation f, exposition f; [problem] énoncé m.

enuresis [,enjʊ'ri:sıs] n énurésie f.

enuretic [,enjə'retık] adj énurétique.

envelop [ın'veləp] vt envelopper (also fig). **~ed in a blanket** enveloppé dans une couverture; **~ed in clouds/snow** enveloppé de nuages/neige; **~ed in mystery** enveloppé or entouré de mystère.

envelope ['envələʊp] n [letter, balloon, airship] enveloppe f; (Bot, Bot) enveloppe, tunique f; (Math) enveloppe. **to put a letter in an ~** mettre une lettre sous enveloppe; **in a sealed ~** sous pli cacheté; **in the same ~** sous le même pli.

envelopment [ın'veləpmənt] n enveloppement m.

envenom [ın'venəm] vt (lit, fig) envenimer.

enviable ['envıəbl] adj position, wealth, beauty enviable; fate enviable, digne d'envie.

envious ['envıəs] adj person envieux; look, tone envieux, d'envie. **to be ~ of sth** être envieux de qch; **to be ~ of sb** être jaloux de qn, envier qn; **to make sb ~** exciter or attirer l'envie de qn; **people were ~ of his success** son succès a fait des envieux or des jaloux.

enviously ['envıəslı] adv avec envie.

environment [ın'vaıərənmənt] n (Bio, Bot, Geog) milieu m; (Admin, Pol, Ling) environnement m; (physical) cadre m, milieu, environnement; (social) milieu, environnement; (moral) milieu, climat m, ambiance f. **cultural ~** climat or milieu culturel; **working ~** conditions fpl de travail; (fig) **hostile ~** climat d'hostilité, ambiance hostile; **natural ~** milieu naturel; **his normal ~** son cadre or son milieu normal; **working-class ~** milieu ouvrier; **heredity or ~** l'hérédité ou l'environnement; **pollution/protection of the ~** la pollution/la protection de l'environnement; (Brit) **Secretary (of State) for** or **Minister of the E~** ministre m de l'Environnement; **Department** or **Ministry of the E~** ministère m de l'Environnement.

environmental [ın,vaıərən'mentl] adj conditions, changes écologique, du milieu; influence exercé par le milieu or l'environnement. **~ studies** études fpl de l'environnement; (US Admin) **E~ Protection Agency** ≃ Ministère de l'Environnement.

environmentalism [ın,vaıərən'mentə,lızəm] n science f de l'environnement.

environmentalist [ın,vaıərən'mentəlıst] n écologiste mf.

environs [ın'vaıərənz] npl environs mpl, alentours mpl, abords mpl.

envisage [ın'vızıdʒ] vt (foresee) prévoir; (imagine) envisager. **it is ~d that ... on** prévoit que ...; **an increase is ~d** next year on prévoit une augmentation pour l'année prochaine; **it is hard to ~ such a situation** il est difficile d'envisager une telle situation.

envision [ın'vıʒən] vt (conceive of) imaginer; (foresee) prévoir.

envoy[1] ['envɔı] n (gen) envoyé(e) m(f), représentant(e) m(f); (diplomat, also **~ extraordinary**) ministre m plénipotentiaire.

envoy[2] ['envɔı] n (Poetry) envoi m.

envy ['envı] **1** n envie f, jalousie f. **out of ~** par envie, par jalousie; **filled with ~** dévoré de jalousie; **it was the ~ of everyone** cela faisait or excitait l'envie de tout le monde; V green. **2** vt person, thing envier. **to ~ sb sth** envier qch à qn.

enzyme ['enzaım] n enzyme f.

Eocene ['i:əʊsi:n] adj (Geol) éocène.

eolithic [,i:əʊ'lıθık] adj éolithique.

eon ['i:ɒn] n = aeon.

eosin(e) ['i:əʊsın] n éosine f.

EPA [,i:pi:'eı] abbr of Environmental Protection Agency; V environmental.

epaulet(te) ['epɔ:let] n (Mil) épaulette f.

ephedrine ['efıdrın] n éphédrine f.

ephemeral [ı'femərəl] adj (Bot, Zool) éphémère; (fig) éphémère, fugitif.

ephemerid [ı'femərıd] n éphémère m.

ephemeris [ı'femərıs] n éphéméride f.

Ephesians [ı'fi:ʒənz] n Éphésiens mpl.

Ephesus ['efısəs] n Éphèse.

epic ['epık] **1** adj (Literat) épique; (fig) héroïque, épique; (hum) épique, homérique. **2** n épopée f, poème m or récit m épique. (Cine) **an ~ of the screen** un film à grand spectacle.

epicarp ['epıka:p] n épicarpe m.

epicene ['epısi:n] adj manners, literature efféminé; (Gram) épicène.

epicentre ['epısentə r] n épicentre m.

epicure ['epıkjʊə r] n (fin) gourmet m, gastronome mf.

epicurean [,epıkjʊə'ri:ən] adj, n épicurien(ne) m(f).

epicureanism [,epıkjʊə'rıənızəm] n épicurisme m.

Epicurus [,epı'kjʊərəs] n Épicure m.

epicyclic [epı'saıklık] adj: **~ gear** or **train** train épicycloïdal.

epidiascope [,epı'daıə,skəʊp] n épidiascope m.

epidemic [,epı'demık] **1** n épidémie f. **2** adj épidémique. **to reach ~ proportions** atteindre des proportions épidémiques.

epidermis [,epı'dɜ:mıs] n (Anat, Bot, Zool) épiderme m.

epididymis [,epı'dıdımıs] n, pl **epididymides** [,epıdı'dımı,di:z] (Anat) épididyme m.

epidural [,epı'djʊərəl] adj, n: **~ (anaesthetic)** péridurale f.

epigenesis [,epı'dʒenısıs] n (Biol) épigénèse f; (Geol) épigénie f.

epiglottis [,epı'glɒtıs] n épiglotte f.

epigram ['epıgræm] n épigramme f.

epigrammatic(al) [,epıgrə'mætık(əl)] adj épigrammatique.

epigraph ['epıgra:f] n épigraphe f.

epilepsy ['epılepsı] n épilepsie f.

epileptic [,epı'leptık] **1** adj épileptique. **~ fit** crise f d'épilepsie. **2** n épileptique mf.

epilogue ['epılɒg] n (Literat) épilogue m.

epinephrine [,epə'nefrın] n (US) adrénaline f.

Epiphany [ı'pıfənı] n Épiphanie f, fête f des Rois.

epiphytic [,epı'fıtık] adj épiphyte.

episcopacy [ı'pıskəpəsı] n épiscopat m.

episcopal [ı'pıskəpəl] adj épiscopal. **~ ring** anneau pastoral or épiscopal; **the E~ Church** l'Église épiscopale.

episcopalian [ı,pıskə'peılıən] **1** adj épiscopal (de l'Église épiscopale). **2** n membre m de l'Église épiscopale. **the ~s** les épiscopaux mpl.

episcopate [ı'pıskəpıt] n épiscopat m.

episcope ['epı,skəʊp] n (Brit) épiscope m.

episode ['epısəʊd] n épisode m.

episodic [,epı'sɒdık] adj épisodique.

epistemological [ı,pıstmə'lɒdʒıkəl] adj épistémologique.

epistemology [ı,pıstə'mɒlədʒı] n épistémologie f.

epistle [ı'pısl] n épître f; (Admin: letter) courrier m. (Bible) **E~ to the Romans/Hebrews** etc Épître aux Romains/Hébreux etc.

epistolary [ı'pıstələrı] adj épistolaire.

epitaph ['epıta:f] n épitaphe f.

epithelium [,epı'θi:lıəm] n épithélium m.

epithet ['epıθet] n épithète f.

epitome [ı'pıtəmı] n [book] abrégé m, résumé m; (fig) [virtue, goodness] modèle m, type m or exemple m même; [idea, subject] quintessence f.

epitomize [ı'pıtəmaız] vt book abréger, résumer; quality, virtue incarner, personnifier.

EPNS [,i:pi:en'es] abbr of electroplated nickel silver; V electroplate.

epoch ['i:pɒk] **1** n époque f, période f. (fig) **to mark an ~** faire époque, faire date. **2** cpd: **epoch-making** qui fait époque, qui fait date.

eponym ['epənım] n éponyme m.

eponymous [ı'pɒnıməs] adj éponyme.

epoxy [ı'pɒksı] n: **~ resin** résine f époxyde.

Epsom salts ['epsəm'sɔ:ltz] npl sel m d'Epsom, sulfate m de magnésium.

equable ['ekwəbl] adj temperament, climate égal, constant. **he is very ~** il a un tempérament très égal.

equably ['ekwəblı] adv tranquillement.

equal ['i:kwəl] **1** adj **(a)** (Math, gen) égal (to à). **~ in number** égal en nombre; **to be ~ to sth** égaler qch (V also **1 b**); **~ pay for ~ work** à travail égal salaire égal; **~ pay for women** salaire égal pour les femmes; **other or all things (being) ~** toutes choses égales d'ailleurs; **an ~ sum of money** une même somme d'argent; **with ~ indifference** avec la même indifférence; (in value etc) **they are about ~** ils se valent à peu près; **to talk to sb on ~ terms** parler à qn d'égal à égal; **to be on an ~ footing (with sb)** être sur un pied d'égalité (avec qn); (US Rad, TV) **~ time** droit m de réponse (à l'antenne); **~ opportunities** chances égales, égalité f des chances; **~ rights** égalité f des droits; V also **4**.

(b) **to be ~ to sth** être à la hauteur de qch; **to be ~ to doing** être de force à or de taille à faire; **she did not feel ~ to going out** elle ne se sentait pas le courage or la force de sortir, elle ne se sentait pas capable de sortir.

(c) temperament etc égal.

2 n égal(e) m(f), pareil(le) m(f). **our ~s** nos égaux; **to treat sb as an ~** traiter qn d'égal à égal; **she has no ~** elle n'a pas sa pareille, elle est hors pair; (in rank, standing) **she is his ~** elle est son égale.

3 vt (Math, gen) égaler (in en). **not to be ~led** sans égal, qui n'a pas son égal; **there is nothing to ~ it** il n'y a rien de tel or de comparable; (Math) **let x ~ y** si x égale y.

4 cpd: **Equal Opportunities Commission** commission f sur l'égalité des chances; **equal opportunities** *or* **opportunity em-ployer** employeur *m* qui ne fait pas de discrimination; *(Math)* **equal(s) sign** signe *m* d'égalité *or* d'équivalence.

equality [ɪˈkwɒlɪtɪ] *n* égalité *f*. ∼ **in the eyes of the law** égalité devant la loi; ∼ **of opportunity** l'égalité *f* des chances; **the E∼ State** le Wyoming.

equalize [ˈiːkwəlaɪz] **1** *vt chances, opportunities* égaliser; *wealth, possessions* niveler. **2** *vi (Sport)* égaliser.

equalizer [ˈiːkwəlaɪzəʳ] *n* **(a)** *(Sport)* but *or* point égalisateur. **(b)** *(US ‡: gun)* flingue‡ *m*, revolver *m*.

equally [ˈiːkwəlɪ] *adv* également. **to divide sth** ∼ diviser qch en parts *or* parties égales; **her mother was** ∼ **disappointed** sa mère a été tout aussi déçue; **she did** ∼ **well in history** elle a eu de tout aussi bons résultats en histoire; **it would be** ∼ **wrong to suggest** il serait tout aussi faux de suggérer; ∼ **gifted brothers** frères également *or* pareillement doués; **they were** ∼ **guilty** ils étaient également coupables *or* coupables au même degré.

equanimity [ˌekwəˈnɪmɪtɪ] *n* égalité *f* d'humeur, sérénité *f*, équanimité *f (frm)*. **with** ∼ avec sérénité, d'une âme égale.

equate [ɪˈkweɪt] *vt (identify)* assimiler *(with* à); *(compare)* mettre sur le même pied *(with* que); *(make equal)* égaler, égaliser. **to** ∼ **Eliot with Shakespeare** mettre Eliot sur le même pied que Shakespeare; **to** ∼ **black with mourn-ing** assimiler le noir au deuil; **to** ∼ **supply and demand** égaler *or* égaliser l'offre à la demande.

equation [ɪˈkweɪʒən] *n (V* **equate)** assimilation *f*; égalisation *f*; *(Chem, Math)* équation *f*. *(Astron)* ∼ **of time** équation du temps; *V* **quadratic, simple.**

equator [ɪˈkweɪtəʳ] *n* équateur *m* (terrestre), ligne équinoxiale. **at the** ∼ sous l'équateur.

equatorial [ˌekwəˈtɔːrɪəl] *adj* équatorial. **E∼ Guinea** Guinée équatoriale.

equerry [ɪˈkwerɪ] *n* écuyer *m (au service d'un membre de la famille royale)*.

equestrian [ɪˈkwestrɪən] **1** *adj* équestre. **2** *n (gen)* cavalier *m*, -ière *f*; *(in circus)* écuyer *m*, -ère *f*.

equi ... [ˈiːkwɪ] *pref* équi ... .

equidistant [ˈiːkwɪˈdɪstənt] *adj* équidistant, à égale distance. **Or-léans is** ∼ **from Tours and Paris** Orléans est à égale distance de Tours et de Paris.

equilateral [ˈiːkwɪˈlætərəl] *adj* équilatéral.

equilibrium [ˌiːkwɪˈlɪbrɪəm] *n (physical, mental)* équilibre *m*. **to lose one's** ∼ *(physically)* perdre l'équilibre; *(mentally)* devenir déséquilibré; **in** ∼ en équilibre.

equine [ˈekwaɪn] *adj species, profile* chevalin.

equinoctial [ˌiːkwɪˈnɒkʃəl] *adj* équinoxial; *gales, tides* d'équinoxe.

equinox [ˈiːkwɪnɒks] *n* équinoxe *m*. **vernal** *or* **spring** ∼ équinoxe de printemps, point vernal; **autumnal** ∼ équinoxe d'automne.

equip [ɪˈkwɪp] *vt* **(a)** *(fit out) factory* équiper, outiller; *kitchen, laboratory* installer, équiper; *ship, soldier, worker, astronaut* équiper. **to** ∼ **a room as a laboratory** aménager une pièce en laboratoire; **to** ∼ **a household** monter un ménage; *[factory etc]* **to be** ∼**ped to do** être équipé pour faire; *(fig)* **to be well** ∼**ped to do** *(gen)* avoir tout ce qu'il faut pour faire; *[worker, employee]* avoir toutes les compétences *or* les qualités nécessaires pour faire.
　(b) *(provide) person* équiper, pourvoir, munir *(with* de); *ship, car, factory, army etc* équiper, munir, doter *(with* de). **to** ∼ **o.s. with** s'équiper de, se munir de, se pourvoir de; **she is well** ∼**ped with cookery books** elle est bien montée *or* pourvue en livres de cuisine; **to** ∼ **a ship with radar** installer le radar sur un bateau.

equipage [ˈekwɪpɪdʒ] *n* équipage *m (chevaux et personnel)*.

equipment [ɪˈkwɪpmənt] *n (gen)* équipement *m*; *(for office, labora-tory, camping etc)* matériel *m*. **factory** ∼ outillage *m*; **lifesaving** ∼ matériel *m* de sauvetage; **electrical** ∼ appareillage *m* électrique; **domestic** ∼ appareils ménagers; ∼ **grant** prime *f or* subvention *f* d'équipement.

equisetum [ˌekwɪˈsiːtəm] *n* equisetum *m*, prêle *f*.

equitable [ˈekwɪtəbl] *adj* équitable, juste.

equitably [ˈekwɪtəblɪ] *adv* équitablement, avec justice.

equitation [ˌekwɪˈteɪʃən] *n (frm)* équitation *f*.

equity [ˈekwɪtɪ] *n* **(a)** *(U: fairness)* équité *f*.
　(b) *(Econ) (also* **owner's** ∼, **shareholder's** ∼) fonds *mpl or* capitaux *mpl* propres. *(Brit St Ex)* **equities** actions cotés en bourse.
　(c) *(Jur: system of law)* équité *f*.
　(d) *(Brit)* **E∼** *syndicat des acteurs.*

equivalence [ɪˈkwɪvələns] *n* équivalence *f*.

equivalent [ɪˈkwɪvələnt] **1** *adj* équivalent. **to be** ∼ **to** être équivalent à, équivaloir à. **2** *n* équivalent *m (in* en). **the French** ∼ **of the English word** l'équivalent en français du mot anglais.

equivocal [ɪˈkwɪvəkəl] *adj (ambiguous) attitude* équivoque, peu net; *words* équivoque, ambigu *(f* -guë); *(suspicious) behaviour* louche, douteux; *(unclear) outcome* incertain, douteux.

equivocally [ɪˈkwɪvəkəlɪ] *adv* d'une manière équivoque, avec am-biguïté.

equivocate [ɪˈkwɪvəkeɪt] *vi* user de faux-fuyants *or* d'équivoques, équivoquer *(liter)*.

equivocation [ɪˈkwɪvəˈkeɪʃən] *n (often pl)* paroles *fpl* équivoques, emploi *m* d'équivoques.

ER *(abbr of* **Elizabeth Regina)** la reine Élisabeth.

ERA [ˌiːɑːˈreɪ] *abbr of* **Equal Rights Amendment.**

era [ˈɪərə] *n (Geol, Hist)* ère *f*; *(gen)* époque *f*, temps *m*. **the Christian** ∼ l'ère chrétienne; **the end of an** ∼ la fin d'une époque; **the** ∼ **of crinolines** le temps des crinolines; **to mark an** ∼ marquer une époque, faire époque.

eradicate [ɪˈrædɪkeɪt] *vt vice, malpractices* extirper, supprimer; *disease* faire disparaître, supprimer; *superstition* bannir, mettre fin à; *weeds* détruire.

eradication [ɪˌrædɪˈkeɪʃən] *n (V* **eradicate)** suppression *f*; fin *f*; destruction *f*.

erase [ɪˈreɪz] **1** *vt* **(a)** *writing, marks* effacer, gratter; *(with rubber)* gommer; *(Comput, Sound Recording; also from the mind)* effacer. **(b)** *(US‡: kill)* liquider‡, tuer. **2** *cpd*: **erase head** tête *f* d'effacement.

eraser [ɪˈreɪzəʳ] *n (rubber)* gomme *f*.

Erasmus [ɪˈræzməs] *n* Érasme *m*.

erasure [ɪˈreɪʒəʳ] *n* rature *f*, grattage *m*, effacement *m*; *(act of eras-ing)* grattage, effacement.

erbium [ˈɜːbɪəm] *n* erbium *m*.

ere [ɛəʳ] *(liter, ††)* **1** *prep* avant. ∼ **now** déjà; ∼ **then** d'ici là; ∼ **long** sous peu. **2** *conj* avant que + *subj*.

erect [ɪˈrekt] **1** *adj (straight)* (bien) droit; *(standing)* debout. **to hold o.s.** ∼ se tenir droit; **with head** ∼ la tête haute; **with tail** ∼ la queue levée *or* dressée en l'air.
　2 *vt temple, statue* ériger, élever; *wall, flats, factory* bâtir, cons-truire; *machinery, traffic signs* installer; *scaffolding, furniture* monter; *altar, tent, mast, barricade* dresser; *(fig) theory* bâtir; *ob-stacles* élever.

erectile [ɪˈrektaɪl] *adj* érectile.

erection [ɪˈrekʃən] *n* **(a)** *(U: V* **erect)** érection *f*; construction *f*; installation *f*; montage *m*; dressage *m*; *[theory, obstacle]* édification *f*. **(b)** *(building, structure)* construction *f*, bâtiment *m*. **(c)** *(Physiol)* érection *f*.

erector [ɪˈrektəʳ] **1** *n (muscle)* érecteur *m*. **2** *cpd: (US: toy)* **erector set** jeu *m* de construction.

erg [ɜːg] *n* erg *m*.

ergative [ˈɜːgətɪv] *adj (Ling)* ergatif.

ergonomics [ˌɜːgəˈnɒmɪks] *n (U)* ergonomie *f*.

ergonomist [ɜːˈgɒnəmɪst] *n* ergonome *mf*.

ergot [ˈɜːgət] *n (Agr)* ergot *m*; *(Pharm)* ergot de seigle.

ergotism [ˈɜːgətɪzəm] *n* ergotisme *m*.

Erie [ˈɪərɪ] *n:* **Lake** ∼ le lac Érié.

Erin [ˈɪərɪn] *n (liter, ††)* Irlande *f*.

erk‡ [ɜːk] *n (Brit) (Aviat)* bidasse *m*; *(Naut)* mataf *m*.

ermine [ˈɜːmɪn] *n (animal, fur, robes)* hermine *f*.

ERNIE [ˈɜːnɪ] *(Brit) abbr of* **Electronic Random Number Indicator Equipment** *(ordinateur qui sert au tirage des numéros gagnants des bons à lots).*

erode [ɪˈrəʊd] *vt [water, wind, sea]* éroder, ronger; *[acid, rust]* ron-ger, corroder; *(fig)* ronger, miner, corroder.

erogenous [ɪˈrɒdʒənəs] *adj* érogène.

Eroica [ɪˈrəʊɪkə] *n (Mus)* **the** ∼ **Symphony** la Symphonie Héroïque.

Eros [ˈiːrɒs] *n* Éros *m*.

erosion [ɪˈrəʊʒən] *n (V* **erode)** érosion *f*; corrosion *f*.

erosive [ɪˈrəʊzɪv] *adj (V* **erode)** érosif; corrosif.

erotic [ɪˈrɒtɪk] *adj* érotique.

erotica [ɪˈrɒtɪkə] *npl (Art)* art *m* érotique; *(Literat)* littérature *f* érotique.

eroticism [ɪˈrɒtɪsɪzəm] *n* érotisme *m*.

err [ɜːʳ] *vi (be mistaken)* se tromper; *(sin)* pécher, commettre une faute. **to** ∼ **in one's judgment** faire une erreur de jugement; **to** ∼ **on the side of caution** pécher par excès de prudence; **to** ∼ **is human** l'erreur est humaine.

errand [ˈerənd] *n* commission *f*, course *f*. **to go on** *or* **run** ∼**s** faire des commissions *or* des courses; **to be on an** ∼ être en course; ∼ **of mercy** mission *f* de charité; ∼ **boy** garçon *m* de courses; *V* **fool¹.**

errant [ˈerənt] *adj (sinful)* dévoyé; *(wandering)* errant; *V* **knight.**

errata [eˈrɑːtə] *npl of* **erratum.**

erratic [ɪˈrætɪk] *adj person* fantasque, capricieux; *record, results* irréguliers; *performance* irrégulier, inégal; *mood* changeant; *(Geol, Med)* erratique. **his driving is** ∼ il conduit de façon déconcertante.

erratically [ɪˈrætɪkəlɪ] *adv act* capricieusement; *work* irréguliè-rement, par à-coups. **to drive** ∼ conduire de façon déconcertante.

erratum [eˈrɑːtəm] *n, pl* **errata** erratum *m*.

erroneous [ɪˈrəʊnɪəs] *adj* erroné, faux *(f* fausse).

erroneously [ɪˈrəʊnɪəslɪ] *adv* erronément, faussement, à tort.

error [ˈerəʳ] *n* **(a)** *(mistake)* erreur *f (also Math)*, faute *f*. **to make** *or* **commit an** ∼ faire (une) erreur, commettre une erreur, se trom-per; **it would be an** ∼ **to underestimate him** on aurait tort de le sous-estimer; ∼ **of judgment** erreur de jugement; ∼ **in calcula-tion** erreur de calcul; *(Naut)* **compass** ∼ variation *f* du compas; *(Comm)* ∼**s and omissions excepted** sauf erreur ou omission; *(Comput)* ∼ **message** message *m* d'erreur; *V* **margin, spelling** *etc*. **(b)** *(U)* erreur *f*. **in** ∼ par erreur, par méprise; *(Rel)* **to be in/fall into** ∼ être/tomber dans l'erreur; **to see the** ∼ **of one's ways** revenir de ses erreurs.

ersatz [ˈɛəzæts] **1** *n* ersatz *m*, succédané *m*. **2** *adj*: **this is** ∼ **coffee** c'est de l'ersatz *or* du succédané de café; **this coffee is** ∼ ce café est un ersatz *or* de l'ersatz *or* un succédané.

erstwhile [ˈɜːstwaɪl] *(liter, †)* **1** *adj* d'autrefois, d'antan *(liter)*. **2** *adv* autrefois, jadis.

eructate [ɪˈrʌkteɪt] *vi* éructer.

erudite [ˈerʊdaɪt] *adj person, work* érudit, savant; *word* savant.

eruditely [ˈerʊdaɪtlɪ] *adv* d'une manière savante, avec érudition.

erudition [ˌerʊˈdɪʃən] *n* érudition *f*.

erupt [ɪˈrʌpt] *vi [volcano] (begin)* entrer en éruption; *(go on* ∼*ing)* faire éruption; *[spots]* sortir, apparaître; *[teeth]* percer; *[anger]* ex-ploser; *[war, fighting, quarrel]* éclater. ∼**ing volcano** volcan *m* en éruption; **he** ∼**ed into the room** il a fait irruption dans la pièce.

eruption [ɪˈrʌpʃən] *n [volcano]* éruption *f*; *[spots, rash]* éruption, poussée *f*; *[teeth]* percée *f*; *[anger]* explosion *f*, accès *m*; *[violence]* accès. **a volcano in a state of** ∼ un volcan en éruption.

erysipelas [ˌerɪˈsɪpɪləs] *n* érysipèle *m or* érésipèle *m*.

erythrocyte [ɪˈrɪθrəʊˌsaɪt] *n (Anat)* érythrocyte *m*.

Esau [ˈiːsɔː] *n* Ésaü *m*.

escalate [ˈeskəleɪt] **1** *vi [fighting, bombing, violence]* s'intensifier;

[costs] monter en flèche. **the war is escalating** c'est l'escalade militaire; **prices are escalating** c'est l'escalade des prix.
2 *vt fighting etc* intensifier; *prices, wage claims* faire monter en flèche.

escalation [,eskə'leɪʃən] *n* (*V* **escalate**) escalade *f*, intensification *f*; montée *f* en flèche. ~ **clause** clause *f* d'indexation *or* de révision.

escalator ['eskəleɪtə^r] **1** *n* escalier roulant *or* mécanique, escalator *m*. **2** *cpd*: (*Comm*) **escalator clause** clause *f* d'indexation *or* de révision.

escapade [,eskə'peɪd] *n* (*misdeed*) fredaine *f*; (*prank*) frasque *f*; (*adventure*) équipée *f*.

escape [ɪs'keɪp] **1** *vi [person, animal]* échapper (*from sb* à qn), s'échapper (*from somewhere* de quelque part); *[prisoner]* s'évader (*from* de); *[water, steam, gas]* s'échapper, fuir. **to ~ from sb/from sb's hands** échapper à qn/des mains de qn; **an ~d prisoner** un évadé; **to ~ to a neutral country** s'enfuir dans *or* gagner un pays neutre; **he ~d with a few scratches** il s'en est tiré avec quelques égratignures; **to ~ with a fright/a warning** en être quitte pour la peur/un avertissement; **to seek to ~ from the world/the crowd** fuir le monde/la foule; **to ~ from o.s.** se fuir; *V* **skin**.
2 *vt* (**a**) (*avoid*) *pursuit* échapper à; *consequences* éviter; *punishment* se soustraire à. **he narrowly ~d danger/death** il a échappé de justesse au danger/à la mort; **to ~ detection** ne pas se faire repérer; **to ~ observation** *or* **notice** passer inaperçu; **he narrowly ~d being run over** il a failli *or* manqué être écrasé.
(**b**) (*be unnoticed, forgotten by*) échapper à. **his name ~s me** son nom m'échappe; **nothing ~s him** rien ne lui échappe; **it had not ~d her notice that** ... elle n'avait pas été sans s'apercevoir que ..., il ne lui avait pas échappé que ...; **the thoughtless words which ~d me** les paroles irréfléchies qui m'ont échappé.
3 *n [person]* fuite *f*, évasion *f*; *[animal]* fuite; *[water, gas]* fuite; *[steam, gas in machine]* échappement *m*. **to plan an ~** combiner un plan d'évasion; **to make an** *or* **one's ~** s'échapper, s'évader; **to have a lucky** *or* **narrow ~** l'échapper belle, s'en tirer de justesse; (*fig*) **~ from reality** évasion hors de la réalité.
4 *cpd*: (*Jur*) **escape clause** clause *f* de sauvegarde; **escape device** dispositif *m* de sortie *or* de secours; (*Naut*) **escape hatch** sas *m* de secours; **escape mechanism** (*lit*) mécanisme *m* de défense *or* de protection; (*Psych*) fuite *f* (*devant la réalité*); **escape pipe** tuyau *m* d'échappement *or* de refoulement, tuyère *f*; **escape plan** plan *m* d'évasion; **escape route** chemin *m* d'évasion; **escape valve** soupape *f* d'échappement; (*Space*) **escape velocity** vitesse *f* de libération.

escapee [ɪskeɪ'piː] *n [prison]* évadé(e) *m(f)*.

escapement [ɪs'keɪpmənt] *n [clock, piano]* échappement *m*.

escapism [ɪs'keɪpɪzəm] *n* (désir *m* d')évasion *f* de la réalité. **it's sheer ~!** c'est simplement s'évader du réel!

escapist [ɪs'keɪpɪst] **1** *n* personne *f* qui se complaît dans l'évasion. **2** *adj film, reading etc* d'évasion.

escapologist [,eskə'pɒlədʒɪst] *n* (*conjurer*) virtuose *m* de l'évasion; (*fig*) champion *m* de l'esquive.

escarpment [ɪs'kɑːpmənt] *n* escarpement *m*.

eschatology [,eskə'tɒlədʒɪ] *n* eschatologie *f*.

eschew [ɪs'tʃuː] *vt* (†, *frm*) éviter; *wine etc* s'abstenir de; *temptation* fuir.

escort ['eskɔːt] **1** *n* (**a**) (*Mil, Naut*) escorte *f*; (*guard of honour*) escorte, cortège *m*, suite *f*. **under the ~ of** sous l'escorte de; **under ~** sous escorte.
(**b**) (*male companion*) cavalier *m*; (*female*) hôtesse *f*.
2 *cpd*: **escort agency** bureau *m* d'hôtesses; **to be on escort duty** *[soldiers]* être assigné au service d'escorte; *[ship]* être en service d'escorte; (*Naut*) **escort vessel** vaisseau *m* *or* bâtiment *m* d'escorte, (vaisseau *m*) escorteur *m*.
3 [ɪs'kɔːt] *vt (Mil, Naut, gen)* escorter; (*accompany*) accompagner, escorter. **to ~ sb in** (*Mil, Police*) faire entrer qn sous escorte; (*gen: accompany*) faire entrer qn; **to ~ sb out** (*Mil, Police*) faire sortir qn sous escorte; (*gen*) raccompagner qn jusqu'à la sortie.

escrow ['eskrəʊ] *n* (*Jur*) dépôt fiduciaire *or* conditionnel. **in ~** en dépôt fiduciaire, en main tierce; (*Fin*) **~ account** compte bloqué.

escutcheon [ɪs'kʌtʃən] *n* (*Her*) écu *m*, écusson *m*; *V* **blot**.

esker ['eskə^r] *n* (*Geol*) os *m*.

Eskimo ['eskɪməʊ] **1** *n* (**a**) Esquimau(de) *m(f)*. (**b**) (*Ling*) esquimau *m*. **2** *adj* esquimau (*f* -aude *or inv*), eskimo *inv*. **~ dogs** chiens esquimaux.

ESL [,iːes'el] (*Educ*) *abbr of* **English as a Second Language**; *V* **English**.

ESN [,iːes'en] (*Educ*) *abbr of* **educationally subnormal**; *V* **educationally**.

esophagus [ɪ'sɒfəgəs] *n* œsophage *m*.

esoteric [,esəʊ'terɪk] *adj* ésotérique, secret (*f* -ète).

esoterica [,esəʊ'terɪkə] *npl* objets *mpl* ésotériques.

ESP [,iːes'piː] (**a**) *abbr of* **extrasensory perception**; *V* **extrasensory**. (**b**) *abbr of* **English for Special Purposes**; *V* **English**.

espalier [ɪ'spæljə^r] **1** *n* (*trellis*) treillage *m* d'un espalier; (*tree*) arbre *m* en espalier; (*method*) culture *f* en espalier. **2** *vt* cultiver en espalier.

esparto [e'spɑːtəʊ] *n* (*also* **~ grass**) alfa *m*.

especial [ɪs'peʃəl] *adj* particulier, exceptionnel, spécial.

especially [ɪs'peʃəlɪ] *adv* (*to a marked degree*) particulièrement, spécialement; (*principally*) particulièrement, surtout, en particulier, surtout; (*expressly*) exprès. **more ~ as** d'autant plus que; **it is ~ awkward** c'est particulièrement fâcheux; **~ as it's so late** d'autant plus qu'il est si tard; **you ~ ought to know** tu devrais le savoir mieux que personne; **why me ~?** pourquoi moi en particulier *or* tout particulièrement?; **I came ~ to see you** je suis venu exprès pour vous voir.

Esperantist [,espə'ræntɪst] *n* espérantiste *mf*.

Esperanto [,espə'ræntəʊ] **1** *n* espéranto *m*. **2** *adj* en espéranto.

espionage [,espɪə'nɑːʒ] *n* espionnage *m*.

esplanade [,esplə'neɪd] *n* esplanade *f*.

espouse [ɪs'paʊz] *vt cause* épouser, embrasser; (††) *person* épouser.

espresso [es'presəʊ] *n* (café *m*) express *m*. **~ bar** café *m* (*où l'on sert du café express*).

espy [ɪs'paɪ] *vt* (†, *frm*) apercevoir, aviser (*frm*).

Esq. *n* (*Brit fml: abbr of* **esquire**) **Brian Smith ~** M. Brian Smith (*sur une enveloppe etc*).

esquire [ɪs'kwaɪə^r] *n* (**a**) (*Brit: on envelope etc*) *V* **Esq.** (**b**) (*Brit Hist*) écuyer *m*.

essay ['eseɪ] **1** *n* (**a**) (*Literat*) essai *m* (*on* sur); (*Scol*) rédaction *f*, composition *f* (*on* sur); (*Brit Educ*) dissertation *f* (*on* sur); (*US Univ*) mémoire *m*. (**b**) (*attempt*) essai *m*. **2** *cpd*: (*US Educ*) **essay test** épreuve écrite. **3** [e'seɪ] *vt* (*try*) essayer, tenter (*to do* de faire); (*test*) mettre à l'épreuve.

essayist ['eseɪɪst] *n* essayiste *mf*.

essence ['esəns] *n* (*gen*) essence *f*, fond *m*, essentiel *m*; (*Chem*) essence; (*Culin*) extrait *m*; (*Philos*) essence, nature *f*. **in ~** par essence, essentiellement; **the ~ of what was said** l'essentiel de ce qui a été dit; **speed/precision is of the ~** la vitesse/la précision est essentielle *or* s'impose; **the ~ of stupidity*** le comble de la stupidité; **~ of violets** essence de violette; **meat ~** extrait de viande; **the divine ~** l'essence divine.

essential [ɪ'senʃəl] **1** *adj equipment, action* essentiel, indispensable (*to* à); *fact* essentiel; *role, point* capital, essentiel; *question* essentiel, fondamental; *commodities* essentiel, de première nécessité; (*Chem*) essentiel. **it is ~ to act quickly** il est indispensable *or* essentiel d'agir vite; **it is ~ that** ... il est indispensable que ... + *subj*; **it's not ~ ce** n'est pas indispensable; **the ~ thing is to act** l'essentiel est d'agir; **man's ~ goodness** la bonté essentielle de l'homme; (*Chem*) **~ oil** essence *f*, huile essentielle.
2 *n* qualité *f* (*or* objet *m etc*) indispensable. **the ~s** l'essentiel *m*; **to see to the ~s** s'occuper de l'essentiel; **accuracy is an ~** *or* **one of the ~s** la précision est une des qualités indispensables; (*rudiments*) **the ~s of German grammar** les éléments *mpl* *or* les rudiments *mpl* de la grammaire allemande.

essentially [ɪ'senʃəlɪ] *adv* (*in essence*) essentiellement, fondamentalement, par essence; (*principally*) essentiellement, avant tout, principalement.

EST [,iːes'tiː] (*US*) *abbr of* **Eastern Standard Time**; *V* **eastern**.

est. (*Comm etc: abbr of* **established**) **~ 1900** ≃ maison fondée en 1900.

establish [ɪs'tæblɪʃ] *vt* (**a**) (*set up*) *government* constituer, établir; *state, business* fonder, créer; *factory* établir, monter; *society, tribunal* constituer; *laws, custom* instaurer; *relations* établir, nouer; *post* créer; *power, authority* affirmer; *peace, order* faire régner; *list, sb's reputation* établir. **to ~ one's reputation as a scholar/as a writer** se faire une réputation de savant/comme écrivain; **to ~ o.s. as a grocer** s'établir épicier.
(**b**) (*prove*) *fact, identity, one's rights* établir; *necessity, guilt* prouver, démontrer; *innocence* établir, démontrer.

established [ɪs'tæblɪʃt] *adj reputation* établi, bien assis; *fact* acquis, reconnu; *truth* établi, démontré; *custom, belief* établi, enraciné; *government* établi, au pouvoir; *laws* établi, en vigueur; *order* établi. (*Comm*) **E~ 1850** ≃ maison fondée en 1850; **well-~ business** maison solide; **the ~ Church** l'Église établie, la religion d'État *or* officielle.

establishment [ɪs'tæblɪʃmənt] *n* (**a**) (*U*) (*V* **establish**) établissement *m*; fondation *f*, création *f*; constitution *f*; instauration *f*.
(**b**) (*institution etc*) établissement *m*. **commercial ~** établissement commercial, maison *f* de commerce, firme *f*; **teaching ~** établissement d'enseignement.
(**c**) (*Mil, Naut etc: personnel*) effectif *m*. **war/peace ~** effectifs de guerre/de paix; (*household*) **to keep up a large ~** avoir un grand train de maison.
(**d**) (*Brit*) **the E~** (*the authorities*) les pouvoirs établis, les milieux dirigeants, l'establishment *m* (*esp Brit or US*); (*their power*) le pouvoir effectif; (*the values they represent*) l'ordre établi, les valeurs reconnues; (*Rel*) l'Église établie; **these are the values of the E~** ce sont là les valeurs traditionnelles *or* conformistes *or* bien reconnues; **he has always been against the E~** il a toujours été anticonformiste; **he has joined the E~** il s'est rangé, il n'est plus rebelle; **the literary/political E~** ceux qui font la loi dans le monde littéraire/politique.

estate [ɪs'teɪt] **1** *n* (**a**) (*land*) propriété *f*, domaine *m*. **country ~** terre(s) *f(pl)*; (*esp Brit*) **housing ~** lotissement *m*, cité *f*; *V* **real** *etc*.
(**b**) (*Jur: possessions*) bien(s) *m(pl)*, fortune *f*; (*deceased*) succession *f*. **he left a large ~** il a laissé une grosse fortune (en héritage); **to liquidate the ~** liquider la succession.
(**c**) (*order, rank, condition*) état *m*, rang *m*, condition *f*. **the three ~s** les trois états; **the Third ~** le Tiers État, la bourgeoisie; **the fourth ~** la presse, le quatrième pouvoir; (*liter*) **a man of high/low ~** un homme de haut rang/d'humble condition; (*liter*) **to reach man's ~** parvenir à l'âge d'homme.
2 *cpd*: (*esp Brit*) **estate agency** agence immobilière; (*esp Brit*) **estate agent** agent immobilier; (*Brit*) **estate car** break *m*; (*Brit*) **estate duty**, (*US*) **estate tax** droits *mpl* de succession.

esteem [ɪs'tiːm] **1** *vt* (**a**) (*think highly of*) *person* avoir de l'estime pour, estimer; *quality* estimer, apprécier. **our (highly) ~d colleague** notre (très) estimé collègue *or* confrère.
(**b**) (*consider*) estimer, considérer. **I ~ it an honour (that)** je m'estime très honoré (que + *subj*); **I ~ it an honour to do** je considère comme un honneur de faire.
2 *n* estime *f*, considération *f*. **to hold in high ~** tenir en haute estime; **he went up/down in my ~** il a monté/baissé dans mon estime.

Esther ['estər] *n* Esther *f.*
esthete ['i:sθi:t] *etc* = **aesthete** *etc.*
Esthonia [es'təʊnɪə] *etc* = **Estonia** *etc.*
estimable ['estɪməbl] *adj* estimable, digne d'estime.
estimate ['estɪmɪt] **1** *n* évaluation *f,* estimation *f,* calcul approximatif; *(Comm)* devis *m.* *(Comm)* **give me an ~ for** (building) a greenhouse donnez-moi *or* établissez-moi un devis pour la construction d'une serre; **give me an ~ of what your trip will cost** donnez-moi un état estimatif du coût de votre voyage; **this price is only a rough ~** ce prix n'est que très approximatif; **at a rough ~** approximativement, à vue de nez*; **at an optimistic ~** dans la meilleure des hypothèses; **at the lowest ~** it will cost 1000 francs cela coûtera 1000 F au bas mot; *(Admin, Pol)* **the ~s** le budget, les crédits *mpl* budgétaires; **the Army ~s** le budget de l'armée; **to form an ~ of sb's capabilities** évaluer les capacités de qn; **his ~ of 400 people was very far out** il s'était trompé de beaucoup en évaluant le nombre de gens à 400; *V* **preliminary.**
2 ['estɪmeɪt] *vt* estimer, juger *(that que); cost, number, price, quantity* estimer, évaluer; *distance, speed* estimer, apprécier. **his fortune is ~d at ...** on évalue sa fortune à ...; **I ~ that there must be 40 of them** j'estime *or* je juge qu'il doit y en avoir 40, à mon avis il doit y en avoir 40; **an estimated 60,000 refugees have crossed the border** environ 60.000 réfugiés auraient traversé la frontière.
estimation [,estɪ'meɪʃən] *n* **(a)** jugement *m,* opinion *f.* **in my ~** à mon avis, selon moi. **(b)** *(esteem)* estime *f,* considération *f.* **he went up/down in my ~** il a monté/baissé dans mon estime.
Estonia [e'stəʊnɪə] *n* Estonie *f.*
Estonian [e'stəʊnɪən] **1** *adj* estonien. **2** *n* **(a)** Estonien(ne) *m(f).* **(b)** *(Ling)* estonien *m.*
estrange [ɪs'treɪndʒ] *vt* brouiller *(from* avec), éloigner *(from* de). **to become ~d** (from) se brouiller (avec), se détacher (de); **the ~d couple** les époux désunis *or* séparés.
estrangement [ɪs'treɪndʒmənt] *n* (*V* **estrange**) brouille *f* (*from* avec), éloignement *m* (*from* de); désunion *f,* séparation *f.*
estrogen ['i:strəʊdʒən] *n* (*US*) = **oestrogen.**
estrus ['i:strəs] *n* (*US*) = **oestrus.**
estuary ['estjʊərɪ] *n* estuaire *m.*
et al [et'æl] *(abbr for* and others) et autres.
etc [ɪt'setərə] *(abbr of* et cetera) etc.
et cetera [ɪt'setərə] **1** *adv* et caetera. **2** *n:* **the ~s** les extras *mpl,* et caetera *mpl.*
etch [etʃ] *vti* (*Art, Typ*) graver à l'eau forte. *(fig)* **~ed on his memory** gravé dans sa mémoire.
etching ['etʃɪŋ] *n* **(a)** (*U*) gravure *f* à l'eau forte. **~ needle** pointe *f* (sèche). **(b)** *(picture)* (gravure *f* à l')eau-forte *f.*
eternal [ɪ'tɜ:nl] **1** *adj* (*Philos, Rel, gen*) éternel; (*pej*) *complaints, gossip etc* continuel, perpétuel, sempiternel *(pej).* **the ~ triangle** l'éternelle situation de trio, le ménage à trois. **2** *n:* **the E~** l'Éternel *m.*
eternally [ɪ'tɜ:nəlɪ] *adv* (*V* **eternal**) éternellement; continuellement, perpétuellement, sempiternellement *(pej).*
eternity [ɪ'tɜ:nɪtɪ] **1** *n* éternité *f.* **it seemed like an ~** on aurait dit une éternité; **we waited an ~*** nous avons attendu (toute) une éternité *or* des éternités*. **2** *cpd:* **eternity ring** bague *f* de fidélité (*offerte par un mari à sa femme*).
ethane ['i:θeɪn] *n* éthane *m.*
ethanol ['eθənɒl] *n* alcool *m* éthylique, éthanol *m.*
ether ['i:θər] *n* (*Chem, Phys*) éther *m.* (*liter*) **the ~** l'éther, les espaces *mpl* célestes; (*Rad*) **over the ~** sur les ondes.
ethereal [ɪ'θɪərɪəl] *adj* (*delicate*) éthéré, aérien; *(spiritual)* éthéré, sublime.
ethic ['eθɪk] **1** *n* morale *f,* éthique *f; V* **work.** **2** *adj* = **ethical.**
ethical ['eθɪkəl] *adj* éthique *(frm),* moral. **not ~** contraire à la morale; *(Med)* **~ code** code *m* déontologique.
ethics ['eθɪks] *n* (*U*) *(study)* éthique *f,* morale *f; (system , principles)* morale; *(morality)* moralité *f.* **medical ~ code** *m* déontologique *or* de déontologie; *V* **code.**
Ethiopia [,i:θɪ'əʊpɪə] *n* Éthiopie *f.*
Ethiopian [,i:θɪ'əʊpɪən] **1** *adj* éthiopien. **2** *n* Éthiopien(ne) *m(f).*
ethnic ['eθnɪk] **1** *adj* ethnique. **~ minority** minorité *f* ethnique. **2** *npl:* **~s** (*esp US: people*) (*iro*) membres *mpl* de minorités ethniques blanches.
ethnographer [eθ'nɒɡrəfər] *n* ethnographe *mf.*
ethnography [eθ'nɒɡrəfɪ] *n* ethnographie *f.*
ethnolinguistics [,eθnəʊlɪŋ'ɡwɪstɪks] *n* ethnolinguistique *f.*
ethnologist [eθ'nɒlədʒɪst] *n* ethnologue *mf.*
ethnology [eθ'nɒlədʒɪ] *n* ethnologie *f.*
ethologist [ɪ'θɒlədʒɪst] *n* éthologiste *mf.*
ethology [ɪ'θɒlədʒɪ] *n* éthologie *f,* éthographie *f.*
ethos ['i:θɒs] *n* génie *m* (*d'un peuple, d'une culture*).
ethyl ['i:θaɪl] *n* éthyle *m.* **~ acetate** acétate *m* d'éthyle.
ethylene ['eθɪli:n] *n* éthylène *m.*
etiology [,i:tɪ'ɒlədʒɪ] *n* (*Med, gen*) étiologie *f.*
etiquette ['etɪket] *n* convenances *fpl;* (*protocol*) étiquette *f.* **~ demands that ...** les convenances exigent (*or* l'étiquette exige) que (+ *subj);* **diplomatic ~** protocole *m;* **court ~** cérémonial *m* de cour; **that isn't ~** c'est contraire aux convenances *or* au bon usage, cela ne se fait pas; **it's against medical ~** c'est contraire à la déontologie médicale; **it's not professional ~** c'est contraire aux usages de la profession.
Etna ['etnə] *n* (*also Mount ~*) l'Etna *m.*
étrier [eɪtrɪ'eɪ] *n* (*Climbing*) étrier *m,* escarpolette *f.*
Etruria [ɪ'trʊərɪə] *n* Étrurie *f.*
Etruscan [ɪ'trʌskən] **1** *adj* étrusque. **2** *n* **(a)** (*person*) Étrusque *mf.* **(b)** *(Ling)* étrusque *m.*
ETU [,i:ti:'ju:] *n* (*Brit*) *abbr of* **Electrical Trades Union** (*syndicat*).

ETV [,i:ti:'vi:] (*US TV*) *abbr of* **Educational Television;** *V* **educational.**
etymological [,etɪmə'lɒdʒɪkəl] *adj* étymologique.
etymologically [,etɪmə'lɒdʒɪkəlɪ] *adv* étymologiquement.
etymology [,etɪ'mɒlədʒɪ] *n* étymologie *f.*
eucalyptus [,ju:kə'lɪptəs] *n* (*Bot, Pharm*) eucalyptus *m.* **~ oil** essence *f* d'eucalyptus.
Eucharist ['ju:kərɪst] *n* Eucharistie *f.*
euchre ['ju:kər] **1** *n* (*US*) euchre *m* (*jeu de cartes*). **2** *vt* (*US*: *cheat*) **to ~ sb out of sth*** carotter* qch à qn.
Euclid ['ju:klɪd] *n* Euclide *m.*
Euclidean [ju:'klɪdɪən] *adj* euclidien.
eugenic [ju:'dʒenɪk] *adj* eugénique.
eugenics [ju:'dʒenɪks] *n* (*U*) eugénique *f,* eugénisme *m.*
eulogize ['ju:lədʒaɪz] *vt* faire l'éloge *or* le panégyrique de.
eulogy ['ju:lədʒɪ] *n* panégyrique *m.*
eunuch ['ju:nək] *n* eunuque *m.*
euphemism ['ju:fəmɪzəm] *n* euphémisme *m.*
euphemistic [,ju:fə'mɪstɪk] *adj* euphémique.
euphemistically [,ju:fə'mɪstɪkəlɪ] *adv* par euphémisme, euphémiquement.
euphonic [ju:'fɒnɪk] *adj,* **euphonious** [ju:'fəʊnɪəs] *adj* euphonique.
euphonium [ju:'fəʊnɪəm] *n* euphonium *m.*
euphony ['ju:fənɪ] *n* euphonie *f.*
euphorbia [ju:'fɔ:bɪə] *n* euphorbe *f.*
euphoria [ju:'fɔ:rɪə] *n* euphorie *f.*
euphoric [ju:'fɒrɪk] *adj* euphorique.
Euphrates [ju:'freɪti:z] *n* Euphrate *m.*
euphuism ['ju:fju:ɪzəm] *n* préciosité *f,* euphuisme *m.*
Eurasia [jʊə'reɪʃə] *n* Eurasie *f.*
Eurasian [jʊə'reɪʃn] **1** *adj population* eurasien; *continent* eurasiatique. **2** *n* Eurasien(ne) *m(f).*
Euratom [jʊə'rætəm] *n* (*abbr of* **European Atomic Energy Community**) CEEA *f.*
eureka [jʊə'ri:kə] *excl* eurêka!
eurhythmics [ju:'rɪðmɪks] *n* (*U*) gymnastique *f* rythmique.
Euripides [jʊ'rɪpɪdi:z] *n* Euripide *m.*
euro... ['jʊərəʊ] *pref* euro... .
Eurobonds ['jʊərəʊ,bɒndz] *npl* euro-obligations *fpl.*
Eurocheque ['jʊərəʊ,tʃek] *n* eurochèque *m.* **~ card** carte *f* Eurochèque.
Eurocommunism ['jʊərəʊ,kɒmjʊnɪzəm] *n* eurocommunisme *m.*
Eurocrat ['jʊərəʊ,kræt] *n* eurocrate *mf.*
Eurocurrency ['jʊərəʊ,kʌrənsɪ] *n* eurodevise *f,* euromonnaie *f.*
Eurodollar ['jʊərəʊ,dɒlər] *n* eurodollar *m.*
Euromarket ['jʊərəʊ,mɑ:kɪt], **Euromart** ['jʊərəʊ,mɑ:t] *n* Communauté *f* Économique Européenne.
Euro-MP ['jʊərəʊ,em'pi:] *n* Eurodéputé *m.*
Euro-size ['jʊərəʊ,saɪz] *n* (*Comm*) **~ 1** modèle *m* E 1.
Eurosterling ['jʊərəʊ,stɜ:lɪŋ] *n* euro-sterling *m.*
Eurovision ['jʊərəʊ,vɪʒən] *n* Eurovision *f.* **~ song contest** concours *m* Eurovision de la chanson.
Europe ['jʊərəp] *n* Europe *f.* (*Brit Pol*) **to go into ~, to join ~** entrer dans le Marché commun.
European [,jʊərə'pi:ən] **1** *adj* européen. **~ Atomic Energy Community** Communauté Européenne de l'Énergie Atomique; **the ~ Economic Community** (*abbr* **EEC**) la Communauté Économique Européenne (*abbr* **CEE** *f*); **~ Free Trade Association** Association Européenne de Libre-Échange; (*US: in hotel*) **~ plan** chambre *f* sans les repas. **2** *n* Européen(ne) *m(f).*
Europeanize [,jʊərə'pɪə,naɪz] *vt* européaniser.
europium [jʊ'rəʊpɪəm] *n* europium *m.*
Eurydice [jʊ'rɪdɪsɪ] *n* Eurydice *f.*
Eustachian [ju:'steɪʃən] *adj:* **~ tube** trompe *f* d'Eustache.
eustatic [ju:'stætɪk] *adj* eustatique.
euthanasia [,ju:θə'neɪzɪə] *n* euthanasie *f.*
evacuate [ɪ'vækjʊeɪt] *vt (all senses)* évacuer.
evacuation [ɪ,vækjʊ'eɪʃən] *n* évacuation *f.*
evacuee [ɪ,vækjʊ'i:] *n* évacué(e) *m(f).*
evade [ɪ'veɪd] *vt blow, difficulty* esquiver, éviter; *pursuers* échapper à, tromper; *obligation* éviter, esquiver, se dérober à; *punishment* échapper à, se soustraire à; *sb's gaze* éviter; *question* éluder; *law* tourner, contourner. **to ~ military service** se dérober à ses obligations militaires; **to ~ taxation/customs duty** frauder le fisc/la douane.
evaluate [ɪ'væljʊeɪt] *vt damages, property, worth* évaluer (*at* à), déterminer le montant *or* la valeur *or* le prix de; *effectiveness, usefulness* mesurer; *evidence, reasons, argument* peser, évaluer; *achievement* porter un jugement sur la valeur de. **to ~ sth at £100** évaluer qch à 100 livres.
evaluation [ɪ,væljʊ'eɪʃən] *n* évaluation *f.*
evanescent [,i:və'nesnt] *adj* évanescent, fugitif, éphémère.
evangelical [,i:væn'dʒelɪkəl] *adj, n* évangélique (*mf*).
evangelicalism [,i:væn'dʒelɪkəlɪzəm] *n* évangélisme *m.*
evangelism [ɪ'vændʒɪ,lɪzəm] *n* évangélisation *f.*
evangelist [ɪ'vændʒɪlɪst] *n* (*Bible*) évangéliste *m;* (*preacher*) évangélisateur *m,* -trice *f; (itinerant)* évangéliste.
evangelize [ɪ'vændʒəlaɪz] **1** *vt* évangéliser, prêcher l'Évangile à. **2** *vi* prêcher l'Évangile.
evaporate [ɪ'væpəreɪt] **1** *vt liquid* faire évaporer. **~d milk** lait condensé non sucré. **2** *vi* [*liquid*] s'évaporer; [*hopes, fear*] volatiliser, s'évanouir, s'envoler.
evaporation [ɪ,væpə'reɪʃən] *n* évaporation *f.*
evasion [ɪ'veɪʒən] *n* **(a)** (*U*) fuite *f,* dérobade *f* (*of* devant); *V* **tax.** **(b)** (*excuse*) détour *m,* faux-fuyant *m,* échappatoire *f.*
evasive [ɪ'veɪzɪv] *adj* évasif. **~ answer** réponse *f* évasive *or* de

Normand; **to take ~ action** (*Mil*) effectuer une manœuvre dilatoire; (*gen*) prendre la tangente.
evasively [ɪ'veɪzɪvlɪ] *adv* évasivement; *reply* en termes évasifs, en Normand.
Eve [i:v] *n* Ève *f*.
eve[1] [i:v] *n* veille *f*; (*Rel*) vigile *f*. (*lit, fig*) **on the ~ of sth/of doing** à la veille de qch/de faire; *V* **Christmas**.
eve[2] [i:v] *n* (*liter: evening*) soir *m*.
even[1] ['i:vən] *n* = **eve**[2].
even[2] ['i:vən] **1** *adj* (a) (*smooth, flat*) *surface, ground* uni, plat, plan. **to make ~** égaliser, aplanir, niveler; *V* **keel**.
  (b) (*regular*) *progress* régulier; *temperature, breathing, step, temper, distribution* égal. **his work is not ~** son travail est inégal *or* variable.
  (c) (*equal*) *quantities, distances, values* égal. **our score is ~** nous sommes à égalité (de points); **they are an ~ match** (*Sport*) la partie est égale; (*fig*) ils sont (bien) assortis; **to get ~ with sb** se venger de qn; **I will get ~ with you for that** je vous revaudrai ça; (*fig*) **the odds *or* chances are about ~** les chances sont à peu près égales; **I'll give you ~ money** *or* **~s that …** (*Betting*) je vous parie le même enjeu que …; (*gen*) il y a cinquante pour cent de chances *or* une chance sur deux que … + *subj*.
  (d) **~ number/date** nombre/jour pair.
  2 *adv* (a) même, jusqu'à. **~ in the holidays** même pendant les vacances; **~ the most optimistic** même les plus optimistes; **~ the guards were asleep** les gardes mêmes dormaient, même les gardes dormaient; **I have ~ forgotten his name** j'ai oublié jusqu'à son nom, j'ai même oublié son nom; **they ~ denied its existence** ils ont nié jusqu'à son existence, ils ont été jusqu'à nier *or* ils ont même nié son existence.
  (b) (+ *comp adj or adv*) encore. **~ better** encore mieux; **~ more easily** encore plus facilement; **~ less money** encore moins d'argent.
  (c) (+ *neg*) même, seulement. **without ~ saying goodbye** sans même *or* sans seulement dire au revoir; **he can't ~ swim** il ne sait même pas nager.
  (d) (*phrases*) **~ if** même si + *indic*; **~ though** quand *or* même **~ cond**, alors même que + *cond*; **~ though** *or* **~ if he came himself I would not do it** il viendrait lui-même que je ne le ferais pas; **if he ~ made an effort** si encore *or* si au moins il faisait un effort; **~ then** même alors; **~ so** quand même, pourtant, cependant; **~ so he was disappointed** il a quand même *or* malgré tout été déçu, cependant *or* pourtant il a été déçu; **yes but ~ so …** oui mais quand même …; **~ as he spoke, the door opened** au moment même où il *or* alors même qu'il disait cela, la porte s'ouvrit; (*liter, frm*) **~ as he had wished it** précisément comme il l'avait souhaité; (*liter, frm*) **~ as … so … de même que … de même … .**
  3 *cpd:* **even-handed** impartial, équitable; **even-steven*** (*adv*) **divide** en deux (parts égales); (*adj: quits*) quitte (*with* avec); **it's even-steven*** whether we go or stay qu'on parte ou qu'on reste, c'est kif-kif♯ *or* c'est du pareil au même; **even-tempered** d'humeur égale, placide.
  4 *vt surface* égaliser, aplanir, niveler.
◆**even out 1** *vi* [*prices*] s'égaliser; [*ground*] s'aplanir, s'égaliser, se niveler.
  2 *vt sep prices* égaliser; *burden, taxation* répartir *or* distribuer plus également (*among* entre).
◆**even up** *vt sep* égaliser. **that will even things up** cela rétablira l'équilibre; (*financially*) cela compensera.
evening ['i:vnɪŋ] **1** *n* soir *m*; (*length of time*) soirée *f*. **in the ~** le soir; **to go out in the ~** sortir le soir; **let's have an ~ out** (*tonight*) si on sortait ce soir?; (*some time*) nous devrions sortir un soir; **6 o'clock in the ~** 6 heures du soir; **this ~** ce soir; **that ~** ce soir-là; **tomorrow ~** demain soir; **the previous ~** la veille au soir; **on the ~ of the next day** le lendemain soir; **on the ~ of the twenty-ninth** le vingt-neuf au soir; **on the ~ of his birthday** le soir de son anniversaire; **every ~** tous les soirs, chaque soir; **every Monday ~** tous les lundis soir(s); **one fine summer ~** (par) un beau soir d'été; **the warm summer ~s** les chaudes soirées d'été; **a long winter ~** une longue soirée *or* veillée d'hiver; **all ~** toute la soirée; **to spend one's ~ reading** passer sa soirée à lire; **where shall we finish off the ~?** où allons-nous terminer la soirée?; (*liter*) **in the ~ of life** au soir *or* au déclin de la vie; *V* **good** *etc*.
  2 *cpd: evening class* cours *m* du soir; *evening dress* [*man*] tenue *f* de soirée, habit *m*; [*woman*] robe *f* du soir; **in evening dress** *man* en tenue de soirée; *woman* en toilette de soirée, en robe du soir; (*Sport*) *evening fixture or match* nocturne *f*; *evening paper* journal *m* du soir; *evening performance* (représentation *f* en) soirée *f*; *evening prayer(s)* office *m* du soir; (*Rel*) *evening service* service *m* (religieux) du soir; *evening star* étoile *f* du berger.
evenly ['i:vənlɪ] *adv spread, paint etc* de façon égale, uniment; *breathe, space* régulièrement; *distribute, divide* également.
evenness ['i:vənnɪs] *n* [*movements, performance*] régularité *f*; [*ground*] caractère uni, égalité *f*. **~ of temper** égalité d'humeur, sérénité *f*, calme *m*.
evensong ['i:vənsɒŋ] *n* (*Rel*) vêpres *fpl*, office *m* du soir (*de l'Église anglicane*).
event [ɪ'vent] *n* (a) (*happening*) événement *m*. **course of ~s** suite *f* des événements, succession *f* *or* déroulement *m* des faits; **in the course of ~s** par la suite; **in the normal *or* ordinary course of ~s** normalement; **after the ~** après coup; **it's quite an ~** c'est un (véritable) événement; *V* **happy**.
  (b) cas *m*. **in the ~ of death** en cas de décès; **in the ~ of his failing** au cas *or* dans le cas *or* pour le cas où il échouerait; **in the unlikely ~ that …** s'il arrivait par hasard que … + *subj*; **in the ~** en l'occurrence, en fait, en réalité; **in that ~** dans ce cas; **in any ~, at all ~s** en tout cas, de toute façon; **in either ~** dans l'un ou l'autre

cas; (*Jur*) **~ of default** cas *m* de défaillance, manquement *m*.
  (c) (*Sport*) épreuve *f*; (*Racing*) course *f*. **field ~s** épreuves d'athlétisme; **track ~s** épreuves de vitesse; *V* **three**.
eventful [ɪ'ventfʊl] *adj life, day, period* mouvementé, fertile en événements; *journey* mouvementé, plein d'incidents; (*momentous*) mémorable, de grande importance.
eventide ['i:vəntaɪd] *n* (*liter*) tombée *f* du jour, soir *m*. **~ home** maison *f* de retraite.
eventing [ɪ'ventɪŋ] *n* (*Sport*) concours complet (*équitation*).
eventual [ɪ'ventʃʊəl] *adj* (a) (*resulting*) qui s'ensuit. **his many mistakes and his ~ failure** ses nombreuses erreurs et l'échec qui s'en est ensuivi *or* qui en a résulté *or* auquel elles ont mené; **it resulted in the ~ disappearance of …** cela a abouti finalement à la disparition de … .
  (b) (*possibly resulting*) éventuel, possible. **any ~ profits** les profits éventuels.
eventuality [ɪ,ventʃʊ'ælɪtɪ] *n* éventualité *f*.
eventually [ɪ'ventʃʊəlɪ] *adv* (*finally*) finalement, en fin de compte, en définitive; (*after interval*) à la longue, à la fin; (*sooner or later*) tôt ou tard. **to do sth ~** finir par faire qch, faire qch finalement *or* à la longue.
eventuate [ɪ'ventʃʊˌeɪt] *vi* (*US*) (finir par) se produire. **to ~ in** se terminer par.
ever ['evər] **1** *adv* (a) (*with negation, doubt*) jamais; (*with interrogation*) jamais, déjà. **nothing ~ happens** il ne se passe jamais rien; **if you ~ see her** si jamais vous la voyez; **do you ~ see her?** est-ce qu'il vous arrive de la voir?; **have you ~ seen her?** l'avez-vous jamais *or* déjà vue?; **I haven't ~ seen her** je ne l'ai jamais vue; **we seldom if ~ go** nous n'y allons jamais ou rarement, nous n'y allons pour ainsi dire jamais; **now if ~ is the moment to …** c'est le moment ou jamais de …; **he's a liar if ~ there was one** c'est un menteur ou je ne m'y connais pas.
  (b) (*after comp or superl*) jamais. **more beautiful than ~** plus beau que jamais; **faster than ~** plus vite que jamais; **the best meal I have ~ eaten** le meilleur repas que j'aie jamais fait; **the best grandmother ~** la meilleure grand-mère du monde; **the coldest night ~** la nuit la plus froide qu'on ait jamais connue.
  (c) (*at all times*) toujours, sans cesse. **~ ready** toujours prêt; **~ after** à partir de ce jour; **they lived happily ~ after** ils vécurent (toujours) heureux; **~ since I was a boy** depuis mon enfance; **~ since I have lived here** depuis que j'habite ici; **~ since (then) they have been very careful** depuis (lors) *or* depuis ce moment-là ils sont très prudents; (*in letters*) **yours ~** amical souvenir, cordialement (à vous); **~ increasing anxiety** inquiétude qui va (*or* allait) croissant; **~ present** constant; (†, *frm*) **he was ~ courteous** il était toujours poli.
  (d) **for ~** (*for always*) *love etc* pour toujours; *leave* sans retour, pour toujours; (*a very long time*) *last, take, wait* une éternité; **for ~ and ~** à jamais, éternellement; **for ~ (and ~)**, **amen** dans tous les siècles (des siècles), amen; **he has gone for ~** il est parti pour toujours *or* sans retour; (*liter*) **for ~ and a day** jusqu'à la fin des temps; (†, *liter*) **~ and anon** de temps à autre, parfois; *V also* **forever**.
  (e) (*intensive*) **although he is** *or* (*frm*) **be he ~ so charming** quelque *or* si *or* pour charmant qu'il soit; **as quickly as ~ you can** aussi vite que vous le pourrez; **as soon as ~ he arrives** aussitôt *or* dès qu'il arrivera; **the first ~** le tout premier; **before ~ she came in** avant même qu'elle (ne) soit entrée; **~ so slightly drunk** tant soit peu ivre; **~ so pretty** joli comme tout*; **he is ~ so nice** il est tout ce qu'il y a de plus gentil*; **I am ~ so sorry** je regrette infiniment, je suis (vraiment) désolé; **it's ~ such a pity** c'est vraiment dommage; **thank you ~ so much, thanks ~ so♯** merci mille fois, merci bien; **she is ~ so much prettier than her sister** elle est autrement jolie que sa sœur; **as if I ~ would!** comme si je ferais ça moi!, moi faire ça!; **what ~ shall we do?** qu'est-ce que nous allons bien faire?; **where ~ can he have got to?** où a-t-il bien pu passer?; **when ~ will they come?** quand donc viendront-ils?; **why ~ not?** mais enfin, pourquoi pas?, pourquoi pas Grand Dieu?; **did you ~!*** a-t-on jamais vu cela!, (ça) par exemple!
  2 *cpd:* (*US*) **everglade** terres marécageuses; **Everglades** Everglades *mpl*; **evergreen** *V* evergreen; **everlasting** *V* everlasting; **evermore** toujours; **for evermore** à tout jamais.
Everest ['evərɪst] *n:* **(Mount) ~** le mont Everest, l'Everest *m*.
evergreen ['evəgri:n] **1** *adj trees, shrubs* vert, à feuilles persistantes; *song* qui ne vieillit pas; *subject of conversation* éternel, qui revient toujours. **~ oak** yeuse *f*, chêne vert; (*US*) **the E~ State** le Washington.
  2 *n* (*tree*) arbre vert *or* à feuilles persistantes; (*plant*) plante *f* à feuilles persistantes; (*fig : song etc*) chanson *f etc* qui ne vieillit pas.
everlasting [,evə'lɑ:stɪŋ] *adj* (a) *God* éternel; *gratitude, mercy* infini, éternel; *fame, glory* éternel, immortel; *materials* inusable, qui ne s'use pas. **~ flower** immortelle *f*. (b) (*: repeated*) perpétuel, éternel, sempiternel (*pej*).
everlastingly [,evə'lɑ:stɪŋlɪ] *adv* éternellement; sans cesse, sempiternellement (*pej*).
every ['evrɪ] *adj* (a) (*each*) tout, chaque; tous (*or* toutes) les. **~ shop in the town** tous les magasins de la ville; **not ~ child has the same advantages** les enfants n'ont pas tous les mêmes avantages; **not ~ child has the advantages you have** tous les enfants n'ont pas les avantages que tu as; **he spends ~ penny he earns** il dépense tout ce qu'il gagne (jusqu'au dernier sou); **I have ~ confidence in him** j'ai entièrement *or* pleine confiance en lui; **there is ~ chance that he will come** il y a toutes les chances *or* de fortes chances (pour) qu'il vienne; **you have ~ reason to complain** vous avez tout lieu de vous plaindre; **I have ~ reason to think that …** j'ai de bonnes raisons *or* de fortes raisons *or* toutes les raisons de penser que …, j'ai tout lieu de penser que …; **we wish you ~ success** nous vous

souhaitons trés bonne chance, tous nos souhaits pour l'avenir; **there was ~ prospect of success** tout faisait croire au succès; **~ (single)** one of them chacun d'eux; **~ one of them had brought something** chacun d'entre eux avait apporté quelque chose, ils avaient tous apporté quelque chose; **~ child had brought something** chaque enfant avait apporté quelque chose; **~ movement is painful to him** chaque or tout mouvement lui fait mal; **from ~ country** de tous (les) pays; **at ~ moment** à tout moment, à chaque instant; **of ~ sort** de toute sorte; **from ~ side** de toutes parts; **of ~ age** de tout âge; **he became weaker ~ day** il devenait plus faible chaque jour or de jour en jour.

(**b**) (*showing recurrence*) tout. **~ fifth day, ~ five days** tous les cinq jours, un jour sur cinq; **~ second** or **~ other child** un enfant sur deux; **~ quarter of an hour** tous les quarts d'heure; **~ other day, ~ second day** tous les deux jours; **~ other Wednesday** un mercredi sur deux; **to write on ~ other line** écrire en sautant une ligne sur deux; **~ few days** tous les deux ou trois jours; **once ~ week** une fois par semaine; **~ 15 metres** tous les 15 mètres.

(**c**) (*after poss*) tout, chacun, moindre. **his ~ action** chacune de ses actions, tout ce qu'il faisait; **his ~ wish** son moindre désir, tous ses désirs.

(**d**) (*phrases*) **he is ~ bit as clever as his brother** il est tout aussi doué que son frère; **he is ~ bit as much of a liar as his brother** il est tout aussi menteur que son frère; **~ now and then, ~ now and again, ~ so often** de temps en temps, de temps à autre; **~ time (that) I see him** chaque fois or toutes les fois que je le vois; **~ single time** chaque fois sans exception; **you must examine ~ one** il faut les examiner tous; **~ single one of these peaches is bad** toutes ces pêches sans exception sont pourries; **~ one of us is afraid of something** tous tant que nous sommes nous craignons quelque chose; **~ one of them was there** ils étaient tous là (au grand complet); (*Prov*) **~ little helps** les petits ruisseaux font les grandes rivières (*Prov*); **~ man for himself** chacun pour soi; (*excl: save yourself*) sauve qui peut!; **~ man to his trade** à chacun son métier; **~ man Jack of them** tous tant qu'ils sont (or étaient etc), tous sans exception; **in ~ way** (*from every point of view*) à tous (les) égards, en tous points, sous tous les rapports; (*by ~ means*) par tous les moyens; **V bit**[1].

everybody ['evrɪbɒdɪ] *pron* tout le monde. **~ has finished** tout le monde a fini; **~ has his** or **their* own ideas about it** chacun a ses (propres) idées là-dessus; **~ else** tous les autres; **~ knows ~ else here** tout le monde se connaît ici; **~ knows that** tout le monde or n'importe qui sait cela; **~ who is anybody** tous les gens qui comptent.

everyday ['evrɪdeɪ] *adj clothes* de tous les jours; *occurrence* banal; *experience* ordinaire, commun. **words in ~ use** mots d'usage courant; **it was an ~ event** c'était un événement banal, cela se produisait tous les jours; **it was not an ~ event** c'était un événement hors du commun.

everyone ['evrɪwʌn] *pron* = **everybody**.

everyplace ['evrɪpleɪs] *adv* (*US*) = **everywhere**.

everything ['evrɪθɪŋ] *pron* tout. **~ is ready** tout est prêt; **~ you have** tout ce que vous avez; **stamina is ~** c'est la résistance qui compte, l'essentiel c'est d'avoir de la résistance; **success isn't ~** réussir n'est pas l'essentiel or la chose la plus importante.

everywhere ['evrɪwɛər] *adv* partout, en tous lieux, de tous côtés. **~ in the world** partout dans le monde, dans le monde entier; **~ you go you meet the British** où qu'on aille or partout où on va on rencontre des Britanniques.

evict [ɪ'vɪkt] *vt* (*from house, lodgings*) expulser, chasser (*from* de); (*from meeting*) expulser (*from* de).

eviction [ɪ'vɪkʃən] *n* expulsion *f*. **~ order** mandat *m* d'expulsion.

evidence ['evɪdəns] **1** *n* (*U*) (**a**) (*ground for belief*) évidence *f*; (*testimony*) témoignage *m*. **the clearest possible ~** la preuve manifeste; **the ~ of the senses** le témoignage des sens; **on the ~ of this document** à en croire ce document.

(**b**) (*Jur*) (*data*) preuve *f*; (*testimony*) témoignage *m*, déposition *f*. **to give ~** témoigner, déposer (en justice); **to give ~ for/against sb** témoigner or déposer en faveur de/contre qn; **to take sb's ~** recueillir la déposition de qn; (*Brit*) **to turn King's** or **Queen's ~**, (*US*) **to turn State's ~** témoigner contre ses complices.

(**c**) signe *m*, marque *f*. **to bear ~ of** porter la marque or les marques de; **to show ~ of** témoigner de, offrir des signes de, attester.

(**d**) **to be in ~** [*object*] être en évidence; **his father was nowhere in ~** son père n'était nulle part dans les parages, il n'y avait pas trace de son père; **a man very much in ~ at the moment** un homme très en vue à l'heure actuelle.

2 *vt* manifester, témoigner de.

evident ['evɪdənt] *adj* évident, manifeste, patent. **that is very ~** c'est l'évidence même; **we must help her, that's ~** il faut l'aider, c'est évident or cela va de soi; **he's guilty, that's ~** il est coupable, c'est évident or cela saute aux yeux; **it was ~ from the way he walked** cela se voyait à sa démarche; **it is ~ from his speech that ...** il ressort de son discours que ... .

evidently ['evɪdəntlɪ] *adv* (**a**) (*obviously*) évidemment, manifestement, de toute évidence. **he was ~ frightened** il était évident qu'il avait peur.

(**b**) (*apparently*) à ce qu'il paraît. **they are ~ going to change the rule** il paraît qu'ils vont changer le règlement; **are they going too? — ~** ils y vont aussi? — à ce qu'il paraît or on dirait.

evil ['iːvl] **1** *adj deed* mauvais; *person* mauvais, malveillant; *example, advice, reputation* mauvais; *influence* néfaste; *doctrine, spell, spirit* malfaisant; *course of action, consequence* funeste. **the E~ One** le Malin; **the ~ eye** le mauvais œil; **in an ~ hour** dans un moment funeste.

2 *n* mal *m*. **to wish sb ~** vouloir du mal à qn; **to speak ~ of sb**

dire du mal de qn; **of two ~s one must choose the lesser** de deux maux il faut choisir le moindre; **it's the lesser ~** c'est le moindre mal; **social ~s** maux sociaux, plaies sociales; **the ~s of drink** les conséquences *fpl* funestes de la boisson; **one of the great ~s of our time** un des grands fléaux de notre temps.

3 *cpd*: **evildoer** scélérat *m*, méchant(e) *m(f)*, gredin(e) *m(f)*; **evil-minded** malveillant, mal intentionné; **evil-smelling** malodorant, nauséabond.

evilly ['iːvɪlɪ] *adv* avec malveillance.

evince [ɪ'vɪns] *vt surprise, desire* montrer, manifester; *qualities, talents* faire preuve de, manifester.

eviscerate [ɪ'vɪsəreɪt] *vt* éventrer, étriper.

evocation [ˌevə'keɪʃən] *n* évocation *f*.

evocative [ɪ'vɒkətɪv] *adj style, scent, picture, words* évocateur (*f* -trice); *incantation, magic* évocatoire.

evoke [ɪ'vəʊk] *vt spirit, memories* évoquer; *admiration* susciter.

evolution [ˌiːvə'luːʃən] *n* (**a**) (*Bio, Zool etc*) évolution *f* (*from* à partir de); [*language, events*] évolution; [*culture, technology, machine*] évolution, développement *m*. (**b**) [*troops, skaters etc*] évolutions *fpl*.

evolutionary [ˌiːvə'luːʃnərɪ] *adj* évolutionniste.

evolve [ɪ'vɒlv] **1** *vt system, theory, plan* élaborer, développer. **2** *vi* (*gen, Bio*) évoluer. **to ~ from** se développer à partir de.

ewe [juː] *n* brebis *f*. **~ lamb** (*lit*) agnelle *f*; (*fig*) trésor *m*.

ewer ['juːər] *n* aiguière *f*.

ex [eks] **1** *prep* (*Comm*) ≃ départ, sortie. **price ~ factory**, (*Brit*) **price ~ works** prix *m* départ usine, prix sortie usine; **price ~ warehouse** prix départ or sortie entrepôt; **V ex dividend, ex officio** etc.

2 *n* (*) (*gen*) ex* *mf*; (*ex-husband*) ex*, ex-mari *m*; (*ex-wife*) ex*, ex-femme *f*.

ex- [eks] *pref* ex-, ancien, *e.g.* **~chairman** ancien président, ex-président *m*; **he's my ~boss** c'est mon ancien patron; **V ex-husband, ex-service** etc.

exacerbate [eks'æsəbeɪt] *vt pain, disease, hate* exacerber; *person* irriter, exaspérer.

exact [ɪg'zækt] **1** *adj* (**a**) (*accurate*) *description, time, measurements* exact, juste, précis; *forecast* juste, exact; *copy [picture]* exact, fidèle à l'original; [*document*] textuel; *transcript* littéral; *likeness* parfait. **that is ~** c'est exact or juste; **these were his ~ words** voilà textuellement ce qu'il a dit.

(**b**) (*precise*) *number, amount, value* exact, précis; *notions, meaning, time, moment, place, instructions* précis. **to give ~ details** donner des précisions; **he's 44** **to be ~** il a très exactement 44 ans; **to be ~ it was 4 o'clock** il était 4 heures, plus précisément or plus exactement; **or, to be more ~ ...** ou pour mieux dire ...; **can you be more ~?** pouvez-vous préciser un peu?; **can you be more ~ about how many came?** pouvez-vous préciser le nombre des gens qui sont venus?

(**c**) (*rigorous*) *observation* of *rule etc* strict, exact; *analysis* exact; *study, work* rigoureux, précis; *instrument* de précision. **the ~ sciences** les sciences exactes.

2 *vt money, obedience etc* exiger (*from* de).

exacting [ɪg'zæktɪŋ] *adj person* exigeant; *profession* exigeant, astreignant; *task, activity, work* astreignant, qui exige beaucoup d'attention or d'efforts.

exaction [ɪg'zækʃən] *n* (*act*) exaction *f*; (*pej*); (*money exacted*) impôt *m*, contribution *f*; (*excessive demand*) extorsion *f*.

exactitude [ɪg'zæktɪtjuːd] *n* exactitude *f*.

exactly [ɪg'zæktlɪ] *adv* (**a**) (*accurately*) avec précision, précisément, exactement.

(**b**) (*precisely, quite*) exactement, précisément, justement, (tout) juste. **~ the same thing** exactement or précisément la même chose; **we don't ~ know** nous ne savons pas au juste; **that's ~ what I thought** c'est exactement ce que je pensais; **I had ~ £3** j'avais 3 livres tout juste; **it is 3 o'clock ~** il est 3 heures juste(s); **~!** précisément!, parfaitement!; **~ so!** c'est précisément cela!, c'est cela même!

exactness [ɪg'zæktnɪs] *n* (*V* **exact**) exactitude *f*, justesse *f*; précision *f*; rigueur *f*.

exaggerate [ɪg'zædʒəreɪt] **1** *vt* (*overstate*) *dangers, fears, size, beauty* exagérer; *story* amplifier; (*give undue importance to*) s'exagérer; (*emphasize*) accentuer; *effect* outrer, forcer. **the dress ~d her paleness** la robe accentuait sa pâleur; **he ~s the importance of the task** il s'exagère l'importance de la tâche, il prête or attribue une importance excessive à la tâche.

2 *vi* exagérer, forcer la note. **he always ~s a little** il exagère or il en rajoute* toujours un peu.

exaggerated [ɪg'zædʒəreɪtɪd] *adj* exagéré; *praise, fashion* outré. **to have an ~ opinion of o.s.** avoir (une) trop bonne opinion de soi-même.

exaggeration [ɪg,zædʒə'reɪʃən] *n* exagération *f*.

exalt [ɪg'zɔːlt] *vt* (*in rank, power*) élever (*à un rang plus important*); (*extol*) porter aux nues, exalter.

exaltation [ˌegzɔːl'teɪʃən] *n* (*U*) exaltation *f*.

exalted [ɪg'zɔːltɪd] *adj* (*high*) *rank, position, style* élevé; *person* haut placé, de haut rang; (*elated*) *mood, person* exalté, surexcité.

exam [ɪg'zæm] *n* (*abbr of* **examination 1a**) exam* *m*.

examination [ɪg,zæmɪ'neɪʃən] **1** *n* (**a**) (*Scol, Univ*) (*test*) examen *m*; (*each paper*) épreuve *f*; (*Scol*) *class* ~ composition *f*; (*Univ etc*) **the June/September ~s** la session de juin/de septembre.

(**b**) (*study, inspection*) examen *m*; [*machine*] inspection *f*, examen; [*premises*] visite *f*, inspection; [*question*] étude *f*, considération *f*; [*accounts*] vérification *f*; [*passports*] contrôle *m*. **Customs's ~** fouille douanière; **close ~** examen rigoureux or minutieux; **expert's ~** expertise *f*; **on ~** après examen; **V medical** etc.

(c) (*Jur*) *[suspect, accused]* interrogatoire *m*; *[witness]* audition *f*; *[case, documents]* examen *m*. **legal** ~ examen légal; **V cross**.

2 *cpd*: (*Scol etc*) **examination candidate** candidat(e) *m(f)* à un (*or* l' *etc*) examen.

examine [ɪgˈzæmɪn] *vt* **(a)** (*gen, Med*) examiner; *machine* inspecter; *proposition* examiner, étudier; *accounts* vérifier; *passport* contrôler; *dossier, documents* compulser, étudier, examiner; (*Customs*) *luggage* visiter, fouiller; *question, problem* examiner. **to** ~ **a question thoroughly** approfondir une question, examiner une question à fond.

(b) *pupil, candidate* examiner (*in* en); (*orally*) interroger (*on* sur).

examining board (*Brit Scol*) comité responsable de l'organisation des examens nationaux; (*Univ: for doctorates*) ≃ juré *m* de thèse.

(c) (*Jur*) *witness* interroger; *suspect, accused* interroger, faire subir un interrogatoire à; *case, document, evidence* examiner.

examinee [ɪgˌzæmɪˈniː] *n* candidat(e) *m(f)*.

examiner [ɪgˈzæmɪnəʳ] *n* examinateur *m*, -trice *f* (*in* de); *V* **board, oral, outside**.

example [ɪgˈzɑːmpl] *n* (*model*) exemple *m*, modèle *m*; (*illustration*) exemple, cas *m*; (*sample*) spécimen *m*, exemple. **for** ~ par exemple; **to set a good** ~ donner l'exemple; **to be an** ~ *[sb's conduct, deeds]* être un modèle; *[person]* être un exemple (*to* pour); **to take sb as an** ~ prendre exemple sur qn; **following the** ~ **of** à l'exemple de; **to hold sb up as an** ~ proposer qn en exemple; **to make an** ~ **of sb** faire un exemple en punissant qn; **to punish sb as an** ~ **to others** punir qn pour l'exemple; **to quote the** ~ **of** ... citer l'exemple de *or* le cas de ...; **to quote sth as an** ~ citer qch en exemple; **here is an** ~ **of the work** voici un spécimen du travail.

exasperate [ɪgˈzɑːspəreɪt] *vt person* exaspérer, mettre hors de soi, pousser à bout; *feeling* exaspérer, exacerber.

exasperated [ɪgˈzɑːspəreɪtɪd] *adj* (*gen*) exaspéré. **to grow** *or* **become** ~ s'exaspérer; ~ **at** *or* **by** *or* **with sth** exaspéré par qch, poussé à bout par qch; ~ **at** *or* **by** *or* **with sb** exaspéré par *or* contre qn.

exasperating [ɪgˈzɑːspəreɪtɪŋ] *adj* exaspérant, énervant (*au possible*).

exasperatingly [ɪgˈzɑːspəreɪtɪŋlɪ] *adv* d'une manière exaspérante. ~ **slow/stupid** d'une lenteur/d'une stupidité exaspérante.

exasperation [ɪgˌzɑːspəˈreɪʃən] *n* exaspération *f*, irritation *f*. **'hurry!' he cried in** ~ 'dépêchez-vous!' cria-t-il, exaspéré.

ex cathedra [ˌekskəˈθiːdrə] *adj, adv* ex cathedra.

excavate [ˈekskəveɪt] **1** *vt ground* creuser, excaver; (*Archeol*) fouiller; *trench* creuser; *remains* dégager, déterrer. **2** *vi* (*Archeol*) faire des fouilles.

excavation [ˌekskəˈveɪʃən] *n* **(a)** (*U*) *[tunnel etc]* creusage *m*, creusement *m*, percement *m*. ~ **work** travaux *mpl* de creusement. **(b)** (*Archeol: activity, site*) fouilles *fpl*.

excavator [ˈekskəveɪtəʳ] *n* (*machine*) pelleteuse *f*; (*Archeol: person*) fouilleur *m*, -euse *f*.

exceed [ɪkˈsiːd] *vt* (*in value, amount, length of time etc*) dépasser, excéder (*in* en, *by* de); *powers* outrepasser, excéder; *instructions* outrepasser, dépasser; *expectations, limits, capabilities* dépasser; *desires* aller au-delà de, dépasser. (*Aut*) **to** ~ **the speed limit** dépasser la vitesse permise, commettre un excès de vitesse; (*Jur*) **a fine not** ~**ing £50** une amende ne dépassant pas 50 livres.

exceedingly [ɪkˈsiːdɪŋlɪ] *adv* extrêmement, infiniment.

excel [ɪkˈsel] **1** *vi* briller (*at, in* en), exceller (*at* or *in doing* à faire). **he doesn't exactly** ~ **in** Latin on ne saurait dire qu'il brille en latin, on ne peut pas dire qu'il fasse des étincelles* en latin. **2** *vt person* surpasser, l'emporter sur (*in* en). (*often iro*) **to** ~ **o.s.** se surpasser, se distinguer.

excellence [ˈeksələns] *n* **(a)** (*U*) excellence *f*, supériorité *f*. **(b)** (*outstanding feature*) qualité *f* (supérieure).

Excellency [ˈeksələnsɪ] *n* Excellence *f*. **Your/His** *or* **Her** ~ Votre/Son Excellence.

excellent [ˈeksələnt] *adj* excellent, admirable, parfait. **what an** ~ **idea!** (quelle) excellente idée!; ~**!** parfait!; **that's** ~**!** c'est parfait!, c'est on ne peut mieux!

excellently [ˈeksələntlɪ] *adv* admirablement, parfaitement, excellemment (*liter*). **to do sth** ~ faire qch à la perfection *or* on ne peut mieux.

excelsior [ekˈselsjəʳ] *n* (*US: wood shavings*) copeaux *mpl* d'emballage.

except [ɪkˈsept] **1** *prep* **(a)** sauf, excepté, à l'exception de, hormis. **all** ~ **the eldest daughter** tous excepté la fille aînée *or* la fille aînée exceptée; ~ **for a part**, à l'exception de, si ce n'est; ~ **that** sauf que, excepté que, sinon que, si ce n'est que, à cela près que; ~ **if** sauf si; ~ **when** sauf quand, excepté quand.

(b) (*after neg and certain interrogs*) sinon, si ce n'est. **what can they do** ~ **wait?** que peuvent-ils faire sinon *or* si ce n'est attendre?

2 *conj* (†, *liter*) à moins que + ne + *subj*. ~ **he be a traitor** à moins qu'il ne soit un traître.

3 *vt* excepter, exclure (*from* de), faire exception de. **not** *or* **without** ~**ing** sans exclure, sans oublier; **always** ~**ing** à l'exception (bien entendu) de, exception faite (bien entendu) de; **present company** ~**ed** exception faite des personnes présentes.

excepting [ɪkˈseptɪŋ] *prep, conj* = **except 1, 2**.

exception [ɪkˈsepʃən] *n* **(a)** (*U*) exception *f*. **without** ~ sans (aucune) exception; **with the** ~ **of** à l'exception de, exception faite de; **to take** ~ **to** (*demur*) trouver à redire à, désapprouver; (*be offended*) s'offenser de, s'offusquer de; **I take** ~ **to that remark** je suis indigné par cette remarque.

(b) (*singularity*) exception *f*. **to make an** ~ faire une exception (*to sth* à qch, *for sb/sth* pour qn/qch, en faveur de qn/qch); **these strokes of luck are the** ~ ces coups de chance sont l'exception; **this case is an** ~ **to the rule** ce cas est *or* constitue une exception

à la règle; **the** ~ **proves the rule** l'exception confirme la règle; **with this** ~ à cette exception près, à ceci près; **apart from a few** ~**s** à part quelques exceptions, à de rares exceptions près.

exceptional [ɪkˈsepʃənl] *adj* (*unusual*) *weather, temperature* exceptionnel; (*outstanding*) *quality, talent* exceptionnel, peu commun, hors ligne; (*Jur*) *provisions etc* dérogatoire. (*Jur*) **to apply** ~ **arrangements** appliquer un régime dérogatoire (*to* à); (*US Scol etc*) ~ **child** (*gifted*) enfant *mf* surdoué(e); (*handicapped*) enfant *mf* handicapé(e) mental(e).

exceptionally [ɪkˈsepʃənəlɪ] *adv* (*unusually*) exceptionnellement, par exception; (*outstandingly*) exceptionnellement, extraordinairement.

excerpt [ˈeksɜːpt] *n* (*Literat, Mus etc*) extrait *m*, passage *m*, morceau *m*.

excess [ɪkˈses] **1** *n* **(a)** (*U*) *[precautions, enthusiasm]* excès *m*; *[details, adjectives]* luxe *m*, surabondance *f*. **to** ~ (jusqu')à l'excès; **to carry to** ~ pousser à l'excès, pousser trop loin; **carried to** ~ outré; **in** ~ **of** qui dépasse, dépassant; **to drink to** ~ boire à l'excès *or* avec excès, faire des excès de boisson; **the** ~ **of imports over exports** l'excédent *m* des importations sur les exportations.

(b) (*Brit Insurance*) franchise *f*.

(c) ~**es** (*debauchery*) excès *mpl*, débauche *f*; (*cruelty, violence*) excès *mpl*, abus *m*, cruauté *f*; (*overindulgence*) excès *mpl*, écart *m*; **the** ~**es of the regime** les abus *or* excès du régime.

2 *cpd weight, production* excédentaire. (*Econ*) **excess demand** excès *m* de la demande; **excess fare** supplément *m*; **excess luggage** excédent *m* de bagages; **excess profits tax** impôt *m* sur les bénéfices exceptionnels; (*Econ*) **excess supply** excès *m* de l'offre.

excessive [ɪkˈsesɪv] *adj demands, price, use* excessif; *ambition* démesuré, sans mesure; *expenditure* immodéré; *praise* outré. ~ **drinking** abus *m* de la boisson.

excessively [ɪkˈsesɪvlɪ] *adv* **(a)** (*to excess*) *eat, drink, spend* avec excès, plus que de raison; *optimistic* par trop; *proud* démesurément. **I was not** ~ **worried** je ne m'inquiétais pas outre mesure.

(b) (*extremely*) extrêmement, infiniment, excessivement; *pretty* extrêmement, infiniment; *boring, ugly* atrocement.

exchange [ɪksˈtʃeɪndʒ] **1** *vt glances, gifts, letters, blows* échanger; *photographs, records, books* échanger, faire un *or* des échange(s) de; *houses, cars, jobs* faire un échange de. **to** ~ **one thing for another** échanger une chose contre une autre; **they** ~**d a few words** ils échangèrent quelques mots; (*euph: quarrel*) **they** ~**d words** ils se sont disputés, ils ont eu des mots ensemble*; (*Conveyancing*) **to** ~ **contracts** ≃ signer les contrats.

2 *n* **(a)** *[objects, prisoners, ideas, secrets, notes, greetings]* échange *m*. **in** ~ en échange (*for* de), en retour (*for* de); **to gain/lose on the** ~ gagner/perdre au change; (*Conveyancing*) ~ **of contracts** ≃ signature *f* des contrats; *V* **fair¹, part** *etc*.

(b) (*Fin*) change *m*. (*foreign*) ~ **office** bureau *m* de change; **at the current rate of** ~ au cours actuel du change; **the dollar** ~ le change du dollar; **on the (stock)** ~ à la Bourse; *V* **bill¹, foreign** *etc*.

(c) (*telephone* ~) central *m*; (*labour* ~) bourse *f* du travail.

3 *cpd: student, teacher* participant à un échange. (*Fin*) **exchange control** contrôle *m* des changes; **exchange control regulations** réglementation *f* des changes; **exchange rate** taux *m* de change; **exchange restrictions** restrictions *fpl* de change.

exchangeable [ɪksˈtʃeɪndʒəbl] *adj* échangeable (*for* contre).

exchequer [ɪksˈtʃekəʳ] *n* **(a)** (*Brit*) **the E**~ l'administration *f* des finances; (*in Britain*) l'Échiquier *m*; *V* **chancellor**. **(b)** (*state treasury*) Trésor *or* trésor *m*. **(c)** (*one's own funds*) fonds *mpl*, finances *fpl*.

excisable [ekˈsaɪzəbl] *adj* imposable, soumis aux droits de régie.

excise¹ [ˈeksaɪz] **1** *n* taxe *f* (*on* sur). (*Brit*) **the E**~ la Régie. **2** *cpd*: (*Brit*) **excise duties** impôts prélevés par la régie; ≃ **contributions indirectes**; (*US*) **excise laws** lois sur le commerce des boissons; (*Brit*) **exciseman** employé *m* de la régie.

excise² [ekˈsaɪz] *vt* (*Med*) exciser; (*gen*) retrancher, supprimer.

excision [ekˈsɪʒən] *n* (*V* **excise²**) excision *f*; retranchement *m*, suppression *f*.

excitable [ɪkˈsaɪtəbl] *adj person* excitable, prompt à l'excitation, nerveux; *animal, temperament* nerveux; (*Med*) excitable.

excite [ɪkˈsaɪt] *vt* **(a)** (*gen*) exciter; (*rouse enthusiasm in*) passionner; (*move*) mettre en émoi, impressionner; *animal* exciter. **to** ~ **sb to sth** provoquer *or* pousser *or* inciter qn à qch.

(b) *sentiments, envy, attention, pity* exciter; *imagination, passion* exciter, enflammer; *desire, anger* exciter, aviver; *admiration* exciter, susciter; *curiosity* exciter, piquer. **to** ~ **enthusiasm/interest in sb** enthousiasmer/intéresser qn.

(c) (*Med*) *nerve* exciter, stimuler.

excited [ɪkˈsaɪtɪd] *adj person, animal* excité, agité, énervé; *laughter* énervé; *crowd* excité, agité, en émoi; *voice* animé; *imagination* surexcité, enflammé; (*Phys*) *atom, molecule* excité. **to get** ~ *[person]* s'exciter, s'énerver, se monter la tête (*about* au sujet de, à propos de); *[crowd]* s'agiter, devenir houleux; **don't get** ~**!** du calme!, ne t'énerve pas!; **to make** ~ **gestures** faire de grands gestes, gesticuler.

excitedly [ɪkˈsaɪtɪdlɪ] *adv behave* avec agitation, d'une manière agitée; *speak* sur un ton animé, avec agitation; *laugh* d'excitation. **to wave** ~ faire de grands gestes, gesticuler.

excitement [ɪkˈsaɪtmənt] *n* (*agitation*) excitation *f*, agitation *f*, fièvre *f*; (*exhilaration*) vive émotion, exaltation *f*. **the** ~ **of the departure/elections** la fièvre du départ/des élections; **the** ~ **of victory** l'ivresse *f* or l'exaltation de la victoire; **to be in a state of great** ~ être très agité, être en proie à une vive émotion; **the book caused great** ~ **in literary circles** le livre a fait sensation dans les milieux littéraires; **he likes** ~ il aime les émotions fortes *or* l'aventure.

exciting [ɪkˈsaɪtɪŋ] *adj events, story, film* passionnant; *account* saisissant; *holiday, experience* excitant. **we had an ~ time** ça a été très excitant.

excl. *abbr of* **excluding, exclusive** (of).

exclaim [ɪks'kleɪm] **1** *vi* (*gen*) s'exclamer. **he ~ed in surprise when he saw it** il s'est exclamé de surprise en le voyant; **to ~ at sth** (*indignantly*) se récrier (d'indignation) devant *or* contre qch; (*admiringly*) se récrier d'admiration devant qch.
　2 *vt* s'écrier (*that* que). **'at last!' she ~ed** 'enfin!' s'écria-t-elle.

exclamation [,eksklə'meɪʃən] **1** *n* exclamation *f*. **2** *cpd*: **exclamation mark**, (*US*) **exclamation point** point *m* d'exclamation.

exclamatory [ɪks'klæmətərɪ] *adj* exclamatif.

exclude [ɪks'kluːd] *vt* (*from team, society*) exclure (*from* de), rejeter; (*Brit: from school*) exclure temporairement; (*from list*) écarter (*from* de), ne pas retenir; *doubt, possibility* exclure, écarter, éliminer. **he was ~d from the senior posts** il n'a jamais eu droit aux postes supérieurs; **he was ~d from taking part** il n'a pas eu le droit de participer; **to ~ from the jurisdiction of** soustraire à la compétence de.

exclusion [ɪks'kluːʒən] *n* exclusion *f* (*from* de). **to the ~ of** à l'exclusion de.

exclusive [ɪks'kluːsɪv] *adj* (**a**) (*excluding others*) *group, gathering* choisi; *club, society* fermé; *hotel, restaurant* huppé; *person, friendship, interest, occupation* exclusif; *V* **mutually.**　•
　(**b**) (*owned by one person, one firm*) *rights, information, dress, design* exclusif. **to have/buy ~ rights for** avoir/acheter l'exclusivité de; (*Press*) **an interview ~ to X** une interview accordée exclusivement à X; (*Press*) **~ story** reportage exclusif.
　(**c**) (*not including*) **from 15th to 20th June ~** du 15 (jusqu')au 20 juin exclusivement; **~ of** non compris, sans compter; **the price is ~ of transport charges** le prix ne comprend pas les frais de transport; (*Comm*) **~ of post and packing** frais d'emballage et d'envoi en sus *or* non compris.

exclusively [ɪks'kluːsɪvlɪ] *adv* exclusivement.

excommunicate [,ekskə'mjuːnɪkeɪt] *vt* excommunier.

excommunication [,ekskə,mjuːnɪ'keɪʃən] *n* excommunication *f*.

ex-con [,eks'kɒn] *n* (*Prison etc sl*) ancien taulard‡.

excrement ['ekskrɪmənt] *n* excrément *m*.

excrescence [ɪks'kresns] *n* (*lit, fig*) excroissance *f*.

excreta [ɪks'kriːtə] *npl* excrétions *fpl*; (*excrement*) excréments *mpl*, déjections *fpl*.

excrete [ɪks'kriːt] *vt* excréter; [*plant*] sécréter.

excretion [ɪks'kriːʃən] *n* excrétion *f*; sécrétion *f*.

excretory [ɪk'skriːtərɪ] *adj* (*Physiol*) excréteur, excrétoire.

excruciating [ɪks'kruːʃɪeɪtɪŋ] *adj* *pain* atroce; *suffering* déchirant; *noise* infernal, insupportable; (*: unpleasant*) épouvantable, atroce.

excruciatingly [ɪks'kruːʃɪeɪtɪŋlɪ] *adv* atrocement, affreusement. **it's ~ funny*** c'est désopilant, c'est à mourir de rire.

exculpate ['ekskʌlpeɪt] *vt* *person* disculper, innocenter (*from* de).

excursion [ɪks'kɜːʃən] **1** *n* excursion *f*, balade* *f*; (*in car, on cycle*) randonnée *f*; (*fig: digression*) digression *f*. **2** *cpd*: **excursion ticket** billet *m* d'excursion; **excursion train** train spécial (*pour excursions*).

excusable [ɪks'kjuːzəbl] *adj* excusable, pardonnable. **your hesitation is ~** votre hésitation s'excuse *or* est excusable.

excuse 1 [ɪks'kjuːz] **1** *vt* (**a**) (*justify*) *action, person* excuser, défendre. **such rudeness cannot be ~d** une telle impolitesse est sans excuse *or* inexcusable; **to ~ o.s.** s'excuser (*for* de, *for doing* de faire, d'avoir fait), présenter ses excuses.
　(**b**) (*pardon*) excuser (*sb for having done* qn d'avoir fait). **to ~ sb's insolence** excuser l'insolence de qn, pardonner à qn son insolence; **one can be ~d for not understanding what he says** on est excusable de ne pas comprendre ce qu'il dit; **if you will ~ the expression** passez-moi l'expression; **and now if you will ~ me** I **have work to do** maintenant, si vous (le) permettez, j'ai à travailler; **~ me for wondering if ...** permettez-moi de me demander si ...; **~ me!** excusez-moi!, (je vous demande) pardon!; **~ me, but I don't think this is true** excusez-moi *or* permettez, mais je ne crois pas que ce soit vrai; **~ me for not seeing you out** excusez-moi si je ne vous raccompagne pas *or* de ne pas vous raccompagner.
　(**c**) (*exempt*) exempter (*sb from sth* qn de qch), dispenser (*sb from sth* qn de qch, *sb from doing* qn de faire), excuser. (*to children*) **you are ~d** vous pouvez vous en aller; **he ~d himself after 10 minutes** au bout de 10 minutes, il s'est excusé et est parti; **to ask to be ~d** se faire excuser; **he was ~d from the afternoon session** on l'a dispensé d'assister à la séance de l'après-midi; **to ~ sb from an obligation** faire grâce à qn *or* exempter qn d'une obligation.
　2 *cpd*: (*Brit*) **excuse-me (dance)** danse *f* où l'on change de partenaire, ≃ danse du balai.

excuse 2 [ɪks'kjuːs] *n* (**a**) (*reason, justification*) excuse *f*. **there is no ~ for it**, (*frm*) **it admits of no ~** cela est inexcusable *or* sans excuse; **his only ~ was that ...** il avait comme seule excuse le fait que ...; **that is no ~ for his leaving so abruptly** cela ne l'excuse pas d'être parti si brusquement; **in ~ for** pour excuser; **without ~** sans excuse, sans raison, sans motif valable; *V* **ignorance** *etc*.
　(**b**) (*pretext*) excuse *f*, prétexte *m*. **lame ~** faible excuse, mauvaise excuse; **to find an ~ for sth** trouver une excuse à qch; **I have a good ~ for not going** j'ai une bonne excuse pour ne pas y aller; **to make an ~ for sth/for doing** (*gen*) trouver une *or* des excuse(s) à qch/pour faire; **he is only making ~s** il cherche tout simplement des prétextes *or* de bonnes raisons; **he is always making ~s to get away** il trouve *or* invente toujours des excuses pour s'absenter; **what's your ~ this time?** qu'avez-vous comme excuse cette fois-ci?; **he gave the bad weather as his ~ for not coming** il a prétexté *or* allégué le mauvais temps pour ne pas venir; **it's only an ~** ce n'est qu'un prétexte; **his success was a good ~ for a family party**

sa réussite a servi de prétexte à une fête de famille.

ex-directory [,eksdɪ'rektərɪ] *adj* (*Brit Telec*) qui ne figure pas dans l'annuaire, qui est sur la liste rouge. **he's gone ~** il s'est fait mettre sur la liste rouge.

ex dividend ['eks'dɪvɪ,dend] *adj* (*St Ex*) ex-dividende.

execrable ['eksɪkrəbl] *adj* exécrable, affreux, détestable; *manners, temper* exécrable, épouvantable.

execrably ['eksɪkrəblɪ] *adv* exécrablement, détestablement.

execrate ['eksɪkreɪt] *vt* (**a**) (*hate*) exécrer, détester. (**b**) (*curse*) maudire.　•

execration [,eksɪ'kreɪʃən] *n* (**a**) (*U*) exécration *f*, horreur *f*. **to hold in ~** avoir en horreur *or* en exécration, exécrer. (**b**) (*curse*) malédiction *f*, imprécation *f*.

executant [ɪg'zekjʊtənt] *n* (*Mus*) interprète *mf*, exécutant(e) *m(f)*.

execute ['eksɪkjuːt] *vt* (**a**) (*put to death*) exécuter.
　(**b**) (*carry out*) *order, piece of work, dance, movement* exécuter; *work of art* réaliser; *project, plan* exécuter, mettre à exécution, réaliser; *purpose, sb's wishes* accomplir; *duties* exercer, remplir, accomplir; *task* accomplir, s'acquitter de, mener à bien; (*Mus*) exécuter, interpréter; (*Jur*) *will* exécuter; (*Jur*) *document* valider; *deed* signer; *contract* valider.

execution [,eksɪ'kjuːʃən] *n* (**a**) (*killing*) exécution *f*.
　(**b**) (*V* **execute b**) exécution *f*; réalisation *f*; accomplissement *m*; validation *f*; (*Mus: of musical work*) exécution, interprétation *f*; (*Mus: performer's skill*) jeu *m*, technique *f*. **to put into ~** mettre à exécution; **in the ~ of his duties** dans l'exercice de ses fonctions; *V* **stay**.

executioner [,eksɪ'kjuːʃnə^r] *n* (*also* **public ~**) bourreau *m*, exécuteur *m* des hautes œuvres.

executive [ɪg'zekjʊtɪv] **1** *adj* (**a**) *powers* exécutif; *talent, ability* d'exécution; *decision* de la direction. **the ~ arm of the organization** l'organe exécutif de cette organisation; (*US Pol*) **~ agreement** accord conclu par l'exécutif; (*Admin, Ind*) **~ board** conseil *m* de direction; **~ capability** capacité *f* d'exécution; **~ committee** comité exécutif; **~ council** (*gen*) conseil exécutif *or* de direction; (*US Pol*) conseil de l'exécutif; (*Can, US*) **~ director** directeur *m* (général), directrice *f*; (*US*) **the E~ Mansion** (*White House*) la Maison Blanche; (*Governor's house*) la résidence officielle du gouverneur (*d'un Etat*); (*US*) **E~ Office of the President** services administratifs de la présidence; **~ officer** [*organisation*] cadre administratif; (*US: Mil, Naut*) commandant *m* en second; (*US*) **~ order** décret-loi *m*; (*US Pol*) **~ privilege** immunité *f* de l'exécutif; (*Comput*) **~ program** programme *m* superviseur; **~ secretary** secrétaire *m* général; (*Can, US: Parl*) **~ session** séance *f* parlementaire à huis clos.
　(**b**) (*Ind etc*) *job, position* de cadre; *unemployment* cadres; *plane, car* de direction. **the ~ suite (of offices)** les bureaux *mpl* de la direction.
　2 *n* (**a**) (*Admin, Ind etc: person*) cadre *m*, supérieur *m*. **senior/ junior ~** cadre supérieur/moyen; **a Shell/IBM ~** un cadre (de chez) Shell/IBM; **a sales/production ~** un cadre ventes/ production; **a woman *or* female ~** un cadre femme; *V* **chief**.
　(**b**) (*managing group: of organization*) bureau *m*. **to be on the ~** faire partie du bureau; **the trade union/party ~** le bureau du syndicat/du parti.
　(**c**) (*part of government*) (pouvoir *m*) exécutif *m*.

executor [ɪg'zekjʊtə^r] *n* (*Jur*) exécuteur *m* testamentaire.

executrix [ɪg'zekjʊtrɪks] *n* (*Jur*) exécutrice *f* testamentaire.

exegesis [,eksɪ'dʒiːsɪs] *n* exégèse *f*.

exemplary [ɪg'zemplərɪ] *adj* *conduct, virtue* exemplaire; *pupil etc* modèle; *punishment* exemplaire. (*Jur*) **~ damages** dommages-intérêts très élevés (à titre de réparation exemplaire).

exemplify [ɪg'zemplɪfaɪ] *vt* (*illustrate*) exemplifier, illustrer, démontrer; (*be example of*) servir d'exemple de, être un exemple de. (*Jur*) **exemplified copy** expédition *f*, copie certifiée.

exempt [ɪg'zempt] **1** *adj* exempt (*from* de). **2** *vt* exempter (*from sth* de qch), dispenser (*from doing* de faire).

exemption [ɪg'zempʃən] *n* exemption *f* (*from* de); (*Educ*) dispense *f* (*from* de); (*Jur*) dérogation *f*.

exercise ['eksəsaɪz] **1** *n* (**a**) (*U*) [*right, caution, power*] exercice *m*; [*religion*] pratique *f*, exercice. **in the ~ of his duties** dans l'exercice de ses fonctions; **physical ~** exercice physique; **to take ~** prendre de l'exercice.
　(**b**) (*in gymnastics, school subjects*) exercice *m*. **a grammar ~** un exercice de grammaire; **to do (physical) ~s every morning** faire de la gymnastique tous les matins.
　(**c**) (*Mil etc: gen pl*) exercice *m*, manœuvre *f*. **to go on (an) ~** (*Mil*) aller à la manœuvre, partir à l'exercice; (*Naut*) partir en exercice *or* en manœuvre; **NATO ~s** manœuvres de l'OTAN.
　(**d**) (*sth carried out*) opération *f*. **an ~ in public relations/in management** *etc* une opération de relations publiques/de gestion des affaires *etc*; **a cost-cutting ~** une opération de réduction des coûts; **an ~ in futility** le type même de l'entreprise inutile.
　(**e**) (*US: ceremony*) **~s** cérémonies *fpl*.
　2 *cpd*: **exercise bike** vélo *m* de santé; **exercise book** (*for writing in*) cahier *m* (de devoirs); (*book of exercises*) livre *m* d'exercices.
　3 *vt* (**a**) *body, mind* exercer; *troops* faire faire l'exercice à; *horse* exercer. **to ~ a dog** exercer *or* promener un chien.
　(**b**) *one's authority, control, power* exercer; *a right* exercer, faire valoir, user de; *one's talents* employer, exercer; *patience, tact, restraint* faire preuve de. **to ~ care in doing** apporter du soin à faire, s'appliquer à bien faire.
　(**c**) (*frm: preoccupy*) préoccuper. **the problem which is exercising my mind** le problème qui me préoccupe.
　4 *vi* se donner de l'exercice. **you don't ~ enough** vous ne prenez pas assez d'exercice.

exert [ɪg'zɜːt] *vt* (**a**) *pressure* exercer; *force* employer; *talent,*

influence exercer, déployer; *authority* exercer, faire sentir.
 (b) to ~ o.s. (*physically*) se dépenser; (*take trouble*) se donner du mal, s'appliquer; **to ~ o.s. to do** s'appliquer à *or* s'efforcer de faire; **he didn't ~ himself unduly** il ne s'est pas donné trop de mal, il ne s'est pas trop fatigué; (*iro*) **don't ~ yourself!** ne vous fatiguez pas!

exertion [ɪg'zɜːʃən] *n* **(a)** effort *m*. **by his own ~s** par ses propres moyens; **after the day's ~s** après les fatigues *fpl* de la journée; **it doesn't require much ~** cela n'exige pas un grand effort.
 (b) (*U*) [*force, strength*] emploi *m*; [*authority, influence*] exercice *m*. **by the ~ of a little pressure** en exerçant une légère pression.
exeunt ['eksɪʌnt] *vi* (*Theat*) ils sortent. **~ Macbeth and Lady Macbeth** Macbeth et Lady Macbeth sortent.
exfoliate [eks'fəʊlɪeɪt] *vt* exfolier.
exfoliation [eks,fəʊlɪ'eɪʃən] *n* exfoliation *f*.
ex gratia [,eks'greɪʃə] *adj payment* à titre gracieux.
exhalation [,eksh'leɪʃən] *n* (*act*) exhalation *f*; (*odour, fumes etc*) exhalaison *f*.
exhale [eks'heɪl] **1** *vt* **(a)** (*breathe out*) expirer (*Physiol*). **(b)** (*give off*) *smoke, gas, perfume* exhaler. **2** *vi* expirer. **~ please** expirez s'il vous plaît; **he ~d slowly in relief** il a laissé échapper un long soupir de soulagement.
exhaust [ɪg'zɔːst] **1** *vt* **(a)** (*use up*) *supplies, energy, mine, subject* épuiser. **to ~ sb's patience** épuiser la patience de qn, mettre qn à bout de patience.
 (b) (*tire*) épuiser, exténuer.
 2 *n* (*Aut etc*) (*also ~ system*) échappement *m*; (*also ~ pipe*) tuyau *m* *or* pot *m* d'échappement; (*also ~ fumes*) gaz *m* d'échappement.
exhausted [ɪg'zɔːstɪd] *adj person* épuisé, exténué, brisé de fatigue; *supplies, oil well, mine* épuisé. **I'm ~** je n'en peux plus, je suis à bout, je tombe de fatigue; **my patience is ~** ma patience est à bout; **until funds are ~** jusqu'à épuisement des fonds.
exhausting [ɪg'zɔːstɪŋ] *adj climate, activity* épuisant; *work* exténuant, épuisant.
exhaustion [ɪg'zɔːstʃən] *n* (*U: tiredness*) épuisement *m*, fatigue *f* extrême.
exhaustive [ɪg'zɔːstɪv] *adj account, report* complet (*f* -ète); *study, description, list* complet, exhaustif; *inquiry, inspection* minutieux; *research* approfondi; *search* poussé; *grammar, analysis* exhaustif. **to make an ~ study of** étudier à fond.
exhaustively [ɪg'zɔːstɪvlɪ] *adv search* à fond; *study* à fond, exhaustivement; *list, describe* exhaustivement.
exhaustiveness [[ɪg'zɔːstɪvnɪs] *n* exhaustivité *f*. ·
exhibit [ɪg'zɪbɪt] **1** *vt painting, handicrafts* exposer; *merchandise* exposer, étaler; *document, identity card* montrer, présenter, produire; *courage, skill, ingenuity* faire preuve de, déployer.
 2 *n* (*in exhibition*) objet exposé; (*Jur*) pièce *f* à conviction. **~ A** première pièce à conviction.
exhibition [,eksɪ'bɪʃən] *n* **(a)** (*show*) [*paintings, furniture etc*] exposition *f*; [*articles for sale*] étalage *m*. **the Van Gogh ~** l'exposition Van Gogh; (*fig*) **to make an ~ of o.s.** se donner en spectacle.
 (b) (*act of exhibiting*) [*technique etc*] démonstration *f*; [*film*] présentation *f*. **what an ~ of bad manners!** quelle belle démonstration d'impolitesse!, quel étalage de mauvaise éducation!
 (c) (*Brit Univ*) bourse *f* (d'études).
exhibitioner [,eksɪ'bɪʃənər] *n* (*Brit Univ*) boursier *m*, -ière *f*.
exhibitionism [,eksɪ'bɪʃənɪzəm] *n* exhibitionnisme *m*.
exhibitionist [,eksɪ'bɪʃənɪst] *adj*, *n* exhibitionniste (*mf*).
exhibitor [ɪg'zɪbɪtər] *n* exposant(e) *m(f)* (*dans une exposition*).
exhilarate [ɪg'zɪləreɪt] *vt* [*sea air etc*] vivifier; [*music, wine, good company*] stimuler.
exhilarating [ɪg'zɪləreɪtɪŋ] *adj air, wind etc* vivifiant; *music* enivrant, grisant; *conversation, work* stimulant, passionnant. **she found his presence very ~** elle trouvait sa présence très stimulante.
exhilaration [ɪg,zɪlə'reɪʃən] *n* joie *f*, allégresse *f*, ivresse *f*.
exhort [ɪg'zɔːt] *vt* (*urge*) exhorter, inciter, appeler (*sb to sth* qn à qch, *sb to do* qn à faire); (*advise*) conseiller *or* recommander vivement (*sb to do* à qn de faire).
exhortation [,egzɔː'teɪʃən] *n* (*V exhort*) exhortation *f* (*to* à), incitation *f* (*to* à); conseil *m*, recommandation *f*
exhumation [,ekshjuː'meɪʃən] *n* exhumation *f*. (*Jur*) **~ order** autorisation *f* d'exhumer.
exhume [eks'hjuːm] *vt* exhumer.
ex-husband [,eks'hʌzbənd] *n* ex-mari *m*.
exigence [eks'ɪdʒəns] *n*, **exigency** [ɪg'zɪdʒənsɪ] *n* (*urgency*) urgence *f*; (*emergency*) circonstance *f* or situation *f* critique; (*gen pl: demand*) exigence *f*. **according to the exigencies of the situation** selon les exigences de la situation.
exigent ['eksɪdʒənt] *adj* (*urgent*) urgent, pressant; (*exacting*) exigeant.
exiguity [,egzɪ'gjuːɪtɪ] *n* exiguïté *f*.
exiguous [ɪg'zɪgjʊəs] *adj space* exigu (*f* -guë), minuscule, fort petit; *income, revenue* modique.
exile ['eksaɪl] **1** *n* **(a)** (*person*) (*voluntarily*) exilé(e) *m(f)*, expatrié(e) *m(f)*; (*expelled*) exilé(e), expulsé(e) *m(f)*, banni(e) *m(f)*.
 (b) (*U: condition: lit, fig*) exil *m*. **in ~** en exil; **to send into ~** envoyer en exil, exiler, bannir; **to go into ~** partir *or* s'en aller en exil, s'exiler, s'expatrier.
 2 *vt* exiler, bannir (*from* de).
exiled ['eksaɪld] *adj* exilé, en exil.
exist [ɪg'zɪst] *vi* **(a)** [*person, animal, plant, belief, custom*] exister; (*Philos etc*) exister, être. **everything that ~s** tout ce qui existe *or* est; **it only ~s in her imagination** cela n'existe que dans son imagination; **to continue to ~** exister encore, subsister; **doubt still ~s** le doute subsiste; **the understanding which ~s between**

the two countries l'entente qui règne *or* existe entre les deux pays; **the tradition ~s that …** il existe une tradition selon laquelle …; **can life ~ on Mars?** la vie existe-t-elle sur Mars?, y a-t-il de la vie sur Mars?
 (b) (*live*) vivre, subsister. **we cannot ~ without water** nous ne pouvons pas vivre *or* subsister sans eau; **she ~s on very little** elle vit de très peu; **we manage to ~** nous subsistons tant bien que mal, nous vivotons; **can one ~ on such a small salary?** est-il possible de subsister avec un salaire aussi modique?
existence [ɪg'zɪstəns] *n* **(a)** (*U*) [*God, person, object, institution*] existence *f*. **to be in ~** exister; **to come into ~** naître, être créé; **to call into ~** faire naître, créer; **it came into ~ 30 years ago** cela a été créé il y a 30 ans, cela existe depuis 30 ans; **it went out of ~ 10 years ago** cela n'existe plus depuis 10 ans; **the only one in ~** le seul *or* la seule qui existe (*subj*) *or* qui soit.
 (b) (*life*) existence *f*, vie *f*.
existent [ɪg'zɪstənt] *adj* existant.
existential [,egzɪs'tenʃəl] *adj* existentiel.
existentialism [,egzɪs'tenʃəlɪzəm] *n* existentialisme *m*.
existentialist [,egzɪs'tenʃəlɪst] *adj, n* existentialiste (*mf*).
existing [ɪg'zɪstɪŋ] *adj law* existant; *state of affairs, regime* actuel; *circumstances* présent, actuel.
exit ['eksɪt] **1** *n* **(a)** (*from stage*) sortie *f*. **to make one's ~** (*Theat*) quitter la scène; (*gen*) sortir, faire sa sortie.
 (b) (*way out, door*) sortie *f*, issue *f*; **V emergency**.
 (c) (*voluntary euthanasia society*) **E~** ≃ Mourir dans la Dignité.
 2 *vi* **(a)** (*Theat*) **~ the King** le roi sort.
 (b) (*: leave*) sortir, faire sa sortie.
 (c) (*Comput*) sortir.
 3 *cpd*: **exit permit/visa** permis *m*/visa *m* de sortie; (*at election*) **exit poll** sondage fait à la sortie de l'isoloir; (*US Aut*) **exit ramp** bretelle *f* d'accès.
exocrine ['eksəʊ,kraɪn] *adj* exocrine.
exodus ['eksədəs] *n* exode *m*. **there was a general ~** il a y eu un véritable exode; (*Bible*) **E~** l'Exode.
ex officio [,eksəʊ'fɪʃɪəʊ] **1** *adv act* ex officio. **2** *adj member* ex officio, de plein droit, ès qualités.
exonerate [ɪg'zɒnəreɪt] *vt* (*prove innocent*) disculper, justifier (*from* de), innocenter; (*release from obligation*) exempter, dispenser, décharger (*from* de).
exoneration [ɪg,zɒnə'reɪʃən] *n* (*V exonerate*) disculpation *f*, justification *f*; exemption *f*, dispense *f*, décharge *f* (*from* de).
exorbitance [ɪg'zɔːbɪtəns] *n* [*demands*] outrance *f*; [*price*] énormité *f*.
exorbitant [ɪg'zɔːbɪtənt] *adj price* exorbitant, excessif, exagéré; *demands, pretensions* exorbitant, démesuré, extravagant.
exorbitantly [ɪg'zɔːbɪtəntlɪ] *adv* démesurément.
exorcise ['eksɔːsaɪz] *vt* exorciser.
exorcism ['eksɔːsɪzəm] *n* exorcisme *m*.
exorcist ['eksɔːsɪst] *n* exorciste *mf*.
exoskeleton [,eksəʊ'skelɪtən] *n* exosquelette *m*.
exosphere ['eksəʊ,sfɪər] *n* exosphère *f*.
exoteric [,eksəʊ'terɪk] *adj doctrine* exotérique; *opinions* populaire.
exothermic [,eksəʊ'θɜːmɪk] *adj* exothermique.
exotic [ɪg'zɒtɪk] **1** *adj* exotique. **an ~-sounding name** un nom aux consonances exotiques. **2** *n* (*Bot*) plante *f* exotique.
exotica [ɪg'zɒtɪkə] *npl* objets *mpl* exotiques.
exoticism [ɪg'zɒtɪsɪzəm] *n* exotisme *m*.
expand [ɪks'pænd] **1** *vt gas, liquid, metal* dilater; *one's business, trade, ideas* développer; *production* accroître, augmenter; *horizons, study* élargir; *influence, empire, property, knowledge, experience* étendre; (*Math*) *formula* développer. **to ~ one's lungs** dilater les poumons; **exercises to ~ one's chest** exercices physiques pour développer le torse; **to ~ a few notes into a complete article** développer quelques notes pour en faire un article complet.
 2 *vi* (*V1*) se dilater; se développer; s'accroître, augmenter; s'élargir; s'étendre. **the market is ~ing** les débouchés se multiplient; *V also* **expanding**.
expanded [ɪk'spændɪd] *adj* (*Metal, Tech*) expansé. **~ polystyrene** polystyrène expansé.
expander [ɪk'spændər] *n* **V chest**.
expanding [ɪk'spændɪŋ] *adj metal etc* en expansion; *bracelet* extensible; *market* en expansion; *industry, profession* en développement rapide, en expansion. **the ~ universe** l'univers *m* en expansion; **the ~ universe theory** la théorie de l'expansion de l'univers; **~ file** classeur *m* extensible; **a job with ~ opportunities** un emploi qui offre un nombre croissant de débouchés; **a rapidly ~ industry** une industrie en pleine expansion *or* en plein essor.
expanse [ɪks'pæns] *n* étendue *f*.
expansion [ɪks'pænʃən] **1** *n* [*gas*] expansion *f*, dilatation *f*; [*business*] extension *f*, agrandissement *m*; [*trade*] développement *m*, essor *m*; [*production*] accroissement *m*, augmentation *f*; (*territorial, economic, colonial*) expansion; [*subject, idea*] développement; (*Math*) développement; (*Gram*) expansion.
 2 *cpd*: (*Aut*) **expansion bottle** *or* **tank** vase *m* d'expansion.
expansionism [ɪks'pænʃənɪzəm] *n* expansionnisme *m*.
expansionist [ɪks'pænʃənɪst] *adj, n* expansionniste (*mf*).
expansive [ɪks'pænsɪv] *adj* **(a)** *person* expansif, démonstratif, communicatif; *smile, welcome* chaleureux. **to be in an ~ mood** être en veine d'épanchements *or* d'effusion(s). **(b)** (*Phys*) (*causing expansion*) expansif; (*capable of expanding*) expansible, dilatable.
expansively [ɪks'pænsɪvlɪ] *adv* (*in detail*) *relate* avec abondance; (*warmly*) *welcome, say* chaleureusement. **to gesture ~** faire de grands gestes; **he was smiling ~** il arborait un large sourire.
expatiate [ɪks'peɪʃɪeɪt] *vi* discourir, disserter, s'étendre (*upon* sur).

expatriate [eks'pætrɪeɪt] **1** *vt* expatrier. **2** *adj* expatrié. **3** *n* expatrié(e) *m(f)*.

expect [ɪks'pekt] *vt* **(a)** *(anticipate)* s'attendre à, attendre, prévoir; *(with confidence)* escompter; *(count on)* compter sur; *(hope for)* espérer. **to ~ to** do penser *or* compter *or* espérer faire, s'attendre à faire; **we were ~ing rain** nous nous attendions à de la pluie; **to ~ the worst** s'attendre au pire, prévoir le pire; **that was to be ~ed** c'était à prévoir, il fallait s'y attendre; **I ~ed as much** je m'y attendais; **I know what to ~** je sais à quoi m'attendre *or* m'en tenir; **I did not ~ that from him** je n'attendais pas cela de lui; **he did not have the success he ~ed** il n'a pas eu le succès qu'il escomptait; **we were ~ing war** on attendait la guerre; **to ~ that** s'attendre à ce que + *subj*, escompter que + *indic*; **it is ~ed that** il est vraisemblable que + *indic*, il y a des chances pour que + *subj*, il faut s'attendre à ce que + *subj*; **it is hardly to be ~ed that** il ne faut pas *or* guère s'attendre à ce que + *subj*, il y a peu de chances pour que + *subj*; **I ~ him to come, I ~ that he'll come** je m'attends à ce qu'il vienne; **this suitcase is not as heavy as I ~ed** cette valise n'est pas aussi lourde que je le croyais; **he failed, as we had ~ed** il a échoué, comme nous l'avions prévu; **as might have been ~ed, as was to be ~ed** comme il fallait *or* comme on pouvait s'y attendre; **as ~ed** comme on s'y attendait, comme prévu.

(b) *(suppose)* penser, croire, supposer, se douter de. **I ~ so** je (le) crois, je crois que oui; **this work is very tiring — yes, I ~ it** is ce travail est très fatigant — oui, je m'en doute *or* je veux bien le croire; **I ~ he'll soon have finished** je pense *or* suppose qu'il aura bientôt fini; **I ~ it was your father** je suppose que c'était ton père.

(c) *(demand)* exiger, attendre *(sth from sb* qch de qn), demander *(sth from sb* à qn). **to ~ sb to do sth** exiger *or* vouloir *or* demander que qn fasse qch; **you can't ~ too much from him** il ne faut pas trop lui en demander, on ne peut pas trop exiger de lui; **you can't ~ them to take it seriously** comment voulez-vous qu'ils le prennent au sérieux?; **I ~ you to tidy your own room** tu es censé ranger ta chambre toi-même, je compte que tu rangeras ta chambre toi-même; **what do you ~ me to do about it?** que voulez-vous que j'y fasse?; **what do you ~ of me?** qu'attendez-vous *or* qu'exigez-vous de moi?; **England ~s that every man will do his duty** l'Angleterre compte que chacun fera son devoir; **are we ~ed to leave now?** est-ce que nous sommes censés *or* est-ce qu'on doit partir tout de suite?

(d) *(await)* person, baby, thing, action attendre. **I am ~ing her tomorrow** je l'attends demain; *(Comm etc)* **we are ~ing it this week** nous espérons le recevoir cette semaine; **I am ~ing them for dinner** je les attends à dîner; **~ me when you see me!*** vous (me) verrez bien quand je serai là!**ǂ**; **we'll ~ you when we see you*** on ne t'attend pas à une heure précise; **she is ~ing*** elle est enceinte, elle attend un bébé *or* un heureux événement.

expectancy [ɪks'pektənsɪ] *n* attente *f*; *(hopefulness)* espoir *m*. **air of ~** air *m* d'attente; **look of ~** regard plein d'espoir; **awaited with eager ~** attendu avec une vive impatience; *V* **life**.

expectant [ɪks'pektənt] *adj* person, crowd qui attend (quelque chose); *attitude* d'expectative. **with an ~ look** d'un air de quel-qu'un qui attend quelque chose; **~ mother** femme enceinte, future maman.

expectantly [ɪks'pektəntlɪ] *adv* look, listen avec l'air d'attendre quelque chose. **to wait ~** être dans l'expectative, attendre avec espoir.

expectation [ˌekspek'teɪʃən] *n* **(a)** *(U)* prévision *f*, attente *f*, espoir *m*. **in ~ of** dans l'attente *or* l'espoir de, en prévision de; **to live in ~** vivre dans l'expectative; **happiness in ~** bonheur en perspective; **there is every ~ of/no ~ of a cold winter** il y a de grandes chances/peu de chances pour que l'hiver soit froid.

(b) *(sth expected)* attente *f*, espérance *f*. **~ contrary to all ~** contre toute attente *or* espérance; **to come up to sb's ~s** répondre à l'attente *or* aux espérances de qn, remplir les espérances de qn; **beyond ~** au-delà de mes *(or* de nos *etc)* espérances; **his (financial) ~s are good** ses espérances sont considérables; **~ of life** espérance de vie.

expectorate [ɪks'pektəreɪt] *vti* expectorer, cracher.

expedience [ɪks'piːdɪəns] *n*, **expediency** [ɪks'piːdɪənsɪ] *n* *(convenience)* convenance *f*; *(self-interest)* recherche *f* de l'intérêt personnel, opportunisme *m*; *(advisability)* [project, course of action] opportunité *f*.

expedient [ɪks'piːdɪənt] **1** *adj* **(a)** *(suitable, convenient)* indiqué, opportun, expédient *(frm)*.

(b) *(politic)* politique, opportun. **this solution is more ~ than just** cette solution est plus politique que juste; **it would be ~ to change the rule** il serait plus opportun de changer le règlement. **2** *n* expédient *m*.

expedite ['ekspɪdaɪt] *vt* preparations, process accélérer; work, operations, legal *or* official matters activer, hâter; business, deal pousser; task expédier; *(† or frm: dispatch)* expédier.

expedition [ˌekspɪ'dɪʃən] *n* **(a)** *(journey: gen, also Climbing)* expédition *f*; *(group of people)* (membres *mpl* d'une) expédition. **(b)** *(U: † or frm: speed)* promptitude *f*.

expeditionary [ˌekspɪ'dɪʃənrɪ] *adj* expéditionnaire. *(Mil)* **~ force** corps *m* expéditionnaire.

expeditious [ˌekspɪ'dɪʃəs] *adj* expéditif.

expeditiously [ˌekspɪ'dɪʃəslɪ] *adv* promptement, d'une façon expéditive.

expel [ɪks'pel] *vt* *(from country, meeting)* expulser *(from* de); *(from society, party)* exclure, expulser; *(from school)* renvoyer; **the enemy** chasser; gas, liquid évacuer, expulser; *(from the body)* éliminer, évacuer.

expend [ɪks'pend] *vt* **(a)** time, energy, care consacrer, employer *(on sth* à qch, on doing à faire); money dépenser *(on sth* pour qch, on doing à faire). **(b)** *(use up)* ammunition, resources épuiser.

expendability [ɪkˌspendə'bɪlɪtɪ] *n*: **its ~** le peu de valeur qu'on y attache, la possibilité de le sacrifier.

expendable [ɪks'pendəbl] *adj* *(not reusable)* equipment non-réutilisable; *(Mil)* troops sacrifiable; *(of little value)* person, object remplaçable, dont on peut se passer. *(Mil)* **~ stores** matériel *m* de consommation; **this watch is ~** cette montre est facile à remplacer; **he is really ~** il n'est vraiment pas irremplaçable, on peut se passer de lui.

expenditure [ɪks'pendɪtʃər] *n* *(U)* **(a)** *(money spent)* dépense(s) *f(pl)*; *(Bookkeeping: outgoings)* sortie *f*. **public ~** dépenses publiques; **to limit one's ~** limiter ses dépenses; **project which involves heavy ~** projet qui entraîne une grosse dépense *or* de gros frais; **income and ~** recettes *fpl* et dépenses.

(b) *(U)* [money, time, energy] dépense *f*; [ammunition, resources] consommation *f*. **the ~ of public funds on this project** l'utilisation *f* des fonds publics pour ce projet.

expense [ɪks'pens] **1** *n* **(a)** *(U)* dépense *f*, frais *mpl*. **at my ~** à mes frais; **at the public ~** aux frais de l'État; **at little ~** à peu de frais; **at great ~** à grands frais; **to go to the ~ of buying a car** faire la dépense d'une voiture; **to go to great ~ on sb's account** s'engager *or* se lancer dans de grosses dépenses pour qn; **to go to great ~ to repair the house** faire beaucoup de frais pour réparer la maison; **to go to some ~** faire des frais; **don't go to any ~ over our visit** ne faites pas de frais pour notre visite; **regardless of ~** sans regarder à la dépense; **to put sb to ~** faire faire *or* causer des dépenses à qn; **that will involve him in some ~** cela lui occasionnera des frais; **to meet the ~ of sth** faire face aux frais de qch *or* à la dépense occasionnée par qch, supporter les frais de qch; *V* **spare**.

(b) **~s** frais *mpl*, débours *mpl*, dépenses *fpl*; **he gets all his ~s paid** il se fait rembourser tous ses frais; **your ~s will be entirely covered** vous serez défrayé entièrement *or* en totalité; **after all ~s have been paid** tous frais payés; *(Jur)* **~s to be refunded** frais *mpl* remboursables.

(c) *(fig)* **to have a good laugh at sb's ~** bien rire aux dépens de qn; **to get rich at other people's ~** s'enrichir aux dépens d'autrui *or* au détriment des autres; **to live at other people's ~** vivre aux dépens *or* à la charge *or* aux crochets des autres; **at the ~ of great sacrifices** au prix de grands sacrifices.

2 *cpd*: *(Comm)* **expense account** frais *mpl* de représentation; **this will go on his expense account** cela passera aux frais de représentation *or* sur sa note de frais; **expense account lunch** déjeuner *m* qui passe aux frais de représentation *or* sur la note de frais.

expensive [ɪks'pensɪv] *adj* goods, seats, shop, restaurant cher *(f* chère); holidays, medicine, undertaking coûteux; tastes dispendieux, de luxe; journey onéreux. **to be ~** coûter cher *inv*, valoir cher *inv*; **that vase must be ~** ce vase doit valoir cher, ce doit être un vase de prix; **this car comes ~** cette voiture revient cher; **to be extremely ~** être hors de prix, coûter les yeux de la tête*.

expensively [ɪks'pensɪvlɪ] *adv* *(sparing no expense)* entertain à grands frais; *(in costly way)* dress de façon coûteuse.

expensiveness [ɪks'pensɪvnɪs] *n* cherté *f*.

experience [ɪks'pɪərɪəns] **1** *n* **(a)** *(U: knowledge, wisdom)* expérience *f*. **~ of life of men** expérience du monde(des hommes); **~ shows that** ... l'expérience démontre que ...; **I know by ~** je (le) sais par expérience *or* pour en avoir fait l'expérience; **from my own *or* personal ~** d'après mon expérience personnelle; **I know from bitter ~ that** ... j'ai appris à mes dépens que ...; **he has no ~ of real grief** il n'a jamais éprouvé *or* ressenti un vrai chagrin; **he has no ~ of living in the country** il ne sait pas ce que c'est que de vivre à la campagne; **the greatest disaster in the ~ of this nation** le plus grand désastre que cette nation ait connu.

(b) *(U: practice, skill)* pratique *f*, expérience *f*. **practical ~** pratique; **business ~** expérience des affaires; **he has a lot of teaching ~** il a une longue pratique *or* expérience *or* habitude de l'enseignement; **he has considerable ~ in selecting** ... il possède une expérience considérable dans la sélection de ...; **he has considerable driving ~** il a l'expérience de la route *or* du volant, c'est un conducteur expérimenté; **he lacks ~** il manque d'expérience *or* de pratique; **have you any previous ~ (in this kind of work)?** avez-vous déjà fait ce genre de travail?; **I've (had) no ~ of driving this type of car** je n'ai jamais conduit une voiture de ce type.

(c) *(event experienced)* expérience *f*, aventure *f*, sensation *f*. **I had a pleasant/frightening ~** il m'est arrivé une chose *or* une aventure agréable/effrayante; **she's had *or* gone through some terrible ~s** elle est passée par de rudes épreuves *fpl*, elle en a vu de dures*; **it was a new ~ for me** cela a été une nouveauté *or* une nouvelle expérience pour moi; **we had many unforgettable ~s** there nous y avons vécu *or* passé bien des moments inoubliables; **she swam in the nude and it was an agreeable ~** elle a nagé toute nue et a trouvé cela agréable; **it wasn't an ~ I would care to repeat** ça n'est pas une aventure que je tiens à recommencer; **unfortunate ~** mésaventure *f*.

2 *vt* **(a)** *(undergo)* misfortune, hardship connaître; setbacks, losses essuyer; privations souffrir de; conditions vivre sous *or* dans; ill treatment subir; difficulties rencontrer. **he doesn't know what it is like to be poor for he has never ~d it** il ne sait pas ce que c'est que d'être pauvre car il n'en a jamais fait l'expérience *or* cela ne lui est jamais arrivé; **he ~s some difficulty in speaking** il a *or* éprouve de la difficulté *or* du mal à parler.

(b) *(feel)* sensation, terror, remorse éprouver; emotion, joy, elation ressentir.

experienced [ɪks'pɪərɪənst] *adj* teacher, secretary expérimenté, qui a de l'expérience, qui a du métier; technician etc confirmé, expérimenté; driver, politician expérimenté, chevronné; eye, ear exercé. **wanted, ~ secretary/journalist** on cherche secrétaire/

journaliste expérimenté(e); **she is not ~ enough** elle n'a pas assez d'expérience, elle est trop inexpérimentée; **someone ~ in the trade** quelqu'un qui a l'habitude du métier; **he is ~ in business/ driving/teaching** il a de l'expérience en affaires/en matière de conduite/en matière d'enseignement, il est rompu aux affaires/à la conduite/à l'enseignement.

experiment [ɪks'perɪmənt] **1** n (Chem, Phys) expérience f; (fig) expérience, essai m. **to carry out an ~** faire une expérience; **by way of ~, as an ~** à titre d'essai or d'expérience.
2 [ɪks'perɪment] vi (Chem, Phys) faire une expérience, expérimenter; (fig) faire une or des expérience(s). **to ~ with a new vaccine** expérimenter un nouveau vaccin; **to ~ on guinea pigs** faire des expériences sur des cobayes; **they are ~ing with communal living** ils font une expérience de vie communautaire.

experimental [ɪks,perɪ'mentl] adj laboratory, research, method, science expérimental; evidence établi or confirmé par l'expérience; engine, novel expérimental; cinema, period d'essai. **at the ~ stage** au stade expérimental; **this system is merely ~** ce système est encore à l'essai; **~ chemist** chimiste mf de laboratoire.

experimentally [ɪks,perɪ'mentəlɪ] adv (by experimenting) test, establish, discover expérimentalement; (as an experiment) organize à titre d'expérience.

experimentation [ɪks,perɪmen'teɪʃən] n expérimentation f.

expert ['ekspɜːt] **1** n spécialiste mf (in, on, at de), connaisseur m (in, on de); (officially qualified) expert m. **he is an ~ on wines** il est grand or fin connaisseur en vins; **he is an ~ on the subject** c'est un expert en la matière; **~ at pigeon shooting** spécialiste du tir aux pigeons; **nineteenth century ~** spécialiste du dix-neuvième siècle; **he's an ~ at repairing watches** il est expert à réparer les montres; **he's an ~ at that sort of negotiation** il est spécialiste de ce genre de négociations; **with the eye of an ~** examine d'un œil or regard connaisseur; judge en connaisseur, en expert; **~'s report** or **valuation** expertise f.
2 adj person, worker expert (in sth en qch; at or in doing à faire); advice, knowledge, (Jur) evidence d'expert; (Jur) ~ witness (témoin m) expert m; **to be ~ in an art/a science** être expert dans un art/une science; **he is ~ in this field** il est expert en la matière, il s'y connaît; **he is ~ in handling a boat** il est expert à manœuvrer un bateau; **to judge sth with an ~ eye** juger qch en connaisseur or en expert; **to cast an ~ eye on sth** jeter un coup d'œil connaisseur sur qch; **with an ~ touch** avec beaucoup d'habileté, avec une grande adresse; **~ opinion believes that ...** d'après les avis autorisés ...; **~ advice** l'avis m d'un expert; **~ valuation** or **appraisal** expertise f.

expertise [,ekspɜː'tiːz] n compétence f (in en), adresse f (in à).

expertly ['ekspɜːtlɪ] adv de façon experte, habilement, adroitement.

expertness ['ekspɜːtnɪs] n = **expertise**.

expiate ['ekspɪeɪt] vt expier.

expiation [,ekspɪ'eɪʃən] n expiation f. **in ~ of** en expiation de.

expiatory ['ekspɪeɪtərɪ] adj expiatoire.

expiration [,ekspaɪə'reɪʃən] n (a) = **expiry**. (b) (breathing out) expiration f. (c) (††: death) trépas m (liter), décès m.

expire [ɪks'paɪər] vi (a) (lease, passport, licence) expirer; (period, time limit) arriver à terme. (b) (liter: die) expirer, rendre l'âme or le dernier soupir. (c) (breathe out) expirer.

expiry [ɪks'paɪərɪ] n [time limit, period, term of office] expiration f, fin f; [passport, lease] expiration. **date of ~ of the lease** expiration or terme m du bail; **~ date** (gen) date f de péremption; (on label) à utiliser avant ... .

explain [ɪks'pleɪn] vt (a) (make clear) how sth works, rule, meaning of a word, situation expliquer; mystery élucider, éclaircir; motives, thoughts expliquer, éclairer; reasons, points of view exposer. **~ what you intend to do** expliquez ce que vous voulez faire; **'it's raining' she ~ed** 'il pleut' expliqua-t-elle; **that is easy to ~, that is easily ~ed** cela s'explique facilement; **this may seem confused, I will ~ myself** ceci peut paraître confus, je m'explique donc (V also b); **to ~ why/how** etc expliquer pourquoi/comment etc; **he ~ed to us why he had been absent** il nous a expliqué pourquoi il avait été absent; **to ~ to sb how to do sth** expliquer à qn comment (il faut) faire qch.
(b) (account for) phenomenon expliquer, donner l'explication de; behaviour expliquer, justifier. **the bad weather ~s why he is absent** le mauvais temps explique son absence or qu'il soit absent; **come now, ~ yourself!** allez, expliquez-vous!
◆**explain away** vt sep justifier, trouver une explication convaincante de.

explainable [ɪks'pleɪnəbl] adj explicable. **that is easily ~** cela s'explique facilement.

explanation [,eksplə'neɪʃən] n (a) (act, statement) explication f, éclaircissement m. **a long ~ of what he meant by democracy** une longue explication de ce qu'il entendait par la démocratie; **these instructions need some ~** ces instructions demandent quelques éclaircissements.
(b) (cause, motive) explication f. **to find an ~ for sth** trouver l'explication de qch, s'expliquer qch.
(c) (U: justification) explication f, justification f. **has he something to say in ~ of his conduct?** est-ce qu'il peut fournir une explication de sa conduite?; **what have you to say in ~?** qu'avez-vous à dire pour votre justification?

explanatory [ɪks'plænətərɪ] adj explicatif.

expletive [ɪks'pliːtɪv] **1** n (exclamation) exclamation f, interjection f; (oath) juron m; (Gram) explétif m. **2** adj (Gram) explétif.

explicable [ɪks'plɪkəbl] adj explicable.

explicably [ɪks'plɪkəblɪ] adv d'une manière explicable.

explicit [ɪks'plɪsɪt] adj (plainly stated) explicite (also Math, sexually); (definite) catégorique, formel. **the intention is ~ in the**

text l'intention est explicite dans le texte; **in ~ terms** en termes explicites; **he was ~ on this point** il a été explicite sur ce point, il a été catégorique là-dessus; **~ denial/order** démenti/ordre formel.

explicitly [ɪks'plɪsɪtlɪ] adv (V explicit) explicitement; catégoriquement, formellement.

explode [ɪks'pləʊd] **1** vi [bomb, boiler, plane] exploser, éclater; [gas] exploser, détoner; [building, ship, ammunition] exploser, sauter; [joy, anger] éclater; [person] (*: from rage, impatience) exploser. **to ~ with laughter** éclater de rire; (Art etc) **~d drawing** or **view** éclaté m.
2 vt (V 1) faire exploser or éclater or détoner or sauter; (fig) theory, argument discréditer, démontrer la fausseté de; rumour montrer la fausseté de. (fig) **to ~ the myth that ...** démolir or dégonfler le mythe selon lequel ... .

exploit ['eksplɔɪt] **1** n (heroic) exploit m, haut fait; (feat) prouesse f. (adventures) **~s** aventures fpl.
2 [ɪks'plɔɪt] vt (a) (use unfairly) workers, sb's credulity exploiter. (b) (make use of) minerals, land, talent exploiter; situation exploiter, profiter de, tirer parti or profit de.

exploitation [,eksplɔɪ'teɪʃən] n exploitation f.

exploration [,eksplɔː'reɪʃən] n (lit, fig, Med) exploration f. **voyage of ~** voyage m d'exploration or de découverte; [ground, site] **preliminary ~** reconnaissance f.

exploratory [ɪks'plɔrətərɪ] adj expedition d'exploration, de découverte; step, discussion préliminaire, exploratoire, préparatoire. (Med) **~ operation** sondage m; **~ surgery** chirurgie exploratrice; **~ drilling of a piece of land** sondage d'un terrain; (Pol etc) **~ talks** entretiens mpl préliminaires or préparatoires; (Jur) **~ study** étude prospective.

explore [ɪks'plɔːr] vt territory, house, question, matter explorer; (Med) sonder; (fig) issue, proposal étudier sous tous ses aspects. **to go exploring** partir en exploration or à la découverte; **to ~ every corner of** fouiller partout dans; (lit, fig) **to ~ the ground** tâter or sonder le terrain; (fig) **to ~ every avenue** examiner toutes les possibilités; **to ~ the possibilities** étudier les possibilités; **to ~ an agreement** examiner les modalités d'un eventuel accord.

explorer [ɪks'plɔːrər] n (a) (person) explorateur m, -trice f. (b) (US: dental probe) sonde f.

explosion [ɪks'pləʊʒən] n (V explode) explosion f; éclatement m; [joy, mirth] explosion, débordement m. **noise of ~** détonation f; V **population**.

explosive [ɪks'pləʊzɪv] **1** adj gas, matter explosible; weapons, force explosif; mixture détonant; situation, temper explosif; (Phon) explosif. **2** n (a) (gen, Chem) explosif m; V **high**. (b) (Phon) consonne explosive.

exponent [ɪks'pəʊnənt] n [theory etc] interprète m; (Math, Gram) exposant m. **the principal ~ of this movement/this school of thought** le chef de file or le principal représentant de ce mouvement/de cette école de pensée.

exponential [,ekspəʊ'nenʃəl] adj exponentiel. (Statistics) **~ distribution** distribution exponentielle.

export [ɪks'pɔːt] **1** vt exporter (to vers). **countries which ~ coal** pays exportateurs de charbon.
2 [ɪks'pɔːt] n (a) (U) exportation f, sortie f. **for ~ only** réservé à l'exportation.
(b) (object, commodity) (article m d')exportation f. **invisible ~s** exportations invisibles; **ban on ~s** prohibition sur les sorties.
3 ['ekspɔːt] cpd goods, permit, agent d'exportation. **export credit** crédit m à l'exporation; **export drive** campagne f pour (encourager) l'exportation; **export duty** droit m de sortie; **export reject** article m impropre à l'exportation; **export earnings** recettes fpl d'exportation; **export-orientated** or (US) **-oriented** à vocation exportatrice; **export trade** commerce m d'exportation.

exportable [ɪks'pɔːtəbl] adj exportable.

exportation [,ekspɔː'teɪʃən] n (U) exportation f, sortie f.

exporter [ɪks'pɔːtər] n (person) exportateur m, -trice f; (country) pays m exportateur.

expose [ɪks'pəʊz] vt (a) (uncover; leave unprotected) découvrir, exposer, mettre au jour; wire, nerve mettre à nu, dénuder; (Phot) exposer. **a dress which leaves the back ~d** une robe qui découvre or dénude le dos; **to ~ to radiation/rain/sunlight/danger** exposer à la radiation/à la pluie/au soleil/au danger; **not to be ~d to air** ne pas laisser or exposer à l'air; **to be ~d to view** s'offrir à la vue; **~d to the general view** exposé aux regards de tous; **digging has ~d the remains of a temple** les fouilles ont mis au jour les restes d'un temple; (Tech) **~d parts** parties apparentes; (Hist) **to ~ a child (to die)** exposer un enfant; **to ~ o.s. to criticism/censure** etc s'exposer à la critique/aux reproches etc; **he ~d himself to the risk of losing his job** il s'est exposé à perdre sa place; (Jur: indecently) **to ~ o.s.** commettre un outrage à la pudeur.
(b) (display) goods étaler, exposer; pictures exposer; **one's ignorance** afficher, montrer.
(c) (unmask, reveal) vice mettre à nu; scandal, plot révéler, dévoiler, exposer au grand jour; secret éventer; person démasquer, dénoncer.

exposed [ɪks'pəʊzd] adj hillside, site (gen) battu par les vents, mal abrité; (Mil) découvert; (Climbing) passage, section aérien; (Tech) part apparent; wire à nu; (Phot) exposé. (Mil) **~ position** lieu découvert; (fig) **he is in a very ~ position** il est très exposé; **~ ground** terrain découvert; **house ~ to the north** maison exposée au or orienté vers le nord.

exposition [,ekspə'zɪʃən] n (a) (U) [facts, theory, plan] exposition f; [text] exposé m, commentaire m, interprétation f; (Mus) exposition. (b) (exhibition) exposition f.

expostulate [ɪks'pɒstjʊlet] **1** vt protester. **2** vi: **to ~ with sb about sth** faire des remontrances à qn au sujet de qch.

expostulation [ɪks‚pɒstjʊ'leɪʃən] n (V expostulate) protestation f; remontrances fpl.

exposure [ɪks'pəʊʒər] 1 n (a) (V expose) découverte f; mise f à nu; exposition f (to à), étalage m; révélation f; dénonciation f. to threaten sb with ∼ menacer qn d'un scandale; to die of ∼ mourir de froid; V indecent.

(b) (position of building) exposition f. southern/eastern ∼ exposition f au midi/à l'est; house with a northern ∼ maison exposée or orientée au nord.

(c) (Phot) (length of ∼: also ∼ time) (temps m de) pose f; (photo) pose, vue f. to make an ∼ prendre un cliché; film with 36 ∼s film de 36 poses or vues; V double.

2 cpd: (Phot) exposure index indice m de pose; exposure meter posemètre m, photomètre m; exposure value indice m de lumination.

expound [ɪks'paʊnd] vt theory expliquer; one's views exposer; the Bible expliquer, interpréter.

ex-president [‚eks'prezɪdənt] n ex-président m, ancien président.

express [ɪks'pres] 1 vt (a) (make known) appreciation, feelings, sympathy exprimer; opinions émettre, exprimer; surprise, displeasure exprimer, manifester; thanks présenter, exprimer; a truth, proposition énoncer; wish formuler. to ∼ o.s. s'exprimer; I haven't the words to ∼ my thoughts les mots me manquent pour traduire ma pensée; they have ∼ed interest in ... ils se sont montrés intéressés par ..., ils ont manifesté de l'intérêt pour ....

(b) (in another language or medium) rendre, exprimer; [face, actions] exprimer; (Math) exprimer. this ∼es exactly the meaning of the word ceci rend exactement le sens du mot; you cannot ∼ that so succinctly in French on ne peut pas exprimer cela aussi succinctement en français.

(c) juice exprimer, extraire.

(d) (send) letter, parcel expédier par exprès.

2 adj (a) (clearly stated) instructions exprès (f -esse), formel; intention explicite. with the ∼ purpose of dans le seul but de, dans le but même de.

(b) (fast) extrêmement rapide; (Brit) letter exprès inv.

3 cpd: express coach (auto)car m express; express company compagnie f de messageries exprès; (Brit Post) express delivery distribution f exprès; (US) expressman employé m de messageries exprès; express rifle fusil m de chasse express; express train rapide m; (esp US) expressway voie f express (à plusieurs files).

4 adv très rapidement. to send a parcel ∼ envoyer un colis exprès; (Rail) to travel ∼ prendre le rapide.

5 n (a) (train) rapide m.

(b) to send goods by ∼ envoyer des marchandises par transport rapide or par messagerie exprès.

expressage [ɪks'presɪdʒ] n (US) service m transport-express, colis-express m.

expression [ɪks'preʃən] 1 n (a) (U) [opinions] expression f; [friendship, affection] témoignage m; [joy] manifestation f. to give ∼ to one's fears formuler ses craintes.

(b) (U: feeling) expression f. to play with ∼ jouer avec expression.

(c) (phrase etc) expression f, tournure f, tour m, locution f (fml); (Math) expression. it's an ∼ he's fond of c'est une expression or une tournure qu'il affectionne; a figurative ∼ une expression figurée; an original/common ∼ une tournure originale/fréquente; (Ling) set or fixed ∼ expression consacrée, locution figée (fml).

(d) (facial ∼) expression f.

2 cpd: (Mus) expression mark signe m d'expression.

expressionism [ɪks'preʃənɪzəm] n expressionnisme m.

expressionist [ɪks'preʃənɪst] adj, n expressionniste (mf).

expressionless [ɪks'preʃənlɪs] adj voice sans expression, plat; face inexpressif, éteint; style dénué d'expression. he remained ∼ il est resté sans expression.

expressive [ɪks'presɪv] adj language, face, hands expressif; gestures, silence éloquent; look, smile significatif. poems ∼ of despair poèmes qui expriment le désespoir.

expressively [ɪks'presɪvlɪ] adv avec expression, d'une manière expressive.

expressiveness [ɪks'presɪvnɪs] n [face] caractère expressif, expressivité f; [words] force expressive. picture remarkable for its ∼ tableau remarquable par (la force de) l'expression.

expressly [ɪks'preslɪ] adv expressément.

expropriate [eks'prəʊprɪeɪt] vt person, land exproprier.

expropriation [eks‚prəʊprɪ'eɪʃən] n expropriation f.

expulsion [ɪks'pʌlʃən] n expulsion f, bannissement m; (Scol etc) renvoi m, exclusion définitive. ∼ order arrêté m d'expulsion.

expunge [ɪks'pʌndʒ] vt (from book) supprimer. to ∼ sth from the record supprimer or effacer qch.

expurgate ['ekspɜːgeɪt] vt expurger. ∼d edition édition expurgée.

exquisite [ɪks'kwɪzɪt] adj sewing, painting, sweetness, politeness exquis; sensibility raffiné, délicat; sense of humour exquis, subtil; satisfaction, pleasure vif (f vive); pain aigu (f -guë), vif. woman of ∼ beauty femme d'une beauté exquise or exquise de beauté; chair of ∼ workmanship chaise d'une facture exquise.

exquisitely [ɪks'kwɪzɪtlɪ] adv (a) paint, embroider, decorate, dress d'une façon exquise, exquisément; describe avec beaucoup de finesse. (b) (extremely) extrêmement, excessivement. ∼ beautiful/polite d'une beauté/d'une politesse exquise.

ex-service [‚ek'sɜːvəs] (Brit) 1 adj (Mil) ayant servi dans l'armée. 2 cpd: ex-serviceman ancien combattant.

extant [eks'tænt] adj qui existe encore, existant. the only ∼ manuscript le seul manuscrit conservé; a few examples are still ∼ quelques exemples subsistent (encore).

extemporaneous [ɪks‚tempə'reɪnɪəs] adj, **extemporary** [ɪks'tempərərɪ] adj improvisé, impromptu.

extempore [ɪks'tempərɪ] 1 adv impromptu, sans préparation. 2 adj improvisé, impromptu. to give an ∼ speech improviser un discours, faire un discours au pied levé.

extemporize [ɪks'tempəraɪz] vti improviser.

extend [ɪks'tend] 1 vt (a) (stretch out) arm étendre. to ∼ one's hand (to sb) tendre la main (à qn).

(b) (prolong) street, line prolonger (by de); visit, leave prolonger (for 2 weeks de 2 semaines).

(c) (enlarge) house, property agrandir; research porter or pousser plus loin; powers étendre, augmenter; business étendre, accroître; knowledge élargir, accroître; limits étendre; insurance cover etc augmenter le montant de. to ∼ the frontiers of a country reculer les frontières d'un pays; to ∼ the field of human knowledge/one's sphere of influence agrandir le champ des connaissances humaines/sa sphère d'influence; to ∼ one's vocabulary enrichir or élargir son vocabulaire; to ∼ a time limit (for payment) proroger l'échéance (d'un paiement), accorder des délais (de paiement); to grant ∼ed credit accorder un long crédit; an ∼ed play record un disque double (durée); (US Med) ∼ed care facilities soins mpl pour convalescents; (Sociol) the ∼ed family la famille étendue.

(d) (offer, give) help apporter; hospitality, friendship offrir; thanks, condolences, congratulations présenter; credit, loan consentir. to ∼ a welcome to sb souhaiter la bienvenue à qn; to ∼ an invitation faire or lancer une invitation.

(e) (make demands on) person, pupil pousser à la limite de ses capacités, faire donner son maximum à. the staff are fully ∼ed le personnel travaille à la limite de ses possibilités or fournit un maximum d'effort; the child is not being fully ∼ed in this class l'enfant ne donne pas son maximum dans cette classe.

2 vi (wall, estate) s'étendre (to, as far as jusqu'à); [meeting, visit] se prolonger, continuer (over pendant, for durant, till jusqu'à, beyond au-delà de). holidays which ∼ into September des vacances qui durent or se prolongent jusqu'en septembre; enthusiasm which ∼s even to the children enthousiasme qui gagne (or a gagné) les enfants eux-mêmes.

extensible [ɪks'tensɪbl] adj extensible.

extension [ɪks'tenʃən] 1 n (a) (U) (act of extending: V extend) prolongation f; agrandissement m; extension f; augmentation f; prorogation f.

(b) (addition) (to road, line) prolongement m; (for table, wire, electric flex) rallonge f; (to holidays, leave) prolongation f. to get an ∼ (of time for payment) obtenir un délai; (Jur, Fin) ∼ of due date report m d'échéance; to have an ∼ built on to the house faire agrandir la maison; there is an ∼ at the back of the house la maison a été agrandie par derrière; come and see our ∼ venez voir nos agrandissements mpl.

(c) (telephone) [private house] appareil m supplémentaire; [office] poste m. ∼ 21 poste 21.

2 cpd: (Elec) extension cable or lead prolongateur m; (university) extension courses cours publics du soir (organisés par une université); extension ladder échelle coulissante; extension light lampe baladeuse; (Phot) extension tube bague f allonge.

extensive [ɪks'tensɪv] adj estate, forest étendu, vaste; grounds, gardens vaste, très grand; knowledge vaste, étendu; study, research approfondi; investments, operations, alterations, damage considérable, important; plans, reforms, business de grande envergure; use large, répandu, fréquent.

extensively [ɪks'tensɪvlɪ] adv revise, alter considérablement, largement; review, discuss abondamment; advertise largement. ∼ used method méthode très répandue; he has travelled ∼ in Asia il a beaucoup voyagé en Asie.

extensor [ɪks'tensər] n (muscle m) extenseur m.

extent [ɪks'tent] n (a) (size) étendue f, superficie f; (length) longueur f. avenue bordered with trees along its entire ∼ allée bordée d'arbres sur toute sa longueur; to open to its fullest ∼ ouvrir entièrement or tout grand; over the whole ∼ of the ground sur toute la superficie du terrain; she could see the full ∼ of the park elle voyait le parc dans toute son étendue.

(b) (range, scope) [damage] importance f, ampleur f; [commitments, losses] importance; [knowledge, activities, power, influence] étendue f.

(c) (degree) mesure f, degré m. to what ∼ dans quelle mesure; to a certain ∼ jusqu'à un certain point or degré, dans une certaine mesure; to a large ∼ en grande partie; to a small or slight ∼ dans une faible mesure, quelque peu; to such an ∼ that à tel point que; to the ∼ of doing au point de faire.

extenuate [ɪks'tenjʊeɪt] vt atténuer. extenuating circumstances circonstances atténuantes.

extenuation [ɪks‚tenjʊ'eɪʃən] n atténuation f.

exterior [ɪks'tɪərɪər] 1 adj surface, paintwork extérieur (f -eure); decorating du dehors. ∼ to extérieur à, en dehors de; ∼ angle angle m externe; ∼ decoration peintures fpl d'extérieur; paint for ∼ use peinture f pour bâtiment.

2 n [house, box] extérieur m, dehors m; (Art, Cine) extérieur. on the ∼ à l'extérieur; he has a rough ∼ il a des dehors rudes, il a un extérieur rude.

exteriorize [ɪks'tɪərɪəraɪz] vt extérioriser.

exterminate [ɪks'tɜːmɪneɪt] vt pests, group of people exterminer; race anéantir; disease abolir; beliefs, ideas supprimer, détruire, abolir.

extermination [ɪks‚tɜːmɪ'neɪʃən] n (V exterminate) extermination f; anéantissement m; abolition f; suppression f, destruction f.

exterminator [ɪk'stɜːmɪ‚neɪtər] n (US : rat-catcher etc) employé(e) m(f) de la désinfection.

extern ['ekstɜːn] n (US Med) externe mf.

external [eks'tɜːnl] **1** adj surface externe, extérieur (f -eure); wall extérieur; influences du dehors; factor extérieur. (Pharm) for ~ use only pour (l')usage externe; (Brit) ~ degree from London University diplôme de l'Université de Londres accordé à des étudiants extérieurs; (Brit Univ etc) ~ examiner examinateur (venu) de l'extérieur (d'une autre université); (US) ~ trade commerce extérieur.
2 n (fig) the ~s l'extérieur m, les apparences fpl.

externally [eks'tɜːnəlɪ] adv extérieurement. he remained ~ calm il gardait une apparence calme, il restait calme extérieurement; (Pharm) to be used ~ pour (l')usage externe.

extinct [ɪks'tɪŋkt] adj volcano éteint; feelings, passion éteint, mort; race, species disparu.

extinction [ɪks'tɪŋkʃən] n (U) [fire] extinction f; [race, family] extinction, disparition f; [hopes] anéantissement m.

extinguish [ɪks'tɪŋgwɪʃ] vt fire, light éteindre; candle éteindre, souffler; hopes anéantir, mettre fin à.

extinguisher [ɪks'tɪŋgwɪʃər] n extincteur m; V fire.

extirpate ['ekstɜːpeɪt] vt extirper.

extirpation [,ekstə'peɪʃən] n (U) extirpation f.

extirpator ['ekstəpeɪtər] n (Agr, Tech) extirpateur m.

extol [ɪks'təʊl] vt person louer, porter aux nues, chanter les louanges de; act, quality prôner, exalter.

extort [ɪks'tɔːt] vt promise, money extorquer, soutirer (from à); consent, promise, confession, secret arracher (from à); signature extorquer.

extortion [ɪks'tɔːʃən] n (also Jur) extorsion f. (fig) this is sheer ~! c'est du vol (manifeste)!

extortionate [ɪks'tɔːʃənɪt] adj price exorbitant, inabordable; demand, tax excessif, exorbitant.

extortioner [ɪks'tɔːʃənər] n extorqueur m, -euse f.

extra ['ekstrə] **1** adj (a) (additional) supplémentaire, de plus, en supplément; homework, credit, bus supplémentaire. an ~ chair une chaise de plus or supplémentaire; the ~ chair/money la chaise/l'argent supplémentaire; to work ~ hours faire des heures supplémentaires; (Ftbl) after ~ time après prolongation f; to make an ~ effort faire un surcroît d'efforts; I have had ~ work this week j'ai eu plus de travail que d'habitude or un surcroît de travail cette semaine; ~ police/troops were called in on a fait venir des renforts de police/de l'armée; to order an ~ dish commander un plat en supplément; there is an ~ charge for wine, the wine is ~ le vin est en supplément, le vin n'est pas compris; there will be no ~ charge on ne vous comptera pas de supplément; to go to ~ expense faire des frais supplémentaires; take ~ care! faites particulièrement attention!; ~ pay supplément m de salaire, (Mil) supplément de solde; for ~ safety pour plus de sécurité, pour être plus sûr; for ~ whiteness pour plus de blancheur; I have set an ~ place at table j'ai ajouté un couvert; postage and packing ~ frais de port et d'emballage en plus or en sus.
(b) (spare) de trop, en trop, de réserve. I bought a few ~ tins j'ai acheté quelques boites de réserve or pour mettre en réserve; these copies are ~ ces exemplaires sont en trop or en supplément.
2 adv plus que d'ordinaire or d'habitude, particulièrement. I was ~ kind that day elle fut plus gentille que d'habitude ce jour-là.
3 n (a) (perk) à-côté m; (luxury) agrément m. (expenses) ~s frais mpl or dépenses fpl supplémentaires, faux frais mpl; singing and piano are ~s (optional) les leçons de chant et de piano sont en supplément; (obligatory) les leçons de chant et de piano ne sont pas comprises.
(b) (in restaurant: ~ dish) supplément m.
(c) (Cine, Theat: actor) figurant(e) m(f).
(d) (US: gasoline) super(carburant) m.

extra- ['ekstrə] pref (a) (outside) extra-; V extramarital etc.
(b) (specially, ultra) extra-. ~dry wine etc très sec, extra-sec; champagne, vermouth extra-dry inv; ~fine extra-fin; ~smart ultra-chic inv; ~strong person extrêmement fort; material extra-solide; V extraspecial.

extract [ɪks'trækt] **1** vt juice, minerals, oil, bullet, splinter extraire (from de); tooth arracher (from à); cork tirer; (fig) secrets extraire (from de), arracher (from à); confession, permission, promise arracher (from à); information tirer (from de); money tirer (from de), soutirer (from à); meaning, moral tirer, dégager (from de); quotation, passage extraire, relever (from de). to ~ pleasure from sth tirer du plaisir de qch; (Math) to ~ the square root extraire la racine carrée.
2 ['ekstrækt] n (a) [book etc] extrait m. ~s from Voltaire morceaux choisis de Voltaire.
(b) (Pharm) extrait m; (Culin) extrait, concentré m. meat ~ extrait de viande.

extraction [ɪks'trækʃən] n (a) (U) (V extract) extraction f; arrachement m.
(b) (Dentistry) extraction f, arrachement m.
(c) (U: descent) origine f, extraction f. of noble ~ d'origine noble; of low/high ~ de basse/de haute extraction; of Spanish ~ d'origine espagnole.

extractor [ɪks'træktər] n extracteur m. (Brit) ~ fan ventilateur m.

extracurricular ['ekstrəkə'rɪkjʊlər] adj (Scol etc: gen) périscolaire, en dehors du programme, hors programme; sports en dehors des heures de classe.

extraditable ['ekstrədaɪtəbl] adj offence qui peut donner lieu à l'extradition; person passible or susceptible d'extradition.

extradite ['ekstrədaɪt] vt extrader.

extradition [,ekstrə'dɪʃən] n extradition f.

extragalactic [,ekstrəgə'læktɪk] adj extragalactique. ~ nebula nébuleuse f extragalactique.

extralinguistic [,ekstrəlɪŋ'gwɪstɪk] adj extra-linguistique.

extramarital ['ekstrə'mærɪtl] adj en dehors du mariage.

extramural ['ekstrə'mjʊərəl] adj (a) (esp Brit) course hors faculté (donné par des professeurs accrédités par la faculté et ouvert au public). ~ lecture conférence f publique; (Brit Univ) Department of E~ Studies ≃ Institut m d'éducation permanente; (US Scol) ~ sports sports pratiqués entre équipes de différents établissements.
(b) district extra-muros inv.

extraneous [ɪks'treɪnɪəs] adj (non-essential) detail, idea superflu; (without much relevance) point sans grande portée. ~ to qui n'a aucun rapport avec, qui n'a rien à voir avec; and other ~ points/suggestions etc et autres points/suggestions etc divers(es).

extraordinarily [ɪks'trɔːdnrɪlɪ] adv extraordinairement, remarquablement.

extraordinary [ɪks'trɔːdnrɪ] adj (a) (beyond the ordinary) measure extraordinaire, d'exception; success remarquable, extraordinaire; career, quality remarquable, exceptionnel; destiny hors du commun; (Admin etc) extraordinaire. envoy ~ délégué or ambassadeur extraordinaire; (Brit) an ~ meeting of the shareholders une assemblée extraordinaire des actionnaires.
(b) (unusual, surprising) appearance, dress extraordinaire, insolite, singulier; tale, adventure bizarre, curieux, invraisemblable; action, speech, behaviour étonnant, surprenant; courage, skill incroyable, extraordinaire; insults, violence inouï. I find it ~ that he hasn't replied je trouve extraordinaire or inouï qu'il n'ait pas répondu; there's nothing ~ about that cela n'a rien d'étonnant; it's ~ to think that ... il semble incroyable que ... + subj; the ~ fact is that he succeeded ce qu'il y a d'étonnant c'est qu'il a or ait réussi; it's ~ how much he resembles his brother c'est inouï ce qu'il peut ressembler à son frère.

extrapolate [eks'træpəlett] vt extrapoler.

extrasensory ['ekstrə'sensərɪ] adj extra-sensoriel. ~ perception perception extra-sensorielle.

extraspecial ['ekstrə'speʃəl] adj exceptionnel. to take ~ care over sth apporter un soin tout particulier à qch; ~ occasion grande occasion; to make something ~ to eat préparer quelque chose de particulièrement bon.

extraterrestrial [,ekstrətɪ'restrɪəl] adj, n extraterrestre (mf).

extraterritorial ['ekstrə,terɪ'tɔːrɪəl] adj d'exterritorialité, d'extra-territorialité.

extravagance [ɪks'trævəgəns] n (excessive spending) prodigalité f; (wastefulness) gaspillage m; (thing bought) dépense excessive, folie f; (action, notion) extravagance f, fantaisie f. that hat was a great ~ ce chapeau était une vraie folie.

extravagant [ɪks'trævəgənt] adj (a) (wasteful) person dépensier, prodigue, gaspilleur; taste, habit dispendieux. he is very ~ with his money il gaspille son argent, il jette l'argent par les fenêtres*; it was very ~ of him to buy this ring il a fait une folie en achetant cette bague.
(b) (exaggerated) ideas, theories, behaviour extravagant; opinions, claims exagéré; praise outré; prices exorbitant, inabordable; dress extravagant, excentrique. ~ talk paroles excessives, propos extravagants or outranciers.

extravagantly [ɪks'trævəgəntlɪ] adv (a) (lavishly) spend largement, avec prodigalité; furnish avec luxe. to use sth ~ gaspiller qch.
(b) (flamboyantly) d'une façon extravagante. to praise sth ~ louer qch à outrance; to act or behave ~ faire des extravagances; to talk ~ tenir des propos extravagants or outranciers.

extravaganza [ɪks,trævə'gænzə] n (Liter, Mus) fantaisie f; (story) histoire extravagante or invraisemblable; (show) spectacle somptueux; (whim etc) fantaisie, folie f, caprice m.

extravehicular [,ekstrəvɪ'hɪkjʊlər] adj (Space) extravéhiculaire.

extreme [ɪks'triːm] **1** adj (a) (exceptional) courage, pleasure, concern, urgency extrême; joy extrême, suprême, intense; (exaggerated) praise, flattery outré (after n), excessif; measures extrême, rigoureux, très sévère; views, person extrême (after n). in ~ danger en très grand danger; of ~ importance de (la) toute première importance; the most ~ poverty la plus grande misère, l'extrême misère; an ~ case un cas exceptionnel or extrême; ~ in one's opinions d'opinions extrêmes, extrémiste; (Pol) the ~ right l'extrême droite f.
(b) (furthest off) extrême; limit dernier (before n), extrême. to the ~ right à l'extrême droite; in the ~ distance dans l'extrême lointain; at the ~ end of the path tout au bout du chemin, à l'extrémité du chemin; at the ~ edge of the wood tout à fait à la lisière du bois; the ~ opposite l'extrême opposé; to carry sth to the ~ limits pousser qch à son point extrême or à l'extrême.
(c) (last, final) dernier, extrême. the ~ penalty le dernier supplice; ~ old age l'extrême vieillesse f; (Rel) ~ unction extrême-onction f.
(d) (ostentatious) hat, design m'as-tu-vu* inv; idea, suggestion exagéré. how ~! c'est un peu fort!* or poussé!
2 n extrême m. in the ~ difficult, irritating, obstinate à l'extrême, au possible; wealthy, helpful, interesting à l'extrême; to go from one ~ to the other passer d'un extrême à l'autre; ~s of temperature températures fpl extrêmes; ~s meet les extrêmes se touchent; to go to ~s pousser les choses à l'extrême; I won't go to that ~ je ne veux pas aller jusqu'à ces extrémités.

extremely [ɪks'triːmlɪ] adv extrêmement, à l'extrême, au plus haut degré or point. to be ~ talented avoir un grand talent or énormément de talent; he is ~ helpful il est on ne peut plus serviable.

extremism [ɪks'triːmɪzəm] n extrémisme m.

extremist [ɪks'triːmɪst] **1** adj opinion extrémiste; person extrémiste. an ~ party un parti d'extrémistes. **2** n extrémiste mf.

extremity [ɪks'tremɪtɪ] n (a) (furthest point) extrémité f, bout or point le plus éloigné. (hands and feet) extremities extrémités.
(b) [despair, happiness] extrême or dernier degré; (extreme act)

extrémité *f.* **to drive sb to extremities** pousser qn à une extrémité. **(c)** *(danger, distress)* extrémité *f.* **to help sb in his ~** venir en aide à qn qui est aux abois .

extricate ['ekstrɪkeɪt] *vt object* dégager *(from* de). **to ~ o.s.** s'extirper *(from* de); *(fig)* se tirer *(from* de); **to ~ sb from a nasty situation** tirer qn d'un mauvais pas.

extrinsic [eks'trɪnsɪk] *adj* extrinsèque.

extrovert ['ekstrəʊvɜːt] **1** *adj* extraverti *or* extroverti. **2** *n* extraverti(e) *m(f) or* extroverti(e) *m(f).* **he's an ~** il s'extériorise (beaucoup).

extrude [ɪks'truːd] *vt* rejeter *(from* hors de), expulser *(from* de); *metal, plastics* extruder.

extrusion [ɪks'truːʒən] *n* *(Tech)* extrusion *f.*

extrusive [ɪks'truːsɪv] *adj* extrusif.

exuberance [ɪg'zuːbərəns] *n [person]* exubérance *f,* trop-plein *m* de vie; *[vegetation]* exubérance, luxuriance *f; [words, images]* richesse *f,* exubérance.

exuberant [ɪg'zuːbərənt] *adj person* exubérant, débordant de vie; *mood* exubérant, expansif; *joy, imagination* exubérant, débordant; *style* abondant, exubérant; *vegetation* exubérant, luxuriant.

exuberantly [ɪg'zuːbərəntlɪ] *adv* avec exubérance.

exude [ɪg'zjuːd] **1** *vi* suinter, exsuder *(from* de). **2** *vt resin, blood* exsuder. **to ~ water** *or* **moisture** suinter; **he ~d charm** le charme lui sortait par tous les pores; **he ~s confidence** il respire la confiance en soi.

exult [ɪg'zʌlt] *vi (rejoice)* se réjouir *(in* de, *over* à propos de), exulter; *(triumph)* jubiler, chanter victoire. **to ~ at finding** *or* **to find** se réjouir grandement *or* exulter de trouver.

exultant [ɪg'zʌltənt] *adj joy* triomphant; *expression, shout* de triomphe. **to be ~, to be in an ~ mood** jubiler, triompher, être transporté de joie.

exultantly [ɪg'zʌltəntlɪ] *adv* triomphalement.

exultation [ˌegzʌl'teɪʃən] *n* exultation *f,* jubilation *f.*

exurbia [eks'ɜːbɪə] *n (US)* la banlieue résidentielle *(des nouveaux riches).*

ex-wife [ˌeks'waɪf] *n* ex-femme *f.*

ex-works [ˌeks'wɜːks] *adj (Brit Comm) price* départ *or* sortie usine; *V also* **ex 1.**

eye [aɪ] **1** *n* **(a)** *[person, animal]* œil *m (pl* yeux). **girl with blue ~s** fille aux yeux bleus; **to have brown ~s** avoir les yeux bruns; **with tears in her ~s** les larmes aux yeux; **with ~s half-closed** *or* **half-shut** les yeux à demi fermés, les paupières mi-closes *(liter);* **with one's ~s closed** *or* **shut** les yeux fermés; *(lit)* **to keep one's ~s wide open** garder les yeux grand(s) ouverts; **he couldn't keep his ~s open*** il dormait debout *(fig),* il sentait ses yeux se fermer *(V also* **1b**); **to have the sun in one's ~s** avoir le soleil dans les yeux; *V* **black.**

(b) *(phrases)* **before my very ~s** juste sous mes yeux; **it's there in front of your very ~s** tu l'as sous les yeux, c'est sous ton nez*; **for your ~s only** ultra-confidentiel; *(US: on documents)* **'~s only'** 'ultra-confidentiel'; **as far as the ~ can see** à perte de vue; **in the ~s of** aux yeux de; **in his ~s** à ses yeux; **in the ~s of the law** aux yeux *or* au regard de la loi; **through someone else's ~s** par les yeux d'un autre; **to look at a question through the ~s of an economist** envisager une question du point de vue de l'économiste; **under the ~ of** sous la surveillance de, sous l'œil de; **with my own ~s** de mes propres yeux; **I saw him with my own ~s** je l'ai vu de mes yeux vu; **with a critical/jealous/uneasy ~** d'un œil critique/jaloux/inquiet; **with an ~ to the future** en prévision de l'avenir; **with an ~ to buying** en vue d'acheter; **that's one in the ~ for him*** c'est bien fait pour lui *or* pour sa poire‡; **to be all ~s** être tout yeux; **to be up to the** *or* **one's ~s in work/debts** être dans le travail/dans les dettes jusqu'au cou; **he's in it up to the ~s*** il est dedans jusqu'au cou; **to close** *or* **shut one's ~s to sb's shortcomings** fermer les yeux sur les faiblesses de qn; **to close** *or* **shut one's ~s to the evidence** se refuser à l'évidence; **to close** *or* **shut one's ~s to the dangers of sth/the truth** se dissimuler les périls de qch/la vérité; **one can't close** *or* **shut one's ~s to the fact that** ... on ne peut pas se dissimuler que ..., on est bien obligé d'admettre que ...; **his ~ fell on a small door** son regard est tombé sur *ou* a rencontré une petite porte; **to get one's ~ in** ajuster son coup d'œil; *(US)* **to give sb the ~***‡ faire de l'œil* à qn; **he's got his ~ on the championship** il guigne le championnat; **I've already got my ~ on a house** j'ai déjà une maison en vue; **to have an ~ on sb for a job** avoir qn en vue pour une place; **he had his ~ on a job in the Foreign Office** il visait un poste *or* il lorgnait* une place au ministère des Affaires étrangères; **to have an ~ to the main chance** ne jamais perdre de vue ses propres intérêts, ne négliger aucune occasion de soigner ses intérêts; **she has an ~ for a bargain** elle flaire *or* elle reconnaît tout de suite une bonne affaire;

she has got an ~ for antique furniture elle a du coup d'œil pour les meubles anciens; **he had ~s for no one but her** il n'avait d'yeux que pour elle; **to keep one's ~ on the ball** fixer la balle, regarder sa balle; **keeping his ~ on the beast,** he seized his gun sans quitter l'animal des yeux, il a empoigné son fusil; **keep your ~ on the main objective** ne perdez pas de vue le but principal; **to keep a watchful ~ on the situation** suivre de près la situation, avoir l'œil sur la situation; **to keep an ~ on things*** *or* **on everything** avoir l'œil (à tout); **to keep a strict ~ on sb** surveiller qn de près, avoir *or* tenir qn à l'œil*; **will you keep an ~ on the child/shop?** voudriez-vous surveiller l'enfant/le magasin?; **to keep an ~ on expenditure** surveiller la dépense; **to keep one's ~s open** *or* **peeled‡** *or* **skinned‡** être attentif *(for a danger* à un danger), être vigilant, ouvrir l'œil; **keep your ~s open for** *or* **keep an ~ out for* a hotel** essayez de repérer* un hôtel; **he went into it with his ~s wide open** *or* **with open ~s** il s'est lancé (là-dedans) en pleine connaissance de cause, (quand il a fait ça) il savait exactement ce qu'il faisait; **this will open his ~s to the truth** ça va lui ouvrir *or* dessiller *(liter)* les yeux *(about* au sujet de); **to let one's ~ rest on sth** poser *or* arrêter son regard sur qch; **to look sb straight in the ~** regarder qn dans les yeux *or* dans le blanc des yeux *or* bien en face; **to make ~s at*** faire de l'œil à*, lancer des œillades à; **to run** *or* **cast one's ~s over** jeter un coup d'œil sur; **he ran his ~ over the letter** il a parcouru la lettre (en diagonale); **to see ~ to ~ with sb** voir les choses exactement comme qn *or* du même œil que qn, partager les opinions *or* le point de vue de qn; **I've never set** *or* **clapped*** *or* **laid ~s on him** je ne l'ai jamais vu de ma vie; **he didn't take his ~s off her,** he kept his ~s fixed on her il ne l'a pas quittée des yeux; **she couldn't take her ~s off the cakes** elle ne pouvait pas s'empêcher de reluquer *or* lorgner les gâteaux, elle dévorait les gâteaux des yeux; **he never uses his ~s** il ne sait pas voir; **why don't you use your ~s?** tu es aveugle?, tu n'as donc pas les yeux en face des trous?‡; *(loc)* **an ~ for an ~ and a tooth for a tooth** œil pour œil, dent pour dent; *(Mil)* **~s right!** tête (à) droite!; *(Mil)* **~s front!** fixe!; **it's all my ~‡** tout ça, c'est des histoires*; **my ~!‡** mon œil!‡; *V* **catch, half, mind, open, private** *etc.*

(c) *[needle]* chas *m,* œil *m,* trou *m; [potato, peacock's tail]* œil; *[hurricane]* œil, centre *m; (photoelectric cell)* œil électrique.

2 *vt person* regarder, mesurer du regard; *thing* regarder, observer. **to ~ sb from head to toe** toiser qn de haut en bas; **he was eyeing the girls** il reluquait *or* lorgnait les filles.

3 *cpd:* **eyeball** *(n)* globe *m* oculaire; *(vt) (US‡)* zieuter‡, regarder; *(fig)* **to stand eyeball to eyeball with sb*** se trouver nez à nez avec qn; *(Med)* **eye bank** banque *f* des yeux; *(esp Brit)* **eyebath** œillère *f (pour bains d'œil);* **eyebrow** sourcil *m;* **eyebrow pencil** crayon *m* (à sourcils); **eyebrow tweezers** pince *f* à épiler; **eye-catcher** personne *f or* chose *f* qui tire l'œil *or* qui tape dans l'œil*; **eye-catching** *dress, colour* qui tire l'œil, qui tape dans l'œil*, tape-à-l'œil* *inv (pej);* **publicity, poster** accrocheur; *(US)* **eyecup** = **eyebath;** *(US)* **eye doctor** oculiste *mf;* **eyedrops** gouttes *fpl* pour les yeux; **eyeglass** monocle *m;* **eyeglasses** lorgnon *m,* binocle *m,* pince-nez *m inv,* lunettes *fpl;* **eyelash** cil *m;* **at eye level** au niveau de l'œil; **eye-level grill** gril surélevé; **eyelid** paupière *f;* **eyeliner** eye-liner *m;* **eye-opener*** *(surprise)* révélation *f,* surprise *f; (US: drink)* petit verre pris au réveil; **that was an eye-opener for him*** cela lui a ouvert les yeux; **his speech was an eye-opener*** son discours a été très révélateur; **eye-patch** cache *m,* bandeau *m;* **eyepiece** oculaire *m;* **eyeshade** visière *f;* **eyeshadow** fard *m* à paupières; **eyesight** vue *f;* **to have good eyesight** avoir une bonne vue *or* de bons yeux; **to lose one's eyesight** perdre la vue; **his eyesight is failing** sa vue baisse; **eyesore** horreur *f;* **these ruins are an eyesore** ces ruines sont une horreur *or* sont hideuses, ces ruines choquent la vue; **her hat was an eyesore** son chapeau était une horreur; **to have eyestrain** avoir la vue fatiguée; **eye test** examen *m* de la vue; **eye tooth** canine supérieure; *(fig)* **I'd give my eye teeth* for a car like that/to go to China** qu'est-ce-que je ne donnerais pas pour avoir une voiture comme ça/pour aller en Chine; *(Med)* **eyewash** collyre *m; (fig)* **that's a lot of eyewash‡** *(nonsense)* ce sont des fadaises, c'est du vent; *(to impress)* c'est de la frime*, c'est de la poudre aux yeux; **eyewitness** témoin oculaire *or* direct.

-eyed [aɪd] *adj ending in cpds:* **big-eyed** aux grands yeux; **one-eyed** *(lit)* borgne, qui n'a qu'un œil; *(*fig)* miteux, minable; *V* **dry, hollow, wall** *etc.*

eyeful ['aɪful] *n:* **he got an ~ of mud** il a reçu de la boue plein les yeux; **she's quite an ~*** cette fille, c'est un régal pour l'œil; **get an ~ of this!‡** vise ça un peu!‡

eyelet ['aɪlɪt] *n* œillet *m (dans du tissu etc).*

eyrie ['ɪərɪ] *n* aire *f (d'aigle).*

Ezekiel [ɪ'ziːkɪəl] *n* Ézéchiel *m.*

F

F, f [ef] *n* **(a)** (*letter*) F, f *m or f*. **F for Fox, F for Freddy** F comme François. **(b)** (*Mus*) fa *m*. **(c)** (*Scol: mark*) faible. **(d)** *abbr of* **Fahrenheit**.

FA‡, f.a.‡ [ef'eɪ] (*Brit*) *abbr of* **Fanny Adams**; *V* **Fanny**.

F.A. [ef'eɪ] (*Brit: abbr of* **Football Association**) fédération *f* britannique de football.

fa [fɑː] *n* (*Mus*) fa *m*.

FAA [,efer'eɪ] (*US*) *abbr of* **Federal Aviation Administration**; *V* **federal²**.

fab‡ [fæb] *adj* (*Brit: abbr of* **fabulous**) sensass*, terrible‡.

Fabian ['feɪbɪən] **1** *n* (*Pol*) Fabien(ne) *m(f)*. **2** *adj* fabien. **~ Society** Association fabienne.

fable ['feɪbl] *n* (*Literat*) fable *f*, légende *f*; (*fig*) fable; *V* **fact**.

fabled ['feɪbld] *adj* légendaire, fabuleux.

fabric ['fæbrɪk] *n* **(a)** (*cloth*) tissu *m*, étoffe *f*; *V* **softener**. **(b)** [*building, system, society*] structure *f*.

fabricate ['fæbrɪkeɪt] *vt goods etc* fabriquer; (*fig*) *document* fabriquer, forger; *story, account* inventer, fabriquer. **a ~d story** une histoire inventée *or* fabriquée *or* controuvée.

fabrication [,fæbrɪ'keɪʃən] *n* **(a)** (*U*: *V* **fabricate**) fabrication *f*; invention *f*. **(b)** (*false statement etc*) invention *f*. **it is (a) pure ~** c'est une pure invention, c'est de la fabrication pure (et simple).

fabulous ['fæbjʊləs] *adj* (*gen*) fabuleux; (*: wonderful*) fabuleux, formidable*, sensationnel*. **a ~ price*** un prix fou *or* fabuleux *or* astronomique; (*excl*) **~!** chouette!*, sensass!*

fabulously ['fæbjʊləslɪ] *adv* fabuleusement, extraordinairement. **~ rich** fabuleusement riche; **~ successful** qui a (*or* a eu) un succès fabuleux.

façade [fə'sɑːd] *n* (*Archit, fig*) façade *f*.

face [feɪs] **1** *n* (*Anat*) visage *m*, figure *f*; (*expression*) mine *f*, physionomie *f*; [*building*] façade *f*, devant *m*, front *m*; [*clock*] cadran *m*; [*cliff*] paroi *f*; (*Climbing*) face *f*; [*coin*] côté *m*; [*the earth*] surface *f*; [*document*] recto *m*; [*type*] œil *m*; [*playing card*] face, dessous *m*; (*U: prestige*) face; (*: U: impertinence*) toupet* *m*. **a pleasant ~** un visage *or* une figure agréable; **to fall (flat) on one's ~** tomber à plat ventre, tomber face contre terre; **he was lying ~ down(wards)** (*on ground*) il était étendu (la) face contre terre *or* à plat ventre; (*on bed, sofa*) il était étendu à plat ventre, il était prosterné de tout son long; **he was lying ~ up(wards)** il était étendu sur le dos *or* le visage tourné vers le ciel (*or* le plafond *etc*); **it fell ~ up/down** (*gen*) c'est tombé du bon/du mauvais côté; [*playing card*] c'est tombé face en dessus/en dessous; **to turn sth ~ up** retourner *or* mettre qch à l'endroit; (*Med*) **injuries to the ~** blessures *fpl* à la face *or* au visage; **to have one's ~ lifted** se faire faire un lifting; **you can shout till you're black or blue in the ~,** nobody will come tu auras beau t'exténuer à crier, personne ne viendra; **to change the ~ of a town** changer le visage d'une ville; **he vanished off the ~ of the earth** il a complètement disparu de la circulation; **I know that ~** je connais cette tête-là, cette tête-là me dit quelque chose; **I've got a good memory for ~s** j'ai la mémoire des visages, je suis physionomiste; **he's a good judge of ~s** il sait lire sur les visages; **the rain was blowing in our ~s** la pluie nous fouettait le visage *or* la figure; **he laughed in my ~** il m'a ri au nez; **he won't show his ~** here again il ne se montrera plus ici, il ne remettra plus le nez ici; **he told him the truth to his ~** il lui a dit la vérité sans ambages; **he told him so to his ~** il le lui a dit tout cru *or* sans ambages; **to come ~ to ~ with sb** se trouver face à face *or* nez à nez avec qn (*V also* **2**); **to bring two people ~ to ~** confronter deux personnes; **courage in the ~ of the enemy** courage *m* face à l'ennemi; **in the ~ of this threat** devant cette menace; **he succeeded in the ~ of great difficulties** il a réussi en dépit de grandes difficultés; **to set one's ~ against** sth s'élever contre qch; **to set one's ~ against doing** se refuser à faire; **to put a bold or brave ~ on things** faire bonne contenance *or* bon visage; **you'll just have to put a good ~ on it** tu n'auras qu'à faire contre mauvaise fortune bon cœur; **to save (one's) ~** sauver la face; **to lose ~** perdre la face; **to make or pull ~s (at)** faire des grimaces (à); **to make or pull a (disapproving) ~** faire une moue de désapprobation; **on the ~ of it his evidence is false** à première vue son témoignage est faux; **to have the ~ to do*** avoir le toupet* de faire; *V* **coal, fly³, straight** *etc*.

2 *cpd*: (*US*) **face card** figure *f*; **face cream** crème *f* pour le visage; (*Brit*) **facecloth, face flannel** gant *m* de toilette; (*Baseball*) **faceguard** visière *f* de protection; **face lift** lifting *m*, déridage *m*; **to have a face lift** se faire faire un lifting; (*fig*) **to give a face lift** to (*gen*) refaire une beauté à; *house* ravaler, retaper; *car* refaire la carrosserie de; **the town/the park/the garden has been given a face lift** la ville/le parc/le jardin a été repris; (*US*) **face-off** (*Hockey*) remise *f* en jeu; (*fig*) confrontation *f*; **face pack** masque *m* de beauté; **face powder** poudre *f* de riz; **it was clearly a face-saver or a piece of face-saving on their part** ils l'ont visiblement fait pour sauver la face; **face-saving** (*adj*) qui sauve la face; **face-to-face** face à face, nez à nez; **face-to-face discussion** face à face *m inv or* face-à-face *m inv*; **face value** valeur nominale; (*fig*) **to take a statement at its face value** prendre une déclaration pour

---

argent comptant *or* au pied de la lettre; **to take sb at his face value** juger qn sur les apparences; **you can't take it at its face value** il ne faut pas vous laisser tromper par les apparences.

3 *vt* **(a)** (*turn one's face towards*) faire face à; (*have one's face towards: also* **to be facing**) faire face à, être en face de. **he turned and ~d the man** il se retourna et fit face à l'homme; **~ this way!** tournez-vous de ce côté!; (*fig*) **to ~ both ways** ménager la chèvre et le chou; **he stood facing the wall** il se tenait face au mur; **he was facing the wall** il faisait face au mur, il était face au mur; **he was facing me** il me faisait face; **he was facing me at the dinner** il était assis en face de moi *or* il me faisait face *or* je l'avais comme vis-à-vis au dîner; **facing one another** face à l'un de l'autre, l'un vis-à-vis de l'autre, en vis-à-vis; **the two boys ~d each other** les deux garçons se faisaient face *or* étaient face à face; **when she entered, she was ~d by or with the headmaster** en entrant elle se trouva face à face *or* nez à nez avec le directeur.

(b) (*have its front towards: also* **to be facing**) (*gen*) faire face à; (*look out onto*) [*building, window*] donner sur. **which way does the house ~?** comment la maison est-elle orientée?; **house facing north** maison exposée *or* orientée au nord; **the seats were all facing the platform** les sièges faisaient tous face à l'estrade; **the picture facing page 16** l'illustration en regard de *or* en face de la page 16.

(c) [*problem, task, situation*] se présenter à. **two problems/tasks** *etc* **~d them** deux problèmes/tâches *etc* se présentaient à eux, ils se trouvaient devant deux problèmes/tâches *etc*; **the problem facing us** le problème devant lequel nous nous trouvons *or* qui se pose à nous; **the economic difficulties facing the country** les difficultés économiques que recontre le pays *or* auxquelles le pays doit faire face.

(d) (*have to deal with: also* **to be faced with** *or* **by**) être obligé de *or* contraint à faire face à, être confronté* à. **~d with the task of deciding, he** ... se trouvant dans l'obligation de prendre une décision, il ...; **he was ~d with having to pay £10** il se voyait contraint à payer 10 livres; **he was ~d with a bill for £10** il se voyait contraint à payer une note de 10 livres; **the government, ~d with renewed wage demands** ... le gouvernement, face aux nouvelles revendications salariales, ...; **he ~d** *or* **was ~d with a class who refused to cooperate** il se trouvait devant *or* face à *or* confronté* à une classe qui refusait de coopérer.

(e) *problem, difficulty, crisis* (*look at honestly*) faire face à; (*deal with, tackle*) s'attaquer à. **she ~d the problem at last** elle a enfin fait face au problème; **I could never ~ this alone** je ne pourrais jamais faire face à cela tout seul; **I can't ~ doing** *or* **I can't ~ to do it** *or* **je n'ai pas le courage de le faire; **I can't ~ him/the washing up** je n'ai pas *or* je ne trouve pas le courage de le voir/de faire la vaisselle; (*fig*) **to ~ the music** braver l'orage *or* la tempête, ne pas reculer, ne pas se dérober; **we'll have to ~ the music** allons-y gaiement (*iro*), il ne faut pas reculer; **to ~ it out*** faire face, ne pas reculer, ne pas se dérober; **to ~ (the) facts** regarder les choses en face, se rendre à l'évidence; **she won't ~ the fact that he will not come back** elle ne veut pas se rendre à l'évidence et comprendre *or* admettre qu'il ne reviendra pas; **let's ~ it*** regardons les choses en face, admettons-le.

(f) (*present sb with*) **you must ~ him with this choice/the decision** *etc* vous devez le contraindre à faire face à ce choix/cette décision *etc*; **you must ~ him with the truth** vous devez le contraindre à regarder la vérité en face.

(g) (*risk incurring etc*) *a fine, charges, prison, defeat, death* encourir; *unemployment, redundancy etc* être menacé de. **to ~ or to be ~d with the possibility that sth might happen** encourir la possibilité que qch arrive; **he ~d** *or* **he was ~d with the prospect of doing it himself** il risquait d'avoir à le faire lui-même; **~d with the prospect of having to refuse, he** ... face à *or* devant la perspective d'avoir à refuser, il ...; **many people were facing redundancy** beaucoup de gens étaient menacés de chômage.

(h) (*line*) *wall* revêtir (*with* de). **coat ~d with silk** habit à revers de soie.

4 *vi* [*person*] (*turn one's face*) se tourner (*towards* vers); (*be turned: also* **to be facing**) être tourné (*towards* vers), faire face à (*towards* à); [*house*] être exposé *or* orienté. **he was facing towards the audience** il faisait face au public; **room facing towards the sea** chambre donnant sur la mer, chambre face à la mer; (*US Mil*) **right ~!** à droite, droite!; (*US Mil*) **about ~!** demi-tour!

◆ **face about** *vi* (*Mil*) faire demi-tour.

◆ **face up to** *vt fus danger, difficulty* faire face à, affronter. **to face up to the fact that** admettre *or* accepter (le fait) que.

faceless ['feɪslɪs] *adj* anonyme.

facer‡ ['feɪsər] *n* (*Brit*) tuile* *f*, os* *m*. **well there's a ~ for us** nous voilà tombés sur un os*, voilà une belle tuile* qui nous tombe dessus.

facet ['fæsɪt] *n* (*lit, fig*) facette *f*.

faceted ['fæsɪtɪd] *adj* à facettes.

facetious [fə'siːʃəs] *adj person* facétieux, plaisant; *remark* plaisant, bouffon.

facetiously [fə'si:ʃəslɪ] adv facétieusement.
facetiousness [fə'si:ʃəsnɪs] n (V facetious) caractère facétieux or plaisant.
facia ['feɪʃɪə] n = **fascia**.
facial ['feɪʃəl] 1 adj nerve, massage facial. 2 n (*) soin m (complet) du visage. to have a ~ se faire faire un soin du visage; to give o.s. a ~ se faire un nettoyage de peau.
facies ['feɪʃiːz] n faciès m.
facile ['fæsaɪl] adj (gen pej) victory facile; talk, idea superficiel, creux; person complaisant; style, manner aisé, coulant.
facilely ['fæsaɪlɪ] adv complaisamment.
facilitate [fə'sɪlɪteɪt] vt faciliter.
facility [fə'sɪlɪtɪ] n (a) (U: ease, ability) facilité f. to write with ~/with great ~ écrire avec facilité/avec beaucoup de facilité; ~ in or for learning, learning ~ facilité pour apprendre; ~ in foreign languages facilité or aptitude f pour les langues étrangères.
(b) (often pl: equipment, means etc) facilities (equipment, material) équipements mpl (for de); (plant, installation) installationsfpl; (means) moyens mpl (for de); (gen) facilities for facilités fpl pour; the main facility is the library le service principal est la bibliothèque, le service de la bibliothèque est particulièrement utile; the museum has a facility where students can work le musée met à la disposition des étudiants un endroit où travailler; recreational facilities (gen) ce qu'il faut pour la détente or se détendre, les facilités pour la détente or le sport et les loisirs; you will have all facilities or every ~ for study vous aurez toutes facilités pour étudier; books and other facilities (les) livres et autres instruments de travail; sports/educational facilities équipements sportifs/scolaires; transport/production facilities moyens mpl de transports/de production; harbour facilities installations fpl portuaires; the flat has no cooking facilities l'appartement n'est pas équipé pour qu'on y fasse la cuisine; (Mil) the use of this territory as an emergency ~ for the troops l'utilisation de ce territoire par les troupes en cas d'urgence; (Mil) the country's nuclear ~ la capacité nucléaire du pays.
(c) (Admin etc : official method) possibilité offerte (for doing de faire). a ~ for converting part of one's pension into ... la possibilité de convertir une partie de sa retraite en ...; we offer this ~ to the general public nous offrons cette possibilité au grand public; V credit, loan, overdraft.
(d) (Tech etc: device) mécanisme m; (Comput) fonction f. the clock has a stopwatch ~ le réveil peut aussi servir de chronomètre; (Comput) there's a ~ for storing data il est possible de mettre en réserve les données; the oven has an automatic timing ~ le four est doté d'un minuteur automatique.
facing ['feɪsɪŋ] n (Constr) revêtement m; (Sewing) revers m.
-facing ['feɪsɪŋ] adj ending in cpds: **south-facing** exposé au sud.
facsimile [fæk'sɪmɪlɪ] 1 n fac-similé m. in ~ en fac-similé. 2 cpd: (Comput) **facsimile machine** télécopieur m; **facsimile transmission** télécopie f.
fact [fækt] 1 n (a) (sth known, accepted as true) fait m. the ~ that he is here le fait qu'il est là or qu'il soit là; it is a ~ that il est de fait que ~ indic; is it a ~ that est-il vrai que + subj (often indic in conversation); I know it for a ~ c'est un fait certain, je le sais de source sûre; to know (it) for a ~ that savoir de science or source sûre que, savoir pertinemment que; to stick to ~s s'en tenir aux faits; it's time he knew the ~s of life il est temps de lui apprendre les choses de la vie or qu'on le mette devant les réalités de la vie; (sex) il est temps qu'il sache comment les enfants viennent au monde; V face.
(b) (U: reality) faits mpl, réalité f. ~ and fiction le réel et l'imaginaire; (fig) he can't tell ~ from fiction or from fable il ne sait pas séparer le vrai du faux; story founded on ~ histoire basée sur des faits or sur la réalité; the ~ of the matter is that ... le fait est que ..., la réalité c'est que ...; I accept what he says as ~ je ne mets pas en doute la véracité de ses propos.
(c) in ~ (gen) en fait; (reinforcing sth) de fait, effectivement, en fait; (giving more details) en fait; (contradicting or changing sth) en fait, à vrai dire, en réalité; (reinforcing) he had promised to send the books and in ~ they arrived the next day il avait promis d'envoyer les livres et de fait or effectivement or en fait ils sont arrivés le lendemain; (adding detail) he said that he'd gone to France, in ~ that he'd gone to Paris il a dit qu'il était allé en France, en fait qu'il était allé à Paris; (contradicting) she had spoken to her, but in (actual) ~ or in point of ~ he'd never even seen her il a dit qu'il lui avait parlé mais en fait or à vrai dire or en réalité il ne l'avait jamais vue de sa vie.
(d) (Jur) fait m, action f; V accessary.
2 cpd: **fact-finding committee** commission f d'enquête; **they were on a fact-finding mission or tour to the war front** ils étaient partis enquêter au front; **fact-finding session** séance f d'information.
faction¹ ['fækʃən] n (group) faction f; (U: strife) discorde f, dissension f.
faction² ['fækʃən] n (Theat, Cine: mixture of fact and fiction) docudrame m.
factious ['fækʃəs] adj factieux.
factitious [fæk'tɪʃəs] adj artificiel.
factitive ['fæktɪtɪv] adj (Gram) factitif.
factor ['fæktər] 1 n (a) facteur m (also Bio, Math etc), élément m. **determining** ~ facteur décisif or déterminant; (Tech) ~ **of safety, safety** ~ facteur de sécurité; **human** ~ élément humain; V common, prime.
(b) (agent) agent m; (Scot: estate manager) régisseur m, intendant m.
2 cpd: (Statistics) **factor analysis** analyse factorielle.
factorial [fæk'tɔ:rɪəl] 1 adj factoriel. 2 n factorielle f.

factoring ['fæktərɪŋ] n (Jur) affacturage m.
factorize ['fæktə‚raɪz] vt (Math) mettre en facteurs.
factory ['fæktərɪ] 1 n usine f, (gen smaller) fabrique f; (fig) usine. **shoe/soap** etc ~ usine or fabrique de chaussures/de savon etc; **car/textile** etc ~ usine d'automobiles/de textile etc; **arms/china/tobacco** ~ manufacture f d'armes/de porcelaine/de tabac.
2 cpd: **Factory Acts** législation industrielle; **factory chimney** cheminée f d'usine; **factory farming** élevage industriel; **factory hand** = **factory worker**; **factory inspector** inspecteur m du travail; **factory ship** navire-usine m; **factory work** travail m en or d'usine; **factory worker** ouvrier m, -ière f (d'usine).
factotum [fæk'təʊtəm] n factotum m, intendant m; (hum: man or woman) bonne f à tout faire (fig hum).
factual ['fæktjʊəl] adj report, description factuel, basé sur les or des faits; happening réel; (Philos) factuel. ~ **error** erreur f de fait or sur les faits.
factually ['fæktjʊəlɪ] adv en se tenant aux faits. ~ **speaking** pour s'en tenir aux faits.
faculty ['fækəltɪ] 1 n (a) faculté f. **the mental faculties** les facultés mentales; **to have all one's faculties** avoir toutes ses facultés; **critical** ~ le sens critique.
(b) (U: aptitude) aptitude f, facilité f (for doing à faire).
(c) (Univ) faculté f. **the F~ of Arts** la faculté des Lettres; **the medical** ~ la faculté de médecine; (US) **the F~** le corps enseignant; V law, science etc.
2 cpd: (US Univ) **faculty advisor** (for student) directeur m, -trice f d'études; (for club) animateur m, -trice f; (Univ) **Faculty board** Conseil m de faculté; (US Scol) **faculty lounge** salle f des professeurs; **Faculty (board) meeting** réunion f du Conseil de faculté.
fad [fæd] n (personal) marotte f, manie f; (general) engouement m, mode f. **she has her ~s** elle a ses (petites) marottes or manies; **a passing** ~ un engouement (for pour), une lubie; **this ~ for long skirts** cette folie des or cet engouement pour les jupes longues.
faddish ['fædɪʃ], **faddy** ['fædɪ] adj (Brit) person maniaque, capricieux, à marottes; distaste, desire capricieux.
fade [feɪd] 1 vi (a) [flower] se faner, se flétrir; [light] baisser, diminuer, s'affaiblir; [colour] passer, perdre son éclat; [material] passer, se décolorer. (Tex) **guaranteed not to** ~ garanti bon teint; **the daylight was fast fading** le jour baissait rapidement.
(b) (also ~ away) [one's sight, memory, hearing etc] baisser; [thing remembered, vision] s'effacer; [hopes, smile] s'éteindre, s'évanouir; [interest, enthusiasm] diminuer, décliner; [sound] s'affaiblir; [person] dépérir. **the castle ~d from sight** le château disparut aux regards; (Rad) **the sound is fading** il y a du fading, le son s'en va.
2 cpd: **fade-in** (Cine) fondu m en ouverture; (TV) apparition graduelle; (Rad) fondu sonore; **fade in-fade out** fondu m enchaîné; **fade-out** (Cine) fondu m en fermeture; (TV) disparition graduelle; (Rad) fondu sonore; (US fig : leave) **to do a fade-out‡** mettre les voiles*, se tirer‡.
3 vt (a) curtains etc décolorer; colours, flowers faner.
(b) (Rad) conversation couper par un fondu sonore. (Cine, TV) **to** ~ **one scene into another** faire un fondu enchaîné.
♦**fade away** vi = **fade 1b**.
♦**fade in** 1 vi (Cine, TV) apparaître en fondu.
2 vt sep (Cine, TV) faire apparaître en fondu; (Rad) monter.
3 **fade-in** n V **fade 2**.
♦**fade out** 1 vi [sound] s'affaiblir, disparaître; (Cine, TV) [picture] disparaître en fondu; (Rad) [music, dialogue] être coupé par fondu sonore; (fig) [fashion] passer; [interest, enthusiasm] tomber.
2 vt sep (Cine, TV) faire disparaître en fondu; (Rad) couper par un fondu sonore.
3 **fade-out** n V **fade 2**.
faded ['feɪdɪd] adj material décoloré, passé; jeans etc délavé; flowers fané, flétri; beauty défraîchi, fané.
faeces, (US) **feces** ['fi:si:z] npl fèces fpl.
faerie, faery ['fɛərɪ] († or liter) 1 n féerie f. 2 adj imaginaire, féerique.
fag [fæg] 1 n (a) (U: Brit‡) corvée f. **what a ~!** quelle corvée!
(b) (Brit‡: cigarette) sèche‡ f.
(c) (Brit Scol) petit m (élève au service d'un grand).
(d) (‡: esp US: homosexual) pédé‡ m.
2 cpd: **fag end** (remainder) restant m, reste m; [material] bout m; [conversation] dernières bribes; (‡) [cigarette] mégot* m, clope‡ m.
3 vt (Brit: also ~ out) person, animal éreinter, épuiser, fatiguer. **to** ~ **o.s. (out)** s'éreinter; **to be ~ged** (out)* être éreinté or claqué* or crevé*; **I can't be ~ged‡** j'ai la flemme*.
4 vi (a) (also ~ away) s'échiner, s'éreinter (at à).
(b) (Brit Scol) **to** ~ **for sb** faire les menues corvées de qn.
faggot, (US) **fagot** ['fægət] n (wood) fagot m; (Brit Culin) ≃ crépinette f; (‡: homosexual) pédé‡ m, tante‡ f.
fah [fɑ:] n (Mus) fa m.
Fahrenheit ['færənhaɪt] adj Fahrenheit inv. ~ **thermometer/scale** thermomètre m/échelle f Fahrenheit; **degrees** ~ degrés mpl Fahrenheit.
fail [feɪl] 1 vi (a) (be unsuccessful) [candidate] échouer, être collé* or recalé* (in an exam à un examen, in Latin en latin); [plans, attempts, treatment] échouer, ne pas réussir; [negotiations] ne pas aboutir, échouer; [play, show] faire or être un four; [bank, business] faire faillite. **I ~ed (in my attempts) to see him** je n'ai pas réussi or je ne suis pas arrivé à le voir; **to** ~ **by 5 votes/by 10 minutes** échouer à 5 voix près/à 10 minutes près.
(b) (grow feeble) [hearing, eyesight, health] faiblir, baisser; [person, invalid, voice] s'affaiblir; [light] baisser; (run short) [power, gas, electricity, water supply] faire défaut, manquer; [break down] [engine] tomber en panne, flancher*; [brakes] lâcher. **his eyes are**

~ing sa vue faiblit *or* baisse; **crops ~ed because of the drought** la sécheresse a causé la perte des récoltes; **to ~ in one's duty** faillir à *or* manquer à son devoir.

2 *vt* (**a**) *examination* échouer à, être collé* *or* recalé* à; *candidate* refuser, coller*, recaler* (*in an exam* à un examen). **to ~ one's driving test** échouer à *or* être recalé* à son permis (de conduire); **he's a ~ed writer** il n'a pas réussi comme écrivain; **he ~ed Latin** il a échoué en latin.

(**b**) (*let down*) (*gen*) décevoir; *friend, colleague* laisser tomber*; *partner* manquer à ses engagements envers. **don't ~ me!** ne me laissez pas tomber!*, je compte sur vous!; **his heart ~ed him** le cœur lui a manqué; **words ~ me!** les mots me manquent!; **his memory often ~s him** sa mémoire lui fait souvent défaut, sa mémoire le trahit souvent.

(**c**) (*omit*) manquer, négliger, omettre (*to do* de faire). **he never ~s to write** il ne manque jamais d'écrire; **he ~ed to visit her** il a négligé *or* omis de lui rendre visite; **he ~ed to keep his word** il a manqué à sa parole; (*Jur*) **to ~ to appear** faire défaut; **he ~ed to appear at the dinner** il ne s'est pas montré au dîner; **I ~ to see why** je ne vois pas pourquoi; **I ~ to understand** je n'arrive pas à comprendre.

3 *n* (**a**) *without* ~ *come, do* à coup sûr, sans faute; *happen, befall* immanquablement, inévitablement.

(**b**) (*Scol, Univ*) échec *m*. **she got a ~ in history** elle a échoué *or* a été recalée* en histoire.

4 *cpd*: (*Tech*) **failsafe** à sûreté intégrée.

failing ['feɪlɪŋ] **1** *n* défaut *m*. **2** *prep* à défaut de. **~ this** à défaut. **3** *adj* (*US Scol*) '~' 'faible'.

failure ['feɪljər] *n* (**a**) (*lack of success*) échec *m* (*in an exam* à un examen); *[plan]* échec, insuccès *m*, avortement *m*; *[play, show etc]* échec; *[bank, business]* faillite *f*; *[discussions, negotiations]* échec, fiasco *m*. **academic ~** l'échec scolaire (*or* universitaire); **after two ~s he gave up** il a abandonné après deux échecs; **the play was a ~** la pièce a été un four *or* a fait un four *or* a été un fiasco *or* a fait fiasco; **this new machine/this plan is a total ~** cette nouvelle machine/ce projet est un fiasco complet; **his ~ to convince them** son incapacité *f or* son impuissance *f* à les convaincre.

(**b**) (*unsuccessful person*) raté(e) *m(f)*. **to be a ~ at maths** être nul en math; **to be a ~ at gardening** n'être pas doué pour le jardinage; **he's a ~ as a writer** il ne vaut rien comme écrivain.

(**c**) (*breakdown, insufficiency*) *[electricity, engine]* panne *f*. **~ of oil/water supply** manque *m* de pétrole/d'eau; **~ of the crops** perte *f* des récoltes; **V heart.**

(**d**) (*omission*) manquement *m*, défaut *m*. **his ~ to answer** le fait qu'il n'a pas répondu; **because of his ~ to help us** du fait qu'il ne nous a pas aidés; (*Jur*) **~ to appear** défaut *m* de comparution; **~ to observe a by-law** inobservation *f* d'un règlement (de police).

fain†† [feɪn] *adv* (*used only with 'would'*) volontiers.

faint [feɪnt] **1** *adj* (**a**) *breeze, smell, sound, hope, trace* (*slight*) faible; (*slight but hopeful*) léger; *colour* pâle, délavé; *voice* faible, éteint; *breathing* faible; *idea* vague, peu précis, flou. **I haven't the ~est idea (about it)** je n'en ai pas la moindre idée; **a ~ smile** (*indifferent*) un vague sourire; (*sad*) un pauvre sourire; **to make a ~ attempt at doing** essayer sans conviction de faire; **to grow ~(er)** s'affaiblir, diminuer; (*Prov*) **~ heart never won fair lady** la pusillanimité n'est point la clef des cœurs féminins.

(**b**) (*Med*) défaillant, prêt à s'évanouir. **to feel ~** se trouver mal, être pris d'un malaise; **~ with hunger/weariness** défaillant de faim/de fatigue.

2 *n* évanouissement *m*, défaillance *f*. **to fall in a ~** s'évanouir, avoir une défaillance.

3 *cpd*: **fainthearted** V **fainthearted**; **fainting fit** évanouissement *m*; **faint-ruled paper** papier réglé (en impression légère).

4 *vi* (*lose consciousness: also* **~ away**) s'évanouir, tomber dans les pommes*. (*feel weak: from hunger etc*) **to be ~ing** défaillir (*from* de).

fainthearted [,feɪnt'hɑːtɪd] *adj* pusillanime, timide, timoré.

faintheartedly [,feɪnt'hɑːtɪdlɪ] *adv* timidement, avec pusillanimité.

faintheartedness [,feɪnt'hɑːtɪdnɪs] *n* pusillanimité *f*, timidité *f*.

faintly ['feɪntlɪ] *adv call, say* d'une voix éteinte, faiblement; *breathe, shine* faiblement; *write, mark, scratch* légèrement; (*slightly*) légèrement, vaguement. **~ reminiscent of** qui rappelle vaguement; **in a ~ disappointed tone** d'un ton un peu déçu, avec une nuance de déception dans la voix.

faintness ['feɪntnɪs] *n* *[sound, voice etc]* faiblesse *f*; *[breeze etc]* légèreté *f*.

fair¹ [feər] **1** *adj* (**a**) *person, decision* juste, équitable; *deal* équitable, honnête; *fight, game, match, player, competition* loyal, correct; *profit, comment* justifié, mérité. **he is strict but ~** il est sévère mais juste *or* équitable *or* impartial; **it's not ~** ce n'est pas juste; **to be ~ (to him)** *or* **let's be ~ (to him)**, he thought he had paid for it rendons-lui cette justice, il croyait l'avoir payé; **it wouldn't be ~ to his brother** ce ne serait pas juste *or* honnête *or* équitable vis-à-vis de son frère; **as is (only) ~** et ce n'est que justice, comme de juste; **~ enough!** d'accord!, très bien!; **it's (a) ~ comment** la remarque est juste; **to give sb ~ warning of sth** prévenir qn honnêtement de qch; **to give sb a ~ deal** *or* (*US*) **a ~ shake** agir équitablement envers qn, être fair-play *inv* avec qn; **it's a ~ exchange** c'est équitable, c'est un échange honnête; (*loc*) **~ exchange is no robbery** échange n'est pas vol; **he was ~ game for the critics** il était une proie rêvée *or* idéale pour les critiques; **by ~ means or foul** par tous les moyens, par n'importe quel moyen; **through ~ and foul** à travers toutes les épreuves; **~ play** fair-play *m*; **~ sample** échantillon représentatif; **he got his ~ share of the money** il a eu tout l'argent qui lui revenait (de droit); **he's had his ~ share of trouble** il a eu sa part de soucis; **~ shares for all** (à)

chacun son dû; **it was all ~ and square** tout était très correct *or* régulier; **he's ~ and square** il est honnête *or* franc *or* loyal.

(**b**) (*average*) *work, achievements* passable, assez bon. (*Scol: as mark*) '~' 'passable'; **it's ~ to middling** c'est passable, ce n'est pas mal, c'est assez bien; **he has a ~ chance of success** il a des chances de réussir; **in ~ condition** en assez bon état.

(**c**) (*quite large*) *sum* considérable; *number* respectable. **to go at a ~ pace** aller bon train, aller à (une) bonne allure; **he is in a ~ way to doing** il y a de bonnes chances pour qu'il fasse; **he's travelled a ~ amount** il a pas mal voyagé; **there's a ~ amount of money left** il reste pas mal d'argent.

(**d**) (*light-coloured*) *hair etc* blond; *complexion, skin* clair, de blond(e). **she's ~** elle est blonde, c'est une blonde.

(**e**) (*fine*) *wind* propice, favorable; *weather* beau (*f* belle); (†: *beautiful*) beau. **it's set ~** le temps est au beau fixe; **the ~ sex** le beau sexe; **~ promises** belles promesses; **~ words** belles phrases *or* paroles.

(**f**) (*clean, neat*) propre, net. **to make a ~ copy of sth** recopier qch au propre *or* au net; **~ copy** (*rewritten*) copie *f* au propre *or* au net; (*model answer etc*) corrigé *m*.

2 *adv* (**a**) **to play ~** jouer franc jeu; **to act ~ and square** agir loyalement, faire preuve de loyauté, jouer cartes sur table; **the branch struck him ~ and square in the face** la branche l'a frappé au beau milieu du visage (*or* en plein (milieu du) visage; **the car ran ~ and square into the tree** la voiture est entrée de plein fouet *or* en plein dans l'arbre.

(**b**) (*‡ or dial*) = **fairly c.**

(**c**) (††) *speak* courtoisement. **~ spoken** qui parle avec courtoisie.

3 *cpd*: **fair-haired** blond, aux cheveux blonds; (*US: fig*) **the fair-haired boy*** le chouchou*, le chéri; **fair-haired girl** blonde *f*; **fair-minded** impartial, équitable; **fair-sized** assez grand, d'une bonne taille; **fair-skinned** à la peau claire; (*US*) **fair-trade price** prix imposé; **fairway** (*Naut*) chenal *m*, passe *f*; (*Golf*) fairway *m*; (*fig*) **fair-weather friends** les amis *mpl* des bons *or* beaux jours.

fair² [feər] **1** *n* (*gen*) foire *f*; (*Comm*) foire; (*for charity*) fête *f*, kermesse *f*; (*Brit: funfair*) fête foraine. (*Comm*) **the Book F~** la Foire du livre; **V world etc. 2** *cpd*: **fairground** champ *m* de foire.

fairing ['feərɪŋ] *n* (*Aut, Aviat*) carénage *m*.

fairly ['feəlɪ] *adv* (**a**) (*justly*) *treat* équitablement, avec justice, impartialement; *obtain* honnêtement, loyalement; *compare, judge* impartialement, avec impartialité.

(**b**) (*reasonably*) assez, moyennement. **it's ~ straightforward** c'est assez facile; **he plays ~ well** il joue passablement; **he's ~ good** il n'est pas mauvais; **they lead a ~ quiet life** ils mènent une vie plutôt tranquille; **I'm ~ sure that** ... je suis presque sûr que ..., j'ai bien l'impression que ... .

(**c**) (*utterly*) absolument, vraiment. **he was ~ beside himself with rage** il était absolument hors de lui.

(**d**) **~ and square** = **fair and square; V fair¹ 2a.**

fairness ['feənɪs] *n* (**a**) (*lightness*) *[hair]* couleur *f* blonde, blond *m*, blondeur *f*; *[skin]* blancheur *f*.

(**b**) (*honesty, justice*) justice *f*, honnêteté *f*; *[decision, judgment]* équité *f*, impartialité *f*. **in all ~** en toute justice; **in ~ to him** pour être juste envers lui.

fairy ['feərɪ] **1** *n* (**a**) fée *f*. **the wicked ~** la fée Carabosse; **she is his good/wicked ~** elle est son bon/mauvais ange; (*fig*) **he's away with the fairies** il rêve complètement, il n'a pas les pieds sur terre.

(**b**) (*‡ pej: homosexual*) pédé‡ *m*, tapette‡ *f*.

2 *adj helper, gift* magique; *child, dance, music* des fées.

3 *cpd*: **fairy cycle** bicyclette *f* d'enfant; (*iro*) **fairy footsteps** pas *mpl* (légers) de danseuse (*iro*); **fairy godmother** (*lit*) bonne fée; (*fig*) marraine *f* gâteau *inv*; **fairyland** royaume *m* des fées; (*fig*) féerie *f*; **fairy lights** guirlande *f* électrique; **fairy-like** féerique, de fée; **fairy queen** reine *f* des fées; **fairy story, fairy tale** conte *m* de fées; (*untruth*) conte à dormir debout.

faith [feɪθ] **1** *n* (**a**) (*U: trust, belief*) foi *f*, confiance *f*. **F~, Hope and Charity** la foi, l'espérance et la charité; **~ in God** foi en Dieu; **to have ~ in sb** avoir confiance en qn; **I've lost ~ in him** je ne lui fais plus confiance; **to put one's ~ in, to pin one's ~ on*** mettre tous ses espoirs en.

(**b**) (*religion*) foi *f*, religion *f*.

(**c**) (*U*) **to keep ~ with sb** tenir ses promesses envers qn; **to break ~ with sb** manquer à sa parole envers qn.

(**d**) (*U*) **good ~** bonne foi; **to do sth in all good ~** faire qch en toute bonne foi; **bad ~** mauvaise foi; **to act in bad ~** agir de mauvaise foi.

2 *cpd*: **faith healer** guérisseur *m*, -euse *f* (mystique); **faith healing** guérison *f* par la foi.

faithful ['feɪθfʊl] **1** *adj* (**a**) *person* fidèle (*to* à). (**b**) (*accurate*) *account, translation* fidèle, exact; *copy* conforme. **2** *n* (*Rel*) **the ~** (*Christians*) les fidèles *mpl*; (*Muslims*) les croyants *mpl*.

faithfully ['feɪθfəlɪ] *adv follow* fidèlement; *behave* loyalement; *translate* exactement, fidèlement. **to promise ~ that** donner sa parole que; (*Brit: in correspondence*) **yours ~** je vous prie (*or* nous vous prions), Monsieur (*or* Madame *etc*), d'agréer mes (*or* nos) salutations distinguées.

faithfulness ['feɪθfʊlnɪs] *n* fidélité *f* (*to* à), loyauté *f* (*to* envers); *[account, translation]* fidélité, exactitude *f*; *[copy]* conformité *f*.

faithless ['feɪθlɪs] *adj* déloyal, perfide.

faithlessness ['feɪθlɪsnɪs] *n* (*U*) déloyauté *f*, perfidie *f*.

fake [feɪk] **1** *n* (**a**) (*object*) article *or* objet truqué*; (*picture*) faux *m*. **he's a ~** c'est un imposteur, il n'est pas ce qu'il prétend être.

(**b**) (*US Sport*) feinte *f*.

2 *adj document* maquillé, falsifié, faux (*f* fausse); *picture, beam, furniture* faux; *elections, trial, photograph* truqué; (*Rad, TV*) *interview* truqué, monté d'avance; *accounts* falsifié.

3 *vt* (a) *document (counterfeit)* faire un faux de; *(alter)* maquiller, falsifier; *(Art) picture* faire un faux de, contrefaire; *beam, furniture* imiter; *photograph, sound tape, elections, trial* truquer; *accounts* falsifier; *(Rad, TV) interview* truquer, monter d'avance. **to ~ illness/death** *etc* faire semblant d'être malade/mort *etc; (US: Sport)* **to ~ a pass** feinter.

(b) *(US: ad-lib) tune* improviser.

4 *vi* faire semblant; *(US: Sport)* feinter.

fakir ['fɑːkɪər] *n* fakir *m*.

falcon ['fɔːlkən] *n* faucon *m*.

falconer ['fɔːlkənər] *n* fauconnier *m*.

falconry ['fɔːlkənrɪ] *n* fauconnerie *f*.

Falkland ['fɔːlklənd] : **~ Islands** îles *fpl* Malouines *or* Falkland; **~ Islander** habitant(e) *m(f)* des (îles) Malouines *or* Falkland.

fall [fɔːl] (*vb: pret* **fell**, *ptp* **fallen**) **1** *n* (a) *(lit, fig)* chute *f; (Mil)* chute, prise *f*. **to have a ~** tomber, faire une chute; **without a ~** sans tomber; *(fig)* **to be heading** *or* **riding for a ~** courir à l'échec, aller au-devant de la défaite; *(Rel)* **the F~** **(of Man)** la chute (de l'homme); **the ~ of Saigon** la chute *or* la prise de Saigon; **the ~ of the Bastille** la prise de la Bastille; **~ of earth** éboulement *m* de terre, éboulis *m*; **~ of rock** chute de pierres; **there has been a heavy ~ of snow** il y a eu de fortes chutes de neige, il est tombé beaucoup de neige; *V* **free**.

(b) *(lowering: in price, demand, temperature)* baisse *f* (in de); *(more drastic)* chute *f; (Fin)* dépréciation *f*, baisse.

(c) *(slope: of ground, roof)* pente *f*, inclinaison *f*.

(d) *(waterfall)* **~s** chute *f* d'eau, cascade *f*; **the Niagara F~s** les chutes du Niagara.

(e) *(US: autumn)* automne *m*. **in the ~** en automne.

2 *vi* (a) *[person, object]* tomber; *(Rel etc: sin)* tomber, pécher; *[building]* s'écrouler, s'effondrer; *[rain, leaves, bombs, night, darkness, hair, garment, curtains]* tomber; *[temperature, price, level, voice, wind]* baisser, tomber; *[ground]* descendre, aller en pente; *(Mil) [soldier etc]* tomber (au champ d'honneur); *[country, city, fortress]* tomber; *[government]* tomber, être renversé. **he let ~ the cup, he let the cup ~** il a laissé tomber la tasse *(V also* **2b**); **he fell into the river** il est tombé dans la rivière; **to ~ out of a car/off a bike** tomber d'une voiture/d'un vélo; **to ~ over a chair** tomber en butant contre une chaise *(V also* **2b**); **to ~ flat** *[person]* tomber à plat ventre; *[event]* ne pas répondre à l'attente; *[scheme]* faire long feu, rater; *[joke]* tomber à plat; **to ~ (flat) on one's face** tomber face contre terre *or* à plat ventre *(V also* **2c**); **he fell full length** il est tombé de tout son long; **to ~ to** *or* **on one's knees** tomber à genoux; *(lit, fig)* **to ~ on one's feet** retomber sur ses pieds; *(US: lit, fig)* **to ~ on one's ass**✱✱ se casser la gueule✱; **he fell into bed exhausted** il s'est laissé tomber sur son lit épuisé; **they fell into each other's arms** ils sont tombés dans les bras l'un de l'autre; **her hair fell to her shoulders** les cheveux lui tombaient sur les épaules; *V* **neck, roll** *etc*.

(b) *(fig phrases)* **to ~ into a trap/an ambush** tomber *or* donner dans un piège/une embuscade; *(fig : in work etc)* **to ~ behind sb** prendre du retard sur qn; **he was ~ing over himself to be polite**✱ il se mettait en quatre pour être poli; **they were ~ing over each other to get it**✱ ils se battaient pour l'avoir; **to let ~ a hint that** laisser entendre que, donner à entendre que; **the accent ~s on the second syllable** l'accent tombe sur la deuxième syllabe; **strange sounds fell on our ears** des bruits étranges parvinrent à nos oreilles; **his face fell** son visage s'est assombri *or* s'est allongé; **her eyes fell on a strange object** son regard est tombé sur un objet étrange; **the students ~ into 3 categories** les étudiants se divisent en 3 catégories; **the responsibility ~s on you** la responsabilité retombe sur vous; **to ~ on bad times** tomber dans la misère, avoir des revers de fortune; **Christmas Day ~s on a Sunday** Noël tombe un dimanche; **he fell to wondering if …** il s'est mis à se demander si …; **it ~s to me to say** il m'appartient de dire, c'est à moi de dire; **not a word fell from his lips** il n'a pas laissé échapper un mot; **to ~ by the way** abandonner en cours de route; **he fell among thieves** il est tombé aux mains de voleurs; **his work fell short of what we had expected** son travail n'a pas répondu à notre attente; **the copy fell far short of the original** la copie était loin de valoir l'original; **to ~ short of perfection** ne pas atteindre la perfection; *V* **foul, hard, stool** *etc*.

(c) *(become, find o.s. etc)* **to ~ asleep** s'endormir; **to ~ into a deep sleep** tomber dans un profond sommeil; **to ~ into bad habits** prendre *or* contracter de mauvaises habitudes; **to ~ into conversation with sb** entrer en conversation avec qn; **to ~ into despair** sombrer dans le désespoir; **to ~ into disgrace** tomber en disgrâce; **to ~ from grace** *(Rel)* perdre la grâce; *(fig)* tomber en disgrâce, ne plus avoir la cote; *(hum)* faire une gaffe✱; *[rent, bill]* **to ~ due** venir à échéance; **to ~ into the hands of** tomber aux *or* entre les mains de; **to ~ heir to** sth hériter de qch; **to ~ ill** *or* **sick** tomber malade; **to ~ lame** se mettre à boiter; *(lit, fig)* **to ~ into line** s'aligner; *(fig)* **to ~ into line with sb** se ranger *or* se conformer à l'avis de qn; **to ~ in love** tomber amoureux *(with* de); **to ~ for sb*** tomber amoureux de qn; **to ~ for an idea*** *etc* s'enthousiasmer pour une idée *etc; (pej: be taken in by)* **to ~ for a suggestion** se laisser prendre à une suggestion; **he really fell for it!*** il s'est vraiment laissé prendre!, il s'est vraiment fait avoir!*; **to ~ silent** se taire; **to ~ under suspicion** devenir suspect; **to ~ vacant** *[job, position]* se trouver vacant; *[room, flat]* se trouver libre; **to ~ (a) victim to** devenir (la) victime de.

3 *cpd:* *(US)* **fall guy**✱ *(scapegoat)* bouc *m* émissaire; *(easy victim)* pigeon✱ *m*, dindon *m* (de la farce), dupe *f*; **falling-off** réduction *f*, diminution *f*, décroissance *f* (in de); **falling star** étoile filante; **fall line** *(Geog)* ligne *f* de séparation entre un plateau et une plaine côtière; *(Ski)* ligne *f* de plus grande pente; **fall-off** = **falling-off**; *(U)* **fallout** retombées *fpl* (radioactives); *(fig)* retombées,

répercussions *fpl*; **fallout shelter** abri *m* antiatomique.

◆**fall about*** *vi (fig: laugh)* se tordre (de rire).

◆**fall apart** *vi [object]* tomber en morceaux; *[scheme, plan, one's life, marriage]* se désagréger; *[deal]* tomber à l'eau, s'effondrer; *[person] (after tragedy)* s'effondrer; *(in an exam etc)* perdre tous ses moyens.

◆**fall away** *vi [ground]* descendre en pente; *[plaster]* s'écailler; *[supporters]* déserter; *[numbers, attendances]* diminuer; *[anxiety, fears]* se dissiper, s'évanouir.

◆**fall back** *vi (retreat, also Mil)* reculer, se retirer. *(fig)* **to fall back on sth** avoir recours à qch; **a sum to fall back on** une somme en réserve, un matelas*.

◆**fall behind** *vi* rester en arrière, être à la traîne; *[racehorse, runner]* se laisser distancer; *(in cycle race)* décrocher. **to fall behind with one's work** prendre du retard dans son travail; **she fell behind with the rent** elle était en retard pour son loyer; *V also* **fall 2b**.

◆**fall down** *vi [person, book]* tomber (par terre); *[building]* s'effondrer, s'écrouler; *[tree]* tomber; *[plans]* s'effondrer, s'écrouler; *[hopes]* s'évanouir.

(b) *(fig: fail)* échouer. **to fall down on the job** se montrer incapable de faire le travail, ne pas être à la hauteur; **he fell down badly that time** il a fait un vrai fiasco *or* il a vraiment raté son coup cette fois; **that was where we fell down** c'est là que nous avons achoppé *or* que nous nous sommes fichus dedans*; **she fell down on the last essay** elle a raté la dernière dissertation.

◆**fall in 1** *vi* (a) *[building]* s'effondrer, s'écrouler, s'affaisser. **she leaned over the pool and fell in** elle s'est penchée au-dessus de la mare et est tombée dedans.

(b) *(Mil) [troops]* former les rangs; *[one soldier]* rentrer dans les rangs. **fall in!** à vos rangs!

2 *vt sep* **troops** (faire) mettre en rangs.

◆**fall in with** *vt fus* (a) *(meet) person* rencontrer; *group* se mettre à fréquenter. **he fell in with bad company** il a fait de mauvaises rencontres *or* connaissances.

(b) *(agree to) proposal, suggestion* accepter, agréer. **to fall in with sb's views** entrer dans les vues de qn.

(c) **this decision fell in very well with our plans** cette décision a cadré avec nos projets.

◆**fall off 1** *vi* (a) *(lit)* tomber; *(Climbing)* dévisser.

(b) *[supporters]* déserter; *[sales, numbers, attendances]* diminuer; *[curve on graph]* décroître; *[interest]* se relâcher, tomber; *[enthusiasm]* baisser, tomber.

2 **fall(ing)-off** *n V* **fall 3**.

◆**fall out 1** *vi* (a) *(quarrel)* se brouiller, se fâcher *(with* avec).

(b) *(Mil)* rompre les rangs. **fall out!** rompez!

(c) *(come to pass)* advenir, arriver. **everything fell out as we had hoped** tout s'est passé comme nous l'avions espéré.

2 *vt sep* **troops** faire rompre les rangs à.

3 fallout *n*, *adj V* **fall 3**.

◆**fall over** *vi* tomber (par terre).

◆**fall through** *vi [plans]* échouer. **all their plans have fallen through** tous leurs projets ont échoué *or* sont (tombés) à l'eau.

◆**fall to** *vi (start eating)* se mettre à l'œuvre, attaquer (un repas).

◆**fall (up)on** *vt fus* (a) *(meet)* se jeter sur, se lancer sur. *(Mil)* **to fall (up)on the enemy** fondre *or* s'abattre sur l'ennemi.

(b) *(find)* trouver, découvrir. **to fall (up)on a way of doing sth** trouver *or* découvrir un moyen de faire qch.

fallacious [fə'leɪʃəs] *adj* fallacieux, faux (*f* fausse), trompeur.

fallaciousness [fə'leɪʃəsnɪs] *n* caractère fallacieux, fausseté *f*.

fallacy ['fæləsɪ] *n (false belief)* erreur *f*, illusion *f*; *(false reasoning)* faux raisonnement, sophisme *m*.

fallen ['fɔːlən] **1** *ptp of* **fall**.

2 *adj* tombé; *(morally)* perdu; *angel, woman* déchu. **~ leaf** feuille morte; *(Med)* **~ arches** affaissement *m* de la voûte plantaire.

3 *n (Mil)* **the ~** ceux qui sont morts à la guerre, ceux qui sont tombés (au champ d'honneur).

fallibility [ˌfælɪ'bɪlɪtɪ] *n* faillibilité *f*.

fallible ['fæləbl] *adj* faillible. **everyone is ~** tout le monde peut se tromper.

fallopian [fə'ləʊpɪən] *adj:* **~ tube** trompe utérine *or* de Fallope.

fallow[1] ['fæləʊ] **1** *n (Agr)* jachère *f*. **2** *adj* *land* en jachère. **the land lay ~** la terre était en jachère; **his mind lay ~ for years** il a laissé son esprit en friche pendant des années.

fallow[2] ['fæləʊ] *adj:* **~ deer** daim *m*.

false [fɔːls] **1** *adj* (a) *(mistaken, wrong) idea, information* faux (*f* fausse). *(lit, fig)* **~ alarm** fausse alerte; **~ dawn** lueurs annonciatrices de l'aube; *(fig)* lueur d'espoir trompeuse; **to take a ~ step** faire un faux pas; **to put a ~ interpretation on sth** interpréter qch à faux; **in a ~ position** dans une position fausse; **~ ribs** fausses côtes; **~ report, ~ rumour** canard *m; (Sport, also fig)* **~ start** faux départ.

(b) *(deceitful)* perfide, faux (*f* fausse), mensonger. **to be ~ to one's wife**† tromper sa femme; *(Jur)* **~ pretences** moyens *mpl* frauduleux; **on** *or* **under ~ pretences** *(Jur)* par des moyens frauduleux; *(by lying)* sous des prétextes fallacieux; **~ promises** promesses mensongères, fausses promesses; **~ witness** faux témoin; († *or frm)* **to bear ~ witness** porter un faux témoignage.

(c) *(counterfeit) coin* faux; *(artificial)* artificiel; *ceiling* faux. **~ eyelashes** faux cils *mpl*; **a box with a ~ bottom** une boîte à double fond; **~ hem** faux ourlet; *(Brit)* **~ teeth** fausses dents, dentier *m*, râtelier *m*.

2 *adv (liter)* **to play sb ~** trahir qn.

3 *cpd:* **false-hearted** fourbe.

falsehood ['fɔːlshʊd] *n* (a) *(lie)* mensonge *m*. **to tell a ~** mentir, dire un mensonge. (b) *(U)* faux *m*. **truth and ~** le vrai et le faux. (c) *(U)* = **falseness**.

falsely ['fɔ:lslɪ] adv claim, declare faussement; interpret à faux; accuse à tort; act déloyalement.
falseness ['fɔ:lsnɪs] n fausseté f; († or liter: of lover etc) infidélité f.
falsetto [fɔ:l'setəʊ] **1** n (Mus) fausset m. **2** adj voice, tone de fausset, de tête.
falsies‡ ['fɔ:lsɪz] npl soutien-gorge rembourré.
falsification [,fɔ:lsɪfɪ'keɪʃən] n falsification f.
falsify ['fɔ:lsɪfaɪ] vt **(a)** (forge) document falsifier; evidence maquiller; (misrepresent) story, facts dénaturer; accounts, figures, statistics truquer.
(b) (disprove) theory réfuter.
falsity ['fɔ:lsɪtɪ] n = **falseness**.
falter ['fɔ:ltər] **1** vi [voice, speaker] hésiter, s'entrecouper; (waver) vaciller, chanceler; [sb's steps] chanceler; [courage, memory] faiblir. **2** vt (also ~ out) words, phrases bredouiller, prononcer d'une voix hésitante or entrecoupée.
faltering ['fɔ:ltərɪŋ] adj voice hésitant, entrecoupé; steps chancelant.
falteringly ['fɔ:ltərɪŋlɪ] adv speak d'une voix hésitante or entrecoupée; walk d'un pas chancelant or mal assuré.
fame [feɪm] n (gen) gloire f, célébrité f, (slightly weaker) renommée f, renom m. this book brought him ~ (as a writer) ce livre l'a rendu célèbre (en tant qu' écrivain), ce livre a fait sa renommée or son renom (d'écrivain); he wanted ~ il était avide de gloire, il voulait se faire une renommée or un grand nom; to win ~ for o.s. bâtir sa renommée; Margaret Mitchell of 'Gone with the Wind' ~ Margaret Mitchell connue pour son livre 'Autant en emporte le vent' or l'auteur célèbre de 'Autant en emporte le vent'; Bader of 1940 ~ Bader célèbre pour ses prouesses or exploits en 1940; († or liter) of ill ~ mal famé.
famed [feɪmd] adj célèbre, renommé (for pour).
familiar [fə'mɪljər] **1** adj **(a)** (usual, well-known) sight, scene, street familier; complaint, event, protest habituel. he's a ~ figure in the town c'est un personnage bien connu or tout le monde le connaît de vue dans la ville; it's a ~ feeling c'est une sensation bien connue; it's a ~ story : he wasted his time ... c'est toujours la même histoire: il a perdu son temps ...; his face is ~ je l'ai déjà vu (quelque part), sa tête me dit quelque chose*; among ~ faces parmi des visages familiers or connus; his voice seems ~ (to me) il me semble connaître sa voix; (fig) now we're on ~ ground nous sommes maintenant en terrain de connaissance.
(b) (conversant) to be ~ with sth bien connaître qch, être au fait de qch; to make o.s. ~ with se familiariser avec; he is ~ with our customs il connaît bien nos coutumes.
(c) (intimate) familier, intime. ~ language langue familière; to be on ~ terms with sb être intime avec qn, avoir des rapports d'intimité avec qn; ~ spirit démon familier; (pej) he got much too ~, he was very ~ il s'est permis des familiarités (with avec).
2 n **(a)** (~ spirit) démon familier.
(b) (friend) familier m.
familiarity [fə,mɪlɪ'ærɪtɪ] n **(a)** (I) [sight, event etc] caractère familier or habituel.
(b) (U: with book, poem, customs etc) familiarité f (with avec), (parfaite) connaissance f (with de). (Prov) ~ breeds contempt la familiarité engendre le mépris.
(c) (pej: gen pl) familiarities familiarités fpl, privautés fpl.
familiarize [fə'mɪlɪəraɪz] vt **(a)** to ~ sb with sth familiariser qn avec qch, habituer qn à qch; to ~ o.s. with se familiariser avec.
(b) theory répandre, vulgariser.
familiarly [fə'mɪljəlɪ] adv familièrement.
family ['fæmɪlɪ] **1** n (all senses incl Ling) famille f. has he any ~? (relatives) a-t-il de la famille?; (children) a-t-il des enfants?; it runs in the ~ cela tient de famille; my ~ are all tall dans ma famille tout le monde est grand; to start a ~ avoir un enfant (le premier), of good ~ de bonne famille; he's one of the ~ il fait partie or il est de la famille.
2 cpd dinner, jewels, likeness, name de famille; Bible, life familial, de famille. (Brit Admin) **family allowance** allocations familiales; **family business** affaire f de famille; **family butcher** boucher m de quartier; (Brit Jur) **family court** tribunal pour tout ce qui touche aux enfants; (US Police) **Family Crisis Intervention Unit** ≃ police-secours m (intervenant en cas de drames familiaux); **family doctor** médecin m de famille, (médecin) généraliste m; **a family friend** un(e) ami(e) de la famille; (Scol) **family grouping** enseignement m dans des classes de primaire regroupant plusieurs années; **family hotel** pension f de famille; (Brit Admin) **family income supplement** ≃ complément familial; he's a family man c'est un bon père de famille, il aime la vie de famille; **to be family-minded** avoir le sens de la famille; **family planning** planning or planisme familial, orthogénie f; **family planning clinic** centre m de planning or planisme familial; (US Med) **family practice** médecine f générale; (esp US Med) **family practitioner** médecin m de famille, (médecin) généraliste m; (Comm) **family-size(d)** packet paquet familial; **family tree** arbre m généalogique; (Sociol) **family unit** cellule f familiale; (TV) **it's (suitable for) family viewing** c'est un spectacle familial, les enfants peuvent voir ça; **she's in the family way*** elle est enceinte, elle attend un bébé or un enfant.
famine ['fæmɪn] n famine f.
famished ['fæmɪʃt] adj affamé. I'm absolutely ~* je meurs de faim, j'ai une faim de loup; ~ looking d'aspect famélique.
famishing ['fæmɪʃɪŋ] adj: I'm ~* je crève* de faim, j'ai une faim de loup.
famous ['feɪməs] adj célèbre, (bien) connu, renommé (for pour); (*†: excellent) fameux, formidable*. (iro) ~ last words!* on verra bien!, c'est ce que tu crois!; (iro) so much for his ~ motorbike! maintenant on sait ce que vaut sa fameuse moto!
famously* ['feɪməslɪ] adv fameusement*, rudement bien*, à

merveille. they get on ~ ils s'entendent rudement bien* or comme larrons en foire.
fan¹ [fæn] **1** n éventail m; (mechanical) ventilateur m; (Agr) tarare m. **electric** ~ ventilateur électrique.
2 cpd: (Aut) **fan belt** courroie f de ventilateur; (Brit) **fan heater** radiateur soufflant; **fan light** imposte f (semi-circulaire); **fan-shaped** en éventail; (fantail) (pigeon) pigeon-paon m; (Archit) **fan vaulting** voûte(s) f(pl) en éventail.
3 vt **(a)** person, object éventer. **to** ~ **the fire** attiser le feu; **to** ~ **the embers** souffler sur la braise; **to** ~ **o.s.** s'éventer; (fig) **to** ~ **the flames** jeter de l'huile sur le feu (fig); **to** ~ **a quarrel** attiser une querelle.
(b) (US‡: smack) corriger, flanquer* une fessée à.
◆**fan out 1** vi [troops, searchers] se déployer (en éventail).
2 vt sep cards etc étaler (en éventail).
fan² [fæn] **1** n (*) enthousiaste mf; (Sport) supporter m; [pop star etc] fan m‡, admirateur m, -trice f. **he is a jazz/bridge/sports/football** etc ~ il se passionne pour le or c'est un passionné du or c'est un mordu* du jazz/bridge/sport/football etc; **all these football** ~s tous ces enragés or mordus* or fanas* de football; **movie** ~ cinéphile mf, passionné(e) m(f) du cinéma; **a Vivaldi** ~ un(e) fervent(e) de Vivaldi; **I'm definitely not one of his** ~s je suis loin d'être un de ses admirateurs.
2 cpd: **fan club** (Cine etc) cercle m or club m de fans; (fig) cercle d'adorateurs or de fervents (admirateurs); **the Colin Smith fan club** le club des fans de Colin Smith; **his fan mail** or **fan letters** le courrier or les lettres fpl de ses admirateurs.
fanatic [fə'nætɪk] n fanatique mf.
fanatic(al) [fə'nætɪk(əl)] adj fanatique m.
fanaticism [fə'nætɪsɪzəm] n fanatisme m.
fanciable* ['fænsɪəbl] adj (Brit) pas mal du tout*, plutôt chouette*.
fancied ['fænsɪd] adj imaginaire.
-fancier ['fænsɪər] n ending in cpds: **dog-fancier** amateur m de chiens.
fanciful ['fænsɪfʊl] adj (whimsical) person capricieux, fantasque; ideas fantasque, (quaint) ideas etc bizarre; hat extravagant; (imaginative) design, drawing plein d'imagination, imaginatif; (imaginary) story, account imaginaire.
fancy ['fænsɪ] **1** n **(a)** (whim) caprice m, fantaisie f. it was just a (passing) ~ ce n'était qu'un caprice (passager) or qu'une fantaisie (passagère) or qu'une lubie; as the ~ takes her comme l'idée la prend; he only works when the ~ takes him il ne travaille que quand cela lui plaît or lui chante*; he took a ~ to go swimming il a eu tout à coup envie or il lui a pris l'envie d'aller se baigner.
(b) (taste, liking) goût m, envie f. to take a ~ to sb se prendre d'affection pour qn; to take a ~ to sth se mettre à aimer qch, prendre goût à qch; it took or caught or tickled his ~ d'un seul coup il en a eu envie; the hat took or caught my ~ le chapeau m'a fait envie or m'a tapé dans l'œil‡; it caught the public's ~ le public l'a tout de suite aimé; he had a ~ for her il a eu un petit béguin* or une toquade* pour elle; he had a ~ for sports cars il a eu une toquade* or un engouement pour les voitures de sport.
(c) (U) imagination f, fantaisie f. that is in the realm of ~ cela appartient au domaine de l'imaginaire, c'est chimérique.
(d) (delusion) chimère f, fantasme or m; (whimsical notion) idée f fantasque. I have a ~ that ... j'ai idée que ... .
2 vt **(a)** (imagine) se figurer, s'imaginer; (rather think) croire, penser. he fancies he can succeed il se figure pouvoir réussir, il s'imagine qu'il peut réussir; I rather ~ he's gone out je crois (bien) qu'il est sorti; he fancied he heard the car arrive il a cru entendre arriver la voiture; ~ that!* tiens!, voyez-vous cela!, vous m'en direz tant!*; ~ anyone doing that! qu'est-ce que les gens vont imaginer de faire!; ~ seeing you here!* tiens! c'est vous?, je ne m'imaginais pas vous voir ici!; ~ him winning!* qui aurait cru qu'il allait gagner!
(b) (want) avoir envie de; (like) aimer. do you ~ going for a walk? as-tu envie or ça te dit* d'aller faire une promenade?; I don't ~ the idea cette idée ne me dit rien*; I don't ~ his books ses livres ne me tentent pas or ne me disent rien; (Brit) he fancies himself* il ne se prend pas pour rien* (iro); he fancies himself as an actor* il ne se prend pas pour une moitié d'acteur* (iro); (Brit) he fancies her* il la trouve pas mal du tout*, elle lui plaît; (Horseracing) Omar is strongly fancied for the next race Omar est très coté or a la cote pour la prochaine course.
(c) (imagine) avoir l'impression (that que). I ~ we've met before j'ai l'impression que nous nous sommes déjà rencontrés.
3 adj **(a)** hat, buttons, pattern (de) fantaisie inv. ~ cakes pâtisseries fpl; ~ dog chien m de luxe.
(b) (pej: overrated) idea, cure fantaisiste. a ~ price un prix exorbitant; it was all very ~ c'était très recherché, ça faisait très chic; with his ~ house and his ~ car how can he know how the ordinary man lives? avec sa belle maison et sa voiture grand luxe, comment peut-il se mettre à la place de l'homme de la rue?
(c) (US: extra good) goods, foodstuffs de qualité supérieure, de luxe.
4 cpd: **fancy dress** travesti m, déguisement m; **in fancy dress** déguisé, travesti; **fancy-dress ball** bal masqué or costumé; **he is fancy-free** c'est un cœur à prendre (V footloose); (Comm) **fancy goods** nouveautés fpl, articles mpl de fantaisie; (pej) **fancy man** amant m, jules* m; (pej) **fancy woman** maîtresse f, bonne amie (pej); **fancy work** ouvrages mpl d'agrément.
fanfare ['fænfɛər] n fanfare f (morceau de musique).
fang [fæŋ] n [dog, vampire] croc m, canine f; [snake] crochet m.
fanny‡* ['fænɪ] n (buttocks) cul‡* m, fesses* fpl; (vagina) chatte‡* f.
Fanny ['fænɪ] n **(a)** abbr of **Frances. (b)** (Brit) sweet ~ Adams‡ que dal(le)‡, rien du tout.
fantabulous‡ [fæn'tæbjʊləs] adj (US) superchouette*.

fantasia [fæn'teɪzjə] n (Literat, Mus) fantaisie f.
fantasize ['fæntəsaɪz] vi (Psych etc) se livrer à des fantasmes, fantasmer (about sur).
fantastic [fæn'tæstɪk] adj story, adventure fantastique, bizarre; idea impossible, invraisemblable; success inouï, fabuleux, fantastique; (Comm) price cuts phénoménal; (fig: excellent) dress, plan, news, holiday sensationnel, fantastique.
fantastically [fæn'tæstɪkəlɪ] adv fantastiquement, extraordinairement, terriblement. he's ~ rich il est extraordinairement or fabuleusement riche.
fantasy ['fæntəzɪ] n (a) (U) imagination f, fantaisie f. (b) idée f fantasque; (Psych etc) fantasme m. (c) (Literat, Mus) fantaisie f.
FAO [,efeɪ'əʊ] (abbr of **Food and Agriculture Organization**) F.A.O. f.
far [fɑːʳ] comp **farther** or **further**, superl **farthest** or **furthest 1**
adv (a) (lit) loin. how ~ is it to ...? combien y a-t-il jusqu'à ...?; is it ~? est-ce loin?; is it ~ to London? c'est loin pour aller à Londres?; we live not ~ from here nous habitons pas loin d'ici; we live quite ~ nous habitons assez loin; have you come from ~? vous venez de loin?; how ~ are you going? jusqu'où allezvous?; V also 1c.
(b) (fig) how ~ have you got with your plans? où en êtes-vous de vos projets?; he is very gifted and will go ~ il est très doué et il ira loin or il fera son chemin; to make one's money go ~ faire durer son argent; £10 doesn't go ~ these days 10 livres ne vont pas loin de nos jours; that will go ~ towards placating him cela contribuera beaucoup à le calmer; this scheme does not go ~ enough ce projet ne va pas assez loin; I would even go so ~ as to say that ... j'irais même jusqu'à dire que ..., je dirais même que ...; that's going too ~ cela passe or dépasse les bornes or la mesure; now you're going a bit too ~ alors là vous exagérez un peu; he's gone too ~ this time! il a vraiment exagéré cette fois!; he has gone too ~ to back out now il est trop engagé pour reculer maintenant; he was ~ gone (ill) il était très bas; (*: drunk) il était bien parti*; he carried the joke too ~ il a poussé trop loin la plaisanterie; just so ~, so ~ and no further jusque-là mais pas plus loin; so ~ so good jusqu'ici ça va; so ~ this year jusqu'ici cette année; we have 10 volunteers so ~ nous avons 10 volontaires jusqu'ici or jusqu'à présent; ~ be it from me to try to dissuade you loin de moi l'idée de vous dissuader.
(c) (phrases) as ~ as jusqu'à, autant que; we went as ~ as the town nous sommes allés jusqu'à la ville; we didn't go as or so ~ as the others nous ne sommes pas allés aussi loin que les autres; as or so ~ as I know (pour) autant que je (le) sache; as ~ as I can foresee autant que je puisse (le) prévoir; as ~ as the eye can see à perte de vue; as or so ~ as that goes pour ce qui est de cela; as or so ~ as I'm concerned en ce qui me concerne, pour ma part; as ~ back as I can remember d'aussi loin que je m'en souvienne; as ~ back as 1945 dès 1945, déjà en 1945; ~ and away V 1d; ~ and wide, ~ and near de tous côtés, partout; they came from ~ and wide or ~ and near ils sont venus de partout; ~ above loin au-dessus; ~ above the hill loin au-dessus de la colline; he is ~ above the rest of the class il est de loin supérieur au or il domine nettement le reste de la classe; ~ away in the distance au loin, dans le lointain; he wasn't ~ away when I saw him il n'était pas loin quand je l'ai vu; ~ beyond (adv) bien au-delà; ~ beyond the forest très loin au-delà de la forêt; it's ~ beyond what I can afford c'est bien au-dessus de mes moyens; (fig) I can't look ~ beyond May je ne sais pas très bien ce qui se passera après le mois de mai; ~ from loin de; your work is ~ from satisfactory votre travail est loin d'être satisfaisant, il s'en faut de beaucoup que votre travail soit satisfaisant (frm); ~ from it! loin de là!, tant s'en faut!; ~ from liking him I find him rather objectionable bien loin de l'aimer je le trouve (au contraire) tout à fait désagréable; I am ~ from believing him je suis très loin de le croire; ~ into très avant dans; ~ into the night tard dans la nuit, très avant dans la nuit; I won't look so ~ into the future je ne regarderai pas si avant dans l'avenir; they went ~ into the jungle ils ont pénétré très avant dans la jungle; ~ off au loin, dans le lointain (V also 3); he wasn't ~ off when I caught sight of him il n'était pas loin quand je l'ai aperçu; his birthday is not ~ off c'est bientôt son anniversaire, son anniversaire approche; she's not ~ off fifty elle n'est pas loin de la cinquantaine; ~ out at sea au (grand) large; ~ out on the branch tout au bout de la branche; (fig: wrong) to be ~ out or (US) ~ off [person] se tromper lourdement, être loin du compte; [estimates, guesses] être loin du compte; [opinion polls] se tromper lourdement; [calculations] être complètement erroné; by ~ de loin, de beaucoup.
(d) (with comp and superl adv or adj: also ~ and away) beaucoup, bien. this is ~ better ceci est beaucoup or bien mieux; this is ~ (and away) the best, this is by ~ the best or the best by ~ ceci est de très loin ce qu'il y a de mieux; it is ~ more serious c'est (bien) autrement sérieux; she is ~ prettier than her sister elle est bien plus jolie que sa sœur.
2 adj (a) (distant: liter) country, land lointain, éloigné. (not liter) it's a ~ cry from what he promised on est loin de ce qu'il a promis.
(b) (further away) autre, plus éloigné. on the ~ side of de l'autre côté de; at the ~ end of à l'autre bout de, à l'extrémité de.
(c) (Pol) the ~ right/left l'extrême-droite/-gauche f.
3 cpd: **faraway** country lointain; village, house éloigné; look distrait, absent, perdu dans le vague; voice lointain; memory flou, vague; **far-distant** lointain; **the Far East** l'Extrême-Orient m; **Far-Eastern** d'Extrême-Orient; **far-fetched** explanation, argument forcé, tiré par les cheveux; idea, scheme, suggestion bizarre; **far-flung** vaste, très étendu; **the Far North** le Grand Nord; **far-off** lointain, éloigné; **far-out*** (modern) d'avant-garde; (super b)

super*, génial; (fig) **far-reaching** d'une portée considérable, d'une grande portée; **far-seeing, far-sighted** person prévoyant, clairvoyant, qui voit loin; decision, measure fait (or pris etc) avec clairvoyance; (US) (lit) **far-sighted** hypermétrope; (in old age) presbyte; **farsightedness** (fig) prévoyance f, clairvoyance f; (lit) hypermétropie f; (in old age) presbytie f; (US) **the Far West** le far west, l'Ouest américain.
farad ['færəd] n farad m.
farce [fɑːs] n (Theat, fig) farce f. **the whole thing's a~!, what a ~ it all is!** tout ça c'est une vaste rigolade* or ce n'est pas sérieux or c'est grotesque.
farcical ['fɑːsɪkəl] adj risible, grotesque, ridicule. it's ~ cela tient de la farce, c'est vraiment grotesque.
fare [fɛəʳ] **1** n (a) (charge) (on tube, subway, bus etc) prix m du ticket or du billet; (on train, boat, plane) prix du billet; (in taxi) prix de la course. (in bus) ~s, please! les places, s'il vous plaît!; ~s are going up les (tarifs mpl des) transports mpl vont augmenter; let me pay your ~ laissez-moi payer pour vous; I haven't got the ~ je n'ai pas assez d'argent pour le billet; V half, return etc.
(b) (passenger) voyageur m, -euse f; [taxi] client(e) m(f).
(c) (food) chère f, nourriture f. hospital ~ régime m d'hôpital; V bill¹.
2 cpd: [bus] **fare stage** section f; **farewell** etc V **farewell** etc.
3 vi: he ~d well at his first attempt il a réussi à sa première tentative; we all ~d alike nous avons tous partagé le même sort, nous étions tous au même régime*; how did you ~? comment cela s'est-il passé (pour vous)?, comment ça a marché?*; († or hum) how ~s it with you? de quoi les choses vont-elles comme vous voulez?; it ~d well/badly with him les choses se sont bien/mal passées pour lui.
fare-thee-well [fɛəðiːˈwel], **fare-you-well** [fɛəjuːˈwel] n (US) to a ~ (to perfection) imitate etc à la perfection; (very much, very hard etc) au plus haut point.
farewell [fɛəˈwel] **1** n, excl adieu m. **to make one's ~s** faire ses adieux; **to take one's ~ of** faire ses adieux à; **to bid sb ~** dire adieu à; (fig) **you can say ~ to your wallet!** tu peux dire adieu à ton portefeuille!*, ton portefeuille tu peux en faire ton deuil!*
2 cpd dinner etc d'adieu.
farinaceous [,færɪˈneɪʃəs] adj farinacé, farineux.
farm [fɑːm] **1** n (Agr) ferme f, exploitation f agricole; (fish ~ etc) centre m d'élevage. **to work on a ~** travailler dans une ferme; V sheep etc.
2 cpd: (Econ) **farm gate price** prix m à la production or au producteur; **farmhand = farm worker; farmhouse** (maison f de) ferme f; **farm labourer = farm worker; farmland** terres cultivées or arables; **farm produce** produits mpl agricoles or de ferme; **farmstead** ferme f; **farm worker** ouvrier m, -ière f agricole; **farmyard** cour f de ferme.
3 vt cultiver.
4 vi être fermier, être cultivateur.
◆**farm out** vt sep show mettre en gérance. **to farm out work** céder un travail à un sous-traitant or en sous-traitance; **the firm farmed out the plumbing to a local tradesman** l'entreprise a confié la plomberie à un sous-traitant local; **to farm out children on sb*** donner des enfants à garder à qn, parquer* des enfants chez qn.
farmed [fɑːmd] adj fish etc d'élevage.
farmer ['fɑːməʳ] n fermier m, cultivateur m, agriculteur m. ~'s wife fermière f, femme f du cultivateur.
farming ['fɑːmɪŋ] **1** n (gen) agriculture f. he's always been interested in ~ il s'est toujours intéressé à l'agriculture; **vegetable/fruit ~** culture maraîchère/fruitière; **fish/mink ~** élevage m de poissons/de visons; **the ~ of this land** la culture or le faire-valoir or l'exploitation de cette terre; V dairy, factory, mixed etc.
2 cpd methods, techniques de culture, cultural. **farming communities** collectivités rurales.
Faroes ['fɛərəʊz] npl (also **Faroe Islands**) îles fpl Féroé or Faeroe.
farrago [fəˈrɑːgəʊ] n méli-mélo* m, mélange m.
farrier ['færɪəʳ] n (esp Brit) maréchal-ferrant m.
farrow ['færəʊ] **1** vti mettre bas. **2** n portée f (de cochons).
fart⁑ [fɑːt] **1** n pet⁑ m. **2** vi péter⁑.
farther ['fɑːðəʳ] comp of **far 1** adv plus loin. **how much ~ is it?** c'est encore à combien?; it is ~ than I thought c'est plus loin que je ne pensais; **have you got much ~ to go?** est-ce que vous avez encore loin à aller?; **we will go no ~** (lit) nous n'irons pas plus loin; (fig) nous en resterons là; **I got no ~ with him** je ne suis arrivé à rien de plus avec lui; **nothing could be ~ from the truth** rien n'est plus éloigné de la vérité; **nothing is ~ from my thoughts** rien n'est plus éloigné de ma pensée; **to get ~ and away** s'éloigner de plus en plus; **~ back** (loin) en arrière; **push it ~ back** repousse-le plus loin; **move ~ back** reculez-vous; **~ back than 1940 avant** 1940; **~ away, ~ off** plus éloigné, plus loin; **he went ~ off than I thought** il est allé plus loin que je ne pensais; **~ on, ~ forward** plus en avant, plus loin; (fig) **he is ~ on** or **~ forward than his brother** il est plus avancé que son frère, il est en avance sur son frère; (fig) **we're no ~ forward after all** that on n'est pas plus avancé, tout ça n'a rien donné.
2 adj plus éloigné, plus lointain. **at the ~ end of the room** à l'autre bout de la salle, au fond de la salle; **at the ~ end of the branch** à l'autre bout or à l'extrémité de la branche.
farthest ['fɑːðɪst] superl of **far 1** adj le plus lointain, le plus éloigné. **in the ~ depths of the forest** au fin fond de la forêt; **the ~ way** la route la plus longue; **it's 5 km at the ~** il y a 5 km au plus or au maximum. **2** adv le plus loin.
farthing ['fɑːðɪŋ] n quart m d'un ancien penny. **I haven't a ~** je n'ai pas le sou; V **brass** etc.

fascia ['feɪʃə] n (a) (on building) panneau m. (b) (Brit Aut) tableau m de bord.

fascicle ['fæsɪkl] n, **fascicule** ['fæsɪkjuːl] n (Bot) rameau fasciculé; [book] fascicule m.

fascinate ['fæsɪneɪt] vt [speaker, tale] fasciner, captiver; [sight] fasciner; [snake etc] fasciner.

fascinated ['fæsɪneɪtɪd] adj person fasciné, captivé; look, smile fasciné.

fascinating ['fæsɪneɪtɪŋ] adj person fascinant; speaker, tale, book, film fascinant, captivant, passionnant; sight fascinant.

fascination [ˌfæsɪ'neɪʃən] n fascination f, attrait m (irrésistible), charme m. his ~ with the cinema la fascination qu'exerce sur lui le cinéma.

fascism ['fæʃɪzəm] n fascisme m.

fascist ['fæʃɪst] adj, n fasciste (mf).

fashion ['fæʃən] 1 n (a) (U: manner) façon f, manière f. in a queer ~ d'une manière or façon bizarre; after a ~ finish, manage tant bien que mal; cook, paint si l'on peut dire; after the ~ of à la manière de; in the French ~ à la française; in his own ~ à sa manière or façon; it's not my ~ to lie ce n'est pas mon genre de mentir.
  (b) (latest style) mode f, vogue f. in ~ à la mode, en vogue; it's the latest ~ c'est la dernière mode or le dernier cri; to dress in the latest ~ s'habiller à la dernière mode; the Paris ~s les collections (de mode) parisiennes; ~s have changed la mode a changé; out of ~ démodé, passé de mode; to set the ~ donner le ton, lancer la mode; to set the ~ for lancer la mode de; to bring sth into ~ mettre qch à la mode; to come into ~ devenir à la mode; to go out of ~ se démoder; it is the ~ to say il est bien porté or de bon ton de dire; it's no longer the ~ to send children away to school ça ne se fait plus de mettre les enfants en pension; a man of ~ un homme élégant.
  (c) (habit) coutume f, habitude f. as was his ~ selon sa coutume or son habitude.
  2 vt carving façonner; model fabriquer; dress confectionner.
  3 cpd: fashion designer (gen) modéliste mf; the great fashion designers les grands couturiers; fashion editor rédacteur m, -trice f de mode; fashion house maison f de couture; fashion magazine journal m de mode; fashion model mannequin m (personne); fashion parade défilé m de mannequins; fashion plate gravure f de mode; she's a real fashion plate* à la voir on dirait une gravure de mode, on dirait qu'elle sort des pages d'un magazine; fashion show présentation f de modèles or de collections; to go to the Paris fashion shows faire les collections parisiennes.

fashionable ['fæʃnəbl] adj dress à la mode; district, shop, hotel chic inv; dressmaker, subject à la mode, en vogue. the ~ world les gens à la mode; it is ~ to say il est bien porté or de bon ton de dire; it's no longer ~ to prefer ... ça ne se fait plus de préférer ... .

fashionably ['fæʃnəblɪ] adv à la mode, élégamment.

fast¹ [fɑːst] 1 adj (a) (speedy) rapide. (Aut) the ~ lane ≃ la voie rapide; ~ train rapide m; (Phys) ~ breeder (reactor) réacteur m surgénérateur, surrégénérateur m; he's a ~ thinker il a l'esprit très rapide, il sait réfléchir vite; he's a ~ talker c'est un hâbleur; he's a ~ worker (lit) il va vite en besogne; (*: with the girls) c'est un tombeur* or un don Juan; to pull a ~ one on sb* rouler qn*, avoir qn*; (Tennis) a grass court is ~er le jeu est plus rapide sur gazon; (Phot) ~ film pellicule f rapide; V also 2.
  (b) (clock etc) avancer; my watch is 5 minutes ~ ma montre avance de 5 minutes.
  (c) (dissipated) de mœurs légères, dissolu. ~ life or living vie dissolue or de dissipation; ~ woman femme légère or de mœurs légères; a ~ set une bande de viveurs or de noceurs*; one of the ~ set un viveur, un noceur (or une noceuse).
  (d) (firm) rope, knot solide; grip tenace; colour bon teint inv, grand teint inv; friend sûr. to make a boat ~ amarrer un bateau; is the dye ~? est-ce que ça déteindra?, est-ce que la teinture s'en ira?
  2 cpd: (Brit Aut) fastback voiture f à arrière profilé; fast food (food) prêt-à-manger m; (place: also fast-food restaurant) restauration f rapide; (Comm) fast-selling items articles mpl à écoulement rapide.
  3 adv (a) (quickly) vite, rapidement. he ran off as ~ as his legs could carry him il s'est sauvé à toutes jambes; don't speak so ~ ne parlez pas si vite; how ~ can you type? à quelle vitesse pouvez-vous taper (à la machine)?; (interrupting) not so ~! doucement!, minute!*; he'd do it ~ enough if ... il ne se ferait pas prier si ... ; as ~ as I advanced he drew back à mesure que j'avançais il reculait; V furious.
  (b) (firmly, securely) ferme, solidement. to be ~ asleep être profondément endormi, dormir à poings fermés; a door shut ~ une porte bien close; ~ by† the church qui jouxte l'église; V hard, hold, play etc.

fast² [fɑːst] 1 vi jeûner, rester à jeun; (Rel) jeûner, faire maigre. 2 n jeûne m. to break one's ~ rompre le jeûne; (Rel) ~ day jour m maigre or de jeûne.

fasten ['fɑːsn] vt (a) (lit) attacher (to à); (with rope, string etc) lier (to à); (with nail) clouer (to à); (with rope) coller (to à); box, door, window fermer (solidement); dress fermer, attacher. to ~ two things together attacher deux choses ensemble or l'une à l'autre; to ~ one's seat belt attacher or mettre sa ceinture de sécurité; (fig) to ~ one's eyes on sth fixer son regard or les yeux sur qch.
  (b) (fig) responsibility attribuer (on sb à qn); a crime imputer (on sb à qn). to ~ the blame on sb rejeter la faute sur (le dos de) qn; you can't ~ it on me! tu ne peux pas me mettre ça sur le dos!
  2 vi [box, door, lock, window] se fermer; [dress] s'attacher.
◆ **fasten down** vt sep blind, flap fixer en place; envelope coller.

◆ **fasten on** vt sep fixer (en place).
◆ **fasten on to** vt fus (a) = fasten (up)on.
  (b) se cramponner à, s'accrocher à. he fastened on to my arm il s'est cramponné or accroché à mon bras.
◆ **fasten up** vt sep dress, coat fermer, attacher.
◆ **fasten (up)on** vt fus saisir. to fasten (up)on an excuse saisir un prétexte; to fasten (up)on the idea of doing se mettre en tête l'idée de faire.

fastener ['fɑːsnər] n, **fastening** ['fɑːsnɪŋ] n attache f; [box, door, window] fermeture f; [bag, necklace, book] fermoir m; [garment] fermeture, (button) bouton m, (hook) agrafe f, (press stud) pression f, (zip) fermeture f éclair inv. what kind of ~ has this dress got? comment se ferme or s'attache cette robe?

fastidious [fæs'tɪdɪəs] adj (a) work, research minutieux. you can see that he is very ~ (from his work) il est évident qu'il est très méticuleux or minutieux; (from his appearance, house) il est évident qu'il est très méticuleux or qu'il est d'une propreté méticuleuse.
  (b) (demanding about detail) tatillon, pointilleux; (particular about cleanliness) délicat, tatillon; (easily disgusted) délicat. their inspectors are very ~ leurs inspecteurs sont très pointilleux or tatillons or exigeants; she's too ~ to eat there elle est trop délicate pour manger là; this film is not for the ~ ce film n'est pas pour les esprits délicats or pour les personnes trop délicates.

fastidiously [fæs'tɪdɪəslɪ] adv examine, clean, check méticuleusement, minutieusement.

fastidiousness [fæs'tɪdɪəsnɪs] n méticulosité f (liter), minutie f, caractère tatillon or délicat.

fastigiate [fæ'stɪdʒɪɪt] adj fastigié.

fastness ['fɑːstnɪs] n (a) (stronghold) place forte. mountain ~ repaire m de montagne. (b) (U: speed) rapidité f, vitesse f. (c) [colours] solidité f.

fat [fæt] 1 n (gen, also Anat) graisse f; (on raw meat) graisse, gras m; (on cooked meat) gras m; (for cooking) matière grasse. what kind of ~ did you use? qu'avez-vous utilisé comme matière grasse or comme corps gras?; the ~ will stain the tablecloth la graisse tachera la nappe, il y aura une tache de graisse sur la nappe; I must avoid all ~s je dois éviter toutes les matières grasses or tous les corps gras; to fry in deep ~ (faire) frire or cuire à la grande friture; beef/mutton ~ graisse de bœuf/de mouton; pork ~ saindoux m; he's got rolls of ~ round his waist il a des bourrelets de graisse autour de la taille; (fig) the ~'s in the fire le feu est aux poudres, ça va barder‡ or chauffer*; (fig) to live off the ~ of the land vivre grassement.
  2 adj (a) person gras (f grasse); limb gros (f grosse), gras; face joufflu; cheeks gros; meat, bacon gras. to get ~ grossir, engraisser, prendre de l'embonpoint; she has got a lot ~ter elle a beaucoup grossi; (fig) he grew ~ on the profits il s'est engraissé avec les bénéfices.
  (b) (thick, big) volume, cheque, salary gros (f grosse). he paid a ~ price for it* il a l'a payé un gros prix.
  (c) land riche, fertile, gras (f grasse). he's got a nice ~ job in an office* il a un bon fromage* or une sinécure dans un bureau.
  (d) (*: phrases) a ~ lot you did to help! tu as vraiment été d'un précieux secours! (iro), comme aide c'était réussi!*; a ~ lot of good that did!* ça a bien avancé les choses! (iro); and a ~ lot of good it did you!, that did you a ~ lot of good anyway!* ça t'a or te voilà bien avancé! (iro); a ~ lot that's worth!* c'est fou ce que ça a comme valeur! (iro), ça ne vaut pas tripette!*; a ~ lot he knows about it!* comme s'il en savait quelque chose!; a ~ lot he cares!* comme si ça lui faisait quelque chose!; a ~ chance he's got of getting rich!* tu parles comme il a une chance de s'enrichir!*; you've got a ~ chance of seeing her!* comme si tu avais une chance or la moindre chance de la voir!
  3 vt (††) = fatten 1. to kill the ~ted calf tuer le veau gras.
  4 cpd: fatback (sorte f de) lard m maigre; (US) fat cat gros richard*, huile* f; (US) to be in fat city* être plein aux as; (US) fat farm‡ clinique f d'amaigrissement; fatfree diet sans matières grasses, sans corps gras; fathead* idiot(e) m(f), imbécile mf, cruche* f; fat-headed* idiot, imbécile; fatless = fatfree; (Agr) fatstock animaux mpl de boucherie.

fatal ['feɪtl] adj (a) (lit: causing death) injury, disease, shot, accident mortel; blow mortel, fatal; consequences, result fatal; (fig) mistake fatal; decision fatidique; influence néfaste, pernicieux; consequences, result désastreux, catastrophique. his illness was ~ to their plans sa maladie a porté un coup fatal or le coup de grâce à leurs projets; it was absolutely ~ to mention that c'était une grave erreur or c'était la mort que de parler de cela.
  (b) = fateful.

fatalism ['feɪtəlɪzəm] n fatalisme m.

fatalist ['feɪtəlɪst] n, adj fataliste (mf).

fatalistic [ˌfeɪtə'lɪstɪk] adj fataliste.

fatality [fə'tælɪtɪ] n (fatal accident) accident mortel; (person killed) mort m. bathing fatalities noyades fpl; road fatalities accidents mortels de la route; luckily there were no fatalities heureusement il n'y a pas eu de morts.

fatally ['feɪtəlɪ] adv wounded mortellement. ~ ill condamné, perdu.

fate [feɪt] n (a) (force) destin m, sort m. (Myth) the F~s les Parques fpl; what ~ has in store for us ce que le destin or le sort nous réserve.
  (b) (one's lot) sort m. to leave sb to his ~ abandonner qn à son sort; to meet one's ~ trouver la mort; it met with a strange ~ cela a eu une destinée curieuse; that sealed his ~ ceci a décidé de son sort; it was a ~ worse than death c'était un sort pire que la mort, la mort eût été mille fois préférable.

fated ['feɪtɪd] adj friendship, person voué au malheur. to be ~ to do être destiné or condamné à faire.

fateful ['feɪtfʊl] *adj words* fatidique; *day, event, moment* fatal, décisif.

father ['fɑːðər] **1** *n* (a) père *m*. (*Rel*) **Our F~** Notre Père; (*prayer*) **the Our F~** le Notre Père; **from ~ to son** de père en fils; (*Prov*) **like ~ like son** tel père tel fils (*Prov*); **to act like a ~** agir en père *or* comme un père; **he was like a ~ to me** il était comme un père pour moi; (*ancestors*) **~s** ancêtres *mpl*, pères; **there was the ~ and mother of a row!*** il y a eu une dispute à tout casser!* *or* une dispute maison!‡; *V also* **3**.
 (b) (*founder, leader*) père *m*, créateur *m*. **the F~s of the Church** les Pères de l'Église; *V* **city**.
 (c) (*Rel*) père *m*. **F~ X** le (révérend) père X, l'abbé X; **yes, F~** oui, mon père; **the Capuchin F~s** les pères capucins; *V* **holy**.
 2 *vt* (a) *child* engendrer; *idea, plan* concevoir, inventer.
 (b) (*saddle with responsibility*) **to ~ sth on sb** attribuer la responsabilité de qch à qn; **to ~ the blame on sb** imputer la faute à qn, faire porter le blâme à qn.
 3 *cpd*: (*Brit*) **Father Christmas** le père Noël; **Father's Day** la Fête des Pères; **father confessor** directeur *m* de conscience, père spirituel; **father-figure** personne *f* qui tient *or* joue le rôle du père; **he is the father-figure** il joue le rôle du père; **father-in-law** beau-père *m*; **fatherland** patrie *f*, mère *f* patrie; (Old) **Father Time** le Temps.

fatherhood ['fɑːðəhʊd] *n* paternité *f*.

fatherless ['fɑːðəlɪs] *adj* orphelin de père, sans père.

fatherly ['fɑːðəlɪ] *adj* paternel.

fathom ['fæðəm] **1** *n* (*Naut*) brasse *f* (= 1,83m). **a channel with 5 ~s of water** un chenal de 9m de fond; **to lie 25 ~s deep** *or* **down** reposer par 45m de fond.
 2 *vt* (*Naut*) sonder; (*fig: also* **~ out**) *mystery, person* sonder, pénétrer. **I just can't ~ it (out)** je n'y comprends absolument rien.

fathomless ['fæðəmlɪs] *adj* (*lit*) insondable; (*fig*) insondable, impénétrable.

fatigue [fə'tiːg] **1** *n* (a) fatigue *f*, épuisement *m*. **metal ~** fatigue du métal.
 (b) (*Mil*) corvée *f*. **to be on ~** être de corvée.
 (c) (*Mil*) **~s** = **fatigue dress**.
 2 *vt* fatiguer, lasser; (*Tech*) *metals etc* fatiguer.
 3 *cpd*: (*Mil*) **fatigue dress** tenue *f* de corvée, treillis *m*; (*Mil*) **fatigue duty** corvée *f*; (*Tech*) **fatigue limit** limite *f* de fatigue; (*Mil*) **fatigue party** corvée *f*.

fatigued [fə'tiːgd] *adj* las, fatigué.

fatiguing [fə'tiːgɪŋ] *adj* fatigant, épuisant.

fatness ['fætnɪs] *n* [*person*] embonpoint *m*, corpulence *f*.

fatso‡ ['fætsəʊ] *n* (*pej*) gros lard‡.

fatten ['fætn] **1** *vt* (*also* **~ up**) *cattle, chickens etc* engraisser; *geese* gaver. **2** *vi* (*also* **~ out**) engraisser, grossir.

fattening ['fætnɪŋ] **1** *adj food* qui fait grossir. **2** *n* (*also* **~-up**) [*cattle, chickens etc*] engraissement *m*; [*geese*] gavage *m*.

fatty ['fætɪ] **1** *adj* (a) (*greasy*) *chips etc* gras (*f* grasse), graisseux. **~ food** nourriture grasse, aliments gras; (*Chem*) **~ acid** acide gras.
 (b) *tissue* adipeux. (*Med*) **~ degeneration** dégénérescence graisseuse.
 2 *n* (*) gros *m* (bonhomme), grosse *f* (bonne femme). **hey ~!** eh toi le gros! (*or* la grosse!).

fatuity [fə'tjuːɪtɪ] *n* imbécillité *f*, stupidité *f*, sottise *f*.

fatuous ['fætjʊəs] *adj person, remark* imbécile, sot (*f* sotte), stupide; *smile* stupide, niais.

fatuousness ['fætjʊəsnɪs] *n* = **fatuity**.

faucet ['fɔːsɪt] *n* (*US*) robinet *m*.

faugh [fɔː] *excl* pouah!

fault [fɔːlt] **1** *n* (a) (*in person, scheme*) défaut *m*; (*in machine*) défaut, anomalie *f*; (*mistake*) erreur *f*; (*Tennis*) faute *f*; (*Geol*) faille *f*. **in spite of all her ~s** malgré tous ses défauts; **her big ~ is** ... son gros défaut est ...; **there is a mechanical ~ in this hair-dryer** ce séchoir a un défaut mécanique; **a ~ has been found in the engine** une anomalie a été constatée dans le moteur; **there is a ~ in the gas supply** il y a un défaut dans l'arrivée du gaz; **to find ~ with sth** trouver à redire à qch, critiquer qch; **to find ~ with sb** critiquer qn; **I have no ~ to find with him** je n'ai rien à lui reprocher; **he is always finding ~** il trouve toujours à redire; **she is generous to a ~** elle est généreuse à l'excès; **to be at ~** être fautif, être coupable; **you were at ~ in not telling me** vous avez eu tort de ne pas me le dire; **he's at ~ in this matter** il est fautif *or* c'est lui le fautif en cette affaire; **my memory was at ~** ma mémoire m'a trompé *or* m'a fait défaut.
 (b) (*U: blame, responsibility*) faute *f*. **whose ~ is it?** c'est la faute à qui?, qui est fautif?; (*iro*) **whose ~ is it if we're late?** et à qui la faute si nous sommes en retard?; **the ~ lies with him** c'est de sa faute, c'est lui le responsable; **it's not my ~** ce n'est pas (de) ma faute; **it's all your ~** c'est entièrement (de) ta faute; **it's your own ~** vous n'avez à vous en prendre qu'à vous-même; **it happened through no ~ of mine** ce n'est absolument pas de ma faute si c'est arrivé.
 2 *vt*: **to ~ sth/sb** trouver des défauts à qch/chez qn; **you can't ~ him** on ne peut pas le prendre en défaut; **I can't ~ his reasoning** je ne trouve aucune faille dans son raisonnement.
 3 *cpd*: **faultfinder** mécontent *m* (*f*), grincheux *m*, -euse *f*; **faultfinding** (*adj*) chicanier, grincheux; (*n*) critiques *fpl*; **she's always faultfinding** elle est toujours à critiquer; (*Geol*) **fault plane** plan *m* de faille.

faultless ['fɔːltlɪs] *adj person, behaviour* irréprochable; *work, manners, dress* impeccable, irréprochable. **he spoke ~ English** il parlait un anglais impeccable.

faulty ['fɔːltɪ] *adj work* défectueux, mal fait; *machine* défectueux; *style* incorrect, mauvais; *reasoning* défectueux, erroné.

faun [fɔːn] *n* faune *m*.

fauna ['fɔːnə] *n* faune *f*.

Faust [faʊst] *n* Faust *m*.

Faustian ['faʊstɪən] *adj* faustien.

faux pas [fəʊ'pɑː] *n* impair *m*, bévue *f*, gaffe *f*.

favor *etc* (*US*) = **favour** *etc*.

favour, (*US*) **favor** ['feɪvər] **1** *n* (a) (*act of kindness*) service *m*, faveur *f*, grâce *f*. **to do sb a ~, to do a ~ for sb** rendre (un) service à qn, obliger qn; **to ask sb a ~, to ask a ~ of sb** demander un service à qn, solliciter une faveur *or* une grâce de qn; **I ask you as a ~ to ~** je vous demande d'avoir la gentillesse d'attendre un instant; **he did it as a ~ to his brother** il l'a fait pour rendre service à son frère; **I would consider it a ~ if** ... je vous serais très reconnaissant si ...; (*frm*) **do me the ~ of closing the door** soyez assez gentil pour fermer la porte; **do me a ~!*** je t'en prie!; **do me a ~ and ... sois gentil et ...; a woman's ~s** les faveurs d'une femme; (*frm*) **your ~ of the 7th inst** votre honorée du 7 courant; **I'll return this ~** je vous revaudrai ça.
 (b) (*U: approval, regard*) faveur *f*, approbation *f*. **to be in ~** [*person*] être bien en cour *or* en faveur, avoir la cote*; [*style, fashion*] être à la mode *or* en vogue; **to be out of ~** [*person*] être mal en cour, ne pas avoir la cote*; [*style, fashion*] être démodé *or* passé de mode; **to be in ~ with sb** être bien vu de qn, être en faveur auprès de qn, jouir des bonnes grâces de qn; **to win sb's ~, to find ~ with sb** [*person*] s'attirer les bonnes grâces de qn; (*suggestion*) gagner l'approbation de qn; **to get back into sb's ~** rentrer dans les bonnes grâces de qn; **to look with ~ on sth** approuver qch; **to look with ~ on sb** bien considérer qn.
 (c) (*U: support, advantage*) faveur *f*, avantage *m*. **the court decided in her ~** le tribunal lui a donné gain de cause; **will in ~ of sb** testament en faveur de qn; **cheque in ~ of sb** chèque payable à qn; (*Banking*) **'balance in your ~'** 'à votre crédit'; **it's in our ~ to act now** c'est plus avantageux d'agir maintenant; **the exchange rate is in our ~** le taux de change joue en notre faveur *or* pour nous; **the traffic lights are in our ~** les feux sont pour nous; **that's a point in his ~** c'est quelque chose à mettre à son actif, c'est un bon point pour lui; **he's got** *or* **there is everything in his ~** il a tout pour lui.
 (d) **to be in ~ of sth** être pour qch, être partisan(e) de qch; **to be in ~ of doing sth** être d'avis de faire qch.
 (e) (*U: partiality*) faveur *f*, indulgence *f*. **to show ~ to sb** montrer un *or* des préjugé(s) en faveur de qn; *V* **curry²**, **fear**.
 (f) (*ribbon, token*) faveur *f*.
 2 *vt* *political party, scheme, suggestion* être partisan de; *undertaking* favoriser, appuyer; *person* préférer; *candidate, pupil* montrer une préférence pour; *team, horse* être pour; († *and*: *dial*: *resemble*) ressembler à. **I don't ~ the idea** je ne suis pas partisan de cette idée; **he ~ed us with a visit** il a eu l'amabilité *or* la bonté de nous rendre visite; **to ~ sb with a smile** gratifier qn d'un sourire; (*iro*) **he did not ~ us with a reply** il n'a même pas eu l'amabilité *or* la bonté de nous répondre; **the weather ~ed the journey** le temps a favorisé *or* facilité le voyage; **circumstances that ~ this scheme** circonstances *fpl* favorables à ce projet.

favourable, (*US*) **favorable** ['feɪvərəbl] *adj reception, impression, report* favorable (*to* à); *weather, wind* propice (*for, to* à). **is he ~ to the proposal?** est-ce qu'il approuve la proposition?

favourably, (*US*) **favorably** ['feɪvərəblɪ] *adv* favorablement; *consider* d'un œil favorable. **~ disposed** bien disposé (*towards sb* envers qn, à l'égard de qn, *towards sth* en ce qui concerne qch).

favoured, (*US*) **favored** ['feɪvəd] *adj* favorisé. **the ~ few** les élus; **ill-~** disgracieux.

favourite, (*US*) **favorite** ['feɪvərɪt] **1** *n* (*gen*) favori(te) *m(f)*; (*at court, Racing*) favori. **he's his mother's ~** c'est le préféré *or* le favori *or* le chouchou* de sa mère; **he is a universal ~** tout le monde l'adore; **that song is a great ~ of mine** cette chanson est une de mes préférées; **he sang a lot of old ~s** il a chanté beaucoup de vieux succès; *V* **hot**.
 2 *adj* favori (*f* -ite), préféré. (*US*) **~ son** (*Pol*) *candidat à la présidence soutenu officiellement par son parti dans son Etat*; (*gen*) enfant chéri (*de sa ville natale etc*).

favouritism, (*US*) **favoritism** ['feɪvərɪtɪzəm] *n* favoritisme *m*.

fawn¹ [fɔːn] **1** *n* faon *m*. **2** *adj* (*colour*) fauve.

fawn² [fɔːn] *vi*: **to ~ (up)on sb** [*dog*] faire fête à qn; [*person*] flatter qn (servilement), lécher les bottes de qn*.

fawning ['fɔːnɪŋ] *adj person, manner* servile, flagorneur; *dog* trop démonstratif, trop affectueux.

fax [fæks] **1** *n* (*machine*) télécopieur *m*; (*transmission*) télécopie *f*. **by ~** par télécopie. **2** *vt* envoyer par télécopie *or* par télécopieur.

fay [feɪ] *n* († *or liter*) fée *f*.

faze [feɪz] *vt* (*US*‡) déconcerter.

FBI [ˌefbiː'aɪ] *n* (*US: abbr of* **Federal Bureau of Investigation**) FBI *m*, ≃ police *f* judiciaire.

FCC [ˌefsiː'siː] (*US*) *abbr of* **Federal Communications Commission**; *V* **federal**.

FCO [ˌefsiː'əʊ] (*Brit*) *abbr of* **Foreign and Commonwealth Office**; *V* **foreign**.

FD [ef'diː] (a) (*US*) *abbr of* **Fire Department**; *V* **fire**. (b) (*Brit*: *abbr of* **Fidei Defensor**) Défenseur *m* de la foi.

FDA [ˌefdiː'eɪ] (*US*) *abbr of* **Food and Drug Administration**; *V* **food**.

fealty ['fiːəltɪ] *n* (*Hist*) fidélité *f*, allégeance *f*.

fear [fɪər] **1** *n* (a) (*fright*) crainte *f*, peur *f*. **he obeyed out of ~** il a obéi sous l'effet de la peur; **I couldn't move from** *or* **for ~** j'étais paralysé de peur; **a sudden ~ came over him** la peur s'est soudain emparée de lui; **grave ~s have arisen for the safety of the hostages** on est dans la plus vive inquiétude en ce qui concerne le sort des otages; **there are ~s that** ... on craint fort que ... + ne + *subj*; **he has ~s for his sister's life** il craint pour la vie de sa sœur; **to**

have a ~ of avoir peur de; (*stronger*) avoir la phobie de; **have no ~(s)** ne craignez rien, soyez sans crainte; **without ~** or favour impartialement, sans distinction de personnes; **to live** *or* **go in ~** vivre dans la peur; **to go in ~ of one's life** craindre pour sa vie; **he went in ~ of being discovered** il craignait toujours d'être découvert; **in ~** and **trembling** en tremblant de peur, transi de peur; **for ~ of waking him** de peur de le réveiller; **for ~ (that)** de peur que + ne + *subj*; **~ of heights** vertige *m*.

(**b**) (*U: awe*) crainte *f*, respect *m*. **the ~ of God** le respect *or* la crainte de Dieu; **to put the ~ of God into sb*** (*frighten*) faire une peur bleue à qn; (*scold*) passer à qn une semonce *or* un savon* qu'il n'oubliera pas de si tôt.

(**c**) (*risk, likelihood*) risque *m*, danger *m*. **there's not much ~ of his coming** il est peu probable qu'il vienne, il ne risque guère de venir; **there's no ~ of that!** ça ne risque pas d'arriver!; **no ~!*** jamais de la vie!, pas de danger!*

2 *vt* (**a**) craindre, avoir peur de, redouter. **to ~ the worst** redouter *or* craindre le pire; **to ~ that** avoir peur que *or* craindre que + ne + *subj*; **I ~ he may come all the same** j'ai (bien) peur *or* je crains (bien) qu'il ne vienne quand même; **I ~ not** je crains que non, hélas non; (*apologizing*) **I ~ I'm late** je crois bien que je suis en retard, je suis désolé d'être en retard; **it's raining, I ~** il pleut, hélas; **he's a man to be ~ed** c'est un homme redoutable; **never ~!** ne craignez rien!, n'ayez crainte!, soyez tranquille!; **they did not ~ to die** ils ne craignaient pas la mort *or* de mourir, ils n'avaient pas peur de la mort *or* de mourir.

(**b**) (*feel awe for*) *God, gods* craindre, avoir le respect de.

3 *vi*: **to ~ for one's life** craindre pour sa vie; **I ~ for him** j'ai peur *or* je tremble pour lui; **he ~s for the future of the country** l'avenir du pays lui inspire des craintes *or* des inquiétudes.

fearful ['fɪəfʊl] *adj* (**a**) (*frightening*) *spectacle, noise* effrayant, affreux; *accident* épouvantable.

(**b**) (*fig*) affreux. **it really is a ~ nuisance** c'est vraiment empoisonnant* *or* embêtant*; **she's a ~ bore** Dieu! qu'elle est *or* peut être ennuyeuse!

(**c**) (*timid*) *person* peureux, craintif. **I was ~ of waking her** je craignais de la réveiller.

fearfully ['fɪəfəlɪ] *adv* (**a**) (*timidly*) peureusement, craintivement. (**b**) (*fig*) affreusement, terriblement. **she's ~ ugly** elle est laide à faire peur.

fearfulness ['fɪəfʊlnɪs] *n* (*fear*) crainte *f*, appréhension *f*; (*shyness*) extrême timidité *f*.

fearless ['fɪəlɪs] *adj* intrépide, courageux. (*liter*) **~ of** sans peur *or* appréhension de.

fearlessly ['fɪəlɪslɪ] *adv* intrépidement, avec intrépidité, courageusement.

fearlessness ['fɪəlɪsnɪs] *n* intrépidité *f*.

fearsome ['fɪəsəm] *adj* *opponent* redoutable; *apparition* terrible, effroyable.

fearsomely ['fɪəsəmlɪ] *adv* effroyablement, affreusement.

feasibility [,fi:zə'bɪlɪt] **1** *n* (**a**) (*practicability: of plan, suggestion*) faisabilité *f*, possibilité *f* (de réalisation). **~ of doing** possibilité de faire; **to doubt the ~ of a scheme** douter qu'un plan soit réalisable.

(**b**) (*plausibility: of story, report*) vraisemblance *f*, plausibilité *f*.

2 *cpd*: **feasibility study** étude *f* de faisabilité.

feasible ['fi:zəbl] *adj* (**a**) (*practicable*) *plan, suggestion* faisable, possible, réalisable. **can we do it? — yes, it's quite ~** pouvons-nous le faire? — oui, c'est très faisable. (**b**) (*likely, probable*) *story, theory* plausible, vraisemblable.

feast [fi:st] **1** *n* (**a**) (*lit, fig*) festin *m*, banquet *m*.

(**b**) (*Rel*) fête *f*. **~ day** (jour *m* de) fête; **the ~ of St John** la Saint-Jean; **the ~ of the Assumption** la fête de l'Assomption; *V* **movable**.

2 *vi* banqueter, festoyer. **to ~ on sth** se régaler de qch; (*fig*) se délecter de qch.

3 *vt* († *or liter*) *guest* fêter, régaler. **to ~ o.s.** se régaler; (*fig*) **to ~ one's eyes on** repaître ses yeux de, se délecter à regarder.

feat [fi:t] *n* exploit *m*, prouesse *f*. **~ of architecture** *etc* chef-d'œuvre *m* *or* réussite *f* *or* triomphe *m* de l'architecture *etc*; **~ of arms** fait *m* d'armes; **~ of skill** tour *m* d'adresse; **getting him to speak was quite a ~** cela a été un tour de force *or* un exploit de (réussir à) le faire parler.

feather ['feðər] **1** *n* plume *f*; [*wing, tail*] penne *f*. (*fig*) **to make the ~s fly** mettre le feu aux poudres (*fig*); **that smoothed her ruffled ~s** *or* **rumpled ~s** cela lui a rendu le sourire; **in fine** *or* **high ~** en pleine forme; **that's a ~ in his cap** c'est une réussite dont il peut être fier *or* se féliciter, c'est un fleuron à sa couronne; **you could have knocked me over with a ~** les bras m'en sont tombés, j'en suis resté baba* *inv*; *V* **bird, light², white**.

2 *vt* (**a**) *arrow etc* empenner. (*fig*) **to ~ one's nest** faire sa pelote; **to ~ one's nest at sb's expense** s'engraisser sur le dos de qn.

(**b**) (*Aviat*) *propeller* mettre en drapeau. (*Rowing*) **to ~ an oar** plumer.

3 *cpd* *mattress etc* de plumes; *headdress* à plumes. **feather bed** (*n*) lit *m* de plume(s); (*: *sinecure*) sinécure *f*, bonne planque; (*fig*) **feather-bed** (*vt*) *person, project* protéger; *child* élever dans du coton; (*Ind*) protéger (*afin de lutter contre les licenciements pour raisons économiques*); (*Ind*) **featherbedding** protection *f* excessive de la main-d'oeuvre; **featherbrain** hurluberlu *m*, écervelé(e) *m(f)*; **featherbrained** étourdi, écervelé; **feather duster** plumeau *m*; (*Carpentry*) **featheredge** biseau *m*; **feather-edged** en biseau; (*Boxing*) **featherweight** (*n*) poids *m* plume *inv*; (*adj*) championship *etc* poids plume *inv*.

feathery ['feðərɪ] *adj* *texture, feel* duveteux, doux (*f* douce) comme la plume; *mark, design* plumeté.

feature ['fi:tʃər] **1** *n* (**a**) (*part of the face*) trait *m* (du visage). **the ~s** la physionomie; **delicate ~s** traits fins.

(**b**) [*person*] particularité *f*, caractéristique *f*, trait *m*; [*machine, countryside, building*] caractéristique *f*, particularité *f*. **her most striking ~ is her hair** son trait le plus frappant ce sont ses cheveux; **one of his most outstanding ~s is his patience** une de ses caractéristiques les plus remarquables est sa patience; **one of the main ~s in the kidnapping story was ...** un des traits les plus frappants dans l'affaire du kidnapping a été ...; **scepticism is a ~ of our age** le scepticisme est caractéristique *or* un trait de notre temps.

(**c**) (*Comm etc*) spécialité *f*. **this store makes a ~ of its ready-to-wear department** ce magasin se spécialise dans le prêt-à-porter.

(**d**) (*Cine*) grand film, long métrage; (*Press: column*) chronique *f*. **this cartoon is a regular ~ in 'The Observer'** cette bande dessinée paraît régulièrement dans 'The Observer'.

(**e**) (*Ling*) (*also* **distinctive ~**) trait distinctif.

2 *cpd*: (*Press*) **feature article** article *m* de fond; (*Cine*) **feature (-length) film** grand film, long métrage; **feature story** = **feature article**; (*Press*) **feature writer** journaliste *mf*.

3 *vt* (**a**) (*give prominence to*) *person, event, story* mettre en vedette; *name, news* faire figurer. **this film ~s an English actress** ce film a pour vedette une actrice anglaise; **the murder was ~d on the front page** le meurtre tenait la vedette (en première page) *or* était à la une.

(**b**) (*depict*) représenter.

(**c**) (*have as one of its features: of machine etc*) être doté *or* équipé de.

4 *vi* (**a**) (*Cine*) figurer, jouer (*in* dans).

(**b**) (*gen*) figurer. **fish often ~s on the menu** le poisson figure souvent au menu; **a lack of public concern ~d prominently in the car-bomb story** l'indifférence du public a été un trait frappant dans l'affaire des voitures piégées.

featureless ['fi:tʃəlɪs] *adj* anonyme, sans traits distinctifs.

Feb. *abbr of* **February**.

febrifuge ['febrɪfju:dʒ] *adj, n* fébrifuge (*m*).

febrile ['fi:braɪl] *adj* fébrile, fiévreux.

February ['februərɪ] *n* février *m*; *for phrases V* **September**.

feces ['fi:si:z] *npl* (*US*) = **faeces**.

feckless ['feklɪs] *adj* *person* inepte, incapable; *attempt* maladroit. **a ~ girl** une tête sans cervelle, une évaporée.

fecund ['fi:kənd] *adj* fécond.

fecundity [fɪ'kʌndɪtɪ] *n* fécondité *f*.

Fed [fed] **1** (*esp US*) *abbr of* **Federal, Federated** *and* **Federation**.

2 *n* (**a**) (*US* : abbr of* **federal officer**) agent *m* *or* fonctionnaire *m* fédéral.

(**b**) (*US: abbr of* **Federal Reserve Board**) banque *f* centrale américaine.

fed [fed] **1** *pret, ptp of* **feed. well ~** bien nourri.

2 *cpd*: **to be fed up*** en avoir assez, en avoir marre*; **I'm fed up waiting for him*** j'en ai assez *or* j'en ai marre* de l'attendre; **he got fed up with it*** il en a eu assez, il en a eu marre*; **to be fed (up) to the back teeth‡** en avoir ras le bol‡ (*with doing* de faire).

federal ['fedərəl] **1** *adj* fédéral.

2 *cpd* (*US*) **Federal Aviation Administration** Direction générale de l'aviation civile; (*US*) **Federal Bureau of Investigation** FBI *m*, ≃ police *f* judiciaire; (*US Admin*) **Federal Communications Commission** haute autorité de l'audio-visuel; (*US Jur*) **Federal court** cour fédérale; (*US*) **federal crop insurance** système fédéral d'indemnisation des agriculteurs en cas de catastrophe naturelle; (*US*) **Federal Housing Administration** mission *f* de contrôle des prêts au logement; (*US Fin*) **federal land bank** banque fédérale agricole; (*US*) **Federal Maritime Board** Conseil supérieur de la Marine marchande; **Federal Republic of Germany** Allemagne fédérale, République fédérale d'Allemagne; **Federal Reserve Board** banque *f* centrale américaine.

3 *n* (*US Hist*) fédéral *m*, nordiste *m*.

federalism ['fedərəlɪzəm] *n* fédéralisme *m*.

federalist ['fedərəlɪst] *adj, n* fédéraliste (*mf*).

federate ['fedəreɪt] **1** *vt* fédérer. **2** *vi* se fédérer. **3** ['fedərɪt] *adj* fédéré.

federation [,fedə'reɪʃən] *n* fédération *f*.

federative ['fedərətɪv] *adj* fédératif. **the F~ Republic of ...** la République fédérative de ... .

fedora [fə'dɔ:rə] *n* (*US*) chapeau mou, feutre mou.

fee [fi:] **1** *n* [*doctor, lawyer etc*] honoraires *mpl*; [*artist, speaker, footballer etc*] cachet *m*; [*director, administrator etc*] honoraires, jeton *m*; [*private tutor*] appointements *mpl*; (*Scol, Univ etc*) (*for tuition*) frais *mpl* de scolarité; (*for examination*) droits *mpl*; (*for board*) prix *m* de la pension. **what's his ~?** combien prend-il?; **is there a ~?** est-ce qu'il faut payer?; **entrance ~** prix *or* droit d'entrée; **membership ~** montant *m* de la cotisation; **registration ~** droits d'inscription; **retaining ~** acompte *m*; (*to lawyer*) **provision** *f*; **one had to pay a ~ in order to speak at the meetings** il fallait payer une cotisation *or* participer aux frais pour prendre la parole aux réunions; **you can borrow more books for a small ~ or on payment of a small ~** contre une somme modique vous pouvez emprunter d'autres livres; (*Jur*) **~ or other charges** redevances *fpl* ou autres droits; (*Jur*) **~ for appeal** taxe *f* de recours.

2 *cpd*: **fee-paying school** établissement (d'enseignement) privé; (*US*) **fee-splitting** partage *m* des honoraires, dichotomie *f* (*Med*).

feeble ['fi:bl] **1** *adj* *person* faible, débile, frêle; *light, pulse, sound* faible; *attempt, excuse* pauvre, piètre; *joke* piteux, faiblard*. **a ~ old man** un frêle vieillard; **she's such a ~ sort of person** c'est une fille si molle.

2 *cpd*: **feeble-minded** imbécile; **feeble-mindedness** imbécillité *f*.
feebleness ['fi:blnɪs] *n [person, pulse etc]* faiblesse *f*.
feebly ['fi:blɪ] *adv stagger, smile* faiblement; *say, explain* sans grande conviction.
feed [fi:d] (*vb: pret, ptp* **fed**) 1 *n* (**a**) (*U: gen*) alimentation *f*, nourriture *f*; (*pasture*) pâture *f*; (*hay etc*) fourrage *m*. **he's off his** ~*(not hungry)* il n'a pas d'appétit; (*dejected*) il a un peu le cafard*; (*unwell*) il est un peu patraque*.
(**b**) (*portion of food*) ration *f*. **the baby has 5** ~**s a day** (*breast-feeds*) le bébé a 5 tétées par jour; (*bottles*) le bébé a 5 biberons par jour; ~ **of oats** picotin *m* d'avoine; **we had a good** ~* on a bien mangé *or* bien boulotté* *or* bien bouffé*.
(**c**) (*Theat**) (*comedian's cue line*) réplique *f* (*donnée par un faire-valoir*); (*straight man*) faire-valoir *m inv*.
(**d**) (*part of machine*) mécanisme *m* d'alimentation. (*Comput*) **sheet paper** ~ chargeur *m* feuille à feuille.
2 *cpd*: **feedback** (*Elec*) réaction *f*, (*unwanted*) réaction parasite; (*Cybernetics*) rétroaction *f*, feed-back *m*; (*gen*) feed-back, réactions *fpl*; **feedback information** information *f* en retour; **feedbag** musette *f* mangeoire; **feed grains** céréales *fpl* fourragères; **feed-pipe** tuyau *m* d'amenée; **feedstuffs** nourriture *f or* aliments *mpl* (pour animaux).
3 *vt* (**a**) (*provide food for: gen*) nourrir; *army etc* ravitailler; (*give food to*) child, invalid, animal donner à manger à; (*Brit*) baby (*breastfed*) allaiter; (*bottle-fed*) donner le biberon à; *[mother bird]* baby bird donner la becquée à. **there are 6 people/mouths to** ~ **in this house** il y a 6 personnes/bouches à nourrir dans cette maison; **what do you** ~ **your cat on?** que donnez-vous à manger à votre chat?; **have you fed the horses?** avez-vous donné à manger aux chevaux?; *[child]* **he can** ~ **himself now** il sait manger tout seul maintenant; **to** ~ **sth to sb** donner qch à manger à qn, nourrir qn de qch; **you shouldn't** ~ **him** that vous ne devriez pas lui faire manger cela *or* lui donner cela à manger; **we've fed him all the facts*** nous lui avons fourni toutes les données.
(**b**) *fire* entretenir, alimenter; *furnace, machine* alimenter. **to** ~ **the flames** (*lit*) attiser le feu; (*fig*) jeter de l'huile sur le feu (*fig*); **2 rivers** ~ **this reservoir** 2 rivières alimentent ce réservoir; **to** ~ **the parking meter** rajouter une pièce dans le parcmètre; **to** ~ **sth into a machine** mettre *or* introduire qch dans une machine, **to** ~ **data into a computer** alimenter un ordinateur en données.
(**c**) (*Theat**) comedian donner la réplique à (*pour obtenir de lui la réponse comique*); (*prompt*) souffler à.
4 *vi [animal]* manger, se nourrir; (*on pasture*) paître, brouter; *[baby]* manger, (*at breast*) téter. (*lit, fig*) **to** ~ **on** se nourrir de.
♦ **feed back** 1 *vt sep information, results* donner (en retour).
2 **feedback** *n V* **feed** 2.
♦ **feed in** *vt sep tape, wire* introduire (*to* dans); *facts, information* fournir (*to* à).
♦ **feed up** 1 *vt sep animal* engraisser; *geese* gaver; *person* faire manger plus *or* davantage.
2 **fed up*** *adj V* **feed** 2.
feeder ['fi:dər] 1 *n* (**a**) (*one who gives food*) nourrisseur *m*; (*eater: person, animal*) mangeur *m*, -euse *f*. **a heavy** ~ un gros mangeur.
(**b**) (*device*) (*for chickens*) mangeoire *f* automatique; (*for cattle*) nourrisseur *m* automatique; (*for machine*) chargeur *m*.
(**c**) (*Elec*) conducteur *m* alimentaire.
(**d**) (*Brit: bib*) bavette *f*, bavoir *m*.
2 *cpd* canal d'amenée; *railway, road* d'accès; *stream* affluent. (*Scol*) **feeder primary (school)** école *f* primaire d'où sont issus les élèves d'un collège donné.
feeding ['fi:dɪŋ] 1 *n* alimentation *f*. 2 *cpd*: (*esp Brit*) **feeding bottle** biberon *m*; **feeding stuffs** nourriture *f or* aliments *mpl* (pour animaux).
feel [fi:l] (*vb: pret, ptp* **felt**) 1 *n* (*U*) (*sense of touch*) toucher *m*; (*sensation*) sensation *f*. **cold to the** ~ froid au toucher; **at the** ~ **of** au contact de; **to know sth by the** ~ (**of it**) reconnaître qch au toucher; **I don't like the** ~ **of wool** against my skin je n'aime pas la sensation de la laine contre la peau; (*fig*) **I don't like the** ~ **of it** ça ne me dit rien de bon *or* rien qui vaille; **let me have a** ~!* laisse-moi toucher!; (*fig*) **he wants to get the** ~ **of the factory*** il veut se faire une impression générale de l'usine; **you have to get the** ~ **of a new car** il faut se faire à une nouvelle voiture.
2 *vt* (**a**) (*touch, explore*) palper, tâter. **the blind man felt the object to find out what it was** l'aveugle a palpé *or* tâté l'objet pour découvrir ce que c'était; **to** ~ **sb's pulse** tâter le pouls à qn; ~ **the envelope and see if there's anything in it** palpez l'enveloppe pour voir s'il y a quelque chose dedans; (*lit*) **to** ~ **one's way** avancer *or* marcher à tâtons; (*fig*) **you'll have to** ~ **your way** il faut y aller à tâtons; **we are** ~**ing our way towards an agreement** nous tâtons le terrain pour parvenir à un accord; (*fig*) **I'm still** ~**ing my way around** j'essaie de m'y retrouver.
(**b**) (*experience, be aware of*) *blow, caress* sentir; *pain* sentir, ressentir; *sympathy, grief* éprouver, ressentir. **I can** ~ **something pricking me** je sens quelque chose qui me pique; **I'm so cold I can't** ~ **anything** j'ai si froid que je ne sens plus rien; **I felt it getting hot** je l'ai senti se réchauffer; **she could** ~ **the heat from the radiator** elle sentait la chaleur du radiateur; **to** ~ **the heat/cold** être sensible à la chaleur/au froid; **I don't** ~ **the heat much** la chaleur ne me gêne pas beaucoup; **she** ~**s the cold terribly** elle est terriblement frileuse; **I felt a few drops of rain** j'ai senti quelques gouttes de pluie; **he felt it move** il l'a senti bouger; **I** ~ **no interest in it** cela ne m'intéresse pas du tout; **he felt a great sense of relief** il a éprouvé *or* ressenti un grand soulagement; **they couldn't help** ~**ing the justice of his remarks** ils ne pouvaient qu'apprécier la justesse de ses paroles; ils étaient pleinement conscients de la justesse de ses paroles; **I do** ~ **the importance of this** j'ai pleinement conscience de l'importance de ceci; **you must** ~ **the beauty of this music before you can play it** il faut que vous sentiez (*subj*) la beauté de la musique avant de pouvoir la jouer vous-même; (*US*) **to** ~ **one's oats*** (*feel high-spirited*) se sentir en pleine forme; (*feel important*) faire l'important; **the effects will be felt later** les effets se feront sentir plus tard; **he** ~**s his position very much** il est très conscient de la difficulté de sa situation; **she felt the loss of her father greatly** elle a été très affectée par la mort de son père, elle a vivement ressenti la perte de son père.
(**c**) (*think*) avoir l'impression, considérer, estimer. **I** ~ **he has spoilt everything** j'ai l'impression *or* il me semble qu'il a tout gâché; **I** ~ **that he ought to go** je considère *or* j'estime qu'il devrait y aller; **I** ~ **it in my bones that I am right** quelque chose (en moi) me dit que j'ai raison; **he felt it necessary to point out** ... il a jugé *or* estimé nécessaire de faire remarquer ...; **I** ~ **strongly that** je suis convaincu que; **if you** ~ **strongly about it** si cela vous tient à cœur, si cela vous semble important; **what do you** ~ **about this idea?** que pensez-vous de cette idée?, quel est votre sentiment sur cette idée?
3 *vi* (**a**) (*of physical state*) se sentir. **to** ~ **cold/hot/hungry/thirsty/sleepy** avoir froid/chaud/faim/soif/sommeil; **to** ~ **old/ill** se sentir vieux/malade; **he felt like a young man again** il se sentait redevenu jeune homme; **I** ~ **(like) a new man** (*or* woman) je me sens renaître *or* revivre; **how do you** ~ **today?** comment vous sentez-vous aujourd'hui?; **I** ~ **much better** je me sens beaucoup mieux; **you'll** ~ **all the better for a rest** vous vous sentirez mieux après vous être reposé; **he doesn't** ~ **quite himself today** il ne se sent pas tout à fait dans son assiette aujourd'hui; **I felt as if I was going to faint** j'avais l'impression que j'allais m'évanouir; **to** ~ **up to doing** se sentir capable de faire; **I'm afraid I don't** ~ **up to it** je crois malheureusement que je ne m'en sens pas capable; *V* **equal**.
(**b**) (*of mental or moral state*) être. **I** ~ **sure that** ... je suis sûr que ...; **they don't** ~ **able to recommend him** ils estiment qu'ils ne peuvent pas le recommander; **he** ~**s confident of success** il s'estime capable de réussir; **we felt very touched by his remarks** nous avons été très touchés par ses remarques; **I don't** ~ **ready to see her again yet** je ne me sens pas encore prêt à la revoir; **I** ~ **very bad about leaving you here** cela m'ennuie beaucoup de vous laisser ici; **how do you** ~ **about him?** que pensez-vous de lui?; **how do you** ~ **about (going for) a walk** est-ce que cela vous dit d'aller vous promener?; **I** ~ **as if there's nothing we can do** j'ai le sentiment que nous ne pouvons rien faire; **she felt as if she could do whatever she liked** elle avait l'impression qu'elle pouvait faire tout ce qu'elle voulait; **what does it** ~ **like** *or* **how does it** ~ **to know that you are a success?** quel effet cela vous fait-il de savoir que vous avez réussi?; **to** ~ **like doing** avoir envie de faire; **he felt like an ice cream*** il avait envie d'une glace; **if you** ~ **like it** si le cœur vous en dit; **I don't** ~ **like it** je n'en ai pas envie, cela ne me dit rien; **to** ~ **for sb** compatir aux malheurs de qn; **we** ~ **for you in your sorrow** nous partageons votre douleur; **I** ~ **for you!** comme je vous comprends!; *V* **sorry** etc.
(**c**) *[objects]* **to** ~ **hard/soft** être dur/doux (*f* douce) au toucher; **the house** ~**s damp** la maison donne l'impression d'être humide; **the box** ~**s as if** *or* **as though it has been mended** au toucher on dirait que la boîte a été réparée; **this material is so soft it** ~**s like silk** ce tissu est si doux qu'on dirait de la soie; **the car travelled so fast it felt like flying** la voiture filait si rapidement qu'on se serait cru en avion; **it** ~**s like rain** on dirait qu'il va pleuvoir; **it** ~**s like thunder** il y a de l'orage dans l'air.
(**d**) (*grope: also* ~ **about**, ~ **around**) tâtonner, fouiller. **she felt (about** *or* **around) in her pocket for some change** elle a fouillé dans sa poche pour trouver de la monnaie; **he was** ~**ing (about** *or* **around) in the dark for the door** il tâtonnait dans le noir pour trouver la porte.
♦ **feel out*** *vt sep* (*US*) *person* sonder, tâter le terrain auprès de.
♦ **feel up*** *vt sep*: **to feel sb up** peloter* qn.
feeler ['fi:lər] 1 *n [insect]* antenne *f*; *[octopus etc]* tentacule *m*. (*fig*) **to throw out** *or* **put out a** ~ *or* ~**s** tâter le terrain (*to discover* pour découvrir), tâter l'opinion, lancer un ballon d'essai. 2 *cpd*: (*Tech*) **feeler gauge** calibre *m* (d'épaisseur).
feeling ['fi:lɪŋ] *n* (**a**) (*U: physical*) sensation *f*. **I've lost all** ~ **in my right arm** j'ai perdu toute sensation dans le bras droit, mon bras droit ne sent plus rien; **a** ~ **of cold, a cold** ~ une sensation de froid.
(**b**) (*awareness, impression*) sentiment *m*. **a** ~ **of isolation** un sentiment d'isolement; **he had the** ~ **(that) something dreadful would happen to him** il avait le sentiment *or* le pressentiment que quelque chose de terrible lui arriverait; **I've a funny** ~ **she will succeed** j'ai comme l'impression *or* comme le sentiment qu'elle va réussir; **the** ~ **of the meeting was against the idea** le sentiment *or* l'opinion *f* de l'assemblée était contre l'idée; **there was a general** ~ **that** ... on avait l'impression que ..., le sentiment général a été que ... ; *V* **strong**.
(**c**) (*emotions*) ~**s** sentiments *mpl*, sensibilité *f*; **he appealed to their** ~**s rather than their reason** il faisait appel à leurs sentiments plutôt qu'à leur raison; **a** ~ **of joy came over her** la joie l'a envahie; **you can imagine my** ~**s** tu t'imagines ce que je ressens (*or* j'ai ressenti *etc*); ~**s ran high about the new motorway** la nouvelle autoroute a déchaîné les passions; **his** ~**s were hurt on** l'avait blessé *or* froissé (dans ses sentiments); *V* **hard**.
(**d**) (*U*) (*sensitivity*) sentiment *m*, émotion *f*, sensibilité *f*; (*compassion*) sympathie *f*. **a woman of great** ~ une femme très sensible; **she sang with** ~ elle a chanté avec sentiment; **he spoke with great** ~ il a parlé avec chaleur *or* avec émotion; **he doesn't show much** ~ **for his sister** il ne fait pas preuve de beaucoup de sympathie pour sa sœur; **he has no** ~ **for the suffering of others**

les souffrances d'autrui le laissent insensible *or* froid; **he has no ~**
for music il n'apprécie pas du tout la musique; **he has a certain ~**
for music il est assez sensible à la musique; **ill** *or* **bad ~** animosité
f, hostilité *f*.
feelingly ['fi:lɪŋlɪ] *adv speak, write* avec émotion, avec chaleur.
feet [fi:t] *npl of* **foot**.
feign [feɪn] *vt surprise* feindre; *madness* simuler. **to ~ illness/sleep**
faire semblant d'être malade/de dormir; **~ed modesty** fausse
modestie, modestie feinte.
feint [feɪnt] **1** *n* (*Boxing, Fencing, Mil*) feinte *f*. **to make a ~** faire
une feinte (*at* à). **2** *vi* feinter. **3** *cpd*: **feint-ruled paper** papier réglé
(en impression légère).
feist* [faɪst] *n* (*US*) roquet *m* (*chien*).
feisty* ['faɪstɪ] *adj* (*US*) (*lively*) fringant; (*quarrelsome*) bagarreur*.
feldspar ['feldspɑː'] *n* = **felspar**.
felicitate [fɪ'lɪsɪteɪt] *vt* féliciter, congratuler.
felicitous [fɪ'lɪsɪtəs] *adj* (*happy*) heureux; (*well-chosen*) bien
trouvé, à propos, heureux.
felicity [fɪ'lɪsɪtɪ] *n* (*happiness*) félicité *f*, bonheur *m*; (*aptness*) bonheur, justesse *f*, à-propos *m*.
feline ['fi:laɪn] *adj, n* félin(e) *m(f)*.
fell¹ [fel] *pret of* **fall**.
fell² [fel] *vt tree, enemy* abattre; *ox* assommer, abattre.
fell³ [fel] *n* (*Brit*) (*mountain*) montagne *f*, mont *m*. (*moorland*) **the**
~s la lande.
fell⁴ [fel] *adj* (*liter*) *blow* féroce, cruel; *disease* cruel; *V* **swoop**.
fell⁵ [fel] *n* (*hide, pelt*) fourrure *f*, peau *f* (d'animal).
fellatio [fɪ'leɪʃɪəʊ], **fellation** [fɪ'leɪʃən] *n* fellation *f*.
fellow ['feləʊ] **1** *n* (**a**) homme *m*, type* *m*, individu *m* (*pej*). **a nice**
~ un brave garçon, un brave type*; **an old ~** un vieux (bon-
homme); **a poor old ~** un pauvre vieux; **some poor ~ will have to**
rewrite this il y aura un pauvre malheureux qui devra récrire
ceci; **poor little ~** pauvre petit (bonhomme *or* gars); **a young ~** un
jeune homme, un garçon; **a ~ must have a bit of a rest!*** il faut
bien qu'on se repose (*subj*) un peu!; **my dear ~** mon cher; **look**
here, old ~ écoute, mon vieux; **this journalist ~** ce journaliste.
　　(**b**) (*comrade*) camarade *m*, compagnon *m*; (*equal, peer*) pair *m*,
semblable *m*. **~s in misfortune** frères *mpl* dans le malheur, compagnons d'infortune; **I can't find the ~ to this glove** je ne trouve
pas le deuxième gant de cette paire *or* le frère de ce gant; **the ~ to**
this sock la deuxième chaussette de cette paire, la sœur de cette
chaussette; *V* **school¹** *etc*.
　　(**c**) [*association, society etc*] membre *m*, associé *m* (*d'une société*
savante, d'une académie).
　　(**d**) (*US Univ*) boursier *m*, -ière *f*; (*Brit Univ*) chargé *m* de cours
(*qui est aussi membre du conseil d'administration d'un collège*); *V*
research.
　　2 *cpd*: **fellow being** semblable *mf*, pareil(le) *m(f)*; **fellow citizen**
concitoyen(ne) *m(f)*; **fellow countryman/-woman** compatriote
m/f; **fellow creature** semblable *mf*, pareil(le) *m(f)*; **fellow feeling**
sympathie *f*; **fellow member** confrère *m*, consœur *f*, collègue *mf*;
fellow men semblables *mpl*; **fellow passenger** compagnon *m* de
voyage, compagne *f* de voyage; **fellow traveller** (*lit*) compagnon *m*
de voyage, compagne *f* de voyage; (*Pol: with communists*) com-
munisant(e) *m(f)*, cryptocommuniste *mf*; (*gen*) sympathisant(e)
m(f); **fellow worker** (*in office*) collègue *mf*; (*in factory*) camarade
mf (de travail).
fellowship ['feləʊʃɪp] *n* (**a**) (*U: comradeship*) amitié *f*, camaraderie
f; (*Rel etc*) communauté *f*. (**b**) (*society etc*) association *f*, corporation
f; (*Rel*) confrérie *f*. (**c**) (*membership of learned society*) titre *m* de
membre *or* d'associé (*d'une société savante*). (**d**) (*US Univ: scholar-*
ship) bourse *f* universitaire; (*Brit Univ: post*) poste *m* de 'fellow' (*V*
fellow 1d).
felon ['felən] *n* (*Jur*) criminel(le) *m(f)*.
felonious [fɪ'ləʊnɪəs] *adj* (*Jur*) criminel.
felony ['felənɪ] *n* (*Jur*) crime *m*, forfait *m*.
felspar ['felspɑː'] *n* feldspath *m*.
felt¹ [felt] *pret, ptp of* **feel**.
felt² [felt] **1** *n* feutre *m*; *V* **roofing**. **2** *cpd* de feutre. **a felt hat** un
feutre (*chapeau*); **a felt-tip (pen)** un feutre, un crayon-feutre.
fem: [fem] = **femme:**.
female ['fi:meɪl] **1** *adj animal, plant* (*also Tech*) femelle; *subject,*
slave du sexe féminin; *company, vote* des femmes; *sex, character,*
quality, organs féminin. **a ~ child** une enfant, une fille, un enfant
du sexe féminin; **~ students** étudiantes *fpl*; **~ labour** main-
d'œuvre féminine; (*Theat*) **~ impersonator** travesti *m*.
　　2 (*person*) femme *f*, fille *f*; (*animal, plant*) femelle *f*. (*pej*) **there**
was a ~ there who ...* il y avait là une espèce de bonne femme
qui ...* (*pej*).
feminine ['femɪnɪn] **1** *adj* (*also Gram*) féminin. **2** *n* (*Gram*) féminin
m. **in the ~** au féminin.
femininity [,femɪ'nɪnɪtɪ] *n* féminité *f*.
feminism ['femɪnɪzəm] *n* féminisme *m*.
feminist ['femɪnɪst] *n* féministe *mf*.
femlib: ['fem'lɪb] *n* (*abbr of* **female liberation**) M.L.F. *m*.
femme: [fem] *n* (*US*) **he's a ~** il est efféminé, c'est un homosexuel
passif.
femoral ['femərəl] *adj* fémoral.
femur ['fi:mə'] *n* fémur *m*.
fen [fen] *n* (*Brit: also* **fenland**) marais *m*, marécage *m*. **the F~s** les
plaines marécageuses du Norfolk.
fence [fens] **1** *n* (**a**) barrière *f*, palissade *f*, clôture *f*; (*Racing*) obstacle *m*. (*fig*) **to sit on the ~** ménager la chèvre et le chou, s'abstenir de prendre position; (*fig*) **to mend one's ~s*** (*gen*) rétablir sa
réputation; (*with sb*) se réconcilier (avec qn); (*US Pol*) veiller à ses
intérêts électoraux; *V* **barbed**.
　　(**b**) (*machine guard*) barrière protectrice.

　　(**c**) (*: of stolen goods*) receleur *m*, fourgue *m*.
　　2 *vt* (**a**) (*also ~ in*) *land* clôturer, entourer d'une clôture.
　　(**b**) (*fig*) *question* éluder.
　　3 *vi* (*Sport*) faire de l'escrime; (*fig*) éluder la question, se dérober.
(*Sport*) **to ~ with** *sword/sabre etc* tirer à l'épée/au sabre *etc*.
◆**fence in** *vt sep* (**a**) (*lit*) = **fence 2a**.
　　(**b**) (*fig*) **to feel fenced in by restrictions** se sentir gêné *or*
entravé par des restrictions.
◆**fence off** *vt sep piece of land* séparer par une clôture.
fencer ['fensə'] *n* escrimeur *m*, -euse *f*.
fencing ['fensɪŋ] **1** *n* (**a**) (*Sport*) escrime *f*. (**b**) (*for making fences*)
matériaux *mpl* pour clôture. **2** *cpd*: **fencing master** maître *m*
d'armes; **fencing match** assaut *m* d'escrime; **fencing school** salle
f d'armes.
fend [fend] *vi*: **to ~ for o.s.** se débrouiller (tout seul).
◆**fend off** *vt sep blow* parer; *attack* détourner; *attacker* repousser;
awkward question écarter, éluder.
fender ['fendə'] **1** *n* (*in front of fire*) garde-feu *m inv*; (*US Aut*) aile *f*;
(*US Rail*) chasse-pierres *m inv*; (*Naut*) défense *f*, pare-battage *m*
inv. **2** *cpd*: **it was just a fender-bender*** c'était seulement un
accrochage *or* de la tôle froissée*.
fenestration [,fenɪs'treɪʃən] *n* (*Archit*) fenêtrage *m*; (*Med*)
fenestration *f*; (*Bot, Zool*) aspect fenêtré.
fennel ['fenl] *n* fenouil *m*.
fenugreek ['fenjʊ,griːk] *n* fenugrec *m*.
ferment [fə'ment] **1** *vi* (*lit, fig*) fermenter. **2** *vt* (*lit, fig*) faire fermenter. **3** ['fɜːment] *n* (*lit*) ferment *m*; (*fig*) agitation *f*, effervescence *f*.
city in a state of ~ ville en effervescence.
fermentation [,fɜːmen'teɪʃən] *n* (*lit, fig*) fermentation *f*.
fermium ['fɜːmɪəm] *n* fermium *m*.
fern [fɜːn] *n* fougère *f*.
ferocious [fə'rəʊʃəs] *adj* féroce.
ferociously [fə'rəʊʃəslɪ] *adv* férocement, avec férocité.
ferociousness [fə'rəʊʃəsnɪs] *n*, **ferocity** [fə'rɒsɪtɪ] *n* férocité *f*.
Ferrara [fə'rɑːrə] *n* Ferrare *f*.
ferret ['ferɪt] **1** *n* (*Zool*) furet *m*.
　　2 *vi* (**a**) (*also ~ about, ~ around*) fouiller, fureter. **she was**
~ing (about *or* **around) among my books** elle furetait dans mes
livres.
　　(**b**) **to go ~ing** chasser au furet.
◆**ferret out** *vt sep secret, person* dénicher, découvrir.
Ferris wheel ['ferɪswiːl] *n* grande roue (*dans une foire*).
ferrite ['feraɪt] *n* ferrite *f*.
ferro- ['ferəʊ] *pref* ferro-.
ferroconcrete [,ferəʊ'kɒŋkriːt] *n* béton armé.
ferrous ['ferəs] *adj* ferreux.
ferrule ['feruːl] *n* virole *f*.
ferry ['ferɪ] **1** *n* (**a**) (*also ~boat*) (*small: for people, cars*) bac *m*;
(*Can*) traversier *m*; (*larger: for people, cars, trains*) ferry(-boat) *m*;
(*between ship and quayside*) va-et-vient *m inv*. **~man** passeur *m*; *V*
air, car.
　　(**b**) (*place*) passage *m*.
　　2 *vt* (**a**) (*also ~ across, ~ over*) *person, car, train* faire passer
(en bac *or* par bateau *or* par avion *etc*).
　　(**b**) (*fig: transport*) *people* transporter, emmener, conduire;
things porter, apporter. **he ferried voters to and from the polls** il
a fait la navette avec sa voiture pour emmener les électeurs au
bureau de vote.
fertile ['fɜːtaɪl] *adj land* fertile; *person, animal, mind, egg* fécond;
imagination fécond, fertile.
fertility [fə'tɪlɪtɪ] **1** *n* (*V* **fertile**) fertilité *f*; fécondité *f*. **2** *cpd cult,*
symbol de fertilité. (*Med*) **fertility drug** médicament *m* contre la
stérilité.
fertilization [,fɜːtɪlaɪ'zeɪʃən] *n* [*land, soil*] fertilisation *f*; [*animal,*
plant, egg] fécondation *f*.
fertilize ['fɜːtɪlaɪz] *vt land, soil* fertiliser, amender; *animal, plant,*
egg féconder.
fertilizer ['fɜːtɪlaɪzə'] *n* engrais *m*. **artificial ~** engrais chimique.
fervent ['fɜːvənt] *adj*, **fervid** ['fɜːvɪd] *adj* fervent, ardent.
fervour, (*US*) **fervor** ['fɜːvə'] *n* ferveur *f*.
fester ['festə'] *vi* [*cut, wound*] suppurer; [*anger, resentment*] couver.
the insult ~ed l'injure lui est restée sur le cœur.
festival ['festɪvəl] *n* (*Rel etc*) fête *f*; (*Mus etc*) festival *m*. **the Edin-**
burgh F~ le festival d'Édimbourg.
festive ['festɪv] *adj* gai, de fête. **the ~ season** la période des fêtes; **to be**
in a ~ mood être en veine de réjouissances.
festivity [fes'tɪvɪtɪ] *n* (**a**) (*U: also* **festivities**) fête *f*, réjouissances
fpl. (**b**) (*festival*) fête *f*.
festoon [fes'tuːn] **1** *n* feston *m*, guirlande *f*. **2** *vt* festonner, orner de
festons; *building, town* pavoiser. **a room ~ed with posters** une
pièce tapissée d'affiches.
fetch [fetʃ] **1** *vt* (**a**) (*go and get*) *person, thing* aller chercher;
(*bring*) *person* amener; *thing* apporter. (*fig*) **to ~ and carry**
for sb faire la bonne pour qn; (*to dog*) **~ (it)!** rapporte!, va
chercher!
　　(**b**) *sigh, groan* pousser.
　　(**c**) (*sell for*) *money* rapporter. **they won't ~ much** ils ne rappor-
teront pas grand-chose; **it ~ed a good price** ça a atteint *or* fait* une
jolie somme *or* un joli prix, c'est parti pour une jolie somme.
　　(**d**) *blow* flanquer*.
　　2 *vi* (*Naut*) manœuvrer.
　　3 *n* (*Naut*) fetch *m*.
◆**fetch in** *vt sep person* faire (r)entrer; *thing* rentrer.
◆**fetch out** *vt sep person* faire sortir; *thing* sortir (*of* de).
◆**fetch up 1** *vi* finir par arriver, se retrouver (*at* à, *in* dans).
　　2 *vt sep* (**a**) *object* apporter, monter; *person* faire monter.
　　(**b**) (*Brit fig: vomit*) rendre, vomir.

fetching ['fetʃɪŋ] *adj smile* attrayant; *person* charmant, séduisant; *dress, hat* ravissant, très seyant.

fête [feɪt] **1** *n* (*Brit*) fête *f*; (*for charity*) fête, kermesse *f*. **village** ~ fête de village. **2** *vt person*, faire fête à; *success, arrival* fêter.

fetid ['fetɪd] *adj* fétide, puant.

fetish ['fi:tɪʃ] *n* fétiche *m* (*objet de culte*); (*Psych*) objet *m* de la fétichisation. (*fig*) **she makes a real** ~ **of cleanliness** elle est obsédée par la propreté, c'est une maniaque de la propreté.

fetishism ['fi:tɪʃɪzəm] *n* fétichisme *m*.

fetishist ['fi:tɪʃɪst] *n* fétichiste *mf*.

fetlock ['fetlɒk] *n* (*joint*) boulet *m*; (*hair*) fanon *m*.

fetter ['fetər] **1** *vt person* enchaîner, lier; *horse, slave* entraver; (*fig*) entraver. **2** *npl*: ~s [*prisoner*] fers *mpl*, chaînes *fpl*; [*horse, slave*] (*also fig*) entraves *fpl*; **to put a prisoner in** ~s mettre un prisonnier aux fers; **in** ~s dans les fers *or* les chaînes.

fettle ['fetl] *n*: **in fine** *or* **good** ~ en pleine forme, en bonne condition.

fetus ['fi:təs] *n* (*US*) = **foetus**.

feu [fju:] *n* (*Scot Jur*) bail perpétuel (*à redevance fixe*). ~ **duty** loyer *m* (de la terre).

feud¹ [fju:d] **1** *n* querelle *f*, (*stronger*) vendetta *f*. **family** ~s querelles de famille, dissensions *fpl* domestiques. **2** *vi* se quereller, se disputer. **to** ~ **with sb** être l'ennemi juré de qn, être à couteaux tirés avec qn.

feud² [fju:d] *n* (*Hist*) fief *m*.

feudal ['fju:dl] *adj* féodal. **the** ~ **system** le système féodal.

feudalism ['fju:dəlɪzəm] *n* (*Hist*) féodalité *f*; (*fig*) [*society, institution etc*] féodalisme *m*.

fever ['fi:vər] *n* (*Med, fig*) fièvre *f*. **a bout of** ~ un accès de fièvre; **high** ~ forte fièvre; **raging** ~ fièvre de cheval*; **he had a** ~ il n'a pas de fièvre *or* de température; (*fig*) **the gambling** ~ le démon du jeu; **a** ~ **of impatience** une impatience fébrile; **enthusiasm reached** ~ **pitch** l'enthousiasme était à son comble; *V* **glandular, scarlet** *etc.*

feverish ['fi:vərɪʃ] *adj* (*Med*) *person* fiévreux; *condition* fiévreux, fébrile; *swamp, climate* malsain; (*fig*) *state, activity, excitement* fiévreux, fébrile.

feverishly ['fi:vərɪʃlɪ] *adv* fiévreusement, fébrilement.

feverishness ['fi:vərɪʃnɪs] *n* (*Med*) état *m* fébrile; (*fig*) fébrilité *f*.

few [fju:] *adj, pron* (**a**) (*not many*) peu (de). ~ **books** peu de livres; **very** ~ **books** très peu de livres; ~ **of them came** peu d'entre eux sont venus, quelques-uns d'entre eux seulement sont venus; ~ (**people**) **come to see him** peu de gens viennent le voir; **he is one of the** ~ **people who** ... c'est l'une des rares personnes qui ... + *indic or subj*; **we have travelled a lot in the past** ~ **days** nous avons beaucoup voyagé ces jours-ci *or* ces derniers jours; **these past** ~ **weeks** ces dernières semaines; **the next** ~ **days** les (quelques) jours qui viennent; **with** ~ **exceptions** à de rares exceptions près; **the exceptions are** ~ les exceptions sont rares *or* peu nombreuses; **she goes to town every** ~ **days** elle va à la ville tous les deux ou trois jours; ~ **and far between** rares; **such occasions are** ~ de telles occasions sont rares; **we are very** ~ (**in number**) nous sommes peu nombreux; (*liter*) **our days are** ~ nos jours sont comptés; **I'll spend the remaining** ~ **minutes alone** je passerai seul le peu de *or* les quelques minutes qui me restent; **there are always the** ~ **who think that** ... il y a toujours la minorité qui croit que ...; **the** ~ **who know him** les rares personnes qui le connaissent; (*Brit Aviat Hist*) **the F**~ les héros de la Bataille d'Angleterre; *V* **happy, word** *etc.*

(**b**) (*after adv*) **I have as** ~ **books as you** j'ai aussi peu de livres que vous; **I have as** ~ **as you** j'en ai aussi peu que vous; **there were as** ~ **as 6 objections** il n'y a eu en tout et pour tout que 6 objections; **how** ~ **there are!** qu'il y en a peu!; **how** ~ **they are!** qu'ils sont peu nombreux!; **however** ~ **books you** (**may**) **buy** si peu de livres que l'on achète (*subj*), même si l'on achète peu de livres; **however** ~ **there may be** si peu qu'il y en ait; **I've got so** ~ **already** (**that** ...) j'en ai déjà si peu (que ...); **so** ~ **have been sold** si peu se sont vendus; **so** ~ **books** tellement peu *or* si peu de livres; **there were too** ~ il y avait trop peu; **too** ~ **cakes** trop peu de gâteaux; **there were 3 too** ~ il en manquait 3; **10 would not be too** ~ 10 suffiraient, il (en) suffirait de 10; **I've got too** ~ **already** j'en ai déjà (bien) trop peu; **he has too** ~ **books** il a trop peu de livres; **there are too** ~ **of you** vous êtes trop peu nombreux, vous n'êtes pas assez nombreux; **too** ~ **of them realize that** ... trop peu d'entre eux sont conscients que ... .

(**c**) (*some, several*) **a** ~ quelques(-uns), quelques(-unes); **a** ~ **books** quelques livres; **I know a** ~ **of these people** je connais quelques-uns de ces gens; **a** ~ *or* (*liter*) **some** ~ **thought otherwise** quelques-uns pensaient autrement; **I'll take just a** ~ j'en prendrai quelques-uns (*or* quelques-unes) seulement; **I'd like a** ~ **more** j'en voudrais quelques-un(e)s de plus; **quite a** ~ **books** pas mal* de livres; **quite a** ~ **did not believe him** pas mal* de gens ne l'ont pas cru; **I saw a good** ~ *or* **quite a** ~ **people there** j'y ai vu pas mal* de gens; **he has had a good** ~ **drinks** il a pas mal* bu; **we'll go in a** ~ **minutes** nous partirons dans quelques minutes; **a** ~ **of us** quelques-un(e)s d'entre nous; **there were only a** ~ **of us** nous n'étions qu'une poignée; **a good** ~ **of the books are** bon nombre de ces livres sont; **we must wait a** ~ **more days** il nous faut attendre encore quelques jours *or* attendre quelques jours de plus.

fewer ['fju:ər] *adj, pron* (*comp of* **few**) moins (de). **we have sold** ~ **this year** nous en avons moins vendu cette année; **he has** ~ **books than you** il a moins de livres que vous; **we are** ~ (**in number**) **than last time** nous sommes moins nombreux que la dernière fois; ~ **people than we expected** moins de gens que nous (ne) l'escomptions; **there are** ~ **opportunities for doing it** les occasions de le faire sont plus rares, il y a moins d'occasions de le faire; **no** ~ **than** **37 pupils were ill** il y a eu pas moins de 37 élèves malades; **the** ~ **the better** moins il y en a mieux c'est *or* mieux ça vaut; **few came and** ~ **stayed** peu sont venus et encore moins sont restés.

fewest ['fju:ɪst] *adj, pron* (*superl of* **few**) le moins (de). **he met her on the** ~ **occasions possible** il l'a rencontrée le moins souvent possible; **we were** ~ **in number then** c'est à ce moment-là que nous étions le moins nombreux; **we sold** ~ **last year** c'est l'année dernière que nous en avons le moins vendu; **I've got (the)** ~ **c'est** moi qui en ai le moins; **he has (the)** ~ **books** c'est lui qui a le moins de livres.

fey [feɪ] *adj* extra-lucide, visionnaire.

fez [fez] *n* fez *m*.

F.F.A. [ˌefefˈeɪ] *abbr of* **Future Farmers of America** (*club agricole*).

F.F.V. [ˌefefˈviː] *abbr of* **First Families of Virginia** (*descendants des premiers colons de Virginie*).

FH *abbr of* **fire hydrant**; *V* **fire**.

FHA (*US*) *abbr of* **Federal Housing Administration**. ~ **loan** prêt à la construction.

fiancé [frˈɑ̃ːŋseɪ] *n* fiancé *m*.

fiancée [frˈɑ̃ːŋseɪ] *n* fiancée *f*.

fiasco [frˈæskəʊ] *n* fiasco *m*. **the play was a** ~ la pièce a fait un four *or* a été un four *or* a été un fiasco; **the whole undertaking was a** ~ *or* **ended in a** ~ l'entreprise tout entière a tourné au désastre *or* a fait fiasco.

fiat ['faɪæt] *n* décret *m*, ordonnance *f*.

fib* [fɪb] **1** *n* bobard* *m*, blague* *f*, mensonge *m*. **2** *vi* raconter des bobards* *or* des blagues*. **you're** ~**bing!** ce que tu racontes c'est des blagues!*

fibber ['fɪbər] *n* blagueur* *m*, -euse *f*, menteur *m*, -euse *f*. **you** ~! espèce de menteur!

fibre, (*US*) **fiber** ['faɪbər] **1** *n* (**a**) [*wood, cotton, muscle etc*] fibre *f*. **cotton** ~ fibre de coton; **synthetic** ~s fibres synthétiques, synthétiques *mpl*; (*fig*) **a man of** ~ un homme qui a de la trempe; **a man of great moral** ~ un homme d'une grande force morale.

(**b**) (*dietary*) fibres *fpl*, cellulose *f* végétale.

2 *cpd*: **fibreboard** panneau fibreux; (**high**) **fibre diet** alimentation *f* riche en fibres; **fibrefill**, (*US*) **fiberfill** rembourrage *m* synthétique; **fibre-glass**, (*US*) **fiber-glass**, **Fiberglas** ® fibre *f* de verre; **fibre-optic cable** câble *m* en fibres optiques; **fibre optics** la fibre optique; (*Brit*) **fibre-tip (pen)** stylo *m* pointe fibre.

fibril ['faɪbrɪl], **fibrilla** [faɪ'brɪlə] *n* fibrille *f*.

fibrillation [ˌfaɪbrɪ'leɪʃən] *n* fibrillation *f*.

fibrin ['fɪbrɪn] *n* fibrine *f*.

fibrinogen [fɪ'brɪmədʒən] *n* fibrinogène *m*.

fibroid ['faɪbrɔɪd] *n*, **fibroma** [faɪ'brəʊmə] *n* (*Med*) fibrome *m*.

fibrositis [ˌfaɪbrə'saɪtɪs] *n* aponévrosite *f*.

fibrous ['faɪbrəs] *adj* fibreux.

fibula ['fɪbjʊlə] *n* péroné *m*.

fickle ['fɪkl] *adj* inconstant, volage.

fickleness ['fɪklnɪs] *n* inconstance *f*.

fiction ['fɪkʃən] *n* (**a**) (*U: Literat*) (*works of*) ~ romans *mpl*; **a writer of** ~ un romancier; **light** ~ romans faciles à lire; **romantic** ~ romans à l'eau-de-rose (*pej*); **truth is stranger than** ~ les faits dépassent la fiction; *V* **science**.

(**b**) (*sth made up*) fiction *f*, création *f* de l'imagination. **a legal** ~ une fiction légale; **his account was a complete** ~ son récit était fictif; (*unjustified belief*) **there is still this** ~ **that you can find a job if you try hard enough** il y a encore des gens qui croient qu'en se donnant du mal, on arrive à trouver du travail.

(**c**) (*U: the unreal*) le faux; *V* **fact**.

fictional ['fɪkʃənl] *adj* fictif. **a** ~ **character** un personnage imaginaire *or* fictif.

fictitious [fɪk'tɪʃəs] *adj* (*false, not genuine*) fictif; (*imaginary*) fictif, imaginaire.

Fid. Def. (*abbr of* **Fidei Defensor = Defender of the Faith**) Défenseur *m* de la foi.

fiddle ['fɪdl] **1** *n* (**a**) (*violin*) violon *m*, crincrin* *m* (*pej*); *V* **fit¹, long¹, second¹.**

(**b**) (*esp Brit*: *cheating*) truc* *m*, combine* *f*. **it was all a** ~ tout ça c'était une combine*; **tax** ~ fraude fiscale; **he's on the** ~ il traficote*.

2 *cpd*: (*excl*) **fiddle-faddle!***, **fiddlesticks!*** quelle blague!*

3 *vi* (**a**) (*Mus*) jouer du violon, violoner*.

(**b**) **do stop fiddling (about** *or* **around)!** tiens-toi donc tranquille!; **to** ~ (**about** *or* **around**) **with a pencil** tripoter un crayon; **he's fiddling (about** *or* **around**) **with the car** il tripote *or* bricole la voiture; **stop fiddling (about** *or* **around**) **over that job** arrête de perdre ton temps à faire ça.

(**c**) (*esp Brit*: *cheat*) faire de la fraude, traficoter*.

4 *vt* (**a**) (*esp Brit*) *accounts, expenses claim* truquer. **to** ~ **one's tax return** truquer sa déclaration d'impôts; **he's** ~**d himself (into) a job** il s'est débrouillé* pour se faire nommer à un poste.

(**b**) (*Mus*) violoner*.

◆**fiddle about, fiddle around** *vi*: **he's fiddling about in the garage** il est en train de s'occuper vaguement *or* de bricoler dans le garage; **we just fiddled about yesterday** on n'a rien fait de spécial hier, on a seulement traînassé hier; *V also* **fiddle 3b.**

fiddler ['fɪdlər] *n* (**a**) joueur *m*, -euse *f* de violon, violoneux* *m* (*often pej*). (**b**) (*esp Brit*: *cheat*) combinard* *m*.

fiddling ['fɪdlɪŋ] **1** *adj* futile, insignifiant. ~ **little jobs** menus travaux sans importance. **2** *n* (*: dishonesty*) combine(s)* *f(pl)*.

fiddly ['fɪdlɪ] *adj* *task* minutieux, délicat (*et agaçant*); *object* délicat à utiliser, embêtant* à manier.

fidelity [fɪ'delɪtɪ] *n* (**a**) fidélité *f*, loyauté *f* (*to* à); (*in marriage*) fidélité. (**b**) [*translation etc*] exactitude *f*, fidélité *f*; *V* **high**.

fidget ['fɪdʒɪt] **1** *vi* (*wriggle: also* ~ **about**, ~ **around**) remuer, gigoter*, (*grow impatient*) donner des signes d'impatience. **stop**

~ing! reste donc tranquille!, arrête de bouger!; **to ~ (about** or **around) with sth** tripoter qch.
2 n: **to be a ~** [child] être très remuant, ne jamais se tenir tranquille; [adult] être très nerveux, ne jamais tenir en place; **to have the ~s** avoir la bougeotte*.

fidgety ['fɪdʒɪtɪ] adj child etc remuant, agité. **to feel ~** ne plus tenir en place, s'impatienter.

fiduciary [fɪ'dju:ʃɪərɪ] adj, n fiduciaire (mf).

fief [fi:f] n fief m.

field [fi:ld] **1** n **(a)** (Agr etc) champ m; (Miner) gisement m. **in the ~s** dans les champs, aux champs; **this machine had a year's trial in the ~** cette machine a eu un an d'essais sur le terrain; (Comm) **to be first in the ~ with sth** être le premier à lancer qch; **work in the ~** enquête f sur place or sur le terrain; (Mil) **~ of battle** champ de bataille; **~ of honour** champ d'honneur; (Mil) **to take the ~** entrer en campagne (V also **1b**); **to hold the ~** (Mil) se maintenir sur ses positions; (fig) tenir tête à l'adversaire; (Mil) **to die in the ~** tomber or mourir au champ d'honneur; V **coal, gold, oil** etc.
(b) (Sport) terrain m. **the ~** (Racing) les concurrents mpl (sauf le favori); (Hunting) les chasseurs mpl; **football ~** terrain de football; **to take the ~** entrer en jeu; V **play**.
(c) (sphere of activity etc) domaine m, sphère f. **in the ~ of painting** dans le domaine de la peinture; **it's outside my ~** ce n'est pas de mon domaine or de ma compétence or dans mes cordes; **his particular ~ is Renaissance painting** la peinture de la Renaissance est sa spécialité.
(d) (Phys: also ~ **of force**) champ m. **~ of vision** champ visuel or de vision; **gravitational ~** champ de gravitation; V **magnetic**.
(e) (Comput) champ m. (Ling) **(semantic) ~** champ (sémantique).
(f) (expanse) étendue f; (Her) champ m. (Her) **on a ~ of blue** en champ d'azur.
2 vt (Sport) ball attraper; team faire jouer. (fig) [speaker etc] **to ~ questions** répondre au pied levé (à des questions).
3 cpd: **field day** (Mil) jour m de grandes manœuvres; (gen) grande occasion, grand jour; (fig) **the ice-cream sellers had a field day*** les marchands de glaces s'en sont donné à cœur joie; (Mil) **field engineering** génie f d'opération; (Sport) **field event** concours m; (Orn) **fieldfare** litorne f; **field glasses** jumelles fpl; **field grown** de plein champ; **field gun** canon m (de campagne); (US) **field hand** ouvrier m, -ière f agricole; (US) **field hockey** hockey m sur gazon; **field hospital** (Mil) antenne chirurgicale; (Hist) hôpital m de campagne; (US) **field house** (for changing) vestiaire m; (sports hall) complexe sportif couvert; (Mil) **field kitchen** cuisine roulante; (Ling) **field label** domaine m; (Brit Mil) **field marshal** ≃ maréchal m (de France); (Zool) **fieldmouse** mulot m, rat m des champs; (Mil) **field officer** officier supérieur; (US Admin) **field service** antenne f (d'un service administratif); **field sports** activités fpl de plein air (surtout la chasse et la pêche); (cricket) **fieldsman** joueur m; (US Mil) **fieldstrip** firearm démonter (pour inspection); (US Univ) **field term stage** m pratique; (Tech etc) **field-test** soumettre aux essais sur le terrain, tester (Tech); (Tech etc) **field tests** essais mpl sur le terrain; **field trials** [gundogs etc] field trials mpl; [machine etc] essais mpl sur le terrain; (Med) essais cliniques; (Educ) **field trip** sortie éducative; (longer) voyage m d'étude; **fieldwork** (Archeol, Geol etc) recherches fpl or enquête f sur le terrain; (Soc) travail m avec des cas sociaux; **fieldworker** (Archeol/Geol etc) archéologue mf/géologue mf etc qui fait des recherches or une enquête sur le terrain; (Soc) ≃ assistant(e) m(f) de service social, assistant social.

fielder ['fi:ldər] n (Cricket) joueur m.

fiend [fi:nd] n **(a)** démon m; (cruel person) monstre m, démon. (Rel: the Devil) **the F~** le Malin; **that child's a real ~*** cet enfant est un petit monstre or est infernal*. **(b)** (*: fanatic) enragé(e) m(f), mordu(e)* m(f). **tennis ~** enragé or mordu* du tennis; **drug ~†** toxicomane mf; V **sex**.

fiendish ['fi:ndɪʃ] adj cruelty, smile, plan diabolique; (*: unpleasant) evening, person, visit sale* (before n), abominable. **to take a ~ delight in doing** prendre un plaisir diabolique à faire; **I had a ~ time*** getting him to agree j'ai eu un mal fou or un mal de chien* à obtenir son accord.

fiendishly ['fi:ndɪʃlɪ] adv diaboliquement; (*) expensive, difficult abominablement.

fierce [fɪəs] adj animal, person, look, tone, gesture féroce; wind furieux; desire ardent; attack (lit) violent; (fig) speech virulent, violent; hatred implacable; heat intense, torride; competition, fighting serré, acharné; opponent, partisan, advocate acharné.

fiercely ['fɪəslɪ] adv behave férocement; attack violemment; fight, pursue, argue, advocate, oppose avec acharnement; speak d'un ton féroce; look d'un air féroce or farouche.

fierceness ['fɪəsnɪs] n (V fierce) férocité f; fureur f; ardeur f; violence f; virulence f; implacabilité f; intensité f; acharnement m. **his ~ of manner** la violence de son comportement.

fiery ['faɪərɪ] adj coals, sun ardent; heat, sands brûlant; sky rougeoyant, embrasé; person fougueux, ardent; speech fougueux; temper violent. **~ eyes** des yeux qui étincellent or brillent de colère (or d'enthousiasme etc); **~-tempered** irascible, coléreux.

fiesta [fɪ'esta] n fiesta f.

FIFA ['fi:fə] n FIFA f (Fédération internationale de football-association).

fife [faɪf] n fifre m (instrument).

fifteen [fɪf'ti:n] **1** adj quinze inv. **about ~ books** une quinzaine de livres. **2** n **(a)** quinze m inv. **about ~** une quinzaine. **(b)** (Rugby) quinze m. **the French ~** le quinze de France; for other phrases V **six**. **3** pron quinze mfpl. **there are ~** il y en a quinze.

fifteenth [fɪf'ti:nθ] **1** adj quinzième. **2** n quinzième mf; (fraction) quinzième m; for phrases V **sixth**.

fifth [fɪfθ] **1** adj cinquième. (US Jur) **to plead the F~ Amendment** invoquer le cinquième amendement pour refuser de répondre; (fig: Pol etc) **~ column** cinquième colonne f; (fig) **~-rate** de dernier ordre, de dernière catégorie; for other phrases V **sixth**.
2 n **(a)** (gen) cinquième mf; (fraction) cinquième m. (US) **to take the F~** (Jur) invoquer le cinquième amendement pour refuser de répondre; (*fig) refuser de parler; for other phrases V **sixth**.
(b) (Mus) quinte f.
(c) (US) (measurement) le cinquième d'un gallon (≃ 75 cl); (bottle) bouteille f (d'alcool).

fiftieth ['fɪftɪɪθ] **1** adj cinquantième. **2** n cinquantième mf; (fraction) cinquantième m.

fifty ['fɪftɪ] **1** adj cinquante inv. **about ~ books** une cinquantaine de livres.
2 n cinquante m inv. **about ~** une cinquantaine; (fig) **to go ~-~ with sb** se mettre de moitié avec qn, partager moitié-moitié avec qn; **we have a ~-~ chance of success** nous avons cinquante pour cent de chances or une chance sur deux de réussir; for other phrases V **sixty**.
3 pron cinquante mfpl. **there are ~** il y en a cinquante.

fig [fɪg] **1** n (fruit) figue f; (also **~ tree**) figuier m. (fig) **I don't care a ~*** je m'en fiche*; **I don't give a ~ for that*** je m'en moque comme de ma première chemise*; **a ~ for all your principles!†** zut à tous vos principes!*
2 cpd: **fig leaf** (Bot) feuille f de figuier; (on statue etc) feuille de vigne.

fight [faɪt] (vb: pret, ptp **fought**) **1** n **(a)** (between persons) bagarre* f; (brawl) rixe f; (Mil) combat m, bataille f; (Boxing) combat; (against disease, poverty etc) lutte f (against contre); (quarrel) dispute f. (lit, fig) **he put up a good ~** il s'est bien défendu; **to have a ~ with sb** se battre avec qn, se bagarrer* avec qn; (argue) se disputer avec qn; **we're going to make a ~ of it** nous n'allons pas nous laisser battre comme ça, nous allons contre-attaquer; V **pick**.
(b) (U: spirit) **there was no ~ left in him** il n'avait plus envie de lutter, il n'avait plus de ressort; **he certainly shows ~** il faut reconnaître qu'il sait montrer les dents or qu'il ne se laisse pas faire.
2 cpd: (Sport) **fightback** reprise f.
3 vi [person, animal] se battre (with avec, against contre); [troops, countries] se battre, combattre (against contre); (fig) lutter (for pour, against contre); (quarrel) se disputer (with avec). **the boys were ~ing in the street** les garçons se battaient dans la rue; **the dogs were ~ing over a bone** les chiens se disputaient un os; (fig) **to ~ shy of sth/sb** fuir devant qch/qn, tout faire pour éviter qch/qn; **to ~ shy of doing** éviter à tout prix de or répugner à faire; **to ~ against sleep** lutter contre le sommeil; **to ~ against disease** lutter contre or combattre la maladie; (lit, fig) **to ~ for sb** se battre pour qn; (lit, fig) **to ~ for one's life** lutter pour la or sa vie; **he went down ~ing** il s'est battu jusqu'au bout.
4 vt person, army se battre avec or contre; fire, disease lutter contre, combattre. **to ~ a battle** livrer bataille; (fig) **to ~ a losing battle against sth** combattre qch en pure perte, se battre en pure perte contre qch; **we're ~ing a losing battle** nous livrons une bataille perdue d'avance; **to ~ a duel** se battre en duel; (Pol etc) **to ~ a campaign** mener une campagne, faire campagne; (Jur) **to ~ a case** défendre une cause; **we shall ~ this decision all the way** nous combattrons cette décision jusqu'au bout; **to ~ one's way out through the crowd** sortir en se frayant un passage à travers la foule.
◆**fight back 1** vi (in fight) rendre les coups, répondre; (Mil) se défendre, résister; (in argument) répondre, se défendre; (after illness) se remettre, réagir; (Sport) se reprendre, effectuer une reprise.
2 vt sep tears refouler; despair lutter contre; doubts vaincre.
3 fightback n V fight **2**.
◆**fight down** vt sep anxiety, doubts vaincre; desire refouler, réprimer.
◆**fight off** vt sep (Mil) attack repousser; (fig) disease, sleep lutter contre, résister à; criticisms répondre à.
◆**fight on** vi continuer le combat or la lutte.
◆**fight out** vt sep: **they fought it out** ils se sont bagarrés* pour régler la question; **leave them to fight it out** laissez-les se bagarrer* entre eux.

fighter ['faɪtər] **1** n **(a)** (Boxing) boxeur m, pugiliste m. (fig) **he's a ~** c'est un lutteur; V **prize¹** etc.
(b) (plane) avion m de chasse, chasseur m.
2 cpd: (Aviat) **fighter-bomber** chasseur bombardier m, avion m de combat polyvalent; **fighter pilot** pilote m de chasse.

fighting ['faɪtɪŋ] **1** n (Mil) combat m; (in classroom, pub etc) bagarres* fpl. **there was some ~ in the town** il y a eu des échauffourées dans la ville; V **bull¹, street** etc.
2 adj person combatif; (Mil) troops de combat. (Mil) **~ soldier, ~ man** combattant m; **he's got a lot of ~ spirit** c'est un lutteur, il a du cran*; **there's a ~ chance for her recovery** elle a une assez bonne chance de s'en tirer; **~ cock** coq m de combat; **to live like a ~ cock** vivre comme un coq en pâte; (Mil) **~ forces** forces armées; **~ line** front m; **~ strength** effectif m mobilisable; **~ words** paroles fpl de défi.

figment ['fɪgmənt] n: **a ~ of the imagination** une invention or création de l'imagination; **it's all a ~ of his imagination** il l'a purement et simplement inventé, il a inventé ça de toutes pièces.

figurative ['fɪgjʊrətɪv] adj **(a)** language figuré, métaphorique. **in the literal and the ~ meaning** au (sens) propre et au (sens) figuré. **(b)** (Art) figuratif.

figure ['fɪgər] **1** n **(a)** chiffre m. **in round ~s** en chiffres ronds; **I can't give you the exact ~s** je ne peux pas vous donner les chiffres exacts; **the crime/unemployment** etc **~s** le taux de la criminalité /du chômage *etc*; **he's good at ~s** il est doué pour le calcul; **there's a mistake in the ~s** il y a une erreur de calcul; **to get into double ~s** atteindre la dizaine; **to reach three ~s** atteindre la centaine; **a 3-~ number** un nombre *or* un numéro de 3 chiffres; **to sell sth for a high ~** vendre qch cher *or* à un prix élevé; **I got it for a low ~** je l'ai eu pour pas cher *or* pour peu de chose; **he earns well into five ~s** il gagne bien plus de dix mille livres.

(b) *(diagram, drawing)* *(Math)* figure *f*; *[animal, person etc]* figure, image *f*. **to draw a ~ on the blackboard** tracer une figure au tableau; **he drew the ~ of a bird** il a dessiné (l'image d')un oiseau; **draw a ~ of eight** dessinez un huit (*V also* **h**).

(c) *(human form)* forme *f*, silhouette *f*. **I saw a ~ approach** j'ai vu une forme *or* une silhouette s'approcher de moi; **she's a fine ~ of a woman** c'est une belle femme; **he cut a poor ~** il faisait piètre figure.

(d) *[shape: of person]* ligne *f*, formes *fpl*. **to improve one's ~** soigner sa ligne; **to keep one's ~** garder la ligne; **she has a good ~** elle est bien faite *or* bien tournée; **remember your ~!** pense à ta ligne!

(e) *(important person)* figure *f*, personnage *m*. **the great ~s of history** les grandes figures *or* les grands personnages de l'histoire; **a ~ of fun** un guignol; *V* **public**.

(f) *(Literat)* figure *f*. **~ of speech** figure de rhétorique; *(fig)* **it's just a ~ of speech** ce n'est qu'une façon de parler.

(g) *(Mus)* figure *f* mélodique.

(h) *(Dancing, Skating)* figure *f*. **~ of eight** huit *m*.

2 *cpd*: **to be figure-conscious*** penser à sa ligne; **figurehead** *(lit)* figure *f* de proue; *(pej: person)* prête-nom *m* *(pej)*, homme *m* de paille *(pej)*; **figure-skate** *(in competition)* faire les figures imposées *(en patinage)*; *(in display etc)* faire du patinage artistique; **figure skating** figures imposées; patinage *m* artistique.

3 *vt* **(a)** *(represent)* représenter; *(illustrate by diagrams)* illustrer par un *or* des schéma(s), mettre sous forme de schéma.

(b) *(decorate)* orner; *silk etc* brocher, gaufrer. **~d velvet** velours façonné.

(c) *(Mus)* **~d bass** basse chiffrée.

(d) *(imagine)* penser, s'imaginer.

(e) *(US: guess)* penser, supposer. **I ~ it like this** je vois la chose comme ceci; **I ~ he'll come** je pense *or* suppose qu'il va venir.

4 *vi* **(a)** *(appear)* figurer. **he ~d in a play of mine** il a joué *or* tenu un rôle dans une de mes pièces; **his name doesn't ~ on this list** son nom ne figure pas sur cette liste.

(b) *(US*: make sense)* **it doesn't ~** ça n'a pas de sens, ça ne s'explique pas; **that ~s** ça cadre, ça se tient, ça s'explique.

◆**figure in*** *vt sep* *(US)* inclure, compter. **it's figured in** c'est inclus, c'est compris.

◆**figure on** *vt fus* *(US)* *(take account of)* tenir compte de; *(count on)* compter sur; *(expect)* s'attendre *(doing* à faire). **you can figure on 30** tu peux compter sur 30; **I was figuring on doing that tomorrow** je pensais faire ça demain; **I hadn't figured on that** je n'avais pas tenu compte de ça; **I was not figuring on having to do that** je ne m'attendais pas à devoir faire ça.

◆**figure out** *vt sep* **(a)** *(understand)* arriver à comprendre, résoudre. **I can't figure that fellow out at all** je n'arrive pas du tout à comprendre ce type*; **I can't figure out how much money we need** je n'arrive pas à (bien) calculer la somme qu'il nous faut; **I can't figure it out** ça me dépasse*.

(b) *(work out, plan)* calculer. **they had it all figured out** ils avaient calculé leur coup.

figurine [ˌfɪgə'riːn] *n* figurine *f*.

Fiji ['fiːdʒiː] *n* *(also* **the ~ Islands)** (les îles *fpl*) Fi(d)ji *fpl*. **in ~** à Fi(d)ji.

filament ['fɪləmənt] *n* filament *m*.

filariasis [ˌfɪlə'raɪəsɪs] *n* filariose *f*.

filbert ['fɪlbɜːt] *n* aveline *f*.

filch [fɪltʃ] *vt* voler, chiper*.

file¹ [faɪl] **1** *n* *(for wood, fingernails etc)* lime *f*. **triangular ~** tiers-point *m*; *V* **nail**.

2 *vt* limer. **to ~ one's nails** se limer les ongles; **to ~ through the bars** limer les barreaux.

◆**file away** *vt sep* limer *(pour enlever)*.

◆**file down** *vt sep* limer *(pour raccourcir)*.

file² [faɪl] **1** *n* *(folder)* dossier *m*, chemise *f*; *(with hinges)* classeur *m*; *(for drawings: also in filing drawers)* carton *m*; *(for card index)* fichier *m*; *(cabinet)* classeur; *(papers)* dossier; *(Computers)* fichier *m*. **have we a ~ on her?** est-ce que nous avons un dossier sur elle?; **there's something in *or* on the file about him** le dossier contient des renseignements sur lui; **to put a document on the ~** joindre une pièce au dossier; *(fig)* **to close the ~ on a question** classer une affaire; *(Comput)* **data on ~** données fichées; **to keep a ~ on sb/sth** tenir à jour un dossier sur qn/qch; *V* **student**.

2 *cpd*: *(US)* **file clerk** documentaliste *mf*.

3 *vt* *(also* **~ away)** *notes* classer; *letters* ranger, classer; *(into file)* joindre au dossier; *(on spike)* enfiler.

(b) *(Jur)* **to ~ a claim** déposer *or* faire enregistrer une requête *or* demande; **to ~ a claim for damages** intenter un procès en dommages-intérêts; *(Insurance)* **to ~ an accident claim** faire une déclaration d'accident; **to ~ a petition** déposer *or* faire enregistrer une requête *or* demande; **to ~ a petition (in bankruptcy)** déposer son bilan; **to ~ a suit against sb** intenter un procès à qn; *V* **submission**.

file³ [faɪl] **1** *n* file *f*. **in Indian ~** à la *or* en file indienne; **in single ~** en *or* à la file; *V* **rank¹**.

2 *vi* marcher en file. **to ~ in/out** *etc* entrer/sortir *etc* en file; **to ~ past** défiler; **the soldiers ~d past the general** les soldats ont défilé devant le général; **they ~d slowly past the ticket collector** ils sont passés lentement un à un devant le poinçonneur.

---

filial ['fɪlɪəl] *adj* filial.

filiation [ˌfɪlɪ'eɪʃən] *n* filiation *f*.

filibuster ['fɪlɪbʌstəʳ] **1** *n* **(a)** *(US Pol)* obstruction *f* parlementaire *(par quelqu'un qui conserve la parole interminablement)*. **(b)** *(pirate)* flibustier *m*. **2** *vi* *(US Pol)* faire de l'obstruction parlementaire.

filibusterer ['fɪlɪˌbʌstərəʳ] *n* *(US Pol)* obstructionniste *mf* *(qui conserve la parole interminablement)*.

filigree ['fɪlɪgriː] **1** *n* filigrane *m* *(en métal)*. **2** *cpd* en filigrane.

filing ['faɪlɪŋ] **1** *n* *[documents]* classement *m*; *[claim etc]* enregistrement *m*. **to do the ~** s'occuper du classement. **2** *cpd*: **filing box** fichier *m* *(boîte)*; **filing cabinet** classeur *m*, fichier *m* *(meuble)*; *(Brit)* **filing clerk** documentaliste *mf*.

filings ['faɪlɪŋz] *npl* limaille *f*. **iron ~s** limaille de fer.

Filipino [ˌfɪlɪ'piːnəʊ] **1** *adj* philippin. **2** *n* **(a)** *(person)* Philippin(e) *m(f)*. **(b)** *(Ling)* tagalog *m*.

fill [fɪl] **1** *vt* **(a)** *bottle, bucket* remplir *(with* de); *hole* remplir *(with* de), boucher *(with* avec); *teeth* plomber. **smoke ~ed the room** la pièce s'est remplie de fumée; **the wind ~ed the sails** le vent a gonflé les voiles; **they ~ed the air with their cries** l'air s'emplissait de leurs cris; **~ed with admiration** rempli *or* plein d'admiration; **~ed with anger** très en colère; **~ed with despair** en proie au désespoir, plongé dans le désespoir; **the thought ~s me with pleasure** cette pensée me réjouit.

(b) *post, job* remplir. **to ~ a vacancy** *[employer]* pourvoir à un emploi; *[employee]* prendre un poste vacant; **the position is already ~ed** le poste est déjà pris; **he ~s the job well** il remplit bien ses fonctions; **he ~s all our requirements** il répond à tous nos besoins; **to ~ a need** répondre à un besoin; **to ~ a void *or* a gap** remplir *or* combler un vide; **that ~s the bill** cela fait l'affaire; *(Comm)* **to ~ an order** livrer une commande.

2 *vi* *(also* **~ up)** *[bath etc]* se remplir, s'emplir; *[bus]* se remplir; *[hall]* se remplir, se garnir. *[hole]* **to ~ with water/mud** se remplir d'eau/de boue; **her eyes ~ed with tears** ses yeux se sont remplis de larmes.

3 *n*: **to eat one's ~** manger à sa faim, se rassasier; **he had eaten his ~** il était rassasié; **to drink/have one's ~** boire/avoir tout son content; **I've had my ~ of listening to her!** j'en ai assez de l'écouter, j'en ai jusque-là* de l'écouter; **a ~ of tobacco** une pipe, de quoi bourrer sa pipe.

4 *cpd*: *(gen: temporary employee)* **fill-in** remplaçant(e) *m(f)*; *(fig)* **I'm only a fill-in** je fais office de bouche-trou.

◆**fill in 1** *vi*: **to fill in for sb** remplacer qn *(temporairement)*.

2 *vt sep* **(a)** *form, questionnaire* remplir; *account, report* mettre au point, compléter. *(fig)* **would you fill in the details for us?** voudriez-vous nous donner les détails?; **to fill sb in on sth*** mettre qn au courant de qch.

(b) *hole* boucher. **we had that door filled in** nous avons fait murer *or* condamner cette porte; **to fill in gaps in one's knowledge** combler des lacunes dans ses connaissances; **he was trying to fill in the day** il essayait de trouver à s'occuper jusqu'au soir; **draw the outline in black and fill it in in red** dessinez le contour en noir et remplissez-le en rouge.

3 *n*: **fill-in** *V* **fill 4**.

◆**fill out 1** *vi* **(a)** *[sails etc]* gonfler, s'enfler.

(b) *(become fatter)* *[person]* forcir, se fortifier. **her cheeks *or* her face had filled out** elle avait pris de bonnes joues.

2 *vt sep* *form, questionnaire* remplir; *story, account, essay* étoffer.

◆**fill up 1** *vi* **(a)** = **fill 2**.

(b) *(Aut)* faire le plein *(d'essence)*.

2 *vt sep* **(a)** *tank, cup* remplir. **to fill up to the brim** remplir jusqu'au bord *or* à ras bord; *(Aut)* **fill it *or* her up!*** (faites) le plein!

(b) *hole* boucher.

(c) *(Brit)* *form, questionnaire* remplir.

filler ['fɪləʳ] *n* **(a)** *(utensil)* récipient *m* (de remplissage); *[bottle]* remplisseuse *f*; *(funnel)* entonnoir *m*. **(b)** *(U: for cracks in wood etc)* reboucheur *m*, mastic *m*; *(Press)* article *m* bouche-trou.

fillet ['fɪlɪt] **1** *n* **(a)** *(Culin)* *[beef, pork, fish]* filet *m*. **veal ~** *(U)* longe *f* de veau; *(one piece)* escalope *f* de veau; **~ steak** *(U)* filet de bœuf, tournedos *m*; *(one slice)* bifteck *m* dans le filet, *(thick)* chateaubriand *m*.

(b) *(for hair)* serre-tête *m inv*.

2 *vt meat* désosser; *fish* découper en filets. **~ed sole** filets *mpl* de sole.

filling ['fɪlɪŋ] **1** *n* **(a)** *(in tooth)* plombage *m*. **my ~'s come out** mon plombage est parti *or* a sauté.

(b) *(in pie, tart, sandwich)* garniture *f*; *(in tomatoes etc)* farce *f*. **chocolates with a coffee ~** chocolats fourrés au café.

2 *adj food* substantiel.

3 *cpd*: **filling station** poste *m* d'essence, station-service *f*.

fillip ['fɪlɪp] *n* *(with finger)* chiquenaude *f*, pichenette *f*; *(fig)* coup *m* de fouet *(fig)*. **our advertisements gave a ~ to our business** notre publicité a donné un coup de fouet à nos affaires.

filly ['fɪlɪ] *n* pouliche *f*; *(*[:]* girl)* jeune fille *f*.

film [fɪlm] **1** *n* **(a)** *(Brit)* *(Cine: motion picture)* film *m*. *(esp Brit)* **to go to the ~s** aller au cinéma; **the ~ is on at the Odeon just now** le film passe actuellement à l'Odéon; **he's in ~s** il travaille dans le cinéma; **he's been in many ~s** il a joué dans beaucoup de films; *V* **feature** *etc*.

(b) *(Phot)* *(material)* pellicule *f* *(photographique)*; *(spool)* pellicule, film *m*; *(Cine)* *(material)* film *or* pellicule *(cinématographique)*; *(spool)* film; *(Typ)* film.

(c) *(for wrapping food)* scellofrais *m* ®; *(in goods packaging etc)* pellicule *f* de plastique.

(d) *(thin layer)* *(of dust, mud)* couche *f*, pellicule *f*; *(of mist)* voile *m*.

2 *vt* *(gen)* *news, event, sb's arrival, play* filmer; *scene* *[director]* filmer, tourner; *[camera]* enregistrer.

3 *vi* (a) *[windscreen, glass]* (*also* ~ **over**) se voiler, s'embuer.
(b) (*Cine*) (*make a film*) faire un film. **they were ~ing all day** ils ont tourné toute la journée; **they were ~ing in Spain** le tournage avait lieu en Espagne; **the story ~ed very well** l'histoire a bien rendu au cinéma *or* en film; **she ~s well** elle est photogénique.
4 *cpd archives, history etc* du cinéma. (*Cine*) **film camera** caméra *f*; (*US TV*) **film chain** télécinéma *m*; **film fan** cinéphile *mf*, amateur *mf* de cinéma; **film festival** festival *m* du cinéma *or* du film; **film library** cinémathèque *f*; **film-maker** cinéaste *mf*; **film-making** tournage *m*, (*more gen*) le cinéma; **film première** première *f*; **film rights** droits *mpl* d'adaptation (cinématographique); **film script** scénario *m*; **film sequence** séquence *f*; (*Cine*) **film set** plateau *m* de tournage; (*Typ*) **filmset** (*vt*) photocomposer; (*Typ*) **filmsetter** photocomposeuse *f*; (*Typ*) **filmsetting** photocomposition *f*; **film star** vedette *f* (de cinéma), star *f*; **filmstrip** film *m* (pour projection) fixe; **film studio** studio *m* (de cinéma); **film test** bout *m* d'essai; **to give sb a film test** faire tourner un bout d'essai à qn.
filmography [fil'mɒgrəfi] *n* (*esp US*) filmographie *f*.
filmy ['filmi] *adj clouds, material* léger, transparent, vaporeux; *glass* embué.
filter ['filtər] **1** *n* (a) (*gen, also Phot*) filtre *m*; *V* **colour, oil** *etc*.
(b) (*Brit: in traffic lights*) flèche *f* (*permettant à une file de voitures de passer*).
2 *cpd*: **filter bed** bassin *m* de filtration; (*Aut*) **filter lane** ≃ file *f or* voie *f* de droite; (*Aut*) **filter light** flèche *f*; **filter paper** papier *m* filtre; (*cigarette, tip*) **filter tip** bout *m* filtre; **filter-tipped** à bout filtre.
3 *vt liquids* filtrer; *air* purifier, épurer.
4 *vi* *[light, liquid, sound]* filtrer. **the light ~ed through the shutters** la lumière filtrait à travers les volets; (*Aut*) **to ~ to the left** tourner à la flèche; *[people]* **to ~ back/in/out** revenir/entrer/ sortir par petits groupes (espacés).
♦ **filter in** *vi*: **the news of the massacre began to filter in** on a commencé petit à petit à avoir des renseignements sur le massacre.
♦ **filter out** *vt sep impurities* éliminer par filtrage; (*fig*) éliminer.
♦ **filter through** *vi [light]* filtrer. **the news filtered through at last** les nouvelles ont fini par se savoir.
filth [filθ] *n* (*lit*) saleté *f*, crasse *f*; (*excrement*) ordure *f*; (*fig*) saleté, ordure (*liter*). (*fig*) **this book is sheer ~** ce livre est une vraie saleté; **the ~ shown on television** les saletés *or* les grossièretés *fpl* que l'on montre à la télévision; **all the ~ he talks** toutes les grossièretés qu'il débite.
filthy ['filθi] *adj room, clothes, face, object* sale, crasseux, dégoûtant; *language* ordurier, obscène; (***) *weather etc* affreux, abominable. ~ **talk** grossièretés *fpl*, propos grossiers *or* orduriers; **it's a ~ habit** c'est une habitude dégoûtante *or* répugnante; **she's got a ~ mind** elle a l'esprit mal tourné; **he's ~ rich‡** il est pourri de fric‡.
filtrate ['filtreit] *n* filtrat *m*.
filtration [fil'treiʃən] *n* filtration *f*.
fin [fin] *n* (a) *[fish, whale, seal]* nageoire *f*; *[shark]* aileron *m*; *[aircraft, spacecraft]* empennage *m*; *[ship]* dérive *f*; *[radiator etc]* ailette *f*. *[diver etc]* ~**s** palmes *fpl*. (b) (*US* ‡: *5-dollar bill*) billet *m* de 5 dollars.
finagle [fi'neigəl] (*US*) **1** *vi* resquiller. **2** *vt*: **to ~ sb out of sth** carotter* qch à qn.
finagler [fi'neiglər] *n* (*US*) resquilleur *m*, -euse *f*.
final ['fainl] **1** *adj* (a) (*last*) dernier. **to put the ~ touches to a book** *etc* mettre la dernière main à un livre *etc*; (*in speech, lecture*) **one ~ point** ... enfin ..., un dernier point ...; (*Univ etc*) ~ **examinations** examens *mpl* de dernière année; (*Fin*) ~ **instalment** versement *m* libératoire; (*Comm*) ~ **demand** *or* **notice** dernière demande (de règlement), dernier avertissement; (*Pol*) **the F~ Solution** la solution finale.
(b) (*conclusive*) *decree, version* définitif; *answer* définitif, décisif; *judgment* sans appel, irrévocable. **the umpire's decision is ~** la décision de l'arbitre est sans appel; **and that's ~!** un point c'est tout!
(c) (*Philos*) *cause* final.
2 *n* (a) (*Univ*) **the ~s** les examens *mpl* de dernière année.
(b) (*Sport : US* ~**s**) finale *f*.
(c) (*Press*) **late night** ~ dernière édition (du soir).
finale [fi'na:li] *n* (*Mus, fig*) finale *m*. (*fig*) **the grand ~** l'apothéose *f*.
finalist ['fainəlist] *n* (*Sport*) finaliste *mf*.
finality [fai'næliti] *n [decision etc]* caractère définitif, irrévocabilité *f*. **with an air of ~** avec fermeté, avec décision.
finalization [,fainəlai'zeiʃən] *n* (*V* **finalize**) rédaction définitive; dernière mise au point; confirmation définitive.
finalize ['fainəlaiz] *vt text, report* rédiger la version définitive de; *arrangements, plans* mettre au point les derniers détails de, parachever, mettre la dernière main à; *preparations* mettre la dernière main à; *details* mettre au point, arrêter définitivement; *decision* rendre définitif, confirmer de façon définitive; *date* fixer de façon définitive.
finally ['fainəli] *adv* (a) (*lastly*) enfin, en dernier lieu, pour terminer. ~ **I would like to say** ... pour terminer je voudrais dire ... .
(b) (*eventually*) enfin, finalement. **they ~ decided to leave** ils se sont finalement décidés à partir, ils ont fini par décider de partir.
(c) (*once and for all*) définitivement. ~ **and for ever** pour toujours.
finance [fai'næns] **1** *n* (a) (*U*) finance *f*. **high ~** la haute finance; **Minister/Ministry of F~** ministre *m*/ministère *m* des Finances.
(b) ~**s** finances *fpl*; **his ~s aren't sound** ses finances ne sont pas solides; **the country's ~s** la situation financière du pays; **he hasn't the ~s to do that** il n'a pas les finances *or* les fonds *mpl* pour cela.

2 *vt scheme etc* (*supply money for*) financer, commanditer; (*obtain money for*) trouver des fonds pour.
3 *cpd* (*Press*) **news, page** financier. (*Parl*) **finance bill** projet *m* de loi de finances; **finance company, finance house** compagnie financière, société *f* de financement.
financial [fai'nænʃəl] *adj* (*gen*) financier; (*Fin, Econ*) *plan* de financement. ~ **aid** aide financière (*to* à); (*US Univ Admin*) ~ **aid office** service *m* des bourses; (*Brit St Ex*) **F~ Times index** indice *m* F.T. (*moyenne quotidienne des principales valeurs boursières*); (*Brit*) **the ~ year** exercice *m*; *V* **backer**.
financier [fai'nænsiə] *n* financier *m*.
finch [finʃ] *n* fringillidé *m* (*pinson, bouvreuil, gros-bec etc*).
find [faind] *pret, ptp* **found 1** *vt* (a) (*gen sense*) trouver; *lost person or object* retrouver. **he was trying to ~ his gloves** il cherchait ses gants, il essayait de retrouver ses gants; **I never found my book** je n'ai jamais retrouvé mon livre; **your book is not to be found** on ne parvient pas à retrouver votre livre, votre livre reste introuvable; **to ~ one's place in a book** retrouver sa page dans un livre; **they soon found him again** ils l'ont vite retrouvé; **he found himself in Paris** il s'est retrouvé à Paris; (*fig*) **he found himself at last** il a enfin trouvé sa voie; **they couldn't ~ the way back** ils n'ont pas pu trouver le chemin du retour; **I'll ~ my way about all right by myself** je trouverai très bien mon chemin tout seul; **can you ~ your own way out?** pouvez-vous trouver la sortie tout seul?; **to ~ one's way into a building** trouver l'entrée d'un bâtiment; **it found its way into my handbag** ça s'est retrouvé *or* ça a atterri* dans mon sac; **it found its way into his essay** ça s'est glissé dans sa dissertation; **we left everything as we found it** nous avons tout laissé tel quel; **he was found dead in bed** on l'a trouvé mort dans son lit; **the castle is to be found near Tours** le château se trouve près de Tours; **this flower is found all over England** on trouve cette fleur *or* cette fleur se trouve partout en Angleterre; **to ~ one's** *or* **its mark** atteindre son but.
(b) (*fig: gen*) trouver (*that* que); (*perceive, realize*) s'apercevoir, constater (*that* que); (*discover*) découvrir, constater (*that* que); *cure* découvrir; *solution* trouver, découvrir; *answer* trouver. **I can never ~ anything to say to him** je ne trouve jamais rien à lui dire; (*in health*) **how did you ~ him?** comment l'avez-vous trouvé?; **how did you ~ the steak?** comment avez-vous trouvé le bifteck?; **you will ~ that I am right** vous verrez *or* vous constaterez *or* vous vous apercevrez que j'ai raison; **I ~ that I have plenty of time** je m'aperçois *or* je constate que j'ai tout le temps qu'il faut; **it has been found that one person in ten does so** on a constaté qu'une personne sur dix le fait; **to ~ a house damp** trouver une maison humide; **I ~ her very pleasant** je la trouve très agréable; **I went there yesterday, only to ~ her out** j'y suis allé hier, pour constater qu'elle était sortie; **I found myself quite at sea among all those scientists** je me suis trouvé *or* senti complètement dépaysé *or* perdu au milieu de tous ces scientifiques; **he ~s it impossible to leave** il ne peut se résoudre à partir; **he ~s it impossible/difficult** *etc* **to walk** il lui est impossible/difficile *etc* de marcher; **he ~s it tiring/encouraging** *etc* il trouve que c'est fatigant/encourageant *etc*; **to ~ the courage to do** trouver le courage de faire; **you won't ~ it easy** vous ne le trouverez pas facile; **to ~ some difficulty in doing** éprouver une certaine difficulté à faire; (*fig*) **to ~ one's feet** s'adapter, s'acclimater; **I couldn't ~ it in my heart to refuse** je n'ai pas eu le cœur de refuser; **I can't ~ time to read** je n'arrive pas à trouver le temps de lire; **to ~ favour with sb** *[person]* s'attirer les bonnes grâces de qn; *[idea, suggestion, action]* recevoir l'approbation de qn; *V* **fault**.
(c) (*Jur*) **to ~ sb guilty** prononcer qn coupable; **how do you ~ the accused?** quel est votre verdict?; **to ~ a verdict of guilty** retourner un verdict de culpabilité; **the court found that** ... le tribunal a conclu que ... .
(d) (*supply*) fournir; (*obtain*) obtenir, trouver. **wages £50 all found** salaire de 50 livres logé (et) nourri; (*US*) **wages 100 dollars and found** salaire de 100 dollars logé (et) nourri; **you'll have to ~ yourself in clothes** vous aurez à fournir vos propres vêtements; **who will ~ the money for the journey?** qui va fournir l'argent pour le voyage?; **where will they ~ the money for the journey?** où est-ce qu'ils trouveront *or* obtiendront l'argent pour le voyage?; **I can't ~ the money to do it** je ne peux pas trouver l'argent nécessaire; **go and ~ me a needle** va me chercher une aiguille; **can you ~ me a pen?** peux-tu me trouver un stylo?; **there are no more to be found** il n'en reste plus.
2 *vi* (*Jur*) **to ~ for/against the accused** se prononcer en faveur de/contre l'accusé.
3 *n* trouvaille *f*. **that was a lucky ~** nous avons (*or* vous avez *etc*) eu la chance de trouver *or* de découvrir cela.
♦ **find out 1** *vi* (a) (*make enquiries*) se renseigner (*about* sur).
(b) (*discover*) **we didn't find out about it in time** nous ne l'avons pas su *or* appris à temps; **your mother will find out if you** ... la mère le saura si tu ... .
2 *vt sep* (a) (*discover*) découvrir (*that* que); *answer* trouver; *sb's secret, character* découvrir. **I found out what he was really like** j'ai découvert son vrai caractère.
(b) (*discover the misdeeds etc of*) *person* démasquer. **he thought we wouldn't know, but we found him out** il pensait que nous ne saurions rien, mais nous l'avons démasqué *or* nous avons découvert le pot aux roses; **this affair has really found him out** il s'est bel et bien révélé tel qu'il est *or* sous son vrai jour dans cette affaire.
finder ['faindər] *n* (a) (*of lost object*) celui *or* celle qui a trouvé (*or* qui trouvera *etc*); (*Jur*) inventeur *m*, -trice *f*. (*US*) ~**'s fee** prime *f* d'intermédiaire; ~**s keepers!** (celui) qui le trouve le garde! (b) *[telescope etc]* chercheur *m*; *V* **view**.
findings ['faindiŋz] *npl* (*conclusions, deductions etc*) *[person,*

committee] conclusions *fpl*, constatations *fpl*; *[scientist etc]* conclusions, résultats *mpl* (des recherches); (*Jur*) conclusions *fpl*, verdict *m*; (*sth found*) découvertes *fpl*.

fine¹ [faIn] **1** *n* amende *f*, contravention *f* (*esp Aut*). **I got a ~ for going through a red light** j'ai attrapé une contravention pour avoir brûlé un feu rouge.

2 *vt* (*V* 1) condamner à une amende, donner une contravention à. **he was ~d £10** il a eu une amende de 10 livres, il a eu 10 livres d'amende; **they ~d him heavily** ils l'ont condamné à une grosse amende.

fine² [faIn] **1** *adj* **(a)** (*not coarse*) *cloth, dust, needle, rain, rope* fin; *metal* (*gen*) pur; *workmanship, feelings* délicat; *distinction* subtil (*f* subtile); *taste* raffiné, délicat. **~ gold** or fin; **~ handwriting** écriture fine *or* délicate; **he has no ~r feelings** il n'a aucune noblesse de sentiments; **not to put too ~ a point on it ... bref ...;** **~ art, the ~ arts** les beaux arts; **he's got it down to a ~ art** il le fait à la perfection, il est expert en la matière; *V* print.

(b) *weather* beau (*f* belle). **it's going to be ~ this afternoon** il va faire beau cet après-midi; **one ~ day** (*lit*) par une belle journée; (*fig*) un beau jour; (*fig*) **one of these ~ days** un de ces quatre matins, un de ces jours; **the weather is set ~** le temps est au beau (fixe); **I hope it keeps ~ for you!** je vous souhaite du beau temps!

(c) (*excellent*) beau (*f* belle); *musician, novelist* excellent, admirable. **~ clothes** de beaux vêtements; **meat of the finest quality** viande de première qualité; **you have a ~ future ahead of you** un bel avenir vous attend; **it's a ~ thing to help others** c'est beau d'aider autrui; **it's ~ for two** c'est très bien pour deux personnes; **it's ~ by me** d'accord, ça me convient; **(that's) ~!** très bien!; (*agreeing*) **~!** entendu!, d'accord!; (*iro*) **a ~ thing!*** c'est du beau! *or* du propre!*; (*iro*) **you're a ~ one!** tu en as de bonnes!*; (*iro*) **you're a ~ one to talk!** c'est bien à toi de le dire!; (*iro*) **that's a ~ excuse** en voilà une belle excuse; (*iro*) **a ~ friend you are!** c'est beau l'amitié!; **that's all very ~ but ...** tout cela (c')est bien beau *or* bien joli mais ...; **she likes to play at being the ~ lady** elle aime jouer les grandes dames; *V also* finest, *and* figure *etc*.

2 *adv* **(a)** (*très*) bien. **you're doing ~!** ce que tu fais est très bien!, tu te débrouilles bien!*, ça va!; **I'm feeling ~ now** je me sens très bien maintenant; **that suits me ~** ça me convient très bien.

(b) *finement, fin.* **to ~ cut/chop sth up** ~ couper/hacher qch menu; (*fig*) **you've cut it a bit ~** vous avez calculé un peu juste; **he writes so ~ I can hardly read it** il écrit si fin *or* si petit que je peux à peine le lire.

3 *cpd*: **fine-drawn** *wire, thread* finement étiré; *features* délicat, fin; **fine-grained** au grain fin *or* menu; (*Phot*) à grain fin; **fine-spun** *yarn etc* très fin, ténu; (*fig*) *hair* très fin; **fine-tooth comb** peigne fin; (*fig*) **he went through the document with a fine-tooth comb** il a passé les documents au peigne fin *or* au crible; (*fig*) **fine-tune** (*vt*) *production, the economy* régler avec précision; **fine-tuning** réglage *m* minutieux.

◆**fine down 1** *vi* (*get thinner*) s'affiner.

2 *vt sep* (*reduce*) réduire; (*simplify*) simplifier; (*refine*) raffiner.

finely [faInlI] *adv* **(a)** (*splendidly*) *written, painted* admirablement; *dressed* magnifiquement.

(b) **to chop up ~** hacher menu *or* fin; **the meat was ~ cut up** la viande était coupée en menus morceaux.

(c) (*delicately*) *adjusted* délicatement. (*fig*) **the distinction was ~ drawn** la distinction était très subtile.

fineness [faInnIs] *n* **(a)** (*V* fine²) finesse *f*; pureté *f*; délicatesse *f*; subtilité *f*; raffinement *m*. **(b)** (*Metal*) titre *m*.

finery [faInərI] *n* parure *f*. **she wore all her ~** elle s'était parée de ses plus beaux atours.

finesse [fI'nes] **1** *n* finesse *f*; (*Cards*) impasse *f*. **2** *vi* (*Cards*) **to ~ against the King** faire l'impasse au roi. **3** *vt* (*Cards*) **to ~ the Queen** faire l'impasse en jouant la dame.

finest [faInIst] *npl* (*US: iro : police*) **Chicago's/the city's ~** la police de Chicago/de la ville; **one of New York's ~** un agent de police new-yorkais.

finger [fIŋgər] **1** *n* (*Anat*) doigt *m*; (*of cake etc*) petite part, petit rectangle. **first** *or* **index ~** index *m*; **little ~** auriculaire *m*, petit doigt; **middle ~** médius *m*, majeur *m*; **ring ~** annulaire *m*; **between ~ and thumb** entre le pouce et l'index; **to count on one's ~s** compter sur ses doigts; **I can count on the ~s of one hand the number of times he has ...** je peux compter sur les doigts de la main le nombre de fois où il a ...; (*fig*) **to work one's ~s to the bone** s'user au travail; **to point one's ~ at sb** (*lit*) montrer qn du doigt; (*fig*) (*identify*) identifier qn; (*accuse*) accuser qn; (*fig*) **to point the ~ of scorn at sb** pointer un doigt accusateur vers qn; **to put one's ~ on the difficulty** mettre le doigt sur la difficulté; **there's something wrong, but I can't put my ~ on it** il y a quelque chose qui cloche* mais je ne peux pas mettre le doigt dessus; **to keep one's ~s crossed** dire une petite prière (*fig*) (*for sb* pour qn); **keep your ~s crossed!** dis une petite prière!, touchons du bois!; **his ~s are all thumbs** il est très maladroit de ses mains, il est adroit de ses mains comme un cochon de sa queue*; **she can twist** *or* **wind him round her little ~** elle fait de lui ce qu'elle veut, elle le mène par le bout du nez; **Robert has a ~ in the pie** (*gen*) il y a du Robert là-dessous, Robert y est pour quelque chose; (*financially*) Robert a des intérêts là-dedans *or* dans cette affaire; **he's got a ~ in every pie** il se mêle de tout, il est mêlé à tout; **he wouldn't lift a ~ to help me** il ne lèverait pas le petit doigt pour m'aider; **to pull one's ~ out**‡ se décarcasser*, faire un effort; (*fig*) **to put the ~ on sb**‡ (*betray*) moucharder* qn; (*indicate as victim*) désigner qn comme victime; (*Brit*) **to put two ~s up at sb**‡, (*US*) **to give sb the ~**‡ ≃ faire un bras d'honneur* à qn; *V* fish, green, lay¹, snap *etc*.

2 *vt* **(a)** (*touch*) toucher *or* manier (des doigts), (*pej*) tripoter; *money* palper; *keyboard, keys* toucher.

(b) (*Mus: mark fingering on*) doigter, indiquer le doigté sur.

(c) (‡: *esp US : betray*) moucharder*, balancer‡.

3 *cpd*: **finger alphabet** alphabet *m* des sourds-muets; (*Mus*) **finger board** touche *f* (*de guitare ou de violon etc*); **finger bowl** rince-doigts *m inv*; (*for piano etc*) **finger exercises** exercices *mpl* de doigté; **finger mark** trace *f* de doigt; **fingernail** ongle *m* (*de la main*); **finger painting** peinture *f* avec les doigts; (*on door*) **finger plate** plaque *f* de propreté; **fingerprint** (*n*) empreinte digitale; (*vt*) *car, weapon* relever les empreintes digitales sur; *person* prendre les empreintes digitales de; **fingerprint expert** spécialiste *mf* en empreintes digitales, expert *m* en dactyloscopie; **fingerstall** doigtier *m*; **fingertip** *V* fingertip.

fingering [fIŋgərIŋ] *n* **(a)** (*Mus*) doigté *m*. **(b)** (*fine wool*) laine *f* (fine) à tricoter. **(c)** (*of goods in shop etc*) maniement *m*.

fingertip [fIŋgətIp] **1** *n* bout *m* du doigt. **he has the whole matter at his ~s** il connaît l'affaire sur le bout du doigt; **he's a Scot right to his ~s** il est écossais jusqu'au bout des ongles; **a machine with ~ control** une machine d'un maniement (très) léger.

2 *cpd*: (*Climbing*) **fingertip hold** gratton *m*.

finial [faInIəl] *n* fleuron *m*, épi *m* (de faîtage).

finicky [fInIkI] *adj* *person* pointilleux, tatillon; *work, job* minutieux, qui demande de la patience. **don't be so ~!** ne fais pas le (*or* la) difficile!; **she is ~ about her food** elle est difficile pour *or* sur la nourriture.

finish [fInIʃ] **1** *n* **(a)** (*end*) fin *f*; (*race*) arrivée *f*; (*Climbing*) sortie *f*; (*Hunting*) mise *f* à mort. (*fig*) **to be in at the ~** assister au dénouement (d'une affaire); **to fight to the ~** se battre jusqu'au bout; **from start to ~** du début jusqu'à la fin; *V* photo.

(b) *[woodwork, manufactured articles etc]* finition *f*. **it's a solid car but the ~ is not good** la voiture est solide mais les finitions sont mal faites; **a car with a two-tone ~** une voiture (peinte) en deux tons; **paint with a matt ~** peinture mate; **paint with a gloss ~** laque *f*; **table with an oak ~** (*stained*) table teintée chêne; (*veneered*) table plaquée *or* à placage chêne; **a table with rather a rough ~** une table à la surface plutôt rugueuse.

2 *vt* (*end*) *activity, work, letter, meal, game* finir, terminer, achever; (*use up*) *supplies, cake* finir, terminer. **~ your soup** finis *or* mange ta soupe; **to ~ doing sth** finir de faire qch; **I'm in a hurry to get this job ~ed** je suis pressé de finir *or* de terminer *or* d'achever ce travail; **to ~ a book** *[reader]* finir (de lire) un livre; *[author]* finir *or* terminer *or* achever un livre, **~ing school** institution *f* pour jeunes filles (de bonne famille); **to put the ~ing touch** *or* **touches to sth** mettre la dernière main *or* la touche finale à qch; (*fig*) **that last mile nearly ~ed me*** ces derniers quinze cents mètres ont failli m'achever *or* m'ont mis à plat*; *V also* finished.

3 *vi* **(a)** (*book, film, game, meeting*) finir, s'achever, se terminer; *[holiday, contract]* prendre fin; *[runner, horse]* arriver, terminer; (*Climbing*) sortir. **the meeting ~ed by saying that ...** il a terminé en disant que ...; (*in race*) **to ~ well** arriver en bonne position; **to ~ first** arriver *or* terminer premier; (*race*) **~ing line** ligne *f* d'arrivée.

(b) **I've ~ed with the paper** je n'ai plus besoin du journal; **I've ~ed with politics once and for all** j'en ai fini avec la politique, j'ai dit une fois pour toutes adieu à la politique; **she's ~ed with him** elle a rompu avec lui; **you wait till I've ~ed with you!*** attends un peu que je t'aie réglé ton compte!*

◆**finish off 1** *vt* terminer, finir. **let's finish off now** maintenant finissons-en; **to finish off with a glass of brandy** terminer (le repas) par *or* sur un verre de cognac; **the meeting finished off with a prayer** la réunion a pris fin sur une prière, à la fin de la réunion on a récité une prière.

2 *vt sep* **(a)** *work* terminer, mettre la dernière main à.

(b) *food, meal* terminer, finir. **finish off your potatoes!** finis *or* mange tes pommes de terre!

(c) (*fig: kill*) *person, wounded animal* achever. **his illness last year almost finished him off** sa maladie de l'année dernière a failli l'achever.

◆**finish up 1** *vi* **(a)** = finish off 1.

(b) se retrouver. **he finished up in Rome** il s'est retrouvé à Rome, il a fini par arriver à Rome.

2 *vt sep* = finish off 2b.

finished [fInIʃt] *adj* **(a)** *woodwork* poli; *performance* accompli; *appearance* soigné. **the ~ product** le produit fini.

(b) (*done for*) fichu*. **as a politician he's ~** sa carrière politique est finie; **if that gets around you're ~** si ça se sait tu es fichu* *or* fini.

(c) (‡: *tired*) à plat*, crevé*.

finite [faInaIt] *adj* **(a)** fini, limité. **a ~ number** un nombre fini. **(b)** (*Gram*) *mood, verb* fini. **~ state grammar** grammaire *f* à états finis.

fink‡ [fIŋk] (*US pej*) **1** *n* (*strikebreaker*) jaune* *m*; (*informer*) mouchard* *m*, indic‡; (*unpleasant person*) sale type *m*.

2 *vt* moucharder, dénoncer.

◆**fink out** *vi* échouer, laisser tomber.

Finland [fInlənd] *n* Finlande *f*.

Finn [fIn] *n* (*gen*) Finlandais(e) *m(f)*; (*Finnish speaker*) Finnois(e) *m(f)*.

Finnish [fInIʃ] **1** *adj* (*gen*) finlandais; *ambassador, embassy* de Finlande; *teacher, dictionary* de finnois; *literature, culture, civilization* finnois. **2** *n* (*Ling*) finnois *m*.

Finno-Ugric [fInəuˈuːgrIk], **Finno-Ugrian** [fInəuˈuːgrIən] *n, adj* (*Ling*) finno-ougrien (*m*).

fiord [fjɔːd] *n* fjord *m* *or* fiord *m*.

fir [fɜːr] *n* (*also* ~ **tree**) sapin *m*. **~ cone** pomme *f* de pin.

fire [faIər] **1** *n* **(a)** (*gen*) feu *m*; (*house ~ etc*) incendie *m*. (*excl*) **~!** au feu!; **the house was on ~** la maison était en feu *or* en flammes; **the chimney was on ~** il y avait un feu de cheminée; (*fig*) **he's playing with ~** il joue avec le feu; **forest ~** incendie de forêt; **to insure o.s. against ~** s'assurer contre l'incendie; (*fig*) **~ and brimstone** les

tourments *mpl* de l'enfer (*V also* 2); **by** ~ **and sword** par le fer et par le feu; (*fig*) **he would go through** ~ **and water for her** il se jetterait au feu pour elle; **to set** ~ **to sth**, **set sth on** ~ mettre le feu à qch; **to lay/light/make up the** ~ préparer/allumer/faire le feu; **come and sit by the** ~ venez vous installer près du feu *or* au coin du feu; **I was sitting in front of a roaring** ~ j'étais assis devant une belle flambée; *V* **catch**, **Thames** *etc*.
   (b) (*Brit: heater*) radiateur *m*; *V* **electric** *etc*.
   (c) (*Mil*) feu *m*. **to open** ~ ouvrir le feu, faire feu; ~! feu!; (*also fig*) **between two** ~**s** entre deux feux; (*also fig*) **running** ~ feu roulant; **under** ~ sous le feu de l'ennemi; **to come under** ~ (*Mil*) essuyer le feu (de l'ennemi); (*fig: be criticized*) être (vivement) critiqué; *V* **cease**, **hang**, **line**[1].
   (d) (*U: passion*) ardeur *f*, fougue *f*, feu *m*. **to speak with** ~ parler avec feu *or* avec ardeur *or* avec fougue.
  2 *cpd*: **fire alarm** avertisseur *m* d'incendie; **fire-and-brimstone** *sermon*, *preacher* apocalyptique; **firearm** arme *f* à feu; **fireback** contrecœur *m*, contre-feu *m*; **fireball** (*meteor*) bolide *m*; (*lightning*, *nuclear*) boule *f* de feu; (*Mil*) bombe explosive; (*fig*) **he's a real fireball** il a un dynamisme à tout casser*; (*Mus*) **the Firebird** l'Oiseau *m* de feu; **firebrand** (*lit*) brandon *m*, tison *m*; **he's a real firebrand** (*energetic person*) il pète le feu; (*causing unrest*) c'est un brandon de discorde; **firebreak** pare-feu *m inv*, coupe-feu *m inv*; **firebrick** brique *f* réfractaire; (*Brit*) **fire brigade** (sapeurs-)pompiers *mpl*; **firebug*** incendiaire *mf*, pyromane *mf*; (*US*) **fire chief** capitaine *m* de pompiers; (*Brit*) **fire clay** argile *f* réfractaire; (*US*) **firecracker** pétard *m*; (*Theat*) **fire curtain** rideau *m* de fer; (*Min*) **firedamp** grisou *m*; (*US*) **fire department = fire brigade**; **firedogs** chenets *mpl*; **fire door** porte *f* anti-incendie *or* coupe-feu; **fire drill** exercice *m* d'évacuation (*incendie*); **fire-eater** (*lit*) avaleur *m* de feu; (*fig*) belliqueux *m*, -euse *f*; **fire engine** (*vehicle*) voiture *f* de pompiers; (*apparatus*) pompe *f* à incendie; **fire escape** (*staircase*) escalier *m* de secours; (*ladder*) échelle *f* d'incendie; **fire exit** sortie *f* de secours; **fire extinguisher** extincteur *m* d'incendie; **fire fighter** (*fireman*) pompier *m*; (*volunteer*) volontaire *mf* dans la lutte contre l'incendie; **firefly** luciole *f*; **fireguard** (*in hearth*) garde-feu *m inv*, pare-étincelles *m inv*; (*in forest*) coupe-feu *m inv*, coupe-feu *m inv*; **it's a fire hazard** ça constitue un danger d'incendie; (*US*) **firehouse = fire station**; **fire hydrant** bouche *f* d'incendie; **fire insurance** assurance-incendie *f*; **fire irons** garniture *f* de foyer; **firelight** lueur *f* du feu; **by firelight** à la lueur du feu; **firelighter** allume-feu *m inv*, ligot *m*; **fireman** (*in fire brigade*) pompier *m*, sapeur-pompier *m*; (*Rail*) chauffeur *m*; **fireplace** cheminée *f*, foyer *m*; (*US*) **fireplug = fire hydrant**; (*Mil*) **fire power** puissance *f* de feu; **fire practice = fire drill**; **fire prevention** mesures *fpl* de sécurité contre l'incendie; **fireproof** (*vt*) ignifuger; (*adj*) *material* ignifugé; *dish* allant au feu; **fireproof door** porte ignifugée *or* à revêtement ignifuge; (*Culin*) **fireproof dish** plat *m* à feu *or* allant au feu; (*Brit*) **fire-raiser** incendiaire *mf*, pyromane *mf*; (*Brit*) **fire-raising** pyromanie *f*; **fire regulations** consignes *fpl* en cas d'incendie; **fire risk = fire hazard**; **fire sale** vente *f* de marchandises légèrement endommagées dans un incendie; **fire screen** écran *m* de cheminée; **fireside** foyer *m*, coin *m* du feu; **fireside chair** fauteuil *m* club; (*without arms*) chauffeuse *f*; **fire station** caserne *f* de pompiers; **it's a fire trap** c'est une véritable souricière en cas d'incendie; (*US*) **fire warden** responsable *mf* de la lutte anti-incendie; **fire watcher** guetteur *m* des incendies; **fire watching** guet *m or* surveillance *f* contre les incendies; (*US*) **firewater*** alcool *m*, gnôle *f*; **firewood** bois *m* de chauffage, bois à brûler; **firework** (*fusée f de*) feu *m* d'artifice; **fireworks (display)** feu *m* d'artifice.
  3 *vt* **(a)** (*set* ~ *to*) incendier, mettre le feu à; (*fig*) *imagination*, *passions*, *enthusiasm* enflammer, échauffer, exciter; *pottery* cuire; *furnace* chauffer. (*fig*) ~**d with the desire to do** brûlant de faire; *V* **gas**, **oil** *etc*.
   (b) *gun* décharger, tirer; *rocket* tirer; (‡: *throw*) balancer*. **to** ~ **a gun at sb** tirer (un coup de fusil) sur qn; **to** ~ **a shot** tirer un coup de feu (*at* sur); **without firing a shot** sans tirer un coup de feu; **to** ~ **a salute** *or* **a salvo** lancer *or* tirer une salve; **to** ~ **a salute of 21 guns** saluer de 21 coups de canon; (*fig*) **to** ~ **(off) questions at sb** bombarder qn de questions; **'your name?' he suddenly** ~**d at me** 'votre nom?' me demanda-t-il à brûle-pourpoint; ~ **me over that book‡** balance-moi ce bouquin*.
   (c) (*: dismiss*) renvoyer, flanquer à la porte*, vider*, licencier (*Ind*). **you're** ~**d!** vous êtes renvoyé! *or* vidé!*
  4 *vi* **(a)** [*person*] (*gen*) tirer; (*Mil*, *Police*) tirer, faire feu (*at* sur); [*gun*] partir. **the revolver failed to** ~ le coup n'est pas parti; (*fig*) ~ **ahead**, ~ **away** vas-y!, tu peux y aller.
   (b) (*engine*) tourner. **it's only firing on two cylinders** il n'y a que deux cylindres qui marchent; **the engine is firing badly** le moteur tourne mal.
 ◆**fire off** *vt sep* **V fire 3b.**

firing ['faɪrɪŋ] **1** *n* **(a)** [*pottery*] cuite *f*, cuisson *f*. **(b)** (*Mil*) tir *m*; (*gun battle*) fusillade *f*. **2** *cpd*: **firing hammer** [*firearm*] percuteur *m*; **firing line** ligne *f* de tir; **firing pin = firing hammer**; **firing squad** peloton *m* d'exécution.

firm[1] [fɜːm] *n* (*Comm*) compagnie *f*, firme *f*, maison *f* (de commerce). (*Brit Med*) **there are 4 doctors in the** ~*[4]* 4 médecins se partagent le cabinet.

firm[2] [fɜːm] **1** *adj* **(a)** *table*, *rock*, *tomato* ferme. **on** ~ **ground** (*lit*) sur le sol ferme, sur la terre ferme; (*fig*) sur une base solide; (*fig*) **I'm on** ~ **ground** je suis sûr de ce que j'avance; **he's as** ~ **as a rock** il est ferme comme le *or* un roc.
   (b) (*unshakeable*, *stable*) *faith*, *friendship* constant, solide; *character* résolu, déterminé; *intention*, *purpose* ferme, résolu; *step*, *voice* ferme, assuré; *look* résolu; (*Comm*, *Fin*) *market* ferme. (*Comm*) ~ **offer** offre *f* ferme; (*Comm*) ~ **offer for a week** offre

valable une semaine; **you must be** ~ **with your children** il vous faut être ferme avec vos enfants; **I am a** ~ **believer** *ou* **I have a** ~ **belief in telling the truth** je crois fermement qu'il faut dire la vérité; (*fig*) **to stand** ~ tenir bon, tenir ferme.
   (c) (*definite*) *date* ferme, sûr; *sale*, *offer* ferme.
  2 *cpd* (*Comput*) **firmware** microprogramme *m*.
  3 *vt* **gatepost** *etc* rendre ferme.
 ◆**firm up 1** *vi* [*plans*, *programme*] s'affermir, se préciser. **2** *vt sep* *plans etc* établir, affermir.

firmament ['fɜːməmənt] *n* firmament *m*.

firmly ['fɜːmlɪ] *adv close*, *screw* fermement; *speak* d'une voix ferme, d'un ton ferme, avec fermeté; *maintain*, *insist* fermement, dur comme fer. **I** ~ **believe he's right** je crois fermement *or* je suis convaincu qu'il a raison.

firmness ['fɜːmnɪs] *n* (*V* **firm**[2]) fermeté *f*; solidité *f*; résolution *f*; détermination *f*; assurance *f*.

first [fɜːst] **1** *adj* premier. **the** ~ **of May** le premier mai; **the twenty-**~ **time** la vingt et unième fois; **Charles the F**~ Charles Premier, Charles Ier; **in the** ~ **place** en premier lieu, d'abord; ~ **principles** principes premiers; (*Climbing*) ~ **ascent** première *f*; **he did it the very** ~ **time** il l'a fait du premier coup; **it's not the** ~ **time and it won't be the last** ce n'est pas la première fois et ce ne sera pas la dernière; **they won for the** ~ **and last time in 1932** ils ont gagné une seule et unique fois en 1932 *or* pour la première et dernière fois en 1932; **I haven't got the** ~ **idea*** je n'en ai pas la moindre idée; **she doesn't know the** ~ **thing about it** elle est complètement ignorante là-dessus; **he goes out** ~ **thing in the morning** il sort dès le matin; **I'll do it** ~ **thing in the morning** *or* ~ **thing tomorrow** je le ferai dès demain matin, je le ferai demain à la première heure; **take the pills** ~ **thing in the morning** prenez les pilules dès le réveil; ~ **things first!** les choses importantes d'abord! (*hum*) **she's past her** ~ **youth** elle n'est plus de la première *or* prime jeunesse; (*fig*) **of the** ~ **water** de tout premier ordre; *V also* **4 and floor**, **love**, **sight** *etc*.
  2 *adv* **(a)** (*at first*) d'abord; (*firstly*) d'abord, premièrement; (*in the beginning*) au début; (*as a preliminary*) d'abord, au préalable. ~ **you take off the string**, **then you** ... d'abord on enlève la ficelle, ensuite on ..., premièrement on enlève la ficelle, deuxièmement on ...; **when we** ~ **lived here** au début, quand nous habitions ici; **he accepted but** ~ **he wanted** ... il a accepté mais au préalable *or* d'abord il voulait ...; **I would resign** ~! je préférerais démissionner!; ~ **of all** tout d'abord, pour commencer; ~ **and foremost** tout d'abord, en tout premier lieu; **he's a patriot** ~ **and a socialist second** il est patriote avant d'être socialiste, chez lui, le patriote l'emporte sur le socialiste; **she arrived** ~ elle est arrivée la première; **to come** ~ (*arrive*) arriver le premier; (*in exam*, *competition*) être reçu premier; (*fig*) **my family comes** ~ ma famille vient en premier *or* passe avant tout *or* compte le plus; **one's health comes** ~ il faut penser à sa santé d'abord, la santé est primordiale; **she/it comes** ~ **with him** c'est elle/c'est ce qui vient en premier *or* passe avant tout *or* compte le plus à ses yeux; ~ **come** ~ **served** les premiers arrivés seront les premiers servis; **you go** ~! (*gen*) allez-y d'abord; (*in doorway etc*) passez devant!, après vous!; **ladies** ~! les dames d'abord!, place aux dames!; **women and children** ~! les femmes et les enfants d'abord; **he says** ~ **one thing and then another** il se contredit sans cesse, il dit tantôt ceci, tantôt cela; **she looked at** ~ **one thing then another** elle regardait tantôt ceci tantôt cela, elle a regardé plusieurs choses l'une après l'autre; ~ **you agree**, **then you change your mind!** d'abord *or* pour commencer tu acceptes, et ensuite tu changes d'avis!; ~ **and last** avant tout; **I must finish this** ~ il faut que je termine (*subj*) ceci d'abord.
   (b) (*for the first time*) pour la première fois. **when did you** ~ **meet him?** quand est-ce que vous l'avez rencontré pour la première fois?
   (c) (*in preference*) plutôt. **I'd die** ~! plutôt mourir!; **I'd give up my job** ~, **rather than do that** j'aimerais mieux renoncer à mon travail que de faire cela.
  3 *n* **(a)** premier *m*, -ière *f*. **he was among the very** ~ **to arrive** il est arrivé parmi les tout premiers; **they were the** ~ **to come** ils sont arrivés les premiers; **he was among the** ~ **to meet her** il a été l'un des premiers à la rencontrer, il a été l'un des premiers qui l'ont *or* l'aient rencontrée; (*achievement*) **another** ~ **for Britain** une nouvelle première pour la Grande-Bretagne.
   (b) (*U*) commencement *m*, début *m*. **at** ~ d'abord, au commencement, au début; **from** ~ **to last** du début *or* depuis le début (jusqu')à la fin; **they liked him from the** ~ ils l'ont aimé dès le début *or* dès le premier jour *or* d'emblée.
   (c) (*Aut: also* ~ **gear**) première *f* (vitesse). **in** ~ en première.
   (d) (*Brit Univ*) **he got a** ~ ≃ il a eu sa licence avec mention très bien; **to get a double** ~ obtenir sa licence avec mention très bien dans deux disciplines.
  4 *cpd*: **first aid** *V* **first aid**; (*Baseball*) **first base** première base; (*US fig*) **he didn't even get to first base*** il n'a même pas franchi le premier obstacle; (*fig*) **these ideas didn't even get to first base** ces idées n'ont jamais rien donné; **first-born** (*adj*, *n*) premier-né (*m*), première-née (*f*); **first-class** *V* **first-class**; (*US*) **the first couple** le couple présidentiel; **first cousin** cousin(e) *m(f)* germain(e) *or* au premier degré; (*Post*) **first-day cover** émission *f* du premier jour; **first edition** première édition, (*valuable*) édition originale *or* princeps; (*US*) **the first family** la famille du président; **on the first floor** (*Brit*) au premier (étage); (*US*) au rez-de-chaussée; (*Scot*) **first-foot** (*n*) première personne à franchir le seuil d'une maison le premier janvier; (*vt*) rendre visite à ses parents ou amis après minuit la Saint-Sylvestre; (*Scot*) **first-footing** *coutume écossaise de rendre visite à ses parents ou amis après minuit la Saint-Sylvestre*; (*Brit Scol*) **first form** ≃ sixième *f*,

he's a first-generation American il appartient à la première génération d'Américains de sa famille; (*US Scol*) **first grade** cours *m* préparatoire; **first-hand** *article, news, information* de première main; **I got it at first-hand** je l'ai appris de première main; **first lady** première dame; (*US Pol*) présidente *f* des États-Unis (*ou personne servant d'hôtesse à sa place*); (*fig*) **the first lady of jazz** la grande dame du jazz; **first lieutenant** (*Brit Naut*) lieutenant *m* de vaisseau; (*US Aviat*) lieutenant; (*Naut*) **first mate** second *m*; **first name** prénom *m*, nom *m* de baptême; **my first name is Ellis** je m'appelle Ellis de mon prénom *or* de mon petit nom, mon prénom est Ellis; **to be on first-name terms with sb** appeler qn par son prénom; (*frm*) **the first-named** le premier, la première; (*Theat etc*) **first night** première *f*; (*Theat etc*) **first-nighter** habitué(e) *m(f)* des premières; (*Jur*) **first offender** délinquant *m* primaire; (*Naut*) **first officer** = **first mate**; (*Pol*) **first-past-the-post system** système *m* majoritaire; **first performance** (*Cine, Theat*) première *f*; (*Mus*) première audition; (*Gram*) **first person** première personne; **first-rate** *V* **first-rate**; (*Mil*) **first strike capability** capacité *f* de première frappe; **first violin** premier violon; (*Pol*) **the First World** les pays industrialisés; (*Brit Scol*) **first year** infants cours *m* préparatoire.

♦ **first aid** ['fɜːst'eɪd] **1** *n* premiers secours *or* soins, secours d'urgence; (*subject of study*) secourisme *m*. **to give** ~ donner les soins *or* secours d'urgence.

2 *cpd*: **first-aid box** = **first-aid kit**; **first-aid classes** cours *mpl* de secourisme *m*; **first-aid kit** trousse *f* de premiers secours *or* à pharmacie; **first-aid post, first-aid station** poste *m* de secours; **first-aid worker** secouriste *mf*.

first-class [,fɜːst'klɑːs] **1** *adj* (*Aviat, Naut, Rail etc*) *seat, ticket* de première (classe); *hotel* de première catégorie. ~ **mail** *or* **post** courrier (tarif) normal (*rapide*).

(b) = **first-rate**.

(c) (*Univ*) ~ **honours (degree)** ≃ (licence *f* avec) mention *f* très bien.

2 *adv* *travel* en première (classe).

firstly ['fɜːstlɪ] *adv* premièrement, en premier lieu, primo.

first-rate ['fɜːst'reɪt] *adj* (*gen*) de premier ordre, excellent; *food* excellent, de premier ordre, extra*; *produce* de première qualité; *student, work* excellent, remarquable, exceptionnel; *holiday, visit* excellent, merveilleux. ~ **wine** vin *m* de haute qualité; ~ **idea** excellente idée; **there is some** ~ **photography in that film** il y a des prises de vues excellentes *or* exceptionnelles dans ce film; **he is** ~ il est de première force, il est formidable*; **he is a** ~ **engineer** c'est un ingénieur de premier ordre; **he's** ~ **at his job/at tennis** il est de premier ordre *or* de première force *or* de première* dans son travail/au tennis; (*iro*) **that's** ~! c'est absolument parfait! (*iro*); ~! **de première!**

firth [fɜːθ] *n* (*gen Scot*) estuaire *m*, bras *m* de mer. **the F~ of Forth** l'estuaire *m* du Forth.

FIS [,efaɪ'es] (*Brit*) *abbr of* **Family Income Supplement**; *V* **family**.

fiscal ['fɪskəl] **1** *adj* fiscal. ~ **drag** fiscalisation excessive entraînant un ralentissement de l'économie; ~ **year** exercice *m*; *V* **procurator**. **2** *n* (*Scot Jur*) ≃ procureur *m* de la République.

fish [fɪʃ] **1** *n*, *pl* ~ *or* ~**es** **(a)** poisson *m*. **I caught 2** ~ j'ai pris 2 poissons; (*fig*) **I've got other** ~ **to fry** j'ai d'autres chats à fouetter; (*loc*) **there's as good** ~ **in the sea as ever came out of it** un(e) de perdu(e) dix de retrouvé(e)s; (*fig*) **it's neither** ~ **nor fowl** (*or nor flesh*) **nor good red herring** ce n'est ni chair ni poisson; **he's like a** ~ **out of water** il est complètement dépaysé, il est comme un poisson hors de l'eau; **he's a queer** ~!* c'est un drôle de numéro* *or* de lascar* (celui-là!); **poor** ~!* pauvre type!*; (*Astron*) **the F~es** les Poissons; *V* **drink, gold, kettle**.

(b) (*U: Culin*) poisson *m*. (*esp Brit*) ~ **and chips** du poisson frit avec des frites.

2 *cpd*: **fish-and-chip shop** débit *m* de fritures; **fishbone** arête *f* (de poisson); **fishbowl** bocal *m* (à poissons); (*Culin*) **fish cake** croquette *f* de poisson; (*in door*) **fish-eye** œil *m* panoramique; (*Phot*) **fish-eye lens** objectif *m* à (champ de) 180°; **fish farm** centre *m* de pisciculture, centre d'élevage de poissons; **fish farming** pisciculture *f*, élevage *m* de poissons (*V* **sea**); (*Brit*) **fish fingers** bâtonnets *mpl* de poisson; (*US*) **fish fry** pique-nique *m* (*où l'on fait frire du poisson*); **fish glue** colle *f* de poisson; **fish hook** hameçon *m*; (*Culin*) **fish kettle** poissonnière *f*; **fish knife** couteau *m* à poisson; **fish knife and fork** couvert *m* à poisson; **fish ladder** barrages *mpl* à saumons; **fish manure** engrais *m* de poisson; **fish market** marché *m* au poisson; **fish meal** guano *m* de poisson; **fishmonger** marchand(e) *m(f)* de poisson, poissonnier *m*, -ière *f*; **fish net** (*on fishing boat*) filet *m* de (pêche); *[angler]* épuisette *f*; **fishnet tights** collant *m* en résille; (*Culin*) **fish paste** pâte *f* d'anchois (*or de homard or d'écrevisse etc*); (*Rail*) **fishplate** éclisse *f*; (*US*) **fish-pole** canne *f* à pêche; **fishpond** étang *m* à poissons; (*in fish farming*) vivier *m*; **fish shop** poissonnerie *f*; (*Brit Culin*) **fish slice** pelle *f* à poisson; (*US*) **fish sticks** = **fish fingers**; (*US*) **fish store** = **fish shop**; (*US*) **fish story*** histoire *f* de pêcheur, histoire marseillaise; (*US Aut*) **fishtail** (*vi*) *[car]* chasser; **fish tank** aquarium *m*; **fishwife** marchande *f* de poisson, poissonnière *f*; (*pej*) harengère *f*, poissarde *f*; (*pej*) **she gossips like a fishwife** elle est bavarde comme une pipelette* *or* une concierge; (*pej*) **she talks like a fishwife** elle a un langage de poissarde *or* de charretier.

3 *vi* pêcher. **to go** ~**ing** aller à la pêche; **to go salmon** ~**ing** aller à la pêche au saumon; **to** ~ **for trout** pêcher la truite; (*fig*) **to** ~ **in troubled waters** pêcher en eau trouble (*fig*); **to** ~ **(for compliments)** chercher les compliments; **to** ~ **for information from sb** tâcher de tirer des renseignements de qn; (*US*) ~ **or cut bait‡** allez, décide-toi!

4 *vt* *trout, salmon* pêcher; *river, pool* pêcher dans; (*fig: find*) pêcher*. **they** ~**ed the cat from the well** ils ont repêché le chat du

puits; **he** ~**ed a handkerchief from his pocket** il a extirpé un mouchoir de sa poche; **where on earth did you** ~ **that (up) from?** où diable as-tu été pêcher ça?*

♦ **fish out** *vt sep* (*from water*) sortir, repêcher; (*from box, drawer etc*) sortir, extirper (*from* de). **he fished out a piece of string from his pocket** il a extirpé un bout de ficelle de sa poche; **to fish sb out of a river** repêcher qn d'une rivière; *V also* **fish 4**.

♦ **fish up** *vt sep* (*from water*) pêcher, repêcher; (*from bag etc*) sortir; *V also* **fish 4**.

fisherman ['fɪʃəmən] *n* pêcheur *m*. **he's a keen** ~ il aime beaucoup la pêche; (*Brit fig*) ~'**s tale** histoire *f* de pêcheur, histoire marseillaise.

fishery ['fɪʃərɪ] *n* pêcherie *f*, pêche *f*.

fishing ['fɪʃɪŋ] **1** *n* pêche *f*. '~ **prohibited**' 'pêche interdite', 'défense de pêcher'; '~ **private**' 'pêche réservée'.

2 *cpd*: **fishing boat** barque *f* de pêche, (*bigger*) bateau *m* de pêche; **to go on a fishing expedition** (*lit*) aller à la pêche; (*fig*) chercher à en savoir plus long; **fishing fleet** flottille *f* de pêche; **fishing grounds** pêches *fpl*, lieux *mpl* de pêche; **fishing harbour** port *m* de pêche; **fishing line** ligne *f* de pêche; **fishing net** (*on fishing boat*) filet *m* (de pêche); *[angler]* épuisette *f*; **fishing port** port *m* de pêche; **fishing rod** canne *f* à pêche; **fishing tackle** attirail *m* de pêche.

fishy ['fɪʃɪ] *adj* **(a)** *smell* de poisson. **it smells** ~ **in here** ça sent le poisson ici. **(b)** (*: suspicious*) suspect, douteux, louche. **the whole business seems very** ~ **to me** toute cette histoire m'a l'air bien louche; **it seems rather** ~ **to me** ça ne me paraît pas très catholique*.

fissile ['fɪsaɪl] *adj* fissile.

fission ['fɪʃən] *n* fission *f*; *V* **nuclear**.

fissionable ['fɪʃnəbl] *adj* fissile.

fissure ['fɪʃər] *n* (*gen*) fissure *f*, fente *f*, crevasse *f*; (*Anat: in brain*) scissure *f*.

fissured ['fɪʃəd] *adj* fissuré.

fist [fɪst] **1** *n* **(a)** poing *m*. **he hit me with his** ~ il m'a donné un coup de poing; **he shook his** ~ **at me** il m'a menacé du poing. **(b)** (*: handwriting*) écriture *f*. **2** *cpd*: **fist fight** pugilat *m*, bagarre *f* à coups de poing; **to have a fist fight (with sb)** se battre à coups de poing (avec qn).

-fisted ['fɪstɪd] *adj ending in cpds* aux poings ...; *V* **ham, tight** *etc*.

fistful ['fɪstful] *n* poignée *f*.

fisticuffs ['fɪstɪkʌfs] *npl* coups *mpl* de poing.

fistula ['fɪstjulə] *n* fistule *f*.

fit¹ [fɪt] **1** *adj* **(a)** (*suitable, suited*) *person* capable (*for* de); *time, occasion* propice, (*worthy*) digne (*for* de); (*right and proper*) convenable, correct. ~ **to eat** (*palatable*) mangeable; (*not poisonous*) comestible, bon à manger; **a meal** ~ **for a king** un repas digne d'un roi, un festin de roi; (*qualified etc*) **to be** ~ **for a job** avoir la compétence nécessaire pour faire un travail; **he isn't** ~ **to rule the country** il n'est pas capable *or* digne de gouverner; **he's not** ~ **to drive** il n'est pas capable de *or* pas en état de conduire; **I'm not** ~ **to be seen** je ne suis pas présentable; **that shirt isn't** ~ **to wear** cette chemise n'est pas mettable; **the house is** ~ **for habitation** cette maison est habitable; (*frm*) **it is not** ~ **that you should be here** il est inconvenant que vous soyez ici (*frm*); **it is not a** ~ **moment to ask that question** ce n'est pas le moment de poser cette question; **to see** ~ **to do sth** ~ **to do trouver** *or* **juger bon de faire; I'll do as I think** ~ je ferai comme bon me semblera; **he's not** ~ **company for my son** ce n'est pas une compagnie pour mon fils.

(b) (*in health*) en bonne santé, en pleine forme. **he is not a** ~ **man** il n'est pas en bonne santé; **she is not yet** ~ **to travel** elle n'est pas encore en état de voyager; (*after illness*) ~ **for duty** en état de reprendre le travail; (*Mil*) en état de reprendre le service; **to be as** ~ **as a fiddle** être en pleine forme, se porter comme un charme*; *V* **keep**.

(c) (*: ready*) **to laugh** ~ **to burst** rigoler* comme un fou (*f* une folle) *or* un(e) bossu(e)*, se tenir les côtes; **she was crying** ~ **to break one's heart** elle sanglotait à (vous) fendre le cœur; **she goes on until she's** ~ **to drop** elle continue jusqu'à tomber *or* jusqu'à ce qu'elle tombe (*US: angry*) ~ **to be tied‡** furibard‡.

2 *n*: **your dress is a very good** ~ votre robe est tout à fait à votre taille; **it's rather a tight** ~ c'est un peu juste.

3 *vt* **(a)** *[clothes etc]* aller à. **this coat** ~**s you** (*well*) ce manteau vous va bien *or* est bien à votre taille; **the key doesn't** ~ **the lock** la clef ne va pas pour *or* ne correspond pas à la serrure; **these shoes** ~ **very badly** ces souliers chaussent très mal; **it** ~**s like a glove** cela me (*or* vous *etc*) va comme un gant; *V* **cap**.

(b) (*correspond to, match*) *description* répondre à. **his account doesn't** ~ **the facts** son explication ne colle pas *or* ne concorde pas avec les faits; **the punishment should** ~ **the crime** la punition doit être proportionnée à l'offense; **the curtains won't** ~ **the colour scheme** les rideaux n'iront pas avec les couleurs de la pièce, la couleur des rideaux va jurer avec le reste; (*fig*) **that** ~**s the bill** ça fera l'affaire.

(c) *garment* adapter, ajuster. **her sister** ~**ted the dress on her** sa sœur a ajusté la robe sur elle.

(d) (*put*) mettre; (*fix*) fixer (*on* sur); (*install*) poser, mettre. **he** ~**ted it to the side of the instrument** il l'a mis *or* fixé sur le côté de l'instrument; **to** ~ **a key in the lock** engager une clef dans la serrure; **to** ~ **a handle on a broom** emmancher un balai; **to** ~ **2 things together** assembler *or* ajuster 2 objets; **I'm having a new window** ~**ted** je suis en train de faire poser une nouvelle fenêtre; **car** ~**ted with a radio** voiture équipée d'une radio; **he has been** ~**ted with a new hearing aid** on lui a mis *or* posé un nouvel appareil auditif.

(e) **to** ~ **sb for sth/to do** préparer qn *or* rendre qn apte à qch/à faire; **to** ~ **o.s. for a job** se préparer à un travail.

4 *vi* (a) *[clothes]* aller. **the dress doesn't ~ very well** la robe n'est pas très bien ajustée.
(b) *[key, machine, part]* entrer, aller. **this key doesn't ~** cette clef n'entre pas, ce n'est pas la bonne clef; **the saucepan lid doesn't ~ any more** le couvercle ne va plus sur la casserole; **that lid won't ~ on this saucepan** ce couvercle ne va pas avec cette casserole.
(c) *[facts etc]* s'accorder, cadrer. **if the description ~s, he must be the thief** si la description est la bonne, ce doit être lui le voleur; **it all ~s now!** tout s'éclaire!; **it doesn't ~ with what he said to me** ceci ne correspond pas à *or* ne s'accorde pas avec *or* ne cadre pas avec ce qu'il m'a dit; (*fig*) **his face doesn't ~ there** il fait fausse note là, il détonne là.
♦ **fit in 1** *vi* (a) *[fact]* s'accorder (*with* avec). **this doesn't fit in with what I myself learnt** ceci ne correspond pas à *or* ne s'accorde pas avec *or* ne cadre pas avec ce que j'ai appris de mon côté.
(b) *[remark]* être en harmonie (*with* avec). **he left the firm because he didn't fit in** il a quitté la compagnie parce qu'il n'arrivait pas à s'intégrer; **he doesn't fit in with our group** il n'est pas au diapason de notre groupe.
(c) entrer. **this dictionary won't fit in on the shelf** ce dictionnaire n'entre pas sur le rayon.
2 *vt sep* faire entrer. **can you fit another book in?** pouvez-vous faire entrer encore un livre?
(b) adapter, faire concorder. **I'll try to fit my plans in with yours** je tâcherai de faire concorder mes projets avec les tiens.
(c) prendre, caser*. **the doctor can fit you in tomorrow at 3** le docteur peut vous prendre *or* vous caser* demain à 15 heures.
♦ **fit on 1** *vi*: **this bottle top won't fit on any more** cette capsule ne ferme plus; **it should fit on this end somewhere** cela doit aller *or* se mettre là au bout (quelque part).
2 *vt sep* mettre, fixer, poser (*to* sur).
♦ **fit out** *vt sep* expedition, person équiper; *ship* armer.
♦ **fit up** *vt sep* pourvoir (*with* de). **they have fitted their house up with all modern conveniences** ils ont pourvu leur maison de tout le confort moderne.

fit² [fɪt] *n* (a) (*Med*) accès *m*, attaque *f*. **~ of coughing** quinte *f* de toux; **to have** *or* **throw* a ~** avoir *or* piquer* une crise; **to fall down in a ~** tomber en convulsions; (*fig*) **she'll have a ~ when we tell her*** elle aura une attaque *or* elle piquera une crise quand on lui dira ça*; *V* blue, epileptic, faint.
(b) (*outburst*) mouvement *m*, accès *m*. **in a ~ of anger** dans un mouvement *or* accès de colère; **~ of crying** crise *f* de larmes; **to be in ~s (of laughter)**, **to get the giggles** avoir le fou rire; **he has ~s of enthusiasm** il a des accès d'enthousiasme; **in ~s and starts par à-coups.**
fitful [ˈfɪtfʊl] *adj* *showers* intermittent; *wind* capricieux, changeant; *sleep* troublé, agité. **~ enthusiasm/anger** des accès *mpl* d'enthousiasme/de colère.
fitfully [ˈfɪtfəlɪ] *adv* *move, work* par à-coups; *sleep* de façon intermittente.
fitment [ˈfɪtmənt] *n* (a) (*Brit: built-in furniture*) meuble encastré; (*cupboard*) placard encastré; (*in kitchen*) élément *m* (de cuisine). **you can't move the table, it's a ~ on** ne peut pas déplacer la table, elle est encastrée.
(b) (*for vacuum cleaner, mixer etc*) accessoire *m*. **it's part of the light ~** cela fait partie de l'appareil d'éclairage.
fitness [ˈfɪtnɪs] *n* (a) (*health*) santé *f* *or* forme *f* (physique). **(b)** (*suitability*) *[remark]* à-propos *m*, justesse *f*; *[person]* aptitudes *fpl* (*for* pour).
fitted [ˈfɪtɪd] *adj* (a) *garment* ajusté. (*Brit*) **~ carpet** moquette *f*; (*Brit*) **to lay a ~ carpet in a room** moquetter une pièce; **the room has a ~ carpet** la pièce est moquettée; **~ sheet** drap-housse *m*. **(b)** (*suitable*) **to be ~ for sth/to do** être apte à qch/à faire, être fait pour qch/faire.
fitter [ˈfɪtər] *n* (a) (*Dress*) essayeur *m*, -euse *f*. **(b)** (*of machine, device*) monteur *m*; (*of carpet*) poseur *m*.
fitting [ˈfɪtɪŋ] **1** *adj* remark approprié (*to* à), juste.
2 *n* (a) (*Dress*) essayage *m*. **~ room** salon *m* d'essayage.
(b) (*Brit: gen pl: in house etc*) **~s** installations *fpl*; **bathroom ~s** installations sanitaires; **electrical ~s** installations électriques, appareillage *m* électrique; **furniture and ~s** mobilier *m* et installations; **office ~s** équipement *m* de bureau; *V* light¹.
fittingly [ˈfɪtɪŋlɪ] *adv* dress convenablement (pour l'occasion); *speak* à propos; *say* avec justesse, avec à-propos.
five [faɪv] **1** *adj* cinq *inv*. (*Rugby*) **Five Nations Tournament** tournoi *m* des cinq nations; *for other phrases V* **six**.
2 *n* (a) cinq *m*. (*esp US*) **to take ~*** faire une pause; *for other phrases V* **six**.
(b) (*Sport*) **~s** *sorte de jeu de pelote (à la main)*.
3 *pron* cinq *mfpl*. **there are ~** il y en a cinq.
4 *cpd*: (*US*) **five-and-dime**, **five-and-ten** bazar *m*, prisunic *m*; (*US fig*) **five-by-five*** aussi gros que grand; **fivefold** (*adj*) quintuple; (*adv*) au quintuple; **five-o'clock shadow** barbe *f* d'un jour; (*US*) **five spot*** billet *m* de cinq dollars; **five-star restaurant** ≃ restaurant *m* à trois étoiles; **five-star hotel** palace *m*; **five-year** quinquennal; (*US Univ: hum*) **five-year man*** éternel redoublant *m*; **five-year plan** plan quinquennal.
fiver* [ˈfaɪvər] *n* (*Brit*) billet *m* de cinq livres; (*US*) billet de cinq dollars.
fix [fɪks] **1** *vt* (a) (*make firm*) (*with nails etc*) fixer; (*with ropes etc*) attacher. **to ~ a stake in the ground** enfoncer un pieu en terre; (*Mil*) **to ~ bayonets** mettre (la) baïonnette au canon; *V also* **fixed**.
(b) *attention* fixer (*on* sur). **to ~ one's eyes on sth** fixer qch du regard; **he ~ed his eye on me** son regard s'est fixé sur moi; **all eyes were ~ed on her** tous les regards *or* tous les yeux étaient fixés sur elle; **he ~ed him with an angry glare** il l'a fixé d'un regard

furieux, il a dardé sur lui un regard furieux; **to ~ sth in one's mind** graver *or* imprimer qch dans son esprit; **to ~ one's hopes on sth** mettre tous ses espoirs en qch; **to ~ the blame on sb** attribuer la responsabilité à qn, mettre la responsabilité sur le dos de qn.
(c) (*arrange, decide*) décider, arrêter; *time, price* fixer, arrêter; *limit* fixer, établir. **on the date ~ed** à la date convenue; **nothing has been ~ed yet** rien n'a encore été décidé, il n'y a encore rien d'arrêté.
(d) (*Phot*) fixer. **~ing bath** (*liquid*) bain *m* de fixage; (*container*) cuvette *f* de fixage.
(e) (*US**) arranger, préparer. **to ~ one's hair** se passer un coup de peigne; **can I ~ you a drink?** puis-je vous offrir un verre?; **I'll go and ~ us something to eat** je vais vite nous faire quelque chose à manger.
(f) (*deal with*) arranger; (*mend*) réparer. **don't worry, I'll ~ it** all ne vous en faites pas, je vais tout arranger; **he ~ed it with the police before he called the meeting** il a attendu d'avoir le feu vert* de la police *or* il s'est arrangé avec la police avant d'organiser la réunion; **I'll soon ~ him*,** (*US*) **I'll ~ his wagon*** je vais lui régler son compte; **to ~ a flat tyre** réparer un pneu.
(g) (*: bribe etc*) *person, witness, juror* acheter, soudoyer; *match, fight, election, trial* truquer.
2 *n* (a) (*) ennui *m*, embêtement* *m*. **to be in/get into a ~** être/se mettre dans le pétrin *or* dans de beaux draps; **what a ~!** nous voilà dans de beaux draps! *or* dans le pétrin!
(b) (*Drugs sl: injection*) piqûre *f*, piquouse *f* (*sl*). **to get** *or* **give o.s. a ~** se shooter (*sl*), se piquer.
(c) (*Aviat, Naut*) position *f*. **I've got a ~ on him** now j'ai sa position maintenant; (*Naut*) **to take a ~ on** déterminer la position de; (*fig*) **I can't get a ~* on it** je n'arrive pas à m'en faire une idée claire.
(d) (*US: trick*) **it's a ~*** c'est truqué, c'est une combine.
♦ **fix on 1** *vt fus* choisir. **they finally fixed on that house** leur choix s'est finalement arrêté sur cette maison-là.
2 *vt sep* lid fixer, attacher.
♦ **fix up 1** *vi* s'arranger (*to do* pour faire).
2 *vt sep* arranger, combiner. **I'll try to fix something up** je tâcherai d'arranger quelque chose; **let's fix it all up now** décidons tout de suite des détails; **to fix sb up with sth** faire avoir qch à qn, obtenir qch pour qn; **I fixed him up with a job** je lui ai trouvé un travail; **we fixed them up for one night** nous leur avons trouvé à coucher pour une nuit.
fixation [fɪkˈseɪʃən] *n* (*Chem, Phot, Psych*) fixation *f*; (*fig*) obsession *f*. **to have a ~ about** (*Psych*) avoir une fixation à; (*fig*) être obsédé par.
fixative [ˈfɪksətɪv] *n* fixatif *m*.
fixed [fɪkst] *adj* *star, stare* fixe; *idea* arrêté; *smile* figé; *determination* inébranlable; (*Ling*) *stress, word order* fixe. (*Jur*) **of no ~ abode** sans domicile fixe; (*Mil*) **with ~ bayonets** baïonnette au canon; **~ menu** (menu *m* à) prix *m* fixe; **~ price** prix *m* fixe *or* imposé; (*Fin*) **~ assets** immobilisations *fpl*; (*Fin*) **~ costs** frais *mpl* fixes; **~ cost contract** marché *m* à prix forfaitaire; **~ (decimal) point** virgule *f* fixe; (*Comput*) **~-point notation, ~-point representation** notation *f* en virgule fixe; **~-rate financing** financement *m* à taux fixe; **~ term contract** contrat *m* de durée déterminée.
(b) (*) **how are we ~ for time?** on a combien de temps?; **how are you ~ for cigarettes?** vous avez des cigarettes?; **how are you ~ for tonight?** qu'est-ce que vous faites ce soir?, vous êtes libre ce soir?
fixedly [ˈfɪksɪdlɪ] *adv* fixement.
fixer [ˈfɪksər] *n* (a) (*Phot*) fixateur *m*. **(b)** (*: person*) combinard(e)* *m(f)*.
fixings [ˈfɪksɪŋz] *npl* (*US Culin*) garniture *f*, accompagnement *m*.
fixture [ˈfɪkstʃər] *n* (a) (*gen pl: in building etc*) installation *f*; (*Jur*) immeuble *m* par destination. (*Brit*) **the house was sold with ~s and fittings** on a vendu la maison avec toutes les installations; (*Brit*) **£2000 for ~s and fittings** 2000 livres de reprise; (*fig*) **she's a ~*** elle fait partie du mobilier*; **lighting ~s** appareillage *m* électrique.
(b) (*Brit Sport*) match *m* (prévu), rencontre *f*. **~ list** calendrier *m*.
fizz [fɪz] **1** *vi* *[champagne etc]* pétiller, mousser; *[steam etc]* siffler.
2 *n* (a) pétillement *m*; sifflement *m*.
(b) (*) champagne *m*, champ* *m*; (*US*) eau *or* boisson gazeuse.
♦ **fizz up** *vi* monter (en pétillant), mousser.
fizzle [ˈfɪzl] *vi* pétiller.
♦ **fizzle out** *vi* *[firework]* rater (*une fois en l'air*); *[party, event]* finir en eau de boudin; *[book, film, plot]* se terminer en queue de poisson; *[business started]* s'en aller en eau de boudin; *[plans]* aller à vau-l'eau, ne rien donner; *[enthusiasm, interest]* tomber.
fizzy [ˈfɪzɪ] *adj* *soft drink* pétillant, gazeux; *wine* mousseux, pétillant.
fjord [ˈfjɔːd] *n* = **fiord**.
FL (*US Post*) *abbr of* **Florida**.
flab* [flæb] *n* (*fat*) graisse *f* superflue, lard* *m*.
flabbergast* [ˈflæbəgɑːst] *vt* sidérer*, époustoufler*, ahurir. **I was ~ed at this** j'ai été sidéré *or* époustouflé* d'apprendre ça.
flabby [ˈflæbɪ] *adj* handshake mou (*f* molle); *muscle, flesh, person* flasque; (*fig*) *character* mou, mollasse, indolent.
flaccid [ˈflæksɪd] *adj* *muscle, flesh* flasque, mou (*f* molle).
flaccidity [flækˈsɪdɪtɪ] *n* flaccidité *f*.
flack [flæk] **1** *n* (*US Cine, Press*) agent *m* de presse. **2** *vi* servir d'agent de presse.
flag¹ [flæg] **1** *n* (a) drapeau *m*; (*Naut*) pavillon *m*. **~ of truce, white ~** drapeau blanc; *[pirates]* **black ~** pavillon noir; **red ~** drapeau rouge; **'The Red F~'** hymne du parti travailliste; **~ of**

convenience, *(US)* ~ **of necessity** pavillon de complaisance; **to go down with** ~s **flying** *(Naut)* couler pavillon haut; *(fig)* mener la lutte jusqu'au bout; *(fig)* **to keep the** ~ **flying** maintenir les traditions; *V* show.

  (b) *[taxi]* **the** ~ **was down** ≃ le taxi était pris.

  (c) *(for charity)* insigne *m* *(d'une œuvre charitable)*.

  (d) *(Comput)* drapeau *m*.

  2 *vt* **(a)** orner *or* garnir de drapeaux; *street, building, ship* pavoiser.

  (b) *(also* ~ **down)** *taxi, bus, car* héler, faire signe à; *[police]* faire signe de s'arrêter à.

  3 *cpd:* *(airline)* ~ **carrier** compagnie *f* nationale; *(Brit)* **flag day** journée *f* de vente d'insignes *(pour une œuvre charitable)*; *(Brit)* **flag day in aid of the war-blinded** journée *f* des *or* pour les aveugles de guerre; *(US)* **Flag Day** le 14 juin *(anniversaire du drapeau américain)*; *(Naut)* **flag officer** officier supérieur; **flag-pole** mât *m* *(pour drapeau)*; **flagship** *(Naut)* vaisseau *m* amiral; *(Comm)* produit *m* vedette; **flagstaff** mât *m* *(pour drapeau)*; *(Naut)* mât de pavillon; *(US)* **flag stop** arrêt facultatif; *(fig)* **flag-waving** déclarations *fpl* cocardières.

flag² [flæg] *vi* *[plants etc]* languir, dépérir; *[athlete, walker, health]* s'affaiblir, s'alanguir; *[worker, zeal, courage etc]* fléchir, se relâcher; *[conversation]* traîner, languir; *[interest]* faiblir; *[enthusiasm]* tomber. **his steps were** ~**ging** il commençait à traîner la jambe; *(gen)* **it's** ~**ging** ça ne va pas fort.

flag³ [flæg] *n* *(Bot)* iris *m* (des marais).

flag⁴ [flæg] *n* *(also* ~**stone)** dalle *f*. **kitchen with a** ~ **floor** cuisine dallée.

flagellate ['flædʒəleɪt] **1** *adj, n* *(Bio)* flagellé *(m)*. **2** *vt* flageller, fouetter.

flagellation [ˌflædʒə'leɪʃən] *n* flagellation *f*.

flagellum [flə'dʒeləm] *n* flagelle *m*.

flagon ['flægən] *n* *(of glass)* (grande) bouteille *f*, *(larger)* bonbonne *f*; *(jug)* (grosse) cruche *f*.

flagrant ['fleɪgrənt] *adj* flagrant.

flail [fleɪl] **1** *n* *(Agr)* fléau *m*. **2** *vt* *(Agr)* **corn** battre au fléau. **3** *vi* *[arms etc]* *(also* ~ **about)** battre l'air.

flair [flɛər] *n* flair *m*, perspicacité *f*. **to have a** ~ **for** avoir du flair *or* du nez pour.

flak [flæk] **1** *n* **(a)** *(Mil)* *(firing)* tir antiaérien *or* de D.C.A.; *(guns)* canons antiaériens *or* de D.C.A.; *(flashes)* éclairs *mpl*. ~ **ship** bâtiment *m* de D.C.A.

  (b) (*: *criticism)* critiques *fpl* (désobligeantes). **he got a lot of** ~ **from** ... il s'est fait éreinter par ... .

  2 *cpd:* **flak-jacket** gilet *m* pare-balles *inv*.

flake [fleɪk] **1** *n* *[snow, cereal etc]* flocon *m*; *[metal etc]* paillette *f*, écaille *f*; *V* **corn¹**.

  2 *cpd:* **flake-white** blanc *m* de plomb.

  3 *vi* *(also* ~ **off)** *[stone, plaster etc]* s'effriter, s'écailler; *[paint]* s'écailler; *[skin]* peler, se desquamer *(Med)*.

  4 *vt* *(also* ~ **off)** effriter, écailler. *(Culin)* ~**d almonds** amandes effilées.

◆ **flake off** *vi* **(a)** *V* **flake 4**.

  (b) *(US)* **flake off!**‡ fous le camp!‡, de l'air!*

◆ **flake out**‡ *vi* *(Brit)* *(faint)* tomber dans les pommes*, tourner de l'œil*; *(fall asleep)* s'endormir *or* tomber (tout d'une masse). **to be flaked out**‡ être crevé* *or* à plat*.

flakey‡ ['fleɪkɪ] *adj* *(US)* bizarre, excentrique.

flaky ['fleɪkɪ] *adj* floconneux; *pastry, biscuit* feuilleté.

flamboyant [flæm'bɔɪənt] *adj* *colour* flamboyant, éclatant; *person, character* haut en couleur; *rudeness* ostentatoire; *speech* retentissant; *dress* voyant; *manners* extravagant; *(Archit)* flamboyant.

flame [fleɪm] **1** *n* **(a)** flamme *f*; *(fig)* *[passion, enthusiasm]* flamme, ardeur *f*, feu *m*. **in** ~**s** en flammes, en feu; **to burst into** ~**s, to go up in** ~**s** *(lit)* s'enflammer (brusquement), prendre feu (tout à coup), s'embraser; *V* **fan¹, fuel**.

  (b) **she's one of his old** ~**s*** c'est un de ses anciens béguins*.

  2 *cpd:* **flame-coloured** (rouge) feu *inv*; **flame gun** = **flame-thrower**; **flame-proof dish** plat *m* à feu *or* allant au feu; **flame-thrower** lance-flammes *m inv*.

  3 *vi* *[fire]* flamber; *[passion]* brûler. **her cheeks** ~**d** ses joues se sont empourprées.

◆ **flame up** *vi* *[fire]* flamber; *(fig)* *[anger]* exploser; *[quarrel, dispute]* éclater; *[person]* exploser*, se mettre en colère.

flamenco [flə'meŋkəʊ] *adj,n* flamenco *(m)*.

flaming ['fleɪmɪŋ] *adj* **(a)** *sun, fire etc* ardent, flamboyant. **(b)** *(Brit*: *furious)* furibard*, furax*. **(c)** (‡) fichu*, foutu‡. **you and your** ~ **radio!** toi et ta fichue* *or* foutue‡ radio!; **it's a** ~ **nuisance!** c'est empoisonnant!*, ce que c'est enquiquinant!*

flamingo [flə'mɪŋgəʊ] *n, pl* ~**s** *or* ~**es** flamant *m* (rose).

flammable ['flæməbl] *adj* inflammable *(lit)*.

flan [flæn] *n* *(Brit Culin)* tarte *f*; *(savoury)* ≃ quiche *f*.

Flanders ['flɑːndəz] *n* Flandre(s) *f(pl)*. ~ **poppy** coquelicot *m*.

flange [flændʒ] *n* *(on wheel)* boudin *m*; *(on pipe)* collerette *f*, bride *f*; *(on I-beam)* aile *f*; *(on railway rail)* patin *m*; *(on tool)* rebord *m*, collet *m*.

flanged [flændʒd] *adj* *wheel etc* à boudin, à rebord; *tube etc* à brides; **radiator** à ailettes.

flank [flæŋk] **1** *n* *(Anat, Geog, Mil)* flanc *m*; *(Culin)* flanchet *m*. **2** *vt* **(a)** flanquer. ~**ed by 2 policemen** flanqué de *or* encadré par 2 gendarmes. **(b)** *(Mil)* flanquer; *(turn the* ~ *of)* contourner le flanc de.

flanker ['flæŋkər] *n* *(Rugby)* ailier *m*.

flannel ['flænl] **1** *n* **(a)** *(Tex: U)* flanelle *f*; *(Brit: face* ~**)** gant *m* de toilette; *(Brit* fig: *waffle)* baratin *m*. **(b)** *(Brit: trousers)* ~**s** pantalon *m* de flanelle. **2** *cpd* de flanelle. **3** *vi* *(Brit*: *waffle)* baratiner‡.

flannelette [ˌflænə'let] **1** *n* finette *f*, pilou *m*. **2** *cpd* **sheet** de finette, de pilou.

flap [flæp] **1** *n* **(a)** *[wings]* battement *m*, coup *m*; *[sails]* claquement *m*; *(Phon)* battement *m*.

  (b) *[pocket, envelope, hat, tent]* rabat *m*; *[counter, table]* abattant *m*; *(door in floor)* trappe *f*; *(for cats)* ouverture *f* à abattant; *(Aviat)* volet *m*.

  (c) (*: *panic)* panique *f*. **to be in a** ~ être affolé *or* dans tous ses états; **to get into a** ~ s'affoler, se mettre dans tous ses états, paniquer*.

  2 *cpd:* *(Culin)* **flapjack** *(pancake)* crêpe épaisse; *(biscuit)* galette *f*.

  3 *vi* **(a)** *[wings]* battre; *[shutters]* battre, claquer; *[sails]* claquer. **his cloak** ~**ped about his legs** sa cape lui battait les jambes.

  (b) (*: *be panicky)* paniquer*. **don't** ~! pas de panique!, pas d'affolement!

  4 *vt* *[bird]* **to** ~ **its wings** battre des ailes.

flapdoodle* ['flæp,duːdəl] *n* blague* *f*, balivernes *fpl*.

flapper*† ['flæpər] *n* jeune fille délurée (des années 1920).

flare [flɛər] **1** *n* **(a)** *(light)* *[torch, fire]* flamme *f*, éclat *m*, flamboiement *m*; *[sun]* éclat, flamboiement.

  (b) *(signal)* feu *m*, signal *m* (lumineux); *(Mil)* fusée éclairante, fusée-parachute *f*; *(Aviat: for target)* bombe éclairante *or* de jalonnement; *(for runway)* balise *f*.

  (c) *(Dress)* évasement *m*.

  2 *cpd:* *(Aviat)* **flare path** piste *f* balisée; **flare-up** *[fire]* flambée *f* (soudaine); *[war]* intensification soudaine; *[quarrel, fighting]* recrudescence *f*; *[outburst of rage]* crise *f* de colère; *(sudden dispute)* altercation *f*, prise *f* de bec*.

  3 *vi* **(a)** *[match]* s'enflammer; *[candle]* briller; *[sunspot]* brûler.

  (b) *[sleeves, skirt]* s'évaser, s'élargir.

  4 *vt* *skirt, trouser legs* évaser. ~**d skirt** jupe évasée; ~**d trousers** pantalon *m* à pattes d'éléphant.

◆ **flare up 1** *vi* *[fire]* s'embraser, prendre (brusquement); *[person]* se mettre en colère, s'emporter; *[political situation]* exploser; *[anger, fighting, revolt]* éclater; *[disease]* se réveiller, reprendre; *[epidemic]* éclater, se déclarer (soudain). *(fig)* **he flares up at the slightest thing** il est très soupe au lait.

  2 flare-up *n V* **flare 2**.

flash [flæʃ] **1** *n* **(a)** *[flame, jewels]* éclat *m*. ~ **of lightning** éclair *m*; ~ **of wit** saillie *f*, boutade *f*; **it happened in a** ~ c'est arrivé en un clin d'œil; **it came to him in a** ~ **that** ... l'idée lui est venue tout d'un coup que ...; *(fig)* **a** ~ **in the pan** un feu de paille *(fig)*; ~ **of inspiration** éclair de génie.

  (b) *(also* **news** ~**)** flash *m* (d'information). **we've just had a** ~ **that** ... nous venons de recevoir un flash *or* une dépêche indiquant que ... .

  (c) *(Mil)* parement *m*.

  (d) *(Phot)* flash *m*. **did you use a** ~? tu l'as faite *or* prise au flash?

  (e) *(US: bright student)* petit(e) doué(e) *m(f)*.

  2 *vi* **(a)** *[jewels]* étinceler, briller; *[light, traffic lights etc]* clignoter; *[eyes]* lancer des éclairs. **lightning was** ~**ing** il y avait des éclairs; *(Aut)* ~**ing light** *(gen)* clignotant *m*; *[police car etc]* rotophare *m*.

  (b) *[person, vehicle]* **to** ~ **in/out/past** *etc* entrer/sortir/passer *etc* comme un éclair; **the news** ~**ed round** la nouvelle s'est répandue comme un éclair *or* comme une traînée de poudre; **the day** ~**ed by** *or* **past** on n'a pas senti la journée passer; **the thought** ~**ed through his mind that** ... un instant, il a pensé que ...; **it** ~**ed upon me** *or* **into my mind that** ... l'idée m'est venue tout d'un coup que ... .

  (c) (‡: *expose o.s. indecently)* s'exhiber.

  3 *vt* **(a)** *light* projeter. **to** ~ **a torch on** diriger une lampe (de poche) sur; **she** ~**ed him a look of contempt** elle lui a jeté un regard de mépris; **to** ~ **a smile at sb** lancer un sourire éclatant à qn; *(Aut)* **to** ~ **one's headlights,** *(US)* **to** ~ **the high beams** faire un appel de phares *(at sb* à qn).

  (b) *(flaunt)* *diamond ring* étaler (aux yeux de tous), mettre (bien) en vue. **don't** ~ **all that money around** n'étale pas tout cet argent comme ça.

  4 *cpd:* *(Cine)* **flashback** flashback *m inv*, retour *m* en arrière; *(Phot)* **flash bulb** ampoule *f* de flash; *(Med)* **flash burn** brûlure *f* de la peau *(causée par un flux thermique)*; *(Scol)* **flash card** carte *f* *(support visuel)*; *(Phot)* **flash cube** cube-flash *m*; **flash flood** crue subite; *(Phot)* **flash gun** flash *m*; **flashlight** *(Phot)* flash *m*; *(torch)* lampe *f* électrique *or* de poche; *(on lighthouse etc)* fanal *m*; *(Phot)* **flash meter** flashmètre *m*; *(Phot)* **flash photography** photographie *f* au flash; *(Chem)* **flash point** point *m* d'ignition; *(fig)* **the situation had nearly reached flash point** la situation était sur le point d'exploser; *(Phot)* **flash powder** photopoudre *m*.

flasher ['flæʃər] *n* **(a)** *(light, device)* clignotant *m*. **(b)** *(Brit* * : *exhibitionist)* exhibitionniste *m*.

flashing ['flæʃɪŋ] *n* **(a)** *(on roof)* revêtement *m* de zinc *(pour toiture)*, noue *f*. **(b)** (*: *indecent exposure)* exhibitionnisme *m*.

flashy ['flæʃɪ] *adj* *(pej)* *person* tapageur; *jewellery, car* tape-à-l'œil *inv*, clinquant; *dress* tapageur, tape-à-l'œil *inv*, voyant; *colour, taste* criard, tapageur.

flask [flɑːsk] *n* *(Pharm)* fiole *f*; *(Chem)* ballon *m*; *(bottle)* bouteille *f*; *(for pocket)* flasque *f*; *(also* **vacuum** ~**)** (bouteille) Thermos *f* ®.

flat¹ [flæt] **1** *adj* **(a)** *countryside, surface, the earth* plat; *tyre* dégonflé, à plat. **as** ~ **as a pancake*** *tyre* plat comme une galette; *surface, countryside* tout plat; *(after bombing)* complètement rasé; **a** ~ **dish** un plat creux; ~ **roof** toit plat *or* en terrasse; ~ **nose** nez épaté *or* camus; **a** ~ **stomach** un ventre plat; **to have** ~ **feet** avoir les pieds plats; **he was lying** ~ **on the floor** il était (étendu) à plat par terre; **the blow laid him** ~ le coup l'a terrassé; **to fall** ~ **on one's face**

tomber à plat ventre *or* sur le nez; **to fall ~** *[event, joke]* tomber à plat; *[scheme]* ne rien donner; **lay the book ~ on the table** pose le livre à plat sur la table; **the earthquake laid the whole city ~** le tremblement de terre a rasé la ville entière; *(Sport)* **a ~ race** une course de plat; *(*fig)* **to be in a ~ spin** être dans tous ses états; *V also* **4.**

(**b**) *(listless) taste, style* monotone, plat; *(unexciting) event, experience* terne, anodin; *battery* à plat; *beer etc* éventé. **I was feeling rather ~** je me sentais sans ressort, je me sentais plutôt vidé* *or* à plat*; **the beer tastes ~** la bière a un goût fade *or* d'éventé.

(**c**) *(Mus) instrument, voice* faux *(f* fausse). **B ~** si *m* bémol.

(**d**) *refusal, denial* net *(f* nette), catégorique. **and that's ~!*** un point c'est tout!*; *V also* **4.**

(**e**) *(Comm)* **~ rate of pay** salaire *m* fixe; *[price, charge]* **~ rate** taux *m* fixe.

(**f**) *(not shiny) colour* mat.

(**g**) *(US: penniless)* **to be ~‡** être fauché (comme les blés)*, n'avoir plus un rond*.

2 *adv* (**a**) carrément, nettement, sans ambages. **he told me ~ that ...** il m'a dit carrément *or* sans ambages que ...; **he turned it down ~** il l'a carrément refusé, il l'a refusé tout net; *(Brit)* **to be ~ broke‡** être fauché (comme les blés)*, n'avoir plus un rond*; **in 10 seconds ~** en 10 secondes pile.

(**b**) **to go ~ out** *[runner in race]* donner son maximum; *[person running in street]* courir comme un dératé; *[car]* être à sa vitesse de pointe; **to go ~ out for sth** faire tout son possible pour avoir qch; **to be working ~ out** travailler d'arrache-pied; **to be lying ~ out** être étendu *or* couché de tout son long; **to be ~ out** *(exhausted)* être à plat* *or* vidé*; *(asleep)* dormir, ronfler* *(fig)*; *(drunk)* être complètement rétamé, être K.-O.*; *V also* **4.**

(**c**) *(Mus) sing* faux.

3 *n* (**a**) *[hand, blade]* plat *m.*

(**b**) *(Geog) (dry land)* plaine *f;* *(marsh)* marécage *m;* *V* **salt.**

(**c**) *(Mus)* bémol *m.* **A ~** la *m* bémol.

(**d**) *(US Aut)* crevaison *f,* pneu crevé.

(**e**) *(Racing)* **the ~** = flat racing, the flat season *(V* **4**); **on the ~ sur le plat.**

4 *cpd:* **flat-bottomed boat** bateau *m* à fond plat; *(US Rail)* **flat car** wagon-plateforme *m;* **she is flat-chested** elle est plate (comme une limande*), elle n'a pas de poitrine; **flat fish** poisson plat; *(US: policeman)* **flatfoot‡** flic* *m;* **flatfooted** *(adj) (lit)* aux pieds plats; *(*fig) (tactless) person, approach* maladroit; *(unequivocal) answer* clair et net; *(adv: wholeheartedly)* tout de go*; *(US fig)* **to catch sb flat-footed*** prendre qn par surprise; flatiron fer *m* à repasser; *(US)* **flat-out‡** *(adj)* complet, absolu; *(adv)* complètement; *(Racing)* **flat racing** plat *m;* *(Fin, Jur)* **flat rate** amount montant *m* forfaitaire; *(Racing)* **flat season** (saison *f* du) plat *m;* *(US)* **flat silver** couverts *mpl* en argent; **flatware** *(plates)* plats *mpl* et assiettes *fpl;* *(cutlery)* couverts *mpl;* **flatworm** plathelminthe *m.*

flat² [flæt] *n (Brit)* appartement *m.* **to go ~-hunting** chercher un appartement; **my ~mate** la fille *(or* le garçon *or* la personne) avec qui je partage l'appartement.

flatlet ['flætlɪt] *n (Brit)* studio *m.*

flatly ['flætlɪ] *adv deny, oppose, refuse* catégoriquement, absolument. **'I'm not going' he said ~** 'je n'y vais pas' dit-il tout net.

flatness ['flætnɪs] *n [countryside, surface]* égalité *f,* aspect *m* plat; *[curve]* aplatissement *m;* *[refusal]* netteté *f;* *(dullness)* monotonie *f.*

flatten ['flætn] *vt* (**a**) *path, road* aplanir; *metal* aplatir.

(**b**) *[wind, storm] crops* coucher, écraser; *[tree]* abattre; *town, building* raser. **to ~ o.s. against** s'aplatir *or* se plaquer contre.

(**c**) *(*: snub) person* clouer le bec à*, river son clou à. **that'll ~ him!** ça lui clouera le bec!*

♦**flatten out 1** *vi [countryside, road]* s'aplanir; *[aircraft]* se redresser.

2 *vt sep path* aplanir; *metal* aplatir; *map etc* ouvrir à plat.

flatter ['flætər] *vt (all senses)* flatter. **he ~s himself he's a good musician** il se flatte d'être bon musicien; **you ~ yourself!** tu te flattes!

flatterer ['flætərər] *n* flatteur *m,* -euse *f,* flagorneur *m,* -euse *f (pej).*

flattering ['flætərɪŋ] *adj person, remark* flatteur. **that's not very ~** ce n'est pas très flatteur; **she wears very ~ clothes** elle porte des vêtements très seyants *or* qui l'avantagent.

flatteringly ['flætərɪŋlɪ] *adv* flatteusement.

flattery ['flætərɪ] *n* flatterie *f.*

flatulence ['flætjʊləns] *n* flatulence *f.*

flatulent ['flætjʊlənt] *adj* flatulent.

flaunt [flɔːnt] *vt wealth* étaler, afficher; *jewels* faire étalage de; *knowledge* faire étalage *or* parade de; *boyfriend etc* afficher. **she ~ed her femininity at him** elle lui jetait sa féminité à la tête; **to ~ o.s.** poser (pour la galerie).

flautist ['flɔːtɪst] *n (Brit)* flûtiste *mf.*

flavour, (US) flavor ['fleɪvər] **1** *n* goût *m,* saveur *f;* *[ice cream]* parfum *m.* **with a rum ~** (parfumé) au rhum; *(fig)* **a slight ~ of irony** une légère pointe d'ironie; **the film gives the ~ of Paris in the twenties** le film rend bien l'atmosphère *du* Paris des années vingt; *(fig)* **to be (the) flavour of the month*** être la coqueluche du moment; **~ enhancer** agent *m* de sapidité.

2 *vt (give ~ to)* donner du goût à; *(with fruit, spirits)* parfumer *(with* à); *(with herbs, salt etc)* assaisonner. **to ~ a sauce with garlic** relever une sauce avec de l'ail; **pineapple-~ed** (parfumé) à l'ananas.

flavouring, (US) flavoring ['fleɪvərɪŋ] *n (Culin) (in sauce etc)* assaisonnement *m;* *(in cake etc)* parfum *m.* **vanilla ~** essence *f* de vanille.

flavourless, (US) flavorless ['fleɪvəlɪs] *adj* insipide, sans saveur, sans goût.

flaw [flɔː] **1** *n (in jewel, character, argument etc)* défaut *m,* imperfection *f;* *(Jur: in contract, procedure etc)* vice *m* de forme; *(obstacle)* inconvénient *m.* **everything seems to be working out, but there is just one ~** tout semble s'arranger, il n'y a qu'un seul inconvénient *or* qu'un hic*.

2 *vt:* **it is ~ed by ...** le (seul) défaut, c'est ... .

flawed [flɔːd] *adj* imparfait.

flawless ['flɔːlɪs] *adj* parfait, sans défaut. **he spoke ~ English** il parlait un anglais impeccable, il parlait parfaitement l'anglais.

flax [flæks] *n* lin *m.*

flaxen ['flæksən] *adj hair* blond, de lin; *(Tex)* de lin. **~-haired** aux cheveux de lin.

flay [fleɪ] *vt animal (skin)* écorcher; *(beat)* fouetter, rosser; *person (beat)* fouetter, rosser, battre (comme plâtre); *(criticize)* éreinter.

flea [fliː] **1** *n* puce *f.* **to send sb off with a ~ in his ear*** envoyer promener* qn; *V* **sand. 2** *cpd:* **fleabag‡** *(Brit: person)* souillon *mf;* *(US: hotel)* hôtel *m* minable, écurie *f;* **fleabite** *(lit)* piqûre *f* de puce; *(fig)* vétille *f,* broutille *f;* **fleabitten** *(lit)* infesté de puces; *(fig)* miteux; *[dog, cat]* **flea collar** collier *m* contre les puces; **flea market** marché *m* aux puces; *(Brit: cinema)* **flea-pit‡** ciné* miteux.

fleck [flek] **1** *n [colour]* moucheture *f;* *[sunlight]* petite tache; *[dust]* particule *f.*

2 *vt* tacheter, moucheter. **dress ~ed with mud** robe éclaboussée de boue; **blue ~ed with white** bleu moucheté de blanc; **sky ~ed with little clouds** ciel pommelé; **hair ~ed with grey** cheveux qui commencent à grisonner.

fled [fled] *pret, ptp of* **flee.**

fledged [fledʒd] *adj:* **fully-~ bird** oiseau *m* qui a toutes ses plumes; **he's now a fully-~ doctor/architect** il est maintenant médecin/architecte diplômé; **a fully-~ British citizen** un citoyen britannique à part entière.

fledg(e)ling ['fledʒlɪŋ] *n (Orn)* oiselet *m,* oisillon *m;* *(fig: novice)* novice *mf,* débutant(e) *m(f).*

flee [fliː] *pret, ptp* **fled 1** *vi* fuir *(before, in face of* devant), s'enfuir *(from* de), se réfugier *(to* auprès de). **they fled** ils ont fui, ils se sont enfuis, ils se sont sauvés; **I fled when I heard she was expected** je me suis sauvé *or* j'ai pris la fuite lorsque j'ai appris qu'elle devait venir; **to ~ from temptation** fuir la tentation.

2 *vt town, country* s'enfuir de; *temptation, danger* fuir. **to ~ the country** quitter le pays, s'enfuir du pays.

fleece [fliːs] **1** *n* toison *f;* *V* **golden. 2** *cpd:* **fleece-lined** doublé de mouton. **3** *vt* (**a**) *(rob)* voler; *(swindle)* escroquer, filouter; *(overcharge)* estamper*, tondre*. (**b**) *sheep* tondre.

fleecy ['fliːsɪ] *adj clouds, snow* floconneux; *blanket* laineux.

fleet¹ [fliːt] **1** *n (Naut)* flotte *f.* *(fig)* **a ~ of vehicles** un parc automobile; **the company has a ~ of cars/coaches/taxis** la compagnie possède un certain nombre de voitures/d'autocars/de taxis; **their ~ of cars (or coaches or taxis)** leur parc automobile; *V* **admiral, fishing** etc.

2 *cpd:* *(US)* **fleet admiral** amiral *m* (à cinq étoiles); *(Brit)* **Fleet Air Arm** aéronavale *f;* *(Brit)* **fleet chief petty officer** major *m.*

fleet² [fliːt] *adj (also* **~-footed,** **~ of foot)** rapide, au pied léger.

fleeting ['fliːtɪŋ] *adj time, memory* fugace, fugitif; *beauty, pleasure* éphémère, passager. **for a ~ moment** pendant un bref instant *or* moment; **a ~ visit** une visite éclair *or* en coup de vent*; *(liter)* **the ~ years** les années qui s'enfuient.

fleetingly ['fliːtɪŋlɪ] *adv think, smile, appear* un court instant, fugitivement.

Fleet Street ['fliːt,striːt] *n (Brit) les milieux de la presse.*

Fleming ['flemɪŋ] *n* Flamand(e) *m(f).*

Flemish ['flemɪʃ] **1** *adj* flamand. **2** *n* (**a**) **the ~** les Flamands *mpl.* (**b**) *(Ling)* flamand *m.*

flesh [fleʃ] **1** *n [person, animal]* chair *f;* *[fruit, vegetable]* chair, pulpe *f.* **to put on ~** *[animal]* engraisser; *[person]* grossir, engraisser, prendre de l'embonpoint; *(fig)* **to make sb's ~ creep** donner la chair de poule à qn; **creatures of ~ and blood** êtres *mpl* de chair et de sang; **I'm only ~ and blood** je ne suis qu'un homme *(or* une femme) comme les autres; **my own ~ and blood** les miens *mpl,* la chair de ma chair; **it is more than ~ and blood can stand** c'est plus que la nature humaine ne peut endurer; **in the ~** en chair et en os, en personne; **he's gone the way of all ~** il a payé le tribut de la nature; *(Rel)* **the sins of the ~** les péchés *mpl* de la chair; *(Rel)* **the ~ is weak** la chair est faible; *V* **fish, pound** etc.

2 *cpd:* **flesh colour** couleur *f* (de) chair; *(Art)* carnation *f;* **flesh-coloured** (couleur *f*) chair *inv;* **fleshpots** lieux *mpl* de plaisir; *(Art)* **flesh tints** carnations *fpl;* **flesh wound** blessure *f* superficielle.

♦**flesh out** *vt sep (fig) essay etc* étoffer.

fleshings ['fleʃɪŋz] *npl (tights)* collant *m* (de danseuse).

fleshy ['fleʃɪ] *adj* charnu.

flew [fluː] *pret of* **fly³.**

flex [fleks] **1** *vt body, knees* fléchir, ployer *(pour assouplir); muscle* faire jouer, bander *(liter).* **2** *n (Brit) [lamp, iron]* fil *m* (souple); *[telephone]* cordon *m;* *(heavy duty)* câble *m.*

flexibility [,fleksɪ'bɪlɪtɪ] *n (V* **flexible)** flexibilité *f;* souplesse *f;* élasticité *f.*

flexible ['fleksəbl] *adj wire, branch* flexible, souple; *shoes, sole etc* flexible, souple, élastique; *(fig) person* maniable, flexible, souple; *plans, attitude* flexible, souple; *room, building* polyvalent; *timetable* flexible, aménageable. *(in offices)* **~ time scheme, ~ working hours** horaire *m* mobile; **my working hours are very ~** j'ai des horaires souples *or* élastiques; *(gen)* **I'm ~** je peux toujours m'arranger (pour être libre *or* disponible); *(Mil)* **~ response** riposte graduée; *V* **link.**

flexion ['flekʃən] *n* flexion *f,* courbure *f.*

flexitime ['fleksɪ,taɪm] *n* horaire *m* mobile *or* à la carte.

flexor ['fleksər] *adj, n* fléchisseur *(m).*

flibbertigibbet ['flɪbətɪ'dʒɪbɪt] *n* tête *f* de linotte, étourdi(e) *m(f).*

flick [flɪk] **1** n **(a)** *[tail, duster]* petit coup; *(with finger)* chiquenaude f, pichenette f; *(with wrist)* petit mouvement (rapide). **at the ~ of a switch** ... rien qu'en appuyant sur un bouton ... .
(b) *(Brit*: *film)* film m. **the ~s*** le ciné*, le cinoche*.
2 cpd: *(Brit)* **flick knife** couteau m à cran d'arrêt.
3 vt donner un petit coup à. **he ~ed the horse lightly with the reins** il a donné au cheval un (tout) petit coup avec les rênes; **I'll just ~ a duster round the sitting room** je vais donner or passer un petit coup de chiffon au salon*; **to ~ a piece of paper at sb** envoyer d'une chiquenaude une boulette de papier à qn; **he ~ed his cigarette ash into the fire** il a fait tomber la cendre de sa cigarette dans le feu.
♦ **flick off** vt sep *dust, ash* enlever d'une chiquenaude.
♦ **flick out** vi, vt sep: **the snake's tongue flicked out, the snake flicked its tongue out** le serpent a dardé sa langue.
♦ **flick over** vt sep *pages of book* feuilleter, tourner rapidement.
♦ **flick through** vt fus *pages of book, document* feuilleter, lire en diagonale.

flicker ['flɪkər] **1** vi *[flames, light]* danser; *(before going out)* trembloter, vaciller; *[needle on dial]* osciller; *[eyelids]* ciller. **the snake's tongue ~ed in and out** le serpent a dardé sa langue.
2 n *[flames, light]* danse f; *(before going out)* vacillement m. **in the ~ of an eyelid** en un clin d'œil; *(fig)* **without a ~** sans sourciller or broncher; **a ~ of hope** une lueur d'espoir.
flickering ['flɪkərɪŋ] adj *(gen)* qui tremble (or tremblait etc); *flames* dansant, *(before going out)* vacillant; *needle* oscillant.
flickertail ['flɪkəˌteɪl] **1** n *(US)* spermophile m d'Amérique du Nord.
2 cpd: **the F~ State** le Dakota du Nord.
flier ['flaɪər] n **(a)** *(Aviat: person)* aviateur m, -trice f. *[passenger]* **to be a good ~** supporter (bien) l'avion; **to be a bad ~** ne pas supporter or mal supporter l'avion; V **high.**
(b) *(esp US: fast train)* rapide m; *(fast coach)* car m express.
(c) *(leap)* **to take a ~** sauter avec élan; *(* fig)* foncer tête baissée, risquer le tout pour le tout; *(US: take a risk)* *(gen)* se mouiller*; *[investor etc]* se lancer dans un investissement risqué.
(d) *(St Ex)* *(handbill)* prospectus m.
(e) *(US: handbill)* prospectus m.
flight¹ [flaɪt] **1** n **(a)** *(U: action, course)* *[bird, insect, plane etc]* vol m; *[ball, bullet]* trajectoire f. **the principles of ~** les rudiments mpl du vol or de la navigation aérienne; **in ~** en plein vol; *(Mus)* **the F~ of the Bumblebee** le Vol du bourdon.
(b) *(Aviat)* vol m. **~ number 776 from/to Madrid** le vol numéro 776 en provenance/à destination de Madrid; **did you have a good ~?** le vol s'est bien passé?, vous avez fait bon voyage?; V **reconnaissance, test** etc.
(c) *(group)* *[birds]* vol m, volée f; *[planes]* escadrille f. *(fig)* **in the first** or **top ~ of scientists/novelists** parmi les scientifiques/les romanciers les plus marquants; **a firm in the top ~** une compagnie de pointe.
(d) *[fancy, imagination]* élan m, envolée f.
(e) **~ of stairs** escalier m, volée f d'escalier; **we had to climb 3 ~s to get to his room** nous avons dû monter 3 étages pour arriver à sa chambre; **he lives three ~s up** il habite au troisième; **~ of hurdles** série f de haies; **~ of terraces** escalier m de terrasses.
2 cpd: *(US)* **flight attendant** steward m/hôtesse f de l'air; **flight bag** sac m avion; **flight deck** *[plane]* poste m or cabine f de pilotage; *[aircraft carrier]* pont m d'envol; *(Brit Aviat)* **flight lieutenant** capitaine m (de l'armée de l'air); *(Aviat)* **flight log** suivi m de vol; **flight path** trajectoire f (de vol); **flight plan** plan m de vol; *(Aviat)* **flight recorder** enregistreur m de vol; *(Brit Aviat)* **flight sergeant** ≃ sergent-chef m (de l'armée de l'air); **flight simulator** simulateur m de vol; **flight-test** essayer en vol.
flight² [flaɪt] n *(U: act of fleeing)* fuite f. **to put to ~** mettre en fuite; **to take (to) ~** prendre la fuite, s'enfuir; *(Fin)* **the ~ of capital abroad** la fuite or l'exode m des capitaux à l'étranger.
flightless ['flaɪtlɪs] adj *(bird)* coureur.
flighty ['flaɪtɪ] adj *(gen)* frivole; *(in love)* volage, inconstant.
flimflam* ['flɪm,flæm] **1** n *(US: nonsense)* baliverne s fpl, blague* f.
2 adj: **a ~ man** or **artist** un filou, un escroc. **3** vt *(swindle)* rouler*, blouser*.
flimsily ['flɪmzɪlɪ] adv: **~ built** or **constructed** (d'une construction) peu solide.
flimsiness ['flɪmzɪnɪs] n *[dress]* fragilité f; *[house]* construction f peu solide; *[paper]* minceur f; *[excuse, reasoning]* faiblesse f, futilité f.
flimsy ['flɪmzɪ] **1** adj *dress* trop léger; *cloth, paper* mince; *house* peu solide; *excuse, reasoning* piètre, pauvre. **2** n *(Brit: type of paper)* papier m pelure inv.
flinch [flɪntʃ] vi broncher, tressaillir. **to ~ from a task** reculer devant une tâche; **he didn't ~ from warning her** il ne s'est pas dérobé au devoir de la prévenir; **without ~ing** sans sourciller or broncher.
flinders* ['flɪndəz] npl: **to break** or **fly into ~** voler en éclats.
fling [flɪŋ] *(vb: pret, ptp* **flung)** **1** n *(throw)* lancer m. *(fig)* **to have one's ~** s'en payer, se payer du bon temps; **youth must have its ~** il faut que jeunesse se passe *(Prov)*; **to go on a ~** aller faire la noce or la foire*, *(in shops)* faire des folies; *(attempt)* **to have a ~** tenter sa chance; **to have a ~ at sth** s'essayer la main à qch; **to have a ~ at doing** essayer de faire; V **highland.**
2 vt *stone etc* jeter, lancer *(at sb* à qn, *at sth* sur qch); *(fig) remark, insult, accusation* lancer *(at sb* à qn). **he flung his opponent to the ground** il a jeté son adversaire à terre; **to ~ sb into jail** jeter or flanquer* qn en prison; **to ~ the window open** ouvrir toute grande la fenêtre; **the door was flung open** la porte s'est ouverte à la volée; **to ~ one's arms round sb's neck** sauter or se jeter au cou de qn; **to ~ a coat over one's shoulders** jeter un manteau sur ses épaules; **to ~ on/off one's coat** enfiler/enlever son manteau

d'un geste brusque; **to ~ sb a look of contempt** lancer un regard de mépris à qn; **to ~ an accusation at sb** lancer une accusation à la tête de qn; **to ~ o.s. into a job/a hobby** se jeter or se lancer à corps perdu dans un travail/une activité; *(fig)* **she flung herself* at him** or **at his head** elle s'est jetée à sa tête.
3 vi: **to ~ off/out** etc partir/sortir etc brusquement; **he was ~ing about like a madman** il gesticulait or se démenait comme un possédé.
♦ **fling away** vt sep *unwanted object* jeter, ficher en l'air*; *(fig) money* gaspiller, jeter par les fenêtres.
♦ **fling back** vt sep *ball etc* renvoyer; *one's head* rejeter en arrière; *curtains* ouvrir brusquement.
♦ **fling off** vt sep *(fig liter)* se débarrasser de.
♦ **fling out** vt sep *person* flanquer* or mettre à la porte; *unwanted object* jeter, ficher en l'air*.
♦ **fling up** vt sep jeter en l'air. **to fling one's arms up in exasperation** lever les bras en l'air or au ciel d'exaspération; **he flung up his head** il a brusquement relevé la tête.
flint [flɪnt] **1** n *(gen: also tool, weapon)* silex m; *(for cigarette lighter)* pierre f (à briquet); V **clay. 2** cpd *axe* de silex. **flint glass** flint (-glass) m.
flinty ['flɪntɪ] adj *soil* à silex; *rocks* silicieux; *heart* dur, insensible, de pierre.
flip [flɪp] **1** n **(a)** chiquenaude f, pichenette f, petit coup.
(b) *(Aviat*)* petit tour en zinc*.
2 cpd: **flipboard** chevalet m *(tableau à feuilles mobiles)*; **flip-flop** V **flip-flop**; **the flip side** *[record]* l'autre face f, la face B; *(fig)* l'envers m.
3 vt donner un petit coup à, donner une chiquenaude or une pichenette à; *(US) pancake etc* faire sauter. **to ~ a book open** ouvrir un livre d'une chiquenaude or d'une pichenette; **he ~ped the letter over to me** il m'a passé la lettre d'une pichenette or d'une chiquenaude; *(Brit)* **to ~ one's lid***, *(US)* **to ~ one's wig*** or **one's top*** éclater, exploser *(fig)*.
4 vi *(*: also ~ out)* *(angrily)* se mettre en rogne* *(over* à cause de); *(ecstatically)* devenir dingue* *(over* de).
♦ **flip off** vt sep *cigarette ash* secouer, faire tomber.
♦ **flip out** vi V **flip 4.**
♦ **flip over** vt sep *stone* retourner d'un coup léger; *pages* feuilleter.
♦ **flip through** vt fus *book* feuilleter.
flip-flop ['flɪp,flɒp] **1** n **(a)** *(sandals)* **~s** tongs fpl.
(b) *(Comput)* bascule f (bistable).
(c) *(fig: esp US: change of opinion)* volte-face f.
2 vi *(US fig)* faire volte-face.
flippancy ['flɪpənsɪ] n *[attitude]* désinvolture f; *[speech, remark]* irrévérence f, légèreté f.
flippant ['flɪpənt] adj *remark* désinvolte, irrévérencieux; *person, tone, attitude* cavalier, (trop) désinvolte, irrévérencieux.
flippantly ['flɪpəntlɪ] adv avec désinvolture; irrévérencieusement; cavalièrement.
flipper ['flɪpər] n *[seal etc]* nageoire f. *[swimmer]* **~s** palmes fpl.
flipping* ['flɪpɪŋ] adj *(Brit)* fichu* *(before n)*, maudit *(before n)*.
flirt [flɜːt] **1** vi flirter *(with* avec). **to ~ with an idea** caresser une idée. **2** n: **he's a ~** il adore flirter, il est très flirteur.
flirtation [flɜː'teɪʃən] n flirt m, amourette f.
flirtatious [flɜː'teɪʃəs] adj flirteur.
flit [flɪt] **1** vi **(a)** *[bats, butterflies etc]* voleter, voltiger. **the idea ~ted through his head** l'idée lui a traversé l'esprit.
(b) *[person]* **to ~ in/out** etc *(Brit: lightly)* entrer/sortir etc avec légèreté; *(US: affectedly)* entrer à petits pas maniérés; **to ~ about** *(Brit)* se déplacer avec légèreté; *(US)* marcher à petits pas maniérés.
(c) *(Brit: move house stealthily)* déménager à la cloche de bois; *(N Engl, Scot: move house)* déménager.
2 n **(a)** *(N Engl, Scot: house move)* déménagement m. *(Brit)* **to do a (moonlight) ~** déménager à la cloche de bois.
(b) *(US*: homosexual)* pédale* f, tapette* f.
flitch [flɪtʃ] n flèche f (de lard).
flitting ['flɪtɪŋ] n *(N Engl, Scot)* déménagement m.
flivver* ['flɪvər] n *(US)* tacot* m, guimbarde* f.
float [fləʊt] **1** n **(a)** *(Fishing, Plumbing)* flotteur m, flotte f; *(of cork)* bouchon m; *[seaplane etc]* flotteur m. **(b)** *(vehicle in a parade)* char m; V **milk.** **(c)** *(also cash ~)* provision f, avance f. **(d)** *(US: drink)* milk shake ou soda contenant une boule de glace.
2 vi *(on water, in air)* flotter; *[ship]* être à flot; *[bather]* faire la planche; *[vision etc]* planer; *(Fin) [currency]* flotter. **the raft ~ed down the river** le radeau a descendu la rivière; **to ~ back up to the surface** remonter à la surface (de l'eau).
3 vt **(a)** *boat* faire flotter, mettre à flot or sur l'eau; *(refloat)* remettre à flot or sur l'eau; *wood etc* faire flotter; *(fig) idea etc* lancer. **to ~ logs downstream** faire flotter des rondins au fil de l'eau.
(b) *(Fin) currency* laisser flotter; *company* fonder, créer, constituer. **to ~ a share issue** émettre des actions; **to ~ a loan** lancer or émettre un emprunt.
♦ **float (a)round*** vi *[rumour, news]* circuler, courir.
♦ **float away** vi dériver, partir à la dérive.
♦ **float off 1** vi *[wreck etc]* se renflouer, se déséchouer.
2 vt sep renflouer, déséchouer, remettre à flot or sur l'eau.
floating ['fləʊtɪŋ] **1** adj *debris etc* flottant; *population* instable. *(Fin)* **~ assets** capitaux circulants; **~ currency** devise flottante; *(Fin)* **~ currency rate** taux m de change flottant; **~ debt** dette f à court terme or flottante; **~ decimal (point)** virgule flottante; *(Naut)* **~ dock** dock flottant; **~ exchange** change flottant; *(Comput)* **~ point representation** notation f en virgule flottante; *(Anat)* **~ rib** côte flottante; *(Pol)* **~ vote** vote flottant; **~ voter** électeur m, -trice f indécis(e) or non-engagé(e).

2 *n [boat]* mise *f* en flottement; *[loan]* lancement *m*; *[currency]* flottement *m*, flottaison *f*.

flocculent ['flɒkjʊlənt] *adj* floconneux.

flock¹ [flɒk] **1** *n (animals, geese)* troupeau *m*; *[birds]* vol *m*, volée *f*; *[people]* foule *f*, troupeau; *(Rel)* ouailles *fpl*. **they came in** ~**s** ils sont venus en masse.

2 *vi* aller *or* venir en masse *or* en foule, affluer. **to** ~ **in/out** *etc* entrer/sortir *etc* en foule; **to** ~ **together** s'assembler; **to** ~ **round sb** s'attrouper *or* s'assembler *or* se grouper autour de qn.

flock² [flɒk] *n (U) (wool)* bourre *f* de laine; *(cotton)* bourre de coton.

floe [fləʊ] *n* banquise *f*, glaces flottantes.

flog [flɒg] *vt* **(a)** flageller, fustiger. *(fig)* **to** ~ **an idea to death*** rabâcher une idée; *V* **dead. (b)** *(Brit‡)* vendre, refiler*, fourguer‡. **how much did you** ~ **it for?** tu en as tiré combien?

flogging ['flɒgɪŋ] *n* flagellation *f*, fustigation *f*; *(Jur)* fouet *m (sanction)*.

flood [flʌd] **1** *n* **(a)** *(gen)* inondation *f*; *(flood tide)* marée *f* haute. *(notice on road)* '~' ≃ 'attention route inondée'; *(Bible)* **the F**~ le déluge; **river in** ~ rivière en crue; ~**s of tears** un torrent *or* déluge de larmes; **a** ~ **of light** un flot de lumière; **a** ~ **of letters/protests** un déluge de lettres/de protestations; **a** ~ **of immigrants** une marée d'immigrants.

(b) = **floodlight.**

2 *cpd:* **flood control** prévention *f* des inondations; **flood damage** dégâts *mpl* des eaux; **floodgate** vanne *f*, porte *f* d'écluse; *(fig)* **to open the floodgates** ouvrir les vannes *(to* à); **floodlight** *V* **floodlight; floodlighting** *V* **floodlighting; flood plain** lit *m* majeur, plaine *f* inondable; **flood tide** marée *f* haute.

3 *vt* **(a)** *fields, town* inonder, submerger; *(Aut) carburettor* noyer; *(fig)* inonder. **he was** ~**ed with letters/with applications** il a été inondé de lettres/de demandes; **room** ~**ed with light** pièce inondée de lumière.

(b) *[storm, rain] river, stream* faire déborder. *(Comm) [suppliers, goods]* **to** ~ **the market** inonder le marché *(with* de).

4 *vi [river]* déborder, être en crue; *[people]* affluer, aller *or* venir en foule. **the crowd** ~**ed into the streets** la foule a envahi les rues *or* s'est répandue dans les rues.

♦**flood in** *vi [sunshine]* entrer à flots; *[people]* entrer en foule, affluer.

♦**flood out** *vt sep house* inonder. **the villagers were flooded out** les inondations ont forcé les villageois à évacuer leurs maisons.

flooding ['flʌdɪŋ] *n* inondation *f*.

floodlight ['flʌdlaɪt] *pret, ptp* **floodlit** ['flʌdlɪt] **1** *vt buildings* illuminer; *(Sport) match* éclairer (aux projecteurs); *(fig)* mettre en lumière, éclairer.

2 *n (device)* projecteur *m*; *(light)* lumière *f* (des projecteurs). **to play a match under** ~**s** jouer un match en nocturne.

floodlighting ['flʌdlaɪtɪŋ] *n [building]* illumination *f*; *[match]* éclairage *m* (aux projecteurs). **let's go and see the** ~ allons voir les illuminations.

flooey‡ ['flu:ɪ] *adj:* **to go** ~ se détraquer*.

floor [flɔːʳ] **1** *n* **(a)** *(gen)* sol *m*; *(of room)* plancher *m*, parquet *m*; *(for dance)* piste *f* (de danse); *(fig) [prices etc]* plancher. **stone/tiled** ~ sol dallé/carrelé; **put it on the** ~ pose-le par terre *or* sur le sol; **she was sitting on the** ~ elle était assise par terre *or* sur le sol; *(fig)* **a question from the** ~ **of the house** une question de l'auditoire *m or* de l'assemblée *f*; **to take the** ~ *(speak)* prendre la parole; *(dance)* (aller) faire un tour de piste; **sea** ~ fond *m* de la mer; *V* **cross, wipe** *etc*.

(b) *(storey)* étage *m*. **first** ~ *(Brit)* premier étage, *(US)* rez-de-chaussée *m*; **on the first** ~ *(Brit)* au premier (étage), *(in two-storey building)* à l'étage; *(US)* au rez-de-chaussée; **he lives on the second** ~ il habite au deuxième étage *or* au second; **we live on the same** ~ nous habitons au même étage *or* sur le même palier; *V* **ground¹** *etc*.

2 *vt* **(a)** faire le sol de; *(with boards)* planchéier, parqueter.

(b) *(knock down) opponent* terrasser; *(Boxing)* envoyer au tapis.

(c) *(*: *defeat) (in argument etc)* réduire au silence; *(Sport)* battre à plates coutures. **this argument** ~**ed him** il n'a rien trouvé à répondre.

(d) *(*: *baffle, perplex)* désorienter, dérouter.

3 *cpd: [flat, offices etc]* **floor area** surface *f* au sol; **floorboard** planche *f (de plancher)*, latte *f* (de plancher); **floorcloth** serpillière *f*; **floor covering** revêtement *m* de sol; *(Gymnastics)* **floor exercises** exercices *mpl* au sol; *(US)* **floor lamp** lampadaire *m*; *(US Pol)* **floor leader** serre-file *m*; **floor manager** *(TV)* régisseur *m* de plateau; *(in shop)* chef *m* de groupe; *(Archit)* **floor plan** plan *m* (d'architecte); **floor polish** encaustique *f*, cire *f*; *(tool)* **floor polisher** cireuse *f*; **floor show** attractions *fpl*, spectacle *m* de variétés *(dans un restaurant, cabaret etc)*; **floor space** place *f* (par terre); *(US Comm)* **floorwalker** chef *m* de rayon.

floozy‡ ['flu:zɪ] *n* poule* *f*, pouffiasse‡ *f*.

flop [flɒp] **1** *vi* **(a)** *(drop etc)* s'effondrer, s'affaler. **he** ~**ped down on the bed** il s'est affalé *or* s'est effondré sur le lit; **I'm ready to** ~* je suis claqué* *or* crevé* *or* sur les rotules*; **the fish** ~**ped feebly in the basket** le poisson s'agitait faiblement dans le panier.

(b) *(US‡: sleep)* dormir, crécher*.

(c) *(fail) [play]* faire un four; *[scheme etc]* faire fiasco, être un fiasco *or* un bide‡. **he** ~**ped as Hamlet** il a complètement raté son interprétation d'Hamlet.

2 *n (*: *failure) [business venture, scheme]* fiasco *m*. **the play was a** ~ la pièce a été un four *or* a fait fiasco *or* un bide‡; **he was a terrible** ~ il s'est payé un échec monumental*, il a échoué dans les grandes largeurs*.

3 *adv:* **the whole business went** ~ toute l'affaire s'est effondrée.

4 *cpd:* *(US)* **flophouse** asile *m* de nuit; *(US TV)* **flopover*** cascade *f* d'images.

♦**flop over 1** *vi (US)* **to flop over to a new idea*** adopter une nouvelle idée.

2 flopover *V* **flop 4.**

floppy ['flɒpɪ] **1** *adj hat* à bords flottants; *clothes* lâche, flottant, flou. *(Comput)* ~ **disk** disque *m* souple, disquette *f*. **2** *n* = ~ **disk**.

flora ['flɔːrə] *n* flore *f*.

floral ['flɔːrəl] *adj* floral. **material with a** ~ **pattern** étoffe *f* à ramages *or* à motifs floraux; *(bouquet: gen)* ~ **tribute** bouquet *m* de fleurs; *(at funerals)* ~ **tributes** fleurs *fpl* et couronnes *fpl*.

Florence ['flɒrəns] *n* Florence.

Florentine ['flɒrəntaɪn] *adj* florentin.

floribunda [ˌflɔːrə'bʌndə] *n* polyanta floribunda.

florid ['flɒrɪd] *adj person, complexion* rubicond, rougeaud; *literary style* fleuri, plein de fioritures; *architecture* tarabiscoté, très chargé *or* orné.

Florida ['flɒrɪdə] *n* Floride *f*. **in** ~ en Floride.

florin ['flɒrɪn] *n* florin *m (ancienne pièce de deux shillings)*.

florist ['flɒrɪst] *n* fleuriste *mf*. ~**'s shop** magasin *m or* boutique *f* de fleuriste.

floss [flɒs] *n* bourre *f* de soie; *(also dental* ~*)* fil *m* dentaire; *V* **candy.**

flossy* [flɒsɪ] *adj (US)* ultra-chic *inv*, d'un brillant superficiel.

flotation [fləʊ'teɪʃən] *n* **(a)** *(lit) [boat etc]* action *f* de flotter; *[log]* flottage *m*. *(Space)* ~ **collar** flotteur *m (de module lunaire)*.

(b) *(Fin etc) [shares, loan]* émission *f*; *[company]* constitution *f*, création *f*.

flotilla [flə'tɪlə] *n* flotille *f*.

flotsam ['flɒtsəm] *n* épave *f* (flottante). *(fig)* **the** ~ **and jetsam of our society** les épaves de notre société.

flounce [flaʊns] **1** *vi:* **to** ~ **in/out** *etc* entrer/sortir *etc* dans un mouvement d'humeur *(or* d'indignation *etc)*. **2** *n* **(a)** *(gesture)* geste impatient, mouvement vif. **(b)** *(Dress)* volant *m*.

flounced [flaʊnst] *adj skirt, dress* à volants.

flounder¹ ['flaʊndəʳ] *n (fish)* flet *m*.

flounder² ['flaʊndəʳ] *vi (in mud etc)* patauger (péniblement), patouiller*, barboter; *(violently)* se débattre. **we** ~**ed along in the mud** nous avons poursuivi notre chemin en pataugeant dans la boue; **I watched him** ~**ing about in the water** je le regardais se débattre dans l'eau; *(fig)* **he was** ~**ing about upstairs** il allait et venait bruyamment en haut; **he** ~**ed through the rest of the speech** il a fini le discours en bredouillant; **he** ~**ed on in bad French** il continuait de patauger* *or* baragouiner en mauvais français.

flour ['flaʊəʳ] **1** *n* farine *f*. **2** *vt* fariner. **3** *cpd:* **flour-bin** boîte *f* à farine; **flour mill** minoterie *f*; **flour shaker** saupoudreuse *f* (à farine); **flour sifter** tamis *m* à farine.

flourish ['flʌrɪʃ] **1** *vi [plants etc]* bien venir, se plaire; *[business etc]* prospérer; *[writer, artist etc]* avoir du succès; *[literature, the arts, painting]* fleurir, être en plein essor. **the children were all** ~**ing** les enfants étaient tous en pleine forme *or* d'une santé florissante.

2 *vt stick, book etc* brandir.

3 *n (curve, decoration)* fioriture *f*, ornement *m*; *(in handwriting)* fioriture; *(under signature)* parafe *m or* paraphe *m*; *(Mus)* fioriture. **with a** ~ **of his stick** en faisant un moulinet avec sa canne; **he took the lid off with a** ~ il a enlevé le couvercle avec un grand moulinet du bras *or* un geste du bras; **a** ~ **of trumpets** une fanfare, un air de trompettes.

flourishing ['flʌrɪʃɪŋ] *adj business* prospère, florissant; *plant* florissant, en très bon état; *person* resplendissant de santé, d'une santé florissante.

floury ['flaʊərɪ] *adj hands* enfariné; *potatoes* farineux; *loaf, dish* saupoudré de farine, fariné.

flout [flaʊt] *vt orders, advice* faire fi de, se moquer de, passer outre à; *conventions, society* mépriser, se moquer de.

flow [fləʊ] **1** *vi [river, blood from wound]* couler; *[electric current, blood in veins]* circuler; *[tide]* monter, remonter; *[dress, hair etc]* flotter, ondoyer; *(fig: result)* découler, résulter, provenir *(from* de). *[people]* **to** ~ **in** affluer, entrer à flots; *[liquid]* **to** ~ **out** of s'écouler de, sortir de; **the money keeps** ~**ing in** l'argent rentre bien; **to** ~ **past** l'eau passer devant qch; **to** ~ **back** refluer; **the water** ~**ed over the fields** l'eau s'est répandue dans les champs; **let the music** ~ **over you** laisse la musique t'envahir; **the river** ~**s into the sea** le fleuve se jette dans la mer; **tears were** ~**ing down her cheeks** les larmes coulaient *or* ruisselaient sur ses joues; **a land** ~**ing with milk and honey** une terre d'abondance.

2 *n [tide]* flux *m*; *[river]* courant *m*; *[electric current, blood in veins]* circulation *f*; *[donations, orders, replies, words]* flot *m*; *[music]* déroulement *m*. **the interruption in the** ~ **of oil from Iran** l'arrêt de l'approvisionnement *m* en pétrole iranien; **he always has a ready** ~ **of conversation** il a toujours la conversation facile; **he stopped the** ~ **of blood** il a arrêté l'écoulement *m or* l'épanchement *m* du sang, il a étanché le sang; *V* **ebb.**

3 *cpd:* **flow chart, flow diagram, flow sheet** *(Comput)* organigramme *m*, ordinogramme *m*; *(Admin, Ind)* organigramme *m*.

flower ['flaʊəʳ] **1** *n* fleur *f*. **in** ~ en fleurs; **to say sth with** ~**s** dire qch avec des fleurs; **'no** ~**s by request'** 'ni fleurs ni couronnes'; *(fig)* **the** ~ **of the army** la (fine) fleur *or* l'élite *f* de l'armée; ~**s of rhetoric** fleurs de rhétorique; *V* **bunch.**

2 *vi (lit, fig)* fleurir.

3 *cpd:* **flower arrangement** *(art)* art *m* de faire des bouquets; *(exhibit)* composition florale; **flower bed** plate-bande *f*, parterre *m*; **flower children** = **flower people; flower garden** jardin *m* d'agrément; **flower head** capitule *m*; *(fig)* **flower people** hippies *mpl*; **flowerpot** pot *m* (à fleurs); **flower power** *message d'amour et de paix des hippies*; **flower-seller** bouquetière *f*; **flower shop** *(boutique f de)* fleuriste *mf*; **at the flower shop** chez le marchand *(or* la marchande) de fleurs, chez *or* la fleuriste; **flower show** floralies *fpl*; *(smaller)* exposition *f* de fleurs.

flowered ['flaʊəd] *adj cloth, shirt etc* à fleurs.
flowering ['flaʊərɪŋ] **1** *n* (*lit*) floraison *f*; (*fig*) floraison, épanouissement *m*. **2** *adj* (*in flower*) en fleurs; (*which flowers*) à fleurs. ~ **shrub** arbuste *m* à fleurs.
flowery ['flaʊərɪ] *adj meadow* fleuri, couvert *or* émaillé (*liter*) de fleurs; *material* à fleurs; *style, essay, speech* fleuri, orné.
flowing ['fləʊɪŋ] *adj movement* gracieux; *beard, dress, hair* flottant; *style* coulant; *tide* montant.
flown [fləʊn] *ptp of* **fly³**; *V* **high 4.**
flu [fluː] *n* (*abbr of* **influenza**) grippe *f*; *V* **Asian.**
flub* [flʌb] (*US*) **1** *vt* louper*, rater*. **2** *vi* échouer. **3** *n* ratage* *m*, erreur *f*.
fluctuate ['flʌktjʊeɪt] *vi* [*prices, temperature etc*] varier, fluctuer; [*person, attitude*] varier (*between* entre).
fluctuation [,flʌktjʊ'eɪʃən] *n* fluctuation *f*, variation *f*.
flue [fluː] *n* [*chimney*] conduit *m* (de cheminée); [*stove*] tuyau *m* (de poêle). ~ **brush** hérisson *m* (*de ramoneur*).
fluency ['fluːənsɪ] *n* (*in speech*) facilité *f or* aisance *f* (d'élocution); (*in writing*) facilité, aisance. **his** ~ **in English** son aisance à s'exprimer en anglais.
fluent ['fluːənt] *adj style* coulant, aisé. **to be a** ~ **speaker** avoir la parole facile; **he is** ~ **in Italian, he speaks** ~ **Italian, his Italian is** ~ il parle couramment l'italien.
fluently ['fluːəntlɪ] *adv speak a language* couramment; *speak, write, express o.s.* avec facilité, avec aisance.
fluff [flʌf] **1** *n* (*U*) (*on birds, young animals*) duvet *m*; (*from material*) peluche *f*; (*dust on floors*) mouton(s) *m*(*pl*) (*de poussière*). (*fig: girl*) **a bit of** ~‡ une nénette‡. **2** *vt* (**a**) (*also* ~ **out**) *feathers* ébouriffer; *pillows, hair* faire bouffer.
(**b**) (*: do badly*) *audition, lines in play, exam* rater, louper*.
fluffy ['flʌfɪ] *adj bird* duveteux; *hair* bouffant; *toy* en peluche; *material* pelucheux.
fluid ['fluːɪd] **1** *adj substance* fluide, liquide; *situation* fluide, indécis; *drawing, outline, style* fluide, coulant. ~ **ounce** *mesure de capacité* (*Brit* : ≃ 0,028 litres, *US* : ≃ 0,030 litres); **my plans are still fairly** ~ je n'ai pas encore de plans très fixes; (*US Fin*) ~ **assets** liquidités *fpl*, disponibilités *fpl*. **2** *n* fluide *m* (*also Chem*), liquide *m*. (*as diet*) **he's on** ~**s** only il ne peut prendre que des liquides.
fluidity [fluː'ɪdɪtɪ] *n* [*gas, liquid, situation etc*] fluidité *f*; [*style, speech*] aisance *f*, coulant *m*.
fluke¹ [fluːk] *n* coup *m* de chance *or* de veine* extraordinaire, hasard *m* extraordinaire. **by a (sheer)** ~ par raccroc, par un hasard extraordinaire.
fluke² [fluːk] *n* [*anchor*] patte *f* (*d'ancre*); [*arrow harpoon etc*] barbillon *m*.
fluke³ [fluːk] *n* (*Zool*) douve *f* (*du foie etc*).
fluky ['fluːkɪ] *adj wind* capricieux. ~ **shot** raccroc *m*.
flummery ['flʌmərɪ] *n* (*Culin*) bouillie *f*; (*fig*) flagornerie *f*.
flummox* ['flʌməks] *vt person* démonter, couper le sifflet à*. **he was** ~**ed** ça lui avait coupé le sifflet*, il était complètement démonté.
flung [flʌŋ] *pret, ptp of* **fling**; *V* **far 3.**
flunk‡ [flʌŋk] **1** *vi* (*fail*) être recalé* *or* collé*; (*shirk*) se dégonfler*, caner‡. **2** *vt* (**a**) (*fail*) **to** ~ **French/an exam** être recalé* *or* être collé* *or* se faire étendre* en français/à un examen; **they** ~**ed 10 candidats** ils ont recalé* *or* collé* 10 candidats.
(**b**) (*give up*) laisser tomber.
♦ **flunk out‡ 1** *vi* se faire virer* (*of* de).
2 *vt sep* virer*, renvoyer.
flunk(e)y ['flʌŋkɪ] *n* (*lit*) laquais *m*; (*fig*) larbin* *m*.
fluorescein [,flʊə'resɪn] *n* fluorescéine *f*.
fluorescence [flʊə'resns] *n* fluorescence *f*.
fluorescent [flʊə'resnt] *adj lighting* fluorescent. ~ **strip tube** fluorescent *or* au néon.
fluoridation [,flʊərɪ'deɪʃən] *n* traitement *m* au fluor.
fluoride ['flʊəraɪd] *n* fluorure *m*. ~ **toothpaste** dentifrice *m* fluoré *or* au fluor.
fluorine ['flʊəriːn] *n* fluor *m*.
fluorite ['flʊəraɪt] *n* (*US*) fluorine *f*, spath *m* fluor.
fluorspar ['flʊəspaː ʳ] *n* spath *m* fluor, fluorine *f*.
flurry ['flʌrɪ] **1** *n* [*snow*] rafale *f*; [*wind*] rafale, risée *f*; (*fig*) agitation *f*, émoi *m*. **a** ~ **of activity** une soudaine poussée *or* un soudain accès d'activité; **a** ~ **of protest** un concert de protestations; **in a** ~ **of excitement** dans un frisson d'agitation. **2** *vt* agiter, effarer. **to get flurried** perdre la tête, s'affoler (*at* pour).
flush¹ [flʌʃ] **1** *n* (**a**) (*in sky*) lueur *f* rouge, rougeoiement *m*; [*blood*] flux *m*; (*blush*) rougeur *f*. (*Med*) (*hot*) ~**es** bouffées *fpl* de chaleur. (**b**) [*beauty, health, youth*] éclat *m*; [*joy*] élan *m*; [*excitement*] accès *m*. **in the (first)** ~ **of victory** dans l'ivresse de la victoire; **she's not in the first** ~ **of youth** elle n'est pas de la première jeunesse.
(**c**) [*lavatory*] chasse *f* (d'eau).
2 *vi* (**a**) [*face, person*] rougir. **to** ~ **crimson** s'empourprer, piquer un fard*; **to** ~ **with shame/anger** rougir de honte/de colère.
(**b**) [*lavatory*] **the toilet won't** ~ la chasse d'eau ne marche pas.
3 *vt* nettoyer à grande eau; *drain, pipe* curer à grande eau. **to** ~ **the lavatory** tirer la chasse (d'eau); (*US: expressing disbelief*) ~ **it‡!** et puis quoi encore?, tu te fous de moi?‡
♦ **flush away** *vt sep* (*down sink/drain*) faire partir par l'évier/par l'égout; (*down lavatory*) faire partir (en tirant la chasse d'eau).
♦ **flush out** *vt sep* nettoyer à grande eau.
flush² [flʌʃ] **1** *adj* (**a**) au même niveau (*with* que), à ras (*with*

de). ~ **with the ground** à ras de terre, au ras de terre; **rocks** ~ **with the water** des rochers à *or* au ras de l'eau, des rochers à fleur d'eau *or* qui affleurent; **a door** ~ **with the wall** une porte dans l'alignement du mur; **a cupboard** ~ **with the wall** un placard encastré dans le mur; ~ **against** tout contre.
(**b**) **to be** ~ **(with money)‡** etre en fonds.
2 *vt*: **to** ~ **a door** rendre une porte plane.
flush³ [flʌʃ] *vt* (*also* ~ **out**) *game, birds* lever; *person* forcer à se montrer.
flush⁴ [flʌʃ] *n* (*Cards*) flush *m*; *V* **royal** *etc.*
flushed [flʌʃt] *adj person, face* (tout) rouge. ~ **with fever** rouge de fièvre; **they were** ~ **with success** le succès leur tournait la tête.
fluster ['flʌstəʳ] **1** *vt* énerver, agiter, troubler. **don't** ~ **me!** ne me trouble pas!, ne m'énerve pas!; **to get** ~**ed** s'énerver, se troubler. **2** *n* agitation *f*, trouble *m*. **in a** ~ énervé, troublé, agité.
flute [fluːt] *n* (*Mus*) flûte *f*.
fluted ['fluːtɪd] *adj* (**a**) *pillar* cannelé, strié; *flan dish* à cannelures. (**b**) (*Mus*) *tone, note* flûté.
fluting ['fluːtɪŋ] *n* (*Archit etc*) cannelures *fpl*.
flutist ['fluːtɪst] *n* (*US*) flûtiste *mf*.
flutter ['flʌtəʳ] **1** *vi* (**a**) [*flag, ribbon*] flotter, voleter, s'agiter; [*bird, moth, butterfly*] voltiger, voleter; [*wings*] battre. **the bird** ~**ed about the room** l'oiseau voletait çà et là dans la pièce; **the butterfly** ~**ed away** le papillon a disparu en voltigeant; **a leaf came** ~**ing down** une feuille est tombée en tourbillonnant.
(**b**) [*person*] papillonner, virevolter, aller et venir dans une grande agitation. **she** ~**ed into the room** elle a fait une entrée très agitée dans la pièce.
(**c**) [*heart*] palpiter; [*pulse*] battre (faiblement).
2 *vt fan, paper* jouer de. **the bird** ~**ed its wings** l'oiseau a battu des ailes; **to** ~ **one's eyelashes** battre des cils (*at sb* dans la direction de qn).
3 *n* (**a**) [*eyelashes, wings*] battement *m*; [*heart*] palpitation *f*; [*pulse*] battement; (*nervousness*) agitation *f*, émoi *m*, trouble *m*. (**all**) **in a** ~ tout troublé, dans un grand émoi.
(**b**) (*Brit: gamble*) **to have a** ~* parier *or* risquer (de petites sommes) (*on* sur); (*St Ex*) boursicoter.
fluvial ['fluːvɪəl] *adj* fluvial.
flux [flʌks] *n* (*U*) (**a**) (*change*) continuel, fluctuation *f*. **to be in a state of** ~ changer sans arrêt, fluctuer continuellement. (**b**) (*Med*) flux *m*, évacuation *f* (*de sang etc*); (*Phys*) flux; (*Metal*) fondant *m*.
fly¹ [flaɪ] **1** *n* (*insect: also Fishing*) mouche *f*. **the epidemic killed them off like flies** ils mouraient *or* tombaient comme des mouches, frappés par l'épidémie; **he wouldn't harm** *or* **hurt a** ~ il ne ferait pas de mal à une mouche; (*fig*) **I wish I were a** ~ **on the wall** j'aimerais être une petite souris (pour pouvoir écouter *or* voir) (*V also* **2**); (*fig*) **there's a** ~ **in the ointment** il y a un ennui *or* un hic* *or* un os*; **he's the** ~ **in the ointment** le gros obstacle c'est lui, c'est lui l'empêcheur de tourner en rond; **there are no flies on him‡** il n'est pas né d'hier, il n'est pas tombé de la dernière averse *or* pluie; *V* **die¹, house.**
2 *cpd*: **fly-blown** (*lit*) couvert *or* plein de chiures de mouches; (*fig*) très défraîchi; **flycatcher** (*bird*) gobe-mouches *m inv*; (*plant*) plante *f* carnivore; **flypaper** papier *m* tue-mouches; (*Fishing*) **fly rod** canne *f* à mouche; **fly swat(ter)** tapette *f*; **fly trap** *V* **Venus**; (*Boxing*) **flyweight** poids *m* mouche.
fly² [flaɪ] *adj* (*esp Brit: astute*) malin (*f* -igne), rusé, astucieux.
fly³ [flaɪ] *pret* **flew**, *ptp* **flown 1** *vi* (**a**) [*bird, insect, plane*] voler; [*air passenger*] aller *or* voyager en avion. **I don't like** ~**ing** je n'aime pas l'avion; **I always** ~ je voyage toujours par avion; **how did you get here? — I flew** comment es-tu venu? — par *or* en avion; **to** ~ **over London** survoler Londres, voler au-dessus de Londres; **the planes flew past** *or* **over at 3 p.m.** les avions sont passés (au-dessus de nos têtes) à 15 heures; **to** ~ **across** *or* **over the Channel** [*bird, plane, person*] survoler la Manche; [*passenger*] traverser la Manche en avion; [*bird*] **to** ~ **away** s'envoler; (*fig*) **all her worries flew away** tous ses soucis se sont envolés; **we flew in from Rome this morning** nous sommes venus de Rome en *or* par avion ce matin; **to** ~ **off** [*bird, plane*] s'envoler; [*passenger*] partir en avion, s'envoler (*to* pour); **a bee flew in through the window** une abeille est entrée par la fenêtre; (*fig*) **he is** ~**ing high** il voit grand, il vise haut; (*fig*) **to find that the bird has flown** trouver l'oiseau envolé; (*US fig*) ~ **right, sonny*** conduis-toi bien, mon gars; *V* **fury.**
(**b**) (*fig*) [*time*] passer vite, filer*; [*sparks*] jaillir, voler; [*car, people*] filer*. [*person*] **to** ~ **in/out/back** *etc* entrer/sortir/retourner *etc* à toute vitesse *or* à toute allure *or* comme un bolide; **it's late, I must** ~! il est tard, il faut que je me sauve! (*subj*) *or* que je file*! (*subj*); **to** ~ **to sb's assistance** voler au secours de qn; **to** ~ **in the face of danger** lancer un défi au danger; **to** ~ **in the face of authority** battre en brèche l'ordre établi; **to** ~ **into a rage** *or* **a passion** s'emporter, se mettre dans une violente colère; (*fig*) **to** ~ **off the handle** s'emporter, sortir de ses gonds; **to let** ~ **at sb** (*in angry words*) s'en prendre violemment à qn, prendre qn violemment à partie, traiter qn de tous les noms; (*by shooting*) tirer sur qn; **to let** ~ **a stone** jeter une pierre; **to** ~ **at sb** sauter *or* se ruer sur qn; **to** ~ **at sb's throat** sauter à la gorge de qn; **the door flew open** la porte s'est ouverte brusquement *or* soudain en un coup de vent; **the handle flew off** la poignée s'est détachée brusquement *or* soudain; **the lid and the box flew apart** le couvercle et la boîte se sont brusquement *or* soudain séparés; **the cup flew to bits** *or* **into pieces** la tasse a volé en éclats; *V* **feather, send, spark.**
(**c**) (*flee*) fuir (*before* devant), s'enfuir (*from* de), se réfugier (*to* auprès de). **to** ~ **from temptation** fuir la tentation; ~ **for your life!** fuyez!

(d) [flag] se déployer. her hair was ~ing in the wind ses cheveux flottaient au vent; V flag¹.

2 vt **(a)** aircraft piloter; person emmener par avion; goods transporter par avion; standard, admiral's flag etc arborer. (Naut) to ~ the French flag battre pavillon français; the building was ~ing the French flag le drapeau français flottait sur l'immeuble; to ~ a kite (lit) faire voler un cerf-volant; (fig) lancer un ballon d'essai (fig); to ~ great distances faire de longs voyages en avion; to ~ the Atlantic/the Channel etc traverser l'Atlantique/la Manche etc en avion; to ~ Air France voler sur Air France; we will ~ you to Italy and back for £80 nous vous offrons le voyage d'Italie aller et retour par avion pour 80 livres.

(b) to ~ the country quitter le pays, s'enfuir du pays.

3 n **(a)** (on trousers: also **flies**) braguette f; (on tent) auvent m.

(b) (vehicle) fiacre m.

(c) [flag] battant m.

(d) (Theat) **flies** cintres mpl, dessus mpl.

4 cpd: **flyaway** hair difficile, intraitable*; (frivolous) frivole, futile; **flyboy**‡ (US) pilote m (de l'armée de l'air); **fly-button** bouton m de braguette; **fly-by-night** (n) (irresponsible person) tout-fou* m, écervelé(e) m(f); (decamping debtor) débiteur m, -trice f qui déménage à la cloche de bois or qui décampe en douce*; (adj) person tout-fou* (m only), écervelé; (Comm, Fin) firm, operation véreux; (Travel) **fly-drive** formule f avion plus voiture; (Rugby) **fly hack** = fly kick; (Rugby) **fly half** demi d'ouverture; (Rugby) **fly kick** coup m de pied à suivre; **flyleaf** page f de garde; **flyover** (Brit Aut) autopont m; (temporary) toboggan m; (US Aviat) défilé aérien; (Brit) **flypast** défilé aérien; (Brit) **fly-post** coller des affiches illégalement; (Brit) **flyposting** affichage illégal; (Brit) **fly sheet** feuille volante; **flywheel** volant m (Tech).

flyer ['flaɪər] = **flier**.

flying ['flaɪɪŋ] **1** n (action) vol m; (activity) aviation f. he likes ~ il aime l'avion; V formation, stunt.

2 adj visual. (fig) **to come through with ~ colours** réussir de façon éclatante; **~ insect** insecte volant; **~ jump** saut m avec élan; **to take a ~ jump** sauter avec élan; (Sport) **~ start** départ lancé; (fig) **to get off to a ~ start** [racing car, runner] prendre un départ très rapide or en flèche; [scheme, plan] prendre un bon or un excellent départ; **~ visit** visite f éclair inv.

3 cpd: **flying ambulance** (plane) avion m sanitaire; (helicopter) hélicoptère m sanitaire; **flying boat** hydravion m; **flying bomb** bombe volante, V1 m; **flying buttress** arc-boutant m; **flying doctor** médecin volant; **the Flying Dutchman** (legend) le Hollandais volant; (opera) le Vaisseau fantôme; **flying fish** poisson volant; **flying fortress** forteresse volante; **flying fox** roussette f; **flying machine** machine volante, appareil volant; (Brit) **flying officer** lieutenant m de l'armée de l'air; (Ind) **flying picket** piquet m de grève volant; **flying saucer** soucoupe volante; (Police) **Flying Squad** brigade volante (de la police judiciaire); **flying suit** combinaison f; **flying time** heures fpl de vol; **flying trapeze** trapèze m volant.

FM [ef'em] **(a)** abbr of **Field Marshal**; V field. **(b)** (abbr of **frequency modulation**) F.M.

FMB [efem'bi:] (US) abbr of **Federal Maritime Board**; V federal.

F.O. [ef'əʊ] (Brit) abbr of **Foreign Office**; V foreign.

foal [fəʊl] **1** n (horse) poulain m; (donkey) ânon m. **the mare is in ~** la jument est pleine. **2** vi mettre bas (un poulain etc), poulliner.

foam [fəʊm] **1** n [beer etc] mousse f; [sea] écume f; (in fire fighting) mousse (carbonique); (at mouth) écume. (liter) **the ~** les flots mpl (liter).

2 cpd: **foam-backed** carpet à sous-couche de mousse; **foam bath** bain m moussant, bain (de) mousse; **foam plastic** mousse f de plastique; **foam rubber** caoutchouc m mousse; **foam sprayer** extincteur m à mousse.

3 vi [sea] écumer, moutonner; [soapy water] mousser, faire de la mousse. **to ~ at the mouth** [animal] baver, écumer; [person] (lit) avoir de l'écume aux lèvres; (fig) écumer de rage; **he was absolutely ~ing**‡ il écumait (de rage).

♦**foam up** vi (liquid in container) mousser.

foamy ['fəʊmɪ] adj sea écumeux; beer mousseux.

F.O.B. [efəʊ'bi:] (abbr of **free on board**) F.O.B.

fob [fɒb] **1** vt: **to ~ sth off on sb**, **to ~ sb off with sth** refiler* or fourguer‡ qch à qn; **to ~ sb off with promises** se débarrasser de qn par de belles promesses. **2** n (†) (pocket) gousset m (de pantalon); (ornament) breloque f. **~ watch** montre f de gousset.

FOC [efəʊ'si:] (Comm) abbr of **free of charge**; V free.

focal ['fəʊkəl] adj focal. **~ length** or **distance** distance focale, focale f; (Med) **~ infection** infection focale; **~ plane** plan focal; (Phot) **~ plane shutter** obturateur focal or à rideau; **~ point** (Opt) foyer m; (in building, gardens) point de convergence; (fig: main point: of meeting, discussions etc) point m central; **~ ratio** diaphragme m.

foci ['fəʊkaɪ] npl of **focus**.

fo'c'sle ['fəʊksl] n = **forecastle**.

focus ['fəʊkəs] **1** n, pl **~es** or **foci** (Math, Phys) foyer m; [interest] centre m; [illness, unrest] foyer, siège m. (Phot) **the picture is in/out of ~** l'image est nette/floue, l'image est/n'est pas au point; (Phot) **to bring a picture into ~** mettre une image au point; **he was the ~ of attention** il était le point de mire or le centre d'attention or le centre d'intérêt.

2 vt **(a)** instrument, camera mettre au point. **to ~ the camera** faire la point.

(b) (direct etc) light, heat rays faire converger; beam, ray diriger (on sur); (fig) attention concentrer (on sur). **to ~ one's eyes on sth** fixer ses yeux sur qch; **all eyes were ~ed on him** il était le point de mire de tous.

3 vi **(a)** (Phot) mettre au point (on sur).

(b) to ~ on [eyes] (gen) se fixer sur; (fml) accommoder sur; [person] fixer son regard sur; **my eyes won't ~**, **I can't ~ properly** (gen) je vois trouble, j'ai du mal à distinguer, (more formally) je ne peux pas accommoder.

(c) [heat, light, rays] converger (on sur).

(d) (fig) **we must ~ on raising funds** il faut nous concentrer sur la collecte des fonds; **the meeting ~sed on the problems of the unemployed** la réunion a surtout porté sur les problèmes des chômeurs.

fodder ['fɒdər] n fourrage m; V cannon.

foe [fəʊ] n (liter: lit, fig) ennemi(e) m(f), adversaire mf.

foetal ['fiːtl] adj fœtal. **in a ~ position** dans la position du fœtus, dans une position fœtale.

foetid ['fiːtɪd] adj = **fetid**.

foetus ['fiːtəs] n fœtus m.

fog [fɒg] **1** n **(a)** (Met) brouillard m; (Naut) brume f, brouillard (de mer); (fig) brouillard, confusion f. (fig) **to be in a ~** être dans le brouillard, ne plus savoir où l'on en est.

(b) (Phot) voile m.

2 vt mirror, glasses embuer; person embrouiller, brouiller les idées à; photo voiler. **to ~ the issue** (accidentally) embrouiller or obscurcir la question; (purposely) brouiller les cartes.

3 vi [mirror, glasses] (also ~ **over**) s'embuer; [landscape] s'embrumer; (Phot) [negative] se voiler.

4 cpd: **fog bank** banc m de brume; **fogbound** pris dans la brume, bloqué par le brouillard; **foghorn** corne f or sirène f de brume; **she has a voice like a foghorn** elle a une voix tonitruante or de stentor; (Aut) (Brit) **foglamp**, (US) **foglight** feu m de brouillard; **fog signal** (Naut) signal m de brume; (Rail) pétard m.

fogey* ['fəʊgɪ] n: old ~ vieille baderne*, vieux bonze*.

foggy ['fɒgɪ] adj landscape, weather brumeux; ideas, reasoning confus. **it was ~ yesterday** hier il a fait du brouillard; **on a ~ day** par un jour de brouillard; **I haven't the foggiest (idea** or **notion)!*** aucune idée!, pas la moindre idée!

foible ['fɔɪbl] n marotte f, petite manie.

foil¹ ['fɔɪl] n **(a)** (U: metal sheet) feuille f or lame f de métal; (also cooking or kitchen ~) papier m d'aluminium, (papier) alu* m. (Culin) **fish cooked in ~** poisson cuit (au four) dans du papier d'aluminium; V tin etc.

(b) (fig) repoussoir m. **to act as a ~ to sb/sth** servir de repoussoir à qn/qch, mettre qn/qch en valeur.

foil² [fɔɪl] n (Fencing) fleuret m.

foil³ [fɔɪl] vt attempts déjouer; plans contrecarrer.

foist [fɔɪst] vt: **to ~ sth (off) on sb** refiler* or repasser* qch à qn; **this job was ~ed (off) on to me** c'est moi qui ai hérité de ce boulot*; **to ~ o.s. on (to) sb** s'imposer à qn; (as uninvited guest) s'imposer or s'installer chez qn.

fold¹ [fəʊld] **1** n (in paper, cloth, skin, earth's surface) pli m. (Geol) ~**s** plissement m.

2 cpd: **foldaway** bed etc pliant; **foldout** dépliant m (encarté dans une revue), encart m.

3 vt **(a)** paper, blanket, bed, chair plier; wings replier. **to ~ a sheet in two** plier un drap en deux; **to ~ one's arms** (se) croiser les bras; **to ~ one's hands** (in prayer) joindre les mains.

(b) (wrap up) envelopper (in dans), entourer (in de). **to ~ sb/sth in one's arms** serrer qn/qch dans ses bras, étreindre qn/qch; **to ~ sb to one's heart** serrer qn sur son cœur; (liter) **hills ~ed in mist** des collines enveloppées dans la brume or de brume.

(c) (Culin) eggs, sugar incorporer (into à).

4 vi **(a)** [chair, table] se (re)plier.

(b) (*: fail) [newspaper] disparaître, cesser de paraître; [business] fermer (ses portes); [play] quitter l'affiche, être retiré de l'affiche. [business etc] **they ~ed last year** ils ont mis la clé sous la porte l'année dernière.

♦**fold away 1** vi [table, bed] (être capable de) se (re)plier.

2 vt sep clothes, one's book, newspaper plier et ranger.

3 foldaway adj V fold¹ 2.

♦**fold back** vt sep shutters ouvrir, rabattre; bedclothes, collar replier, rabattre, retourner.

♦**fold down** vt sep chair plier. **to fold down the corner of a page** corner une page.

♦**fold in** vt sep (Culin) flour, sugar incorporer.

♦**fold over** vt sep paper plier, replier; blanket replier, rabattre, retourner.

♦**fold up 1** vi (*fig) [plan, business venture] faire fiasco, s'écrouler; [play etc] échouer, faire un four. **to fold up with laughter*** se tordre (de rire), être plié (en deux)*.

2 vt sep paper etc plier, replier.

fold² [fəʊld] n (enclosure) parc m à moutons; (Rel) sein m de l'Église. (fig) **to come back to the ~** rentrer au bercail.

...fold [fəʊld] suf: **twenty~** (adj) par vingt; (adv) vingt fois; V **two** etc.

folder ['fəʊldər] n **(a)** (file) chemise f; (with hinges) classeur m; (for drawings) carton m; (papers) dossier m. **(b)** (leaflet) dépliant m, brochure f.

folding ['fəʊldɪŋ] adj bed etc pliant. ~ **chair** (with back) chaise pliante; (with back and arms) fauteuil pliant; ~ **door** porte f (en) accordéon; (US) ~ **money*** billets mpl de banque; ~ **seat** (gen: also ~ **stool**) pliant m; (Aut, Theat) strapontin m; ~ **table** table pliante.

foliage ['fəʊlɪdʒ] n feuillage m.

foliation [ˌfəʊlɪ'eɪʃən] n (Bot) foliation f, feuillaison f; [book] foliotage m; (Geol) foliation; (Archit) rinceaux mpl.

folio ['fəʊlɪəʊ] n (sheet) folio m, feuillet m; (volume) (volume m) in-folio m.

folk [fəʊk] **1** n **(a)** (pl: people: also ~s) gens mpl (adj fem if before n). **they are good ~(s)** ce sont de braves gens, ce sont de bonnes gens, ce sont des gens gentils; **a lot of ~(s) believe ...** beaucoup de gens croient ...; **there were a lot of ~ at the concert** il y avait beaucoup de gens *or* de monde au concert; **old ~(s)** les vieux, les vieilles gens; **young ~(s)** les jeunes *mpl*, les jeunes gens; **the old ~s stayed at home** les vieux* sont restés à la maison; **hullo ~s!*** bonjour tout le monde!*; *V* **country**, **old** *etc*.

(b) (*pl: people in general: also* ~s) les gens, on. **what will ~(s) think?** qu'est-ce que les gens vont penser?, qu'est-ce qu'on va penser?; **~ get worried when they see that** les gens s'inquiètent quand ils voient ça.

(c) (*pl: relatives*) ~s* famille *f*, parents *mpl*; **my ~s** ma famille, mes parents, les miens.

(d) (*U*) = ~ **music**; *V* 2.

2 *cpd*: **folk dance, folk dancing** danse *f* folklorique; **folk etymology** étymologie *f* populaire; **folklore** folklore *m*; **folk music** (*gen*) musique *f* folklorique; (*contemporary*) musique folk *inv*, folk *m*; **folk rock** folk-rock *m*; **folk singer** (*gen*) chanteur *m*, -euse *f* de chansons folkloriques; (*contemporary*) chanteur, -euse folk; **folksong** (*gen*) chanson *f* or chant *m* folklorique; (*contemporary*) chanson folk *inv*; **folk tale** conte *m* populaire *or* folklorique; **folk wisdom** la croyance populaire.

folksy* ['fəʊksɪ] *adj story, humour* populaire; *person* bon enfant *inv*, sans façon.

follicle ['fɒlɪkl] *n* follicule *m*.

follow ['fɒləʊ] 1 *vt* (a) *person, road, vehicle* suivre; (*in procession*) aller *or* venir à la suite de, suivre; *suspect* filer. **to ~ sb in/out** *etc* suivre qn (qui entre/sort *etc*); **he ~ed me into the room** il m'a suivi dans la pièce; **we're being ~ed** on nous suit; **~ that car!** suivez cette voiture!; **~ me** suivez-moi; **the child ~s him everywhere** l'enfant le suit partout, l'enfant est toujours sur ses talons; **they ~ed the guide** ils ont suivi le guide; (*fig*) **he'll be a difficult man to ~** il sera difficile de lui succéder *or* de le remplacer; **to have sb ~ed** faire filer qn; **the detectives ~ed the suspect for a week** les détectives ont filé le suspect pendant une semaine; **a bodyguard ~ed the president everywhere** un garde du corps accompagnait le président partout; **he was ~ed by one of our staff** il a été suivi par l'un de nos employés; **he arrived first, ~ed by the ambassador** il est arrivé le premier, suivi de l'ambassadeur *or* et après lui est venu l'ambassadeur; **this was ~ed by a request for ...** ceci a été suivi d'une demande de ...; **the boat ~ed the coast** le bateau suivait *or* longeait la côte; **~ your nose** continuez tout droit; **he ~ed his father into the business** il est entré dans l'affaire sur les traces de son père; **the earthquake was ~ed by an epidemic** une épidémie a suivi le tremblement de terre; **the dinner will be ~ed by a concert** le dîner sera suivi d'un concert; **the years ~ed one another** les années se suivirent *or* se succédèrent; **night ~s day** la nuit succède au jour.

(b) *fashion* suivre, se conformer à; *instructions, course of study* suivre; *sb's orders* exécuter; *serial, strip cartoon* lire (régulièrement); *speech, lecture* suivre, écouter (attentivement). **to ~ sb's advice/example** suivre les conseils/l'exemple de qn; **to ~ suit** (*Cards*) fournir (*in clubs etc* à trèfle *etc*); (*fig*) en faire autant, faire de même; **do you ~ football?** vous suivez le football?; **which team do you ~?** tu es supporter de quelle équipe?

(c) *profession* exercer, suivre; *career* poursuivre. (*liter*) **to ~ the sea** être *or* devenir *or* se faire marin.

(d) (*understand*) suivre, comprendre. **do you ~ me?** vous me suivez?; **I don't quite ~ (you)** je ne vous suis pas bien *or* pas tout à fait.

2 *vi* (a) (*come after*) suivre. **as ~s** (*gen*) comme suit; **his argument was as ~s** son raisonnement était le suivant; **to ~ right behind sb, to ~ hard on sb's heels** être sur les talons de qn; (*fig*) **to ~ in sb's footsteps** *or* **tracks** suivre les traces *or* marcher sur les traces de qn; (*at meals*) **what is there to ~?** qu'est-ce qu'il y a après?, qu'est-ce qui suit?

(b) (*result*) s'ensuivre, résulter (*from* de). **it ~s that** il s'ensuit que + *indic*; **it doesn't ~ that** il ne s'ensuit pas nécessairement que + *subj* or *indic*, cela ne veut pas forcément dire que + *subj* or *indic*; **that doesn't ~** pas forcément, les deux choses n'ont rien à voir (l'une avec l'autre); **that ~s from what he said** cela découle de ce qu'il a dit.

(c) (*understand*) suivre, comprendre.

3 *cpd*: **follow-my-leader** jeu où les enfants doivent imiter tous les mouvements d'un joueur désigné; **follow-through** (*Billiards*) coulé *m*; (*Golf, Tennis*) accompagnement *m* (du coup); (*to a project, survey*) suite *f*, continuation *f*; **follow-up** (*Admin, Comm : on file, case*) suivi *m* (*on, of* de); (*event, programme etc coming after another*) suite *f* (*to* de); (*letter, circular*) rappel *m*; (*Med*) **follow-up care** soins post-hospitaliers; **follow-up survey** *or* **study** étude *f* complémentaire; (*Med, Soc etc*) **follow-up visit** visite *f* de contrôle.

♦**follow about, follow around** *vt sep* suivre (partout), être toujours sur les talons de.

♦**follow on** *vi* (a) (*come after*) suivre. **you go ahead and I'll follow on when I can** allez-y, je vous suivrai quand je pourrai.

(b) (*result*) résulter (*from* de). **it follows on from what I said** cela découle de ce que j'ai dit, c'est la conséquence logique de ce que j'ai dit.

♦**follow out** *vt sep idea, plan* poursuivre jusqu'au bout *or* jusqu'à sa conclusion; *an order* exécuter; *instructions* suivre.

♦**follow through** 1 *vi* (*Billiards*) faire *or* jouer un coulé; (*Golf, Tennis*) accompagner son coup *or* sa balle.

2 *vt sep idea, plan* poursuivre jusqu'au bout *or* jusqu'à sa conclusion.

3 **follow-through** *n V* **follow 3**.

♦**follow up** 1 *vi* (a) (*pursue an advantage*) exploiter un *or* tirer parti d'un avantage.

(b) (*Ftbl etc*) suivre l'action.

2 *vt sep* (a) (*benefit from*) advantage, success, victory exploiter, tirer parti de; *offer* donner suite à.

(b) (*not lose track of*) suivre; [*social worker*] maintenir une liaison avec, suivre, surveiller. **we must follow this business up** il faudra suivre cette affaire; **this is a case to follow up** c'est un cas à suivre; **'to be followed up'** 'cas à suivre'.

(c) (*reinforce*) victory asseoir; *remark* faire suivre (*with* de), compléter (*with* par). **they followed up the programme with another equally good** ils ont donné à cette émission une suite qui a été tout aussi excellente; **they followed up the insults with threats** ils ont fait suivre leurs insultes de menaces.

3 **follow-up** *n, adj V* **follow 3**.

follower ['fɒləʊəʳ] *n* (a) partisan(e) *m(f)*, disciple *m*. **the ~s of fashion** ceux qui suivent la mode; **as all football ~s know** comme le savent tous ceux qui s'intéressent au football. (b)(†: *admirer*) amoureux *m*, -euse *f*, admirateur *m*, -trice *f*.

following ['fɒləʊɪŋ] 1 *adj* suivant. **the ~ day** le jour suivant, le lendemain; **he made the ~ remarks** il a fait les remarques suivantes *or* les remarques que voici; **~ wind** vent *m* arrière.

2 *n* (a) [*idea, doctrine*] partisans *mpl*, disciples *mpl*, adeptes *mpl*. **he has a large ~** il a de nombreux partisans *or* disciples *or* fidèles.

(b) **he said the ~** il a dit ceci; (*in documents etc*) **see the ~ for an explanation** voir ce qui suit pour toute explication; **his argument was the ~** son raisonnement était le suivant; [*people, books etc*] **the ~ have been chosen** les suivants *mpl* ont été choisis.

3 *prep* (a) (*after*) après. **~ the concert there will be ...** après le concert il y aura ... .

(b) (*as a result of*) (comme) suite à. (*Comm*) **~ your letter ...** (comme) suite à *or* en réponse à votre lettre; **~ our meeting** (comme) suite à notre entretien.

folly ['fɒlɪ] *n* (a) (*U: foolishness*) folie *f*, sottise *f*. **it's sheer ~ to do that** c'est de la pure folie *or* de la démence de faire cela. (b) (*foolish thing, action*) sottise *f*, folie *f*. (c) (*Archit*) (*gen*) extravagance *f* architecturale; (*specifically house; also in place names*) folie *f*.

foment [fəʊ'ment] *vt* (*lit, fig*) fomenter.

fomentation [ˌfəʊmen'teɪʃən] *n* (*lit, fig*) fomentation *f*.

fond [fɒnd] *adj* (a) **to be ~ of sb** aimer beaucoup qn, avoir de l'affection pour qn; **to be very ~ of music** aimer beaucoup la musique, être très amateur de musique; **to be ~ of sweet things** être friand de sucreries, aimer les sucreries.

(b) (*loving*) *husband, friend* affectueux, tendre; *parent* (trop) bon, (trop) indulgent; *look* tendre; *hope* fervent; *ambition, wish* cher. **it is my ~est hope that ...** mon espoir le plus cher est que ... .

(c) (*foolish*) *hope, ambition, wish* naïf (*f* naïve).

fondle ['fɒndl] *vt* caresser.

fondly ['fɒndlɪ] *adv* (a) (*lovingly*) tendrement, affectueusement.

(b) (*foolishly, credulously*) *believe, think, imagine* naïvement. **he ~ expected to learn it quickly** il avait la naïveté de croire qu'il l'apprendrait vite; **after that, he ~ imagined that** après cela, il était allé s'imaginer que *or* il s'imaginait naïvement que.

fondness ['fɒndnɪs] *n* (*for things*) prédilection *f*, penchant *m* (*for* pour); (*for people*) affection *f*, tendresse *f* (*for* pour).

font [fɒnt] *n* (a) (*Rel*) fonts baptismaux. (b) (*US Typ*) = **fount b**.

fontanel(le) [ˌfɒntə'nel] *n* fontanelle *f*.

food [fuːd] 1 *n* (a) (*U: sth to eat*) nourriture *f*. **there was no ~ in the house** il n'y avait rien à manger *or* il n'y avait pas de nourriture dans la maison; **there's not enough ~** il n'y a pas assez à manger, il n'y a pas assez de nourriture; **most of the ~ had gone bad** la plus grande partie de la nourriture *or* des vivres *mpl* s'était avariée; **to give sb ~** donner à manger à qn; **to give the horses their ~** faire manger les chevaux, donner à manger aux chevaux; **what's that?** — **it's ~ for the horse** qu'est-ce que c'est? — c'est de la nourriture pour *or* c'est de quoi manger pour le cheval; **to buy ~** acheter à manger, faire des provisions; **the cost of ~** le prix des denrées *fpl* alimentaires *or* de la nourriture; **~ and clothing** la nourriture et les vêtements; **to be off one's ~*** avoir perdu l'appétit, n'avoir plus d'appétit; **the ~ is very good here** la cuisine est excellente ici, on mange très bien ici; **he likes plain ~** il aime la cuisine simple, il aime se nourrir simplement; (*fig*) **it gave me ~ for thought** cela m'a donné à penser *or* à réfléchir.

(b) (*specific substance*) (*gen*) aliment *m*; (*soft, moist: for poultry, dogs, cats, pigs etc*) pâtée *f*. **a new ~ for babies/for pigs** *etc* un nouvel aliment pour les bébés/pour les cochons *etc*; **pet ~s** aliments pour animaux; **tins of dog/cat** *etc* **~** des boîtes de pâtée pour chiens/chats *etc*; **all these ~s must be kept in a cool place** tous ces aliments doivent être conservés au frais; *V* **frozen**, **health** *etc*.

(c) (*for plants*) engrais *m*.

2 *cpd*: **Food and Agriculture Organization** Organisation *f* des Nations Unies pour l'alimentation et l'agriculture; (*US*) **Food and Drug Administration** office du contrôle pharmaceutique et alimentaire; (*Ecol*) **food chain** chaîne *f* alimentaire; (*in shop*) **food counter** rayon *m* (d')alimentation; **food crop** culture *f* vivrière; **food grains** céréales *fpl* vivrières; **food parcel** colis *m* de vivres; **food poisoning** intoxication *f* alimentaire; **food prices** prix *mpl* des denrées *fpl* alimentaires *or* de la nourriture; **food processing** (*gen*) préparation *f* des aliments; (*Ind*) industrie *f* alimentaire; **food processor** robot *m* de cuisine; **food rationing** rationnement *m* alimentaire; (*US*) **food stamps** bons *mpl* de nourriture (*pour indigents*); **foodstuffs** denrées *fpl* alimentaires, aliments *mpl*, comestibles *mpl*; **food subsidy** subvention *f* sur les denrées alimentaires; **food supplies** vivres *mpl*; **food value** valeur nutritive.

foodie‡ ['fuːdɪ] *n* fana* *mf* de la (grande) cuisine.

foofaraw ['fuːfəˌrɔː] *n* histoires* *fpl*, cirque* *m*, pétard* *m*.

fool[1] [fuːl] 1 *n* (a) imbécile *mf*, idiot(e) *m(f)*, sot(te) *m(f)*. **stupid ~!** espèce d'imbécile!* *or* d'idiot(e)! *or* d'abruti(e)!*; **don't be a ~!** ne sois pas stupide!, ne fais pas l'idiot(e)!; **I felt such a ~** je me suis vraiment senti bête; **some ~ of a doctor, some ~ doctor‡** un imbécile *or* un abruti* de médecin; **he was a ~ not to accept** il a été idiot *or* stupide de ne pas accepter; **what a ~ I was to think ...** ce que j'ai pu être bête de penser ...; **he's more of a ~ than I thought** il est (encore) plus idiot que je ne pensais; **he was ~ enough to accept** il a été assez stupide pour accepter, il a eu la bêtise d'accepter; **to play** *or* **act the ~** faire l'imbécile *or* le pitre; **he's no ~** il est loin d'être bête; **he's nobody's ~** il n'est pas né d'hier *or* tombé de la dernière pluie; **more ~ you!*** tu n'avais qu'à ne pas faire l'idiot! *or* être idiot!; **he made himself look a ~ or he made a ~ of himself** in front of everybody il s'est rendu ridicule devant tout le monde; **to make a ~ of sb** *(ridicule)* ridiculiser qn, se payer la tête de qn*; *(trick)* avoir* *or* duper qn; **I went on a ~'s errand** j'y suis allé pour rien, je me suis dépensé en pure perte; **any ~ can do that** n'importe quel imbécile peut le faire; *(Geol)* **~'s gold** chalcopyrite *f*; **to live in a ~'s paradise** se bercer d'un bonheur illusoire, poursuivre son rêve, planer; *(Prov)* **a ~ and his money are soon parted** aux idiots l'argent file entre les doigts; *(Prov)* **there's no ~ like an old ~** il n'y a pire imbécile qu'un vieil imbécile.

(b) *(jester)* bouffon *m*, fou *m*.

2 *cpd*: **fooling about, fooling around** bêtises *fpl*; **foolproof** *method* infaillible, à toute épreuve; *piece of machinery* indétraquable, indéréglable.

3 *vi* faire l'imbécile *or* l'idiot(e). **stop ~ing!** arrête de faire l'idiot(e)! *or* l'imbécile!; **no ~ing*, he really said it** sans blague*, il a vraiment dit ça; **I was only ~ing** je ne faisais que plaisanter, c'était pour rire.

4 *vt* avoir*, berner, duper. **you won't ~ me so easily!** vous ne m'aurez pas comme ça!* *or* si facilement!*; **it ~ed nobody** personne n'a été dupe.

◆**fool about, fool around 1** *vi* **(a)** *(waste time)* perdre son temps. **stop fooling about and get on with your work** cesse de perdre ton temps et fais ton travail.

(b) *(play the fool)* faire l'idiot(e) *or* l'imbécile *or* le pitre. **stop fooling about!** arrête de faire l'idiot! *or* l'imbécile! *or* le pitre!, cesse tes idioties!; **to fool about with sth** faire l'imbécile avec qch.

2 fooling about *or* **around** *n* V **fool¹ 2.**

◆**fool away** *vt sep* *time, money* perdre *or* gaspiller (en futilités).

fool² [fu:l] *n* *(Brit Culin: also fruit ~)* (sorte de) mousse *f* de fruits. **gooseberry ~** ≃ mousse de groseilles à maquereaux.

foolery ['fu:ləri] *n (U)* *(foolish acts)* sottises *fpl*, bêtises *fpl*; *(behaviour)* bouffonnerie *f*, pitrerie(s) *f(pl)*.

foolhardiness ['fu:l,hɑ:dinis] *n* témérité *f*, imprudence *f*.

foolhardy ['fu:l,hɑ:di] *adj* téméraire, imprudent.

foolish ['fu:liʃ] *adj* idiot, bête, insensé. **it would be ~ to believe her** ce ne serait pas (très) malin de la croire; **don't be so ~** ne fais pas l'idiot(e), ne sois pas bête; **that was very ~ of you** ça n'a pas été très malin de votre part, *(more formally)* vous avez vraiment été imprudent; **to look ~** avoir l'air idiot *or* tout bête*; **to make sb look ~** rendre qn ridicule; **I felt very ~** je me suis senti plutôt idiot *or* bête; **she did something very ~** elle a fait une grosse bêtise.

foolishly ['fu:liʃli] *adv* sottement, bêtement. **and ~ I believed him** et je l'ai cru comme un(e) imbécile *or* un(e) idiot(e) (que j'étais).

foolishness ['fu:liʃnis] *n (U)* bêtise *f*, sottise *f*.

foolscap ['fu:lskæp] **1** *n (also ~ paper)* ≃ papier *m* ministre. **2** *cpd*: **foolscap envelope** enveloppe longue; **foolscap sheet** feuille *f* de papier ministre; **foolscap size** format *m* ministre.

foot [fut] **1** *n, pl* **feet** *[person, horse, cow etc]* pied *m*; *[dog, cat, bird]* patte *f*. **to be on one's feet** *(lit)* être *or* se tenir debout; *(fig: after illness)* être sur pied, être rétabli *or* remis; **I'm on my feet all day long** je suis debout toute la journée; **to go on ~** aller à pied; **to get** *or* **rise to one's feet** se lever, se mettre debout; **to bring sb to his feet** faire lever qn; *(fig)* **to put** *or* **set sb on his feet again** *(healthwise)* remettre qn d'aplomb *or* d'attaque*; *(financially)* remettre qn en selle; **to keep one's feet** garder l'équilibre; **feet first** les pieds devant; **it's very wet under ~** c'est très mouillé par terre; **he was trampled under ~ by the horses** les chevaux l'ont piétiné; **the children have been under my feet the whole day** les enfants ont été dans mes jambes toute la journée; *(fig)* **to get under sb's feet** venir dans les jambes de qn; *(fig)* **you've got to put your ~ down** il faut faire acte d'autorité, il faut être catégorique; **he let it go on for several weeks before finally putting his ~ down** il a laissé pendant plusieurs semaines avant d'y mettre le holà; *(Aut*: accelerate)* **to put one's ~ down** appuyer sur le champignon*; *(fig)* **to put one's ~ in it*** gaffer; *(fig)* **to put one's best ~ forward** *(hurry)* se dépêcher, allonger *or* presser le pas; *(do one's best)* faire de son mieux; *(fig)* **he didn't put a ~ wrong** il n'a pas commis la moindre erreur *or* maladresse; *[people, relationship]* **to get off on the right/wrong ~** être bien/ mal parti; **I got off on the wrong ~ with him** j'ai mal commencé avec lui; *(fig)* **to get one's ~** *or* **a ~ in the door** faire entrer pas, établir un premier contact; **to put one's feet up*** (s'étendre *or* s'asseoir pour) se reposer un peu; *(fig)* **he's got one ~ in the grave*** il a un pied dans la tombe; **he's dying on his feet*** *(exhausted)* il n'en peut plus; *(really ill)* il n'en a plus pour longtemps; *(fig)* **the business is dying on its feet*** c'est une affaire moribonde; **to set ~ on land** poser le pied sur la terre ferme; **I've never set ~ there** je n'y ai jamais mis le(s) pied(s); **never set ~ here again!** ne remettez pas les pieds ici!; *(excl)* **my ~!*** allons donc!, à d'autres!; *(Brit)* **the boot** *or* *(US)* **the shoe is on the other ~** les rôles sont inversés; V **cold, drag, fall, find** etc.

(b) *[hill, bed, stocking]* pied *m*; *[table]* (bas) bout *m*; *[page, stairs]* bas *m*. **at the ~ of the page** au *or* en bas de la page.

(c) *(measure)* pied *m* (anglais) (= 30,48 cm); *(Poetry)* pied.

(d) *(U: Mil)* infanterie *f*. **ten thousand ~** dix mille fantassins *mpl* *or* soldats *mpl* d'infanterie; **the 91st of ~** le 91e (régiment) d'infanterie.

2 *vt*: **to ~ the bill*** payer (la note *or* la douloureuse*), casquer‡; **to ~ it*** *(walk)* (y) aller à pied *or* à pattes*; *(dance)* danser.

3 *cpd*: **foot-and-mouth (disease)** fièvre aphteuse; **football** V **football**; **footbath** bain *m* de pieds; **footboard** marchepied *m*; **footbrake** frein *m* à pied; **footbridge** passerelle *f*; **foot-dragging** lenteurs *fpl*, atermoiements *mpl*; **footfall** (bruit *m* de) pas *m*; *(Tennis)* **foot fault** faute *f* de pied; **foot fault judge** juge *m* de fond; **footgear** chaussures *fpl*; **foothills** contreforts *mpl*; **foothold** prise *f* (de pied); **to get** *or* **gain a foothold** *(lit)* prendre pied; *(fig)* *[newcomer]* se faire accepter; *[idea, opinion]* s'imposer, prendre; *[fascism etc]* se répandre, prendre de l'importance; *(Comm)* **to gain a foothold in a market** prendre pied sur un marché; *(Theat)* **footlights** rampe *f*; *(fig)* **the lure of the footlights** l'attrait du théâtre *or* des planches*; *(US Mil)* **footlocker** cantine *f*; **footloose** libre de toute attache; *(fig)* **footloose and fancy-free** libre comme l'air; **footman** valet *m* de pied; **footmark** empreinte *f* (de pied); **footnote** *(lit)* note *f* en bas de la page; *(fig)* post-scriptum *m*; **foot passengers** *[ferry boat]* passagers *mpl* sans véhicule; **footpath** *(path)* sentier *m* (V *also* **public**); *(Brit: pavement)* trottoir *m*; *(by highway)* chemin *m*; *(Police, Mil)* **foot patrol** patrouille *f* à pied; *(US Police)* **foot patrolman** agent *m* de police; *(esp Brit Rail)* **footplate** plate-forme *f* *(d'une locomotive)*; **footplatemen, footplate workers** agents *mpl* de conduite; **footprint** ≃ footmark; **footpump** pompe *f* à pied; **footrest** *(part of chair)* repose-pieds *m inv*; *(footstool)* tabouret *m* *(pour les pieds)*; **footrot** piétin *m*; **footslog‡** s'envoyer* de la marche à pied; **footslogger‡** *(walker)* marcheur *m*, -euse *f*; *(soldier)* pousse-caillou‡†* *m inv*; **foot soldier** fantassin *m*; **footsore** aux pieds endoloris; **to be footsore** avoir mal aux pieds; **footstep** pas *m* (V **follow**); **footstool** tabouret *m* *(pour les pieds)*; *(U)* **footwear** chaussure *f* (U), chaussures *fpl*; *(U: Boxing, Dancing)* **footwork** jeu *m* de jambes.

footage ['futidʒ] *n (gen, also Cine: length)* ≃ métrage *m*; *(Cine: material on film)* séquences *fpl* *(about, on sur)*.

football ['futbɔ:l] **1** *n* **(a)** *(sport)* *(Brit)* football *m*; *(US)* football américain *(≃ rugby)*; V **table**. **(b)** *(ball)* ballon *m* (de football), balle *f*.

2 *cpd* *ground, match, team* de football. *(Brit)* **football coupon** fiche *f* de pari (sur les matchs de football); *(Brit)* **football hooligan** vandale *m* *(qui assiste à un match de football)*; *(Brit)* **football hooliganism** vandalisme *m* *(lors d'un match de football)*; *(Brit)* **football league** championnat *m* de football; *(Brit)* **the Football League** ≃ la Fédération française de football; *(Brit)* **football pools** pronostics *mpl* (sur les matchs de football); *(Brit)* **to do the football pools** parier *or* faire des paris (sur les matchs de football); *(Brit)* **he won £200 on the football pools** il a gagné 200 livres en pariant sur les matchs de football; **football season** saison *f* du football; *(Brit Rail)* **football special** train *m* de supporters *(d'une équipe de football)*.

footballer ['futbɔ:lə*r*] *n* joueur *m* de football, footballeur *m*.

-footed ['futid] *adj ending in cpds*: **light-footed** au pied léger; V **four** *etc*.

footer ['futə*r*] *n (Brit)* foot* *m*, football *m*.

-footer ['futə*r*] *n ending in cpds*: *(boat)* **a 15-footer** ≃ un bateau de 5 mètres de long; V **six** *etc*.

footing ['futiŋ] *n (lit)* prise *f* (de pied); *(fig)* position *f*, relations *fpl*. **to lose** *or* **miss one's ~** perdre pied *or* son équilibre *or* l'équilibre; **to get a ~ in society** se faire une position dans le monde; **to be on a friendly ~ with sb** être traité en ami par qn, avoir des relations d'amitié avec qn; **on an equal ~** sur un pied d'égalité; **on a war ~** sur le pied de guerre; **we should put this on a regular ~** *(do it regularly)* nous devrions faire ceci régulièrement; *(make it official)* nous devrions régulariser ceci; **to put sth on an official ~** officialiser qch, rendre qch officiel; *(Jur)* **on the ~ that** en supposant que.

footle ['fu:tl] *vi*: **to ~ about** faire l'âne, perdre son temps à des futilités.

footling ['fu:tliŋ] *adj* insignifiant, futile.

footsie‡ ['futsi] *n*: **to play ~ with sb‡** faire du pied à qn.

fop [fɒp] *n* dandy *m*.

foppish ['fɒpiʃ] *adj man* dandy; *manners, behaviour, clothes* de dandy.

F.O.R. [,efəu'ɑ:*r*] *(Comm: abbr of* **free on rail)** franco sur wagon.

for [fɔ:*r*] *(phr vb later)* **1** *prep* **(a)** *(indicating intention)* pour, à l'intention de; *(destination)* pour, à destination de, dans la direction de. **a letter ~ you** une lettre pour toi; **is this ~ me?** c'est pour moi?; **I sent a present ~ the child** j'ai envoyé un cadeau pour l'enfant; **he put it aside ~ me** il l'a mis de côté pour moi *or* à mon intention; **votes ~ women!** le droit de vote pour les femmes!; **clothes ~ children** vêtements pour enfants; **~ sale** à vendre; **~ example** par exemple; **it's time ~ dinner** c'est l'heure du dîner; **I've got news ~ you** j'ai du nouveau à t'apprendre; **a job ~ next week** un travail à faire la semaine prochaine; **to write ~ the papers** faire des articles pour les journaux; **6 children to provide ~** 6 enfants à élever; **she's the wife ~ me** voilà *or* c'est la femme qu'il me faut; **he's the man ~ the job** il est l'homme idéal *or* c'est l'homme qu'il (nous) faut pour ce travail; **a weakness ~ sweet things** un faible pour les sucreries; **a liking ~ work** le goût du travail; **a gift ~ languages** un don pour les langues; **he's got a genius ~ saying the wrong thing** il a le don de *or* un don pour dire ce qu'il ne faut pas; **he left ~ Italy** il est parti pour l'Italie; **trains ~ Paris** trains en direction de *or* à destination de Paris; **the train ~ Paris** le train pour *or* de Paris; **the ship left ~ Australia** le navire est parti pour l'Australie; **ship bound ~ Australia** *(before sailing)* navire en partance pour l'Australie; *(en route)* navire à destination de *or* en route pour l'Australie; **he swam ~ the shore** il a nagé dans la direction du rivage *or* vers le rivage; **to make ~ home** prendre la direction de la maison; **to make ~ the open sea**

mettre le cap sur le (grand) large; **where are you ~?** où allez-vous?; **destined ~ greatness** promis à la célébrité; *V* **head** *etc*.
    (b) (*indicating purpose*) pour. **what ~?** pourquoi?; **what did you do that ~?** pourquoi avez-vous fait cela?; **what's this knife ~?** à quoi sert ce couteau?; **it's not ~ cutting wood** ça n'est pas fait pour couper du bois; **it's been used ~ a hammer** on s'en est servi comme d'un marteau, ça a servi de marteau; **this will do ~ a hammer** ça ira comme marteau, ça servira de *or* comme marteau; **a room ~ studying** une pièce réservée à l'étude *or* comme salle d'étude; **a bag ~ carrying books** un sac pour porter des livres; **we went there ~ our holidays** nous y sommes allés pour les vacances; **he went there ~ a holiday/a rest** il y est allé pour des vacances/pour se reposer; **he does it ~ pleasure** il le fait par plaisir *or* pour son plaisir; **to work ~ exams** travailler pour des examens; **to work ~ one's living** travailler pour gagner sa vie; **to get ready ~ a journey** se préparer pour un voyage; **do you feel ready ~ bed now?** vous voulez aller vous coucher tout de suite?; **fit ~ nothing** bon à rien; **eager ~ praise** avide d'éloges; **a collection ~ the blind** une quête pour les *or* en faveur des aveugles; **a campaign ~ free education** une campagne pour la gratuité de l'enseignement; **to pray ~ peace** prier pour la paix; **to hope ~ news** espérer des nouvelles; **to look ~ sth** chercher qch; *V* **ask, good** *etc*.
    (c) (*as representing*) **D ~ Daniel** D comme Daniel; (*Parl*) **member ~ Brighton** député *m* de Brighton; **agent ~ Ford cars** concessionnaire *mf* Ford; **I'll see her ~ you** if you like je la verrai à ta place si tu veux; **will you go ~ me?** voulez-vous y aller à ma place?; **the government will do it ~ them** le gouvernement le fera à leur place; **to act ~ sb** agir pour qn *or* au nom de qn *or* pour le compte de qn; **what is G.B. ~?** qu'est-ce que G.B. veut dire?; **I took you ~ a burglar** je vous ai pris pour un cambrioleur.
    (d) (*in exchange for*) **I'll give you this book ~ that one** je vous échange ce livre-ci contre celui-là; **to exchange one thing ~ another** échanger une chose contre une autre; **to pay 5 francs ~ a ticket** payer 5 F le billet; **I sold it ~ £2** je l'ai vendu 2 livres; **he'll do it ~ £5** il le fera pour 5 livres; **word ~ word** mot à mot; **there is one French passenger ~ every 10 English** sur 11 passagers il y a un Français et 10 Anglais, il y a un passager français pour 10 Anglais; **~ one man like that there are 10** his opposite pour un homme comme lui il y en a 10 qui sont (tout à fait) l'opposé; **what's (the) German ~ 'dog'?** comment est-ce qu'on dit 'chien' en allemand?
    (e) (*in favour of*) pour. **~ or against** pour ou contre; **I'm ~ the government** je suis pour le *or* partisan du gouvernement; **I'm (all) ~ helping him if we can** je suis (tout à fait) partisan de l'aider si cela peut se faire; **I'm all ~ it*** je suis tout à fait pour*; **they voted ~ the bill** ils ont voté en faveur de la loi.
    (f) (*because of*) pour, en raison de. **~ this reason** pour cette raison; **~ fear of being left behind** de peur d'être oublié; **~ his jokes** connu pour ses plaisanteries; **famous ~ its church** célèbre pour son église; **to shout ~ joy** hurler de joie; **to weep ~ rage** pleurer de rage; **to go to prison ~ theft/~ stealing** aller en prison pour vol/pour avoir volé; **~ old times' sake** en souvenir du passé; **~ my sake** pour moi; **to choose sb ~ his ability** choisir qn en raison de sa compétence; **if it weren't ~ him**, but **~ him** sans lui.
    (g) (*considering*; *with regard to*) pour. **anxious ~ sb** inquiet pour qn; **~ my part** pour ma part, quant à moi; **as ~ him** quant à lui; **as ~ that** pour ce qui est de cela, quant à cela; **~ sure** à coup sûr; **it is warm ~ January** il fait bon pour (un mois de) janvier; **he's tall ~ his age** il est grand pour son âge; **he's small ~ a policeman** il est petit pour un agent de police; **he's young ~ a prime minister** il est jeune pour un *or* pour être premier ministre.
    (h) (*in spite of*) **~ all his wealth** malgré toute sa richesse, tout riche qu'il soit; **~ all that, you should have warned me** malgré tout vous auriez dû me prévenir, vous auriez néanmoins dû me prévenir; **~ all he promised to come, he** didn't en dépit de *or* malgré ses (belles) promesses il n'est pas venu.
    (i) (*in time*) (*future*) pour, pendant; (*past: completed action*) pendant; (*not yet completed action*) depuis. **I am going away ~ a few days** je pars pour quelques jours; **I shall be away ~ a month** je serai absent (pendant) un mois; **he won't be back ~ a week** il ne sera pas de retour avant huit jours; **that's enough ~ the moment** cela suffit pour le moment; **he's gone ~ good** il est parti pour de bon; **he went away ~ two weeks** il est parti (pendant) quinze jours; **I worked there ~ 3 months** j'y a travaillé pendant 3 mois; **I have been working here ~ 3 months** je travaille ici depuis 3 mois; **I had been working there** *or* **I had worked there ~ 3 months when ...** je travaillais là depuis 3 mois quand ...; **I have not seen her ~ 2 years** voilà 2 ans *or* il y a 2 ans *or* cela fait 2 ans que je ne l'ai vue; **he's been here ~ 10 days** il est ici depuis 10 jours; **I had known her ~ years** je la connaissais depuis des années.
    (j) (*distance*) pendant. **a road lined with trees ~ 3 km** une route bordée d'arbres pendant *or* sur 3 km; **we walked ~ 2 km** nous avons marché (pendant) 2 km; **we drove ~ 50 km** nous avons roulé pendant 50 km; **there was nothing to be seen ~ miles** il n'y avait rien à voir pendant des kilomètres; **there were small drab houses ~ mile upon mile** de petites maisons monotones se succédaient kilomètre après kilomètre, c'était pendant des kilomètres un défilé de petites maisons monotones.
    (k) (*with infin phrases*) pour que + *subj*. **~ this to be possible** pour que cela se puisse, pour que cela puisse être; **it's easy ~ him to do it** il lui est facile de le faire; **I brought it ~ you to see** je l'ai apporté pour que vous le voyiez (*subj*); **it's not ~ you to blame him** ce n'est pas à vous de le critiquer, il ne vous appartient pas de le critiquer (*frm*); **it's not ~ me to say** ce n'est pas à moi de le dire; **the best would be** *or* **it would be best ~ you to go away** le mieux

serait que vous vous en alliez (*subj*); **there is still time ~ him to come** il a encore le temps d'arriver; **their one hope is ~ him to return** leur seul espoir est qu'il revienne; *V* **arrange, wait** *etc*.
    (l) (*phrases*) **now ~ it!** (bon alors) allons-y!; **you're ~ it!*** qu'est-ce que tu vas prendre!*, ça va être ta fête!; **I'll be ~ it** if he catches me here!* qu'est-ce que je vais prendre* *or* dérouiller‡ s'il me trouve ici!; **oh ~ a cup of tea!** je donnerais n'importe quoi pour une tasse de thé!; **oh ~ a horse!** si seulement j'avais un cheval!
    2 *conj* car.

forage ['fɒrɪdʒ] **1** *n* fourrage *m*. (*Mil*) **~ cap** calot *m*. **2** *vi* fourrager, fouiller (*for* pour trouver).
foray ['fɒreɪ] **1** *n* incursion *f*, raid *m*, razzia *f* (*into* en); (*fig*) incursion (*into* dans). **to go on** *or* **make a ~** faire une incursion *or* un raid. **2** *vi* faire une incursion *or* un raid.
forbad(e) [fə'bæd] *pret* of **forbid**.
forbear [fɔː'bɛəʳ] *pret* **forbore**, *ptp* **forborne** *vi* s'abstenir. **to ~ from doing, to ~ to do** s'abstenir *or* se garder de faire; **he forbore to make any comment** il s'abstint de tout commentaire.
forbearance [fɔː'bɛərəns] *n* patience *f*, tolérance *f*.
forbearing [fɔː'bɛərɪŋ] *adj* patient, tolérant.
forbears ['fɔːbɛəz] *npl* = **forebears**.
forbid [fə'bɪd] *pret* **forbad(e)**, *ptp* **forbidden** *vt* **(a)** (*not allow*) défendre, interdire (*sb to do* à qn de faire). **to ~ sb alcohol** interdire l'alcool à qn; **I ~ you to!** je vous l'interdis!; **employees are ~den to do this** il est interdit aux employés de faire cela, les employés n'ont pas le droit de faire cela; **it is ~den to talk** il est défendu de parler; (*on signs*) **'défense de parler'**; **smoking is strictly ~den** il est formellement interdit de fumer, défense absolue de fumer; **that's ~den** c'est défendu; **~den fruit** fruit défendu.
    (b) (*prevent*) empêcher. **my health ~s my attending the meeting** ma santé m'empêche d'assister à la réunion; (*liter*) **God ~ that this might be true!** à Dieu ne plaise que ceci soit vrai! (*liter*); **God ~!*** pourvu que non!, j'espère bien que non!
forbidden [fə'bɪdn] **1** *ptp* of **forbid**. **2** *adj* interdit. (*fig*) **that's ~ territory** *or* **ground** c'est un sujet tabou.
forbidding [fə'bɪdɪŋ] *adj* **building, cliff, cloud** menaçant; **person** sévère. **a ~ look** un air *or* un aspect rébarbatif.
forbore [fɔː'bɔːʳ] *pret* of **forbear**.
forborne [fɔː'bɔːn] *ptp* of **forbear**.
force [fɔːs] **1** *n* **(a)** (*U: strength*) force *f*, violence *f*; (*Phys*) force; [*phrase, word* etc] importance *f*, force, poids *m*. (*Phys*) **~ of gravity** pesanteur *f*; **centrifugal/centripetal ~** force centrifuge/centripète; **to use ~** employer la force (*to do* pour faire); **by sheer ~** de vive force; **by ~ of** à force de; **~ of circumstances** contrainte *f* *or* force des circonstances; **from ~ of habit** par la force de l'habitude; **through** *or* **by sheer ~ of will** purement à force de volonté; **by (sheer) ~ of personality** uniquement grâce à sa personnalité; **~ of a blow** violence d'un coup; **to resort to ~** avoir recours à la force *or* à la violence; **to settle a dispute by ~** régler une querelle par la force *or* par la violence; **his argument lacked ~** son argument manquait de conviction; **I don't quite see the ~ of his argument** je ne vois pas bien la force de son argument; **I can see the ~ of that** je comprends la force que cela peut avoir; [*law, prices* etc] **to come into ~** entrer en vigueur *or* en application; **the rule is now in ~** le règlement est actuellement en vigueur; **the police were there in ~** la police était là en force *or* en grand nombre; **they came in ~ to support him** ils sont arrivés en force pour lui prêter leur appui; *V* **brute**.
    (b) (*power*) force *f*. **~s of Nature** forces de la nature; **he is a powerful ~ in the Trade Union movement** il exerce une influence puissante dans le mouvement syndical; **there are several ~s at work** plusieurs influences se font sentir; *V* **life**.
    (c) (*body of men*) force *f*. (*Brit Mil*) **the ~s** les forces armées; (*Brit Mil*) **allied ~s** armées alliées; (*Police*) **the ~*** la police (*V also* **police**); (*Comm*) **our sales ~** (l'effectif *m* de) nos représentants *mpl* de commerce; *V* **join, land**.
    2 *cpd*: **force-feed** nourrir de force; **he was force-fed** on l'a nourri de force; **forcemeat** farce *f*; (*Bridge*) **forcing bid** annonce forcée *or* de forcing; **forcing house** (*Agric* etc) forcerie *f*; (*fig*) pépinière *f*.
    3 *vt* **(a)** (*constrain*) contraindre, forcer, obliger (*sb to do* qn à faire). **to be ~d to do** être contraint *or* forcé *or* obligé de faire; **to ~ o.s. to do** se forcer *or* se contraindre à faire; **I find myself ~d to say** that force m'est de dire que, je me vois contraint de dire que; **he was ~d to conclude that** il a été forcé de conclure que, force lui a été de conclure que.
    (b) (*impose*) **conditions, obedience** imposer (*on sb* à qn). **the decision was ~d on me** by events la décision m'a été imposée par les événements, les événements ont dicté ma décision; **they ~d action on the enemy** ils ont contraint l'ennemi à la bataille; **I don't want to ~ myself on you, but ...** je ne veux pas m'imposer (à vous), mais ....
    (c) (*push, thrust*) pousser. **to ~ books into a box** fourrer des livres dans une caisse; **he ~d himself through the gap in the hedge** il s'est frayé un passage par un trou dans la haie; **to ~ one's way into** entrer *or* pénétrer de force dans; **to ~ one's way through** se frayer un passage à travers; **to ~ a bill through Parliament** forcer la Chambre à voter une loi; **to ~ sb into a corner** (*lit*) pousser qn dans un coin; (*fig*) acculer qn; **the lorry ~d the car off the road** le camion a forcé la voiture à quitter la route.
    (d) (*break open*) **lock** etc forcer. **to ~ open a drawer/a door** forcer un tiroir/une porte; (*fig*) **to ~ sb's hand** forcer la main à qn.
    (e) (*extort*) arracher; (*stronger*) extorquer (*from* à). **he ~d a confession from me** il m'a arraché *or* extorqué une confession; **we ~d the secret out of him** nous lui avons arraché le secret.
    (f) *plants* etc forcer, hâter. **to ~ the pace** forcer l'allure *or* le pas.
    (g) *smile, answer* forcer. **he ~d a reply** il s'est forcé à répondre.

◆**force back** *vt sep* (a) (*Mil*) *enemy* obliger à reculer, faire reculer; *crowd* repousser, refouler, faire reculer.

(b) **to force back one's desire to laugh** réprimer son envie de rire; **to force back one's tears** refouler ses larmes.

◆**force down** *vt sep* (a) *aircraft* forcer à atterrir.

(b) **to force food down** se forcer à manger.

(c) **if you force the clothes down you will get more into the suitcase** si tu tasses les vêtements tu en feras entrer plus dans la valise.

◆**force out** *vt sep* (a) faire sortir (de force). **he forced the cork out** il a sorti le bouchon en forçant; **they forced the rebels out into the open** ils ont forcé *or* obligé les insurgés à se montrer.

(b) **he forced out a reply/an apology** il s'est forcé à répondre/à s'excuser.

forced [fɔːst] *adj smile* forcé, contraint, artificiel; *plant* forcé. (*Aviat*) ~ **landing** atterrissage forcé; (*Mil*) ~ **march** marche forcée; (*Econ etc*) ~ **savings** épargne forcée.

forceful ['fɔːsful] *adj person, character* énergique; *argument, reasoning* vigoureux, puissant; *influence* puissant.

forcefully ['fɔːsfuli] *adv* avec force, avec vigueur.

forcemeat ['fɔːsmiːt] *n* (*Culin*) farce *f*, hachis *m* (*de viande et de fines herbes*).

forceps ['fɔːseps] *npl* (*also* **pair of** ~) forceps *m*.

forcible ['fɔːsəbl] *adj* (a) (*done by force*) de *or* par force. ~ **entry** (*by police etc*) perquisition *f*; (*by thief etc*) effraction *f*; ~ **feeding** alimentation forcée. (b) (*powerful*) *language, style* vigoureux, énergique; *argument* vigoureux, puissant; *personality* puissant, fort; *speaker* percutant, puissant.

forcibly ['fɔːsəbli] *adv* (a) (*by force*) de force, par la force. **the prisoner was** ~ **fed** le prisonnier a été nourri de force. (b) (*vigorously*) *speak, object* énergiquement, avec véhémence, avec vigueur.

ford [fɔːd] **1** *n* gué *m*. **2** *vt* passer à gué.

fordable ['fɔːdəbl] *adj* guéable.

fore [fɔːr] **1** *adj* à l'avant, antérieur. (*Naut*) ~ **and aft rig** gréement *m* aurique; (*Naut*) ~ **and aft sail** voile *f* aurique; *V* **foreleg** *etc*.

2 *n* (*Naut*) avant *m*. (*fig*) **to come to the** ~ [*person*] se mettre en évidence, se faire remarquer; [*sb's courage etc*] se manifester; **he was well to the** ~ **during the discussion** il a été très en évidence pendant la discussion; (*at hand*) **to the** ~ à portée de main.

3 *adv* (*Naut*) à l'avant. ~ **and aft** de l'avant à l'arrière.

4 *excl* (*Golf*) gare!, attention!

forearm ['fɔːrɑːm] *n* avant-bras *m inv*.

forebears ['fɔːbeəz] *npl* aïeux *mpl* (*liter*), ancêtres *mpl*.

forebode [fɔː'bəud] *vt* présager, annoncer.

foreboding [fɔː'bəudɪŋ] *n* pressentiment *m*, prémonition *f* (*néfaste*). **to have a** ~ **that** avoir le pressentiment que, pressentir que; **to have** ~**s** avoir des pressentiments *or* des prémonitions; **with many** ~**s he agreed to do it** il a consenti à le faire en dépit de *or* malgré toutes ses appréhensions.

forecast ['fɔːkɑːst] *pret, ptp* **forecast 1** *vt* (*also Met*) prévoir.

2 *n* prévision *f*; (*Betting*) pronostic *m*. **according to all the** ~**s** selon toutes les prévisions; (*Comm*) **sales** ~ prévisions de vente; **the racing** ~ les pronostics hippiques *or* des courses; **weather** ~ bulletin *m* météorologique, météo* *f*; (*Met*) **the** ~ **is good** les prévisions sont bonnes, la météo* est bonne.

forecaster ['fɔːkɑːstər] *n* (*Met*) météorologue *mf* météorologique; (*Econ, Pol*) prévisionniste *mf*; (*Sport*) pronostiqueur *m*, -euse *f*.

forecastle ['fɔːksl] *n* (*Naut*) gaillard *m* d'avant; (*Merchant Navy*) poste *m* d'équipage.

foreclose [fɔː'kləuz] **1** *vt* (*Jur*) saisir. **to** ~ **(on) a mortgage** saisir un bien hypothéqué. **2** *vi* [*bank etc*] saisir le bien hypothéqué. **to** ~ **on** = **to** ~; *V* **1**.

foreclosure [fɔː'kləuʒər] *n* forclusion *f*.

forecourt ['fɔːkɔːt] *n* avant-cour *f*, cour *f* de devant; [*filling station*] devant *m*.

foredoomed [fɔː'duːmd] *adj* condamné d'avance, voué à l'échec.

forefathers ['fɔːfɑːðəz] *npl* aïeux *mpl* (*liter*), ancêtres *mpl*.

forefinger ['fɔːfɪŋgər] *n* index *m*.

forefoot ['fɔːfut] *n* [*horse, cow etc*] pied antérieur *or* de devant; [*cat, dog*] patte antérieure *or* de devant.

forefront ['fɔːfrʌnt] *n*: **in the** ~ **of** au premier rang *or* premier plan de.

foregather [fɔː'gæðər] *vi* se réunir, s'assembler.

forego [fɔː'gəu] *pret* **forewent**, *ptp* **foregone** *vt* renoncer à, se priver de, s'abstenir de.

foregoing [fɔː'gəuɪŋ] *adj* précédent, déjà cité, susdit. **according to the** ~ d'après ce qui précède.

foregone ['fɔːgɒn] *adj*: **it was a** ~ **conclusion** c'était à prévoir, c'était réglé *or* couru d'avance.

foreground ['fɔːgraund] *n* (*Art, Phot*) premier plan. **in the** ~ au premier plan.

forehand ['fɔːhænd] (*Tennis*) **1** *adj*: ~ **drive** coup *m* droit; ~ **volley** volée *f* de face.

2 *n* coup *m* droit de face.

forehead ['fɒrɪd] *n* front *m*.

foreign ['fɒrən] **1** *adj* (a) *language, visitor* étranger; *goods* de l'étranger; *visit* à l'étranger; *politics, trade* extérieur. **he comes from a** ~ **country** il vient de l'étranger; **our relations with** ~ **countries** nos rapports avec l'étranger *or* l'extérieur; ~ **affairs** affaires étrangères; **Minister of F**~ **Affairs, F**~ **Minister,** (*Brit*) **Secretary (of State) for F**~ **Affairs, F**~ **Secretary** ministre *m* des Affaires étrangères; **Ministry of F**~ **Affairs, F**~ **Ministry,** (*Brit*) **F**~ **Office** ministère *m* des Affaires étrangères; (*Brit*) **F**~ **and Commonwealth Office** ministère *m* des Affaires étrangères et du Commonwealth; ~ **agent** (*spy*) agent étranger; (*Comm*) représentant *m* à l'étranger; (*Press, Rad, TV*) ~ **correspondent**

correspondant(e) *m(f) or* envoyé(e) *m(f)* permanent(e) à l'étranger; ~ **currency** devises étrangères; **the** ~ **exchange market** le marché des changes; **F**~ **Legion** Légion *f* (étrangère); ~ **national** ressortissant étranger, ressortissante étrangère; ~ **policy** politique étrangère *or* extérieure; ~ **produce** produit(s) *m(pl)* de l'étranger; ~ **relations** relations *fpl* avec l'étranger *or* l'extérieur; **the** ~ **service** le service diplomatique; ~ **travel** voyages *mpl* à l'étranger.

(b) (*not natural*) *language* (*to* à). **lying is quite** ~ **to him** *or* **to his nature** le mensonge lui est (complètement) étranger; (*Med*) ~ **body** corps étranger.

2 *cpd*: **foreign-born** né à l'étranger; (*Econ, Comm*) **foreign-owned** sous contrôle étranger.

foreigner ['fɒrənər] *n* étranger *m*, -ère *f*.

foreknowledge [fɔː'nɒlɪdʒ] *n* fait *m* de savoir à l'avance, connaissance anticipée. **I had no** ~ **of his intentions** je ne savais pas à l'avance ce qu'il voulait faire; **it presupposes a certain** ~ **of** ... ceci présuppose une certaine connaissance anticipée de ... .

foreland ['fɔːlənd] *n* cap *m*, promontoire *m*, pointe *f* (de terre).

foreleg ['fɔːleg] *n* [*horse, cow etc*] jambe antérieure; [*dog, cat etc*] patte *f* de devant.

forelock ['fɔːlɒk] *n* mèche *f*, toupet *m*. **to touch one's** ~ **to sb** saluer qn en portant la main à son front; (*fig*) **to take time by the** ~ saisir l'occasion par les cheveux*, sauter sur l'occasion*.

foreman ['fɔːmən] *n, pl* **foremen** (a) (*Ind*) contremaître *m*, chef *m* d'équipe. (b) [*jury*] président *m*.

foremast ['fɔːmɑːst] *n* (*Naut*) mât *m* de misaine.

foremen ['fɔːmən] *npl of* **foreman**.

foremost ['fɔːməust] **1** *adj* (*fig*) *writer, politician* principal, le plus en vue; (*lit*) le plus en avant. **2** *adv*: **first and** ~ tout d'abord, en tout premier lieu.

forename ['fɔːneɪm] *n* prénom *m*.

forenoon ['fɔːnuːn] *n* matinée *f*.

forensic [fə'rensɪk] *adj* (a) *eloquence* du barreau. (b) *chemistry etc* légal. ~ **evidence** expertise médico-légale; ~ **expert** expert *m* en médecine légale; ~ **laboratory** laboratoire médico-légal; ~ **medicine** *or* **science** médecine légale; ~ **scientist** médecin *m* légiste.

foreplay ['fɔːpleɪ] *n* prélude *m* (*stimulation érotique*).

forequarters ['fɔːkwɔːtəz] *npl* quartiers *mpl* de devant.

forerunner ['fɔːrʌnər] *n* (a) (*thing: sign, indication*) signe *m* avant-coureur, présage *m*; (*person*) précurseur *m*. (b) (*Ski*) ouvreur *m*.

foresail ['fɔːseɪl] *n* (*Naut*) (voile *f* de) misaine *f*.

foresee [fɔː'siː] *vt, pret* **foresaw**, *ptp* **foreseen** prévoir, présager.

foreseeable [fɔː'siːəbl] *adj* prévisible. **in the** ~ **future** dans un avenir prévisible.

foreshadow [fɔː'ʃædəu] *vt* [*event etc*] présager, annoncer, laisser prévoir.

foreshore ['fɔːʃɔːr] *n* (*beach*) plage *f*; (*Geog, Jur*) laisse *f* de mer.

foreshorten [fɔː'ʃɔːtn] *vt* [*telephoto lens*] (*horizontally*) réduire; (*vertically*) écraser; [*artist*] faire un raccourci de. **to be** ~**ed** (*horizontally*) être réduit; (*vertically*) être écrasé (par la perspective).

foreshortening [fɔː'ʃɔːtnɪŋ] *n* (*V* **foreshorten**) réduction *f*; écrasement *m*; raccourci *m*.

foresight ['fɔːsaɪt] *n* prévoyance *f*. **lack of** ~ imprévoyance *f*.

foreskin ['fɔːskɪn] *n* prépuce *m*.

forest ['fɒrɪst] *n* forêt *f*. (*US: fig*) **he can't see the** ~ **for the trees** les arbres lui cachent la forêt; ~ **ranger** garde *m* forestier.

forestall [fɔː'stɔːl] *vt competitor* devancer; *desire, eventuality, objection* anticiper, prévenir, devancer.

forester ['fɒrɪstər] *n* (garde *m or* agent *m*) forestier *m*.

forestry ['fɒrɪstri] *n* sylviculture *f*. (*Brit*) **the F**~ **Commission** ≃ les Eaux et Forêts *fpl*.

foresummit ['fɔːsʌmɪt] *n* antécime *f*.

foretaste ['fɔːteɪst] *n* avant-goût *m*.

foretell [fɔː'tel] *pret, ptp* **foretold** *vt* prédire.

forethought ['fɔːθɔːt] *n* prévoyance *f*.

forever [fər'evər] *adv* (a) (*incessantly*) toujours, sans cesse, continuellement, à tout bout de champ. **she's** ~ **complaining** elle se plaint toujours (*etc*), elle est toujours à se plaindre; **they are** ~ **quarrelling** ils ne font que se disputer, ils ne cessent de se disputer.

(b) (*for always*) (pour) toujours. **I'll love you** ~ je t'aimerai (pour) toujours; **he loved her** ~ (*after*) il l'a aimée toute sa vie *or* toujours; **he left** ~ il est parti pour toujours *or* sans retour; **he was trying** ~ **after to do the same** et après cela, il a toujours essayé de faire la même chose; **it won't last** ~ cela ne durera pas toujours.

(c) (*: a very long time*) une éternité, très longtemps; **it'll take** ~* ça va durer *or* prendre des heures, ça va durer une éternité; **it lasted** ~* ça n'en finissait pas; **we had to wait** ~* nous avons dû attendre une éternité *or* jusqu'à la saint-glinglin*.

forewarn [fɔː'wɔːn] *vt* prévenir, avertir. (*Prov*) ~**ed is forearmed** un homme averti en vaut deux (*Prov*).

foreword ['fɔːwɜːd] *n* avant-propos *m inv*, avis *m* au lecteur, avertissement *m* (au lecteur).

forfeit ['fɔːfɪt] **1** *vt* (*Jur*) *property* perdre (par confiscation); *one's rights* perdre; (*fig*) *one's life, health* payer de; *sb's respect* perdre.

2 *n* prix *m*, peine *f*. (*game*) ~**s** gages *mpl* (*jeu de société*); (*in game*) **to pay a** ~ avoir un gage.

3 *adj* (*liter*) (*liable to be taken*) susceptible d'être confisqué; (*actually taken*) confisqué. **his life was** ~ (*he died*) il le paya de sa vie; (*he might die*) il pourrait le payer de sa vie.

forfeiture ['fɔːfɪtʃər] *n* [*property*] perte *f* (par confiscation) (*of* de); [*right etc*] renoncement *m* (*of* à).

forgather [fɔː'gæðər] *vi* = **foregather**.

forgave [fə'geɪv] *pret of* **forgive**.

forge [fɔ:dʒ] **1** vt (a) (counterfeit) signature, banknote contrefaire; document faire un faux de; (alter) maquiller, falsifier; (Art) picture faire un faux de, contrefaire; evidence fabriquer; (invent) story inventer, fabriquer. **a ~d passport/ticket** etc un faux passeport/billet etc; **it's ~d** c'est un faux.
   (b) metal, friendship, plan forger.
   2 vi: **to ~ ahead** prendre de l'avance, pousser de l'avant; (Racing) foncer.
   3 n forge f.
forger [ˈfɔ:dʒər] n faussaire mf; (Jur) contrefacteur m.
forgery [ˈfɔ:dʒərɪ] n (a) (U) [banknote, signature] contrefaçon f; [document, will] falsification f; [story] invention f; (Jur) contrefaçon (frauduleuse). **to prosecute sb for ~** poursuivre qn pour faux (et usage de faux). (b) (thing forged) faux m.
forget [fəˈget] pret **forgot**, ptp **forgotten 1** vt (a) name, fact, experience oublier. **I shall never ~ what he said** je n'oublierai jamais ce qu'il a dit; **on that never-to-be-forgotten day** ce jour (à jamais) inoubliable; **I've forgotten all my Spanish** j'ai oublié tout l'espagnol que je savais or tout mon espagnol; **I ~ who said** ... je ne sais plus qui a dit ...; **she never ~s a face** elle a la mémoire des visages; **he quite forgot himself** or **his manners and behaved abominably** il s'est tout à fait oublié or il a oublié toutes ses bonnes manières et s'est comporté abominablement; **he works so hard for others that he ~s himself** il travaille tant pour autrui qu'il en oublie son propre intérêt; **don't ~ the guide!** n'oubliez pas le guide!; **not ~ting** ... sans oublier ...; **we quite forgot the time** nous avons complètement oublié l'heure; **and don't you ~ it!** et tâche de ne pas l'oublier!, et tâche de te le rappeler!; **she'll never let him ~ it** elle n'est pas près de le lui laisser oublier; **let's ~ it!** passons or on passe l'éponge!; (let's drop the subject) ça n'a aucune importance; **~ it!** (to sb thanking) ce n'est rien!; (to sb pestering) laissez tomber!; (to sb hopeful) n'y comptez pas!; **to ~ to do** oublier or omettre de faire; **I've forgotten how to do it** je ne sais plus comment on fait; **it's easy to ~ how to do it** c'est facile d'oublier comment on fait; **I forgot I'd seen her** j'ai oublié que je l'avais vue.
   (b) (leave behind) oublier, laisser. **she forgot her umbrella in the train** elle a oublié or laissé son parapluie dans le train.
   2 vi oublier. **I quite forgot** j'ai complètement oublié, ça m'est complètement sorti de l'esprit*.
   3 cpd: (Bot) **forget-me-not** myosotis m; **forget-me-not blue** (bleu m) myosotis m inv.
◆ **forget about** vt fus oublier. **I forgot all about it** je l'ai complètement oublié; **I've forgotten all about it (already)** je n'y pense (déjà) plus; **forget about it!** n'y pensez plus!; **he seemed willing to forget about the whole business** il semblait prêt à passer l'éponge sur l'affaire.
forgetful [fəˈgetfʊl] adj (absent-minded) distrait; (careless) négligent, étourdi. **he is very ~** il a très mauvaise mémoire, il oublie tout; **how ~ of me!** que je suis étourdi!; **~ of the danger** oublieux du danger.
forgetfulness [fəˈgetfʊlnɪs] n (absent-mindedness) manque m de mémoire; (carelessness) négligence f, étourderie f. **in a moment of ~** dans un moment d'oubli or d'étourderie.
forgivable [fəˈgɪvəbl] adj pardonnable.
forgive [fəˈgɪv] pret **forgave**, ptp **forgiven** [fəˈgɪvn] vt (a) person, sin, mistake pardonner. **to ~ sb (for) sth** pardonner qch à qn; **to ~ sb for doing** pardonner à qn de faire or d'avoir fait; **you must ~ him his rudeness** pardonnez-lui son impolitesse; **one can be ~n for thinking** ... on est excusable or pardonnable de penser ...; **~ me, but** ... pardonnez-moi or excusez-moi, mais ...; **we must ~ and forget** nous devons pardonner et oublier.
   (b) **to ~ (sb) a debt** faire grâce (à qn) d'une dette.
forgiveness [fəˈgɪvnɪs] n (U) (pardon) pardon m; (compassion) indulgence f, clémence f, miséricorde f.
forgiving [fəˈgɪvɪŋ] adj indulgent, clément.
forgo [fɔ:ˈgəʊ] pret **forwent**, ptp **forgone** vt = **forego.**
forgot [fəˈgɒt] pret of **forget.**
forgotten [fəˈgɒtn] ptp of **forget.**
fork [fɔ:k] n (a) (at table) fourchette f; (Agr) fourche f.
   (b) [branches] fourche f; [roads, railways] embranchement m. (in road) **take the left ~** prenez à gauche à l'embranchement.
   2 cpd: **fork-lift truck** chariot m de levage, chariot élévateur; (Brit) **fork luncheon** buffet m (repas).
   3 vi (a) (also ~ over) hay, ground fourcher.
   (b) **he ~ed the food into his mouth** il enfournait* la nourriture (à coups de fourchette).
   4 vi [roads] bifurquer. **we ~ed right on leaving the village** nous avons pris or bifurqué à droite à la sortie du village; **~ left for Oxford** prenez or bifurquez à gauche pour Oxford.
◆ **fork out*** **1** vi casquer*.
   2 vt sep money allonger‡, aboulez‡.
◆ **fork over** vt sep = **fork 3a.**
◆ **fork up** vt sep (a) soil fourcher.
   (b) (*) = **fork out 2.**
forked [fɔ:kt] adj fourchu. **~ lightning** éclair m en zigzags; (US fig: lie) **to speak with a ~ tongue** mentir.
forlorn [fəˈlɔ:n] adj (miserable) person, sb's appearance triste, malheureux; (deserted) person abandonné, délaissé; (despairing) attempt désespéré. **he looked very ~** il avait l'air très triste or malheureux; [house etc] **~ look, ~ appearance** air abandonné or négligé; **it is a ~ hope** c'est un mince espoir.
form [fɔ:m] **1** n (a) (type, particular kind) forme f, genre m, espèce f. **a new ~ of government** une nouvelle forme or un nouveau système de gouvernement; **a different ~ of life** une autre forme or un autre genre de vie; **the various ~s of energy** les différentes formes or espèces d'énergie; **you could say it was a ~ of apology** on pourrait appeler cela une sorte d'excuse.

   (b) (style, condition) forme f. **in the ~ of** sous forme de; **medicine in the ~ of tablets** or **in tablet ~** médicament sous forme de comprimés; **the first prize will take the ~ of a trip to Rome** le premier prix consistera en un voyage à Rome; **what should my application take?** comment dois-je faire or formuler ma demande?; **the same thing in a new ~** la même chose sous un aspect nouveau; **their discontent took various ~s** leur mécontentement s'est manifesté de différentes façons; (Gram) **the plural ~** la forme du pluriel.
   (c) (U: Art, Literat, Mus etc) forme f. **~ and content** la forme et le fond.
   (d) (U: shape) forme f. **to take ~** prendre forme; **his thoughts lack ~** il n'y a aucun ordre dans ses pensées.
   (e) (figure) forme f. **the human ~** la forme humaine; **I saw a ~ in the fog** j'ai vu une forme or une silhouette dans le brouillard.
   (f) (Philos) (structure, organization) forme f; (essence) essence f; (Ling) forme.
   (g) (U: etiquette) forme f, formalité f. **for ~'s sake, as a matter of ~** pour la forme; **it's good/bad ~ to do that** cela se fait/ne se fait pas.
   (h) (formula, established practice) forme f, formule f. **he pays attention to the ~s** il respecte les formes; **choose another ~ of words** choisissez une autre expression or tournure; **the correct ~ of address for a bishop** le titre à utiliser en s'adressant or la manière correcte de s'adresser à un évêque; **~s of politeness** formules de politesse; **~ of worship** liturgie f, rites mpl; **what's the ~?*** quelle est la marche à suivre?
   (i) (document) (gen: for applications etc) formulaire m; (for telegram, giro transfer etc) formule f; (for tax returns etc) feuille f; (card) fiche f. **telegraph ~** formule de télégramme; **printed ~** imprimé m; **to fill up** or **in** or (US) **out a ~** remplir un formulaire; V **application, tax** etc.
   (j) (U: fitness) forme f, condition f. **on ~** en forme; **he is not on ~, he is off ~, he is out of ~** il n'est pas en forme; **in fine ~** en pleine forme, en excellente condition; **he was in great ~** or **on top ~** il était en pleine forme; **in good ~** en bonne forme.
   (k) **to study (the) ~** (Brit Racing) ≃ préparer son tiercé; (fig) établir un pronostic.
   (l) (Brit: bench) banc m.
   (m) (Brit Scol: class) classe f. **he's in the sixth ~** ≃ il est en première.
   (n) (U: Brit Prison etc sl: criminal record) **he's got ~** il a fait de la taule‡.
   2 cpd: (Brit Scol) **form leader** ≃ chef m de classe; **form master** or **mistress, form tutor** ≃ professeur m principal; **form room** salle f de classe (affectée à une classe particulière).
   3 vt (a) (shape) former, construire. (Gram) **~ the plural** formez le pluriel; **he ~s his sentences well** il construit bien ses phrases; **he ~s his style on that of Dickens** il forme or modèle son style sur celui de Dickens; **he ~ed it out of a piece of wood** il l'a façonné or fabriqué or sculpté dans un morceau de bois; **he ~ed the clay into a ball** il a roulé or pétri l'argile en boule.
   (b) (train, mould) child former, éduquer; sb's character former, façonner.
   (c) (develop) habit contracter; plan arrêter. **to ~ an opinion** se faire or se former une opinion; **to ~ an impression** avoir une impression; **you mustn't ~ the idea that** ... il ne faut pas que vous ayez l'idée que ... .
   (d) (organize) government former; classes, courses organiser, instituer; (Comm) company former, fonder, créer. **to ~ a committee** former un comité.
   (e) (constitute) composer, former. **to ~ part of** faire partie de; **the ministers who ~ the government** les ministres qui composent or constituent le gouvernement; **those who ~ the group** les gens qui font partie du groupe; **to ~ a** or **the basis for** former or constituer la base de, servir de base à.
   (f) (take the shape or order of) former, faire, dessiner. (Mil) **to ~ fours** se mettre par quatre; **to ~ a line** se mettre en ligne, s'aligner; **~ a circle please** mettez-vous en cercle s'il vous plait; **to ~ a queue** se mettre en file, former la queue; **the road ~s a series of curves** la route fait or dessine une série de courbes.
   4 vi (a) (take shape) prendre forme, se former. **an idea ~ed in his mind** une idée a pris forme dans son esprit.
   (b) (also ~ up) se former. **to ~ (up) into a square** se former en carré.
◆ **form up** vi (a) se mettre or se ranger en ligne, s'aligner. **form up behind your teacher** mettez-vous or rangez-vous en ligne derrière votre professeur.
   (b) V **form 4b.**
formal [ˈfɔ:məl] adj (a) (austere: not familiar or relaxed) person formaliste, compassé (pej); guindé (pej); manner, style soigné, ampoulé (pej). **he is very ~** il est très à cheval sur les convenances; **don't be so ~** ne faites pas tant de cérémonies; **in ~ language** dans la (or une) langue soignée; **~ gardens** jardins mpl à la française.
   (b) (ceremonious) bow, greeting, welcome cérémonieux; function officiel, protocolaire. **a ~ dance** un grand bal; **a ~ dinner** un grand dîner, un dîner officiel; **~ dress** tenue f de cérémonie; (evening dress) tenue de soirée.
   (c) (in standard form) announcement officiel; acceptance dans les règles, en bonne et due forme; (specific) formel, explicite, clair. **~ agreement** accord m en bonne et due forme (V also d); **~ denial** démenti formel; **~ surrender** reddition f dans les règles; **~ instructions** instructions formelles or explicites; **he had little ~ education** il a reçu une éducation scolaire très réduite; **she has no ~ training in teaching** elle n'a reçu aucune formation pédagogique.

(d) (*superficial, in form only*) de forme. **a ~ agreement** un accord de forme; **a certain ~ resemblance** une certaine ressemblance dans la forme; **a lot of ~ handshaking** beaucoup de poignées de mains échangées pour la forme; **he is the ~ head of state** c'est lui qui est théoriquement chef d'État *or* qui est le chef d'État officiel.
(e) (*Philos etc*) formel. **~ grammar** grammaire formelle.
formaldehyde [fɔː'mældɪhaɪd] *n* formaldéhyde *m*.
formalin(e) ['fɔːməlɪn] *n* formol *m*.
formalism ['fɔːməlɪzəm] *n* formalisme *m*.
formalist ['fɔːməlɪst] *adj, n* formaliste (*mf*).
formalistic [‚fɔːmə'lɪstɪk] *adj* formaliste.
formality [fɔː'mælɪtɪ] *n* **(a)** (*U*) (*convention*) formalité *f*; (*stiffness*) raideur *f*, froideur *f*; (*ceremoniousness*) cérémonie *f* (*U*).
(b) formalité *f*. **it's a mere ~** ce n'est qu'une simple formalité; **the formalities** les formalités; **let's do without the formalities!** trêve de formalités!, dispensons-nous des formalités!
formalize ['fɔːməlaɪz] *vt* formaliser.
formally ['fɔːməlɪ] *adv* **(a)** (*ceremoniously*) cérémonieusement. **to be ~ dressed** être en tenue de cérémonie (*or* de soirée).
(b) (*officially*) officiellement, en bonne et due forme, dans les règles. **to be ~ invited** recevoir une invitation officielle.
format ['fɔːmæt] **1** *n* (*size*) format *m*; (*layout*) présentation *f*.
2 *vt* **(a)** (*Comput*) formater, mettre en forme.
(b) (*gen*) concevoir le format (*or* la présentation) de.
formation [fɔː'meɪʃən] **1** *n* **(a)** (*U*) [*child, character*] formation *f*; [*plan*] élaboration *f*, mise *f* en place; [*government*] formation; [*classes, courses*] création *f*, organisation *f*, mise en place; [*club*] création; [*committee*] formation, création, mise en place.
(b) (*U: Mil etc*) formation *f*, disposition *f*. **battle ~** formation de combat; **in close ~** en ordre serré.
(c) (*Geol*) formation *f*.
2 *cpd*: (*Aviat*) **formation flying** vol *m* en formation.
formative ['fɔːmətɪv] **1** *adj* formateur (*f* -trice). **~ years** années formatrices. **2** *n* (*Gram*) formant *m*, élément formateur (*f*).
formatting ['fɔːmætɪŋ] *n* (*Comput*) formatage *m*.
former¹ ['fɔːmər] *n* (*Tech*) gabarit *m*.
former² ['fɔːmər] **1** *adj* **(a)** (*earlier, previous*) ancien (*before n*), précédent. **the ~ mayor** l'ancien maire, le maire précédent; **he is a ~ mayor of Brighton** c'est un ancien maire de Brighton; **my ~ husband** mon ex-mari; **in a ~ life** au cours d'une vie antérieure; **in ~ times, in ~ days** autrefois, dans le passé; **he was very unlike his ~ self** il ne se ressemblait plus du tout; (*Scol*) **~ pupil** ancien(ne) élève *m(f)*.
(b) (*as opposed to latter*) premier. **the ~ method seems better** la première méthode semble préférable; **your ~ suggestion** votre première suggestion.
2 *pron* celui-là, celle-là. **the ~ … the latter** celui-là … celui-ci; **of the two ideas I prefer the ~** des deux idées je préfère celle-là *or* la première; **the ~ seems more likely** la première hypothèse (*or* explication *etc*) est plus vraisemblable.
-former ['fɔːmər] *n ending in cpds* (*Scol*) élève *mf* de … . **fourth-former** ≃ élève de troisième.
formerly ['fɔːməlɪ] *adv* autrefois, anciennement, jadis.
formic ['fɔːmɪk] *adj* formique.
Formica [fɔː'maɪkə] *n* ® Formica *m* ®, plastique laminé.
formidable ['fɔːmɪdəbl] *adj person, enemy, opposition* redoutable; *effrayant, terrible*; *obstacles, debts* terrible, énorme.
formless ['fɔːmlɪs] *adj* informe.
Formosa [fɔː'məʊsə] *n* Formose *f*.
Formosan [fɔː'məʊsən] *adj* formosan.
formula ['fɔːmjʊlə] *n* **(a)** *pl* **-s** *or* **formulae** ['fɔːmjuliː] (*gen, also Chem, Math etc*) formule *f*. (*fig*) **a ~ for averting** *or* **aimed at averting the strike** une formule *or* une solution visant à éviter la grève; **they are seeking a ~ to allow** … ils cherchent une formule qui permette … ; (*Aut*) **one la formule** un; **a ~-one car** une voiture de formule un.
(b) (*US: baby's feed*) lait *m* en poudre (*pour biberon*).
formulate ['fɔːmjʊleɪt] *vt* formuler.
formulation [‚fɔːmjʊ'leɪʃən] *n* formulation *f*, expression *f*.
fornicate ['fɔːnɪkeɪt] *vi* forniquer.
fornication [‚fɔːnɪ'keɪʃən] *n* fornication *f*.
forsake [fə'seɪk] *pret* **forsook**, *ptp* **forsaken** *vt person* abandonner, délaisser; *place* quitter; *habit* renoncer à. **my willpower ~s me on these occasions** la volonté me fait défaut dans ces cas-là.
forsaken [fə'seɪkən] **1** *ptp of* **forsake**. **2** *adj*: **an old ~ farmhouse** une vieille ferme abandonnée; *V* **god**.
forsook [fə'sʊk] *pret of* **forsake**.
forsooth [fə'suːθ] *adv* (†† *or hum*) en vérité, à vrai dire. (*excl*) **~!** par exemple!
forswear [fɔː'swɛər] *pret* **forswore**, *ptp* **forsworn** *vt* (*frm*) (*renounce*) renoncer à, abjurer; (*deny*) désavouer. (*perjure*) **to ~ o.s.** se parjurer.
forsythia [fɔː'saɪθɪə] *n* forsythia *m*.
fort [fɔːt] *n* (*Mil*) fort *m*; (*small*) fortin *m*; *V* **hold**.
forte¹ ['fɔːt, (*US*) fɔːt] *n* fort *m*. **generosity is not his ~** la générosité n'est pas son fort.
forte² ['fɔːtɪ] *adj, adv* (*Mus*) forte.
forth [fɔːθ] (*phr vb elem*) *adv* **(a)** en avant. **to set ~** se mettre en route; (*frm*) **to stretch ~ one's hand** tendre la main; **to go back and ~ between** aller et venir entre, faire la navette entre; *V* **bring forth, sally forth** *etc*. **(b) and so ~** et ainsi de suite; (*frm*) **from this day ~** dorénavant, désormais.
forthcoming [fɔːθ'kʌmɪŋ] *adj* **(a)** *book* qui va paraître, à paraître; *film* qui va sortir; *play* qui va débuter; *event* à venir, prochain (*before n*). **his ~ film** son prochain film; **in a ~ film he studies** …

dans un film qui va bientôt sortir il examine …; **in the ~ celebrations** dans les festivités qui vont bientôt avoir lieu, au cours des prochaines festivités; (*Theat etc*) **'~ attractions'** 'prochains spectacles', 'prochainement'.
(b) (*available etc*) **if help is ~** si on nous (*or* les *etc*) aide; **if funds are ~** si on nous (*or* leur *etc*) donne de l'argent, si on met de l'argent à notre (*or* leur *etc*) disposition; **no answer was ~** il n'y a pas eu de réponse; **this was not ~** ceci ne nous (*or* leur *etc*) a pas été accordé.
(c) (*friendly, sociable*) *person* ouvert, communicatif; *manners* accueillant, cordial. **I asked him what his plans were but he wasn't ~ about them** je lui ai demandé quels étaient ses projets mais il s'est montré peu disposé à en parler.
forthright ['fɔːθraɪt] *adj answer, remark* franc (*f* franche), direct; *person* direct, carré; *look* franc. **he is very ~** il ne mâche pas ses mots.
forthwith ['fɔːθ'wɪθ] *adv* sur-le-champ, aussitôt, tout de suite.
fortieth ['fɔːtɪθ] **1** *adj* quarantième. **2** *n* quarantième *mf*; (*fraction*) quarantième *m*.
fortification [‚fɔːtɪfɪ'keɪʃən] *n* fortification *f*.
fortify ['fɔːtɪfaɪ] *vt* **(a)** *place* fortifier, armer (*against* contre); *person* réconforter. **fortified place** place forte; **have a drink to ~ you*** prenez un verre pour vous remonter. **(b)** *wine* accroître la teneur en alcool de; *food* renforcer en vitamines. **fortified wine** ≃ vin *m* de liqueur.
fortitude ['fɔːtɪtjuːd] *n* courage *m*, fermeté *f* d'âme, force *f* d'âme.
fortnight ['fɔːtnaɪt] *n* (*esp Brit*) quinzaine *f*, quinze jours *mpl*. **a ~'s holiday** quinze jours de vacances; **a ~ tomorrow** demain en quinze; **adjourned for a ~** remis à quinzaine; **for a ~** pour une quinzaine, pour quinze jours; **in a ~, in a ~'s time** dans quinze jours; **a ~ ago** il y a quinze jours.
fortnightly ['fɔːtnaɪtlɪ] (*esp Brit*) **1** *adj* bimensuel. **2** *adv* tous les quinze jours.
FORTRAN, Fortran ['fɔːtræn] *n* fortran *m*.
fortress ['fɔːtrɪs] *n* (*prison*) forteresse *f*; (*mediaeval castle*) château fort; *V* **flying**.
fortuitous [fɔː'tjuːɪtəs] *adj* fortuit, imprévu, accidentel.
fortuitously [fɔː'tjuːɪtəslɪ] *adv* fortuitement, par hasard.
fortunate ['fɔːtʃənɪt] *adj person* heureux, chanceux; *circumstances, meeting, event* heureux, favorable, propice. **to be ~** avoir de la chance; **we were ~ enough to meet him** nous avons eu la chance *or* le bonheur de le rencontrer; **how ~!** quelle chance!
fortunately ['fɔːtʃənɪtlɪ] *adv* heureusement, par bonheur.
fortune ['fɔːtʃən] **1** *n* **(a)** (*chance*) fortune *f*, chance *f*, hasard *m*. **the ~s of war** la fortune des armes; **by good ~** par chance, par bonheur; **I had the good ~ to meet him** j'ai eu la chance *or* le bonheur de le rencontrer; **to try one's ~** tenter sa chance; **~ favoured him** la chance *or* la fortune lui a souri; **to tell sb's ~** dire la bonne aventure à qn; **to tell ~s** dire la bonne aventure; **whatever my ~ may be** quel que soit le sort qui m'est réservé; *V* **seek**.
(b) (*riches*) fortune *f*. **to make a ~** faire fortune; **he made a ~ on it** il a gagné une fortune avec ça; **to come into a ~** hériter d'une fortune, faire un gros héritage; **a man of ~** un homme d'une fortune *or* d'une richesse considérable; **to marry a ~** épouser une grosse fortune *or* un sac‡; **to spend/cost/lose etc a (small) ~** dépenser/coûter/perdre *etc* une (petite) fortune *or* un argent fou*.
2 *cpd*: (*US*) **fortune cookie** beignet *m* chinois (*renfermant un horoscope ou une devise*); **fortune hunter** (*man*) coureur *m* de dot, (*woman*) femme intéressée; **fortuneteller** diseur *m*, -euse *f* de bonne aventure; (*with cards*) tireuse *f* de cartes; **fortunetelling** pratique *f* de dire la bonne aventure; (*with cards*) cartomancie *f*.
forty ['fɔːtɪ] **1** *adj* quarante *inv*. **about ~ books** une quarantaine de livres; **to have ~ winks*** faire un petit somme, piquer un roupillon*.
2 *n* quarante *m inv*. **about ~** une quarantaine; (*US: states*) **the lower ~-eight** les quarante-huit États américains (à l'exclusion de l'Alaska et de Hawaï); *for other phrases V* **sixty**.
3 *pron* quarante *mfpl*. **there are ~** il y en a quarante.
4 *cpd*: (*US*) **forty-niner** prospecteur *m* d'or (*de la ruée vers l'or de 1849*).
forum ['fɔːrəm] *n* (*Hist*) forum *m*; (*fig*) tribune *f* (*sur un sujet d'actualité*).
forward ['fɔːwəd] (*phr vb elem*) **1** *adv* (*also* **~s**) en avant. **to rush ~** se précipiter *or* s'élancer (en avant); **to go ~** avancer; **to go straight ~** aller droit devant soi; **~!**, (*Mil*) **~ march!** en avant, marche!; **from this time ~** à partir de maintenant, désormais, à l'avenir, dorénavant (*frm*); (*lit, fig*) **to push o.s. ~** se mettre en avant; (*fig*) **to come ~** s'offrir, se présenter, se proposer; **he went backward(s) and ~(s) between the station and the house** il allait et venait entre *or* il faisait la navette entre la gare et la maison; *V* **bring forward, look forward** *etc*.
2 *adj* **(a)** (*in front, ahead*) *movement* en avant, vers l'avant. **the ~ ranks of the army** les premiers rangs de l'armée; **I am ~ with my work** je suis en avance dans mon travail; **this seat is too far ~** cette banquette est trop en avant; **~ gears** vitesses *fpl* avant; **~ line** (*Mil*) première ligne; (*Sport*) ligne des avants; (*Rugby*) **~ pass** (*passe f*) en-avant *m inv*; (*Admin*) **~ planning** planning *m* à long terme; (*Mil*) **~ post** avant-poste *m*, poste avancé.
(b) (*well-advanced*) *season, plant* précoce; *child* précoce, en avance.
(c) (*pert*) effronté, insolent.
(d) (*Comm etc*) *prices* à terme. **~ buying** vente *f* à terme; **~ delivery** livraison *f* à terme.
3 *n* (*Sport*) avant *m*.
4 *vt* **(a)** (*advance*) *career etc* favoriser, avancer.
(b) (*dispatch*) *goods* expédier, envoyer; (*send on*) *letter, parcel* faire suivre. **please ~** faire suivre S.V.P., prière de faire suivre.

5 *cpd*: **forwarding address** (*gen*) adresse *f* (pour faire suivre le courrier); (*Comm*) adresse pour l'expédition; **he left no forwarding address** il est parti sans laisser d'adresse; (*Comm*) **forwarding agent** transitaire *m*; **forward-looking** *person* ouvert sur *or* tourné vers les possibilités de l'avenir; *plan* tourné vers l'avenir *or* le progrès.

forwardness ['fɔːwədnɪs] *n* [*seasons, children etc*] précocité *f*; (*pertness*) effronterie *f*, audace *f*.

forwards ['fɔːwədz] *adv* = **forward 1**.

Fosbury flop ['fɒzbərɪˌflɒp] *n* (*Sport*) rouleau dorsal.

fossil ['fɒsl] **1** *n* fossile *m*. (*fig*) **he's an old ~!** c'est un vieux fossile!* *or* une vieille croûte!* **2** *adj* *insect* fossilisé. **~ fuel** combustible *m* fossile.

fossilized ['fɒsɪlaɪzd] *adj* fossilisé; (*fig*) *person, customs* fossilisé, figé; (*Ling*) *form, expression* figé.

foster ['fɒstə'] **1** *vt* (a) (*Jur: care for*) *child* élever (*sans obligation d'adoption*). **the authorities ~ed the child with Mr and Mrs X** les autorités ont placé l'enfant chez M et Mme X.

(b) (*encourage*) *friendship, development* favoriser, encourager, stimuler.

(c) (*entertain*) *idea, thought* entretenir, nourrir.

2 *cpd* *child* (*gen, Admin, Soc: officially arranged*) adoptif; (*where wet-nursed*) nourricier, de lait; *father, parents, family* adoptif; nourricier; *brother, sister* adoptif; de lait. **foster home** famille adoptive; famille nourricière; **foster mother** mère adoptive; (*wet-nurse*) nourrice *f*.

fought [fɔːt] *pret, ptp of* **fight**.

foul [faʊl] **1** *adj* *food, meal, taste* infect; *place* immonde, crasseux; *smell* infect, nauséabond, fétide; *breath* fétide; *water* croupi; *air* vicié, pollué; *calumny, behaviour* vil (*f* vile), infâme; *language* ordurier, grossier; *person* infect, ignoble; (*unfair*) déloyal. **to taste ~** avoir un goût infect; **to smell ~** puer; **a ~ blow** un coup en traître; (*liter*) **~ deed** scélératesse *f* (*liter*), acte crapuleux; **~ play** (*Sport*) jeu irrégulier *or* déloyal; (*Cards*) tricherie *f*; (*fig*) **he suspected ~ play** il soupçonnait qu'il y avait quelque chose de louche; (*fig*) **the explosion was put down to ~ play** l'explosion a été attribuée à la malveillance *or* à un acte criminel *or* à un geste criminel; **the police found a body but do not suspect ~ play** la police a découvert un cadavre mais écarte l'hypothèse d'un meurtre; **~ weather** (*Naut etc*) gros temps, (*gen*) sale temps, temps de chien; **the weather was ~** le temps était infect; **I've had a ~ day** j'ai eu une sale journée; **to fall ~ of sb** se mettre qn à dos, s'attirer le mécontentement de qn; **to fall ~ of the law/the authorities** *etc* avoir des démêlées avec la justice/les autorités *etc*; **to fall ~ of a ship** entrer en collision avec un bateau; *V* **fair¹**.

2 *n* (*Sport*) coup défendu *or* interdit *or* irrégulier; (*Boxing*) coup bas; (*Ftbl*) faute *f*; (*Basketball*) **technical/personal ~** faute *f* technique/personnelle; *V* **fair¹**.

3 *cpd*: **foulmouthed** au langage ordurier *or* grossier, qui parle comme un charretier; **foul-smelling** puant, nauséabond, fétide; **to be foul-tempered** (*habitually*) avoir un caractère de chien; (*on one occasion*) être d'une humeur massacrante; **foul-up*** confusion *f*.

4 *vt* (*pollute*) *air* polluer, infecter; (*clog*) *pipe, chimney, gun barrel* encrasser, obstruer; (*collide with*) *ship* entrer en collision avec; (*entangle*) *fishing line* embrouiller, emmêler, entortiller; *propeller* s'emmêler dans; (*tarnish*) *reputation* salir. [*dog*] **to ~ the pavement** souiller le trottoir.

5 *vi* [*rope, line*] s'emmêler, s'entortiller, s'embrouiller.

♦**foul out** *vi* (*Basketball*) être exclu (*pour 5 fautes personnelles*).

♦**foul up 1** *vt sep* *river* polluer; (‡) *relationship* ficher en l'air*. **that has fouled things up‡** ça a tout mis *or* flanqué par terre*, ça a tout fichu en l'air*.

2 **foul-up** *n* *V* **foul 3**.

found¹ [faʊnd] *pret, ptp of* **find**.

found² [faʊnd] *vt* *town, school etc* fonder, créer; *hospital* fonder; *business enterprise* fonder, constituer, établir; *colony* établir, fonder; (*fig*) *belief, opinion* fonder, baser, appuyer (*on* sur). **my suspicions were ~ed on the fact that ...** mes soupçons étaient basés sur le fait que ...; **our society is ~ed on this** notre société est fondée là-dessus; **the novel is ~ed on fact** le roman est basé sur des faits réels.

found³ [faʊnd] *vt* (*Metal*) fondre.

foundation [faʊn'deɪʃən] **1** *n* (a) (*U: act of founding*) [*town, school*] fondation *f*, création *f*, établissement *m*; [*hospital, business enterprise*] fondation, création.

(b) (*establishment*) fondation *f*, institution dotée. **Carnegie F~** fondation Carnegie.

(c) (*Constr*) **~s** fondations *fpl*; **to lay the ~s** (*lit*) poser les fondations (*of* de); (*fig*) *V* **1 d**.

(d) (*fig: basis*) [*career, social structure*] assises *fpl*, base *f*; [*idea, religious belief, theory*] base, fondement *m*. **his work laid the ~(s) of our legal system** son travail a posé les bases de notre système judiciaire; **the rumour is entirely without ~** la rumeur est dénuée de tout fondement.

(e) (*also ~ cream*) fond *m* de teint.

2 *cpd*: **foundation garment** gaine *f*, combiné *m*; (*Brit*) **foundation stone** pierre commémorative; (*lit, fig*) **to lay the foundation stone** poser la première pierre.

founder¹ ['faʊndə'] *n* fondateur *m*, -trice *f*. (*Brit*) **~ member** membre *m* fondateur.

founder² ['faʊndə'] *vi* [*ship*] sombrer, chavirer, couler; [*horse*] (*in mud etc*) s'embourber, s'empêtrer; (*from fatigue*) (se mettre à) boiter; [*plans etc*] s'effondrer, s'écrouler; [*hopes*] s'en aller en fumée.

founding ['faʊndɪŋ] **1** *n* = **foundation 1a**. **2** *adj* (*US*) **~ fathers** pères fondateurs (*qui élaborèrent la Constitution Fédérale des États-Unis*).

---

foundling ['faʊndlɪŋ] *n* enfant trouvé(e) *m(f)*. **~ hospital** hospice *m* pour enfants trouvés.

foundry ['faʊndrɪ] *n* fonderie *f*.

fount [faʊnt] *n* (a) (*liter: spring*) source *f*. **the ~ of knowledge/wisdom** la source du savoir/de la sagesse. (b) (*Brit Typ*) fonte *f*.

fountain ['faʊntɪn] **1** *n* (*natural*) fontaine *f*, source *f*; (*artificial*) fontaine, jet *m* d'eau; (*fig*) source; (*also drinking ~*) jet *m* d'eau potable; *V* **soda**.

2 *cpd*: **fountainhead** source *f*, origine *f*; **to go to the fountainhead** aller (directement) à la source, retourner aux sources; **fountain pen** stylo *m* (à encre).

four [fɔː'] **1** *adj* quatre *inv*. **to the ~ corners of the earth** aux quatre coins du monde; **it's in ~ figures** c'est dans les milliers (*V also* **3**); **open to the ~ winds** ouvert à tous les vents *or* aux quatre vents; (*US*) **the F~ Hundred** (*US Soc*) *V* **stroke**.

2 *n* quatre *m inv*. **on all ~s** à quatre pattes; (*Rowing*) **a ~** un quatre; **will you make up a ~ for bridge?** voulez-vous faire le quatrième au bridge?; *V* **form**; *for other phrases* *V* **six**.

3 *pron* quatre *mfpl*. **there are ~** il y en a quatre.

4 *cpd*: (*Golf*) **four-ball** (*adj, n*) fourball (*m*); (*Typ*) **four-colour** (**printing**) **process** quadrichromie *f*; (*Aut*) **four-door** à quatre portes; (*Aviat*) **four-engined** à quatre moteurs; **four-eyes‡** binoclard(e)* *m(f)*; **four-engined plane** quadrimoteur *m*; (*US Mil*) **four-F** réformé *m*; **four-figure salary** traitement annuel de plus de mille; (*US*) **four-flush‡** bluffer*; (*US*) **four-flusher‡** bluffeur* *m*, -euse* *f*; **fourfold** (*adj*) quadruple; (*adv*) au quadruple; **fourfooted** quadrupède, à quatre pattes; (*Mus*) **in four-four time** à quatre/quatre; (*US*) **Four-H club** *club éducatif de jeunes ruraux*; (*Mus*) **four-handed** à quatre mains; **four-in-hand** (*coach*) attelage *m* à quatre; **four-leaf clover, four-leaved clover** trèfle *m* à quatre feuilles; (*fig*) **four-letter word** obscénité *f*, gros mot, mot grossier; **he let out a four-letter word** il a sorti le mot de cinq lettres (*euph*); (*Sport*) **four-minute mile** course d'un mille courue en quatre minutes; **four-part** *song* à quatre voix; *serial* en quatre épisodes; **fourposter** lit *m* à baldaquin *or* à colonnes; (*liter*) **fourscore** (*adj, n*) quatre-vingts; (*Aut*) **four-seater** (*voiture f* à) quatre places *f inv*; **four-star** (*adj: high-quality*) de première qualité; (*US*) **four-star general** général *m* à quatre étoiles; (*Brit*) **four-star petrol** super (-carburant) *m*; **foursome** (*game*) partie *f* à quatre; (*two women, two men*) deux couples; **we went in a foursome** nous y sommes allés à quatre; **foursquare** (*square*) carré; (*firm*) *attitude, decision* ferme, inébranlable; (*forthright*) *account, assessment* franc (*f* franche); (*Aut*) **four-stroke** (*adj, n*) (moteur *m*) à quatre temps; (*Aut*) **four-wheel drive** propulsion *f* à quatre roues motrices; **with four-wheel drive** à quatre roues motrices.

fourchette [fʊə'ʃet] *n* fourchette *f* vulvaire.

fourteen ['fɔː'tiːn] **1** *adj*, *n* quatorze (*m inv*); *for phrases* *V* **six**. **2** *pron* quatorze *mfpl*. **there are ~** il y en a quatorze.

fourteenth ['fɔː'tiːnθ] **1** *adj* quatorzième. **Louis the F~** Louis Quatorze. **2** *n* quatorzième *mf*; (*fraction*) quatorzième *m*. **the ~ of July** le quatorze juillet, la fête du quatorze juillet; *for other phrases* *V* **sixth**.

fourth [fɔːθ] **1** *adj* quatrième. **the ~ dimension** la quatrième dimension; **he lives on the ~ floor** il habite (*Brit*) au quatrième *or* (*US*) au cinquième (étage); (*Aut*) **to change into ~** gear passer en quatrième; **the ~ estate** la presse (toute puissante); (*US*) **~ finger** annulaire *m*; (*Pol*) **the F~ World** le quart-monde.

2 *n* quatrième *mf*; (*fraction*) quart *m*; (*Mus*) quarte *f*. **we need a ~ for our game of bridge** il nous faut un quatrième pour notre bridge; (*US*) **the F~** (**of July**) le quatre juillet (*Fête de l'Indépendance américaine*); *for other phrases* *V* **sixth**.

3 *cpd*: (*US Post*) **fourth-class matter** paquet-poste *m* ordinaire; **fourth-floor flat** (appartement *m* au) quatrième *m* (*or* (*US*) cinquième); (*fig*) **fourth-rate** de dernier ordre, de dernière catégorie.

fourthly ['fɔːθlɪ] *adv* quatrièmement, en quatrième lieu.

fowl [faʊl] **1** *n* (a) (*hens etc*) (*collective n*) volaille *f*, oiseaux *mpl* de basse-cour; (*one bird*) volatile *m*, volaille *f*. (*Culin*) **roast ~** volaille rôtie, poulet rôti.

(b) (††) oiseau *m*. (*liter*) **the ~s of the air** les oiseaux; *V* **fish, water, wild** *etc*.

2 *vi*: **to go ~ing** chasser le gibier à plumes.

3 *cpd*: **fowling piece** fusil *m* de chasse léger, carabine *f*; **fowl pest** peste *f* aviaire.

fox [fɒks] **1** *n* (a) (*animal*) renard *m*. (*fig*) **a (sly) ~** un rusé, un malin, un fin renard.

(b) (*US‡: girl*) jolie fille, fille sexy*.

2 *vt* (*puzzle*) rendre perplexe, mystifier; (*deceive*) tromper, berner.

3 *cpd*: **fox cub** renardeau *m*; **fox fur** renard *m*; (*Bot*) **foxglove** digitale *f* (pourprée); **foxhole** terrier *m* de renard, renardière *f*; (*Mil*) gourbi *m*; **foxhound** chien courant, fox-hound *m*; **foxhunt** (-**ing**) chasse *f* au renard; **to go foxhunting** aller à la chasse au renard; **fox terrier** fox *m*, fox-terrier *m*; **foxtrot** fox(-trot) *m*.

foxed [fɒkst] *adj* *book, paper* marqué de rousseurs.

foxy ['fɒksɪ] *adj* (a) (*crafty*) rusé, malin (*f* -igne), finaud. (b) **~ lady*** jolie fille, fille sexy*.

foyer ['fɔɪeɪ] *n* [*theatre*] foyer *m*; [*hotel*] vestibule *m*, foyer, hall *m*; (*US*) [*house*] vestibule, entrée *f*.

F.P. [ef'piː] (*US*) *abbr of* **fireplug**; *V* **fire**.

F.P.A. [efˌpiːˈeɪ] (*abbr of* **Family Planning Association**) Mouvement *m* pour le planning familial.

Fr. (*Rel*) *abbr of* **Father** (*on envelope*). **~ R. Frost** le Révérend Père R. Frost.

fr. (*abbr of* **franc**) F. **10 fr** 10 F.

fracas ['frækaː] *n* (*scuffle*) rixe *f*, échauffourée *f*, bagarre *f*; (*noise*) fracas *m*.

fraction ['frækʃən] *n* (*Math*) fraction *f*; (*fig*) fraction, partie *f*. **for**

a ~ of a second pendant une fraction de seconde; **she only spends a ~ of what she earns** elle ne dépense qu'une partie infime de ce qu'elle gagne; *V* **decimal, vulgar.**

fractional ['frækʃənl] *adj* (*Math*) fractionnaire; (*fig*) infime, tout petit. ~ **part** fraction *f*; (*Chem*) ~ **distillation** distillation fractionnée.

fractionally ['frækʃnəlɪ] *adv* un tout petit peu.

fractious ['frækʃəs] *adj child* grincheux, pleurnicheur; *old person* grincheux, hargneux.

fracture ['fræktʃər'] **1** *n* fracture *f*. **2** *vt* (**a**) fracturer. **she ~d her leg** elle s'est fracturé la jambe. (**b**) (*US‡*: *make laugh*) faire rire aux éclats. **3** *vi* se fracturer.

frag‡ [fræg] (*US Mil*) **1** *n* grenade *f* offensive. **2** *vt* tuer *or* blesser d'une grenade (*un officier etc*).

fragile ['frædʒaɪl] *adj china* fragile; *complexion, health* fragile, délicat; *person* fragile, (*from age, ill-health*) frêle; *happiness* fragile, précaire. (*hum*) **I feel ~ this morning** je me sens déliquescent* ce matin.

fragility [frə'dʒɪlɪtɪ] *n* fragilité *f*.

fragment ['frægmənt] **1** *n [china, paper]* fragment *m*, morceau *m*; *[shell]* éclat *m*. **he smashed it to ~s** il l'a réduit en miettes *or* en mille morceaux; ~**s of conversation** bribes *fpl* de conversation. **2** [fræg'ment] *vt* fragmenter. **3** [fræg'ment] *vi* se fragmenter.

fragmental [fræg'mentl] *adj* fragmentaire; (*Geol*) clastique.

fragmentary ['frægməntərɪ] *adj* fragmentaire.

fragmentation [,frægmen'teɪʃən] *n* fragmentation *f*. (*Mil*) ~ **grenade** grenade *f* offensive.

fragmented [fræg'mentɪd] *adj story, version* morcelé, fragmentaire.

fragrance ['freɪgrəns] *n* parfum *m*, senteur *f*, fragrance *f* (*liter*). (*Comm*) **a new ~ by X** un nouveau parfum de X.

fragrant ['freɪgrənt] *adj* parfumé, odorant. (*fig liter*) ~ **memories** doux souvenirs.

fraidy* ['freɪdɪ] *adj* (*US: children's language*) ~ **cat** trouillard(e)‡ *m(f)*, poule mouillée.

frail [freɪl] *adj person* frêle, fragile; *health* délicat, fragile; *happiness* fragile, éphémère; *excuse* piètre. **it's a ~ hope** c'est un espoir fragile.

frailty ['freɪltɪ] *n [person, health, happiness]* fragilité *f*, (*morally*) faiblesse *f*.

frame [freɪm] **1** *n [building]* charpente *f*; *[ship]* carcasse *f*, *[car]* châssis *m*; *[bicycle]* cadre *m*; *[window]* châssis, chambranle *m*; *[door]* encadrement *m*, chambranle; *[picture]* cadre, encadrement; *[embroidery, tapestry]* cadre; (*Tech*) métier *m*; *[spectacles]* (*also* ~**s**) monture *f*; (*Cine*) image *f*, photogramme *m*; (*in garden*) châssis, cloche *f*; *[racket]* armature *f*, cadre; *[human, animal]* charpente, ossature *f*, corps *m*. **her ~ was shaken by sobs** toute sa personne était secouée par les sanglots; **his large ~** son grand corps; ~ **of mind** humeur *f*, disposition *f* d'esprit; **I'm not in a ~ of mind for singing** je ne suis pas d'humeur à chanter; (*Math, fig*) ~ **of reference** système *m* de référence.

2 *cpd*: **frame house** maison *f* à charpente de bois; **frame rucksack** sac *m* à dos à armature; **frame-up‡** coup monté, machination *f*; **framework** (*lit: V* **frame 1**) charpente *f*, carcasse *f*, ossature *f*, encadrement *m*, châssis *m*, chambranle *m*; (*fig*) *[society, government etc]* structure *f*, cadre *m*, ossature; *[play, novel]* structure, ossature; **in the framework of a totalitarian society** dans le cadre d'une société totalitaire; (*Ind, Pol etc*) **framework agreement** accord-cadre *m*.

3 *vt* (**a**) *picture* encadrer. **he appeared ~d in the door** il apparut dans l'encadrement de la porte; **a face ~d in a mass of curls** un visage encadré par une profusion de boucles.

(**b**) (*construct*) *house* bâtir *or* construire la charpente de; *idea, plan* concevoir, formuler; *plot* combiner, ourdir (*liter*); *sentence* construire.

(**c**) (‡: *also* ~ **up**) **to ~ sb (up)**, **to have sb ~d** monter un coup contre qn (*pour faire porter l'accusation contre lui*); **he claimed he had been ~d** il a prétendu être victime d'un coup monté.

4 *vi* (*develop*) **the child is framing well** l'enfant montre des dispositions *or* fait des progrès; **his plans are framing well/badly** ses projets se présentent bien/mal, ses projets prennent une bonne/une mauvaise tournure.

framer ['freɪmər'] *n* (*also* **picture** ~) encadreur *m*.

framing ['freɪmɪŋ] *n* (**a**) (*also* **picture** ~) encadrement *m*. (**b**) (*Art, Phot*) cadrage *m*.

franc [fræŋk] *n* franc *m*. ~ **area** zone *f* franc.

France [frɑːns] *n* France *f*. **in** ~ en France.

Frances ['frɑːnsɪs] *n* Françoise *f*.

franchise ['fræntʃaɪz] *n* (**a**) (*Pol*) droit *m* de suffrage *or* de vote. (**b**) (*Comm*) franchise *f*.

Francis ['frɑːnsɪs] *n* François *m*, Francis *m*. **Saint ~ of Assisi** saint François d'Assise.

Franciscan [fræn'sɪskən] *adj, n* franciscain (*m*).

francium ['frænsɪəm] *n* francium *m*.

Franco... ['fræŋkəʊ] *pref* franco-. ~**-British** franco-britannique.

Franco* ['fræŋkəʊ] *adj* (*Can*) canadien français.

franco ['fræŋkəʊ] *adv* (*Comm*) franco. ~ **frontier/domicile** franco frontière/domicile.

francophile ['fræŋkəʊfaɪl] *adj, n* francophile (*mf*).

francophobe ['fræŋkəʊfəʊb] *adj, n* francophobe (*mf*).

frangipane ['frændʒɪpeɪn] *n*, **frangipani** [,frændʒɪ'pɑːnɪ] *n* (*perfume, pastry*) frangipane *f*; (*shrub*) frangipanier *m*.

Franglais* [frɑ̃'gle] *n* franglais *m*.

Frank [fræŋk] *n* (**a**) (*Hist*) Franc *m*, Franque *f*. (**b**) (*name*) François *m*.

frank¹ [fræŋk] *adj person* franc (*f* franche), direct, ouvert;

comment, admission franc. **I'll be quite ~ with you** je vais être très franc *or* tout à fait sincère avec vous, je vais vous parler franchement *or* en toute franchise.

frank² [fræŋk] *vt letter* affranchir. ~**ing machine** machine *f* à affranchir.

frank³* [fræŋk] *n* (*US*) (saucisse *f* de) Francfort *f*.

Frankenstein ['fræŋkənstaɪn] *n* Frankenstein *m*.

Frankfurt(-on-Main) ['fræŋkfɜːt,ɒn'meɪn] *n* Francfort(-sur-le-Main).

frankfurter ['fræŋk,fɜːtər'] *n* (*Culin*) (saucisse *f* de) Francfort *f*.

frankincense ['fræŋkɪnsens] *n* encens *m*.

Frankish ['fræŋkɪʃ] **1** *adj* (*Hist*) franc (*f* franque). **2** *n* (*Ling*) francique *m*, langue franque.

frankly ['fræŋklɪ] *adv* franchement, sincèrement. ~, **I don't think that ...** franchement, je ne pense pas que ... .

frankness ['fræŋknɪs] *n* franchise *f*.

frantic ['fræntɪk] *adj agitation, activity, cry, effort* frénétique; *need, desire, effort* effréné; *person* hors de soi, fou (*f* folle). **she's ~** elle est hors d'elle, elle est dans tous ses états; ~ **with joy/rage** fou de joie/de rage; **she was ~ with pain** la douleur la rendait folle; **he was driven ~ by anxiety** il était fou d'inquiétude, il était dans tous ses états, il commençait à paniquer*; **the noise was driving him ~** le bruit l'exaspérait *or* le rendait fou; **he drives me ~*** il me rend dingue*.

frantically ['fræntɪkəlɪ] *adv wave* frénétiquement; *run* comme un fou (*or* une folle); *applaud* avec frénésie. **to try ~ to do** faire des efforts frénétiques pour faire.

frappé ['fræpeɪ] *n* (*US*) boisson glacée.

fraternal [frə'tɜːnl] *adj* fraternel.

fraternity [frə'tɜːnɪtɪ] *n* (**a**) (*U*) fraternité *f*. (**b**) (*community*) confrérie *f*, communauté *f*; (*US Univ*) confrérie (d'étudiants). (*US Univ*) ~ **pin** insigne *m* de confrérie.

fraternization [,frætənaɪ'zeɪʃən] *n* fraternisation *f*.

fraternize ['frætənaɪz] *vi* fraterniser (*with* avec).

fratricide ['frætrɪsaɪd] *n* (*act*) fratricide *m*; (*fml, liter: person*) fratricide *mf*.

fraud [frɔːd] *n* (**a**) (*criminal deception*) supercherie *f*, imposture *f*, tromperie *f*, (*financial*) escroquerie *f*, (*Jur*) fraude *f*. (*Police*) **F~ Squad** service *m* de la répression des fraudes.

(**b**) (*person*) imposteur *m*, fraudeur *m*, -euse *f*; (*object*) attrape-nigaud *m*. **he isn't a doctor, he's a ~** ce n'est pas un médecin, c'est un imposteur; **he's not ill, he's a ~** il n'est pas malade, il joue la comédie* *or* c'est un simulateur; **this whole thing is a ~!** c'est de la frime!* *or* de la fumisterie!*

fraudulence ['frɔːdjʊləns] *n*, **fraudulency** ['frɔːdjʊlənsɪ] *n* caractère frauduleux.

fraudulent ['frɔːdjʊlənt] *adj* frauduleux. (*Jur*) ~ **conversion** malversation *f*, détournement *m* de fonds.

fraught [frɔːt] *adj* plein, chargé, lourd (*with* de); (*tense*) tendu. **situation ~ with danger** situation pleine de danger *or* dangereuse; **atmosphere ~ with hatred** atmosphère chargée de haine; **silence ~ with menace** silence chargé de *or* gros de *or* lourd de menaces; **the situation/discussion was very ~** la situation/discussion était très tendue; **the whole business is a bit ~*** tout ça c'est un peu risqué*.

fray¹ [freɪ] *n* rixe *f*, échauffourée *f*, bagarre *f*; (*Mil*) combat *m*. (*lit, fig*) **ready for the ~** prêt à se battre; (*fig*) **to enter the ~** descendre dans l'arène, entrer en lice.

fray² [freɪ] *vt cloth, garment* user le bord de, effilocher, effiler; *cuff* user le bord de, effranger; *trousers* user le bas de, effranger; *rope* user; raguer (*Naut*). **tempers were getting ~ed** tout le monde commençait à perdre patience *or* s'énerver; **my nerves are ~ed** je suis à bout de nerfs.

2 *vi [cloth, garment]* s'effilocher, s'effiler; *[rope]* s'user; se raguer (*Naut*). **his sleeve was ~ing at the cuff** sa manche était usée *or* s'effrangeait *or* s'effilochait au poignet.

frazzle* ['fræzl] **1** *n*: **worn to a ~** éreinté, claqué*, crevé*; **burnt to a ~** carbonisé, calciné; **to beat sb to a ~** battre qn à plate(s) couture(s). **2** *vt* (*US*) éreinter*, crever*.

freak [friːk] **1** *n* (**a**) (*abnormal person or animal*) monstre *m*, phénomène *m*; (*eccentric*) phénomène; (*absurd idea*) lubie *f*, idée saugrenue *or* farfelue*, (*anomalous idea*) anomalie *f*. ~ **of nature** accident *m* de la nature; ~ **of fortune** caprice *m* de la fortune; **he won by a ~** il a gagné grâce à un hasard extraordinaire.

(**b**) (‡) hippie *mf*.

(**c**) (‡) **he's an acid ~** il se drogue au LSD, c'est un habitué du LSD; **a jazz ~** un(e) dingue* *or* un(e) fana* du jazz; **a health food ~** un(e) fana* des aliments naturels.

(**d**) (*US*‡) homosexuel(le) *m(f)*.

2 *adj storm, weather* anormal, insolite; *error* bizarre; *victory* inattendu; (‡) *culture, clothes* hippie.

3 *cpd*: **freak-out‡** partie *f* de came‡; **freak show** exposition *f* de monstres.

◆ **freak out‡ 1** *vi* (*abandon convention*) se défouler*; (*get high on drugs*) se défoncer‡; (*drop out of society*) devenir marginal, se mettre en marge de la société; (*become a hippie*) devenir hippie.

2 *vi freak-out‡ n V* **freak 3.**

freakish ['friːkɪʃ] *adj* (*gen*) bizarre; *weather* anormal; *idea* saugrenu, insolite.

freaky* ['friːkɪ] *adj* bizarre.

freckle ['frekl] **1** *n* tache *f* de rousseur *or* de son. **2** *vi* se couvrir de taches de rousseur.

freckled ['frekld] *adj* plein de taches de rousseur, taché de son.

Fred [fred] *n* (*dim of* **Frederick** *or* **Alfred**) Freddy *m*.

Frederick ['fredrɪk] *n* Frédéric *m*.

free [friː] **1** *adj* (**a**) (*at liberty, unrestricted*) *person, animal, object, activity, translation, choice* libre; *government* autonome, libre; *gas* libre, non combiné; (*Ling*) *morpheme* libre. **they tied him up but he managed to get ~** ils l'ont attaché mais il a réussi à se libérer; **to set a prisoner ~** libérer *or* mettre en liberté un prisonnier; **her aunt's death set her ~** to follow her own career la mort de sa tante lui a donné toute liberté pour poursuivre sa carrière; **the ~ world** le monde libre; (*fig*) **it's a ~ country!** on est en république!*, on peut faire ce qu'on veut ici!; (*Hist*) **the F~ French** les Français libres; [*prisoner*] **to go ~** être relâché, être mis en liberté; **and all these dangerous people still go ~** et tous ces gens dangereux sont encore en liberté; **you're ~ to choose** vous êtes libre de choisir, libre à vous de choisir; **I'm not ~ to do it** je ne suis pas libre de le faire, j'ai les mains liées et je ne peux pas le faire; **the fishing is ~** la pêche est autorisée; **he left one end of the string ~** il a laissé un bout de la ficelle flotter libre; **a dress which leaves my arms ~** une robe qui me laisse les bras libres; **I am leaving you ~ to do as you please** je vous laisse libre de faire comme bon vous semble; **he was ~ to refuse** il était libre de refuser, il avait le droit de refuser; **he is ~ to refuse** il est libre de refuser, libre à lui de refuser, il a le droit de refuser; **to be ~ from care/responsibility** être dégagé de tout souci/de toute responsabilité; **to be ~ from pain** ne pas souffrir; **~ from the usual ruling** non soumis au règlement habituel; **a surface ~ from dust** une surface dépoussiérée; **to get ~ of sb** se débarrasser de qn; **to be ~ of sb** être débarrassé de qn; **area ~ of malaria** zone non touchée par la malaria; **we chose a spot ~ of tourists** nous avons choisi un endroit sans touristes; **~ of tax** *or* **duty** exonéré, hors taxe; **to be a ~ agent** avoir toute liberté d'action; **~ and easy** décontracté, désinvolte, à l'aise; **~ access to** libre accès m à; (*Psych*) **~ association** association *f* libre; (*Pol etc*) **~ elections** élections *fpl* libres; **to have a ~ hand to do sth** avoir carte blanche pour faire qch; **to give sb a ~ hand** donner carte blanche à qn (*V also* 1c, 5); (*newspapers etc*) **~ press** presse *f* libre; **to give ~ rein to** donner libre cours à; **~ speech** liberté *f* de parole; **~ translation** traduction *f* libre; (*Parl: not party-political*) **~ vote** vote m de conscience; *V also* **break** *etc*.

(b) (*costing nothing*) *object, ticket* gratuit. **admission ~** entrée gratuite *or* libre; **we got in ~** *or* **for ~*** nous sommes entrés gratuitement *or* gratis *or* à l'œil*; **they'll send it ~ on request** ils l'enverront gratuitement *or* franco sur demande; **~ of charge** (*adj*) gratuit; (*adv*) gratuitement, gratis (*V also* 5); (*Comm*) **~ delivery, delivery ~** livraison gratuite, franco de port; (*Comm*) **~ gift, ~ offer** prime *f*; **as a ~ gift** en prime; (*Comm*) **~ sample** échantillon gratuit; (*Comm: on packets etc*) **~ mug with each towel** une chope gratuite pour tout achat d'une serviette; **he got a ~ ticket** il a eu un billet gratuit *or* gratuitement *or* sans payer; *V post³*.

(c) (*not occupied*) *room, seat, hour, person* libre. **there are 2 ~ rooms left** il reste 2 chambres de libre; **is this table ~?** cette table est-elle libre?; **I wasn't able to get ~ earlier** je n'ai pas pu me libérer plus tôt; **I will be ~ at 2 o'clock** je serai libre à 2 heures; (*lit, fig*) **to have one's hands ~** avoir les mains libres.

(d) (*lavish, profuse*) *généreux, prodigue, large*. **to be ~ with one's money** dépenser son argent sans compter; (*iro*) **you're very ~ with your advice** pour donner des conseils vous êtes un peu là (*iro*); **he makes ~ with all my things** il ne se gêne pas pour se servir de mes affaires; **to make ~ with a woman†** prendre des libertés *or* se permettre des familiarités avec une femme; **feel ~!*** je t'en prie!, sers-toi!

2 *adv* (a) (*without payment*) *give, obtain, travel* gratuitement, gratis.

(b) (*without restraint*) *run about* en liberté. [*sth caught*] **to work itself ~** se dégager.

3 *vt nation, slave* affranchir, libérer; *caged animal* libérer; *prisoner* libérer, élargir (*frm*), mettre en liberté; (*untie*) *person, animal* détacher, dégager; *knot* défaire, dénouer; *tangle* débrouiller; (*unblock*) *pipe* débloquer, déboucher; (*rescue*) sauver (*from* de); *sb trapped in wreckage* dégager (*from* de); (*from burden*) soulager, débarrasser (*from* de); (*from tax*) exempter, exonérer (*from* de). **to ~ sb from anxiety** libérer *or* délivrer qn de l'angoisse; (*lit, fig*) **to ~ o.s.** from se débarrasser de, se libérer de.

4 *n*: **the land of the ~** le pays de la liberté.

5 *cpd*: **freeboard** (hauteur *f* de) franc-bord m; **freebooter** (*buccaneer*) pirate m; (*Hist*) flibustier m; (*Brit*) **Free Church** (*n*) église *f* non-conformiste; (*adj*) non-conformiste; **free climbing** escalade *f* libre, libre m; (*US Med*) **free clinic** dispensaire m; (*Ind*) **free collective bargaining** négociation salariale libre (*sans limite imposée par l'État*); **free enterprise** libre entreprise *f*; **free-enterprise economy** économie *f* de marché; (*Space*) **free fall** chute *f* libre; **in free fall** en chute libre; **free fight** mêlée générale; (*Mil*) **free-fire zone** secteur m *or* zone *f* de tir libre; (*Aviat*) **free flight** vol m libre; (*Brit Telec*) **freefone®** ≃ numéro vert; **free-for-all** mêlée générale; **freehand** (*adj, adv*) à main levée; (*Sport*) **free hit** coup m franc; (*Brit*) **freehold** (*n*) propriété foncière libre (*de toute obligation*); (*adv*) en propriété libre; (*Brit*) **freeholder** propriétaire foncier (*sans obligation*); (*Brit*) **free house** pub m en gérance libre; (*Sport*) **free kick** coup franc; (*Ind*) **free labour** main-d'œuvre non syndiquée; **freelance** *V* **freelance**; (*US*) **freeload*** grappiller, resquiller; (*US*) **freeloader*** parasite m, resquilleur m, -euse *f*; **free love** amour m libre, union *f* libre; (*Hist*) **freeman** homme m libre; **freeman of a city** citoyen(ne) m(*f*) d'honneur d'une ville; **freemason** franc-maçon m; **freemasonry** franc-maçonnerie *f*; (*Comm*) **free of charge** (*adv*) gratuitement; (*Comm*) **free on board** franco à bord; (*Comm*) **free on rail** franco sur wagon; (*Educ*) **free period** heure *f* de libre *or* sans cours; (*Brit Telec*) **freephone®** ≃ numéro vert; **free port** port m franc; (*Brit Post*) **free post** port payé; **free-range eggs/poultry** œufs *mpl*/poulets *mpl* de ferme; (*Educ*) **free school** école privée qui utilise des méthodes nouvelles; **free-standing** *furniture* sur pied, non-encastré; (*US*) **the Free**

State le Maryland; (*U*) **freestone** pierre *f* de taille; (*Sport*) **freestyle** (swimming) nage *f* libre; (*Ski*) **free-styling** ski m acrobatique; **freethinker** libre-penseur m, -euse *f*; **freethinking** (*adj*) libre penseur; (*n*) libre pensée *f*; (*US Sport*) **free throw** lancer m franc; **free throw shot** lancer m franc, coup m franc; (*Econ*) **free trade** libre-échange m; **free-trade zone** zone franche; (*Econ*) **free-trader** libre-échangiste m; (*Literat*) **free verse** vers m libre; (*US*) **freeway** autoroute *f* (*sans péage*); (*Brit*) **freewheel** (*vi*) [*cyclist*] se mettre en roue libre, être en roue libre; [*motorist*] rouler au point mort; (*n*) [*bicycle*] roue *f* libre; (*fig*) **freewheeler** personne indépendante qui ne se soucie pas des autres; **freewheeling** *person* indépendant; *scheme* hardi; *discussion* libre; (*Philos*) **free will** libre arbitre m; **he did it of his own free will** il l'a fait de son propre gré; **free-will gift/offering** don m/offrande *f* volontaire.

freebee‡, freebie‡ ['fri:bɪ] *n* (*US*) faveur *f*, extra m.

freedom ['fri:dəm] **1** *n* liberté *f*. **~ of action** liberté d'action *or* d'agir; **~ of information** liberté d'information; **~ of the press** liberté de la presse; **~ of speech** liberté de parole; **~ of worship** liberté religieuse *or* du culte; **~ of the seas** franchise *f* des mers; **to give sb ~ to do as he wishes** laisser les mains libres à qn, donner carte blanche à qn; **to speak with ~** parler en toute liberté; **~ from care/responsibility** le fait d'être dégagé de tout souci/de toute responsabilité; **to give sb the ~ of a city** nommer qn citoyen d'honneur d'une ville; **he gave me the ~ of his house** il m'a permis de me servir comme je voulais de sa maison, il m'a dit de faire comme chez moi.

2 *cpd*: **freedom fighter** guérillero m, partisan m.

freelance ['fri:lɑ:ns] **1** *n* collaborateur m, -trice *f* indépendant(e), free-lance m. **2** *adj journalist, designer, player etc* indépendant, free-lance *inv*. **3** *vi* travailler en indépendant *or* en free-lance.

freely ['fri:lɪ] *adv* (a) (*lavishly*) *give* libéralement, à profusion. **he spends his money ~** il dépense son argent sans compter, il est dépensier.

(b) (*unrestrictedly*) *speak* franchement, sans contrainte, à cœur ouvert; *act* sans contrainte, librement, en toute liberté; *grow* avec luxuriance. **to move ~** (*of person: without hindrance*) se déplacer en toute liberté; (*of person: walk without pain etc*) bouger sans gêne; [*machine part, object etc*] bouger sans accrocher; **traffic is moving ~** la circulation est fluide; **I ~ admit that...** je reconnais volontiers que....

freesia ['fri:zɪə] *n* freesia m.

freeze [fri:z] *pret* **froze**, *ptp* **frozen 1** *vi* (*Met*) geler; [*liquids, pipes, lakes, rivers etc*] geler; (*fig*) se figer. **it will ~ hard tonight** il gèlera dur cette nuit; **to ~ to death** mourir de froid; **the lake has frozen** le lac est pris *or* gelé; (*Aut*) **the windscreen was frozen** le pare-brise était givré; (*fig*) **his smile froze on his lips** son sourire s'est figé sur ses lèvres; **he froze (in his tracks)** il est resté figé sur place; **~! pas un geste!; to ~ on to sb*** se cramponner à qn; (*Culin*) **meat ~s well but lettuce won't ~** la viande se congèle bien mais la laitue se congèle mal; **his boots had frozen to the pavement** ses bottes étaient collées au trottoir par le gel; *V also* **freezing, frozen.**

2 *vt water etc* geler; *food* congeler; (*industrially*) surgeler; (*Econ*) *assets, credits* geler, bloquer; *prices, wages* bloquer, stabiliser. (*fig*) **she froze him with a look** elle lui a lancé un regard qui l'a glacé sur place; (*Cine: hold image*) **can you ~ it?** tu peux t'arrêter sur l'image?; *V also* **frozen.**

3 *n* (a) (*Met*) temps m de gelée, gel m. **the big ~ of 1948** le gel rigoureux *or* le grand gel de 1948; *V* **deep.**

(b) (*Econ*) [*prices, wages*] blocage m; [*credits*] gel m, blocage.

4 *cpd*: **freeze-dry** (*vt*) lyophiliser; (*Met*) **freeze-up** gel m.

♦**freeze over** *vi* [*lakes, rivers*] geler, se prendre en glace; (*Aut*) [*windscreen etc*] givrer. **the river has frozen over** *or* **up** la rivière est gelée *or* est prise (en glace).

♦**freeze up** *vi* (a) = **freeze over.**

(b) [*pipes*] geler.

2 *vt sep*: **the pipes** *or* **we were frozen up last winter** les conduits ont gelé l'hiver dernier.

3 freeze-up *n V* **freeze 4.**

freezer ['fri:zər] *n* (a) (*domestic*) congélateur m; (*industrial*) surgélateur m. **~ film/foil** plastique m/aluminium m spécial congélation. (b) (*in fridge: also* **~ compartment**) (*one-star*) freezer m; (*two-star*) conservateur m; (*three-star*) congélateur m. (c) (*US: ice cream maker*) sorbetière *f*.

freezing ['fri:zɪŋ] **1** *adj* (*very cold*) *person* gelé, glacé; *room, weather, conditions, look* glacial. **I'm ~** je suis gelé *or* glacé, je crève* de froid; **my hands are ~** j'ai les mains gelées *or* glacées; **it's ~ in here** c'est glacial ici, on crève* de froid ici; (*Met*) **~ fog** brouillard m givrant.

2 *n* congélation *f*, gel m. **~ point** point m de congélation; **below ~ point** au-dessous de zéro (centigrade).

freight [freɪt] **1** *n* (*transporting*) transport m par petite vitesse *or* en régime ordinaire; (*price, cost*) fret m; (*goods moved*) fret, cargaison *f*; (*esp Brit: ship's cargo*) fret. (*Comm*) **~ paid** port payé; (*US Comm*) **~ and delivery paid** franco de port; **to send sth by ~** faire transporter qch par petite vitesse *or* en régime ordinaire; **air ~** transport *or* fret par avion.

2 *vt goods* transporter.

3 *cpd*: (*US Rail*) **freight car** wagon m de marchandises, fourgon m; **freight charges** frais *mpl* de transport, fret m; **freightliner** train m de marchandises en conteneurs; **freight note** bordereau m d'expédition; **freight plane** avion-cargo m, avion m de fret; **freight terminal** terminal m de fret; (*esp US*) **freight train** train m de marchandises; **freight yard** dépôt m *or* cour *f* des marchandises.

freightage ['freɪtɪdʒ] *n* (*charge*) fret m; (*goods*) fret, cargaison *f*.

freighter ['freɪtər] *n* (*Naut*) cargo m, navire m de charge; (*Aviat*) avion-cargo m, avion m de fret.

French [frentʃ] **1** *adj* (*gen*) français; *king, embassy, ambassador* de

France; *teacher, dictionary* de français. **the ~ Academy** l'Académie française; **the ~ way of life** la vie française; **~ cooking cuisine** française; **the ~ people** les Français; **the ~ Riviera** la Côte d'Azur; *V also* **3**.
  2 *n* (a) **the ~** les Français *mpl*; *V* **free**.
  (b) (*Ling*) français *m*.
  3 *cpd*: **French bean** haricot vert; **French Canadian** (*adj*) canadien français; (*n*) (*person*) Canadien(ne) français(e) *m(f)*; (*Ling*) français canadien; **French chalk** craie *f* de tailleur; (*US*) **French door** porte-fenêtre *f*; (*Culin*) **French dressing** (*oil and vinegar*) vinaigrette *f*; (*US: salad cream*) crème *f* à salade; **French Equatorial Africa** Afrique équatoriale française; **French fried** (**potatoes**), (*esp US*) **French fries** (pommes *fpl* de terre) frites *fpl*; (*US*) **french-fry** frire à la friteuse; **French Guiana** Guyane française; (*Mus*) **French horn** cor *m* d'harmonie; **French kiss**‡ (*n*) patin‡ *m*; (*fig*) **to take French leave** filer à l'anglaise*; (*contraceptive*) **French letter**✻ capote anglaise*; **French loaf** baguette *f* (*de pain*); **Frenchman** Français *m*; **French marigold** œillet *m* d'Inde; **French pastry** pâtisserie *f*; (*Brit*) **French polish** vernis *m* (à l'alcool); (*Brit*) **French-polish** vernir (à l'alcool); (*Sewing*) **French seam** couture anglaise; **French-speaking** qui parle français; *nation etc* francophone (*V* **Switzerland**); **French toast** (*Brit: toast*) pain grillé d'un seul côté; (*fried bread in egg*) pain perdu; **French West Africa** Afrique occidentale française; **French window** porte-fenêtre *f*; **Frenchwoman** Française *f*.
Frenchify ['frentʃɪfaɪ] *vt* franciser. (*pej*) his **Frenchified ways** ses maniérismes copiés sur les Français.
frenetic [frə'netɪk], **frenzied** ['frenzɪd] *adj person* très agité; *crowd* en délire; *applause, rhythm, shouts* frénétique; *efforts* désespéré; *joy, passion* frénétique.
frenzy ['frenzɪ] *n* frénésie *f*. **~ of delight** transport *m* de joie.
frequency ['fri:kwənsɪ] **1** *n* fréquence *f*. *V* **high, ultrahigh, very**. **2** *cpd*: (*Elec*) **~ band** bande *f* de fréquence; (*Statistics*) **frequency distribution** distribution *f* des fréquences; (*Elec*) **frequency modulation** modulation *f* de fréquence.
frequent ['fri:kwənt] **1** *adj* (*numerous, happening often*) *visits, rests, changes* fréquent, nombreux; (*common*) *objection, criticism* fréquent, habituel, courant. **it's quite ~** c'est très courant, cela arrive souvent; **he is a ~ visitor (to our house)** c'est un habitué (de la maison).
  2 [frɪ'kwent] *vt* fréquenter, hanter, courir.
frequentative [frɪ'kwentətɪv] *adj, n* (*Gram*) fréquentatif (*m*), itératif (*m*).
frequenter [frɪ'kwentər] *n* [*house etc*] familier *m*, habitué(e) *m(f)*; [*pub etc*] habitué(e). **he was a great ~ of night clubs** il courait les boîtes de nuit, c'était un pilier de boîtes de nuit.
frequently ['fri:kwəntlɪ] *adv* fréquemment, souvent.
fresco ['freskəʊ] *n* (*pigment, picture*) fresque *f*. **to paint in ~** peindre à fresque.
fresh [freʃ] **1** *adj* (a) (*recent, new*) *news, report, paint, make-up, flowers* frais (*f* fraîche); (*not stale*) *air, milk, eggs, butter, food* frais; *food* (*not frozen*) frais, non congelé, non surgelé; (*not tinned*) frais; (*additional*) *supplies* nouveau (*f* nouvelle), supplémentaire; (*new, different*) *horse* nouveau; *clothes* nouveau, propre, de rechange. **milk ~ from the cow** lait fraîchement trait; **~ butter** (*not stale*) beurre frais; (*unsalted*) beurre sans sel; **the bread is ~ from the oven** le pain est tout frais, le pain sort (à l'instant) du four; (*US*) **~ paint** peinture fraîche; **is there any ~ news?** y a-t-il du nouveau? *or* des nouvelles fraîches?; **a ~ sheet of paper** une nouvelle feuille de papier; **he put ~ courage into me** il m'a redonné courage, il m'a insufflé un courage nouveau; (*fig*) **to break ~ ground** faire œuvre de pionnier, faire quelque chose d'entièrement nouveau; **he has had a ~ heart attack** il a eu une nouvelle crise cardiaque; **it's nice to see some ~ faces** here c'est agréable de voir des visages nouveaux ici; **to make a ~ start** prendre un nouveau départ; **~ water** (*not salt*) eau douce (*V also* **3**); **it is still ~ in my memory** j'en ai encore le souvenir tout frais *or* tout récent; **I'm going out for some ~ air** *or* **for a breath of ~ air** je sors prendre l'air *or* le frais; **in the ~ air** au grand air, en plein air (*V also* **3**); **let's have some ~ air!** un peu d'air!
  (b) (*Met: cool*) *wind* frais (*f* fraîche). **it is getting ~** il commence à faire frais; (*Naut*) **~ breeze** vent frais.
  (c) *colours* frais (*f* fraîche), gai; *complexion* frais. **she was as ~ as a daisy** elle était fraîche comme une rose.
  (d) (*lively*) *person* plein d'entrain, fringant, sémillant; *horse* fougueux, fringant.
  (e) (✻: *cheeky*) familier, trop libre, culotté✻ (*with* envers). **don't get ~ with me!** pas d'impertinences!; **he's very ~!** il a du toupet!✻, il est culotté!✻
  2 *adv*: **boy ~ from school** garçon frais émoulu du lycée; **~ from Scotland** nouvellement *or* fraîchement arrivé d'Écosse; **he's just come ~ from a holiday by the sea** il revient de vacances au bord de la mer; **we're ~ out of cream**✻ nous venons de vendre le dernier pot de crème.
  3 *cpd*: **fresh-air fiend**✻ (*pej*) mordu(e)✻ *m(f)* du grand air; (*US Univ*) **freshman** bizut(h) *m*, nouveau *m*, nouvelle *f* (étudiant(e) de première année); **freshwater fish** poisson *m* d'eau douce.
freshen ['freʃn] *vi* (*Met*) [*wind, air*] fraîchir.
◆**freshen up 1** *vi* (*wash o.s.*) faire un brin de toilette *or* une petite toilette; [*woman*] se refaire une beauté✻, faire un raccord (à son maquillage)✻.
  2 *vt sep invalid etc* faire un brin de toilette à, faire une petite toilette à; *child* débarbouiller; *dress, room, paintwork* rafraîchir. **to freshen o.s. up** = **to freshen up**, *V* **1**; **that will freshen you up** cela vous ravigotera✻ *or* vous requinquera✻.
fresher✻ ['freʃər] *n* (*Brit Univ*) bizut(h) *m*, nouveau, nouvelle *f*

(étudiant(e) de première année). (*Brit Univ*) **~s' week** semaine *f* d'accueil des étudiants.
freshet ['freʃɪt] *n* (*flood*) crue *f* rapide, inondation brutale; (*into sea*) cours *m* d'eau qui se jette dans la mer.
freshly ['freʃlɪ] *adv* nouvellement, récemment. **~ -cut flowers** des fleurs fraîches cueillies *or* nouvellement cueillies; **it's ~ made** c'est tout frais.
freshness ['freʃnɪs] *n* [*air, food, fruit, milk, wind etc*] fraîcheur *f*; [*manner*] franchise *f*, spontanéité *f*, naturel *m*; [*outlook, approach*] fraîcheur, jeunesse *f*; [*colour*] fraîcheur, gaieté *f* or gaîté *f*.
fret¹ [fret] **1** *vi* (a) (*become anxious*) s'agiter, se tourmenter, se tracasser; [*baby*] pleurer, geindre. **don't ~!** ne t'en fais pas!, ne te tracasse pas!; **she ~s over trifles** elle se fait du mauvais sang pour des vétilles; **the child is ~ting for its mother** le petit pleure parce qu'il veut sa mère.
  (b) [*horse*] **to ~** (**at the bit**) ronger le mors.
  2 *vt*: **to ~ o.s.**✻ se tracasser, se faire de la bile, se biler✻.
  3 *n*: **to be in a ~**✻ se faire du mauvais sang *or* de la bile, se biler✻.
fret² [fret] **1** *vt wood etc* découper, chantourner. **the stream has ~ted its way through the rock** le ruisseau s'est creusé un chenal dans le rocher. **2** *cpd*: **fretsaw** scie *f* à découper; **fretwork** (*piece*) pièce chantournée; (*work*) découpage *m*.
fret³ [fret] *n* (*for guitar*) frette *f*, touche *f*.
fretful ['fretfʊl] *adj person* agité, énervé; *baby, child* grognon, pleurnicheur; *sleep* agité.
fretfully ['fretfʊlɪ] *adv do* avec agitation *or* énervement, d'un air énervé; *say* d'un ton agité. [*baby*] **to cry ~** pleurnicher, être grognon.
fretfulness ['fretfʊlnɪs] *n* irritabilité *f*.
Freudian ['frɔɪdɪən] **1** *adj* (*Psych, fig*) freudien. **~ slip** lapsus *m*. **2** *n* disciple *mf* de Freud.
friable ['fraɪəbl] *adj* friable.
friar ['fraɪər] *n* moine *m*, frère *m*, religieux *m*. **F~ John** Frère Jean.
fricassee ['frɪkəsi:] *n* fricassée *f*.
fricative ['frɪkətɪv] (*Ling*) **1** *adj* spirant, fricatif. **2** *n* spirante *f*, fricative *f*.
friction ['frɪkʃən] *n* (a) (*Phys etc*) friction *f*, frottement *m*; (*Ling*) friction; (*fig*) désaccord *m*, frottement, friction. (*fig*) **there is a certain amount of ~ between them** il y a des frottements *or* des désaccords *or* de la friction entre eux.
  (b) (*also* **~ climbing**) adhérence *f*.
  2 *cpd*: (*on printer*) **friction feed** entraînement *m* par friction; (*US*) **~ tape** chatterton *m*.
Friday ['fraɪdɪ] *n* vendredi *m*. **~ the thirteenth** vendredi treize; *V* **good**; *for other phrases V* **Saturday**.
fridge [frɪdʒ] *n* (*Brit abbr of* **refrigerator**) frigo✻ *m*, frigidaire *m* ®.
fried [fraɪd] *pret, ptp of* **fry²**.
friend [frend] *n* ami(e) *m(f)*; (*schoolmate, workmate etc*) camarade *mf*, copain✻ *m*, copine✻ *f*; (*helper, supporter*) ami(e), bienfaiteur *m*, -trice *f*. **a ~ of mine** un de mes amis; **~s of ours** des amis (à nous); **he's one of my son's ~s** c'est un ami *or* un camarade *or* un copain✻ de mon fils; **her best ~** sa meilleure amie; (*fig*) **it's a girl's best ~** c'est le rêve de chaque femme; **he's no ~ of mine** je ne le compte pas au nombre de mes amis; **to make ~s with sb** devenir ami avec qn, se lier d'amitié avec qn; **he made a ~ of him** il en a fait son ami; **he makes ~s easily** il se fait facilement des amis, il se lie facilement; **to be ~s with sb** être ami *or* lié avec qn; **let's be ~s** again on fait la paix?; **close ~s** amis intimes; **we're just good ~s** nous sommes simplement bons amis; **we're all ~s here** nous sommes entre amis; **a ~ of the family** un ami de la famille *or* de la maison; (*Prov*) **a ~ in need is a ~ indeed** c'est dans le besoin que l'on connaît ses vrais amis; (*loc*) **the best of ~s must part** il n'est si bonne compagnie qui ne se sépare (*Prov*); **he's been a true ~ to us** il a fait preuve d'une véritable amitié envers nous; (*fig*) **a ~ at court** un ami influent; (*fig*) **to have ~s at court** avoir des amis influents *or* des protections; (*Parl*) **my honourable ~**, (*Jur*) **my learned ~** mon cher *or* distingué confrère, ma distinguée collègue; **~ of the poor** bienfaiteur *or* ami des pauvres; **F~s of the Earth** les Amis de la Terre; **F~s of the National Theatre** (Société *f* des) Amis du Théâtre National; (*Rel*) **Society of F~s** Société *f* des Amis, Quakers *mpl*.
friendless ['frendlɪs] *adj* seul, isolé, sans amis.
friendliness ['frendlɪnɪs] *n* attitude amicale, bienveillance *f*.
friendly ['frendlɪ] *adj person, attitude, feelings* amical; *child, dog* gentil, affectueux; *nation* ami; *hotel* accueillant; *advice* d'ami; *smile, welcome* amical; (*from superiors*) bienveillant, aimable. **people here are so ~** les gens sont si gentils ici; **I am quite ~ with her** je suis (assez) ami(e) avec elle; **to be on ~ terms with sb** être en termes amicaux *or* avoir des rapports d'amitié avec qn; **that wasn't a very ~ thing to do** ce n'était pas très gentil de faire cela; (*Sport*) **~ match** match amical; (*Brit*) **F~ Society** Société *f* de prévoyance, (société) mutuelle *f*; (*Geog*) **the F~ Islands** les îles *fpl* des Amis, Tonga *m*; *V* **neighbourhood**.
-friendly [,frendlɪ] *adj ending in cpds, e.g.* (*hum*) **reader-~**✻ qui tient compte du lecteur, qui prend le lecteur en considération; *V* **user**.
friendship ['frendʃɪp] *n* amitié *f*. **out of ~** par amitié.
Friesian ['fri:ʒən] = **Frisian**.
frieze¹ [fri:z] *n* (*Archit*) frise *f*.
frieze² [fri:z] *n* (*Tex*) ratine *f*.
frigate ['frɪgɪt] *n* frégate *f* (*Naut*).
fright [fraɪt] *n* (a) effroi *m*, peur *f*. **to take ~** prendre peur, s'effrayer (*de* at); **to get** *or* **have a ~** avoir peur; **to give sb a ~** faire peur à qn; **it gave me such a ~** ça m'a fait une de ces peurs✻ *or* une belle peur; *V* **stage**.
  (b) (✻: *person*) horreur✻ *f*, épouvantail *m*. **she's** *or* **she looks a ~** elle est à faire peur.

frighten ['fraɪtn] *vt* effrayer, faire peur à. **did he ~ you?** est-ce qu'il vous a fait peur?; **it nearly ~ed him out of his wits** *or* **his skin** cela lui a fait une peur bleue; **to ~ sb into doing sth** effrayer qn pour lui faire faire qch, faire faire qch à qn par (l')intimidation; **he was ~ed into doing it** il l'a fait sous le coup de la peur; **to be ~ed of (doing) sth** avoir peur de (faire) qch; **I'm ~ed to death** je meurs de peur; **I'm ~ed to death of spiders** j'ai une peur bleue des araignées; **I was ~ed to death when I saw him** j'ai failli mourir de peur en le voyant; **she is easily ~ed** elle prend peur facilement, elle est peureuse; *V* **living.**
♦ **frighten away, frighten off** *vt sep birds* effaroucher; *children etc* chasser, en faire(faisant peur).
frightened ['fraɪtnd] *adj* effrayé. **don't be ~** n'ayez pas peur, ne vous effrayez pas.
frightening ['fraɪtnɪŋ] *adj* effrayant.
frighteningly ['fraɪtnɪŋlɪ] *adv ugly, thin etc* à faire peur; *expensive, uncertain* terriblement.
frightful ['fraɪtfʊl] *adj (gen)* épouvantable, affreux; *(stronger)* effroyable. **she looks ~ in that hat*** elle est affreuse avec ce chapeau.
frightfully ['fraɪtfəlɪ] *adv* affreusement, effroyablement. **I am ~ late** je suis terriblement *or* affreusement en retard; **I am ~ sorry** je regrette énormément, je suis (absolument) désolé; **it's ~ good of you** c'est vraiment trop gentil à vous *or* de votre part, vous êtes vraiment trop bon; **~ ugly** affreusement *or* effroyablement laid; **he's ~ sweet** il est terriblement mignon.
frightfulness ['fraɪtfʊlnɪs] *n [crime etc]* atrocité *f*, horreur *f*.
frigid ['frɪdʒɪd] *adj (Geog, Met)* glacial; *manner, reaction, welcome* froid, glacé; *(Psych) woman* frigide.
frigidity [frɪ'dʒɪdɪtɪ] *n (sexual)* frigidité *f*; *(gen)* froideur *f*.
frill [frɪl] *n [dress]* ruche *f*, volant *m*; *[shirt front]* jabot *m*; *[cuff]* ruche; *(Culin)* papillote *f*; *(Orn)* collerette *f*. *(fig)* **~s** manières *fpl*, façons *fpl*, chichis* *mpl*; *(fig)* **without any ~s** simple, sans manières, sans façons; *V* **furbelow, no.**
frilly ['frɪlɪ] *adj dress* à fanfreluches; *(fig) speech* à fioritures, fleuri.
fringe [frɪndʒ] **1** *n [rug, shawl], (Brit) [hair]* frange *f*; *[forest]* bord *m*, bordure *f*, lisière *f*; *[crowd]* derniers rangs. **on the ~ of the forest** en bord *or* bordure de forêt, à la lisière *or* à l'orée de la forêt; **to live on the ~ of society** vivre en marge de la société; **the outer ~s** *[large town]* la grande banlieue; *[town]* la périphérie; *V* **lunatic.**
2 *vt shawl etc* franger *(with de). (fig) road* **~d with trees** route bordée d'arbres; *(Geog)* **fringing reef** récif frangeant.
3 *cpd:* **fringe area** zone *f* limitrophe (de réception); **fringe benefits** avantages *mpl* sociaux, avantages en nature, indemnités *fpl*, avantages divers; **fringe group** groupe marginal; *(Brit)* **fringe theatre** théâtre *m* d'avant-garde *or* expérimental.
frippery ['frɪpərɪ] *n (pej) (cheap ornament)* colifichets *mpl*; *(on dress)* fanfreluches *fpl*; *(ostentation)* préciosité *f*, maniérisme *m*.
frisbee ['frɪzbɪ] *n* ® frisbee *m* ®.
Frisian ['frɪʒən] **1** *adj* frison. **~ Islands** îles Frisonnes. **2** *n* (a) Frison(ne) *m(f)*. **(b)** *(Ling)* frison *m*.
frisk [frɪsk] **1** *vi* gambader, batifoler*, folâtrer. **2** *vt criminal, suspect* fouiller.
friskiness ['frɪskɪnɪs] *n* vivacité *f*.
frisky ['frɪskɪ] *adj* vif *(f* vive), sémillant, fringant.
fritillary [frɪ'tɪlərɪ] *n* fritillaire *f*.
fritter[1] ['frɪtər] *vt (also ~ away) money, time* gaspiller, perdre; *energy* gaspiller.
fritter[2] ['frɪtər] *n (Culin)* beignet *m*. **apple ~** beignet aux pommes.
fritz‡ [frɪts] *(US) n:* **on the ~** en panne.
♦ **fritz out‡** *vi* tomber en panne.
frivolity [frɪ'vɒlɪtɪ] *n* frivolité *f*.
frivolous ['frɪvələs] *adj person, behaviour* frivole, léger; *remark* frivole, superficiel.
frizz [frɪz] *vt hair* faire friser *or* frisotter.
frizzle ['frɪzl] **1** *vi* grésiller. **2** *vt (also ~ up) food* faire trop griller, laisser brûler *or* calciner. **the joint was all ~d (up)** le rôti était complètement calciné.
frizzly ['frɪzlɪ] *adj*, **frizzy** ['frɪzɪ] *adj hair* crépu, crêpelé.
fro [frəʊ] *adv:* **to and ~** de long en large; **to go to and ~ between** aller et venir entre, faire la navette entre; **journeys to and ~ between London and Edinburgh** allers *mpl* et retours *mpl* entre Londres et Édimbourg; *V* **also to.**
frock [frɒk] *n [woman, baby]* robe *f*; *[monk]* froc *m*. **~ coat** redingote *f*.
frog[1] [frɒg] **1** *n* (a) *(Zool)* grenouille *f*. *(fig)* **to have a ~ in one's throat** avoir un chat dans la gorge. **(b)** *(pej)* **F~‡** Français(e) *m(f)*.
2 *cpd:* **frogman** homme-grenouille *m*; **to frog-march sb in/out** *etc (hustle)* amener/sortir *etc* qn de force; *(carry)* amener/sortir *etc* qn en le prenant par les quatre membres; **frogspit** crachat *m* de coucou.
frog[2] [frɒg] *n (Dress)* brandebourg *m*, soutache *f*.
frolic ['frɒlɪk] **1** *vi (also ~ about, ~ around)* folâtrer, batifoler*, gambader. **2** *n* ébats *mpl*, gambades *fpl*; *(prank)* espièglerie *f*, gaminerie *f*; *(merry-making)* ébats.
frolicsome ['frɒlɪksəm] *adj* folâtre, gai, espiègle.
from [frɒm] *prep* **(a)** *(place: starting point)* de. **~ house to house** de maison en maison; **to jump ~ a wall** sauter d'un mur; **to travel ~ London to Paris** voyager de Londres à Paris; **train ~ Manchester** train (en provenance) de Manchester; **programme transmitted ~ Lyons** programme retransmis de *or* depuis Lyon; **he comes ~ London** il vient de Londres, il est (originaire) de Londres; **he comes ~ there** il en vient; **where are you ~?** d'où êtes-vous *or* venez-vous?
(b) *(time: starting point)* à partir de, de. **(as) ~ the 14th July** à partir du 14 juillet; **~ that day onwards** à partir de ce jour-là; **~**

beginning to end du début jusqu'à la fin; **~ his childhood** dès son enfance; **he comes ~ time to time** il vient de temps en temps; **counting ~ last Monday** à dater de lundi dernier.
(c) *(distance: lit, fig)* de. **the house is 10 km ~ the coast** la maison est à 10 km de la côte; **it is 10 km ~ there** c'est à 10 km de là; **to go away ~ home** quitter la maison; **not far ~ here** pas loin d'ici; **far ~ blaming you** loin de vous le reprocher.
(d) *(origin)* de, de la part de, d'après. **a letter ~ my mother** une lettre de ma mère; **tell him ~ me** dites-lui de ma part; **an invitation ~ the Smiths** une invitation (de la part) des Smith; **painted ~ life** peint d'après nature; **~ a picture by Picasso** d'après un tableau de Picasso.
(e) *(used with prices, numbers)* à partir de, depuis. **wine ~ 6 francs a bottle** vins à partir de *or* depuis 6 F la bouteille; **there were ~ 10 to 15 people there** il y avait là de 10 à 15 personnes.
(f) *(source)* **to drink ~ a brook** boire à un ruisseau; **to drink ~ a glass** boire dans un verre; **to drink straight ~ the bottle** boire à (même) la bouteille; **he took it ~ the cupboard** il l'a pris dans le placard, il l'a sorti du placard; **he put the box down and took a book ~** il a pris la caisse et en a tiré un livre; **to pick sb ~ the crowd** choisir qn dans la foule; **a quotation ~ Racine** une citation (tirée) de Racine; **here's an extract ~** it en voici un extrait; **to speak ~ notes** parler avec des notes; **to judge ~ appearances** juger d'après les apparences; **~ your point of view** à *or* de votre point de vue; **to draw a conclusion ~ the information** tirer une conclusion des renseignements.
(g) *(prevention, escape, deprivation etc)* à, de. **take the knife ~ this child!** ôtez *or* enlevez *or* prenez le couteau à cet enfant!; **he prevented me ~ coming** il m'a empêché de venir; **he took/stole it ~ them** il le leur a pris/volé; **the news was kept ~ her** on lui a caché la nouvelle; **to shelter ~ the rain** s'abriter de la pluie.
(h) *(change)* de. **~ bad to worse** de mal en pis; **price increase ~ one franc to one franc fifty** augmentation de prix d'un franc à un franc cinquante; **he went ~ office boy to director in 5 years** de garçon de bureau il est passé directeur en 5 ans.
(i) *(cause, reason)* **to act ~ conviction** agir par conviction; **to die ~ fatigue** mourir de fatigue; **he died ~ his injuries** il est décédé des suites de ses blessures; **~ what I heard ...** d'après ce que j'ai entendu ...; **~ what I can see ...** à ce que je vois ...; **~ the look of things ...** à en juger par les apparences ...; **~ the way he talks** you would think that ... à l'entendre on penserait que ... .
(j) *(difference)* de. **he is quite different ~ the others** il est complètement différent des autres; **to distinguish the good ~ the bad** distinguer le bon du mauvais.
(k) *(with other preps and advs)* **seen ~ above** vu d'en haut; **~ above the clouds** d'au-dessus des nuages; **~ henceforth** à partir d'aujourd'hui, désormais, dorénavant *(frm)*; **I saw him ~ afar** je l'ai vu de loin; **she was looking at him ~ over the wall** elle le regardait depuis l'autre côté du mur; **~ under the table** de dessous la table.
frond [frɒnd] *n [fern]* fronde *f*; *[palm]* feuille *f*.
front [frʌnt] **1** *n* (a) *(leading section: of boat, car, train etc)* avant *m*; *[class, crowd, audience]* premier rang; *(part facing forward: of cupboard, shirt, dress)* devant *m*; *[building]* façade *f*, devant, front *m*; *[book] (beginning)* début *m*; *(cover)* couverture *f*; *[postcard, photo]* recto *m*. **in ~** *be, stand, walk, put* devant; *send, move, look* en avant; **in ~ of** the table devant la table; **to send sb on in ~** envoyer qn en avant; **he was walking in ~** il marchait devant; *(Sport)* **to be in ~** mener; *(fig)* **to come to the ~** se faire connaître *or* remarquer, percer; **to sit in the ~ (of the car)** être assis à l'avant (de la voiture); **to sit in the ~ of the train/bus** s'asseoir en tête de *or* du train/à l'avant de l'autobus; **in the ~ of the class** au premier rang de la classe; **in the ~ of the book** au début du livre; **she was lying on her ~*** elle était couchée sur le ventre; **it fastens at the ~** cela se ferme devant; **she spilt it down the ~ of her dress** elle l'a renversé sur le devant de sa robe; **he pushed his way to the ~ of the crowd** il s'est frayé un chemin jusqu'au premier rang de la foule; *(fig)* **to put on a bold ~** faire bonne contenance.
(b) *(Met, Mil, Pol)* front *m*. **to fall at the ~** mourir au front; **there was fighting on several ~s** on se battait sur plusieurs fronts; *(gen, Mil, Pol etc)* **on all ~s** partout, de tous côtés; **cold/warm ~** front froid/chaud; **popular ~** front populaire; *(Pol, fig)* **we must present a common ~** nous devons offrir un front commun, il faut faire front commun; *V* **home** *etc.*
(c) *(Brit: also* **sea ~** *) (beach)* bord *m* de mer, plage *f*; *(prom)* front *m* de mer. **along the ~** *(on the beach)* en bord de mer; *(on the prom)* sur le front de mer; **a house on the ~** une maison sur le front de mer.
(d) *(liter: forehead)* front *m*.
(e) *[spy, criminal]* couverture *f (fig). (fig)* **it's all just a ~ with** him tout ça c'est que façade chez lui.
2 *adj* **(a)** de devant, *(gen)* avant, premier. **on the ~ cover** en couverture; **~ door** *[house]* porte d'entrée *or* principale; *[car]* portière *f* avant; **in the ~ end of the train** en tête de *or* du train, à l'avant du train; **~ garden** jardin *m* de devant; *(Mil)* **~ line(s)** front *m*; *(Press)* **on the ~ page** en première page, à la une* *(V also* **6**); **the ~ page** la première page, la une*; *[machine]* **the ~ panel** le panneau de devant, la face avant; *(fig)* **in the ~ rank** parmi les premiers; **~ room** pièce *f* donnant sur la rue, pièce de devant; *(lounge)* salon *m*; **in the ~ row** au premier rang; **to have a ~ seat** *(lit)* avoir une place (assise) au premier rang; *(fig)* être aux premières loges *(fig)*; **~ tooth** dent *f* de devant; **~ wheel** roue *f* avant; *(fig)* **it's on my ~ burner*** je vais m'en occuper tout de suite *(V also* **6**); *V* **row** *etc.*
(b) de face. **~ view** vue *f* de face; *(Archit)* **~ elevation** élévation *f* frontale.
3 *adv* par devant. **to attack ~ and rear** attaquer par devant et par derrière; *(Mil)* **eyes ~!** fixe!

4 *vi* (a) to ~ on to donner sur; **the house ~s north** la maison fait face *or* est exposée au nord; **the windows ~ on to the street** les fenêtres donnent sur la rue.
(b) to ~ **for sb** servir de façade à qn.
5 *vt* (a) *building* donner une façade à. **house ~ed with stone** maison avec façade en pierre.
(b) *TV show* présenter.
6 *cpd*: (*Brit Parl*: *people*) **the front bench** (*Government*) les ministres *mpl*; (*Opposition*) les membres *mpl* du cabinet fantôme; (*Brit Parl*: *place*) **the front benches** le banc des ministres et celui des membres du cabinet fantôme; (*Brit Parl*) **frontbencher** (*Government*) ministre *m*; (*Opposition*) membre *m* du cabinet fantôme; (*Comput*) **front-end processor** (processeur *m*) frontal *m*; **front-line troops, news** du front; *countries, areas* limitrophe d'un pays hostile; (*US Sport*) **front-line player** avant *m*; **front-loader, front-loading washing machine** lave-linge *m* à chargement frontal; (*TV etc*) présentateur *m*; **front money** acompte *m*, avance *f*; **it's merely a front organization** cette organisation n'est qu'une façade *or* une couverture; **front-page news** gros titres, manchettes *fpl*; **it was front-page news for a month** cela a été à la une* (des journaux) pendant un mois; **front-rank** de premier plan; (*Athletics*) **front runner** coureur *m* de tête; (*fig*) **he is a front runner for the party leadership** il est un des favoris pour être leader du parti; (*Aut*) **front-to-back engine** moteur longitudinal; (*Ling*) **front vowel** voyelle antérieure; (*Aut*) **front-wheel drive** traction *f* avant; **front-wheel drive car** traction *f* avant.
frontage ['frʌntɪdʒ] *n [shop]* devanture *f*, façade *f*; *[house]* façade. (*US*) ~ **road** contre-allée *f*.
frontal ['frʌntl] **1** *adj* (*Mil*) *attack* de front; (*Anat, Med etc*) frontal. **full ~ nude** nu(e) *m(f)* de face. **2** *n* (*Rel*) parement *m*.
frontier ['frʌntɪər] **1** *n* frontière *f*. (*US Hist*) **the ~** la limite des terres colonisées. **2** *cpd town, zone* frontière *inv*; *tribe* frontalier. **frontier dispute** incident *m* de frontière; (*Econ*) **frontier economy** économie *f* d'avant-poste; **frontier post = frontier station**; (*US Hist*) **frontiersman** habitant *m* de la 'frontier' (*V* 1); **frontier station** poste *m* frontière; (*fig*) **frontier technology** technologie *f* de pointe.
frontispiece ['frʌntɪspiːs] *n* frontispice *m*.
frontwards ['frʌntwədz] *adv* en avant, vers l'avant.
frost [frɒst] **1** *n* gel *m*, gelée *f*; (*also* **hoar~**) givre *m*, gelée blanche. **late ~s** gelées tardives *or* printanières *or* de printemps; (*Brit*) **10 degrees of ~** 10 degrés au-dessous de zéro; *V* **ground¹, hoarfrost, jack** *etc*.
2 *vt* (*freeze*) *plants, vegetables* geler; (*US*: *ice*) *cake* glacer; *V also* **frosted**.
3 *cpd*: **frostbite** gelure *f*; **to get frostbite in one's hands** avoir les mains qui gèlent; **frostbitten** *hands, feet* gelé; *rosebushes, vegetables* gelé, grillé par la gelée *or* le gel; **frostbound** *ground* gelé; **frostproof** incongelable.
frosted ['frɒstɪd] *adj plants, vegetables* gelé; *windscreen* givré; *nail varnish* nacré; (*US*) *cake* recouvert de glaçage. ~ **glass** (*for window*) verre dépoli; (*for drink*) verre givré.
frosting ['frɒstɪŋ] *n* (*US Culin*: *icing*) glace *f*, glaçage *m*.
frosty ['frɒstɪ] *adj morning, weather etc* de gelée, glacial; *window* couvert de givre; (*fig*) *welcome, look* glacial, froid. **it is going to be ~ tonight** il va geler cette nuit.
froth [frɒθ] **1** *n [liquids in general]* écume *f*, mousse *f*; *[beer]* mousse *f*; (*fig*: *frivolities*) futilités *fpl*, vent *m* (*fig*), paroles creuses.
2 *vi* écumer, mousser. **this detergent does not ~ (up)** ce détergent ne mousse pas; **the beer ~ed over the edge of the glass** la mousse débordait du verre (de bière); **to ~ at the mouth** *[dog etc]* avoir de l'écume à la gueule; *[angry person]* écumer de rage.
frothy ['frɒθɪ] *adj water* mousseux, écumeux; *sea* écumeux; *beer* mousseux; (*fig*) *lace, nightdress* léger, vaporeux; *play, entertainment* léger, vide (*pej*), creux (*pej*).
frown [fraʊn] **1** *n* froncement *m* (de sourcils). **to give a ~** froncer les sourcils; **he looked at her with a disapproving ~** il l'a fixée avec un froncement de sourcils désapprobateur.
2 *vi* froncer les sourcils, se renfrogner. **to ~ at sb** regarder qn en fronçant les sourcils, regarder qn de travers; **to ~ at a child** faire les gros yeux à un enfant; **he ~ed at the news/the interruption** l'information/l'interruption lui a fait froncer les sourcils.
♦**frown (up)on** *vt fus* (*fig*) *person, suggestion, idea* désapprouver.
frowning ['fraʊnɪŋ] *adj face, look* renfrogné, sombre; *forehead* plissé, orageux.
frowsty* ['fraʊstɪ] *adj* (*Brit*) = **frowsy a.**
frowsy, frowzy ['fraʊzɪ] *adj* (a) *room* qui sent le renfermé. (b) *person, clothes* sale, négligé, peu soigné.
froze [frəʊz] *pret of* **freeze**.
frozen ['frəʊzn] **1** *ptp of* **freeze**.
2 *adj* (a) *pipes, river* gelé; (*) *person* gelé, glacé. **I am ~** je suis gelé *or* glacé; **my hands are ~** j'ai les mains gelées *or* glacées; **to be ~ stiff** être gelé jusqu'aux os; **it's a ~ solid** c'est complètement gelé; ~ **food** aliments congelés; (*industrially* ~) aliments surgelés; (*in fridge*) ~ **food compartment = freezer b**; *V* **marrow**.
(b) (*Econ*) *prices, wages* bloqué; *credit, assets* gelé, bloqué.
F.R.S. [ef,ɑːr'es] *abbr of* **Fellow of the Royal Society** (≃ *membre de l'Académie des Sciences*).
fructification [,frʌktɪfɪ'keɪʃən] *n* fructification *f*.
fructify ['frʌktɪfaɪ] *vi* fructifier.
frugal ['fruːgəl] *adj person* économe (*with* de); *meal* frugal, simple.
frugality [fruː'gælɪtɪ] *n [meal]* frugalité *f*; *[person]* frugalité *f*; (*fig*) parcimonie *f*.
frugally ['fruːgəlɪ] *adv give out* parcimonieusement; *live* simplement, avec simplicité.
fruit [fruːt] **1** *n* (a) (*collective pl inv*) fruit *m*. **may I have some ~?** puis-je avoir un fruit?; **a piece of ~** un fruit; **more ~ is eaten**

nowadays on mange actuellement plus de fruits; ~ **is good for you** les fruits sont bons pour la santé; **several ~s have large stones** plusieurs espèces de fruits ont de gros noyaux; **the ~s of the earth** les fruits de la terre; (*lit, fig*) **to bear ~** porter fruit; **it is the ~ of much hard work** c'est le fruit d'un long travail; **hullo, old ~!†‡** salut, mon pote!‡; *V* **dried, forbid** *etc*.
(b) (*US‡*) pédé‡ *m*, tapette‡ *f*.
2 *vi [tree]* donner.
3 *cpd*: **fruit basket** corbeille *f* à fruits; **fruit bowl** coupe *f* à fruits; **fruit cake** cake *m*; **fruit cocktail** macédoine *f* de fruits (en boîte); **fruit cup** (*drink*) boisson *f* aux fruits (*parfois faiblement alcoolisée*); (*US*) (*coupe f* de) fruits rafraîchis; **fruit dish** (*for dessert*) (*small*) petite coupe *or* coupelle *f* à fruits; (*large*) coupe à fruits, compotier *m*; (*basket etc*) corbeille *f* à fruits; **fruit drop** bonbon *m* au fruit; **fruit farm** exploitation *or* entreprise fruitière; **fruit farmer** arboriculteur *m* (fruitier); **fruit farming** arboriculture *f* (fruitière); **fruit fly** mouche *f* du vinaigre, drosophile *f*; (*Brit*) **fruit gum** boule *f* de gomme (*bonbon*); **fruit knife** couteau *m* à fruits; (*Brit*) **fruit machine** machine *f* à sous; **fruit salad** salade *f* de fruits; (*Med*) **fruit salts** sels purgatifs; **fruit tree** arbre fruitier.
fruiterer ['fruːtərər] *n* (*Brit*) marchand(e) *m(f)* de fruits, fruitier *m*, -ière *f*. **at the ~'s (shop)** chez le fruitier, à la fruiterie.
fruitful ['fruːtfʊl] *adj plant* fécond; *soil* fertile, fécond; *career, attempt* fructueux; *discussion, investigation* fructueux, utile.
fruitfully ['fruːtfəlɪ] *adv* (*fig*) fructueusement, avec profit.
fruitfulness ['fruːtfʊlnɪs] *n [soil]* fertilité *f*, fécondité *f*; *[plant]* fécondité; *[discussion etc]* caractère fructueux *or* profitable, profit *m*.
fruition [fruː'ɪʃən] *n [aims, plans, ideas]* réalisation *f*. **to bring to ~** réaliser, concrétiser; **to come to ~** se réaliser.
fruitless ['fruːtlɪs] *adj plant* stérile, infécond; *attempt, discussion, investigation* stérile, vain, sans résultat.
fruity ['fruːtɪ] *adj* (a) *flavour* fruité, de fruit. **it has a ~ taste** cela a un goût de fruit; **it has a ~ smell** cela sent le fruit. (b) *voice* bien timbré, posé. (c) (‡) *joke* corsé, raide*.
frump [frʌmp] *n* bonne femme mal fagotée *or* mal ficelée*. **old ~** vieux tableau, vieille sorcière *or* rombière*.
frumpish ['frʌmpɪʃ] *adj* mal fagoté, mal ficelé*.
frustrate [frʌs'treɪt] *vt attempts, plans* contrecarrer, faire échouer; *plot* déjouer, faire échouer, faire avorter; *person* décevoir, frustrer. **he was ~d in his efforts to win** il a été frustré dans les tentatives qu'il a faites pour gagner; **to ~ sb's hopes** frustrer qn dans ses espoirs, tromper les espoirs de qn.
frustrated [frʌs'treɪtɪd] *adj person* frustré, déçu; (*sexually*) frustré. **he feels very ~ in his present job** il se sent très insatisfait dans son poste actuel; **in a ~ effort to speak to him** dans un vain effort pour lui parler.
frustrating [frʌs'treɪtɪŋ] *adj* irritant, déprimant. **it's very ~ having** *or* **to have no money** c'est vraiment pénible de ne pas avoir d'argent.
frustration [frʌs'treɪʃən] *n* (a) (*U*) frustration *f* (*also Psych*), déception *f*. (b) déception *f*. **many ~s** de nombreux déboires, de nombreuses déceptions.
fry¹ [fraɪ] *collective n [fish]* fretin *m*; *[frogs]* têtards *mpl*. **small ~** (*unimportant people*) le menu fretin; (*children*) les gosses* *mfpl*, les mioches* *mfpl*, la marmaille*.
fry² [fraɪ] *pret, ptp* **fried 1** *vt meat, fish etc* faire frire, frire. **to ~ eggs** faire des œufs sur le plat; **fried eggs** œufs sur le plat; **fried fish** poisson frit; **fried food is fattening** les fritures *fpl* font grossir; **fried potatoes** (*chips*) pommes (de terre) frites, frites *fpl*; (*sauté*) pommes (de terre) sautées; **fried rice** ≃ pilaf *m*; *V* **fish, French**.
2 *vi* frire.
3 *n* friture *f*. (*US*) ~**-pan** poêle *f* (à frire); (*Brit*: *dish*) **fry-up*** saucisses, œufs, bacon etc frits ensemble.
frying ['fraɪɪŋ] *n*: **there was a smell of ~** il y avait une odeur de friture; ~**-pan** poêle *f* (à frire); (*fig*) **to jump out of the ~ pan into the fire** tomber de Charybde en Scylla.
ft. *abbr of* **foot** *or* **feet**.
F.T. [ef'tiː] *abbr of* **Financial Times**; *V* **financial**.
fuchsia ['fjuːʃə] *n* fuchsia *m*.
fuck **¿** [fʌk] **1** *n* (*act*) baisage **¿ ¿** *m*. **she's a good ~** elle baise bien **¿ ¿**.
2 *cpd*: (*Brit*) **fuck-all** rien de rien; **I know fuck-all about it** je n'en sais foutre rien‡.
3 *vt* baiser **¿ ¿**. ~**!¿**, ~ **it!** putain de merde **¿ ¿**; ~ **me!** putain!‡; **merde alors!**‡; ~ **you!** va te faire foutre!‡.
4 *vi* baiser **¿ ¿**.
♦**fuck about ¿ ¿, fuck around ¿ ¿** *vi* déconner **¿**. **to fuck about** *or* **around with sth** tripatouiller* qch.
♦**fuck off ¿ ¿** *vi* foutre le camp‡.
♦**fuck up ¿ ¿** *vt sep plans* foutre la merde dans‡; *people* foutre dans la merde‡.
fucking **¿** ['fʌkɪŋ] **1** *adj*: ~ **hell!** putain de bordel!**¿ ¿**, putain de merde!**¿ ¿**; **this ~ machine** cette putain de machine‡; **this ~ phone** ce putain *or* ce bordel de téléphone‡.
2 *adv* vachement‡. **it's ~ cold** il fait un putain de froid‡; **it's ~ good** c'est chié‡; **a ~ awful film** un film complètement con‡.
fuddled ['fʌdld] *adj ideas* embrouillé, confus; *person* (*muddled*) désorienté, déconcerté; (*tipsy*) éméché, gris.
fuddy-duddy* ['fʌdɪ,dʌdɪ] **1** *adj* (*old-fashioned*) vieux jeu *inv*; (*fussy*) tatillon, maniaque. **2** *n* vieux machin‡, vieux (*f* vieille) schnock‡ *mf or* schnoque‡ *mf*.
fudge [fʌdʒ] **1** *n* (a) (*Culin*) caramel(s) *m(pl)*. **a piece of ~** un caramel.
(b) (*Press*) (*space for stop press*) emplacement *m* de la dernière heure; (*stop press news*) (insertion *f* de) dernière heure, dernières nouvelles.

(c) (*dodging*) faux-fuyants *mpl*, échappatoires *fpl*.
2 *excl* (*) balivernes!
3 *vt* (a) (*fake up*) *story, excuse* monter; (*tamper with*) *accounts, figures, results* truquer.
  (b) (*dodge*) *question, issue* esquiver, tourner.
4 *vi* (*dodge issue*) esquiver le problème.

fuel [fjʊəl] **1** *n* (*U: also Aviat, Space*) combustible *m*; (*for car engine*) carburant *m*; (*specifically coal*) charbon *m*; (*wood*) bois *m*. **what kind of ~ do you use in your central heating?** quel combustible utilisez-vous dans votre chauffage central?; **it's no longer a cheap ~** ce n'est plus une forme *or* une source d'énergie économique; (*fig*) **to add ~ to the flames** *or* **fire** jeter de l'huile sur le feu; **the statistics gave him ~ for further attacks on the government** les statistiques sont venues alimenter ses attaques *or* lui ont fourni des munitions pour continuer ses attaques contre le gouvernement; *V* aviation, diesel, solid *etc*.
2 *vt stove, furnace etc* alimenter (en combustible); *ships, aircraft etc* ravitailler en combustible *or* carburant.
3 *vi* [*ship, engine, aircraft*] s'approvisionner *or* se ravitailler en combustible *or* en carburant. (*Aviat etc*) **a ~ling stop** une escale technique.
4 *cpd*: **fuel bill,** *costs* de chauffage. **fuel-efficient** économique (*qui ne consomme pas beaucoup*); **fuel injection** injection *f* (de carburant); **fuel injection engine** moteur *m* à injection; **fuel injector** injecteur *m* (de carburant); **fuel oil** mazout *m*, fuel *m*; **fuel pump** pompe *f* d'alimentation; **fuel saving** (*n*) économies *fpl* de carburant (*or* de combustible *etc*); **fuel-saving** (*adj*) qui réduit la consommation de carburant (*or* de combustible *etc*); (*Aut*) **fuel-saving device** économiseur *m* de carburant; **fuel tank** réservoir *m* à carburant; [*ship*] soute *f* à mazout.

fug* [fʌg] *n* (*esp Brit*) forte odeur de renfermé. **what a ~!** (ce que) ça pue le renfermé!

fuggy* ['fʌgɪ] *adj* (*esp Brit*) *room* qui sent le renfermé, mal aéré; *atmosphere* confiné.

fugitive ['fjuːdʒɪtɪv] **1** *n* fugitif *m*, -ive *f*, fuyard(e) *m(f)*; (*refugee*) réfugié(e) *m(f)*. **he was a ~ from justice** il fuyait la justice. **2** *adj thought, impression* fugitif; (*liter*) *happiness* fugace, éphémère; (*running away*) fugitif.

fugue [fjuːg] *n* (*Mus, Psych*) fugue *f*.

fulcrum ['fʌlkrəm] *n* pivot *m*, point *m* d'appui (*de levier*).

fulfil, (*US*) **fulfill** [fʊl'fɪl] *vt task, prophecy* accomplir, réaliser; *order* exécuter; *condition, function* remplir; *plan, ambition* réaliser; *norm* obéir à, répondre à; *desire* satisfaire, répondre à; *promise* tenir; *one's duties* s'acquitter de, remplir; *contract* remplir, respecter. **all my prayers have been ~led** toutes mes prières ont été exaucées; **he ~s all my hopes** il répond à *or* satisfait toutes mes espérances, il comble tous mes espoirs; **to feel** *or* **be ~led** se sentir profondément satisfait, se réaliser (dans la vie).

fulfilling [fʊl'fɪlɪŋ] *adj work etc* profondément satisfaisant.

fulfilment, (*US*) **fulfillment** [fʊl'fɪlmənt] *n* [*duty, desire*] accomplissement *m*; [*prayer, wish*] exaucement *m*; [*conditions, plans*] réalisation *f*, exécution *f*; (*satisfied feeling*) (sentiment *m·* de) contentement *m*. **sense of ~** sentiment *m* de contentement *or* de complétude.

full [fʊl] **1** *adj* (a) (*filled*) *container, stomach* plein, rempli (*of* de); *room, hall, theatre* comble, plein; *hotel, bus, train* complet (*f* -ète). **pockets ~ of money** des poches pleines d'argent; **the house was ~ of people** la maison était pleine de monde; **~ to overflowing** plein à déborder; **he's had a ~ life** il a eu une vie (bien) remplie; **I have a ~ day ahead of me** j'ai une journée chargée devant moi; **look ~ of hate** regard plein *or* chargé de haine; **he's ~ of good ideas** il est plein de *or* il déborde de bonnes idées; **he's ~ of hope** il est rempli *or* plein d'espoir; (*liter*) **to die ~ of years** mourir chargé d'ans (*liter*); **his heart was ~** il avait le cœur gros; **to play to a ~ house** jouer à bureaux fermés; **we are ~ (up) for July** nous sommes complets pour juillet; **you'll work better on a ~ stomach** tu travailleras mieux après avoir mangé *or* le ventre plein; (*not hungry*) **I am ~ (up)!*** je n'en peux plus!, j'ai trop mangé!; **~ of life** qui déborde d'entrain; **~ of oneself** imbu de soi-même, plein de soi; **~ of one's own importance** imbu *or* pénétré de sa propre importance; **she was/the papers were ~ of the murder** elle ne parlait/les journaux ne parlaient que du meurtre; *V* house *etc*.
  (b) (*maximum, complete*) **the ~ particulars** tous les détails; **ask for ~ information** demandez des renseignements complets; **we must have ~er information** il nous faut des informations plus complètes *or* un complément d'information, il nous faut un plus ample informé; **until ~er information is available** jusqu'à plus ample informé; **~ and frank discussions** un franc échange de vues; **I waited 2 ~ hours** j'ai attendu 2 bonnes heures *or* pas moins de 2 heures; **a ~ 10 kilometres** 10 bons kilomètres, pas moins de 10 kilomètres; (*Mil*) **a ~ colonel** un colonel; **a ~ general** un général d'armée, ≃ un général à cinq étoiles; (*Univ, esp US*) **~ professor** professeur *m* (titulaire d'une chaire); (*Comput*) **~ adder** plein additionneur; **to go (at) ~ blast*** [*car etc*] aller à toute pompe* *or* à toute bitture*; [*radio, television*] marcher à pleins tubes*; **a radio on at ~ blast** une radio plein (marchant) à pleins tubes*; **roses in ~ bloom** roses épanouies; (*fig*) **the wheel has come ~ circle** la boucle est bouclée; (*Hunting*) **the pack was in ~ cry** toute la meute donnait de la voix; **the crowd was in ~ cry after the thief** la foule poursuivait le voleur en criant; **~ dress** (*Mil etc*) grande tenue; (*evening dress*) tenue *f* de soirée (*V also* **4**); **~ employment** plein emploi; **to pay ~ fare** [*child*] payer place entière; (*gen*) payer plein tarif; **in ~ flight** en plein vol; **to ~ length** longueur totale de tout son long (*V also* **4**); (*Scol*) **he got ~ marks** il a eu dix sur dix *or* vingt sur vingt *etc*; (*fig*) **he deserves ~ marks** il mérite vingt sur vingt; **~ marks to him for**

achieving so much on ne peut que le féliciter de tout ce qu'il a accompli; **~ member** membre *m* à part entière; **~ moon** pleine lune; **~ name** nom et prénom(s); (*Mus*) **~ score** grande partition; **at ~ speed** à toute vitesse; **~ speed ahead,** (*Naut*) **~ steam ahead!** en avant toute!; (*Brit Gram*) **~ stop** point *m*; (*fig*) **I'm not going, ~ stop!*** je n'y vais pas, un point c'est tout!; **working at the factory came to a ~ stop** ça a été l'arrêt complet du travail à l'usine; **battalion at ~ strength** bataillon *m* au (grand) complet; **party in ~ swing** soirée qui bat son plein; **~ time** *V* **4**; **in ~ uniform** en grande tenue; (*Ling*) **~ word** mot plein; *V also* **4,** *and* coverage, tilt *etc*.
  (c) (*rounded; ample*) *lips* charnu; *face* plein, rond, joufflu; *figure* replet (*f* -ète), rondelet; *skirt etc* large, ample; (*Naut*) *sails* plein, gonflé. **clothes for the ~er figure** des vêtements pour fortes tailles.
2 *adv*: **~ well** fort bien, parfaitement; **to hit sb ~ in the face** frapper qn en plein visage; **to look sb ~ in the face** regarder qn droit dans les yeux; **to go ~ out** aller à toute vitesse, filer à toute allure.
3 *n*: **to write one's name in ~** écrire son nom en toutes lettres; **to publish a letter in ~** publier une lettre intégralement; **text in ~** texte intégral; **he paid in ~** il a tout payé; **to the ~** complètement, tout à fait.
4 *cpd*: (*Sport*) **fullback** arrière *m*; **full-blooded** (*vigorous*) *person* vigoureux, robuste; (*of unmixed race*) de race pure; **full-blown** *flower* épanoui; (*fig*) **he's a full-blown doctor/architect** il est médecin/architecte diplômé; **full-bodied** *wine* qui a du corps; **full-dress** *clothes* de cérémonie; (*Parl*) **full-dress debate** débat *m* dans les règles; **they had a full-dress discussion on what to do** ils ont eu un débat en règle pour décider de ce qu'il fallait faire; (*US*) **full-fledged** = **fully-fledged** (*V* fully **2**); **full-grown** *child* grand, qui est parvenu au terme de sa croissance; *animal, man, woman* adulte; (*Cards*) **full house** full *m*; **full-length** *portrait* en pied; *film* (de) long métrage; **full-scale** *V* **full-scale; full-sized** *model, drawing* grandeur nature *inv*; **full time** (*adv*) *work* à temps plein, à plein temps; (*n*) (*Sport*) fin *f* de match; **full-time** (*adj*) *employment* à plein temps; **she's a full-time secretary** elle est secrétaire à plein temps; **it's a full-time job looking after those children*** il faut s'occuper de ces enfants 24 heures sur 24; (*Sport*) **full-time score** score final.

fuller ['fʊləʳ] *n*: **~'s earth** terre savonneuse.

ful(l)ness ['fʊlnɪs] *n* [*details etc*] abondance *f*, [*voice, sound, garment*] ampleur *f*. **out of the ~ of his heart** le cœur débordant de joie (*or* de chagrin *etc*); **out of the ~ of his sorrow** le cœur débordant de chagrin; **in the ~ of time** (*eventually*) avec le temps; (*at predestined time*) en temps et lieu.

full-scale [fʊl'skeɪl] *adj* (a) *drawing, replica* grandeur nature *inv*.
  (b) (*fig*) *operation, retreat* de grande envergure. **to mount a ~ search** mettre sur pied des recherches de grande envergure pour trouver; **~ fighting** une *or* la bataille rangée; **the factory starts ~ operations next month** l'usine va commencer à marcher en plein régime le mois prochain.

fully ['fʊlɪ] **1** *adv* (a) (*completely*) *use, load* au maximum, à plein; *justify* complètement; *understand* très bien; *convinced, satisfied* entièrement, complètement; *V* laden.
  (b) (*at least*) au moins, bien, largement. **~ 600** 600 au moins; **~ half** une bonne moitié, la moitié au moins; **it is ~ 2 hours since he went out** il y a au moins *or* bien *or* largement 2 heures qu'il est sorti.
2 *cpd*: **fully-fashioned** (*entièrement*) diminué; (*Brit*) **fully-fledged bird** oiseau *m* qui a toutes ses plumes; (*Brit*) **he's now a fully-fledged doctor/architect** il est maintenant médecin/architecte diplômé; (*Brit*) **a fully-fledged British citizen** un citoyen britannique à part entière.

fulmar ['fʊlməʳ] *n* fulmar *m*.

fulminate ['fʌlmɪneɪt] **1** *vi* fulminer, pester (*against* contre). **2** *n*: **~ of mercury** fulminate *m* de mercure.

fulsome ['fʊlsəm] *adj* (*pej*) *praise* excessif, exagéré; *manner, tone, welcome* plein d'effusions. **~ compliments** (*or* thanks *or* praises *etc*) effusions *fpl*.

fumarole ['fjuːməˌrəʊl] *n* fumerolle *f*.

fumble ['fʌmbl] **1** *vi* (*also* **~ about, ~ around**) (*in the dark*) tâtonner; (*in one's pockets*) fouiller. **to ~ (about) for sth in the dark** chercher qch à tâtons dans l'obscurité; **to ~ (about) for sth in a pocket/a drawer** fouiller dans une poche/un tiroir pour trouver qch; **to ~ with** sth manier *or* tripoter qch (maladroitement); **to ~ for words** chercher ses mots.
2 *vt object* manier gauchement *or* maladroitement. **to ~ an answer/a situation** répondre/agir avec maladresse; (*Sport*) **to ~ the ball** mal attraper la balle.

fume [fjuːm] **1** *vi* (a) [*liquids, gases*] exhaler des vapeurs, fumer.
  (b) (*: be furious*) rager. **he is fuming** il est furibard* *or* furax* *inv*.
2 *n*: **~s** (*gen*) exhalaisons *fpl*, émanations *fpl*; **factory ~s** fumées *fpl* d'usine; **petrol ~s** vapeurs *fpl* d'essence.

fumigate ['fjuːmɪgeɪt] *vt* désinfecter par fumigation, fumiger (*frm*).

fun [fʌn] **1** *n* (*U*) (*amusement*) amusement *m*; (*joke*) plaisanterie *f*. **he had great** *or* **good ~** il s'est bien *or* beaucoup amusé; **have ~!*** amuse-toi bien!; **he's great** *or* **good ~** il est très drôle, on s'amuse bien avec lui; **the book is great** *or* **good ~** le livre est très amusant; **sailing is good ~** on s'amuse bien en faisant de la voile; **what ~!** ce que c'est drôle! *or* amusant!; **for ~,** **in ~** pour rire, par plaisanterie, en plaisantant; **I don't see the ~ of it** je ne trouve pas cela drôle, **I only did it for the ~ of it** je l'ai fait pour m'amuser; **I'm not doing this for the ~ of it** je ne fais pas cela pour m'amuser *or* pour mon plaisir; **it's not much ~ for us** ce n'est pas très amusant, cela ne nous amuse pas beaucoup; **it's only his ~** il fait cela pour rire, c'est tout; **to spoil the ~,** **to spoil his** (*or* our *etc*) ~ *[person]* jouer les trouble-fête *or* les rabat-joie; *[event, weather]* gâter *or* gâcher son (*or* notre *etc*) amusement; **the children had a ~ and games at the picnic** les enfants se sont follement amusés pendant le pique-nique; (*iro*) **there'll be ~ and games over this decision*** cette décision va faire du potin* *or* du boucan*; (*euph*) **he's having ~ and games with the au pair girl*** il ne s'ennuie pas avec la jeune fille au pair (*euph*); (*difficulty*) **been having ~ and games with the washing machine*** la machine à laver lui en a fait voir de toutes les couleurs*; (*difficulty*) **we had a bit of ~ getting the car started*** pour faire partir la voiture ça n'a pas été de la rigolade* *or* ça n'a pas été une partie de plaisir *or* on a rigolé* cinq minutes; **to make ~ of *or* poke ~ at sb/sth** rire *or* se moquer de qn/qch; **did he go? — like ~ he did!‡** y est-il allé? — je parle!* *or* tu rigoles!* *or* tu parles!*

2 *adj* (‡) marrant*, rigolo*, amusant. **it's a ~ thing to do** c'est marrant à faire*; **she's a really ~ person** elle est vraiment marrante* *or* rigolote*.

3 *cpd*: **fun fair** fête *f* (foraine); **fun fur** (*n*) similifourrure *f*; (*adj*) en similifourrure; **fun-loving** aimant s'amuser, aimant les plaisirs; **fun run** course *f* de fond pour amateurs.

function ['fʌŋkʃən] **1** *n* (**a**) *[heart, tool etc]* fonction *f*; *[person]* fonction, charge *f*. **in his ~ as judge** en sa qualité de juge; **it is not part of my ~ to do that** cela n'entre pas dans mes fonctions, il ne m'appartient pas de faire cela.

(**b**) (*meeting*) réunion *f*; (*reception*) réception *f*; (*official ceremony*) cérémonie publique.

(**c**) (*Math*, *Ling*) fonction *f*. (*fig*: *depend on*) **to be a ~ of sth** être en fonction de qch.

2 *cpd*: (*Comput*) **function key** touche *f* de fonction; (*Ling*) **function word** mot fonctionnel.

3 *vi* fonctionner, marcher. *[person, thing]* **to ~ as** faire fonction de, servir de, jouer le rôle de.

functional ['fʌŋkʃənl] *adj* fonctionnel.

functionary ['fʌŋkʃənərɪ] *n* employé(e) *m(f)* (*d'une administration*); (*in civil service, local government*) fonctionnaire *mf*.

fund [fʌnd] **1** *n* (**a**) (*Fin*) caisse *f*, fonds *m*. **to start a ~** lancer une souscription; **~s** fonds *mpl*; **to be in ~s** être en fonds; **the public ~s** les fonds publics; (*Banking*) **no ~s** défaut *m* de provision; **he hasn't the ~s to buy a house** il n'a pas assez de capitaux pour acheter une maison; V **raise**, **secret**.

(**b**) (*supply*) *[humour, good sense etc]* fond *m*. **a ~ of knowledge** un trésor de connaissances; **he has a ~ of stories** il connaît des quantités d'histoires.

2 *vt* **debt** consolider.

3 *cpd*: **fund-raiser** (*person*) collecteur *m*, -trice *f* de fonds; (*dinner/sale of work etc*) dîner *m*/vente *f* de charité *etc* organisé(e) pour collecter des fonds; **fund-raising** (*n*) collecte *f* de fonds; (*adj*) **dinner**, **event** organisé pour collecter des fonds.

fundamental [ˌfʌndə'mentl] **1** *adj* **rule**, **question** fondamental, de base; **quality** fondamental, essentiel; (*Mus*) fondamental. **it is ~ to our understanding of the problem** c'est fondamental *or* essentiel si nous voulons comprendre le problème.

2 *n* (*often pl*) les principes essentiels *or* de base; (*Mus*) fondamental *m*. **when you get down to (the) ~s** quand on en vient à l'essentiel.

fundamentalism [ˌfʌndə'mentəlɪzəm] *n* (*Rel*) fondamentalisme *m*; (*Moslem*) intégrisme *m*.

fundamentalist [ˌfʌndə'mentəlɪst] *adj*, *n* (*Rel*) fondamentaliste (*mf*); (*Moslem*) intégriste *mf*.

fundamentally [ˌfʌndə'mentəlɪ] *adv* fondamentalement, essentiellement. **there is something ~ wrong in what he says** il y a quelque chose de radicalement *or* fondamentalement faux dans ce qu'il dit; **he is ~ good** il a un bon fond.

fundus ['fʌndəs] *n*, *pl* **fundi** *m* (de l'utérus).

funeral ['fjuːnərəl] **1** *n* enterrement *m*, obsèques *fpl* (*frm*); (*grander*) funérailles *fpl*; (*in announcements*) obsèques. **my uncle's ~** l'enterrement de mon oncle; **Churchill's ~** les funérailles de Churchill; **that's his ~ if he wants to do it*** s'il veut le faire c'est tant pis pour lui; **that's your ~!*** tant pis pour toi!, tu te débrouilles!*; V **state**.

2 *cpd*: **funeral director** entrepreneur *m* de pompes funèbres; (*US*) **funeral home** = **funeral parlour**; **funeral march** marche *f* funèbre; **funeral oration** oraison *f* funèbre; **funeral parlour** dépôt *m* mortuaire; **funeral procession** (*on foot*) cortège *m* funèbre; (*in car*) convoi *m* mortuaire; **funeral pyre** bûcher *m* (funéraire); **funeral service** service *m* or cérémonie *f* funèbre.

funereal [fjuː'nɪərɪəl] *adj* **expression** funèbre, lugubre; **voice** sépulcral, lugubre.

fungi ['fʌŋgaɪ] *npl* of **fungus**.

fungible ['fʌndʒɪbəl] *adj* fongible.

fungoid ['fʌŋgɔɪd] *adj*, **fungous** ['fʌŋgəs] *adj* (*Med*) fongueux; (*Bot*) cryptogamique.

fungus ['fʌŋgəs] *n*, *pl* **fungi** (*Bot*) (*generic term: mushrooms etc*) champignon *m*; (*mould*) moisissure *f*; (*Med*) fongus *m*; (‡ *hum: whiskers etc*) excroissance *f* (*hum*).

funicular [fjuː'nɪkjʊləʳ] **1** *adj* funiculaire. **2** *n* (*also ~ railway*) funiculaire *m*.

funk* [fʌŋk] **1** *n* (*Brit*) **to be in a (blue) ~** (*frightened*) avoir la trouille‡.

2 *vt*: **he ~ed** (doing) it il s'est dégonflé*, il a cané*; **he ~ed his exams** il s'est dégonflé* *or* il a cané* et il n'a pas passé ses examens.

funky* ['fʌŋkɪ] *adj* (**a**) (*US*) (*excellent*) super* *inv*, génial*; (*fashionable*) à la page, qui a le look*.

(**b**) (*Mus*) funky *inv*.

(**c**) (*Brit: fearful*) trouillard‡.

(**d**) (*US: smelly*) qui cocotte‡, qui pue.

funnel ['fʌnl] **1** *n* (**a**) (*for pouring through*) entonnoir *m*. (**b**) (*Brit*)

[ship, engine etc] cheminée *f*. **a two-~led liner** un paquebot à deux cheminées. **2** *vt* (faire) passer dans un entonnoir; (*fig*) canaliser.

funnily ['fʌnɪlɪ] *adv* (**a**) (*amusingly*) drôlement, comiquement. (**b**) (*strangely*) curieusement, bizarrement. **~ enough ... chose** curieuse ..., c'est drôle ... .

funny ['fʌnɪ] **1** *adj* (**a**) (*comic*) drôle, amusant, comique. **~ story** histoire *f* drôle; **he was always trying to be ~** il cherchait toujours à faire de l'esprit; **don't try anything ~!*** ne fais pas le malin!; **don't (try to) be ~!*** ce n'est pas le moment de plaisanter *or* de faire de l'esprit!; **don't get ~ with me!** un peu de respect!, ne t'amuse pas à ça avec moi!; **it's not ~** ça n'a rien de drôle.

(**b**) (*strange*) curieux, bizarre, drôle. **a ~ idea** une drôle d'idée; **the ~ thing about it is ...** ce qu'il y a de drôle *or* de bizarre *or* de curieux c'est ...; **he is ~ that way*** il est comme ça*; **the meat tastes ~** la viande a un drôle de goût; **I find it ~ that he should want to see her** je trouve (cela) bizarre qu'il veuille la voir; **there's something ~ about this affair** il y a quelque chose de bizarre *or* qui cloche* dans cette affaire; **there's something ~ *or* some ~ business* going on** il se passe quelque chose de louche; **I felt ~*** je me suis senti tout chose*; **it gave me a ~ feeling** cela m'a fait tout drôle; **~! I thought he'd left** c'est drôle *or* c'est curieux, je pensais qu'il était parti; (*mental hospital*) **~ farm‡** maison *f* de fous.

(**c**) **~ bone*** petit juif*.

2 *cpd*: **funny-peculiar or funny-haha?*** qu'est-ce que tu veux dire par drôle?, drôle-bizarre ou drôle-marrant?*

3 *n* (*US Press: gen pl*) **the funnies‡** les bandes dessinées.

fur [fɜːʳ] **1** *n* (**a**) *[animal]* poil *m*, pelage *m*, fourrure *f*. (*fig*) **it will make the ~ fly** cela va faire du grabuge*; **the ~ was flying** ça bardait‡, il y avait du grabuge*, les plumes volaient.

(**b**) (*animal skins: often pl*) fourrure(s) *f(pl)*. **she was dressed in ~s** elle portait des fourrures *or* de la fourrure.

(**c**) (*in kettle etc*) incrustation *f*, (*dépôt m de*) tartre *m*. (*Med*) **to have ~ on one's tongue** avoir la langue pâteuse *or* chargée.

2 *cpd*: **jacket etc** de fourrure; **fur coat** manteau *m* de fourrure.

3 *vi*: **to ~ (up)** *[kettle, boiler]* s'entartrer, s'incruster; *[tongue]* se charger; **his tongue is ~red** sa langue est chargée *or* pâteuse.

furbelow† ['fɜːbɪləʊ] *n* falbala *m*. (**frills and**) **~s** fanfreluches *fpl*, falbalas.

furbish ['fɜːbɪʃ] *vt* (*polish*) fourbir, astiquer, briquer; (*smarten*) remettre à neuf, retaper*; (*revise*) revoir, repenser*.

furious ['fjʊərɪəs] *adj* **person** furieux (*with sb* contre qn, *at having done* d'avoir fait); **storm**, **sea** déchaîné; **struggle** acharné; **speed** fou (*f* folle). **to get ~** se mettre en rage (*with sb* contre qn); **the fun was fast and ~** la fête battait son plein.

furiously ['fjʊərɪəslɪ] *adv* (*violently*, *angrily*) furieusement; **fight** avec acharnement; **drive** à une allure folle; **ride a horse** à bride abattue.

furl [fɜːl] *vt* (*Naut*) **sail** ferler, serrer; **umbrella**, **flag** rouler. **the flags are ~ed** les drapeaux sont en berne.

furlong ['fɜːlɒŋ] *n* furlong *m* (201,17 mètres).

furlough ['fɜːləʊ] *n* (*esp Admin*, *Mil*) permission *f*, congé *m*. **on ~** en permission.

furnace ['fɜːnɪs] *n* (*Ind etc*) fourneau *m*, four *m*; (*for central heating etc*) chaudière *f*. **this room is like a ~** cette pièce est une vraie fournaise; **~ room** chaufferie *f*.

furnish ['fɜːnɪʃ] *vt* (**a**) **house** meubler (*with* de). (*Brit*) **~ed flat**, (*US*) **~ed apartment** appartement meublé; **in ~ed rooms** en meublé.

(**b**) (*supply*) **object**, **information**, **excuse**, **reason** fournir, donner. **to ~ sb with sth** pourvoir *or* munir qn de qch; **to ~ an army with provisions** ravitailler une armée.

furnishing ['fɜːnɪʃɪŋ] *n*: **~s** mobilier *m*, ameublement *m*; **house sold with ~s and fittings** maison vendue avec objets mobiliers divers; **~ fabrics** tissus *mpl* d'ameublement.

furniture ['fɜːnɪtʃəʳ] **1** *n* (*U*) meubles *mpl*, mobilier *m*, ameublement *m*. **a piece of ~** un meuble; **I must buy some ~** il faut que j'achète des meubles; **the ~ was very old** les meubles étaient très vieux, le mobilier était très vieux; **the ~ was scanty** l'ameublement était insuffisant, c'était à peine meublé; **one settee and three chairs were all the ~** un sofa et trois chaises constituaient tout l'ameublement *or* le mobilier; **he treats her as part of the ~** il la traite comme si elle faisait partie du décor*; **dining-room ~** des meubles *or* du mobilier de salle à manger; **Empire ~** mobilier *or* meubles Empire.

2 *cpd*: **furniture depot** garde-meubles *m inv*; **furniture polish** encaustique *f*; **furniture remover** déménageur *m*; **furniture shop** magasin *m* d'ameublement *or* de meubles; **furniture store** = **furniture depot** *or* **furniture shop**; **furniture van** camion *m* de déménagement.

furore [fjʊə'rɔːrɪ] *n*, (*US*) **furor** [fjʊ'rɔːʳ] *n* (*protests*) scandale *m*; (*enthusiasm*) débordement *m* d'enthousiasme.

furrier ['fʌrɪəʳ] *n* fourreur *m*.

furrow ['fʌrəʊ] **1** *n* (*Agr*) sillon *m*; (*in garden etc*) rayon *m*; (*on brow*) ride *f*, ligne *f*, sillon; (*liter: on sea*) sillage *m*; V **ridge**. **2** *vt* **earth** sillonner, labourer; **face**, **brow** rider.

furry ['fɜːrɪ] *adj* (**a**) **animal** à poil; **toy** en peluche; (*fig*) **kettle** entartré; **tongue** chargé, pâteux.

(**b**) (*US‡: frightening*) effrayant.

further ['fɜːðəʳ] *comp* of **far 1** *adv* (**a**) = **farther 1**.

(**b**) (*more*) davantage, plus. **he questioned us no ~** il ne nous a pas interrogés davantage, il ne nous a pas posé d'autres questions; **without troubling any ~** sans se tracasser davantage, sans plus se tracasser; **unless I hear any ~** à moins qu'on ne me prévienne du contraire, sauf avis contraire; **until you hear ~** jusqu'à nouvel avis; **we heard nothing ~ from him** nous n'avons plus rien reçu de lui, nous n'avons pas eu d'autres nouvelles de lui; **and ~ I**

believe ... et de plus je crois ...; **he said that he would do it and ~ that he WANTED to** il a dit qu'il le ferait et en outre *or* et en plus *or* ajoutant qu'il avait envie de le faire; *(Comm)* **~ to your letter** par suite à votre lettre *(Comm)*.
2 *adj* **(a)** = farther 2.
(b) *(additional)* nouveau *(f* nouvelle), additionnel, supplémentaire. **~ education** enseignement *m* postscolaire *(V also* college); **until ~ notice** jusqu'à nouvel ordre; *(Jur)* **to refer** *or* **remand a case for ~ inquiry** renvoyer une cause pour complément d'information *or* d'instruction; **without ~ delay** sans autre délai, sans plus attendre; **without ~ ado** sans plus de cérémonie; **upon ~ consideration** après plus ample réflexion, à la réflexion; **awaiting ~ details** en attendant de plus amples détails; **one or two ~ details** un ou deux autres points; *(Comm)* **please send me ~ details of** ... veuillez m'envoyer de plus amples renseignements sur *or* concernant ...; **there are one or two ~ things I must say** il y a encore une ou deux remarques à faire.
3 *vt* *one's interests, a cause* servir, avancer, favoriser.
4 *cpd:* **furthermore** en outre, de plus, qui plus est, par ailleurs; **furthermost** le plus éloigné, le plus reculé, le plus lointain.
furtherance ['fɜːðərəns] *n* avancement *m.* **in ~ of sth** pour avancer *or* servir qch.
furthest ['fɜːðɪst] = **farthest**.
furtive ['fɜːtɪv] *adj* *action, behaviour, look* furtif; *person* sournois.
furtively ['fɜːtɪvlɪ] *adv* furtivement, à la dérobée.
fury ['fjʊərɪ] *n [person]* fureur *f,* furie *f; [storm, wind]* fureur, violence *f; [struggle]* acharnement *m.* **to be in a ~** être en furie, être dans une rage *or* colère folle; **to put sb into a ~** mettre qn dans une colère folle; **to fly into a ~** entrer en fureur *or* en furie, se mettre dans une rage folle, faire une colère terrible; **she's a little ~** c'est une petite furie *or* harpie; *(Myth)* **the Furies** les Furies *fpl,* les Euménides *fpl;* **to work like ~** travailler d'arrache-pied *or* comme un nègre; **to run like ~** courir comme un dératé.
furze [fɜːz] *n (U)* ajoncs *mpl.*
fuse, *(US)* **fuze** [fjuːz] **1** *vt* **(a)** *(unite)* metal fondre, mettre en fusion; *(fig)* fusionner, unifier, amalgamer; *(fig)* **to have a short ~** se mettre facilement en rogne*, être soupe au lait.
(b) *(Brit Elec)* faire sauter. **to ~ the television** *or* **the iron** *or* **the lights** *etc* faire sauter les plombs.
(c) *bomb* amorcer.
2 *vi* **(a)** *[metals]* fondre; *(fig: also* **~ together)** s'unifier, fusionner.
(b) *(Brit Elec)* **the television** *(or* **the lights** *etc)* **~d** les plombs ont sauté.
3 *n* **(a)** *(Elec: wire)* plomb *m,* fusible *m.* **to blow a ~** faire sauter un plomb *or* un fusible; **there's been a ~ somewhere** il y a un plomb de sauté quelque part.
(b) *[bomb etc]* amorce *f,* détonateur *m,* fusée(-détonateur) *f; (Min)* cordeau *m.*
4 *cpd:* **fuse box** *(gen)* boîte *f* à fusibles, coupe-circuit *m inv; (Aut)* porte-fusibles *m;* **fuse wire** fusible *m.*
fused [fjuːzd] *adj (Elec)* avec fusible incorporé. **~ plug** prise *f* avec fusible incorporé.
fusel ['fjuːzl] *n:* **~ oil** fusel *m,* huile *f* de fusel.
fuselage ['fjuːzəlɑːʒ] *n* fuselage *m.*
fusible ['fjuːzɪbl] *n:* **~ metal** *or* **alloy** alliage *m* fusible.
fusilier [,fjuːzɪ'lɪər] *n (Brit)* fusilier *m.*
fusillade [,fjuːzɪ'leɪd] *n* fusillade *f.*
fusion ['fjuːʒən] *n (Metal)* fonte *f,* fusion *f; (Phys)* fusion; *[parties, races]* fusion, fusionnement *m.*
fuss [fʌs] **1** *n (U) (excitement)* tapage *m,* agitation *f; (activity)* façons *fpl,* embarras *m,* cérémonie *f.* **a lot of ~ about very little** beaucoup d'agitation *or* de bruit pour pas grand-chose; **to make a ~, to kick up a ~*** faire un tas d'histoires*; **to make a ~ about** *or* **over sth** faire des histoires pour qch, faire tout un plat de qch*; **you were

quite right to make a ~** vous avez eu tout à fait raison de protester *or* de ne pas laisser passer ça; **what a ~ just to get a passport!** que d'histoires rien que pour obtenir un passeport!; **don't make such a ~ about accepting** ne faites pas tant d'embarras *or* de manières pour accepter; **to make a ~ of sb** être aux petits soins pour qn.
2 *cpd:* **fusspot***, *(US)* **fussbudget*** *(nuisance)* enquiquineur* *m,* -euse* *f, (finicky person)* coupeur *m,* -euse *f* de cheveux en quatre; **don't be such a fusspot!*** ne fais pas tant d'histoires!, arrête d'enquiquiner le monde!*
3 *vi (become excited)* s'agiter; *(rush around busily)* s'affairer, faire la mouche du coche; *(worry)* se tracasser, s'en faire*. **to ~ over sb** être aux petits soins pour qn; *(pej)* embêter* qn (par des attentions excessives); **don't ~ over him** laisse-le tranquille.
4 *vt person* ennuyer, embêter*.
◆**fuss about, fuss around** *vi* faire l'affairé, s'affairer, faire la mouche du coche.
fussily ['fʌsɪlɪ] *adv (V* **fussy**) de façon tatillonne *or* méticuleuse *or* tarabiscotée.
fussy ['fʌsɪ] *adj* *person* tatillon, méticuleux, pointilleux; *dress* surchargé de fanfreluches, tarabiscoté; *style* trop orné; tarabiscoté. **she's very ~ about what she eats/what she wears** elle fait très attention à *or* elle est très tatillonne sur ce qu'elle mange/ce qu'elle porte; **what do you want to do? — I'm not ~*** que veux-tu faire? — ça m'est égal.
fustian ['fʌstɪən] *n* futaine *f.*
fusty ['fʌstɪ] *adj* *smell* de renfermé, de moisi; *room* qui sent le renfermé; *(fig)* idea, outlook suranné, vieillot *(f* -otte).
futile ['fjuːtaɪl] *adj* *remark* futile, vain; *attempt* vain.
futility [fjuː'tɪlɪtɪ] *n* futilité *f;* **the ~ of this attempt/measure** l'inutilité de cette tentative/mesure.
future ['fjuːtʃər] **1** *n* **(a)** avenir *m.* **in (the) ~** à l'avenir; **in the near ~,** in the not too distant **~** bientôt, *(more formally)* dans le *or* un proche avenir; **what the ~ holds for us** ce que l'avenir nous réserve; **his ~ is assured** son avenir est assuré; **there is a real ~ for bright boys in this firm** cette firme offre de réelles possibilités d'avenir pour des jeunes gens doués; **there's no ~ in this type of research** ce type de recherche n'a aucun avenir; **there's no ~ in it*** *product, method]* ça n'a aucun avenir; *[measures, way of behaving]* ça n'aboutira à rien, ça ne servira à rien.
(b) *(Gram)* futur *m.* **in the ~** au futur; **~ perfect** futur antérieur.
(c) *(St Ex)* **~s** marchandises (achetées) à terme; **~s market** marché *m* à terme; **coffee ~s** café *m* (acheté) à terme.
2 *adj* futur *(gen before n); (Comm) delivery* à terme. **her ~ husband** son futur (époux); **~ generations** générations futures *or* à venir; **at some ~ date** à une date ultérieure (non encore précisée); *(Gram)* **the ~ tense** le futur.
futurism ['fjuːtʃərɪzəm] *n* futurisme *m.*
futurist [,fjuːtʃərɪst] *n* **(a)** *(futurologist)* futurologue *mf.* **(b)** *(Art)* futuriste *mf.*
futuristic [,fjuːtʃə'rɪstɪk] *adj* futuriste.
futurologist [,fjuːtʃər'ɒlədʒɪst] *n* futurologue *mf.*
futurology [,fjuːtʃər'ɒlədʒɪ] *n* futurologie *f,* prospective *f.*
fuze [fjuːz] *(US)* = **fuse.**
fuzz [fʌz] *n* **(a)** *(U) (frizzy hair)* cheveux crépus *or* crêpelés (et bouffants); *(whiskers etc)* excroissance *f (hum).*
(b) *(light growth) (on body)* duvet *m,* poils fins; *(on head)* duvet, cheveux fins.
(c) (‡: *collective: police)* **the ~** la flicaille‡, les flics‡.
fuzzy ['fʌzɪ] *adj* **(a)** *hair* crépu, crêpelé. **(b)** *(Phot)* flou. **(c)** *(muddled)* ideas confus; *(person: also* **~-headed)** désorienté, déconcerté; (*: *tipsy)* pompette*, un peu parti*. **I feel ~** j'ai la tête qui tourne.
fwd. *(esp Comm) abbr of* **forward.**
FYI *abbr of* **for your information;** *V* **information.**

G

G, g [dʒiː] **1** *n* **(a)** *(letter)* G, g *m.* **G for George** ≃ G comme Gaston.
(b) *(Mus)* sol *m.*
(c) *(Phys: gravity, acceleration)* g *m.*
(d) *(Cine: abbr of* **general (audience))** ≃ pour tous.
(e) (‡: *abbr of* **grand)** *(Brit)* mille livres *fpl; (US)* mille dollars *mpl.*
(f) *(Scol) (mark: abbr of* **good)** bon.
2 *cpd: (US)* **G.I.** *V* **G.I.;** *(US)* **G-man**‡ agent *m* du FBI; *(Med)* **G.P.** = **general practitioner** *(V* **general** 1b**); G-string** *(Mus)* (corde *f* de) sol *m; (garment)* cache-sexe *m inv; (Space)* **G-suit** combinaison spatiale *or* anti-g *(anti-gravité).*
g. (a) *(abbr of* **gram(s))** g. **(b)** *(abbr of* **gravity)** g.
GA *(US Post) abbr of* **Georgia.**

gab‡ [gæb] **1** *n* bagou(t)* *m.* **shut your ~!** la ferme!‡; *V* **gift. 2** *vi* jacasser, bavasser‡.
gabardine [,gæbə'diːn] *n* gabardine *f.*
gabble ['gæbl] **1** *vti (talk indistinctly)* bafouiller; *(talk unintelligibly)* baragouiner*; *(talk quickly)* **he ~d on about the accident** il nous a fait une description volubile de l'accident; **he ~d (out) an excuse** il a bafouillé une excuse.
2 *n* baragouin* *m,* charabia* *m,* flot *m* de paroles (inintelligibles).
◆**gabble away** *vi* jacasser sans arrêt. **they were gabbling away in French** ils baragouinaient *or* jacassaient en français.
gabbro ['gæbrəʊ] *n* gabbro *m.*
gabby‡ ['gæbɪ] *adj* jacasseur, bavard comme une pie, bavasson‡.

gable ['geɪbl] **1** n pignon m. **2** cpd: **gable end** pignon m; **gable roof** comble m sur pignon(s).
gabled ['geɪbld] adj à pignon(s).
gad¹ [gæd] **1** n (Agr) aiguillon m. **2** cpd: **gadfly** taon m; (fig: harassing person) mouche f du coche.
gad² [gæd] **1** vi: to ~ about vadrouiller*, (se) baguenauder; **she's been ~ding about town all day** elle a couru la ville or elle a vadrouillé* en ville toute la journée. **2** cpd: **gadabout** vadrouilleur* m, -euse* f.
gad³* [gæd] excl (also **by ~**) sapristi!†, bon sang!
gadget ['gædʒɪt] n (device) gadget m, (petit) instrument m or dispositif m; (*: thingummy) (petit) truc* m or machin* m or bidule* m, gadget.
gadgetry ['gædʒɪtrɪ] n [car etc] tous les gadgets mpl.
gadolinium [,gædə'lɪnɪəm] n gadolinium m.
Gael [geɪl] n Gaël mf.
Gaelic ['geɪlɪk, 'gælɪk] **1** adj gaélique. **2** n (Ling) gaélique m.
gaff¹ [gæf] **1** n (Fishing) gaffe f; (Naut) corne f. (US fig) **to stand the ~***, encaisser*, tenir. **2** vt gaffer, harponner.
gaff²* [gæf] n (Brit: music hall etc) (sorte f de) beuglant* m.
gaff³* [gæf] n (nonsense) foutaises* fpl; V **blow¹**.
gaffe [gæf] n gaffe f, bévue f.
gaffer* ['gæfər] n (a) (old man) vieux m. **this old ~** ce vieux (bonhomme). (b) (Brit) (foreman) contremaître m; (boss) patron m, chef m. (c) (US Cine) chef-électricien m.
gag [gæg] **1** n (a) (in mouth) bâillon m; (Med) ouvre-bouche m inv. (fig) **it put an effective ~ on press reports of the incident** ceci a eu pour effet de bâillonner très efficacement la presse dans sa façon de rapporter l'incident.
    (b) (Theat) (joke) plaisanterie f, blague* f; (unscripted) improvisation f comique; (visual) gag m.
    (c) (*gen) (joke) blague f, plaisanterie f; (hoax) canular m. **is this a ~?** c'est une plaisanterie?; **it's a ~ to raise funds** c'est un truc* comique pour ramasser de l'argent.
2 vt (silence) bâillonner; (fig) press etc bâillonner, museler.
3 vi (a) (Theat) faire une or des improvisation(s) comique(s).
    (b) (*: joke) plaisanter, blaguer.
    (c) (*: retch) avoir des haut-le-cœur.
4 cpd: (US) **gag law*** loi f sur le secret des délibérations.
gaga* [ˈgɑːˈgɑː] adj (senile) gaga* (fem inv), gâteux; (crazy) cinglé*.
gage [geɪdʒ] **1** n (a) (challenge) défi m; (glove) gant m. (b) (pledge) gage m, garantie f; (article pledged) gage. (c) (US Tech) = **gauge 1**. **2** vt (US Tech) = **gauge 2**.
gaggle [ˈgægl] **1** n [geese etc] troupeau m; (hum) [girls etc] (petite) troupe f, troupeau (hum). **2** vi [geese] cacarder.
gaiety ['geɪɪtɪ] n (a) (U) gaieté f or gaîté f; (in dress etc) gaieté, couleur f. (b) (gen pl) **gaieties** réjouissances fpl.
gaily ['geɪlɪ] adv behave, speak gaiement, avec bonne humeur; decorate de façon gaie. **to dress ~** porter des couleurs gaies; **~ coloured** aux couleurs vives.
gain [geɪn] **1** n (Comm, Fin) gain m, profit m, bénéfice m; (fig) avantage m; (increase) augmentation f; (in wealth) accroissement m (in de); (in knowledge etc) acquisition f (in de). **to do sth for ~** faire qch pour le profit; **his loss is our ~** là où il perd nous gagnons; **~s** (profits) bénéfices mpl, gains mpl; (winnings) gains; **~ in weight** augmentation de poids; (St Ex) **there have been ~s of up to 3 points** des hausses allant jusqu'à 3 points ont été enregistrées; (in election) **Labour made ~s in the South** les travaillistes ont progressé or sont en progression dans le sud.
2 vt (a) (obtain: gen) money, approval, respect gagner, obtenir; liberty conquérir; support, supporters s'attirer; friends se faire. **to ~ experience** acquérir de l'expérience; **to ~ a hearing** (make people listen) se faire écouter; (with king etc) obtenir une audience; **to ~ sb's goodwill** se concilier qn, gagner les bonnes grâces de qn; (fig) **to ~ ground** gagner du terrain, progresser; **to ~ one's objective** atteindre son objectif; **the idea slowly ~ed popularity** l'idée gagna petit à petit en popularité; **to ~ time** gagner du temps (by doing en faisant); **what have you ~ed by doing it?** qu'est-ce que tu as gagné à faire ça?; **he'll ~ nothing by being rude** il ne gagnera rien à être impoli.
    (b) (increase) (St Ex) **these shares have ~ed 3 points** ces valeurs ont enregistré une hausse de 3 points; **to ~ speed** prendre de la vitesse; **to ~ weight** prendre du poids; **she's ~ed 3 kg (in weight)** elle a pris 3 kg; **my watch has ~ed 5 minutes** ma montre a pris 5 minutes d'avance.
    (c) (win) battle gagner. (in election) **Labour has ~ed three seats** les travaillistes ont gagné trois nouveaux sièges; **Labour has ~ed three seats from the Conservatives** les travaillistes ont pris trois sièges aux Conservateurs; **to ~ the day** (Mil) remporter la victoire; (fig) l'emporter; **to ~ the upper hand** prendre le dessus.
    (d) (reach) place atteindre, parvenir à.
3 vi (watch) avancer; (runners) prendre de l'avance. **to ~ in prestige** gagner en prestige; **to ~ in weight** prendre du poids; **he hasn't ~ed by the exchange** il n'a rien gagné au change.
♦gain (up)on vt fus (a) (Sport, fig) (catch up with) rattraper; (outstrip) prendre de l'avance sur.
    (b) [sea] gagner sur.
gainer ['geɪnər] n gagnant(e) m(f). **he is the ~ by it** c'est lui qui y gagne.
gainful ['geɪnfʊl] adj occupation etc profitable, lucratif, rémunérateur (f -trice); business rentable. (Admin etc) **in ~ employment** dans un emploi rémunéré.
gainsay [,geɪn'seɪ] pret, ptp **gainsaid** [,geɪn'sed] vt person contredire; account, statement contredire, démentir; fact nier. **facts that cannot be gainsaid** faits mpl indéniables; **evidence that cannot be gainsaid** preuve f irrécusable; **argument that cannot be gainsaid** argument m irréfutable; **it cannot be**

gainsaid, there's no ~ing it c'est indéniable, on ne peut pas le nier; **I don't ~ it** je ne dis pas le contraire.
gait [geɪt] n démarche f. **with an awkward ~** d'une démarche or d'un pas gauche; **to know sb by his ~** reconnaître qn à sa démarche.
gaiter ['geɪtər] **1** n guêtre f. **2** vt guêtrer.
gal* [gæl] n († or hum) = **girl 1**.
gal. abbr of **gallon**.
gala ['gɑːlə] **1** n fête f, gala m. **swimming/sports ~** grand concours de natation/d'athlétisme. **2** cpd: **gala day** jour m de gala or de fête; **gala dress** robe f de gala; (Theat) **gala night** soirée f de gala; **gala occasion** grande occasion.
galactic [gə'læktɪk] adj galactique.
galantine ['gælənti:n] n galantine f.
Galapagos [gə'læpəgəs] npl: **the ~ (Islands)** les (îles fpl) Galapagos fpl.
Galatians [gə'leɪʃənz] npl (Bible) Galates mpl.
galaxy ['gæləksɪ] n (Astron) galaxie f; (fig) [beauty, talent] constellation f, brillante assemblée.
gale [geɪl] **1** n coup m de vent, grand vent. (Met) **a force 8 ~** un vent de force 8; **it was blowing a ~** le vent soufflait très fort; **there's a ~ blowing in through that window** c'est une véritable bourrasque qui entre par cette fenêtre; (fig) **~s of laughter** grands éclats de rire.
2 cpd: **gale force winds** vent m soufflant en tempête, coups mpl de vent; (Met) **gale warning** avis m de coup de vent.
galena [gə'li:nə] n galène f.
Galicia [gə'lɪʃɪə] n [Central Europe] Galicie f; [Spain] Galice f.
Galilean [,gælə'li:ən] **1** adj (Bible, Geog) galiléen; (Astron) de Galilée. **2** n Galiléen(ne) m(f). (Bible) **the ~** le Galiléen.
Galilee ['gælɪli:] n Galilée f. **the Sea of ~** le lac de Tibériade, la mer de Galilée.
Galileo [,gælɪ'leɪəʊ] n Galilée m.
gall¹ [gɔːl] **1** n (Med) bile f; (Zool) bile, fiel m; (fig: bitterness) fiel, amertume f; (*: impertinence) effronterie f, culot* m. **she had the ~ to say that*...** elle a eu l'effronterie or le culot* de dire que ... .
    2 cpd: **gall-bladder** vésicule f biliaire; **gallstone** calcul m biliaire.
gall² [gɔːl] **1** n (on animal) écorchure f, excoriation f; (Bot) galle f. **2** vt (fig) irriter, ulcérer, exaspérer. **it ~s me to have to admit it** je suis ulcéré d'avoir à le reconnaître.
gallant ['gælənt] **1** adj (a) (noble, brave) person courageux, brave, vaillant (liter); horse noble, vaillant (liter); appearance, dress élégant, magnifique, superbe. **~ deed** action f d'éclat.
    (b) [gə'lænt] (attentive to women) galant, empressé auprès des dames.
    2 [gə'lænt] n galant m.
gallantly ['gæləntlɪ] adv (V gallant) (a) courageusement, bravement, vaillamment. (b) [gə'læntlɪ] galamment.
gallantry ['gæləntrɪ] n (V gallant) (a) courage m, bravoure f, vaillance f (liter). (b) galanterie f.
galleon ['gælɪən] n galion m.
gallery ['gælərɪ] **1** n (a) (Archit) (passageway, long room, also outside balcony) galerie f; (inside balcony) tribune f; (in cave, mine) galerie; V **minstrel, press, shooting** etc.
    (b) (art ~) (state-owned) musée m (d'art); (private) galerie f (de tableaux or d'art); (US: auction room) salle f des ventes.
    (c) (Theat) dernier balcon m, poulailler* m. **in the ~** au dernier balcon, au poulailler*; (fig) **to play to the ~** poser or parler pour la galerie.
galley ['gælɪ] n (a) (ship) galère f; (ship's kitchen) coquerie f. **~ slave** galérien m. (b) (Typ) galée f. **~ (proof)** (épreuve f en) placard m.
galley west ['gælɪ,west] adv (US) **to knock sth ~** chambarder* qch, mettre la pagaille dans qch.
Gallic ['gælɪk] adj (of Gaul) gaulois; (French) français. **~ charm** charme latin.
gallic ['gælɪk] adj (Chem) gallique.
gallicism ['gælɪsɪzəm] n gallicisme m.
gallimaufry [,gælɪ'mɔːfrɪ] n fatras m.
galling ['gɔːlɪŋ] adj (irritating) irritant, exaspérant; (humiliating) blessant, humiliant.
gallinule ['gælɪnjuːl] n: **common ~** poule f d'eau.
gallium ['gælɪəm] n gallium m.
gallivant [,gælɪ'vænt] vi (also **~ about, ~ around**) (on pleasure) courir le guilledou*; (*: busily) courir. **I've been ~ing about the shops all day*** j'ai couru les magasins toute la journée.
gallon ['gælən] n gallon m (Brit = 4,546 litres, US = 3,785 litres).
gallop ['gæləp] **1** n galop m. **to go for a ~** faire un temps de galop; **to break into a ~** prendre le galop; **at a ~** au galop; **at full ~** [horse] au grand galop, ventre à terre; [rider] à bride abattue.
    2 vi [horse, rider] galoper. **to ~ away/back etc** partir/revenir etc au galop; (fig) **to go ~ing down the street** descendre la rue au galop; **to ~ through a book*** lire un livre à toute allure or à la va-vite*, lire un livre en diagonale.
    3 vt horse faire galoper.
galloping ['gæləpɪŋ] adj horse au galop; (fig) inflation galopant; pneumonia, pleurisy galopant. **~ consumption** phtisie galopante.
gallows ['gæləʊz] **1** npl (U: also **~ tree**) gibet m, potence f. **he'll end up on the ~** il finira à la potence or par la corde; **to send sb to the ~** envoyer qn à la potence or au gibet. **2** cpd: **gallows bird*** gibier m de potence; (fig) **gallows humour** humour m macabre.
Gallup poll ['gæləp,pəʊl] n sondage m Gallup.
galoot* [gə'luːt] n (US) balourd* m.
galop ['gæləp] n galop m (danse).
galore [gə'lɔːr] adv en abondance, à gogo*, à la pelle*.

galosh [gə'lɒʃ] n (gen pl) ~es caoutchoucs mpl (enfilés par-dessus les souliers).

galumph* [gə'lʌmf] vi cabrioler or caracoler lourdement or avec la légèreté d'un éléphant. **to go** ~**ing in/out** etc entrer/sortir etc en cabriolant or caracolant comme un (gros) balourd.

galvanic [gæl'vænɪk] adj (Elec) galvanique; jerk crispé; (fig) effect galvanisant, électrisant.

galvanism ['gælvənɪzəm] n galvanisme m.

galvanization [,gælvənaɪ'zeɪʃən] n galvanisation f.

galvanize ['gælvənaɪz] vt (Elec, Med) galvaniser; (fig) discussions, debate animer; worker, speaker galvaniser. ~**d iron** fer galvanisé; (fig) **to** ~ **sb into action** donner un coup de fouet à qn.

galvanometer [,gælvə'nɒmɪtər] n galvanomètre m.

galvanoscope ['gælvənə,skəʊp] n galvanoscope m.

Gambia ['gæmbɪə] n: (The) ~ la Gambie.

Gambian ['gæmbɪən] 1 n Gambien(ne) m(f). 2 adj gambien.

gambit ['gæmbɪt] n (Chess) gambit m. (fig) (opening) ~ manœuvre f or ruse f (stratégique).

gamble ['gæmbl] 1 n entreprise risquée. **life's a** ~ la vie est un jeu de hasard; **it's a pure** ~ c'est affaire de chance; **the** ~ **came off** or **paid off** le jeu en a valu la chandelle, ça a payé de prendre ce risque*; (Racing, St Ex) **to have a** ~ **on** jouer.
  2 vi (a) (lit) jouer (on sur, with avec). **to** ~ **on the stock exchange** jouer à la Bourse.
  (b) (fig) **to** ~ **on** compter sur; (less sure) miser sur. **we had been gambling on fine weather** nous avions compté sur le beau temps; (less sure) nous avions misé sur le beau temps; **he was gambling on her being late** il comptait qu'elle allait être en retard, il escomptait son retard.
♦ **gamble away** vt sep money etc perdre or dilapider au jeu.

gambler ['gæmblər] n joueur m, -euse f; V **big**.

gambling ['gæmblɪŋ] 1 n jeu m, jeux d'argent. **his** ~ **ruined his family** sa passion du jeu a or ses pertes de jeu ont entraîné la ruine de sa famille.
  2 cpd: **gambling debts** dettes fpl de jeu; (pej) **gambling den**, (pej) **gambling hell***, **gambling house**, (US) **gambling joint‡** maison f de jeu, tripot m (pej); **gambling losses** pertes fpl au jeu.

gamboge [gæm'buːʒ] n gomme-gutte f.

gambol ['gæmbəl] 1 n gambade f, cabriole f. 2 vi gambader, cabrioler, faire des cabrioles. **to** ~ **away/back** etc partir/revenir etc en gambadant or cabriolant.

gambrel ['gæmbrəl] n (also ~ **roof**) toit m à deux pentes.

game¹ [geɪm] 1 n (a) (gen) jeu m; [football, rugby, cricket etc] match m; [tennis] partie f; [billiards, chess] partie. ~ **of cards** partie de cartes; **card** ~ jeu de cartes (belote, bridge etc); ~ **of skill/of chance** jeu d'adresse/de hasard; **he plays a good** ~ **of football** il est bon au football; **to have** or **play a** ~ faire une partie de, jouer un match de (V also play); (Scol) ~**s** sport m, (activités fpl de) plein air; **to be good at** ~**s** être sportif; (Scol) **we get** ~**s on Thursdays** nous avons plein air le jeudi; **that's** ~ (Tennis) jeu; (Bridge) ça fait la manche; **they were** ~ **all** (Tennis) on était à un jeu partout; (Bridge) on était manche A, on était à une manche partout; (Tennis) ~, **set and match** jeu, set, et match; (Tennis) ~ **to Johnston** jeu Johnston; **he's off his** ~ il n'est pas en forme; **to put sb off his** ~ troubler qn; **this isn't a** ~! on n'est pas en train de jouer!, c'est sérieux!; (lit,fig) **to have the** ~ **in one's hands** être sur le point de gagner; V **highland**, **indoor** etc.
  (b) (fig) (scheme, plan) plan m, projet m; (dodge, trick) (petit) jeu m, manège m, combinaison f; (*: occupation) travail m, boulot* m. **it's a profitable** ~ c'est une entreprise rentable; **the** ~ **is up** tout est fichu* or à l'eau; **they saw the** ~ **was up** ils ont vu que la partie était perdue; **I'll play his** ~ **for a while** je ferai son jeu pendant un certain temps; **don't play his** ~ n'entre pas dans son jeu; **we soon saw through his** ~ nous avons vite vu clair dans son (petit) jeu; **two can play at that** ~ à bon chat bon rat (Prov); **what's the** ~?* qu'est-ce qui se passe? or se manigance? (pej) **I wonder what his** ~ **is** je me demande ce qu'il manigance (pej) or mijote*; **what's your little** ~? à quoi est-ce que tu joues?; **to beat sb at his own** ~ battre qn sur son propre terrain; **to spoil sb's** ~ déjouer les combinaisons or manigances (pej) or machinations de qn; **how long have you been in this** ~?* cela fait combien de temps que vous faites ça?; [prostitute] **to be on the** ~‡ faire le trottoir*; **the** ~ **isn't worth the candle** le jeu n'en vaut pas la chandelle; **to make a** ~ **of sb/sth** se moquer de qn/qch, tourner qn/qch en dérision; V **fun**, **waiting** etc.
  (c) (Culin, Hunting) gibier m. **big/small** ~ gros/petit or menu gibier; V also **big**, **fair¹**.
  2 cpd: **gamebag** gibecière f, carnier m, carnassière f; **game birds** gibier m (U) à plume; **gamecock** coq m de combat; **game fish** poissons mpl d'eau douce; **gamekeeper** garde-chasse m; **game laws** réglementation f de la chasse; (Culin) **game pie** pâté m de gibier en croûte; (US fig) **game plan** plan m d'action, stratégie f; (Hunting) **game reserve** réserve f de grands fauves; (Scol) **games master**, **games mistress** professeur m d'éducation physique; **games theory** théorie f des jeux; **game warden** agent chargé de la police de la chasse; (on reserve) gardien chargé de la protection des animaux.
  3 vi (gamble) jouer.
  4 adj (a) (plucky) courageux, brave. **to be** ~ avoir du cran*, avoir du cœur au ventre. (b) (ready, prepared) prêt (to do à faire). **are you** ~? tu en as envie?; **I'm** ~ **if you are** je ne demande pas mieux si toi aussi tu veux bien; **he's** ~ **for anything** il est prêt à tout, il ne recule devant rien.

game² [geɪm] adj (lame) arm, leg estropié. **to have a** ~ **leg** être boiteux, boiter.

gamesmanship ['geɪmzmənʃɪp] n art m de gagner par des astuces. **to be good at** ~ être rusé; **it's a piece of** ~ **on his part** c'est un truc pour gagner.

gamester ['geɪmstər] n joueur m, -euse f.

gamete ['gæmiːt] n gamète m.

gamin ['gæmɛ̃] n gamin m.

gamine [gæ'miːn] 1 n (cheeky girl) gamine f (espiègle); (tomboy) garçon manqué. 2 cpd appearance, hat gamin. **she had a gamine haircut** elle avait les cheveux coupés très court; **the gamine look** le style gavroche.

gaming ['geɪmɪŋ] 1 n = **gambling**. 2 cpd: **gaming laws** réglementation f des jeux de hasard.

gamma ['gæmə] n gamma m. ~ **radiation** or **rays** rayons mpl gamma.

gammon ['gæmən] n (Brit) (bacon) quartier m de lard fumé; (ham) jambon fumé. ~ **steak** (épaisse) tranche f de jambon fumé or salé.

gammy* ['gæmɪ] adj (Brit) = **game²**.

gamp‡ [gæmp] n (Brit hum) pépin* m, parapluie m.

gamut ['gæmət] n (Mus, fig) gamme f. (fig) **to run the** ~ **of** passer par toute la gamme de.

gamy ['geɪmɪ] adj meat etc faisandé.

gander ['gændər] n (a) (bird) jars m; V sauce. (b) (look) **to take a** ~‡ filer* un coup d'œil (at vers).

ganef‡ ['gɑːnəf] n (US) escroc m, filou m.

gang [gæŋ] 1 n [workmen] équipe f; [criminals] bande f, gang m; [youths, friends etc] bande, clique f; [prisoners] convoi m; (Tech) série f (d'outils multiples). **the little boy wanted to be like the rest of his** ~ le petit garçon voulait être comme le reste de sa bande; **he's one of the** ~ **now*** il fait partie de la bande maintenant; (Pol) **the G**~ **of Four** la bande des Quatre; V **chain** etc.
  2 cpd: **gangbang*** copulation f en chaîne; (rape) viol collectif; **gangland*** le milieu; **gangplank** passerelle f (de débarquement); (Navy) échelle f de coupée; **gangway** (gen) passage m (planchéié); (Naut) passerelle; (in bus etc) couloir m; (in theatre) allée f; (excl) **gangway!** dégagez!
♦ **gang together*** vi se mettre à plusieurs (to do pour faire).
♦ **gang up*** vi se mettre à plusieurs (to do pour faire). **to gang up on** or **against sb‡** se liguer contre qn, se mettre à plusieurs contre qn.

ganger ['gæŋər] n (Brit) chef m d'équipe (de travailleurs).

Ganges ['gændʒiːz] n Gange m.

ganglia ['gæŋglɪə] npl of **ganglion**.

gangling ['gæŋglɪŋ] adj person dégingandé. **a** ~ **boy** un échalas, une perche (hum).

ganglion ['gæŋglɪən] n, pl **ganglia** ganglion m; (fig) [activity] centre m; [energy] foyer m.

gangrene ['gæŋgriːn] n gangrène f.

gangrenous ['gæŋgrɪnəs] adj gangreneux. **to go** ~ se gangrener.

gangster ['gæŋstər] 1 n gangster m, bandit m. 2 cpd story, film de gangsters.

gangsterism ['gæŋstərɪzəm] n gangstérisme m.

gannet ['gænɪt] n (Orn) fou m (de Bassan).

gantry ['gæntrɪ] n (for crane) portique m; (Space) tour f de lancement; (Rail) portique à signaux; (for barrels) chantier m.

gaol [dʒeɪl] (Brit) = **jail**.

gaoler ['dʒeɪlər] n (Brit) = **jailer**.

gap [gæp] 1 n (a) trou m, vide m; (in wall) trou, brèche f, ouverture f; (in hedge) trou, ouverture; (in print, text) vide, intervalle m, blanc m; (between floorboards) interstice m, jour m; (in pavement) brèche; (between curtains) intervalle, jour; (in clouds, fog) trouée f; (between teeth) vide, interstice; (mountain pass) trouée. **to stop up** or **fill in a** ~ boucher un trou or une brèche, combler un vide; **leave a** ~ **for the name** laissez un blanc pour (mettre) le nom.
  (b) (fig) vide m; (in education) lacune f, manque m; (in time) intervalle m; (in timetable) trou m; (in conversation, narrative) interruption f, vide. **a** ~ **in his memory** un trou de mémoire; **he left a** ~ **which will be hard to fill** il a laissé un vide qu'il sera difficile de combler; **to close the** ~ **between two points of view** supprimer l'écart entre or rapprocher deux points de vue; **the** ~ **between the rich and the poor** l'écart (qui existe) entre les riches et les pauvres; **this shows up the** ~ **between us** cela montre bien ce qui nous sépare; **to close the** ~ **in the balance of payments** supprimer le déficit dans la balance des paiements; (Comm) **a** ~ **in the market** un créneau; **the software** ~ **is the biggest problem** l'insuffisance f en matière de logiciel constitue le problème majeur; V **bridge¹**, **credibility**, **generation**.
  2 cpd: **gap-toothed** (teeth wide apart) aux dents écartées; (teeth missing) brèche-dent inv.

gape [geɪp] 1 vi (a) (open mouth) [person] bâiller la bouche toute grande; [bird] ouvrir le bec tout grand; [seam etc] bâiller; [chasm etc] être ouvert or béant.
  (b) (stare) rester bouche bée (at devant), bayer aux corneilles. **to** ~ **at sb/sth** regarder qn/qch bouche bée.
  2 n (a) [chasm etc] trou béant.
  (b) (stare) regard ébahi.

gaping ['geɪpɪŋ] adj hole, chasm, wound béant; seam qui bâille; person bouche bée inv.

garage ['gærɑːʒ] 1 n garage m. 2 vt garer, mettre au garage. 3 cpd door, wall de garage. **garageman**, **garage mechanic** mécanicien m; **garageman**, **garage proprietor** garagiste m; **garage sale** vente f d'objets usagés (chez un particulier).

garb [gɑːb] 1 n (U: often hum) costume m, mise f, atours mpl (hum). **in medieval** ~ en costume médiéval. 2 vt (gen pass) vêtir (in de). **to** ~ **o.s. in** se revêtir de, s'affubler de (hum).

garbage ['gɑːbɪdʒ] 1 n (U: ordures fpl, détritus mpl; (food waste) déchets mpl; (fig) (worthless objects) rebut m; (nonsense) foutaises‡ fpl.
  2 cpd: (US) **garbage can** boîte f à ordures, poubelle f; (US) **garbage chute** or **shute** vide-ordures m inv; (US) **garbage collector** boueur m or boueux m, éboueur m; **garbage disposal unit** broyeur

m d'ordures; (*US*) **garbage man** = **garbage collector**; (*US*) **garbage truck** camion *m* des boueurs.

garble ['gɑ:bl] *vt story* raconter de travers; *quotation* déformer; *facts* dénaturer; *instructions* embrouiller; *foreign language* massacrer.

garbled ['gɑ:bld] *adj account* embrouillé; *text* altéré; *instructions* confus; *words, speech* incompréhensible.

Garda¹ ['gɑ:də] *n:* Lake ~ le lac de Garde.

Garda² ['gɑ:də] *n* (*Irish Police*) police irlandaise.

garden ['gɑ:dn] **1** *n* jardin *m*. **the G**~ **of Eden** le jardin d'Éden, le Paradis terrestre; ~**s** (*public*) parc *m*, jardin public; *[manor house etc]* jardin; ~ **of remembrance** jardin du souvenir (*dans un cimetière*); (*fig*) **to lead sb up the** ~ (**path**)* mener qn en bateau*; (*fig*) **everything in the** ~**'s lovely** tout va pour le mieux; *V* back, flower, kitchen *etc*.
2 *vi* jardiner, faire du jardinage. **I like** ~**ing** j'aime le jardinage, j'aime jardiner.
3 *cpd*: **garden centre** garden-centre *m*, pépinière *f*; (*Brit*) **garden city** cité-jardin *f*; **garden flat** appartement *m* en rez-de-jardin; **garden hose** tuyau *m* d'arrosage; **garden(ing) tools** outils *mpl* de jardinage; **garden party** garden-party *f*, réception *f* en plein air; **garden path** *V* 1; **garden produce** produits maraîchers; **garden seat** banc *m* de jardin; **garden shears** cisaille *f* de jardinier; **garden snail** escargot *m*; (*US*) **the Garden State** le New Jersey; **garden suburb** banlieue résidentielle (*dont l'environnement est aménagé par un paysagiste*); **he lives just over the garden wall from us** il habite juste à côté de chez nous.

gardener ['gɑ:dnər] *n* jardinier *m*, -ière *f*. **I'm no** ~ **je ne connais rien au jardinage**; **he's a good** ~ il est très bon jardinier; *V* landscape.

gardenia [gɑ:'di:nɪə] *n* gardénia *m*.

gardening ['gɑ:dnɪŋ] *n* jardinage *m*; *V also* **garden** *and* **landscape**.

garfish ['gɑ:fɪʃ] *n* orphie *f*.

gargantuan [gɑ:'gæntjʊən] *adj* gargantuesque.

gargle ['gɑ:gl] **1** *vi* se gargariser, se faire un gargarisme. **2** *vt*: **to** ~ **one's throat** se gargariser, se faire un gargarisme. **3** *n* gargarisme *m*.

gargoyle ['gɑ:gɔɪl] *n* gargouille *f*.

garish ['gɛərɪʃ] *adj clothes, colour, decorations* voyant, criard, tapageur; *light* cru, éblouissant.

garishness ['gɛərɪʃnɪs] *n [clothes]* aspect criard *or* tapageur; *[colours, light]* crudité *f*, violence *f*.

garland ['gɑ:lənd] **1** *n* guirlande *f*, couronne *f* de fleurs. (*fig*) **a** ~ **of verse** un florilège (de poèmes). **2** *vt* orner de guirlandes, enguirlander.

garlic ['gɑ:lɪk] **1** *n* (*U*) ail *m*; *V* clove¹. **2** *cpd*: **garlic press** presse-ail *m*; **garlic salt** sel *m* d'ail; **garlic sausage** saucisson *m* à l'ail.

garlicky ['gɑ:lɪkɪ] *adj flavour, smell* d'ail; *sauce* à l'ail; *food* aillé; *breath* qui sent l'ail.

garment ['gɑ:mənt] *n* vêtement *m*.

garner ['gɑ:nər] **1** *vt* (*also* ~ **in**, ~ **up**) *grain etc* engranger, mettre en grenier; (*fig*) *memories etc* recueillir. **2** *n* (*liter*) (*granary*) grenier *m*; (*anthology*) recueil *m*.

garnet ['gɑ:nɪt] **1** *n* (*gem, colour*) grenat *m*. **2** *cpd ring* de grenat(s). **garnet(-coloured)** grenat *inv*.

garnish ['gɑ:nɪʃ] **1** *vt* garnir, orner, parer (*with* de); (*Culin*) garnir (*with* de). **2** *n* garniture *f*.

garnishee [,gɑ:nɪ'ʃi:] *n* (*Jur*) saisi *m*.

garnishing ['gɑ:nɪʃɪŋ] *n* garnissage *m*, embellissement *m*; (*Culin*) garniture *f*; *[style]* ornement *m*, fioriture *f*.

garnishment ['gɑ:nɪʃmənt] *n* (*Jur*) saisie-arrêt *f*.

garnishor ['gɑ:nɪʃər] *n* (*Jur*) saisissant *m*.

garret ['gærət] *n* (*room*) mansarde *f*; (*attic*) grenier *m*.

garrison ['gærɪsən] **1** *n* garnison *f*. **2** *vt fort etc* placer une garnison dans; *troops* mettre en garnison; *[regiment]* être en garnison dans. **3** *cpd*: **garrison duty** service *m* de garnison *or* de place; **garrison life** vie *f* de garnison; **garrison town** ville *f* de garnison; **garrison troops** troupes *fpl* de garnison.

garrotte [gə'rɒt] **1** *vt* (*strangle*) étrangler (*au cours d'un vol*); (*Spanish Hist*) faire périr par le garrot. **2** *n* (*gen*) cordelette *f* (*pour étrangler*); (*Spanish Hist*) garrot *m*.

garrulity [gə'ru:lɪtɪ] *n* (*U*) (*person*) loquacité *f*; *[style]* verbosité *f*.

garrulous ['gærʊləs] *adj person* loquace, volubile, bavard; *style* verbeux; (*liter*) *stream* babillard (*liter*), jaseur (*liter*).

garrulously ['gærʊləslɪ] *adv* avec volubilité.

garter ['gɑ:tər] **1** *n* (*gen*) jarretière *f*; (*for men's socks*) fixe-chaussette *m*; (*Brit: from belt*) jarretelle *f*. (*Brit*) **Order of the G**~ Ordre *m* de la Jarretière; (*Brit*) **Knight of the G**~ chevalier *m* de l'Ordre de la Jarretière. **2** *cpd*: (*US*) **garter belt** porte-jarretelles *m inv*.

gas [gæs] **1** *n* (a) (*Chem, Culin, Phys etc*) gaz *m inv*; (*Min*) méthane *m*, grisou *m*; (*Mil*) gaz (asphyxiant *or* vésicant *etc*); (*anaesthetic*) (gaz) anesthésique *m*. **to cook by** *or* **with** ~ faire la cuisine au gaz; **to turn on/off the** ~ allumer/fermer *or* éteindre le gaz; (*Med etc*) **I had** ~ j'ai eu une anesthésie au masque; (**combined**) ~ **and electric cooker** cuisinière *f* mixte; *V* laughing, natural, supply *etc*.
(b) (*US: gasoline*) essence *f*. **to step on the** ~* (*Aut*) appuyer sur le champignon*; (*fig*) se magner‡, se presser; **to take one's foot off the** ~* ralentir.
(c) (‡: *idle words*) bla-bla-bla* *m*. (*chat*) **to have a** ~ avoir une bonne parlotte (*about* à propos de).
(d) (‡: *fun*) rigolade* *f*. **to go do sth for a** ~ faire qch pour rigoler* *or* pour se marrer‡; **what a** ~ **it was!** quelle rigolade!*, ce qu'on s'est marrés!‡
2 *cpd industry* du gaz, gazier; *engine* à gaz. **gasbag** (enveloppe *f* de) ballon *m* à gaz; (‡*pej: talkative person*) moulin *m* à paroles* (*pej*); (*boastful*) baratineur‡ *m*, -euse‡ *f*; **gas bracket** applique *f* à gaz; **gas burner** = **gas jet**; (*ship*) **gas carrier** méthanier *m*; **gas**

chamber chambre *f* à gaz; **gas cooker** cuisinière *f* à gaz, gazinière *f*; (*portable*) réchaud *m* à gaz; **gas explosion** (*gen*) explosion *f* (*causée par une fuite*) de gaz; (*in coal mine*) explosion *or* coup *m* de grisou; **gas fire** appareil *m* de chauffage à gaz; **to light the gas fire** allumer le gaz; **gas-fired** chauffé au gaz; **gas-fired central heating** chauffage central au gaz; **gas fitter** ajusteur-gazier *m*; **gas fittings** appareillage *m* du gaz; (*US*) **gas fixture** = **gas bracket**; (*US: car*) **gas guzzler‡** voiture *f* qui consomme énormément d'essence, vorace *f*; **gas heater** appareil *m* de chauffage à gaz; (*for heating water*) chauffe-eau *m inv* (à gaz); (*US*) **gas hog*** = **gas guzzler‡**; **gasholder** gazomètre *m*; **gas jet** brûleur *m* à gaz; **gaslight** lumière *f* du gaz; **by gaslight** au gaz, à la lumière du gaz; **gas lighter** (*for cooker etc*) allume-gaz *m inv*; (*for cigarettes*) briquet *m* à gaz; **gas lighting** éclairage *m* au gaz; (*US*) **gas line** queue *f* (*devant une pompe à essence*); **gaslit** éclairé au gaz; **gas main** canalisation *f* de gaz; **the gasman*** l'employé *m* du gaz; **gas mantle** manchon *m* à incandescence; **gasmask** masque *m* à gaz; **gas meter** compteur *m* à gaz; (*US Aut*) **gas mileage** consommation *f* (*d'essence*); **gas oil** gas-oil *m*; **gas oven** four *m* à gaz; **he put his head in the gas oven** il s'est suicidé en se mettant la tête dans le four à gaz; **she felt like putting her head in the gas oven** elle avait envie de se jeter par la fenêtre; (*US Aut*) **gas pedal** accélérateur *m*; **gas pipe** tuyau *m* à gaz; **gas pipeline** gazoduc *m*; **gas range** fourneau *m* à gaz; **gas ring** (*part of cooker*) brûleur *m*; (*small stove*) réchaud *m* à gaz; (*US*) **gas station** poste *m* d'essence, station-service *f*; **gas stove** (*portable*) réchaud *m* à gaz; (*larger*) cuisinière *f or* fourneau *m* à gaz; (*US*) **gas tank** réservoir *m* à essence; **gas tap** (*on pipe*) robinet *m* à gaz; (*on cooker*) bouton *m* (de cuisinière à gaz); **gas turbine** turbine *f* à gaz; **gas worker** gazier *m*; **gasworks** usine *f* à gaz.
3 *vt* (*gen*) asphyxier; (*Mil*) gazer. **to** ~ **o.s.** (*gen*) s'asphyxier; (*commit suicide*) se suicider au gaz.
4 *vi* (a) (*Chem*) dégager des gaz.
(b) (‡: *talk*) parler; (*chat*) bavarder.

♦**gas up*** *vi* (*US Aut*) faire le plein (de carburant).

Gascon ['gæskən] **1** *adj* gascon. **2** *n* Gascon(ne) *m(f)*.

Gascony ['gæskənɪ] *n* Gascogne *f*.

gaseous ['gæsɪəs] *adj* gazeux.

gash [gæʃ] **1** *n* (*in flesh*) entaille *f*, estafilade *f*; (*on face*) balafre *f*; (*in cloth, leather*) (grande) déchirure *f*, (grand) accroc *m*.
2 *vt flesh* entailler, entamer; *face* balafrer; *cloth, leather* déchirer, faire un (grand) accroc à.
3 *adj* (‡ *Brit*) de trop, en surplus. **if that box is** ~ **I'll take it** si vous n'avez plus besoin de cette boîte, je la prends.

gasket ['gæskɪt] *n* (a) *[piston]* garniture *f* de piston; *[joint]* joint *m* d'étanchéité; *[cylinder head]* joint de culasse; *V* blow¹. **(b)** (*Naut*) raban *m* de ferlage.

gasohol ['gæsəʊhɒl] *n* (*US*) carburol *m*.

gasoline ['gæsəʊli:n] **1** *n* (*US*) essence *f*. **2** *cpd*: (*US*) **gasoline-powered** à essence.

gasometer [gæ'sɒmɪtər] *n* (*Brit*) gazomètre *m*.

gasp [gɑ:sp] **1** *n* halètement *m*. **to give a** ~ **of surprise/fear** *etc* avoir le souffle coupé par la surprise/la peur *etc*; **to be at one's last** ~ (*lit*) être à l'agonie, agoniser, être à la dernière extrémité; (*fig*) n'en pouvoir plus; (*lit, fig*) **to the last** ~ jusqu'au dernier souffle.
2 *vi* (*choke*) haleter, suffoquer; (*from astonishment*) avoir le souffle coupé. (*lit, fig*) **to make sb** ~ couper le souffle à qn; **to** ~ **for breath** *or* **air** haleter, suffoquer, chercher sa respiration.
3 *vt*: '**no!**' **she** ~**ed** 'pas possible!' souffla-t-elle.

♦**gasp out** *vt sep plea* dire dans un souffle *or* d'une voix entrecoupée; *word* souffler.

gasper‡ ['gɑ:spər] *n* (*Brit*) sèche‡ *f*, clope‡ *f*.

gassed‡ [gæst] *adj* (*US: drunk*) bourré‡, ivre.

gassy ['gæsɪ] *adj* (*Chem etc*) gazeux; *drink* gazeux; (‡*pej*) *person* bavard, jacasseur.

gastric ['gæstrɪk] *adj* gastrique. ~ **flu** grippe gastro-intestinale; ~ **juices** sucs *mpl* gastriques; ~ **ulcer** ulcère *m* de l'estomac.

gastritis [gæs'traɪtɪs] *n* gastrite *f*.

gastro... ['gæstrəʊ] *pref* gastro....

gastroenteritis [,gæstrəʊ,entə'raɪtɪs] *n* gastro-entérite *f*.

gastronome ['gæstrənəʊm] *n* gastronome *mf*.

gastronomic [,gæstrə'nɒmɪk] *adj* gastronomique.

gastronomist [gæs'trɒnəmɪst] *n* gastronome *mf*.

gastronomy [gæs'trɒnəmɪ] *n* gastronomie *f*.

gastropod ['gæstrəpɒd] *n* gastéropode *m*.

gat¹† [gæt] *pret of* **get**.

gat²‡† [gæt] *n* (*US: gun*) flingue‡ *m*, pétard‡ *m*.

gate [geɪt] **1** *n* (a) *[castle, town]* porte *f*; *[field, level crossing]* barrière *f*; *[garden]* porte, portail *m*; (*large, metallic*) grille *f* (d'entrée); (*low*) portillon *m*; (*tall, into courtyard etc*) porte cochère; (*Rail: in Underground*) portillon; *[lock, sluice]* vanne *f*, porte (d'écluse); *[sports ground]* entrée *f*. (*entrance*) **at the factory/castle** *etc* ~ à l'entrée de l'usine/du château *etc*; (*at airport*) ~ **5** porte 5; **five-bar** ~ = barrière; (*US*) **to give sb the** ~* (*employee*) virer* qn; (*boyfriend etc*) plaquer* qn; (*US: be dismissed*) **to get the** ~* être viré*.
(b) (*Sport*) (*attendance*) spectateurs *mpl*; (*money*) recette *f*, entrées *fpl*. **there was a** ~ **of 5,000** il y a eu 5.000 spectateurs; **the match got a good** ~ le match a fait de grosses entrées*.
(c) (*Ski*) porte *f*.
(d) (*Comput*) porte *f*.
2 *vt* (*Brit*‡: *Scol, Univ*) consigner, coller*. **to be** ~**d** se faire consigner *or* coller*.
3 *cpd*: **gatecrash** (*vi*) (*without invitation*) s'introduire sans invitation; (*without paying*) resquiller; (*vt*) **to gatecrash a party** s'introduire dans une réception sans invitation; **to gatecrash a match** assister à un match sans payer; **gatecrasher** (*without invitation*) intrus(e) *m(f)*; (*without paying*) resquilleur *m*, -euse *f*;

gatehouse *[castle]* corps *m* de garde; *[park etc]* loge *f*; **gatekeeper** *[block of flats etc]* portier *m*, -ière *f*; *[factory etc]* gardien *m*, -ienne *f*; *(Rail)* garde-barrière *mf*; **gate-leg(ged)** table table anglaise; *(Sport)* **gate money** recette *f*, (montant *m* des) entrées *fpl*; **gatepost** montant *m* (de porte); *(fig)* between you, me and the gatepost* soit dit entre nous, entre quat'z'yeux‡; **gateway** porte *f*, entrée *f*, portail *m*; **New York, the gateway to America** New York, porte de l'Amérique; *(fig)* it proved the gateway to success/fame/fortune cela s'avéra être la porte ouverte au succès/à la gloire/à la fortune.

gâteau ['gætəʊ] *n (Brit)* grand gâteau fourré.

gather ['gæðə'] **1** *vt* (a) *(also ~ together)* people rassembler, grouper, réunir; *objects* rassembler, ramasser; *(Typ)* pages assembler; *troops* amasser. **the accident ~ed quite a crowd** l'accident a provoqué *or* causé un grand rassemblement.

(b) *(collect)* flowers cueillir; *wood, sticks, mushrooms* ramasser; *taxes etc* percevoir; *information* recueillir. **to ~ dirt** s'encrasser; **to ~ dust** ramasser la poussière; **to ~ one's energies** rassembler *or* ramasser ses forces; **to ~ one's senses** *or* **one's thoughts** méditer, s'absorber, se concentrer; **to ~ speed,** *(Naut)* **to ~ way** prendre de la vitesse; **to ~ strength** *[person]* reprendre des forces; *[feeling, movement]* se renforcer; **to ~ volume** croître en volume.

(c) **she ~ed him in her arms/to her** elle l'a serré dans ses bras/contre elle; **he ~ed his cloak around him** il a resserré sa cape contre lui; **she ~ed (up) her skirts** elle a ramassé ses jupes; **her hair was ~ed (up) into a bun** ses cheveux étaient ramassés en chignon; *(liter: euph)* **he was ~ed to his fathers** il alla rejoindre ses ancêtres *or* aïeux.

(d) *(Sewing)* froncer. **~ed skirt** jupe froncée; **to ~ one's brows** froncer le(s) sourcil(s).

(e) *(infer)* déduire, conclure. **I ~ from this/this report** je conclus *or* je déduis de ceci/de ce rapport; **I ~ from the papers ...** d'après ce que disent les journaux, je déduis *or* je crois comprendre ...; **I ~ from him that ...** je comprends d'après ce qu'il me dit que ...; **what are we to ~ from that?** que devons-nous en déduire?; **as far as I can ~** à ce que je comprends; **I ~ she won't be coming** je crois comprendre qu'elle ne viendra pas; **as you will have ~ed** comme vous avez dû le deviner; **as will be ~ed from my report** comme il ressort de mon rapport.

2 *vi* (a) *(collect)* *[people]* s'assembler, se rassembler, se réunir, se grouper; *[crowd]* se former, se masser; *[troops etc]* s'amasser; *[objects]* s'accumuler, s'amonceler, s'amasser; *[clouds]* se former, s'amonceler; *[dust]* s'accumuler, s'amasser. **they ~ed round him** ils se sont groupés *or* se sont rassemblés autour de lui.

(b) *(increase)* (in volume, intensity etc) croître, grandir; (in size, content etc) grossir; *V also* **gathering.**

(c) *[abscess etc]* mûrir; *[pus]* se former. **tears ~ed in her eyes** ses yeux se remplirent de larmes.

3 *n (Sewing)* fronce *f*.

♦**gather in** *vt sep* crops rentrer, récolter; *money, taxes* faire rentrer, percevoir; *contributions* recueillir; *papers, essays* ramasser.

♦**gather round** *vi* faire cercle, s'approcher. **gather round!** approchez-vous!

♦**gather together 1** *vi* s'amasser, se rassembler.
2 *vt sep* = **gather 1a. to gather o.s. together** *(collect one's thoughts)* se recueillir, se concentrer; *(for jump etc)* se ramasser.

♦**gather up** *vt sep* papers, essays, toys ramasser. **to gather up the threads of a discussion** rassembler les principaux points d'une discussion; **to gather up one's strength** rassembler ses forces; *(for jump etc)* **to gather o.s. up** se ramasser; **he gathered himself up to his full height** il s'est redressé de toute sa stature; *V also* **gather 1c.**

gathering ['gæðərɪŋ] **1** *n* (a) *(U: act)* *[people]* rassemblement *m*; *[objects]* accumulation *f*, amoncellement *m*; *[fruits etc]* cueillette *f*; *[crops]* récolte *f*; *(Typ)* assemblage *m*. **~ of speed** accélération *f*.

(b) *(group)* *[people]* assemblée *f*, réunion *f*, rassemblement *m*; *[objects]* accumulation *f*, amoncellement *m*. **family ~** réunion de famille.

(c) *(U: Sewing)* fronces *fpl*, froncis *m*.

2 *adj* darkness, force, speed etc croissant. **the ~ storm** l'orage qui se prépare (*or* se préparait).

GATT [gæt] *n (abbr of* General Agreement on Tariffs and Trade*)* accord général sur les tarifs et le commerce.

gauche [gəʊʃ] *adj* gauche, maladroit, inhabile.

gaucho ['gaʊtʃəʊ] *n* gaucho *m*.

gaudy ['gɔːdɪ] **1** *adj* colour éclatant, voyant *(pej)*; criard *(pej)*; *(pej)* display etc tapageur, de mauvais goût. **2** *n (Brit Univ)* fête annuelle *(de collège)*.

gauge [geɪdʒ] **1** *n (standard measure: also of gun)* calibre *m*; *(Rail)* écartement *m*; *(Tex)* jauge *f*; *(instrument)* jauge, indicateur *m*. *(Aut, Aviat)* **fuel ~** jauge de carburant; *(Aviat etc)* **height ~** altimètre *m*; **oil ~** indicateur *or* jauge du niveau d'huile; *(Aut)* **petrol ~,** *(US)* **gasoline ~** jauge d'essence; **pressure ~** manomètre *m*; **temperature ~** indicateur de température; **tyre ~** indicateur de pression des pneus; *(Aut)* **wheel ~** écartement des essieux; **rain ~**, pluviomètre *m*; **wind ~** anémomètre *m*; *(fig)* **it is a ~ of his experience** c'est un test qui permettra de juger *or* de jauger *or* d'évaluer son expérience; **the incident was a ~ of public feeling on the subject** l'incident a permis de jauger *or* d'évaluer le sentiment du public sur le sujet.

2 *vt* (a) *(measure)* nut, temperature mesurer; *oil* jauger; *wind* mesurer la vitesse de; *screw, gun* calibrer; *sb's capacities* jauger, mesurer; *course of events* mesurer. **to ~ the distance with one's eye** jauger *or* mesurer la distance de l'œil; **he was trying to ~ how far he should move it** il essayait d'évaluer de combien il devait le

déplacer; **to ~ the right moment** calculer le bon moment; **we must try to ~ how strong public opinion is** nous devons essayer de jauger *or* de mesurer la force de l'opinion publique.

(b) *tools* standardiser.

3 *cpd:* **narrow-/standard-/broad-gauge railway** voie étroite/à écartement normal/à grand écartement.

Gaul [gɔːl] *n (country)* Gaule *f*; *(person)* Gaulois(e) *m(f)*.

gaullist ['gəʊlɪst] *adj, n* gaulliste *(mf)*.

gaunt [gɔːnt] *adj (very thin)* person émacié, décharné; *face* creux; *(grim)* building sévère, lugubre; *landscape* désolé.

gauntlet ['gɔːntlɪt] *n (glove)* gant *m* (à crispin); *(part of glove)* crispin *m*; *[armour]* gantelet *m*. *(Hist, also fig)* **to throw down/take up the ~** jeter/ relever le gant; **to run the ~** *(Mil Hist)* passer par les baguettes; *(Naut Hist)* courir la bouline; *(fig)* **he had to run the ~ through the crowd** il a dû foncer à travers une foule hostile; *(fig)* **he ran the ~ of public criticism** il essuya le feu des critiques du public.

gauss [gaʊs] *n* gauss *m*.

gauze [gɔːz] *n (all senses)* gaze *f*.

gave [geɪv] *pret of* **give.**

gavel ['gævl] *n* marteau *m* *(de président de réunion, de commissaire-priseur)*.

gavotte [gə'vɒt] *n* gavotte *f*.

Gawd‡ [gɔːd] *excl (Brit = God)* mon Dieu!, bon Dieu!‡

gawk [gɔːk] **1** *n* godiche* *mf*, grand dadais*. **2** *vi* rester bouche bée *(at* devant).

gawker* ['gɔːkə'] *n* badaud *m*.

gawky ['gɔːkɪ] *adj* godiche*, gauche.

gawp* [gɔːp] *vi* = **gape 1.**

gay [geɪ] **1** *adj* (a) *(cheerful)* person, music gai, joyeux; *appearance* gai; *company, occasion* joyeux; *laughter* enjoué; *colour* éclatant, vif; *(pleasure-loving)* adonné aux plaisirs. **~ with lights** resplendissant de lumières; **~ with flowers** égayé de fleurs; **to become ~(er)** s'égayer; **with ~ abandon** avec une belle désinvolture; **they danced with ~ abandon** ils se sont abandonnés joyeusement au plaisir de la danse; **~ dog*** joyeux drille, gai luron; **to lead a** *or* **the ~ life** mener une vie de plaisirs, mener joyeuse vie; **to have a ~ time** prendre du bon temps.

(b) *(homosexual)* person, club etc homosexuel, homo* *(f inv)*, gay *inv*.

2 *n* homosexuel(le) *m(f)*. **G~ Liberation (Movement)** (mouvement *m* pour) la libération des homosexuels *or* la libération gay.

gayness ['geɪnɪs] *n [homosexual]* homosexualité *f*.

Gaza strip ['gɑːzə'strɪp] *n* bande *f or* territoire *m* de Gaza.

gaze [geɪz] **1** *n* regard *m* (fixe). **his ~ met mine** son regard a croisé le mien. **2** *vi* regarder. **to ~ into space** regarder dans *or* fixer le vide; **to ~ at** *or (liter)* **upon sth** regarder *or* contempler qch.

♦**gaze about, gaze around** *vi* regarder autour de soi.

gazebo [gə'ziːbəʊ] *n* belvédère *m (pavillon)*.

gazelle [gə'zel] *n* gazelle *f*.

gazette [gə'zet] **1** *n (official publication)* (journal *m*) officiel *m*; *(newspaper)* gazette *f*. **2** *vt* publier à l'Officiel. *(Mil etc)* **to be ~d** avoir sa nomination publiée à l'Officiel.

gazetteer [ˌgæzɪ'tɪə'] *n* index *m* (géographique).

gazpacho [gɒz'pætʃəʊ] *n* gaspacho *m*.

gazump [gə'zʌmp] **1** *vi (Brit)* revenir sur une promesse de vente pour accepter un prix plus élevé. **2** *vt (Brit)* **he was ~ed** il n'a pas pu acheter la maison parce que quelqu'un a fait une offre plus élevée au vendeur.

gazumping [gə'zʌmpɪŋ] *n (Brit)* le fait de revenir sur une promesse de vente d'une maison pour accepter une offre plus élevée.

GB [dʒiː'biː] *(abbr of* Great Britain*)* G.B.

G.B.H. [ˌdʒiːbiː'eɪtʃ] *(Brit: crime)* abbr of grievous bodily harm; *V* grievous.

GBS [dʒiːbiː'es] *(Brit)* abbr of George Bernard Shaw *(écrivain)*.

G.C. [dʒiː'siː] *n (Brit)* abbr of George Cross *(distinction qui récompense une action exceptionnellement courageuse)*.

GCE [dʒiːsiː'iː] *n (Brit Educ: abbr of* General Certificate of Education*)* ≃ baccalauréat *m*.

Gdansk [gdænsk] *n* Gdansk.

GDI [dʒiːdiː'aɪ] *abbr of* gross domestic income; *V* gross.

Gdns. *abbr of* Gardens *(dans les adresses)*.

GDP [dʒiːdiː'piː] *abbr of* gross domestic product; *V* gross.

GDR [dʒiːdiː'ɑːr] *abbr of* German Democratic Republic; *V* German.

gear [gɪər] **1** *n* (a) *(U) (equipment)* équipement *m*, matériel *m*, attirail *m*; *(harness)* harnachement *m*; *[camping, skiing, climbing, photography]* matériel, équipement; *[sewing, painting]* matériel; *[gardening]* matériel, outils *mpl*. **fishing etc ~** matériel *or* équipement de pêche etc; **the kitchen ~ is in this cupboard** les ustensiles *mpl* de cuisine sont dans ce placard.

(b) *(U: belongings)* effets *mpl* (personnels), affaires *fpl*. **he leaves his ~ all over the house*** il laisse traîner ses affaires dans toute la maison.

(c) *(Brit: U: clothing)* vêtements *mpl*. **he had his tennis ~ on** il était en tenue de tennis; **put on your tennis ~** mets tes affaires de tennis.

(d) *(Brit‡: U: modern clothes)* fringues‡ *fpl* à la mode.

(e) *(U: apparatus)* mécanisme *m*, dispositif *m*. **safety ~** mécanisme *m or* dispositif *m* de sécurité; *V* landing, steering *etc*.

(f) *(Tech)* engrenage *m*. **in ~** engrené, en prise; **it's out of ~** c'est désengrené, ce n'est pas *or* plus en prise.

(g) *(Aut) (mechanism)* embrayage *m*; *(speed)* vitesse *f*. **in ~** en prise; **not in ~** au point mort; **he put the car into ~** il a mis (la voiture) en prise; **the car slipped** *or* **jumped out of ~** la voiture a sauté; **neutral ~** point mort; **to change** *or (US)* **to shift ~** changer de vitesse; **first** *or* **bottom** *or* **low ~** première vitesse; **second/**

third/fourth ~ deuxième/troisième/quatrième vitesse; (*Brit*) **top** ~; (*US*) **high** ~ (*fourth*) quatrième vitesse; (*fifth*) cinquième vitesse; **in second** ~ en seconde; **to change** *or* (*US*) **to shift into third** ~ passer en troisième (vitesse); (*fig*) (*Brit*) **to change** ~, (*US*) **to shift** ~s se réadapter; **you're in too high a** ~ tu devrais rétrograder; (*fig*) **production has moved into high** *or* **top** ~ la production a atteint sa vitesse maxima; *V* **engage, reverse** *etc*.

2 *cpd*: (*Brit Aut*) **gearbox** boîte *f* de vitesses; (*Brit*) **gear change** changement *m* de vitesse; (*Brit*) **gear lever** levier *m* de (changement de) vitesse; *[cycle]* **gear ratio** braquet *m*; (*US*) **gearshift** = **gear lever, gear change**; *[cycle]* **gearwheel** pignon *m*.

3 *adj* (*US‡: great*) formid*, super*.

4 *vt* **(a)** adapter. **they** ~**ed their output to seasonal demands** ils ont adapté leur production à la demande saisonnière; **he** ~**ed his timetable to collecting his children from school** il a adapté *or* combiné son emploi du temps de façon à pouvoir aller chercher les enfants à l'école; **they were not** ~**ed to cope with the influx of immigrants** ils n'étaient pas préparés pour cet afflux d'immigrants; **the factory was not** ~**ed to cope with an increase of production** la capacité de l'usine n'était pas calculée pour une production supérieure; (*Econ, Ind*) ~**ed to the cost of living** indexé.

(b) *wheel* engrener.

5 *vi* s'engrener.

♦**gear down** *vi* (*Tech*) démultiplier.

♦**gear up 1** *vi* (*Tech*) produire une multiplication.

2 *vt sep* (*: *make ready*) **he geared himself up for the interview** il s'est préparé pour l'entrevue; **we're geared up (and ready) to do it** nous sommes tout prêts à le faire; **they were all geared up for the new sales campaign** ils étaient parés* *or* fin prêts pour la nouvelle promotion de vente.

gearing ['gɪrɪŋ] *n* (*Brit Fin*) rapport *m* des fonds propres sur fonds empruntés.

gecko ['gekəʊ] *n* gecko *m*.

gee¹* [dʒi:] *excl* (*esp US) eh bien! ~ **whiz!*** mince alors!*

gee² [dʒi:] **1** *n* (‡: *also* ~-~: *baby talk*) dada *m*. **2** *excl* (*to horse*) ~ **up!** hue!

geese [gi:s] *npl of* **goose**.

geezer‡ ['gi:zər] *n* (*Brit*) type* *m*. **(silly) old** ~ vieux schnock‡.

gefilte [gəˈfɪltə] *adj* (*US*) ~ **fish** ≃ boulettes *fpl* de poisson.

Geiger counter ['gaɪgəˌkaʊntər] *n* compteur *m* Geiger.

geisha ['geɪʃə] *n* geisha *f or* ghesha *f*.

gel [dʒel] **1** *n* (*Chem*) colloïde *m*; (*gen*) gelée *f*. **2** *vi [jelly etc]* prendre, épaissir; *[plan etc]* prendre tournure.

gelatin(e) ['dʒeləti:n] *n* gélatine *f*.

gelatinous [dʒɪˈlætməs] *adj* gélatineux.

geld [geld] *vt horse* hongrer; *pig etc* châtrer.

gelding ['geldɪŋ] *n* **(a)** (*horse*) (cheval *m*) hongre *m*. **(b)** (*U*) castration *f*.

gelignite [dʒɪˈlɪgnaɪt] *n* plastic *m*.

gelt‡ [gelt] *n* (*US*) fric* *m*.

gem [dʒem] **1** *n* gemme *f*, pierre précieuse; (*fig: work of art*) (vrai) bijou *m*, chef-d'œuvre *m*, merveille *f*. **his painting was the** ~ **of the collection** son tableau était le joyau de la collection; **it's a little** ~ **of a house** la maison est un vrai petit bijou; **this miniature is a perfect** ~ cette miniature est une vraie merveille; **your char's a** ~* votre femme de ménage est une perle; **her aunt's a real** ~* sa tante est un chou*; **I must read you this** ~* **from the newspaper** il faut que je te lise cette perle dans le journal.

2 *cpd*: (*US*) **the Gem State** l'Idaho *m*; **gemstone** pierre *f* gemme *inv*.

Gemini ['dʒemɪnaɪ] *npl* (*Astron*) les Gémeaux *mpl*. (*Astrol*) **I'm** ~ **je suis** (des) Gémeaux.

gemology [dʒeˈmɒlədʒɪ] *n* gemmologie *f*.

Gen. (*Mil*) *abbr of* **general**. (*on envelope*) **Gen. J. Smith** le général Smith.

gen. *abbr of* **general** *and* **generally**.

gen* [dʒen] (*Brit*) **1** *n* coordonnées* *fpl*. **to give sb the** ~ **on sth** donner à qn les coordonnées* *or* tous les tuyaux* de qch, rencarder‡ qn sur qch; **what's the** ~ **on this?** qu'est-ce qu'on doit savoir *or* qu'on sait là-dessus?; **I want all the** ~ **on him** je voudrais avoir toutes ses coordonnées*; **have you got the** ~ **on the new house?** avez-vous une documentation sur la nouvelle maison?

2 *adj* vrai, vrai de vrai‡, véritable.

♦**gen up‡ 1** *vi*: **to gen up on sth** se rencarder sur qch‡.

2 *vt sep*: **to gen sb up on sth** mettre qn au parfum‡ de qch, rencarder‡ qn sur qch, donner à qn les coordonnées* de qch; **to be genned up on** être tout à fait au courant de qch, être bien renseigné sur.

gendarme ['ʒɒndɑ:m] *n* (*Climbing*) gendarme *m*.

gender ['dʒendər] **1** *n* (*Gram*) genre *m*; (*: *sex*) sexe *m*. **common** ~ **genre commun**; **of common** ~ **épicène**; (*Gram*) **to agree in** ~ s'accorder en genre.

2 *cpd*: **gender bias** parti pris *m* contre les femmes; **the gender gap** les préjugés *mpl* contre les femmes.

gene [dʒi:n] *n* gène *m*. ~ **pool** bagage *m or* patrimoine *m* héréditaire (de l'espèce).

genealogical [ˌdʒi:nɪəˈlɒdʒɪkəl] *adj* généalogique.

genealogist [ˌdʒi:nɪˈælədʒɪst] *n* généalogiste *mf*.

genealogy [ˌdʒi:nɪˈælədʒɪ] *n* généalogie *f*.

genera ['dʒenərə] *npl of* **genus**.

general ['dʒenərəl] **1** *adj* **(a)** (*common, not limited or specialized*) général; (*not in detail*) *view, plan, inquiry* d'ensemble. **in a** ~ **way** d'une manière générale; **as a** ~ **rule** en règle générale; **in** ~ **use** d'usage courant, généralement répandu; **for** ~ **use** à l'usage du public; **if you go in the** ~ **direction of the church** si vous allez grosso modo dans la direction de l'église; **he was a** ~ **favourite** il

était universellement aimé *or* aimé par tout le monde; **the book was a** ~ **favourite** le livre a été très apprécié du (grand) public; ~ **meeting** assemblée générale (*V* annual); **the** ~ **public** le grand public; **the** ~ **reader** le lecteur moyen; ~ **servant** bonne *f* à tout faire; **there has been** ~ **opposition to the scheme** l'opposition à ce plan a été générale; **this type of behaviour is fairly** ~ **amongst young people** ce genre de comportement est assez répandu parmi les jeunes; **the rain has been fairly** ~ il a plu un peu partout; **to give sb a** ~ **idea** *or* **outline of a subject** donner à qn un aperçu (d'ensemble) sur un sujet; **I've got the** ~ **idea** j'ai une idée d'ensemble sur la question; **I get the** ~ **idea** je vois.

(b) (*specific terms*) (*Med*) ~ **anaesthetic** anesthésie générale; ~ **assembly** assemblée générale; (*Brit Scol*) **General Certificate of Education** ≃ baccalauréat *m*; (*Rel*) ~ **confession** (*Church of England*) confession collective (*lors de la prière en commun*); (*Roman Catholic Church*) confession générale; (*US*) ~ **dealer** = ~ **shop**; (*Univ*) ~ **degree** ≃ licence *f* libre; (*US, Can: Post*) ~ **delivery** poste restante; ~ **election** élections législatives *or* générales; (*Brit*) ~ **factotum** (*lit*) factotum *m*; (*fig*) bonne *f* à tout faire; (*Mil*) ~ **headquarters** quartier général; ~ **holiday** fête publique, jour férié; ~ **hospital** centre hospitalier; ~ **knowledge** connaissances générales, culture générale; ~ **linguistics** linguistique générale; ~ **manager** directeur général; (*Med*) ~ **medicine** médecine générale; (*Mil*) **G**~ **Officer Commanding** général *m* commandant en chef; **there was** ~ **post within the department** (*changing desks*) tout le monde dans le service a changé de bureau; (*changing jobs*) il y a eu une réorganisation complète du personnel dans le service; **G**~ **Post Office** (*Admin*) Postes et Télécommunications; (*building*) poste centrale; (*Jur, Fin*) ~ **general partnership** société *f* en nom collectif; (*Med*) **to be in** ~ **practice** faire de la médecine générale; ~ **practitioner** (médecin *m*) généraliste *m*, omnipraticien *m*, -ienne *f*; (*Scol*) **general science** les sciences (*la physique, la chimie et les sciences naturelles*); ~ **shop** magasin *m* qui vend de tout; (*Mil etc*) ~ **staff** état-major *m*; ~ **store** grand magasin; ~ **strike** grève générale; *V* **paralysis** *etc*.

(c) (*after official title*) général, en chef; *V* **secretary** *etc*.

(d) (*not belonging to anyone in particular*) *laundry, vehicle* communal; *typist* pour tout le service (*or* la section *etc*).

2 *cpd*: **general-purpose** *tool, dictionary* universel.

3 *n* **(a)** général *m*. **in** ~ en général; **the particular and the** ~ le particulier et le général.

(b) (*Mil: Brit, US etc*) général *m*; (*US*) ~ **(of the Air Force)** général *m* de l'armée de l'air; *V* **brigadier** *etc*.

(c) (*: *servant*) bonne *f* à tout faire.

generality [ˌdʒenəˈrælɪtɪ] *n* **(a)** (*gen pl*) généralité *f*, considération générale. **we talked only of generalities** nous n'avons parlé que de généralités *or* qu'en termes généraux *or* que de questions *fpl* d'ordre général.

(b) (*most of*) **the** ~ **of** la plupart de.

(c) (*U*) caractère général. **a rule of great** ~ une règle très générale.

generalization [ˌdʒenərəlaɪˈzeɪʃən] *n* généralisation *f*.

generalize ['dʒenərəlaɪz] *vti* généraliser.

generally ['dʒenərəlɪ] *adv* (*usually*) généralement, en général; (*for the most part*) dans l'ensemble. ~ **speaking** en général, d'une manière générale.

generalship ['dʒenərəlʃɪp] *n* (*Mil*) tactique *f*.

generate ['dʒenəreɪt] **1** *vt children* engendrer; *electricity, heat* produire; (*Ling*) générer; (*fig*) *hope, fear* engendrer, donner naissance à; *work etc* générer*, produire.

2 *cpd*: **generating set** groupe *m* électrogène; **generating station** centrale *f* électrique; **generating unit** groupe *m* électrogène.

generation [ˌdʒenəˈreɪʃən] **1** *n* **(a)** génération *f*. **the younger** ~ la jeune génération; **the postwar** ~ la génération d'après-guerre; **a** ~ **ago** il y a une génération; (*fig*) **it's** ~s **since** ...* ça fait des siècles que ...; **first-/second-** ~ (*adj*) (*Comput etc*) de la première/de la seconde génération; **he is a first-/second-** ~ **American** il appartient à la première/seconde génération d'Américains de sa famille; *V* **rising**.

(b) (*U*) [*electricity, heat*] production *f*; (*Ling*) génération *f*; [*hatred etc*] engendrement *m*.

2 *cpd*: **the generation gap** le conflit *or* l'opposition *f* des générations.

generative ['dʒenərətɪv] *adj* (*Ling*) génératif. ~ **grammar** grammaire générative.

generator ['dʒenəreɪtər] *n* **(a)** (*apparatus*) (*Elec*) groupe *m* électrogène, génératrice *f*; *[steam]* générateur *m*, chaudière *f*; *[gas]* gazogène *m*; *[lighting]* dynamo *f* (d'éclairage). **(b)** (*person*) générateur *m*, -trice *f*.

generatrix [ˈdʒenəreɪtrɪks] *n* (*Math*) génératrice *f*.

generic [dʒɪˈnerɪk] *adj* générique (*also Ling*).

generically [dʒɪˈnerɪkəlɪ] *adv* génériquement.

generosity [ˌdʒenəˈrɒsɪtɪ] *n* (*U*) générosité *f*, libéralité *f*.

generous ['dʒenərəs] *adj person, character, action, wine* généreux; *gift, donation, quantity* généreux; *supply, harvest* abondant; *meal* copieux, abondant; *size* ample. **he is very** ~ **with his time** il est très généreux de son temps; **he took a** ~ **helping of carrots** il s'est servi abondamment de carottes; **a** ~ **spoonful of sugar** une bonne cuillerée de sucre; **the seams in this dress are very** ~ les coutures de cette robe ont une bonne largeur.

generously ['dʒenərəslɪ] *adv give etc* généreusement; *say, offer* avec générosité; *pardon, reprieve* avec magnanimité. **a dress cut** ~ **around the waist** une robe ample à la taille; **you've salted this meat rather** ~ tu as eu la main un peu lourde en salant cette viande.

genesis ['dʒenɪsɪs] *n, pl* **geneses** ['dʒenɪsi:z] genèse *f*, origine *f*. (*Bible*) **G**~ la Genèse.

genetic [dʒɪ'netɪk] *adj* (*Bio: of the genes*) génétique, génique; (*hereditary*) génétique; (*Philos*) génétique. (*Bio*) ~ **code** code *m* génétique; ~ **engineering** manipulation *f* génétique; ~ **screening** test *m* de dépistage génétique.

genetically [dʒɪ'netɪkəlɪ] *adv* (*gen*) génétiquement. ~ **engineered** obtenu par manipulation génétique.

geneticist [dʒɪ'netɪsɪst] *n* généticien(ne) *m(f)*.

genetics [dʒɪ'netɪks] *n* (*U*) génétique *f*.

Geneva [dʒɪ'niːvə] *n* Genève. **Lake** ~ le lac Léman *or* de Genève; ~ **Convention** convention *f* de Genève.

genial ['dʒiːnɪəl] *adj* (a) (*kindly, pleasant*) *person* cordial, affable, aimable; *climate* doux (*f* douce), clément, agréable; *smile, look, voice* chaleureux, cordial; *warmth* réconfortant, vivifiant. (b) (*having genius*) génial.

geniality [ˌdʒiːnɪ'ælɪtɪ] *n* [*person, smile*] cordialité *f*, chaleur *f*; [*climate*] douceur *f*, clémence *f*.

genially ['dʒiːnɪəlɪ] *adv* (a) (*pleasantly*) cordialement. (b) (*as a genius*) génialement.

genie ['dʒiːnɪ] *n, pl* **genii** génie *m*, djinn *m*.

genii ['dʒiːnɪaɪ] *npl of* **genie** *and* **genius** d.

genital ['dʒenɪtl] **1** *adj* génital. ~ **herpes** herpès génital. **2** *npl*: ~s organes génitaux.

genitalia [ˌdʒenɪ'teɪlɪə] *npl* organes *mpl* génitaux.

genitive ['dʒenɪtɪv] (*Gram*) **1** *adj case* génitif. ~ **ending** flexion *f* du génitif. **2** *n* génitif *m*. **in the** ~ au génitif.

genius ['dʒiːnɪəs] *n* (a) (*U*) (*cleverness*) génie *m*; (*ability, aptitude*) génie (*for* de), don *m* extraordinaire (*for* pour). **man of** ~ (*homme m* de) génie; **his** ~ **lay in his ability to assess** ... il était supérieurement doué pour juger ...; **he has a** ~ **for publicity** il a le génie de la publicité; **he's got a** ~ **for saying the wrong thing** il a le génie de *or* un certain génie pour dire ce qu'il ne faut pas.
(b) *pl* ~**es** génie *m*. **he's a** ~ c'est un génie, il est génial.
(c) (*U: distinctive character*) [*period, country etc*] génie *m* (particulier).
(d) *pl* **genii** (*spirit*) génie *m*. **evil** ~ mauvais génie.

Genoa ['dʒenəʊə] *n* Gênes.

genocidal [ˌdʒenəʊ'saɪdl] *adj* génocide.

genocide ['dʒenəʊsaɪd] *n* génocide *m*.

Genoese [ˌdʒenəʊ'iːz] **1** *adj* génois. **2** *n* Génois(e) *m(f)*.

genotype ['dʒenəʊtaɪp] *n* génotype *m*.

genre ['ʒɑ̃ːŋrə] *n* genre *m*. ~ (**painting**) tableau *m* de genre.

gent [dʒent] *n* (*abbr of* **gentleman**) (a) (*Comm*) ~**s'** outfitters magasin *m* d'habillement *or* de confection pour hommes; (*Comm*) ~**s' shoes/suitings** *etc* chaussures/tissus *etc* (pour) hommes; **the** ~**s** les toilettes *fpl* (pour hommes); (*sign*) '~**s**' 'messieurs'.
(b) (‡) monsieur *m*, type* *m*. **he's a** (**real**) ~*‡ c'est un monsieur (tout ce qu'il y a de) bien.

genteel [dʒen'tiːl] *adj* († *or iro*) *person, behaviour, family* distingué, élégant; *school* de bon ton. ~ **poverty** une décente misère; **she has a very** ~ **way of holding her glass** elle a une façon qu'elle croit distinguée de tenir son verre; *V* **shabby**.

gentian ['dʒenʃɪən] *n* gentiane *f*. ~ **blue** bleu *m* gentiane; ~ **violet** bleu de méthylène.

Gentile ['dʒentaɪl] **1** *n* Gentil(e) *m(f)*. **2** *adj* des Gentils.

gentility [dʒen'tɪlɪtɪ] *n* (*iro*) prétention *f* à la distinction *or* au bon ton; († *good birth*) bonne famille, bonne naissance. († *gentry*) **the** ~ la haute bourgeoisie, la petite noblesse.

gentle ['dʒentl] **1** *adj* (a) (*kind, not rough*) *person, disposition* doux (*f* douce), aimable; *voice, animal* doux. (*liter*) **the** ~ **sex** le beau sexe; **to be** ~ **with one's hands** avoir la main douce; **to use** ~ **methods** employer la douceur; ~ **as a lamb** doux comme un agneau.
(b) (*not violent or strong*) *rebuke* gentil, peu sévère; *exercise, heat* modéré; *slope* doux (*f* douce); *tap, breeze, push, sound, touch* léger; *progress* mesuré; *transition* sans heurts; *hint, reminder* discret (*f* -ète). **the car came to a** ~ **stop** la voiture s'est arrêtée doucement; **try a little** ~ **persuasion and he** ... essaie de le persuader en douceur et il ... .
(c) († *wellborn*) noble, bien né, de bonne famille. **of** ~ **birth** bien né; († *or hum*) ~ **reader** aimable lecteur; (*Hist*) ~ **knight** noble chevalier *m*.
2 *cpd*: **gentlefolk** gens *mpl* de bonne famille; **gentleman** *V* **gentleman; gentlewoman** (*by birth*) dame *f or* demoiselle *f* de bonne famille; (*in manner*) dame *or* demoiselle très bien *or* comme il faut*; (*at court*) dame d'honneur *or* de compagnie.

gentleman ['dʒentlmən] *pl* **gentlemen 1** *n* (a) (*man*) monsieur *m*. **there's a** ~ **to see you** il y a un monsieur qui voudrait vous voir; (*US Pol*) **the gentleman from...** Monsieur le député de...; **the** ~ **I was speaking to** le monsieur à qui je parlais; (*sign*) 'gentlemen' 'messieurs'.
(b) (*man of breeding*) homme bien élevé, gentleman *m*. **he is a perfect** ~ c'est un vrai gentleman; **a** ~ **never uses such language** un monsieur bien élevé ne se sert jamais de mots pareils; **one of nature's gentlemen** un gentleman né; ~**'s agreement** accord *m* reposant sur l'honneur; (*Comm*) **gentlemen's shoes/suitings** *etc* chaussures/tissus *etc* (pour) hommes; (*hum*) ~**'s** ~ valet *m* de chambre; **be a** ~ **and give her your seat** montre-toi bien élevé et donne-lui ta place; **he's no** ~! ce n'est pas un monsieur!
(c) (*man of substance*) rentier *m*. **to lead the life of a** ~ vivre de ses rentes.
(d) (*at court etc*) gentilhomme *m*.
2 *cpd*: **Gentleman-at-Arms** gentilhomme *m* de la garde; **gentleman farmer** gentleman-farmer *m*; **gentleman-in-waiting** gentilhomme *m* (*attaché à la personne du roi etc*).

gentlemanly ['dʒentlmənlɪ] *adj person, manner* bien élevé, courtois; *voice, appearance* distingué; *behaviour* courtois.

gentlemen ['dʒentlmən] *npl of* **gentleman**.

gentleness ['dʒentlnɪs] *n* [*person, animal, character*] douceur *f*, bonté *f*; [*action, touch*] douceur.

gently ['dʒentlɪ] *adv push, touch, stroke* doucement, avec douceur; *say, smile, rebuke* avec douceur, gentiment; *remind, suggest* gentiment; *walk, move* (tout) doucement; *exercise* doucement, sans forcer. **the road slopes** ~ **down to the river** la route descend doucement *or* va en pente douce vers la rivière; ~ **does it!** (allons-y) doucement!; **to go** ~ **with** *or* **on sth*** y aller doucement *or* mollo* avec qch; **to deal** ~ **with sb** ménager qn, ne pas bousculer qn; ~ **born†** bien né, de bonne naissance†.

gentry ['dʒentrɪ] *n* (*Brit*) (*of good birth*) petite noblesse; (*fig pej: people*) gens *mpl*.

genuflect ['dʒenjʊflekt] *vi* faire une génuflexion.

genuflexion, (*US*) **genuflection** [ˌdʒenjʊ'flekʃən] *n* génuflexion *f*.

genuine ['dʒenjʊɪn] *adj* (a) (*authentic*) *wool, silver, jewel etc* véritable; *manuscript, antique* authentique; *coin* de bon aloi; (*Comm*) *goods* garanti d'origine. **a** ~ **Persian rug** un authentique tapis persan; **I'll only buy the** ~ **article** (*of furniture etc*) je n'achète que de l'authentique; (*of jewellery, cheeses etc*) je n'achète que du vrai; **that's the** ~ **article!*** ça c'est du vrai!
(b) (*sincere*) *laughter* franc (*f* franche); *tears* vrai, sincère; *emotion, belief* sincère; *simplicity* vrai, franc; *person* franc, sincère. **he is a very** ~ **person** il est très (simple et) direct; (*Comm*) ~ **buyer** acheteur sérieux.

genuinely ['dʒenjʊɪnlɪ] *adv prove, originate* authentiquement; *feel, think* sincèrement; *sorry, surprised, unable* vraiment.

genus ['dʒenəs] *n, pl* **genera** (*Bio*) genre *m*.

geo(o)... ['dʒiː(əʊ)] *pref* géo... .

geocentric [ˌdʒiːəʊ'sentrɪk] *adj* géocentrique.

geochemical [ˌdʒiːəʊ'kemɪkəl] *adj* géochimique.

geochemist [ˌdʒiːəʊ'kemɪst] *n* géochimiste *mf*.

geochemistry [ˌdʒiːəʊ'kemɪstrɪ] *n* géochimie *f*.

geode ['dʒiːəʊd] *n* géode *f*.

geodesic [ˌdʒiːəʊ'desɪk] *adj* géodésique. ~ **dome** dôme *m* géodésique; ~ **line** géodésique *f*.

geodesy [dʒiː'ɒdɪsɪ] *n* géodésie *f*.

geodetic [ˌdʒiːəʊ'detɪk] = **geodesic**.

geographer [dʒɪ'ɒgrəfər] *n* géographe *mf*.

geographic(al) [ˌdʒiːə'græfɪk(əl)] *adj* géographique. ~ **mile** mille marin *or* nautique.

geography [dʒɪ'ɒgrəfɪ] *n* (*science*) géographie *f*. **I don't know the** ~ **of the district** je ne connais pas la topographie de la région.

geological [ˌdʒiːəʊ'lɒdʒɪkəl] *adj* géologique. (*US*) ~ **survey** Bureau *m* de Recherches Géologiques et Minières.

geologist [dʒɪ'ɒlədʒɪst] *n* géologue *mf*.

geology [dʒɪ'ɒlədʒɪ] *n* géologie *f*.

geomagnetic [ˌdʒiːəʊmæg'netɪk] *adj* géomagnétique. ~ **storm** orage *m* géomagnétique.

geomagnetism [ˌdʒiːəʊ'mægnɪtɪzəm] *n* géomagnétisme *m*.

geometric(al) [ˌdʒiːəʊ'metrɪk(əl)] *adj* géométrique. (*Math*) ~ **mean** moyenne *f* géométrique; **by** ~ **progression** par progression géométrique; ~ **series** série *f* géométrique.

geometrically [ˌdʒiːə'metrɪkəlɪ] *adv* géométriquement.

geometrician [ˌdʒiːɒmɪ'trɪʃən] *n* géomètre *mf*.

geometry [dʒɪ'ɒmɪtrɪ] *n* géométrie *f*.

geomorphic [ˌdʒiːəʊ'mɔːfɪk] *adj* géomorphique.

geomorphologic(al) [ˌdʒiːəʊmɔːfə'lɒdʒɪkəl] *adj* géomorphologique.

geomorphology [ˌdʒiːəʊmɔː'fɒlədʒɪ] *n* géomorphologie *f*.

geophysical [ˌdʒiːəʊ'fɪzɪkəl] *adj* géophysique.

geophysicist [ˌdʒiːəʊ'fɪzɪsɪst] *n* géophysicien *m*, -ienne *f*.

geophysics [ˌdʒiːəʊ'fɪzɪks] *n* (*U*) géophysique *f*.

geopolitical [ˌdʒiːəʊpə'lɪtɪkəl] *adj* géopolitique.

geopolitics [ˌdʒiːəʊ'pɒlɪtɪks] *n* (*U*) géopolitique *f*.

Geordie* [dʒɔː'dɪ] *n* (*Brit*) natif *m*, -ive *f* de Tyneside.

George [dʒɔːdʒ] *n* Georges *m*. **by** ~!* mon Dieu!

georgette [dʒɔː'dʒet] *n* (*also* ~ **crêpe**) crêpe *m* georgette.

Georgia [dʒɔː'dʒɪə] *n* (*US and USSR*) Géorgie *f*. **in** ~ en Géorgie.

Georgian [dʒɔː'dʒɪən] *adj* (a) (*Brit Hist*) du temps des rois George I-IV (*1714-1830*). (*Brit Archit*) ~ **style** *style* anglais (*environ 1720-1830*) d'inspiration classique. (b) (*Geog*) géorgien.

geoscience [ˌdʒiːə'saɪəns] *n* science(s) *f(pl)* de la terre.

geoscientist [ˌdʒiːə'saɪəntɪst] *n* spécialiste *mf* des sciences de la terre.

geo-stationary [ˌdʒiːəʊ'steɪʃənərɪ] *adj* géostationnaire.

geosynchronous [ˌdʒiːəʊ'sɪŋkrənəs] *adj* géosynchrone.

geosyncline [ˌdʒiːəʊ'sɪŋklaɪn] *n* géosynclinal *m*.

geothermal [ˌdʒiːəʊ'θɜːməl] *adj géothermal*, géothermique.

geothermally [ˌdʒiːəʊ'θɜːməlɪ] *adj* géothermiquement.

geotropic [ˌdʒiːəʊ'trɒpɪk] *adj* géotropique.

geotropically [ˌdʒiːəʊ'trɒpɪkəlɪ] *adj* géotropiquement.

geotropism [dʒɪ'ɒtrəpɪzəm] *n* géotropisme *m*.

geranium [dʒɪ'reɪnɪəm] **1** *n* géranium *m*. **2** *adj* (*colour: also* ~ **red**) rouge vif *inv*, rouge géranium *inv*.

gerbil ['dʒɜːbɪl] *n* gerbille *f*.

geriatric [ˌdʒerɪ'ætrɪk] **1** *adj* gériatrique, des vieillards. ~ **hospital** hôpital *m* gériatrique; ~ **medicine** gériatrie *f*; ~ **nursing** soins *mpl* aux vieillards; ~ **social work** aide sociale aux vieillards; ~ **ward** salle *f* du service gériatrique. **2** *n* (*Med*) malade *mf* gériatrique; (*pej: gen*) vieillard(e) *m(f)*.

geriatrics [ˌdʒerɪ'ætrɪks] *n* (*U*) (*Med*) gériatrie *f*.

germ [dʒɜːm] **1** *n* (a) (*Bio, also fig*) germe *m*. **the** ~ **of an idea** un embryon d'idée, le germe d'une idée.
(b) (*Med*) microbe *m*, germe *m*.
2 *cpd*: (*Med*) **germ carrier** porteur *m* de microbes; (*Bio*) **germ cell** cellule germinale *or* reproductrice, gamète *m*; (*Med*) **germ-free**

stérile, stérilisé; **germ-killer** antiseptique *m*, germicide *m*; microbicide *m*; **germproof** résistant aux microbes; **germ warfare** guerre *f* bactériologique.

German ['dʒɜːmən] **1** *adj* (*gen*) allemand; *king, ambassador, embassy* d'Allemagne; *dictionary, teacher* d'allemand. ~ **Democratic Republic** République démocratique allemande; **East/West** ~ d'Allemagne de l'Est/de l'Ouest, Est-/Ouest-allemand; (*Med*) ~ **measles** rubéole *f*; (*US*) ~ **sheep dog**, ~ **shepherd** chien *m* loup, berger allemand; ~-**speaking** qui parle allemand; *V* **Switzerland**.
2 *n* (a) Allemand(e) *m(f)*.
(b) (*Ling*) allemand *m*.
germane [dʒɜːˈmeɪn] *adj* allié, apparenté, se rapportant (*to* à).
Germanic [dʒɜːˈmænɪk] *adj* germanique.
germanium [dʒɜːˈmeɪnɪəm] *n* germanium *m*.
germanophile [dʒɜːˈmænəʊfaɪl] *n* germanophile *mf*.
germanophobe [dʒɜːˈmænəʊfəʊb] *n* germanophobe *mf*.
Germany ['dʒɜːmənɪ] *n* Allemagne *f*. **East/West** ~ Allemagne de l'Est/de l'Ouest; **Federal Republic of** ~ République fédérale d'Allemagne.
germicidal [ˌdʒɜːmɪˈsaɪdl] *adj* antiseptique germicide.
germicide ['dʒɜːmɪsaɪd] *n* antiseptique *m*, germicide *m*.
germinate ['dʒɜːmɪneɪt] **1** *vi* germer. **2** *vt* faire germer; (*fig*) donner naissance à, engendrer.
germination [ˌdʒɜːmɪˈneɪʃən] *n* germination *f*.
gerontocracy [ˌdʒerɒnˈtɒkrəsɪ] *n* gérontocratie *f*.
gerontologist [ˌdʒerɒnˈtɒlədʒɪst] *n* gérontologue *mf*.
gerontology [ˌdʒerɒnˈtɒlədʒɪ] *n* gérontologie *f*.
gerrymander ['dʒerɪmændəʳ] **1** *vi* faire du charcutage électoral. **2** *vt* découper tendancieusement.
3 *n* = **gerrymandering**.
gerrymandering ['dʒerɪmændərɪŋ] *n* charcutage *m* électoral.
gerund ['dʒerənd] *n* (*in English*) gérondif *m*, substantif verbal; (*in Latin*) gérondif.
gerundive [dʒɪˈrʌndɪv] **1** *adj* du gérondif. **2** *n* adjectif verbal.
gesso ['dʒesəʊ] *n* [*moulding etc*] plâtre *m* (de Paris); (*Art*) enduit *m* au plâtre.
gestalt [gəˈʃtɑːlt] *n* gestalt *f*. ~ **psychology** gestaltisme *m*.
Gestapo [gesˈtɑːpəʊ] *n* Gestapo *f*.
gestate [dʒesˈteɪt] **1** *vi* être en gestation. **2** *vt* (*Bio*) garder en gestation; (*fig*) mûrir.
gestation [dʒesˈteɪʃən] *n* gestation *f*.
gesticulate [dʒesˈtɪkjʊleɪt] **1** *vi* gesticuler. **2** *vt* mimer, exprimer par gestes.
gesticulation [dʒesˌtɪkjʊˈleɪʃən] *n* gesticulation *f*.
gesture ['dʒestʃəʳ] **1** *n* (*lit, fig*) geste *m*. **a** ~ **of refusal** un geste de refus; (*fig*) **friendly** ~ geste *or* témoignage *m* d'amitié; **they did it as a** ~ **of support** ils l'ont fait pour manifester leur soutien; **an empty** ~ un geste qui ne signifie rien; **what a nice** ~! c'est un très joli geste!
2 *vi*: **to** ~ **to sb to do sth** faire signe à qn de faire qch; **he** ~**d towards the door** il lui désigna la porte d'un geste.
3 *vt* mimer, exprimer par gestes.
get [get] *pret, ptp* **got**, (*US*) *ptp* **gotten 1** *vt* (a) (*obtain* : *gen*) avoir, trouver, (*through effort*) se procurer, obtenir; *permission, result* obtenir (*from* de); *commodity* (se) procurer, trouver, avoir; (*Rad*) *station* avoir, capter; (*Telec*) *person, number* avoir, obtenir; (*Scol*) *marks* obtenir, avoir. **to** ~ **sth cheap** avoir qch (à) bon marché; **I** ~ **my meat from the local butcher** je me fournis chez le boucher du quartier; **I must go and** ~ **some bread** il faut que j'aille acheter du pain; **I'll** ~ **some milk as well** je prendrai aussi du lait; **to** ~ **something to eat** (*find food*) chercher de quoi manger; (*prepare sth*) préparer de quoi manger; (*eat*) manger quelque chose; **I'm going to** ~ **a new hat** je vais acheter un nouveau chapeau; **where did you** ~ **that hat?** où as-tu trouvé ce chapeau?; **I don't** ~ **much from his lectures** je ne tire pas grand-chose de ses cours; **to** ~ **sth for sb** trouver qch pour qn, procurer qch à qn; **he got the book for me** il m'a trouvé le livre; **he got me a job** il m'a trouvé un emploi; (*fig*) **we'll never** ~ **anything out of him** nous ne tirerons jamais rien de lui; *V* **answer, right, sleep** *etc*.
(b) (*acquire, win*) *power, wealth* acquérir, accéder à; *ideas, reputation* se faire; *wages, salary* recevoir, gagner, toucher; *prize* gagner. **if I'm not working I** ~ **no pay** si je ne travaille pas ma paye ne tombe pas*; **to** ~ **sth for nothing** avoir *or* obtenir qch pour rien; [*collection, set*] **I've still 3 to** ~ il m'en manque encore 3; **it got him fame/glory** *etc* cela lui a valu *or* rapporté la célébrité/la gloire *etc*; **he got fame/glory** *etc* il a connu la célébrité/la gloire *etc*; **he got help from the others** il s'est fait aider par les autres; **he got himself a wife** il a trouvé à se marier; *V* **best** *etc*.
(c) (*receive*) *letter, present* recevoir, avoir; *shock* recevoir, ressentir, avoir; *surprise* avoir; *wound, punishment* recevoir. (*selling sth*) **I didn't** ~ **much for it** on ne m'en a pas donné grand-chose, je ne l'ai pas vendu cher; **to** ~ **one in the eye*** recevoir *or* prendre un coup dans l'œil; **you'll** ~ **it!*** tu vas te faire passer un (bon) savon!*, tu vas écoper!*; **to** ~ **2 years (in prison)** écoper* de *or* attraper* 2 ans (de prison); **he** ~**s it from his mother** il le tient de sa mère; **this room** ~**s all the sun** cette pièce reçoit tout le soleil; *V* **neck, sack†, worst** *etc*.
(d) (*catch*) *ball, disease* attraper; *quarry* attraper, prendre; *person* prendre, attraper. [*pain*] **it** ~**s me here** cela me prend ici; **I've got him** *or* **it!** ça y est (je l'ai)!, je te tiens!; **got you at last!** enfin je te tiens!; **we'll** ~ **them yet!** on les aura!; **I'll** ~ **you!** je t'aurai!, j'aurai ta peau!*; **he'll** ~ **you for that!*** qu'est-ce que tu vas prendre!*; (*phone, ring at door*) **I'll** ~ **it!** j'y vais!; **to** ~ **religion*** devenir bigot *or* calotin*; **he's got it bad (for her)*** il en pince sérieusement (pour elle)*.
(e) (*hit*) *target etc* atteindre, avoir. **the bullet got him in the arm** il a pris la balle dans le bras.

(f) (*seize*) prendre, saisir. **to** ~ **sb round the neck/by the throat** saisir *or* prendre qn au cou/à la gorge; **to** ~ **sb by the arm** saisir le bras de qn, attraper *or* saisir qn par le bras; *V* **grip, hold**.
(g) (*fetch*) *person* aller chercher; *doctor* aller chercher, faire venir; *object* chercher, apporter. **(go and)** ~ **my books** allez chercher mes livres; **can I** ~ **you a drink?** voulez-vous boire quelque chose?
(h) (*have, possess*) **to have got** avoir, posséder; **I've got toothache** j'ai mal aux dents; **I have got 3 sisters** j'ai 3 sœurs; **how many have you got?** combien en avez-vous?; **she's got too much to do** elle a trop (de choses) à faire; **you** ~ **different kinds of ...** on trouve plusieurs sortes de ...; *V also* **have**.
(i) (*causative etc*) **to** ~ **sb to do sth** persuader qn de faire qch, faire faire qch à qn, obtenir que qn fasse qch; **to** ~ **sth done** faire faire qch; **to** ~ **sth going** faire démarrer qch; **to** ~ **one's hair cut** se faire couper les cheveux; **I got him to cut my hair** je me suis fait couper les cheveux par lui; ~ **him to clean the car** fais-lui laver la voiture; **he knows how to** ~ **things done!** il sait faire activer les choses!; **you can't** ~ **anything done round here** (*do anything*) il est impossible de travailler par ici; (*get others to do sth*) il est impossible d'obtenir ce que l'on veut par ici; **she got her arm broken** elle a eu le bras cassé.
(j) (*cause to be*: *gen* + *adj*) **to** ~ **sth ready** préparer qch; **to** ~ **o.s. ready** se préparer; **to** ~ **sb drunk** enivrer *or* soûler qn; **to** ~ **one's hands dirty** se salir les mains; **to** ~ **o.s. into a good/bad position** se placer dans une bonne/mauvaise situation; **try to** ~ **him into a good humour** essaie de le mettre de bonne humeur; **to** ~ **sb into trouble** attirer des ennuis à qn; (*euph*) **he got her into trouble*** il l'a mise dans une situation intéressante (*euph*); **we got him on to the subject of the war** nous l'avons amené à parler de la guerre; *V* **straight** *etc*.
(k) (*put, take*) faire parvenir. **they got him home somehow** ils l'ont ramené (chez lui) tant bien que mal; **I'll come if you can** ~ **me home** je veux bien venir si vous pouvez me ramener; **how can we** ~ **it home?** comment faire pour le rapporter à la maison?; **this car may be old, but it** ~**s you there** la voiture a beau être vieille, elle vous amène à destination; **to** ~ **sth to sb** faire parvenir qch à qn; **to** ~ **a child to bed** (*faire*) coucher un enfant; **to** ~ **sb upstairs** faire monter l'escalier à qn, aider qn à monter l'escalier; **to** ~ **sth upstairs/downstairs** monter/descendre qch; **he managed to** ~ **the card into the envelope** il a réussi à faire entrer la carte dans l'enveloppe; **I'll never** ~ **the car through here** je n'arriverai jamais à faire passer la voiture par ici; **to** ~ **a horse/vehicle over a bridge** faire franchir un pont à un cheval/un véhicule; **to** ~ **sth past the customs** passer qch à la douane; (*fig*) **to** ~ **something off one's chest** dire ce que l'on a sur le cœur; **he got the blood off his hand** il a fait disparaître le sang de sa main; (*fig*) **to** ~ **sth off one's hands** se débarrasser de qch (*fig*); **where does that** ~ **us?** où est-ce que ça nous mène?
(l) (†† *or liter*: *beget*) engendrer.
(m) (*understand*) *meaning* comprendre, saisir. ~ **it?***, **do you** ~ **me?*** tu saisis?*; **(I've) got it!** j'y suis!, ça y est!; **I don't** ~ **it*** je ne comprends pas, je ne saisis pas*, je n'y suis pas (du tout); **I don't** ~ **you** *or* **your meaning*** je ne vous suis pas; **let me** ~ **this right** attendez, j'essaie de comprendre; **don't** ~ **me wrong** comprenez-moi bien.
(n) (*take note of*) observer, remarquer. **I didn't** ~ **your name** je n'ai pas saisi votre nom; (*to secretary etc*) **did you** ~ **that last sentence?** avez-vous pris la dernière phrase?; ~ **(a load of) that!‡** regarde-moi ça!, vise-moi ça!‡; ~ **her!‡** (*look*) regardez-la donc!; (*listen*) écoutez-la donc!
(o) (*: annoy: also* **get to**) ennuyer, chiffonner*, embêter*, (*stronger*) mettre en rogne* *or* en boule*. **it** ~**s (to) me*** ça m'énerve; **don't let it** ~ **(to) you** ne t'énerve pas pour ça; **that's what** ~**s (to) me in all this business** c'est ça qui me chiffonne* *or* met en rogne* dans cette histoire; *V* **goat** *etc*.
(p) (*: impress, thrill*) **that tune** ~**s me!** cet air me fait quelque chose!; **that really** ~**s me!** ça m'emballe!*
2 *vi* (a) (*go*) aller, se rendre (*to, at* à, *from* de); (*arrive*) arriver. **how do you** ~ **there?** comment fait-on pour y aller?; **can you** ~ **there from London by bus?** est-ce qu'on peut y aller de Londres en autobus?; **he should** ~ **here soon** il devrait être là *or* arriver bientôt; **how did that box** ~ **here?** comment se fait-il que cette boîte se trouve ici?; **to** ~ **to the top** (*lit*) arriver au *or* atteindre le sommet; (*fig: also* **to** ~ **there**) arriver, réussir; (*fig*) **now we're** ~**ting somewhere!*** enfin on avance!; (*fig*) **we're** ~**ting nowhere,** **we're** ~**ting nowhere fast‡** on fait du sur place*; (*fig*) **you won't** ~ **anywhere if you behave like that** tu n'arriveras à rien en te conduisant comme ça; (*fig*) **we'll** ~ **nowhere** *or* **we won't** ~ **anywhere with him** nous n'arriverons à rien *or* nous perdrons notre temps avec lui; **where did you** ~ **to?** où êtes-vous allé?; (*in book, work etc*) **where have you got to?** où en êtes-vous?; **where has he got to?**, **where can he have got to?** qu'est-ce qu'il est devenu?, où est-il passé?; **what's got into him?** qu'est-ce qui lui prend?; **I got as far as speaking to him** je suis allé jusqu'à lui parler; (*excl*) ~**!‡** fous le camp!‡; (*fig*) **to** ~ **ahead** obtenir de l'avancement; *V* **above** *etc*.
(b) (+ *adj or ptp: become, be*) devenir, se faire. **to** ~ **old** devenir vieux, vieillir; **to** ~ **fat** devenir gros (*f* grosse), grossir; **he's** ~**ting* to be an old man** il se fait vieux; **it's** ~**ting* to be impossible** cela devient impossible; **to** ~ **paid** se faire payer; **to** ~ **killed** se faire tuer; **to** ~ **used to sth/to doing** s'habituer à qch/à faire; **to** ~ **married** se marier; **it's** ~**ting late** il se fait tard; **to** ~ **grey** vous commencez à grisonner; **how do people** ~ **like that?** comment peut-on en arriver là?; **to** ~ **with it‡** se mettre à la mode *or* dans le vent*; (*excl*) ~ **with it!‡** mets-toi un peu à la mode!, sois un peu dans le vent!*; *V* **catch** *etc*.

(c) (+ *infin*) parvenir à. **to ~ to know sb** parvenir *or* apprendre à connaître qn; **we soon got to like them** nous nous sommes vite mis à les apprécier *or* aimer; **we got to like him in the end** nous avons fini par l'aimer, finalement nous nous sommes mis à l'aimer; **it got to be quite pleasant after a while** après un certain temps c'est devenu assez agréable.

(d) (+ *prp: begin*) se mettre à. **to ~ going** commencer, s'y mettre; **I got talking to him in the train** je me suis mis à parler avec lui *or* je suis entré en conversation avec lui dans le train; **to ~ working** se mettre au travail; **I got to thinking*** je me suis dit comme ça‡; *V* **crack, weave** etc.

(e) **to ~ to sb*** *V 1* o.

(f) (*: *be allowed to*) **she never ~s to drive the car** on ne la laisse jamais conduire.

3 (*modal auxiliary usage: la forme* have got to *est moins littéraire que la forme* have to *et la remplace généralement au présent en anglais parlé*) **you've got to come** il faut absolument que vous veniez, il vous faut absolument venir; **I haven't got to leave yet** je ne suis pas obligé de partir tout de suite; **have you got to go and see her?** est-ce que vous êtes obligé d'aller la voir?; *V also* **have 2.**

4 *cpd:* **get-at-able*** *place* accessible, d'accès facile; *person* accessible; **getaway** (*Aut*) démarrage *m*; (*Racing*) départ *m*; [*criminals*] fuite *f*; **to make a** *or* **one's getaway** filer, décamper; **they had a getaway car waiting** ils avaient une voiture pour filer; **the gangsters' getaway car was later found abandoned** on a retrouvé plus tard, abandonnée, la voiture qui avait permis aux gangsters de s'enfuir; **get-rich-quick scheme*** projet *m* pour faire fortune rapidement; **get-together** (petite) réunion *f*; **getup*** (*clothing*) mise *f*, tenue *f*, accoutrement *m* (*pej*); (*fancy dress*) déguisement *m*; (*presentation*) présentation *f*; **he's got lots of get-up-and-go*** il a un allant *or* un dynamisme fou*, il est très dynamique; **get-well card** carte *f* de vœux (de bon rétablissement).

◆**get about** *vi* (a) (*move about*) [*person*] se déplacer. **she gets about quite well despite her lameness** elle se déplace très bien malgré son infirmité; **he gets about with a stick/on crutches** il marche *or* se déplace avec une canne/avec des béquilles; (*after illness*) **he's getting about again now** il est de nouveau sur pied.

(b) (*travel*) voyager. (*on business etc*) **she gets about a lot** elle voyage beaucoup, elle est souvent en déplacement.

(c) [*news*] se répandre, circuler, s'ébruiter. **it has got about that …** le bruit court que ….

◆**get above** *vt fus:* **to get above o.s.** se prendre pour plus important qu'on n'est; **you're getting above yourself!** pour qui te prends-tu?

◆**get across 1** *vi* (*lit*) traverser, passer d'un côté à l'autre; (*fig*) [*play*] passer la rampe; [*speaker*] se faire comprendre, se faire accepter; [*meaning, message*] passer*. **he didn't get across to the audience** il n'a pas réussi à établir la communication avec le public; **he managed to get across to her at last** il a enfin réussi à s'en faire entendre.

2 *vt sep* (*lit*) *load* traverser; *person* faire traverser, faire passer; (*fig*) *play, song* faire passer la rampe à; *ideas, intentions, desires* communiquer (*to sb* à qn). **to get sth across to sb** faire comprendre qch à qn.

3 *vt fus* (*annoy*) **to get across sb** se faire mal voir de qn.

◆**get along 1** *vi* (a) (*go*) aller, s'en aller, se rendre (*to* à). **I must be getting along** il faut que je m'en aille; **get along with you!*** (*go away*) va-t-en!, file!; (*Brit: stop joking*) ça va, hein!, allons (allons)!

(b) (*manage*) se débrouiller. **to get along without sth/sb** se passer de *or* se débrouiller sans qch/qn.

(c) (*progress*) [*work*] avancer; [*student*] faire des progrès. **he's getting along well in French** il fait de gros progrès en français; [*invalid etc*] **he's getting along nicely** il est en bonne voie, il fait des progrès.

(d) (*be on good terms*) s'entendre (bien). **they get along very well** ils s'entendent très bien; **I don't get along with him at all** je ne m'entends pas du tout avec lui.

2 *vt sep* faire avancer, faire venir, amener.

◆**get around 1** *vi* = **get about.**

2 *vt sep* = **get round.**

3 *vt fus* = **get round.**

◆**get at 1** *vt fus* (a) (*reach*) *high object, shelf* atteindre; *place* parvenir à, atteindre; *person* accéder jusqu'à. **house difficult to get at** maison difficile à atteindre *or* difficile d'accès, maison peu *or* difficilement accessible; **the dog got at the meat** le chien a touché à (*or* a pris) la viande; **put the meat where the dog can't get at it** mets la viande là où le chien ne pourra l'atteindre *or* hors de portée du chien; **he's not easy to get at** il est d'un abord peu facile; **let me get at him!*** que je l'attrape! (*subj*), que je mette la main sur lui!

(b) (*find, ascertain*) *facts, truth* parvenir à, découvrir.

(c) (*suggest*) **what are you getting at?** où voulez-vous en venir?

(d) (*attack, jibe at*) s'en prendre à, en avoir à‡. **she's always getting at her brother** elle est toujours sur le dos de son frère *or* après son frère*; **who are you getting at?** qui est-ce que vous visez?; **I feel got at** je me sens visé.

(e) (*: bribe*) acheter, suborner.

(f) (*start work on*) se mettre à. **I must get at this essay tonight** il faut que je me mette à cette dissertation ce soir; **I want to get at the redecorating this weekend** je veux commencer à refaire les peintures ce week-end.

2 get-at-able *adj V* **get 4.**

◆**get away 1** *vi* (a) (*leave*) s'en aller, partir; [*vehicle*] partir, démarrer. **to get away from a place** quitter un endroit; **to get away from work** quitter son travail; **I couldn't get away any sooner** je n'ai pas pu m'échapper *or* me libérer plus tôt; **can you get away for a holiday?** pouvez-vous vous libérer pour partir en

vacances?; **get away!** allez-vous-en!; **get away (with you)!** (*go away*) va-t-en!, file!*; (*stop joking*) ça va, hein!, allons (allons)!

(b) (*escape*) s'échapper, se sauver (*from* de). **to get away from one's environment** se soustraire à *or* échapper à son environnement; **to get away from sb** échapper à qn; **he went to the Bahamas to get away from it all** il est allé aux Bahamas pour laisser tous ses ennuis *or* problèmes derrière lui; **the doctor told her she must get away from it all** le médecin lui a ordonné de partir se reposer loin de tout; **the thief got away with the money** le voleur est parti avec l'argent; **he got away with a mere apology** il en a été quitte pour une simple excuse; (*fig*) **to get away with it** s'en tirer à bon compte; **you'll never get away with that!** on ne te laissera pas passer ça!*; (*fig*) **he'd get away with murder*** il tuerait père et mère qu'on lui pardonnerait; (*fig*) **you can't get away from it!**, **there's no getting away from it!** il faut bien le reconnaître!, le fait est là, on ne peut rien y changer!

2 *vt sep* (a) *person* faire partir, emmener, entraîner, éloigner. **you must get her away to the country for a while** il faut que vous l'emmeniez (*subj*) un peu à la campagne; **I must get this letter away today** il faut que je mette cette lettre à la poste *or* que je fasse partir cette lettre aujourd'hui.

(b) (*remove*) **to get sth away from sb** arracher qch à qn.

3 getaway *n, adj V* **get 4.**

◆**get back 1** *vi* (a) (*return*) revenir, retourner. **to get back (home)** rentrer chez soi; **to get back to bed** se recoucher, retourner au lit; **to get back upstairs** remonter, retourner en haut; **to get back to work** (*after pause*) se remettre au travail; (*after illness, holiday*) retourner au travail; **to get back to the point** revenir au sujet; **let's get back to why you didn't come yesterday** revenons à la question de savoir pourquoi vous n'êtes pas venu hier; *V also* **get on 3.**

(b) (*move backwards*) reculer. (*excl*) **get back!** reculez!

2 *vt sep* (a) (*recover*) *sth lent* se faire rendre, reprendre possession de, récupérer; *sth lost* retrouver, récupérer; *possessions* recouvrer; *good opinion* retrouver; *strength* reprendre, récupérer; *one's husband, girlfriend etc* faire revenir. **now that we've got you back** maintenant que tu nous es revenu; **to get one's money back** se faire rembourser, (*with difficulty*) récupérer son argent; *V* **own.**

(b) (*replace*) remettre, replacer.

(c) (*return*) *object* renvoyer; *person* raccompagner, reconduire, faire reconduire (chez lui).

◆**get back at*** *vt fus* (*retaliate against*) se venger de, rendre la monnaie de sa pièce à.

◆**get by** *vi* (a) (*pass*) passer. **let me get by** laissez-moi passer; **this work just gets by** ce travail est tout juste passable *or* acceptable.

(b) (*manage*) se débrouiller, s'en sortir*, s'en tirer*. **she gets by on very little money** elle s'en tire* *or* elle s'en sort* *or* elle se débrouille* avec très peu d'argent; **he'll get by!** il s'en sortira!*, il se débrouillera toujours!*

◆**get down 1** *vi* descendre (*from, off* de). (*at table*) **may I get down?** est-ce que je peux sortir (de table)?; **to get down on one's knees** se mettre à genoux; **get down!** (*climb down*) descends!; (*lie down*) couche-toi!

2 *vt sep* (a) *book, plate* descendre; *hat, picture* décrocher. **get that child down off the table!** descends cet enfant de (sur) la table!

(b) *bird, game* abattre, descendre*.

(c) (*swallow*) *food, pill* avaler, faire descendre.

(d) (*make note of*) noter, prendre (en note).

(e) (*: depress*) déprimer, démoraliser. **he gets me down** il me fiche le cafard*; **all that worry has got him down** tous ces soucis l'ont déprimé *or* lui ont mis le moral à zéro*; **don't let it get you down!** ne vous laissez pas abattre!, du cran!*

◆**get down to** *vt fus:* **to get down to doing sth** se mettre à faire qch; **to get down to work** se mettre au travail; **to get down to a task** s'attaquer *or* s'atteler à une besogne; **you'll have to get down to it** il faut vous y mettre; **when you get down to it there's not much difference between the two** tout bien considéré il n'y a pas beaucoup de différence entre les deux; **to get down to business** se mettre au travail, passer aux choses sérieuses; **let's get down to the facts** venons-en aux faits.

◆**get in 1** *vi* (a) [*person*] (*enter*) entrer, réussir à entrer; (*be admitted*) se faire admettre; (*reach home*) rentrer; [*sunshine, air, water*] pénétrer, entrer, s'introduire. **to get in between two people** se glisser *or* s'introduire entre deux personnes.

(b) (*arrive*) [*train, bus, plane*] arriver.

(c) (*Parl: be elected*) [*member*] être élu; [*party*] accéder au pouvoir.

2 *vt sep* (a) (*lit*) *object* rentrer; *person* faire entrer; *crops, harvest* rentrer, engranger; *taxes* percevoir; *debts* recouvrer. (*into case etc*) **I managed to get it in** j'ai réussi à le caser; **did you get your essay in in time?** as-tu rendu *or* remis ta dissertation à temps?

(b) (*plant*) *seeds* planter, semer; *bulbs* planter.

(c) (*buy, obtain*) *groceries, coal* acheter, faire rentrer. **to get in supplies** s'approvisionner, faire des provisions.

(d) (*summon*) *doctor, police, tradesman* faire venir.

(e) (*insert etc*) glisser. **to get a word in edgeways** glisser *or* placer un mot; **he got in a reference to his new book** il a glissé une allusion à son dernier livre; (*fig*) **to get one's hand in** se faire la main; **he managed to get in a couple of blows on his opponent's head** il a réussi à frapper deux fois son adversaire à la tête; *V* **eye.**

◆**get into** *vt fus* (a) (*enter*) *house, park* entrer dans, pénétrer dans; *car, train* monter dans. (*fig*) **to get into a club** se faire accepter comme membre d'un club; **he got into a good school** il a été accepté dans une bonne école; (*fig*) **how did I get into all this?**

comment me suis-je fourré dans un pareil pétrin?, que suis-je allé faire dans cette galère?; **to get into the way of doing sth** (*become used to*) s'habituer à faire qch; (*make a habit of*) prendre l'habitude de faire qch; V **company, habit, mischief** *etc.*

(b) *clothes* mettre, enfiler*; *coat, dressing gown* endosser, mettre.

◆**get in with** *vt fus* (a) (*gain favour of*) (réussir à) se faire bien voir de, s'insinuer dans les bonnes grâces de. **he tried to get in with the headmaster** il a essayé de se faire bien voir du directeur.

(b) (*become friendly with*) **he got in with a bad crowd** il s'est mis à avoir de mauvaises fréquentations.

◆**get off 1** *vi* (a) (*from vehicle*) descendre. (*fig*) **to tell sb where to get off*** envoyer qn sur les roses*, envoyer promener qn; **he was told where he got off*** on lui a fait comprendre que la plaisanterie avait assez duré.

(b) (*depart*) [*person*] partir, filer, se sauver; [*car*] démarrer; [*plane*] décoller. (*fig*) **to get off to a good start** prendre un bon départ; **to get off (to sleep)** s'endormir.

(c) (*escape*) s'en tirer. **to get off lightly** s'en tirer à bon compte; **to get off with a reprimand/a fine** en être quitte pour une semonce/une amende.

(d) (*leave work*) sortir, s'en aller; (*have free time*) se libérer. **I can't get off early today** je ne peux pas m'en aller de bonne heure aujourd'hui; **can you get off tomorrow?** est-ce que tu peux te libérer or être libre demain?; **we get off at 5 o'clock** nous sortons à 5 heures.

2 *vt sep* (a) (*remove*) *clothes, shoes* ôter, enlever; *jewellery* enlever; *stains* faire partir, faire disparaître, enlever.

(b) (*despatch*) *mail* expédier, envoyer, mettre à la poste. **to get the children off to school** expédier les enfants à l'école; **to get sb off to work** faire partir qn au travail; **to get a child off to sleep** endormir un enfant.

(c) (*save from punishment*) (*in court*) faire acquitter; (*gen*) tirer d'affaire or de là*. **a good lawyer will get him off** un bon avocat le tirera d'affaire or le fera acquitter.

(d) (*learn*) **to get sth off (by heart)** apprendre qch (par cœur).

(e) (*from shore*) *boat* renflouer; (*from boat*) *crew, passengers* débarquer.

3 *vt fus* (a) **to get off a bus/a cycle** descendre d'un autobus/ d'une bicyclette; **to get off a ship** descendre à terre; **he got off his horse** il est descendu de cheval; **to get off a lever** se lever d'une chaise; **get (up) off the floor!** levez-vous!; (*fig*) **I wish you would get off my back!*** ne sois donc pas constamment sur mon dos!, vas-tu me laisser tranquille!; **let's get off this subject of conversation** parlons d'autre chose; **we've rather got off the subject** nous nous sommes plutôt éloignés du sujet.

(b) (*: *avoid etc*) **to get off doing the homework/washing up se** faire dispenser de (faire ses) devoirs/(faire la) vaisselle; **he got off visiting his aunt** il s'est fait dispenser d'aller rendre visite à sa tante; **to get off work** se libérer.

◆**get off with*** *vt fus*: **he got off with a blonde he met on a bus** il a eu la touche* avec une blonde qu'il a rencontrée dans un autobus.

◆**get on 1** *vi* (a) (*on to bus etc*) monter; (*on to ship*) monter à bord.

(b) (*advance, make progress*) avancer, progresser, faire des progrès. **how are you getting on?** comment ça marche?*; **how did you get on?** ça a bien marché?*, comment ça c'est passé?; **to be getting on (in years)** se faire vieux; **he's getting on for forty** il frise la quarantaine; **time is getting on** il se fait tard; **it's getting on for 3 o'clock** il est bientôt 3 heures, il n'est pas loin de 3 heures; **there were getting on for 100 people** il y avait pas loin de 100 personnes; **we have getting on for 500 books** nous avons près de 500 or pas loin de 500 livres.

(c) (*succeed*) réussir, arriver, faire son chemin. **if you want to get on, you must ...** si tu veux réussir, tu dois ...; **to get on in life** or **in the world** faire son chemin or réussir dans la vie; **the art of getting on** le moyen de parvenir dans la vie or de réussir dans la vie or d'arriver.

(d) (*continue, proceed*) continuer. **I must be getting on now** il faut que je parte maintenant; **get on with you!*** (*go away*) va-t-en!, file!*; (*stop joking*) ça va, hein!, allons (allons)!; **get on with it!,** **get on with the job!** allez, au travail!; **he got on with the job** or **his work** il s'est (re)mis au travail; **while he was getting on with the job** pendant qu'il travaillait; **this will do to be getting on with** ça ira pour le moment.

(e) (*agree*) s'accorder, s'entendre, faire bon ménage (*with* avec). **we don't get on** nous ne nous entendons pas; **I get on well with her** je m'entends bien avec elle.

2 *vt sep clothes, shoes* mettre, enfiler*; *lid, cover* mettre.

3 *vt fus*: **to get on a horse** monter (sur un cheval); **to get on a bicycle** monter sur or enfourcher une bicyclette; **to get on a ship** monter à bord (d'un navire); **to get on a bus/train** monter dans un autobus/un train; **to get on one's feet** se mettre debout, se lever; (*after illness, setback*) **to get back on one's feet** se remettre.

◆**get on to** *vt fus* (a) = **get on 3**.

(b) (*find, recognize*) *facts, truth* découvrir. **the police got on to him at once** la police l'a dépisté or a été sur sa trace immédiatement.

(c) (*nag*) **she's always getting on to me** elle est toujours après moi*.

(d) (*get in touch with*) se mettre en rapport avec; (*speak to*) parler à; (*Telec*) téléphoner à.

◆**get out 1** *vi* (a) sortir (*of* de); (*from vehicle*) descendre (*of* de). **get out!** sortez!, fichez le camp!*; **get out of here!** (*lit*) sors d'ici!; (*US fig: *I don't believe it*) tu me prends pour un imbécile?

(b) (*escape*) s'échapper (*of* de). (*fig*) **to get out of** *obligation* se dérober à, échapper à; *duty* se soustraire à; *difficulty* se tirer de;

there's no getting out of it, he's just not good enough il n'y a pas à dire, il n'est pas à la hauteur; **you'll have to do it, there's no getting out of it** il faut que tu le fasses, il n'y a pas moyen d'y échapper; V **clutch, depth, trouble** *etc.*

(c) [*news etc*] se répandre, s'ébruiter; [*secret*] être éventé.

2 *vt sep* (a) (*bring etc out*) *chair* sortir; *person* faire sortir. **he got his diary out of his pocket** il sortit son agenda de sa poche.

(b) (*remove*) *plug* enlever; *tooth* enlever, arracher; *stain* enlever, faire partir, faire disparaître. **to get a cork out of a bottle** déboucher une bouteille; **I can't get it out of my mind** je ne peux m'empêcher d'y penser, cela me trotte par la tête*.

(c) (*bring out*) *object* sortir (*of* de); *words, speech* prononcer, sortir*; *book* [*publisher*] publier, sortir; [*author*] publier; [*library-user*] emprunter, sortir. **get the cards out and we'll have a game** sors les cartes et on va faire une partie.

(d) (*free*) *person* faire sortir (*of* de).

(e) (*prepare*) *plan, scheme* préparer, mettre sur pied; *list* établir, dresser.

(f) (*solve*) *problem, puzzle* venir à bout de.

◆**get over 1** *vi* (*lit*) traverser; [*message, meaning*] passer*.

2 *vt fus* (a) (*cross*) *river, road* franchir, traverser; *fence* [*horse*] franchir, passer par-dessus; [*person*] escalader, passer par-dessus.

(b) (*recover from*) **to get over an illness** guérir or se remettre d'une maladie; **to get over a loss** se consoler or se remettre d'une perte; **to get over a surprise** revenir d'une surprise; **I can't get over it** je n'en reviens pas; **I can't get over the fact that ...** je n'en reviens pas que ... + *subj*; **you'll get over it!** tu n'en mourras pas!, on n'en meurt pas!; **she never really got over him*** elle ne l'a jamais vraiment oublié.

(c) (*overcome*) *obstacle* surmonter; *objections, difficulties* triompher de, venir à bout de.

3 *vt sep* (a) (*lit*) *person, animal, vehicle* faire passer. **we couldn't get the car over** nous n'avons pas pu (faire) passer la voiture.

(b) (*swallow*) *food, pill* avaler.

(c) (*have done with*) en finir avec. **let's get it over (with)** finissons-en (avec*); **I was glad to get that over (with)** j'étais ravi d'en avoir fini (avec*).

(d) (*Theat*) *play* faire passer la rampe à; *song etc* faire accepter; (*gen: communicate*) faire comprendre. **he couldn't get his ideas over to his readers** il était incapable de faire comprendre or de communiquer ses idées à ses lecteurs; **I couldn't get it over to him that he must come** je n'ai pas pu lui faire comprendre qu'il devait venir.

◆**get round 1** *vi* = **get about**.

2 *vt sep* (a) *unconscious person* ranimer.

(b) **to get sb round to one's way of thinking** amener qn à partager sa façon de voir.

3 *vt fus* (a) (*circumvent*) *obstacle* contourner; *difficulty, law, regulation* tourner.

(b) (*coax, persuade*) entortiller*, embobiner*. **he knows how to get round her** il sait la prendre; **she got round him in the end** elle a fini par l'entortiller*.

◆**get round to*** *vt fus*: **to get round to doing sth** arriver à faire qch; **if I get round to it** si j'y arrive; **I never got round to going to see her** jamais je n'ai réussi à aller la voir; **I shan't get round to that before next week** je n'arriverai pas à trouver l'occasion or le temps de m'en occuper avant la semaine prochaine.

◆**get through 1** *vi* (a) [*message, news*] parvenir (*to* à); [*signal*] être reçu.

(b) (*be accepted, pass*) [*candidate*] être reçu, réussir; [*motion, bill*] passer, être voté. [*football team etc*] **to get through to the third round** se classer pour le troisième tour.

(c) (*Telec*) obtenir la communication (*to* avec). **I phoned you several times but couldn't get through** je t'ai téléphoné plusieurs fois mais je n'ai pas pu t'avoir; **could you get through to him straight away?** pouvez-vous le contacter immédiatement?

(d) (*communicate with*) **to get through to sb** se faire comprendre de qn; **he can't get through to his son at all** il n'arrive pas à se faire comprendre de son fils, il n'est pas sur la même longueur d'onde que son fils; **she was so angry I couldn't get through to her** elle était tellement en colère que je ne pouvais rien lui faire entendre.

(e) (*finish*) terminer, finir. **I shan't get through before 6 o'clock** je n'aurai pas terminé or fini avant 6 heures; **to get through with sth*** en finir avec qch.

2 *vt fus* (a) *hole, window* passer par; *hedge* traverser, passer à travers; *crowd* se frayer un chemin dans or à travers; (*Mil*) *enemy lines* percer, franchir.

(b) (*finish*) *task* accomplir, achever, venir au bout de; *book* achever, finir; *supplies, sugar, fuel* venir au bout de. **he got through a lot of work** il a abattu de la besogne; **to get through all one's money** (*salary*) dépenser tout ce qu'on gagne; (*inheritance etc*) manger toute sa fortune; **I've got through the £20 you lent me** je suis venu à bout des 20 livres or j'ai dépensé les 20 livres or il ne reste plus rien des 20 livres que vous m'avez prêtées; **how can I get through the week without you?** comment vais-je pouvoir vivre une semaine sans toi?

(c) (*consume, use*) *food, drink, coal, supplies* consommer. **we get through 10 bottles a week** il nous faut 10 bouteilles par semaine; **we get through £50 per week** nous n'avons pas trop de 50 livres par semaine.

3 *vt sep* (a) (*lit*) *person, object* faire passer; (*fig*) *message* faire parvenir (*to* à). **can you get this message through to him?** pouvez-vous lui transmettre or faire passer ce message?; **I can't get it through to him that ...** je n'arrive pas à lui faire comprendre que ...; (*Telec*) **to get sb through to** passer qn à, donner à qn la communication avec; (*Telec*) **get me through to Paris at once**

donnez-moi *or* passez-moi Paris tout de suite.
 (b) (*fig*) **to get a bill through** faire adopter un projet de loi; **he got his pupils through** ses élèves ont été reçus grâce à lui; **it was his English that got him through** c'est à son anglais qu'il doit d'avoir été reçu.
♦**get together 1** *vi* se rassembler, se réunir. **let's get together on Thursday and decide what to do on** se retrouve jeudi pour décider ce qu'il faut faire; **you'd better get together with him before you decide** vous feriez bien de le consulter *or* de vous entendre avec lui avant de décider.
 2 *vt sep people* rassembler, réunir; *things* ramasser, rassembler; *thoughts, ideas* rassembler.
 3 get-together *n* V **get 4**.
♦**get under 1** *vi* (*pass underneath*) passer par-dessous.
 2 *vt fus*: **to get under a fence/a rope** *etc* passer sous une barrière/une corde *etc*.
 3 *vt sep* (*lit*) mettre dessous, faire passer par-dessous; (*fig: control*) *fire, revolt* maîtriser.
♦**get up 1** *vi* **(a)** (*rise*) [*person*] se lever (*from* de), se mettre debout; [*wind*] se lever. **the sea is getting up** la houle se lève; **get up out of bed!** sors du lit!
 (b) (*on horse*) monter. (*on horse, cycle*) **to get up behind sb** monter en croupe derrière qn.
 2 *vt fus tree, ladder* monter à; *hill* gravir.
 3 *vt sep* **(a)** (*lit*) *person* (*on to ladder etc*) faire monter; (*from chair etc*) faire lever; *thing* monter; *sail* hisser. **to get sb's back up*** mettre qn en boule*, braquer qn; **to get sb's temper up** mettre qn en colère; **to get up speed** prendre de la vitesse; V **steam**.
 (b) (*from bed*) *person* faire lever; (*wake*) réveiller.
 (c) (*organize*) *play* monter; *entertainment* monter, organiser; *plot* ourdir, monter; *story* fabriquer, forger. **to get up a petition** mettre sur pied *or* organiser une pétition.
 (d) (*prepare, arrange*) *article for sale* apprêter, préparer; (*Comm*) *book* présenter. **to get o.s. up as** se déguiser en, se travestir en; **to get o.s. up beautifully** se faire beau (*f* belle), se mettre sur son trente et un; **she was very nicely got up** elle était très bien habillée.
 (e) (*study*) *history, literature etc* travailler, bûcher*; *speech, lecture* préparer.
 4 getup *n* V **get 4**.
♦**get up to** *vt fus* **(a)** (*catch up with*) rattraper.
 (b) (*reach*) arriver à. **I've got up to page 17** j'en suis à la page 17; **where did we get up to last week?** où en sommes-nous arrivés la semaine dernière?
 (c) (*be involved in, do*) **to get up to mischief** faire des bêtises *or* des sottises; **you never know what he'll get up to next** on ne sait jamais ce qu'il va encore inventer *or* fabriquer*, on ne sait jamais ce qu'il va encore trouver moyen de faire.
Gethsemane [geθ'semənɪ] *n* Gethsémani *m*.
geum ['dʒiːəm] *n* benoîte *f*.
gewgaw ['gjuːgɔː] *n* bibelot *m*, babiole *f*.
geyser ['giːzəʳ] *n* (*Geol*) geyser *m*; (*Brit: in house*) chauffe-eau *m inv*.
Ghana ['gɑːnə] *n* Ghana *m*.
Ghanaian [gɑːˈneɪən] **1** *adj* ghanéen. **2** *n* Ghanéen(ne) *m(f)*.
ghastly ['gɑːstlɪ] *adj* (*pale*) *appearance* blême, livide, mortellement pâle; *pallor* mortel; *light* blafard, spectral; (*horrible, frightening*) horrible, effrayant, affreux; (*unpleasant*) horrible, affreux, épouvantable. **he looked ~** il avait une mine de déterré.
ghee [giː] *n* beurre *m* clarifié.
Ghent [gent] *n* Gand.
gherkin ['gɜːkɪn] *n* (*Culin*) cornichon *m*.
ghetto ['getəʊ] **1** *n* (*lit, fig*) ghetto *m*. **2** *cpd*: (*US*) **ghetto-blaster‡** grosse radio-cassette.
ghettoization [ˌgetəʊaɪˈzeɪʃən] *n* (*US*) ségrégation *f* (*dans des ghettos*).
ghettoize ['getəʊˌaɪz] *vt* (*US*) enfermer *or* isoler dans de véritables ghettos.
Ghibelline ['gɪbɪˌlaɪn] *n* Gibelin *m*.
ghost [gəʊst] **1** *n* (*apparition*) fantôme *m*, revenant *m*, spectre *m*; (*fig*) ombre *f*; (*TV*) image *f* secondaire; (††: *soul*) âme *f*. **I don't believe in ~s** je ne crois pas aux fantômes; **the ~ of a smile** une ombre de sourire, un pâle *or* vague sourire; **I haven't the ~ of a chance** je n'ai pas la moindre chance *or* pas l'ombre d'une chance; (*liter*) **to give up the ~** rendre l'âme; V **holy** *etc*.
 2 *vt*: **to ~ sb's books/speeches** écrire les livres/les discours de qn; **his book was ~ed by a journalist** c'est un journaliste qui lui a servi de nègre.
 3 *cpd film, story* de revenants, de fantômes; *ship, train* fantôme. (*Cine, TV*) **ghost image** filage *m*; **ghost town** ville morte; **ghost writer** nègre *m*.
ghostly ['gəʊstlɪ] *adj* **(a)** spectral, fantomatique. **(b)** (††: *Rel etc*) spirituel.
ghoul [guːl] *n* goule *f*, vampire *m*; (*grave robber*) déterreur *m* de cadavres. (*fig*) **he's a ~** il est morbide, il a des goûts dépravés.
ghoulish ['guːlɪʃ] *adj* (*lit*) de goule, vampirique; (*fig*) *humour, tastes* morbide, macabre.
GHQ [ˌdʒiːeɪtʃˈkjuː] *n* (*Mil etc*) (*abbr of* **General Headquarters**) GQG *m*.
G.I.* [ˌdʒiːˈaɪ] (*US*) **1** *n* (*also* **GI Joe***) soldat *m* *or* bidasse* *m* (américain), G.I. *m*. **2** *adj* militaire. (*US Univ*) **~ bill** *loi sur les bourses pour anciens combattants*; **~ bride** *épouse étrangère d'un G.I.*
giant ['dʒaɪənt] **1** *n* géant *m*. (*Ir Geog*) **the G~'s Causeway** la chaussée des Géants. **2** *adj tree, star etc* géant; *strides* de géant; *helping, amount* gigantesque; (*Comm*) *packet, size* géant. (*Ski*) **~ slalom** slalom *m* géant.
giantess ['dʒaɪəntɪs] *n* géante *f*.

gibber ['dʒɪbəʳ] *vi* [*person, ape etc*] baragouiner*. **to ~ with rage** bégayer *or* bafouiller de colère; **~ing idiot*** crétin patenté*.
gibberish ['dʒɪbərɪʃ] *n* (*U*) charabia* *m*, baragouin* *m*.
gibbet ['dʒɪbɪt] *n* potence *f*, gibet *m*.
gibbon ['gɪbən] *n* gibbon *m*.
gibbous ['gɪbəs] *adj* (*hump-backed*) gibbeux (*liter*), bossu. **~ moon** lune *f* dans le deuxième *or* troisième quartier.
gibe [dʒaɪb] **1** *vi* **(a) to ~ at sb** railler qn, se moquer de qn. **(b)** (*Naut*) [*boat*] virer lof pour lof; [*sail*] passer d'un bord à l'autre du mât. **2** *n* raillerie *f*, moquerie *f*, sarcasme *m*.
giblets ['dʒɪblɪts] *npl* abattis *mpl* *or* abats *mpl* (*de volaille*).
Gibraltar [dʒɪˈbrɔːltəʳ] *n* Gibraltar *m*. **in ~** à Gibraltar; V **rock²**, **strait**.
giddily ['gɪdɪlɪ] *adv* (*lit*) vertigineusement; (*light-heartedly*) à la légère; (*heedlessly*) avec insouciance, à l'étourdie.
giddiness ['gɪdɪnɪs] *n* (*U*) (*Med*) vertiges *mpl*, étourdissements *mpl*; (*lightheartedness*) légèreté *f*; (*heedlessness*) étourderie *f*. **a bout of ~** un vertige, un étourdissement.
giddy¹ ['gɪdɪ] *adj person* (*dizzy*) pris de vertige *or* d'un étourdissement; (*heedless*) étourdi, écervelé; (*not serious*) léger; *height* vertigineux, qui donne le vertige. **I feel ~** la tête me tourne; **to turn** *or* **go ~** être pris de vertige; **to make sb ~** donner le vertige à qn; **~ round of pleasure** tourbillon *m* de plaisirs; (*fig, iro*) **the ~ heights of senior management** les hautes sphères de la direction générale; **that's the ~ limit!‡** ça c'est le bouquet!*; V **goat**.
giddy² ['gɪdɪ] *excl* (*US: to horse*) **~ up!** hue!
Gideon Bible ['gɪdɪən ˌbaɪbl] *n* bible *f* (*placée dans les hôtels etc par la Gideon Society*).
gift [gɪft] **1** *n* **(a)** (*present*) cadeau *m*, présent *m*; (*Comm*) prime *f*, cadeau. **New Year ~** étrennes *fpl*; (*in shop*) **is it for a ~?** c'est pour offrir?; **it was a ~** (*lit*) on me l'a offert; (*: fig: it was easy*) c'était du gâteau*; **I wouldn't have it as a ~** on m'en ferait cadeau que je n'en voudrais pas; **he thinks he's God's ~*** to the human race il se prend pour le nombril du monde*; **people like us are God's ~*** to dentists des gens comme nous c'est le rêve* pour les dentistes; (*Comm*) **'free ~ inside the packet'** 'ce paquet contient un cadeau'.
 (b) (*Jur etc*) don *m*, donation *f*. **to make sb a ~ of sth** faire don *or* cadeau de qch à qn; **by free ~** à titre gratuit; **in the ~ of** à la discrétion de; V **deed**.
 (c) (*talent*) don *m* (*for de*, pour), talent *m* (*for* pour). **he has a ~ for maths** il a un don pour les maths *or* le don des maths; **he has great artistic ~s** il a de grands dons artistiques; **to have the ~ of the gab*** avoir la langue bien pendue, avoir du bagou*.
 2 *vt* (*esp Jur*) donner. (*fig*) **to be ~ed with patience** *etc* être doué de patience *etc*.
 3 *cpd*: (*Comm*) **gift coupon** bon-prime *m*; (*Prov*) **don't look a gift horse in the mouth** à cheval donné on ne regarde pas la bride (*Prov*), on ne critique pas le cadeau qu'on reçoit; **gift token**, **gift voucher** chèque-cadeau *m*; **to giftwrap a package** faire un paquet-cadeau; **giftwrapped** sous emballage-cadeau; **giftwrapping** emballage-cadeau *m*.
gifted ['gɪftɪd] *adj* (*fig*) doué (*for* pour). **the ~ child** l'enfant surdoué.
gig [gɪg] *n* **(a)** (*vehicle*) cabriolet *m*; (*boat*) petit canot, youyou *m*. **(b)** (*‡*) (*jazz etc session*) gig *f* (*engagement occasionnel de courte durée*); (*US fig*) job *m* temporaire, engagement *m*.
gigabyte ['dʒɪgəˌbaɪt] *n* gigoctet *m*.
gigantic [dʒaɪˈgæntɪk] *adj* géant, gigantesque.
gigantism [dʒaɪˈgæntɪzəm] *n* gigantisme *m*.
gigawatt ['dʒɪgəˌwɒt] *n* gigawatt *m*.
giggle ['gɪgl] **1** *vi* pouffer de rire, rire sottement, glousser. **stop giggling!** ne riez pas sottement comme ça!; **she was giggling helplessly** elle ne pouvait pas se retenir de pouffer, elle avait le fou rire; **'stop that!' she ~d** 'arrête!' dit-elle en pouffant de rire.
 2 *n* petit rire sot *or* nerveux, gloussement sot *or* nerveux. **to have/get the ~s** avoir/attraper le fou rire; (*Brit*) **it was a bit of a ~*** ça nous a bien fait rigoler*; (*Brit*) **he did it for a ~*** il a fait ça pour rigoler*.
giggly ['gɪglɪ] *adj* qui glousse sans arrêt, qui glousse pour un rien.
gigolo ['ʒɪgələʊ] *n* (*sexually*) gigolo *m*; (*dancing partner*) danseur mondain.
Gila ['hiːlə] *n* (*US*) **~ monster** grand lézard venimeux.
Gilbertian [gɪlˈbɜːtɪən] *adj* (*Brit*) ≃ vaudevillesque.
gild [gɪld] *pret* **gilded**, *ptp* **gilded** *or* **gilt** *vt* dorer. (*fig*) **to ~ the lily** renchérir sur la perfection; **to ~ the pill** dorer la pilule; **~ed youth** la jeunesse dorée.
gilding ['gɪldɪŋ] *n* dorure *f*.
Giles [dʒaɪlz] Gilles *m*.
gill¹ [gɪl] *n* [*mushrooms*] lamelle *f*. [*fish*] **~s** ouïes *fpl*, branchies *fpl*; **he was looking rather green around the ~s*** il était vert (*de peur etc*).
gill² [dʒɪl] *n* (*Brit: measure*) quart *m* de pinte (= *0,142 litre*).
gillie ['gɪlɪ] *n* (*Scot*) gillie *m*, accompagnateur *m* (*d'un chasseur, d'un pêcheur etc*).
gillyflower ['dʒɪlɪˌflaʊəʳ] *n* giroflée *f*.
gilt [gɪlt] **1** *ptp of* **gild**.
 2 *n* dorure *f*. (*fig*) **to take the ~ off the gingerbread** enlever tout le charme, gâter le plaisir.
 3 *adj* doré.
 4 *cpd*: **gilt-edged** *book* doré sur tranche; (*Brit Fin*) **gilt-edged securities** *or* **stock** valeurs *fpl* de premier ordre *or* de tout repos *or* de père de famille; (*fish*) **gilt-head** daurade *f* *or* dorade *f*.
gimbal(s) ['dʒɪmbəl(z)] *n* (*Aut, Naut*) cardan *m*.
gimcrack ['dʒɪmkræk] *adj furniture* de camelote, de pacotille; *jewellery* en toc; *house* de carton.
gimlet ['gɪmlɪt] *n* vrille *f*. **to have eyes like ~s**, **to be ~-eyed** avoir des yeux perçants, avoir un regard perçant comme une vrille.

gimmick ['gɪmɪk] n (gen) truc* m, trouvaille f, gadget m; (Theat: catchphrase) réplique f à effet; (gadget) machin* m, truc*; (US: trick) truc*, combine f. **advertising ~** trouvaille or truc* or gadget publicitaire; **it's just a sales ~** c'est simplement un gadget promotionnel or une astuce promotionnelle; **the comedian put on a Scots accent as a ~** le comique a pris un accent ecossais pour l'effet; **her glasses are just a ~ to make her look intellectual** ses lunettes sont simplement un truc* pour lui donner l'air intellectuel.
gimmickry ['gɪmɪkrɪ] n (recherche f d')astuces fpl, trucs* mpl.
gimmicky ['gɪmɪkɪ] adj (pej) photography à trucs*; presentation à astuces.
gimp [gɪmp] (US) 1 n (person) boiteux m, -euse f. **to walk with a ~** boiter. 2 vi boiter.
gimpy ['gɪmpɪ] adj (US) boiteux.
gin¹ [dʒɪn] 1 n (a) gin m. **~ and tonic** gin-tonic m; (Brit) **~ and it** gin-vermouth m; V **pink**. (b) (Cards: also **~ rummy**) variante du rami. 2 cpd: (US) **gin mill**‡ bar m, saloon m.
gin² [dʒɪn] n (a) (Brit: also **~ trap**) piège m. (b) (Tech: also **cotton ~**) égreneuse f (de coton).
ginger ['dʒɪndʒəʳ] 1 n gingembre m; (fig) dynamisme m, énergie f, vitalité f. (nickname) **G~** Poil de Carotte.
2 adj (a) hair roux (f rousse), rouquin*.
(b) (Culin) biscuit etc au gingembre.
3 cpd: **ginger ale**, (Brit) **ginger beer** boisson gazeuse au gingembre; **gingerbread** (n) pain m d'épice; (adj) (Culin) en pain d'épice; (*: Archit) style tarabiscoté; (Brit: esp Pol) **ginger group** groupe m de pression; **gingernut** gâteau sec au gingembre; **ginger pop*** = ginger ale; **gingersnap** = gingernut.
♦**ginger up** vt sep (Brit) person secouer, secouer les puces à‡; action, event mettre de la vie or de l'entrain dans. **he gingered up his talk with a few jokes** il a relevé or égayé sa causerie de quelques plaisanteries.
gingerly ['dʒɪndʒəlɪ] 1 adj prod léger, doux (f douce); touch délicat.
2 adv touch, move précautionneusement, avec précaution. **to walk** or **tread ~** (lit) marcher à pas précautionneux or avec précaution or comme sur des œufs; (fig) y aller avec des gants* or doucement.
gingham ['gɪŋəm] n (Tex) vichy m.
gingivitis [ˌdʒɪndʒɪˈvaɪtɪs] n gingivite f.
gink‡ [gɪŋk] n (US pej) (drôle de) type* m.
Gioconda [dʒoˈkɒndə] n: **La ~** la Joconde; **~ smile** sourire m énigmatique or sibyllin.
gipsy ['dʒɪpsɪ] 1 n (gen) bohémien(ne) m(f); (Spanish) gitan(e) m(f); (Central European) Tsigane mf; (pej) romanichel(le) m(f). **she's so dark she looks like a ~** elle est si foncée de peau qu'elle a l'air d'une bohémienne or d'une gitane. 2 cpd caravan, custom de bohémien, de gitan, tsigane, de romanichel (pej); music des gitans, tsigane. (US) **gipsy cab** taxi m clandestin; (US) **gipsy driver** chauffeur m de taxi clandestin; **gipsy moth** zigzag m (Zool).
giraffe [dʒɪˈrɑːf] n girafe f. **baby ~** girafeau m.
gird [gɜːd] pret, ptp **girded** or **girt** vt (liter) (encircle) ceindre (liter); (clothe) revêtir (with de).
♦**gird on** vt sep sword etc ceindre (liter).
♦**gird up** vt sep robe ceindre. (Bible) **to gird up one's loins** se ceindre les reins.
girder ['gɜːdəʳ] n poutre f; (smaller) poutrelle f.
girdle¹ ['gɜːdl] 1 n (belt: lit, fig) ceinture f; (corset) gaine f. 2 vt (fig liter) ceindre (with de).
girdle² ['gɜːdl] n (Culin) = **griddle 1**.
girl [gɜːl] 1 n (a) (jeune or petite) fille f. **it's not a ~, it's a boy** ce n'est pas une fille, c'est un garçon; **the ~ who looks after the children** la jeune fille qui s'occupe des enfants; **a little ~** une petite fille, une fillette; **that ~ gets on my nerves** cette jeune fille or cette fille (pej) m'énerve; **a ~ of 17** une (jeune) fille de 17 ans; **an English ~** une jeune Anglaise; **a little English ~** une petite Anglaise; **poor little ~** pauvre petite; **the Smith ~s** les filles des Smith; **the little Smith ~s** les petites Smith; **~s' school** école f (or lycée m etc) de filles.
(b) (daughter) fille f; (pupil) élève f; (servant) bonne f; (factory-worker) ouvrière f; (shop assistant) vendeuse f, jeune fille; (*: sweetheart) petite amie; (Brit Scol) old **~** ancienne élève; **yes, old ~*** oui, ma vieille*; the old **~** (wife) la patronne‡, la bourgeoise*; (mother) ma mère, ma vieille‡; **the old ~*** next door la vieille (dame) d'à côté.
2 cpd: (in office) **girl Friday** aide f de bureau; **girlfriend** [boy] petite amie; [girl] amie f, camarade f, copine* f; (Brit) **girl guide**, (US) **girl scout** éclaireuse f; (Roman Catholic) guide f; (US) **to go girl-watching** aller reluquer‡ les filles.
girlhood ['gɜːlhʊd] n enfance f, jeunesse f.
girlie ['gɜːlɪ] n fillette f. **~ magazine** magazine déshabillé.
girlish ['gɜːlɪʃ] adj boy efféminé; behaviour, appearance (woman's) de petite fille, de jeune fille; (man's, boy's) de fille, efféminé.
giro ['dʒaɪrəʊ] n (Brit) **bank ~ system** système m de virement bancaire; **National G~ ≃** Comptes Chèques Postaux; (Fin) **by ~ transfer** par virement postal (or bancaire).
girt [gɜːt] 1 pret, ptp of **gird**. 2 n = **girth b**.
girth [gɜːθ] n (a) (circumference) [tree] circonférence f; [waist/hips etc] tour m (de taille/de hanches etc). (b) [saddle] sangle m. **to loosen the ~s** desangler.
gist [dʒɪst] n (U) [report, conversation etc] fond m, essentiel m; [question] point principal. **to get the ~ of sth** comprendre l'essentiel de qch; **give me the ~ of what he said** mettez-moi au courant de ce qu'il a dit, en deux mots.
git‡ [gɪt] n (Brit: pej) (stupid) **~!** petit con!
give [gɪv] pret **gave**, ptp **given** 1 vt (a) (bestow, confer) donner (to à); (as gift) donner, faire don or cadeau de, offrir (to à); honour, title

conférer (to à); donner; help, support prêter (to à); food, hospitality donner, offrir; meal offrir; (dedicate) one's time, fortune, energies donner, consacrer (to à). **to ~ alms** faire l'aumône; **to ~ sb one's hand** donner or tendre la main à qn; (†: in marriage) accorder sa main à qn†; **to ~ one's daughter in marriage†** donner sa fille en mariage†; **to ~ sb one's trust** donner sa confiance à qn, reposer sa confiance en qn; **to ~ sb a good day††** souhaiter le bonjour à qn; one must **~ and take** il faut faire des concessions (V also **4**); (fig) **~ or take a few minutes** à quelques minutes près; (fig) **he gave as good as he got** il a rendu coup pour coup (fig); **to ~ sb something to eat/drink** donner à manger/boire à qn; **can you ~ him something to do?** pouvez-vous lui donner or trouver quelque chose à faire?; (fig) **~ it all you've got!*** mets-y le paquet!*; **what name will you ~ him?** quel nom lui donnerez-vous?; **can you ~ me a bed for the night?** pouvez-vous me loger pour la nuit?; **I wouldn't have it if you gave it to me*** tu m'en ferais cadeau que je n'en voudrais pas; **you've ~n me your cold** tu m'as donné or passé ton rhume; **he gave all his free time to golf** il consacrait tout son temps libre au golf; **he gave his life/himself to helping the needy** il a consacré sa vie/il s'est consacré aux nécessiteux; (Telec) **~ me Mr. Smith/Newtown 231** passez-moi M. Smith/le 231 à Newtown; **I'll ~ him something to cry about!*** je lui apprendrai à pleurer!; **to ~ sb what for**‡, **to ~ it to sb**‡ passer un savon à qn*, faire sa fête à qn‡; **I don't ~ a damn*** or **a hoot*** for culture la culture j'en ai rien à faire* or à foutre‡; **he just doesn't ~ a damn*** il se fiche* or se fout‡ de tout; (US) **O.K., now ~!**‡ allez, crache!‡ or accouche!‡; V **thank, thought** etc.
(b) (grant; cause to have) donner; pain, pleasure occasionner (to à); punishment, (Scol) order mark, demerit point infliger (to à); time donner, laisser (to à); damages accorder (to à). (God) **~ me strength to do it!** que Dieu me donne la force de le faire!; (liter) **it was not ~n to him to achieve happiness** il ne lui fut pas donné de trouver le bonheur; (in age) **I can ~ him 10 years** il est de 10 ans mon cadet; **the judge gave him 5 years** le juge l'a condamné à 5 ans de prison; **the doctors gave him 2 years (to live)** les médecins lui ont donné 2 ans (à vivre); **how long do you ~ that marriage?** combien de temps crois-tu que ce mariage tiendra?; **I can't ~ you any longer, you must pay me now** je ne peux plus vous accorder de délai, il faut que vous me payiez maintenant; **I can ~ you half an hour tomorrow** je peux vous consacrer une demi-heure demain; (fig: agreeing) **I'll ~ you that** je vous accorde cela; (iro) **he wants £10? I'll ~ him £10 (indeed)!*** il veut 10 livres? tu penses comme je vais lui donner 10 livres!*; **~ him time to get home** laissez-lui le temps de rentrer; **~ yourself time to think about it before you decide** accordez-vous le temps d'y réfléchir or de la réflexion avant de prendre une décision; (just) **~ me time!** attends un peu!, ne me bouscule pas!; **~ me time and I'll manage it** laissez-moi du temps et j'y arriverai; **~ me Mozart every time!*** pour moi, rien ne vaut Mozart; V **due, ground** etc.
(c) (state, deliver) donner; message remettre (to à); description, particulars donner, fournir (to à). **to ~ sb to understand that …** donner à entendre à qn que …; **to ~ sb to believe sth** faire croire or faire supposer qch à qn; (Jur etc) **to ~ the case for/against sb** décider en faveur de/contre qn; (Jur*) **under my hand and seal** signé et scellé par moi; **what name did he ~?** quel nom a-t-il donné?; (lit, fig) **he gave no sign of life** il n'a pas donné signe de vie; **to ~ a decision** donner or faire connaître sa décision; (Jur) prononcer or rendre un arrêt; **~ him my love** faites-lui mes amitiés; V **account, evidence, hint** etc.
(d) (pay, exchange) donner, payer, offrir. **what will you ~ me for it?** combien m'en offrez-vous or m'en donnez-vous?; **what did you ~ for it?** combien l'avez-vous payé?; **to ~ one thing in exchange for another** échanger une chose pour or contre une autre; **I'd ~ a lot/anything to know** je donnerais gros/n'importe quoi pour savoir.
(e) (perform etc) jump, gesture faire; answer, lecture faire, donner; sigh, cry, laugh pousser; (Theat) play donner, présenter. **to ~ a party/ball** etc donner une soirée/un bal etc; **to ~ sb a look** jeter or lancer un regard à qn; **to ~ sb a blow** porter un coup à qn; **to ~ sb a slap** donner or allonger* or flanquer* une gifle à qn; **to ~ sb's hand a squeeze** presser la main à qn; **to ~ one's hair a brush** donner un coup de brosse à ses cheveux; **to ~ sb a smile** adresser or faire un sourire à qn; **she gave a little smile** elle a eu un petit sourire; **to ~ a recitation** dire des vers; **~ us a song** chantez-nous quelque chose; **~ us a laugh*** faites-nous rire; (frm) **I ~ you the Queen!** je lève mon verre à la santé de la Reine!
(f) (produce, provide, supply) donner, rendre; sound rendre; (Math etc) result, answer donner. **it ~s 16% per annum** cela rapporte 16% par an; **this lamp ~s a poor light** cette lampe éclaire mal; **5 times 4 ~s 20** 5 fois 4 font or égalent 20; **it ~s a total of 100** cela fait 100 en tout; **~ the answer to the 4th decimal place/in pence** donnez la réponse à la 4e décimale/en pence.
(g) **to ~ way** (collapse) [building, bridge, beam, ceiling] céder, s'effondrer, s'affaisser; [beneath, under sous]; [ground] céder, s'affaisser, se dérober (beneath, under sous); [plaster] s'effriter; [cable, rope, ladder etc] céder, (se) casser, se rompre; [legs] fléchir, mollir; [health] s'altérer. **my legs are giving way*** mes jambes se dérobent sous moi; **his strength gave way** ses forces lui ont manqué; V also **1h**.
(h) **to ~ way** [person] (stand back) s'écarter, se pousser, reculer; (yield) céder, lâcher pied (to sth devant qch); (agree) donner son accord, consentir; (surrender) céder, se rendre; [troops] (withdraw) reculer, se retirer; [car, traffic] céder or laisser la priorité (to à). (Aut) **'~ way'** 'cédez la priorité'; (Aut) **'~ way to traffic from the right'** 'priorité à droite'; **he gave way to their demands** il a cédé à leurs revendications; **she gave way to tears** elle s'est laissée aller à pleurer; **don't ~ way to despair** ne vous

abandonnez pas au désespoir; **the storm gave way to sunshine** l'orage a fait place au soleil; **radio gave way to television** la radio a fait place à la télévision.

2 *vi* **(a)** *(collapse, yield) [road, ground, beam etc]* céder *(to* à, *beneath, under* sous), s'affaisser *(under* sous); *(lose firmness) [cloth, elastic etc]* prêter, se détendre, se relâcher. **the frost is giving** il commence à dégeler.

(b) *(esp US)* **what ~s?*** alors, qu'est-ce qui se passe?

3 *n* (*) élasticité *f*, souplesse *f*. **there is not much ~ in this cloth** ce tissu ne prête pas.

4 *cpd*: **give-and-take** concessions mutuelles; **there must be a certain amount of give-and-take in any family** dans toute famille, il faut que chacun fasse des concessions *or* y mette un peu du sien; *(fig)* **giveaway** *(n)* révélation *f* involontaire; *(Comm: free gift)* prime *f*, cadeau *m* publicitaire; *(US: Rad, TV)* jeu radiophonique *or* télévisé *(doté de prix)*; *(adj)* **price** dérisoire; **it was a real giveaway when he said that ...** il s'est vraiment trahi en disant que ...; **the fact that she knew his name was a giveaway** le simple fait qu'elle sache son nom était révélateur.

◆**give away 1** *vt sep* **(a)** *(bestow, distribute)* **prizes** distribuer; *bride* conduire à l'autel; *money, goods* donner, faire cadeau de. **I'm giving it away** j'en fais cadeau.

(b) *(tell, betray) names, details* révéler. **to give sb away** *[person, accomplice]* dénoncer *or* donner* qn; *[mistake, reaction, expression]* trahir qn; **to give o.s. away** se trahir, se révéler; **don't give anything away** ne dis rien; **his face gave nothing away** son visage ne trahissait rien; *(fig)* **to give the game** *or* **show away*** vendre la mèche*.

2 giveaway *n, adj* V **give 4.**

◆**give back** *vt sep object, health, freedom* rendre *(to* à); *property* restituer *(to* à); *echo* renvoyer; *image* refléter.

◆**give forth** *vt sep sound* émettre, faire entendre.

◆**give in 1** *vi* *(yield)* renoncer, abandonner, s'avouer vaincu. **to give in to sb** céder à qn; **I give in!** *(in games etc)* je renonce; *(in guessing)* je donne ma langue au chat!

2 *vt sep parcel, document* remettre; *essay, exam paper* rendre; *one's name* donner; *accounts* rendre.

◆**give off** *vt sep heat* émettre, dégager; *smell* émettre, exhaler; *(Chem) gas* dégager; *(Bot) shoots* former.

◆**give on to** *vt fus [door, window]* donner sur.

◆**give out 1** *vi [supplies]* s'épuiser, manquer; *[patience]* être à bout; (*) *[car, engine]* tomber en panne. **my strength is giving out** je suis à bout de forces, je n'en peux plus; **my patience gave out** j'ai perdu patience, la patience m'a manqué; **my watch is giving out*** ma montre est en train de rendre l'âme *(hum)*.

2 *vt sep* **(a)** *(distribute)* **books, food etc** distribuer.

(b) *(announce) news* annoncer, proclamer; *list etc* faire connaître. **it was given out that ...** on a annoncé que ... .

(c) *(Rad)* **signal** émettre.

(d) = **give off.**

◆**give over 1** *vt sep (dedicate, devote)* donner, consacrer *(to* à); *(transfer)* affecter *(to* à). **this building is now given over to offices** ce bâtiment est maintenant affecté à des bureaux; **to give o.s. over to s'adonner** à, s'abandonner à; **to give over all one's time to doing** consacrer tout son temps à faire.

2 *vt fus* (*: *stop)* cesser, finir. **to give over doing** cesser de faire, arrêter de faire*; **give over!** arrête!, assez!, finis donc!

◆**give up 1** *vi* abandonner, renoncer. **don't give up!** tenez bon!; **I give up** j'y renonce, je renonce; *(in guessing etc)* je donne ma langue au chat*.

2 *vt sep* **(a)** *(devote)* **vouer**, consacrer. **to give up one's life to music** vouer *or* consacrer sa vie à la musique; **to give o.s. up to sth** se livrer à qch, se plonger dans qch.

(b) *(renounce, part with) friends, interests* abandonner, délaisser; *seat, place* céder; *habit, idea* abandonner, renoncer à; *job* quitter; *appointment* démissionner de; *business* se retirer de; *subscription* cesser. **he'll never give her up** il ne renoncera jamais à elle; **to give up doing** renoncer à *or* cesser de faire; **to give up smoking** renoncer au tabac, cesser de fumer; *(fig)* **to give up the game** *or* **the struggle** abandonner la partie; **I gave it up as a bad job** (comme ça ne menait à rien) j'ai laissé tomber*; **she gave him up as a bad job*** comme elle n'arrivait à rien avec lui elle l'a laissé tomber*.

(c) *(deliver, hand over) prisoner* livrer *(to* à); *authority* se démettre de; *keys of city etc* rendre. **to give o.s. up** se livrer *(to the police* à la police), se rendre, se constituer prisonnier.

(d) *(abandon hope for) patient* condamner; *expected visitor* ne plus attendre, ne plus espérer voir; *problem, riddle* renoncer à (résoudre). **to give sb up for lost** considérer qn comme perdu; **to give o.s. up for lost** se croire perdu.

given ['gɪvn] **1** *ptp of* **give.**

2 *adj* **(a)** donné, déterminé. **at a ~ time** à une heure déterminée, à un moment donné; **of a ~ size** d'une taille donnée *or* bien déterminée; **under the ~ conditions** dans les conditions données *or* requises; *(Scot, US)* **~ name** prénom *m*, nom de baptême.

(b) **~ the triangle ABC** soit *or* étant donné le triangle ABC; **~ that he is capable of learning** supposé qu'il soit capable d'apprendre.

(c) *(having inclination)* adonné, enclin *(to* à). **I am not ~ to doing** je n'ai pas l'habitude de faire, je ne suis pas enclin à faire.

giver ['gɪvər] *n* donateur *m*, -trice *f*.

gizmo ['gɪzməʊ] *n (US)* machin* *m*, truc* *m*.

gizzard ['gɪzəd] *n* gésier *m*.

glacé ['glæseɪ] *adj (Culin) fruit* glacé, confit. **~ icing** glaçage *m*.

glacial ['gleɪsɪəl] *adj (Geol)* glaciaire; *wind, winter* glacial; *(Chem)* cristallisé, en cristaux.

glaciated ['gleɪsɪeɪtɪd] *adj (Geol)* **~ landscape** relief *m* glaciaire.

glaciation [,gleɪsɪ'eɪʃən] *n* glaciation *f*.

glacier ['glæsɪər] *n* glacier *m*.

glaciological [,glæsɪə'lɒdʒɪkəl] *adj* glaciologique.

glaciologist [,glæsɪ'ɒlədʒɪst] *n* glaciologue *mf*.

glaciology [,glæsɪ'ɒlədʒɪ] *n* glaciologie *f*.

glad [glæd] **1** *adj person* content, heureux *(of, about* de); *news* heureux; *occasion* joyeux. **I am ~ about it** cela me fait plaisir, j'en suis bien content; **I'm ~ (that) you came** je suis ravi que tu sois venu; **I'm ~ to hear it** je suis ravi de l'apprendre; **I shall be ~ to come** je serai heureux de venir; **he was only too ~ to help** il ne demandait pas mieux que d'aider; **~ to know you!*** ravi!*, enchanté!, très heureux!; **~ tidings**, **~ news** heureuses *or* bonnes nouvelles; *(esp US)* **to give sb the ~ hand*** accueillir qn les bras ouverts *(V also* 2); **~ rags‡** beaux atours, belles fringues‡, belles frusques‡; **she's in her ~ rags‡** elle est en grand tralala‡, elle est sur son trente et un; **to give sb the ~ eye‡** faire de l'œil* à qn.

2 *cpd*: *(US)* **glad-hand*** *(vt)* accueillir avec effusion.

gladden ['glædn] *vt person* rendre heureux; *heart, occasion* réjouir, égayer.

glade [gleɪd] *n* clairière *f*.

gladiator ['glædɪeɪtər] *n* gladiateur *m*, belluaire *m*.

gladiatorial [,glædɪə'tɔːrɪəl] *adj (fig)* conflictuel. **~ politics** politique *f* de la confrontation.

gladiolus [,glædɪ'əʊləs] *n, pl* **gladioli** [,glædɪ'əʊlaɪ] glaïeul *m*.

gladly ['glædlɪ] *adv (joyfully)* avec joie; *(willingly)* avec plaisir, volontiers, de bon cœur. **will you help me? — ~** voulez-vous m'aider? — volontiers *or* avec plaisir.

gladness ['glædnɪs] *n* joie *f*, contentement *m*.

glamorize ['glæməraɪz] *vt place, event, act etc* montrer *or* présenter sous des couleurs séduisantes.

glamorous ['glæmərəs] *adj spectacle, life* brillant; *production* à grand spectacle; *dress, photo* splendide, glamoureux*; *person* séduisant, fascinant; *job* prestigieux.

glamour ['glæmər] **1** *n [person]* séductions *fpl*, fascination *f*; *[occasion]* éclat *m*; *[situation etc]* prestige *m*; *[distant countries, journeys]* fascination *f*. **the ~ of life in Hollywood** la vie brillante d'Hollywood; **the ~ of being an M.P.** la gloire d'être membre du parlement; **to lend ~ to sth** prêter de l'éclat à qch.

2 *cpd*: **glamour boy*** beau gars*, beau mec‡; **glamour girl*** pin-up‡ *f inv*, beauté *f*.

glance [glɑːns] **1** *n* **(a)** regard *m*, coup *m* d'œil. **at a ~** d'un coup d'œil; **at first ~** au premier coup d'œil, à première vue; **without a backward ~** *(lit)* sans se retourner; *(fig)* sans plus de cérémonies; **to have** *or* **take a ~ at** jeter un coup d'œil sur.

(b) *(gleam) (of light)* lueur *f*; *(of metal)* reflet *m*. **a ~ of sunlight** un rayon de soleil.

2 *vi* **(a)** *(look)* jeter un coup d'œil *(at* sur, à), lancer un regard *(at* à). **she ~d in my direction** elle a jeté un coup d'œil vers moi; **she ~d over her shoulder** elle a jeté un coup d'œil par-dessus son épaule; **he ~d over the paper** il a parcouru le journal du regard, il a lu le journal en diagonale; **he ~d through the book** il a jeté un coup d'œil sur *or* feuilleté le livre.

(b) *(glint)* étinceler.

(c) **to ~ off sth** *[bullet]* ricocher sur qch; *[arrow, sword]* dévier sur qch.

◆**glance away** *vi* détourner le regard.

◆**glance down** *vi* jeter un coup d'œil en bas, regarder en bas.

◆**glance off** *vi [bullet etc]* ricocher, dévier; *[arrow, sword]* dévier.

◆**glance round** *vi (behind)* regarder en arrière; *(round about)* jeter un coup d'œil autour de soi.

◆**glance up** *vi (raise eyes)* lever les yeux; *(look upwards)* regarder en l'air.

glancing ['glɑːnsɪŋ] *adj* **(a)** *blow* oblique. **(b)** *(glinting) metal etc* étincelant.

gland [glænd] *n* glande *f*.

glanders ['glændəz] *n (Vet)* morve *f*.

glandes ['glændiːz] *npl of* **glans.**

glandular ['glændjʊlər] *adj* glandulaire. **~ fever** mononucléose infectieuse.

glans [glænz] *n*: **~ (penis)** gland *m*.

glare [gleər] **1** *vi* **(a)** *[person]* lancer un regard furieux *or* de colère *(at* à).

(b) *[sun, lights]* éblouir, briller d'un éclat éblouissant *or* aveuglant.

2 *vt*: **to ~ defiance etc at sb** lancer un regard plein de défi *etc* à qn.

3 *n* **(a)** *[person]* regard furieux. **'no' he said with a ~** 'non' jeta-t-il avec un regard furieux; **he gave me an angry ~** il m'a jeté un regard furieux.

(b) *[light]* éclat aveuglant, lumière éblouissante; *(Aut)* éblouissement *m*; *[publicity]* feux *mpl*.

glaring ['gleərɪŋ] *adj light* éblouissant, éclatant; *sun* aveuglant; *colour* hurlant, criard; *eyes* furieux, flamboyant (de colère); *fact, mistake* (plus qu')évident, qui saute aux yeux, qui crève les yeux; *injustice, lie* flagrant.

glass [glɑːs] **1** *n* **(a)** *(U)* verre *m*. **pane of ~** carreau *m*, vitre *f*; **window ~** verre à vitre; **I cut myself on some broken ~** je me suis coupé avec un éclat de verre; **there was some broken ~ on the pavement** il y avait des éclats de verre sur le trottoir; **V cut, plate** *etc*.

(b) *(tumbler)* verre *m*; *(glassful)* (plein) verre. **a ~ of wine** un verre de vin; **a wine ~** un verre à vin; **V balloon, beer, champagne.**

(c) *(U: also* **~ware)** *(gen)* verrerie *f*; *(glasses)* gobeleterie *f*.

(d) *(mirror)* miroir *m*, glace *f*; *(Opt)* lentille *f*; *(magnifying* **~)** verre grossissant, loupe *f*; *(telescope)* longue-vue *f*; *(barometer)* baromètre *m*; *(for plants)* cloche *f*, châssis *m*; *(Comm etc)* vitrine *f*.

(*Met*) the ~ is falling le baromètre baisse; **grown under** ~ cultivé sous verre; **object displayed under** ~ objet exposé en vitrine; **~es** (*spectacles*) lunettes *fpl*; (*binoculars*) jumelles *fpl*; *V* sun *etc*.

2 *vt* (*also* ~ **in**) *door, shelves* vitrer; *picture* mettre sous verre.

3 *cpd bottle, ornament* de verre, en verre. **glassblower** verrier *m*, souffleur *m* (de verre); **glassblowing** soufflage *m* (du verre); **glass case** (*Comm*) vitrine *f*; [*clock etc*] globe *m*; **to keep sth in a glass case** garder qch sous verre *or* sous globe; **glasscloth** essuie-verres *m inv*, torchon *m* à verres; **glasscutter** (*tool*) diamant *m*, coupe-verre *m inv*; (*person*) vitrier *m*; **glass door** porte vitrée; **glass eye** œil *m* de verre; **glass factory** = **glassworks**; **glass fibre** (*n*) fibre *f* de verre; (*cpd*) en fibre de verre; **glasshouse** (*Brit: for plants*) serre *f*; (*US: glassworks*) verrerie *f* (*fabrique*); (*Brit Mil sl*) **in the glasshouse** au trou‡; (*Prov*) **people in glass houses shouldn't throw stones** critiquer les autres, c'est s'exposer à la critique; **glass industry** industrie *f* du verre, verrerie *f*; (*Brit*) **glasspaper** papier *m* de verre; **glass slipper** pantoufle *f* de verre; **glass wool** laine *f* de verre; **glassworks** verrerie *f* (*fabrique*).

glassful ['glɑːsful] *n* (*plein*) verre *m*.

glassy ['glɑːsɪ] **1** *adj* semblable au verre, qui ressemble au verre; *substance* vitreux; *surface* uni, lisse; *water, sea* transparent, uni comme un miroir. ~ **eyes** *or* **look** regard perdu *or* vague; (*from drink, drugs*) regard vitreux *or* terne; (*from displeasure*) regard froid.

2 *cpd*: **glassy-eyed** à l'air perdu *or* vague; (*from drugs, drink*) au regard terne *or* vitreux; (*from displeasure*) au regard froid.

Glaswegian [glæs'wiːdʒən] **1** *n*: **he's a** ~ (*living there*) c'est un habitant de Glasgow, il habite Glasgow; (*born there*) il est originaire de Glasgow. **2** *adj* de Glasgow.

glaucoma [glɔː'kəʊmə] *n* glaucome *m*.

glaucous ['glɔːkəs] *adj* glauque.

glaze [gleɪz] **1** *vt* (a) (*Brit*) *door, window* vitrer; *picture* mettre sous verre; *V* double.

(b) *pottery* vernisser; *tiles* vitrifier, vernisser; *leather* vernir; *cotton etc* satiner, lustrer; *paper, photograph, cake, meat* glacer.

2 *vi* (*also* ~ **over**) [*eyes*] devenir vitreux *or* terne.

3 *n* (a) (*U*) (*on pottery, leather, tiles etc*) vernis *m*; (*on cotton etc*) lustre *m*; (*on paper, photograph*) glacé *m*; (*Culin*) glaçage *m*.

(b) (*substance*) (*for tiles etc*) enduit vitrifié; (*for pottery*) vernis *m*. (c) (*US: ice*) verglas *m*.

glazed [gleɪzd] *adj* (a) (*Brit*) *door, window etc* vitré; *picture* sous verre. (b) *pottery* émaillé, vernissé; *tiles* vernissé, vitrifié; *leather* glacé, verni; *material* lustré, satiné; *paper, photograph* glacé; *cake, meat* glacé; (*US‡: drunk*) bourré‡, ivre. **his eyes** *or* **he had a** ~ **look** il avait les yeux ternes *or* vitreux.

glazier ['gleɪzɪər] *n* (*Brit*) vitrier *m*.

G.L.C. [.dʒiːel'siː] *n* (*Brit: abbr of* **Greater London Council**) administration *f* du grand Londres.

gleam [gliːm] **1** *n* lueur *f*, rayon *m* (de lumière); [*metal*] reflet *m*; [*water*] miroitement *m*. ~ **of hope** lueur d'espoir, rayon d'espérance; ~ **of humour/of intelligence** lueur d'humour/d'intelligence; **she had a dangerous** ~ **in her eye** il y avait une lueur dangereuse dans ses yeux *or* dans son regard.

2 *vi* [*lamp, star, eyes etc*] luire; [*polished metal, shoes etc*] reluire; [*knife, blade etc*] luire, briller; [*water*] miroiter. **his eyes ~ed with delight/mischief** la joie/la malice luisait dans ses yeux.

gleaming ['gliːmɪŋ] *adj lamp, star* brillant; *polished metal, shoes etc* reluisant, brillant; *kitchen* étincelant; *water* miroitant.

glean [gliːn] *vti* (*lit, fig*) glaner.

gleaner ['gliːnər] *n* glaneur *m*, -euse *f*.

gleanings ['gliːnɪŋz] *npl* glanure(s) *f(pl)*.

glebe [gliːb] *n* (*Rel*) terre attachée à un bénéfice ecclésiastique; (†† *or liter*) terre, glèbe *f* (*liter*).

glee [gliː] *n* (a) (*U*) joie *f*, jubilation *f*. **in great** *or* **high** ~ jubilant, débordant *or* plein d'allégresse. (b) (*Mus*) chant choral à plusieurs voix. ~ **club** chorale *f*.

gleeful ['gliːful] *adj* joyeux, jubilant.

gleefully ['gliːfəlɪ] *adv* joyeusement, en jubilant.

glen [glen] *n* vallée encaissée, vallon *m*; (*steep-sided*) gorge *f*.

glib [glɪb] *adj person* qui a la parole facile, qui a du bagou*‡; *tongue* délié, affilé; *speech, style* facile, désinvolte; *excuse* désinvolte, spécieux; **lie** désinvolte. **he's very** ~ il est beau parleur.

glibly ['glɪblɪ] *adv speak* avec aisance, facilement; *reply* sans hésiter; *make excuses, lie* avec désinvolture.

glibness ['glɪbnɪs] *n* [*person*] facilité *f* de parole, bagou* *m*; [*excuses, lies, style etc*] désinvolture *f*.

glide [glaɪd] **1** *vi* (a) ~ **in/out** *etc* [*person*] (*silently*) entrer/sortir *etc* sans bruit; (*in stately way, gracefully*) entrer/sortir *etc* avec grâce; [*ghost*] entrer/sortir *etc* comme en flottant; [*car, ship*] entrer/sortir *etc* comme en glissant *or* en douceur; (*fig*) **time ~d past** le temps s'écoula. (b) (*Ski*) glisser.

(c) [*birds*] planer; (*Aviat*) planer, faire du vol plané. (*Aviat*) **to ~d down to land** il a atterri en vol plané.

2 *vt* faire glisser, faire avancer sans heurts *or* en douceur.

3 *n* (a) glissement *m*; (*Dancing*) glissé *m*, glissade *f*; (*Ski*) glisse *f*.

(b) (*Mus*) port *m* de voix; (*Phon*) glissement *m*.

(c) (*Aviat*) vol plané.

glider ['glaɪdər] *n* (*Aviat*) planeur *m*. ~ **pilot** pilote *m* de planeur. (b) (*US: swing*) balancelle *f*.

gliding ['glaɪdɪŋ] **1** *n* (*Sport*) vol *m* à voile; (*Aviat*) vol plané; (*gen: movement*) glissement *m*. **2** *adj* (*Anat*) ~ **joint** arthrodie *f*.

glimmer ['glɪmər] **1** *vi* [*lamp, light, fire*] luire faiblement; [*water*] miroiter; [*sea*] miroiter, brasiller (*liter*). **2** *n* [*light, candle etc*] faible *or* petite lueur; [*water*] miroitement *m*; (*fig: of hope, intelligence etc*) (faible) lueur.

glimpse [glɪmps] **1** *n* [*the truth, the future, sb's meaning*] aperçu *m*. **to catch a** ~ **of** *person, thing* entrevoir *or* entr'apercevoir (un bref instant); *the truth, the future etc* entrevoir, pressentir. **2** *vt* entrevoir *or* entr'apercevoir (un bref instant).

glint [glɪnt] **1** *n* [*light*] trait *m* de lumière, éclair *m*; [*metal*] reflet *m*. **he had a** ~ **in his eye** il avait une étincelle *or* une lueur dans le regard. **2** *vi* [*metal object, glass, wet road*] luire, briller; [*dewdrop*] briller.

glissade [glɪ'seɪd] (*Climbing*) **1** *n* (*also* **standing** ~) ramasse *f*. **2** *vi* descendre en ramasse.

glissando [glɪ'sændəʊ] *adv* glissando.

glisten ['glɪsn] **1** *vi* [*water*] miroiter, scintiller, chatoyer; [*wet surface*] luire, briller; [*light*] scintiller; [*metal object*] briller, miroiter. **her eyes ~ed** (*with tears*) ses yeux brillaient (de larmes). **2** *n* miroitement *m*; chatoiement *m*; scintillement *m*.

glister†† ['glɪstər] = **glitter**.

glitch‡ [glɪtʃ] *n* (*US*) pépin* *m*, problème *m* technique.

glitter ['glɪtər] **1** *vi* [*snow, ice, lights*] scintiller, briller; [*jewel*] chatoyer, rutiler, scintiller; [*water*] miroiter, scintiller. **her eyes ~ed** ses yeux brillaient *or* flambaient de haine (*or* de convoitise *etc*); (*Prov*) **all that ~s is not gold** tout ce qui brille n'est pas or (*Prov*).

2 *n* scintillement *m*; (*fig*) éclat *m*.

glittering ['glɪtərɪŋ] *adj* brillant, étincelant, scintillant; (*fig*) éclatant, resplendissant. ~ **prizes** prix *mpl* fabuleux; (*fig*) prix miroitants.

gloaming ['gləʊmɪŋ] *n* (*liter*) crépuscule *m*. **in the** ~ au crépuscule, entre chien et loup.

gloat [gləʊt] *vi* exulter, jubiler*; (*maliciously*) se réjouir avec malveillance (*over, upon* de). **to** ~ **over** *money, possessions* jubiler* à la vue (*or* à l'idée) de; *beaten enemy* triompher de; **he was ~ing over his success** son succès l'avait fait jubiler*; **it's nothing to** ~ **over** il n'y a pas de quoi se frotter les mains.

glob [glɒb] *n* [*liquid*] globule *m*; [*clay etc*] petite boule.

global ['gləʊbl] *adj* (a) (*world-wide*) *peace* universel, mondial. **the** ~ **village** le village planétaire. (b) (*comprehensive*) *sum, view, method* global, entier. (c) (*globe-shaped*) globulaire, en forme de globe.

globe [gləʊb] **1** *n* (*sphere*) globe *m*, sphère *f*; (*with map on it*) globe; (*lampshade etc*) globe; (*fishbowl*) bocal *m*; (*Anat*) globe. **terrestrial/celestial** ~ globe terrestre/céleste; (*Geog*) **the** ~ le globe, la terre; **all over the** ~ sur toute la surface du globe.

2 *cpd*: **globe artichoke** artichaut *m*; **globefish** poisson-globe *m*; **globe lightning** éclair *m* en boule; **globe-trotter** globe-trotter *m*; **globe-trotting** voyages *mpl* à travers le monde.

globular ['glɒbjʊlər] *adj* (a) (*composed of globules*) globuleux. (b) (*globe-shaped*) globulaire, en forme de globe, sphérique.

globule ['glɒbjuːl] *n* gouttelette *f*.

glockenspiel ['glɒkənˌspiːl] *n* glockenspiel *m*.

gloom [gluːm] *n* (*darkness*) obscurité *f*, ténèbres *fpl*; (*melancholy*) mélancolie *f*, tristesse *f*. **to cast a** ~ **over sth** assombrir qch, jeter une ombre sur qch; **to cast a** ~ **over sb** rendre qn triste *or* sombre *or* mélancolique, attrister qn; **it was all** ~ **and doom** tout était sombre, l'avenir se présentait sous les plus sombres couleurs.

gloomily ['gluːmɪlɪ] *adv* tristement, mélancoliquement, d'un air sombre *or* morne *or* lugubre.

gloomy ['gluːmɪ] *adj* (a) *person, character* sombre, triste, mélancolique, (*stronger*) lugubre; *tone, voice, look* morne, triste, mélancolique, (*stronger*) lugubre; *atmosphere, place* morne, (*stronger*) lugubre; *forecast, future, prospects* sombre; *thoughts* sombre, noir; *weather, day* sombre, morne. **he took a** ~ **view of everything** il voyait tout en noir; **to feel** ~ avoir des idées noires.

(b) (*dark*) obscur, sombre, ténébreux (*liter*).

glorification [ˌglɔːrɪfɪ'keɪʃən] *n* glorification *f*.

glorify ['glɔːrɪfaɪ] *vt God* glorifier, rendre gloire à; *person* exalter, célébrer, chanter les louanges de; (*fig*) *event, place etc* embellir. **the 'luxury hotel' was nothing but a glorified boarding house** c'était en fait une pension de famille qui n'avait d'hôtel de luxe que le nom.

gloriole ['glɔːrɪəʊl] *n* nimbe *m*.

glorious ['glɔːrɪəs] *adj saint, martyr* glorieux; *person* illustre; *victory* éclatant; *weather, clothes, view, countryside* magnifique, splendide; *holiday etc* merveilleux, sensationnel*. ~ **deed** action *f* d'éclat; (*Brit Hist*) **the G~ Revolution** la révolution en Angleterre (1688-89); **we had a** ~ **evening** nous avons passé une soirée sensationnelle*; (*iro*) **a** ~ **mess** un joli *or* beau gâchis.

glory ['glɔːrɪ] *n* (a) (*U*) gloire *f* (*also Rel*); (*magnificence*) splendeur *f*, magnificence *f*, éclat *m*. **to give** ~ **to God** rendre gloire à Dieu; **Christ in** ~ le Christ en majesté *or* en gloire; **the saints in** ~ les glorieux *mpl*; **Solomon in all his** ~ Salomon dans toute sa gloire; **covered with** ~ couvert de gloire; **Rome at the height of its** ~ Rome à l'apogée *or* au sommet de sa gloire; **then she was in all her** ~*, **dressed in gold from head to foot** elle était là dans toute sa splendeur, vêtue d'or de la tête aux pieds; **she was in her** ~* as **president of the club** elle était tout à fait à son affaire en tant que présidente du club; (*die*) **to go to** ~*† aller ad patres*; ~ **be!*** Seigneur!, grand Dieu!; (*US*) **Old G~* le drapeau américain.

(b) (*object etc*) gloire *f*. **the church was the village's greatest** ~ l'église était le principal titre de gloire du village; **her hair was her greatest** *or* **crowning** ~ sa chevelure était sa gloire; **this sonnet is one of the glories of English poetry** ce sonnet est un des fleurons de la poésie anglaise; **the glories of Nature** les splendeurs *fpl* de la nature.

2 *vi*: **to** ~ **in sth** (*be proud of*) être très fier de qch; (*enjoy*) savourer; (*iro*) **the café glories in the name of 'The Savoy'** le café porte le nom ronflant de 'Savoy'.

3 *cpd*: **glory hole*** capharnaüm* *m*; (*Naut*) cambuse *f*.

gloss¹ [glɒs] **1** *n* (*shine*) lustre *m*, vernis *m*, brillant *m*, éclat *m*; (*on cloth*) cati *m*. **to take the ~ off** *metal etc* dépolir, délustrer; *cloth* décatir; (*fig*) *event, success* retirer *or* enlever tout son charme *or* attrait à; *victory, compliment* gâcher; **to lose its ~** *[metal etc]* se dépolir, se délustrer; *[cloth]* se décatir; (*fig*) *[event, success]* perdre tout son charme *or* son attrait; *[victory, compliment]* être gâché.
2 *cpd: paint* brillant, laqué; *paper* glacé, brillant. **gloss finish** brillant *m*; (*Phot*) glaçage *m*.
3 *vt metal etc* faire briller, polir; *material* catir, lustrer.
gloss² [glɒs] **1** *n* (*insertion*) glose *f*; (*note*) commentaire *m*; (*translation*) traduction *f* (interlinéaire); (*interpretation*) paraphrase *f*, interprétation *f*.
2 *vt* commenter, gloser.
◆**gloss over** *vt fus* (*play down*) atténuer, glisser sur, passer sur; (*cover up*) dissimuler.
glossary ['glɒsərɪ] *n* glossaire *m*, lexique *m*.
glossematics [ˌglɒsə'mætɪks] *n* glossématique *f*.
glossolalia [ˌglɒsə'leɪlɪə] *n* glossolalie *f*.
glossy ['glɒsɪ] **1** *adj fur, material* luisant, lustré; *photograph* glacé; *paint* brillant, laqué; *hair* brillant; *leaves etc* vernissé; *metal* brillant, poli. **~ magazine** magazine *m* de luxe (*sur papier couché*); **~ paper** (*Typ*) papier couché (*esp Phot*) papier brillant *or* glacé.
2 *n*: **the glossies*** les magazines *mpl* de luxe.
glottal ['glɒtl] *adj* (*Anat*) glottique; (*Ling*) glottal. (*Ling*) **~ stop** coup *m* de glotte.
glottis ['glɒtɪs] *n* glotte *f*.
glove [glʌv] **1** *n* (**a**) (*gen, also Baseball, Boxing*) gant *m*. **to put on one's ~s** mettre *or* enfiler ses gants; **to take off one's ~s** enlever *or* retirer ses gants; **he had ~s on** il portait des gants, il avait mis des gants; (*fig*) **the ~s are off!** j'y vais (*or* il y va *etc*) sans gants! *or* sans prendre de gants!; *V* **fit, hand, kid.**
(**b**) (*US‡: condom*) capote *f* anglaise‡.
2 *vt* ganter. **~d hand** main gantée; **white-~d hand** main gantée de blanc.
3 *cpd*: (*Aut*) **glove box, glove compartment** boîte *f* à gants, vide-poches *m inv*; **glove factory** ganterie *f* (*fabrique*); **glove maker** gantier *m*, -ière *f*; **glove puppet** marionnette *f* (à gaine); **glove shop** ganterie *f* (*magasin*).
glover ['glʌvər] *n* gantier *m*, -ière *f*.
glow [gləʊ] **1** *vi* [*coal, fire*] rougeoyer; [*sky*] rougeoyer, s'embraser; [*metal*] luire rouge, être incandescent; [*cigarette end, lamp*] luire; [*colour, jewel*] rutiler; [*complexion, face*] rayonner; [*eyes*] rayonner, flamboyer. **her cheeks ~ed** elle avait les joues en feu; **he was ~ing with health** il était florissant (de santé); (*fig*) **to ~ with enthusiasm/love** *etc* brûler d'enthousiasme/d'amour *etc*; **~ing with admiration** transporté d'admiration; **a walk in the cold makes your body ~** une marche par temps froid vous fouette le sang; **the compliment made her ~ (with pleasure)** le compliment la rendit radieuse.
2 *n* [*coal, fire*] rougeoiement *m*; [*metal*] rougeoiement *m*, incandescence *f*; [*sun*] feux *mpl*, embrasement *m*; [*complexion, skin*] éclat *m*; [*colour, jewel*] éclat; [*lamp*] lueur *f*; [*passion*] feu *m*; [*youth*] ardeur *f*. **a ~ of enthusiasm** un élan d'enthousiasme.
3 *cpd*: (*Brit*) **glow-worm** ver *m* luisant.
glower ['glaʊər] **1** *vi*: **to ~ at sb/sth** lancer à qn/qch des regards mauvais *or* noirs, regarder qn/qch de travers; **he sat there ~ing silently** il était assis là en silence, jetant à la ronde des regards mauvais *or* noirs. **2** *n* regard noir.
glowering ['glaʊərɪŋ] *adj look* hostile, mauvais, noir; *person* à l'air mauvais *or* hostile.
glowing ['gləʊɪŋ] *adj coals, fire* rougeoyant; *sky* rougeoyant, embrasé; *colour, jewel* rutilant; *lamp, cigarette end* luisant; *eyes* brillant, flamboyant, de braise; *complexion, skin* rayonnant, éclatant; *person* florissant (de santé); *words etc* chaleureux. **to give a ~ account/description of sth** raconter/décrire qch en termes chaleureux *or* avec enthousiasme; (*fig*) **to paint sth in ~ colours** présenter qch en rose.
gloxinia [glɒk'sɪnɪə] *n* gloxinia *m*.
glucose ['gluːkəʊs] *n* glucose *m*.
glue [gluː] **1** *n* colle *f*, glu *f*.
2 *cpd*: **glue-sniffer** sniffeur* *m*; **glue-sniffing** intoxication *f* à la colle *or* aux solvants.
3 *vt* coller (*to, on* à). **to ~ sth together** recoller qch; **you must ~ down the envelope** il faut que tu colles (*subj*) l'enveloppe; **it's broken off! — ~ it back on then!** c'est cassé! — eh bien! recolle-le!; (*fig*) **her face was ~ed to the window** son visage était collé au carreau (de la fenêtre); **his eyes were ~ed to sb/sth*** avoir les yeux fixés sur qn/qch, ne pas détacher les yeux de qn/qch; **he stood there ~d to the spot*** il était là comme s'il avait pris racine; (*fig*) **~d* to the television** cloué devant *or* rivé à la télévision.
gluey ['gluːɪ] *adj* gluant, collant, poisseux.
glum [glʌm] *adj person, face* mélancolique, triste, (*stronger*) lugubre; *appearance* triste, morne, sombre; *thoughts* noir. **to feel ~** avoir des idées noires, avoir le cafard.
glumly ['glʌmlɪ] *adv walk, shake one's head* d'un air triste; *answer* d'un ton *or* d'une voix triste; *look, inspect* d'un œil *or* d'un regard morne.
glut [glʌt] **1** *vt* rassasier, gaver, gorger; (*Comm*) *the market* surcharger, embouteiller (*with* de). **~ted with food** repu, gavé (de nourriture); **~ted with pleasure** rassasié *or* gavé de plaisirs.
2 *n* [*appetite etc*] rassasiement *m*; [*foodstuffs, goods*] surplus *m*, excès *m*, surabondance *f*. **a ~ on the market** un surplus *or* un excès *or* une surabondance sur le marché; **there is a ~ of ...** il y a surplus *or* excès *or* surabondance de ....
glutamic [gluː'tæmɪk] *adj*: **~ acid** acide *m* glutamique.
gluteal ['gluːtiːəl] *adj* fessier.
gluten ['gluːtən] **1** *n* gluten *m*. **2** *cpd*: **gluten-free** sans gluten.

glutenous ['gluːtənəs] *adj* glutineux.
gluteus [glʊ'tiːəs] *n, pl* **-tei** [-tiːaɪ] fessier *m*. **~ maximus/medius/minimus** grand/moyen/petit fessier.
glutinous ['gluːtɪnəs] *adj* visqueux, gluant.
glutton ['glʌtn] *n* glouton(ne) *m(f)*, gourmand(e) *m(f)*. (*fig*) **to be a ~ for work** être un bourreau de travail; **he's a ~ for punishment** c'est un masochiste (*fig*).
gluttonous ['glʌtənəs] *adj* glouton, gourmand, goulu.
gluttony ['glʌtənɪ] *n* gloutonnerie *f*, gourmandise *f*.
glycerin(e) [ˌglɪsə'riːn] *n* glycérine *f*.
glycerol ['glɪsərɒl] *n* glycérine *f*, glycérol *m*.
glycin(e) ['glaɪsiːn] *n* glycine *f*.
glycogen ['glaɪkəʊdʒen] *n* glycogène *m*.
glycol ['glaɪkɒl] *n* glycol *m*.
gm (*abbr of* **gram(me)**) g *inv*.
GMT [ˌdʒiːemˈtiː] (*abbr of* **Greenwich Mean Time**) G.M.T.
GMWU [ˌdʒiːemdʌbliuːˈjuː] *n* (*Brit*) *abbr of* **General and Municipal Workers Union** (*syndicat*)
gnarled [nɑːld] *adj wood, hand* noueux.
gnash [næʃ] *vt*: **to ~ one's teeth** grincer des dents.
gnat [næt] *n* moucheron *m*.
gnaw [nɔː] **1** *vi* (*lit, fig*) ronger. **to ~ at** *or* **on a bone** ronger un os; **the rat had ~ed through the chair-leg** le rat avait coupé le pied de la chaise à force de ronger; **to ~ a hole in sth** faire un trou dans qch à force de ronger.
2 *vt bone etc* ronger. (*fig*) **~ed by hunger** tenaillé par la faim; **~ed by remorse** rongé par le remords.
◆**gnaw away, gnaw off** *vt sep* ronger.
gnawing ['nɔːɪŋ] *adj sound* comme une bête qui ronge; (*fig*) *remorse, anxiety etc* torturant, tenaillant; *hunger* dévorant, tenaillant; *pain* harcelant. **I had a ~ feeling that something had been forgotten** j'étais tenaillé par le sentiment qu'on avait oublié quelque chose.
gneiss [naɪs] *n* gneiss *m*.
gnome [nəʊm] *n* gnome *m*, lutin *m*. (*Brit fig: bankers*) **the G~s of Zurich** les gnomes de Zurich.
gnomic ['nəʊmɪk] *adj* gnomique.
gnostic ['nɒstɪk] *adj, n* gnostique (*m*).
gnosticism ['nɒstɪˌsɪzəm] *n* gnosticisme *m*.
GNP [ˌdʒiːenˈpiː] *n* (*Econ: abbr of* **gross national product**) P.N.B. *m*; *V* **gross.**
gnu [nuː] *n* gnou *m*.
go [gəʊ] *3rd person sg* **goes**, *pret* **went**, *ptp* **gone 1** *vi* (**a**) (*proceed, travel, move*) aller, se rendre (*to* à, en; *from* de); [*vehicle*] aller, rouler. **to ~ to France/to Canada/to London** aller en France/au Canada/à Londres; **he went to Paris/to his aunt's** il est allé *or* il s'est rendu à Paris/chez sa tante; **to ~ for a walk** (aller) se promener, (aller) faire une promenade; **to ~ on a journey** faire un voyage; **to ~ up/down the hill** monter/descendre la colline; **to ~ fishing/shooting** aller à la pêche/à la chasse; **to ~ riding** faire du cheval *or* de l'équitation, monter (à cheval); **to ~ swimming** faire de la natation, (aller) nager; **to ~ looking for sth** aller *or* partir à la recherche de qch; **we can talk as we ~** nous pouvons parler chemin faisant *or* en chemin; **what shall I ~ in?** qu'est-ce que je mets *or* vais mettre pour y aller?; **~ after him!** suivez-le!, poursuivez-le!; **there he ~es!** le voilà (qui passe)!; **there he ~es again!** (*there he is*) le voilà qui repasse!; (*fig: he's at it again*) le voilà qui recommence!; **there he ~es*** allez, on y va!; (*US: in café*) **two hotdogs to ~** deux hotdogs à emporter; (*Mil*) **who ~es there?** qui va là?, qui vive?; (*esp US: fig*) **what ~es?*** quoi de neuf?; **you ~ first** passe devant, vas-y le premier; **you ~ next** à toi après; (*in games etc*) **whose turn is it to ~?** à qui le tour?; **~ and shut the door** va fermer la porte; **~ and get me it** va me le chercher; **don't ~ doing that!, don't ~ and do that!** ne va pas faire ça!, ne fais pas ça!; **don't ~ and say ...** ne va pas dire ...; **you've gone and torn my dress!** il a fallu que tu déchires (*subj*) ma robe!; **she went and broke a cup** elle a trouvé le moyen de casser une tasse; **to ~ to do sth** aller faire qch; **the child went to his mother** l'enfant est allé vers sa mère; **she went to the headmaster** elle est allée voir *or* trouver le directeur; **to ~ to the doctor** aller voir le médecin; **to ~ to sb for sth** aller demander qch à, aller trouver qn pour avoir qch; **the train ~es at 90 km/h** le train fait (du) *or* roule à 90 km/h; **the train ~es from London to Glasgow** le train va de Londres à Glasgow; **we had gone only 3 km** nous n'avions fait que 3 km; **I wouldn't ~ as far as to say that** je n'irais pas jusqu'à dire cela; **that's ~ing too far!** c'est un peu poussé!, il y a de l'exagération!, il y a de l'abus!; **you've gone too far!** tu exagères!, tu as été trop loin!; (*at auction*) **I went up to £100 but didn't get it** je suis monté jusqu'à 100 livres mais je ne l'ai pas eu; (*in buying*) **I'll ~ as high as £100** j'irai *or* je mettrai jusqu'à 100 livres; (*US: fail*) **to ~ down the tubes‡** se casser la gueule‡ (*fig*); (*in gambling, also fig*) **to ~ for broke‡** jouer le grand jeu *or* son va-tout; *V* **far, place, school¹** *etc*.
(**b**) (*depart*) partir, s'en aller; (*disappear*) disparaître; (*euph: die*) s'éteindre (*euph*), disparaître (*euph*); [*time*] passer, s'écouler; (*be dismissed*) s'en aller; (*be abolished*) être aboli *or* supprimé, disparaître; (*be sold*) se vendre; (*be finished: money*) disparaître, filer; [*strength*] manquer; [*hearing, sight etc*] baisser. **when does the train ~?** quand part le train?; **my voice has gone** j'ai une extinction de voix, je n'ai plus de voix; **my voice is going** je deviens aphone; **his health is ~ing** il n'a plus la santé*, sa santé se détériore; **his mind is ~ing** (*losing ability*) il commence à baisser, il n'a plus toute sa tête *or* toutes ses facultés; (*losing reason*) il perd l'esprit *or* la raison; **my hat has gone** mon chapeau n'est plus là; **the coffee has all gone** il n'y a plus de café; **the trees have been gone for years** cela fait des années qu'il n'y a plus d'arbres; **he is gone** (*lit*) il est parti; (*euph: dead*) il n'est plus; **after I ~ or have gone** (*lit*)

après mon départ; (*euph: death*) après ma mort, quand je ne serai plus là (*euph*); **gone are the days when** le temps n'est plus où; **we (or I etc) must ~ or must be ~ing** il faut partir; (*Sport*) **~!** partez!; (*fig*) **from the word ~** dès le départ, dès le commencement; (*hum*) **how ~es the time?** quelle heure est-il?; (*US*) **it's ~ing on 3** il va être 3 heures; **to let sb ~** (*allow to leave*) laisser partir qn; (*stop gripping*) lâcher qn; **never let me ~!** ne me quitte pas!, ne m'abandonne pas!; **to let ~ or leave ~** lâcher prise; **let ~!, leave ~!** lâchez!; **to let ~ or leave ~ of** sth/sb lâcher qch/qn; **to let o.s. ~** (*lose control of o.s.*) se laisser aller; (*burst into tears*) se laisser aller à pleurer; (*lose interest in one's appearance etc*) se laisser aller, se négliger; **they have let their garden ~** ils ont laissé leur jardin à l'abandon; **I've let my music ~ as I've been so busy** j'ai eu trop à faire et je n'ai pas travaillé (à) ma musique; **to ~ to the bad** mal tourner; **to ~ to ruin** tomber en ruine(s); **we'll let it ~ at that** ça ira comme ça; **you're wrong, but let it ~** vous avez tort, mais passons; (*†† or hum*) **be gone!** partez!, allez-vous-en!; **he'll have to ~** il va falloir se débarrasser de lui; **'X must ~!'** 'à bas X!'; **luxuries will have to ~** il va falloir se priver *or* se passer de tout ce qui est luxe; **it was ~ing cheap** cela se vendait à bas prix; **~ing, ~ing, gone!** une fois, deux fois, adjugé!; (*fig*) **7 down and 3 to ~** 7 de faits il n'en reste plus que 3; *V* **here, ready, song, west** *etc*.

(c) (*start up*) [*car*] partir; [*machine*] démarrer; (*function*) [*machine, watch, car etc*] marcher, fonctionner. **to ~ by steam** marcher à la vapeur; **it ~es on petrol** ça marche *or* fonctionne à l'essence; [*machine, engine*] **to be ~ing** marcher, être en marche; **to set** *or* **get ~ing** *machine* mettre en marche, faire démarrer; *work, business* mettre en train; **to keep ~ing** [*person*] se maintenir en activité, continuer ses activités; [*business*] se maintenir à flot; [*machine*] continuer à marcher, marcher toujours; **he's not well but he manages to keep ~ing** il n'est pas en bonne santé mais il se maintient *or* se défend*; **to keep a factory ~ing** maintenir une usine en activité; **to keep the fire ~ing** entretenir le feu; **she needs these pills/his friendship to keep her ~ing** elle a besoin de ces pilules/de son amitié pour tenir le coup; **this medicine/prospect** *etc* **kept her ~ing** elle a tenu le coup grâce à ce médicament/à cette perspective *etc*; **to keep sb ~ing in food/money** *etc* donner à qn ce qu'il lui faut de nourriture/d'argent *etc*; **to make the party ~** animer la soirée; **to get things ~ing** faire démarrer les choses; **to make things ~** faire marcher les choses, mener les choses rondement; **to get ~ing on** *or* **with sth** commencer à *or* se mettre à faire qch, s'attaquer à qch; **once he gets ~ing** ... une fois lancé ....

(d) (*progress*) aller, marcher; (*turn out*) [*events*] se passer, se développer, se dérouler, se présenter. **how did your holiday ~?** comment se sont passées tes vacances?; **the evening went very well** la soirée s'est très bien passée; **the project was ~ing well** le projet marchait bien *or* était en bonne voie; **how's it ~ing?**, (*hum*) **how ~es it?** (comment) ça va?*; **the decision/judgment went in his favour** la décision/le jugement lui a été favorable; **how does the story ~?** comment c'est* cette histoire?; **the tune ~es like this** voici *or* écoutez l'air; **let's wait and see how things ~** attendons de voir ce qui va se passer *or* comment ça va tourner*; **as things ~** dans l'état actuel des choses; **I don't know how things will ~** je ne sais pas comment les choses vont tourner*; **I hope that all will ~ well** j'espère que tout ira bien; **all went well for him until** ... tout a bien marché *or* s'est bien passé pour lui jusqu'à ce que ...; *V* **bomb, clockwork, strong** *etc*.

(e) (*be, become*) devenir, se faire. **the children went in rags** les enfants étaient en haillons; **to ~ hungry** n'avoir pas *or* jamais assez à manger; **he must not ~ unpunished** il ne faut pas qu'il s'en tire (*subj*) sans châtiment; **to ~ armed** porter une arme; **to ~ red** rougir; **the constituency went Labour at the last election** aux dernières élections la circonscription est passée aux travaillistes; **we never went short** nous n'avons jamais manqué du nécessaire; **to ~ short of** manquer de; *V* **free, piece, sick** *etc*.

(f) (*be about to, intend to*) **to be ~ing to do** aller faire, être sur le point de faire, avoir l'intention de faire; **I'm ~ing to do it tomorrow** je vais le faire demain; **it's ~ing to rain** il va pleuvoir; **I was just ~ing to do it** j'allais le faire, j'étais sur le point de le faire; **I was ~ing to do it yesterday but he stopped me** j'allais le faire *or* j'étais sur le point de le faire *or* j'avais l'intention de le faire hier mais il m'en a empêché; **I was ~ing to do it yesterday but I forgot** j'allais le faire hier *or* j'avais l'intention de le faire hier mais j'ai oublié; **I'm ~ing to do as I please** je ferai *or* je vais faire ce qu'il me plaira.

(g) (*be current, be accepted*) [*story, rumour*] circuler, passer; [*money*] avoir cours. **the story** *or* **rumour ~es that** ... le bruit court que ...; **anything ~es these days*** tout est permis de nos jours; **that ~es without saying** cela va sans dire; **what he says ~es** c'est lui qui fait la loi, tout le monde fait ce qu'il dit; **what he says ~es! faites ce que je dis!; that ~es for me too** (*that applies to me*) cela s'applique à moi aussi; (*I agree with that*) je suis (aussi) de cet avis.

(h) (*break, yield*) [*rope, cable*] céder; [*fuse*] sauter; [*lamp, bulb*] sauter, griller*; [*material*] s'user. **the skirt went at the seams** la jupe a craqué aux coutures; **this jacket has gone at the elbows** cette veste est percée aux coudes; **there ~es another button!** voilà encore un bouton de sauté!

(i) (*extend or cover a certain distance*) aller, s'étendre. **the garden ~es as far as the river** le jardin va *or* s'étend jusqu'à la rivière; (*fig*) **as far as that ~es** pour ce qui est de cela; **this book is good, as far as it ~es** c'est un bon livre, compte tenu de ses limites; **he's not bad, as boys ~** il n'est pas trop mal, pour un garçon; **it's a fairly good garage as garages ~** comme garage cela peut aller *or* ce n'est pas trop mal; **money does not ~ very far nowadays** l'argent ne va pas loin aujourd'hui; **a pound note does not ~ very far** on ne va pas loin avec un billet d'une livre; **the**

difference between them ~es deep il y a une profonde différence entre eux; *V* **expense, length, trouble** *etc*.

(j) (*have recourse*) avoir recours (**to** à); *V* **country, law, war**.

(k) (*be placed, contained, arranged*) aller, se mettre, se ranger. **4 into 12 ~es 3 times** 12 divisé par 4 égale 3; **2 won't ~ exactly into 11** 11 n'est pas exactement divisible par 2; **4 into 3 won't ~** 3 divisé par 4 (il) n'y va pas; **the books ~ in that cupboard** les livres se rangent *or* se mettent *or* vont dans ce placard-là; **where does this box ~?** où est-ce que l'on met cette boîte?; **this screw ~es here** cette vis va là.

(l) [*prize, reward etc*] aller, être donné (**to** à); [*inheritance*] passer (**to** à).

(m) (*be available*) **are there any houses ~ing?** y-a-t-il des maisons à vendre (*or* à louer)?, trouve-t-on des maisons (à acheter *or* à louer)?; **are there any jobs ~ing?** y a-t-il des postes vacants?, peut-on trouver du travail?; **is there any coffee ~ing?** est-ce qu'il y a du café?; **I'll have what's ~ing** donnez-moi *or* je prendrai de ce qu'il y a.

(n) (*contribute*) contribuer, servir (**to** à). **that will ~ to make him happy** cela contribuera à son bonheur *or* à le rendre heureux; **the qualities that ~ to make a great man** les qualités qui font un grand homme; **the money will ~ towards a new car** l'argent sera consacré à l'achat d'une nouvelle auto; *V* **show**.

(o) (*make specific sound or movement*) faire; [*bell, clock*] sonner. **~ like that with your left foot** faites comme ça du pied gauche; **to ~ bang** faire 'pan'; **he went 'psst' 'psst'** fit-il.

2 *vt*: **the car was fairly ~ing it*** la voiture roulait *or* filait à une bonne vitesse; **he was fairly ~ing it*** (*driving fast*) il allait bon train, il filait à toute allure; (*working hard*) il travaillait d'arrache-pied; (*having fun*) il faisait la noce*; **to ~ it alone** (*gen*) se débrouiller tout seul; (*Pol etc*) faire cavalier seul; **to ~ one better** faire (*or* dire) mieux (**than** *sb* que qn); **to ~ one better than sb** damer le pion à qn; (*Cards*) **he went 3 spades** il a annoncé *or* demandé *or* dit 3 piques; (*Gambling*) **he went £10 on the red** il a misé 10 livres sur le rouge; **I can only ~ £5** je ne peux mettre que 5 livres; **I could ~ a beer‡** je m'enverrais‡ bien une bière; *V* **bail¹, half, share** *etc*.

3 *n, pl* **~es (a)** (*U: energy*) dynamisme *m*, entrain *m*, allant *m*. **to be full of ~** être plein d'énergie, avoir beaucoup de dynamisme; **there's no ~ about him** il n'a aucun ressort, il est mou comme une chiffe*.

(b) **to be always on the ~** être toujours sur la brèche *or* en mouvement; **to keep sb on the ~** ne pas laisser souffler qn; **he has 2 books on the ~ at the moment** il a 2 livres en train *or* en chantier en ce moment; **it's all ~!*** ça n'arrête pas!

(c) (*Brit: attempt*) coup *m*, essai *m*, tentative *f*. **to have a ~** essayer, tenter le coup; **to have a ~ at sth** essayer de faire qch; **to have another ~** faire une nouvelle tentative, ressayer; **have another ~!** encore un coup!*; **at one** *or* **a ~** d'un seul coup, d'un seul trait; (*in games*) **it's your ~** c'est à toi (de jouer).

(d) (*Med*: *attack*) accès *m*, attaque *f*.

(e) (*: event, situation*) **that was a queer ~** c'était une drôle d'histoire; **that was a near ~** on l'a échappé belle, il s'en est fallu de peu; **what a ~!** quelle affaire!, quelle histoire!

(f) (*success*) **to make a ~ of sth** réussir qch; **no ~!*** rien à faire!; **it's all the ~*** ça fait fureur, c'est le dernier cri.

4 *adj* (*: esp Space*) paré (à démarrer), en bon état de marche *or* de fonctionnement. **all systems are ~** tout est O.K.; **you are ~ for moon-landing** vous êtes 'bon' *or* vous êtes 'go' *or* vous avez le feu vert pour l'alunissage.

5 *cpd*: **go-ahead** (*adj*) *person, government* dynamique, entreprenant, plein d'allant, qui va de l'avant; *business, attitude* dynamique; (*n*) **to give sb the go-ahead (for sth/to do)*** donner à qn le feu vert (pour qch/pour faire); **go-between** intermédiaire *mf*; **to give sth/sb the go-by*** laisser tomber qch/qn; **go-cart** (*vehicle: also* **go-kart**) kart *m*; (*toy*) chariot *m* (*que se construisent les enfants*); (*handcart*) charrette *f*; (*pushchair*) poussette *f*; (*baby-walker*) trotteur *m*, trotte-bébé *m inv*; (*esp US*) **go-getter*** battant(e)* *m(f)*, fonceur *m*, -euse *f*; **go-go** *V* **go-go**; (*Brit*) **go-slow** (*strike*) ≃ grève perlée.

♦**go about 1** *vi* **(a)** circuler, aller (çà et là). [*sick person*] **to be going about again** être de nouveau sur pied; **he goes about in a Rolls** il roule *or* circule en Rolls; **they go about in gangs** ils vont *or* circulent en *or* par bandes; **he's going about with an unpleasant set of people** il fréquente des gens peu recommandables; **she's going about with Paul now** elle sort avec Paul en ce moment.

(b) [*rumour*] courir, se répandre.

(c) (*Naut: change direction*) virer de bord.

2 *vt fus* **(a)** (*set to work at*) *task, duties* se mettre à. **he knows how to go about it** il sait s'y prendre; **we must go about it carefully** nous devons y aller *or* nous y prendre avec précaution; **how does one go about getting seats?** comment doit-on s'y prendre *or* comment fait-on pour avoir des places?

(b) (*be occupied with*) *affairs, business* s'occuper de. **to go about one's normal work** vaquer à ses occupations habituelles.

♦**go across 1** *vi* (*cross*) traverser. **she went across to Mrs. Smith's** elle a fait un saut chez Mme Smith en face.

2 *vt fus river, road* traverser.

♦**go after** *vt fus*: **to go after a girl** faire la cour à *or* courir après* une fille; **to go after a job** essayer d'obtenir un emploi, viser un poste; **he went after first prize** il a essayé d'avoir *or* il a visé le premier prix.

♦**go against** *vt fus* **(a)** (*prove hostile to*) [*luck, events etc*] tourner contre, être hostile *or* contraire à; [*appearance, evidence*] militer contre, nuire à, être préjudiciable à. **the decision went against him** la décision lui a été défavorable, la décision a été prise contre lui; **if fate goes against us** si la fortune nous est contraire; **this behaviour will go against his chances of promotion** cette conduite nuira à ses chances de promotion.

(b) (*oppose*) (*fig*) **to go against the tide** aller contre le courant; **to go against public opinion** aller à l'encontre de *or* heurter l'opinion publique; **to go against sb's wishes** aller contre *or* contrarier les désirs de qn; **it goes against my conscience** ma conscience s'y oppose; *V* **grain**.

◆**go ahead 1** *vi* (*also* **go on ahead**) passer devant *or* en tête; (*fig*) **go ahead!** allez-y!; **to go ahead with sth** aller de l'avant avec qch, mettre qch à exécution.

2 go-ahead *adj, n V* **go 5**.

◆**go along** *vi* aller, avancer. **I'll tell you as we go along** je vous le dirai chemin faisant *or* en cours de route *or* en chemin; (*lit*) **to go along with sb** aller avec qn, accompagner qn; (*fig*) **I'll go along with you on this** je vous soutiendrai *or* donnerai mon appui; **I don't go along with you on that** là, je ne vous suis pas; **I can't go along with that at all** je ne suis pas du tout d'accord là-dessus, je suis tout à fait contre*; **no one will mind if you go along too** personne n'y verra d'objection si vous y allez aussi; (*fig*) **I check as I go along** je vérifie au fur et à mesure.

◆**go around** *vi* = **go about 1a, 1b**.

◆**go at** *vt fus* (*attack*) *person* attaquer, se jeter sur; (*undertake*) *task* s'attaquer à; *meal* attaquer. **he went at it with a will** il s'y est mis *or* attaqué avec acharnement; **he was still going at it 3 hours later** il était toujours à la tâche 3 heures plus tard.

◆**go away** *vi* partir, s'en aller. **he's gone away with my keys** il est parti avec mes clefs; **don't go away with the idea that*** ... n'allez pas penser que ....

◆**go back** *vi* **(a)** (*return*) revenir, retourner, s'en retourner. **to go back on one's steps** revenir sur ses pas, rebrousser chemin; **to go back to a subject** revenir sur un sujet; **to go back to the beginning** recommencer.

(b) (*retreat*) reculer.

(c) (*in time*) remonter. **my memory doesn't go so far back** ma mémoire ne remonte pas si loin; **the family goes back to the Norman Conquest** la famille remonte à la conquête normande.

(d) (*revert*) revenir (*to* à). **I don't want to go back to coal fires** je ne veux pas en revenir aux feux de charbon; **to go back to one's former habits** retomber dans ses anciennes habitudes, **he's gone back to childhood** il est retombé en enfance.

(e) (*extend*) s'étendre. **the garden goes back to the river** le jardin s'étend jusqu'à la rivière; **the cave goes back 300 metres** la grotte a 300 mètres de profondeur.

◆**go back on** *vt fus* *decision* revenir sur; *promise* revenir sur, se dédire de, manquer à; *friend* trahir, faire faux bond à.

◆**go before** *vi* (*lit*) aller au devant. (*fig: happen earlier*) **all that has gone before** tout ce qui s'est passé avant; (*euph: dead*) **those who are** *or* **have gone before** les générations qui nous ont précédés.

◆**go below** *vi* (*Naut*) descendre dans l'entrepont.

◆**go by 1** *vi* [*person*] passer; [*period of time*] (se) passer, s'écouler. **we've lost the opportunity** je nous avons manqué *or* raté *or* laissé échapper l'occasion; **as time goes by** à mesure que le temps passe, avec le temps.

2 *vt fus* (*base judgment or decision on*) juger d'après, (se) fonder sur; (*be guided by*) suivre, se régler sur. **that's nothing to go by** ce n'est pas une preuve*, on ne peut rien fonder là-dessus; **I'll go by what he does** j'agirai en fonction de ce qu'il fera; **I go by what I'm told** je me fonde sur ce qu'on me dit; **you can never go by what he says** on ne peut jamais se fonder *or* se fier à ce qu'il dit; **to go by appearances** juger d'après *or* selon les apparences; **go by the instructions** suivre les instructions; **the only thing we've got to go by** la seule chose qui puisse nous guider *or* sur laquelle nous puissions nous baser, le seul indice sérieux que nous ayons.

3 go-by *n V* **go 5**.

◆**go down** *vi* **(a)** (*descend*) descendre. **to go down to the country/the sea** aller à la campagne/au bord de la mer; (*Scol*) **to go down a class** descendre d'une classe.

(b) (*fall*) [*person*] tomber; [*building*] s'écrouler; *V* **knee, nine**.

(c) (*sink*) [*ship*] couler, sombrer; [*person*] couler, disparaître (*sous les flots*). (*Naut*) **to go down by the bows** sombrer par l'avant.

(d) (*Brit Univ*) [*student*] (*go on holiday*) terminer (le trimestre), partir en vacances; (*finish studies*) terminer (ses études), quitter l'université. **the university goes down on June 20th** les vacances universitaires commencent le 20 juin.

(e) (*set*) [*sun, moon*] se coucher.

(f) (*be swallowed*) **to go down the wrong way** passer de travers; **it went down the wrong way** j'ai (*or* il a *etc*) avalé de travers; **the cake just won't go down** le gâteau n'arrive pas à descendre.

(g) (*be accepted, approved*) être accepté, plaire. **that won't go down with me** ça ne prend pas avec moi, je n'avalerai pas ça*; **to go down well** /badly être bien/mal reçu; **his speech didn't go down at all in Exeter** son discours a été très mal reçu à Exeter; **he didn't go down at all well in Exeter** il n'a pas été du tout apprécié à Exeter.

(h) (*lessen etc*) [*wind, storm*] baisser, tomber; [*tide*] descendre; [*floods, temperature*] baisser, s'abaisser; [*amount, numbers, subscriptions*] diminuer; [*value, price, standards*] baisser. **the picture has gone down in value** le tableau a perdu de sa valeur; **this neighbourhood has gone down** ce quartier n'est plus ce qu'il était.

(i) (*be defeated, fail*) s'incliner (*to* devant), être battu (*to* par); (*Bridge*) chuter; (*fail examination*) échouer, être refusé, se faire coller* (*in* en). (*Ftbl*) **Spain went down to Scotland 2-1** l'Espagne

s'est inclinée devant l'Écosse par 2 à 1.

(j) (*Theat*) [*curtain*] tomber. **when the curtain goes down** au tomber du rideau, quand le rideau tombe.

(k) (*go as far as*) aller, continuer. **go down to the bottom of the page** continuez jusqu'au bas de la page; **this history book goes down to the present day** ce livre d'histoire va jusqu'à nos jours.

(l) [*balloon, tyre*] se dégonfler; [*swelling*] désenfler, (se) dégonfler.

(m) (*be noted, remembered*) être noté, être pris par écrit. **to go down to posterity** passer à la postérité; *V* **history**.

(n) (*become ill*) **to go down with flu** attraper la grippe.

(o) (*Mus: lower pitch*) **can you go down a bit?** vous ne pouvez pas chanter (*or* jouer) un peu plus bas?

◆**go for** *vt fus* **(a)** (*attack*) *person* tomber sur, fondre sur, s'élancer sur; (*verbally*) s'en prendre à; (*in newspaper*) attaquer. **they went for each other** (*physically*) ils en sont venus aux coups, ils se sont empoignés; (*verbally*) ils ont eu une prise de bec*; (*to dog*) **go for him!** mors-le!

(b) (*: admire*) *person, object* s'enticher de, se toquer de‡. **he rather goes for that** il adore ça*; **I don't go much for television** la télévision ne me dit pas grand-chose.

(c) (*strive for*) essayer d'avoir; (*choose*) choisir, préférer.

(d) (*fig*) **he's got a lot going for him*** il a beaucoup d'atouts.

◆**go forth** *vi* (*liter, frm*) **(a)** [*person*] sortir.

(b) [*order*] paraître, être promulgué. **the order went forth that** ... il fut décrété que ....

◆**go forward** *vi* [*person, vehicle*] avancer. (*fig*) **they let the suggestion go forward that** ... ils ont transmis la proposition que ....

◆**go in** *vi* **(a)** (*enter*) entrer, rentrer. **I must go in now** il faut que je rentre (*subj*) maintenant; **go in and win!** (allez,) bonne chance!; **what time does the theatre go in?** à quelle heure commence la pièce?; **the troops are going in tomorrow** les troupes attaquent demain.

(b) [*sun, moon*] (*behind clouds*) se cacher (*behind* derrière).

◆**go in for** *vt fus* (*fig*) **(a)** *examination* se présenter à; *appointment* poser sa candidature à, être candidat à; *competition, race* prendre part à.

(b) *sport, hobby* pratiquer, s'adonner à, faire; *style, idea, principle, cause* adopter; *lectures* s'inscrire à, suivre; *profession* entrer dans, se consacrer à; *politics* s'occuper de, se mêler de, faire. **she goes in for tennis/painting** *etc* elle fait du tennis/de la peinture *etc*; **I don't go in for bright colours** je ne suis pas (très) porté sur les couleurs vives, je n'aime pas beaucoup les couleurs vives; **we don't go in for that sort of thing here** nous n'aimons pas beaucoup ce genre de chose ici; **he doesn't go in much for reading** il ne s'intéresse pas beaucoup à la lecture; **he's going in for science** il va se spécialiser dans les sciences, il va faire des sciences; **he's going in for vegetables** [*grower*] il va cultiver *or* il va faire* des légumes; [*merchant*] il va vendre des légumes, il va faire* les légumes.

◆**go into** *vt fus* **(a)** (*join, take up*) entrer à *or* dans; *V* **church, parliament** *etc*.

(b) (*embark on*) (se mettre à) donner, se lancer dans. **he went into a long explanation** il s'est lancé *or* embarqué dans une longue explication; **let's not go into that now** laissons cela pour le moment; **to go into fits of laughter** être pris de fou rire; *V* **action, decline, detail, hysterics** *etc*.

(c) (*investigate*) examiner, étudier. **to go into a question closely** approfondir une question; **this matter is being gone into** on s'occupe de *or* on étudie cette affaire, cette affaire est à l'étude.

(d) (*begin to wear*) (se mettre à) porter. **she goes into woollen stockings in September** elle se met à porter des bas en laine en septembre; *V* **mourning**.

◆**go in with** *vt fus* se joindre à (*in* dans, *to do* pour faire). **she went in with her sister to buy the present** elle s'est mise* *or* cotisée avec sa sœur pour acheter le cadeau.

◆**go off 1** *vi* **(a)** (*leave*) partir, s'en aller; (*Theat*) quitter la scène. **to go off with sth** enlever *or* emporter qch; **to go off with sb** partir avec qn; **they went off together** ils sont partis ensemble; (*off duty*) **she went off at 3 o'clock** elle est partie à 3 heures, elle a quitté son travail à 3 heures; *V* **deep**.

(b) [*alarm clock*] sonner; [*gun*] partir. **the gun didn't go off** le coup n'est pas parti; **the pistol went off in his hand** le pistolet lui est parti dans la main.

(c) (*stop*) [*light, radio, TV*] s'éteindre; [*heating*] s'arrêter, s'éteindre.

(d) (*Brit: lose excellence*) [*meat*] s'avarier, se gâter; [*milk*] tourner; [*butter*] rancir; [*sportsman, athlete*] perdre de sa forme, baisser; [*woman*] perdre de sa beauté, se défraîchir.

(e) (*lose intensity*) [*feeling, effect*] passer.

(f) (*go to sleep*) s'endormir.

(g) [*event*] se passer. **the evening went off very well** la soirée s'est très bien passée; **how did it go off?** comment cela s'est-il passé?

2 *vt fus* (*Brit: lose liking for*) perdre le goût de. **I've gone off skiing** je n'ai plus envie de faire du ski, j'ai perdu le goût (de faire) du ski; **I've gone off my boyfriend/Dickens** *etc* je n'ai plus envie de sortir avec mon petit ami/de lire Dickens *etc*.

◆**go on** *vi* **(a)** (*be placed*) the lid won't go on le couvercle ne va pas (dessus); **these shoes won't go on** je n'entre pas dans ces chaussures.

(b) (*proceed on one's way*) (*without stopping*) poursuivre son chemin; (*after stopping*) repartir, se remettre en route, poursuivre sa course; *V* **go ahead**.

(c) (*continue*) continuer (*doing* de *or* à faire). **go on with your work** continuez votre travail; **to go on speaking** continuer de parler; (*after pause*) reprendre (la parole); **go on trying!** essaie encore!; **go on!** continuez!; **go on (with you)!*** allons donc!, à d'autres!*; **the war went on until 1945** la guerre a continué *or* s'est prolongée jusqu'en 1945; **if you go on doing that, you'll be punished** si tu continues *or* persistes à faire cela, tu seras puni; **you have enough to go on with** *or* **be going on with** tu as de quoi faire* pour le moment.

(**d**) (*talk*) **to go on about sth** (*boringly*) s'étendre à n'en plus finir sur qch; (*naggingly*) faire sans cesse des remarques sur qch; **don't go on about it!** arrête!, laisse tomber!; **she just goes on and on*** elle ne cesse pas de parler, c'est un moulin à paroles*; **he goes on and on about it*** il ne finit pas d'en parler, il est intarissable sur le sujet; (*nag*) **to go on at sb** s'en prendre à qn; **she went on (and on) at him** elle n'a pas cessé de s'en prendre à lui; **she's always going on at him (about ...)** elle est toujours sur son dos* *or* après lui‡ (au sujet de ...); **she's always going on at him to do his homework** elle est toujours après lui pour qu'il fasse ses devoirs.

(**e**) (*proceed*) passer. **to go on to another matter** passer à une autre question; **he went on to say that ...** puis il a dit que ..., il a dit ensuite que ... .

(**f**) (*happen*) se passer, se dérouler. **while this was going on** pendant que cela se passait, au même moment, pendant ce temps; **this has been going on for a long time** cela dure depuis longtemps; **how long will this go on for?** combien de temps cela va-t-il durer?; **several arguments were going on at the same time** plusieurs disputes étaient en train à la fois; **what's going on here?** qu'est-ce qui se passe ici?

(**g**) (*pass*) [*time*] passer; [*years*] s'écouler, passer. **as the years went on he ...** avec le passage des années, il ... .

(**h**) (*gen pej: behave*) se conduire. **what a way to go on!** en voilà des manières!; **she went on in a dreadful way** elle nous a fait une scène épouvantable*.

(**i**) (*Theat: enter*) entrer en scène; (*Sport*) [*substitute*] prendre sa place, entrer en jeu.

(**j**) (*progress*) [*person, esp patient*] se porter, aller; [*life, affairs*] marcher, continuer, aller son train.

2 *vt fus* (**a**) (*be guided by*) se fonder sur, se laisser guider par, s'appuyer sur. **what have you to go on?** sur quoi vous fondez-vous?; **the police had no clue to go on** la police n'avait aucun indice sur lequel s'appuyer; **we don't have much to go on yet** nous ne pouvons pas encore nous fonder sur grand-chose.

(**b**) (‡: *appreciate, be impressed by*) s'intéresser à. **I don't go much on that** ça ne me dit pas grand-chose*.

3 goings-on *npl* V **going** 3.

♦**go on for** *vt fus*: **to be going on for** approcher de, être près de; **he's going on for fifty** il frise la cinquantaine, il va sur la cinquantaine; **it's going on for 5 o'clock** il est presque 5 heures *or* près de 5 heures.

♦**go out** *vi* (**a**) (*leave*) sortir. **to go out of a room** quitter une pièce, sortir d'une pièce; **to go out riding** faire une sortie *or* sortir à cheval; **to go out for a meal** manger en ville (*or* chez des amis); **he goes out a lot** il sort beaucoup; **she doesn't go out with him any more** elle ne sort plus avec lui; **to go out to work** travailler au dehors; **to go out charring** aller faire des ménages; **she doesn't want to go out to work** elle ne veut pas travailler hors de chez elle *or* au dehors; **since she's gone out of his life** depuis qu'elle est sortie de sa vie; V **mind, way**.

(**b**) [*fashion*] passer de mode, se démoder; [*custom*] disparaître; [*fire, light*] s'éteindre. **he was so tired he went out like a light*** il était si fatigué qu'il s'est endormi comme une masse*; **the happiness went out of his face** le bonheur a disparu de son visage.

(**c**) (*depart*) partir (*to* pour, à); (*emigrate, travel*) émigrer (*to* à, en). **he's gone out to the Middle East with his regiment** il est parti (servir) au Moyen-Orient avec son régiment.

(**d**) [*sea, tide*] descendre, se retirer. **the tide is going out** la marée descend, la mer se retire; **the tide** *or* **the sea goes out 2 km** la mer se retire à 2 km.

(**e**) **my heart went out to him in his sorrow** j'ai été de tout cœur avec lui dans son chagrin; **all our sympathy goes out to you** toute notre sympathie va vers vous.

(**f**) (*Cards etc*) terminer.

(**g**) (*be issued*) [*pamphlet, circular*] être distribué (*to* à).

(**h**) (*end*) [*year, month*] finir, se terminer.

♦**go over** *vi* (**a**) (*cross*) **to go over to America** aller aux États-Unis; **how long does it take to go over?** combien de temps faut-il pour faire la traversée?; **she went over to Mrs. Smith's** elle a fait un saut chez Mme Smith en face; (*fig*) **his speech went over well** son discours a été très bien reçu.

(**b**) (*change allegiance*) passer, se joindre (*to* à). **to go over to the other side** changer de parti (*or* de religion), passer de l'autre côté (de la barrière); **to go over to the enemy** passer à l'ennemi.

(**c**) (*be overturned*) [*vehicle etc*] verser, se retourner; [*boat*] chavirer, se retourner.

2 *vt fus* (**a**) (*examine*) *accounts, report* examiner, vérifier; [*doctor*] *patient* examiner. **to go over a house** [*visitor*] parcourir *or* visiter une maison; [*purchaser*] examiner une maison; (*lit, fig*) **to go over the ground** reconnaître le terrain; **I went over his essay with him** j'ai regardé sa dissertation avec lui.

(**b**) (*rehearse, review*) *lesson, rôle* repasser, revoir; *speech* revoir; *facts etc* revoir, récapituler. **to go over sb's faults** passer au crible *or* éplucher les défauts de qn; **to go over sth in one's mind** repasser qch dans son esprit; **to go over the events of the day** retracer les événements de la journée; **let's go over the facts again** reprenons les faits; **let's go over what happened again** récapitulons les faits *or* les événements.

(**c**) (*touch up*) retoucher, faire des retouches à. **to go over a drawing in ink** repasser un dessin à l'encre.

---

3 going-over *n* V **going** 3.

♦**go round** *vi* (**a**) (*turn*) tourner. **the wheels go round** les roues tournent; **my head is going round** j'ai la tête qui tourne.

(**b**) (*make a detour*) faire un détour, faire le tour. **to go a long way round** faire un grand détour; **to go the long way round** prendre le chemin le plus long *or* le chemin des écoliers; **there's no bridge, we'll have to go round** il n'y a pas de pont, il faut faire le tour; **we went round by Manchester** nous avons fait le détour par Manchester.

(**c**) **to go round to sb's house/to see sb** passer chez qn/voir qn.

(**d**) (*be sufficient*) suffire (pour tout le monde). **there's enough food to go round** il y a assez de nourriture pour tout le monde; **to make the money go round** ménager son argent, s'arranger pour joindre les deux bouts*.

(**e**) (*circulate*) [*bottle, document, story*] circuler; [*rumour*] courir, circuler.

♦**go through 1** *vi* (*gen*) être accepté; (*be agreed, voted etc*) [*law, bill*] passer, être voté; [*business deal*] être conclu, être fait, se faire. **the deal did not go through** l'affaire n'a pas été conclue *or* ne s'est pas faite.

2 *vt fus* (**a**) (*suffer, endure*) subir, souffrir, endurer. **we've all gone through it** nous avons tous passé par là; **the experiences I have gone through** les épreuves que j'ai subies; **after all he's gone through** après tout ce qu'il a subi *or* enduré.

(**b**) (*examine carefully*) *list, book* éplucher; *mail* dépouiller; *subject* discuter *or* examiner à fond; *clothes, wardrobe* trier; *one's pockets* fouiller dans, explorer; (*Customs*) *suitcases, trunks* fouiller. **to go through sb's pockets** faire les poches à qn*; **I went through his essay with him** j'ai regardé sa dissertation avec lui.

(**c**) (*use up*) *money* dépenser; (*wear out*) user. **to go through a fortune** engloutir une fortune; **he goes through a pair of shoes a month** il use une paire de chaussures par mois; (*hum*) **he has gone through four cars/secretaries** *etc* il a épuisé quatre voitures/secrétaires *etc*; **he has gone through the seat of his trousers** il a usé *or* troué le fond de son pantalon; **this book has already gone through 13 editions** il y a déjà eu 13 éditions de ce livre.

(**d**) (*perform, accomplish, take part in*) *lesson* réciter; *formalities* remplir, accomplir; *programme, entertainment* exécuter; *course of study* suivre; *apprenticeship* faire; V **motion** *etc*.

♦**go through with** *vt fus* (*complete*) *plan, crime, undertaking* aller jusqu'au bout de, réaliser, exécuter. **in the end they couldn't go through with it** en fin de compte elle n'a pas pu aller jusqu'au bout; **they nevertheless went through with their marriage** ils se sont mariés malgré tout.

♦**go to 1** *vi* (*excl*) **go to!**†† allons donc!, laissez donc!

2 *vt fus*: **go to it!** allez-y!, au travail!

♦**go together** *vi* [*people*] aller ensemble; [*colours, ideas*] s'accorder, s'harmoniser, aller bien ensemble; [*events, conditions*] marcher ensemble, aller de pair. **they go well together** ils vont bien ensemble; **Ann and Peter are going together** Ann et Peter sortent ensemble.

♦**go under** *vi* (**a**) (*sink*) [*ship*] sombrer, couler; [*person*] couler, disparaître (*sous les flots*).

(**b**) (*fail*) [*person*] succomber, être vaincu; [*business etc*] couler.

♦**go up 1** *vi* (**a**) (*rise*) [*price, value, temperature*] monter, être en hausse, s'élever; (*Theat*) [*curtain*] se lever. **when the curtain goes up** au lever du rideau; **to go up in price** augmenter, renchérir; (*Scol*) **to go up a class** monter d'une classe; V **estimation** *etc*.

(**b**) (*ascend, climb*) monter, aller en haut; (*go upstairs to bed*) monter se coucher.

(**c**) (*explode, be destroyed*) sauter, exploser; V **flame, smoke**.

(**d**) (*Brit Univ*) entrer à l'université. **he went up to Oxford** il est entré à Oxford.

2 *vt fus hill* monter.

♦**go with** *vt fus* (**a**) (*accompany*) [*circumstances, event, conditions*] marcher *or* aller (de pair) avec. **poverty goes with laziness** la pauvreté va de pair avec la paresse; **the house goes with the job** le logement va avec le poste; (*fig*) **to go with the times** marcher avec son temps; **to go with the crowd** suivre la foule.

(**b**) (*harmonize with, suit*) [*colours*] s'assortir avec, se marier avec; [*furnishings*] aller avec, être assorti à, s'accorder avec; [*behaviour, opinions*] cadrer avec, s'accorder avec. **I want a hat to go with my new coat** je cherche un chapeau assorti à mon *or* qui aille avec mon nouveau manteau; **his accent doesn't go with his appearance** son accent ne va pas *or* ne s'accorde pas avec son allure.

(**c**) (*agree with*) avoir les mêmes idées que, être du même avis que. **I'll go with you there** là, je suis de votre avis.

(**d**) (*: *also* **go steady with**) sortir avec.

♦**go without 1** *vi* s'en passer.

2 *vt fus* se passer de, se priver de.

goad [gəʊd] **1** *n* aiguillon *m*.

2 *vt cattle* aiguillonner, piquer; (*fig*) aiguillonner, stimuler. **to ~ sb into doing** talonner *or* harceler qn jusqu'à ce qu'il fasse; **he was ~ed into replying ...** il a été piqué au point de répondre ...; **fright ~ed him into action** l'aiguillon de la peur le fit passer à l'action.

♦**goad on** *vt sep* aiguillonner, stimuler. **to goad sb on to doing** inciter qn à faire.

goal [gəʊl] **1** *n* (**a**) but *m*, objectif *m*. **his ~ was to become president** son ambition *or* son but était de devenir président; **it avait pour ambition** *or* **pour but de devenir président; his ~ was in sight** il approchait du but.

(**b**) (*Sport*) but *m*. **to keep ~, to play in ~** être gardien de but; **to win by 3 ~s to 2** gagner par 3 buts à 2; **the ball went into the ~** le ballon est entré dans le but *or* est allé au fond du filet.

2 *cpd*: (*Sport*) **goal-area** surface *f* de but; **goalkeeper** gardien *m* de but, goal* *m*; (*Ftbl*) **goal-kick** coup *m* (de pied) de but; **goal-line**

ligne *f* de but; **in the goalmouth** juste devant les poteaux; **goalpost** montant *m or* poteau *m* de but; **the main goal scorer was Jones** c'est Jones qui a marqué le plus de buts.

goalie* ['gəʊlɪ] *n* (*abbr of* **goalkeeper**) goal* *m*.

goat [gəʊt] **1** *n* (**a**) chèvre*f*, (*he-goat*) bouc *m*. **young** ~ chevreau *m*, chevrette *f*; *V* **sheep**.
  (**b**) (*: silly person*) imbécile *mf*, andouille* *f*. (*Brit*) **to act the (giddy)** ~* faire l'imbécile *or* l'andouille*.
  (**c**) (*fig: irritate*) **to get sb's** ~* énerver qn*, taper sur le système* *or* les nerfs* de qn; **it gets my** ~* ça me tape sur les nerfs*.
  2 *cpd*: (*Myth*) **the goat God** le divin chèvre-pied, le dieu Pan; **goatherd** chevrier *m*, -ière *f*; **goatskin** (*clothing*) peau *f* de chèvre *or* de bouc; (*container*) outre *f* en peau de bouc.

goatee [gəʊ'tiː] *n* barbiche *f*, bouc *m*.

gob [gɒb] **1** *n* (**a**) (*: spit*) crachat *m*, mollard*:* *m*. (**b**) (*: esp Brit: mouth*) gueule*: *f*. **shut your** ~! ferme-la!*, ta gueule!* (**c**) (*: US Navy*) marin *m*, mataf*: *m*. **2** *cpd*: (*Brit*) **gob-stopper*** (gros) bonbon *m*.

gobble ['gɒbl] **1** *n* [*turkey*] glouglou *m*. **2** *vi* [*turkey*] glousser, glouglouter. **3** *vt* (*also* ~ **down**, ~ **up**) *food* engloutir, engouffrer, avaler gloutonnement. **don't** ~! ne mange pas si vite!

gobbledygook* ['gɒbldɪguːk] *n* charabia* *m*.

gobbler ['gɒblər] *n* (*turkey*) dindon *m*.

Gobi ['gəʊbɪ] *n*: ~ **Desert** désert *m* de Gobi.

goblet ['gɒblɪt] *n* verre *m* à pied; (†*liter*) coupe *f*.

goblin ['gɒblɪn] *n* lutin *m*, farfadet *m*.

goby ['gəʊbɪ] *n* gobie *m*.

G.O.C. [dʒiːəʊ'siː] (*Mil*) *abbr of* **General Officer Commanding**; *V* **general**.

god [gɒd] **1** *n* (**a**) G~ Dieu *m*; G~ **the Father, the Son, the Holy Spirit** Dieu le Père, le Fils, le Saint-Esprit; **for G~'s sake!** (*imploringly*) pour l'amour du ciel!; (*: crossly*) nom d'un chien!*; (**my**) G~!*: mon Dieu!, bon Dieu!*; G~ (**only**) **knows*:** Dieu seul le sait; G~ **knows*:** **he's intelligent** Dieu sait s'il est intelligent; G~ **knows*: where he's gone** to où est-il passé, ça Dieu seul le sait; he **went G** ~ **knows where*** il est parti Dieu sait où; G~ **forbid!*** à Dieu ne plaise!, Dieu m'en garde!; G~ **forbid that she should come!** prions le ciel *or* Dieu veuille qu'elle ne vienne pas!; G~ **willing** s'il plaît à Dieu, Dieu voulant, si le ciel ne me (*or* nous) tombe pas sur la tête* (*hum*); **would to** G~ **that** plût à Dieu que +*subj*; (*fig*) G~'s **acre** cimetière *m*; (*US*) G~'s **own country*:** les États-Unis; *V* **gift, love, man, thank**.
  (**b**) dieu *m*, divinité *f*; (*big*) idole *f*. **ye** ~s!* grands dieux!; (*fig*) **money is his** ~ l'argent est son dieu *or* son idole; (*fig*) **to make a little tin** ~ **of sb** dresser des autels à qn, mettre qn sur un piédestal.
  (**c**) (*Brit Theat*) **the** ~s* le poulailler*.
  2 *cpd*: **godchild** filleul(e) *m(f)*; **goddam(n)*:,** **goddamned*:** sacré, fichu*, foutu*: (*all before n*); **it's no goddam use!*:** ça ne sert à rien de rien!*; **goddaughter** filleule *f*; (*lit,fig*) **godfather** parrain *m*; **to stand godfather to a child** être parrain d'un enfant; (*at ceremony*) tenir un enfant sur les fonts baptismaux; **god-fearing** (*très*) religieux, (*très*) croyant; **any god-fearing man** tout croyant digne de ce nom; **godforsaken** *town, place* perdu, paumé*:; *person* malheureux, misérable; **godforsaken existence** chienne *f* de vie*; **godforsaken spot** trou perdu *or* paumé*:, bled* *m*; **godhead** divinité *f*; **godlike** divin; *stature etc* de dieu; **godmother** marraine *f* (*V* **fairy 3**); **to stand godmother to a child** être marraine d'un enfant; (*at ceremony*) tenir un enfant sur les fonts baptismaux; **his godparents** son parrain et sa marraine; **godsend** aubaine *f*, bénédiction *f*, don *m* (du ciel); **to be a** *or* **come as a godsend** être une bénédiction *or* aubaine (*to* pour); **godson** filleul *m*; **godspeed!**† bonne chance!, bon voyage!

goddess ['gɒdɪs] *n* déesse *f*; (*fig*) idole *f*.

godless ['gɒdlɪs] *adj person, action, life* impie.

godly ['gɒdlɪ] *adj person* dévot, pieux, religieux; *actions, life* pieux.

...goer ['gəʊər] *n ending in cpds*: **cinemagoer** cinéphile *mf*; *V* **opera, theatre** etc.

goes [gəʊz] *V* **go**.

Goethe ['gɜːtə] **Goethe** *m*.

gofer ['gəʊfər] *n* (*US*) coursier *m*, -ière *f*.

goggle ['gɒgl] **1** *vi* [*person*] rouler de gros yeux ronds; [*eyes*] être saillants *or* exorbités, sortir de la tête. **to** ~ **at sb/sth** regarder qn/qch en roulant de gros yeux ronds, regarder qn/qch des yeux en billes de loto*.
  2 *n*: ~s [*motorcyclist*] (grosses) lunettes protectrices *or* de motocycliste; [*skindiver*] lunettes de plongée; (*industrial*) lunettes protectrices *or* de protection; (*: glasses*) lunettes, besicles *fpl* (*hum*).
  3 *cpd*: (*Brit*) **goggle-box*:** télé* *f*; **goggle-eyed** aux yeux saillants *or* exorbités *or* en billes de loto*.

go-go ['gəʊgəʊ] *adj* (**a**) *dancer, dancing* de night-club.
  (**b**) (*US St Ex*) *market, stocks* spéculatif.
  (**c**) (*US: dynamic*) *team etc* plein d'allant.

going ['gəʊɪŋ] **1** *n* (**a**) (*departure*) départ *m*; *V* **coming**.
  (**b**) (*pace*) allure *f*, marche *f*, train *m*. (*lit, fig*) **that was good** ~ ça a été rapide; **it was slow** ~ (*traffic*) on n'avançait pas; (*work etc*) les progrès étaient lents.
  (**c**) (*conditions*) état *m* du sol *or* du terrain (*pour la marche etc*). **it's rough** ~ (*walking*) on marche mal; (*Aut etc*) la route est mauvaise; **let's cross while the** ~ **is good** traversons pendant que nous le pouvons *or* que la circulation le permet; (*lit, fig*) **he got out while the** ~ **was good** il est parti au bon moment *or* au moment où les circonstances le permettaient; *V* **heavy**.
  2 *adj* (**a**) *price* existant, actuel. **the** ~ **rate** le taux en vigueur.
  (**b**) **a** ~ **concern** une affaire prospère *or* qui marche *or* florissante; **the shop was sold as a** ~ **concern** le magasin a été

vendu comme une affaire qui marche.
  3 *cpd*: **going-over** [*accounts*] vérification *f*, révision *f*; (*medical*) examen *m*; [*rooms, house etc*] nettoyage *m*; (*fig: beating*) brutalités *fpl*, passage *m* à tabac*; **to give sth a good** *or* **thorough going-over** (*check*) inspecter qch soigneusement, soumettre qch à une inspection en règle; (*clean*) nettoyer qch à fond; **goings-on** (*pej: behaviour*) activités *fpl*, conduite *f*, manigances *fpl*; (*happenings*) événements *mpl*; **fine goings-on!*** en voilà du joli!; **your letters keep me in touch with goings-on at home** tes lettres me tiennent au courant de ce qui se passe à la maison.

goitre, (*US*) **goiter** ['gɔɪtər] *n* goitre *m*.

Golan ['gəʊlæn] *n*: **the** ~ **Heights** le plateau du Golan.

gold [gəʊld] **1** *n* (**a**) (*U*) *or* m. **£500 in** ~ 500 livres en or; (*fig*) **heart of** ~ cœur *m* d'or; *V* **also 2**, *and* **good, heart, rolled**.
  (**b**) = **gold medal**; *V* **3**.
  2 *adj* *watch, tooth* en or; *coin, cloth, ingot* d'or; (*also* **gold-coloured**) d'or, doré, (couleur d')or *inv*; *paint* doré; *V also* **3**.
  3 *cpd*: **gold braid** galon *m* d'or; **goldbrick** *n* (*lit*) barre *f* d'or; (*US*:*fig: good deal*) affaire *f* en or; (*US*:*fig: shirker*) tire-au-flanc* *m*; (*vi: US*: *shirk*) tirer au flanc*; (*Jur, Fin*) **gold-clause loan** emprunt *m* avec garantie-or; **Gold Coast** (*Hist: in Africa*) Côte-de-l'Or *f* (*ancien nom du Ghana*); (*US*:*fig*) quartiers *mpl* chic (*souvent en bordure d'un lac*); **goldcrest** roitelet *m* huppé; (*fig pej*) **she's a gold digger*** c'est une aventurière; (*Mus*) **gold disc** disque *m* d'or; **gold dust** poudre *f* d'or; (*Econ*) **gold-exchange standard** étalon *m* de change-or; **gold fever** la fièvre de l'or; **goldfield** région *f or* terrain *m* aurifère; **gold-filled** *watch etc* en doublé (or); *tooth* aurifié; (*Dentistry*) **gold filling** obturation *f* en or; (*Orn*) **goldfinch** chardonneret *m*; **goldfish** poisson *m* rouge, cyprin *m* (doré); **goldfish bowl** bocal *m* (à poissons); (*fig*) **to live in a goldfish bowl** vivre comme dans un bocal en verre; **gold foil** feuille *f* d'or; **gold-headed cane** canne *f* à pommeau d'or; (*on uniform*) **gold lace** = **gold braid**; **gold leaf** feuille *f* d'or, en or en feuille; **gold medal** médaille *f* d'or; (*lit, fig*) **gold mine** mine *f* d'or; (*fig*) **he's sitting on a gold mine** il est assis sur une véritable mine d'or; **gold miner** mineur *m* (dans une mine d'or); **gold mining** extraction *f* de l'or; **gold plate** (*coating*) mince couche *f* d'or; (*dishes*) vaisselle *f* d'or; (*fig*) **to eat off gold plates** rouler sur l'or, nager dans l'opulence; **gold-plated** (*lit*) plaqué *or inv*; (*fig*: *deal, contract*) qui doit rapporter gros; (*Fin*) **the gold pool** le pool de l'or; (*Econ*) **gold reserves** réserves *fpl* d'or; **gold-rimmed spectacles** lunettes *fpl* à montures en or; **gold rush** ruée *f* vers l'or; **goldsmith** orfèvre *m*; **goldsmith's shop** magasin *m or* atelier *m* d'orfèvre; **goldsmith's trade** orfèvrerie *f*; **gold standard** étalon-or *m*; **to come off** *or* **leave the gold standard** abandonner l'étalon-or; (*US Hist*) **Gold Star Mother** mère *f* d'un soldat mort au combat; **gold stone** aventurine *f*.

golden ['gəʊldən] *adj* (*of a* ~ *colour*) d'or, doré, (couleur d')or; *hair* doré, d'or; (*made of gold*) en or, d'or; (*fig*) *voice etc* d'or, en or; (*happy, prosperous etc*) era idéal. ~ **age** âge *m* d'or; (*fig*) ~ **boy/girl** enfant chéri(e); **the** ~ **calf** le veau d'or; ~ **deed** action *f* d'éclat; G~ **Delicious (apple)** golden *f*; [*pop star etc*] ~ **disc** disque *m* d'or; ~ **eagle** aigle royal; **The** G~ **Fleece** la Toison d'or; (*US Geog*) G~ **Gate** (détroit *m* du) Golden Gate *m*; (*fig*) **to kill the** ~ **goose** tuer la poule aux œufs d'or; (*fig*) ~ **handshake** gratification *f* de fin de service, prime *f* de départ; ~ **hours** heures précieuses *or* merveilleuses; ~ **jubilee** fête *f* du cinquantième anniversaire; ~ **legend** légende dorée; **the** ~ **mean** (*gen*) le juste milieu; ~ **number** nombre *m* d'or; ~ **oldie** (*song*) vieux succès *m* de la chanson; (*film*) vieux succès de l'écran; ~ **opportunity** occasion magnifique *or* rêvée; **it's your** ~ **opportunity** to do it c'est pour vous le moment ou jamais de le faire; ~ **oriole** loriot *m* jaune; ~ **pheasant** faisan doré; ~ **remedy** remède souverain *or* infaillible; ~ **retriever** golden retriever *m*; (*Bot*) ~ **rod** solidage *f*, gerbe *f* d'or; ~ **rule** règle *f* d'or; (*US*) **the** G~ **State** la Californie; (*Brit*) ~ **syrup** mélasse raffinée; ~ **wedding** noces *fpl* d'or; ~ **yellow** jaune d'or.

Goldilocks ['gəʊldɪlɒks] *n* Boucles d'Or *f*.

golf [gɒlf] **1** *n* golf *m*; *V* **clock**.
  2 *vi* faire du golf, jouer au golf.
  3 *cpd*: **golf ball** balle *f* de golf; (*on typewriter*) boule *f*, sphère *f*; **golf club** (*stick*) club *m or* crosse *f or* canne *f* (de golf); (*place*) club de golf; **golf course, golf links** (terrain *m* de) golf *m*; **she's a golf widow** son mari la délaisse pour aller jouer au golf *or* lui préfère le golf.

golfer ['gɒlfər] *n* joueur *m*, -euse *f* de golf, golfeur *m*, -euse *f*.

Golgotha ['gɒlgəθə] *n* Golgotha.

Goliath [gəʊ'laɪəθ] *n* (*lit, fig*) Goliath *m*.

golliwog ['gɒlɪwɒg] (*Brit*) *n* poupée *f* nègre de chiffon (*aux cheveux hérissés*).

golly* ['gɒlɪ] **1** *excl* mince (alors)!*, flûte!* **2** *n* (*Brit*) = **golliwog**.

golosh [gə'lɒʃ] *n* = **galosh**.

Gomorrah [gə'mɒrə] *n* Gomorrhe.

gonad ['gəʊnæd] *n* gonade *f*.

gonadotropic [ˌgɒnədəʊ'trəʊpɪk] *adj* gonadotrope.

gonadotropin [ˌgɒnədəʊ'trəʊpɪn] *n* gonadotrophine *f*.

gondola ['gɒndələ] *n* (**a**) gondole *f*. (**b**) [*balloon, airship*] nacelle *f*. (**c**) (*in supermarket*) gondole *f*; (*US Rail: also* ~ **car**) wagon-tombereau *m*.

gondolier [ˌgɒndə'lɪər] *n* gondolier *m*.

Gondwana [gɒnd'wɑːnə] *n* (*also* **Gondwanaland**) continent *m* de Gondwana.

gone [gɒn] **1** *ptp of* **go**.
  2 *adj* (**a**) **to be** ~ [*person*] être parti *or* absent; (*euph: dead*) être disparu *or* mort; **to be far** ~ (*ill*) être très bas (*f* basse) *or* mal; (*: drunk*) être ivre *or* beurré*: (*Med*) **she was 6 months** ~* elle était enceinte de 6 mois; (*liter*) **she was far** ~ **with child** elle approchait de son terme; **to be** ~ **on sb*:** en pincer pour qn*:; (†† *or*

hum) be ∼! allez-vous-en!; ∼ **with the wind** autant en emporte le vent.

(b) (*Brit*) **it's just** ∼ **3** il vient de sonner 3 heures, 3 heures viennent de sonner; **it was** ∼ **4 before he came** il était plus de 4 heures *or* passé 4 heures quand il est arrivé.

goner‡ ['gɒnər] *n*: **to be a** ∼ être fichu* *or* foutu‡.

gong [gɒŋ] *n* **(a)** (*also Boxing*) gong *m*. **(b)** (*Brit Mil sl: medal*) médaille *f*.

gonorrhoea [ˌgɒnə'rɪə] *n* blennorragie *f*, blennorrhée *f*.

gonzo ['gɒnzəʊ] *adj* (*US‡*) bizarre, dingue*.

goo* [guː] *n* matière visqueuse *or* gluante; (*sentimentality*) sentimentalité *f* mièvre *or* à l'eau de rose.

good [gʊd] **1** *adj, comp* **better**, *superl* **best** **(a)** (*gen*) bon (*f* bonne); (*well-behaved*) *child, animal* sage; (*kind*) bon, gentil, bienveillant. **he's a** ∼ **man** c'est un homme bien *or* quelqu'un de bien; **he's a** ∼ **man but** ... c'est un brave homme mais ...; **he sounds too** ∼ **to be true** mais il est parfait! — c'est trop beau pour être vrai (*V also* **1d**); **is he any** ∼? *[worker/singer etc]* est-ce qu'il travaille/ chante *etc* bien?; **all** ∼ **people** toutes les braves gens; (*liter*) ∼ **men and true** hommes vaillants; **a** ∼ **and holy man** un saint homme; **to live** *or* **lead a** ∼ **life** mener une vie vertueuse; **the child was as** ∼ **as gold** l'enfant était sage comme une image; **be** ∼! sois sage!; **be** ∼ **to him** soyez gentil avec lui; **that's very** ∼ **of you** c'est bien aimable *or* très gentil de votre part, vous êtes bien aimable *or* gentil; **would you be** ∼ **enough to tell me** seriez-vous assez aimable pour *or* auriez-vous la bonté de me dire, voudriez-vous avoir l'obligeance (*frm*) de me dire; **he asked us to be** ∼ **enough to sit** il nous a priés de bien vouloir nous asseoir; **she is a** ∼ **mother** c'est une bonne mère; **she was a** ∼ **wife to him** elle a été pour lui une épouse dévouée; **he's a** ∼ **chap** *or* **sort*** c'est un brave *or* chic type*; **she's a** ∼ **sort** c'est une brave *or* chic* fille; ∼ **old Charles!*** ce (bon) vieux Charles!; **my** ∼ **friend** (mon) cher ami; **your** ∼ **lady†** votre épouse; **your** ∼ **man†** votre époux; **yes, my** ∼ **man** oui, mon brave; **the** ∼ **ship Domino** le Domino; **very** ∼, **sir!** (très) bien monsieur!; **to do** ∼ **works** faire de bonnes œuvres; **the G**∼ **Book** la Bible; **she was wearing a** ∼ **dress** elle portait une robe de (belle) qualité; **she was wearing her** ∼ **dress** elle portait sa belle robe; **nothing was too** ∼ **for his wife** rien n'était trop beau pour sa femme; **he sat on the only** ∼ **chair** il s'est assis sur la seule bonne chaise; (*in shop*) **I want something** ∼ je veux quelque chose de bien; **that's not** ∼ **enough** ça ne va pas; **it's just not** ∼ **enough** ça laisse beaucoup à désirer; (*indignantly*) c'est lamentable, c'est déplorable; **that's** ∼ **enough for me** cela me suffit; ∼ **for you!** bravo!, très bien!; (**that's**) ∼! bon!, très bien!; (*joke, story*) **that's a** ∼ **one!** elle est (bien) bonne celle-là!; (*iro*) à d'autres!*; ∼ **gracious*,** ∼ **heavens!*,** ∼ **Lord!*** mon Dieu!, Seigneur!; **he's as** ∼ **as you** il vous vaut, il vaut autant que vous; **he's as** ∼ **a writer as his brother** il est aussi bon écrivain que son frère; **it's as** ∼ **a way as any other** c'est une façon comme une autre *or* qui en vaut une autre; **he was as** ∼ **as his word** il a tenu sa promesse; **his hearing/ eyesight is** ∼ il a l'ouïe fine/une bonne vue; **he came in a** ∼ **third** il s'est honorablement classé troisième; *V* **form, part, Samaritan** *etc*.

(b) (*beneficial, wholesome*) bon (*for* pour), salutaire (*for* à). **milk is** ∼ **for children** le lait est bon pour les enfants; **drink up your milk, it's** ∼ **for you** bois ton lait, c'est bon pour toi *or* c'est bon pour la santé *or* ça te fait du bien; **oil of cloves is** ∼ **for toothache** l'essence de girofle est bonne pour les maux de dents; **exercise is** ∼ **for you** l'exercice vous fait du bien, il est sain de prendre de l'exercice; (*hum*) **it's** ∼ **for the soul!** ça forme le caractère!; **you don't know what's** ∼ **for you** (*of food etc*) tu ne sais pas apprécier les bonnes choses; (*fig*) tu ne sais pas profiter des bonnes occasions; **if you know what's** ∼ **for you you'll say yes** si tu as le moindre bon sens tu accepteras; **the shock was** ∼ **for him** le choc lui a été salutaire; **this climate is not** ∼ **for one's health** ce climat est mauvais pour la santé *or* est insalubre; **all this running isn't** ∼ **for me!** ce n'est pas bon pour moi de courir comme ça!; **to drink more than is** ∼ **for one** boire plus qu'on ne le devrait *or* plus que de raison; **he's had more (to drink) than is** ∼ **for him*** il a largement son compte*, il a trop bu; *[food]* **to keep** *or* **stay** ∼ (bien) se conserver.

(c) (*efficient, competent*) bon, compétent, expert. **I've got a** ∼ **teacher/doctor/lawyer** j'ai un bon professeur/médecin/avocat; **a** ∼ **businessman** un excellent homme d'affaires; ∼ **at French** bon *or* fort *or* calé* en français, doué pour le français; **he's** ∼ **at everything** il est bon *or* il brille en tout; **she's** ∼ **with children/dogs** elle sait s'y prendre avec les enfants/les chiens; **he's** ∼ **at telling stories**, **he tells a** ∼ **story** il sait bien raconter les histoires; **he's not** ∼ **enough to do it alone** il n'est pas assez expert *or* il ne s'y connaît pas assez pour le faire tout seul; **he's too** ∼ **for that** il mérite mieux que cela.

(d) (*pleasing, agreeable*) *visit, holiday* bon, agréable, plaisant; *weather, day* beau (*f* belle); *news* bon, heureux; *humour* bon, joyeux. **he has a** ∼ **temper** il a bon caractère; **he's in a** ∼ **temper** *or* **humour** il est de bonne humeur; **he's** ∼ **nature** son bon naturel *or* caractère; **we had a** ∼ **time** nous nous sommes bien amusés; (*fig*) **there are** ∼ **times ahead for** ... l'avenir est prometteur pour ... *or* sourit à ...; **I've had a** ∼ **life** j'ai eu une belle vie; **it's too** ∼ **to be true** c'est trop beau pour être vrai; **it's** ∼ **to be alive** il fait bon vivre; **it's** ∼ **to be here** cela fait plaisir d'être ici; **I feel** ∼ je me sens bien; **I don't feel too** ∼ **about that*** (*worried*) cela m'inquiète *or* m'ennuie un peu; (*ashamed*) j'en ai un peu honte; **Robert sends (his)** ∼ **wishes** Robert envoie ses amitiés; (*in letter*) **with every** ∼ **wish, with all** ∼ **wishes** tous mes meilleurs vœux; *V* **cheer** *etc*.

(e) (*in greetings*) ∼ **afternoon** (*early*) bonjour, (*later*) bonsoir, (*on leaving*) bonsoir; ∼**bye** au revoir, adieu†; **to bid sb** ∼**bye** faire ses adieux à qn, prendre congé de qn; ∼**bye to all that!** fini tout

cela!; **you can say** ∼**bye to all your hopes** tu peux dire adieu à toutes tes espérances; ∼ **day†** = ∼**bye** *or* ∼ **morning**; ∼ **evening** bonsoir; ∼ **morning** bonjour; ∼**night** bonsoir, bonne nuit; **to bid sb** ∼**night** souhaiter le *or* dire bonsoir à qn; **to give sb a** ∼**night kiss** embrasser qn (*en lui disant bonne nuit*).

(f) (*handsome, well-made*) *appearance etc* bon, beau (*f* belle), joli; *features* beau, joli. ∼ **looks** beauté *f*; **you look** ∼ **in that, that looks** ∼ **on you** ça vous va bien; **you look** ∼! tu es très bien!; **she's got a** ∼ **figure** elle a la ligne, elle est bien faite; **she's got** ∼ **legs** elle a les jambes bien faites *or* dessinées.

(g) (*advantageous, favourable*) *terms, contract, deal* avantageux, favorable; *offer* favorable, bon; *omen, chance* bon; *opportunity* bon, favorable. **to make a** ∼ **marriage** faire un beau mariage; **to live at a** ∼ **address** avoir une adresse chic; **people of** ∼ **position** *or* **standing** des gens bien; (*Betting etc*) **I've had a** ∼ **day** la chance était avec moi aujourd'hui; **you've never had it so** ∼!* vous n'avez jamais eu la vie si belle!; **he thought it** ∼ **to say** il crut bon *or* il jugea à propos de dire; **he's on to a** ∼ **thing*** il a trouvé un filon*; **to make a** ∼ **thing out of sth*** tirer bon parti de qch, faire de gros bénéfices sur qch; **it would be a** ∼ **thing to ask him** il serait bon de lui demander; **it's a** ∼ **thing I was there** heureusement que j'étais là, c'est une chance que j'aie été là; **that's a** ∼ **thing!** tant mieux!, très bien!; **it's too much** *or* **you can have too much of a** ∼ **thing** on se lasse des meilleures choses, il ne faut pas abuser des bonnes choses; **to put in a** ∼ **word for sb** glisser un mot en faveur de qn; **this is as** ∼ **a time as any to do it** autant le faire maintenant; *V* **fortune, job, time** *etc*.

(h) (*reliable, valid*) *car, tools, machinery* bon, sûr; *cheque* bon; *reason, excuse* bon, valable. (*Insurance*) **he is a** ∼ **risk** il est un bon risque; (*Fin*) **his credit is** ∼? peut-on lui faire crédit?; **he is** *or* **his credit is** ∼ **for £3,000** on peut lui faire crédit jusqu'à 3.000 livres; **what** *or* **how much is he** ∼ **for?** de combien (d'argent) dispose-t-il?; **how much will you be** ∼ **for?** combien (d'argent) pouvez-vous mettre?; (*lending money*) **he's** ∼ **for £500** il nous (*or* vous *etc*) prêtera bien 500 livres; **this ticket is** ∼ **for 3 months** ce billet est bon *or* valable 3 mois; **this note is** ∼ **for £5** ce bon vaut 5 livres; **he's** ∼ **for another 20 years yet** il en a encore bien pour 20 ans; **my car is** ∼ **for another few years** ma voiture fera *or* tiendra encore bien quelques années; **are you** ∼ **for a long walk?** te sens-tu en état de *or* de taille à *or* de force à faire une longue promenade?; **I'm** ∼ **for another mile** *or* **two** je me sens de force à faire encore un ou deux kilomètres; *V* **reason**.

(i) (*thorough*) bon, grand, complet (*f* -ète). **a** ∼ **thrashing** une bonne correction; **to give sb a** ∼ **scolding** passer un bon savon* à qn, tancer qn vertement; **to give sth a** ∼ **clean*** nettoyer qch à fond, faire le nettoyage complet de qch; **to have a** ∼ **cry** avoir une bonne crise de larmes, pleurer un bon coup *or* tout son soûl; **I've a** ∼ **mind to tell him everything!** j'ai bien envie de tout lui dire!; *V* **care, grounding**.

(j) (*considerable, not less than*) bon, grand. **a** ∼ **deal (of)** beaucoup (de); **a** ∼ **many** beaucoup de, bon nombre de; **a** ∼ **distance** une bonne distance; **a** ∼ **way** un bon bout de chemin; **a** ∼ **while** pas mal de temps, assez longtemps; **it will take you a** ∼ **hour** vous n'aurez pas trop d'une heure, il vous faudra une bonne heure; **a** ∼ **8 kilometres** 8 bons kilomètres, 8 kilomètres pour le moins; **that was a** ∼ **10 years ago** il y a bien 10 ans de cela; **a** ∼ **round sum** une somme rondelette; *V* **bit²**.

(k) (*adv phrases*) **as** ∼ **as** pour ainsi dire, à peu de choses près, pratiquement; **as** ∼ **as new** comme neuf (*f* neuve); **to make sth as** ∼ **as new** remettre qch à neuf; **the matter is as** ∼ **as settled** c'est comme si l'affaire était réglée, l'affaire est pour ainsi dire *or* pratiquement réglée; **he's as** ∼ **as lost** it c'est comme s'il l'avait perdu; **she as** ∼ **as told me that** ... elle m'a dit à peu de chose près que ..., **elle m'a pour ainsi dire déclaré que** ...; **he as** ∼ **as called me a liar** il n'a pas dit que je mentais mais c'était tout comme*; **it's as** ∼ **as saying that** ... autant dire que ...; **it was as** ∼ **as a play!** c'était une vraie comédie!; **it was as** ∼ **as a holiday** c'étaient presque des vacances.

(l) to make ∼ (*succeed*) faire son chemin, réussir; *[ex-criminal etc]* se refaire une vie, racheter son passé; **to make** ∼ **deficit** combler; *deficiency, losses* compenser; *expenses* rembourser; *injustice, damage* réparer; **to make** ∼ **a loss to sb** dédommager qn d'une perte; **to make** ∼ **a promise** tenir *or* remplir une promesse; **to make** ∼ **one's escape** réussir son évasion; **to make** ∼ **an assertion** justifier une affirmation.

2 *adv* **(a)** bien. **a** ∼ **strong stick** un bâton bien solide; **a** ∼ **long walk** une bonne *or* une grande promenade; **we had a** ∼ **long talk** nous avons discuté bien longuement; **in** ∼ **plain English** en termes simples.

(b) ∼ **and*** bien, tout à fait; **the soup was served** ∼ **and hot** la soupe a été servie bien chaude; **the house is** ∼ **and clean** la maison est scrupuleusement propre; **I told him off** ∼ **and proper‡** je lui ai passé un bon savon*, je l'ai bien engueulé‡.

(c) (*US*) **to be in** ∼ **with sb‡** être dans les petits papiers de qn.

3 *n* **(a)** (*virtue, righteousness*) bien *m*. **to do** ∼ faire du bien *or* le bien; **to return** ∼ **for evil** rendre le bien pour le mal; **he is a power for** ∼ il exerce une influence salutaire; **she's up to no** ∼* elle prépare quelque mauvais coup; **there's some** ∼ **in him** il a du bon; **for** ∼ **or ill, for** ∼ **or evil, for** ∼ **or bad** que ce soit un bien ou un mal; **he'll come to no** ∼ il finira *or* tournera mal.

(b) (*collective n: people*) **the** ∼ les bons *mpl*, les gens *mpl* de bien, les gens vertueux; **the** ∼ **and the bad** les bons et les méchants; (*loc*) **only the** ∼ **die young** seuls les bons meurent jeunes.

(c) (*advantage, profit*) bien *m*, avantage *m*, profit *m*. **the common** ∼ l'intérêt commun; **I did it for your** ∼ je l'ai fait pour votre bien; **it's for his own** ∼ c'est pour son bien; **he went for the** ∼ **of his health** il est parti pour des raisons de santé; **that will do you** ∼

cela vous fera du bien; it does my heart ~ to see him cela me réjouit or me réchauffe le cœur de le voir; what ~ will that do you? ça t'avancera à quoi?; what's the ~? à quoi bon?; what's the ~ of hurrying? à quoi bon se presser?; a (fat) lot of ~ that will do (you)!* tu seras bien avancé!, ça te fera une belle jambe!*; much ~ may it do you! grand bien vous fasse!; a lot of ~ that's done! nous voilà bien avancés!; a lot of ~ that's done him! le voilà bien avancé!; it's not much ~ to me [advice, suggestion] cela ne m'avance guère; [object, money] cela ne me sert pas à grand-chose; so much to the ~ autant de gagné; we were £5 to the ~ nous avions fait 5 livres de bénéfice, cela nous avait fait 5 livres de gagnées; that's all to the ~! tant mieux!, c'est autant de gagné!; it's no ~ ça ne sert à rien, c'est en pure perte; that's no ~ cela ne vaut rien, cela ne va pas, cela ne peut pas aller; that won't be much ~ cela ne servira pas à grand-chose; if that is any ~ to you si ça peut vous être utile or vous rendre service; it's no ~ saying that ce n'est pas la peine de dire cela, inutile de dire cela.

(d) (adv phrase) for ~ pour de bon, à jamais; to settle down for ~ se fixer définitivement; he's gone for ~ il est parti pour toujours or pour de bon or pour ne plus revenir; for ~ and all à tout jamais, une (bonne) fois pour toutes, pour tout de bon.

(e) V goods.

4 cpd: goodbye V 1e; good-for-nothing (adj) bon or propre à rien; (n) propre mf à rien, vaurien(ne) m(f); Good Friday Vendredi saint; good-hearted qui a bon cœur, bon, généreux; good-heartedness bonté f; good-humoured person de bonne humeur, jovial, bon enfant inv; appearance, smile etc plein de bonhomie, bonhomme inv, bon enfant inv; joke sans malice; good-humouredly avec bonne humeur, avec bonhomie; good-looker* (man) beau garçon, bel homme; (woman) belle or jolie femme; (horse etc) beau cheval etc; good-looking beau (f belle), bien inv, joli; good-natured person qui a un bon naturel, accommodant, facile à vivre; smile, laughter bon enfant inv; goodnight V 1e; smile, look aimable, gentil; (pej) good-time girl f qui ne pense qu'à s'amuser or qu'à se donner du bon temps; goodwill V goodwill.

goodish ['gʊdɪʃ] adj assez bon or bien.

goodly ['gʊdlɪ] adj († or liter) (a) appearance beau (f belle), gracieux. (b) size grand, large, ample. a ~ number un nombre considérable; a ~ heritage un bel héritage.

goodness ['gʊdnɪs] n [person] bonté f; [foodstuff] valeur nutritive. (my) ~!*, ~ gracious!* Seigneur!, bonté divine!; ~ (only) knows* Dieu (seul) sait; for ~' sake* pour l'amour de Dieu, par pitié; I wish to ~ I had gone there!* si seulement j'y étais allé!; V thank.

goods [gʊdz] 1 npl (a) (Comm) marchandises fpl, articles mpl. leather ~ articles de cuir, maroquinerie f; knitted ~ articles en tricot; that's/he's just the ~!* c'est/il est exactement ce qu'il (nous or vous etc) faut!; (US) to have the ~ on sb* en savoir long sur qn; V consumer, deliver etc.

(b) (Jur) biens mpl, meubles mpl. all his ~ and chattels tous ses biens et effets.

2 cpd: (Brit Rail) to send by fast/slow goods service envoyer en grande/petite vitesse; goods siding voie f de garage pour wagons de marchandises; goods station gare f de marchandises; goods train train m de marchandises; goods yard dépôt m or cour f des marchandises.

goodwill [ˌgʊd'wɪl] n (a) bonne volonté, bon vouloir, bienveillance f. to gain sb's ~ se faire bien voir de qn; (Pol) ~ mission or tour visite f d'amitié.

(b) (willingness) zèle m. to work with ~ travailler de bon cœur or avec zèle.

(c) (Comm) (biens mpl) incorporels mpl, clientèle f. the ~ goes with the business les incorporels sont vendus or la clientèle est vendue avec le fonds de commerce.

goody ['gʊdɪ] 1 excl (also ~ ~) chic!*, chouette!* 2 n (a) (Cine) the goodies and the baddies* les bons mpl et les méchants mpl.

(b) (Culin) goodies* friandises fpl, bonnes choses.

goody-goody* ['gʊdɪ,gʊdɪ] 1 adj (pej) [person] to be ~ [child] être l'image du petit garçon (or de la petite fille) modèle; [adult] être un vrai petit saint. 2 n modèle m de vertu (iro), petit saint, sainte nitouche f.

gooey ['gu:ɪ] adj (pej) substance gluant; cake qui colle aux dents; (fig) film, story sentimental, à l'eau de rose.

goof* [gu:f] 1 n (idiot) toqué(e)* m(f). 2 cpd: goofball (drug) barbiturique m; (US: eccentric person) fantaisiste mf, numéro* m. 3 vi faire une gaffe, mettre les pieds dans le plat.

♦**goof around*** vi (US) faire l'imbécile.

♦**goof off*** vi (US) tirer au flanc.

♦**goof up*** 1 vi (US) faire une gaffe, gaffer*.

2 vt sep foutre en l'air*, bousiller*.

goofy* ['gu:fɪ] adj maboul*, toqué*.

gook* [gu:k] n (US) (a) (slime etc) substance visqueuse; (dirt) crasse f. what's this ~? qu'est-ce que c'est que cette saloperie*? (b) (pej: Asian etc) Asiate mf (pej).

goolies* ['gu:lɪz] npl couilles*fpl.

goon* [gu:n] n (fool) idiot(e) m(f), imbécile mf; (US: hired thug) gangster m; (prison camp guard) surveillant m, garde-chiourme m.

gooney bird ['gu:nɪ,bɜ:d] n (US) albatros m.

goosander [gu:'sændər] n harle m bièvre.

goose [gu:s] pl **geese** 1 n oie f. (fig) all his geese are swans d'après lui tout ce qu'il fait tient du prodige; (fig) to kill the ~ that lays the golden eggs tuer la poule aux œufs d'or; don't be such a ~!* ne sois pas si bébête!* or si dinde!*; silly little ~!* petite dinde!*, petite niaise!*; V boo, cook, mother oil.

2 cpd: gooseberry V gooseberry; goose chase V wild; to come

out in gooseflesh or goosepimples or (US) goosebumps avoir la chair de poule; that gives me gooseflesh etc cela me donne la chair de poule; (Mil) goose-step (n) pas m de l'oie; (vi) faire le pas de l'oie; to goose-step along/in etc avancer/entrer etc au pas de l'oie.

3 vt (US‡: prod) donner un coup de doigt dans l'arrière-train à.

gooseberry ['gʊzbərɪ] n (fruit) groseille f à maquereau; (also ~ bush) groseiller m. (Brit) to play ~ tenir la chandelle.

goosegog‡ ['gʊzgɒg] (Brit) = gooseberry.

G.O.P. [ˌdʒi:əʊ'pi:] (US Pol) n abbr of Grand Old Party (parti républicain).

gopher ['gəʊfər] 1 n (squirrel) spermophile m; (rodent) geomys m. 2 cpd: (US) the Gopher State le Minnesota.

gorblimey‡ [ˌgɔ:'blaɪmɪ] excl (Brit) nom d'un chien!*

Gordian ['gɔ:dɪən] n: to cut the ~ knot trancher le nœud gordien.

gore¹ [gɔ:r] n (blood) sang m.

gore² [gɔ:r] vt (injure) encorner, blesser or éventrer d'un coup de corne. ~d to death tué d'un coup de corne.

gore³ [gɔ:r] 1 n (Sewing) godet m; [sail] pointe f. 2 vt sail mettre une pointe à. ~d skirt jupe f à godets.

gorge [gɔ:dʒ] 1 n (a) (Geog) gorge f, défilé m. (b) (Anat) gorge f, gosier m. (fig) it makes my ~ rise cela me soulève le cœur. 2 vt meal, food engloutir, engouffrer*. to ~ o.s. se gorger, se rassasier. 3 vi se bourrer, se gorger, se rassasier (on de).

gorgeous ['gɔ:dʒəs] adj sunset, colours somptueux, splendide, magnifique, fastueux; woman magnifique, splendide; weather splendide, magnifique; (*) holiday etc sensationnel*, formidable*. we had a ~ time* on a passé un moment sensationnel*; hullo there, ~!‡ bonjour, ma beauté! or ma belle! or ma mignonne!; it was a ~ feeling c'était une sensation merveilleuse.

Gorgons ['gɔ:gənz] npl (Myth) Gorgones fpl.

gorilla [gə'rɪlə] n (Zool) gorille m; (‡pej: man) brute f; (‡: thug) gangster m; (‡: bodyguard) gorille* m.

Gorki, Gorky ['gɔ:kɪ] (writer) Gorki m.

gormandize ['gɔ:məndaɪz] vi bâfrer‡, se goinfrer‡, s'empiffrer‡.

gormless* ['gɔ:mlɪs] adj (Brit) lourdaud, bêta (f -asse)*.

gorse [gɔ:s] n (U) ajoncs mpl. ~ bush ajonc m.

gory ['gɔ:rɪ] adj wound, battle etc sanglant; person ensanglanté. (fig) all the ~ details tous les détails les plus horribles.

gosh* [gɒʃ] excl ça alors!*, mince (alors)!*, nom d'un chien!*

goshawk ['gɒshɔ:k] n autour m.

gosling ['gɒzlɪŋ] n oison m.

gospel ['gɒspəl] 1 n (a) évangile m. the G~ according to St John l'Évangile selon St Jean; (fig) that's ~* c'est parole d'évangile, c'est la vérité pure; (fig) to take sth for ~* accepter qch comme or prendre qch pour parole d'évangile.

(b) (music) gospel m.

2 cpd: gospel music gospel m; Gospel oath serment prêté sur l'Évangile; gospel song ≃ négro-spiritual m; (fig) it's the gospel truth* c'est parole d'évangile, c'est la vérité pure.

gossamer ['gɒsəmər] 1 n (U) (cobweb) fils mpl de la Vierge; (gauze) gaze f; (light fabric) étoffe translucide or très légère; (US: waterproof) imperméable léger. 2 adj arachnéen (liter), léger. ~ thin très fin, fin comme de la gaze.

gossip ['gɒsɪp] 1 n (a) (U) (chatter) bavardage m, commérage m (pej), cancans mpl (pej), potins mpl (pej); (newspaper) propos familiers, échos mpl. I never listen to ~ je n'écoute jamais les cancans or les racontars mpl; what's the latest ~? quels sont les derniers potins?; a piece of ~ un cancan, un ragot; we had a good old ~ nous nous sommes raconté tous les potins, nous avons taillé une bonne bavette*.

(b) (person) bavard(e) m(f), commère f (pej). he's a real ~ c'est une vraie commère or un vrai pipelet*.

2 vi bavarder, papoter; (maliciously) potiner, cancaner, faire des commérages (about sur).

3 cpd: (Press) gossip column échos mpl; gossip columnist, gossip writer échotier m, -ière f.

gossiping ['gɒsɪpɪŋ] 1 adj bavard, cancanier (pej). 2 n bavardage m, papotage m, commérage m (pej).

gossipy ['gɒsɪpɪ] adj person bavard, cancanier (pej); style, book anecdotique; conversation cancanier, de commère.

got [gɒt] pret, ptp of get; for have, V have.

Goth [gɒθ] n Goth m.

Gothic ['gɒθɪk] 1 adj (Archit) gothique; (Hist) des Goths. ~ type caractère m gothique. 2 n (Archit, Ling etc) gothique m.

gotten ['gɒtn] (US) ptp of get.

gouache [gʊ'a:ʃ] n gouache f.

gouge [gaʊdʒ] 1 n gouge f.

2 vt (a) wood etc gouger. to ~ a hole in sth creuser un trou dans qch.

(b) (US fig*: overcharge etc) estamper‡, escroquer.

♦**gouge out** vt sep (with gouge) gouger; (with thumb, pencil etc) évider. to gouge sb's eyes out arracher les yeux à qn.

goulash ['gu:læʃ] n goulache f.

gourd [gʊəd] n (fruit) gourde f; (container) gourde, calebasse f.

gourmand ['gʊəmənd] n gourmand(e) m(f), glouton(ne) m(f).

gourmet ['gʊəmeɪ] n gourmet m, gastronome mf.

gout [gaʊt] n (Med) goutte f.

gouty ['gaʊtɪ] adj person, joint goutteux.

gov* [gʌv] n abbr of governor b.

govern ['gʌvən] 1 vt (a) (rule) country gouverner; province, city etc administrer; household diriger, gérer; affairs administrer, gérer; business, company gérer, administrer, diriger. (Jur) ~ed by the laws of England régi par le droit anglais.

(b) (Tech) régler; (fig: control) passions, emotions etc maîtriser, contenir, gouverner, dominer. to ~ one's tongue tenir sa langue, contrôler ses paroles; to ~ one's temper se maîtriser.

(c) (*influence*) *events* déterminer, régir; *opinions* guider; *speed* déterminer.
(d) (*Gram*) régir.
2 *vi* (*Pol*) gouverner.
governess ['gʌvənɪs] *n* gouvernante *f*, institutrice *f* (*à domicile*).
governing ['gʌvənɪŋ] *adj* (*Pol etc*) gouvernant; (*fig*) belief *etc* dominant. (*Brit Scol*) ~ **board** ≃ conseil *m* d'établissement; ~ **body** conseil *m* d'administration, directeurs *mpl*; ~ **principle** idée directrice *or* dominante.
government ['gʌvənmənt] **1** *n* **(a)** (*U: act: V* **govern 1**) gouvernement *m*; gestion *f*; direction *f*; administration *f*.
(b) (*Pol*) (*governing body*) gouvernement *m*, cabinet *m*, ministère *m*; (*system*) régime *m*, gouvernement; (*the State*) l'État *m*. **to form a** ~ former un gouvernement *or* un cabinet *or* un ministère; **democratic** ~ gouvernement *or* régime démocratique; **local** ~ administration locale; **minority** ~ gouvernement minoritaire; ~ **by the people and for the people** gouvernement du peuple pour le peuple; **that country needs a strong** ~ ce pays a besoin d'un gouvernement fort; **the** ~ **is taking measures to stop pollution** le gouvernement prend des mesures pour empêcher la pollution; **a dam built by the** ~ un barrage construit par l'État; **the G**~ **and the Opposition** le gouvernement et l'opposition; **the** ~ **has fallen** le cabinet *or* le ministère *or* le gouvernement est tombé; **a socialist** ~ un gouvernement *or* un ministère socialiste; **he was invited to join the** ~ il a été invité à entrer dans le gouvernement.
2 *cpd* policy, decision gouvernemental, du gouvernement; responsibility, loan de l'État, public (*f* -ique). (*US*) **Government Accounting Office** ≃ Cour *f* des Comptes; (*Insurance*) **government action** fait *m* du prince; (*Fin*) **government bond** obligation *f* d'État; (*US*) **government corporation** régie *f* d'État; **government department** département *or* service gouvernemental; **government expenditure** dépenses publiques; (*Brit*) **Government House** palais *m* du gouverneur, résidence *f*; **government issue** (*adj*) equipment fourni par le gouvernement; bonds *etc* émis par le gouvernement; **government-owned corporation** établissement public autonome; (*US*) **Government Printing Office** ≃ Imprimerie *f* nationale; (*Fin*) **government securities** effets publics, titres *mpl* d'État; (*Fin*) **government stock** fonds publics *or* d'État.
governmental [,gʌvən'mentl] *adj* gouvernemental, du gouvernement.
governor ['gʌvənər] *n* **(a)** [state, bank] gouverneur *m*; (*esp Brit*) [prison] directeur *m*, -trice *f*; [institution] administrateur *m*, -trice *f*; (*Brit Scol*) ≃ membre *m* d'un conseil d'établissement (*de lycée ou d'IUT*). (*Brit*) **G**~ **General** gouverneur général.
(b) (*Brit⁑*) (*employer*) patron *m*; (*father*) paternel⁑ *m*. **thanks** ~! **merci chef!** *or* patron!
(c) (*Tech*) régulateur *m*.
governorship ['gʌvənəʃɪp] *n* fonctions *fpl* de gouverneur. **during my** ~ pendant la durée de mes fonctions (de gouverneur).
Govt. *abbr of* **Government**.
gown [gaʊn] **1** *n* robe *f*; (*Jur, Univ*) toge *f*; *V* **town. 2** *vt* (*liter*) revêtir (*in* de), habiller (*in* de).
goy [gɔɪ] *n, pl* **goyim** ['gɔɪm] goy *m or* goï *m* (*pl* goym *or* goyim).
GP [dʒi:'pi:] *n* (*abbr of* **General Practitioner**) (médecin *m*) généraliste *m*, omnipracticien(ne) *m*(*f*). **he's a GP** il est (médecin) généraliste; **go to your GP** allez voir votre médecin habituel *or* de famille; **who's your GP?** qui est votre médecin traitant?
GPO [dʒi:pi:'əʊ] *n* (*Brit*) *abbr of* **General Post Office** *V* **general**; (*US*) *abbr of* **Government Printing Office** *V* **government 2**.
gr. *abbr of* **gross 1d**.
grab [græb] **1** *n* **(a) to make a** ~ **for** *or* **at sth** faire un geste vif *or* un mouvement vif pour saisir qch; **to be up for** ~**s⁑** (*gen*) être disponible; (*to the highest bidder*) être jeté en pâture au plus offrant.
(b) (*esp Brit: Tech*) benne preneuse.
2 *cpd*: (*US*) **grab bag⁑** sac *m* (pour jouer à la pêche miraculeuse); (*US Aut*) **grab strap** poignée *f* de maintien.
3 *vt object* saisir, agripper, empoigner; *seat* accaparer; (*fig*) *land* se saisir de, prendre, mettre la main sur; *power* se saisir de, prendre; *sb's attention* attirer, accaparer; *opportunity* saisir. **he** ~**bed the pen from me** il m'a arraché le stylo; **he** ~**bed (hold of) me** il m'a empoigné *or* saisi (par le bras, au cou *etc*); (*fig*) **I managed to** ~ **him before he left** j'ai réussi à lui mettre la main dessus avant qu'il s'en aille; (*fig*) **he** ~**bed* the audience at once** il a tout de suite captivé l'auditoire; **that really** ~**bed⁑ me** ça m'a vraiment impressionné *or* emballé⁑; **how does that** ~ **you?⁑** qu'est-ce que ça te dit?⁑
4 *vi*: **to** ~ **at a rope** essayer d'agripper une corde; (*to child*) **don't** ~! doucement!, ne te précipite pas dessus!, ne te jette pas dessus!
♦**grab away** *vt sep*: **to grab sth away from sb** arracher qch à qn, enlever qch à qn d'un geste brusque.
grace [greɪs] **1** *n* **(a)** (*U*) [person] grâce *f*, charme *m*, distinction *f*, élégance *f*; [animal, movement] grâce.
(b) (*Rel*) grâce *f*. **by the** ~ **of God** par la grâce de Dieu; **in a state of** ~ en état de grâce; **to fall from** ~ (*Rel*) perdre la grâce; (*fig hum*) tomber en disgrâce; **to say** ~ (*before meals*) dire le bénédicité; (*after meals*) dire les grâces; *V* **year**.
(c) (*phrases*) **to be in sb's good/bad** ~**s** être bien/mal vu de qn, être en faveur/défaveur auprès de qn; **to get into sb's good/bad** ~**s** se faire bien/mal voir de qn; **to do sth with good/bad** ~ faire qch de bonne/mauvaise grâce; **he had the** ~ **to apologize** il a eu la bonne grâce de s'excuser; **his saving** ~ le seul rachat *or* la seule qualité qui le rachetait *etc*); (*Myth*) **the G**~**s** les trois Grâces; *V* **air**.
(d) (*U: respite*) grâce *f*, répit *m*. **a day's** ~ un jour de grâce *or* de répit; (*Comm*) **days of** ~ jours de grâce; (*Jur*) **as an act of** ~, **he** ... en exerçant son droit de grâce, il ....
(e) (*title*) **His G**~ (**the Archbishop**) Monseigneur l'Ar-

chevêque, Son Excellence l'Archevêque; **His G**~ (**the Duke**) Monsieur le duc; **Her G**~ (**the Duchess**) Madame la duchesse; **yes, your G**~ oui, Monseigneur (*or* Monsieur le duc *or* Madame la duchesse).
(f) (*Myth*) **the G**~**s** les trois Grâces *fpl*.
2 *cpd*: (*Brit*) **grace and favour residence** résidence attribuée à une personne pour la durée de sa vie par un roi ou un noble; (*fig*) **he has the use of the room on a grace-and-favour basis** il a l'usage de cette pièce (à titre gratuit); (*Mus*) **grace note** (note *f* d')agrément *m*, (note *f* d')ornement *m*; (*Jur, Fin*) **grace period** délai *m* de grâce *or* de carence.
3 *vt* **(a)** (*adorn*) orner, embellir (*with* de).
(b) honorer (*with* de). **the queen** ~**d the performance with her presence** la reine honora la représentation de sa présence.
graceful ['greɪsfʊl] *adv* movement, animal, person gracieux; style, appearance *etc* gracieux, élégant; apology, retraction élégant, plein d'élégance.
gracefully ['greɪsfəlɪ] *adv* move, dance gracieusement, élégamment, avec élégance, avec grâce; apologize, withdraw avec élégance, élégamment. **we cannot** ~ **refuse** nous ne pouvons pas trouver une excuse élégante pour refuser.
gracefulness ['greɪsfʊlnɪs] *n* = **grace 1a**.
graceless ['greɪslɪs] *adj* person, conduct peu élégant, inélégant; gesture gauche.
gracious ['greɪʃəs] *adj* person, smile, gesture gracieux, bienveillant (*to* envers); action courtois, plein de bonne grâce; *God* miséricordieux (*to* envers); house, room, gardens d'une élégance raffinée. **our** ~ **Queen** notre gracieuse souveraine; (*frm*) **by the** ~ **consent of** par la grâce de; **he was very** ~ **to me** il s'est montré très affable *or* bienveillant envers moi; **Lord be** ~ **unto him** Seigneur soyez-lui miséricordieux; ~ **living** vie élégante *or* raffinée; (**good**) ~**!*** juste ciel!, bonté divine!; (**good**) ~ **no!*** jamais de la vie!
graciously ['greɪʃəslɪ] *adv* wave, smile gracieusement, avec grâce; (*with good grace*) agree *etc* avec bonne grâce; live avec raffinement; (*frm*) consent, allow gracieusement; (*Rel*) miséricordieusement. **the king was** ~ **pleased to accept** le roi eut la bonté d'accepter, le roi accepta gracieusement.
graciousness ['greɪʃəsnɪs] *n* (*U*) [person] bienveillance *f* (*towards* envers); [action, style] grâce *f*, aménité *f*; [house, room, gardens] élégance raffinée; [wave, smile] grâce; [God] miséricorde *f*, clémence *f*.
grad* [græd] *n* (*US*) *abbr of* **graduate 3a**.
gradate [grə'deɪt] **1** *vt* graduer. **2** *vi* être gradué.
gradation [grə'deɪʃən] *n* gradation *f*, progression *f*, échelonnement *m*.
grade [greɪd] **1** *n* **(a)** (*in hierarchy*) catégorie *f*; (*on scale*) échelon *m*, grade *m*; (*Mil: rank*) rang *m*; (*Comm: of steel, butter, goods etc*) qualité *f*; (*Comm: size: of eggs, apples, anthracite nuts etc*) calibre *m*; (*US: level*) niveau *m*; (*Climbing*) degré *m* (de difficulté). **the lowest** ~ **of skilled worker** la catégorie la plus basse des ouvriers qualifiés; **the highest** ~ **of clerical post** la catégorie supérieure *or* la plus élevée des employés de bureau; ~ **C eggs** œufs *mpl* de calibre C; ~ **B milk** lait *m* de qualité B; **high-** ~ **meat/fruit** viande *f* /fruits *mpl* de premier choix *or* de première qualité; **high-** ~ **steel/coal** acier *m*/charbon *m* de haute qualité; **he was classed as** ~ **3 for physical fitness** on l'a mis en catégorie 3 en ce qui concerne la forme physique; (*US*) **at** ~ au niveau du sol; (*fig*) **to make the** ~ se montrer à la hauteur, y arriver*; **he'll never make the** ~ il n'y arrivera jamais*, il ne sera jamais à la hauteur.
(b) (*Scol*) (*US: class*) classe *f*; (*mark*) note *f*. ~**s for effort** *etc* note *f* d'application *etc*.
(c) (*US: slope*) rampe *f*, pente *f*.
2 *cpd*: (*US Scol*) **grade book** registre *m* de notes; (*US Rail*) **grade crossing** passage *m* à niveau; (*US Educ*) **grade inflation** surnotation *f*; (*US Educ*) **grade point (average)** (note *f*) moyenne *f*; (*US*) **grade school** école *f* primaire; (*US Aut*) **grade separation** séparation *f* des niveaux de circulation; (*US Educ*) **grade sheet** relevé *m* de notes.
3 *vt* **(a)** (*sort out*) butter, milk, fruit, old clothes, accommodation, colours, questions classer; (*by size*) apples, eggs *etc* calibrer. **the exercises are** ~**d according to difficulty** les exercices sont classés selon leur degré de difficulté.
(b) (*make progressively easier, more difficult, darker, lighter etc*) work, exercises, colours *etc* graduer.
(c) (*Scol: mark*) pupil, work noter.
(d) (*Animal Husbandry: also* ~ **up**) améliorer par sélection.
(e) (*US: level*) ground niveler.
♦**grade down** *vt sep* classer *or* mettre *or* placer dans une catégorie inférieure.
♦**grade up** *vt sep* classer *or* mettre *or* placer dans une catégorie supérieure; *V also* **grade 3d**.
grader ['greɪdər] *n* (*US Scol*) correcteur *m*; (*Constr*) niveleuse *f*.
gradient ['greɪdɪənt] *n* (*Brit*) rampe *f*, pente *f*, inclinaison *f*; (*Math, Phys*) gradient *m*. **a** ~ **of one in ten** une inclinaison de dix pour cent.
grading ['greɪdɪŋ] *n* (*gen*) classification *f*; (*by size*) calibration *f*; (*Scol etc*) notation *f*.
gradual ['grædjʊəl] **1** *adj* change, improvement graduel, progressif; slope doux (*f* douce). **2** *n* (*Rel*) graduel *m*.
gradually ['grædjʊəlɪ] *adv* graduellement, petit à petit, peu à peu.
graduate ['grædjʊeɪt] **1** *vt* **(a)** (*mark out*) thermometer, container graduer (*in* en).
(b) (*make progressively easier, more difficult, darker etc*) work, exercises, colours *etc* graduer. [buyer] **to** ~ **payments** payer par fractionnements progressifs (*or* dégressifs).
(c) (*US Scol, Univ*) conférer un diplôme à.
2 *vi* **(a)** (*Univ*) ≃ obtenir sa licence (*or* son diplôme *etc*); (*US*

Scol) ≃ obtenir son baccalauréat. **he ~d as an architect/a teacher** *etc* il a eu son diplôme d'architecte/de professeur *etc*.
(b) *[colours etc]* se changer graduellement (*into* en), passer graduellement (*into* à).
3 ['grædjʊɪt] *n* **(a)** (*Univ*) ≃ licencié(e) *m(f)*, diplômé(e) *m(f)*.
(b) (*Pharm*) verre (*or* bocal *etc*) gradué.
4 ['grædjʊɪt] *adj* (*Univ*) *teacher, staff* ≃ diplômé, licencié. **~ assistant** étudiant(e) chargé(e) de travaux dirigés, moniteur *m*, -trice *f*; **~ course** études *fpl* de troisième cycle; (*US Univ*) **G~ Record Examination** *examen m d'entrée dans le second cycle*; (*US*) **~ school** troisième cycle *m* d'université; (*US*) **~ student** étudiant(e) *mf* de troisième cycle; **~ studies** études *fpl* de troisième cycle.
graduated ['grædjʊeɪtɪd] *adj tube, flask* gradué; *tax etc* progressif. **in ~ stages** par paliers, graduellement, progressivement.
graduation [,grædjʊ'eɪʃən] *n* **(a)** (*V* **graduate 1**) **(b)** graduation *f*. **(b)** (*Univ, also US Scol*) (*ceremony*) remise *f* des diplômes *etc*; (*by student*) réception *f* d'un diplôme *etc*. **~ day/ceremony** jour *m*/cérémonie *f* de la remise des diplômes.
graffiti [grə'fiːtɪ] *npl* graffiti *mpl*.
graft [grɑːft] **1** *n* **(a)** (*Agr*) greffe *f*, greffon *m*, ente *f*; (*Med*) greffe. **they did a skin ~** ils ont fait une greffe de la peau; **they did a kidney ~ on him** on lui a greffé un rein.
(b) (*U: bribery etc*) corruption *f*.
(c) (*Brit*: *work*) dure besogne *f*. **hard ~** boulot* acharné.
2 *vt* **(a)** (*Agr, Med*) greffer (*on* sur).
(b) (*get by bribery etc*) obtenir par la corruption; (*get by swindling*) obtenir par (l')escroquerie.
3 *vi* (*engage in bribery*) donner (*or* recevoir) des pots-de-vin *mpl or* enveloppes* *fpl*; (*swindle*) faire de l'escroquerie.
grafter ['grɑːftəʳ] *n* **(a)** (*swindler etc*) escroc *m*, chevalier *m* d'industrie. **(b)** (*: Brit: hard worker*) bourreau *m* de travail.
graham ['greɪəm] *cpd* (*US*): **graham cracker** biscuit *m* de farine complète; **graham flour** farine complète.
grail [greɪl] *n*: **the Holy G~** le Saint Graal.
grain [greɪn] **1** *n* **(a)** (*U*) grain(s) *m(pl)*, céréale(s) *f(pl)*; (*US*) blé *m*.
(b) (*single ~: of cereal, salt, sand etc*) grain *m*; (*sense, malice*) grain, brin *m*; (*truth*) ombre *f*, miette *f*. **a few ~s of rice** quelques grains de riz; **that's a ~ of comfort** c'est une petite consolation; *V* **salt**.
(c) (*in leather; also Phot*) grain *m*; (*in wood, meat*) fibre *f*; (*in cloth*) fil *m*; (*in stone, marble*) veine *f*. **with the ~** dans le sens de la fibre (*or* de la veine *etc*); **against the ~** en travers de la fibre (*or* de la veine *etc*); (*fig*) **it goes against the ~ for him to apologize** cela va à l'encontre de sa nature de s'excuser; **I'll do it, but it goes against the ~** je le ferai, mais pas de bon cœur *or* mais cela va à l'encontre de mes idées.
(d) (*weight*) *mesure de poids* (= *0,065 gramme*).
2 *cpd*: **grain alcohol** alcool *m* de grain; (*US*) **grain elevator** silo *m* à céréales.
3 *vt* **(a)** *salt etc* grener, grainer, réduire en graine; *powder* granuler.
(b) *leather, paper* greneler; (*paint in imitation of wood*) veiner.
graininess ['greɪnɪnɪs] *n* (*Phot*) grain *m*.
grainy ['greɪnɪ] *adj* (*Phot*) qui a du grain; *substance* granuleux.
gram [græm] *n* gramme *m*.
grammar ['græməʳ] **1** *n* **(a)** (*U*) grammaire *f*. **that is bad ~** cela n'est pas grammatical; *V* **generative** *etc*. **(b)** (*also* **~ book**) (*livre m de*) grammaire *f*. **2** *cpd*: **grammar school** (*Brit*) ≃ lycée *m*; (*US*) ≃ école *f* primaire.
grammarian [grə'mɛərɪən] *n* grammairien(ne) *m(f)*.
grammatical [grə'mætɪkəl] *adj* grammatical.
grammaticality [grəmætɪ'kælɪtɪ] *n* grammaticalité *f*.
grammatically [grə'mætɪkəlɪ] *adv* grammaticalement.
grammaticalness [grə'mætɪkəlnɪs] *n* grammaticalité *f*.
grammatologist [,græmə'tɒlədʒɪst] *n* grammatologue *mf*.
grammatology [,græmə'tɒlədʒɪ] *n* grammatologie *f*.
gramme [græm] *n* (*Brit*) = **gram**.
gramophone† ['græməfəʊn] **1** *n* (*esp Brit*) phonographe *m*. **2** *cpd*: **gramophone needle** aiguille *f* de phonographe; **gramophone record** disque *m*.
Grampian ['græmpɪən] *n*: **the G~ Mountains**, **the G~s** les (monts *mpl*) Grampians *mpl*.
grampus ['græmpəs] *n* épaulard *m*, orque *m*; *V* **puff**.
Granada [grə'nɑːdə] *n* Grenade (*en Espagne*).
granary ['grænərɪ] *n* grenier *m* (*à blé etc*). **~ bread** (*or* **loaf**) pain complet (*avec grains concassés*).
grand [grænd] **1** *adj* **(a)** grand, magnifique, splendide; *person* magnifique, splendide; (*in official titles*) grand; *character* grand, noble; *style* grandiose, noble; *scenery, house* grandiose, magnifique, impressionnant; *job, post* important, considérable; *chorus, concert* grand. **in the ~ manner** dans un style de grand seigneur; **the ~ old man of music/French politics** *etc* le patriarche de la musique/de la politique française *etc*; (*US*) **G~ Old Party** parti républicain; *V* **also 3**.
(b) (*excellent*) magnifique, sensationnel*, formidable*. **we had a ~ time** nous nous sommes formidablement* amusés; **it was a ~ game** le match a été magnifique.
2 *n* **(a)** (*US‡*) mille dollars *mpl*.
(b) piano *m* à queue *or* de concert; *V* **baby**.
3 *cpd*: (*US*) **the Grand Canyon** le Grand Canyon; (*US*) **the Grand Canyon State** l'Arizona *m*; **grandchild** petit(e)-enfant *m(f)*, petit-fils *m*, petite-fille *f*; **grandchildren** petits-enfants *mpl*; **grand(d)ad*** grand-papa* *m*, pépé* *m*, bon-papa* *m*; **granddaughter** petite-fille *f*; **grand duke** grand duc; **grandfather** grand-père *m*; (*US fig: in law*) **grandfather clause** clause *f* d'antériorité; **grandfather clock** ≃ horloge *f* de parquet; (*US*) **grand jury** jury *m* décidant de la mise

en accusation; (*US Jur*) **grand larceny** vol qualifié; **grand mal** *V* **grand mal**; **grand(ma)ma*** grand-maman* *f*, mémé* *f*, mamie* *f*, bonne-maman* *f*; (*Chess*) **grand master** grand maître *m*; **grandmother** grand-mère *f*; (*Racing*) **the Grand National** le Grand National; **grand opera** grand opéra; **grand(pa)pa*** = **grand(d)ad**; **grandparents** grands-parents *mpl*; **grand piano** piano *m* à queue *or* de concert; **grand slam** (*Bridge, Sport*) grand chelem; **grandson** petit-fils *m*; **grand staircase** escalier *m* d'honneur; **grandstand** (*n: Sport*) tribune *f*; (*vi: *: US fig*) jouer pour la galerie; (*US fig*) **grandstand play*** amusement *m* pour la galerie; (*fig*) **to have a grandstand view** être aux premières loges (*fig*) (*of sth* pour voir qch); **grand total** (*gen*) somme globale; (*Math*) résultat final; (*fig*) **we get to the grand total of...** nous arrivons au chiffre impressionnant de...; (*Hist*) **the Grand Tour** le tour d'Europe; **we did a *or* the grand tour of the Louvre** nous avons fait le tour complet *or* une visite complète du Louvre; **grand vizier** grand vizir.
grandee [græn'diː] *n* (*in Spain*) grand *m* d'Espagne; (*fig*) grand manitou*.
grandeur ['grændjəʳ] *n* [*person*] grandeur *f*; [*scenery, house etc*] splendeur *f*, magnificence *f*; [*character, style*] noblesse *f*; [*position*] éminence *f*. **an air of ~** une allure grandiose.
grandiloquence [græn'dɪləkwəns] *n* grandiloquence *f*.
grandiloquent [græn'dɪləkwənt] *adj* grandiloquent.
grandiose ['grændɪəʊz] *adj* grandiose; *style* grandiloquent, pompeux.
grand mal ['grɑːnmæl] *n* épilepsie *f*, haut mal†.
grange [greɪndʒ] *n* **(a)** (*esp Brit: country house*) château *m*, manoir *m*. **(b)** (*US: farm*) ferme *f*. **the G~** la fédération agricole. **(c)** (††) = **granary**.
granger ['greɪndʒəʳ] *n* (*US*) fermier *m*.
granite ['grænɪt] **1** *n* granit *m*. **2** *cpd* de granit. (*Brit*) **the Granite City** la cité de granit (*Aberdeen*); (*US*) **the Granite State** le New Hampshire.
granny ['grænɪ] **1** *n* **(a)** (*) mémé *f*, mamie* *f*, grand-maman* *f*, bonne-maman* *f*. **2** *cpd*: **granny flat*** petite annexe indépendante; **granny glasses*** petites lunettes cerclées de métal; **granny knot** nœud *m* de vache; **Granny Smith (apple)** granny smith *f inv*; **granny specs** = **granny glasses**.
granola [græ'nəʊlə] *n* (*US*) muesli *m*.
grant [grɑːnt] **1** *vt* **(a)** *favour, permission* accorder, octroyer; *prayer* exaucer; *wish* accorder; *request* accéder à, faire droit à; *pension etc* accorder, allouer. **to ~ sb permission to do** accorder à qn l'autorisation de faire; **to ~ sb his request** accorder à qn sa requête; **they were ~ed an extension of time** on leur a accordé un délai; **I beg your pardon! — ~ed!** je vous demande pardon! — je vous en prie!; **God ~ that** plaise à Dieu que + *subj*.
(b) (*admit*) admettre, accorder, concéder. **to ~ a proposition** admettre la vérité d'une proposition; **it must be ~ed that ... il faut** admettre *or* reconnaître que ...; **~ed that this is true** en admettant que ce soit vrai; **I ~ you that it is vrai; ~ you ~ that he is honest** je vous accorde qu'il est honnête; **~ed!** soit!, d'accord!; **he takes her for ~ed** il la considère comme faisant partie du décor; **stop taking me for ~ed!** j'existe moi aussi!, tu pourrais avoir quelques égards pour moi!; **to take details/sb's agreement** *etc* **for ~ed** considérer les détails/l'accord de qn *etc* comme allant de soi *or* admis; **we may take it for ~ed that he will come** nous pouvons tenir pour certain *or* compter qu'il viendra; **he takes it for ~ed that...** il trouve tout naturel que ... (+ *subj*); **you take too much for ~ed** (*take too many liberties*) vous vous croyez tout permis, vous prenez trop de libertés; (*assume things are further forward than they are*) vous croyez que c'est si facile.
2 *n* **(a)** (*U*) [*favour, permission*] octroi *m*; [*land*] concession *f*; (*Jur*) [*property*] cession *f*; [*money, pension*] allocation *f*. (*Jur*) **~ of a patent** délivrance *f* d'un brevet.
(b) (*sum given*) subvention *f*, allocation *f*; (*Brit: scholarship*) bourse *f*. **they have a government ~ to aid research** ils ont une subvention gouvernementale pour aider la recherche; **this student is on a ~ of £900** cet étudiant a une bourse de 900 livres; *V* **improvement**.
3 *cpd*: **grant-aided** subventionné par l'État; **grant-in-aid** subvention *f* de l'État.
granular ['grænjʊləʳ] *adj* granuleux, granulaire.
granulate ['grænjʊleɪt] *vt metal, powder* granuler; *salt, sugar, soil* grener, grainer; *surface* rendre grenu. **~d paper** papier grenelé; **~d surface** surface grenue; **~d sugar** sucre *m* semoule.
granule ['grænjuːl] *n* granule *m*.
grape [greɪp] **1** *n* (*grain m de*) raisin *m*, grume *f*. **~s** raisin (*U*), raisins; **to harvest the ~s** vendanger, faire la (*or* les) vendange(s); *V* **bunch, sour** *etc*.
2 *cpd*: **grapefruit** pamplemousse *m*; **grape harvest** vendange *f*; **grape hyacinth** muscari *m*; **grape juice** jus *m* de raisin; **grapeshot** mitraille *f*; (*lit*) **grapevine** vigne *f*; (*fig*) **I hear on *or* through the grapevine that ...** j'ai appris par le téléphone arabe *or* de mes sources personnelles que ..., mon petit doigt m'a dit que ...
graph [grɑːf] **1** *n* (*gen*) graphique *m*; (*Ling*) graphe *m*. **2** *cpd*: **graph paper** papier quadrillé; (*in millimetres*) papier millimétré; **graph plotter** table traçante. **3** *vt* tracer le graphique *or* la courbe de.
grapheme ['græfiːm] *n* graphème *m*.
graphic ['græfɪk] *adj* (*also Math*) graphique; (*fig*) *account, description of sth pleasant* pittoresque, vivant, animé; *of sth unpleasant* cru. **~ arts** arts *mpl* graphiques.
graphical ['græfɪkəl] *adj* (*gen, also Math*) graphique. **~ display unit** visuel *m* graphique.
graphics ['græfɪks] *n* **(a)** (*U*) (*art of drawing*) art *m* graphique; (*Math etc: use of graphs*) (utilisation *f* des) graphiques *mpl*.

(b) (*npl: sketches*) représentations *fpl* graphiques. (*TV etc*) ∼ by … art graphique (de) …; V **computer**.

graphite ['græfaɪt] *n* graphite *m*, mine *f* de plomb, plombagine *f*.

graphologist [græ'fɒlədʒɪst] *n* graphologue *mf*.

graphology [græ'fɒlədʒɪ] *n* graphologie *f*.

grapnel ['græpnəl] *n* grappin *m*.

grapple ['græpl] **1** *n* (*Tech: also* **grappling iron**) grappin *m*. **2** *vt* (*Tech*) saisir avec un grappin *or* au grappin. **3** *vi*: **to** ∼ **with** *person* lutter avec; *problem, task, book, subject* se colleter avec, se débattre avec.

grasp [grɑ:sp] **1** *vt* **(a)** (*seize*) *object* saisir, empoigner; (*fig*) *power, opportunity, territory* saisir, se saisir de, s'emparer de. **to** ∼ **sb's hand** saisir *or* empoigner la main de qn; V **nettle**.
(b) (*understand*) saisir, comprendre.
2 *n* **(a)** poigne *f*. **a strong** ∼ une forte poigne.
(b) prise *f*, étreinte *f*. (*lit*) **to lose one's** ∼ lâcher prise; (*lit*) **to lose one's** ∼ **on** *or* **of sth** lâcher qch; (*lit, fig*) **to have sth within one's** ∼ avoir qch à portée de la main; **to have sb in one's** ∼ avoir *or* tenir qn en son pouvoir; **prosperity is within everyone's** ∼ la prospérité est à la portée de chacun.
(c) (*understanding*) compréhension *f*. **he has a good** ∼ **of mathematics** il a une solide connaissance des mathématiques; **he has no** ∼ **of our difficulties** il ne se rend pas compte de nos difficultés, il ne saisit pas la nature de nos difficultés; **it is beyond my** ∼ je n'y comprends rien, cela me dépasse; **this subject is within everyone's** ∼ ce sujet est à la portée de tout le monde.

grasping ['grɑ:spɪŋ] *adj* (*fig*) avare, cupide, avide.

grass [grɑ:s] **1** *n* **(a)** (*U*) herbe *f*; (*lawn*) gazon *m*, pelouse *f*; (*grazing*) herbage *m*, pâturage *m*. **'keep off the** ∼' 'défense de marcher sur le gazon'; (*fig*) **to let the** ∼ **grow under one's feet** laisser traîner les choses, perdre son temps; **he can hear the** ∼ **growing*** rien ne lui échappe; (*fig*) **the** ∼ **is greener on the other side of the fence** on jalouse le sort du voisin; **at** ∼ au vert; **to put out to** ∼ *horse* mettre au vert; (*fig*) *person* mettre au repos; (*Agr*) **to put under** ∼ enherber, mettre en pré; V **blade, green, sparrow** etc.
(b) (*Bot*) ∼**es** graminées *fpl*.
(c) (*Drugs sl: marijuana*) herbe *f* (*sl*).
(d) (*Brit Prison sl: informer*) indic* *m* (*sl*), mouchard* *m*.
2 *vt* (*also* ∼ **over**) *garden* gazonner; *field* couvrir d'herbe, enherber.
3 *vi* (*Brit Prison sl*) moucharder‡. **to** ∼ **on sb** donner* *or* vendre qn.
4 *cpd*: (*Tennis*) **grass court** court *m* (en gazon); (*Tennis*) **to play on grass** *or* **on a grass court** jouer sur herbe *or* sur gazon; **grass cutter** (grosse) tondeuse *f* à gazon; **grass green** vert pré *inv*; **grasshopper** sauterelle *f*; (*U*) **grassland** prairie *f*, herbages *mpl*; (*fig, esp Pol: of movement, party*) **the grass roots** la base; (*Pol*) **grass-roots candidate/movement** *etc* candidat *m*/mouvement *m* etc populaire *or* du peuple *or* de la masse; **grass snake** couleuvre *f*; (*esp US*) **grass widow** divorcée *f*, femme séparée (de son mari); (*Brit fig*) **I'm a grass widow this week*** cette semaine je suis célibataire *f* (*hum*) *or* sans mari; (*esp US*) **grass widower** divorcé *m*, homme séparé de sa femme.

grassy ['grɑ:sɪ] *adj* herbeux, herbu.

grate¹ [greɪt] *n* (*metal framework*) grille *f* de foyer; (*fireplace*) cheminée *f*, âtre *m*, foyer *m*. **a fire in the** ∼ un feu dans la cheminée.

grate² [greɪt] **1** *vt* **(a)** (*Culin*) *cheese, carrot etc* râper.
(b) *metallic object* faire grincer; *chalk* faire grincer *or* crisser. **to** ∼ **one's teeth** grincer des dents.
2 *vi* [metal] grincer; [chalk] grincer, crisser (*or* sur). (*fig*) **to** ∼ **on the ears** écorcher les oreilles; **it** ∼**d on his nerves** cela lui tapait sur les nerfs* *or* le système*; **his constant chatter** ∼**d on me** son bavardage incessant me tapait sur les nerfs* *or* m'agaçait.

grateful ['greɪtfʊl] *adj* reconnaissant (*to* à; *towards* envers; *for* de). **I am most** ∼ **to you** je vous suis très reconnaissant; **I am** ∼ **for your support** je vous suis reconnaissant de votre soutien; **he sent me a very** ∼ **letter** il m'a envoyé une lettre exprimant sa vive reconnaissance; **I should be** ∼ **if you would come** je vous serais reconnaissant de venir; **the** ∼ **warmth of the fire** la chaleur réconfortante *or* l'agréable chaleur du feu; **with** ∼ **thanks** avec mes (*or* nos *etc*) plus sincères remerciements.

gratefully ['greɪtfəlɪ] *adv* avec reconnaissance.

grater ['greɪtər] *n* râpe *f*. **cheese** ∼ râpe à fromage.

gratification [grætɪfɪ'keɪʃən] *n* satisfaction *f*, plaisir *m*, contentement *m*; [desires etc] assouvissement *m*. **to his** ∼ **he learnt that** … à sa grande satisfaction il apprit que … .

gratify ['grætɪfaɪ] *vt person* faire plaisir à, être agréable à; *desire etc* satisfaire, assouvir; *whim* satisfaire. **I was gratified to hear that** j'ai appris avec grand plaisir que, cela m'a fait plaisir d'apprendre que; **he was very gratified** il a été très content *or* très satisfait.

gratifying ['grætɪfaɪɪŋ] *adj* agréable, plaisant; *attentions etc* flatteur. **it is** ∼ **to learn that** il est très agréable d'apprendre que, j'ai (*or* nous avons) appris avec plaisir que.

grating¹ ['greɪtɪŋ] *n* grille *f*, grillage *m*.

grating² ['greɪtɪŋ] **1** *adj* *sound* grinçant; *voice* discordant, de crécelle; (*annoying*) irritant, énervant, agaçant. **2** *n* (*U: sound*) grincement *m*.

gratis ['grætɪs] **1** *adv* gratis, gratuitement. **2** *adj* gratis *inv*, gratuit.

gratitude ['grætɪtju:d] *n* reconnaissance *f*, gratitude *f* (*towards* envers, *for* de).

gratuitous [grə'tju:ɪtəs] *adj* **(a)** (*uncalled for*) gratuit, injustifié, sans motif. **(b)** (*freely given*) gratuit.

gratuitously [grə'tju:ɪtəslɪ] *adv* **(a)** (*for no reason*) gratuitement, sans motif. **(b)** (*without payment*) gratuitement, gratis.

gratuity [grə'tju:ɪtɪ] *n* **(a)** (*Brit Mil etc*) prime *f* de démobilisation.
(b) (*tip*) pourboire *m*, gratification *f*.

gravamen [grə'veɪmen] *n* (*Jur*) ≈ principal chef *m* d'accusation.

grave¹ [greɪv] **1** *n* tombe *f*; (*more elaborate*) tombeau *m*. **from beyond the** ∼ d'outre-tombe; **he'll come to an early** ∼ il aura une fin prématurée; **he sent her to an early** ∼ il a sa mort sur la conscience; **someone is walking over my** ∼* j'ai eu un frisson; V **foot, silent** etc.
2 *cpd*: **gravedigger** fossoyeur *m*; **graverobber** déterreur *m* de cadavres; **gravestone** pierre tombale; **graveyard** cimetière *m*; (*fig*) **the graveyard of his hopes** l'enterrement *m* de ses espoirs; (*fig*) **a graveyard cough** une toux qui sent le sapin; (*US fig hum*) **graveyard shift*** le poste *or* l'équipe *f* de nuit.

grave² [greɪv] *adj* **(a)** *error, illness, misfortune, news* grave, sérieux; *matter* grave, important, de poids; *manner* grave, sérieux, solennel; *look* sérieux; *symptoms* grave, inquiétant. **(b)** [grɑ:v] (*Ling*) *accent, sound* grave.

gravel ['grævəl] **1** *n* **(a)** (*U*) gravier *m*; (*finer*) gravillon *m*. **(b)** (*Med*) lithiase *f* urinaire. **2** *vt* couvrir de gravier. **3** *cpd*: **gravel path** allée *f* de gravier; **gravel pit** carrière *f* de cailloux.

gravelly ['grævəlɪ] *adj* *road* caillouteux; *riverbed* pierreux, caillouteux; (*fig*) *voice* râpeux. ∼ **soil** gravier *m*.

gravely ['greɪvlɪ] *adv* *move, nod, beckon* gravement, sérieusement, solennellement; *speak* gravement, sérieusement, d'un ton grave *or* sérieux. ∼ **ill** gravement malade; ∼ **wounded** grièvement *or* gravement blessé; ∼ **displeased** extrêmement mécontent.

graven ['greɪvən] *adj* (††) taillé, sculpté. (*Rel etc*) ∼ **image** image *f*; (*fig*) ∼ **on his memory** gravé dans sa mémoire.

graveness ['greɪvnɪs] *n* (*U: all senses*) gravité *f*.

gravid ['grævɪd] *adj* gravide.

graving ['greɪvɪŋ] *n* (*Naut*) ∼ **dock** bassin *m* de radoub.

gravitate ['grævɪteɪt] *vi* (*Phys etc*) graviter (*round* autour de); (*fig*) graviter (*round* autour de), être attiré (*towards* par). **to** ∼ **to the bottom** se déposer *or* descendre au fond (*par gravitation*).

gravitation [grævɪ'teɪʃən] *n* (*Phys, fig*) gravitation *f* (*round* autour de, *towards* vers).

gravitational [grævɪ'teɪʃənl] *adj* de gravitation, attractif. ∼ **constant/field/force** constante *f*/champ *m*/force *f* de gravitation; ∼ **pull** gravitation *f*.

gravity ['grævɪtɪ] *n* (*U*) **(a)** (*Phys*) pesanteur *f*. **the law of** ∼ la loi de la pesanteur; ∼ **feed** alimentation *f* par gravité; V **centre, specific. (b)** (*seriousness*) gravité *f*, sérieux *m*. **to lose one's** ∼ perdre son sérieux.

gravy ['greɪvɪ] **1** *n* **(a)** (*Culin*) sauce *f* au jus *m* de viande. **(b)** (*US*‡) (*easy money*) profit *m* facile, bénéf‡ *m*; (*dishonest money*) argent mal acquis. **2** *cpd*: **gravy boat** saucière *f*; (*fig*) **to get on the gravy train**‡ trouver un fromage* (*fig*).

gray [greɪ] (*esp US*) = **grey**.

grayling ['greɪlɪŋ] *n* (*fish*) ombre *m* (de rivière).

graze¹ [greɪz] **1** *vi* brouter, paître. **2** *vt* **(a)** [*cattle*] *grass* brouter, paître; *field* pâturer (dans). **(b)** [*farmer*] *cattle* paître, faire paître.

graze² [greɪz] **1** *vt* **(a)** (*touch lightly*) frôler, raser, effleurer. (*Naut*) **to** ∼ **bottom** labourer le fond; **it only** ∼**d him** cela n'a fait que l'effleurer.
(b) (*scrape*) *skin, hand etc* érafler, écorcher. **to** ∼ **one's knees** s'écorcher les genoux; **the bullet** ∼**d his arm** la balle lui a éraflé le bras.
2 *n* écorchure *f*, éraflure *f*.

grazing ['greɪzɪŋ] *n* (*U*) (*land*) pâturage *m*; (*act*) pâture *f*.

grease [gri:s] **1** *n* **(a)** (*gen, also Culin*) graisse *f*; (*Aut, Tech*) lubrifiant *m*, graisse; (*dirt*) crasse *f*, saleté *f*. **to remove the** ∼ **from sth** dégraisser qch; **his collar was thick with** ∼ son col était couvert d'une épaisse couche de crasse; V **axle, elbow** etc.
2 *vt* graisser; (*Aut etc*) lubrifier, graisser. **like** ∼**d lightning*** à toute allure, en quatrième vitesse*, à toute pompe*, tel l'éclair (*hum*); V **palm¹, wheel** etc.
3 *cpd*: **grease gun** (pistolet *m*) graisseur *m*; **grease monkey**‡ mécano* *m*; (*Aut*) **grease nipple** graisseur *m*; **greasepaint** fard gras, maquillage *m* de théâtre; **stick of greasepaint** crayon gras; (*Brit*) **greaseproof** imperméable à la graisse; **greaseproof paper** papier sulfurisé; **grease remover** dégraisseur *m*; **grease-stained** graisseux.

greaser‡ ['gri:sər] *n* **(a)** (*mechanic*) mécano*. **(b)** (*motorcyclist*) motard* *m*. **(c)** (*pej: ingratiating person*) lèche-bottes* *m*. **(d)** (*US pej: Latin American*) Latino-Américain *m* (*surtout Mexicain*), ≈ métèque*.

greasiness ['gri:sɪnɪs] *n* graisse *f*, nature graisseuse, état graisseux; [ointment etc] onctuosité *f*; (*slipperiness*) [road etc] surface grasse *or* glissante.

greasy ['gri:sɪ] *adj substance, hair, food* graisseux, gras (*f* grasse), huileux; *tools* graisseux; *ointment* gras, huileux; (*slippery*) *surface, road etc* gras, glissant; *clothes, collar* (*oily*) taché de graisse; (*grubby*) sale, crasseux. ∼ **hands** mains pleines de graisse, mains graisseuses; (*fig*) **a** ∼ **character** un personnage fuyant; ∼ **pole** mât *m* de cocagne; (*US*) ∼ **spoon**‡ gargote *f* (*pej*).

great [greɪt] **1** *adj* **(a)** *building, tree, fire, height, depth* grand; *cliff* grand, haut, élevé; *parcel* grand, gros (*f* grosse); *crowd, swarm* grand, gros, nombreux; *number, amount* grand, élevé; *heat* grand, gros, fort, intense; *pain* fort, intense; *pleasure, satisfaction, annoyance* grand, intense; *power* grand, énorme; *determination, will-power* fort; *person* (*in achievement*) grand, éminent, insigne; (*in character*) grand, supérieur, noble; (*in appearance*) magnifique, splendide; (*in importance*) grand, important, notable; (*chief*) grand, principal. **Alexander the G** ∼ Alexandre le Grand; **a** ∼ **man** un grand homme; **she's a** ∼ **lady** c'est une grande dame; **the** ∼ **masters** les grands maîtres; **a** ∼ **painter** un grand peintre; **Dickens is a** ∼ **storyteller** Dickens est un grand conteur; **the** ∼**est names in football/poetry** *etc* les plus grands noms du football/de la poésie *etc*; **a** ∼ **deal (of)** beaucoup (de); **a** ∼ **many** beaucoup (de);

to a ~ extent en grande partie; **to reach a ~ age** parvenir à un âge avancé; ~ **big** énorme, immense; **with ~ care** avec grand soin, avec beaucoup de soin; **they are ~ friends** ce sont de grands amis; **Robert is my ~ friend** Robert est mon grand ami; **he has a ~ future** il a un bel *or* grand avenir (devant lui); **to take a ~ interest in** prendre grand intérêt à; **I have a ~ liking for/hatred of** j'éprouve une grande affection pour/une violente haine pour; **I have a ~ mind to** do it j'ai bien *or* très envie de le faire; **I have no ~ opinion of ...** je n'ai pas une haute opinion de ...; **at a ~ pace** à vive allure; **with ~ pleasure** avec grand plaisir, avec beaucoup de plaisir; **with the ~est pleasure** avec le plus grand plaisir; **a ~ while ago** il y a bien longtemps; *(Math etc)* **whichever is the ~er** on retiendra le montant le plus élevé; *V also* **3.**

(b) (*: excellent) *holiday, results etc* merveilleux, magnifique, sensationnel*, génial*, terrible‡. **it was a ~ joke** c'était une bonne blague* *or* une excellente plaisanterie; **it's ~!** magnifique!, sensass!‡, terrible!‡, génial!*; **you were ~!** tu as été magnifique! *or* merveilleux! *or* sensationnel!* *or* terrible!‡; **you look ~** *(healthy)* tu as vraiment bonne mine; *(attractive)* tu es très bien comme ça; **we had a ~ time** nous nous sommes follement amusés; **wouldn't it be ~ to** do that ce serait merveilleux de faire cela; **he's a ~ angler** *(keen)* il est passionné de pêche; *(expert)* c'est un pêcheur émérite; **he's ~ at football/maths** *etc* il est doué pour le football/les maths *etc*; **he's a ~ one* for cathedrals** il adore visiter les cathédrales; **he's a ~ one* for criticizing others** il ne rate pas une occasion de critiquer les autres; **he's a ~** arguer il est toujours prêt à discuter; **he's ~ on jazz*** *(knowledgeable)* il connaît à fond le jazz; *(US: keen)* il est mordu* de jazz; ~ **Scott!*** grands dieux!; **he's a ~ guy*** c'est un type sensass‡ *or* terrible‡; **he's the ~est!‡** c'est lui le roi!‡, il est champion!‡; *V* **gun.**

2 *n* (a) **the ~** les grands *mpl.*
(b) *(Oxford Univ)* **G~s** ≃ licence *f* de lettres classiques.

3 *cpd:* **great-aunt** grand-tante *f;* **the Great Australian Bight** la Grande Baie Australienne; **the Great Barrier Reef** la Grande Barrière de corail; *(Astron)* **Great Bear** Grande Ourse; **Great Britain** Grande-Bretagne *f;* **greatcoat** pardessus *m;* *(Mil)* manteau *m,* capote *f;* *(dog)* **Great Dane** danois *m;* **the Great Dividing Range** la cordillère australienne; *(Brit)* **Greater London** le grand Londres; **Greater Manchester** *etc* l'agglomération *f* de Manchester *etc;* *(Math)* **greatest common factor, greatest common divisor** plus grand commun diviseur; **great-grandchild** arrière-petit(e)-enfant *m(f);* **great-granddaughter** arrière-petite-fille *f;* **great-grandfather** arrière-grand-père *m,* bisaïeul *m* *(liter);* **great-grandmother** arrière-grand-mère *f,* bisaïeule *f* *(liter);* **great-grandson** arrière-petit-fils *m;* **great-great-grandfather** arrière-arrière-grand-père *m,* trisaïeul *m;* **great-great-grandson** arrière-arrière-petit-fils *m;* **great-hearted** au grand cœur, magnanime; **the Great Lakes** les Grands Lacs; **great-nephew** petit-neveu *m;* **great-niece** petite-nièce *f;* **the Great Plains** les Grandes Plaines; *(Pol)* **the Great Powers** les grandes puissances; *(Orn)* **great tit** mésange *f* charbonnière; **great-uncle** grand-oncle *m;* **the Great Wall of China** la Grande Muraille de Chine; **the Great War** la Grande Guerre, la guerre de 1914-18.

greater ['greɪtə^r], **greatest** ['greɪtɪst] *adj comp, superl of* **great;** *V* **great.**

greatly ['greɪtlɪ] *adv love, regret, surprise etc* beaucoup; *loved, regretted, surprised* très, fort; *superior etc* de beaucoup, bien; *prefer* de beaucoup; *improve, increase etc* considérablement. **it is ~ to be feared/regretted** *etc* il est fort *or* bien à craindre/à regretter *etc,* il y a tout lieu de craindre/de regretter *etc.*

greatness ['greɪtnɪs] *n* (a) *(in size)* grandeur *f;* *(hugeness)* énormité *f,* immensité *f;* *(in degree)* intensité *f.* (b) *(of person: V* **great 1a)** grandeur *f,* éminence *f;* noblesse *f;* splendeur *f,* importance *f.*

grebe [gri:b] *n* grèbe *m.*

Grecian ['gri:ʃən] *(liter)* **1** *adj* grec *(f* grecque). **hair in a ~ knot** coiffure *f* à la grecque. **2** *n* *(Greek)* Grec(que) *m(f).*

Greece [gri:s] *n* Grèce *f.*

greed [gri:d] *n* (U) *(for money, power etc)* avidité *f,* cupidité *f;* *(for food)* gourmandise *f,* gloutonnerie *f.*

greedily ['gri:dɪlɪ] *adv* avidement, cupidement; *eat* voracement, gloutonnement; *drink* avidement, avec avidité. **he eyed the food ~** il a regardé la nourriture d'un air vorace; **he licked his lips ~** il s'est léché les babines *or* les lèvres d'un air vorace.

greediness ['gri:dɪnɪs] *n* = **greed.**

greedy ['gri:dɪ] *adj (for money, power etc)* avide *(for* de), rapace, cupide; *(for food)* vorace, glouton, goulu. ~ **for gain** âpre au gain; **don't be ~!** *(at table)* ne sois pas si gourmand!; *(gen)* n'en demande pas tant!; *(pej)* ~ **guts‡** goinfre *m,* empiffreur‡ *m,* -euse‡ *f; V* **hog.**

Greek [gri:k] **1** *adj* grec *(f* grecque); *ambassador, king* de Grèce; *teacher, dictionary* de grec. ~ **scholar** *or* **expert** helléniste *mf;* *(on china etc)* ~ **key pattern,** ~ **fret** grecque *f;* *(US Univ)* ~ **letter society** confrérie *f* (d'étudiants); **the ~ Orthodox Church** l'Église orthodoxe grecque.

2 *n* (a) Grec(que) *m(f).*
(b) *(Ling)* grec *m.* **ancient/modern ~** grec classique/moderne; *(fig)* **that's (all) ~ to me*** tout ça c'est de l'hébreu *or* du chinois pour moi*.

green [gri:n] **1** *adj* (a) *(colour)* vert; *complexion* vert, verdâtre. **light/dark ~** vert clair *inv/*vert foncé *inv;* **to turn ~** verdir; **he looked quite ~** il était vert; **she went ~** elle *or* son visage a verdi; *(fig)* **to be ~ with envy** être vert de jalousie; **to make sb ~ with envy** faire pâlir *or* loucher qn de jalousie; *V also* **3** *and* **baize** *etc.*
(b) *(unripe) fruit etc* vert, pas mûr; *bacon* non fumé; *wood* vert. ~ **corn** blé *m* en herbe; ~ **meat** viande trop fraîche.
(c) *(inexperienced)* jeune, inexpérimenté; *(naïve)* naïf *(f* naïve). **I'm not as ~ as I look!*** je ne suis pas si naïf que j'en ai l'air!; **he's as ~ as grass*** il ne connaît rien de la vie, c'est un innocent.

(d) *(flourishing)* vert, vigoureux. ~ **old age** verte vieillesse; **to keep sb's memory ~** chérir la mémoire de qn; **memories still ~** souvenirs encore vivaces *or* vivants.

2 *n* (a) *(colour)* vert *m.* **dressed in ~** habillé de *or* en vert.
(b) pelouse *f,* gazon *m;* *(also* **village ~)** ≃ place *f* (du village) *(gazonnée);* *(Golf)* vert *m;* *(bowling* ~) terrain gazonné pour le jeu de boules.
(c) *(Brit: vegetables)* ~**s** légumes verts.

3 *cpd:* *(US)* **greenback** (*: *dollar)* billet vert; **green bean** haricot vert; *(Brit: Town Planning)* **green belt** ceinture verte; *(Mil)* **the Green Berets** les bérets verts; **green card** *(Brit Aut)* carte verte; *(US: work permit)* permis *m* de travail *(pour les Mexicains);* *(Brit)* **Green Cross Code** code *m* de prévention routière destiné aux enfants; **green currency** monnaie verte; **green-eyed** aux yeux verts; *(fig)* jaloux, envieux; *(fig)* **the green-eyed monster** la jalousie; **greenfinch** verdier *m;* *(Brit)* **he's got green fingers** il a la main verte, il a un don pour faire pousser les plantes; **greenfly** puceron *m* (des plantes); **greengage** *V* **greengage;** *(Brit)* **greengrocer** marchand(e) *m(f)* de légumes, fruitier *m,* -ière *f;* **greengrocer's (shop)** fruiterie *f;* **greenhorn** jeunot *m;* **greenhouse** serre *f;* *(Phys)* **the greenhouse effect** l'effet *m* de serre; *(Aut)* **green light** feu vert; *(fig)* **to give sb the green light** donner le feu vert à qn; **to get the green light from sb** obtenir *or* recevoir le feu vert de qn; *(US)* **Green Mountain State** le Vermont; *(Brit Pol)* **Green Paper** ≃ livre blanc; **green peas** petits pois; **green pepper** poivron vert; *(Econ)* **the green pound** la livre verte; *(US fig: of money)* **green power** puissance *f* de l'argent; *(Econ, Agric)* **green revolution** révolution verte; *(Theat)* **green room** foyer *m* des acteurs *or* des artistes; **greenshank** chevalier *m* aboyeur; **green salad** salade *f* (verte); *(Med)* **greenstick fracture** fracture incomplète; **greenstuff** verdure *f,* *(Culin)* légumes verts, verdure; **greensward††** pelouse *f,* gazon *m,* tapis *m* de verdure; *(US)* **green thumb** = **green fingers; green vegetables** légumes verts; *(US)* **greenway** espace vert (pour piétons et cyclistes); **greenwood††** forêt verdoyante; **green woodpecker** pic *m* vert.

greenery ['gri:nərɪ] *n* verdure *f.*

greengage ['gri:n,geɪdʒ] *n* (Brit) reine-claude *f.*

greenish ['gri:nɪʃ] *adj* tirant sur le vert, verdâtre *(pej).*

Greenland ['gri:nlənd] **1** *n* Groenland *m.* **2** *adj* groenlandais.

Greenlander ['gri:nləndə^r] *n* Groenlandais(e) *m(f).*

greenness ['gri:nnɪs] *n* couleur verte, vert *m; [countryside etc]* verdure *f; [wood, fruit etc]* verdeur *f; [person] (inexperience)* inexpérience *f,* manque *m* d'expérience; *(naïvety)* naïveté *f.*

Greenwich ['grɪnɪdʒ] *n:* ~ **(mean) time** heure *f* de Greenwich.

greet¹ [gri:t] *vt person* saluer, accueillir. **they ~ed him with cries of delight** ils l'ont salué *or* accueilli avec des cris de joie; **he ~ed me with the news that ...** il m'a accueilli en m'apprenant que ...; **the statement was ~ed with laughter** la déclaration fut accueillie *or* saluée par des rires; **this was ~ed with relief by everyone** ceci a été accueilli avec soulagement par tous; **to ~ the ear** parvenir à l'oreille; **an awful sight ~ed me** *or* **my eyes** un spectacle affreux s'offrit à mes regards.

greet² [gri:t] *vi (Scot: weep)* pleurer.

greeting ['gri:tɪŋ] *n* salut *m,* salutation *f;* *(welcome)* accueil *m.* ~**s** compliments *mpl,* salutations; **Xmas** ~**s** souhaits *mpl or* vœux *mpl* de Noël; ~**(s) card** carte *f* de vœux; **he sent** ~**s to my brother** il s'est rappelé au bon souvenir de mon frère; **my mother sends you her** ~**s** ma mère vous envoie son bon souvenir.

gregarious [grɪ'geərɪəs] *adj animal, instinct, tendency* grégaire; *person* sociable. **men are** ~ l'homme est un animal grégaire.

Gregorian [grɪ'gɔ:rɪən] *adj* grégorien. ~ **calendar/chant** calendrier/chant grégorien.

Gregory ['gregərɪ] *n* Grégoire *m.*

gremlin* ['gremlɪn] *n (hum)* diablotin *m* (malfaisant).

Grenada [gre'neɪdə] *n* la Grenade *(Antilles).* **in** ~ à la Grenade.

grenade [grɪ'neɪd] *n (Mil)* grenade *f; V* **hand, stun.**

Grenadian [gre'neɪdɪən] **1** *adj* grenadin. **2** *n* Grenadin(e) *m(f).*

grenadier [,grenə'dɪə^r] *n* grenadier *m (soldat).*

grenadine ['grenədi:n] *n* grenadine *f.*

grew [gru:] *pret of* **grow.**

grey [greɪ] **1** *adj* gris; *hair* gris, grisonnant; *complexion* blême; *(fig) outlook, prospect* sombre, morne. **he is going** ~ il grisonne; **he nearly went** ~ **over it** il s'en est fait des cheveux blancs; **he turned quite** ~ **when he heard the news** il a blêmi en apprenant la nouvelle; ~ **skies** ciel gris *or* morne; **it was a** ~ **day** *(lit)* c'était un jour gris; *(fig)* c'était un jour triste; *(fig)* ~ **matter*** matière grise, cervelle* *f; (fig)* ~ **area** zone *f* d'incertitude, zone de flou; *V also* **4.**

2 *n* (a) gris *m.* **dressed in** ~ habillé de *or* en gris; **hair touched with** ~ cheveux grisonnants.
(b) *(horse)* cheval gris.

3 *vi [hair]* grisonner. **he was** ~**ing at the temples** il avait les tempes grisonnantes.

4 *cpd:* **greybeard** vieil homme; *(US fig: pej)* **grey-flannel conformity** le conformisme des cadres; **Grey Friar** franciscain *m;* **grey-haired** aux cheveux gris, grisonnant; **greyhound** *(dog)* lévrier *m;* *(bitch)* levrette *f;* **grey lag goose** oie cendrée; **grey mullet** mulet *m,* muge *m;* **grey squirrel** écureuil gris, petit-gris *m;* **grey wagtail** bergeronnette *f* des ruisseaux; **grey wolf** loup *m* (gris).

greyish ['greɪʃ] *adj* tirant sur le gris, grisâtre *(pej); hair, beard* grisonnant.

grid [grɪd] **1** *n* (a) *(grating)* grille *f,* grillage *m;* *(network of lines on chart, map etc; also Rad)* grille; *(Culin: utensil)* gril *m;* *(Theat)* gril *(pour manœuvrer les décors);* *(Aut: on roof)* galerie *f,* porte-bagages *m inv;* *(electrode)* grille *f;* *(Brit Elec: system)* réseau *m;* *(Surv)* treillis *m.* *(Brit Elec)* **the (national)** ~ le réseau électrique (national).
(b) = **gridiron.**

2 cpd: gridiron (*utensil*) gril *m*; (*US Ftbl*) terrain *m* de football américain.

griddle ['grɪdl] **1** *n* (*Culin*) plaque *f* en fonte (*pour cuire*); (*part of stove*) plaque chauffante. ~ **cake** (sorte *f* de) crêpe épaisse. **2** *vt* (*Culin*) cuire à la poêle (plate).

grief [griːf] **1** *n* (**a**) (*U*) chagrin *m*, douleur *f*, peine *f*, (*stronger*) affliction*f*, désolation*f*. **to come to ~** [*person*] avoir un malheur *or* des ennuis; [*vehicle, rider, driver*] avoir un accident; [*plan, marriage etc*] tourner mal, échouer; **we came to ~** il nous est arrivé malheur; **good ~!** ciel!, grands dieux!
(**b**) (*cause of grief*) (cause *f* de) chagrin *m*.
2 cpd: grief-stricken accablé de douleur, affligé.

grievance ['griːvəns] *n* (*ground for complaint*) grief *m*, sujet *m* de plainte; (*complaint*) doléance *f*; (*injustice*) injustice *f*, tort *m*; (*Ind*) différend *m*, conflit *m*. **to have a ~ against sb** avoir un grief *or* un sujet de plainte contre qn, en vouloir à qn; **he was filled with a sense of ~** il avait le sentiment profond d'être victime d'une injustice; *V* redress.

grieve [griːv] **1** *vt* peiner, chagriner, (*stronger*) désoler. **it ~s us to see** nous sommes peinés de voir; **we are ~d to learn that ...** nous avons la douleur d'apprendre que..., c'est avec beaucoup de peine que nous apprenons que ... .
2 *vi* avoir de la peine *or* du chagrin (*at, about, over* à cause de), (*stronger*) s'affliger, se désoler (*at, about, over* de). **to ~ for sb/sth** pleurer qn/qch.

grievous ['griːvəs] *adj pain* affreux, cruel; *loss, blow* cruel; *wounds, injury* grave, sérieux; *fault* grave, lourd, sérieux; *wrongs* grave; *crime, offence* atroce, odieux; *news* pénible, cruel; *cry* douloureux. (*Jur*) ~ **bodily harm** coups *mpl* et blessures *fpl*.

grievously ['griːvəslɪ] *adv hurt, offend* gravement, cruellement; *err, be mistaken* sérieusement, lourdement. ~ **wounded** grièvement blessé.

griffin ['grɪfɪn] *n* (*Myth*) griffon *m*.

griffon ['grɪfən] *n* (*Myth, Zool*) griffon *m*.

grift‡ ['grɪft] (*US*) **1** *n* filouterie‡ *f*, escroquerie‡ *f*. **2** *vi* filouter*, vivre d'escroquerie.

grifter‡ ['grɪftər] *n* (*US*) estampeur* *m*, filou *m*.

grill [grɪl] **1** *n* (**a**) (*cooking utensil*) gril *m*; (*food*) grillade *f*; (*restaurant: also* ~**room**) rôtisserie *f*, grill *m*. (*Culin*) **brown it under the** ~ faites-le dorer au gril; *V* mixed.
(**b**) = grille.
2 *vt* (**a**) (*Culin*) (faire) griller. ~**ed fish** poisson grillé.
(**b**) (*fig: interrogate*) faire subir un interrogatoire serré à, cuisiner*, mettre sur la sellette.
3 *vi* (*Culin*) griller.

grille [grɪl] *n* (*grating*) grille *f*, grillage *m*; [*convent etc*] grille; [*door, judas* (en grille); (*Aut: also* **radiator** ~) calandre *f*.

grilling ['grɪlɪŋ] **1** *n* (*fig: interrogation*) interrogatoire serré. **to give sb a** ~ faire subir un interrogatoire serré à qn, mettre qn sur la sellette. **2** *adj*: **it's** ~ (**hot**)* **in here** on grille* ici.

grilse [grɪls] *n* grilse *m*.

grim [grɪm] *adj* (**a**) *aspect* menaçant, sinistre; *outlook, prospects* sinistre; *landscape, building* lugubre; *joke* macabre; *smile* sardonique; *face* sévère, rébarbatif; *silence* sinistre. **to look** ~ avoir une mine sinistre *or* sévère; ~ **reality** la dure réalité; ~ **necessity** la dure *or* cruelle nécessité; **the** ~ **truth** la vérité brutale; **with** ~ **determination** avec une volonté inflexible; **to hold on to sth like** ~ **death** rester cramponné à qch de toutes ses forces *or* comme quelqu'un qui se noie; *V* reaper.
(**b**) (*: unpleasant*) désagréable. **life is rather** ~ **at present** les choses vont plutôt mal à présent, la vie n'est pas drôle actuellement*; **she's feeling pretty** ~* (*ill*) elle ne se sent pas bien du tout; (*depressed*) elle se sent très déprimée, elle n'a pas le moral*.

grimace ['grɪmeɪs] **1** *n* grimace *f*. **2** *vi* (*from disgust, pain etc*) grimacer, faire la grimace; (*for fun*) faire des grimaces. **he** ~**d at the taste/the sight of ...** il a fait une grimace en goûtant/voyant ... .

grime [graɪm] *n* (*U*) crasse *f*, saleté *f*.

grimly ['grɪmlɪ] *adv frown, look* d'un air mécontent; *continue, hold on* inexorablement, inflexiblement; *fight, struggle* avec acharnement. **'no surrender' they said** ~ **'nous ne nous rendrons pas'** dirent-ils d'un air résolu; **'this is not good enough' he said** ~ **'ceci est insuffisant'** dit-il d'un air mécontent.

grimness ['grɪmnɪs] *n* [*situation*] réalité accablante; [*landscape*] aspect *m* lugubre *or* sinistre; [*sb's appearance, expression*] sévérité *f*, aspect lugubre *or* sinistre.

grimy ['graɪmɪ] *adj place, building* sale, encrassé, noirci; (*with soot*) noir; *face, hands* crasseux, sale, noir.

grin [grɪn] **1** *vi* (**a**) (*smile*) sourire; (*broadly*) avoir un large *or* grand sourire. **to** ~ **broadly at sb** adresser un large sourire à qn; **to** ~ **like a Cheshire cat** avoir un sourire fendu jusqu'aux oreilles; **we must just** ~ **and bear it** il faut le prendre avec le sourire, il faut faire contre mauvaise fortune bon cœur.
(**b**) (*in pain*) avoir un rictus, grimacer; [*snarling dog*] montrer les dents.
2 *vt*: **he** ~**ned his approval** il a manifesté son approbation d'un large sourire.
3 *n* (*smile*) sourire *m*; (*in pain*) rictus *m*, grimace *f* de douleur.

grind [graɪnd] (*vb: pret, ptp* **ground**) **1** *n* (**a**) (*sound*) grincement *m*, crissement *m*.
(**b**) (*: dull hard work*) boulot* *m* pénible; (*particular task*) (lourde) corvée *f*. **the daily** ~ le boulot* quotidien, (*lourde*) le labeur quotidien; **I find maths/this essay a dreadful** ~ pour moi les maths sont/cette dissertation est une vraie corvée; **it was an awful** ~ **for the exam** il a fallu bûcher ferme pour l'exam*.
(**c**) (*US*: *swot*) bûcheur *m*, -euse *f*.

2 cpd: grindstone meule *f* (à aiguiser); *V* nose.
3 *vt* (**a**) *corn, coffee, pepper etc* moudre; (*crush*) écraser, broyer; (*US*) *meat* hacher; (*in mortar*) piler, concasser; (*rub together*) écraser l'un contre l'autre; (*fig: oppress*) écraser, opprimer. **to** ~ **sth to pieces** réduire qch en pièces par broyage *or* en le broyant *or* en l'écrasant; **to** ~ **sth to a powder** pulvériser qch, réduire qch en poudre; **to** ~ **one's teeth** grincer des dents; **dirt ground into the carpet** saleté incrustée dans le tapis; **he ground his heel into the soil** il a enfoncé son talon dans la terre; (*fig*) **to** ~ **facts into sb's head** enfoncer des connaissances dans la tête de qn; (*loc*) **to** ~ **the faces of the poor** opprimer les pauvres; *V also* ground².
(**b**) *gems* égriser, polir; *knife, blade* aiguiser *or* affûter (à la meule), meuler; *lens* polir; *V* axe.
(**c**) *handle* tourner; *barrel organ* faire jouer, jouer de. **to** ~ **a pepper mill** tourner un moulin à poivre.
4 *vi* (**a**) grincer. **the ship was** ~**ing against the rocks** le navire heurtait les rochers en grinçant; **to** ~ **to a halt** *or* **to a standstill** [*vehicle*] s'arrêter *or* s'immobiliser dans un grincement de freins; [*process, production, business*] s'arrêter progressivement.
(**b**) (*: work hard*) bûcher‡ *or* boulonner‡ (dur *or* ferme).
♦**grind away*** *vi* bûcher‡ *or* boulonner‡ (dur *or* ferme). **to grind away at grammar** bûcher‡ *or* potasser‡ la grammaire.
♦**grind down** *vt sep* (*lit*) pulvériser; (*fig: oppress*) opprimer, écraser; (*wear down*) one's opponents etc avoir à l'usure. (*fig*) **they were ground down by taxation** ils étaient accablés *or* écrasés d'impôts; **ground down by poverty** accablé par la misère; **he gradually ground down all opposition to his plans** il a écrasé petit à petit toute tentative d'opposition à ses plans; *V also* grind 3a.
♦**grind out** *vt sep*: **to grind out a tune on a barrel organ** jouer un air sur un orgue de Barbarie; (*fig*) **he ground out an oath** il a proféré un juron entre ses dents; **he managed to grind out 2 pages of his essay** il est laborieusement arrivé à pondre‡ *or* à écrire 2 pages de sa dissertation.
♦**grind up** *vt sep* pulvériser.

grinder ['graɪndər] *n* (**a**) (*apparatus*) broyeur *m*, machine *f or* moulin *m* à broyer; (*in kitchen*) broyeur, moulin; (*tool*) meuleuse *f*; (*for sharpening*) affûteuse *f*, appareil *m* à aiguiser *or* à meuler.
(**b**) (*person*) broyeur *m*, -euse *f*; (*for knives*) rémouleur *m*, -euse *f*, *V* organ.
(**c**) (*tooth*) molaire *f*.
(**d**) (*US*‡: *Culin*) grand sandwich *m* mixte.

grinding ['graɪndɪŋ] **1** *n* (*U: sound*) grincement *m*. **2** *adj hard work* écrasant, accablant. ~ **poverty** misère noire.

gringo ['grɪŋgəʊ] *n* (*US pej*) gringo *m*, Ricain(e) *m(f)*.

grip [grɪp] **1** *n* (**a**) (*handclasp*) poigne *f*, (*hold*) prise *f*, étreinte *f*; (*Wrestling*) prise. **he has a strong** ~ il a la poigne forte; **he held my arm in a vice-like** ~ il me tenait le bras d'une poigne d'acier, il me serrait le bras comme un étau; (*Wrestling*) **arm etc** ~ prise de bras *etc*; **to get a** ~ **on** *or* **of sth** empoigner qch; (*fig*) **to get a** ~ **on** *or* **of o.s.*** se secouer*, se ressaisir; **get a** ~ **on yourself!*** secoue-toi un peu!*, ressaisis-toi!; **to keep a** ~ **on o.s.*** se maîtriser, se contrôler; (*lit*) **to lose one's** ~ lâcher prise; **he lost his** ~ **on the rope** il a lâché la corde; **the tyres lost their** ~ **on the icy road** les pneus perdirent leur adhérence sur la chaussée gelée; (*fig*) **he's losing his** ~* il baisse*; (*hum*) **I must be losing my** ~!* je ne fais que des bêtises!; (*fig*) **he had a good** ~ **on his audience** il tenait (parfaitement) son auditoire; **he had lost his** ~ **on his audience** il ne tenait plus son auditoire; **he has a good** ~ **on** *or* **of his subject** il possède bien son sujet, il connaît à fond son sujet; **he came to** ~**s with the intruder** il en est venu aux prises avec l'intrus; **to come** *or* **get to** ~**s with a problem** s'attaquer à un problème, s'efforcer de résoudre un problème; **we have never had to come to** ~**s with such a situation** nous n'avons jamais été confrontés à pareille situation; (*fig*) **to fall into the** ~ **of sb** tomber aux mains de qn; **in the** ~ **of winter** paralysé par l'hiver; **country in the** ~ **of a general strike** pays en proie à *or* pays paralysé par une grève générale.
(**b**) (*device*) serrage *m*.
(**c**) (*handle*) poignée *f*.
(**d**) (*suitcase*) valise *f*; (*bag: also US* ~**sack**) sac *m* de voyage.
2 cpd: (*for carpet*) grip strip bande adhésive (*pour tapis*).
3 *vt* (**a**) (*grasp*) rope, handrail, sb's arm saisir; *pistol, sword etc* saisir, empoigner; (*hold*) serrer, tenir serré. **to** ~ **sb's hand** (*grasp*) saisir *or* prendre la main de qn; (*hold*) tenir la main de qn serrée; [*tyres*] **to** ~ **the road** adhérer à la chaussée; **the car** ~**s the road well** la voiture colle à la route.
(**b**) [*fear etc*] saisir, étreindre. ~**ped by terror** saisi de terreur.
(**c**) (*interest strongly*) [*film, story etc*] empoigner. **a film that really** ~**s you** un film vraiment palpitant, un film qui vous empoigne vraiment.
4 *vi* [*wheels*] adhérer, mordre; [*screw, vice, brakes*] mordre; [*anchor*] crocher (sur le fond).

gripe [graɪp] **1** *vt* (*Med*) donner des coliques à. (‡: *anger*) **this** ~**d him** cela lui a mis l'estomac en boule*.
2 *vi* (*: grumble*) ronchonner, rouspéter* (*at* contre).
3 *n* (**a**) (*Med: also* ~**s**) coliques *fpl*.
(**b**) (*: complaint*) (*gen*) rogne* *f* (*U*), rouspétance* *f* (*U*). **his main** ~ **was that ...** son principal sujet de plainte *or* de rogne* était que ... .
4 cpd: (*Brit*) gripe water calmant *m* (*pour coliques infantiles*).

griping ['graɪpɪŋ] **1** *adj pain* lancinant. **2** *n* (*: U: grumbling*) rouspétance* *f*, ronchonnements* *mpl*.

grippe [grɪp] *n* (*US*) grippe *f*.

gripping ['grɪpɪŋ] *adj story, play* passionnant, palpitant.

grisly ['grɪzlɪ] *adj* (*gruesome*) macabre, sinistre; (*terrifying*) horrible, effroyable.

grist [grɪst] n blé m (à moudre). (fig) that's all ~ to his mill tout cela apporte de l'eau à son moulin.

gristle ['grɪsl] n (U) tendons mpl, nerfs mpl (surtout dans la viande cuite).

gristly ['grɪslɪ] adj meat nerveux, tendineux.

grit [grɪt] 1 n (a) (U) (sand) sable m; (gravel) gravillon m; (rock: also ~stone) grès m; (for fowl) gravier m; (*: courage) cran* m. I've got (a piece of) ~ in my eye j'ai une poussière dans l'œil; he's got ~* il a du cran*.
(b) (US) ~s gruau m de maïs.
2 vi craquer, crisser.
3 vt (a) to ~ one's teeth serrer les dents.
(b) to ~ a road sabler une route, répandre du gravillon sur une route.

gritty ['grɪtɪ] adj path etc (couvert) de gravier or de cailloutis; fruit graveleux, grumeleux; (*: plucky) person qui a du cran*.

grizzle ['grɪzl] vi (Brit) (whine) pleurnicher, geindre; (complain) ronchonner*.

grizzled ['grɪzld] adj hair, person grisonnant.

grizzly ['grɪzlɪ] 1 adj (a) (grey) grisâtre; hair, person grisonnant.
(b) (whining) pleurnicheur, geignard. 2 n (also ~ bear) ours gris.

groan [grəʊn] 1 n (of pain etc) gémissement m, plainte f; (of disapproval, dismay) grognement m. this was greeted with ~s ceci fut accueilli par des murmures (désapprobateurs).
2 vi (a) (in pain) gémir, pousser un or des gémissement(s) (with de); (in disapproval, dismay) grogner. he ~ed inwardly at the thought il a étouffé un grognement à l'idée.
(b) (creak) [planks etc] gémir; [door] crier. the table ~ed under the weight of the food la table ployait sous le poids de la nourriture; (hum) the ~ing board la table ployant sous l'amoncellement de victuailles.

groat [grəʊt] n (Brit) ancienne petite pièce de monnaie.

groats [grəʊts] npl gruau m d'avoine or de froment.

grocer ['grəʊsər] n (esp Brit) épicier m. at the ~'s (shop) à l'épicerie, chez l'épicier; the ~'s wife l'épicière f.

grocery ['grəʊsərɪ] n (a) (esp Brit: shop) épicerie f. he's in the ~ business il est dans l'épicerie. (b) I spent £7 on groceries j'ai dépensé 7 livres en épicerie (U) or en provisions; all the groceries are in this basket toute l'épicerie est dans ce panier.

grog [grɒg] n (Brit) grog m.

groggy* ['grɒgɪ] adj person (weak) faible; (unsteady) vacillant, chancelant, groggy*; (from blow etc) groggy*, sonné*. I still feel a bit ~ j'ai toujours un peu les jambes comme du coton, je me sens toujours un peu sonné* or groggy*; that chair looks rather ~ cette chaise a l'air un peu bancale.

grogram ['grɒgrəm] n gros-grain m.

groin [grɔɪn] n (a) (Anat) aine f. (b) (Archit) arête f. (c) = groyne.

grommet ['grɒmɪt] n (ring of rope, metal) erse f, erseau m; (metal eyelet) œillet m.

groom [gru:m] 1 n (for horses) valet m d'écurie, palefrenier m; (bridegroom) (just married) (jeune) marié m; (about to be married) (futur) marié; (in royal household) chambellan m.
2 vt horse panser. the animal was ~ing itself l'animal faisait sa toilette; well-~ed person très soigné; hair bien coiffé; (fig) to ~ sb for a post etc préparer or former qn pour un poste etc; (Cine) she is being ~ed for stardom on la façonne pour en faire une star; he is ~ing him as his successor il en a fait son poulain.

grooming ['gru:mɪŋ] n (a) (gen) soins mpl de toilette or de beauté; (well-groomedness) apparence f (impeccable).
(b) [horse] pansage m; [dog] toilettage m.

groove [gru:v] 1 n (a) (for sliding object etc) rainure f; (for pulley etc) cannelure f, gorge f; (in column, screw) cannelure; (in record) sillon m; (in penknife blade) onglet m. it's in the ~‡ (up-to-date) c'est dans le vent‡; (functioning perfectly) ça baigne dans l'huile*, ça marche comme sur des roulettes*; to get into a ~* s'encroûter, devenir routinier; he's in a ~* il est pris dans la routine, il s'est encroûté.
(b) (US: great) it's a ~‡ c'est sensationnel*, c'est le pied‡.
2 vt (a) (put ~ in) canneler, rainer, rainurer.
(b) (‡US: like) aimer, trouver à son goût.
3 vi (‡US) prendre son pied‡.

groovy‡ ['gru:vɪ] adj (marvellous) sensass‡, vachement bien‡; (up-to-date) dans le vent‡.

grope [grəʊp] vi tâtonner, aller à l'aveuglette. to ~ for sth chercher qch à tâtons or à l'aveuglette; to ~ for words chercher ses mots; to ~ (one's way) towards avancer à tâtons or à l'aveuglette vers; to ~ (one's way) in/out etc entrer/sortir etc à tâtons or à l'aveuglette.
♦**grope about, grope around** vi tâtonner, aller à l'aveuglette. to grope about for sth chercher qch à tâtons or à l'aveuglette.

groping ['grəʊpɪŋ] adj tâtonnant.

gropingly ['grəʊpɪŋlɪ] adv à tâtons, en tâtonnant, à l'aveuglette.

grosgrain ['grəʊgreɪn] n gros-grain m.

gross [grəʊs] 1 adj (a) (coarse) person grossier, fruste, sans délicatesse; food grossier; joke etc cru, grossier. ~ eater goulu(e) m(f), glouton(ne) m(f).
(b) (US*: disgusting) dégueulasse‡, dégueu‡.
(c) (flagrant) injustice flagrant; abuse choquant; error gros (f grosse), lourd. ~ ignorance ignorance f crasse; ~ negligence négligence f coupable.
(d) (fat) person obèse, bouffi, adipeux.
(e) (Comm, Econ, Fin) weight, income, product, tonnage brut. ~ domestic income revenue m intérieur brut; ~ domestic product produit m intérieur brut; ~ national product produit national brut; (Ind, Econ) ~ output production f brute.
2 n (a) in (the) ~ (wholesale) en gros, en bloc; (fig) en général, à tout prendre.
(b) (pl inv: twelve dozen) grosse f, douze douzaines fpl.

3 vt (Comm) faire or obtenir une recette brute de. the company ~ed £100,000 last year la compagnie a fait or obtenu une recette brute de 100.000 livres l'an dernier.
♦**gross out*** vt (US) dégoûter, écœurer.

grossly ['grəʊslɪ] adv (a) (very much) exaggerate, overrate etc énormément, extrêmement; undervalued, underpriced scandaleusement. ~ unfair d'une injustice criante; ~ overweight obèse. (b) (coarsely) behave, talk grossièrement.

grossness ['grəʊsnɪs] n [person] (coarseness) grossièreté f; (fatness) obésité f, adiposité f; [joke, language] grossièreté, crudité f; [crime, abuse etc] énormité f.

grotesque [grəʊ'tesk] 1 adj grotesque, saugrenu. 2 n grotesque m.

grotto ['grɒtəʊ] n, pl ~s or ~es grotte f.

grotty* ['grɒtɪ] adj (Brit) room, surroundings, food, evening minable*, affreux. he was feeling ~ il ne se sentait pas bien, il se sentait tout chose*.

grouch* [graʊtʃ] 1 vi rouspéter*, ronchonner. 2 n (person) rouspéteur* m, -euse* f; (complaint) (gen) rogne* f (U), rouspétance* f (U). his main ~ is that ... son principal sujet de plainte or de rogne* est que ... .

grouchy* ['graʊtʃɪ] adj ronchon*, grognon, maussade.

ground¹ [graʊnd] 1 n (a) (U) the ~ la terre, le sol; to lie/sit (down) on the ~ se coucher/s'asseoir par terre or sur le sol; above ~ en surface (du sol); (fig) to have one's feet firmly on the ~ avoir (bien) les pieds sur terre; to fall to the ~ (lit) tomber à or par terre; (fig) [plans etc] tomber à l'eau, s'écrouler; burnt to the ~ réduit en cendres; to dash sb's hopes to the ~ anéantir or ruiner les espérances de qn; to get off the ~ (Aviat) décoller; (fig) [scheme etc] démarrer*; (fig) to run a car into the ~ user une voiture jusqu'à ce qu'elle soit bonne pour la casse; (fig) to run a business into the ~ laisser péricliter une entreprise; (fig) that suits me down to the ~* ça me va tout à fait or comme un gant, ça me botte‡; (Naut) to touch ~ toucher le fond; V thick, thin etc.
(b) (U: soil) sol m, terre f, terrain m. to till the ~ labourer la terre; stony ~ terre(s) caillouteuse(s), sol or terrain caillouteux (V also stony); V break.
(c) (U) (piece of land) terrain m, (larger) domaine m, terres fpl; (territory) territoire m, sol m. hilly ~ contrée vallonnée, pays vallonné; all this ~ is owned by X c'est X qui possède toutes ces terres or tout ce domaine; to hold or stand one's ~ tenir bon or ferme, ne pas lâcher pied; (fig) to change or shift one's ~ changer son fusil d'épaule; to gain ~ (Mil) gagner du terrain; [idea etc] faire son chemin; (Mil, also fig) to give ~ céder du terrain; to lose ~ (Mil, also gen) perdre du terrain; [party, politician] être en perte de vitesse; (Econ) sterling lost ~ against the other European currencies la livre a perdu du terrain face aux autres monnaies européennes; (fig) to be on dangerous ~ être sur un terrain glissant; (fig) forbidden ~ domaine interdit; (fig) to be on sure or firm ~ être sûr de ce qu'on avance; to be sure of one's ~ être sûr de son fait, parler en connaissance de cause; (fig) to meet sb on his own ~ rencontrer qn sur son propre terrain; (fig: in discussion etc) to go over the same ~ again traiter les mêmes questions; V common, cover, cut etc.
(d) (area for special purpose) terrain m. football ~ terrain de football; V landing, parade, recreation etc.
(e) (gardens etc) ~s parc m.
(f) (US Elec) masse f, terre f.
(g) (reason: gen ~s) motif m, raison f. on personal/medical ~s pour (des) raisons personnelles/médicales; ~s for divorce motifs de divorce; on what ~s? à quel titre?; on the ~(s) of pour raison de; on the ~s that ... en raison du fait que... (Jur) on the ~ that au motif que; (Jur) ~s on which the application is based moyens mpl invoqués à l'appui de la requête; ~ for complaint grief m; there are ~s for believing that ... il y a des raisons de penser que ...; the situation gives ~s for anxiety la situation est (nettement) préoccupante.
(h) (background) fond m. on a blue ~ sur fond bleu.
2 vt (a) plane, pilot empêcher de voler, interdire de voler à; (keep on ground) retenir au sol; (US fig) student etc consigner. all aircraft have been ~ed tous les avions ont reçu l'ordre de ne pas décoller.
(b) ship échouer.
(c) (US Elec) mettre une prise de terre à.
(d) (fig) hopes etc fonder (on sur). well-~ed belief/rumour croyance/rumeur bien fondée; well ~ed in Latin ayant de solides connaissances or bases en latin, possédant bien or à fond le latin.
3 vi [ship] s'échouer.
4 cpd: (Phot, Cine) ground angle shot contre-plongée f; (Mil) ground attack offensive f au sol; (Fishing) ground bait amorce f de fond; (Mus) ground bass basse contrainte, basso m ostinato; (US) ground cloth = groundsheet; ground colour (base coat) première couche; (background colour) teinte f de fond; (Aviat) ground control contrôle m au sol; (Aviat) ground crew équipe f au sol; (Brit) ground floor rez-de-chaussée m; (Brit) ground-floor (adj) flat au rez-de-chaussée; (fig) he got in on the ground floor il est là depuis le début; (Mil) ground forces armée f de terre; ground frost gelée blanche; (US) ground hog marmotte f d'Amérique; (US) Ground Hog Day le 2 (ou le 14) février (date à laquelle on croit pouvoir prédire si les grands froids sont terminés); ground ice glaces fpl de fond; ground ivy lierre m terrestre; groundkeeper (US) gardien m de parc (or de cimetière, stade etc); ground level au ras du sol, à fleur de terre; (Brit) groundnut arachide f; (Brit) groundnut oil huile f d'arachide; ground plan (Archit) plan m, projection horizontale; (fig) plan de base; ground pollution pollution f des sols; (esp Brit) ground rent redevance foncière; ground rules (gen) procédure f; (fig) we can't change the ground rules at this stage on ne peut pas changer les règles du jeu maintenant; groundsheet tapis m de sol; (Brit) groundsman

gardien *m* de stade; (*Aviat*) **groundspeed** vitesse-sol *f*; (*Aviat*) **ground staff** personnel *m* au sol; **groundswell** [*sea*] lame *f* de fond; (*fig*) vague *f* de fond; (*Mil*) **ground-to-air missile** engin *m* sol-air; (*Mil*) **ground-to-ground missile** engin *m* sol-sol; (*Geol*) **ground water** nappe *f* phréatique; (*US Elec*) **ground wire** fil *m* de terre; **groundwork** [*undertaking*] travail *m* préparatoire, préparation *f*; [*novel, play etc*] plan *m*, canevas *m*; (*Mil: of nuclear explosion*) **ground zero** point *m* de radiation maximum au sol.

ground² [graʊnd] **1** *pret, ptp of* grind. **2** *adj coffee etc* moulu. (*US Culin*) ∼ **beef** viande hachée (de bœuf); ∼ **glass** (*rough surface*) verre dépoli; (*powdered*) verre pilé; ∼ **rice** semoule *f or* farine *f* de riz.

grounding [ˈgraʊndɪŋ] *n* (a) [*ship*] échouage *m*.
(b) [*plane*] interdiction *f* de vol.
(c) (*in education*) connaissances fondamentales *or* de fond, base *f* (*in* en). she had a good ∼ **in French** elle avait une base solide *or* de solides connaissances en français.

groundless [ˈgraʊndlɪs] *adj* sans fond, mal fondé, sans motif.

grounds [graʊndz] *n* (a) (*coffee* ∼) marc *m* (de café). (b) *V* **ground¹ 1g.**

groundsel [ˈgraʊnsl] *n* séneçon *m*.

group [gruːp] **1** *n* (*gen, also Gram*) groupe *m*; [*mountains*] massif *m*. **to form a** ∼ (*lit*) se grouper; (*for discussion etc*) former un groupe; **to stand in** ∼s se tenir par groupes; **literary** ∼ cercle *m* littéraire; **nominal/verbal** ∼ groupe nominal/verbal; *V* **blood, in, pressure** *etc*.
2 *cpd*: (*Tourism*) **group booking** réservation *f* de groupes; (*Brit Aviat*) **group captain** colonel *m* de l'armée de l'air; **group dynamics** la dynamique de(s) groupe(s); (*Med*) **group practice is expanding in this country** la médecine de groupe est en expansion dans notre pays; (*Med*) **he belongs to a group practice** il fait partie d'un cabinet collectif; (*Math*) **group theory** théorie *f* des ensembles; (*Psych*) **group therapist** (psycho)thérapeute *mf* de groupe; (*Psych*) **group therapy** (psycho)thérapie *f* de groupe; (*Soc*) **group work** travail *m* en groupe *or* en équipe.
3 *vi* (*also* ∼ **together**) [*people*] se grouper, former un groupe. **to** ∼ **round sth/sb** se grouper *or* se rassembler autour de qch/de qn.
4 *vt* (*also* ∼ **together**) *objects, people* grouper, rassembler, réunir; *ideas, theories, numbers* grouper.

grouper [ˈgruːpər] *n* mérou *m*.

groupie‡ [ˈgruːpɪ] *n* groupie‡ *f*.

grouping [ˈgruːpɪŋ] *n* groupement *m*. (*Fin, Jur*) ∼s of companies regroupements *mpl* de sociétés.

grouse¹ [graʊs] (*Orn*) **1** *n, pl inv* grouse *f*; *V* **black, red. 2** *cpd*: **to go grouse-beating** faire le rabatteur; **grouse moor** chasse réservée (*où l'on chasse la grouse*); **to go grouse-shooting** chasser la grouse, aller à la chasse à la grouse.

grouse²* [graʊs] **1** *vi* (*grumble*) rouspéter*, râler*, récriminer (*at, about* contre). **stop grousing!** pas de rouspétance!* **2** *n* motif *m* de râler*, motif à rouspétance*, grief *m*.

grout [graʊt] **1** *n* enduit *m* de jointoiement. **2** *vt* mastiquer.

grouting [ˈgraʊtɪŋ] *n* jointoiement *m*.

grove [grəʊv] *n* bocage *m*, bosquet *m*. **olive** ∼ oliveraie *f*; **chestnut** ∼ châtaigneraie *f*; **pine** ∼ pinède *f*.

grovel [ˈgrɒvl] *vi* (*lit*) être à plat ventre, se vautrer (*in* dans); (*fig*) se mettre à plat ventre, ramper, s'aplatir (*to, before* devant, aux pieds de).

grovelling [ˈgrɒvlɪŋ] *adj* (*lit*) rampant; (*fig*) rampant, servile.

grow [grəʊ] *pret* grew, *ptp* grown **1** *vi* (a) [*plant*] pousser, croître; [*hair*] pousser; [*person*] grandir, se développer; [*animal*] grandir, grossir. **she's letting her hair** ∼ elle se laisse pousser les cheveux; **that plant does not** ∼ **in England** cette plante ne pousse pas en Angleterre; **how you've** ∼n comme tu as grandi *or* poussé*; **he has** ∼n 5cm il a grandi de 5cm; **to** ∼ **into a man** devenir un homme; **he's** ∼n **into quite a handsome boy** il est devenu très beau garçon en grandissant (*V also* **grow into**); (*liter*) **to** ∼ **in wisdom/beauty** croître en sagesse/beauté; **she has** ∼n **in my esteem** elle est montée dans mon estime; **we have** ∼n **away from each other** nous nous sommes éloignés l'un de l'autre avec les années.
(b) [*numbers, amount*] augmenter, grandir; [*club, group*] s'agrandir; [*rage, fear, love, influence, knowledge*] augmenter, croître, s'accroître. **their friendship grew as time went on** leur amitié grandit avec le temps; **our friendship grew from a common love of gardening** notre amitié s'est développée à partir d'un amour partagé pour le jardinage.
(c) **to** ∼ **to like/dislike/fear sth** finir par aimer/détester/ redouter qch.
(d) (+ *adj* = *become: often translated by vi or vpr*) devenir. **to** ∼ **big(ger)** grandir; **to** ∼ **red(der)** rougir; **to** ∼ **fat(ter)** grossir; **to** ∼ **old(er)** vieillir; **to** ∼ **angry** se fâcher, se mettre en colère; **to** ∼ **rare(r)** se faire (plus) rare; **to** ∼ **better** s'améliorer; **to** ∼ **worse** empirer; **to** ∼ **dark(er)** s'assombrir, s'obscurcir; **to** ∼ **tired** se fatiguer, se lasser; **to** ∼ **used to sth** s'habituer *or* s'accoutumer à qch.
2 *vt* plants, crops cultiver, faire pousser *or* venir; one's hair, beard, nails *etc* laisser pousser. **she has** ∼n **her hair long** elle s'est laissé pousser les cheveux; **it's** ∼n **a new leaf** une nouvelle feuille vient de pousser *or* d'apparaître; **to** ∼ **horns** commencer à avoir des cornes.

♦ **grow in** *vi* [*nail*] s'incarner; [*hair*] repousser.

♦ **grow into** *vt fus clothes* devenir assez grand pour mettre. **he grew into the job** c'est en forgeant qu'il devint forgeron, il a petit à petit appris le métier *or* les ficelles du métier; **to grow into the habit of doing** acquérir (avec le temps) l'habitude de faire, prendre le pli de faire.

♦ **grow on** *vt fus* [*habit etc*] s'imposer petit à petit à; [*book, music etc*]

plaire de plus en plus à. **his paintings grow on one** on finit par se faire à ses tableaux, plus on voit ses tableaux plus on les apprécie.

♦ **grow out of** *vt fus clothes* devenir trop grand pour. **he's grown out of this jacket** cette veste est trop petite pour lui; **he grew out of (his) asthma/acne** son asthme/acné lui a passé avec le temps; **to grow out of the habit of doing** perdre (en grandissant *or* avec l'âge) l'habitude de faire.

♦ **grow up** *vi* **1** (a) [*person, animal*] devenir adulte. **when I grow up I'm going to be a doctor** quand je serai grand je serai médecin; **grow up!*** ne sois pas si enfant! *or* si gamin!
(b) [*friendship, hatred etc*] naître, se développer; [*custom*] naître, se répandre.
2 **grown-up** *adj, n V* **grown-up.**

grower [ˈgrəʊər] *n* (a) (*person*) producteur *m*, -trice *f*, cultivateur *m*, -trice *f*. **vegetable** ∼ maraîcher *m*, -ère *f*; *V* **rose²** *etc*. (b) **this plant is a slow** ∼ cette plante pousse lentement.

growing [ˈgrəʊɪŋ] **1** *adj* (a) *plant* qui pousse. ∼ **crops** récoltes *fpl* sur pied; **fast-/slow-** ∼ à croissance rapide/lente.
(b) *child* en cours de croissance, qui grandit. **he's a** ∼ **boy** c'est un enfant qui grandit.
(c) (*increasing*) *number, amount* grandissant, qui augmente; *club, group* qui s'agrandit; *friendship, hatred* grandissant, croissant. **a** ∼ **opinion** opinion de plus en plus répandue; **a** ∼ **feeling of frustration** un sentiment croissant *or* grandissant de frustration; **to have a** ∼ **desire to do sth** avoir de plus en plus envie de faire qch.
2 *n* (*act*) croissance *f*; (*Agr*) culture *f*. ∼ **pains*** (*Med*) douleurs *fpl* de croissance; (*fig*) [*business, project*] difficultés *fpl* de croissance.

growl [graʊl] **1** *vi* [*animal*] grogner, gronder (*at* contre); [*person*] grogner, ronchonner*; [*thunder*] tonner, gronder. **2** *vt reply etc* grogner, grommeler. **3** *n* grognement *m*, grondement *m*. **to give a** ∼ grogner.

grown [grəʊn] **1** *ptp of* **grow.**
2 *adj* (a) (*also* **fully** ∼) *person, animal* adulte, qui a fini sa croissance. **he's a** ∼ **man** il est adulte.
(b) **wall** ∼ **over with ivy** mur (tout) couvert de lierre.

grown-up [ˌgrəʊnˈʌp] **1** *adj behaviour* de grande personne, adulte. **when he is** ∼ quand il sera grand; **she is very** ∼ elle est très sérieuse *or* elle a beaucoup de maturité pour son âge; **she looks very** ∼ elle fait très grande personne; **a** ∼ **daughter** une fille adulte; **try to be more** ∼ **about it** ne sois pas aussi puéril, essaie de faire preuve d'un peu plus de maturité.
2 *n* grande personne *f*, adulte *mf*. **the** ∼**s** les grandes personnes.

growth [grəʊθ] **1** *n* (a) (*U: development*) [*plant*] croissance *f*, développement *m*; [*person*] croissance *f*. **to reach full** ∼ [*plant*] arriver à maturité; [*person*] avoir fini sa croissance.
(b) (*U: increase*) [*numbers, amount*] augmentation *f*; [*business, trade*] expansion *f*, croissance *f* (*in* de); [*club, group*] croissance *f*; [*fear, love*] croissance, poussée *f*; [*influence, economy, knowledge, friendship*] croissance, développement *m*. (*Econ*) **these measures encourage** ∼ ces mesures favorisent la croissance; **the** ∼ **of public interest in …** l'intérêt croissant du public pour ….
(c) (*what has grown*) poussée *f*, poussée *f*. **a thick** ∼ **of weeds** des mauvaises herbes qui ont poussé dru; **a 5 days'** ∼ **of beard** une barbe de 5 jours; **a new** ∼ **of hair** une nouvelle pousse *or* poussée de cheveux.
(d) (*Med*) grosseur *f*, excroissance *f*, tumeur *f*. **benign/malignant** ∼ tumeur bénigne/maligne.
2 *cpd market, point* en voie de développement *or* de croissance, en (pleine) expansion. **growth hormone** hormone *f* de croissance; **growth industry** industrie *f* en pleine expansion; **growth rate** taux *m* de croissance; (*Fin*) **growth shares,** (*US*) **growth stock** actions *fpl* susceptibles d'une hausse rapide.

groyne [grɔɪn] *n* (*esp Brit*) brise-lames *m inv*.

grub [grʌb] **1** *n* (a) (*larva*) larve *f*; (*in apple etc*) ver *m*, asticot *m*.
(b) (‡: *U: food*) boustifaille‡ *f*, bouffe‡ *f*. ∼ **up!** à la soupe!*
2 *cpd*: (*US Hist*) **grubstake*** (*n*) avance *f* faite à un prospecteur; (*vt*) accorder une avance à.
3 *vi* [*animal*] *ground, soil* fouir.
4 *vi* (*also* ∼ **about,** ∼ **around**) fouiller, fouiner (*in, among* dans). **he was** ∼**bing (about** *or* **around) in the earth for a pebble** il fouinait dans la terre *or* fouillait le sol pour trouver un caillou.

♦ **grub up** *vt sep soil* fouir; *object* déterrer.

grubbiness [ˈgrʌbɪnɪs] *n* saleté *f*.

grubby [ˈgrʌbɪ] *adj* sale, pas très propre *or* net.

grudge [grʌdʒ] **1** *vt* donner *or* accorder à contrecœur *or* en rechignant *or* à regret. **to** ∼ **doing sth** faire à contrecœur, rechigner à faire; **he** ∼**s her even the food she eats** il lui mesure jusqu'à sa nourriture, il lésine même sur sa nourriture; **do you** ∼ **me these pleasures?** me reprochez-vous ces (petits) plaisirs?; **they** ∼**d him his success** ils lui en voulaient de sa réussite; **she** ∼**s paying £2 a ticket** cela lui fait mal au cœur de *or* elle trouve mauvaise de payer 2 livres un billet; **I shan't** ∼ **you £5** je ne vais pas te refuser 5 livres; **it's not the money I** ∼ **but the time** ce n'est pas la dépense mais le temps que je plains.
2 *n* rancune *f*. **to bear** *or* **have a** ∼ **against sb** en vouloir à qn, garder rancune à qn, avoir une dent contre qn; **to pay off a** ∼ satisfaire une rancune.

grudging [ˈgrʌdʒɪŋ] *adj person, attitude* radin*, mesquin, peu généreux; *contribution* parcimonieux; *gift, praise etc* accordé *or* donné à regret *or* à contrecœur. **with** ∼ **admiration** avec une admiration réticente.

grudgingly [ˈgrʌdʒɪŋlɪ] *adv give, help* à contrecœur, de mauvaise grâce; *say, agree* de mauvaise grâce.

gruel [ˈgrʊəl] *n* gruau *m*.

gruelling [ˈgrʊəlɪŋ] *adj march, match, race etc* exténuant, épuisant, éreintant*.

gruesome ['gru:səm] *adj* horrible, épouvantable, infâme, révoltant. **in ~ detail** jusque dans les plus horribles détails.

gruff [grʌf] *adj person* brusque, bourru; *voice* gros (*f* grosse), bourru.

gruffly ['grʌflɪ] *adv* d'un ton bourru *or* rude, avec brusquerie.

grumble ['grʌmbl] **1** *vi [person]* grogner, grommeler, maugréer, ronchonner, rouspéter* (*at, about* contre), se plaindre (*about, at* de); *[thunder]* gronder. **he's always grumbling** il est toujours à grommeler.

2 *n* grognement *m*, ronchonnement* *m*. **to do sth without a ~** faire qch sans murmurer; **after a long ~ about ...** après une longue lamentation à propos de ...; **~s** récriminations *fpl*.

grumbling ['grʌmblɪŋ] **1** *n* (*U*) récriminations *fpl*.

2 *adj person* grincheux, bougon. **a ~ sound** un grondement; (*Med*) **~ appendix** appendicite *f* chronique.

grummet ['grʌmɪt] *n* = **grommet**.

grumpily ['grʌmpɪlɪ] *adv* d'un ton *or* d'une façon maussade, en bougonnant *or* ronchonnant.

grumpy ['grʌmpɪ] *adj* maussade, renfrogné, grincheux, grognon.

grunt [grʌnt] **1** *vi [pig, person]* grogner.

2 *vt* grogner. **to ~ a reply** grommeler *or* grogner une réponse; **'no' he ~ed** 'non' grommela-t-il.

3 *n* (**a**) grognement *m*. **to give a ~** pousser *or* faire entendre un grognement; (*in reply*) répondre par un grognement; **with a ~ of distaste** avec un grognement dégoûté *or* de dégoût.

(**b**) (*US ‡: soldier*) fantassin *m*, troufion* *m*, bidasse* *m*.

gruppetto [gru'petəʊ] *n* (*Mus*) gruppetto *m*.

gryphon ['grɪfən] *n* = **griffin**.

GU (*US Post*) *abbr of* **Guam**.

guacamole [ˌgwɑ:kə'məʊlɪ] *n* (*US Culin*) purée *f* d'avocats (fortement assaisonnée).

Guadeloupe [ˌgwɑ:də'lu:p] *n* la Guadeloupe.

Guam [gwɑ:m] *n* Guam *f*.

guano ['gwɑ:nəʊ] *n* (*U*) guano *m*.

guarantee [ˌgærən'ti:] **1** *n* (**a**) (*Comm etc: promise, assurance*) garantie *f*. **there is a year's ~ on this watch** cette montre est garantie un an, cette montre a une garantie d'un an; **a ~ against defective workmanship** une garantie contre les malfaçons; **'money-back ~ with all items'** 'remboursement garanti sur tous articles'; **you must read the ~ carefully** il faut lire attentivement la garantie; **you have/I give you my ~ that ...** vous avez/je vous donne ma garantie que ...; **there's no ~ that it will happen** il n'est pas garanti *or* dit que cela arrivera; **there's no ~ that it actually happened** il n'est pas certain que cela soit arrivé; **health is not a ~ of happiness** la santé n'est pas une garantie de bonheur.

(**b**) (*Jur etc: pledge, security*) garantie *f*, caution *f*. (*Fin*) **~ for a bill** aval *m* d'une traite; **to give sth as (a) ~** donner qch en caution; **he left his watch as a ~ of payment** il a laissé sa montre en garantie de paiement *or* en gage; **what ~ can you offer?** quelle caution pouvez-vous donner?

(**c**) = **guarantor**.

2 *cpd*: **guarantee form** garantie *f* (*fiche*).

3 *vt goods etc* garantir, assurer (*against* contre, *for 2 years* pendant 2 ans). **~d waterproof** garanti imperméable; **~d not to rust** garanti inoxydable; **~d price** prix garanti; **~d loan** prêt privilégié; (*US Univ*) **~d student loan** prêt *m* d'honneur (*à un étudiant*); **I will ~ his good behaviour** je me porte garant de sa bonne conduite; **to ~ a loan** se porter garant *or* caution d'un emprunt; **I will ~ him for a £500 loan** je lui servirai de garant *or* de caution pour un emprunt de 500 livres; **I ~ that it won't happen again** je garantis *or* certifie que cela ne se reproduira pas; **I can't ~ that he will come back** je ne peux pas garantir sa venue *or* qu'il viendra, je ne peux pas certifier qu'il viendra; **I can't ~ that he did it** je ne peux pas certifier qu'il l'ait fait; **we can't ~ good weather** nous ne pouvons pas garantir le beau temps *or* certifier qu'il fera beau.

guarantor [ˌgærən'tɔ:r] *n* garant(e) *m(f)*, caution *f*. **to stand ~ for sb** se porter garant *or* caution de qn; **will you be my ~ for the loan?** me servirez-vous de garant *or* de caution pour l'emprunt?

guaranty ['gærəntɪ] *n* (*Fin*) garantie *f*, caution *f*; (*agreement*) garantie; (*sth held as security*) garantie, caution.

guard [gɑ:d] **1** *n* (**a**) (*U*) garde *f*, surveillance *f*; (*Boxing, Fencing, Mil etc*) garde. **to go on/come off ~** prendre/finir son tour de garde; **to be on ~** être de garde *or* de faction; **to keep *or* stand ~** être de garde, monter la garde; **to keep *or* stand ~ on** (*against attack*) garder; (*against theft, escape*) surveiller; **he was taken under ~ to ...** il a été emmené sous escorte à ...; **to keep sb under ~** garder qn sous surveillance; **to put a ~ on sb/sth** faire surveiller qn/qch; (*Sport*) **on ~!** en garde!; **to be on one's ~** se méfier (*against* de), être *or* se tenir sur ses gardes (*against* contre); **to put sb on his ~** mettre qn en garde (*against* contre); **to put sb off** (*his*) **~** tromper la vigilance de qn; **to catch sb off his ~** prendre qn au dépourvu; **he wears goggles as a ~ against accidents** il porte des lunettes protectrices par précaution contre les accidents; *V* **mount** *etc*.

(**b**) (*Mil etc*) (*squad of men*) garde *f*; (*one man*) garde *m*. (*lit, fig*) **~ of honour** garde *f* d'honneur; (*on either side*) haie *f* d'honneur; **one of the old ~** un vieux de la vieille*; (*Brit Mil*) **the G~s** les régiments *mpl* de la garde royale; *V* **change, life, security** *etc*.

(**c**) (*Brit Rail*) chef *m* de train.

(**d**) (*on machine*) dispositif *m* de sûreté; (*on sword*) garde *f*; *V* **fire** *etc*.

(**e**) (*Basketball*) **left/right ~** arrière *m* gauche/droit.

2 *cpd*: **guard dog** chien *m* de garde; (*Mil*) **to be on guard duty** être de garde *or* de faction; (*Mil*) **guardhouse** (*for guards*) corps *m* de garde; (*for prisoners*) salle *f* de police; **guardrail** barrière *f* de sécurité; (*Mil*) **guardroom** corps *m* de garde; **guardsman** (*Brit Mil*) garde *m* (*soldat m de la garde royale*); (*US*) soldat *m* de la garde

nationale; (*Brit Rail*) **guard's van** fourgon *m* du chef de train.

3 *vt* (*against attack*) garder (*from, against* contre); (*against theft, escape*) surveiller; (*Cards, Chess*) garder; (*fig*) **one's tongue, passions etc** surveiller. **the frontier is heavily ~ed** la frontière est solidement gardée; **the dog ~ed the house** le chien gardait la maison; **~ it with your life!** veillez bien dessus!

♦ **guard against** *vt fus* se protéger contre, se défendre contre, se prémunir contre. **to guard against doing** (bien) se garder de faire; **in order to guard against this** pour éviter cela; **we must try to guard against this happening** nous devons essayer d'empêcher que cela ne se produise.

guarded ['gɑ:dɪd] *adj machinery* protégé; *prisoner* sous surveillance, gardé à vue; *remark, smile* prudent, circonspect, réservé.

guardedly ['gɑ:dɪdlɪ] *adv* avec réserve, avec circonspection, prudemment.

guardedness ['gɑ:dɪdnɪs] *n* circonspection *f*, prudence *f*.

guardian ['gɑ:dɪən] **1** *n* (**a**) gardien(ne) *m(f)*, protecteur *m*, -trice *f*. (**b**) *[minor]* tuteur *m*, -trice *f*. **2** *adj* gardien. **~ angel** ange gardien.

Guatemala [ˌgwɑ:tɪ'mɑ:lə] *n* Guatemala *m*.

Guatemalan [ˌgwɑ:tɪ'mɑ:lən] **1** *adj* guatémaltèque. **2** *n* Guatémaltèque *mf*.

guava ['gwɑ:və] *n* (*fruit*) goyave *f*; (*tree*) goyavier *m*.

gubbins* ['gʌbɪnz] *n* (*Brit*) (**a**) (*thing*) machin* *m*, truc* *m*. (**b**) (*silly person*) crétin *m*, imbécile *m*.

gubernatorial [ˌgu:bənə'tɔ:rɪəl] *adj* (*esp US*) de or du gouverneur.

gudgeon[1] ['gʌdʒən] *n* (*fish*) goujon *m*.

gudgeon[2] ['gʌdʒən] *n* (*Tech*) tourillon *m*; (*Naut*) goujon *m*. (*Brit Aut*) **~ pin** goupille *f*.

guelder rose [ˌgeldə'rəʊz] *n* (*Bot*) boule-de-neige *f*.

Guelf, Guelph [gwelf] *n* guelfe *m*.

Guernsey ['gɜ:nzɪ] *n* (**a**) (*Geog*) Guernesey *f*. **in ~** à Guernesey. (**b**) (*cow*) vache *f* de Guernesey. (**c**) (*garment*) **g~** jersey *m*.

guerrilla [gə'rɪlə] **1** *n* guérillero *m*. **2** *cpd tactics etc* de guérilla. **guerrilla band, guerrilla group** guérilla *f* (*troupe*); (*Ind*) **guerrilla strike** grève *f* sauvage; **guerrilla war(fare)** guérilla *f* (*guerre*).

guess [ges] **1** *n* supposition *f*, conjecture *f*. **to have *or* make a ~** tâcher de *or* essayer de deviner; **to have *or* make a ~ at sth** essayer de deviner qch; **I give you three ~es!, have a ~!** essaie de deviner!, devine un peu!; **that was a good ~** tu as deviné juste, ton intuition ne t'a pas trompé; **that was a good ~ but ...** c'était une bonne intuition *or* idée mais ...; **it was just a lucky ~** j'ai (*or* il a *etc*) deviné juste, c'est juste; **an educated ~** une supposition éclairée; **he made a wild ~** il a lancé une réponse à tout hasard; **at a ~ I would say there were 200** au jugé je dirais qu'il y en avait 200; **at a rough ~** à vue de nez, approximativement, grosso modo; **my ~ is that he refused** d'après moi il aura refusé; **your ~ is as good as mine!*** tu en sais autant que moi, je n'en sais pas plus que toi!; **it's anyone's ~ who will win*** impossible de prévoir *or* allez donc savoir qui va gagner; **will he come tomorrow? — it's anyone's ~*** viendra-t-il demain? — qui sait? *or* Dieu seul le sait; **by ~ and by God*** Dieu sait comment.

2 *cpd*: **guesswork** conjecture *f*, hypothèse *f*; **it was sheer guesswork** ce n'étaient que des conjectures, on n'a fait que deviner; **by guesswork** en devinant, par flair.

3 *vt* (**a**) *answer, sb's name etc* deviner; (*estimate: also* **guess at**) *height, numbers etc* estimer, évaluer; (*surmise*) supposer, conjecturer (*that* que). **to ~ sb's age** deviner l'âge de qn; (*make a rough guess*) évaluer l'âge de qn; **I ~ed him to be about 20** j'estimais *or* je jugeais qu'il avait à peu près 20 ans; **~ how heavy he is** devine combien il pèse; **I'd already ~ed who had done it** j'avais déjà deviné qui l'avait fait; **you've ~ed (it)!** tu as deviné!, c'est ça!; **to ~ the answer** deviner la réponse; **I haven't a recipe, I just ~ the quantities** je n'ai pas de recette, je mesure à vue de nez; **can you ~ what it means?** peux-tu arriver à deviner ce que cela veut dire?; **I ~ed as much** je m'en doutais; **~ who!*** devine qui c'est!; **you'll never ~ who's coming to see us!** tu ne devineras jamais qui va venir nous voir!

(**b**) (*esp US: believe, think*) croire, penser. **he'll be about 40 I ~** il doit avoir dans les 40 ans je pense *or* j'imagine, moi je lui donne *or* donnerais la quarantaine; **I ~ it's going to rain** j'ai l'impression *or* je crois qu'il va pleuvoir; **I ~ so** je crois que oui, probablement; **I ~ not** j'ai l'impression que non, je ne crois pas.

4 *vi* deviner. **try to ~!** essaie de deviner!, devine un peu!; **you'll never ~!** tu ne devineras jamais!; **to ~ right** deviner juste; **to ~ wrong** tomber à côté*; **to keep sb ~ing** laisser qn dans le doute; **to ~ at the height of a building/the number of people present** *etc* évaluer *or* estimer (au jugé) la hauteur d'un bâtiment/le nombre de personnes présentes *etc*.

guesstimate* ['gestɪmɪt] **1** *n* calcul *m* au pifomètre*. **2** *vt* calculer au pifomètre*.

guest [gest] **1** *n* (*at home*) invité(e) *m(f)*, hôte *mf*; (*at table*) convive *mf*; (*in hotel*) client(e) *m(f)*; (*in boarding house*) pensionnaire *mf*. **~ of honour** invité(e) d'honneur; **we were their ~s last summer** nous avons été leurs invités l'été dernier; **be my ~!*** à toi!, (*fais*) comme chez toi!*; *V* **house, paying**.

2 *cpd*: (*Theat*) **guest artist** artiste *mf* (*or* chanteur *m etc*) en vedette américaine; (*in credits*) avec la participation de; **guest-house** (*gen*) pension *f* de famille; (*in monastery etc*) maison *f* des hôtes; **guest list** liste *f* des invités; **guest night** *soirée f où les membres d'un club peuvent inviter des non-membres*; **guest room** chambre *f* d'amis; **guest speaker** conférencier *m*, -ière *f* (*invité(e)*) *par un club, une organisation*).

guff‡ [gʌf] *n* (*U*) bêtises *fpl*, idioties *fpl*.

guffaw [gʌ'fɔ:] **1** *vi* rire bruyamment, pouffer (de rire), partir d'un gros rire. **2** *vt* pouffer. **3** *n* gros (éclat de) rire.

Guiana [gaɪ'ænə] *n* les Guyanes *fpl*.

guidance ['gaɪdəns] **1** n (a) conseils mpl. **for your ~** pour votre gouverne, à titre d'indication or d'information; **he needs some ~ about** or **as to how to go about it** il a besoin de conseils quant à la façon de procéder; **your ~ was very helpful** vos conseils ont été très utiles; V **child, vocational.**
　(b) [rocket etc] guidage m.
　2 cpd: (US Scol) **guidance counselor** conseiller m, -ère f d'orientation; (Tech) **guidance system** système m de guidage.
guide [gaɪd] **1** n (a) (gen, also for climbers, tourists etc) guide m; (spiritualism) esprit m; (fig) guide, indication f. **you must let reason be your ~** il faut vous laisser guider par la raison; **this figure is only a ~** ce chiffre n'est qu'une indication; **last year's figures will be a good ~** les statistiques de l'année dernière serviront de guide; **these results are not a very good ~ as to his ability** ces résultats ne donnent pas d'indication sûre touchant ses compétences; **as a rough ~, count 4 apples to the pound** comptez en gros or à peu près 4 pommes par livre.
　(b) (also ~ book) guide m. **~ to Italy** guide d'Italie.
　(c) (book of instructions) guide m, manuel m. **beginner's ~ to sailing** manuel d'initiation à la voile.
　(d) (for curtains etc) glissière f; (on sewing machine) pied-de-biche m.
　(e) (also girl ~) éclaireuse f; (Roman Catholic) guide f.
　2 vt (a) blind man conduire, guider; stranger, visitor guider, piloter. **he ~d us through the town** il nous a pilotés or guidés à travers la ville; **he ~d us to the main door** il nous a montré le chemin jusqu'à la porte d'entrée; (lit, fig) **to be ~d by sb/sth** se laisser guider par qn/qch.
　(b) rocket, missile guider.
　3 cpd: **guidebook** V Ib; **guide dog** chien m d'aveugle; **guide line** (for writing) ligne f (permettant une écriture horizontale régulière); (fig: hints, suggestions) ligne f directrice; (rope) main courante; **guidepost** poteau m indicateur.
guided ['gaɪdɪd] adj (a) rocket etc téléguidé. **~ missile** engin téléguidé. (b) (US) **~ tour** visite guidée.
guiding ['gaɪdɪŋ] adj: **~ principle** principe m directeur; (fig) **~ star** guide m; **he needs a ~ hand from time to time** il a besoin qu'on l'aide (subj) de temps en temps.
guild [gɪld] **1** n (a) (Hist) guilde f, corporation f. **goldsmiths' ~** guilde des orfèvres.
　(b) association f, confrérie f. **the church ~** le cercle paroissial; **women's ~** association féminine.
　2 cpd: **guildhall** (Hist) palais m des corporations; (town hall) hôtel m de ville.
guile [gaɪl] n (U) (deceit) fourberie f, tromperie f; (cunning) ruse f, astuce f.
guileful ['gaɪlfʊl] adj (deceitful) fourbe, trompeur; (cunning) rusé, astucieux.
guileless ['gaɪllɪs] adj (straightforward) sans astuce, candide; (open) franc (f franche), loyal, sincère.
guillemot ['gɪlɪmɒt] n guillemot m.
guillotine ['gɪlə'tiːn] **1** n (for beheading) guillotine f; (for paper-cutting) massicot m. (Parl) **a ~ was imposed on the bill** une limite de temps a été imposée au débat sur le projet de loi.
　2 vt person guillotiner; paper massicoter. (Parl) **to ~ a bill** imposer une limite de temps au débat sur un projet de loi.
guilt [gɪlt] n (U) culpabilité f. **he was tormented by ~** il était torturé par un sentiment de culpabilité; (Psych) **to have ~ feelings about sb/sth** se sentir coupable or avoir des sentiments de culpabilité vis-à-vis de qn/qch.
guiltless ['gɪltlɪs] adj innocent (of de).
guilty ['gɪltɪ] adj (a) (Jur etc) person coupable (of de). **~ person** or **party** coupable mf; **to plead ~/not ~** plaider coupable/non coupable; **to find sb ~/not ~** déclarer qn coupable/non coupable; **verdict of ~/not ~** verdict m de culpabilité/d'acquittement; **'not ~'** he replied 'non coupable' répondit-il; **he was ~ of taking the book without permission** il s'est rendu coupable de prendre le livre sans permission; **I have been ~ of that myself** j'ai moi-même commis la même erreur; **I feel ~ about the letter** j'ai des remords en ce qui concerne la lettre; **I feel very ~ about not writing to her** je suis plein de remords de ne pas lui avoir écrit; **to make sb feel ~** culpabiliser qn, donner mauvaise conscience à qn.
　(b) look coupable, confus; thought, act coupable. **~ conscience** conscience lourde or chargée or coupable; **I have a ~ conscience about not writing** j'ai mauvaise conscience de ne pas avoir écrit.
guinea ['gɪnɪ] n (Brit: money) guinée f (= 21 shillings).
Guinea ['gɪnɪ] **1** n (Geog) Guinée f; V **equatorial. 2** cpd: **Guinea-Bissau** Guinée-Bissau f; **guinea-fowl** pintade f; **guinea-pig** (Zool) cochon m d'Inde, cobaye m; (fig) cobaye; (fig) **to be a guinea-pig** servir de cobaye.
guise [gaɪz] n: **in the ~ of a soldier** sous l'aspect d'un soldat; **in** or **under the ~ of friendship** sous l'apparence or les traits de l'amitié.
guitar [gɪ'tɑːʳ] n guitare f.
guitarist [gɪ'tɑːrɪst] n guitariste mf.
Gujarat [ˌgʊdʒə'rɑːt] n Gujarat m or Gujrat m.
gulch [gʌltʃ] n (US) ravin m.
gulf [gʌlf] n (a) (in ocean) golfe m. **the (Persian) G~** le golfe Persique; **G~ of Aden** golfe d'Aden; **G~ of Alaska** golfe d'Alaska; **G~ of Mexico** golfe du Mexique; [Middle East] **the G~ States** les États mpl du Golfe; (US **the G~ states** les États du golfe du Mexique; **G~ Stream** Gulf Stream m.
　(b) (abyss: lit, fig) gouffre m, abîme m.
gull¹ [gʌl] n (bird) mouette f, goéland m. **common ~** goéland cendré; (Aut) **~-wing door** porte f papillon.
gull² [gʌl] n (dupe) **1** vt duper, rouler‡ m. **2** n jobard‡ m, dindon‡ m.
gullet ['gʌlɪt] n (Anat) œsophage m; (throat) gosier m. (fig) **it stuck**

in my **~** je ne l'ai pas avalé or digéré.
gullibility [ˌgʌlɪ'bɪlɪtɪ] n crédulité f.
gullible ['gʌlɪbl] adj crédule, facile à duper.
gully ['gʌlɪ] n (a) (ravine) ravine f, couloir m; (Climbing) couloir.
　(b) (drain) caniveau m, rigole f.
gulp [gʌlp] **1** n (a) (action) coup m de gosier; (from emotion) serrement m de gorge. **to swallow sth at one ~** avaler qch d'un seul coup; **he emptied the glass at one ~** il a vidé le verre d'un (seul) trait; **'yes' he replied with a ~** 'oui' répondit-il la gorge serrée or avec une boule dans la gorge.
　(b) (mouthful) [food] bouchée f, goulée f; [drink] gorgée f, lampée f. **he took a ~ of milk** il a avalé une gorgée de lait.
　2 vt (a) (also ~ down) food avaler à grosses bouchées, engloutir, enfourner*; drink avaler à pleine gorge, lamper. **don't ~ your food** hache ce que tu manges.
　(b) **'I'm sorry,' he ~ed** 'désolé', répondit-il la gorge serrée or avec une boule dans la gorge.
　3 vi essayer d'avaler; (from emotion etc) avoir un serrement or une contraction de la gorge. **he ~ed** sa gorge s'est serrée or s'est contractée.
　◆**gulp back** vt sep: **to gulp back one's tears/sobs** ravaler or refouler ses larmes/sanglots.
gum¹ [gʌm] **1** n (Anat) gencive f. **2** cpd: **gumboil** fluxion f dentaire, abcès m à la gencive.
gum² [gʌm] **1** n (a) (U) (Bot) gomme f; (Brit: glue) gomme, colle f; (rubber) caoutchouc m.
　(b) (U) chewing-gum m.
　(c) (sweet: also ~ drop) boule f de gomme.
　2 cpd: **gum arabic** gomme f arabique; (Brit) **gumboots** bottes fpl de caoutchouc; (US‡: detective) **gumshoe** privé‡ m; (Brit) **gumshoes** (overshoes) caoutchoucs mpl; (sneakers) (chaussures fpl de) tennis mpl; **gum tree** gommier m; (Brit fig) **to be up a gum tree‡** être dans le lac (fig), être dans la merde‡.
　3 vt (put ~ on) gommer; (stick) coller (to à). **~med envelope/label** enveloppe/étiquette collante or gommée; **to ~ sth back on** recoller qch; **to ~ down an envelope** coller or cacheter une enveloppe.
　◆**gum up‡** vt sep machinery, plans abîmer, bousiller*. (fig) **it's gummed up the works** ça a tout bousillé*.
gum³‡ [gʌm] n (euph of God) **by ~!** nom d'un chien!*, mince alors!*
gumbo ['gʌmbəʊ] n (Bot) gombo m; (Culin) soupe f au gombo.
gummy ['gʌmɪ] adj gommeux; (sticky) collant, gluant.
gumption* ['gʌmpʃən] n (U: Brit) jugeote* f, bon sens. **use your ~!** aie un peu de jugeote!*; **he's got a lot of ~** il sait se débrouiller; **he's got no ~** il n'a pas deux sous de jugeote* or de bon sens.
gun [gʌn] **1** n (a) (handgun) revolver m, pistolet m; (rifle) fusil m; (cannon) canon m. **he's got a ~!** il est armé!, il a un revolver!; **the thief was carrying a ~** le voleur avait une arme (à feu); **to draw a ~ on sb** braquer une arme sur qn; **a 21-~ salute** une salve de 21 coups de canon; (Mil) **the ~s** les canons, l'artillerie f; **the big ~s** (Mil) les gros canons, l'artillerie lourde; (*: big: people) les grosses légumes*, les huiles* fpl; (fig: in argument etc) **to bring up one's big ~s** sortir son (or ses) argument(s) massue; **to be going great ~s‡** [business] marcher à pleins gaz*; [person] être en pleine forme (V also blow¹); (fig) **he's the fastest ~ in the West** de tous les cowboys il est le plus rapide sur la détente; V **jump, son, stick** etc.
　(b) (Brit: member of shooting party) fusil m.
　(c) (US‡: gunman) bandit armé.
　(d) (Tech) pistolet m. **paint ~** pistolet à peinture; V **grease.**
　2 cpd: (Naut) **gunboat** canonnière f; **gunboat diplomacy** diplomatie appuyée par la force armée; **gun carriage** affût m de canon; (at funeral) prolonge f d'artillerie; **gun cotton** fulmicoton m, coton-poudre m; (Mil) **gun crew** peloton m or servants mpl de pièce; **gun dog** chien m de chasse; **gunfight** échange m de coups de feu; **gunfire** (rifles etc) coups mpl de feu, fusillade f; (cannons) feu m or tir m d'artillerie; (US) **the gun laws** les lois sur le port d'armes; **gun licence** permis m de port d'armes; **gunman** bandit armé; (Pol etc) terroriste m; **gunmetal** (n) bronze m à canon; (adj: colour) vert-de-gris inv; (US) **gunplay** échange m de coups de feu; **to have** or **hold sb at gunpoint** tenir qn sous son revolver or au bout de son fusil; **he did it at gunpoint** il l'a fait sous la menace du revolver, fusil; **gunpowder** poudre f à canon; (Brit Hist) **the Gunpowder Plot** la conspiration des Poudres; **gun room** (in house) armurerie f; (Brit Naut) poste m des aspirants; **gunrunner** trafiquant m d'armes; **gunrunning** contrebande f or trafic m d'armes; **gunship** hélicoptère m de combat; **gunshot** V **gunshot; gun-shy** qui a peur des coups de feu or des détonations; (US) **gunslinger‡** bandit armé; **gunsmith** armurier m; (Mil etc) **gun turret** tourelle f.
　3 vt (a) (also ~ down) abattre, tuer (à coups de pistolet etc).
　(b) (Aut) **to ~ the engine** faire ronfler le moteur; **to ~ it‡** appuyer sur le champignon*.
　4 vi: (fig) **to be ~ning for sb*** chercher qn, essayer d'avoir qn; **watch out, he's ~ning for you!** fais gaffe, il te cherche!
gunge* [gʌndʒ] n (Brit) magma m visqueux or gluant.
gung ho* ['gʌŋ 'həʊ] (US) adj enthousiaste et naïf.
gunk* [gʌŋk] n (U) magma m (infâme).
gunner ['gʌnəʳ] n (Mil, Naut) artilleur m; (Brit Mil) canonnier m.
gunnery ['gʌnərɪ] **1** n (a) (science, art, skill) tir m au canon, canonnage m. (b) (Mil: collective n: guns) artillerie f. **2** cpd: (Mil) **gunnery officer** officier m de tir.
gunny ['gʌnɪ] n (U) toile f de jute grossière; (also ~ bag, ~ sack) sac m de jute.
gunshot ['gʌnʃɒt] **1** n (sound) coup m de feu. **within ~** à portée de fusil. **2** cpd: **gunshot wound** blessure f de or par balle; **to get a gunshot wound** être blessé par une balle, recevoir un coup de feu.
gunwale ['gʌnl] n (Naut) plat-bord m.
guppy ['gʌpɪ] n guppy m.

gurgle ['gɜːgl] **1** n *[water]* glouglou m, gargouillis m, gargouillement m; *[rain]* gargouillis, gargouillement; *[stream]* murmure m; *(of laughter)* gloussement m; *[baby]* gazouillis m. **to give a ∼ of delight** gazouiller de joie.
2 vi *[water]* glouglouter, gargouiller; *[rain]* gargouiller; *[stream]* murmurer; *[person] (with delight)* gazouiller; *(with laughter)* glousser.

gurnard ['gɜːnəd] n grondin m.

guru ['guːruː] n *(lit, fig)* gourou m, maître m à penser.

gush [gʌʃ] **1** n *[oil, water, blood]* jaillissement m, bouillonnement m; *[tears, words]* flot m; *(*pej)* effusion(s) f(pl), épanchement(s) m(pl).
2 vi **(a)** *(lit, fig)* jaillir. *[water etc]* **to ∼ in/out/through** etc entrer/sortir/traverser etc en bouillonnant.
(b) *(* pej) [person]* se répandre en compliments *(over* sur; *about* à propos de, au sujet de), en remettre*.

gusher* ['gʌʃər] n **(a)** *(oil well)* puits m jaillissant (de pétrole).
(b) *(effusive person)* **to be a ∼** en remettre*.

gushing ['gʌʃɪŋ] adj water etc jaillissant, bouillonnant; *(pej)* person trop exubérant, trop démonstratif, trop expansif.

gusset ['gʌsɪt] n *(Sewing)* soufflet m.

gussy ['gʌsɪ] vt *(US)* **to ∼ sth up*** retaper qch, refaire une beauté à qch.

gust [gʌst] **1** n *[wind]* coup m de vent, rafale f, bourrasque f; *[smoke]* bouffée f; *[flame]* jet m; *(fig) [rage etc]* accès m, crise f, bouffée. **∼ of rain** averse f; **there was a ∼ of laughter from the audience** un grand éclat de rire s'est élevé du public.
2 vi *[wind]* souffler en bourrasque. *(Met)* **wind ∼ing to force 7** vent (soufflant en bourrasque) atteignant force 7.

gusto ['gʌstəʊ] n *(U)* enthousiasme m, plaisir m. **... he said with ∼ ...** dit-il vivement; **he ate his meal with great ∼** il a dévoré son repas.

gusty ['gʌstɪ] adj weather venteux. **a ∼ day** un jour de grand vent or à bourrasques; **∼ wind** des rafales fpl de vent.

gut [gʌt] **1** n **(a)** *(Anat)* boyau m, intestin m; *(Med: for stitching)* catgut m; *(Mus etc)* (corde f de) boyau. **∼s** *(Anat)* boyaux m; *(fig) (central point)* point m fondamental, cœur m; **he stuck his bayonet into my ∼s** il m'a enfoncé sa baïonnette dans le ventre; *(fig)* **to work** or **sweat one's ∼s out‡** se tuer de travail; **I hate his ∼s‡** je ne peux pas le blairer‡, je ne peux pas le voir en peinture*; **the ∼s of his speech/of the problem** le point fondamental de son discours/du problème.
(b) *(*: courage)* **∼s** cran* m; **he's got ∼s*** il a du cran*, il a du cœur au ventre*; **he's got no ∼s*** il n'a rien dans le ventre*, il manque de cran*; **it takes a lot of ∼s* to do that** il faut beaucoup de cran* or d'estomac pour faire ça.
2 adj *(fig) reaction* instinctif; *(negative)* viscéral; *issues, problem* fondamental. **I've got a ∼ feeling about it** je le sais au fond de moi-même; **she had a ∼ feeling that it was wrong** elle sentait instinctivement que c'était mal, quelque chose en elle lui disait que c'était mal; *(US Univ)* **∼ course*** cours fondamental.
3 vt *(Culin)* animal vider, étriper; fish vider; *(*) book etc* piller*. **fire ∼ted the house** le feu n'a laissé que les quatre murs de la maison; **the vandals ∼ted the hall** les vandales n'ont laissé que la salle que les murs.

gutless* ['gʌtlɪs] adj *(cowardly)* qui a les foies blancs‡.

gutsy‡ ['gʌtsɪ] adj person, advertising, style qui a du punch.

gutta-percha [.gʌtə'pɜːtʃə] n *(U)* gutta-percha f.

gutter ['gʌtər] **1** n *[roof]* gouttière f; *[road]* caniveau m; *(ditch)* rigole f. *(fig)* **to rise from the ∼** sortir de la boue or du ruisseau.
2 vi *[candle]* couler; *[flame]* vaciller, crachoter.

3 cpd: **gutter-press** presse f de bas étage or à scandales, bas-fonds mpl du journalisme; **guttersnipe** gamin(e) m(f) des rues.

guttural ['gʌtərəl] **1** adj guttural. **2** n *(Ling)* gutturale f.

guv‡ [gʌv] n = **gov**.

Guy [gaɪ] n Guy m. *(Brit)* **∼ Fawkes Day** le cinq novembre *(anniversaire de la conspiration des Poudres)*.

guy¹ [gaɪ] **1** n **(a)** *(*: esp US)* type* m, individu m. **the good/bad ∼s** les bons mpl/les méchants mpl; **nice ∼** chic type*, type bien*; **smart** or **wise ∼** malin m, type qui fait le malin*; **tough ∼** dur* m; **V fall, great.**
(b) *(Brit)* effigie f *(de Guy Fawkes, brûlée en plein air le 5 novembre)*; *(oddly dressed person)* épouvantail m *(fig)*.
2 vt *(gen)* tourner en ridicule. *(Theat)* **to ∼ a part** travestir un rôle.

guy² [gaɪ] n *(also* **∼-rope)** corde f de tente.

Guyana [gaɪ'ænə] n Guyane f.

Guyanese [.gaɪə'niːz] **1** adj guyanais. **2** n Guyanais(e) m(f).

guzzle ['gʌzl] **1** vi *(eat)* s'empiffrer*; *(drink)* siffler* du vin etc. **2** vt food bâfrer*, bouffer*; drink siffler*. **3** n glouton(ne) m(f), goinfre m.

guzzler ['gʌzlər] n glouton(ne) m(f); **V gas.**

gybe [dʒaɪb] vi = **gibe 1b.**

gym [dʒɪm] **1** n **(a)** *(abbr of gymnastics)* gymnastique f, gym* f. **(b)** *(abbr of gymnasium)* gymnase m; *(Scol)* gymnase, salle f de gym*.
2 cpd: **gym shoes** (chaussures fpl de) tennis fpl, chaussures de gym*; *(Brit)* **gym slip**, *(US)* **gym suit** tunique f *(d'écolière)*.

gymkhana [dʒɪm'kɑːnə] n *(esp Brit)* gymkhana m.

gymnasium [dʒɪm'neɪzɪəm] n, pl **∼s** or **gymnasia** [dʒɪm'neɪzɪə] gymnase m; *(Scol)* gymnase, salle f de gymnastique.

gymnast ['dʒɪmnæst] n gymnaste mf.

gymnastic [dʒɪm'næstɪk] adj gymnastique.

gymnastics [dʒɪm'næstɪks] n **(a)** *(pl: exercises)* gymnastique f. **to do ∼** faire de la gymnastique; **mental ∼** gymnastique intellectuelle. **(b)** *(U: art, skill)* gymnastique f.

gynae* ['gaɪnɪ] abbr of **gynaecological, gynaecology.**

gynaecological, *(US)* **gynecological** [.gaɪnɪkə'lɒdʒɪkəl] adj gynécologique.

gynaecologist, *(US)* **gynecologist** [.gaɪnɪ'kɒlədʒɪst] n gynécologue mf.

gynaecology, *(US)* **gynecology** [.gaɪnɪ'kɒlədʒɪ] n gynécologie f.

gyp [dʒɪp] **1** n **(a)** *(US‡) (swindler)* carotteur m, escroc m; *(swindle)* escroquerie f.
(b) *(Brit‡)* **he gave me ∼** il m'a passé une engueulade‡; **my leg is giving me ∼** j'ai atrocement or sacrément* mal à la jambe.
(c) *(Brit Univ*)* domestique m (de collège).
2 vt *(US)* **to ∼ sb out of sth‡** escroquer qch à qn.

gypsophila [dʒɪp'sɒfɪlə] n gypsophile f.

gypsum ['dʒɪpsəm] n *(U)* gypse m.

gypsy ['dʒɪpsɪ] = **gipsy.**

gyrate [.dʒaɪə'reɪt] vi tournoyer, décrire des girations.

gyration [.dʒaɪə'reɪʃən] n giration f.

gyratory [.dʒaɪə'reɪtərɪ] adj giratoire.

gyro ['dʒaɪərəʊ] n abbr of **gyrocompass, gyroscope.**

gyro... ['dʒaɪə'rəʊ] pref gyro...

gyrocompass [.dʒaɪərəʊ'kʌmpəs] n gyrocompas m.

gyrofrequency [.dʒaɪərəʊ'friːkwənsɪ] n gyrofréquence f.

gyromagnetic [.dʒaɪrəʊmæg'netɪk] adj gyromagnétique.

gyroscope ['dʒaɪərəskəʊp] n gyroscope m.

gyrostabilizer [.dʒaɪərəʊ'steɪbɪlaɪzər] n gyrostabilisateur m.

gyrostat ['dʒaɪrəʊ,stæt] n gyrostat m.

H

H, h [eɪtʃ] **1** n *(letter)* H, h m or f. **aspirate/silent h** h aspiré/muet; **H for Harry** H comme Henri; **V drop. 2** cpd: **H-bomb** bombe f H; *(Scot Scol)* **H grade** = **Higher Grade; V higher.**

H [eɪtʃ] n *(Drugs sl)* poudre f, héroïne f.

ha [hɑː] excl ha!, ah! **∼, ∼!** *(surprise, irony)* ha! ha!; *(laughter)* hi! hi! hi!

habeas corpus ['heɪbɪəs'kɔːpəs] n *(Jur)* habeas corpus m; **V writ¹.**

haberdasher ['hæbədæʃər] n *(Brit)* mercier m, -ière f; *(US)* chemisier m, -ière f.

haberdashery [.hæbə'dæʃərɪ] n *(Brit)* mercerie f; *(US)* chemiserie f.

habit ['hæbɪt] **1** n **(a)** *(custom)* habitude f, coutume f. **to be in the ∼** or **to make a ∼ of doing** avoir l'habitude or avoir pour habitude de faire; **I don't make a ∼ of it** je le fais rarement, je ne le fais pas souvent; **don't make a ∼ of it!** et ne recommence pas!; **let's hope he doesn't make a ∼ of it** espérons qu'il n'en prendra pas l'habitude; **to get** or **fall into bad ∼s** prendre or contracter de mauvaises habitudes; **to get into/out of the ∼ of doing** prendre/perdre l'habitude de faire; **to get sb into the ∼ of doing** habituer qn à faire, faire prendre à qn l'habitude de faire; **to get out of a ∼** perdre une habitude, se débarrasser or se défaire d'une habitude; **to have a ∼ of doing** avoir l'habitude or la manie *(slightly pej)* de faire; **to grow out of the ∼ of doing** perdre en grandissant or avec l'âge l'habitude de faire; **by** or **out of** or **from (sheer) ∼** par (pure) habitude; **their ∼ of shaking hands surprised him** cette habitude qu'ils avaient de donner des poignées de main l'a surpris; *(drug-taking)* **they couldn't cure him of the ∼*** ils n'ont pas réussi à le désaccoutumer or faire décrocher*; *(Drugs sl)* **to have a ∼** être accroché or accro inv *(sl)*; **∼ of mind*** tournure f d'esprit; **V force.**
(b) *(costume)* habit m, tenue f; **(nun's) ∼** habit (de religieuse); **(riding) ∼** tenue de cheval or d'équitation.
2 cpd: **habit-forming** qui crée une accoutumance.

habitable ['hæbɪtəbl] *adj* habitable.
habitat ['hæbɪtæt] *n* habitat *m*.
habitation [,hæbɪ'teɪʃən] *n* (a) (*U*) habitation *f*. the house showed signs of ~ la maison avait l'air habitée; fit for ~ habitable. (b) (*house etc*) habitation *f*, demeure *f*, domicile *m*; (*settlement*) établissement *m*, colonie *f*.
habitual [hə'bɪtjʊəl] *adj* smile, action, courtesy habituel, accoutumé; *smoker, liar, drinker* invétéré. (*criminal*) ~ **offender** récidiviste *mf* (invétéré(e)); this had become ~ ceci était devenu une habitude.
habitually [hə'bɪtjʊəlɪ] *adv* habituellement, d'habitude, ordinairement.
habituate [hə'bɪtjʊeɪt] *vt* habituer, accoutumer (*sb to sth* qn à qch).
hacienda [,hæsɪ'endə] *n* (*US*) hacienda *f*, grande propriété agricole.
hack¹ [hæk] **1** *n* (a) (*cut*) entaille *f*, taillade *f*, coupure *f*; (*blow*) (grand) coup *m*; (*kick*) coup *m* de pied. (b) (*cough*) toux sèche. (c) (*Comput‡*) effraction *f* informatique.
　2 *cpd*: hacksaw scie *f* à métaux.
　3 *vt* (a) (*cut*) hacher, tailler, taillader. to ~ sth to pieces tailler qch en pièces; the regiment was ~ed to pieces le régiment fut mis *or* taillé en pièces; (*fig*) the editor ~ed his story to pieces le rédacteur a fait des coupes sombres dans son reportage; to ~ one's way in/out entrer/sortir en se taillant un chemin à coups de couteau (*or* de hache *or* d'épée *etc*).
　(b) (*Brit*) (*strike*) frapper; (*kick*) donner des coups de pied à.
　(c) (*US*) I can't ~ it‡ (*can't manage it*) je n'y arrive pas; (*can't stand it*) je déteste ça, je ne supporte pas ça.
　(d) (*Comput‡*) system, file faire effraction dans.
　4 *vi* (a) (*cut*) to ~ at sth (essayer de) couper qch (à la hache etc).
　(b) (*cough: also* ~ **away**) tousser sans arrêt.
　(c) (*Comput‡*) (*gen*) passer tout son temps devant un ordinateur, être un mordu des ordinateurs; (*break into systems*) pirater, faire du piratage.
◆**hack around** *vi* (*US*) fainéanter*, glander‡.
◆**hack down** *vt sep* abattre à coups de couteau (*or* de hache *or* d'épée *etc*).
◆**hack out** *vt sep* enlever grossièrement à coups de couteau (*or* de hache *or* d'épée *etc*).
◆**hack up** *vt sep* hacher, tailler en pièces.
hack² [hæk] **1** *n* (a) (*Brit: horse*) cheval *m* de selle; (*hired*) cheval de louage; (*worn-out*) haridelle *f*, rosse *f*; (*ride*) promenade *f* à cheval. to go for a ~ (aller) se promener à cheval.
　(b) (*pej*) ~ writer, (literary) ~ écrivaillon *m*, plumitif *m*; as a writer/painter he was just a ~ il ne faisait que de la littérature/qu'une peinture alimentaire.
　(c) (*US‡*) taxi *m*; (*driver*) chauffeur *m* de taxi.
　2 *vi* (a) (*Brit*) monter (à cheval). to go ~ing (aller) se promener à cheval.
　(b) (*US: operate cab*) conduire un taxi.
　3 *cpd*: (*US: cabdriver*) hackman chauffeur *m* de taxi; to be a hack reporter faire la chronique des chiens écrasés; (*pej*) hack writer V 1; hack writing écrits *mpl* alimentaires.
hacker‡ ['hækər] *n* (*Comput*) (*enthusiast*) passionné(e) *m(f)* or mordu(e)* *m(f)* des ordinateurs; (*pirate*) pirateur *m* d'informatique.
hacking¹ ['hækɪŋ] **1** *adj*: ~ cough toux *f* sèche et opiniâtre. **2** *n* (*Comput‡*) (*gen*) engouement *m* pour les ordinateurs; (*piracy*) effraction *f* informatique, piratage *m*.
hacking² ['hækɪŋ] *adj* (*Brit*) ~ jacket veste *f* de cheval *or* d'équitation.
hackle ['hækl] *n* plume *f* du cou (*des gallinacés*). ~s camail *m* (*U*); (*fig*) his ~s rose at the very idea il se hérissait rien que d'y penser; with his ~s up en colère, en fureur; to get sb's ~s up mettre qn en colère *or* en fureur.
hackney ['hæknɪ] *adj*: ~ cab fiacre *m*; ~ carriage voiture *f* de place *or* de louage.
hackneyed ['hæknɪd] *adj* subject rebattu; phrase, metaphor usé, galvaudé. ~ expression cliché *m*.
had [hæd] *pret, ptp of* have.
haddock ['hædək] *n, pl* ~ *or* ~s églefin *m or* aiglefin *m*. smoked ~ haddock *m*.
Hades ['heɪdi:z] *n* (*Myth*) les Enfers *mpl*.
hadn't ['hædnt] = **had not**; *V* have.
Hadrian ['heɪdrɪən] *n* Hadrien *m*. (*Brit*) ~'s Wall le mur d'Hadrien.
haematemesis [,hi:mə'temɪsɪs] *n* hématémèse *f*.
haematic [hi:'mætɪk] *adj* hématique.
haematite ['hi:mə,taɪt] *n* hématite *f*.
haematological [,hi:mətə'lɒdʒɪkəl] *adj* hématologique.
haematologist [,hi:mə'tɒlədʒɪst] *n* hématologue *mf*, hématologiste *mf*.
haematology [,hi:mə'tɒlədʒɪ] *n* hématologie *f*.
haematolysis [,hi:mə'tɒlɪsɪs] *n* = **haemolysis**.
haematoma [,hi:mə'təʊmə] *n* (*T*) hématome *m*.
haemodialyser [,hi:məʊ'daɪə,laɪzər] *n* rein artificiel.
haemodialysis [,hi:məʊdaɪ'ælɪsɪs] *n* hémodialyse *f*.
haemoglobin [,hi:məʊ'gləʊbɪn] *n* hémoglobine *f*.
haemolysis [hi:'mɒlɪsɪs] *n* hémolyse *f*.
haemophilia [,hi:məʊ'fɪlɪə] *n* hémophilie *f*.
haemophiliac [,hi:məʊ'fɪlɪæk] *adj, n* hémophile (*mf*).
haemoptysis [hɪ'mɒptɪsɪs] *n* hémoptysie *f*.
haemorrhage ['hemərɪdʒ] **1** *n* hémorragie *f*. **2** *vi* faire une hémorragie.
haemorrhoids ['hemərɔɪdz] *npl* hémorroïdes *fpl*.
haemostasis [,hi:məʊ'steɪsɪs] *n* hémostase *f*, hémostasie *f*.
hafnium ['hæfnɪəm] *n* hafnium *m*.
haft [hɑ:ft] **1** *n* [knife] manche *m*; [sword] poignée *f*. **2** *vt* emmancher, mettre un manche à.
hag [hæg] **1** *n* (*ugly old woman*) vieille sorcière, vieille harpie;

(*witch*) sorcière; (*: unpleasant woman*) chameau* *m*. she's a real ~* c'est un vrai chameau*. **2** *cpd*: hag-ridden tourmenté, obsédé.
haggard ['hægəd] *adj* (*careworn*) défait, abattu, blême; (*wild in appearance*) égaré. to be ~ avoir l'air défait *or* égaré.
haggis ['hægɪs] *n* (*Culin*) haggis *m* (*plat national écossais*).
haggish ['hægɪʃ] *adj* (*V* hag) de (vieille) sorcière; (*: nasty*) vache*.
haggle ['hægl] *vi* marchander. to ~ about *or* over the price chicaner sur le prix, débattre le prix; I'm not going to ~ over a penny here or there je ne vais pas chicaner sur un centime par-ci par-là.
haggling ['hæglɪŋ] *n* marchandage *m*.
hagiographer [,hægɪ'ɒgrəfər] *n* hagiographe *mf*.
hagiography [,hægɪ'ɒgrəfɪ] *n* hagiographie *f*.
Hague [heɪg] *n*: The ~ La Haye.
ha-ha ['hɑ:'hɑ:] *n* (*Brit*) (*fence*) clôture *f* en contrebas; (*ditch*) saut-de-loup *m*.
hail¹ [heɪl] **1** *n* (*Met*) grêle *f*; (*fig*) grêle, pluie *f*. (*fig*) a ~ of bullets une pluie *or* grêle de balles.
　2 *cpd*: hailstone grêlon *m*; hailstorm averse *f* de grêle.
　3 *vi* grêler. it is ~ing il grêle.
◆**hail down 1** *vi*: stones hailed down on him il reçut une pluie de cailloux.
　2 *vt sep* (*liter*) to hail down curses on sb faire pleuvoir des malédictions sur qn.
hail² [heɪl] **1** *vt* (a) (*greet*) saluer; (*acknowledge*) acclamer (*as* comme). he was ~ed (as) emperor (*saluted*) ils le saluèrent aux cris de 'vive l'empereur'; (*fig: acknowledged*) on l'acclama *or* il fut acclamé comme empereur; (*excl*) ~! salut à vous!, je vous salue!
　(b) (*call loudly*) ship, taxi, person héler. within ~ing distance à portée de (la) voix.
　2 *vi* (*Naut*) être en provenance (*from* de); [*person*] être originaire (*from* de). a ship ~ing from London un navire en provenance de Londres; they ~ from Leeds ils viennent de Leeds; where do you ~ from? d'où êtes-vous?
　3 *n* appel *m*. within ~ à portée de (la) voix.
　4 *cpd*: to be hail-fellow-well-met être liant *or* exubérant, tutoyer tout le monde (*fig*); (*Rel*) the Hail Mary le 'Je vous salue Marie', l'Avé Maria *m*.
hair [hɛər] **1** *n* (a) (*U*) [*head*] cheveux *mpl*. he has black ~ il a les cheveux noirs; a man with long ~ un homme aux cheveux longs; a fine head of ~ une belle chevelure; to wash one's ~ se laver les cheveux *or* la tête; to do one's ~ se coiffer; she always does my ~ very well elle me coiffe toujours très bien; her ~ is always very well done *or* very neat *or* very nice elle est toujours très bien coiffée; to have one's ~ done se faire coiffer; to have one's ~ set se faire faire une mise en plis; to get one's ~ cut se faire couper les cheveux; to make sb's ~ stand on end faire dresser les cheveux sur la tête à qn; it was enough to make your ~ stand on end il y avait de quoi vous faire dresser les cheveux sur la tête; his ~ stood on end at the sight le spectacle lui a fait dresser les cheveux sur la tête; to remove sb's unwanted ~ épiler qn; to get rid of unwanted ~ s'épiler; to put up one's ~ mettre ses cheveux en chignon, se faire un chignon; (*fig*) to let one's ~ down* se laisser aller, se défouler*; his ~ is getting thin, he's losing his ~ il perd ses cheveux; (*Brit*) keep your ~ on!* du calme!, ne t'excite pas!; he gets in my ~* il me tape sur les nerfs* *or* sur le système*; *V* part, tear¹ *etc*.
　(b) (*single hair*) [*head*] cheveu *m*; [*body*] poil *m*. not a ~ of his head was harmed on ne lui a pas touché un cheveu; it was hanging by a ~ cela ne tenait qu'à un cheveu; (*fig*) he won the race by a ~ il a gagné la course à un millimètre près *or* à un quart de poil*; (*fig*) he's got him by the short ~s il lui tient le couteau sur la gorge; *V* hairbreadth, split, turn *etc*.
　(c) (*of animal: single* ~) poil *m*; (*U*) [*any animal*] pelage *m*; [*horse*] pelage, robe *f*; (*bristles*) soies *fpl*. to stroke an animal against the ~ caresser un animal à rebrousse-poil *or* à rebours; (*fig*) try a ~ of the dog that bit you* reprends un petit verre (pour faire passer la gueule de bois*).
　2 *cpd* sofa, mattress etc de crin. to have/make a hair appointment avoir/prendre un rendez-vous chez le coiffeur; [cat etc] hairball boule *f* de poils; hairband bandeau *m*; hairbreadth *V* hair breadth; hairbrush brosse *f* à cheveux; hair bulb bulbe *m* pileux; hair clippers (*npl*) tondeuse *f*; haircloth étoffe *f* de crin; hair conditioner baume *m* démêlant; hair cream brillantine *f*, crème *f* capillaire; hair-curler bigoudi *m*; to have *or* get a haircut se faire couper les cheveux; I'd like a haircut je voudrais une coupe; I like your haircut j'aime ta coupe de cheveux; he's got a dreadful haircut on lui a très mal coupé les cheveux; hairdo* coiffure *f*; I'm going to have a hairdo* je vais me faire coiffer; do you like my hairdo?* tu aimes ma coiffure?, tu aimes mes cheveux comme ça?*; hairdresser coiffeur *m*, -euse *f*; hairdresser's (shop *or* salon) salon *m* de coiffure; I'm going to the hairdresser's je vais chez le coiffeur; (*skill, job*) hairdressing coiffure *f* (*métier*); hairdressing salon salon *m* de coiffure; to make/have a hairdressing appointment prendre/avoir un rendez-vous chez le coiffeur; hair-dryer (*hand-held*) séchoir *m* à cheveux, sèche-cheveux *m inv*; (*free-standing*) casque *m*; hair follicle follicule pileux; (*Brit*) hair grip pince *f* à cheveux; hair implant greffe *f* de cheveux; hair lacquer laque *f* (*capillaire*); hairline (*on head*) naissance *f* des cheveux; (*in handwriting*) délié *m*; he has a receding hairline son front se dégarnit; (*Med*) hairline fracture fêlure *f*; hairline crack mince *or* légère fêlure *f*; hairnet résille *f*, filet *m* à cheveux; hair oil huile *f* capillaire; hairpiece postiche *m*; hairpin épingle *f* à cheveux; (*Brit*) hairpin bend, (*US*) hairpin curve virage *m* en épingle à cheveux; hair-raising horrifique, à (vous) faire dresser les cheveux sur la tête; prices are hair-raising* these days le coût de la vie est affolant* en ce moment; driving in Paris is a hair-raising business

conduire dans Paris c'est à vous faire dresser les cheveux sur la tête; **hair remover** crème f épilatoire or à épiler; **hair restorer** régénérateur m des cheveux; **hair roller** rouleau m; **hair's breadth** V **hairbreadth**; **hair set** mise f en plis; (Rel) **hair shirt** haire f, cilice m; (Brit) **hair slide** barrette f; **hair specialist** capilliculteur m, -trice f; **hair-splitter** coupeur m, -euse f de cheveux en quatre; **hair-splitting** (n) ergotage m, pinaillage* m, chicanerie f; (adj) ergoteur, pinailleur*, chicanier; **hair spray** laque f (en aérosol or en bombe); **a can of hair spray** un aérosol or une bombe de laque; **hairspring** (ressort m) spiral m (de montre); **hair style** coiffure f (arrangement des cheveux); **hair stylist** coiffeur m, -euse f; **hair-trigger** (adj) tem-per instable, changeant; balance instable, précaire.

hairbreadth ['hεəbretθ] n (also **hair's breadth, hairsbreadth**) by a ∼ d'un cheveu, tout juste, de justesse; **the bullet missed him by a** ∼ la balle l'a manqué d'un cheveu; **we missed death by a** ∼ nous avons frisé la mort, nous étions à deux doigts de la mort, il s'en est fallu d'un cheveu qu'on y reste (subj); **the car missed the taxi by a** ∼ la voiture a évité le taxi de justesse; **to have a** ∼ **escape** l'échapper belle; **he was within a** ∼ **of giving in** il a tenu à un cheveu qu'il ne cède (subj); **he was within a** ∼ **of bankruptcy** il était à deux doigts de la faillite.

-haired [hεəd] adj ending in cpds: **long-haired** person aux cheveux longs; animal à longs poils; **short-haired** person aux cheveux courts; animal à poils ras; V **curly, fair**[1] etc.

hairless ['hεəlɪs] adj head chauve; face, chin glabre; body, animal sans poils.

hairy ['hεərɪ] adj (a) body, animal velu, poilu; scalp chevelu; person hirsute; (Bot) velu; wool à longs poils.

(b) (*fig) (frightening) horrifique, à (vous) faire dresser les cheveux sur la tête; (difficult) hérissé de difficultés, épouvantable. **they had a few** ∼ **moments*** ils ont eu des sueurs froides.

Haiti ['heɪtɪ] n Haïti m. **in** ∼ à Haïti.

Haitian ['heɪʃɪən] **1** adj haïtien. **2** n Haïtien(ne) m(f).

hake [heɪk] n, pl ∼ or ∼s (Brit) colin m, merlu m, merluche f.

halberd ['hælbəd] n hallebarde f.

halcyon ['hælsɪən] **1** n (Myth, Orn) alcyon m. **2** adj paisible, serein. ∼ **weather** temps paradisiaque or enchanteur; ∼ **days** jours de bonheur, jours heureux.

hale [heɪl] adj vigoureux, robuste, **to be** ∼ **and hearty** être vigoureux, être en pleine santé, se porter comme un charme.

half [hɑ:f] pl **halves 1** n (a) (in quantity) moitié f; demi(e) m(f). **to cut in** ∼ couper en deux; **it broke in** ∼ cela s'est cassé en deux; **will you have one** ∼ **of my apple?** veux-tu une ∼ la moitié de ma pomme?; **to take** ∼ **of** prendre la moitié de; **two halves make a whole** deux demis font un tout; **he doesn't do things by halves** il ne fait pas les choses à moitié; **two and a** ∼ deux et demi; **two and a** ∼ **hours, two hours and a** ∼ deux heures et demie; **two and a** ∼ **kilos, two kilos and a** ∼ deux kilos et demi; **will you go halves with me in buying the book?** est-ce que tu te mettras de moitié avec moi pour acheter le livre?; **they had always gone halves in everything** ils avaient toujours tout partagé (également); **bigger by** ∼ moitié plus grand; **he is too clever by** ∼ il est un peu trop malin; **and that's not the** ∼ **of it!***, **I haven't told you the** ∼ **of it yet!*** et ce n'est pas le mieux!, que je te raconte (subj) le meilleur!*; (hum) **my better** or **other** ∼* ma (douce) moitié* (hum); (fig) **to see how the other** ∼ **lives*** aller voir comment vivent les autres; [rail ticket] **outward/return** ∼ billet m or coupon m aller/retour.

(b) (in number) ∼ **of the books are in French** la moitié des livres sont en français; **they don't know how to drive,** ∼ **of them** la plupart d'entre eux ne savent pas conduire.

(c) (Sport) (player) demi m; (part of match) mi-temps f. (Ftbl) **left/right** ∼ demi-gauche m/-droit m; **the first/second** ∼ la première/seconde mi-temps.

(d) (Scol: term) semestre m.

(e) (Brit: half-pint) **a** ∼ **of Guinness please** un bock de Guinness, s'il vous plaît.

2 adj demi. **a** ∼ **cup,** ∼ **a cup** une demi-tasse; **two and a** ∼ **cups** deux tasses et demie; (fig) **in** ∼ **a second*** en moins de rien; ∼ **one thing** ∼ **another** ni chair ni poisson; ∼ **man** ∼ **beast** mi-homme mi-bête; **to listen with** ∼ **an ear** n'écouter que d'une oreille; **you can see that with** ∼ **an eye** cela saute aux yeux, cela crève les yeux; **to go at** ∼ **speed** aller à une vitesse modérée; **she was working with** ∼ **her usual energy** elle travaillait avec moitié moins d'énergie que de coutume; **I don't like** ∼ **measures** je n'aime pas faire les choses à moitié; **the dress had** ∼ **-sleeves** la robe avait des manches mi-longues; V also **5**, and **tick**[1].

3 adv (a) (à) moitié; à demi. ∼ **asleep** à moitié endormi; **the work is only** ∼ **done** le travail n'est qu'à moitié fait; ∼ **French** ∼ **English** mi-français mi-anglais, moitié français moitié anglais; ∼ **laughing** ∼ **crying** moitié riant moitié pleurant; **I've only** ∼ **read it** je ne l'ai qu'à moitié lu; **he** ∼ **rose to his feet** il s'est levé à demi; **I** ∼ **think** je serais tenté de penser; **I'm** ∼ **inclined to do it** je suis tenté de le faire; **he only** ∼ **understands** il ne comprend qu'à moitié; **I** ∼ **suspect that ...** je soupçonne presque que ...; (rather, somewhat) **I'm** ∼ **afraid that** j'ai un peu peur or quelque crainte que + ne + subj; **he was** ∼ **ashamed to admit it** il avait quelque peu honte de l'admettre; **she has only** ∼ **recovered from her illness** elle n'est qu'à moitié remise de sa maladie, elle est loin d'avoir entièrement récupéré depuis sa maladie; V also **5**.

(b) (Brit‡: intensive) **he's not** ∼ **rich!** il est rudement* or drôle-ment* riche!, il n'est pas à plaindre!; **she didn't** ∼ **swear!** elle a juré comme un charretier!; **she didn't** ∼ **cry!** elle a pleuré comme une madeleine; **not** ∼! tu parles!*, et comment!*

(c) **it is** ∼ **past three** il est trois heures et demie.

(d) **he is** ∼ **as big as his sister** il est moitié moins grand que sa sœur; ∼ **as big again** moitié plus grand; **he earns** ∼ **as much as you** il gagne moitié moins que vous; ∼ **as much again** moitié plus.

4 pref: **half-** à moitié, à demi; eg **half-buried** à moitié or à demi enterré; V also **5**.

5 cpd: (Comput) **half-adder** demi-additionneur m, **half-and-half** (adv) moitié-moitié; (US: n: milk and cream) mélange mi-crème mi-lait; (US) **half-assed**‡ foireux‡, nul; (Sport) **halfback** demi m; **half-baked** (Culin) à moitié cuit; (fig pej) person mal dégrossi*; plan, idea qui ne tient pas debout, à la noix*; **a half-baked philosopher/politician** un philosophe/politicien à la manque*; [book] **half-binding** demi-reliure f; **half-blind** à moitié aveugle; (US) **half-blood** = **half-breed**; (in hotel) **half-board** demi-pension f; **half-breed** (n)(person) métis(se) m(f); adj: also **half-bred** person métis; animal hybride; **half-brother** demi-frère m; **half-caste** (adj, n) métis(se) m(f); **half-century** demi-siècle m; **half-circle** demi-cercle m; **half-clad** à demi vêtu; **half-closed** à demi fermé, à moitié fermé; (fig) **to go off at half-cock** rater; **half-cocked** gun à moitié armé, au cran de sûreté; plan, scheme mal préparé, bâclé; **half-conscious** à demi conscient; **half-convinced** à demi convaincu, à moitié convaincu; **half-cooked** à moitié cuit; **half-crazy** à moitié fou; **a half-crown** (coin), **half-a-crown** (value) une demi-couronne; **half-cup brassière** soutien-gorge m à balconnet; **half-day** demi-journée f; **half-dazed** à demi hébété; (lit, fig) **half-dead** à moitié mort, à demi mort (with de), plus mort que vif; **half-deaf** à moitié sourd; (Naut) **half-deck** demi-pont m; (lit, fig) **half-digested** mal digéré; **a half-dollar** (coin), **half-a-dollar** (value) (US) un demi-dollar; (Brit‡†) une demi-couronne; **a half-dozen, half-a-dozen** une demi-douzaine; **half-dressed** à demi vêtu; **half-drowned** quasi noyé; **he is half-educated** il a reçu une éducation limitée, il n'est pas très instruit; **half-empty** (adj) à moitié vide; (vt) vider à moitié; **half-fare** (n) demi-place f, demi-tarif m; (adv) à demi-tarif; **half-fill** remplir à moitié; **half-forgotten** à moitié oublié; **half-frozen** à moitié gelé; **half-full** à moitié plein; **half-grown** à mi-croissance; **half-hearted** manner, person tiède, sans enthousiasme; attempt timide, sans conviction; welcome peu enthousiaste; **half-heartedly** avec tiédeur, sans enthousiasme, sans conviction; **half-heartedness** tiédeur f, manque m d'enthousiasme or de conviction; **half-hitch** demi-clef f; (Brit) **half holiday** demi-journée f de congé; **a half-hour, half-an-hour** une demi-heure; **on the half-hour** à la demie; **half-hourly** (adv) toutes les demi-heures, de demi-heure en demi-heure; (adj) (de) toutes les demi-heures; **half-jokingly** en plaisantant à moitié, sur un ton mi-moqueur; **half-length** (n) (Swimming etc) demi-longueur f; (adj) portrait en buste; **half-lie** demi-mensonge m; (Phys) **half-life** demi-vie f; **half-light** demi-jour m; **half-mad** à moitié fou; (Brit) at **half-mast** en berne, à mi-mât; **half-monthly** bi-mensuel; **half-moon** demi-lune f; (on fingernail) lunule f; **half-naked** à demi nu, à moitié nu; (Wrestling) **half-nelson** clef f du cou; (US Mus) **half-note** blanche f; **half-open** eye, mouth entrouvert; window entrebâillé; door entrouvert, entrebâillé; **half open** entrouvrir, entrebâiller; **on half-pay** (gen) à demi-salaire, à or en demi-traitement; (Mil) en demi-solde; **halfpenny** ['heɪpnɪ] (n) (coin: pl **halfpennies**; value: pl **halfpence**) demi-penny m; (adj) d'un demi-penny; **he hasn't got a halfpenny** il n'a pas le sou, il n'a pas un sou; **half-pint** ≃ quart m de litre; (US*: fig: small person) demi-portion* f (personne); **a half-pint** (of beer) ≃ un bock; **half-pleased** pas trop mécontent; **at half-price** à moitié prix; **the goods were reduced to half-price** le prix des articles était réduit de moitié; **children admitted (at) half-price** les enfants paient demi-tarif or demi-place; **a half-price hat** un chapeau à moitié prix; **half-raw** à moitié cru; (Mus) **half-rest** demi-pause f; **to be half seas over**‡ être parti*, être dans les vignes du Seigneur; **half-serious** pas entière-ment sérieux; **half-shut** à moitié fermé; **half-sister** demi-sœur f; [shoes] **half-size** demi-pointure f; **half-size(d)** model modèle réduit de moitié; (US) **at half-staff** en berne, à mi-mât; **half-starved** à demi mort de faim, affamé; (Brit Scol etc) **half term** congé m de demi-trimestre, petites vacances; **half-timbered** à colombage; (Sport) **half-time** mi-temps f; **at half-time** à la mi-temps; (Ind) on **half-time** à mi-temps; **they are working half-time** ils travaillent à mi-temps or à la demi-journée; **a half-time job** un poste à mi-temps; **half-time score** m à mi-temps; **they are on half-time (work)** = they are working half-time; **half-tone** (US Mus) demi-ton m; (Art) demi-teinte f; (Phot) similigravure f; **half-track** (tread) chenille f; (vehicle) **half-track** m; **half-truth** demi-vérité f; **half-understood** compris à moitié, mal compris; **half-used** dont il ne reste que la moitié; (Tennis etc) **half volley** demi-volée f; **halfway** V **halfway**; **halfwit** idiot(e) m(f), imbécile mf; **halfwitted** idiot, imbécile, faible d'esprit; (esp Brit) **half-yearly** (adj) semestriel; (adv) tous les six mois, par semestre.

halfway ['hɑ:f'weɪ] **1** adv à mi-chemin. ∼ **to Paris** à mi-chemin de Paris; (lit, fig) **to be** ∼ **between** être à mi-chemin entre; (lit) **to go** ∼ faire la moitié du chemin; (fig) **the decision goes** ∼ **to giving the strikers what they want** avec cette décision on est à mi-chemin de donner satisfaction aux grévistes; ∼ **up (the hill)** à mi-côte; ∼ **down (the hill)** à mi-pente; ∼ **up** or **down (the pipe/tree/stairs etc)** à mi-hauteur (du tuyau/de l'arbre/de l'escalier etc); ∼ **up** or **along (the road)** à mi-chemin; ∼ **along (the line of cars etc)** vers le milieu (de la file de voitures etc); (lit, fig) **we're** ∼ **there** nous n'avons plus que la moitié du chemin à faire; **I'll meet you** ∼ (lit) j'irai à votre rencontre, je ferai la moitié du chemin; (fig) coupons la poire en deux, faisons un compromis; (fig) **he agreed to meet them** (or **us** etc) ∼ il a accepté de couper la poire en deux, il a accepté un compromis; (fig) **to meet trouble** ∼ (aller) chercher les ennuis, aller au-devant des ennuis; ∼ **through the book/film** à la moitié du livre/du film.

2 adj: **halfway house** maison f or bâtiment m etc à mi-chemin; (Hist: inn) hôtellerie f à mi-chemin entre deux relais; (fig) milieu m; (also **halfway hostel**: for prisoners, mental patients etc) centre m (ouvert) de réadaptation (*pour prisonniers, malades mentaux etc*); (*Ftbl*) **halfway line** ligne *f* médiane.

halibut ['hælɪbət] *n, pl ~ or ~s* flétan *m* (holibut).

halitosis [,hælɪ'təʊsɪs] *n* mauvaise haleine.

hall [hɔːl] **1** *n* **(a)** (*large public room*) salle *f*; *[castle, public building]* (grande) salle; (*village ~, church ~*) salle paroissiale; (*Brit Univ: refectory*) réfectoire *m*.
(b) (*mansion*) château *m*, manoir *m*. (*Theat*) **to play the ~s** faire du music-hall; *V* **concert, music, town** *etc*.
(c) (*entrance way*) *[house]* vestibule *m*, entrée *f*, hall *m*; *[hotel]* hall; (*corridor*) couloir *m*, corridor *m*.
(d) (*Univ: also* (*Brit*) **~ of residence,** (*US*) **residence ~**) résidence *f* universitaire.
2 *cpd*: **hallmark** *[gold, silver]* poinçon *m*; (*fig*) sceau *m*, marque *f*; **the hallmark of genius** le sceau *or* la marque *or* l'empreinte *f* du génie; (*Brit*) **hall porter** (*in blocks of flats*) concierge *mf*; (*in hotel*) portier *m*; **hallstand,** (*US*) **hall tree** portemanteau *m*; **hallway** vestibule *m*; (*corridor*) couloir *m*.

hallelujah [,hælɪ'luːjə] *excl, n* alléluia (*m*).

hallo [hə'ləʊ] *excl* (*in greeting*) bonjour!, salut!*; (*Telec*) allô!; (*to attract attention*) hé!, ohé!; (*in surprise*) tiens!

halloo [hə'luː] **1** *excl* (*Hunting*) taïaut!; (*gen*) ohé! **2** *vi* (*Hunting*) crier taïaut; (*gen*) appeler (à grands cris).

hallow ['hæləʊ] *vt* sanctifier, consacrer. **~ed be Thy name** que ton nom soit sanctifié; **~ed ground** terre sainte *or* bénie; (*fig*) a **~ed right** un droit sacré.

Hallowe'en ['hæləʊ'iːn] *n* veille *f* de la Toussaint.

hallucinant [hə'luːsɪnənt] *n* hallucinogène *m*.

hallucinate [hə'luːsɪneɪt] *vi* avoir des hallucinations.

hallucination [hə,luːsɪ'neɪʃən] *n* hallucination *f*.

hallucinatory [hə'luːsɪnətərɪ] *adj* hallucinatoire.

hallucinogenic [hə,luːsɪnəʊ'dʒenɪk] *adj* hallucinogène.

halo ['heɪləʊ] *n, pl ~* (*-e*)*s* *[saint etc]* auréole *f*, nimbe *m*; (*Astron*) halo *m*.

halogen ['heɪləʊdʒɪn] *n* halogène *m*. (*Aut*) **~ lamp** lampe *f* à iode.

halt¹ [hɔːlt] **1** *n* **(a)** halte *f*, arrêt *m*. **5 minutes ~** 5 minutes d'arrêt; **to come to a ~** *[person]* faire halte, s'arrêter; *[vehicle]* s'arrêter; *[process]* être interrompu; **to call a ~** (*order a stop*) commander halte; (*stop*) faire halte; (*fig*) **to call a ~** to sth mettre fin à qch.
(b) (*Brit Rail*) halte *f*.
2 *vi* faire halte, s'arrêter. **~!** halte!
3 *vt* *vehicle* faire arrêter; *process* interrompre.
4 *cpd*: (*Aut*) **halt sign** (panneau *m* de) stop *m*.

halt² [hɔːlt] *adj* (†: *lame*) boiteux. **the ~** les estropiés *mpl*.

halter ['hɔːltər] *n [horse]* licou *m*, collier *m*; (*hangman's noose*) corde *f* (*de pendaison*). **a dress with a ~ top** *or* **~ neckline** une robe dos nu *inv*.

halting ['hɔːltɪŋ] *adj speech, voice* hésitant, haché, entrecoupé; *progress* hésitant; *verse* boiteux; *style* heurté.

haltingly ['hɔːltɪŋlɪ] *adv* de façon hésitante, de façon heurtée.

halve [hɑːv] *vt apple etc* partager *or* diviser en deux (moitiés égales); *expense, time* réduire *or* diminuer de moitié.

halves [hɑːvz] *npl of* **half.**

halyard ['hæljəd] *n* (*Naut*) drisse *f*.

ham [hæm] **1** *n* **(a)** (*Culin*) jambon *m*. **~ and eggs** œufs *mpl* au jambon.
(b) (*Anat: thigh*) cuisse *f*; (*buttock*) fesse *f*.
(c) (**:Theat: pej*) cabotin(e) *m(f)* (*pej*).
(d) (*Rad**) radio-amateur *m*.
2 *cpd*: **ham sandwich** au jambon. **ham-fisted, ham-handed** maladroit, gauche; **hamstring** (*n*) tendon *m* du jarret; (*vt*) couper les jarrets à; (*fig*) couper ses moyens à, paralyser.
3 *vti* (**: Theat: also* **~ it up***) forcer son rôle.

Hamburg ['hæmbɜːg] *n* Hambourg.

hamburger ['hæm,bɜːgər] *n* (*gen*) hamburger *m*; (*US: also* **~ meat**) viande *f* hachée.

Hamitic [hæ'mɪtɪk] *adj* chamitique.

hamlet ['hæmlɪt] *n* hameau *m*. **H~** Hamlet *m*.

hammer ['hæmər] **1** *n* (*gen; auctioneer's; Climbing, Mus, Sport, Tech etc*) marteau *m*; *[gun]* chien *m*. **the ~ and sickle** la faucille et le marteau; **they were going at it ~ and tongs** (*working*) ils y allaient de tout leur cœur *or* à bras raccourcis; (*arguing*) ils discutaient passionnément *or* avec feu; (*quarrelling*) ils se disputaient avec violence; (*at auction*) **to come under the ~** être mis aux enchères; (*US: accelerate*) **to drop the ~*** appuyer sur le champignon*.
2 *cpd*: **hammer drill** perceuse *f* à percussion; **hammerhead** (*shark*) requin *m* marteau; **hammertoe** orteil *m* en marteau; **hammertoed** aux orteils en marteau.
3 *vt* **(a)** battre au marteau, marteler. **to ~ a nail into a plank** enfoncer un clou dans une planche (à coups de marteau); **to ~ a nail home** enfoncer un clou (à fond); (*fig*) **to ~ a point home** revenir sur un point avec une insistance tenace *or* acharnée; **to ~ into shape** *metal* façonner au marteau; (*fig*) *plan, agreement* mettre au point; **I tried to ~ some sense into him** je me suis efforcé de lui faire entendre raison; **to ~ an idea into sb's head** enfoncer de force *or* faire entrer de force une idée dans la tête de qn.
(b) (**fig*) (*defeat*) battre à plate(s) couture(s); (*criticize severely*) éreinter, démolir*. **the critics ~ed the film** les critiques ont éreinté *or* ont démoli* le film.
(c) (*St Ex*) *stockbroker* déclarer en faillite *or* failli.
4 *vi* (*also* **~ away**) frapper au marteau. (*fig*) **he was ~ing (away) at the door** il frappait à la porte à coups redoublés; **he was ~ing (away) on the piano** il tapait sur le piano à bras raccourcis); **to ~ (away) at a problem** s'acharner sur *or* travailler d'arrache-pied à un problème.
◆**hammer down** *vt sep nail* enfoncer au marteau; *metal* aplatir au marteau; *loose plank* fixer.

◆**hammer in** *vt sep* enfoncer (au marteau). **he hammered the nail in with his shoe** il a enfoncé le clou avec son soulier.

◆**hammer out** *vt sep metal* étendre au marteau; (*fig*) *plan, agreement* élaborer (avec difficulté); *difficulties* démêler, aplanir; *verse, music* marteler.

◆**hammer together** *pieces of wood etc* assembler au marteau.

hammering ['hæmərɪŋ] *n* (*action*) martelage *m*; (*sound*) martèlement *m*; (**: fig*) (*defeat*) punition* *f*, dérouillée‡ *f*; (*criticism*) éreintement *m*. **to take a ~****[team, boxer, player]* prendre une punition* *or* une dérouillée‡; *[book, play, film]* se faire esquinter* *or* éreinter*.

hammock ['hæmək] *n* hamac *m*.

hamper¹ ['hæmpər] *n* panier *m* d'osier, manne *f*; (*for oysters, fish, game*) bourriche *f*. **a ~ of food** un panier garni (*de nourriture*); *V* **picnic.**

hamper² ['hæmpər] *vt person* gêner; *movement* gêner, entraver.

hamster ['hæmstər] *n* hamster *m*.

hand [hænd] **1** *n* **(a)** (*Anat*) main *f*. **on (one's) ~s and knees** à quatre pattes; **to have** *or* **hold in one's ~** *book* tenir à la main; *money* avoir dans la main; (*fig*) *victory* tenir entre ses mains; **give me your ~** donne-moi la main; **to take sb's ~** prendre la main de qn; **he took her by the ~** il l'a prise par la main; **to lead sb by the ~** conduire *or* mener qn par la main; (*fig: in cash, not taxed*) **he got £100 in his ~** il a eu 100 livres en cash; **to take sth with** *or* **in both ~s** prendre qch à deux mains; (*fig*) **he clutched at my offer with both ~s** il s'est jeté sur ma proposition; (*Mus*) **for four ~s** pour *or* à quatre mains; **~s up!** (*at gunpoint*) haut les mains!; (*in school etc*) **levez la main!; ~s off!*** pas touche!*, bas les pattes!‡; **~s off the sweets!*** touche pas aux bonbons!*; (*fig*) **~s off our village*** laissez notre village tranquille; (*lit*) **~ over ~, ~ over fist** main sur main; (*fig*) **he's making money ~ over fist** il fait des affaires d'or; **he's very good** *or* **clever with his ~s** il est très adroit de ses mains; **I'm no good with my ~s** at all je ne sais (strictement) rien faire de mes mains *or* de mes dix doigts; (*fig*) **I'm always putting my ~ in my pocket** je n'arrête pas de débourser *or* de mettre la main à la poche; (*fig*) **to sit on one's ~s** *[audience]* applaudir faiblement; *[committee etc]* se contenter d'attendre, ne rien faire; (*fig*) **you could see his ~ in everything the committee did** on reconnaissait son empreinte *or* son influence dans tout ce qui faisait le comité.
(b) (*phrases*) **at ~** à portée de la main, sous la main; **to keep sth at ~** garder qch à portée de la main; **he has enough money at ~** il a assez d'argent disponible; **summer is (close) at ~** l'été est (tout) proche; **at first ~** de première main; **the information at** *or* **to ~** les renseignements *mpl* disponibles; **by ~** à la main; **made by ~** fait à la main; **the letter was written by ~** c'était une lettre manuscrite, la lettre était manuscrite *or* écrite à la main; **to send a letter by ~** faire porter une lettre (*à la main*); **from ~ to ~** de main en main (*V also* 2); **to live from ~ to mouth** vivre au jour le jour (*V also* 2); **pistol in ~** pistolet *m* au poing; **in one's own ~s** entre ses mains; (*lit, fig*) **to put sth into sb's ~s** remettre qch entre les mains de qn; **to put o.s. in sb's ~s** s'en remettre à qn, se mettre entre les mains de qn; **my life is in your ~s** ma vie est entre vos mains; **to fall into the ~s of** tomber aux mains *or* entre les mains de; **to be in good ~s** être en bonnes mains; **I have this matter in ~ at the moment** je suis en train de m'occuper de cette affaire; **he had £6,000 in ~** il avait 6 000 livres de disponibles; (*Comm*) **stock in ~** existence *f* or marchandises *fpl* en magasin; **cash in ~** encaisse *f*; **the matter in** *or* **on ~** l'affaire en question; **it has got nothing to do with the matter in ~** cela n'a rien à voir avec l'affaire en question *or* avec la question qui nous préoccupe; **he had the situation well in ~** il avait la situation bien en main; **she took the child in ~** elle a pris l'enfant en main; **to keep o.s. well in ~** se contrôler; **work in ~** travail *m* en cours *or* en chantier; **to have sth on one's ~s** avoir qch sur les bras (*V also* time); (*Comm*) **goods left on our ~s** marchandises invendues; **on the right/left ~** du côté droit/gauche; **on my right ~** à ma droite; **on every ~, on all ~s** partout, de tous (les) côtés; **on the one ~ ... on the other ~** d'une part ... d'autre part; **yes, but on the other ~ he is very rich** oui, mais par contre il est très riche; **to get sth off one's ~s** se débarrasser *or* se décharger de qch; **I'll take it off your ~s** je m'en chargerai, je vous en déchargerai *or* débarrasserai; **his daughter was off his ~s** sa fille n'était plus à sa charge; **it is out of his ~s** ce n'est plus lui qui s'en occupe, il n'en a plus la responsabilité; (*gen: instantly*) **out of ~** d'emblée; **to condemn sb out of ~** condamner qn sans jugement; **to execute sb out of ~** exécuter qn sommairement; **to get out of ~** *[child, dog, situation]* devenir impossible; *[prices, spending etc]* déraper, échapper à tout contrôle; **this child/dog is quite out of ~** il n'y a plus moyen de tenir cet enfant/ce chien; **to ~** sous la main, à portée de la main; **I have not got the letter to ~** je n'ai pas la lettre sous la main; (*Comm*) **your letter has come to ~** votre lettre m'est parvenue; (*Comm*) **your letter of 6th inst.** to ~ en mains votre lettre du 6 courant (*Comm*); **he seized the first weapon to ~** il s'est emparé de la première arme venue; **to rule with a firm ~** gouverner d'une main ferme; **with a heavy ~** avec poigne, à la cravache; **they are ~ in glove** ils s'entendent comme larrons en foire; **he's ~ in glove with them** il est de mèche avec eux; **he never does a ~'s turn** il ne remue pas le petit doigt, il n'en fiche pas une rame‡; **the hedgehog ate out of his ~** le hérisson lui mangeait dans la main; (*fig*) **he's got the boss eating out of his ~** il fait marcher le patron au doigt et à l'œil; **to force sb's ~** forcer la main à qn; **to get one's ~** se faire la main; **to keep one's ~ in** garder *or* s'entretenir la main; **he can't keep his ~s off the money** il ne peut pas s'empêcher de toucher à l'argent; **I have my ~s full at the moment** je suis très occupé en ce moment; **to have one's ~s full** with avoir fort à faire avec, avoir du pain sur la planche avec; (*lit, fig*) **to have one's ~s tied** avoir les mains liées; **to have a ~ in** *piece of work, decision* être pour quelque

chose dans, jouer un rôle dans; *crime* être mêlé à; *plot* tremper dans; **she had a ~ in it** elle y était pour quelque chose; **I have no ~ in it** je n'y suis pour rien; **I will have no ~ in it** je ne veux rien avoir à faire là-dedans; **to take a ~ in sth** se mêler de qch; **to take a ~ in doing sth** participer à qch, contribuer à qch; **to give sb a (helping) ~** (to do), **to lend sb a ~** (to do) donner un coup de main à qn (pour faire); **he got his brother to give him a ~** il s'est fait aider par son frère, il a obtenu de son frère qu'il lui donne (*subj*) un coup de main; **give me a ~, will you?** tu peux me donner un coup de main?; (*Theat: applause*) **they gave him a big ~*** ils l'ont applaudi bien fort; (*Theat*) **give him a (big) ~ now!*** (et maintenant) on l'applaudit bien fort!; **to get the upper ~ of sb** prendre l'avantage *or* le dessus sur qn; **to have the upper ~** avoir le dessus; **to put** *or* **set one's ~ to sth** entreprendre qch; **he can set his ~ to most things** il y a peu de choses qu'il ne sache (pas) faire; (*fig liter*) **to put** *or* **set one's ~ to the plough** se mettre à l'ouvrage *or* à l'œuvre; **to hold** *or* (*liter*) **stay one's ~** se retenir; **to win sth ~s down** gagner qch haut la main; **to be waited on ~ and foot** se faire servir comme un prince; (*fig*) **he asked for her ~** (in marriage) il a demandé sa main (en mariage); (*liter*) **she gave him her ~** elle lui a accordé sa main; V **free, high, lay¹** *etc*.

(c) (*worker*) travailleur *m*, -euse *f* manuel(le), ouvrier *m*, -ière *f*. **~s** (*Ind etc*) main-d'œuvre *f*; (*Naut*) équipage *m*, hommes *mpl*; **to take on ~s** embaucher (de la main-d'œuvre); (*Naut*) **all ~s on deck** tout le monde sur le pont; (*Naut*) **lost with all ~s** perdu corps et biens; (*fig*) **he's a great ~ at (doing) that** il a le coup de main pour (faire) cela, il est vraiment doué pour (faire) cela; (*fig*) **old ~** vétéran *m*, vieux routier; **he's an old ~ (at it)** il n'en est pas à son coup d'essai, il connaît la musique*; V **dab³, factory, farm** *etc*.

(d) [*clock etc*] aiguille *f*; (*Typ*) index *m*.

(e) (*Measure*) paume *f*. **a horse 13 ~s high** un cheval de 13 paumes.

(f) (*handwriting*) écriture *f*. **the letter was in his ~** la lettre était (écrite) de sa main; **he writes a good ~** il a une belle écriture *or* une belle main.

(g) (*Cards*) main *f*, jeu *m*; (*game etc*) partie *f*. **I've got a good ~** j'ai une belle main *or* un beau jeu; **we played a ~ of bridge** nous avons fait une partie de bridge.

(h) (*Culin*) **~ of pork** jambonneau *m*; **~ of bananas** régime *m* de bananes.

2 *cpd*: **handbag** sac *m* à main; (*Sport*) **handball** handball *m*; **handbasin** lavabo *m*; **handbell** sonnette *f*, clochette *f*; **handbill** prospectus *m*; **handblower** sèche-mains *m inv*; **handbook** (*instructions*) manuel *m* (*V also* **teacher**); [*tourist*] guide *m*; [*museum*] livret *m*, catalogue *m*; [*Brit Aut*] **handbrake** frein *m* à main; (*Rail*) **handcar** draisine *f*; **handcart** charrette *f* à bras; **handclasp** poignée *f* de main; (*Aut*) **hand controls** commandes *fpl* à main; **handcraft** = **handicraft**; **hand cream** crème *f* pour les mains; **handcuff** (*n*) menotte *f*; (*vt*) mettre *or* passer les menottes à; **to be handcuffed** avoir les menottes aux poignets; **hand-drier, hand-dryer** sèche-mains *m inv*; **handful** V **handful**; (*Mil*) **hand grenade** grenade *f* (à main); **handgrip** (*on cycle, machine etc*) poignée *f*; (*handshake*) poignée de main; **hand-held** à main; **handhold** prise *f* de main; **hand-in-hand** (*lit*) la main dans la main; (*fig*) ensemble, de concert; (*fig*) **to go hand-in-hand (with)** aller de pair (avec); **handiwork** V **handiwork**; **hand-knitted** tricoté à la main; **hand lotion** lotion *f* pour les mains; **hand-luggage** bagages *mpl* à main; **handmade** fait (à la) main; (*lit, fig*) **handmaid(en)** servante *f*; (*pej*) **it's a hand-me-down from my sister** c'est un vêtement qui me vient de ma sœur; **hand-me-downs*** (*npl*) vêtements *mpl* d'occasion; (*scruffier*) friperie *f*; **hand-out** (*leaflet*) prospectus *m*; (*at lecture, meeting*) polycopié *m*, documentation *f*; (*press release*) communiqué *m*; (*money*) (*from government, official body*) aide *f*, subvention *f*; (*alms*) charité *f*, aumône *f*; **hand-pick** trier sur le volet; **hand print** (*n*) empreinte *f* de main; **hand-printed** imprimé à la main; **hand puppet** marionnette *f* à gaine; **handrail** [*stairs etc*] rampe *f*, main courante, balustrade *f*; [*bridge, quay*] garde-fou *m*; **handsaw** scie *f* à main; (*Telec*) **handset** combiné *m*; **handshake** poignée *f* de main (*V* golden); (*fig*) **hands-off** *policy etc* de non-intervention; (*Comput etc*) **hands-on** (*gen*) sur le tas; (*Comput etc*) appareil en main; **handsome** V **handsome**; **hand-spray** douchette *f* (amovible); **handspring** saut *m* de mains; **to do a handstand** faire l'arbre droit; **hand-stitched** cousu main; **to fight hand-to-hand** combattre corps à corps; **a hand-to-hand fight** un corps à corps; **hand-to-hand fighting** du corps à corps; **to lead a hand-to-mouth existence** vivre au jour le jour; **hand towel** essuie-mains *m inv*; **handwork** = **handiwork**; **hand-woven** tissé à la main; **hand-write** écrire à la main; **handwriting** écriture *f*; **handwritten** manuscrit, écrit à la main.

3 *vt* (a) (*give*) passer, donner (*to* à); (*hold out*) tendre (*to* à). (*fig*) **you've got to ~ it to him*, he did it very well** il faut bien reconnaître *or* il faut lui rendre cette justice qu'il l'a très bien fait; (*fig*) **it was ~ed to him (on a plate)*** ça lui a été apporté sur un plateau; (*fig*) **to ~ sb a line about sth‡** raconter des bobards* à qn à propos de qch.

(b) **he ~ed the lady into/out of the car** il tendit sa main à la dame pour l'aider à monter dans/à descendre de la voiture.

◆**hand back** *vt sep* rendre (*to* à).
◆**hand down** *vt sep* (a) (*lit*) **hand me down the vase** descendez-moi le vase; **he handed me down the book from the shelf** il a descendu le livre du rayon et me l'a tendu.

(b) (*fig*) transmettre. **the story/the sword was handed down from father to son** l'histoire/l'épée était transmise *or* se transmettait de père en fils.

(c) (*US Jur*) *decision* rendre.
◆**hand in** *vt sep* remettre (*to* à). **hand this in at the office** remettez cela à quelqu'un au bureau.

◆**hand on** *vt sep* transmettre (*to* à). (*fig*) **to hand on the torch** passer *or* transmettre le flambeau.
◆**hand out 1** *vt sep* distribuer. **to hand out advice*** distribuer des conseils.

2 handout *n* V **hand 2**.
◆**hand over 1** *vi* (*fig*) **to hand over to sb** passer le relais à qn.

2 *vt sep book, object* remettre (*to* à); *criminal, prisoner* livrer (*to* à); *authority, powers* (*transfer*) transmettre (*to* à); (*surrender*) céder (*to* à); *property, business* céder.
◆**hand round** *vt sep bottles, papers* faire circuler; *cakes* (faire) passer (à la ronde), [*hostess*] offrir.
◆**hand up** *vt sep* passer (*de bas en haut*).
-handed ['hændɪd] *adj ending in cpds* qui a la main .... **empty-handed** les mains vides; **heavy-handed** qui a la main lourde; V **left², short** *etc*.
Handel ['hændəl] *n* Händel *m or* Haendel *m*.
handful ['hændfʊl] *n* [*coins, objects etc*] poignée *f*. **by the ~, in ~s** à *or* par poignées; **there was only a ~ of people at the concert** il n'y avait qu'une poignée de gens au concert, il y avait quatre pelés et un tondu au concert*; (*fig*) **the children are a ~*** les enfants ne me (*or* lui *etc*) laissent pas une minute de répit.
handicap ['hændɪkæp] **1** *n* (a) (*Sport*) handicap *m*. [*racehorse*] **weight ~** surcharge *f*; **time ~** handicap (de temps).

(b) (*disadvantage*) handicap *m*, désavantage *m*. **his appearance is a great ~** son aspect physique le handicape beaucoup; **to be under a great ~** avoir un désavantage *or* un handicap énorme; V **physical**.

2 *vt* (*Sport, gen*) handicaper. **he was greatly ~ped by his accent** il était très handicapé par son accent.
handicapped ['hændɪkæpt] **1** *adj* handicapé. **~ children** enfants handicapés; **mentally/physically ~** handicapé mentalement/physiquement. **2** *npl*: **the ~** les handicapés *mpl*; **the mentally/physically ~** les handicapés mentaux/physiques.
handicraft ['hændɪkrɑːft] *n* (*work*) (travail *m* d')artisanat *m*; (*skill*) habileté manuelle. **exhibition of ~s** exposition *f* d'objets artisanaux.
handily ['hændɪlɪ] *adv* (a) (*conveniently*) *positioned etc* bien, d'une façon commode. (b) (*US: easily*) *win etc* facilement.
handiness ['hændɪnɪs] *n* (*V handy*) [*object, method*] commodité *f*, aspect *m* pratique; [*person*] adresse *f*, dextérité manuelle. **because of the ~ of the library** parce qu'il est si facile de se rendre à la bibliothèque.
handiwork ['hændɪwɜːk] *n* (*lit*) travail manuel, ouvrage *m*; (*fig*) œuvre *f*, ouvrage. (*fig*) **that is his ~** c'est son œuvre.
handkerchief ['hæŋkətʃɪf] *n* mouchoir *m*; (*fancy*) pochette *f*; (*for neck*) foulard *m*.
handle ['hændl] **1** *n* [*basket, bucket*] anse *f*; [*broom, spade, knife*] manche *m*; [*door, drawer, suitcase*] poignée *f*; [*handcart*] brancard *m*; [*saucepan*] queue *f*; [*pump, stretcher, wheelbarrow*] bras *m*; [*tap*] clef *f*, poignée *f*; [*car*] (*starting*) ~ manivelle *f*; (*fig*) **to have a ~ to one's name*** avoir un titre; V **fly³**.

2 *vt* (a) (*touch*) *fruit, food etc* toucher à; (*move etc by hand: esp Ind*) manipuler, manier. **her hands are black from handling newsprint** elle a les mains noires d'avoir manié *or* manipulé des feuilles de journaux; **please do not ~ the goods** prière de ne pas toucher aux marchandises; (*label*) **'~ with care' '**fragile'; **the crowd ~d him roughly** (*lit*) la foule l'a malmené; (*fig*) la foule l'a hué; (*Ftbl*) **to ~ the ball** toucher le ballon de la main, faire une faute de mains.

(b) (*control, deal with*) *ship* manœuvrer, gouverner; *car* conduire, manœuvrer; *weapon* manier; *person, animal* manier, s'y prendre avec. **he knows how to ~ a gun** il sait se servir d'un revolver; **he ~d the situation very well** il a très bien conduit l'affaire; **I'll ~ this** je m'en charge, je vais m'en occuper; **he knows how to ~ his son** il sait très bien s'y prendre avec son fils; **this child is very hard to ~** cet enfant est très difficile *or* dur*; **can you ~ dogs?** savez-vous (comment) vous y prendre avec les chiens?; **she can certainly ~ children** il n'y a pas de doute qu'elle sait s'y prendre avec les enfants.

(c) (*Comm*) *commodity, product* avoir, faire. **we don't ~ that type of product** nous ne faisons pas ce genre de produit; **we don't ~ that type of business** nous ne traitons pas ce type d'affaires; **do you ~ tax matters?** est-ce que vous vous occupez de fiscalité?; **the treasurer ~s large sums of money** le trésorier a la responsabilité de grosses sommes d'argent; **to ~ stolen goods** receler des objets vols; **Orly ~s 5 million passengers a year** 5 millions de passagers passent par Orly chaque année; **we ~ 200 passengers a day** 200 voyageurs par jour passent par nos services; **can the port ~ big ships?** le port peut-il recevoir les gros bateaux?

3 *vi*: **to ~ well/badly** [*ship*] être facile/difficile à manœuvrer; [*car, gun*] être facile/difficile à manier.

4 *cpd*: **handlebars** (*npl*) guidon *m*; (*hum*) **handlebar moustache** moustache *f* en crocs *or* en guidon de vélo* (*hum*).
-handled ['hændld] *adj ending in cpds* au manche de, à la poignée de. **a wooden-handled spade** une pelle au manche de bois *or* avec un manche de bois.
handler ['hændlə'] *n* (*also dog* ~) maître-chien *m*.
handling ['hændlɪŋ] *n* [*ship*] manœuvre *f*; [*car*] maniement *m*; [*goods, objects*] (*Ind*) manutention *f*; (*fingering*) maniement, manipulation *f*; [*stolen goods*] recel *m*. **his ~ of the matter** la façon dont il a traité l'affaire; [*person, object*] **to get some rough ~** se faire malmener; (*Comm*) **~ charges** frais *mpl* de manutention.
handsome ['hænsəm] *adj* (a) (*good-looking*) *person* beau (*f* belle); *furniture, building* beau, élégant; (*fig*) *conduct, compliment* généreux; *gift* riche, généreux. **~ apology** excuse *f* honorable.

(b) (*considerable*) **a ~ amount** une jolie somme; **~ fortune** belle fortune; **to make a ~ profit out of sth** réaliser de jolis bénéfices sur qch; **to sell sth for a ~ price** vendre qch un bon prix *or* pour une jolie somme.

handsomely ['hænsəmlɪ] *adv* (*elegantly*) élégamment, avec élégance; (*generously*) contribuer, donate généreusement, avec générosité; *apologise, agree* avec bonne grâce, élégamment. **he behaved very ~** il s'est conduit très généreusement *or* élégamment.

handy ['hændɪ] **1** *adj* (a) *person* adroit. **he's a very ~ person** il est très adroit de ses mains, il sait se servir de ses mains; **he's ~ with his fists*** il sait se servir de ses poings; **he's ~ with a gun*** il sait se servir d'un revolver; **she's ~ with a sewing machine*** elle sait très bien se servir d'une machine à coudre; **he's ~ in the kitchen*** il sait très bien se débrouiller dans la cuisine.
  (b) (*close at hand*) *tool* accessible, sous la main, prêt. **in a ~ place** dans un endroit commode, à portée de la main; **I always have an aspirin ~** j'ai toujours une aspirine sous la main; **the shops are very ~** les magasins sont très accessibles; **the house is ~ for the shops** la maison est très bien placée *or* située pour les magasins.
  (c) (*convenient*) *tool, method* commode, pratique. **a ~ little car** une petite voiture pratique; **that's ~!** ça tombe bien!; **that would come in very ~** cela tomberait bien.
  (d) (*ship*) maniable.
  2 *cpd*: **handyman** (*servant*) factotum *m*, homme *m* à tout faire; (*do-it-yourself*) bricoleur *m*.

hang [hæŋ] *pret, ptp* **hung 1** *vt* (a) (*suspend*) *lamp* suspendre, accrocher (*on* à); *curtains, hat, decorations* accrocher; *painting* accrocher, (*in gallery: exhibit*) exposer; *door* monter; *clothes* pendre (*on, from* à); *wallpaper* poser, tendre; (*Culin*) *game* faire faisander; *dangling object* laisser pendre. **he hung the rope over the side of the boat** il a laissé pendre le cordage par-dessus bord; **to ~ one's head** baisser la tête.
  (b) (*decorate*) garnir, orner (*with* de). **trees hung with lights** arbres chargés de lumières; **balconies hung with flags** balcons pavoisés; **room hung with paintings** pièce ornée de tableaux *or* aux murs couverts de tableaux; **study/wall hung with hessian** bureau/mur tapissé *or* tendu de jute.
  (c) **to ~ fire** [*guns*] faire long feu; [*plans etc*] traîner (en longueur).
  (d) (*pret, ptp* **hanged**) *criminal* pendre. **he was ~ed for murder** il fut pendu pour meurtre; (*loc*) (**may**) **as well be ~ed for a sheep as a lamb** autant être pendu pour un mouton que pour un agneau; (*Hist*) **he was ~ed, drawn and quartered** il a été pendu, éviscéré et écartelé; **he ~ed himself from** *or* **out of despair** il s'est pendu de désespoir; **~ him!*** qu'il aille se faire voir!‡; **(I'll be) ~ed if I know!*** je veux bien être pendu si je le sais!*; **~ it!***, **~ it all!*** zut!*

  2 *vi* (a) [*rope, dangling object*] pendre, être accroché *or* suspendu (*on, from* à); [*drapery*] pendre, tomber, retomber. **her hair hung down her back** ses cheveux tombaient sur ses épaules *or* lui tombaient dans le dos; **a picture ~ing on the wall** un tableau accroché au mur; **to ~ out of the window** [*person*] se pencher par la fenêtre; [*thing*] pendre à la fenêtre; (*fig*) **to ~ by a hair** ne tenir qu'à un cheveu; (*fig : esp US*) **just ~ loose‡** essaie d'être relax‡.
  (b) planer, peser. **a fog ~s over the town** un brouillard plane *or* pèse sur la ville; **the hawk hung motionless in the sky** le faucon était comme suspendu immobile dans le ciel; (*fig*) **the threat which ~s over us** la menace qui plane *or* pèse sur nous, la menace qui est suspendue au-dessus de nos têtes; *V* **time**.
  (c) [*criminal etc*] être pendu. **he ought to ~** il devrait être pendu; **he'll ~ for it** cela lui vaudra d'être pendu, cela lui vaudra la corde.
  (d) (*US‡*) = **hang about**.

  3 *n* (a) **to get the ~* of** (*learn to use*) *machine, tool, device* prendre le coup de main avec; (*learn to do*) *process, activity, work* attraper le coup pour faire; (*grasp meaning of*) *letter, book* (arriver à) comprendre; **to get the ~* of doing sth** attraper le coup pour faire qch; (*of device, process etc*) **you'll soon get the ~* of it** tu auras vite fait de t'y mettre; **I am getting the ~* of it!** ça y est je saisis!
  (b) **I don't give** *or* **care a ~*** je m'en fiche*, je n'en ai rien à fiche‡.

  4 *cpd*: **to have a hangdog look** *or* **expression** avoir un air de chien battu; **hang-glider** (*person*) libériste *mf*; (*device*) deltaplane *m*, aile *f* delta *or* volante; **hang-gliding** deltaplane *m*, vol *m* libre; **to go hang-gliding** faire du deltaplane, pratiquer le vol libre; **hangman** bourreau *m*; **hangnail** petite peau, envie *f*; (*house, flat etc*) **hang-out‡** antre *m* favori; (*after drinking*) **to have a hangover** avoir mal aux cheveux*, avoir une *or* la gueule de bois*; **this problem is a hangover from the previous administration** ce problème est un reliquat de l'administration précédente; **hang-up*** (*complex*) complexe *m*, fantasme *m* (*about* ce qui concerne); (*obsession*) obsession *f* (*on* de); (*gen: hitch, difficulty*) os* *m*, contretemps *m*; **that was really the final hang-up** ça c'était vraiment le comble, il ne manquait plus que ça!

♦**hang about, hang around 1** *vi* (*loiter, pass time*) rôder, errer, traîner; (*wait*) attendre. **he's always hanging about here** il est toujours à rôder *or* à errer par ici; **they always hang around together** ils sont toujours ensemble; **to keep sb hanging about** faire attendre qn, faire poireauter* qn; **this is where they usually hang about** c'est là qu'ils se trouvent habituellement; **hang about!‡** attends!
  2 *vt fus*: **to hang about sb** coller à qn, être toujours sur le dos de qn; **he's always hanging about that café** il hante toujours ce café.

♦**hang back** *vi* (*in walking etc*) rester en arrière, hésiter à aller de l'avant. (*fig*) **she hung back from offering ...** elle ne voulait pas offrir ..., elle était réticente pour offrir ... .

♦**hang down** *vi, vt sep* pendre.

♦**hang in*** *vi* (*also* **hang in there**) s'accrocher, ne pas céder.

♦**hang on 1** *vi* (a) (*: wait*) attendre. **hang on!** attendez!; (*on phone*) ne quittez pas!; (*on phone*) **I had to hang on for ages** j'ai dû attendre des siècles.
  (b) (*hold out*) tenir bon, résister. **he managed to hang on till help came** il réussit à tenir bon *or* à résister jusqu'à ce que des secours arrivent (*subj*).
  (c) **to hang on to sth*** (*keep hold of*) ne pas lâcher qch, rester cramponné à qch; (*keep*) garder qch; **hang on to the branch** tiens bien la branche, ne lâche pas la branche.
  2 *vt fus* (a) (*lit, fig*) se cramponner à, s'accrocher à. **to hang on sb's arm** se cramponner au *or* s'accrocher au bras de qn; **to hang on sb's words** *or* **lips** boire les paroles de qn, être suspendu aux lèvres de qn.
  (b) (*depend on*) dépendre de, être suspendu à. **everything hangs on his decision** tout dépend de *or* est suspendu à sa décision; **everything hangs on whether he saw her** *or* **not** le tout est de savoir s'il l'a vue ou non.
  3 *vt sep* (*fig, esp US*) **to hang one on*** se saouler, se biturer‡.

♦**hang out 1** *vi* (a) [*tongue*] pendre; [*shirt tails etc*] pendre (dehors), pendouiller*. (*fig*) **to let it all hang out*** se défouler.
  (b) (‡: *live*) percher*, crécher‡; (*loiter aimlessly*) traîner.
  (c) (*: resist, endure*) tenir bon, résister. **they managed to hang out till help came*** ils réussirent à tenir bon *or* à résister jusqu'à l'arrivée des secours; **they are hanging out for more pay*** ils tiennent bon pour avoir une augmentation.
  2 *vt sep streamer* suspendre (dehors); *washing* étendre (dehors); *flag* arborer.
  3 hang-out‡ *n V* **hang 4**.

♦**hang together** *vi* (a) [*people*] se serrer les coudes.
  (b) [*argument*] se tenir; [*story*] tenir debout; [*statements*] s'accorder, concorder. **it all hangs together** tout ça se tient, c'est logique.

♦**hang up 1** *vi* (*Telec*) raccrocher. **to hang up on sb** raccrocher.
  2 *vt sep hat, picture* accrocher, pendre (*on* à, sur); (*Telec*) *receiver* raccrocher; *V* **hung 2**.
  3 hang-up* *n V* **hang 4**.

hangar ['hæŋəʳ] *n* (*Aviat*) hangar *m*.

hanger ['hæŋəʳ] **1** *n* (*clothes ~*) cintre *m*, portemanteau *m*; (*hook*) crochet *m*. **2** *cpd*: (*fig*) **he's just one of the hangers-on** il fait juste partie de la suite; **there was a crowd of hangers-on** il y avait toute une suite.

hanging ['hæŋɪŋ] **1** *n* (a) (*execution*) pendaison *f*.
  (b) (*U*) accrochage *m*, suspension *f*; [*bells, wallpaper*] pose *f*; [*door*] montage *m*; [*picture*] accrochage.
  (c) (*curtains etc*) **~s** tentures *fpl*, draperies *fpl*; **bed ~s** rideaux *mpl* de lit.
  2 *adj* (a) *bridge, staircase* suspendu; *door* battant; *lamp, light* pendant; *sleeve* tombant. **the ~ gardens of Babylon** les jardins suspendus de Babylone; **~ wardrobe** penderie *f*; (*Art*) **~ committee** jury *m* d'exposition.
  (b) (*Hist*) **~ judge** juge *m* qui envoyait régulièrement à la potence; (*lit*) **it's a ~ offence** c'est un crime pendable; (*fig*) **it's not a ~ matter** ce n'est pas si grave, ce n'est pas un cas pendable.

hank [hæŋk] *n* [*wool etc*] écheveau *m*.

hanker ['hæŋkəʳ] *vi*: **to ~ for** *or* **after** aspirer à, avoir envie de, rêver de.

hankering ['hæŋkərɪŋ] *n*: **to have a ~ for sth/to do** avoir envie de qch/de faire, rêver de qch/de faire.

hankie* ['hæŋkɪ] *n abbr of* **handkerchief**.

hanky-panky* ['hæŋkɪ'pæŋkɪ] *n* entourloupette* *f*. **there's some ~ going on** il se passe quelque chose de louche, il y a une entourloupette* là-dessous.

Hannibal ['hænɪbəl] *n* Annibal *m or* Hannibal *m*.

Hanoi ['hænɔɪ] *n* Hanoi.

Hanover ['hænəʊvəʳ] *n* Hanovre. (*Brit Hist*) **the house of ~** la maison *or* la dynastie de Hanovre.

Hanoverian [ˌhænəʊ'vɪərɪən] *adj* hanovrien.

Hansard ['hænsɑːd] *n* (le) Hansard (*sténographie des débats du parlement britannique*).

Hanseatic [ˌhænzɪ'ætɪk] *adj*: **the ~ League** la Hanse, la ligue hanséatique.

hansom ['hænsəm] *n* (*also* **~ cab**) cab *m*.

Hants (*Brit Geog*) *abbr of* **Hampshire**.

ha'pence ['heɪpəns] *npl of* **ha'penny**.

ha'penny ['heɪpnɪ] *n* = **halfpenny**; *V* **half 4**.

haphazard [ˌhæp'hæzəd] *adj* (*fait*) au hasard, (*fait*) au petit bonheur. **a ~ arrangement** une disposition fortuite; **the whole thing was very ~** tout était fait au petit bonheur.

haphazardly [ˌhæp'hæzədlɪ] *adv arrange* au petit bonheur, au hasard; *select* à l'aveuglette, au petit bonheur, au hasard.

hapless ['hæplɪs] *adj* infortuné (*before n*), malchanceux (*after n*).

happen ['hæpən] *vi* (a) arriver, se passer, se produire. **something ~ed** il est arrivé *or* il s'est passé quelque chose; **what's ~ed?** qu'est-ce qui s'est passé *or* est arrivé?, qu'est-ce qu'il y a eu?; **just as if nothing had ~ed** tout comme s'il n'était rien arrivé, comme si de rien n'était; **whatever ~s** quoi qu'il arrive (*subj*) *or* advienne; **don't let it ~ again!** et que ça ne se reproduise pas!; **these things ~** ce sont des choses qui arrivent, ça peut arriver; **what has ~ed to him?** (*befallen*) qu'est-ce qui lui est arrivé?; (*become of*) qu'est-ce qu'il est devenu?; **if anything ~ed to me my wife would have enough money** s'il m'arrivait quelque chose *or* si je venais à disparaître ma femme aurait assez d'argent; **something has ~ed to him** il lui est arrivé quelque chose; **a funny thing ~ed to me this morning** il m'est arrivé quelque chose de bizarre ce matin; **let's pretend it never ~ed** *or* faisons comme si ça n'était pas arrivé; **it's all ~ing*** on est vraiment au cœur de l'action, tout arrive en même temps.

(b) (*come about, chance*) how does it ~ that? d'où vient que? + *indic*, comment se fait-il que? + *subj*; it might ~ that il pourrait se faire que + *subj*; it so ~ed that il s'est trouvé que + *indic*; it so ~s that I'm going there today, as it ~s I'm going there today il se trouve que *or* en l' occurrence j'y vais aujourd'hui; he ~ed to call on me il s'est trouvé qu'il est venu me voir; do you ~ to have a pen? aurais-tu par hasard un stylo?; how did you ~ to go? comment se fait-il que tu y sois allé?; I ~ to know he is not rich il se trouve que je sais qu'il n'est pas riche; if he does ~ to see her s'il lui arrive de la voir.
♦**happen (up)on**† *vt fus* object trouver par hasard; *person* rencontrer par hasard.

happening ['hæpnɪŋ] *n* événement *m*; (*Theat*) happening *m*.

happenstance* ['hæpənstæns] *n* (*US*) événement fortuit, circonstance fortuite.

happily ['hæpɪlɪ] *adv* (a) (*contentedly*) play, walk, talk tranquillement; *say, smile* joyeusement. to live ~ vivre heureux (*V also* live); she smiled ~ elle eut un sourire épanoui *or* de contentement.
(b) (*fortunately*) heureusement, par bonheur.
(c) (*felicitously*) word, choose heureusement, avec bonheur.

happiness ['hæpɪnɪs] *n* bonheur *m*, félicité *f*.

happy ['hæpɪ] **1** *adj* (a) (*contented*) heureux. as ~ as a king heureux comme un roi; as ~ as a lark *or* a sandboy gai comme un pinson; a ~ marriage un mariage heureux *or* réussi; I'm not ~ about the plan je ne suis pas très heureux de ce projet; I'm not ~ about leaving him alone je ne suis pas tranquille de le laisser seul; I'll be quite ~ to do it je le ferai volontiers, ça ne me dérange pas de le faire; she was ~ to be able to help elle a été heureuse *or* contente de pouvoir aider; she was quite ~ to stay there alone cela ne l'ennuyait pas (du tout) de rester là toute seule; I'm ~ here reading je suis très bien ici à lire; the child is ~ playing in the sand l'enfant est heureux *or* content de jouer dans le sable; ~ ending fin heureuse; the film has a ~ ending le film se termine bien; the ~ few les rares privilégiés; (*US: cocktail time*) the ~ hour* l'heure du cocktail *or* de l'apéritif, le 5 à 7; ~ birthday! bon *or* joyeux anniversaire!; ~ Christmas! joyeux Noël!; ~ New Year! bonne année!
(b) (*felicitous*) phrase, gesture, words heureux, à propos. (*euph*) a ~ event un heureux événement (*euph*); a ~ thought une heureuse inspiration; a ~ medium un moyen terme.
(c) (*: *tipsy*) (un peu) gai, (un peu) pompette*.
2 *cpd*: (*card game*) **happy families** jeu *m* des sept familles; **happy-go-lucky** *person* insouciant, sans souci; *attitude* insouciant; **the arrangements were very happy-go-lucky** c'était organisé au petit bonheur (la chance), l'organisation était à la va comme je te pousse*; **to do sth in a happy-go-lucky way** faire qch au petit bonheur (la chance) *or* à la va comme je te pousse*; **happy hunting ground** [*Amerindians*] paradis *m* des Indiens d'Amérique; (*fig*) a **happy hunting ground for collectors** une terre promise pour les collectionneurs, le paradis des collectionneurs.

Hapsburg ['hæpsbɜ:g] *n* Habsbourg. **the** ~**s** les Habsbourgs *mpl*.

hara-kiri ['hærə'kɪrɪ] *n* hara-kiri *m*. **to commit** ~ faire hara-kiri.

harangue [hə'ræŋ] **1** *vt* haranguer (*about* à propos de); *individuals* haranguer, sermonner (*about* à propos de). **he** ~**d her into getting her hair cut** il n'a eu de cesse qu'elle ne se fasse couper les cheveux.
2 *n* harangue *f*, sermon *m*.

harass ['hærəs] *vt* (a) (*harry*) troops, the enemy, crowd etc harceler.
(b) (*worry*) tracasser; (*stronger*) harceler, tourmenter. ~**ed by doubts** harcelé de doutes.

harassed ['hærəst] *adj* tracassé, surmené, (*stronger*) harcelé.

harassment ['hærəsmənt] *n* (*V* harass) harcèlement *m*; tracasseries *fpl*; *V* sexual.

harbinger ['hɑ:bɪndʒər] *n* (*liter*) avant-coureur *m* (*liter*), présage *m*. (*fig*) a ~ **of doom** un funeste présage.

harbour, (*US*) **harbor** ['hɑ:bər] **1** *n* (*for boats*) port *m*; (*fig*) port, havre *m* (*liter*), refuge *m*. (*in names*) **Dover-Harbour** Douvres-maritime; *V* **outer**.
2 *cpd*: (*Jur, Comm*) **harbour dues**, **harbour fees** droits *mpl* de port; **harbour master** capitaine *m* de *or* du port; ~ **station** gare *f* maritime.
3 *vt* (a) (*give shelter to*) héberger, abriter. **to** ~ **a criminal** receler un criminel.
(b) *suspicions* entretenir, nourrir; *fear, hope* entretenir. **to** ~ **a grudge against sb** garder rancune à qn.
(c) *dirt, dust* retenir, garder. **the river still** ~**s crocodiles** des crocodiles habitent encore le fleuve; **the cat's fur** ~**s various parasites** divers parasites trouvent refuge dans la fourrure du chat.

hard [hɑ:d] **1** *adj* (a) *substance* dur; *mud, snow* durci; *muscle* ferme; (*Med*) *tissue* scléreux, sclérosé. **to get** *or* **become** *or* **grow** ~ durcir; (*Tennis*) ~ **court** court *m* en dur; ~ **frost** forte gelée; *V also* **3**.
(b) (*fig*) *light, line, colour, outline* dur; (*Ling: consonant*) fort; (*St Ex*) *market* soutenu, ferme. **he's as** ~ **as nails** (*physically*) c'est un paquet de muscles; (*mentally*) il est dur; **children are** ~ **on their shoes** avec les enfants les chaussures ne durent pas longtemps; **it was a** ~ **blow** cela a été un coup dur *or* un rude coup; (*St Ex*) ~ **cash** espèces *fpl*; (*Brit*) ~ **cheese!**‡ pas de veine!*, pas de pot!*; (*Comput*) ~ **copy** copie *f* papier; ~ **core** (*material*) matériaux *m* pour assise, blocage *m*; (*fig*) [*argument*] fondement *m*; [*supporters, advocates, objectors etc*] noyau *m* (irréductible); (*part of organization etc*) éléments *mpl* durs, inconditionnels *mpl*; **the** ~ **core of the party** les éléments durs *or* les inconditionnels parmi les membres du parti (*V also* **3**); (*Fin*) ~ **currency** devise *f* forte; ~ **drink** boisson *f* fortement alcoolisée; **he's a** ~ **drinker** c'est un gros buveur, il boit sec; ~ **drug** drogue dure (*gen opiacée*); ~ **evidence** preuve(s) *f(pl)* concrète(s); **the** ~ **facts** la réalité brutale *or* non déguisée; **he had a** ~ **fall** il a fait une mauvaise chute; **there's still a lot of** ~

feelings about it il en reste encore beaucoup d'amertume; no ~ feelings! sans rancune!; (*lit, fig*) it was ~ going on a eu du mal, ça a été dur*; he is ~ of hearing il est dur d'oreille; the ~-of-hearing les mal-entendants *mpl*; (*Jur*) ~ labour travaux *mpl* forcés; (*fig*) to take a ~ line adopter une ligne de conduite intransigeante, se montrer intransigeant (*on sth* en ce qui concerne qch; *with sb* envers qn; *Brit*) ~ lines!*, ~ luck!* pas de veine!*, pas de pot!*; (*Brit*) it was ~ lines *or* luck that he didn't win* c'est manque de pot* qu'il ait perdu; it's ~ lines *or* luck on him* il n'a pas de veine* *or* de pot*; a ~ luck story une histoire de malchance *or* de guigne*; he told me another ~ luck story il a encore essayé de m'apitoyer avec une de ses histoires; ~ liquor = ~ drink; (*Fin*) ~ loan prêt *m* aux conditions commerciales *or* du marché; he's a ~ (task)master il mène ses subordonnés à la baguette; duty is a ~ (task)master le devoir est un maître exigeant; (*US*) ~ mint candy bonbon *m* à la menthe; (*Press*) what we want is ~ news ce qu'il nous faut c'est de l'information sérieuse; that's a ~ nut to crack* ce n'est pas un petit problème; he's a ~ nut to crack* c'est un dur à cuire; ~ porn pornographie *f* (dite) dure, le hard*; (*Mus*) ~ rock rock *m* hard, hard *m*; ~ sauce crème *f* au beurre dure; (*Comm*) ~ sell promotion (de vente) agressive; (*Brit Aut*) hard shoulder accotement stabilisé; ~ study étude assidue; the ~ stuff (*whisky*) le whisky; (*drugs*) la *or* les drogue(s) dure(s); to give sb a ~ time en faire voir de toutes les couleurs à qn*, en faire baver à qn*; she had a ~ time of it after her husband's death elle a traversé des moments difficiles après la mort de son mari; you'll have a ~ time of it trying to get him to help you vous allez avoir du mal à lui persuader de vous aider; these are ~ times les temps sont durs; she has fallen on ~ times elle traverse des temps difficiles; they fell upon ~ times ils connurent des temps difficiles; ~ water eau *f* calcaire *or* dure; these are ~ words c'est s'exprimer en termes très durs; *V also* **3** *and* **drive**.
(c) (*difficult*) problem, examination difficile, dur; question ardu, difficile; task pénible, dur. **to do/learn sth the** ~ **way** faire/apprendre qch à la dure; **it was** ~ **to understand** c'était difficile *or* dur à comprendre; **I find it** ~ **to explain** j'ai du mal à l'expliquer; **I find it** ~ **to believe that …** j'ai du mal à croire que … + *subj*, j'ai peine à croire que … + *subj*; **he is** ~ **to please** il est exigeant *or* difficile; **he is** ~ **to get on with** il est difficile à vivre; **that is** ~ **to beat on peut difficilement faire mieux;** *V also* **3**.
(d) (*severe*) person dur, sévère, strict (*on, to* avec, *towards* envers); *master* sévère, exigeant; *voice, tone* dur, sec (*f* sèche); *face, expression* dur, sévère; *heart* dur, impitoyable; *treatment* sévère. **he's a** ~ **man** il est dur, c'est un homme impitoyable; **to be** ~ **on sb** être dur *or* sévère avec qn, traiter qn avec sévérité; **to grow** ~ s'endurcir; *V also* **3**.
(e) (*harsh*) life dur, pénible, difficile; *fate* dur; *climate, winter* rude, rigoureux; *rule, decision* sévère; (*tough*) battle, fight acharné, âpre, rude; *match* âprement disputé; *work* dur; *worker* dur (à la tâche), endurant. **it's** ~ **work!** c'est dur!
2 *adv* (a) (*strongly, energetically*) as ~ as one can de toutes ses forces; **it's raining** ~ il pleut à verse, il tombe des cordes*; **it's snowing** ~ il neige dru; **it's freezing** ~ il gèle fort *or* ferme *or* dur *or* à pierre fendre; **the lake was frozen** ~ le lac était profondément gelé; **the ground was frozen** ~ le sol était durci par le gel; **to beg** ~ prier instamment, supplier; **he's drinking fairly** ~ **these days** il boit beaucoup *or* sec en ce moment; **to fall down** ~ tomber durement; **to hit** ~ frapper dur *or* fort, cogner dur; **to be** ~ **hit** être sérieusement touché; **to hold on** ~ tenir bon *or* ferme; **to look** ~ **at** *person* regarder fixement, dévisager; *thing* regarder *or* examiner de près; **pull** ~! tirez fort!; **to run** ~ courir à toutes jambes *or* comme un dératé*; **to think** ~ réfléchir sérieusement *or* profondément; **to try** ~ faire *or* fournir un gros effort; **to study** ~ étudier assidûment *or* d'arrache-pied; **to work** ~ travailler dur *or* d'arrache-pied; **to be** ~ **at work** *or* **at it*** être attelé à la tâche, travailler d'arrache-pied; (*Naut*) ~ a-port (à) bâbord toute; (*Navy*) à gauche toute; *V* **drive, hold**.
(b) (*closely*) ~ by tout près, tout contre, tout à côté; **to follow** ~ **upon sb's heels** suivre qn de très près, être sur les talons de qn; **the revolution followed** ~ **on (the heels of) the strike** la révolution suivit de très près la grève *or* suivit immédiatement la grève; **it was** ~ **on 10 o'clock** il était bientôt 10 heures.
(c) (*phrases*) **to be** ~ **put (to it)** *or* **pressed to do** avoir beaucoup de mal *or* de peine à faire, être bien en peine de faire, éprouver les plus grandes difficultés à faire; **to be** ~ **pressed for time/money** *etc* être vraiment à court de temps/d'argent *etc*; **I'm rather** ~ **pressed** (*for time*) je suis débordé; (*for money*) je suis à court; **she took it pretty** ~ elle a été très affectée; **he took the news very** ~ il a très mal pris la nouvelle; (*Brit*) **to be** ~ **done by** être traité injustement, être mal traité; **he feels very** ~ **done by** il a l'impression d'avoir été brimé *or* très mal traité; **it will go** ~ **for him if** … cela tournera *or* ira mal pour lui si …
3 *cpd*: **hard-and-fast** strict, inflexible; *rule* absolu; (*US*) **hard-ass***‡ dur(e) *m(f)* à cuire; **hardback** (*adj*) book relié, cartonné; (*n*) livre relié *or* cartonné; (*US*) **hardball** base-ball *m*; (*US fig*) **to play hardball*** employer une tactique brutale; (*fig*) **hard-bitten** dur à cuire*; **hardboard** Isorel ®; **hard-boiled** egg dur; (*fig*) person dur à cuire*; **hard-core** (*adj*) reactionary, Marxist etc endurci, inconditionnel; *support, opposition* inconditionnel; **hard-core pornography** pornographie (dite) dure; (*Comput*) **hard disk** disque *m* dur; **hard-earned** money, salary (si) durement gagné; *holiday* bien mérité; **hard-faced, hard-featured** au visage sévère, aux traits durs; **hard-fought** *battle* âprement mené; *election, competition* âprement disputé; **hard hat** (*of motorcyclist, construction worker etc*) casque *m*; (*riding hat*) bombe *f*; (*fig: construction worker*) ouvrier *m* du bâtiment; (*adj: fig*) réactionnaire; **hardhead** réaliste *mf*; **hard-headed** réaliste, à la tête froide; **hard-headed**

businessman homme d'affaires réaliste; **hard-hearted** insensible, impitoyable, au cœur dur; **he was very hard-hearted towards them** il était très dur avec eux; **hard-liner** inconditionnel(le) *m(f)*, dur(e) *m(f)*, pur(e) *m(f)*; **hard-nosed** impitoyable, dur; **hard-packed snow** neige tassée; (*by wind*) congère *f*; **hard palate** voûte *f* du palais, voûte palatine; **hardscrabble** V **hardscrabble**; (*Comm*) **hardsell tactics** politique *f* de promotion (de vente) agressive; (*US*) **hard-shell* Baptist** baptiste *mf* fondamentaliste; **hardtack** (*Mil*) biscuit *m*; (*Naut*) galette *f*; (*US Aut*) **hardtop** voiture *f* à toit de tôle amovible; **hard-up*** fauché*; **I'm hard-up*** je suis fauché*, je suis à sec*; (*fig*) **they must be hard-up* if** ... les choses doivent aller mal (pour eux) si ...; **to be hard-up* for sth** (*gen*) être à court de qch, manquer de qch; **I'm hard-up for books about it*** j'ai bien du mal à trouver des livres sur ce sujet; (*U*) **hardware** (*Comm*) quincaillerie *f* (*marchandises*); (*Mil etc*) matériel *m*; (*Comput, Space*) matériel, hardware *m*; **hardware dealer** quincailler *m*, -ère *f*; **hardware shop** quincaillerie *f* (*magasin*); (*Comput*) **hardware specialist** technicien(ne) *m(f)* du hardware; **hardware store** = **hardware shop**; **hard-wearing** solide, résistant; **hard-won** (si) durement gagné, remporté de haute lutte; **hardwood** bois *m* de feuillu; **hard-working** (*gen*) travailleur; *student, pupil* travailleur, bûcheur*.
4 *n:* **to have a ~ on *** avoir une érection, bander*.

harden ['hɑ:dn] **1** *vt* durcir; *steel* tremper; *muscle* affermir, durcir; (*Med*) indurer, scléroser. **his years in the Arctic ~ed him** considerablement les années qu'il a passées dans l'Arctique l'ont considérablement endurci; **to ~ o.s. to sth** s'endurcir *or* s'aguerrir à qch; **to ~ one's heart** s'endurcir; **this ~ed his heart** cela lui a endurci le cœur; (*Fin*) **to ~ credit** restreindre le crédit; V *also* **hardened**.
2 *vi* (**a**) [*substances*] durcir, s'affermir; (*Med*) s'indurer, se scléroser; [*steel*] se tremper. **his voice ~ed** sa voix se fit dure.
(**b**) (*St Ex*) [*shares*] se raffermir; [*prices*] être en hausse. **the market ~ed** le marché s'affermit.

hardened ['hɑ:dnd] *adj* durci; *steel* trempé; *criminal* endurci; *sinner* invétéré. **I'm ~ to it** j'y suis accoutumé *or* fait, j'ai l'habitude.

hardening ['hɑ:dnɪŋ] *n* durcissement *m*, affermissement *m*; [*steel*] trempe *f*; (*Med*) induration *f*, sclérose *f*; (*fig*) durcissement *m*, endurcissement *m*. **I noticed a ~ of his attitude** je remarquais un durcissement de son attitude *or* que son attitude se durcissait; (*Med*) **~ of the arteries** durcissement des artères.

hardihood ['hɑ:dɪhʊd] *n* hardiesse *f*.

hardiness ['hɑ:dɪnɪs] *n* force *f*, vigueur *f*.

hardly ['hɑ:dlɪ] *adv* (**a**) (*gen*) à peine, ne ... guère; (*only just*) à peine, tout juste. **he can ~ write** il sait à peine écrire, c'est à peine s'il sait écrire; **I can ~ hear you** je vous entends à peine, c'est à peine si je vous entends; **he had ~ spoken when** ... à peine eut-il parlé que ..., il n'eut pas plus tôt parlé que ...; **you'll ~ believe it** vous aurez de la peine *or* du mal à le croire; **it's ~ his business if** ... ce n'est pas à peine son affaire si ...; **I need ~ point out that** je n'ai pas besoin de faire remarquer que; **I ~ know** je n'en sais trop rien; **~ anyone** presque personne; **~ anywhere** presque nulle part; **you have ~ eaten anything** tu n'as presque rien mangé; **~ ever** presque jamais; **~!** (*not at all*) certainement pas!; (*not exactly*) pas précisément!; **he would ~ have said that** il n'aurait tout de même pas dit cela.
(**b**) (*harshly*) durement, rudement, sévèrement. **to treat sb ~** être *or* se montrer sévère avec qn, traiter qn sévèrement.

hardness ['hɑ:dnɪs] *n* (*V* **hard**) (**a**) dureté *f*; fermeté *f*; (*Med*) induration *f*.
(**b**) difficulté *f*.
(**c**) dureté *f*, sévérité *f*.
(**d**) dureté *f*, difficulté *f*, rigueur *f*, sévérité *f*. (*St Ex*) **the ~ of the market** le raffermissement du marché; (*Med*) **~ of hearing** surdité *f* (partielle); (*fig*) **his ~ of heart** sa dureté de cœur, son insensibilité *f*.

hardscrabble ['hɑ:d,skræbəl] *adj* (*US*) *farmer, farm* misérable, très pauvre.

hardship ['hɑ:dʃɪp] **1** *n* (**a**) (*U*) (*circumstances*) épreuves *fpl*; (*suffering*) souffrance *f*; (*poverty*) pauvreté *f*; (*deprivation*) privation *f*. **he has suffered great ~** il a connu de grandes épreuves; **there's a certain amount of ~ involved but it's worth it** ça sera dur mais ça en vaut la peine; **a life of ~** une vie pleine d'épreuves; **it's no ~ to him to stop smoking** pour lui cesser de fumer n'est pas une privation; **it's no great ~ to go and see her once a month** ce n'est tout de même pas une épreuve *or* ce n'est pas la mer à boire* d'aller la voir une fois par mois.
(**b**) **~s** épreuves *fpl*, privations *fpl*; **the ~s of war** les privations *or* les rigueurs *fpl* de la guerre.
2 *cpd:* (*Jur*) **hardship clause** clause *f* de sauvegarde.

hardy ['hɑ:dɪ] *adj* (**a**) (*strong*) *person* vigoureux, robuste; *plant* résistant (au gel); *tree* de plein vent. **~ perennial** plante *f* vivace; **~ annual** (*Bot*) plante annuelle résistante au gel; (*fig) (vieille) histoire *f* qui a la vie dure.
(**b**) (*bold*) hardi, audacieux, intrépide.

hare [hɛəʳ] **1** *n* lièvre *m*. (*game*) **~ and hounds** (*sorte de*) jeu *m* de piste; V **jug**, **mad** *etc*.
2 *cpd:* **harebell** campanule *f*; **hare-brained** *person* écervelé; *plan* insensé; **to be hare-brained** avoir *or* être une tête de linotte, être écervelé; **hare coursing** chasse *f* au lièvre; (*Med*) **harelip** bec-de-lièvre *m*.
3 *vi* (*Brit*) **to ~ in/out/through*** *etc* entrer/sortir/traverser *etc* en trombe *or* à fond de train.

harem ['hɑ:ri:m] *n* harem *m*.

haricot ['hærɪkəʊ] *n* (*Brit*) **~ (bean)** haricot blanc; (*Culin*) **~ mutton** haricot de mouton.

hark [hɑ:k] *vi* (*liter*) **to ~** écouter, prêter une oreille attentive à; (*liter*, †) **~!** écoutez!; **~ at him!**✇ mais écoutez-le (donc)!*

♦ **hark back** *vi* revenir (*to* à). **he's always harking back to that** il y revient toujours, il en est toujours à cette histoire.

harken ['hɑ:kən] *vi* = **hearken**.

Harlequin ['hɑ:lɪkwɪn] *n* (*Theat*) Arlequin *m*. **~ costume** costume bigarré *or* d'Arlequin.

Harley Street ['hɑ:lɪ,stri:t] *n* (*Brit*) Harley Street (*haut lieu de la médecine privée à Londres*).

harlot†† ['hɑ:lət] *n* courtisane *f*.

harm [hɑ:m] **1** *n* mal *m*, tort *m*, dommage *m*. **to do sb ~** faire du mal *or* du tort à qn, nuire à qn; **what ~ has he done you?** quel mal vous a-t-il fait?, qu'est-ce qu'il vous a fait?*; **the ~'s done now** le mal est fait maintenant; **no ~ done!** il n'y a pas de mal! **it can't do you any ~** ça ne peut pas te faire du mal; **it will do more ~ than good** cela fera plus de mal que de bien; **he means no ~** il n'a pas de mauvaises intentions, il a de bonnes intentions; **he meant no ~ by what he said** il ne l'a pas dit méchamment; **he doesn't mean us any ~** il ne nous veut pas de mal; **you will come to no ~** il ne t'arrivera rien; **I don't see any ~ in it, I see no ~ in it** je n'y vois aucun mal; **there's no ~ in an occasional drink** un petit verre de temps en temps ne peut pas faire de mal; **there's no ~ in doing that** il n'y a pas de mal à faire cela; **keep** *or* **stay out of ~'s way** (*out of danger*) mettez-vous en sûreté; (*out of the way*) ne restez pas dans les parages; **to keep a child out of ~'s way** mettre un enfant à l'abri du danger; **to put a vase out of ~'s way** mettre un vase en lieu sûr.
2 *vt* *person* faire du mal *or* du tort à, nuire à; *crops, harvest, building* endommager; *object* abîmer; *reputation* salir, souiller (*liter*); *sb's interests, a cause* causer du tort à *or* un dommage à. **this will ~ his case considerably** ceci sera très préjudiciable à sa cause; V **fly**.

harmful ['hɑ:mfʊl] *adj* *person* malfaisant, nuisible; *influence, thing* nocif, nuisible (*to* à).

harmless ['hɑ:mlɪs] *adj* *animal, joke* inoffensif, pas méchant; *person* sans méchanceté, sans malice, pas méchant; *action, game* innocent; *suggestion, conversation* anodin. **a ~ child** un enfant innocent; **it was all fairly ~** tout ça était assez innocent; (*Jur*) **to hold ~** tenir à couvert.

harmonic [hɑ:'mɒnɪk] **1** *adj* (*Math, Mus, Phys*) harmonique. **2** *n* (**a**) (*Mus*) **~s** (*U: science*) harmonie *f*; (*pl: overtones*) harmoniques *mpl*. (**b**) (*Phys*) **~s** harmoniques *mpl or fpl*.

harmonica [hɑ:'mɒnɪkə] *n* harmonica *m*.

harmonious [hɑ:'məʊnɪəs] *adj* (*Mus*) harmonieux, mélodieux; (*fig*) harmonieux.

harmonium [hɑ:'məʊnɪəm] *n* harmonium *m*.

harmonize ['hɑ:mənaɪz] **1** *vt* (*Mus*) harmoniser; (*fig*) *ideas, views* harmoniser, mettre en harmonie (*with* avec); *colours* assortir, harmoniser, marier; *texts, statements* faire accorder, concilier.
2 *vi* (*Mus*) chanter en harmonie; [*colours etc*] s'harmoniser (*with* avec), s'allier (*with* à), s'assortir (*with* à); [*person, facts*] s'accorder (*with* avec).

harmony ['hɑ:mənɪ] *n* (*Mus*) harmonie *f*; (*fig*) harmonie, accord *m*. **in perfect ~** en parfaite harmonie, en parfait accord; **in ~ with** en harmonie *or* en accord avec; **his ideas are in ~ with mine** ses idées s'accordent avec les miennes, nos idées s'accordent; V **close¹**.

harness ['hɑ:nɪs] **1** *n* [*horse*] harnais *m*, harnachement *m*; [*loom, parachute*] harnais; (*Climbing*) baudrier *m*. (*fig*) **to get back in(to) ~** reprendre le collier; (*fig*) **to die in ~** mourir debout *or* à la tâche.
2 *vt* (**a**) *horse* harnacher. **to ~ a horse to a carriage** atteler un cheval à une voiture.
(**b**) (*fig*) *river, resources, energy etc* exploiter.

Harold ['hærəld] *n* Harold *m*.

harp [hɑ:p] **1** *n* harpe *f*.
2 *vi* (**a**) (*) **to ~ on** (*about*) sth rabâcher qch; **stop ~ing on** (*about*) **it!** cesse de répéter toujours la même chose!; **I don't want to ~ on about it** je ne veux pas revenir toujours là-dessus; **she's always ~ing on about her troubles** elle nous rebat les oreilles de ses malheurs.
(**b**) (*Mus*) jouer de la harpe.

harpist ['hɑ:pɪst] *n* harpiste *mf*.

harpoon [hɑ:'pu:n] **1** *n* harpon *m*. **2** *vt* harponner.

harpsichord ['hɑ:psɪkɔ:d] *n* clavecin *m*.

harpsichordist ['hɑ:psɪkɔ:dɪst] *n* claveciniste *mf*.

harpy ['hɑ:pɪ] *n* (*Myth*) harpie *f*. **old ~** vieille harpie *or* sorcière.

harridan ['hærɪdən] *n* vieille harpie *or* sorcière.

harrier ['hærɪəʳ] *n* (**a**) (*dog*) harrier *m*. **~s** meute *f*. (**b**) (*cross-country runners*) **~s** coureurs *mpl* de cross. (**c**) (*Orn*) busard *m*.

Harris ['hærɪs] *adj:* ® **~ tweed** (gros) tweed *m* (*des Hébrides*).

harrow ['hærəʊ] **1** *n* herse *f*. **2** *vt* (*Agr*) herser. (*fig*) **to ~ sb** *or* **sb's feelings** déchirer le cœur de qn, torturer qn.

harrowing ['hærəʊɪŋ] **1** *adj* *story* poignant, navrant; *cry* déchirant; *experience* extrêmement pénible, atroce. **2** *n* (*Agr*) hersage *m*.

Harry ['hærɪ] *n* (**a**) *dim of* Henry. (**b**) **to play old ~ with*** *person* en faire voir des vertes et des pas mûres* à; *machine, sb's digestion* détraquer; *timetable, plans etc* chambouler*; *sb's chances* gâcher, bousiller*.

harry ['hærɪ] *vt* *country* dévaster, ravager; *person* harceler, tourmenter; (*Mil*) harceler.

harsh [hɑ:ʃ] *adj* (**a**) (*cruel, severe*) *person, punishment* dur, sévère; *words* dur, âpre; *tone, voice, reply* cassant, dur; *fate* cruel, dur; *climate* dur, rude, rigoureux. **to be ~ with sb** être dur avec *or* envers qn; **that's a ~ thing to say** c'est méchant de dire cela, (*more formally*) c'est une déclaration très dure.
(**b**) (*to the touch*) *material* rêche; *surface* rugueux, râpeux, rude.
(**c**) (*to the ear*) *woman's voice* criard, aigre; *man's voice* discordant; *bird cry* criard; *sound* discordant. **a ~ squeal of brakes** un grincement de freins strident.

(d) (to the eye) colours criard; contrast dur, heurté.

(e) (to the taste) âpre, râpeux; wine âpre.

harshly ['hɑːʃlɪ] adv reply rudement, durement; treat sévèrement.

harshness ['hɑːʃnɪs] n **(a)** (severity, cruelty) [manner] rudesse f; [words] dureté f; [fate, climate] rigueur f; [punishment] sévérité f.

(b) (to the eye) aspect déplaisant or heurté; (to the touch) rudesse f, dureté f, rugosité f; (to the taste) âpreté f; (to the ear) discordance f.

hart [hɑːt] n cerf m.

harum-scarum ['hɛərəm'skɛərəm] **1** adj écervelé, étourdi, tête de linotte inv. **2** n tête f en l'air, tête de linotte, écervelé(e) m(f).

harvest ['hɑːvɪst] **1** n [corn] moisson f; [fruit] récolte f, cueillette f; [grapes] vendange f; (fig) moisson. **to get in the ~** faire la moisson, moissonner.

2 vt corn moissonner; fruit récolter, cueillir; grapes vendanger, récolter; (fig) reward moissonner; insults récolter. **to ~ the fields** faire les moissons, moissonner (les champs).

3 vi faire la moisson, moissonner.

4 cpd: **harvest festival** fête f de la moisson; **harvest home** (festival) fête f de la moisson; (season) fin f de la moisson; **harvestman** (insect) faucheur m; **harvest moon** pleine lune (de l'équinoxe d'automne); **at harvest time** pendant or à la moisson.

harvester ['hɑːvɪstər] n (person) moissonneur m, -euse f; (machine) moissonneuse f; V combine.

has [hæz] **1** V have. **2** cpd: **has-been*** (person) type m or bonne femme f fini(e); (hat, carpet etc) vieillerie f, vieux truc*; he's/she's/ it's a has-been* il/elle/ça a fait son temps.

hash [hæʃ] **1** n **(a)** (Culin) hachis m; (*fig) gâchis m; (US Culin) mélange de pomme de terre et de viande hachée. **he made a ~ of it*** il a saboté ça, il en a fait un beau gâchis; **a ~(-up)*** of old ideas un réchauffé or une resucée* de vieilles idées; V settle².

(b) (Drugs sl: hashish) hasch m (sl).

2 cpd: (US Culin) **hash browns** pommes de terre sautées (servies au petit déjeuner); (US) **hash house*** gargote f; (US) **hash house slinger*** serveur m, -euse f dans une gargote.

3 vt (Culin) hacher.

♦**hash out*** vt sep (discuss) discuter (en détail); (solve) finir par résoudre.

♦**hash over‡** vt sep problem, plan, difficulty discuter ferme de. **they were hashing it over when I came** ils discutaient le coup* quand je suis arrivé.

♦**hash up 1** vt sep **(a)** (Culin) hacher menu.

(b) (‡: spoil) bousiller*, faire un beau gâchis de.

2 hash-up* n V hash 1a.

hashish ['hæʃɪʃ] n haschisch m or hachisch m.

hasn't ['hæznt] = has not; V have.

hasp [hɑːsp] n [book cover, necklace] fermoir m; [door, lid, window] moraillon m.

hassle* ['hæsl] **1** n (squabble) chamaillerie* f, bagarre* f; (bustle, confusion) pagaïe f or pagaille f; (fuss, trouble) histoire f, tracas mpl. **what a ~!** quelle histoire!, que de tracas!; **I had a ~ to be ready on time** ça a été toute une histoire pour être prêt à l'heure; **it's a ~!** c'est toute une histoire!, c'est beaucoup de tracas!

2 vt **(a)** (harass) tracasser, enquiquiner*. **don't ~ him** ne le tracasse pas, ne l'enquiquine* pas, fiche lui la paix*.

(b) (quarrel) se battre (with sb avec, over sth au sujet de qch).

hassock ['hæsək] n coussin m (d'agenouilloir).

haste [heɪst] n hâte f, diligence f, célérité f; (excessive) précipitation f. **to do sth in ~** faire qch à la hâte or en hâte; **in great ~** en toute hâte; **to be in ~ to do** avoir hâte de faire; **to make ~** se hâter or se dépêcher (to do de faire); (Prov) **more ~ less speed** hâtez-vous lentement (loc); **why all this ~?** pourquoi tant de précipitation?

hasten ['heɪsn] **1** vi se hâter, se dépêcher, se presser, s'empresser (to do de faire). **I ~ to add ...** je m'empresse d'ajouter ...; (quoted) **hasten tout de suite ...; to ~ down/away etc** se hâter de descendre/partir etc, descendre/partir etc à la hâte.

2 vt (gen) hâter, accélérer; reaction activer. **to ~ one's steps** presser le pas, accélérer l'allure or le pas; **to ~ sb's departure** hâter le départ de qn.

hastily ['heɪstɪlɪ] adv **(a)** leave, write, work (speedily) en hâte, à la hâte; (too speedily) hâtivement, précipitamment. **he ~ suggested that** il s'est empressé de suggérer que. **(b)** (without reflexion) speak, act sans réfléchir, trop hâtivement.

Hastings ['heɪstɪnz] n: **Battle of ~** bataille f d'Hastings.

hasty ['heɪstɪ] adj departure, marriage précipité, hâtif; visit, glance, meal rapide, hâtif; sketch fait à la hâte; action, decision, move hâtif, inconsidéré, irréfléchi. **don't be so ~!** ne va pas si vite (en besogne)!; **to have a ~ temper, to be ~-tempered** être (très) emporté, s'emporter facilement, être soupe au lait; **~ words** paroles irréfléchies, paroles lancées à la légère.

hat [hæt] **1** n chapeau m. **to put on one's ~** mettre son chapeau; [man] se couvrir; **to keep one's ~ on** garder son chapeau; [man] rester couvert; **to take off one's ~** enlever son chapeau; [man] se découvrir; **~ in hand** (lit) chapeau bas; (fig) obséquieusement; **~s off!** chapeau bas!; (fig) **to take off one's ~ to** tirer son chapeau à; **I take my ~ off to him!** chapeau!; **to keep sth under one's ~*** garder qch pour soi; **keep it under your ~!* motus!; (fig) **to pass round the ~** or (US) **to pass the ~ for sb** faire la quête pour qn; (fig) **that's old ~!*** c'est vieux, c'est dépassé, c'est du déjà vu; **she's old ~** elle est vieux jeu; (fig) **she wears two ~s** elle a deux rôles; (fig) **I've got my other ~ on today** aujourd'hui je suis dans mon deuxième rôle; V bowler², eat, talk, top etc.

2 cpd: **hatband** ruban m de chapeau; **hatbox** carton m à chapeau; (US) **hatcheck (man/girl)** le préposé/la préposée au vestiaire; **hatpin** épingle f à chapeau; **hatrack** porte-chapeaux m inv; **hat shop** (for women) boutique f de modiste; (for men) chapellerie f; **hatstand**, (US) **hat tree** portemanteau m; (Conjuring) **the hat trick** le

tour or le coup du chapeau; (Sport etc) **to do the hat trick, to get a hat trick** réussir trois coups (or gagner trois matchs etc) consécutifs.

hatch¹ [hætʃ] **1** vt **(a)** (also ~ out) chick, egg faire éclore. (loc) **don't count your chickens before they are ~ed** il ne faut pas vendre la peau de l'ours avant de l'avoir tué.

(b) plot ourdir, tramer; plan couver. **I wonder what he's ~ing (up)** je me demande ce qu'il manigance.

2 vi (also ~ out) [chick, egg] éclore.

3 n (act) éclosion f; (brood) couvée f.

hatch² [hætʃ] **1** n **(a)** (Naut: also ~way) écoutille f; (floodgates) vanne f d'écluse. **under ~es** dans la cale; (fig) **down the ~!‡** cul sec!*

(b) (Brit) (service or serving) ~ passe-plats m inv, guichet m.

(c) (Aut) = hatchback; V 2.

2 cpd: (Aut) **hatchback** (two-door) coupé m avec hayon (à l')arrière; (four-door) berline f avec hayon à l')arrière; **hatchway** passe-plats m inv, guichet m.

hatch³ [hætʃ] vt (Art) hachurer.

hatchery ['hætʃərɪ] n [chicks] couvoir m, incubateur m; [fish] appareil m à éclosion.

hatchet ['hætʃɪt] **1** n hachette f; V bury.

2 cpd: **hatchet-faced** au visage en lame de couteau; (fig) **hatchet job** (entreprise f de) démolissage m; (fig) **to do a hatchet job on sb** démolir qn; **hatchet man** (US: hired killer) tueur m (à gages); (fig: in industry etc) homme m de main; (fig) **he was the firm's hatchet man when they sacked 200 workers** c'est lui que la compagnie a chargé de faire tomber les têtes quand elle a licencié 200 travailleurs.

hatching¹ ['hætʃɪŋ] n [chicks etc] (act) éclosion f; (brood) couvée f.

hatching² ['hætʃɪŋ] n (Art) hachures fpl.

hate [heɪt] **1** vt haïr, avoir en horreur, exécrer; (weaker) détester, avoir horreur de. **she ~s him like poison*** elle le hait à mort, (weaker) elle ne peut pas le voir en peinture*; **she ~s me for not helping her** elle m'en veut à mort de ne pas l'avoir aidée; **to ~ to do** or **doing** détester faire, avoir horreur de faire; **he ~s to be** or **being ordered about** il a horreur or il ne peut pas souffrir qu'on lui donne (subj) des ordres; **what he ~s most of all is ...** ce qu'il déteste le plus au monde c'est ...; **I ~ being late** je déteste être en retard, j'ai horreur d'être en retard; **I ~ to say so, I ~ having to say it** cela m'ennuie beaucoup or je suis désolé de devoir le dire; **I ~ seeing her in pain** je ne peux pas supporter de la voir souffrir; **I should ~ to keep you waiting** je ne voudrais surtout pas vous faire attendre; **I should ~ it if he thought ..., I should ~ him to think ...** je détesterais qu'il vienne à penser ... .

2 n **(a)** (U) haine f.

(b) one of my pet ~s* une de mes bêtes noires.

hateful ['heɪtfʊl] adj haïssable, odieux, détestable.

hatless ['hætlɪs] adj sans chapeau, tête nue, nu-tête.

hatred ['heɪtrɪd] n (U) haine f. **out of ~ of** or **for sth/sb** en or par haine de qch/qn; **to feel ~ for sb/sth** haïr qn/qch.

hatter ['hætər] n chapelier m; V mad.

haughtily ['hɔːtɪlɪ] adv avec hauteur, avec arrogance, hautainement.

haughtiness ['hɔːtɪnɪs] n hauteur f, morgue f, arrogance f.

haughty ['hɔːtɪ] adj hautain, plein de morgue, arrogant.

haul [hɔːl] **1** n **(a)** (Aut etc) **the long ~ between Paris and Grenoble** le long voyage entre Paris et Grenoble; (lit, fig) **it's a long ~** la route est longue.

(b) [fishermen] prise f; [thieves] butin m. (Fishing) **a good ~** une belle prise, un beau coup de filet; **the thieves made a good ~ les voleurs ont eu un beau butin; a good ~ of jewels** un beau butin en bijoux; (fig) **a good ~ of presents*** une bonne récolte de cadeaux; (fig) **what a ~!** quelle récolte!

2 vt **(a)** (pull) traîner, tirer. (fig) **to ~ sb over the coals** passer un savon‡ à qn, réprimander sévèrement qn; (US) **to ~ ass‡** se barrer‡, mettre les bouts‡.

(b) (transport by truck) camionner.

(c) (Naut) haler. **to ~ into the wind** faire lofer.

3 vi (Naut) [boat] lofer; [wind] refuser.

♦**haul down** vt sep flag, sail affaler, amener; (gen) object descendre (en tirant).

♦**haul in** vt sep line, catch amener; drowning man tirer (de l'eau).

♦**haul up** vt sep flag, sail hisser; (gen) object monter (en tirant). (Naut) **to haul up a boat** (aboard ship) rentrer une embarcation (à bord); (on to beach) tirer un bateau au sec.

haulage ['hɔːlɪdʒ] n (gen) transport m routier, camionnage m, roulage m; (charge) camionnage, frais mpl de roulage or de transport. (Brit) **~ company** entreprise f de transports (routiers); **~ contractor** = haulier.

hauler ['hɔːlər] n (US) **(a)** = haulier. **(b)** (vehicle) camion m, poids m lourd.

haulier ['hɔːlɪər] n (Brit) (company) entreprise f de transports (routiers); (person in charge) entrepreneur m de transports (routiers), transporteur m; (driver) camionneur m, routier m.

haunch [hɔːntʃ] n hanche f. [animal] **~es** derrière m, arrière-train m; (squatting) **on one's ~es** accroupi; dog etc assis (sur son derrière); (Culin) **~ of venison** cuissot m de chevreuil.

haunt [hɔːnt] **1** vt (lit, fig) hanter. (fig) **he ~ed the café in the hope of seeing her** il hantait le café dans l'espoir de la voir; **to be ~ed by memories** être hanté or obsédé par des souvenirs; **he is ~ed by the fear of losing all his money** il est hanté par la peur de or il a la hantise de perdre tout son argent; V also haunted.

2 n [criminals] repaire m. **one of the favourite ~s of this animal is ...** un des lieux où l'on trouve souvent cet animal est ...; **it is a favourite ~ of artists** c'est un lieu fréquenté des artistes; **this café is one of his favourite ~s** ce café est un de ses coins favoris.

haunted ['hɔːntɪd] *adj house* hanté; *look, expression* égaré; *face* hagard, à l'air égaré.

haunting ['hɔːntɪŋ] **1** *adj tune* obsédant, qui vous trotte par la tête *or* qui vous hante; *doubt* obsédant. **2** *n:* **there have been several** ~**s here** il y a eu plusieurs apparitions *fpl* ici.

Havana [hə'vænə] *n* (**a**) Havane *f*. (**b**) **a ~** (*cigar*) un havane.

have [hæv] *3rd person sg pres* **has,** *pret, ptp* **had 1** *aux vb* (**a**) avoir; être. **to have been** avoir été; **to have eaten** avoir mangé; **to have gone** être allé; **to have got up** s'être levé; **I have been** j'ai été; **I have eaten** j'ai mangé; **I have gone** je suis allé; **I have got up** je me suis levé; **I have not** *or* **I've not** *or* **I haven't seen him** je ne l'ai pas vu; **I had been** j'avais été; **I had eaten** j'avais mangé; **I had gone** j'étais allé; **I had got up** je m'étais levé; **I had not** *or* **I hadn't** *or* **I'd not seen him** je ne l'avais pas vu; **had I seen him** *or* **if I had seen him I should have spoken to him** si je l'avais vu je lui aurais parlé; **having seen him** l'ayant vu; **after** *or* **when I had seen him I went out** après l'avoir vu je suis sorti; **when he had seen me I went out** une fois qu'il m'eut vu je sortis; **I have lived** *or* **have been living here for 10 years/since January** j'habite ici depuis 10 ans/depuis janvier; **I had lived** *or* **had been living there for 10 years** j'habitais là depuis 10 ans; **you HAVE grown!** ce que tu as grandi!; **have got** *V* 2, 3a, 3b, 3f, 3m.

(**b**) (*in tag questions etc*) **you've seen her, haven't you?** vous l'avez vue, n'est-ce pas?; **you haven't seen her, have you?** vous ne l'avez pas vue, je suppose?; **you haven't seen her — yes I have!** vous ne l'avez pas vue — si!; **you've made a mistake — no I haven't!** vous vous êtes trompé — mais non!; **you've dropped your book — so I have!** vous avez laissé tomber votre livre — en effet! *or* c'est vrai!; **have you been there?** if you have ... y êtes-vous allé? si oui ...; **have you been there?** if you haven't ... y avez-vous été? si non ... .

(**c**) **to have just done sth** venir de faire qch; **I have just seen him** je viens de le voir; **I had just seen him** je venais de le voir; **I've just come from London** j'arrive à l'instant de Londres.

2 *modal aux usage* (+ *infin: be obliged*) (*au présent la forme* **have got** to *est plus usuelle en anglais parlé que la forme* **have** to) **to have (got) to do** devoir faire, être obligé *or* forcé de faire; **I have (got) to speak to you at once** je dois vous parler *or* il faut que je vous parle (*subj*) immédiatement; **I haven't got to do it, I don't have to do it** je ne suis pas obligé *or* forcé de le faire; **I've got** *or* **I have to hurry or I'll be late** il faut que je me dépêche (*subj*) sinon je serai en retard, si je ne me dépêche pas je serai en retard; **do you have to go now?, have you got to go now?** est-ce que vous êtes obligé de *or* est-ce que vous devez partir tout de suite?; **do you have to make such a noise?** tu ne pourrais pas faire un peu moins de bruit?; **you didn't have to tell her!** tu n'avais pas besoin de le lui dire! *or* d'aller le lui dire!; **haven't you got to** *or* **don't you have to write to your mother?** est-ce que tu ne dois pas écrire à ta mère?; **if you go through Dijon you haven't got to** *or* **you don't have to go to Lyons** si vous passez par Dijon vous n'avez pas besoin d'aller à Lyon; **you haven't (got) to say a word about it!*** tu ne dois pas en dire un mot!; **he doesn't have to work, he hasn't got to work** il n'est pas obligé de travailler, il n'a pas besoin de travailler; **she was having to get up at 6 each morning** elle devait se lever *or* il fallait qu'elle se lève (*subj*) à 6 heures tous les matins; **we've had to go and see her twice this week** nous avons dû aller *or* il nous a fallu aller la voir deux fois cette semaine; **we shall have to leave tomorrow** nous devrons *or* nous serons obligés de *or* il nous faudra partir demain; **the letter will have to be written tomorrow** il va falloir que la lettre soit écrite demain; **I had to send for the doctor** j'ai été obligé d'appeler *or* j'ai dû appeler le médecin; (*US*) **it's got to be** *or* **it has to be the biggest scandal this year** ça doit être le plus grand scandale de l'année.

3 *vt* (**a**) (*also* **have got***: *possess*) avoir, posséder. **she has (got) blue eyes** elle a les yeux bleus; **he has (got) big feet** il a de grands pieds; **I have** *or* **I've got 3 books** j'ai 3 livres; **have you (got)** *or* (*esp US*) **do you have a suitcase?** avez-vous une valise?; **all I have (got)** tout ce que je possède; **I haven't (got) any more** je n'en ai plus; **she has (got) a shop** elle a *or* tient une boutique; **have you (got) any money?** if you have ... avez-vous de l'argent? si vous en avez ...; **have you got a cigarette?** (est-ce que) tu as une cigarette?; **have you got the time (on you)?** avez-vous *or* est-ce que vous avez l'heure?; **I have (got) no German** je ne parle pas un mot d'allemand; (*Cards*) **I had (got) no hearts** je n'avais pas de cœur; (*in shop*) **have you (got) any bananas?** avez-vous des bananes?; *V* **also 3m.**

(**b**) *meals etc* avoir, prendre. **he has dinner at 8** il dîne à 8 heures; **he has had lunch** il a déjeuné; **to have tea with sb** prendre le thé avec qn; **will you have tea or coffee?** voulez-vous du thé ou du café?; **what will you have? — I'll have an egg** qu'est-ce que vous prendrez? — je prendrai un œuf; **how will you have your eggs? — boiled** comment voulez-vous vos œufs? — à la coque; **he had eggs for breakfast** il a eu *or* mangé des œufs au petit déjeuner; **will you ~ some more?** en reprendrez-vous?; **I have had some more** j'en ai repris; **will you have a drink?** voulez-vous prendre *or* boire un verre?; **he had a cigarette** il a fumé une cigarette; **will you have a cigarette?** voulez-vous une cigarette?; **do you have coffee at breakfast?** est-ce que vous prenez du café au petit déjeuner?; **have you (got) coffee now or is that tea?** est-ce que c'est du café ou du thé que vous buvez là?

(**c**) (*receive, obtain, get*) avoir, recevoir, tenir. **to have news from sb** recevoir des nouvelles de qn; **I had a telegram from him** j'ai reçu un télégramme de lui; **I have it from my sister that ...** je tiens de ma sœur que ...; **I have it on good authority that ...** je tiens de bonne source que ...; **I shall let you have the books tomorrow** je vous donnerai les livres demain; **I must have them by this afternoon** il me les faut pour cet après-midi; **let me have your**

address donnez-moi votre adresse; **let me have a reply soon** répondez-moi rapidement; **I shall let you have it for 10 francs** je vous le cède *or* laisse pour 10 F; **we had a lot of visitors** nous avons reçu beaucoup de visites; **I must have £5** at once il me faut 5 livres immédiatement; **I must have more time** il me faut davantage de temps; **there are no newspapers to be had** on ne trouve pas de journaux; **it is to be had at the chemist's** cela se trouve en pharmacie.

(**d**) (*maintain, insist*) **he will have it that Paul is guilty** il soutient que Paul est coupable; **he won't have it that Paul is guilty** il n'admet pas que Paul soit coupable; **rumour has it that ...** le bruit court que ...; **as gossip has it** selon les racontars; **as the Bible has it** comme il est dit dans la Bible.

(**e**) (*neg: refuse to allow*) **I won't have this nonsense!** je ne tolérerai pas cette absurdité!; **I won't have this sort of behaviour!** je ne supporterai *or* tolérerai pas une pareille conduite!; **I won't have it!** je ne tolérerai pas ça!, cela ne va pas se passer comme ça!; **I won't have him hurt** je ne veux pas qu'on lui fasse du mal.

(**f**) (*hold*) tenir. **he had (got) me by the throat/the hair** il me tenait à la gorge/par les cheveux; **the dog had (got) him by the ankle** le chien le tenait par la cheville; (*fig*) **I have (got) him where I want him!*** je le tiens (à ma merci)!

(**g**) (*to give birth to*) **to have a child** avoir un enfant; **she is having a baby in April** elle va avoir un bébé en avril; **our cat has had kittens** notre chatte a eu des petits.

(**h**) (+ *will or would: wish*) **which one will you have?** lequel voulez-vous?; **will you have this one?** voulez-vous (prendre) celui-ci?; **what more would you have?** que vous faut-il de plus?; **as fate would have it** he did not get the letter la fatalité a voulu qu'il ne reçoive pas la lettre; **what would you have me say?** que voulez-vous que je dise?; **I would have you know that ...** sachez que ... .

(**i**) (*causative*) **to have sth done** faire faire qch; **to have one's hair cut** se faire couper les cheveux; **I had my luggage brought up** j'ai fait monter mes bagages; **have it mended!** faites-le réparer!; **to have sb do sth** faire faire qch à qn; **I had him clean the car** je lui ai fait nettoyer la voiture.

(**j**) (*experience, suffer*) **he had his car stolen** il s'est fait voler sa voiture, on lui a volé sa voiture; **I've had 3 windows broken this week** on m'a cassé 3 fenêtres cette semaine.

(**k**) (+ *n = vb identical with n*) **to have a walk** faire une promenade, aller se promener; *V* **dream, sleep, talk** *etc.*

(**l**) (***,***: *have sex with*) avoir***,***, coucher* avec.

(**m**) (*phrases*) **I had better go now** je devrais partir (maintenant); **you'd better not tell him that!** tu ferais mieux de *or* tu as intérêt à ne pas lui dire ça!; **I had as soon not see him** j'aimerais autant ne pas le voir; **I had rather do it myself** j'aimerais mieux le faire moi-même; **I'd rather not speak to him** j'aimerais mieux *or* je préférerais ne pas lui parler; **to have a good time** bien s'amuser; **to have a pleasant evening** passer une bonne soirée; **to have good holidays** passer de bonnes vacances; **he has (got) flu** il a la grippe; **I've (got) a headache** j'ai mal à la tête; **I've (got) an idea** j'ai une idée; **I've (got) £6 left** il me reste 6 livres; **I've (got) a half left** il m'en reste la moitié; **I had my camera ready** j'avais mon appareil tout prêt; **I shall have everything ready** je veillerai à ce que tout soit prêt; **I have (got) letters to write** j'ai des lettres à écrire; **to have (got) sth to do/to read** *etc* avoir qch à faire/à lire *etc*; **I have (got) nothing to do** je n'ai rien à faire; **I have (got) nothing to do with it** je n'y suis pour rien; **there you have me!** ça ne m'en sais rien! j'y suis!, ça y est, j'ai trouvé!; **you've been had*** tu t'es fait avoir*, on t'a eu*; **I'm not having any‡** ça ne prend pas*; **I've had it*** (*lost, doomed etc*) je suis fichu* *or* foutu‡; (*US: fed up: also* **I've had it up to here*, I've had that***) j'en ai marre*, j'en ai ras-le-bol*!; *V* **cheek, cold, lesson** *etc.*

4 *n:* **the haves and the have-nots** les riches *mpl* et les pauvres *mpl*, les nantis *mpl* et les démunis *mpl*; **the have-nots** les démunis, les déshérités *mpl*.

♦**have at** *vt fus* (*Fencing*) *person* attaquer. **have at thee!**† défends-toi!

♦**have down** *vt sep*: **we are having the Smiths down for a few days** nous avons invité les Smith à venir passer quelques jours chez nous, les Smith viennent passer quelques jours chez nous.

♦**have in** *vt sep* (**a**) *employee, caller* faire entrer; *doctor* faire venir. **I had the children in to speak to them** j'ai fait entrer les enfants pour leur parler; **we had him in for the evening** nous l'avons invité à venir passer la soirée chez nous.

(**b**) **to have it in for sb*** garder *or* avoir une dent contre qn.

♦**have off** *vt sep* (*Brit*) **to have it off with sb*‡** s'envoyer*‡ qn, se taper*‡ qn.

♦**have on** *vt sep* (**a**) *clothes* porter. **he had (got) nothing on** il était tout nu.

(**b**) (*Brit: be occupied or busy*) **I've got so much on this week that ...** j'ai tant à faire cette semaine que ...; **I have got nothing on (for) this evening** je ne suis pas pris ce soir, je n'ai rien ce soir.

(**c**) (*Brit‡: deceive, tease*) *person* faire marcher*.

♦**have out** *vt sep* (**a**) **to have a tooth out** se faire arracher une dent.

(**b**) **to have it out with sb** s'expliquer avec qn.

♦**have up** *vt sep person* faire venir; (*from below*) faire monter. **I had him up to see me** je l'ai fait venir (*or* monter) me voir, je l'ai convoqué; **he was had up by the headmaster** il a été appelé chez le proviseur; **to be had up by the police** être arrêté (*for sth* pour qch; *for doing* pour avoir fait).

haven ['heɪvn] *n* (*harbour*) port *m*; (*safe place*) havre *m*, abri *m*, refuge *m*; *V* **tax.**

haven't ['hævnt] = **have not;** *V* **have.**

haver ['heɪvə'] *vi* (*N Engl, Scot*) dire des âneries.

haversack ['hævəsæk] *n* (*over shoulder*) musette *f*; (*on back*) sac *m* à dos; (*Mil*) havresac *m*, musette.

havoc ['hævək] *n* (*U*) ravages *mpl*, dégâts *mpl*. **to wreak ~ in**, **to make ~** of ravager, causer des ravages dans; (*fig*) **to play ~ with** désorganiser complètement; *stomach etc* abîmer, bousiller*.

haw¹ [hɔː] *n* (*Bot*) cenelle *f*.

haw² [hɔː] *vi*: **to hem and ~**, **to hum and ~** bafouiller.

Hawaii [hə'waɪɪ] *n* Hawaii *m*. **in ~** à Hawaii.

Hawaiian [hə'waɪən] **1** *adj* hawaïen. **~ Islands** îles *fpl* Hawaii *or* Hawaï; **~ guitar** guitare hawaïenne. **2** *n* (a) Hawaïen(ne) *m(f)*. (b) (*Ling*) hawaïen *m*.

hawfinch ['hɔː,fɪntʃ] *n* gros-bec *m*.

hawk¹ [hɔːk] **1** *n* (a) (*Orn*) faucon *m*. **to have eyes like a ~** avoir un regard d'aigle *or* des yeux de lynx. (b) (*Pol fig*) faucon *m*. **~s and doves** faucons et colombes *fpl*. **2** *vi* chasser au faucon. **3** *cpd*: (*US*) **Hawkeye** habitant(e) *m(f)* de l'Iowa; (*US*) **the Hawkeye State** l'Iowa *m*; **hawk-eyed** au regard d'aigle, aux yeux de lynx.

hawk² [hɔːk] *vi* (*clear one's throat*) se racler la gorge.

◆**hawk up** *vt sep* expectorer.

hawk³ [hɔːk] *vt* (*peddle*) colporter; (*in street*) crier (*des marchandises*).

hawker ['hɔːkər] *n* (*street*) colporteur *m*; (*door-to-door*) démarcheur *m*, -euse *f*.

hawser ['hɔːzər] *n* haussière *f or* aussière *f*.

hawthorn ['hɔːθɔːn] *n* aubépine *f*.

hay [heɪ] **1** *n* foin *m*. (*Agr*) **to make ~** faner, faire les foins; (*Prov*) **to make ~ while the sun shines** battre le fer pendant qu'il est chaud, profiter de l'occasion; **to make ~ of*** *argument* démolir*; *enemy, team* battre à plate(s) couture(s); (*US fig*) **that ain't ~⁑** c'est pas rien*; *V* hit.
2 *cpd*: **haycock** meulon *m* (de foin); (*Med*) **hay fever** rhume *m* des foins; **hay fork** fourche *f* à foin; **hayloft** grenier *m* à foin, fenil *m*; **haymaker** (*worker*) faneur *m*, -euse *f*; (*fig⁑: blow*) uppercut *m* magistral; **haymaking** fenaison *f*; **hayrick** = **haystack**; (*esp US*) **hayride** promenade *f* dans une charrette de foin; (*US pej*) **hayseed⁑** péquenaud⁑ *m*; **haystack** meule *f* de foin; **to go haywire*** *[person]* perdre la tête *or* la boule*; *[plans etc]* mal tourner; *[equipment etc]* se détraquer; **to be haywire***, **to have gone haywire*** *[person]* avoir perdu la tête *or* la boule*; *[plans etc]* être à l'eau*; *[equipment etc]* être détraqué.

hazard ['hæzəd] **1** *n* (a) (*chance*) hasard *m*, chance *f*. **it was pure ~ that he** ... ce fut pur hasard qu'il ... + *subj*.
(b) (*risk*) risque *m*, (*stronger*) danger *m*, péril *m*; (*Golf*) hazard *m*. **natural ~s** risques naturels; **professional ~** risque du métier; **this constitutes a ~ for pedestrians** ceci constitue un danger pour les piétons; *V* health.
2 *cpd*: (*Aut*) **hazard warning lights** feux *mpl* de détresse.
3 *vt* (a) (*risk*) *life, reputation* hasarder, risquer; *one's fortune* risquer.
(b) (*venture to make*) *remark, forecast* hasarder. **to ~ a suggestion** hasarder une proposition; **to ~ an attempt** risquer une tentative; **to ~ a guess** faire une conjecture, hasarder *or* risquer une hypothèse; **if I might ~ a guess** si je peux me permettre de risquer une hypothèse; **'I could do it'** she **~ed** 'moi je pourrais bien le faire' se risqua-t-elle à dire *or* risqua-t-elle.

hazardous ['hæzədəs] *adj* (a) (*risky*) *enterprise, situation* hasardeux, risqué, périlleux. (b) (*problematical*) *outcome* aléatoire, incertain, hasardeux.

haze¹ [heɪz] *n* brume *f* (légère), vapeur *f*. **a ~ of tobacco filled the room** des vapeurs de tabac emplissaient la pièce; (*fig*) **to be in a ~** être dans le brouillard; *V* heat.

haze² [heɪz] *vt* (*US Univ etc*) bizuter.

hazel ['heɪzl] **1** *n* (*Bot*) noisetier *m*, coudrier *m*. **2** *adj* (*colour*) (couleur) noisette *inv*. **~ eyes** yeux (couleur) noisette. **3** *cpd*: **hazel grouse** gélinotte *f* (des bois); **hazel grove** coudraie *f*; **hazelnut** noisette *f*; **hazelwood** (bois *m* de) noisetier *m*.

haziness ['heɪzmɪs] *n* [*day, weather*] état brumeux; [*ideas etc*] vague *m*, flou *m*.

hazing ['heɪzɪŋ] *n* (*US Univ etc*) bizutage *m*.

hazy ['heɪzɪ] *adj* *day, weather* brumeux; *sun, moon* voilé; *outline, photograph* flou; *idea* vague, nébuleux; *thinking* fumeux. **he's ~ about dates** il ne se rappelle pas bien les dates; **I'm ~ about maths** j'ai des notions mathématiques (très) vagues; **I'm ~ about what really happened** j'ai une idée assez vague de *or* je ne sais pas (très) bien ce qui s'est vraiment passé.

HC *abbr of* **hot and cold (water)**; *V* **hot**.

HE [eɪtʃ'iː] (a) (*abbr of* **His** *or* **Her Excellency**) SE. (b) *abbr of* **high explosive**; *V* **high**.

he [hiː] **1** *pers pron* (a) (*unstressed*) il. **~ has come** il est venu; **here ~ is** le voici; **~ is a doctor** il est médecin, c'est un médecin; **~ is a small man** c'est un homme petit.
(b) (*stressed*) lui. (*frm*) **it is ~** c'est lui; (*frm*) **if I were ~** si j'étais lui, si j'étais à sa place; (*frm*) **younger than ~** plus jeune que lui; **HE didn't do it** ce n'est pas lui qui l'a fait.
(c) (+ *rel pron*) celui. **~ who** *or* **that can** celui qui peut.
2 *cpd* mâle. **he-bear** ours *m* mâle; **he-goat** bouc *m*; **a he-man*** un (vrai) mâle, un macho*.
3 *n* (a) (*) mâle *m*. **it's a ~** (*animal*) c'est un mâle; (*baby*) c'est un garçon.
(b) (*Scol sl*) **you're ~!** (c'est toi le) chat!

head [hed] **1** *n* (a) (*Anat*) tête *f*. **~ of hair** chevelure *f*; **covered etc from ~ to foot** couvert *etc* de la tête aux pieds; **armed from ~ to foot** armé de pied en cap; **~ down** (*upside down*) la tête en bas; (*looking down*) la tête baissée; **~ hanging** la tête baissée; **~ downwards** la tête en bas; **~ first**, **~ foremost** la tête la première; my **~ aches**, **I've got a bad ~** j'ai mal à la tête; [*person, stone etc*] **to hit sb on the ~** frapper qn à la tête; **to stand on one's ~** faire le

poirier; **I could do it standing on my ~** c'est simple comme bonjour; **he stands ~ and shoulders above everybody else** (*lit*) il dépasse tout le monde d'une tête; (*fig*) il surpasse tout le monde; **she is ~ and shoulders above her sister in maths** elle est cent fois supérieure à sa sœur en maths; **she is a ~ taller than her sister**, **she is taller than her sister by a ~** elle dépasse sa sœur d'une tête; [*horse*] **to win by a (short) ~** gagner d'une (courte) tête; **to be ~ over ears in debt** être criblé *or* accablé de dettes, être dans les dettes jusqu'au cou; **to turn** *or* **go ~ over heels** (*accidentally*) faire la culbute; (*on purpose*) faire une galipette; **to be ~ over heels in love with sb** être follement *or* éperdument amoureux de qn; **to keep one's ~ above water** (*lit*) garder la tête au-dessus de l'eau; (*fig*) se maintenir à flot; (*fig*) **he's got his ~ in the sand** il pratique la politique de l'autruche; (*fig*) **to have one's ~ in the clouds** être dans les nuages; **he was talking his ~ off*** il n'arrêtait pas de parler; **to sing/shout one's ~ off*** chanter/crier à tue-tête; **he's talking off the top of his ~*** il dit n'importe quoi; **I'm saying that off the top of my ~*** je dis ça sans savoir exactement; **to give a horse its ~** lâcher la bride à un cheval; **to give sb his ~** lâcher la bride à qn; **on your ~ be it!** à vos risques et périls!; *V* **bang¹, crown, hold, lion** *etc*.
(b) (*mind, intellect*) tête *f*. **to get sth into one's ~** s'enfoncer *or* se mettre qch dans la tête; **I wish he would get it into his ~ that** ... j'aimerais qu'il se mette (bien) dans la tête que ...; **I can't get that into his ~** je ne peux pas lui enfoncer *or* mettre ça dans la tête; **he has taken it into his ~ that** ... il s'est mis dans la tête que ...; **to take it into one's ~ to do** se mettre en tête de *or* s'aviser de faire; **it didn't enter his ~ that** .../**to do** il ne lui vint pas à l'idée *or* à l'esprit que .../de faire; **you never know what's going on in his ~** on ne sait jamais ce qui lui passe par la tête; **what put that (idea) into his ~?** qu'est-ce qui lui a mis cette idée-là dans la tête?; **don't put ideas into his ~** ne lui donnez pas des idées, ne lui mettez pas d'idées dans la tête; **I can't get it out of my ~** je ne peux pas me sortir ça de la tête, ça me trotte par la tête; **his name has gone out of my ~** son nom m'est sorti de la tête *or* de la mémoire; **it's gone right out of my ~** ça m'est tout à fait sorti de la tête; **that tune has been running through my ~ all day** cet air m'a trotté* par la tête toute la journée; **she has a good ~ for figures** elle a des dispositions pour *or* elle est douée pour le calcul; **he has a good ~ for heights** il n'a jamais le vertige; **he has no ~ for heights** il a le vertige; **he has a good business ~** il a le sens des affaires; **he has a good ~ (on his shoulders)** il a de la tête; **he's got his ~ screwed on (right)*** il a la tête sur les épaules, il a la tête bien plantée entre les deux épaules; (*Prov*) **two ~s are better than one** deux avis valent mieux qu'un; **we put our ~s together** (*gen*) nous nous sommes consultés, nous nous y sommes tous mis; [*two people*] nous nous y sommes mis à deux; **don't bother** *or* **worry your ~ about** it ne vous en faites pas pour cela; **to count in one's ~** calculer mentalement *or* de tête; **I can't do it in my ~** je ne peux pas faire *or* calculer ça de tête; **he spoke above** *or* **over their ~s** ce qu'il a dit les a complètement dépassés; **he gave orders over my ~** il a donné des ordres sans me consulter; **he went over my ~ to the director** il m'a court-circuité pour parler au directeur; **it's quite above my ~** cela me dépasse complètement; **to keep one's ~** garder son sang-froid; **to lose one's ~** perdre la tête; **the wine/his success went to his ~** le vin/son succès lui est monté à la tête; **he has gone** *or* **he is off his ~*** il a perdu la boule*; **weak** *or* **soft* in the ~** un peu demeuré, faible *or* simple d'esprit.
(c) (*pl inv*) **20 ~ of cattle** 20 têtes *or* pièces de bétail; **20 ~ of oxen** 20 bœufs; **they paid 10 francs a ~** *or* **per ~** ils ont payé 10 F par tête.
(d) (*specific part*) [*tree, flower, nail, pin, hammer, mast*] tête *f*; [*asparagus, arrow*] pointe *f*; [*spear*] fer *m*; [*cane*] pommeau *m*; [*bed*] chevet *m*, tête; [*violin*] crosse *f*; [*on beer*] mousse *f*, faux col* *m*; (*on tape recorder*) tête (*de lecture/d'enregistrement*). (*Comput*) **reading/writing ~** tête de lecture/d'écriture; (*Naut*) **~ to wind** vent debout; **~ on** *adv* = **head-on**.
(e) (*highest etc end*) [*mountain*] faîte *m*, sommet *m*, haut *m*; [*page, staircase*] haut; [*pillar*] chapiteau *m*; [*jetty, pier*] extrémité *f*. **at the ~ of** [*lake*] à l'extrémité de, à l'amont de; [*valley*] à la tête *or* en tête de; [*table*] au haut bout de; (*fig: in charge of*) [*army, organization, company*] à la tête de; **at the ~ of the list/the queue** en tête de liste/de file.
(f) [*lettuce, cabbage*] pomme *f*; [*celery*] pied *m*; [*corn*] épi *m*. **~ of steam** pression *f*; **~ of water** colonne *f* d'eau, hauteur *f* de chute.
(g) [*abscess etc*] tête *f*. **it's coming to a ~** (*fig, gen*) ça devient critique; [*abscess*] ça mûrit; **it all came to a ~** when he met her yesterday les choses sont arrivées au point critique quand il l'a rencontrée hier; **to bring things to a ~** précipiter une crise.
(h) [*leader*] [*family, business etc*] chef *m*. (*Scol*) **the ~** = **the headmaster** *or* **headmistress** (*V* **2**); (*Scol*) **~ of French/Maths** *etc* ≃ professeur *m* coordinateur de français/de maths *etc*; **~ of department** [*business firm*] chef de service; [*shop*] chef de rayon; [*school, college etc*] chef de section; (*Pol*) **~ of state** chef d'État; **the ~ of the government** le chef du gouvernement.
(i) (*title*) titre *m*; (*subject heading*) rubrique *f*. **under this ~** sous ce titre *or* cette rubrique; **this comes under the ~ of** ceci se classe sous la rubrique de, ceci vient au chapitre de; **the speech/essay was divided into several ~s** le discours/la dissertation était divisé(e) en plusieurs têtes de chapitre *or* en plusieurs parties; *V* **letter**.
(j) [*coin*] face *f*. **to toss ~s or tails** jouer à pile ou face; **~s or tails?** pile ou face?; **~s I win!** face je gagne!; **he called ~s** il a annoncé 'face'; **I can't make ~ (n)or tail of what he's saying** je ne comprends rien à ce qu'il dit; **I can't make ~ (n)or tail of it** je n'y comprends rien, pour moi ça n'a ni queue ni tête.
(k) (*Drugs sl: in cpds*) drogué, camé(e), toxicomane; *V* **acid** *etc*.

2 cpd typist, assistant etc principal. **headache** V headache; **headband** bandeau m; [bed] **headboard** dosseret m; (Brit Scol) **head boy/girl** élève m/f de terminale chargé(e) d'un certain nombre de responsabilités; (US Culin) **headcheese** fromage m de tête; **head clerk** (Comm) premier commis, chef m de bureau; (Jur) principal m; **head cold** rhume m de cerveau; **headcount** comptage m, vérification f du nombre de personnes présentes; **let's do a headcount** on va les compter or compter combien ils sont; **headdress** (of feathers etc) coiffure f; (of lace) coiffe f; **head gardener** jardinier m en chef; (U) **headgear** couvre-chef m; **I haven't any headgear for this weather** je n'ai rien à me mettre sur la tête par ce temps; (fig) **headhunt** (vi) recruter des cadres pour une entreprise; (vt) recruter; **headhunter** (lit) chasseur m de têtes; (fig: in recruiting personnel) chasseur de têtes, recruteur m de cadres; **headhunting** chasse f aux têtes; **headlamp** (Brit Aut) phare m; [train] fanal m, feu m avant; **headland** promontoire m, cap m; **headlight** = headlamp; **headline** V headline; **headlong** V headlong; **headman** chef m (d'une tribu etc); **headmaster** (Brit) [school] directeur m; [college] principal m; (US Scol) directeur d'école privée; **headmistress** (Brit) [gen] directrice f; [French lycée] proviseur m; [college] principale f; (US Scol) directrice d'école privée; (US) **head nurse** infirmier m, -ière f en chef; **head office** siège social, agence centrale; **head-on** V head-on; (Rad, Telec) **headphones** casque m (à écouteurs); **head post office** bureau central des postes, poste principale; **headquarters** [bank, business company, political party] bureau or siège principal or central; (Mil) quartier m général; (Mil) **headquarters staff** état-major m; **headrest**, (Aut) **head restraint** appui-tête m, repose-tête m; (on roadsign) **5 metres headroom** hauteur f limite de 5 mètres; **there is not enough headroom** le plafond est trop bas or n'est pas assez haut; **have you got enough headroom?** est-ce que vous avez assez de place (pour ne pas vous cogner la tête)?; **headscarf** foulard m, (triangular) pointe f; **headset** = headphones; **headship** (post) poste m de directeur or de directrice (school) or de proviseur (lycée); **under the headship of X** sous la direction de X; (US) **head shop** boutique f hippie; **head-shrinker**‡ psy‡ m, psychiatre mf; **headsman** bourreau m; **headsquare** foulard m; **to do a headstand** faire le poirier; (fig) **to have a head start** être avantagé dès le départ (over or on sb par rapport à qn); **headstone** [grave] pierre tombale (de tête); (Archit) clef f de voûte, pierre angulaire; **headstrong** (obstinate) têtu, entêté, volontaire, obstiné; (rash) impétueux; **head teacher** = headmaster or headmistress; **head waiter** maître m d'hôtel; **headwaters** sources fpl; **headway** progrès m; **to make headway** (in journey, studies etc) avancer, faire des progrès; [ship] faire route; **I didn't make much headway with him** je n'ai pas fait beaucoup de progrès avec lui; **headwind** vent m contraire; (Naut) vent debout; **headword** entrée f, adresse f.

3 vt (a) procession, list, poll venir or être en tête de; group of people être à la tête de.

(b) (direct) **he ~ed the car towards town** il a pris la direction de or il s'est dirigé vers la ville; (Naut) **to ~ a ship for port** mettre le cap sur le port; (gen) **to be ~ed = to head**, V 4.

(c) (put at ~ of) chapter intituler. **to ~ a chapter/a letter etc with sth** mettre qch en tête d'un chapitre/d'une lettre etc; (Brit) **~ed writing paper** papier m à lettres à en-tête.

(d) (Ftbl) **to ~ the ball** faire une tête.

4 vi (also **be headed**) **to ~ for** [person, car etc] se diriger vers; [ship] mettre le cap sur; **he ~ed up the hill** il s'est mis à monter la colline; **he was ~ing home(wards)** il était sur le chemin du retour; **they were ~ing back to town** ils rentraient or retournaient à la ville; (fig) **he's ~ing for a disappointment** il va vers une déception; **he's ~ing for a fall** il court à un échec.

♦ **head off 1** vi partir (for pour, towards vers). (fig) **he headed off on to the subject of ...** il est passé à la question de ... .

2 vt sep enemy forcer à se rabattre; person (lit) détourner de son chemin; (fig) détourner (from de); questions parer, faire dévier.

headache ['hederk] n mal m de tête, (worse) migraine f; (fig) problème m. **to have a ~** avoir mal à la tête, avoir la migraine; **terrible ~s** de terribles maux de tête, des migraines affreuses; (fig) **that's his ~** c'est son problème (à lui); **the whole business was a ~ from beginning to end** nous n'avons (or ils n'ont etc) connu que des ennuis avec cette affaire, cette affaire a été un casse-tête du début à la fin; **geography is a ~ to me** la géographie est une de mes bêtes noires.

-headed ['hedId] adj ending in cpds: **bare-headed** nu-tête inv; **curly-headed** frisé, aux cheveux frisés; V **hard** etc.

header ['hedə^r] n (a) (dive) plongeon m; (fall) chute f or plongeon or dégringolade f (la tête la première). **to take a ~** (fall) piquer une tête, se flanquer* par terre la tête la première; **to take a ~ into the water** piquer une tête dans l'eau, se flanquer* à l'eau la tête la première.

(b) (Ftbl) (coup m de) tête f.

(c) (Constr) boutisse f.

2 cpd: (Comput) **header-block** en-tête f.

headiness ['hedInIs] n (V heady) (a) bouquet capiteux; qualité entêtante; griserie f, ivresse f. (b) impétuosité f.

heading ['hedIŋ] n (title: at top of page, chapter, article, column of figures etc) titre m; (subject title) rubrique f; [printed: on letter, document etc] en-tête m. **chapter ~** (gen) tête f de chapitre; (title) titre; **under this ~** sous ce titre or cette rubrique; **this comes under the ~ of ...** ceci se classe sous la rubrique de, ceci vient au chapitre de; **under the ~ of 'Science' may be found ...** sous la rubrique des 'Sciences' on peut trouver ...; **the essay was divided into several ~s** la dissertation était divisée en plusieurs têtes de chapitre or en plusieurs parties; V **tariff**.

headless ['hedIs] adj body, nail sans tête; (Zool) acéphale.

headline ['hedlaIn] **1** n [newspaper] manchette f, (gros) titre m;

(Rad, TV) grand titre. **it's in the ~s in the papers** c'est en gros titre or en manchette dans les journaux; **to hit the ~s*** (gen) faire les gros titres, être en manchette; [scandal, crime etc] défrayer la chronique; **have you seen the ~s?** as-tu vu les (gros) titres?; **I've only glanced at the ~s** je n'ai fait que jeter un coup d'œil aux gros titres or sur les titres; (Rad, TV) **here are the news ~s** voici les grands titres de l'actualité; **here are the ~s again** et maintenant le rappel des (grands) titres; **I only heard the ~s** je n'ai entendu que les (grands) titres.

2 vt mettre en manchette.

headlong ['hedlɒŋ] **1** adv fall la tête la première; run, rush (head down) tête baissée; (at uncontrollable speed) à toute allure or vitesse. **the car drove ~ into the wall** la voiture s'est littéralement jetée contre le mur.

2 adj fall etc la tête la première. **~ flight** débandade f, sauve-qui-peut m inv; **there was a ~ dash for the gates** ce fut une ruée générale vers la sortie.

head-on ['hed'ɒn] **1** adj collision [cars, planes] de plein fouet, de front; [ships] par l'avant.

2 adv: **to collide with sth ~** [car, plane] heurter qch de plein fouet or de front; [ship] heurter qch par l'avant; [person running] rentrer dans qch en courant, heurter qch de front; (fig) **to meet sb/sth ~** s'attaquer de front à qn/qch.

heady ['hedI] adj (a) (intoxicating) wine capiteux, qui monte à la tête; perfume capiteux, entêtant; success grisant, enivrant. **the ~ delights of ...** les plaisirs grisants de ... . (b) (impetuous) emporté, impétueux.

heal [hi:l] **1** vi (also **~ over**, **~ up**) [wound] se cicatriser. **2** vt (Med) person guérir (of de); wound cicatriser; (fig) differences régler; troubles apaiser. **time will ~ the pain** le temps guérit les chagrins; (fig) **to ~ the breach** combler le fossé, effectuer une réconciliation.

healer ['hi:lə^r] n guérisseur m, -euse f; V **faith**.

healing ['hi:lIŋ] **1** n [person] guérison f; [wound] cicatrisation f. **2** adj (Med) ointment cicatrisant; remedy curatif; (fig) apaisant; hands de guérisseur.

health [helθ] **1** n (a) (Med, fig) santé f. **in good/bad ~** en bonne/mauvaise santé; **mental ~** [person] santé mentale; (Admin etc) prévention f en (matière de) médecine mentale; **to regain one's ~** recouvrer la santé, guérir, se remettre; **he enjoys good ~** il jouit d'une bonne santé; **from a ~ point of view** du point de vue de la santé; (Brit) **Department of/Secretary of State for Health and Social Services**, (US) **Department/Secretary of Health and Human Services** ministère m/ministre m de la Santé et des Affaires Sociales; (Brit) **Minister/Ministry of Health** ≃ ministre/ministère de la Santé; (fig) **the ~ of the economy** la santé de l'économie; V national, restore.

(b) **to drink (to) sb's ~** boire à la santé de qn; **your ~!, good ~!** à votre santé!

2 cpd: (Brit) **Health Authority** administration régionale de la santé publique; **health centre** ≃ centre médico-social; (Scol) **health education** hygiène f; **health farm** établissement m de cure (de rajeunissement etc); **health foods** aliments naturels; **health food shop** centre m diététique, boutique f de produits diététiques; **health-giving** V healthful; **health hazard** risque m pour la santé; **health insurance** assurance f maladie; **health officer** inspecteur m, -trice f de la santé (publique); **health resort** (watering place) station thermale, ville f d'eau; (in mountains) station climatique; **health risk** = health hazard; (US Univ) **health service** infirmerie f; (Brit) **the Health Service** ≃ la Sécurité Sociale; **I got my specs on the Health Service*** la Sécurité Sociale m'a remboursé mes lunettes; **Health Service doctor** médecin conventionné; **Health Service nursing home** clinique conventionnée; (US) **health spa** établissement m de cure de rajeunissement; **health visitor** ≃ infirmière visiteuse.

healthful ['helθfʊl] adj, **health-giving** ['helθ,gɪvɪŋ] adj air salubre; exercise etc salutaire, bon pour la santé.

healthily ['helθIlI] adv live etc sainement. (fig) **~ sceptical about ...** manifestant un or des doute(s) salutaire(s) à propos de ... .

healthy ['helθI] adj person sain, bien portant, en bonne santé; animal, plant en bonne santé; climate, air salubre; food, skin, surroundings sain; appetite robuste, bon; exercise bon pour la santé, salutaire; (fig) economy, finances, attitude sain; doubts de bon aloi, légitime. **he is very ~** il se porte très bien, il est très bien portant; **to make sth ~ or healthier** assainir qch; (fig) **his interest in this is not very ~** l'intérêt qu'il porte à cela n'est pas très sain; (fig) **to have a ~ respect for sb/sth** éprouver un respect salutaire pour qn/qch.

heap [hi:p] **1** n (a) tas m, monceau m, amas m. **in a ~** en tas; **I was struck all of a ~!‡** cela m'a coupé bras et jambes!, cela m'a sidéré!*

(b) (*fig) tas* m, masse* f. **~s of** or **a whole ~ of things to do** un tas* or des masses* de choses à faire; **~s of** des tas* de, des masses* de, des monceaux de; **she has ~s of money** elle a des tas* or des monceaux d'argent, elle a de l'argent à ne savoir qu'en faire; **we've got ~s of time** nous avons grandement or largement le temps, nous avons tout notre temps; **~s of times** des tas* de fois, mille fois; **~s better** drôlement* mieux; **a whole ~ of people** tout un tas* de gens; **a whole ~ of trouble** tout un tas* d'ennuis.

(c) (‡: car etc) **an old ~** un vieux clou* (pej).

2 vt (also **~ up**) stones, sand amonceler, empiler. **to ~ sth (up) on top of sth** empiler or entasser qch sur qch; **to ~ gifts on sb** couvrir qn de cadeaux; **to ~ praises/favours on sb** combler qn d'éloges/de faveurs; **to ~ insults on sb** accabler or couvrir qn d'injures; **to ~ work on sb** accabler qn de travail; (fig) **to ~ coals of fire (on sb)** rendre le bien pour le mal (à qn); **she ~ed (up) her plate with cakes** elle a empilé des gâteaux sur son assiette, elle a chargé son assiette de gâteaux; (*Culin*) ~ed spoonful, (*US*) ~ing spoonful grosse cuillerée.

hear [hɪə^r] *pret, ptp* **heard 1** *vt* **(a)** entendre. **did you** ~ **what he said?** avez-vous entendu ce qu'il a dit?; **can you** ~ **him?** l'entendez-vous?, vous l'entendez bien?; **I can't** ~ **you!** je ne vous entends pas!, je n'entends pas ce que vous dites!; **I** ~ **you speaking** je vous entends parler; **I heard him say that** ... je l'ai entendu dire que ...; **I heard someone come in** j'ai entendu entrer quelqu'un *or* quelqu'un entrer; **a noise was heard** un bruit se fit entendre; **he was heard to say that** ... on l'a entendu dire que ...; **to make o.s. heard** se faire entendre; **he likes to** ~ **himself talk** il aime s'écouter parler; **to** ~ **him (talk)** you'd think he was an expert à l'entendre vous le prendriez pour un expert; **I have heard it said that** ..., **I've heard tell that** ... j'ai entendu dire que ...; **I've heard tell of** ... j'ai entendu *or* ouï parler de ... .

(b) (*learn*) *piece of news, facts* apprendre. **have you heard the news?** connaissez-vous la nouvelle?; **have you heard the rumour that they're going to leave?** avez-vous entendu dire qu'ils partent?; **have you heard the story about her going to Paris?** tu as su l'histoire de son voyage à Paris?; **have you heard the one about the Scotsman who** ... tu connais l'histoire de l'Écossais qui ...; **I've heard bad reports of him** j'ai eu sur lui des échos défavorables; **I've never heard such rubbish!** c'est d'une imbécillité inouïe!, jamais je n'ai entendu pareilles âneries!; **he had heard that they had left** il avait appris qu'ils étaient partis; **I** ~ **you've been ill** il paraît que vous avez été malade.

(c) (*listen to*) *lecture etc* assister à, écouter. **to** ~ **a child's lessons** faire répéter *or* réciter ses leçons à un enfant; (*Jur*) **to** ~ **a case** entendre une cause; (*Rel*) **to** ~ **mass** assister à *or* entendre la messe; **Lord,** ~ **our prayers** Seigneur, écoutez *or* exaucez nos prières; (*excl*) ~, ~! bravo!; (*US: call for applause*) **let's** ~ **it for** ...* un petit bravo pour ... .

2 *vi* **(a)** entendre. **he does not** *or* **cannot** ~ **very well** il n'entend pas très bien.

(b) (*get news*) recevoir *or* avoir des nouvelles (*from* de). **I** ~ **from my daughter every week** je reçois *or* j'ai des nouvelles de ma fille chaque semaine; **you will** ~ **from me soon** vous aurez bientôt de mes nouvelles; (*in letters*) **hoping to** ~ **from you** dans l'attente de vous lire; (*threatening*) **you'll be** ~**ing from me!** tu vas avoir de mes nouvelles!, tu vas entendre parler de moi!; **to** ~ **about** *or* **of sb/sth** (*gen*) entendre parler de qn/qch; (*have news of*) avoir des nouvelles de qn/qch; **I** ~ **about** *or* **of him from his mother** j'ai de ses nouvelles par sa mère, sa mère me donne de ses nouvelles; **he wasn't heard of for a long time** on n'entendit plus parler de lui pendant longtemps; **I've never heard of him!** je ne le connais pas!, connais pas!*; **everyone has heard of him** tout le monde a entendu parler de lui; **he was never heard of again** on n'a jamais plus entendu parler de lui; **the ship was never heard of again** on n'a jamais retrouvé trace du navire; **I've never heard of such a thing!** je n'ai jamais entendu parler d'une chose pareille!; **the first I heard of it was when** ... la première fois que j'en ai entendu parler c'était lorsque ...; **that's the first I've heard of it!** c'est la première fois que j'entends parler de ça!; **I** ~ **of nothing but that!** j'en ai les oreilles rebattues!, je n'entends plus que cela!; **I won't** ~ **of you going there** je ne veux absolument pas que tu y ailles; **Mother won't** ~ **of it!** Maman ne veut pas en entendre parler!; **can I wash the dishes?** — **I wouldn't** ~ **of it!** puis-je faire la vaisselle? — (il n'en est) pas question!

♦ **hear out** *vt sep person, story* écouter *or* entendre jusqu'au bout.

heard [hɜːd] *pret, ptp of* **hear**.

hearer ['hɪərə^r] *n* auditeur *m*, -trice *f*. ~**s** auditoire *m*, auditeurs *mpl*.

hearing ['hɪərɪŋ] **1** *n* **(a)** (*U: sense*) ouïe *f*. **to have good** ~ avoir l'oreille fine; **within** ~ (*distance*) à portée de voix; **in my** ~ en ma présence, devant moi; *V* **hard**.

(b) (*act*) audition *f*. (*Jur*) ~ **of witnesses** audition des témoins; (*Jur*) ~ **of the case** audience *f*; **give him a** ~! laissez-le parler!, écoutez ce qu'il a à dire!; **he was refused a** ~ on refusa de l'entendre; **to condemn sb without a** ~ condamner qn sans entendre sa défense *or* sans l'entendre.

(c) (*meeting: of commission, committee etc*) séance *f*.

2 *cpd*: **hearing aid** appareil *m* acoustique, audiophone *m*.

3 *adj person* qui entend (bien), (bien) entendant.

hearken ['hɑːkən] *vi* (*liter,* †) prêter l'oreille (*to* à).

hearsay ['hɪəseɪ] **1** *n*: **from** *or* **by** ~ par ouï-dire; **it's only** ~ ce ne sont que des rumeurs. **2** *cpd report, account* fondé sur des ouï-dire. (*Jur*) **hearsay evidence** déposition *f* sur la foi d'un tiers *or* d'autrui.

hearse [hɜːs] *n* corbillard *m*, fourgon *m* mortuaire.

heart [hɑːt] **1** *n* **(a)** (*Anat*) cœur *m*. (*Med*) **to have a weak** ~ avoir le cœur malade, être cardiaque; **to clasp sb to one's** ~ serrer qn sur son cœur; *V* **beat, cross, hole** etc.

(b) (*fig phrases*) **at** ~ au fond; **a man after my own** ~ un homme comme je les aime *or* selon mon cœur; **he knew in his** ~ il savait instinctivement; **in his** ~ (of ~s) **he thought** ... en son for intérieur il pensait ...; **with all my** ~ de tout mon cœur; **from the** ~, **from (the bottom of) one's** ~ du fond du cœur; **to take sth to** ~ prendre qch à cœur; **don't take it to** ~ ne prenez pas cela trop à cœur; **I hadn't the** ~ **to tell him, I couldn't find it in my** ~ **to tell him** je n'ai pas eu le courage *or* le cœur de lui dire; **to have the future at** ~ c'est son avenir qui me tient à cœur; **have a** ~!* pitié!*; **to sing to one's** ~'s **content** chanter tout son content *or* à cœur joie; **to eat/drink/sleep to one's** ~'s **content** manger/boire/dormir tout son soûl *or* tout son content; **it did my** ~ **good to see them** cela m'a réchauffé le cœur de les voir; ~ **and soul** corps et âme; **he put his** ~ **and soul into his work** il s'est donné à son travail corps et âme, il a mis tout son cœur dans son travail; **his** ~ **isn't in his**

work il n'a pas le cœur à l'ouvrage; **his** ~ **is not in it** le cœur n'y est pas; **to lose/take** ~ perdre/prendre courage; **we may take** ~ **from the fact that** ... nous pouvons nous sentir encouragés du fait que ...; **to put new** ~ **into sb** donner du courage *or* du cœur à qn; **to be in good** ~ avoir (un) bon moral; **to put** *or* **set sb's** ~ **at rest** calmer les inquiétudes de qn, tranquilliser qn; **to have a** ~ **of gold** avoir un cœur d'or; **his** ~ **is in the right place** il a bon cœur; **to have a** ~ **of stone** avoir un cœur de pierre; **to lose one's** ~ **to sb** tomber amoureux de qn; **the cause is close to** *or* **near his** ~ c'est une cause chère à son cœur *or* qui lui est chère *or* qui lui tient à cœur; **it was his** ~'s **desire** c'était son plus cher désir *or* ce qu'il désirait le plus au monde; **he has set his** ~ **on** *or* **his** ~ **is set on a new car** il veut à tout prix une nouvelle voiture, il a jeté son dévolu sur une nouvelle voiture; **he has set his** ~ **on going to Paris** il veut à tout prix *or* désire absolument aller à Paris; **to have** *or* **wear one's** ~ **on one's sleeve** laisser voir ses sentiments; **his** ~ **was in his boots** il avait la mort dans l'âme; **my** ~ **sank** j'ai eu un coup au cœur; **my** ~ **sinks at the thought** rien que d'y penser cela me déprime; **she had her** ~ **in her mouth** son cœur battait la chamade; **to learn sth by** ~ apprendre qch par cœur; **to know** *or* **have sth by** ~ savoir qch par cœur; *V* **bless, break** etc.

(c) (*centre*) *[town etc]* cœur *m*, centre *m*; *[cabbage, lettuce]* cœur; *[artichoke]* fond *m*, cœur; *[celery]* cœur. **in the** ~ **of winter** au cœur de l'hiver, en plein hiver; **the** ~ **of the matter** le fond du problème, le vif du sujet; **in the** ~ **of the country** en pleine campagne; **in the** ~ **of the forest** au cœur *or* au (beau) milieu de la forêt, en pleine forêt; **in the** ~ **of the desert** au cœur *or* au (fin) fond du désert; **the H**~ **of Dixie** l'Alabama.

(d) (*Cards*) ~**s** cœur *m*; **queen/six of** ~**s** dame *f*/six *m* de cœur; **for phrases** *V* **club**.

2 *cpd*: **heartache** chagrin *m*, douleur *f*; **heart attack** crise *f* cardiaque; **heartbeat** pulsation *f*, battement *m* de cœur; **heartbreak** immense chagrin *m* *or* douleur *f*; **heartbreaker** (*man*) bourreau *m* des cœurs; (*woman*) femme fatale; **heartbreaking** *story, sight* navrant; *appeal, cry, sound* déchirant, qui fend le cœur; **it was heartbreaking to see him thus** c'était à fendre le cœur de le voir ainsi; **heartbroken** navré, au cœur brisé; **to be heartbroken** avoir un immense chagrin; (*stronger*) avoir le cœur brisé; *[child]* avoir un gros chagrin; **she was heartbroken about it** elle en a eu un immense chagrin; (*stronger*) elle en a eu le cœur brisé; (*Med*) **heartburn** brûlures *fpl* d'estomac; **heartburning** (*ill-feeling*) animosité *f*, rancœur *f*; (*regret*) regret(s) *m(pl)*; **there was much heartburning over the decision** la décision a causé beaucoup de rancœur; (*Med*) **heart case** cardiaque *mf*; (*Med*) **to have a heart condition** avoir une maladie de cœur, être cardiaque; **heart disease** = **heart complaint**; (*Med*) **heart failure** arrêt *m* du cœur; **heartfelt** sincère, senti, qui vient du fond du cœur; **to make a heartfelt appeal** faire un appel bien senti; **heartfelt sympathy** condoléances *fpl* sincères; **heartland** *[country, continent]* cœur *m*, centre *m*; (*fig*) **the Tory heartland** le pays des Conservateurs par excellence; **heart-lung machine** cœur-poumon *m* (artificiel); **heart-rate monitor** moniteur *m* cardiaque; **heartrending** *cry, appeal* déchirant, qui fend le cœur; *sight* navrant; **it was heartrending to see him** c'était à fendre le cœur de le voir; **after much heart-searching** he ... après s'être longuement interrogé, il ...; **heart-shaped** en (forme de) cœur; **to be heartsick** avoir la mort dans l'âme; **to touch** *or* **pull at** *or* **tug sb's heartstrings** toucher *or* faire vibrer les cordes sensibles de qn, prendre qn par les sentiments; (*Med*) **heart surgeon** chirurgien *m* cardiologue; (*Med*) **heart surgery** chirurgie *f* du cœur; **heart-throb** (*: person*) idole *f*, coqueluche *f* (*du cinéma, de la jeunesse etc*); (*US: heartbeat*) battement *m* de cœur; **heart-to-heart** (*adj*) intime, à cœur ouvert; (*adv*) à cœur ouvert; **to have a heart-to-heart*** parler à cœur ouvert; (*Med*) **heart transplant** greffe *f* du cœur; (*Med*) **to have heart trouble** souffrir du cœur, être cardiaque; ~ **trouble in the over-50's** les troubles *mpl* cardiaques dont on souffre après la cinquantaine; **heartwarming** réconfortant, qui réchauffe le cœur; **heart-whole** (qui a le cœur) libre.

-hearted ['hɑːtɪd] *adj ending in cpds*: **open-hearted** sincère; **warm-hearted** chaleureux, généreux; *V* **broken, hard** etc.

hearten ['hɑːtn] *vt* encourager, donner du courage à.

heartening ['hɑːtnɪŋ] *adj* encourageant, réconfortant. **I found it very** ~ cela m'a donné du courage, j'ai trouvé cela très encourageant *or* réconfortant.

hearth [hɑːθ] *n* foyer *m*, cheminée *f*, âtre† *m*. ~ **rug** devant *m* de foyer.

heartily ['hɑːtɪlɪ] *adv say, welcome* chaleureusement, de tout cœur; *laugh, work* de tout son cœur; *eat* avec appétit, de bon appétit. **I** ~ **agree** je suis on ne peut plus d'accord; **I'm** ~ **tired** *or* **sick*** of ... j'en ai par-dessus la tête* de ...; **to be** ~ **glad** être ravi.

heartless ['hɑːtlɪs] *adj person* sans cœur, sans pitié, insensible; *treatment* cruel.

heartlessly ['hɑːtlɪslɪ] *adv* sans pitié.

heartlessness ['hɑːtlɪsnɪs] *n* (*V* **heartless**) manque *m* de cœur, insensibilité *f*; cruauté *f*.

hearty ['hɑːtɪ] **1** *adj greeting, welcome* (très) cordial, chaleureux; *approval, support* chaleureux; *laugh* franc, gros; *meal* copieux; *appetite* gros, solide; *kick, slap* bien senti, vigoureux; *person* (*healthy*) vigoureux, robuste, solide; (*cheerful*) jovial. **he is a** ~ **eater** c'est un gros mangeur, il a un bon coup de fourchette; **to have a** ~ **dislike of sth** détester qch de tout son cœur; *V* **hale**.

2 *npl* (*: esp Naut*) ... **my hearties!** ... les gars!*

heat [hiːt] **1** *n* **(a)** (*gen, Phys*) chaleur *f*; *[fire, flames, sun]* ardeur *f*, *[oven, kiln]* température *f*, chaleur. **extremes of** ~ **and cold** extrêmes *mpl* de chaleur et de froid; **I can't stand** ~ je ne supporte pas la chaleur; (*fig*) **if you can't stand the** ~ **get out of the kitchen** que ceux qui trouvent la situation intenable s'en aillent; **in**

the ~ of the day au (moment le) plus chaud de la journée; (*Culin*) at low ~ à feu doux; (*Culin*) lower the ~ and allow to simmer réduire la chaleur et laisser frémir; in the ~ of the moment dans le feu de l'action; in the ~ of the battle dans le feu du combat; in the ~ of his departure they forgot ... dans l'agitation qui entoura son départ ils oublièrent ...; in the ~ of the argument dans le feu de la discussion; to speak with (some) ~ parler avec feu *or* avec passion; we had no ~ all day at the office nous avons été sans chauffage toute la journée au bureau; to turn on the ~ (*in house, office etc*) mettre le chauffage; (*fig*) to put *or* turn the ~ on sb* faire pression sur qn; (*fig*) it'll take the ~ off us* ça nous permettra de souffler *or* de respirer* un peu; *V* red, specific, white *etc*.
  (b) (*Sport*) (épreuve *f*) éliminatoire *f*; *V* dead.
  (c) (*U: Zool*) chaleur *f*, rut *m*. in *or* (*Brit*) on ~ en chaleur, en rut.
  (d) (*US*) the ~‡ les flics‡ *mpl*.
  2 *cpd*: (*Phys*) heat constant constante *f* calorifique; heat efficiency rendement *m* calorifique; heat exchanger échangeur *m* de chaleur; (*Med*) heat exhaustion épuisement *m* dû à la chaleur; heat haze brume *f* de chaleur; heat lightning éclair(s) *m(pl)* de chaleur; heat loss perte *f* calorifique; heatproof *material* résistant à la chaleur; *dish* allant au four; heatpump pompe *f* à chaleur, thermopompe *f*; (*Med*) heat rash irritation *f or* inflammation *f* (due à la chaleur); heat-resistant, heat-resisting = heatproof; heat seeking *missile etc* thermoguidé, guidé par infrarouge; heat-sensitive sensible à la chaleur; (*Space*) heat shield bouclier *m* thermique; (*Med: U*) heatstroke coup *m* de chaleur; (*Med*) heat treatment traitement *m* par la chaleur, thermothérapie *f*; heatwave vague *f* de chaleur.
  3 *vt* (*Culin, Phys, Tech etc*) chauffer; (*Med*) *blood etc* échauffer; (*fig*) enflammer.
  4 *vi [liquids etc]* chauffer; *[room]* se réchauffer.
◆**heat up 1** *vi [liquids etc]* chauffer; *[room]* se réchauffer.
  2 *vt sep* réchauffer.

heated ['hi:tɪd] *adj* (*lit*) chauffé; (*fig*) *argument, discussion* passionné; *words* vif (*f* vive); *person* échauffé. to get *or* grow ~ *[conversation etc]* s'échauffer; *[person]* s'échauffer, s'enflammer, s'exciter.

heatedly ['hi:tɪdlɪ] *adv speak, debate* avec passion; *deny, argue* farouchement, avec passion.

heater ['hi:təʳ] *n* (*gen: for room etc*) appareil *m* de chauffage; (*for water*) chauffe-eau *m inv*; *[car]* chauffage *m*; *V* electric, immersion *etc*.

heath [hi:θ] *n* (*moorland*) lande *f*; (*plant*) bruyère *f*.

heathen ['hi:ðən] **1** *adj* (*unbelieving*) païen; (*barbarous*) barbare, sauvage. **2** *n* païen(ne) *m(f)*. the ~ les païens *mpl*; (*savages*) les barbares *mpl*, les sauvages *mpl*.

heathenish ['hi:ðənɪʃ] *adj* (*pej*) de païen, barbare.

heathenism ['hi:ðənɪzəm] *n* paganisme *m*.

heather ['heðəʳ] *n* bruyère *f*.

Heath Robinson* [hi:θ'rɒbɪnsən] *adj* (*Brit*) fait avec les moyens de bord.

heating ['hi:tɪŋ] **1** *n* chauffage *m*; *V* central. **2** *cpd*: heating apparatus (*heater*) appareil *m* de chauffage; (*equipment*) appareillage *m* de chauffage; heating engineer chauffagiste *m*; heating plant système *m or* installation *f* de chauffage; heating power pouvoir *m* calorifique; heating system système *m* de chauffage.

heave [hi:v] (*vb: pret, ptp* heaved, (*Naut*) hove) **1** *n [sea]* houle *f*; *[bosom]* soulèvement *m*; (*retching*) haut-le-cœur *m inv*, nausée *f*; (*vomiting*) vomissement *m*. to give a ~ (*lift/throw/tug*) faire un effort pour soulever/lancer/tirer; to give sb the ~(-ho)‡ *[employer]* sacquer* *or* virer* qn; *[girlfriend etc]* plaquer‡ qn.
  2 *cpd*: (*Naut excl*) heave-ho! oh-hisse!
  3 *vt* (*lift*) lever *or* soulever (avec effort); (*pull*) tirer (avec effort); (*drag*) traîner (avec effort); (*throw*) lancer. to ~ a sigh pousser un (gros) soupir; (*Naut*) to ~ a boat astern/ahead déhaler un bateau sur l'arrière/sur l'avant.
  4 *vi* (a) *[sea, chest]* se soulever; *[person, horse]* (*pant*) haleter; (*retch*) avoir des haut-le-cœur *or* des nausées; (*vomit*) vomir. his stomach was heaving son estomac se soulevait.
  (b) (*Naut*) *[ship]* to ~ in(to) sight poindre (à l'horizon), paraître.
◆**heave to** (*Naut*) **1** *vi* se mettre en panne.
  2 *vt sep* mettre en panne.
◆**heave up** *vt sep* (*vomit*) vomir.

heaven ['hevn] **1** *n* (a) (*paradise*) ciel *m*, paradis *m*. to go to ~ aller au ciel, aller au *or* en paradis; in ~ au ciel, au *or* en paradis; he was in ~ *or* in the seventh ~ (of delight) il était au septième ciel *or* aux anges, il nageait dans la félicité; an injustice that cries out to ~ une injustice criante *or* flagrante; ~ forbid that I should accept Dieu me garde d'accepter; ~ forbid that he come here Dieu fasse *or* veuille qu'il ne vienne pas ici; ~ forbid!* mon Dieu non!, surtout pas!; ~ knows what/when *etc* Dieu sait quoi/quand *etc*; when will you come back? — ~ knows!* quand reviendras-tu? — Dieu seul le sait!; (good) ~s!* mon Dieu!, Seigneur!, ciel! (*hum*); for ~'s sake* (*pleading*) pour l'amour de Dieu* *or* du ciel*; (*protesting*) zut alors!*; I wish to ~* that he hadn't left! comme je voudrais qu'il ne soit pas parti!; it was ~* c'était divin *or* merveilleux; he found a ~ on earth ce fut pour lui le paradis sur terre; he's ~!‡ il est divin! *or* merveilleux!; *V* move, stink, thank *etc*.
  (b) (*gen liter: sky*) the ~s le ciel, le firmament; (*liter*) the ~s opened le ciel se mit à déverser des trombes d'eau.
  2 *cpd*: heaven-sent providentiel.

heavenly ['hevnlɪ] *adj* (*lit*) céleste, du ciel; (*fig: delightful*) divin, merveilleux. ~ body corps *m* céleste; (*Rel*) H~ Father Père *m* céleste.

heavenward(s) ['hevnwəd(z)] *adv* go vers le ciel; look au ciel.

heavily ['hevɪlɪ] **1** *adv load, tax* lourdement; *underline* fortement; *sleep, sigh* profondément; *breathe* péniblement, bruyamment; *move* péniblement, avec difficulté; *walk* lourdement, d'un pas pesant; *lean* pesamment; *drink, smoke* beaucoup. to lose ~ *[team]* se faire écraser; *[gambler]* perdre gros; it was raining ~ il pleuvait à verse; it was snowing ~ il neigeait dru *or* très fort; ... he said ~ ... dit-il d'une voix accablée; (*fig*) he's ~ into* health foods il donne à fond* dans les aliments naturels.
  2 *cpd*: heavily-built solidement bâti, fortement charpenté; heavily-laden lourdement chargé.

heaviness ['hevɪnɪs] *n* pesanteur *f*, lourdeur *f*, poids *m*. ~ of heart tristesse *f*.

heavy ['hevɪ] **1** *adj* (a) (*gen*) lourd; *weight, parcel* lourd, pesant. ~ luggage gros bagages *mpl*; (*Zool*) ~ with young gravide, grosse; to make heavier alourdir; how ~ are you? combien pesez-vous?; (*Phys*) ~ bodies corps *mpl* graves; ~ crude (oil) brut lourd; ~ (goods) vehicle poids lourd; (*Pop music*) ~ metal heavy metal *m*; ~ water eau lourde; heavier than air plus lourd que l'air.
  (b) (*fig*) *expenses, movement* lourd; *payments, charges* important, considérable; *step* pesant, lourd; *crop* abondant, gros (*f* grosse) (*before n*); *loss, fine* gros, (*before n*), lourd; *rain, shower* fort (*before n*), gros (*before n*); *fog* épais (*f* -aisse), à couper au couteau; *meal, food* lourd, indigeste; *defeat* grave; *odour* fort, lourd; *book, film, lecture* (*not superficial*) profond; (*difficult, tedious*) indigeste; *evening* ennuyeux; *humour, irony* lourd, peu subtil (*f* subtile); (*Theat*) *part* (*demanding*) lourd, difficile, (*tragic*) tragique; *population* dense; *sigh* (*before n*), profond; *silence, sleep* lourd, dense, profond; *sky* chargé, couvert, lourd; *soil* lourd, gras (*f* grasse); *task* lourd, pénible; *work* gros (*before n*). to be a ~ drinker/smoker *etc* boire/fumer *etc* beaucoup, être un grand buveur/fumeur *etc*; to be a ~ sleeper avoir le sommeil profond *or* lourd; air ~ with scents air chargé *or* lourd de parfums; atmosphere ~ with suspicion atmosphère pleine de soupçon; eyes ~ with sleep yeux lourds de sommeil; ~ eyes yeux battus; the car is ~ on petrol la voiture consomme beaucoup (d'essence); I've had a ~ day j'ai eu une journée chargée; (*Mil*) ~ artillery, ~ guns artillerie lourde, grosse artillerie; ~ (gun)fire feu nourri; ~ blow (*lit*) coup violent; (*fig: from fate etc*) rude coup; man of ~ build homme fortement charpenté *or* solidement bâti; there were ~ casualties il y a eu de nombreuses victimes; (*Med*) ~ cold gros rhume; a ~ concentration of une forte concentration de; (*US*) ~ cream crème fraîche épaisse *or* à fouetter; (*Naut*) ~ cruiser croiseur lourd; ~ dew rosée abondante; (*fig*) to play the ~ father jouer les pères nobles, faire l'autoritaire; ~ features gros traits, traits épais *or* lourds; ~ fighting combats *mpl* acharnés; the going was ~ because of the rain le terrain était lourd à cause de la pluie; the conversation was ~ going la conversation traînait; this book is very ~ going ce livre est très indigeste; with a ~ heart le cœur gros; ~ industry industrie lourde; ~ line gros trait, trait épais; (*Typ*) ~ type caractères gras; ~ sea grosse mer; a ~ sea was running la mer était grosse; (*fig*) it is ~ stuff* (*not superficial*) c'est du solide*; (*difficult, tedious*) c'est indigeste; traffic was ~ la circulation était dense, il y avait une grosse circulation; (*Naut etc*) ~ weather gros temps; the weather's ~ today il fait lourd aujourd'hui; (*fig*) he made ~ weather of it il s'est compliqué la tâche *or* l'existence*; he made ~ weather of cleaning the car il a fait toute une histoire pour laver la voiture; ~ wine vin corsé *or* lourd; he did all the ~ work c'est lui qui a fait le gros travail; (*Ind etc*) ~ workers travailleurs *mpl* de force.
  2 *adv* (*rare*) lourd, lourdement. to weigh *or* lie ~ on peser lourd sur; (*US fig*) he's ~ into* health foods il donne à fond* dans les aliments naturels; *V also* lie[1].
  3 *n* (a) (*) = heavyweight.
  (b) (*: gangster*) gros dur* *m*, casseur* *m*.
  4 *cpd*: heavy-duty (*carpet etc*) résistant; (*equipment*) à usage industriel; to be heavy-handed (*clumsy*) être maladroit; (*fig*) être maladroit, manquer de tact; to be heavy-hearted avoir le cœur gros; heavy-laden lourdement chargé; heavyweight *V* heavyweight.

heavyweight ['hevɪweɪt] **1** *n* (*Boxing*) poids lourd; (**fig: influential person*) homme *m* de poids. **2** *adj* (a) (*Boxing*) bout, champion poids lourd. in the ~ class dans la catégorie (des) poids lourds. (b) *cloth* lourd.

Hebe✶✶ ['hi:bɪ] *n* (*US pej*) youpin(e)✶✶ *m* (*f*), Juif *m*, Juive *f*.

Hebrew ['hi:bru:] **1** *adj* (*man only*), hébraïque. **2** *n* (a) (*Hist*) Hébreu *m*, Israélite *mf*. (*Bible*) ~s Hébreux *mpl*. (b) (*Ling*) hébreu *m*.

Hebrides ['hebrɪdi:z] *n*: the ~ les Hébrides *fpl*.

heck* [hek] **1** *excl* zut!*, flûte!* **2** *n*: a ~ of a lot une sacrée quantité*; what the ~ is he doing? que diable* peut-il bien faire?; what the ~! et puis flûte!* *or* zut!*

heckle ['hekl] **1** *vi* (*Pol etc*) (*shout*) chahuter; (*interrupt*) interrompre bruyamment. **2** *vt speaker* interrompre, interpeller.

heckler ['hekləʳ] *n* (*Pol etc*) (élement *m*) perturbateur *m*.

heckling ['heklɪŋ] *n* (*Pol etc*) interpellations *fpl*, chahut *m* (*pour troubler l'orateur*).

hectare ['hekta:ʳ] *n* hectare *m*.

hectic ['hektɪk] *adj* (*a*) *period* très bousculé, très agité, trépidant; *traffic* intense, fou (*f* folle), terrible. ~ life (*busy*) vie trépidante; (*eventful*) vie très mouvementée; we had 3 ~ days nous avons été très bousculés pendant 3 jours, nous avons passé 3 jours mouvementés; the journey was fairly ~ le voyage a été assez mouvementé; I've had a ~ rush ça a vraiment été une course folle.
  (b) (*Med*) *person* fiévreux; *fever* hectique.

hectogramme, (*US*) **hectogram** ['hektəʊgræm] *n* hectogramme *m*.

hectolitre, (US) **hectoliter** ['hektəʊ,li:tər] n hectolitre m.
Hector ['hektər] n Hector m.
hector ['hektər] **1** vt malmener, rudoyer. **2** vi faire l'autoritaire, être tyrannique. **in a ~ing voice** d'un ton autoritaire or impérieux.
Hecuba ['hekjʊbə] n Hécube f.
he'd [hi:d] = **he had, he would**; V **have, would**.
hedge [hedʒ] **1** n haie f. **beech ~** haie f de hêtres; (fig) **a ~ against inflation** une sauvegarde or une couverture contre l'inflation.
2 cpd: **hedge clippers** sécateur m à haie; **hedgehog** hérisson m; (Aviat) **hedgehop** voler en rase-mottes, faire du rase-mottes; **hedgerow(s)** haies fpl; **hedgesparrow** fauvette f des haies or d'hiver, accenteur m mouchet.
3 vi (in answering) répondre à côté, éviter de répondre; (in explaining/recounting etc) expliquer/raconter avec des détours. **don't ~** dis-le franchement or directement.
4 vt (a) (also ~ **about**, ~ **in**) entourer d'une haie, enclore. **~d** (about or in) with difficulties entouré de difficultés.
(b) bet, risk couvrir. (fig) **to ~ one's bets** se couvrir (fig).
(c) (US) **to ~ the issue** esquiver la question.
♦**hedge off** vt sep garden entourer d'une haie; part of garden séparer par une haie (from de).
hedonism ['hi:dənɪzəm] n hédonisme m.
hedonist ['hi:dənɪst] adj, n hédoniste (mf).
heebie-jeebies‡ ['hi:bɪ'dʒi:bɪz] npl: **to have the ~** (shaking) avoir la tremblote*; (fright, nerves) avoir la frousse; **it gives me the ~** (revulsion) ça me donne la chair de poule; (fright, apprehension) ça me donne la frousse* or la trouille‡ or les chocottes‡.
heed [hi:d] **1** vt faire attention à, prendre garde à, tenir compte de.
2 n: **to take ~ of sth, to pay** or **give ~ to sth** faire attention or prendre garde à qch, tenir compte de qch; **take no ~ of what they say** ne faites pas attention à ce qu'ils disent; **he paid no ~ to the warning** il n'a tenu aucun compte de l'avertissement; **to take ~ to do** prendre garde or soin de faire.
heedless ['hi:dlɪs] adj (not thinking) étourdi; (not caring) insouciant. **~ of what was going on** inattentif à ce qui se passait; **~ of danger** sans se soucier du danger; **~ of complaints** sans tenir compte des réclamations.
heedlessly ['hi:dlɪslɪ] adv (without reflection) étourdiment, à la légère, sans (faire) attention; (without caring) avec insouciance.
heehaw ['hi:hɔ:] **1** n hi-han m. **2** vi faire hi-han, braire.
heel[1] [hi:l] **1** n (a) [foot, sock, shoe, tool, golf club, bow etc] talon m. **to tread** or **be on sb's ~s** marcher sur les talons de qn; **they followed close on his ~s** ils étaient sur ses talons; **to take to one's ~s, to show a clean pair of ~s** prendre ses jambes à son cou; **he turned on his ~ and departed** il a tourné les talons et est parti; **down-at-~** person miteux; shoe éculé; (fig) **under the ~ of** sous le joug or la botte de; (to dog) **~!** au pied!; **he brought the dog to ~** il a fait venir le chien à ses pieds; (fig) **to bring sb to ~** rappeler qn à l'ordre, faire rentrer qn dans le rang; V **cool, kick** etc.
(b) (‡: unpleasant person) (man) salaud‡ m; (man or woman) chameau* m.
2 vt shoes, socks remettre or refaire un talon à; (Sport) ball talonner.
3 cpd: **heel-bar** talon-minute m; (ski) **heel-piece** talonnière f.
heel[2] [hi:l] vi (also ~ **over**) [ship] giter, donner de la bande; [truck, structure] s'incliner or pencher (dangereusement).
heeled [hi:ld] adj (a) V **well**. (b) (US‡: armed) armé, enfouraillé‡.
heeling ['hi:lɪŋ] n (Rugby) talonnage m.
heft [heft] vt (lift) soulever; (feel weight of) soupeser.
hefty* ['heftɪ] adj person costaud*; parcel lourd; part, piece, debt, price gros (f grosse). **it's a ~ sum** c'est une grosse or une jolie somme.
Hegelian [hɪ'geɪlɪən] adj hégélien.
hegemony [hɪ'geməni] n hégémonie f.
hegira [he'dʒaɪərə] n hégire f.
heifer ['hefər] n génisse f.
heigh [heɪ] excl hé!, eh!, oh!, hé là-bas! **~-ho!** eh bien!
height [haɪt] n (a) [building] hauteur f; [person] taille f, grandeur f; [mountain, plane] altitude f; [star, sun] élévation f. **what ~ are you?** combien mesurez-vous?; **he ~ is 1 metre 80 in ~, his ~ is 1 metre 80** il fait 1 mètre 80; **of average ~** de taille moyenne; **he drew himself up to his full ~** il s'est dressé de toute sa hauteur; **a building 40 metres in ~** un bâtiment qui a or un bâtiment de 40 mètres de haut; **~ above sea level** altitude au-dessus du niveau de la mer.
(b) (high ground) éminence f, hauteur f. **the ~s** les sommets mpl; (gen) **fear of ~s** vertige m; **to have a fear of ~s** craindre le vertige; (fig) **his performance never reached the ~s** il n'a jamais brillé; V **giddy, head**.
(c) (fig: highest point etc) [fortune] apogée m; [success] point culminant; [glory] sommet m; [grandeur] sommet m, faîte m, point culminant; [absurdity, folly, ill manners] comble m. **at the ~ of his power** au summum de sa puissance; (abilities etc) **he is at the ~ of his powers** il est en pleine possession de or à l'apogée de ses moyens; **at the ~ of summer/of the storm/of the battle** au cœur de l'été/de l'orage/de la bataille; **at the ~ of the season** en pleine saison; **the ~ of fashion** la toute dernière mode, le dernier cri; **the fair was at its ~** la fête battait son plein; **excitement was at its ~** l'animation était à son apogée or à son maximum.
heighten ['haɪtn] **1** vt (lit: raise) relever, rehausser; (Med) fever faire monter, aggraver; (fig) effect, absurdity, interest, tension, fear augmenter, intensifier; flavour relever. [person] **with ~ed colour** le teint animé. **2** vi [fear, tension] augmenter, monter.
heinous ['heɪnəs] adj odieux, atroce, abominable.
heir [ɛər] n héritier m, légataire mf (to de). **he is ~ to a fortune** il héritera d'une fortune; **~ apparent** héritier présomptif; **~ presumptive** héritier présomptif (sauf naissance d'un héritier en ligne directe); **~ to the throne** héritier du trône or de la couronne; (Jur) **~ at law, rightful ~** héritier légitime or naturel; V **fall**.
heiress ['ɛərɛs] n héritière f.
heirloom ['ɛəlu:m] n héritage m. **this picture is a family ~** c'est un tableau de famille.
heist‡ [haɪst] (US) **1** n hold-up m inv; (burglary) casse‡ m. **2** vt voler.
held [held] pret, ptp of **hold**.
Helen ['helɪn] n Hélène f. **~ of Troy** Hélène de Troie.
helical ['helɪkəl] adj hélicoïdal. **~ spring** ressort m hélicoïdal.
helices ['helɪ,si:z] npl of **helix**.
helicopter ['helɪkɒptər] **1** n hélicoptère m. **transfer** or **transport by ~** héliportage m; **transferred** or **transported by ~** héliporté.
2 cpd patrol, rescue en hélicoptère; **pilot** d'hélicoptère. **helicopter station** héligare f.
3 vt (esp US) person, goods transporter en hélicoptère. **to ~ in/out** etc amener/évacuer etc par hélicoptère.
heliograph ['hi:lɪəʊgrɑ:f] n héliographe m.
heliostat ['hi:lɪəʊstæt] n héliostat m.
heliotrope ['hi:lɪətrəʊp] **1** n (Bot) héliotrope m. **2** adj (couleur d')héliotrope inv.
helipad ['helɪ,pæd] n plate-forme f pour hélicoptères.
heliport ['helɪpɔ:t] n héliport m.
helium ['hi:lɪəm] n hélium m.
helix ['hi:lɪks] n, pl **-lixes** or **-lices** (Anat) hélix m.
hell [hel] **1** n (a) (Rel etc) enfer m; (Myth) les enfers. **in ~** (Rel, gen) en enfer; (Myth) aux enfers; **when ~ freezes over** quand les poules auront des dents, à la saint-glinglin*; **all ~ was let loose** ça a été une pagaïe* monstre; **when he heard about it all ~ was let loose** quand il l'a appris il y a eu une scène infernale; **life became ~** la vie est devenue infernale or un enfer; **come ~ or high water** en dépit de tout, contre vents et marées; **to ride ~ for leather** aller au triple galop or à bride abattue, aller à un train d'enfer; **he went off home ~ for leather** il est rentré chez lui au triple galop; **there'll be ~ to pay***, **there'll be a ~ of a row*** ça va barder‡; V **raise**.
(b) (‡: emphatic phrases) **to make a ~ of a noise** faire un boucan or un raffut du diable*; **a ~ of a lot of cars** tout un tas de bagnoles*; **a ~ of a lot of people** des masses* de gens; **he's a ~ of a nice guy** c'est un type vachement bien*; **we had a ~ of a time** (bad) ça n'a pas été marrant‡, on en a bavé‡; (good) on s'est vachement marrés‡, ça a été terrible‡ or du tonnerre‡; **he did it for the ~ of it** (gen) il l'a fait parce que ça lui chantait; (to annoy people) il l'a fait pour embêter le monde; **to work like ~** travailler comme un nègre or comme une brute; **to run like ~** courir comme un dératé* or comme un fou; **to give sb ~** (make his life a misery) faire mener une vie infernale à qn; (scold) faire sa fête à qn (iro), passer une engueulade‡ à qn; oh **~!** flûte!*, zut!‡; **~'s bells!**‡, **~'s teeth!**‡ merde!‡; **to ~ with him!** qu'il aille se faire voir!*; **to ~ with it!** la barbe!*; **get the ~ out of here!** foutez-moi le camp d'ici!‡; **let's get the ~ out of here** foutons le camp d'ici‡; **he got the ~ out of here** foutu le camp‡; **what the ~ does he want now?** qu'est-ce qu'il peut bien vouloir maintenant?; **what the ~ is he doing?** qu'est-ce qu'il peut bien fabriquer?* or foutre?‡; **where the ~ have I put it?** où est-ce que j'ai bien pu le fourrer?* or foutre?‡; **how the ~ did you get in?** mais enfin! or bon sang!* comment as-tu fait pour entrer?; **why the ~ did you do it?** qu'est-ce qui t'a pris de faire ça?; **go to ~!** va te faire voir!* or foutre!‡; **will you do it?** — **like ~ (I will)!** tu le feras? — tu parles!* or tu rigoles!‡ or pas si con! *⁕*
2 cpd: **hellbent*** (on doing or (US) to do) acharné (à faire); **hellcat** harpie f, mégère f; **hellfire** feu m de l'enfer; **hellhole*** bouge m; (US) **hell-raiser**‡ vrai démon* m; (US) **hell-raising**‡ vie f démoniaque or de patachon*; **hell's angel** blouson m noir.
he'll [hi:l] = **he will**; V **will**.
hellebore ['helɪ,bɔ:r] n ellébore m.
Hellene ['heli:n] n Hellène mf.
Hellenic [he'li:nɪk] adj hellénique.
heller‡ ['helər] (US) vrai démon* m.
hellion* ['heljən] n (US) chahuteur m, trublion m.
hellish ['helɪʃ] **1** adj intentions, actions diabolique; (*: unpleasant) infernal. **2** adv (‡) vachement‡, atrocement*.
hellishly* ['helɪʃlɪ] adv atrocement*, vachement‡.
hello [hə'ləʊ] excl = **hallo**.
helluva‡ ['heləvə] = **hell of a**; V **hell 1b**.
helm [helm] **1** n (Naut) barre f. **to be at the ~** (Naut) tenir la barre; (fig) diriger l'entreprise, tenir la barre or les rênes. **2** cpd: (Naut) **helmsman** timonier m, homme m de barre. **3** vt tenir la barre de. **4** vi tenir la barre.
helmet ['helmɪt] n casque m; V **crash**[1] etc.
helminth ['helmɪnθ] n helminthe m.
help [help] **1** n (a) aide f, secours m, assistance f. (excl) **~!** (in danger etc) au secours!, à l'aide!; (in dismay) mince!; **thank you for your ~** merci de votre aide; **with his brother's ~** avec l'aide de son frère; **with the ~ of a knife** à l'aide d'un couteau; **he did it without ~** il l'a fait tout seul; **to shout for ~** appeler or crier au secours, appeler à l'aide; **to go to sb's ~** aller au secours de qn, prêter secours or assistance à qn; **to come to sb's ~** venir à l'aide de qn or en aide à qn; **to be of ~ to sb** rendre service à qn; **can I be of ~?** puis-je faire quelque chose pour vous?; **I was glad to be of ~** j'ai été content d'avoir pu rendre service; **he's a (great) ~** ce m'est d'un grand secours, il m'aide beaucoup; (iro) **you're a great ~!** tu es d'un précieux secours! (iro); **you can't get (domestic) ~ nowadays** on ne trouve plus à se faire aider de nos jours; **she has no ~ in the house** elle n'a personne pour l'aider à la maison; **we need more ~ in the shop** il nous faut davantage de personnel au magasin; (fig) **he's beyond ~** on ne peut plus rien pour lui; **there's no ~ for it** il n'y a rien à faire, on n'y peut rien; V **voluntary**.
(b) (charwoman) femme f de ménage; V **daily, home, mother** etc.

2 *cpd*: **helpmate, helpmeet** (*spouse*) époux *m*, épouse *f*; (*companion*) compagnon *m*, compagne *f*, aide *mf*.

3 *vt* **(a)** aider (*sb to do* qn à faire), secourir, venir à l'aide de. **let me ∼ you with that suitcase** laissez-moi vous aider à porter votre valise; **she ∼s her son with his homework** elle aide son fils à faire ses devoirs; **he got his brother to ∼ him** il s'est fait aider par son frère; **that doesn't ∼ much** cela ne sert pas à *or* n'arrange pas grand-chose; **that won't ∼ you** cela ne vous servira à rien; (*Prov*) **God ∼s those who ∼ themselves** aide-toi et le ciel t'aidera (*Prov*); **so ∼ me God!** je le jure devant Dieu!; **so ∼ me* I'll kill him!** je le tuerai, je le jure!; **this money will ∼ to save the church** cet argent contribuera à sauver l'église; (*loc*) **every little ∼s** les petits ruisseaux font les grandes rivières (*Prov*); (*in shops etc*) **can I ∼ you?** vous désirez?; **to ∼ each other** *or* **one another** s'entraider; **he is ∼ing the police with their inquiries** il est en train de répondre aux questions de la police; **it ∼s industry/exports** *etc* cela favorise l'industrie/les exportations *etc*; **to ∼ sb across/down/in** *etc* aider qn à traverser/à descendre/à entrer *etc*; **to ∼ sb up/down/out with a suitcase** aider qn à monter/à descendre/à sortir une valise; **to ∼ sb on/off with his coat** aider qn à mettre/à enlever son manteau.

(b) servir. **she ∼ed him to potatoes** elle l'a servi de pommes de terre; **he ∼ed himself to vegetables** il s'est servi de légumes; **∼ yourself! servez-vous!; ∼ yourself to wine/bread** prenez du vin/ du pain, servez-vous de vin/de pain; (*euph*) **he's ∼ed himself to my pencil*** il m'a piqué mon crayon*.

(c) (*with 'can' or 'cannot'*) **I couldn't ∼ laughing** je ne pouvais pas m'empêcher de rire; **one cannot ∼ wondering whether** ... on ne peut s'empêcher de se demander si ...; **it can't be ∼ed** tant pis!, on n'y peut rien!; **I can't ∼ it if he always comes late, I can't ∼ him** *or* **his always coming late** je n'y peux rien *or* ce n'est pas de ma faute s'il arrive toujours en retard; **he can't ∼ it** ce n'est pas de sa faute, il n'y peut rien; **why are you laughing? — I can't ∼ it** pourquoi riez-vous? — c'est plus fort que moi; **not if I can ∼ it!** sûrement pas!, il faudra d'abord me passer sur le corps! (*hum*); **he won't come if I can ∼ it** je vais faire tout mon possible pour l'empêcher de venir; **can I ∼ it if it rains?** est-ce que c'est de ma faute s'il pleut?; **it's rather late now — I can't ∼ that, you should have come earlier** il est un peu tard maintenant — je n'y peux rien, tu aurais dû venir plus tôt; **he can't ∼ his nature** il ne peut rien (changer) à sa nature; **he can't ∼ his deafness** ce n'est pas de sa faute s'il est sourd; **he can't ∼ being stupid** ce n'est pas de sa faute s'il est idiot; **don't say more than you can ∼** n'en dites pas plus qu'il ne faut.

♦**help along** *vt sep person* aider à marcher; *scheme* (faire) avancer, faire progresser.

♦**help out 1** *vi* aider, donner un coup de main.

2 *vt sep* (*gen*) aider, donner un coup de main à; (*sb in trouble*) dépanner, tirer d'embarras. **to help each other out** s'entraider.

helper ['helpə^r] *n* aide *mf*, assistant(e) *m(f)*, auxiliaire *mf*.

helpful ['helpfʊl] *adj person* serviable, obligeant; *book, tool, gadget etc* utile; *medicine etc* efficace, salutaire; *advice* efficace, utile. [*person, thing*] **to be extremely ∼** être d'un grand secours; **you have been most ∼** votre aide m'a été très utile.

helpfully ['helpfəlɪ] *adv* gentiment, avec obligeance.

helpfulness ['helpfʊlnɪs] *n* obligeance *f*.

helping ['helpɪŋ] **1** *n* (*at table*) portion *f*. **to take a second ∼ of sth** reprendre de qch; **I've had three ∼** j'en ai repris deux fois. **2** *adj* secourable. **to give** *or* **lend a ∼ hand (to)** aider, donner un coup de main (à).

helpless ['helplɪs] *adj* (*powerless*) sans ressource, sans recours, sans appui; (*mentally, morally*) impuissant, incapable de s'en sortir; (*physically*) faible, impotent. **she looked at him with a ∼ expression** elle lui jeta un regard où se lisait son impuissance; **∼ as a child** aussi désarmé qu'un enfant; **he is quite ∼** (*in this matter*) il n'y peut rien, il est absolument impuissant; **we were ∼ to do anything about it** nous avons été impuissants à y faire quoi que ce soit; **her illness has left her ∼** sa maladie l'a laissée impotente; **she is a ∼ invalid** elle est complètement impotente; (*fig*) **to feel ∼** se sentir impuissant; **she was quite ∼ (with laughter)** elle n'en pouvait plus de rire*, elle était malade de rire.

helplessly ['helplɪslɪ] *adv struggle* en vain; *try, agree* désespérément. **he was lying there ∼** il était allongé là sans pouvoir bouger; ... **he said ∼** ... dit-il d'un ton où se sentait son impuissance; **to laugh ∼** être pris d'un fou rire, ne pas pouvoir s'empêcher de rire.

helplessness ['helplɪsnɪs] *n* (*V* **helpless**) impuissance *f*, incapacité *f* à s'en sortir; impotence *f*.

Helsinki ['helsɪŋkɪ] *n* Helsinki.

helter-skelter ['heltə'skeltə^r] **1** *adv* à la débandade, à la six-quatre-deux*. **2** *adj* désordonné, à la débandade. **3** *n* (*rush*) débandade *f*, bousculade *f*; (*Brit: in fairground*) toboggan *m*.

hem¹ [hem] **1** *n* ourlet *m*; (*edge*) bord *m*. **I've let the ∼ down on my skirt** j'ai défait l'ourlet de ma jupe pour la rallonger, j'ai rallongé ma jupe.

2 *cpd*: **hemline** (bas *m* de l')ourlet *m*; **hemlines are lower this year** les robes rallongent cette année; **hemstitch** (*vt*) ourler à jour; (*n*) ourlet *m* à jour.

3 *vt* (*sew*) ourler.

♦**hem in** *vt sep* [*houses, objects, people*] cerner; [*rules etc*] entraver. **I feel hemmed in** ça me donne la claustrophobie, ça m'écrase *or* m'oppresse.

hem² [hem] *vi V* **haw²**.

hema(t)... ['hi:mə(t)] *pref* (*US*) = **haema(t)** ... .

hemato... ['hi:mətəʊ] *pref* (*US*) = **haemato** ... .

hemicycle ['hemɪsaɪkl] *n* hémicycle *m*.

hemiplegia [ˌhemɪ'pli:dʒɪə] *n* hémiplégie *f*.

hemiplegic [ˌhemɪ'pli:dʒɪk] *adj, n* hémiplégique (*mf*).

hemisphere ['hemɪsfɪə^r] *n* hémisphère *m*. **the northern ∼** l'hémisphère nord *or* boréal; **the southern ∼** l'hémisphère sud *or* austral.

hemistich ['hemɪstɪk] *n* hémistiche *m*.

hemlock ['hemlɒk] *n* **(a)** ciguë *f*. **(b)** (*tree*) (*also* **∼ spruce**) sapin *m* du Canada, sapin-ciguë *m*.

hem(o)... ['hi:m(əʊ)] *pref* (*US*) = **haem(o)** ... .

hemp [hemp] *n* (*plant, fibre*) chanvre *m*; (*drug*) haschisch *m or* hachisch *m*, chanvre indien.

hen [hen] **1** *n* **(a)** poule *f*; (*female bird*) femelle *f*. **∼ bird** oiseau *m* femelle.

(b) (*Scot‡*) **here you are, ∼‡** voici, ma cocotte*.

2 *cpd*: (*Bot*) **henbane** jusquiame *f* (noire), herbe *f* aux poules; **hencoop** cage *f* à poules, mue *f*; **hen harrier** busard *m* Saint-Martin; **henhouse** poulailler *m*; **hen party*** réunion *f* de femmes *or* filles; **he is henpecked** sa femme le mène par le bout du nez, c'est sa femme qui porte la culotte; **henpecked husband** mari dominé par sa femme.

hence [hens] **1** *adv* **(a)** (*therefore*) d'où, de là. **(b)** (*from now on*) d'ici. **2 years ∼** d'ici 2 ans, dans 2 ans (d'ici). **(c)** (†† *or liter: from here*) d'ici. **(get thee) ∼!** hors d'ici! **2** *cpd*: **henceforth, henceforward** dorénavant, désormais, à l'avenir.

henchman ['hentʃmən] *n* (*pej*) acolyte *m* (*pej*), suppôt *m* (*pej*); (*supporter*) partisan *m*, adepte *m*; (*Hist*) écuyer *m*.

henna ['henə] *n* henné *m*.

Henry ['henrɪ] *n* Henri *m*; *V* **hooray**.

hep‡ [hep] *adj* dans le vent*. (*US*) **to be ∼‡ to sth** être au parfum‡ de qch.

heparin ['hepərɪn] *n* héparine *f*.

hepatitis [ˌhepə'taɪtɪs] *n* hépatite *f*. **serum ∼** hépatite *f* (virale) B *or* sérique.

heptathlon [hep'tæθlən] *n* heptathlon *m*.

her [hɜː^r] **1** *pers pron* **(a)** (*direct*) (*unstressed*) la; (*before vowel*) l'; (*stressed*) elle. **I see ∼** je la vois; **I have seen ∼** je l'ai vue; **I know HIM but I have never seen HER** je le connais, lui, mais elle je ne l'ai jamais vue.

(b) (*indirect*) lui. **I give ∼ the book** je lui donne le livre; **I'm speaking to ∼** je lui parle.

(c) (*after prep etc*) elle. **I am thinking of ∼** je pense à elle; **without ∼** sans elle; **she took her books with ∼** elle a emporté ses livres; **if I were ∼** si j'étais elle; **it's ∼** c'est elle; **younger than ∼** plus jeune qu'elle.

(d) celle. **to ∼ who objects I would explain it thus** à celle qui n'est pas d'accord je l'expliquerais ainsi.

2 *poss adj* son, sa, ses. **∼ son** son livre; **∼ table** sa table; **∼ friend** son ami(e); **∼ clothes** ses vêtements.

Hera ['hɪərə] *n* Héra *f*.

Heracles ['herəˌkli:z] *n* Héracles *m*.

Heraclitus [ˌherə'klaɪtəs] *n* Héraclite *m*.

herald ['herəld] **1** *n* héraut *m*. (*fig liter*) **the ∼ of spring** le messager du printemps (*liter*). **2** *vt* annoncer. **to ∼ (in)** annoncer l'arrivée de.

heraldic [he'rældɪk] *adj* héraldique. **∼ bearing** armoiries *fpl*, blason *m*.

heraldry ['herəldrɪ] *n* (*U*) (*science*) héraldique *f*; (*coat of arms*) blason *m*; (*ceremonial*) pompe *f* héraldique. **book of ∼** armorial *m*.

herb [hɜːb] **1** *n* herbe *f*. (*Culin*) **∼s** fines herbes; **pot ∼s** herbes potagères; **medicinal ∼s** herbes médicinales, simples *mpl*. **2** *cpd*: **herb garden** jardin *m* d'herbes aromatiques; **herb tea** tisane *f*.

herbaceous [hɜː'beɪʃəs] *adj* herbacé. **∼ border** bordure *f* de plantes herbacées.

herbage ['hɜːbɪdʒ] *n* (*Agr*) herbages *mpl*; (*Jur*) droit *m* de pâturage *or* de pacage.

herbal ['hɜːbəl] **1** *adj* (*gen*) d'herbes. **∼ medicine** phytothérapie *f*; **∼ tea** tisane *f*. **2** *n* herbier *m* (*livre*).

herbalist ['hɜːbəlɪst] *n* herboriste *mf*.

herbarium [hɜː'bɛərɪəm] *n* herbier *m* (*collection*).

herbivorous [hɜː'bɪvərəs] *adj* herbivore.

Herculean [ˌhɜːkjʊ'li:ən] *adj* herculéen.

Hercules ['hɜːkjuli:z] *n* Hercule *m*; (*fig: strong man*) hercule *m*.

herd [hɜːd] **1** *n* **(a)** [*cattle etc*] troupeau *m*; [*stags*] harde *f*; [*horses*] troupe *f*, bande *f*; [*people*] troupeau, foule *f*; **V common**.

(b) (*person*) pâtre *m* (*liter*); *V* **cow¹**, **goat** etc.

2 *cpd*: **the herd instinct** l'instinct grégaire; **herdsman** gardien *m* de troupeau; (*shepherd*) berger *m*; (*cowman*) vacher *m*, bouvier *m*.

3 *vt animals, people* mener, conduire (*along* le long de).

♦**herd together 1** *vi* [*animals, people*] s'attrouper, s'assembler en troupeau.

2 *vt sep animals, people* rassembler en troupeau.

here [hɪə^r] **1** *adv* **(a)** (*place*) ici. **I live ∼** j'habite ici; **come ∼** venez ici; (*at roll call*) **∼!** présent!; **∼ I am** me voici; **∼ is my brother** voici mon frère; **∼ are the others** voici les autres; **∼ we are at last** nous voici enfin arrivés; (*bringing sth*) **∼ we are!** voici!; (*giving sth*) **∼ you are!** tenez!; **∼ come my friends** voici mes amis qui arrivent; **he's ∼ at last** le voici enfin, il est enfin là *or* arrivé; **spring is ∼** c'est le printemps, le printemps est là; **my sister ∼ says** ... ma sœur que voici dit ...; **this man ∼ saw it** cet homme-ci l'a vu; **∼'s to you!** à la tienne! *or* à la vôtre!; **∼'s to your success!** à votre succès!; (*US*) **∼ is you'll never do it!*** je te parie que tu n'y arriveras jamais; **about** *or* **around ∼** par ici; **far from ∼** loin d'ici; **put it ∼** mettez-le ici; **come in ∼** venez (par) ici; **in ∼** please par ici s'il vous plaît; **near ∼** près d'ici; **over ∼** ici; **it's cold up ∼** il fait froid ici (en haut); **up to** *or* **down to ∼** jusqu'ici; **from ∼ to there** d'ici (jusqu')à là-bas; **it's 10 km from ∼ to Paris** il y a 10 km d'ici à Paris; **Mr X is not ∼ just now** M X n'est pas là *or* ici en ce moment; **are you there? — yes I'm ∼** vous êtes là? — oui je suis là; **I shan't be**

~ **this afternoon** je ne serai pas là cet après-midi; ~ **and there** çà et là, par-ci par-là; ~, **there and everywhere** un peu partout; **I can't be** ~, there and everywhere je ne peux pas être partout (à la fois), je ne peux pas être à la fois au four et au moulin*; (*fig*) **it's neither** ~ **nor there** tout cela n'a aucun rapport; ~ **goes!*** allons-y!; ~ **and now** sur-le-champ; **I must warn you** ~ **and now that…** il faut que je vous prévienne sans plus tarder que…; ~ **below** ici-bas; ~ **lies** ci-gît; *V* **look** *etc*.

(b) (*time*) alors, à ce moment-là. **and** ~ **I stopped work to answer the telephone** et alors j'ai laissé mon travail pour répondre au téléphone.

2 *excl* **tenez!, écoutez!** ~**, I didn't promise that at all!** mais écoutez *or* dites donc, je n'ai jamais promis cela!; ~, **you try to open it tiens**, essaie de l'ouvrir; ~, **hold this a minute** tiens, prends ça une minute.

3 *cpd*: **hereabouts** par ici, près d'ici, dans les environs, dans les parages; **hereafter** (*in the future*) après, plus tard; (*in books etc: following this*) ci-après; (*after death*) dans l'autre vie *or* monde; **the hereafter** l'au-delà *m*, la vie future; **the here and now** le présent, l'instant présent; (*frm: Comm, Jur etc*) **hereby** (*in letter*) par la présente; (*in document*) par le présent document; (*in act*) par le présent acte; (*in will*) par le présent testament; (*in declaration*) par la présente (déclaration); (*frm*) **herein** (*in this matter*) en ceci, en cela; (*in this writing*) ci-inclus; **hereinafter** (*Jur*) ci-après, dans la suite des présentes; (*frm*) **hereof** de ceci, de cela; (*Jur*) **the provisions hereof** les dispositions *fpl* des présentes; (*Jur*) **hereto** à ceci, à cela; (*Jur*) **the parties hereto** les parties aux présentes; (*frm*) **heretofore** jusque-là, jusqu'ici, ci-devant; **hereupon** là-dessus, sur ce; **herewith** avec ceci; **I am sending you herewith** je vous envoie ci-joint *or* sous ce pli; **I enclose herewith a copy of…** veuillez trouver ci-joint une copie de….

hereditaments [ˌherɪˈdɪtəmənts] *npl* (*Jur*) biens *mpl* meubles ou immeubles transmissibles par héritage.

hereditary [hɪˈredɪtərɪ] *adj* héréditaire.

heredity [hɪˈredɪtɪ] *n* hérédité *f*.

heresy [ˈherəsɪ] *n* hérésie *f*. **an act of** ~ une hérésie.

heretic [ˈherətɪk] *n* hérétique *mf*.

heretical [hɪˈretɪkəl] *adj* hérétique.

heritable [ˈherɪtəbl] *adj* objects, property *etc* dont on peut hériter; person qui peut hériter.

heritage [ˈherɪtɪdʒ] *n* (*lit, fig*) héritage *m*, patrimoine *m*. **our national** ~ notre patrimoine national.

hermaphrodite [hɜːˈmæfrədaɪt] *adj, n* hermaphrodite (*m*).

Hermes [ˈhɜːmiːz] *n* Hermès *m*.

hermetic [hɜːˈmetɪk] *adj* (*gen, also Literat*) hermétique.

hermetically [hɜːˈmetɪkəlɪ] *adv* hermétiquement. ~ **sealed** bouché *or* fermé hermétiquement.

hermit [ˈhɜːmɪt] *n* ermite *m*, solitaire *m*. ~ **crab** bernard-l'ermite *m* inv.

hermitage [ˈhɜːmɪtɪdʒ] *n* ermitage *m*.

hernia [ˈhɜːnɪə] *n* hernie *f*.

hero [ˈhɪərəʊ] *pl* ~**es 1** *n* (*all senses*) héros *m*; *V* **land**. **2** *cpd*: (*US*) **hero** (**sandwich**) grand sandwich mixte; **hero-worship** (*n*) culte *m* (du héros); (*vt*) aduler, idolâtrer.

Herod [ˈherəd] *n* Hérode *m*; *V* **out**.

heroic [hɪˈrəʊɪk] *adj* act, behaviour, person héroïque. (*Poetry*) **in** ~ **verse** en décasyllabes *mpl*; ~ **couplet** distique *m* héroïque.

heroically [hɪˈrəʊɪkəlɪ] *adv* héroïquement.

heroics [hɪˈrəʊɪks] *npl* (*slightly pej*) mélodrame *m*.

heroin [ˈherəʊɪn] **1** *n* héroïne *f*. **2** *cpd*: **heroin addict, heroin user** héroïnomane *mf*; **heroin addiction** héroïnomanie *f*.

heroine [ˈherəʊɪn] *n* héroïne *f* (*femme*).

heroism [ˈherəʊɪzəm] *n* héroïsme *m*.

heron [ˈherən] *n* héron *m*.

herpes [ˈhɜːpiːz] *n* herpès *m*; *V* **genital**.

herring [ˈherɪŋ] **1** *n* hareng *m*; *V* **fish, red** *etc*.

2 *cpd*: **herring boat** harenguier *m*; **herringbone** (*lit*) arête *f* de hareng; (*Archit*) appareil *m* en épi; (*Ski: also* **herringbone climb**) montée *f* en ciseaux; **herringbone pattern** (dessin *m* à) chevrons *mpl*; **herringbone stitch** point *m* d'épine (en chevron); **herring gull** goéland *m* argenté; (*Atlantic*) **the herring-pond**‡ la mare aux harengs (*hum*), l'Atlantique nord.

hers [hɜːz] *poss pron* le sien, la sienne, les siens, les siennes. **my hands are clean,** ~ **are dirty** mes mains sont propres, les siennes sont sales; ~ **is a specialized department** sa section est une section spécialisée; **this book is** ~ ce livre est à elle, ce livre est le sien; **the house became** ~ la maison est devenue la sienne; **it is not** ~ **to decide** ce n'est pas à elle de décider, il ne lui appartient pas de décider; **a friend of** ~ un de ses amis (à elle); **it's no fault of** ~ ce n'est pas de sa faute (à elle); **no advice of** ~ **could prevent him** aucun conseil de sa part ne pouvait l'empêcher; **is this poem** ~? ce poème est-il d'elle?; (*pej*) **that car of** ~ sa fichue* voiture; **that stupid son of** ~ son idiot de fils; **that temper of** ~ son sale caractère.

herself [hɜːˈself] *pers pron* (*reflexive: direct and indirect*) se; (*emphatic*) elle-même; (*after prep*) elle. **she has hurt** ~ elle s'est blessée; **she said to** ~ elle s'est dit; **she told me** ~ elle me l'a dit elle-même; **I saw the girl** ~ j'ai vu la jeune fille elle-même *or* en personne; **she kept 3 for** ~ elle s'en est réservé 3; **he asked her for a photo of** ~ il lui a demandé une de ses photos *or* une photo d'elle; (**all**) **by** ~ toute seule; **she is not** ~ **today** elle n'est pas dans son état normal *or* dans son assiette* aujourd'hui.

hertz [hɜːts] *n* hertz *m*.

he's [hiːz] = **he is, he has**; *V* **be, have**.

hesitancy [ˈhezɪtənsɪ] *n* hésitation *f*.

hesitant [ˈhezɪtənt] *adj* hésitant, irrésolu, indécis. **I am** ~ **about offering him money** j'hésite à lui offrir de l'argent.

hesitantly [ˈhezɪtəntlɪ] *adv* avec hésitation; *speak, suggest* d'une voix hésitante.

hesitate [ˈhezɪteɪt] *vi* hésiter (*over, about, at* sur, devant, *to do* à faire). (*Prov*) **he who** ~**s is lost** une minute d'hésitation peut coûter cher, ≃ aux audacieux les mains pleines (*Prov*); **he** ~**s at nothing** il ne recule devant rien, rien ne l'arrête; **I** ~ **to condemn him** j'hésite à le condamner; **I am hesitating about what I should do** j'hésite sur ce que je dois faire; **don't** ~ **to ask me** n'ayez pas peur de *or* n'hésitez pas à me demander.

hesitation [ˌhezɪˈteɪʃən] *n* hésitation *f*. **without the slightest** ~ sans la moindre hésitation; **I have no** ~ **in saying that …** je n'hésite pas à dire que ….

Hesperides [heˈsperɪˌdiːz] *npl* Hespérides *fpl*.

hessian [ˈhesɪən] **1** *n* (toile *f* de) jute *m*. **2** *cpd* (*made of* ~) en (toile de) jute.

hetero… [ˈhetərəʊ] *pref* hétér(o)….

hetero‡ [ˈhetərəʊ] *n, adj* hétéro* (*mf*).

heterodox [ˈhetərədɒks] *adj* hétérodoxe.

heterodoxy [ˈhetərədɒksɪ] *n* hétérodoxie *f*.

heterogeneous [ˌhetərəʊˈdʒiːnɪəs] *adj* hétérogène.

heterosexual [ˌhetərəʊˈseksjʊəl] *adj, n* hétérosexuel(le) *m(f)*.

heterosexuality [ˌhetərəʊˌseksjʊˈælɪtɪ] *n* hétérosexualité *f*.

het up* [ˈhetˈʌp] *adj* agité, excité, énervé. **he gets very** ~ **about it** cela le met dans tous ses états.

heuristic [hjʊəˈrɪstɪk] *adj* heuristique.

hew [hjuː] **1** *pret* hewed, *ptp* hewn [hjuːn] *or* hewed *vt stone* tailler, équarrir; *wood* couper; *coal* abattre. **to** ~ **sth out of wood** *etc* tailler qch dans du bois *etc*; **to** ~ **one's way through the jungle** se tailler un chemin à travers la jungle (à coups de hache *etc*); (*fig*) **he** ~**ed out a position for himself in the company** il s'est taillé une bonne place dans la compagnie.

2 *pret, ptp* hewed *vi* (*US*) **to** ~ **to sth** se conformer à qch, suivre qch.

hewer [ˈhjuːər] *n* [*stone*] tailleur *m*, équarrisseur *m*; [*wood*] équarrisseur; [*coal*] haveur *m*, piqueur *m*.

hex [heks] (*US*) **1** *n* (*spell*) sort *m*; (*witch*) sorcière *f*. **2** *vt* jeter un sort sur.

hexadecimal [ˌheksəˈdesɪməl] *adj,n* (*Comput*) (*also* ~ **notation**) hexadécimal (*m*).

hexagon [ˈheksəgən] *n* hexagone *m*.

hexagonal [hekˈsægənəl] *adj* hexagonal.

hexagram [ˈheksəˌgræm] *n* hexagramme *m*.

hexameter [hekˈsæmɪtər] *n* hexamètre *m*.

hexathlon [hekˈsæθlən] *n* hexathlon *m*.

hey [heɪ] *excl* hé!, holà! ~ **presto!** [*magician*] passez muscade!; (*fig*) ô miracle!

heyday [ˈheɪdeɪ] *n* [*the music hall, the railways etc*] âge *m* d'or, beaux jours. **in his** ~ (*in his prime*) quand il était dans la force de l'âge; (*at his most famous*) à l'apogée de sa gloire; **in the** ~ **of the crinoline/the theatre** à l'âge d'or de la crinoline/du théâtre.

HGV [ˌeɪtʃdʒiːˈviː] (*Aut*) *abbr of* **heavy goods vehicle**; *V* **heavy**.

HI (*US Post*) *abbr of* Hawaii.

hi* [haɪ] *excl* hé!, ohé!; (*: *greeting*) salut!*

hiatus [haɪˈeɪtəs] *n, pl inv or* -tuses (*in series, manuscript etc*) lacune *f*; (*Ling, Phon, Poetry*) hiatus *m*; (*fig : interruption*) interruption *f*, pause *f*.

hibernate [ˈhaɪbəneɪt] *vi* hiberner.

hibernation [ˌhaɪbəˈneɪʃən] *n* hibernation *f*.

hibiscus [hɪˈbɪskəs] *n* hibiscus *m*.

hiccough, hiccup [ˈhɪkʌp] **1** *n* (**a**) hoquet *m*. **to have** ~**s** avoir le hoquet; **to give a** ~ hoqueter, avoir un hoquet. (**b**) (*minor setback*) contretemps *m*, ratés *mpl*. **2** *vi* hoqueter. **3** *vt* dire en hoquetant.

hick‡ [hɪk] (*US*) **1** *n* péquenaud(e)‡ *m(f)* (*pej*). **2** *adj ideas* de péquenaud‡ (*pej*). ~ **town** bled‡ *m* (*pej*).

hickey* [ˈhɪkɪ] *n* (*US*) (*pimple*) petit bouton *m*; (*love bite*) suçon *m*.

hickory [ˈhɪkərɪ] *n* hickory *m*, noyer *m* blanc d'Amérique.

hid [hɪd] *pret*, (††) *ptp of* **hide**¹.

hidden [ˈhɪdn] *ptp of* **hide**¹.

hide¹ [haɪd] *pret* hid, *ptp* hidden *or* hid†† **1** *vt* cacher (*from sb* à qn); *feelings* dissimuler (*from sb* à qn). **to** ~ **o.s.** se cacher; **I've got nothing to** ~ je n'ai rien à cacher *or* à dissimuler; **he's hiding something** il nous cache quelque chose; **to** ~ **one's face** se cacher le visage; **to** ~ **sth from sight** dérober qch aux regards, cacher qch; **hidden from sight** dérobé aux regards, caché; (*fig*) **to** ~ **one's light under a bushel** cacher ses talents; (*fig*) **he doesn't** ~ **his light under a bushel** ce n'est pas la modestie qui l'étouffe; **clouds hid the sun** des nuages cachaient *or* voilaient le soleil; **a small village hidden in a valley** un petit village caché *or* niché dans une vallée; **a hidden meaning** un sens caché; **hidden tax** impôt déguisé.

2 *vi* se cacher (*from sb* de qn). (*fig*) **he's hiding behind his boss** il se réfugie derrière son patron (*fig*).

3 *n* (*Brit*) cachette *f*.

4 *cpd*: **hide-and-(go-)seek** cache-cache *m*; **hideaway, hideout** cachette *f*, planque‡ *f*.

◆**hide away 1** *vi* se cacher (*from* de).

2 *vt sep* cacher.

3 hideaway *n V* **hide**¹ 4.

◆**hide out, hide up 1** *vi* se cacher (*from* de), rester caché (*from* de).

2 hideout *n V* **hide**¹ 4.

hide² [haɪd] **1** *n* (*skin*) peau *f*; (*leather*) cuir *m*. **to save one's** ~* sauver sa peau*; **they found neither** ~ **nor hair of him** ils n'ont pas trouvé la moindre trace de son passage; *V* **tan**.

2 *cpd chair etc* de *or* en cuir. **hidebound** *person* borné, obtus, à l'esprit étroit *or* limité; *view* étroit, borné, rigide.

hideous [ˈhɪdɪəs] *adj appearance, sight, person* hideux, affreux;

crime atroce, abominable, horrible; (*fig*) terrible*. **it was a** ~ **disappointment** ce fut une terrible déception.
hideously ['hɪdɪəslɪ] *adv* hideusement, atrocement, affreusement; (*fig: very*) terriblement*, horriblement*.
hiding¹ ['haɪdɪŋ] **1** *n* acte *m* de cacher; [*feelings etc*] dissimulation *f*; [*criminals*] recel *m*. **to be in** ~ se tenir caché; **to go into** ~ se cacher. **2** *cpd*: **hiding place** cachette *f*.
hiding² ['haɪdɪŋ] *n* (*beating*) correction *f*, volée *f* de coups. **to give sb a good** ~ donner une bonne correction à qn; (*fig*) **the team got a** ~* l'équipe a pris une raclée* *or* une déculottée‡.
hie [haɪ] *vi* (†† *or hum*) se hâter. ~ **thee hence!** hors d'ici!
hierarchic(al) [ˌhaɪə'rɑːkɪk(əl)] *adj* hiérarchique.
hierarchy ['haɪərɑːkɪ] *n* hiérarchie *f*.
hieroglyph ['haɪərəɡlɪf] *n* hiéroglyphe *m*.
hieroglyphic [ˌhaɪərə'ɡlɪfɪk] **1** *adj* hiéroglyphique. **2** *n* hiéroglyphe *m*.
hifalutin ['haɪfə'luːtɪn] *adj* = **high falutin(g)**; *V* **high**.
hi-fi ['haɪ'faɪ] (*abbr of* **high fidelity**) **1** *n* (**a**) (*U*) hi-fi *f inv*, haute fidélité *inv*. (**b**) (*gramophone*) chaîne *f* hi-fi *inv*; (*radio*) radio *f* hi-fi *inv*. **2** *cpd reproduction, record* hi-fi *inv*, haute fidélité *inv*. **hi-fi equipment** *or* **set** *or* **system** chaîne *f* (hi-fi).
higgledy-piggledy* ['hɪɡldɪ'pɪɡldɪ] *adj, adv* pêle-mêle *inv*, n'importe comment.
high [haɪ] **1** *adj* (**a**) *building, mountain, tide* haut; *altitude* haut, élevé. **building 40 metres** ~ bâtiment haut de 40 mètres, bâtiment de 40 mètres de haut, bâtiment qui a *or* fait 40 mètres de haut; **how** ~ **is that tower?** quelle est la hauteur de cette tour?; **when he was so** ~* quand il était grand comme ça; ~ **cheekbones** pommettes saillantes; *V also* **4**.
(**b**) (*fig*) *frequency, latitude, opinion* haut (*before n*); *speed, value* grand (*before n*); *fever* gros (*f* grosse) (*before n*), fort (*before n*), intense; *respect* grand (*before n*), profond; *complexion* rougeaud; *colour* vif; *polish* brillant; *pressure* élevé, haut (*before n*), fort (*before n*); *salary* haut (*before n*), élevé, gros (*before n*); *rent, price* élevé; *tension* haut (*before n*); *number* grand (*before n*), élevé; *sound* aigu (*f* -guë); *note* haut; (*shrill*) aigu; *voice* aigu; (*Phon*) *vowel* fermé; *calling, character* noble; *ideal* noble, grand (*before n*), élevé. **to have** ~ **blood pressure** avoir de la tension; ~ **caste** caste supérieure; (*Math*) **the** ~**est common factor** le plus grand commun diviseur; **in the** ~**est degree** au plus haut degré, à l'extrême; (*Aut*) **in** ~ **gear** en quatrième (*or* cinquième) vitesse; ~ **official** haut fonctionnaire; **to have a** ~ **opinion of sb/sth** avoir une haute opinion de qn/qch; **to buy sth at a** ~ **price** acheter qch cher; (*lit, fig*) **to pay a** ~ **price for sth** payer qch cher; **he has a** ~ **temperature** il a une forte température; **it boils at a** ~ **temperature** cela bout à une température élevée; **it's** ~ **time you went home** il est grand temps que tu rentres (*subj*); **to set a** ~ **value on sth** attacher une grande valeur à qch; **in a** ~ **voice** d'une voix aiguë; **a** ~ **wind was blowing** il soufflait un vent violent, il faisait grand vent; *V also* **4** *and* **lord, octane, profile, very** *etc*.
(**c**) (*Culin*) *game, meat* avancé, faisandé; *butter* fort, rance.
(**d**) (*: *intoxicated*) (*drunk*) paf* *inv*, parti*. **to be** ~ (**on drugs/LSD**) être défoncé* (par la drogue/au LSD).
(**e**) (*fig*) **to have a** ~ **old time*** s'amuser follement, faire la fête*; **there was a** ~ **old row about it*** cela a provoqué une sacrée bagarre* *or* un sacré chambard‡.
2 *adv* (*lit*) haut, en haut; *fly etc* à haute altitude, à une altitude élevée. ~ **up** (en) haut; ~**er up** plus haut; ~**er and** ~**er** de plus en plus haut; **the balloon rose** ~ **in the air** le ballon s'est élevé *or* est monté haut dans le ciel *or* dans les airs; **the kite sailed** ~ **over the house** le cerf-volant est passé très haut au-dessus de la maison; ~ **above our heads** bien au-dessus de nos têtes; (*lit, fig*) **to aim** ~ viser haut; (*US fig*) **to live** ~ **on the hog*** vivre comme un nabab.
(**b**) (*fig*) **the numbers go as** ~ **as 200** les nombres montent jusqu'à 200; **I had to go as** ~ **as 200 francs for it** j'ai dû aller *or* monter jusqu'à 200 F pour l'avoir; **the bidding went as** ~ **as 4000 francs** les enchères sont montées jusqu'à 4000 F; **to hunt** *or* **look** ~ **and low for sb** chercher qn un peu partout; **to hunt** *or* **look** ~ **and low for sth** chercher qch un peu partout *or* dans tous les coins; **to hold one's head (up)** ~ avoir la tête haute; [*gambler etc*] **to play** ~ jouer gros (jeu); (*fig*) **to fly** ~ voir grand, viser haut; **to live** ~ mener grand train, mener la grande vie; **the sea is running** ~ la mer est grosse *or* houleuse; **the river is running** ~ la rivière est en crue; **feelings ran** ~ les esprits étaient échauffés.
3 *n* (**a**) **on** ~ en haut, au ciel; **from on** ~ (*lit*) d'en haut; (*fig*) en haut lieu.
(**b**) (*Rel*) **the Most H**~ le Très-Haut.
(**c**) **the cost of living reached a new** ~ le coût de la vie a atteint une nouvelle pointe *or* un nouveau plafond; (*Met*) **a** ~ **over the North Sea** une zone de haute pression sur la mer du Nord.
4 *cpd*: **high-ability** (*adj*) très doué; **high altar** maître-autel *m*; (*Cine*) **high-angle shot** plongée *f*; **high and dry** *boat* échoué; (*fig*) **to leave sb high and dry** laisser qn en plan*; **to be high and mighty*** se donner de grands airs, faire le grand seigneur (*or* la grande dame); (*US*) **highball** (*n*) whisky *m* à l'eau (avec de la glace); (*vi*: *US Aut*‡) foncer; **high beam** optique *f* feux de route; **highborn** de haute naissance, bien né; (*US*) **highboy** commode *f* (haute); (*slightly pej*) **highbrow** (*n*) intellectuel(le) *m(f)*; (*adj*) *tastes, interests* intellectuel; *music* pour intellectuels; **high camp** *V* **camp**²; **highchair** chaise haute (*pour enfants*); (*Brit*) **High Church** Haute Église; **high-class** *hotel, food, service* de premier ordre; *house* de grand style; *neighbourhood, flat, publicity* (de) grand standing; *person* du grand monde; **high comedy** (*Theat*) comédie *f* élevée; (*fig*) **it was high comedy** c'était du plus haut comique; (*Mil*) **high command** haut commandement; (*Admin*) **high commissioner** haut commissaire; (*Jur*) **high court** cour *f* suprême; **high density housing** grands ensembles *mpl*; **high diving** (*Sport*)

plongeon(s) *m(pl)* de haut vol (*V also* **diving**); (*Phys*) **high-energy particle** particule *f* de haute énergie; **high explosive** explosif *m* (puissant); **high-explosive shell** obus *m* explosif; **highfalutin(g)*** affecté, prétentieux, ampoulé; **high fibre diet** alimentation *f* riche en fibres; **high-fidelity** haute fidélité *inv* (*V* **hi-fi**); (*fig*) **high flier** ambitieux *m*, -euse *f*; (*gifted*) doué(e) *m(f)*; **high-flown** *style* ampoulé; *discourse* ampoulé, boursouflé; **high-flying** *aircraft* volant à haute altitude; (*fig*) *aim, ambition* extravagant; *person* ambitieux; **high-frequency de** *or* à haute fréquence (*V also* **ultrahigh, very**); **High German** haut allemand; **high-grade** *goods* de haute qualité, de premier choix; **high-grade mineral** minerai *m* à haute teneur; **to rule sb with a high hand** imposer sa loi à qn; **high-handed** très autoritaire, tyrannique; **high-handedly** très autoritairement; **high hat** haut-de-forme *m*; **high-hat*** (*adj*) snob, poseur; (*vt*) snober, traiter de haut; (*vi*) faire le snob (*f* la snobinette); **high-heeled shoes** chaussures *fpl* à hauts talons; (*shoes*) **high heels*** hauts talons*; (*fig*) **to be/get up on one's high horse** être/monter sur ses grands chevaux; **high-income** (*adj*) *groups, country* à revenu(s) élevé(s); (*Aut*) **high intensity lights** phares *mpl* longue portée; **highjack** = **hijack**; **highjacker** = **hijacker**; **highjacking** = **hijacking**; **to have high jinks*** se payer du bon temps; **there were high jinks*** **last night** on s'est amusé comme des fous hier soir; (*Sport*) **high jump** saut *m* en hauteur; (*Brit fig*) **he's for the high jump!*** il est bon *or* mûr pour une engueulade*, qu'est-ce qu'il va prendre!*; (*going to be sacked*) il va se faire virer!*; **highland** *V* **highland**; (*Admin, Ind, Pol etc*) **high-level** (*adj*) *meeting, discussions* à un très haut niveau; (*Comput*) *language, programming* de haut niveau; **high-level committee** comité *m* de haute instance *or* formé de hauts responsables; **high-level nuclear waste** déchets *mpl* nucléaires à forte radioactivité; **high life** vie mondaine, grande vie; **highlight** *V* **highlight**; **highlighter** *V* **highlighter**; **he likes high living** il aime (mener) la grande vie; **High Mass** grand-messe *f*; **high-minded** *person* à l'âme noble, de caractère élevé; *ambition, wish* noble, élevé; **high-necked** à col haut; **high noon** plein midi; **high-octane** (*adj*) *petrol* à indice d'octane élevé; **high-performance** (*adj*) performant; **high-pitched** (*Mus*) *song* (chanté) dans les aigus; *voice, sound, note* aigu (*f* -guë); (*Archit*) *roof* à forte pente; *ambitions etc* noble, haut (*before n*); **high point** [*show, evening*] point *m* culminant, zénith *m*, clou *m*; [*visit, holiday*] grand moment *m*; **high-powered** *car* de haute puissance, très puissant; (*fig*) *person* très important; **high-powered businessman** important homme d'affaires, gros industriel; (*Tech*) **high-pressure** à haute pression; (*Met*) **high-pressure area** anticyclone *m*, zone *f* de hautes pressions (atmosphériques); (*fig*) a **high-pressure salesman** vendeur *m* de choc*; **high-priced** coûteux, cher (*f* chère); **high priest** grand prêtre; **high priestess** grande prêtresse; **high-principled** qui a des principes élevés; **high protein** (*adj*) riche en protéines; **high ranking** haut placé, de haut rang; **high-ranking** official haut fonctionnaire, fonctionnaire de haut rang; **high-rise block, high-rise flats** tour *f* (d'habitation); (*esp Brit*) **highroad** (*lit*) grand-route *f*; (*fig*) **the highroad to success** la voie de la réussite; (*US*) **high roller*** (*gen*) casse-cou* *m inv*; (*gambling*) flambeur‡ *m*; **high school** (*Brit*) lycée *m*; (*US*) établissement *m* d'enseignement secondaire; (*US*) **high school diploma** diplôme *m* de fin d'études secondaires, ≃ baccalauréat *m*; **on the high seas** en haute mer; (*Brit*) **the high season** la haute saison; **high society** haute société; **high-sounding** sonore, grandiloquent (*pej*), ronflant (*pej*); **high-speed** ultra-rapide; **high-speed lens** objectif *m* à obturation (ultra-)rapide; **high-speed train** train *m* à grande vitesse, TGV *m*; **high-spirited** *person* plein d'entrain *or* de vivacité; *horse* fougueux, fringant, vif; **high spirits** entrain *m*, vivacité *f*, pétulance *f*; **in high spirits** plein d'entrain *or* de vivacité, tout joyeux; (*fig: climax*) **the high spot** [*evening, show*] le clou, le point culminant; [*visit, holiday*] le grand moment; **to hit the high spots*** faire la foire‡ *or* la noce* (*dans un night-club, restaurant etc*); (*lit, fig*) **to play for high stakes** jouer gros (jeu); (*Brit*) **high street** [*village*] grand-rue *f*; [*town*] rue principale; **the (little) high-street shops** le petit commerce; **the high-street banks** les grandes banques (*qui ont des succursales un peu partout*); **high-strung** = **highly strung** (*V* **highly**); **high summer** le cœur *or* le plus chaud de l'été; **in high summer** en plein été, au cœur de l'été, au plus chaud de l'été; **high table** (*gen*) table *f* d'honneur; (*Scol, Univ*) table des professeurs (*au réfectoire*); (*US*) **they high-tailed it*** **back to town** ils sont revenus à toute vitesse *or* blindé‡ en ville; (*Brit*) **high tea** goûter *m* dînatoire; **high-tech** (*n*) (*furniture, decor*) high-tech *m*; (*adj*) *industry* de pointe; **high-technology** (*n*) technologie *f* avancée *or* de pointe; (*cpd*) *device* d'une haute technicité; *sector* de pointe; (*Elec*) **high-tension** (*n*) haute tension *f*; (*adj*) à haute tension; **high tide** marée *f* haute; **at high tide** à marée haute; **high treason** haute trahison; **high-up** (*adj*) *person, post* de haut rang, très haut placé; (*n*) grosse légume*, huile* *f*; **high water** = **high tide** (*V also* **hell**); **high-water mark** niveau *m* des hautes eaux; **highway** *V* **highway**; **high wire** corde *f* raide; (*US pej*) **high yellow***‡ mulâtre *m* clair, mulâtresse *f* claire.

higher ['haɪə'] *comp of* **high 1** *adj mathematics, animals, post* supérieur (*f* -eure). **any number** ~ **than 6** tout nombre supérieur à 6; ~ **education** enseignement supérieur; (*Scot*) **the** ~ **forms** *or* **classes** les grandes classes; **the** ~ **income brackets** les tranches de revenu(s) supérieur(s).
2 *adv* plus haut; *V* **high**.
3 *n* (*Scot Scol*) = **Higher Grade**; *V* **4**.
4 *cpd*: (*Scot Scol*) **Higher Grade** diplôme *m* de fin d'études secondaires, ≃ baccalauréat *m*; (*Brit*) **Higher National Certificate** ≃ BTS *m*, ≃ DUT *m*; (*Brit*) **Higher National Diploma** ≃ DUT *m*; **higher-up*** (*senior person*) supérieur(e) *m(f)*.
highland ['haɪlənd] **1** *npl*: ~**s** région montagneuse, montagnes *fpl*; (*Brit Geog*) **the H**~**s** les Highlands *mpl*. **2** *adj* (*Brit*) **H**~ *scenery, air*

des Highlands; *holiday* dans les Highlands; **H~ fling** *danse écossaise*; **H~ games** jeux *mpl* écossais.
highlander ['haɪləndər] *n* montagnard *m*. (*Brit*) **H~** natif *m*, -ive *f* des Highlands.
highlight ['haɪlaɪt] **1** *n* (*Art*) rehaut *m*. **to have ~s put in one's hair** se faire faire des reflets; (*fig*) **the ~ of the evening** le clou de la soirée; **the ~s of the match** les instants les plus marquants du match.
 2 *vt* (**a**) souligner, mettre en lumière. **his report ~ed the lack of new houses** son rapport a mis en lumière *or* a souligné le manque de maisons nouvelles.
 (**b**) (*with pen*) mettre en relief (*avec un surligneur lumineux*).
highlighter ['haɪˌlaɪtər] *n* (*pen*) surligneur *m* (lumineux).
highly ['haɪlɪ] *adv* très, fort, hautement, extrêmement; *recommend* chaudement. **~ interesting** fort *or* très intéressant; **~ coloured** (*lit*) haut en couleur; (*fig*) *description etc* exagéré, enjolivé; **~ paid** *person, job* très bien payé *or* rémunéré; [*person*] **to be ~ paid** être très bien payé *or* rémunéré, toucher un gros salaire *or* traitement; **he pays me very ~** il me paye très bien; **~ placed official** officiel *m* de haut rang, officiel haut placé, (*in administration, government circles*) haut fonctionnaire; **~ seasoned** fortement assaisonné; (*Brit*) **~ strung** nerveux, toujours tendu; **to praise sb ~** chanter (haut) les louanges de qn; **to speak/think ~ of sb/sth** dire/penser beaucoup de bien de qn/qch.
highness ['haɪnɪs] *n* (**a**) **His** *or* **Her/Your H~** Son/Votre Altesse *f*; **V royal**. (**b**) [*building etc*] hauteur *f*; [*wind*] violence *f*, force *f*; [*fever*] intensité *f*.
highway ['haɪweɪ] **1** *n* grande route, route nationale; (*also public* **~**) voie publique. **the king's** *or* **queen's ~** la voie publique; **through the ~s and byways of Sussex** par tous les chemins du Sussex.
 2 *cpd*: (*Brit*) **the highway code** le code de la route; **highwayman** voleur *m* de grand chemin; (*US*) (**state**) **highway patrol** police *f* de la route *or* des autoroutes; **highway robbery** banditisme *m* de grand chemin; (*fig*) **it's highway robbery** c'est du vol manifeste; (*Admin*) **Highways Department** administration *f* des Ponts et Chaussées; **highways engineer** ingénieur *m* des Ponts et Chaussées.
hijack ['haɪdʒæk] **1** *vt* détourner (*par la force*). **2** *n* détournement *m*.
hijacker ['haɪdʒækər] *n* [*plane*] pirate *m* (de l'air); [*coach, train*] terroriste *mf*, gangster *m*; [*truck*] gangster *m*.
hijacking ['haɪdʒækɪŋ] *n* détournement *m*.
hike [haɪk] **1** *n* (**a**) (*walk etc*) excursion *f* à pied; (*shorter*) promenade *f* (à pied); (*Mil, Sport*) marche *f* à pied. **to go on** *or* **for a ~** faire une excursion *or* une promenade *or* une randonnée à pied.
 (**b**) (*US: increase: of prices etc*) hausse *f*, augmentation *f*.
 2 *vi* (**a**) aller *or* marcher à pied. **we spent our holidays hiking in France** nous avons passé nos vacances à excursionner à pied à travers la France; **they go hiking a lot** ils font beaucoup d'excursions à pied.
 (**b**) (*US: increase*) [*price etc*] augmenter.
 3 *vt* (*increase*) augmenter.
♦hike up *vt sep* (*hike*) remonter; *prices, amounts* augmenter.
hiker ['haɪkər] *n* excursionniste *mf* (à pied), marcheur *m*.
hiking ['haɪkɪŋ] *n* excursions *fpl* *or* randonnées *fpl* (à pied).
hilarious [hɪ'lɛərɪəs] *adj* (*merry*) hilare; (*funny*) désopilant, tordant*, marrant*.
hilarity [hɪ'lærɪtɪ] *n* hilarité *f*. **it caused a lot of ~** cela a déchaîné l'hilarité.
hill [hɪl] **1** *n* colline *f*; (*gen lower*) coteau *m*; (*rounded*) mamelon *m*; (*slope*) côte *f*, pente *f*; (*up*) montée *f*; (*down*) descente *f*. **he was going up the ~** il montait la colline; **up ~ and down dale, over ~ and dale** par monts et par vaux; **as old as the ~s** vieux (*f* vieille) comme les chemins *or* comme Hérode; (*fig: old*) **he's over the ~*** il se fait vieux; **this car is not good on ~s** cette voiture ne grimpe pas bien; **V ant, mole**[1], **up** *etc*.
 2 *cpd*: (*US: often pej*) **hillbilly*** péquenaud* *m* (*pej*), rustaud *m* (*pej*) (*montagnard du sud des U.S.A.*); (*Mus*) **hillbilly music** musique *f* folk *inv* (*originaire des montagnes du sud des U.S.A.*); (*Sport*) **hill climb course** *f* de côtes; **hill climber = hill walker**; **hill climbing = hill walking**; **hillside** (*flanc m de*) coteau *m*; **on the hillside** à flanc de coteau; (*in India*) **hill station** station *f* dans les collines; **on the hilltop** en haut de *or* au sommet de la colline; **hill walker** (*grand(e)*) randonneur *m*, -euse *f* (*de basse montagne*); **hill walking** (*grandes*) randonnées *fpl* de basse montagne.
hilliness ['hɪlɪnɪs] *n* caractère accidenté, vallonnement *m*.
hillock ['hɪlək] *n* petite colline, tertre *m*, butte *f*; (*rounded*) mamelon *m*.
hilly ['hɪlɪ] *adj country* vallonné, accidenté; *road* accidenté, à fortes côtes, montueux (*liter*).
hilt [hɪlt] *n* [*sword*] poignée *f*, garde *f*; [*dagger etc*] manche *m*; [*pistol*] crosse *f*. (*fig*) **(up) to the ~** *in trouble, in debt, involved* jusqu'au cou; *mortgaged* au maximum; **to back sb up to the ~** être derrière qn quoi qu'il arrive, soutenir qn à fond.
him [hɪm] *pers pron* (**a**) (*direct*) (*unstressed*) le; (*before vowel*) l'; (*stressed*) lui. **I see ~** je le vois; **I have seen ~** je l'ai vu; **I know HER but I've never seen HIM** je la connais, elle, mais lui je ne l'ai jamais vu.
 (**b**) (*indirect*) lui. **I give ~ the book** je lui donne le livre; **I'm speaking to ~** je lui parle, c'est à lui que je parle.
 (**c**) (*after prep etc*) lui. **I am thinking of ~** je pense à lui; **without ~** sans lui; **if I were ~** si j'étais lui, si j'étais à sa place; **it's ~** c'est lui; **younger than ~** plus jeune que lui.
 (**d**) celui. **to ~ who objects I would explain it thus** à celui qui n'est pas d'accord je l'expliquerais ainsi.
Himalayas [ˌhɪmə'leɪəz] *npl* (montagnes *fpl* de l')Himalaya *m*.

himself [hɪm'self] *pers pron* (*reflexive: direct and indirect*) se; (*emphatic*) lui-même; (*after prep*) lui. **he has hurt ~** il s'est blessé; **he said to ~** il s'est dit; **he told me ~** il me l'a dit lui-même; **I saw the teacher ~** j'ai vu le professeur lui-même *or* en personne; **he kept 3 for ~** il s'en est réservé 3; **she asked him for a photo of ~** elle lui a demandé une de ses photos *or* une photo de lui; (*all*) **by ~** tout seul; **he is not ~ today** il n'est pas dans son état normal *or* dans son assiette* aujourd'hui.
hind[1] [haɪnd] *n* (*Zool*) biche *f*.
hind[2] [haɪnd] *adj* postérieur (*f* -eure), de derrière. **~ legs**, **~ feet** pattes *fpl* de derrière; **to get up on one's ~ legs*** se lever (*pour parler*); **she could** *or* **would talk the ~ leg(s) off a donkey*** c'est un vrai moulin à paroles.
hinder[1] ['haɪndər] *adj comp of* **hind**[2].
hinder[2] ['hɪndər] *vt* (*obstruct, impede*) gêner, entraver (*sb* qn); (*oppose*) faire obstacle à (*sth* qch); (*delay*) retarder; (*prevent*) empêcher, arrêter, retenir (*sb from doing* qn de faire). **you are ~ing my work** tu m'empêches de travailler, tu me gênes dans mon travail.
Hindi ['hɪndiː] *n* (*Ling*) hindi *m*.
hindmost ['haɪndməʊst] *adv* dernier, ultime, le plus en arrière. (*Prov*) **every man for himself and the devil take the ~** sauve qui peut.
hindquarters ['haɪndˌkwɔːtəz] *npl* arrière-train *m*, train *m* de derrière.
hindrance ['hɪndrəns] *n* gêne *f*, entrave *f*, obstacle *m*. **to be a ~ (to sb/sth)** gêner (qn/qch); **he is more of a ~ than a help** il gêne plus qu'il n'aide.
hindsight ['haɪndsaɪt] *n* sagesse rétrospective. **with the benefit of ~** avec du recul, rétrospectivement.
Hindu ['hɪn'duː] **1** *adj* (*gen*) hindou; *religion* hindou, hindouiste. **2** *n* (*all senses*) Hindou(e) *m(f)*; (*Rel*) hindou(e) *m(f)*, hindouiste *mf*.
Hinduism ['hɪnduːɪzəm] *n* hindouisme *m*.
Hindustan [ˌhɪnduː'stɑːn] *n* Hindoustan *m*.
Hindustani [ˌhɪnduː'stɑːnɪ] **1** *adj* hindou. **2** *n* (**a**) Hindoustani(e) *m(f)*. (**b**) (*Ling*) hindoustani *m*.
hinge [hɪndʒ] **1** *n* [*door*] gond *m*, charnière *f*; [*box*] charnière *f*; (*fig*) pivot *m*, charnière; [*stamp*] ~ charnière. **the door came off its ~s** la porte est sortie de ses gonds.
 2 *cpd*: (*Anat*) **hinge joint** diarthrose *f*.
 3 *vt door* mettre dans ses gonds; *box* mettre des charnières à. **~d lid** couvercle *m* à charnière(s); [*counter*] **~d flap** battant *m* relevable; (*Tech*) **~d girder** poutre articulée.
 4 *vi* (*Tech*) pivoter (*on* sur); (*fig*) dépendre (*on* de). **everything ~s on his decision** tout dépend de sa décision.
hint [hɪnt] **1** *n* (**a**) allusion *f*, insinuation *f* (*pej*). **to drop** *or* **throw out** *or* **let fall a ~** faire une allusion; **to drop a ~ that ...** faire une allusion au fait que ...; **he dropped me a ~ that he would like an invitation** il m'a fait comprendre (par une allusion) qu'il aimerait être invité; **he dropped a gentle ~ about it** il y a fait une allusion discrète; **broad ~** allusion transparente *or* à peine voilée; **no need to drop ~s!** pas la peine* de faire des allusions! *or* des insinuations (*pej*)!; **he knows how to take a ~** il comprend à demi-mot, il comprend les allusions; **he took the ~ and left at once** il a compris sans qu'on ait besoin de lui expliquer et est parti sur-le-champ; **I can take a ~** (*ça va*) j'ai compris; **he can't take a ~** il ne comprend pas vite; (*in guessing etc*) **give me a ~** donne-moi une indication; **he gave no ~ of his feelings** il n'a rien laissé transparaître de ses sentiments; **~s for travellers** conseils *mpl* aux voyageurs; **~s on maintenance** conseils d'entretien.
 (**b**) (*trace*) nuance *f*, trace *f*, soupçon *m*. **a ~ of garlic** un soupçon d'ail; **there was not the slightest ~ of a dispute** il n'y a pas eu l'ombre d'une dispute; **there was a ~ of sadness about him** il avait un je ne sais quoi de mélancolique; **there's a ~ of spring in the air** il y a un petit air printanier.
 2 *vt* insinuer, suggérer (*that* que). **he ~ed to me that he was unhappy** il m'a laissé entendre *or* comprendre qu'il était malheureux.
 3 *vi*: **to ~ at sth** faire (une) allusion à qch; **what are you ~ing at?** qu'est-ce que vous voulez dire par là?; **are you ~ing at something?** c'est une allusion?
hinterland ['hɪntəlænd] *n* arrière-pays *m inv*.
hip[1] [hɪp] **1** *n* (**a**) (*Anat*) hanche *f*. **with one's hands on one's ~s** les mains sur les hanches; **to break one's ~** se casser le col du fémur.
 (**b**) (*Archit*) arête *f* (*d'un toit*).
 2 *cpd*: **hip bath** bain *m* de siège; **hipbone** os *m* iliaque *or* de la hanche; **hip flask** flacon *m* plat (*pour la poche*), flasque *f*; **hip joint** articulation *f* coxo-fémorale *or* de la hanche; **hip measurement = hip size**; **hip pocket** poche *f* revolver; **hip size** tour *m* de hanches; **what is her hip size?** quel est son tour de hanches?, combien fait-elle de tour de hanches?
hip[2] [hɪp] *n* (*Bot*) fruit *m* d'églantier *or* de rosier, gratte-cul *m*, cynorrhodon *m*.
hip[3] [hɪp] *excl*: **~ ~ hurrah!** hip hip hip hourra!
hip[4]‡ [hɪp] **1** *adj* (*up-to-date*) dans le vent*, à la page. **2** *vt* (*US*) mettre au courant *or* au parfum‡.
hipped‡ [hɪpt] *adj* (*interested*) mordu*, dingue* (*on* de); (*annoyed*) vexé. (*depressed*) **to be ~** avoir le cafard*.
-hipped [hɪpt] *adj ending in cpds*: **broad-hipped** large de hanches.
hippie* ['hɪpɪ] *adj, n* hippie (*mf*).
hippo* ['hɪpəʊ] *n abbr of* hippopotamus.
Hippocrates [hɪ'pɒkrətiːz] *n* Hippocrate *m*.
Hippocratic [ˌhɪpəʊ'krætɪk] *adj*: **the ~ oath** le serment d'Hippocrate.
hippodrome ['hɪpədrəʊm] *n* hippodrome *m*.

Hippolytus [hɪ'pɒlɪtəs] n Hippolyte m.
hippopotamus [‚hɪpə'pɒtəməs] n, pl ~es or **hippopotami** [‚hɪpə'pɒtəmaɪ] hippopotame m.
hippy¹* ['hɪpɪ] = **hippie***.
hippy²* ['hɪpɪ] adj aux hanches larges, large de hanches.
hipster ['hɪpstə'] n (a) (Brit) ~s pantalon m taille basse; ~ skirt jupe f taille basse. (b) (US*) jeune homme branché‡ or dans le vent (1940-50).
hire ['haɪə'] **1** n (a) (U: act of hiring) [car, clothes, hall, boat] location f. for ~ à louer; (on taxi) 'libre'; on ~ en location; **to let (out) sth on ~** louer qch; **car ~** location de voiture.
  (b) (money) [person] paye f; [car, hall etc] prix m de (la) location.
  2 cpd: (Brit) **hire car** voiture f de location; **hire charges** frais mpl or droits mpl de location, prix m de (la) location; (Brit) **hire purchase** achat m or vente f à crédit, achat or vente à tempérament; **on hire purchase** à crédit; **hire purchase agreement** contrat m de crédit.
  3 vt thing, (Brit) car louer; person engager, embaucher (esp Ind). **~d man** ouvrier m à la saison or à la journée; **~d car** voiture louée or de location; **~d killer** tueur m à gages.
♦**hire out** vt sep car, tools louer, donner en location. (US) **he hires himself out as a gardener** il fait des journées (or des heures) de jardinier.
hireling ['haɪəlɪŋ] n (pej) larbin m (pej), laquais m (pej).
Hiroshima [‚hɪrɒ'ʃiːmə] n Hiroshima.
hirsute ['hɜːsjuːt] adj hirsute, velu, poilu.
his [hɪz] **1** poss adj son, sa, ses. ~ **book** son livre; ~ **table** sa table; ~ **friend** son ami(e); ~ **clothes** ses vêtements; **HIS book** son livre à lui; **he has broken** ~ **leg** il s'est cassé la jambe.
  2 poss pron le sien, la sienne, les siens, les siennes. **my hands are clean,** ~ **are dirty** mes mains sont propres, les siennes sont sales; ~ **is a specialized department** sa section est une section spécialisée; **this book is** ~ ce livre est à lui, ce livre est le sien; **this poem is** ~ ce poème est de lui; **the house became** ~ la maison est devenue la sienne; **it is not** ~ **to decide** ce n'est pas à lui de décider, il ne lui appartient pas de décider; **a friend of** ~ un de ses amis (à lui); **it's no fault of** ~ ce n'est pas de sa faute (à lui); **no advice of** ~ **could prevent her** aucun conseil de sa part ne pouvait l'empêcher; (pej) **that car of** ~ sa fichue* voiture; **that stupid son of** ~ son idiot de fils; **that temper of** ~ son sale caractère.
Hispanic [hɪs'pænɪk] **1** adj (gen) culture etc hispanique; (South American) latino-américain. **2** n (US) Latino-américain(e) m(f), Hispano-américain(e) m(f).
Hispano… [hɪ'spænəʊ] pref hispano-.
hiss [hɪs] **1** vi [person, snake] siffler; [gas, steam] chuinter, siffler. **2** vt actor, speaker siffler. **'come here,' he** ~**ed** 'viens ici,' siffla-t-il. **3** n sifflement m. (Theat etc) ~es sifflet(s) m(pl).
histologist [hɪ'stɒlədʒɪst] n histologiste mf.
histology [hɪ'stɒlədʒɪ] n histologie f.
historian [hɪs'tɔːrɪən] n historien(ne) m(f).
historic [hɪs'tɒrɪk] adj (gen) historique; (important) historique, qui fait date.
historical [hɪs'tɒrɪkəl] adj (gen) historique. (Jur etc) **the** ~ **background to the case** le rappel historique or l'historique m de l'affaire; **place of** ~ **interest** monument m or site m historique; ~ **landmark** événement m historique marquant, jalon m dans l'histoire; ~ **linguistics** linguistique f diachronique.
historically [hɪs'tɒrɪkəlɪ] adv (gen) du point de vue historique, historiquement; (in the past) dans or par le passé.
historiography [hɪstɔːrɪ'ɒɡrəfɪ] n historiographie f.
history ['hɪstərɪ] n (a) (U) histoire f. **to make** ~ être historique; **he will go down in** ~ **for what he did** il entrera dans l'histoire pour ce qu'il a fait; (fig) [event, day, decision] **it will go down in** ~ ce sera historique; **that's ancient** ~ c'est de l'histoire ancienne (fig); V **natural.**
  (b) **I don't know the** ~ **of this necklace** je ne connais pas l'histoire de ce collier; **the patient has a** ~ **of psychiatric disorders** le patient a dans son passé (médical) des désordres psychiatriques; **what is his medical** ~**?** quel est son passé médical?; V **case¹.**
histrionic [‚hɪstrɪ'ɒnɪk] adj théâtral; (pej) histrionique, de cabotin (pej). ~ **ability** talent m dramatique.
histrionics [‚hɪstrɪ'ɒnɪks] npl art m dramatique. (pej) **to indulge in** ~ prendre des airs dramatiques, cabotiner (pej); (pej) **I'm tired of his** ~ j'en ai assez de ses airs dramatiques or de son cinéma* (fig).
hit [hɪt] (vb: pret, ptp hit) **1** n (a) (stroke, blow) coup m; (Baseball, Cricket etc) coup de batte etc; (Tennis) coup de raquette. (fig) **that's a** ~ **at me** ça c'est pour moi, c'est une pierre dans mon jardin; **he made a** ~ **at the government** il a attaqué le gouvernement; V **free.**
  (b) (successful stroke etc) coup réussi, beau coup; (Archery) coup dans le mille; (with bullet, shell etc) tir réussi; (Fencing) touche f; (good guess) coup dans le mille (fig). (gen) **3** ~**s and 3 misses** 3 succès et 3 échecs; **direct** ~ (Sport) coup (en plein) dans le mille; V **score.**
  (c) (success) coup réussi, beau coup; (Theat) (gros) succès m; (song) chanson f à succès, tube‡ m. **to make a** ~ **of sth*** réussir (pleinement) qch; **to make a** ~ **with sb*** faire une grosse impression sur qn, avoir un gros succès avec qn; **the play/song was a big** ~ la pièce/chanson a eu un énorme succès.
  2 cpd: **hit-and-miss** = **hit-or-miss; hit-and-run accident** délit m de fuite; **hit-and-run driver** chauffard* m (coupable du délit de fuite); (Mil) **hit-and-run raid** raid m éclair inv; **hit list** liste f noire; (fig) **he's on the hit list** elle l'a mis dans le collimateur, il est sur la liste noire; **hitman‡** tueur m; **hit-or-miss** (adv) au petit bonheur (la chance), un peu n'importe comment; (adj) work fait au petit bonheur (la chance); attitude désinvolte; technique empirique; **the**

way she painted the room was rather hit-or-miss elle a peint la pièce un peu n'importe comment; **it was all rather hit-or-miss** tout se passait plutôt au petit bonheur (la chance), tout était à la va-comme-je-te-pousse; **hit parade** hit parade m; (Theat) **hit show** revue f à succès; **hit song** chanson f à succès, tube‡ m; **hit squad*** commando m (de tueurs).
  3 vt (a) (strike) frapper, taper sur; (knock against) heurter, cogner; (reach) atteindre; (Billiards, Fencing) toucher; (fig: hurt, annoy) affecter, blesser, piquer. **he** ~ **his brother** il a frappé son frère; **he** ~ **me!** il m'a frappé!, il m'a tapé dessus!; **his father used to** ~ **him** son père le battait; **to** ~ **sb where it hurts** (lit: in fight) frapper qn là où ça fait mal; (fig: in argument, business rivalry etc) toucher qn à son point faible or névralgique; **to** ~ **sb a blow** porter or donner or envoyer or flanquer* un coup à qn; (fig) **to** ~ **a man when he's down** frapper un homme à terre; **to** ~ **one's head/arm against sth** se cogner or se heurter la tête/le bras contre qch; **his head** ~ **the pavement, he** ~ **his head on the pavement** sa tête a donné contre or porté contre or heurté le trottoir; **the stone** ~ **the window** la pierre atteignit la fenêtre; **he was** ~ **by a stone** il fut atteint par une pierre, il reçut une pierre; (fig) **it** ~**s you in the eye** cela (vous) saute aux yeux; **he** ~ **the nail with a hammer** il a tapé sur le clou avec un marteau; (fig) **to** ~ **the nail on the head** mettre le doigt dessus, faire mouche; (fig) **to** ~ **the mark** atteindre le or son but; (fig) **that** ~ **home!** le coup a porté!; (Shooting etc) **you couldn't** ~ **an elephant!** tu raterais (même) un éléphant!; **the president was** ~ **by 3 bullets** le président reçut 3 balles; **the house was** ~ **by a bomb** la maison fut atteinte par or reçut une bombe; **my plane had been** ~ mon avion avait été touché; (fig) **he was hard** ~ **by his losses** ses pertes l'ont durement touché or atteint; (fig) **the crops were** ~ **by the rain** la pluie a causé des dégâts aux récoltes; (fig) **production was** ~ **by the strike** la production a été atteinte or touchée par la grève; **the public was hardest** ~ **by the strike** c'est le public qui a été le plus atteint par la grève; **the rise in prices will** ~ **the poorest families first** la hausse des prix affectera or touchera d'abord les familles les plus pauvres.
  (b) (fig) [news, story] **to** ~ **the papers** être à la une* des journaux, faire les gros titres des journaux; **what will happen when the story** ~**s the front page?** que se passera-t-il quand on lira cette histoire en première page des journaux?; (realization) **then it** ~ **me*** alors j'ai réalisé* d'un seul coup! or brusquement!; **you've** ~ **it!*** ça y est* tu as trouvé!; ~ **it!‡ fiche le camp!*; to** ~ **the bottle*** (se mettre à) picoler*; (fig) **to** ~ **the ceiling*** or **the roof*** sortir de ses gonds; **to** ~ **the deck‡** (start work) se mettre au boulot*; (fall) s'aplatir au sol; **to** ~ **the dirt‡** s'aplatir au sol; (fig) **to** ~ **the hay‡** or **the sack‡** se pieuter‡; **to** ~ **the road*** or **the trail*** se mettre en route, mettre les voiles*; **this car can** ~* **160 km/h** cette voiture fait du 160 (km) à l'heure; **the troops** ~ **the beach at dawn*** les troupes ont débarqué sur la plage à l'aube; **when will Jim** ~ **town?*** quand est-ce que Jim va débarquer en ville?; (fig) **to** ~ **the shops*** sortir en magasin; (fig) [new publication] **to** ~ **the bookshops** or (US) **bookstores** sortir en librairie; (US fig) **it** ~**s the spot** c'est justement ce qu'il me faut!, ça me redonne le moral!; (US Cards) **he** ~ **me with a six of spades*** il m'a donné un six de pique; (US fig) **to** ~ **sb for 10 dollars‡** taper‡ qn de 10 dollars; (fig) **to** ~ **sb for six*** enfoncer* qn; V **headline, high, skid** etc.
  (c) (collide with) entrer en collision avec, heurter, rentrer dans*.
  (d) (find) trouver, tomber sur; problems, difficulties rencontrer. **at last we** ~ **the right road** nous sommes tombés enfin sur la bonne route.
  4 vi (collide) se heurter, se cogner (against à, contre).
♦**hit back 1** vi (fig) riposter. **to hit back at sb** riposter, répondre à qn.
  2 vt sep: **to hit sb back** rendre son coup à qn.
♦**hit off** vt sep (a) **to hit off a likeness** saisir une ressemblance; **he hit him off beautifully** il l'a imité à la perfection.
  (b) **to hit it off with sb** bien s'entendre avec qn; **they hit it off well together** ils s'entendent très bien or comme larrons en foire; **they just don't hit it off** ils n'arrivent pas à s'entendre, entre eux ça n'accroche pas*.
♦**hit out at** vt fus (lit) envoyer un coup à; (fig) attaquer, lancer une attaque contre.
♦**hit (up)on** vt fus tomber sur, trouver.
hitch [hɪtʃ] **1** n (a) **to give sth a** ~ (up) remonter qch (d'une saccade).
  (b) (any knot) nœud m; (specific knot) deux demi-clefs fpl.
  (c) (fig: obstacle) anicroche f, contretemps m, os* m. **without a** ~ sans accroc or anicroche; **there's been a** ~ il y a eu une anicroche or un os*; **there was some** ~ **in their plans** il y a eu une anicroche or un contretemps quelconque dans leurs projets; **the** ~ **is that…** l'ennui c'est que…; V **technical.**
  (d) (US pej *: in army or in jail etc) période passée dans l'armée (or en prison etc).
  2 cpd: **hitch-hike** faire du stop* or de l'auto-stop; **they hitch-hiked to Paris** ils sont allés à Paris en stop, ils ont fait du stop* or de l'auto-stop jusqu'à Paris; **hitch-hiker** auto-stoppeur m, -euse f, stoppeur* m, -euse* f; **hitch-hiking** auto-stop m, stop* m.
  3 vt (also ~ up) remonter (d'une saccade).
  (b) (fasten) accrocher, attacher, fixer; (Naut) amarrer. **to get** ~**ed‡** se marier.
  (c) (*) **to** ~ **a lift** or **a ride to Paris** faire du stop* jusqu'à Paris; **I** ~**ed a lift to Paris with my father** je me suis fait emmener en voiture jusqu'à Paris par mon père.
  4 vi (*) = **hitch-hike**; V **2.**
♦**hitch up** vt sep (a) horses, oxen atteler (to à).
  (b) trousers remonter (d'une saccade).

hi-tech ['haɪ'tek] = **high-tech**; V **high**.

hither ['hɪðə'] **1** adv (††) ici. (not ††) ~ **and thither** çà et là; (†† or hum) **come** ~ venez çà (†† or hum); V also **come**. **2** adj (††) de ce côté-ci. **3** cpd: hitherto jusqu'ici.

Hitler ['hɪtlə'] n Hitler m.

Hitlerian [hɪt'lɪərɪən] adj hitlérien.

Hitlerism ['hɪtlərɪzəm] n hitlérisme m.

Hittites ['hɪtaɪts] npl Hittites mpl.

hive [haɪv] **1** n (place, also fig) ruche f; (bees in it) essaim m. (fig) a ~ of industry une vraie ruche. **2** vt mettre dans une ruche. **3** vi entrer à la ruche.
◆**hive off** (Brit) **1** vi (a) (*: separate) se séparer (from de).
(b) (‡: rush off) filer*, se tirer‡.
2 vt sep séparer (from de). **they hived off the infant school to a different building** ils ont décentralisé la maternelle pour l'installer dans un autre bâtiment.

hives [haɪvz] npl (Med) urticaire f.

hiya‡ ['haɪjə] excl salut!*

hl (abbr of **hectolitre(s)**) hl.

HM [eɪtʃ'em] n (abbr of **His or Her Majesty**) S.M., Sa Majesté.

HMG [eɪtʃem'dʒiː] n (Brit) abbr of **His or Her Majesty's Government**; V **majesty**.

HMI [eɪtʃem'aɪ] n (Brit Educ: abbr of **His or Her Majesty's Inspector**) ≃ inspecteur m, -trice f général(e) des lycées et collèges.

HMS [eɪtʃem'es] n (Brit) abbr of **His or Her Majesty's Ship**; V **ship**.

HMSO [eɪtʃemes'əʊ] n (Brit) abbr of **His or Her Majesty's Stationery Office**; V **stationery**.

HNC [eɪtʃen'siː] n (Brit Educ) abbr of **Higher National Certificate**; V **higher**.

HND [eɪtʃen'diː] n (Brit Educ) abbr of **Higher National Diploma**; V **higher**.

hoard [hɔːd] **1** n réserves fpl, provisions fpl, stock m (pej); (treasure) trésor m. a ~ of (money) un trésor, un magot; a ~ of food des provisions, des réserves; a **squirrel's** ~ of nuts les réserves or provisions de noisettes d'un écureuil.
2 vt (also ~ up) food etc amasser, mettre en réserve, stocker (pej); money accumuler, amasser.

hoarder ['hɔːdə'] n: to be a ~ ne rien jeter.

hoarding¹ ['hɔːdɪŋ] n (act of saving) entassement m, accumulation f; (capital) thésaurisation f.

hoarding² ['hɔːdɪŋ] n (Brit) (fence) palissade f; (for advertisements) panneau m d'affichage or publicitaire.

hoarfrost ['hɔː'frɒst] n gelée blanche, givre m.

hoarse [hɔːs] adj person enroué; voice rauque, enroué. **to be** ~ avoir la voix prise or enrouée or rauque, être enroué; **he shouted himself** ~ il a tant crié qu'il a fini par s'enrouer.

hoarsely ['hɔːslɪ] adv d'une voix rauque or enrouée.

hoarseness ['hɔːsnɪs] n enrouement m.

hoary ['hɔːrɪ] adj hair blanchi, blanc neigeux inv; person (lit: also ~-headed) chenu; (fig) vénérable; (Bot) couvert de duvet blanc. a ~ **old joke** une blague éculée.

hoax [həʊks] **1** n canular m. to **play a** ~ on sb monter or faire un canular à qn. **2** vt faire or monter un canular à. **we were completely** ~ed on nous a eus*.

hob [hɒb] n (by fireplace) plaque f (de foyer) (où la bouilloire etc est tenue au chaud); (on old-fashioned cooker) rond m; (on modern cooker) plaque (chauffante).

hobble ['hɒbl] **1** vi clopiner, boitiller. **to** ~ **along** aller clopin-clopant; **to** ~ **in/out** etc entrer/sortir etc en clopinant. **2** vt horse entraver. **3** n (for horses) entrave f. **4** cpd: **hobble skirt** jupe entravée.

hobbledehoy ['hɒbldɪ'hɔɪ] n grand dadais or niais.

hobby ['hɒbɪ] **1** n passe-temps inv favori, hobby m. **his** ~ **is sailing** son passe-temps favori or son hobby (c')est la voile; **he began to paint as a** ~ il a commencé la peinture à titre de passe-temps; **he's got several hobbies** il a plusieurs passe-temps.
2 cpd: **hobby-horse** (toy) tête f de cheval (sur un manche); (rocking horse) cheval m à bascule; (fig) dada m; (fig) **he's off on his hobby-horse** le voilà reparti (sur son dada).

hobbyist ['hɒbɪɪst] n (US) amateur m. a **photo** ~ un photographe amateur.

hobgoblin ['hɒb.gɒblɪn] n (elf) lutin m; (fig: bugbear) croque-mitaine m.

hobnail ['hɒbneɪl] n caboche f, clou m. ~(**ed**) **boots** souliers à clous or cloutés or ferrés.

hobnob ['hɒbnɒb] vi: to ~ **with** frayer avec.

hobo ['həʊbəʊ] n (US) (a) (tramp) (in town) clochard m, vagabond m; (in country) chemineau m, vagabond. (b) (migratory worker) saisonnier m.

Hobson's choice ['hɒbsənz'tʃɔɪs] n (Brit) it's ~ c'est un choix qui n'en est pas un, c'est un choix apparent seulement.

hock¹ [hɒk] n [animal] jarret m; [human] partie postérieure du genou; (Culin) jarret (de bœuf).

hock² [hɒk] n (Brit: wine) vin m du Rhin.

hock³‡ [hɒk] **1** vt (pawn) mettre au clou*. **2** n: **in** ~ object au clou*, au mont-de-piété; person endetté.

hockey ['hɒkɪ] **1** n (a) (Brit: also US **field** ~) hockey m. (b) (US; also US **ice** ~) hockey m sur glace. **2** cpd: **hockey match, pitch** de hockey. **hockey player** hockeyeur m, -euse f; (Can) joueur m, -euse f de hockey; **hockey stick** crosse f de hockey; (Can) hockey m.

hocus-pocus ['həʊkəs'pəʊkəs] n (trickery) supercherie f, attrape f; (conjuring trick) tour m de passe-passe; (talk) charabia* m, galimatias m.

hod [hɒd] n (for coal) seau m à charbon; (for bricks, mortar) oiseau m, hotte f.

hodgepodge ['hɒdʒpɒdʒ] n = **hotchpotch**.

hoe [həʊ] **1** n houe f, binette f. **2** vt ground biner; vegetables, weeds

sarcler. **3** cpd: (US) **hoedown** danse f (de village).

hog [hɒg] **1** n (a) (Zool) cochon m, porc m; (castrated) verrat châtré. **he's a greedy** ~ c'est un vrai goinfre, il se goinfre* comme un pourceau; V **high, road, whole**.
(b) (*: US Aut) grosse voiture (or moto).
2 vt (a) (*) food se goinfrer* de; (take selfishly) best chair etc · accaparer, monopoliser. **don't** ~ **all the sweets** ne garde pas tous les bonbons pour toi; **he was** ~**ging the only armchair** il accaparait or monopolisait le seul fauteuil; **to** ~ **the credit** s'attribuer tout le mérite.
(b) **they were** ~**ging it‡ in a dirty little room** ils vivaient comme des porcs dans un petit galetas.
3 cpd: **hogshead** barrique f; (US) **hogtie** lier par les pieds et les poings; (fig) entraver; **hogwash** (pigswill) eaux grasses (pour nourrir les porcs); (‡: nonsense) foutaises‡ fpl.

Hogarthian [həʊ'gɑːθɪən] adj (à la manière de) Hogarth.

Hogmanay [.hɒgmə'neɪ] n (Scot) la Saint-Sylvestre, le réveillon du jour de l'an.

hoi polloi [.hɔɪpə'lɔɪ] n (pej) the ~ les gens mpl du commun, le commun (pej), la plèbe (pej).

hoist [hɔɪst] **1** vt hisser, remonter; sails, flag hisser. (fig) ~ **with his own petard** pris à son propre piège.
2 n (a) (equipment) appareil m de levage, palan m; (winch) treuil m; (crane) grue f; (for goods) monte-charge m inv; (made of rope) corde f, palan.
(b) **to give sth a** ~ (up) hisser or remonter qch.

hoity-toity ['hɔɪtɪ'tɔɪtɪ] **1** adj (arrogant) prétentieux, qui se donne de grands airs, bêcheur* (f -euse); (touchy) susceptible. **2** excl (†) taratata!†.

hoke‡ [həʊk] vt (US) **to** ~ **up a movie** forcer les effets (sentimentaux ou comiques) d'un film.

hokey-cokey ['həʊkɪ'kəʊkɪ] n hokey-cokey m (chant et danse de groupe).

hokum‡ ['həʊkəm] n (US) (nonsense) foutaises‡ fpl; (sentimentality) blablabla* sentimental, niaiseries fpl; (US : Cine, Theat) gros effets (sentimentaux or comiques).

hold [həʊld] (vb: pret, ptp **held**) **1** n (a) (U) prise f, étreinte f; (fig) prise, empire m, influence f (over sb sur qn). **to catch** or **lay** or **seize** ~ **of, to get** or **take** (a) ~ **of** saisir, se saisir de, s'emparer de; **catch** ~!, **take** ~! tiens!, attrape!; **he got** or **caught** ~ **of her arm** il lui a saisi le bras; (fig) **we're trying to get** ~ **of him** nous essayons de le contacter or joindre; **can you get** or **lay** ~ **of a piece of wire?** est-ce que tu peux dénicher* or te procurer un morceau de fil de fer?; **where did you get** ~ **of that hat?** où as-tu été trouver or dénicher* ce chapeau?; **where did you get** ~ **of that idea?** où as-tu été pêcher* cette idée?; (fig) **to get** (a) ~ **of o.s.** se maîtriser, se contrôler; **get** (a) ~ **of yourself!** ressaisis-toi!, ne te laisse pas aller!; **to have** ~ **of** tenir; **I've got a good** or **firm** ~ **on the rope** je tiens bien or bon la corde; **to keep** ~ **of** tenir fermement, ne pas lâcher; **keep** ~ **of the idea that** ... dites-vous bien que ...; (fig) **to have a** ~ **over sb** avoir barre or avoir prise sur qn; **I don't know what kind of a** ~ **he has over them but they all obey him** je ne sais pas quel pouvoir or quelle prise il a sur eux mais ils lui obéissent; (fig: of custom, practice) **to take** ~ prendre, se répandre; (US) **on** ~ phone call, order etc en attente; (US) **to put sth on** ~ mettre qch en attente.
(b) (gen, also Climbing) prise f. **the rock offered him few** ~s le rocher lui offrait peu de prises; V **foot, hand, press** etc.
(c) (Wrestling) prise f. (fig) **no** ~s barred* tous les coups sont permis.
(d) (Naut) cale f.
2 cpd: (Brit) **holdall** fourre-tout m inv; **holdup** (robbery) hold-up m inv, attaque f à main armée; (Brit) (delay) retard m; (in traffic) embouteillage m, bouchon m; **there's been a holdup in** ... il y a eu un retard dans ...; **a big holdup owing to roadworks** un gros bouchon dû aux travaux.
3 vt (a) (grasp, carry) tenir. **she was** ~**ing a book in her hand** elle tenait un livre à la main; **she was** ~**ing a coin in her hand** elle tenait une pièce de monnaie dans la main; ~ **this for a moment** tiens or prends ça un moment; (lit, fig) **she was** ~**ing her sister's hand** elle tenait la main de sa sœur; **they were** ~**ing hands** ils se tenaient par la main, ils s'étaient donné la main; **he held my arm** il me tenait le bras; **to** ~ **one's sides with laughter** se tenir les côtes de rire; **the dog held the stick in his mouth** le chien tenait le bâton dans sa gueule; **she held him tight for a moment** elle l'a serré très fort pendant un instant; ~ **him tight or he'll fall** tenez-le bien (pour) qu'il ne tombe (subj) pas; **to** ~ **fast** tenir bien or bon or solidement; **the ladder won't** ~ **you or your weight l'échelle ne supportera pas ton poids; the nails** ~ **the carpet in place** les clous maintiennent la moquette en place; **he** ~**s the key to the mystery** il détient la clef du mystère; **to** ~ **o.s. upright** se tenir droit; (lit, fig) **to** ~ **one's head high** porter la tête haute.
(b) (fig) **to** ~ **o.s. ready** se tenir prêt; **he held us all spellbound** il nous tenait tous sous son charme; **can he** ~ **an audience?** est-ce qu'il sait tenir un auditoire?; **to** ~ **sb's attention/interest** retenir l'attention/l'intérêt de qn; **he was left** ~**ing the baby** or (US) **the bag** tout est retombé sur sa tête; **to** ~ **one's breath** retenir son souffle; **he can't** ~ **a candle to his brother** il n'arrive pas à la cheville de son frère; (Naut) **to** ~ **course** tenir le cap, continuer à faire route (for vers); **to** ~ **one's ground** tenir bon, tenir ferme; (Telec) ~ **the line** ne quittez pas!; (Telec) **I've been** ~**ing the line for several minutes** cela fait plusieurs minutes que je suis en ligne or que j'attends; **he can** ~ **his liquor!** il sait boire!; **to** ~ **in mind** garder en mémoire; (Mus) **to** ~ **a note** tenir une note; **to** ~ **an opinion** avoir une opinion; **to** ~ **one's own** (gen) tenir bon, tenir ferme; (invalid) se maintenir; **he can** ~ **his own with anybody** il ne s'en laisse pas remontrer; **he can** ~ **his own in German** il se

débrouille très bien en allemand; **this car ~s the road well** cette voiture tient bien la route; (*Tennis*) **to ~ one's serve** défendre son service; **he held his tongue about it** il a tenu sa langue; **~ your tongue!** taisez-vous!

(c) *meeting, election, session, debate, conversation etc* tenir; (*Scol*) *examination* organiser. **the exhibition is always held here** l'exposition se tient toujours *or* a toujours lieu ici; **to ~ a check** faire un contrôle; (*Rel*) **to ~ a service** [*priest etc*] célébrer un office; **they are ~ing a service to mark the day when ...** il est prévu une cérémonie religieuse pour commémorer le jour où...; **to ~ an interview** [*employer etc*] recevoir des candidats; **they are ~ing the interviews in London** ils organisent les entretiens à Londres; **when will the interviews be held?** quand auront lieu les entretiens?.

(d) (*contain*) contenir. **this box will ~ all my books** cette boîte contiendra tous mes livres; **this bottle ~s one litre** cette bouteille contient un litre; **this room ~s 20 people** 20 personnes peuvent tenir dans cette salle; **what the future ~s (for him)** ce que l'avenir (lui) réserve; *V* **water** *etc.*

(e) (*believe, maintain*) tenir, maintenir, considérer, estimer, juger. **he ~s that matter does not exist** il maintient *or* considère que la matière n'existe pas; **to ~ sth to be true** considérer qch comme vrai; **this is held to be true** ceci passe pour vrai; **to ~ in high esteem** tenir en haute estime; (*Jur*) **it was held by the judge that** le juge a statué que; **the law ~s that ...** la loi prévoit *or* stipule que ...; **to ~ sb responsible for sth** tenir qn pour *or* considérer qn responsable de qch; **to ~ sb guilty** considérer qn coupable; **to ~ sb dear** aimer beaucoup qn; **all that he ~s dear** tout ce qui lui est cher.

(f) (*keep back, restrain*) *person* tenir, retenir. **I will ~ the money until ...** je garderai l'argent jusqu'à ce que ... + *subj*; **to ~ a train** empêcher un train de partir; **~ the letter until ...** n'envoyez pas la lettre avant que ... + *subj*; (*US: on letters*) **'~ for arrival'** 'ne pas faire suivre'; **the police held him for 2 days** la police l'a gardé (à vue) pendant 2 jours; **there's no ~ing him** il n'y a pas moyen de le (re)tenir; (*fig*) **~ your horses!** arrêtez!, minute!*; **~ it!*** (*stay still*) restez là!, ne bougez plus!; (*stop: also* **~ everything!***) arrêtez!, ne faites plus rien!

(g) (*possess*) *ticket, card, permit* avoir, posséder; (*Mil*) tenir; *post, position* avoir, occuper; (*Fin*) *shares* détenir; (*Sport*) *record* détenir; (*Rel*) *living* jouir de. (*Parl*) **to ~ office** avoir *or* tenir un portefeuille; **he ~s the post of headmaster** il occupe le poste de directeur; **he ~s the record for the long jump** il détient le record du saut en longueur; **Spain held vast territories in South America** l'Espagne possédait de vastes territoires en Amérique du Sud; **the army held the castle against the enemy** l'armée a tenu le château fort malgré les attaques de l'ennemi; (*fig*) **to ~ the fort** garder la maison, monter la garde (*hum*), assurer la permanence; (*fig*) **to ~ the stage** tenir le devant de la scène.

(h) (*keep, have charge of*) conserver, détenir. **the bank ~s these bills** la banque conserve ces effets; **my lawyer ~s these documents** mon avocat détient ces documents.

4 *vi* [*rope, nail etc*] tenir (bon), être solide; [*weather*] continuer, se maintenir; [*statement, argument*] (*also* **~ good**) valoir. **that objection does not ~ (good)** cette objection n'est pas valable; **his promise still ~s (good)** sa promesse tient *or* vaut toujours; **to ~ firm** *or* **tight** *or* **fast** tenir bon *or* ferme; **~ hard!** arrêtez!, minute!*

♦ **hold back 1** *vi* (*lit*) rester en arrière; (*fig*) se retenir (*from sth* de qch, *from doing* de faire).

2 *vt sep* (a) *fears, emotions* retenir, maîtriser. **the police held back the crowd** la police a contenu la foule; **to hold sb back from doing** retenir qn de faire; **they held back the names of the victims** on n'a pas donné le nom des victimes; **he was holding something back from me** il me cachait quelque chose.

(b) (*US Scol*) *pupil* faire redoubler une classe à. **to be held back** redoubler.

♦ **hold down** *vt sep* (a) (*keep on ground*) *rug etc* maintenir à terre; *person* maintenir au sol, forcer à rester par terre; (*keep in place*) maintenir en place. **to hold one's head down** avoir *or* tenir la tête baissée; **we couldn't hold him down** nous ne pouvions arriver à le maintenir au sol.

(b) *job* (*have*) avoir, occuper; (*keep*) garder. **he's holding down a good job** il occupe *or* a une belle situation; **he can't hold down a job** il ne garde jamais longtemps une situation.

♦ **hold forth 1** *vi* pérorer, faire des discours (*on* sur), disserter.

2 *vt sep* (*frm: hold out*) tendre.

♦ **hold in** *vt sep* retenir. **hold your stomach in!** rentre ton ventre!; **to hold in one's temper, to hold o.s. in** se contenir, se retenir; **he managed to hold in his horse** il réussit à maîtriser *or* retenir son cheval.

♦ **hold off 1** *vi* (*fig*) **the rain has held off so far** jusqu'ici il n'a pas plu.

2 *vt sep* tenir éloigné *or* à distance. **they held off the enemy** ils tenaient l'ennemi à distance; (*fig*) **I can't hold him off any longer, you'll have to see him** je ne peux pas le faire attendre plus longtemps, il faut que vous le voyiez (*subj*); **try to hold him off a little longer** essayez de le faire patienter encore un peu.

♦ **hold on 1** *vi* (*endure*) tenir bon, tenir le coup; (*wait*) attendre. **hold on!** attendez!; (*Telec*) ne quittez pas!; (*Telec*) **I've been holding on for several minutes** j'attends depuis plusieurs minutes.

2 *vt sep* maintenir (à sa place), tenir en place. **this screw holds the lid on** cette vis maintient le couvercle (en place); **to hold one's hat on** tenir son chapeau sur sa tête.

♦ **hold on to** *vt fus* (a) (*cling to*) *rope, raft, branch* tenir bien, tenir bon à, se cramponner à, s'accrocher à; (*fig*) *hope, idea* se raccrocher à.

(b) (*keep*) garder. **hold on to this for me** (*hold it*) tiens-moi ça; (*keep it*) garde-moi ça.

♦ **hold out 1** *vi* (a) [*supplies etc*] durer. **how long will the food hold out?** combien de temps est-ce que les provisions vont durer?

(b) (*endure, resist*) tenir bon, tenir le coup. **to hold out against** *enemy, attacks* tenir bon devant; *change, improvements, progress, threats, fatigue* résister à; **they are holding out for more pay** ils tiennent bon pour avoir une augmentation.

2 *vt sep* (a) tendre, présenter, offrir (*sth to sb* qch à qn). **to hold out one's arms** ouvrir *or* étendre les bras.

(b) (*fig*) offrir. **his case holds out little hope of recovery** son cas offre peu d'espoir de guérison; **the doctor holds out little hope for him** le médecin laisse peu d'espoir pour lui.

♦ **hold out on*** *vt fus* (*fig*) **you've been holding out on me!** tu m'as caché quelque chose!

♦ **hold over** *vt sep* remettre. **the meeting was held over until Friday** la séance fut reportée *or* remise à vendredi.

♦ **hold to** *vt fus* s'en tenir à, rester attaché à. **I hold to what I said** je m'en tiens à ce que j'ai dit; **he held to his religious beliefs** il restait attaché à ses croyances religieuses.

♦ **hold together 1** *vi* [*objects*] tenir (ensemble); [*groups, people*] rester unis. **this door hardly holds together any more** cette porte ne tient plus beaucoup; **we must hold together** il faut se serrer les coudes *or* rester unis.

2 *vt sep* *objects* maintenir (ensemble); (*fig*) *dissenting factions* assurer l'union de. (*Pol*) **this held the party together** ceci a maintenu l'union du parti.

♦ **hold up 1** *vi*: **that building won't hold up much longer** ce bâtiment ne tiendra plus longtemps debout.

2 *vt sep* (a) (*raise*) lever, élever. **hold up your hand** levez la main; (*fig*) **I shall never hold up my head again** je ne pourrai plus jamais regarder personne en face; **to hold sth up to the light** élever qch à la lumière; (*fig*) **to hold sb up to ridicule** tourner qn en ridicule.

(b) (*support*) soutenir. **this pillar holds the roof up** cette colonne soutient le toit.

(c) (*stop*) arrêter; (*suspend*) différer, suspendre; (*cause delay to*) retarder. **the traffic was held up by the accident** la circulation fut retardée par l'accident; **I'm sorry, I was held up** excusez-moi, j'ai été mis en retard *or* retenu.

(d) [*robber*] *bank, shop* faire un hold-up dans, braquer*; *coach, person* attaquer (à main armée), braquer*.

3 holdup *n V* **hold 2.**

♦ **hold with*** *vt fus*: **I don't hold with that** je ne suis pas d'accord avec cela; **she doesn't hold with people smoking** elle est contre les gens qui fument, elle désapprouve que l'on fume (*subj*).

holder ['həʊldər] *n* (a) [*ticket, card*] détenteur *m*, -trice *f*; [*passport, office, post, title of nobility, diploma*] titulaire *mf*; [*stocks*] porteur *m*, -euse *f*, détenteur *m*, -trice *f*; [*farm*] exploitant *m*; (*Sport*) [*record*] détenteur, -trice; [*title*] détenteur, -trice, tenant(e) *m(f)*.

(b) (*object*) support *m*. **pen~** porte-plume *m inv*; *V* **cigarette** *etc.*

holding ['həʊldɪŋ] **1** *n* (a) (*act*) tenue *f*; (*Tech*) fixation *f*.

(b) (*possession*) [*lands*] possession *f*, jouissance *f*; [*stocks*] possession. (*Fin*) **~s** (*lands*) avoirs *mpl* fonciers; (*stocks*) intérêts *mpl*, participations *fpl*.

(c) (*farm*) propriété *f*, ferme *f*.

2 *adj* (*Fin*) **~ company** holding *m*.

hole [həʊl] **1** *n* (a) (*in ground, road, wall, belt, strap etc; for mouse; also Golf*) trou *m*; (*in defences, dam*) brèche *f*; [*rabbit, fox*] terrier *m*. **these socks are in ~s** *or* **full of ~s** ces chaussettes sont toutes trouées *or* pleines de trous; **these socks got ~s in them** *or* **went into ~s** *or* **wore into ~s** very quickly ces chaussettes se sont trouées très vite; **to wear a ~ in sth** trouer qch; (*Golf*) **to get a ~ in one** faire le *or* un trou en un; **through a ~ in the clouds** par une trouée dans les nuages; (*fig*) **it made a ~ in his savings** cela a fait un trou dans ses économies; **there are ~s in his argument** il y a des failles *fpl* *or* des faiblesses *fpl* dans son argumentation; **he's talking through a ~ in his head**‡ il dit des idioties, il débloque‡; **I need it like a ~ in the head!**‡ je n'ai vraiment pas besoin de ça!; *V* **knock, pick** *etc.*

(b) (*: trouble*) **to be in a (nasty) ~** avoir des ennuis, être dans l'embarras; **he got me out of a ~** il m'a tiré d'embarras *or* d'un mauvais pas.

(c) (*pej*) (*town*) trou *m* (paumé)‡; (*room, house*) bouge *m*.

2 *cpd*: (*pej*) **hole-and-corner** (*secret*) clandestin, secret (*f* -ète); (*furtive*) furtif; (*underhand*) fait en douce*; (*Med*) **hole-in-the-heart** communication *f* interventriculaire, maladie *f* bleue; **hole-in-the-heart baby** enfant *mf* bleu(e).

3 *vt socks etc* faire un trou dans, trouer. (*Golf*) **to ~ one's ball in 3** faire un *or* le trou en 3; **he holed the 5th in 3** il a fait 3 sur le 5.

4 *vi* (a) [*socks etc*] trouer.

(b) (*Golf: also* **~ out**) terminer le trou; (*Billiards*) bloquer. (*Golf*) **to ~ in one** faire le *or* un trou en un.

♦ **hole up** *vi* [*animal*] se terrer; [*wanted man etc*] se terrer, se cacher.

holey ['həʊlɪ] *adj* plein de trous, (tout) troué.

holiday ['hɒlədɪ] **1** *n* (*vacation*) vacances *fpl*; (*day off*) (jour *m* de) congé *m*. **to take a ~** prendre des vacances *or* un congé; **on ~** en vacances, en congé; **to take a month's ~** prendre un mois de vacances; **~s with pay** congés payés; **school ~(s)** vacances scolaires; **Christmas ~(s)** vacances de Noël; *V* **bank²**.

2 *vi* (*esp Brit*) passer les vacances. **they were ~ing at home** ils prenaient leurs vacances à la maison.

3 *cpd mood etc* gai, joyeux. (*Brit*) **holiday camp** [*families*] camp *m* de vacances; [*children only*] colonie *f* or camp de vacances; **holiday clothes** tenue *f* de vacances; **holiday feeling** atmosphère *f* or ambiance *f* de vacances; (*Brit*) **holiday-maker** vacancier *m*, -ière *f*; (*in summer*) estivant(e) *m(f)*; **holiday pay** salaire dû pendant les vacances; **holiday resort** villégiature *f*, lieu *m* de vacances; **holiday**

season saison f des vacances; **holiday spirit** esprit m de vacances; **holiday traffic** circulation f des départs (or des rentrées) de vacances, rush m des vacances.

holier-than-thou* ['həʊlɪəðən'ðaʊ] adj supérieur (f -eure), satisfait de soi; (in religious matters) pharisien.

holiness ['həʊlɪnɪs] n sainteté f. **His H~** Sa Sainteté.

holism ['həʊlɪzəm] n holisme m.

holistic [həʊ'lɪstɪk] adj holistique.

Holland ['hɒlənd] n **(a)** Hollande f, Pays-Bas mpl. **(b)** (Tex) **h~** toile f de Hollande.

holler* ['hɒlər] **1** n braillement m. **2** vti (also ~ out) brailler, beugler*.

hollow ['hɒləʊ] **1** adj tooth, tree, cheeks creux; eyes cave; sound (from box) creux, (from hall, cave) caverneux; voice caverneux; (fig) sympathy, friendship, victory faux (f fausse); promise vain, trompeur. [object] **to sound** ~ sonner creux; (hungry) **to feel ~*** avoir le ventre or l'estomac creux; **to give a ~ laugh** rire jaune; V beat.

2 cpd: **hollow-cheeked** aux joues creuses or creusées; **hollow-eyed** aux yeux caves or creux.

3 n [back, hand, tree] creux m; [tooth] cavité f; (in ground) dépression f, dénivellation f; (valley) cuvette f. (fig) **to hold sb in the ~ of one's hand** mener qn par le bout du nez; **they held the victory in the ~ of their hand** la victoire était à portée de leur main.

4 vt (also ~ out) creuser, évider.

hollowly ['hɒləʊlɪ] adv: **to laugh ~** rire jaune.

holly ['hɒlɪ] **1** n houx m. **2** cpd: **holly berry** baie f de houx.

hollyhock ['hɒlɪhɒk] n rose f trémière.

holmium ['hɒlmɪəm] n holmium m.

holm oak ['həʊm'əʊk] n chêne vert, yeuse f.

holocaust ['hɒləkɔːst] n holocauste m.

hologram ['hɒləɡræm] n hologramme m.

holograph ['hɒləɡrɑːf] **1** n document m (h)olographe. **2** adj (h)olographe.

holography [hɒ'lɒɡrəfɪ] n holographie f.

holophrastic [ˌhɒlə'fræstɪk] adj holophrastique.

holster ['həʊlstər] n étui m de revolver; (on saddle) fonte f.

holy ['həʊlɪ] **1** adj Bible, communion, Trinity, oil, person saint (before n); place, life, poverty saint (after n); bread, water bénit; ground sacré. **H~ Bible** Sainte Bible; **H~ City** Ville sainte; **H~ Communion** Sainte communion; **the H~ Father** le Saint-Père; **the H~ Ghost** or **Spirit** le Saint-Esprit, l'Esprit Saint; **H~ Land** Terre Sainte; **~ matrimony** les liens sacrés du mariage; **~ orders** ordres mpl (majeurs) (V also order); **the H~ Roman Empire** l'Empire romain chrétien; **H~ Rood** Sainte Croix; **H~ Saturday** Samedi saint; **the H~ See** le Saint-Siège; **H~ Sepulchre** Saint Sépulcre; **H~ Trinity** Sainte Trinité; **H~ Week** la Semaine Sainte; **H~ Writ** Saintes Écritures, Écriture sainte; **that child is a ~ terror*** cet enfant est un vrai démon; **~ cow!*,** **~ mackerel!*,** **~ smoke!*** zut alors!*, mince alors!*, Seigneur!*; V also innocent etc.

2 n: **the ~ of holies** le Saint des Saints.

3 cpd: (Naut) **holystone** (n) brique f à pont; (vt) briquer.

homage ['hɒmɪdʒ] n (U) hommage m. **to pay** or **do ~** to rendre hommage à.

homburg ['hɒmbɜːɡ] n chapeau m, mou, feutre m (souple).

home [həʊm] **1** n **(a)** maison f, foyer m, chez-soi m inv. **he left ~ in 1978** il est parti de chez lui or il a quitté la maison en 1978; **he was glad to see his ~ again** il était content de revoir sa maison; **it is quite near my ~** c'est tout près de chez moi; **his ~ is in Paris** il habite Paris; **we live in Paris but my ~ is in London** nous habitons Paris mais je suis de Londres; **~ for me is Edinburgh** c'est à Édimbourg que j'ai mes racines; **for some years he made his ~ in France** pendant quelques années il a habité en France or la France; **refugees who made their ~ in Britain** les réfugiés qui se sont installés en Grande-Bretagne; **~ for them is England now, they now call England ~** maintenant l'Angleterre c'est leur pays; **he is far from ~** il est loin de chez lui; **he has been away from ~ for some months** il est loin de chez lui depuis quelques mois; (Prov) **there's no place like ~** on n'est vraiment bien que chez soi; (Prov) **~ is where the heart lies** où le cœur aime, là est le foyer; **to have a ~ of one's own** avoir un foyer or un chez-soi; **he has no ~** il n'a pas de foyer or de chez-soi; **to give sb a ~** recueillir qn chez soi; **he needed a wife to make a ~ for him** il fallait qu'il se marie (subj) pour avoir un foyer; **she made a ~ for her brothers** elle a fait un (vrai) foyer pour ses frères; (Brit) **it's a ~ from ~** c'est un second chez-soi; **she has a lovely ~** elle a un joli intérieur; **he comes from a good ~** il vient d'une bonne famille; **'good ~ wanted for kitten'** 'cherche foyer accueillant pour chaton'; **he comes from a broken ~** il vient d'un foyer désuni; **safety in the ~** prudence à la maison; **accidents in the ~** accidents domestiques; **at ~** chez soi, à la maison; (Ftbl) **Celtic are at ~ to Rangers, Celtic are playing Rangers at ~** le Celtic joue à domicile contre les Rangers, le Celtic reçoit les Rangers; (fig) **Mrs X is not at ~ to anyone** Mme X ne reçoit personne; (fig) **Mrs X is not at ~ Mme X** ne reçoit pas; (fig) **Mrs X is at ~ on Fridays** Mme X reçoit le vendredi; **to be** or **feel at ~ with sb** se sentir à l'aise avec qn; **he doesn't feel at ~ in English** il n'est pas à l'aise en anglais; **to make o.s. at ~** se mettre à l'aise, faire comme chez soi.

(b) (country of origin) pays natal, patrie f. **at ~ and abroad** chez nous or dans notre pays et à l'étranger; (fig) **let us consider something nearer ~** considérons quelque chose qui nous intéresse plus directement; (fig) **Scotland is the ~ of the haggis** l'Écosse est le pays du haggis.

(c) (institution) maison f, institution f; (shorter-term) foyer m. **children's ~** maison pour enfants; V maternal, mental, nursing.

(d) (Bot, Zool) habitat m.

(e) (Racing) arrivée f.
(f) (Baseball) base f de départ.

2 adv **(a)** chez soi, à la maison. **to go** or **get ~** rentrer (chez soi or à la maison); **I'll be ~ at 5 o'clock** je serai à la maison à 5 heures, je rentrerai (à la maison) à 5 heures; **I met him on the journey ~** je l'ai rencontré sur le chemin du retour; **to see sb ~** accompagner qn jusque chez lui, raccompagner qn; **I must write ~** il faut que j'écrive à la maison; **it's nothing to write ~ about*** ça ne casse rien*, c'est pas merveilleux*; (fig) **to be ~ and dry** or (US) **~ and free** être arrivé au bout de ses peines, être sauvé des eaux (fig).

(b) (from abroad) au pays natal. **he came ~ from abroad** il est rentré de l'étranger; **to send sb ~** rapatrier qn; **to go** or **return ~** rentrer dans son pays.

(c) (right in etc) à fond. **to drive a nail ~** enfoncer un clou à fond; **to bring sth ~ to sb** faire comprendre or faire voir qch à qn; **the horror of the situation was brought ~ to him** when ... l'horreur de la situation lui est apparue pleinement quand ...; **his words went ~ to her** ses paroles la touchèrent au vif; V hit etc.

3 cpd atmosphere de famille, familial; troubles de famille, domestique; (Econ, Pol etc) du pays, national; policy, market, sales etc intérieur (f -eure). **home address** (on forms etc) domicile m (permanent); (as opposed to business address) adresse personnelle; **home-baked** (fait à la) maison inv; **home-baked bread** pain m fait à la maison; (Baseball) **home base** base f de départ; (US) **home-body*** = home-lover; **homebound** V homebound; **home brew** (beer/wine etc) bière f/vin m etc fait(e) à la maison; **home-buying** accession f à la propriété; **home comforts** confort m du foyer; **homecoming** (gen) retour m au foyer or à la maison or au pays; (US Scol, Univ) fête annuelle (avec bal et match de football); **home computer** ordinateur familial; **home cooking** cuisine familiale; (Brit Geog) **the Home Counties** les comtés mpl qui entourent Londres; **the home country** le vieux pays; **home economics** économie f domestique; **on the home front** (Pol, Mil etc) à l'intérieur être sur son terrain; (Sport) **to play at one's home ground** jouer sur son terrain; (fig) **to be on home ground** or **territory** être sur son terrain; **home-grown** (not foreign) du pays; (from own garden) du jardin; (Brit) **Home Guard** volontaires mpl pour la défense du territoire (en 1940-45); **home heating oil** fuel m domestique; (Brit: person) **home help** aide ménagère; (assistance) **do you have any home help?** est-ce que vous avez quelqu'un pour vous aider à la maison?; **homeland** (gen) patrie f; (South Africa) homeland m, région réservée aux noirs; **home leave** congé m de longue durée; **home life** vie f de famille; **homelike** accueillant, confortable; **it's very homelike here** on se sent vraiment chez soi or comme en famille ici; **home loan** prêt m immobilier; **home-lover** casanier m, -ière f; (woman) femme f d'intérieur; **home-loving** casanier; **home-made** (fait à la) maison inv; **home-maker** femme f d'intérieur; (Sport) **home match** match m (joué) à domicile or sur son (or notre etc) terrain; **home news** (gen) nouvelles fpl de chez soi; (Pol) nouvelles de l'intérieur; (Brit) **Home Office** ≃ ministère m de l'Intérieur; **home owners** ceux qui possèdent leur propre habitation; **home ownership** l'accession f à la propriété; (Naut) **home port** port m d'attache; (Brit: of diplomat etc) **home posting** affectation f au pays; (US Scol) **homeroom** salle f de classe (affectée à une classe particulière); (US) **homeroom teacher** ≃ professeur m principal; **home rule** autonomie f; **home run** [ship, truck] voyage m de retour; (Baseball) coup m de circuit; (Brit) **Home Secretary** ≃ ministre m de l'Intérieur; **homesick** nostalgique; **to be homesick** (gen) s'ennuyer de sa famille or de son chez-soi; (abroad) avoir le mal du pays; **to be homesick for sth** avoir la nostalgie de qch; **homesickness** nostalgie f (for de), mal m du pays; (Ftbl etc) **the home side** l'équipe f qui reçoit; **homespun** (adj) cloth filé à la maison; (fig) simple, sans recherche; (n) home-spun m; (US) **his home State** son État d'origine; **homestead** etc V homestead etc; **to be in the home straight** or **stretch** (Sport) être dans la (dernière) ligne droite; (fig) voir la lumière au bout du tunnel; (Ftbl etc) **the home team** l'équipe f qui reçoit; **my home town** (place of birth) ma ville natale; (where I grew up) la ville où j'ai grandi; **I'll tell him a few home truths** je vais lui dire ses quatre vérités, je vais lui dire quelques vérités bien senties; (by doctor etc) **home visit** visite f à domicile; (Naut) **home waters** (territorial waters) eaux territoriales; (near home port) eaux voisines du port d'attache; **homework diary, homework notebook** cahier m de textes; **homework exercise** devoir m (à la maison).

4 vi revenir or rentrer chez soi; [pigeons] revenir au colombier.

♦**home in on, home on to** vt fus [missile] (move towards) se diriger (automatiquement) vers or sur; (reach) atteindre.

homebound ['həʊmbaʊnd] adj **(a)** (on the way home) traveller qui rentre chez soi. **(b)** (kept at home) **to be ~** devoir garder la maison; (US) **~ teacher** maître m à domicile.

homeless ['həʊmlɪs] **1** adj sans foyer, sans abri. **2** npl: **the ~** les sans-abri mpl; V single.

homely ['həʊmlɪ] adj **(a)** food simple, ordinaire; person tout à fait simple, sans prétentions; atmosphere accueillant, confortable; style simple, sans recherche. **(b)** (US: plain) person laid, sans charme; appearance peu attrayant.

homeopath ['həʊmɪəʊpæθ] n homéopathe mf.

homeopathic [ˌhəʊmɪəʊ'pæθɪk] adj medicine, methods homéopathique; doctor homéopathe.

homeopathy [ˌhəʊmɪ'ɒpəθɪ] n homéopathie f.

homer* ['həʊmər] n (US: Baseball) coup m de circuit.

Homer ['həʊmər] n Homère m.

Homeric [həʊ'merɪk] adj homérique.

homestead ['həʊmˌsted] n (US) **1** n (house etc) propriété f; (farm) ferme f. **2** cpd: **the Homestead Act** la loi agraire de 1862.

homesteader ['həʊmˌstedər] n (US) colon m (pionnier).

homeward ['həʊmwəd] **1** adj du retour. ~ **journey** (voyage m de) retour m. **2** adv (also ~s) vers la maison or la patrie. **to be** ~ **bound** être sur le chemin de retour; V **head**.
homey* ['həʊmɪ] adj (US) = **homelike**; V **home 3**.
homicidal [ˌhɒmɪ'saɪdl] adj homicide.
homicide ['hɒmɪsaɪd] n (act) homicide m; (person) homicide mf.
homily ['hɒmɪlɪ] n (Rel) homélie f; (fig) sermon m, homélie.
homing ['həʊmɪŋ] adj ~ **missile** à tête chercheuse. ~ **device** tête chercheuse; ~ **pigeon** pigeon voyageur.
hominy grits ['hɒmɪnɪ'grɪts] npl maïs m concassé et bouilli.
homo‡ ['həʊməʊ] adj, n (abbr of **homosexual**) pédé‡ (m), homo* (mf).
homoeopath etc = **homeopath** etc.
homogeneity [ˌhɒməʊdʒə'niːɪtɪ] n homogénéité f.
homogeneous [ˌhɒmə'dʒiːnɪəs] adj homogène.
homogenize [hə'mɒdʒənaɪz] vt homogénéiser.
homograph ['hɒməʊgrɑːf] n homographe m.
homographic [ˌhɒmə'græfɪk] adj homographique.
homography [hɒ'mɒgrəfɪ] n homographie f.
homonym ['hɒmənɪm] n homonyme m.
homonymic [ˌhɒmə'nɪmɪk] adj homonymique.
homonymy [hɒ'mɒnɪmɪ] n homonymie f.
homophone ['hɒməfəʊn] n homophone m.
homophonic [ˌhɒmə'fɒnɪk] adj homophone.
homophony [hɒ'mɒfənɪ] n homophonie f.
homo sapiens ['hɒməʊ'sæpɪˌenz] n homo sapiens m.
homosexual ['hɒməʊ'seksjʊəl] adj, n homosexuel(le) m(f).
homosexuality ['hɒməʊseksjʊ'ælɪtɪ] n homosexualité f.
Hon. (in titles) abbr of **Honorary** or **Honourable**.
honcho* ['hɒntʃəʊ] n (US) patron m, grand chef m.
Honduran [hɒn'djʊərən] **1** adj hondurien. **2** n Hondurien(ne) m(f).
Honduras [hɒn'djʊərəs] n Honduras m. in ~ au Honduras.
hone [həʊn] **1** n pierre f à aiguiser. **2** vt (lit) affûter, affiler, aiguiser; (fig) style, paragraph polir.
honest ['ɒnɪst] **1** adj person honnête, probe, intègre; action honnête, loyal; opinion sincère, franc (f franche); face franc, ouvert; money, profit honnêtement acquis or gagné; (Jur) goods loyal et marchand. the ~ **truth** la pure vérité; **tell me your** ~ **opinion of it** dites-moi sincèrement ce que vous en pensez; **to be** ~ **with you, I don't like it** à (vous) dire la vérité, je n'aime pas ça; **now, be** ~! (say what you think) allons, dis ce que tu penses!; (tell the truth) allons, sois franc!; (be objective) allons, sois objectif!; **you've not been** ~ **with me** tu n'as pas été franc avec moi; **to earn an** ~ **penny** gagner honnêtement son pain; **an** ~ **day's work** une bonne journée de travail; **by** ~ **means** par des moyens légitimes or honnêtes; ~ **to goodness!***, ~ **to God!‡** ça alors! (V also 2); **he made an** ~ **woman of her*** il a régularisé sa situation (en l'épousant).
2 cpd: **honest-to-God*, honest-to-goodness*** (adj) très simple, sans chichi*.
honestly ['ɒnɪstlɪ] adv act, behave honnêtement. **I can** ~ **say that …** en toute sincérité je peux dire que …; ~, **I don't care** franchement, ça m'est égal; **I didn't do it,** ~ je ne l'ai pas fait, je vous le jure; ~? (exasperated) ~! ça alors!
honesty ['ɒnɪstɪ] n (a) (V honest) honnêteté f, probité f, intégrité f; loyauté f; [words, report] exactitude f, véracité f. **in all** ~ en toute sincérité; (Prov) ~ **is the best policy** l'honnêteté paie. (b) (Bot) monnaie-du-pape f, lunaire f.
honey ['hʌnɪ] **1** n (a) miel m. **clear/thick** ~ miel liquide/solide; (fig) **he was all** ~ il était (tout sucre) tout miel.
(b) **yes,** ~* oui, chéri(e); **she's a** ~* elle est adorable, c'est un chou*.
2 cpd: **honeybee** abeille f; **honeycomb** V **honeycomb**; **honeydew melon** melon m d'hiver or d'Antibes; **honeymoon** V **honeymoon**; **honeypot** pot m à miel (V **bee**); **honeysuckle** chèvrefeuille m.
honeycomb ['hʌnɪkəʊm] **1** n (lit) rayon m de miel; (Tex) nid m d'abeille; (Metal) soufflure f. **2** cpd textile, pattern en nid d'abeille. **3** vt (fig) cribler (with de). **the palace was** ~**ed with corridors** le palais était un dédale de couloirs.
honeyed ['hʌnɪd] adj (fig) words mielleux, doucereux.
honeymoon ['hʌnɪmuːn] **1** n lune f de miel. **it was spent in Paris** ils ont passé leur lune de miel à Paris, ils sont allés à Paris en voyage de noces; **we were on our** ~ nous étions en voyage de noces; **while on** ~ **in Majorca they** … pendant leur lune de miel or leur voyage de noces à Majorque, ils … .
2 cpd: **the honeymooners, the honeymoon couple** les nouveaux mariés mpl; (fig) **the honeymoon period** (gen) la lune de miel; (Pol: after election) l'état m de grâce.
3 vi passer leur (etc) lune de miel. **while** ~**ing in Majorca we** … pendant notre lune de miel or notre voyage de noces à Majorque, nous … .
Hong Kong ['hɒŋ'kɒŋ] n Hong-Kong f. in ~ à Hong-Kong.
honk [hɒŋk] **1** vi [car] klaxonner, corner; [geese] cacarder. **2** n [car] coup m de klaxon; [geese] cri m. ~, ~! [car] tut-tut!; [goose] couin-couin!
honkie*, honky‡ ['hɒŋkɪ] n (US pej) sale Blanc m, sale Blanche f.
honky-tonk* ['hɒŋkɪ'tɒŋk] n (a) (US: club) bastringue* m, beuglant‡ m. (b) (Mus) musique f de bastringue.
Honolulu [ˌhɒnə'luːluː] n Honolulu.
honor ['ɒnəʳ] n (US) = **honour**.
honorable ['ɒnərəbl] adj (US) = **honourable**.
honorably ['ɒnərəblɪ] adv (US) = **honourably**.
honorarium [ˌɒnə'rɛərɪəm] n, pl **honoraria** [ˌɒnə'rɛərɪə] honoraires mpl (no sg).
honorary ['ɒnərərɪ] adj official, member honoraire; duties, titles honorifique. (Univ) **to be awarded an** ~ **doctorate** être nommé docteur honoris causa.

honour, (US) **honor** ['ɒnəʳ] **1** n (a) honneur m. in ~ of en l'honneur de; (Prov) (there is) ~ **among thieves** les loups ne se mangent pas entre eux; **to lose one's** ~ être déshonoré; **for** ~'s sake pour l'honneur; **he is the soul of** ~ c'est la probité même; **on my** ~!, ~ **bright!*†** parole d'honneur!; **to be on one's** ~ **to do** être engagé sur son honneur or sur l'honneur à faire; **to put sb on his** ~ **to do** engager qn sur son honneur or sur l'honneur à faire; **it is a great** ~ **for me** c'est un grand honneur pour moi; **it does him** ~ c'est tout à son honneur; (frm) **I have the** ~ **to tell you** j'ai l'honneur de vous dire; **I had the** ~ **to do or of doing** j'ai eu l'honneur de faire; (frm) **may I have the** ~? me ferez-vous l'honneur?; (title) **Your/His H**~ Votre/Son Honneur; **he is an** ~ **to his father/his regiment** il fait honneur à son père/son régiment; **to do the** ~**s of one's house** faire les honneurs de sa maison; (introductions) **to do the** ~**s** faire les présentations (entre invités); (Mil etc) **the last** ~**s** les derniers honneurs, le dernier hommage; **with full military** ~**s** avec les honneurs militaires; V **debt, guard, word** etc.
(b) (Univ) **to take** ~**s in English** ≃ faire une licence d'anglais; **he got first-/second-class** ~**s in English** ≃ il a eu sa licence d'anglais avec mention très bien/mention bien.
(c) (Bridge) honneur m.
(d) (Brit: eg CBE etc) distinction f honorifique.
2 cpd: **to be honour-bound to do** être tenu par l'honneur de faire; (Brit Univ) **honours course** ≃ licence f d'enseignement; (US) **honors course** cours réservé aux meilleurs étudiants; (Brit Univ) **honours degree** ≃ licence f d'enseignement; (US) **honors degree** licence f avec mention; (US) **honor guard** membre m d'une garde d'honneur; (US) **honor roll** (gen) liste f honorifique; (Mil) liste d'anciens combattants; (Scol) liste des meilleurs élèves; (Brit) **Honours List** liste f de distinctions honorifiques conférées par le monarque à l'occasion de son anniversaire officiel (**Birthday Honours List**) ou le 1er janvier (**New Year Honours List**); (US Scol) **honor society** club m des meilleurs élèves; (US) **honor system** système m de l'autosurveillance.
3 vt (a) person honorer, faire honneur à. **the Queen** ~**ed them with her presence** la reine les honora de sa présence; **since you have** ~**ed me with your confidence** puisque vous m'avez fait l'honneur de m'accorder votre confiance; (in dancing) **to** ~ **one's partner** saluer son cavalier (or sa cavalière).
(b) cheque honorer.
honourable, (US) **honorable** ['ɒnərəbl] adj person, action honorable. (title) **the H**~ … l'honorable …; V **right**.
honourably, (US) **honorably** ['ɒnərəblɪ] adv honorablement.
hooch‡ [huːtʃ] n gnôle* f.
hood [hʊd] **1** n (a) (gen) capuchon m; (Ku Klux Klan type) cagoule f; (Univ) épitoge f. **rain-**~ capuche f.
(b) (Brit Aut) capote f; (US Aut) capot m; [pram] capote; (over fire, cooker etc) hotte f; [falcon] chaperon m; [cobra] capuchon m.
(c) (US‡: abbr of **hoodlum**) truand m.
2 vt falcon chaperonner, encap022onner.
hooded ['hʊdɪd] adj (gen) monk, figure, gunman encapuchonné; prisoner au visage couvert; cloak etc à capuchon. ~ **crow** corneille mantelée; ~ **falcon** faucon chaperonné or enchaperonné; **with** ~ **eyes** aux paupières tombantes.
hoodlum ['huːdləm] n (US) truand m.
hoodoo* ['huːduː] **1** n (bad luck) guigne* f, poisse* f; (object, person) porte-guigne* m. **2** vt porter la guigne* or la poisse* à.
hoodwink ['hʊdwɪŋk] vt tromper, avoir*. **to** ~ **sb into doing** amener qn à faire en le trompant.
hooey‡ ['huːɪ] n (US) chiqué* m, blague* f, fumisterie* f; **to talk a lot of** ~ dire des bêtises.
hoof [huːf] **1** n, pl ~s or **hooves** sabot m (d'animal); **on the** ~ sur pied; V **cloven**. **2** cpd: (US) **hoof and mouth disease** fièvre aphteuse. **3** vt: **to** ~ **it‡** (walk) aller à pinces‡; (US : dance) danser, se trémousser.
hoofed [huːft] adj à sabots.
hoofer‡ ['huːfəʳ] n (esp US : dancer) danseur m, -euse f (de claquettes) professionnel(le).
hoo-ha* ['huː.hɑː] n (noise) brouhaha m, boucan* m; (confusion) pagaïe* f or pagaille* f, (bustle) tohu-bohu m; (excitement) animation f; (pej: publicity) baratin* m. **there was a great** ~ **about it** on en a fait tout un foin‡ or tout un plat*.
hook [hʊk] **1** n (a) crochet m; [for coats] patère f; (on dress) agrafe f; (Fishing) hameçon m. (Sewing) ~**s and eyes** agrafes f; (fig) **to take the** ~ avaler le morceau, mordre à or gober l'hameçon; **he swallowed the story** ~, **line and sinker*** il a gobé tout ce qu'on lui a raconté, il a tout avalé; **by** ~ **or by crook** coûte que coûte, par tous les moyens; **the phone's off the** ~ on a décroché le téléphone; (fig) **to get sb off the** ~* tirer qn d'affaire or d'un mauvais pas; **to let sb off the** ~* wrongdoer ficher la paix à qn*; sb with problem tirer une épine du pied à qn; **he's off the** ~* il est tiré d'affaire.
(b) (Boxing) crochet m; (Golf) coup hooké. (Boxing) **right** ~ crochet du droit.
(c) (Agr) faucille f.
2 cpd: **hook-nosed** au nez recourbé or crochu; (Rad, TV etc) **hookup** relais m temporaire; **hookworm** ankylostome m.
3 vt (a) accrocher (to à); (Naut) gaffer; (Boxing) donner un crochet à; (Fishing) prendre; (Golf) hooker; dress agrafer. **she finally** ~**ed him*** elle a fini par lui passer la corde au cou; V also **hooked**.
(b) (Rugby) **to** ~ **the ball** talonner le ballon.
4 vi (a) (Golf) hooker.
(b) (US ‡) [prostitute] faire le tapin‡ or le trottoir*.
♦**hook on 1** vi s'accrocher (to à).
2 vt sep accrocher (to à).
♦**hook up 1** vi [dress] s'agrafer.

2 *vt sep* (**a**) *dress etc* agrafer.
(**b**) (*: *Rad, TV etc*) faire un duplex entre.
3 hookup* *n V* **hook 2**.
hookah ['hʊkɑː] *n* narguilé *m*.
hooked [hʊkt] *adj* (**a**) (*hook-shaped*) *nose* recourbé, crochu. **the end of the wire was ~** le bout du fil (de fer) était recourbé.
(**b**) (*having hooks*) muni de crochets *or* d'agrafes *or* d'hameçons (*V* **hook 1a**).
(**c**) (**fig*) (*fascinated*) fasciné (*on* par), accroché*, accro‡; (*dependent*) dépendant (*on* de). **he's ~ on it** il ne peut plus s'en passer; **to get ~ on** *drugs* se camer à*; *jazz, television* devenir enragé* de; **he's really ~ on that girl** il est complètement dingue‡ de cette fille; **once I'd seen the first episode I was ~** après avoir vu le premier épisode j'étais accroché*.
(**d**) (‡: *married*) casé*, marié.
hooker ['hʊkər] *n* (*Rugby*) talonneur *m*; (‡: *prostitute*) putain‡ *f*.
hookey*, hooky* ['hʊkɪ] *n* (*esp US*) **to play ~** sécher les cours, faire l'école buissonnière.
hooligan ['huːlɪgən] *n* voyou *m*, vandale *m*, hooligan *m*.
hooliganism ['huːlɪgənɪzəm] *n* vandalisme *m*.
hoop [huːp] *n* [*barrel*] cercle *m*; (*toy; in circus; for skirt*) cerceau *m*; (*Croquet*) arceau *m*. (*fig*) **they put him through the ~*** ils l'ont mis sur la sellette.
hoopla ['huːplɑː] *n* (**a**) (*Brit*) jeu *m* d'anneaux (*dans les foires*).
(**b**) (*US**) = **hoo-ha**.
hoopoe ['huːpuː] *n* huppe *f*.
hooray [huːˈreɪ] **1** *excl* hourra. **2** *cpd*: (*Brit pej*) **Hooray Henry** fils *m* à papa.
hoosegow‡ ['huːsgaʊ] *n* (*US*) taule‡ *f or* tôle‡ *f*, trou* *m*.
Hoosier ['huːʒər] *n* (*US*) habitant(e) *m(f)* de l'Indiana. **the ~ State** l'Indiana *m*.
hoot [huːt] **1** *n* [*owl*] hululement *m*; (*Aut*) coup *m* de klaxon; [*siren*] mugissement *m*; [*train*] sifflement *m*; (*jeer*) huée *f*. **she gave a ~ of laughter** elle s'est esclaffée; **I don't care a ~*** *or* **two ~s*** je m'en fiche* comme de ma première chemise, je n'en ai rien à fiche*; (*Brit*) **it was a ~‡** c'était tordant* *or* marrant*.
2 *vi* [*owl*] hululer; (*Aut*) klaxonner, corner; [*siren*] mugir; [*train*] siffler; (*jeer*) huer, pousser des huées. **to ~ with laughter** s'esclaffer, rire aux éclats.
3 *vt actor, speaker* huer, conspuer.
hooter ['huːtər] *n* (**a**) [*factory*] sirène *f*; (*Brit Aut*) klaxon *m*; [*train*] sifflet *m*. (**b**) (*Brit‡: nose*) pif‡ *m*, blair‡ *m*. (**c**) (*US‡: breasts*) **~s** roberts‡ *mpl*.
Hoover ['huːvər] (*Brit*) ® **1** *n* aspirateur *m*. **2** *vt*: **to h~ a carpet/a room** passer l'aspirateur sur un tapis/dans une pièce.
hooves [huːvz] *npl of* **hoof**.
hop¹ [hɒp] **1** *n* (**a**) [*person, animal*] saut *m*; [*person, bird*] sautillement *m*. **~ skip and jump, ~ step and jump** (*Sport*) triple saut *m*; (*fig*) **it's a ~ skip** *or* **step and jump from here** c'est à un jet de pierre d'ici; **with a ~ skip** *or* **step and jump he was gone** une pirouette et il avait disparu; (*fig*) **to catch sb on the ~** prendre qn au dépourvu.
(**b**) (**: dance*) sauterie *f*.
(**c**) (*Aviat*) étape *f*. **from London to Athens in 2 ~s** de Londres à Athènes en 2 étapes; **it's a short ~ from Paris to Brussels** ce n'est qu'un saut de Paris à Bruxelles.
2 *cpd*: **hop-o'-my-thumb** le Petit Poucet; **hopscotch** marelle *f*.
3 *vi* [*person*] sauter à cloche-pied; (*jump*) sauter; [*animal*] sauter; [*bird*] sautiller. **he ~ped over to the window** il est allé à cloche-pied jusqu'à la fenêtre; (*in car etc*) **~ in!** montez!; **he ~ped out of bed** il a sauté du lit; (*fig*) **he ~ped onto a plane for London** il a attrapé un avion pour Londres; *V* **mad**.
4 *vt* sauter. **to ~ it*** décamper, mettre les bouts* *or* les voiles*; **~ it!*** fiche le camp!*; (*US*) **he ~ped a flight to New York** il a attrapé un vol pour New York.
◆ **hop off** *vi* (*leave*) décamper, ficher le camp*. **he hopped off with all the silver** il a fichu le camp* avec toute l'argenterie.
hop² [hɒp] **1** *n* (*Bot: also* **~s**) houblon *m*. **2** *cpd*: **hopfield** houblonnière *f*; **hop picker** cueilleur *m*, -euse *f* de houblon; **hop-picking** cueillette *f* du houblon; **hop pole** perche *f* à houblon.
hope [həʊp] **1** *n* espoir *m* (*of doing* de faire), espérance *f* (*liter, also Rel*). **past** *or* **beyond (all) ~** sans espoir, désespéré; **we must live in ~** nous devons vivre d'espoir; **she lives in (the) ~ of seeing her son again** c'est l'espoir de revoir son fils qui la fait vivre; **in the ~ of sth/of doing** dans l'espoir de qch/de faire; **to have ~s of doing** avoir l'espoir de faire; **I haven't much ~ of succeeding** je n'ai pas beaucoup d'espoir de réussir; **there is no ~ of that** c'est hors de question, n'y comptez pas; **not a ~!*** penses-tu!, pas question!; **he set out with high ~s** il s'est lancé avec l'espoir de faire de grandes choses; **to raise sb's ~s** susciter *or* faire naître l'espoir chez qn; **don't raise her ~s too much** ne lui laisse *or* donne pas trop d'espoir; **to lose (all) ~ of sth/of doing** perdre l'espoir *or* tout espoir de qch/de faire; **my ~ is that ...** ce que j'espère *or* mon espoir c'est que ...; **he's the ~ of his family** c'est l'espoir de sa famille; **you're my last ~** tu es mon dernier espoir; **what a ~!*, some ~(s)!*** tu parles!*, tu crois au père Noël!*; *V* **dash, faith**.
2 *vi* espérer. **to ~ in God** espérer en Dieu, mettre son espoir en Dieu; **to ~ for money/for success** espérer gagner de l'argent/avoir du succès; **if I were you I shouldn't ~ for too much from the meeting** à votre place je n'attendrais pas trop de la réunion; **don't ~ for too much** n'en attendez pas trop; **to ~ for better days** espérer (connaître) des jours meilleurs; **we must ~ for better things** il faut espérer que de meilleurs jours viendront *or* que ça ira mieux; **to ~ for the best** être optimiste; **to ~ against hope** espérer en dépit de tout *or* contre tout espoir.
3 *vt* espérer. **I ~ he comes** j'espère qu'il viendra; **I ~ to see you, I ~ I'll see you** j'espère te voir; **hoping to hear from you** dans

l'espoir d'avoir de vos nouvelles; **what do you ~ to gain by that?** qu'espères-tu obtenir par là?; **I ~ so** (*answer to question*) j'espère que oui; (*agreeing with sb's statement*) je l'espère, j'espère bien; **I ~ not** (*answer to question*) j'espère que non; (*agreeing: also* **I should ~ not**) j'espère bien que non!
4 *cpd*: (*US*) **hope chest** (armoire *f* à) trousseau *m*.
hopeful ['həʊpfʊl] **1** *adj person* plein d'espoir; *situation* qui promet; *future* qui se présente bien; *response* encourageant, qui promet. **we are ~ about the results** nous attendons avec confiance les résultats; **I am ~ that ...** j'ai bon espoir que ...; **I'll ask her but I'm not too ~** je lui demanderai mais je n'ai pas tellement d'espoir; **it's a ~ sign** c'est bon signe.
2 *n*: **the young ~s** (*showing promise*) les jeunes espoirs *mpl*; (*ambitious*) les jeunes ambitieux *mpl*; (*hoping for sth*) les jeunes optimistes *mpl*.
hopefully ['həʊpfəlɪ] *adv* (**a**) *speak, assess, smile* avec (bon) espoir, avec optimisme; *develop, progress* d'une façon encourageante. **... he said ~ ...** dit-il avec optimisme. (**b**) (*one hopes*) **~ it won't rain** on espère qu'il ne va pas pleuvoir; **three or ~ four ...** trois ou avec un peu de chance quatre ...; (*as answer*) **~** je l'espère.
hopeless ['həʊplɪs] *adj* (**a**) *person* sans espoir, désespéré; *task* impossible; *situation* désespéré, qui ne permet *or* ne laisse aucun espoir, irrémédiable; *outlook* désespéré.
(**b**) (*bad, worthless*) *work* lamentable, nul; *person* bon à rien. **he's a ~ teacher** il est nul comme professeur; **I'm ~ at maths** je suis nul en maths; **it's ~!** c'est impossible *or* désespérant.
(**c**) *liar, drunkard etc* invétéré, incorrigible. **he's ~*, he's a ~ case*** c'est un cas désespéré.
hopelessly ['həʊplɪslɪ] *adv act* sans espoir; *speak* avec désespoir; *long for, regret* désespérément; *besotted etc* éperdument. **~ naïve etc** d'une naïveté *etc* désespérante; **~ in love** amoureux fou, éperdument amoureux; **they were ~ lost** ils étaient complètement perdus.
hopper ['hɒpər] *n* (*person, animal, insect*) sauteur *m*, -euse *f*; (*: *Australia*) kangourou *m*; (*bin*) trémie *f*. (*Rail*) **~ car** wagon-trémie *m*.
Horace ['hɒrɪs] *n* Horace *m*.
Horae ['hɔːriː] *npl* (*Myth*) Heures *fpl*.
horde [hɔːd] *n* horde *f* (*also pej*), foule *f*. **~s of** des foules de; (*fig*) **~s* of books/cars etc** des tas de livres/de voitures *etc*.
horizon [həˈraɪzn] *n* (*lit*) horizon *m*; (*fig*) vue *f*, horizon. (*lit, fig*) **on the ~** à l'horizon; (*fig*) **a man of narrow ~s** un homme de vues étroites; (*fig*) **to enlarge** *or* **widen one's ~s** élargir ses horizons; **to open new ~s for sb** ouvrir des horizons à qn.
horizontal [ˌhɒrɪˈzɒntl] **1** *adj* horizontal. **~ bar** barre *f* fixe. **2** *n* horizontale *f*.
horizontally [ˌhɒrɪˈzɒntəlɪ] *adv* horizontalement.
hormonal [hɔːˈməʊnəl] *adj* hormonal.
hormone ['hɔːməʊn] **1** *n* hormone *f*. **2** *cpd*: **hormone replacement therapy** traitement hormonal substitutif; **hormone tablet** comprimé *m* d'hormones; **hormone treatment** traitement hormonal.
horn [hɔːn] **1** *n* (**a**) corne *f*. **~ of plenty** corne d'abondance; (*fig*) **to draw in** *or* **pull in one's ~s** (*back down*) diminuer d'ardeur; (*spend less*) restreindre son train de vie; *V* **dilemma**.
(**b**) (*Mus*) cor *m*; *V* **French** *etc*.
(**c**) (*Aut*) klaxon *m*, avertisseur *m*; (*Naut*) sirène *f*. **to blow** *or* **sound the ~** klaxonner, corner; *V* **fog**.
(**d**) (*US‡: telephone*) bigophone* *m*. **to get on the ~ to sb** bigophoner* à qn.
(**e**) [*saddle*] corne *f*, pommeau *m*.
2 *cpd handle, ornament* en corne. (*Bot*) **hornbeam** charme *m*; **hornbill** calao *m*; (*Naut*) **hornpipe** matelote *f* (*danse*); **horn-rimmed spectacles** lunettes *fpl* à monture d'écaille *or* à grosse monture.
◆ **horn in‡** *vi* (*esp US*) mettre son grain de sel.
horned [hɔːnd] *adj* (*gen*) cornu. **~ owl** (*variété de*) duc *m* (*Orn*); **~ toad** crapaud cornu.
hornet ['hɔːnɪt] *n* frelon *m*. (*fig*) **his inquiries stirred up a ~'s nest** ses investigations ont mis le feu aux poudres.
hornless ['hɔːnlɪs] *adj* sans cornes.
horny ['hɔːnɪ] *adj* (**a**) (*like horn*) corné; *hands etc* calleux.
(**b**) (‡: *sexually aroused*) en rut‡, excité* (*sexuellement*).
horology [hɒˈrɒlədʒɪ] *n* horlogerie *f*.
horoscope ['hɒrəskəʊp] *n* horoscope *m*.
horrendous [hɒˈrendəs] *adj* horrible, affreux.
horrible ['hɒrɪbl] *adj sight, murder* horrible, affreux; (*less strong*) *holiday, weather, person* affreux, atroce. **it's ~** c'est affreux.
horribly ['hɒrɪblɪ] *adv* horriblement, affreusement. **I'm going to be ~ late** je vais être affreusement en retard.
horrid ['hɒrɪd] *adj* méchant, vilain; (†: *stronger*) horrible, affreux, hideux; *weather* épouvantable. **a ~ child** un méchant enfant, une horreur d'enfant‡.
horrific [hɒˈrɪfɪk] *adj* horrible, terrifiant.
horrified ['hɒrɪfaɪd] *adj* horrifié.
horrify ['hɒrɪfaɪ] *vt* horrifier.
horrifying ['hɒrɪfaɪɪŋ] *adj* horrifiant.
horror ['hɒrər] **1** *n* (*feeling, object, person*) horreur *f*. **to have a ~ of sth/of doing** avoir horreur de qch/de faire; (*excl*) **~s!*** quelle horreur!, quelle chose affreuse!; **to my ~ I realized that ...** je me suis rendu compte avec horreur que ...; **to my ~ he returned with a knife** à ma grande horreur il est revenu un couteau à la main; **and then, ~ of ~s** ... et alors, pour comble de l'horreur, il a dit ...; **that child is a ~!*** cet enfant est un petit monstre!; **you ~!*** monstre!*; **that gives me the ~s*** cela me donne le frisson, cela me donne la chair de poule; **9 die in motorway ~ scenes** d'horreur sur l'autoroute: 9 morts; *V* **chamber**.
2 *cpd book, film, comic* d'épouvante. **horror-stricken** glacé *or* frappé d'horreur.

horse [hɔːs] **1** n **(a)** cheval m. **to work like a** ~ travailler comme un forcené; (fig) **(straight) from the** ~'s **mouth** de source sûre; (lit, fig) **to back the wrong** ~ miser sur le mauvais cheval; (fig) **that's a** ~ **of a different colour** cela n'a rien à voir, nous ne parlons plus de la même chose; (Prov) **you can take** or **lead a** ~ **to water but you cannot make it drink** on ne peut pas forcer les gens; V **dark, eat, gift, white, willing** etc.
(b) (Gymnastics) cheval m d'arçons; V **clothes**.
(c) (Mil: U) cavalerie f. **light** ~ cavalerie légère.
(d) (Drugs sl: heroin) cheval m (sl), heroïne f.
2 cpd: **horse-artillery** artillerie montée; **on horseback** à cheval; (esp US) **horseback riding** équitation f; **horsebox** fourgon m à chevaux, van m; (in stable) box m; **horse brass** médaillon m de cuivre (fixé à une martingale); **horse-breaker** dresseur m, -euse f de chevaux; **horse breeder** éleveur m, -euse f de chevaux; (US) **horsecar** van m; **horse chestnut** marron m (d'Inde); **horse chestnut tree** marronnier m (d'Inde); **horse-collar** collier m (de harnais); **horse-dealer** maquignon m; **horse-doctor*** vétérinaire mf; **horse-drawn** tiré par des chevaux, à chevaux; **horseflesh** (horses generally) chevaux mpl; (Culin: horsemeat) viande f de cheval; **horsefly** taon m; (Brit Mil) **the Horse Guards** (le régiment de) la Garde à cheval; **horsehair** (n) crin m (de cheval); (cpd) de or en crin (de cheval); **horsehide** cuir m de cheval; **horse latitudes** ceintures subtropicales; **horse-laugh** gros rire; **horseman** cavalier m; **he's a good horseman** il est bon cavalier, il monte bien (à cheval); **horsemanship** (activity) équitation f; (skill) talent m de cavalier; **horse manure** crottin m de cheval; (Culin) **horsemeat** viande f de cheval; (US: Cine, TV) **horse opera*** western m; **horseplay** jeu m de mains, chahut m; **horsepower** puissance f (en chevaux); (unit) cheval-vapeur m; **a ten-horsepower car** une dix-chevaux; **horse-race** course f de chevaux; **horse-racing** courses fpl de chevaux, hippisme m; (Bot) **horseradish** raifort m; **horseradish sauce** sauce f au raifort; (Brit) **horse-riding** équitation f; **horse-sense*** (gros) bon sens; **horseshit*** (lit) crottin m (de cheval); (fig: nonsense) foutaises* fpl; **horseshoe** (n) fer m à cheval; (cpd) en fer à cheval; **horse show** concours m hippique; (Bot) **horsetail** prêle f; (lit, fig) **horse-trade** maquignonner; (lit, fig) **horse-trader** maquignon m; (lit, fig) **horse-trading** maquignonnage m; **horse trials** concours m hippique; (Sport) **horse vaulting** saut m de cheval; **horsewhip** (n) cravache f; (vt) cravacher; **horsewoman** cavalière f, amazone f, écuyère f; **she's a good horsewoman** elle est bonne cavalière, elle monte bien (à cheval).
♦**horse about*, horse around*** vi chahuter, jouer vivement.
horseless ['hɔːslɪs] adj sans cheval. ~ **carriage** †† voiture f sans chevaux.
hors(e)y* ['hɔːsɪ] adj person féru de cheval; appearance, face chevalin. ~ **people** les passionnés mpl de chevaux.
horticultural [ˌhɔːtɪˈkʌltʃərəl] adj horticole. ~ **show** exposition f horticole or d'horticulture.
horticulture ['hɔːtɪkʌltʃər] n horticulture f.
horticulturist [ˌhɔːtɪˈkʌltʃərɪst] n horticulteur m, -trice f.
hose¹ [həʊz] **1** n (also Brit ~**pipe**) tuyau m; (garden ~) tuyau d'arrosage; (fire ~) tuyau d'incendie; (Tech) manche f (à eau or à air etc); (Aut) durite f ®.
2 vt (in garden) arroser au jet; [firemen] arroser à la lance.
♦**hose down, hose out** vt sep laver au jet.
hose² [həʊz] n, pl inv (Comm: stockings etc) bas mpl; (Hist) (tights) chausses fpl; (knee breeches) culotte courte (jusqu'aux genoux).
Hosea [həʊˈzɪə] n Osée m.
hosier ['həʊʒər] n bonnetier m, -ière f.
hosiery ['həʊʒərɪ] n (business) bonneterie f; (Comm: stocking department) (rayon m des) bas mpl; (stockings) bas mpl.
hospice ['hɒspɪs] n (gen) hospice m; (for terminally ill) hospice pour incurables.
hospitable [hɒsˈpɪtəbl] adj hospitalier, accueillant.
hospitably [hɒsˈpɪtəblɪ] adv avec hospitalité, d'une façon accueillante.
hospital ['hɒspɪtl] **1** n hôpital m. **in** ~ à l'hôpital; **people** or **patients in** ~ (malades mpl) hospitalisés mpl; **to go into** ~ aller à l'hôpital, être hospitalisé; V **maternity, mental** etc.
2 cpd treatment, staff hospitalier; bed d'hôpital; dispute, strike des hôpitaux. **hospital administration** gestion hospitalière; **hospital administrator** (Brit) administrateur m, -trice f d'hôpital, (US) directeur m, -trice f d'hôpital; **the hospital board** le conseil d'administration de l'hôpital; **90% of hospital cases are released within 3 weeks** 90% des patients hospitalisés sortent dans les 3 semaines; **this is a hospital case, I'll call an ambulance** le patient doit être hospitalisé, je vais appeler une ambulance; **the hospital doctors** les médecins mpl des hôpitaux; **the junior hospital doctors** les internes mpl des hôpitaux; **the hospital facilities were inadequate** le service hospitalier n'était pas à la hauteur; **hospital nurse** infirmier m, -ière f (d'hôpital); **the hospital service** le service hospitalier; **hospital ship** navire-hôpital m; **hospital train** train m sanitaire.
hospitality [ˌhɒspɪˈtælɪtɪ] n hospitalité f.
hospitalize ['hɒspɪtəlaɪz] vt hospitaliser.
host¹ [həʊst] **1** n hôte m (in hotel etc) patron m; (Bot, Zool) hôte. (hum) mine ~ notre hôte (hum). **2** cpd plant, animal hôte; town etc qui reçoit. [conference, games etc] ~ **country** pays m d'accueil. **3** vt TV show etc animer.
host² [həʊst] n (crowd) foule f; (††) armée f. **a** ~ **of friends** une foule d'amis; **a whole** ~ **of reasons** toute une série or tout un tas* de raisons.
host³ [həʊst] n (Rel) hostie f.
hostage ['hɒstɪdʒ] n otage m. **to take sb** ~ prendre qn en otage; (fig) **to be a** ~ **to fate** or **fortune** être le jouet du hasard.
hostel ['hɒstəl] **1** n **(a)** [students, workers etc] foyer m. **(youth)** ~

auberge f de jeunesse. **(b)** (††) auberge f. **2** vi: **to go (youth)** ~**ling** aller passer ses vacances en auberges de jeunesse.
hosteller ['hɒstələr] n ≃ ajiste mf.
hostelling ['hɒstəlɪŋ] n mouvement m des auberges de jeunesse.
hostelry ['hɒstəlrɪ] n hostellerie f.
hostess ['həʊstes] n hôtesse f; (in night club) entraîneuse f; V **air**.
hostile ['hɒstaɪl, (US) 'hɒstɪl] adj hostile (to à).
hostility [hɒsˈtɪlɪtɪ] n hostilité f.
hostler ['ɒslər] n = **ostler**.
hot [hɒt] **1** adj **(a)** (lit) chaud. **to be** ~ [person] avoir (très or trop) chaud; [thing] être (très) chaud; (Met) faire (très) chaud; **this room is** ~ il fait (très or trop) chaud dans cette pièce; **it's too** ~ **in here** il fait trop chaud ici, on étouffe ici; **to get** ~ [person] s'échauffer; [thing] devenir chaud, chauffer; (Met) commencer à faire chaud; ~ **spring** source chaude; **it was a very** ~ **day** c'était un jour très chaud, c'était un jour de grande or forte chaleur; **the** ~ **sun** le soleil brûlant; **in the** ~ **weather** pendant les chaleurs; **it was a** ~ **and tiring walk** ce fut une marche épuisante dans la grande chaleur; **bread** ~ **from the oven** pain tout chaud sorti du four; (on menu) ~ **dishes** plats chauds; **I can't drink** ~ **things** je ne peux pas boire chaud; **the food must be served** ~ la nourriture doit être servie bien chaude; (fig) **he's had more trips to Paris than I've had** ~ **dinners*** il va plus souvent à Paris que je ne change (subj) de chemise; ~ **and cold (running water)** (eau courante) chaude et froide; (Med) ~ **flush,** (US) ~ **flash** bouffée f de chaleur; (fig) **to get in/get into** ~ **water** être/se mettre dans une mauvaise passe or dans le pétrin: **to be (all)** ~ **and bothered** (perspiring) être en nage; (flustered) être dans tous ses états, être tourneboulé* (about sth au sujet de qch); **to get** ~ **under the collar** (about sth) être/se mettre dans tous ses états or en colère (au sujet de qch); V also **3**, and **cake, coal, iron** etc.
(b) (fig) food, curry fort, épicé; spices fort; news, report tout frais (f fraîche); struggle, contest, dispute acharné; temperament passionné, violent; supporter enthousiaste, passionné. ~ **jazz** hot m; **he's got a** ~ **temper** il a un caractère violent, il est très colérique; (Pol) **a** ~ **war*** une guerre ouverte; (Sport) ~ **favourite** grand favori; ~ **tip** tuyau sûr or increvable*; **to be** ~ **on the trail** être sur la bonne piste; **to be** ~ **on sb's trail** être sur les talons de qn; (in guessing games etc) **you're getting** ~! tu brûles!; **news** ~ **from the press** informations de dernière minute; **he was** ~ **from Paris** il était tout frais arrivé de Paris; **he made the town too** ~ **for his enemies** il a rendu l'atmosphère de la ville irréspirable pour or à ses ennemis; **to make it** or **things** ~ **for sb*** mener la vie dure à qn, en faire baver à qn*; V also **3**, and **pursuit** etc.
(c) (*: very good) (gen) terrible*, sensationnel*. (esp US) **that's** ~ c'est fantastique; **not so** ~* pas formidable*, pas merveilleux, pas fameux*; **how are things?** — **not so** ~* comment ça va? — pas fameux* or pas terrible; **he's pretty** ~* **at maths** c'est un crack* en maths; **he's pretty** ~* **at football** il est très calé en football; (sexually) **she's a** ~ **piece*** elle est (très) sexy*.
(d) (successful) article for sale très recherché, qui a beaucoup de succès.
(e) (*: stolen) volé. **it's** ~ ça a été volé.
2 adv: **he went at it** ~ **and strong** il n'y est pas allé de main morte*; **to give it to sb** ~ **and strong*** passer un savon à qn*, sonner les cloches à qn*; V **blow¹**.
3 cpd: (fig) **hot air*** (nonsense) blablabla* m, foutaises* fpl; (empty talk) du vent; (fig) **to blow hot air*** brasser du vent; **hot-air balloon** ballon m, montgolfière f; **a hotbed of vice/social unrest** etc un foyer de vice/de troubles sociaux etc; (fig) **hot-blooded** ardent, passionné; **hot cross bun** brioche f du Vendredi saint; (Culin) **hot dog** hot-dog m; (Ski) **hot-dogging** ski m acrobatique; **hotfoot** à toute vitesse, à toute allure; **to hotfoot it*** galoper; **hot gospeller** prêcheur enragé (du protestantisme); (fig) **hothead** (n) tête brûlée; (adj: also **hotheaded**) person exalté, impétueux; attitude impétueux; **hothouse** (n) serre f (chaude); (adj: lit, fig) de serre (chaude); (Telec) **hot line** (gen) ligne ouverte vingt-quatre heures sur vingt-quatre (to sb avec qn); (Pol) téléphone m rouge (to avec); **hot money** (Fin) capitaux mpl spéculatifs or fébriles; (stolen) argent volé; **hot pants*** mini-short m; **hotplate** plaque chauffante; (esp Brit Culin) **hotpot** ragoût m (cuit au four avec des pommes de terre); (fig) **hot potato*** sujet brûlant; **he dropped the idea like a hot potato*** il a laissé tomber comme si ça lui brûlait les doigts; (US) **hotrod** (car) hotrod m, voiture gonflée*; **the hot seat** (US: electric chair) la chaise électrique; (fig: in decision-making etc) **to be in the hot seat** être en première ligne; **hot-selling** qui se vend comme des petits pains; (US fig) **he really thinks he's hot shit*** il ne se prend pas pour de la merde*; (esp US) **hotshot*** (adj: gen) terrible*; performance de virtuose; (n) (expert) as m, crack* m; (important person) gros bonnet m; (Brit) **hot spot*** (trouble area) point m névralgique or chaud; (night club) boîte f (de nuit); **to be hot stuff*** (terrific) être terrible*; (daring: of film etc) être audacieux; **hot-tempered** emporté, colérique; (US) **hot tub** jacuzzi m; **hot-water bag** or **bottle** bouillotte f.
4 n (US) **to have the** ~**s*** **for sb** [man] bander* pour qn; [woman] mouiller* pour qn.
♦**hot up* 1** (lit) réchauffer; (fig) chauffer. **things are hotting up in the Middle East** cela commence à chauffer* au Moyen-Orient; (at a party) **things are hotting up** l'atmosphère commence à chauffer* or balancer*.
2 vt sep **(a)** food faire chauffer, (faire) réchauffer.
(b) (fig) music faire balancer*; party mettre de l'animation dans; car engine gonfler*. **he was driving a hotted-up Mini ®** il conduisait une Mini ® au moteur gonflé*; (fig) **to hot up the pace** forcer l'allure.
hotchpotch ['hɒtʃpɒtʃ] n salmigondis m, fatras m.
hotel [həʊˈtel] **1** n hôtel m.

2 *cpd furniture, prices, porter* d'hôtel. **the hotel industry** l'industrie hôtelière; **hotelkeeper** hôtelier *m*, -ière *f*, patron(ne) *m(f)* (d'hôtel); **hotel manager** gérant *m or* directeur *m* d'hôtel; **hotel receptionist** réceptionniste *mf* d'hôtel; **a hotel room** une chambre d'hôtel; **the hotel staff** le personnel hôtelier *or* de l'hôtel; **he's looking for hotel work** il cherche un travail dans l'hôtellerie; **hotel workers** (le) personnel hôtelier.

hotelier [həʊˈtelɪəʳ] *n* hôtelier *m*, -ière *f*.

hotly [ˈhɒtlɪ] *adv* avec feu, passionnément, violemment. **it was ~ disputed** ce fut contredit violemment.

Hottentot [ˈhɒtəntɒt] **1** *adj* hottentot. **2** *n* **(a)** Hottentot *mf*. **(b)** (*Ling*) hottentot *m*.

houm(o)us [ˈhuːməs] *n* houmous *m*.

hound [haʊnd] **1** *n* **(a)** chien courant, chien de meute; (*often hum: any dog*) chien. (*Brit*) **the ~s** la meute; **to ride to ~s** chasser à courre; *V* **fox**, **master** *etc*.

(b) (*pej: person*) canaille *f*, crapule *f*.

2 *cpd:* (*US*) **hounddog** bâtard *m* (*chien*).

3 *vt debtor etc* poursuivre avec acharnement, s'acharner sur *or* contre, traquer. **they ~ed the lepers out of town** ils chassèrent les lépreux hors de la ville; **they ~ed him for the money** ils se sont acharnés contre lui pour lui soutirer l'argent.

♦**hound down** *vt sep* (traquer et) capturer.

♦**hound out** *vt sep* chasser.

hour [ˈaʊəʳ] **1** *n* **(a)** (*period*) heure *f*. **a quarter of an ~** un quart d'heure; **half an ~**, **a half-~** une demi-heure; **an ~ and a half** une heure et demie; **~ by ~** heure par heure; **80 km an ~** 80 km à l'heure; **4 ~s' walk from here** (à) 4 heures de marche d'ici; **to pay sb by the ~** payer qn à l'heure; **she is paid £8 an ~** elle est payée 8 livres (de) l'heure; **he took ~s to do it** il a mis des heures *or* un temps fou* à le faire; **she's been waiting for ~s** elle attend depuis des heures; **to be ~s late** (*lit*) être en retard de plusieurs heures; (*fig*) être terriblement en retard.

(b) (*time of day, point in time*) heure *f*; (*fig*) heure, moment *m*. **this clock strikes the ~s** cette horloge sonne les heures; **on the ~** toutes les heures à l'heure juste; **at the ~ stated** à l'heure dite; **the ~ has come** l'heure est venue, c'est l'heure; **his ~ has come** son heure est venue; **he realized his last ~ had come** il comprit que sa dernière heure était venue *or* arrivée; **in the early *or* small ~s** (of the morning) au petit matin *or* jour, aux premières heures (du jour); **at all ~s** (of the day and night) à toute heure (du jour et de la nuit); **not at this ~ surely!** tout de même pas à cette heure-ci *or* à l'heure qu'il est!; (*fig*) **at this late ~** à ce stade avancé; **in the ~ of danger** à l'heure du danger; **the problems of the ~** les problèmes du jour *or* de l'heure; **Book of H~s** livre *m* d'Heures; *V* **eleventh**.

(c) **to keep regular ~s** avoir une vie réglée; **to work long ~s** avoir une journée très longue; (*Brit*) **after ~s** *[shops, pubs]* après l'heure de fermeture; *[offices]* après les heures de bureau; **out of ~s** en dehors des heures d'ouverture; **out of visiting ~s** en dehors des heures de visite; *V* **early**, **late**, **office**, **school**[1] *etc*.

2 *cpd:* **hourglass** sablier *m*; (*fig*) **hourglass figure** taille *f* guêpe; *[watch etc]* **hour hand** petite aiguille.

hourly [ˈaʊəlɪ] **1** *adj* **(a)** (*every hour*) *bus service etc* toutes les heures. (*Ind*) **~ rate** taux *m* horaire.

(b) (*fig: incessant*) *dread*, *fear* constant.

2 *adv* (*lit*) une fois par heure, toutes les heures; (*fig*) continuellement. **they expected him ~** ils l'attendaient d'une heure à l'autre *or* incessamment *or* à tout moment; (*Ind*) **~ paid workers** ouvriers payés à l'heure.

house [haʊs] **1** *n, pl* **houses** [ˈhaʊzɪz] **(a)** maison *f*. **at *or* to my ~** chez moi; (*fig*) **they got on like a ~ on fire** ils s'entendaient à merveille *or* comme larrons en foire; **the children were playing at ~(s)** les enfants jouaient à papa et maman; **doll's ~** maison de poupée; **~ of cards** château *m* de cartes; (*US*) **~ of correction** maison d'arrêt; **she looks after the ~ herself** elle tient son ménage, c'est elle qui s'occupe de son ménage; **she needs more help in the ~** il faudrait qu'elle soit plus aidée à la maison; **to keep ~** (for sb) tenir la maison *or* le ménage (de qn); **to set up ~** s'installer, monter son ménage; **they set up ~ together** ils se sont mis en ménage; (*fig*) **to put *or* set one's ~ in order** mettre de l'ordre dans ses affaires; *V* **move**, **open**, **public**, **safe** *etc*.

(b) (*Parl etc*) **the H~** la Chambre; (*Brit*) **H~ of Commons/of Lords** Chambre des communes/des lords; (*US*) **H~ of Representatives** Chambre des députés; **the H~s of Parliament** (*building*) le Palais de Westminster; (*members*) le Parlement, les Chambres; *V* **floor**.

(c) (*Theat etc*) salle *f*, auditoire *m*, spectateurs *mpl*. **is there a doctor in the ~?** y a-t-il un médecin dans la salle?; **a full *or* good ~** une salle pleine; **to play to full ~s** faire salle pleine, jouer à guichets fermés; **'~ full'** 'complet'; **the second ~** la deuxième séance; (*fig*) **to bring the ~ down** faire crouler la salle sous les applaudissements; *V* **pack**.

(d) (*Comm*) maison *f* (de commerce), compagnie *f*, (*noble family*) maison; (*Rel*) maison religieuse; (*Brit Scol*) maison *f*. (*fig*) **on the ~*** aux frais de la maison; **the H~ of Windsor** la maison des Windsors; **banking ~** établissement *m* bancaire; **business ~** compagnie, maison (de commerce); **publishing ~** maison d'édition; **in-house** *V* **in**.

2 *cpd:* (*Brit*) **house agent** agent *m* immobilier; **house arrest** assignation *f* à domicile *or* à résidence; **to put sb under house arrest** assigner qn à domicile *or* à résidence; **to be under house arrest** être assigné à domicile, être en résidence surveillée; **houseboat** houseboat *m*, péniche *f* (aménagée); **housebound** confiné chez soi; **the housebound** les personnes isolées; **housebreaker** (*burglar*) cambrioleur *m*; (*Brit: demolition worker*) démolisseur *m*; **housebreaking** (*burglary*) cambriolage *m*; (*Brit: demolition*)

démolition *f*; **housebroken** *animal* propre; (*fig*) *person* docile, obéissant; (*US*) **house-clean** faire le ménage; **housecleaning** ménage *m*, nettoyage *m* (*d'une maison*); **housecoat** peignoir *m*; **housedress** robe *f* d'intérieur; **housefather** responsable *m* (de groupe) (*dans une institution*); **housefly** mouche *f* (commune *or* domestique); **houseguest** invité(e) *m(f)*; **I've got houseguests** j'ai des amis de passage; **household** *V* **household**; (*Brit*) **househunt** chercher un appartement *or* une maison, être à la recherche d'un appartement *or* d'une maison; **house-hunting** recherche *f* d'une maison (*or* d'un appartement); **house-husband** homme *m* au foyer; **house journal** = **house magazine**; **housekeeper** (*in sb else's house*) gouvernante *f*; (*in institution*) économe *f*, intendante *f*; **his wife is a good housekeeper** sa femme est bonne ménagère *or* maîtresse de maison; **housekeeping** (*skill*) économie *f* domestique *or* ménagère; (*work*) ménage *m*; **housekeeping** (*money*) argent *m* du ménage; (*Theat*) **houselights** lumières *fpl* *or* éclairage *m* de la salle; *[company, organization]* **house magazine** journal *m* d'entreprise; **housemaid** bonne *f*, femme *f* de chambre; (*Med*) **housemaid's knee** inflammation *f* du genou; (*Brit: in hospital*) **houseman** ≃ interne *m*; (*Theat*) **house manager** directeur *m* de théâtre; **housemartin** hirondelle *f* de fenêtre; (*Brit Scol*) **housemaster**, **housemistress** professeur *m* responsable d'une maison; **housemother** responsable *f* (de groupe) (*dans une institution*); **house organ** = **house magazine**; **house painter** peintre *m* en bâtiments; **she had a large house party last weekend** elle a organisé une grande partie de campagne le week-end dernier; **house physician** (*Brit: in hospital*) ≃ interne *mf* en médecine; (*in hotel etc*) médecin *m* (attaché à un hôtel etc); **house plant** plante *f* d'intérieur; **house prices** prix immobiliers; **to be house-proud** être une femme d'intérieur méticuleuse, avoir la manie de l'astiquage (*pej*); **houseroom** place *f* (*pour loger qch ou qn*); (*fig*) **I wouldn't give it houseroom** je n'en voudrais pas chez moi; **house sale** vente immobilière; **to house-sit*** for sb garder la maison de qn; **house sparrow** moineau *m* domestique; (*Brit*) **house surgeon** ≃ interne *mf* en chirurgie; **house-to-house** porte à porte *inv*; **house-to-house search** perquisition *f* systématique dans le quartier; **to make a house-to-house search for sb** aller de porte en porte à la recherche de qn; **housetop** toit *m*; **to proclaim sth from the housetops** crier qch sur les toits; (*Brit*) **house-trained** = **housebroken**; **housewares** articles *mpl* de ménage; **house warming** (party) pendaison *f* de crémaillère; **to give a house warming** (party) pendre la crémaillère; **housewife** *V* **housewife**; **housewifely** *V* **housewifely**; **housewifery** *V* **housewifery**; **housework** (travaux *mpl* de) ménage *m*; **to do the housework** faire le ménage.

3 [haʊz] *vt person* loger, héberger, recevoir. **she was housing refugees** elle logeait *or* hébergeait des réfugiés; **the town offered to ~ six refugee families** la ville a proposé de loger six familles de réfugiés; **this building ~s 5 families/3 offices** ce bâtiment abrite 5 familles/3 bureaux; **the school can't ~ more than 100** l'école ne peut recevoir plus de 100 élèves; **the papers were ~d in a box** les papiers étaient rangés dans une boîte; **the freezer is ~d in the basement** on garde le congélateur au sous-sol.

houseful [ˈhaʊsfʊl] *n:* **a ~ of people** une pleine maisonnée de gens; **a ~ of dogs** une maison pleine de chiens.

household [ˈhaʊshəʊld] **1** *n* (*persons*) (gens *mpl* de la) maison *f*, maisonnée *f*, ménage *m* (*also Admin, Econ etc*). **there were 7 people in his ~** sa maison était composée de 7 personnes; **the whole ~ was there to greet him** tous les gens de la maison étaient *or* toute la maison était là pour l'accueillir; **give below details of your ~** indiquez ci-dessous le nom des personnes qui résident chez vous; **~s with more than 3 wage-earners** des ménages *or* des familles *fpl* à plus de 3 salariés; (*Brit*) **H~** maison royale.

2 *cpd accounts, expenses, equipment* de *or* du ménage. **household ammonia** ammoniaque *f* (d'usage domestique); **the household arts** l'économie *f* domestique; (*Brit*) **the Household Cavalry** la Cavalerie de la Garde Royale; **household chores** (travaux *mpl* du) ménage *m*; **household gods** pénates *mpl*; **household goods** (*gen, Comm*) appareils *mpl* ménagers; (*Econ*) biens *mpl* d'équipement ménager; (*more generally*) all her household goods toutes ses affaires; **household linen** linge *m* de maison; **household soap** savon *m* de Marseille; (*Brit*) **Household troops** Garde Royale; (*fig*) **it's a household word** c'est un nom qui est sur tout le monde connaît.

householder [ˈhaʊsˌhəʊldəʳ] *n* occupant(e) *m(f)*; (*owner*) propriétaire *mf*; (*lessee*) locataire *mf*; (*head of house*) chef *m* de famille.

housewife [ˈhaʊswaɪf] *n, pl* **housewives** **(a)** ménagère *f*; (*as opposed to career woman*) femme *f* au foyer; **a born ~** une ménagère née, une femme au foyer type; **housewives refused to pay these prices** les ménagères ont refusé de payer ces prix; **we wish to see housewives paid for their work** nous voulons qu'on rémunère (*subj*) les femmes au foyer; **I'd rather be a ~** j'aimerais mieux être femme au foyer.

(b) [ˈhʌzɪf] (*sewing box*) trousse *f* de couture.

housewifely [ˈhaʊswaɪflɪ] *adj* de ménagère.

housewifery [ˈhaʊswɪfərɪ] *n* économie *f* domestique, tenue *f* du ménage.

housewives [ˈhaʊswaɪvz] *npl of* **housewife**.

housey-housey [ˈhaʊsɪˈhaʊsɪ] *n* (*Brit*) (sorte de) loto *m*.

housing [ˈhaʊzɪŋ] **1** *n* **(a)** logement *m*. (*Brit*) **Minister/Ministry of H~**, (*US*) **Secretary/Department of H~ and Urban Development** ministre *m*/ministère *m* de l'Urbanisme et du Logement; **there's a lot of new ~** il y a beaucoup de résidences *or* de constructions nouvelles; **the ~ of workers proved difficult** le logement des ouvriers a posé un problème; *V* **low**[1].

(b) (*Tech: for mechanism etc*) boîtier *m*; (*Archit, Constr*) encastrement *m*.

2 cpd matters, problem, crisis de or du logement. (Brit) **housing association** (for providing housing) société charitable fournissant des logements; (for co-ownership) association f de co-propriétaires (pour faciliter l'accession à la propriété privée); (Admin) **housing benefit** allocation f logement; **housing conditions** conditions fpl de logement; (US) **housing development** ensemble immobilier privé; (Brit) **housing estate** ≃ cité f (usu council-owned flats), lotissement m (usu privately-owned houses); (US) **housing project** (place) ≃ cité f; (planning) programme m de construction de logements sociaux; (Brit) **housing scheme** ≃ cité f; **housing shortage** crise f du logement, manque m de logements.

hove [həʊv] pret, ptp of **heave**.

hovel ['hɒvəl] n taudis m, masure f.

hover ['hɒvəʳ] **1** vi (a) [bird, butterfly] voltiger (about, autour de; over au-dessus de); [bird of prey, helicopter, danger, threat] planer (above, over au-dessus de); [person] (also ~ about, ~ around) rôder; [smile] errer. a waiter ~ed over or round us un garçon (de café) rôdait or tournait autour de nous; he was ~ing between life and death il restait suspendu entre la vie et la mort; (fig) prices ~ing around ... les prix tournant autour de ... .
(b) (waver) hésiter, vaciller (between entre).
2 cpd: **hovercraft** aéroglisseur m; **hoverport** hoverport m.

how [haʊ] **1** adv (a) (in what way) comment. ~ did you come? comment êtes-vous venu?; **tell me** ~ **you came** dites-moi comment vous êtes venu; **to learn** ~ **to do sth** apprendre à faire qch; **I know** ~ **to do it** je sais le faire; ~ **do you like your steak?** comment aimez-vous votre bifteck?; ~ **did you like the steak?** comment avez-vous trouvé le bifteck?; ~ **was the play?** comment avez-vous trouvé la pièce?; ~ **is it that ...?** comment se fait-il que ...? + subj; ~ **so?**, ~'**s that?**, ~ **can that be?** comment cela (se fait-il)?; ~ **come?** comment ça se fait?*, comment cela?, pourquoi?; ~ **come you aren't going out?*** comment ça se fait que tu ne sors pas?*; ~ **about going for a walk?** si on allait se promener?; **and** ~!* et comment!*
(b) (health) ~ **are you?** comment allez-vous?; **tell me** ~ **she is** dites-moi comment elle va; ~ **do you do?** (greeting) bonjour; (on being introduced) enchanté.
(c) (with adj, adv: degree, quantity etc) que, comme. ~ **big he is!** comme or qu'il est grand!; ~ **splendid!** c'est merveilleux!; ~ **kind of you!** c'est très aimable à vous; ~ **very astute of you** (or him etc)! quelle finesse! (also iro); ~ **very clever of you/her!** quelle intelligence!, ce que vous pouvez/ce qu'elle peut être intelligent(e)!; ~ **glad I am to see you!** que or comme je suis content de vous voir!; ~ **he's grown!** comme il a grandi!, ce qu'il a grandi!*, comme il est grand!; ~ **long is the boat?** quelle est la longueur du bateau?, quelle longueur fait le bateau?; ~ **long shall I make it?** je le fais de quelle longueur?, je le fais long comment?*; ~ **tall is he?** quelle est sa taille?, combien mesure-t-il?; ~ **old is he?** quel âge a-t-il?; ~ **soon can you come?** quand pouvez-vous venir?, quel est le plus tôt que vous puissiez venir?; ~ **much does this book cost?** combien coûte ce livre?; ~ **many days in a week?** combien de jours dans une semaine?
(d) (that) que. **she told me** ~ **she had seen the child lying on the ground** elle m'a raconté qu'elle avait vu l'enfant couché par terre.
2 n: **the** ~ **and the why of it** le comment et le pourquoi de cela.
3 cpd: **here's a (fine) how-d'ye-do!*** en voilà une affaire!, en voilà une histoire!*; **it was a real how-d'ye-do*** c'était un joli gâchis!*; **however** V **however**.

howdy* ['haʊdɪ] excl (US) salut!*

however [haʊ'evəʳ] **1** adv (a) de quelque manière or façon que + subj. ~ **you may do it, it will never be right** de quelque manière que vous le fassiez, ce ne sera jamais bien fait; ~ **that may be** de quoi qu'il en soit.
(b) (+ adj) quelque or si ... que + subj. ~ **tall he may be** or **is** quelque or si grand qu'il soit; ~ **much money he has** quelque argent qu'il ait, pour riche qu'il soit; ~ **little** si peu que ce soit; ~ **few people come, we'll do the play** pour peu nombreux que soit le public, nous jouerons la pièce.
(c) (*: in questions) ~ **did you do it?*** comment avez-vous bien pu faire ça?*
2 conj pourtant, cependant, toutefois, néanmoins.

howitzer ['haʊɪtsəʳ] n obusier m.

howl [haʊl] **1** n [person, animal] hurlement m; [baby] braillement m, hurlement; [wind] mugissement m. **there were** ~**s of laughter** on entendit d'énormes éclats de rire.
2 vi [person, animal] hurler; (*: cry) pleurer; [baby] brailler; [wind] mugir. **to** ~ **with laughter** rire aux éclats or à gorge déployée; **to** ~ **with pain/fury** hurler de douleur/de rage; **to** ~ **with derision** lancer des huées.
3 vt (also ~ **out**) hurler, crier. **they** ~**ed their disapproval** ils hurlaient leur désapprobation.
♦**howl down** vt sep: **they howled the speaker down** ils ont réduit l'orateur au silence par leurs huées.

howler* ['haʊləʳ] n gaffe* f, bourde f. **schoolboy** ~ perle f (d'écolier).

howling ['haʊlɪŋ] **1** n [person, animal] hurlement(s) m(pl); [baby] braillement(s) m(pl); [wind] mugissement(s) m(pl). **2** adj (a) [person, animal] hurlant. **a** ~ **gale** une violente tempête. (b) (*fig) [mistake] énorme. ~ **success** succès fou.

hoy [hɔɪ] excl ohé!

hoyden ['hɔɪdn] n garçon manqué.

hoydenish ['hɔɪdənɪʃ] adj garçonnier, de garçon manqué.

H.P.* [eɪtʃ'piː] n (Brit) abbr of **hire purchase**; V **hire**.

hp [eɪtʃ'piː] n (abbr of **horsepower**) CV.

H.Q. [eɪtʃ'kjuː] n (abbr of **headquarters**) Q.G. m.

hr (abbr of **hour**) h. **28 hrs** 28 h.

H.R.H. (abbr of **His** or **Her Royal Highness**) S.A.R.

H.S. (US Scol) abbr of **high school**; V **high**.

HT abbr of **high tension**; V **high**.

hub [hʌb] n [wheel] moyeu m; (fig) pivot m, centre m. (Aut) ~ **cap** enjoliveur m.

hubba-hubba* ['hʌbə'hʌbə] excl (US) (gen) bravo!; (quick) presto*!, vite!

hubbub ['hʌbʌb] n brouhaha m, vacarme m.

hubby‡ ['hʌbɪ] n (abbr of **husband**) petit mari*, bonhomme* m. **my** ~ **le patron***.

hubris ['hjuːbrɪs] n orgueil m (démesuré).

huckleberry ['hʌklbərɪ] n (US) myrtille f, airelle f.

huckster ['hʌkstəʳ] n (US) (hawker) colporteur m; (fig pej) mercanti m; (*: salesman) vendeur m de choc*; (in fairground) bonimenteur m.

HUD [hʌd] n (US) abbr of **Department of Housing and Urban Development**; V **housing**.

huddle ['hʌdl] **1** n [people] petit groupe (compact); [books etc] tas m, amas m. **a** ~ **of houses in the valley** quelques maisons blotties dans la vallée; **to go into a** ~* se réunir en petit comité (fig).
2 vi (a) (lit) se blottir (les uns contre les autres). **we** ~**d round the fire** nous nous sommes blottis près du feu; **the baby birds** ~**d in the nest** les oisillons se blottissaient les uns contre les autres dans le nid; V also **huddled**.
(b) (fig: US: meet and discuss) se réunir en petit comité (fig).
♦**huddle down** vi (crouch) se recroqueviller, se faire tout petit; (snuggle) se blottir, se pelotonner.
♦**huddle together** vi se serrer or se blottir les uns contre les autres, se réunir en (un) petit groupe. **they were huddling together for warmth** ils se serraient or se blottissaient les uns contre les autres pour se tenir chaud; **they huddled together to discuss the proposal** ils ont formé un petit groupe pour discuter de la proposition; V also **huddled**.
♦**huddle up** vi se blottir, se pelotonner.

huddled ['hʌdld] adj: **the chairs were** ~ **in a corner** les chaises étaient rassemblées or groupées dans un coin; **houses** ~ **(together) round the church** des maisons blotties autour de l'église; **he lay** ~ **under the blankets** il était blotti or pelotonné sous les couvertures; **the children lay** ~ **under the blankets** les enfants étaient blottis or pelotonnés les uns contre les autres sous les couvertures; **he was** ~ **over his books** il était penché sur ses livres.

Hudson Bay ['hʌdsən'beɪ] n baie f d'Hudson.

hue[1] [hjuː] n: ~ **and cry** clameur f; **with** ~ **and cry** à cor et à cri; **to raise a** ~ **and cry** crier haro (against sur).

hue[2] [hjuː] n (colour) teinte f, nuance f.

-hued [hjuːd] adj ending in cpds: **many-hued** multicolore.

huff* [hʌf] n: **to be in a** ~ être froissé or fâché; **to take (the)** ~, **to get into a** ~ prendre la mouche, s'offusquer; **he left in a** ~ il est parti froissé or fâché.

huffed* [hʌft] adj froissé, fâché.

huffily* ['hʌfɪlɪ] adv leave avec humeur; say d'un ton froissé or fâché.

huffiness* ['hʌfɪnɪs] n mauvaise humeur.

huffy* ['hʌfɪ] adj (annoyed) froissé, fâché; (sulky) boudeur; (touchy) susceptible.

hug [hʌg] **1** vt (a) (hold close) serrer dans ses bras, étreindre; [bear, gorilla] écraser entre ses bras; (fig) opinion etc tenir à, ne pas démordre de. (fig) **to** ~ **o.s. over** or **about sth** jubiler de qch.
(b) serrer. (Naut) **to** ~ **the shore/wind** serrer la côte/le vent; [car] **to** ~ **the kerb** serrer le trottoir.
2 n étreinte f. **to give sb a** ~ serrer qn dans ses bras, étreindre qn; **he gave the child a big (bear)** ~ il a serré l'enfant bien fort dans ses bras.

huge [hjuːdʒ] adj object, sum of money, helping énorme; house immense, vaste; man énorme, gigantesque; success fou (f folle).

hugely ['hjuːdʒlɪ] adv énormément; (very) extrêmement.

hugeness ['hjuːdʒnɪs] n immensité f.

hugger-mugger* ['hʌgəˌmʌgəʳ] **1** n (muddle) fouillis m, pagaïe* f or pagaille* f, désordre m; (secrecy) secret m. **2** adj désordonné; secret (f ·ète). **3** adv en désordre; en secret.

Hugh [hjuː] n Hugues m.

Huguenot ['hjuːgənəʊ] **1** adj huguenot. **2** n Huguenot(e) m(f).

huh [hʌ] excl (dismay) oh!; (surprise, disbelief) hein?; (disgust) berk!*, beuh!

hulk [hʌlk] n (prison etc ship) ponton m; (wrecked ship) épave f; (ramshackle ship) vieux rafiot‡; (wrecked vehicle, building etc) carcasse f. (big) ~ **of a man** mastodonte* m, malabar* m.

hulking ['hʌlkɪŋ] adj balourd, lourdaud, gros (f grosse). **he was a** ~ **great brute** c'était un gros malabar*.

hull [hʌl] **1** n (a) [ship, plane] coque f; [tank] caisse f. **a ship** ~ **down on the horizon** un navire coque nue or dont la coque disparaissait sous l'horizon.
(b) [nuts] coque f; [peas, beans] cosse f, gousse f.
2 vt (a) peas écosser; barley émonder; oats, rice décortiquer; nuts écaler.
(b) ship, plane percer la coque de.

hullabaloo* [ˌhʌləbə'luː] n (noise) chambard* m, boucan* m, raffut* m. (fuss) **there was quite a** ~ **about the missing money** on a fait toute une histoire* or tout un foin‡ à propos de l'argent disparu.

hullo [hʌ'ləʊ] excl = **hallo**.

hum [hʌm] **1** vi (a) [insect] bourdonner; [person] fredonner, chantonner; [aeroplane, engine, machine] vrombir; [top, wireless etc] ronfler; [wire] bourdonner. (fig) **to make things** ~* mener or faire marcher les choses rondement; **then things began to** ~* alors les choses ont commencé à chauffer* or à s'animer; V **haw**[2].

(b) (‡: *stink*) puer, sentir mauvais, taper‡.
2 *vt tune* fredonner, chantonner.
3 *n* **(a)** *[insect, voices]* bourdonnement *m*; *[aeroplane, machine, engine]* vrombissement *m*; *[top etc]* ronflement *m*.
(b) (‡: *stink*) puanteur *f*.
4 *excl* hem!, hum!

human ['hjuːmən] **1** *adj* (*gen*) humain. ~ **being** être humain; **the ~ race** la race humaine, le genre humain; ~ **nature** nature humaine; **it's only ~ nature to want revenge** c'est normal *or* humain de chercher à se venger; **he's only ~ after all** il n'est pas un saint, personne n'est parfait; ~ **ecology** écologie humaine; ~ **engineering** ergonomie *f*; ~ **rights** droits *mpl* de l'homme; **to lack the ~ touch** manquer de chaleur humaine; **it needs the ~ touch to bring the situation home to the public** le public ne comprend la situation que lorsqu'il la voit sous l'angle humain; *V* **decency**.
2 *n* humain *m*, être humain.
3 *cpd*: (*U*) **humankind** humanité *f*, genre humain, race humaine.
humane [hjuː'meɪn] *adj* **(a)** (*compassionate*) *person, attitude* humain, plein d'humanité; *method* humain. **(b)** ~ **studies** humanités *fpl*, sciences humaines.
humanely [hjuː'meɪnlɪ] *adv* avec humanité, humainement.
humanism ['hjuːmənɪzəm] *n* humanisme *m*.
humanist ['hjuːmənɪst] *n* humaniste *mf*.
humanistic [ˌhjuːmə'nɪstɪk] *adj* humaniste.
humanitarian [hjuːˌmænɪ'tɛərɪən] *adj, n* humanitaire (*mf*).
humanity [hjuː'mænɪtɪ] *n* humanité *f*. **the humanities** les humanités, les sciences *fpl* humaines.
humanize ['hjuːmənaɪz] *vt* humaniser.
humanly ['hjuːmənlɪ] *adv* humainement. **if it is ~ possible** si c'est humainement possible.
humanoid ['hjuːmənɔɪd] *adj, n* humanoïde (*mf*).
humble ['hʌmbl] **1** *adj* humble, modeste. **of ~ birth** *or* **extraction** d'humble extraction; **of ~ origin** d'origine modeste; **in my ~ opinion** à mon humble avis; (*fig*) **to eat ~ pie** faire de humbles excuses humiliantes; (*in letters: frm*) **I am, Sir, your ~ servant** veuillez agréer, Monsieur, l'assurance de ma considération très distinguée; (*hum: oneself*) **your ~ servant** votre serviteur (*hum*).
2 *vt* humilier, mortifier. **to ~ o.s.** s'humilier, s'abaisser.
3 *cpd*: **humble-bee** bourdon *m*.
humbleness ['hʌmblnɪs] *n* humilité *f*.
humbly ['hʌmblɪ] *adv* humblement, modestement.
humbug ['hʌmbʌg] *n* **(a)** (*person*) charlatan *m*, fumiste* *mf*; (*behaviour, talk*) blague* *f*, fumisterie* *f*. **(b)** (*Brit: sweet*) bonbon *m* à la menthe.
humdinger‡ ['hʌmdɪŋər] *n* quelqu'un *or* quelque chose de terrible* *or* de sensationnel*. **it's a ~!** c'est terrible* *or* sensass!‡; **she's a ~** elle est extra* *or* terrible* *or* sensass‡; **a ~ of a speech** un discours sensationnel*; (*Sport*) **that shot was a real ~** c'est un coup sans bavure*.
humdrum ['hʌmdrʌm] **1** *adj* monotone, banal, routinier. **2** *n* monotonie *f*, banalité *f*.
humerus ['hjuːmərəs] *n* humérus *m*.
humid ['hjuːmɪd] *adj* humide.
humidifier [hjuː'mɪdɪfaɪər] *n* humidificateur *m*.
humidity [hjuː'mɪdɪtɪ] *n* humidité *f*.
humidor ['hjuːmɪdɔːr] *n* boîte *f* à cigares.
humiliate [hjuː'mɪlɪeɪt] *vt* humilier.
humiliating [hjuː'mɪlɪeɪtɪŋ] *adj* humiliant.
humiliation [hjuːˌmɪlɪ'eɪʃən] *n* humiliation *f*.
humility [hjuː'mɪlɪtɪ] *n* humilité *f*.
humming ['hʌmɪŋ] **1** *n* *[insect, voices]* bourdonnement *m*; *[aeroplane, engine, machine]* vrombissement *m*; *[person]* fredonnement *m*. **2** *cpd*: **hummingbird** oiseau-mouche *m*, colibri *m*; **humming-top** toupie ronflante.
hummock ['hʌmək] *n* (*hillock*) mamelon *m*, tertre *m*, monticule *m*; (*in ice field*) hummock *m*.
humor (*US*) = **humour**.
-humored ['hjuːməd] *adj ending in cpds* (*US*) = **-humoured**.
humorist ['hjuːmərɪst] *n* humoriste *mf*.
humorless(ly) (*US*) = **humourless(ly)**.
humorous ['hjuːmərəs] *adj* *genre, book, story, writer* humoristique; *person, remark* plein d'humour, amusant.
humorously ['hjuːmərəslɪ] *adv* avec humour.
humour ['hjuːmər] **1** *n* **(a)** (*sense of fun*) humour *m*. **he has no sense of ~** il n'a pas le sens de l'humour; **I see no ~ in that** je ne vois pas où est l'humour; **this is no time for ~** ce n'est pas le moment de faire de l'humour; **the ~ of the situation** le comique de la situation.
(b) (*temper*) humeur *f*, disposition *f*. **to be in a good/bad ~** être de bonne/mauvaise humeur; **he is in no ~ for working** il n'est pas d'humeur à travailler; **to be out of ~** être de mauvaise humeur.
(c) (*Med*††) humeur *f*.
2 *vt person* faire plaisir à, ménager; *sb's wishes, whims* se prêter à, se plier à.
-humoured ['hjuːməd] *adj ending in cpds*: **good-humoured** de bonne humeur; **bad-humoured** de mauvaise humeur.
humourless ['hjuːməlɪs] *adj person* qui manque d'humour *or* du sens de l'humour; *attitude, book, voice* sans humour.
humourlessly ['hjuːməlɪslɪ] *adv* sans humour.
hump [hʌmp] **1** *n* **(a)** (*Anat*) bosse *f*; *[camel]* bosse.
(b) (*hillock*) mamelon *m*, tertre *m*. (*fig*) **we're over the ~ now*** le plus difficile est passé *or* fait maintenant, on a doublé le cap maintenant.
(c) (*Brit‡*) cafard* *m*. **he's got the ~** il a le cafard*, il a le moral à zéro*; **that gives me the ~** ça me donne le cafard*, ça me met le moral à zéro*.
2 *vt* **(a)** arrondir, voûter. **to ~ one's back** *[person]* arrondir *or*

voûter le dos; *[cat]* faire le gros dos; **to ~ one's shoulders** voûter les épaules, rentrer la tête dans les épaules.
(b) (*: *carry*) porter, trimballer*.
(c) (‡‡: *have sex with*) baiser*‡, sauter‡.
3 *cpd*: **humpback** (*person*) bossu(e) *m(f)*; (*whale: also humpback whale*) baleine *f* à bosse; **to have a humpback** être bossu; **humpbacked** *person* bossu; (*Brit*) **bridge** en dos d'âne.
humph [mm] *excl* hum!
humpy ['hʌmpɪ] *adj ground* inégal, accidenté.
humus ['hjuːməs] *n* humus *m*.
Hun [hʌn] *n* (*Hist*) Hun *m*; (* *pej*) Boche‡ *m* (*pej*).
hunch [hʌntʃ] **1** *vt* (*also* ~ **up**) *back* arrondir; *shoulders* voûter. **to ~ one's back** arrondir *or* voûter le dos, se voûter; ~**ed shoulders** épaules voûtées *or* remontées; **with** ~**ed shoulders** la tête rentrée dans les épaules; **he sat** ~**ed (up) over his books** il était assis courbé *or* penché sur ses livres.
2 *n* **(a)** (*hump*) bosse *f*.
(b) (*hunk*) morceau *m*. ~ **of bread** (gros) morceau *or* quignon *m* de pain; ~ **of cheese** gros morceau de fromage.
(c) (*: *premonition*) pressentiment *m*, intuition *f*. **to have a ~ that ...** avoir (comme une petite) idée *or* comme un pressentiment que* ...; **you should follow your ~** il faut suivre son intuition; **it's only a ~** ce n'est qu'une idée (comme ça*); ~**es sometimes pay off** on fait quelquefois bien de suivre son intuition; (*esp US*) **to play a ~** suivre son intuition.
3 *cpd*: **hunchback** bossu(e) *m(f)*; **hunchbacked** bossu.
hundred ['hʌndrɪd] **1** *adj* cent. **a ~ books/chairs** cent livres/chaises; **two ~ chairs** deux cents chaises; **about a ~ books** une centaine de livres.
2 *n* **(a)** cent *m*. **about a ~, a ~-odd*** une centaine; **I've got a ~** j'en ai cent; **a ~ or one ~ and one** cent un; **two ~** deux cents; **two ~ and one** deux cent un; **the ~ and first** le *or* la cent unième; **a ~ per cent** cent pour cent; (*fig*) **it was a ~ per cent successful** cela a réussi à cent pour cent; **in seventeen ~** en dix-sept cents; **in seventeen ~ and ninety-six** en dix-sept cent quatre-vingt-seize; (*Comm*) **sold by the ~** vendu au cent; **to live to be a ~** devenir centenaire; **they came in (their) ~s** ils sont venus par centaines; (*Hist*) **the H~ Days** les Cent Jours; (*Hist*) **the H~ Years' War** la guerre de Cent Ans; *for other phrases V* **sixty**.
(b) (* *fig*) ~**s of** des centaines de, des tas* de; **I've told you** ~**s of times!** je te l'ai dit cent fois!
3 *cpd*: **hundredfold** (*adj*) centuple; (*adv*) au centuple; **hundredweight** (*Brit, Can*) poids *m* de cent douze livres (*50,7 kg*); (*US*) (poids de) cent livres (*45,3 kg*); **a hundred-year-old tree** un arbre centenaire *or* séculaire.
hundredth ['hʌndrɪdθ] **1** *adj* centième. **2** *n* centième *mf*; (*fraction*) centième *m*.
hung [hʌŋ] **1** *pret, ptp of* **hang**. **2** *adj*: ~ **jury** jury *m* sans majorité, jury qui ne parvient pas à une décision; ~ **parliament** parlement *m* sans majorité, parlement où aucun parti n'a la majorité.
3 *cpd*: **to be hung over*** avoir la gueule de bois*; **hung up*** (*tense*) complexé, inhibé; **he's hung up* about it** il en fait tout un complexe*; (*obsessed*) **to be hung up* on sb/sth** être fou (*f* folle) de qn/qch.
Hungarian [hʌŋ'gɛərɪən] **1** *adj* hongrois. **2** *n* **(a)** Hongrois(e) *m(f)*.
(b) (*Ling*) hongrois *m*.
Hungary ['hʌŋgərɪ] *n* Hongrie *f*.
hunger ['hʌŋgər] **1** *n* faim *f*; (*fig*) faim, soif *f*, désir ardent (*for* de).
2 *cpd*: (*Brit Hist*) **the hunger marches** les marches *fpl* de la faim; **to go on a hunger strike** faire la grève de la faim; **hunger striker** gréviste *mf* de la faim.
3 *vi* (*liter*) avoir faim. (*fig*) **to ~ for** *or* **after** avoir faim *or* soif de, désirer ardemment.
hungrily ['hʌŋgrɪlɪ] *adv* (*lit*) voracement, avidement; (*fig*) avidement. **to look ~ at sth, to eye sth ~** convoiter qch du regard, jeter un regard de convoitise sur qch.
hungry ['hʌŋgrɪ] *adj*: **to be ~** avoir faim, avoir l'estomac creux; **to be very ~** avoir très faim, être affamé; **to feel ~** avoir faim, se sentir (le ventre) creux; **to make sb ~** donner faim à qn; **to go ~** (*starve*) souffrir de la faim; (*miss a meal*) se passer de manger; **if you don't eat your spinach you'll have to go ~** si tu ne manges pas tes épinards tu n'auras rien d'autre; **you look ~** tu as l'air d'avoir faim; **it's ~ work** c'est un travail qui donne faim *or* qui creuse*; (*fig: eager*) ~ **for** avide de.
hunk [hʌŋk] *n* **(a)** *V* **hunch 2b**. **(b)** (‡: *attractive man*) beau mec‡.
hunkers ['hʌŋkəz] *npl* (*dial*) fesses *fpl*. **on one's ~** accroupi.
hunky-dory* ['hʌŋkɪ'dɔːrɪ] *adj* (*esp US*) chouette*, au poil*. **it's all ~** tout marche comme sur des roulettes*.
hunt [hʌnt] **1** *n* **(a)** (*Sport*) chasse *f*. **elephant/tiger ~** chasse à l'éléphant/au tigre; **the ~ rode by** les chasseurs sont passés à cheval; **the Beaufort ~** l'équipage *m* Beaufort.
(b) (*gen*) chasse *f*, recherche *f*. **the ~ for the murderer** la chasse au meurtrier; **we all went on a ~ for the missing key/child** nous nous sommes tous mis à la recherche de la clef perdue/de l'enfant disparu; **I've had a ~ for my gloves** j'ai cherché mes gants partout, j'ai tout retourné pour trouver mes gants; **to be on the ~ for a cheap house** chercher une *or* être à la recherche d'une maison pas chère; (*fig*) **the ~ is on for ...** on cherche ... .
2 *vt* (*Sport*) chasser, faire la chasse à; (*pursue*) poursuivre, pourchasser; (*seek*) chercher. (*Sport*) **to ~ a horse** monter un cheval à la chasse; **we ~ed the town for a green vase** nous avons fait* toute la ville à la recherche d'un vase vert; **I've ~ed my desk for it** j'ai retourné tout mon bureau pour le trouver.
3 *vi* (*Sport*) chasser. **to go ~ing** aller à la chasse; **to ~ for** (*Sport*) faire la chasse à, chasser; (*gen*) *object, details, facts* rechercher (partout), être à la recherche de; **he ~ed in his pocket for his pen** il a fouillé dans sa poche pour trouver son stylo;

I've been ~ing (about or around) for that book everywhere j'ai cherché ce livre partout, j'ai tout retourné pour trouver ce livre.
◆**hunt down** vt sep animal forcer; person traquer; object, facts, details, quotation dénicher.
◆**hunt out** vt sep dénicher, découvrir.
◆**hunt up** vt sep rechercher.
hunter ['hʌntər] 1 n (person: Sport) chasseur m; (gen) poursuivant m; (horse) cheval m de chasse; (watch) (montre f à) savonnette f; V lion etc. 2 cpd: hunter-killer submarine sous-marin m nucléaire d'attaque.
hunting ['hʌntɪŋ] 1 n (a) (Sport) (on foot) chasse f à courre; (on horseback) chasse; (fox ~) chasse au renard.
  (b) (gen: search) chasse f (for à), recherche f (for de); V bargain, house.
  2 cpd: hunting ground (terrain m de) chasse f (V happy); hunting horn cor m or trompe f de chasse; hunting lodge pavillon m de chasse; hunting pink rouge chasseur inv; the hunting season la saison de la chasse.
huntress ['hʌntrɪs] n (liter) chasseresse f.
huntsman ['hʌntsmən] n, pl huntsmen ['hʌntsmən] chasseur m.
hurdle ['hɜːdl] 1 n (for fences) claie f; (Sport) haie f; (fig) obstacle m. (Sport) the 100-metre ~s le 100 mètres haies; to take a ~ (Sport) franchir une haie; (fig) franchir un obstacle.
  2 cpd: (Sport) the hurdles champion le champion de course de haies; (Sport) hurdle race course f de haies.
  3 vi (Sport) faire de la course de haies.
hurdler ['hɜːdlər] n (Sport) coureur m, -euse f (qui fait des courses de haies).
hurdling ['hɜːdəlɪŋ] n course f de haies.
hurdy-gurdy ['hɜːdɪˌgɜːdɪ] n orgue m de Barbarie.
hurl [hɜːl] vt stone jeter or lancer (avec violence) (at contre). they were ~ed to the ground by the blast ils ont été précipités à terre par le souffle de l'explosion; to ~ o.s. at sb/sth se ruer sur qn/qch; they ~ed themselves into the fray ils se sont jetés dans la mêlée; he ~ed himself over a cliff il s'est jeté or précipité (du haut) d'une falaise; (fig) to be ~ed into être précipité dans; to ~ abuse at sb lancer des injures à qn, accabler or agonir qn d'injures.
hurly-burly ['hɜːlˈbɜːlɪ] n (commotion) tohu-bohu m; (uproar) tintamarre m, tumulte m, brouhaha m. the ~ of politics le tourbillon de la politique.
Huron ['hjʊərən] n: Lake ~ le lac Huron.
hurrah [hʊˈrɑː] n, **hurray** [hʊˈreɪ] n hourra m. ~ for Robert! vive Robert!; (US) last ~ (gen) dernière tentative†; (Pol) dernière campagne f; V hip³.
hurricane ['hʌrɪkən] n ouragan m. ~ lamp lampe-tempête f.
hurried ['hʌrɪd] adj steps précipité, pressé; remark dit à la hâte; departure précipité; decision pris à la hâte; reading très rapide; work fait à la hâte, fait à la va-vite* (pej), bâclé (pej). a ~ line to tell you ... un mot bref or à la hâte pour te dire ...; to have a ~ meal manger à la hâte; we had a ~ discussion about it nous en avons discuté rapidement.
hurriedly ['hʌrɪdlɪ] adv (as fast as one can) en toute hâte, vite; (faster than one would wish) précipitamment, à la hâte. he changed his mind ~ il a changé d'avis précipitamment; you've done it too ~ tu l'as fait à la hâte or à la va-vite*.
hurry ['hʌrɪ] 1 n (haste) hâte f, précipitation f; (eagerness) empressement m. to be in a ~ être pressé; to be in a ~ to do avoir hâte de faire; it was done in a ~ cela a été fait à la hâte; I won't do that again in a ~!*, I'm in no ~ to do that again!* je ne recommencerai pas de sitôt!, je ne suis pas près de recommencer!; he won't come back here in a ~!* il ne reviendra pas de sitôt!, il n'est pas près de revenir!; are you in a ~ for this? vous le voulez très vite?; what's the ~ or your ~? qu'est-ce qui (vous) presse?; there's no ~ rien ne presse, il n'y a pas le feu*; there's no ~ for it ça ne presse pas.
  2 vi (a) se dépêcher, se presser, se hâter (to do de faire). do ~ dépêchez-vous!; don't ~ ne vous pressez or dépêchez pas; I must ~ il faut que je me dépêche (subj) or presse (subj); don't ~ over that essay ne faites pas cette dissertation à la va-vite, prenez votre temps pour faire cette dissertation; if we ~ over the meal si nous mangeons rapidement, si nous nous dépêchons de manger.
  (b) to ~ in/out/through etc entrer/sortir/traverser etc à toute hâte or en toute hâte or précipitamment; she hurried (over) to her sister's elle s'est précipitée chez sa sœur, elle s'est rendue chez sa sœur en toute hâte; he hurried (over) towards me il s'est précipité vers moi; he hurried after her il a couru pour la rattraper; they hurried up the stairs ils ont monté l'escalier précipitamment or en toute hâte or quatre à quatre; she hurried home elle s'est dépêchée de rentrer, elle est rentrée en hâte.
  3 vt (a) person faire presser, bousculer, faire se dépêcher; piece of work presser. don't ~ your meal ne mangez pas trop vite; I don't want to ~ you je ne veux pas vous bousculer; you can't ~ him, he won't be hurried vous ne le ferez pas se dépêcher; this plan can't be hurried ce projet prend du temps or exige d'être exécuté sans hâte; V also hurried.
  (b) to ~ sb in/out/through etc faire entrer/sortir/traverser etc qn à la hâte or en (toute) hâte; they hurried him to a doctor ils l'ont emmené d'urgence chez un médecin; troops were hurried to the spot des troupes ont été envoyées d'urgence sur place.
◆**hurry along 1** vi marcher d'un pas pressé. hurry along please! pressons un peu or activons*, s'il vous plaît!
  2 vt sep = hurry on 2.
◆**hurry back** vi se presser de revenir (or de retourner). (to guest) hurry back! revenez-nous bientôt!; don't hurry back, I shall be here till 6 o'clock ne te presse pas de revenir, je serai ici jusqu'à 6 heures.
◆**hurry on 1** vi se dépêcher, continuer à la hâte or en hâte. she hurried on to the next stop elle s'est pressée de gagner l'arrêt

suivant; they hurried on to the next question ils sont vite passés à la question suivante.
  2 vt person faire presser le pas à, faire se dépêcher, activer; work etc activer, accélérer. we're trying to hurry things on a little nous essayons d'accélérer or d'activer un peu les choses.
◆**hurry up 1** vi se dépêcher, se presser. hurry up! dépêchez-vous!, activez!*
  2 vt sep person faire se dépêcher, (faire) activer; work activer, pousser.
hurry-scurry ['hʌrɪ'skʌrɪ] 1 vi courir dans tous les sens. 2 n bousculade f, débandade f. 3 adv à la débandade.
hurt [hɜːt] pret, ptp hurt 1 vt (a) (do physical damage to) person faire du mal à, blesser. to ~ o.s. se blesser, se faire (du) mal; to ~ one's arm se blesser au bras; I hope I haven't ~ you? j'espère que je ne vous ai pas fait de mal or pas blessé?; to get ~ se blesser, se faire (du) mal; someone is bound to get ~ il va y avoir quelqu'un de blessé, quelqu'un va se faire du mal (V also 1b, 1c); a little rest won't ~ him un peu de repos ne lui fera pas de mal; wine never ~ anyone un peu de vin n'a jamais fait de mal à personne; V fly¹.
  (b) (cause physical pain to) person faire mal à. to ~ o.s. se faire mal; my arm ~s me mon bras me fait mal; where does it ~ you? où est-ce que vous avez mal?, où cela vous fait-il mal?; to get ~ se faire mal.
  (c) (mentally etc) faire de la peine à. in such cases someone is bound to get ~ en pareils cas il y a toujours quelqu'un qui pâtit or qui écope*; what ~ most was ... ce qui faisait le plus mal c'était ...; to ~ sb's feelings offenser or froisser or blesser qn; his feelings were ~ by what you said ce que vous avez dit l'a froissé.
  (d) (damage) thing abîmer, endommager; sb's reputation nuire à. moths can't ~ this material les mites ne peuvent pas attaquer ce tissu; it wouldn't ~ the grass to water it ça ne ferait pas de mal au gazon d'être arrosé; that rumour will ~ his business cette rumeur fera du tort à or nuira à son commerce.
  2 vi (a) faire mal. that ~s ça fait mal; my arm ~s mon bras me fait mal; it doesn't ~ much ça ne fait pas très mal; where does it ~? où avez-vous mal?; (loc) nothing ~s like the truth il n'y a que la vérité qui blesse (loc); it won't ~ for being left for a while il n'y aura pas de mal à laisser cela de côté un instant.
  (b) (*: suffer emotionally) souffrir.
  3 n (physical) mal m, blessure f. (fig) the real ~ lay in his attitude to her ce qui la blessait réellement or lui faisait vraiment mal c'était l'attitude qu'il avait envers elle.
  4 adj (physically injured) blessé; (offended) offensé, froissé, blessé. with a ~ expression avec un regard meurtri or blessé; she's feeling ~ about it elle en est or a été blessée.
hurtful ['hɜːtfʊl] adj nocif, nuisible (to à); remark blessant, offensant. ~ to his health nuisible or préjudiciable à sa santé; what a ~ thing to say! comme c'est méchant or (stronger) cruel de dire cela!
hurtfully ['hɜːtfʊlɪ] adv de façon blessante.
hurtle ['hɜːtl] 1 vi [car, person] to ~ along avancer à toute vitesse or allure; to ~ past sb passer en trombe à côté de qn; the stone ~d through the air la pierre a fendu l'air; great masses of snow ~d down the mountain d'énormes masses de neige dévalèrent de la montagne; she went hurtling down the hill elle a dégringolé or dévalé la pente.
  2 vt lancer (de toutes ses forces or violemment).
husband ['hʌzbənd] 1 n mari m; (often Admin, Jur etc) époux m. now they're ~ and wife ils sont maintenant mari et femme; the ~ and wife les conjoints mpl, les époux mpl; they were living together as ~ and wife ils vivaient maritalement or en ménage.
  2 vt strength ménager, économiser; supplies, resources bien gérer.
husbandry ['hʌzbəndrɪ] n (Agr) agriculture f; (fig) économie f, gestion f. good ~ bonne gestion; V animal.
hush [hʌʃ] 1 n calme m, silence m. the ~ before the storm le calme avant la tempête; there was a sudden ~, a ~ fell il y a eu un silence, tout à coup tout le monde s'est tu; in the ~ of the night dans le silence de la nuit; ~! chut!, silence!; V also hushed.
  2 cpd: hush-hush* (ultra-)secret (f -ète); hush money* pot-de-vin m (pour acheter le silence), prix m du silence; to pay sb hush money* acheter le silence de qn; (US Culin) hush puppy espèce de beignet.
  3 vt (silence) faire taire; (soothe) apaiser, calmer. she ~ed the baby to sleep elle endormit le bébé en le berçant.
◆**hush up** vt sep scandal, news étouffer; fact cacher; person faire taire, empêcher de parler.
hushed [hʌʃt] adj voice, conversation étouffé. there was a ~ silence il y eut un grand or profond silence; in ~ amazement they ... frappés de stupeur, ils ...
husk [hʌsk] 1 n [wheat] balle f; [maize, rice] enveloppe f; [chestnut] bogue f; [nut] écale f; [peas] cosse f, gousse f. rice in the ~ riz non décortiqué. 2 vt maize, rice décortiquer; nut écaler; grain vanner; peas écosser; barley, oats monder.
huskily ['hʌskɪlɪ] adv speak, whisper d'une voix rauque; sing d'une voix voilée.
huskiness ['hʌskɪnɪs] n enrouement m.
husky¹ ['hʌskɪ] adj (a) (hoarse) person enroué; voice rauque; singer's voice voilé. (b) (burly) costaud*.
husky² ['hʌskɪ] n (dog) chien m esquimau or de traîneau.
hussar [hʊˈzɑːr] n hussard m.
hussy ['hʌsɪ] n (a) (minx) coquine f, mâtine f. you little ~! petite coquine! (b) (pej) garce‡ f, traînée‡ f.
hustings ['hʌstɪŋz] npl (esp Brit) plate-forme électorale. he said it on the ~ il l'a dit pendant or au cours de sa campagne électorale.
hustle ['hʌsl] 1 vt (a) person pousser, bousculer, presser. to ~ sb in/out etc (push) pousser or (hurry) bousculer qn pour le faire

entrer/sortir *etc*; **they ~d him into a car** ils l'ont poussé *or* enfourré* dans une voiture; **I won't be ~d into anything** je ne ferai rien si on me bouscule; **I don't want to ~ you but ...** je ne veux pas vous bousculer mais ... .

 (b) (*cause to proceed*) **to ~ legislation through** faire voter des lois à la hâte; **to ~ things (on** *or* **along)** faire activer les choses.

 (c) (*US‡*: *sell, pass off*) fourguer*, refiler*.

 2 *vi* **(a) to ~ in/out/away** entrer/sortir/partir à la hâte.

 (b) (*US‡*) (*make efforts*) se manier‡, se dépenser sans compter; (*work hard*) trimer*, turbiner*.

 (c) (*esp US‡*) [*prostitute*] faire le trottoir*.

 3 *n* **(a)** (*jostling*) bousculade *f*, presse *f*; (*activity*) grande activité. **~ and bustle** tourbillon *m* d'activité; **the ~ and bustle of city life** le tourbillon de la vie dans les grandes villes.

 (b) (*US‡*) racket *m*, activité *f* illégale.

hustler* ['hʌslər] *n* (*go-getter*) type* *m* dynamique, débrouillard(e)* *m(f)*; (*swindler*) arnaqueur *m*, -euse *f*; (*prostitute*) prostitué(e) *m(f)*.

hut [hʌt] *n* (*primitive dwelling*) hutte *f*; (*hovel*) masure *f*, baraque* *f*; (*shed*) cabane *f*; (*Mil*) baraquement *m*; (*in mountains*) refuge *m*; V **mud**.

hutch [hʌtʃ] *n* [*rabbit etc*] clapier *m*; (*US: dresser*) vaisselier *m*.

hyacinth ['haɪəsɪnθ] *n* (*Bot*) jacinthe *f*; (*stone*) hyacinthe *f*. (*Bot*) **wild ~** jacinthe des bois *or* sauvage, endymion *m*.

hyaena [haɪ'i:nə] *n* hyène *f*.

hybrid ['haɪbrɪd] *adj, n* hybride (*m*).

hybridism ['haɪbrɪdɪzəm] *n* hybridisme *m*.

hybridization [,haɪbrɪdaɪ'zeɪʃən] *n* hybridation *f*.

hybridize ['haɪbrɪdaɪz] *vt* hybrider, croiser.

hydra ['haɪdrə] *n* hydre *f*.

hydrangea [haɪ'dreɪndʒə] *n* hortensia *m*.

hydrant ['haɪdrənt] *n* prise *f* d'eau; (*also* **fire ~**) bouche *f* d'incendie.

hydrate ['haɪdreɪt] **1** *n* hydrate *m*. **2** *vt* hydrater.

hydraulic [haɪ'drɒlɪk] *adj* (*gen*) hydraulique. (*Aut*) **~ circuit** circuit *m* hydraulique; (*Aut*) **~ ramp** pont *m* élévateur.

hydraulics [haɪ'drɒlɪks] *n* (*U*) hydraulique *f*.

hydro ['haɪdrəʊ] **1** *n* **(a)** (*Brit: hotel etc*) établissement thermal (*hôtel*). **(b)** (*Can*) (*power*) énergie *f* hydro-électrique; (*plant*) centrale *f* d'énergie hydro-électrique. **2** *adj* (*Can*) hydro-électrique.

hydr(o)... ['haɪdr(əʊ)...] *pref* hydr(o)... .

hydrocarbon ['haɪdrəʊ'kɑ:bən] *n* hydrocarbure *m*.

hydrochloric ['haɪdrəʊ'klɒrɪk] *adj* chlorhydrique.

hydrocyanic ['haɪdrəʊsaɪ'ænɪk] *adj* cyanhydrique.

hydrodynamics ['haɪdrəʊdaɪ'næmɪks] *n* (*U*) hydrodynamique *f*.

hydroelectric ['haɪdrəʊ'lektrɪk] *adj* hydro-électrique. **~ power** énergie *f* hydro-électrique.

hydroelectricity [,haɪdrəʊlek'trɪsɪtɪ] *n* hydro-électricité *f*.

hydrofoil ['haɪdrəʊfɔɪl] *n* hydrofoil *m*.

hydrogen ['haɪdrɪdʒən] *n* hydrogène *m*. **~ bomb** bombe *f* à hydrogène; **~ peroxide** eau *f* oxygénée.

hydrography [haɪ'drɒgrəfɪ] *n* hydrographie *f*.

hydrolysis [haɪ'drɒlɪsɪs] *n* hydrolyse *f*.

hydrometer [haɪ'drɒmɪtər] *n* hydromètre *m*.

hydropathic [,haɪdrəʊ'pæθɪk] *adj* hydrothérapique.

hydrophilic [,haɪdrəʊ'fɪlɪk] *adj* hydrophile.

hydrophobia [,haɪdrəʊ'fəʊbɪə] *n* hydrophobie *f*.

hydrophobic [,haɪdrəʊ'fəʊbɪk] *adj* hydrophobe.

hydroplane ['haɪdrəʊpleɪn] *n* hydroglisseur *m*.

hydroponics [,haɪdrəʊ'pɒnɪks] *n* (*U*) culture *f* hydroponique.

hydroxide [haɪ'drɒksaɪd] *n* hydroxyde *m*, hydrate *m*.

hyena [haɪ'i:nə] *n* hyène *f*.

hygiene ['haɪdʒi:n] *n* hygiène *f*.

hygienic [haɪ'dʒi:nɪk] *adj* hygiénique.

hymen ['haɪmen] *n* (*Anat*) hymen *m*.

hymn [hɪm] **1** *n* hymne *m*, cantique *m*. **~ book** livre *m* de cantiques. **2** *vt* (*liter*) chanter un hymne à la gloire de.

hymnal ['hɪmnəl] *n* livre *m* de cantiques.

hype [haɪp] **1** *n* **(a)** (*) (*publicity drive*) campagne *f* publicitaire; (*book, product*) livre *m* *or* produit *m* lancé à grand renfort de publicité.

 (b) (*Drugs sl*) (*syringe*) shooteuse‡ *f*, seringue *f*; (*injection*) shoot‡ *m*, piqûre *f*; (*addict*) toxico* *mf*, camé(e)* *m(f)*.

 2 *vt* **(a)** (*: *publicize*) *book, product, film* lancer à grand renfort de publicité.

 (b) (‡: *also* **~ up**) (*excite*) *person* exciter; (*increase*) *numbers, attendance* augmenter. **to ~ the economy** stimuler l'économie.

 (c) (*US‡*: *cheat*) *person* tromper, rouler*.

 3 *vi* (*Drugs sl*: *also* **~ up**) se shooter‡, se piquer.

◆ **hype up** *vi, vt sep* V **hype 2b, 3**.

hyper... ['haɪpər] *pref* hyper... .

hyperacidity ['haɪpərə'sɪdɪtɪ] *n* hyperacidité *f*.

hyperactive [,haɪpər'æktɪv] *adj* suractif; *child* hyperactif.

hyperactivity [,haɪpəræk'tɪvɪtɪ] *n* suractivité *f*; [*child*] hyperactivité *f*.

hyperbola [haɪ'pɜ:bələ] *n* (*Math*) hyperbole *f*.

hyperbole [haɪ'pɜ:bəlɪ] *n* (*Literat*) hyperbole *f*.

hyperbolic(al) [,haɪpə'bɒlɪk(əl)] *adj* hyperbolique.

hypercorrection [,haɪpəkə'rekʃən] *n* hypercorrection *f*.

hypercritical ['haɪpə'krɪtɪkəl] *adj* hypercritique.

hyperkinetic [,haɪpəkɪ'netɪk] *adj* (*hyperactive*) suractif.

hypermarket ['haɪpəmɑ:kɪt] *n* (*Brit*) hypermarché *m*.

hypermeter [haɪ'pɜ:mɪtər] *n* vers *m* hypermètre.

hypermetropia [,haɪpəmɪ'trəʊpɪə], **hypermetropy** [,haɪpə'metrəpɪ] *n* hypermétropie *f*.

hypernym ['haɪpənɪm] *n* hyperonyme *m*.

hyperrealism [,haɪpə'rɪəlɪzəm] *n* hyperréalisme *m*.

hypersensitive ['haɪpə'sensɪtɪv] *adj* hypersensible.

hypersonic [,haɪpə'sɒnɪk] *adj* hypersonique.

hypertension ['haɪpə'tenʃən] *n* hypertension *f*.

hypertrophy [haɪ'pɜ:trəfɪ] **1** *n* hypertrophie *f*. **2** *vt* hypertrophier. **3** *vi* s'hypertrophier.

hyphen ['haɪfən] *n* trait *m* d'union.

hyphenate ['haɪfəneɪt] *vt* mettre un trait d'union à. **~d word** mot *m* à trait d'union.

hypnagogic, hypnogogic [,hɪpnə'gɒdʒɪk] *adj* hypnagogique.

hypnosis [hɪp'nəʊsɪs] *n* hypnose *f*. **under ~** en état d'hypnose, en état hypnotique.

hypnotherapy [,hɪpnəʊ'θerəpɪ] *n* hypnothérapie *f*.

hypnotic [hɪp'nɒtɪk] **1** *adj* hypnotique. **2** *n* (*drug*) hypnotique. (*person*) sujet *m* hypnotique.

hypnotism ['hɪpnətɪzəm] *n* hypnotisme *m*.

hypnotist ['hɪpnətɪst] *n* hypnotiseur *m*, -euse *f*.

hypnotize ['hɪpnətaɪz] *vt* (*lit, fig*) hypnotiser. **to ~ sb into doing sth** faire faire qch à qn sous hypnose.

hypo... ['haɪpəʊ] *pref* hypo... .

hypocentre ['haɪpəʊ,sentər] *n* [*earthquake*] hypocentre *m*; [*nuclear blast*] point zéro *m*.

hypochondria [,haɪpəʊ'kɒndrɪə] *n* hypocondrie *f*.

hypochondriac [,haɪpəʊ'kɒndrɪæk] **1** *adj* hypocondriaque. **2** *n* malade *mf* imaginaire, hypocondriaque *mf*. **he's a ~** il se croit toujours malade.

hypocrisy [hɪ'pɒkrɪsɪ] *n* hypocrisie *f*.

hypocrite ['hɪpəkrɪt] *n* hypocrite *mf*.

hypocritical [,hɪpə'krɪtɪkəl] *adj* hypocrite.

hypocritically [,hɪpə'krɪtɪkəlɪ] *adv* hypocritement.

hypodermic [,haɪpə'dɜ:mɪk] **1** *adj* hypodermique. **2** *n* (*syringe*) seringue *f* hypodermique; (*needle*) aiguille *f* hypodermique; (*injection*) injection *f* hypodermique.

hypoglossal [,haɪpə'glɒsəl] *adj* hypoglosse.

hyponym ['haɪpənɪm] *n* hyponyme *m*.

hyponymy [haɪ'pɒnɪmɪ] *n* hyponymie *f*.

hypostasis [haɪ'pɒstəsɪs] *n* (*Rel*) hypostase *f*.

hypostatic [,haɪpəʊ'stætɪk] *adj* (*Rel*) hypostatique.

hypotenuse [haɪ'pɒtɪnju:z] *n* hypoténuse *f*.

hypothalamus [,haɪpə'θæləməs] *n, pl* **-ami** [,haɪpə'θæləmaɪ] hypothalamus *m*.

hypothermia [,haɪpəʊ'θɜ:mɪə] *n* hypothermie *f*.

hypothesis [haɪ'pɒθɪsɪs] *n, pl* **hypotheses** [haɪ'pɒθɪsi:z] hypothèse *f*; V **working**.

hypothesize [,haɪ'pɒθɪ,saɪz] *vi* formuler une (*or* des) hypothèse(s).

hypothetic(al) [,haɪpəʊ'θetɪk(əl)] *adj* hypothétique.

hypothetically [,haɪpəʊ'θetɪkəlɪ] *adv* hypothétiquement.

hyssop ['hɪsəp] *n* (*Bot*) hysope *f*.

hysterectomy [,hɪstə'rektəmɪ] *n* hystérectomie *f*.

hysteria [hɪs'tɪərɪə] *n* (*Psych*) hystérie *f*. **she felt a wave of mounting ~** (*panic*) elle sentait monter la crise de nerfs; (*laughter*) elle sentait qu'elle allait avoir le fou rire; **there were signs of ~ among the crowd** la foule semblait être sur le point de perdre tout contrôle; V **mass¹**.

hysterical [hɪs'terɪkəl] *adj* (*Psych*) hystérique; (*gen*) *person* très nerveux, surexcité; (*with laughter*) en proie au fou rire; *laugh, sobs, weeping* convulsif. **to become ~** (*gen*) avoir une (violente) crise de nerfs; **~ laughter** fou rire *m*.

hysterically [hɪs'terɪkəlɪ] *adv* (*Med, Psych*) hystériquement. **to weep ~** avoir une violente crise de larmes; **to laugh ~** rire convulsivement, être saisi d'un rire convulsif; **'come here,' she shouted ~** 'viens ici,' hurla-t-elle comme une hystérique.

hysterics [hɪs'terɪks] *npl* **(a)** (*tears, shouts etc*) (violente) crise *f* de nerfs. **to have ~, to go into ~** avoir une (violente) crise de nerfs; **she was nearly in ~** elle était au bord de la crise de nerfs.

 (b) (*: *laughter*) crise *f* de rire. **to have ~, to go into ~** attraper un fou rire; **we were in ~ about it** on en était malade (de rire)*, on en a ri jusqu'aux larmes.

Hz (*Rad etc*: *abbr of* **hertz**) hz.

I

I¹, i [aɪ] n (a) (letter) I, i m; **I for Item** ≃ I comme Irma; V **dot.** (b) (Geog: abbr of **Island** and **Isle**) île f (cartographie).

I² [aɪ] pers pron (unstressed) je, (before vowel) j'; (stressed) moi. **he and ~ are going to sing** lui et moi (nous) allons chanter; **no, I'll do it non,** c'est moi qui vais le faire; (frm) **it's ~** c'est moi.

IA (US Post) abbr of **Iowa.**

IAEA [ˌaɪeɪiː'eɪ] (abbr of **International Atomic Energy Agency**) A.I.E.A. f.

iambic [aɪ'æmbɪk] **1** adj iambique. **~ pentameter** pentamètre m iambique. **2** n iambe m, vers m iambique.

I.B.A. [ˌaɪbiː'eɪ] n (Brit) abbr of **Independent Broadcasting Authority** (haute autorité contrôlant les sociétés indépendantes de radiodiffusion et de télévision).

Iberia [aɪ'bɪərɪə] n Ibérie f.

Iberian [aɪ'bɪərɪən] **1** adj ibérique, ibérien. **~ Peninsula** péninsule f Ibérique. **2** n (a) (Brit) Ibère mf. (b) (Ling) ibère m.

ibex ['aɪbeks] n bouquetin m, ibex m.

ib(id). ['ɪb(ɪd)] (abbr of **ibidem** = from the same source) ib(id).

ibis ['aɪbɪs] n ibis m.

Icarus ['ɪkərəs] n Icare m.

ICBM [ˌaɪsiːbiː'em] n abbr of **intercontinental ballistic missile;** V **intercontinental.**

ice [aɪs] **1** n (a) (U) glace f; (on road) verglas m. **my hands are like ~** j'ai les mains glacées; (fig) **to be** (skating or treading) **on thin ~** s'aventurer en terrain glissant (fig); **to put on ~** (lit) melon, wine mettre à rafraîchir avec de la glace; champagne mettre à frapper; (fig) mettre en attente or au frigidaire; **to keep sth on ~** garder qch sur or dans de la glace; (Theat) 'Cinderella on ~' 'Cendrillon, spectacle sur glace'; V **black, break, cold, cut** etc.
(b) (Brit: ~ **cream**) glace f. **raspberry ~** glace à la framboise; V **water** etc.
(c) (‡: diamonds) diamant(s) m(pl), diam(s)‡ m(pl).

2 cpd: **ice age** période f glaciaire; **ice-age** (adj) (qui date) de la période glaciaire; **ice axe** piolet m; **iceberg** iceberg m; (*fig: person) glaçon* m (V also **tip***); **iceberg lettuce** laitue croquante; **ice blue** bleu glacier inv; **iceboat** (Sport) = **ice yacht**; (Naut) = **icebreaker**; **icebound** harbour fermé par les glaces; ship pris dans les glaces; **icebox** (US: refrigerator) frigidaire m ®, réfrigérateur m; (Brit: part of refrigerator) compartiment m à glace, freezer m; (insulated box) glacière f. **this room is like an icebox** cette pièce est une vraie glacière, on gèle dans cette pièce; **icebreaker** (Naut) brise-glace(s) m; (fig: at party, meeting etc) façon f de briser la glace; (fig) **as an icebreaker** pour briiser la glace; **ice bucket** seau m à glace or à champagne; **icecap** calotte f glaciaire; **ice climber** glaciériste mf; **ice-cold** drink, hands glacé; room glacial; manners, person glacé, glacial; **ice cream** glace f; **strawberry ice cream** glace à la fraise; (US) **ice-cream soda** ice-cream soda m; **ice cube** glaçon m, cube m de glace; (Brit) **ice lolly** ≃ esquimau m (glace); **ice field** champ m de glace; **ice floe** banquise f; **ice-hammer** marteau-piolet m; **ice hockey** hockey m sur glace; **icehouse** glacière f; (US) **iceman** marchand m or livreur m de glace; **ice pick** pic m à glace; **ice piton** broche f (à glace); **ice rink** patinoire f; (Theat) **ice show** spectacle m sur glace; **iceskate** (n) patin m à glace; **ice-skate** (vi) patiner (sur glace), faire du patin (à glace) or du patinage (sur glace); **ice-skating** patinage m (sur glace); (in refrigerator) **ice-tray** bac m à glaçons; **ice yacht** yacht m à glace.

3 vt (a) drink (chill) (faire) rafraîchir, mettre à rafraîchir; (put ~ **cubes in**) mettre des glaçons dans, ajouter des glaçons à. **~d tea/coffee** thé/café glacé; **~d water/martini** de l'eau/un martini avec des glaçons; **~d champagne** champagne frappé; **~d melon** melon rafraîchi.
(b) cake glacer.

4 vi (also **~ over, ~ up**) [aircraft wings, windscreen] givrer.

◆**ice over 1** vi [windscreen, aircraft] geler; [river] geler. **the lake has iced over** le lac a gelé or est pris (de glace).
2 vt sep: **to be iced over** [windscreen, aircraft] être givré; [river, lake] être gelé, être pris (de glace).

◆**ice up 1** vi [windscreen, aircraft] givrer.
2 vt sep: **to be iced up** être gelé.

Iceland ['aɪslənd] n Islande f.

Icelander ['aɪsləndər] n Islandais(e) m(f).

Icelandic [aɪs'lændɪk] **1** adj islandais. **2** n (Ling) islandais m.

I Ching ['iː 'tʃɪŋ] n Yi King m.

ichthyologist [ˌɪkθɪ'ɒlədʒɪst] n ichtyologiste mf.

ichthyology [ˌɪkθɪ'ɒlədʒɪ] n ichtyologie f.

ichthyosaurus [ˌɪkθɪə'sɔːrəs] n ichtyosaure m.

icicle ['aɪsɪkl] n glaçon m (naturel).

icily ['aɪsɪlɪ] adv look, bow d'un air glacial; speak d'une voix or d'un ton glacial(e).

icing ['aɪsɪŋ] n (U) (a) (Culin) glace f, glaçage m. (Brit) **~ sugar** sucre m glace; **chocolate/coffee** etc **~** glaçage au chocolat/au café etc; V **butter.** (b) (on aircraft etc) givrage m.

icky‡ ['ɪkɪ] adj (US) (messy) poisseux; (fig: horrible) dégueulasse‡ f.

icon ['aɪkɒn] n icône f.

iconoclast [aɪ'kɒnəklæst] n iconoclaste mf.

iconoclastic [aɪ,kɒnə'klæstɪk] adj iconoclaste.

iconographer [ˌaɪkɒ'nɒɡrəfər] n iconographe mf.

iconography [ˌaɪkɒ'nɒɡrəfɪ] n iconographie f.

icy ['aɪsɪ] adj wind, weather, stare, reception glacial, glacé; ground, hands glacé; road couvert de verglas, verglacé. **it will be ~ cold today** aujourd'hui le temps sera glacial; **it's ~ cold in here** on gèle ici, il fait glacial ici; **her hands were ~ cold** elle avait les mains glacées.

ID [aɪ'diː] n (a) (abbr of **identification, identity**) **ID disk/card** plaque f/carte f d'identité. (b) (US Post) abbr of **Idaho.**

I'd [aɪd] = **I had, I should, I would;** V **have, should, would.**

id [ɪd] n (Psych) ça m.

Idaho ['aɪdəˌhəʊ] n Idaho m. **in ~** dans l'Idaho.

IDD [ˌaɪdiː'diː] n (Brit Telec) abbr of **international direct dialling** (automatique international).

idea [aɪ'dɪə] n (a) (thought, purpose) idée f. **man of ~s** homme m à idées; (in firm) **he's the ~ man*** (his job) c'est lui le concepteur; (he's the one with the ideas) c'est lui qui trouve les idées nouvelles; **he hasn't an ~ in his head** il n'a rien dans la tête; **brilliant** or **bright ~** idée géniale or de génie; **good ~!** bonne idée!; **what an ~!, the very ~** (of it)! quelle idée!, en voilà une idée!; **I can't bear the ~** (of it) je n'ose pas y penser; **I've got an ~ for a play** j'ai l'idée d'une pièce; **I hit** (up)on or **I suddenly had the ~ of going to see her** d'un seul coup l'idée m'est venue d'aller la voir; **I had an ~ of buying a car but didn't do so** j'avais l'idée d'acheter une voiture mais je ne l'ai pas fait; **it might not be a bad ~ to wait a few days** ce ne serait peut-être pas une mauvaise idée d'attendre quelques jours; **the ~ is to sell the car to him** il s'agit de lui vendre la voiture; **whose ~ was it to take this route?** qui a eu l'idée de prendre ce chemin?; **it wasn't my ~!** ce n'est pas moi qui en ai eu l'idée!; **the ~ never entered my head** l'idée ne m'en est jamais venue or ne m'a jamais effleuré; **he got the ~** (into his head) **that she wouldn't help him** il s'est mis en tête l'idée qu'elle ne l'aiderait pas; **where did you get that ~?** où est-ce que tu as pris cette idée-là?; **what gave you the ~ that I couldn't come?** qu'est-ce qui t'a fait penser que je ne pourrais pas venir?; **don't get any ~s!*** ne te fais pas d'illusions!, ce n'est pas la peine de t'imaginer des choses!*; **once he gets an ~ into his head** une fois qu'il s'est mis une idée en tête; **to put ~s into sb's head, to give sb ~s** mettre or fourrer des idées dans la tête de qn; **that gave me the ~ of inviting her** cela m'a donné l'idée de l'inviter.
(b) (opinion) idée f, opinion f; (way of thinking) conception f, façon f de penser. **she has some odd ~s about how to bring up children** elle a de drôles d'idées sur la façon d'élever les enfants; **according to his ~s ~** selon sa façon de penser; **if that's your ~ of fun** si c'est ça que tu appelles t'amuser; **it wasn't my ~ of a holiday** ce n'était pas ce que j'appelle des vacances.
(c) (vague knowledge) idée f, notion f. **I've got some ~ of physics** j'ai quelques notions de physique; **have you any ~ of what he meant to do?** avez-vous la moindre idée de ce qu'il voulait faire?; **I haven't the least** or **slightest** or **foggiest*** **~** je n'en ai pas la moindre idée; **I have an ~ that he was going to Paris** j'ai idée or j'ai dans l'idée qu'il allait à Paris; **I had no ~ they knew each other** je n'avais aucune idée or j'ignorais absolument or j'étais loin de soupçonner qu'ils se connaissaient; **he has no ~ what he's doing!** il fait n'importe quoi!*; **can you give me a rough ~ of how many you want?** pouvez-vous m'indiquer en gros or approximativement combien vous en voulez?; **he gave me a general ~ of what they would do** il m'a donné une indication générale sur ce qu'ils allaient faire; **it gives you an ~ of how much it will cost** cela permet de se faire une idée de or sur ce que ça va coûter; **you're getting the ~!*** tu y es!, tu as compris! or pigé!*; **I've got the general ~*** je vois à peu près (ce dont il s'agit); **that's the ~!*** c'est ça!; **what's the big ~?*** ça ne va pas, non?‡

ideal [aɪ'dɪəl] **1** adj idéal. **her ~ man** son homme idéal; **it would be ~ if she could come with us** ce serait idéal or parfait si elle pouvait venir avec nous; **it's ~!** c'est (l')idéal! **2** n idéal m.

idealism [aɪ'dɪəlɪzəm] n idéalisme m.

idealist [aɪ'dɪəlɪst] n idéaliste m(f).

idealistic [aɪˌdɪə'lɪstɪk] adj idéaliste.

idealize [aɪ'dɪəlaɪz] vt idéaliser.

ideally [aɪ'dɪəlɪ] adv suited idéalement; placed, equipped, shaped d'une manière idéale. **the village is ~ situated** le village jouit d'une situation idéale; **he is ~ suited to the job** il est parfait pour ce poste; **~ the house should have 4 rooms** l'idéal serait que la maison ait 4 pièces.

identical [aɪ'dentɪkəl] adj identique (to à). **~ twins** vrais jumeaux, vraies jumelles.

identically [aɪ'dentɪkəlɪ] adv identiquement.

identification [aɪˌdentɪfɪ'keɪʃən] **1** n (a) (U) identification f.
(b) (papers etc) pièce f d'identité. **have you got any (means of) ~ to back up this cheque?** avez-vous une pièce d'identité pour garantir la validité de ce chèque?

2 cpd: **identification mark** signe m d'identification; **identification papers** pièces fpl or papiers mpl d'identité; (Brit Police)

identification parade séance f d'identification (d'un suspect); (US) **identification tag** plaque f d'identité.
identifier [aɪ'dentɪfaɪəʳ] n (Comput) identificateur m.
identify [aɪ'dentɪfaɪ] **1** vt (a) (establish identity of) identifier, établir l'identité de. **she identified him as the man who attacked her** elle l'a identifié comme étant l'homme qui l'a attaquée; **the police have identified the man they want to question** la police a identifié or établi l'identité de l'homme qu'elle veut interroger; **to ∼ a body** identifier un cadavre.
  (b) (consider as the same) identifier (A with B A avec or à or et B). **to ∼ o.s. with** s'identifier à or avec, s'assimiler à; **he refused to ∼ himself with the rebels** il a refusé de s'identifier avec les rebelles; **he refused to be identified with the rebels** il a refusé d'être identifié or assimilé aux rebelles.
  2 vi s'identifier (with avec, à), s'assimiler (with à).
Identikit [aɪ'dentɪkɪt] n ®: **∼ (picture)** portrait-robot m, photo-robot f.
identity [aɪ'dentɪtɪ] **1** n identité f. **show me some proof of ∼** montrez-moi une pièce d'identité; **this is not a proof of ∼** ceci ne constitue pas une preuve d'identité; **a case of mistaken ∼** une erreur d'identité.
  2 cpd: **identity card** carte f d'identité; (Psych) **identity crisis** crise f d'identité; (Mil etc) **identity disc** plaque f d'identité; **identity papers** pièces fpl or papiers mpl d'identité; **identity parade** séance f d'identification (d'un suspect).
ideogram ['ɪdɪəgræm] n, **ideograph** ['ɪdɪəgrɑːf] n idéogramme m.
ideographic [ˌɪdɪə'græfɪk] adj idéographique.
ideological [ˌaɪdɪə'lɒdʒɪkəl] adj idéologique.
ideologist [ˌaɪdɪ'ɒlədʒɪst] n idéologue mf.
ideology [ˌaɪdɪ'ɒlədʒɪ] n idéologie f.
ides [aɪdz] npl ides fpl.
idiocy ['ɪdɪəsɪ] n (U) stupidité f, idiotie f, imbécillité f; (Med††) idiotie. **a piece of ∼** une stupidité, une idiotie.
idiolect ['ɪdɪəʊlekt] n idiolecte m.
idiom ['ɪdɪəm] n (a) (phrase, expression) expression f or tournure f idiomatique, locution f, idiotisme m. **(b)** (language) [country] idiome m, langue f; [region] idiome; [person] idiome, langue, parler m.
idiomatic [ˌɪdɪə'mætɪk] adj idiomatique. **he speaks ∼ French** il parle un français idiomatique; **∼ expression** expression f or tournure f idiomatique, locution f, idiotisme m.
idiomatically [ˌɪdɪə'mætɪkəlɪ] adv de façon idiomatique.
idiosyncrasy [ˌɪdɪə'sɪŋkrəsɪ] n particularité f, caractéristique f. **one of his little idiosyncrasies** une de ses particularités or petites manies.
idiosyncratic [ˌɪdɪəsɪŋ'krætɪk] adj particulier, caractéristique.
idiot ['ɪdɪət] **1** n idiot(e) m(f), imbécile mf, crétin(e)* m(f); (Med††) idiot(e) (de naissance). **to act/speak like an ∼** faire/dire des idioties or des imbécillités; **to behave like an ∼** se conduire en idiot or en imbécile or en crétin*, faire l'idiot or l'imbécile; **you ∼!** espèce d'idiot! or d'imbécile!; **what an ∼ I am!** que je suis idiot! or bête!, quel imbécile je fais!; V **village**.
  2 cpd: (TV) **idiot board** téléprompteur m; (US TV) **idiot box**‡ télé* f.
idiotic [ˌɪdɪ'ɒtɪk] adj idiot, bête, stupide. **that was ∼ of you!** ce que tu as été idiot!
idiotically [ˌɪdɪ'ɒtɪkəlɪ] adv bêtement, stupidement, idiotement. **to behave ∼** se conduire en idiot or en imbécile, faire l'imbécile or l'idiot.
idle ['aɪdl] **1** adj (a) person (doing nothing) sans occupation, inoccupé, désœuvré; (unemployed) en chômage; (lazy) paresseux, fainéant, oisif. **the ∼ rich** les riches désœuvrés, l'élite oisive; **in my ∼ moments** à mes moments de loisir, à mes moments perdus; **∼ life** vie oisive or d'oisiveté; (Ind) **to make sb ∼** réduire qn au chômage.
  (b) (not in use) machine au repos. **this machine is never ∼** cette machine n'est jamais au repos or ne s'arrête jamais; **the whole factory stood ∼** l'usine entière était arrêtée or chômait or était en chômage; V **lie**[1].
  (c) speculation, question, wish, threat oiseux, futile, vain; remark fait en passant. **out of ∼ curiosity** par curiosité pure et simple; **∼ promises** vaines promesses, promesses en l'air; **∼ gossip** racontars mpl, ragots mpl; **∼ words or talk** paroles oiseuses or en l'air; **∼ fears** craintes non justifiées or sans fondement; **∼ pleasures** plaisirs mpl futiles; **it is ∼ to hope that ...** il est inutile d'espérer que ... .
  2 vi (a) (also ∼ about, ∼ around) [person] paresser, fainéanter, se laisser aller à la paresse. **to ∼ about the streets** traîner dans les rues.
  (b) [engine, machine] tourner au ralenti.
  ♦ **idle away** vt sep: **to idle away one's time** gaspiller or perdre son temps (à ne rien faire).
idleness ['aɪdlnɪs] n (a) (state of not working) oisiveté f, inaction f, inactivité f, désœuvrement m; (unemployment) chômage m; (laziness) paresse f, fainéantise f. **to live in ∼** vivre oisif or dans l'oisiveté.
  (b) [threat, wish, question, speculation] futilité f, inutilité f; [promises, pleasures] futilité f; [fears] manque m de justification; [words] manque de sérieux; [effort] inutilité.
idler ['aɪdləʳ] n (a) (person) (doing nothing) oisif m, -ive f, désœuvré(e) m(f); (lazy) paresseux m, -euse f, fainéant(e) m(f).
  (b) (Tech) (wheel) roue folle; (pinion) pignon m libre; (pulley) poulie-guide f, poulie folle.
idly ['aɪdlɪ] adv (without working) sans travailler; (lazily) paresseusement; (without thought) reply, say, suggest négligemment.
idol ['aɪdl] n (lit, fig) idole f. (Cine, TV etc) **the current ∼** l'idole du jour or du moment.

idolater [aɪ'dɒlətəʳ] n idolâtre mf.
idolatrous [aɪ'dɒlətrəs] adj idolâtre.
idolatry [aɪ'dɒlətrɪ] n idolâtrie f.
idolize [aɪ'dɒlaɪz] vt idolâtrer, adorer. **to ∼ sb** idolâtrer or adorer qn, faire de qn son idole.
idyll ['ɪdɪl] n (Literat, also fig) idylle f.
idyllic [ɪ'dɪlɪk] adj idyllique.
i.e. [ˌaɪ'iː] (abbr of id est = that is) c.-à-d., c'est-à-dire.
if [ɪf] **1** conj (a) (condition: supposing that) si. **I'll go ∼ you come with me** j'irai si tu m'accompagnes; **∼ it is fine I shall be pleased** s'il fait beau je serai content; **∼ it were fine I should be pleased** s'il faisait beau je serais content; **∼ it is fine and not too cold I shall go with you** s'il fait beau et (s'il ne fait or qu'il ne fasse) pas trop froid je vous accompagnerai; **∼ I had known, I would have visited them** si j'avais su, je leur aurais rendu visite; **∼ you wait a minute, I'll come with you** si vous attendez or voulez attendre une minute, je vais vous accompagner; **∼ you were a bird you could fly** si tu étais (un) oiseau tu pourrais voler; **∼ I were you** si j'étais vous, (si j'étais) à votre place; **(even) ∼ I knew I wouldn't tell you** quand même je le saurais or même si je le savais je ne te le dirais pas; **∼ they are to be believed** à les en croire; **∼ it is true that ...** s'il est vrai que ... + indic, si tant est que ... + subj; V also **1i**.
  (b) (whenever) si. **∼ I asked him he helped me** si je le lui demandais il m'aidait; **∼ she wants any help she asks me** si elle a besoin d'aide elle s'adresse à moi.
  (c) (although) si. **(even) ∼ it takes me all day I'll do it** (même) si cela doit or quand bien même cela devrait me prendre toute la journée je le ferai; **(even) ∼ they are poor at least they are happy** s'ils sont pauvres du moins ils sont or sont-ils heureux; **(even) ∼ it is a good film it's rather long** c'est un bon film bien qu'(il soit) un peu long; **nice weather, even ∼ rather cold** temps agréable, bien qu'un peu froid; **even ∼ he tells me himself I won't believe it** même s'il me le dit lui-même je ne le croirai pas.
  (d) (granted that, admitting that) si. **∼ I am wrong, you are wrong too** si je me trompe or en admettant que je me trompe (subj), vous vous trompez aussi; **(even) ∼ he DID say that, he didn't mean to hurt you** quand (bien) même il l'aurait dit, il n'avait aucune intention de vous faire de la peine.
  (e) (whether) si. **do you know ∼ they have gone?** savez-vous s'ils sont partis?; **I wonder ∼ it's true** je me demande si c'est vrai.
  (f) (unless) **∼ ... not** si ... ne; **that's the house, ∼ I'm not mistaken** voilà la maison, si je ne me trompe; **they're coming at Christmas ∼ they don't change their minds** ils viennent à Noël à moins qu'ils ne changent (subj) d'avis.
  (g) (excl) **only I had known!** si seulement j'avais su!
  (h) as **∼** comme, comme si; **he acts as ∼ he were rich** il se conduit comme s'il était riche; **as ∼ by chance** comme par hasard; **he stood there as ∼ he were dumb** il restait là comme (s'il était) muet; **it isn't as ∼ we were rich** ce n'est pas comme si nous étions riches, nous ne sommes pourtant pas riches.
  (i) (phrases) **∼ anything, it's even smaller** c'est peut-être encore plus petit; **∼ anything, this one is bigger** c'est plutôt celui-ci qui est le plus grand; **underpaid, ∼ they are paid at all** mal payés, si tant est qu'on les paie; **∼ necessary** s'il le faut, au besoin, s'il est nécessaire; **∼ so,** (liter) **∼ it be so** s'il en est ainsi, si c'est le cas; **∼ not** sinon; **∼ only for a moment** ne serait-ce or ne fût-ce que pour un instant; **well ∼ he didn't try to steal my bag!*** (ne) voilà-t-il pas qu'il essaie de me voler mon sac!*; **∼ it isn't our old friend Smith!** tiens! or par exemple! ce vieux Smith!; **∼ I know HER, she'll refuse** telle que je la connais, elle refusera.
  2 n: **∼s and buts** les si mpl et les mais mpl; **it's a big ∼** c'est un grand point d'interrogation.
iffy‡ ['ɪfɪ] adj outcome, future aléatoire, problématique; method douteux; problem plein d'inconnues. (uncertain) **it's arranged for 5 o'clock, but it's a bit ∼** c'est prévu pour 5 heures, mais il n'est pas absolument certain que ça aura lieu.
igloo ['ɪgluː] n igloo m or iglou m.
Ignatius [ɪg'neɪʃɪəs] n Ignace m. **(St) ∼ Loyola** saint Ignace de Loyola.
igneous ['ɪgnɪəs] adj igné.
ignite [ɪg'naɪt] **1** vt mettre le feu à, enflammer. **2** vi prendre feu, s'enflammer.
ignition [ɪg'nɪʃən] n (a) ignition f. (b) (Aut) allumage m. **to switch on the ∼** mettre le contact. **2** cpd: (Aut) **ignition coil** bobine f d'allumage; **ignition key** clef f de contact; **ignition switch** contact m.
ignoble [ɪg'nəʊbl] adj ignoble, infâme, indigne, vil.
ignominious [ˌɪgnə'mɪnɪəs] adj ignominieux, honteux.
ignominiously [ˌɪgnə'mɪnɪəslɪ] adv ignominieusement, honteusement.
ignominy ['ɪgnəmɪnɪ] n ignominie f.
ignoramus [ˌɪgnə'reɪməs] n ignare mf, ignorant(e) m(f).
ignorance ['ɪgnərəns] n (a) ignorance f (of de). **to be in ∼ of sth** ignorer qch; **to keep sb in ∼ of sth** tenir qn dans l'ignorance de qch, laisser ignorer qch à qn; **∼ of the law is no excuse** nul n'est censé ignorer la loi; **his ∼ of chemistry astonished me** son ignorance en matière de chimie m'a ahuri.
  (b) (lack of education) ignorance f. **he was ashamed of his ∼** il avait honte de son ignorance or de ne rien savoir; **don't show your ∼!** ce n'est pas la peine d'étaler ton ignorance!
ignorant ['ɪgnərənt] adj (a) (unaware) **∼ of** ignorant de; **to be ∼ of the facts** ignorer les faits, être ignorant des faits. **(b)** (lacking education) person ignorant; words, behaviour d'(un) ignorant, qui trahit l'ignorance; V **pig**.
ignorantly ['ɪgnərəntlɪ] adv par ignorance.
ignore [ɪg'nɔːʳ] vt (a) (take no notice of) interruption, remark,

objection ne tenir aucun compte de, ne pas relever, passer sous silence; *sb's behaviour* ne pas prêter attention à, faire semblant de ne pas s'apercevoir de; *person* faire semblant de ne pas voir; *invitation, letter* ne pas répondre à; *facts* méconnaître; *rule, prohibition* ne pas respecter; *awkward fact* faire semblant de ne pas connaître, ne tenir aucun compte de. **I shall ~ your impertinence** je ne relèverai pas votre impertinence; **we cannot ~ this behaviour any longer** nous ne pouvons plus fermer les yeux sur ces agissements.
　(b) (*Jur*) **to ~ a bill** prononcer un verdict d'acquittement.
iguana [ɪ'gwɑːnə] *n* iguane *m*.
ikon ['aɪkɒn] *n* = **icon**.
IL (*US Post*) *abbr of* **Illinois**.
ILEA [aɪ,eli:'eɪ] *n* (*Brit Educ*) *abbr of* **Inner London Education Authority** (*office londonien de l'enseignement*).
ileum ['ɪliəm] *n* (*Anat*) iléon *m*.
ilex ['aɪleks] *n* (a) (*holm oak*) yeuse *f*, chêne vert. (b) (*genus: holly*) houx *m*.
Iliad ['ɪliəd] *n*: **the ~** l'Iliade *f*.
Ilion ['ɪliən], **Ilium** ['ɪliəm] *n* Ilion.
ilium ['ɪliəm] *n, pl* **ilia** (*Anat*) ilion *m*.
ilk [ɪlk] *n*: **of that ~** (*fig*) de cet acabit; (*Scot: in names*) de ce nom.
ill [ɪl] **1** *adj, comp* **worse**, *superl* **worst** (a) (*sick*) malade, (*less serious*) souffrant. **to be ~** être malade; **to fall** *or* **be taken ~** tomber malade; **to feel ~** se sentir malade *or* souffrant; **to look ~** avoir l'air malade; **~ with a fever** malade d'une fièvre; **~ with anxiety/jealousy** *etc* malade d'inquiétude/de jalousie *etc*; **he's seriously ~** in hospital il est à l'hôpital dans un état grave.
　(b) (*bad*) mauvais, méchant. **~ deed** mauvaise action, méfait *m*; **~ effects** conséquences désastreuses; **~ fame** mauvaise réputation; **house of ~ fame** *or* **repute** maison mal famée; **~ feeling** ressentiment *m*, rancune *f*; **no ~ feeling!** sans rancune!; **~ health** mauvaise santé; **~ humour**, **~ temper** mauvaise humeur; **~ luck** malchance *f*; **by ~ luck** par malheur, par malchance; **as ~ luck would have it, he** ... le malheur a voulu qu'il ... + *subj*; **~ nature** méchanceté *f*; **~ omen** mauvais augure; **~ repute** = **~ fame**; **~ will** (*gen*) malveillance *f*; (*grudge, resentment*) rancune; **I bear him no ~ will** je ne lui en veux pas; **just to show there's no ~ will, I'll do it** (*gen: to show I bear no grudge*) je vais le faire, pour bien montrer que je ne t'en (*or* lui en *etc*) veux pas; (*often hum: to show willing*) je vais le faire, pour faire preuve de bonne volonté; (*Prov*) **it's an ~ wind that blows nobody any good** à quelque chose malheur est bon (*Prov*); *V also* **4**.
　2 *n* (a) (*U: evil, injury*) mal *m*. **to think/speak ~ of** penser/dire du mal de; *V* **good**.
　(b) (*misfortunes*) **~s** maux *mpl*, malheurs *mpl*.
　3 *adv* mal. **he can ~ afford the expense** il peut difficilement se permettre la dépense; **he can ~ afford to refuse** il ne peut guère se permettre de refuser; (*liter*) **to take sth ~** prendre mal qch, prendre qch en mauvaise part; (*liter*) **to go ~ with** tourner mal pour, aller mal pour; (*frm, liter*) **it ~ becomes you to do that** il vous sied mal (*frm*) de faire cela.
　4 *cpd*: **ill-advised** *decision, remark, action* peu judicieux; **you would be ill-advised to do that** vous auriez tort de faire cela, vous seriez malavisé (*liter*) de faire cela; **ill-assorted** mal assorti; **ill-at-ease** mal à l'aise, gêné; **ill-bred** mal élevé; **ill-breeding** manque *m* de savoir-vivre *or* d'éducation, impolitesse *f*; **ill-considered** *action, words* irréfléchi; *measures* hâtif; **ill-disposed** malintentionné, mal disposé; **ill-disposed towards** mal disposé *or* malintentionné envers; **ill-fated** *person* infortuné, malheureux; *day* fatal, néfaste; *action, effort* malheureux; **ill-favoured** (*ugly*) laid; (*objectionable*) déplaisant, désagréable, (*stronger*) répugnant; (*Ling*) **ill-formed** mal formé, agrammatical; **ill-founded** *belief, argument* mal fondé; *rumour* sans fondement; **ill-gotten gains** biens *mpl* mal acquis; **ill-humoured** de mauvaise humeur, maussade, grincheux; **ill-informed** *person* mal renseigné, mal informé; *essay, speech* plein d'inexactitudes; **ill-judged** peu judicieux, peu sage; **ill-mannered** *person* mal élevé; *behaviour* grossier, impoli; **ill-natured** *person, reply* désagréable; *child* méchant, désagréable; **ill-nourished** mal nourri; **ill-omened** de mauvais augure; **ill-prepared** mal préparé; (*liter*) **ill-starred** *person* né sous une mauvaise étoile, infortuné; *day, undertaking* malheureux, néfaste; **ill-suited** mal assorti; **ill-suited to** qui ne convient guère à, qui convient mal à; **ill-tempered** (*habitually*) grincheux, désagréable, qui a mauvais caractère; (*on one occasion*) de mauvaise humeur, maussade, grincheux; **ill-timed** inopportun, malencontreux, intempestif, mal à propos; **ill-treat** maltraiter, brutaliser, rudoyer; **ill-treatment** mauvais traitements; **ill-use** = **ill-treat**.
I'll [aɪl] = **I shall**, **I will**; *V* **shall**, **will**.
illegal [ɪ'liːgəl] *adj* illégal. (*Sport*) **~ tackle** charge irrégulière.
illegality [,ɪli:'gælɪti] *n* illégalité *f*.
illegally [ɪ'liːgəlɪ] *adv* illégalement, d'une manière illégale *or* contraire à la loi.
illegible [ɪ'ledʒəbl] *adj* illisible.
illegibly [ɪ'ledʒəblɪ] *adv* illisiblement.
illegitimacy [,ɪlɪ'dʒɪtɪməsɪ] *n* illégitimité *f*.
illegitimate [,ɪlɪ'dʒɪtɪmɪt] *adj action* illégitime; *child* illégitime, naturel; (*fig*) *argument* illogique; *conclusion* injustifié.
illegitimately [,ɪlɪ'dʒɪtɪmɪtlɪ] *adv* illégitimement.
illiberal [ɪ'lɪbərəl] *adj* (a) (*narrow-minded*) intolérant, à l'esprit étroit. (b) (†: *niggardly*) ladre (*liter*).
illicit [ɪ'lɪsɪt] *adj* illicite.
illicitly [ɪ'lɪsɪtlɪ] *adv* illicitement.
illimitable [ɪ'lɪmɪtəbl] *adj* illimité, sans bornes, sans limites.
Illinois [,ɪlɪ'nɔɪ] *n* Illinois *m*. **in ~** dans l'Illinois.
illiteracy [ɪ'lɪtərəsɪ] *n* analphabétisme *m*.
illiterate [ɪ'lɪtərɪt] **1** *adj person* illettré, analphabète; *letter, sentence*

plein de fautes. **in an ~ hand** dans une écriture de primaire. **2** *n* illettré(e) *m(f)*, analphabète *mf*.
illness ['ɪlnɪs] *n* maladie *f*. **to have a long ~** faire une longue maladie.
illocutionary [,ɪlə'kjuːʃənərɪ] *adj* illocutionnaire.
illogical [ɪ'lɒdʒɪkəl] *adj* illogique.
illogicality [ɪ'lɒdʒɪ'kælɪtɪ] *n* illogisme *m*.
illogically [ɪ'lɒdʒɪkəlɪ] *adv* illogiquement.
illuminate [ɪ'luːmɪnɪt] *vt* (a) (*gen*) éclairer; (*for special occasion or effect*) *building etc* illuminer; (*fig*) *question, subject* éclairer, faire la lumière sur. **~d sign** enseigne lumineuse. (b) (*Art*) *manuscript* enluminer.
illuminating [ɪ'luːmɪneɪtɪŋ] *adj* (*lit, fig*) éclairant. (*fig*) **his comments proved very ~** ses commentaires se sont avérés très éclairants *or* ont beaucoup éclairci la question.
illumination [ɪ,luːmɪ'neɪʃən] *n* (a) (*U*) (*gen*) éclairage *m*; (*Brit : for special effect*) [*building etc*] illumination *f*, [*sky etc*] illumination, embrasement *m*; (*fig*) lumière *f*, inspiration *f*. (b) (*decorative lights*) **~s** illuminations *fpl*. (c) [*manuscript*] enluminure *f*.
illuminator [ɪ'luːmɪneɪtər] *n* (a) (*lighting device*) dispositif *m* d'éclairage. (b) [*manuscript*] enlumineur *m*.
illumine [ɪ'luːmɪn] *vt* éclairer, éclaircir, faire la lumière sur.
illusion [ɪ'luːʒən] *n* illusion *f*. **it gives an ~ of space** cela donne une illusion d'espace; **to be under an ~** avoir *or* se faire une illusion; **to be under the ~ that** avoir *or* se faire l'illusion que + *indic*; **to have** *or* **to be under no ~(s)** ne se faire aucune illusion; **I have no ~s about what will happen to him** je ne me fais aucune illusion sur le sort qui m'attend; **he cherishes the ~ that** ... il caresse l'illusion que ...; *V* **optical**.
illusive [ɪ'luːsɪv] *adj*, **illusory** [ɪ'luːsərɪ] *adj* (*unreal*) illusoire, irréel; (*deceptive*) illusoire, trompeur, chimérique.
illustrate ['ɪləstreɪt] *vt* (a) *book, story* illustrer. **~d paper** (journal *m or* magazine *m etc*) illustré *m*.
　(b) (*fig: exemplify*) *idea, problem* illustrer, éclairer, mettre en lumière; *rule* donner un exemple de. **I can best ~ this as follows** la meilleure façon d'illustrer ceci est la suivante.
illustration [,ɪləs'treɪʃən] *n* (*lit, fig*) illustration *f*. (*fig*) **by way of ~** à titre d'exemple.
illustrative ['ɪləstrətɪv] *adj example* explicatif, servant d'explication, qui illustre *or* explique. **~ of this problem** qui sert à illustrer ce problème.
illustrator ['ɪləstreɪtər] *n* illustrateur *m*, -trice *f*.
illustrious [ɪ'lʌstrɪəs] *adj* illustre, célèbre.
illustriously [ɪ'lʌstrɪəslɪ] *adv* glorieusement.
I'm [aɪm] = **I am**; *V* **be**.
image ['ɪmɪdʒ] **1** *n* (a) (*gen*) image *f*. **God created man in his own ~** Dieu créa l'homme à son image; **real/virtual ~** image réelle/virtuelle; **~ in the glass/lake** *etc* réflexion *f* dans la vitre/à la surface du lac *etc*; (*fig*) **he is the (living** *or* **very** *or* **spitting***) ~ of his father** c'est le portrait (vivant) de son père, c'est son père tout craché*; **I had a sudden (mental) ~ of her, alone and afraid** soudain je l'ai vue en imagination, qui était seule et qui avait peur; **they had quite the wrong ~ of him** ils se faisaient une idée tout à fait fausse de lui; *V* **graven, mirror** *etc*.
　(b) (*also* **public ~**) image *f* de marque (*fig*). **he has to think of his ~** il faut qu'il prenne en considération son image de marque; (*Cine, Theat etc*) **he's got the wrong ~ for that part** le public ne le voit pas dans ce genre de rôle, son image de marque ne convient guère à ce rôle; *V* **brand**.
　2 *cpd*: **it's just image-building** c'est une vise qu'à promouvoir son (*or* leur *etc*) image *f* de marque; **he is very image-conscious** il se soucie beaucoup de son image de marque.
imagery ['ɪmɪdʒərɪ] *n* (*Literat*) images *fpl*. **style/language full of ~** style/langage imagé.
imaginable [ɪ'mædʒɪnəbl] *adj* imaginable. **she's the quietest person ~** c'est la personne la plus silencieuse qu'on puisse imaginer; **the best thing ~ would be for him to leave at once** le mieux qu'on puisse imaginer serait qu'il parte tout de suite.
imaginary [ɪ'mædʒɪnərɪ] *adj danger* imaginaire; *character, place* imaginaire, fictif.
imagination [ɪ,mædʒɪ'neɪʃən] *n* (*U*) imagination *f*. **to have a lively** *or* **vivid ~** avoir l'imagination fertile; **he's got ~** il a de l'imagination; **she lets her ~ run away with her** elle se laisse emporter *or* entraîner par son imagination; **it existed only in his ~** cela n'existait que dans son imagination; **in (his) ~ he saw** ... en imagination il a vu ...; **it is only** *or* **all (your) ~!** vous vous faites des idées!, vous rêvez!; **haven't you got any ~?** tu n'as donc aucune imagination?; **use your ~!** aie donc un peu d'imagination!; *V* **appeal**.
imaginative [ɪ'mædʒɪnətɪv] *adj person* imaginatif, plein d'imagination; *book, film, approach* plein d'imagination.
imaginatively [ɪ'mædʒɪnətɪvlɪ] *adv* avec imagination.
imaginativeness [ɪ'mædʒɪnətɪvnɪs] *n* imagination *f*, esprit imaginatif *or* inventif.
imagine [ɪ'mædʒɪn] *vt* (a) (*picture to o.s.*) (s')imaginer, se figurer, se représenter. **~ life 100 years ago** imaginez (-vous) *or* représentez-vous *or* figurez-vous la vie il y a 100 ans; **try to ~ a huge house far from anywhere** essayez d'imaginer *or* de vous imaginer *or* de vous figurer *or* de vous représenter une immense maison loin de tout; **~ that you were** *or* **yourself at school now** imagine que tu sois à l'école en ce moment; **I can't ~ myself at 60** je ne m'imagine *or* ne me vois pas du tout à 60 ans; **~ a situation in which** ... imaginez (-vous) une situation où ...; **(just) ~!** tu (t')imagines!; **(you can) ~ how I felt!** imaginez (-vous) *or* vous imaginez ce que j'ai pu ressentir!; **I can ~!** je m'en doute!; **(you can) ~ my fury when** ... (vous) imaginez *or* vous vous représentez ma rage quand ...; **(you can) ~ how pleased I was!** vous pensez si j'étais content!; **you can't ~ how difficult it is** vous ne pouvez pas

(vous) imaginer *or* vous figurer combien c'est difficile; **did you ever ~ you'd meet her one day?** est-ce que tu t'étais jamais douté que tu la rencontrerais un jour?; **I can just ~ his reaction when he sees her** je me doute de sa réaction quand il la verra; **I can well ~ he's pleased** qu'il soit content, je m'en doute; **he's (always) imagining things** il se fait des idées.

    (**b**) (*suppose, believe*) supposer, imaginer, penser (*that* que). **he's rich, I ~** il est riche, j'imagine *or* je suppose; **I didn't ~ he would come** je ne pensais pas qu'il viendrait.

    (**c**) (*believe wrongly*) croire, s'imaginer, se figurer. **don't ~ that I can help you** n'allez pas croire que *or* ne vous imaginez pas que *or* ne vous figurez pas que je puisse vous aider; **he fondly ~d she was still willing to obey him** il s'imaginait naïvement qu'elle était encore prête à lui obéir; **I ~d I heard someone speak** j'ai cru entendre parler.

imam [ɪˈmɑːm] *n* imam *m*, iman *m*.

imbalance [ɪmˈbæləns] *n* (*lit, fig*) déséquilibre *m*.

imbecile [ˈɪmbəsiːl] **1** *n* imbécile *mf*, idiot(e) *m(f)*; (*Med*††) imbécile. **to behave like an ~** se conduire comme un imbécile *or* en imbécile, se conduire comme un idiot *or* en idiot, faire l'imbécile *or* l'idiot; **to act/speak like an ~** faire/dire des imbécillités *or* des bêtises; **you ~!** espèce d'imbécile! *or* d'idiot!; **this ~ said** ... cette espèce d'imbécile! *or* d'idiot a dit ... .

    2 *adj action, laugh, words* imbécile; *person* imbécile, idiot; (*Med*††) imbécile.

imbecility [ˌɪmbɪˈsɪlɪtɪ] *n* (**a**) (*U*) imbécillité *f*, stupidité *f*; (*Med*††) imbécillité. (**b**) (*act etc*) imbécillité *f*, stupidité *f*.

imbibe [ɪmˈbaɪb] **1** *vt* (**a**) (*drink*) boire, avaler, absorber; (*fig*) *ideas, information* absorber, assimiler. (**b**) (*absorb*) *water, light, heat* absorber. **2** *vi* (**hum: drink to excess*) picoler‡.

imbroglio [ɪmˈbrəʊləʊ] *n* imbroglio *m*.

imbue [ɪmˈbjuː] *vt* (*fig*) imprégner (*with* de). **~d with** imbu de, imprégné de.

IMF [ˌaɪemˈef] *n* (*Econ: abbr of* **International Monetary Fund**) F.M.I. *m*.

imitable [ˈɪmɪtəbl] *adj* imitable.

imitate [ˈɪmɪteɪt] *vt* (*all senses*) imiter.

imitation [ˌɪmɪˈteɪʃən] **1** *n* (*all senses*) imitation *f*. **in ~ of** à l'imitation de, en imitant, sur le modèle de; (*Comm*) **'beware of ~s'** 'ɜc méfier des contrefaçons'; **it's only ~** c'est de l'imitation.

    2 *cpd*: **imitation fur coat** manteau *m* en fourrure synthétique *or* artificielle; **imitation gold** similor *m*; **imitation jewellery** faux bijoux; **imitation leather** imitation *f* cuir *inv*, similicuir *m*; **imitation marble** imitation *f* marbre, faux marbre, similimarbre *m*; **imitation mink coat** manteau *m* (en) imitation vison; **imitation pearl/stone** perle/pierre artificielle *or* d'imitation, fausse perle/pierre.

imitative [ˈɪmɪtətɪv] *adj word, art* imitatif; *person* imitateur (*f*-trice).

imitator [ˈɪmɪteɪtər] *n* imitateur *m*, -trice *f*.

immaculate [ɪˈmækjʊlɪt] *adj snow* immaculé; *dress, appearance* irréprochable, impeccable; *person* impeccable, tiré à quatre épingles; *room* impeccable, d'une propreté irréprochable; *behaviour, manners, courtesy* irréprochable, impeccable, parfait; (*Rel*) immaculé, sans tache. **the I~ Conception** l'Immaculée Conception.

immaculately [ɪˈmækjʊlɪtlɪ] *adv dress* avec un soin impeccable; *behave* de façon irréprochable, parfaitement.

immanent [ˈɪmənənt] *adj* immanent.

Immanuel [ɪˈmænjʊəl] *n* Emmanuel *m*.

immaterial [ˌɪməˈtɪərɪəl] *adj* (**a**) (*unimportant*) négligeable, insignifiant, peu important, sans importance. **it is ~ whether he did or not** il importe peu *or* il est indifférent qu'il l'ait fait ou non; **that's (quite) ~** la question n'est pas là; **that is quite ~ to me** cela m'est tout à fait indifférent.

    (**b**) (*Philos etc*) immatériel.

immature [ˌɪməˈtjʊər] *adj fruit* (qui n'est) pas mûr, vert; *animal, tree* jeune. **he's very ~** il manque vraiment de maturité, il est très immature.

immaturity [ˌɪməˈtjʊərɪtɪ] *n* manque *m* de maturité, immaturité *f*.

immeasurable [ɪˈmeʒərəbl] *adj amount, height, space* incommensurable; *joy* incommensurable, infini; *precautions, care* infini.

immeasurably [ɪˈmeʒərəblɪ] *adv* (*lit*) incommensurablement; (*fig*) infiniment.

immediacy [ɪˈmiːdɪəsɪ] *n* caractère immédiat *or* d'urgence.

immediate [ɪˈmiːdɪət] *adj successor, reaction, result, neighbour, risk* immédiat; *information, knowledge* immédiat, direct; *reply* immédiat, instantané; *measures, need* immédiat, urgent, pressant; (*Philos*) *cause, effect* immédiat. **I shall take ~ steps *or* action to ensure that** ... je vais agir immédiatement *or* tout de suite *or* sans retard pour m'assurer que ...; je vais prendre des mesures immédiates pour m'assurer que ...; **the ~ future** le futur proche, l'avenir immédiat; **in the ~ future** dans l'immédiat, dans un avenir immédiat; **my ~ object** mon premier but; **for ~ delivery** à livrer d'urgence; **in the ~ neighbourhood** dans le voisinage immédiat, dans la proche voisinage; **the ~ area** les environs immédiats *or* les plus proches; (*Gram*) **~ constituent** constituant immédiat.

immediately [ɪˈmiːdɪətlɪ] **1** *adv* (**a**) (*at once*) *reply, react, depart* immédiatement, tout de suite, aussitôt, instantanément. **~ after** aussitôt après.

    (**b**) (*directly*) directement. **it does not ~ concern you** cela ne vous regarde pas directement.

    2 *conj* (*Brit*) dès que. **~ he had finished he went home** dès qu'il eut fini il rentra chez lui; **~ I returned** dès mon retour.

immemorial [ˌɪmɪˈmɔːrɪəl] *adj* immémorial. **from time ~** de toute éternité, de temps immémorial.

immense [ɪˈmens] *adj space* immense, vaste; *size* immense; *possibilities, achievements, fortune, difficulty* immense, énorme.

immensely [ɪˈmenslɪ] *adv* extrêmement, immensément. **~ rich** immensément *or* extrêmement riche; **to enjoy o.s. ~** s'amuser énormément.

immensity [ɪˈmensɪtɪ] *n* immensité *f*.

immerse [ɪˈmɜːs] *vt* immerger, plonger; (*Rel*) baptiser par immersion. **to ~ one's head in water** plonger la tête dans l'eau; (*fig*) **~ o.s. in** se plonger dans; **to be ~d in one's work/one's reading** être absorbé *or* plongé dans son travail/sa lecture.

immersion [ɪˈmɜːʃən] **1** *n* immersion *f*; (*fig*) absorption *f*; (*Rel*) baptême *m* par immersion. **2** *cpd*: (*Educ*) **immersion course in French/German** stage *m* *or* cours *m* intensif de français/d'allemand; (*Brit*) **immersion heater** chauffe-eau *m inv* électrique.

immigrancy [ˈɪmɪgrənsɪ] *n* (*US*) condition *f* d'immigrant.

immigrant [ˈɪmɪgrənt] *adj, n* (*newly arrived*) immigrant(e) *m(f)*; (*well-established*) immigré(e) *m(f)*. (*Ind*) **~ labour, ~ workers** main-d'œuvre immigrée.

immigrate [ˈɪmɪgreɪt] *vi* immigrer.

immigration [ˌɪmɪˈgreɪʃən] **1** *n* immigration *f*. **to go through customs and ~** passer la douane et l'immigration.

    2 *cpd*: (*Admin*) **immigration authorities** services *mpl* de l'immigration; (*US Police*) **immigration border patrol** (services *mpl* de) l'immigration; **Immigration (Department)** (services *mpl* de) l'immigration.

imminence [ˈɪmɪnəns] *n* imminence *f*.

imminent [ˈɪmɪnənt] *adj* imminent.

immobile [ɪˈməʊbaɪl] *adj* immobile.

immobility [ˌɪməʊˈbɪlɪtɪ] *n* immobilité *f*.

immobilize [ɪˈməʊbɪlaɪz] *vt* (*also Fin*) immobiliser.

immoderate [ɪˈmɒdərɪt] *adj desire, appetite* immodéré, démesuré; *conduct* déréglé.

immoderately [ɪˈmɒdərɪtlɪ] *adv* immodérément.

immodest [ɪˈmɒdɪst] *adj* (**a**) (*indecent*) immodeste, impudique, indécent. (**b**) (*presumptuous*) impudent, présomptueux.

immodestly [ɪˈmɒdɪstlɪ] *adv* (**a**) (*indecently*) immodestement, impudiquement, indécemment. **to behave ~** avoir une conduite indécente. (**b**) (*presumptuously*) impudemment, présomptueusement.

immodesty [ɪˈmɒdɪstɪ] *n* (**a**) (*indecency*) immodestie *f*, impudeur *f*, indécence *f*. (**b**) (*presumption*) impudence *f*, présomption *f*.

immolate [ˈɪməʊleɪt] *vt* immoler.

immoral [ɪˈmɒrəl] *adj action, suggestion, person* immoral. (*scandalous*) **it's ~!** c'est scandaleux!

immorality [ˌɪməˈrælɪtɪ] *n* immoralité *f*.

immortal [ɪˈmɔːtl] *adj person, God* immortel; *fame* immortel, impérissable. **2** *n* immortel(le) *m(f)*.

immortality [ˌɪmɔːˈtælɪtɪ] *n* immortalité *f*.

immortalize [ɪˈmɔːtəlaɪz] *vt* immortaliser.

immovable [ɪˈmuːvəbl] **1** *adj object* fixe; (*Jur*) *belongings* immobilier; (*fig*) *courage, decision, person* inflexible, inébranlable. **2** *n* (*Jur*) **~s** immeubles *mpl*, biens immobiliers.

immune [ɪˈmjuːn] *adj* (**a**) (*Med*) *person* immunisé (*from* contre). **~ body** immunisine *f*, sensibilisatrice *f*; **~ response** réaction *f* immunitaire; **~ serum** sérum immunisant, immun-sérum *m*; **V acquired**.

    (**b**) (*fig: secure from*) **~ from** *or* **to** *temptation, wish etc* immunisé contre, à l'abri de; **~ to inflation/criticism** à l'abri de l'inflation/de la critique.

    (**c**) (*fig: exempt from*) **~ from taxation** exempt d'impôts, qui bénéficie d'immunité fiscale; **~ from arrest** qui ne risque pas d'être arrêté.

immunity [ɪˈmjuːnɪtɪ] *n* (*Med, gen*) immunité *f* (*from* contre). **diplomatic/parliamentary ~** immunité diplomatique/parlementaire.

immunization [ˌɪmjʊnaɪˈzeɪʃən] *n* immunisation *f* (*against* contre).

immunize [ˈɪmjʊnaɪz] *vt* immuniser (*against* contre).

immunodeficiency [ɪˌmjʊnəʊdɪˈfɪʃənsɪ] *n* déficience *f* immunologique.

immunodepressant [ɪˌmjʊnəʊdɪˈpresnt] *n* immuno-dépresseur *m*.

immunogenic [ˌɪmjʊnəʊˈdʒenɪk] *adj* immunogène.

immunoglobulin [ˌɪmjʊnəʊˈglɒbjʊlɪn] *n* immunoglobine *m*.

immunological [ˌɪmjʊnəʊˈlɒdʒɪkəl] *adj* immunologique.

immunologist [ˌɪmjʊˈnɒlədʒɪst] *n* immunologiste *mf*.

immunology [ˌɪmjʊˈnɒlədʒɪ] *n* immunologie *f*.

immunotherapy [ˌɪmjʊnəʊˈθerəpɪ] *n* immunothérapie *f*.

immure [ɪˈmjʊər] *vt* (*lit*) emmurer; (*fig*) enfermer.

immutability [ɪˌmjuːtəˈbɪlɪtɪ] *n* immutabilité *f*, immuabilité *f* (*frm*).

immutable [ɪˈmjuːtəbl] *adj* immuable, inaltérable.

immutably [ɪˈmjuːtəblɪ] *adv* immuablement.

imp [ɪmp] *n* diablotin *m*, lutin *m*; (*child*) petit(e) espiègle *m(f)*, petit diable.

impact [ˈɪmpækt] **1** *n* impact *m* (*on* sur), choc *m* (*on, against* contre); (*fig*) impact, effet *m* (*on* sur). (*fig*) **to make an ~ on sb** faire une forte impression sur qn. **2** [ɪmˈpækt] *vt* enfoncer, presser (*into* dans).

impacted [ɪmˈpæktɪd] *adj tooth* inclus. (*US*) **~ area** quartier *m* sur peuplé.

impair [ɪmˈpeər] *vt abilities, faculties* détériorer, diminuer; *negotiations, relations* porter atteinte à; *health* abîmer, détériorer; *sight, hearing* abîmer, affaiblir; *mind, strength* diminuer.

impaired [ɪmˈpeəd] *adj sight, hearing* abîmé, affaibli; *faculties, health* détérioré; *strength* diminué.

impala [ɪmˈpɑːlə] *n* impala *m*.

impale [ɪm'peɪl] vt empaler (on sur).
impalpable [ɪm'pælpəbl] adj impalpable.
impanel [ɪm'pænl] vt = **empanel.**
imparity [ɪm'pærɪtɪ] n inégalité f.
impart [ɪm'pɑːt] vt (a) (make known) news communiquer, faire connaître, faire part de; knowledge communiquer, transmettre. (b) (bestow) donner, transmettre.
impartial [ɪm'pɑːʃəl] adj person, attitude impartial, objectif, équitable; verdict, decision, speech impartial, objectif.
impartiality [ɪm,pɑːʃɪ'ælɪtɪ] n impartialité f.
impartially [ɪm'pɑːʃəlɪ] adv impartialement, objectivement, sans parti pris.
impassable [ɪm'pɑːsəbl] adj barrier, river infranchissable; road impraticable.
impasse [æm'pɑːs] n (lit, fig) impasse f.
impassioned [ɪm'pæʃnd] adj feeling exalté; plea, speech passionné.
impassive [ɪm'pæsɪv] adj person, attitude, face impassible, imperturbable.
impassively [ɪm'pæsɪvlɪ] adv impassiblement, imperturbablement, sans s'émouvoir.
impatience [ɪm'peɪʃəns] n (a) impatience f (to do de faire). (b) (intolerance) intolérance f (of sth à l'égard de qch, with sb vis-à-vis de qn, à l'égard de qn).
impatiens [ɪm'peɪʃɪ,enz] n (Bot) impatiente f.
impatient [ɪm'peɪʃənt] n (a) person, answer impatient. ~ to leave impatient de partir; to become or get or grow ~ s'impatienter. (b) intolérant (of sth à l'égard de qch, with sb vis-à-vis de qn, à l'égard de qn).
impatiently [ɪm'peɪʃəntlɪ] adv avec impatience, impatiemment.
impeach [ɪm'piːtʃ] vt (a) (Jur: accuse) public official mettre en accusation (en vue de destituer), (US) entamer la procédure d'impeachment contre; person accuser (for or of sth de qch, for doing de faire).
(b) (question, challenge) sb's character attaquer; sb's motives, honesty mettre en doute. (Jur) to ~ a witness récuser un témoin.
impeachment [ɪm'piːtʃmənt] n (a) (Jur) [public official] mise f en accusation (en vue d'une destitution), (US) procédure f d'impeachment; [person] accusation f (for sth de qch, for doing de faire).
(b) [sb's character etc] dénigrement m; [sb's honesty] contestation f.
impeccable [ɪm'pekəbl] adj impeccable, irréprochable, parfait.
impeccably [ɪm'pekəblɪ] adv impeccablement, irréprochablement.
impecunious [,ɪmpɪ'kjuːnɪəs] adj impécunieux, nécessiteux.
impede [ɪm'piːd] vt empêcher (sb from doing qn de faire); action, success, movement gêner, faire obstacle à, entraver; traffic gêner, entraver.
impediment [ɪm'pedɪmənt] n (a) obstacle m. (b) (also speech ~) défaut m d'élocution. (c) ~s = impedimenta.
impedimenta [ɪm,pedɪ'mentə] npl (also Mil) impedimenta mpl.
impel [ɪm'pel] vt (a) (drive forward) pousser, faire avancer. (b) (compel) obliger, forcer (to do à faire); (prompt) inciter, pousser (to do à faire). to ~ sb to crime pousser qn au crime.
impend [ɪm'pend] vi (be about to happen) être imminent; (menace, hang over) [danger, storm] menacer; [threat] planer.
impending [ɪm'pendɪŋ] adj (about to happen) birth, arrival imminent, prochain (after n); (threateningly close) danger, storm imminent, menaçant, qui menace. his ~ fate le sort qui le menace (or menaçait etc); his ~ retirement la retraite qu'il va (or allait etc) prendre sous peu, sa retraite prochaine; we discussed our ~ removal nous avons parlé de notre déménagement imminent.
impenetrability [ɪm,penɪtrə'bɪlɪtɪ] n impénétrabilité f.
impenetrable [ɪm'penɪtrəbl] adj substance impénétrable (to, by à); mystery, secret insondable, impénétrable.
impenitence [ɪm'penɪtəns] n impénitence f.
impenitent [ɪm'penɪtənt] adj impénitent. he was quite ~ about it il ne s'en repentait nullement.
impenitently [ɪm'penɪtəntlɪ] adv sans repentir.
imperative [ɪm'perətɪv] 1 adj (a) need, desire urgent, pressant, impérieux; order impératif; voice, manner impérieux, autoritaire. silence is ~ le silence s'impose; it is ~ that you leave, it is ~ for you to leave il faut absolument que vous partiez (subj), votre départ s'impose.
(b) (Gram) impératif.
2 n (Gram) impératif m. in the ~ (mood) à l'impératif, au mode impératif.
imperatively [ɪm'perətɪvlɪ] adv need impérieusement; order impérativement; (Gram) use verb à l'impératif.
imperceptible [,ɪmpə'septəbl] adj sight, movement imperceptible (to à); sound imperceptible, inaudible; difference imperceptible, insensible.
imperceptibly [,ɪmpə'septəblɪ] adv imperceptiblement.
imperceptive [,ɪmpə'septɪv] adj peu perspicace.
imperfect [ɪm'pɜːfɪkt] 1 adj (a) (faulty) reasoning imparfait; car, machine défectueux; (incomplete) incomplet (f -ète), inachevé. (b) (Gram) imparfait. 2 n (Gram) imparfait m. in the ~ (tense) à l'imparfait.
imperfection [,ɪmpə'fekʃən] n (V imperfect) imperfection f; défauts mpl, défectuosité f; état imparfait or incomplet.
imperfectly [ɪm'pɜːfɪktlɪ] adv imparfaitement.
imperial [ɪm'pɪərɪəl] 1 adj (a) (gen) territory, troops impérial; (of British Empire) de l'Empire britannique. (Brit Hist) ~ preference tarif préférentiel (à l'intérieur de l'Empire britannique).
(b) (lordly) splendour, dignity majestueux, grandiose; look, gesture impérieux, autoritaire, hautain.
(c) (Brit) weight, measure légal (adopté dans tout le Royaume Uni).

2 n (beard) (barbe f à l')impériale f.
imperialism [ɪm'pɪərɪəlɪzəm] n impérialisme m.
imperialist [ɪm'pɪərɪəlɪst] adj, n impérialiste (mf).
imperialistic [ɪm,pɪərɪə'lɪstɪk] adj impérialiste.
imperially [ɪm'pɪərɪəlɪ] adv majestueusement; say, gesture impérieusement.
imperil [ɪm'perɪl] vt mettre en péril or danger; fortune, life exposer, risquer; health, reputation compromettre.
imperious [ɪm'pɪərɪəs] adj gesture, look, command impérieux, autoritaire; need, desire urgent, pressant, impérieux.
imperiously [ɪm'pɪərɪəslɪ] adv gesture, look impérieusement, d'un air or d'un ton impérieux; need impérativement, de façon urgente.
imperishable [ɪm'perɪʃəbl] adj impérissable.
impermanent [ɪm'pɜːmənənt] adj éphémère, fugitif, transitoire, passager.
impermeable [ɪm'pɜːmɪəbl] adj rock imperméable; wall, roof étanche.
impersonal [ɪm'pɜːsnl] adj (a) manner, style impersonnel, froid; decision, discussion, remark impersonnel, objectif. (b) (Gram) impersonnel.
impersonality [ɪm,pɜːsə'nælɪtɪ] n impersonnalité f; froideur f; objectivité f.
impersonally [ɪm'pɜːsnəlɪ] adv impersonnellement.
impersonate [ɪm'pɜːsəneɪt] vt (gen) se faire passer pour; (Jur) usurper l'identité de; (Theat) imiter.
impersonation [ɪm,pɜːsə'neɪʃən] n (Theat) imitation f; (Jur) usurpation f d'identité, supposition f de personne. (Theat) he does ~s il fait des imitations (de personnages); his ~ of his uncle caused him a lot of trouble s'être fait passer pour son oncle lui a attiré beaucoup d'ennuis.
impersonator [ɪm'pɜːsəneɪtər] n (Theat) imitateur m, -trice f; (Jur) usurpateur m, -trice f d'identité; V **female.**
impertinence [ɪm'pɜːtɪnəns] n impertinence f, insolence f, impudence f. it's the height of ~ c'est le comble de l'impertinence; a piece of ~ une impertinence; it would be an ~ to say il serait impertinent de dire.
impertinent [ɪm'pɜːtɪnənt] adj (impudent) impertinent, insolent, impudent. to be ~ to sb être or se montrer insolent envers qn; don't be ~! ne soyez pas impertinent!
impertinently [ɪm'pɜːtɪnəntlɪ] adv (a) (impudently) avec impertinence, d'un air insolent, avec impudence. (b) (irrelevantly) sans pertinence, hors de propos; reply en dehors de la question.
imperturbable [,ɪmpə'tɜːbəbl] adj imperturbable.
imperturbably [,ɪmpə'tɜːbəblɪ] adv imperturbablement.
impervious [ɪm'pɜːvɪəs] adj substance, rock imperméable (to à); wall, roof étanche (to à). (fig) ~ to the sufferings of others imperméable or fermé aux souffrances d'autrui; ~ to reason/ suggestions inaccessible or sourd à la raison/aux suggestions; ~ to threats indifférent aux menaces; he is ~ to criticism la critique le laisse indifférent or ne le touche pas; (pej) il est fermé or sourd à la critique.
impetigo [,ɪmpɪ'taɪgəʊ] n (Med) impétigo m; (in children) gourme f.
impetuosity [ɪm,petjʊ'ɒsɪtɪ] n impétuosité f, fougue f.
impetuous [ɪm'petjʊəs] adj impétueux, fougueux.
impetuously [ɪm'petjʊəslɪ] adv impétueusement, fougueusement.
impetuousness [ɪm'petjʊəsnɪs] n = **impetuosity.**
impetus [ɪmpɪtəs] n [object] force f d'impulsion; [runner] élan m; (fig) impulsion f, élan. (fig) to give an ~ to donner l'impulsion à, donner son élan à, mettre en branle.
impiety [ɪm'paɪətɪ] n impiété f.
impinge [ɪm'pɪndʒ] vi (a) (make impression) to ~ on affecter, toucher; her death did not ~ on him sa mort ne l'a pas affecté or touché; it didn't ~ on his daily life cela n'affectait pas sa vie quotidienne, cela n'avait pas de répercussion sur sa vie quotidienne; what was happening around him suddenly ~d on him il a pris brusquement conscience de ce qui se passait autour de lui.
(b) to ~ on sb's rights empiéter sur les droits de qn.
(c) rays of light impinging on the eye des rais de lumière qui frappent l'œil.
impingement [ɪm'pɪndʒmənt] n empiétement m (of, on sur).
impious ['ɪmpɪəs] adj impie.
impiously ['ɪmpɪəslɪ] adv avec impiété.
impish ['ɪmpɪʃ] adj espiègle, malicieux.
implacable [ɪm'plækəbl] adj implacable (towards envers).
implacably [ɪm'plækəblɪ] adv implacablement.
implant [ɪm'plɑːnt] 1 vt (a) idea implanter (in sb dans la tête de qn); principle inculquer (in sb à qn); desire, wish inspirer (in sb à qn). (b) (Med) implanter (in dans). 2 [ɪmplɑːnt] n (under skin) implant m; (graft) greffe f.
implausible [ɪm'plɔːzəbl] adj peu plausible, peu vraisemblable.
implausibly [ɪm'plɔːzəblɪ] adv de façon peu plausible or peu vraisemblable.
implement ['ɪmplɪmənt] 1 n outil m, instrument m; (fig) instrument. ~s équipement m (U), matériel m (U); (for gardening, painting, carpentry) matériel, outils; (for cooking) ustensiles mpl; ~s of war matériel de guerre; farm ~s matériel or outillage m agricole.
2 ['ɪmplɪment] vt contract exécuter; decision donner suite à, exécuter; promise accomplir; engagement remplir, exécuter; plan réaliser; law appliquer; ideas mettre en pratique.
implementation [,ɪmplɪmen'teɪʃən] n (V implement 2) exécution f; accomplissement m; réalisation f; (Comput) implémentation f.
implicate ['ɪmplɪkeɪt] vt impliquer, compromettre (in dans).
implication [,ɪmplɪ'keɪʃən] n (a) insinuation f, implication f. by ~ implicitement; I know only from ~ je ne sais que d'après ce qui a été insinué; there were ~s of dishonesty on a insinué qu'il y avait eu de la malhonnêteté; I don't like the ~s of that question je

n'aime pas ce que cette question insinue *or* sous-entend, je n'aime pas les implications contenues dans cette question; **he didn't realize the full ~s of his words** il n'avait pas pleinement mesuré la portée de ses paroles; **we shall have to study all the ~s** il nous faudra étudier toutes les conséquences (possibles); **this has serious ~s for the youth of the country** ceci pourrait avoir des répercussions sérieuses *or* un retentissement sérieux sur la jeunesse du pays.
  (**b**) (*U*) implication *f* (*in* dans).
implicit [ɪm'plɪsɪt] *adj* (**a**) (*implied*) implicite (*in* dans); *threat* implicite; *recognition* tacite. (**b**) (*unquestioning*) *belief, faith* absolu; *confidence* absolu, sans réserve, aveugle, parfait; *obedience* aveugle, parfait.
implicitly [ɪm'plɪsɪtlɪ] *adv* (*V* **implicit**) (**a**) *make known* implicitement, tacitement. (**b**) *believe* absolument, sans réserves. **to obey sb ~** obéir à qn aveuglément *or* au doigt et à l'œil.
implied [ɪm'plaɪd] *adj* implicite, tacite, sous-entendu.
implode [ɪm'pləʊd] **1** *vi* (*gen*) imploser. **2** *vt* (*gen*) causer l'implosion de. (*Phon*) **~d consonant** consonne *f* implosive.
implore [ɪm'plɔː*] *vt* implorer, conjurer, supplier (*sb to do* qn de faire). **to ~ sb's help** implorer le secours de qn; **I ~ you!** je vous en supplie! *or* conjure!
imploring [ɪm'plɔːrɪŋ] *adj* *look, voice* implorant, suppliant; *person* suppliant.
imploringly [ɪm'plɔːrɪŋlɪ] *adv* *ask* d'un ton implorant *or* suppliant. **to look ~ at sb** implorer *or* supplier qn du regard.
implosion [ɪm'pləʊʒən] *n* implosion *f*.
implosive [ɪm'pləʊzɪv] **1** *adj* implosif. **2** *n* (*Phon*) implosive *f*.
imply [ɪm'plaɪ] *vt* (**a**) (*person*) suggérer, laisser entendre, laisser supposer, (*insinuate*) insinuer (*pej*). **he implied that he would come** il a laissé entendre *or* laissé supposer qu'il viendrait; **he implied that I was lying** il a laissé entendre *or* insinué que je mentais; **are you ~ing that ...?** voulez-vous suggérer *or* insinuer que ...?; **it is implied that ...** il faut sous-entendre que ..., cela sous-entend que ...; *V also* **implied**.
  (**b**) (*indicate*) suggérer, impliquer, (*laisser*) supposer. **that implies some intelligence** cela suppose *or* implique une certaine intelligence; **this fact implies that he was already aware of the incident** ce fait suggère *or* laisse supposer qu'il était déjà au courant de l'incident; *V also* **implied**.
impolite [ˌɪmpə'laɪt] *adj* impoli (*to, towards* envers).
impolitely [ˌɪmpə'laɪtlɪ] *adv* impoliment, d'une manière impolie, avec impolitesse.
impoliteness [ˌɪmpə'laɪtnɪs] *n* impolitesse *f* (*to, towards* envers).
impolitic [ɪm'pɒlɪtɪk] *adj* peu politique, impolitique.
imponderable [ɪm'pɒndərəbl] *adj, n* impondérable (*m*).
import ['ɪmpɔːt] **1** *n* (**a**) (*Comm*) importation *f* (*into* en). **~ of goods** importation de marchandises; **~s** articles *mpl* *or* marchandises *fpl* d'importation; **~s from England** importations en provenance d'Angleterre.
  (**b**) (*meaning*) [*action, decision, speech, words*] sens *m*, signification *f*; [*document*] teneur *f*.
  (**c**) importance *f*. **questions of great ~** questions de grande importance.
  2 *cpd*: (*Comm*) **import duty** droits *mpl* d'importation, taxe *f* à l'importation; **import-export trade** import-export *m*; **import licence** licence *f* d'importation; **import surcharge** surcharge *f* d'importation; **import trade** (commerce *m* d')importation *f*.
  3 [ɪm'pɔːt] *vt* (**a**) (*Comm*) importer. **~ed goods** marchandises d'importation *or* importées.
  (**b**) (*mean, imply*) signifier, vouloir dire.
importance [ɪm'pɔːtəns] *n* importance *f*. **to be of ~** avoir de l'importance; **of some ~** assez important, d'une certaine importance; **of great ~** très important, de grande importance; **it is of the highest ~ that ...** il est de la plus haute importance que ... + *subj*, il importe au premier chef que ... + *subj*; **it is of ~ to do** il est important de faire, il importe de faire (*frm*); **it is of no (great) ~** c'est sans (grande) importance; **to give ~ to sth** [*person*] accorder *or* attacher de l'importance à qch; [*event, development*] donner de l'importance à qch; **we give *or* attach the greatest ~ to establishing the facts** nous accordons *or* attachons la plus haute importance à l'établissement des faits; **man of ~** homme important, personnage *m* (important); **person of no ~** personne *f* sans importance *or* de peu de conséquence; **his position gives him considerable ~** sa position lui donne une influence considérable; **he is full of his own ~** il est plein de lui-même, il est imbu *or* pénétré de sa propre importance.
important [ɪm'pɔːtənt] *adj* important. **it is ~ that you (should) know** il importe (*frm*) *or* il est important que vous sachiez; **that's not ~** ça n'a pas d'importance, cela n'est pas important; **his presence is ~ to** *or* **for the success of our plan** sa présence est importante pour la réussite de notre projet; **he played an ~ part in abolishing slavery** il a joué un rôle important dans l'abolition de l'esclavage; **he was trying to look ~** il se donnait *or* il prenait des airs importants.
importantly [ɪm'pɔːtəntlɪ] *adv* (*pej*) d'un air important, d'un air d'importance.
importation [ˌɪmpɔː'teɪʃən] *n* (*Comm*) importation *f*.
importer [ɪm'pɔːtə*] *n* (*person*) importateur *m*, -trice *f*; (*country*) (pays *m*) importateur *m*.
importunate [ɪm'pɔːtjʊnɪt] *adj* *visitor, demand* importun, gênant; *creditor* harcelant.
importune [ˌɪmpɔː'tjuːn] **1** *vt* [*questioner etc*] importuner, ennuyer; [*creditor*] harceler, presser; (*Jur*) [*prostitute etc*] racoler. **2** *vi* (*Jur*) racoler. **she was arrested for importuning** elle a été arrêtée pour racolage.
importunity [ˌɪmpɔː'tjuːnɪtɪ] *n* importunité *f*.

impose [ɪm'pəʊz] **1** *vt* (**a**) *task, conditions* imposer (*on* à); *sanctions* infliger (*on* à). **to ~ a penalty/a fine on sb** infliger une peine/une amende à qn, frapper qn d'une peine/d'une amende; **to ~ a tax on sth** imposer qch, taxer qch, mettre un impôt *or* une taxe sur qch; **to ~ o.s. on sb** s'imposer à qn; **to ~ one's presence on sb** imposer sa présence à qn.
  (**b**) (*Typ*) imposer.
  2 *vi*: **to ~ on sb** abuser de la gentillesse *or* de la bonté *or* de l'amabilité de qn; **to ~ on sb's generosity** abuser de la générosité de qn.
imposing [ɪm'pəʊzɪŋ] *adj* imposant, impressionnant. **~ height** [*person*] taille imposante; [*building etc*] hauteur impressionnante.
imposition [ˌɪmpə'zɪʃən] *n* (**a**) (*U*) [*tax, condition, sanction*] imposition *f*.
  (**b**) (*tax imposed*) impôt *m*, taxe *f*.
  (**c**) (*fig*) **it's rather an ~ on her** c'est abuser de sa gentillesse *or* de sa bonté *or* de son amabilité; **I'm afraid it's an ~ for you** je crains que cela ne vous dérange (*subj*).
  (**d**) (*Typ*) imposition *f*.
  (**e**) (*Scol*) punition *f*.
impossibility [ɪm,pɒsə'bɪlɪtɪ] *n* impossibilité *f* (*of sth* de qch, *of doing* de faire). **the moral/physical ~ of** l'impossibilité morale/matérielle de; **it's a physical ~ for her to get there before 3 o'clock** elle est dans l'impossibilité matérielle *or* il lui est matériellement impossible d'y être avant 3 heures; **it's an ~** c'est une impossibilité, c'est une chose impossible, c'est quelque chose d'impossible.
impossible [ɪm'pɒsəbl] **1** *adj* (**a**) impossible. **it is ~ for him to leave** il lui est impossible *or* il est dans l'impossibilité de partir; **he made it ~ for me to accept** il m'a mis dans l'impossibilité d'accepter; **it is/is not ~ that** ... il est/n'est pas impossible que ... + *subj*; **I'm afraid it's quite ~!** c'est malheureusement absolument impossible!
  (**b**) *person, child, condition, situation* impossible, insupportable; *excuse, account, adventure, story, reason* impossible, invraisemblable, extravagant. **he made her life ~** il lui a rendu la vie *or* l'existence impossible.
  2 *n* impossible *m*. **to do/ask for the ~** faire/demander l'impossible.
impossibly [ɪm'pɒsəblɪ] *adv* (**a**) (*lit*) **it was ~ small** c'était beaucoup trop petit *or* ridiculement petit; **if, ~, he were to succeed** si, par impossible, il réussissait; **an ~ difficult problem** un problème d'une difficulté insurmontable.
  (**b**) (*fig*) *dress* d'une façon invraisemblable; *behave* d'une façon impossible *or* insupportable. **we're ~ late** nous sommes incroyablement *or* épouvantablement en retard; **she is ~ eccentric** elle est incroyablement *or* follement excentrique.
impost ['ɪmpəʊst] *n* (*Admin, Fin, Jur*) impôt *m*.
impostor [ɪm'pɒstə*] *n* (*impersonator*) imposteur *m*; (*fraud*) charlatan *m*.
imposture [ɪm'pɒstʃə*] *n* imposture *f*.
impotence ['ɪmpətəns] *n* (*lit, fig*) impuissance *f*, faiblesse *f*; (*sexual*) impuissance *f*; (*Med gen*) impotence *f*.
impotent ['ɪmpətənt] *adj* (*V* **impotence**) impuissant; faible; impotent.
impound [ɪm'paʊnd] *vt* (*Jur*) confisquer, saisir.
impoundment [ɪm'paʊndmənt] *n* (*US Fin*) mise *f* en réserve de fonds votés (*par le Congrès*).
impoverish [ɪm'pɒvərɪʃ] *vt* appauvrir. **~ed** appauvri, pauvre.
impoverishment [ɪm'pɒvərɪʃmənt] *n* appauvrissement *m*.
impracticability [ɪm,præktɪkə'bɪlɪtɪ] *n* impraticabilité *f*.
impracticable [ɪm'præktɪkəbl] *adj* *idea, plan, scheme, suggestion* impraticable, irréalisable; *road etc* impraticable.
impractical [ɪm'præktɪkəl] *adj* *person* qui manque d'esprit pratique; *plan, idea* peu réaliste, pas pratique.
impracticality [ɪm,præktɪ'kælɪtɪ] *n* manque *m* de réalisme.
imprecation [ˌɪmprɪ'keɪʃən] *n* imprécation *f*, malédiction *f*.
imprecise [ˌɪmprɪ'saɪs] *adj* imprécis.
imprecision [ˌɪmprɪ'sɪʒən] *n* imprécision *f*, manque *m* de précision.
impregnable [ɪm'pregnəbl] *adj* [*Mil*] *fortress, defences* imprenable, inexpugnable, (*fig*) *position* inattaquable; *argument* irréfutable.
impregnate ['ɪmpregneɪt] *vt* (**a**) (*fertilize*) féconder. (**b**) (*saturate*) imprégner, imbiber (*with* de); (*fig*) imprégner, pénétrer (*with* de).
impregnation [ˌɪmpreg'neɪʃən] *n* (*V* **impregnate**) fécondation *f*, imprégnation *f*.
impresario [ˌɪmpre'sɑːrɪəʊ] *n* impresario *m*.
impress [ɪm'pres] **1** *vt* (**a**) *person* impressionner, faire impression sur. **how did he ~ you?** quelle impression vous a-t-il faite?; **he ~ed me favourably/unfavourably** il m'a fait une bonne/mauvaise impression; **his novel greatly ~ed me** son roman m'a beaucoup impressionné, son roman m'a fait une forte *or* grosse impression; **he is not easily ~ed** il ne se laisse pas facilement impressionner; **I am not ~ed** ça ne m'impressionne pas, ça me laisse froid; **he does it just to ~ people** il ne le fait que pour (impressionner) la galerie.
  (**b**) imprimer, marquer (*on* sur). **to ~ a seal on wax** imprimer un sceau sur la cire; (*fig*) **to ~ sth on sb** faire (bien) comprendre qch à qn; **you must ~ on him that he should be on time** il faut que tu lui fasses (bien) comprendre qu'il doit arriver à l'heure; **words are (forever) ~ed on my memory** ses paroles sont (à jamais) gravées dans ma mémoire.
  2 ['ɪmpres] *n* marque *f*, empreinte *f*.
impression [ɪm'preʃən] *n* (**a**) (*effect*) impression *f*. **to make an ~** faire impression *or* de l'effet (*on sb* à qn); **to make a good/bad ~ on sb** faire une bonne/mauvaise impression à qn; **what ~ does he make on you?, what's your ~ of him?** quelle impression vous fait-il?; **the water made no ~ on the stains** l'eau n'a fait aucun

effet sur *or* n'a pas agi sur les taches; **first ~s are most important** ce sont les premières impressions qui comptent (le plus); **he gave the ~ of power** il donnait une impression de puissance.

(b) (*vague idea*) impression *f*. **I am under the ~ that ..., my ~ is that ...** j'ai l'impression que ...; **that wasn't my ~!** ce n'est pas l'impression que j'ai eue!; **his ~s of Paris** les impressions qu'il a gardées de Paris; **he had the ~ of falling** il avait l'impression de tomber.

(c) [*seal, stamp, footprint*] empreinte *f*, impression *f*, trace *f*, marque *f*; (*on wax*) impression.

(d) [*engraving etc*] impression *f*; (*esp Brit*) [*book etc*] tirage *m*, édition *f*.

impressionable [ɪm'preʃnəbl] *adj* impressionnable, sensible. **at an ~ age** à un âge où l'on est impressionnable.

impressionism [ɪm'preʃnɪzəm] *n* (*Art*) impressionnisme *m*.

impressionist [ɪm'preʃnɪst] *adj, n* (*Art*) impressionniste (*mf*).

impressionistic [ɪm,preʃə'nɪstɪk] *adj story, account* impressionniste, subjectif; (*Art*) impressionniste.

impressive [ɪm'presɪv] *adj appearance, building, ceremony, person, sight, sum* impressionnant, imposant; *amount, account, achievement, result* impressionnant; *speech* impressionnant, frappant. **~ height** [*person*] taille imposante; [*building*] hauteur impressionnante.

impressively [ɪm'presɪvlɪ] *adv* de façon impressionnante, d'une manière impressionnante.

impressment [ɪm'presmənt] *n* [*person*] enrôlement forcé; [*property, goods*] réquisition *f*.

imprint [ɪm'prɪnt] **1** *vt* imprimer, marquer (*on* sur); (*fig*) imprimer, graver, implanter (*on* dans). **2** ['ɪmprɪnt] *n* (*lit, fig*) marque *f*, empreinte *f*; (*Psych*) empreinte perceptive. **published under the Collins ~** édité chez Collins.

imprinting [ɪm'prɪntɪŋ] *n* (*Psych: U*) empreinte *f*.

imprison [ɪm'prɪzn] *vt* emprisonner, mettre en prison; (*fig*) emprisonner. **he had been ~ed for 3 months when ...** il avait été en prison 3 mois quand ..., il avait fait 3 mois de prison quand ...; **the judge ~ed him for 10 years** le juge l'a envoyé en prison pour 10 ans, le juge l'a condamné à 10 ans de prison.

imprisonment [ɪm'prɪznmənt] *n* (*action, state*) emprisonnement *m*. **to sentence sb to one month's ~/to life ~** condamner qn à un mois de prison/à la prison à vie; **sentence of life ~** condamnation *f* à la prison à perpétuité; **to serve a sentence of ~** faire de la prison.

improbability [ɪm,prɒbə'bɪlɪtɪ] *n* (*V* **improbable**) **(a)** improbabilité *f*. **(b)** invraisemblance *f*.

improbable [ɪm'prɒbəbl] *adj* **(a)** (*unlikely to happen*) improbable. **it is ~ that ...** il est improbable *or* il est peu probable que ... + *subj*. **(b)** (*of doubtful truth*) *story, excuse* invraisemblable.

impromptu [ɪm'prɒmptjuː] **1** *adv* impromptu. **2** *adj* impromptu. **to make an ~ speech** faire un discours impromptu *or* au pied levé *or* à l'improviste. **3** *n* (*Mus*) impromptu *m*.

improper [ɪm'prɒpəʳ] *adj* (*unsuitable*) déplacé, malséant, de mauvais goût; (*indecent*) indécent, inconvenant; *conduct, suggestion* indécent; *story* indécent, scabreux; (*dishonest*) malhonnête; (*wrong*) *diagnosis* incorrect, erroné; *term* inexact, impropre, incorrect; *use, interpretation* abusif, incorrect; (*Sport*) *play etc* incorrect.

improperly [ɪm'prɒpəlɪ] *adv* (*indecently*) d'une manière malséante *or* inconvenante, indécemment; (*wrongly*) incorrectement, à tort. **word ~ used** mot employé incorrectement *or* improprement *or* abusivement.

impropriety [,ɪmprə'praɪətɪ] *n* **(a)** [*behaviour etc*] inconvenance *f*. **to commit an ~** commettre une inconvenance; **to behave with ~** se conduire avec inconvenance. **(b)** (*Ling*) [*expression, phrase*] impropriété *f*.

improve [ɪm'pruːv] **1** *vt* **(a)** (*make better*) améliorer; *situation, position, one's work, health, wording, property, building* améliorer; *knowledge* améliorer, augmenter, accroître; *physique* développer; *machine, invention* améliorer, perfectionner; *site* aménager, embellir; *soil, land* amender, fertiliser, bonifier. **to ~ sb's looks** *or* **appearance** embellir *or* avantager qn; **to ~ one's looks** s'embellir; **that should ~ his chances of success** ceci devrait lui donner de meilleures chances de réussir; **she's trying to ~ her mind** elle essaie de se cultiver (l'esprit); **a book etc which ~s the mind** un livre *etc* édifiant; **he wants to ~ his French** il veut se perfectionner en français.

(b) (*make good use of*) tirer parti de, profiter de. **to ~ the occasion**, (*hum*) **to ~ the shining hour** tirer parti de l'occasion, mettre l'occasion à profit.

2 *vi* **(a)** (*V* **1a**) s'améliorer; s'augmenter, s'accroître; se développer; être amélioré, être perfectionné; s'embellir; s'amender, se bonifier. **this wine ~s with age** ce vin se bonifie *or* s'améliore en vieillissant; **to ~ with use** s'améliorer à l'usage; [*person, town etc*] **to ~ on acquaintance** gagner à être connu; **this book ~s on rereading** ce livre gagne à être relu; **his chances of success are improving** ses chances de réussir augmentent *or* s'améliorent; **she's improving in appearance**, **her appearance is improving** elle embellit; **the invalid is improving** l'état du malade s'améliore; **his work is improving** (la qualité de) son travail s'améliore; **he has ~d in maths**, **his maths have ~d** il a fait des progrès en maths; **his French is improving** son français s'améliore; **business is improving** les affaires reprennent; **things are improving** les choses vont mieux, la situation s'améliore; **this child is difficult but he's improving** c'est un enfant difficile mais il s'améliore *or* il fait des progrès; **the weather is improving** le temps s'améliore *or* s'arrange.

(b) to ~ on sth faire mieux que qch, apporter des améliorations à qch; **it can't be ~d on** on ne peut pas faire mieux; (*Comm, Fin*) **to ~ on sb's offer** enchérir sur qn.

improvement [ɪm'pruːvmənt] **1** *n* **(a)** (*U*) amélioration *f*; [*gifts, mind, physique*] développement *m*; [*studies*] progrès *m*; [*health, situation, land, soil*] amélioration; [*site*] aménagement *m*, embellissement *m*; [*machine*] perfectionnement *m*. (*gen*) **there's been quite an ~** il y a un *or* du mieux; **the ~ in the appearance of the house** l'embellissement de la maison; **there has been a great ~ in her looks since ...** elle a beaucoup embelli depuis ..., elle s'est beaucoup arrangée depuis ...; **there has been some ~ in the patient's condition** l'état du malade s'est un peu amélioré; **to be open to ~** être susceptible d'amélioration; **he has shown some ~ in French** il a fait quelques progrès en français; **this model is an ~ on the previous one** ce modèle marque un progrès sur le précédent; **there is room for ~** cela pourrait être mieux, on pourrait faire mieux.

(b) (*gen pl*) **~s** améliorations *fpl*; **to carry out ~s to a town/a house** apporter des améliorations à *or* faire des travaux *mpl* d'aménagement dans une ville/une maison.

2 *cpd*: **improvement grant** subvention *f* pour l'amélioration d'un logement, ≃ prime *f* à l'amélioration de l'habitat; **he got an improvement grant from the council for his kitchen** il a obtenu une aide financière de la ville pour la modernisation de sa cuisine.

improvidence [ɪm'prɒvɪdəns] *n* imprévoyance *f*, manque *m* de prévoyance.

improvident [ɪm'prɒvɪdənt] *adj* (*not providing for future*) imprévoyant; (*spendthrift*) prodigue, dépensier.

improvidently [ɪm'prɒvɪdəntlɪ] *adv* avec imprévoyance.

improving [ɪm'pruːvɪŋ] *adj* édifiant.

improvisation [,ɪmprəvaɪ'zeɪʃən] *n* improvisation *f*.

improvise ['ɪmprəvaɪz] *vti* improviser.

imprudence [ɪm'pruːdəns] *n* imprudence *f*.

imprudent [ɪm'pruːdənt] *adj* imprudent.

imprudently [ɪm'pruːdəntlɪ] *adv* imprudemment.

impudence ['ɪmpjʊdəns] *n* impudence *f*, effronterie *f*, insolence *f*.

impudent ['ɪmpjʊdənt] *adj* impudent, effronté, insolent.

impudently ['ɪmpjʊdəntlɪ] *adv* impudemment, effrontément, insolemment.

impugn [ɪm'pjuːn] *vt* contester, attaquer.

impulse ['ɪmpʌls] **1** *n* **(a)** (*spontaneous act etc*) impulsion *f*, élan *m*. **rash ~** coup *m* de tête; **on a sudden ~** he ... pris d'une impulsion soudaine il ...; **man of ~** impulsif *m*; **to act on (an) ~** agir par impulsion; **my first ~ was to refuse** ma première impulsion *or* réaction a été de refuser.

(b) impulsion *f*, poussée *f*. **to give an ~ to business** donner une impulsion aux affaires.

2 *cpd*: **impulse buy** *or* **purchase** achat *m* d'impulsion, achat sur un coup de tête; **impulse buying** (tendance *f* à faire des) achats *mpl* sur un coup de tête, achats d'impulsion.

impulsion [ɪm'pʌlʃən] *n* impulsion *f*.

impulsive [ɪm'pʌlsɪv] *adj* **(a)** (*spontaneous, acting on impulse*) *movement* impulsif; *temperament* primesautier; *temper, passion* fougueux; *action* impulsif, spontané, irréfléchi; *remark* irréfléchi. **(b)** (*impelling*) *force* irrésistible.

impulsively [ɪm'pʌlsɪvlɪ] *adv* *act, speak* par *or* sur impulsion.

impulsiveness [ɪm'pʌlsɪvnɪs] *n* (*U*) caractère impulsif, impulsivité *f*.

impunity [ɪm'pjuːnɪtɪ] *n* impunité *f*. **with ~** impunément, avec impunité.

impure [ɪm'pjʊəʳ] *adj* *air, water, milk, motive* impur; *thought, action* impur, impudique; (*Archit etc*) *style* bâtard.

impurity [ɪm'pjʊərɪtɪ] *n* **(a)** (*U*: *V* **impure**) impureté *f*; impudicité *f*. **(b)** (*in water etc*) impurities impuretés *fpl*.

imputation [,ɪmpjʊ'teɪʃən] *n* **(a)** (*accusation*) imputation *f*, accusation *f*. **(b)** (*U*) attribution *f*, imputation *f* (*of sth to sb/sth* de qch à qn/qch).

impute [ɪm'pjuːt] *vt* imputer, attribuer (*sth to sb/sth* qch à qn/qch).

in [ɪn] (*phr vb elem*) **1** *prep* **(a)** (*place: gen*) dans. **~ the box** dans la boîte; **put that ~ it** mets ça dedans; **there's something ~ it** il y a quelque chose dedans; **~ the garden** dans le *or* au jardin; **~ the country** à la campagne; **~ town** en ville; **~ here** ici; **~ there** là; (*inside sth*) là-dedans; **~ the street** dans la rue; **~ the shop window** à la vitrine, en vitrine; **sitting ~ the doorway** assis dans l'embrasure de la porte; **sitting ~ the window** assis devant la fenêtre; **~ school** à l'école; **~ the school** dans l'école; **~ a friend's house** chez un ami; *V* **bed, hand, place** *etc*.

(b) (*in geog names*) (*countries: gen; also fem French provinces, islands and fem US states*) en; (*countries: all plurals, and masc sing with initial consonant*) au *or* aux; (*towns: gen; also masc islands*) à; (*most departments; also masc French regions, Brit counties, masc US states, and islands with 'ile' in name*) dans le (*or* la *or* l' *or* les). **in England/France** *etc* en Angleterre/France *etc*; **in Iran/Israel** *etc* en Iran/Israël *etc*; **in Brittany/Provence** *etc* en Bretagne/Provence *etc*; **in Sicily/Crete** *etc* en Sicile/Crète *etc*; **in Louisiana/Virginia** *etc* en Louisiane/Virginie *etc*; **in Japan/the United States** *etc* au Japon/aux États-Unis *etc*; **in London/Paris** *etc* à Londres/Paris *etc*; **in Cuba/Malta** *etc* à Cuba/Malte *etc*; **in the Drôme/the Var** *etc* dans la Drôme/le Var *etc*; **in Seine-et-Marne** en Seine-et-Marne; **in Poitou/Berry** dans le Poitou/le Berry; **in Sussex/Yorkshire** *etc* dans le Sussex/le Yorkshire *etc*; **in the Isle of Man/the Île de Ré** dans l'île de Man/l'île de Ré.

(c) (*people, works*) chez, en, dans. **we find it ~ Dickens** nous le trouvons chez *or* dans Dickens; **rare ~ a child of that age** rare chez un enfant de cet âge; **he has/hasn't got it ~ him to succeed** il est capable/incapable de réussir; **you find this instinct ~ animals** on trouve cet instinct chez les animaux; **they will have a great leader ~ him** ils trouveront en lui un excellent dirigeant.

(d) (*time: during*) **~ 1969** en 1969; **~ the sixties** dans les années soixante; **~ the reign of** sous le règne de; **~ June** en juin, au mois de juin; ~ **spring** au printemps; ~ **summer/autumn/winter** en été/automne/hiver; ~ **the morning** le matin, dans la matinée; ~ **the afternoon** l'après-midi, dans l'après-midi; ~ **the mornings** le(s) matin(s); ~ **the daytime** pendant la journée; ~ **the evening** le soir, pendant la soirée; ~ **the night** la nuit, pendant la nuit, de nuit; **3 o'clock** ~ **the afternoon** 3 heures de l'après-midi; **at any time** ~ **the day** à n'importe quelle heure du jour *or* de la journée; ~ **those days** à cette époque-là; ~ **these days** de nos jours, à notre époque, actuellement; **I haven't seen him** ~ **years** cela fait des années que je ne l'ai (pas) vu; *V* **end, future, life** *etc.*

(e) *(time: in the space of)* en. **I did it/will do it** ~ **2 hours** je l'ai fait/je le ferai en 2 heures, j'ai mis/je mettrai 2 heures à le faire.

(f) *(time: at the end of)* dans, au bout de. ~ **a moment** *or* **a minute** dans un moment *or* une minute; ~ **a short time** sous peu, dans peu de temps; ~ **a week's time** dans l'espace d')une semaine; **he will arrive** ~ **a fortnight** il arrivera dans quinze jours; **he returned** ~ **a week** il est rentré au bout d'une semaine; *V* **time** *etc.*

(g) *(manner)* ~ **a loud voice** d'une voix forte; ~ **a soft voice** à voix basse; **to speak** ~ **a whisper** parler en chuchotant, chuchoter; **to dress** ~ **fashion** s'habiller à la mode; ~ **self-defence** pour se défendre; *(Jur)* en légitime défense; ~ **ink** à l'encre; ~ **pencil** au crayon; ~ **French** en français; **to reply** ~ **writing** répondre par écrit; **to paint** ~ **oils** peindre à l'huile; **to pay** ~ **cash/**~ **kind** payer (en argent) comptant/en nature; **it is written** ~ **black and white** c'est écrit noir sur blanc; **to stand** ~ **a row** être en ligne; ~ **alphabetical order** par ordre alphabétique; **to walk** ~ **groups** se promener en *or* par groupes; **packed** ~ **hundreds** en *or* par paquets de cent; ~ **rags** en haillons, en lambeaux; **dressed** ~ **white/black** habillé en *or* vêtu de blanc/noir; ~ **his shirt** en chemise; ~ **his slippers** en pantoufles; **you look nice** ~ **that dress** tu es jolie avec cette robe.

(h) *(substance, material)* en. ~ **velvet** en velours; ~ **marble** en marbre.

(i) *(physical surroundings, circumstances)* ~ **the rain** sous la pluie; ~ **the sun** au soleil; ~ **the shade** à l'ombre; ~ **darkness** dans l'obscurité; ~ **the moonlight** au clair de (la) lune; **to go out** ~ **all weathers/**~ **a high wind** sortir par tous les temps/par grand vent; ~ **itself** en soi.

(j) *(state, condition)* ~ **good/bad health** en bonne/mauvaise santé; ~ **tears** en larmes; ~ **despair** au désespoir; **to be** ~ **a rage** être en rage, être furieux; ~ **good repair** en bon état; ~ **ruins** en ruines; **to live** ~ **luxury/poverty** vivre dans le luxe/la misère; ~ **private** en privé; ~ **public** en public; ~ **secret** en secret; ~ **fun** pour rire, par plaisanterie; ~ **earnest** sérieusement, pour de bon.

(k) *(ratio)* **one man** ~ **ten** un homme sur dix; **once** ~ **a hundred years** une fois tous les cent ans; **a day** ~ **a thousand** un jour entre mille; **15 pence** ~ **the pound** 15 pence par livre sterling.

(l) *(degree, extent)* ~ **large/small quantities** en grande/petite quantité; ~ **some measure** dans une certaine mesure; ~ **part** in partie; ~ **hundreds** par centaines.

(m) *(in respect of)* **blind** ~ **the left eye** aveugle de l'œil gauche; **poor** ~ **maths** faible en maths; **10 metres** ~ **height by 30** ~ **length** 10 mètres de haut sur 30 de long; **5** ~ **number** au nombre de 5; ~ **that, he resembles his father** en cela, il ressemble à son père; *V* **respect** *etc.*

(n) *(occupation, activity)* **he is** ~ **the army** il est dans l'armée; **he is** ~ **the motor trade** il travaille dans l'(industrie) automobile; **he spends his time** ~ **reading** il passe son temps à lire.

(o) *(after superlative)* **de. the best pupil** ~ **the class** le meilleur élève de la classe; **the highest mountain** ~ **Europe** la montagne la plus haute d'Europe, la plus haute montagne d'Europe.

(p) *(+ gerund)* ~ **saying this,** ~ **so saying** en disant cela; ~ **trying to save her he fell into the water himself** en essayant de la sauver il est tombé lui-même à l'eau.

(q) ~ **that there are 5 of them** étant donné qu'il y en a 5; ~ **so** *or* **as far as** dans la mesure où; ~ **all** en tout.

(r) *(Jur)* ~ **re:** ... objet: ... .

2 *adv* (a) dedans, à l'intérieur. **to be** ~ *(at home)* être là, être à la maison, être chez soi; *(in room, office etc)* être là; **there is nobody** ~ il n'y a personne (là à la maison); **is Paul** ~? est-ce que Paul est là?; **they will be** ~ **at 6 o'clock** ils seront rentrés *or* là à 6 heures; **we were asked** ~ on nous a invités à entrer; **the train is** ~ le train est en gare *or* est arrivé; **the harvest is** ~ la moisson est rentrée; **oranges are now** ~ c'est maintenant la saison des oranges, les oranges sont maintenant en saison; **straw hats are** ~ les chapeaux de paille sont en vogue *or* à la mode; **the socialists are** ~ les socialistes sont au pouvoir; *(Pol)* **to put sb** ~ porter qn au pouvoir; **the Communist candidate is** ~ le candidat communiste a été élu; **the fire is still** ~ le feu brûle encore, il y a encore du feu; *V* **call in, move in** *etc.*

(b) *(phrases)* ~ **between** *(space)* entre, au milieu; *(time)* dans l'intervalle, entre-temps *(V also* **5***)*; **we are** ~ **for trouble** nous allons avoir des ennuis; **we are** ~ **for rain** nous allons avoir de la pluie; **he's** ~ **for it!*** il va écoper!*, il va en prendre pour son grade!*; **you don't know what you're** ~ **for!*** tu ne sais pas ce qui t'attend!; **are you** ~ **for the race?** est-ce que tu es inscrit pour la course?; **he's** ~ **for the job of** ... il est candidat au poste de ...; **to have it** ~ **for sb*** avoir une dent contre qn*, garder une dent à qn*; **to be** ~ **on a plan/secret** être au courant d'un plan/d'un secret; **are you** ~ **on it?** tu es au courant?, tu es dans le coup?*; **to be (well)** ~ **with sb** être en bons termes avec qn, être bien avec qn; **day** ~ **day out** jour après jour; *V* **all, eye, luck** *etc.*

3 *adj* (a) '~' **door** porte *f* d'entrée; '~' **tray** corbeille *f* du courrier du jour; *V also* **5**.

(b) *(*)* **it's the** ~ **thing to** ... c'est très dans le vent* de ... + *infin*; **it's the** ~ **place to eat** c'est le restaurant dans le vent* *or* à la mode; **an** ~ **joke** une plaisanterie qui n'est comprise que des initiés.

4 *n* (a) **to know the** ~**s and outs of a matter** connaître une affaire dans ses moindres détails, connaître les tenants et les aboutissants d'une affaire; **all the** ~**s and outs of the question** les tenants et les aboutissants de la question.

(b) *(US Pol*)* **the** ~**s** le parti au pouvoir.

5 *cpd*: **the in-betweens** ceux qui sont entre les deux; **it's in-between** c'est entre les deux; **in-between times** dans les intervalles; **it was in-between*** **weather** il faisait un temps moyen; **a coat for in-between weather** un manteau de demi-saison; **in-car entertainment** détente *f* en voiture, détente-voiture *f*; **in-depth** *(adj)* en profondeur; **in-fighting** *(Mil)* *(hand-to-hand)* corps à corps *m*; *(close-range)* combat rapproché; *(Boxing)* corps à corps; *(fig)* *(within group etc)* conflits *mpl or* querelles *fpl* internes, luttes *fpl* intestines; *(hard struggles etc)* bagarre* *f*; *(Rugby)* **in-goal area** en-but *m*; **in-group** noyau *m* (fermé); **in-house** *(adj)* *(designed for staff)* publication interne; **training** effectué sur place *or* dans le cadre de la compagnie; *(made within company)* video *etc* réalisé dans le cadre de la compagnie; **my in-laws*** *(parents-in-law)* mes beaux-parents *mpl*; *(others)* ma belle-famille; *(Med)* **in-patient** malade *mf* hospitalisé(e); *(US)* **in-service education** stage *m* de perfectionnement; *(Ind etc)* **in-service training** formation *f* continue *or* en cours d'emploi; *(Ind, Scol etc)* **to have in-service training** *[new employee]* faire un stage d'initiation; *[present employee]* faire un stage de perfectionnement; *(new subject)* faire un stage de recyclage; **to have in-service training in the use of computers** faire un stage d'informatique.

6 **-in** *n ending in cpds (particule qui désigne une réunion ou un rassemblement) e.g.* **a talk-in** une réunion où l'on discute; *V* **sit-in, teach.**

IN *(US Post)* *abbr of* **Indiana.**

in. *abbr of* **inch.**

inability [ˌɪnəˈbɪlɪtɪ] *n* incapacité *f* (*to do de* faire), impuissance *f* (*to do* à faire).

inaccessibility [ˈmæk,sesəˈbɪlɪtɪ] *n* inaccessibilité *f*.

inaccessible [ˌmækˈsesəbl] *adj country, town* inaccessible *(to* à); *forest* impénétrable *(to* par); *person* inabordable, inaccessible.

inaccuracy [ɪnˈækjʊrəsɪ] *n* (a) *(U)* *[calculation, information, translation, quotation, statement]* inexactitude *f*; *[person]* imprécision *f*, manque *m* de précision; *[expression, term, word]* inexactitude, impropriété *f*.

(b) **there are several inaccuracies in his account/calculations** il y a plusieurs inexactitudes dans son rapport/ses calculs.

inaccurate [ɪnˈækjʊrɪt] *adj calculation, information* inexact, erroné; *word, expression* incorrect, impropre; *mind* manquant de précision; *account, statement, report, quotation, translation* inexact. **he is** ~ il fait des erreurs; **the clock is** ~ l'horloge n'est pas à l'heure.

inaccurately [ɪnˈækjʊrɪtlɪ] *adv answer, quote, report* avec inexactitude, inexactement; *multiply* incorrectement.

inaction [ɪnˈækʃən] *n* inaction *f*, inactivité *f*. **policy of** ~ politique *f* de l'inaction *or* de non-intervention.

inactive [ɪnˈæktɪv] *adj person* inactif, peu actif; *life* peu actif; *mind* inerte; *volcano* qui n'est pas en activité, en léthargie.

inactivity [ˌmækˈtɪvɪtɪ] *n* (*V* **inactive**) inactivité *f*; manque *m* d'activité; inertie *f*.

inadequacy [ɪnˈædɪkwəsɪ] *n* *[heating, punishment, resources]* insuffisance *f*; *[piece of work]* insuffisance, médiocrité *f*; *(Psych)* inadaptation *or* insuffisance socio-affective.

inadequate [ɪnˈædɪkwɪt] *adj amount, measures, precautions, punishment, resources, supply, strength* insuffisant, inadéquat; *piece of work* insuffisant, médiocre; *tool* inadéquat; *(Psych)* mal adapté *or* inadapté (sur le plan socio-affectif). **the proposed legislation is quite** ~ **for this purpose** la législation en projet est tout à fait insuffisante *or* inadéquate pour atteindre ce but; **the amount offered is** ~ **to cover the expenses** la somme proposée ne suffit pas à couvrir les frais; **he felt/was totally** ~ il ne se sentait/il n'était absolument pas à la hauteur.

inadequately [ɪnˈædɪkwɪtlɪ] *adv* insuffisamment.

inadmissible [ˌmədˈmɪsəbl] *adj attitude, opinion, behaviour* inadmissible; *suggestion, offer* inacceptable. *(Jur)* ~ **evidence** témoignage *m* irrecevable.

inadvertence [ˌmədˈvɜːtəns] *n* inattention *f*, manque *m* d'attention, étourderie *f*. **by** ~ par mégarde, par inadvertance, par étourderie.

inadvertent [ˌmədˈvɜːtənt] *adj person* *(inattentive)* inattentif, étourdi; *(heedless)* insouciant *(to* de); *action* commis par inadvertance *or* par mégarde. **an** ~ **insult** une insulte lâchée par étourderie.

inadvertently [ˌmədˈvɜːtəntlɪ] *adv* par inadvertance, par mégarde, par étourderie.

inadvisability [ˈmədˌvaɪzəˈbɪlɪtɪ] *n* inopportunité *f* (*of doing* de faire).

inadvisable [ˌmədˈvaɪzəbl] *adj action, scheme* inopportun, à déconseiller. **it is** ~ **to** ... il est déconseillé de ... + *infin*.

inalienable [ɪnˈeɪlɪənəbl] *adj* *(Jur, fig) rights, affection* inaliénable.

inamorata [ɪnˌæməˈrɑːtə] *n* amoureuse *f*.

inane [ɪˈneɪn] *adj person, action* inepte, stupide; *hope* vain, insensé. ~ **remark** observation *f* inepte, ineptie *f*; **what an** ~ **thing to do!** faut-il être inepte *or* stupide pour faire une chose pareille!

inanimate [ɪnˈænɪmɪt] *adj* inanimé.

inanition [ˌməˈnɪʃən] *n* inanition *f*.

inanity [ɪˈnænɪtɪ] *n* ineptie *f*.

inapplicable [ɪnˈæplɪkəbl] *adj* inapplicable *(to* à).

inappropriate [ˌməˈprəʊprɪɪt] *adj action, behaviour, remark* inopportun, mal à propos; *word, expression* impropre; *name* mal choisi, impropre; *moment* inopportun, mauvais.

inappropriately [ˌməˈprəʊprɪɪtlɪ] *adv behave, remark, reply* mal à propos, inopportunément; *use word* improprement.

inappropriateness [ɪnə'prəʊprɪɪtnəs] n (gen) inopportunité f, manque m d'à-propos; [word] impropriété f.
inapt [ɪn'æpt] adj (a) remark, behaviour peu approprié. (b) person inapte, incapable.
inaptitude [ɪn'æptɪtju:d] n (a) [remark, behaviour] manque m d'à-propos. (b) [person] inaptitude f, incapacité f.
inarticulate [ˌɪnɑː'tɪkjʊlɪt] adj (a) person incapable de s'exprimer, qui parle or s'exprime avec difficulté; speech mal prononcé, indistinct; sound inarticulé. ~ with anger bafouillant or bégayant de colère; his ~ fury la rage qui le faisait bégayer; she is a very ~ person c'est une personne qui a beaucoup de difficulté or de mal à s'exprimer.
(b) (Anat, Bot) body, structure inarticulé.
inartistic [ˌɪnɑː'tɪstɪk] adj work peu artistique, sans valeur artistique; person dépourvu de sens artistique, peu artiste.
inartistically [ˌɪnɑː'tɪstɪkəlɪ] adv sans talent (artistique), de façon peu artistique.
inasmuch [ɪnəz'mʌtʃ] adv: ~ as (seeing that) attendu que, vu que; (insofar as) en ce sens que.
inattention [ˌɪnə'tenʃən] n manque m d'attention, inattention f. ~ to details manque d'attention accordée aux détails.
inattentive [ˌɪnə'tentɪv] adj (not paying attention) inattentif, distrait; (neglectful) peu attentionné, négligent (towards sb envers qn). ~ to details qui accorde peu d'attention aux détails.
inattentively [ˌɪnə'tentɪvlɪ] adv distraitement, sans prêter attention.
inaudible [ɪn'ɔːdəbl] adj sound inaudible, imperceptible; voice inaudible, faible. an ~ whisper un murmure inaudible or imperceptible; he was almost ~ on l'entendait à peine.
inaudibly [ɪn'ɔːdəblɪ] adv de manière inaudible.
inaugural [ɪ'nɔːgjʊrəl] adj meeting inaugural; address, speech d'inauguration, inaugural. (Univ) ~ lecture leçon inaugurale or d'ouverture.
inaugurate [ɪ'nɔːgjʊreɪt] vt (a) policy inaugurer, instaurer, mettre en vigueur or en application; new rail service etc inaugurer; era inaugurer, commencer. (b) president, official investir de ses fonctions; bishop, king introniser.
inauguration [ɪˌnɔːgjʊ'reɪʃən] n (V inaugurate) (a) inauguration f. (b) investiture f; intronisation f. (US Pol) I~ Day jour m de l'investiture présidentielle.
inauspicious [ˌɪnɔːs'pɪʃəs] adj beginning, event peu propice, de mauvais augure; circumstances malencontreux, fâcheux.
inauspiciously [ˌɪnɔːs'pɪʃəslɪ] adv d'une façon peu propice; malencontreusement.
inboard ['ɪnbɔːd] (Naut) 1 adv à l'intérieur, à bord. 2 prep à bord de. 3 adj intérieur (f -eure). ~ motor (moteur m) inboard m.
inborn ['ɪn'bɔːn] adj feeling, desire inné; weakness congénital.
inbred ['ɪn'bred] adj quality inné, naturel. an ~ family/tribe une famille/tribu qui a un fort degré de consanguinité; an ~ animal une bête issue de parents consanguins.
inbreeding ['ɪnˌbriːdɪŋ] n [animals] croisement m d'animaux de même souche. there is a lot of ~ in the tribe il y a beaucoup d'unions consanguines au sein de la tribu.
Inc. (abbr of **Incorporated**) Smith and Jones ~ Smith and Jones S.A.R.L.
incalculable [ɪn'kælkjʊləbl] adj (amount, also Math) incalculable; consequences incalculable, imprévisible; person, character, mood inégal, changeant.
incandescence [ˌɪnkæn'desns] n incandescence f.
incandescent [ˌɪnkæn'desnt] adj (lit, fig) incandescent.
incantation [ˌɪnkæn'teɪʃən] n incantation f.
incapability [ɪnˌkeɪpə'bɪlɪtɪ] n (Jur, fig) incapacité f (of doing de faire).
incapable [ɪn'keɪpəbl] adj person incapable (of doing de faire); (Jur) incapable, incompétent. he was ~ of movement il était incapable de bouger; ~ of tenderness incapable de montrer de la tendresse or de faire preuve de tendresse; ~ of proof impossible à prouver; V drunk.
incapacitate [ˌɪnkə'pæsɪteɪt] vt (a) rendre incapable. to ~ sb for work or from working mettre qn dans l'incapacité de travailler, rendre qn incapable de travailler; he was ~d by his fall sa chute l'a mis dans l'incapacité de poursuivre ses activités. (b) (Jur) frapper d'incapacité.
incapacity [ˌɪnkə'pæsɪtɪ] n (a) incapacité f (to do de faire), incompétence f (to do pour faire), impuissance f (to do à faire, for sth en matière de qch). (b) (Jur) incapacité f (légale).
incarcerate [ɪn'kɑːsəreɪt] vt incarcérer.
incarceration [ɪnˌkɑːsə'reɪʃən] n incarcération f.
incarnate [ɪn'kɑːnɪt] (Rel, fig) 1 adj incarné. (Rel) the I~ Word le Verbe incarné; he's the devil ~ c'est le diable incarné; liberty ~ la liberté incarnée. 2 ['ɪnkɑːneɪt] vt incarner.
incarnation [ˌɪnkɑː'neɪʃən] n (Rel, fig) incarnation f. she is the ~ of virtue c'est la vertu incarnée.
incautious [ɪn'kɔːʃəs] adj person imprudent; remark, promise, action irréfléchi, imprudent, inconsidéré.
incautiously [ɪn'kɔːʃəslɪ] adv imprudemment, sans réfléchir.
incendiary [ɪn'sendɪərɪ] 1 adj (lit, fig) incendiaire. ~ device dispositif m incendiaire. 2 n (bomb) engin m or bombe f incendiaire; (arsonist) incendiaire mf; (fig: agitator) brandon m de discorde.
incense¹ [ɪn'sens] vt (anger) mettre en fureur, courroucer; (stronger) exaspérer. he was quite ~d il était dans une violente colère.
incense² ['ɪnsens] 1 n encens m. 2 vt encenser. 3 cpd: incense bearer thuriféraire m; incense burner encensoir m.
incensed [ɪn'senst] adj outré (at/by de/par), révolté (at, by par).
incentive [ɪn'sentɪv] 1 n (a) (no pl: reason for doing sth) motivation f. he has got no ~ il n'a aucune motivation, il n'est absolument pas motivé; this gave me an ~ cela m'a motivé or m'a donné une

motivation; there is no ~ to hard work or to work hard rien ne vous incite or ne vous pousse à travailler dur; what ~ is there to work faster? pour quelle (bonne) raison se mettrait-on à travailler plus vite?
(b) (promised reward for doing sth) récompense f, prime f, carotte* f. they offered him an ~ ils lui ont promis qu'il serait récompensé, ils lui ont offert une carotte*.
2 adj (Ind) ~ bonus or payment (for office workers) prime f d'encouragement, (for manual workers) prime de rendement.
inception [ɪn'sepʃən] n commencement m, début m.
incertitude [ɪn'sɜːtɪtjuːd] n incertitude f.
incessant [ɪn'sesnt] adj complaints incessant, perpétuel; rain, efforts incessant.
incessantly [ɪn'sesntlɪ] adv sans cesse, incessamment, constamment.
incest ['ɪnsest] n inceste m.
incestuous [ɪn'sestjʊəs] adj incestueux.
inch [ɪntʃ] 1 n pouce m (= 2,54 cm). he has grown a few ~es since last year il a grandi de quelques centimètres depuis l'année dernière; not an ~ from my face or nose en plein or juste devant mon nez; he couldn't see an ~ in front of him il n'y voyait pas à deux pas; not an ~ of the cloth is wasted on ne perd pas un centimètre de tissu; not an ~ of French territory will be conceded on ne cédera pas un pouce de territoire français; he knows every ~ of the district il connaît la région comme sa poche or (jusque) dans ses moindres recoins; we searched every ~ of the room nous avons cherché partout dans la pièce, nous avons passé la pièce au peigne fin; he wouldn't budge an ~ (lit) il n'a pas voulu bouger d'un pouce; (fig) il n'a pas voulu faire la plus petite concession or céder d'un pouce; he looked every ~ a king son allure était en tous points celle d'un roi; he's every ~ a soldier il est soldat jusqu'à la moelle; she's every ~ a lady elle est raffinée jusqu'au bout des ongles; within an ~ of succeeding/of death etc à deux doigts or à un doigt or à un cheveu de réussir/de la mort etc; he missed being run over by ~es il a été à deux doigts de se faire écraser; ~ by ~ petit à petit; (loc) give him an ~ and he'll take a yard or an ell donnez-lui-en long comme le doigt et il en prendra long comme le bras.
2 cpd: inchtape centimètre m (de couturière).
3 vi: to ~ (one's way) forward/out/in etc avancer/sortir/entrer etc peu à peu or petit à petit; prices are ~ing up les prix augmentent petit à petit.
4 vt: to ~ sth forward/in/out etc faire avancer/entrer/sortir etc qch peu à peu or petit à petit.
inchoate ['ɪnkəʊeɪt] adj (just begun) naissant, débutant; (half-formed) rudimentaire, fruste; (unfinished) incomplet (f -ète), inachevé.
inchoative [ɪn'kəʊətɪv] adj aspect, verb inchoatif.
incidence ['ɪnsɪdəns] n (a) [crime, disease] fréquence f, taux m. the high ~ of heart trouble in men over 40 le taux élevé des troubles cardiaques chez les hommes de plus de 40 ans; the low ~ of TB la faible fréquence des cas de tuberculose.
(b) (Opt, Phys etc) incidence f. angle of ~ angle m d'incidence.
incident ['ɪnsɪdənt] 1 n incident m, événement m; (in book, play etc) épisode m, péripétie f. a life full of ~ une vie mouvementée; we arrived without ~ nous sommes arrivés sans incident or sans encombre or sans anicroche; there were several ~s on the border last month il y a eu plusieurs incidents or accrochages frontaliers le mois dernier; this caused a diplomatic ~ cela provoqua un incident diplomatique; the Birmingham ~ l'incident de Birmingham or qui a eu lieu à Birmingham.
2 adj (a) (frm) ~ to qui s'attache à, attaché à.
(b) (Opt) incident.
3 cpd: (Police etc) incident room salle f d'opérations.
incidental [ˌɪnsɪ'dentl] 1 adj (accompanying) accessoire; (secondary) d'importance secondaire; (unplanned) accidentel, fortuit. (Jur) ~ damages dommages-intérêts mpl accessoires; ~ expenses faux frais mpl; ~ music musique f de fond or d'accompagnement; (Theat) musique de scène; (Cine) musique de film; the ~ music to the play la musique qui accompagne la pièce; ~ to sth qui accompagne qch; the dangers ~ to such exploration les dangers que suppose or que comporte une telle exploration; but that is ~ to my purpose mais ceci est en marge de mon propos or n'a qu'un rapport secondaire avec mon propos.
2 n (event etc) chose fortuite. that's just an ~ ça n'a pas de rapport avec la question; ~s (expenses) faux frais mpl; (objects) accessoires mpl.
incidentally [ˌɪnsɪ'dentəlɪ] adv (a) happen etc incidemment, accidentellement. it was interesting only ~ cela n'avait qu'un intérêt secondaire. (b) (by the way) à propos, entre parenthèses.
incinerate [ɪn'sɪnəreɪt] vt incinérer.
incineration [ɪnsɪnə'reɪʃən] n incinération f.
incinerator [ɪn'sɪnəreɪtər] n (also in garden) incinérateur m; [crematorium] four m crématoire.
incipient [ɪn'sɪpɪənt] adj quarrel, disease, revolt naissant, qui commence. the ~ uprising was suppressed la révolte naissante a été étouffée, la révolte a été réprimée à ses débuts or écrasée dans l'œuf.
incise [ɪn'saɪz] vt (a) inciser, faire une incision dans. (b) (Art) graver.
incision [ɪn'sɪʒən] n incision f, coupure f, entaille f; (Surg) incision.
incisive [ɪn'saɪsɪv] adj (trenchant) style, report, tone, person incisif, acerbe, acéré, tranchant; (biting) person, voice, tone, criticism mordant, incisif; (acute) criticism, mind, person pénétrant, perspicace.
incisively [ɪn'saɪsɪvlɪ] adv (V incisive) d'une façon tranchante; d'un ton mordant or incisif; d'une façon pénétrante.
incisiveness [ɪn'saɪsɪvnɪs] n (V incisive) tranchant m; ton mordant

or incisif; pénétration *f*, perspicacité *f*. **the ~ of his style** son style incisif *or* tranchant; **the ~ of his criticism** la pénétration *or* la perspicacité de sa critique.

incisor [ɪnˈsaɪzəʳ] *n* (*tooth*) incisive *f*.

incite [ɪnˈsaɪt] *vt* pousser, inciter, entraîner (*to* à). **to ~ sb to violence/revolt** *etc* pousser *or* inciter qn à la violence/la révolte *etc*; **to ~ sb to do** pousser *or* entraîner *or* inciter qn à faire.

incitement [ɪnˈsaɪtmənt] *n* (*U*) incitation *f*, provocation *f* (*to* à).

incivility [ˌɪnsɪˈvɪlɪtɪ] *n* (*U*) impolitesse *f*, incivilité *f*. **a piece of ~** une impolitesse, une incivilité.

incl. *abbr of* **including, inclusive**.

inclemency [ɪnˈklemənsɪ] *n* inclémence *f*, dureté *f*, rigueur *f*.

inclement [ɪnˈklemənt] *adj* inclément, dur, rigoureux.

inclination [ˌɪnklɪˈneɪʃən] *n* (a) (*slope, leaning*) [*head, body*] inclination *f*; [*hill etc*] inclinaison *f*, pente *f*.
  (b) (*liking, wish etc*) inclination *f*, penchant *m*; (*tendency*) propension *f*. **my ~ is to leave** j'incline à partir; **I have no ~ to help him** je n'ai aucune envie *or* aucun désir de l'aider; **he has an ~ to(wards) meanness** il a tendance à être mesquin *or* à la mesquinerie; **to follow one's** (own) ~ suivre son inclination *or* ses penchants (naturels); **to do sth from ~** faire qch par inclination *or* par goût.

incline [ɪnˈklaɪn] **1** *vt* (a) (*bend, bow*) incliner, baisser, pencher. **~d plane** plan incliné; **~d at an angle of ...** incliné à un angle de ... .
  (b) (*fig: gen pass*) **to ~ sb to do** incliner qn *or* porter qn *or* rendre qn enclin à faire; [*person*] **to be ~d to do** (*feel desire to*) incliner à *or* être enclin à *or* être porté à faire; (*have tendency to*) incliner à *or* avoir tendance à faire; **he is ~d to be lazy** il a tendance à être paresseux, il est enclin à la paresse; **it's ~d to break** cela se casse facilement, c'est fragile; **he's that way ~d** il a tendance à être comme ça; **if you feel** (so) **~d** si le cœur vous en dit, si l'envie vous en prend; **to be well ~d towards sb** être bien disposé *or* être dans de bonnes dispositions à l'égard de qn.
  2 *vi* (a) (*slope*) s'incliner; (*bend, bow*) s'incliner, pencher, se courber.
  (b) (*tend towards*) **to ~ to an opinion/a point of view** *etc* pencher pour une opinion/un point de vue *etc*; **he ~s to laziness** il incline à la paresse, il a tendance à être paresseux; **the colour ~s towards blue** la couleur tend vers le bleu; **his politics ~ towards socialism** ses idées politiques tendent vers le socialisme.
  3 [ˈɪnklaɪn] *n* pente *f*, inclinaison *f*, déclivité *f*; (*Rail etc*) plan incliné.

inclose [ɪnˈkləʊz] *vt* = **enclose**.

inclosure [ɪnˈkləʊʒəʳ] *n* = **enclosure**.

include [ɪnˈkluːd] *vt* comprendre, compter, englober, embrasser, inclure. **your name is not ~d on the list** votre nom n'est pas inclus dans la liste, votre nom ne paraît pas *or* ne figure pas sur la liste, la liste ne comporte pas votre nom; **the tip is not ~d in the bill** le service n'est pas compris *or* compté *or* inclus dans la note; **the wine was ~d in the overall price** le vin était compris *or* compté *or* inclus dans le prix total; **all** *or* **everything ~d** tout compris; **does that remark ~ me?** est-ce que cette remarque s'applique aussi à moi?; **he ~d my mother in the invitation** ma mère était comprise dans son invitation; **the invitation ~s everybody** tout le monde est compris dans l'invitation, l'invitation s'adresse à *or* englobe tout le monde; **they were all ~d in the accusation** ils étaient tous visés par l'accusation; **the children/tables** *etc* ~**d** y compris les enfants/les tables *etc*; (*Admin*) **not ~d elsewhere** non inclus ailleurs; **the district ~s ...** la région comprend *or* englobe ... .

including [ɪnˈkluːdɪŋ] *prep* y compris, compris, inclus. **that comes to 200 francs ~ packing** cela fait 200 F y compris l'emballage *or* l'emballage compris *or* l'emballage inclus; **there were 6 rooms ~ the kitchen** il y avait 6 pièces en comprenant la cuisine *or* si on comprend la cuisine *or* la cuisine (y) comprise *or* y compris la cuisine; **~ the service charge** service compris; **~** tax taxe non comprise; **up to and ~ chapter 5** jusqu'au chapitre 5 inclus, jusques et y compris le chapitre 5; **up to and ~ 4th May** jusqu'au 4 mai inclus; **several projects, ~ ...** plusieurs projets, dont ... *or* parmi lesquels ... .

inclusion [ɪnˈkluːʒən] *n* inclusion *f*.

inclusive [ɪnˈkluːsɪv] *adj* (*included*) inclus, compris. **from 1st to 6th May ~** du 1er au 6 mai inclus(ivement); **up to page 5 ~** jusqu'à la page 5 incluse *or* comprise; **cost ~ of travel** prix *m* voyage compris; **to be ~ of sth** inclure *or* comprendre qch.
  (b) (*comprehensive*) *amount, sum* forfaitaire, global; *rent, hire charge* tout compris *inv*. **for an ~ charge of £100** contre paiement de 100 livres tout compris; (*Comm etc*) ~ **terms** (prix *m*) tout compris *m*.

inclusively [ɪnˈkluːsɪvlɪ] *adv* inclusivement.

incognito [ɪnkɒgˈniːtəʊ] **1** *adv* incognito. **2** *adj traveller* dans l'incognito. **to remain ~** garder l'incognito. **3** *n* incognito *m*.

incoherence [ˌɪnkəʊˈhɪərəns] *n* incohérence *f*.

incoherent [ˌɪnkəʊˈhɪərənt] *adj conversation, speech, person* incohérent; *style* décousu.

incoherently [ˌɪnkəʊˈhɪərəntlɪ] *adv* sans cohérence, d'une façon incohérente; d'une façon décousue.

incohesive [ˌɪnkəʊˈhiːsɪv] *adj* sans cohésion.

incombustible [ˌɪnkəmˈbʌstəbl] *adj* incombustible.

income [ˈɪnkʌm] **1** *n* revenu(s) *m(pl)*. (*private*) ~ rente(s) *f(pl)*; **annual/taxable ~** revenu annuel/imposable; **to live beyond/within one's ~** dépasser/ne pas dépasser son revenu; *V* **price, upper** *etc*.
  2 *cpd*: (*Econ*) **the lowest income group** les économiquement faibles *mpl*; **the middle income group** la classe à revenus moyens; **the upper** *or* **highest income group** la classe à revenus élevés; **incomes policy** politique *f* des revenus, **income tax** (*gen*) impôt *m* sur le revenu; [*corporations*] impôt sur les bénéfices; **income tax**

inspector inspecteur *m* des contributions directes; **income tax return** déclaration *f* des revenus, feuille *f* d'impôts.

incomer [ˈɪnˌkʌməʳ] *n* (*new arrival*) nouveau venu *m*, nouvelle venue *f*, nouvel(le) arrivant(e) *m(f)*; (*immigrant*) immigrant(e) *m(f)*.

incoming [ˈɪnˌkʌmɪŋ] **1** *adj people, crowd* qui arrive, qui entre; *tenant, resident* nouveau (*f* nouvelle); *mayor, president* nouveau, entrant. ~ **mail** courrier *m* du jour; ~ **tide** marée montante. **2** *n* (*Book-keeping*) ~**s** rentrées *fpl*, recettes *fpl*.

incommensurable [ˌɪnkəˈmenʃərəbl] *adj* (*lit, fig*) incommensurable (*with* avec).

incommensurate [ˌɪnkəˈmenʃərɪt] *adj* (a) (*out of proportion*) sans rapport (*to* avec), disproportionné (*to* à); (*inadequate*) insuffisant (*to* pour). (b) = **incommensurable**.

incommode [ˌɪnkəˈməʊd] *vt* (†, *frm*) incommoder, gêner.

incommodious [ˌɪnkəˈməʊdɪəs] *adj* (*inconvenient*) incommode; (*not spacious*) *house, room* où l'on est à l'étroit.

incommunicable [ˌɪnkəˈmjuːnɪkəbl] *adj* incommunicable.

incommunicado [ˌɪnkəmjʊnɪˈkɑːdəʊ] *adj* (tenu) au secret.

incomparable [ɪnˈkɒmpərəbl] *adj* incomparable (*to, with* à); *talent, beauty etc* incomparable, inégalable, sans pareil.

incomparably [ɪnˈkɒmpərəblɪ] *adv* incomparablement, infiniment.

incompatibility [ˈɪnkəmˌpætəˈbɪlɪtɪ] *n* [*people, aims, wishes*], (*Med*) [*blood groups etc*] incompatibilité *f*. **divorce on the grounds of ~** divorce *m* pour incompatibilité d'humeur.

incompatible [ˌɪnkəmˈpætəbl] *adj* incompatible, inconciliable ll(*with* avec); (*Med*) incompatible.

incompetence [ɪnˈkɒmpɪtəns] *n*, **incompetency** [ɪnˈkɒmpɪtənsɪ] *n* (a) incompétence *f*, incapacité *f*, insuffisance *f*. (b) (*Jur*) incompétence *f*.

incompetent [ɪnˈkɒmpɪtənt] *adj* (a) incompétent, incapable. **to be ~ in business** être incompétent en *or* n'avoir aucune compétence en affaires; **he is ~ to teach** *or* **for teaching music** il n'a pas les compétences nécessaires pour enseigner la musique.
  (b) (*Jur*) incompétent.

incomplete [ˌɪnkəmˈpliːt] *adj* (*unfinished*) incomplet (*f* -ète), inachevé; (*with some parts missing*) *collection, series, kit, machine* incomplet.

incompletely [ˌɪnkəmˈpliːtlɪ] *adv* incomplètement.

incompleteness [ˌɪnkəmˈpliːtnɪs] *n* inachèvement *m*.

incomprehensible [ɪnˌkɒmprɪˈhensəbl] *adj person, speech, reasoning* incompréhensible, inintelligible; *writing* indéchiffrable.

incomprehensibly [ɪnˌkɒmprɪˈhensəblɪ] *adv behave* etc de manière incompréhensible, incompréhensiblement. ~ **worded** formulé de façon inintelligible *or* incompréhensible; ~, **he refused** inexplicablement, il a refusé.

inconceivable [ˌɪnkənˈsiːvəbl] *adj* inconcevable.

inconceivably [ˌɪnkənˈsiːvəblɪ] *adv* à un degré inconcevable. ~ **stupid** d'une stupidité inconcevable; ~, **he refused** inexplicablement, il a refusé.

inconclusive [ˌɪnkənˈkluːsɪv] *adj result, discussion* peu concluant; *evidence, argument* peu convaincant; *action* sans résultat concluant, qui n'aboutit pas; *fighting, skirmish* dont l'issue reste indécise.

inconclusively [ˌɪnkənˈkluːsɪvlɪ] *adv discuss* d'une manière peu concluante *or* peu convaincante; *close* etc sans résultat. **to end ~** ne pas produire de résultats tangibles, ne déboucher sur rien.

incongruity [ˌɪnkɒŋˈgruːɪtɪ] *n* [*situation*] absurdité *f*; [*behaviour, dress, remark*] incongruité *f*, inconvenance *f*; [*age, condition*] disproportion *f*, incompatibilité *f*.

incongruous [ɪnˈkɒŋgrʊəs] *adj* (*out of place*) *remark, act* incongru, déplacé; (*absurd*) absurde, grotesque; (*incompatible*) disparate, incompatible. **it seems ~ that** il semble absurde que + *subj*; ~ **with** *or* **to** peu approprié à, sans rapport avec.

inconsequent [ɪnˈkɒnsɪkwənt] *adj person, remark, behaviour, reasoning* illogique, inconséquent.

inconsequential [ɪnˌkɒnsɪˈkwenʃəl] *adj* (a) = **inconsequent**.
  (b) (*unimportant*) sans importance, sans conséquence.

inconsiderable [ˌɪnkənˈsɪdərəbl] *adj* insignifiant.

inconsiderate [ˌɪnkənˈsɪdərɪt] *adj* (a) (*thoughtless*) *person* qui manque d'égards *or* de considération; *action, reply* inconsidéré, irréfléchi. **to be ~ towards sb** manquer d'égards *or* de considération envers qn; **you were very ~, that was most ~ of you** tu as agi sans aucun égard *or* sans aucune considération; **it was a very ~ thing to do** c'était vraiment agir sans aucun égard *or* sans aucune considération.
  (b) (*hasty*) *action, words* inconsidéré, irréfléchi.

inconsistency [ˌɪnkənˈsɪstənsɪ] *n* [*person*] inconsistance *f*, inconséquence *f*; [*facts, accusation*] inconsistance *f*; [*behaviour, reasoning*] inconsistance, inconséquence, illogisme *m*.

inconsistent [ˌɪnkənˈsɪstənt] *adj action, speech, attitude, person* inconséquent, inconsistant. **his report was ~** son rapport était inconsistant *or* présentait des contradictions; ~ **with** en contradiction avec, incompatible avec; **this is ~ with what you told me** ceci ne concorde pas avec *or* ceci est incompatible avec ce que vous m'avez dit.

inconsolable [ˌɪnkənˈsəʊləbl] *adj* inconsolable.

inconsolably [ˌɪnkənˈsəʊləblɪ] *adv* inconsolablement.

inconspicuous [ˌɪnkənˈspɪkjʊəs] *adj person, action, dress* qui passe inaperçu, qui ne se fait pas remarquer. **he tried to make himself ~** il a essayé de passer inaperçu, il s'est efforcé de ne pas se faire remarquer.

inconspicuously [ˌɪnkənˈspɪkjʊəslɪ] *adv behave, move* sans se faire remarquer, discrètement; *dress* de façon discrète.

inconstancy [ɪnˈkɒnstənsɪ] *n* (*V* **inconstant**) inconstance *f*; instabilité *f*.

inconstant [ɪn'kɒnstənt] *adj person* (*in friendship*) changeant, instable; (*in love*) inconstant, volage; (*unstable*) *weather* instable, changeant; (*variable*) *quality etc* variable.
incontestable [ˌɪnkən'testəbl] *adj* incontestable, indiscutable.
incontinence [ɪn'kɒntɪnəns] *n* (*Med, fig*) incontinence *f*.
incontinent [ɪn'kɒntɪnənt] *adj* (*Med*) incontinent; (*fig*) intempérant.
incontrovertible [ɪnˌkɒntrə'vɜːtəbl] *adj fact* indéniable; *argument, explanation* irréfutable; *sign, proof* irrécusable.
incontrovertibly [ɪnˌkɒntrə'vɜːtəblɪ] *adv* indéniablement, irréfutablement.
inconvenience [ˌɪnkən'viːnɪəns] **1** *n* (**a**) inconvénient *m*, désagrément *m*, ennui *m*. **there are ~s in living in the country** il y a des inconvénients à habiter la campagne, habiter la campagne présente des inconvénients *or* des désagréments.
(**b**) (*U*) dérangement *m*, gêne *f*. **to put sb to great ~** causer beaucoup de dérangement à qn; **I don't want to put you to any ~** je ne veux surtout pas vous déranger; **he went to a great deal of ~ to help me** il s'est donné beaucoup de mal pour m'aider.
2 *vt* déranger, incommoder, (*stronger*) gêner.
inconvenient [ˌɪnkən'viːnɪənt] *adj time, place* inopportun, mal choisi; *house, equipment* peu pratique, malcommode; *visitor* gênant, importun. **if it is not ~ (to you)** si cela ne vous dérange pas; **it is most ~** c'est très gênant; **it is very ~ for him to have to wait** cela le dérange *or* gêne beaucoup d'avoir à attendre.
inconveniently [ˌɪnkən'viːnɪəntlɪ] *adv design* incommodément; *happen* d'une manière gênante; *arrive* inopportunément, à contretemps.
inconvertibility ['ɪnkənˌvɜːtɪ'bɪlɪtɪ] *n* non-convertibilité *f*.
inconvertible [ˌɪnkən'vɜːtəbl] *adj* (*Fin etc*) inconvertible.
incorporate¹ [ɪn'kɔːpəreɪt] **1** *vt* (**a**) (*introduce as part*) *territory, suggestions, revisions* incorporer (*into* dans). **they ~d him into their group** ils l'ont incorporé dans *or* associé à leur groupe, ils l'ont pris dans leur groupe.
(**b**) (*include, contain*) contenir. **his book ~s his previous articles** son livre contient *or* englobe ses précédents articles; **this essay ~s all his thoughts on the subject** cette étude contient *or* rassemble toutes ses pensées sur la question.
(**c**) (*Comm, Jur*) se constituer en société (unique) avec. (*esp US*) **~d company** société *f* à responsabilité limitée; (*in names of firm*) Smith Robinson **I~d** Smith Robinson S.A.R.L.
(**d**) (*mix, add*) incorporer (*into* à). **to ~ eggs into a sauce** incorporer des œufs à une sauce.
2 *vi* (*business firm*) fusionner (*with* avec); (*two firms*) se constituer en (une seule) société.
incorporate² [ɪn'kɔːpərɪt] *adj* (*Philos*) incorporel.
incorporation [ɪnˌkɔːpə'reɪʃən] *n* (*V* **incorporate¹**) incorporation *f* (*into* dans, à); (*Comm, Jur*) constitution *f* en société (unique).
incorporator [ɪn'kɔːpəˌreɪtəʳ] *n* (*Jur, Fin*) fondateur *m* (d'une société).
incorrect [ˌɪnkə'rekt] *adj* (**a**) (*wrong*) *wording, calculation, statement, opinion, assessment* incorrect, inexact, erroné; *text* fautif, inexact, erroné. (*Ling*) **~ expression** expression incorrecte, incorrection *f*, impropriété *f* (de langage); **you are ~** vous faites erreur, vous vous trompez; **he is ~ in stating that ...** il se trompe *or* il fait erreur quand il affirme que ...; **it would be ~ to say that ...** il serait inexact de dire que ...; **that's quite ~** c'est tout à fait inexact.
(**b**) (*out of place*) *behaviour* incorrect, déplacé; *dress* incorrect, indécent. **it would be ~ to mention it** il serait incorrect *or* déplacé d'en faire mention.
incorrectly [ˌɪnkə'rektlɪ] *adv* (**a**) (*wrongly*) inexactement; *spell, address, translate* incorrectement, mal. **he was ~ reported as having said ...** on a raconté faussement *or* inexactement qu'il avait dit ... .
(**b**) *behave, act* incorrectement, de façon déplacée.
incorrigible [ɪn'kɒrɪdʒəbl] *adj* incorrigible.
incorruptible [ˌɪnkə'rʌptəbl] *adj* incorruptible.
increase [ɪn'kriːs] **1** *vi* (*taxes*) augmenter; (*pain*) augmenter, s'intensifier; (*amount, numbers*) augmenter, croître; (*price, sales*) augmenter, monter; (*demand, strength, supply*) augmenter, croître, s'accroître; (*speed*) augmenter, s'accroître; (*joy, rage*) augmenter, croître, s'intensifier; (*sorrow, surprise*) augmenter, croître; (*possessions, riches, trade*) s'accroître, augmenter; (*darkness, noise*) s'intensifier, grandir; (*pride*) croître, grandir; (*business firm, institution, town*) s'agrandir, se développer, croître; (*crime*) s'intensifier, augmenter; (*rain, wind*) augmenter, redoubler; (*population*) augmenter, croître, s'accroître; (*friendship*) se renforcer, se consolider; (*effort*) s'intensifier. **to ~ in volume** augmenter de volume, prendre du volume; **to ~ in weight** prendre du poids, s'alourdir; **to ~ in width** s'élargir; **to ~ in height** (*person*) grandir; (*tree*) pousser; (*building*) gagner de la hauteur.
2 *vt numbers, strength, taxes* augmenter (*by* de); *pain* augmenter, intensifier; *price, sales* augmenter, faire monter (*by* de); *demand, supply, population* augmenter, accroître (*by* de); *delight, joy, pride, rage* augmenter, ajouter à; *sorrow, surprise* augmenter, ajouter à, accroître; *possessions, riches, trade* accroître, augmenter (*by* de); *darkness, noise* intensifier; *business firm, institution, town* agrandir, développer; *rain, wind* faire redoubler; *friendship* renforcer, consolider; *effort* redoubler de, intensifier. **to ~ an amount** to porter un montant à; **he ~d his efforts** il redoubla ses efforts *or* d'effort; **to ~ speed** accélérer, augmenter *or* accroître la vitesse; (*Aut*) **he ~d his speed to 90 km/h** il a accéléré jusqu'à 90 km/h, il a atteint le 90*.
3 ['ɪnkriːs] *n* (*gen*) augmentation *f* (*in, of* de); (*pain*) augmentation, intensification *f*; (*numbers*) augmentation, accroissement *m*, multiplication *f*; (*price, sales*) augmentation, montée *f*; (*demand, strength, supply*) augmentation, croissance *f*, accroissement;

(*speed*) augmentation, accroissement; (*joy, rage*) intensification; (*possessions, riches, trade*) accroissement; (*darkness, noise*) intensification; (*pride*) accroissement; (*business firm, institution, town*) agrandissement *m*, développement *m*, croissance; (*crime*) intensification, augmentation; (*rain, wind*) redoublement *m*; (*population*) augmentation, croissance, accroissement; (*friendship*) renforcement *m*, consolidation *f*; (*effort*) redoublement, intensification. (*Fin*) **~ in value** plus-value *f*; **he had a big ~ in his workload** il a vu une grosse augmentation *or* un gros accroissement de ses charges professionnelles; **there has been an ~ in police activity** la police a intensifié ses activités *or* redoublé d'activité; **an ~ in pay** une hausse de salaire, une augmentation (de salaire); **on the ~** en augmentation; **to be on the ~** augmenter, aller en augmentant, être en hausse; **the problem of crime is on the ~** le problème de la criminalité s'accentue.
increasing [ɪn'kriːsɪŋ] *adj* croissant. **an ~ number/amount of ...** un nombre/une quantité croissant(e) de ... .
increasingly [ɪn'kriːsɪŋlɪ] *adv* de plus en plus. **~ violent** de plus en plus violent, d'une violence croissante.
incredible [ɪn'kredəbl] *adj number, amount, error, behaviour* incroyable; *story* incroyable, invraisemblable, inimaginable.
incredibly [ɪn'kredəblɪ] *adv* incroyablement. **and, ~, he refused** et, chose incroyable, il a refusé.
incredulity [ˌɪnkrɪ'djuːlɪtɪ] *n* incrédulité *f*.
incredulous [ɪn'kredjʊləs] *adj person* incrédule; *look* incrédule, d'incrédulité.
incredulously [ɪn'kredjʊləslɪ] *adv* d'un air *or* d'un ton incrédule *or* d'incrédulité.
increment ['ɪnkrɪmənt] **1** *n* (*in salary*) augmentation *f*; (*Math*) différentielle *f*; (*Comput*) incrément *m*; (*employee*) augmentation *f*; **V unearned. 2** *vt* (*gen*) augmenter; (*Comput*) incrémenter.
incremental [ˌɪnkrɪ'mentl] *adj benefits* supplémentair; *cost* marginal, différentiel, (*Comput*) incrémentiel. (*Comput*) **~ plotter** traceur incrémentiel.
incriminate [ɪn'krɪmɪneɪt] *vt* incriminer, compromettre, impliquer. **his evidence ~s his friends** son témoignage incrimine *or* implique *or* compromet ses amis; **don't say anything that could ~ you** ne dites rien qui puisse vous incriminer *or* vous compromettre.
incriminating [ɪn'krɪmɪneɪtɪŋ] *adj* compromettant. **~ document** *or* **evidence** pièce *f* à conviction.
incrimination [ɪnˌkrɪmɪ'neɪʃən] *n* accusation *f*, incrimination *f*.
incriminatory [ɪn'krɪmɪnətərɪ] *adj* = **incriminating**.
incrust [ɪn'krʌst] *vt* = **encrust**.
incrustation [ˌɪnkrʌs'teɪʃən] *n* incrustation *f*.
incubate ['ɪnkjʊbeɪt] **1** *vt eggs* couver, incuber; *bacteria cultures, disease* incuber; (*fig*) *plan, scheme* couver. **2** *vi* (*also fig*) couver; (*Med*) être en incubation.
incubation [ˌɪnkjʊ'beɪʃən] *n* (*eggs, disease, scheme etc*) incubation *f*. **~ period** période *f* d'incubation.
incubator ['ɪnkjʊbeɪtəʳ] *n* (*chicks, eggs, infants*) couveuse *f*, incubateur *m*; (*bacteria cultures*) incubateur. **(to put) an infant in an ~** (mettre) un nouveau-né en couveuse.
incubus ['ɪnkjʊbəs] *n* (*demon*) incube *m*; (*fig*) cauchemar *m*.
incudes [ɪn'kjuːdiːz] *npl of* **incus**.
inculcate ['ɪnkʌlkeɪt] *vt* inculquer (*sth in sb, sb with sth* qch à qn).
inculcation [ˌɪnkʌl'keɪʃən] *n* inculcation *f*.
incumbency [ɪn'kʌmbənsɪ] *n* (*President, official*) période *f* de fonction, exercice *m*; (*Rel*) charge *f*. **during his ~** (*gen*) pendant la durée de ses fonctions; (*Rel*) pendant la durée de sa charge.
incumbent [ɪn'kʌmbənt] **1** *adj* (**a**) **to be ~ upon sb to do sth** incomber *or* appartenir à qn de faire qch.
(**b**) (*in office*) *minister etc* en exercice. (*US Pol*) **the ~ President** le président en exercice; (*before elections*) le président sortant.
2 *n* (*Rel etc*) titulaire *m*. (*US Pol*) **the present ~ of the White House** l'occupant actuel de la Maison Blanche.
incunabula [ˌɪnkjʊ'næbjʊlə] *npl* incunables *mpl*.
incunabular [ˌɪnkjʊ'næbjʊləʳ] *adj* incunable.
incur [ɪn'kɜːʳ] *vt anger, blame* s'attirer, encourir; *risk* courir; *obligation, debts* contracter; *loss* subir; *expenses* encourir.
incurable [ɪn'kjʊərəbl] **1** *adj* (*Med, fig*) incurable, inguérissable. **2** *n* incurable *mf*.
incurably [ɪn'kjʊərəblɪ] *adv* incurablement. **~ inquisitive** d'une curiosité incurable; **the ~ ill** les incurables.
incurious [ɪn'kjʊərɪəs] *adj* sans curiosité (*about* en ce qui concerne), incurieux (*liter*) (*about* de).
incursion [ɪn'kɜːʃən] *n* incursion *f*.
incus ['ɪnkəs] *n, pl* **incudes** (*Anat*) enclume *f*.
indebted [ɪn'detɪd] *adj* (*Fin*) redevable (*to sb for sth* à qn de qch), endetté; (*fig*) redevable (*to sb for sth* à qn pour *or* de qch). **he was ~ to his brother for a large sum** il était redevable d'une grosse somme à son frère; **I am greatly ~ to him for his generosity** je lui dois beaucoup pour sa générosité; **I am ~ to him for pointing out that ...** je lui suis redevable d'avoir fait remarquer que ... .
indebtedness [ɪn'detɪdnɪs] *n* (*Fin, fig*) dette(s) *f(pl)*. **my ~ to my friend** ma dette envers mon ami, ce dont je suis redevable à mon ami.
indecency [ɪn'diːsnsɪ] *n* (*V* **indecent**) indécence *f*, inconvenance *f*; (*Jur*) outrage public à la pudeur, outrage aux bonnes mœurs.
indecent [ɪn'diːsnt] *adj* (**a**) (*offensive*) indécent, peu décent. (*Jur*) **~ assault (on sb)** attentat *m* à la pudeur (*sur or contre* qn); (*Jur*) **~ exposure** outrage public à la pudeur.
(**b**) (*unseemly*) malséant, inconvenant. **with ~ haste** avec une précipitation malséante *or* inconvenante.
indecently [ɪn'diːsntlɪ] *adv* (*V* **indecent**) indécemment; de façon inconvenante. **he arrived ~ early** il est arrivé si tôt que c'en était inconvenant.

indecipherable [,ɪndɪˈsaɪfərəbl] *adj* indéchiffrable.
indecision [,ɪndɪˈsɪʒən] *n* indécision *f*, irrésolution *f*.
indecisive [,ɪndɪˈsaɪsɪv] *adj* **(a)** *(hesitating) person, manner* indécis, irrésolu. **(b)** *(inconclusive) discussion, argument* peu concluant; *battle* indécis. **(c)** *(vague) outline* indécis, flou.
indecisively [,ɪndɪˈsaɪsɪvlɪ] *adv* de façon indécise.
indeclinable [,ɪndɪˈklaɪməbl] *adj* indéclinable.
indecorous [ɪnˈdekərəs] *adj* peu convenable, inconvenant, incorrect, peu digne *(hum)*.
indecorously [ɪnˈdekərəslɪ] *adv* d'une manière incorrecte *or* inconvenante *or* peu convenable.
indecorum [,ɪndɪˈkɔːrəm] *n* faute *f* contre le bon ton, manquement *m* aux usages.
indeed [ɪnˈdiːd] *adv* **(a)** *(really, in reality, in fact)* en effet, vraiment. **he promised to help and ~ he helped us a lot** il a promis de nous aider et en effet il nous a beaucoup aidés; **I feel, ~ I know he is right** je sens, et même je sais qu'il a raison; **I am ~ quite tired** je suis en effet assez fatigué; **he was ~ as tall as she had said** il était vraiment *or* en effet aussi grand qu'elle l'avait dit; **are you coming? — ~ I am!** *or* **yes ~!** vous venez? — mais certainement! *or* (mais) bien sûr!; **I may ~ come** il se peut effectivement *or* en effet que je vienne; **if ~ he were wrong** s'il est vrai qu'il a tort, si tant est qu'il ait tort.
  (b) *(as intensifier)* **I am very pleased ~** je suis extrêmement content *or* vraiment très content; **he was very grateful ~** il était infiniment reconnaissant; **thank you very much ~** merci mille fois.
  (c) *(showing interest, irony, surprise etc)* **(oh) ~?** vraiment?, c'est vrai?; **is it ~!**, **did you** *(or he etc)* **~!** vraiment?; **who is that man? — who is he ~?** qui est cet homme? — ah, là est la question!
indefatigable [,ɪndɪˈfætɪgəbl] *adj* infatigable, inlassable.
indefatigably [,ɪndɪˈfætɪgəblɪ] *adv* infatigablement, inlassablement.
indefensible [,ɪndɪˈfensəbl] *adj* *action, behaviour* indéfendable, injustifiable, inexcusable; *crime* injustifiable; *cause, theory, argument* indéfendable, insoutenable; *(Mil etc)* indéfendable.
indefensibly [ɪndɪˈfensəblɪ] *adv* de manière inexcusable.
indefinable [,ɪndɪˈfaɪnəbl] *adj* indéfinissable, vague.
indefinably [,ɪndɪˈfaɪnəblɪ] *adv* vaguement.
indefinite [ɪnˈdefɪnɪt] *adj* **(a)** *intentions, doubts, feelings* incertain, indéfini, vague; *answer* vague; *outline* indistinct, mal défini; *size* indéterminé; *number, duration, period* indéterminé, illimité. **our plans are still somewhat ~** nos plans ne sont encore que mal définis *or* que peu précis, nos plans sont encore assez nébuleux; **~ leave of absence** congé illimité *or* indéfini.
  (b) *(Gram)* indéfini.
indefinitely [ɪnˈdefɪnɪtlɪ] *adv* **(a)** *wait etc* indéfiniment. **the meeting has been postponed ~** la réunion a été remise à une date indéterminée. **(b)** *speak etc* vaguement, avec imprécision.
indelible [ɪnˈdeləbl] *adj* **(a)** *stain, ink* indélébile. **~ pencil** crayon *m* à copier. **(b)** *impression* ineffaçable, indélébile; *memory* ineffaçable, inoubliable; *shame* ineffaçable.
indelibly [ɪnˈdelɪblɪ] *adv* de façon indélébile, ineffaçablement.
indelicacy [ɪnˈdelɪkəsɪ] *n* (V **indelicate**) **(a)** *(U)* [*person, behaviour, comment*] indélicatesse *f*, manque *m* de délicatesse; manque de discrétion. **(b)** [*action, remark etc*] inconvenance *f*; grossièreté *f*; indiscrétion *f*.
indelicate [ɪnˈdelɪkɪt] *adj* *person* indélicat, peu délicat; *(tactless)* manquant de tact, indiscret *(f* -ète); *act, remark (out of place)* indélicat, inconvenant, déplacé; *(tactless)* indiscret, manquant de tact; *(coarse)* grossier.
indemnification [ɪn,demnɪfɪˈkeɪʃən] *n* **(a)** *(U)* indemnisation *f (for, against* de). **(b)** *(sum paid)* indemnité *f*, dédommagement *m*.
indemnify [ɪnˈdemnɪfaɪ] *vt* **(a)** *(compensate)* indemniser, dédommager *(sb for sth* qn de qch). **(b)** *(safeguard)* garantir, assurer *(sb against or for sth* qn contre qch).
indemnity [ɪnˈdemnɪtɪ] *n* **(a)** *(compensation)* indemnité *f*, dédommagement *m*, compensation *f*. **(b)** *(insurance)* assurance *f*, garantie *f*.
indent [ɪnˈdent] **1** *vt* **(a)** *border* denteler, découper *(en dentelant)*. **~ed edge** bord dentelé; **~ed coastline** littoral échancré *or* découpé.
  (b) *(Typ) word, line* renfoncer, mettre en retrait. **~ed line** ligne *f* en alinéa *or* en retrait.
  (c) *(make dent in)* faire *or* laisser une marque *or* une empreinte sur; *sheet of metal, car door etc* bosseler, cabosser.
  2 *vi* *(Brit Comm)* **to ~ on sb for sth** passer une commande de qch à qn, commander qch à qn.
  3 [ˈɪndent] *n* **(a)** *(Brit Comm: V* **2**) commande *f*.
  (b) = **indentation**.
indentation [,ɪndenˈteɪʃən] *n* **(a)** *(act)* découpage *m*; *(notched edge)* dentelure *f*, découpure *f*; [*coastline*] échancrures *fpl*.
  (b) *(Typ)* renfoncement *m*, retrait *m*, alinéa *m*.
  (c) *(hollow mark)* empreinte *f*, impression *f* (en creux); *(in metal, car)* bosse *f*. **the ~ of tyres on the soft ground** l'empreinte des pneus sur le sol mou.
indenture [ɪnˈdentʃər] **1** *n* *(Jur)* contrat *m* synallagmatique; [*apprentice*] contrat d'apprentissage. **2** *vt* *(Jur)* lier par contrat (synallagmatique); *apprentice* mettre en apprentissage *(to* chez).
independence [,ɪndɪˈpendəns] **1** *n* indépendance *f (from* par rapport à); *(Pol)* indépendance, autonomie *f*. **to show ~** faire preuve d'indépendance, manifester son indépendance; **the country got its ~ in 1970** le pays est devenu indépendant *or* autonome en 1970, le pays a obtenu son indépendance *or* son autonomie en 1970.
  2 *cpd*: **independence day** *(gen)* fête *f* de l'indépendance; *(US)* **Independence Day** fête *f or* anniversaire *m* de l'Indépendance américaine *(le 4 juillet)*.

independent [,ɪndɪˈpendənt] **1** *adj* **(a)** *(free) person, attitude, thinker, artist* indépendant; *country, nation* indépendant, autonome; *radio* libre. **to become ~** *[person]* devenir indépendant, s'affranchir; *[country, nation]* devenir indépendant *or* autonome, s'affranchir; **to be ~ of sb/sth** être indépendant de qn/qch, ne pas dépendre de qn/qch; **she is quite ~** elle est tout à fait indépendante; **he is an ~ thinker** c'est un penseur original; *(Pol)* **an l~ member** un député non inscrit *or* non affilié; **~ means** rentes *fpl*, revenus indépendants; **he has ~ means** il a une fortune personnelle, il vit de ses rentes; *(Brit)* **~ school** établissement *m* d'enseignement privé.
  (b) *(unrelated) proof, research* indépendant; *opinions, reports* émanant de sources différentes. **to ask for an ~ opinion** demander l'avis d'un tiers; *(Aut)* **~ suspension** suspension indépendante.
  (c) *(Gram)* indépendant.
  2 *n* *(Pol)* **l~** non-inscrit(e) *m(f)*, non-affilié(e) *m(f)*.
independently [,ɪndɪˈpendəntlɪ] *adv* de façon indépendante. **~ of** indépendamment de; **he acted ~** il a agi de son côté *or* de façon indépendante; **quite ~ he had offered to help** de façon tout à fait indépendante il avait proposé son aide.
indescribable [,ɪndɪsˈkraɪbəbl] *adj* *disorder, event* indescriptible; *emotion* indescriptible, inexprimable, indicible *(liter)*.
indescribably [,ɪndɪsˈkraɪbəblɪ] *adv* (V **indescribable**) indescriptiblement; inexprimablement, indiciblement *(liter)*. **it was ~ awful** c'était affreux au-delà de toute expression.
indestructible [,ɪndɪsˈtrʌktəbl] *adj* indestructible.
indeterminate [,ɪndɪˈtɜːmɪnɪt] *adj* *amount, sound* indéterminé; *shape* indéterminé, imprécis, vague; *(Ling, Math)* indéterminé. *(US Jur)* **~ sentence** peine *f* de prison de durée indéterminée.
indeterminately [,ɪndɪˈtɜːmɪnɪtlɪ] *adv* de façon indéterminée, vaguement.
index [ˈɪndeks] **1** *n* **(a)** *(pl* **~es**: *list) (in book etc)* index *m*, table *f* alphabétique; *(on cards, in files: in library etc)* catalogue *m or* répertoire *m* (alphabétique). *(Rel)* **to put a book on the l~** mettre un livre à l'Index.
  (b) *(pl* **~es**: *pointer) [instrument]* aiguille *f*, index *m*.
  (c) *(pl* **indices**: *number expressing ratio)* indice *m*. **cost-of-living ~** indice du coût de la vie; **~ of growth** indice de croissance; **~ of intelligence** *etc* taux *m* d'intelligence *etc*; *(Opt)* **~ of refraction** indice de réfraction.
  (d) *(pl* **indices**: *fig)* indice *m*, signe *m* (révélateur *or* indicateur), indication *f*, symptôme *m*. **it was a true ~ of his character** c'était un signe bien révélateur de son caractère; **it is an ~ of how much poorer people were then** c'est un signe *or* une indication qui permet de se rendre compte combien les gens étaient plus pauvres en ce temps-là, c'est un signe révélateur de la plus grande pauvreté qui régnait alors.
  (e) *(pl* **~es**: ~) *(finger)* index *m*.
  (f) *(pl* **~es**: *Typ)* index *m*.
  (g) *(pl* **indices**: *Math)* exposant *m*.
  2 *vt* **(a)** *(put an index in) book* mettre un index *or* une table alphabétique à. **the book is badly ~ed** l'index *or* la table alphabétique du livre est mal fait(e).
  (b) *(put into an index) word* mettre dans l'index *or* la table alphabétique; *(on cards, in files etc) information* répertorier *or* cataloguer (alphabétiquement); *books, diskettes, articles* classer *(under* sous, à). **it is ~ed under 'Europe'** c'est classé *or* ça se trouve sous *or* à 'Europe', l'entrée est à 'Europe'.
  3 *cpd*: **index card** fiche *f*; *(Statistics)* **index figure** indice *m*; **index finger** index *m*; *(Brit Econ)* **index-linked** indexé; **index number** = **index figure**; **index-tied** = **index-linked**.
indexation [,ɪndekˈseɪʃən] *n* indexation *f*.
India [ˈɪndɪə] **1** *n* Inde *f*; *(Hist)* Indes *fpl*. **2** *cpd*: **India ink** encre *f* de Chine; *(Naut Hist)* **Indiaman** navire *m* faisant le voyage des Indes; **India paper** papier *m* bible; **indiarubber** *(n)* *(U: substance)* caoutchouc *m*; *(eraser)* gomme *f (à effacer)*; *(cpd)* de *or* en caoutchouc.
Indian [ˈɪndɪən] **1** *n* **(a)** *(in India)* Indien(ne) *m(f)*.
  (b) *(in America)* Indien(ne) *m(f)* (d'Amérique).
  (c) *(Ling)* amérindien *m*.
  2 *adj* **(a)** *(in India)* indien, de l'Inde; *(Hist)* des Indes.
  (b) *(American or Red)* **~** indien, des Indiens (d'Amérique).
  3 *cpd*: **Indian clubs** massues *fpl* de gymnastique; **Indian elephant** éléphant *m* d'Asie; **Indian Empire** empire *m* des Indes; **in Indian file** en file indienne; *(US pej)* **Indian giver*** personne *f* qui reprend ses cadeaux; **Indian ink** encre *f* de Chine; *(Hist)* **Indian Mutiny** révolte *f* des Cipayes; **Indian National Congress** Congrès National Indien; **Indian Ocean** océan Indien; *(fig)* **Indian summer** été indien *or* de la Saint-Martin; **Indian tea** thé indien *or* de l'Inde; **Indian tonic (water)** Schweppes® *m*; *(US Sport)* **Indian wrestling** bras *m* de fer; *V also* **rope**.
Indiana [,ɪndɪˈænə] *n* Indiana *m*. **in ~** dans l'Indiana.
indicate [ˈɪndɪkeɪt] *vt* **(a)** *(point to)* indiquer, montrer *(with one's hand* de la main). **he ~d the spot on the map** il indiqua *or* montra l'endroit sur la carte.
  (b) *(be a sign of)* indiquer, dénoter, révéler, être l'indice de. **~s the presence of acid** ceci révèle la présence d'acide; **that ~s a clear conscience** cela dénote *or* révèle une conscience nette, c'est l'indice d'une conscience nette; **it ~s that he is dissatisfied** ceci indique *or* révèle qu'il est mécontent, ceci témoigne de son mécontentement.
  (c) *(make known)* signaler, indiquer, faire connaître; *feelings, intentions* manifester, montrer. **he ~d that I was to leave** il m'a fait comprendre que je devais partir; *(Aut)* **he was indicating left** il avait mis son clignotant gauche.
  (d) *(Med etc)* indiquer. **the use of penicillin is clearly ~d** le recours à la pénicilline est nettement indiqué; **a new approach to**

the **wages problem is** ~**d** une approche nouvelle du problème salarial est indiquée *or* semble nécessaire.
indication [ˌɪndɪ'keɪʃən] *n* (**a**) (*sign, suggestion etc*) indice *m*, signe *m*, indication *f*. **there is every** ~ **that he is right** tout porte à croire *or* laisse à penser qu'il a raison; **there is no** ~ **that he will come** rien ne porte à croire qu'il vienne; **we had no** ~ **that it was going to take place** aucun signe ne nous permettait de prévoir *or* nous n'avions aucun indice nous permettant de prévoir que cela allait arriver; **it is some** ~ **of how much remains to be done** cela permet de se rendre compte de ce qu'il reste à faire; **if this result is any** ~, **he** ... à en juger par ce résultat, il ...; **he gave us some** ~ **of what he meant** il nous a donné quelque idée de ce qu'il voulait dire; **to give sb an** ~ **of one's feelings/intentions** manifester ses sentiments/ses intentions à qn; **it was an** ~ **of his guilt** c'était une indication *or* un signe *or* un indice de sa culpabilité; **all the** ~**s lead one to believe that** ... tout porte à croire que ..., il y a toute raison de croire que ... .
(**b**) (*U*) indication *f*.
indicative [ɪn'dɪkətɪv] **1** *adj* (**a**) indicatif (*of* de). **to be** ~ **of sth/of the fact that** ... montrer qch/que ... . (**b**) (*Gram*) indicatif. **2** *n* (*Gram*) ~ (**mood**) (mode *m*) indicatif *m*; **in the** ~ à l'indicatif.
indicator ['ɪndɪkeɪtər] *n* (*device*) indicateur *m*; (*needle on scale etc*) aiguille *f*, index *m*; (*Brit Aut: also* ~ **light**) (*flashing*) clignotant *m*, (*projecting*) flèche *f*; (*Ling*) indicateur. **altitude/pressure** ~ indicateur d'altitude/de pression; **speed** ~ indicateur *or* compteur *m* de vitesse; (*plan*) **town** ~ **table** *f* d'orientation; (*Rail*) **arrival/departure** ~ tableau *m* *or* indicateur des arrivées/des départs.
indices ['ɪndɪsiːz] *npl of* **index 1c, 1d, 1g**.
indict [ɪn'daɪt] *vt* (**a**) (*Jur*) accuser (*for, on a charge of* de), mettre en accusation. (**b**) (*fig*) accuser, porter une accusation contre.
indictable [ɪn'daɪtəbl] *adj* (*Jur*) *person, action* tombant sous le coup de la loi. ~ **offence** délit pénal, délit punissable (par la loi).
indictment [ɪn'daɪtmənt] *n* (*Jur*) (*bill*) acte *m* d'accusation (*for* de); (*process*) mise *f* en accusation (*for* de); (*US*) mise en accusation (*par le grand jury*). (*Brit Hist*) **bill of** ~ résumé *m* d'instruction (*présenté au grand jury*); **to bring an** ~ **against sb** mettre qn en accusation pour qch; (*fig*) **such poverty is an** ~ **of the political system** une telle pauvreté constitue une mise en accusation *or* une condamnation du système politique.
Indies ['ɪndɪz] *npl* Indes *fpl*; *V* **east, west**.
indifference [ɪn'dɪfrəns] *n* (**a**) (*lack of interest, of feeling*) indifférence *f* (*to* à, *towards* envers), manque *m* d'intérêt (*to, towards* pour, à l'égard de). **he greeted the suggestion with** ~ il a accueilli la suggestion avec indifférence *or* sans manifester d'intérêt; **it is a matter of supreme** ~ **to me** cela m'est parfaitement indifférent *or* égal.
(**b**) (*poor quality*) médiocrité *f*.
indifferent [ɪn'dɪfrənt] *adj* (**a**) (*lacking feeling, interest*) indifférent (*to* à); (*impartial*) impartial, neutre. **it is quite** ~ **to me** cela m'est tout à fait indifférent *or* égal. (**b**) (*pej*) *talent, performance, player* médiocre, quelconque. **good, bad or** ~ bon, mauvais ou quelconque.
indifferently [ɪn'dɪfrəntlɪ] *adv* (**a**) indifféremment. **she went** ~ **to one shop or the other** elle fréquentait indifféremment une boutique ou l'autre. (**b**) (*pej*) *paint, perform* médiocrement, de façon quelconque.
indigence ['ɪndɪdʒəns] *n* indigence *f*.
indigenous [ɪn'dɪdʒɪnəs] *adj* (*lit, fig*) indigène (*to* de); *population, language, customs* indigène, autochtone.
indigent ['ɪndɪdʒənt] *adj* (*frm*) indigent, nécessiteux.
indigestible [ˌɪndɪ'dʒestəbl] *adj* (*Med, fig*) indigeste.
indigestion [ˌɪndɪ'dʒestʃən] *n* (*U: Med*) dyspepsie *f*. **to have an attack of** ~ avoir une indigestion; **she gets a lot of** ~ elle a la digestion difficile, elle a une mauvaise digestion.
indignant [ɪn'dɪgnənt] *adj* indigné, plein *or* rempli d'indignation (*at sth* de *or* devant qch, *with sb* contre qn); *look* indigné, d'indignation. **to get** *or* **grow** ~ s'indigner (*at sth* de *or* devant qch, *with sb about sth* contre qn à propos de qch); **to make sb** ~ indigner qn.
indignantly [ɪn'dɪgnəntlɪ] *adv* avec indignation, d'un air *or* d'un ton indigné.
indignation [ˌɪndɪg'neɪʃən] *n* indignation *f* (*at* devant, *with* contre). ~ **meeting*** réunion *f* de protestation.
indignity [ɪn'dɪgnɪtɪ] *n* (**a**) (*act etc*) indignité *f*, affront *m*, offense *f*, outrage *m*. **it was a gross** ~ c'était un grave outrage; **he suffered the** ~ **of having to** ... il subit l'indignité d'avoir à ... . (**b**) (*U*) indignité *f*.
indigo ['ɪndɪgəʊ] **1** *n* indigo *m*. **2** *adj* ~ (**blue**) (bleu) indigo *inv*.
indirect [ˌɪndɪ'rekt] *adj* (**a**) (*gen*) indirect; *route, means etc* indirect, oblique, détourné; *consequence, reference* indirect. ~ **lighting** éclairage indirect; ~ **taxes** contributions indirectes; ~ **taxation** imposition indirecte, impôts indirects.
(**b**) (*Gram*) *object* indirect. ~ **speech** discours indirect.
indirectly [ˌɪndɪ'rektlɪ] *adv* indirectement.
indirectness [ˌɪndɪ'rektnɪs] *n* caractère indirect; [*route etc*] détours *mpl*.
indiscernible [ˌɪndɪ'sɜːnəbl] *adj* indiscernable, imperceptible.
indiscipline [ɪn'dɪsɪplɪn] *n* indiscipline *f*.
indiscreet [ˌɪndɪs'kriːt] *adj* (*tactless*) indiscret (*f* -ète); (*rash*) imprudent, peu judicieux.
indiscreetly [ˌɪndɪs'kriːtlɪ] *adv* (*tactlessly*) indiscrètement; (*rashly*) imprudemment, avec imprudence.
indiscretion [ˌɪndɪs'kreʃən] *n* (**a**) (*U: V* **indiscreet**) manque *m* de discrétion, indiscrétion *f*; *imprudence f*. (**b**) (*action, remark*) indiscrétion *f*. **youthful** ~ bêtise *f or* péché *m* de jeunesse.
indiscriminate [ˌɪndɪs'krɪmɪnɪt] *adj* *punishment, blows* distribué au hasard *or* à tort et à travers; *killings* commis au hasard; *person* manquant de discernement; *faith, admiration, confidence* aveugle.

indiscriminately [ˌɪndɪs'krɪmɪnɪtlɪ] *adv choose, kill* au hasard; *make friends* sans discrimination; *read, watch TV* sans aucun sens critique; *accept, admire* aveuglément.
indispensable [ˌɪndɪs'pensəbl] *adj* indispensable (*to* à). **you're not** ~**!** on peut se passer de toi!
indisposed [ˌɪndɪs'pəʊzd] *adj* (**a**) (*unwell*) indisposé, souffrant. (**b**) (*disinclined*) peu disposé, peu enclin (*to do* à faire).
indisposition [ˌɪndɪspə'zɪʃən] *n* (**a**) (*illness*) indisposition *f*, malaise *m*. (**b**) (*disinclination*) manque *m* d'inclination (*to do* à faire).
indisputable [ˌɪndɪs'pjuːtəbl] *adj* incontestable, indiscutable.
indisputably [ˌɪndɪs'pjuːtəblɪ] *adv* sans conteste, incontestablement, indiscutablement.
indissoluble [ˌɪndɪ'sɒljʊbl] *adj friendship etc* indissoluble; (*Chem*) insoluble.
indissolubly [ˌɪndɪ'sɒljʊblɪ] *adv* (*also Jur*) indissolublement.
indistinct [ˌɪndɪs'tɪŋkt] *adj object, voice, words* indistinct; *memory* vague, confus; *noise* confus, sourd. (*on telephone*) **you're very** ~ je ne vous entends pas bien, je vous entends mal.
indistinctly [ˌɪndɪs'tɪŋktlɪ] *adv see, hear, speak* indistinctement; *feel* vaguement.
indistinguishable [ˌɪndɪs'tɪŋgwɪʃəbl] *adj* (**a**) indifférenciable (*from* de). (**b**) (*very slight*) *noise, difference, change* insaisissable, imperceptible, indiscernable.
indistinguishably [ˌɪndɪs'tɪŋgwɪʃəblɪ] *adv* au point de ne pouvoir être différencié.
indium ['ɪndɪəm] *n* indium *m*.
individual [ˌɪndɪ'vɪdjʊəl] **1** *adj* (**a**) (*separate*) *opinion, attention, portion* individuel. (*Sport*) ~ **pursuit** poursuite individuelle; ~ **sports** sports individuels. (**b**) (*distinctive, characteristic*) original, particulier. **he has an** ~ **style** il a un style particulier *or* personnel *or* bien à lui. **2** *n* individu *m*.
individualism [ˌɪndɪ'vɪdjʊəlɪzəm] *n* individualisme *m*.
individualist [ˌɪndɪ'vɪdjʊəlɪst] *n* individualiste *mf*.
individualistic [ˌɪndɪˌvɪdjʊə'lɪstɪk] *adj* individualiste.
individuality [ˌɪndɪˌvɪdjʊ'ælɪtɪ] *n* individualité *f*.
individualize [ˌɪndɪ'vɪdjʊəlaɪz] *vt* individualiser. (*US Scol*) ~**d** instruction enseignement individualisé.
individually [ˌɪndɪ'vɪdjʊəlɪ] *adv* (**a**) (*separately*) individuellement. **he spoke to them** ~ il leur a parlé à chacun individuellement *or* séparément; **they're all right** ~ (pris chacun) individuellement ils sont très bien.
(**b**) (*for o.s. alone*) pour soi-même. **he is speaking** ~ il parle pour lui-même, il parle en son nom personnel.
indivisibility [ˌɪndɪˌvɪzə'bɪlɪtɪ] *n* indivisibilité *f*.
indivisible [ˌɪndɪ'vɪzəbl] *adj* indivisible; (*Math, Philos*) insécable.
indivisibly [ˌɪndɪ'vɪzəblɪ] *adv* indivisiblement, indissolublement.
Indo- ['ɪndəʊ] *pref* indo-; *V* **Indo-China** *etc*.
Indo-China ['ɪndəʊ'tʃaɪnə] *n* Indochine *f*.
Indo-Chinese ['ɪndəʊtʃaɪ'niːz] **1** *adj* indochinois. **2** *n* Indochinois(e) *m(f)*.
indoctrinate [ɪn'dɒktrɪneɪt] *vt* endoctriner. **he's been well** ~**d** on l'a bien endoctriné; **to** ~ **sb with political ideas/with hatred of the enemy** inculquer des doctrines politiques/la haine de l'ennemi à qn.
indoctrination [ɪnˌdɒktrɪ'neɪʃən] *n* endoctrinement *m*.
Indo-European [ˈɪndəʊˌjʊərə'pɪən] **1** *adj* indo-européen. **2** *n* (*Ling*) indo-européen *m*.
indolence ['ɪndələns] *n* indolence *f*, nonchalance *f*.
indolent ['ɪndələnt] *adj* indolent, nonchalant.
indolently ['ɪndələntlɪ] *adv* indolemment, nonchalamment.
indomitable [ɪn'dɒmɪtəbl] *adj* indomptable, invincible.
indomitably [ɪn'dɒmɪtəblɪ] *adv struggle, continue* sans jamais se laisser abattre.
Indonesia [ˌɪndəʊ'niːzɪə] *n* Indonésie *f*.
Indonesian [ˌɪndəʊ'niːzɪən] **1** *adj* indonésien. **2** *n* (**a**) Indonésien(ne) *m(f)*. (**b**) (*Ling*) indonésien *m*.
indoor ['ɪndɔːr] *adj shoes etc* d'intérieur; *plant* d'appartement; *swimming pool, tennis court* couvert; (*Cine, Theat*) *scene* d'intérieur. **it's an** ~ **hobby/occupation/job** c'est un passe-temps/une activité/un travail qui se pratique en intérieur; (*TV*) ~ **aerial** antenne intérieure; ~ **athletics** athlétisme *m* en salle; ~ **games** (*squash etc*) sports pratiqués en intérieur; (*table games*) jeux *mpl* de société; ~ **photography** photographie *f* d'intérieur *or* en studio.
indoors [ɪn'dɔːz] *adv* (*in building*) à l'intérieur; (*at home*) à la maison; (*under cover*) à l'abri. **to stay** ~ rester à l'intérieur *or* à la maison; **to go** ~ entrer, rentrer; ~ **and outdoors** à l'intérieur et au-dehors, dedans et dehors.
indorse [ɪn'dɔːs] *vt* = **endorse**.
indubitable [ɪn'djuːbɪtəbl] *adj* indubitable, incontestable.
indubitably [ɪn'djuːbɪtəblɪ] *adv* indubitablement, sans aucun doute, sans conteste, incontestablement.
induce [ɪn'djuːs] *vt* (**a**) (*persuade*) persuader (*sb to do* qn de faire), décider, inciter (*sb to do* qn à faire).
(**b**) (*bring about*) *reaction* produire, provoquer, amener; *sleep, illness, hypnosis* provoquer. (*Med*) **to** ~ **labour** déclencher l'accouchement (*artificiellement*); ~**d labour** accouchement *m* déclenché; **she was** ~**d** on lui a fait a été déclenché.
(**c**) (*Philos: infer*) déduire, induire, conclure.
(**d**) (*Elec*) produire par induction.
inducement [ɪn'djuːsmənt] *n* (**a**) (*U*) (*reason for doing sth*) motivation *f* (*to do* pour faire), encouragement *m*, incitation *f* (*to do* à faire).
(**b**) (*reward*) récompense *f*; (*pej: bribe*) pot-de-vin *m*. **he can't work without** ~**s** il est incapable de travailler sans la promesse d'une récompense; **and as an added** ~ **we are offering** ... et comme avantage supplémentaire nous offrons ...; **he received**

£100 as an ~ il a reçu 100 livres à titre de gratification, il a reçu un pot-de-vin de 100 livres (*pej*).

induct [ɪn'dʌkt] *vt* (**a**) *clergyman* instituer, installer; *president etc* établir dans ses fonctions, installer. (**b**) **to ~ sb into the mysteries of** ... initier qn aux mystères de .... (**c**) (*US Mil*) incorporer.

induction [ɪn'dʌkʃən] **1** *n* (**a**) (*U*) (*Elec, Philos*) induction *f*; [*sleep, hypnosis etc*] provocation *f*. (**b**) [*clergyman, president etc*] installation *f*. (**c**) (*US Mil*) incorporation *f*. **2** *cpd*: (*Elec*) **induction coil** bobine *f* d'induction; **induction course** stage *m* préparatoire; (*Scol*) [*teacher*] **induction year** ≃ année *f* (de stage) de CPR.

inductive [ɪn'dʌktɪv] *adj* (**a**) *reasoning, process* inductif. (**b**) (*Elec*) *current, charge* inducteur (*f* -trice).

indue [ɪn'dju:] *vt* = **endue**.

indulge [ɪn'dʌldʒ] **1** *vt* (**a**) *person* (*spoil*) gâter; (*give way to*) céder à; (*gratify*) *sb's desires, wishes* se prêter à; *one's own desires* satisfaire; *one's own laziness* s'abandonner à, se laisser aller à, donner libre cours à. **to ~ sb's whim** passer une fantaisie à qn, céder à un caprice de qn; **I'll ~ myself and have a chocolate** je vais me faire plaisir et manger un chocolat.
(**b**) (*Comm: extend time for payment*) *person, firm* accorder des délais de paiement à.

2 *vi*: **to ~ in doing sth** se livrer à qch, s'adonner à qch; **to ~ in a cigarette** se permettre une cigarette; **to ~ in sth to excess** abuser de qch; (*: refusing cigarette etc*) **I'm afraid I don't ~** non merci, ce n'est pas un de mes vices; (*: drink*) **he tends to ~** il est assez porté sur *or* il a un faible pour la bouteille*.

indulgence [ɪn'dʌldʒəns] *n* (**a**) (*U*) (*tolerance etc*) indulgence *f*, complaisance *f*; [*desires etc*] satisfaction *f*. (**b**) satisfaction *f*, gâterie *f*. **his little ~s** les petites douceurs qu'il se permet, les petites faiblesses qu'il s'autorise. (**c**) (*Rel*) indulgence *f*.

indulgent [ɪn'dʌldʒənt] *adj* (*not severe*) indulgent (*to* envers, pour), clément (*to* envers); (*permissive*) indulgent (*to* envers, pour), complaisant (*to* à l'égard de, pour), accommodant (*to* avec).

indulgently [ɪn'dʌldʒəntlɪ] *adv* (*V* **indulgent**) avec indulgence; complaisamment.

Indus ['ɪndəs] *n* Indus *m*.

industrial [ɪn'dʌstrɪəl] *adj application, experience, psychology, research, training* industriel; *expansion* industriel, de l'industrie; *worker* de l'industrie; *disease* professionnel; *accident, injury, medicine* du travail; *fabric, equipment* pour l'industrie, industriel. **~ action** action revendicative; (*strike*) (mouvement *m* de) grève *f*; **to take industrial action** se mettre en grève; (*US*)**~ arts** enseignement *m* technique; (*Brit: Press, Radio, TV*)**~ correspondent** correspondant industriel; **~ designer** concepteur-dessinateur industriel, designer *m*; **~ diamond** diamant naturel *or* industriel; (*Brit*)**~ dispute** conflit *m* social; **~ engineering** génie industriel; (*Brit*)**~ estate** zone industrielle; **~ hygiene** hygiène *f* du travail; **~ injury benefit** indemnité *f* d'accident du travail; **~ insurance** assurance *f* contre les accidents du travail, assurance des salariés de l'industrie; (*US*) **~ park** zone industrielle; **~ psychologist** psychologue *mf* d'entreprise; **~ rehabilitation** réadaptation fonctionnelle; (*Hist*) **the ~ revolution** la révolution industrielle; (*US*)**~ school** école *f* technique; **~ tribunal** ≃ conseil *m* de prud'hommes; **~ unrest** troubles sociaux, agitation ouvrière; (*Aut*)**~ vehicle** véhicule industriel; **~ waste** (*Brit*) *or* **wastes** (*US*) déchets industriels.

industrialism [ɪn'dʌstrɪəlɪzəm] *n* industrialisme *m*.

industrialist [ɪn'dʌstrɪəlɪst] *n* industriel *m*.

industrialization [ɪn,dʌstrɪəlaɪ'zeɪʃən] *n* industrialisation *f*.

industrialize [ɪn'dʌstrɪəlaɪz] *vt* industrialiser.

industrious [ɪn'dʌstrɪəs] *adj* industrieux, travailleur.

industriously [ɪn'dʌstrɪəslɪ] *adv* industrieusement.

industriousness [ɪn'dʌstrɪəsnɪs] *n* = **industry b**.

industry ['ɪndəstrɪ] *n* (**a**) industrie *f*. *basic or heavy* **~** industrie lourde; **the hotel ~** l'hôtellerie *f*, l'industrie hôtelière; **tourist ~** tourisme *m*, industrie touristique; (*Brit*) **Secretary of State for/Department of I~** ministre *m*/ministère *m* de l'Industrie; *V* **coal, textile** *etc*.
(**b**) (*U: industriousness*) zèle *m*, assiduité *f*, application *f*.

inebriate [ɪ'ni:brɪɪt] **1** *n* alcoolique *mf*. **2** *adj* ivre. **3** [ɪ'ni:brɪeɪt] *vt* (*lit, fig*) enivrer, griser.

inebriated [ɪ,ni:brɪ'eɪtɪd] *adj* (*drunk*) (*lit*) ivre; (*fig*) ivre, enivré, grisé (*by* de).

inebriation [ɪ,ni:brɪ'eɪʃən] *n*, **inebriety** [,ini:'braɪətɪ] *n* état *m* d'ébriété.

inedible [ɪn'edɪbl] *adj* (*not meant to be eaten*) non comestible; (*not fit to be eaten*) immangeable.

ineducable [ɪn'edjʊkəbl] *adj* inéducable.

ineffable [ɪn'efəbl] *adj* (*liter*) indicible (*liter*), ineffable, inexprimable.

ineffaceable [,ɪnɪ'feɪsəbl] *adj* ineffaçable, indélébile.

ineffective [,ɪnɪ'fektɪv] *adj remedy, measures, reasoning* inefficace, sans effet, sans résultat; *style* plat, fade, terne; *person* incapable, incompétent. **he made an ~ attempt to apologize** il a vainement *or* en vain essayé de s'excuser.

ineffectively [,ɪnɪ'fektɪvlɪ] *adv use* inefficacement; *try* vainement, en vain.

ineffectual [,ɪnɪ'fektjʊəl] *adj* = **ineffective**.

ineffectually [,ɪnɪ'fektjʊəlɪ] *adv* = **ineffectively**.

inefficacious [,ɪnefɪ'keɪʃəs] *adj* inefficace, sans effet, sans résultat.

inefficacy [ɪn'efɪkəsɪ] *n* inefficacité *f*.

inefficiency [,ɪnɪ'fɪʃənsɪ] *n* [*action, machine, measures*] inefficacité *f*, insuffisance *f*; [*person*] incompétence *f*, incapacité *f*, insuffisance.

inefficient [,ɪnɪ'fɪʃənt] *adj action, machine, measures* inefficace; *person* incapable, incompétent. **an ~ use of** une mauvaise utilisation de.

inefficiently [,ɪnɪ'fɪʃəntlɪ] *adv* (*V* **inefficient**) inefficacement; sans compétence. **work ~ done** travail mal exécuté.

inelastic [,ɪnɪ'læstɪk] *adj* inélastique; (*fig*) rigide, sans souplesse, sans élasticité. (*Econ*) **~ demand** demande *f* inélastique.

inelegance [ɪn'elɪgəns] *adj* inélégant, peu élégant, sans élégance.

inelegantly [ɪn'elɪgəntlɪ] *adv* inélégamment, sans élégance, peu élégamment.

ineligibility [ɪn,elɪdʒə'bɪlɪtɪ] *n* (*gen*) inéligibilité *f*; (*Fin*) irrecevabilité *f*.

ineligible [ɪn'elɪdʒəbl] *adj candidate* inéligible. **~ for military service** inapte au service militaire; **~ for social security benefits** n'ayant pas droit aux prestations de la Sécurité sociale; **he is ~ to vote** il n'a pas le (droit de) vote.

ineluctable [,ɪnɪ'lʌktəbl] *adj* (*frm*) inéluctable, inévitable.

inept [ɪ'nept] *adj behaviour* inapproprié, mal *or* peu à propos; *remark, refusal* inepte, stupide, absurde; *person* inepte, stupide.

ineptitude [ɪ'neptɪtju:d] *n*, **ineptness** [ɪ'neptnɪs] *n* [*behaviour*] manque *m* d'à-propos; [*remark, person*] ineptie *f*, sottise *f*, stupidité *f*.

ineptly [ɪ'neptlɪ] *adv* ineptement, stupidement.

inequality [,ɪnɪ'kwɒlɪtɪ] *n* inégalité *f*.

inequitable [ɪn'ekwɪtəbl] *adj* inéquitable, injuste.

inequity [ɪn'ekwɪtɪ] *n* injustice *f*, iniquité *f*.

ineradicable [,ɪnɪ'rædɪkəbl] *adj* indéracinable, tenace.

inert [ɪ'nɜ:t] *adj* (*gen, also Chem, Phys*) inerte.

inertia [ɪ'nɜ:ʃə] **1** *n* (**a**) [*person*] inertie *f*, apathie *f*. (**b**) (*Chem, Phys*) inertie *f*. **2** *cpd*: (*Aut*) **inertia-reel seat belts** ceintures *fpl* (de sécurité) à enrouleurs; (*Brit Comm*) **inertia selling** vente(s) *f(pl)* par envoi forcé.

inescapable [,ɪnɪs'keɪpəbl] *adj* inéluctable, inévitable.

inessential [,ɪnɪ'senʃəl] *adj* superflu, non-essentiel.

inestimable [ɪn'estɪməbl] *adj gift, friendship* inestimable, inappréciable; *fortune, work* incalculable.

inevitability [ɪn,evɪtə'bɪlɪtɪ] *n* caractère *m* inévitable, inévitabilité *f*.

inevitable [ɪn'evɪtəbl] *adj consequence* inévitable, inéluctable, fatal; *day, event* fatal. **the ~ result of this war** le résultat inéluctable *or* inévitable de cette guerre; **it was ~ that she should discover** ... elle devait inévitablement *or* fatalement *or* forcément découvrir ...; **I'm afraid it's ~** j'ai bien peur que ce ne soit inévitable *or* inéluctable; **the tourist had the ~ camera** le touriste avait l'inévitable appareil-photo.

inevitably [ɪn'evɪtəblɪ] *adv* inévitablement, immanquablement, fatalement.

inexact [,ɪnɪg'zækt] *adj information* inexact, erroné, incorrect; *description, measurement* inexact.

inexactitude [,ɪnɪg'zæktɪtju:d] *n* inexactitude *f*.

inexactly [,ɪnɪg'zæktlɪ] *adv* inexactement, incorrectement.

inexcusable [,ɪnɪks'kju:zəbl] *adj* inexcusable, impardonnable, injustifiable.

inexcusably [,ɪnɪks'kju:zəblɪ] *adv* inexcusablement. **~ lazy** d'une paresse inexcusable.

inexhaustible [,ɪnɪg'zɔ:stəbl] *adj* inépuisable.

inexorable [ɪn'eksərəbl] *adj* inexorable.

inexorably [ɪn'eksərəblɪ] *adv* inexorablement.

inexpedient [,ɪnɪks'pi:dɪənt] *adj action, decision, policy* inopportun, malavisé.

inexpensive [,ɪnɪks'pensɪv] *adj* bon marché *inv*, pas cher (*f* chère), peu coûteux.

inexpensively [,ɪnɪks'pensɪvlɪ] *adv buy* à bon marché, à bon compte; *live* à peu de frais.

inexperience [,ɪnɪks'pɪərɪəns] *n* inexpérience *f*, manque *m* d'expérience.

inexperienced [,ɪnɪks'pɪərɪənst] *adj* inexpérimenté, manquant d'expérience, novice. **I am very ~ in matters of this kind** j'ai très peu d'expérience en ces matières.

inexpert [ɪn'ekspɜ:t] *adj* inexpert, maladroit (*in* en).

inexpertly [ɪn'ekspɜ:tlɪ] *adv* maladroitement.

inexplicable [,ɪnɪks'plɪkəbl] *adj* inexplicable.

inexplicably [,ɪnɪks'plɪkəblɪ] *adv* inexplicablement.

inexpressible [,ɪnɪks'presəbl] *adj* inexprimable; indicible (*liter*).

inexpressive [,ɪnɪks'presɪv] *adj* inexpressif, sans expression.

inextinguishable [,ɪnɪks'tɪŋgwɪʃəbl] *adj passion etc* inextinguible; *fire* impossible à éteindre *or* à maîtriser.

inextricable [,ɪnɪks'trɪkəbl] *adj* inextricable.

inextricably [,ɪnɪks'trɪkəblɪ] *adv* inextricablement.

infallibility [ɪn,fælə'bɪlɪtɪ] *n* (*also Rel*) infaillibilité *f*.

infallible [ɪn'fæləbl] *adj* infaillible.

infallibly [ɪn'fæləblɪ] *adv* (**a**) (*without error*) *pronounce, correct* infailliblement. (**b**) (*always*) infailliblement, immanquablement.

infamous ['ɪnfəməs] *adj conduct, person, thing* infâme.

infamy ['ɪnfəmɪ] *n* infamie *f*.

infancy ['ɪnfənsɪ] *n* (toute) petite enfance, bas âge; (*Jur*) minorité *f*; (*fig*) enfance, débuts *mpl*. **from his ~** depuis sa petite enfance; **child still in ~** enfant encore en bas âge; **this process is still in its ~** ce procédé en est encore à ses débuts, ce procédé est encore dans l'enfance.

infant ['ɪnfənt] **1** *n* (*newborn*) nouveau-né(e) *m(f)*; (*baby*) bébé *m*, nourrisson *m*; (*young child*) petit(e) enfant *m(f)*, enfant en bas âge; (*Jur*) mineur(e) *m(f)*; (*Brit Scol*) enfant, petit(e) *m(f)* (de 5 à 7 ans).
2 *cpd disease etc* infantile; (*fig*) *industry etc* naissant. (*Brit*) **infant class** ≃ cours *m* préparatoire; **the infant classes** les classes enfantines, les petites classes; **infant education** enseignement *m* des petits (*entre 5 et 7 ans*); **infant mortality** mortalité *f* infantile; (*Brit*) **infant school** ≃ classes *fpl* de onzième et de dixième (*entre 5 et 7 ans*); **infant welfare clinic** centre *m* médico-social pédiatrique.

infanta [ɪn'fæntə] n infante f.
infante [ɪn'fæntɪ] n infant m.
infanticide [ɪn'fæntɪsaɪd] n (act) infanticide m; (person) infanticide mf.
infantile ['ɪnfəntaɪl] adj (a) (childish) enfantin, infantile, puéril. (b) (Med) infantile. ~ **paralysis**† paralysie f infantile†, poliomyélite f.
infantry ['ɪnfəntrɪ] n (U: Mil) infanterie f (U), fantassins mpl. ~**man** fantassin m; V **light²**.
infatuate [ɪn'fætjʊeɪt] vt (gen pass) tourner la tête à. **to be** ~**d with** person être entiché de, avoir le béguin* pour; idea etc avoir la tête pleine de, être engoué de; **to become** ~**d with** person s'enticher de, se toquer de*; idea etc s'engouer pour; **after he met her he was clearly** ~**d** après sa rencontre avec elle il était évident qu'il avait la tête tournée.
infatuation [ɪnˌfætjʊ'eɪʃən] n (a) (U: V **infatuate**) engouement m, toquade* f, béguin* m (with pour). (b) (object of ~) folie f.
infect [ɪn'fekt] vt (a) (Med) air, well, wound etc infecter, contaminer. his wound became ~ed sa blessure s'infecta; **to** ~ **sb with a disease** transmettre or communiquer une maladie à qn; ~**ed with leprosy** atteint de la lèpre, ayant contracté la lèpre; (fig) **to** ~ **sb with one's enthusiasm** communiquer son enthousiasme à qn. (b) (fig pej) person corrompre; morals corrompre, infecter (liter), souiller (liter).
infection [ɪn'fekʃən] n (Med) infection f, contagion f, contamination f; (fig) contagion. **she has a slight** ~ elle est légèrement souffrante; **a throat** ~ une angine; **an ear** ~ une infection de l'oreille, une otite.
infectious [ɪn'fekʃəs] adj (Med) disease infectieux; person contagieux; (fig) idea contagieux; enthusiasm, laughter contagieux, communicatif.
infectiousness [ɪn'fekʃəsnɪs] n (Med) nature infectieuse; (fig) contagion f.
infelicitous [ˌɪnfɪ'lɪsɪtəs] adj malheureux, fâcheux.
infelicity [ˌɪnfɪ'lɪsɪtɪ] n (a) (U: misfortune) malheur m. (b) (tactless act, remark) maladresse f.
infer [ɪn'fɜːr] vt déduire, conclure, inférer (sth from sth qch de qch, that que).
inference ['ɪnfərəns] n déduction f, inférence f, conclusion f. **by** ~ par déduction; **the** ~ **is that he is unwilling to help us** on doit en conclure qu'il n'est pas disposé à nous aider; **to draw an** ~ **from** sth tirer une conclusion de qch.
inferential [ˌɪnfə'renʃəl] adj method déductif; proof obtenu par déduction.
inferentially [ˌɪnfə'renʃəlɪ] adv par déduction.
inferior [ɪn'fɪərɪər] **1** adj inférieur (f -eure) (to à); products, goods de qualité inférieure, de second choix; (Bot) infère. (Typ) ~ **letter** lettre inférieure; **he makes me feel** ~ il me donne un sentiment d'infériorité. **2** n (in quality, social standing) inférieur(e) m(f); (in authority, rank: also Mil) subalterne mf, subordonné(e) m(f).
inferiority [ɪnˌfɪərɪ'ɒrɪtɪ] n infériorité f (to par rapport à). ~ **complex** complexe m d'infériorité.
infernal [ɪn'fɜːnl] adj (a) (liter) regions etc infernal, de l'enfer; (fig) cruelty diabolique, abominable. (b) (*: infuriating) noise, impudence infernal*. **that** ~ **car** etc cette satanée or maudite voiture etc; **it's an** ~ **nuisance!** que c'est enquiquinant!*
infernally* [ɪn'fɜːnəlɪ] adv difficult abominablement, épouvantablement, atrocement. **it is** ~ **hot** il fait une chaleur infernale or à crever*.
inferno [ɪn'fɜːnəʊ] n (a) a (blazing) ~ un brasier. (b) (liter: hell) enfer m.
infertile [ɪn'fɜːtaɪl] adj land stérile, infertile, infécond (liter); person stérile, infécond (liter).
infertility [ˌɪnfɜː'tɪlɪtɪ] n (V **infertile**) infertilité f; stérilité f.
infest [ɪn'fest] vt infester (with de).
infestation [ˌɪnfes'teɪʃən] n infestation f.
infidel ['ɪnfɪdəl] **1** n (liter) (Hist, Rel) infidèle mf; (Rel) incroyant(e) m(f). **2** adj infidèle; incroyant.
infidelity [ˌɪnfɪ'delɪtɪ] n infidélité f. (Jur) **divorce on the grounds of** ~ divorce m pour cause d'adultère.
infiltrate ['ɪnfɪltreɪt] **1** vi [troops, person, light, liquid, ideas] s'infiltrer (into dans). **2** vt liquid infiltrer (into dans, through à travers). (Mil) **to** ~ **troops into a territory** faire s'infiltrer des troupes dans un territoire; (Mil) **to** ~ **the enemy lines** s'infiltrer dans les lignes ennemies; (Pol) **disruptive elements have** ~**d the group** des éléments perturbateurs se sont infiltrés dans le groupe or ont noyauté le groupe.
infiltration [ˌɪnfɪl'treɪʃən] n (V **infiltrate**) infiltration f; (Pol) noyautage m. (Mil) ~ **course** parcours m du combattant.
infinite ['ɪnfɪnɪt] **1** adj (Math, Philos, Rel etc) infini; (fig) infini, illimité, sans bornes. **it gave her** ~ **pleasure** cela lui a fait infiniment plaisir; **he took** ~ **pains to do it** il mit un soin infini à le faire. **2** n infini m.
infinitely ['ɪnfɪnɪtlɪ] adv infiniment.
infiniteness ['ɪnfɪnɪtnɪs] n = **infinity** c.
infinitesimal [ˌɪnfɪnɪ'tesɪməl] adj (Math etc) infinitésimal; (gen) amount, majority etc infinitésimal.
infinitive [ɪn'fɪnɪtɪv] (Gram) **1** n infinitif m. **in the** ~ à l'infinitif. **2** adj infinitif.
infinitude [ɪn'fɪnɪtjuːd] n: **an** ~ **of** une infinité de.
infinity [ɪn'fɪnɪtɪ] n (a) (that which is infinite) infini m. **in time and space or in** ~ dans le temps et dans l'espace ou dans l'infinité or l'infini. (b) (infinite quantity, number etc) infinité f. (fig) **an** ~ **of reasons** etc une infinité de raisons etc.

(c) (infiniteness) infinitude f. **the** ~ **of God** l'infinitude de Dieu. (d) (Math) infini m. **to** ~ à l'infini.
infirm [ɪn'fɜːm] adj (a) (sick) infirme. **the old and** ~ ceux qui sont âgés et infirmes or âgés et invalides. (b) (liter) ~ **of purpose** irrésolu, indécis.
infirmary [ɪn'fɜːmərɪ] n (hospital) hôpital m; (in school etc) infirmerie f.
infirmity [ɪn'fɜːmɪtɪ] n (a) (U) infirmité f, débilité f, faiblesse f. (liter) ~ **of purpose** irrésolution f, indécision f. (b) infirmité f. **the infirmities of old age** les infirmités de l'âge.
infix [ɪn'fɪks] **1** vt habit, idea inculquer (in à), implanter (in dans); (Ling) insérer (in dans). **2** ['ɪnfɪks] n (Gram) infixe m.
inflame [ɪn'fleɪm] **1** vt (set alight) enflammer, mettre le feu à; (Med) enflammer; (fig) courage enflammer; anger, desire, hatred, discord attiser, allumer. **2** vi s'enflammer, prendre feu; (Med) s'enflammer; (fig) s'allumer, s'échauffer.
inflammable [ɪn'flæməbl] adj (lit, fig) inflammable.
inflammation [ˌɪnflə'meɪʃən] n (also Med, fig) inflammation f.
inflammatory [ɪn'flæmətərɪ] adj speech etc incendiaire; (Med) inflammatoire.
inflatable [ɪn'fleɪtbl] **1** adj dinghy, mattress pneumatique, gonflable; toy, rubber ring gonflable. **2** n objet m (or jouet etc) gonflable.
inflate [ɪn'fleɪt] vt tyre, balloon gonfler (with de); (Med) lung dilater; (fig) prices faire monter, hausser; bill, account grossir, charger. (Econ) **to** ~ **the currency** recourir or avoir recours à l'inflation.
inflated [ɪn'fleɪtɪd] adj tyre etc gonflé; (Med) lung dilaté; (fig) style enflé, boursouflé; value exagéré; prices exagéré, gonflé. ~ **with pride** bouffi or gonflé d'orgueil; **he has an** ~ **sense of his own importance** il a une idée exagérée de sa propre importance.
inflation [ɪn'fleɪʃən] n (U) (Econ) inflation f; [tyre etc] gonflement m; [prices] hausse f.
inflationary [ɪn'fleɪʃənərɪ] adj inflationniste.
inflect [ɪn'flekt] **1** vt (a) (Ling) word mettre une désinence à, modifier la désinence de, fléchir; (conjugate) conjuguer; (decline) décliner. ~**ed form** forme fléchie; ~**ed vowel** voyelle infléchie. (b) voice moduler; (Mus) note altérer. (c) (bend) courber, fléchir, infléchir. **2** vi (Ling) prendre une or des désinence(s), prendre une or des marque(s) flexionnelle(s). **a verb which** ~**s** un verbe flexionnel or qui prend des désinences or des marques flexionnelles; **a noun** ~**s in the plural** un nom prend le signe du pluriel; **an** ~**ing language** une langue désinentielle or flexionnelle.
inflection [ɪn'flekʃən] n = **inflexion**.
inflectional [ɪn'flekʃənəl] adj flexionnel. (Ling) **an** ~ **ending** une désinence; **an** ~ **language** une langue désinentielle or flexionnelle.
inflexibility [ɪnˌfleksɪ'bɪlɪtɪ] n (lit) rigidité f; (fig) inflexibilité f, rigidité.
inflexible [ɪn'fleksəbl] adj object rigide; person, attitude, opinion inflexible, rigide.
inflexion [ɪn'flekʃən] n (a) (U: Ling: V **inflect** 1a) [word] flexion f, adjonction f de désinence, modification f de désinence; conjugaison f; déclinaison f; [vowel] inflexion f. **the** ~ **of nouns/verbs** la flexion nominale/verbale. (b) (Ling: affix) désinence f. (c) (U) [voice] inflexion f, modulation f; [note] altération f; [body] inflexion, inclination f; (Geom, Opt etc) inflexion, déviation f. (d) **the** ~**s of her voice** les inflexions fpl de sa voix.
inflict [ɪn'flɪkt] vt punishment, fine, torture infliger (on à); pain, suffering faire subir, infliger, occasionner (on à). **to** ~ **a wound on sb** blesser qn; **to** ~ **o.s. or one's company on sb** infliger or imposer sa compagnie à qn.
infliction [ɪn'flɪkʃən] n (a) (U) infliction f. **to avoid the unnecessary** ~ **of pain/punishment** éviter d'infliger inutilement la douleur/un châtiment. (b) (misfortune) affliction f.
inflight [ɪn'flaɪt] adj: ~ **entertainment/film** etc distractions fpl/ film m etc en vol.
inflow ['ɪnfləʊ] **1** n (a) [water] afflux m, arrivée f, flot m. (b) = **influx** a. (b) [capital] entrée f. **2** cpd: **inflow pipe** tuyau m d'arrivée; **water-inflow pipe** arrivée f or adduction f d'eau.
influence ['ɪnflʊəns] **1** n (gen) influence f (on sur); (power) influence, autorité f (on sur). **under his** ~ sous son influence; **under the** ~ **of drugs/anger** sous l'effet m or l'empire m des drogues/de la colère; **under the** ~ **of drink** sous l'effet or l'empire de la boisson, en état d'ébriété (Jur); (Jur) **convicted of driving under the** ~ **of drink** condamné pour avoir conduit en état d'ébriété or d'ivresse; **he was a bit under the** ~* il avait bu un coup de trop*, il était paf*; **his book had** or **was a great** ~ **on her** son livre a eu beaucoup d'influence sur elle or l'a beaucoup influencée; **I've got a lot of** ~ **with her** j'ai beaucoup d'influence or d'ascendant auprès d'elle; **to use one's** ~ **with sb to get sth** user de son influence auprès de qn pour obtenir qch; **I shall bring all my** ~ or **every** ~ **to bear on him** j'essaierai d'exercer toute mon influence or toute l'influence dont je dispose sur lui; **he has got** ~ il a de l'influence or de l'autorité or de l'importance or du crédit, il a le bras long; **a man of** ~ un homme influent; **she is a good** ~ **in the school/on the pupils** elle a or exerce une bonne influence dans l'établissement/sur les élèves.

2 cpd: **influence peddling** trafic m d'influence.
3 vt attitude, behaviour, decision, person influencer, influer sur, agir sur. **don't let him** ~ **you** ne le laissez pas vous influencer; **don't be** ~**d by him** ne vous laissez pas influencer par lui; **she's easily** ~**d** elle est très influençable, elle se laisse facilement influencer; **the artist has been** ~**d by Leonardo da Vinci** l'artiste a été influencé par or a subi l'influence de or a été sous l'influence de Léonard de Vinci.

influential [ˌɪnflʊˈenʃəl] *adj* influent. **to be ~** avoir de l'influence *or* du crédit *or* de l'autorité *or* de l'importance, avoir le bras long; **~ friends** amis influents *or* haut placés.

influenza [ˌɪnflʊˈenzə] *n* (*U*) grippe *f*. **he's got ~** il a la grippe.

influx [ˈɪnflʌks] *n* (a) *[people]* afflux *m*, flot *m*; *[new ideas, attitudes]* flot, flux *m*. **a great ~ of people into the neighbourhood** un gros afflux d'arrivants dans le voisinage; **the ~ of tourists/foreign workers** *etc* l'afflux *or* le flot de touristes/de travailleurs étrangers *etc*. (b) = **inflow 1a**. (c) *(meeting place of rivers etc)* confluent *m*.

info‡ [ˈɪnfəʊ] *n* (*U: abbr of* **information 1a**) *(gen)* renseignements *mpl*; *(tips)* tuyaux* *mpl* (*about* sur).

inform [ɪnˈfɔːm] **1** *vt* informer, avertir, aviser (*of* de); renseigner (*about* sur). **to ~ sb of sth** informer *or* avertir *or* aviser qn de qch, faire savoir qch à qn, faire part de qch à qn; **I should like to be ~ed as soon as he arrives** j'aimerais être informé *or* averti *or* avisé dès qu'il sera là, prévenez-moi s'il vous plaît dès qu'il arrivera; **keep me ~ed** (of what is happening) tenez-moi au courant (de ce qui se passe); **why was I not ~ed?** pourquoi ne m'a-t-on rien dit?, pourquoi n'ai-je pas été averti? *or* informé? *or* tenu au courant?; **we must ~ the police** il (nous) faut avertir la police; **can you ~ me about the recent developments?** pouvez-vous me mettre au courant des *or* me faire connaître les derniers faits?; **he was well ~ed about what had been happening** il était bien informé sur *or* bien au courant de ce qui s'était passé; **he was ill ~ed** *or* **not well ~ed about what had been happening** il était mal informé *or* il n'était pas bien au courant de ce qui s'était passé; *V also* **informed.**

2 *vi*: **to ~ against sb** dénoncer qn, informer contre qn.

informal [ɪnˈfɔːməl] *adj* (a) *(simple, relaxed) tone, manner, style* simple, familier, sans façon. **~ language** le langage de la conversation; **he is very ~** il est très simple, il ne fait pas de façons; **we had an ~ talk about it** nous en avons discuté entre nous.

(b) *(without ceremony) welcome, greeting, visit* dénué de cérémonie *or* de formalité; *discussion* dénué de formalité, informel. **~ dance** sauterie *f* entre amis; **~ dinner** repas *m* simple (entre amis); **'dress ~'** 'tenue de ville'; **~ meeting** réunion *f* sans caractère officiel; **it was a very ~ occasion** c'était une occasion dénuée de toute formalité *or* de toute cérémonie *or* de tout protocole; **it's just an ~ get-together*** ce ne sera qu'une réunion toute simple; **it will be quite ~** ce sera sans cérémonie *or* en toute simplicité *or* à la bonne franquette, on ne fera pas de cérémonies*.

(c) *(not official) announcement, acceptance, communication* officieux, non-officiel; *instructions, invitation* non-officiel, dénué de caractère officiel. **there was an ~ arrangement that ...** il y avait une entente officieuse selon laquelle ...; **we had an ~ agreement to do it this way** nous nous étions mis d'accord officieusement *or* entre nous pour le faire ainsi; **there is an ~ suggestion that ...** il est suggéré de façon officieuse que ... .

informality [ˌɪnfɔːˈmælɪtɪ] *n [person, manner, style]* simplicité *f*; *[visit, welcome etc]* simplicité, absence *f* de formalité *or* de cérémonie; *[arrangement, agreement etc]* caractère officieux. **we liked the ~ of the meeting** nous avons aimé l'absence de cérémonie qui a marqué la réunion.

informally [ɪnˈfɔːməlɪ] *adv* invite sans cérémonie; *arrange, agree, meet* officieusement, en privé; *behave, speak* de façon toute simple, sans cérémonie. **to dress ~** s'habiller simplement.

informant [ɪnˈfɔːmənt] *n* (a) informateur *m*, -trice *f*. **my ~ tells me ...** mon informateur me dit que ...; **who is your ~?** de qui tenez-vous cette information?, quelles sont vos sources?; **a reliable ~** un informateur bien renseigné.

(b) *(Ling: also* native **~**) informateur *m*, -trice *f*.

information [ˌɪnfəˈmeɪʃən] **1** *n* (*U*) (a) *(facts)* renseignements *mpl*, information(s) *f(pl)*. **a piece of ~** un renseignement, une information; **to give sb ~ on sth/sb** renseigner qn sur qch/qn; **to get ~ about** *or* **on sth/sb** se renseigner sur qch/qn; **to ask for ~ about** *or* **on sth/sb** demander des renseignements *or* des informations sur qch/qn; **I need more ~ about it** il me faut des renseignements plus complets *or* des informations plus complètes *or* une information plus complète là-dessus; **we are collecting as much ~ as we can on that organization** nous sommes en train de réunir le plus possible d'informations *or* de renseignements sur cette organisation; **we have no ~ on that point** nous n'avons aucune information *or* aucun renseignement là-dessus; **until more ~ is available** jusqu'à plus ample informé; **have you any ~ about the accident?** avez-vous des renseignements *or* des détails sur l'accident?; **the police are seeking ~ about ...** la police recherche des renseignements sur ..., la police enquête sur ... .

(b) *(knowledge)* connaissances *fpl*, savoir *m*, science *f*. **his ~ on the subject is astonishing** ses connaissances en la matière sont stupéfiantes, son savoir en la matière est stupéfiant; *(on document)* **'for ~'** 'à titre d'information *or* de renseignement', 'à titre indicatif'; **for your ~, he ...** *(gen)* nous vous signalons *or* informons qu'il ...; *(iro)* permettez-moi de vous dire qu'il ..., au cas où vous ne le sauriez pas (encore), il ...; **I enclose for your ~ a copy of ...** à titre d'information *or* de renseignement je joins une copie de ... .

(c) *(US Telec)* (service *m* des) renseignements *mpl*.

(d) *(Jur: not U) (denunciation)* dénonciation *f*; *(charge)* acte *m* d'accusation. **to lay an ~ against sb** *(bring charge against)* former *or* porter une accusation contre qn; *(denounce)* dénoncer qn à la police.

2 *cpd*: **information bureau** bureau *m* de renseignements; **information content** contenu *m* informationnel; **information office** = **information bureau**; **information processing** informatique *f*; **information retrieval** recherche *f* documentaire, retrouve *f* de l'information; **information retrieval system** système *m* de recherche documentaire; *(Police)* **information room** (salle *f*) radio *f*; **information service** bureau *m* de renseignements; **information**

technology informatique *f*, technologie *f* de l'information; **information theory** théorie *f* de l'information.

informative [ɪnˈfɔːmətɪv] *adj book, meeting* instructif. **he's not very ~ about his plans** il ne s'ouvre pas beaucoup de *or* il ne dit pas grand-chose de ses projets.

informatory [ɪnˈfɔːmətərɪ] *adj* (*Bridge*) d'information. **~ double** contre *m* d'appel.

informed [ɪnˈfɔːmd] *adj* informé, renseigné. **there is a body of ~ opinion which claims that ...** il y a une opinion (bien) informée selon laquelle ...; **~ observers believe that ...** des observateurs informés *or* bien renseignés croient que ...; **an ~ guess** une hypothèse fondée sur la connaissance des faits; *V also* **inform.**

informer [ɪnˈfɔːmər] *n* dénonciateur *m*, -trice *f*, délateur *m*, -trice *f*. **police ~** indicateur *m*, -trice *f* (de police); **to turn ~** dénoncer *or* vendre ses complices.

infraction [ɪnˈfrækʃən] *n [law, rule etc]* infraction *f* (*of* à).

infra dig* [ˈɪnfrəˈdɪg] *adj* au-dessous de sa (*or* ma *etc*) dignité, indigne *or* au-dessous de soi (*or* moi *etc*), déshonorant.

infrared [ˈɪnfrəˈred] *adj* infrarouge.

infrasonic [ˌɪnfrəˈsɒnɪk] *adj* infrasonore.

infrastructure [ˈɪnfrəˌstrʌktʃər] *n* infrastructure *f*.

infrequency [ɪnˈfriːkwənsɪ] *n* rareté *f*.

infrequent [ɪnˈfriːkwənt] *adj* peu fréquent, rare.

infrequently [ɪnˈfriːkwəntlɪ] *adv* peu fréquemment, rarement.

infringe [ɪnˈfrɪndʒ] **1** *vt obligation* contrevenir à; *law, rule* enfreindre, transgresser, contrevenir à. **to ~ copyright** ne pas respecter les droits d'auteur; **to ~ a patent** commettre une contrefaçon (en matière) de brevet. **2** *vi*: **to ~ (up)on sb's rights** empiéter sur les droits de qn.

infringement [ɪnˈfrɪndʒmənt] *n* (*V* **infringe**) infraction *f* (*of* à); contravention *f* (*of* à); transgression *f* (*of* de). **~ of copyright** non-respect *m* des droits d'auteur; **~ of patent** contrefaçon *f* d'une invention brevetée *or* d'une fabrication brevetée.

infuriate [ɪnˈfjʊərɪeɪt] *vt* rendre furieux, mettre en fureur. **it ~s me** cela me rend fou, cela m'exaspère, ça m'enquiquine*.

infuriating [ɪnˈfjʊərɪeɪtɪŋ] *adj* exaspérant, rageant, enquiquinant*.

infuriatingly [ɪnˈfjʊərɪeɪtɪŋlɪ] *adv* de façon exaspérante. **~ slow** d'une lenteur exaspérante.

infuse [ɪnˈfjuːz] *vt* infuser (*into* dans); (*Culin*) *tea, herbs* (faire) infuser; (*fig*) *ideas etc* infuser, insuffler (*into* à); *enthusiasm* inspirer, insuffler.

infusion [ɪnˈfjuːʒən] *n* infusion *f*.

ingenious [ɪnˈdʒiːnɪəs] *adj* ingénieux, astucieux.

ingeniously [ɪnˈdʒiːnɪəslɪ] *adv* ingénieusement, astucieusement.

ingenuity [ˌɪndʒɪˈnjuːɪtɪ] *n* ingéniosité *f*.

ingenuous [ɪnˈdʒenjʊəs] *adj* naïve) ingénu, naïf (*f* naïve), simple; *(candid)* sincère, franc (*f* franche), ouvert.

ingenuously [ɪnˈdʒenjʊəslɪ] *adv* (*naively*) ingénument, naïvement; *(candidly)* sincèrement, franchement.

ingenuousness [ɪnˈdʒenjʊəsnɪs] *n* (*V* **ingenuous**) ingénuité *f*, naïveté *f*, simplicité *f*; sincérité *f*, franchise *f*.

ingest [ɪnˈdʒest] *vt* (*Med*) ingérer.

ingestion [ɪnˈdʒestʃən] *n* (*Med*) ingestion *f*.

inglenook [ˈɪŋglnʊk] *n* coin *m* du feu. **~ fireplace** grande cheminée à l'ancienne.

inglorious [ɪnˈglɔːrɪəs] *adj* peu glorieux, *(stronger)* déshonorant, honteux.

ingoing [ˈɪnˌgəʊɪŋ] *adj people, crowd* qui entre; *tenant* nouveau (*f* nouvelle).

ingot [ˈɪŋgət] *n* lingot *m*.

ingrained [ɪnˈgreɪnd] *adj habit* invétéré; *prejudice* enraciné. **an ~ hatred of** une haine tenace pour; **~ dirt** crasse *f*; **~ with dirt** encrassé.

ingratiate [ɪnˈgreɪʃɪeɪt] *vt*: **to ~ o.s. with sb** se faire bien voir de qn, s'insinuer dans les bonnes grâces *or* dans la confiance de qn.

ingratiating [ɪnˈgreɪʃɪeɪtɪŋ] *adj* insinuant, patelin, doucereux.

ingratitude [ɪnˈgrætɪtjuːd] *n* ingratitude *f*.

ingredient [ɪnˈgriːdɪənt] *n* (*Culin etc*) ingrédient *m*; *[character etc]* élément *m*.

ingress [ˈɪŋgres] *n* (*Jur*) entrée *f*. **to have free ~** avoir le droit d'entrée.

ingrowing [ˈɪnˌgrəʊɪŋ] *adj* (*Med*) **~ nail** ongle incarné.

ingrown [ˈɪnˌgrəʊn] *adj* (*US*) = **ingrowing.**

inguinal [ˈɪŋgwɪnl] *adj* inguinal.

inhabit [ɪnˈhæbɪt] *vt town, country* habiter; *house* habiter (dans). **~ed** habité.

inhabitable [ɪnˈhæbɪtəbl] *adj* habitable.

inhabitant [ɪnˈhæbɪtənt] *n* habitant(e) *m(f)*.

inhalant [ɪnˈheɪlənt] *n* inhalant *m*.

inhalation [ˌɪnhəˈleɪʃən] *n* inhalation *f*, aspiration *f*.

inhalator [ˈɪnhəleɪtər] *n* (appareil *m*) inhalateur *m*.

inhale [ɪnˈheɪl] **1** *vt vapour, gas etc* inhaler; *[smoker]* avaler; *perfume* aspirer, respirer, humer. **2** *vi* (*in smoking*) avaler la fumée.

inhaler [ɪnˈheɪlər] *n* = **inhalator**.

inharmonious [ˌɪnhɑːˈməʊnɪəs] *adj* inharmonieux, peu harmonieux.

inhere [ɪnˈhɪər] *vi* être inhérent (*in* à); être intrinsèque (*to, in* à).

inherent [ɪnˈhɪərənt] *adj* inhérent, naturel (*in, to* à); (*Jur*) propre (*in, to* à). **with all the ~ difficulties** avec toutes les difficultés qui s'y rattachent.

inherently [ɪnˈhɪərəntlɪ] *adv* en soi, fondamentalement; (*Philos*) par inhérence; (*Jur*) en propre. **it's not ~ difficult** ce n'est pas difficile en soi; **he is ~ curious** il est fondamentalement curieux, il est né curieux.

inherit [ɪnˈherɪt] *vt* hériter de, hériter. **to ~ a house/fortune** hériter (d')une maison/(d')une fortune; **to ~ a house/fortune**

from sb hériter une maison/une fortune de qn; **he ~ed the estate from his father** il a succédé à son père à la tête du domaine, il a hérité le domaine de son père; **to ~ a title** succéder à un titre; **he is due to ~ on the death of his uncle** il doit hériter à la mort de son oncle; **she ~ed her mother's beauty** elle a hérité (de) la beauté de sa mère; **he ~s his patience/his red hair from his father** il tient sa patience/ses cheveux roux de son père; *(hum)* **I've ~ed my brother's coat** j'ai hérité du manteau de mon frère.

inheritance [ɪnˈherɪtəns] *n* **(a)** *(U)* succession *f.* *(Jur)* **law of ~** droit *m* de succession. **(b)** héritage *m*; patrimoine *m.* **to come into an ~** faire un héritage; **he wasted all his ~** il a dilapidé tout son héritage; **our national ~** notre patrimoine national.

inhibit [ɪnˈhɪbɪt] *vt* **(a)** *[person] impulse, desire* dominer, maîtriser; *[situation, sb's presence]* gêner, entraver; *(Psych)* inhiber. **to ~ sb from doing** *(restrain)* retenir qn de faire; *(prevent)* empêcher qn de faire; **his presence ~ed the discussion** sa présence gênait *or* entravait la discussion; **he was greatly ~ed by his lack of education** son manque d'instruction le gênait beaucoup. **(b)** *(Jur: prohibit)* interdire, défendre *(sb from doing* à qn de faire).

inhibited [ɪnˈhɪbɪtɪd] *adj* refoulé, inhibé. **he is very ~** il a beaucoup d'inhibitions.

inhibiting [ɪnˈhɪbɪtɪŋ] *adj* inhibant.

inhibition [ˌɪnhɪˈbɪʃən] *n* **(a)** *(Physiol, Psych)* inhibition *f.* **(b)** *(Jur: prohibition)* interdiction *f.*

inhibitory [ɪnˈhɪbɪtərɪ] *adj* **(a)** *(Physiol, Psych)* inhibiteur *(f* -trice). **(b)** *(Jur)* prohibitif.

inhospitable [ˌɪnhɒsˈpɪtəbl] *adj* person, country, climate inhospitalier; attitude, remark inamical, désobligeant.

inhospitably [ˌɪnhɒsˈpɪtəblɪ] *adv* (V **inhospitable**) d'une manière inhospitalière *or* peu hospitalière; de façon inamicale *or* désobligeante.

inhospitality [ˈɪnˌhɒspɪˈtælɪtɪ] *n* inhospitalité *f*; inimitié *f.*

inhuman [ɪnˈhjuːmən] *adj* (lit, fig) inhumain.

inhumane [ˌɪnhjuː(ː)ˈmeɪn] *adj* inhumain, brutal, cruel.

inhumanity [ˌɪnhjuːˈmænɪtɪ] *n* inhumanité *f*; brutalité *f*, cruauté *f.*

inhumation [ˌɪnhjuːˈmeɪʃən] *n* inhumation *f*, enterrement *m.*

inimical [ɪˈnɪmɪkəl] *adj (hostile)* hostile, inamical, ennemi. **~ to** défavorable à, (l')ennemi de.

inimitable [ɪˈnɪmɪtəbl] *adj* inimitable.

inimitably [ɪˈnɪmɪtəblɪ] *adv* d'une façon inimitable.

iniquitous [ɪˈnɪkwɪtəs] *adj* inique, d'une injustice monstrueuse.

iniquitously [ɪˈnɪkwɪtəslɪ] *adv* iniquement, monstrueusement.

iniquity [ɪˈnɪkwɪtɪ] *n* iniquité *f.*

initial [ɪˈnɪʃəl] **1** *adj* initial, premier, du début; *(Phon)* initial. *[shop, firm etc]* **~ expenses** frais *mpl* de premier établissement; **in the ~ stages** dans les débuts, au début, dans un premier temps; **my ~ reaction was to refuse** ma première réaction *or* ma réaction initiale a été de refuser; *(Typ)* **~ letter** initiale *f*; *(Brit Scol)* **I~ Teaching Alphabet** alphabet phonétique d'apprentissage de la lecture.

2 *n* (lettre *f*) initiale *f.* **~s** initiales *fpl*; *(as signature)* parafe *m or* paraphe *m.*

3 *vt letter, document* parafer *or* parapher; *(approve)* viser.

initialize [ɪˈnɪʃəˌlaɪz] *vt (Comput)* initialiser.

initially [ɪˈnɪʃəlɪ] *adv* initialement, au commencement, au début, à l'origine.

initiate [ɪˈnɪʃɪeɪt] **1** *vt* **(a)** *reform* prendre l'initiative de, promouvoir; *negotiations* entreprendre, amorcer, engager; *enterprise* être à l'origine de, lancer; *scheme, programme* inaugurer, instaurer, mettre en action; *fashion* lancer. *(Jur)* **to ~ proceedings against sb** intenter une action à qn. **(b)** *(Rel etc) person* initier. **to ~ sb into a society** admettre qn au sein d'une société (secrète); **to ~ sb into a science/a secret** initier qn à une science/un secret.

2 [ɪˈnɪʃɪɪt] *adj, n* initié·e *m(f).*

initiation [ɪˌnɪʃɪˈeɪʃən] *n* **(a)** *[negotiations, enterprise]* commencement *m*, début *m*, amorce *f*; *[scheme]* inauguration *f.* **(b)** *(into society)* admission *f* (into dans), initiation *f*; *(into knowledge, secret)* initiation *(into* à). **2** *cpd*: **initiation rite** rite *m* d'initiation.

initiative [ɪˈnɪʃɪətɪv] *n* initiative *f.* **to take the ~** prendre l'initiative *(In doing sth* de faire qch); **on one's own ~** de sa propre initiative, par soi-même; **he's got ~** il a de l'initiative.

initiator [ɪˈnɪʃɪeɪtər] *n* auteur *m*, instigateur *m*, -trice *f.*

inject [ɪnˈdʒekt] *vt liquid, gas* injecter *(into* dans). *(Med)* **to ~ sb with sth** injecter qch à qn, faire une piqûre *or* une injection de qch à qn; **to ~ sb's arm with penicillin, to ~ penicillin into sb's arm** faire une piqûre *or* injection de pénicilline dans le bras de qn; **he ~s himself** il se fait ses piqûres lui-même, il se fait ses propres piqûres; *(fig)* **to ~ sb with enthusiasm etc** communiquer *or* insuffler de l'enthousiasme *etc* à qn; **to ~ new life into a club** insuffler une vie nouvelle à un club.

injection [ɪnˈdʒekʃən] *n* injection *f*; *(Med, Brit Dentistry)* injection, piqûre *f.*

injector [ɪnˈdʒektər] *n (Aut)* injecteur *m*; V **fuel.**

injudicious [ˌɪndʒuːˈdɪʃəs] *adj* peu judicieux, malavisé.

injudiciously [ˌɪndʒuːˈdɪʃəslɪ] *adv* peu judicieusement.

injunction [ɪnˈdʒʌŋkʃən] *n (gen)* ordre *m*, recommandation formelle; *(Jur)* injonction *f*; *(court order)* ordonnance *f (to do* de faire, *against doing* de ne pas faire). **to give sb strict ~s to do** enjoindre formellement *or* strictement à qn de faire.

injure [ˈɪndʒər] *vt* **(a)** *(Med) person, limb* blesser. **to ~ o.s.** se blesser, se faire du mal; **to ~ one's leg** se blesser à la jambe; **fatally ~d** blessé mortellement *or* à mort; **no one was ~d** il n'y a pas eu de blessés, personne n'a été blessé; V *also* **injured.** **(b)** *(wrong) person* faire du tort à, nuire à; *(Jur)* porter préjudice

à, léser; *(offend)* blesser, offenser; *(damage) reputation, sb's interests, chances, trade* compromettre; *(Comm) cargo, goods* avarier. **to ~ sb's feelings** offenser *or* outrager *or* offusquer qn; **to ~ one's health** compromettre sa santé, se détériorer la santé; V *also* **injured.**

injured [ˈɪndʒəd] **1** *adj (Med)* blessé; *(maimed)* estropié; *(in accident etc)* accidenté; *limb* blessé; *(fig) person* offensé; *look, voice* blessé, offensé; *wife, husband* outragé, trompé. *(Jur)* **the ~ party** la partie lésée.

2 *n*: **the ~** *(gen)* les blessés *mpl*; *(in road accident etc)* les accidentés *mpl*, les blessés.

injurious [ɪnˈdʒʊərɪəs] *adj* nuisible, préjudiciable *(to* à). **~ to the health** nuisible *or* préjudiciable à la santé, mauvais pour la santé.

injury [ˈɪndʒərɪ] **1** *n* **(a)** *(Med)* blessure *f*, lésion *f (Med).* **to do sb an ~** blesser qn; **to do o.s. an ~** se blesser, se faire mal; *(Sport)* **3 players have injuries** il y a 3 joueurs (de) blessés; V **internal.** **(b)** *(wrong) (to person)* tort *m*, préjudice *m*; *(to reputation etc)* atteinte *f*; *(Jur)* lésion *f*, préjudice. **to the ~ of sb** au détriment *or* au préjudice de qn. **(c)** *(Comm, Naut)* avarie *f.*

2 *cpd*: *(Ftbl)* **injury time** arrêts *mpl* de jeu; **to play injury time** jouer les arrêts de jeu.

injustice [ɪnˈdʒʌstɪs] *n* injustice *f.* **to do sb an ~** être *or* se montrer injuste envers qn.

ink [ɪŋk] **1** *n* **(a)** encre *f.* **written in ~** écrit à l'encre; V **Indian, invisible** *etc.* **(b)** *[cuttlefish etc]* encre *f*, sépia *f.*

2 *cpd*: *(Zool)* **ink bag** sac *m or* poche *f* d'encre; **ink blot** tache *f* d'encre, pâté *m*; **ink bottle** bouteille *f* d'encre; **ink eraser** gomme *f* à encre; *(Comput)* **ink-jet printer** imprimante *f* à jet d'encre; **inkpad** tampon *m* (encreur); **inkpot** encrier *m*; **ink rubber = ink eraser; inkstain** tache *f* d'encre; **inkstand** (grand) encrier *m* (de bureau); **inkwell** encrier *m* (de pupitre *etc*).

3 *vt* **(a)** *(Typ)* roller encrer. **(b)** *(US* fig : *sign)* signer.

♦**ink in** *vt sep* repasser à l'encre.

♦**ink out** *vt sep* raturer *or* barrer à l'encre.

♦**ink over** *vt sep* = **ink in.**

inkling [ˈɪŋklɪŋ] *n* soupçon *m*, vague *or* petite idée. **I had no ~ that ...** je n'avais pas la moindre idée que ..., je ne me doutais pas du tout que ..., j'étais à cent lieues de me douter que ...; **he had no ~ of it** il n'en avait pas la moindre idée, il ne s'en doutait pas le moins du monde; **we had some ~ of their plan** nous soupçonnions leur plan, nous avions une petite idée de leur plan; **there was no ~ of the disaster to come** rien ne laissait présager le désastre qui allait se produire.

inky [ˈɪŋkɪ] *adj* taché *or* couvert d'encre; *book, hand* barbouillé d'encre; *pad, rubber stamp* encré; *(fig) darkness etc* noir comme de l'encre, noir d'encre.

inlaid [ɪnˈleɪd] *adj brooch, sword etc* incrusté *(with* de); *box, table* marqueté; *metal* damasquiné. **ivory ~ with gold** ivoire incrusté d'or; **~ floor** parquet *m*; **~ work** incrustation *f*, marqueterie *f.*

inland [ˈɪnlænd] **1** *adj* **(a)** *(not coastal) sea, town* intérieur *(f* -eure). **~ navigation** navigation fluviale; **~ waterways** canaux *mpl* et rivières *fpl.* **(b)** *(Brit: domestic) mail, trade* intérieur *(f* -eure). **~ revenue** *(organization, system)* fisc *m*; *(payments)* contributions directes; **~ revenue stamp** timbre fiscal.

2 [ˈɪnlænd] *adv* à l'intérieur. **to go ~** pénétrer à l'intérieur *or* dans les terres.

inlay [ˈɪnleɪ] *(vb: pret, ptp* **inlaid**) **1** *n* incrustation *f*; *[table, box]* marqueterie *f*; *[floor]* parquet *m*; *[metal]* damasquinage *m.*

2 [ˌɪnˈleɪ] *vt* incruster *(with* de); *table, box* marqueter; *floor* parqueter; *metal* damasquiner; V *also* **inlaid.**

inlet [ˈɪnlet] **1** *n* **(a)** *[sea]* crique *f*, anse *f*; *[river]* bras *m* de mer; *[river]* bras de rivière. **(b)** *(Tech)* arrivée *f*, admission *f*; *[ventilator]* prise *f* (d'air). **2** *cpd*: **inlet pipe** tuyau *m* d'arrivée; V **valve.**

inmate [ˈɪnmeɪt] *n [house]* occupant·e *m(f)*, résident·e *m(f)*; *[prison]* détenu·e *m(f)*; *[asylum]* interné·e *m(f)*; *[hospital]* malade *mf*, hospitalisé·e *m(f)*, pensionnaire* *mf.*

inmost [ˈɪnməʊst] *adj part* le plus profond; *corner, thoughts, feelings* le plus secret *(f* secrète). **one's ~ being** le tréfonds de son être *(liter)*; **in one's ~ heart** dans le fond de son cœur.

inn [ɪn] **1** *n* **(a)** *(small, wayside)* auberge *f*; *(larger, wayside)* hostellerie *f*; *(in town)* hôtel *m*; *(†: tavern)* cabaret† *m.* **(b)** *(Brit Jur)* **the I~s of Court** les (quatre) écoles de droit (londoniennes).

2 *cpd*: **innkeeper** aubergiste *mf*; hôtelier *m*, -ière *f*; **inn sign** enseigne *f* d'auberge.

innards* [ˈɪnədz] *npl* entrailles *fpl*, intérieurs* *mpl.*

innate [ɪˈneɪt] *adj knowledge, gift* inné, infus; *sense, wisdom, qualities* inné, naturel, foncier.

inner [ˈɪnər] **1** *adj room, court* intérieur *(f* -eure), interne, de dedans. **on the ~ side** à l'intérieur, en dedans; **they formed an ~ circle within the society** ils formaient un petit noyau *or* un petit cercle (fermé) *or* une chapelle à l'intérieur de la société; **~ city** vieux quartiers *mpl* déshérités, quartiers pauvres; **~ city schools** les établissements scolaires des vieux quartiers pauvres; *(Naut)* **~ dock** arrière-bassin *m*; *(Anat)* **~ ear** oreille *f* interne; **~ harbour** arrière-port *m*; **the ~ man** *(spiritual self)* l'homme intérieur; *(hum: stomach)* l'estomac *m*; *[shoe]* **~ sole** semelle *f* (intérieure); *[tyre]* **~ tube** chambre *f* à air.

(b) *(fig) emotions, thoughts* intime, secret *(f* -ète), profond; *life* intérieur *(f* -eure). **~ meaning** sens *m* intime *or* profond.

2 *n (Archery etc)* zone *f* entourant le visuel.

3 *cpd*: *(esp US)* **inner-directed** individualiste; **innermost = inmost;** *(US)* **inner spring mattress** matelas *m* à ressorts.

inning ['ɪnɪŋ] n (*Baseball*) tour m de batte.

innings ['ɪnɪŋz] n (pl inv) (*Cricket*) tour m de batte; (*fig*) tour. (*fig*) **I've had a good ~** j'ai bien profité de l'existence (*etc*).

innocence ['ɪnəsns] n (gen, Jur) innocence f; (simplicity) innocence, naïveté f, candeur f. **to put on an air of ~** faire l'innocent; **in all ~** en toute innocence; **in his ~ he believed it all** naïf comme il (l')est or dans son innocence il a tout cru.

Innocent ['ɪnəsnt] n (*Papal name*) Innocent m.

innocent ['ɪnəsnt] **1** adj (Jur etc) innocent, non coupable (of de); (Rel) innocent, sans péché, pur; (simple) naïf (f naïve), candide, innocent; question, remark innocent, sans malice; mistake innocent; amusement, pastime innocent, inoffensif. **as ~ as a newborn babe** innocent comme l'enfant qui vient de naître; **to put on an ~ air** faire l'innocent; (Jur: of patent) **~ infringement** contrefaçon f involontaire; **he was ~ of any desire to harm her** il était dénué de tout désir de or il n'avait nulle intention de lui faire du mal; **she was dressed in black, ~ of all jewellery** elle était vêtue de noir et sans aucun bijou; **room ~ of all ornament** pièce dépourvue de tout ornement.
  2 n: **he's one of Nature's ~s***, **he's a bit of an ~*** c'est un grand innocent; (Rel) **Massacre of the Holy I~s** massacre m des saints Innocents; **Holy I~s' Day** jour m des saints Innocents.

innocently ['ɪnəsntlɪ] adv innocemment.

innocuous [ɪ'nɒkjʊəs] adj inoffensif.

innovate ['ɪnəʊveɪt] vti innover.

innovation [,ɪnəʊ'veɪʃən] n innovation f (in en, en matière de); changement m (in dans, en matière de). **to make ~s in sth** apporter des innovations or des changements à qch; **scientific/technical ~s** innovations scientifiques/techniques.

innovator ['ɪnəʊveɪtər] n innovateur m, -trice f, novateur m, -trice f.

innuendo [,ɪnju'endəʊ] n, pl **~es** insinuation f, allusion f (malveillante). **to make ~es against sb** faire des insinuations (malveillantes) à l'égard de qn.

innumerable [ɪ'nju:mərəbl] adj innombrable, sans nombre. **there are ~ reasons** il y a une infinité de raisons; **I've told you ~ times** je te l'ai dit cent fois or trente-six fois.

inoculate [ɪ'nɒkjʊleɪt] vt (a) (Med) person vacciner (against contre). (b) (in lab) **to ~ a rat** etc **with sth** inoculer qch à un rat etc.

inoculation [ɪ,nɒkjʊ'leɪʃən] n (Med) inoculation f.

inoffensive [,ɪnə'fensɪv] adj inoffensif.

inoperable [ɪn'ɒpərəbl] adj inopérable.

inoperative [ɪn'ɒpərətɪv] adj inopérant.

inopportune [ɪn'ɒpətju:n] adj arrival, demand, request inopportun, intempestif; moment inopportun, mal choisi, peu propice; remark déplacé.

inopportunely [ɪn'ɒpətju:nlɪ] adv speak inopportunément, mal à propos; arrive, demand inopportunément, intempestivement.

inordinate [ɪ'nɔ:dɪnɪt] adj size démesuré; quantity, demands excessif; passion immodéré. **an ~ amount of time** un temps fou*; **an ~ amount of butter** énormément de beurre; **an ~ sum (of money)** une somme exorbitante or astronomique.

inordinately [ɪ'nɔ:dɪnɪtlɪ] adv (too) hot, heavy etc démesurément, immodérément, excessivement; (very) pleased, rich etc excessivement.

inorganic [,ɪnɔ:'gænɪk] adj inorganique.

input ['ɪnpʊt] **1** n (a) (Elec) énergie f, puissance f; (Tech) [machine] consommation f.
  (b) (Comput) (data) données fpl à traiter; (act of inputting) entrée f (de données).
  2 cpd: (Comput) **input-output device** périphérique m entrée-sortie; (Econ) **input-output table** tableau m des échanges interindustriels.

inquest ['ɪnkwest] n (Jur) enquête f (criminelle); V **coroner**.

inquietude [ɪn'kwaɪətju:d] n inquiétude f.

inquire [ɪn'kwaɪər] **1** vi se renseigner (about sur), s'informer (about, after de), (ask) demander. **to ~ after sb/sth** demander des nouvelles de qn/qch, s'informer or s'enquérir de qn/qch; **to ~ for sb** demander qn; **to ~ into** subject faire des recherches or des investigations sur; possibilities se renseigner sur, se documenter sur, examiner; (Admin, Jur) event, situation enquêter sur, faire une enquête sur; **to ~ into the truth of sth** vérifier la véracité de qch; **I'll go and ~** je vais demander; **~ at the office** demandez au bureau, renseignez-vous au bureau.
  2 vt (gen) demander, s'informer de, s'enquérir de; the time, a name demander. **to ~ the way of** or **from sb** demander le (or son) chemin à qn; **to ~ the price of sth from sb** demander à qn le prix de qch, s'enquérir or s'informer du prix de qch auprès de qn; '**~ within**' 'renseignements ici', 's'adresser ici'; '**~ at the information desk**' 's'adresser aux renseignements or au bureau de renseignements'; **he ~d how to get to the theatre** il a demandé le chemin du théâtre; **he ~d what she wanted** il a demandé ce qu'elle voulait.

inquiring [ɪn'kwaɪərɪŋ] adj attitude, frame of mind curieux, investigateur (f -trice); look interrogateur (f -trice).

inquiringly [ɪn'kwaɪərɪŋlɪ] adv avec curiosité; d'un air interrogateur. **to look ~ at sb/sth** regarder qn/qch d'un air interrogateur, interroger qn/qch du regard.

inquiry [ɪn'kwaɪərɪ] **1** n (a) (from individual) demande f de renseignements. **to make inquiries about sb/sth** (of sb) se renseigner sur qn/qch (auprès de qn), demander des renseignements sur qn/qch (à qn) (V also **1b**); **on ~ he found that ...** renseignements pris il a découvert que ...; **a look of ~** un regard interrogateur; **he gave me a look of ~** il m'a interrogé du regard; '**all inquiries to ...**' 'pour tous renseignements s'adresser à ...'.
  (b) (Admin, Jur) enquête f, investigation f. **to set up** or **open an ~ into** ouvrir une enquête sur; **committee of ~** commission f

d'enquête; **to hold an ~ into** enquêter or faire une enquête sur; **judicial ~** enquête judiciaire; (Jur) **remanded for further ~** renvoyé pour complément d'instruction or d'information; **this is a fruitful line of ~** c'est une bonne direction dans laquelle pousser cette enquête; **there will have to be an ~ into this** il va falloir enquêter or faire une enquête sur cette affaire; **the police are making inquiries** la police enquête; V **help, officer**.
  (c) (Telec, Rail etc) **the Inquiries** les renseignements mpl.
  2 cpd: inquiry agent détective privé; **inquiry desk, inquiry office** (bureau m de) renseignements mpl.

inquisition [,ɪnkwɪ'zɪʃən] n investigation f, recherches fpl; (Jur) enquête f (judiciaire). (Rel) **the I~** l'Inquisition f.

inquisitive [ɪn'kwɪzɪtɪv] adj person, mind curieux; (pej) inquisiteur (f -trice), indiscret (f -ète), (trop) curieux.

inquisitively [ɪn'kwɪzɪtɪvlɪ] adv avec curiosité; (pej) indiscrètement, trop curieusement.

inquisitiveness [ɪn'kwɪzɪtɪvnɪs] n curiosité f; (pej) curiosité indiscrète, indiscrétion f.

inquisitor [ɪn'kwɪzɪtər] n (Jur) enquêteur m, -euse f; (Rel) inquisiteur m.

inquisitorial [ɪn,kwɪzɪ'tɔ:rɪəl] adj inquisitorial.

inroad ['ɪnrəʊd] n (Mil) incursion f (into en, dans). (fig) **to make ~s upon** or **into sb's rights** empiéter sur; savings, majority, numbers entamer, ébrécher; supplies entamer.

inrush ['ɪn,rʌʃ] n [water, people etc] irruption f.

insalubrious [,ɪnsə'lu:brɪəs] adj (gen) insalubre, malsain; (fig) district peu recommandable.

insane [ɪn'seɪn] **1** adj (Med) aliéné, dément; (gen) person, desire fou (f folle), insensé; project démentiel. **to become ~** perdre la raison; **to drive sb ~** rendre qn fou; **he must be ~ to think of going** il faut qu'il soit fou pour envisager d'y aller; **you must be ~!** tu es fou!; (US) **~ asylum** asile m d'aliénés; V **certify**.
  2 npl (Med) **the ~** les aliénés mpl, les malades mpl psychiatriques.

insanely [ɪn'seɪnlɪ] adv laugh comme un fou (f une folle); behave en façon insensée. **to act/talk ~** faire/dire des insanités; **~ jealous** d'une jalousie maladive.

insanitary [ɪn'sænɪtərɪ] adj insalubre, malsain.

insanity [ɪn'sænɪtɪ] n (Med) aliénation mentale, démence f; (gen) folie f, démence, insanité f.

insatiable [ɪn'seɪʃəbl] adj insatiable (of de).

inscribe [ɪn'skraɪb] vt (a) (in book etc) inscrire (in dans); (on monument etc) inscrire, graver (on sur); surface etc marquer, graver; (fig) ideas graver, inscrire, fixer (on sur). **to ~ a tomb with a name** or **a name on a tomb** graver un nom sur une tombe; **a watch ~d with his name** une montre gravée à son nom; (Fin) **~d stock** titres nominatifs or inscrits.
  (b) (dedicate) book dédier, dédicacer (to à).

inscription [ɪn'skrɪpʃən] n (on coin, monument etc) inscription f; (on cartoon) légende f; (dedication) dédicace f.

inscrutability [ɪn,skru:tə'bɪlɪtɪ] n impénétrabilité f (fig).

inscrutable [ɪn'skru:təbl] adj impénétrable, insondable. **~ face** visage impénétrable or fermé.

insect ['ɪnsekt] **1** n insecte m.
  2 cpd: **insect bite** piqûre f, morsure f d'insecte; **insect eater** insectivore m; **insect powder** poudre f insecticide; **insect repellent** (adj) anti-insecte inv; (n) (cream, ointment etc) crème f anti-insecte inv; **insect spray** aérosol m or bombe f insecticide.

insecticide [ɪn'sektɪsaɪd] adj, n insecticide (m).

insectivorous [,ɪnsek'tɪvərəs] adj insectivore.

insecure [,ɪnsɪ'kjʊər] adj (a) (not firm, badly fixed) bolt, nail, padlock peu solide, qui tient mal; rope mal attaché, peu solide; foothold mal assuré; structure, ladder branlant, mal affermi, qui tient mal; lock peu sûr; door, window qui ferme mal.
  (b) (uncertain) career, future incertain.
  (c) (dangerous) place peu sûr, exposé au danger.
  (d) (worried) person anxieux, inquiet (f -ète); (Psych etc) insécurisé. **he is very ~** c'est un anxieux.

insecurity [,ɪnsɪ'kjʊərɪtɪ] n (also Psych) insécurité f.

inseminate [ɪn'semɪneɪt] vt inséminer.

insemination [ɪn,semɪ'neɪʃən] n insémination f; V **artificial**.

insensate [ɪn'senseɪt] adj (senseless) insensé; (inanimate) inanimé, insensible; (unfeeling) insensible.

insensibility [ɪn,sensə'bɪlɪtɪ] n (a) (Med: unconsciousness) insensibilité f, inconscience f. (b) (fig: unfeelingness) insensibilité f (to à), indifférence f (to à, pour).

insensible [ɪn'sensəbl] adj (a) (Med: unconscious) inconscient, sans connaissance. **the blow knocked him ~** le coup lui fit perdre connaissance; **he drank himself ~** il a bu à en tomber ivre mort.
  (b) (without sensation) limb etc insensible. **~ to cold/heat** insensible au froid/à la chaleur.
  (c) (emotionless) insensible, indifférent (to à).
  (d) (unaware) **~ of danger** etc insensible or indifférent au danger etc.
  (e) (imperceptible) change, shift insensible, imperceptible. **by ~ degrees** petit à petit, insensiblement, imperceptiblement.

insensibly [ɪn'sensɪblɪ] adv change etc insensiblement, imperceptiblement.

insensitive [ɪn'sensɪtɪv] adj (all senses) insensible (to à).

insensitivity [ɪn,sensɪ'tɪvɪtɪ] n insensibilité f.

inseparable [ɪn'sepərəbl] adj inséparable (from de).

inseparably [ɪn'sepərəblɪ] adv join indissolublement, inséparablement.

insert [ɪn's3:t] **1** vt insérer (in, into dans, between entre); paragraph, word etc insérer, introduire (in dans), ajouter (in à); key, knife, finger insérer, introduire, enfoncer (in dans); (Typ) page, leaflet encarter, insérer; advertisement insérer (in dans).

2 ['msɜːt] n (extra pages) encart m; (in print : advertisement, note, word) insertion f; (Tech) pièce insérée, ajout m; (Sewing) entre-deux m inv, incrustation f.

insertion [m'sɜːʃən] n **1** n (a) (U) insertion f, introduction f. **(b)** = **insert 2**. **2** cpd: (Typ etc) **insertion mark** signe m d'insertion.

inset ['mset] pret, ptp **inset 1** vt map, illustration insérer en cartouche (into dans); jewel, ornamentation insérer (into dans), incruster (into sur); lace incruster (into sur); leaflet encarter, insérer (into dans); (in typing, printing) word, line rentrer. (Sewing) to ~ a panel into a skirt rapporter un panneau sur une jupe; to ~ a map into the corner of a larger one insérer une carte en cartouche sur une plus grande.
2 n (diagram/map/portrait etc) schéma m/carte f/portrait m etc en cartouche; (Typ: leaflet, pages) encart m; (Sewing) entre-deux m inv, incrustation f.

inshore ['m'ʃɔːr] **1** adj area, fisherman, navigation côtier; fishing boat côtier, caboteur. ~ fishing, ~ fisheries pêche côtière; ~ lifeboat canot m de sauvetage côtier; ~ wind vent m de mer.
2 adv be, fish près de la côte; blow, flow, go vers la côte.

inside ['m'saɪd] (phr vb elem) **1** adv (a) dedans, au dedans, à l'intérieur. ~ and outside au dedans et au dehors; come or step ~! entrez (donc)!; it is warmer ~ il fait plus chaud à l'intérieur or dedans; wait for me ~ attendez-moi à l'intérieur.
(b) (‡: in jail) en taule‡, à l'ombre*, au frais‡.
2 prep (a) (of place) à l'intérieur de, dans. he was waiting ~ the house il attendait à l'intérieur (de la maison); she was standing just ~ the gate (seen from inside) elle était juste de ce côté-ci de la barrière; (seen from outside) elle était juste de l'autre côté de la barrière.
(b) (of time) en moins de. he came back ~ 3 minutes or (US) ~ of 3 minutes il est revenu en moins de 3 minutes; (Sport) he was well ~ the record time il avait largement battu le record.
3 n (a) dedans m, intérieur m; [house, box] intérieur m. on the ~ en dedans, au dedans, à l'intérieur; walk on the ~ of the pavement or (US) sidewalk marchez sur le trottoir du côté maisons; on the ~ of the road (Brit) ≃ sur la gauche; (US, Europe etc) ≃ sur la droite; the door is bolted on or from the ~ la porte est fermée au verrou du dedans; (fig) to know the ~ of an affair connaître les dessous mpl d'une affaire; I see the firm from the ~ je vois la compagnie de l'intérieur.
(b) your coat is ~ out ton manteau est à l'envers; the wind blew the umbrella ~ out le vent a retourné le parapluie; I turned the bag ~ out but there was no money in it j'ai retourné le sac (entièrement) mais il n'y avait pas d'argent dedans; (fig) the children turned everything ~ out les enfants ont tout mis sens dessus dessous; he knows his subject ~ out il connaît son sujet à fond; he knows the district ~ out il connaît le quartier comme sa poche.
(c) (*: stomach: also ~s) ventre m. he's got a pain in his ~(s) il a mal au ventre or aux entrailles (hum); my ~ is playing me up j'ai les intestins détraqués, je suis tout détraqué.
4 adj (a) intérieur (f -eure), d'intérieur. ~ pocket poche intérieure; ~ leg measurement mesure f or hauteur f de l'entre-jambes; [plane] ~ seat place f de fenêtre; (fig) to get ~ information obtenir des renseignements mpl à la source; (Press) 'the ~ story of the plot' 'le complot raconté par un des participants'; (of theft etc) it must have been an ~ job* c'est un coup qui a dû être monté de l'intérieur or par quelqu'un de la maison.
(b) (Aut) wheel, headlight etc (Brit) gauche; (US, Europe etc) droit. the ~ lane (Brit) ≃ la voie de gauche; (US, Europe etc) ≃ la voie de droite; to be on or hold the ~ track (Sport) être à la corde, tenir la corde; (fig) être le mieux placé pour l'emporter.
5 cpd: (Sport) inside-forward intérieur m, inter* m; inside-left/-right intérieur m gauche/droit.

insider [m'saɪdər] **1** n (gen) quelqu'un qui connaît les choses de l'intérieur; (in firm, organization) quelqu'un qui est dans la place; (esp sb with influence, knowledge) initié(e) m(f).
2 cpd: (Jur, Fin) insider trading opérations fpl d'initiés.

insidious [m'sɪdɪəs] adj promises, flattery insidieux, traître (f traîtresse), trompeur; enemy, disease insidieux; argument insidieux, captieux, spécieux.

insidiously [m'sɪdɪəslɪ] adv insidieusement.

insight ['msaɪt] n (a) (discernment) pénétration f, perspicacité f.
(b) (glimpse) aperçu m, idée f (into de). to get or gained an ~ into his way of thinking cela m'a permis de comprendre or de pénétrer sa façon de penser; that will give you an ~ into his reasons for doing it cela vous éclairera sur les raisons qui l'ont poussé à le faire.

insignia [m'sɪgnɪə] npl insignes mpl.

insignificance [,msɪg'nɪfɪkəns] n insignifiance f; V pale¹.

insignificant [,msɪg'nɪfɪkənt] adj detail, fact, person insignifiant, sans importance; amount, quantity insignifiant, négligeable.

insincere [,msɪn'sɪər] adj person pas sincère, hypocrite, de mauvaise foi; book, smile, remark faux (f fausse), hypocrite.

insincerity [,msɪn'serɪtɪ] n manque m de sincérité, fausseté f, hypocrisie f.

insinuate [m'smjʊeɪt] vt (a) insinuer (into dans). to ~ o.s. into sb's favour s'insinuer dans les bonnes grâces de qn.
(b) (hint, suggest) laisser entendre, insinuer (sth to sb qch à qn, that que); sous-entendre (sth qch, that que). what are you insinuating? que voulez-vous dire or insinuer par là?

insinuating [m'smjʊeɪtɪŋ] adj insinuant.

insinuation [m,smjʊ'eɪʃən] n (a) (U) insinuation f. (b) (suggestion) insinuation f, allusion f, sous-entendu m.

insipid [m'sɪpɪd] adj insipide, fade.

insipidity [,msɪ'pɪdɪtɪ] n insipidité f, fadeur f.

insist [m'sɪst] **1** vi (demand, urge) insister; (stress) insister, appuyer. to ~ on doing insister pour faire, vouloir absolument faire, tenir à faire; I ~ on your coming je veux absolument que tu viennes; he ~ed on my waiting for him il a tenu à ce que or pour que je l'attende; they ~ed on silence/our help ils ont exigé le silence/notre aide; if you ~ si vous insistez, si vous y tenez; I shan't ~ if you object si vous avez des objections je n'insisterai pas; please don't ~, I should like to pay for it! inutile d'insister, je tiens à le payer!; if he refuses, I will ~ s'il refuse, j'insisterai; he ~s on the justice of his claim il affirme or soutient or maintient que sa revendication est juste; to ~ on a point in a discussion appuyer or insister sur un point dans une discussion.
2 vt (a) insister. I must ~ that you let me help j'insiste pour que tu me permettes d'aider; she ~ed that I should come elle a insisté pour que je vienne; I ~ that you should come je veux absolument que tu viennes.
(b) affirmer, soutenir, maintenir. he ~s that he has seen her before il affirme or soutient or maintient qu'il l'a déjà vue.

insistence [m'sɪstəns] n insistance f. his ~ on coming with me l'insistance qu'il met (or a mis etc) à vouloir venir avec moi; his ~ on his innocence ses protestations fpl d'innocence; with ~ avec insistance, avec instance; I did it on or at his ~ je l'ai fait parce qu'il a insisté.

insistent [m'sɪstənt] adj person insistant, pressant; demands etc instant, insistant, pressant. he was most ~ about it il a beaucoup insisté là-dessus, il a été très pressant; ... he said in ~ tones ... dit-il d'une voix pressante.

insistently [m'sɪstəntlɪ] adv avec insistance, avec instance, instamment; (repeatedly) avec insistance, à maintes reprises.

insole ['m,səʊl] n (removable sole) semelle intérieure; (part of shoe) première f.

insolence ['msələns] n (U) insolence f (to envers).

insolent ['msələnt] adj insolent (to envers).

insolently ['msələntlɪ] adv insolemment.

insolubility [m,sɒljʊ'bɪlɪtɪ] n insolubilité f.

insoluble [m'sɒljʊbl] adj insoluble.

insolvable [m'sɒlvəbl] adj insoluble.

insolvency [m'sɒlvənsɪ] n (gen) insolvabilité f; (bankruptcy) faillite f.

insolvent [m'sɒlvənt] adj (gen) insolvable; (bankrupt) en faillite, en état de cessation de paiement (Jur). to become ~ [trader etc] tomber en or faire faillite; [individual] tomber en déconfiture; to declare oneself ~ [trader etc] déposer son bilan; [individual] se déclarer insolvable.

insomnia [m'sɒmnɪə] n insomnie f.

insomniac [m'sɒmnɪæk] adj, n insomniaque (mf).

insomuch [,msəʊ'mʌtʃ] adv: ~ that à tel point or au point or tellement que; ~ as d'autant que.

insouciance [m'suːsɪəns] n insouciance f.

inspect [m'spekt] vt (a) (examine) document, object examiner (avec attention or de près), inspecter; (Brit) ticket contrôler; (Customs) luggage visiter; machinery inspecter, vérifier; (Mil, Pol) weapon sites inspecter; school, teacher inspecter. (Jur) right to ~ droit m de regard (sth sur qch).
(b) (formally) troops etc (check) inspecter; (review) passer en revue.

inspection [m'spekʃən] **1** n (a) [document, object] examen m (attentif); [ticket] contrôle m; [machinery] vérification f, inspection f; [school] (visite f d')inspection. close ~ (gen) examen minutieux; (for checking purposes) inspection; customs ~ visite douanière or de douane; factory ~ inspection d'usine; on ~ everything proved normal une vérification a permis de s'assurer que tout était normal.
(b) [troops etc] (check) inspection f; (review) revue f.
2 cpd: (Aut) inspection pit fosse f (à réparations).

inspector [m'spektər] n (a) (gen) inspecteur m, -trice f; (Brit: on bus, train) contrôleur m, -euse f. ~ general inspecteur général.
(b) (Brit) police ~ ≃ officier m (de police); V chief.
(c) (Brit Scol) (schools) ~, ~ of schools (secondary) ≃ inspecteur m, -trice f d'académie; (primary) ≃ inspecteur m, -trice f primaire.

inspectorate [m'spektərɪt] n (body of inspectors) corps m des inspecteurs, inspection f; (office) inspection f.

inspiration [,mspə'reɪʃən] n (a) (U) inspiration f. to draw one's ~ from s'inspirer de.
(b) [person, thing] to be an ~ to sb être une source d'inspiration pour qn; you've been an ~ to us all vous avez été notre source d'inspiration à tous.
(c) (good idea) inspiration f. to have a sudden ~ avoir une inspiration subite.

inspire [m'spaɪər] vt person inspirer (to do à faire), stimuler, enthousiasmer; work of art, action, decision inspirer. to ~ confidence in sb, to ~ sb with confidence inspirer confiance à qn; to ~ courage in sb insuffler du courage à qn; to ~ sb with an idea inspirer une idée à qn; her beauty ~d him or he was ~d by her beauty to write the song inspiré par sa beauté il a écrit la chanson; what ~d you to offer to help? qu'est-ce qui vous a donné l'idée de or où avez-vous pris l'idée de proposer votre aide?

inspired [m'spaɪəd] adj poet, artist, book inspiré; moment d'inspiration; (fig) guess, idea, gesture brillant. an ~ idea (or guess or gesture etc) une inspiration.

inspiring [m'spaɪərɪŋ] adj book, poem etc qui suscite l'inspiration. this subject isn't particularly ~ ce sujet n'a rien de particulièrement inspirant.

inst. adv (Comm: abbr of instant) courant. the 16th ~ le 16 courant or de ce mois.

instability [,mstə'bɪlɪtɪ] n instabilité f.

instal(l) [m'stɔːl] vt (also Rel) installer. to ~ o.s. in s'installer dans.

installation [,mstə'leɪʃən] n (all senses) installation f.

instalment, (US) **installment** [ɪnˈstɔːlmənt] **1** n **(a)** (payment) acompte m, versement partiel or échelonné; [loan, investment, credit etc] tranche f, versement. **to pay an ~** faire un versement partiel, verser un acompte or des arrhes fpl; **to pay in ~s** or by ~s payer en plusieurs versements or par acomptes or par traites échelonnées; **~ on account** acompte provisionnel; **annual ~** versement annuel, annuité f; **monthly ~** versement mensuel, mensualité f.

(b) [story, serial] épisode m; [book] fascicule m, livraison f. (TV etc) **this is the first ~ of a 6-part serial** voici le premier épisode d'un feuilleton qui en comportera 6; **this story will appear in ~s over the next 8 weeks** ce récit paraîtra par épisodes pendant les 8 semaines à venir; **to publish a work in ~s** publier un ouvrage par fascicules.

2 cpd: (US) **installment plan** contrat m de crédit; **to buy on the installment plan** acheter à crédit.

instance [ˈɪnstəns] **1** n **(a)** (example) exemple m, cas m; (occasion) circonstance, occasion f. **for ~** par exemple; **in the present ~** dans le cas actuel or présent, dans cette circonstance; **in many ~s** dans bien des cas; **in the first ~** en premier lieu; **as an ~ of** comme exemple de; **let's take an actual ~** prenons un exemple or un cas concret; **this is an ~ of what I was talking about** c'est un exemple de ce dont je parlais.

(b) (Jur) **at the ~ of** sur or à la demande de, sur l'instance de.

2 vt donner en exemple, citer en exemple, (more formally) faire état de.

instant [ˈɪnstənt] **1** adj **(a)** obedience, relief immédiat, instantané; need urgent, pressant. **this calls for ~ action** ceci nécessite des mesures immédiates; **~ camera/photography** appareil m (photo)/ photographie f à développement instantané; (TV) **~ replay** répétition immédiate (d'une séquence).

(b) (Culin) coffee soluble; potatoes déshydraté; food à préparation rapide. **~ soup** potage m (instantané) en poudre.

(c) (Comm) courant. **your letter of the 10th inst(ant)** votre lettre du 10 courant.

2 n instant m, moment m. **come here this ~** viens ici tout de suite or immédiatement or à l'instant; **on the ~** tout de suite, à l'instant, immédiatement, sur-le-champ; **I did it in an ~** je l'ai fait en un instant; **I'll be ready in an ~** je serai prêt dans un instant; **he left the ~ he heard the news** il est parti dès qu'il or aussitôt qu'il a appris la nouvelle.

instantaneous [ˌɪnstənˈteɪnɪəs] adj instantané.

instantaneously [ˌɪnstənˈteɪnɪəslɪ] adv instantanément.

instantly [ˈɪnstəntlɪ] adv à l'instant, sur-le-champ, immédiatement, tout de suite.

instead [ɪnˈsted] adv au lieu de cela, plutôt. **the water is not good, drink wine ~** l'eau n'est pas bonne, buvez plutôt du vin; **if he isn't going, I shall go ~** s'il n'y va pas, j'irai à sa place; **I didn't go home, I went to the pictures ~** je ne suis pas rentré, au lieu de cela je suis allé au cinéma; **~ of** au lieu de; **~ of going to school** au lieu d'aller à l'école; **~ of sb** à la place de qn; **his brother came ~ of him** son frère est venu à sa place; **~ of it** à la place; **this is ~ of a birthday present** ceci tient lieu de cadeau d'anniversaire.

instep [ˈɪnstep] n **(a)** (Anat) cou-de-pied m. **to have a high ~** avoir le pied cambré. **(b)** [shoe] cambrure f.

instigate [ˈɪnstɪgeɪt] vt inciter, pousser (sb to do qn à faire); rebellion etc fomenter, provoquer, susciter; plan promouvoir, être à l'origine de.

instigation [ˌɪnstɪˈgeɪʃən] n instigation f, incitation f. **at sb's ~** à l'instigation de qn.

instigator [ˈɪnstɪgeɪtər] n instigateur m, -trice f; [riot, plot] auteur m.

instil [ɪnˈstɪl] vt courage etc insuffler (into sb à qn); knowledge, principles inculquer (into sb à qn); idea, fact faire comprendre (into sb à qn). **to ~ into sb that** ... faire pénétrer dans l'esprit de qn que ....

instinct [ˈɪnstɪŋkt] **1** n instinct m. **by** or **from ~** d'instinct; **to have an ~ for business** or **a good business ~** avoir l'instinct des affaires. **2** [ɪnˈstɪŋkt] adj (liter) **~ with** qui exhale or respire (liter), plein de.

instinctive [ɪnˈstɪŋktɪv] adj instinctif.

instinctively [ɪnˈstɪŋktɪvlɪ] adv instinctivement, d'instinct.

institute [ˈɪnstɪtjuːt] **1** vt **(a)** (establish) system, rules instituer, établir; (found) society fonder, créer, constituer. **newly ~d** post récemment créé, de création récente; organization or fondation récente.

(b) (Jur etc) inquiry ouvrir; action entreprendre (against sb à qn); proceedings entamer or engager (against sb contre qn).

(c) (Rel) investir.

2 n **(a)** (gen) institut m. **I~ of Education** Institut de formation des maîtres; **I~ of Linguistics** etc Institut de Linguistique etc.

(b) (US: course) stage m (d'études).

institution [ˌɪnstɪˈtjuːʃən] n **(a)** (U: V **institute 1**) institution f, établissement m; fondation f, constitution f; (Jur) [action, proceedings] mise f en train; (Rel) investiture f.

(b) (organization) établissement m, organisme m, institution f; (school, college) établissement, (private) institution f; (mental hospital) hôpital m psychiatrique; (hospital) hôpital; (workhouse etc) asile m, hospice m. **he has been in ~s all his adult life** il a passé toute sa vie d'adulte dans des établissements médico-sociaux ou autres.

(c) (long-established structure, custom etc) institution f. **the family is an important ~** la famille est une institution importante; **the morning coffee break is too much of an ~ to abolish** la pause café matinale est une telle institution qu'il serait impossible de la supprimer; **tea is a British ~** le thé est une institution

britannique; **he's been with the firm so long that he's now an ~*** il fait partie de la compagnie depuis si longtemps qu'il en est devenu une véritable institution.

institutional [ˌɪnstɪˈtjuːʃənl] adj **(a)** reform etc institutionnel; (pej) food d'internat; furniture d'hospice. **she needs ~ care** (in hospital) elle a besoin de soins hospitaliers; (in old people's home) elle a besoin d'être placée dans une maison de retraite; **~ life** la vie (organisée) d'un établissement (d'ordre social, médical ou pédagogique); **~ life in hospital/in prison** la vie réglementée de l'hôpital/de la prison.

(b) (Comm, Fin: of large organizations) buying etc institutionnel. **~ advertising** promotion f de l'image de marque.

institutionalize [ˌɪnstɪˈtjuːʃnəlaɪz] vt **(a)** person placer dans un établissement (médical ou médico-social). (pej) **to become ~d** être marqué par la vie en collectivité. **(b)** procedure, custom, event etc institutionnaliser, donner un caractère officiel à.

instruct [ɪnˈstrʌkt] vt **(a)** (teach) person instruire. **to ~ sb in sth** instruire qn en qch, enseigner or apprendre qch à qn; **to ~ sb in how to do sth** enseigner or apprendre à qn à comment (il faut) faire qch.

(b) (order, direct) person donner des instructions or des ordres à. **to ~ sb to do** charger qn de faire, donner pour instructions à qn de faire; (frm) **I am ~ed to inform you that** ... je suis chargé de or j'ai mission de vous informer que ....

(c) (Jur) (Brit) **to ~ a solicitor** donner ses instructions à un notaire; **to ~ counsel** constituer avocat; [judge] **to ~ the jury** donner des instructions au jury (on ce pour qu'il fasse).

instruction [ɪnˈstrʌkʃən] **1** n **(a)** (U: teaching) instruction f, enseignement m. **to give ~ to sb** (in sth) instruire qn (en qch); **driving ~** leçons fpl de conduite.

(b) (gen pl) **~s** directives fpl, instructions fpl; (Mil) consigne f; (Comm, Pharm, Tech) indications fpl; (Comm, Tech: on packet etc) **'~s for use'** 'mode d'emploi'; (Comm, Tech) **the ~s are on the back of the box** le mode d'emploi est (indiqué) au dos de la boîte; **he gave me careful ~s on what to do if** ... il m'a donné des directives or des instructions précises sur ce qu'il faut faire au cas où ...; **I gave ~s for him to be brought to me** j'ai donné des instructions or des directives pour qu'on me l'amène (subj); **he gave me ~s not to leave until** ... il m'a donné des instructions selon lesquelles je ne devais pas partir avant ...; **to act according to ~s** se conformer à la consigne.

2 cpd: (Comm, Tech) **instruction book** manuel m (d'entretien).

instructive [ɪnˈstrʌktɪv] adj speech, report instructif; book éducatif.

instructor [ɪnˈstrʌktər] n **(a)** maître m, professeur m; (in prison) éducateur m; (Mil) instructeur m; (Ski, Gymnastics etc) moniteur m. **the geography/tennis ~** le professeur de géographie/de tennis; **V driving** etc. **(b)** (US Univ) ≃ assistant m.

instructress [ɪnˈstrʌktrɪs] n maîtresse f, professeur m; (in prison) instructrice f; (Ski, Gymnastics etc) monitrice f.

instrument [ˈɪnstrʊmənt] **1** n (Med, Mus, Tech etc) instrument m; (domestic) ustensile m; (fig) instrument; (Jur) instrument, acte m juridique; (Fin) moyen m de paiement, titre m, effet m. **to fly by** or **on ~s** naviguer aux instruments; **~ of government** instrument du gouvernement; V **blunt, wind¹** etc.

2 cpd (Aviat) flying, landing aux instruments (de bord). (Aut, Aviat) **instrument board** tableau m de bord; (Aviat, US Aut) **instrument panel = instrument board.**

3 [ˈɪnstrʊment] vt (Mus) orchestrer; (Jur) instrumenter.

instrumental [ˌɪnstrʊˈmentl] adj **(a)** **to be ~ in** contribuer à, être pour quelque chose dans; **he was ~ in founding the organization** il a contribué à la fondation de or à fonder l'organisation.

(b) (Mus) instrumental. **~ music** musique instrumentale; **~ performer** instrumentiste mf.

instrumentalist [ˌɪnstrʊˈmentəlɪst] n (Mus) instrumentiste mf.

instrumentation [ˌɪnstrʊmenˈteɪʃən] n (Mus) orchestration f; (Jur) instrumentation f.

insubordinate [ˌɪnsəˈbɔːdənɪt] adj insubordonné, indiscipliné.

insubordination [ˌɪnsəbɔːdɪˈneɪʃən] n insubordination f, indiscipline f, désobéissance f.

insubstantial [ˌɪnsəbˈstænʃəl] adj meal, work peu substantiel; structure peu solide, léger; argument peu solide, sans substance; evidence insuffisant; difference négligeable; (unreal) vision etc imaginaire, chimérique, irréel.

insufferable [ɪnˈsʌfərəbl] adj insupportable, intolérable.

insufferably [ɪnˈsʌfərəblɪ] adv insupportablement, intolérablement. **~ rude** d'une grossièreté intolérable.

insufficiency [ˌɪnsəˈfɪʃənsɪ] n insuffisance f.

insufficient [ˌɪnsəˈfɪʃənt] adj insuffisant.

insufficiently [ˌɪnsəˈfɪʃəntlɪ] adv insuffisamment.

insular [ˈɪnsjələr] adj (lit) administration, climate insulaire; attitude d'insulaire; (fig pej) mind, outlook borné, étriqué; person aux vues étroites.

insularity [ˌɪnsjʊˈlærɪtɪ] n insularité f; (fig pej) [person] étroitesse f d'esprit; [outlook, views] étroitesse.

insulate [ˈɪnsjʊleɪt] vt (Elec) isoler; (against cold, heat) room, roof isoler; water tank calorifuger; (against sound) room, wall insonoriser; (fig) person (separate) séparer (from de); (protect) protéger (against de). **~d handle** manche isolant; **~d pliers** pince isolante; **insulating material** isolant m; (Brit) **insulating tape** (ruban m) isolant m, (adhesive) chatterton m.

insulation [ˌɪnsjʊˈleɪʃən] n **(a)** (U) (Elec) isolation f; [house, room] (against cold) calorifugeage m, isolation (calorifuge); (against sound) insonorisation f. **the ~ in this house is bad** l'isolation de cette maison est défectueuse. **(b)** (U: material) isolant m.

insulator [ˈɪnsjʊleɪtər] n (Elec) (device) isolateur m; (material) isolant m.

insulin ['ɪnsjʊlɪn] **1** *n* insuline *f.* **2** *cpd* treatment à l'insuline; *injection* d'insuline. *(Med)* **insulin shock** choc *m* insulinique; **insulin treatment** insulinothérapie *f.*

insult [ɪn'sʌlt] **1** *vt (with words, gestures)* insulter, injurier; *(offend)* faire (un) affront à. **she felt ~ed by his indifference** elle s'est sentie insultée par son indifférence.
2 ['ɪnsʌlt] *n* insulte *f*, injure *f*, affront *m.* **to hurl ~s at sb** injurier qn, lancer des insultes à qn; **the book is an ~ to the reader's intelligence** le livre est une insulte à *or* fait affront à l'intelligence du lecteur; **these demands are an ~ to the profession** ces revendications sont un affront à la profession; *V* add.

insulting [ɪn'sʌltɪŋ] *adj* insultant, injurieux, offensant. **to use ~ language to sb** adresser à qn des paroles offensantes *or* injurieuses *or* insultantes.

insultingly [ɪn'sʌltɪŋlɪ] *adv* d'un ton *or* d'une voix insultant(e); d'une manière insultante.

insuperable [ɪn'suːpərəbl] *adj* insurmontable.

insuperably [ɪn'suːpərəblɪ] *adv* d'une façon insurmontable.

insupportable [ˌɪnsə'pɔːtəbl] *adj* insupportable, intolérable.

insurable [ɪn'ʃʊərəbl] *adj* assurable.

insurance [ɪn'ʃʊərəns] **1** *n (gen)* assurance *f (on, for sth* pour qch, *against* contre); *(cover)* garantie *f* (d'assurances), couverture *f*; *(policy)* police *f or* contrat *m* d'assurances *(on, for sth* pour qch, *against* contre). **he pays £30 a year in ~** il paie 30 livres (de primes) d'assurance par an; **the ~ on a building against fire** *etc* la couverture *or* la garantie d'un immeuble contre l'incendie *etc*; **to take out ~** souscrire à une police d'assurances *or* un contrat d'assurances, contracter une assurance; **to take out (an) ~ against** s'assurer contre, se faire assurer contre; **what does your ~ cover?** qu'est-ce que votre contrat d'assurances couvre?; **they've got no ~ for** *or* **on this** ils ne sont pas assurés pour *or* contre cela; **we must extend our ~** nous devons augmenter le montant de notre garantie (d'assurances); **the ~ ends on 5th July** le contrat d'assurances *or* la police d'assurances expire le 5 juillet; *(fig)* **he buys property as an ~ against inflation** il achète de l'immobilier pour se protéger de l'inflation; *V* fire, life *etc*.
2 *cpd*: **insurance agent** agent *m* d'assurances; **insurance broker** courtier *m* d'assurances; *(Aut)* **insurance certificate** carte *f* d'assurance (automobile); **insurance company** compagnie *f or* société *f* d'assurances; **to work in an insurance office** travailler pour une compagnie d'assurances; **insurance policy** police *f* d'assurance, assurances* *fpl*; **insurance premium** prime *f* (d'assurance); **insurance scheme** régime *m* d'assurances; *(Brit Admin)* **insurance stamp** vignette *f or* timbre *m* de contribution à la Sécurité sociale.

insure [ɪn'ʃʊəʳ] *vt* **(a)** *car, house* (faire) assurer. **to ~ o.s.** *or* **one's life** s'assurer *or* se faire assurer sur la vie, prendre une assurance-vie; **I am ~d against fire** je suis assuré contre l'incendie; *(fig)* **we ~d (ourselves) against possible disappointment** nous avons paré aux déceptions possibles; **in order to ~ against any delay ...** pour nous (*or* les *etc*) garantir contre les délais .... **(b)** *power, success* assurer, garantir. **this will ~ that you will be notified when ...** grâce à ceci vous êtes assuré d'être averti quand ....

insured [ɪn'ʃʊed] *adj, n* assuré(e) *m(f).*

insurer [ɪn'ʃʊərəʳ] *n* assureur *m.*

insurgent [ɪn'sɜːdʒənt] *adj, n* insurgé(e) *m(f)*, révolté(e) *m(f).*

insurmountable [ˌɪnsə'maʊntəbl] *adj* insurmontable.

insurrection [ˌɪnsə'rekʃən] *n* **(a)** *(U)* insurrection *f.* **to rise in ~** se soulever, s'insurger. **(b)** *(uprising)* insurrection *f*, émeute *f*, soulèvement *m.*

insurrectionary [ˌɪnsə'rekʃənərɪ] *adj* insurrectionnel.

insurrectionist [ˌɪnsə'rekʃənɪst] *n* insurgé(e) *m(f).*

intact [ɪn'tækt] *adj* intact.

intake ['ɪnteɪk] **1** *n* **(a)** *(U: Tech) [water]* prise *f*, adduction *f*; *[gas, steam]* adduction *f*, admission *f.* **air ~** admission d'air.
(b) *(Scol, Univ)* admission(s) *f(pl)*, (nombre *m* des) inscriptions *fpl*; *(Mil)* contingent *m*, recrues *fpl.*
(c) *[protein, liquid etc]* consommation *f. food ~ [animals]* ration *f* alimentaire; *[person]* consommation de nourriture.
2 *cpd*: *(Scol)* **intake class** cours *m* préparatoire; *(Tech)* **intake valve** soupape *f* d'admission.

intangible [ɪn'tændʒəbl] **1** *adj quality, presence* intangible, impalpable. *(Jur)* **~ property** biens incorporels; *(Jur)* **~ assets** immobilisations incorporelles. **2** *n* impondérable *m.*

integer ['ɪntɪdʒəʳ] *n* (nombre *m*) entier *m.*

integral ['ɪntɪgrəl] **1** *adj* **(a)** *part* intégrant, constituant. **to be an ~ part of sth** faire partie intégrante de qch.
(b) *(whole)* intégral, complet (*f* -ète), entier. **~ payment** paiement intégral.
(c) *(Math)* intégral. **~ calculus** calcul intégral.
2 *n (Math, fig)* intégrale *f.*

integrate ['ɪntɪgreɪt] **1** *vt* **(a)** *(combine into a whole)* people, objects, ideas* intégrer, incorporer *(in, into* dans).
(b) *(complete by adding parts)* compléter. *(Psych)* **an ~d personality** une personnalité bien intégrée.
(c) *(combine, desegregate)* races, religions, ethnic groups etc* intégrer, unifier. **to ~ Catholic and non-Catholic schools** intégrer *or* unifier les établissements catholiques et non-catholiques; *(US)* **to ~ a school** *etc* imposer la déségrégation raciale dans un établissement scolaire *etc*; *(US)* **~d school** établissement scolaire où se pratique la déségrégation raciale.
(d) *(Math)* intégrer.
2 *vi (US: racially) [school, neighbourhood etc]* pratiquer la déségrégation raciale.
(b) *[person, religious or ethnic group etc]* s'intégrer *(into* dans).

integrated ['ɪntɪgreɪtɪd] *adj (gen)* intégré; *(Elec)* **~ circuit** circuit

intégré; *(Brit Educ)* **~ course** cours *m* de formation professionnelle *(pour apprentis)*; *(Brit Scol)* **~ day** journée *f* sans emploi du temps structuré; *(Brit Scol)* **~ studies** études générales *(où les matières ne sont pas différenciées).*

integration [ˌɪntɪ'greɪʃən] *n (V integrate)* intégration *f (also Math, Psych)*; incorporation *f*; unification *f.* **racial ~**, *(US)* **~** déségrégation raciale; **the ~ of the country's various ethnic groups** l'intégration des divers groupes ethniques du pays.

integrity [ɪn'tegrɪtɪ] *n* **(a)** *(honesty)* intégrité *f*, honnêteté *f*, probité *f.* **man of ~** homme *m* intègre. **(b)** *(totality)* intégrité *f*, totalité *f.* **in its ~** dans son intégrité, dans sa totalité, en entier; **territorial ~** l'intégrité du territoire.

integument [ɪn'tegjʊmənt] *n* tégument *m.*

intellect ['ɪntɪlekt] *n* **(a)** *(U) (reasoning power)* intellect *m*, intelligence *f*; *(cleverness)* intelligence, esprit *m.* **a man of (great) ~** un homme d'une grande intelligence. **(b)** *(person)* intelligence *f*, esprit *m.*

intellectual [ˌɪntɪ'lektjʊəl] **1** *adj, (gen)* intellectuel; *family etc* d'intellectuels. **2** *n* intellectuel(le) *m(f).*

intellectually [ˌɪntɪ'lektjʊəlɪ] *adv* intellectuellement.

intelligence [ɪn'telɪdʒəns] *n* **1** *(U)* **(a)** intelligence *f.* **man of little ~** homme peu intelligent; **he shows ~** il fait preuve d'intelligence; **his book shows ~** son livre est intelligent.
(b) *(information)* renseignement(s) *m(pl)*, information(s) *f(pl).* *(Press)* **latest ~** informations de dernière minute.
(c) *Military/Naval* **I~** service *m* de renseignements de l'armée de Terre/de la Marine; **he was in I~ during the war** il était dans les services de renseignements pendant la guerre.
2 *cpd*: **intelligence agent** agent *m* de renseignements, agent secret; *(Brit Mil)* **Intelligence Corps** arme *f* du service de renseignements et de sécurité militaires; **Intelligence officer** officier *m* du deuxième bureau *or* de renseignements; **intelligence quotient** quotient intellectuel; *(Pol)* **Intelligence Service** service secret *or* de renseignements; **intelligence test** test *m* d'aptitude intellectuelle; **to do Intelligence work** être dans *or* travailler dans les services de renseignements, être agent secret.

intelligent [ɪn'telɪdʒənt] *adj (gen)* intelligent. **~ credit card** carte *f* à mémoire; *(Comput)* **~ terminal** terminal intelligent.

intelligently [ɪn'telɪdʒəntlɪ] *adv* intelligemment, avec intelligence.

intelligentsia [ɪnˌtelɪ'dʒentsɪə] *n (collective sg)* **the ~** l'intelligentsia *f*, l'élite *f* intellectuelle.

intelligibility [ɪnˌtelɪdʒə'bɪlɪtɪ] *n* intelligibilité *f.*

intelligible [ɪn'telɪdʒəbl] *adj* intelligible.

intelligibly [ɪn'telɪdʒəblɪ] *adv* intelligiblement.

intemperance [ɪn'tempərəns] *n (lack of self-restraint)* intempérance *f*; *(lack of moderation)* manque *m* de modération.

intemperate [ɪn'tempərɪt] *adj climate* sévère, peu clément, rigoureux; *wind* violent; *haste, zeal* excessif; *rage* incontrôlé; *person (lacking self-restraint)* intempérant; *(lacking moderation)* immodéré.

intend [ɪn'tend] *vt* avoir l'intention, se proposer, projeter *(to do, doing* de faire), penser *(to do* faire); *gift etc* destiner *(for* à). **I ~ going to see him** *or* **to go and see him** j'ai l'intention d'aller le voir, je pense aller le voir; **I didn't ~ to let him know** je n'avais pas l'intention de lui en parler; **I ~ him to go with me, I ~ that he should go with me** j'ai (bien) l'intention qu'il m'accompagne *(subj)*; **I fully ~ to punish him** j'ai la ferme intention de le punir; **he ~s to be a doctor** il a l'intention de *or* il projette de faire médecine, il se destine à la médecine; **we ~ him to be a doctor** nous le destinons à la médecine; **this scheme is ~ed to help the poor** ce projet est destiné à venir en aide aux indigents; **~d for** *(gen)* destiné à, conçu pour; **he ~ed that remark for you** sa remarque était à votre intention, c'est à vous qu'il destinait *or* adressait cette observation; **I ~ it as a present for Robert** c'est un cadeau que je destine à Robert; **I ~ed it as a compliment** (dans mon esprit) cela voulait être un compliment; **he ~ed no harm** il l'a fait sans mauvaise intention; **to ~ marriage** avoir des intentions de mariage; **what do you ~ that?** que voulez-vous dire par là?; **did you ~ that?** est-ce que vous avez fait cela exprès? *or* à dessein? *or* avec intention?; *V also* intended.

intended [ɪn'tendɪd] **1** *adj* **(a)** *(deliberate) insult etc* intentionnel, fait intentionnellement. **(b)** *(planned) journey, enterprise* projeté; *effect* voulu. **2** *n* (†) **his ~** sa promise †, sa future *(hum)*; **her ~** son promis †, son futur *(hum).*

intense [ɪn'tens] *adj cold, heat, sunlight* intense; *hatred, love, rage* intense, violent, profond; *enthusiasm, interest* vif, énorme; *person, tone* véhément. **~ expression** *(interested)* expression concentrée *or* d'intérêt profond; *(fervent)* expression exaltée *or* d'intense ferveur; **I find her too ~** je la trouve trop véhémente.

intensely [ɪn'tenslɪ] *adv* **(a)** *live, look, hate* intensément, avec intensité. **(b)** *(very) hot, cold, unpleasant* extrêmement; *moving, moved, affected* profondément.

intensification [ɪnˌtensɪfɪ'keɪʃən] *n [heat]* intensification *f*; *[production]* accélération *f*, intensification *f*; *(Mil) [fighting]* intensification; *(Phot)* renforcement *m.*

intensify [ɪn'tensɪfaɪ] **1** *vt* intensifier, augmenter; *(Mil) fighting* intensifier; *colour* intensifier, renforcer; *sound* intensifier. **2** *vi* s'intensifier, augmenter.

intensity [ɪn'tensɪtɪ] *n [anger, hatred, love]* intensité *f*, force *f*, violence *f*; *[cold, heat]* intensité; *[current, light, sound]* intensité, puissance *f*; *[tone]* véhémence *f.* **her ~ disturbs me** sa véhémence me met mal à l'aise.

intensive [ɪn'tensɪv] **1** *adj (also Ling)* intensif. **~ course in French** cours accéléré *or* intensif de français; *(Med)* **~ care unit** service *m* de réanimation; **to be in ~ care** être en réanimation; **to need ~ care** demander des soins intensifs.
2: -intensive *adj ending in cpds* à forte intensité de, *e.g.*

capital-~ à forte intensité de capital; *V* **energy, labour** *etc.*

intensively [ɪn'tensɪvlɪ] *adv* intensivement.

intent [ɪn'tent] **1** *n* intention *f*, dessein *m*, projet *m*. **to all ~s and purposes** en fait, pratiquement, virtuellement; **with ~ to do** dans l'intention *or* dans le dessein *or* dans le but de faire; **with good ~** dans une bonne intention; **to do sth with ~** faire qch de propos délibéré; (*Jur*) **with criminal ~** dans un but délictueux; *V* **loiter**. **2** *adj* attentif, absorbé. **~ stare** regard *m* fixe; **he was ~ on his work** il était absorbé par son travail; **~ on revenge** résolu *or* (bien) décidé à se venger; **I am ~ on leaving** je suis résolu *or* (bien) décidé à partir, j'ai la ferme intention de partir; **he was so ~ on catching the bus that he didn't see the car** dans sa préoccupation d'attraper l'autobus il n'a pas vu la voiture.

intention [ɪn'tenʃən] *n* intention *f*, but *m*, dessein *m*. **to have the ~ of doing** avoir l'intention de faire; **to have no ~ of doing** n'avoir aucune intention de faire; **I haven't the least** *or* **slightest ~ of staying** je n'ai pas la moindre intention de rester ici, il n'est nullement dans mes intentions de rester ici; **with the ~ of doing** dans l'intention de *or* dans le but de *or* dans le dessein de faire; **with this ~** à cette intention, à cette fin; **with good ~s** avec de bonnes intentions; **with the best of ~s** avec les meilleures intentions (du monde); **what are your ~s?** quelles sont vos intentions?, que comptez-vous faire?; **I don't know what his ~s were when he did it** je ne sais pas quelles étaient ses intentions *or* quel était son dessein *or* quel était son but quand il l'a fait; **she thinks his ~s are honourable** elle pense qu'il a des intentions honorables.

intentional [ɪn'tenʃənl] *adj* intentionnel, voulu, délibéré. **it wasn't ~** ce n'était pas fait exprès, je ne l'ai (*or* il ne l'a *etc*) pas fait exprès.

intentionally [ɪn'tenʃnəlɪ] *adv* intentionnellement. **the wording was ~ vague** l'imprécision de l'énoncé était voulue *or* intentionnelle; **he did it ~** il l'a fait exprès *or* intentionnellement *or* de propos délibéré *or* à dessein.

intently [ɪn'tentlɪ] *adv* **listen, look** avec une vive attention.

inter [ɪn't3:ʳ] *vt* enterrer, ensevelir.

inter- [ˌɪntəʳ] *pref* (+ *n sing*) entre + *npl* (*e.g.* **~-company** entre compagnies), inter ... + *adj* (*e.g.* **~-region** interrégional); *V* **inter-city, inter-school** *etc.*

interact [ˌɪntər'ækt] *vi* (**a**) *[substances]* (ré)agir réciproquement, avoir une action réciproque. (**b**) (*Comput*) dialoguer (**with** avec). (*fig*) **we don't ~ very well** le courant passe mal (entre nous).

interaction [ˌɪntər'ækʃən] *n* interaction *f*.

interactive [ˌɪntər'æktɪv] *adj* (*Comput, also gen*) interactif. **~ computing** traitement interactif, informatique conversationnelle; **~ mode** mode conversationnel *or* interactif.

interactively [ˌɪntər'æktɪvlɪ] *adv* (*Comput*) **work** en mode conversationnel *or* interactif.

inter alia [ˌɪntəʳ'ælɪə] *adv* entre autres.

interbreed [ˈɪntəˈbriːd] *pret, ptp* **interbred 1** *vt* **animals** croiser. **2** *vi* se croiser (**with** avec).

intercalate [ˌɪn't3:kəleɪt] *vt* intercaler.

intercalation [ɪnˌt3:kə'leɪʃən] *n* intercalation *f*.

inter-campus [ˌɪntə'kæmpəs] *adj* (*US Univ*) interuniversitaire.

intercede [ˌɪntə'si:d] *vi* intercéder (**with** auprès de, **for** pour, **en faveur** de).

intercensal [ˌɪntə'sensl] *adj* intercensitaire.

intercept [ˌɪntə'sept] **1** *vt* **message, light** intercepter, capter; **plane, suspect** intercepter; **person** arrêter au passage. **2** *n* interception *f*.

interception [ˌɪntə'sepʃən] *n* interception *f*.

interceptor [ˌɪntə'septəʳ] *n* (*Aviat*) intercepteur *m*. **~ (plane)** intercepteur.

intercession [ˌɪntə'seʃən] *n* intercession *f*.

interchange ['ɪntəˌtʃeɪndʒ] **1** *n* (**a**) (*U*) (*exchange*) échange *m*; (*alternation*) alternance *f*.
(**b**) (*on motorway*) échangeur *m*.
2 [ˌɪntə'tʃeɪndʒ] *vt* (*exchange*) **gifts, letters, ideas** échanger (**with** *sb* avec qn); (*alternate*) faire alterner (**with** avec); (*change positions of*) changer de place, mettre à la place l'un de l'autre.

interchangeable [ˌɪntə'tʃeɪndʒəbl] *adj* interchangeable.

inter-city [ˌɪntə'sɪtɪ] **1** *adj* **travel** d'une grande ville à une autre; **communications** interurbain; *V also* **2**. **2** *n* (*Brit Rail: also* **~ train**) rapide *m*.

intercollegiate ['ɪntəkə'liːdʒɪt] *adj* entre collèges.

intercom ['ɪntəkɒm] *n* interphone *m*. **over** *or* **on the ~** à l'interphone.

intercommunicate [ˌɪntəkə'mju:nɪkeɪt] *vi* communiquer (réciproquement).

intercommunication ['ɪntəkəˌmju:nɪ'keɪʃən] *n* intercommunication *f*, communication *f* réciproque.

intercommunion [ˌɪntəkə'mju:nɪən] *n* (*Rel*) intercommunion *f*; (*gen*) intercommunication *f*.

interconnect [ˌɪntəkə'nekt] **1** *vt* connecter (entre eux *or* elles). **~ed facts** faits intimement *or* étroitement liés; **~ed rooms** pièces communicantes. **2** *vi* *[rooms]* communiquer (entre eux *or* elles).

intercontinental ['ɪntəˌkɒntɪ'nentl] *adj* intercontinental. **~ ballistic missile** missile *m* balistique intercontinental.

intercostal [ˌɪntə'kɒstl] *adj* intercostal.

intercourse ['ɪntəkɔ:s] *n* (*U*) (**a**) **relations** *fpl*, rapports *mpl*, commerce *m*. **business ~ relations** commerciales; **human ~ relations** humaines. (**b**) (*sexual*) **~ rapports** *mpl* (sexuels); **to have ~ avoir des rapports** (*with* avec).

interdenominational ['ɪntədɪˌnɒmɪ'neɪʃənl] *adj* entre confessions, interconfessionnel.

interdepartmental ['ɪntəˌdi:pɑ:t'mentl] *adj* (*within firm*) entre services; (*within ministry*) entre départements.

interdependence [ˌɪntədɪ'pendəns] *n* interdépendance *f*.

interdependent [ˌɪntədɪ'pendənt] *adj* interdépendant.

interdict ['ɪntədɪkt] **1** *vt* (**a**) (*Jur, frm*) interdire, prohiber. (**b**) (*Rel*) **priest, person** jeter l'interdit sur. **2** *n* (**a**) (*Jur*) prohibition *f*, interdiction *f*. (**b**) (*Rel*) interdit *m*.

interdiction [ˌɪntə'dɪkʃən] *n* (*Jur, Rel*) interdiction *f*.

interdisciplinarity [ˌɪntəˌdɪsɪplɪ'nærɪtɪ] *n* interdisciplinarité *f*.

interdisciplinary [ˌɪntə'dɪsɪplɪnərɪ] *adj* interdisciplinaire.

interest ['ɪntrɪst] **1** *n* (**a**) (*U: understanding etc*) intérêt *m*. **to take** *or* **have** *or* **feel an ~ in** sb s'intéresser à qn; **to take** *or* **have** *or* **feel an ~ in** sth s'intéresser à qch, prendre de l'intérêt à qch; **he took no further ~ in it** il ne s'y est plus intéressé; **to show an ~ in** sb/sth manifester *or* montrer de l'intérêt pour qn/qch; **to take a great ~ in** sb/sth s'intéresser vivement à qn/qch; **to arouse sb's ~** éveiller l'intérêt de qn; **that's of great ~ to me** ceci m'intéresse beaucoup, ceci a beaucoup d'intérêt pour moi; **that's of no ~ to me** ceci ne m'intéresse pas, ceci a peu d'intérêt pour moi; **a subject of little ~** un sujet présentant peu d'intérêt; **questions of public ~** questions d'intérêt public *or* qui intéressent le public (*V also* **1c**); **I'm doing it just for ~** *or* **just for ~'s sake** je le fais seulement parce que cela m'intéresse; **it adds ~ to the story** ça ajoute un certain intérêt à l'histoire; **matters of vital ~** questions d'un intérêt *or* d'une importance capital(e).
(**b**) (*hobby etc*) **my main ~ is reading** ce qui m'intéresse le plus c'est la lecture; **what are your ~s?** quelles sont les choses qui vous intéressent?, à quoi vous intéressez-vous?; **special ~ holidays** vacances *fpl* à thème.
(**c**) (*advantage, well-being*) intérêt *m*, avantage *m*, profit *m*. **in one's (own) ~(s)** dans son (propre) intérêt; **it is in your own ~ to do so** il est de votre (propre) intérêt d'agir ainsi, vous avez intérêt à agir ainsi; **to act in sb's ~(s)** agir dans l'intérêt de qn *or* au profit de qn *or* pour le compte de qn; **in the ~ of hygiene** par souci d'hygiène; **in the ~ of peace** dans l'intérêt de la paix; **in the public ~** dans l'intérêt public, pour le bien public.
(**d**) (*Comm, Jur etc: share, stake*) intérêts *mpl*, participation *f*. **I have an ~ in a hairdressing business** j'ai des intérêts dans un salon de coiffure; **he has business ~s abroad** il a des intérêts commerciaux à l'étranger; **Switzerland is looking after British ~s** la Suisse défend les intérêts britanniques; **he has sold his ~ in the company** il a vendu la participation *or* les intérêts qu'il avait dans la compagnie; (*fig*) **we have an ~ in knowing what is to happen** il est de notre intérêt de *or* nous avons intérêt à savoir ce qui va se produire; *V* **vest²**.
(**e**) (*people*) **the coal/oil ~(s)** les (gros) intérêts houillers/pétroliers; **shipping ~s** les intérêts maritimes; **the landed ~s** les propriétaires terriens.
(**f**) (*U: Fin*) intérêt(s) *m(pl)*. **simple/compound ~** intérêts simples/composés; **~ on an investment** intérêts d'un placement; **loan with ~** prêt à intérêt; **to lend at ~** prêter à intérêt; **at an ~ of 10%** à un taux d'intérêt de 10%; **to bear ~** rapporter un intérêt; **to bear ~ at 8%** donner un intérêt de 8%, porter intérêt à 8%.
2 *cpd*: **interest group** association *f*; (*Fin*) **interest-bearing** *loan* productif d'intérêt; (*Fin*) **interest-free** sans intérêt; (*Fin*) **interest rate** taux *m* d'intérêt.
3 *vt* (**a**) intéresser. **to be ~ed in sth/sb, to become** *or* **grow** *or* **get ~ed in sth/sb** s'intéresser à qch/qn; **I am not ~ed in football** le football ne m'intéresse pas, je ne m'intéresse pas au football; **the company is ~ed in buying land** cela intéresse la firme d'acheter des terrains; **I am ~ed in going** ça m'intéresse d'y aller; **she was ~ed to see what he would do** cela l'intéressait *or* elle était curieuse de voir ce qu'il ferait; **I am trying to ~ her in our sale of work** j'essaie de lui faire prendre un intérêt actif à notre vente de charité; **his teacher succeeded in ~ing him in geography** son professeur a réussi à l'intéresser *or* à le faire s'intéresser à la géographie; **can I ~ you in this problem?** puis-je attirer votre attention sur ce problème?; **can I ~ you in contributing to ...?** est-ce que cela vous intéresserait de contribuer à ...?
(**b**) (*concern*) intéresser, concerner, toucher. **the struggle against inflation ~s us all** la lutte contre l'inflation touche chacun d'entre nous *or* nous concerne tous, nous sommes tous intéressés par la lutte contre l'inflation.

interested ['ɪntrɪstɪd] *adj* (*V also* **interest 3a**) (**a**) (*attentive*) **look, attitude** d'intérêt. **~ spectators** spectateurs intéressés.
(**b**) (*biased, involved*) **person, motive** intéressé. **~ party** partie intéressée; (*Jur*) ayant droit *m*; **the ~ parties** les intéressés *mpl*; (*Jur*) les ayants droit.

interesting ['ɪntrɪstɪŋ] *adj* **story, proposition** intéressant. (*euph*) **she's in an ~ condition*** elle est dans une position intéressante (*euph*).

interestingly ['ɪntrɪstɪŋlɪ] *adv* de façon intéressante. **~ enough I saw him only yesterday** ce qui est très intéressant, c'est que je l'ai vu pas plus tard qu'hier.

interface ['ɪntəfeɪs] **1** *n* (*Comput, Tech*) interface *f*; (*fig*) intermédiaire *mf*. **2** *vt* connecter (**with** avec).

interfacing ['ɪntəfeɪsɪŋ] *n* entoilage *m*.

interfere [ˌɪntə'fɪəʳ] *vi* *[person]* s'immiscer, s'ingérer (**in** dans); (*Phys*) interférer. **to ~ in a quarrel** s'interposer dans une dispute; **stop interfering!** ne vous mêlez pas de mes (*or* leurs *etc*) affaires!; **he's always interfering** il se mêle toujours de tout, il met *or* fourre* son nez partout; **~ with weather, accident, circumstances etc** il faut laisser faire; **~ with sb's plans** contrecarrer les *or* entraver les *or* se mettre en travers des projets de qn; **he never allows his hobbies to ~ with his work** il ne laisse jamais ses distractions empiéter sur son travail; **don't ~ with my camera*** ne touche pas à *or* ne tripote pas mon appareil, laisse mon appareil tranquille*.

interference [ˌɪntə'fɪərəns] *n* (*U*) ingérence *f*, intrusion *f* (*in* dans); (*Phys*) interférence *f*; (*Rad*) parasites *mpl*, interférence.

interfering [ˌɪntə'fɪərɪŋ] *adj* **person** importun. **she's an ~ busybody** elle se mêle toujours de ce qui ne la regarde pas, elle fourre

son nez partout*, il faut qu'elle mette partout son grain de sel*.
interferon [ˌɪntəˈfɪərɒn] *n* interféron *m*.
interim [ˈɪntərɪm] **1** *n* intérim *m*. **in the ~** dans l'intérim, entre-temps. **2** *adj* administration, government provisoire; *report, arrangements* provisoire, temporaire; *post, holder of post* par intérim, intérimaire. (*Fin*) **~ dividend** dividende *m* intérimaire; **the ~ period** l'intérim *m*.
interior [ɪnˈtɪərɪər] **1** *adj* intérieur (*f* -eure). (*Math*) **~ angle** angle *m* interne.
　2 *n* (a) *[building, country]* intérieur *m*. **Minister/Ministry of the I~** ministre *m*/ministère *m* de l'Intérieur; (*US*) **Secretary/ Department of the I~** *ministre/ministère de l'Environnement chargé des Parcs nationaux*.
　(b) (*Art*) (tableau *m* d')intérieur *m*.
　3 *cpd*: **interior decoration/decorator** décoration *f*/décorateur *m*, -trice *f* (d'intérieurs *or* d'appartements); **interior sprung mattress** matelas *m* à ressorts.
interject [ˌɪntəˈdʒekt] *vt remark, question* lancer, placer. **'yes' he ~ed 'oui'** réussit-il à placer.
interjection [ˌɪntəˈdʒekʃən] *n* interjection *f*.
interlace [ˌɪntəˈleɪs] **1** *vt* entrelacer, entrecroiser. **2** *vi* s'entrelacer, s'entrecroiser.
interlard [ˌɪntəˈlɑːd] *vt* entrelarder, entremêler (*with* de).
interleave [ˌɪntəˈliːv] *vt* interfolier.
interline [ˌɪntəˈlaɪn] *vt* (a) (*Typ*) interligner. (b) (*Sewing*) mettre une doublure intermédiaire à.
interlinear [ˌɪntəˈlɪnɪər] *adj* interlinéaire.
interlining [ˌɪntəˈlaɪnɪŋ] *n* (*Sewing*) doublure *f* intermédiaire.
interlock [ˌɪntəˈlɒk] **1** *vt* (*Tech*) enclencher. **2** *vi* (*Tech*) s'enclencher; (*fig*) *[groups, companies, projects]* s'imbriquer.
interlocutor [ˌɪntəˈlɒkjʊtər] *n* interlocuteur *m*, -trice *f*.
interloper [ˈɪntələʊpər] *n* intrus(e) *m(f)*; (*Comm*) commerçant *m* marron.
interlude [ˈɪntəluːd] *n* intervalle *m*; (*Theat*) intermède *m*. **in the ~** (*gen*) dans l'intervalle, entre-temps; (*Theat*) pendant l'intermède; **musical ~** interlude *m*, intermède musical.
intermarriage [ˌɪntəˈmærɪdʒ] *n* (*U*) (*within family/tribe etc*) inter-mariage *m*; (*between families/tribes etc*) mariage *m* entre membres de familles/tribus *etc* différentes.
intermarry [ˈɪntəˈmærɪ] *vi* (*V* intermarriage) se marier. **these tribes do not ~** les membres de ces tribus ne se marient pas entre eux; **this tribe doesn't ~ with its neighbours** les membres de cette tribu ne se marient pas avec leurs voisins.
intermediary [ˌɪntəˈmiːdɪərɪ] *adj, n* intermédiaire (*mf*).
intermediate [ˌɪntəˈmiːdɪət] **1** *adj* (a) intermédiaire. (*Econ*) **~ goods** biens *mpl* intermédiaires; *[ship, plane]* **~ stop** escale *f*; **the ~ stages of the project** les phases *fpl* *or* étapes *fpl* intermédiaires du projet.
　(b) (*Scol etc*) moyen. **~ course/exam** cours *m*/examen *m* (de niveau) moyen.
　2 *cpd*: (*Mil*) **intermediate range ballistic missile, intermediate range weapon** missile *m* de moyenne portée.
　3 *n* (a) (*US: person*) intermédiaire *mf*.
　(b) (*US: car*) automobile *f* de taille moyenne.
　(c) (*substance*) substance *f* *or* produit *m* intermédiaire.
interment [ɪnˈtɜːmənt] *n* enterrement *m*, inhumation *f*.
intermezzo [ˌɪntəˈmetsəʊ] *n* intermède *m*; (*Mus*) intermezzo *m*.
interminable [ɪnˈtɜːmɪnəbl] *adj* interminable, sans fin.
interminably [ɪnˈtɜːmɪnəblɪ] *adv* (*gen*) interminablement. **it was ~ long** c'était interminable, ça n'en finissait pas.
intermingle [ˌɪntəˈmɪŋgl] **1** *vt* entremêler (*with* de), mélanger. **2** *vi* s'entremêler (*with* de), se confondre, se mélanger (*with* avec).
intermission [ˌɪntəˈmɪʃən] *n* interruption *f*, pause *f*; (*in hostilities, quarrel, work, session*) trêve *f*; (*US Cine, Theat*) entracte *m*; (*Med*) intermission *f*. **without ~** sans arrêt, sans relâche.
intermittent [ˌɪntəˈmɪtənt] *adj* intermittent. (*Aut*) **~ wipe** essuie-glace *m* à balayage intermittent.
intermittently [ˌɪntəˈmɪtəntlɪ] *adv* par intermittence, par interval-les.
intern [ɪnˈtɜːn] **1** *vt* (*Pol etc*) interner (*pour raisons de sécurité*). **2** [ˈɪntɜːn] *n* (*US Med*) interne *mf*.
internal [ɪnˈtɜːnl] *adj* (a) (*Math, Med, Tech*) interne. **~ combus-tion engine** moteur *m* à explosion, moteur à combustion interne; (*Med*) **~ examination** toucher *m* vaginal; **~ injuries** lésions *fpl* internes; (*US*) **~ medicine** médecine *f* interne.
　(b) (*Ind, Pol*) *dispute, trouble, reorganization* intérieur (*f*-eure). interne. (*Pol*) **~ wars** guerres intestines *or* intérieures *or* civiles; (*Pol*) **~ quarrels** querelles intestines; (*Fin*) **~ auditor** contrôleur financier; (*US*) **~ revenue** recette *f* des finances, fisc *m*; (*US*) **I~ Revenue Service** (service *m* de la) recette des finances.
　(c) (*intrinsic*) *proof, evidence* intrinsèque.
　(d) *hope* secret (*f*-ète). **~ conviction** conviction *f* intime.
internalize [ɪnˈtɜːnəˌlaɪz] *vt skill, fact* assimiler à fond; *problem* intérioriser; (*Ling*) intérioriser.
internally [ɪnˈtɜːnəlɪ] *adv* intérieurement. (*Pharm*) **'not to be taken ~'** 'pour usage externe'.
international [ˌɪntəˈnæʃnəl] **1** *adj* international. **I~ Atomic Energy Agency** Agence internationale de l'énergie atomique; **~ law** droit international; **I~ Monetary Fund** Fonds *m* monétaire international; **I~ Phonetic Alphabet** Alphabet *m* phonétique international; **~ reply coupon** coupon-réponse international; **V road**.
　2 *n* (a) (*Sport: match, player*) international(e) *m(f)*.
　(b) (*Pol*) **I~ Internationale** *f* (*association*).
Internationale [ˌɪntəˌnæʃəˈnɑːl] *n* Internationale *f* (*hymne*).
internationalism [ˌɪntəˈnæʃnəlɪzəm] *n* internationalisme *m*.
internationalize [ˌɪntəˈnæʃnəlaɪz] *vt* internationaliser.

internationally [ˌɪntəˈnæʃnəlɪ] *adv* accepted, discussed inter-nationalement. **~ known** connu dans le monde entier, de réputa-tion mondiale; **~ respected** respecté dans le monde entier.
internecine [ˌɪntəˈniːsaɪn] *adj* feud, war, struggle de destruction réciproque.
internee [ˌɪntɜːˈniː] *n* interné(e) *m(f)* (politique).
internist [ɪnˈtɜːnɪst] *n* (*US Med*) ≃ spécialiste *mf* des maladies or-ganiques.
internment [ɪnˈtɜːnmənt] *n* internement *m* (politique). **~ camp** camp *m* d'internement.
internship [ˈɪntɜːnˌʃɪp] *n* (*US*) (*Med*) internat *m*; (*Univ etc*) stage *m* en entreprise.
interplanetary [ˌɪntəˈplænɪtərɪ] *adj* journey interplanétaire. **~ vessel** vaisseau spatial.
interplay [ˈɪntəpleɪ] *n* (*U*) effet *m* réciproque, interaction *f*.
Interpol [ˈɪntəpɒl] *n* Interpol *m*.
interpolate [ɪnˈtɜːpəleɪt] *vt* (*gen*) interpoler (*into* dans); *text, manuscript* altérer par interpolation.
interpolation [ɪnˌtɜːpəˈleɪʃən] *n* interpolation *f*.
interpose [ˌɪntəˈpəʊz] **1** *vt remark* intercaler; *objection, veto* op-poser.
　2 *vi* intervenir, s'interposer.
interpret [ɪnˈtɜːprɪt] **1** *vt* (*all senses*) interpréter. **2** *vi* interpréter, traduire, servir d'interprète, faire l'interprète.
interpretation [ɪnˌtɜːprɪˈteɪʃən] *n* (*all senses*) interprétation *f*. **what ~ am I to put or place on your conduct?** comment dois-je interpréter votre conduite?
interpretative [ɪnˈtɜːprɪtətɪv] *adj* interprétatif.
interpreter [ɪnˈtɜːprɪtər] *n* (*person: lit, fig*) interprète *mf*; (*Comput*) interpréteur *m*.
interregnum [ˌɪntəˈregnəm] *n, pl* **~s** *or* **interregna** [ˌɪntəˈregnə] interrègne *m*.
interrelate [ˌɪntərɪˈleɪt] *vt* mettre en corrélation. **~d** en corréla-tion, en relation mutuelle *or* réciproque; **~d facts** faits *mpl* en corrélation *or* intimement liés.
interrelation [ˌɪntərɪˈleɪʃən] *n* corrélation *f*, relation mutuelle *or* réciproque.
interrogate [ɪnˈterəgeɪt] *vt* interroger, soumettre à une interroga-tion *or* (*Police*) un interrogatoire; (*Comput*) interroger.
interrogation [ɪnˌterəˈgeɪʃən] *n* interrogation *f*; (*Police*) inter-rogatoire *m*. **~ mark, ~ point** point *m* d'interrogation.
interrogative [ˌɪntəˈrɒgətɪv] **1** *adj* look, tone interrogateur (*f* -trice); (*Ling*) interrogatif. **2** *n* (*Ling*) interrogatif *m*. **in the ~** à l'interrogatif.
interrogatively [ˌɪntəˈrɒgətɪvlɪ] *adv* d'un air *or* d'un ton inter-rogateur; (*Ling*) interrogativement.
interrogator [ɪnˈterəgeɪtər] *n* interrogateur *m*, -trice *f*.
interrogatory [ˌɪntəˈrɒgətərɪ] *adj* interrogateur (*f* -trice).
interrupt [ˌɪntəˈrʌpt] *vt* speech, traffic, circuit interrompre; com-munication interrompre, couper; *person* interrompre, couper la parole à; *view* gêner, boucher, cacher. **to ~ a private conversa-tion** rompre un tête à tête; **don't ~!** n'interrompez pas!, pas d'in-terruptions!; **I don't want to ~, but ...** je ne voudrais pas vous interrompre, mais ... .
interruption [ˌɪntəˈrʌpʃən] *n* interruption *f*. **without ~** sans inter-ruption, sans arrêt, d'affilée.
intersect [ˌɪntəˈsekt] **1** *vt* couper, croiser; (*Math*) intersecter. **2** *vi* *[lines, wires, roads etc]* s'entrecouper, s'entrecroiser, se couper, se croiser; (*Math*) s'intersecter. (*Math*) **~ing arcs/lines** arcs *mpl*/ lignes *fpl* intersecté(e)s.
intersection [ˌɪntəˈsekʃən] *n* (*US: crossroads*) croisement *m*, car-refour *m*; (*Math*) intersection *f*.
interservice [ˌɪntəˈsɜːvɪs] *adj* (*Mil*) interarmes *inv*.
intersperse [ˌɪntəˈspɜːs] *vt* répandre, semer, parsemer (*among, be-tween* dans, parmi). **book ~d with quotations** livre parsemé *or* émaillé de citations; **speech ~d with jokes** discours émaillé de plaisanteries; **lawns ~d with flowerbeds** pelouses agrémentées de parterres de fleurs.
interstate [ˌɪntəˈsteɪt] *adj* (*US*) commerce etc entre états.
interstice [ɪnˈtɜːstɪs] *n* interstice *m*.
intertwine [ˌɪntəˈtwaɪn] **1** *vt* entrelacer. **2** *vi* s'entrelacer. **inter-twining branches** branches entrelacées.
interurban [ˌɪntɜːˈɜːbən] *adj* interurbain.
interval [ˈɪntəvəl] *n* (a) (*in time*) intervalle *m*. **at ~s** par interval-les; **at frequent ~s** à intervalles rapprochés; **at rare ~s** à interval-les espacés, de loin en loin; **at regular ~s** à intervalles réguliers (*V* also c); **there was an ~ for discussion** il y eut une pause pour la discussion; (*Med*) **he has lucid ~s** il a des moments de lucidité; (*Met*) **bright ~s** (belles) éclaircies *fpl*; (*Met*) **showery ~s** averses *fpl*.
　(b) (*Scol*) récréation *f*; (*Sport*) mi-temps *f*, pause *f*; (*Theat*) entracte *m*; (*Mus*) intervalle *m*. (*Mus*) **second/third ~** intervalle de seconde/de tierce.
　(c) (*space between objects*) intervalle *m*, écartement *m*, distance *f*. **the ~s between the trees grew longer** les arbres s'espaçaient, la distance *or* l'intervalle entre les arbres grandissait; **lampposts (placed) at regular ~s along the road** des réverbères placés à intervalles réguliers *or* échelonnés régulièrement le long de la route.
intervene [ˌɪntəˈviːn] *vi* (a) *[person]* intervenir, s'interposer (*in* dans).
　(b) *[event, circumstances etc]* survenir, intervenir, arriver. **war ~d** survint la guerre; **if nothing ~s** s'il n'arrive *or* ne se passe rien entre-temps.
　(c) *[time]* s'écouler, s'étendre (*between* entre). **12 years ~ be-tween the two events** 12 ans séparent les deux événements.
intervening [ˌɪntəˈviːnɪŋ] *adj* event survenu; *period of time*

intermédiaire. **the ~ years were happy** les années qui s'écoulèrent entre-temps furent heureuses.

intervention [ˌɪntə'venʃən] n intervention f. (Econ) **~ price** prix m d'intervention.

interview ['ɪntəvjuː] **1** n (a) (for job etc) entrevue f. **to call** or **invite sb to an ~** convoquer qn (pour une entrevue); **to come to (an) ~** venir pour or se présenter à une entrevue; **I had an ~ with the manager** j'ai eu une entrevue avec le directeur; **the ~s will be held next week** les entrevues auront lieu la semaine prochaine.
(**b**) (Press, Rad, TV) interview f.
2 vt (**a**) (for job etc) avoir une entrevue avec. **he is being ~ed on Monday** on le convoque (pour) lundi.
(**b**) (Press, Rad, TV) interviewer. **he was ~ed by the police** il a été interrogé par les policiers; **the police want to ~ him** la police le recherche.

interviewer ['ɪntəvjuːər] n (Press, Rad, TV) interviewer m; (in market research, opinion poll) enquêteur m, -euse f. (for job etc) **the ~ asked me ...** la personne qui me faisait passer mon entrevue m'a demandé... .

intervocalic [ˌɪntəvəʊ'kælɪk] adj intervocalique.

interwar ['ɪntə'wɔːr] adj: **the ~ period** or **years** l'entre-deux-guerres m.

interweave [ˌɪntə'wiːv] **1** vt threads tisser ensemble; lines etc entrelacer; (fig) entremêler. **2** vi s'entrelacer, s'emmêler.

intestate [ɪn'testɪt] adj (Jur) intestat (f inv). **to die ~** mourir intestat; **~ estate** succession f ab intestat.

intestinal [ɪn'testɪnl] adj intestinal. **~ blockage** occlusion intestinale; (US fig) **to have ~ fortitude**‡ avoir quelque chose dans le ventre*.

intestine [ɪn'testɪn] n (Anat) intestin m. **small ~** intestin grêle; **large ~** gros intestin.

intimacy ['ɪntɪməsɪ] n (**a**) (U) intimité f. (**b**) (U: euph: sexual) rapports mpl (intimes or sexuels). (**c**) **intimacies** familiarités fpl, gestes familiers.

intimate ['ɪntɪmɪt] **1** adj (**a**) (close) friend intime, proche; friendship profond. **to be on ~ terms with** être ami intime de, avoir des relations intimes avec; **to become ~ with sb** se lier (d'amitié) avec qn, devenir (ami) intime avec qn, devenir l'intime de qn; **they became ~** ils se sont liés d'amitié, ils sont devenus amis intimes.
(**b**) (euph: sexually) **he had been ~ with her** il avait eu des rapports (intimes) avec elle; **they were ~ several times** ils ont eu des rapports (intimes) plusieurs fois.
(**c**) (private) feelings intime, personnel, secret (f -ète); beliefs, life intime. **one's ~ affairs** ses affaires privées.
(**d**) (cosy) restaurant etc intime. **an ~ atmosphere** une atmosphère intime or d'intimité.
(**e**) (detailed) **to have an ~ knowledge of a subject** avoir une connaissance approfondie d'un sujet, connaître à fond un sujet; **a more ~ analysis** une analyse plus approfondie or plus détaillée.
2 n intime mf, familier m, -ière f.
3 ['ɪntɪmeɪt] vt (**a**) (make known officially) annoncer, faire savoir, faire connaître (that que). **he ~d his approval** il annonça or fit connaître son approbation.
(**b**) (make known indirectly) suggérer, donner à entendre, laisser entendre.

intimately ['ɪntɪmɪtlɪ] adv know, talk intimement. **to be ~ acquainted with a subject** connaître à fond or intimement un sujet; **to be ~ connected with sth** avoir un rapport très étroit avec qch; **to be ~ involved in sth** être mêlé de près à qch.

intimation [ˌɪntɪ'meɪʃən] n (announcement) (gen) annonce f; [death] avis m; [birth, wedding] annonce; (notice) signification f, notification f; (hint) suggestion f; (sign) indice m, indication f. **this was the first ~ we had of their refusal/that they had refused** cela a été la première indication que nous avons eue de leur refus/du fait qu'ils avaient refusé; **we had had no previous ~ that** rien ne nous faisait pressentir que.

intimidate [ɪn'tɪmɪdeɪt] vt intimider.

intimidation [ɪnˌtɪmɪ'deɪʃən] n (U) intimidation f; (Jur) menaces fpl.

into ['ɪntʊ] (phr vb elem) prep (gen) dans. **to come** or **go ~ a room** entrer dans une pièce; **to go ~ town** aller en ville; **to get ~ a car** monter dans une voiture or en voiture; **he helped his mother ~ the car** il a aidé sa mère à monter en voiture; **she fell ~ the lake** elle est tombée dans le lac; **he went off ~ the desert** il est parti dans le désert; **to put sth ~ a box** mettre qch dans une boîte; **put the book ~ it** mets le livre dedans; **it broke ~ a thousand pieces** ça s'est cassé en mille morceaux; **to change traveller's cheques ~ francs** changer des chèques de voyage contre des francs; **to translate** or **put sth ~ French** traduire qch en français; **he went further ~ the forest** il a pénétré or s'est enfoncé plus avant dans la forêt; **far ~ the night** très avant dans la nuit; **it was ~ 1986** c'était déjà 1986, on était déjà en 1986; **it continued well ~** or **far ~ 1986** cela a continué pendant une bonne partie de 1986; **let's not go ~ that again!** ne recommençons pas à discuter là-dessus!, ne revenons pas là-dessus!; **we must go ~ this very carefully** nous devons étudier la question de très près; **4 ~ 12 goes 3** 12 divisé par 4 donne 3; **the children are ~ everything*** les enfants touchent à tout; (fig) **she's ~*** health foods/Marxism etc elle donne à fond* dans les aliments naturels/le marxisme etc; V **burst, get into, grow** etc.

intolerable [ɪn'tɒlərəbl] adj intolérable, insupportable. **it is ~ that ...** il est intolérable or il n'est pas tolérable que ... + subj.

intolerably [ɪn'tɒlərəblɪ] adv intolérablement, insupportablement.

intolerance [ɪn'tɒlərəns] n (U: also Med) intolérance f.

intolerant [ɪn'tɒlərənt] adj intolérant (of de; (Med) of à).

intolerantly [ɪn'tɒlərəntlɪ] adv avec intolérance.

intonation [ˌɪntəʊ'neɪʃən] n (Ling, Mus) intonation f.

intone [ɪn'təʊn] vt entonner; (Rel) psalmodier.

intoxicant [ɪn'tɒksɪkənt] **1** adj enivrant, grisant. **2** n alcool m, boisson f alcoolique.

intoxicate [ɪn'tɒksɪkeɪt] vt (lit, fig) enivrer, griser. **intoxicating drink** boisson alcoolisée.

intoxicated [ɪn'tɒksɪkeɪtɪd] adj (lit) ivre; (Jur) en état d'ivresse or d'ébriété; (fig) ivre, grisé. **~ with success** grisé par le succès, ivre de succès.

intoxication [ɪnˌtɒksɪ'keɪʃən] n ivresse f; (Med) intoxication f (par l'alcool); (fig) ivresse, griserie f. (Jur) **in a state of ~** en état d'ivresse or d'ébriété.

intra... ['ɪntrə] pref intra... .

intractability [ɪnˌtræktə'bɪlɪtɪ] n (V intractable) caractère m intraitable, manque m de docilité; insolubilité f; opiniâtreté f.

intractable [ɪn'træktəbl] adj child, temper intraitable, indocile; problem insoluble; illness opiniâtre; machine difficile à régler or à manipuler.

intramural [ˌɪntrə'mjʊərəl] **1** adj studies, sports, competitions à l'intérieur d'un même établissement. **2** npl: **~s** (US Scol etc) matchs mpl entre élèves (or étudiants) d'un même établissement.

intramuscular [ˌɪntrə'mʌskjʊlər] adj intramusculaire.

intransigence [ɪn'trænsɪdʒəns] n intransigeance f.

intransigent [ɪn'trænsɪdʒənt] adj, n intransigeant(e) m(f).

intransitive [ɪn'trænsɪtɪv] adj, n (Gram) intransitif (m).

intrauterine [ˌɪntrə'juːtərəm] adj: **~ device** stérilet m, dispositif anticonceptionnel intra-utérin.

intravenous [ˌɪntrə'viːnəs] adj intraveineux.

intrepid [ɪn'trepɪd] adj intrépide.

intrepidity [ˌɪntrɪ'pɪdɪtɪ] n intrépidité f.

intrepidly [ɪn'trepɪdlɪ] adv avec intrépidité, intrépidement.

intricacy ['ɪntrɪkəsɪ] n [problem, plot, pattern, mechanism] complexité f, complication f. **the intricacies of the law** les complexités or les détours mpl de la loi.

intricate ['ɪntrɪkɪt] adj mechanism, pattern, style compliqué; plot, problem, situation complexe. **all the ~ details** tous les détails dans leur complexité.

intricately ['ɪntrɪkɪtlɪ] adv de façon complexe or compliquée.

intrigue [ɪn'triːg] **1** vi intriguer, comploter (with sb avec qn, to do pour faire).
2 vt intriguer, éveiller la curiosité de, intéresser. **she ~s me** elle m'intrigue; **go on, I'm ~d** continue, ça m'intrigue or m'intéresse; **I'm ~d to know whether he did arrive** je suis curieux de savoir s'il est vraiment arrivé; **your news ~s me** ce que vous m'annoncez m'intrigue; **we were ~d by a road sign** un panneau a éveillé notre curiosité or nous a intrigués.
3 n (plot) intrigue f; (love affair) intrigue, liaison f.

intriguer [ɪn'triːgər] n intrigant(e) m(f).

intriguing [ɪn'triːgɪn] **1** adj fascinant. **2** n (U) intrigues fpl.

intrinsic [ɪn'trɪnsɪk] adj intrinsèque.

intrinsically [ɪn'trɪnsɪklɪ] adv intrinsèquement.

intro... ['ɪntrəʊ] pref intro... .

introduce [ˌɪntrə'djuːs] vt (**a**) (make acquainted) présenter. **he ~d me to his friend** il m'a présenté à son ami; **I ~d myself to my new neighbour** je me suis présenté à mon nouveau voisin; **who ~d them?** qui les a présentés l'un à l'autre?; **we haven't been ~d** on ne nous a pas présentés (l'un à l'autre); (frm) **may I ~ Mr Smith?** puis-je (me permettre de) vous présenter M. Smith?; **he ~d me to the delights of skiing** il m'a initié aux plaisirs du ski; **I was ~d to Shakespeare too young** on m'a fait connaître Shakespeare quand j'étais trop jeune; **who ~d him to drugs?** qui est-ce qui lui a fait connaître la drogue?, qui est-ce qui lui a appris à se droguer?
(**b**) (announce etc) speaker présenter; subject présenter, aborder; (Rad, TV) programme etc présenter.
(**c**) reform, new method, innovation introduire, présenter; subject, question aborder, amener, présenter; practice faire adopter, introduire; (Parl) **to ~ a bill** présenter un projet de loi; **this ~d a new note into the conversation** ceci a donné un ton nouveau à la conversation.
(**d**) (bring in or take in: gen) introduire; key etc introduire, insérer (into dans). **he ~d the tape recorder surreptitiously into the meeting** il a introduit sans se faire remarquer le magnétophone dans la réunion; (frm) **we were ~d into a dark room** on nous introduisit dans une pièce sombre; **it was I who ~d him into the firm** c'est moi qui l'ai introduit or fait entrer dans la compagnie; **potatoes were ~d into Europe from America** la pomme de terre a été introduite d'Amérique en Europe.

introduction [ˌɪntrə'dʌkʃən] n (**a**) (U) introduction f (into dans). **my ~ to chemistry/to life in London** mon premier contact avec la chimie/la vie londonienne.
(**b**) présentation f (of sb to sb de qn à qn). **to give sb an ~** or **a letter of ~ to sb** donner à qn une lettre de recommandation auprès de qn; **will you make** or **do* the ~s?** voulez-vous faire les présentations?
(**c**) (to book etc) avant-propos m, introduction f.
(**d**) (elementary course) introduction f (to à), manuel m élémentaire. **'an ~ to German'** 'initiation à l'allemand'.

introductory [ˌɪntrə'dʌktərɪ] adj préliminaire, préalable, d'introduction. **a few ~ words** quelques mots d'introduction; **~ remarks** remarques fpl préliminaires or préalables, préambule m; (Comm) **~ offer** offre f de lancement.

introit ['ɪntrɔɪt] n introït m.

introspection [ˌɪntrəʊ'spekʃən] n (U) introspection f.

introspective [ˌɪntrəʊ'spektɪv] adj introspectif, replié sur soi-même.

introspectiveness [ˌɪntrəʊ'spektɪvnɪs] n tendance f à l'introspection.

introversion [,ɪntrəʊ'vɜːʃən] *n* introversion *f*.
introvert ['ɪntrəʊvɜːt] **1** *n* (*Psych*) introverti(e) *m(f)*. he's something of an ~ c'est un caractère plutôt fermé. **2** *adj* introverti. **3** *vt* one's thoughts etc tourner sur soi-même. (*Psych*) **to become** ~ed se replier sur soi-même.
intrude [ɪn'truːd] **1** *vt* introduire de force (*into* dans), imposer (*into* à). the thought that ~d itself into my mind la pensée qui s'est imposée à mon esprit; **to** ~ **one's views** (**on sb**) imposer ses idées (à qn).
2 *vi* [*person*] être importun, s'imposer; [*feeling, emotion*] se manifester. **to** ~ **on sb's conversation** s'immiscer dans la conversation de qn; **to** ~ **on sb's privacy** s'ingérer dans la vie privée de qn; **to** ~ **on sb's time** empiéter sur le temps de qn; **to** ~ **into sb's affairs** s'immiscer *or* s'ingérer dans les affaires de qn; **sometimes a note of sentimentality** ~s quelquefois s'insinue une note sentimentale; **he lets no feelings of pity** ~ il ne laisse intervenir aucun sentiment de pitié; **am I intruding?** est-ce que je (vous) dérange?, (*stronger*) est-ce que je (vous) gêne?
intruder [ɪn'truːdər] *n* (*person*) intrus(e) *m(f)*; (*Aviat/Naut*) avion/navire isolé (*qui pénètre chez l'ennemi*); (*animal*) intrus(e). the ~ fled when he heard the car l'intrus s'enfuit quand il entendit la voiture; she treated us like ~s elle nous a traités comme des intrus *or* des étrangers; I felt like an ~ je me sentais étranger *or* de trop.
intrusion [ɪn'truːʒən] *n* (*V* **intrude**) intrusion *f* (*into* dans); imposition *f* (*on* à). ~s on sb's privacy ingérences *fpl* dans la vie privée de qn; ~s on sb's time empiètement *m* sur le temps de qn; his ~ into our conversation/meeting son intrusion dans notre conversation/réunion; excuse my ~ excusez-moi de vous déranger.
intrusive [ɪn'truːsɪv] *adj* person, presence importun, indiscret (*f* -ète), gênant. (*Ling*) ~ **consonant** consonne *f* d'appui; (*Ling*) **the** ~ **'r'** le 'r' rajouté en anglais en liaison abusive.
intuit [ɪn'tjʊɪt] *vt* (*esp US*) **to** ~ **that** ... savoir intuitivement *or* par intuition que ..., avoir l'intuition que ... .
intuition [,ɪntjuː'ɪʃən] *n* intuition *f*.
intuitive [ɪn'tjuːɪtɪv] *adj* intuitif.
intuitively [ɪn'tjuːɪtɪvlɪ] *adv* par intuition, intuitivement.
inundate ['ɪnʌndeɪt] *vt* (*lit, fig*) inonder (*with* de). **to be** ~d **with work** être débordé (de travail), être submergé de travail; **to be** ~d **with visits** être inondé de visiteurs, être débordé de visites.
inundation [,ɪnʌn'deɪʃən] *n* inondation *f*.
inure [ɪn'jʊər] *vt* endurcir, accoutumer, habituer, aguerrir (*to* à).
invade [ɪn'veɪd] *vt* (**a**) (*gen, Mil, fig*) envahir. city ~d by tourists ville envahie par les touristes; he was suddenly ~d by doubts il fut soudain envahi de doutes. (**b**) *privacy* violer, s'ingérer dans. **to** ~ **sb's rights** empiéter sur les droits de qn.
invader [ɪn'veɪdər] *n* envahisseur *m*, -euse *f*. the ~s were generally detested les envahisseurs étaient haïs de tous, l'envahisseur était haï de tous.
invading [ɪn'veɪdɪŋ] *adj* army, troops d'invasion. the ~ Romans l'envahisseur romain.
invalid¹ ['ɪnvəlɪd] **1** *n* (*sick person*) malade *mf*; (*with disability*) invalide *mf*, infirme *mf*. chronic ~ malade chronique.
2 *adj* (*ill*) malade; (*with disability*) invalide, infirme.
3 *cpd*: (*Brit*) invalid car, invalid carriage voiture *f* d'infirme; invalid chair fauteuil *m* d'infirme *or* de malade; (*Brit*) invalid tricycle tricyclecar *m*.
4 [,ɪnvə'liːd] *vt* (*esp Brit Mil*) he was ~ed home from the front il fut rapatrié du front pour blessures *or* pour raisons de santé.
♦ **invalid out** *vt sep* (*Mil*) **to invalid sb out** (**of the army**) réformer qn (pour blessures *or* pour raisons de santé).
invalid² [ɪn'vælɪd] *adj* (*esp Jur*) non valide, non valable. [*ticket*] **to become** ~ ne plus être valable, se périmer.
invalidate [ɪn'vælɪdeɪt] *vt* invalider, annuler; (*Jur*) *judgment* casser, infirmer; *will* rendre nul et sans effet; *contract etc* vicier; *statute* abroger.
invaluable [ɪn'væljʊəbl] *adj* (*lit, fig*) inestimable, inappréciable. her help *or* she has been ~ to me elle m'a été d'une aide inestimable *or* inappréciable.
invariable [ɪn'vɛərɪəbl] *adj* invariable.
invariably [ɪn'vɛərɪəblɪ] *adv* invariablement, immanquablement.
invasion [ɪn'veɪʒən] *n* (**a**) (*Mil, fig*) invasion *f*, envahissement *m*. (**b**) [*rights*] empiètement *m* (*of* sur). it is an ~ of his privacy to ask him such questions c'est une incursion dans sa vie privée que de lui poser de telles questions.
invasive [ɪn'veɪsɪv] *adj* disease (*gen*) qui gagne du terrain; *cancer* qui se généralise.
invective [ɪn'vektɪv] *n* (*U*) invective *f*. torrent *or* stream of ~ flot *m* d'invectives *or* d'injures.
inveigh [ɪn'veɪ] *vi*: **to** ~ **against sb/sth** invectiver qn/qch; (*more violently*) fulminer *or* tonner contre qn/qch.
inveigle [ɪn'viːgl] *vt*: **to** ~ **sb into sth** entraîner *or* attirer qn dans qch (sous de faux prétextes *or* par la flatterie *or* par la ruse); **to** ~ **sb into doing something** entraîner *or* amener qn à faire (sous de faux prétextes *or* par la flatterie *or* par la ruse).
invent [ɪn'vent] *vt* (*lit, fig*) inventer.
invention [ɪn'venʃən] *n* (**a**) invention *f*. **the** ~ **of the telephone** l'invention du téléphone; **one of his most practical** ~s une de ses inventions les plus pratiques.
(**b**) (*falsehood*) invention *f*, mensonge *m*. it was sheer ~ on her part c'était pure invention de sa part; it was (an) ~ from start to finish c'était (une) pure invention du début à la fin.
inventive [ɪn'ventɪv] *adj* inventif.
inventiveness [ɪn'ventɪvnɪs] *n* (*U*) esprit inventif *or* d'invention.
inventor [ɪn'ventər] *n* inventeur *m*, -trice *f*.
inventory ['ɪnvəntrɪ] **1** *n* inventaire *m*; (*US Comm*) stock *m*. to

draw up an ~ of sth inventorier qch, faire *or* dresser un inventaire de qch; ~ of fixtures état *m* des *or* de lieux. **2** *cpd*: (*US Comm*) inventory control gestion *f* des stocks. **3** *vt* inventorier.
inverse ['ɪn'vɜːs] **1** *adj* inverse. in ~ order en sens inverse; in ~ proportion to inversement proportionnel à; in ~ ratio (to) en raison inverse (de). **2** *n* inverse *m*, contraire *m*.
inversely [ɪn'vɜːslɪ] *adv* inversement.
inversion [ɪn'vɜːʃən] *n* (*gen*) inversion *f*; (*Mus*) renversement *m*; [*values, roles etc*] renversement.
invert [ɪn'vɜːt] **1** *vt* (**a**) *elements, order, words* inverser, intervertir; *roles* renverser, intervertir. **to** ~ **a process** renverser une opération; (*Mus*) ~**ed chord** accord renversé; (*Brit*) ~**ed commas** guillemets *mpl*; **in** ~**ed commas** entre guillemets.
(**b**) *cup, object* retourner.
2 ['ɪnvɜːt] *n* (*Psych*) inverti(e) *m(f)*.
3 ['ɪnvɜːt] *cpd*: **invert sugar** sucre inverti.
invertebrate [ɪn'vɜːtɪbrɪt] *adj*, *n* invertébré (*m*).
invest [ɪn'vest] **1** *vt* (**a**) (*Fin*) *money* placer (*in* dans, en); *capital, funds* investir (*in* dans, en). **to** ~ **money** faire un *or* des placement(s), placer de l'argent; they ~**ed large sums in books** ils ont investi des sommes énormes dans l'achat de livres; I have ~**ed a lot of time in this project** j'ai consacré beaucoup de temps à ce projet.
(**b**) (*Mil: surround*) investir, cerner.
(**c**) (*endow*) revêtir, investir (*sb with sth* qn de qch). [*monarch, president etc*] **to** ~ **sb as** ... élever qn à la dignité de ...; **the event was** ~**ed with an air of mystery** l'événement revêtait un caractère de mystère; **she seems to** ~ **it with some importance** elle semble lui attribuer une certaine importance.
2 *vi*: **to** ~ **in shares/property** placer son argent en valeurs/dans l'immobilier; (*hum*) I've ~**ed in a new car** je me suis payé* *or* offert une nouvelle voiture.
investigate [ɪn'vestɪgeɪt] *vt* question, possibilities examiner, étudier; *motive, reason* scruter, sonder; *crime* se livrer à des investigations sur, enquêter sur, faire une enquête sur.
investigation [ɪn,vestɪ'geɪʃən] *n* (**a**) (*U*) [*facts, question*] examen *m*; [*crime*] enquête *f* (*of* sur). the matter under ~ la question à l'étude.
(**b**) [*researcher*] investigation *f*, enquête *f*; [*policeman*] enquête. his ~s led him to believe that ... ses investigations l'ont amené à penser que ...; criminal/scientific ~ enquête criminelle/scientifique; to institute an ~ ouvrir une enquête; preliminary ~ enquête *or* investigations préalable(s) *or* préparatoire(s); it calls for (an) immediate ~ cela demande une étude immédiate *or* à être étudié immédiatement; he called for (an) immediate ~ into il a demandé qu'on fasse *or* ouvre (subj) immédiatement une enquête sur; we have made ~s nous avons fait une enquête *or* des recherches.
investigative [ɪn'vestɪgeɪtɪv] *adj* technique etc d'investigation. ~ journalism *or* reporting enquête-reportage *f*.
investigator [ɪn'vestɪgeɪtər] *n* investigateur *m*, -trice *f*; V private.
investiture [ɪn'vestɪtʃər] *n* investiture *f*.
investment [ɪn'vestmənt] **1** *n* (**a**) (*Fin*) investissement *m*, placement *m*; (*fig, esp Psych*) investissement. by careful ~ of his capital/the money he inherited en investissant *or* plaçant soigneusement son capital/l'argent dont il a hérité; he regretted his ~ in the company il regrettait d'avoir investi dans la firme; ~ in shares placement en valeurs; ~ in property placement *or* investissement immobilier; I have a large ~ in the business j'ai une grosse somme investie dans cette affaire *or* de gros intérêts dans cette affaire; (*money invested*) ~s placements, investissements; he has large ~s in Africa il a de grosses sommes investies en Afrique.
(**b**) (*Mil*) investissement *m*.
(**c**) = investiture.
2 *cpd*: (*US Fin*) investment bank banque *f* d'acceptation; investment company société *f* de placement; investment income revenu *m* des placements *or* des investissements; investment opportunities investissements *mpl* *or* placements *mpl* intéressants; investment trust société *f* d'investissement.
investor [ɪn'vestər] *n* (*gen*) investisseur *m*, (*shareholder*) actionnaire *mf*. (the) big ~s les gros actionnaires; (the) small ~s les petits actionnaires, la petite épargne (*U*).
inveterate [ɪn'vetərɪt] *adj* habit invétéré, (bien) enraciné; *hatred* opiniâtre, irréductible; *thief, smoker* invétéré; *gambler* invétéré, acharné. an ~ liar un fieffé menteur.
invidious [ɪn'vɪdɪəs] *adj* decision, distinction, choice injuste, propre à susciter la jalousie; *comparison* blessant, désobligeant; *task* ingrat, déplaisant.
invigilate [ɪn'vɪdʒɪleɪt] **1** *vi* (*Brit*) être de surveillance (à un examen). **2** *vt* examination surveiller.
invigilator [ɪn'vɪdʒɪleɪtər] *n* (*Brit*) surveillant(e) *m(f)* (à un examen).
invigorate [ɪn'vɪgəreɪt] *vt* person [*drink, food, thought*] fortifier; [*fresh air, snack*] revigorer; [*climate, air*] vivifier, tonifier, donner du tonus à; [*exercise*] tonifier; *campaign* animer.
invigorating [ɪn'vɪgəreɪtɪŋ] *adj* climate, air, walk vivifiant, tonifiant; *speech* stimulant.
invincibility [ɪn,vɪnsɪ'bɪlɪtɪ] *n* invincibilité *f*.
invincible [ɪn'vɪnsəbl] *adj* invincible.
inviolability [ɪn,vaɪələ'bɪlɪtɪ] *n* inviolabilité *f*.
inviolable [ɪn'vaɪələbl] *adj* inviolable.
inviolably [ɪn'vaɪələblɪ] *adv* inviolablement.
inviolate [ɪn'vaɪəlɪt] *adj* inviolé.
invisibility [ɪn,vɪzə'bɪlɪtɪ] *n* invisibilité *f*.
invisible [ɪn'vɪzəbl] *adj* invisible. ~ ink encre *f* sympathique; ~ mending stoppage *m*; (*Econ*) ~ exports exportations *fpl* invisibles.

invisibly [ɪnˈvɪzəblɪ] *adv* invisiblement. **I've had my coat ~ mended** j'ai fait stopper mon manteau.

invitation [ˌɪnvɪˈteɪʃən] **1** *n* invitation *f*. **~ to dinner** invitation à dîner; **at sb's ~** à *or* sur l'invitation de qn; **by ~ (only)** sur invitation (seulement); *(Fin)* **~ to bid** avis *m* d'appel d'offres; *(iro)* **this lock is an ~ to burglars!** cette serrure est une invite aux cambrioleurs!

2 *cpd*: **invitation card** (carte *f* d')invitation *f*, carton *m*.

invite [ɪnˈvaɪt] **1** *vt* **(a)** *(ask) person* inviter *(to do* à faire). **to ~ sb to dinner** inviter qn à dîner; **he ~d him for a drink** il l'a invité à prendre un verre; **I've never been ~d to their house** je n'ai jamais été invité chez eux; **they ~d him to give his opinion** ils l'ont invité à donner son avis; **he was ~d to the ceremony** il a été invité (à assister) à la cérémonie; **to ~ sb in/up/down** *etc* inviter qn à entrer/ monter/descendre *etc*; *(fig)* **a shop like that just ~s people to steal** ce magasin est une véritable incitation au vol.

(b) *(ask for) sb's attention, subscriptions etc* demander, solliciter. **he ~d our opinion on ...** il nous a demandé notre avis sur ...; **he ~d questions at the end of his talk** il a invité le public à poser des questions à la fin de sa causerie.

(c) *(lead to) confidences, questions, doubts, ridicule* appeler; *discussion, step* inviter à; *trouble, failure, defeat* chercher. **you're inviting a break-in if you leave that door open** en laissant cette porte ouverte vous invitez les cambrioleurs à entrer, laisser cette porte ouverte est une invite aux cambrioleurs.

2 [ˈɪnvaɪt] *n* (*) invitation *f*.

♦**invite out** *vt sep* inviter (à sortir). **he has invited her out several times** il l'a invitée à sortir (avec lui) *or* il lui a demandé de sortir (avec lui) plusieurs fois; **I've been invited out to dinner this evening** j'ai été invité à dîner ce soir.

♦**invite over** *vt sep* **(a)** inviter (à venir). **they often invite us over for a drink** ils nous invitent souvent à venir prendre un verre chez eux; **let's invite them over some time** invitons-les un de ces jours (à venir nous voir).

(b) **he invited me over to his table** il (m'appela et) m'invita à venir m'asseoir à sa table.

inviting [ɪnˈvaɪtɪŋ] *adj look, appearance* invitant, engageant, attrayant; *goods* attrayant; *gesture* encourageant; *meal, odour* appétissant, alléchant. **the sea looked very ~** la mer avait un aspect très tentant *or* engageant.

invitingly [ɪnˈvaɪtɪŋlɪ] *adv describe* d'une manière attrayante; *speak* d'un ton encourageant.

in vitro [ɪn ˈviːtrəʊ] *adj, adv* in vitro.

invocation [ˌɪnvəʊˈkeɪʃən] *n* invocation *f*.

invoice [ˈɪnvɔɪs] **1** *n* facture *f*. **2** *vt goods* facturer. **3** *cpd*: **invoice clerk** facturier *m*, -ière *f*; **invoice typist** dactylo-facturière *f*.

invoke [ɪnˈvəʊk] *vt* **(a)** *(call on) God, Muse, mercy, precedent, law* invoquer. **to ~ sb's help** invoquer *or* demander l'aide de qn; **to ~ vengeance on sb** appeler vengeance sur la tête de qn. **(b)** *(evoke) spirits, the devil* évoquer.

involuntarily [ɪnˈvɒləntərɪlɪ] *adv* involontairement.

involuntary [ɪnˈvɒləntərɪ] *adj* involontaire.

involve [ɪnˈvɒlv] *vt* **(a)** *(implicate, associate)* impliquer *(in* dans), mêler *(in* à), entraîner *(in* dans). **to ~ sb in a quarrel** mêler qn à une querelle; **to get ~d in a quarrel** se laisser entraîner dans une querelle; **to be ~d in a quarrel** être mêlé à une querelle; **they are trying to ~ him in the theft** ils essaient de l'impliquer dans le vol; **he wasn't ~d in the plot** il n'était pour rien dans le complot, il n'était pas impliqué dans le complot *or* mêlé au complot; **don't try to ~ me in this scheme** n'essaie pas de me mêler à ce projet; **we would prefer not to ~ Robert** nous préférerions ne pas mêler Robert à l'affaire *or* ne pas impliquer Robert; **to ~ sb in expense** entraîner qn à faire des frais; **to ~ o.s.** *or* **to get ~d in expense** se laisser entraîner à des dépenses *or* à la dépense; **how did you come to be ~d?** comment vous êtes-vous trouvé impliqué?; **we are all ~d** nous sommes tous concernés; **he was so ~d in politics that he had no time to ...** il était tellement engagé dans la politique qu'il n'avait pas le temps de ...; **the police became ~d** la police est intervenue; **a question of principle is ~d** c'est une question de principe qui est en jeu; **the factors/forces/principles ~d** les facteurs/forces/principes en jeu; **the vehicles ~d** les véhicules en cause; **the person ~d** l'intéressé(e) *m(f)*; **to feel personally ~d** se sentir concerné; **to get ~d with sb** *(gen)* se trouver mêlé aux affaires de qn; *(socially)* se trouver lié intimement à qn; *(fall in love with)* tomber amoureux de qn; **she likes him but she doesn't want to get (too) ~d*** elle a de l'affection pour lui mais elle ne veut pas (trop) s'engager.

(b) *(entail, imply)* entraîner, nécessiter. **does it ~ much trouble?** est-ce que cela nécessite *or* entraîne *or* occasionne beaucoup de dérangement?; **we apologize for the trouble ~d** nous vous prions de bien vouloir excuser le dérangement que ceci vous occasionne *(or* a occasionné); **it ~s a lot of expense** ceci entraîne beaucoup de frais; **the job ~s living in the country** le poste nécessite *or* exige qu'on réside *(subj)* à la campagne; **there's a good deal of work ~d** cela nécessite un gros travail.

involved [ɪnˈvɒlvd] *adj situation, relationship, question* compliqué, complexe; *style* contourné, compliqué; *V also* **involve**.

involvement [ɪnˈvɒlvmənt] *n* **(a)** *(U)* rôle *m* *(in* à), participation *f (in* à). **we don't know the extent of his ~** nous ne savons pas dans quelle mesure il est impliqué; **his ~ in the affair/plot** *etc* son rôle dans l'affaire/le complot *etc*; **his ~ in politics** son engagement *m* dans la politique; **his ~ in social work** son action *f* en matière sociale; **one must avoid any ~ in their difficulties** il faut éviter de se trouver mêlé à leurs difficultés.

(b) *(difficulty)* problème *m*, difficulté *f*. **financial ~s** difficultés financières, problèmes *or* embarras financiers.

(c) *(U) [style etc]* complication(s) *f(pl)*.

invulnerability [ɪnˌvʌlnərəˈbɪlɪtɪ] *n* invulnérabilité *f*.

invulnerable [ɪnˈvʌlnərəbl] *adj* invulnérable.

inward [ˈɪnwəd] **1** *adj movement* vers l'intérieur; *happiness, peace* intérieur *(f* -eure); *thoughts, desire, conviction* intime, profond. **2** *adv* = **inwards**. **3** *cpd*: **inward-looking** replié sur soi(-même).

inwardly [ˈɪnwədlɪ] *adv* **(a)** *(in the inside)* à l'intérieur, intérieurement, au-dedans. **the house was outwardly clean but ~ filthy** la maison était propre à l'extérieur mais dégoûtante à l'intérieur. **(b)** *(secretly, privately) feel, think, know* secrètement, en son *(or* mon *etc)* for intérieur.

inwards [ˈɪnwədz] *(phr vb elem) adv move etc* vers l'intérieur. *(liter)* **his thoughts turned ~** il rentra en (dedans de) lui-même, il descendit en lui-même.

iodine [ˈaɪədiːn] *n* iode *m*.

iodize [ˈaɪədaɪz] *vt* ioder.

iodoform [aɪˈɒdəfɔːm] *n* iodoforme *m*.

I.O.M. *(Brit) abbr of* **Isle of Man**; *V* **isle b.**

ion [ˈaɪən] *n* ion *m*.

Iona [aɪˈəʊnə] *n* (île *f* d')Iona.

Ionian [aɪˈəʊnɪən] *adj* ionien. **the ~ Islands** les îles Ioniennes; **the ~ (Sea)** la mer Ionienne.

Ionic [aɪˈɒnɪk] *adj (Archit)* ionique.

ionic [aɪˈɒnɪk] *adj (Chem, Phys)* ionique.

ionize [ˈaɪənaɪz] *vt* ioniser.

ionosphere [aɪˈɒnəsfɪər] *n* ionosphère *f*.

iota [aɪˈəʊtə] *n (letter)* iota *m*; *(fig: tiny amount)* brin *m*, grain *m*; *(in written matter)* iota. **he won't change an ~** (of what he has written) il refuse de changer un iota (à ce qu'il a écrit); **if he had an ~ of sense** s'il avait un grain de bon sens; **not an ~ of truth** pas un brin de vérité, pas un mot de vrai.

IOU [ˌaɪəʊˈjuː] *n (abbr of* **I owe you)** reconnaissance *f* de dette. **he gave me an ~ for £2** il m'a signé un reçu *or* un billet pour 2 livres.

I.O.W. *(Brit) abbr of* **Isle of Wight**; *V* **isle b.**

Iowa [ˈaɪəʊə] *n* Iowa *m*. **in ~** dans l'Iowa.

IPA [ˌaɪpiːˈeɪ] *n (abbr of* **International Phonetic Alphabet)** A.P.I. *m*.

ipecac(uanha) [ˌɪpɪkæk(jʊˈænə)] *n* ipéca(cuana) *m*.

I.Q. [ˌaɪˈkjuː] *n (abbr of* **intelligence quotient)** Q.I. *m*.

I.R.A. [ˌaɪɑːrˈeɪ] *n (abbr of* **Irish Republican Army)** I.R.A. *f (organisation paramilitaire)*.

Irak [ɪˈrɑːk] *n* = **Iraq.**

Iraki [ɪˈrɑːkɪ] = **Iraqi.**

Iran [ɪˈrɑːn] *n* Iran *m*. **in ~** en Iran.

Iranian [ɪˈreɪnɪən] **1** *adj* iranien. **2** *n* **(a)** Iranien(ne) *m(f)*. **(b)** *(Ling)* iranien *m*.

Iraq [ɪˈrɑːk] *n* Irak *m*, Iraq *m*. **in ~** en Irak.

Iraqi [ɪˈrɑːkɪ] **1** *adj* irakien, iraqien. **2** *n* Irakien(ne) *m(f)*, Iraqien(ne) *m(f)*.

irascibility [ɪˌræsɪˈbɪlɪtɪ] *n* irascibilité *f*.

irascible [ɪˈræsɪbl] *adj* irascible, coléreux, colérique.

irascibly [ɪˈræsɪblɪ] *adv* irasciblement.

irate [aɪˈreɪt] *adj* furieux, courroucé *(liter)*.

IRBM [ˌaɪɑːrˌbiːˈem] *abbr of* **intermediate range ballistic missile**; *V* **intermediate.**

ire [aɪər] *n (liter)* colère *f*, courroux *m (liter)*. **to rouse sb's ~** mettre qn dans une grande colère *or* en courroux *(liter)*, provoquer le courroux de qn *(liter)*.

Ireland [ˈaɪələnd] *n* Irlande *f*. **Republic of ~** République *f* d'Irlande; *V* **northern.**

irides [ˈɪrɪdiːz] *npl of* **iris a.**

iridescence [ˌɪrɪˈdesns] *n* irisation *f*; *[plumage etc]* chatoiement *m*.

iridescent [ˌɪrɪˈdesnt] *adj* irisé, iridescent; *plumage* chatoyant.

iridium [aɪˈrɪdɪəm] *n* iridium *m*.

iris [ˈaɪərɪs] *n* **(a)** *(pl* **irides)** *[eye]* iris *m*. **(b)** *(pl* **~es)** *(Bot)* iris *m*.

Irish [ˈaɪərɪʃ] **1** *adj* irlandais. *(Hist)* **~ Free State** État *m* libre d'Irlande; **~man** Irlandais *m*; **~ Sea** mer *f* d'Irlande; *(Culin)* **~ stew** ragoût *m* de mouton (à l'irlandaise); **~ terrier** irish-terrier *m*; **~ wolfhound** lévrier irlandais; **~woman** Irlandaise *f*; **~ coffee** café irlandais, Irish coffee *m*.

2 *n* **(a)** **the ~** *(pl)* les Irlandais *mpl*. **(b)** *(Ling)* irlandais *m*.

irk [ɜːk] *vt* contrarier, ennuyer.

irksome [ˈɜːksəm] *adj restriction, person* ennuyeux; *task* ingrat.

iron [ˈaɪən] **1** *n* **(a)** *(U: metal)* fer *m*. **old ~, scrap ~** ferraille *f (U)*; *(fig)* **a man of ~** *(unyielding)* un homme de fer; *(cruel)* un homme au cœur de pierre; *(loc)* **to strike while the ~ is hot** battre le fer pendant qu'il est chaud; *V* **cast, pump, rod, wrought** *etc*.

(b) *(tool)* fer *m*; *(for laundry: also* **flat ~)** fer (à repasser). **electric ~** fer électrique; *(fig)* **to have too many ~s in the fire** mener trop de choses *or* d'affaires de front; *(fig)* **I've got a lot of ~s in the fire** j'ai des quantités d'affaires en train; *(fig liter)* **the ~ had entered his soul** il avait la mort dans l'âme; **to give a dress an ~*,** **to run the ~ over a dress** donner un coup de fer à une robe; *V* **fire, grapple, solder** *etc*.

(c) *(fetters)* **~s** fers *mpl*, chaînes *fpl*; **to put** *or* **clap sb in ~s** mettre qn aux fers; *(Naut)* **to be in ~s** faire chapelle.

(d) *(Golf)* fer *m*. **a number 3 ~** un fer 3.

(e) *(U: Med)* (sels *mpl* de) fer *m*.

(f) *(surgical appliance)* attelle-étrier *f*; *V* **leg.**

2 *cpd (lit) tool, bridge* de *or* en fer; *(fig) determination* de fer, d'acier. **the Iron Age** l'âge *m* de fer; **the iron and steel industry** l'industrie *f* sidérurgique; *(Hist)* **the Iron Chancellor** le Chancelier de fer *(Bismarck)*; **ironclad** *(Naut)* cuirassé *m*; *(fig) argument etc* à toute épreuve, en béton armé; **to have an iron constitution** avoir une santé de fer, être bâti à chaux et à sable *or* à chaux et à ciment; *(Pol)* **iron curtain** rideau *m* de fer; *(Brit Hist)* **the Iron Duke** le Duc de fer *(Wellington)*; *(loc)* **an iron fist** *or* **hand in a velvet glove** une main de fer dans un gant de velours; **iron foundry** fonderie *f* de fonte; **iron grey** gris *inv* de fer, gris fer *inv*; *hair* gris acier *inv*; **to rule with an iron hand** gouverner d'une main *or* poigne de fer; (*Brit Pol*) **the Iron Lady** la Dame de fer; (*Med*) **iron lung** poumon *m* d'acier; **the man in the iron mask** l'homme *m* au masque de fer; **ironmonger** *V* ironmonger; **iron ore** minerai *m* de fer; **iron oxide** oxyde *m* de fer; **iron pyrite** pyrite *f*; **iron rations** vivres *mpl or* rations *fpl* de réserve; **ironstone (china)** terre *f* de fer; **iron will** volonté *f* de fer; (*U*) **ironwork** (*gates, railings etc*) ferronnerie *f*, serrurerie *f*; (*parts of construction*) ferronnerie, ferrures *fpl*; **heavy ironwork** grosse ferronnerie *or* serrurerie; **ironworks** (*pl inv*) usine *f* sidérurgique; *V* minimum, non-.

   3 *vt clothes etc* repasser; (*more sketchily*) donner un coup de fer à. **to ~ under a damp cloth** repasser à la pattemouille; (*on label*) '**no-~**' 'repassage superflu'.

   4 *vi [clothes etc]* se repasser.

♦**iron out** *vt sep creases* faire disparaître au fer; (*fig*) *difficulties* aplanir; *problems* faire disparaître.

ironic(al) [aɪ'rɒnɪk(əl)] *adj* ironique.

ironically [aɪ'rɒnɪkəlɪ] *adv* ironiquement.

ironing ['aɪənɪŋ] **1** *n* repassage *m*. **to do the ~** repasser, faire le repassage; **it needs no ~** cela n'a pas besoin d'être repassé, cela ne nécessite aucun repassage. **2** *cpd*: **ironing board** planche *f* à repasser.

ironmonger ['aɪən,mʌŋgər] *n* (*Brit*) quincailler *m*. **~'s (shop)** quincaillerie *f*.

ironmongery ['aɪən,mʌŋgərɪ] *n* (*Brit*) quincaillerie *f*.

irony ['aɪərənɪ] *n* ironie *f*. **the ~ of fate** l'ironie du sort; **the ~ of it is that ...** ce qu'il y a d'ironique (là-dedans) c'est que ...; *V* dramatic.

Iroquois ['ɪrəkwɔɪ] **1** *adj* iroquois. **2** *n* (a) (*also ~* **Indian**) Iroquois(e) *m(f)*. (b) (*Ling*) iroquois *m*.

irradiate [ɪ'reɪdɪeɪt] **1** *vt* (a) (*illuminate: lit, fig*) illuminer. (b) **to ~ light** émettre de la lumière; **to ~ heat** dégager de la chaleur. (c) (*expose to radiation*) irradier. **2** *vi* irradier.

irradiation [ɪ,reɪdɪ'eɪʃən] *n* (*V* irradiate) illumination *f*; irradiation *f*.

irrational [ɪ'ræʃənl] *adj person* qui n'est pas rationnel; *animal* dépourvu de raison; *belief* déraisonnable, absurde; *conduct* irrationnel; (*Math*) irrationnel. **she had become quite ~ about it** elle n'était plus du tout capable d'y penser rationnellement.

irrationally [ɪ'ræʃnəlɪ] *adv believe* déraisonnablement; *behave* irrationnellement.

irreconcilable [ɪ,rekən'saɪləbl] *adj enemy, enemies* irréconciliable; *hatred* implacable; *belief, opinion* inconciliable, incompatible (*with* avec).

irrecoverable [,ɪrɪ'kʌvərəbl] *adj object* irrécupérable; (*Fin*) irrécouvrable; (*fig*) *loss* irréparable, irrémédiable.

irredeemable [,ɪrɪ'diːməbl] *adj* (a) *person* incorrigible, incurable; *error* irréparable; *disaster* irrémédiable. (b) (*Fin*) *loan* non amortissable, non remboursable; *bond* irremboursable.

irreducible [,ɪrɪ'djuːsəbl] *adj* irréductible.

irrefutable [,ɪrɪ'fjuːtəbl] *adj argument, evidence* irréfutable; *testimony* irrécusable.

irregular [ɪ'regjʊlər] **1** *adj* (a) *marriage, troops, situation, hours, behaviour* irrégulier. **to be ~ in one's attendance** assister *or* être présent de façon peu régulière *or* intermittente; **he leads a very ~ life** il mène une vie très déréglée; **all this is very ~** tout cela n'est pas du tout régulier.

   (b) *shape, pulse, handwriting* irrégulier; *surface* inégal; *object, outline* irrégulier, asymétrique.

   (c) (*Ling*) irrégulier.

   2 *npl* (*Mil*) **the ~s** les irréguliers *mpl*.

irregularity [ɪ,regjʊ'lærɪtɪ] *n* (*V* irregular) irrégularité *f*; asymétrie *f*. **the ~ of the ground** les accidents *mpl* du terrain.

irrelevance [ɪ'reləvəns] *n*, **irrelevancy** [ɪ'reləvənsɪ] *n* (a) (*U*) manque *m* de rapport, manque d'à-propos (*to* avec). (b) **a report full of ~s** *or* **irrelevancies** un compte rendu qui s'écarte sans cesse du sujet.

irrelevant [ɪ'reləvənt] *adj facts, details* sans rapport; *question, remark* hors de propos. **that's ~** cela n'a rien à voir avec *or* cela est sans rapport avec la question; **~ to the subject** hors du sujet.

irrelevantly [ɪ'reləvəntlɪ] *adv say, add* hors de propos.

irreligion [,ɪrɪ'lɪdʒən] *n* irréligion *f*.

irreligious [,ɪrɪ'lɪdʒəs] *adj* irréligieux.

irremediable [,ɪrɪ'miːdɪəbl] *adj* irrémédiable, sans remède.

irremediably [,ɪrɪ'miːdɪəblɪ] *adv* irrémédiablement.

irremovable [,ɪrɪ'muːvəbl] *adj thing* immuable; *difficulty* invincible; *judge etc* inamovible.

irreparable [ɪ'repərəbl] *adj harm, wrong* irréparable; *loss* irréparable, irrémédiable.

irreparably [ɪ'repərəblɪ] *adv* irréparablement, irrémédiablement.

irreplaceable [,ɪrɪ'pleɪsəbl] *adj* irremplaçable.

irrepressible [,ɪrɪ'presəbl] *adj envy, laughter* irrépressible, irrésistible. **she's quite ~** elle pétille d'entrain, elle fait preuve d'un entrain débridé *or* irrépressible; (*of child*) c'est un vrai petit diable.

irreproachable [,ɪrɪ'prəʊtʃəbl] *adj* irréprochable.

irresistible [,ɪrɪ'zɪstəbl] *adj* irrésistible.

irresistibly [,ɪrɪ'zɪstəblɪ] *adv* irrésistiblement.

irresolute [ɪ'rezəluːt] *adj* irrésolu, indécis, hésitant.

irresolutely [ɪ'rezə,luːtlɪ] *adv hesitate, pause etc* d'un air irrésolu *or* indécis.

irresoluteness [ɪ'rezəluːtnɪs] *n* irrésolution *f*, indécision *f*.

irrespective [,ɪrɪ'spektɪv] *adj*: **~ of** sans tenir compte de; **~ of whether they are needed** qu'on en ait besoin ou non.

irresponsibility ['ɪrɪs,pɒnsə'bɪlɪtɪ] *n [person]* irresponsabilité *f* (*also Jur*), légèreté *f*; *[act]* légèreté.

irresponsible [,ɪrɪs'pɒnsəbl] *adj person* qui n'a pas le sens des

responsabilités, irréfléchi; *act, remark* irréfléchi, léger; (*Jur*) irresponsable. **it was ~ of her to do that** elle a fait preuve de légèreté en faisant cela.

irresponsibly [,ɪrɪs'pɒnsɪblɪ] *adv* (*gen*) sans penser à ses (*or* leurs *etc*) responsabilités; (*without thinking enough*) à la légère.

irretrievable [,ɪrɪ'triːvəbl] *adj loss, damage* irréparable, irrémédiable; *object* introuvable.

irretrievably [,ɪrɪ'triːvəblɪ] *adv* irréparablement, irrémédiablement.

irreverence [ɪ'revərəns] *n* irrévérence *f*.

irreverent [ɪ'revərənt] *adj* irrévérencieux.

irreverently [ɪ'revərəntlɪ] *adv* irrévérencieusement, avec irrévérence.

irreversible [,ɪrɪ'vɜːsəbl] *adj movement, operation* irréversible; *decision, judgment* irrévocable.

irrevocable [ɪ'revəkəbl] *adj* irrévocable.

irrevocably [ɪ'revəkəblɪ] *adv* irrévocablement.

irrigable ['ɪrɪgəbl] *adj* irrigable.

irrigate ['ɪrɪgeɪt] *vt* (*Agr, Med*) irriguer.

irrigation [,ɪrɪ'geɪʃən] *n* (*Agr, Med*) irrigation *f*.

irritability [,ɪrɪtə'bɪlɪtɪ] *n* (*V* irritable) irritabilité *f*; (*irascibility*) mauvais caractère, irascibilité *f* (*liter*).

irritable ['ɪrɪtəbl] *adj person* (*cross*) irritable; (*irascible*) irascible, coléreux; *look, mood* irritable; *temperament, nature* irascible. **to get** *or* **grow ~** devenir irritable.

irritably ['ɪrɪtəblɪ] *adv behave, nod* avec humeur; *speak* d'un ton irrité.

irritant ['ɪrɪtənt] *adj, n* (*esp Med*) irritant (*m*).

irritate ['ɪrɪteɪt] *vt* (a) (*annoy*) irriter, agacer. (b) (*Med*) irriter.

irritating ['ɪrɪteɪtɪŋ] *adj* (a) (*annoying*) irritant, agaçant. (b) (*Med*) irritant.

irritation [,ɪrɪ'teɪʃən] *n* (*also Med*) irritation *f*.

irruption [ɪ'rʌpʃən] *n* irruption *f*.

is [ɪz] *V* be.

Isaac ['aɪzək] *n* Isaac *m*.

Isaiah [aɪ'zaɪə] *n* Isaïe *m*.

I.S.B.N. [,aɪes,biː'en] *n* (*abbr of* **International Standard Book Number**) ISBN *m*.

ischia ['ɪskɪə] *npl of* ischium.

ischium ['ɪskɪəm] *n* ischion *m*.

...ish [ɪʃ] *suf* (a) ...âtre. **blackish** plutôt noir, noirâtre (*pej*). (b) **she came at threeish** elle est venue vers trois heures *or* sur les trois heures; **it's coldish** il fait un peu froid *or* frisquet*; **she's fortyish** elle a dans les quarante ans*.

isinglass ['aɪzɪŋglɑːs] *n* ichtyocolle *f*; (*Culin*) gélatine *f*.

Isis ['aɪsɪs] *n* (*Myth*) Isis *f*.

Islam ['ɪzlɑːm] *n* Islam *m*.

Islamic [ɪz'læmɪk] *adj* islamique. (*Geog: in names*) **the ~ Republic of ...** la République islamique de ... .

Islamism ['ɪzləmɪzəm] *n* Islamisme *m*.

island ['aɪlənd] **1** *n* (a) (*lit, fig*) île *f*. **small ~** îlot *m*. (b) (*also* **traffic** *or* **street ~**) refuge *m* (*pour piétons*); (*in centre of roundabout*) terre-plein *m* central. **2** *cpd*: **an island people/community** un peuple/une communauté insulaire; **the island people/community** le peuple/la communauté de l'île.

islander ['aɪləndər] *n* insulaire *mf*, habitant(e) *m(f)* d'une île or de l'île.

isle [aɪl] *n* (a) (*liter*) île *f*. (b) (*Geog*) **I~ of Man** île de Man; **I~ of Wight** île de Wight; *V* British.

islet ['aɪlɪt] *n* îlot *m*.

ism ['ɪzəm] *n* doctrine *f*, théorie *f*. **all the ~s of today** tous les mots en 'isme' actuels.

...ism ['ɪzəm] *suf* ...isme.

isn't ['ɪznt] = **is not**; *V* be.

iso... ['aɪsəʊ] *pref* iso... .

isobar ['aɪsəʊbɑːr] *n* isobare *f*.

Isobel ['ɪzəʊbel] *n* Isabelle *f*.

isogloss ['aɪsəʊglɒs] *n* isoglosse *f*.

isolate ['aɪsəʊleɪt] *vt* (*all senses*) isoler (*from* de).

isolated ['aɪsəʊleɪtɪd] *adj* (*Chem, Med etc*) isolé; *village* isolé, écarté. **~ case** cas isolé; **to feel ~** se sentir isolé.

isolation [,aɪsəʊ'leɪʃən] **1** *n* (a) (*gen, Med*) isolement *m*; *[village etc]* isolement, solitude *f*. **splendid ~** splendide isolement. (b) (*Chem etc*) (*action*) isolation *f*; (*state*) isolement *m*. **2** *cpd*: **isolation hospital** hôpital *m* d'isolement *or* de contagieux; **isolation ward** salle *f* des contagieux.

isolationism [,aɪsəʊ'leɪʃənɪzəm] *n* isolationnisme *m*.

isolationist [,aɪsəʊ'leɪʃənɪst] *adj, n* isolationniste (*mf*).

Isolde [ɪ'zɒldə] *n* Iseult *f or* Iseut *f*.

isomorphic [,aɪsəʊ'mɔːfɪk] *adj* isomorphe.

isopluvial [,aɪsəʊ'pluːvɪəl] *adj*: **~ map** carte *f* pluviométrique.

isosceles [aɪ'sɒsɪliːz] *adj* isocèle.

isotherm ['aɪsəʊθɜːm] *n* isotherme *f*.

isotope ['aɪsəʊtəʊp] *adj, n* isotope (*m*).

Israel ['ɪzreɪl] *n* Israël *m* (*never with article*). **in ~** en Israël.

Israeli [ɪz'reɪlɪ] **1** *adj* israélien; *embassy* d'Israël. **2** *n* Israélien(ne) *m(f)*.

Israelite ['ɪzrɪəlaɪt] *n* Israélite *mf*.

issue ['ɪʃuː] **1** *n* (a) (*matter, question*) question *f*, sujet *m*, problème *m*. **it is a very difficult ~** c'est une question *or* un sujet *or* un problème très complexe, c'est un point très délicat; **he raised several new ~s** il a soulevé plusieurs points nouveaux; **the ~ is whether ...** la question consiste à savoir si ...; **the ~ is to discover if ...** la question centrale est de découvrir si ...; **that's the main ~** voilà la question *or* le problème principal(e); **it's not a political ~** ce n'est pas un problème politique; **to cloud** *or* **confuse** *or* **obscure the ~** brouiller les cartes; **to face the ~** regarder le problème en face; **to force the** ~ forcer une décision; **to evade** *or* **avoid the** ~ prendre la tangente, s'échapper par la tangente; **to make an** ~ **of sth** faire de qch un sujet de controverse, faire un problème de qch, monter qch en épingle; **he makes an** ~ **of every tiny detail** il fait une montagne du moindre détail; **I don't want to make an** ~ **of it but** ... je ne veux pas trop insister là-dessus mais ...; **the matter/factors at** ~ l'affaire/les facteurs en jeu; **the point at** ~ le point controversé, la question en litige *or* qui pose un problème; **his integrity is not at** ~ son intégrité n'est pas (mise) en doute *or* en cause; **his political future is at** ~ son avenir politique est (mis) en question *or* en cause; **they were at** ~ **over** ... ils étaient en désaccord sur ...; **to take** *or* **join** ~ **with sb** engager une controverse avec qn; **I feel I must take** ~ **with you on this** je me permets de ne pas partager votre avis là-dessus; *V* **side**.

  (**b**) (*outcome*) résultat *m*, aboutissement *m*, issue *f*. **in the** ~ en fin de compte, à la fin; **until the** ~ **is known** jusqu'à ce qu'on sache le résultat; **favourable** ~ résultat heureux, heureuse issue; **we brought the matter to a successful** ~ nous avons mené l'affaire à une heureuse conclusion.

  (**c**) *[book]* publication *f*, parution *f*, sortie *f*; *[magazine, newspaper]* livraison *f*; *[goods, tickets]* distribution *f*; *[passport, document]* délivrance *f*; *[banknote, cheque, shares, stamp]* émission *f*, mise *f* en circulation; *[proclamation]* parution; (*Jur*) *[warrant, writ, summons]* lancement *m*. **there has been a new** ~ **of banknotes/stamps/shares** il y a eu une nouvelle émission de billets/de timbres/d'actions; **there were several** ~**s of clothing to refugees** il y a eu plusieurs distributions de vêtements aux réfugiés; **these coins are a new** ~ ces pièces viennent d'être émises.

  (**d**) (*copy*) *[newspaper, magazine]* numéro *m*. **in this** ~ dans ce numéro; **back** ~ vieux numéro.

  (**e**) (*Med*) écoulement *m*.

  (**f**) (*U: Jur: offspring*) descendance *f*, progéniture *f* (*liter*). **without** ~ sans enfants, sans progéniture (*liter*), sans descendance; **X and his** ~ X et sa descendance *or* ses descendants.

  2 *cpd* (*esp Mil*) **clothing** *etc* réglementaire, d'ordonnance.

  3 *vt* **book** publier, faire paraître; *order* donner; *goods, tickets* distribuer; *passport, document* délivrer; *banknote, cheque, shares, stamps* émettre, mettre en circulation; *proclamation* faire; (*Jur*) *warrant, warning, writ* lancer; (*Jur*) *verdict* rendre. **to** ~ **a statement** publier une mise au point, faire une déclaration; (*Jur*) **to** ~ **a summons** lancer une assignation; (*Fin*) ~**d to bearer** émis au porteur; **to** ~ **sth to sb**, **to** ~ **sb with sth** fournir *or* donner qch à qn; **the children were** ~**d with pencils** on distribua *or* fournit *or* donna des crayons aux enfants.

Istanbul [ˌɪstæn'buːl] *n* Istamboul *or* Istanbul.

isthmus ['ɪsməs] *n* isthme *m*.

Istria ['ɪstrɪə] *n* Istrie *f*.

IT ['aɪ'tiː] *abbr of* **information technology**; *V* **information**.

it¹ [ɪt] *pron* (**a**) (*specific*) (*nominative*) il, elle; (*accusative*) le, la; (*before vowel*) l'; (*dative*) lui. **where is the book?** — ~**'s on the table** où est le livre? — il est sur la table; **my machine is old but** ~ **works** ma machine est vieille mais elle marche; **here's the pencil** — **give** ~ **to me** voici le crayon — donne-le-moi; **if you can find the watch give** ~ **to him** si tu peux trouver la montre donne-la-lui; **he found the book and brought** ~ **to me** il a trouvé le livre et me l'a apporté; **let the dog in and give** ~ **a drink** fais entrer le chien et donne-lui à boire.

  (**b**) **of** ~, **from** ~, **about** ~, **for** ~ *etc* en; **he's afraid of** ~ il en a peur; **I took the letter out of** ~ j'en ai sorti la lettre; **I feel the better for** ~ je m'en trouve mieux; **I don't care about** ~ je ne m'en soucie pas, je m'en fiche*; **speak to him about** ~ parlez-lui-en; **he didn't speak to me about** ~ il ne m'en a pas parlé; (*following French verbs with 'de'*) **I doubt** ~ j'en doute.

  (**c**) **in** ~, **to** ~, **at** ~ *etc* y; **I'll see to** ~ j'y veillerai; **he fell in** ~ il y est tombé; (*meeting etc*) **he'll be at** ~ il y sera; **he agreed to** ~ il y a consenti; (*following French verbs with 'à'*) **taste** ~! goutez-y!; **don't touch** ~ n'y touche pas.

  (**d**) **above** ~, **over** ~ (au-)dessus; **below** ~, **beneath** ~, **under** ~ (au-)dessous, (en-)dessous; **there's the table and your book is on** ~ voilà la table et votre livre est dessus; **a table with a cloth over** ~ une table avec une nappe dessus; **he drew a house with a cloud above** ~ il a dessiné une maison avec un nuage au-dessus; **there is a fence but you can get under** ~ il y a une barrière mais vous pouvez passer (en-)dessous.

  (**e**) (*impers: non-specific*) il, ce, cela, ça. ~ **is raining** il pleut; ~**'s hot today** il fait chaud aujourd'hui; ~ **was a warm evening** il faisait doux ce soir-là; ~ **all frightens me** tout cela m'effraie; ~**'s very pleasant here** c'est agréable *or* bien ici; ~**'s Wednesday 16th October** nous sommes (le) mercredi 16 octobre; ~**'s 3 o'clock** il est 3 heures; **who is** ~? qui est-ce?; ~**'s me** c'est moi; **what is** ~? qu'est-ce that c'est?; **what's** ~ **all about?** qu'est-ce qu'il se passe?, de quoi s'agit-il?, de quoi est-il question?; **where is** ~? où est-ce?, où est-ce que c'est?; **that's** ~! (*approval*) c'est ça!; (*agreement*) c'est bien ça!, exactement!, tout à fait!; (*achievement*) ça y est!, c'est fait!; (*dismay*) ça y est!; **how was** ~? comment ça s'est(-il) passé?, comment c'était?*; **what was that noise?** — ~ **was the cat** qu'est-ce que c'était que ce bruit? — c'était le chat; ~ **isn't worth while** ce n'est pas la peine; ~**'s no use trying to see her** ce n'est pas la peine de *or* ça ne sert à rien d'essayer de le voir; ~**'s difficult to understand** c'est difficile à comprendre; ~**'s difficult to understand why** il est difficile de comprendre pourquoi; ~**'s a pity** c'est dommage; **I considered** ~ **pointless to protest** j'ai jugé (qu'il était) inutile de protester; ~**'s fun to go for a swim** c'est amusant d'aller

nager; ~ **was your father who phoned** c'est ton père qui a téléphoné; ~ **was Anne I gave it to** c'est à Anne que je l'ai donné; ~ **can't be helped** on n'y peut rien, on ne peut rien y faire; **the best of** ~ **is that** ... ce qu'il y a de mieux (là-dedans) c'est que ...; **he's not got** ~ **in him to do this job properly** il est incapable de faire ce travail comme il faut, il n'a pas l'étoffe de mener la chose à bien; **he's got what** ~ **takes*** il est à la hauteur*; **keep at** ~! continuez!; **they made** ~ **up** ils se sont réconciliés; **let's face** ~ regardons les choses en face; **now we've done** ~! ça y est, regarde ce que tu as fait!; **you'll catch** ~! tu vas écoper!*; **he's had** ~* il est fichu*; **to be with** ~* être dans le vent* *or* à la page; **to get with** ~‡ se mettre à la page; **he's got** ~ **bad‡** il est pincé*; **he's got** ~ **bad for her‡** il en pince pour elle*, il l'a dans la peau‡; **she's got** ~ **in for me** elle m'en veut, elle a une dent contre moi*.

  (**f**) (*in games*) **you're** ~! c'est toi le chat!; **she really thinks she's** ~* elle se prend vraiment pour le nombril du monde*.

  (**g**) **she's got** ~‡ elle est sexy*.

it² [ɪt] *n* (*abbr of* **Italian**) gin and ~ vermouth-gin *m*.

I.T.A. [ˌaɪtiː'eɪ] *abbr of* **initial teaching alphabet**; *V* **initial**.

Italian [ɪ'tæljən] **1** *adj* italien; *embassy* d'Italie. **2** *n* (**a**) Italien(ne) *m(f)*. (**b**) (*Ling*) italien *m*; *V* **Switzerland**.

italic [ɪ'tælɪk] **1** *adj* (*Typ*) italique. ~ **script** écriture *f* italique. **2** *npl*: ~**s** italique *m*; **to put a word in** ~**s** mettre un mot en italique; **'my** ~**s'** 'les italiques sont de moi'.

italicize [ɪ'tælɪsaɪz] *vt* (*Typ*) mettre *or* imprimer en italique.

Italy ['ɪtəlɪ] *n* Italie *f*.

itch [ɪtʃ] **1** *n* (*lit*) démangeaison *f*. **I've got an** ~ **in my leg** ma jambe me démange; (*Med, Vet*) **the** ~ **la gale**; (*fig*) **I've got an** ~* **to travel** l'envie de voyager me démange, je meurs d'envie de voyager.

  2 *vi* (**a**) (*person*) éprouver des démangeaisons. **his legs** ~ ses jambes le *or* lui démangent; **my back** ~**es** j'ai des démangeaisons dans le dos, le dos me démange.

  (**b**) (**fig**) **to be** ~**ing to do sth** avoir une envie qui vous démange de faire qch; **I am** ~**ing to tell him the news** la langue me démange de lui annoncer la nouvelle; **he's** ~**ing for a fight** ça te démange de se battre; **my hand is** ~**ing** (*to slap him*) la main me démange *or* j'ai la main qui me démange (de le gifler).

  3 *vt* démanger.

itching ['ɪtʃɪŋ] *n* démangeaison *f*. ~ **powder** poil *m* à gratter.

itchy ['ɪtʃɪ] *adj* qui démange. **I've got an** ~ **back** j'ai le dos qui me démange, j'ai des démangeaisons dans le dos; (*fig*) **he's got** ~ **feet*** il a la bougeotte*; (*fig*) **he's got** ~ **fingers*** il est chapardeur, il a les doigts collants*.

it'd ['ɪtd] = **it had, it would**; *V* **have, would**.

item ['aɪtəm] **1** *n* (*Comm, Comput*) article *m*; (*in discussion, at meeting*) question *f*, point *m*; (*in variety show*) numéro *m*; (*in catalogue, newspaper*) article; (*Jur: in contract*) article; (*Book-keeping*) poste *m*. **an** ~ **of furniture** un meuble; ~**s on the agenda** questions à l'ordre du jour; **the first** ~ **on the programme** le premier numéro du programme; **the first** ~ **on the list** (*gen*) la première chose sur la liste; (*on shopping list*) le premier article sur la liste; (*in discussion*) la première question *or* le premier point sur la liste; (*Rad, TV*) **the main** ~ **in the news** le titre principal des informations, la grosse nouvelle, le fait du jour; **it's an important** ~ **in our policy** c'est un point important de notre politique.

  2 *cpd*: (*US Pol*) **item veto** veto partiel (*sur un projet de loi*).

  3 *adv* de plus, en outre; (*Comm etc: when enumerating*) item.

itemize ['aɪtəmaɪz] *vt bill etc* détailler, spécifier.

itinerant [ɪ'tɪnərənt] *adj preacher* itinérant; *actors, musician* ambulant. ~ **lace-seller** colporteur *m*, -euse *f* de dentelle; (*US Scol*) ~ **teacher** professeur *m* qui exerce sur plusieurs établissements.

itinerary [aɪ'tɪnərərɪ] *n* itinéraire *m*.

it'll ['ɪtl] = **it will**; *V* **will**.

ITN [ˌaɪtiː'en] *n* (*Brit*) *abbr of* **Independent Television News** (*chaîne indépendante d'actualités télévisées*).

ITV [ˌaɪtiː'viː] *n* (*Brit*) *abbr of* **Independent Television** (*chaîne indépendante de télévision*).

its [ɪts] **1** *poss adj* son *m* (*also f before vowel*), sa *f*, ses *pl*. **2** *poss pron* le sien, la sienne, les siens, les siennes.

it's [ɪts] = **it is, it has**; *V* **be, have**.

itself [ɪt'self] *pron* (**a**) (*emphatic*) lui-même *m*, elle-même *f*. **the book** ~ **is not valuable** le livre (en) lui-même n'est pas de grande valeur; **the chair** ~ **was covered with ink** la chaise elle-même était couverte d'encre; **she is goodness** ~ elle est la bonté même; **she fainted in the theatre** ~ elle s'est évanouie en plein théâtre *or* dans le théâtre même; **the door closes by** ~ la porte se ferme automatiquement *or* toute seule; **by** ~ isolément, en soi; **this by** *or* **in** ~ **is not bad** ceci n'est pas un mal en soi.

  (**b**) (*reflexive*) se. **the dog hurt** ~ le chien s'est fait mal.

I.U.D. [ˌaɪjuː'diː] *n* (*abbr of* **intrauterine device**) stérilet *m*.

Ivan ['aɪvən] *n* Ivan *m*. ~ **the Terrible** Ivan le Terrible.

I've [aɪv] = **I have**; *V* **have**.

ivory ['aɪvərɪ] **1** *n* (**a**) (*U*) ivoire *m*.

  (**b**) (*objet m d'*)ivoire *m*. **an** ~ **of great worth** un ivoire de grande valeur; **ivories** (*: piano keys*) touches *fpl*; (*Billiards‡*) boules *fpl* de billard; (*dice*) dés *mpl*; (*‡: teeth*) dents *fpl*.

  2 *cpd* **statue, figure** en ivoire, d'ivoire; (*also* **ivory-coloured**) ivoire *inv*. **Ivory Coast** Côte *f* d'Ivoire; (*fig*) **ivory tower** tour *f* d'ivoire.

ivy ['aɪvɪ] *n* lierre *m*. ~**leaf geranium** géranium-lierre *m*; (*US*) **I~ League** (*n*) *les huit grandes universités privées du nord-est*; (*adj*) bon chic bon genre* (*style étudiant chic*).

J

J, j [dʒeɪ] *n* (*letter*) J, j *m*. J for Jack, J for John ≃ J comme Joseph.
jab [dʒæb] **1** *vt knife, stick* enfoncer, planter (*into* dans). **he** ~**bed his elbow into my side** il m'a donné un coup de coude dans les côtes; **he** ~**bed the cushion with his stick** il a enfoncé son bâton dans le coussin; **he** ~**bed a finger at the map** il a planté son doigt sur la carte.
　2 *vi* (*Boxing*) lancer un coup droit, envoyer un direct (*at* à).
　3 *n* (**a**) coup *m* (*donné avec un objet pointu*), coup de pointe.
　　(**b**) (*: *injection*) piqûre *f*. **I've had my** ~ on m'a fait ma piqûre.
　　(**c**) (*Boxing*) coup *m* droit, direct *m*.
jabber [ˈdʒæbəʳ] **1** *vt excuse, explanation* bafouiller; *foreign language* baragouiner. **to** ~ (**out**) **one's prayers** bredouiller *or* marmotter ses prières. **2** *vi* (*also* ~ *away*) (*chatter*) bavarder, jacasser; (*speak unintelligibly*) baragouiner. **they were** ~**ing** (**away**) **in Chinese** ils baragouinaient en chinois.
jabbering [ˈdʒæbərɪŋ] *n* bavardage *m*, jacasserie *f*; baragouinage *m*.
jacaranda [ˌdʒækəˈrændə] *n* jacaranda *m*.
jack [dʒæk] **1** *n* (**a**) (*Aut*) cric *m*.
　　(**b**) (*Bowling*) cochonnet *m*, bouchon* *m*.
　　(**c**) (*Cards*) valet *m*.
　　(**d**) (*flag*) V union.
　　(**e**) *dim of* John. J~ **Frost** (le) Bonhomme Hiver; **J~ and the Beanstalk** Jack au pays des géants; **before you could say J~ Robinson*** en moins de temps qu'il n'en faut pour le dire.
　　(**f**) **every man** ~ chacun; **every man** ~ **of them** tous tant qu'ils sont (*or* étaient *etc*).
　2 *cpd*: **jackass** âne *m*, baudet* *m*; (*fig) crétin* *m* (V *laughing*); **jackboot** (*cpd*) *discipline, method* autoritaire, dictatorial; (*Mil etc*) **jackboots** (*npl*) bottes *fpl* à l'écuyère; **jackdaw** choucas *m*; (*US*) **jackhammer** marteau-piqueur *m*; (*pej*) **jack-in-office*** gratte-papier *m inv or* rond-de-cuir *m* (qui joue à l'important); **jack-in-the-box** diable *m* (à ressort); **jack-knife** couteau *m* de poche; **the lorry jack-knifed** la remorque (du camion) s'est mise en travers; **jack-knife dive** saut carpé *or* de carpe; (*US*) **jackleg** (*not qualified*) *carpenter etc* amateur; (*dishonest*) *work* louche; (*makeshift*) *structure* de fortune; **jack-of-all-trades** bricoleur *m*, homme *m* à tout faire; **jack-o'-lantern** feu follet *m*; **jack plug** prise *f* à fiche; **jackpot** (*Betting*) gros lot; (*Cards*) pot *m* (*lit, fig*) **to hit the jackpot** gagner le gros lot; **their last dise hit the jackpot** leur dernier disque a fait un malheur* *or* un tabac* (*fig*); **jack rabbit** gros lièvre (*de l'Ouest américain*); (*fig*) **jackstraw** nullité *f*; (*game*) **jackstraws** (jeu *m* de) jonchets *mpl*; (*Naut**) **jack tar, Jack Tar** marin *m*, matelot *m*.
◆**jack in‡** *vt sep* plaquer‡.
◆**jack up** *vt sep car* soulever avec un cric; (*: *raise*) *prices, wages* faire grimper. **the car was jacked up** la voiture était sur le cric.
jackal [ˈdʒækɔːl] *n* chacal *m*.
jackanapes [ˈdʒækəneɪps] *n* polisson(ne) *m(f)*.
jacket [ˈdʒækɪt] *n* (**a**) [*man*] veste *f*, veston *m*; [*woman*] veste, jaquette *f*; [*child*] paletot *m*; V **life**.
　　(**b**) [*boiler etc*] enveloppe *f*, chemise *f*; [*book*] couverture *f*; [*record*] pochette *f*. (*Brit*) ~ **potatoes, potatoes baked in their** ~**s** pommes de terre en robe des champs *or* en robe de chambre *or* au four.
Jacob [ˈdʒeɪkəb] *n* Jacob *m*. **Jacob's ladder** l'échelle *f* de Jacob.
Jacobean [ˌdʒækəˈbiːən] *adj* de l'époque de Jacques Ier (*1603-1625*).
Jacobite [ˈdʒækəbaɪt] **1** *n* Jacobite *mf*. **2** *adj* jacobite.
jacuzzi [dʒəˈkuːzɪ] *n* ® jacuzzi *m* ®, bain *m* à jet propulsé.
jade¹ [dʒeɪd] **1** *n* jade *m*. **2** *adj* (*colour*) (couleur de) jade *inv*. **3** *cpd*: **jade-green** vert (de) jade *inv*.
jade² [dʒeɪd] *n* (*horse*) haridelle *f*, rossinante *f*; († *pej*: *prostitute*) traînée* *f*; (†: *pert girl*) coquine *f*.
jaded [ˈdʒeɪdɪd] *adj person* las (*f* lasse) (*with or about* de), blasé; *palate* blasé. **his appetite was** ~ il avait l'estomac fatigué.
jag [dʒæg] **1** *n* (**a**) pointe *f*, saillie *f*, aspérité *f*. (**b**) (*fig*) **drinking** ~* **cuite*** *f*; **they were on a drinking** ~* **last night** ils se sont bien cuités* *or* ils ont pris une fameuse cuite* hier soir; **she got a crying** ~* elle a eu une crise de larmes. (**c**) (*Scot*) injection *f*, piqûre *f*.
　2 *vt* déchirer, déchiqueter, denteler.
jagged [ˈdʒægɪd] *adj tear, edge, hole* irrégulier, déchiqueté, dentelé.
jaguar [ˈdʒægjʊəʳ] *n* jaguar *m*.
jai alai [ˈhaɪ əˌlaɪ] *n* (*US Sport*) ≃ pelote *f* basque.
jail [dʒeɪl] **1** *n* prison *f*. **he is in** ~ il est en prison; **he was in** ~ **for 5 years** il a fait 5 ans de prison; **to put sb in** ~ mettre qn en prison, emprisonner qn, incarcérer qn; **to send sb to** ~ condamner qn à la prison; **to send sb to** ~ **for 5 years** condamner qn à 5 ans de prison.
　2 *vt* emprisonner, mettre en prison, incarcérer. **to** ~ **sb for life** condamner qn à (la réclusion) à perpétuité; **to** ~ **sb for murder** condamner qn à la prison pour meurtre.
　3 *cpd*: (*US*) **jailbait‡** mineure *f* (*qui n'a pas atteint l'âge nubile légal*); **jailbird** récidiviste *mf*; **jailbreak** évasion *f* (de prison); **jailbreaker** évadé(e) *m(f)*.
jailer [ˈdʒeɪləʳ] *n* geôlier *m*, -ière *f*.
jakes‡ [dʒeɪks] *n*: **the** ~ les cabinets *mpl*.

jalopy* [dʒəˈlɒpɪ] *n* vieux tacot*, guimbarde *f*.
jalousie [ˈʒæluː(ː)ziː] *n* jalousie *f* (*store*).
jam¹ [dʒæm] **1** *n* (**a**) [*logs, vehicles etc*] embouteillage *m*, encombrement *m*. **there was a great** ~ **of people waiting to get in** il y avait toute une masse de gens *or* une foule de gens qui attendaient d'entrer; V **traffic**.
　　(**b**) (*) pétrin *m*. **to get into a** ~ se mettre dans le pétrin; **to get sb out of a** ~ tirer qn du pétrin.
　　(**c**) (*Climbing*) coincement *m*, verrou *m*.
　2 *cpd*: **jam-full, jam-packed** *vehicle, room* comble, plein à craquer*, bondé; *street, pavements* noir de monde; *container, suitcase* plein à ras bord.
　3 *vt* (**a**) (*crush, squeeze*) serrer, comprimer, écraser; (*wedge*) coincer. **to be** ~**med between the wall and the door** être coincé entre le mur et la porte; **ship** ~**med in the ice** navire bloqué par les glaces; **he got his finger** ~**med** *or* **he** ~**med his finger in the door** il s'est coincé le doigt dans la porte.
　　(**b**) (*make unworkable*) *brake, door* bloquer, coincer; *gun, machine* enrayer; (*Rad*) *station, broadcast* brouiller; (*Telec*) *line* encombrer.
　　(**c**) (*cram*) enfoncer, fourrer en forçant, tasser, entasser (*into* dans). **to** ~ **clothes into a suitcase** tasser des vêtements dans une valise; **the prisoners were** ~**med into a small cell** les prisonniers ont été entassés dans une petite cellule; **to** ~ **one's hat on one's head** enfoncer son chapeau sur sa tête; **to** ~ **one's foot on the brake** écraser le frein, freiner à bloc *or* à mort*.
　　(**d**) (*block*) *crowd, cars etc* street, corridor encombrer, embouteiller, obstruer; *door* encombrer. **a street** ~**med with cars** une rue embouteillée; **the street was** ~**med with people** la rue était noire de monde.
　4 *vi* (**a**) (*press tightly*) [*crowd*] s'entasser (*into* dans).
　　(**b**) (*become stuck*) [*brake*] se bloquer; [*gun*] s'enrayer; [*door, switch, lever*] se coincer.
◆**jam in** *vt sep* serrer, écraser, coincer. **the crowd jammed him in so that he couldn't move** la foule le bloquait *or* le coinçait tellement qu'il lui était impossible de bouger; **to be jammed in by the crowd** être écrasé *or* compressé par *or* dans la foule; **my car is jammed in** ma voiture est coincée *or* bloquée (entre deux autres).
◆**jam on** *vt sep* (**a**) (*Aut*) **to jam on the brakes** freiner brutalement, freiner à bloc *or* à mort*.
　　(**b**) **to jam on one's hat** enfoncer son chapeau sur sa tête.
jam² [dʒæm] **1** *n* confiture *f*. **cherry** ~ confiture de cerises; (*Brit*) **it's real** ~‡ c'est du gâteau*; (*Brit*) **you want** ~ **on it!*** tu te contentes de peu! (*iro*), **t'es pas difficile!*** (*iro*), **et avec ça?*** (*iro*); V **money**.
　2 *cpd tart* à la confiture. **jamjar, jampot** pot *m* à confitures; **jam puff** feuilleté *m* à la confiture; **jam roll** roulé *m* à la confiture; (*Mus*) **jam session** séance *f* de jazz improvisé, bœuf *m* (*Jazz sl*).
Jamaica [dʒəˈmeɪkə] *n* Jamaïque *f*. ~ **à la Jamaïque.**
Jamaican [dʒəˈmeɪkən] **1** *adj* jamaïquain; *president, embassy* de la Jamaïque. **2** *n* Jamaïquain(e) *m(f)*.
jamb [dʒæm] *n* [*door etc*] jambage *m*, montant *m*.
jamboree [ˌdʒæmbəˈriː] *n* grand rassemblement; (*merrymaking*) festivités *fpl*; (*fig*) réjouissances *fpl*; (*Scouts*) jamboree *m*.
James [dʒeɪmz] *n* Jacques *m*.
jamming [ˈdʒæmɪŋ] *n* (**a**) (*Rad*) brouillage *m*. (**b**) (*Climbing*) coincement *m*, verrou *m*.
jammy‡ [ˈdʒæmɪ] *adj* (*fig*) verni*. **it was** ~ c'était un coup de veine* *or* de pot*.
JAN [ˌdʒeɪəˈreɪˈen] (*US*) *abbr of* **Joint Army-Navy** (*organisation commune armée-marine*).
Jan. *abbr of* **January**.
Jane [dʒeɪn] *n* (**a**) Jeanne *f*; V **plain**. (**b**) (‡: *girl*) j~‡ pépée‡ *f*, nana‡ *f*. (**c**) (*Drugs sl*) marie-jeanne* *f*, marijuana *f*.
jangle [ˈdʒæŋgl] **1** *vi* [*bells, saucepans*] retentir avec un bruit de ferraille *or* de casserole; [*bracelets, chains*] cliqueter. **2** *vt* faire retentir d'une façon discordante; faire cliqueter. ~**d nerves** nerfs en boule *or* en pelote. **3** *n* bruit discordant; cliquetis *m*.
jangling [ˈdʒæŋglɪŋ] **1** *adj* (qui fait un bruit) discordant, cacophonique. **2** *n* bruit(s) discordant(s); cliquetis *m*.
janitor [ˈdʒænɪtəʳ] *n* (*doorkeeper*) portier *m*; (*US, Scot: caretaker*) concierge *m*, gardien *m*.
Jansenism [ˈdʒænsəˌnɪzəm] *n* jansénisme *m*.
Jansenist [ˈdʒænsənɪst] *adj, n* janséniste (*mf*).
January [ˈdʒænjʊərɪ] *n* janvier *m*; *for phrases* V **September**.
Janus [ˈdʒeɪnəs] *n* Janus *m*.
Jap [dʒæp] *n* (*abbr of* **Japanese**: *often pej*) Japonais(e) *m(f)*.
Japan [dʒəˈpæn] *n* Japon *m*.
japan [dʒəˈpæn] **1** *n* laque *f*. **2** *vt* laquer, vernir.
Japanese [ˌdʒæpəˈniːz] **1** *adj* japonais, nippon; *embassy* du Japon. **2** *n* (**a**) (*pl inv*) Japonais(e) *m(f)*. (**b**) (*Ling*) japonais *m*.
jape [dʒeɪp] *n* (*trick*) farce *f*, tour *m*; (*joke*) blague* *f*.
japonica [dʒəˈpɒnɪkə] *n* cognassier *m* du Japon.
jar¹ [dʒɑːʳ] **1** *n* (*harsh sound*) son discordant; (*jolt: lit, fig*) secousse *f*, choc *m*. **that gave him a nasty** ~ cela l'a sérieusement ébranlé *or* secoué.

2 *vi* (a) (*sound discordant*) rendre un son discordant, grincer, crisser; (*rattle, vibrate*) vibrer, trembler. **to ~ against sth** cogner sur qch *or* heurter qch (avec un bruit discordant).
(b) (*be out of harmony*) [*note*] détonner; [*colours*] jurer (*with* avec); (*fig*) [*ideas, opinions*] ne pas s'accorder (*with* avec), se heurter. **what he says ~s a little** ce qu'il dit sonne faux.
3 *vt structure* ébranler; *person* ébranler, secouer; (*fig*) commotionner, choquer. **the explosion ~red the whole building** l'explosion a ébranlé tout le bâtiment; **he was badly ~red by the blow** il a été sérieusement commotionné par le choc; **you ~red my elbow** tu m'as cogné le coude.
♦**jar (up)on** *vt fus* irriter, agacer. **this noise jars (up)on my nerves** ce bruit me met les nerfs en boule* *or* me porte sur les nerfs*; **her screams jar (up)on my ears** ses cris m'écorchent *or* me percent les oreilles.
jar² [dʒɑːʳ] *n* (a) (*of stone, earthenware*) pot *m*, jarre *f*; (*of glass*) bocal *m*; V **jam²**. (b) (*Brit‡: drink*) pot* *m*.
jargon ['dʒɑːgən] *n* (*technical language*) jargon *m*; (*pompous nonsense*) jargon, charabia* *m*, baragouin *m*.
jarring ['dʒɑːrɪŋ] *adj sound* discordant; *colour* qui jure. (*fig*) **it struck a ~ note** cela a sonné faux.
Jas. *abbr of* James.
jasmine ['dʒæzmɪn] *n* jasmin *m*.
Jason ['dʒeɪsən] *n* Jason *m*.
jasper ['dʒæspəʳ] *n* jaspe *m*.
jaundice ['dʒɔːndɪs] *n* (*Med*) jaunisse *f*; (*fig*) jalousie *f*, amertume *f*.
jaundiced ['dʒɔːndɪst] *adj* (*fig*) (*bitter*) amer, aigri; (*critical*) désapprobateur (*f* -trice). **to look on sth with a ~ eye, to take a ~ view of sth** voir qch d'un mauvais œil; **he has a fairly ~ view of things** il voit les choses en noir; **to give sb a ~ look** regarder qn d'un œil torve.
jaunt [dʒɔːnt] **1** *n* balade* *f*. **to go for a ~** aller faire un tour, aller se balader*. **2** *cpd*: **jaunting car** carriole irlandaise (à deux roues).
jauntily ['dʒɔːntɪlɪ] *adv* (V **jaunty**) d'un pas vif; de façon désinvolte; d'un air crâneur*.
jauntiness ['dʒɔːntɪnɪs] *n* (*sprightliness*) insouciance *f*, légèreté *f*; (*offhand manner*) sans-gêne *m inv*, désinvolture *f*, allure *f* désinvolte *or* cavalière, (*swaggering*) crânerie* *f*, bravade *f*.
jaunty ['dʒɔːntɪ] *adj* (*sprightly*) *step* enjoué, vif; (*carefree*) *smile, air* désinvolte; (*swaggering*) crâneur*. **~ car** carriole irlandaise (à deux roues).
java* ['dʒɑːvə] *n* (*US: coffee*) café *m*.
Java ['dʒɑːvə] *n* Java *f*. **in ~** à Java.
Javanese [ˌdʒɑːvəˈniːz] **1** *adj* javanais. **2** *n* (a) (*pl inv*) Javanais(e) *m(f)*. (b) (*Ling*) javanais *m*.
javelin ['dʒævlɪn] **1** *n* (*Mil*) javelot *m*, javeline *f*; (*Sport*) javelot. **2** *cpd*: (*Sport*) **javelin thrower** lanceur *m*, -euse *f* de javelot; **javelin throwing** le lancement *or* le lancer du javelot.
jaw [dʒɔː] **1** *n* (*Anat*) mâchoire *f*; [*pincer, vice*] mâchoire; (‡: *moralizing*) sermon* *m*; (‡: *long-winded talk*) laïus* *m*. (*fig*) **his ~ dropped** il en est resté bouche bée; **the ~s of the valley** l'entrée *f* de la vallée; **the ~s of death** les griffes *fpl or* l'étreinte *f* de la mort; **the ~s of hell** les portes *fpl* de l'enfer; **I'll break your ~ for you!*** je vais te casser la figure!*; **we had a good old ~** on a bien papoté*; **hold your ~!‡** ferme-la!‡; V **lock¹**, **lower¹**.
2 *vi* (‡: *chat*) bavarder, papoter; (*moralize*) faire un sermon*; (*talk at length*) laïusser*.
3 *vt* (‡) (*moralize at*) sermonner; (*scold*) enguirlander*.
4 *cpd*: **jawbone** (*n*) (os *m*) maxillaire *m*; (*vt: US fig*) chercher à convaincre, exercer des pressions sur; (*US Pol*) **jawboning‡** pressions gouvernementales; (*US*) **jawbreaker** (*word*) mot très difficile à prononcer; (*sweet*) bonbon *m* à sucer; **jawline** menton *m*.
-jawed [dʒɔːd] *adj ending in cpds* au menton.... **square-~** au menton carré.
jay [dʒeɪ] *n* (*Orn*) geai *m*.
Jayhawker ['dʒeɪˌhɔːkəʳ] *n* (*US*) habitant(e) *m(f)* du Kansas. **the ~ State** le Kansas.
jaywalk ['dʒeɪˌwɔːk] *vi* marcher *or* se promener *etc* sur la chaussée (*au risque de provoquer un accident*).
jaywalker ['dʒeɪˌwɔːkəʳ] *n* piéton(ne) *m(f)* indiscipliné(e).
jaywalking ['dʒeɪˌwɔːkɪŋ] *n* (*gen*) indiscipline *f* des piétons. **to be accused of ~** être accusé d'avoir marché sur la chaussée au risque de provoquer un accident.
jazz [dʒæz] **1** *n* (*Mus*) jazz *m*; (‡: *liveliness*) entrain *m*, allant *m*; (‡: *pretentious talk*) baratin* *m*. **he gave them a lot of ~ about his marvellous job‡** il leur a fait tout un baratin* sur sa magnifique situation; **... and all that ~‡** ... et cetera, et tout le baratin* habituel; V **hot**.
2 *cpd* **band, music** de jazz.
3 *vi* (a) (*dance*) danser (sur un rythme de jazz).
(b) (*US‡: exaggerate*) exagérer.
♦**jazz up** *vt sep* (a) (*Mus*) **to jazz up the classics** (*play*) jouer les classiques en jazz; (*arrange*) adapter les classiques pour le jazz, jazzifier* les classiques.
(b) (‡) animer. **to jazz up a party** mettre de l'entrain *or* de l'animation dans une soirée; **to jazz up an old dress** égayer *or* rajeunir une vieille robe.
jazzed‡ [dʒæzd] *adj*: (*US*) **to be ~ for sth** être plein d'entrain à la pensée de qch.
jazzy ['dʒæzɪ] *adj* (a) (*too vivid*) *colour* tapageur; *pattern* bariolé; *dress* voyant. (b) (*‡: elegant*) qui a du chic *or* de la gueule‡.
JCS [ˌdʒeɪsiːˈes] (*US Mil*) *abbr of* **Joint Chiefs of Staff**; V **joint**.
JD [ˌdʒeɪˈdiː] (*US: abbr for* **Doctor of Laws**) ≃ doctorat *m* en droit.
jealous ['dʒeləs] *adj* (a) (*envious*) *person, look* jaloux (*of* de). (b) (*watchful, careful*) vigilant. **to keep a ~ watch over** *or* **a ~ eye on sb** surveiller qn avec un soin *or* d'un œil jaloux.

jealously ['dʒeləslɪ] *adv* (*enviously*) jalousement; (*attentively*) *guard etc* avec vigilance, avec un soin jaloux.
jealousy ['dʒeləsɪ] *n* jalousie *f*.
Jean [dʒiːn] *n* Jeanne *f*.
jeans [dʒiːnz] *npl* (*trousers*) blue-jean *m*, jean *m*; (*overalls*) bleu *m* de travail.
jeep [dʒiːp] *n* jeep *f*.
jeer [dʒɪəʳ] **1** *n* raillerie *f*, sarcasme *m*; (*from a crowd*) quolibet *m*, huée *f*. **2** *vi* [*individual*] railler; [*crowd*] huer, conspuer. **to ~ at sb** se moquer de qn, railler qn. **3** *vt* huer, conspuer.
jeering ['dʒɪərɪŋ] **1** *adj* railleur, moqueur, goguenard. **2** *n* sarcasmes *mpl*; [*crowd*] huées *fpl*.
Jehovah [dʒɪˈhəʊvə] *n* Jéhovah *m*. **~'s Witness** Témoin *m* de Jéhovah.
jejune [dʒɪˈdʒuːn] *adj* ennuyeux, plat.
jejunum [dʒɪˈdʒuːnəm] *n* jéjunum *m*.
jell [dʒel] *vi* [*jelly etc*] épaissir, prendre; (*) [*plan etc*] prendre tournure.
jello ['dʒeləʊ] *n* ® (*US Culin*) gelée *f*.
jelly ['dʒelɪ] **1** *n* (a) (*gen*) gelée *f*; (*US: jam*) confiture *f*. **blackcurrant ~** gelée de cassis; V **petroleum**. (b) (‡) = **gelignite**. **2** *cpd*: **jelly baby bonbon** *m* à la gélatine *en forme de bébé*; **jelly bean** dragée *f* à la gelée de sucre; **jellyfish** méduse *f*; (*US Culin*) **jelly roll** gâteau roulé.
jemmy ['dʒemɪ] *n* (*Brit*) pince-monseigneur *f*.
jeopardize ['dʒepədaɪz] *vt* mettre en danger, compromettre.
jeopardy ['dʒepədɪ] *n* (*U*) danger *m*, péril *m*. **his life is in ~** sa vie est *or* ses jours sont en danger; **his happiness is in ~** son bonheur est menacé *or* en péril; **my business is in ~** mes affaires sont en mauvaise posture.
jerbil ['dʒɜːbɪl] *n* = **gerbil**.
jerboa [dʒɜːˈbəʊə] *n* gerboise *f*.
jeremiad [ˌdʒerɪˈmaɪəd] *n* jérémiade *f*.
Jeremiah [ˌdʒerɪˈmaɪə] *n* Jérémie *m*.
Jericho ['dʒerɪkəʊ] *n* Jéricho *m*.
jerk [dʒɜːk] **1** *n* (*push, pull, twist etc*) secousse *f*, saccade *f*, à-coup *m*; (*Med*) réflexe tendineux, crispation nerveuse; (‡*pej: person*) pauvre type* *m*. **the car moved along in a series of ~s** la voiture a avancé par saccades *or* par à-coups *or* par soubresauts; **the train started with a series of ~s** le train s'est ébranlé avec une série de secousses *or* de saccades; V **physical**, **soda**.
2 *vt* (*pull*) tirer brusquement; (*shake*) secouer (par saccades), donner une secousse à. **she ~ed her head up** elle a brusquement redressé la tête; **he ~ed the book out of my hand** d'une secousse il m'a fait lâcher le livre; **he ~ed himself free** il s'est libéré d'une secousse; **to ~ out an apology** bafouiller une excuse.
3 *vi* (a) se mouvoir par saccades, cahoter. **the car ~ed along** la voiture roulait en cahotant; **he ~ed away (from me)** il a reculé brusquement.
(b) [*person, muscle*] se contracter, se crisper.
4 *cpd*: (*US pej*) **a jerkwater‡ town** un trou perdu.
♦**jerk off‡** *vi* se masturber, se branler‡.
jerkily ['dʒɜːkɪlɪ] *adv move* par saccades, par à-coups; *speak* d'une voix saccadée.
jerkin ['dʒɜːkɪn] *n* blouson *m*; (*Hist*) justaucorps *m*, pourpoint *m*.
jerky ['dʒɜːkɪ] *adj motion* saccadé; (*fig*) *style* haché, heurté.
jeroboam [ˌdʒerəˈbəʊəm] *n* jéroboam *m*.
jerry¹‡ ['dʒerɪ] *n* (*Brit: chamberpot*) pot *m* (de chambre), Jules‡ *m*.
jerry² ['dʒerɪ] *cpd*: (*US*) **jerry-building** construction *f* bon marché; **jerry-built** *house etc* (construit) en carton-pâte; (*fig*) *agreement, plan* cousu de fil blanc; **jerry-can** jerrycan *m*.
Jerry*† ['dʒerɪ] *n* (*Brit: German*) Fritz‡ *m inv*, fridolin* *m*.
jersey ['dʒɜːzɪ] *n* (*garment*) tricot *m*; (*material*) jersey *m*.
Jersey ['dʒɜːzɪ] *n* (a) (*Geog*) (île *f* de) Jersey *f*. **in ~** à Jersey. (b) (*Zool*) race *f* Jersey. **a ~ (cow)** une vache jersiaise *or* de Jersey.
Jerusalem [dʒəˈruːsələm] **1** *n* Jérusalem. **the New/Heavenly ~** la Jérusalem nouvelle/céleste. **2** *cpd*: **Jerusalem artichoke** topinambour *m*.
jessamine ['dʒesəmɪn] *n* = **jasmine**.
jest [dʒest] **1** *n* plaisanterie *f*. **in ~** pour rire, en plaisantant. **2** *vi* plaisanter, se moquer.
jester ['dʒestəʳ] *n* (*Hist*) bouffon *m*; (*joker*) plaisantin *m*, farceur *m*, -euse *f*. **the King's ~** le fou du Roi.
jesting ['dʒestɪŋ] **1** *adj person* porté à la plaisanterie; *remark* (fait) en plaisantant *or* pour plaisanter. **2** *n* plaisanterie(s) *f(pl)*.
Jesuit ['dʒezjʊɪt] *n, adj* (*Rel, fig*) jésuite (*m*).
jesuitic(al) [ˌdʒezjuˈɪtɪk(əl)] *adj* (*Rel, fig*) jésuitique.
Jesus ['dʒiːzəs] **1** *n* Jésus *m*. **~ Christ** Jésus-Christ; (*excl*) **~!** *‡* nom de Dieu!‡; V **society**. **2** *cpd*: **Jesus freak‡** membre *m* du Jesus Movement; **Jesus Movement** Jesus Movement *m*; **the Jesus People** membres *mpl* du Jesus Movement; (*Brit*) **Jesus sandals**, (*US*) **Jesus shoes** nu-pieds *mpl*.
jet¹ [dʒet] **1** *n* (a) [*liquids*] jet *m*, giclée *f*; [*gas*] jet.
(b) (*Aviat: also ~ plane*) avion *m* à réaction, jet *m*.
(c) (*nozzle*) brûleur *m*; (*Aut*) gicleur *m*.
2 *cpd* (*Aviat*) *travel* en jet. (*Aviat*) **jet engine** moteur *m* à réaction, réacteur *m*, jet *m*; (*Aviat*) **jet fighter** chasseur *m* à réaction; **jet-foil** hydroglisseur *m*; **jet fuel** kérosène *m*; **jet lag** (les troubles dûs *or* la fatigue due au) décalage *m* horaire; **jet-powered**, **jet-propelled** à réaction; **jet propulsion** propulsion *f* par réaction; **the jet set*** le jet set, la clientèle des jets; **jet setter** membre *m* du jet set; (*Aviat*) **jetway** passerelle *f* télescopique.
3 *vi* (a) [*liquids*] gicler, jaillir.
(b) (*Aviat*) voyager en avion *or* en jet.
4 *vt* faire gicler, faire jaillir.
jet² [dʒet] *n* jais *m*. **~ black** de jais, noir comme jais.
jetsam ['dʒetsəm] *n* (a) (*U*) *objets jetés à la mer etc rejetés sur la côte*.

V flotsam. **(b)** (*fig: down-and-outs*) épaves *fpl* (*fig*).
jettison ['dʒetɪsn] *vt* **(a)** (*Naut*) jeter par-dessus bord, jeter à la mer (*pour alléger le navire*), se délester de. **(b)** (*Aviat*) *bombs, fuel, cargo* larguer. **(c)** (*fig*) *hopes, chances* abandonner, renoncer à; *burden* se délester de.
jetty ['dʒetɪ] *n* (*breakwater*) jetée *f*, digue *f*; (*landing pier*) embarcadère *m*, débarcadère *m*; (*of wood*) appontement *m*.
Jew [dʒuː] *n* Juif *m*. ~-**baiting** persécution *f* des Juifs; ~'s **harp** guimbarde *f*.
jewel ['dʒuːəl] *n* bijou *m*, joyau *m*; (*gem*) pierre précieuse; (*Tech: in watch*) rubis *m*; (*fig*) bijou, trésor *m*, perle *f*. ~ **box**, ~ **case** coffret *m* à bijoux.
jewelled, (*US*) **jeweled** ['dʒuːəld] *adj* orné *or* paré de bijoux *or* de pierreries; *watch* monté sur rubis.
jeweller, (*US*) **jeweler** ['dʒuːələr] *n* bijoutier *m*, joaillier *m*. ~'s (**shop**) bijouterie *f*, joaillerie *f*.
jewellery, (*US*) **jewelry** ['dʒuːəlrɪ] *n* (*U*) bijoux *mpl*, joyaux *mpl*, bijouterie *f*. **a piece of** ~ un bijou.
Jewess ['dʒuːɪs] *n* Juive *f*.
Jewish ['dʒuːɪʃ] *adj* juif.
Jewry ['dʒʊərɪ] *n* la communauté juive, les Juifs *mpl*.
Jezebel ['dʒezə,bel] *n* Jézabel *f*.
jib [dʒɪb] **1** *n* **(a)** (*Naut*) foc *m*. (*fig*) **the cut of his** ~* son allure, sa tournure. **(b)** /*crane*/ flèche *f*, bras *m*. **2** *vi* /*person*/ regimber, renâcler (*at sth* devant qch), répugner (*at sth* à qch). **se refuser** (*at doing* à faire); /*horse*/ refuser d'avancer, regimber, se dérober. **the horse** ~**bed at the fence** le cheval a refusé la barrière.
jibe¹ [dʒaɪb] = **gibe**.
jibe²* [dʒaɪb] *vi* (*US: agree*) coller (*fig*).
jiffy* ['dʒɪfɪ] *n*: **wait a** ~ attends une minute *or* une seconde; **half a** ~! une seconde!; **in a** ~ en moins de deux*; **J**~ **bag**® enveloppe *f* rembourrée.
jig [dʒɪg] **1** *n* **(a)** (*dance*) gigue *f*. (*US fig*) **the** ~'s **up** c'est cuit* *or* foutu*.
(b) (*Tech*) calibre *m*, gabarit *m*.
2 *vi* (*dance*) danser la gigue; (*fig: also* ~ **about**, ~ **around**) sautiller, gigoter, se trémousser. **to** ~ **up and down** sautiller, se trémousser.
3 *cpd*: (*Tech*) **jigsaw** scie *f* à chantourner; **jigsaw** (**puzzle**) puzzle *m*.
jigger¹ ['dʒɪgər] *n* **(a)** (*whisky measure*) mesure *f* d'une once et demie (= *42 ml*).
(b) (*: thingummy: esp US*) truc* *m*, machin* *m*.
jigger² ['dʒɪgər] *n* (*sand flea*) pou *m* des sables.
jiggered* ['dʒɪgəd] *adj* (*Brit*) **(a)** (*astonished*) étonné. **well, I'm** ~! nom d'un chien!* **(b)** (*exhausted*) éreinté, crevé*.
jiggery-pokery* ['dʒɪgərɪ'pəʊkərɪ] *n* (*Brit: U*) entourloupettes* *fpl*, manigances *fpl*, micmac(s)* *m(pl)*.
jiggle ['dʒɪgl] *vt* secouer légèrement.
jilt [dʒɪlt] *vt* rompre avec, laisser tomber* (*un(e) fiancé(e)*).
Jim [dʒɪm] *n* (*dim of James*) Jim *m*. (*US*) ~ **Crow** (*policy*) politique *f* raciste (*envers les noirs*); (*pej: Negro*) nègre *m* (*pej*); (*US*) **jim-dandy*** excellent, formidable.
jimjams* ['dʒɪmdʒæmz] *n*: **to have the** ~ (*from revulsion*) avoir des frissons *or* la chair de poule; (*from fear*) avoir les chocottes*; (*from drink*) avoir une (*or* des) crise(s) de délirium tremens.
Jimmy ['dʒɪmɪ] *n* **(a)** (*dim of James*) Jimmy *m*. **(b)** (*US*) **j**~ pince-monseigneur *f*.
jimson weed ['dʒɪmsən,wiːd] *n* (*US Bot*) stramoine *f*, pomme épineuse.
jingle ['dʒɪŋgl] **1** *n* /*keys etc*/ tintement *m*, cliquetis *m*; (*fig: catchy verse*) petit couplet. **advertising** ~ couplet publicitaire. **2** *vi* tinter, cliqueter. **3** *vt keys, coins* faire tinter, faire sonner.
jingo ['dʒɪŋgəʊ] *n* chauvin *m*. **by** ~!* ça alors!, nom d'une pipe!*
jingoism ['dʒɪŋgəʊɪzəm] *n* chauvinisme *m*.
jingoistic [,dʒɪŋgəʊ'ɪstɪk] *adj* chauvin.
jinks [dʒɪŋks] *npl V* **high 4.**
jinx* [dʒɪŋks] **1** *n* porte-guigne* *m*, porte-poisse* *m*. **there's a** ~ **on this watch** on a jeté un sort à cette montre, cette montre est ensorcelée. **2** *vt project, game* porter la guigne* *or* la poisse* à; **to** ~ **sb's chances*** compromettre les chances de qn.
jitney ['dʒɪtnɪ] *n* (*US*) **(a)** pièce *f* de cinq 'cents'. **(b)** *véhicule m à itinéraire fixe et à prix modique.*
jitterbug ['dʒɪtəbʌg] **1** *n* (*dance*) *danse f acrobatique sur rythme de swing ou de boogie-woogie*; (*dancer*) fana* *mf* du jitterbug; (*: panicky person*) froussard(e)* *m(f)*, trouillard(e)* *m(f)*, paniquard* *m.* **2** *vi* (*dance*) danser le jitterbug.
jitters* ['dʒɪtəz] *npl* frousse* *f.* **to have the** ~ (*gen*) être nerveux *or* agité; (*before performance*) avoir le trac, avoir la frousse*; **to give sb the** ~ rendre qn nerveux *or* agité, ficher la frousse à qn*.
jittery* ['dʒɪtərɪ] *adj* nerveux, agité. **to be** ~ avoir la frousse*.
jiujitsu [dʒuː'dʒɪtsuː] *n* jiu-jitsu *m.*
jive [dʒaɪv] **1** *n* **(a)** (*music, dancing*) swing *m*.
(b) (*: esp US*) (*big talk*) baratin* *m*; (*nonsense*) foutaises* *fpl*, conneries* *fpl*. **don't give me all that** ~* arrête ton baratin*, arrête de dire des conneries*.
(c) (*US*) (*type of speech*) argot *m* (*des Noirs surtout*).
2 *vi* **(a)** (*dance*) danser le swing.
(b) (*: be kidding*) blaguer*.
3 *vt* (*tease etc*) blaguer*.
Jly *abbr* of **July**.
Joan [dʒəʊn] *n* Jeanne *f*. ~ **of Arc** Jeanne d'Arc.
Job [dʒəʊb] *n* (*Bible*) Job *m*. ~'s **comforter** piètre consolateur *m*, -trice *f.*
job [dʒɒb] **1** *n* **(a)** (*piece of work*) travail *m*, besogne *f*, tâche *f*, boulot* *m.* **I have a little** ~ **for you** j'ai un petit travail pour vous; **he has made a good** ~ **of it** il a fait du bon travail *or* de la bonne

besogne *or* du bon boulot*; **he has made a bad** ~ **of it** il a saboté son travail*, il a fait du sale boulot*; **he's done a good** ~ **of work** il a fait du bon travail; **this new airliner is a lovely** ~* ce nouvel avion c'est vraiment du beau travail*; **that red** ~* **over there** (*car/cycle/dress etc*) cette belle voiture/bicyclette/robe rouge *etc* là-bas; **who's the blonde** ~* **in the red dress?** qui est la nana blonde fringuée en rouge?*; *V* **odd**.
(b) (*post, situation*) emploi *m*, travail *m*, poste *m*, boulot* *m*, job* *m.* **he found a** ~ **as a librarian** il a trouvé un poste *or* un emploi de bibliothécaire; **he has a** ~ **for the vacation** il a un emploi *or* un travail *or* un boulot* *or* un job* pour les vacances; **to look for a** ~ chercher du travail *or* un emploi; **to be out of a** ~ être au *or* en chômage; (*Ind, Press*) **7000** ~**s lost** 7000 suppressions *fpl* d'emploi; **he has a very good** ~ il a une belle situation; **on the** ~ (*while working*) pendant le travail; (*: during sex*) au cours de l'union sexuelle; **to stay** *or* **remain on the** ~ rester à son poste; **on-the-job training** formation *f* sur le tas; ~**s for the boys*** des planques pour les (petits) copains*; *V* **cushy**.
(c) (*duty, responsibility*) travail *m*, boulot* *m.* **it's not my** ~ **to supervise him** ce n'est pas à moi *or* ce n'est pas mon travail de le surveiller; **he's got a** ~ **to do, he's only doing his** ~ il ne fait que son boulot*; **he knows his** ~ il connaît son affaire; **that's not his** ~ ce n'est pas de son ressort, ce n'est pas son boulot*; **I had the** ~ **of telling them** c'est moi qui ai été obligé de le leur dire.
(d) (*state of affairs*) **it's a good** ~ (*that*) **he managed to meet you** c'est heureux *or* c'est une chance qu'il ait pu vous rencontrer; **and a good** ~ **too!** à la bonne heure!; **it's a bad** ~ c'est une sale affaire, c'est une affaire enquiquinante*; **to give sth/sb up as a bad** ~ renoncer à qch/qn en désespoir de cause; **this is just the** ~* c'est juste *or* exactement ce qu'il faut.
(e) (*difficulty*) **to have a** ~ **to do sth** *or* **doing sth** avoir du mal à faire qch; **I had a** ~ **to finish this letter** j'ai eu du mal à venir à bout de cette lettre; **it was a** ~ *or* **an awful** ~ **to organize this party** ça a été un sacré* travail *or* tout un travail pour organiser cette soirée; **it's been quite a** ~ **getting him back home** ça a été toute une affaire pour le ramener chez lui; **you've got a real** ~ **there!** tu n'es pas au bout de tes peines!
(f) (*: dishonest business*) combine* *f*, tripotage* *m.* **a put-up** ~ un coup monté; **remember that bank** ~? tu te rappelles le coup de la banque?
2 *cpd*: (*US Ind*) **job action** action *f* revendicative, (mouvement *m* de) grève *f*; (*Ind*) **job analysis** analyse *f* des tâches, analyse statique *or* par poste de travail; (*Brit*) **job centre** ≃ ANPE *f*, agence nationale pour l'emploi; (*Comput*) **job control language language** *m* de contrôle de travaux; (*Comput*) **job creation** création *f* d'emplois nouveaux; **job creation scheme** plan *m* de création d'emplois; **job description** description *f* de poste, profil *m* de l'emploi; **job evaluation** qualification *f* du travail; **jobholder** personne *f* qui occupe un emploi *or* qui travaille; **job hunting** chasse *f* à l'emploi; **job lot** lot *m* d'articles divers; **to sell/buy as a job lot** vendre/acheter par *or* en lot; (*Comput*) **job queue** file *f* d'attente des travaux; **job satisfaction** satisfaction *f* au travail; **job security** garantie *f* de l'unité de l'emploi.
3 *vi* (*do casual work*) faire des petits travaux; (*St Ex*) négocier, faire des transactions; (*profit from public position*) tripoter*.
4 *vt* (*also* ~ **out**) *work* sous-traiter.
jobber ['dʒɒbər] *n* (*Brit St Ex*) *intermédiaire m qui traite directement avec l'agent de change*; (*pieceworker*) ouvrier *m*, -ière *f* à la tâche; (*dishonest person*) tripoteur* *m*, -euse* *f.*
jobbery ['dʒɒbərɪ] *n* (*Brit: U*) tripotage* *m*, maquignonnage *m.*
jobbing ['dʒɒbɪŋ] **1** *adj gardener* à la journée; *workman* à la tâche. **2** *n* (*U*) (*St Ex*) transactions boursières; (*odd jobs*) tripotage* *m*, maquignonnage *m.*
jobless ['dʒɒblɪs] **1** *adj* sans travail, sans emploi, au *or* en chômage. **2** *npl*: **the** ~ les chômeurs *mpl*, les sans-emploi *mpl*; **the** ~ **figures** le nombre des sans-emploi.
joblessness ['dʒɒblɪsnɪs] *n* chômage *m.*
Jock [dʒɒk] *n* (*Mil sl*) soldat écossais; (*gen*) Écossais *m.*
jock [dʒɒk] **1** *n* **(a)** = **jockstrap**. **(b)** (*US*) sportif *m.* **2** *cpd*: **jock-strap** suspensoir *m*; (*US Sport*) slip *m* de sport.
jockey ['dʒɒkɪ] **1** *n jockey m*, femme *f* jockey. **J**~ **club** Jockey-Club *m.*
2 *vi*: **to** ~ **about** se bousculer; (*lit, fig*) **to** ~ **for position** manœuvrer pour se placer avantageusement; **they were** ~**ing for office in the new government** ils intriguaient pour se faire donner des postes dans le nouveau gouvernement.
3 *vt*: **to** ~ **sb into doing** manœuvrer qn (habilement) pour qu'il fasse, amener adroitement qn à faire; **to** ~ **sb out of a job** réussir à (faire) évincer qn.
jocose [dʒə'kəʊs] *adj* (*merry*) joyeux, enjoué, jovial; (*jesting*) facétieux.
jocular ['dʒɒkjʊlər] *adj* (*merry*) joyeux, enjoué, jovial; (*humorous*) facétieux, badin, divertissant.
jocularity [,dʒɒkjʊ'lærɪtɪ] *n* jovialité *f.*
jocularly ['dʒɒkjʊlərlɪ] *adv* jovialement.
jocund ['dʒɒkənd] *adj* (*merry*) joyeux, enjoué, jovial.
jodhpurs ['dʒɒdpɜːz] *npl* jodhpurs *mpl*, culotte *f* de cheval.
Joe [dʒəʊ] *n* (*dim of Joseph*) Jo *m.* (*Brit*) ~ **Bloggs** M. Tout-le-monde, l'homme de la rue; (*US Univ*) ~ **College** l'étudiant-type *m* américain.
Joel ['dʒəʊəl] *n* Joël *m.*
jog [dʒɒg] **1** *n* **(a)** (*jerk*) secousse *f*, cahot *m*; (*nudge*) légère poussée; (*with elbow*) coup *m* de coude.
(b) (*also* ~-**trot**) petit trot. **to go along at a** ~(-**trot**) aller au petit trot.
2 *vt* (*shake*) secouer, bringuebaler*; (*jerk*) faire cahoter; (*nudge*) pousser. **to** ~ **sb's elbow** pousser le coude de qn; (*fig*) **to** ~ **sb's**

memory rafraîchir la mémoire de qn; (*fig*) to ~ sb into action secouer qn, inciter qn à agir.
3 *vi* (a) cahoter. **the cart ~s along the path** la charrette cahote sur le chemin.
(b) (*Sport*) faire du jogging.
◆**jog about 1** *vi* sautiller.
2 *vt sep* remuer.
◆**jog along** *vi* (*lit*) [*person, vehicle*] aller son petit bonhomme de chemin, cheminer; (*fig*) [*person*] aller cahin-caha*; [*piece of work, course of action*] aller tant bien que mal.
◆**jog around** *vti* = **jog about.**
◆**jog on** *vi* = **jog along.**
jogger ['dʒɒgəʳ] *n* jogger *mf*.
jogging ['dʒɒgɪŋ] **1** *n* (*Sport*) jogging *m*. **2** *cpd*: **jogging shoes/suit** chaussures *fpl*/tenue *f* de jogging.
joggle ['dʒɒgl] **1** *vt* secouer. **2** *vi* bringuebaler, se mouvoir par saccades. **3** *n* légère secousse.
Johannesburg [dʒəʊ'hænɪs.bɜ:g] *n* Johannesburg.
John [dʒɒn] **1** *n* (a) Jean *m*.
(b) (*esp US‡: lavatory*) **the ~** les cabinets *mpl*.
(c) (*US‡: prostitute's customer*) j~ micheton‡ *m*.
2 *cpd*: **(Saint) John the Baptist** Saint Jean-Baptiste; **John Bull** John Bull *m* (*l'Anglais type; la nation anglaise*); **(Saint) John of the Cross** Saint Jean de la Croix; **John Dory** saint-pierre *m inv*, dorée *f*; (*US fig: signature*) **John Hancock***, **John Henry*** signature *f*, paraphe *m*; (*US*) **John Q. Public*** le public, l'homme de la rue.
Johnny ['dʒɒnɪ] *n* (a) *dim of* **John.** (b) j~‡ type* *m*; (*US*) **Johnny-come-lately** nouveau venu; (*upstart*) parvenu *m*; V **onion.**
join [dʒɔɪn] **1** *vt* (a) (*lit, fig: also* ~ **together**) (*unite*) joindre, unir; (*link*) relier (*to* à); (*Carpentry*) *2 bits of wood* joindre; *broken halves of stick etc* raccorder; (*Elec*) *batteries* accoupler, connecter. **to ~ 2 things (together)** joindre *or* réunir 2 choses; **to ~ sth to sth** unir qch à qch; **the island was ~ed to the mainland by a bridge** l'île était reliée à la terre par un pont; (*Mil, fig*) **to ~ battle (with)** entrer en lutte *or* engager le combat (avec); **to ~ hands** se donner la main; (*Mil, fig*) **to ~ forces** unir leurs forces; (*fig*) **to ~ forces (with sb) to do** s'unir (à qn) pour faire; **~ed in marriage** *or* **matrimony** unis par les liens du mariage; (*Jur*) **~ed case** affaire jointe; V **issue.**
(b) (*become member of*) *club* devenir membre de; *political party* entrer à, s'inscrire à, adhérer à; *university* entrer à, s'inscrire à; *procession* se joindre à. **to ~ the army** *etc* s'engager *or* s'enrôler dans l'armée *etc*; (*fig*) **~ the club*!** tu es en bonne compagnie!; **to ~ a religious order** entrer dans un ordre religieux; **to ~ the queue** prendre la queue.
(c) *person* rejoindre, retrouver. **to ~ one's regiment** rejoindre son régiment; **to ~ one's ship** rallier *or* rejoindre son bâtiment; **I'll ~ you in 5 minutes** je vous rejoins *or* retrouve dans 5 minutes; **Paul ~s me in wishing you ...** Paul se joint à moi pour vous souhaiter ...; **will you ~ us?** (*come with us*) voulez-vous venir avec nous?; (*be one of our number*) voulez-vous être des nôtres?; (*in restaurant etc*) voulez-vous nous asseoir à notre table?; (*in restaurant etc*) **may I ~ you?** je peux *or* puis-je m'asseoir avec vous?; **will you ~ me in a drink?** vous prendrez un verre avec moi?
(d) [*river*] *another river, the sea* rejoindre, se jeter dans; [*road*] *another road* rejoindre.
2 *vi* (a) (*also* ~ **together**; V **1a**) se joindre, s'unir; s'associer, se joindre, s'unir (*with* à); [*lines*] se rejoindre, se rencontrer; [*roads*] se rejoindre; [*rivers*] se joindre, avoir leur confluent.
(b) (*Mil: also* ~ **up**) entrer dans l'armée.
(c) [*club member*] se faire membre, devenir membre.
3 *n* (*in mended crockery etc*) ligne *f* de raccord; (*Sewing*) couture *f*.
◆**join in 1** *vi* participer, se mettre de la partie*. (*in singing etc*) **join in!** chantez *etc* avec nous!
2 *vt fus* *game, activity* se mêler à, participer à; *conversation* se mêler à, prendre part à; *protest(s), shouts* joindre sa voix à; *thanks, wishes* s'associer à; V **chorus.**
◆**join on 1** *vi* (*in queue*) prendre son rang dans la queue *or* dans la file; [*links, parts of structure*] se joindre (*to* à).
2 *vt sep* fixer; (*by tying*) attacher.
◆**join together 1** *vi* = **join 2a.**
2 *vt sep* = **join 1a.**
◆**join up 1** *vi* (*Mil*) s'engager, s'enrôler.
2 *vt sep* joindre, assembler; *pieces of wood or metal* abouter, rabouter; (*Elec*) *wires etc* connecter, accoupler.
joinder ['dʒɔɪndəʳ] *n* (*Jur*) jonction *f* d'instance.
joiner ['dʒɔɪnəʳ] *n* (a) (*Brit: carpenter*) menuisier *m*. (b) (*person who joins clubs etc*) **she's not really a ~*** elle n'a pas l'instinct grégaire, elle préfère rester en dehors des clubs *etc*.
joinery ['dʒɔɪnərɪ] *n* (*Brit*) menuiserie *f*.
joint [dʒɔɪnt] **1** *n* (a) (*Anat*) articulation *f*. **out of ~** *shoulder* démis, déboîté; *wrist* luxé; (*fig*) disloqué, de travers; **to put one's shoulder out of ~** se démettre *or* se déboîter l'épaule; **to put one's wrist out of ~** se luxer le poignet; V **ball, finger, nose.**
(b) (*Carpentry*) articulation *f*, jointure *f*; (*in armour*) joint *m*, jointure, articulation; (*Geol: in rock*) diaclase *f*; V **mitre, universal.**
(c) (*Brit: of meat*) rôti *m*. **a cut off the ~** une tranche de rôti.
(d) (‡) (*place*) boîte* *f*; (*night club*) boîte de nuit; (*low pub*) bistro(t)* mal famé; (*gambling den*) tripot *m*.
(e) (*Drugs sl: reefer*) joint *m* (*sl*).
2 *adj* commun, conjugué, réuni. (*Fin*) **~ account** compte conjoint; (*Ind etc*) **~ agreement** convention *f* collective; **~ author** coauteur *m*; (*US*) **Joint Chiefs of Staff** chefs *mpl* d'état-major (des armées); **~ committee** (*gen*) commission *f* mixte, comité *m* paritaire; (*US Pol*) commission *f* interparlementaire; **~**

communiqué communiqué commun; **~ consultations** consultations bilatérales; **~ effort(s)** effort(s) conjugué(s); (*Jur*) **~ estate** biens communs; **~ financing** financement conjoint; (*Jur*) **~ heir** cohéritier *m*, -ière *f*; (*Comm*) **~ manager** codirecteur *m*, -trice *f*, cogérant(e) *m(f)*; **~ obligation** cobligation *f*; **~ ownership** copropriété *f*; **~ partner** coassocié(e) *m(f)*; **~ responsibility** coresponsabilité *f*; **~ and several guarantee** caution *f* solidaire; **~ and several liability** responsabilité conjointe et solidaire; (*Fin*) **~-stock company** société *f* par actions; (*Jur, Fin*) **~ venture** entreprise *f* en participation, co-entreprise *f*.
3 *vt* (a) (*Brit Culin*) découper (aux jointures).
(b) *pipes* joindre, articuler, emboîter.
jointed ['dʒɔɪntɪd] *adj* *doll etc* articulé; *fishing rod, tent pole* démontable.
jointly ['dʒɔɪntlɪ] *adv* en commun, conjointement. (*Jur*) **to be ~ liable (for)** être solidaire (de); (*Jur*) **~ and severally** conjointement et solidairement.
jointure ['dʒɔɪntʃəʳ] *n* douaire *m*.
joist [dʒɔɪst] *n* solive *f*.
joke [dʒəʊk] **1** *n* (a) (*sth causing amusement*) plaisanterie *f*, blague* *f*. **for a ~** par plaisanterie, pour rire, pour blaguer*; **to make a ~ about** plaisanter sur; **he can't take a ~** il ne comprend pas la plaisanterie; **it's no ~!** (*it's not easy*) ce n'est pas une petite affaire!* (*doing* que de faire); (*it's not enjoyable*) ce n'est pas drôle *or* rigolo* *or* marrant‡ (*doing* que de faire); **what a ~!** ce que c'est drôle!; (*pej: useless*) **it's a ~!*** c'est de la blague!; **it's (getting) beyond a ~*** ça cesse d'être drôle; **the ~ is that ...** le plus drôle c'est que ..., ce qu'il y a de drôle *or* de rigolo* *or* de marrant‡ c'est que ...; V **standing.**
(b) (*trick*) tour *m*, farce *f*. **to play a ~ on sb** faire une farce à qn, jouer un tour à qn; V **practical.**
(c) (*object of amusement*) risée *f*. **he is the ~ of the village** il est la risée du village.
2 *vi* plaisanter, blaguer*. **you're joking!** vous voulez rire!, sans blague!*; **I am not joking** je ne plaisante pas, je suis parfaitement sérieux; **I was only joking** ce n'était qu'une plaisanterie; **you mustn't ~ about his accent** il ne faut pas se moquer de son accent.
joker ['dʒəʊkəʳ] *n* (a) (*one who jokes*) blagueur* *m*, -euse* *f*. (b) (‡: *person*) type* *m*. (c) (*Cards*) joker *m*. (d) (*in legal document*) clause *f* modifiant *or* annulant un document.
jokester ['dʒəʊkstəʳ] *n* humoriste *mf*, plaisantin *m*.
joking ['dʒəʊkɪŋ] **1** *adj* *tone* de plaisanterie. **2** *n* (*U*) plaisanterie *f*, blague* *f*. **~ apart** plaisanterie *or* blague* à part.
jokingly ['dʒəʊkɪŋlɪ] *adv* en plaisantant, à la blague*. **it was ~ called a luxury hotel** on l'avait baptisé, avec le plus grand sérieux, hôtel de luxe.
jollification* [ˌdʒɒlɪfɪ'keɪʃən] *n* partie *f* de plaisir *or* de rigolade*, réjouissances *fpl*.
jollity ['dʒɒlɪtɪ] *n* gaieté *f* or gaîté *f*, joyeuse humeur.
jolly ['dʒɒlɪ] **1** *adj* (a) (*merry*) enjoué, jovial.
(b) (*pleasant*) agréable, amusant, plaisant.
2 *cpd*: (*Naut*) **jolly boat** canot *m*; **Jolly Roger** pavillon noir.
3 *adv* (*Brit**) drôlement*, rudement*, vachement‡. **he was ~ glad to come** il était drôlement* content de venir; **you are ~ lucky** tu as une drôle de veine*, tu as une sacrée veine*; **you ~ well will go!** pas question que tu n'y ailles pas!
4 *vt* enjôler, flatter. **they jollied him into joining them, they jollied him along** until he agreed to join them ils l'ont si bien enjôlé qu'il a fini par se prendre à eux.
5 *n*: (*US*) **to get one's jollies‡** prendre son pied‡ (*from doing* en faisant).
jolt [dʒəʊlt] **1** *vi* [*vehicle*] cahoter, tressauter. **to ~ along** avancer en cahotant; **to ~ to a stop** faire un arrêt brutal.
2 *vt* (*lit, fig*) secouer, cahoter. (*fig*) **to ~ sb into action** secouer qn, inciter qn à agir.
3 *n* (a) (*jerk*) secousse *f*, cahot *m*, à-coup *m*. **the train started with a series of ~s** le train s'est ébranlé avec une série de secousses *or* de saccades; **the car moved along in a series of ~s** la voiture a avancé par saccades *or* par à-coups *or* par soubresauts.
(b) (*fig*) choc *m*. **it gave me a ~** ça m'a fait *or* donné un coup*.
jolting ['dʒəʊltɪŋ] **1** *adj* cahotant. **2** *n* (*U*) cahots *mpl*.
jolty ['dʒəʊltɪ] *adj* *car* cahotant, bringuebalant*; *road* cahoteux.
Jonah ['dʒəʊnə] *n* Jonas *m*; (*fig*) porte-malheur *m inv*, oiseau *m* de malheur.
Jonas ['dʒəʊnəs] *n* Jonas *m*.
Jonathan ['dʒɒnəθən] *n* Jonathan *m*.
jonquil ['dʒɒŋkwɪl] **1** *n* jonquille *f*, narcisse *m*. **2** *adj* jonquille *inv*.
Jordan ['dʒɔːdn] *n* (*country*) Jordanie *f*; (*river*) Jourdain *m*.
Jordanian [dʒɔː'deɪnɪən] **1** *n* Jordanien(ne) *m(f)*. **2** *adj* jordanien; (*king, ambassador*) de Jordanie.
Joseph ['dʒəʊzɪf] *n* Joseph *m*.
Josephine ['dʒəʊzɪfiːn] *n* Joséphine *f*.
josh‡ [dʒɒʃ] (*US*) **1** *vt* taquiner, mettre en boîte*. **2** *vi* blaguer*. **3** *n* mise *f* en boîte*.
Joshua ['dʒɒʃʊə] *n* Josué *m*.
joss stick ['dʒɒsstɪk] *n* bâton *m* d'encens.
jostle ['dʒɒsl] **1** *vi* se cogner (*against* à), se bousculer. **he ~d against me** il m'a bousculé, il a heurté à moi; **to ~ through the crowd** se frayer un chemin (à coups de coudes) à travers la foule; **to ~ for sth** jouer des coudes pour obtenir qch. **2** *vt* bousculer. **3** *n* bousculade *f*.
jot [dʒɒt] **1** *n* brin *m*, iota *m*. **there is not a ~ of truth in this** il n'y a pas un grain de vérité là-dedans; **not one ~ or tittle** pas un iota, pas un brin. **2** *vt* noter, prendre note de.
◆**jot down** *vt sep* noter, prendre note de. **to jot down notes** prendre *or* griffonner des notes; **to jot down a few points** prendre note de *or* noter quelques points.

jotter ['dʒɒtə'] n (Brit) (exercise book) cahier m (de brouillon); (pad) bloc-notes m.
jottings ['dʒɒtɪŋz] npl notes fpl.
joual [ʒwaːl] n (Can) joual m.
joule [dʒuːl] n joule m.
journal ['dʒɜːnl] 1 n (a) (periodical) revue f; (newspaper) journal m. (b) (Naut) livre m de bord; (Comm) livre de comptes; (Jur) compte rendu. (c) (diary) journal m. 2 cpd: (Tech) journal bearing palier m.
journalese ['dʒɜːnə'liːz] n (U: pej) jargon m journalistique.
journalism ['dʒɜːnəlɪzəm] n journalisme m.
journalist ['dʒɜːnəlɪst] n journaliste mf.
journalistic [,dʒɜːnə'lɪstɪk] adj journalistique.
journey ['dʒɜːnɪ] 1 n (gen) voyage m; (short, regular) trajet m; (distance covered) trajet m, parcours m. to go on a ~ partir en voyage; to set out on one's ~ se mettre en route; a 2 days' ~ un voyage de 2 jours; to reach one's ~'s end arriver à destination; the ~ from home to office le trajet de la maison au bureau; the return ~, the ~ home le (voyage de) retour; a car ~ un voyage en voiture; a long bus ~ un long trajet en autobus; V outward.
2 vi voyager. to ~ on continuer son voyage.
3 cpd: journeyman ouvrier m, compagnon m (qui a fini son apprentissage); journeyman baker ouvrier boulanger; journeyman joiner compagnon charpentier; journey time durée f du trajet.
joust [dʒaʊst] 1 n joute f. 2 vi jouter.
Jove [dʒəʊv] n Jupiter m. by ~!* sapristi!*, 'cré nom!‡
jovial ['dʒəʊvɪəl] adj jovial.
joviality [,dʒəʊvɪ'ælɪtɪ] n jovialité f.
jowl [dʒaʊl] n (jaw) mâchoire f; (cheek) bajoue f; V cheek.
-jowled [dʒaʊld] adj ending in cpds: square-jowled à la mâchoire carrée.
joy [dʒɔɪ] 1 n (a) (U) joie f. to my great ~ à ma grande joie; (iro) I wish you ~ of it! je vous souhaite du plaisir!; (iro) I wish you ~ (of that job) je vous souhaite bien du plaisir (avec ce travail); I got no ~* out of it ça n'a rien donné.
(b) (gen pl) ~s les plaisirs mpl; the ~s of the seaside les plaisirs or les charmes mpl du bord de la mer; it's a ~ to hear him c'est un (vrai) plaisir or délice de l'entendre.
2 cpd: joyride V joyride; joystick (Aviat) manche m à balai; (Comput) manche à balai, manette f (de jeu).
joyful ['dʒɔɪfʊl] adj joyeux.
joyfully ['dʒɔɪfəlɪ] adv joyeusement.
joyfulness ['dʒɔɪfʊlnɪs] n grande joie, allégresse f, humeur joyeuse.
joyless ['dʒɔɪlɪs] adj sans joie.
joyous ['dʒɔɪəs] adj (liter) joyeux.
joyride ['dʒɔɪ,raɪd] 1 n: to go for a ~ (gen) faire une virée* or une balade* en voiture (pour le plaisir); (in stolen car) faire une virée* (dans une voiture volée). 2 vi (also go joyriding) faire une virée* (dans une voiture volée).
J.P. [dʒeɪ'piː] n (Brit Jur) abbr of Justice of the Peace; V justice.
Jr. (abbr of Junior) Jr.
jubilant ['dʒuːbɪlənt] adj person, voice débordant de joie; face épanoui, radieux. he was ~ il jubilait.
jubilation [,dʒuːbɪ'leɪʃən] n (a) (emotion) allégresse f, exultation f, jubilation f. (b) (celebration) fête f, réjouissance(s) f(pl).
jubilee ['dʒuːbɪliː] n jubilé m; V diamond etc.
Judaea [dʒuː'diːə] n Judée f.
Judah ['dʒuːdə] n Juda m.
Judaic [dʒuː'deɪɪk] adj judaïque.
Judaism ['dʒuːdeɪɪzəm] n judaïsme m.
Judas ['dʒuːdəs] n (a) (name) Judas m. ~ Iscariot Judas Iscariote. (b) (traitor) judas m, traître m. (c) (peephole) j~ judas m.
Jude [dʒuːd] n Jude m.
judge [dʒʌdʒ] 1 n (a) (Jur, Sport) juge m; (at show etc) membre m du jury. (Bible) (the book of) J~s (le livre des) Juges mpl; (Jur) ~ of appeal conseiller m à la cour d'appel; (Mil Jur) ~ -advocate assesseur m (auprès d'un tribunal militaire); (Brit Police) the ~'s rules le code de la police ayant trait aux suspects.
(b) (fig) connaisseur m, juge m. to be a good ~ of character être bon psychologue, savoir juger les gens; to be a good ~ of wine être bon juge en vins, s'y connaître en vins; you are no ~ in this case tu n'es pas à même de juger cette affaire.
2 vt (a) (assess) person, conduct, competition juger; qualities apprécier.
(b) (consider) juger, estimer. to ~ it necessary to do juger or estimer nécessaire de faire; he ~d the moment well (to do) il a bien su choisir son moment (pour faire).
3 vi juger, rendre un jugement. to ~ for oneself juger par soi-même; as far as one can ~ autant qu'on puisse en juger; judging by or from à en juger par or d'après.
judg(e)ment ['dʒʌdʒmənt] 1 n (a) (Jur, Rel) jugement m. to sit in ~ on judge; to give or pass ~ (on) prononcer or rendre un jugement (sur); V last¹.
(b) (fig: opinion) jugement m, opinion f, avis m. to give one's ~ (on) donner son avis (sur).
(c) (U: good sense) jugement m, discernement m. to have (sound) ~ avoir du jugement; his ~ has gone il n'a plus tout son discernement.
2 cpd: (Rel) Judg(e)ment Day le jour du Jugement.
judg(e)mental [dʒʌdʒ'mentəl] adj: he is very ~ il porte toujours des jugements catégoriques, il s'érige toujours en juge.
judicature ['dʒuːdɪkətʃə'] n (a) (process of justice) justice f. (b) (body of judges) magistrature f. (c) (judicial system) organisation f judiciaire.

judicial [dʒuː'dɪʃəl] adj (a) (Jur) power, function judiciaire. ~ and extrajudicial documents actes mpl judiciaires et extra-judiciaires; ~ proceedings poursuites fpl judiciaires; ~ murder assassinat m juridique or légal; (US Jur) ~ review examen m de la constitutionnalité d'une loi. (b) (critical) mind critique, impartial. ~ faculty sens m critique.
judicially [dʒuː'dɪʃəlɪ] adv judiciairement.
judiciary [dʒuː'dɪʃɪərɪ] 1 adj judiciaire. 2 n (a) (system) organisation f judiciaire. (b) (body of judges) magistrature f. (c) (branch of government) pouvoir m judiciaire.
judicious [dʒuː'dɪʃəs] adj judicieux.
judiciously [dʒuː'dɪʃəslɪ] adv judicieusement.
Judith ['dʒuːdɪθ] n Judith f.
judo ['dʒuːdəʊ] n judo m.
judoka ['dʒuːdəʊ,kɑː] n judoka m.
Judy ['dʒuːdɪ] n (a) (dim of Judith) V Punch. (b) (girl) j~‡ nana‡.
jug [dʒʌg] 1 n (a) (gen) pot m; (for wine) pichet m; (for washing water) broc m; (round, heavy, jar-shaped) cruche f.
(b) (Prison sl: prison) taule‡ f or tôle‡ f, bloc‡ m. in ~ en taule‡, au bloc‡.
2 cpd: (US) jug band orchestre m hillbilly improvisé (utilisant des ustensiles ménagers).
3 vt (a) (Culin) cuire à l'étuvée or à l'étouffée or en civet. ~ged hare civet m de lièvre.
(b) (Prison sl: imprison) coffrer*.
juggernaut ['dʒʌgənɔːt] n (a) (fig: destructive force) force f or poussée f irrésistible, forces aveugles. the ~ of war la force meurtrière de la guerre.
(b) (fig: cause, belief) cause for conviction f pour laquelle on est sacrifié or on se sacrifie soi-même.
(c) (truck) énorme poids lourd m or semi-remorque m, mastodonte m.
(d) (Rel) J~ Jagannâth m.
juggins‡ ['dʒʌgɪnz] n niais e m(f), jobard(e) m(f), cruche* f.
juggle ['dʒʌgl] 1 vi (lit, fig) jongler (with avec). 2 vt balls, plates, facts, figures jongler avec.
juggler ['dʒʌglə'] n jongleur m, -euse f; (conjurer) prestidigitateur m, -trice f.
jugglery ['dʒʌglərɪ] n, **juggling** ['dʒʌglɪŋ] n (U) (lit) jonglerie f, tours mpl de prestidigitation or de passe-passe; (fig: trickery) tours de passe-passe.
Jugoslav ['juːgəʊ'slɑːv] 1 adj yougoslave. 2 n Yougoslave mf.
Jugoslavia ['juːgəʊ'slɑːvɪə] n Yougoslavie f.
jugular ['dʒʌgjʊlə'] 1 adj jugulaire. 2 n (veine f) jugulaire f.
juice [dʒuːs] 1 n (a) [fruit, meat] jus m. orange ~ jus d'orange. (b) (Physiol) suc m. digestive ~s sucs digestifs. (c) (US‡: alcohol) alcool m. (d)(*: electricity, gas etc) jus‡ m; (Brit: petrol) essence f.
2 cpd: (Brit) juice extractor centrifugeuse f électrique; (US) juicehead‡ poivrot* m, alcoolique mf.
juicer ['dʒuːsə'] n (US) centrifugeuse f électrique.
juiciness ['dʒuːsɪnɪs] n juteux m.
juicy ['dʒuːsɪ] adj fruit juteux; meat moelleux; (fig) story savoureux.
jujube ['dʒuːdʒuːb] n jujube m.
jujutsu [dʒuː'dʒɪtsuː] n = jiujitsu.
jukebox ['dʒuːkbɒks] n juke-box m.
Jul. abbr of July.
julep ['dʒuːlep] n boisson sucrée, sirop m, julep m; V mint².
Julian ['dʒuːlɪən] 1 n Julien m. 2 adj julien.
Juliet ['dʒuːlɪet] n Juliette f.
Julius ['dʒuːlɪəs] n Jules m. ~ Caesar Jules César.
July ['dʒuːlaɪ] n juillet m; for phrases V September.
jumble ['dʒʌmbl] 1 vt (also ~ up) (a) (lit) brouiller, emmêler, mélanger. to ~ everything (up) tout mélanger; ~d (up) en vrac; his clothes are ~d (up) together on his bed ses habits sont pêle-mêle sur son lit.
(b) (fig) facts, details brouiller, embrouiller.
2 n (a) [objects] mélange m, fouillis m, salade* f, méli-mélo* m; [ideas etc] confusion f, enchevêtrement m, fouillis m. in a ~ en vrac.
(b) (U: junk; goods at ~sale) bric-à-brac m.
3 cpd: (Brit) jumble sale vente f de charité (d'objets d'occasion).
jumbo ['dʒʌmbəʊ] 1 n (*) éléphant m. 2 cpd: (Aviat) jumbo jet jumbo-jet m, avion géant, avion gros porteur.
jump [dʒʌmp] 1 n (a) (gen) saut m; (of fear, nervousness) sursaut m. to give a ~ faire un saut, sauter; (nervously) sursauter; at one ~ d'un (seul) bond; (fig) the ~ in prices la montée en flèche des prix, la hausse brutale des prix; it gave him a ~ ça l'a fait sursauter; to have the ~s‡ avoir les nerfs à vif; V high, running etc.
(b) (Comput) saut m, rupture f de séquence.
(c) (Showjumping) obstacle m.
2 cpd: jumped-up* (pej: pushing) parvenu; (cheeky) effronté; (conceited) prétentieux; he is a jumped-up clerk au fond, ce n'est qu'un petit employé; jump-jet avion m à décollage vertical; (Brit Aut) jump leads câbles mpl de démarrage (pour batterie); (Equitation) jump-off (épreuve f) finale f (d'un concours hippique; Aut etc) jump seat strapontin m; jump suit (gen) combinaison (-pantalon) f, combinaison de saut.
3 vi (a) (leap) sauter, bondir. to ~ up and down sautiller; to ~ in/out/across etc entrer/sortir/traverser etc d'un bond; to ~ into the bus/the river sauter dans l'autobus/la rivière; to ~ across the stream franchir le ruisseau d'un bond; to ~ off a bus/train sauter d'un autobus/d'un train; to ~ off a wall sauter (du haut) d'un mur; he ~ed over the wall il a sauté par-dessus le mur; he ~ed over the fence d'un bond il a franchi la barrière; ~ to it!* et plus vite que ça!*, et que ça saute!*
(b) (fig) sauter. to ~ from one subject to another sauter sans transition d'un sujet à un autre, passer du coq à l'âne; to ~ at

chance, suggestion, offer sauter sur; **to ~ to a conclusion** conclure sans réflexion; **he ~ed to the conclusion that ...** il en a conclu tout de suite que ...; **you mustn't ~ to conclusions** il ne faut pas tirer des conclusions trop hâtives; **to ~ down sb's throat*** rabrouer qn.
   (c) *(from nervousness)* sursauter, tressauter. **the shout made him ~** le cri l'a fait sursauter *or* tressauter; **it (almost) made him ~ out of his skin*** cela l'a fait sauter au plafond*; **his heart ~ed when ...** son cœur a fait *or* n'a fait qu'un bond quand ... .
   (d) *[prices, shares]* monter en flèche, faire un bond.
  4 *vt* **(a)** *ditch etc* sauter, franchir (d'un bond).
   (b) *horse* faire sauter. **he ~ed his horse over the fence** il a fait sauter la barrière à son cheval; **he ~ed his son (up and down) on his knee** il faisait sauter son fils sur ses genoux.
   (c) *(phrases) [train]* **to ~ the rails** dérailler; **to ~ the points** dérailler à l'aiguillage; *[pickup]* **to ~ (a groove)** sauter; *(Draughts)* **to ~ a man** prendre *or* souffler un pion; *(Jur)* **to ~ bail** se soustraire à la justice *(après paiement de caution)*; **to ~ a claim** s'emparer illégalement d'une concession minière; **to ~ the gun** *(Sport)* partir avant le départ; *(*fig)* agir prématurément; **to ~ the gun on sb** couper l'herbe sous le pied de qn; *(Aut)* **to ~ the lights** passer au rouge; **to ~ the queue*** passer avant son tour, resquiller; **to ~ ship** déserter le navire; **to ~ sb‡** *(attack)* sauter sur qn; *(US)* **to ~ town‡** quitter la ville; **to ~ a train** *(get on)* sauter dans un train en marche *(pour voyager sans payer)*; *(get off)* sauter d'un train en marche; *(US)* **to ~ ‡ a hotel bill** ne pas payer une note d'hôtel, commettre une grivèlerie.
◆**jump about, jump around** *vi* sautiller.
◆**jump down** *vi (gen)* descendre d'un bond *(from* de). *(from wall, bicycle etc)* **jump down!** sautez!
◆**jump in** *vi* sauter dedans. **he came to the river and jumped in** arrivé à la rivière il a sauté dedans; **jump in!** *(into vehicle)* montez vite!; *(into swimming pool)* sautez!
◆**jump off 1** *vi* sauter. **he jumped off** il a sauté; *(from bicycle, wall etc)* **jump off!** sautez!
  2 jumping-off *adj* V **jumping 2.**
  3 jump-off *n* V **jump 2.**
◆**jump on 1** *vi (onto truck, bus)* **jump on!** montez vite!; **to jump on(to) one's bicycle** sauter sur son vélo.
  2 *vt fus* **(a)** **to jump on(to) a bus** sauter dans un autobus.
   (b) *(*: reprimand)* s'attaquer à, prendre à partie.
◆**jump out** *vi* sauter *(of* de). **to jump out of bed** sauter (à bas) du lit; **to jump out of the window** sauter par la fenêtre; **to jump out of a car/train** sauter d'une voiture/d'un train; *(from car etc)* **jump out!** sortez *or* descendez (vite)!
◆**jump up** *vi* sauter sur ses pieds, se (re)lever d'un bond. *(to fallen child)* **jump up now!** lève-toi!
  2 jumped-up* *adj* V **jump 2.**
jumper ['dʒʌmpəʳ] *n* **(a)** *(garment) (Brit)* pull(over) *m*; *(US: dress)* robe-chasuble *f*. **(b)** *(one who jumps: person, animal)* sauteur *m*, -euse *f*. *(US Aut)* **~ cables** câbles *mpl* de démarrage *(pour batterie)*.
jumping ['dʒʌmpɪŋ] **1** *n (gen)* saut *m*; *(equitation)* jumping *m*, concours *m* hippique.
  2 *cpd:* **jumping bean** fève *f* sauteuse; *(fig)* **they used the agreement as a jumping-off place for further negotiations** ils se sont servis de l'accord comme d'un tremplin pour de plus amples négociations; *(US)* **jumping rope** corde *f* à sauter.
  3 *adj (US*: lively)* plein d'animation.
jumpy* ['dʒʌmpɪ] *adj person* nerveux; *(St Ex)* **market** instable.
Jun. **(a)** *abbr of* **June.** **(b)** *(abbr of Junior)* Jr.
junction ['dʒʌŋkʃən] **1** *n* **(a)** *(U)* jonction *f*. **(b)** *(Brit) (meeting place) [roads]* bifurcation *f*, *[crossroads]* carrefour *m*; *[rivers]* confluent *m*; *[railway lines]* embranchement *m*; *[pipes]* raccordement *m*; *(station)* gare *f* de jonction. **2** *cpd:* *(Elec)* **junction box** boîte *f* de dérivation.
juncture ['dʒʌŋktʃəʳ] *n (joining place)* jointure *f*, point *m* de jonction; *(Ling)* joncture *f*; *(fig: state of affairs)* conjoncture *f*. *(fig: point)* **at this ~** à ce moment.
June [dʒuːn] *n* juin *m*. **~ bug** hanneton *m*; *for other phrases* V **September.**
Jungian ['jʊŋɪən] **1** *n (follower of Jung)* Jungien(ne) *m(f)*. **2** *adj* jungien.
jungle ['dʒʌŋgl] **1** *n (lit, fig)* jungle *f*. **2** *cpd animal, bird* de la jungle. *(pej: esp US)* **jungle bunny‡*** Nègre *m*, Négresse *f*, Noir(e) *m(f)*; *(in playground)* **jungle gym** cage *f* à poule *or* aux écureuils; **jungle warfare** combat *m* de jungle.
junior ['dʒuːnɪəʳ] **1** *adj (a) (younger)* (plus) jeune, cadet. **he is ~ to me by 2 years** il est mon cadet de 2 ans, il est plus jeune que moi de 2 ans; **John Smith, J~** John Smith fils *or* junior; *V also* **2.**
  (b) *(subordinate) employee, officer, job* subalterne. **~ clerk** petit commis; **~ executive** jeune cadre *m*; **~ partner** associé(-adjoint) *m*; **he is ~ to me in the business** il est au-dessous de moi dans l'affaire; *V also* **2.**
  (c) *(Sport)* ≃ minime. **~ championship** championnat *m* des minimes.
  2 *cpd:* **the junior classes** les petites classes *(de 7 à 11 ans)*; *(US)* **junior college** institut *m* universitaire (du premier cycle); *(US)* **junior high school** ≃ collège *m*; *(Parl)* **junior minister** sous-secrétaire *m* d'État; *(Comm †)* **junior miss** fillette *f (de 11 à 14 ans)*; *(Brit Navy)* **junior rating** matelot *m*; *(Brit Scol)* **junior school** école *f* primaire *(de 7 à 11 ans)*; *(Brit)* **junior secondary school** collège *m* d'enseignement secondaire; *(Brit Aviat)* **junior technician** soldat *m* de première classe; *(Brit)* **junior training centre** centre *m* médico-éducatif; *(US Univ)* **junior varsity sports** sports pratiqués entre équipes d'établissements *(deuxième catégorie)*.
  3 *n* **(a)** cadet(te) *m(f)*. **he is my ~ by 2 years** il est plus jeune que moi de 2 ans, il est mon cadet de 2 ans.
   (b) *(Brit Scol)* petit(e) élève *m(f) (de 7 à 11 ans)*; *(US Scol)* élève

mf de classe de première; *(US Univ)* étudiant(e) *m(f)* de troisième année.
   (c) *(Sport)* ≃ cadet(te) *m(f)*, minime *mf*.
juniper ['dʒuːnɪpəʳ] *n* genévrier *m*. **~ berry** baie *f* de genièvre; **~ berries** genièvre *m (U)*.
junk¹ [dʒʌŋk] **1** *n (U) (discarded objects)* bric-à-brac *m inv*, vieilleries *fpl*; *(metal)* ferraille *f*; *(*: bad quality goods)* camelote* *f*; *(*: worthless objects)* pacotille *f*; *(‡: nonsense)* âneries *fpl*; *(Drugs sl)* came *f (sl)*.
  2 *cpd:* **junk art** junk art *m*, sculptures *fpl* réalisées à l'aide de rebuts; **junk food*** aliments *mpl* sans valeur nutritive, snacks *mpl* vite prêts; **junk heap** dépotoir *m*; **junk mail** prospectus *mpl* adressés par la poste; **junk market** marché *m* aux puces; **junkshop** (boutique *f* de) brocanteur *m*; **junkyard** entrepôt *m* de chiffonnier-ferrailleur.
  3 *vt (US*)* balancer*.
junk² [dʒʌŋk] *n (boat)* jonque *f*.
junket ['dʒʌŋkɪt] **1** *n* **(a)** *(Culin)* (lait *m*) caillé *m*. **(b)** *(trip at public expense)* voyage *m* aux frais de la princesse*. **2** *vi* faire bombance.
junketing ['dʒʌŋkɪtɪŋ] *n (U) (merrymaking)* bombance *f*, bringue‡ *f*; *(*: trip, banquet etc at public expense)* voyage *m or* banquet *m etc* aux frais de la princesse*.
junkie ['dʒʌŋkɪ] *n (Drugs sl)* drogué(e) *m(f)*, camé(e) *m(f) (sl)*. **a television etc junkie** un mordu* de la télévision *etc*.
Juno ['dʒuːnəʊ] Junon *f*.
Junr. *(abbr of Junior)* Jr.
junta ['dʒʌntə] *n* junte *f*.
Jupiter ['dʒuːpɪtəʳ] *n (Myth)* Jupiter *m*; *(Astron)* Jupiter *f*.
Jura ['dʒʊərə] **~** *(Mountains)* Jura *m*.
Jurassic [dʒʊ'ræsɪk] *adj (Geol) period* jurassique.
juridical [dʒʊə'rɪdɪkəl] *adj* juridique.
jurisdiction [ˌdʒʊərɪs'dɪkʃən] *n* juridiction *f*. **to come** *or* **fall within** *or* **under sb's ~** tomber sous le coup de *or* relever de la juridiction de qn; **it comes within our ~** *(fig)* cela relève de notre compétence *or* de nos attributions, c'est de notre ressort; *V* **court.**
jurisdictional [ˌdʒʊərɪs'dɪkʃənl] *adj:* *(US)* **~ dispute** conflit *m* d'attributions.
jurisprudence [ˌdʒʊərɪs'pruːdəns] *n* jurisprudence *f*; *V* **medical.**
jurist ['dʒʊərɪst] *n* juriste *m*, légiste *m*.
juror ['dʒʊərəʳ] *n* juré *m*. **woman ~** femme *f* juré.
jury¹ ['dʒʊərɪ] **1** *n (Jur)* jury *m*, jurés *mpl*; *[examination, exhibition etc]* jury. **to be on the ~** faire partie du jury; **Gentlemen of the ~** Messieurs les jurés; *V* **coroner, grand. 2** *cpd:* **jury box** banc *m* des jurés; **to have to report for jury duty** être convoqué comme juré; **juryman** juré *m*; **jury-rigging** constitution *d'un jury partisan*; *(US Jur)* **jury shopping** recherche *f* du jury idéal *(par récusation de jurés)*.
jury² ['dʒʊərɪ] *adj (Naut)* de fortune, improvisé.
just¹ [dʒʌst] *adv* **(a)** *(exactly)* juste, exactement, justement, précisément. **it's ~ 9 o'clock** il est juste 9 heures, il est 9 heures sonnant(es) *or* tapant(es) *(V also* **j**); **it's ~ on 9** il est tout juste 9 heures; **it took me ~ 2 hours** il m'a fallu juste *or* exactement 2 heures; **it cost ~ on 50 francs** cela a coûté tout juste 50 F; **this is ~ what I want** c'est exactement *or* juste ce qu'il me faut; **that's ~ what I was going to say** c'est juste *or* justement *or* exactement ce que j'allais dire; **~ what did he say?** qu'est-ce qu'il a dit exactement? *or* précisément?; **a doctor? — that's ~ what I am!** un docteur? — mais je suis justement *or* précisément docteur!; **that's ~ what I thought** c'est exactement ce que je pensais; **leave everything ~ as you find it** laissez tout exactement comme vous l'avez trouvé; *(fig)* **come ~ as you are*** venez comme vous êtes; **~ as I thought, you aren't ready** c'est bien ce que je pensais, *or* je m'en doutais bien, tu n'es pas prêt; **~ as you wish** (c'est) comme vous voulez *or* voudrez; **~ at that moment** à ce moment même; **~ when everything is going so well!** juste quand tout va si bien!; **that's ~ it!,** that's **~ the point!** justement!; **that's ~ Robert, always late** c'est bien Robert, toujours en retard; **~ how many came we don't know** nous ne savons pas exactement *or* au juste combien de gens sont venus; **it's ~ the same** ou cela m'est tout à fait égal; **yes, but ~ the same...** oui, mais tout de même...; **~ so!** exactement!; **everything was ~ so*** tout était bien en ordre.
  (b) *(indicating immediate past)* **to have ~ done** venir de faire; **he had ~ left** il venait de partir; **I have only ~ heard about it** je viens seulement de l'apprendre; **I've ~ this minute** *or* **~ this instant done it** je viens de le faire à l'instant; **this book is ~ out** ce livre vient de paraître; **~ painted** fraîchement peint.
  (c) *(at this or that moment)* juste. **~ off** nous partons (à l'instant); **(I'm) ~ coming!** j'arrive!; **we're ~ about to start** nous sommes sur le point de commencer; **you're not interrupting us, I was ~ leaving** vous ne nous interrompez pas, je partais; **~ as we arrived it began to rain** juste comme nous arrivions, il s'est mis à pleuvoir.
  (d) *(almost not)* juste, de justesse. **we (only) ~ caught the train** nous avons eu le train de justesse, c'est tout juste si nous avons eu le train; **I'll ~ catch the train if I hurry** j'aurai tout juste le train si je me presse; **we only ~ missed the train** nous avons manqué le train de très peu; **you're ~ in time** vous arrivez juste à temps; **I will only ~ get there on time** j'arriverai tout juste à l'heure; **I have only ~ enough money** j'ai tout juste assez d'argent; **he passed the exam but only ~** il a été reçu à l'examen mais de justesse *or* mais cela a été juste *or* mais il s'en est fallu de peu.
  (e) *(with expressions of place)* juste. **~ here** juste ici, à cet endroit même; **~ over there/here** juste là-/ici; **~ by the church** juste à côté de l'église; **~ past the station** juste après la gare.
  (f) **~ about** à peu près; **~ about here** à peu près ici; **I've had ~ about enough!*** *or* **~ about as much as I can stand!*** j'en ai par-dessus la tête!*; **it's ~ about 3 o'clock** il est à peu près 3

heures; **it's ~ about 5 kilos** cela pèse 5 kilos à peu de chose près; **have you finished? — ~ about*** avez-vous fini? — à peu près *or* presque; **the incident ~ about ruined him** l'incident l'a ruiné ou presque *or* l'a quasiment* ruiné.

(g) (*in comparison*) ~ **as** tout aussi; **this one is ~ as big as that** celui-ci est tout aussi grand que celui-là; **you sing ~ as well as I do** vous chantez tout aussi bien que moi.

(h) (+*imper*) donc, un peu. ~ **taste this!** goûte un peu à ça!*, goûte-moi ça!*; ~ **come here a moment** viens ici un instant; ~ **imagine!**, ~ **fancy!*** tu te rends compte!*, tu t'imagines un peu!*; ~ **look at that!** regarde-moi ça!*; ~ **you do!***, ~ **you try it!***, ~ **you dare!*** ose voir un peu!*; ~ **shut up!*** veux-tu te taire!; ~ **let me get my hands on him!*** que je l'attrape (*subj*) un peu!*

(i) (*slightly, immediately*) peu, juste. ~ **over £10** un peu plus de 10 livres, 10 livres et des poussières*; ~ **under £10** un peu moins de 10 livres; ~ **after 9 o'clock he came in** peu *or* juste après 9 heures il est entré; **it's ~ after 9 o'clock** il est un peu plus de 9 heures, il est 9 heures et quelques; ~ **after he came** juste après son arrivée; ~ **before Christmas** juste avant Noël; ~ **last week** pas plus tard que la semaine dernière; ~ **afterwards** juste après, tout de suite après; ~ **before it rained** peu *or* juste avant la pluie, peu *or* juste avant qu'il ne pleuve; **that's ~ over the kilo** cela fait tout juste un peu plus du kilo; **it's ~ to the left of the bookcase** c'est juste à gauche de la bibliothèque; **it's ~ on the left as you go in** c'est juste *or* tout de suite à gauche en entrant.

(j) (*only*) juste. ~ **a moment please** un instant s'il vous plaît; **he's ~ a lad** c'est un gamin, ce n'est qu'un gamin; **don't go yet, it's ~ 9 o'clock** ne partez pas encore, il n'est que 9 heures; **I've come ~ to see you** je suis venu exprès pour te voir; **he did it ~ for a laugh*** il l'a fait histoire de rire*; **there will be ~ the two of us** il n'y aura que nous deux, il y aura juste nous deux; ~ **a few** juste quelques-uns; **do you want any?** — ~ **a little bit** tu en veux? — juste un petit peu *or* rien qu'un petit peu; ~ **a line to let you know that** ... juste un petit mot pour vous dire que ... .

(k) (*simply*) (tout) simplement, seulement. **I ~ told him to go away** je lui ai tout simplement dit de s'en aller; **you should ~ send it back** vous n'avez qu'à le renvoyer; **I would ~ like to say this** je voudrais seulement *or* simplement dire ceci; **I ~ can't imagine what's happened to him** je ne peux vraiment pas m'imaginer *or* je n'arrive pas à imaginer ce qui lui est arrivé; **we shall ~ drop in on him** nous ne ferons que passer chez lui; **I was ~ wondering if you knew** ... je me demandais simplement *or* seulement si vous saviez ...; **it's ~ one of those things** c'est comme ça*, c'est la vie.

(l) (*positively*) absolument, tout simplement. **it was ~ marvellous!** c'était absolument merveilleux!; **it's ~ fine!** c'est parfait!

(m) (*emphatic*) **did you enjoy it? — did we ~!*** *or* **I should ~ say we did!*** cela vous a plu? — et comment!*

(n) (*other uses*) **it's ~ as well** it's insured heureusement que c'est assuré; **it would be ~ as well** if he took it il ferait aussi bien de le prendre; **we brought the umbrellas, and ~ as well** on a bien fait d'apporter les parapluies; **I'm busy ~ now** je suis occupé pour l'instant; **I saw him ~ now** je l'ai vu tout à l'heure; **not ~ yet** pas tout de suite, pas pour l'instant (*V also* **yet**); ~ **in case** il rains juste au cas où il pleuvrait, si jamais il pleuvait; **I'm taking my**

umbrella, ~ **in case** je prends mon parapluie, on ne sait jamais; ~ **the same***, **you shouldn't have done it** tout de même, tu n'aurais pas dû le faire; **I'd ~ as soon you kept quiet about it** j'aimerais autant que vous n'en disiez rien à personne.

just² [dʒʌst] *adj person, decision* juste, équitable (*to, towards* envers, avec); *punishment, reward* juste, mérité; *cause* juste; *anger* juste, légitime; *suspicion* justifié, bien fondé; *calculation* juste, exact. **it is only ~ to point out that** ... ce n'est que justice de faire remarquer que ... .

justice ['dʒʌstɪs] *n* **(a)** (*U: Jur*) justice *f*. **to bring sb to ~** traduire qn en justice, amener qn devant les tribunaux; (*US*) **Department of J~** ministère *m* de la Justice; *V* **poetic**.

(b) (*U: fairness*) équité *f*. **I must, in (all) ~, say** ... pour être juste, je dois dire ...; **in ~ to him** ~ **he** ... pour être juste envers lui il ..., il faut lui rendre cette justice qu'il ...; **this photograph doesn't do him ~** cette photo ne le flatte pas *or* ne l'avantage pas; **she never does herself ~** elle ne se montre jamais à sa juste valeur; **to do ~ to a meal** faire honneur à un repas.

(c) (*judge*) (*Brit*) juge *m*; (*US*) juge *m* de la Cour Suprême. **J~ of the Peace** juge de paix; *V* **lord**.

(d) (*justness: of cause etc*) justice *f*.

justifiable [,dʒʌstɪ'faɪəbl] *adj* justifiable, légitime.

justifiably [,dʒʌstɪ'faɪəblɪ] *adv* légitimement, avec raison.

justification [,dʒʌstɪfɪ'keɪʃən] *n* **(a)** (*gen, also Rel*) justification *f* (*of, for* de, à, pour). **as a ~ for his action** comme justification de *or* à son acte; **he had no ~ for lying** son mensonge n'avait aucune justification, il n'avait aucune raison valable de mentir.

(b) (*Typ, Comput: of text, page*) justification *f*, cadrage *m*.

justify ['dʒʌstɪfaɪ] *vt* **(a)** *behaviour, action* justifier, légitimer; *decision* prouver le bien fondé de. **this does not ~ his being late** cela ne justifie pas son retard; **to be justified in doing** être en droit de faire, avoir de bonnes raisons pour faire; **you're not justified in talking to her like that** rien ne vous autorise à lui parler de cette façon; **am I justified in thinking** ...? est-ce que j'ai raison de penser ...?

(b) (*Typ, Comput*) *paragraph, text etc* justifier.

justly ['dʒʌstlɪ] *adv* avec raison, tout à fait justement.

justness ['dʒʌstnɪs] *n* [*cause*] justice *f*.

jut [dʒʌt] *vi* (*also ~* **out**) faire saillie, saillir, dépasser. **he saw a gun ~ting** (**out**) **from behind a wall** il a vu le canon d'un fusil dépasser de derrière un mur; **the cliff ~s** (**out**) **into the sea** la falaise avance dans la mer; **to ~** (**out**) **over the street/the sea** surplomber la rue/la mer.

Jute [dʒuːt] *n* Jute *m*.

jute [dʒuːt] *n* jute *m*.

Juvenal ['dʒuːvɪnəl] *n* Juvénal *m*.

juvenile ['dʒuːvənaɪl] **1** *n* adolescent(e) *m(f)*, jeune *mf*.

2 *adj* juvénile; (*pej*) *behaviour, attitude* puéril (*f* puérile), juvénile. ~ **books** livres *mpl* pour enfants; (*Jur*) ~ **court** tribunal *m* pour enfants; ~ **delinquency** délinquance *f* juvénile; ~ **delinquent** mineur(e) *m(f)* délinquant(e), jeune délinquant(e) *m(f)*; ~ **delinquents** l'enfance *or* la jeunesse délinquante; *V* **lead¹**.

juxtapose ['dʒʌkstəpəʊz] *vt* juxtaposer.

juxtaposition [,dʒʌkstəpə'zɪʃən] *n* juxtaposition *f*. **to be in ~** se juxtaposer.

K

K, k [keɪ] *n* **(a)** (*letter*) K, k *m*. ~ **for King** ≃ K comme Kléber. **(b)** (*abbr of* **kilo**) mille. **40K** quarante mille. **(c)** (*Comput*) **K** K *m or* Ka *m*.

Kabala [kə'bɑːlə] *n* cabale *f*.

kabob [kə'bɒb] *n* = **kebab**.

Kabul [kə'buːl] *n* Kaboul *or* Kabul.

Kaffeeklatsch ['kæfɪˌklætʃ] *n* (*US*) conversation *f* autour d'une tasse de café.

Kaffir ['kæfər] (*usu pej*) **1** *n* Cafre *mf*. **2** *adj* cafre.

Kafkaesque [,kæfkə'esk] *adj* kafkaïen.

kaftan ['kæftæn] *n* kaftan *m*.

kail [keɪl] *n* = **kale**.

Kaiser ['kaɪzər] *n* Kaiser *m*.

Kalahari [,kælə'hɑːrɪ] *n*: ~ (**Desert**) (désert *m* du) Kalahari.

kale [keɪl] *n* chou frisé.

kaleidoscope [kə'laɪdəskəʊp] *n* kaléidoscope *m*.

kaleidoscopic [kə,laɪdə'skɒpɪk] *adj* kaléidoscopique.

Kamasutra [,kɑːmə'suːtrə] *n* Kamasutra *m*.

Kampuchea [,kæmpʊ'tʃɪə] *n*: (**Democratic**) ~ Kampuchéa *m* (démocratique).

Kampuchean [,kæmpʊ'tʃɪən] *n, adj* Kampuchéen(ne) *m(f)*.

kangaroo [,kæŋgə'ruː] *n* kangourou *m*. ~ **court** tribunal irrégulier.

Kansas ['kænzəs] *n* Kansas *m*. **in ~** dans le Kansas.

Kantian ['kæntɪən] *n, adj* Kantien.

kaolin ['keɪəlɪn] *n* kaolin *m*.

kapok ['keɪpɒk] **1** *n* kapok *m*. **2** *cpd cushion* rembourré de kapok.

kaput‡ [kə'pʊt] *adj watch, car* fichu*, foutu‡, kaput‡ *inv*; *plan etc* fichu*, foutu‡, dans le lac*.

karabiner [,kærə'biːnər] *n* (*Climbing*) mousqueton *m*.

karat ['kærət] *n* = **carat**.

karate [kə'rɑːtɪ] *n* (*U*) karaté *m*. ~ **chop** coup *m* de karaté (donné avec le tranchant de la main).

Kariba [kə'riːbə] *n*: **Lake ~** le lac Kariba.

kart [kɑːt] **1** *n* kart *m*. **2** *vi*: **to go ~ing** faire du karting.

karting ['kɑːtɪŋ] *n* karting *m*.

Kashmir [kæʃ'mɪər] *n* Cachemire *m*.

Kashmiri [kæʃ'mɪərɪ] **1** *n* **(a)** *person* Cachemirien(ne) *m(f)*. **(b)** (*Ling*) kashmiri *m*, cachemirien *m*. **2** *adj* cachemirien.

Kate [keɪt] *n dim of* **Katharine**.

Katharine, Katherine ['kæθərɪn] *n*, **Kathleen** ['kæθliːn] *n* Catherine *f*.

katydid ['keɪtɪdɪd] *n* sauterelle *f* d'Amérique.

katzenjammer* ['kætsənˌdʒæmər] *n* (*US*) (*noise*) tapage *m*; (*hangover*) gueule *f* de bois*.

kayak ['kaɪæk] *n* kayak *m*.
Kazak(h) [kə'zɑːk] *n*: the ~ **SSR** la RSS du Kazakhstan.
Kazakhstan [ˌkɑːzɑːk'stæn] Kazakhastan *m*.
kazoo [kə'zuː] *n* mirliton *m*.
K.C. [keɪ'siː] *n* (a) (*Brit Jur*) *abbr of* King's Counsel; *V* counsel. (b) (*US Geog*) *abbr of* Kansas City.
K.D. [keɪ'diː] *adj* (*US Comm*: *abbr of* **knocked down**) livré démonté.
kebab [kə'bæb] *n* kébab *m*, brochette *f* (de viande).
kedge [kedʒ] (*Naut*) **1** *n* ancre *f* à jet. **2** *vt* haler (sur une ancre à jet).
kedgeree [ˌkedʒə'riː] *n* (*Brit*) pilaf *m* de poisson.
keel [kiːl] **1** *n* (*Naut*) quille *f*. **on an even** ~ (*Naut*) dans ses lignes, à égal tirant d'eau; (*fig*) stable; (*fig*) **to keep sth on an even** ~ maintenir qch en équilibre.
 2 *cpd*: **keelhaul** (*Naut*) faire passer sous la quille (*en guise de châtiment*); (**fig*) passer un savon à*.
◆**keel over 1** *vi* (*Naut*) chavirer; (*fig*) [*person*] tomber dans les pommes*, tourner de l'œil*.
 2 *vt* (*Naut*) (faire) chavirer.
keen¹ [kiːn] *adj* (a) (*sharp*) *blade* aiguisé, affilé, tranchant; *point* aigu (*f* -guë); (*fig*) *wind, cold* piquant, cinglant; *air* vif; *sarcasm* mordant, caustique, âpre; *interest* vif; *pleasure, desire, feeling* vif, intense; *appetite* aiguisé; *grief, pain* cuisant, poignant; *sight, eye* pénétrant, perçant; *hearing, ear* fin; (*Brit*) *price* étudié (de près), serré; *competition* serré, acharné; *intelligence* vif, aigu, fin, pénétrant; *judgment* pénétrant. **he's a** ~ **judge of character** il a la pénétration *or* la finesse qui permet de juger les gens.
 (b) (*Brit: enthusiastic*) *person* enthousiaste, ardent, zélé. **to be as** ~ **as mustard** déborder d'enthousiasme, être plein de zèle; **he tried not to seem too** ~ il a essayé de ne pas se montrer trop enthousiaste *or* de ne pas montrer trop d'enthousiasme; **he's a** ~ **footballer** c'est un passionné du football; **she's a very** ~ **socialist** c'est une socialiste passionnée; **to be** ~ **to do** tenir (absolument) à faire; **to be** ~ **on music** avoir la passion de la musique; **to be** ~ **on an idea** être enthousiasmé par une idée; **to become** *or* **grow** ~ **on sth/sb** s'enthousiasmer *or* se passionner pour qch/qn; **I'm not too** ~ **on him** il ne me plaît pas beaucoup; **he's** ~ **on her*** il a un béguin* pour elle; **he's very** ~ **on Mozart** c'est un passionné de Mozart; **to be** ~ **on doing sth** aimer beaucoup faire qch; **he's not** ~ **on her coming** il ne tient pas tellement à ce qu'elle vienne; **he's very** ~ **that she should come** il tient beaucoup à ce qu'elle vienne; *V* **mad, madly.**
 (c) (*US‡: great*) chouette*.
keen² [kiːn] **1** *n* (*Ir Mus*) mélopée *f* funèbre (*irlandaise*). **2** *vi* chanter une mélopée funèbre.
keenly ['kiːnlɪ] *adv* (a) (*enthusiastically*) avec zèle, avec enthousiasme, ardemment.
 (b) (*acutely*) *interest, feel* vivement, profondément; *wish, desire* ardemment, profondément; *notice, remark, observe* astucieusement. **he looked at me** ~ il m'a jeté un regard pénétrant.
keenness ['kiːnnɪs] *n* (a) [*blade*] finesse *f*; [*cold, wind*] âpreté *f*; [*interest, pleasure, grief*] intensité *f*; [*pain*] violence *f*, acuité *f*; [*hearing*] finesse, [*intelligence, mind*] finesse, pénétration *f*, vivacité *f*. ~ **of sight** acuité visuelle.
 (b) (*eagerness*) ardeur *f*, enthousiasme *m*. **his** ~ **to leave** son empressement à partir.
keep [kiːp] *pret, ptp* **kept 1** *vt* (a) (*retain: gen*) garder, (*more formally*) conserver. **you can** ~ **this book** tu peux garder ce livre; **you must** ~ **the receipt** il faut garder *or* conserver le reçu; ~ **the change!** gardez la monnaie!; **to** ~ **one's job** garder son travail; **to** ~ **control of** rester maître de; **this material will** ~ **its colour/texture** *etc* ce tissu gardera ses couleurs/sa texture *etc*; **I can't** ~ **that tune in my head** je n'arrive pas à retenir cet air; **she** ~**s herself to herself** elle fuit la compagnie, elle se tient à l'écart; **they** ~ **themselves to themselves** [*group*] ils font bande à part, ils restent entre eux; [*couple*] ils se tiennent à l'écart; *V* **cool, foot, goal** *etc*.
 (b) (+ *adj, vb etc: maintain*) tenir, garder. **to** ~ **sth clean** tenir *or* garder qch propre; **to** ~ **o.s. clean** être toujours propre; **exercise will** ~ **you fit** l'exercice physique vous maintiendra en forme; **to** ~ **sth tidy** tenir qch en état; **well kept** *house, garden* bien entretenu, bien tenu; *hands, nails* soigné; *hair* bien entretenu; **'**~ **Britain tidy'** 'pour une Grande-Bretagne propre'; **he kept them working** *or* **at work all night** il les a forcés à continuer de travailler toute la nuit; **they kept him at it** ils l'ont tenu attelé à la tâche *or* au travail; **to** ~ **a machine running** maintenir une machine en activité; **he kept the (car) engine running** il a laissé le moteur (de la voiture) en marche; **to** ~ **sb waiting** faire attendre qn; ~ **him talking while I ...** fais-lui la conversation pendant que je ...; **she managed to** ~ **the conversation going** elle a réussi à entretenir la conversation; **she kept him to his promise** elle l'a forcé à tenir sa promesse; ~ **me informed (of)** tenez-moi au courant (de); **to** ~ **a piece of news from sb** cacher une nouvelle à qn; ~ **it to yourself,** ~ **it under your hat*** garde-le pour toi, ne le dis à personne; *V* **alive, quiet, secret, warm** *etc*.
 (c) (*preserve, put aside*) garder, mettre de côté, mettre en réserve; (*store, hold in readiness*) avoir (en réserve); (*Comm: stock, sell*) vendre, avoir, stocker. **I've kept some for him** je lui en ai gardé; **I kept it for just this purpose** je l'ai gardé *or* mis de côté pour cela; **I'm** ~**ing some sugar in case there's a shortage** j'ai du sucre en réserve *or* une provision de sucre au cas où il viendrait à manquer; ~ **it somewhere safe** mettez-le en lieu sûr; **you must** ~ **it in a cold place** il faut le garder *or* le conserver au froid; **where does he** ~ **his money?** où est-ce qu'il met son argent?; **where do you** ~ **your shoe polish?** où est-ce que tu ranges ton cirage?; (*in supermarket etc*) **where do you** ~ **the sugar?** où est-ce que vous mettez le sucre?
 (d) (*detain*) garder, retenir. **to** ~ **sb in prison** détenir qn, garder

qn en prison; **they kept him prisoner for some time** ils l'ont gardé prisonnier quelque temps; **they kept the prisoners in a dark room** les prisonniers étaient détenus dans une salle obscure; **what kept you?** qu'est-ce qui vous a retenu?; **I mustn't** ~ **you** je ne veux pas vous retarder *or* vous retenir; **they wanted to** ~ **me to dinner** ils ont voulu me garder à dîner; **illness kept her in bed** la maladie l'a forcée à rester au lit *or* à garder le lit.
 (e) (*own; look after*) *shop, hotel, restaurant* tenir, avoir; *house, servant, dog, car* avoir; (*Agr*) *cattle, pigs, bees, chickens* élever, faire l'élevage de. **he** ~**s a good cellar** il a une bonne cave; *V* **house** *etc*.
 (f) *accounts, diary* tenir. **I've kept a note of his name** j'ai pris note de *or* j'ai noté son nom; *V* **count¹, track** *etc*.
 (g) (*support*) faire vivre, entretenir, subvenir aux besoins de. **I earn enough to** ~ **myself** je gagne assez pour vivre *or* pour subvenir à mes (propres) besoins; **I have 6 children to** ~ j'ai 6 enfants à ma charge *or* à entretenir *or* à nourrir; **he** ~**s a mistress in Paris** il entretient une maîtresse à Paris; **to** ~ **sb in food/clothing** nourrir/habiller qn; **I can't afford to** ~ **you in cigarettes** je ne peux pas (me payer le luxe de) te fournir en cigarettes.
 (h) (*restrain, prevent*) **to** ~ **sb from doing** empêcher qn de faire; **to** ~ **o.s. from doing** se retenir *or* s'empêcher de faire; ~ **him from school for just now** ne l'envoyez pas à l'école pour le moment; **it kept him from despair** cela l'a sauvé *or* gardé (*frm*) du désespoir.
 (i) (*observe, fulfil*) *promise* tenir; *law, rule* observer, respecter; *treaty* respecter; *vow* rester fidèle à; *obligations* remplir; *feast day* célébrer. **to** ~ **an appointment** se rendre à un rendez-vous; **she did not** ~ **her appointment with them** elle n'est pas venue à *or* elle n'a pas tenu son rendez-vous avec eux, elle leur a fait faux bond; **to** ~ **Lent/the Sabbath** observer le carême/le jour du sabbat; **to** ~ **sb's birthday** fêter l'anniversaire de qn; *V* **peace, word** *etc*.
 (j) († *guard, protect*) garder, protéger; *sheep etc* garder. **God** ~ **you!** Dieu vous garde!
 2 *vi* (a) (*continue*) garder, suivre, continuer. ~ **on this road until you come to ...** suivez cette route jusqu'à ce que vous arriviez (*subj*) à ...; **to** ~ **(to the) left/right** garder sa gauche/droite; (*Aut*) tenir sa gauche/droite; **to** ~ **to** *or* **in the middle of the road** rester au *or* garder le milieu de la route; **to** ~ **straight on** continuer *or* suivre tout droit; ~ **north till you get to ...** continuez vers le nord jusqu'à ce que vous arriviez (*subj*) à ...; **to** ~ **doing** continuer à *or* de faire, ne pas cesser de faire; **if you** ~ **complaining** si vous continuez à vous plaindre; **she** ~**s talking** elle n'arrête pas de parler; **he would** ~ **objecting** il ne cessait pas de faire des objections; **I** ~ **hoping she'll come back** j'espère toujours qu'elle reviendra; **to** ~ **standing** rester debout; ~ **going!** allez-y!, continuez toujours!; ~ **smiling!** gardez le sourire!
 (b) (*remain*) rester, se tenir. **to** ~ **fit** se maintenir en forme (*V also* **4**); **he** ~**s in good health** il est toujours en bonne santé; **to** ~ **still** rester *or* se tenir tranquille; **to** ~ **silent** se taire, garder le silence, rester silencieux; ~ **calm!** reste calme!, du calme!; ~ **there for a minute** restez là une minute; ~ **off the flowerbeds** ne marchez pas sur les plates-bandes; '~ **off the grass'** 'défense de marcher sur les pelouses'; **she kept inside for 3 days** elle est restée chez elle *or* elle n'est pas sortie pendant 3 jours; **to** ~ **to one's bed/one's room** *etc* garder le lit/la chambre *etc*; **she** ~**s to herself** elle fuit la compagnie, elle ne fréquente presque personne; **they** ~ **to themselves** [*group*] ils font bande à part, ils restent entre eux; [*couple*] ils se tiennent à l'écart; *V* **alive, cool, quiet** *etc*.
 (c) (*in health*) aller, se porter (*frm*). **how are you** ~**ing?** comment allez-vous?, comment vous portez-vous? (*frm*); **to** ~ **well** aller bien; **she's not** ~**ing very well** elle ne va pas très bien; **he's** ~**ing better** il va mieux.
 (d) [*food etc*] se garder, se conserver, garder sa fraîcheur. **apples that** ~ **all winter** des pommes qui se gardent *or* se conservent tout l'hiver; **this ham will** ~ **up to 3 days in the fridge** ce jambon conservera sa fraîcheur 3 jours au réfrigérateur; (*fig*) **this business can** ~ cette affaire peut attendre; **that will** ~ **till tomorrow** cela attendra demain, cela tiendra jusqu'à demain.
 3 *n* (a) (*U: livelihood, food*) **to earn one's** ~ gagner de quoi vivre; **I got £15 a week and my** ~ je gagnais 15 livres par semaine logé et nourri; **he's not worth his** ~ il ne vaut pas ce qu'on dépense pour lui *or* ce qu'on dépense pour l'entretenir, il ne vaut pas la dépense.
 (b) (*Archit, Hist*) donjon *m*.
 (c) **for** ~**s*** pour de bon, pour toujours.
 4 *cpd*: **she does keep-fit once a week** elle fait de la culture physique *or* de la gymnastique une fois par semaine; **keep-fit classes** cours *mpl* de gymnastique; **keep-fit exercises** culture *f* physique; **keepsake** souvenir *m* (*objet*).
◆**keep at** *vt fus* (a) (*continue*) continuer; (*work with persistence at*) travailler d'arrache-pied à, s'acharner à. **keep at it!** continuez!
 (b) (*nag at*) harceler, s'acharner sur. **she keeps at him all the time** elle le harcèle, elle est toujours après lui*; **you'll have to keep at him till he pays you** il va falloir le harceler jusqu'à ce qu'il vous paie (*subj*).
◆**keep away 1** *vi* (*lit*) ne pas s'approcher (*from* de). **keep away from the fire** ne t'approche pas du feu; (*fig*) **to keep away from drink** s'abstenir de boire, ne pas boire.
 2 *vt sep* (*gen*) empêcher de s'approcher (*from* de). **keep him away!** ne le laissez pas s'approcher, empêchez-le de s'approcher; **keep them away from each other!** empêchez-les de se rencontrer!
◆**keep back 1** *vi* rester en arrière, ne pas avancer, ne pas approcher. **keep back!** restez en arrière! *or* où vous êtes!, n'approchez pas!
 2 *vt sep* (a) (*withhold*) retenir. **they keep back 5% of my wages for national insurance** on me retient 5% de mon salaire pour la Sécurité sociale.

(b) (*conceal*) cacher, ne pas dire, ne pas révéler; *secrets* taire. **they are keeping back the names of the victims** ils ne communiquent pas les noms des victimes; **don't keep anything back** ne nous (*or* me *etc*) cachez rien, racontez tout.

(c) (*hinder, make late*) retarder. **I don't want to keep you back** je ne veux pas vous retarder; **have I kept you back in your work?** vous ai-je retardé dans votre travail?

(d) *crowd* empêcher de s'approcher (*from* de).

◆**keep down 1** *vi* rester assis (*or* allongé *etc*). **keep down!** ne bougez pas!, restez assis (*or* allongé *etc*)!

2 *vt sep* (a) (*control*) retenir, maîtriser; *revolt, one's anger* réprimer, contenir; *dog* retenir, maîtriser. **you can't keep her down** elle ne se laisse jamais abattre; (*loc*) **you can't keep a good man down** un homme de valeur reprendra toujours le dessus.

(b) *spending* restreindre, limiter. **to keep prices down** maintenir les prix bas, empêcher les prix de monter, empêcher la hausse des prix.

(c) (*Scol*) **to keep a pupil down** faire redoubler une classe à un élève; **to be kept down** redoubler.

(d) (*Med*) **the sick man can't keep anything down** le malade ne garde rien, le malade vomit *or* rend tout ce qu'il prend.

◆**keep from** *vt fus*: **to keep from doing** s'abstenir *or* s'empêcher *or* se retenir de faire; **to keep from drink** s'abstenir de boire, ne pas boire.

◆**keep in 1** *vi*: **to keep in with sb** rester en bons termes avec qn; (*for one's own purposes*) cultiver qn.

2 *vt sep* (a) *anger, feelings* contenir, réprimer.

(b) *person* empêcher de sortir. (*Scol*) **to keep a child in** garder un enfant en retenue, consigner un enfant.

(c) **keep your tummy in!** rentre ton *or* le ventre!; *V* **hand**.

◆**keep off 1** *vi* [*person*] se tenir éloigné, rester à l'écart *or* à distance. **keep off!** n'approchez pas!; **if the rain keeps off** s'il ne pleut pas.

2 *vt sep dog* éloigner; *person* empêcher de s'approcher (*from* de), tenir à distance. **this weather will keep the crowds off** ce temps fera rester les gens chez eux; **keep your hands off!** ne touchez pas!; **keep your hat off** ne (re)mettez pas votre chapeau.

◆**keep on 1** *vi* (a) continuer, ne pas cesser. **he kept on reading** il a continué à *or* de lire, il n'a pas cessé de lire; **don't keep on so!** arrête! (*V also* **1c**); **she does keep on about her rich friends** elle n'arrête pas de parler de ses riches amis; **the child kept on crying the whole night** l'enfant n'a fait que pleurer toute la nuit.

(b) (*keep going*) continuer (à avancer). **keep on past the church till you get to the school** continuez après l'église jusqu'à (ce que vous arriviez (*subj*) à) l'école; (*fig*) **if you keep on as you're doing now you'll pass the exam** si tu continues dans cette voie tu seras reçu à l'examen.

(c) (*Brit*) **to keep on at sb** harceler qn; **don't keep on so!** cesse de me (*or* le *etc*) harceler!

2 *vt sep* (a) *servant, employee* garder.

(b) **to keep one's hat on** garder son chapeau, [*man*] rester couvert; *V* **hair**.

◆**keep out 1** *vi* rester en dehors. **'keep out'** 'défense d'entrer', 'accès interdit'; **to keep out of danger** rester *or* se tenir à l'abri du danger; **to keep out of a quarrel** ne pas se mêler à une dispute; **keep out of this!**, **you keep out of it!** mêlez-vous de ce qui vous regarde! *or* de vos (propres) affaires! *or* de vos oignons!*

2 *vt sep person, dog* empêcher d'entrer, ne pas laisser entrer. **that coat will keep out the cold** ce manteau protégera bien du froid.

◆**keep to** *vt fus*: **to keep to one's promise** tenir sa promesse, être fidèle à sa promesse; **to keep to the subject** ne pas s'écarter du sujet, rester dans le sujet; **to keep to the text** serrer le texte; **to keep to one's bed** garder le lit; *V also* **keep 2b**.

◆**keep together 1** *vi* [*people*] rester ensemble, ne pas se séparer.

2 *vt sep objects* garder ensemble, (*keep fixed together*) maintenir ensemble; *people* garder ensemble *or* unis.

◆**keep under** *vt sep anger, feelings* contenir, maîtriser; *passions* dominer; *people, race* soumettre, assujettir, asservir; *subordinates* dominer; *unruly pupils etc* tenir, mater.

◆**keep up 1** *vi* (a) continuer, se maintenir; [*prices*] se maintenir. **their spirits are keeping up** ils ne se découragent pas; **I hope the good weather will keep up** j'espère que le beau temps va continuer *or* se maintenir.

(b) **to keep up with sb** (*in race, walk etc*) aller aussi vite que qn, se maintenir à la hauteur de qn; (*in work, achievement*) se maintenir au niveau de qn; (*in comprehension*) suivre qn; **I couldn't keep up with what he was saying** je n'ai pas pu suivre ce qu'il disait; (*Scol*) **to keep up with the class** bien suivre (en classe); (*fig*) **to keep up with the Joneses** ne pas se trouver en reste avec les voisins; **to keep up with the times** être de son temps *or* époque; (*Ind*) **to keep up with demand** arriver à satisfaire la demande.

(c) (*stay friends with*) **to keep up with sb** rester en relations avec qn; **we haven't kept up at all since she went abroad** nous avons complètement perdu le contact depuis qu'elle est partie à l'étranger.

2 *vt sep* (a) continuer; *correspondence* entretenir; *study etc* continuer, ne pas interrompre *or* abandonner. **to keep up a subscription** maintenir un abonnement, continuer à payer une cotisation; **I try to keep up my Latin** j'essaie d'entretenir mon latin; **to keep up a custom** maintenir *or* respecter une tradition; **keep it up!** continuez!

(b) (*maintain*) *house, paintwork* maintenir en bon état; *engine, road* entretenir, maintenir en bon état.

keeper ['ki:pə^r] *n* (*person*) gardien(ne) *m(f)*, surveillant(e) *m(f)*; (*in museum etc*) conservateur *m*, -trice *f*; (*in park, zoo etc*) gardien; (*gamekeeper*) garde-chasse *m*. **am I my brother's ~?** suis-je en

gardien de mon frère?; *V* **bee, goal, shop** *etc*.

keeping ['ki:pɪŋ] *n* (*U*) (a) (*care*) garde *f*. **to put sb in sb's ~** confier qn à (la garde de) qn; **to put sth in sb's ~** confier qch à qn; *V* **safe** *etc*.

(b) (*observing*) [*rule*] observation *f*, [*festival etc*] célébration *f*.

(c) **to be in ~ with** s'accorder avec, être en rapport avec; **out of ~ with** en désaccord avec.

keester‡ ['ki:stə^r] = **keister**.

keg [keg] *n* (a) (*barrel*) [*beer, brandy etc*] tonnelet *m*, baril *m*, petit fût; [*fish*] caque *f*. (b) (*also* **~ beer**) bière *f* en tonnelet.

keister‡ ['ki:stə^r] *n* (*US*) (*buttocks*) derrière *m*, postérieur*; (*case*) mallette *f*.

kelp [kelp] *n* (*U*) varech *m*.

ken [ken] **1** *n*: **that is beyond** *or* **outside my ~** je ne m'y connais pas, ce n'est pas dans mes cordes. **2** *vt* (*Scot*) = **know**.

kennel ['kenl] **1** *n* (a) [*dog*] niche *f*; [*hound*] chenil *m*; (*fig pej*) chenil (*fig*), tanière *f* (*fig*). **~s** (*for breeding*) élevage *m* (de chiens), chenil; (*for boarding*) chenil; **to put a dog in ~s** mettre un chien dans un chenil.

(b) [*fox*] repaire *m*, tanière *f*.

2 *cpd*: **kennel maid** aide *f* de chenil.

Kentucky [ken'tʌkɪ] *n* Kentucky *m*. **in ~** dans le Kentucky.

Kenya ['kenjə] *n* Kenya *m*. **Mount ~** le mont Kenya.

Kenyan ['kenjən] **1** *n* Kényen(ne) *m(f)*. **2** *adj* kényen.

kepi ['keɪpɪ] *n* képi *m*.

kept [kept] *pret, ptp of* **keep**.

keratin ['kerətɪn] *n* kératine *f*.

kerb [kɜ:b] (*Brit*) **1** *n* (bordure *f* or bord *m* du) trottoir *m*. **along the ~** le long du trottoir; (*Aut*) **to hit the ~** heurter le trottoir; (*St Ex*) **on the ~** en coulisse, après la clôture (*de la Bourse*).

2 *cpd*: (*St Ex*) **kerb broker** courtier *m* en valeurs mobilières, coulissier *m*; **kerb crawler** dragueur* motorisé, conducteur *m* qui accoste les femmes sur le trottoir; **kerb crawling** drague*-motorisée; **kerbstone** pierre *f* or pavé *m* de bordure (*de trottoir*).

kerchief ['kɜ:tʃɪf] *n* fanchon *f*, fichu *m*.

kerfuffle* [kə'fʌfl] *n* (*Brit*) histoire* *f*, affaire* *f*. **what a ~!** quelle histoire *or* que d'histoires pour si peu!*

kernel ['kɜ:nl] *n* (a) [*nut, fruitstone*] amande *f*; (*seed*) grain *m*. (*fig*) **there's a ~ of truth in what he says** il y a un grain de vérité dans ce qu'il dit; **the ~ of the question** le point fondamental de la question.

(b) (*Ling, Comput*) noyau *m*. (*Ling*) **~ sentence**, **~ string** phrase-noyau *f*, phrase *f* nucléaire.

kerosene ['kerəsi:n] **1** *n* (*aircraft fuel*) kérosène *m*; (*US: for stoves, lamps*) pétrole *m* (lampant). **2** *cpd* **lamp** à pétrole.

kestrel ['kestrəl] *n* crécerelle *f*.

ketch [ketʃ] *n* ketch *m*.

ketchup ['ketʃəp] *n* ketchup *m*.

kettle ['ketl] **1** *n* (a) (*for water: also* (*US*) **tea~**) bouilloire *f*. **the ~'s boiling** l'eau bout (dans la bouilloire); **I'll just put the ~ on** (**for some tea**) je vais mettre l'eau à chauffer (pour le thé).

(b) (*also* **fish~**) poissonnière *f*. (*fig*) **that's a fine** *or* **a pretty ~ of fish** nous voilà dans de beaux draps *or* dans un joli pétrin.

2 *cpd*: (*Mus*) **kettledrum** timbale *f*.

key [ki:] **1** *n* (a) [*door etc*] clef *f* or clé *f*. **to turn the ~ (in the door)** donner un tour de clef (dans la serrure); **leave the ~ in the door** laisse la clef sur la porte; *V* **latch, lock¹, master** *etc*.

(b) [*clock*] clef *f* or clé *f* de pendule, remontoir *m*; [*clockwork toy etc*] remontoir; (*Tech*) clef de serrage *or* à écrous.

(c) (*fig: to problem etc*) clef *f* or clé *f*. **the ~ to the mystery** la clef du mystère.

(d) (*answers*) solutions *fpl*; (*Scol*) (*crib*) corrigé *m*; (*translation*) traduction *f* (*toute faite*); (*for map, diagram etc*) légende *f*.

(e) [*piano, computer, typewriter etc*] touche *f*; [*wind instrument*] clef *f* or clé *f*; *V* **function**.

(f) (*Mus*) **ton** *m*. **to be in/off ~** être/n'être pas dans le ton; **to go off ~** sortir du ton; **to sing in/off ~** chanter juste/faux; **to play in/off ~** jouer dans le ton/dans le mauvais ton; **in the ~ of C** en do; **in the major** **~** dans le ton majeur; **change of ~** changement *m* de ton; *V* **low¹, minor**.

2 *adj* (*vital*) (*gen*) *industry, position* clef (*f inv*) *or* clé (*f inv*); *difference* fondamental; *problem, question* clef *or* clé, fondamental. **~ jobs** postes *mpl* clefs; **~ man** pivot *m*, cheville *f* (ouvrière); [*argument etc*] **~** point capital *or* essentiel; **~ speech** discours *m* clef; (*Ind*) **~ strike** grève-bouchon *f*; (*Ind*) **~ workers** travailleurs *mpl* clefs.

3 *cpd*: **keyboard** *n* [*piano, computer, typewriter etc*] clavier *m*; (*vt*) (*Comput, Typ*) faire la saisie de; (*Mus*) **keyboard instruments** instruments *mpl* à clavier; (*Mus*) **keyboards** (*npl*) orgue *m* (*or* piano *etc*) électronique; **he's on keyboards** il est à l'orgue (*or* piano *etc*) électronique; (*Mus*) **he's a keyboard player** il joue du piano (*or* clavecin *etc*); (*Comput*) **keyboarder, keyboard operator** opérateur-pupitre *m*, claviste *mf*; **keyhole** trou *m* de serrure; **through the keyhole** par le trou de la serrure; **keyhole saw** scie *f* à guichet; **key money** pas *m* de porte (*fig*); **keynote** (*Mus*) tonique *f*, (*fig*) [*speech etc*] note dominante; (*Pol etc*) **keynote speaker**, (*US*) **keynoter*** orateur chargé du discours-programme; **keynote speech** discours-programme *m*; (*Brit*) **keyphone** téléphone *m* à touches; (*Comput*) **key punch** perforatrice *f* à clavier; **key ring** porte-clefs *m inv*; **key signature** armature *f*; (*Archit, fig*) **keystone** clef *f* de voûte; (*US*) **the Keystone State** la Pennsylvanie; (*Typ, Comput*) **keystroke** frappe *f*, manipulation *f*; **keyword** mot-clé *m*.

4 *vt* (a) (*Comput, Typ*) *text, data* faire la saisie de.

(b) *speech etc* adapter (*to or for one's audience* à son auditoire). **the colour scheme was ~ed to brown** les coloris s'harmonisaient autour du brun *or* étaient dans les bruns.

◆**key in** *vt sep* (*Comput, Typ*) *text, data* faire la saisie de.
◆**key up** *vt sep* (*fig*) surexciter, tendre. **she was (all) keyed up about the interview** elle était surexcitée *or* tendue à la pensée de *or* dans l'attente de l'entrevue.
keying ['ki:ɪŋ] *n* saisie *f*.
Kg (*abbr of* **kilogram(s)**) kg.
KGB [keɪdʒi:'bi:] *n* (*in USSR*) K.G.B. *m*.
khaki ['kɑːkɪ] **1** *adj* kaki *inv*. **2** *n* kaki *m*.
Khartoum [kɑː'tuːm] *n* Khartoum.
Khmer [kmeər] **1** *adj* khmer (*f* khmère). ~ **Republic** République *f* khmère. **2** *n* (a) Khmer *m*, Khmère *f*. ~ **Rouge** Khmer *m* Rouge. **(b)** (*Ling*) khmer *m*, cambodgien *m*.
Khyber Pass [,kəɪbə'pɑːs] *n* passe *f* de Khyber *or* Khaibar.
kibbutz [kɪ'bʊts] *n, pl* **kibbutzim** [kɪ'bʊtsɪm] kibboutz *m*.
kibitz* ['kɪbɪts] *vi* (*Cards*) regarder le jeu de quelqu'un par-dessus son épaule; (*US fig*) se mêler de ce qui ne vous regarde pas.
kibitzer* ['kɪbɪtsər] *n* (*Cards*) spectateur *m*, -trice *f* (*qui regarde le jeu de quelqu'un par-dessus son épaule*); (*busybody*) mouche *f* du coche; (*pej: disruptive wisecracker*) petit malin, petite maligne.
kibosh* ['kaɪbɒʃ] *n*: **to put the ~ on sth** mettre le holà à qch, mettre fin à qch.
kick [kɪk] **1** *n* (a) (*action*) coup *m* de pied. **to give the door a ~** donner un coup de pied dans la porte; **to aim** *or* **take a ~ at sb/sth** lancer un coup de pied à qn/qch *or* dans la direction de qn/qch; **to get a ~ on the leg** recevoir un coup de pied à la jambe; **to give sb a ~ in the pants*** donner un coup de pied au derrière à *or* de qn, botter* le derrière à *or* de qn; (*fig*) **this refusal was a ~ in the teeth** *or* (*US*) **a ~ in the ass*** for her ce refus a été pour elle (comme) une gifle en pleine figure; *V* **free**.
(b) (*fig: thrill etc*) **she got quite a ~ out of seeing Paris** elle a été tout émoustillée *or* excitée de voir Paris; **he gets a ~ out of making his sister cry** il prend un malin plaisir à faire pleurer sa sœur; **I get a ~ out of it** je trouve ça stimulant *or* excitant; **he did it for ~s** il l'a fait pour le plaisir, (*stronger*) il l'a fait parce que ça l'excitait *or* ça le bottait*; **he has no ~ left, there's no ~ left in him** il ne lui reste plus aucune énergie *or* aucun allant; **this drink hasn't much ~ in it** cette boisson n'est pas très corsée, ce n'est pas cette boisson qui te (*or* me *etc*) montera à la tête; **a drink with plenty of ~ in it** une boisson qui vous donne un coup de fouet.
(c) [*gun*] recul *m*. (*Aut*) **a ~ of the starting handle** un retour de manivelle.
(d) (*: fig*) **he's on a fishing ~ now** il donne à plein* dans la pêche en ce moment.
(e) (*Ftbl etc*) **he's a good ~*** il a un bon dégagement.
2 *cpd*: **kickback*** (*reaction*) réaction *f*, contrecoup *m*; (*percentage of money made, money paid as bribe or for information etc*) pourcentage *m* (*reçu*); (*rebate on sale*) ristourne *f*, rabais *m*; **kick-off** (*Ftbl etc*) coup *m* d'envoi; (*fig: of meeting, ceremony etc*) démarrage* *m*; (*Ftbl*) **the kick-off is at 3 p.m.** le coup d'envoi est à 15h; (*fig*) **when's the kick-off?*** à quelle heure ça démarre?*; (*US*) [*motorcycle etc*] **kick-stand** béquille *f*; [*motorcycle*] **kick start(er)** démarreur *m* au pied, kick *m*; (*Ski*) **kick turn** conversion *f*.
3 *vi* (a) [*person*] donner *or* lancer un coup de pied; [*footballer etc*] botter; [*baby*] gigoter*; [*horse etc*] ruer. **to ~ at sb/sth** [*person*] lancer un coup de pied à qn/qch *or* en direction de qn/qch; [*horse*] lancer une ruade à qn/qch *or* en direction de qn/qch (*V also* **3b**); (*Rugby*) **to ~ for touch** taper en touche; (*fig*) **to ~ against the pricks** regimber en pure perte; (*fig*) **to ~ over the traces** ruer dans les brancards (*fig*), regimber (*fig*), se cabrer (*fig*).
(b) (*: object to sth*) ruer dans les brancards, se rebiffer*. **to ~ at sth** se rebiffer contre qch*, regimber devant qch.
(c) [*gun*] reculer.
4 *vt* (a) *table, person* [*person*] donner un coup de pied à; *ball* donner un coup de pied à, botter; [*horse etc*] lancer une ruade à. **to ~ sb's bottom** botter* le derrière *or* les fesses à *or* de qn; **to ~ sb downstairs** faire descendre qn à coups de pied dans le derrière; **to ~ sb upstairs** (*lit*) faire monter qn à coups de pied dans le derrière; (*fig*) catapulter *or* bombarder* qn à un poste supérieur (pour s'en débarrasser); (*Brit Pol**) catapulter qn à la Chambre des lords (*un député dont on ne veut plus aux Communes*); (*Ftbl etc*) **to ~ a goal** marquer un but; (*fig*) **to ~ the bucket** casser sa pipe*; **I could have ~ed myself*** je me serais flanqué* des coups *or* des gifles; (*fig*) **to ~ one's heels** faire le poireau* *or* le pied de grue, se morfondre, poireauter*.
(b) (*stop*) **to ~ the habit** (*gen*) arrêter; [*smoker*] arrêter de fumer; [*drug addict*] ne plus se droguer, renoncer à la drogue.
◆**kick about, kick around** *vi* (*:*) [*books, clothes etc*] traîner; [*person*] traîner, traînasser (*pej*).
2 *vt sep*: **to kick a ball about** *or* **around** jouer au ballon, s'amuser avec un ballon; **he can't find anything better to do than kicking a ball about** tout ce qu'il sait faire c'est donner des coups de pied dans un ballon; (*fig*) **don't kick that book about** *or* **around** ne maltraite pas ce livre; (*fig*) **to kick an idea around*** (*reflecting*) tourner et retourner une idée; (*discussing*) débattre une idée; (*fig*) **to kick sb around** traiter qn sans ménagement, marcher sur les pieds de qn.
◆**kick away** *vt sep* (a) *object on ground* repousser du pied.
(b) **he kicked away the last part of the fence** il a démoli à coups de pied ce qui restait de la clôture.
◆**kick back 1** *vi* [*engine*] avoir un retour de manivelle.
2 *vt sep* (a) *ball etc* renvoyer (du pied).
(b) (*US:*) *money* ristourner.
3 **kickback*** *n V* kick **2**.
◆**kick down** *vt sep* *door, hedge, barrier* démolir à coups de pied.
◆**kick in** *vt sep* (a) *door* enfoncer à coups de pied. **to kick sb's teeth in*** casser la figure* *or* la gueule* à qn.
(b) (*US:*: *contribute*) cracher*, abouler.

◆**kick off 1** *vi* (*Ftbl*) donner le coup d'envoi; (*:fig*) démarrer*. **the party kicked off in great style** la soirée a démarré* en beauté.
2 *vt sep* enlever (du pied *or* d'un coup de pied).
3 **kick-off** *n V* kick **2**.
◆**kick out 1** *vi* [*horse*] ruer. **the man kicked out at his assailants** l'homme envoyait de grands coups de pied à ses assaillants.
2 *vt sep* (*lit*) chasser à coups de pied, flanquer dehors* *or* vider* à coups de pied; (*:fig*) mettre à la porte (*fig*), flanquer dehors* (*fig*), vider* (*fig*).
◆**kick up** *vt sep* *dust* faire voler. (*fig*) **to kick up a row*** *or* **a din*** *or* **a racket*** faire du chahut *or* du tapage *or* du boucan; **to kick up a fuss*** faire des histoires *or* toute une histoire; **he kicked up a stink** **about it** il en a fait tout un plat* *or* tout un foin.
kicker ['kɪkər] *n* (*Rugby*) botteur *m*.
kicky ['kɪkɪ] *adj* excitant, palpitant.
kid [kɪd] **1** *n* (a) (*goat*) chevreau *m*, chevrette *f*.
(b) (*U: leather*) chevreau *m* (*U*).
(c) (*: child*) gosse* *mf*, gamin(e)* *m(f)*; (*teenager*) (petit(e)) jeune *m(f)*. **when I was a ~** quand j'étais gosse*; **that's ~'s stuff** (*easy to do*) un gamin* *or* un gosse* saurait faire ça; (*suitable for children*) c'est (tout juste) bon pour des gosses*; **hi, ~!** salut mon vieux (*or* ma vieille)!
2 *cpd*: **my kid brother*** mon petit frère; **kid gloves/shoes** *etc* gants *mpl*/chaussures *fpl etc* de chevreau; (*fig*) **to handle with kid gloves** *person* ménager, traiter avec ménagements, prendre des gants avec*; *subject* traiter avec précaution.
3 *vt* (*:*) **to ~ sb** faire marcher qn*; **no ~ding!** sans blague!*; **you can't ~ me** tu ne me la feras pas, je ne marche pas*; **to kid o.s.** se faire des illusions; **to kid o.s. that** s'imaginer que.
4 *vi* (*:*) (*also ~ on*) raconter des blagues*. **he's just ~ding (on)** il te (*or* nous *etc*) fait marcher*, il te (*or* nous *etc*) raconte des blagues*; **I was only ~ding (on)** j'ai dit ça pour plaisanter *or* pour rigoler*.
◆**kid on 1** *vi* = kid **4**.
2 *vt sep* (a) **to kid sb on*** faire marcher qn*, raconter des blagues à qn*.
(b) (*pretend*) **he was kidding on*** **that he was hurt** il essayait de faire croire qu'il était blessé.
kiddy* ['kɪdɪ] *n* gosse* *mf*, gamin(e)* *m(f)*, mioche* *mf*, mouflet(te)* *m(f)*.
kidnap ['kɪdnæp] *vt* kidnapper, enlever.
kidnapper ['kɪdnæpər] *n* kidnappeur *m*, -euse *f*, ravisseur *m*,-euse *f*.
kidnapping ['kɪdnæpɪŋ] *n* enlèvement *m*, kidnapping *m*, rapt *m*.
kidney ['kɪdnɪ] *n* (*Anat*) rein *m*; (*Culin*) rognon *m*. (*fig*) **of the same ~** du même acabit.
2 *cpd* *disease etc* rénal, de(s) reins. **kidney bean** haricot *m* rouge *or* de Soissons; **kidney dish** petit plat *m* en forme de haricot; (*Med*) **kidney machine** rein artificiel; **to be on a kidney machine** être sous rein artificiel *or* en hémodialyse, être en épuration extra-rénale; **kidney-shaped** en forme de haricot; **kidney specialist** néphrologue *mf*; **kidney stone** calcul rénal *or* du rein; **kidney transplant** greffe *f* du rein.
Kiel [ki:l] *n*: ~ **Canal** canal *m* de Kiel.
kike* [kaɪk] *n* (*US pej*) youpin(e) *m(f)* (*pej*).
Kilimanjaro [,kɪlɪmən'dʒɑːrəʊ] *n*: **Mount ~** le Kilimandjaro.
kill [kɪl] **1** *n* (a) (*at bullfight, hunt*) mise *f* à mort. **the wolves gathered round for the ~** les loups se sont rassemblés pour tuer leur proie; **the tiger had made a ~** le tigre avait tué; (*fig*) **to be in at the ~** assister au dénouement; (*for unpleasant event*) assister au coup de grâce (*fig*).
(b) (*U: animal(s) killed: Hunting*) pièces tuées, tableau *m* de chasse. **the lion crouched over his ~** le lion s'est accroupi sur la proie qu'il venait de tuer *or* sur sa proie.
2 *cpd*: **killjoy** rabat-joie *m inv*.
3 *vt* (a) *tuer*; (*murder*) assassiner; (*gun down*) abattre; *animal* tuer; (*Hunting, Shooting; also in slaughterhouse*) abattre. **to be ~ed in action/battle** tomber au champ d'honneur/au combat; **thou shalt not ~** tu ne tueras point; (*Prov*) **to ~ two birds with one stone** faire d'une pierre deux coups (*Prov*); **her son's death/ the shock ~ed her** c'est la mort de son fils/le choc qui l'a tuée; (*hum*) **it was ~ or cure** c'était un remède de cheval* (*fig*).
(b) (*fig*) *parliamentary bill, proposal, attempt* faire échouer; (*Press etc*) *paragraph, line* (faire) supprimer; *story* interdire la publication de; *rumour* étouffer, mettre fin à; *feeling, hope* détruire; *flavour, smell* tuer; *sound* étouffer, amortir; *engine, motor* arrêter. **to ~ time** tuer le temps; **the frost has ~ed my trees** le gel a tué *or* a fait mourir mes arbres; **this red ~s the other colours** ce rouge tue les autres couleurs; **to ~*** **a bottle of whisky** liquider* une bouteille de whisky.
(c) **to ~ o.s. with work** se tuer au *or* de travail; **he certainly wasn't ~ing himself*** le moins qu'on puisse dire c'est qu'il ne se tuait pas au *or* de travail; (*iro*) **don't ~ yourself!*** surtout ne te surmène pas! (*iro*); **this heat is ~ing me*** cette chaleur me tue *or* me crève*; **my feet are ~ing me*** j'ai affreusement mal aux pieds; **she was laughing fit to ~** (*herself*)*, **she was ~ing herself (laughing)*** elle riait comme une folle, elle était pliée en deux de rire; **this will ~ you!*** tu vas (mourir de) rire!; *V* **dress**.
◆**kill off** *vt sep* (*lit*) exterminer; (*fig*) éliminer.
killer ['kɪlər] **1** *n* tueur *m*, -euse *f*; (*murderer*) assassin *m*, meurtrier *m*, -ière *f*. **diphtheria was once a ~** autrefois la diphtérie tuait; (*fig*) **it's a ~*** (*hard work*) c'est tuant*; (*very funny*) c'est tordant*; (*very impressive*) c'est terrible* *or* formidable; *V* **lady**.
2 *cpd*: **killer disease** une maladie qui tue; (*lit*) **the killer instinct** l'instinct *m* qui pousse à tuer; (*fig*) **he's got the killer instinct** il en veut*, c'est un gagneur; **he lacks the killer instinct**

il manque de combativité; *(Mil)* **killer satellite** satellite-chasseur *m*; **killer whale** épaulard *m*, orgue *m*.

killing ['kɪlɪŋ] **1** *n [person]* meurtre *m*; *[people, group]* tuerie *f*, massacre *m*; *[animal] (Hunting)* mise *f* à mort; *(at abattoir)* abattage *m*. **the ~ of stags is forbidden** il est interdit de tuer les cerfs; **all the ~ sickened him of war** le massacre *or* la tuerie lui fit prendre la guerre en horreur; *(during disturbances etc)* **there were 3 separate ~s during the night** 3 personnes ont été tuées pendant la nuit, il y a eu 3 morts pendant la nuit; *(fig: in buying and selling)* **to make a ~** réussir un beau coup (de filet).
2 *adj* (a) *blow, disease, shot* meurtrier.
(b) *(*: exhausting) work* tuant, crevant*.
(c) *(*: funny)* tordant*, crevant*. **it was ~** c'était tordant* *or* crevant*, c'était à mourir de rire.

killingly ['kɪlɪŋlɪ] *adv*: **~ funny** crevant*, tordant*; **it was ~ funny** c'était crevant* *or* tordant*, c'était à mourir de rire.

kiln [kɪln] *n* four *m*. **pottery ~** four céramique; *V* **lime¹**.
Kilner® jar ['kɪlnə,dʒɑːr] *n (Brit)* bocal *m* à conserves.
kilo ['kiːləʊ] *n (abbr of* **kilogram**) kilo *m*.
kiloampère ['kɪləʊ,æmpɛər] *n* kiloampère *m*.
kilobar ['kɪləʊ,bɑːr] *n* kilobar *m*.
kilobyte ['kɪləʊ,baɪt] *n (Comput)* kilo-octet *m*.
kilocycle ['kɪləʊ,saɪkl] *n* kilocycle *m*.
kilogram(me) ['kɪləʊgræm] *n* kilogramme *m*.
kilohertz ['kɪləʊ,hɜːts] *n* kilohertz *m*.
kilolitre, *(US)* **kiloliter** ['kɪləʊ,liːtər] *n* kilolitre *m*.
kilometre, *(US)* **kilometer** ['kɪləʊ,miːtər, kɪˈlɒmətər] *n* kilomètre *m*.
kilometric [,kɪləʊˈmetrɪk] *adj* kilométrique.
kiloton ['kɪləʊ,tʌn] *n* kilotonne *f*.
kilovolt ['kɪləʊ,vəʊlt] *n* kilovolt *m*.
kilowatt ['kɪləʊwɒt] *n* kilowatt *m*. **~-hour** kilowatt-heure *m*.
kilt [kɪlt] *n* kilt *m*.
kilted ['kɪltɪd] *adj man* en kilt. **~ skirt** jupe-kilt *f*, kilt *m*.
kilter ['kɪltər] *n (esp US)* **out of ~** détraqué, déglingué*.
kiltie* ['kɪltɪ] *n* homme *m* en kilt, Écossais *m* (en kilt); *(soldier)* soldat *m* en kilt.
kimono [kɪˈməʊnəʊ] *n* kimono *m*.
kin [kɪn] **1** *n (U)* parents *mpl*, famille *f*; *V* **kith**, **next**. **2** *cpd*: *(U)* **kin(s)folk** parents *mpl*, famille *f*; **kinship** *V* **kinship**; **kinsman** parent *m*; **kinswoman** parente *f*.

kind [kaɪnd] **1** *n* (a) *(class, variety, sort, type)* genre *m*, espèce *f*, sorte *f*; *(make: of car, coffee etc)* marque *f*. **this ~ of book** ce genre *or* cette espèce *or* cette sorte de livre; **books of all ~s** des livres de tous genres *or* de toutes espèces *or* de toutes sortes; **this ~ of thing(s)** ce genre de chose(s); **what ~ of flour do you want? — the ~ you gave me last time** quelle sorte *or* quelle espèce *or* quel genre de farine voulez-vous? — la même que vous m'avez donnée *(or* le même que vous m'avez donné) la dernière fois; **what ~ do you want?** vous en *(or* le *or* la *etc)* voulez de quelle sorte?; **what ~ of car is it?** quelle marque de voiture est-ce?; **what ~ of dog is he?** qu'est-ce que c'est comme (race de) chien?; **what ~ of man is he?** quel genre *or* quel type d'homme est-ce?; **he is not the ~ of man to refuse** ce n'est pas le genre d'homme à refuser, il n'est pas homme à refuser; **he's not that ~ of person** ce n'est pas son genre; **I'm not that ~ of girl!*** ce n'est pas mon genre!, mais pour qui me prenez-vous?, je ne suis pas celle que vous croyez!; **that's the ~ of person I am** c'est comme ça que je suis (fait); **what ~ of people does he think we are?** (mais enfin,) pour qui nous prend-il?; **what ~ of a fool does he take me for?** (non mais*,) il me prend pour un imbécile!; **what ~ of behaviour is this?** qu'est-ce que c'est que cette façon de se conduire?; **what ~ of an answer do you call that?** vous appelez ça une réponse?; **classical music is the ~ she likes** most c'est la musique classique qu'elle préfère; **and all that ~ of thing** et autres choses du même genre, et tout ça*; **you know the ~ of thing I mean** vous voyez (à peu près) ce que je veux dire; **I don't like that ~ of talk** je n'aime pas ce genre de conversation; **he's the ~ that will cheat** il est du genre à tricher; **I know his ~!** je connais les gens de son genre *or* espèce; **your ~*** never do any good les gens de votre genre *or* espèce ne font rien de bien; **he's not my ~*** je n'aime pas les gens de son genre *or* de son espèce; **it's my ~*** of film c'est le genre de film que j'aime *or* qui me plaît.
(b) *(in phrases)* **something of the ~** quelque chose de ce genre (-là) *or* d'approchant; **this is wrong — nothing of the ~** c'est faux — pas le moins du monde! *or* absolument pas!; **I shall do nothing of the ~!** je n'en ferai rien!, certainement pas!; **I will have nothing of the ~!** je ne tolérerai pas cela!; *(pej)* **it was beef of a ~** c'était quelque chose qui pouvait passer pour du bœuf.
(c) **a ~ of** une sorte *or* espèce de, un genre de; **there was a ~ of box in the middle of the room** il y avait une sorte *or* une espèce *or* un genre de boîte au milieu de la pièce; **there was a ~ of tinkling sound** il y avait une sorte *or* une espèce de bruit de grelot, on entendait quelque chose qui ressemblait à un bruit de grelot; **in a ~ of way*** I'm sorry j'une certaine façon je le regrette; **I had a ~ of fear that, I was ~ of*** frightened that j'avais comme peur que + ne + *subj*; **I ~ of*** like that j'aime assez ça; **I ~ of*** thought that he would come j'avais un peu l'idée qu'il viendrait; **he was ~ of*** worried-looking il avait l'air un peu inquiet, il avait l'air comme qui dirait* inquiet; **it's ~ of*** blue c'est plutôt bleu; **aren't you pleased? — ~ of!*** tu n'es pas content? — assez! *or* ben si!*
(d) *(race, species)* genre *m*, espèce *f*. **human ~** le genre humain; **they differ in ~** ils sont de genres différents *or* de natures différentes; **they're two of a ~** ils sont du même genre, *(pej)* ils sont du même acabit; **this painting is perfect of/the only one of its ~** ce tableau est parfait dans/unique en son genre; *V* **man** *etc*.
(e) *(U: goods as opposed to money)* nature *f*. **to pay/payment in**

~ payer/paiement *m* en nature; *(fig)* **I shall repay you in ~** *(after good deed)* je vous le rendrai; *(after bad deed)* je vous rendrai la monnaie de votre pièce.
2 *adj person* gentil, bon, aimable. **they were ~ people** c'étaient de braves gens; **to be ~ to sb** être gentil avec qn, être bon pour *or* envers qn; **we must be ~ to animals** il faut être bon pour *or* envers les animaux; **they were ~ to the play in New York** ils ont fait bon accueil à la pièce à New York; **would you be ~ enough to** *or* **would you be so ~ as to open the door?** voulez-vous avoir l'amabilité d'ouvrir la porte?, voulez-vous être assez aimable *or* gentil pour ouvrir la porte?; **he was ~ enough to say** il a eu la gentillesse *or* l'amabilité *or* la bonté de dire; **it was very ~ of you to help me** vous avez été bien aimable *or* bien bon de m'aider, ça a été bien gentil à vous de m'aider; **that's very ~ of you** c'est très aimable *or* gentil à vous *or* de votre part; **you're too ~** vous êtes trop aimable *or* gentil; **how ~ of you!** comme c'est gentil *or* aimable à vous!; **that wasn't a very ~ thing to say** ce n'était pas très gentil de dire cela.
3 *cpd*: **kind-hearted** bon, qui a bon cœur; **kind-heartedness** bonté *f*, bon cœur, grand cœur.

kindergarten ['kɪndə,gɑːtn] *n* jardin *m* d'enfants.
kindle ['kɪndl] **1** *vt fire* allumer; *wood* enflammer; *(fig) passion, desire* allumer, enflammer; *heart* enflammer. **2** *vi* s'allumer; s'enflammer.
kindliness ['kaɪndlɪnɪs] *n* bienveillance *f*, bonté *f*.
kindling ['kɪndlɪŋ] *n (U: wood)* petit bois, bois d'allumage.
kindly ['kaɪndlɪ] **1** *adv* (a) *speak, act* avec bonté, avec gentillesse.
(b) **will you ~ do …** voulez-vous avoir la bonté *or* l'obligeance de faire …, je vous prie de (bien vouloir) faire …; **~ shut the door** voulez-vous (bien) *or* veuillez *(frm)* fermer la porte, fermez la porte je vous prie; **~ be quiet!** voulez-vous *or* allez-vous vous taire!
(c) **I don't take ~ to his doing that** je n'aime pas du tout qu'il fasse cela; **she didn't take it ~ when I said that** elle ne l'a pas bien pris *or* elle l'a mal pris quand j'ai dit cela; **I would take it ~ if you would do so** j'aimerais beaucoup que vous fassiez ainsi, vous m'obligeriez en agissant de la sorte *(frm)*.
2 *adj person, advice* bienveillant; *voice* plein de bonté; *letter* gentil; *treatment* plein de gentillesse.
kindness ['kaɪndnɪs] *n* (a) *(U)* bonté *f* (towards pour), gentillesse *f* (towards pour, envers), bienveillance *f* (towards à l'égard de), amabilité *f* (towards envers). **to treat sb with ~, to show ~ to sb** être gentil avec *or* envers qn, avoir de la gentillesse pour qn; **out of the ~ of his heart** par (pure) bonté d'âme; **will you have the ~ to give me it?** voulez-vous avoir la bonté de *or* être assez gentil pour me le donner?
(b) *(act of ~)* bonté *f*, gentillesse *f*, service *m*. **to do sb a ~** rendre service à qn; **thank you for all your ~es** merci de toutes vos gentillesses; **it would be a ~ to tell him so** ce serait lui rendre service que de le lui dire.
kindred ['kɪndrɪd] **1** *n (U) (relatives)* parents *mpl*, famille *f*; *(relationship)* parenté *f*.
2 *adj* (a) *(related) languages, tribes* apparenté, de la même famille.
(b) *(similar)* similaire, semblable, analogue. **~ spirits** âmes sœurs *fpl*; **to have a ~ feeling for sb** sympathiser avec qn.
kinetic [kɪˈnetɪk] *adj (Phys, art, artist)* cinétique; *(dynamic)* dynamique.
kinetics [kɪˈnetɪks] *nsg* cinétique *f*.
king [kɪŋ] **1** *n* (a) *(lit, fig)* roi *m*. **K~ David** le roi David; *(Bible)* **(the Book of) K~s** le livre des Rois; **the ~ of beasts** le roi des animaux; *(fig)* **it cost a ~'s ransom** ça a coûté des sommes fabuleuses; **an oil ~** un roi *or* un magnat du pétrole.
(b) *(Brit) (Jur)* **K~'s Bench** cour supérieure de justice; *(Jur)* **K~'s Counsel** avocat *m* de la Couronne; *(Jur)* **to turn K~'s evidence** témoigner contre ses complices; **the K~'s highway** la voie publique; **K~'s Messenger** courrier *m* diplomatique.
(c) *(Cards, Chess)* roi *m*; *(Draughts)* dame *f*.
2 *cpd*: **kingbolt** pivot central, cheville ouvrière; **king cobra** cobra royal; **kingcup** *(buttercup)* bouton *m* d'or; *(marsh marigold)* souci *m* d'eau; **kingdom** *V* **kingdom**; **kingfish*** *(US: leader)* caïd* *m*; **kingfisher** martin-pêcheur *m*; **kingmaker** homme *m* qui fait et défait les rois; *(fig: US Pol)* **the kingmakers** ceux dont dépend le succès d'un candidat; **king penguin** manchot royal; **kingpin** *(Tech)* pivot central, cheville ouvrière; *(fig)* pilier *m*; **kingship** *V* **kingship**; **king-size bed** grand lit *m* (de 1,95m de large); *(Comm)* **king-size(d)** *cigarette* long *(f* longue); *packet* géant; **I've got a king-size(d) headache*** j'ai un mal de crâne à tout casser*.
kingdom ['kɪŋdəm] *n* royaume *m*; *(Bot, Zool)* règne *m*. **the plant ~** le règne végétal; **the K~ of God** le royaume de Dieu; **the K~ of Heaven** le royaume des cieux, le royaume céleste; **he's gone to ~ come*** il est parti dans l'autre monde *or* dans un monde meilleur; **to send sb to ~ come*** envoyer qn dans l'autre monde *or* dans un monde meilleur *or* 'ad patres'*; **till ~ come*** jusqu'à la fin des siècles; *V* **animal**, **united** *etc*.
kingly ['kɪŋlɪ] *adj (lit, fig)* royal, de roi.
kingship ['kɪŋʃɪp] *n* royauté *f*.
kink [kɪŋk] **1** *n (in rope etc)* entortillement *m*; *(in paper etc)* défaut *m*; *(fig)* anomalie *f*, aberration *f*, déséquilibre *m*; *(sexual)* aberration *f*. **her hair has a ~ in it** ses cheveux frisent légèrement. **2** *vi [rope etc]* s'entortiller.
kinky ['kɪŋkɪ] *adj* (a) *hair* ondulé; *(tighter)* frisé. (b) *(‡) person* bizarre; *(unpleasantly so)* malade *(fig pej)*; *(sexually)* qui a des goûts spéciaux, vicieux, cochon*; *idea* biscornu*; *dress, fashion* bizarre, excentrique.
kinship ['kɪnʃɪp] *n (U)* parenté *f*.
kiosk ['kiːɒsk] *n (Brit: for selling; also bandstand)* kiosque *m*; *(Brit Telec)* cabine *f* téléphonique.

kip‡ [kɪp] (*Brit*) **1** *n* (*bed*) plumard‡ *m*, pieu‡ *m*; (*sleep*) roupillon* *m*. **to get some ~** piquer un somme *or* un roupillon*. **2** *vi* (*also* ~ **down**) se pieuter‡.

kipper ['kɪpər] (*Brit*) **1** *n* hareng fumé et salé, kipper *m*. **2** *vt herring* fumer et saler. (*fig*) **the room was so smoky we were nearly ~ed** la pièce était si enfumée qu'on a failli être transformés en harengs saurs.

Kirbigrip ®, **kirbygrip** ['kɜːbɪˌgrɪp] *n* pince *m* à cheveux.

Kirghiz ['kɜːgɪz] *n*: ~ **SSR** (RSS *f* de) Kirghizistan *m or* Kirghizie *f*.

kirk [kɜːk] *n* (*Scot*) église *f*. **the K~** l'Église presbytérienne (d'Écosse).

kiss [kɪs] **1** *n* baiser *m*. **to give sb a ~** donner un baiser à qn, embrasser qn; **give me a ~** embrasse-moi; (*to child*) fais-moi une bise*; (*Brit Med*) ~ **of life** bouche à bouche *m*; (*liter*) **the wind's ~ on her hair** le baiser du vent sur ses cheveux; (*in letter*) **love and ~es** bons baisers, grosses bises*; (*fig*) **to give the ~ of death to** porter le coup fatal à; *V* **blow**[1].

2 *cpd*: (*Brit*) **kiss curl** accroche-cœur *m inv*; (*US*) **to give sb the kiss-off** ‡ (*employee*) virer qn; (*girlfriend etc*) plaquer‡ qn.

3 *vt* embrasser, donner un baiser à. **to ~ sb's cheek** embrasser qn sur la joue; **to ~ sb's hand** baiser la main de qn; (*Diplomacy etc*) **to ~ hands** être admis au baisemain (du roi *or* de la reine); **they ~ed each other** ils se sont embrassés; (*to hurt child*) **I'll ~ it better** un petit bisou* et ça ira mieux; **to ~ sb good-night/good-bye** embrasser qn en lui souhaitant bonne nuit/en lui disant au revoir, souhaiter bonne nuit/dire au revoir à qn en l'embrassant; (*fig*) **you can ~ it good-bye!*** tu peux en faire ton deuil!; (*fig*) **to ~ the dust** *or* **ground** mordre la poussière.

4 *vi* s'embrasser. **to ~ and make up** faire la paix.

♦**kiss away** *vt sep*: **she kissed away the child's tears** elle a essuyé de ses baisers les larmes de l'enfant.

♦**kiss back** *vt sep person* rendre un baiser à.

kisser‡ ['kɪsər] *n* gueule‡ *f*.

kit [kɪt] **1** *n* (**a**) (*U*) (*equipment, gear*) [*camping, skiing, climbing, photography etc*] matériel *m*, équipement *m*; (*Mil*) fourniment *m*, barda‡ *m*, fourbi* *m*; (*tools*) outils *mpl*; (*luggage*) bagages *mpl*. **fishing** *etc* ~ matériel *or* attirail *m or* équipement de pêche *etc*; (*US*) **the whole ~ and caboodle*** tout le bataclan*, tout le fourbi*.

(**h**) (*U: belongings, gear*) effets *mpl* (personnels), affaires *fpl*.

(**c**) (*U: gen Sport: Brit: clothes*) équipement *m*, affaires *fpl*. **have you got your gym/football ~?** tu as tes affaires de gym/de football?

(**d**) (*set of items*) trousse *f*. **tool~** trousse *f* à outils; **puncture-repair** ~ trousse de réparations; **first-aid** ~ trousse d'urgence *or* de premiers secours; *V* **survival** *etc*.

(**e**) (*parts for assembly*) kit *m*. **sold in ~ form** vendu en kit; **he built it from a ~** il l'a assemblé à partir d'un kit; **model aeroplane** ~ maquette *f* d'avion (à assembler).

2 *cpd*: **kitbag** sac *m* (*de voyage, de sportif, de soldat, de marin etc*); (*Mil*) **kit inspection** revue *f* de détail.

♦**kit out**, **kit up** *vt sep* (**a**) (*Mil*) équiper (**with** de).

(**b**) **to kit sb out with sth** équiper qn de qch; **he arrived kitted out in oilskins** il est arrivé équipé d'un ciré; **he had kitted himself out in a bright blue suit** il avait mis *or* il s'était acheté un costume bleu vif.

kitchen ['kɪtʃɪn] **1** *n* cuisine *f* (*pièce*); *V* **thief**.

2 *cpd table, cutlery, scissors etc* de cuisine. **kitchen cabinet** buffet *m* de cuisine; (*fig Pol*) conseillers personnels *or* privés du Premier Ministre *or* (*US*) du Président; **kitchen-dinette** cuisine *f* avec coin-repas; **kitchen foil** papier *m* d'aluminium *or* d'alu*; **kitchen garden** (jardin *m*) potager *m*; **kitchenmaid** fille *f* de cuisine; **kitchen paper**, **kitchen roll** essuie-tout *m inv*; (*US Mil*) **kitchen police** corvée *f* de cuisine; **kitchen range** fourneau *m* (de cuisine), cuisinière *f*; **kitchen salt** sel *m* de cuisine, gros sel; **kitchen scales** balance *f* (de cuisine); **I've packed everything but the kitchen sink*** j'ai tout empaqueté sauf les murs; (*Theat*) **kitchen-sink* drama** théâtre *m* naturaliste; **kitchen soap** savon *m* de Marseille; **kitchen unit** élément *m* de cuisine; **kitchen utensil** ustensile *m* de cuisine; (*U*) **kitchenware** (*dishes*) vaisselle *f or* faïence *f* (de cuisine); (*equipment*) ustensiles *mpl* de cuisine; **kitchen waste** *or* (*US*) **wastes** déchets *mpl* domestiques.

kitchenette [ˌkɪtʃɪˈnet] *n* kitchenette *f*.

kite [kaɪt] **1** *n* (*Orn*) milan *m*; (*toy*) cerf-volant *m*; *V* **fly**[2]. **2** *cpd*: (*Mil*) **kite balloon** ballon *m* d'observation, saucisse *f*; (*Brit Comm*) **Kite mark** label *m* de qualité (*du British Standards Institute*).

kith [kɪθ] *n*: ~ **and kin** amis *mpl* et parents *mpl*.

kitsch [kɪtʃ] **1** *n* (*U*) kitsch *m*, art kitsch *or* pompier. **2** *adj* kitsch *inv*, pompier.

kitten ['kɪtn] *n* chaton *m*, petit chat. (*Brit fig*) **to have ~s*** piquer une crise*, être dans tous ses états.

kittenish ['kɪtənɪʃ] *adj* (*lit*) de chaton; (*fig*) de chaton, mutin.

kittiwake ['kɪtɪweɪk] *n* mouette *f* tridactyle.

kitty ['kɪtɪ] **1** *n* (**a**) (*Cards etc*) cagnotte *f*; (*fig*) caisse *f*, cagnotte. **there's nothing left in the ~** il n'y a plus un sou dans la caisse *or* dans la cagnotte. (**b**) (*: cat*) minet* *m*, minou* *m*. **2** *cpd*: **kitty litter** (*US*) litière *f* pour chats.

kiwi ['kiːwiː] *n* (**a**) (*bird*) kiwi *m*, aptéryx *m*. (**b**) (*also* ~ **fruit**) kiwi *m*.

KKK [keɪkeɪˈkeɪ] (*US*) *abbr of* **Ku Klux Klan**.

klaxon ['klæksn] *n* klaxon *m*.

Kleenex ['kliːneks] *n* ® (*US*) Kleenex *m* ®.

kleptomania [ˌkleptəʊˈmeɪnɪə] *n* kleptomanie *f*.

kleptomaniac [ˌkleptəʊˈmeɪnɪæk] *adj*, *n* kleptomane (*mf*).

klutz‡ [klʌts] *n* (*US*) empoté(e) *m(f)*, manche* *m*.

klystron ['klɪstrɒn] *n* klystron *m*.

km *n* (*abbr of* **kilometre(s)**) km.

kmh *n* (*Aut etc*) (*abbr of* **kilometres per hour**) km/h.

knack [næk] *n* tour *m* de main, truc* *m*. **to learn** *or* **get the ~ of doing** attraper *or* saisir le tour de main *or* le truc* pour faire; **to have the ~ of doing** avoir le talent *or* le chic pour faire; **I've lost the ~** j'ai perdu le tour de main, j'ai perdu la main; **she's got a ~ of saying the wrong thing** elle a le chic pour dire *or* le don de dire ce qu'il ne faut pas; **there's a ~ in it** il y a un truc* *or* un tour de main à prendre; **you'll soon get the ~ of it** vous aurez vite fait d'attraper le truc* *or* le tour de main.

knacker ['nækər] (*Brit*) *n* (**a**) [*horses*] équarrisseur *m*. **to send a horse to the ~'s yard** envoyer un cheval à l'équarrissage. (**b**) [*boats, houses*] entrepreneur *m* de démolition, démolisseur *m*.

knackered‡ ['nækəd] *adj* (*Brit*) crevé*, éreinté*.

knapsack ['næpsæk] *n* sac *m* à dos, havresac *m*.

knave [neɪv] *n* (†*pej*) filou *m*, fripon† *m*, coquin† *m*; (*Cards*) valet *m*.

knavery ['neɪvərɪ] *n* (*U: pej*) filouterie *f*, friponnerie† *f*, coquinerie† *f*.

knavish ['neɪvɪʃ] *adj* (*pej*) de filou, de coquin†.

knead [niːd] *vt bread dough* pétrir; *pastry dough* travailler; *muscles* masser.

knee [niː] **1** *n* genou *m*. **on one's ~s**, (*liter or hum*) **on bended ~(s)** à genoux; **to go (down) on one's ~s** s'agenouiller, tomber *or* se mettre à genoux; **to go down on one's ~s to sb** (*lit*) tomber *or* se mettre à genoux devant qn; (*fig*) se mettre à genoux devant qn (*fig*), supplier qn à genoux; (*fig*) **to bring sb to his ~s** forcer qn à capituler *or* à se rendre *or* à se soumettre; (*fig*) **it will bring the country/the steel industry** *etc* **to its ~s** ce sera la ruine du pays/de l'industrie sidérurgique; **he sank in up to the ~s** il s'est enfoncé jusqu'aux genoux; **these trousers are out at** *or* **have gone at the ~(s)** ce pantalon est usé aux genoux; **to put a child over one's ~** donner une fessée à un enfant; **to learn sth at one's mother's ~** apprendre qch à un âge tendre.

2 *cpd*: **knee-bend** (*gen*, *Ski*) flexion *f* (du genou); **knee breeches** culotte courte; (*Anat*) **kneecap** rotule *f*; **kneecapping** mutilation *f* par destruction de la rotule; **the water was knee-deep** l'eau arrivait aux genoux; **he was knee-deep in mud** la boue lui arrivait *or* venait (jusqu')aux genoux, il était dans la boue jusqu'aux genoux; **knee-high** à hauteur de genou; (*esp US*) **knee-high to a grasshopper*** haut comme trois pommes; **knee jerk** réflexe rotulien; (*US: fig pej*) réaction *f* instinctive; **he's a knee-jerk* conservative** il a le cœur à droite; (*Anat*) **knee joint** articulation *f* du genou; **at knee level** à (la) hauteur du genou; **kneepad** genouillère *f*; (*US*) **knee pants** bermuda(s) *m(pl)*; **knee reflex** réflexe rotulien; **kneeroom** espace *m* pour les jambes; (*Brit*) **knees-up*** (*n*) pince-fesses *m*, fête *f*.

kneel [niːl] *pret*, *ptp* **knelt** *vi* (*also* ~ **down**) s'agenouiller, se mettre à genoux. **he had to ~ on his case to shut it** il a dû se mettre à genoux sur sa valise pour la fermer; (*lit, fig*) **to ~ (down) to** *or* **before sb** se mettre à genoux devant qn.

knell [nel] *n* glas *m*. **to sound** *or* **toll the ~** sonner le glas.

knelt [nelt] *pret, ptp of* **kneel**.

knew [njuː] *pret of* **know**.

knickerbockers† ['nɪkəbɒkəz] *npl* knickerbockers *mpl*, culotte *f* de golf.

knickers ['nɪkəz] *npl* (**a**) (*Brit: woman's*) culotte *f*, slip *m* (de femme). (*excl*) **~!**‡ merde!‡; (*fig*) **to get one's ~ in a twist**‡ s'embrouiller *or* s'empêtrer* de belle façon. (**b**) (†) = **knicker-bockers**.

knick-knack ['nɪknæk] *n* bibelot *m*, babiole *f*; (*on dress*) colifichet *m*.

knife [naɪf] **1** *n*, *pl* **knives** (*at table, in kitchen etc*; *also weapon*) couteau *m*; (*pocket* ~) canif *m*. ~, **fork and spoon** couvert *m*; (*fig*) **to turn** *or* **twist the ~ in the wound** retourner le couteau dans la plaie (*fig*); (*fig*) **he's got his ~ into me*** il en a après moi*, il a une dent contre moi, il m'en veut; (*fig*) **it's war to the ~ between them** ils sont à couteaux tirés (*fig*), c'est la guerre ouverte entre eux (*fig*); (*Med*) **under the ~*** sur le billard*; **before you could say ~*** en moins de temps qu'il n'en faut pour le dire.

2 *vt person* donner un coup de couteau à. **she had been ~d** elle avait reçu un coup de couteau; (*to death*) elle avait été tuée à coups de couteau.

3 *cpd*: **knife box** boîte *f* à couteaux; **knife edge** fil *m* d'un couteau; (*Tech*) couteau; (*fig*: *tense, anxious*) **person on a knife edge** sur des charbons ardents (*fig*); **the success of the scheme/the result was balanced on a knife edge** la réussite du projet/le résultat ne tenait qu'à un fil; **knife-edge(d)** *blade* tranchant, aiguisé; *crease* bien repassé, en lame de rasoir; **knife-grinder** rémouleur *m*, repasseur *m* de couteaux; **knife pleat** pli *m* en lame de rasoir; **at knife point** sous la menace du couteau; **knife rest** porte-couteau *m*; **knife-sharpener** (*on wall, on wheel etc*) affiloir *m*, aiguisoir *m*; (*long, gen with handle*) fusil *m* à repasser les couteaux.

knight [naɪt] **1** *n* chevalier *m*; (*Chess*) cavalier *m*. (*Brit*) **K~ of the Garter** Chevalier de (l'ordre de) la Jarretière; (*fig*) **a ~ in shining armour** (*romantic figure*) un prince charmant; (*saviour*) un sauveur, un redresseur de torts.

2 *cpd*: (*Hist*) **knight-errant** chevalier errant; (*U*) **knight-errantry** chevalerie errante; **Knight Templar** chevalier *m* de l'ordre du Temple, Templier *m*.

3 *vt* (**a**) (*Hist*) *squire etc* adouber, armer chevalier.

(**b**) (*Brit*) [*sovereign*] donner l'accolade (de chevalier) à, faire chevalier. **he was ~ed for services to industry** il a été fait chevalier pour services rendus à l'industrie.

knighthood ['naɪthʊd] *n* (**a**) (*knights collectively*) chevalerie *f*. (**b**) (*Brit: rank*) titre *m* de chevalier. **to get** *or* **receive a ~** être fait chevalier, recevoir le titre de chevalier.

knightly ['naɪtlɪ] *adj courtesy* chevaleresque; *armour* de chevalier.

knit [nɪt] *pret*, *ptp* **knitted** *or* **knit 1** *vt* (**a**) tricoter. '~ **three, purl one**' 'trois mailles à l'endroit, une maille à l'envers'; **~ted jacket**

veste tricotée *or* en tricot; *(Comm)* ∼ted goods tricots *mpl*, articles *mpl* en tricot; *V* thick *etc*.
   (b) *(fig: also* ∼ **together)** lier, unir. **to** ∼ **one's brows** froncer les sourcils; *V* close' *etc*.
   2 *vi* tricoter; *[bone etc] (also* ∼ **together,** ∼ **up)** se souder. **to** ∼ **tightly** tricoter serré.
   3 *cpd*: **knit stitch** maille *f* à l'endroit; *(Comm)* **knitwear** tricots *mpl*.
♦**knit together 1** *vi* = knit 2.
   2 *vt sep* **(a)** 'knit two together' 'tricoter deux mailles ensemble'.
   (b) *(fig)* = knit 1b.
♦**knit up 1** *vi* **(a)** = knit 2.
   (b) **this wool knits up very quickly** cette laine monte très vite, le tricot monte très vite avec cette laine.
   2 *vt sep jersey* tricoter.
knitting ['nɪtɪŋ] **1** *n (U)* **(a)** *(gen)* tricot *m*; *(Ind)* tricotage *m*; **I like** ∼ j'aime tricoter; **where's my** ∼ où est mon tricot?; *V* double. **(b)** *[bone etc]* soudure *f*. **2** *cpd*: **knitting bag** sac *m* à ouvrage; **knitting machine** machine *f* à tricoter, tricoteuse *f*; **knitting needle,** **knitting pin** aiguille *f* à tricoter; **knitting wool** laine *f* à tricoter.
knives [naɪvz] *npl of* knife.
knob [nɒb] *n* **(a)** *[door, instrument etc]* bouton *m*; *[cane, walking stick]* pommeau *m*; *(small swelling)* bosse *f*, protubérance *f*; *(on tree)* nœud *m*. *(fig)* **with** ∼**s on*** et encore plus. **(b)** *(small piece)* *[cheese etc]* petit morceau. ∼ **of butter** noix *f* de beurre.
knobbly ['nɒblɪ] *adj*, **knobby** ['nɒbɪ] *adj* noueux.
knobkerrie ['nɒb,kerɪ] *n* massue *f*.
knock [nɒk] **1** *n* **(a)** *(blow)* coup *m*; *(collision)* heurt *m*, choc *m*; *(in engine etc)* cognement *m*. **there was a** ∼ **at the door** on a frappé (à la porte); **after several** ∼**s at the door he went away** après avoir frappé plusieurs fois à la porte il s'est éloigné; **I heard a** ∼ **(at the door)** j'ai entendu (quelqu'un) frapper (à la porte); ∼, ∼! toc, toc, toc!; **I'll give you a** ∼ **at 7 o'clock** je viendrai taper à la porte à 7 heures; **he got a** ∼ **(on the head** *etc)* il a reçu *or* attrapé *or* pris* un coup (sur la tête *etc)*; **he gave himself a nasty** ∼ **(on the head** *etc)* il s'est cogné très fort (à la tête *etc)*; **he gave the car a** ∼ il a cabossé la voiture.
   (b) *(fig: setback etc)* revers *m*. *(criticism)* ∼**s*** critiques *fpl*; **to take a** ∼ recevoir un coup *(fig)*; **that was a hard** ∼ **for him** ça a été un coup pour lui; **his pride has taken a** ∼ son orgueil a été atteint, son orgueil en a pris un coup*.
   2 *cpd*: **knockabout** *(n: Naut: esp US)* dériveur *m*, petit voilier; *(adj: boisterous)* turbulent, violent; **knockabout clothes** vieux vêtements (qui ne craignent rien); *(Theat)* **knockabout comedy** (grosse) farce *f*; **knockdown** *V* knockdown; *(US Comm)* **knockdown** *table, shed etc* (livré) démonté; *(Ind etc)* **knocking-off time*** heure *f* de la sortie; **to knock-kneed,** **to have knock-knees** avoir les genoux cagneux; *(Rugby)* **knock-on** *(n)* en-avant *m inv*; *(fig: Econ etc)* **knock-on effect** réaction *f* en chaîne; **knockout** *V* knockout; *(Tennis)* **to have a knock-up** faire des balles.
   3 *vt* **(a)** *(hit, strike)* frapper. **to** ∼ **a nail into a plank** planter *or* enfoncer un clou dans une planche; **to** ∼ **a nail in (with a hammer/shoe** *etc)* enfoncer un clou (d'un coup *or* à coups de marteau/de chaussure *etc)*; **he** ∼**ed the ball into the hedge** il a envoyé la balle dans la haie; **to** ∼ **the bottom out of a box** défoncer (le fond d')une boîte; **to** ∼ **holes in sth** faire des trous dans qch, trouer qch, percer qch; *(fig)* **to** ∼ **holes in an argument** souligner des failles dans un argument; *(fig)* **to** ∼ **the bottom out of an argument** démolir un argument; *(St Ex)* **this** ∼**ed the bottom out of the market** cela a provoqué l'effondrement des cours; **to** ∼ **sb on the head** frapper qn sur la tête; *(stun)* assommer qn; **that** ∼**ed his plans on the head*** cela a flanqué* par terre *or* démoli ses projets; **to** ∼ **sb to the ground** jeter qn à terre, faire tomber qn; *(stun)* assommer qn; **to** ∼ **sb unconscious** *or* **cold** *or* **senseless** *or* **silly** assommer qn; **she** ∼**ed the knife out of his hand** elle lui a fait tomber le couteau des mains; **he** ∼**ed the child out of the way** il a écarté brutalement l'enfant de son chemin; **to** ∼ **a glass off a table** faire tomber un verre d'une table; **she** ∼**ed the cup to the floor** elle a fait tomber la tasse (par terre); **I'll** ∼ **the smile off your face!*** je vais te flanquer une raclée* qui t'enlèvera l'envie de sourire!; *(Brit)* **to** ∼ **sb for six*** démolir* qn; **to** ∼ **sb into the middle of next week*** faire voir trente-six chandelles à qn; *(US fig)* **to** ∼ **sb for a loop*** époustoufler qn; **to** ∼ **spots off sb*, to** ∼ **sb into a cocked hat*** battre qn à plate(s) couture(s); *(astonish)* **to** ∼ **sb sideways*** ébahir *or* ahurir qn; **to** ∼ **some sense into sb, to** ∼ **the nonsense out of sb** ramener qn à la raison (par la manière forte); *V* stuffing.
   (b) *(collide with, strike)* *[vehicle]* heurter; *[person]* se cogner dans, heurter. **to** ∼ **one's head on** *or* **against sth** se cogner la tête contre; **he** ∼**ed his foot against a stone** il a donné du pied *or* a buté contre une pierre; **the car** ∼**ed the gatepost** la voiture a heurté le poteau *or* est rentrée* dans le poteau; **I** ∼**ed the car against the gatepost, I** ∼**ed the gatepost with the car** je suis rentré* dans le poteau avec la voiture, j'ai heurté le poteau avec la voiture.
   (c) (‡: *denigrate*) dire du mal de, critiquer, déblatérer* contre; *(in advertising)* faire de la contre-publicité à.
   4 *vi* **(a)** *(strike, hit)* frapper, cogner. **to** ∼ **at the door/window** *etc* frapper *or* cogner à la porte/la fenêtre *etc*; **he** ∼**ed on the table** il a frappé la table, il a cogné sur la table; **he's** ∼**ing*** fifty il frise la cinquantaine; **his knees were** ∼**ing** il tremblait de peur, il avait les chocottes‡.
   (b) *(bump, collide)* **to** ∼ **against** *or* **into sb/sth** se cogner *or* se heurter contre qn/qch, heurter qn/qch; **my hand** ∼**ed against the shelf** ma main a heurté l'étagère, je me suis cogné la main contre l'étagère; **the car** ∼**ed against** *or* **into the lamppost** la voiture a heurté le réverbère; **he** ∼**ed into the table** il s'est cogné dans *or*

contre la table, il s'est heurté contre la table, il a heurté la table; *V* also knock into.
   (c) *[car engine etc]* cogner.
♦**knock about, knock around 1** *vi* **(a)** *(travel, wander)* vagabonder, vadrouiller*, bourlinguer*; *[sailor]* bourlinguer. **he has knocked about a bit** il a beaucoup bourlingué* *(fig)*, il a roulé sa bosse*.
   (b) (*) traîner. **your socks are knocking about in the bedroom** tes chaussettes traînent dans la chambre.
   2 *vt fus*: **to knock about the world** vadrouiller* *or* vagabonder de par le monde; **he's knocking about France somewhere*** il vadrouille* *or* il se balade* quelque part en France.
   3 *vt sep* **(a)** *(ill-treat)* maltraiter, malmener. **he knocks her about** il lui flanque des coups*, il lui tape dessus*.
   (b) ravager. **the harvest was badly knocked about by the storm** la récolte a été ravagée par l'orage.
   4 knockabout *n, adj V* knock 2.
♦**knock back 1** *vi (lit)* **he knocked on the wall and she knocked back** il a frappé *or* cogné au mur et elle a répondu de la même façon.
   2 *vt sep* **(a)** (* *fig)* *(drink)* s'enfiler*, s'envoyer*; *(eat)* avaler, engloutir*.
   (b) (‡: *cost)* coûter. **how much did it knock you back?** ça vous a coûté combien?; **this watch knocked me back £120** cette montre a fait un trou de 120 livres dans mes finances.
   (c) (**fig: shock*) sonner*, ahurir, ébahir. **the news knocked her back a bit** la nouvelle l'a un peu sonnée*.
♦**knock down 1** *vt sep* **(a)** *object* renverser; *building, wall etc* abattre, démolir; *tree* abattre; *door (remove)* démolir; *(kick in etc)* défoncer, enfoncer. **he knocked me down with one blow** il m'a jeté à terre *or* étendu* d'un seul coup; **you could have knocked me down with a feather!** les bras m'en sont tombés!, j'en étais comme deux ronds de flan!‡
   (b) *(Aut etc)* renverser. **he got knocked down by a bus** il a été renversé par un autobus.
   (c) *price* baisser, abaisser. **he knocked the price down by 10%** il a baissé le prix de 10%, il a fait une remise de 10% sur le prix.
   (d) *(at auction)* **to knock down sth to sb** adjuger qch à qn; **it was knocked down for £10** ça a été adjugé et vendu 10 livres.
   2 knockdown *adj, n V* knockdown.
   3 knocked down *adj V* knock 2.
♦**knock in** *vt sep nail* enfoncer.
♦**knock into*** *vt fus (meet)* tomber sur.
♦**knock off 1** *vi* (*: *stop work)* s'arrêter (de travailler), cesser le travail; *[striker]* débrayer.
   2 *vt sep* **(a)** *(lit) vase on shelf etc* faire tomber. **to knock sb's block off‡** casser la figure* *or* la gueule‡ à qn.
   (b) *(reduce price by) percentage, amount* déduire, faire un rabais de. **I'll knock off £10** je vais baisser (le prix) de 10 livres, je vous fais un rabais de 10 livres.
   (c) (*) *homework, correspondence, piece of work (do quickly)* expédier; *(do quickly and well)* trousser; *(do quickly and badly)* bâcler.
   (d) *(Brit‡: steal)* piquer*.
   (e) (‡: *stop)* **to knock off smoking** arrêter de *or* cesser de fumer; **knock it off!** arrête!, suffit!*
   (f) (‡: *kill)* tuer, liquider*.
   3 knocking-off *adj V* knock 2.
♦**knock on 1** *vt sep*: **to knock the ball on** faire un en-avant.
   2 knock-on *n, adj V* knock 2.
♦**knock out 1** *vt sep* **(a)** *nail etc* faire sortir *(of* de); (**fig)* *word, phrase, paragraph* barrer, biffer. **to knock out one's pipe** débourrer *or* éteindre sa pipe.
   (b) *(stun) [person]* assommer; *(Boxing)* mettre knock-out; *[drug]* sonner*, assommer.
   (c) (*) *(shock, overwhelm)* sonner*, ahurir, abasourdir; *(exhaust)* mettre à plat*.
   (d) *(from competition etc)* éliminer *(of* de).
   2 knockout *n, adj V* knockout.
♦**knock over** *vt sep table, stool etc* renverser, faire tomber; *object on shelf or table etc* faire tomber; *(Aut) pedestrian* renverser; *gatepost* faire tomber. **he was knocked over by a taxi** il a été renversé par un taxi.
♦**knock together 1** *vi [glasses, knees]* s'entrechoquer.
   2 *vt sep* **(a)** *(lit) two objects* cogner l'un contre l'autre. **I'd like to knock their heads together!*** j'aimerais prendre l'un pour taper sur l'autre!
   (b) *(make hurriedly) table, shed etc* faire *or* bricoler à la hâte.
♦**knock up 1** *vi (Tennis)* faire des balles.
   2 *vt sep* **(a)** *(lit) handle, lever etc* faire lever d'un coup. **to knock sb's arm up** faire voler le bras de qn en l'air.
   (b) *(Brit: waken)* réveiller (en frappant à la porte).
   (c) *(make hurriedly) meal* préparer en vitesse; *shed* construire à la hâte *or* à la va-vite; *furniture, toy* faire *or* fabriquer en un rien de temps.
   (d) *(Brit*: exhaust)* person éreinter, crever*.
   (e) *(Brit*: make ill)* rendre malade. **you'll knock yourself up if you go on like this** tu vas te rendre malade *or* t'esquinter* si tu continues comme ça.
   (f) (‡: *make pregnant)* mettre enceinte*, faire un gosse à*.
   3 knock-up *n V* knock 2.
   4 knocker-up *n V* knocker 2.
♦**knock up against** *vt fus* **(a)** *(bump into) table, chair* se cogner dans, se heurter contre, heurter.
   (b) (*: *meet)* tomber sur.
knockdown ['nɒkdaʊn] **1** *adj* **(a)** **a** ∼ **blow** un coup qui assommerait un bœuf, un coup de boutoir.
   (b) *(Brit)* ∼ **price** *(Comm)* prix très avantageux *or* intéressant;

(*in posters, announcements*) (*Comm*) '~ **prices**' 'prix imbattables'; **to sell at** ~ **prices** vendre pour une bouchée de pain. (**c**) (*easily dismantled*) *table, shed* démontable. **2** *n* (*price reduction*) réduction *f*, rabais *m*, remise *f*.

knocker ['nɒkər] **1** *n* (*also* **door-~**) marteau *m* (de porte), heurtoir *m*. ~s‡ nichons *mpl*, roberts‡ *mpl*. **2** *cpd*: (*Brit*) **knocker-up** *personne f qui réveille les gens en frappant à leur porte*.

knocking ['nɒkɪŋ] **1** *n* (*U*) (**a**) coups *mpl*. **I can hear** ~ **at the door** j'entends frapper à la porte. (**b**) (*in engine*) cognement *m*. **2** *adj* (*Advertising*) ~ **copy** contre-publicité *f* (*dénigrant le concurrent*); ~**-shop**‡ bordel‡ *m*.

knockout ['nɒkaʊt] **1** *n* (**a**) (*Boxing etc*) knock-out *m*. (**b**) (*: overwhelming success*) [*person, record, achievement*] **to be a** ~ être sensationnel* *or* formidable* *or* sensass‡. (**c**) (*competition*) compétition *f* (avec épreuves éliminatoires). (*TV*) '**It's a** ~' 'Jeux *mpl* sans frontières'. **2** *adj* (**a**) ~ **blow** (*Boxing etc*) coup *m* qui (vous) met K.-O.; (*fig*) coup de grâce; (*Boxing*) **the** ~ **blow came in round 6** il a été mis knock-out au 6e round; (*Jur, Fin*) **knock-out agreement** entente *f* entre enchérisseurs. (**b**) (*) **pill, drug** qui (vous) assomme*. ~ **drops** soporifique *m*, narcotique *m*. (**c**) (*Sport*) ~ **competition** compétition *f* (avec épreuves éliminatoires).

knoll [nəʊl] *n* (**a**) (*hillock*) tertre *m*, monticule *m*. (**b**) (††: *bell stroke*) son *m* de cloche.

Knossos ['nɒsəs] *n* Cnossos.

knot [nɒt] **1** *n* (**a**) nœud *m*. **to tie/untie a** ~ faire/défaire un nœud; **tight/slack** ~ nœud serré/lâche; (*fig*) **the marriage** ~ le lien du mariage; **Gordian** ~ nœud gordien; *V* **granny, reef², slip, tie** *etc*. (**b**) (*Naut*) nœud *m*. **to make 20** ~**s** filer 20 nœuds; *V* **rate¹**. (**c**) (*in wood*) nœud *m*; (*fig*) [*problem etc*] nœud. **a** ~ **of people** un petit groupe de gens. **2** *cpd*: (*in wood*) **knothole** trou *m* (laissé par un nœud). **3** *vt* rope faire un nœud à, nouer. **he** ~**ted the piece of string to the rope** il a noué la ficelle à la corde; **get** ~**ted!**‡ va te faire voir!* *or* **foutre!**‡ **4** *vi* faire un *or* des nœud(s).

♦ **knot together** *vt sep* attacher, nouer.

knotty ['nɒtɪ] *adj* wood, hand noueux; rope plein de nœuds; problem épineux, difficile.

knout [naʊt] *n* knout *m*.

know [nəʊ] *pret* **knew**, *ptp* **known** **1** *vt* (**a**) *facts, details, dates, results* savoir. **to** ~ **French** savoir le français; **I** ~ (**that**) **you're wrong** je sais que vous avez tort; **I** ~ **why he is angry** je sais pourquoi il est en colère; **do you** ~ **whether she's coming?** est-ce que tu sais si elle doit venir?; **I would have you** ~ **that** ... sachez que ...; **to** ~ **a lot about sth/sb** en savoir long sur qch/qn; **I don't** ~ **much about it/him** je ne sais pas grand-chose là-dessus/sur lui; **I'd like to** ~ **more** (about it) je voudrais en savoir davantage *or* plus long (là-dessus); **to** ~ **by heart** *text, song, poem* savoir par cœur; *subject, plan, route* connaître par cœur; **to get to** ~ **sth** apprendre qch (*V also* **1b**); **to** ~ **how to do sth** savoir faire qch; **I don't** ~ **where to begin** je ne sais pas par où commencer; **he** ~**s all the answers** il s'y connaît, il sait tout; (*pej*) c'est un (monsieur) je-sais-tout*; **to** ~ **one's business**, **to** ~ **what's what*** connaître son affaire, s'y connaître, en connaître un bon bout*; **to** ~ **the difference between** connaître la différence entre; **to** ~ **one's mind** savoir ce qu'on veut; **he** ~**s a thing or two*** il sait pas mal de choses; **he** ~**s what he's talking about** il sait de quoi il parle, il connaît son sujet; **you** ~ **what I mean** ... tu vois ce que je veux dire ...; **that's worth** ~**ing** ça vaut la peine de le savoir, c'est bon à savoir; **there's no** ~**ing what he'll do** impossible de savoir ce qu'il va faire, on ne peut pas savoir ce qu'il va faire (*V also* **2a**); **I don't** ~ **if I can do it** je ne sais pas si je peux le faire; **I don't** ~ **that that is a very good idea** je ne sais pas si c'est une très bonne idée; **what do you** ~**!*** dites donc!, eh bien!, ça alors!; **I've been a fool and don't I** ~ **it!*** j'ai agi comme un idiot et je suis bien placé pour le savoir!; **she's angry!—don't I** ~ **it!*** *or* **I** ~ **all about that!*** elle est en colère! — à qui le dis-tu! *or* je suis bien placé pour le savoir!; **not if I** ~ **it!*** c'est ce qu'on va voir!, ça m'étonnerait!; **the Channel was rough, as I well** ~**!** *or* **as well I** ~**!** la Manche était houleuse, j'en sais quelque chose!; **it's no good lying, I** ~ **all about it** ce n'est pas la peine de mentir, je sais tout; **she** ~**s all about sewing** elle s'y connaît *or* elle est très forte *or* elle est très calée* en couture; **that's all you** ~ (**about it**)!* c'est ce que tu crois!; **you** ~ **what you can do with it!‡** tu sais où tu peux te le mettre!‡; **I** ~ **nothing about it** je n'en sais rien, je ne suis pas au courant; **it soon became** ~**n that** ... on a bientôt appris que ...; **it is well** ~**n that** ... il est (bien) connu que ..., tout le monde sait (bien) que ...; **to make sth** ~**n to sb** faire savoir qch à qn; **to make one's presence** ~**n to sb** manifester sa présence à qn; **he is** ~**n to have been there/to be dishonest** on sait qu'il y a été/qu'il est malhonnête; **I** ~ **him to be a liar, I** ~ **him for a liar** je sais que c'est un menteur; **he knew himself (to be) guilty** il se savait coupable; **he soon let me** ~ **what he thought of it** il m'a fait bientôt savoir ce qu'il en pensait; **I'll let you** ~ je vous le ferai savoir, je vous préviendrai; **when can you let me** ~**?** quand pourrez-vous me le dire? *or* me prévenir?; **let me** ~ **if I can help** si je peux me rendre utile dites-le-moi; *V* **rope**. (**b**) (*be acquainted with*) *person, place, book, author* connaître. **I** ~ **him well** je le connais bien; **I don't** ~ **him from Adam** je ne le connais ni d'Ève ni d'Adam; **do you** ~ **Paris?** connaissez-vous Paris?; **to** ~ **sb by sight/by name/by reputation** connaître qn de vue/de nom/de réputation; **I don't** ~ **her to speak to** je ne la connais pas (assez) pour lui parler; (*liter*) ~ **thyself** connais-toi toi-même; **I was glad to see someone I knew** j'étais content de voir une personne de connaissance; **to get to** ~ **sb** arriver à (mieux)

connaître qn; **to make o.s.** ~**n to sb** se présenter à qn; **he is** ~**n as X** on le connaît sous le nom de X; **she wishes to be** ~**n as Mrs X** elle veut se faire appeler Mme X. (**c**) (*be aware of*) **I have never** ~**n him to smile** je ne l'ai jamais vu sourire; **you have never** ~**n them to tell a lie** vous ne leur avez jamais entendu dire un mensonge; **I've** ~**n such things to happen before** j'ai déjà vu cela se produire; **I've never** ~**n it to rain like this** je n'ai jamais vu pleuvoir comme ça; **well, it has been** ~**n** enfin, ça c'est déjà vu *or* il y a un précédent. (**d**) (*recognize*) reconnaître. **to** ~ **sb by his voice/his walk** reconnaître qn à sa voix/à sa démarche; **I knew him at once** je l'ai reconnu tout de suite; **you won't** ~ **him** tu ne le reconnaîtras pas; **he** ~**s a good horse when he sees one** il sait reconnaître un bon cheval; (*fig*) **she** ~**s a good thing when she sees it*** elle sait profiter des bonnes occasions, elle ne laisse pas échapper les bonnes occasions. (**e**) (*distinguish*) reconnaître, distinguer. **I wouldn't** ~ **a spanner from a screwdriver** je ne sais pas reconnaître une clef à molette d'un tournevis; **he doesn't** ~ **one end of a horse/hammer** *etc* **from the other** c'est à peine s'il sait ce que c'est qu'un cheval/marteau *etc*; **you wouldn't** ~ **him from his brother** on le prendrait pour son frère.

2 *vi* (**a**) savoir. **as far as I** ~ autant que je sache, à ma connaissance; **not as far as I** ~ pas que je sache, pas à ma connaissance; **for all I** ~ pour ce que j'en sais; **is he dead?—not that I** ~ (**of**) il est mort? — pas que je sache *or* pas à ma connaissance; **who** ~**s?** qui sait?; **is she nice?—I don't** ~ *or* **I wouldn't** ~**!*** est-ce qu'elle est gentille? — je ne sais pas *or* je n'en sais rien; **how should I** ~**?** est-ce que je sais (moi)!, comment voulez-vous que je le sache?; **it's raining, you** ~ il pleut, tu sais; **will he help us?—there's no** ~**ing** va-t-il nous aider? — on ne peut pas savoir; **and afterwards they just don't want to** ~**!*** et après ça ils font ceux qui n'en ont jamais entendu parler; **mummy** ~**s best!** maman a toujours raison!; **you** ~ **best, I suppose!** bien sûr, tu sais ce que tu dis!; **to** ~ **about** *or* **of sth** savoir qch, connaître qch, avoir entendu parler de qch; **I didn't** ~ **about that** je ne savais pas que; **I'm going swimming—I don't** ~ **about that!*** je vais nager — c'est à voir!; **she** ~**s about cats** elle s'y connaît en (matière de) chats; **I knew of his death through a friend** j'ai appris sa mort par un ami; **I'd** ~ **of his death for some time** je savais depuis quelque temps qu'il était mort; **do you** ~ **about Paul?** tu es au courant pour Paul?*; **there were 10 in favour, 6 against, and 5 'don't** ~**s'** il y avait 10 pour, 6 contre et 5 'sans opinion'. (**b**) **I** ~ **better than to offer advice** je me garde bien de donner des conseils; **I** ~ **better than to touch his capital** il est trop prudent *or* avisé pour entamer son capital; **you ought to** ~ **better than to go out without a coat** tu ne devrais pas avoir la stupidité de sortir sans manteau; **you ought to have** ~**n better** tu aurais dû réfléchir; **he should** ~ **better at his age** à son âge il ne devrait pas être aussi bête *or* il devrait avoir un peu plus de bon sens; **they don't** ~ **any better** ils ne savent pas ce qu'ils font (*or* ce qu'il faut faire); **he says he didn't do it but I** ~ **better** il dit que ce n'est pas lui mais je ne suis pas dupe. (**c**) **do you** ~ **of a good hairdresser?** connaissez-vous un bon coiffeur?; **I** ~ **of a nice little café** je connais un petit café sympathique; **I** ~ **of you through your sister** j'ai entendu parler de vous par votre sœur; **I don't know him but I** ~ **of** *or* **him** je ne le connais pas mais j'en ai entendu parler de lui.

3 *cpd*: **a know-all*** un (monsieur) je-sais-tout*, une je-sais-tout*; **they have the materials to make the missile but they haven't got the know-how*** ils ont le matériel nécessaire à la fabrication du missile mais ils n'ont pas la technique; **after years in the job he has acquired a lot of know-how*** après des années dans cet emploi il a acquis beaucoup de technique *or* de savoir-faire *or* de métier; **you need quite a bit of know-how*** to operate this machine il faut pas mal de* compétence pour faire marcher cette machine; (*US*) **a know-it-all*** = a know-all*.

4 *n*: **to be in the** ~***** être au courant *or* au parfum‡.

knowable ['nəʊəbl] *adj* connaissable.

knowing ['nəʊɪŋ] *adj* (*shrewd*) fin, malin (*f* -igne); (*wise*) sage; *look, smile* entendu.

knowingly ['nəʊɪŋlɪ] *adv* (**a**) (*consciously*) sciemment. (**b**) (*in knowing way*) *look, smile* d'un air entendu.

knowledge ['nɒlɪdʒ] *n* (*U*) (**a**) (*understanding, awareness*) connaissance *f*. **to have** ~ **of** avoir connaissance de; **to have no** ~ **of** ne pas savoir, ignorer; **to (the best of) my** ~ à ma connaissance, autant que je sache; **not to my** ~ pas à ma connaissance, pas que je sache; **they had never to her** ~ **complained before** à sa connaissance ils ne s'étaient jamais plaints auparavant; **without his** ~ à son insu; **without the** ~ **of her mother** à l'insu de sa mère; **to bring sth to sb's** ~ porter qch à la connaissance de qn; **to bring to sb's** ~ **that** ... porter à la connaissance de qn le fait que ...; **it has come to my** ~ **that** ... j'ai appris que ...; ~ **of the facts** la connaissance des faits; **it's common** *or* **public** ~ **that** ... il est de notoriété publique que ..., chacun sait que ... (**b**) (*learning, facts learnt*) connaissances *fpl*, science *f*, savoir *m*. **the advance of** ~ le progrès du savoir *or* de la science *or* des connaissances; **his** ~ **will die with him** son savoir mourra avec lui; **my** ~ **of English is elementary** mes connaissances d'anglais sont élémentaires; **he has a working** ~ **of Japanese** il possède les éléments *mpl* de base du japonais, il se débrouille en japonais; **he has a thorough** ~ **of geography** il possède la géographie à fond.

knowledgeable ['nɒlɪdʒəbl] *adj* person bien informé; report bien documenté.

known [nəʊn] **1** *ptp of* **know**. **2** *adj* connu, reconnu. **he is a** ~ **thief/troublemaker** *etc* c'est un voleur/agitateur *etc* connu; **the** ~ **experts on this subject** les

experts reconnus en la matière; **the ~ facts lead us to believe** ... les faits constatés *or* établis nous amènent à croire ... .
knuckle ['nʌkl] **1** *n* articulation *f or* jointure *f* du doigt. **to graze one's ~s** s'écorcher les articulations des doigts; *V* **rap**.
　2 *cpd*: **knuckle-bone** (*Anat*) articulation *f* du doigt; (*Culin*) os *m* de jarret; **knuckleduster** coup-de-poing américain; **knucklehead‡** crétin(e)* *m(f)*, nouille* *f*.
◆**knuckle down*** *vi* s'y mettre. **to knuckle down to work** s'atteler au travail.
◆**knuckle under*** *vi* céder.
knurl [nɜːl] **1** *n* (*in wood*) nœud *m*; (*Tech*) moletage *m*. **2** *vt* (*Tech*) moleter.
K.O.* ['keɪ'əʊ] (*vb*: *pret, ptp* **K.O.'d** ['keɪ'əʊd]) (*abbr of* **knockout**) **1** *n* (*blow*) K.-O. *m*, knock-out *m*. **2** *vt* (*Boxing*) mettre knock-out, battre par knock-out; (*gen*) mettre K.-O.* *or* knock-out*.
koala [kəʊ'ɑːlə] *n* (*also* **~ bear**) koala *m*.
kook‡ [kuːk] *n* (*US*) dingue* *mf*.
kookie‡, **kooky‡** ['kuːkɪ] *adj* (*US*) dingue, cinglé.
Koran [kɒ'rɑːn] *n* Coran *m*.
Koranic [kɒ'rænɪk] *adj* coranique.
Korea [kə'rɪə] *n* Corée *f*. **North/South ~** Corée du Nord/du Sud.
Korean [kə'rɪən] **1** *adj* coréen. **North/South ~** nord-/sud-coréen. **2** *n* (a) Coréen(ne) *m(f)*. **North/South ~** Nord-/Sud-Coréen(ne). (b) (*Ling*) coréen *m*.
kosher ['kəʊʃər] *adj* kascher *inv.* (*fig*) **it's ~‡** c'est O.K.*
Kowloon ['kaʊ'luːn] *n*: **~ Peninsula** péninsule *f* de Kowloon.
kowtow ['kaʊ'taʊ] *vi* se prosterner. **to ~ to sb** courber l'échine

devant qn, faire des courbettes devant qn.
kraal [krɑːl] *n* kraal *m*.
Kraut‡ [kraʊt] *n* (*pej*) Boche‡ *mf*.
Kremlin ['kremlɪn] *n* Kremlin *m*.
kremlinologist ['kremlɪ'nɒlədʒɪst] *n* kremlinologue *mf*, kremlinologiste *mf*.
kremlinology ['kremlɪ'nɒlədʒɪ] *n* kremlinologie *f*.
Krishna ['krɪʃnə] *n* (*deity*) Krisna *or* Krishna; (*river*) Kistna *f*.
Krishnaism ['krɪʃnə,ɪzəm] *n* Kris(h)naïsme.
Krugerrand ['kruːgə,rænd] *n* Krugerrand *m*.
Krum(m)horn ['krʌm,hɔːn] *n* (*Mus*) cromorne *m*.
krypton ['krɪptɒn] *n* krypton *m*.
KS (*US Post*) *abbr of* **Kansas**.
Kt (*Brit*) *abbr of* **knight** (*après le nom*).
kudos* ['kjuːdɒs] *n* (*U*) gloire *f*, lauriers *mpl*. **he got all the ~** c'est lui qui a récolté toute la gloire *or* tous les lauriers.
Ku Klux Klan ['kuː'klʌks'klæn] *n* (*US*) Ku Klux Klan *m*.
kummel ['kɪməl] *n* kummel *m*.
kumquat ['kʌmkwɒt] *n* kumquat *m*.
Kuomintang ['kwəʊ'mɪn'tæŋ] *n* Kuo-min-tang *m*.
Kuwait [kʊ'weɪt] *n* Koweït *f or* Kuweit *f*.
Kuwaiti [kʊ'weɪtɪ] **1** *n* Koweïtien(ne) *m(f)*. **2** *adj* koweïtien.
kvas(s) [kvɑːs] *n* kwas *or* kvas *m*.
kvetch [kvetʃ] (*US**) *vi* se plaindre (*about* de), râler*.
kW (*abbr of* **kilowatt**) kW.
kwashiorkor [,kwɑː'fɪ'ɔː'kɔː'r] *n* kwashiorkor *m*.
KY (*US Post*) *abbr of* **Kentucky**.

L

L, l [el] *n* (a) (*letter*) L, l *m or f*. **L for London** ≃ L comme Louis; **L-shaped room** pièce *f* en (forme de) L.
　(b) (*Brit Aut*: *abbr of* **learner**) **L-plate** plaque *f* d' apprenti conducteur *or* de conducteur débutant.
　(c) (*abbr of* **litre(s)**) l.
　(d) (*US*) **the L*** le métro aérien.
　(e) (*Geog*: *abbr of* **Lake**) L.
　(f) (*abbr of* **left**) gauche.
　(g) (*abbr of* **large**: *pour indiquer la taille sur l'étiquette*) grand.
　(h) (*Ling*) *abbr of* **Latin**.
LA¹ [el'eɪ] (*US*) *abbr of* **Los Angeles**.
LA² (*US Post*) *abbr of* **Louisiana**.
lab* [læb] *n* (*abbr of* **laboratory**) labo* *m*, laboratoire *m*. (*Scol etc*) **lab book** cahier *m* de travaux pratiques.
label ['leɪbl] **1** *n* (*lit, fig, Ling*) étiquette *f*. **record on the Deltaphone ~** disque *m* sorti chez Deltaphone, disque sous le label Deltaphone; *V* **luggage**.
　2 *vt* (a) *parcel, bottle* coller une *or* des étiquette(s) sur; (*Comm*) *goods for sale* étiqueter. **every packet must be clearly ~led** tout paquet doit porter une *or* des étiquette(s) lisible(s) et précise(s); **the bottle was not ~led** il n'y avait pas d'étiquette sur la bouteille; **the bottle was ~led poison** sur la bouteille il y avait marqué poison.
　(b) (*fig*) *person, group* étiqueter, cataloguer (*pej*) (*as* comme). **he was ~led (as) a revolutionary** on l'a étiqueté (comme) révolutionnaire.
　(c) (*Ling*) marquer.
labia ['leɪbɪə] *n* (*pl of* **labium**) lèvres *fpl*. **~ minora/majora** petites/grandes lèvres.
labial ['leɪbɪəl] (*Ling*) **1** *adj* (*Anat, Phon*) labial. **2** *n* (*Phon*) labiale *f*.
labiodental [,leɪbɪəʊ'dentəl] **1** *adj* labiodental. **2** *n* labiodentale *f*.
labiovelar [,leɪbɪəʊ'viːlə'r] *adj, n* labiovélaire (*f*).
labor ['leɪbə'r] *etc* (*US*) = **labour** *etc*.
laboratory [lə'bɒrətərɪ, (*US*) ['læbrətɑːrɪ] **1** *n* laboratoire *m*; *V* **language**. **2** *cpd experiment, instrument, product* de laboratoire. **laboratory assistant** assistant(e) *m(f)* de laboratoire, laborantin(e) *m(f)*; **laboratory equipment** équipement *m* de laboratoire; (*US*) **laboratory school** école *f* d'application.
laborious [lə'bɔːrɪəs] *adj* laborieux.
laboriously [lə'bɔːrɪəslɪ] *adv* laborieusement.
labour, (*US*) **labor** ['leɪbər] **1** *n* (a) (*hard work; task*) travail *m*. **~ of love** travail fait par plaisir; **~s of Hercules** travaux *mpl* d'Hercule; *V* **hard**, **manual**.
　(b) (*U: Ind: workers*) main-d'œuvre *f*, ouvriers *mpl*, travailleurs *mpl*. **Minister/Ministry of ~**, (*US*) **Secretary/Department of ~** ministre *m*/ministère *m* du Travail; *V* **management, skilled** *etc*.
　(c) (*Pol*) **L~** les travaillistes *mpl*; **he votes L~** il vote travailliste.

　(d) (*Med*) travail *m*. **in ~** en travail, en train d'accoucher.
　2 *cpd* (*Ind*) *dispute, trouble* ouvrier; *relations* ouvriers-patronat *inv.* (*Brit Pol*) **Labour** *leader, party* travailliste; **labo(u)r camp** camp *m* de travaux forcés; **Labo(u)r Day** fête *f* du travail (*Brit*: 1ᵉʳ mai; *US, Can*: 1ᵉʳ lundi de septembre); (*Brit*) **Labour Exchange** ≃ bourse *f* de l'emploi, Agence *f* pour l'emploi; (*Ind*) **labo(u)r force** (*number employed*) effectif(s) *m(pl)* en ouvriers; (*personnel*) main-d'œuvre *f*; **labo(u)r-intensive** qui nécessite l'emploi de beaucoup d'ouvriers *or* de main-d'œuvre; (*US*) **labor laws** législation industrielle *or* du travail; **labo(u)r-management relations** relations *fpl* patrons-ouvriers; **labo(u)r market** marché *m* du travail; (*Pol*) **the labo(u)r movement** le mouvement ouvrier; **the Labo(u)r movement** le mouvement travailliste; (*Med*) **labo(u)r pains** douleurs *fpl* de l'accouchement; **labo(u)r-saving** qui allège le travail; (*in household*) **labo(u)r-saving device** appareil ménager; (*Ind*) **labo(u)r shortage** pénurie *f* de main-d'œuvre; (*US*) **labor union** syndicat *m*; (*Med*) **labo(u)r ward** salle *f* d'accouchement *or* de travail.
　3 *vi* (a) (*work with effort*) travailler dur (*at* à); (*work with difficulty*) peiner (*at* sur). **to ~ to do** travailler dur *or* peiner pour faire.
　(b) [*engine, motor*] peiner; [*ship, boat*] fatiguer. **to ~ under a delusion** être victime d'une illusion; **to ~ up a hill** [*person*] gravir *or* monter péniblement une côte; [*car*] peiner dans une montée; *V* **misapprehension**.
　4 *vt* insister sur, s'étendre sur. **I won't ~ the point** je n'insisterai pas (lourdement) sur ce point, je ne m'étendrai pas là-dessus.
laboured, (*US*) **labored** ['leɪbəd] *adj* (*clumsy*) lourd; (*showing effort*) laborieux; (*overelaborate*) ampoulé. **~ breathing** respiration *f* pénible *or* difficile.
labourer, (*US*) **laborer** ['leɪbərə'r] *n* ouvrier *m*, travailleur *m*; (*on farm*) ouvrier agricole; (*on roads, building sites etc*) manœuvre *m*; *V* **dock¹**.
labouring, (*US*) **laboring** ['leɪbərɪŋ] *adj* **class** ouvrier.
labourite, (*US*) **laborite** ['leɪbəraɪt] *n* (*Pol*) travailliste *mf*.
Labrador ['læbrə,dɔː'r] *n* (a) (*Geog*) Labrador *m*. (b) (*dog*: *also* **l~**) labrador *m*.
laburnum [lə'bɜːnəm] *n* cytise *m*, faux ébénier.
labyrinth ['læbɪrɪnθ] *n* labyrinthe *m*, dédale *m*.
labyrinthine [,læbɪ'rɪnθaɪn] *adj* labyrinthique, labyrinthien.
lace [leɪs] **1** *n* (a) (*U: Tex*) dentelle *f*; (*pillow ~*) guipure *f*. **dress trimmed with ~** robe bordée de dentelle(s); **a piece of ~** de la dentelle; (*Mil*) **gold ~** galon *m*.
　(b) [*shoe, corset*] lacet *m*.
　2 *cpd collar, curtains* de *or* en dentelle. **lacemaker** dentellière *f*; **lacemaking** fabrication *f* de la dentelle, dentellerie *f* (*rare*); **lace-up shoes, lace-ups*** chaussures *fpl* à lacets.
　3 *vt* (a) (*also* **~ up**) *shoe, corset* lacer.
　(b) *drink* arroser (*with* de), corser.
　4 *vi* (*also* **~ up**) se lacer.

◆**lace into**‡ *vt fus* (*thrash*) rosser*; (*criticize*) éreinter, démolir.
lacerate ['læsəreɪt] *vt* (*lit*) *face, skin, clothes* lacérer; (*fig*) *person* déchirer, fendre le cœur de. **body** ~**d by pain** corps lacéré par la douleur.
laceration [ˌlæsə'reɪʃən] *n* (*act*) lacération *f*; (*tear: also Med*) déchirure *f*.
lachrymal ['lækrɪməl] *adj* lacrymal.
lachrymose ['lækrɪməʊs] *adj* (*liter*) larmoyant.
lack [læk] **1** *n* manque *m*. **through** *or* **for** ~ **of** faute de, par manque de; **there is a** ~ **of money** l'argent manque.
   2 *vt* *confidence, friends, strength, interest* manquer de. **we** ~ **(the) time to do it** nous n'avons pas le temps de le faire, nous manquons de temps pour le faire; **he doesn't** ~ **talent** ce n'est pas le talent qui lui manque *or* qui lui fait défaut.
   3 *vi* (a) [*food, money*] **to be** ~**ing** manquer, faire défaut.
   (b) [*person*] **to be** ~**ing in, to** ~ **for** manquer de.
lackadaisical [ˌlækə'deɪzɪkəl] *adj* (*listless*) nonchalant, apathique; (*lazy*) indolent; *work* fait à la va-comme-je-te-pousse*.
lackey ['lækɪ] *n* laquais *m* (*also pej*), larbin* *m* (*pej*).
lacking* ['lækɪŋ] *adj* (*stupid*) simplet, demeuré*, débile*.
lacklustre, (*US*) **lackluster** ['læk,lʌstər] *adj* terne, peu brillant.
laconic [lə'kɒnɪk] *adj* laconique.
laconically [lə'kɒnɪkəlɪ] *adv* laconiquement.
lacquer ['lækər] **1** *n* (*substance: for wood, hair etc*) laque *f*; (*object*) laque *m*. ~ **ware** laques *mpl*. **2** *vt* *wood* laquer; (*Brit*) *hair* mettre de la laque sur.
lacrosse [lə'krɒs] *n* lacrosse *m*. ~ **stick** crosse *f*.
lactase ['lækteɪs] *n* lactase *f*.
lactate ['lækteɪt] **1** *n* (*Chem*) lactate *m*. **2** *vi* produire du lait.
lactation [læk'teɪʃən] *n* lactation *f*.
lacteal ['læktɪəl] **1** *adj* lacté. **2** *npl:* ~**s** veines lactées.
lactic ['læktɪk] *adj* lactique. (*Chem*) ~ **acid** acide *m* lactique.
lactiferous [læk'tɪfərəs] *adj* lactifère.
lactogenic [ˌlæktə'dʒenɪk] *adj* lactogène.
lactose ['læktəʊs] *n* lactose *m*.
lacuna [lə'kju:nə] *n, pl* **lacunae** [lə'kju:ni:] lacune *f*.
lacustrine [lə'kʌstraɪn] *adj* lacustre.
lacy ['leɪsɪ] *adj* qui ressemble à la dentelle. **the frost made a** ~ **pattern** il y avait une dentelle de givre.
lad [læd] *n* garçon *m*, gars* *m*. **when I was a** ~ quand j'étais jeune, dans mon jeune temps; **he's only a** ~ ce n'est qu'un gosse* *or* un gamin*; **I'm going for a drink with the** ~**s*** je vais boire un pot avec les copains*; **come on** ~**s**! allez les gars!*; **he's a bit of a** ~* il est un peu noceur*; *V* **stable²**.
ladder ['lædər] **1** *n* (a) (*lit, fig*) échelle *f*. (*fig*) **to be at the top of the** ~ être arrivé au sommet de l'échelle; *V* **rope, step.**
   (b) (*Brit: in stocking*) échelle *f*, maille filée. **to have a** ~ **in one's stocking** avoir une échelle à son bas, avoir un bas filé.
   2 *cpd:* (*Brit*) **ladderproof** indémaillable.
   3 *vt* (*Brit*) *stocking* filer, faire une échelle à.
   4 *vi* (*Brit*) [*stocking*] filer.
laddie* ['lædɪ] *n* (*esp Scot and dial*) garçon *m*, (petit) gars* *m*. **look here,** ~! dis donc, mon petit!*; dis donc, fiston!‡
lade [leɪd] *pret* **laded,** *ptp* **laden** *vt* charger.
laden ['leɪdn] **1** *ptp of* **lade. 2** *adj* chargé (*with* de). **fully** ~ **truck/ship** camion *m*/navire *m* en pleine charge.
la-di-da* ['lɑ:dɪ'dɑ:] *adj* *person* bêcheur*; *voice* maniéré, apprêté. **she's very** ~ elle fait la prétentieuse; **in a** ~ **way** de façon maniérée.
lading ['leɪdɪŋ] *n* cargaison *f*, chargement *m*.
ladle ['leɪdl] **1** *n* louche *f*. **2** *vt* *soup* servir (à la louche).
◆**ladle out** *vt sep* *soup* servir (à la louche); (*fig) *money* répandre à gogo*, allonger*; *advice* prodiguer à foison *or* en masse*.
lady ['leɪdɪ] **1** *n* dame *f*. **the** ~ **of the house** la maîtresse de maison; **Ladies and Gentlemen!** Mesdames, (Mesdemoiselles,) Messieurs!; **good morning, ladies and gentlemen** bonjour mesdames, bonjour mesdemoiselles, bonjour messieurs; **she's a real** ~ c'est une vraie dame; **she's no** ~ elle est très commune *or* fort peu distinguée; **your good** ~* votre dame‡ (*also hum*); **the headmaster and his** ~† le directeur et sa dame†; **young** ~ (*married*) jeune femme *f*; (*unmarried*) jeune fille *f*; **look here, young** ~! dites donc, jeune fille!*; **this is the** ~**/the young** ~ **who served me** voilà la dame/la demoiselle qui m'a servi; **his young** ~*† (*girlfriend*) sa bonne amie†, sa petite amie; (*fiancée*) sa fiancée; **ladies' hairdresser** coiffeur *m*, -euse *f* pour dames; ~**'s umbrella** parapluie *m* de dame *or* de femme; **he's a ladies' man** *or* **a** ~**'s man** c'est un homme à femmes; (*fig*) **a** ~ **Bountiful** une généreuse bienfaitrice; (*Rel*) **Our L**~ Notre-Dame *f*; **listen here,** ~‡ écoutez un peu, ma petite dame‡; (*public lavatory*) **ladies' room, ladies** toilettes *fpl* (pour dames); **where is the ladies' room, where is the ladies?** où sont les toilettes (pour dames)?; (*sign*) 'Ladies' 'Dames'; (*US Med*) **ladies' auxiliary** association de bénévoles s'occupant d'œuvres de bienfaisance dans un hôpital; (*Brit: in titles*) **L**~ **Davenport** lady Davenport; **Sir John and L**~ **Smith** sir John Smith et lady Smith; *V* **first, leading.**
   2 *cpd* *engineer etc* femme (*before n*) (*but see below*). (*Brit*) **ladybird,** (*US*) **ladybug** coccinelle *f*, bête *f* à bon Dieu; (*Rel*) **Lady Chapel** chapelle *f* de la (Sainte) Vierge; (*Brit*) **Lady Day** la fête de l'Annonciation; **lady doctor** (*gen*) femme *f* médecin, doctoresse *f*; **I prefer to see a lady doctor** je préfère voir un médecin-femme; (*US Culin*) **ladyfinger** boudoir *m* (*biscuit*); **lady friend*** petite amie; **lady-in-waiting** dame *f* d'honneur; (*fig*) **ladykiller** don Juan *m*, tombeur* *m*, bourreau *m* des cœurs (*hum*); **ladylike** *person* bien élevée, distinguée; *manners* distingué; **it's not ladylike to yawn** une jeune fille bien élevée ne bâille pas, ce n'est pas poli *or* bien élevé de bâiller; († *or hum*) **his lady-love** sa bien-aimée†, la dame de ses pensées (*hum*); (*Brit*) **Lady Mayoress** femme *f* (*or* fille *f etc*) du

Lord Mayor; lady's finger okra *m*; **lady's maid** femme *f* de chambre (*attachée au service particulier d'une dame*); **lady teacher** professeur-femme *m*.
ladyship ['leɪdɪʃɪp] *n*: **Her/Your L**~ Madame *f* (la comtesse *or* la baronne *etc*).
lag¹ [læg] **1** *n* (*delay*) retard *m*; (*between two events*) décalage *m*; *V* **jet¹, time.**
   2 *vi* rester en arrière, traîner. **he was** ~**ging behind the others** il traînait derrière les autres, il était à la traîne; (*fig*) **their country** ~**s behind ours in car exports** leur pays a du retard *or* est en retard sur le nôtre dans l'exportation automobile.
◆**lag behind** *vi* rester en arrière, traîner. (*fig*) **we lag behind in space exploration** nous sommes en retard *or* à la traîne* dans l'exploration spatiale.
lag² [læg] *vt* *pipes* calorifuger.
lag³ [læg] *n* (*esp Brit*) **old** ~* récidiviste *mf*, (vieux) cheval *m* de retour.
lager ['lɑ:gər] *n* lager *f*, ≃ bière blonde.
laggard ['lægəd] *n* traînard(e) *m(f)*.
lagging ['lægɪŋ] *n* (*U*) (*material*) calorifuge *m*; (*act*) calorifugeage *m*.
lagniappe [læn'jæp] *n* (*US*) prime *f*, cadeau-réclame *m*.
lagoon [lə'gu:n] *n* (*gen*) lagune *f*; (*coral*) lagon *m*.
lah [lɑ:] *n* (*Mus*) la *m*.
laicize ['leɪsaɪz] *vt* laïciser.
laid [leɪd] **1** *pret, ptp of* **lay¹**; *V* **new. 2** *cpd:* **laid-back** relax(e)*, décontracté.
lain [leɪn] *ptp of* **lie¹.**
lair [lɛər] *n* (*lit, fig*) tanière *f*, repaire *m*.
laird [lɛəd] *n* (*Scot*) laird *m*, propriétaire foncier.
laity ['leɪtɪ] *collective n*: **the** ~ les laïcs *mpl*.
lake¹ [leɪk] *n* lac *m*.
   2 *cpd:* (*Brit Geog*) **the Lake District** la région des lacs; (*Hist*) **lake dwellers** habitants *mpl* d'un village *or* d'une cité lacustre; (*Hist*) **lake dwelling** habitation *f* lacustre; (*Literat*) **the Lake poets** les lakistes *mpl*; (*Brit Geog*) **the Lakes** = **the Lake District.**
lake² [leɪk] *n* (*Art*) laque *f*.
Lallans ['lælənz] **1** *n* Lallans *m* (*forme littéraire du dialecte parlé dans les Basses Terres d'Écosse*). **2** *adj* en Lallans.
lam¹‡ [læm] **1** *vt* tabasser‡. **2** *vi:* **to** ~ **into sb** (*thrash*) rentrer dans qn*; (*scold*) engueuler qn‡.
lam²* [læm] *n* (*US*) **on the** ~ en fuite, en cavale‡; **to take it on the** ~ filer, partir en cavale‡.
lama ['lɑ:mə] *n* lama *m* (*Rel*).
lamaism ['lɑ:mə,ɪzəm] *n* (*Rel*) lamaïsme *m*.
lamaist ['lɑ:mə,ɪst] *adj, n* (*Rel*) lamaïste (*mf*).
lamb [læm] **1** *n* (*Culin, Zool*) agneau *m*. (*Rel*) **L**~ **of God** Agneau de Dieu; **my little** ~!* mon trésor!, mon agneau!, mon ange!; **poor** ~!* le (*or* la) pauvre!; (*fig*) **he took it like a** ~ il l'a pris sans broncher, il s'est laissé faire, il n'a pas protesté; **like a** ~ **to the slaughter** comme un agneau qu'on mène à l'abattoir.
   2 *vi* agneler, mettre bas.
   3 *cpd:* **lamb chop, lamb cutlet** côtelette *f* d'agneau; **lambskin** (*n*) (*skin itself*) peau *f* d'agneau; (*material*) agneau *m* (*U*); (*adj*) en agneau, d'agneau; **lamb's lettuce** doucette *f*; **lamb's wool** *or* **lambswool sweater** tricot *m* en laine d'agneau.
lambast* [læm'bæst] *vt*, **lambaste*** [læm'beɪst] *vt* (*beat*) rosser*; (*scold*) sonner les cloches à‡; (*criticize severely*) éreinter, démolir.
lambent ['læmbənt] *adj* chatoyant.
lambing ['læmɪŋ] *n* agnelage *m*. ~ **time** (période *f* d')agnelage.
lambkin ['læmkɪn] *n* jeune agneau *m*, agnelet *m*.
lambrequin ['læmbrɪkɪn] *n* lambrequin *m*.
lame [leɪm] **1** *adj* (a) *animal, person* boiteux, estropié, éclopé. **to be** ~ **boiter; to be slightly** ~ boitiller; [*horse*] **to go** ~ se mettre à boiter; **this horse is** ~ **in one leg** ce cheval boite d'une jambe; ~ **duck** (*fig*) canard boiteux; (*US Pol*) élu non réélu qui siège à titre provisoire jusqu'à l'instauration de son successeur.
   (b) (*fig*) *excuse* faible, piètre (*before n*); *argument* faible, boiteux; (*Poetry*) *metre* boiteux, faux (*f* fausse).
   2 *vt* *person, animal* estropier.
   3 *cpd:* **lamebrain** idiot(e) *m(f)*, crétin(e) *m(f)*; **lamebrained** idiot, crétin.
   4 *n* (*US*‡) personne *f* qui n'est pas dans le coup.
lamely ['leɪmlɪ] *adv* *say, argue* maladroitement, sans conviction.
lameness ['leɪmnɪs] *n* (*lit*) claudication *f* (*frm*), boiterie *f*; (*fig*) faiblesse *f*, pauvreté *f*, maladresse *f*.
lament [lə'ment] **1** *n* (a) lamentation *f*.
   (b) (*poem*) élégie *f*; (*song*) complainte *f*; (*at funerals*) chant *m* funèbre; (*for bagpipes etc*) plainte *f*.
   2 *vt* pleurer, regretter, se lamenter sur. **our (late)** ~**ed sister** notre regrettée sœur (*frm*), notre pauvre sœur, la sœur que nous avons perdue.
   3 *vi* se lamenter (*for, over* sur), s'affliger (*for, over* de).
lamentable ['læməntəbl] *adj* *state, condition, situation* déplorable, lamentable; *incident* fâcheux, regrettable; *results, performance* lamentable, déplorable.
lamentably ['læməntəblɪ] *adv* lamentablement.
lamentation [ˌlæmən'teɪʃən] *n* lamentation *f*. (*Bible*) (**the Book of**) **Lamentations** le livre des Lamentations.
laminate ['læmɪneɪt] *vt* laminer. **2** *n* stratifié *m*.
laminated ['læmɪneɪtɪd] *adj* *metal* laminé; *windscreen* (en verre) feuilleté; *book jacket* plastifié. ~ **glass** verre *m* feuilleté; ~ **wood** contre-plaqué *m*.
lamp [læmp] **1** *n* (a) (*light*) lampe *f*; (*Aut*) feu *m*; *V* **blow¹, safety, street** *etc*.
   (b) (*bulb*) ampoule *f*. **100-watt** ~ ampoule de 100 watts.
   2 *cpd:* **lampblack** noir *m* de fumée *or* de carbone; **lamp bracket**

applique *f*; **by lamplight** à la lumière de la lampe; **lamplighter** allumeur *m* de réverbères; (*Brit*) **lamppost** réverbère *m*; (*fig*) **between you, me and the lamppost*** tout à fait entre nous, soit dit entre nous; **lampshade** abat-jour *m inv*; **lampstand** pied *m* de lampe; **lamp standard** lampadaire *m* (*dans la rue*); (*very high*) pylone *m*.

lampern ['læmpən] *n* lamproie *f* de rivière.

lampoon [læm'puːn] **1** *n* (*gen*) virulente satire; (*written*) pamphlet *m*, libelle *m*; (*spoken*) diatribe *f*. **2** *vt person, action, quality* railler, tourner en dérision, faire la satire de; (*in song*) chansonner.

lampoonist [læm'puːnɪst] *n* (*gen*) satiriste *m*; (*writer*) pamphlétaire *m*; (*singer*) chansonnier *m*.

lamprey ['læmprɪ] *n* lamproie *f*.

lanai [lə'naɪ] *n* (*US*) véranda *f*.

Lancaster ['læŋkəstər] *n* Lancastre.

Lancastrian [læŋ'kæstrɪən] **1** *adj* lancastrien, de Lancastre. **2** *n* Lancastrien(ne) *m(f)*, natif *m* (*f* -ive) or habitant(e) *m(f)* de Lancastre.

lance [lɑːns] **1** *n* (**a**) (*weapon*) lance *f*; (*soldier*) lancier *m*. (**b**) (*Med*) lancette *f*, bistouri *m*. **2** *vt abscess* percer, ouvrir; *finger* ouvrir. **3** *cpd*: (*Brit Mil*) **lance corporal** caporal *m*.

lancer ['lɑːnsər] *n* (*soldier*) lancier *m*.

lancet ['lɑːnsɪt] **1** *n* (*Med*) lancette *f*, bistouri *m*. **2** *cpd*: (*Archit*) **lancet window** fenêtre *f* en ogive.

Lancs [læŋks] *n* (*Brit Geog*) *abbr of* **Lancashire**.

land [lænd] **1** *n* (**a**) (*U: opp of sea*) terre *f*. **dry ~** terre ferme; **on ~** à terre; **to go by ~** voyager par (voie de) terre; **over ~ and sea** sur terre et sur mer; (*Naut*) **to make ~** accoster; **we sighted ~ for the first time in 3 months** pour la première fois en 3 mois nous sommes arrivés en vue d'une terre; (*fig*) **to see how the ~ lies**, **to find out the lie of the ~** (*Brit*) *or* **the lay of the ~** (*US*) tâter le terrain, voir de quoi il retourne; (*US*) **(for) ~'s sake*** juste ciel!

(**b**) (*U: Agr*) terre *f*. **fertile ~** terre fertile; **to live off the ~** vivre de la terre; **to work on the ~** travailler la terre; **many people left the ~** beaucoup de gens ont quitté *or* déserté la campagne; **he bought ~ in Devon** il a acheté une terre dans le Devon.

(**c**) (*property*) (*gen large*) terre(s) *f(pl)*; (*not so large*) terrain *m*. **get off my ~!** sortez de mes terres! *or* de mon terrain!; **the ~ on which this house is built** le terrain sur lequel cette maison est construite.

(**d**) (*country, nation*) pays *m*. **people of many ~s** des gens de nationalités diverses; **throughout the ~** dans tout le pays; **~ fit for heroes** pays *m* digne de ses héros; **~ of milk and honey** pays de cocagne; (*fig*) **the L~ of Nod** le pays des rêves; **to be in the ~ of the living** être encore de ce monde; **V law, native, promised** *etc*.

2 *cpd breeze* de terre; *prices* des terrains; *defences* terrestre; *law, policy, reform* agraire; *tax* foncier. **land agent** (*steward*) régisseur *m* d'un domaine; (*estate agent*) expert foncier; (*Brit*) **land army** corps *m* de travailleuses agricoles; (*Geog*) **Land's End** le cap Land's End; **to make landfall** accoster; **land forces** armée *f* de terre, forces *fpl* terrestres; (*Brit*) **land girl** membre *m* du corps des travailleuses agricoles; (*US*) **land grant college** établissement *m* d'enseignement supérieur (*créé par donation foncière du gouvernement fédéral*); **landlady** *[flat etc]* propriétaire *f*, logeuse *f*; *[boarding house etc]* patronne *f*; **landlocked** (*totally enclosed*) enfermé dans les terres, sans littoral, sans accès à la mer; (*almost totally enclosed*) entouré par les terres; **landlord** *[flat etc]* propriétaire *m*, logeur *m*; (*Brit*) *[pub, boarding house]* patron *m*; **landmark** point *m* de repère; (*fig*) **to be a landmark** in faire date *or* faire époque dans; (*Mil*) **landmine** mine *f* terrestre; (*US fig*) **to do a land-office business*** faire d'excellentes affaires; **landowner** propriétaire foncier *or* terrien; **land ownership** (*n*) propriété *f* foncière; (*cpd*) *policy, problem* foncier; (*US*) **land-poor farmer** fermier *m* riche en terre mais pauvre en disponibilités; (*US*) **land patent** titre *m* (constitutif) de propriété foncière; **landslide** V landslide; **landslip** glissement *m* de terrain; *[loose rocks etc]* éboulement *m*; **land worker** ouvrier *m*, -ière *f* agricole; **land yacht** char *m* à voile.

3 *vt* (**a**) *cargo* décharger, débarquer; *passengers* débarquer; *aircraft* poser; *fish* (*gen*) prendre; (*on deck*) amener à bord, hisser sur le pont; (*on shore, bank*) amener sur le rivage. **to ~ a blow** infliger un coup (*on* à).

(**b**) (*: *obtain*) *job, contract, prize* décrocher*.

(**c**) (*Brit* fig*) **that will ~ you in trouble** ça va vous attirer des ennuis *or* vous mettre dans le pétrin; **to ~ sb in a mess/in debt** mettre qn dans de beaux draps/dans les dettes; **that's what ~ed him in jail** c'est comme ça qu'il s'est retrouvé en prison.

(**d**) (*Brit**) **to be ~ed with sth** (*left with*) avoir qch *or* rester avec qch sur les bras; (*forced to take on*) récolter qch*, devoir se coltiner qch*; **now we're ~ed with all this extra work** maintenant il faut qu'on s'envoie (*subj*) tout ce boulot* en plus; **I've got ~ed with this job** on m'a collé* ce travail; **I got ~ed with him for 2 hours** je me le suis farci‡ pendant 2 heures.

4 *vi* (**a**) *[aircraft etc]* atterrir, se poser; (*on sea*) amerrir; (*on ship's deck*) apponter. **to ~ on the moon** *[rocket, spacecraft]* alunir, se poser sur la lune; *[person]* atterrir sur la lune; **we ~ed at Orly** nous sommes arrivés *or* nous avons atterri à Orly; **as the plane was coming in to ~** comme l'avion s'apprêtait à atterrir.

(**b**) *[person, object]* (re)tomber, arriver, atterrir*; *[ski jumper, gymnast]* retomber, se recevoir. **to ~ on sth** *[falling object]* tomber sur qch; *[person or animal jumping]* retomber *or* atterrir sur qch; *[bird, insect]* se poser sur qch; **the bomb ~ed square on target** la bombe est tombée en plein sur l'objectif; (*lit, fig*) **to ~ on one's feet** retomber sur ses pieds.

(**c**) (*from boat*) débarquer.

◆ **land up*** *vi* atterrir*, échouer, (finir par) se retrouver. **to land up in Paris/in jail** atterrir* *or* finir par se retrouver à Paris/en prison; **the report landed up on my desk** le rapport a atterri* *or* a fini par

arriver sur mon bureau; **he landed up with only £2** il s'est retrouvé avec 2 livres seulement; **we finally landed up in a small café** nous avons finalement échoué dans un petit café.

landau ['lændɔː] *n* landau *m* (*véhicule*).

landed ['lændɪd] *adj* (**a**) *proprietor* foncier, terrien; *property* foncier. **~ gentry** aristocratie terrienne. (**b**) (*Comm*) **~ price** prix *m* débarqué *or* au débarquement.

landing¹ ['lændɪŋ] **1** *n* (**a**) *[aircraft, spacecraft etc]* atterrissage *m*; (*on sea*) amerrissage *m*; (*on moon*) alunissage *m*; (*on deck*) appontage *m*; **V crash, pancake, soft** *etc*.

(**b**) (*from ship*) débarquement *m*. (*Mil Hist*) **the Normandy ~s** le débarquement (du 6 juin 1944).

(**c**) *[high jumper, ski jumper, gymnast]* réception *f*.

2 *cpd*: **landing card** carte *f* de débarquement; (*Mil*) **landing craft** chaland *m or* navire *m* de débarquement; **landing field** terrain *m* d'aviation; (*Mil*) **landing force** troupes *fpl* de débarquement; (*Aviat*) **landing gear** train *m* d'atterrissage, atterrisseur *m*; **landing ground** terrain *m* d'atterrissage; **landing lights** (*on aircraft*) phares *mpl* d'atterrissage; (*on ground*) balises *fpl* (d'atterrissage); (*Fishing*) **landing net** épuisette *f*; (*Naut*) **landing party** détachement *m* de débarquement; (*Brit*) **landing stage** débarcadère *m*, appontement *m*; (*Aviat*) **landing strip** piste *f* d'atterrissage; **landing wheels** roues *fpl* du train d'atterrissage.

landing² ['lændɪŋ] *n* (*between stairs*) palier *m*; (*floor*) étage *m*.

landlubber* ['lænd,lʌbər] *n* terrien(ne) *m(f)*. **he's a real ~** pour lui, il n'y a que le plancher des vaches* (qui compte).

Landrover ['lænd,rəʊvər] *n* ® Land Rover *or* landrover *m or f*.

landscape ['lænskeɪp] **1** *n* (*land, view, picture*) paysage *m*.

2 *vt garden* dessiner; *bomb site, dirty place etc* aménager.

3 *cpd*: **landscape gardener** jardinier *m*, -ière *f* paysagiste; **landscape gardening** jardinage *m* paysagiste, paysagisme *m*; **landscape painter** paysagiste *m*.

landscaping ['læn,skeɪpɪŋ] *n* (*U*) aménagements paysagers.

landslide ['lænd,slaɪd] **1** *n* glissement *m* de terrain; (*loose rocks etc*) éboulement *m*.

2 *cpd*: **~ majority** majorité écrasante; **~ victory** victoire écrasante, raz-de-marée *m* électoral.

3 *vi* (*US Pol*) remporter une victoire électorale écrasante.

landward ['lændwəd] **1** *adj* (situé *or* dirigé) du côté de la terre. **~ breeze** brise *f* de mer; **~ side** côté terre. **2** *adv* (*also* **~s**) vers *or* en direction de la terre, vers l'intérieur.

lane [leɪn] **1** *n* (**a**) (*in country*) chemin *m*, petite route; (*in town*) ruelle *f*.

(**b**) (*Aut*) (*part of road*) voie *f*; (*line of traffic*) file *f*. **'keep in ~'** 'ne changez pas de file'; **'get into ~'** 'mettez-vous dans *or* sur la bonne file'; **to take the left-hand ~** emprunter la voie de gauche, rouler sur la file de gauche; **3-~ road** route *f* à 3 voies; **I'm in the wrong ~** je suis dans *or* sur la mauvaise file; **traffic was reduced to a single ~** on ne circulait plus que sur une seule file; **V near** *etc*.

(**c**) (*for aircraft, ships, runners, swimmers*) couloir *m*. **air/shipping ~** couloir aérien/de navigation.

2 *cpd*: (*Aut*) **lane markings** signalisation horizontale; **lane closure** fermeture *f* de voie(s) de circulation; **there'll be lane closures on the M1** certaines voies seront fermées à la circulation sur la M1.

langlauf ['lɑːŋ,laʊf] *n* (*Ski*) ski *m* de fond. **~ specialist** fondeur *m*, -euse *f*; **~ skier** skieur *m*, -euse *f* de fond.

language ['læŋgwɪdʒ] **1** *n* (**a**) (*national etc tongue*) langue *f*. **the French ~** la langue française; **modern ~s** langues vivantes; **he studies ~s** il fait des (études de) langues; **V dead, source** *etc*.

(**b**) (*U*) (*means of communication; specialized terminology; way of expressing things; also Comput*) langage *m*; (*abstract linguistic system*) langue *f*. **the origin of ~** l'origine *f* du langage; **a child's use of ~** le langage de l'enfant, la façon dont l'enfant se sert du langage; **the ~ of birds/mathematics/flowers** le langage des oiseaux/des mathématiques/des fleurs; (*Ling*) **~**, **speaking and speech** la langue, la parole et le langage; (*Ling*) **speaking is one aspect of ~** la parole est l'un des aspects du langage; **he is studying ~** il fait de la linguistique; **scientific/legal ~** langage scientifique/juridique; (*fig*) **they do not speak the same ~** ils ne parlent pas le même langage; **try to express it in your own ~** essayez d'exprimer cela en votre propre langage *or* en vous servant de vos propres mots; **the formal ~ of official documents** le langage conventionnel des documents officiels; **bad** *or* **strong ~** gros mots, grossièretés *fpl*; **that's no ~ to use to your mother!** on ne parle pas comme ça à sa mère!; (*watch your*) **~!** surveille ton langage!; **V machine, sign.**

2 *cpd studies, textbooks, department* de langues; *students, degree* en langues; *development* linguistique; *ability* à s'exprimer, de communication. **language laboratory, language lab*** laboratoire *m* de langues; (*Scol, Univ etc*) **language lab training** *or* **practice** entraînement *m* en cabines.

languid ['læŋgwɪd] *adj* languissant.

languidly ['læŋgwɪdlɪ] *adv* languissamment.

languidness ['læŋgwɪdnɪs] *n* langueur *f*.

languish ['læŋgwɪʃ] *vi* (*gen*) (se) languir (*for, over* après); (*in prison*) se morfondre, dépérir.

languishing ['læŋgwɪʃɪŋ] *adj* languissant, langoureux.

languor ['læŋgər] *n* langueur *f*.

languorous ['læŋgərəs] *adj* langoureux, alangui.

lank [læŋk] *adj hair* raide et terne; *grass, plant* long (*f* longue) et grêle.

lanky ['læŋkɪ] *adj* grand et maigre, dégingandé.

lanolin ['lænəʊlɪn] *n* lanoline *f*.

lantern ['læntən] **1** *n* (*all senses*) lanterne *f*; (*in paper*) lanterne vénitienne, lampion *m*; **V Chinese, magic. 2** *cpd*: **lantern-jawed** aux joues creuses; **lantern slide** plaque *f* de lanterne magique.

lanthanum ['lænθənəm] *n* lanthane *m*.
lanyard ['lænjəd] *n* (*gen, Mil*) cordon *m*; (*Naut*) ride *f* (de hauban).
Lao [lau] *npl inv* Lao *mpl*.
Laos [laus] *n* Laos *m*.
Laotian [lau'ʃən] **1** *adj* laotien. **2** *n* **(a)** (*person*) Laotien(ne) *m(f)*. **(b)** (*Ling*) laotien *m*.
Laotze ['lau'tzeɪ], **Lao-tzu** ['lau'tsu:] *n* Lao-tseu *m*.
lap¹ [læp] **1** *n* genoux *mpl*, giron *m* (*gen hum*). sitting on his mother's ~ assis sur les genoux de sa mère; (*fig*) it fell right into his ~* ça lui est tombé tout cuit dans le bec*; (*fig*) they dropped the problem in his ~ ils lui ont laissé or collé* le problème (à résoudre); (*fig*) it's in the ~ of the gods c'est entre les mains des dieux; (*fig*) in the ~ of luxury dans le plus grand luxe, dans un luxe inouï.
 2 *cpd*: (*Aut*) lap and shoulder belt ceinture *f* trois points; lapdog petit chien d'appartement, chien de manchon†; (*US*) lap robe plaid *m* (pour les genoux).
lap² [læp] **1** *n* (*Sport*) tour *m* de piste. to run a ~ faire un tour de piste; 10-~ race course *f* en or sur 10 tours; on the 10th ~ au 10e tour; ~ of honour tour d'honneur; (*fig*) we're on the last ~ on a fait le plus gros or le plus difficile, on tient le bon bout*.
 2 *vt* (*Sport*) runner, car prendre un tour d'avance sur.
 3 *vi* (*Racing*) the car was ~ping at 200 km/h la voiture faisait le circuit à 200 km/h de moyenne.
lap³ [læp] **1** *vt milk* laper. **2** *vi* [*waves*] clapoter (*against* contre).
◆ **lap up** *vt sep milk etc* laper; (**fig*) compliments accueillir or accepter béatement, boire comme du petit-lait*. (*fig*) he laps up everything you say il gobe* tout ce qu'on lui dit; (*fig*) he fairly lapped it up il buvait du petit-lait*.
lap⁴ [læp] *vt* (*wrap*) enrouler (*round* autour de); envelopper (*in* de).
◆ **lap over** *vi* [*tiles etc*] se chevaucher.
laparoscopy [,læpə'rɒskəpɪ] *n* laparoscopie *f*, cœlioscopie *f*.
laparotomy [,læpə'rɒtəmɪ] *n* laparotomie *f*.
lapel [lə'pel] *n* revers *m* (*de veston etc*). lapel microphone, lapel mike* micro *m* cravate.
lapidary ['læpɪdərɪ] *n* (*craftsman*) lapidaire *m*; (*craft*) art *m* or métier *m* du lapidaire.
lapin ['læpɪn] *n* (*US*) (fourrure *f* or peau *f* de) lapin *m*.
lapis lazuli ['læpɪs'læzjʊlaɪ] *n* (*stone*) lapis(-lazuli) *m*; (*colour*) bleu *m* lapis(-lazuli).
Lapland ['læplænd] *n* Laponie *f*.
Laplander ['læplændər] *n* Lapon(ne) *m(f)*.
Lapp [læp] **1** *adj* lapon. **2** *n* **(a)** Lapon(ne) *m(f)*. **(b)** (*Ling*) lapon *m*.
lapping ['læpɪŋ] *n* [*waves*] clapotis *m*.
lapse [læps] **1** *n* **(a)** (*fault*) faute légère, défaillance *f*; (*in behaviour*) écart *m* (de conduite). ~ of memory trou *m* de mémoire; ~ from truth/a diet entorse *f* à la vérité/à un régime; a ~ into bad habits un retour à de mauvaises habitudes; she behaved very well, with only a few ~s elle s'est très bien conduite, à part quelques défaillances.
 (b) (*passage of time*) intervalle *m*. a ~ of time un laps de temps; after a ~ of 10 weeks au bout de 10 semaines, après un intervalle de 10 semaines.
 (c) (*falling into disuse*) [*custom etc*] disparition *f*, oubli *m*; [*right, privilege*] déchéance *f*.
 2 *vi* **(a)** (*err*) (*gen*) faire une or des erreur(s) passagère(s); (*morally*) faire un or des écart(s) (de conduite).
 (b) (*fall gradually*) tomber (*into* dans). to ~ from grace (*Rel*) perdre l'état de grâce; (*fig*) déchoir, démériter; to ~ into bad habits prendre de mauvaises habitudes or un mauvais pli; to ~ into silence se taire, s'enfermer dans le mutisme; to ~ into unconsciousness (re)perdre connaissance; he ~d into French il est repassé au or il s'est remis au français.
 (c) [*act, law*] devenir caduc (*f* -uque), tomber en désuétude; [*contract*] expirer, venir à expiration; [*ticket, passport*] se périmer; [*subscription*] prendre fin. her insurance policy has ~d sa police d'assurance est périmée or n'est plus valable; his membership ~d last month son abonnement est venu à expiration or a pris fin le mois dernier, il n'est plus membre depuis le mois dernier.
lapsed [læpst] *adj contract, law* caduc (*f* -uque); *ticket, passport* périmé. a ~ Catholic (*m*) catholique qui n'est plus pratiquant(e).
lapwing ['læpwɪŋ] *n* vanneau *m*.
larboard ['la:bəd] (*Naut*††) **1** *n* bâbord *m*. **2** *adj* de bâbord.
larceny ['la:sənɪ] *n* (*Jur*) vol *m* simple. (*US Jur*) to commit ~ by servant commanditer un vol; *V* grand, petty.
larch [la:tʃ] *n* mélèze *m*.
lard [la:d] **1** *n* saindoux *m*. **2** *vt* (*Culin*) larder (*with* de). (*fig*) to ~ one's speech with quotations truffer son discours de citations.
larder ['la:dər] *n* (*cupboard*) garde-manger *m inv*, (*small room*) cellier *m*.
large [la:dʒ] **1** *adj* **(a)** (*in size*) *town, house, parcel* grand; *garden, room* grand, vaste; *person, animal, slice, hand* gros (*f* grosse); *sum, loss* fort, gros, important; *amount* grand, important; *family* nombreux; *population* nombreux, important; *meal* copieux. (*Anat*) ~ intestine gros intestin; a ~ number of them refused beaucoup d'entre eux ont refusé, un grand nombre parmi eux a or ont refusé; ~ numbers of people came les gens sont venus nombreux or en grand nombre; a ~ slice of his savings une bonne partie de ses économies; a ~ proportion of the business une part importante des affaires; (*Comm*: *of packet, tube*) the ~ size le grand modèle; (*Comm*) a ~ size/the largest size of this dress une grande taille/la plus grande taille dans ce modèle; (*fig*) '~' 'grande taille'; (*fig*) there he was (as) ~ as life c'était lui se conduisant comme si de rien n'était; (*fig*) ~r than life plus grand que nature; to grow or get ~(r) grossir, grandir, s'agrandir; to make ~r agrandir.
 (b) (*extensive*) to do sth on a ~ scale faire qch en grand or sur

une grande échelle (*V also* 4); to a ~ extent en grande mesure; in (a) ~ measure en grande mesure or partie, dans une large mesure; (*fig*) to have ~ views avoir des vues larges.
 2 *n*: at ~ (*at liberty*) en liberté; (*as a whole*) en général, dans son ensemble; (*at length*) tout au long; (*at random*) au hasard, sans (trop) préciser; (*US Pol*) candidate, congressman non rattaché à une circonscription électorale; the prisoner is still at ~ le prisonnier est toujours en liberté or n'a pas encore été repris; the country at ~ le pays dans son ensemble; he treated the subject at ~ il a traité le sujet dans son ensemble; to scatter accusations at ~ lancer des accusations au hasard; *V* ambassador.
 3 *adv*: by and ~ généralement parlant; taking it by and ~ à tout prendre.
 4 *cpd*: (*fig*) large-handed généreux; (*fig*) large-hearted au grand cœur; (*fig*) large-minded qui a l'esprit large; large-mouth bass achigan *m* à grande bouche; large-scale *drawing, map* à grande échelle; *business activities, reforms, relations* (fait) sur une grande échelle; *powers* étendu; (*Comput*) very large-scale integration intégration *f* à (très) grande échelle; large-size(d) grand.
largely ['la:dʒlɪ] *adv* (*to a great extent*) en grande mesure or partie, dans une large mesure; (*principally*) pour la plupart, surtout; (*in general*) en général.
largeness ['la:dʒnɪs] *n* (*V* large) grande taille; grandeur *f*; grosseur *f*; importance *f*.
largesse [la:'ʒes] *n* (*U*) (*generosity*) largesse *f*; (*gifts*) largesses.
largish ['la:dʒɪʃ] *adj* (*V* large) assez grand; assez gros (*f* grosse); de bonne taille; assez important; assez nombreux; assez copieux.
largo ['la:gəu] *adv, n* largo (*m inv*).
lariat ['lærɪət] *n* (*lasso*) lasso *m*; (*tether*) longe *f*.
lark¹ [la:k] **1** *n* (*Orn*) alouette *f*. to rise with the ~ se lever au chant du coq; *V* happy, sing. **2** *cpd*: (*Bot*) larkspur pied *m* d'alouette, delphinium *m*.
lark²* [la:k] *n* blague* *f*, niche* *f*. we only did it for a ~ on l'a seulement fait pour rigoler*, on l'a seulement fait histoire de rigoler*; what a ~! quelle rigolade!*, la bonne blague!*; what do you think of this dinner jacket ~? qu'est-ce que tu penses de cette histoire de smoking?
◆ **lark about***, **lark around*** *vi* faire le petit fou (*f* la petite folle)*. to lark about with sth jouer avec qch.
larva ['la:və] *n, pl* **larvae** ['la:vi:] larve *f* (*Zool*).
larval ['la:vəl] *adj* larvaire (*Zool*).
laryngitis [,lærɪn'dʒaɪtɪs] *n* laryngite *f*.
larynx ['lærɪŋks] *n* larynx *m*.
lasagna, lasagne [lə'zænjə] *n* lasagne *f inv*.
lascivious [lə'sɪvɪəs] *adj* lascif, luxurieux.
lasciviously [lə'sɪvɪəslɪ] *adv* lascivement.
lasciviousness [lə'sɪvɪəsnɪs] *n* luxure *f*, lasciveté *f* or lascivité *f*.
laser ['leɪzər] **1** *n* laser *m*. **2** *cpd*: laser beam rayon *m* laser *inv*; (*Comput*) laser printer imprimante *f* à laser.
lash [læʃ] **1** *n* **(a)** (*thong*) mèche *f*, lanière *f*; (*blow from whip*) coup *m* de fouet. sentenced to 10 ~es condamné à 10 coups de fouet; *V* whip.
 (b) (*also* eye~) cil *m*.
 2 *vt* **(a)** (*beat*) frapper (d'un grand coup de fouet), fouetter violemment, cingler; (*flog*) flageller. (*fig*) to ~ sb with one's tongue faire des remarques cinglantes à qn; (*fig*) to ~ o.s. into a fury s'emporter violemment; (*fig*) the wind ~ed the sea into a fury le vent a déchaîné or démonté la mer; the sea ~es (against) the cliffs la mer bat or fouette les falaises; the hailstones ~ed (against) my face me cinglait le visage; the rain was ~ing (at or against) the windows la pluie fouettait or cinglait les carreaux; the crocodile ~ed its tail le crocodile a donné de grands coups de queue; the lion ~ed its tail le lion a fouetté l'air de sa queue.
 (b) (*fasten*) attacher or fixer fermement; *cargo* arrimer; *load* attacher, amarrer. to ~ sth to a post attacher solidement qch à un piquet.
 3 *vi*: to ~ against or at *V* 2a.
◆ **lash about** *vi* (*in bonds, in pain etc*) se débattre violemment.
◆ **lash down 1** *vi* [*rain*] tomber avec violence.
 2 *vt sep cargo* amarrer, arrimer.
◆ **lash out 1** *vi* **(a)** to lash out at sb (*with fists*) envoyer un or de violent(s) coup(s) de poing à qn; (*with feet*) envoyer un or de violent(s) coup(s) de pied à qn; (*with both*) jouer violemment des pieds et des poings contre qn; (*fig*: *verbally*) se répandre en invectives contre qn, fustiger qn (*liter*).
 (b) (***: *spend a lot of money*) les lâcher*, les allonger*. he lashed out and bought a car il a lâché le paquet* et s'est payé une voiture; now we can really lash out maintenant on peut les faire valser*.
 2 *vt sep* (***) *money* lâcher*, allonger*.
◆ **lash up** *vt sep* attacher, amarrer, arrimer.
lashing ['læʃɪŋ] *n* **(a)** (*flogging*) flagellation *f*. to give sb a ~ (*lit*) donner le fouet à qn; (*fig*: *verbally*) faire de vertes réprimandes à qn, tancer vertement qn.
 (b) (*rope*) corde *f*; (*Naut*) amarre *f*.
 (c) (***: *esp Brit*: *a lot*) ~s of des tas de*, des masses de*; with ~s of cream avec des masses* or une montagne de crème.
lass [læs] *n* (*esp Scot and dial*: *girl*) jeune fille *f*; (††: *sweetheart*) bonne amie†.
lassie ['læsɪ] *n* (*esp Scot and dial*) gamine* *f*, gosse* *f*.
lassitude ['læsɪtju:d] *n* lassitude *f*.
lasso [læ'su:] **1** *n* **(a)** (*rope*) lasso *m*. **(b)** (*Climbing*) = lassoing. **2** *vt* prendre au lasso.
lassoing [læ'su:ɪŋ] *n* (*Climbing*) lancer *m* de corde.
last¹ [la:st] **1** *adj* **(a)** (*in series*) dernier (*before n*). the ~ Saturday of the month le dernier samedi du mois; the ~ 10 pages les 10

dernières pages; ~ but one, second ~ avant-dernier, pénultième; the ~ time but one l'avant-dernière fois; it's the ~ round but 3 il y a encore *or* il n'y a plus que 3 rounds après celui-ci; his office is the second ~ son bureau est l'avant-dernier; the third and ~ point is that … le troisième et dernier point est que … .

(b) (*past, most recent*) dernier (*usu after n*). ~ night (*evening*) hier soir; (*night*) cette nuit, la nuit dernière; ~ week/year la semaine/l'année dernière *or* passée; ~ month/summer le mois/l'été dernier *or* passé; ~ Monday, on Monday ~ lundi dernier; for the ~ few days ces derniers jours, ces jours-ci, dernièrement; for the ~ few weeks ces dernières semaines, dernièrement; he hasn't been seen these ~ 2 years on ne l'a pas vu ces 2 dernières années; for the ~ 2 years depuis 2 ans; the day before ~ avant-hier *m*; the night/morning before ~ avant-hier soir/matin; the week before ~ l'avant-dernière semaine; what did you do ~ time? qu'avez-vous fait la dernière fois?; he was rather ill (the) ~ time I saw him il était plutôt malade la dernière fois que je l'ai vu; this time ~ year (*last year about this time*) l'an dernier à pareille époque *or* à cette époque-ci; (*a year ago today*) il y a un an aujourd'hui.

(c) (*final*) *chance, hope* dernier. (*lit, fig*) to fight to the ~ ditch se battre dans ses derniers retranchements (*V also* 4); at one's ~ gasp (*dying*) sur le point de mourir, à l'agonie; (*: exhausted*) à bout; he was on his ~ legs* il était à bout; the company is on its ~ legs* la compagnie est au bord de la faillite; the washing machine is on its ~ legs* la machine à laver va bientôt nous lâcher* *or* rendre l'âme*; at the ~ minute à la dernière minute (*V also* 4); (*Brit: bugle call*) ~ post (sonnerie *f* de) l'extinction *f* des feux; (*at funerals*) sonnerie *f* aux morts; in the ~ resort *or* resource en dernier ressort, en désespoir de cause; (*Rel*) ~ rites les derniers sacrements; (*Rel*) L~ Supper Cène *f*; ~ thing at night juste avant de se coucher; for the ~ time, shut up! pour la dernière fois, tais-toi!; that was the ~ time I saw him c'est la dernière fois que je l'ai vu; that's the ~ time I lend you anything! c'est la dernière fois que je te prête quelque chose; (*Rel*) ~ trump *or* trumpet trompettes *fpl* du Jugement dernier; (*Rel*) at the L~ Judgment au Jugement dernier; she always wants to have the ~ word elle veut toujours avoir le dernier mot; it's the ~ word in comfort c'est ce qu'on fait de mieux *or* c'est le dernier cri en matière de confort; I'm down to my ~ pound note je n'ai plus *or* il ne me reste plus qu'une seule livre; *V* first, laugh, stand, straw *etc*.

(d) (*least likely or desirable*) dernier. he's the ~ person to ask c'est la dernière personne à qui demander; that's the ~ thing to worry about c'est le dernier *or* le moindre *or* le cadet de mes (*or* tes *etc*) soucis.

2 *adv* (a) (*at the end*) en dernier. she arrived ~ elle est arrivée en dernier *or* la dernière; he arrived ~ of all il est arrivé le tout dernier; his horse came in ~ son cheval est arrivé (bon) dernier; and ~ but not least et en dernier mais non par ordre d'importance; ~ in, first out dernier entré, premier sorti.

(b) (*most recently*) la dernière fois. when I ~ saw him quand je l'ai vu la dernière fois, la dernière fois que je l'ai vu; (*Cards*) who dealt ~? qui a donné en dernier?

(c) (*finally*) finalement, pour terminer. ~, I would like to say… pour terminer *or* enfin je voudrais dire … .

3 *n* (a) dernier *m*, -ière *f*. he was the ~ of the Tudors ce fut lui le dernier des Tudors; this is the ~ of the pears (*one*) voici la dernière poire; (*several*) voici les dernières poires, voici le reste des poires; this is the ~ of the cider voici le reste du cidre, voici tout ce qui reste de *or* comme cidre; the ~ but one l'avant-dernier *m*, -ière *f*, le *or* la pénultième; I'd be the ~ to criticize, but … bien que je sois le dernier à faire des critiques …, j'ai horreur de critiquer, mais…; each one better than the ~ tous meilleurs les uns que les autres.

(b) (*phrases*) at ~ enfin, à la fin; at (long) ~ enfin; at long ~ he came il a enfin fini par arriver; here he is! — at ~! le voici! enfin! *or* ce n'est pas trop tôt!; to the ~ jusqu'au bout, jusqu'à la fin; that was the ~ I saw of him c'est la dernière fois que je l'ai vu, je ne l'ai pas revu depuis; we shall never hear the ~ of this on n'a pas fini d'en entendre parler; you haven't heard the ~ of this! vous n'avez pas fini d'en entendre parler!; (*threatening*) vous aurez de mes nouvelles! (*fig*); I shall be glad to see the ~ of this je serai content de voir tout ceci terminé *or* de voir la fin de tout ceci *or* d'en avoir fini avec tout ceci; we were glad to see the ~ of him nous avons été contents de le voir partir *or* d'être débarrassés de lui; *V* breathe.

4 *cpd*: last-ditch (*adj*) désespéré, ultime; last-minute (*adj*) de dernière minute.

last² [lɑːst] 1 *vi* (a) (*continue*) [*pain, film, supplies etc*] durer. it's too good to ~ c'est trop beau pour durer *or* pour que ça dure (*subj*); will this good weather ~ till Saturday? est-ce que le beau temps va durer *or* tenir jusqu'à samedi?; it ~ed 2 hours cela a duré 2 heures.

(b) (*hold out*) tenir. no one ~s long in this job personne ne reste longtemps dans ce poste; after he got pneumonia he didn't ~ long après sa pneumonie il n'en a pas eu pour longtemps*; that whisky didn't ~ long ce whisky n'a pas fait long feu *or* n'a pas duré longtemps.

(c) (*esp Comm: remain usable*) durer. this table will ~ a lifetime cette table vous fera toute une vie; will this material ~? ce tissu fera-t-il de l'usage?; made to ~ fait pour durer.

2 *vt* durer. this amount should ~ you (for) a week cela devrait vous durer *or* vous faire huit jours; the car ~ed me 8 years la voiture m'a fait *or* duré 8 ans; I have enough money to ~ me a lifetime l'argent que j'ai me fera bien *or* me conduira bien jusqu'à la fin de mes jours; she must have got enough chocolates to ~

her a lifetime elle a dû recevoir des chocolats pour jusqu'à la fin de ses jours.

◆**last out 1** *vi* [*person*] tenir (le coup); [*money*] suffire.

2 *vt sep* faire. he won't last the winter out il ne passera pas *or* ne fera pas l'hiver, il ne verra pas la fin de l'hiver; my money doesn't last out the month mon argent ne me fait pas le mois.

last³ [lɑːst] *n* [*cobbler*] forme *f*.

Lastex ['lɑːsteks] *n* ® (*US*) Lastex *m* ®.

lasting ['lɑːstɪŋ] *adj benefit, friendship, good, peace* durable. to his ~ shame à sa plus grande honte.

lastly ['lɑːstlɪ] *adv* (enfin) pour terminer, en dernier lieu.

latch [lætʃ] 1 *n* loquet *m*. the door is on the ~ la porte n'est pas fermée à clef; ~key clef *f* (de la porte d'entrée); ~key child enfant *mf* qui rentre à la maison avant ses parents qui travaillent.

2 *vt* fermer au loquet.

◆**latch on*** *vi* (a) (*grab*) s'accrocher (*to* à).

(b) (*understand*) saisir, piger‡.

◆**latch on to*** *vt fus* (a) (*get possession of*) prendre possession de; (*catch hold of*) saisir; (*US: obtain*) se procurer. he latched on to me as soon as I arrived il s'est accroché *or* collé* à moi dès que je suis arrivé; he latches on to the slightest mistake il ne laisse pas passer la moindre erreur.

(b) (*understand*) saisir, piger‡; (*realize*) se rendre compte de, réaliser*.

late [leɪt] 1 *adj* (a) (*not on time*) en retard. to be ~ (*gen*) être en retard; (*arriving*) arriver en retard; I'm ~ (*gen*) je suis en retard; I was ~ again yesterday je suis de nouveau arrivé en retard hier; I'm ~ for work/school je ne serai pas au travail/à l'école (*or* lycée *etc*) à l'heure; I was ~ for work/an appointment je suis arrivé au travail/à un rendez-vous en retard; I'm 2 hours ~ j'ai 2 heures de retard; I'm/I was 2 hours ~ for work je vais arriver/je suis arrivé au travail avec 2 heures de retard; he was ~ 4 times il est arrivé 4 fois en retard; to make sb ~ retarder qn, mettre qn en retard; it made me an hour ~ j'ai eu une heure de retard à cause de ça; the train is ~ le train est en retard *or* a du retard; the train is 30 minutes ~ le train a 30 minutes de retard; your essay is ~ vous rendez votre dissertation en retard; to be ~ in arriving arriver avec du retard *or* en retard; to be ~ with payments avoir des paiements en retard *or* des arriérés; (*Scol*) to get a ~ mark avoir un retard; spring was ~ le printemps était en retard *or* était tardif; his ~ arrival le fait qu'il est arrivé en retard; we apologize for the ~ arrival of flight XY 709 nous vous prions d'excuser le retard du vol XY 709; ~ arrivals must sit at the back les gens (qui arrivent) en retard doivent s'asseoir au fond; (*Scol*) he's a ~ developer (*gen*) il s'est développé sur le tard; (*academically*) il a été lent à s'épanouir.

(b) (*far on in day, season etc*) *delivery, edition, performance* dernier. to have a ~ meal manger tard; ~ hours heures avancées *or* tardives; to keep ~ hours veiller tard, être un(e) couche-tard *inv*; at this ~ hour à cette heure tardive; at this ~ stage à ce stade avancé; at a ~r stage in the discussions à une étape plus avancée des discussions; Easter is ~ this year Pâques est tard cette année; in ~ October vers la fin (du mois) d'octobre, fin octobre; in the ~ afternoon en fin d'après-midi, vers la fin de l'après-midi; ~ opening Wednesdays until 10 p.m. nocturne tous les mercredis soirs jusqu'à 22 heures; the shop stays open ~ twice a week le magasin reste ouvert tard le soir *or* est ouvert en nocturne 2 fois par semaine; he is in his ~ sixties il est plus près de soixante-dix ans que de soixante, il approche des soixante-dix ans; in the ~ 1920s vers la fin des années 1920; in ~r life plus tard dans la vie; in his ~r years vers la fin de sa vie, dans ses dernières années; one of his ~(r) symphonies une de ses dernières symphonies; at a ~r date à une date ultérieure; we'll discuss it at a ~r meeting nous en discuterons au cours d'une réunion ultérieure; at a ~r meeting they decided au cours d'une réunion qui eut lieu plus tard ils décidèrent; (*Press*) a ~r edition une édition postérieure *or* plus tardive (*V also* 1d); a ~r train un train plus tard; the ~r train le deuxième train; the latest time you may come is 4 o'clock l'heure limite à laquelle vous pouvez arriver est 4 heures; when *or* what is the latest you can come? quand pouvez-vous venir, au plus tard?; I'll be there by noon at the latest j'y serai à midi au plus tard; give me your essay by noon at the latest rendez-moi votre dissertation à midi dernier délai *or* dernière limite *or* au plus tard; the latest time for doing it is April c'est en avril dernière limite qu'il faut le faire; the latest date he could do it was 31st July la dernière date à laquelle il pouvait le faire était le 31 juillet; the latest date for applications la date limite de dépôt de candidatures.

(c) (*former*) ancien (*before n*). the ~ Prime Minister l'ancien Premier ministre, l'ex-Premier ministre.

(d) (*recent*) a ~r edition une édition plus récente; the latest edition la dernière (édition); the latest fashion la dernière mode; the latest news les dernières nouvelles; (*Rad, TV*) the latest news (bulletin) les dernières informations; of ~ récemment, dernièrement, ces derniers temps; this version is ~r than that one cette version est postérieure à celle-là *or* plus récente que celle-là; this is the latest in a series of murders c'est le dernier en date d'une série de meurtres; his latest statement sa dernière déclaration (en date).

(e) (*dead*) the ~ Mr Black feu M. Black; our ~ colleague notre regretté (*frm*) *or* défunt (*frm*) *or* pauvre collègue.

2 *adv* (a) (*not on time*) *arrive etc* en retard. even ~r encore plus en retard; he arrived 10 minutes ~ il est arrivé 10 minutes en retard *or* avec 10 minutes de retard; (*Prov*) better ~ than never mieux vaut tard que jamais (*Prov*).

(b) (*far into day etc*) *get up etc* tard. to work ~ at the office rester tard au bureau pour travailler; it's getting ~ il se fait tard;

~ **at night** tard le soir; ~ **into the night** tard dans la nuit; ~ **in the afternoon** tard dans l'après-midi, vers la fin de l'après-midi; ~ **in 1960** vers la fin de 1960, fin 1960; ~ **in the year** tard dans l'année, vers la fin de l'année; **he decided** ~ **in life to become** ... sur le tard il a décidé de devenir ...; **2 weeks** ~**r** 2 semaines après *or* plus tard; ~**r** on plus tard; (*fig*) **it is rather** ~ **in the day to change your mind** c'est un peu tard pour changer d'avis; **not** *or* **no** ~**r than** (*gen*) pas plus tard que; **essays must be handed in not** ~**r than Monday morning** les dissertations devront être remises lundi matin dernier délai *or* dernière limite *or* au plus tard; **see you** ~**r!*** à tout à l'heure!, à plus tard!; (*when interrupted etc*) ~**r!** tout à l'heure!

 (**c**) (*recently*) **as** ~ **as last week** pas plus tard que la semaine dernière, la semaine dernière encore; **as** ~ **as 1950** en 1950 encore.

 (**d**) (*formerly*) **Mr Colin,** ~ **of Paris** M. Colin, autrefois domicilié à Paris; **Acacia Avenue,** ~ **North Street** Acacia Avenue, anciennement North Street; **Smith,** ~ **of the Diplomatic Service** Smith, ancien membre du corps diplomatique.

 3 *cpd*: (*lit*) **latecomer** retardataire *mf*; (*fig*) **he is a latecomer to politics** c'est un tard venu *or* il est venu tard à la politique; (*Comm etc*) **late-night opening** (*or show or session*) nocturne *f*; **there's late-night opening on Thursdays** le magasin ouvre en nocturne le jeudi; **there's a late-night show/film on Saturdays** le théâtre/le cinéma est ouvert en nocturne le samedi.

lateen [lə'tiːn] *n* (*also* ~ **sail**) voile *f* latine.

lately ['leɪtlɪ] *adv* (*recently*) dernièrement, récemment; (*these last few days*) ces jours-ci, ces derniers jours. **it's only** ~ **that** c'est seulement récemment que *or* depuis peu que; **till** ~ jusqu'à ces derniers temps.

latency ['leɪtənsɪ] *n* (*Med*) latence *f*.

lateness ['leɪtnɪs] *n* (**a**) (*not being on time*) [*person, vehicle*] retard *m*. **punished for persistent** ~ puni pour retards trop fréquents.

 (**b**) **the** ~ **of the hour prevented us from going** vu l'heure tardive *or* avancée, nous n'avons pas pu y aller; **the** ~ **of the concert lets us dine first** l'heure tardive du concert nous permet de dîner avant.

latent ['leɪtənt] *adj* latent. (*Jur*) ~ **defect** vice *m* caché; (*Med*) ~ **period** période *f* de latence; (*Phys*) ~ **heat** chaleur latente.

later ['leɪtə^r] *adj, adv, comp of* **late**.

lateral ['lætərəl] *adj* latéral (*also Ling*). ~ **thinking** la pensée latérale.

laterally ['lætərəlɪ] *adv* latéralement.

latest ['leɪtɪst] **1** *adj, adv, superl of* **late**.

 2 *n* (*: *news*) **have you heard the** ~**?** tu connais la dernière?*; **what's the** ~ **on this affair?** qu'y a-t-il de nouveau sur cette affaire?; (*Rad, TV*) **for the** ~ **on the riots, over to Ian** pour les dernières informations sur les émeutes, à vous, Ian; (*girlfriend*) **have you seen his** ~**?** tu as vu sa nouvelle?*; (*joke*) **have you heard his** ~**?** tu connais sa dernière?*; (*exploit*) **did you hear about his** ~**?** on t'a raconté son dernier exploit? *or* sa dernière prouesse? (*iro*).

latex ['leɪteks] *n* latex *m*.

lath [lɑːθ] *n, pl* ~**s** [lɑːðz] (*Constr*) latte *f*; [*Venetian blind*] lame *f*.

lathe [leɪð] *n* (*Tech*) tour *m*; V **capstan, power** *etc*.

lather ['lɑːðə^r] **1** *n* (**a**) [*soap*] mousse *f* (de savon).

 (**b**) (*sweat*) [*horse*] écume *f*. **in a** ~ **horse** couvert d'écume; *person* (*: *perspiring*) en nage; (‡: *nervous, anxious*) agité, dans tous ses états.

 2 *vt* (**a**) **one's face** *etc* savonner.

 (**b**) (*: *thrash*) rosser*, tanner (le cuir à)‡.

 3 *vi* [*soap*] mousser.

latifundia [ˌlætɪ'fʊndɪə] *npl* latifundia *mpl*.

Latin ['lætɪn] **1** *adj* (*Ling*) *text, poet* latin; *people, temperament* (*European*) latin, (*US*) latino-américain. ~ **quarter** quartier latin; (*US*) ~ **school** ≃ lycée *m* classique.

 2 *cpd*: **Latin-America** Amérique latine; **Latin-American** (*adj*) latino-américain, d'Amérique latine; (*n*) Latino-Américain(e) *m(f)*.

 3 *n* (**a**) Latin(e) *m(f)*; (*US*) Latino-Américain(e) *m(f)*.

 (**b**) (*Ling*) latin *m*. **late** ~ latin décadent; **low** ~ bas latin; **vulgar** ~ latin vulgaire.

Latinist ['lætɪnɪst] *n* latiniste *mf*.

Latinization [ˌlætɪnaɪ'zeɪʃən] *n* latinisation *f*.

Latinize ['lætɪnaɪz] *vt* latiniser.

Latino-American [læˈtiːnəʊəˈmerɪkən] **1** *adj* latino-américain. **2** *n* (*US*) Latino-Américain(e) *m(f)*.

latish ['leɪtɪʃ] **1** *adj hour* assez avancé, assez tardif. **it's getting** ~ il commence à se faire assez tard. **2** *adv* assez tard, plutôt tard.

latitude ['lætɪtjuːd] *n* (**a**) (*Geog*) latitude *f*. **at a** ~ **of 48° north** à *or* par 48° de latitude Nord; **in these** ~**s** à *or* sous ces latitudes. (**b**) (*U: freedom*) latitude *f*.

latitudinal [ˌlætɪ'tjuːdɪnl] *adj* latitudinal.

latrine [lə'triːn] *n* latrine(s) *f(pl)* (*gen pl*).

latter ['lætə^r] **1** *adj* (**a**) (*second*) deuxième, dernier (*both before n*). **the** ~ **proposition was accepted** cette dernière *or* la deuxième proposition fut acceptée.

 (**b**) (*later*) dernier, deuxième (*both before n*). **the** ~ **half** la deuxième moitié; **the** ~ **half of the month** la deuxième quinzaine du mois; **the** ~ **part of the evening was quite pleasant** la fin de la soirée a été assez agréable; **in the** ~ **part of the century** vers la fin du siècle; **in the** ~ **years of his life, in his** ~ **years** dans les dernières années de sa vie, tard dans sa vie.

 2 *n*: **the** ~ **is the more expensive of the two systems** ce dernier système est le plus coûteux des deux; **of these two books the former is expensive but the** ~ **is not** le premier de ces deux livres est cher mais le second *or* le deuxième ne l'est pas, de ces deux livres celui-là est cher mais celui-ci ne l'est pas.

---

 3 *cpd*: **latter-day** moderne, d'aujourd'hui; (*Rel*) **Latter-Day Saints** Saints *mpl* des Derniers Jours (*Mormons*).

latterly ['lætəlɪ] *adv* (**a**) (*recently*) dernièrement, récemment, depuis quelque temps. (**b**) (*towards the end of a period*) vers la fin, sur le tard. **he was a farmer but** ~ **became a writer** il était cultivateur mais devint écrivain sur le tard.

lattice ['lætɪs] **1** *n* treillis *m*; (*fence*) treillage *m*, claire-voie *f*; (*climbing-plant frame*) treillage *m*. **2** *cpd*: **lattice girder** poutre *f* à treillis; **lattice window** fenêtre treillissée; **lattice work** treillis *m*.

latticed ['lætɪst] *adj window* treillissé; *fence, wall* treillagé.

Latvia ['lætvɪə] *n* Lettonie *f*.

Latvian ['lætvɪən] **1** *adj* lette, letton (*f* -one *or* -onne). ~ **SSR** RSS *f* de Lettonie. **2** *n* (**a**) Lette *mf*, Letton *m*, Letton(n)e *f*, Latvien(ne) *m(f)*. (**b**) (*Ling*) lette *m*, letton *m*.

laud [lɔːd] *vt* (*liter*) louanger (*liter*); (*Rel*) louer, glorifier, chanter les louanges de.

laudable ['lɔːdəbl] *adj* louable, digne de louanges.

laudably ['lɔːdəblɪ] *adv* de manière louable *or* méritoire. **he was** ~ **calm** son calme était digne de louanges.

laudanum ['lɔːdnəm] *n* laudanum *m*.

laudatory ['lɔːdətərɪ] *adj* élogieux.

laugh [lɑːf] **1** *n* (*brief*) éclat *m* de rire; (*longer*) rire *m*. **with a** ~ (*brief*) dans un éclat de rire; (*longer*) en riant; **with a scornful** ~ avec un rire méprisant; **to give a** ~ rire; **to give** *or* **laugh a scornful** ~ rire dédaigneusement; **he has a very distinctive** ~ il a un rire très caractéristique; (*fig*) **he had the last** ~ finalement c'est lui qui a bien ri; **we'll see who has the last** ~ on verra bien qui rira le dernier; **to have the** ~ **over sb** l'emporter finalement sur qn; **to have a good** ~ **at** *or* **over sth/at sb** bien rire de qch/qn; **that got a** ~ cela a fait rire; **if you want a** ~ **go to her German class!** si tu veux t'amuser *or* rigoler* va assister à son cours d'allemand!; **the** ~ **is on you*** c'est toi qui fais les frais de la plaisanterie; **what a** ~**!*** ça, c'est marrant!*; (*iro*) **that's a** ~ anyway! ça me fait bien rigoler!*; **just for a** ~, **for** ~**s*** rien que pour rire, histoire de rire*; **it was** *or* **we had a good** ~ on a bien ri, on s'est bien amusés; **he likes a (good)** ~ il aime bien rire *or* s'amuser; **he's always good for a** ~* il nous fera toujours bien rire; V **play, raise** *etc*.

 2 *cpd*: **laughline** (*punchline of joke*) phrase-clef *f* qui fait rire; (*US: wrinkle*) ride *f* d'expression; (*US Rad, TV*) **laugh track** (bande *f* de) rires *mpl* préenregistrés.

 3 *vi* rire. **to** ~ **at a joke** rire d'une plaisanterie; **he was so amusing he soon had them all** ~**ing at him** il était si drôle que bientôt tous riaient de ses plaisanteries (*V also* **laugh at**); **to** ~ **about** *or* **over sth** rire de qch; **there's nothing to** ~ **about** *or* **at** il n'y a pas de quoi rire; **to** ~ **out loud** rire tout haut, rire ouvertement; **to** ~ **inwardly** rire intérieurement; **he** ~**ed to himself** il a ri dans sa barbe *or* en lui-même; **he** ~**ed until he cried** il riait aux larmes, il pleurait de rire; **she was** ~**ing fit to burst**‡ elle riait comme une baleine*, elle riait à se faire mal aux côtes* *or* à en crever*; **he (nearly) split his sides** ~**ing** il se tordait de rire; (*Prov*) **he who** ~**s last** ~**s longest** rira bien qui rira le dernier; (*Prov*) **to** ~ **in sb's face** rire au nez de qn; **he'll soon be** ~**ing on the other side of his face** il n'aura bientôt plus envie de rire, il va bientôt rire jaune; **I'll make you** ~ **on the other side of your face!** je vais t'apprendre à rire!; (*fig*) **to** ~ **up one's sleeve** rire sous cape; [*man*] rire dans sa barbe; **it's all very well for you to** ~**!** tu peux toujours rire!; **he makes me** ~* il me fait rire; (*iro*) **don't make me** ~* laisse-moi rire, ne me fais pas rire; **it's all right for him, he's** ~**ing*** lui il s'en fiche*, il est tranquille *or* il est peinard‡; **once we get this contract signed we're** ~**ing*** une fois ce contrat signé, on est tranquille *or* on tient le bon bout; V **burst out**.

 4 *vt*: **he** ~**ed a jolly laugh** il eut un rire jovial; **they** ~**ed him to scorn** ils l'ont tourné en dérision; **his brothers** ~**ed him out of that idea** ses frères se sont tant moqués de lui qu'il a abandonné cette idée; (*fig*) **to** ~ **sb/sth out of court** tourner qn/qch en ridicule; **he** ~**ed himself silly*** il a ri comme un bossu* *or* comme une baleine*.

 ◆ **laugh at** *vt fus* (*lit*) *person, sb's behaviour* rire de, se moquer de; (*fig*) *difficulty, danger* se rire de.

 ◆ **laugh down** *vt sep*: **they laughed the speaker down** leurs moqueries ont réduit l'orateur au silence.

 ◆ **laugh off** *vt sep* (**a**) **to** ~ **one's head off*** rire comme un fou *or* une baleine*.

 (**b**) *accusation* écarter d'une plaisanterie *or* d'une boutade. **to laugh off an embarrassing situation** se tirer d'une situation embarrassante par une boutade *or* par une plaisanterie; **she managed to laugh it off** elle a réussi à tourner la chose en plaisanterie; **you can't laugh this one off** cette fois tu ne t'en tireras pas par la plaisanterie.

laughable ['lɑːfəbl] *adj suggestion* ridicule, dérisoire; *amount* dérisoire. **it is** ~ **to hope that** ... il est ridicule d'espérer que ....

laughing ['lɑːfɪŋ] *adj* riant, rieur. **this is no** ~ **matter** il n'y a pas de quoi rire; **I'm in no** ~ **mood** (*angry*) je ne suis pas d'humeur à rire; (*sad*) je n'ai pas le cœur à rire; ~ **gas** gaz hilarant; (*Zool*) ~ **hyena** hyène *f* (*africaine*); (*Orn*) ~ **jackass** dacélo *m*; **he was the** ~ **stock of the class** il était la risée de la classe; **he made himself a** ~ **stock** il s'est couvert de ridicule.

laughingly ['lɑːfɪŋlɪ] *adv say etc* en riant. **it is** ~ **called** ... l'ironie de la chose, c'est qu'on l'appelle ....

laughter ['lɑːftə^r] **1** *n* (*U*) rire(s) *m(pl)*. ~ **is good for you** cela fait du bien de rire; **at this there was** ~ à ces mots il y a eu des rires *or* des rires ont éclaté; **he said amid** ~ **that** ... il dit au milieu des *or* parmi les rires que ...; **their** ~ **could be heard in the next room** on les entendait rire dans la pièce à côté; **to roar with** ~ rire aux éclats; **to burst into** ~ éclater de rire; V **can²**.

 2 *cpd*: (*Brit: on face*) **laughter line** ride *f* d'expression.

launch [lɔːntʃ] **1** *n* (**a**) (*also motor* ~) (*for patrol duties etc*) vedette

f, canot *m* automobile; (*pleasure boat*) bateau *m* de plaisance. **police** ~ vedette de la police.
  (**b**) (*boat carried by warship*) chaloupe *f*.
  (**c**) lancement *m*; *V* **window**.
  2 *cpd*: (*space*) **launch vehicle** fusée *f* de lancement.
  3 *vt ship, satellite, missile, company* lancer; *shore lifeboat etc* faire sortir; *ship's boat* mettre à la mer; *product* lancer; *scheme, plan* mettre en action *or* en vigueur; *attack, offensive* lancer, déclencher. (*Fin*) **to ~ a share issue** émettre des actions, faire une émission d'actions; **to ~ sb on a career** lancer qn dans une carrière; **it would take £10,000 to ~ him as an architect** il faudrait 10.000 livres pour le lancer comme architecte; **once he is ~ed on this subject you can't stop him** une fois qu'il est lancé sur ce sujet on ne peut plus l'arrêter.
  4 *vi* (*fig: also* ~ **forth**) se lancer (*into, on* dans).
◆**launch forth** *vi* = **launch 4**.
◆**launch out** *vi* [*business, company*] se développer, prendre de l'extension. [*speaker, business*] **to ~ out into sth** se lancer dans qch.
launcher ['lɔːntʃəʳ] *n* (*Mil, Space*) lanceur *m*; *V* **missile, rocket**.
launching ['lɔːntʃɪŋ] **1** *n* [*new ship, missile, satellite, company, product*] lancement *m*; [*shore lifeboat*] sortie *f*; [*ship's boat*] mise *f* à la mer.
  2 *cpd*: **launching ceremony** cérémonie *f* de lancement; (*Space*) **launching pad** rampe *f* de lancement; (*Mil, Space*) **launching site** aire *f* de lancement.
launder ['lɔːndəʳ] **1** *vt* (**a**) *clothes etc* blanchir. **to send sth to be ~ed** envoyer qch à la blanchisserie *or* au blanchissage. (**b**) *stolen money* blanchir, rendre honorable. **2** *vi* [*shirt etc*] se laver.
launderette [ˌlɔːndəˈret] *n* (*Brit*) laverie *f* automatique (*à libre-service*).
laundering ['lɔːndərɪŋ] *n* blanchissage *m*.
laundress ['lɔːndrɪs] *n* blanchisseuse *f*.
Laundromat ['lɔːndrəmæt] *n* ® (*US*) = **launderette**.
laundry ['lɔːndrɪ] **1** *n* (**a**) (*clean clothes*) linge *m*; (*dirty clothes*) linge (*sale*). **to do the ~** faire la lessive, laver le linge (*sale*).
  (**b**) (*place*) blanchisserie *f*.
  2 *cpd*: **laundry basket** panier *m* à linge; **laundry list** (*lit*) liste *f* de blanchissage; (*fig pej*) liste *f* qui n'en finit pas; **laundry mark** marque *f* de la blanchisserie *or* du blanchissage; **laundry van** camionnette *f* du blanchisseur; **laundry worker** blanchisseur *m*, -euse *f*.
laureate ['lɔːrɪɪt] *adj*, *n* lauréat(e) *m(f)*. (*Brit*) (*poet*) ~ **poète** lauréat.
laurel ['lɒrəl] **1** *n* (*Bot, fig*) laurier *m*. **to win one's ~s** se couvrir de lauriers; **to rest on one's ~s** se reposer sur ses lauriers; **you must look to your ~s** ne t'endors pas sur tes lauriers. **2** *cpd*: **laurel wreath** couronne *f* de lauriers.
Laurence ['lɒrəns] *n* Laurent *m*.
lav‡ [læv] *n* (*abbr of* **lavatory**) cabs‡ *mpl*, cabinets *mpl*.
lava ['lɑːvə] **1** *n* lave *f*. **2** *cpd*: **lava bed/flow** champ *m*/coulée *f* de lave.
lavalier(e) [ˌlævəˈlɪəʳ] *n* (*US*) pendentif *m*.
lavatorial [ˌlævəˈtɔːrɪəl] *adj* scatologique.
lavatory ['lævətrɪ] **1** *n* (*room*) toilettes *fpl*, W.-C. *mpl*, cabinets *mpl*; (*Brit: utensil*) (cuvette *f* et siège *m* de) W.-C. **to put sth down the ~** jeter qch dans les W.-C. *or* cabinets; *V* **public**.
  2 *cpd*: **lavatory bowl** cuvette *f* des W.-C. *or* cabinets; (*fig pej*) **lavatory humour** humour *m* scatologique; **lavatory pan** = lavatory bowl; **lavatory paper** papier *m* hygiénique; **lavatory seat** siège *m* des W.-C. *or* cabinets.
lavender ['lævɪndəʳ] **1** *n* lavande *f*. **2** *cpd* (*colour*) lavande *inv*. **lavender bag** sachet *m* de lavande; **lavender blue** bleu lavande *inv*; **lavender water** eau *f* de lavande.
laverbread ['lɑːvəˌbred] *n* gâteau *m* d'algues.
lavish ['lævɪʃ] **1** *adj* (**a**) *person* prodigue (*of, with* de). **to be ~ with one's money** dépenser sans compter, se montrer prodigue.
  (**b**) (*abundant*) *expenditure* très considérable; *amount* gigantesque; *meal* plantureux, copieux; *helping, hospitality* généreux; *flat, surroundings* somptueux, luxueux. **to bestow ~ praise on sb** se répandre en éloges sur qn.
  2 *vt* prodiguer (*sth on sb* qch à qn).
lavishly ['lævɪʃlɪ] *adv spend* sans compter; *give* généreusement, à profusion; *furnish* somptueusement, luxueusement.
lavishness ['lævɪʃnɪs] *n* [*spending*] extravagance *f*; [*furniture, surroundings etc*] luxe *m*, somptuosité *f*; (*prodigality*) prodigalité *f*.
law [lɔː] **1** *n* (**a**) (*U*) loi *f*. **the ~** la loi; **it's the ~** c'est la loi; **it's against the ~** c'est contraire à la loi, c'est illégal; **the ~ of the land** la législation *or* les lois du pays; **the ~ of the jungle** la loi de la jungle; **the L~** (of Moses) la loi de Moïse; **the ~ as it stands** la législation en vigueur; **they are trying to change the ~ on this** ils essaient de changer la loi *or* la législation sur ce point; **~ and order** l'ordre public (*V also* **2**); **forces of ~ and order** forces *fpl* de l'ordre; (*Parl*) **a bill becomes ~** un projet de loi devient loi; **by ~** conformément à la loi; **by *or* under French ~** selon la loi *or* la législation française; **to be above the ~** être au-dessus des lois; **to have the ~ on one's side** avoir la loi pour soi; **to keep within the ~** rester dans (les limites de) la légalité; **to take the ~ into one's own hands** (se) faire justice soi-même; **he's a ~ unto himself** il ne connaît d'autre loi que la sienne, il fait ce qu'il veut; **his word is ~** sa parole fait loi; *V* **break, lay down, rule** *etc*.
  (**b**) (*U: operation of the* ~) justice *f*. **court of ~** cour *f* de justice, tribunal *m*; **to go to ~** recourir à la justice; **to take a case to ~** porter une affaire devant les tribunaux; **to take sb to ~** faire la loi à qn; **I'll have the ~ on you!** je vous emmènerai devant la justice!, je vous traînerai devant les

tribunaux!*; **here's the ~ arriving!*** voilà les flics!*; *V* **arm¹, brush, marshal, officer**.
  (**c**) (*U: system, science, profession*) droit *m*. **to study *or* read ~** faire son *or* du droit; **he practises ~** il est homme de loi; (*Univ*) **Faculty of L~** faculté *f* de droit; **civil/criminal** *etc* ~ le droit civil/criminel *etc*; *V* **common, martial, point** *etc*.
  (**d**) (*legal ruling*) loi *f*. **several ~s have been passed against pollution** plusieurs lois ont été votées pour combattre la pollution; **is there a ~ against it?** y a-t-il une loi qui s'y oppose *or* l'interdise?; **there's no ~ against it!*** il n'y a pas de loi contre!*
  (**e**) (*principle, rule*) (*gen, Phys*) loi *f*; (*Sport*) règle *f*. **moral ~** principe *m*; **the ~s of nature** les lois de la nature; **~ of gravity** loi de la chute des corps *or* de la pesanteur; **~ of supply and demand** loi de l'offre et de la demande; **~ of diminishing returns** loi des rendements décroissants; *V* **Murphy, Parkinson, sod**.
  2 *cpd*: **law-abiding** respectueux des lois; **law-and-order issues** questions relatives à l'ordre public; **lawbreaker** personne *f* qui viole *or* transgresse la loi; **lawbreakers** ceux *mpl* qui violent la loi *or* qui ne respectent pas la loi; (*US Jur*) **law clerk** jeune juriste *m* qui prépare le travail du juge; **law court** cour *f* de justice, tribunal *m*; **Law Courts** ≃ Palais *m* de Justice; **law enforcement agency** service chargé de faire respecter la loi; **law enforcement officer** représentant *m* d'un service chargé de faire respecter la loi; (*Univ*) **Law Faculty** faculté *f* de droit; (*Brit*) **lawgiver** législateur *m*, -trice *f*; (*Brit*) **Law Lords** juges *mpl* siégeant à la Chambre des Lords; **lawmaker** législateur *m*, -trice *f*; (*US*) **lawman** policier *m*; (*Univ*) **law school** faculté *f* de droit; **he's at law school** il fait son droit; **law student** étudiant(e) *m(f)* en droit; **lawsuit** procès *m*; **to bring a lawsuit against sb** intenter un procès à qn, poursuivre qn en justice.
lawful ['lɔːfʊl] *adj action* légal, licite, permis; *marriage, child* légitime; *contract* valide. **it is not ~ to do that** il n'est pas légal de *or* il est illégal de faire cela; **to go about one's ~ business** vaquer à ses occupations.
lawfully ['lɔːfəlɪ] *adv* légalement.
lawless ['lɔːlɪs] *adj country* sans loi, anarchique; *person* sans foi ni loi; *activity* illégal, contraire à la loi.
lawlessness ['lɔːlɪsnɪs] *n* [*person*] manque *m* de respect envers la loi; [*country*] anarchie *f*; [*activity*] illégalité *f*.
lawn¹ [lɔːn] **1** *n* pelouse *f*. **2** *cpd*: **lawnmower** tondeuse *f* (à gazon); **lawn tennis** (*on grass*) tennis *m* sur gazon; (*on hard surface*) tennis.
lawn² [lɔːn] *n* (*Tex*) batiste *f*, linon *m*.
Lawrence ['lɒrəns] *n* Laurent *m*.
Lawrencium [lɒˈrensɪəm] *n* lawrencium *m*.
lawyer ['lɔːjəʳ] *n* (*gen*) homme *m* de loi, juriste *m*; (*solicitor*) (*for sales, wills etc*) notaire *m*; (*in court for litigation*) avocat *m*; (*barrister*) avocat; (*in business firm etc*) conseiller *m* juridique. **he is a ~** il est homme de loi *or* juriste; **... or I shall put the matter in the hands of my ~** ... sinon je mets l'affaire entre les mains de mon avocat.
lax [læks] *adj behaviour, discipline, morals* relâché; *person* négligent; *government* laxiste, mou (*f* molle); (*Med*) *bowels* relâché; (*Ling*) *vowel* non tendu, relâché; *pronunciation* relâché. **to be ~ in doing sth** faire qch avec négligence *or* sans soin; **to be ~ about one's work/duties** négliger son travail/ses devoirs; **he's become very ~ recently** il s'est beaucoup relâché récemment.
laxative ['læksətɪv] *adj*, *n* laxatif (*m*).
laxity ['læksɪtɪ] *n*, **laxness** ['læksnɪs] *n* (*V* **lax**) relâchement *m*; négligence *f*.
lay¹ [leɪ] (*vb: pret, ptp* **laid**) **1** *n* (**a**) [*countryside, district etc*] disposition *f*, configuration *f*. (*fig*) **to find out the ~ of the land** tâter le terrain.
  (**b**) (‡) **she's an easy ~** elle couche* avec n'importe qui, c'est une fille facile.
  2 *cpd*: (*Brit*) **layabout*** fainéant(e) *m(f)*, feignant(e)* *m(f)*; (*US Comm*) **layaway plan** vente *f* à livraison différée; (*Climbing*) **lay-back** dülfer *f*; (*Brit Aut*) **lay-by** (petite) aire *f* de stationnement (*sur bas-côté*); (*Jur*) **lay days** jours *mpl* de planche, estarie *f*; (*Ind*) **lay-off** licenciement *m*, mise *f* en chômage technique; **layout** [*house, school*] disposition *f*, agencement *m*; [*garden*] plan *m*, dessin *m*, disposition; [*district*] disposition, [*essay*] plan; [*advertisement, newspaper article etc*] agencement, mise *f* en page; (*Press etc*) **the layout of page 4** la mise en page de la (page) 4; (*Cards*) **I don't like the layout of my hand** je n'aime pas la texture *or* la composition de mon jeu; (*US*) **layover** halte *f*.
  3 *vt* (**a**) (*put, place, set*) *cards, objects* mettre, poser; (*stretch out*) *cloth etc* étendre. **he laid his briefcase on the table** il a posé *or* mis sa serviette à plat sur la table; (*euph: buried*) **to be laid to rest** être enterré; **he laid his head on the table** il a appuyé son front sur la table; **she laid her head on the pillow** elle a posé sa tête sur l'oreiller; **she laid her hand on my shoulder** elle a posé *or* mis la main sur mon épaule; **I wish I could ~ my hands on a good dictionary** si seulement je pouvais mettre la main sur *or* dénicher un bon dictionnaire; (*Rel*) **to ~ hands on sb** faire l'imposition des mains à qn; (*seize*) **to ~ hands on a territory** *etc* s'emparer d'un territoire *etc*; (*strike*) **to ~ a hand *or* hands on sb** porter *or* lever la main sur qn; **I didn't ~ a finger on him** je ne l'ai même pas touché; **if you so much as ~ a finger on me ...** si tu oses (seulement) lever la main sur moi ...; (*fig*) **to ~ sb by the heels** attraper qn; **the scene/story is laid in Paris** l'action/l'histoire se passe *or* se situe *or* se déroule à Paris; (*fig*) **to ~ sth at sb's door** tenir qn pour responsable de qch, faire porter la responsabilité de qch à qn; (*fig*) **to ~ it on the line** y aller carrément, ne pas y aller par quatre chemins; (*US fig: explain*) **he laid it on me*** il m'a tout expliqué; *V* **eye, hold, siege** *etc*.
  (**b**) (*put down into position*) poser, mettre; *bricks, carpet, cable,*

pipe poser; *mine* poser, mouiller. **to ~ the foundations of** (*lit*) faire *or* jeter les fondations de; (*fig*) poser les bases de; **to ~ the foundation stone** poser la première pierre; **to ~ a road** faire une route; **to ~ a floor with carpet** poser une moquette sur un sol.

(c) *eggs* pondre. **this bird ~s its eggs in the sand** cet oiseau pond (ses œufs) dans le sable; *V also* **egg, new** *etc*.

(d) (*prepare*) *fire* préparer; *snare, trap* tendre, dresser (*for* à); *plans* former, élaborer. (*Brit*) **to ~ the table for lunch** mettre la table *or* le couvert pour le déjeuner; **she laid the table for 5** elle a mis *or* dressé la table pour 5, elle a mis 5 couverts; **to ~ the tablecloth** mettre la nappe; **all our carefully-laid plans went wrong** tous nos plans si bien élaborés ont échoué.

(e) (*impose, place*) *tax* mettre, faire payer (*on sth* sur qch); *burden* imposer (*on sb* à qn); *V* **blame, emphasis, responsibility** *etc*.

(f) (+*adj*) (*fig*) **to ~ bare one's innermost thoughts/feelings** mettre à nu *or* dévoiler ses pensées les plus profondes/ses sentiments les plus secrets; (*liter*) **to ~ bare one's soul** mettre son âme à nu; **the blow laid him flat** *or* **low** le coup l'étendit par terre *or* l'abattit *or* l'envoya au tapis; **the storm laid the town flat** la tempête a rasé la ville; **to be laid low** être immobilisé; **he was laid low with flu** il était immobilisé par la grippe, la grippe l'obligeait à garder le lit; **to ~ sb/to ~ o.s. open to criticism** *etc* exposer qn/s'exposer à la critique *etc*; **to ~ waste a town** ravager *or* dévaster une ville.

(g) (*wager*) *money* parier, miser (*on* sur). **to ~ a bet (on sth)** parier (sur qch); **I'll ~ you a fiver that ...** je vous parie cinq livres que ... .

(h) (*register, bring to sb's attention*) *accusation, charge* porter. (*Jur*) **to ~ a complaint** porter plainte (*against* contre, *with* auprès de); (*Police*) **to ~ information** donner des informations, servir d'indicateur (*f*-trice); (*Jur*) **to ~ a matter before the court** saisir le tribunal d'une affaire; **he laid his case before the commission** il a porté son cas devant *or* soumis son cas à la commission; **we shall ~ the facts before him** nous lui exposerons les faits; **they laid their plan before him** ils lui ont soumis leur projet; *V* **claim** *etc*.

(i) (*suppress*) *ghost* exorciser, conjurer; *doubt, fear* dissiper. **to ~ the dust** empêcher la poussière de voler, faire tomber la poussière.

(j) (⁂) *woman* baiser⁂.

4 *vi* **(a)** [*bird, fish, insect*] pondre.

(b) **he laid about him with a stick** il a distribué des coups de bâton tout autour de lui.

♦**lay alongside** (*Naut*) *vi, vt sep* accoster.

♦**lay aside** *vt sep* **(a)** (*save*) *money, supplies* mettre de côté.

(b) (*put away temporarily*) *object* mettre de côté. **he laid aside his book to greet me** il a mis son livre de côté pour me recevoir.

(c) (*abandon*) *prejudice, scruples* abandonner, oublier; *principles* se départir de. **we must lay aside our own feelings** nous devons faire abstraction de nos propres sentiments.

♦**lay away 1** *vt sep* (*US*) = **lay aside. 2 layaway** *adj V* **lay¹ 2.**

♦**lay back** *vt sep* remettre (*on* sur). **2 layback** *n V* **lay¹ 2.**

♦**lay by 1** *vt sep* = **lay aside. 2 lay-by** *n V* **lay¹ 2.**

♦**lay down 1** *vi* (*Cards*) étaler son jeu *or* ses cartes, montrer son jeu.

2 *vt sep* **(a)** (*deposit*) *object, parcel, burden* poser, déposer. **to lay down one's cards** étaler son jeu *or* ses cartes, montrer son jeu (*also fig*).

(b) *wine* mettre en cave.

(c) (*give up*) **to lay down one's arms** déposer ses *or* les armes; **to lay down one's life for sb** sacrifier sa vie pour qn; **to lay down (one's) office** se démettre de ses fonctions.

(d) (*establish, decide*) *rule* établir, poser; *condition, price* imposer, fixer. **he laid it down that ...** il décréta *or* stipula que ...; **it is laid down in the rules that ...** il est stipulé dans le règlement que ...; **to lay down a policy** dicter une politique; (*fig*) **to lay down the law to sb about sth** (essayer de) faire la loi à qn sur qch; **in our house it's my mother who lays down the law** c'est ma mère qui fait la loi à la maison.

♦**lay in** *vt sep goods, reserves* faire provision de, emmagasiner. **to lay in provisions** faire des provisions; **I must lay in some fruit** il faut que je m'approvisionne (*subj*) en fruits *or* que je fasse provision de fruits.

♦**lay into*** *vt fus* (*attack physically*) foncer sur, tomber sur; (*attack verbally*) prendre à partie; (*scold*) passer un savon à*.

♦**lay off 1** *vt sep* (*Ind*) *workers* licencier, débaucher.

2 *vt fus* (*fig*) **lay off (it)!** (*stop*) tu veux t'arrêter?*; (*don't touch*) touche pas!*, pas touche!⁂, bas les pattes!⁂; **lay off him!** fiche-lui la paix!*; **I told him to lay off (it)** je lui ai dit d'arrêter.

3 lay-off *n V* **lay¹ 2.**

♦**lay on** *vt sep* **(a)** *tax* mettre. **they lay on an extra charge for tea** ils ajoutent à la note le prix du thé.

(b) (*Brit*) (*install*) *water, gas* installer, mettre; (*provide*) *facilities, entertainment* fournir. **a house with water/gas/electricity** une maison où l'eau courante/le gaz/l'électricité; **I'll have a car laid on for you** je tiendrai une voiture à votre disposition; **everything will be laid on** il y aura tout ce qu'il faut; **it was all laid on (for us)** so that **we didn't have to buy anything** tout (nous) était fourni si bien qu'on n'a rien eu à acheter.

(c) *varnish, paint* étaler. (*fig*) **he laid it on thick** *or* **with a shovel** *or* **with a trowel** (*flattered*) il a passé de la pommade*, il a manié l'encensoir*; (*exaggerated*) il y est allé un peu fort*, il n'y a pas été avec le dos de la cuiller*.

♦**lay out 1** *vt sep* **(a)** (*plan, design*) *garden* dessiner; *house*

concevoir (le plan de); *essay* faire le plan de. **well-laid-out flat** appartement bien conçu; (*Typ*) **to lay out page 4** faire la mise en page de la (page) 4, monter la (page) 4.

(b) (*get ready, display*) *clothes* sortir, préparer; *goods for sale* disposer, étaler. **the meal that was laid out for them** le repas qui leur avait été préparé; **to lay out a body** faire la toilette d'un mort.

(c) (*fig*) (*recount systematically*) *reasons, events* etc exposer systématiquement.

(d) (*spend*) *money* débourser, dépenser (*on* pour).

(e) (*knock out*) mettre knock-out *or* K.-O.*

(f) (*do one's utmost*) **to lay o.s. out to do** faire tout son possible pour faire, se mettre en peine *or* en quatre pour faire.

2 layout *n V* **lay¹ 2.**

♦**lay over** (*US*) **1** *vi* s'arrêter, faire une halte.

2 layover *n V* **lay¹ 2.**

♦**lay to** (*Naut*) **1** *vi* être en panne.

2 *vt sep* mettre en panne.

♦**lay up** *vt sep* **(a)** *store, provisions* amasser, entasser, emmagasiner. **to lay up trouble for o.s.** se préparer des ennuis.

(b) *car* remiser; *ship* désarmer. **he is laid up with flu** il est au lit avec la grippe, la grippe l'a forcé à s'aliter; **you'll lay yourself up if you carry on like this** tu vas te retrouver au lit si tu continues comme ça.

lay² [leɪ] *pret of* **lie¹.**

lay³ [leɪ] *n* (*Mus, Poetry*) lai *m*.

lay⁴ [leɪ] **1** *adj missionary, school, education* laïque. **~ brother** frère convers; **~ reader** prédicateur *m* laïque; **~ sister** sœur converse; (*fig*) **to the ~ mind** aux yeux du profane, pour le profane; **~ opinion on this** l'opinion des profanes sur la question.

2 *cpd*: **layman** (*Rel*) laïc *m*; (*fig*) profane *m*; (*fig*) **to the layman it would appear that ...** aux yeux du profane il semblerait que ... ; **lay person** profane *mf*, non initié(e) *m(f)*.

lay⁵ [leɪ] *adj* (*Art*) **~ figure** mannequin *m*.

layer ['leɪər] **1** *n* **(a)** [*atmosphere, paint, dust, sand*] couche *f*; (*Geol*) couche, strate *f*.

(b) (*hen*) **a good ~** une bonne pondeuse.

(c) (*Horticulture*) marcotte *f*.

2 *vt* **(a)** (*Horticulture*) marcotter.

(b) *hair* couper en dégradé.

3 *cpd*: **layer cake** gâteau fourré.

layette [leɪ'et] *n* layette *f*.

laying ['leɪɪŋ] **1** *n* [*carpet*] pose *f*. (*ceremony*) **the ~ of wreaths** le dépôt de gerbes; (*Rel*) **the ~ on of hands** l'imposition *f* des mains.

2 *adj*: **~ hen** poule pondeuse.

Lazarus ['læzərəs] *n* Lazare *m*.

laze [leɪz] *vi* (*also* **~ about, ~ around**) (*relax*) se reposer; (*be idle*) paresser, ne rien faire, traînasser (*pej*). **we ~d (about** *or* **around) in the sun for a week** nous avons passé une semaine au soleil à ne rien faire, nous avons eu une semaine de farniente au soleil; **stop lazing about** *or* **around and do some work!** cesse de perdre ton temps (à ne rien faire) et mets-toi au travail!

♦**laze away** *vt sep*: **to laze the time away** passer son temps à ne rien faire.

lazily ['leɪzɪlɪ] *adv* (*V* **lazy**) paresseusement, nonchalamment, avec indolence.

laziness ['leɪzɪnɪs] *n* paresse *f*, indolence *f*, fainéantise *f*.

lazy ['leɪzɪ] **1** *adj person* paresseux, indolent, fainéant; *attitude, gesture, smile* nonchalant, paresseux; *hour, afternoon* de paresse; (*fig*) *river etc* paresseux, lent. **we had a ~ holiday** nous avons passé des vacances à ne rien faire. **2** *cpd*: **lazybones** feignant(e)* *m(f)*; (*Med*) **lazy eye** amblyopie *f*; **lazy Susan** (*dish*) plateau tournant.

lb *abbr of* **libra** = **pound**; *V* **pound.**

l.b.w. [,elbi:'dʌbəlju] (*Brit Cricket: abbr of* **leg before wicket**) *faute du joueur qui met la jambe devant le guichet*.

L.C. [,el'si:] *n* (*US: abbr of* **Library of Congress**) bibliothèque *f* du Congrès.

l.c. (*Typ*) *abbr of* **lower case**; *V* **lower.**

L.C.C. [,elsi:'si:] *n* (*Brit: abbr of* **London County Council**) *autorités régionales de Londres avant le G.L.C.*

Ld (*Brit*) *abbr of* **Lord.**

LDS [,eldi:'es] *n* (*abbr of* **Licentiate in Dental Surgery**) diplôme *m* de chirurgien dentiste.

LEA [,eli:'eɪ] *n* (*Brit Educ*) *abbr of* **local education authority**; *V* **local.**

lea [li:] *n* (*liter*) pré *m*.

leach [li:tʃ] **1** *vt liquid* filtrer; *particles* lessiver. **2** *vi* [*ashes, soil*] être éliminé par filtration *or* filtrage; [*liquid*] filtrer.

lead¹ [li:d] (*vb*: *pret, ptp* **led**) **1** *n* **(a)** (*esp Sport*) (*front position*) tête *f*; (*distance* or *time ahead*) avance *f*. **to be in the ~** (*in match*) mener; (*in race, league*) être en tête; **to go into** *or* **take the ~** (*in race*) prendre la tête; (*in match*) mener; **to have a 3-point ~** avoir 3 points d'avance; **to have a 2-minute/10-metre ~ over sb** avoir 2 minutes/10 mètres d'avance sur qn; *V* **widen.**

(b) *initiative f*, *exemple m*. **to take the ~ in doing sth** être le premier à faire qch; **thanks to his ~ the rest were able to ...** grâce à son initiative les autres ont pu ...; **to follow sb's ~** suivre l'exemple de qn; **to give the ~** donner le ton, montrer l'exemple; **to give sb a ~** montrer le chemin à qn (*fig*); *V also* **1c.**

(c) (*clue*) piste *f*. **the police have a ~** la police tient une piste; **the footprint gave them a ~** l'empreinte de pas les a mis sur la voie *or* sur la piste.

(d) (*Cards*) **whose ~ is it?** à qui est-ce de jouer?

(e) (*Theat*) rôle principal. **to play the ~** tenir *or* jouer *or* avoir le rôle principal; **to sing the ~** chanter le rôle principal; **male/female ~** premier rôle masculin/féminin; **juvenile ~** jeune premier *m*.

(f) (*leash*) laisse *f*. **dogs must be kept on a ~** les chiens doivent être tenus en laisse.

(g) (*Elec*) fil *m*.

(h) (*Press: also* ~ **story**) article *m* de tête. **what is the ~?** quel est l'article de tête?; **the financial crisis is the ~ (story) in this morning's papers** la crise financière est le gros titre des *or* est à la une des journaux de ce matin.

2 *cpd*: **lead-in** introduction *f*, entrée *f* en matière; (*Press*) **lead story** *V* **1h**; [*project, process*] **lead time** délai *m* d'exécution *or* de réalisation.

3 *vt* **(a)** (*conduct, show the way*) conduire, mener (*to* à). **to ~ sb in/out/across** *etc* faire entrer/sortir/traverser *etc* qn; **they led him into the king's presence** on le conduisit devant le roi; **to ~ sb into a room** faire entrer qn dans une pièce; **the guide led them through the courtyard** le guide leur a fait traverser la cour *or* les a fait passer par la cour; **the first street on the left will ~ you to the church** la première rue à gauche vous mènera à l'église; **what led you to Venice?** qu'est-ce qui vous a amené à Venise?; **each clue led him to another** chaque indice le menait à un autre; (*fig*) **he is easily led** il est très influençable; (*Jur*) **to ~ a witness** poser des questions tendancieuses à un témoin; (*lit, fig*) **to ~ the way** montrer le chemin; **he led the way to the garage** il nous (*or les etc*) a menés jusqu'au garage; **will you ~ the way?** vous passez devant et on vous suit; (*fig*) **to ~ sb astray** détourner qn du droit chemin, dévoyer qn (*liter*); (*fig*) **to ~ sb by the nose** mener qn par le bout du nez; **to ~ an army into battle** mener une armée au combat; **to ~ a team on to the field** conduire une équipe sur le terrain; **he led the party to victory** il a mené le parti à la victoire; **he will ~ us in prayer** il va diriger nos prières; *V* **garden**.

(b) (*be leader of*) procession (*be in charge of*) être à la tête de; (*be at head of*) être en tête de; *government, movement, party, team* être à la tête de, diriger; *expedition* être à la tête de, mener; *regiment* être à la tête de, commander; (*Ftbl etc*) *league* être en tête de; *orchestra* (*Brit*) être le premier violon de; (*US*) diriger. (*Comm*) **we are looking for someone to ~ our new department** nous recherchons quelqu'un pour assurer la direction de notre nouveau service.

(c) (*be ahead of: Sport, fig*) être en tête de. **they were ~ing us by 10 metres** ils avaient un avantage *or* une avance de 10 mètres sur nous; (*Sport, fig*) **to ~ the field** venir *or* être en tête; **this country ~s the world in textiles** ce pays est au *or* tient le premier rang mondial pour les textiles.

(d) (*Cards*) jouer; (*Bridge etc: at first trick*) attaquer de, entamer. **what is led?** qu'est-ce qui est joué? *or* demandé?

(e) *life, existence* mener. (*fig*) **to ~ sb a dance** faire la vie à qn*; *V* **dog** *etc*.

(f) (*induce, bring*) porter, amener. **I am led to the conclusion that ...** je suis amené à conclure que ...; **he led me to believe that he would help me** il m'a amené à croire qu'il m'aiderait; **what led you to think that?** qu'est-ce qui vous a porté à penser ça?; **his financial problems led him to steal** ses problèmes financiers l'ont poussé au vol.

4 *vi* **(a)** (*be ahead: esp Sport*) (*in match*) mener; (*in race*) être en tête. **which horse is ~ing?** quel est le cheval de tête?; **to ~ by half a length/3 points** avoir une demi-longueur/3 points d'avance; **to ~ (by) 4 goals to 3** mener (par) 4 buts à 3.

(b) (*go ahead*) aller devant. **you ~, I'll follow** passez *or* allez devant, je vous suis.

(c) (*Jur*) **to ~ for the defence** être l'avocat principal de la défense.

(d) (*Cards*) **who is it to ~?** c'est à qui de jouer?; (*Bridge*) **South to ~** sud joue.

(e) [*street, corridor*] mener, conduire; [*door*] mener (*to* à), donner, s'ouvrir (*to* sur). **the streets that ~ into/off the square** les rues qui débouchent sur/partent de la place; **the rooms which ~ off the corridor** les pièces qui donnent sur le couloir.

(f) (*fig*) conduire, aboutir (*to* à). **it led to war** cela a conduit à la guerre; **it led to his arrest** cela aboutit à son arrestation; **that will ~ to his undoing** cela causera *or* sera sa perte; **it led to nothing** cela n'a mené à rien; **this led to their asking to see the president** ceci les a amenés à demander à voir le président; **it could ~ to some confusion** cela pourrait créer *or* occasionner une certaine confusion; **it led to a change in his attitude** cela a amené *or* causé un changement dans son attitude; **one story led to another** une histoire en a amené une autre; **one thing led to another and we ...** une chose en amenant une autre, nous ... .

♦**lead away** *vt sep* emmener. **he was led away by the soldiers** il a été emmené par les soldats; **they led him away to the cells** ils l'ont conduit en cellule.

♦**lead back** *vt sep* ramener, reconduire. **they led us back to the house** ils nous ont ramenés *or* reconduits à la maison; **this road leads (you) back to the town hall** cette route vous ramène à l'hôtel de ville.

♦**lead off 1** *vi* (*begin*) commencer, débuter.

2 *vt sep* = **lead away**.

♦**lead on 1** *vi* marcher devant. **lead on!**, (*hum*) **lead on, Macduff!*** allez-y, je vous suis!

2 *vt sep* **(a)** (*tease*) taquiner, faire marcher*; (*fool*) duper, avoir*.

(b) (*raise hopes of*) donner de faux espoirs à.

(c) (*induce*) amener. **they led him on to talk about his experiences** ils l'ont amené à parler de ses expériences; **this led him on to say that ...** ceci l'amena à dire que ... .

♦**lead up** *vi* **(a)** conduire. **this road leads up to the castle** cette route conduit *or* mène au château; **this staircase leads up to the roof** cet escalier conduit au *or* donne accès au toit; (*fig*) **his speech led up to a discussion of war** son discours nous (*or les etc*) a amenés *or* entraînés à parler de la guerre; **he led up carefully to his proposal** il a soigneusement amené sa proposition; **what are you leading up to?** où voulez-vous en venir?; **what's all this leading up to?** où est-ce qu'on veut en venir avec tout ça?

(b) (*precede*) précéder. **the years that led up to the war** les années qui ont précédé la guerre; **the events that led up to the revolution** les événements qui ont conduit à la révolution.

lead² [led] **1** *n* **(a)** (*U: metal*) plomb *m*. **they filled him full of ~‡** ils l'ont truffé de pruneaux‡, ils l'ont transformé en écumoire*; *V* **red** *etc*.

(b) (*U: graphite: also* **black** ~) mine *f* de plomb.

(c) [*pencil*] mine *f*; [*fishing line*] plomb *m*; (*for sounding*) plomb (de sonde); (*Aut*) (*for wheel balancing*) masselotte *f*; *V* **swing**.

(d) (*Typ*) interligne *f*, blanc *m*.

(e) (*Brit*) [*roof*] ~s couverture *f* de plomb; (window) ~s plombures *fpl*.

2 *cpd object, weight etc* de *or* en plomb. **lead acetate** acétate *m* de plomb; **it went down like a lead balloon** c'est tombé à plat, ça a foiré‡; **lead-free** sans addition de plomb; **lead-free paint** peinture *f* (garantie) sans plomb; **lead oxyde** oxyde *m* de plomb; **lead paint** peinture *f* à base de carbonate de plomb; **lead pencil** crayon *m* à mine de plomb *or* à papier; **lead pipe** tuyau *m* de plomb; **lead piping** tuyauterie *f* de plomb; **lead poisoning** saturnisme *m*, coliques *fpl* de plomb; **lead shot** grenaille *f* de plomb; **lead works** fonderie *f* de plomb.

leaded [ˈledɪd] *adj* **(a)** ~ **window** fenêtre *f* à tout petits carreaux; ~ **lights** petits carreaux. **(b)** (*Typ*) interligné.

leaden [ˈledn] **1** *adj* (*made of lead*) de *or* en plomb; (*in colour*) *sky* de plomb, plombé; (*fig: heavy*) lourd, pesant; *silence* de mort; *atmosphere* chargé. **2** *cpd*: **leaden-eyed** aux yeux ternes; **to feel leaden-limbed** se sentir les membres en plomb.

leader [ˈliːdəʳ] *n* **(a)** [*expedition, gang, tribe*] chef *m*; [*club*] dirigeant(e) *m(f)*; (*guide*) guide *m*; (*Climbing*) premier *m* (de cordée); [*riot, strike*] meneur *m*,-euse *f*; (*Mil*) commandant *m*; (*Pol*) dirigeant(e), leader *m*, chef (de file). (*Brit Parl*) **L~ of the House** chef de la majorité ministérielle à la Chambre; (*Pol*) **the ~ of the Socialist Party** le leader *or* le chef (du parti) socialiste, le dirigeant socialiste; **the national ~s** les dirigeants *or* leaders nationaux; **political ~s** chefs politiques; **one of the ~s of the trade union movement** un des dirigeants *or* chefs de file *or* leaders du mouvement syndical; **he's a born ~** il est né pour commander; **the ~ of the orchestra** (*Brit*) le premier violon; (*US*) le chef d'orchestre; **she was a ~ of fashion** elle était de celles qui créent *or* font la mode; **one of the ~s in the scientific field** une des sommités du monde scientifique; (*Jur*) **the ~ for the defence** l'avocat principal de la défense; *V* **follow, youth** *etc*.

(b) (*Sport*) (*in race*) coureur *m* de tête; (*Horse-racing*) cheval *m* de tête; (*in league*) leader *m*. **he managed to stay up with the ~s** il a réussi à rester dans les premiers *or* dans le peloton de tête.

(c) (*Press*) (*Brit*) éditorial *m*; (*US*) article *m* de tête. (*Brit*) ~ **writer** éditorialiste *mf*.

(d) [*film, tape etc*] amorce *f*; (*Fishing*) bas *m* de ligne.

(e) (*Comm: also* **loss leader**) article *m* pilote (*vendu à perte pour attirer les clients*).

leadership [ˈliːdəʃɪp] *n* **(a)** (*U*) (*position*) direction *f*, tête *f*; (*action*) direction; (*quality*) qualités *fpl* de chef. **during** *or* **under his ~** sous sa direction; **to take over the ~ of the country** prendre la succession à la tête du pays; **they were rivals for the party ~** ils étaient candidats rivaux à la direction du parti; **to resign the party ~** démissionner de la tête du parti; **he has ~ potential** *or* **qualities of ~** il a des qualités de chef *or* l'étoffe d'un chef.

(b) (*collective n: leaders*) dirigeants *mpl*. **the union ~ has** *or* **have agreed to arbitration** les dirigeants du syndicat ont accepté l'arbitrage.

leading [ˈliːdɪŋ] *adj* **(a)** (*chief*) *person* de (tout) premier plan, principal; *position* dominant, de premier plan; *part* prépondérant, majeur (*f* -eure), de premier plan; (*Theat*) *role* premier, principal; *topic, theme* principal; *idea* majeur, dominant, principal. **he is one of the ~ writers in the country** c'est un des écrivains les plus importants *or* les plus en vue du pays; **he was one of the ~ figures of the twenties** c'était un personnage marquant *or* une figure marquante des années vingt; **he played a ~ part in getting the gang arrested** il a joué un rôle majeur dans l'arrestation du gang; **one of the ~ industries** une des industries de pointe; (*Press*) ~ **article** (*Brit*) éditorial *m*; (*US*) article *m* de tête; (*Jur*) ~ **case** précédent *m*; (*Cine*) **the ~ lady/man in the film** la vedette féminine/masculine du film; (*Cine*) **his ~ lady in that film was X** il avait X pour co-vedette dans ce film; (*Theat*) **the ~ lady/man was X** c'est X qui tenait le rôle principal féminin/masculin; **he is one of the ~ lights in the town*** c'est un des gros bonnets* or une des huiles* de la ville; **she was one of the ~ lights in the local drama society*** c'était une des étoiles du groupe d'art dramatique local; (*Mus*) ~ **note** note *f* sensible; (*Brit Aviat*) ~ **aircraftman/woman** ≃ soldat *m* (de l'armée de l'air); (*Brit Navy*) ~ **rating** quartier-maître *m* de 1ère classe.

(b) (*in forward position*) (*gen*) de tête; (*winning: in race*) en tête. (*Aviat*) **the ~ edge** le bord d'attaque.

(c) ~ **question** (*Jur*) question tendancieuse; (*gen*) question insidieuse; [*horse*] ~ **rein** longe *f*.

leaf [liːf] *pl* **leaves 1** *n* **(a)** [*tree,plant*] feuille *f*. **the leaves** les feuilles, le feuillage; **in ~** en feuilles; **to come into ~** se couvrir de feuilles; (*fig*) **to shake like a ~** trembler comme une feuille; *V* **fig**.

(b) [*book*] feuillet *m*, page *f*. (*fig*) **you should take a ~ out of his book** vous devriez prendre exemple sur lui; (*fig*) **to turn over a new ~** changer de conduite; *V* **fly³**.

(c) [*table*] (*on hinges*) rabat *m*, abattant *m*; (*in groove, removable*) rallonge *f*.

(d) [*metal*] feuille *f*; *V* **gold**.

2 *cpd*: **leaf bud** bourgeon *m* (à feuilles); (*U*) (*US*) **leaf mold**, (*Brit*) **leaf mould** terreau *m* (de feuilles); **leaf tobacco** tabac *m* en feuilles.

◆**leaf through** *vt fus book* feuilleter, parcourir.
leafless ['liːflɪs] *adj* sans feuilles, dénudé.
leaflet ['liːflɪt] **1** *n* (a) (*publication*) prospectus *m*; (*Pol, Rel*) tract *m*; (*for publicity*) brochure *f*, dépliant *m*, prospectus; (*Comm etc: instruction sheet*) notice explicative, mode *m* d'emploi. (b) (*Bot*) foliole *f*. **2** *vi* distribuer des prospectus (*or* des tracts *etc*).
leafy ['liːfɪ] *adj glade* entouré d'arbres feuillus; *tree* feuillu.
league[1] [liːg] **1** *n* (a) (*association*) ligue *f*. **to form a ~ against** se liguer contre; **to be in ~ with** être en coalition avec; **L~ of Nations** Société *f* des Nations.
(b) (*Ftbl*) championnat *m*; (*Baseball*) division *f*; (*fig*) classe *f*, catégorie *f*. (*Baseball*) **major/minor ~** première/deuxième division; (*fig*) **they're not in the same ~** ils ne sont pas de la même classe; (*fig*) **in the big ~** dans le peloton de tête, parmi les premiers; (*fig*) **it's out of his ~** il n'est pas à la hauteur; *V* **rugby** *etc*.
2 *cpd*: (*Brit Ftbl*) **they were the league champions last year** ils ont été champions l'année dernière; **league championship** championnat *m*; (*Brit Ftbl*) **league division** one première division du championnat; **they are the league leaders now** pour le moment ils sont en tête du championnat; (*Ftbl*) **league table** classement *m* du championnat.
league[2] [liːg] *n* lieue *f*. **seven-~ boots** bottes *fpl* de sept lieues.
leak [liːk] **1** *n* (*in bucket, pipe, roof, balloon*) fuite *f*; (*in boat*) voie *f* d'eau; (*fig: of information etc*) fuite. **to spring a ~** [*boat*] commencer à faire eau; [*bucket, pipe*] se mettre à fuir; **the ship sprang a ~** in the bow une voie d'eau s'est déclarée à l'avant du navire; **a gas ~** une fuite de gaz; (*fig*) **a Cabinet ~** une fuite ministérielle; **budget/security ~** fuite concernant le budget/la sécurité; (*fig*) **to take a ~‡** pisser‡.
2 *cpd*: (*fig*) **leakproof** à l'abri des fuites.
3 *vi* (a) [*bucket, pen, pipe, bottle*] fuir; [*ship*] faire eau; [*shoes*] prendre l'eau. **the roof ~s** le toit fuit, il y a des fuites dans le toit.
(b) [*gas, liquid*] fuir, s'échapper. **the acid ~ed (through) on to the carpet** l'acide a filtré jusque dans le tapis.
4 *vt liquid* répandre, faire couler; (*fig*) *information* communiquer clandestinement à la presse, divulguer. **it's ~ing acid all over the place** l'acide est en train de se répandre partout.
◆**leak in** *vi* [*spilt liquid*] filtrer; [*water*] suinter, s'infiltrer. **the water is leaking in through the roof** l'eau entre *or* s'infiltre par le toit.
◆**leak out** *vi* [*gas, liquid*] fuir, s'échapper; [*secret, news*] filtrer, transpirer, être divulgué. **it finally leaked out that** on a fini par savoir *or* apprendre que, il a fini par transpirer que.
leakage ['liːkɪdʒ] *n* (*leak*) [*gas, liquid, information*] fuite *f*; (*amount lost*) perte *f*. **some of the acid was lost through ~** un peu d'acide a été perdu par (suite d'une) fuite.
leaky ['liːkɪ] *adj bucket, kettle* percé, qui fuit; *roof* qui a une fuite; *shoe* qui prend l'eau; *boat* qui fait eau.
lean[1] [liːn] *pret, ptp* **leaned** *or* **leant 1** *vi* (a) (*slope, construction etc*) pencher. (*fig*) **I ~ towards the belief that ...** je tends à *or* j'incline à croire que ...; **to ~ towards sb's opinion** tendre à partager l'opinion de qn; (*Pol*) **to ~ towards the left** pencher vers la gauche, avoir des sympathies pour la gauche *or* à gauche.
(b) (*support o.s., rest*) [*person*] s'appuyer (*against, up against* contre, à, *on* sur), prendre appui (*against, up against* contre, *on* sur); (*with one's back*) s'adosser (*against, up against* à), s'appuyer (*against, up against* contre, à); (*with elbows*) s'accouder (*on* à). **to be ~ing** être appuyé *or* adossé *or* accoudé; [*ladder, cycle etc*] **to be ~ing (up) against the wall** être appuyé contre le mur, être adossé au mur; **to ~ on one's elbows** s'appuyer *or* prendre appui sur les coudes; (*fig*) **to ~ on sb for help** *or* **support** s'appuyer sur qn (*fig*), (*fig*) **to ~ (heavily) on sb for advice** compter (beaucoup) sur qn pour ses conseils.
(c) (*: put pressure on*) faire pression (*on* sur), forcer la main (*on* à). **they ~ed on him for payment** on lui a forcé *or* ils lui ont forcé la main pour qu'il paie (*subj*); **the editor was ~ing on him for the article** l'éditeur faisait pression sur lui pour qu'il écrive l'article.
2 *vt ladder, cycle etc* appuyer (*against, up against* contre), adosser (*against, up against* à). **to ~ one's head on sb's shoulder** reposer sa tête sur l'épaule de qn.
3 *n* inclinaison *f*.
4 *cpd*: **lean-to** appentis *m*; **lean-to garage/shed** *etc* garage *m*/ cabane *f etc* en appentis.
◆**lean back 1** *vi* se pencher en arrière. **to lean back in an armchair** se laisser aller en arrière dans un fauteuil; **to lean back against sth** s'adosser contre *or* à qch.
2 *vt sep chair* pencher en arrière. **to lean one's head back** pencher la tête en arrière, renverser la tête (en arrière).
◆**lean forward 1** *vi* se pencher en avant.
2 *vt sep* pencher en avant.
◆**lean out 1** *vi* se pencher au dehors. **to lean out of the window** se pencher par la fenêtre; **'do not lean out'** 'ne pas se pencher au dehors'.
2 *vt sep* pencher au dehors. **he leant his head out of the window** il a passé *or* penché la tête par la fenêtre.
◆**lean over** *vi* [*person*] (*forward*) se pencher *or* se courber en avant; (*sideways*) se pencher sur le côté; [*object, tree*] pencher, être penché. **to lean over backwards** se pencher en arrière; (*fig*) **to lean over backwards to help sb*** se mettre en quatre *or* se décarcasser* *or* faire des pieds et des mains* pour aider qn.
◆**lean up** *vi, vt sep V* **lean**[1] **1b, 2.**
lean[2] [liːn] **1** *adj* (a) *person, animal, meat* maigre.
(b) (*unproductive*) *harvest* maigre, pauvre. **this is a ~ year for corn** c'est une mauvaise année pour le blé; **those were ~ years** c'étaient des années de vaches maigres; **~ diet** régime *m* maigre;

we had a ~ time on a mangé de la vache enragée.
2 *n* [*meat*] maigre *m*.
leaning ['liːnɪŋ] **1** *n* tendance *f* (*towards* à), penchant *m* (*towards* pour). **he has artistic ~s** il a un penchant pour les arts, il a des tendances artistiques; **what are his political ~s?** quelles sont ses tendances politiques?
2 *adj wall, building* penché. **the L~ Tower of Pisa** la tour penchée de Pise.
leanness ['liːnnɪs] *n* maigreur *f*.
leant [lent] *pret, ptp of* **lean**[1].
leap [liːp] (*vb: pret, ptp* **leaped** *or* **leapt**) **1** *n* (a) (*lit*) saut *m*, bond *m*; (*fig*) bond, pas *m*. **to take a ~** bondir, sauter; **at one ~** d'un bond; (*fig*) **by ~s and bounds** à pas de géant; (*fig*) **a ~ in the dark** un saut dans l'inconnu; (*fig*) **a great ~ forward** un bond en avant; (*fig*) **a giant ~ for mankind** un pas de géant pour l'humanité; (*fig*) **there has been a ~ in profits this year** les profits ont fait un bond cette année.
(b) (*in place-names*) saut *m*; (*also* **salmon ~**) saut à saumons.
2 *cpd*: **leapfrog** *V* **leapfrog**.
3 *vi* [*person, animal, fish*] sauter, bondir; [*flames*] jaillir. **to ~ in/out** *etc* sortir/entrer *etc* d'un bond; **he leapt into/out of the car** il sauta dans/de la voiture; **to ~ over a ditch** franchir un fossé d'un bond, sauter (par-dessus) un fossé; **to ~ to one's feet** se lever d'un bond; (*Mil etc*) **to ~ to attention** se mettre vivement au garde-à-vous; **he leapt into the air** il fit un bond (en l'air); **the flames leapt into the air** les flammes ont jailli *or* se sont élevées dans l'air; **he leapt for joy** il sauta *or* bondit de joie; (*fig*) **the word leapt from the page** le mot lui a sauté aux yeux; (*fig*) **her heart leapt** son cœur a bondi dans sa poitrine; (*fig*) **to ~ to the conclusion that ...** conclure immédiatement que ...; **you mustn't ~ to conclusions** il ne faut pas conclure trop hâtivement; **to ~ at the chance** sauter sur *or* saisir l'occasion, saisir la balle au bond; **to ~ at an offer** sauter sur *or* saisir une offre, saisir la balle au bond; *V* **look**.
4 *vt* (a) *stream, hedge etc* sauter (par-dessus), franchir d'un bond.
(b) *horse* faire sauter.
◆**leap about** *vi* gambader. **to leap about with excitement** sauter de joie.
◆**leap up** *vi* (*off ground*) sauter en l'air; (*to one's feet*) se lever d'un bond; [*flame*] jaillir; [*prices etc*] faire un bond. **the dog leapt up at him affectionately** le chien a sauté affectueusement après lui; **the dog leapt up at him and bit him** le chien lui a sauté dessus et l'a mordu; **he leapt up indignantly** il a bondi d'indignation.
leapfrog ['liːpfrɒg] **1** *n* saute-mouton *m*. **2** *vi*: **to ~ over** (*lit*) *person* sauter à saute-mouton par-dessus; *stool, object* franchir à saute-mouton; (*fig*) dépasser. **3** *vt* (*fig*) dépasser.
leapt [lept] *pret, ptp of* **leap.**
learn [lɜːn] *pret, ptp* **learned** *or* **learnt 1** *vt* (a) (*by study*) *language, lesson, musical instrument* apprendre. **to ~ (how) to do sth** apprendre à faire qch; **to ~ sth by heart** apprendre qch par cœur; (*fig*) **he's ~t his lesson** cela lui a servi de leçon.
(b) (*find out*) *facts, news, results etc* apprendre. **I was sorry to ~ (that) you had been ill** j'ai appris avec regret que vous aviez été malade; **we haven't yet ~ed whether he recovered** nous ne savons toujours pas s'il est guéri.
(c) (‡: *teach*) **I'll ~ you!** je vais t'apprendre, moi!*; **that'll ~ you!** ça t'apprendra!*
2 *vi* apprendre. **we are ~ing about the Revolution at school** en classe on étudie *or* fait* la Révolution; **it's never too late to ~** il n'est jamais trop tard pour apprendre, on apprend à tout âge; **to ~ from experience** apprendre par l'expérience; **to ~ from one's mistakes** tirer la leçon de ses erreurs; (*fig iro*) **he'll ~!** un jour il comprendra!; (*fig*) **I've ~t better** *or* **a lot since then** je sais à quoi m'en tenir maintenant, maintenant j'ai compris; *V* **live**[1].
(b) (*hear*) apprendre. **I was sorry to ~ of** *or* **about your illness** j'ai appris avec regret votre maladie.
◆**learn off** *vt sep* apprendre par cœur.
◆**learn up** *vt sep maths etc* travailler, bûcher*, bosser*. **she learnt up all she could about the district** elle a appris tout ce qu'elle a pu sur la région.
learned ['lɜːnɪd] *adj person* (*in humanities*) érudit, savant; (*in sciences*) savant; *journal, society, remark, speech* savant; *profession* intellectuel. (*Brit Jur*) **my ~ friend** mon éminent confrère.
learnedly ['lɜːnɪdlɪ] *adv* avec érudition, savamment.
learner ['lɜːnə'] *n* débutant(e) *m(f)*. (*Brit Aut*) **~ (driver)** (conducteur *m*, -trice *f*) débutant(e); **you are a quick ~** vous apprenez vite.
learning ['lɜːnɪŋ] **1** *n* (*U*) (a) (*fund of knowledge*) érudition *f*, savoir *m*, science *f*. **man of (great) ~** (*in humanities*) érudit *m*; (*in sciences*) savant *m*; *V* **little**[2], **seat.**
(b) (*act*) apprentissage *m*, étude *f* (*of* de). **history etc ~** apprentissage *or* étude de l'histoire *etc*; **~ develops the memory** apprendre développe la mémoire.
2 *cpd*: **learning disabilities** *or* **difficulties** troubles *mpl or* difficultés *fpl* scolaires, difficultés d'apprentissage; (*Educ*) **learning resources centre** centre *m* de documentation et d'information.
learnt [lɜːnt] **1** *pret, ptp of* **learn. 2** *adj* (*Psych*) **~ behaviour** traits acquis.
lease [liːs] **1** *n* (a) (*Jur: contract, duration*) bail *m*. **long ~** bail à long terme; **99-year ~** bail de 99 ans; **to take a house on ~** prendre une maison à bail.
(b) (*fig*) **the antibiotics have given him a new ~ of life** (*Brit*) *or* **a new ~ on life** (*US*) les antibiotiques lui ont rendu sa vitalité; **the news gave him a new ~ of** *or* **on life** la nouvelle lui a donné un regain de vie, cela lui a donné une nouvelle vigueur; **to take on a new ~ of** *or* **on life** retrouver une nouvelle jeunesse.
2 *vt* (a) [*tenant etc*] *house, car* louer à bail.
(b) (*also* **~ out**) [*owner*] louer à bail.

3 *cpd*: leaseback cession-bail *f*; leasehold (*n*) (*contract*) bail *m*; (*property*) propriété louée à bail; (*adj*) *property* loué à bail; (*adv*) à bail; **leaseholder** preneur *m*, -euse *f*, locataire *mf*; **leasehold reform** révision *f* du bail; (*Econ*) lease-lend, (*US*) lend-lease prêt-bail *m*.

leash [liːʃ] *n* (*for dog*) laisse *f*; (*for hawk*) filière *f*, créance *f*. **to keep a dog on a ~** tenir un chien en laisse; (*fig*) **to keep sb on a short ~** ne laisser à qn qu'une marge de manœuvre très étroite.

leasing ['liːsɪŋ] *n* crédit-bail *m*.

least [liːst] *superl of* **little²** **1** *adj* (*smallest amount of*) le moins de; (*smallest*) le moindre, la moindre, le plus petit, la plus petite. **he has (the) ~ money** c'est lui qui a le moins d'argent; **the ~ thing upsets her** la moindre chose *or* la plus petite chose la contrarie; **principle of ~ effort** principe *m* du moindre effort; (*Math*) **the ~ common denominator** le plus petit commun dénominateur; **with the ~ possible expenditure** avec le moins de dépenses possible; **that's the ~ of our worries** c'est le cadet de nos soucis; *V* **line¹**.

2 *pron* (a) le moins. **you've given me the ~** c'est à moi que tu en as donné le moins; **it's the ~ I can do** c'est le moins que je puisse faire, c'est la moindre des choses; **it's the ~ one can expect** c'est la moindre des choses; **what's the ~ you are willing to accept?** quel prix minimum êtes-vous prêt à accepter?; *V* **say**.
(b) (*in phrases*) **at ~** (*with quantity, comparison*) au moins; (*parenthetically*) du moins, tout au moins; **it costs £5 at ~** cela coûte au moins *or* au bas mot 5 livres; **there were at ~ 8 books** il y avait au moins 8 livres; **he's at ~ as old as you** il a au moins votre âge; **he eats at ~ as much as I do** il mange au moins autant que moi; **at ~ it's not raining** du moins *or* au moins il ne pleut pas; **you could at ~ have told me!** tu aurais pu au moins me le dire!; **I can at ~ try** je peux toujours *or* du moins essayer; **he's ill, at ~ that's what he says** il est malade, du moins c'est ce qu'il dit; **at the very ~** au moins, au minimum; **not in the ~!** pas du tout!; **he was not in the ~ tired** *or* **not tired in the ~** il n'était pas le moins du monde fatigué; **it didn't surprise me in the ~** cela ne m'a pas surpris le moins du monde; **it doesn't matter in the ~** cela n'a aucune importance *or* pas la moindre importance; (*Prov*) **~ said soonest mended** moins on en dit mieux on se porte, moins on en dit et mieux ça vaut; **that's the ~ of it!** s'il n'y avait que ça!, ça, ce n'est rien!; **I was annoyed, to say the ~ (of it)** j'étais mécontent, c'était le moins qu'on puisse dire.
3 *adv* le moins. **the ~ expensive** le moins cher, la moins chère; **the ~ expensive car** la voiture la moins chère; **he did it ~ easily of all** (*least easily of all he did*) c'est ce qu'il a eu le plus de mal à faire; (*least easily of all people involved*) il l'a fait le moins facilement de tous; **she is ~ able to afford it** c'est elle qui peut le moins se l'offrir; **when you are ~ expecting it** quand vous vous y attendez le moins; **he deserves it ~ of all** c'est lui qui le mérite le moins de tous; **~ of all would I want to offend him** je ne voudrais surtout pas le froisser; **not ~ because** entre autres parce que.

leastways* ['liːstweɪz] *adv*, **leastwise*** ['liːstwaɪz] *adv* du moins, ou plutôt.

leather ['leðəʳ] **1** *n* (a) (*U*) cuir *m*; *V* **hell, patent** *etc*.
(b) (*also* **wash ~**) peau *f* de chamois; *V* **chamois**.
(c) (*US‡: wallet*) larfeuil‡ *m*, portefeuille *m*.
2 *cpd* **boots, seat** de *or* en cuir. **leather bar*** bar *m* cuir* *or* de cuirs* (*à clientèle sado-masochiste*); **leatherbound** *book* relié (en) cuir; **leather goods** (*gen*) articles *mpl* en cuir, (*fancy goods*) maroquinerie *f*; **leatherjacket** larve *f* de la tipule; (*US*) **leatherneck‡** marine *m*, fusilier marin américain.
3 *vt* (*) tanner le cuir à‡.

leatherette [ˌleðə'ret] *n* similicuir *m*.

leathering* ['leðərɪŋ] *n*: **to give sb a ~** tanner le cuir à qn‡.

leathern ['leðən] *adj* (*of leather*) de *or* en cuir; (*like leather*) tanné.

leathery ['leðərɪ] *adj* *meat, substance* coriace; *skin* parcheminé, tanné.

leave [liːv] (*vb*: *pret, ptp* **left**) **1** *n* (a) (*U*: *consent*) permission *f*. **by** *or* **with your ~** avec votre permission; **without so much as a by-your-~*** sans même demander la permission; **to ask ~ (from sb) to do sth** demander (à qn) la permission de faire qch.
(b) (*gen*: *holiday*) congé *m*; (*Mil*) permission *f*. **how much ~ do you get?** vous avez droit à combien de jours de congé (*or* de jours de permission)?; **to be on ~** être en permission *or* en congé; **6 weeks' ~** permission *or* congé de 6 semaines; **on ~ of absence** en congé exceptionnel; (*Mil*) en permission spéciale; *V* **absent, French, sick** *etc*.
(c) (*departure*) congé *m*. **to take (one's) ~ of sb** prendre congé de qn; **I must take my ~** il faut que je prenne congé; (*fig*) **have you taken ~ of your senses?** êtes-vous fou (*f* folle)?, avez-vous perdu la tête?
2 *cpd*: **leavetaking** adieux *mpl*.
3 *vt* (a) (*go away from*) *town* quitter, partir de, (*permanently*) quitter; *room, building* sortir de, quitter; *job* quitter; *person* (*gen*) quitter; (*abandon*) abandonner. **he left Paris in 1974** il a quitté Paris en 1974; **we left Paris at 6 o'clock** nous sommes partis de Paris *or* nous avons quitté Paris à 6 heures; **he left school in 1974** il a terminé ses études *or* fini sa scolarité en 1974; **he left school at 4 p.m.** il est sorti de l'école *or* il a quitté l'école à 16 heures; **he left home in 1969** il a quitté la maison *or* il est parti de la maison en 1969; **I left home at 6 o'clock** je suis sorti de chez moi *or* j'ai quitté la maison à 6 heures; **he has left this address** il n'habite plus à cette adresse; **to ~ prison** sortir de prison; **to ~ hospital** sortir de *or* quitter l'hôpital; **to ~ the room** (*go out*) sortir de la pièce, (*Scol euph: go to toilet*) sortir (*euph*); **to ~ the table** se lever de table, quitter la table; **the ship left port** le navire a quitté le port; **the train left the station** le train est sorti de *or* a quitté la gare; (*Rail*) **to ~ the track** dérailler; **the car left the road** la voiture a quitté la route; **I must ~ you** il faut que je vous quitte (*subj*); (*frm*) **you may ~ us** vous

pouvez vous retirer (*frm*); **to ~ one's wife** quitter sa femme; **they were left to die/to starve** *etc* ils ont été abandonnés à la mort/à la famine *etc*; *V* **love, lurch²**.
(b) (*forget*) laisser, oublier. **he left his umbrella on the train** il a laissé *or* oublié son parapluie dans le train.
(c) (*deposit, put*) laisser. **I'll ~ the book for you with my neighbour** je laisserai le livre pour vous chez mon voisin; **to ~ the waiter a tip** laisser un pourboire au garçon; **has the postman left anything?** est-ce que le facteur a apporté *or* laissé quelque chose?; [*parcel*] **'to be left till called for'** 'en consigne', 'on passera prendre'; **can I ~ my camera with you?** puis-je vous confier mon appareil-photo?; **he left the children with a neighbour** il a laissé *or* confié les enfants à un voisin; **he ~s a widow and one son** il laisse une veuve et un fils; **to ~ a message for sb** laisser un message à qn; **to ~ word** laisser un mot *or* un message (*with sb for sb* à qn pour qn, *that* que); **he left word with me for Paul to go and see him** il m'a chargé de dire à Paul d'aller le voir; **he left word for Paul to go and see him** il a fait dire à Paul d'aller le voir.
(d) (*allow to remain*) laisser. **to ~ the door open** laisser la porte ouverte; **to ~ 2 pages blank** laisser 2 pages en blanc; **~ it where it is** laisse-le là où il est; **he left it lying on the floor** il l'a laissé par terre; **don't ~ that letter lying around** ne laissez pas traîner cette lettre; **to ~ the phone off the hook** laisser le téléphone décroché; **some things are better left unsaid** il vaut mieux passer certaines choses sous silence; **it left a good impression on me** cela m'a fait bonne impression; **let's ~ it at that** tenons-nous-en là; **I'll ~ it to you to decide** je te laisse le soin de décider; **I('ll) ~ you to judge** je vous laisse juger; **I'll ~ the matter in your hands** je vous laisse vous occuper de l'affaire, je vous laisse le soin d'arranger cela; **shall we go via Paris?** — **I'll ~ it to you** passerons-nous par Paris? — je m'en remets à vous; **~ it to me!** laissez-moi faire!, je m'en charge!; **I'll ~ you to it*** je vous laisse (à vos occupations); **we left nothing to chance** nous n'avons rien laissé au hasard; **it ~s a lot to be desired** cela laisse beaucoup à désirer; **it left me free for the afternoon** cela m'a laissé l'après-midi de libre, cela m'a libéré pour l'après-midi; **this deal has left me in debt** cette affaire m'a laissé des dettes; **it ~s me cold*** cela me laisse froid *or* de marbre; **~ it alone n'y touchez pas, laissez ça tranquille*; ~ me alone laissez-moi tranquille; (*Prov*) **~ well alone** le mieux est l'ennemi du bien (*Prov*); **he was left a widower** il est devenu veuf; **to ~ sb on his own** *or* **to himself** laisser qn tout seul; **to ~ sb in peace** *or* **to himself** laisser qn tranquille; **left to himself** *or* **left to his own devices, he'd never have finished** (tout) seul *or* laissé à lui-même, il n'aurait jamais fini; **to ~ sb in charge of a house/shop** *etc* laisser à qn la garde d'une maison/d'une boutique *etc*; **the boss is out and he's left me in charge** le patron est sorti et m'a laissé la charge de tout; (*Typ etc*) **to ~ a space** laisser un blanc *or* un espace; **he left half his meal** il a laissé la moitié de son repas; **take it or ~ it** c'est à prendre ou à laisser; (*fig*) **I can take it or ~ it** cela ne me fait ni chaud ni froid; *V* **baby, go, shelf, stand, stone**.
(e) (*Math*) **3 from 6 ~s 3** 3 ôté de 6 égale *or* reste 3; **if you take 4 from 7, what are you left with?** si tu enlèves 4 de 7, qu'est-ce qu'il te reste?
(f) **to be left** rester; **what's left?** qu'est-ce qui reste?; **who's left?** qui est-ce qui reste?; **there'll be none left** il n'en restera pas; **how many are (there) left?** combien est-ce qu'il en reste?; **I've no money left** il ne me reste plus d'argent, je n'ai plus d'argent; **I shall have nothing left** il ne me restera plus rien; **there are 3 cakes left** il reste 3 gâteaux; **are there any left?** est-ce qu'il en reste?; **have you (got) any left?** est-ce qu'il vous en reste?; **nothing was left for me but to sell the house** il ne me restait plus qu'à vendre la maison.
(g) (*in will*) *money* laisser (*to* à); *object, property* laisser, léguer (*to* à).
4 *vi* (*go away*) [*person, train, ship etc*] partir, s'en aller; (*resign*) partir, démissionner, s'en aller. **it's time we left, it's time for us to ~** il est l'heure de partir *or* que nous partions (*subj*); **he left for Paris** il est parti pour Paris; **the ship left for Australia** le bateau est parti *or* a appareillé pour l'Australie; **the train ~s at 4 o'clock** le train part à 4 heures; **he's just left** il sort d'ici, il vient de partir.
♦**leave about, leave around** *vt sep clothes, possessions etc* laisser traîner.
♦**leave behind** *vt sep* (a) (*not take*) *person* laisser, ne pas emmener; *object* laisser, ne pas prendre, ne pas emporter. **he left the children behind in Paris** il a laissé les enfants à Paris; **you'll get left behind if you don't hurry up** on va te laisser si tu ne te dépêches pas.
(b) (*outdistance*) *opponent in race* distancer; *fellow students etc* dépasser.
(c) (*forget*) *gloves, umbrella etc* laisser, oublier.
♦**leave in** *vt sep paragraph, words etc* garder, laisser; *plug* laisser, ne pas enlever. **to ~ the cake in for 50 minutes** laisser cuire le gâteau pendant 50 minutes.
♦**leave off 1** *vi* (*: *stop*) s'arrêter. (*in work, reading*) **where did we leave off?** où en étions-nous?, où nous sommes-nous arrêtés?; **leave off! arrête!, ça suffit!***
2 *vt sep* (a) (*: *stop*) cesser, arrêter (*doing* de faire).
(b) *lid* ne pas remettre; *clothes* (*not put back on*) ne pas remettre; (*stop wearing*) cesser de porter, abandonner; (*not put on*) ne pas mettre.
(c) *gas, heating, tap* laisser fermé; *light* laisser éteint.
♦**leave on** *vt sep* (a) *one's hat, coat etc* garder, ne pas enlever; *lid* ne pas enlever, laisser.
(b) *gas, heating, tap* laisser ouvert; *light* laisser allumé.
♦**leave out** *vt sep* (a) (*omit*) (*accidentally*) oublier, omettre; (*deliberately*) exclure; *line in text, (Mus*) *note* sauter. **they left him**

out ils ne l'ont pas inclus; **I'm feeling left out** j'ai l'impression d'être délaissé *or* exclu *or* tenu à l'écart.

(b) (*not put back*) laisser sorti, ne pas ranger; (*leave visible*) *food, note, etc* laisser. **I left the box out on the table** j'ai laissé la boîte sortie sur la table; **to leave sth out in the rain** laisser qch dehors sous la pluie; **to leave sb out in the cold** (*lit*) laisser qn dans le froid; (*fig*) laisser qn à l'écart.
♦**leave over 1** *vt sep* **(a) this is all the meat that was left over** c'est toute la viande qui reste; **there's nothing left over** il ne reste plus rien; **there's never anything left over** il n'y a jamais de restes; **after each child has 3 there are 2 left over** quand chaque enfant en a pris 3 il en reste 2; **if there's any money left over** s'il reste de l'argent.

(b) (*postpone*) remettre (à plus tard). **let's leave this over till tomorrow** remettons cela à demain.
2 left-overs *npl* V **left¹ 2.**
leaven ['levn] **1** *n* levain *m*. **2** *vt* (*lit*) faire lever. (*fig*) **his speech was ~ed by a few witty stories** son discours était relevé par quelques histoires spirituelles.
leavening ['levnɪŋ] *n* (*lit, fig*) levain *m*.
leaves [li:vz] *npl of* **leaf.**
leaving ['li:vɪŋ] *n* départ *m*.
leavings ['li:vɪŋz] *npl* restes *mpl*.
Lebanese [ˌlebə'ni:z] **1** *adj* libanais. **2** *n, pl inv* Libanais(e) *m(f)*.
Lebanon ['lebənən] *n* Liban *m*; *V* **cedar.**
lecher ['letʃər] *n* débauché *m*.
lecherous ['letʃərəs] *adj* lubrique, luxurieux, libidineux (*hum*); *look* lascif.
lecherously ['letʃərəslɪ] *adv* lubriquement, lascivement.
lechery ['letʃərɪ] *n* (*U*) luxure *f*, lubricité *f*.
lectern ['lektɜ:n] *n* lutrin *m*.
lector ['lektɔ:r] *n* (*Univ*) lecteur *m*, -trice *f*.
lecture ['lektʃər] **1** *n* **(a)** (*gen single occurrence*) conférence *f*; (*Univ etc: gen one of a series*) cours *m* (magistral). **to give a ~** faire *or* donner une conférence, faire un cours (*on* sur); **I went to the ~s on French poetry** j'ai suivi le cours de poésie française; *V* **inaugural.**

(b) (*fig: reproof*) réprimande *f*, sermon *m* (*pej*). **to give** *or* **read sb a ~** sermonner qn (*about* au sujet de).
2 *vi* faire *or* donner une conférence (*to* à, *on* sur), faire un cours (*to* à, *on* sur); (*Univ etc*) **he ~s at 10 o'clock** il fait son cours à 10 heures; **he ~s at Bristol** il est professeur à Bristol; (*Univ*) **he ~s in law** il est professeur de droit; **she ~s on Keats** elle fait cours sur Keats; (*Univ etc*) **he's lecturing at the moment** il fait (son) cours en ce moment.
3 *vt* (*reprove*) réprimander, sermonner (*pej*) (*sb for having done* qn pour avoir fait). **he ~d me for my clumsiness** il m'a réprimandé pour ma maladresse.
4 *cpd*: (*Univ*) **lecture course** cours magistral; **lecture hall** amphithéâtre *m*; **lecture notes** notes *fpl* de cours; **lecture room** (*gen*) salle *f* de conférences; (*Univ*) amphithéâtre *m*.
lecturer ['lektʃərər] *n* **(a)** (*speaker*) conférencier *m*, -ière *f*. **(b)** (*Brit Univ*) ≃ assistant(e) *m(f)*; (*Brit Univ*) **senior ~** maître assistant *m*.
lectureship ['lektʃəʃɪp] *n* (*V* **lecturer b**) poste *m* d'assistant(e). **he got a ~ at the university** il a été nommé assistant à l'université.
led [led] *pret, ptp of* **lead¹.**
ledge [ledʒ] *n* (*on wall*) rebord *m*, saillie *f*; (*also* **window ~**) rebord (de la fenêtre); (*on mountain*) saillie *f*; (*Climbing*) vire *f*; (*under sea*) (*ridge*) haut-fond *m*; (*reef*) récif *m*.
ledger ['ledʒər] **1** *n* (*Book-keeping*) grand livre (*Comptabilité*). **2** *cpd*: (*Mus*) **ledger line** ligne *f* supplémentaire.
lee [li:] **1** *n* côté *m* sous le vent. **in** *or* **under the ~ of** à l'abri de. **2** *adj side of ship, shore* sous le vent.
leech [li:tʃ] *n* (*lit, also fig pej*) sangsue *f*. **he clung like a ~ to me all evening** il m'a collé* comme une sangsue toute la soirée.
leek [li:k] *n* poireau *m*.
leer [lɪər] **1** *vi* lorgner. **to ~ at sb** lorgner qn. **2** *n* (*evil*) regard mauvais; (*lustful*) regard concupiscent.
lees [li:z] *npl* (*wine*) lie *f* (*U*).
leeward ['li:wəd] (*esp Naut*) **1** *adj, adv* sous le vent. (*Geog*) **L~ Islands** îles *fpl* Sous-le-Vent. **2** *n* côté *m* sous le vent. **to ~** sous le vent.
leeway ['li:weɪ] *n* (*Naut*) dérive *f*. (*fig*) **that gives him a certain (amount of) ~** cela lui donne une certaine liberté d'action; (*fig*) **we had 10 minutes' ~ to catch the train** nous avions une marge (de sécurité) de 10 minutes pour attraper le train; (*fig*) **there's a lot of ~ to make up** il y a beaucoup de retard à rattraper.
left¹ [left] **1** *pret, ptp of* **leave. 2** *cpd*: (*Brit*) **left luggage** bagages *mpl* en consigne; **left-luggage (office)** consigne *f*; **left-luggage locker** (casier *m* à) consigne *f* automatique; **left-overs** restes *mpl*; *V* **leave.**
left² [left] **1** *adj bank, side, hand, ear etc* gauche. (*Aut*) **~ hand down!** braquez à gauche!; (*US fig*) **to be (way) out in ~ field*** être complètement à côté de la plaque‡; *V also* **4.**
2 *adv turn, look* à gauche. (*Mil*) **eyes ~!** tête gauche!; **go** *or* **bear** *or* **take** *or* **turn ~ at the church** tournez *or* prenez à gauche à l'église; *V* **right.**
3 *n* **(a)** gauche *f*. **on your ~** à *or* sur votre gauche; **on the ~** sur la gauche, à gauche; **the door on the ~** la porte de gauche; **to drive on the ~** conduire à gauche; (*Aut*) **to keep to the ~** tenir sa gauche; **turn it to the ~** tournez-le vers la gauche *or* à gauche.

(b) (*Pol*) **the L~** la gauche; **he's further to the L~ than I am** il est plus à gauche que moi; **the parties of the L~** (les partis *mpl* de) la gauche

(c) (*Boxing*) gauche *m*. **he threw a ~ to the jaw** il a porté un

direct du gauche à la mâchoire; **he hit him with his ~** il l'a frappé du gauche.
4 *cpd*: (*Sport*) **left back** arrière *m* gauche; (*Sport*) **left half** demi *m* gauche; **left-hand** (*adj*) à *or* de gauche; **the left-hand door/ page** *etc* la porte/page *etc* de gauche; **left-hand drive car** conduite *f* à gauche (*véhicule*); **this car is left-hand drive** cette voiture a la conduite à gauche; **on the left-hand side** à gauche; **a left-hand turn** un virage à gauche; **left-handed** *person* gaucher; *screw* filetée à gauche; *scissors etc* pour gaucher; (*fig*) **left-handed compliment** (*insincere*) compliment *m* hypocrite; (*ambiguous*) compliment ambigu; **left-hander** (*person*) gaucher *m*, -ère *f*; (*: blow*) gifle *f or* claque* *f* (assenée de la main gauche); **left wing** (*Mil, Sport*) aile *f* gauche; (*Pol*) gauche *f*; **left-wing** *newspaper, view* de gauche; **he's very left-wing** il est très à gauche; **left-winger** (*Pol*) homme *m or* femme *f* de gauche; (*Sport*) ailier *m* gauche.
leftist ['leftɪst] (*Pol*) **1** *n* gauchiste *mf*. **2** *adj* de gauche.
leg [leg] **1** *n* **(a)** [*person, horse*] jambe *f*; [*other animal, bird, insect*] patte *f*. **my ~s won't carry me any further!** je ne tiens plus sur mes jambes!; **to stand on one ~** se tenir sur un pied *or* une jambe; **she's got nice** *or* **good ~s** elle a les jambes bien faites; **to give sb a ~ up** (*lit*) faire la courte échelle à qn; (*:fig*) donner un coup de pouce à qn; (*fig*) **he hasn't got a ~ to stand on** il ne peut s'appuyer sur rien, il n'a aucun argument valable; (*fig*) **to pull sb's ~** (*hoax*) faire marcher qn; (*tease*) taquiner qn; *V* **fast¹, hind², last¹** *etc*.

(b) (*Culin*) [*lamb*] gigot *m*; [*beef*] gîte *m*, crosse *f*; [*veal*] sous-noix *f*; [*pork, chicken, frog*] cuisse *f*; [*venison*] cuissot *m*.

(c) [*table etc*] pied *m*; [*trousers, stocking etc*] jambe *f*; *V* **inside.**

(d) (*stage*) [*journey*] étape *f*. (*Ftbl etc*) **first ~ match** *m* aller; **second** *or* **return ~ match** retour; (*Sport: in relay*) **to run/swim the first ~** courir/nager la première distance *or* le premier relais.
2 *cpd*: **leg bone** tibia *m*; (*Med*) **leg iron** appareil *m* (orthopédique); **legman*** (*Press*) reporter *m* débutant (qui va sur les lieux); (*gen*) garçon *m* de courses; **leg muscle** muscle *m* de la jambe, muscle jambier (*frm*); **leg-pull*** canular *m*; **leg-pulling*** mise *f* en boîte*, canulars *mpl*; **legroom** place *f* pour les (*or* mes *etc*) jambes; **leg shield** protège-jambe *m*; **leg-warmers** jambières *fpl*; [*reporter, investigator etc*] **the legwork*** le travail de recherche sur place, les déplacements *mpl*.
3 *vt*: **to ~ it*** (*run*) cavaler‡; (*flee*) se barrer‡; (*walk*) aller à pied, faire le chemin à pied.
legacy ['legəsɪ] *n* (*Jur*) legs *m* (*de biens mobiliers*); (*fig*) legs, héritage *m*. (*Jur*) **to leave a ~ to sb** laisser un héritage à qn, faire un legs à qn; (*fig*) **this law is a ~ from medieval times** cette loi est un legs de l'époque médiévale; (*hum*) **this vase is a ~ from the previous tenants** on a hérité ce vase des précédents locataires.
legal ['li:gəl] *adj* **(a)** (*lawful*) *act, decision* légal; *requirements* légitime; *right* légal, légitime. **to acquire ~ status** acquérir un statut légal *or* judiciaire; (*Fin*) **~ currency, ~ tender** monnaie légale; **this note is no longer ~ currency** *or* **tender** ce billet n'a plus cours; **~ document** titre *m* authentique; (*US*) **~ holiday** jour férié.

(b) (*concerning the law*) *error* judiciaire; *affair, question* juridique. **to take ~ action against** intenter un procès à *or* contre; **I am considering taking ~ action** j'envisage d'intenter une action; **to take ~ advice** consulter un juriste *or* un avocat; **~ adviser** conseiller *m*, -ère *f* juridique; **~ aid** assistance *f* judiciaire; **~ costs** frais *mpl* de justice; [*bank, firm etc*] **~ department** service *m* du contentieux; **~ entity** personne *f* morale; **~ fiction** fiction *f* juridique; **it's a ~ matter** c'est une question juridique *or* de droit; **in ~ matters** en ce qui concerne le droit; **the ~ mind** l'esprit *m* juridique; **a ~ offence** une infraction à la loi; **~ opinion** avis *m* juridique; **~ proceedings** procès *m*, poursuites *fpl*; **the ~ process** la procédure; **the ~ profession** les hommes *mpl* de loi; **to go into the ~ profession** faire une carrière juridique *or* de juriste; **~ successor** ayant cause *m*.
legalese* [ˌli:gə'li:z] *n* (*pej*) jargon *m* des juristes.
legalism ['li:gəlɪzəm] *n* (*pej*) **(a)** (*word, point, rule etc*) argutie *f* juridique.

(b) (*turn of mind*) juridisme *m*, légalisme *m*.
legalistic [ˌli:gə'lɪstɪk] *adj* (*pej*) légaliste, formaliste.
legality [lɪ'gælɪtɪ] *n* légalité *f*.
legalization [ˌli:gəlaɪ'zeɪʃən] *n* légalisation *f*.
legalize ['li:gəlaɪz] *vt* légaliser.
legally ['li:gəlɪ] *adv* **(a)** (*lawfully*) *act etc* légalement. **(b)** (*in law, from point of view of law*) juridiquement, légalement. **this contract is ~ binding** c'est un contrat qui lie; **~ valid** légalement valide; **~ responsible** légalement *or* juridiquement responsable, responsable aux yeux de la loi.
legate ['legɪt] *n* légat *m*.
legatee [ˌlegə'ti:] *n* légataire *mf*.
legation [lɪ'geɪʃən] *n* légation *f*.
legator [lɪ'geɪtɔ:r] *n* testateur *m*, -trice *f*.
legend ['ledʒənd] *n* (*all senses*) légende *f*. **a ~ in his own lifetime** une légende de son vivant.
legendary ['ledʒəndərɪ] *adj* légendaire.
legerdemain ['ledʒədə'meɪn] *n* prestidigitation *f*.
-legged ['legɪd] *adj ending in cpds*: **four-legged** à quatre pattes, quadrupède (*frm*); **bare-legged** aux jambes nues; *V* **three** *etc*.
leggings ['legɪŋz] *npl* jambières *fpl*, leggin(g)s *mpl or fpl*; (*for baby*) culotte *f* (longue); (*thigh boots*) cuissardes *fpl*. **waterproof ~** jambières imperméables.
leggo‡ [ˌle'gəʊ] *excl* = **let go**; *V* **go 1b.**
leggy* ['legɪ] *adj person* aux longues jambes; (*slightly pej*) *youth etc* tout en jambes; *animal* aux longues pattes, haut sur pattes. **a gorgeous ~ blonde** une magnifique blonde aux longues jambes.
Leghorn ['leg,hɔ:n] *n* (*Geog*) Livourne.
legibility [ˌledʒɪ'bɪlɪtɪ] *n* lisibilité *f*.

legible ['ledʒəbl] *adj* lisible.
legibly ['ledʒəblɪ] *adv* lisiblement.
legion ['liːdʒən] *n* légion *f* (*also fig*); V **foreign**.
legionary ['liːdʒənərɪ] **1** *n* légionnaire *m*. **2** *adj* de la légion.
legionnaire [ˌliːdʒə'nɛəʳ] *n* légionnaire *m*. (*Med*) ∼'s **disease** maladie *f* du légionnaire.
legislate ['ledʒɪsleɪt] *vi* légiférer, faire des lois. **to ∼ against** faire des lois contre.
legislation [ˌledʒɪs'leɪʃən] *n* (**a**) (*body of laws*) législation *f*; (*single law*) loi *f*. **a piece of ∼** une loi; **to bring in** *or* **introduce ∼** faire des lois; **the government is considering ∼ against** ... le gouvernement envisage de créer une législation contre ...; **we are in favour of ∼ to abolish** ... nous sommes partisans d'une législation qui abolirait ...; **under the present ∼** sous la législation actuelle.
  (**b**) (*U*) (*making laws*) élaboration *f* des lois; (*enacting*) promulgation *f* des lois.
legislative ['ledʒɪslətɪv] *adj* législatif. **the ∼ body** le (corps) législatif; (*US Pol*) **∼ drafting** rédaction *f* des projets de loi.
legislator ['ledʒɪsleɪtəʳ] *n* législateur *m*, -trice *f*.
legislature ['ledʒɪslətʃəʳ] *n* (corps *m*) législatif *m*.
legist ['liːdʒɪst] *n* légiste *mf*.
legit‡ [lə'dʒɪt] *adj abbr of* **legitimate 1**.
legitimacy [lɪ'dʒɪtɪməsɪ] *n* légitimité *f*.
legitimate [lɪ'dʒɪtɪmɪt] **1** *adj* (**a**) (*Jur etc: lawful*) *action, right, ruler, child, authority* légitime. **for ∼ purposes** dans un but légitime, pour des motifs valables.
  (**b**) (*fig*) *argument, cause, excuse* bon, valable; *complaint* légitime, fondé; *reasoning, conclusion* logique. **it would be ∼ to think that** ... on serait en droit de penser que ...; **the ∼ stage** *or* **theatre** (*gen*) le théâtre sérieux; (*as opp to cinema*) le théâtre (*par opposition au cinéma*).
  2 [lɪ'dʒɪtɪmeɪt] *vt* légitimer.
legitimately [lɪ'dʒɪtɪmɪtlɪ] *adv* (**a**) (*lit*) *act* légitimement, dans son (*etc*) bon droit.
  (**b**) (*fig: justifiably*) *argue etc* de façon valable, légitimement, logiquement. **one might ∼ believe/ask** *etc* on est en droit de croire/de demander *etc*.
legitimize [lɪ'dʒɪtɪmaɪz] *vt* légitimer.
legume ['legjuːm] *n* (*gen: plant*) légumineuse *f*; (*pod*) gousse *f*.
leguminous [le'gjuːmɪnəs] *adj* légumineux.
Leibnitzian [laɪb'nɪtsɪən] *adj* leibnitzien.
Leics. *abbr of* **Leicestershire**.
Leipzig ['laɪpzɪg] *n* Leipzig.
leisure ['leʒəʳ, (*US*) 'liːʒəʳ] **1** *n* (*U*) loisir *m*, temps *m* libre. **he had the ∼ in which to go fishing** il avait le loisir d'aller à la pêche; (*hum*) **she's a lady of ∼** elle est rentière (*fig hum*); **a life of ∼** une vie pleine de loisirs, une vie d'oisiveté (*pej*); **do it at your ∼** faites-le quand vous en aurez le temps *or* le loisir, faites-le quand vous aurez du temps libre; **he is not often at ∼** il n'a pas souvent de temps libre; **think about it at ∼** réfléchissez-y à tête reposée.
  2 *cpd*: **in my leisure moments** à mes moments de loisir, pendant mes loisirs; **leisure occupations** loisirs *mpl*; **leisure suit** costume *m* sport, costume décontracté; **leisure time** loisir *m*, temps *m* libre; (*Comm*) **leisure wear** vêtements *mpl* sport, vêtements décontractés.
leisured ['leʒəd] *adj* person qui a beaucoup de loisirs, qui n'a rien à faire; *life, existence* doux (*f* douce), peu fatigant. **the ∼ classes** la classe oisive, le beau monde (*pej*).
leisurely ['leʒəlɪ] *adj pace, movement* lent, mesuré, tranquille; *person* placide, calme, pondéré; *journey, stroll* peu fatigant, fait sans se presser; *occupation* qui ne demande pas beaucoup d'efforts, peu fatigant. **he moved in a ∼ way towards the door** il se dirigea vers la porte sans se presser; **to work in a ∼ way** travailler sans se dépenser *or* sans faire de gros efforts *or* sans se fouler*.
  2 *adv* sans se presser.
leitmotiv ['laɪtməʊˌtiːf] *n* (*Mus, fig*) leitmotiv *m*.
lem [lem] *n* (*Space*) lem *m*, module *m* lunaire.
lemma ['lemə] *n* (*Ling: gen*) vocable *m*; (*Comput Ling*) lemme *m*.
lemmatization [ˌleməˌtaɪ'zeɪʃən] *n* lemmatisation *f*.
lemmatize ['lemətaɪz] *vt* lemmatiser.
lemming ['lemɪŋ] *n* lemming *m*.
lemon ['lemən] **1** *n* (**a**) (*fruit*) citron *m*; (*tree*) citronnier *m*; (*colour*) citron; V **bitter**.
  (**b**) (‡) (*nasty trick*) vacherie‡ *f*, rosserie* *f*; (*unpleasant woman*) vache‡ *f*, rosse* *f*; (*ugly girl*) mocheté‡ *f*. **his car wouldn't go, it was a real ∼** sa voiture était une vraie saloperie‡, elle ne voulait pas démarrer.
  2 *adj* (*in colour*) citron *inv*.
  3 *cpd*: **lemon balm** mélisse *f*; (*Brit*) **lemon cheese, lemon curd** (sorte *f* de) crème *f* de citron; **lemon drink** citronnade *f*; (*fresh lemon*) citron pressé; **lemon drop** bonbon *m* (acidulé) au citron; **lemon grove** plantation *f* de citronniers; **lemon juice** jus *m* de citron; (*drink*) citron pressé; (*Brit*) **lemon sole** limande-sole *f*; **lemon squash** citronnade *f*; **lemon squeezer** presse-citron *m inv*; **lemon tea** thé *m* au citron; **lemon tree** citronnier *m*; **lemon yellow** (*adj, n*) jaune citron (*m*) *inv*.
lemonade [ˌlemə'neɪd] *n* (*still*) citronnade *f*; (*fizzy*) limonade *f*.
lemur ['liːməʳ] *n* maki *m*.
lend [lend] *pret, ptp* **lent 1** *vt* (**a**) *money, possessions* prêter (*to sb* à qn). **to ∼ money at 10%** prêter de l'argent à 10%; V **lease**.
  (**b**) (*fig*) *importance* prêter, accorder (*to* à); *dignity, authority, mystery* donner, conférer (*to* à). **to ∼ an ear** écouter, prêter l'oreille; **to ∼ one's name to** accorder son patronage à; **he refused to ∼ his name to** il a refusé de prêter son nom *or* d'accorder son patronage à; **it would ∼ itself to a different treatment** cela se prêterait à un autre traitement; **it doesn't ∼ itself to being filmed** cela ne donnerait pas matière à un film; **I shall not ∼ myself to**

your scheme je ne me prêterai pas à votre projet; V **hand**, **support** *etc*.
  2 *cpd*: (*US*) **lend-lease** = **lease-lend**; V **lease 3**.
◆ **lend out** *vt sep object, book* prêter.
lender ['lendəʳ] *n* prêteur *m*, -euse *f*; V **money**.
lending ['lendɪŋ] **1** *n* prêt *m*. **bank ∼** prêt bancaire. **2** *cpd*: **lending library** bibliothèque *f* de prêt; (*Fin*) **lending limit** plafond *m* de crédit; (*Fin*) **lending rate** taux *m* de prêt, taux d'intérêt débiteur.
length [leŋθ] **1** *n* (**a**) (*U: space*) longueur *f*. **its ∼ was 6 metres, it was 6 metres in ∼** cela avait 6 mètres de long; **what is the ∼ of the field?, what ∼ is the field?** quelle est la longueur du champ?; **overall ∼** longueur totale, longueur hors tout; **along the whole ∼ of the river** tout au long de la rivière; **what ∼ do you want?** quelle longueur vous faut-il?, il vous en faut combien de long?; **what ∼ (of cloth) did you buy?** quel métrage (de tissu) as-tu acheté?; **the ship turns in its own ∼** le navire vire sur place; (*fig*) **over the ∼ and breadth of England** partout dans l'Angleterre, dans toute l'Angleterre; **to go** *or* **measure one's ∼** (on the ground), **to fall full ∼** tomber *or* s'étaler* de tout son long; V **arm¹**, **full** *etc*.
  (**b**) (*U*) (*in time etc*) durée *f*; [book, essay, letter, film, speech] longueur *f*. **what ∼ is the film?** quelle est la durée du film?; **∼ of life** durée de vie; **for the whole ∼ of his life** pendant toute la durée de sa vie; **for what ∼ of time?** pour combien de temps?, pour quelle durée?; **for some ∼ of time** pendant un certain temps, pendant quelque temps; **the ∼ of time he took to do it** le temps qu'il a mis à le faire; (*Admin*) **∼ of service** ancienneté *f*; **4,000 words in ∼** de 4.000 mots; (*at last*) **at ∼** enfin, à la fin; **at (great) ∼** (*for a long time*) fort longuement; (*in detail*) dans le détail, à fond, en long et en large; (*fig*) **he went to the ∼ of asking my advice** il est allé jusqu'à me demander conseil; **I've gone to great ∼s to get it finished** je me suis donné beaucoup de mal pour le terminer; **he would go to any ∼(s) to succeed** il ne reculerait devant rien pour réussir; **I didn't think he would go to such ∼s to get the job** je n'aurais pas cru qu'il serait allé jusque-là pour avoir le poste.
  (**c**) (*Sport*) longueur *f*. **to win by a ∼** gagner d'une longueur; **he was 2 ∼s behind** il avait un retard de 2 longueurs; **the race will be swum over 6 ∼s** la course se nagera sur 6 longueurs; **4 ∼s of the pool** 4 longueurs de piscine, 4 fois la longueur de la piscine; **he was about 3 car ∼s behind me** il était à 3 longueurs de voiture derrière moi.
  (**d**) (*Ling*) [vowel] quantité *f*; [syllable] longueur *f*.
  (**e**) (*section*) [rope, wire] morceau *m*, bout *m*; [wallpaper] lé *m*, laize *f*; [cloth] pièce *f*, morceau; [tubing] morceau, bout, tronçon *m*; [track] tronçon. **cut into metre ∼s** coupé en morceaux d'un mètre; **I bought several ∼s of dress material** j'ai acheté plusieurs métrages *mpl or* hauteurs *fpl* de tissu pour faire une robe; (*Sewing*) **dress/skirt ∼** hauteur de robe/de jupe.
  2 *cpd*: (*Ling*) **length mark** signe *m* diacritique de longueur.
lengthen ['leŋθən] **1** *vt object* allonger, rallonger; *visit, life* prolonger; (*Ling*) *vowel* allonger.
  2 *vi* allonger, rallonger, s'allonger; [skirts] rallonger; [visit etc] se prolonger. **the days/nights are ∼ing** les jours/nuits rallongent; **the intervals between his visits were ∼ing** ses visites s'espaçaient.
lengthily ['leŋθɪlɪ] *adv* longuement.
lengthways ['leŋθweɪz], **lengthwise** ['leŋθwaɪz] **1** *adv* dans le sens de la longueur, en long, longitudinalement. **2** *adj* longitudinal, en longueur.
lengthy ['leŋθɪ] *adj* (très) long (*f* longue); (*tedious*) interminable. **the book is ∼ in places** ce livre a des longueurs.
lenience ['liːnɪəns] *n*, **leniency** ['liːnɪənsɪ] *n* (V **lenient**) indulgence *f*; clémence *f*.
lenient ['liːnɪənt] *adj judge, parent* indulgent (*to* envers, pour); *government* clément (*to* envers).
leniently ['liːnɪəntlɪ] *adv* (V **lenient**) avec indulgence; avec clémence (*liter*).
Lenin ['lenɪn] *n* Lénine *m*.
Leningrad ['lenɪŋgræd] *n* Leningrad.
Leninism ['lenɪˌnɪzəm] *n* léninisme *m*.
Leninist ['lenɪnɪst] *adj* *n* léniniste (*mf*).
lens [lenz] **1** *n* (*for magnifying*) lentille *f*; [camera] objectif *m*; [spectacles] verre *m*; [eye] cristallin *m*; V **contact, telephoto, wide**.
  2 *cpd*: (*Phot*) **lens cap** bouchon *m* d'objectif; **lens field** angle *m* de couverture; **lens holder** porte-objectif *m inv*; **lens hood** parasoleil *m*.
lent [lent] *pret, ptp of* **lend**.
Lent [lent] *n* (*Rel*) le Carême. **in** *or* **during ∼** pendant le Carême, en Carême; **to keep ∼** observer le carême, faire carême; **I gave it up for ∼** j'y ai renoncé pour le Carême.
Lenten ['lentən] *adj* de carême.
lentil ['lentl] *n* (*Bot, Culin*) lentille *f*. **∼ soup** soupe *f* aux lentilles.
Leo ['liːəʊ] *n* (*Astron*) le Lion. **I'm ∼** je suis (du) Lion.
Leonard ['lenəd] *n* Léonard *m*.
Leonardo [ˌliːə'nɑːdəʊ] *n*: **∼ (da Vinci)** Léonard de Vinci *m*.
leonine ['liːənaɪn] *adj* léonin.
leopard ['lepəd] **1** *n* léopard *m*. (*Prov*) **the ∼ cannot change its spots** on ne peut pas changer sa nature, chassez le naturel, il revient au galop. **2** *cpd*: **leopardskin** peau *f* de léopard; **leopardskin coat** manteau *m* de léopard.
leopardess [ˌlepə'des] *n* léopard *m* femelle.
leotard ['liːətɑːd] *n* collant *m* (de danseur, d'acrobate).
leper ['lepəʳ] *n* (*Med, fig*) lépreux *m*, -euse *f*. **∼ colony** léproserie *f*.
lepidoptera [ˌlepɪ'dɒptərə] *npl* lépidoptères *mpl*.
leprechaun ['leprəkɔːn] *n* (*Ir*) lutin *m*, farfadet *m*.
leprosy ['leprəsɪ] *n* lèpre *f*.
leprous ['leprəs] *adj* lépreux.
lesbian ['lezbɪən] **1** *adj* lesbien. **2** *n* lesbienne *f*.

lesbianism ['lezbɪənɪzəm] *n* lesbianisme *m*, homosexualité féminine.

lesion ['liːʒən] *n* (*Med*) lésion *f*.

Lesotho [lɪ'suːtu] *n* Lesotho *m*.

less [les] *comp of* **little²** **1** *adj, pron* (a) (*in amount, size, degree*) moins (de). ~ butter moins de beurre; I have ~ than you j'en ai moins que vous; I need ~ than that il m'en faut moins que cela; even ~ encore moins; even *or* still ~ butter encore moins de beurre; I have ~ money than you j'ai moins d'argent que vous; much ~ milk beaucoup moins de lait; a little ~ cream un peu moins de crème; ~ and ~ de moins en moins; ~ and ~ money de moins en moins d'argent; it costs ~ than the export model il coûte moins cher que le modèle d'exportation; it was ~ money than I expected c'était moins (d'argent) que je n'escomptais; ~ than half the audience moins de la moitié de l'assistance *or* des auditeurs; he has little but I have ~ il n'a pas grand-chose mais j'en ai encore moins; he did ~ to help them than his brother did il a moins fait *or* fait moins pour les aider que son frère; (*fig*) he couldn't have done ~ if he'd tried même en essayant il n'aurait pas pu faire moins *or* moins faire; I got ~ out of it than you did j'en ai tiré moins de profit que toi; of ~ importance de moindre importance, de moins d'importance; it took ~ time than I expected cela a pris moins de temps que je ne pensais; I have ~ time for reading j'ai moins le temps de lire, j'ai moins de temps pour lire; we eat ~ bread than we used to nous mangeons moins de pain qu'avant; ~ noise please! moins de bruit s'il vous plaît!; with ~ trouble moins de mal; he knows little German and ~ Russian il ne sait pas bien l'allemand et encore moins le russe; we must see ~ of her il faut que nous la voyions (*subj*) moins souvent; it is ~ than perfect on ne peut pas dire que ce soit parfait; in ~ than a month en moins d'un mois; in ~ than no time* en un rien de temps, en moins de deux*; not ~ than one kilo pas moins d'un kilo; a sum ~ than 10 francs une somme de moins de 10 F; it's ~ than you think c'est moins que vous ne croyez; I won't sell it for ~ than £10 je ne le vendrai pas à *or* pour moins de 10 livres; can't you let me have it for ~? vous ne pouvez pas me le laisser à moins?; ~ of your cheek!* un peu moins de toupet!*

(b) (*in phrases*) with no ~ skill than enthusiasm un peu moins d'habileté que d'enthousiasme; no ~ a person than the Prime Minister rien moins que le Premier ministre; he's bought a car, no ~* il s'est payé une voiture, rien que ça*; I was told the news by the bishop, no ~* c'est l'évêque, s'il vous plaît*, qui m'a appris la nouvelle; he has no ~ than 4 months' holiday a year il a au moins *or* au bas mot 4 mois de vacances par an; it costs no ~ than £100 ça ne coûte pas moins de 100 livres; I think no ~ of him or I think none the ~ of him *or* I don't think any (the) ~ of him for that il n'est pas descendu dans mon estime pour autant; I have so much ~ money nowadays j'ai tellement moins d'argent maintenant; there will be so much the ~ to pay il y aura autant de moins à payer; the ~ said about it the better mieux vaut ne pas en parler; the ~ you buy the ~ you spend moins vous achetez moins vous dépensez; nothing ~ than rien moins que, tout simplement; he's nothing ~ than a thief il n'est rien moins qu'un voleur, ce n'est qu'un voleur; nothing ~ than a bomb would move them il faudrait au moins une bombe pour les faire bouger; nothing ~ than a public apology will satisfy him ne lui faudra rien moins que des excuses publiques pour le satisfaire; it's nothing ~ than disgraceful le moins qu'on puisse dire c'est que c'est une honte.

2 *adv* (a) moins. you must eat ~ vous devez moins manger, il faut que vous mangiez (*subj*) moins; I must see you ~ il faut que je vous voie moins souvent; to grow ~ diminuer; that's ~ important c'est moins important, ça n'est pas si important; ~ and ~ de moins en moins; ~ regularly/often moins régulièrement/ souvent; it's ~ expensive than you think c'est moins cher que vous ne croyez; whichever is (the) ~ expensive le moins cher des deux; he is ~ well known il est moins (bien) connu; he was ~ hurt than frightened il a eu plus de peur que de mal; the problem is ~ one of capital than of personnel ce n'est pas tant *or* c'est moins un problème de capital qu'un problème de personnel.

(b) (*in phrases*) the ~ he works the ~ he earns moins il travaille moins il gagne; the ~ you worry about it the better le moins vous vous ferez du souci à ce sujet et le mieux ça vaudra; he was (all) the ~ pleased as he'd refused to give his permission il était d'autant moins content qu'il avait refusé son autorisation; he wasn't expecting me but he was none the ~ pleased to see me il ne m'attendait pas mais il n'en était pas moins content de me voir; she is no ~ intelligent than you elle n'est pas moins intelligente que vous; he criticized the director no ~ than the caretaker il a critiqué le directeur tout autant que le concierge; he was ~ annoyed than amused il était moins fâché qu'amusé; it is ~ a short story than a novel c'est moins une nouvelle qu'un roman; *V* more.

3 *prep* moins. ~ 10% discount moins 10% de remise; in a year ~ 4 days dans un an moins 4 jours.

...less [lɪs] *adj ending in cpds, e.g.* **hatless** sans chapeau; **childless** sans enfants.

lessee [le'siː] *n* preneur *m*, -euse *f* (à bail).

lessen ['lesn] **1** *vt* (*gen*) diminuer; *cost* réduire; *anxiety, pain* atténuer; *effect, shock* amortir; (*Pol*) *tension* relâcher. **2** *vi* diminuer, s'amoindrir; [*pain*] s'atténuer; [*tension*] se calmer.

lessening ['lesnɪŋ] *n* (*U*) diminution *f*, amoindrissement *m*. (*Pol*) ~ of tension détente *f*.

lesser ['lesə'] *adj* moindre. to a ~ degree *or* extent à un moindre degré, à un degré moindre; the ~ of two evils le moindre de deux maux; (*hum*) we ~ mortals* *or* beings* nous (autres) simples mortels (*hum*).

lesson ['lesn] **1** *n* (a) (*gen*) leçon *f*; (*in school, college etc*) leçon,

cours *m*. a French/geography *etc* ~ une leçon *or* un cours de français/de géographie *etc*; swimming/driving ~ leçon de natation/de conduite; to have *or* take ~s in prendre des leçons de; to give ~s in donner des leçons de; we have ~s from 9 to midday nous avons classe *or* cours de 9 heures à midi; ~s start at 9 o'clock la classe commence à 9 heures; (*fig*) let that be a ~ to you! que cela vous serve de leçon!; *V* private, teach *etc*.

(b) (*Rel*) leçon *f*; *V* read¹.

2 *cpd*: (*US Scol*) lesson plans dossier *m* pédagogique.

lessor [le'sɔː'] *n* bailleur *m*, -eresse *f*.

lest [lest] *conj* (a) (*for fear that*) de peur de *or* de crainte de + *infin*, de peur *or* de crainte que (+ ne) + *subj*. he took the map ~ he should get lost il a pris la carte de peur *or* crainte de se perdre; I gave him the map ~ he should get lost je lui ai donné la carte de peur *or* de crainte qu'il (ne) se perde; (*on war memorial etc*) '~ we forget' 'In memoriam'.

(b) (*liter*) I was afraid ~ he should *or* might fall je craignais qu'il ne tombe (*subj*) *or* ne tombât (*subj: frm*).

let¹ [let] *pret, ptp* **let 1** *vt* (a) (*allow*) laisser, permettre; (*cause to*) laisser, faire. to ~ sb do sth laisser qn faire qch; he wouldn't ~ us il n'a pas voulu (nous le permettre); she wanted to help but her mother wouldn't ~ her elle voulait aider mais sa mère ne l'a pas laissée faire; I won't ~ you be treated like that je ne permettrai pas qu'on vous traite (*subj*) de cette façon; I won't ~ it be said that ... je ne permettrai pas que l'on dise que ...; who ~ you into the house? qui vous a fait entrer dans la maison?; to ~ sb into a secret faire entrer qn dans un secret, mettre qn au courant d'un secret; (*fig*) to ~ sb off (doing) sth dispenser qn de (faire) qch; don't ~ it get you down* n'aie pas le cafard *or* ne te laisse pas démoraliser pour autant*; don't ~ me forget rappelle-moi, fais-moi penser; don't ~ the fire go out ne laisse pas s'éteindre le feu; ~ me have a look laissez-moi regarder *or* voir, faites voir; ~ me help you laissez-moi vous aider, attendez que je vous aide* (*subj*); ~ me tell you ... que je vous dise ... *or* raconte (*subj*) ...; when can you ~ me have it? quand est-ce que je pourrai l'avoir? *or* le prendre?; ~ him have it! (*give*) donnez-le-lui!; (‡*shoot*) règle-lui son compte!*; ~ him be! laisse-le (tranquille)!; (*just you*) ~ me catch you stealing again* que je t'attrape (*subj*) *or* t'y prenne encore à voler; the hunted man ~ himself be seen l'homme traqué s'est laissé repérer; I ~ myself be persuaded je me suis laissé convaincre; *V* alone, fly³, go, know *etc*.

(b) (*used to form imper of 1st person*) ~ us *or* ~'s go for a walk allons nous promener; ~'s go! allons-y!; ~'s get out of here! filons!, fichons le camp (d'ici)!*; don't ~'s *or* ~'s not start yet ne commençons pas encore; don't ~ me keep you que je ne vous retienne pas; ~ us pray prions; ~ me see (now) ... voyons ...; ~ me think laissez-moi réfléchir, que je réfléchisse*.

(c) (*used to form imper of 3rd person*) if he wants the book, ~ him come and get it himself s'il veut le livre, qu'il vienne le chercher lui-même *or* il n'a qu'à venir le chercher lui-même; ~ him say what he likes, I don't care qu'il dise ce qu'il veut, ça m'est égal; ~ no one believe that I will change my mind que personne ne s'imagine (*subj*) que je vais changer d'avis; ~ that be a warning to you que cela vous serve d'avertissement; ~ there be light que la lumière soit; just ~ them try! qu'ils essaient (*subj*) un peu!; (*Math*) ~ x equal 2 soit x égal à 2.

(d) (*Med*) to ~ blood tirer du sang, faire une saignée.

(e) to ~ a window/door into a wall percer *or* ouvrir une fenêtre/porte dans un mur.

(f) (*hire out*) *house etc* louer, mettre en location. 'flat to ~' 'appartement à louer'; 'to ~', 'to be ~' 'à louer'.

2 *n* [*house etc*] location *f*. I'm looking for a long/short ~ for my villa je cherche à louer ma villa pour une longue/brève période.

3 *cpd*: **let-alone** (*used as conj*) *V* alone d; **let-down*** déception *f*; what a let-down!* quelle déception!, cela promettait pourtant bien!; the film was a let-down* after the book on a vu le film après avoir lu le livre, quelle déception!; (*Brit*) **let-out** échappatoire *m*, issue *f*; **let-up*** (*decrease*) diminution *f*; (*stop*) arrêt *m*; (*respite*) relâchement *m*, répit *m*; there'll be a let-up* in the rain si la pluie s'arrête un peu; he worked 5 hours without (a) let-up* il a travaillé 5 heures d'affilée *or* sans s'arrêter; he needs a let-up* il a besoin d'une détente *or* de se détendre un peu; there will be no let-up* in my efforts je ne relâcherai pas mes efforts.

♦ **let away** *vt sep* (*allow to leave*) laisser partir. the headmaster let the children away early today le directeur a laissé partir *or* a renvoyé les enfants tôt aujourd'hui; (*fig*) you can't let him away with that! tu ne peux pas le laisser s'en tirer comme ça!

♦ **let down 1** *vt sep* (a) *window* baisser; *one's hair* dénouer, défaire; *dress* rallonger; *hem* lâcher; *tyre* dégonfler; (*on rope etc*) *person, object* descendre. (*fig*) he let me down gently (*in giving bad news*) il me l'a dit *or* il m'a traité avec ménagement; (*in punishing etc*) il n'a pas été trop sévère avec moi; *V also* hair.

(b) (*disappoint, fail*) faire faux bond à, décevoir. we're expecting you on Sunday, don't let us down nous vous attendons dimanche, ne nous faites pas faux bond *or* nous comptons sur vous; he's let me down several times il m'a déçu plusieurs fois *or* à plusieurs reprises; that shop has let me down before j'ai déjà été déçu par cette boutique; the car let me down la voiture m'a joué un *or* des tour(s); my watch never lets me down ma montre ne se détraque jamais; you've let the team down ta façon de jouer a beaucoup déçu *or* desservi l'équipe; (*fig*) you've let the side down tu ne nous (*or* leur) as pas fait honneur; the weather let us down le beau temps n'a pas été de la partie.

2 **let-down*** *n V* let¹ 3.

♦ **let in** *vt sep* (a) *person, cat* faire entrer, laisser entrer, ouvrir (la porte) à. can you let him in? pouvez-vous lui ouvrir (la porte)?; the maid let him in la bonne lui a ouvert la porte *or* l'a fait entrer; he pleaded with us to let him in il nous a suppliés de le laisser entrer *or* de lui ouvrir (la porte); **he let himself in with a key** il a ouvert (la porte) *or* il est entré avec une clef; **to let in water** *[shoes, tent]* prendre l'eau; *[roof]* laisser entrer *or* passer la pluie; **the curtains let the light in** les rideaux laissent entrer la lumière; **this camera lets the light in** cet appareil-photo laisse passer la lumière; *(Aut)* **to let the clutch in** embrayer.

  (b) *(fig)* **see what you've let me in for now!** tu vois dans quelle situation tu me mets maintenant!; **if I'd known what you were letting me in for I'd never have come** si j'avais su dans quoi tu allais m'entraîner je ne serais jamais venu; **you're letting yourself in for trouble** tu te prépares des ennuis; **you don't know what you're letting yourself in for** tu ne sais pas à quoi tu t'engages; **he let me in for helping at the camp** je me suis retrouvé à cause de lui contraint d'aider au camp; **I let myself in for doing the washing-up** je me suis laissé coincer pour la corvée de vaisselle; **I got let in for a £5 donation** j'ai dû donner 5 livres.

  (c) to let sb in on a secret/a plan faire entrer qn dans un secret/un plan, mettre qn au courant d'un secret/d'un plan; **can't we let him in on it?** ne peut-on pas le mettre au courant?

♦ **let off** *vt sep* **(a)** *(cause to explode, fire etc)* **bomb** faire éclater; **firework** tirer, faire partir; **firearm** faire partir.

  (b) *(release)* dégager, lâcher. **to let off steam** *[boiler, engine]* lâcher *or* dégager de la vapeur; (* *fig) [person] (anger)* décharger sa bile; *(excitement)* se défouler*.

  (c) *(allow to leave)* laisser partir. **they let the children off early today** aujourd'hui ils ont laissé partir *or* renvoyé les enfants de bonne heure; **will you please let me off at 3 o'clock?** pourriez-vous s'il vous plaît me laisser partir à 3 heures?; *(fig)* **if you don't want to do it, I'll let you off** si tu ne veux pas le faire, je t'en dispense.

  (d) *(not punish)* ne pas punir, faire grâce à. **he let me off** il ne m'a pas puni; **I'll let you off this time** je vous fais grâce *or* je ferme les yeux pour cette fois; **the headmaster let him off with a warning** le directeur lui a seulement donné un avertissement; **he was let off with a fine** il s'en est tiré avec une amende, il en a été quitte pour une amende; **to let sb off lightly** laisser qn s'en tirer à bon compte.

  (e) *rooms etc* louer. **the house has been let off in flats** la maison a été louée en plusieurs appartements.

♦ **let on*** **1** *vi* *(tell)* raconter, révéler, dire *(that* que). **don't let on about what they did** ne va pas raconter *or* dire ce qu'ils ont fait; **I won't let on** je ne dirai rien, je garderai ça pour moi; **they knew the answer but they didn't let on** ils connaissaient la réponse mais ils n'ont pas pipé; **don't let on!** motus!; **he passed me in the street but he didn't let on** il m'a croisé dans la rue mais il a fait comme s'il ne m'avait pas vu.

  2 *vt sep* **(a)** *(admit, acknowledge)* dire, aller raconter *(that* que).

  (b) *(pretend)* prétendre, raconter *(that* que).

♦ **let out** **1** *vi:* **to let out at sb** *(with fists, stick etc)* envoyer des coups à qn; *(abuse)* injurier qn; *(speak angrily to)* attaquer qn; *(scold)* réprimander qn sévèrement.

  2 *vt sep* **(a)** *(allow to leave)* **person, cat** faire *or* laisser sortir; *(release)* **prisoner** relâcher; **sheep, cattle** faire sortir *(of* de); **caged bird** lâcher. **let me out!** laissez-moi sortir!; **I'll let you out** je vais vous ouvrir la porte; **the maid let me out** la bonne m'a ouvert la porte *or* m'a reconduit à la porte; **the watchman let me out** le veilleur m'a fait sortir; **he let himself out quietly** il est sorti sans faire de bruit; **can you let yourself out?** vous m'excuserez de ne pas vous reconduire?; **they are let out of school at 4** on les fait sortir de l'école *or* on les libère à 16 heures; **to let the air out of a tyre** dégonfler un pneu; **to let the water out of the bath** vider l'eau de la baignoire; *V* **cat.**

  (b) *fire, candle* laisser s'éteindre.

  (c) *(reveal)* **secret, news** laisser échapper, révéler. **don't let it out that …** ne va pas raconter que … .

  (d) *shout, cry* laisser échapper. **to let out a laugh** faire entendre un rire.

  (e) *dress* élargir; *seam* lâcher. **to let one's belt out by 2 holes** desserrer sa ceinture de 2 crans.

  (f) *(remove suspicion from)* disculper, mettre hors de cause; *(exclude)* exclure, éliminer. **his alibi lets him out** son alibi le met hors de cause; **if it's a bachelor you need that lets me out** si c'est un célibataire qu'il vous faut je ne peux pas faire votre affaire.

  (g) *house etc* louer.

  3 let-out *n V* **let¹ 3.**

♦ **let past** *vt sep* **person, vehicle, animal, mistake** laisser passer.

♦ **let through** *vt sep* **vehicle, person, light** laisser passer.

♦ **let up** **1** *vi [rain]* diminuer; *[cold weather]* s'adoucir. **he didn't let up until he'd finished** il ne s'est accordé aucun répit avant d'avoir fini; **she worked all night without letting up** elle a travaillé toute la nuit sans relâche; **what a talker she is, she never lets up!** quelle bavarde, elle n'arrête pas!; **to let up on sb*** lâcher la bride à qn.

  2 *vt sep* *(allow to rise)* **to let sb up** permettre à qn de se lever.

  3 let-up* *n V* **let¹ 3.**

let² [let] *n* **(a)** *(Tennis)* let *m*, balle *f* à remettre. **to play a ~** jouer un let, remettre le service; **~ ball** balle *f* de let; **~! net!**, let! **(b)** *(Jur)* **without ~ or hindrance** librement, sans empêchement aucun.

lethal ['liːθəl] *adj poison, dose, blow, wound* mortel, fatal; *effect* fatal; *weapon* meurtrier. *(fig)* **don't touch this coffee, it's ~!** ne bois pas ce café, il est atroce!*

lethargic [le'θɑːdʒɪk] *adj person, movement* léthargique; *atmosphere, heat* qui endort.

lethargy ['leθədʒɪ] *n* léthargie *f*.

Lett [let] = **Latvian.**

letter ['letər] **1** *n* **(a)** *(of alphabet)* lettre *f*. **the ~ L** la lettre L; **it was printed in ~s 15 cm high** c'était écrit en lettres de 15 cm de haut;

he's got a lot of ~s after his name* il a des tas* de diplômes *(or* de décorations *etc)*; *(fig)* **the ~ of the law** la lettre de la loi; **he followed the instructions to the ~** il a suivi les instructions à la lettre *or* au pied de la lettre; *V* **block, capital, red** *etc.*

  (b) *(written communication)* **lettre** *f.* **I wrote her a ~ yesterday** je lui ai écrit une lettre hier; **have you any ~s to post?** avez-vous des lettres à poster?; **were there any ~s for me?** y avait-il du courrier *or* des lettres pour moi?; **he was invited by ~** il a reçu une invitation écrite; **the news came in a ~ from her brother** une lettre de son frère annonçait la nouvelle; *(Comm)* **~ of acknowledgement** lettre accusant réception; *(Jur)* **~ of attorney** procuration *f*; *(Diplomacy)* **~(s) of credence** lettres de créance; *(Fin)* **~ of credit** lettre de crédit; **~ of intent** lettre d'intention; **~ of introduction** lettre de recommandation; **~s patent** lettres patentes; *(Jur)* **~ of request**, **~ rogatory** commission *f* rogatoire; *(as publication)* **'The L~s of Virginia Woolf'** 'La correspondance *or* Les lettres de Virginia Woolf'; *V* **covering, love, open** *etc.*

  (c) *(learning)* **~s** (belles-)lettres *fpl*; **man of ~s** homme *m* de lettres.

  (d) *(US Scol)* distinctions *fpl* *(pour succès sportifs).*

  2 *vt* **(a)** *(put ~ on)* **I've ~ed the packets according to the order they arrived in** j'ai inscrit des lettres sur les paquets selon leur ordre d'arrivée; **she ~ed the envelopes from A to M** elle a marqué les enveloppes de A à M.

  (b) *(engrave)* graver (des lettres sur). **the book cover was ~ed in gold** la couverture du livre portait une inscription en lettres d'or; **the case is ~ed with my initials** l'étui est gravé à mes initiales, mes initiales sont gravées sur l'étui.

  3 *cpd:* **letter bomb** lettre piégée; *(esp Brit)* **letterbox** boîte *f* aux *or* à lettres; *(Brit)* **letter-card** carte-lettre *f*; **letterhead** en-tête *m*; **letter opener** coupe-papier *m inv*; **letter paper** papier *m* à lettres; *(US)* **to be letter-perfect in sth** savoir qch sur le bout du doigt; *(Typ)* **letterpress** *(method)* typographie *f*; *(text)* texte imprimé; **he's a good/bad letter-writer** c'est un bon/mauvais correspondant *or* épistolier *(hum).*

lettered ['letəd] *adj person* lettré; *V also* **letter.**

lettering ['letərɪŋ] *n* *(U)* *(engraving)* gravure *f*; *(letters)* caractères *mpl.*

letting ['letɪŋ] *n* **(a)** *[flat etc]* location *f.* **(b)** *V* **blood 3.**

lettuce ['letɪs] *n* *(Bot)* laitue *f*; *(Culin)* laitue, salade *f*. **would you like some more ~?** veux-tu reprendre de la laitue? *or* de la salade?

leucocyte ['luːkə‚saɪt] *n* leucocyte *m.*

leucotomy [luːˈkɒtəmɪ] *n* leucotomie *f*, lobotomie *f* cérébrale.

leukaemia, *(esp US)* **leukemia** [luːˈkiːmɪə] *n* leucémie *f.*

leukocyte ['luːkə‚saɪt] *n* *(esp US)* = **leucocyte.**

leukotomy [luːˈkɒtəmɪ] *n* *(esp US)* = **leucotomy.**

Levant [lɪˈvænt] *n* Levant *m.*

levee¹ ['levɪ] *n* *(raised riverside of silt)* levée naturelle; *(man-made embankment)* levée, digue *f*; *(ridge surrounding field)* digue; *(landing place)* quai *m.*

levee² [leˈveɪ] *n* *(Hist)* réception royale *(pour hommes)*; *(at royal bedside)* lever *m* (du roi). *(US)* **a presidential ~** une réception présidentielle.

level ['levl] **1** *n* **(a)** *(height: lit, fig)* niveau *m*, hauteur *f*; *(scale)* niveau, échelon *m*. **the water reached a ~ of 10 metres** l'eau a atteint une hauteur de 10 mètres; **water finds its own ~** l'eau trouve son niveau; **the child will find his own ~** l'enfant trouvera son niveau; **at roof ~** au niveau du toit; *(fig)* **the teacher came down to their ~** le professeur s'est mis à leur niveau; *(fig)* **he's far above my ~** il est d'un niveau bien supérieur au mien; **I'm not on his ~** at all je ne suis pas du tout à son niveau; **his ability is on a ~ with** *or* **on the same ~ as that of his schoolmates** ses capacités sont du même niveau que celles de ses camarades de classe; **that dirty trick is on a ~ with the other one he played** ce mauvais coup est (bien) à la hauteur du *or* vaut le précédent; **social/ intellectual ~** niveau social/intellectuel; *(Admin, Pol etc)* **at a higher/lower ~** à un niveau *or* échelon supérieur/inférieur; **top-~ talks** conférence *f* au niveau le plus élevé; **at departmental ~** à l'échelon départemental; *V* **eye, knee, sea** *etc.*

  (b) *(Aut, Rail)* palier *m.* **speed on the ~** vitesse *f* en palier; *(fig)* **I'm telling you on the ~*** je te le dis franchement; *(fig)* **is this on tho ~?*** c'est-ce que c'est régulier? *or* réglo?‡; *(fig)* **is he on the ~?*** est-ce qu'il joue franc jeu?, est-ce qu'il est fair-play?

  (c) *(also spirit ~)* niveau *m* à bulle (d'air).

  (d) *(flat place)* terrain *m* plat.

  2 *adj* **(a)** *(flat; not bumpy; not sloping)* **surface** plat, plan, uni. **~ ground** terrain plat *or* plan *or* uni; **it's dead ~** c'est parfaitement plat; **the tray must be absolutely ~** il faut que le plateau soit absolument horizontal; **hold the stick ~** tiens le bâton horizontal *or* à l'horizontale; **a ~ spoonful** une cuillerée rase; **to do one's ~ best (to do sth)*** faire tout son possible *or* faire de son mieux (pour faire qch).

  (b) *(at same standard, equal)* à égalité. **the 2 contestants are dead ~** les 2 participants sont exactement à égalité; **to be ~ with** *(in race)* être à la hauteur de *or* à la même hauteur que; *(in league)* être à égalité avec, avoir le même nombre de points que; *(in one's studies, achievements etc)* être au niveau de *or* au même niveau que; *(in salary, rank)* être à l'échelon de *or* au même échelon que; **to draw ~ with** *(in race)* arriver à la hauteur de *or* à la même hauteur que, rejoindre, rattraper; *(in league)* arriver dans la même position que, arriver au même score que; *(in one's studies, achievements etc)* arriver au niveau de *or* au même niveau que; *(in salary, rank)* arriver au niveau de *or* au même niveau que, arriver au même échelon que; **to be ~ in seniority with** avoir la même ancienneté que, être au même niveau d'ancienneté que; **the dining room is ~ with the garden** la salle à manger est de plain-pied avec le jardin; **~ with the ground** au niveau du sol, à

ras du sol; **hold the 2 sticks absolutely ~** tiens les 2 bâtons exactement à la même hauteur.
(c) *(steady) voice, tones* calme, assuré; *judgment* sain, raisonné. *(fig)* **to keep a ~ head** garder tout son sang-froid; *V also* **3**.
(d) *(US*: honest) person, deal* honnête, régulier.
3 *cpd: (Brit Rail)* **level crossing** passage *m* à niveau; **level-headed** équilibré; *(Brit)* **they were level-pegging** ils étaient à égalité.
4 *vt* (a) *(make level) site, ground* niveler, aplanir; *quantities* répartir également; *(demolish) building, town* raser. **to ~ sth to the ground** raser qch.
(b) **to ~ a blow at sb** allonger un coup de poing à qn; **to ~ a gun at sb** braquer *or* pointer un pistolet sur qn; **to ~ an accusation at sb** lancer *or* porter une accusation contre qn.
5 *vi (US*)* **I'll ~ with you** je vais être franc (*f* franche) avec vous, je ne vais rien vous cacher; **you're not ~ling with me about what you bought** tu ne me dis pas tout ce que tu as acheté.
♦**level down** **1** *vt sep (lit) surface* aplanir, raboter; *(fig) standards* niveler par le bas.
2 levelling down *n V* **levelling 3.**
♦**level off** **1** *vi [curve on graph, statistics, results, prices etc]* se stabiliser, se tasser; *[aircraft]* amorcer le vol en palier.
2 *vt sep (make flat) heap of sand etc* égaliser, niveler.
3 levelling off *n V* **levelling 3.**
♦**level out** **1** *vi [curve on graph, statistics, results, prices etc]* se stabiliser; *[road etc]* s'aplanir.
2 *vt sep* niveler, égaliser.
♦**level up** **1** *vt sep (lit) ground* niveler; *(fig) standards* niveler par le haut.
2 levelling up *n V* **levelling 3.**
leveller, *(US)* **leveler** ['levlə^r] *n:* **poverty is a great ~** tous les hommes sont égaux dans la misère.
levelling ['levlɪŋ] **1** *n (U: lit, fig)* nivellement *m*.
2 *adj (fig) process, effect* de nivellement.
3 *cpd:* **levelling down** nivellement *m* par le bas; **levelling off** *(gen)* égalisation *f*, nivellement *m*; *(Econ, Fin)* stabilisation *f*, tassement *m*; **levelling rod, levelling staff** mire *f*, jalon-mire *m*; **levelling up** nivellement *m* par le haut.
lever ['li:və^r] **1** *n (gen, also fig)* levier *m*; *(small, on machine etc)* manette *f*; *V* **gear**.
2 *vt:* **to ~ sth into position** mettre qch en place (à l'aide d'un levier).
♦**lever out** *vt sep:* **to lever sth out** extraire qch au moyen d'un levier; *(fig)* **he levered himself out of the chair** il s'est extirpé* du fauteuil; **they're trying to lever him out of his position as manager*** ils essaient de le déloger de son poste de directeur.
♦**lever up** *vt sep* soulever au moyen d'un levier. *(fig)* **he levered himself up on one elbow** il s'est soulevé sur un coude.
leverage ['li:vərɪdʒ] *n (lit)* force *f* (de levier); *(fig: influence)* influence *f*, prise *f* *(on or with sb* sur qn); *(US Fin)* effet *m* de levier.
leveret ['levərɪt] *n* levraut *m*.
leviathan [lɪ'vaɪəθən] *n (Bible)* Léviathan *m*; *(fig: ship/organization etc)* navire/organisme *etc* géant.
Levi's ['li:vaɪz] *npl* ® Levi's *mpl* ®.
levitate ['levɪteɪt] **1** *vi* se soulever *or* être soulevé par lévitation.
2 *vt* soulever *or* élever par lévitation.
levitation [ˌlevɪ'teɪʃən] *n* lévitation *f*.
Leviticus [lɪ'vɪtɪkəs] *n* Lévitique *m*.
levity ['levɪtɪ] *n* (a) *(frivolity)* manque *m* de sérieux, légèreté *f*.
(b) *(fickleness)* inconstance *f*.
levy ['levɪ] **1** *n* (a) *(gen)* prélèvement *m* *(on* sur); *(tax)* impôt *m*, taxe *f* *(on* sur); *(amount, act of taxing)* taxation *f*. **import ~** prélèvement à l'importation; *V* **capital**.
(b) *(Mil) (act)* levée *f*, enrôlement *m*; *(troops)* troupes enrôlées, levée.
2 *vt* (a) *(impose) tax* prélever, mettre *(on sth* sur qch); *fine* infliger, imposer *(on sb* à qn).
(b) *(collect) taxes, contributions* lever, percevoir, recueillir.
(c) *(Mil)* **to ~ troops/an army** lever des troupes/une armée; **to ~ war** *(on or against)* faire la guerre (à).
♦**levy on** *vt fus (Jur)* **to levy on sb's property** saisir (les biens de) qn.
lewd [lu:d] *adj* obscène, lubrique.
lewdly ['lu:dlɪ] *adv* de façon obscène.
lewdness ['lu:dnɪs] *n [person]* lubricité *f*; *[thing]* obscénité *f*.
lexeme ['leksi:m] *n* lexème *m*.
lexical ['leksɪkəl] *adj* lexical. **~ item** unité lexicale, item lexical.
lexicalize ['lɪ'sɪkə‚laɪz] *vt* lexicaliser.
lexicographer [ˌleksɪ'kɒgrəfə^r] *n* lexicographe *mf*.
lexicographical [ˌleksɪkəʊ'græfɪkəl] *adj* lexicographique.
lexicography [ˌleksɪ'kɒgrəfɪ] *n* lexicographie *f*.
lexicologist [ˌleksɪ'kɒlədʒɪst] *n* lexicologue *mf*.
lexicology [ˌleksɪ'kɒlədʒɪ] *n* lexicologie *f*.
lexicon ['leksɪkən] *n* lexique *m*.
lexis ['leksɪs] *n (Ling)* lexique *m*; *(study)* lexicologie *f*.
L.I. *(US) abbr of* **Long Island.**
liability [ˌlaɪə'bɪlɪtɪ] *n* (a) *(U)* responsabilité *f*. **don't admit ~ for the accident** n'acceptez pas la responsabilité de l'accident; **his ~ for the company's debts was limited to £50,000** sa responsabilité quant aux dettes de la compagnie était limitée à 50.000 livres; *V* **joint, limited, strict** *etc*.
(b) *(U)* **~ for tax/for paying tax** assujettissement *m* à l'impôt/au paiement de l'impôt; **~ for military service** obligations *fpl* militaires.
(c) *(Fin: debts)* **liabilities** dettes *fpl*, engagements *mpl*, passif *m*; **assets and liabilities** actif *m* et passif; **to meet one's liabilities** faire face à ses engagements; *(Fin)* **current ~** dettes à court terme; **non-current ~** dettes à moyen et long terme.

(d) *(handicap)* handicap *m*, poids mort. **this car is a ~ for us** cette voiture est un poids mort pour nous; **he's a real ~** il nous handicape plutôt qu'autre chose*, c'est un vrai boulet.
liable ['laɪəbl] *adj* (a) *(likely) [person]* **to be ~ to do** *(gen)* risquer de faire; *(succeed, win etc)* risquer de faire, avoir des chances de faire; *(fall ill, hurt o.s. etc)* risquer de faire, *(more formally)* être susceptible de faire; *[thing]* **to be ~ to do** risquer de faire, *(more formally)* être susceptible de faire; **he's ~ to refuse to do it** il est possible qu'il refuse *(subj)* de le faire; **he is ~ not to come** il est possible qu'il ne vienne pas; **we are ~ to get shot at** on risque de se faire tirer dessus; **we are ~ to be in London next week** nous pourrions bien nous trouver à Londres la semaine prochaine; **it's ~ to be hot** il se peut qu'il fasse *or* il pourrait faire *or* il risque de faire très chaud.
(b) *(subject to) person* passible *(to* de), sujet *(to* à), *thing* assujetti *(to* à). **~ to duty goods** assujetti à des droits; *person* passible de droits; **~ to seasickness** sujet au mal de mer; **to be ~ to** *or* **for tax** *[person]* être imposable; *[thing]* être assujetti à la taxation; **~ to a fine/imprisonment** passible d'une amende/d'emprisonnement; **to be ~ to prosecution** s'exposer à des poursuites; **every man of 20 is ~ for military service** tout homme de 20 ans est astreint au service militaire; **not ~ for military service** exempt d'obligations militaires; **the plan is ~ to changes** le projet est susceptible de changer; **the programme is ~ to alteration without notice** le programme peut être modifié sans préavis; *V* **damage**.
(c) *(Jur: responsible)* (civilement) responsable. **jointly and severally ~** responsable conjointement et solidairement; **to be ~ for sb** être (civilement) responsable de qn; **to be ~ for sb's debts** répondre des dettes de qn.
liaise* [li:'eɪz] *vi (Brit)* **to ~ with sb** assurer la liaison avec qn.
liaison [li:'eɪzɒn] **1** *n (Ling, Mil, gen)* liaison *f*. **2** *cpd:* **liaison committee** comité *m* de liaison; *(Mil, gen)* **liaison officer** officier *m* de liaison.
liana [li:'ɑ:nə] *n* liane *f*.
liar ['laɪə^r] *n* menteur *m*, -euse *f*.
lib‡ ['lɪb] *n abbr of* **liberation.**
libation [laɪ'beɪʃən] *n* libation *f*.
libber* ['lɪbə^r] *n =* **liberationist.**
libel ['laɪbl] **1** *n (Jur) (act)* diffamation *f* (par écrit); *(document)* libelle *m*, pamphlet *m*, écrit *m* diffamatoire. **to sue sb for ~, to bring an action for ~ against sb** intenter un procès en diffamation à qn; *(fig)* **that's (a) ~!** c'est une calomnie!
2 *cpd: (Jur)* **libel laws** lois *fpl* contre la diffamation; **libel proceedings, libel suit** procès *m* en diffamation.
3 *vt (Jur)* diffamer (par écrit); *(gen)* calomnier, médire de.
libellous, *(US)* **libelous** ['laɪbələs] *adj* diffamatoire.
liberal ['lɪbərəl] **1** *adj* (a) *(broad-minded) education* libéral; *ideas, mind, interpretation* libéral, large. **~ arts** arts libéraux; *(Scol etc)* **~ studies** ≃ programme *m* de culture générale.
(b) *(generous) amount, contribution, offer* généreux; *person* prodigue *(with* de), généreux, libéral; *(copious) supply* ample, abondant.
(c) *(Pol)* **L~** libéral.
2 *n (Pol)* **L~** libéral(e) *m(f)*.
3 *cpd:* **liberal-minded** libéral, large d'esprit.
liberalism ['lɪbərəlɪzəm] *n (Pol, gen)* libéralisme *m*.
liberality [ˌlɪbə'rælɪtɪ] *n (broad-mindedness)* libéralisme *m*; *(generosity)* libéralité *f*, générosité *f*.
liberalize ['lɪbərəlaɪz] *vt* libéraliser.
liberally ['lɪbərəlɪ] *adv (gen)* libéralement; **help o.s., supply** amplement, abondamment.
liberate ['lɪbəreɪt] *vt prisoner, slave* libérer; *women etc* libérer, émanciper; *(Chem) gas* libérer, dégager; *(Fin) capital* dégager.
liberated ['lɪbəreɪtɪd] *adj* libéré.
liberation [ˌlɪbə'reɪʃən] **1** *n* libération *f*; *(Fin)* dégagement *m*. **2** *cpd: (Rel)* **liberation theology** théologie *f* de libération.
liberationist [ˌlɪbə'reɪʃənɪst] *n (active)* membre *m* d'un (*or* du) mouvement de libération; *(sympathiser)* partisan *m* de la libération *(des femmes etc)*.
liberator ['lɪbəreɪtə^r] *n* libérateur *m*, -trice *f*.
Liberia [laɪ'bɪərɪə] *n* Libéria *m*.
Liberian [laɪ'bɪərɪən] **1** *adj* libérien; *embassy etc* du Libéria. **2** *n* Libérien(ne) *m(f)*.
libertarian [ˌlɪbə'tɛərɪən] *adj, n* libertaire *(mf)*.
libertarianism [ˌlɪbə'tɛərɪənɪzəm] *n (philosophy)* doctrine *f* libertaire; *(sb's characteristic)* idées *fpl* libertaires.
libertinage ['lɪbətɪnɪdʒ] *n* libertinage *m*.
libertine ['lɪbəti:n] *adj, n* libertin(e) *m(f)*.
liberty ['lɪbətɪ] **1** *n* (a) *(freedom)* liberté *f*. **at ~** *(not detained)* en liberté; *(not busy)* libre; **you are at ~ to** choose vous êtes libre de choisir, libre à vous de choisir; **you are not at ~ to change the wording** vous n'avez pas le droit de changer le texte; **~ of the press** liberté de la presse; **~ of conscience** liberté de conscience; *V* **civil**.
(b) *(presumption)* liberté *f*. **to take liberties (with sb)** prendre *or* se permettre des libertés (avec qn); **to take the ~ of doing** prendre la liberté *or* se permettre de faire; **that was rather a ~ on his part** il ne s'est pas gêné; **what a ~!*** quel toupet!*
2 *cpd:* **liberty bodice** chemise *f* américaine; *(Hist)* **liberty cap** bonnet *m* phrygien; *(fig)* **it's liberty hall here** ici tout est permis.
libidinous [lɪ'bɪdɪnəs] *adj* libidineux.
libido [lɪ'bi:dəʊ] *n* libido *f*.
Lib-Lab* ['lɪb‚læb] *adj (Brit Pol: abbr of* **Liberal-Labour)** **~ pact** pacte *m* libéral-travailliste.
Libra ['li:brə] *n (Astron)* Balance *f*. **I'm ~** je suis (de la) Balance.
Libran ['li:brən] *n* (personne née sous le signe de la) Balance *f*.
librarian [laɪ'brɛərɪən] *n* bibliothécaire *mf*.

librarianship [laɪ'brɛərɪənʃɪp] *n* (*job*) poste *m* de bibliothécaire; (*esp Brit: science*) bibliothéconomie *f*; (*knowledge*) connaissances *fpl* de bibliothécaire. **to do** *or* **study** ~ faire des études de bibliothécaire *or* de bibliothéconomie.

library ['laɪbrərɪ] **1** *n* (**a**) (*building, room*) bibliothèque *f*. (*US*) **L~ of Congress** Bibliothèque du Congrès; *V* **mobile, public, reference** *etc*.

  (**b**) (*collection*) bibliothèque *f*; (*published series*) collection *f*, série *f*, bibliothèque.

  2 *cpd*: **library book** livre *m* de bibliothèque; **library card** = **library ticket; library edition** édition reliée pour bibliothèque; **library science** bibliothéconomie *f*; (*Comput*) **library software** logiciel-bibliothèque *m*; **library ticket** carte *f* de lecteur *or* de bibliothèque.

librettist [lɪ'bretɪst] *n* librettiste *mf*.

libretto [lɪ'bretəʊ] *n* libretto *m*, livret *m*.

Librium ['lɪbrɪəm] *n* ® Librium *m* ®.

Libya ['lɪbɪə] *n* Libye *f*.

Libyan ['lɪbɪən] **1** *n* Libyen(ne) *m(f)*. **2** *adj* libyen, de Libye. ~ **Arab Jamahiriya** Jamahiriya *f* arabe libyenne; ~ **Desert** désert *m* de Libye.

lice [laɪs] *npl* of **louse.**

licence ['laɪsəns] **1** *n* (**a**) (*permit*) (*gen*) autorisation *f*, permis *m*; (*for manufacturing, trading etc*) licence *f*; (*Aut*) (*for driver*) permis; (*for car*) vignette *f*; (*for radio, TV*) redevance *f* de l'audio visuel; (*document itself*) fiche *f* de redevance. **driving** ~ permis de conduire; **export/import** ~ permis d'exporter/d'importer; **pilot's** ~ **brevet** *m* de pilote; **have you got a** ~ **for this radio?** est-ce que vous avez payé la redevance pour cette radio?; **they were married by special** ~ ils se sont mariés avec dispense (de bans); **to manufacture sth under** ~ fabriquer qch sous licence; *V* **marriage, off** *etc*.

  (**b**) (*U*) (*freedom*) licence *f*, liberté *f*; (*excess*) licence. **you can allow some** ~ **in translation** on peut tolérer une certaine licence *or* liberté dans la traduction; *V* **poetic.**

  2 *cpd*: (*Aut*) **licence number** *[licence]* numéro *m* de permis de conduire; *[car]* numéro minéralogique *or* d'immatriculation *or* de police; (*esp US*) **licence plate** plaque *f* minéralogique *or* d'immatriculation *or* de police.

license ['laɪsəns] **1** *n* (*US*) = **licence.**

  2 *vt* (**a**) (*give licence to*) donner une licence à; *car [licensing authority]* délivrer la vignette pour; *[owner]* acheter la vignette de *or* pour. **the shop is** ~**d to sell tobacco** le magasin détient une licence de bureau de tabac; **the shop is** ~**d for the sale of alcoholic liquor** le magasin détient une licence de débit de boissons; (*Brit*) ~**d victualler** patron *m* *or* gérant *m* d'un pub; (*Brit*) (**on**) ~**d premises** (dans un) établissement ayant une licence de débit de boissons; (*Jur*) ~**d product** produit *m* sous licence; (*US*) ~**d practical nurse** infirmier *m*, -ière *f* auxiliaire; *V also* **licensing.**

  (**b**) (*permit*) autoriser (*sb to do* qn à faire), permettre (*sb to do* à qn de faire).

licensee [,laɪsən'si:] *n* concessionnaire *mf* (d'une licence), licencié *m*; (*Brit: of pub*) patron(ne) *m(f)*.

licenser ['laɪsənsər] = **licensor.**

licensing ['laɪsənsɪŋ] **1** *adj*: **the** ~ **authority** l'organisme *m* *or* le service délivrant les permis (*or* les licences *etc*).

  2 *cpd*: (*Brit*) **licensing laws** lois *fpl* réglementant la vente d'alcool.

licensor ['laɪsənsər] *n* (*Jur*) concédant *m* (d'une licence).

licentiate [laɪ'senʃɪɪt] *n* diplômé(e) *m(f)* (*pour pratiquer une profession libérale*).

licentious [laɪ'senʃəs] *adj* licencieux.

lichen ['laɪkən] *n* lichen *m*.

lichgate ['lɪtʃgeɪt] *n* porche *m* de cimetière.

licit ['lɪsɪt] *adj* licite.

lick [lɪk] **1** *n* (**a**) (*also* salt) ~ (que les animaux viennent lécher); (*block of rock salt*) pierre *f* à lécher.

  2 *cpd*: (*pej*) **lickspittle** lèche-bottes* *mf inv*.

  3 *vt* (**a**) *[person, animal, flames]* lécher. **to** ~ **one's lips** (*lit*) se lécher les lèvres; (*fig*) se frotter les mains (*fig*); **to** ~ **one's chops** se lécher *or* se pourlécher les babines*; **she** ~**ed the cream off her fingers** a léché la crème qu'elle avait sur les doigts; **to** ~ **sth clean** nettoyer qch à coups de langue; (*fig*) **to** ~ **sb's boots** jouer les lèche-bottes* envers qn; **to** ~ **sb's arse**‡‡ lécher le cul à qn‡‡; (*fig*) **to** ~ **one's wounds** panser ses blessures (*fig*); *V* **shape.**

  (**b**) (***) (*defeat*) écraser*, battre à plate(s) couture(s); (*outdo, surpass*) battre; (*thrash*) flanquer une correction à, tabasser‡. **I've got it** ~**ed** (*of problem, puzzle etc*) j'ai trouvé la solution; (*of bad habit*) j'ai réussi à m'arrêter; *[problem etc]* **it's got me** ~**ed** cela m'épate.

◆**lick off** *vt sep* enlever à coups de langue, lécher. **lick it off!** lèche-le!

◆**lick up** *vt sep* lécher; *[cat]* laper.

lickety-split* ['lɪkɪtɪ'splɪt] *adv* (*US*) à fond de train.

licking* ['lɪkɪŋ] *n* (*whipping*) rossée* *f*, raclée* *f*; (*defeat*) déculottée‡ *f*.

licorice ['lɪkərɪs] *n* (*US*) = **liquorice.**

lid [lɪd] *n* (**a**) *[pan, box, jar, piano]* couvercle *m*. (*fig*) **the newspaper articles took** *or* **blew the** ~ **off his illegal activities** les

articles de presse ont étalé au grand jour ses activités illégales; **that puts the** ~ **on it!*** (*that's the end*) ça c'est un comble! *or* le pompon!*; (*US: act against sth*) **to put the** ~ **on sth*** prendre des mesures contre qch.

  (**b**) (*also* eye~) paupière *f*.

  (**c**) (‡) (*helmet*) casque *m* (*de motocycliste etc*); (*esp US: hat*) galure‡ *m*, chapeau *m*; *V* **skid.**

  (**d**) (*Drugs sl*) 25 *g de marijuana.*

lido ['li:dəʊ] *n* (*resort*) complexe *m* balnéaire; (*Brit: swimming pool*) piscine *f* (*en plein air*).

lie¹ [laɪ] *pret* **lay,** *ptp* **lain 1** *vi* (**a**) *[person etc]* (*also* ~ **down**) s'allonger, s'étendre, se coucher; (*state:* **gen to be lying**) être allongé *or* étendu *or* couché; (*in grave etc*) être enterré. **go and** ~ **on the bed** allez vous allonger *or* vous étendre sur le lit; **don't** ~ **on the grass** ne t'allonge pas *or* ne te couche pas sur l'herbe; **he was lying on the floor** (*resting etc*) il était allongé *or* étendu *or* couché par terre; (*unable to move*) il était étendu *or* il gisait par terre; **she lay in bed until 10 o'clock** elle est restée *or* a traîné (*pej*) au lit jusqu'à 10 heures; **she was lying in bed reading** elle lisait au lit; ~ **on your side** couche-toi *or* mets-toi *or* allonge-toi sur le côté; **she was lying face downwards** elle était (couchée *or* allongée *or* étendue) à plat ventre; **he was lying asleep** il était allongé et il dormait, il était allongé endormi; **he lay asleep on the bed** il dormait étendu *or* allongé sur le lit; **he lay dead** il était étendu mort; **he lay dead at her feet** il était étendu mort à ses pieds, il gisait à ses pieds; **he lay helpless on the floor** il était étendu par terre sans pouvoir faire quoi que ce soit; **he was lying still** il était étendu immobile; ~ **still!** ne bouge pas!, reste tranquille!; **his body was lying on the ground** son corps gisait sur le sol; **he** ~**s in the churchyard** il repose dans le *or* est enterré au cimetière; **the body lay in the coffin/the tomb** le corps reposait dans le cercueil/la tombe; **to** ~ **in state** être exposé solennellement; (*on tombstone*) **here** ~**s ...** ci-gît ...; (*fig*) **he lay in prison for many years** il est resté en prison pendant de nombreuses années; (*fig*) **to** ~ **low** (*hide*) se cacher, rester caché; (*stay out of limelight*) ne pas se faire remarquer, se tenir à carreau*; *V* **ambush, sleeping, wait.**

  (**b**) *[object]* être; *[place, road]* se trouver, être; *[land, sea etc]* s'étendre; (*remain*) rester, être. **the book lay on the table** le livre était sur la table; **the book lay unopened all day** le livre est resté fermé toute la journée; **the book lay open on the table** le livre était ouvert sur la table; **his food lay untouched while he told us the story** il ne touchait pas à son assiette pendant qu'il nous racontait l'histoire; **his clothes were lying on the floor** ses vêtements étaient par terre; **the whole contents of the box lay scattered on the carpet** tout le contenu de la boîte était éparpillé *or* gisait éparpillé sur le tapis; **our road lay along the river** notre itinéraire longeait la rivière; **the road** ~**s over the hills** la route traverse les collines; **the ship was lying in the harbour** le navire était au port *or* avait mouillé dans le port; *[ship]* **to** ~ **at anchor** être à l'ancre, avoir mouillé; (*fig*) **obstacles** ~ **in the way** la route est semée d'embûches; **the money is lying in the bank** l'argent est en dépôt à la banque; **the money is lying idle in the bank** l'argent dort à la banque; **the factory lay idle** personne ne travaillait dans l'usine; **the machines lay idle** les machines étaient arrêtées; **the snow lay 2 metres deep** il y avait 2 mètres (d'épaisseur) de neige; **the snow lay thick** *or* **deep on the ground** il y avait une épaisse couche de neige sur le sol; **the snow will not** ~ la neige ne tiendra pas; **the town lay in ruins** la ville était en ruines; **the meal lay heavy on his stomach** le repas lui pesait sur l'estomac; **the crime lay heavy on his conscience** le crime lui pesait sur la conscience; **the valley/lake/sea lay before us** la vallée/le lac/la mer s'étendait devant nous; **during the years that** ~ **before us** pendant les années qui sont devant nous; **a brilliant future** ~**s before you** vous avez devant vous un brilliant avenir; (*fig*) **what** ~**s before** me que lui réserve l'avenir; (*fig*) **what** ~**s ahead** ce qui reste à venir, ce que réserve l'avenir; (*fig*) **the (whole) world lay at her feet** toutes les portes lui étaient ouvertes; *V* **land.**

  (**c**) (*with abstract subject*) être, résider. **he knows where his interests** ~ il sait où sont *or* résident ses intérêts; **the trouble** ~**s in the engine** le problème vient du moteur; **the trouble** ~**s in his inability to be strict** le problème provient de *or* réside dans son incapacité d'être sévère; **the difference** ~**s in the fact that ...** la différence vient de ce que ...; **the real remedy** ~**s in education** le vrai remède se trouve dans *or* réside dans l'enseignement; **the blame** ~**s with you** c'est vous qui êtes à blâmer, c'est à vous que revient la faute *or* que la faute est imputable; **a curse lay on the family** une malédiction pesait sur la famille; **it does not** ~ **within my power to decide** il n'est pas en mon pouvoir de décider; **it** ~**s with you to decide** il vous appartient de décider, c'est à vous (qu'il incombe) de décider; (*liter, frm*) **as far as in me** ~**s** au mieux de mes possibilités, du mieux que je peux.

  (**d**) (*Jur*) *[evidence, appeal]* être recevable.

  2 *n* (**a**) (*Golf*) *[ball]* position *f*.

  (**b**) *[land]* configuration *f*; *V* **land.**

  3 *cpd*: **lie-abed*** flemmard(e)* *m(f)* (qui traîne au lit); (*Brit*) **to have a lie-down*** s'allonger, se reposer; (*Brit*) **to have a lie-in*** faire la grasse matinée.

◆**lie about, lie around** *vi* (**a**) *[objects, clothes, books]* traîner. **don't leave that money lying about** ne laissez pas traîner cet argent.

  (**b**) *[person]* traîner, traînasser*. **don't just lie about all day!** tâche de ne pas traîner *or* traînasser toute la journée!

◆**lie back** *vi* (*in chair, on bed*) se renverser (en arrière). (*fig*) **just lie back and enjoy yourself!** laisse-toi (donc) vivre!

◆**lie down 1** *vi* *[person, animal]* se coucher, s'allonger, s'étendre. **she lay down for a while** elle s'est allongée quelques instants; **when I arrived she was lying down** quand je suis arrivé elle était

allongée; (*to dog*) **lie down!** couché!; **to lie down on the job*** tirer au flanc*, flemmarder*; (*fig*) **to lie down under an insult** courber la tête sous l'insulte; (*fig*) **to take sth lying down** encaisser qch* sans broncher, accepter qch sans protester, avaler des couleuvres; **he won't take that lying down*** il va se rebiffer*; **I won't take it lying down*** ça ne va pas se passer comme ça, je vais protester; **he's not one to take things lying down*** il n'est pas du genre à tout avaler* *or* encaisser sans rien dire.
 2 lie-down* *n V* **lie¹ 3.**
◆**lie in 1** *vi* (a) (*stay in bed*) rester au lit, faire la grasse matinée. **(b)** (†: *in childbirth*) être en couches.
 2 lie-in* *n V* **lie¹ 3.**
◆**lie off** *vi* (*Naut*) rester au large.
◆**lie over** *vi* (*be postponed*) être ajourné, être remis (à plus tard).
◆**lie to** *vi* (*Naut*) être *or* se tenir à la cape.
◆**lie up** *vi* (a) (*stay in bed*) garder le lit *or* la chambre. **(b)** (*hide*) se cacher, rester caché.
lie² [laɪ] (*vb: pret, ptp* **lied**) **1** *n* mensonge *m*. **to tell ~s** mentir, dire des mensonges; **that's a ~!** vous mentez!, c'est un mensonge!; **to give the ~ to person** accuser de mentir; **claim, account** démentir, contredire; *V* **pack, white.**
 2 *vi* mentir. **he's lying in his teeth*** il ment effrontément *or* comme un arracheur de dents.
 3 *vt*: **he tried to ~ his way out of it** il a essayé de s'en sortir par des mensonges; **he managed to ~ his way into the director's office** il a réussi à s'introduire dans le bureau du directeur sous un prétexte mensonger; **he ~d his way into the job** il a obtenu le poste grâce à des mensonges.
 4 *cpd*: **lie detector** détecteur *m* de mensonges.
Liechtenstein ['lɪktən,staɪn] **1** *n* Liechtenstein *m*. **native** *or* **inhabitant of ~** Liechtensteinois(e) *m(f)*.
 2 *adj* liechtensteinois.
lied [liːd] *n, pl* **lieder** ['liːdər] *n* lied *m* (*pl* lieder).
lief [liːf] *adv* (†† *or liter*) **I would as ~ die as tell a lie** j'aimerais autant mourir que mentir.
liege [liːdʒ] *n* (*Hist*) **(a)** (*also* **~ lord**) seigneur *m*, suzerain *m*. **yes, my ~!** oui, Sire! **(b)** (*also* **~ man**) vassal *m* (lige).
lien [lɪən] *n* (*Jur*) privilège *m*, droit *m* de gage.
lienee [,lɪə'niː] *n* débiteur-gagiste *m*.
lienor ['lɪənər] *n* créancier-gagiste *m*.
lieu [luː] *n*: **in ~ of** au lieu de, à la place de; **one month's notice** *or* **£24 in ~** un mois de préavis ou bien 24 livres.
Lieut. *abbr of* **Lieutenant**. (*on envelope*) **~ J. Smith** Monsieur le lieutenant J. Smith.
lieutenant [lef'tenənt, (*US*) luː'tenənt] **1** *n* (a) (*Brit Army*) lieutenant *m*; (*Brit, US: Navy*) [lə'tenənt, (*US*) luː'tenənt] lieutenant de vaisseau; (*fig: chief assistant*) second *m*. (*US Army*) **first ~ lieutenant *m; V* **lord.**
 (b) (*US Police*) (*uniformed*) officier *m* de paix; (*plain clothes*) inspecteur *m* de police.
 2 *cpd*: (*Brit, US: Army; also US Air Force*) **lieutenant-colonel** lieutenant-colonel *m*; (*Navy*) **lieutenant-commander** capitaine *m* de corvette; **lieutenant-general**, (*Brit, US: Army*) général *m* de corps d'armée; (*US Air Force*) général *m* de corps aérien; (*Can*) **Lieutenant-Governor** lieutenant-gouverneur *m*.
life [laɪf] *pl* **lives 1** *n* (a) (*U: in general*) vie *f*. **is there ~ on Mars?** la vie existe-t-elle sur Mars?; **animal and plant ~** vie animale et végétale; **bird ~** les oiseaux *mpl*; **insect ~** les insectes *mpl*; **there was no sign of ~** il n'y avait pas signe de vie; **a matter of ~ and death** une question de vie ou de mort (*V also* **2**); **he came to ~ again** il a repris conscience; **the town came to ~ when the sailors arrived** la ville s'éveillait à l'arrivée des marins; **to bring sb back to ~** ranimer qn; **tired of ~** las de vivre; *V* **large, still²** *etc.*
 (b) (*existence*) vie *f*. **he lived in France all his ~** il a vécu toute sa vie en France; **for the rest of his ~** pour le restant de ses jours; (*Jur*) **to be sent to prison for ~** être condamné à perpétuité *or* à la prison à vie; **to be on trial for one's ~** risquer la peine capitale; **it will last you for ~** *or* (**for**) **all your ~** cela vous durera toute votre vie; **to have the time of one's ~** s'amuser follement; **at my time of ~** à mon âge; **she began ~ as a teacher** elle a débuté comme professeur; **never in (all) my ~ have I seen such stupidity** jamais de ma vie je n'ai vu une telle stupidité; **in early ~, early in ~** de bonne heure, tôt dans la vie; **in her early ~** dans sa jeunesse; **in later ~** plus tard (dans la vie); **in his later ~** plus tard dans sa vie; **late in ~** sur le tard, à un âge avancé; **loss of ~** perte *f* de vies humaines; **how many lives were lost?** combien de vies cela a-t-il coûté?; **many lives were lost** beaucoup ont péri *or* trouvé la mort; **no lives were lost** il n'y a eu aucun mort *or* aucune victime; **to lose one's ~** perdre la vie, périr; **he ran for dear ~*** *or* **for his ~*** il a pris ses jambes à son cou, il a foncé à bride abattue; **run for your lives!** sauve qui peut!; (*Rel*) **in this ~** en cette vie; (*on tombstone etc*) **departed this ~, May 10th 1842** qui a été enlevé(e) aux siens le 10 mai 1842; **is there (a) ~ after death?** y-a-t-il une vie après la mort?; **~ isn't worth living** la vie ne vaut pas la peine d'être vécue; **the cat has nine lives** le chat a neuf vies; **to take sb's ~** donner la mort à qn; **to take one's (own) ~** se donner la mort; **to take one's ~ in one's hands** jouer sa vie; (*liter*) **to lay down one's ~** se sacrifier, donner sa vie; (*Art*) **a portrait taken from ~** un portrait d'après nature; **it was Paul to the ~** c'était Paul tout craché*; **~ begins at forty** la vie commence à quarante ans; **I couldn't for the ~ of me tell you his name*** je ne pourrais absolument pas vous dire son nom; **I couldn't for the ~ of me understand ...*** je n'arrivais absolument pas à comprendre ..., j'avais beau m'évertuer, je ne pouvais comprendre ...; **upon** *or* **'pon my ~!†** seigneur!, diantre!†; **what a ~!** quelle vie!, quel métier!*; **how's ~?** comment (ça) va?*; **such is ~!, that's ~!** c'est la vie!; **this is the ~!*** voilà comment je comprends la vie!; **not on your ~!*** jamais de la vie!; **I**

couldn't do it to save my ~*** je ne pourrais le faire pour rien au monde; *V* **after, rose²,** true *etc.*
 (c) (*U: way of living*) vie *f*. **which do you prefer, town or country ~?** que préférez-vous, la vie à la ville ou la vie à la campagne?; **his ~ was very unexciting** sa vie n'avait rien de passionnant; **high ~** la vie mondaine; **the good ~** (*pleasant*) la belle vie; (*Rel*) la vie d'un saint, une vie sainte; **it's a good ~** c'est la belle vie; **home ~** vie de famille; **the private ~ of Henry VIII** la vie privée d'Henri VIII; **he is known in private ~ as ...** dans le privé *or* dans l'intimité on l'appelle ...; **to lead a charmed ~** avoir la chance avec soi; **to lead a quiet ~** mener une vie tranquille; **to live the ~ of Riley*** mener la vie de château; (*US: of prostitute*) **she's in the ~‡** elle fait le trottoir; *V* **married, night, see¹** *etc.*
 (d) (*U: liveliness*) vie *f*. **to be full of ~** être plein de vie; **you need to put a bit of ~ into it** il faut y mettre plus d'ardeur, il faut y aller avec plus d'entrain; **he's the ~ and soul of the party** c'est un boute-en-train, c'est lui qui met l'ambiance*; **it put new ~ into me** ça m'a fait revivre, ça m'a ragaillardi *or* revigoré; **there isn't much ~ in our village** notre village n'est pas très vivant *or* est plutôt mort; **there's ~ in the old dog yet*** le bonhomme a encore du ressort.
 (e) (*biography*) vie *f*. **the lives of the Saints** la vie des saints.
 (f) (*fig: validity, usefulness*) [*car, ship, government, licence, battery etc*] durée *f*.
 (g) (*: imprisonment*). **he got ~** il a été condamné à perpétuité *or* à perpète‡; **he's doing ~** il tire* une condamnation à perpétuité.
 2 *cpd* **subscription** *etc* à vie. **a life-and-death struggle** un combat à mort, une lutte désespérée; **life annuity** rente viagère; (*esp Brit*) **life assurance** assurance-vie *f*; **lifebelt** bouée *f* de sauvetage; (*fig*) **lifeblood** élément vital *or* moteur, âme *f*; **lifeboat** (*from shore*) bateau *m* *or* canot *m* de sauvetage; (*from ship*) chaloupe *f* de sauvetage; **lifeboatman** sauveteur *m* (en mer); **lifeboat station** centre *m* *or* poste *m* de secours en mer; **lifebuoy** bouée *f* de sauvetage; **life cycle** cycle *m* de (la) vie; **life expectancy** espérance *f* de vie; **life expectancy table** table *f* de survie; **the life force** la force vitale; **life-giving** vivifiant; **lifeguard** (*on beach*) surveillant *m* de plage *or* de baignade; (*Mil: bodyguard*) garde *m* du corps; (*Brit Mil*) **Life Guards** cavalerie *f* de la Garde (royale); **life imprisonment** (*gen*) prison *f* à vie; (*Jur*) réclusion *f* à perpétuité; **life insurance** = **life assurance**; (*Jur*) **life interest** usufruit *m*; **life jacket** gilet *m* de sauvetage, ceinture *f* de sauvetage; (*Navy*) **brassière** *f* (de sauvetage); **lifelike** qui semble vivant *or* vrai; **lifeline** (*on ship*) main courante; (*in palmistry*) ligne *f* de vie; (*for diver*) corde *f* de sécurité; (*fig*) **it was his lifeline** c'était vital pour lui; **lifelong** ambition de toute ma (*or* sa *etc*) vie; **friend, friendship** de toujours; **it is a lifelong task** c'est le travail de toute une vie; **life member** membre *m* à vie; **to be given life membership** être membre *or* fait membre à vie; (*Brit*) **life peer** pair *m* à vie; (*Brit*) **life peerage** pairie *f* à vie; **life preserver** (*US: life jacket*) gilet *m* de sauvetage, ceinture *f* de sauvetage; (*Navy*) brassière *f* de sauvetage; (*Brit: bludgeon*) matraque *f*; **life president** président(e) *m(f)* à vie; **life raft** radeau *m* de sauvetage; **life-saver** (*person*) surveillant *m(f)* de baignade; (*fig*) **that money was a life-saver** cet argent m'a (*or* lui a *etc*) sauvé la vie; **life-saving** (*n*) (*rescuing*) sauvetage *m*; (*first aid*) secourisme *m*; (*adj*) de sauvetage; **the life sciences** les sciences *fpl* de la vie; (*Jur*) **life sentence** condamnation *f* à perpétuité; **life-sized** grandeur nature *inv*; **life span** durée *f* *or* espérance *f* de vie; **life story** biographie *f*; **his life story** sa biographie, l'histoire *f* de sa vie; **life style** style *m* *or* mode *m* de vie; **life support equipment** *or* **system** équipements *mpl* de vie; (*Med*) **he's on a life support system** il est sous assistance respiratoire; (*Med*) **to switch off the life support system** débrancher le respirateur artificiel; **to hold a life tenancy of a house** être locataire d'une maison à vie; **lifetime** *V* **lifetime;** (*US*) **life-vest** = **life jacket;** **life work** œuvre *f* de toute une (*or* ma *or* sa *etc*) vie.
lifeless ['laɪflɪs] *adj* **body** sans vie, inanimé; **matter** inanimé; (*fig*) **style** sans vie, sans vigueur, mou (*f* molle).
lifelessness ['laɪflɪsnɪs] *n* (*lit*) absence *f* de vie; (*fig*) manque *m* de vigueur *or* d'entrain.
lifer‡ ['laɪfər] *n* condamné(e) *m(f)* à perpète‡.
lifetime ['laɪftaɪm] *n* (a) vie *f*. **it won't happen in** *or* **during my ~** je ne verrai pas cela de mon vivant; **the chance of a ~** la chance de sa (*or* ma *etc*) vie; **once in a ~** une fois dans la *or* une vie; **the work of a ~** l'œuvre de toute une vie; **a ~'s experience** l'expérience d'une toute une vie; *V* **last².** **(b)** (*fig: eternity*) éternité *f*. **it seemed a ~** cela a semblé une éternité.
lift [lɪft] **1** *n* (a) (*Brit*) (*elevator*) ascenseur *m*; (*for goods*) monte-charge *m inv*; *V* **service.**
 (b) (*Ski*) téléski *m*, tire-fesses* *m*.
 (c) **give the box a ~** soulève la boîte; **give me a ~ with this trunk** aide-moi à soulever cette malle; **can you give me a ~ up**, I **can't reach the shelf** soulève-moi s'il te plaît, je n'arrive pas à atteindre l'étagère; *V* **air, face.**
 (d) (*Brit: transport*) **can I give you a ~?** est-ce que je peux vous déposer quelque part?; **I gave him a ~ to Paris** je l'ai pris en voiture *or* je l'ai emmené jusqu'à Paris; **we didn't get any ~s** personne ne s'est arrêté pour nous prendre; **he stood there hoping for a ~** il était là (debout) dans l'espoir d'être pris en stop; *V* **hitch.**
 (e) (*Aviat*) portance *f*.
 (f) (*fig: boost*) **it gave us a ~** cela nous a remonté le moral *or* nous a encouragés.
 2 *cpd*: (*Brit*) **lift attendant** liftier *m*, -ière *f*; (*Brit*) **liftboy, liftman** liftier *m*, garçon *m* d'ascenseur; (*Brit*) **lift cage** cabine *f* d'ascenseur; (*Aut: esp US*) **liftgate** hayon *m*; (*Space*) **lift-off** décollage *m*; **we have lift-off!** décollage!; (*Brit*) **lift shaft** cage *f* d'ascenseur.

3 *vt* (a) (*raise*) lever, soulever; (*Agr*) *potatoes etc* arracher. **to ~ sth into the air** lever qch en l'air; **to ~ sb/sth onto a table** soulever qn/qch et le poser *or* pour le poser sur une table; **to ~ sb/sth off a table** descendre qn/qch d'une table; **to ~ sb over a wall** faire passer qn par-dessus un mur; **this suitcase is too heavy for me to ~** cette valise est trop lourde pour que je la soulève (*subj*); (*Sport*) **to ~ weights** faire de l'haltérophilie *or* des haltères; (*fig*) **he didn't ~ a finger to help** il n'a pas levé le petit doigt pour aider; **he ~ed his fork to his mouth** il a porté la fourchette à sa bouche; (*notice*) '**~ here**' 'soulever ici'; *V* **face**.

(b) (*fig*) *restrictions* supprimer, abolir; *ban, blockade, siege* lever.

(c) (**: steal*) piquer*, chiper*, barboter‡; *V* **shop**.

(d) *quotation, passage* prendre, voler. **he ~ed that idea from Sartre** il a volé *or* pris cette idée à Sartre, il a plagié Sartre.

4 *vi* [*lid etc*] se soulever; [*fog*] se lever.

♦**lift down** *vt sep box, person* descendre. **to lift sth down from a shelf** descendre qch d'une étagère.

♦**lift off 1** *vi* (*Space*) décoller.

2 *vt sep lid* enlever; *person* descendre.

3 lift-off *n V* **lift 2**.

♦**lift out** *vt sep object* sortir; (*Mil*) *troops* (*by plane*) évacuer par avion, aéroporter, (*by helicopter*) héliporter, évacuer par hélicoptère. **he lifted the child out of his playpen** il a sorti l'enfant de son parc.

♦**lift up 1** *vi* [*drawbridge etc*] se soulever, basculer.

2 *vt sep object, carpet, skirt, person* soulever. **to lift up one's eyes** lever les yeux; **to lift up one's head** lever *or* redresser la tête; (*liter*) **he lifted up his voice** il a élevé la voix.

ligament ['lɪgəmənt] *n* ligament *m*.

ligature ['lɪgətʃər] *n* (*Surg, Typ*: *act, object*) ligature *f*; (*Mus*) coulé *m*, liaison *f*.

light¹ [laɪt] (*vb: pret, ptp* **lit** *or* **lighted**) **1** *n* (a) (*gen*) lumière *f*; (*from lamp*) lumière, éclairage *m*; (*from sun*) lumière; (*daylight*) lumière, jour *m*. **electric ~** éclairage *or* lumière électrique; **to put on** *or* **turn on** *or* **switch on the ~** allumer (la lumière); **to put off** *or* **put out** *or* **turn off** *or* **turn out** *or* **switch off** *or* **switch out the ~** éteindre (la lumière); **there were ~s on in several of the rooms** il y avait de la lumière dans plusieurs pièces; **he put out the ~s one by one** il a éteint les lumières une à une; **~s out at 9 o'clock** extinction *f* des feux à 21 heures; **~s out!** extinction des feux!, on éteint!; **we saw several ~s on the horizon** nous avons vu plusieurs lumières à l'horizon; **by the ~ of a candle/the fire/a torch** à la lumière *or* lueur d'une bougie/du feu/d'une lampe de poche; **with the ~ of battle in his eyes** (avec) une lueur belliqueuse dans le regard; **at first ~** au point du jour; **the ~ was beginning to fail** le jour commençait à baisser; **she was sitting with her back to the ~** *or* **with the ~ behind her** elle tournait le dos à la lumière; **to stand sth in the ~** mettre qch à la lumière; **you're holding it against the ~** vous le tenez à contre-jour; **to be** *or* **stand in one's own ~** se faire de l'ombre; **you're in my** *or* **the ~** (*daylight*) vous me cachez *or* bouchez le jour; (*electric*) vous me cachez la lumière; **get out of my** *or* **the ~!** pousse-toi, tu me fais de l'ombre!; **the ~ isn't good enough to take photographs** il ne fait pas assez clair *or* il n'y a pas assez de lumière pour prendre des photos; (*Art, Phot*) **~ and shade** les clairs *mpl* et les ombres *fpl*; (*fig*) **to see the ~** (*understand*) comprendre; (*see error of one's ways; also Rel*) trouver son chemin de Damas; (*fig*) **to see the ~ (of day)** (*be born*) venir au monde; (*be published etc*) paraître; (*fig*) **there is** *or* **one can see the ~ at the end of the tunnel** on entrevoit la lumière au bout du tunnel; *V* **fire, hide¹, moon** *etc*.

(b) (*fig*) lumière *f*, jour *m*. **to bring to ~** mettre en lumière, révéler; **to come to ~** être dévoilé *or* découvert; **new facts have come to ~** on a découvert des faits nouveaux; **can you throw any ~ on this question?** pouvez-vous éclaircir cette question?; **to shed** *or* **cast a new ~ on a subject** jeter un jour nouveau sur un sujet; **the incident revealed him in a new ~** l'incident l'a montré sous un jour nouveau; **in a good/bad ~** sous un jour favorable/défavorable; **in the ~ of what you say** à la lumière de *or* tenant compte de ce que vous dites; **I don't see things in that ~** je ne vois pas les choses sous cet angle-là *or* sous ce jour-là; **according to his ~s** by my own ~s d'après sa façon de voir les choses; **in the cold ~ of day** à tête reposée.

(c) (*object: lamp etc*) lampe *f*. **desk/reading** *etc* **~** lampe de bureau/de lecture *etc*; **have you brought the ~ for the tent?** est-ce que tu as apporté la lampe *or* la lanterne pour la tente?

(d) [*motor vehicle*] (*gen*) feu *m*; (*headlamp*) phare *m*; [*cycle*] feu. **have you got your ~s on?** as-tu mis tes phares (*or* tes feux)?; **he saw the ~s of the cars** (*rear*) il a vu les feux des voitures, (*front*) il a vu les phares des voitures; *V* **parking, side** *etc*.

(e) (*traffic* ~s) **the ~s** (*gen*) les feux *mpl* (de circulation); **the ~s aren't working** les feux sont en panne; **the ~s were at red** le feu était (au) rouge; **to go through a red ~** griller* *or* brûler un feu rouge; **he stopped at the ~s** il s'est arrêté au feu (rouge).

(f) (*for cigarette etc*) feu *m*. **have you got a ~?** avez-vous du feu?; **to put a ~ to sth, to set ~ to sth** mettre le feu à qch; *V* **pilot, strike**.

(g) (*Archit: window*) fenêtre *f*, ouverture *f*, jour *m*; *V* **fan¹, leaded, sky**.

2 *adj* (a) *evening, room* clair. **it was growing ~** il commençait à faire jour *or* clair; **while it's still ~** pendant qu'il fait encore jour.

(b) *hair* clair, blond; *colour, complexion, skin* clair. **~ green** vert clair *inv*; **~ blue** bleu clair *inv*.

3 *cpd*: **light bulb** ampoule *f*, lampe *f*; **light-coloured** clair, de couleur claire; **light effects** effets *mpl* *or* jeux *mpl* de lumière; (*Comput*) **light-emitting diode** diode *f* électro-luminescente; **light fitting** appareil *m* d'éclairage; **light-haired** blond; **lighthouse**

phare *m*; **lighthouse keeper** gardien *m* de phare; (*Phot*) **light meter** posemètre *m*, cellule *f* (photoélectrique); (*Comput*) **light pen** *or* **pencil** photostyle *m*, crayon *m* optique; **light-sensitive** photosensible; **lightship** bateau-phare *m*, bateau-feu *m*; **light wave** onde lumineuse; **light-year** année-lumière *f*; **3,000 light-years away** distant de 3 000 années-lumière; (*fig*) **that's light-years away** c'est à des années-lumière.

4 *vt* (a) *candle, cigarette, gas* allumer. **to ~ a match** frotter *or* craquer une allumette; **a ~ed match** une allumette enflammée; **he lit the fire** il a allumé le feu; **he lit a fire** il a fait du feu.

(b) *room* éclairer. **lit by electricity** éclairé à l'électricité; **this torch will ~ your way** *or* **the way for you** cette lampe de poche vous éclairera le chemin.

5 *vi* (a) [*match*] s'allumer; [*coal, wood*] prendre (feu).

(b) **to ~ into sb**‡ tomber sur qn (à bras raccourcis).

♦**light out**‡ *vi* partir à toute vitesse (*for* pour), se barrer‡.

♦**light up 1** *vi* (a) [*lamp*] s'allumer, s'éclairer. **her eyes/face lit up** son regard/visage s'est éclairé.

(b) (*: *smoke*) allumer une cigarette *or* une pipe *etc*.

2 *vt sep* [*lighting, sun*] *room* éclairer. (*fig*) **a smile lit up her face** un sourire a éclairé *or* illuminé son visage; *V also* **lighting, lit**.

3 lit up *adj V* **lit 2**.

4 lighting-up *n V* **lighting 2**.

light² [laɪt] **1** *adj* (a) (*not heavy*) *parcel, weapon, clothes, sleep, meal, wine, soil* léger. **~er than air** plus léger que l'air; **as ~ as a feather** léger comme une plume; **to be ~ on one's feet** (*gen*) avoir le pas léger *or* la démarche légère; [*boxer*] avoir un très bon jeu de jambes; [*dancer*] être aérien; **to be a ~ sleeper** avoir le sommeil léger; (*Brit*) **~ ale** sorte de bière blonde légère; (*US*) **~ beer** bière *f* basses calories; **~ industry** industrie *f* légère; (*Mil*) **~ infantry** infanterie légère; (*Boxing*) **~ heavyweight** (*adj*) (poids) mi-lourd; (*n*) (poids *m*) mi-lourd *m*; **you've given me ~ weight** vous ne m'avez pas mis le poids (*V also* 4); **~ vehicles** véhicules légers.

(b) (*fig*) *play, music, breeze, punishment, shower* léger; *rain* petit, fin; *work, task* (*easy*) facile; (*not strenuous*) peu fatigant. **~ comedy** comédie légère; **~ opera** opérette *f*; **~ reading** lecture distrayante; **~ verse** poésie légère; **it is no ~ matter** c'est sérieux, ça n'est pas une plaisanterie; **a ~ fall of snow** une légère chute de neige; **with a ~ heart** le cœur léger; '**woman wanted for ~ work**' 'on demande employée de maison pour travaux légers'; **to make ~ work of sth** faire qch aisément *or* sans difficulté; **to make ~ of sth** prendre *or* traiter qch à la légère.

2 *adv*: **to sleep ~** avoir le sommeil léger; **to travel ~** voyager avec peu de bagages; **he got off ~*** il s'en est tiré à bon compte.

3 *npl*: (*meat*) **~s** mou *m* (*abats*).

4 *cpd*: **to be light-fingered** être chapardeur; **light-footed** (*gen*) au pas léger, à la démarche légère; *dancer* aérien; **light-headed** (*dizzy*) étourdi, pris de vertige; (*unable to think clearly*) étourdi, hébété; (*excited*) exalté, grisé; (*thoughtless*) étourdi, écervelé; **light-hearted** *person* gai, aimable, enjoué; *laugh* joyeux, gai; *atmosphere* joyeux, gai, plaisant; *discussion* enjoué; **light-heartedly** (*happily*) joyeusement, allègrement; (*jokingly*) en plaisantant; (*cheerfully*) de bon cœur, avec bonne humeur; **light-weight** (*adj*) *jacket, shoes* léger; (*Boxing*) poids léger *inv*; (*n: Boxing*) poids léger; (*Boxing*) **European lightweight champion/championship** champion *m*/championnat *m* d'Europe des poids légers.

light³ [laɪt] *pret, ptp* **lighted** *or* **lit** *vi*: **to ~ (up)on sth** trouver qch par hasard, tomber par chance sur qch; **his eyes lit upon the jewels** son regard est tombé sur les bijoux.

lighten¹ ['laɪtn] **1** *vt* (a) (*light up*) *darkness, face* éclairer, illuminer. (b) (*make lighter*) *colour, hair* éclaircir. **2** *vi* (a) [*sky*] s'éclaircir; (*fig*) [*face*] s'éclairer. (b) (*Met: of lightning*) **it is ~ing** il fait *or* il y a des éclairs.

lighten² ['laɪtn] **1** *vt* (*make less heavy*) *cargo, burden* alléger; *tax* alléger, réduire. **2** *vi* [*load*] se réduire. **her heart ~ed at the news** la nouvelle lui a enlevé le poids qu'elle avait sur le cœur *or* lui a ôté un grand poids.

lighter¹ ['laɪtər] **1** *n* (*for gas cooker*) allume-gaz *m inv*; (*also* **cigarette ~**) briquet *m*; (*Aut: on dashboard*) allume-cigare *m inv*, allume-cigarette *m inv*; *V* **cigar, fire, lamp** *etc*.

2 *cpd*: **lighter flint** pierre *f* à briquet; **lighter fuel** gaz *m* (*or* essence *f*) à briquet.

lighter² ['laɪtər] *n* (*Naut*) péniche *f*, chaland *m*, allège *f*.

lighterage ['laɪtərɪdʒ] *n* (transport *m* par) ac(c)onage *m*; (*fee*) droit *m* d'ac(c)onage.

lighting ['laɪtɪŋ] **1** *n* (*U*) (a) (*Elec*) éclairage *m*; (*Theat*) éclairages.

(b) (*act*) [*lamp, candle etc*] allumage *m*.

2 *cpd*: **lighting effects** effets *mpl* *or* jeux *mpl* d'éclairage, éclairages *mpl*; **lighting engineer** éclairagiste *m*; **lighting fixture** appareil *m* d'éclairage; (*Brit Aut*) **lighting-up time** heure *f* de l'éclairage obligatoire des véhicules, tombée *f* du jour; (*duration*) heures d'obscurité.

lightly ['laɪtlɪ] *adv* (a) *walk, clothe* légèrement. **she touched his brow ~** with her hand elle lui a effleuré le front de la main. (b) *behave, speak* légèrement, à la légère; *laugh* légèrement; *remark, say* d'un ton dégagé. (c) **to get off ~** s'en tirer à bon compte. (d) **~ boiled egg** ≃ œuf *m* mollet; **~ cooked** pas trop cuit.

lightness¹ ['laɪtnɪs] *n* (*brightness*) clarté *f*.

lightness² ['laɪtnɪs] *n* (*in weight, Culin*) légèreté *f*.

lightning ['laɪtnɪŋ] **1** *n* éclair *m*, foudre *f*. **we saw ~** nous avons vu un éclair *or* des éclairs; **there was a lot of ~** il y avait beaucoup d'éclairs; **a flash of ~** un éclair; **struck by ~** frappé par la foudre, foudroyé; **~ never strikes twice in the same place** la foudre ne frappe *or* ne tombe jamais deux fois à la même place; **like ~*** avec la vitesse de l'éclair; *V* **forked, grease, sheet**.

2 *cpd attack* foudroyant; (*Ind*) *strike* surprise *inv*; *visit* éclair *inv*.

(US) **lightning bug** luciole *f*; **lightning conductor**, *(US)* **lightning rod** paratonnerre *m*.
ligneous ['lɪgnɪəs] *adj* ligneux.
lignite ['lɪgnaɪt] *n* lignite *m*.
lignum vitae ['lɪgnəm'viːtaɪ] *n (tree)* gaïac *m*; *(wood)* bois *m* de gaïac.
Liguria [lɪ'gjʊərɪə] *n* Ligurie *f*.
Ligurian [lɪ'gjʊərɪən] *adj* ligurien.
like[1] [laɪk] **1** *adj* semblable, pareil, du même ordre, du même genre; *(stronger)* similaire, analogue. **they are as ~ as two peas (in a pod)** ils se ressemblent comme deux gouttes d'eau.

2 *prep* **(a)** comme, en. **he spoke ~ an aristocrat** il parlait comme un aristocrate; **he spoke ~ the aristocrat he was** il parlait comme l'aristocrate qu'il était, il parlait en aristocrate; **~ the fool he is, he ...** imbécile comme il l'est *or* (en) imbécile qu'il est, il ...; **he behaved ~ a fool** il s'est conduit comme un imbécile *or* en imbécile; **~ an animal in a trap he ...** tel une bête prise au piège, il ...; **the news spread ~ wildfire** la nouvelle s'est répandue comme une traînée de poudre; **it wasn't ~ that at all** ce n'était pas du tout comme ça; **it happened ~ this ...** voici comment ça s'est passé ..., ça s'est passé comme ceci ...; **it was ~ this, I'd just got home ...** voilà, je venais juste de rentrer ...; **I'm sorry I didn't come but it was ~ this ...** je m'excuse de ne pas être venu mais c'est que ...; **to tell it ~ it is*** dire les choses carrément; *V* **anything, hell, mad** *etc.*

(b) *(resembling)* comme, du même genre que, semblable à, pareil à. **to be ~ sb/sth** ressembler à qn/qch; **who is he ~?** à qui ressemble-t-il?; **they are very (much) ~ one another** ils se ressemblent beaucoup; **he is very ~ his father** *(in appearance)* il ressemble à son père; *(in character)* il est comme son père, il ressemble à son père; **the portrait is not ~ him** le portrait ne lui ressemble pas *or* n'est pas ressemblant; **his work is rather ~ Van Gogh's** son œuvre est un peu dans le genre *or* le style de celle de Van Gogh, son œuvre ressemble un peu à celle de Van Gogh; **your writing is rather ~ mine** vous avez un peu la même écriture que moi, votre écriture ressemble assez à la mienne; **a house ~ mine** une maison pareille à *or* comme la mienne; **an idiot ~ you** un imbécile comme vous; **a hat rather *or* something ~ yours** un chapeau un peu comme le vôtre *or* dans le genre du vôtre; **I found one ~ it** j'en ai trouvé un pareil, j'ai trouvé le même; **I never saw anything ~ it!** je n'ai jamais rien vu de pareil!; **we heard a noise ~ a car backfiring** on a entendu comme une pétarade de voiture; **she was ~ a sister to me** elle était comme une sœur pour moi; **that's just ~ him!** c'est bien de lui!; **it's not ~ him to be late** ça ne lui ressemble pas *or* ça n'est pas son genre d'être en retard; **that's just ~ a woman!** voilà bien les femmes!; **he's just ~ anybody else** il est comme tout le monde *or* n'importe qui; **can't you just accept it ~ everyone else?** tu ne peux pas simplement l'accepter comme tout le monde?; **it cost something ~ £100** cela a coûté dans les 100 livres, cela a coûté quelque chose comme 100 livres; **he's called Middlewick or something ~ that** il s'appelle Middlewick ou quelque chose comme ça *or* quelque chose d'approchant; **I was thinking of giving her something ~ a necklace** je pensais lui offrir un collier ou quelque chose dans ce genre-là *or* quelque chose comme ça*; **that's something ~ a steak!*** voilà ce que j'appelle *or* ce qui s'appelle un bifteck!; **that's something ~ it!*** c'est ça!, voilà!; **that's more ~ it!** voilà qui est mieux!, il y a du progrès!; **that's nothing ~ it!** ça n'est pas du tout ça!; **there's nothing ~ real silk** rien de tel que la soie véritable, rien ne vaut la soie véritable; **some people are ~ that** il y a des gens comme ça; **people ~ that can't be trusted** on ne peut pas se fier à des gens pareils *or* à des gens comme ça; **his father is ~ that** son père est ainsi fait *or* est comme ça*; **you know what she's ~** vous savez comment elle est; **what's he ~?** comment est-il?; **what's he ~ as a teacher?** comment est-il *or* que vaut-il comme professeur?; **what's the film ~?** comment as-tu trouvé le film?; **what's the weather ~ in Paris?** quel temps fait-il à Paris?; *V* **feel, look, sound**[1] *etc.*

(c) comme, de même que. *(Prov)* **~ father, ~ son** tel père, tel fils *(Prov)*; **~ me, he is fond of Brahms** comme moi *or* de même que moi, il aime Brahms; **he, ~ me, thinks that ...** comme moi *or* de même que moi, il pense que ...; **he thinks ~ us*** il pense comme nous; **do it ~ me*** fais-le comme moi.

(d) comme, tel que, par exemple. **there are many hobbies you might take up, ~ painting, gardening and so on** il y a beaucoup d'activités que tu pourrais entreprendre, par exemple *or* comme la peinture, le jardinage et cætera; **the basic necessities of life, ~ food and drink** les éléments indispensables à la vie, tels que *or* comme la nourriture et la boisson.

3 *adv* **(a)** (*) **~ enough, as ~ as not, very ~** probablement.

(b) *(near)* **that record's nothing ~ as good as this one** ce disque-là est loin d'être aussi bon que celui-ci; **she's more ~ 30 than 25** elle a plutôt 30 ans que 25, elle est plus près de 30 ans que de 25.

(c) *(Brit)* **he felt tired ~***, *(US)* **he felt ~* tired** il se sentait comme qui dirait* fatigué; **I had a fortnight's holiday, ~*, so I did a bit of gardening** j'avais quinze jours de vacances, alors comme ça* j'ai fait un peu de jardinage.

4 *conj* **(a)** (*: *as*) comme. **he did it ~ I did** il l'a fait comme moi; **he can't play poker ~ his brother can** il ne sait pas jouer au poker comme *or* aussi bien que son frère; **~ we used to** ainsi qu'on *or* comme on le faisait autrefois; **it's just ~ I say** c'est comme je vous le dis.

(b) (‡: *as if*) comme si. **he behaved ~ he was afraid** il s'est conduit comme s'il avait eu peur.

5 *n (similar thing)* chose pareille *or* semblable; *(person)* pareil *m*. **did you ever see the ~ (of it)?** a-t-on jamais vu chose pareille?; **oranges, lemons and the ~ *or* and such** des oranges, des

citrons et autres fruits de ce genre; **the ~ of which we'll never see again** comme on n'en reverra plus jamais; **we shall not see his ~ again** jamais nous ne reverrons son pareil; **the ~s of him*** des gens comme lui *or* de son acabit (*pej*).

6 *cpd:* **like-minded** de même opinion, animés des mêmes sentiments; **you and other like-minded individuals** vous et d'autres (gens) qui pensent comme vous.

like[2] [laɪk] **1** *vt* **(a)** *person* aimer (bien). **I ~ him** *(of relative, friend etc)* je l'aime bien; *(of casual acquaintance, colleague etc)* il me plaît; **I don't ~ him** je ne l'aime pas beaucoup, il me déplaît; **I've come to ~ him** il m'est devenu sympathique, maintenant je l'aime bien; **he is well ~d here** on l'aime bien ici, on le trouve sympathique ici; **how do you ~ him?** comment le trouvez-vous?; **I don't ~ the look of him** son allure ne me dit rien (qui vaille).

(b) *object, food, activity* aimer (bien). **I ~ that hat** j'aime bien ce chapeau, ce chapeau me plaît; **which do you ~ best?** lequel aimes-tu le mieux?, lequel préfères-tu?; **this plant doesn't ~ sunlight** cette plante ne se plaît pas à la lumière du soleil; **I ~ oysters but they don't ~ me*** j'aime bien les huîtres mais c'est elles qui ne m'aiment pas*; **I ~ music/Beethoven/football** j'aime bien la musique/Beethoven/le football; **I ~ having *or* to have a rest after lunch** j'aime (bien) me reposer après déjeuner; **he ~s to be *or* being obeyed** il aime être obéi *or* qu'on lui obéisse; **I ~ people to be punctual** j'aime (bien) que les gens soient à l'heure, j'aime les gens ponctuels; **I don't ~ it when he's unhappy** je n'aime pas qu'il soit malheureux; *(iro)* **well, I ~ that!*** ah ça, par exemple!; *(iro)* **I ~ your cheek!*** tu as quand même du toupet!*; **how do you ~ Paris?** comment trouvez-vous Paris?, que pensez-vous de Paris?, est-ce que Paris vous plaît?; **how do you ~ it here?** (est-ce que) vous vous plaisez ici?; **your father won't ~ it** cela ne plaira pas à ton père, ton père ne sera pas content; **whether he ~s it or not** que cela lui plaise ou non; **~ it or lump it***, you'll have to go que tu le veuilles ou non *or* que ça te plaise ou non il faudra que tu y ailles; **if you don't ~ it, you can lump it*** si cela ne vous plaît pas, tant pis pour vous *or* c'est le même prix*.

(c) *(want, wish)* aimer (bien), vouloir, souhaiter. **I should ~ to go home** j'aimerais (bien) *or* je voudrais (bien) rentrer chez moi; **I should have ~d to be there** j'aurais (bien) aimé être là; **I didn't ~ to disturb you** je ne voulais pas vous déranger; **I thought of asking him but I didn't ~ to** j'ai bien pensé à lui le demander mais je n'ai pas osé; **would you ~ a drink?** voulez-vous boire quelque chose?; **I should ~ more time** je voudrais un peu plus de temps; **which one would you ~?** lequel voulez-vous *or* voudriez-vous?; **I would ~ you to speak to him** je voudrais que tu lui parles *(subj)*; **would you ~ me to go and get it?** veux-tu que j'aille le chercher?; **would you ~ to go to Paris?** aimerais-tu aller à Paris?; **how would you ~ to go to Paris?** est-ce que cela te plairait *or* te dirait* d'aller à Paris?; **how would you ~ me to phrase it?** comment voudriez-vous que je le dise?; **how do you ~ your steak?** comment aimez-vous votre bifteck?; **how would you ~ a steak?** est-ce que ça te dirait* de manger un bifteck?; **I can do it when/where/as much as/how I ~** je peux le faire quand/où/autant que/comme je veux; **when would you ~ breakfast?** à quelle heure voulez-vous le petit-déjeuner?; **whenever you ~** quand vous voudrez; **'As You L~ It'** 'Comme il vous plaira'; **don't think you can do as you ~** ne croyez pas que vous pouvez *or* puissiez faire comme vous voulez *or* comme bon vous semble; **I shall go out as much as I ~** je sortirai autant qu'il me plaira *or* autant que je voudrai; **come on Sunday if you ~** venez dimanche si vous voulez; **she can do what she ~s with him** elle fait tout ce qu'elle veut de lui; **(you can) shout as much as you ~, I won't open the door** crie tant que tu veux *or* voudras, je n'ouvrirai pas la porte; **he can say *or* let him say what he ~s, I won't change my mind** il peut dire ce qu'il veut, je ne changerai pas d'avis.

2 *n:* **~s** goûts *mpl*, préférences *fpl*; **he knows all my ~s and dislikes** il sait tout ce que j'aime et (tout) ce que je n'aime pas.

~ like [laɪk] *adj ending in cpds:* **childlike** enfantin; **statesmanlike** d'homme d'État; *V* **cat** *etc.*

likeable ['laɪkəbl] *adj* sympathique, agréable.
likeableness ['laɪkəblnɪs] *n* caractère *m* sympathique *or* agréable.
likelihood ['laɪklɪhʊd] *n* probabilité *f*, chance *f*. **there is little ~ of his coming *or* that he will come** il y a peu de chances *or* il est peu probable qu'il vienne; **there is a strong ~ of his coming *or* that he will come** il y a de fortes chances pour qu'il vienne, il est très probable qu'il viendra; **there is no ~ of that** cela ne risque pas d'arriver; **in all ~ she ...** selon toute probabilité elle..., il est fort probable qu'elle... .
likely ['laɪklɪ] **1** *adj* **(a)** *happening, outcome* probable; *explanation, excuse* plausible, vraisemblable. **which is the likeliest time to find him at home?** à quelle heure a-t-on le plus de chances de le trouver chez lui?; **this looks a ~ place for mushrooms** ça me paraît être un endroit à champignons *or* être un bon endroit pour les champignons; **the likeliest place to set up camp** l'endroit le plus propice où dresser la tente, le meilleur endroit pour dresser la tente; *(iro)* **a ~ story!** comme si j'allais croire ça!, elle est bien bonne! *(iro)*; *(iro)* **a ~ excuse!** belle excuse!; **the most ~ candidates** les candidats qui ont le plus de chances de réussir; **I asked 6 ~ people** j'ai demandé à 6 personnes susceptibles de convenir *or* qui me semblaient pouvoir convenir; **he's a ~ young man** c'est un jeune homme qui promet; **it is ~ that** il est probable que *+fut indic*, il y a des chances pour que *+subj*; **it is not ~ that** il est peu probable que *+subj*, il y a peu de chances que *+subj*; **it is very ~ that** il est très probable que *+subj*, il y a de grandes chances que *+subj*; **it's hardly ~ that** il n'est guère probable que *+subj*; **is it ~ that he would forget?** risque-t-il d'oublier?; *(iro)* **is it ~ that I did?** aurais-je pu faire cela, moi? *(iro)*.

(b) *(probable: gen)* **he/it is ~ to...** il est bien possible qu'il/que cela... +*subj*; (*of person: with pleasant outcome*) **to be ~ to win/ succeed** *etc* avoir de fortes chances de gagner/réussir *etc*; (*with unpleasant outcome*) **to be ~ to fail/refuse** *etc* risquer d'échouer/ de refuser *etc*; (*of thing: pleasant*) **it is ~ to sell well/to improve** *etc* il y a de fortes chances que cela se vende bien/que cela s'améliore (*subj*) *etc*; (*unpleasant*) **it is ~ to break/make a loss** *etc* cela risque de se casser/de se vendre à perte *etc*; **she is ~ to arrive at any time** elle va probablement arriver *or* elle risque d'arriver d'une minute à l'autre; **she is not ~ to come** il est peu probable *or* il y a peu de chances qu'elle vienne; **he is not ~ to succeed** il a peu de chances de réussir; **the man most ~ to succeed** l'homme qui a le plus de chances de réussir; **this incident is ~ to cause trouble** cet incident pourrait (bien) amener *or* risque d'amener *or* est de nature à amener des ennuis; **that is not ~ to happen** cela ne risque guère d'arriver.

2 *adv* probablement. **very** *or* **most ~** très probablement; **as ~ as not** sûrement, probablement; **are you going? — not ~!** tu y vas? — **pas de danger!*;** **I expect he'll let me off with a warning —** (*iro*) **not ~!** je pense qu'il me laissera m'en tirer avec un avertissement — tu crois ça!

liken ['laɪkən] *vt* comparer (*to* à), assimiler (*to* à). **to ~ sb to a fox** comparer qn à un renard; **X can be ~ed to Y** on peut comparer *or* assimiler X et Y.

likeness ['laɪknɪs] *n* (**a**) (*resemblance*) ressemblance *f* (*to* avec). **I can't see much ~ between them** je ne vois guère de ressemblance entre eux, je ne trouve pas qu'ils se ressemblent (*subj*) beaucoup; **a strong family ~** un air de famille très marqué; **to bear a ~ to** ressembler à.

(**b**) (*appearance*) forme *f*, aspect *m*, apparence *f*. **in the ~ of** sous la forme *or* l'aspect de; **to assume the ~ of** prendre la forme *or* l'aspect *or* l'apparence de.

(**c**) (*Art, Phot etc*) **to draw sb's ~** faire le portrait de qn; **to have one's ~ taken** se faire faire son portrait; **it is a good ~** c'est très ressemblant.

likewise ['laɪkwaɪz] *adv* (*similarly*) de même, également, pareillement; (*also*) aussi; (*moreover*) de plus, en outre. **to do ~** en faire autant, faire pareil *or* de même; **he suggested it, but I wish it ~** c'est lui qui l'a suggéré mais je le souhaite pareillement *or* également *or* aussi; **my wife is well, the children ~** ma femme va bien, les enfants aussi *or* également; **and ~, it cannot be denied that ...** et en outre *or* de plus, on ne peut nier que ....

liking ['laɪkɪŋ] *n* (*for person*) sympathie *f*, affection *f* (*for* pour); (*for thing*) goût *m* (*for* pour), penchant *m* (*for* pour). **to take a ~ to sb** se prendre d'amitié pour qn; **to take a ~ to** (*doing*) **sth** se mettre à aimer (faire) qch; **to have a ~ for sb** tenir qn en affection, avoir de la sympathie pour qn; **to have a ~ for sth** avoir un penchant *or* du goût pour qch, aimer qch; **is it to your ~?** est-ce à votre goût?, est-ce que cela vous plaît?

lilac ['laɪlək] **1** *n* (*bush, colour, flower*) lilas *m*. **an avenue of mauve ~s** une avenue bordée de lilas mauves; **a bunch of white ~** un bouquet de lilas blanc. **2** *adj* (*in colour*) lilas *inv*.

Lilliputian [,lɪlɪ'pjuːʃɪən] **1** *adj* lilliputien. **2** *n* Lilliputien(ne) *m(f)*.

Lilo ['laɪˌləʊ] *n* ® matelas *m* pneumatique.

lilt [lɪlt] *n* (*speech, song*) rythme *m*, cadence *f*. **a song with a ~ to it** une chanson bien rythmée; **her voice had a pleasant ~** (**to it**) sa voix avait des cadences mélodieuses.

lilting ['lɪltɪŋ] *adj* voice cadencé; *voice* aux intonations mélodieuses.

lily ['lɪlɪ] **1** *n* lis *m*. **~ of the valley** muguet *m*; **V water. 2** *cpd*: (*liter*) **lily-livered** poltron (*liter*); **lily pad** feuille *f* de nénuphar; **lily-white** (*lit*) d'une blancheur de lis; (*fig: innocent*) blanc (*f* blanche) comme neige; (*US: for Whites only*) excluant totalement les Noirs.

Lima bean ['liːmə'biːn] *n* haricot *m* de Lima.

limb [lɪm] *n* (*Anat, Zool, also fig*) membre *m*; [*tree*] grosse branche; [*cross*] bras *m*. **to tear ~ from ~** *person* mettre en pièces; *animal* démembrer; (*fig*) **to be out on a ~** (*isolated*) être isolé; (*vulnerable*) être dans une situation délicate; (*fig*) **to go out on a ~** prendre des risques; **~ of Satan** suppôt *m* de Satan.

-limbed [lɪmd] *adj* ending in *cpds*: **long-limbed** aux membres longs; **strong-limbed** aux membres forts.

limber¹ ['lɪmbər] *adj* person souple, agile, leste; *thing* souple, flexible.

♦**limber up** *vi* (*Sport etc*) se dégourdir, faire des exercices d'assouplissement; (*fig*) se préparer, se mettre en train. **limbering-up exercises** exercices *mpl* d'assouplissement.

limber² ['lɪmbər] *n* [*gun carriage*] avant-train *m*.

limbless ['lɪmlɪs] *adj* tree sans branches. **~ man** (*no limbs*) homme *m* sans membres, homme tronc; (*limb missing*) homme estropié, homme à qui il manque un bras *or* une jambe; (*after amputation*) amputé *m* (d'un membre); **~ ex-servicemen** ≃ (grands) mutilés *mpl* de guerre.

limbo¹ ['lɪmbəʊ] *n*: **in ~** (*forgotten*) tombé dans l'oubli; (*still undecided*) encore dans les limbes *mpl*; (*Rel*) dans les limbes; **in legal/social ~** dans un vide juridique/social.

limbo² ['lɪmbəʊ] *n* (*dance*) limbo *m*. **~ dancer** danseur *m*, -euse *f* de limbo.

lime¹ [laɪm] **1** *n* (**a**) (*Chem*) chaux *f*; **V quick** *etc*. (**b**) (*bird~*) glu *f*. **2** *vt* (**a**) *ground* chauler. (**b**) *twig* engluer; *bird* prendre à la glu, engluer. **3** *cpd*: **lime kiln** four *m* à chaux; **limelight** V **limelight**; **limestone** pierre *f* à chaux, calcaire *m*.

lime² [laɪm] **1** *n* (**a**) (*fruit*) citron *m* vert, lime *f*; (*tree: also* **lime tree**) lime *f*. **2** *cpd*: **lime green** vert jaune *inv*; **lime juice** jus *m* de citron vert.

lime³ [laɪm] *n* (*linden: also* **~ tree**) tilleul *m*.

limelight ['laɪmlaɪt] *n* (*Theat*) feux *mpl* de la rampe. (*fig*) **to be in the ~** être en vedette *or* au premier plan; **to keep out of the ~** ne pas se faire remarquer.

limerick ['lɪmərɪk] *n* poème *m* humoristique (*de 5 vers*).

---

limey* ['laɪmɪ] *n* (*US, Australia*) Anglais(e) *m(f)*, Angliche‡ *mf*.

limit ['lɪmɪt] **1** *n* (*furthest point*) [*territory, experience, vision etc*] limite *f*; (*fig*) limite, borne *f*; (*restriction on amount, number etc*) limitation *f*, restriction *f*; (*permitted maximum*) limite. **outside/ within the ~s of** en dehors des/dans les limites de; **within a 5-mile ~** dans un rayon de 8 kilomètres; **it is true within ~s** c'est vrai dans une certaine limite *or* mesure; **without ~** sans limitation, sans limite; **weight ~** limitation de poids; (*US*) **off ~s area, district** d'accès interdit; (*on sign*) 'accès interdit'; **we must set a ~ to the expense** il faut limiter *or* restreindre les dépenses; (*Aut*) **the 60-km ~** la limitation (de vitesse) de 60 km à l'heure; (*Aut*) **there is a 60 km/h ~ on this road** la vitesse est limitée à 60 km/h sur cette route; (*Aut*) **to keep within/go over the speed ~** respecter/ dépasser la limitation de vitesse; **over the ~** (*of lorry in weight*) en surcharge, surchargé; (*of driver on Breathalyser*) qui excède le taux légal (*de l'alcootest*); **to go to the ~ to help sb** faire tout son possible pour aider qn; **he is at the ~ of his patience/endurance** il est à bout de patience/de forces; **there is a ~ to my patience** ma patience a des limites *or* des bornes; **his anger knows no ~s** sa colère ne connaît pas de limites, sa colère est sans borne(s); **there are ~s!*** quand même il y a des limites!, il y a une limite à tout!; **there is no ~ on the amount you can import** la quantité que l'on peut importer n'est pas limitée; **there is a ~ to what one can do** il y a une limite à ce qu'on peut faire, on ne peut (quand même) pas faire l'impossible; **that's the ~!*** c'est le comble!, ça dépasse les bornes!; **he's the ~!*** (*goes too far*) il dépasse les bornes!; (*amusing*) il est impayable!*

2 *vt* (**a**) (*restrict*) *speed, time* limiter (*to* à); *expense, power* limiter, restreindre (*to* à); *person* limiter. **he ~ed questions to those dealing with education** il a accepté seulement les questions portant sur l'éducation; **he ~ed questions to 25 minutes** il a limité les questions à 25 minutes; **to ~ o.s. to a few remarks** se borner à (faire) quelques remarques; **to ~ o.s. to 10 cigarettes a day** se limiter à 10 cigarettes par jour; **we are ~ed in what we can do** nous sommes limités dans ce que nous pouvons faire.

(**b**) (*confine*) limiter. **that plant is ~ed to Spain** cette plante ne se trouve qu'en Espagne; **our reorganization plans are ~ed to Africa** nos projets de réorganisation se limitent à *or* ne concernent que l'Afrique.

limitation [,lɪmɪ'teɪʃən] *n* (**a**) (*restriction*) limitation *f*, restriction *f*. **the ~ on imports** la limitation *or* la restriction des importations; **there is no ~ on the amount of currency you may take** il n'y a aucune restriction sur les devises que vous pouvez emporter; **he has/knows his ~s** il a/connaît ses limites.

(**b**) (*Jur*) prescription *f*.

limited ['lɪmɪtɪd] *adj* (**a**) (*small*) *choice, means, resources* restreint, limité. **this book is written for a ~ readership** ce livre est destiné à un public restreint.

(**b**) (*restricted*) *number* limité, restreint. **~ edition** édition *f* à tirage limité; **to a ~ extent** jusqu'à un certain point; **~-stop** *or* (*US*) **~ bus** autobus semi-direct.

(**c**) (*narrow*) *intelligence, person* borné, limité.

(**d**) (*esp Brit*) (*Comm, Jur*) **Smith and Sons L~** (*abbr* **Ltd**) ≃ Smith et fils, Société anonyme (*abbr* **S.A.**); (*Fin*) **~** (*liability*) **company** société *f* anonyme; **private ~ partnership** société *f* à responsabilité limitée.

limiting ['lɪmɪtɪŋ] *adj* restrictif, contraignant.

limitless ['lɪmɪtlɪs] *adj* power sans borne(s), illimité; *opportunities* illimité.

limo* ['lɪməʊ] *n* (*US: abbr of* **limousine**) limousine *f*.

limousine ['lɪməziːn] **1** *n* (*gen*) limousine *f*; (*US: from airport etc*) (voiture-)navette *f*.

2 *cpd*: (*US*) **limousine liberal*** libéral *m* de salon.

limp¹ [lɪmp] *adj* (*gen*) mou (*f* molle); (*pej*) *flesh, skin, body* flasque; (*pej*) *dress, hat* avachi, informe; *movement* mou, sans énergie; *person* (*from heat, exhaustion*) faible; *handshake* mou; *voice* faible; *style* mou, sans fermeté. [*book*] **~ cover(s)** reliure *f* souple; **to let one's body go ~** se décontracter; **let your arm go ~** décontractez votre bras; **I feel very ~ in this hot weather** je me sens tout ramolli *or* avachi par cette chaleur; (*fig: effeminate*) **to have a ~ wrist‡** avoir des manières efféminées; (*fig*) **limp-wristed‡** efféminé.

limp² [lɪmp] **1** *vi* [*person*] boiter, claudiquer (*fml*); (*fig*) [*vehicle etc*] marcher tant bien que mal. **to ~ in/out** *etc* entrer/sortir *etc* en boitant; **to ~ along** avancer en boitant, aller clopinant *or* clopin-clopant*; **he ~ed to the door** il est allé à la porte en boitant, il a clopiné jusqu'à la porte; **the plane managed to ~ home** l'avion a réussi à regagner sa base tant bien que mal.

2 *n* claudication *f*, boiterie *f*. **to have a ~, to walk with a ~** boiter, clopiner.

limpet ['lɪmpɪt] *n* (**a**) (*Zool*) chapeau *m* chinois, bernique *f*, patelle *f*; (*fig: person*) crampon *m*. **to cling** *or* **stick to sth like a ~** s'accrocher à qch comme une moule au rocher. (**b**) (*Mil: also* **~ mine**) mine-ventouse *f*.

limpid ['lɪmpɪd] *adj* (*lit, fig*) limpide.

limply ['lɪmplɪ] *adv* mollement, sans énergie.

limpness ['lɪmpnɪs] *n* (V **limp¹**) mollesse *f*; flaccidité *f* (*frm*); avachissement *m*, manque *m* d'énergie *or* de fermeté.

limy ['laɪmɪ] *adj* (V **lime¹**) calcaire; englué.

linchpin ['lɪntʃpɪn] *n* (*Aut*) esse *f*; (*fig*) pivot *m*, charnière *f*.

Lincs. *abbr of* Lincolnshire.

linden ['lɪndən] *n* (*also* **~ tree**) tilleul *m*.

line¹ [laɪn] **1** *n* (**a**) (*mark*) ligne *f*, trait *m*; (*Math, TV*) ligne; (*pen stroke*) trait; (*on face, palm*) ligne; (*wrinkle*) ride *f*; (*boundary*) frontière *f*; (*Ftbl, Tennis*) ligne. (*Geog*) **the L~** l'équateur *m*, la ligne; **to draw a ~ under sth** tirer *or* tracer un trait sous qch; **to put a ~ through sth** barrer *or* rayer qch; **the teacher put a red ~ through**

my translation le professeur a barré or rayé ma traduction d'un trait rouge; (*Bridge*) **above/below the** ~ (marqué) en points d'honneur/en points de marche; (*Book-keeping*) **below the** ~ hors bilan; (*Book-keeping*) ~ **by** ~ ligne par ligne; (*Math*) **a straight** ~ une (ligne) droite; (*Math*) **a curved** ~ une (ligne) courbe; (*Mus*) **on the** ~ sur la ligne; (*Aut*) **yellow/white** ~ ligne jaune/blanche; V **bottom, dot, draw, hard, state** etc.

(b) (*rope*) corde *f*; (*wire*) fil *m*; (*Fishing*) ligne *f*, fil; [*diver*] corde *f*(de sûreté); (*also* **clothes** ~, **washing** ~) corde (à linge). **the view was hidden by a** ~ **of washing** la vue était cachée par du linge étendu sur une corde; **to get a** ~ **to sb fallen overboard** lancer une corde or un bout à qn qui est tombé par-dessus bord; V **air, pipe** etc.

(c) (*pipe*) tuyau *m*; (*larger, esp for oil, gas etc*) pipeline *m*; (*Elec: cable*) ligne *f*. (*Comput*) **on** ~ en ligne (to avec); **to come on** ~ [*refinery, oil rig*] entrer en service; [*crude oil*] jaillir.

(d) (*Telec*) ligne *f*. **the** ~**s are out of order** les lignes sont en dérangement; **the** ~**s are down** les lignes ont été abattues; **the** ~**'s gone dead** (*cut off*) on nous a coupés; (*no dialling tone*) il n'y a plus de tonalité; **give me a** ~ donnez-moi une ligne; **can you get me a** ~ **to Chicago?** pouvez-vous m'avoir Chicago (au téléphone)?; **the** ~**s are open from 6 o'clock onwards** on peut téléphoner or appeler à partir de 6 heures; **the** ~ **is engaged** or (*US*) **busy** la ligne est occupée; **Mr Smith is on the** ~ (c'est) M Smith au téléphone; **Mr Smith's** ~ **is engaged** la ligne de M Smith est occupée; **he's on the** ~ **to the manager** il téléphone au directeur; **663-1111 5** ~**s** 663-1111 5 lignes groupées; V **hold, hot** etc.

(e) [*print, writing*] ligne *f*; (*Comput*) ligne; [*poem*] vers *m*; (*: letter*) mot *m*. (*esp Brit*) (**marriage**) ~**s** acte *m* de mariage; **a 6-**~ **stanza** une strophe de 6 vers; **30** ~**s to a page** 30 lignes par page; **page 20,** ~ **18** page 20, ligne 18; (*fig*) **to read between the** ~**s** lire entre les lignes; (*in dictation*) **new** ~ à la ligne; **it's one of the best** ~**s in 'Hamlet'** c'est l'un des meilleurs vers de 'Hamlet'; (*Theat*) **to learn/forget one's** ~**s** apprendre/oublier son texte or son rôle; (*Scol: punishment*) ~**s** lignes à copier, pensum *m*; (*Scol*) **task 100** ~**s** vous (me) ferez 100 lignes; **drop me a** ~ envoyez-moi un (petit) mot.

(f) (*row*) [*trees, parked cars*] rangée *f*; [*cars in traffic etc*] file *f*; [*hills*] chaîne *f*; [*people*] (*side by side*) rang *m*, rangée; (*behind one another*) file, colonne *f*; (*esp US: queue*) file, queue *f*; (*in factory*) chaîne. (*US*) **to stand in** ~, **to make a** ~ faire la queue; **they were waiting in** ~ ils attendaient en file or en colonne; **they were standing in a** ~ ils étaient alignés or en ligne; **they were waiting in** ~**s** ils attendaient en rangs; **they moved along quietly in** ~ ils avançaient tranquillement à la queue leu leu or les uns derrière les autres; **he got into** ~ (*beside others*) il s'est mis dans le rang; (*behind others*) il s'est mis dans la file or la colonne; (*fig*) **to be in** ~ **for a job** etc être sur les rangs pour un emploi etc; (*fig*) **to bring sb into** ~ mettre qn au pas; (*fig*) **to bring sth into** ~ **with sth** faire concorder qch avec qch, aligner qch sur qch; (*fig*) **to come** or **fall into** ~ [*person, group*] se conformer (*with sth* à qch), tomber d'accord (*with sb* avec qn); [*plans, proposals*] concorder (*with* avec); (*fig*) **in** ~ **with person, group** en accord avec; **plans, policy** conforme à, qui va dans le sens de; (*fig*) **to keep the party in** ~ maintenir la discipline dans le parti; **to be out of** ~ (*in drill* etc) ne pas être à l'alignement; (*fig*) [*person*] être seul à penser (or agir) ainsi; [*action*] ne pas être conforme (*with* à); (*fig*) **he stepped out of** ~ il a fait l'indépendant, il a refusé de se conformer, il a fait cavalier seul; (*fig*) **all along the** ~ sur toute la ligne, complètement; (*fig*) **to reach the end of the** ~ être au bout du rouleau, en avoir assez comme ça; V **assembly, bread, production** etc.

(g) (*direction*) ligne *f*, direction *f*. (*Mil*) ~ **of fire** ligne de tir; **right in the** ~ **of fire** en plein champ de tir; (*Mil*) ~ **of sight** ligne de visée; ~ **of sight,** ~ **of vision** ligne de vision; (*fig*) **that's the** ~ **of least resistance** c'est la solution de facilité; (*fig*) **to take the** ~ **of least resistance** choisir la solution de facilité; (*policeman, ambassador* etc) **in the** ~ **of duty** dans l'exercice de ses (or mes etc) fonctions; **the soldier met his death in the** ~ **of duty** le soldat est tombé au champ d'honneur; **it's all in the** ~ **of duty** ça fait partie du travail or du boulot*; ~ **of attack** (*Mil*) plan *m* d'attaque; (*fig*) plan d'action, ligne de conduite; **that is not my** ~ **of argument** ce n'est pas ce que je cherche à démontrer; **his** ~ **of argument was that ...** son raisonnement était que ...; ~ **of research** ligne de recherche(s); **what is your** ~ **of thought?** qu'envisagez-vous de faire?, quels sont vos plans?; **to take a strong** ~ **on** adopter une attitude ferme sur; **we are all thinking along the same** ~**s** nous pensons tous de la même façon, nous sommes tous d'accord; **the president and those who think along the same** ~**s** le président et ceux qui partagent son opinion; **your essay is more or less along the same** ~**s** votre dissertation suit plus ou moins le même plan; **I was thinking of something along** or **on those** ~**s** je pensais à quelque chose dans cet ordre d'idées or dans ce sens or dans ce style; **along political/racial** ~**s** (*gen*) pour des raisons politiques/raciales; **decide, divide** selon des critères politiques/raciaux; **organize/plan** etc **along** ~**s** dans une optique politique/raciale; **you're on the right** ~**s** vous êtes sur la bonne voie; V **bee, inquiry, party** etc.

(h) (*descent*) ligne *f*, lignée *f*. **in a direct** ~ **from** en droite ligne de, en ligne directe de; **in the male** ~ par les hommes; **he comes from a long** ~ **of artists** il vient d'une longue lignée d'artistes; **the royal** ~ la lignée royale.

(i) (*:*) (*information*) renseignement *m*, tuyau* *m*; (*clue*) indice *m*, tuyau*. **we've got a** ~ **on where he's gone to** nous croyons savoir où il est allé; **the police have got a** ~ **on the criminal** la police a une idée de or des indices sur l'identité du coupable; **I've got a** ~ **on a good used car** j'ai un tuyau* pour une voiture d'occasion en bon état; **to give sb a** ~* faire tout un baratin* à qn; **that's just a** ~*, ça c'est du baratin*; V **hand, shoot**.

(j) (*also* **shipping** ~) (*company*) compagnie *f*; (*route*) ligne *f* (maritime). **the Cunard L**~ la compagnie Cunard; **the New York-Southampton** ~ la ligne New York-Southampton; V **air** etc.

(k) (*Rail*) (*route*) ligne *f* (de chemin de fer); [*underground*] ligne (de métro); (*track*) voie *f*. **the Brighton** ~ la ligne de Brighton; **the** ~ **was blocked for several hours** la voie a été bloquée or la ligne a été interrompue pendant plusieurs heures; **cross the** ~ **by the footbridge** utilisez la passerelle pour traverser la voie; **the train left the** ~ le train a déraillé; V **down¹, main, tram** etc.

(l) (*Art* etc) ligne *f* (*gen sg*). **I like the** ~(**s**) **of this car** j'aime la ligne de cette voiture; **the graceful** ~**s of Gothic churches** la ligne gracieuse des églises gothiques.

(m) (*Mil*) ligne *f*. (*Mil, fig*) **in the front** ~ en première ligne; **behind the enemy** ~**s** derrière les lignes ennemies; **the Maginot** ~ la ligne Maginot; ~ **of battle** ligne de combat; (*Brit Mil*) **regiment of the** ~ ≃ régiment *m* d'infanterie; (*Navy*) ~ **abreast** ligne de front; ~ **astern** ligne de file; **ship of the** ~ vaisseau *m* de ligne, navire *m* de haut bord.

(n) (*business*) affaires *fpl*; (*occupation*) métier *m*, partie *f*. ~ **of business,** ~ **of work** branche *f*, type *m* d'activité; **what** ~ **are you in?, what's your** ~ (**of business** or **of work**)? que faites-vous (dans la vie)?, quelle est votre partie?; (*of companies*) **in the same** ~ (**of business**) ayant la même activité, de la même branche; **he's in the grocery** ~ il est dans l'épicerie; **cocktail parties are not (in) my** ~ les cocktails ne sont pas mon genre; **fishing's more (in) my** ~ (**of country**) la pêche est davantage mon rayon* or dans mes cordes.

(o) (*Comm: series of goods*) article(s) *m(pl)*. **it's a good** ~ c'est un article qui se vend bien; **that** ~ **doesn't sell very well** cet article ne se vend pas bien; **they've brought out a new** ~ **in felt hats** ils ont sorti des nouveautés dans les chapeaux de feutre.

2 cpd: (*Art*) **line drawing** dessin *m* (au trait); (*Sport*) **line fishing** pêche *f* à la ligne; (*Tennis*) **line judge** juge *m* de ligne; **lineman** (*Rail*) poseur *m* de rails; (*Telec*) ouvrier *m* de ligne; (*Rugby*) **line-out** touche *f*; (*Comput*) **line printer** imprimante *f* ligne par ligne; (*Sport*) **linesman** (*Tennis*) juge *m* de ligne; (*Ftbl, Rugby*) juge de touche; (*US*) **line storm** ouragan *m*; **line-up** (*row: of people* etc) file *f*; (*Police: at identity parade*) séance *f* d'identification (d'un suspect); (*Ftbl* etc) (composition *f* de l'équipe *f*, (*fig: Pol* etc) **the new line-up** la nouvelle composition du Parlement (or du Congrès etc); **the President chose his line-up** le Président a choisi son équipe *f* or ses collaborateurs *mpl*; (*fig, Pol*) **the line-up of African powers** le front des puissances africaines.

3 vt **paper** régler, ligner; (*wrinkle*) **face** rider, marquer. ~**d paper** papier réglé; **face** ~**d with sorrow** visage marqué par le chagrin; **the streets were** ~**d with cheering crowds** les rues étaient bordées d'une (double) haie de spectateurs enthousiastes; **cheering crowds** ~**d the route** une foule enthousiaste faisait la haie tout le long du parcours; **the road was** ~**d with trees** la route était bordée d'arbres.

♦ **line up 1** vi (*stand in row*) se mettre en rang(s), s'aligner; (*stand in queue*) faire la queue. **the teams lined up and waited for the whistle** les équipes se sont alignées et ont attendu le coup de sifflet; (*Sport fig*) **the teams lined up as follows ...** les équipes étaient constituées comme suit ....

2 vt sep (a) **people, objects** aligner, mettre en ligne. **line them up against the wall** alignez-les le long du mur; (*fig: ready*) **to be all lined up** être fin prêt (*for* pour; *to do* pour faire).

(b) (*: find*) trouver, dénicher*; (*have in mind*) prévoir, avoir en vue. **we must line up a chairman for the meeting** il faut que nous trouvions (*subj*) or dénichions* (*subj*) un président pour la réunion; **have you got someone lined up?** avez-vous quelqu'un en vue?; **I wonder what he's got lined up for us** je me demande ce qu'il nous prépare.

3 line-up *n* V **line¹ 2**.

line² [laɪn] vt **clothes** doubler (*with* de); [*bird*] **nest** garnir, tapisser; (*Tech*) revêtir, chemiser; **brakes** garnir. (*fig*) **to** ~ **one's pockets** se garnir or se remplir les poches; **to** ~ **one's stomach*** se mettre quelque chose dans le ventre‡; **the walls were** ~**d with books and pictures** les murs étaient couverts or tapissés de livres et de tableaux; V **wool** etc.

lineage ['lɪnɪɪdʒ] *n* (*ancestry*) lignage†† *m*; famille *f*; (*descendants*) lignée *f*. **she can trace her** ~ **back to the 17th century** sa famille remonte au 17e siècle.

lineal ['lɪnɪəl] adj en ligne directe.

lineament ['lɪnɪəmənt] *n* (*feature*) trait *m*, linéament *m*. (*characteristics*) ~**s** caractéristiques *fpl*, particularités *fpl*.

linear ['lɪnɪəʳ] adj linéaire. (*Econ*) ~ **programming** programmation *f* linéaire.

linen ['lɪnɪn] **1** *n* (a) (*U: Tex*) (toile *f* de) lin *m*.

(b) (*collective n*) (*sheets, tablecloths* etc: *often US* ~ **s**) linge *m* (de maison); (*underwear*) linge (de corps). **dirty** or **soiled** ~ linge sale; V **household, wash**.

2 cpd **sheet** de fil, pur fil; **suit, thread** de lin. **linen basket** panier *m* à linge; **linen closet, linen cupboard** armoire *f* or placard *m* à linge; **linen paper** papier *m* de lin.

liner ['laɪnəʳ] *n* (a) (*Naut*) paquebot *m* de grande ligne, liner *m*; V **air, Atlantic**. (b) (*Aut*) dustbin ~ sac *m* à poubelle. (c) V **eye 3**.

ling¹ [lɪŋ] *n* (*heather*) bruyère *f*.

ling² [lɪŋ] *n* (*sea fish*) lingue *f*, julienne *f*; (*freshwater fish*) lotte *f* de rivière.

linger ['lɪŋgəʳ] vi (*also* ~ **on**) [*person*] (*wait behind*) s'attarder, rester (en arrière); (*take one's time*) prendre son temps; (*dawdle*) traîner, lambiner*; [*smell, pain*] persister; [*tradition, memory*] persister, subsister; [*doubt*] subsister. **the others had gone, but he** ~**ed (on)** les autres étaient partis, lui restait en arrière or s'attardait; **after the accident he** ~**ed (on) for several months**

après l'accident il a traîné quelques mois avant de mourir; **he always ~s behind everyone else** il est toujours derrière tout le monde, il est toujours à la traîne; **don't ~ about** *or* **around** ne lambine pas*, ne traîne pas; **to ~ over a meal** rester longtemps à table, manger sans se presser; **I let my eye ~ on the scene** j'ai laissé mon regard s'attarder sur la scène; **to ~ on a subject** s'attarder *or* s'étendre sur un sujet.

lingerie ['lænʒəri:] *n* (*U*) lingerie *f*.

lingering ['lɪŋgərɪŋ] *adj* **look** long (*f* longue), insistant; *doubt* qui subsiste (encore); *hope* faible; *death* lent.

lingo* ['lɪŋgəʊ] *n* (*pej*) (*language*) baragouin *m*, jargon* *m*; (*jargon*) jargon (*pej*). **I had a hard time in Spain because I don't speak the ~** j'ai eu du mal en Espagne parce que je ne comprends pas leur baragouin *or* parce que je ne cause‡ pas espagnol.

lingua franca ['lɪŋgwə'fræŋkə] *n* langue *f* véhiculaire, lingua franca *f*.

linguist ['lɪŋgwɪst] *n* linguiste *mf*. **I'm no great ~** je ne suis guère doué pour les langues.

linguistic [lɪŋ'gwɪstɪk] *adj* (*gen*) linguistique. **~ atlas** atlas *m* linguistique; **~ borrowing** emprunt *m* linguistique; **~ geography** géographie *f* linguistique.

linguistics [lɪŋ'gwɪstɪks] **1** *n* (*U*) linguistique *f*; *V* **comparative** *etc*. **2** *cpd* **book, degree, professor** de linguistique; **student** en linguistique.

liniment ['lɪnɪmənt] *n* liniment *m*.

lining ['laɪnɪŋ] *n* [clothes, handbag] doublure *f*; (*Tech*) revêtement *m*; [brakes] garniture *f*. **~ paper** papier *m* d'apprêt; (*for drawers*) papier à tapisser; *V* **silver**.

link [lɪŋk] **1** *n* [chain] maillon *m*, chaînon *m*, anneau *m*; (*connection*) lien *m*, liaison *f*; (*interrelation*) rapport *m*, lien; (*bonds*) lien, relation *f*. **a new rail ~** une nouvelle liaison ferroviaire; **there must be a ~ between the 2 phenomena** il doit y avoir un lien *or* un rapport entre les 2 phénomènes; **he served as ~ between management and workers** il a servi de lien *or* d'intermédiaire entre la direction et les ouvriers; **cultural ~s** liens culturels, relations culturelles; **~s of friendship** liens d'amitié; **he broke off all ~s with his friends** il a cessé toutes relations avec ses amis, il a rompu les liens qui l'unissaient à ses amis; *V* **cuff, missing**.

2 *cpd*: (*Phon*) **linking consonant** consonne *f* de liaison; (*Ling*) **linking verb** verbe copulatif; **linkman** (*TV, Rad*) présentateur-réalisateur *m*; **link-up** (*gen*) lien *m*, rapport *m*; (*Rad, TV: connection*) liaison *f*; (*Rad, TV: programme*) émission *f* duplex; (*Space*) jonction *f*; **there is no apparent link-up between the 2 cases** il n'y a pas de rapport apparent *or* de lien apparent entre les 2 affaires; **is there any link-up between our company and theirs?** y a-t-il un lien entre notre compagnie et la leur?

3 *vt* (**a**) (*connect*) relier; (*fig*) lier. **~ed by rail/by telephone** reliés par (la) voie ferrée/par téléphone; **this is closely ~ed to our sales figures** ceci est étroitement lié à nos chiffres de vente.

(**b**) (*join*) lier, unir, joindre; *spacecraft* opérer l'arrimage de. **to ~ arms** se donner le bras; **~ed (together) in friendship** liés d'amitié; **the 2 companies are now ~ed (together)** les 2 compagnies sont maintenant liées *or* associées.

◆ **link together 1** *vi* s'unir, se rejoindre.

2 *vt sep two objects* unir, joindre; (*by means of a third*) relier; *V also* **link 3b.**

◆ **link up 1** *vi* [persons] se rejoindre; [firms, organizations etc] s'associer; [spacecraft] opérer l'arrimage; [roads, railway lines] se rejoindre, se réunir, se rencontrer. **they linked up with the other group** ils ont rejoint l'autre groupe.

2 *vt sep* (**a**) (*Rad, Telec, TV*) relier, assurer la liaison entre.

(**b**) *spacecraft* opérer l'arrimage de.

3 link-up *n V* **link 2.**

linkage ['lɪŋkɪdʒ] *n* (**a**) (*tie*) lien *m*, relation *f*. (**b**) (*Tech*) tringlerie *f*, transmission *f* par tringlerie. (**c**) (*Bio*) linkage *m*.

links [lɪŋks] *npl* (terrain *m* de) golf *m*, links *mpl*.

linnet ['lɪnɪt] *n* linotte *f*.

lino ['laɪnəʊ] *n* (*Brit* abbr of* linoleum) lino *m*. **~ cut** gravure *f* sur linoléum.

linoleum [lɪ'nəʊləm] *n* linoléum *m*.

Linotype ['laɪnəʊtaɪp] *n* ® linotype *f* ®.

linseed ['lɪnsi:d] *n* (*U*) graines *fpl* de lin. **~ oil** huile *f* de lin.

lint [lɪnt] *n* (*U*) (**a**) (*Med*) tissu ouaté (*pour pansements*). **a small piece of ~** une compresse, un petit pansement ouaté. (**b**) (*US: fluff*) peluches *fpl*.

lintel ['lɪntl] *n* linteau *m*.

Linus ['laɪnəs] *n* (*esp US*) **~ blanket*** couverture *f* sécurisante (*pour jeune enfant*).

lion ['laɪən] **1** *n* lion *m*; (*fig: person*) personnage *m* en vue, célébrité *f*. (*fig*) **to get** *or* **take the ~'s share** se tailler la part du lion; (*fig*) **to put one's head in the ~'s mouth** se jeter *or* se précipiter dans la gueule du loup; *V* **beard, mountain, Richard.**

2 *cpd*: **lion cub** lionceau *m*; **lion-hearted** d'un courage de lion; (*fig*) **she is a lion-hunter** elle cherche toujours à avoir des célébrités comme invités; **lion-tamer** dompteur *m*, -euse *f* de lions, belluaire *m*.

lioness ['laɪənɪs] *n* lionne *f*.

lionize ['laɪənaɪz] *vt person* faire fête à, fêter comme une célébrité.

lip [lɪp] **1** *n* (*Anat*) (*gen*) lèvre *f*; [dog etc] babine *f*; [jug] bec *m*; [cup, saucer] rebord *m*; [crater] bord *m*; [wound] bord, lèvre; (*: *insolence*) culot* *m*, insolences *fpl*. **none of your ~!*** ne fais pas l'insolent! *or* le répondeur!*; *V* **bite, button, stiff** *etc*.

2 *cpd*: **lipread** lire sur les lèvres; **lip-reading** lecture *f* sur les lèvres; (*Brit*) **lip salve** pommade *f* rosat *or* pour les lèvres; **he pays lip service to socialism but ...** à l'écouter on dirait qu'il est socialiste mais ...; **he only pays lip service to socialism** il n'est socialiste qu'en paroles; **that was merely lip service on his part** il

ne l'a dit que pour la forme, il l'a dit du bout des lèvres; **lipstick** (*U: substance*) rouge *m* à lèvres; (*stick*) bâton *m or* tube *m* de rouge à lèvres.

lipase ['laɪpeɪs] *n* lipase *f*.

lipid ['lɪpɪd] *n* lipide *m*.

-lipped [lɪpt] *adj ending in cpds*: **dry-lipped** aux lèvres sèches; *V* **thick** *etc*.

liquefaction [,lɪkwɪ'fækʃən] *n* liquéfaction *f*.

liquefy ['lɪkwɪfaɪ] **1** *vt* liquéfier. **2** *vi* se liquéfier.

liqueur [lɪ'kjʊər] **1** *n* liqueur *f*. **2** *cpd*: **liqueur brandy** fine (champagne) *f*; **liqueur chocolates** chocolats *mpl* à la liqueur; **liqueur glass** verre *m* à liqueur.

liquid ['lɪkwɪd] **1** *adj* (**a**) (*not solid etc*) *substance* liquide; *container* pour (les) liquides. **~ air/oxygen** air *m*/oxygène *m* liquide; **~ ammonia** ammoniaque *m* (liquide); (*Comput*) **~ crystal** cristal *m* liquide; **~ crystal display** affichage *m* à cristaux liquides; **~ diet** régime *m* (exclusivement) liquide; **~ measure** mesure *f* de capacité pour les liquides; (*for corrections*) **~ paper** correcteur *m* liquide; (*Pharm*) **~ paraffin** huile *f* de paraffine; **~ petroleum gas** GPL *m*, gaz de pétrole liquéfié.

(**b**) (*fig*) *eyes, sky* limpide, clair; *sound, voice* limpide, harmonieux; (*Phon*) liquide. (*Fin*) **~ assets** liquidités *fpl*, disponibilités *fpl*.

2 *n* (*fluid*) liquide *m*; (*Ling*) liquide *f*.

liquidate ['lɪkwɪdeɪt] *vt* (**a**) (*Fin, Jur*) liquider. (*Jur*) **~d damages** dommages-intérêts *mpl* préalablement fixés (par les parties). (**b**) (*: *kill*) liquider*.

liquidation [,lɪkwɪ'deɪʃən] *n* (*Fin, Jur, also* *) liquidation *f*. **to go into ~** déposer son bilan.

liquidator ['lɪkwɪ,deɪtər] *n* (*Jur*) ≃ liquidateur *m*.

liquidity [lɪ'kwɪdɪtɪ] *n* (*Econ*) liquidité *f*; (*Fin*) disponibilités *fpl* de trésorerie. **2** *cpd*: (*Fin*) **liquidity cushion** volant *m* de trésorerie.

liquidize ['lɪkwɪdaɪz] *vt* liquéfier; (*Culin*) passer au mixer (*or* mixeur).

liquidizer ['lɪkwɪdaɪzər] *n* (*Culin*) mixer *or* mixeur *m*.

liquor ['lɪkər] *n* (*alcohol*) spiritueux *m*, alcool *m*; (*Culin*) liquide *m*. **to be the worse for ~** être soûl *or* ivre; (*US*) **~ store** magasin *m* de vins et spiritueux; *V* **hard.**

◆ **liquor up‡** (*US*) **1** *vi* se pinter‡. **2** *vt sep* faire trop boire, soûler*.

liquorice ['lɪkərɪs] (*Brit*) **1** *n* (*Bot*) réglisse *f*; (*sweet*) réglisse *m*. **2** *cpd*: (*gen Brit*) **liquorice allsorts** bonbons assortis au réglisse; **liquorice stick/root** bâton *m*/bois *m* de réglisse.

lira ['lɪərə] *n, pl* **lire** ['lɪərɪ] lire *f*.

Lisbon ['lɪzbən] *n* Lisbonne.

lisle [laɪl] *n* (*also* **~ thread**) fil *m* d'Écosse.

lisp [lɪsp] **1** *vi* zézayer, zozoter*.

2 *vt* (*also* **~ out**) dire en zézayant. **'please don't say that,' she ~ed coyly** 's'il vous plaît ne dites pas cela,' dit-elle en faisant des manières.

3 *n* zézaiement *m*. **... she said with a ~** ... dit-elle en zézayant; **to speak with** *or* **have a ~** zézayer, zozoter*, avoir un cheveu sur la langue*.

lissom ['lɪsəm] *adj* souple, agile.

list¹ [lɪst] **1** *n* liste *f*; (*Comm*) catalogue *m*. **your name isn't on the ~** votre nom ne figure pas *or* n'est pas couché (*frm*) sur la liste; **you can take me off the ~** vous pouvez me rayer de la liste; **you're (at the) top/bottom of the ~** vous êtes en tête/en fin *or* en queue de liste; *V* **active, civil, danger** *etc*.

2 *cpd*: (*Comm*) **list price** prix *m* de catalogue.

3 *vt* (*make list of*) faire *or* dresser la liste de; (*write down*) inscrire; (*produce list of*: gen, *also Comput*) lister; (*enumerate*) énumérer. **your name isn't ~ed** votre nom n'est pas inscrit, votre nom n'est pas (porté) sur la liste; (*Comm*) **it isn't ~ed** cela ne figure pas au catalogue; **an airgun is ~ed as a weapon** un fusil à air comprimé est classé *or* catalogué parmi les armes; **'airgun' is ~ed under 'air'** 'airgun' se trouve sous 'air'; (*St Ex*) **the shares are ~ed at 85 francs** les actions sont cotées à 85 F; (*Brit*) **~ed building** monument classé *or* historique.

list² [lɪst] **1** *vi* donner de la bande, gîter. **the ship is ~ing badly** le bateau gîte dangereusement; **to ~ to port** gîter *or* donner de la bande sur bâbord.

2 *n* inclinaison *f*. **to have a ~** gîter; **to have a ~ of 20°** gîter de 20°, donner 20° de gîte *or* de bande.

listen ['lɪsn] **1** *vi* (**a**) écouter. **~ to me** écoute-moi (*V also* **b**); **~!** écoute!; **you never ~ to a word I say!** tu n'écoutes jamais ce que je dis!; **to ~ to the radio** écouter la radio; **you are ~ing to the BBC** vous êtes à l'écoute de la BBC; **I love ~ing to the rain** j'aime écouter la pluie (tomber); **to ~ for** *voice, remark, sign* guetter; *footsteps* guetter le bruit de; **~ for the telephone while I'm out** surveille le téléphone pendant que je suis sorti; **hush, I'm ~ing for the phone** chut! j'essaie d'entendre si le téléphone va sonner pas; **he was ~ing for his father's return** il écoutait si son père ne rentrait pas; *V* **half.**

(**b**) (*heed*) écouter. **~ to your father** écoute ton père; (*as threat*) **~ to me!** écoute-moi bien!; **~*, I can't stop to talk now but ...** écoute, je n'ai pas le temps de parler tout de suite mais ...; **he wouldn't ~ to reason** il n'a pas voulu entendre raison.

2 *n*: **to have a ~*** écouter (*to sth* qch).

◆ **listen in** *vi* (**a**) (*Rad*) être à l'écoute, écouter.

(**b**) (*eavesdrop*) écouter. **to listen in on sth** *or* **to sth** (*secretly*) écouter qch secrètement; **I should like to listen in to your discussion** j'aimerais assister à votre discussion.

◆ **listen out for** *vt fus voice, remark, sign* guetter; *footsteps* guetter le bruit de.

listener ['lɪsnər] *n* personne *f* qui écoute; (*to speaker, radio etc*) auditeur *m*, -trice *f*. **the ~s** l'auditoire *m*, le public; **his ~s were enthralled** son auditoire était *or* son public était *or* ses auditeurs étaient sous le charme; **she's a good** ~ elle sait écouter (avec patience et sympathie).

listening ['lɪsnɪŋ] n écoute f. (Rad) **goodbye and good** ~**!** au revoir et bonne soirée etc à l'écoute de nos programmes!; (Rad) **we don't do much** ~ nous n'écoutons pas beaucoup or souvent la radio; (Mil) ~ **post** poste m d'écoute.

listing ['lɪstɪŋ] n (gen, also Comput) listage m; (St Ex) inscription f à la cote officielle.

listless ['lɪstlɪs] adj (uninterested) indifférent; (apathetic) indolent, apathique, amorphe; (without energy) sans énergie, mou (f molle); wave indolent; handshake mou. **to feel** ~ se sentir apathique or sans ressort; **the heat made him** ~ la chaleur lui enlevait son énergie.

listlessly ['lɪstlɪslɪ] adv (V listless) avec indifférence; avec indolence, avec apathie; sans énergie, mollement.

listlessness ['lɪstlɪsnɪs] n (V listless) indifférence f; indolence f, apathie f; manque m d'énergie, mollesse f.

lists [lɪsts] npl (Hist) lice f. (lit, fig) **to enter the** ~ entrer en lice.

lit [lɪt] **1** pret, ptp of light¹. **2** adj éclairé, illuminé. **the street was very badly** ~ la rue était très mal éclairée; (drunk) ~ **up*** soûl, paf* inv.

litany ['lɪtənɪ] n litanie f. (Rel) **the L**~ les litanies.

liter ['liːtər] n (US) = litre.

literacy ['lɪtərəsɪ] **1** n (ability) fait m de savoir lire et écrire, degré m d'alphabétisation. **his** ~ **was not in doubt** personne ne doutait du fait qu'il savait lire et écrire; **I am beginning to doubt even his** ~ je commence même à douter qu'il sache lire et écrire; **universal** ~ **is one of the principal aims** l'un des buts principaux est de donner à tous la capacité de lire et d'écrire; **there is a high/low degree of** ~ **in that country** le degré d'alphabétisation est élevé/bas dans ce pays, le taux d'analphabétisme est bas/élevé dans ce pays. **2** cpd: **literacy campaign** campagne f d'alphabétisation or contre l'illettrisme; **literacy test** test m mesurant le niveau d'alphabétisation.

literal ['lɪtərəl] **1** adj **(a)** (textual) translation littéral, mot pour mot; interpretation au pied de la lettre; (not fig) meaning littéral, propre; (unexaggerated) réel, conforme à la réalité. **in the** ~ **sense of the word** au sens propre du terme; **it was a** ~ **statement of fact** c'était un simple énoncé des faits; **the drought has meant** ~ **starvation for millions** la sécheresse a réduit littéralement à la famine des millions de gens. **(b)** (unimaginative) person prosaïque. **2** cpd: **literal-minded** prosaïque, sans imagination; **literal-mindedness** manque m d'imagination, caractère m prosaïque.

literally ['lɪtərəlɪ] adv **(a)** translate littéralement, mot à mot; mean littéralement, au sens propre. **he interpreted the message** ~ il a interprété le message dans son sens littéral or au pied de la lettre; **to carry out an order** ~ exécuter un ordre à la lettre; **I was exaggerating but he took it** ~ j'exagérais mais il a pris tout ce que je disais au pied de la lettre; **I was joking but he took me** ~ je plaisantais mais il m'a pris au sérieux; ~ **(speaking)** à proprement parler. **(b)** (really) réellement, bel et bien. **it's** ~ **true** c'est bel et bien vrai; **it had** ~ **ceased to exist** cela avait bel et bien or réellement cessé d'exister. **(c)** (*: absolutely) littéralement*. **the town was** ~ **bulging with sailors** la ville grouillait littéralement* de marins.

literary ['lɪtərərɪ] adj history, studies, appreciation etc littéraire. **a** ~ **man** (writer etc) un homme de lettres; ~ **critic/criticism** critique m/critique f littéraire.

literate ['lɪtərɪt] adj (able to read etc) qui sait lire et écrire; (educated) instruit; (cultured) cultivé. **few of them are** ~ peu d'entre eux savent lire et écrire; **highly** ~ très instruit or cultivé.

literati [ˌlɪtəˈrɑːtiː] npl gens mpl de lettres, lettrés mpl.

literature ['lɪtərɪtʃər] n (U) **(a)** littérature f. **18th-century French** ~ la littérature française du 18e siècle; **the** ~ **of ornithology** la littérature or la bibliographie de l'ornithologie. **(b)** (brochures: about travel, school etc) documentation f, brochure(s) f(pl). **travel/educational** ~ documentation or brochure(s) sur les voyages/l'éducation.

lithe [laɪð] adj person agile; body, muscle souple.

lithium ['lɪθɪəm] n lithium m.

lithograph ['lɪθəʊgrɑːf] **1** n lithographie f (estampe). **2** vt lithographier.

lithographer [lɪˈθɒgrəfər] n lithographe mf.

lithographic [ˌlɪθəˈgræfɪk] adj lithographique.

lithography [lɪˈθɒgrəfɪ] n lithographie f (procédé).

Lithuania [ˌlɪθjʊˈeɪnɪə] n Lituanie f.

Lithuanian [ˌlɪθjʊˈeɪnɪən] **1** adj lituanien. ~ **SSR** RSS f de Lituanie. **2** n **(a)** Lituanien(ne) m(f). **(b)** (Ling) lituanien m.

litigant ['lɪtɪgənt] n (Jur) plaideur m, -euse f.

litigate ['lɪtɪgeɪt] **1** vi plaider. **2** vt mettre en litige, contester.

litigation [ˌlɪtɪˈgeɪʃən] n litige m.

litigious [lɪˈtɪdʒəs] adj (Jur) litigieux; person (given to litigation) procédurier, chicaneur; (argumentative etc) chicanier.

litmus ['lɪtməs] n (Chem) tournesol m. ~ **(paper)** papier m de tournesol; ~ **test** (lit) réaction f au (papier de) tournesol; (fig) test m décisif.

litre, (US) **liter** ['liːtər] n litre m. ~ **bottle** (bouteille f d'un) litre.

litter ['lɪtər] **1** n **(a)** (U) (rubbish) détritus mpl, (dirtier) ordures fpl, (papers) vieux papiers mpl, (left after picnic etc) papiers mpl gras. (on basket etc) '~' 'papiers (S.V.P.)'; **'take your** ~ **home'** 'ne jetez pas de papiers par or à terre'; **don't leave** ~ ne jette pas de détritus or de papiers, (on notice) 'prière de ne pas laisser de détritus'. **(b)** (untidy mass) fouillis m, désordre m. **in a** ~ en désordre, en fouillis; **a** ~ **of books** un fouillis or un fatras de livres; (fig) **a** ~ **of**

caravans along the shore des caravanes dispersées en désordre le long du rivage. **(c)** (Zool) portée f. **10 little pigs at a** ~ 10 cochonnets d'une même portée. **(d)** (Agr: bedding) litière f. **(e)** (stretcher) civière f; (couch) litière f. **(f)** cat ~ litière f pour chats. **2** vt **(a)** (also ~ up) [person] room mettre du désordre dans, mettre en désordre; countryside laisser des détritus dans. **he** ~**ed the floor with all his football gear** il a éparpillé ses affaires de football sur le plancher; **he had** ~**ed papers all about the room** il avait laissé traîner des papiers dans toute la pièce. **(b)** (gen pass) [rubbish, papers] joncher, couvrir. **the floor was** ~**ed with paper** des papiers jonchaient or couvraient le sol; **a street** ~**ed with broken bottles** une rue jonchée de débris de bouteilles; **the desk was** ~**ed with books** le bureau était couvert or encombré de livres; **there were books** ~**ed about the room** il y avait des livres qui traînaient dans toute la pièce; **the field was** ~**ed with caravans*** le champ était couvert de caravanes mal rangées. **3** vi (Zool) mettre bas. **4** cpd: **litter-bag** sac m à ordures; **litter basket**, **litter bin** (in street, playground, kitchen) boîte f à ordures; (dustbin) poubelle f; (pej) **litterbug**, **litter-lout** personne qui jette des détritus par terre; **litterbugs should be fined** on devrait mettre à l'amende ces gens mal élevés qui jettent des détritus n'importe où; **all these litter-louts who foul up camp sites** tous ces cochons* qui jettent leurs détritus sur les terrains de camping.

little¹ ['lɪtl] adj (small) house, group, gift, person (in height) petit; (short) stick, piece of string petit, court; (brief) period, holiday, visit court, bref (f brève), petit; (young) child, animal petit, jeune; (weak) voice, noise petit, faible; smell petit, léger; (small-scale) shopkeeper petit; (unimportant) detail, discomfort petit, insignifiant, sans importance. ~ **girl** petite fille, fillette f; ~ **boy** petit garçon, garçonnet m; **my** ~ **brother** mon petit frère; **a** ~ **old woman** une petite vieille; ~ **finger** petit doigt, auriculaire m; ~ **toe** petit orteil; [clock] ~ **hand** petite aiguille; (Orn) ~ **auk** mergule m (nain); (Orn) ~ **owl** chevêche f; (Aut) ~ **end** pied m de bielle; **for a** ~ **while**, **for a** ~ **time** pendant or pour un petit moment; (children) **the** ~ **ones** les petits; (Ir: fairies) **the** ~ **people** les fées fpl, les lutins mpl; **it's** ~ **things like that which impress people** ce sont des petites choses comme ça qui font bonne impression (sur les gens); **he's quite a** ~ **gentleman!** qu'il est petit quelque chose!; **he's a** ~ **tyrant** c'est un (vrai) petit tyran; **a tiny** ~ **baby** un tout petit bébé; **here's a** ~ **something for yourself*** voilà un petit quelque chose* pour vous; **poor** ~ **thing!** pauvre petit(e)!; **she's a nice** ~ **thing** (of child) c'est une beau bébé, c'est une belle enfant; (of woman) c'est une gentille petite; **he's got a** ~ **place in the country** il a une petite maison de campagne; (small trader) **it's always the** ~ **man who suffers** ce sont toujours les petits (commerçants) qui souffrent; **the** ~ **farmers were nearly bankrupt** les petits cultivateurs étaient au bord de la faillite; (wife) **the** ~ **woman*** ma (etc) petite femme*; **I know your** ~ **game** je connais votre petit jeu; (pej) **he's got a very** ~ **mind** il est très mesquin, il est très petit d'esprit; **all his dirty** ~ **jokes** toutes ses petites plaisanteries cochonnes*; V **bless** etc.

little² ['lɪtl] comp less, superl least **1** adj, pron **(a)** (not much) peu (de). **I have** ~ **money left** il me reste peu d'argent, il ne me reste pas beaucoup or il ne me reste guère d'argent; **I have very** ~ **money** j'ai très peu d'argent; **there is** ~ **hope of finding survivors** il y a peu d'espoir or il n'y a guère de retrouver des survivants; **I have** ~ **time for reading** je n'ai pas beaucoup or je n'ai guère le temps de lire; **with no** ~ **trouble** non sans mal; **he reads** ~ il lit peu, il ne lit guère; **he knows** ~ il ne sait pas grand-chose; **he did** ~ **to help** il n'a pas fait grand-chose pour aider; **he did very** ~ il a fait très peu (de chose), il n'a pas fait grand-chose; **there was** ~ **I** (or you, he etc) **could do** il n'y avait pas grand-chose à faire; **I got** ~ **out of it** je n'en ai pas tiré grand-chose; **he had** ~ **to say** il n'avait pas grand-chose à dire; **it says** (very) ~ **for him** cela n'est guère en sa faveur à son honneur; **it says** ~ **for his honesty** cela en dit long sur son honnêteté (iro); **I had** ~ **to do with it** je n'ai pas eu grand-chose à voir là-dedans; **that has very** ~ **to do with it!** ça a très peu à voir (avec ça)!; **I see** ~ **of her nowadays** je ne la vois plus beaucoup or plus guère maintenant; **he had** ~ **or nothing to say about it** il n'avait rien ou presque rien or il n'avait pratiquement rien à dire là-dessus; **to make** ~ **of sth** (not stress) faire peu de cas de qch, ne pas attacher grande importance à qch; (belittle) rabaisser qch, déprécier qch; (fail to understand) ne pas comprendre grand-chose à qch.

(b) (in phrases) **as** ~ **as possible** le moins possible; **I need as** ~ **money as he does** j'ai besoin d'aussi peu d'argent que lui; **you could pay as** ~ **as 20 francs** for that vous pourriez ne payer que 20 F pour cela; **for as** ~ **as 10 francs you can buy** ... pour 10 francs au plus or pour la bagatelle de 10 francs, vous pouvez acheter ...; **he's got very** ~ **money—how** ~? il a très peu d'argent—c'est-à-dire? or qu'entendez-vous (au juste) par très peu?; **however** ~ **you do** si peu que vous fassiez; **so** ~ **pleasure** si peu de plaisir; **so** ~ **of the cheese was mouldy that** ... une si petite partie du fromage était moisie que ...; **so** ~ **of what he says is true** il y a si peu de vrai dans ce qu'il dit; **he had eaten so** ~ il avait mangé si peu; **I know too** ~ **about him to decide** j'en sais trop peu à son sujet pour décider; **he gave me too** ~ **money** il m'a donné trop peu d'argent.

(c) (small amount) **a** ~ un peu (de); **the** ~ le peu (de); **I have a** ~ **money left** il me reste un peu d'argent; **we're having a** ~ **trouble** nous avons un petit ennui or quelques difficultés; (Prov) **a** ~ **learning is a dangerous thing** avoir de vagues connaissances est une chose dangereuse; **would you like a ~ milk in your tea?** voulez-vous un peu *or* une goutte de lait dans votre thé?; **give me a ~** donne-m'en un peu; **I'd like a ~ of everything** je voudrais un peu de tout; **I know a ~ about stamp collecting** j'ai quelques connaissances en philatélie; **I know a ~ about what happened to him** je sais vaguement ce qui lui est arrivé; **the ~ I have seen is excellent** le peu que j'ai vu est excellent; **~ by ~** petit à petit, peu à peu; **I did what ~ I could** j'ai fait le peu que j'ai pu; *(Prov)* **every ~ helps** les petits ruisseaux font les grandes rivières *(Prov)*; **it's all I can do — every ~ helps!** c'est tout ce que je peux faire — c'est toujours ça! *or* c'est toujours utile!; **stay here a ~** restez ici quelques instants *or* un petit moment; **she stayed only a ~** elle n'est restée que peu de temps *or* qu'un petit moment; **for a ~ (time** *or* **while)** pendant un petit moment, pendant quelques instants; **after a ~ (time** *or* **while)** au bout d'un petit moment *or* de quelques instants.

2 adv (a) *(slightly, somewhat)* **a ~** un peu; **a ~ too big** un peu trop grand; **she is a ~ tired** elle est un peu *or* légèrement fatiguée; **he spoke a ~ harshly** il a parlé avec une certaine dureté; **a ~ more slowly** un peu plus lentement; **he was not a ~ surprised** il n'a pas été peu surpris; **a ~ later** un peu plus tard, peu de temps après; **a ~ more** un peu plus, encore un peu; **a ~ less** un peu moins; **a ~ more/less cream** un peu plus/moins de crème.

(b) *(hardly, scarcely, not much)* **it's ~ better now he's rewritten it** ça n'est guère mieux maintenant qu'il l'a récrit; **it's ~ short of folly** ça frise la folie; **~ more than a month ago** il y a à peine plus d'un mois; **a ~-known work by Corelli** un morceau peu connu de Corelli; **his work is ~ performed these days** on ne joue plus guère ses œuvres aujourd'hui.

(c) *(in phrases)* **I like him as ~ as you do** je ne l'aime guère plus que vous, je l'aime aussi peu que vous l'aimez; **I like him as ~ as I used to** je l'aime aussi peu qu'auparavant; **however ~ you like him** si peu que vous l'aimiez *(subj)*; **I felt so ~ encouraged by this** je me suis senti si peu encouragé par ceci; **~ as I know him** si peu que je le connaisse.

(d) *(rarely)* rarement, peu souvent. **I see him/it happens very ~** je le vois/cela arrive très rarement *or* très peu souvent; **I watch television very ~ nowadays** je ne regarde presque plus *or* plus beaucoup *or* plus très souvent la télévision maintenant.

(e) *(+ vb: not at all)* **he ~ supposed that …** il était loin de supposer que …; **~ did he know that …** il était (bien) loin de se douter que …; **~ do you know!** si seulement vous saviez!, vous ne savez pas tout!

littleness ['lɪtlnɪs] *n* **(a)** *(in size)* petitesse *f*. **(b)** *(morally)* petitesse *f*, mesquinerie *f*.

littoral ['lɪtərəl] *adj*, *n* littoral *(m)*.

liturgical [lɪ'tɜːdʒɪkəl] *adj* liturgique.

liturgy ['lɪtədʒɪ] *n* liturgie *f*.

livable ['lɪvəbl] *adj climate* supportable; *life, pain* supportable, tolérable; *house* habitable. **this house is not ~ (in)** cette maison est inhabitable; **he is/is not ~ (with)*** il est facile à vivre/insupportable *or* invivable*; **her life is not ~** elle mène une vie impossible *or* insupportable.

live[1] [lɪv] **1** *vi* **(a)** *(be alive)* vivre. **he was still living when his daughter got married** il était encore en vie quand sa fille s'est mariée; **while his uncle ~d** du vivant de son oncle; **as long as I ~ I shall never leave you** je ne te quitterai pas tant que je vivrai; **I shall remember it as long as I ~** je m'en souviendrai jusqu'à mon dernier jour; **to ~ to be 90** vivre jusqu'à (l'âge de) 90 ans; **you'll ~ to be a hundred** vous serez centenaire; **he won't ~ long** *(gen)* il n'en a plus pour longtemps; *(young person)* il ne fera pas de vieux os; **she'll never ~ to see it** elle ne vivra pas assez longtemps pour le voir, elle ne sera plus là pour le voir; **she has only 6 months to ~** il ne lui reste plus que 6 mois à vivre; **he didn't ~ long after his wife died** il n'a pas survécu longtemps à sa femme; **long ~ the King!** vive le roi!; **nothing could ~ in such a storm** rien ne pourrait survivre à pareille tempête; **the doctor said she would ~** le docteur a dit qu'elle s'en sortirait; *(hum, iro)* **you'll ~!*** tu n'en mourras pas!; **the author makes his characters ~** l'auteur donne de la vie à ses personnages *or* fait vivre ses personnages; **let's ~ a little!*** il faut profiter de la vie!

(b) *(conduct o.s.)* vivre; *(exist)* vivre, exister. **to ~ honestly** vivre honnêtement, mener une vie honnête; **to ~ in luxury** vivre dans le luxe; **to ~ in style, to ~ well, to ~ like a king** *or* **a lord** mener grand train, vivre sur un grand pied; **to ~ according to one's means** vivre selon ses moyens; **they ~d happily ever after** après cela ils vécurent toujours heureux; *(in fairy tales)* ils furent heureux et ils eurent beaucoup d'enfants; **to ~ by one's pen** vivre de sa plume; **to ~ by journalism** gagner sa vie en étant *or* comme journaliste; **to ~ by buying and selling used cars** gagner sa vie en achetant et vendant des voitures d'occasion; **she ~s for her children** elle ne vit que pour ses enfants; **he is living for the day when he will see his son again** il ne vit que pour le jour où il reverra son fils; **I've got nothing left to ~ for** je n'ai plus de raison de vivre; **you must learn to ~ with it** il faut que tu t'y fasses *or* que tu t'en accommodes *(subj)*; **he will have to ~ with that awful memory all his life** il lui faudra vivre avec cet horrible souvenir jusqu'à la fin de ses jours; *(Prov)* **and let ~** il faut se montrer tolérant; **(we** *or* **you) ~ and learn** on apprend à tout âge; *V* **hand** *etc*.

(c) *(reside)* vivre, habiter, résider. **to ~ in London** habiter (à) Londres, vivre à Londres; **to ~ in a flat** habiter un appartement; **where do you ~?** où habitez-vous?; **she ~s in the rue de Rivoli** elle habite rue de Rivoli; **this house isn't fit to ~ in** cette maison n'est pas habitable *or* est inhabitable; **a house fit for a queen to ~ in** une maison princière; **this is a nice place to ~ in** il fait bon vivre ici; **he's not an easy person to ~ with** il n'est pas facile à vivre; **he ~s with his mother** il vit *or* habite avec sa mère; *(in her house)* il

vit chez sa mère; **he's living with Anne** *(as man and wife)* il vit avec Anne; **they're living in sin** ils vivent dans le péché, ils vivent ensemble sans être mariés.

2 *vt* vivre, mener. **to ~ a healthy life** mener une vie saine; **to ~ a life of ease** avoir une vie facile; **to ~ a life of luxury/crime** vivre dans le luxe/le crime; **to ~ one's faith/one's socialism** *etc* vivre pleinement sa foi/son socialisme *etc*; **he just ~s*** sailing/stamp collecting *etc* il ne vit que pour la voile/pour sa collection de timbres *etc*; **to ~ a lie** vivre dans le mensonge; *(Theat, fig)* **to ~ the part** entrer dans la peau du personnage.

3 *cpd*: **live-in** *(adj: gen)* housekeeper *etc* à demeure; **live-in lover** petit(e) ami(e) *m(f)* avec qui on vit; **live-in partner** concubin(e) *m(f)*; **all the livelong day** tout au long du jour *(liter)*, toute la journée, toute la sainte journée* *(often pej)*.

◆**live down** *vt sep* disgrace, scandal faire oublier (avec le temps). **you'll never live it down!** jamais tu ne feras oublier ça!

◆**live in 1** *vi* *(servant)* être logé et nourri; *(student, doctor)* être interne.

2: live-in *adj V* **live**[1] **3.**

◆**live off** *vt fus* **(a)** *fruit, rice* vivre de, se nourrir de. **to live off the land** vivre des ressources naturelles, vivre du pays.

(b) = live on 2c.

◆**live on 1** *vi* *(person)* continuer à vivre; *(tradition, memory)* rester, survivre.

2 *vt fus* **(a)** *fruit, rice* vivre de, se nourrir de. **you can't live on air*** on ne vit pas de l'air du temps; **she absolutely lives on chocolate*** elle se nourrit exclusivement de chocolat; *(fig)* **to live on hope** vivre d'espérance.

(b) to live on £3,000 a year vivre avec 3 000 livres par an; **we have just enough to live on** nous avons juste de quoi vivre; **what does he live on?** de quoi vit-il?, qu'est-ce qu'il a pour vivre?; **to live on one's salary** vivre de son salaire; **to live on one's capital** vivre de *or* manger son capital; **to live on borrowed time** être en sursis *(fig)*.

(c) *(depend financially on)* vivre aux dépens *or* aux crochets de.

◆**live out 1** *vi* *(servant)* ne pas être logé; *(student, doctor)* être externe.

2 *vt sep* passer. **she won't live the year out** elle ne passera pas l'année; **he lived out the war in the country** il a passé la durée de la guerre à la campagne.

◆**live through** *vt fus* **(a)** *(experience)* vivre, voir. **she has lived through two world wars** elle a vu deux guerres mondiales; **the difficult years he has lived through** les années difficiles qu'il a vécues.

(b) *(survive)* supporter, survivre à, passer. **he can't live through the winter** il ne passera pas l'hiver; **I couldn't live through another day** une autre journée comme que je ne pourrais pas supporter *or* passer une deuxième journée comme ça.

◆**live together** *vi* *(as man and wife)* vivre ensemble.

◆**live up** *vt sep*: **to live it up*** *(live in luxury)* mener la grande vie; *(have fun)* mener une vie de bâton de chaise.

◆**live up to** *vt fus* **(a)** *(be true to)* one's principles vivre en accord avec, vivre selon; one's promises être fidèle à, respecter.

(b) *(be equal to)* être *or* se montrer à la hauteur de; *(be worthy of)* répondre à, se montrer digne de. **to live up to sb's expectations** être *or* se montrer à la hauteur des espérances de qn; **the holiday didn't live up to expectations** les vacances n'ont pas été ce qu'on avait espéré; **we must try to live up to our new surroundings** nous devons essayer d'avoir un train de vie en rapport avec *or* de nous montrer dignes de notre nouveau cadre; **his brother's success will give him something to live up to** la réussite de son frère lui fera un sujet d'émulation.

live[2] [laɪv] **1** *adj* **(a)** *person, animal* vivant, en vie; *(fig)* dynamique. **a ~ birth** une naissance viable; *(Fishing)* **~ bait** vif *m (appât)*; **a real ~ spaceman** un astronaute en chair et en os; *(fig)* **they're a really ~ group** c'est un groupe très dynamique; *(fig)* **this is a ~ problem today** c'est un problème brûlant aujourd'hui.

(b) *(Rad, TV)* (transmis *or* diffusé) en direct. **that programme was ~** cette émission était (transmise *or* diffusée) en direct; **performed before a ~ audience** joué en public.

(c) *coal* ardent; *ammunition, shell, cartridge* de combat; *(unexploded)* non explosé; *(Elec)* **that's ~!** c'est branché!; *(Elec)* **~ rail** rail conducteur; *(Elec)* **~ wire** fil *m* sous tension; *(fig)* **he's a ~ wire** il a un dynamisme fou, il pète du *or* le feu*; **the switch/hair-drier was ~** l'interrupteur/ le séchoir à cheveux était mal isolé (et dangereux).

2 *adv* *(Rad, TV)* en direct. **it was broadcast ~** c'était (transmis *or* diffusé) en direct; **the match is brought to you ~ from … le match** vous est transmis en direct depuis …; **here, ~ from New York, is our reporter X** voici, en direct de New York, notre envoyé spécial X.

3 *cpd*: *(U)* **livestock** bétail *m*, cheptel *m*.

livelihood ['laɪvlɪhʊd] *n (U)* moyens *mpl* d'existence, gagne-pain *m inv*. **to earn a** *or* **one's ~** gagner sa vie; **his ~ depends on …** son gagne-pain dépend de …; **their principal ~ is tourism/rice** leur principale source de revenu est le tourisme/la culture du riz.

liveliness ['laɪvlɪnɪs] *n (V* **lively)** vivacité *f*, entrain *m*, allant *m*, pétulance *f*; vie *f*; animation *f*; vigueur *f*; gaieté *f* or gaîté *f*.

lively ['laɪvlɪ] *adj person, character* vif *(f vive)*, plein d'entrain, plein d'allant, pétulant; *imagination, colour* vif; *description, account, style* vivant; *party, discussion, conversation* animé, plein d'entrain; *performance, expression, instance, example, argument* frappant, percutant, vigoureux; *campaign* percutant, vigoureux; *tune* entraînant, allègre, gai. **he is ~ est plein d'entrain *or* de vie; **at a ~ pace** *or* **speed** à vive allure, à toute vitesse; **to take a ~ interest in sth** s'intéresser vivement à qch; **we had a ~ week** nous avons eu une semaine mouvementée; **we had a ~ time of it** nous avons eu des instants mouvementés; **things are getting a bit too** ~ **(***at party etc***)** ça commence à chauffer*; (*during row etc*) ça va barder*.

liven ['laɪvn] **1** *vt*: **to** ~ **up** *person* égayer, réjouir; *evening, discussion, party etc* animer; **a bit of paint should** ~ **the room up** un peu de peinture égayerait la pièce. **2** *vi*: **to** ~ **up** s'animer; **things are beginning to** ~ **up** (*more fun*) ça commence à s'animer; (*more trouble*) ça va barder*.

liver[1] ['lɪvər] **1** *n* (*Anat, Culin*) foie *m*; *V* **lily. 2** *cpd*: **liver complaint** maladie *f* de foie; (*Vet*) **liver fluke** douve *f* du foie; **liver paste** *pâte préparée au foie*; **liver pâté** pâté *m* de foie; **liver sausage**, (*esp US*) **liverwurst** saucisse *f* au pâté de foie; (*Bot*) **liverwort** hépatique *f*, herbe *f* de la Trinité.

liver[2] ['lɪvər] *n* (*person*) **clean** ~ vertueux *m*, -euse *f*; **fast** ~ débauché(e) *m(f)*.

liveried ['lɪvərɪd] *adj* en livrée.

liverish* ['lɪvərɪʃ] *adj* (**a**) (*bilious*) qui a mal au foie. (**b**) (*irritable*) de mauvais poil*, grincheux.

Liverpudlian [,lɪvə'pʌdlɪən] **1** *n*: **he's a** ~ (*living there*) c'est un habitant de Liverpool, il habite Liverpool; (*born there*) il est originaire de Liverpool. **2** *adj* de Liverpool.

livery ['lɪvərɪ] **1** *n* (**a**) (*servants' uniform*) livrée *f*.
(**b**) **to keep a horse at** ~ avoir un cheval en pension *or* en garde.
2 *cpd*: (*Brit*) **livery company** corporation londonienne; **livery man** (*in London*) membre *m* d'une corporation; (††: *retainer*) serviteur *m*; **livery stable** (*boarding*) pension *f* pour chevaux; (*hiring out*) écurie *f* de louage.

lives ['lɪvz] *npl of* **life.**

livid ['lɪvɪd] *adj* (**a**) (*in colour*) *complexion, scar* livide, blafard; *sky* plombé, de plomb. **he was** ~ **with cold** il était tout blanc de froid; **she had a** ~ **bruise on her forehead** elle avait une vilaine ecchymose au front.
(**b**) (*furious: also* ~ **with anger** *or* **rage** *or* **fury**) *person* furieux, furibond, en rage; *expression, appearance, gesture, glare* furieux, furibond.

living ['lɪvɪŋ] **1** *adj person* vivant, en vie; *language, example, faith* vivant; *coal* ardent; *water* vif (*f* vive). ~ **or dead** mort ou vif; **he's the greatest** ~ **pianist** c'est le plus grand pianiste actuellement vivant; **there wasn't a** ~ **soul** il n'y avait pas âme qui vive; **a** ~ **skeleton** un cadavre ambulant; **'the L~ Desert'** 'Le désert vivant'; ~ **fossil** fossile *m* vivant; **within** ~ **memory** de mémoire d'homme; **a** ~ **death** un enfer, un calvaire; **he's the** ~ **image of his father*** c'est le portrait (tout craché) de son père; **the** ~ **rock** le roc; **carved out of the** ~ **rock** taillé à même *or* dans le roc; (*fig*) **it's the** ~ **end*** c'est super*; *V* **daylight.**
2 *n* (**a**) (*means of livelihood*) vie *f*. **to earn** *or* **make a** ~ **by painting portraits/as an artist** gagner sa vie en peignant *or* à peindre des portraits/en tant qu'artiste; **they have to work for a** ~ ils doivent travailler pour vivre; *V* **cost.**
(**b**) (*way of life*) vie *f*. **gracious** ~ vie élégante *or* raffinée; **loose** ~ vie de débauche; ~ **was not easy in those days** la vie n'était pas facile en ce temps-là; *V* **standard.**
(**c**) (*Brit Rel*) cure *f*, bénéfice *m*.
(**d**) (*pl: people*) **the** ~ les vivants *mpl*; *V* **land.**
3 *cpd*: **living conditions** conditions *fpl* de vie; **living expenses** frais *mpl* de subsistance; **living quarters** logement(s) *m(pl)*; **living room** salle *f* de séjour, séjour *m*, living-(room) *m*; **living space** espace vital; **living standards** niveau *m* de vie; **they were asking for a living wage** ils demandaient un salaire leur permettant de vivre décemment; **£20 a week isn't a living wage** on ne peut pas vivre avec 20 livres par semaine.

Livorno [lɪ'vorno] *n* Livourne.

Livy ['lɪvɪ] *n* Tite-Live *m*.

Lizard ['lɪzəd] *n* (*Brit Geog*) **the** ~ le cap Lizard.

lizard ['lɪzəd] **1** *n* lézard *m*; (*also* ~ **skin**) (peau *f* de) lézard. **2** *cpd* **bag** *etc* en lézard.

llama ['lɑːmə] *n* lama *m* (*Zool*).

LL.B. [,elel'biː] *n* (*abbr of* Legum Baccalaureus = **Bachelor of Laws**) ≃ licence *f* de droit.

LL.D. [,elel'diː] *n* (*abbr of* Legum Doctor = **Doctor of Laws**) ≃ doctorat *m* de droit.

LM [el'em] *n* (*abbr of lunar module*) *V* **lunar.**

lo [ləʊ] *excl* regardez! **when** ~ **and behold, in he walked!** et c'est alors qu'il est entré!; ~ **and behold the result!** et voilà le résultat!

loach [ləʊtʃ] *n* loche *f* (de rivière).

load [ləʊd] **1** *n* (**a**) (*thing carried*) [*person, animal, washing machine*] charge *f*; [*lorry*] chargement *m*, charge; [*ship*] cargaison *f*; (*weight*) (gros) poids *m*; (*pressure*) poids, pression *f*; (*fig*) (*burden*) fardeau *m*, charge *f*; (*mental strain*) poids *m*. **he was carrying a heavy** ~ il était lourdement chargé; **the** ~ **slipped off the lorry** le chargement *or* la charge a glissé du camion; **the lorry had a full** ~ le camion avait un chargement complet; **the ship had a full** ~ **le** navire avait une cargaison complète; **under (full)** ~ chargé (à plein); **a** ~ **of coal** [*ship*] une cargaison de charbon; [*lorry*] un chargement *or* une charge de charbon; **I had 3** ~**s of coal (delivered) last autumn** on m'a livré du charbon en 3 fois l'automne dernier; **tree weighed down by its** ~ **of fruit** arbre *m* ployant sous le poids des fruits; **supporting his brother's family was a heavy** ~ **for him** c'était pour lui une lourde charge (que) de faire vivre la famille de son frère; **he finds his new responsibilities a heavy** ~ il trouve ses nouvelles responsabilités pesantes *or* lourdes; **to take a** ~ **off sb's mind** débarrasser qn de qch lui pèse (*fig*); **that's a** ~ **off my mind!** c'est un poids en moins!, quel soulagement!; *V* **bus, pay, shed**[2]**, work** *etc*.
(**b**) (*Constr, Elec, Tech; also of firearm*) charge *f*. (*Elec*) **the new regulations spread the** ~ **on the power stations more evenly** les

nouveaux règlements répartissent la charge plus uniformément sur les centrales électriques.
(**c**) (*fig) **a** ~ **of un tas de, des masses de*;** ~**s of des tas de*, des masses de*; that's a** ~ **of rubbish!** tout ça c'est de la blague!*; **we've got** ~**s of time** on a tout notre temps*, on a largement le temps; **he's got** ~**s of money** il est plein de fric‡; **we've got** ~**s (of them) at home** nous en avons (tout) plein* *or* des masses* *or* des tonnes* à la maison; **there were** ~**s of people** il y avait plein de monde* *or* des tas de gens* *or* des masses de gens*; **get a** ~ **of this!**‡ (*look*) regarde un peu ça!, regarde voir!*; (*listen*) écoute un peu ça!, écoute voir!*
2 *cpd*: (*Constr*) **load-bearing** *beam, structure* porteur; **load factor** (*Elec*) facteur *m* d'utilisation; (*Aviat*) coefficient *m* de remplissage; (*Naut*) **load line** ligne *f* de charge; (*Elec*) **load-shedding** délestage *m*; **loadstar = lodestar** (*V* **lode** 2); **loadstone = lodestone** (*V* **lode** 2).

3 *vt* (**a**) *lorry, ship, washing machine etc* charger (*with* de); *person* charger; (*overwhelm*) accabler. **the branch was** ~**ed (down) with pears** la branche était chargée de poires, la branche ployait sous les poires; **she was** ~**ed (down) with shopping** elle pliait sous le poids de ses achats; **his pockets were** ~**ed with sweets and toys** ses poches étaient bourrées de bonbons et de jouets; **they arrived** ~**ed (down) with presents for us** ils sont arrivés chargés de cadeaux pour nous; **to** ~ **sb (down) with gifts** couvrir qn de cadeaux; **to** ~ **sb with honours** combler *or* couvrir qn d'honneurs; **we are** ~**ed (down) with debts** nous sommes couverts *or* criblés de dettes; **to** ~ **sb (down) with cares** accablé de soucis; **a heart** ~**ed (down) with sorrow** un cœur lourd *or* accablé de chagrin; **the whole business is** ~**ed (down) with problems** toute cette affaire présente des monceaux de difficultés.
(**b**) [*ship etc*] **to** ~ **coal/grain** *etc* charger du charbon/du grain *etc.*
(**c**) *gun, camera etc* charger.
(**d**) *cane etc* plomber; *dice* piper. (*lit*) **the dice were** ~**ed** les dés étaient pipés; (*fig*) **the dice were** ~**ed against him/in his favour** les cartes étaient truquées à son désavantage/à son avantage (*fig*); (*fig*) **to** ~ **the dice against sb** truquer les cartes pour desservir qn (*fig*); **the situation is** ~**ed in our favour** les faits jouent en notre faveur.
(**e**) *insurance premium* majorer.
4 *vi* [*lorry*] charger, prendre un chargement; [*ship*] embarquer une cargaison; [*camera, gun*] se charger.
◆ **load down** *vt sep* charger (*with* de); *V* **load** 3a.
◆ **load up 1** *vi* [*ship*] charger, recevoir une cargaison; [*truck*] charger, prendre un chargement. [*person*] charger, ramasser son chargement. **to load up with sth** charger qch; (*US fig*) **to load up with** *or* **on**‡ *food, drink* se bourrer de*.
2 *vt sep truck, animal, person* charger (*with* de).

loaded ['ləʊdɪd] *adj* (**a**) *lorry, ship, gun, camera* chargé; *dice* pipé; *cane* plombé; *V also* **load.**
(**b**) *word, statement* insidieux. **that's a** ~ **question!** c'est une question insidieuse!, c'est une question-piège!
(**c**) (‡) (*rich*) bourré de fric‡, plein aux as‡; (*drunk*) bourré‡; (*drugged*) défoncé‡.

loader ['ləʊdər] *n* (*person, instrument*) chargeur *m*; (*Constr*) chargeuse *f*; *V* **low**[1]**.**

loading ['ləʊdɪŋ] **1** *n* chargement *m*. (*street sign*) **'no** ~ **or unloading' 'interdiction de charger et de décharger'. 2** *cpd*: **loading bay** aire *f* de chargement.

loaf[1] [ləʊf] *pl* **loaves 1** *n* (**a**) (*also* ~ **of bread**) pain *m*, (*round loaf*) miche *f* de pain. (*Prov*) **half a** ~ **is better than no bread** faute de grives on mange des merles (*Prov*), mieux vaut peu que pas du tout (*loc*); (*Brit*) **use your** ~!‡ fais marcher tes méninges!*; *V* **cottage, sandwich, slice** *etc*. (**b**) **sugar** ~ pain *m* de sucre; *V* **meat** *etc*. **2** *cpd*: **loaf sugar** sucre *m* en pain; **loaf tin** moule *m* à pain.

loaf[2] [ləʊf] *vi* (*also* ~ **about,** ~ **around**) fainéanter, traîner, traînasser.

loafer ['ləʊfər] *n* (**a**) (*person*) flemmard(e)* *m(f)*, tire-au-flanc* *m inv*. (**b**) (*shoe*) mocassin *m*.

loam [ləʊm] *n* (*U*) (**a**) (*soil*) terreau *m*. (**b**) [*moulds*] terre *f* de moulage.

loamy ['ləʊmɪ] *adj* soil riche en terreau.

loan [ləʊn] **1** *n* (**a**) (*money*) (*lent*) prêt *m*; (*advanced*) avance *f*; (*borrowed*) emprunt *m*. **can I ask you for a** ~? pouvez-vous m'accorder un prêt?; **'**~**s without security'** 'prêts sans garantie'; (*Banking*) ~**s and deposits** emplois *mpl* et ressources *fpl*; *V* **raise.**
(**b**) prêt *m*. **this picture is on** ~ *or* **is a** ~ **from the city museum** ce tableau est prêté par le *or* est un prêt du musée municipal; **I have a car on** ~ **from the company** la compagnie me prête une voiture *or* met une voiture à ma disposition; **my assistant is on** ~ **to another department at the moment** mon assistant prête ses services *or* est détaché à une autre division en ce moment; (*in library*) **the book is out on** ~ le livre est sorti; **I have this book out on** ~ **from the library** j'ai emprunté ce livre à la bibliothèque; **I asked for the** ~ **of the lawnmower** j'ai demandé à emprunter *or* à ce qu'on me prête (*subj*) la tondeuse à gazon; **may I have the** ~ **of your record player?** pouvez-vous me prêter votre électrophone?; **I can give you the** ~ **of it for a few days** je peux vous le prêter pour quelques jours.
2 *vt* (*US, also Brit**) prêter (*sth to sb* qch à qn).
3 *cpd*: (*Fin*) **loan agreement** convention *f* de prêt; **loan capital** capital-obligations *m*, capital *m* d'emprunt; (*Art etc*) **loan collection** collection *f* de tableaux (*or* d'objets *etc*) prêtés; (*Fin*) **loan investment** investissement *m* sous forme de prêt; (*Fin*) **loan facility** prêt *m*; **loan fund** caisse *f* de prêt; **loan office** bureau *m* de prêt; [*bank*] **loan officer** gestionnaire *mf* de crédit; (*pej*) **loan shark***

usurier *m*; (*Ling*) **loan translation** calque *m*; (*Ling*) **loan word** (mot *m* d')emprunt *m*.

loath [ləʊθ] *adj*: **to be (very) ~ to do sth** répugner à faire qch; **he was ~ to see her again** il n'était pas du tout disposé à la revoir; **I am ~ to add to your difficulties but** … je ne voudrais surtout pas ajouter à vos difficultés mais …; **nothing ~** très volontiers.

loathe [ləʊð] *vt person* détester, haïr; *thing* détester, avoir en horreur, abhorrer (*frm*). **to ~ doing sth** avoir horreur de *or* détester faire qch; **he ~s being told off** il a horreur *or* il déteste qu'on le reprenne.

loathing [ˈləʊðɪŋ] *n* (*U*) dégoût *m*, répugnance *f*. **he/it fills me with ~** il/cela me répugne *or* dégoûte.

loathsome [ˈləʊðsəm] *adj* détestable, répugnant, écœurant.

loathsomeness [ˈləʊðsəmnɪs] *n* caractère répugnant, nature détestable *or* écœurante.

loaves [ləʊvz] *npl of* **loaf**.

lob [lɒb] **1** *vt stone etc* lancer (haut *or* en chandelle). (*Tennis*) **to ~ a ball** faire un lob, lober; **he ~bed the book (over) to me** il m'a lancé *or* balancé* le livre; (*Ftbl*) **to ~ the goalkeeper** lober le gardien de but.
2 *vi* (*Tennis*) lober, faire un lob.
3 *n* (*Tennis*) lob *m*.

lobby [ˈlɒbɪ] **1** *n* (**a**) (*entrance hall*) [*hotel*] hall *m*; (*smaller*) vestibule *m*, entrée *f*; [*private house*] vestibule, entrée; [*theatre*] foyer *m* (des spectateurs).
(**b**) (*Brit Parl*) (*where Members meet public*) hall *m* (de la Chambre des communes où le public rencontre les députés), ≃ salle *f* des pas perdus; (*where Members vote: also* **division ~**) vestibule *m* (*où les députés se répartissent pour voter*).
(**c**) (*Pol: pressure group*) groupe *m* de pression, lobby *m*. **the antivivisection ~** le groupe de pression *or* le lobby antivivisectionniste.
2 *cpd*: (*Brit Press*) **lobby correspondent** journaliste *mf* parlementaire.
3 *vt* (*Parl, also gen*) *person* faire pression sur, se livrer à un travail de propagande auprès de; (*esp US*) *proposal, cause* faire pression en faveur de, soutenir activement.
4 *vi* (*Pol*) **they are ~ing for a stricter control of firearms** ils font pression pour obtenir un contrôle plus étroit des armes à feu.

lobbyer [ˈlɒbɪəʳ] *n* (*US*) = **lobbyist**.

lobbying [ˈlɒbɪŋ] *n* (*Pol*) sollicitations *fpl* (*d'un groupe de pression*), pressions *fpl*.

lobbyism [ˈlɒbɪɪzm] *n* (*US*) = **lobbying**.

lobbyist [ˈlɒbɪɪst] *n* (*Pol*) membre *m* d'un groupe de pression (*for* en faveur de); *V* **lobby**.

lobe [ləʊb] *n* (*Anat, Bot*) lobe *m*.

lobelia [ləʊˈbiːlɪə] *n* lobélie *f*.

lobotomy [ləʊˈbɒtəmɪ] *n* lobotomie *f*.

lobster [ˈlɒbstəʳ] *n* homard *m*. **~ nets** filets *mpl* à homards; **~ pot** casier *m* à homards.

lobule [ˈlɒbjuːl] *n* lobule *m*.

local [ˈləʊkəl] **1** *adj belief, custom, saying, weather forecast, newspaper, radio* local, (*wider*) régional; *shops, library* du *or* de quartier; *wine, speciality* du pays, local; *time, train, branch, church, showers, fog* local; (*Med*) *pain* localisé. **~ anaesthetic** anesthésie *f* locale; (*Telec*) **a ~ call** une communication urbaine; **of ~ interest** d'intérêt local; **what is the ~ situation?** (*here*) quelle est la situation ici?; (*there*) quelle est la situation là-bas?; **he's a ~ man** il est du pays *or* du coin*; **the ~ doctor** (*gen*) le médecin le plus proche; (*in town*) le médecin du quartier; **it adds a bit of ~ colour** ça met un peu de couleur locale; **~ currency** monnaie *f* locale; **~ authority** (*cpd*) **~ education authority** ≃ office régional de l'enseignement; **~ government** administration locale; **~ government elections** élections municipales; **~ government officer** *or* **official** administrateur local, ≃ fonctionnaire *mf* (de l'administration locale).
2 *n* (**a**) (*: person*) personne *f* du pays *or* du coin*. **the ~s** les gens du pays *or* du coin* *or* du cru; **he's one of the ~s** il est du pays *or* du coin*.
(**b**) (*Brit*: *pub*) café *m* du coin, bistro(t)* *m* du coin.
(**c**) (*US Rail*) (train *m*) omnibus *m*.
(**d**) (*) = **local anaesthetic**, *V* **1**.
(**e**) (*US: trade union branch*) section *f* syndicale.

locale [ləʊˈkɑːl] *n* lieu *m*, scène *f* (*fig*), théâtre *m* (*frm*).

locality [ləʊˈkælɪtɪ] *n* (**a**) (*neighbourhood*) environs *mpl*, voisinage *m*; (*district*) région *f*. **in the ~** dans les environs, dans la région; **we are new to this ~** nous sommes nouveaux dans la région.
(**b**) (*place, position*) lieu *m*, endroit *m*, emplacement *m*. **the ~ of the murder** le lieu *or* la scène *or* le théâtre (*frm*) du meurtre; **I don't know the ~ of the church** je ne sais pas où se trouve l'église; **she has a good/has no sense of ~** elle a/n'a pas le sens de l'orientation; *V* **bump**.

localize [ˈləʊkəlaɪz] *vt* localiser. **~d pain** douleur localisée.

locally [ˈləʊkəlɪ] *adv* (**a**) (*in certain areas*) localement. (*Met*) **showers ~** des averses locales, temps localement pluvieux; **onions are in short supply ~** les oignons manquent dans certaines régions; **I had it made ~** (*when I was there*) je l'ai fait faire sur place; (*around here*) je l'ai fait faire par ici; **~ appointed staff** personnel recruté localement.
(**b**) (*nearby*) dans les environs or la région *or* le coin*; (*near here*) par ici; (*out there*) là-bas. **we deliver free ~** nous livrons gratuitement dans les environs; **you will find mushrooms ~** vous allez trouver des champignons dans la région *or* dans le coin*.

locate [ləʊˈkeɪt] **1** *vt* (**a**) (*find*) *place, person* repérer, trouver; *noise, leak* localiser; *cause* localiser, repérer, trouver. **I can't ~ the school on this map** je n'arrive pas à repérer *or* à trouver l'école sur cette carte; **have you ~d the briefcase I left yesterday?** avez-

vous retrouvé la serviette que j'ai oubliée hier?; **the doctors have ~d the cause of the pain/the source of the infection** les médecins ont localisé *or* déterminé la cause de la douleur/la source de l'infection.
(**b**) (*situate*) *factory, school etc* situer. **they decided to ~ the factory in Manchester** ils ont décidé d'implanter *or* de construire l'usine à Manchester; **where is the hospital to be ~d?** où va-t-on mettre *or* construire l'hôpital?; **the college is ~d in London** le collège est situé *or* se trouve à Londres.
(**c**) (*assume to be*) situer, placer. **many scholars ~ the Garden of Eden there** c'est là que de nombreux érudits situent *or* placent le Paradis terrestre.
(**d**) (*US: have place to live*) **to be ~d** être installé.
2 *vi* (*US*) s'installer.

location [ləʊˈkeɪʃən] **1** *n* (**a**) (*position*) emplacement *m*, situation *f*. **suitable ~s for a shoe factory** emplacements convenant à une usine de chaussures.
(**b**) (*Cine*) extérieur(s) *m(pl)*. **on ~** en extérieur.
(**c**) (*U*: *V* **locate 1a**) repérage *m*; localisation *f*.
2 *cpd* (*Cine*) **scene, shot** en extérieur.

locative [ˈlɒkətɪv] *adj, n* locatif (*m*) (*Ling*).

loch [lɒx] *n* (*Scot*) lac *m*, loch *m*. **L~ Lomond** le loch Lomond; *V* **sea**.

loci [ˈləʊkiː] *npl of* **locus**.

lock¹ [lɒk] **1** *n* (**a**) [*door, box etc*] serrure *f*; (*on steering wheel*) antivol *m*. **under ~ and key** *possessions* sous clef; *prisoner* sous les verrous; **to put/keep sth under ~ and key** mettre/garder qch sous clef; **to put sb under ~ and key** enfermer qn à clef; (*prisoner*) mettre qn sous les verrous; **to keep sb under ~ and key** garder qn enfermé à clef; (*prisoner*) garder qn sous les verrous; (*US fig*) **it's a ~*** c'est dans ta poche; *V* **combination, pick** *etc*.
(**b**) [*gun*] (*safety lock*) cran *m* de sûreté; (*gunlock*) percuteur *m*. (*fig*) **he sold the factory ~, stock and barrel** il a vendu l'usine en bloc; **they rejected the proposals ~, stock and barrel** ils ont rejeté les suggestions en bloc *or* toutes les suggestions sans exception; **he has moved out ~, stock and barrel** il a déménagé en emportant tout son fourbi*.
(**c**) (*Comput*) verrouillage *m*.
(**d**) [*canal*] écluse *f*; *V* **air**.
(**e**) (*Wrestling*) clef *f or* clé *f* de bras.
(**f**) (*Aut*) rayon *m* de braquage. **this car has a good ~** cette voiture braque bien *or* a un bon rayon de braquage; **3.5 turns from ~ to ~** 3,5 tours d'une butée à l'autre.
(**g**) (*Rugby: also* **~ forward**) (avant *m* de) deuxième ligne *m*.
2 *cpd*: **lock gate** porte *f* d'écluse; (*Med*) **lockjaw** tétanos *m*; **lock keeper** éclusier *m*, -ière *f*; **locknut** (*washer*) contre-écrou *m*; (*self-locking*) écrou auto-bloquant; (*Ind*) **lockout** lock-out *m inv*, grève *f* patronale; **locksmith** serrurier *m*; **lock-up** (*Brit*: *garage*) box *m*; (*Brit*: *shop*) boutique *f* (sans logement); (*prison*) prison *f*, lieu *m* de détention provisoire, cellule *f* provisoire.
3 *vt* (**a**) (*fasten*) *door, suitcase, car, safe* fermer à clef, verrouiller. **behind ~ed doors** à huis clos; (*fig*) **to ~ the stable door after the horse has bolted** prendre ses précautions trop tard.
(**b**) *person* enfermer (*in* dans). **he got ~ed in the bathroom** il s'est trouvé enfermé dans la salle de bains.
(**c**) (*prevent use of*) *mechanism* bloquer; (*Comput*) verrouiller. **he ~ed the steering wheel on his car** il a bloqué la direction de sa voiture (en mettant l'antivol); (*Aut: by braking*) **to ~ the wheels** bloquer les roues.
(**d**) (*squeeze, also fig*) *person* étreindre, serrer. **she was ~ed in his arms** elle était serrée dans ses bras; **they were ~ed in a close embrace** ils étaient unis dans une étreinte passionnée; **the armies were ~ed in combat** les deux armées étaient aux prises.
4 *vi* (**a**) [*door*] fermer à clef.
(**b**) (*Aut*) [*wheel, steering wheel*] se bloquer.

◆**lock away** *vt sep object, jewels* mettre sous clef; *criminal* mettre sous les verrous; *mental patient etc* enfermer.

◆**lock in** *vt sep* (**a**) *person, dog* enfermer (à l'intérieur). **to lock o.s. in** s'enfermer (à l'intérieur).
(**b**) (*Fin*) *assets, loans* engager (à plus d'un an).

◆**lock on** *vi* [*spacecraft*] s'arrimer (*to* à). [*radar*] **to lock on to sth** capter qch.

◆**lock out** *vt sep* (**a**) *person* (*deliberately*) mettre à la porte; (*by mistake*) enfermer dehors, laisser dehors (sans clef). **to find o.s. locked out** (*by mistake*) se trouver enfermé dehors; (*as punishment*) se trouver mis à la porte; **to lock o.s. out** s'enfermer dehors; **to lock o.s. out of one's car** fermer la voiture en laissant les clefs à l'intérieur.
(**b**) (*Ind*) *workers* fermer l'usine à, lockouter.
2 lockout *n V* **lock¹ 2**.

◆**lock up 1** *vi* fermer à clef (toutes les portes). **will you lock up when you leave?** voulez-vous tout fermer en partant?; **to lock up for the night** tout fermer pour la nuit.
2 *vt sep* (**a**) *object, jewels* enfermer, mettre sous clef; *house* fermer (à clef); *criminal* mettre sous les verrous *or* en prison; *mental patient etc* enfermer. **you ought to be locked up!*** on devrait t'enfermer!, tu es bon à enfermer!
(**b**) *capital, funds* immobiliser, bloquer (*in* dans).
3 lock-up *n V* **lock¹ 2**.

lock² [lɒk] *n* [*hair*] mèche *f*; (*ringlet*) boucle *f*. **his ~s** sa chevelure, ses cheveux *mpl*; **her curly ~s** ses boucles.

locker [ˈlɒkəʳ] **1** *n* casier *m*, (petite) armoire *f*, (petit) placard *m*; (*at station etc: for luggage*) (casier *m* de) consigne *f* automatique. **2** *cpd*: **locker-room** (*n*) vestiaire *m*; (*adj: fig*) *joke etc* de corps de garde, paillard.

locket [ˈlɒkɪt] *n* médaillon *m* (*bijou*).

locking [ˈlɒkɪŋ] **1** *adj door, container, cupboard* qui ferme à clef, verrouillable. (*Aut*) **~ petrol cap** bouchon *m* anti-vol (*pour* *réservoir*). **2** *n* (*gen*) fermeture *f* à clef, verrouillage *m*; (*Aut*) *[door]* verrouillage *m*, condamnation *f*; (*Comput*) verrouillage; *V* central.

loco‡ ['ləʊkəʊ] *adj* toqué*, timbré*, cinglé‡.

locomotion [,ləʊkə'məʊʃən] *n* locomotion *f*.

locomotive [,ləʊkə'məʊtɪv] **1** *n* (*Rail*) locomotive *f*. ~ **shed** hangar *m* à locomotives. **2** *adj machine* locomotif; *muscle* locomoteur (*f* -trice).

locum ['ləʊkəm] *n* (*also* **locum tenens**: *esp Brit frm*) suppléant(e) *m(f)* (*de prêtre ou de médecin etc*).

locus ['ləʊkəs] *n*, *pl* **loci** lieu *m*, point *m*; (*Math*) lieu géométrique.

locust ['ləʊkəst] **1** *n* locuste *f*, sauterelle *f*. **2** *cpd*: **locust bean** caroube *f*; **locust tree** caroubier *m*.

locution [lə'kju:ʃən] *n* locution *f*.

lode [ləʊd] **1** *n* (*Miner*) filon *m*, veine *f*. **2** *cpd*: **lodestar** (*lit*) étoile *f* polaire; (*fig*) principe directeur; **lodestone** magnétite *f*, aimant naturel.

lodge [lɒdʒ] **1** *n* (*small house in grounds*) maison *f or* pavillon *m* de gardien; (*porter's room in building*) loge *f*; (*Freemasonry*) loge; *[beaver]* abri *m*, gîte *m*; *V* **hunting**.
   2 *vt* (**a**) *person* loger, héberger.
   (**b**) *bullet* loger.
   (**c**) (*Admin, Jur: leave*) *money* déposer; *statement, report* présenter (*with sb* à qn), déposer (*with sb* chez qn). (*Jur*) **to ~ an appeal** interjeter appel, se pourvoir en cassation; **to ~ a complaint against** porter plainte contre; (*Jur*) **documents ~d by the parties** pièces *fpl* versées aux débats par les parties.
   3 *vi* (*person*) être logé, être en pension (*with* chez); *[bullet]* se loger.

lodger ['lɒdʒəʳ] *n* (*Brit*) (*room only*) locataire *mf*; (*room and meals*) pensionnaire *mf*. **to take (in) ~s** (*room only*) louer des chambres; (*room and meals*) prendre des pensionnaires.

lodging ['lɒdʒɪŋ] **1** *n* (**a**) (*U: accommodation*) logement *m*, hébergement *m*. **they gave us a night's ~** ils nous ont logés *or* hébergés une nuit; *V* **board**.
   (**b**) **~s** (*room*) chambre *f*; (*flatlet*) logement *m*; **he took ~s with Mrs Smith†** (*with meals*) il a pris pension chez Mme Smith; (*without meals*) il a pris une chambre *or* un logement chez Mme Smith; **he's in ~s** il vit en meublé *or* en garni (*pej*); **to look for ~s** (*room*) chercher une chambre meublée; (*flatlet*) chercher un logement meublé; (*with meals*) chercher à prendre pension; **we took him back to his ~s** nous l'avons ramené chez lui.
   2 *cpd*: **lodging house** pension *f*.

loess ['ləʊɪs] *n* lœss *m*.

loft [lɒft] **1** *n* (**a**) *[house, stable, barn]* grenier *m*; *V* **hay, pigeon** *etc*.
   (**b**) *[church, hall]* galerie *f*; *V* **organ**. **2** *vt* (**a**) (*Golf*) *ball* lancer en chandelle. (**b**) (*US: send very high*) lancer très haut.

loftily ['lɒftɪlɪ] *adv* hautainement, avec hauteur *or* condescendance.

loftiness ['lɒftɪnɪs] *n* (*great height*) hauteur *f*; (*fig*) (*grandiosity*) grandeur *f*, noblesse *f*; (*haughtiness*) hauteur, condescendance *f*, dédain *m*.

lofty ['lɒftɪ] *adj* (*high*) *mountain, tower* haut, élevé; (*fig*) (*grandiose*) *feelings, aims, style* élevé, noble; (*haughty*) *behaviour, tone, look, remark* hautain, condescendant, dédaigneux.

log¹ [lɒg] **1** *n* (**a**) (*felled tree trunk*) rondin *m*; (*for fire*) bûche *f*. **he lay like a ~** il ne bougeait pas plus qu'une souche; *V* **sleep**.
   (**b**) (*Naut: device*) loch *m*.
   (**c**) (*also* **~book**) (*Naut*) livre *m or* journal *m* de bord; (*Aviat*) carnet *m* de vol; *[lorry driver etc]* carnet de route; (*gen*) registre *m*. **to write up** *or* **keep the ~(book)** tenir le livre de bord *or* le carnet de vol *etc*; **let's keep a ~ of everything we do today** notons *or* consignons tout ce que nous allons faire aujourd'hui.
   2 *cpd*: **logbook** (*Aviat, Naut etc*) *V* **1c**; (*Brit Aut*) ≃ carte grise; **log cabin** cabane *f* en rondins; **log fire** feu *m* de bois; **log jam** (*lit*) train *m* de flottage bloqué; (*fig*) impasse *f* (*fig*); (*fig*) **log-rolling** échange *m* abusif de concessions *or* de faveurs.
   3 *vt* (**a**) *trees* tronçonner, débiter *or* tailler en rondins.
   (**b**) (*record: also* **log up**) (*gen*) noter, consigner, enregistrer; (*Naut*) inscrire au journal de bord *or* au livre de bord; (*Aviat*) inscrire sur le *or* au carnet de vol.
   (**c**) **the ship was ~ging 18 knots** le navire filait 18 nœuds; **the plane was ~ging 300 mph** l'avion volait à *or* faisait 500 km/h.
   (**d**) (*also* ~ **up**) **he has ~ged (up) 5,000 hours' flying time** il a à son actif *or* il compte 5.000 heures de vol; **we ~ged (up) 50 km that day** nous avons parcouru *or* couvert 50 km ce jour-là; **I've ~ged (up) 8 hours' work each day*** je me suis envoyé* *or* tapé* 8 heures de travail par jour.
◆**log in** *vi* (*Comput*) entrer.
◆**log off** *vi* (*Comput*) sortir.
◆**log on** *vi* (*Comput*) entrer.
◆**log out** *vi* (*Comput*) sortir.
◆**log up** *vt sep V* **log¹ 3b, 3d**.

log² [lɒg] *n* (*Math: abbr of* **logarithm**) log* *m*. ~ **tables** tables *fpl* de logarithmes.

loganberry ['ləʊgənbərɪ] *n* framboise *f* de Logan.

logarithm ['lɒgərɪθəm] *n* logarithme *m*.

loge [ləʊʒ] *n* (*Theat*) loge *f*.

logger ['lɒgəʳ] *n* bûcheron *m*.

loggerheads ['lɒgəhedz] *npl*: **to be at ~ (with)** être en désaccord *or* à couteaux tirés (avec).

loggia ['lɒdʒɪə] *n* loggia *f*.

logic ['lɒdʒɪk] **1** *n* logique *f*. **I can't see the ~ of it** ça ne me paraît pas rationnel; (*Brit fig*) **to chop ~** discutailler, ergoter (*with sb* avec qn).
   2 *cpd*: (*Brit fig*) **logic-chopping** ergoterie *f or* ergotage *m*.

logical ['lɒdʒɪkəl] *adj* (*gen*) logique. (*Philos*) ~ **positivism** positivisme *m* logique, logico-positivisme *m*; ~ **positivist** logico-positiviste *mf*; **to take sth to its ~ conclusion** amener qch à sa conclusion logique.

logically ['lɒdʒɪkəlɪ] *adv* logiquement.

logician [lɒ'dʒɪʃən] *n* logicien(ne) *m(f)*.

logistic [lɒ'dʒɪstɪk] **1** *adj* logistique. **2** *n* (*U*) ~**s** logistique *f*.

logo ['ləʊgəʊ] *n* logo *m*.

logy* ['ləʊgɪ] *adj* (*US*) apathique, léthargique.

loin [lɒɪn] **1** *n* (**a**) ~**s** (*Anat*) reins *mpl*, lombes *mpl*; (*liter*) reins; *V* **gird up**. (**b**) (*Culin*) (*gen*) filet *m*; *[veal, venison]* longe *f*; *[beef]* aloyau *m*. **2** *cpd*: (*Culin*) **loin chop** côte première; **loin cloth** pagne *m* (*d'étoffe*).

Loire [lwa:r] *n* Loire *f*. **the ~ Valley** la vallée de la Loire; (*between Orléans and Tours*) le Val de Loire.

loiter ['lɒɪtəʳ] *vi* (**a**) (*also* ~ **about**) (*dawdle*) s'attarder, traîner en route; (*loaf, stand around*) traîner, flâner, musarder; (*suspiciously*) traîner d'une manière suspecte.
   (**b**) (*Jur*) **to ~ with intent** ≃ commettre un délit d'intention; (*Jur*) **to be charged with ~ing with intent** être accusé d'un délit d'intention.
◆**loiter away** *vt sep*: **to loiter away one's time/days** passer son temps/ses journées à ne rien faire.

loll [lɒl] *vi* *[person]* se prélasser; *[head]* pendre.
◆**loll about, loll around** *vi* fainéanter, flâner.
◆**loll back** *vi [person]* se prélasser; *[head]* pendre en arrière. **to loll back in an armchair** se prélasser dans un fauteuil.
◆**loll out 1** *vi [tongue]* pendre. **2** *vt sep tongue* laisser pendre.

Lollards ['lɒlədz] *npl* (*Hist*) Lollards *mpl*.

lollipop ['lɒlɪpɒp] *n* sucette *f* (*bonbon*). (*Brit*) ~ **man***, ~ **lady*** contractuel(le) *m(f)* qui fait traverser la rue aux enfants).

lollop ['lɒləp] *vi* (*esp Brit*) *[large dog]* galoper; *[person]* courir gauchement *or* à grandes enjambées maladroites. **to ~ in/out** *etc* entrer/sortir *etc* à grandes enjambées maladroites.

lolly ['lɒlɪ] *n* (*Brit*) (**a**) (*) = **lollipop**; *V* **ice**. (**b**) (‡*U: money*) fric‡ *m*, pognon‡ *m*.

Lombard ['lɒmbəd] **1** *n* Lombard(e) *m(f)*. **2** *adj* lombard.

Lombardy ['lɒmbədɪ] *n* Lombardie *f*. ~ **poplar** peuplier *m* d'Italie.

London ['lʌndən] **1** *n* Londres *f*. **2** *cpd* **life** londonien, à Londres; *people* de Londres; *shopkeeper, taxi* londonien; *street* londonien, de Londres. **London Bridge** Pont *m* de Londres; (*Bot*) **London pride** saxifrage ombreuse, désespoir *m* des peintres.

Londoner ['lʌndənəʳ] *n* Londonien(ne) *m(f)*.

lone [ləʊn] *adj person* solitaire; *village, house* isolé; (*unique*) seul. (*US*) **the L~ Star State** le Texas; (*fig*) **to play a ~ hand** mener une action solitaire; (*Admin etc*) ~ **parent** parent isolé; (*fig*) **he's a ~ wolf** c'est un solitaire, c'est quelqu'un qui fait cavalier seul.

loneliness ['ləʊnlɪnɪs] *n* (*person*) solitude *f*, isolement *m*; *[house, road]* (*isolated position*) isolement; (*atmosphere*) solitude; *[life]* solitude.

lonely ['ləʊnlɪ] *adj person* seul, solitaire, isolé; *life, journey, job, house, road* solitaire; (*isolated*) isolé, perdu. **to feel ~** se sentir seul; **it's ~ out there** on se sent seul là-bas; **a small ~ figure on the horizon** une petite silhouette seule *or* solitaire à l'horizon; ~ **hearts' club** club *m* de rencontres (pour personnes seules).

loner* ['ləʊnəʳ] *n* solitaire *mf*.

lonesome ['ləʊnsəm] **1** *adj* = **lonely**. **2** *n*: **all on my** (*or your etc*) ~* tout seul (*f* toute seule).

long¹ [lɒŋ] **1** *adj* (**a**) (*in size*) *dress, hair, rope, distance, journey* long (*f* longue). **how ~ is the field?** quelle est la longueur du champ?; **10 metres ~** (long) de 10 mètres; **to grow ~(er), to get ~er** (*gen*) s'allonger; *[hair]* pousser, devenir (plus) longs; ~ **trousers** pantalon *m* (long); **to be ~ in the leg** *[person, horse]* avoir les jambes longues; *[other animal]* avoir les pattes longues; *[trousers]* être trop long; **he's (a bit) ~ in the tooth*** il n'est plus tout jeune, il n'est plus de la première jeunesse; (*fig*) **to have a ~ arm** avoir le bras long; (*fig*) **the ~ arm of the law** le bras de la justice, la justice toute puissante; **he has a ~ reach** il peut allonger le bras loin; *[boxer]* il a de l'allonge; (*fig*) **to have a ~ face** avoir la mine longue *or* allongée, faire triste mine; **to make** *or* **pull a ~ face** faire une *or* la grimace; **his face was as ~ as a fiddle** il faisait une mine de dix pieds de long *or* une tête d'enterrement; (*fig*) **the biggest by a ~ chalk** *or* **shot** de beaucoup le plus grand; (*fig*) **not by a ~ chalk** loin de là; (*Math*) ~ **division** division écrite complète (*avec indication des restes partiels*); (*Cine*) ~ **shot** plan général *or* d'ensemble; (*fig*) **it's a ~ shot** *or* **chance but we might be lucky** c'est très risqué mais nous aurons peut-être de la chance; (*fig*) **it was just a ~ shot** *or* **a ~ chance** c'était un coup à tenter, il y avait peu de chances pour que cela réussisse; (*fig*) ~ **stop** garde-fou *m* (*fig*); (*Rad*) **on the ~ wave** sur les grandes ondes; *V also* **4**, *and* **broad, daddy, way** *etc*.
   (**b**) (*in time*) *visit, wait, look, film etc* long (*f* longue); (*Ling*) *vowel* long. **6 months ~** qui dure 6 mois, de 6 mois; **a ~ time** longtemps; **you took a ~ time to get here** *or* **getting here** tu as mis longtemps pour *or* à venir; **it took a very ~ time for this to happen** ceci n'est arrivé que très longtemps après, il a fallu attendre longtemps pour que cela arrive (*subj*); **it takes a ~ time for that drug to act** ce médicament met du temps à agir; **what a ~ time you've been!** il vous en a fallu du temps!, vous y avez mis le temps!; **it will be a ~ time before I see her again** je ne la reverrai pas de longtemps; **for a ~ time to come** he will wonder … il se demandera (pendant) longtemps …; **it'll be a ~ time before I do that again!** je ne recommencerai pas de si tôt!; **for a ~ time I had to stay in bed** j'ai dû rester au lit longtemps; **I have been learning English for a ~ time** j'apprends l'anglais depuis longtemps; **a ~ time ago** il y a longtemps; **a ~, ~ time ago** il y a bien longtemps; **it's a ~ time since I last saw him** ça fait longtemps que je ne l'ai vu; **he has not been seen for a ~ time** on ne l'a pas vu depuis longtemps, cela fait

longtemps *or* voilà longtemps qu'on ne l'a pas vu; **for a ~ time past he has been unable to work** il a longtemps été *or* voilà longtemps qu'il est hors d'état de travailler; **~ time no see!‡** tiens, un revenant!* *(fig)*; **at ~ last** enfin; **he's not ~ for this world** il n'en a plus pour longtemps (à vivre); **the days are getting ~er** les jours rallongent; **friends of ~ standing** des amis de longue date; **he wasn't ~ in coming** il n'a pas mis longtemps pour venir; **how ~ are the holidays?** les vacances durent combien de temps?; *(Brit Scol, Univ)* **vac***, **~ vacation** grandes vacances; **I find the days very ~** je trouve les jours bien longs; **to take a ~ look at sb** regarder longuement qn; **a good ~ look at the car revealed that ...** un examen *or* une inspection de la voiture a révélé que ...; *(fig)* **to take a ~ (hard) look at sth** regarder qch bien en face; *(fig)* **to take a ~ (hard) look at o.s.** s'examiner honnêtement; **he took a ~ drink of water** il a bu une grande gorgée d'eau; **a ~ drink** un long drink; *(fig)* **in the ~ run** à la longue, finalement, en fin de compte; **in the ~ term** à long terme *(V also* **long-term**); **it will be a ~ job** cela demandera du temps; **to take the ~ view** prévoir *or* voir les choses de loin; **taking the ~ view** si on prévoit *or* voit les choses de loin, si on pense à l'avenir; **to have a ~ memory** avoir bonne mémoire, avoir de la mémoire; **he's ~ on advice‡** il est toujours là pour donner des conseils, il est fort pour ce qui est de donner des conseils; **he's ~ on brains‡** c'est une grosse tête‡, il en a dans la cervelle*; **there are ~ odds against your doing that** il y a très peu de chances pour que tu fasses cela; *V* **let¹**.

2 *adv* **(a)** depuis longtemps. **this method has ~ been used in industry** cette méthode est employée depuis longtemps dans l'industrie; **I have ~ wished to say...** il y a longtemps que je souhaite dire ...; **these are ~-needed changes** ce sont des changements dont on a besoin depuis longtemps; **his ~-awaited reply** sa réponse (si) longtemps attendue; *V also* **4**.

(b) *(a long time)* longtemps. **~ ago** il y a longtemps; **how ~ ago was it?** il y a combien de temps de ça?; **as ~ ago as 1930** déjà en 1930; **of ~ ago** d'il y a longtemps; **not ~ ago** il y a peu de temps, il n'y a pas longtemps; **he arrived not ~ ago** il est arrivé depuis peu de temps, il n'y a pas longtemps qu'il est arrivé; **~ before** *(adv)* longtemps avant; *(conj)* longtemps avant que + *subj*; **~ before the war** longtemps *or* bien avant la guerre; **you should have done it ~ before now** vous auriez dû le faire il y a longtemps; **not ~ before** *(adv)* peu de temps avant; *(conj)* peu de temps avant que + *subj*; **before ~** *(+ future)* avant peu, dans peu de temps; *(+ past)* peu de temps après; **~ after** *(adv)* longtemps après; *(conj)* longtemps après que + *indic*; **not ~ since** il n'y a pas longtemps; **~ since** il y a longtemps; **he thought of friends ~ since dead** il a pensé à des amis morts depuis longtemps; **how ~ is it since you saw him?** cela fait combien de temps que tu ne l'as pas vu?; **they didn't stay ~** ils ne sont pas restés longtemps; **he hasn't been gone ~** il n'y a pas longtemps qu'il est parti; **it didn't take him ~** ça ne lui a pas pris longtemps; **it didn't take him ~ to realize that ...** il n'a pas mis longtemps à se rendre compte que ...; **have you been here/been waiting ~?** il y a longtemps que vous êtes là?/que vous attendez?; **are you going away for ~?** partez-vous pour longtemps?; **I'm not here for ~** je ne suis pas ici pour longtemps; **he didn't live ~ after that** il n'a pas longtemps survécu à ça; **he hasn't ~ to live** il n'(en) a plus pour longtemps à vivre; **women live ~er than men** les femmes vivent plus longtemps que les hommes; **~ live the King!** vive le roi!; **I only had ~ enough to buy a paper** je n'ai eu que le temps d'acheter un journal; **wait a little ~er** attendez encore un peu; **do we have to wait any ~er?** est-ce qu'il nous faut encore attendre?; **will you be ~?** tu en as pour longtemps?; **don't be ~** dépêche-toi, ne prends pas trop de temps; **I shan't be ~** je n'en ai pas pour longtemps, je me dépêche; **how ~ did they stay?** combien de temps sont-ils restés?; **how ~ will you be?** ça va te demander combien de temps?, tu vas mettre combien de temps?; **how ~ have you been learning Greek?** depuis combien de temps apprenez-vous le grec?; **how ~ had you been living in Paris?** depuis combien de temps viviez-vous à Paris?, cela faisait combien de temps que vous viviez à Paris?; **I shan't forget him as ~ as I live** je ne l'oublierai pas aussi longtemps que je vivrai; **stay as ~ as you like** restez autant que *or* aussi longtemps que vous voulez; **as ~ as the war lasted** tant que dura la guerre; **as ~ as the war lasts** tant que la guerre durera; **as ~ as necessary** aussi longtemps que c'est nécessaire *or* qu'il le faut; **at (the) ~est** au plus.

(c) **all night ~** toute la nuit; **all summer ~** tout l'été; **his whole life ~** toute sa vie, sa vie durant; **so ~ as, as ~ as** pourvu que + *subj*; **you can borrow it so *or* as ~ as you keep it clean** vous pouvez l'emprunter pourvu que vous ne le salissiez *(subj)* pas *or* à condition de ne pas le salir; **so ~!*** au revoir!, à bientôt!, salut!*; **I can't stay any ~er, I can stay no ~er** je ne peux pas rester plus longtemps; **she no ~er wishes to do it** elle ne veut plus le faire; **he is no ~er living there** il n'habite plus là; *V* **last²**.

3 *n* **(a)** *(fig)* **the ~ and the short of it is that ...** le fin mot de l'histoire, c'est que ... .

(b) *(Mus, Poetry)* longue *f*.

4 *cpd*: **longboat** (grande) chaloupe *f*; **longbow** arc *m* (anglais); *(Fin)* **long-dated** à longue échéance; **long-distance** *race, runner* de fond; *(Telec)* **long-distance** call communication interurbaine; **long-distance flight** vol *m* sur long parcours *or* sur long-courrier; **long-distance skier** fondeur *m*; **long-drawn-out** interminable, qui traîne indéfiniment; **long-eared** aux longues oreilles; **long fin tuna** *or* **tunny** thon *m* blanc; **long-forgotten** oublié depuis longtemps; *(US: money)* **long green*** argent *m*, fric* *m*; *(US)* **long-hair*** hippie *m*, chevelu* *m*; **long-haired** *person* aux cheveux longs; *animal* à longs poils; **longhand** *(n)* écriture normale *or* courante; *(adj)* en écriture normale *or* courante; **long-headed** *(lit)* à tête allongée; *(fig)* avisé, perspicace, prévoyant; **longhorn cattle**

bovins *mpl* longhorn *inv* *or* à longues cornes; **long johns*** caleçon *m* (long); *(Brit Sport)* **long jump** saut *m* en longueur; **long jumper** sauteur *m*, -euse *f* en longueur; **long-legged** *person, horse* aux jambes longues; *other animal, insect* à longues pattes; **long-limbed** aux membres longs; **long-lived** d'une grande longévité; **women are longer-lived** *or* **more long-lived than men** les femmes vivent plus longtemps que les hommes; **long-lost** *person* perdu de vue depuis longtemps; *thing* perdu depuis longtemps; **long-nosed** au nez long; *(US)* **long play**, *(Brit, US)* **long-playing record** (disque *m*) 33 tours *m* *inv*, microsillon *m*; **long-range** *missile, rocket, gun* à longue portée; *planning etc* à long terme; **long-range plane** *(Mil)* avion *m* à grand rayon d'action; *(civil)* long-courrier *m*; **long-range weather forecast** prévisions *fpl* météorologiques à long terme; *[Vikings]* **longship** drakkar *m*; *(US)* **long-shoreman** débardeur *m*, docker *m*; *(US)* **long-shoring** débardage *m*; *(Brit)* **long-sighted** *(lit)* hypermétrope; *(in old age)* presbyte; *(fig)* *person* prévoyant, qui voit loin; *decision* pris avec prévoyance; *attitude* prévoyant; **long-sightedness** *(lit)* hypermétropie *f*; *(in old age)* presbytie *f*; *(fig)* prévoyance *f*; **long-sleeved** à manches longues; **long-standing** de longue date; **long-stay** carpark parc *m* de stationnement; **long-suffering** très patient, d'une patience à toute épreuve; *[Vikings]* **long-tailed** à longue queue; **long-tailed tit** mésange *f* à longue queue; **long-term** *V* **long-term**; **longways** en longueur, en long; **longways on** dans le sens de la longueur; **long-winded** *person* intarissable, prolixe; *speech* interminable; **long-windedly** intarissablement; **long-windedness** prolixité *f*.

long² [lɒŋ] *vi*: **to ~ to do** avoir très envie de faire, mourir d'envie de faire; **I am ~ing to see you** j'ai hâte *or* il me tarde de vous voir; **to ~ for sth** désirer (ardemment) qch, avoir très envie de qch; **the ~ed-for news** la nouvelle tant désirée; **to ~ for sb** se languir de qn; **to ~ for sb to do sth** mourir d'envie que qn fasse qch.

longevity [lɒn'dʒevɪtɪ] *n* longévité *f*.

longing ['lɒŋɪŋ] **1** *n* **(a)** *(urge)* désir *m*, envie *f* *(for sth* de qch). **to have a sudden ~ to do** avoir un désir soudain *or* une envie soudaine de faire.

(b) *(nostalgia)* nostalgie *f*, regret *m*, désir *m*.

(c) *(for food)* envie *f*, convoitise *f*.

2 *adj* **look** plein de désir *or* d'envie *or* de nostalgie *or* de regret *or* de convoitise.

longingly ['lɒŋɪŋlɪ] *adv* *(V* **longing***)* **look, speak, think** avec désir *or* envie *or* nostalgie *or* regret *or* convoitise.

longish ['lɒŋɪʃ] *adj* assez long *(f* longue*)*; *book, play etc* assez long, longuet* *(slightly pej)*. **for a ~ time** assez longtemps.

longitude ['lɒŋɡɪtjuːd] *n* longitude *f*. **at a ~ of 48°** par 48° de longitude.

longitudinal [,lɒŋɡɪ'tjuːdɪnl] *adj* longitudinal.

longitudinally [,lɒŋɡɪ'tjuːdɪnlɪ] *adv* longitudinalement.

long-term ['lɒŋ'tɜːm] *adj* *loan, policy* à long terme; *view, interests, relationship* à long terme, à longue échéance. **~ car park** parc *m* de stationnement; **the ~ unemployed** les chômeurs *mpl* de longue durée; *V also* **long¹ 1b**.

loo* [luː] *n* *(Brit)* cabinets *mpl*, waters *mpl*. **the ~'s blocked** les waters *or* cabinets sont bouchés; **he's in the ~** il est au petit coin* *or* aux waters *or* aux cabinets.

loofah ['luːfaʳ] *n* *(Brit)* luffa *m* *or* loofa *m*.

look [lʊk] **1** *n* **(a)** **to have** *or* **take a ~ at sth** regarder qch, jeter un coup d'œil à qch; *(in order to repair it etc)* jeter un coup d'œil à qch, s'occuper de qch; **to take another** *or* **a second ~ at sth** examiner qch de plus près; **to take a good ~ at sth** regarder qch de près, examiner qch; **to take a good ~ at sb** regarder qn avec attention, observer qn; **take a good ~ at it!** *or* **him!** regarde-le bien!; **let me have a ~** faites voir, laissez-moi regarder; **let me have another ~** laissez-moi regarder encore une fois; **do you want a ~?** tu veux voir? *or* regarder? *or* jeter un coup d'œil?; **take** *or* **have a ~ at this!** regarde-moi ça!, regarde un peu ça!*; **have a ~ through the telescope** regarde dans *or* avec le télescope; **I've had a ~ inside the house** j'ai visité la maison; **to have a ~ round the house** faire un tour dans la maison; **I just want to have a ~ round** *(in town)* je veux simplement faire un tour; *(in a shop)* je ne fais que regarder; **a good long ~ at the car revealed that ...** un examen *or* une inspection de la voiture a révélé que ... .

(b) *(regard m.* an inquiring *~* un regard interrogateur; **with a nasty ~ in his eye** avec un regard méchant; **he gave me a furious ~** il m'a jeté un regard furieux, il m'a regardé d'un air furieux; **we got some very odd ~s** les gens nous regardaient d'un drôle d'air; **I told her what I thought and if ~s could kill*** I'd be dead je lui ai dit mon opinion et elle m'a fusillé *or* foudroyé du regard; *V* **black, dirty, long¹** *etc*.

(c) *(search)* **to have a ~ for sth** chercher qch; **have another ~!** cherche encore une fois!; **I've had a good ~ for it already** je l'ai déjà cherché partout.

(d) *(appearance etc)* aspect *m*, air *m*, allure *f*. **he had the ~ of a sailor** il avait l'air d'un marin; **she has a ~ of her mother (about her)** elle a quelque chose de sa mère; **there was a sad ~ about him** il avait l'air plutôt triste, son allure avait quelque chose de triste; **I like the ~ of her** je lui trouve l'air sympathique *or* une bonne tête*; **I don't like the ~(s) of him** je n'aime pas son allure *or* son air, il a une tête qui ne me revient pas*; **I don't like the ~ of this at all** ça ne me plaît pas du tout, ça ne me dit rien qui vaille; **you can't go by ~s** on ne peut pas se fier aux apparences, l'habit ne fait pas le moine *(Prov)*; **by the ~(s) of him** à le voir, à voir sa tête*; **by the ~(s) of it, by the ~(s) of things*** de toute apparence; **(good) ~s** beauté *f*; **she has kept her ~s** elle est restée belle; **she's losing her ~s** sa beauté se fane, elle n'est plus aussi belle qu'autrefois; **~s aren't everything** la beauté n'est pas tout; *(Fashion)* **the leather ~** la mode du cuir.

2 *cpd*: **a Churchill look-alike*** un sosie de Churchill; **looked-for**

result attendu, prévu; *effect* escompté, recherché; (*: *visit*) **to give sb a look-in** passer voir qn, faire une visite éclair *or* un saut chez qn; (*: *chance*) **with such competition we shan't get a look-in** avec de tels concurrents nous n'avons pas le moindre espoir *or* nous n'avons pas l'ombre d'un espoir; **our team didn't have** *or* **get a look-in** notre équipe n'a jamais eu le moindre espoir *or* la moindre chance de gagner; **look-out** V look-out; **to have** *or* **to take a look-see‡** jeter un coup d'œil, donner un œil*; (*Comput*) **look-up** (*n*) consultation *f*; (*adj*) *list etc* à consulter.

3 *vi* (**a**) (*see, glance*; V *also* **look at**) regarder. ~ **over there!** regarde là-bas! *or* par là!; ~**!** regarde!; **just** ~**!** regarde un peu!; ~ **and see if it's still there** regarde voir un peu* si c'est encore là; **let me** ~ laisse-moi voir; ~ **who's here!** regarde qui est là!; ~ **what a mess you've made!** regarde le gâchis que tu as fait!; ~ **here, we must discuss it first** écoutez, il faut d'abord en discuter; ~ **here, I didn't say that at all!** dites donc, je n'ai jamais dit ça!; **to** ~ **the other way** (*lit*) regarder ailleurs *or* de l'autre côté; (*fig*) fermer les yeux (*fig*); **you must** ~ **on the bright side** il faut avoir de l'optimisme, il faut voir les bons côtés de la situation; (*Prov*) ~ **before you leap** il ne faut pas se lancer à l'aveuglette *or* s'engager les yeux fermés; **to** ~ **about** *or* **around one** regarder autour de soi; **he** ~**ed around him for an ashtray** il a cherché un cendrier (des yeux); **to** ~ **ahead** (*in front*) regarder devant soi; (*to future*) se tourner vers l'avenir, considérer l'avenir; ~**ing ahead to the future** ... si nous nous tournons vers l'avenir ...; **to** ~ **down one's nose at sb*** regarder qn de haut; **she** ~**s down her nose at suburban houses*** elle fait la moue devant *or* elle dédaigne les pavillons de banlieue; **to** ~ **down the list** parcourir la liste; **she** ~**ed into his eyes** elle a plongé son regard dans le sien; **to** ~ **over sb's shoulder** (*lit*) regarder par-dessus l'épaule de qn; (*fig*) surveiller qn constamment.

(**b**) [*building*] donner, regarder. **the house** ~**s east** la maison donne *or* regarde à l'est; **the house** ~**s on to the main street** la maison donne sur la grand-rue.

(**c**) (*search*) chercher, regarder. **you should have** ~**ed more carefully** tu aurais dû chercher plus soigneusement, tu aurais dû mieux regarder; **you can't have** ~**ed far** tu n'as pas dû beaucoup chercher *or* bien regarder.

(**d**) (+ *adj or n complement:* *seem*) sembler, paraître, avoir l'air. **she** ~**s (as if she's) tired** elle semble fatiguée, elle a l'air fatigué(e), on dirait qu'elle est fatiguée; **that story** ~**s interesting** cette histoire a l'air intéressant *or* semble intéressant; **how pretty you** ~**!** que vous êtes jolie!; **he** ~**s older than that** il a l'air plus vieux que ça; **you** ~ *or* **you're** ~**ing well** vous avez bonne mine; **she doesn't** ~ **well** elle n'a pas bonne mine, elle a mauvaise mine; **he doesn't** ~ **himself, he doesn't** ~ **very great*** il n'a pas l'air bien, il n'a pas l'air en forme *or* dans son assiette*; **he** ~**s (about) 40** il a l'air d'avoir 40 ans, on lui donnerait 40 ans; **he** ~**s about 75 kilos/1 metre 80** il a l'air de faire environ 75 kilos/1 mètre 80; **she** ~**s her age** elle fait son âge; **she doesn't** ~ **her age** elle ne fait pas son âge, elle porte bien son âge; **she's tired and she** ~**s it** elle est fatiguée et ça se voit; **he's a soldier and he** ~**s it** il est soldat et il en a bien l'air; **she** ~**s her best in blue** c'est le bleu qui lui va le mieux; **you must** ~ **your best for this interview** il faut que tu sois à ton avantage *or* sur ton trente et un* pour cette interview; **they made me** ~ **a fool** *or* **foolish** ils m'ont fait paraître ridicule, à cause d'eux j'ai eu l'air ridicule; (*fig*) **to make sb** ~ **small** rabaisser qn, diminuer qn; (*fig*) **it made me** ~ **small** j'ai eu l'air fin!* *or* malin!* (*iro*); (*fig*) **he just does it to** ~ **big** il fait cela uniquement pour se donner de l'importance; (*fig*) **to** ~ **the part** avoir le physique *or* la tête de l'emploi; **don't** ~ **like that!** (*sad, cross*) n'ayez pas cet air-là!, ne faites pas cette tête-là!; (*surprised*) ne faites pas des yeux comme ça!; **try to** ~ **as if you're glad to see them!** essaie d'avoir l'air content de les voir!; ~ **alive!** remue-toi!*; ~ **smart*** *or* ~ **snappy* (about it)!**, ~ **sharp about it!*** dépêche-toi!, grouille-toi!‡; **he** ~**s good in uniform** l'uniforme lui va bien *or* lui sied; **that dress** ~**s good** *or* **well on her** cette robe lui va bien, that hat makes her ~ old ce chapeau la vieillit; **how did she** ~**?**, **what did she** ~ **like?** (*health*) est-ce qu'elle avait bonne mine?; (*on hearing news etc*) quelle tête *or* quelle mine faisait-elle?; **how do I** ~**?** (*in these clothes*) est-ce que ça va *or* ça ira?; (*in this new dress etc*) est-ce que ça me va?; **that** ~**s good** [*food*] cela a l'air bon; [*brooch, picture etc*] cela fait très bien *or* très joli; [*plan, book, idea*] ça a l'air intéressant *or* prometteur; **it doesn't** ~ **right** (on dirait qu')il y a quelque chose qui ne va pas; **it** ~**s all right to me** ça m'a l'air d'aller, je trouve que ça va, à mon avis ça va; **how does it** ~ **to you?** qu'en pensez-vous?, ça va à votre avis?; **it** ~**s promising** c'est prometteur; **it will** ~ **bad** cela fera mauvais effet; **it** ~**s good on paper** c'est *or* cela fait très bien sur le papier *or* en théorie; **it** ~**s as if it's going to snow** j'ai l'impression *or* on dirait qu'il va neiger; **it** ~**s as if he isn't coming, it doesn't** ~ **as if he's coming** il n'a pas l'air de venir; **it** ~**s to me as if he isn't coming, it doesn't** ~ **to me as if he's coming** j'ai l'impression qu'il ne va pas venir; **what does it** ~ **like?** comment est-ce?, cela ressemble à quoi?, ça a l'air de quoi?*; **what does he** ~ **like?** comment est-il?; **he** ~**s like his brother** il ressemble à son frère; **he** ~**s like a soldier** il a l'air d'un soldat, on dirait un soldat; (*pej*) **she** ~**ed like nothing on earth*** (*badly dressed*) elle avait l'air d'un épouvantail *or* de Dieu sait quoi; (*ill, depressed*) elle avait une tête épouvantable; **the picture doesn't** ~ **like him at all** le portrait n'est pas du tout ressemblant *or* ne lui ressemble pas du tout; **it** ~**s like salt** ça a l'air d'être du sel, on dirait du sel; **this** ~**s to me like the shop** cela m'a l'air d'être le magasin; **it** ~**s like rain** j'ai l'impression *or* on dirait qu'il va pleuvoir; **the rain doesn't** ~ **like stopping** la pluie n'a pas l'air de (vouloir) s'arrêter; **it certainly** ~**s like it** c'est bien probable, ça m'en a tout l'air; **the evening** ~**ed like being interesting** la soirée promettait d'être intéressante.

4 *vt* (**a**) regarder. **to** ~ **sb in the face** *or* **in the eye(s)** regarder qn en face *or* dans les yeux; **she** ~**ed him full in the face/straight in the eye** elle l'a regardé bien en face/droit dans les yeux; (*fig*) **I couldn't** ~ **him in the face** *or* **in the eye** je n'osais (*or* je n'oserais) pas le regarder en face; (*Prov*) **never** ~ **a gift horse in the mouth** à cheval donné on ne regarde pas la bride (*Prov*); **to** ~ **sb up and down** toiser qn, regarder qn de haut en bas; **to** ~ **daggers at sb** fusiller *or* foudroyer qn du regard; (*liter*) **to** ~ **one's last on sth** jeter un ultime regard sur qch.

(**b**) (*pay attention to*) regarder, faire attention à. ~ **where you're going!** regarde *or* fais attention où tu vas!; ~ **what you've done now!** regarde ce que tu as fait! *or* ce que tu viens de faire!

◆**look about** *vi* regarder autour de soi. **to look about for sb/sth** chercher qn/qch (des yeux).

◆**look after** *vt fus* (**a**) (*take care of*) *invalid, animal, plant* s'occuper de, soigner; *one's possessions* faire attention à, prendre soin de. **she doesn't look after herself very well** elle ne se soigne pas assez, elle néglige sa santé; **look after yourself!*** fais bien attention à toi*, prends soin de toi!; **she's quite old enough to look after herself** elle est bien assez grande pour se défendre* *or* se débrouiller* toute seule; **he certainly looks after his car** il entretient bien sa voiture; **we're well looked after here** on s'occupe bien de nous ici, on nous soigne bien ici.

(**b**) (*take responsibility for*) *child* garder, s'occuper de; *shop, business* s'occuper de; *sb's book, house, jewels* surveiller, avoir l'œil sur; (*keep temporarily*) garder (*sth for sb* qch pour qn). **to look after one's own interests** protéger ses propres intérêts.

◆**look around** *vi* = **look about**.

◆**look at** *vt fus* (**a**) (*observe*) *person, object* regarder. **to look hard at** *person* regarder fixement, dévisager; *thing* regarder *or* examiner de très près; **just look at this mess!** regarde un peu ce fouillis!*; **just look at you!** regarde de quoi tu as l'air!; **to look at him you would never think (that)** ... à le voir on ne penserait jamais que ...; **it isn't much to look at, it's nothing to look at** ça ne paie pas de mine.

(**b**) (*consider*) *situation, problem* considérer, voir. **that's one way of looking at it** c'est une façon de voir les choses, c'est un point de vue parmi d'autres; **that's his way of looking at things** c'est comme ça qu'il voit les choses; **it depends (on) how you look at it** tout dépend comment on voit *or* envisage la chose; **just look at him now!** regarde où il en est aujourd'hui!; **let's look at the facts** considérons les faits.

(**c**) (*fig:* +*neg: reject*) rejeter immédiatement. **they wouldn't look at my proposal** ils n'ont même pas pris ma proposition en considération, ils ont immédiatement rejeté ma proposition; **I wouldn't look at the job** je n'accepterais ce poste pour rien au monde; **the landlady won't look at foreigners** la propriétaire ne veut pas avoir affaire à des étrangers.

(**d**) (*check*) vérifier; (*see to*) s'occuper de. **will you look at the carburettor?** pourriez-vous vérifier le carburateur?; **I'll look at it tomorrow** je m'en occuperai demain.

◆**look away** *vi* détourner les yeux *or* le regard (*from* de), regarder ailleurs.

◆**look back** *vi* (**a**) regarder derrière soi. **he looked back at the church** il s'est retourné pour regarder l'église.

(**b**) (*in memory*) regarder en arrière, revenir sur le passé. **to look back on sth** revoir qch en esprit, évoquer qch, penser à qch; **we can look back on 20 years of happy marriage** nous avons derrière nous 20 ans de bonheur conjugal; **after that he never looked back*** après, ça n'a fait qu'aller de mieux en mieux.

◆**look down** *vi* baisser les yeux. **to look down at the ground** regarder à terre; **don't look down or you'll fall** ne regarde pas par terre *or* en bas, tu vas tomber; **he looked down on** *or* **at the town from the hilltop** il a regardé la ville du haut de la colline; **the castle looks down on the valley** le château domine la vallée; (*fig: show disdain for*) **to look down on sb** regarder qn de haut, mépriser qn; **to look down on an** *or* **offer** faire fi d'une offre; **to look down on an attitude** mépriser une attitude.

◆**look for 1** *vt fus* (**a**) (*seek*) *object, work* chercher. **he goes around looking for trouble*** il cherche toujours les embêtements.

(**b**) (*expect*) *praise, reward* attendre, espérer.

2 looked-for *adj* V **look 2**.

◆**look forward** *vi* *vt fus* *event, meal, trip, holiday* attendre avec impatience. **I'm looking forward to seeing you** j'attends avec impatience le plaisir de vous voir, je suis impatient de vous voir; (*in letter*) **looking forward to hearing from you** en espérant avoir bientôt une lettre de vous, dans l'attente de votre réponse (*frm*); **I look forward to the day when** j'attends avec impatience le jour où, je pense d'avance au jour où; **are you looking forward to it?** est-ce que vous êtes content à cette perspective?; **we've been looking forward to it for weeks** nous y pensons avec impatience depuis des semaines; **I'm so (much) looking forward to it** je m'en réjouis à l'avance, je m'en fais déjà une fête.

◆**look in 1** *vi* (**a**) (*lit*) regarder à l'intérieur. **to look in at the window** regarder par la fenêtre (*vers l'intérieur*).

(**b**) (*pay visit*) passer (voir). **we looked in at Robert's** nous sommes passés chez Robert, nous avons fait un saut *or* un tour* chez Robert; **to look in on sb** passer voir qn; **the doctor will look in again tomorrow** le docteur repassera demain.

(**c**) (*: *watch television*) regarder la télévision. **we look in every evening** nous regardons la télé* tous les soirs.

2 look-in *n* V **look 2**.

◆**look into** *vt fus* (*examine*) examiner, étudier; (*investigate*) se renseigner sur. **I shall look into it** je vais me renseigner là-dessus, je vais m'en occuper; **we must look into what happened to the money** il va falloir que nous enquêtions (*subj*) sur ce qui est arrivé à cet argent; **the complaint is being looked into** on examine la

plainte; **we shall look into the question/the possibility of …** nous allons étudier *or* examiner la question/la possibilité de … .
♦**look on 1** *vi* regarder, être un spectateur (*or* une spectatrice). **they all looked on while the raiders escaped** ils se sont tous contentés de regarder *or* d'être spectateurs alors que les bandits s'enfuyaient; **he wrote the letter while I looked on** il a écrit la lettre tandis que je le regardais faire; **I've forgotten my book, may I look on with you?** j'ai oublié mon livre, puis-je suivre avec vous?
2 *vt fus* considérer. **I shall look favourably on your son's application** j'examinerai d'un œil favorable la demande de votre fils; **I do not look on the matter like that** je ne vois *or* ne considère *or* n'envisage pas la chose de cette façon-là; **I look on the French as our rivals** je considère les Français comme *or* je tiens les Français pour nos rivaux.
♦**look out 1** *vi* (a) (*lit*) regarder dehors. **to look out of the window** regarder par la fenêtre.
   (b) (*fig*) **I am looking out for a suitable house** je suis à la recherche d'une maison qui convienne, je cherche une maison qui convienne; **look out for the butcher's van and tell me when it's coming** guette la camionnette du boucher et préviens-moi; **look out for a good place to picnic** essaie de repérer un bon endroit pour le pique-nique.
   (c) (*take care*) faire attention, prendre garde. **look out!** attention!, gare!; **I told you to look out!** je t'avais bien dit de faire attention!; **look out for sharks** soyez sur vos gardes *or* méfiez-vous, il y a peut-être des requins; **look out for ice on the road** faites attention au cas où il y aurait du verglas, méfiez-vous du verglas; **look out for the low ceiling** faites attention, *or* prenez garde, le plafond est bas.
2 *vt sep* (*Brit*) chercher et trouver. **I shall look out some old magazines for them** je vais essayer de leur trouver quelques vieux magazines.
3 look-out *V* **look-out**.
♦**look over** *vt sep* *essay* jeter un coup d'œil à, parcourir; *book* parcourir, feuilleter; *town, building* visiter; *person* (*quickly*) jeter un coup d'œil à; (*slowly*) regarder de la tête aux pieds.
♦**look round 1** *vi* (a) regarder (autour de soi). (*in shop*) **we just want to look round** on veut seulement regarder, on ne fait que regarder; **I looked round for you after the concert** je vous ai cherché *or* j'ai essayé de vous voir après le concert; **I'm looking round for an assistant** je suis à la recherche d'un assistant, je cherche un assistant.
   (b) (*look back*) regarder derrière soi. **I looked round to see where he was** je me suis retourné pour voir où il était; **don't look round!** ne vous retournez pas!
2 *vt fus* *town, factory* visiter, faire le tour de.
♦**look through** *vt fus* (a) (*examine*) *papers, book* examiner; (*briefly*) *papers* parcourir; *book* parcourir, feuilleter.
   (b) (*revise*) *lesson* réviser, repasser; (*reread*) *notes* revoir, relire.
♦**look to** *vt fus* (a) (*attend to*) faire attention à, veiller à. **look to it that it doesn't happen again** faites attention que *or* veillez à ce que cela ne se reproduise pas; (*fig*) **to look to one's laurels** ne pas se laisser éclipser.
   (b) (*look after*) s'occuper de. **look to the children** occupe-toi des enfants.
   (c) **to look to sb for sth** (*gen*) compter sur qn pour qch; **I look to you for help** je compte sur votre aide; **I always look to my mother for advice** quand j'ai besoin d'un conseil je me tourne vers ma mère.
♦**look up 1** *vi* (a) regarder en haut; (*from reading etc*) lever les yeux; (*fig: respect*) **to look up to sb** respecter qn, avoir du respect pour qn.
   (b) (*improve*) [*prospects*] s'améliorer; [*business*] reprendre; [*weather*] se lever. **things are looking up (for you)** ça va mieux *or* ça s'améliore (pour vous); **oil shares are looking up** les actions pétrolières remontent *or* sont en hausse.
2 *vt sep* (a) *person* aller *or* venir voir. **look me up the next time you are in London** venez *or* passez me voir la prochaine fois que vous serez à Londres.
   (b) (*search*) *name, word* chercher. **to look sb up in the phone book** chercher qn dans l'annuaire (du téléphone); **to look up a name on a list** chercher un nom sur une liste; **to look up a word in the dictionary** chercher un mot dans le dictionnaire; **you'll have to look that up** il faut que tu cherches (*subj*) (ce que cela veut dire *or* ce que c'est *etc*).
3 *vt fus reference book* consulter, chercher *or* vérifier dans.
4 look-up *V* **look²**.
♦**look upon** *vt fus* = **look on 2**.
looker ['lʊkə^r] **1** *n* (*) **she's a good ~, she's a (real) ~** c'est une jolie fille, c'est un beau brin de fille; **he's a (good) ~** c'est un beau gars*. **2** *cpd*: **looker-on** spectateur *m*, -trice *f*, badaud(e)*m(f)*.
-looking ['lʊkɪŋ] *adj ending in cpds*: **ugly-looking** laid (d'aspect); **sinister-looking** à l'air sinistre; *V* **good** *etc*.
looking-glass ['lʊkɪŋglɑːs] *n* glace *f*, miroir *m*.
look-out ['lʊkaʊt] **1** *n* (a) (*observation*) surveillance *f*, guet *m*. **to keep a ~**, **to be on the ~** faire le guet, guetter; **to keep a ~ for sb/sth** guetter qn/qch; **to be on the ~ for bargains** être à l'affût des bonnes affaires; **to be on the ~ for danger** être sur ses gardes à cause d'un danger éventuel; **to be on ~ (duty)** (*Mil*) être au guet; (*Naut*) être en vigie; *V* **sharp**.
   (b) (*observer*) (*gen*) guetteur *m*; (*Mil*) homme *m* de guet, guetteur; (*Naut*) homme de veille *or* de vigie, vigie *f*.
   (c) (*observation post*) (*gen, Mil*) poste *m* de guet; (*Naut*) vigie *f*.
   (d) (*: esp Brit: outlook*) perspective *f*. **it's a poor ~ for cotton** les perspectives pour le coton ne sont pas brillantes; **it's a grim ~ for people like us** la situation *or* ça s'annonce mal pour les gens

comme nous; **that's your ~!** cela vous regarde!, c'est votre affaire!
   2 *cpd tower* d'observation. (*Mil*) **look-out post** poste *m* de guet *or* d'observation.
loom¹ [luːm] *vi* (*also* **~ up**) (*appear*) [*building, mountain*] apparaître indistinctement, se dessiner; [*figure, ship*] surgir; (*fig*) [*danger*] menacer; [*event, crisis*] être imminent. **the ship ~ed (up) out of the mist** le navire a surgi de *or* dans la brume; **the skyscraper ~ed up out of the fog** le gratte-ciel est apparu indistinctement *or* s'est dessiné dans le brouillard; **the dark mountains ~ed (up) in front of us** les sombres montagnes sont apparues *or* se sont dressées menaçantes devant nous; **the possibility of defeat ~ed (up) before him** la possibilité de la défaite s'est présentée à son esprit; **the threat of an epidemic ~ed large in their minds** la menace d'une épidémie était au premier plan de leurs préoccupations; **the exams are ~ing large*** les examens sont dangereusement proches.
loom² [luːm] *n* (*Tex*) métier *m* à tisser.
loon [luːn] *n* (a) (*: dial*) (*fool*) imbécile *m*, idiot *m*; (*good-for-nothing*) vaurien *m*. (b) (*US Orn*) plongeon *m* arctique, huard *or* huart *m*.
loony‡ ['luːnɪ] **1** *n* timbré(e)* *m(f)*, cinglé(e)* *m(f)*. **~ bin** maison *f* de fous, asile *m* (d'aliénés); **in the ~ bin** chez les fous. **2** *adj* timbré*, cinglé*.
loop [luːp] **1** *n* (a) (*in string, ribbon, writing*) boucle *f*; (*in river*) méandre *m*, boucle. **the string has a ~ in it** la ficelle fait une boucle; **to put a ~ in sth** faire une boucle à qch; *V* **knock**.
   (b) (*Elec*) circuit fermé; (*Computers*) boucle *f*; (*Rail: also* **~ line**) voie *f* d'évitement; (*by motorway etc*) bretelle *f*.
   (c) (*Med: contraceptive*) **the ~** le stérilet.
   (d) (*curtain fastener*) embrasse *f*.
   2 *cpd*: **loophole** (*Archit*) meurtrière *f*, (*fig: in law, argument, regulations*) point *m* faible, lacune *f*, (*fig*) **we must try to find a loophole** il faut que nous trouvions (*subj*) une échappatoire *or* une porte de sortie*.
   3 *vt string etc* faire une boucle à, boucler. **he ~ed the rope round the post** il a passé la corde autour du poteau; (*Aviat*) **to ~ the loop** faire un looping, boucler la boucle.
   4 *vi* former une boucle.
♦**loop back 1** *vi* [*road, river*] former une boucle.
   2 *vt sep curtain* retenir *or* relever avec une embrasse.
♦**loop up** *vt sep* = **loop back 2**.
loose [luːs] **1** *adj* (a) (*not firmly attached*) *knot, shoelace* qui se défait, desserré; *screw* desserré, qui a du jeu; *stone, brick* branlant; *tooth* qui branle, qui bouge; *page from book* détaché; *hair* dénoué, flottant; *animal etc* (*free*) en liberté; (*escaped*) échappé; (*freed*) lâché. **to be coming or getting or working ~** [*knot*] se desserrer, se défaire; [*screw*] se desserrer, avoir du jeu; [*stone, brick*] branler; [*tooth*] branler, bouger; [*page*] se détacher; [*hair*] se dénouer, se défaire; **to have come ~** [*knot*] s'être défait; [*screw*] s'être desserré; [*stone, brick*] branler; [*tooth*] branler, bouger; [*page*] s'être détaché; [*hair*] s'être dénoué; [*animal etc*] to **get ~** s'échapper; **to let or set or turn an animal ~** libérer *or* lâcher un animal; **to let the dogs ~ on sb** lâcher les chiens sur qn; **we can't let him ~ on that class** on ne peut pas le lâcher dans cette classe; **one of your buttons is very ~** l'un de tes boutons va tomber *or* se découd; **write it on a ~ sheet of paper** écrivez-le sur une feuille volante; (*to pupil*) écrivez-le sur une (feuille de) copie; (*on roadway*) **~ chippings** gravillons *mpl*; (*Elec*) **~ connection** mauvais contact; (*Brit*) [*furniture*] **~ covers** housses *fpl*; **the reins hung ~** les rênes n'étaient pas tenues *or* tendues, les rênes étaient sur le cou; **~ end of a rope** bout pendant *or* ballant d'une corde; (*fig*) **to be at a ~ end** ne pas trop savoir quoi faire, ne pas savoir quoi faire de sa peau*; (*fig*) **to tie up ~ ends** régler les détails qui restent; *V* **break, cut, hell, screw** *etc*.
   (b) (*Comm: not packed*) *biscuits, carrots etc* en vrac; *butter, cheese* au poids. **the potatoes were ~ in the bottom of the basket** les pommes de terre étaient à même au fond du panier; **just put them ~ into the basket** mettez-les à même *or* tels quels dans le panier; **~ change** petite *or* menue monnaie.
   (c) (*not tight*) *skin* flasque, mou (*f* molle); *coat, dress* (*not close-fitting*) vague, ample; (*not tight enough*) lâche, large; *collar* lâche. **those trousers are too ~ round the waist** ce pantalon est trop large *or* lâche à la taille; **~ clothes are better for summer wear** l'été il vaut mieux porter des vêtements vagues *or* flottants *or* pas trop ajustés; **the rope round the dog's neck was quite ~** la corde passée au cou du chien était toute lâche; *V* **play**.
   (d) (*pej*) *woman* facile, de mœurs légères; *morals* relâché, douteux. **to lead a ~ life** mener une vie dissolue; **~ living** vie dissolue, débauche *f*; **~ talk** propos grossiers.
   (e) (*not strict*) *discipline* relâché; *reasoning, thinking* confus, vague, imprécis; *style* lâche, relâché; *translation* approximatif, assez libre. **a ~ interpretation of the rules** une interprétation peu rigoureuse du règlement.
   (f) (*available*) *funds* disponible, liquide.
   (g) (*not compact*) *soil* meuble, mou (*fig*) *association, link* vague. **there is a ~ connection between the two theories** il y a un vague lien entre les deux théories; (*Rugby*) **~ scrum** mêlée ouverte; **a ~ weave** un tissu lâche (*V also* **2**); (*Med*) **his bowels are ~** ses intestins sont relâchés.
   2 *cpd*: (*Brit: for horses*) **loose box** box *m*; **loose-fitting** vague, ample, qui n'est pas ajusté; **loose-leaf(ed)** à feuilles volantes, à feuilles *or* feuillets mobiles; **loose-leaf binder** classeur *m* (dossier); **loose-limbed** agile; **loose-weave** *material* lâche; *curtains* en tissu lâche.
   3 *n*: [*prisoner*] **on the ~*** en liberté; **there was a crowd of kids on the ~*** **in the town** il y avait une bande de jeunes traînant dans les rues sans trop savoir quoi faire; **a gang of hooligans on the ~***

une bande de voyous déchaînés; (*Rugby*) **in the ~** dans la mêléeouverte.

4 *vt* **(a)** (*undo*) défaire; (*untie*) délier, dénouer; *screw etc* desserrer; (*free*) *animal* lâcher; *prisoner* relâcher, mettre en liberté. **to ~ a boat (from its moorings)** démarrer une embarcation, larguer les amarres; **they ~d the dogs on him** ils ont lâché les chiens après *or* sur lui.

(b) (*also ~ off*) *gun* décharger (*on or at sb* sur qn); *arrow* tirer (*on or at sb* sur qn); *violence etc* déclencher (*on* contre). **they ~d (off) missiles at the invaders** ils ont fait pleuvoir des projectiles sur les envahisseurs; (*fig*) **to ~ (off) a volley of abuse at sb** déverser un torrent *or* lâcher une bordée d'injures sur qn.

♦**loose off 1** *vi* (*shoot*) tirer (*at sb* sur qn).

2 *vt sep* = **loose 4b.**

loosely ['luːslɪ] *adv* **(a)** (*not tightly*) *attach, tie, hold* sans serrer; *be fixed* lâchement, sans être serré; *weave* lâchement; *associate* vaguement. **the reins hung ~** les rênes pendaient sur le cou.

(b) (*imprecisely*) *translate* sans trop de rigueur, assez librement, approximativement. **this is ~ translated as …** ceci est traduit approximativement *or* de façon assez libre par …; **that word is ~ used to mean …** on emploie ce mot de façon plutôt impropre pour dire … .

loosen ['luːsn] **1** *vt* **(a)** (*slacken*) *screw, belt, knot* desserrer; *rope* détendre, relâcher; (*untie*) *knot, shoelace* défaire. **first ~ the part then remove it gently** il faut d'abord donner du jeu à *or* ébranler la pièce puis tirer doucement; **to ~ one's grip on sth** relâcher son étreinte sur qch; (*fig*) **to ~ sb's tongue** délier la langue à qn.

(b) (*Agr*) *soil* rendre meuble, ameublir. (*Med*) **to ~ the bowels** relâcher les intestins.

2 *vi* [*fastening*] se défaire; [*screw*] se desserrer, jouer; [*knot*] (*slacken*) se desserrer; (*come undone*) se défaire; [*rope*] se détendre.

♦**loosen up 1** *vi* **(a)** (*limber up*) faire des exercices d'assouplissement; (*before race etc*) s'échauffer.

(b) (*become less shy*) se dégeler, perdre sa timidité.

(c) (*become less strict with*) **to loosen up on sb*** se montrer plus coulant* *or* moins strict envers qn.

2 *vt sep*: **to loosen up one's muscles** faire des exercices d'assouplissement; (*before race etc*) s'échauffer.

looseness ['luːsnɪs] *n* **(a)** [*knot*] desserrement *m*; [*screw, tooth*] jeu *m*; [*rope*] relâchement *m*; [*clothes*] ampleur *f*, flou *m*. **the ~ of the knot caused the accident** l'accident est arrivé parce que le nœud n'était pas assez serré.

(b) [*translation*] imprécision *f*; [*thought, style*] manque *m* de rigueur *or* de précision.

(c) [*immorality*] [*behaviour*] licence *f*; [*morals*] relâchement *m*.

(d) [*soil*] ameublissement *m*. (*Med*) **~ of the bowels** relâchement *m* des intestins.

loot [luːt] **1** *n* (*plunder*) butin *m*; (‡*fig: prizes, gifts, etc*) butin (‡: *money*) pognon‡ *m*, fric‡ *m*, argent *m*. **2** *vt town* piller, mettre à sac; *shop, goods* piller. **3** *vi*: **to go ~ing** se livrer au pillage.

looter ['luːtəʳ] *n* pillard *m*.

looting ['luːtɪŋ] *n* pillage *m*.

lop [lɒp] *vt tree* tailler, élaguer, émonder; *branch* couper.

♦**lop off** *vt sep branch, piece* couper; *head* trancher.

lope [ləʊp] *vi* courir en bondissant. **to ~ along/in/out** *etc* avancer/entrer/sortir *etc* en bondissant.

lop-eared ['lɒp.ɪəd] *adj* aux oreilles pendantes.

lop-sided ['lɒp'saɪdɪd] *adj* (*not straight*) de travers, de guingois*; *smile* de travers; (*asymmetric*) disproportionné.

loquacious [ləˈkweɪʃəs] *adj* loquace, bavard.

loquacity [ləˈkwæsɪtɪ] *n* loquacité *f*, volubilité *f*.

lord [lɔːd] **1** *n* **(a)** (*master*) seigneur *m*. **~ of the manor** châtelain *m*; (*hum*) **~ and master** seigneur et maître (*hum*); (*Brit*) **L~ (John) Smith** lord (John) Smith; **the Chamber of L~s** la Chambre des Lords; **my L~ Bishop of Tooting** (Monseigneur) l'évêque de Tooting; **my L~** Monsieur le baron (*or* comte *etc*); (*to judge*) Monsieur le Juge; (*to bishop*) Monseigneur, Excellence; *V* **law, live¹, sea** *etc*.

(b) (*Rel*) **the L~** le Seigneur; **Our L~** Notre Seigneur; **the L~ Jesus** le Seigneur Jésus; **the L~'s supper** l'Eucharistie *f*, la sainte Cène; **the L~'s prayer** le Notre-Père; **the L~'s day** le jour du Seigneur; **good L~!*** Seigneur!, mon Dieu!, bon sang!*; **oh L~!*** Seigneur!, zut!*; **L~ knows what/who** *etc** Dieu sait quoi/qui *etc*.

2 *vt* (*) **to ~ it** vivre en grand seigneur, mener la grande vie; **to ~ it over sb** traiter qn avec arrogance *or* dédain.

3 *cpd*: (*flower*) **lords-and-ladies** pied-de-veau *m*; (*Brit*) (*Scot Jur*) **Lord Advocate** ≃ Procureur *m* de la République; (*Brit*) **Lord Chamberlain** grand chambellan; (*Jur*) **Lord Chief Justice (of England)** Président *m* de la Haute Cour de Justice; (*Jur, Parl*) **Lord (High) Chancellor** Grand Chancelier d'Angleterre; **Lord High Commissioner** *représentant de la Couronne à l'Assemblée générale de l'église d'Écosse*; (*Jur*) **Lord Justice of Appeal** juge *m* à la Cour d'appel; **Lord Lieutenant** *représentant de la Couronne dans un comté*; **Lord Mayor** *titre du maire des principales villes anglaises et galloises*; (*Jur*) **Lord of Appeal (in Ordinary)** juge *m* de la Cour de cassation (*siégeant à la Chambre des Lords*); (*Parl*) **Lord President of the Council** Président *m* du Conseil privé de la reine; (*Parl*) **Lord Privy Seal** lord *m* du Sceau privé; **Lord Provost** *titre du maire des principales villes écossaises*; (*Parl*) **Lord spiritual/temporal** *membre ecclésiastique/laïque de la Chambre des Lords*.

lordliness ['lɔːdlɪnɪs] *n* (*V* **lordly**) noblesse *f*, majesté *f*, magnificence *f*; (*pej*) hauteur *f*, arrogance *f*, morgue *f*.

lordly ['lɔːdlɪ] *adj* (*dignified*) *bearing* noble, majestueux; (*magnificent*) *castle* seigneurial, magnifique; (*pej: arrogant*) *person, manner* hautain, arrogant, plein de morgue. **~ contempt** mépris souverain.

lordship ['lɔːdʃɪp] *n* (*rights, property*) seigneurie *f*; (*power*) autorité *f* (*over* sur). **Your L~** Monsieur le comte (*or* le baron *etc*); (*to judge*)

Monsieur le Juge; (*to bishop*) Monseigneur, Excellence.

lore [lɔːʳ] *n* (*U*) **(a)** (*traditions*) tradition(s) *f(pl)*, coutumes *fpl*, usages *mpl*; *V* **folk** *etc*. **(b)** (*knowledge: gen in cpds*) **his bird/wood ~** sa (grande) connaissance des oiseaux/de la vie dans les forêts.

Lorenzo [ləˈrenzəʊ] *n* Laurent *m*. **~ the magnificent** Laurent le Magnifique.

lorgnette [lɔːˈnjet] *n* (*eyeglasses*) face-à-main *m*; (*opera glasses*) lorgnette *f*, jumelles *fpl* de spectacle.

Lorraine [lɒˈreɪn] *n* Lorraine *f*. **Cross of ~** croix *f* de Lorraine.

lorry ['lɒrɪ] (*Brit*) **1** *n* camion *m*, poids *m* lourd. **to transport by ~** transporter par camion, camionner; *V* **articulate. 2** *cpd*: **lorry driver** camionneur *m*, conducteur *m* de poids lourd; (*long-distance*) routier *m*; **lorry load** chargement *m*.

Los Angeles [lɒsˈændʒɪˌliːz] *n* Los Angeles.

lose [luːz] *pret, ptp* **lost 1** *vt* **(a)** *person, job, limb, game, book, key, plane, enthusiasm* perdre; (*mislay*) *glove, key etc* égarer; *opportunity* manquer, perdre. **he got lost in the wood** il s'est perdu *or* égaré dans le bois; **the key got lost during the removal** on a perdu la clef au cours du déménagement; **get lost!‡** barre-toi!‡, va te faire voir!*; **I lost him in the crowd** je l'ai perdu dans la foule; **I lost my father when I was 10** j'ai perdu mon père à l'âge de 10 ans; [*doctor*] **to ~ a patient** perdre un malade; **to ~ the use of an arm** perdre l'usage d'un bras; **to ~ a bet** perdre un pari; (*in business, gambling etc*) **how much did you ~?** combien avez-vous perdu?; **he lost £1,000 on that deal** il a perdu 1.000 livres dans cette affaire; **you've nothing to ~ (by it)** tu n'as rien à perdre, tu ne risques rien; (*fig*) **you've nothing to ~ by helping him** tu ne perds rien *or* tu ne risques rien à l'aider; (*fig*) **you can't ~!** tu ne risques rien!, ça ne peut pas ne pas marcher!; **7,000 jobs lost** 7.000 suppressions *fpl* d'emploi; **two posts have been lost** il y a eu deux suppressions de poste; **100 men were lost** 100 hommes ont péri, on a perdu 100 hommes; **20 lives were lost in the explosion** 20 personnes ont péri dans l'explosion; **the ship was lost with all hands** le navire a été perdu corps et biens; [*person*] **to be lost at sea** périr *or* être perdu en mer; **he didn't ~ a word of …** il n'a pas perdu un mot de…; **what he said was lost in the applause** ses paroles se sont perdues dans les applaudissements; **this was not lost on him** cela ne lui a pas échappé; **I lost his last sentence** je n'ai pas entendu sa dernière phrase; **the poem lost a lot in translation** le poème a beaucoup perdu à la traduction; (*after explanation etc*) **you've lost me there*** je ne vous suis plus, je n'y suis plus; *V also* **lost.**

(b) (*phrases*) **to ~ one's balance** perdre l'équilibre; (*lit, fig*) **to ~ one's bearings** être désorienté; **to ~ one's breath** perdre haleine, s'essouffler; **to have lost one's breath** être hors d'haleine, être à bout de souffle; **to ~ consciousness** perdre connaissance; **to ~ face** perdre la face; **she's lost her figure** elle s'est épaissie, elle a perdu sa ligne; (*Mil, fig*) **to ~ ground** perdre du terrain; **to ~ heart** perdre courage, se décourager; **to ~ one's heart to sb** tomber amoureux de qn; **to ~ interest in sth** se désintéresser de qch; (*Aut*) **he's lost his licence** on lui a retiré *or* il s'est fait retirer son permis de conduire; **to ~ one's life** perdre la vie, mourir; **she's losing her looks** sa beauté se fane, elle n'est plus aussi belle qu'autrefois; **to ~ patience with sb** perdre patience avec qn, s'impatienter contre qn; **to ~ one's rag‡** se mettre en rogne*, piquer une rogne*; (*lit, fig*) **to ~ sight of sb/sth** perdre qn/qch de vue; **he didn't ~ any sleep over it** il n'en a pas perdu le sommeil pour autant, ce n'est pas ça qui l'a empêché de dormir; **don't ~ any sleep over it!** ne vous en faites pas!, dormez sur vos deux oreilles!; **to ~ one's temper** se fâcher, se mettre en colère; **to ~ one's voice** because of a cold perdre sa voix à cause d'un rhume; **to have lost one's voice** avoir une extinction de voix, être aphone; **to ~ one's way** perdre son chemin, se perdre, s'égarer; **we mustn't ~ any time** il ne faut pas perdre de temps; **we must ~ no time in preventing this** nous devons empêcher cela au plus vite; **there's not a minute to ~** il n'y a pas une minute à perdre; *V* **cool, lost** *etc*.

(c) [*clock etc*] **to ~ 10 minutes a day** retarder de 10 minutes par jour.

(d) (*get rid of*) *unwanted object* renoncer à, se débarrasser de; *go too fast for*) *competitors, pursuers* devancer, distancer, semer. **to ~ weight** perdre du poids, maigrir; **I lost 2 kilos** j'ai maigri de *or* j'ai perdu 2 kilos; **they had to ~ 100 workers** ils ont dû licencier 100 employés; **he managed to ~ the detective who was following him** il a réussi à semer le détective qui le suivait; **try to ~ him before you come to see us*** essaie de le semer *or* le perdre en route avant de venir nous voir.

(e) (*cause loss of*) faire perdre, coûter. **that will ~ you your job** cela va vous faire perdre *or* vous coûter votre place; **that lost us the war/the match** cela nous a fait perdre la guerre/le match.

2 *vi* **(a)** [*player, team*] perdre, être perdant. (*Ftbl etc*) **they lost 6-1** ils ont perdu *or* ils se sont fait battre 6-1; **they lost to the new team** ils se sont fait battre par la nouvelle équipe; **our team is losing today** notre équipe est en train de perdre aujourd'hui; (*fig*) **he lost on the deal** il a été perdant dans l'affaire; **you can't ~*** tu n'as rien à perdre (mais tout à gagner), tu ne risques rien; (*fig*) **it ~s in translation** cela perd à la traduction; (*fig*) **the story did not ~ in the telling** l'histoire n'a rien perdu à être racontée.

(b) [*watch, clock*] retarder.

♦**lose out** *vi* être perdant. **to lose out on a deal** être perdant dans une affaire; **he lost out on it** il y a été perdant.

loser ['luːzəʳ] *n* perdant(e) *m(f)*. **good/bad ~** bon/mauvais joueur, bonne/mauvaise joueuse; **to come off the ~** être perdant; **he is the ~ by it** il y perd; **he's a born ~** il est né perdant, il est né avec la poisse*, il n'a jamais de veine*; *V* **back.**

losing ['luːzɪŋ] **1** *adj team, number* perdant; *business, concern* mauvais. **to be on a ~ streak*** *or* **wicket** être en période de déveine*, avoir une série de pertes; (*fig*) **it's a ~ battle** c'est une bataille perdue d'avance, c'est perdu d'avance; (*fig*) **it is a ~**

proposition ce n'est pas du tout rentable. **2** *n* (*money losses*) ~s pertes *fpl*.

loss [lɒs] **1** *n* **(a)** (*gen*) perte *f*; (*Insurance*) sinistre *m*. ~es amounting to 2 million des pertes qui s'élèvent (*or* s'élevaient *etc*) à 2 millions de livres; ~ of blood perte de sang, hémorragie *f*; ~ of heat perte de chaleur; there was great ~ of life il y a eu beaucoup de victimes *or* de nombreuses victimes; the coup succeeded without ~ of life le coup (d'État) a réussi sans faire de victimes; (*Mil*) to suffer heavy ~es subir des pertes élevées *or* sévères; (*Pol: in election*) the Labour ~es in the South les sièges perdus par les travaillistes dans le sud, le recul des travaillistes dans le sud; the Conservatives have suffered a number of ~es in the North les conservateurs ont perdu un certain nombre de sièges dans le nord; it was a comfort to her in her great ~ c'était un réconfort pour elle dans son grand malheur *or* sa grande épreuve; his death was a great ~ to the company sa mort a été *or* a représenté une grande perte pour la compagnie; without ~ of time sans perte *or* sans perdre de temps; to sell at a ~ [*salesman*] vendre à perte; [*goods*] se vendre à perte; selling at a ~ vente *f* à perte; the car was a total ~ la voiture était bonne pour la ferraille *or* la casse, (*more frm*) le véhicule a été complètement détruit; he's no great ~* ce n'est pas une grande *or* une grosse perte, on peut très bien se passer de lui; *V* cut, dead, profit *etc*.

(b) to be at a ~ être perplexe *or* embarrassé; to be at a ~ to explain sth être incapable d'expliquer qch, être embarrassé pour expliquer qch; we are at a ~ to know why he did it nous ne savons absolument pas *or* il est impossible de savoir pourquoi il l'a fait; to be at a ~ for words (*gen*) chercher *or* ne pas trouver ses mots; he's never at a ~ for words il n'est jamais à court de mots; he was at a ~ for words il ne savait pas quoi dire, il en était bouche bée.

2 *cpd*: (*Comm*) loss leader article *m* pilote (*vendu à perte pour attirer les clients*); (*Comm*) loss maker (*product*) article vendu à perte; (*firm*) entreprise *f* en déficit chronique; (*Insurance*) loss ratio sinistralité *f*.

lost [lɒst] **1** *pret, ptp of* lose.

2 *adj* **(a)** (*V* lose 1a) perdu; égaré. all is ~ tout est perdu; ~ cause cause perdue; several ~ children were reported on a signalé plusieurs enfants qui s'étaient perdus; the ~ generation la génération perdue; a ~ opportunity une occasion manquée *or* perdue; a ~ soul une âme en peine; he was wandering around like a ~ soul il errait comme une âme en peine; the ~ sheep la brebis égarée; to make up for ~ time rattraper le temps perdu; ~ property, (*US*) ~ and found objets trouvés; ~ property office, (*US*) ~-and-found department (bureau *m* des) objets trouvés; (*Press*) ~-and-found columns (page *f* des) objets perdus et trouvés.

(b) (*bewildered*) perdu, désorienté; (*uncomprehending*) perdu, perplexe. it was too difficult for me, I was ~ c'était trop compliqué pour moi, je ne suivais plus *or* j'étais perdu *or* je n'y étais plus; after his death I felt ~ après sa mort j'étais complètement perdu *or* désorienté *or* déboussolé*; he had a ~ look in his eyes *or* a ~ expression on his face il avait l'air complètement désorienté.

(c) (*dead, gone, wasted etc*) perdu. to give sb/sth up for ~ considérer qn/qch comme perdu; he was ~ to British science forever ses dons ont été perdus à jamais pour la science britannique; he is ~ to all finer feelings tous les sentiments délicats le dépassent, dans le domaine des sentiments les finesses lui échappent; my advice was ~ on him il n'a pas écouté mes conseils, mes conseils ont été en pure perte; modern music is ~ on me je ne comprends pas la musique moderne, la musique moderne me laisse froid; the remark was ~ on him il n'a pas compris la remarque.

(d) (*absorbed*) perdu, plongé (*in* dans), absorbé (*in* par). to be ~ in one's reading être plongé dans son livre, être absorbé par sa lecture; he was ~ in thought il était plongé dans la réflexion *or* perdu dans ses pensées *or* absorbé par ses pensées; she is ~ to the world elle est ailleurs, plus rien n'existe pour elle.

Lot [lɒt] *n* (*Bible*) Lot(h) *m*.

lot [lɒt] *n* **(a)** (*destiny*) sort *m*, destinée *f*, lot *m* (*liter*). it is the common ~ c'est le sort *or* le lot commun; the hardships that are the ~ of the poor la dure vie qui est le partage *or* le sort *or* le lot des pauvres; it was not his ~ to make a fortune il n'était pas destiné à faire fortune; her ~ (in life) had not been a happy one elle n'avait pas eu une vie heureuse; it fell to my ~ to break the news to her il m'incomba de *or* il me revint de lui annoncer la nouvelle; it fell to my ~ to be wounded early in the battle le sort a voulu que je sois blessé au début de la bataille; to cast in *or* throw in one's ~ with sb partager volontairement le sort de qn, unir sa destinée à celle de qn.

(b) (*random selection*) tirage *m* au sort, sort *m*. by ~ par tirage au sort; the ~ fell on me le sort est tombé sur moi; to draw *or* cast ~s tirer au sort.

(c) (*at auctions etc*) lot *m*. (*Comm*) there are 3 further ~s of hats to be delivered il y a encore 3 lots de chapeaux à livrer; there was only one ~ of recruits still to arrive il ne manquait plus qu'un lot de recrues; he's a bad ~* il ne vaut pas cher*, c'est un mauvais sujet; you rotten ~!‡ vous êtes vaches!‡, vous n'êtes pas chic!*; *V* job.

(d) (*plot of land*) lot *m* (de terrain), parcelle *f*, lotissement *m*. building ~ lotissement; empty *or* vacant ~ terrain *m* disponible; parking ~ parking *m*.

(e) the ~ (*everything*) (le) tout; (*everyone*) tous *mpl*, toutes *fpl*; that's the ~ c'est tout, c'est le tout, tout y est; here are some apples, take the (whole) ~ voici des pommes, prends-les toutes; can I have some milk? — take the ~ est-ce que je peux avoir du lait? — prends tout (ce qu'il y a); the ~ cost £1 le tout coûtait une

livre, cela coûtait une livre en tout; big ones, little ones, the ~! les grands, les petits, tous!; the ~ of you vous tous; they went off, the whole ~ of them ils sont tous partis, ils sont partis tous tant qu'ils étaient.

(f) (*large amount*) a ~, ~s beaucoup; you've given me a ~ *or* ~s tu m'en as donné beaucoup; a ~ of, ~s of *butter, wine, honey* beaucoup de; *cars, dogs, flowers* beaucoup de, un tas *or* un *or* ~s of time/money beaucoup de temps/d'argent, un temps/un argent fou; there were a ~ *or* ~s of people il y avait beaucoup de monde *or* un tas* de gens; a ~ *or* ~s of people think that ... beaucoup *or* des tas* de gens pensent que ...; what a ~ of people! que de monde! *or* de gens!; what a ~ of time you take to dress! tu en mets du temps à t'habiller!; what a ~! quelle quantité!; there wasn't a ~ we could do nous ne pouvions pas faire grand-chose; I'd give a ~ to know ... je donnerais cher pour savoir ...; quite a ~ of *people, cars* un assez grand nombre de, pas mal de; *honey, cream* une assez grande quantité de, pas mal de; such a ~ of tellement de, tant de; there's an awful ~ of people/cars/cream* *etc* c'est fou* ce qu'il y a comme gens/voitures/crème *etc*; I have an awful ~ of things to do* j'ai énormément* de *or* un tas* de choses à faire; ~s and ~s (of) (*people, cars*) des tas (de)*; (*flowers, butter, honey*) des masses (de)*; (*milk, wine*) des flots (de).

(g) (*adv phrase*) a ~ (*a great deal*) beaucoup; (*often*) beaucoup, souvent; that's a ~ *or* ~s* better c'est (vraiment) beaucoup *or* (vraiment) bien mieux; he's a ~ better il va beaucoup *or* bien mieux; we don't go out a ~ nous ne sortons pas beaucoup *or* pas souvent; he cries such a ~ il pleure tellement; he drinks an awful ~* *or* a tremendous ~* il boit énormément *or* comme un trou*; things have changed quite a ~ les choses ont beaucoup *or* pas mal* changé; we see a ~ of her nous la voyons souvent *or* beaucoup; thanks a ~!* merci beaucoup!; (*iro*) merci beaucoup!, grand merci!; (*iro*) a ~ you care!* comme si ça te faisait quelque chose!; (*iro*) a ~ that'll help!* comme si ça allait être utile!; *V* fat.

loth [ləʊθ] *adj* = loath.

lotion ['ləʊʃən] *n* lotion *f*; *V* hand *etc*.

lotos ['ləʊtəs] *n* = lotus.

lottery ['lɒtərɪ] *n* (*lit, fig*) loterie *f*. ~ ticket billet *m* de loterie.

lotto ['lɒtəʊ] *n* loto *m*.

lotus ['ləʊtəs] *n* lotus *m*. (*Yoga*) the ~ position la position du lotus; (*Myth*) ~-eater mangeur *m*, -euse *f* de lotus, lotophage *m*.

loud [laʊd] **1** *adj* **(a)** (*noisy*) voice fort, sonore, grand; *laugh* grand, bruyant, sonore; *noise, cry* sonore, grand; *music* bruyant, sonore; *thunder* fracassant; *applause* vif (*f* vive); *protests* vigoureux; (*pej*) *behaviour* tapageur. the radio/orchestra/brass section is too ~ la radio/l'orchestre/les cuivres joue(nt) trop fort; the music is too ~ la musique est trop bruyante; in a ~ voice d'une voix forte; ... he said in a ~ whisper ... chuchota-t-il bruyamment; (*Mus*) ~ pedal pédale forte.

(b) (*pej: gaudy*) *colour* voyant, criard; *clothes* voyant, tapageur. **2** *adv* speak *etc* fort, haut. turn the radio up a little ~er mets la radio un peu plus fort, augmente le volume; out ~ tout haut; (*Telec*) I am reading *or* receiving you ~ and clear je vous reçois cinq sur cinq; (*fig*) the president's message was received ~ and clear le message du président a été reçu cinq sur cinq; we could hear it ~ and clear nous l'entendions clairement.

3 *cpd*: (*Brit*) loudhailer porte-voix *m inv*, mégaphone *m*; (*pej*) loud-mouth* grande gueule‡; (*pej*) loud-mouthed braillard, fort en gueule‡; loudspeaker haut-parleur *m*; [*stereo*] baffle *m*.

loudly ['laʊdlɪ] *adv* **(a)** *shout, speak* fort, d'une voix forte; *laugh* bruyamment; *proclaim* vigoureusement; *knock* fort, bruyamment. don't say it too ~ ne le dites pas trop haut *or* trop fort. **(b)** (*pej*) *dress* d'une façon voyante *or* tapageuse.

loudness ['laʊdnɪs] *n* [*voice, tone, music, thunder*] force *f*; [*applause*] bruit *m*; [*protests*] vigueur *f*.

Louis ['luːɪ] *n* Louis *m*. ~ the Fourteenth Louis Quatorze.

louis ['luːɪ] *n* louis *m* (d'or).

Louisiana [luːˌiːzɪˈænə] *n* Louisiane *f*. in ~ en Louisiane.

lounge [laʊndʒ] **1** *n* (*esp Brit*) [*house, hotel*] salon *m*; *V* sun, television *etc*.

2 *cpd*: lounge bar [*pub*] ≃ salle *f* de café; [*hotel*] ≃ (salle de) bar *m*; (*US*) lounge jacket veste *or* d'intérieur *or* d'appartement; (*Brit*) lounge suit complet(-veston) *m*; (*US*) pyjama *m* d'intérieur (de femme); (*Brit: on invitation*) 'lounge suit' 'tenue de ville'.

3 *vi* (*recline*) (*on bed, chair*) se prélasser; (*sprawl*) être allongé paresseusement; (*stroll*) flâner; (*idle*) paresser, être oisif. to ~ against a wall s'appuyer paresseusement contre un mur; we spent a week lounging in Biarritz nous avons passé une semaine à flâner *or* à nous reposer à Biarritz.

♦**lounge about, lounge around** *vi* paresser, flâner, flemmarder*.

♦**lounge back** *vi*: to lounge back in a chair se prélasser dans un fauteuil.

lounger ['laʊndʒər] *n* **(a)** (*sun-bed etc*) lit *m* de plage. **(b)** (*pej: person*) fainéant(e) *m(f)*, flemmard(e)* *m(f)*.

louse [laʊs] *n, pl* lice **(a)** (*insect*) pou *m*.

(b) (‡*pej: person*) salaud‡ *m*, (peau *f* de) vache‡ *f* ('*louse' dans ce sens est utilisé au singulier seulement*).

♦**louse up‡** *vt sep deal, event* bousiller*, foutre en l'air‡.

lousy ['laʊzɪ] *adj* **(a)** (*lit*) pouilleux.

(b) (‡: *terrible*) *play, book, car* moche*. it's ~ weather il fait un temps dégueulasse‡; we had a ~ weekend nous avons passé un week-end infect *or* dégueulasse‡; I'm ~ at maths je suis complètement bouché* en maths; he's a ~ teacher il est nul *or* zéro* comme prof; a ~ trick un tour de cochon*, une crasse*, une vacherie‡; I feel ~ je suis mal fichu* *or* mal foutu‡; I've got a ~ headache j'ai un sacré* mal de tête, j'ai vachement‡ mal à la tête.

(c) (‡) ~ with plein de, bourré de; the town is ~ with tourists

la ville est bourrée *or* grouille de touristes; **he is ~ with money** il est bourré de fric‡, il est plein aux as‡.
lout [laʊt] *n* rustre *m*, butor *m*; *V* **litter**.
loutish [ˈlaʊtɪʃ] *adj* **manners** de rustre, de butor. **his ~ behaviour** la grossièreté de sa conduite.
louver, louvre [ˈluːvər] *n* (*in roof*) lucarne *f*; (*on window*) persienne *f*, jalousie *f*. **louvered** *or* **louvred door** porte *f* à claire-voie.
lovable [ˈlʌvəbl] *adj* **person** très sympathique; **child, animal** adorable.
love [lʌv] **1** *n* **(a)** (*for person*) amour *m* (*of* de, pour, *for* pour). **her ~ for** *or* **of her children** son amour pour ses enfants, l'amour qu'elle porte (*or* portait *etc*) à ses enfants; **her children's ~** (**for her**) l'amour que lui portent (*or* portaient *etc*) ses enfants; **I feel no ~ for** *or* **towards him any longer** je n'éprouve plus d'amour pour lui; **they are in ~** (**with each other**) ils s'aiment; **she's in ~** elle est amoureuse; **to be/fall in ~ with** être/tomber amoureux de; **it was ~ at first sight** ça a été le coup de foudre; **to make ~** faire l'amour (*with* avec, *to* à); **he was the ~ of her life** c'était l'homme de sa vie; **he thought of his first ~** il pensait à son premier amour (*V also* **1b**); (*fig*) **there's no ~ lost between them** ils ne peuvent pas se sentir*; **for the ~ of God** pour l'amour de Dieu; (*: *indignantly*) pour l'amour du Ciel!, bon sang!*; **for the ~ of Mike*** pour l'amour du Ciel; **to marry for ~** faire un mariage d'amour; **for ~ of her son, out of ~ for her son** par amour pour son fils; **don't give me any money, I'm doing it for ~** ne me donnez pas d'argent, je le fais gratuitement *or* pour l'amour de l'art; **I won't do it for ~ nor money** je ne le ferai pour rien au monde, je ne le ferai ni pour *or* ni pour argent (*frm*); **it wasn't to be had for ~ nor money** c'était introuvable, on ne pouvait se le procurer à aucun prix; **give her my ~** dis-lui bien des choses de ma part, (*stronger*) embrasse-la pour moi; **he sends (you) his ~** il t'envoie bien des choses, (*stronger*) il t'embrasse; (*in letter*) (**with**) **~** (**from**) **Jim** affectueusement, Jim; (*stronger*) bons baisers, Jim; (*Brit*) **thanks ~*** (*to woman*) merci madame, merci ma jolie* *or* ma chérie*; (*to man*) merci monsieur; (*to child*) merci mon petit *or* mon chou*; **yes** (**my**) **~** oui mon amour; **he's a little ~!** qu'il est mignon!, c'est un amour!; *V* **brotherly, labour, lady** *etc*.
(b) (*for country, music, horses*) amour *m* (*of* de, *for* pour); (*stronger*) passion *f* (*of* de, *for* pour). **the theatre was her great ~** le théâtre était sa grande passion; **his first ~ was football** sa première passion a été le football; **he studies history for the ~ of it** il étudie l'histoire pour son *or* le plaisir.
(c) (*Tennis etc*) rien *m*, zéro *m*. **~ 30** rien à 30, zéro 30.
2 *vt* **(a)** **spouse, child** aimer; **relative, friend** aimer (beaucoup). **~ thy neighbour as thyself** tu aimeras ton prochain comme toi-même; **he didn't just like her, he LOVED her** il ne l'aimait pas d'amitié, mais d'amour; **she ~d him dearly** elle l'aimait tendrement; **I must ~ you and leave you*** malheureusement, il faut que je vous (*or* te) quitte; (*counting etc*) **she ~s me, she ~s me not** elle m'aime, un peu, beaucoup, passionnément, à la folie, pas du tout; (*loc*) **~ me, ~ my dog** qui m'aime aime mon chien.
(b) **music, food, activity, place** aimer (beaucoup); (*stronger*) adorer. **to ~ to do** *or* **doing sth** aimer (beaucoup) *or* adorer faire qch; **she ~s riding** elle aime *or* adore monter à cheval, elle est passionnée d'équitation; **I'd ~ to come** j'aimerais beaucoup venir, je serais enchanté *or* ravi de venir, cela me ferait très plaisir de venir; **I'd ~ to!** je ne demande pas mieux!, cela me fera(it) très plaisir!; **I'd ~ to but unfortunately ...** cela me ferait très plaisir mais malheureusement ... .
3 *cpd*: **love affair** liaison *f* (amoureuse); (†: *tomato*) **love apple** pomme *f* d'amour (†); **lovebirds** (*birds*) perruches *fpl* inséparables; (*fig: people*) **the lovebirds** les tourtereaux *mpl* (*fig*); **love child** enfant *mf* de l'amour, enfant illégitime *or* naturel(le); **love feast** (*among early Christians*) agape *f*; (*banquet*) banquet *m*; (*iro*) agapes *fpl*; (*Tennis*) **love game** jeu blanc; **love-in** love-in *m inv*; (*Bot*) **love-in-a-mist** nigelle *f* de Damas; **love-knot** lacs *m* d'amour; **love letter** lettre *f* d'amour, billet *m* doux (*often hum*); **how's your love life these days?*** comment vont les amours?; **his love life is bothering him*** il a des problèmes de cœur *or* sentimentaux; **lovemaking** amour *m* (*relations sexuelles*); **love match** mariage *m* d'amour; **love nest** nid *m* d'amoureux *or* d'amour; **love seat** causeuse *f*; (*Theat*) **love scene** scène *f* d'amour; **lovesick** amoureux, qui languit d'amour; **lovesong** chanson *f* d'amour; **love story** histoire *f* d'amour; **love token** gage *m* d'amour.
loveless [ˈlʌvlɪs] *adj* **life, future, marriage** sans amour; **person** qui n'est pas aimé (*or* qui n'est pas capable d'aimer).
loveliness [ˈlʌvlɪnɪs] *n* beauté *f*, charme *m*.
lovelorn [ˈlʌvˌlɔːn] *adj* († *or hum*) qui languit d'amour.
lovely [ˈlʌvlɪ] **1** *adj* (*pretty*) **girl, flower, hat, house, view, voice** (très) joli, ravissant; **baby** mignon, joli; (*pleasant*) **girl, house, sense of humour, suggestion, view** charmant; **meal, evening, party** charmant, agréable; **voice** agréable; **night, sunshine, weather** beau (*f* belle); **holiday** (très) bon (*f* bonne), excellent, formidable; **story** joli, charmant; **idea, suggestion** merveilleux, charmant; **smell** bon, agréable; **food** bon. **she's a ~ person** c'est une personne charmante *or* très agréable, elle est charmante; **she has a ~ nature** elle a vraiment bon caractère; **this dress looks ~ on you** cette robe vous va vraiment bien *or* vous va à merveille; **we had a ~ time** nous nous sommes bien amusés, nous avons passé un moment *or* une semaine *etc* excellent(e) *or* très agréable; **I hope you have a ~ time** j'espère que vous vous amuserez bien; **it's been ~ to see** *or* **seeing you** j'ai été ravi *or* vraiment content de vous voir, ça m'a fait vraiment plaisir de vous voir; **all this ~ money** tout ce bel argent; **this cloth feels ~** ce drap est très agréable au toucher; **it felt ~ to be warm again** c'était bien agréable d'avoir chaud de nouveau; **~ and cool/warm** *etc* délicieusement or bien frais/chaud *etc*; **we're ~ and early*** c'est bien, on est en avance.

2 *n* (*: *girl*) belle fille, beau brin de fille, mignonne *f*.
lover [ˈlʌvər] **1** *n* **(a)** amant *m*; († *suitor*) amoureux *m*. **~s' vows** promesses *fpl* d'amoureux; **they are ~s** ils ont une liaison, ils couchent* ensemble; **they have been ~s for 2 years** leur liaison dure depuis 2 ans; **she took a ~** elle a pris un amant; **Casanova was a great ~** Casanova fut un grand séducteur.
(b) (*hobby, wine etc*) amateur *m*. **he's a ~ of good food** il est grand amateur de bonne cuisine, il aime beaucoup la bonne cuisine; **he's a great ~ of Brahms** *or* **a great Brahms ~** c'est un fervent de Brahms, il aime beaucoup (la musique de) Brahms; **art/theatre ~** amateur d'art/de théâtre; **music ~** amateur de musique, mélomane *mf*; **he's a nature ~** il aime la nature, c'est un amoureux de la nature; **football ~s everywhere** tous les amateurs *or* passionnés de football.
2 *cpd*: (*hum or iro*) **lover boy*** (*male idol*) apollon* *m*; (*womanizer*) don Juan *m*, homme *m* à femmes, tombeur* *m*.
lovey-dovey* [ˈlʌvɪˈdʌvɪ] *adj* (*hum*) (trop) tendre.
loving [ˈlʌvɪŋ] **1** *adj* (*affectionate*) affectueux; (*tender*) tendre; (*dutiful*) **wife, son** aimant, bon (*f* bonne). **~ kindness** bonté *f*, charité *f*; **~ cup** coupe *f* de l'amitié.
2 **-loving** *adj ending in cpds*: **art-loving** qui aime l'art, qui est amateur d'art; **money-loving** qui aime l'argent, avare.
lovingly [ˈlʌvɪŋlɪ] *adv* affectueusement, tendrement, (*stronger*) avec amour.
low¹ [ləʊ] **1** *adj* **(a)** **wall** bas (*f* basse), peu élevé; **shelf, seat, ceiling, level, tide** bas. (*Met*) **~ cloud** nuages bas; **the sun is ~ in the sky** le soleil est bas dans le ciel *or* bas sur l'horizon; **dress with a ~ neck** robe décolletée; (*Boxing*) **~ blow** coup bas; (*Geog*) **the L~ Countries** les Pays-Bas; **fog on ~ ground** brouillard *m* à basse altitude; **the ~ ground near the sea** les basses terres près de la mer; **the house/town is on low ground** la maison/ville est bâtie dans une dépression; **the river is very ~ just now** la rivière est très basse en ce moment; **at ~ tide** à marée basse; **~ water** marée basse, basses eaux; (*fig: of sb's career*) **the ~ point** le nadir; **to make a ~ bow** saluer *or* s'incliner bien bas; *V also* **4** *and* **ebb, lower¹**.
(b) **voice** (*soft*) bas (*f* basse); (*deep*) bas, profond; (*Mus*) **note** bas. **in a ~ voice** (*softly*) à voix basse; (*in deep tones*) d'une voix basse *or* profonde; **a ~ murmur** un murmure sourd *or* étouffé; **they were talking in a ~ murmur** ils chuchotaient le plus bas possible; **he gave a ~ groan** il a gémi faiblement, il a poussé un faible gémissement; (*of radio etc*) **it's a bit ~** on n'entend pas, ça n'est pas assez fort, c'est trop bas; *V also* **4**.
(c) **wage, rate** bas (*f* basse), faible; **price** bas, modéré, modique; (*Scol*) **mark** bas, faible; **latitude, number,** (*Elec*) **frequency** bas; (*Chem, Phys*) **density** faible; (*Aut*) **compression** bas; **temperature** bas, peu élevé; **speed** petit, faible; **visibility** mauvais, limité; **standard** bas, faible; **quality** inférieur (*f*-eure). **a ~ card** une basse carte; (*Cards*) **a ~ diamond** un petit carreau; (*Comm*) **at the ~est price** au meilleur prix; (*Aut*) **in ~** (**gear**) en première ou seconde (vitesse); (*Math*) **~est common multiple** plus petit commun multiple; (*Culin*) **at a ~ heat** à feu doux; **the fire is getting ~/is ~** le feu baisse/est bas; **it has never fallen below £100/20** *etc* **at the ~est** cela n'est jamais tombé à moins de 100 livres/20 *etc*; **activity is at its ~est in the summer** c'est en été que l'activité est particulièrement réduite; **people of ~ intelligence** les gens de faible intelligence; **people of ~ income** les gens aux faibles revenus; **supplies are getting ~** les provisions baissent; (*Comm etc*) **their stock of soap was very ~** leur stock de savon était presque épuisé; **they were ~ on water** ils étaient à court d'eau; **we're a bit ~ on petrol** nous n'avons plus *or* il ne nous reste plus beaucoup d'essence; **I'm ~ on funds** je suis à court (d'argent); **to have a ~ opinion of sb** ne pas avoir bonne opinion de qn, avoir (une) piètre opinion de qn; **to have a ~ opinion of sth** ne pas avoir bonne opinion de qch; *V also* **4** *and* **lower¹, profile** *etc*.
(d) **feeble, person** faible, affaibli; **health** mauvais; (*depressed*) déprimé, démoralisé, cafardeux*. **to be in ~ spirits, to be** *or* **feel ~** être déprimé *or* démoralisé, ne pas avoir le moral*, avoir le cafard*; **the patient is very ~** le malade est bien bas; *V also* **4**.
(e) (*Bio, Zool*: *primitive*) inférieur (*f*-eure), peu évolué. **the ~ forms of life** les formes de vie inférieures *or* les moins évoluées.
(f) (*humble*) **rank, origin** bas (*f* basse); (*vulgar*) **company** mauvais, bas; **character** grossier, bas; **taste** mauvais; **café** *etc* **de bas étage**; (*shameful*) **behaviour** ignoble, vil (*f* vile), odieux. **the ~ of the ~** le dernier des derniers; **that's a ~ trick** c'est un sale tour*; **with ~ cunning** avec une ruse ignoble; *V also* **4** *and* **lower¹**.
2 *adv* **(a)** (*in low position*) **aim, fly** bas. **to bow ~** s'incliner profondément, saluer bien bas; **a dress cut ~ in the back** une robe très décolletée dans le dos; **she is rather ~ down in that chair** elle est bien bas dans ce fauteuil, elle est assise bien bas; **~er down the wall/the page** plus bas sur le mur/la page; **~er down the hill** plus bas sur la colline, en contrebas; **the plane came down ~ over the town** l'avion est descendu et a survolé la ville à basse altitude; **the plane flew ~ over the town** l'avion a survolé la ville à basse altitude; *V* **lay¹, lie¹**.
(b) (*fig*) **to turn the heating/lights/music/radio** (**down**) **~** baisser le chauffage/l'éclairage/la musique/la radio; **the fire was burning ~** le feu était bas; **supplies are running ~** les provisions baissent; (*St Ex*) **to buy ~** acheter quand le cours est bas; (*Cards*) **to play ~** jouer une basse carte; **to fall** *or* **sink ~** tomber bien bas; **I wouldn't stoop so ~ as to do that** je ne m'abaisserais pas jusqu'à faire cela; **to speak ~** parler à voix basse *or* doucement; **to sing ~** chanter bas; **the song is pitched too ~ for me** le ton de cette chanson est trop bas pour moi; (*in singing*) **I can't get as ~ as** that ma voix ne descend pas si bas que cela.
3 *n* **(a)** (*Met*) dépression *f*.
(b) (*Aut*) = **low gear**; *V* **1c**.

(c) (*low point: esp Fin*) niveau *m* bas, point *m* bas. **prices/ temperatures have reached a new ~** *or* **an all-time ~** les prix/les températures n'ont jamais été aussi bas(ses) *or* ne sont jamais tombé(e)s aussi bas; **this is really a new ~ in** vulgarity cela bat tous les records de vulgarité; **the pound has sunk** *or* **fallen to a new ~** la livre a atteint son niveau le plus bas.

4 *cpd*: (*Photo*) **low-angle shot** contre-plongée *f*; **lowborn** de basse origine *or* extraction; (*US*) **lowboy** commode *f* basse; **low-brow** (*n*) personne peu intellectuelle *or* sans prétentions intellec-tuelles; (*adj*) **person** terre à terre *inv*, peu intellectuel; **book, film** sans prétentions intellectuelles; **low-budget** *film, project* à petit budget; *car etc* pour les petits budgets; **low-calorie** *food, diet* à basses calories, hypocalorique; **Low Church** Basse Église (*Anglicane*); **low-cost** (*adj*) (à) bon marché; (*U*) **low-cost housing** habitations *fpl* à loyer modéré, H.L.M. *mpl*; (*Dress*) **low-cut** décolleté; **low-down** V **low-down**; **low-flying** (*adj*) volant à basse altitude; (*n*: *U*) **low flying** vol(s) *m(pl)* à basse altitude; **Low Ger-man** bas allemand *m*; **low-grade** de qualité *or* de catégorie in-férieure; **low-grade mental defective** débile *mf* mental(e); **low-heeled** à talons plats, plat; **low-key** (*adj*) modéré; **it was a low-key operation** l'opération a été conduite de façon très discrète; **to keep sth low-key** faire qch de façon discrète; **Low Latin** bas latin *m*; **low-level** (*adj*) (*gen*) bas (*f* basse); *job* subalterne; *talks, discussions* à bas niveau; (*Aviat*) **low-level flying** vol *m* *or* naviga-tion *f* à basse altitude; (*Comput*) **low-level language** langage *m* de bas niveau; **low-loader** (*Aut*) semi-remorque *f* à plate-forme sur-baissée; (*Rail*) wagon *m* (de marchandises) à plate-forme sur-baissée; **low-lying** à basse altitude; (*Rel*) **Low Mass** messe *f* basse; **low-minded** d'esprit vulgaire; **low-necked** décolleté; **low-paid** *job* mal payé, *pay* pas mal; *worker* mal payé, qui ne gagne pas beaucoup; **the low-paid (workers)** les petits salaires, les petits salariés (*V also* **lower¹** 2); **low-pitched** *ball* bas (*f* basse); *sound* bas, grave; **low-pressure** à *or* de basse pression; **low-priced** à bas prix, (à) bon marché *inv*; **low-principled** sans grands principes; **low-profile** (*gen*) = **low-key**; (*Aut*) **low-profile tyre** pneu *m* taille basse; **low-quality** *goods* de qualité inférieure; (*Archit*) **low-rise** à *or* de hauteur limitée, bas (*f* basse); **low-spirited** déprimé, démoralisé; **Low Sunday** dimanche *m* de Quasimodo; **low-tension** à basse tension; (*Ling*) **low vowel** voyelle basse; (*lit*) **~-water mark** laisse *f* de basse mer; (*fig*) **their morale had reached ~-water mark** leur moral était on ne peut plus bas, ils avaient le moral à zéro*; **sales had reached ~-water mark** les ventes n'avaient jamais été aussi mauvaises; *V also* **lower¹**.

low² [ləʊ] *vi* [*cattle*] meugler, beugler, mugir.

low-down* [ˈləʊdaʊn] **1** *adj* (*mean*) *action* bas (*f* basse), honteux, méprisable; *person* méprisable, vil (*f* vile); (*spiteful*) mesquin. **a ~ trick** un sale tour*.

2 *n*: **to get the ~ on sb/sth** se tuyauter* sur qn/qch, se ren-seigner sur qn/qch; **to give sb the ~ on sth** tuyauter* qn sur qch, mettre qn au courant *or* au parfum‡ de qch.

lower¹ [ˈləʊəʳ] *comp of* **low¹** 1 *adj* inférieur (*f* -eure). (*Typ*) **~ case** bas *m* de casse; **~-class** de la classe inférieure; **~ middle class** (*n*) petite bourgeoisie; (*adj*) petit bourgeois; **the ~ classes** (*socially*) les classes inférieures; (*Scol: also* **the ~ school**) le premier cycle; **the ~ income groups** les économiquement faibles *mpl*; (*Naut*) **~ deck** pont inférieur; (*personnel*) gradés *mpl* et matelots *mpl*; (*Parl*) **the L~ House** la Chambre basse; (*Brit*) la Chambre basse, la Chambre des communes; **~ jaw** mâchoire inférieure; **the ~ valley of the Rhine** la vallée inférieure du Rhin; **~ vertebrates** vertébrés inférieurs; *V also* **low¹**, *and* **second¹** *etc*.

2 *adv*: **the ~ paid** la tranche inférieure des salariés *or* du salariat.

lower² [ˈləʊəʳ] **1** *vt* (**a**) *blind, window, construction* baisser, abaisser; *sail, flag* abaisser, amener; *boat, lifeboat* mettre *or* amener à la mer. **to ~ the boats** mettre les embarcations à la mer; **to ~ sb/sth on a rope** (faire) descendre qn/descendre qch au bout d'une corde; **to ~ one's guard** (*Boxing*) baisser sa garde; (*fig*) ne plus être sur ses gardes; (*fig*) **to ~ the boom on sb** serrer la vis* à qn.

(**b**) (*fig*) *pressure, heating, price, voice* baisser. (*Med*) **to ~ sb's resistance** diminuer la résistance de qn; **to ~ sb's morale** démoraliser qn, saper le moral de qn; **~ your voice!** baissez la voix!, (parle) moins fort!; **he ~ed his voice to a whisper** il a baissé la voix jusqu'à en chuchoter, il s'est mis à chuchoter; **to ~ o.s. to do sth** s'abaisser à faire qch; **I refuse to ~ myself** je refuse de m'abaisser *or* de m'avilir ainsi.

2 *vi* (*lit*) baisser; [*pressure, price etc*] baisser, diminuer.

lower³ [ˈlaʊəʳ] *vi* [*sky*] se couvrir, s'assombrir; [*clouds*] être menaçant; [*person*] prendre un air sombre *or* menaçant. **to ~ at sb** jeter un regard menaçant à qn, regarder qn de travers.

lowering¹ [ˈləʊərɪŋ] **1** *n* (**a**) [*window, flag*] abaissement *m*; [*boat*] mise *f* à la mer.

(**b**) [*temperature*] baisse *f*, abaissement *m*; [*price, value*] baisse, diminution *f*; [*pressure*] baisse; (*Med*) [*resistance*] diminution *f*. **the ~ of morale** la baisse du moral, la démoralisation.

2 *adj* abaissant, dégradant, humiliant.

lowering² [ˈlaʊərɪŋ] *adj* *look, sky* sombre, menaçant.

lowing [ˈləʊɪŋ] *n* [*cattle*] meuglement *m*, beuglement *m*, mugisse-ment *m*.

lowland [ˈləʊlənd] **1** *n* plaine *f*. **the L~s** (*of Scotland*) la Basse Écosse, les Basses-Terres (d'Écosse). **2** *adj* (*Ling*) **L~ Scots** = Lallans.

lowlander [ˈləʊləndəʳ] *n* (*gen*) habitant(e) *m(f)* de la (*or* des) plaine(s). (*in Scotland*) **L~** habitant(e) de la Basse-Écosse.

lowliness [ˈləʊlɪnɪs] *n* humilité *f*.

lowly [ˈləʊlɪ] *n* (*humble*) humble, modeste; (*lowborn*) d'origine modeste.

lowness [ˈləʊnɪs] *n* (*in height*) manque *m* de hauteur; [*price, wages*] modicité *f*; [*temperature*] peu *m* d'élévation. **the ~ of the ceiling made him stoop** la maison était si basse de plafond qu'il a dû se baisser.

lox [lɒks] *n* (*US*) saumon *m* fumé.

loyal [ˈlɔɪəl] *adj* (*faithful*) *friend, supporter* loyal, fidèle (*to* envers); *servant* fidèle, dévoué, loyal†; (*respectful*) *subject* loyal. (*Brit*) **the ~ toast** le toast (porté) au souverain; **he has been ~ to me** il a été loyal envers moi, il m'a été fidèle.

loyalist [ˈlɔɪəlɪst] *adj, n* loyaliste (*mf*).

loyally [ˈlɔɪəlɪ] *adv* fidèlement, loyalement, avec loyauté.

loyalty [ˈlɔɪəltɪ] *n* (*V loyal*) loyauté *f*, fidélité *f* (*to* envers), dévoue-ment *m* (*to* pour). **his ~ is not in question** (*to person*) sa loyauté n'est pas en doute; (*to cause, institution*) son loyalisme n'est pas en doute; **a man of fierce loyalties** un homme d'une loyauté à toute épreuve *or* d'une loyauté absolue.

lozenge [ˈlɒzɪndʒ] *n* (**a**) (*Med*) pastille *f*; *V cough.* (**b**) (*Her, Math*) losange *m*.

LP [el'piː] *n* (*Mus: abbr of* **long-playing (record)**) 33 tours *m*, microsillon *m*.

LPN [elpiːˈen] *n* (*US Med*) *abbr of* **Licensed Practical Nurse**; *V* **license**.

LRAM [elɑːreɪˈem] *n* (*Brit*) *abbr of* **Licenciate of the Royal Academy of Music** (*diplôme d'un des Conservatoires de Musique*).

LRCP [elɑːsiːˈpiː] *n* (*Brit*) *abbr of* **Licentiate of the Royal College of Physicians** (≃ *agrégation de médecine*).

LRCS [elɑːsiːˈes] *n* (*Brit*) *abbr of* **Licentiate of the Royal College of Surgeons** (≃ *agrégation de médecine (opératoire)*).

LSAT [eleserˈtiː] *n* (*US Univ*) *abbr of* **Law School Admission Test** (*examen d'entrée à une faculté de droit*).

LSD [eles'diː] *n* (*Drugs: abbr of* **lysergic acid diethylamide**) LSD *m* (*drogue*).

L.S.D. [eles'diː] *n* (*Brit* †) *abbr of* **librae, solidi, denarii** = *pounds, shillings and pence* (*ancien système monétaire britannique*).

L.S.E. [eles'iː] *n* (*Brit*) *abbr of* **London School of Economics**.

LT [el'tiː] (*Elec*) *abbr of* **low tension**; *V* **low 4**.

Lt. *abbr of* **Lieutenant**. (*on envelope etc*) **~ J. Smith** Lieutenant J. Smith; **~.-Col.** *abbr of* **Lieutenant-Colonel**; **~.-Gen.** *abbr of* **Lieutenant-General**.

Ltd (*Brit Comm etc: abbr of* **Limited (Liability)**): **Smith & Co. Ltd** Smith & Cie. S.A.R.L.

lubricant [ˈluːbrɪkənt] *adj, n* lubrifiant (*m*).

lubricate [ˈluːbrɪkeɪt] *vt* lubrifier; (*Aut*) graisser. **lubricating oil** huile *f* (de graissage), lubrifiant *m*.

lubricated‡ [ˈluːbrɪkeɪtɪd] *adj* (*drunk*) paf‡ *inv*, beurré‡.

lubrication [ˌluːbrɪˈkeɪʃən] *n* lubrification *f*; (*Aut*) graissage *m*.

lubricator [ˈluːbrɪkeɪtəʳ] *n* (*person, device*) graisseur *m*.

lubricity [luːˈbrɪsɪtɪ] *n* (**a**) (*slipperiness*) caractère glissant. (**b**) (*lewdness*) lubricité *f*.

lucerne [luːˈsɜːn] *n* (*esp Brit*) luzerne *f*.

lucid [ˈluːsɪd] *adj* (**a**) (*understandable*) *style, explanation* lucide. (**b**) (*sane*) lucide. **~ interval** intervalle *m* lucide *or* de lucidité. (**c**) (*bright*) brillant, clair, lumineux.

lucidity [luːˈsɪdɪtɪ] *n* (*V lucid*) lucidité *f*; clarté *f*, luminosité *f*.

lucidly [ˈluːsɪdlɪ] *adv* *explain, argue* lucidement, clairement.

Lucifer [ˈluːsɪfəʳ] *n* (**a**) Lucifer *m*. (**b**) (††) **l~** allumette *f*.

luck [lʌk] *n* (**a**) (*chance, fortune*) chance *f*, hasard *m*. **good ~** (*bonne*) chance, bonheur *m*, veine* *f*, pot* *m*; **bad ~** malchance *f*, malheur *m*, déveine* *f*; **to bring (sb) good/bad** *or* **ill ~** porter bonheur/malheur (à qn); **it brought us nothing but bad ~** cela ne nous a vraiment pas porté chance; **good ~!** bonne chance!; **bad** *or* **hard ~!** pas *or* manque de chance!, manque de pot!*, pas de veine!*; **better ~ next time!** ça ira mieux la prochaine fois!; **worse ~** malheureusement; **to have the good/bad ~ to do sth** avoir la chance *or* la bonne fortune/la malchance *or* la mauvaise fortune de faire qch; **~ favoured him, ~ was with him, ~ was on his side** la fortune lui souriait, il était favorisé par la fortune *or* le destin; **as ~ would have it** comme par hasard; (*fig*) **it's the ~ of the draw** c'est une question de chance; **it's good/bad ~ to see a black cat** cela porte bonheur/malheur de voir un chat noir; (**it's**) **just my ~!** c'est bien ma chance! *or* ma veine!*; **it was just his ~ to meet the boss** par malchance *or* par malheur il a rencontré le patron, il a eu la malchance *or* la déveine* de rencontrer le patron; **to be down on one's ~** (*be unlucky*) avoir la déveine* *or* la poisse*; (*go through bad patch*) traverser une mauvaise passe; *V* **beginner, chance, push** *etc*.

(**b**) (*good fortune*) (bonne) chance *f*, bonheur *m*, veine* *f*, pot* *m*. **you're in ~, your ~'s in** tu as de la chance *or* de la veine* *or* du pot*; **you're out of ~, your ~'s out** tu n'as pas de chance *or* de veine* *or* de pot*; **that's a bit of ~!** quelle chance!, quelle veine!*, coup de pot!*; **he had the ~ to meet her in the street** il a eu la chance de la rencontrer dans la rue; **here's (wishing you) ~!** bonne chance!; (*drinking: also* **good ~!**) à votre santé!; **no such ~!** ç'aurait été trop beau! *or* trop de chance!, penses-tu!; **with any ~ ...** avec un peu de chance *or* de veine*...; **to keep a horseshoe for ~** avoir un fer à cheval comme porte-bonheur; (*iro*) **and the best of (British) ~!*** je vous (*or* leur *etc*) souhaite bien du plaisir!* (*iro*); **he's got the ~ of the devil*, he's got the devil's own ~*** il a une veine de pendu*.

♦**luck out*** *vi* (*US*) avoir de la veine* *or* du pot*.

luckily [ˈlʌkɪlɪ] *adv* heureusement, par bonheur. **~ for me ...** heureusement pour moi ....

luckless [ˈlʌklɪs] *adj* *person* malchanceux, qui n'a pas de chance; *event, action* malencontreux; *day* fatal.

lucky [ˈlʌkɪ] *adj* *person* qui a de la chance, favorisé par la chance *or* la fortune, veinard*; *day* de chance, de veine*, faste; *shot, guess, coincidence* heureux; *horseshoe, charm* porte-bonheur *inv*. **you are**

~ **to be alive** tu as de la chance *or* de la veine* de t'en sortir vivant; **he was** ~ **enough to get a seat** il a eu la chance *or* la veine* de trouver une place; ~ **you!** (*in admiration*) veinard!*, tu en as de la chance! *or* de la veine!*; (*iro*) tu es verni!*; (**you**) ~ **thing*** *or* **dog!‡** veinard!*; (**he's a**) ~ **thing*** *or* **dog!‡** le veinard!*; **it was** ~ **for him that he got out of the way** heureusement (pour lui) qu'il s'est écarté; **it was** ~ **you got here in time** heureusement que vous êtes arrivé à temps; **how** ~**!** quelle chance!; **we had a** ~ **escape** nous l'avons échappé belle; **to have a** ~ **break*** avoir un coup de veine*; (*Brit: at fair etc*) ~ **dip** pêche miraculeuse; (*Brit fig*) **it's a** ~ **dip** c'est une loterie, c'est une question de chance; ~ **number** chiffre *m* porte-bonheur; **V star[1]**, **third** *etc*.

lucrative ['luːkrətɪv] *adj business* lucratif, rentable; *employment* lucratif, qui paie bien, bien rémunéré.

lucre ['luːkər] *n* (*U: pej: gain*) lucre *m*. (***hum: money**) (**filthy**) ~ **fric‡** *m*, pognon‡ *m*.

Lucretia [luːˈkriːʃɪə] *n* Lucrèce *f*.

Lucretius [luːˈkriːʃɪəs] *n* Lucrèce *m*.

Lucy ['luːsɪ] *n* Lucie *f*.

Luddite ['lʌdaɪt] *adj, n* luddite (*mf*).

ludicrous ['luːdɪkrəs] *adj* ridicule, risible.

ludicrously ['luːdɪkrəslɪ] *adv* ridiculement, risiblement.

ludo ['luːdəʊ] *n* (*Brit*) jeu *m* des petits chevaux.

luff [lʌf] (*Naut*) **1** *n* aulof(f)ée *f*. **2** *vi* lofer, venir au lof.

luffa ['lʌfə] *n* = **loofah**.

lug[1] [lʌg] **1** *n* (*Constr*) tenon *m*; [*dish, saucepan etc*] oreille *f* (*d'une casserole etc*). **2** *cpd*: (*Brit: ear*) ~**hole‡** esgourde‡ *f*, oreille *f*.

lug[2] [lʌg] *vt* traîner, tirer. **to** ~ **sth up/down** monter/descendre qch en le traînant; **to** ~ **sth out** traîner qch dehors; **why are you** ~**ging that parcel around?** pourquoi est-ce que tu trimbales* ce paquet?; (*fig*) **they** ~**ged* him off to the theatre** ils l'ont traîné *or* embarqué* au théâtre (malgré lui).

luggage ['lʌgɪdʒ] **1** *n* (*U*) bagages *mpl*. (*Rail*) ~ **in advance** bagages non accompagnés; **V hand, left[1], piece**. **2** *cpd*: (*Brit Aut*) **luggage boot** coffre *m*; **luggage carrier** porte-bagages *m inv*; (*at airport etc*) **luggage handler** bagagiste *m*; **luggage insurance** assurance-bagages *f*; **luggage label** étiquette *f* à bagages; **luggage locker** (casier *m* de) consigne *f* automatique; **luggage rack** (*Rail*) porte-bagages *m inv*, filet *m*; (*Aut*) galerie *f*; (*esp Brit Rail*) **luggage van** fourgon *m* (à bagages).

lugger ['lʌgər] *n* lougre *m*.

lugubrious [luːˈguːbrɪəs] *adj* lugubre.

lugubriously [luːˈguːbrɪəslɪ] *adv* lugubrement.

Luke [luːk] *n* Luc *m*.

lukewarm ['luːkwɔːm] *adj* (*lit*) tiède; (*fig*) tiède, peu enthousiaste.

lull [lʌl] **1** *n* [*storm*] accalmie *f*; [*hostilities, shooting*] arrêt *m*; [*conversation*] arrêt, pause *f*. **2** *vt person, fear* apaiser, calmer. **to** ~ **a child to sleep** endormir un enfant en le berçant; (*fig*) **to be** ~**ed into a false sense of security** s'endormir dans une fausse sécurité.

lullaby ['lʌləbaɪ] *n* berceuse *f*. **my baby dors** (**mon**) **bébé, dors**.

lulu* ['luːluː] *n* (*esp US*) **it's a** ~**!** c'est super!*; (*iro*) c'est pas de la tarte!*

lumbago [lʌmˈbeɪgəʊ] *n* lumbago *m*.

lumbar ['lʌmbər] *adj* lombaire. ~ **puncture** ponction *f* lombaire; **in the** ~ **region** dans la région lombaire.

lumber[1] ['lʌmbər] **1** *n* (*U*) (**a**) (*wood*) bois *m* de charpente. (**b**) (*junk*) bric-à-brac *m inv*. **2** *vt* (**a**) *room* encombrer. ~ **all those books together in the corner** entassez *or* empilez tous ces livres dans le coin. (**b**) (*US Forestry*) (*fell*) abattre; (*saw up*) débiter. (**c**) (*Brit*: burden*) **to** ~ **sb with sth** coller* *or* flanquer* qch à qn; **he got** ~**ed with the job of making the list** il s'est tapé* *or* appuyé* *or* farci‡ le boulot de dresser la liste; **I got** ~**ed with the girl for the evening** j'ai dû me coltiner* *or* m'appuyer* la fille toute la soirée; **now we're** ~**ed with it ...** maintenant qu'on a ça sur les bras ... *or* qu'on nous a collé* ça .... **3** *cpd*: **lumberjack** bûcheron *m*; **lumber jacket** blouson *m*; **lumberman** = **lumberjack**; **lumber mill** scierie *f*; (*Brit*) **lumber room** (cabinet *m* de) débarras *m*; **lumber yard** chantier *m* de scierie.

lumber[2] ['lʌmbər] *vi* (*also* ~ **about**, ~ **along**) [*person, animal*] marcher pesamment; [*vehicle*] rouler pesamment. [*person*] **to** ~ **in/out** *etc* entrer/sortir *etc* d'un pas pesant *or* lourd.

lumbering[1] ['lʌmbərɪŋ] *n* (*US*) débit *m* *or* débitage *m* *or* tronçonnage *m* de bois.

lumbering[2] ['lʌmbərɪŋ] *adj step* lourd, pesant.

luminary ['luːmɪnərɪ] *n* (*star*) astre *m*, corps *m* céleste; (*fig: person*) lumière *f*, sommité *f*.

luminescence [ˌluːmɪˈnesns] *n* luminescence *f*.

luminosity [ˌluːmɪˈnɒsɪtɪ] *n* luminosité *f*.

luminous ['luːmɪnəs] *adj* lumineux. **my watch is** ~ le cadran de ma montre est lumineux.

lumme ['lʌmɪ] *excl* (*Brit*) = **lummy‡**.

lummox ['lʌməks] *n* (*US*) lourdaud(e) *m(f)*.

lummy‡ ['lʌmɪ] *excl* (*Brit*) ça alors!, sapristi!*

lump[1] [lʌmp] **1** *n* (**a**) (*piece*) morceau *m*; (*larger*) gros morceau, masse *f*; [*metal, rock, stone*] morceau, masse; [*coal, cheese, sugar*] morceau; [*clay, earth*] motte *f*; [*in sauce etc*] grumeau *m*. **after the explosion there were large** ~**s of rock everywhere** après l'explosion il y avait de gros éclats de pierre partout. (**b**) (*Med*) grosseur *f*, (*swelling*) protubérance *f*, (*from bump etc*) bosse *f*. (*fig*) **to have a** ~ **in one's throat** avoir une boule dans la gorge, avoir la gorge serrée. (**c**) (** pej: person*) lourdaud(e) *m(f)*, empoté(e)* *m(f)*. **fat** ~**!** gros lourdaud!, espèce d'empoté(e)!* (**d**) (*Brit: in building trade*) **the** ~ ouvriers *mpl* du bâtiment non-syndiqués.

2 *cpd*: **lumpfish** lump *or* lompe *m*; **lumpfish roe** œufs *mpl* de lump; **lumpsucker** lump *or* lompe *m*; **lump sugar** sucre *m* en morceaux; (*Fin etc*) **lump sum** montant *m* forfaitaire; (*payment*) paiement *m* unique; **he was working for a lump sum** il travaillait à forfait; (*Insurance etc*) **to pay a lump sum** verser un capital.

3 *vt* (*also* ~ **together**) *books, objects* réunir, mettre en tas; *persons* réunir; *subjects* réunir, considérer en bloc.

◆**lump together 1** *vi* (***) **if we lumped together we could buy a car** si nous nous y mettions à plusieurs, nous pourrions acheter une voiture.

2 *vt sep* réunir; (*fig*) *people, cases* mettre dans la même catégorie *or* dans le même sac* (*pej*), considérer en bloc; **V also lump[1] 3**.

lump[2]* [lʌmp] *vt* (*Brit: endure*) **you'll just have to** ~ **it** il faut bien que tu encaisses* (*subj*) sans rien dire; **V like[2]**.

lumpectomy [lʌmˈpektəmɪ] *n* ablation *f* d'une (*or* de) tumeur(s) mammaire(s).

lumpen ['lʌmpən] *adj* (**a**) ~ **proletariat** sous-prolétariat *m*. (**b**) (***) stupide.

lumpish ['lʌmpɪʃ] *adj* (**a**) (***) (*clumsy*) gauche, maladroit, pataud; (*stupid*) idiot, godiche*. (**b**) (*shapeless*) *mass, piece* informe.

lumpy ['lʌmpɪ] *adj gravy* grumeleux, qui a des grumeaux; *bed* défoncé, bosselé.

lunacy ['luːnəsɪ] *n* (*Med*) aliénation mentale, folie *f*, démence *f*; (*Jur*) démence; (*fig*) folie, démence. **that's sheer** ~**!** c'est de la pure folie!, c'est démentiel! *or* de la démence!

lunar ['luːnər] *adj month, rock* lunaire; *eclipse* de la lune. (*Space*) **in** ~ **orbit** en orbite lunaire *or* autour de la lune; (*Space*) ~ **module** module *m* lunaire; (*Space*) ~ **landing** alunissage *m*.

lunatic ['luːnətɪk] **1** *n* (*Med*) fou *m*, folle *f*, aliéné(e) *m(f)*, dément(e) *m(f)*; (*Jur*) dément(e); (*fig*) fou, folle, cinglé(e)* *m(f)*. **he's a** ~**!** il est fou à lier!, il est cinglé!*

2 *adj* (*Med*) *person* fou (*f* folle), dément; (*fig*) fou, dément, cinglé*; *idea, action* (*crazy*) absurde, extravagant, démentiel; (*stupid*) stupide, idiot. ~ **asylum** asile *m* d'aliénés; **the** ~ **fringe** les enragés* *mpl*, les extrémistes *mpl* fanatiques.

lunch [lʌntʃ] **1** *n* déjeuner *m*. **light/quick** ~ déjeuner léger/rapide; **we're having pork for** ~ nous allons manger *or* nous avons du porc pour déjeuner *or* à midi; **to have** ~ déjeuner; **he is at** ~ (*away from office etc*) il est parti déjeuner; (*Brit: having lunch*) il est en train de déjeuner; **come to** *or* **for** ~ **on Sunday** venez déjeuner dimanche; **we had him to** ~ **yesterday** il est venu déjeuner (chez nous) hier; **V school, working** *etc*.

2 *vi* déjeuner. **we** ~**ed on** *or* **off sandwiches** nous avons déjeuné de sandwiches, nous avons eu des sandwiches pour déjeuner.

3 *vt person* offrir un déjeuner à.

4 *cpd*: **lunch basket** panier-repas *m*; **lunch break** pause *f* de midi, heure *f* du déjeuner; **it's his lunch hour** *or* **lunchtime just now** c'est l'heure à laquelle il déjeune, c'est l'heure de son déjeuner; **it's lunchtime** c'est l'heure de déjeuner; **at lunchtime** à l'heure du déjeuner.

luncheon ['lʌntʃən] **1** *n* déjeuner *m* (*gén de cérémonie*). **2** *cpd*: **luncheon basket** panier-repas *m*; **luncheon meat** (sorte *f* de) mortadelle *f*; (*Brit*) **luncheon voucher** chèque-repas *m*, ticket-repas *m*.

lung [lʌŋ] **1** *n* poumon *m*. (*fig*) **at the top of one's** ~**s** à pleins poumons, à tue-tête; **V iron**. **2** *cpd disease, infection* pulmonaire. **lung cancer** cancer *m* du poumon; **lung specialist** pneumonologue *mf*; **lung transplant** greffe *f* du poumon.

lunge [lʌndʒ] **1** *n* (*a*) (*thrust*) (brusque) coup *m* *or* mouvement *m* en avant; (*Fencing*) botte *f*. (**b**) (*also* ~ **rein**) longe *f*.

2 *vi* (**a**) (*also* ~ **forward**) faire un mouvement brusque en avant; (*Fencing*) se fendre. (**b**) **to** ~ **at sb** envoyer *or* assener un coup à qn; (*Fencing*) porter *or* allonger une botte à qn.

3 *vt horse* mener à la longe.

lunula ['luːnjʊlə] *n, pl* -**ae** ['luːnjʊˌliː] (*Anat*) lunule *f*.

lupin ['luːpɪn] *n* lupin *m*.

lurch[1] [lɜːtʃ] **1** *n* [*person*] écart *m* brusque, vacillement *m*; [*car, ship*] embardée *f*. **to give a** ~ [*car, ship*] faire une embardée; [*person*] vaciller, tituber.

2 *vi* [*person*] vaciller, tituber; [*car, ship*] faire une embardée. [*person*] **to** ~ **in/out/along** *etc* entrer/sortir/avancer *etc* en titubant; **the car** ~**ed along** la voiture avançait en faisant des embardées.

lurch[2] [lɜːtʃ] *n*: **to leave sb in the** ~ faire faux bond à qn, planter là qn*, laisser qn le bec dans l'eau.

lure [ljʊər] **1** *n* (**a**) (*U*) (*charm: of sea, travel etc*) attrait *m*, charme *m*; (*false attraction*) appât *m*, piège *m*, leurre *m*. (**b**) (*decoy*) leurre *m*.

2 *vt* tromper, attirer *or* persuader par la ruse. **to** ~ **sb into a trap** attirer qn dans un piège; **to** ~ **sb into a house** attirer qn dans une maison (par la ruse); **to** ~ **sb in/out** *etc* persuader qn par la ruse d'entrer/de sortir *etc*.

◆**lure away** *vt sep*: **to lure sb away from the house** éloigner qn *or* faire sortir qn de la maison par la ruse; **to lure sb away from the path of duty** détourner qn de son devoir par la ruse.

◆**lure on** *vt sep* entraîner par la séduire (*sic*).

lurex ['lʊəreks] *n* lurex *m*.

lurid ['ljʊərɪd] *adj* (**a**) (*gruesome*) *details* affreux, atroce; *account, tale* effrayant, terrifiant; *crime* horrible, épouvantable; (*sensational*) *account, tale* à sensation. **a** ~ **description of the riot** une terrible *or* une saisissante description de l'émeute; **he gave us a** ~ **description of what lunch was like*** il nous a fait une description pittoresque *or* haute en couleur du déjeuner.

(**b**) (*fiery*) *colour* feu *inv*, sanglant; *sky, sunset* empourpré, sanglant; (*pej: colour scheme etc*) criard, voyant.

(c) (*pallid, ghastly in colour*) livide, blafard; *light* effrayant, surnaturel.

lurk [lɜːk] *vi* [*person*] se cacher (*dans un but malveillant*), se tapir; [*danger*] menacer; [*doubt*] persister. **he was ~ing behind the bush** il se cachait *or* il était tapi derrière le buisson; **there's someone ~ing (about) in the garden** quelqu'un rôde dans le jardin, il y a un rôdeur dans le jardin.

lurking ['lɜːkɪŋ] *adj fear, doubt* vague. **a ~ idea** une idée de derrière la tête.

luscious ['lʌʃəs] *adj food* succulent; (**fig*) *blonde* appétissant, affriolant.

lush [lʌʃ] **1** *adj* (a) *vegetation* luxuriant; *plant* plein de sève; *pasture* riche. (b) (*: *opulent*) *house, surroundings* luxueux. **2** *n* (‡: *alcoholic*) alcoolo* *m*, poivrot(e)* *m(f)*.

lust [lʌst] *n* (*sexual*) désir *m* (sexuel); (*Rel: one of the 7 sins*) luxure *f*; (*for fame, power etc*) soif *f* (*for* de). **the ~ for life** la soif *or* la rage de vivre.

♦**lust after, lust for** *vt fus woman* désirer, convoiter; *revenge, power* avoir soif de; *riches* convoiter.

luster ['lʌstər] *n* (*US*) = **lustre**.

lustful ['lʌstfʊl] *adj* (*sexually*) lascif, luxurieux; (*greedy*) avide (*of* de).

lustfully ['lʌstfəlɪ] *adv* (*V lustful*) lascivement; avidement.

lustfulness ['lʌstfʊlnɪs] *n* lubricité *f*, lasciveté *f*.

lustre, (US) luster ['lʌstər] *n* (*gloss*) lustre *m*, brillant *m*; (*substance*) lustre; (*fig: renown*) éclat *m*. **~ware** poterie mordorée.

lustreless ['lʌstəlɪs] *adj* terne; *look, eyes* terne, vitreux.

lustrous ['lʌstrəs] *adj* (*shining*) *material* lustré, brillant; *eyes* brillant; *pearls* chatoyant; (*fig: splendid*) splendide, magnifique.

lusty ['lʌstɪ] *adj* (*healthy*) *person, infant* vigoureux, robuste; (*hearty*) *cheer, voice* vigoureux, vif (*f* vive).

lute [luːt] *n* luth *m*.

Lutetia [luːˈtiːʃə] *n* Lutèce *f*.

lutetium [luːˈtiːʃəm] *n* lutétium *m*.

Luther ['luːθər] *n* Luther *m*.

Lutheran ['luːθərən] **1** *n* Luthérien(ne) *m(f)*. **2** *adj* luthérien.

Lutheranism ['luːθərənɪzəm] *n* luthéranisme *m*.

Luxembourg ['lʌksəmbɜːg] *n* Luxembourg *m*. **the Grand Duchy of ~** le Grand-Duché de Luxembourg; **the ~ Embassy, the Embassy of ~** l'ambassade luxembourgeoise.

Luxor ['lʌksɔːr] *n* Louxor.

luxuriance [lʌgˈzjʊərɪəns] *n* (*V luxuriant*) luxuriance *f*; exubérance *f*; richesse *f*, fertilité *f*; surabondance *f*.

luxuriant [lʌgˈzjʊərɪənt] *adj vegetation, hair* luxuriant, exubérant; *beard* exubérant; *soil, country, valley* riche, fertile; *crops* surabondant; *style, imagery* luxuriant.

luxuriate [lʌgˈzjʊərɪeɪt] *vi* (a) (*revel*) **to ~ in** s'abandonner *or* se livrer avec délices à. (b) (*grow profusely*) pousser avec exubérance *or* à profusion.

luxurious [lʌgˈzjʊərɪəs] *adj hotel, surroundings* luxueux, somptueux; *tastes* de luxe.

luxuriously [lʌgˈzjʊərɪəslɪ] *adv furnish, decorate* luxueusement; *live* dans le luxe; *yawn, stretch* voluptueusement.

luxuriousness [lʌgˈzjʊərɪəsnɪs] *n* [*hotel etc*] luxe *m*, somptuosité *f*. **the ~ of his tastes** ses goûts de luxe *or* pour le grand luxe.

luxury ['lʌkʃərɪ] **1** *n* (a) (*U*) luxe *m*. **to live in ~** vivre dans le luxe; *V lap*[1].
  (b) (*object, commodity etc*) luxe *m*. **beef is becoming a ~** le bœuf devient un (produit de) luxe; **it's quite a ~ for me to go to the theatre** c'est du luxe pour moi que d'aller au théâtre; **what a ~ to have a bath at last!*** quel luxe *or* quelle volupté que de pouvoir enfin prendre un bain!
  2 *cpd goods* de luxe; *flat, hotel* de grand luxe, de grand standing.

LV *abbr of* **luncheon voucher**; *V* **luncheon 2**.

LW (*Rad abbr of* **long wave**) G.O. *fpl*.

lycanthropy [laɪˈkænθrəpɪ] *n* lycanthropie *f*.

lyceum [laɪˈsiːəm] *n* ≃ maison *f* de la culture.

lychee [ˌlaɪˈtʃiː] *n* litchi *or* letchi *m*.

lychgate ['lɪtʃgeɪt] *n* = **lichgate**.

lye [laɪ] *n* lessive *f* (*substance*).

lying[1] ['laɪɪŋ] **1** *n* (*U*) mensonge(s) *m(pl)*. **~ will get you nowhere** ça ne te servira à rien de mentir. **2** *adj person* menteur; *statement, story* mensonger, faux (*f* fausse).

lying[2] ['laɪɪŋ] *n* [*body*] **~ in state** exposition *f* (solennelle); (*Med.*†) **~-in** accouchement *m*, couches *fpl*; **~-in ward** salle *f* de travail *or* d'accouchement.

lymph [lɪmf] *n* (*Anat*) lymphe *f*. **~ gland** ganglion *m* lymphatique.

lymphatic [lɪmˈfætɪk] *adj* lymphatique.

lymphocyte ['lɪmfəʊˌsaɪt] *n* lymphocyte *m*.

lymphoid ['lɪmfɔɪd] *adj* lymphoïde.

lymphosarcoma [ˌlɪmfəʊsɑːˈkəʊmə] *n* lymphosarcome *m*.

lynch [lɪntʃ] *vt* lyncher. **~ law** loi *f* de lynch.

lynching ['lɪntʃɪŋ] *n* (*action, result*) lynchage *m*.

lynchpin = **linchpin**.

lynx [lɪŋks] *n* lynx *m inv*. **~-eyed** aux yeux de lynx.

Lyons ['laɪənz] *n* Lyon.

lyophilize [laɪˈɒfɪˌlaɪz] *vt* lyophiliser.

lyre ['laɪər] *n* lyre *f*. **~bird** oiseau-lyre *m*, ménure *m*.

lyric ['lɪrɪk] **1** *n* (a) (*poem*) poème *m* lyrique. (b) (*words of song*) **~s** paroles *fpl*. **2** *adj poem, poet* lyrique. **3** *cpd*: **lyric-writer** parolier *m*, -ière *f*.

lyrical ['lɪrɪkəl] *adj* (a) (*Poetry*) lyrique. (b) (*: *enthusiastic*) lyrique, passionné, enthousiaste. **he got *or* waxed ~ about Louis Armstrong** il est devenu lyrique quand il a parlé de Louis Armstrong.

lyrically ['lɪrɪkəlɪ] *adv* (*Poetry*) lyriquement, avec lyrisme; (*enthusiastically*) avec lyrisme, avec enthousiasme.

lyricism ['lɪrɪsɪzəm] *n* lyrisme *m*.

lyricist ['lɪrɪsɪst] *n* (*poet*) poète *m* lyrique; (*song-writer*) parolier *m*, -ière *f*.

M

M. m [em] *n* (a) (*letter*) M, m *m or f*. **M for Mike, M for Mother** ≃ M comme Marcel. (b) (*Brit Aut: abbr of* **motorway**) **on the M6** sur l'autoroute M6, ≃ sur l'A6. (c) *abbr of* **million(s)**. (d) *abbr of* **medium** (*taille de vêtement*). (e) (*abbr of* **metre(s)**) m. (f) *abbr of* **mile(s)**.

M.A. [ˌemˈeɪ] (*US*) *abbr of* **Military Academy**; *V* **military**.

MA [ˌemˈeɪ] (a) *abbr of* **Master of Arts**; *V* **master**. (b) (*US Post*) *abbr of* **Massachusetts**.

ma‡ [mɑː] *n* maman *f*. (*pej*) **M~ Smith** la mère Smith.

ma'am [mæm] *n* (*abbr of* **madam**) (*gen*) madame *f*, mademoiselle *f*; (*to royalty*) madame.

mac [mæk] *n* (a) (*Brit* abbr of* **mackintosh**) imperméable *m*, imper* *m*. (b) (‡: *form of address*) **hurry up M~!** hé! dépêchez-vous!; (*to friend*) dépêche-toi mon vieux! *or* mon pote!‡

macabre [məˈkɑːbrə] *adj* macabre.

macadam [məˈkædəm] **1** *n* macadam *m*; *V* **tar**[1]. **2** *cpd surface* en macadam; *road* macadamisé.

macadamize [məˈkædəmaɪz] *vt* macadamiser.

macaroni [ˌmækəˈrəʊnɪ] *n* (*U*) macaroni(s) *m(pl)*. **~ cheese** macaroni au gratin.

macaronic [ˌmækəˈrɒnɪk] **1** *adj* macaronique. **2** *n* vers *m* macaronique.

macaroon [ˌmækəˈruːn] *n* macaron *m*.

macaw [məˈkɔː] *n* ara *m*.

mace[1] [meɪs] *n* (*U: spice*) macis *m*.

mace[2] [meɪs] *n* (*weapon*) massue *f*; (*ceremonial staff*) masse *f*. **~bearer** massier *m*.

Mace [meɪs] ® **1** *n* (*gas*) gaz *m* incapacitant, mace *m*. **2** *vt* attaquer au gaz incapacitant *or* au mace.

Macedonia [ˌmæsɪˈdəʊnɪə] *n* Macédoine *f*.

Macedonian [ˌmæsɪˈdəʊnɪən] **1** *n* Macédonien(ne) *m(f)*. **2** *adj* macédonien.

macerate ['mæsəreɪt] *vti* macérer.

Mach [mæk] *n* (*Aviat: also* **~ number**) (nombre *m* de) Mach *m*. **to fly at ~ 2** voler à Mach 2.

machete [məˈtʃeɪt] *n* machette *f*.

Machiavelli [ˌmækɪəˈvelɪ] *n* Machiavel *m*.

Machiavellian [ˌmækɪəˈvelɪən] *adj* machiavélique.

machination [ˌmækɪˈneɪʃən] *n* machination *f*, intrigue *f*, manœuvre *f*.

machine [məˈʃiːn] **1** *n* (a) (*gen, Tech, Theat*) machine *f*. **adding/translating etc ~** machine à calculer/à traduire *etc*; *V* **knitting, washing** *etc*.
  (b) (*plane*) appareil *m*; (*car, cycle*) machine *f*; *V* **flying**.
  (c) (*fig*) machine *f*, appareil *m*, organisation *f*. **the ~ of government** la machine politique *or* de l'État; **the military ~** la machine *or* l'appareil militaire *or* de l'armée.
  (d) (*US Pol*) **the democratic ~** la machine administrative *or* l'appareil *m* du parti démocrate; *V* **party**.
  (e) (*pej: person*) machine *f*, automate *m*.

2 *vt* (*Tech*) façonner à la machine, usiner; (*Sewing*) coudre à la machine, piquer (à la machine).
3 *cpd* (*gen*) de la machine, des machines; (*Comput*) machine. **the machine age** le siècle de la machine *or* des machines; (*Comput*) **~ code** code *m* machine; **~ error** erreur *f* machine; **machine gun** (*n*) mitrailleuse *f*; **machine-gun** (*vt*) mitrailler; **machine gunner** mitrailleur *m*; **machine-gunning** mitraillage *m*; **machine language** langage-machine *m*; **machine-made** fait à la machine; (*Ind*) **machine operator** (*Ind*) opérateur *m*, -trice *f* (sur machines); (*Comput*) opérateur *m*, -trice *f*; (*Comput*) **machine-readable** exploitable par une machine; **in machine-readable form** sous (une) forme exploitable par une machine; **machine shop** atelier *m* d'usinage; **machine-stitch** piquer à la machine; **machine stitch** point *m* (de piqûre) à la machine; **machine tool** machine-outil *f*; **machine-tool operator** opérateur *m* sur machine-outil, usineur *m*; **machine translation** traduction *f* automatique.
machinery [mə'ʃi:nərɪ] *n* (*U*) (*machines collectively*) machinerie *f*, machines *fpl*; (*parts of machine*) mécanisme *m*, rouages *mpl*. **a piece of ~** un mécanisme; (*fig*) **the ~ of government** les rouages de l'État; (*fig Pol etc*) **we need the ~ to introduce these reforms** nous avons besoin de rouages qui nous permettent (*subj*) d'introduire ces réformes.
machinist [mə'ʃi:nɪst] *n* machiniste *mf*, opérateur *m*, -trice *f* (sur machine); (*on sewing, knitting machines*) mécanicienne *f*.
machismo [mæ'tʃi:zməʊ] *n* (*U*) machisme *m*, phallocratie *f*.
macho ['mætʃəʊ] **1** *n* macho *m*, phallocrate *m*. **2** *adj* macho *inv*.
mackerel ['mækrəl] **1** *n*, *pl inv* maquereau *m*. **2** *cpd*: **mackerel sky** ciel pommelé.
Mackinaw ['mækɪˌnɔ:] *n* (*US*) (*also* **~ coat**) grosse veste *f* de laine à carreaux; (*also* **~ blanket**) grosse couverture *f* de laine à carreaux.
mackintosh ['mækɪntɒʃ] *n* imperméable *m*.
macramé [mə'krɑ:mɪ] **1** *n* macramé *m*. **2** *cpd* **plant holder etc** en macramé.
macro... ['mækrəʊ] *pref* macro..., e.g. **~molecule** macromolécule *f*; *V* **macrobiotic** etc.
macro ['mækrəʊ] *n* (*Comput*) *abbr of* **macro-instruction**.
macrobiotic [ˌmækrəʊbaɪ'ɒtɪk] *adj* macrobiotique.
macrobiotics [ˌmækrənbaɪ'ɒtɪks] *n* macrobiotique *f*.
macrocosm ['mækrəʊkɒzəm] *n* macrocosme *m*.
macron ['mækrɒn] *n* macron *m*.
macroscopic [ˌmækrə'skɒpɪk] *adj* macroscopique.
macro-economics [ˌmækrəʊˌi:kə'nɒmɪks] *n* macro-économie *f*.
macro-instruction [ˌmækrəʊɪn'strakʃən] *n* macro-instruction *f*.
macrolinguistics [ˌmækrəʊlɪŋ'gwɪstɪks] *n* macrolinguistique *f*.
macrophotography [ˌmækrəʊfə'tɒgrəfɪ] *n* macrophotographie *f*.
mad [mæd] **1** *adj* (a) (*deranged*) fou (*f* folle), dément, cinglé‡, dingue‡; *bull* furieux; *dog* enragé; (*rash*) *person* fou, insensé; *hope*, *plan* insensé; *race*, *gallop* effréné. **to go ~** devenir fou; (*fig*) **this is idealism gone ~** c'est de l'idéalisme qui dépasse les bornes *or* (*stronger*) qui vire à la folie; **to drive sb ~** (*lit*) rendre qn fou (*V also* **1b**); (*exasperate*) exaspérer qn, rendre qn malade* (*fig*); **he is as ~ as a hatter** *or* **a March hare** il travaille du chapeau‡, il a un grain*, il a le timbre fêlé*; (**stark**) **raving ~, stark staring ~** fou à lier *or* à enfermer; **~ with grief** fou de douleur; **that was a ~ thing to do** il fallait être fou pour faire cela; **what a ~ idea!** c'est une idée insensée!; **you're ~ to think of it!** tu es fou d'y songer!; **are you ~?** ça ne va pas?* (*iro*); **you must be ~!** ça ne va pas, non!* (*iro*); **to run like ~*** courir comme un dératé *or* un perdu; **to shout like ~*** crier à tue-tête *or* comme un forcené; **to be working like ~*** travailler d'arrache-pied; **this plant grows like ~*** cette plante pousse comme du chiendent; **we had a ~ dash for the bus** nous avons dû foncer* pour attraper le bus; **I'm in a ~ rush** c'est une vraie course contre la montre.
(b) (*: angry*) furieux. **to be ~ at** *or* **with sb** être furieux contre qn; **to get ~ at** *or* **with sb** s'emporter contre qn; **don't get ~ with** *or* **at me!** ne te fâche pas contre moi!; **he makes me ~!** ce qu'il peut m'agacer! *or* m'énerver!; **to drive sb ~** faire enrager qn, mettre qn en fureur; **he was ~ at me for spilling the tea** il était furieux contre moi pour avoir renversé le thé; **he's hopping** *or* **spitting ~** il est fou furieux; (*US*) **~ as a hornet*** furibard*; **he was really ~ about the mistake** l'erreur l'avait vraiment mis hors de lui (*V also* **1c**).
(c) (*: enthusiastic: also* **~ keen**) **~ about** *or* **on** fou (*f* folle) de, entiché de*, mordu de*; **to be ~ about sb** être engoué (*fig*) de qn; (*in love*) être fou *or* toqué* de qn; **I'm ~ about you** je suis follement amoureux de vous; **I'm not ~ about him** (*not in love*) ce n'est pas la passion, on ne peut pas dire que je sois folle de lui; (*not enthusiastic, impressed*) il ne m'emballe pas*; **to be ~ on** *or* **about swimming** être un enragé *or* un mordu* de la natation; **I'm not ~ about it** ça ne m'emballe pas*, ça ne me remplit pas d'enthousiasme.
2 *adv only in* **~ keen** *V* **1c**.
3 *cpd*: **madcap** (*adj*, *n*) écervelé(e) *m(f)*; (*lit, also *fig*) **madhouse** maison *f* de fous; **madman** fou *m*, aliéné *m*; **madwoman** folle *f*, aliénée *f*.
Madagascar [ˌmædə'gæskər] *n* Madagascar *m*. **in ~** à Madagascar.
madam ['mædəm] *n* (a) madame *f*; (*unmarried*) mademoiselle *f*. (*in letters*) **Dear M~** Madame; Mademoiselle; (*frm*) **M~ Chairman** Madame la Présidente. (b) mijaurée *f*, pimbêche *f*. **she's a little ~** c'est une petite pimbêche *or* mijaurée. (c) (*brothelkeeper*) sous-maîtresse *f*, tenancière *f* de maison close.
madden ['mædn] *vt* rendre fou (*f* folle); (*infuriate*) exaspérer. **~ed by pain** fou de douleur, exaspéré par la souffrance.
maddening ['mædnɪŋ] *adj* exaspérant, à rendre fou, rageant*.
maddeningly ['mædnɪŋlɪ] *adv* à un degré exaspérant, à vous rendre fou. **he is ~ well-organized** il est d'une exaspérante d'organisation; **~ slow** d'une lenteur exaspérante.

made [meɪd] **1** *pret*, *ptp of* **make**. **2** *cpd*: (*Brit*) **made-to-measure** fait sur mesure; **made-to-order** fait sur commande; **made-up** *story* inventé, factice; (*pej*) faux (*f* fausse); *face* maquillé; *eyes, nails* fait; **she is too made-up** elle est trop fardée.
Madeira [mə'dɪərə] **1** *n* (*Geog*) (île *f* de) Madère *f*; (*wine*) (vin *m* de) madère *m*. **2** *cpd*: **Madeira cake** (sorte *f* de) quatre-quarts *m*; **Madeira sauce** sauce *f* madère.
Madison ['mædɪsən] **~ Avenue** le monde de la publicité (*aux USA*).
madly ['mædlɪ] *adv* (a) (*lit, also *fig*) *behave* comme un fou; *interest, excite* follement; *love sb* à la folie. **to be ~ in love with sb** être éperdument amoureux de qn; **he's ~ interested in sport, he's ~ keen on sport** il est fou *or* passionné *or* mordu‡ de sport; **I ~ offered to help her** j'ai eu la folie de lui offrir mon aide.
(b) (*: hurriedly*) désespérément, avec acharnement. **I was ~ trying to open it** j'essayais désespérément de l'ouvrir; **we were ~ rushing for the train** c'était la course pour attraper le train.
madness ['mædnɪs] *n* (*Med*) folie *f*, démence *f*, aliénation *f* (mentale); (*in animals*) rage *f*; (*rashness*) folie, démence. **it is sheer ~ to say so** c'est de la pure folie *or* de la démence de le dire; **what ~!** c'est de la pure folie!, il faut être fou!
Madonna [mə'dɒnə] *n* (*Rel*) Madone *f*; (*fig*) madone *f*. **m~ lily** lis *m* blanc.
Madras [mə'drɑ:s] *n* Madras.
Madrid [mə'drɪd] *n* Madrid.
madrigal ['mædrɪgəl] *n* madrigal *m*.
maelstrom ['meɪlstrəʊm] *n* (*lit, fig*) tourbillon *m*, maelstrom *m*.
maestro ['maɪstrəʊ] *n* maestro *m*.
Mae West* [ˌmeɪ'west] *n* gilet *m* de sauvetage (gonflable).
mafia ['mæfɪə] *n* maf(f)ia *f*.
mafioso [ˌmæfɪ'əʊsəʊ] *n* maf(f)ioso *m*.
mag* [mæg] **1** *n* (*abbr of* **magazine** a) revue *f*, périodique *m*, magazine *m*. **2** *adj* (*abbr of* **magnetic**) (*Comput*) **~ tape** bande *f* magnétique.
magazine [ˌmægə'zi:n] *n* (a) (*Press*) revue *f*, magazine *m*, périodique *m*; (*Rad, TV: also* **~ programme**) magazine. (b) (*Mil: store*) magasin *m* (du corps). (c) (*in gun*) (*compartment*) magasin *m*; (*cartridges*) chargeur *m*; (*in slide projector etc*) magasin.
Magellan [mə'gelən] *n* Magellan *m*. **~ Strait** détroit *m* de Magellan.
magenta [mə'dʒentə] **1** *n* magenta *m*. **2** *adj* magenta *inv*.
Maggie ['mægɪ] *n* (*dim of* **Margaret**) Maguy *f*.
Maggiore [ˌmædʒɪ'ɔ:rɪ] *n*: **Lake ~** le lac Majeur.
maggot ['mægət] *n* ver *m*, asticot *m*.
maggoty ['mægətɪ] *adj* fruit véreux.
Maghreb ['mʌgrəb] *n* Maghreb *m*.
Magi ['meɪdʒaɪ] *npl* (rois *mpl*) mages *mpl*.
magic ['mædʒɪk] **1** *n* (*U*) magie *f*, enchantement *m*. **as if by ~, like ~** comme par enchantement *or* magie; **it's ~!*** c'est super* *or* génial*; **the ~ of that moment** la magie de cet instant.
2 *adj* (*lit*) magique, enchanté; (*fig*) surnaturel, merveilleux, prodigieux; *beauty* enchanteur (*f* -teresse). **the M~ Flute** la Flûte enchantée; **~ lantern** lanterne *f* magique; **~ spell** sort *m*, sortilège *m*; **~ square** carré *m* magique; **to say the ~ word** prononcer la formule magique.
magical ['mædʒɪkəl] *adj* magique.
magically ['mædʒɪkəlɪ] *adv* magiquement; (*fig*) comme par enchantement *or* magie.
magician [mə'dʒɪʃən] *n* magicien(ne) *m(f)*; (*Theat etc*) illusionniste *mf*.
magisterial [ˌmædʒɪs'tɪərɪəl] *adj* (*lit*) de magistrat; (*fig*) magistral, formidable.
magistracy ['mædʒɪstrəsɪ] *n* (*U*) magistrature *f*.
magistrate ['mædʒɪstreɪt] *n* magistrat *m*, juge *m*.
magma ['mægmə] *n* magma *m*.
Magna C(h)arta [ˌmægnə'kɑ:tə] *n* (*Brit Hist*) Grande Charte *f*.
magnanimity [ˌmægnə'nɪmɪtɪ] *n* magnanimité *f*.
magnanimous [mæg'nænɪməs] *adj* magnanime.
magnanimously [mæg'nænɪməslɪ] *adv* magnanimement.
magnate ['mægneɪt] *n* magnat *m*, roi *m*. **industrial/financial ~** magnat de l'industrie/de la finance; **oil ~** roi du pétrole.
magnesia [mæg'ni:ʃə] *n* magnésie *f*; *V* **milk**.
magnesium [mæg'ni:zɪəm] *n* magnésium *m*.
magnet ['mægnɪt] *n* (*lit, fig*) aimant *m*.
magnetic [mæg'netɪk] *adj* (*lit, fig*) magnétique. **~ field** champ *m* magnétique; **the ~ north** le nord magnétique; **~ storm** orage *m* magnétique.
magnetically [mæg'netɪkəlɪ] *adv* magnétiquement.
magnetism ['mægnɪtɪzəm] *n* (*lit, fig*) magnétisme *m*.
magnetize ['mægnɪtaɪz] *vt* (*lit*) aimanter, magnétiser; (*fig*) magnétiser.
magneto [mæg'ni:təʊ] *n* magnéto *f*.
magneto... [mæg'ni:təʊ] *pref* magnéto....
Magnificat [mæg'nɪfɪˌkæt] *n* (*Rel*) Magnificat *m inv*.
magnification [ˌmægnɪfɪ'keɪʃən] *n* (*V* **magnify**) grossissement *m*; amplification *f*; exagération *f*; (*Rel*) glorification *f*.
magnificence [mæg'nɪfɪsns] *n* magnificence *f*, splendeur *f*, somptuosité *f*.
magnificent [mæg'nɪfɪsnt] *adj* magnifique, splendide, superbe; (*sumptuous*) somptueux.
magnificently [mæg'nɪfɪsntlɪ] *adv* magnifiquement.
magnify ['mægnɪfaɪ] *vt* (a) *image* grossir; *sound* amplifier; *incident etc* exagérer, grossir. **to ~ sth 4 times** grossir qch 4 fois; **~ing glass** loupe *f*, verre *m* grossissant. (b) (*Rel: praise*) glorifier.
magnitude ['mægnɪtju:d] *n* ampleur *f*; (*Astron*) magnitude *f*; (*fig*) **of the first ~** de première grandeur.

magnolia [mæg'nəʊlɪə] n (also ~ **tree**) magnolia m, magnolier m. (US) **the M~ State** le Mississippi.
magnum ['mægnəm] **1** n magnum m. **2** cpd: (Art, Literat, fig) magnum opus œuvre maîtresse.
magpie ['mægpaɪ] n (Orn) pie f; (petty thief) chapardeur m, -euse f. **to chatter like a ~** jacasser comme une pie, être un vrai moulin à paroles*; (fig: collects everything) **he's a real ~** c'est un vrai chiffonnier, il ne jette rien.
Magyar ['mægjɑ:r] **1** adj magyar. **2** n Magyar(e) m(f).
maharaja(h) [,mɑ:hə'rɑ:dʒə] n mahara(d)jah m.
maharanee, maharani [,mɑ:hə'rɑ:ni:] n maharani f.
maharishi [,mɑ:hɑ:'ri:ʃɪ] n maharishi m.
mahatma [mə'hɑ:tmə] n mahatma m.
mahjong(g) [,mɑ:'dʒɒŋ] n ma(h)-jong m.
mahogany [mə'hɒɡənɪ] **1** n acajou m. **2** cpd (made of ~) en acajou; (~ -coloured) acajou inv.
Mahomet [mə'hɒmɪt] n Mahomet m.
Mahometan [mə'hɒmɪtən] **1** adj musulman, mahométan. **2** n Mahométan(e) m(f).
Mahometanism [mə'hɒmɪtənɪzəm] n mahométisme m.
mahout [mə'haʊt] n cornac m.
maid [meɪd] **1** n (a) (servant) f, domestique f; (in hotel) femme f de chambre; V bar¹, house, lady etc.
(b) (††) (young girl) jeune fille f; (virgin) vierge f. (pej) **old ~** vieille fille; (Hist) **the M~(of Orleans)** la Pucelle (d'Orleans).
2 cpd: **maid-of-all-work** bonne f à tout faire; **maid of honour** demoiselle f d'honneur; **maidservant††** servante f.
maiden ['meɪdn] **1** n (liter) (girl) jeune fille f; (virgin) vierge f.
2 cpd flight, voyage premier (before n), inaugural. **maiden aunt** tante f célibataire, tante vieille fille (pej); **maidenhair (fern)** capillaire m, cheveu m de Vénus; **maidenhead** (Anat) hymen m; (state) virginité f; **maiden lady** demoiselle f; **maiden name** nom m de jeune fille; (Parl) **maiden speech** premier discours (d'un député etc).
maidenhood ['meɪdnhʊd] n virginité f.
maidenly ['meɪdnlɪ] adj de jeune fille, virginal, modeste.
mail¹ [meɪl] **1** n (U) poste f; (letters) courrier m. **by ~** par la poste; **here's your ~** voici votre courrier; V first-class etc.
2 vt (esp US) envoyer or expédier (par la poste), poster.
3 cpd: **mailbag** sac postal; **mailboat** paquebot(-poste) m; (US) **mail bomb** colis m piégé; (US) **mailbox** boîte f aux lettres; (US Rail) **mail car** wagon-poste m; (US) **mail carrier** facteur m, préposé(e) m(f); **mail coach** (Rail) wagon-poste m; (horse-drawn) malle-poste f; **mail(ing) clerk** (employé(e) m(f)) préposé(e) m(f) au courrier; (Comm) **mailing list** liste f d'adresses; (US) **mailman**, pl -men facteur m, préposé m; **mail-order** vente f par correspondance; **we got it by mail-order** nous l'avons acheté par correspondance; **mail-order firm**, **mail-order house** maison f de vente par correspondance; **mail shot** publipostage m; (US) **mail slot** entrée f des lettres; **mail train** train-poste m; (Brit) **mail van** (Aut) voiture f or fourgon m des postes; (Rail) wagon-poste m.
mail² [meɪl] n (U) mailles fpl. **coat of ~** cotte f de mailles; (fig) **the ~ed fist** la manière forte; V chain.
mailing ['meɪlɪŋ] n publipostage m, mailing m.
maim [meɪm] vt estropier, mutiler. **to be ~ed for life** être estropié pour la vie or à vie.
Main [meɪn] n Main m.
main [meɪn] **1** adj (a) feature, idea, objective principal, premier, essentiel; door, entrance, shop principal; pipe, beam maître (f maîtresse). **the ~ body of the army/the crowd** le gros de l'armée/de la foule; **one of his ~ ideas was...** une de ses principales idées or idées maîtresses consistait à...; (Ling) **~ clause** proposition principale; **my ~ idea was to establish ...** mon idée directrice était d'établir ...; **the ~ point of his speech** le point fondamental de son discours; **the ~ point** or **the ~ object** or **the ~ objective of the meeting** l'objet principal or le premier objectif de la réunion; **the ~ thing is to keep quiet** l'essentiel est de se taire; **the ~ thing to remember is ...** ce qu'il ne faut surtout pas oublier c'est ...; V also **3** and eye, issue etc.
(b) **by ~ force** de vive force.
2 n (a) (principal pipe, wire) canalisation or conduite maîtresse. (electricity) ~ conducteur principal; (gas) ~ (in street) conduite principale; (in house) conduite de gaz; ~ (sewer) (égout m) collecteur m; (water) ~ (in street or house) conduite d'eau de la ville; **the water in this tap comes from the ~s** l'eau de ce robinet vient directement de la conduite; (Elec) **the ~s** le secteur; **connected to the ~s** branché sur (le) secteur; **this radio works by battery or from the ~s** ce poste de radio marche sur piles ou sur (le) secteur; **to turn off the electricity/gas/water at the ~(s)** couper le courant/le gaz/l'eau au compteur.
(b) **in the ~** dans l'ensemble, en général, en gros; V might².
(c) (liter: sea) **the ~** l'océan m, le (grand) large; V Spanish.
3 cpd: (Archit) **main beam** maîtresse poutre f; (Aut etc) **main bearing** palier m; (Naut) **mainbrace** bras m (de grand-vergue) (V splice 1); (Gram) **main clause** proposition principale; (Culin) **main course** plat principal; (Naut) **main deck** pont principal; (Brit) **main door (flat)** appartement m avec porte d'entrée particulière sur la rue; **main-frame** (also ~ **computer**) (central computer) unité f centrale, processeur m central; (large computer) gros ordinateur m; **mainland** continent m (opposé à une île); **the mainland of Greece**, **the Greek mainland** la Grèce continentale; (Drugs sl: inject heroin etc) **mainline** (vi) se shooter; (vt) **to mainline heroin** se shooter à l'héroïne; (Rail) **main line** grande ligne, voie principale; **main-line station/train** gare f/train m de grande ligne; (Drugs sl) **mainliner** personne f qui se pique (dans la veine), piquouseur‡ m, -euse‡ f; (Naut) **mainmast** grand mât m; (Comm etc) **main office** bureau principal; [political party, newspaper, agency

etc] siège m (social); **a main road** une grande route, une route à grande circulation; **the main road** la grand-route; **it is one of the main roads into Edinburgh** c'est une des grandes voies d'accès à Édimbourg; (Naut) **mainsail** grand-voile f; (Naut) **main sheet** écoute f de (la) grand-voile; **mainspring** [clock etc] ressort principal; (fig) mobile principal; [radio, tape recorder etc] **mains set** poste-secteur m; **to be on the mains supply** (for electricity/gas/water) être raccordé au réseau (de distribution) d'électricité/de gaz/d'eau; **mains** (Naut) étai m (de grand mât); (fig) soutien m, point m d'appui; **he was the mainstay of the organization** c'était lui le pilier or le pivot de l'organisation; **mainstream** etc V mainstream etc; **main street** grand-rue f, rue principale; **mains water** eau f de la ville.
Maine [meɪn] n Maine m. **in ~** dans le Maine.
mainly ['meɪnlɪ] adv principalement, en grande partie; (especially) surtout.
mainstream ['meɪnstri:m] **1** n [politics etc] courant m dominant. **2** adj dans la ligne du courant dominant. **3** vt (US: Scol) intégrer dans la vie scolaire normale.
mainstreaming ['meɪnstri:mɪŋ] n (US) intégration f (d'enfants retardés ou surdoués) dans la vie scolaire normale.
maintain [mem'teɪn] vt (a) (continue) order, progress maintenir; silence garder; radio silence maintenir; friendship, correspondence entretenir; attitude, advantage conserver, garder; war continuer, soutenir; cause, rights, one's strength soutenir. **he ~ed his opposition to** il continua à s'opposer à; **if the improvement is ~ed** si l'on (or s'il etc) continue à faire des progrès, si l'amélioration se maintient.
(b) (support) army etc entretenir; family, wife, child subvenir aux besoins de, entretenir.
(c) (keep up) road, building, car, machine entretenir.
(d) (assert) opinion, fact soutenir, maintenir. **I ~ that** je soutiens or je maintiens que.
maintenance ['meɪntɪnəns] **1** n (a) (U) [order etc] maintien m; [army, family] entretien m; [road, building, car, machine] entretien, maintenance f (Tech). **car ~** entretien des voitures. (b) (Jur) obligation f or pension f alimentaire, aliments mpl. **he pays £15 per week ~** il verse une pension alimentaire de 15 livres par semaine.
2 cpd: **maintenance allowance** [student] bourse f (d'études); [worker away from home] indemnité f (pour frais) de déplacement; **maintenance costs** frais mpl d'entretien; **maintenance crew** équipe f d'entretien; **maintenance grant** = **maintenance allowance**; (Tech etc) **maintenance man** employé chargé de l'entretien; (Jur) **maintenance order** (décision f en matière d') obligation f alimentaire.
maisonette [,meɪzə'net] n (esp Brit) (appartement m en) duplex m.
maître d'hôtel [,metrə dəʊ'tel] n (US also **maître d'*** ['metrə,di:]) maître m d'hôtel.
maize [meɪz] n (Brit) maïs m. **~ field** champ m de maïs.
Maj. abbr of **Major**. (on envelope) **Maj. J. Smith** Monsieur le Major J. Smith.
majestic [mə'dʒestɪk] adj majestueux, auguste.
majestically [mə'dʒestɪkəlɪ] adv majestueusement.
majesty ['mædʒɪstɪ] n majesté f. **His M~ the King** Sa Majesté le Roi; **Your M~** Votre Majesté; (Brit) **His** or **Her Majesty's Government** le gouvernement britannique; (Brit) **on His** or **Her Majesty's service** au service du gouvernement britannique; (Brit) **His** or **Her Majesty's Stationery Office** ≃ l'Imprimerie nationale; V ship.
major ['meɪdʒər] **1** adj (gen, Jur, Mus, Philos etc) majeur. **of ~ importance** d'une importance majeure or exceptionnelle; **of ~ interest** d'intérêt majeur; (Mus) **~ key** ton majeur; **in the ~ key** en majeur; **for the ~ part** en grande partie; **the ~ portion** la majeure partie; (Med) **~ operation** opération f majeure, grosse opération; **~ repairs** grosses réparations fpl; **~ road** route f principale or à priorité; **it was a ~ success** cela a eu un succès considérable; (Cards) **~ suit** majeure f; (Brit Scol) **Smith M~** Smith aîné.
2 cpd: **major-general** (Brit, US Mil) général m de division; (US Air Force) général m de division aérienne.
3 n (a) (Mil, also US Air Force) commandant m; (cavalry) chef m d'escadron; (infantry) chef de bataillon.
(b) (Jur) majeur(e) m(f).
(c) (Univ) matière principale.
4 vi (US Univ) **to ~ in chemistry** se spécialiser en chimie.
Majorca [mə'jɔ:kə] n Majorque f. **in ~** à Majorque.
Majorcan [mə'jɔ:kən] **1** adj majorquin. **2** n Majorquin(e) m(f).
majordomo [,meɪdʒə'dəʊməʊ] n majordome m.
majorette [,meɪdʒə'ret] n majorette f.
majority [mə'dʒɒrɪtɪ] **1** n (a) (greater part) majorité f. **to be in the ~** être majoritaire or en majorité; **elected by a ~ of 9** élu avec une majorité de 9 voix; **a four-fifths ~** une majorité des quatre cinquièmes; **in the ~ of cases** dans la majorité or la plupart des cas; **the ~ of people think that** la plupart or la majorité des gens pensent que; **the vast ~ of them believe** dans leur immense majorité ils croient; V silent.
(b) (in age) majorité f. **to reach one's ~** atteindre sa majorité.
2 cpd (Pol) government, rule majoritaire. (US Jur) **majority opinion** arrêt m rendu à la majorité des juges; (Jur) **a majority verdict** un verdict majoritaire or rendu à la majorité.
make [meɪk] pret, ptp **made 1** vt (a) (gen: create, produce, form) bed, bread, clothes, coffee, fire, noise, peace, remark, one's will etc faire; building construire; toys, tools faire, fabriquer; pot, model faire, façonner; speech faire, prononcer; mistake faire, commettre; payment faire, effectuer (Comm); (Sport etc) points, score marquer. **God made Man** Dieu a créé l'homme; **made in France** (gen) fabriqué en France; (on label) 'made in France'; **watch made of

gold montre en or; **you were made for me** tu es fait pour moi; (*fig*) **to show what one is made of** donner sa mesure; **this car wasn't made to carry 8 people** cette voiture n'est pas faite pour transporter 8 personnes; **I'm not made for running*** je ne suis pas fait pour la course à pied *or* pour courir; **he's as clever as they ~ 'em*** *or* as **they're made*** il est malin comme pas un*; **to ~ an attempt to do** essayer de faire, faire une tentative *or* un essai pour faire; **to ~ a bow** to sb faire un salut à qn, saluer qn; **to ~ a start on sth** commencer qch, se mettre à qch; *V* **difference, offer, promise** *etc*.

  (b) (*cause to be*) rendre; faire. **to ~ sb sad** rendre qn triste, attrister qn; **to ~ o.s. useful/ill** *etc* se rendre utile/malade *etc*; **to ~ o.s. understood** se faire comprendre; **that smell ~s me hungry** cette odeur me donne faim; **~ yourself comfortable** mettez-vous à l'aise; **~ yourself at home** faites comme chez vous; **to ~ sth ready** préparer qch; **to ~ sth yellow** jaunir qch; **to ~ sb king** faire qn roi; **he made John his assistant** il a pris Jean comme assistant, il a fait de Jean son assistant; **this actor ~s the hero a tragic figure** cet acteur fait du héros un personnage tragique; **he made her his wife** il en a fait sa femme, il l'a épousée; **I'll ~ a tennis player (out) of him yet!*** il n'est pas dit que je n'en ferai pas un joueur de tennis!; **to ~ a friend of sb** se faire un ami de qn; **I ~ it a rule to rise early** je me fais une règle de me lever tôt; **to ~ sth into something else** transformer qch en quelque chose d'autre; **let's ~ it 5 o'clock/£3** si on disait 5 heures/3 livres; **I'm coming tomorrow — ~ it the afternoon** je viendrai demain — oui, mais dans l'après-midi *or* plutôt dans l'après-midi; *V* **best, habit, little²** *etc*.

  (c) (*force, oblige*) faire; (*stronger*) obliger, forcer. **to ~ sb do sth** faire faire qch à qn, obliger *or* forcer qn à faire qch; **I was made to speak** on m'a fait prendre la parole; (*stronger*) on m'a obligé *or* forcé à parler; **what made you believe that ...?** qu'est-ce qui vous a fait croire que ...?; **what ~s you do that?** qu'est-ce qui te fait faire ça?; **I don't know what ~s him do it** je ne sais pas ce qui le pousse à le faire; **you can't ~ me!** tu ne peux pas m'y forcer! *or* obliger!; **to ~ sb laugh** faire rire qn; **the author ~s him die in the last chapter** l'auteur le fait mourir au dernier chapitre; **the children were making believe they were on a boat** les enfants faisaient semblant *or* jouaient à faire semblant d'être sur un bateau; **let's ~ believe we're on a desert island** on serait sur une île déserte (*V also* 4); **to ~ do with sth/sb**, **to ~ sth/sb do** (*be satisfied*) se contenter *or* s'arranger de qch/qn; (*manage*) se débrouiller avec qch/qn, se tirer d'affaire avec qch/qn; **to ~ do as best one can** s'arranger *or* se débrouiller de son mieux; (*fig*) **she had to ~ do and mend for many years** elle a dû se débrouiller pendant des années avec ce qu'elle avait; *V* **shift** *etc*.

  (d) (*earn etc*) *money* [*person*] (se) faire, gagner; [*business deal etc*] rapporter; *profits* faire. **he ~s £50 a week** il se fait 50 livres par semaine; **how much do you ~?** combien gagnez-vous?; **to ~ a fortune** faire fortune; **I ~ a living (by) teaching music** je gagne ma vie en donnant des leçons de musique; **the deal made him £500** cette affaire lui a rapporté 500 livres; **what did you ~ by** *or* **on it?** qu'est-ce que ça t'a rapporté?; **how much do you stand to ~?** combien pensez-vous y gagner?; **he ~s a bit on the side** il se fait des (petits) à-côtés; *V* **profit** *etc*.

  (e) (*equal; constitute; complete*) 2 **and** 2 **~** 4 2 et 2 font *or* égalent 4; **100 centimetres ~ one metre** 100 centimètres font *or* égalent un mètre; **that ~s 20** ça fait 20; (*in shop etc*) **how much does that ~ (altogether)?** combien cela fait-il?, combien ça fait (en tout)?; **to ~ a quorum** atteindre le quorum; **these books ~ a set** ces livres forment une collection; **it made a nice surprise** cela nous a (*or* lui *etc*) a fait une bonne surprise; **partridges ~ good eating** les perdreaux sont très bons à manger; **they ~ good cooking apples** ce sont *or* elles font de bonnes pommes à cuire; **it ~s pleasant reading** c'est d'une lecture agréable, c'est agréable à lire; **this cloth will ~ a dress** ce tissu va me (*or te etc*) faire une robe; **they ~ a handsome pair** ils forment un beau couple; **he made a good husband** il s'est montré bon mari; **she made him a good wife** elle a été une bonne épouse pour lui; **he'll ~ a good footballer** il fera un bon joueur de football; **'man' ~s 'men' in the plural** 'man' fait 'men' au pluriel; **I made one of their group** j'ai fait partie de leur groupe; **will you ~ one of us?** voulez-vous vous joindre à nous? *or* être des nôtres?; (*Cards etc*) **to ~ a fourth** faire le quatrième; **that ~s the third time I've rung him** ça fait la troisième fois *or* trois fois que je lui téléphone.

  (f) (*reach, attain*) *destination* arriver à, se rendre à; (*catch*) *train etc* attraper, avoir. **will we ~ (it to) Paris before lunch?** est-ce que nous arriverons à Paris avant le déjeuner?; (*Naut*) **to ~ port** arriver au port; **do you think he'll ~ (it to) university** croyez-vous qu'il arrivera à entrer à la faculté?; **the novel made the bestseller list** le roman a figuré sur la liste des best-sellers, le roman a réussi à se placer sur la liste des best-sellers; **he made (it into) the first team** il a été sélectionné pour la première équipe, il a réussi à être sélectionné dans la première équipe; **he made the list of ...*** son nom a figuré sur la liste de ...; **to ~ it** (*arrive*) arriver; (*achieve sth*) parvenir à qch; (*succeed*) réussir, y parvenir, y arriver; **eventually we made it** au bout du compte nous y sommes parvenus *or* arrivés; **you'll never ~ it!** vous n'y arriverez jamais! *or* ne réussirez jamais!; **he made it just in time** il est arrivé juste à temps; **can you ~ it by 3 o'clock?** est-ce que tu peux y être pour 3 heures?; **to ~ 100 km/h** faire 100 km/h, faire du cent*; (*Naut*) **to ~ 10 knots** filer 10 nœuds; **we made 100 km in one hour** nous avons fait 100 km en une heure; **we made good time** (*gen*) nous avons bien marché; (*in vehicle*) nous avons fait une bonne moyenne, nous avons bien roulé *or* bien marché*; **he made it* with the in-crowd*** il a réussi à se faire accepter par les gens branchés*; (*have intercourse with*) **to ~ it with a girl*** s'envoyer* *or* se taper* une fille; **they're making it* (together)** ils couchent* (ensemble).

  (g) (*reckon, estimate; consider, believe*) **what time do you ~ it?** quelle heure as-tu?, quelle heure (est-ce que) tu as?; **I ~ the total 70 francs** selon mes calculs cela fait 70 F; **how many do you ~ it?** combien tu en comptes?; **I ~ it 100 km from here to Paris** selon moi *or* d'après moi il y a 100 km d'ici à Paris; **what did you ~ of the film?** comment avez-vous compris ce film?; **what do you ~ of him?** qu'est-ce que tu penses de lui?; **I don't know what to ~ of it all** je ne sais pas quoi penser de tout ça; **I can't ~ anything of this letter**, **I can ~ nothing of this letter** je ne comprends rien à cette lettre.

  (h) (*Cards*) **to ~ the cards** battre les cartes; **to ~ a trick** faire un pli; **he made 10 and lost 3 (tricks)** il en a fait 10 et en a perdu 3; (*Bridge*) **to bid and ~ 3 hearts** demander et faire 3 cœurs, faire 3 cœurs demandés; **he managed to ~ his queen of diamonds** il a réussi à faire sa dame de carreau.

  (i) (*secure success or future of*) **this business has made him** cette affaire a fait sa fortune *or* son succès; **that film made her** ce film l'a consacrée; **he was made for life** son avenir était assuré; **you're made!*** pas de soucis à vous faire pour votre avenir!; **he's got it made‡** il n'a pas à s'en faire, pour lui c'est du tout cuit*; **to ~ or break sb** assurer ou briser la carrière de qn; **his visit made my day!*** sa visite a transformé ma journée!; (*iro*) il ne manquait plus que sa visite pour compléter ma journée!; *V* **mar**.

  2 *vi* (a) **to ~ sure of sth** s'assurer de qch; **to ~ so bold as to suggest** se permettre de suggérer; *V* **free, good, merry** *etc*.

  (b) **he made as if to strike me** il leva la main comme pour me frapper, il fit mine de me frapper; **the child made as if to cry** l'enfant a fait mine de pleurer; **she made (as if) to touch the book** elle a avancé la main vers le livre; **he was making like* he didn't have any money** il prétendait ne pas avoir d'argent, il faisait celui qui n'avait pas d'argent.

  (c) (*go*) aller, se diriger. **they made after him** ils se sont mis à sa poursuite; **he made at me** *or* **for me with a knife** il s'est jeté sur moi avec un couteau; **to ~ for** aller vers, se diriger vers; [*ship etc*] faire route pour (*V also* 2d); **to ~ for home** rentrer, prendre le chemin du retour; *V also* **make off**.

  (d) [*facts, evidence*] **to ~ in sb's favour/against sb** militer en faveur de qn/contre qn; **this will ~ against your chances of success** cela va nuire à vos chances de succès; **to ~ for sth** (*tend to result in*) tendre à qch; (*contribute to*) contribuer à qch; (*conduce to*) être favorable à qch, être à l'avantage de qch.

  (e) [*tide, flood*] monter.

  3 *n* (a) (*Comm*) (*brand*) marque *f*; (*manufacture*) fabrication *f*. **it's a good ~** c'est une bonne marque; **French ~ of car** marque française de voiture; **car of French ~** voiture *f* de construction française; **what ~ of car have you got?** qu'est-ce que vous avez comme (marque de) voiture?; **these are our own ~** ceux-ci sont fabriqués par nous *or* sont faits maison; **its my own ~** je l'ai fait moi-même.

  (b) (*pej*) **he's on the ~*** (*wants success*) c'est le succès qui l'intéresse; (*wants money*) il cherche à se remplir les poches; (*wants sth specific*) il pense à ses intérêts d'abord; (*sexually*) il lui fait du plat‡; (*US*) **it's on the ~*** ça a du succès.

  4 *cpd*: **to play at make-believe** jouer à faire semblant; **the land of make-believe** le pays des chimères; **don't worry it's just make-believe** ne vous en faites pas, c'est pour faire semblant; **his story is pure make-believe** son histoire est de l'invention pure *or* (de la) pure fantaisie; **they were on a make-believe island** ils jouaient à faire semblant d'être sur une île; **the child made a make-believe boat out of the chair** l'enfant faisait comme si la chaise était un bateau; (*US*) **makefast** point *m* d'amarre; **makeshift** (*n*) expédient *m*, moyen *m* de fortune; (*adj*) de fortune; **make-up** *V* **make-up; makeweight** (*lit*) complément *m* de poids; (**fig: person*) bouche-trou *m*.

◆**make away** *vi* = **make off**.

◆**make away with** *vt fus* (*murder*) supprimer. **to make away with o.s.** se supprimer.

◆**make off** *vi* se sauver, filer*, décamper*. **to make off with sth** filer avec qch.

◆**make out 1** *vi* (*) (a) (*get on*) se débrouiller; (*do well*) se tirer bien d'affaire, réussir. **how are you making out?** comment ça va?, comment vous débrouillez-vous?; **we're making out** ça va, on se débrouille; **we're just making out** on fait aller*; **the firm is making out all right** l'affaire marche bien; **he's making out very well in London** il se débrouille très bien à Londres; **I've got enough to make out** j'ai assez pour vivre, je me débrouille.

  (b) (*US*) **to make out‡** se peloter‡; **to make out with sb** peloter‡ qn.

  2 *vt sep* (a) (*draw up, write*) *list, account* faire, dresser; *cheque* faire; *will, document* faire, rédiger, écrire. **to make out a bill** faire une facture; **cheques made out to ...** chèques libellés à l'ordre *or* au nom de...; **whom do I make it out to?** je le fais à l'ordre de qui?, c'est à quel ordre?; **he made out a good case for not doing it** il a présenté de bons arguments pour ne pas le faire.

  (b) (*see, distinguish*) *object, person* discerner, reconnaître, distinguer; (*decipher*) *handwriting* déchiffrer; (*understand*) *ideas, reasons, sb's motives* comprendre, discerner. **I couldn't make out where the road was in the fog** je n'arrivais pas à voir où était la route dans le brouillard; **I can't make it out at all** je n'y comprends rien; **how do you make that out?** qu'est-ce qui vous fait penser cela?; **I can't make out what he wants/why he is here** je n'arrive pas à voir *or* comprendre ce qu'il veut/pourquoi il est ici.

  (c) (*claim*) prétendre (*that* que); (*imply*) faire paraître. **the play makes her out to be naïve** la pièce la fait passer pour naïve; **they made him out to be a fool** ils ont dit que c'était un imbécile; **you make him out to be better than he is** vous le faites paraître mieux qu'il n'est; **he made himself out to be a doctor**, **he made out that**

he was a doctor il se faisait passer pour (un) médecin, il prétendait être médecin; **he's not as stupid as he makes (himself) out** il n'est pas aussi stupide qu'il le prétend; **he isn't as rich as people make out** il n'est pas aussi riche que les gens le prétendent.
◆**make over** *vt sep* (a) (*assign*) *money, land* céder, transférer (*to* à).
 (b) (*remake*) *dress, coat* refaire, reprendre. **she made his jacket over to fit his son** elle a repris sa veste pour (qu'elle aille à) son fils.
◆**make up 1** *vi* (a) (*make friends again*) se réconcilier, se raccommoder*.
 (b) (*apply cosmetics*) se maquiller, se farder; (*Theat*) se maquiller, se grimer.
 2 *vt sep* (a) (*invent*) *story, excuse, explanation* inventer, fabriquer. **you're making it up!** tu l'inventes (de toutes pièces)!
 (b) (*put together*) *packet, parcel* faire; *dress, salad etc* assembler; *medicine, lotion, solution* faire, préparer; *list* faire, dresser. **to make sth up into a bundle** faire un paquet de qch; **to make up a collection of** faire une collection de; (*Typ*) **to make up a book** mettre un livre en pages; (*Pharm*) **to make up a prescription** exécuter *or* préparer une ordonnance; **she made up a bed for him on the sofa** elle lui a fait *or* préparé un lit sur le canapé; **have you made up the beds?** as-tu fait les lits?; **customers' accounts are made up monthly** les relevés de compte des clients sont établis chaque mois; **I've made up an outline of what we ought to do** j'ai établi les grandes lignes de ce que nous devons faire; **they make up clothes as well as sell material** ils vendent du tissu et font aussi la confection; **'customers' own material made up'** 'travail à façon'; *V* **mind** *etc*.
 (c) (*counterbalance; replace*) compenser; *loss, deficit* combler, suppléer à; *sum of money, numbers, quantity, total* compléter. (*money*) **to make up the difference** mettre la différence; **he made it up to £100** il a complété les 100 livres; **to make up lost time** rattraper le temps perdu; (*lit, fig*) **to make up lost ground** regagner le terrain perdu.
 (d) (*compensate for*) **to make sth up to sb, to make it up to sb for sth** compenser qn pour qch.
 (e) (*settle*) *dispute, difference of opinion* mettre fin à. **to make up a quarrel, to make it up** se réconcilier, se raccommoder*; **let's make it up** faisons la paix.
 (f) (*apply cosmetics to*) *person, face* maquiller, farder; (*Theat*) maquiller, grimer. **to make o.s. up, to make up one's face** se maquiller, se farder; (*Theat*) se maquiller, se grimer.
 (g) (*compose, form*) former, composer; (*represent*) représenter. **these parts make up the whole** ces parties forment *or* composent le tout; **the group was made up of 6 teachers** le groupe était fait *or* formé *or* composé de 6 professeurs; **how many people make up the team?** combien y a-t-il de personnes dans l'équipe?; **they make up 6% of ...** ils représentent 6% de ... .
 3 **make-up** *n, cpd V* **make-up.**
 4 **made-up** *adj V* **made 2.**
◆**make up for** *vt fus* compenser. **I'll make up for all you've suffered** je vous compenserai pour ce que vous avez souffert; **to make up for lost time** récupérer *or* rattraper *or* regagner le temps perdu; **he tried to make up for all the trouble he'd caused** il essaya de se faire pardonner les ennuis qu'il avait causés; **she said that nothing would make up for her husband's death** elle dit que rien ne compenserait la mort de son mari; **he has made up for last year's losses** il a rattrapé les pertes de l'année dernière; **he made up for all the mistakes he'd made** il s'est rattrapé pour toutes les erreurs qu'il avait commises.
◆**make up on** *vt fus* (*catch up with: gen, Sport*) rattraper.
◆**make up to*** *vt fus* (*curry favour with*) faire des avances à, essayer de se faire bien voir par; (*flatter*) flatter.
maker ['meɪkə*r*] *n* (a) (*in cpds: manufacturer*) -maker (*gen*) fabricant(e) *m(f)* de ... , *e.g.* tyre/furniture-maker fabricant de pneus/de meubles; **film-maker** cinéaste *mf*; *V also* **watch** *etc*.
 (b) (*in cpds: device*) *e.g.* **coffee-maker** cafetière *f* électrique; **yoghourt-maker** yaourtière *f*.
 (c) (*Rel*) **our M~** le Créateur; (*hum*) **he's gone to meet his M~** il est allé at patres (*hum*).
make-up ['meɪkʌp] **1** *n* (a) (*U: nature etc*) [*object, group etc*] constitution *f*, [*person*] tempérament *m*, caractère *m*.
 (b) (*U: cosmetics*) maquillage *m*, fard *m*. **she wears too much ~** elle se maquille trop, elle est trop fardée.
 (c) (*US* Scol etc) examen *m* de rattrapage.
 2 *cpd*: **make-up artist** (*also* **make-up man**) maquilleur *m*; (*also* **make-up girl**) maquilleuse *f*; **make-up bag**, **make-up case** nécessaire *m* or boîte *f* de maquillage; (*US Scol*) **make-up class** cours *m* de rattrapage; **make-up remover** démaquillant *m*.
making ['meɪkɪŋ] *n* (a) (*U*) (*Comm, gen*) fabrication *f*, [*dress*] façon *f*, confection *f*, [*machines*] fabrication, construction *f*; [*food*] confection. **in the ~** en formation, en gestation; **it's still in the ~** c'est encore en cours de développement *or* en chantier; **it's history in the ~** c'est l'histoire en train de se faire; **it's civil war in the ~** c'est la guerre civile qui se prépare; **all his troubles are of his own ~** tous ses ennuis sont de sa faute; **he wrote a book on the ~ of** the film il a écrit un livre sur la genèse du film; **the ~ of the film took 3 months** le tournage du film a duré 3 mois; **it was the ~ of him** (*gen*) c'est ce qui a formé son caractère; (*made him successful*) son succès est parti de là.
 (b) **~s** éléments essentiels; **we have the ~s of a library** nous avons les éléments nécessaires pour constituer une bibliothèque; **he has the ~s of a footballer** il a l'étoffe d'un joueur de football; **the situation has the ~s of a civil war** cette situation laisse présager une guerre civile.
Malachi ['mælə,kaɪ] *n* Malachie *m*.

malachite ['mælə,kaɪt] *n* malachite *f*.
maladjusted [,mælə'dʒʌstɪd] *adj* (*Psych etc*) inadapté; (*Tech*) mal ajusté, mal réglé.
maladjustment [,mælə'dʒʌstmənt] *n* (*Psych*) inadaptation *f*, déséquilibre *m*; (*Tech*) dérèglement *m*, mauvais ajustement.
maladministration ['mæləd,mɪnɪs'treɪʃən] *n* mauvaise gestion.
maladroit [,mælə'drɔɪt] *adj* maladroit.
maladroitly [,mælə'drɔɪtlɪ] *adv* maladroitement.
maladroitness [,mælə'drɔɪtnɪs] *n* maladresse *f*.
malady ['mælədɪ] *n* maladie *f*, mal *m*.
Malagasy ['mælə'gɑːzɪ] **1** *n* Malgache *mf*. **2** *adj* malgache. **the ~ Republic** la République démocratique de Madagascar.
malapropism ['mæləprɒpɪzəm] *n* impropriété *f* (de langage).
malaria [mə'lɛərɪə] *n* malaria *f*, paludisme *m*.
malarial [mə'lɛərɪəl] *adj fever* paludéen; *mosquito* de la malaria, du paludisme.
Malawi [mə'lɑːwɪ] *n* Malawi *m*.
Malawian [mə'lɑːwɪən] **1** *n* Malawien(ne) *m(f)*. **2** *adj* malawien.
Malay [mə'leɪ] **1** *adj* malais. **the ~ archipelago** l'archipel *m* malais. **2** *n* (a) Malais(e) *m(f)*. (b) (*Ling*) malais *m*.
Malaya [mə'leɪə] *n* Malaisie *f*.
Malayan [mə'leɪən] = **Malay.**
Malaysia [mə'leɪzɪə] *n* Malaisie *f*.
Malaysian [mə'leɪzɪən] **1** *n* Malaisien(ne) *m(f)*. **2** *adj* malaisien.
malcontent ['mælkən,tent] *adj, n* mécontent(e) *m(f)*.
Maldives ['mɔːldaɪvz] *npl* Maldives *fpl*.
male [meɪl] **1** *adj* (*Anat, Bio, Bot, Tech etc*) mâle; (*fig: manly*) mâle, viril (*f* virile). **~ child** enfant mâle; **~ sex** sexe masculin; **~-voice choir** chœur *m* d'hommes, chœur de voix mâles; *V* **chauvinist, menopause, model** *etc*. **2** *n* mâle *m*.
malediction [,mælɪ'dɪkʃən] *n* malédiction *f*.
malefactor ['mælɪfæktə*r*] *n* malfaiteur *m*, -trice *f*.
malevolence [mə'levələns] *n* malveillance *f* (*towards* envers).
malevolent [mə'levələnt] *adj* malveillant.
malevolently [mə'levələntlɪ] *adv* avec malveillance.
malformation [,mælfɔː'meɪʃən] *n* malformation *f*, difformité *f*.
malfunction [,mæl'fʌŋkʃən] **1** *n* mauvais fonctionnement *m*, défaillance *f*. **2** *vi* mal fonctionner.
Mali ['mɑːlɪ] *n* Mali *m*.
Malian ['mɑːlɪən] **1** *n* Malien(ne) *m(f)*. **2** *adj* malien.
malice ['mælɪs] *n* malice *f*, méchanceté *f*; (*stronger*) malveillance *f*. **to bear sb ~** vouloir du mal à qn; (*Jur*) **with ~ aforethought** avec préméditation, avec intention criminelle *or* délictueuse.
malicious [mə'lɪʃəs] *adj* méchant; (*stronger*) malveillant; (*Jur*) délictueux, criminel. (*Jur*) **~ damage** dommage causé avec intention de nuire.
maliciously [mə'lɪʃəslɪ] *adv* avec méchanceté; (*stronger*) avec malveillance; (*Jur*) avec préméditation, avec intention criminelle *or* délictueuse.
malign [mə'laɪn] **1** *adj* pernicieux, nuisible. **2** *vt* calomnier, diffamer. **you ~ me** vous me calomniez.
malignancy [mə'lɪgnənsɪ] *n* malveillance *f*, malfaisance *f*; (*Med*) malignité *f*.
malignant [mə'lɪgnənt] *adj person* malfaisant, malveillant; *look, intention* malveillant; *action, effect* malfaisant; (*Med*) malin (*f* -igne).
malignity [mə'lɪgnɪtɪ] *n* = **malignancy.**
malinger [mə'lɪŋgə*r*] *vi* faire le (*or* la) malade.
malingerer [mə'lɪŋgərə*r*] *n* faux malade *m*, fausse malade *f*; (*Admin, Mil etc*) simulateur *m*, -trice *f*. **he's a ~** il se fait passer pour malade.
mall [mɔːl] *n* (a) (*gen*) allée *f*, mail *m*. (b) (*US*) (*pedestrianised street*) rue *f* piétonnière; (*also* **shopping ~**) centre *m* commercial.
mallard ['mæləd] *n* colvert *m*.
malleability [,mælɪə'bɪlɪtɪ] *n* malléabilité *f*.
malleable ['mælɪəbl] *adj* malléable.
mallet ['mælɪt] *n* (*all senses*) maillet *m*.
malleus ['mælɪəs] *n, pl* **mallei** ['mælɪ,aɪ] marteau *m*.
mallow ['mæləʊ] *n* (*Bot*) mauve *f*; *V* **marsh.**
malnutrition [,mælnjʊ'trɪʃən] *n* sous-alimentation *f*, insuffisance *f* alimentaire.
malodorous [mæl'əʊdərəs] *adj* malodorant.
malpractice [,mæl'præktɪs] *n* (*wrongdoing*) faute professionnelle; (*neglect of duty*) négligence *or* incurie professionnelle.
malt [mɔːlt] **1** *n* malt *m*. **2** *cpd vinegar* de malt. (*US*) **malt liquor** bière *f*; **malted milk** lait malté; **malt extract** extrait *m* de malt; (*Brit*) **malt whisky** whisky *m*) pur malt.
Malta ['mɔːltə] *n* Malte *f*. **in ~** à Malte.
maltase ['mɔːlteɪz] *n* maltase *f*.
Maltese [,mɔːl'tiːz] **1** *adj* maltais. **~ cross** croix *f* de Malte; **~ fever** fièvre *f* de Malte. **2** *n* (a) (*person: pl inv*) Maltais(e) *m(f)*. (b) (*Ling*) maltais *m*.
Malthus ['mælθəs] *n* Malthus *m*.
malthusianism [mæl'θjuːzɪə,nɪzəm] *n* malthusianisme *m*.
maltreat [,mæl'triːt] *vt* maltraiter, malmener.
maltreatment [,mæl'triːtmənt] *n* mauvais traitement.
mam(m)a [mə'mɑː] *n* mère *f*, maman *f*.
mammal ['mæməl] *n* mammifère *m*.
mammalian [mæ'meɪlɪən] *adj* mammifère.
mammary ['mæmərɪ] *adj* mammaire.
mammography [mæ'mɒgrəfɪ] *n* mammographie *f*.
Mammon ['mæmən] *n* le dieu Argent, le Veau d'or (*fig*).
mammoth ['mæməθ] **1** *n* mammouth *m*. **2** *adj* géant, monstre, énorme.
mammy ['mæmɪ] *n* (a) (*) maman *f*. (b) (*US: Negro nurse*) nourrice noire.
man [mæn] *pl* **men 1** *n* (a) (*gen*) homme *m*; (*servant*) domestique

m, valet *m*; (*in factory etc*) ouvrier *m*; (*in office, shop etc*) employé *m*; (*Mil*) homme (de troupe), soldat *m*; (*Naut*) homme (d'équipage), matelot *m*; (*Sport: player*) joueur *m*, équipier *m*; (*husband*) homme, type* *m*. **men and women** les hommes et les femmes; **he's a nice ~** c'est un homme très agréable, il est sympathique; **an old ~** un vieillard; **a blind ~** un aveugle; **that ~ Smith** ce (type*) Smith; (*Police etc* †) **the ~ Jones** le sieur *or* le nommé Jones; **men's room** toilettes *fpl* pour hommes; **the ~ in the moon** le visage que l'on peut imaginer en regardant la lune; **as one ~** comme un seul homme; **they're communists to a ~** *or* **to the last ~** ils sont tous communistes sans exception; **they fought to the last ~** ils se sont battus jusqu'au dernier; **every ~ jack of them** tous autant qu'ils sont, tous sans exception; **he's been with this firm ~ and boy for 30 years** cela fait 30 ans qu'il est entré tout jeune encore dans la maison; (*liter*) **to grow to ~'s estate** atteindre sa maturité; **officers and men** (*Aviat, Mil*) officiers et soldats, officiers et hommes de troupe; (*Naut*) officiers et matelots; **the corporal and his men** le caporal et ses hommes; **the employers and the men** les patrons et les ouvriers; **~ and wife** mari et femme; **to live as ~ and wife** vivre maritalement; **her ~*** son homme, son type*; **my old ~*** (*father*) mon paternel*; (*husband*) mon homme*; **her young ~†** son amoureux†, son futur (*hum*); **it will make a ~ of him** cela en fera un homme; **be a ~!** sois un homme!; **he took it like a ~** il a pris ça vaillamment; **he was ~ enough to apologize** il a eu le courage de s'excuser; **if you're looking for someone to help you, then I'm your ~** si vous cherchez quelqu'un pour vous aider, je suis votre homme; **he's his own ~ again** (*not subordinate to anyone*) il est de nouveau son propre maître; (*in control of his emotions etc*) il est de nouveau maître de lui; *V* **best**.

(b) (*sort, type*) **I'm not a drinking ~** je ne bois pas (beaucoup); **he's not a football ~** ce n'est pas un amateur de football; **I'm a whisky ~ myself** moi, je préfère le whisky; **he's a man's ~** c'est un homme qui est plus à l'aise avec les hommes; **he's a Leeds ~** il est *or* vient de Leeds; **it's got to be a local ~** il faut que ce soit un homme du pays (*or* de la ville *or* du quartier *etc*); **he's not the ~ to fail** il n'est pas homme à échouer; **he's not the ~ for that** il n'est pas fait pour cela; **he's the ~ for the job** c'est l'homme qu'il (nous *or* leur *etc*) faut pour ce travail; **a medical ~** un docteur; **the ~ in the street** l'homme de la rue; **a ~ of God** un homme de Dieu; **a ~ of the world** un homme d'expérience; **a ~ of letters** un homme de lettres; **a ~ about town** un homme du monde; **the ~ of the hour** *or* **the moment** le héros du jour, l'homme qui tient la vedette; *V* **destiny, idea, property** *etc*.

(c) (*in cpds*) *e.g.* **the ice-cream man** le marchand de glaces; **the TV man** l'installateur (*or* le dépanneur) de télé; **the gas ~** l'employé du gaz; *V* **repair** *etc*.

(d) (*U: humanity in general*) **M~** l'homme *m*; (*Prov*) **M~ proposes, God disposes** l'homme propose et Dieu dispose (*Prov*).

(e) (*person*) homme *m*. **all men must die** tous les hommes sont mortels, nous sommes tous mortels; **men say that ... on dit que ...**, certains disent que ...; **any ~ would have done the same** n'importe qui aurait fait de même; **no ~ could blame him** personne ne pouvait le blâmer; **what else could a ~ do?** qu'est-ce qu'on aurait pu faire d'autre?

(f) (*in direct address*) **hurry up, ~!*** dépêchez-vous!; (*to friend etc*) **dépêche-toi mon vieux!*; ~*, was I terrified!** ouais*, j'étais terrifié!; **look here young ~!** dites donc jeune homme!; **(my) little ~!** mon grand!; **old ~** mon vieux*; **my (good) ~** mon brave; **good ~!** bravo!

(g) (*Chess*) pièce *f*; (*Draughts*) pion *m*.

(h) (*US*) **the M~‡** (*white man*) le blanc; (*boss*) le patron; (*police*) les flics* *mpl*.

2 *cpd*: **man-at-arms** (*pl* **men-...**) homme *m* d'armes, cuirassier *m*; (*liter*) **man-child** enfant *m* mâle; (*Comm, Ind etc*) **man-day** jour-homme *m*, jour *m* de main-d'œuvre; **man-eater** (*animal*) mangeur *m* d'hommes; (*person*) cannibale *m*, anthropophage *m*; (*fig, hum: woman*) dévoreuse *f* d'hommes, mante *f* religieuse; **man-eating** *animal* mangeur d'hommes; *tribe etc* anthropophage; **man Friday** (*lit*) Vendredi *m*; (*fig*) fidèle serviteur *m*; **manful** *V* **manful**; **manfully** *V* **manfully**; **manhandle** *V* **manhandle**; *[woman]* **to be a man-hater** avoir les hommes en horreur; **manhole** bouche *f* d'égout, trou *m* (d'homme), regard *m*; **manhole cover** plaque *f* d'égout; **manhood** *V* **manhood**; (*Comm, Ind etc*) **man-hour** heure-homme *f*, heure *f* de travail, heure de main-d'œuvre; **manhunt** chasse *f* à l'homme; (*U*) **mankind** (*the human race*) l'homme *m*, le genre humain; (*the male sex*) les hommes; **manlike** *form, figure* à l'aspect humain; *qualities* humain, d'homme; (*pej*) *woman* hommasse (*pej*); **manliness** *V* **manliness**; **manly** *V* **manly**; **man-made** *fibre, fabric* synthétique; *lake, barrier* artificiel; (*Naut*) **man-of-war, man-o'-war** (*pl* **men-...**) vaisseau *m* *or* navire *m* *or* bâtiment *m* de guerre (*V* **Portuguese**); **manpower** *V* **manpower**; **manservant** valet *m* de chambre; (*fig*) **man-sized** grand, de taille, de grande personne*; (*Jur*) **man-slaughter** homicide *m* (par imprudence); **man-to-man** (*adj, adv*) d'homme à homme; **mantrap** piège *m* à hommes.

3 *vt* **(a)** (*provide staff for*) assurer une permanence à; (*work at*) être de service à. **they haven't enough staff to ~ the office every day** ils n'ont pas assez de personnel pour assurer une permanence au bureau tous les jours; **who will ~ the enquiry desk?** qui sera de service aux renseignements?; **the telephone is ~ned twelve hours per day** il y a une permanence téléphonique douze heures par jour.

(b) (*Mil*) **to ~ a ship** (*gen*) équiper un navire en personnel; **the ship was ~ned mainly by Chinese** l'équipage était composé principalement de Chinois; **the troops who ~ned the look-out posts** les troupes qui étaient de service aux postes d'observation; **the soldiers manning the fortress** les soldats qui étaient en garnison

dans la forteresse; (*Naut*) **to ~ the boats** armer les bateaux; (*Mil*) **to ~ the guns** servir les canons; **to ~ the pumps** armer les pompes.

manacle ['mænəkl] **1** *n*: **~s** menottes *fpl*. **2** *vt* mettre les menottes à. **~d** les menottes aux poignets.

manage ['mænɪdʒ] **1** *vt* **(a)** (*direct*) *business, estate, theatre, restaurant, hotel, shop* gérer; *institution, organization* administrer, diriger, mener; *farm* exploiter; (*pej*) *election etc* truquer. **~d economy** économie dirigée.

(b) (*handle, deal with*) *boat, vehicle* manœuvrer, manier; *tool* manier; *animal, person* se faire écouter de, savoir s'y prendre avec. **you ~d the situation very well** tu as très bien arrangé les choses, tu t'en es très bien tiré.

(c) (*succeed, contrive*) **to ~ to do** réussir *or* arriver *or* parvenir à faire, trouver moyen de faire, s'arranger pour faire; **how did you ~ to do it?** comment t'y es-tu pris *or* t'es-tu arrangé pour le faire?; **how did you ~ not to spill it?** comment as-tu fait pour ne pas le renverser?; **he ~d not to get his feet wet** il a réussi à ne pas se mouiller les pieds; (*iro*) **he ~d to annoy everybody** il a trouvé le moyen de mécontenter tout le monde; **you'll ~ it next time!** tu y arriveras *or* parviendras la prochaine fois!; **will you come? — I can't ~ (it) just now** tu vas venir? — je ne peux pas pour l'instant.

(d) (**~ to do, pay, eat etc**) **how much will you give? — I can ~ 10 francs** combien allez-vous donner? — je peux aller jusqu'à 10 F *or* je peux (y) mettre 10 F; **surely you could ~ another biscuit?** tu mangerais *or* mangeras bien encore un autre biscuit?; **I couldn't ~ another thing!*** je n'en peux plus!; **can you ~ the suitcases?** pouvez-vous porter les valises?; **can you ~ 8 o'clock?** 8 heures, ça vous convient?; **can you ~ 2 more in the car?** peux-tu encore en prendre 2 *or* as-tu de la place pour 2 de plus dans la voiture?

2 *vi* **(a)** (*succeed etc*) **can you ~?** tu y arrives?; **thanks, I can ~** merci, ça va; **I can ~ without him** je peux me passer de lui.

(b) (*financially etc*) se débrouiller. **she ~s on her pension/on £20 a week** elle se débrouille avec seulement sa pension/avec seulement 20 livres par semaine; **how will you ~?** comment allez-vous faire? *or* vous débrouiller?

manageable ['mænɪdʒəbl] *adj* *vehicle, boat* facile à manœuvrer, manœuvrable, maniable; *person, child, animal* docile, maniable; *size, proportions, amount* maniable. **~ hair** cheveux *mpl* faciles à coiffer *or* souples; **the situation is ~** la situation ne présente pas de problèmes insolubles.

management ['mænɪdʒmənt] **1** *n* **(a)** (*U*) [*company, estate, theatre*] gestion *f*; [*institution, organization*] administration *f*; [*farm*] exploitation *f*. **his skilful ~ of his staff** l'habileté avec laquelle il dirige son personnel; (*Comm*) **'under new ~'** 'changement de direction (*or* de propriétaire)'.

(b) (*collective: people*) [*business, firm*] cadres *mpl*, direction *f*, administration *f*; [*hotel, shop, cinema, theatre*] direction. [*factory, company*] **the ~ and the workers** les cadres et les ouvriers; (*Ind*) **~ and labour** *or* **unions** les partenaires *mpl* sociaux; **he's (one of the) ~ now** il fait partie des cadres maintenant; **'the ~ regrets ...'** 'la direction regrette ...'.

2 *cpd*: **management committee** comité *m* de direction; **management company** société *f* de gestion; **management consultancy** cabinet *m* de conseils; **management consultant** conseiller *m* de *or* en gestion (d'entreprise); **management selection procedures** (formalités *fpl* de) sélection *f* des cadres; (*Educ*) **management studies** (études *fpl* de) gestion *f*; **management trainee** cadre *m* stagiaire.

manager ['mænɪdʒər] *n* [*company, business*] directeur *m*, administrateur *m*; [*theatre, cinema*] directeur; [*restaurant, hotel, shop*] gérant *m*; [*farm*] exploitant *m*; [*actor, singer, boxer etc*] manager *m*; (*Fin*) chef *m* de file. (*Brit*) (*school*) **~ ≃** membre *m* du conseil d'établissement; **general ~** directeur général; **to be a good ~** (*gen*) être bien organisé, avoir le sens de l'organisation; (*in family budgeting*) bien gérer le budget familial; *V* **business, sale** *etc*.

manageress [ˌmænɪdʒə'res] *n* [*hotel, café, shop*] gérante *f*; [*theatre, cinema*] directrice *f*.

managerial [ˌmænə'dʒɪərɪəl] *adj* directorial. **the ~ class** la classe des cadres, les cadres *mpl*.

managing ['mænɪdʒɪŋ] **1** *adj* (*Brit*) (*bossy*) autoritaire. **2** *cpd*: **the managing bank** la banque chef de file; (*Brit*) **managing director** directeur *m* général, P.D.G. *m*; **managing editor** directeur *m* de la rédaction.

manatee [ˌmænə'ti:] *n* lamantin *m*.

Manchu [mæn'tʃu:] **1** *n* **(a)** *person* Mandchou(e) *m(f)*. **(b)** *language* mandchou *m*. **2** *adj* mandchou.

Manchuria [mæn'tʃʊərɪə] *n* Mandchourie *f*.

Manchurian [mæn'tʃʊərɪən] **1** *adj* mandchou. **2** *n* Mandchou(e) *m(f)*.

Mancunian [mæŋ'kju:nɪən] **1** *adj* de (la ville de) Manchester. **2** *n* habitant(e) *m(f)* *or* natif *m*, -ive *f* de Manchester.

mandala ['mændələ] *n* mandala *m*.

mandarin ['mændərɪn] *n* **(a)** (*person: lit, fig*) mandarin *m*. **(b)** (*Ling*) **M~** mandarin *m*. **(c)** (*also* **~ orange**) mandarine *f*; (*tree*) mandarinier *m*. **(d)** (*duck*) canard *m* mandarin.

mandate ['mændeɪt] **1** *n* **(a)** (*authority*) mandat *m*; (*country*) pays *m* sous mandat. **under French ~** sous mandat français; (*Parl*) **we have a ~ to do this** nous avons reçu le mandat de faire cela. **2** *vt* (*Jur etc*) (*give authority to*) donner mandat (*sb to do* à qn pour faire); (*make obligatory*) rendre obligatoire; (*entail*) [*act, decision*] entraîner, comporter; *territory* mettre sous le mandat (*to* de).

mandatory ['mændətərɪ] *adj* **(a)** (*obligatory*) [*payment, retirement*] obligatoire. (*Jur*) **~ provisions** dispositions *fpl* impératives; **it is ~ upon him to do so** il a l'obligation formelle de le faire. **(b)** *functions, powers* mandataire. **(c)** (*Pol*) *state* mandataire.

mandible ['mændɪbl] *n* [*bird, insect*] mandibule *f*; [*mammal, fish*] mâchoire *f* (inférieure).

mandolin(e) ['mændəlɪn] *n* mandoline *f*.

mandrake ['mændreɪk] *n* mandragore *f*.

mandrill ['mændrɪl] *n* mandrill *m*.

mane [meɪn] *n* (*lit, fig*) crinière *f*.

maneuver [mə'nu:vər] *etc* (*US*) = **manoeuvre** *etc*.

manful ['mænfʊl] *adj* vaillant.

manfully ['mænfəlɪ] *adv* vaillamment.

manganese [,mæŋgə'ni:z] **1** *n* manganèse *m*. **2** *cpd*: **manganese bronze** bronze *m* au manganèse; **manganese oxide** oxyde *m* de manganèse; **manganese steel** acier *m* au manganèse.

mange [meɪndʒ] *n* gale *f*.

mangel(-wurzel) ['mæŋgl(,wɜ:zl)] *n* betterave fourragère.

manger ['meɪndʒər] *n* (*Agr*) mangeoire *f*; (*Rel*) crèche *f*; V **dog**.

mangle¹ ['mæŋgl] **1** *n* (*for wringing*) essoreuse *f* à rouleaux; (*for smoothing*) calandre *f*. **2** *vt* essorer; calandrer.

mangle² ['mæŋgl] *vt* (*also* ~ **up**) *object, body* déchirer, mutiler; (*fig*) *text* mutiler; *quotation* estropier; *message* estropier, mutiler.

mango ['mæŋgəʊ] *n* (*fruit*) mangue *f*; (*tree*) manguier *m*. ~ **chutney** condiment *m* à la mangue.

mangold(-wurzel) ['mæŋgəld(,wɜ:zl)] *n* = **mangel(-wurzel)**.

mangosteen ['mæŋgə,sti:n] *n* mangoustan *m*.

mangrove ['mæŋgrəʊv] *n* palétuvier *m*, manglier *m*. ~ **swamp** mangrove *f*.

mangy ['meɪndʒɪ] *adj animal* galeux; (***) *room, hat* pelé, miteux; *act* minable, moche*. **what a ~ trick!*** quel sale coup!*

manhandle ['mæn,hændl] *vt* (*treat roughly*) maltraiter, malmener, traiter sans ménagement; (*esp Brit: move by hand*) *goods etc* manutentionner.

Manhattan [mæn'hætən] *n* (*US*) (a) (*place*) Manhattan. (b) (*drink*) manhattan *m* (cocktail *m* de whisky et de vermouth doux).

manhood ['mænhʊd] *n* (a) (*age, state*) âge *m* d'homme, âge viril. **to reach** ~ atteindre l'âge d'homme; **during his early** ~ quand il était jeune homme.
(b) (*manliness*) virilité *f*, caractère viril.
(c) (*collective n*) **Scotland's** ~ tous les hommes d'Écosse.

mania ['meɪnɪə] *n* (*Psych*) manie *f*, penchant *m* morbide; (*) manie, passion *f*. **persecution** ~ manie *or* folie *f* de la persécution; **to have a** ~ **for** (**doing**) **sth*** avoir la manie de (faire) qch.

...mania ['meɪnɪə] *suf* ...manie *f*.

maniac ['meɪnɪæk] **1** *n* (*Psych*) maniaque *mf*; (*) fou *m*, folle *f*; (*Jur*) dément(e) *m(f)*. **these football** ~**s*** ces mordus* *mpl or* toqués* *mpl* du football; **he drives like a** ~***** il conduit comme un fou; **he's a** ~**!*** il est fou à lier!, il est bon à enfermer!
2 *adj* maniaque, fou (*f* folle), dément.

maniacal [mə'naɪəkəl] *adj* (*Psych*) maniaque; (*fig*) fou (*f* folle).

manic ['mænɪk] **1** *adj* (*Psych*) maniaque. **2** *cpd*: **manic depression** psychose *f* maniaco-dépressive, cyclothymie *f*; **manic-depressive** (*adj, n*) maniaque (*mf*) dépressif (*f* -ive), cyclothymique (*mf*).

manich(a)ean [,mænɪ'ki:ən] *adj, n* manichéen(ne) *m(f)*. **the** ~ **heresy** l'hérésie *f* manichéenne.

Manich(a)eism ['mænɪkɪ,ɪzəm] *n* manichéisme *m*.

manicure ['mænɪ,kjʊər] **1** *n* (*act*) soin *m* des mains; (*person*) manucure *f*.
2 *vt person* faire les mains *or* les ongles à; *sb's nails* faire. **to** ~ **one's nails** se faire les ongles.
3 *cpd*: **manicure case** trousse *f* à ongles *or* de manucure; **manicure scissors** ciseaux *mpl* de manucure *or* à ongles; **manicure set** = **manicure case**.

manicurist ['mænɪ,kjʊərɪst] *n* manucure *mf*.

manifest ['mænɪfest] **1** *adj* manifeste, clair, évident. (*US Hist*) **M~ Destiny** destinée *f* manifeste (*inévitable expansion territoriale des États-Unis*). **2** *vt* manifester. **3** *n* (*Aviat, Naut*) manifeste *m*.

manifestation [,mænɪfes'teɪʃən] *n* manifestation *f*.

manifestly ['mænɪfestlɪ] *adv* manifestement.

manifesto [,mænɪ'festəʊ] *n* (*Pol etc*) manifeste *m*.

manifold ['mænɪfəʊld] **1** *adj collection* divers, varié; *duties* multiple, nombreux. ~ **wisdom** sagesse infinie. **2** *n* (*Aut etc*) **inlet/exhaust** ~ collecteur *m or* tubulure *f* d'admission/d'échappement.

manioc ['mænɪɒk] *n* manioc *m*.

manipulate [mə'nɪpjʊleɪt] *vt* (a) *tool etc* manipuler, manœuvrer; *vehicle* manœuvrer; *person* manœuvrer. (b) (*pej*) *facts, figures, accounts* tripoter, trafiquer*. **to** ~ **a situation** faire son jeu des circonstances.

manipulation [mə,nɪpjʊ'leɪʃən] *n* (*U*: V **manipulate**) manipulation *f*; manœuvre *f*; (*pej*) tripotage *m*.

Manitoba [,mænɪ'təʊbə] *n* Manitoba *m*.

manliness ['mænlɪnɪs] *n* virilité *f*, caractère viril.

manly ['mænlɪ] *adj* viril (*f* virile), mâle.

manna ['mænə] *n* manne *f*.

mannequin ['mænɪkɪn] *n* mannequin *m*.

manner ['mænər] *n* (a) (*mode, way*) manière *f*, façon *f*. **the** ~ **in which he did it** la manière *or* façon dont il l'a fait; **in such a** ~ **that** de telle sorte que + *indic* (*actual result*) *or* + *subj* (*intended result*); **in this** ~, (*frm*) **after this** ~ de cette manière *or* façon; **in** *or* **after the** ~ **of Van Gogh** à la manière de Van Gogh; **in the same** ~, (*frm*) **in like** ~ de la même manière; **in a** (*certain*) ~ en quelque sorte; **in such a** ~ **as to force ...** de façon à forcer ...; **in a** ~ **of speaking** pour ainsi dire; **it's a** ~ **of speaking** c'est une façon de parler; ~ **of payment** mode *m* de paiement; (**as**) **to the** ~ **born** comme s'il (*or* elle etc) avait cela dans le sang.
(b) (*behaviour, attitude*) façon *f* de se conduire *or* de se comporter, attitude *f*, comportement *m*. **his** ~ **to his mother** son attitude envers sa mère, sa manière de se conduire *or* avec sa mère; **I don't like his** ~ je n'aime pas son attitude; **there's something odd about his** ~ il y a quelque chose de bizarre dans son comportement.

(c) (*social behaviour*) ~**s** manières *fpl*; **good** ~**s** bonnes manières, savoir-vivre *m*; **bad** ~**s** mauvaises manières; **it's good/bad** ~**s (to do)** cela se fait/ne se fait pas (de faire); **he has no** ~**s**, **his** ~**s are terrible** il ne sait pas se conduire, il a de très mauvaises manières, il n'a aucun savoir-vivre; (*to child*) **aren't you forgetting your** ~**s?** est-ce que c'est comme ça qu'on se tient?; **road** ~**s** politesse routière *or* au volant.
(d) (*social customs*) ~**s** mœurs *fpl*, usages *mpl*; **novel of** ~**s** roman *m* de mœurs; V **comedy**.
(e) (*class, sort, type*) sorte *f*, genre *m*. **all** ~ **of birds** toutes sortes d'oiseaux; **no** ~ **of doubt** aucun doute; V **mean²**.

mannered ['mænəd] *adj person, style, book etc* maniéré, affecté.

-mannered ['mænəd] *adj ending in cpds*: **well-mannered** bien élevé; **rough-mannered** brusque, aux manières rudes; V **bad** *etc*.

mannerism ['mænərɪzəm] *n* (a) (*habit, trick of speech etc*) trait particulier; (*pej*) tic *m*, manie *f*. (b) (*U: Art, Literat etc*) maniérisme *m*.

mannerist ['mænərɪst] *adj, n* maniériste (*mf*).

mannerliness ['mænəlɪnɪs] *n* politesse *f*, courtoisie *f*, savoir-vivre *m*.

mannerly ['mænəlɪ] *adj* poli, bien élevé, courtois.

man(n)ikin ['mænɪkɪn] *n* (a) (*dwarf etc*) homoncule *m*, nabot *m*. (b) (*Art, Dressmaking*) mannequin *m* (*objet*).

mannish ['mænɪʃ] *adj woman* masculin, hommasse (*pej*); *style, clothes* masculin.

manœuvrability, (*US*) **maneuverability**, [mə,nu:vrə'bɪlɪtɪ] *n* manœuvrabilité *f*, maniabilité *f*.

manœuvrable (*US*) **maneuverable** [mə'nu:vrəbl] *adj* manœuvrable, maniable, facile à manœuvrer.

manœuvre, (*US*) **maneuver** [mə'nu:vər] **1** *n* (*all senses*) manœuvre *f*. (*Mil etc*) **to be on** ~**s** faire des *or* être en manœuvres.
2 *vt* (*all senses*) manœuvrer. **they** ~**d the gun into position** ils ont manœuvré le canon pour le mettre en position; **they** ~**d the enemy away from the city** leur manœuvre a réussi à éloigner l'ennemi de la ville; **he** ~**d the car through the gate** il a pu à force de manœuvres faire passer la voiture par le portail; **to** ~ **sth out/in/through** *etc* faire sortir/entrer/traverser *etc* qch en manœuvrant; **to** ~ **sb into doing sth** manœuvrer qn pour qu'il fasse qch; **can you** ~ **him into another job?** pouvez-vous user de votre influence pour lui faire changer son emploi?
3 *vi* (*all senses*) manœuvrer.

manor ['mænər] *n* (a) (*also* ~ **house**) manoir *m*, gentilhommière *f*. (b) (*Hist: estate*) domaine seigneurial; V **lord**. (c) (*Brit: Police etc sl*) fief *m*.

manorial [mə'nɔ:rɪəl] *adj* seigneurial.

manpower ['mæn,paʊər] **1** *n* (*U*) (a) (*men available*) (*gen, Ind*) main-d'œuvre *f*; (*Mil etc*) effectifs *mpl*. (b) (*physical exertion*) force *f* physique. **he did it by sheer** ~ il l'a fait uniquement par la force. **2** *cpd*: (*Brit*) **Manpower Services Commission** agence nationale pour l'emploi.

manse [mæns] *n* presbytère *m* (*d'un pasteur presbytérien*).

mansion ['mænʃən] *n* (*in town*) hôtel particulier; (*in country*) château *m*, manoir *m*. **the M~ House** la résidence officielle du Lord Mayor de Londres.

mansuetude ['mænswɪtju:d] *n* mansuétude *f*, douceur *f*.

mantel ['mæntl] *n* (*also* ~**piece**, ~**shelf**) (dessus *m or* tablette *f* de) cheminée *f*. (b) (*structure round fireplace*) manteau *m*, chambranle *m* (de cheminée).

mantilla [mæn'tɪlə] *n* mantille *f*.

mantis ['mæntɪs] *n* mante *f*; V **praying**.

mantle ['mæntl] **1** *n* (a) (†: *cloak*) cape *f*; [*lady*] mante *f*. (*liter*) ~ **of snow** manteau *m* de neige. (b) [*gas lamp*] manchon *m*; V **gas**. (c) (*Geol: of earth*) manteau *m*. **2** *vt* (*liter*) (re)couvrir.

manual ['mænjʊəl] **1** *adj labour, skill, controls* manuel. ~ **worker** travailleur manuel. **2** *n* (a) (*book*) manuel *m*. (b) [*organ*] clavier *m*.

manually ['mænjʊəlɪ] *adv* à la main, manuellement.

manufacture [,mænjʊ'fæktʃər] **1** *n* (a) (*U*) fabrication *f*; [*clothes*] confection *f*.
(b) ~**s** produits manufacturés.
2 *vt* fabriquer; *clothes* confectionner; (*fig*) *story, excuse* fabriquer. ~**d goods** produits manufacturés.

manufacturer [,mænjʊ'fæktʃərər] *n* fabricant *m*.

manufacturing [,mænjʊ'fæktʃərɪŋ] **1** *n* fabrication *f*.
2 *adj town etc* industriel; *industry* de fabrication manufacturière.

manure [mə'njʊər] **1** *n* (*U*) (*farmyard* ~) fumier *m*; (*artificial* ~) engrais *m*. **liquid** ~ (*organic*) purin *m*, lisier *m*; (*artificial*) engrais *m* liquide; V **horse**. **2** *cpd*: **manure heap** (tas *m* de) fumier *m*. **3** *vt* fumer, répandre des engrais sur.

manuscript ['mænjʊskrɪpt] **1** *n* manuscrit *m*. **in** ~ (*not yet printed*) sous forme de manuscrit; (*handwritten*) écrit à la main. **2** *adj* manuscrit, écrit à la main.

Manx [mæŋks] **1** *adj* de l'île de Man. ~ **cat** chat *m* de l'île de Man; ~**man** natif *m or* habitant *m* de l'île de Man. **2** *n* (a) **the** ~ les habitants *mpl or* les natifs *mpl* de l'île de Man. (b) (*Ling*) mannois *m*.

many ['menɪ] **1** *adj, pron* (*comp* **more**, *superl* **most**) (a) beaucoup (de), un grand nombre (de). ~ **books** beaucoup de livres, un grand nombre de livres, de nombreux livres; **very** ~ **books** un très grand nombre de livres, de très nombreux livres; ~ **of those books** un grand nombre de ces livres; ~ **of them** un grand nombre d'entre eux, beaucoup d'entre eux; **a good** ~ **of those books** (un) bon nombre de ces livres; ~ **people** beaucoup de gens *or* de monde, bien des gens; ~ **came** beaucoup sont venus; ~ **believe that to be true** bien des gens croient que c'est vrai; **the** ~ (*the masses*) la multitude, la foule; **the** ~ **who admire him** le grand nombre de gens qui l'admirent; ~ **times** bien des fois; ~ **a time**, ~**'s the time*** maintes fois, souvent; **before** ~ **days** avant qu'il soit longtemps, avant peu de jours; **I've lived here for** ~ **years** j'habite ici depuis des années *or* depuis (bien) longtemps; **he lived there for** ~ **years** il vécut là de nombreuses années *or* de longues années; **people of** ~ **kinds** des gens de toutes sortes; **a good** *or* **great** ~ **things** pas mal de choses*; **in** ~ **cases** dans bien des cas, dans de nombreux cas; ~ **a man would be grateful** il y en a plus d'un qui serait reconnaissant; **a woman of** ~ **moods** une femme d'humeur changeante; **a man of** ~ **parts** un homme qui a des talents très divers; ~ **happy returns (of the day)!** bon *or* joyeux anniversaire!

(b) *(in phrases)* **I have as** ~ **books as you** j'ai autant de livres que vous; **I have as** ~ **as you** j'en ai autant que vous; **as** ~ **as wish to come** tous ceux qui désirent venir; **as** ~ **as 100 people are expected** on attend jusqu'à 100 personnes; **there were as** ~ **again outside the hall** il y en avait encore autant dehors que dans la salle; **how** ~? combien?; **how** ~ **people?** combien de gens?; **how** ~ **there are!** qu'ils sont nombreux!; **however** ~ **books you have** quel que soit le nombre de livres que vous ayez; **however** ~ **there may be** quel que soit leur nombre; **so** ~ **have said it** il y en a tant qui l'ont dit; **I've got so** ~ **already (that ...)** j'en ai déjà tant (que ...); **there were so** ~ **(that ...)** il y en avait tant (que ...); **so** ~ **dresses** tant de robes; **ever so** ~ **times** je ne sais combien de fois; **they ran away like so** ~ **sheep** ils se sont sauvés comme un troupeau de moutons; **he did not say that in so** ~ **words** il n'a pas dit cela explicitement; **there were too** ~ il y en avait trop; **too** ~ **cakes** trop de gâteaux; **3 too** ~ **3** de trop; **20 would not be too** ~ il n'y en aurait pas trop de 20; *(fig)* **he's had one too** ~* il a bu un coup de trop; **I've got too** ~ **already** j'en ai déjà trop; **there are too** ~ **of you** vous êtes trop nombreux; **too** ~ **of these books** trop de ces livres; **I've told too** ~ **of the children** j'ai mis trop d'enfants au courant; **too** ~ **of us know that** ... nous sommes trop (nombreux) à savoir que ... .

2 *cpd*: **many-coloured**, *(liter)* **many-hued** multicolore; **many-sided** *object* qui a de nombreux côtés; *(fig)* *person* aux intérêts (*or* talents) variés *or* multiples; *problem* complexe, qui a de nombreuses facettes.

Mao (Tse Tung) ['maʊ (tseɪ 'tʊŋ)] *n* Mao (Tsé-Tung) *m*.

Maoism ['maʊɪzəm] *n* maoïsme *m*.

Maoist ['maʊɪst] *adj*, *n* maoïste *(mf)*.

Maori ['maʊrɪ] **1** *adj* maori. **2** *n* **(a)** Maori(e) *m(f)*. **(b)** *(Ling)* maori *m*.

map [mæp] **1** *n* (*gen*) carte *f*; *[town, bus, tube, subway]* plan *m*. **geological/historical/linguistic** ~ carte géologique/historique/linguistique; ~ **of France** carte de la France; ~ **of Paris/the Underground** plan *m* de Paris/du métro; *(fig)* **this will put Tooting on the** ~ cela fera connaître Tooting, cela mettra Tooting en vedette; *(fig)* **the whole town was wiped off the** ~ la ville entière fut rayée de la carte; *(fig)* **off the** ~* *(distant)* à l'autre bout du monde; *(unimportant)* perdu; V **relief**.

2 *cpd*: **mapmaker** cartographe *mf*; **mapmaking** cartographie *f*; **mapping pen** plume *f* de dessinateur *or* à dessin.

3 *vt country, district etc* faire *or* dresser la carte (*or* le plan) de; *route* tracer.

◆**map out** *vt sep route, plans* tracer; *book, essay* établir les grandes lignes de; *one's time, career, day* organiser; *(strategy, plan)* élaborer. **he hasn't yet mapped out what he will do** il n'a pas encore de plan précis de ce qu'il va faire.

maple ['meɪpl] **1** *n* érable *m*. **2** *cpd*: **maple leaf/sugar/syrup** feuille *f*/sucre *m*/sirop *m* d'érable.

Mar. *abbr of* **March**.

mar [mɑːr] *vt* gâter, gâcher. **to make** *or* ~ **sth** assurer le succès ou l'échec de qch.

maraschino [ˌmærəsˈkiːnəʊ] *n* marasquin *m*. ~ **cherries** cerises *fpl* au marasquin.

marathon ['mærəθən] **1** *n* **(a)** *(Sport, fig)* marathon *m*. **(b)** **M**~ Marathon *m*. **2** *adj* **(a)** *(Sport)* **runner** de marathon. **(b)** *(fig: very long)* **meeting, discussion** marathon *inv*. **a** ~ **session** une séance-marathon.

maraud [məˈrɔːd] *vi* marauder, être en maraude. **to go** ~**ing** aller à la maraude.

marauder [məˈrɔːdər] *n* maraudeur *m*, -euse *f*.

marauding [məˈrɔːdɪŋ] **1** *adj* maraudeur, en maraude. **2** *n* maraude *f*.

marble ['mɑːbl] **1** *n* **(a)** marbre *m*. **the Elgin** ~**s** partie de la frise du Parthénon conservée au British Museum.

(b) *(toy)* bille *f*. **to play** ~**s** jouer aux billes; *(fig)* **to lose one's** ~**s**‡ perdre la boule*.

2 *cpd staircase, statue* de *or* en marbre; *industry* marbrier. **marble cake** gâteau *m* marbré; **marble quarry** marbrière *f*.

3 *vt* marbrer.

March [mɑːtʃ] *n* mars *m*; V **mad**; *for other phrases* V **September**.

march¹ [mɑːtʃ] **1** *n* **(a)** *(Mil etc)* marche *f*. **on the** ~ en marche; **quick/slow** ~ marche rapide/lente; **a day's** ~ une journée de marche; **a 10-km** ~, **a** ~ **of 10 km** une marche de 10 km; **the** ~ **on Rome** la marche sur Rome; *(fig)* ~ **of time/progress** la marche du temps/progrès; V **forced, route, steal** *etc*.

(b) *(demonstration)* défilé *m*, manifestation *f* (*against* contre, *for* pour).

(c) *(Mus)* marche *f*; V **dead**.

2 *cpd*: *(Mil etc)* **march-past** défilé *m*.

3 *vi* **(a)** *(Mil etc)* marcher au pas. **to** ~ **into battle** marcher au combat; **the army** ~**ed in/out/through** *etc* l'armée entra/sortit/traversa *etc* (au pas); **to** ~ **past** défiler; **to** ~ **past sb** défiler devant qn; ~**! marche!**; V **forward, quick** *etc*.

(b) *(gen)* **to** ~ **in/out/up** *etc* entrer/sortir/monter *etc* (*briskly*) d'un pas énergique *or* (*angrily*) d'un air furieux; **he** ~**ed up to me**

il s'est approché de moi d'un air décidé; **to** ~ **up and down the room** faire les cent pas dans la pièce, arpenter la pièce.

(c) *(demonstrate)* manifester (*against* contre, *for* pour).

4 *vt* **(a)** *(Mil)* faire marcher (au pas). **to** ~ **troops in/out** *etc* faire entrer/faire sortir *etc* des troupes (au pas).

(b) *(fig)* **to** ~ **sb in/out/away** faire entrer/faire sortir/emmener qn tambour battant; **to** ~ **sb off to prison** embarquer qn en prison*.

march² [mɑːtʃ] *n* (*gen pl*) ~**es** *(border)* frontière *f*; *(borderlands)* marche *f*.

marcher ['mɑːtʃər] *n* (*in demo etc*) manifestant(e) *m(f)*.

marching ['mɑːtʃɪŋ] **1** *n* marche *f*. **2** *cpd*: *(US)* **marching band** orchestre *m* d'école (avec majorettes); *(Mil)* **marching orders** feuille *f* de route; *(fig)* **to give sb his marching orders*** flanquer* qn à la porte, envoyer promener qn; *(fig)* **to get one's marching orders** se faire mettre à la porte; **marching song** chanson *f* de route.

marchioness ['mɑːʃənɪs] *n* marquise *f* (*personne*).

Marco Polo ['mɑːkəʊ'pəʊləʊ] *n* Marco Polo *m*.

Marcus Aurelius ['mɑːkəs ɔːˈriːlɪəs] *n* Marc Aurèle *m*.

Mardi Gras ['mɑːdɪ 'grɑː] *n* (*US*) mardi gras *m inv*, carnaval *m*.

mare [mɛər] *n* jument *f*. *(fig)* **his discovery turned out to be a** ~**'s nest** sa découverte s'est révélée très décevante.

marg* [mɑːdʒ] *n Brit abbr of* **margarine**) margarine *f*.

Margaret ['mɑːgərɪt] *n* Marguerite *f*.

margarine [ˌmɑːdʒəˈriːn] *n* margarine *f*. **whipped** *or* **soft** ~ **margarine** ultra-légère.

marge* [mɑːdʒ] *n Brit abbr of* **margarine**.

margin ['mɑːdʒɪn] *n* *[book, page]* marge *f*; *[river, lake]* bord *m*; *[wood]* lisière *f*; *(fig: Comm, Econ, gen)* marge. **notes in the** ~ notes en marge *or* marginales; **do not write in the** ~ n'écrivez pas dans la marge; *(Typ)* **wide/narrow** ~ grande/petite marge; *(fig)* **to win by a wide/narrow** ~ gagner de loin/de peu; **elected by a narrow** ~ élu de justesse *or* avec peu de voix de majorité; **to allow a** ~ **for** laisser une marge pour; **to allow for a** ~ **of error** prévoir une marge d'erreur; ~ **of profit** marge (bénéficiaire); ~ **of safety** marge de sécurité.

marginal ['mɑːdʒɪnl] **1** *adj comments, benefit, profit, business* marginal; *ability* moyen; *importance* secondaire; *existence* précaire; *land* de faible rendement. **a** ~ **case** un cas limite; *(Parl)* ~ **seat** siège disputé. **2** *n* *(Parl)* siège disputé.

marginalize ['mɑːdʒɪnəlaɪz] *vt* marginaliser.

marginally ['mɑːdʒɪnəlɪ] *adv* très légèrement, de très peu.

marguerita [ˌmɑːgəˈriːtə] *n* (*US*) cocktail *m* (à base de *téquila*).

marguerite [ˌmɑːgəˈriːt] *n* marguerite *f*.

Maria [məˈraɪə] *n* Marie *f*; V **black**.

marigold ['mærɪgəʊld] *n* (*Bot*) souci *m*.

marihuana, marijuana [ˌmærɪˈhwɑːnə] *n* marihuana *f or* marijuana *f*.

marina [məˈriːnə] *n* marina *f*.

marinade [ˌmærɪˈneɪd] **1** *n* marinade *f*. **2** *vt* mariner.

marinate ['mærɪneɪt] *vt* mariner.

marine [məˈriːn] **1** *adj* (*in the sea*) *plant, animal* marin; (*from the sea*) *products* de mer; (*by the sea*) *vegetation, forces, stores* maritime. ~ **engineer** ingénieur *m* du génie maritime; ~ **engineering** génie *m* maritime; ~ **insurance** assurance *f* maritime; ~ **life** vie marine; ~ **science** sciences *fpl* marines *or* de la mer.

2 *n* **(a)** *(Naut)* mercantile ~, **merchant** ~ marine marchande.

(b) *(Mil)* fusilier marin. **M**~**s** *(Brit)* fusiliers marins; *(US)* marines *mpl* (américains); *(fig)* **tell that to the** ~**s!** à d'autres!

mariner ['mærɪnər] *n* (*liter*) marin *m*. ~**'s compass** boussole *f*, compas *m*; V **master**.

Mariolatry [ˌmɛərɪˈɒlətrɪ] *n* (*Rel*) vénération excessive de la Vierge.

Mariology [ˌmɛərɪˈɒlədʒɪ] *n* mariologie *f*.

marionette [ˌmærɪəˈnet] *n* marionnette *f*.

marital ['mærɪtl] *adj* *problems* matrimonial; *happiness* conjugal. *(Jur)* ~ **relations** rapports conjugaux; *(Admin)* ~ **status** situation *f* de famille. **(b)** *(concerning husband)* marital.

maritime ['mærɪtaɪm] *adj* maritime. ~ **law** droit *m* maritime; *(Can)* **the M**~ **provinces** les provinces *fpl* maritimes, l'Acadie *f*.

marjoram ['mɑːdʒərəm] *n* marjolaine *f*.

Mark¹ [mɑːk] *n* Marc *m*. **M**~ **Antony** Marc-Antoine *m*.

mark¹ [mɑːk] *n* (*currency*) mark *m*; (†‡: *weight*) marc *m*.

mark² [mɑːk] **1** *n* **(a)** (*written symbol on paper, cloth etc*) marque *f*, signe *m*; (*as signature*) marque, signe, croix *f*; (*on animal, body etc*) tache *f*, marque; (*print etc*) empreinte *f*; (*Comm: label*) marque, étiquette *f*; (*stain*) marque, tache, trace *f*. **I have made a** ~ **on the pages I want to keep** j'ai marqué les pages que je veux garder; (*as signature*) **to make one's** ~ faire une marque *or* une croix; (*fig*) **to make one's** ~ **as a poet** se faire un nom en tant que poète, s'imposer comme poète; (*fig*) **he has certainly made his** ~ il s'est certainement imposé; **the** ~**s of his shoes in the soil** l'empreinte *f* de ses souliers dans la terre; **without a** ~ **on his body** sans trace de coups *or* de blessures sur le corps; **the** ~**s on this farmer's cattle** la marque (au fer rouge) sur le bétail de ce fermier; (*fig*) **to leave one's** ~ **on sth** laisser son empreinte sur qch; (*fig*) **it is the** ~ **of a good teacher** c'est le signe d'un bon professeur; **the** ~**s of violence were visible everywhere** les marques *or* traces de violence étaient visibles partout; **it bears the** ~(**s**) **of genius** cela porte la marque *or* l'empreinte du génie; **as a** ~ **of my gratitude** en témoignage de ma gratitude; **as a** ~ **of respect** en signe de respect; **as a** ~ **of our disapproval** pour marquer notre désapprobation; **printer's** ~ marque de l'imprimeur; **punctuation** ~ signe de ponctuation; **that will leave a** ~ cela laissera une marque; **this** ~ **won't come out** cette marque *or* tache ne partira pas; **finger** ~ marque *or* trace de doigt; (*Econ*) **the number of those out of work**

has fallen below the 2 million ~ le chiffre des chômeurs est descendu en dessous de la barre des 2 millions; V **foot, hall, trade** etc.

(b) (Scol) note f; point m. **good/bad** ~ bonne/mauvaise note; **the** ~ **is out of 20** c'est une note sur 20; **you need 50** ~**s to pass** il faut avoir 50 points pour être reçu; **to fail by 2** ~**s** échouer à 2 points; **she got a good** ~ or **good** ~**s in French** elle a eu une bonne note en français; (Brit Scol) ~**s for effort/conduct** etc note d'application/de conduite etc; (fig) **you get no** ~**s at all as a cook** tu mérites (un) zéro comme cuisinière; (fig) **(I give him) full** ~**s for trying!** il faut le féliciter d'avoir essayé!; (fig iro) **there are no** ~**s for guessing his name** il n'y a pas besoin d'être un génie pour savoir de qui je parle.

(c) (Sport etc: target) but m, cible f. **to hit the** ~ (lit) atteindre or toucher le but; (fig) mettre le doigt dessus*; (lit) **to miss the** ~ manquer le but; (fig) **to miss the** ~, **to be wide of the** ~ or **off the** ~ or **far from the** ~ être loin de la vérité; **it's right on the** ~ c'est absolument exact; (fig) **that's beside the** ~ c'est à côté de la question; [forecast, estimate] **it's way off the** ~ c'est complètement à côté de la plaque*; (pej) **he's an easy** ~ il se fait avoir* facilement.

(d) (Sport) ligne f de départ; (Rugby) arrêt m de volée. **on your** ~**s! get set! go!** à vos marques! prêts! partez!; (lit, fig) **to get off the** ~ démarrer; (fig) **to be quick off the** ~ (quick on the uptake) avoir l'esprit vif; (quick reactions) avoir des réactions rapides; (fig) **to be quick off the** ~ **in doing sth** ne pas perdre de temps pour faire qch; (fig) **I don't feel up to the** ~ je ne suis pas dans mon assiette, je ne suis pas en forme; **he is not up to the** ~ **for this job** il n'est pas à la hauteur de ce travail; **this work is hardly up to the** ~ cet ouvrage laisse beaucoup à désirer; **to come up to the** ~ répondre à l'attente; V **overstep**.

(e) (Mil, Tech: model, type) **M**~ série f; **Concorde M**~ **I** Concorde première série.

2 cpd: (Comput) **mark reader** or **scanner** lecteur m de marques; **mark reading** or **scanning** lecture f de marques; **marksman** V **marksman**; (Comm) **mark-up** (increase) hausse f, majoration f de prix; **mark-up on a bill** majoration sur une facture; **there's a 50% mark-up on this product** ils font un bénéfice de 50% sur ce produit.

3 vt **(a)** (make a ~ on) marquer, mettre une marque à or sur; paragraph, item, linen, suitcase marquer; (stain) tacher, marquer. **to** ~ **the cards** maquiller or marquer les cartes; **I hope** ~ **a shirt with one's name** marquer son nom sur une chemise; **I hope your dress isn't** ~**ed** j'espère que ta robe n'est pas tachée; **the accident** ~**ed him for life** l'accident l'a marqué pour la vie; **suffering had** ~**ed him** la douleur l'avait marqué; **a bird** ~**ed with red** un oiseau tacheté de rouge.

(b) (indicate) marquer; price etc marquer, indiquer; (St Ex) coter; (Sport) score marquer. **X** ~**s the spot** l'endroit est marqué d'une croix; **this flag** ~**s the frontier** ce drapeau marque la frontière; **it** ~**s a change of policy** cela indique un changement de politique; **in order to** ~ **the occasion** pour marquer l'occasion; **this** ~**s him as a future manager** ceci fait présager pour lui une carrière de cadre; **his reign was** ~**ed by civil wars** son règne fut marqué par des guerres civiles; **to** ~ **time** (Mil) marquer le pas; (fig: wait) faire du sur place, piétiner; (by choice, before doing sth) attendre son heure; V **also marked**.

(c) (Scol etc) essay, exam corriger, noter; candidate noter, donner une note à. **to** ~ **sth right/wrong** marquer qch juste/faux.

(d) (note, pay attention to) noter, faire attention à; (Sport) opposing player marquer. ~ **my words!** écoutez-moi bien!, notez bien ce que je vous dis!; ~ **you, he may have been right** remarquez qu'il avait peut-être raison; ~ **him well†** observez-le bien.

4 vi: **this material** ~**s easily/will not** ~ tout marque or se voit/ rien ne se voit sur ce tissu.

♦**mark down** vt sep **(a)** (write down) inscrire, noter.

(b) (reduce) price baisser; goods démarquer, baisser le prix de; (Scol) exercise, pupil baisser la note de. **all these items have been marked down for the sales** tous ces articles ont été démarqués pour les soldes; (St Ex) **to be marked down** s'inscrire en baisse, reculer.

(c) (single out) person désigner, prévoir (for pour).

♦**mark off** vt sep **(a)** (separate) séparer, distinguer (from de).

(b) (Surv etc) (divide by boundary) délimiter; distance mesurer; road, boundary tracer.

(c) items on list etc cocher. **he marked the names off as the people went in** il cochait les noms (sur la liste) à mesure que les gens entraient.

♦**mark out** vt sep **(a)** (mark) zone, etc délimiter, tracer les limites de; (with stakes etc) jalonner; field borner. **to mark out a tennis court** tracer les lignes d'un (court de) tennis; **the road is marked out with flags** la route est balisée de drapeaux.

(b) (single out) désigner, distinguer. **to mark sb out for promotion** désigner qn pour l'avancement; **he was marked out long ago for that job** il y a longtemps qu'on l'avait prévu pour ce poste; **his red hair marked him out from the others** ses cheveux roux le distinguaient des autres.

♦**mark up 1** vt sep **(a)** (on board, wall etc) price, score marquer.

(b) (Comm: put a price on) indiquer or marquer le prix de. **these items have not been marked up** le prix n'est pas marqué sur ces articles.

(c) (increase) price hausser, augmenter, majorer; goods majorer le prix de. **all these chairs have been marked up** toutes ces chaises ont augmenté; (St Ex) **to be marked up** s'inscrire en hausse, avancer.

2 mark-up n V **mark² 2**.

marked [mɑ:kt] adj **(a)** (noticeable etc) difference, accent, bias marqué, prononcé; improvement, increase sensible, manifeste. **it is becoming more** ~ cela s'accentue; **he is a** ~ **man** (Police etc) c'est

un homme marqué, c'est un suspect; (* hum) on l'a à l'œil*. **(b)** (Ling) marqué. ~ **form** forme f marquée; **to be** ~**d for number/gender** porter la marque du nombre/du genre.

markedly ['mɑ:kɪdlɪ] adv (V **marked**) d'une façon marquée or prononcée; sensiblement, visiblement, manifestement.

marker ['mɑ:kəʳ] n **(a)** (pen) marqueur m indélébile; (tool: laundry ~ etc) marquoir m.

(b) (flag, stake) marque f, jalon m; (light etc) balise f.

(c) (bookmark) signet m.

(d) (Sport etc) (person) marqueur m, -euse f. (Ftbl) **to shake off one's** ~ se démarquer.

(e) (Scol etc: person) correcteur m.

(f) (Ling) marqueur m.

market ['mɑ:kɪt] **1** n **(a)** (trade; place; also St Ex) marché m. **to go to** ~ aller au marché; **the wholesale** ~ le marché de gros; **cattle** ~ marché or foire f aux bestiaux; **the sugar** ~, **the** ~ **in sugar** le marché du or des sucre(s); **the world coffee** ~ le marché mondial du or des café(s); **free** ~ marché libre; (St Ex) **a dull/lively** ~ un marché lourd/actif; (St Ex) **the** ~ **is rising/falling** les cours mpl sont en hausse/en baisse; V **black, buyer, common** etc.

(b) (fig) marché m, débouché m, clientèle f. **to have a good** ~ **for sth** avoir une grosse demande pour qch; **to find a ready** ~ **for sth** trouver facilement un marché or des débouchés pour qch; **there is a (ready)** ~ **for small cars** les petites voitures se vendent bien or sont d'une vente facile; **there's no** ~ **for pink socks** les chaussettes roses ne se vendent pas; **this appeals to the French** ~ cela plaît à la clientèle française, cela se vend bien en France; **home/overseas/world** ~ marché intérieur/d'outre-mer/mondial; **to be in the** ~ **for sth** être acheteur de qch; **to put sth/to be on the** ~ mettre qch/être en vente or dans le commerce or sur le marché; **it's the dearest car on the** ~ c'est la voiture la plus chère sur le marché; **on the open** ~ en vente libre; **the company hopes to go to the** ~ la société espère être introduite en Bourse; V **flood** etc.

2 cpd: **market analysis** analyse f de marché; **market cross** croix f sur la place du marché; **market day** jour m de or du marché; **market economy** économie f de marché; (Brit) **market garden** jardin maraîcher; (Brit) **market gardener** maraîcher m, -ère f; (Brit) **market gardening** culture maraîchère; **market opportunity** créneau m; **market place** (lit) place f du marché; **in the market place** (lit) au marché; (fig: Econ) sur le marché; (Comm) **market price** prix marchand or du marché; **at market price** au cours, au prix courant; (St Ex) **market prices** cours m du marché; **market rates** taux m du cours libre; **market research** étude f de marché (in de); **to do some market research to find out ...** faire une étude de marché pour découvrir ...; **market research institute** or **organization** institut m de marketing; **market researcher** enquêteur m (f -euse) marketing or commercial(e); **market square** place f du marché; (St Ex) **market trends** tendances fpl du marché; **market value** valeur marchande.

3 vt (sell) vendre; (launch) lancer sur le marché; (find outlet for) trouver un or des débouché(s) pour.

4 vi (esp US: also **to go** ~**ing**) aller faire des commissions.

marketability [ˌmɑ:kɪtə'bɪlɪtɪ] n possibilité f de commercialisation.

marketable ['mɑ:kɪtəbl] adj vendable; (goods) commercialisable; (securities) négociable. **very** ~ de bonne vente.

marketeer [ˌmɑ:kə'tɪəʳ] n **(a)** V **black. (b)** (Brit Pol) (pro-)M~**s** ceux qui sont en faveur du Marché Commun; anti-M~**s** ceux qui s'opposent au Marché Commun.

marketing ['mɑ:kɪtɪŋ] **1** n commercialisation f, marketing m. **2** cpd: **one of our marketing people** l'un de nos commerciaux; **marketing arrangement** accord m de commercialisation.

marking ['mɑ:kɪŋ] **1** n **(a)** (U) [animals, trees, goods] marquage m.

(b) (Brit Scol) (gen) correction f (des copies); (actual giving of marks) attribution f de notes, notation f; (marks given) notes fpl.

(c) [animal] marques fpl, taches fpl. **the** ~**s on the road** la signalisation horizontale. **(d)** (Ftbl) marquage m (d'un joueur). **2** cpd: **marking ink** encre f à marquer; **marking scheme** barème m.

marksman ['mɑ:ksmən] n bon tireur, tireur d'élite.

marksmanship ['mɑ:ksmənʃɪp] n adresse f au tir.

marl [mɑ:l] (Geol) **1** n marne f. **2** vt marner.

marlin ['mɑ:lɪn] n (fish) marlin m, makaire m.

marline ['mɑ:lɪn] n (Naut) lusin m. ~**spike** épissoir m.

marly ['mɑ:lɪ] adj marneux.

marmalade ['mɑ:məleɪd] n confiture f or marmelade f d'oranges (or de citrons etc). ~ **orange** orange amère, bigarade f.

Marmara, Marmora ['mɑ:mərə] n: **Sea of** ~ mer f de Marmara.

marmoreal [mɑ:'mɔ:rɪəl] adj (liter) marmoréen.

marmoset ['mɑ:məʊzet] n ouistiti m.

marmot ['mɑ:mət] n marmotte f.

maroon¹ [mə'ru:n] adj (colour) bordeaux inv.

maroon² [mə'ru:n] n (firework; signal) pétard m; (signal) fusée f de détresse.

maroon³ [mə'ru:n] vt castaway abandonner (sur une île or une côte déserte); (fig) [sea, traffic, strike etc] bloquer.

marquee [mɑ:'ki:] n **(a)** (esp Brit) (tent) grande tente f; (in circus) chapiteau m. **(b)** (awning) auvent m; [theatre, cinema] marquise f, fronton m.

marquess ['mɑ:kwɪs] n marquis m.

marquetry ['mɑ:kɪtrɪ] **1** n marqueterie f. **2** cpd: table etc de or en marqueterie.

marquis ['mɑ:kwɪs] n = **marquess**.

marriage ['mærɪdʒ] **1** n mariage m; (fig) mariage, alliance f. **to give in** ~ donner en mariage; **to take in** ~ (gen) épouser; (actual wording of service) prendre comme époux (or épouse); **civil** ~ mariage civil; ~ **of convenience** mariage de convenance; **aunt by** ~ tante

par alliance; **they are related by** ~ ils sont parents par alliance; *V* **offer, shot** *etc.*
  2 *cpd:* **marriage bed** lit conjugal; **marriage bonds** liens conjugaux; **marriage broker** agent matrimonial; **marriage bureau** agence matrimoniale; **marriage ceremony** mariage *m;* (*Rel*) bénédiction nuptiale; **marriage certificate** extrait *m* d'acte de mariage; **marriage customs** traditions *fpl* de mariage; **marriage guidance** consultation conjugale; **marriage guidance counsellor** conseiller *m,* -ère *f* conjugal(e); **marriage licence** certificat *m* de publication des bans; (*Brit*) **marriage lines = marriage certificate**; **marriage partner** conjoint(e) *m(f),* époux *m,* épouse *f*; **marriage rate** taux *m* de nuptialité; **marriage settlement** ≃ constitution *f* de rente sur la tête de l'épouse survivante; **marriage vows** vœux *mpl* de mariage.
marriageable ['mærɪdʒəbl] *adj* mariable, nubile. **of** ~ **age** en âge de se marier; **he's very** ~ c'est un très bon parti.
married ['mærɪd] *adj man, woman* marié; *life, love* conjugal. **he is a** ~ **man** il est marié; ~ **couple** couple *m* (marié), ménage *m;* **the newly** ~ **couple** les (nouveaux) mariés; ~ **name** nom *m* de femme mariée; (*Mil etc*) ~ **quarters** appartements *mpl* pour familles; (*fig*) **he's** ~ **to his work** il fait passer son travail avant tout, il n'existe que pour son travail; *V also* **marry.**
marrow ['mærəʊ] *n* (**a**) *[bone]* moelle *f;* (*fig*) essence *f,* moelle. ~**bone** os *m* à moelle; **to be chilled** *or* **frozen to the** ~ être gelé jusqu'à la moelle des os. (**b**) (*Brit: vegetable*) courge *f.* **baby** ~ courgette *f.*
marry ['mærɪ] **1** *vt* (**a**) (*take in marriage*) épouser, se marier avec. **will you** ~ **me?** voulez-vous m'épouser?; **to get** *or* **be married** se marier; **they've been married for 10 years** ils sont mariés depuis 10 ans; **to** ~ **money** faire un mariage d'argent.
  (**b**) (*give or join in marriage*) marier. **he has 3 daughters to** ~ (**off**) il a 3 filles à marier; **she married (off) her daughter to a lawyer** elle a marié sa fille avec *or* à un avocat.
  2 *vi* se marier. **to** ~ **into a family** s'allier à une famille par le mariage, s'apparenter à une famille; **to** ~ **beneath o.s.** se mésallier; **to** ~ **again** se remarier.
♦**marry off** *vt sep [parent etc]* marier; *V* **marry 1b.**
Mars [mɑːz] *n* (*Myth*) Mars *m;* (*Astron*) Mars *f.*
Marseillaise [ˌmɑːseɪˈleɪz] *n* Marseillaise *f.*
Marseilles [mɑːˈseɪlz] *n* Marseille.
marsh [mɑːʃ] **1** *n* marais *m,* marécage *m;* *V* **salt.**
  2 *cpd:* **marsh fever** paludisme *m;* **marsh gas** gaz *m* des marais; **marshland** marécage *m,* marais *m,* région marécageuse; **marshmallow** (*Bot*) guimauve *f;* (*sweet*) (pâte *f* de) guimauve *f;* **marsh marigold** souci *m* d'eau; **marsh warbler** rousserolle *f* verderolle.
marshal ['mɑːʃəl] **1** *n* (**a**) (*Mil etc*) maréchal *m.* (*Brit*) **M**~ **of the Royal Air Force** maréchal *de la RAF; V* **air, field.**
  (**b**) (*Brit: at demonstrations, sports meeting etc*) membre *m* du service d'ordre.
  (**c**) (*US*) (*in police/fire department*) ≃ capitaine *m* de gendarmerie/des pompiers; (*law officer*) marshal *m* (*magistrat et officier de police fédérale*).
  (**d**) (*Brit: at Court etc*) chef *m* du protocole.
  2 *vt troops* rassembler; *crowd, traffic* canaliser; (*Rail*) *wagons* trier; (*fig*) *facts, one's wits, evidence* rassembler. **the police** ~**led the procession into the town** la police a fait entrer le cortège en bon ordre dans la ville.
marshalling ['mɑːʃəlɪŋ] *n* (**a**) *[crowd, demonstrators]* maintien *m* de l'ordre (*of parmi*). (**b**) (*Rail*) triage *m.* ~ **yard** gare *f or* centre *m* de triage.
marshy ['mɑːʃɪ] *adj* marécageux.
marsupial [mɑːˈsuːpɪəl] *adj, n* marsupial (*m*).
mart [mɑːt] *n* (*trade centre*) centre commercial; (*market*) marché *m;* (*auction room*) salle *f* des ventes; *V* **property.**
marten ['mɑːtɪn] *n* martre *f or* marte *f.*
Martha ['mɑːθə] *n* Marthe *f.*
martial ['mɑːʃəl] *adj bearing* martial; *music, speech* martial, guerrier. ~ **arts** arts *mpl* martiaux; ~ **law** loi martiale.
Martian ['mɑːʃɪən] **1** *n* Martien(ne) *m(f).* **2** *adj* martien.
martin ['mɑːtɪn] *n* (*Orn*) **house** ~ hirondelle *f* de fenêtre; **sand** ~ hirondelle de rivage.
martinet [ˌmɑːtɪˈnet] *n:* **to be a** ~ être impitoyable *or* intraitable en matière de discipline.
martini [mɑːˈtiːnɪ] *n* ® martini *m* ®; (*US: cocktail*) martini américain (*gin avec du vermouth sec*). **sweet** ~ martini doux.
Martinique [ˌmɑːtɪˈniːk] *n* Martinique *f.* **in** ~ à la Martinique.
Martinmas ['mɑːtɪnməs] *n* la Saint-Martin.
martyr ['mɑːtəʳ] **1** *n* (*Rel, fig*) martyr(e) *m(f)* (*to* de). **a** ~**'s crown** la couronne du martyre; **he is a** ~ **to migraine** ses migraines lui font souffrir le martyre; (*fig*) **to make a** ~ **of o.s.** jouer les martyrs; **don't be such a** ~! cesse de jouer les martyrs! **2** *vt* (*Rel, fig*) martyriser.
martyrdom ['mɑːtədəm] *n* (*U*) (*Rel*) martyre *m;* (*fig*) martyre, calvaire *m,* supplice(s) *m(pl).*
martyrize ['mɑːtɪraɪz] *vt* (*Rel, fig*) martyriser.
marvel ['mɑːvəl] **1** *n* merveille *f,* prodige *m,* miracle *m.* **the** ~**s of modern science** les prodiges de la science moderne; **his work is a** ~ **of patience** son œuvre est une merveille de patience; **if he gets there it will be a** ~ ce sera (un) miracle s'il y arrive; **she's a** ~ elle est merveilleuse, c'est une perle; **it's a** ~ **to me how he does it** je ne sais vraiment pas comment il peut le faire; **it's a** ~ **to me that cela me paraît un miracle que** + *subj,* je n'en reviens pas que + *subj;* **it's a** ~ **that** c'est un miracle que + *subj; V* **work.**
  2 *vi* s'émerveiller, s'étonner (*at* de).
  3 *vt* s'étonner (*that* de ce que + *indic or subj*).
marvellous, (*US*) **marvelous** ['mɑːvələs] *adj* (*astonishing*) merveilleux, étonnant, extraordinaire; (*miraculous*) miraculeux;

(*excellent*) merveilleux, magnifique, formidable*, sensationnel*. (*iro*) **isn't it** ~! ce n'est pas extraordinaire, ça?* (*iro*).
marvellously, (*US*) **marvelously** ['mɑːvələslɪ] *adv* merveilleusement, à merveille.
Marxian ['mɑːksɪən] *adj* marxien.
Marxism ['mɑːksɪzəm] *n* marxisme *m.* **Marxism-Leninism** marxisme-léninisme *m.*
Marxist ['mɑːksɪst] *adj, n* marxiste (*mf*). **with** ~ **tendencies** marxisant; **Marxist-Leninist** (*adj, n*) marxiste-léniniste (*mf*).
Mary ['mɛərɪ] *n* Marie *f.* ~ **Magdalene** Marie-Madeleine; ~ **Queen of Scots,** ~ **Stuart** Marie Stuart (reine d'Écosse); (*Drugs sl*) ~ **Jane** marie-jeanne *f,* marijuana *f; V* **bloody.**
Maryland ['mɛərɪlænd] *n* Maryland *m.* **in** ~ dans le Maryland.
marzipan [ˌmɑːzɪˈpæn] **1** *n* pâte *f* d'amandes, massepain *m.* **2** *cpd sweet etc* à la pâte d'amandes.
mascara [mæsˈkɑːrə] *n* mascara *m.*
mascot ['mæskət] *n* mascotte *f.*
masculine ['mæskjʊlɪn] **1** *adj sex, voice, courage* masculin, mâle; *woman* masculin, hommasse (*pej*); *gender, rhyme* masculin. **this word is** ~ ce mot est (du) masculin. **2** *n* (*Gram*) masculin *m.* **in the** ~ au masculin.
masculinity [ˌmæskjʊˈlɪnɪtɪ] *n* masculinité *f.*
maser ['meɪzəʳ] *n* maser *m.*
mash [mæʃ] **1** *n* (*for horses*) mash *m;* (*for pigs, hens etc*) pâtée *f;* (*Brit Culin: potatoes*) purée *f* (de pommes de terre); (*Brewing*) pâte *f;* (*soft mixture*) bouillie *f;* (*pulp*) pulpe *f.* **2** *vt* (**a**) (*crush: also* ~ **up**) écraser, broyer; (*Culin*) *potatoes* faire en purée, faire une purée de; (*injure, damage*) écraser. ~**ed potatoes** purée *f* (de pommes de terre). (**b**) (*Brewing*) brasser.
masher ['mæʃəʳ] *n* (*Tech*) broyeur *m;* (*in kitchen*) presse-purée *m inv.*
mashie ['mæʃɪ] *n* (*Golf*) mashie *m.*
mask [mɑːsk] **1** *n* (*gen*) masque *m;* (*for eyes, in silk or velvet*) masque, loup *m; V* **death, gas, iron** *etc.*
  2 *vt* (**a**) *person, face* masquer. ~**ed ball** bal masqué.
  (**b**) (*hide*) *house, object* masquer, cacher; *truth, motives* masquer, cacher, dissimuler, voiler; *taste, smell* masquer, recouvrir.
  (**c**) (*during painting, spraying*) ~**ing tape** papier-cache adhésif.
  3 *vi [surgeon etc]* se masquer.
masochism ['mæsəʊkɪzəm] *n* masochisme *m.*
masochist ['mæsəʊkɪst] *n* masochiste *mf.*
masochistic [ˌmæsəʊˈkɪstɪk] *adj* masochiste.
mason ['meɪsn] *n* (**a**) (*stoneworker*) maçon *m; V* **monumental.** (**b**) (*free*~) (franc-)maçon *m.* (**c**) (*US*) **M**~ **jar** bocal *m* à conserves (étanche).
masonic [məˈsɒnɪk] *adj* (franc-)maçonnique.
Masonite ['meɪsnaɪt] *n* ® (*US*) aggloméré *m.*
masonry ['meɪsnrɪ] *n* (*U*) (**a**) (*stonework*) maçonnerie *f.* (**b**) (*free*~) (franc-)maçonnerie *f.*
masque [mɑːsk] *n* (*Theat*) mascarade *f,* comédie-masque *f.*
masquerade [ˌmæskəˈreɪd] **1** *n* (*lit, fig*) mascarade *f.* **2** *vi:* **to** ~ **as** se faire passer pour.
Mass. (*US*) *abbr of* **Massachusetts.**
mass[1] [mæs] **1** *n* (**a**) (*U: bulk, size; also Art, Phys*) masse *f.*
  (**b**) *[matter, dough, rocks, air, snow, water etc]* masse *f.* **a** ~ **of daisies** une multitude de pâquerettes; **the garden was a** ~ (a solid) ~ **of colour** le jardin n'était qu'une masse de couleurs; **he was a** ~ **of bruises** il était tout couvert de bleus; **in the** ~ dans l'ensemble; **the great** ~ **of people** la (grande) masse des gens, la (grande) majorité des gens; ~**es of*** des masses de*, des tas de*.
  (**c**) (*people*) **the** ~(**es**) la masse, le peuple, les masses (populaires); **Shakespeare for the** ~**es** Shakespeare à l'usage des masses.
  2 *adj* (**a**) (*involving many people*) *support, unemployment, opposition, destruction* massif, généralisé; *rally, marathon* monstre; (*all at the same time*) *resignations, desertions, sackings* en masse; (*as opposed to individual*) *hysteria, hypnosis* collectif. ~ **funeral** obsèques collectives; ~ **grave** charnier *m;* ~ **mailing** publipostage *m;* ~ **marketing** grande distribution; ~ **meeting** grand rassemblement, meeting *m* monstre; ~ **murder(s)** tuerie(s) *f(pl);* ~ **murderer** boucher *m.*
  (**b**) (*for the masses*) *culture, civilization, movement, magazine,* (*Comput*) *memory* de masse; (*relating to the masses*) *psychology, education* des masses. ~ **media** (mass-)média *mpl,* moyens *mpl* de diffusion de l'information.
  (**c**) (*Ling*) ~ **noun** nom *m* massif.
  3 *cpd:* (*US*) **mass cult*** culture *f* populaire *or* pour les masses; (*Ind*) **mass-produce** fabriquer en série; **mass production** production *f or* fabrication *f* en série.
  4 *vt troops etc* masser.
  5 *vi [troops, people]* se masser; *[clouds]* s'amonceler.
mass[2] [mæs] *n* (*Rel, Mus*) messe *f.* **to say** ~ dire la messe; **to go to** ~ aller à la messe; *V* **black** *etc.*
Massachusetts [ˌmæsəˈtʃuːsɪts] *n* Massachusetts *m.* **in** ~ dans le Massachusetts.
massacre ['mæsəkəʳ] **1** *n* massacre *m.* **a** ~ **on the roads** une hécatombe sur les routes. **2** *vt* (*lit, fig*) massacrer.
massage ['mæsɑːʒ] **1** *n* massage *m.* ~ **parlour** institut *m* de massage (spécialisé). **2** *vt* masser; (*fig*) *figures* manipuler.
masseur [mæˈsɜːʳ] *n* masseur *m.*
masseuse [mæˈsɜːz] *n* masseuse *f.*
massicot ['mæsɪkɒt] *n* massicot *m.*
massif [mæˈsiːf] *n* massif *m.* **M**~ **Central** Massif *m* central.
massive ['mæsɪv] *adj rock, building, attack, dose, contribution, increase* massif; *suitcase, parcel, error, change* énorme; *majority* énorme, écrasant; *features* épais (*f* -aisse), lourd; *sound* retentissant.

massively ['mæsɪvlɪ] *adv* massivement.
massiveness ['mæsɪvnɪs] *n* aspect *or* caractère massif.
mast¹ [mɑːst] **1** *n* (*on ship, also flagpole*) mât *m*; (*for radio*) pylône *m*. **the ~s of a ship** la mâture d'un navire; (*Naut*) **to sail before the ~** servir comme simple matelot. **2** *cpd*: **masthead** *[ship]* tête *f* de mât; *[newspaper]* encadré *m* administratif.
mast² [mɑːst] *n* (*Agr*) *V* beech.
mastectomy [mæ'stektəmɪ] *n* mastectomie *f*.
-masted [mɑːstɪd] *adj ending in cpds*: **3-masted** à 3 mâts.
master ['mɑːstə'] **1** *n* (a) *[household, institution, animal]* maître *m*. **the ~ of the house** le maître de maison; **to be ~ in one's own house** être maître chez soi; **the ~ is not at home†** Monsieur n'est pas là; (*Prov*) **like ~ like man** tel maître tel valet (*Prov*); (*Art: pictures*) **old ~s** tableaux *mpl* de maître; **I am the ~ now** c'est moi qui commande *or* qui donne les ordres maintenant; (*fig*) **he has met his ~** il a trouvé son maître; **to be one's own ~** être son (propre) maître; **to be ~ of o.s.** *of the situation* être maître de soi/de la situation; **to be (the) ~ of one's fate** disposer de *or* être maître de sa destinée; **he is a ~ of the violin** c'est un maître du violon; (*Rel*) **the M~** Jésus-Christ, le Christ; *V* **old, past** *etc*.
  (b) (*teacher*) (*in secondary school*) professeur *m*; (*in primary school*) instituteur *m*, maître *m*. **music ~** (*in school*) professeur de musique; (*private tutor*) professeur *or* maître de musique; *V* **fencing** *etc*.
  (c) (*Naut*) *[ship]* capitaine *m*; *[liner]* (capitaine) commandant *m*; *[fishing boat]* patron *m*.
  (d) (*Univ*) **M~ of Arts/Science** *etc* titulaire *mf* d'une maîtrise ès lettres/sciences *etc*; **a ~'s degree** une maîtrise; (*US*) **~'s essay** *or* **paper** *or* **thesis** mémoire *m* (de maîtrise).
  (e) (*Brit Univ*) *[Oxford etc college]* ≃ directeur *m*, principal *m*.
  (f) (*Brit : title for boys*) monsieur *m*.
  (g) = **master tape, master disk**; *V* **2**.
  2 *cpd scheme, idea* directeur (*f* -trice), maître (*f* maîtresse), principal; *beam* maître; *control, cylinder, switch* principal. (*Naut*) **master-at-arms** capitaine *m* d'armes; **master baker/butcher** *etc* maître boulanger/boucher *etc*; **master bedroom** chambre principale; **master builder** entrepreneur *m* (de bâtiments); (*lit, fig*) **master card** carte maîtresse; (*US Naut*) **master chief petty officer** major *m*; **master class** cours *m* de (grand) maître; **master copy** original *m*; (*Aut*) **master cylinder** maître cylindre *m*; (*Comput*) **master disk** disque *m* d'exploitation; (*Comput*) **master file** fichier *m* maître; **masterful** *V* **masterful; masterfully** *V* **masterfully; master hand** (*expert*) maître *m*, expert *m*; (*skill*) main *f* de maître; **to be a master hand at (doing) sth** être maître dans l'art de (faire) qch; **master key** passe-partout *m inv*; **masterly** *V* **masterly;** (*Naut*) **master mariner** (*foreign-going*) ≃ capitaine *m* au long cours; (*home trade*) ≃ capitaine de la marine marchande; **mastermind** (*n*) (*genius*) intelligence *f or* esprit *m* supérieur(e), cerveau *m*; (*of plan, crime etc*) cerveau *m*; (*vt*) operation *etc* diriger, organiser; **master of ceremonies** maître *m* des cérémonies; (*TV etc*) animateur *m*, meneur *m* de jeu; **master of (fox)hounds** grand veneur; **masterpiece** chef-d'œuvre *m*; **master plan** plan *m* directeur; (*Cine*) **master print** copie *f* étalon; **the master race** la race supérieure; **master sergeant** (*US*) adjudant *m*; (*US Aviat*) ≃ sergent-chef *m*; **'The Mastersingers'** 'les Maîtres chanteurs *mpl* de Nuremberg'; **master stroke** coup magistral *or* de maître; **master tape** bande *f* maîtresse, bande-souche *f*.
  3 *vt* (a) *person, animal, emotion* maîtriser, dompter, mater; *one's defects* surmonter; *difficulty* venir à bout de, surmonter; *situation* se rendre maître de.
  (b) (*understand*) *theory* saisir. **to have ~ed sth** posséder qch à fond.
  (c) (*learn*) *subject, skill, craft* apprendre (à fond). **he has ~ed Greek** il connaît *or* possède le grec à fond; **he'll never ~ the violin** il ne saura jamais bien jouer du violon; **he has ~ed the trumpet** il est devenu très bon trompettiste *or* un trompettiste accompli; **it's so difficult that I'll never ~ it** c'est si difficile que je n'y parviendrai jamais.
masterful ['mɑːstəfʊl] *adj* (a) (*imperious*) dominateur (*f* -trice), autoritaire, impérieux. (b) (*expert*) magistral.
masterfully ['mɑːstəfəlɪ] *adv* (a) (*imperiously*) *act, decide* en maître, avec autorité, impérieusement; *speak, announce* d'un ton décisif, sur un ton d'autorité. (b) (*expertly*) magistralement, de main de maître.
masterly ['mɑːstəlɪ] *adj* magistral. **in a ~ way** magistralement.
mastery ['mɑːstərɪ] *n* (*gen*) maîtrise *f* (*of* de). **to gain ~ over** *person* avoir le dessus sur, l'emporter sur; *animal* dompter, mater; *nation, country* s'assurer la domination de; *the seas* s'assurer la maîtrise de.
mastic ['mæstɪk] *n* (*resin, adhesive*) mastic *m*.
masticate ['mæstɪkeɪt] *vti* mastiquer, mâcher.
mastiff ['mæstɪf] *n* mastiff *m*.
mastitis [mæ'staɪtɪs] *n* mastite *f*.
mastodon ['mæstədɒn] *n* mastodonte *m* (*lit*).
mastoid ['mæstɔɪd] **1** *adj* mastoïde. **2** *n* (*bone*) apophyse *f* mastoïde; (*Med**: *inflammation*) mastoïdite *f*.
mastoiditis [ˌmæstɔɪ'daɪtɪs] *n* mastoïdite *f*.
masturbate ['mæstəbeɪt] **1** *vi* se masturber. **2** *vt* masturber.
masturbation [ˌmæstə'beɪʃən] *n* masturbation *f*.
mat¹ [mæt] **1** *n* (a) (*for floors etc*) (petit) tapis *m*, carpette *f*; (*of straw etc*) natte *f*; (*at door*) paillasson *m*, tapis-brosse *m inv*, essuie-pieds *m inv*; (*in car, gymnasium*) tapis. (*fig*) **to have sb on the ~*** passer un savon à qn*; **a ~ of hair** des cheveux emmêlés; *V* **rush*** *etc*.
  (b) (*on table*) (*heat-resistant*) dessous-de-plat *m inv*; (*decorative*) set *m* (de table); (*embroidered linen*) napperon *m*; *V* **drip, place** *etc*.
  2 *vi* *[hair etc]* s'emmêler; *V* **matted**.
  (b) *[woollens]* (se) feutrer.

mat² [mæt] *adj* = **matt**.
matador ['mætədɔːr] *n* matador *m*.
match¹ [mætʃ] **1** *n* allumette *f*. **box/book of ~es** boîte *f*/pochette *f* d'allumettes; **have you got a ~?** avez-vous une allumette? *or* du feu?; **to strike** *or* **light a ~** gratter *or* frotter *or* faire craquer une allumette; **to put** *or* **set a ~ to sth** mettre le feu à qch; *V* **safety**.
  2 *cpd*: **matchbox** boîte *f* à allumettes; **matchstick** allumette *f*; **matchwood** bois *m* d'allumettes; **to smash sth to matchwood** réduire qch en miettes, pulvériser qch.
match² [mætʃ] **1** *n* (a) (*Sport*) match *m*; (*game*) partie *f*. **to play a ~ against sb** disputer un match contre qn, jouer contre qn; **international ~** match international, rencontre internationale; **~ abandoned** match suspendu; *V* **away, home, return** *etc*.
  (b) (*equal*) égal(e) *m(f)*. **to meet one's ~** (*in sb*) trouver à qui parler (avec qn), avoir affaire à forte partie (avec qn); **he's a ~ for anybody** il est de taille à faire face à n'importe qui; **he's no ~ for Paul** il n'est pas de taille à lutter contre Paul, il ne fait pas le poids* contre Paul; **he was more than a ~ for Paul** Paul n'était pas à sa mesure *or* ne faisait pas le poids contre lui.
  (c) *[clothes, colours etc]* **to be a good ~** aller bien ensemble, s'assortir bien; **I'm looking for a ~ for these curtains** je cherche quelque chose pour aller avec ces rideaux.
  (d) (*marriage*) mariage *m*. **he's a good ~** c'est un bon parti; **they're a good ~** ils sont bien assortis; **they made a ~ of it** ils se sont mariés.
  2 *cpd*: **matchless** *V* **matchless; matchmaker** marieur *m*, -euse *f*; **she is a great matchmaker, she's always matchmaking** c'est une marieuse enragée*, elle veut toujours marier les gens; (*Tennis*) **match point** balle *f* de match.
  3 *vt* (a) (*be equal etc to: also* ~ **up to**) égaler, être l'égal de. **his essay didn't ~ (up to) Paul's in originality** sa dissertation n'égalait pas *or* ne valait pas celle de Paul en originalité; **she doesn't ~ (up to) her sister in intelligence** elle n'a pas l'intelligence de sa sœur; **the result didn't ~ (up to) our hopes** le résultat a déçu nos espérances.
  (b) (*produce equal to*) **to ~ sb's offer/proposal** faire une offre/une proposition équivalente à celle de qn; **I can ~ any offer** je peux offrir autant que n'importe qui; **to ~ sb's price/terms** offrir le même prix/des conditions aussi favorables que qn; **this is ~ed only by...** cela n'a d'égal que....
  (c) *[clothes, colours etc]* s'assortir à, aller bien avec. **his tie doesn't ~ his shirt** sa cravate ne va pas avec *or* n'est pas assortie à sa chemise; **his looks ~ his character** son physique va de pair avec *or* s'accorde avec sa personnalité.
  (d) (*find similar piece etc to: also* ~ **up**) **can you ~ (up) this material?** (*exactly same*) avez-vous du tissu identique à celui-ci?; (*going well with*) avez-vous du tissu assorti à celui-ci?
  (e) (*pair off*) **to ~ sb against sb** opposer qn à qn; **she ~ed her wits against his strength** elle opposait son intelligence à sa force; **evenly ~ed** de force égale; **they are well ~ed** *[opponents]* ils sont de force égale; *[married couple etc]* ils sont bien assortis.
  4 *vi* *[colours, materials]* être bien assortis, aller bien ensemble; *[cups]* être appareillés; *[gloves, socks]* s'apparier, faire la paire; *[two identical objects]* se faire pendant(s). **with (a) skirt to ~** avec (une) jupe assortie.
♦**match up 1** *vi* *[colours etc]* s'harmoniser, aller bien ensemble, être assortis.
  2 *vt sep* = **match 3d**.
♦**match up to** *vt fus* = **match 3a**.
matching ['mætʃɪŋ] *adj* (a) *garment, material etc* assorti. **with ~ skirt** avec jupe assortie.
  (b) (*US*) **~ funds** subvention *f* égale à la somme versée par le récipiendaire.
matchless ['mætʃlɪs] *adj* sans égal, sans pareil, incomparable.
mate¹ [meɪt] **1** *n* (a) (*at work*) camarade *mf* (de travail); (*: *friend*) copain* *m*, copine* *f*, camarade. **hey, ~!‡** eh, mon vieux!*; *V* **class, play, work** *etc*.
  (b) (*assistant*) aide *mf*. **plumber's ~** aide-plombier *m*.
  (c) (*animal*) mâle *m*, femelle *f*; (**hum: spouse*) époux *m*, épouse *f*.
  (d) (*Brit Merchant Navy*) ≃ second *m* (capitaine *m*); (*US Naut*) maître *m* (dans la marine); *V* **first**.
  2 *vt* accoupler (*with* à).
  3 *vi* s'accoupler (*with* à, avec).
mate² [meɪt] (*Chess*) **1** *n* mat *m*; *V* **check², stalemate. 2** *vt* mettre échec et mat, mater.
material [mə'tɪərɪəl] **1** *adj* (a) *force, success, object, world, benefits, goods* matériel; *comforts, well-being, needs, pleasures* matériel, physique. **from a ~ point of view** du point de vue matériel; **~ possessions** biens matériels, possessions *fpl*.
  (b) (*important*) essentiel, important; (*relevant*) qui importe (*to* à), qui présente de l'intérêt (*to* pour); (*Jur*) *fact, evidence* pertinent; *witness* direct.
  2 *n* (a) (*gen: substance*) substance *f*, matière *f*. **chemical/dangerous ~s** substances *or* matières chimiques/dangereuses; *V* **waste**.
  (b) (*cloth, fabric*) (*gen*) tissu *m*, étoffe *f*. **dress ~** tissu pour robes.
  (c) (*esp Ind: substances from which product is made*) matériau *m*. **building ~s** matériaux de construction; *V* **raw**.
  (d) (*what is needed for sth*) (*gen*) matériel *m*. **the desk held all his writing ~s** le bureau contenait tout son matériel nécessaire pour écrire; **have you got any writing ~s?** avez-vous de quoi écrire?; **reading ~** (*gen*) de quoi lire, de la lecture; (*for studies*) des ouvrages *mpl* (et des articles *mpl*) à consulter; **play ~s** le matériel pour le jeu.
  (e) (*U: facts, data needed for sth*) matériaux *mpl*. **they had all the**

~ **required for a biography** ils avaient tous les matériaux or toutes les données nécessaires pour une biographie; **I had all the ~ I needed for my article** j'avais tout ce qu'il me fallait pour mon article; **the amount of ~ to be examined** la quantité de matériaux or de documents à examiner; **all the background ~** toute la documentation d'appui.

 (f) (U: sth written/sung/composed etc) **all his ~ is original** tout ce qu'il écrit (or chante etc) est original; **she has written some very funny ~** elle a écrit des choses très amusantes; **we cannot publish this ~** nous ne pouvons pas publier ce genre de choses; **video ~** enregistrements mpl vidéo, vidéos fpl; **30% of the programme was recorded ~** 30% de l'émission avait été enregistrée à l'avance; **it's splendid ~!** c'est formidable!; **it's splendid ~ but...** le contenu est formidable mais....

 (g) (sth written etc for a specific purpose) **~(s)** matériel m; (Comm) **publicity ~** matériel de publicité or promotionnel; (Scol etc) **teaching** or **course ~(s)** matériel pédagogique; **reference ~** ouvrages mpl de référence.

 (h) (fig) **he's officer ~** il a l'étoffe d'un officier; **he's not university ~** il n'est pas de calibre universitaire, il n'est pas capable d'entreprendre des études supérieures.

materialism [mə'tɪərɪəlɪzəm] n matérialisme m.
materialist [mə'tɪərɪəlɪst] adj, n matérialiste (mf).
materialistic [mə‚tɪərɪə'lɪstɪk] adj matérialiste.
materialize [mə'tɪərɪəlaɪz] **1** vi **(a)** [plan, wish] se matérialiser, se réaliser; [offer, loan etc] se concrétiser, se matérialiser; [idea] prendre forme. **the promised cash didn't ~** l'argent promis ne s'est pas concrétisé or matérialisé; **at last the bus ~d*** le bus a enfin fait son apparition or est enfin arrivé.
 (b) (Spiritualism etc) prendre une forme matérielle, se matéraliser.
 2 vt matérialiser, concrétiser.
materially [mə'tɪərɪəlɪ] adv réellement; (Philos) matériellement, essentiellement.
maternal [mə'tɜːnl] adj maternel. (Psych) ~ **deprivation** carence maternelle.
maternity [mə'tɜːnɪtɪ] **1** n maternité f. **2** cpd services etc obstétrique; clothes de grossesse. (Brit) **maternity benefit** ≃ allocation f de maternité; **maternity home, maternity hospital** maternité f; (private) clinique f d'accouchement, clinique obstétrique; **maternity leave** congé m de maternité; **maternity ward** (service m de) maternité f.
matey* ['meɪtɪ] adj (Brit) familier, copain-copain‡ (f inv). **he's very ~ with everyone** il est très copain* avec tout le monde.
math* [mæθ] n (US abbr of **mathematics**) math(s)* fpl.
mathematical [‚mæθə'mætɪkəl] adj process etc mathématique. **I'm not ~, I haven't got a ~ mind** je n'ai pas le sens des mathématiques, je ne suis pas (un) matheux*; **he's a ~ genius** c'est un mathématicien de génie.
mathematically [‚mæθə'mætɪkəlɪ] adv mathématiquement.
mathematician [‚mæθəmə'tɪʃən] n mathématicien(ne) m(f).
mathematics [‚mæθə'mætɪks] n mathématiques fpl. **I don't understand the ~ of it** je ne vois pas comment on arrive à ce chiffre or à ce résultat.
Mat(h)ilda [mə'tɪldə] n Mathilde f.
maths* [mæθs] n, (US) **math*** n (abbr of **mathematics**) math(s)* fpl.
matinée ['mætɪneɪ] **1** n (Theat) matinée f. **2** cpd: (Brit) **matinée coat** veste f (de bébé); (Theat) **matinée idol** idole f du public féminin.
mating ['meɪtɪŋ] **1** n [animals] accouplement m. **2** cpd: **mating call** appel m du mâle; **mating season** saison f des amours.
matins ['mætɪnz] n sg or pl = **mattins**.
matri... ['meɪtrɪ] pref matri....
matriarch ['meɪtrɪɑːk] n matrone f, femme f chef de tribu or de famille.
matriarchal [‚meɪtrɪ'ɑːkl] adj matriarcal.
matriarchy ['meɪtrɪɑːkɪ] n matriarcat m.
matric [mə'trɪk] n (Brit Scol sl:††) abbr of **matriculation 1b**.
matricide ['meɪtrɪsaɪd] n (crime) matricide m; (person) matricide mf.
matriculate [mə'trɪkjʊleɪt] vi s'inscrire, se faire immatriculer; (Brit Scol††) être reçu à l'examen de 'matriculation'.
matriculation [mə‚trɪkjʊ'leɪʃən] **1** n (a) (Univ) inscription f, immatriculation f. **(b)** (Brit Scol††) examen donnant droit à l'inscription universitaire. **2** cpd (Univ) card, fee d'inscription.
matrimonial [‚mætrɪ'məʊnɪəl] adj matrimonial, conjugal.
matrimony ['mætrɪmənɪ] n (U) mariage m; V holy.
matrix ['meɪtrɪks] n matrice f.
matron ['meɪtrən] **1** n (a) matrone f, mère f de famille. **(b)** [hospital] infirmière f en chef; (in school) infirmière f; [orphanage, old people's home etc] directrice f. **2** cpd: **matron-of-honour** dame f d'honneur.
matronly ['meɪtrənlɪ] adj de matrone. **she was a ~ person** elle faisait très digne or matrone (pej).
matt [mæt] adj mat. **paint with a ~ finish** peinture mate.
matted ['mætɪd] adj hair emmêlé; weeds enchevêtré; cloth, sweater feutré.
matter ['mætər] **1** n (a) (U) (physical substance) matière f, substance f; (Philos, Phys) matière f; (Typ) matière, copie f; (Med: pus) pus m. **vegetable/inanimate ~** matière végétale/inanimée; **colouring ~** substance colorante; **reading ~** choses fpl à lire, de quoi lire; **advertising ~** publicité f, réclames fpl; V grey, mind etc.
 (b) (U: content) [book etc] fond m, contenu m. ~ **and form** le fond et la forme; **the ~ of his essay was good but the style poor** le contenu de sa dissertation était bon mais le style laissait à désirer.
 (c) (affair, concern, business) affaire f, question f, sujet m,

matière f. **the ~ in hand** l'affaire en question; **business ~s** (questions d')affaires fpl; (Admin: in agenda) **~s arising** questions fpl en suspens; **there's the ~ of my expenses** il y a la question de mes frais; **that's quite another ~, that's another ~ altogether, that's a very different ~** c'est tout autre chose, ça c'est une autre affaire; **it's a ~ of life and death** c'est une question de vie ou de mort; **they agreed to let the ~ rest** ils ont convenu d'en rester là; **that will only make ~s worse** cela ne fera qu'aggraver la situation; **then to make ~s worse he ...** puis pour ne rien arranger or qui pis est, il ...; **in this ~** à cet égard; **the ~ is closed** l'affaire est close, c'est une affaire classée; **it is a ~ of great concern to us** c'est une source de profonde inquiétude pour nous; **it's not a laughing ~** il n'y a pas de quoi rire; **it's a small ~ which we shan't discuss now** c'est une question insignifiante or une bagatelle dont nous ne discuterons pas maintenant; **there's the small ~ of that £200 I lent you** il y a la petite question or le petit problème des 200 livres que je vous ai prêtées; **it will be no easy ~** cela ne sera pas facile; **in the ~ of** en matière de, en or pour ce qui concerne; **it's a ~ of habit/opinion** c'est (une) question or (une) affaire d'habitude/d'opinion; **in all ~s of education** pour tout ce qui touche à or concerne l'éducation; **as ~s stand** en l'état actuel des choses; **let's see how ~s stand** voyons où en sont les choses; **for that ~** d'ailleurs; **as a ~ of course** automatiquement, tout naturellement; **as a ~ of fact** à vrai dire, en réalité, en fait (V also 2); **it took a ~ of days (to do it)** cela a été l'affaire de quelques jours (pour le faire); **in a ~ of 10 minutes** en l'affaire de 10 minutes; V **mince**.
 (d) (importance) **no ~!** peu importe!, tant pis!; (liter) **what ~?** qu'importe?; **what ~ if ... qu'importe si ...; it is of no ~** or (frm) **it makes no ~ whether ...** peu importe si ...; **it is (of) no great ~** c'est peu de chose, cela n'a pas grande importance; **get one, no ~ how** débrouille-toi (comme tu veux) pour en trouver un; **it must be done, no ~ how** cela doit être fait par n'importe quel moyen; **ring me no ~ how late** téléphonez-moi même tard or à n'importe quelle heure; **no ~ how you use it** peu importe comment vous l'utilisez; **no ~ when he comes** quelle que soit l'heure (or quel que soit le jour or quelle que soit la date) de son arrivée, quelle que soit l'heure etc à laquelle il arrive (subj); **no ~ how big it is** quelque or si grand qu'il soit; **no ~ what he says** quoi qu'il dise; **no ~ where/who** où/qui que ce soit.
 (e) (U: difficulty, problem) **what's the ~?** qu'est-ce qu'il y a?, qu'y a-t-il?; **what's the ~ with him?** qu'est-ce qu'il a?, qu'est-ce qui lui prend?; **what's the ~ with your hand?** qu'est-ce que vous avez à la main?; **what's the ~ with my hat?** qu'est-ce qu'il a, mon chapeau?*; **what's the ~ with trying to help him?** quel inconvénient or quelle objection y a-t-il à ce qu'on l'aide (subj)?; **there's something the ~ with my arm** j'ai quelque chose au bras; **there's something the ~ with the engine** il y a quelque chose qui cloche* or qui ne va pas dans le moteur; **as if nothing was the ~** comme si de rien n'était; **nothing's the ~*** il n'y a rien; **there's nothing the ~ with me!** moi, je vais tout à fait bien!; **there's nothing the ~ with the car** la voiture marche très bien; **there's nothing the ~ with that idea** il n'y a rien à redire à cette idée.
 2 cpd: **matter-of-fact** tone, voice neutre; style prosaïque; attitude, person terre à terre or terre-à-terre; assessment, account neutre, qui se limite aux faits; **in a very matter-of-fact way** sans avoir l'air de rien.
 3 vi importer (to à). **it doesn't ~** cela n'a pas d'importance, cela ne fait rien; **it doesn't ~ whether** peu importe que + subj, cela ne fait rien si, peu importe si; **it doesn't ~ who/where** etc peu importe qui/où etc; **what does it ~?** qu'est-ce que cela peut faire?; **what does it ~ to you (if ...)?** qu'est-ce que cela peut bien vous faire (si ...)?, que vous importe (frm) (si ...)?; **why should it ~ to me?** pourquoi est-ce que cela me ferait quelque chose?; **it ~s little** cela n'importe peu, peu importe; **some things ~ more than others** il y a des choses qui importent plus que d'autres; **nothing else ~s** le reste n'a aucune importance; **I shouldn't let what he says ~** je ne m'en ferais pas pour ce qu'il dit*.
Matterhorn ['mætəhɔːn] n: **the ~** le (mont) Cervin.
Matthew ['mæθjuː] n Mat(t)hieu m.
matting ['mætɪŋ] n (U) sparterie f, pièces fpl de natte; V **rush²** etc.
mattins ['mætɪnz] n sg or pl (Rel) matines fpl.
mattock ['mætək] n pioche f.
mattress ['mætrɪs] n matelas m. **mattress cover** (gen) protège-matelas m; (waterproof) alèse f; (soft and warm) molleton m.
mature [mə'tjʊər] **1** adj age, reflection, plan mûr; person (gen) mûr, (Psych) mature; wine qui est arrivé à maturité; cheese fait; (Fin) bill échu. **he's got much more ~ since then** il a beaucoup mûri depuis; (Univ) ~ **student** (gen) étudiant(e) m(f) plus âgé(e) que la moyenne; (Brit Admin) étudiant(e) de plus de 26 ans (ou de 21 ans dans certains cas). **2** vt faire mûrir. **3** vi [person] mûrir; [wine, cheese] se faire; (Fin) venir à échéance, échoir.
maturity [mə'tjʊərɪt] n maturité f. (Fin) **date of ~** échéance f.
maudlin ['mɔːdlɪn] adj larmoyant.
maul [mɔːl] **1** vt [tiger etc] mutiler, lacérer, (to death) déchiqueter; [person] malmener, brutaliser; (fig) author, book etc éreinter, malmener. **2** n (Rugby) maul m. **3** cpd: **maulstick** appui-main m.
maunder ['mɔːndər] vi (talk) divaguer; (move) errer; (act) agir de façon incohérente.
Maundy ['mɔːndɪ] n: ~ **Thursday** le jeudi saint; (Brit) ~ **money** aumône royale du jeudi saint.
Mauritania [‚mɔːrɪ'teɪnɪə] n Mauritanie f.
Mauritanian [‚mɔːrɪ'teɪnɪən] **1** n Mauritanien(ne) m(f). **2** adj mauritanien.
Mauritian [mə'rɪʃən] **1** n Mauricien(ne) m(f). **2** adj mauricien.
Mauritius [mə'rɪʃəs] n (l'île f) Maurice f. **in ~** à (l'île) Maurice.
mausoleum [‚mɔːsə'lɪəm] n mausolée m.
mauve [məʊv] adj, n mauve (m).

maverick ['mævərɪk] **1** n (calf) veau non marqué; (fig: person) dissident(e) m(f), non-conformiste mf, franc-tireur m (fig). **2** adj dissident, non-conformiste.

maw [mɔ:] n [cow] caillette f; [bird] jabot m; (fig) gueule f.

mawkish ['mɔ:kɪʃ] adj (sentimental) d'une sentimentalité excessive or exagérée; (insipid) insipide, fade; (nauseating) écœurant.

mawkishness ['mɔ:kɪʃnɪs] n (V mawkish) sentimentalité excessive or exagérée; insipidité f, fadeur f; caractère écœurant.

maxi* ['mæksɪ] n (coat/skirt) (manteau m/jupe f) maxi m. ~ single (record or disc) disque m double durée.

maxilla [mæk'sɪlə] n, pl **maxillae** [mæk'sɪli:] (Anat) maxillaire m.

maxillary [mæk'sɪlərɪ] adj (Anat) maxillaire.

maxim ['mæksɪm] n maxime f.

maxima ['mæksɪmə] npl of **maximum 1**.

maximize ['mæksɪmaɪz] vt maximiser, porter au maximum. **to ~ the advantages of sth** tirer le maximum de qch.

maximum ['mæksɪməm] **1** n, pl **maxima** maximum m. **a ~ of £8** un maximum de 8 livres, 8 livres au maximum.
2 adj maximum (f inv or maxima). **~ prices** prix mpl maximums or maxima; **maximum security jail** or **prison** prison f avec système de sécurité renforcée (V also security); (Aut etc) **~ speed** (highest permitted) vitesse f limite or maximum; (highest possible) plafond m; (on truck) **~ load** charge f limite; **~ temperatures** températures maximales.

may¹ [meɪ] modal aux vb (pret and cond might) (a) (indicating possibility) he may arrive il arrivera peut-être, il peut arriver; he might arrive il se peut qu'il arrive (subj), il pourrait arriver; I said that he might arrive j'ai dit qu'il arriverait peut-être; you may or might be making a big mistake tu fais peut-être or tu es peut-être en train de faire une grosse erreur; might they have left already? se peut-il qu'ils soient déjà partis?; I might have left it behind il se peut que je l'aie oublié, je l'ai peut-être bien oublié; you might have killed me! tu aurais pu me tuer!; that's as may be but, (frm) that may well be but peut-être bien or c'est bien possible mais; as soon as may be aussitôt que possible; (frm) be that as it may quoi qu'il en soit; one might well ask whether ... on est en droit de demander si ...; what might your name be? (abrupt) et vous, comment vous appelez-vous?; (polite) puis-je savoir votre nom?; who might you be? qui êtes-vous sans indiscrétion?; how old might he be, I wonder? je me demande quel âge il peut bien avoir.
(b) (indicating permission) may I have a word with you? — yes, you may puis-je vous parler un instant? — (mais) oui, bien sûr; may I help you? puis-je or est-ce que je peux vous aider?; (in shop) vous désirez (quelque chose)?; might I see it? est-ce que je pourrais le voir?, vous permettez que je le voie?; might I suggest that ...? puis-je me permettre de suggérer que ...?; if I may say so si je puis me permettre; may I tell her now? — you may or might as well est-ce que je peux le lui dire maintenant? — après tout pourquoi pas?; may I sit here? vous permettez que je m'assoie ici?; may I? vous permettez?; you may go now (permission; also polite order) vous pouvez partir; (to subordinate) vous pouvez disposer; he said I might leave il a dit que je pouvais partir, il m'a permis de partir.
(c) (indicating suggestion: with 'might' only) (polite) you might try writing to him tu pourrais toujours lui écrire; you might give me a lift home if you've got time tu pourrais peut-être me ramener si tu as le temps; mightn't it be an idea to go and see him? on ferait (or tu ferais etc) peut-être bien d'aller le voir?; (abrupt) you might have told me you weren't coming! tu aurais (tout de même) pu me prévenir que tu ne viendrais pas!; you might at least say 'thank you' tu pourrais au moins dire 'merci'.
(d) (phrases) one might as well say £5 million autant dire 5 millions de livres; we might as well not buy that newspaper at all since no one ever reads it je ne demande bien pourquoi nous achetons ce journal puisque personne ne le lit; I may or might as well tell you all about it après tout je peux bien vous le raconter, je ferais aussi bien de tout vous dire; you may or might as well leave now as wait any longer vous feriez aussi bien de partir tout de suite plutôt que d'attendre encore; they might (just) as well not have gone ils auraient tout aussi bien pu ne pas y aller, ce n'était pas la peine qu'ils y aillent; she blushed, as well she might! elle a rougi, et pour cause!
(e) (frm, liter: in exclamations expressing wishes, hopes etc) may God bless you! (que) Dieu vous bénisse!; may he rest in peace qu'il repose (subj) en paix; o might I see her but once again! oh que je puisse la revoir ne fût-ce qu'une fois!; much good may it do you! grand bien vous fasse!
(f) (frm, liter: subj use) O Lord, grant that we may always obey Seigneur, accorde-nous or donne-nous de toujours obéir; lest he may or might be anxious de crainte qu'il n'éprouve (subj) de l'anxiété; in order that they may or might know afin qu'ils sachent.

may² [meɪ] **1** n (a) (month) **M~** mai m; **the merry month of M~** le joli mois de mai; for other phrases V **September**.
(b) (hawthorn) aubépine f.
2 cpd branch etc d'aubépine. **May beetle** hanneton m; **May Day** le Premier Mai (fête f du Travail); **mayday** V **mayday**; **mayfly** éphémère m; **maypole** mât enrubanné (autour duquel on danse), ≃ mai m; **May queen** reine f de mai; **May tree** aubépine f.

maybe ['meɪbi:] adv peut-être. **~ he'll be there** peut-être qu'il sera là, peut-être sera-t-il là, il sera peut-être là.

mayday ['meɪdeɪ] n (Aviat, Naut) mayday m, S.O.S. m.

Mayfair ['meɪfɛər] n (Brit) Mayfair (le quartier le plus chic de Londres).

mayhem ['meɪhem] n (a) (Jur†† or US) mutilation f du corps humain. (b) (havoc) grabuge* m; (destruction) destruction f.

mayn't [meɪnt] abbr of **may not**; V **may¹**.

mayo* ['meɪəu] n (US: abbr of **mayonnaise**) mayonnaise f.

mayonnaise [,meɪə'neɪz] n mayonnaise f.

mayor [mɛər] n maire m. **Mr/Madam M~** Monsieur/Madame le maire; V **lord**.

mayoralty ['mɛərəltɪ] n mandat m de maire.

mayoress ['mɛəres] n femme f (or fille f etc) du maire; V **lady**.

maze [meɪz] n labyrinthe m, dédale m. (fig) **a ~ of little streets** un labyrinthe or un dédale de ruelles; **to be in a ~** être complètement désorienté.

mazuma‡ [mə'zu:mə] n (US: money) fric m‡, pognon‡ m.

M.B.A. ['embi:'eɪ] n (Univ) abbr of **Master of Business Administration** (maîtrise de gestion).

MBBS, MBChB (Univ) abbrs for **Bachelor of Medicine and Surgery**.

M.B.E. [embi:'i:] n (Brit) abbr of **Member of the Order of the British Empire** (titre honorifique).

M.C. [em'si:] n (a) abbr of **Master of Ceremonies**; V **master**.
(b) (US) abbr of **Member of Congress** (≃ député).

McCarthyisme [mə'ka:θɪ,ɪzəm] n (US Pol) maccarthysme m.

MCP‡ [,emsi:'pi:] n abbr of **male chauvinist pig**; V **chauvinist**.

M.D. [em'di:] n (a) (Univ: abbr for **Doctor of Medicine**) ≃ docteur m en médecine.
(b) (US*) **the MD** le médecin.
(c) (abbr of **Managing Director**) PDG m.
(d) **MD** (US Post) abbr of **Maryland**.

MDT [,emdi:'ti:] (US) abbr of **Mountain Daylight Time**; V **mountain**.

me¹ [mi:] pers pron (a) (direct) (unstressed) me; (before vowel) m'; (stressed) moi. **he can see ~** il me voit; **he saw ~** il m'a vu; **you saw me!** vous m'avez vu, moi!
(b) (indirect) me, moi; (before vowel) m'. **he gave ~ the book** il me donna or m'a donné le livre; **give it to ~** donnez-le-moi; **he was speaking to ~** il me parlait.
(c) (after prep etc) moi. **without ~** sans moi; **I'll take it with ~** je l'emporterai avec moi; **it's ~** c'est moi; **it's ~ he's speaking to** c'est à moi qu'il parle; **you're smaller than ~** tu es plus petit que moi; **if you were ~...** à ma place...; **poor (little) ~!*** pauvre de moi!; **dear ~!*** mon Dieu!, oh là là!*

me² [mi:] n (Mus) mi m.

ME (US Post) abbr of **Maine**.

mead¹ [mi:d] n (drink) hydromel m.

mead² [mi:d] n (liter: meadow) pré m, prairie f.

meadow ['medəu] **1** n pré m, prairie f; V **water**. **2** cpd: **meadow-sweet** reine f des prés.

meagre, (US) **meager** ['mi:gər] **1** adj (all senses) maigre (before n). **2** n maigre m.

meal¹ [mi:l] **1** n repas m. **to have a ~** prendre un repas, manger; **to have** or **get a good ~** bien manger; **come and have a ~** venez manger, venez déjeuner (or dîner); **to have one ~ a day** manger une fois par jour; **we had a ~ at the Procope** nous avons déjeuné (or dîné) au Procope; **midday ~** déjeuner m; **evening ~** dîner m; **that was a lovely ~!** nous avons très bien déjeuné (or dîné); **he made a ~ of bread and cheese** il a déjeuné (or dîné) de pain et de fromage; (fig) **to make a ~ of sth*** faire tout un plat de qch*; V **square** etc.
2 cpd: **meals on wheels** repas livrés à domicile aux personnes âgées ou handicapées; **meal ticket** (lit) ticket m or coupon m de repas; (*fig: job, person etc) gagne-pain m inv; (don't forget) **she's your meal ticket** n'oublie pas que) sans elle tu crèverais de faim; **mealtime** heure f du repas; **at mealtimes** aux heures des repas.

meal² [mi:l] n (U: flour etc) farine f (d'avoine, de seigle, de maïs etc); V **oat**, **wheat** etc.

mealies ['mi:lɪz] npl maïs m.

mealy ['mi:lɪ] **1** adj substance, mixture, potato farineux; complexion blême. **2** cpd: **to be mealy-mouthed** ne pas s'exprimer franchement, tourner autour du pot.

mean¹ [mi:n] pret, ptp **meant** vt (a) (signify) vouloir dire, signifier; (imply) vouloir dire. **what does 'media' ~?**, **what is meant by 'media'?** que veut dire or que signifie 'media'?; **'homely' ~s something different in America** 'homely' a un sens différent en Amérique; **what do you ~ (by that)?** que voulez-vous dire (par là)?, qu'entendez-vous par là?; **you don't really ~ that?** vous n'êtes pas sérieux?, vous plaisantez?; **I really ~ it** je ne plaisante pas, je suis sérieux; **he said it as if he meant it** il a dit cela d'un air sérieux or sans avoir l'air de plaisanter; **I always ~ what I say** quand je dis quelque chose c'est que je le pense; **see what I ~?** tu vois ce que je veux dire?; **the name ~s nothing to me** ce nom ne me dit rien; **the play didn't ~ a thing to her** la pièce n'avait aucun sens pour elle; **what does this ~?** qu'est-ce que cela signifie? or veut dire?; **it ~s he won't be coming** cela veut dire qu'il ne viendra pas; **this ~s war** c'est la guerre à coup sûr; **it ~s trouble** cela nous annonce des ennuis; **it will ~ a lot of expense** cela entraînera beaucoup de dépenses; **catching the train ~s getting up early** pour avoir ce train il faut se lever tôt; **a pound ~s a lot to him** une livre représente une grosse somme pour lui; **holidays don't ~ much to me** les vacances comptent peu pour moi; **I can't tell you what your gift has meant to me!** je ne saurais vous dire à quel point votre cadeau m'a touché!; **don't I ~ anything to you at all?** je ne suis donc rien pour toi?; **what it ~s to be free!** quelle belle chose que la liberté!; **money doesn't ~ happiness** l'argent ne fait pas le bonheur.
(b) (intend, purpose) avoir l'intention, se proposer (to do de faire), compter, vouloir (to do faire); (intend, destine) gift etc destiner (for à); remark adresser (for à). **I meant to come yesterday** j'avais l'intention or je voulais or je me proposais de venir hier; **what does he ~ to do now?** que compte-t-il faire maintenant?; **I didn't ~ to break it** je n'ai pas fait exprès de le casser, je ne l'ai pas cassé exprès; **I didn't ~ to!** je ne l'ai pas fait exprès! or de propos

délibéré!; **I touched it without** ~**ing to** je l'ai touché sans le vouloir; **I** ~ **to succeed** j'ai bien l'intention de réussir; **despite what he says I** ~ **to go** je partirai quoi qu'il dise; **I** ~ **you to leave,** *(US)* **I** ~ **for you to leave** je veux que vous partiez *(subj)*; **I'm sure he didn't** ~ **it** je suis sûr que ce n'était pas intentionnel *or* délibéré; **I meant it as a joke** j'ai dit *(or* fait*)* cela par plaisanterie *or* pour rire; **we were meant to arrive at 6** nous étions censés arriver *or* nous devions arriver à 6 heures; **she** ~**s well** ce qu'elle fait *(or* dit *etc)* part d'un bon sentiment, elle est pleine de bonnes intentions; **he** ~**s trouble** il cherche la bagarre; **he looks as if he** ~**s trouble** il a une mine qui n'annonce rien de bon *or* qui vaille; **do you** ~ **me?** *(are you speaking to me)* c'est à moi que vous parlez?; *(are you speaking about me)* c'est de moi que vous parlez?; **he meant you when he said** ... c'est vous qu'il visait *or* c'est à vous qu'il faisait allusion lorsqu'il disait ...; **I meant the book for Paul** je destinais le livre à Paul; **that book is meant for children** ce livre est destiné aux enfants *or* est à l'intention des enfants; **this cupboard was never meant to be** *or* **meant for a larder** ce placard n'a jamais été conçu pour servir de garde-manger *or* n'a jamais été censé être un garde-manger; **this portrait is meant to be Anne** ce portrait est censé être celui d'Anne *or* représenter Anne; *V* **business, harm, offence** *etc.*

mean² [miːn] **1** *n* (a) *(middle term)* milieu *m*, moyen terme; *(Math)* moyenne *f.* **the golden** *or* **happy** ~ le juste milieu; *V* geometric.
 (b) *(method, way)* ~**s** moyen(s) *m(pl)*; **to find the** ~**s to do** *or* **of doing** trouver le(s) moyen(s) de faire; **to find (a)** ~**s of doing** trouver moyen de faire; **the only** ~**s of contacting him is** ... le seul moyen de le joindre, c'est ...; **there's no** ~**s of getting in** il n'y a pas moyen d'y entrer; **he has been the** ~**s of my success** c'est grâce à lui que j'ai réussi; **the** ~**s to an end** le moyen d'arriver à ses fins; *(Rel)* **the** ~**s of salvation** les voies *fpl* du salut; **come in by all** ~**s!** je vous en prie, entrez!; **by all** ~**s!** mais certainement!, bien sûr!; **by all manner of** ~**s** par tous les moyens; **by any (manner of)** ~**s** n'importe comment, à n'importe quel prix; **by no (manner of)** ~**s** nullement, pas du tout, pas le moins du monde; **she is by no** ~**s stupid** elle est loin d'être stupide; **by some** ~**s or (an)other** d'une façon ou d'une autre; **by this** ~**s** de cette façon; *V also* 1(c) *and* **means, fair¹** *etc.*
 (c) **by** ~**s of** *(gen)* au moyen de; **by** ~**s of a penknife/binoculars** au moyen d'un *or* à l'aide d'un canif/au moyen des *or* à l'aide des jumelles; **by** ~**s of his brother** avec l'aide de *or* par l'intermédiaire de *or* par l'entremise de son frère; **by** ~**s of the telephone/a ballot** par le moyen du téléphone/d'un scrutin; **he taught English by** ~**s of play** il enseignait l'anglais par le jeu *or* par le biais du jeu; **by** ~**s of hard work** à force de travail.
 2 *adj distance, temperature, price* moyen.

mean³ [miːn] *adj* (a) *(Brit: stingy)* avare, mesquin, chiche, radin*.* ~ **with one's time/money** avare de son temps/argent; **don't be so** ~**!** ne sois pas si radin!*
 (b) *(unpleasant, unkind) person, behaviour* mesquin, méchant. **a** ~ **trick** un sale tour, une crasse*; **you** ~ **thing!** chameau!*; *(to a child)* méchant!; **you were** ~ **to me** tu n'as vraiment pas été chic* *or* sympa* avec moi, tu as été plutôt rosse *or* chameau* avec moi; **that was** ~ **of them** c'était bien mesquin de leur part, ce n'était pas chic* de leur part; **to feel** ~ **about sth*** avoir un peu honte de qch, ne pas être très fier de qch.
 (c) *(US*: vicious) horse, dog etc* méchant, vicieux; *person* sadique, salaud‡.
 (d) *(inferior, poor) appearance, existence* misérable, minable. **the** ~**est citizen** le dernier des citoyens; **the** ~**est intelligence** l'esprit le plus borné; **he is no** ~ **scholar** c'est un savant d'envergure; **he's no** ~ **singer** c'est un chanteur de talent; **it was no** ~ **feat** cela a été un véritable exploit, ce n'a pas été un mince exploit; **to have no** ~ **opinion of o.s.** avoir une (très) haute opinion de soi-même.
 (e) (‡: *excellent*) terrible*, formidable.

meander [mɪ'ændər] **1** *vi* (a) *[river]* faire des méandres, serpenter.
 (b) *[person]* errer, vagabonder. **she** ~**ed in** elle entra sans se presser. **2** *n* méandre *m*, détour *m*, sinuosité *f.*

meaning ['miːnɪŋ] **1** *n [word]* sens *m*, signification *f*; *[phrase, action]* signification; *(Ling)* signification *f.* **with a double** ~ à double sens; **literal** ~ sens propre *or* littéral; **what is the** ~ **of this word?** quel est le sens de ce mot?, que signifie ce mot?; *(in anger, disapproval etc)* **what is the** ~ **of this?** qu'est-ce que cela signifie?; *(Jur)* **within the** ~ **of this Act** au sens de la présente loi; **you haven't got my** ~ vous m'avez mal compris; **look/gesture full of** ~ regard/geste significatif *or* éloquent; **'really?' he said with** ~ son 'vraiment?' fut significatif *or* éloquent.
 2 *adj look etc* significatif, éloquent, expressif; *V* **well.**

meaningful ['miːnɪŋfʊl] *adj* (a) *look* significatif, éloquent, expressif.
 (b) *talks, discussions, relationship* positif.
 (c) *(Ling) phrase* sémantique.

meaningless ['miːnɪŋlɪs] *adj word, action* dénué de sens, sans signification; *waste, suffering* insensé.

meanness ['miːnnɪs] *n (V* **mean³**) avarice *f*, mesquinerie *f*; méchanceté *f*, manque *m* de cœur; pauvreté *f.*

meanly ['miːnlɪ] *adv (stingily)* chichement, mesquinement; *(nastily)* méchamment.

means [miːnz] **1** *npl (wealth)* moyens *mpl*, ressources *fpl.* **he is a man of** ~ il a une belle fortune *or* de gros moyens*; **to live within/beyond one's** ~ vivre selon ses moyens/ au-dessus de ses moyens; **private** ~ fortune personnelle; **slender** ~ ressources très modestes; *V also* **mean²** 1(c).
 2 *cpd:* **(Admin) means test** *n* examen *m* des ressources *(d'une personne qui demande une aide pécuniaire de l'État)*; *(vt)* **to means-test sb** examiner les ressources de qn *(avant d'accorder certaines*

prestations sociales); **the grant is not means-tested** cette allocation ne dépend pas des ressources familiales *(or* personnelles*)*.

meant [ment] *pret, ptp of* **mean¹.**

meantime ['miːntaɪm] *adv,* **meanwhile** ['miːnwaɪl] *adv:* **(in the)** ~ en attendant, pendant ce temps, dans l'intervalle.

measles ['miːzlz] *n* rougeole *f*; *V* **German.**

measly* ['miːzlɪ] *adj* minable, misérable, piètre *(before n)*.

measurable ['meʒərəbl] *adj* mesurable.

measure ['meʒər] **1** *n* (a) *(system, unit)* mesure *f*; *(fig)* mesure. **to give good** *or* **full** ~ faire bonne mesure *or* bon poids; **to give short** ~ voler *or* rogner sur la quantité *or* sur le poids; *(fig)* **for good** ~ pour faire bonne mesure, pour la bonne mesure; **suit made to** ~ complet fait sur mesure; **10** ~**s of wheat** 10 mesures de blé; **liquid** ~ mesure de capacité pour les liquides; **a pint** ~ ≃ une mesure d'un demi-litre; *(Brit Math)* **greatest common** ~ le plus grand commun diviseur; **happiness beyond** ~ bonheur sans bornes; **in some** ~ dans une certaine mesure, jusqu'à un certain point; **in great** *or* **large** ~ dans une large mesure, en grande partie; **I've got his** ~ je sais ce qu'il vaut; *(fig)* **it had a** ~ **of success** cela a eu un certain succès; *V* **standard, tape** *etc.*
 (b) *(sth for measuring) (ruler)* règle *f*; *(folding)* mètre *m* pliant; *(tape)* mètre à ruban; *(jug/glass)* pot *m*/verre *m* gradué; *(post)* toise *f.*
 (c) *(step)* mesure *f*, démarche *f*; *(Parl) (bill)* projet *m* de loi; *(act)* loi *f.* **strong/drastic** ~**s** mesures énergiques/draconiennes; **to take** ~**s against** prendre des mesures contre.
 (d) *(Mus, Poetry etc)* mesure *f.*
 2 *vt (lit) child, length, time* mesurer; *(fig) strength, courage* mesurer, estimer, évaluer, jauger. **to** ~ **the height of sth** mesurer *or* prendre la hauteur de qch; **to be** ~**d for a dress** faire prendre ses mesures pour une robe; **what does it** ~**?** quelles sont ses dimensions?; **the room** ~**s 4 metres across** la pièce a *or* fait *or* mesure 4 mètres de large; **the carpet** ~**s 3 metres by 2** le tapis fait *or* mesure 3 mètres sur 2; *(fig)* **to be** ~**d against** être comparé avec *or* à; *(fig)* **to** ~ **one's strength against sb** se mesurer à qn; *(fig: fall)* **to** ~ **one's length** tomber *or* s'étaler* de tout son long.
 ♦**measure off** *vt sep lengths of fabric etc* mesurer.
 ♦**measure out** *vt sep* (a) *ingredients, piece of ground* mesurer.
 (b) *(issue)* distribuer.
 ♦**measure up** *vt sep wood* mesurer; *(fig) sb's intentions* jauger; *person* évaluer, jauger.
 ♦**measure up to** *vt fus task* être au niveau de, être à la hauteur de; *person* être l'égal de.

measured ['meʒəd] *adj time, distance* mesuré; *(fig) words, language, statement* modéré, mesuré, circonspect; *tone* mesuré, avisé, modéré; *verse* mesuré, rythmique. *(Sport etc)* **over a** ~ **kilometre** sur un kilomètre exactement, sur une distance d'un kilomètre; **with** ~ **steps** à pas comptés *or* mesurés.

measureless ['meʒəlɪs] *adj power etc* incommensurable, infini, immense, sans bornes; *wrath* démesuré.

measurement ['meʒəmənt] *n* (a) *(dimensions: gen pl)* ~**s** mesures *fpl*, dimensions *fpl*; *[piece of furniture etc]* encombrement *m* au sol; **to take the** ~**s of a room** prendre les mesures d'une pièce; **what are your** ~**s?** quelles sont vos mesures? (b) *(U)* mesurage *m.*

measuring ['meʒərɪŋ] **1** *n (U)* mesurage *m*, mesure *f.* **2** *cpd:* **measuring chain** chaîne *f* d'arpenteur; **measuring device** appareil *m* de mesure *or* de contrôle; **measuring glass/jug** verre *m*/pot *m* gradué; **measuring rod** règle *f*, mètre *m*; **measuring tape** mètre *m* à ruban.

meat [miːt] **1** *n* viande *f*; *(fig)* substance *f*; *(††: food)* nourriture *f*, aliment *m.* **cold** ~ viande froide; *(on a)* **platter** assiette *f* anglaise; **remove the** ~ **from the bone** ôter la chair de l'os; *(fig)* **there's not much** ~ **in his book** son livre n'a pas beaucoup de substance; *(lit)* ~ **and drink** de quoi manger et boire; *(fig)* **this is** ~ **and drink to them** c'est une aubaine pour eux; *(US fig)* **that's my** ~**!** ça me botte vachement!‡; *(Prov)* **one man's** ~ **is another man's poison** ce qui guérit l'un tue l'autre.
 2 *cpd:* *(US)* **meat ax,** *(Brit)* **meat axe** couperet *m*; **meatball** boulette *f* de viande; **meat cleaver** ~ **meat ax(e)**; **meat diet** régime carné; *(animal)* **meat-eater** carnivore *m*; **he's a big meat-eater** c'est un gros mangeur de viande; **meat-eating** carnivore; **meat extract** concentré *m* de viande; *(US)* **meathead‡** andouille‡ *f*, imbécile *mf*; **meat hook** crochet *m* de boucherie, allonge *f*; **meatless** *V* **meatless**; **meat loaf** pain *m* de viande; **meat pie** pâté *m* en croûte; *(Brit)* **meat safe** garde-manger *m inv.*

meatless ['miːtlɪs] *adj* sans viande, maigre.

meatus [mɪ'eɪtəs] *n, pl inv or* -es *(Anat)* conduit *m.*

meaty ['miːtɪ] *adj flavour* de viande; *(fig) argument, book* étoffé, substantiel.

Mecca ['mekə] *n (Geog)* la Mecque. *(fig)* **a** ~ la Mecque *(for* de*)*.

Meccano [mɪ'kɑːnəʊ] ® *n (Brit)* Meccano *m.*

mechanic [mɪ'kænɪk] *n* mécanicien *m.* **motor** ~ mécanicien garagiste.

mechanical [mɪ'kænɪkəl] *adj power, process* mécanique; *(fig) action, reply* machinal, automatique, mécanique. ~ **engineer** ingénieur mécanicien; ~ **engineering** génie *m* mécanique.

mechanically [mɪ'kænɪkəlɪ] *adv* mécaniquement; *(fig)* machinalement, mécaniquement.

mechanics [mɪ'kænɪks] *n* (a) *(U: science)* mécanique *f.*
 (b) *(pl) (technical aspect)* mécanisme *m*, processus *m*; *(mechanism; working parts)* mécanisme, mécanique *f.* *(fig)* **the** ~ **of running an office** le processus *or* l'aspect *m* pratique de la gestion d'un bureau.

mechanism ['mekənɪzm] *n (all senses)* mécanisme *m.* **defence** ~ mécanisme de défense; *V* **safety** *etc.*

mechanistic [ˌmekə'nɪstɪk] *adj* mécaniste.

mechanization [ˌmekənaɪ'zeɪʃən] *n* mécanisation *f.*

mechanize ['mekənaɪz] *vt process, production* mécaniser; *army* motoriser. ~d *industry* industrie mécanisée; ~d *troops* troupes motorisées.

M.Ed. [,em'ed] *n* (*Univ*) *abbr of* **Master of Education** (≃ *CAPES*).

medal ['medl] *n* (*Mil, Sport, gen*) médaille *f*. **swimming** ~ médaille de natation; (*US: Congressional*) **M~ of Honor** Médaille *f* d'honneur (*la plus haute décoration militaire*).

medalist ['medəlɪst] *n* (*US*) = **medallist**.

medallion [mɪ'dæljən] *n* (*gen, Archit*) médaillon *m*.

medallist, (*US*) **medalist** ['medəlɪst] *n*: **he's a gold/silver** ~ il a eu la médaille d'or/d'argent; **the 3** ~**s on the podium** les 3 médaillés *or* vainqueurs sur le podium.

meddle ['medl] *vi* (a) (*interfere*) se mêler, s'occuper (*in* de), s'ingérer (*in* dans) (*frm*). **stop meddling!** cesse de t'occuper *or* de te mêler de ce qui ne te regarde pas! (b) (*tamper*) toucher (*with* à).

meddler ['medlər] *n* (a) (*busybody*) mouche *f* du coche, fâcheux *m*, -euse *f*. **he's a dreadful** ~ il est toujours à fourrer son nez partout. (b) (*touching things*) touche-à-tout *m inv*.

meddlesome ['medlsəm] *adj*, **meddling** ['medlɪŋ] *adj* (a) (*interfering*) qui fourre son nez partout, indiscret (*f*-ète). (b) (*touching*) qui touche à tout.

medevac ['medɪ,væk] *n* (*helicopter*) hélicoptère *m* sanitaire de l'armée.

media ['miːdɪə] **1** *npl of* **medium** (*souvent employé au sg*) **the** ~ (*Press, Rad, TV*) (les journalistes *mpl* et reporters *mpl* de) la presse écrite et parlée, les media *mpl*; (*means of communication*) les media, les moyens *mpl* de diffusion de l'information. **he claimed the** ~ **were all against him** il prétendait qu'il avait tous les media contre lui; **I heard it on the** ~***** je l'ai entendu à la radio (*or* à la télé); **the** ~ **were waiting for him at the airport*** les journalistes et les photographes l'attendaient à l'aéroport.

2 *cpd attention, reaction* des média; *event* médiatique. **media coverage** reportage(s) *m(pl)* des média; **media man** (*Press, Rad, TV*) journaliste *m*, reporter *m*; (*Publicity*) agent *m* publicitaire; **media-shy** (*adj*) qui n'aime pas être interviewé; **media star** vedette *f* des média; (*Univ etc*) **media studies** études *fpl* des média.

mediaeval [,medɪ'iːvəl] *adj* médiéval, du moyen âge; *streets, aspect, charm* moyenâgeux (*also pej*).

mediaevalism [,medɪ'iːvəlɪzəm] *n* médiévisme *m*.

mediaevalist [,medɪ'iːvəlɪst] *n* médiéviste *mf*.

medial ['miːdɪəl] **1** *adj* (a) (*middle*) (*gen*) médian; (*Phon*) médial, médian. (b) (*average*) moyen. **2** *n* (*Phon*) médiale *f*.

median ['miːdɪən] **1** *adj* médian. **2** *n* (a) (*Math, Statistics*) médiane *f*. (b) (*US Aut: also* ~ **strip**) bande médiane.

mediant ['miːdɪənt] *n* médiante *f*.

mediate ['miːdɪeɪt] **1** *vi* servir d'intermédiaire (*between* entre, *in* dans). **2** *vt peace, settlement* obtenir par médiation; *dispute* se faire le médiateur de. **3** *adj* médiat.

mediating ['miːdɪeɪtɪŋ] *adj* médiateur (*f*-trice).

mediation [,miːdɪ'eɪʃən] *n* médiation *f*, intervention *f*, entremise *f*.

mediator ['miːdɪeɪtər] *n* médiateur *m*, -trice *f*.

Medibank ['medɪbæŋk] *n* Sécurité sociale australienne.

medic* ['medɪk] *n* (*abbr of* **medical**) (*student*) carabin* *m*; (*doctor*) toubib* *m*.

Medicaid ['medɪ,keɪd] *n* (*US Med*) assistance médicale aux indigents.

medical ['medɪkəl] **1** *adj subject, certificate, treatment* médical. ~ **board** commission médicale, conseil *m* de santé; (*Mil*) conseil de révision; ~ **care** soins médicaux; ~ **examination** = médical 2; (*US Med*) ~ **examiner** médecin *m* légiste; ~ **insurance** assurance *f* maladie; ~ **jurisprudence** médecine légale; (*US*) ~ **librarian** bibliothécaire *mf* médical(e); ~ **man*** médecin *m*; ~ **officer** (*Ind*) médecin *m* du travail; (*Mil*) médecin-major *m* (*or* -colonel *etc*); **M~ Officer of Health** directeur *m* de la santé publique; ~ **practitioner** médecin *m* (de médecine générale), généraliste *mf*; **the** ~ **profession** (*career*) la carrière médicale; (*personnel*) le corps médical; (*Univ*) ~ **school** école *f or* faculté *f* de médecine; (*Brit*) ~ **social worker** assistant(e) *m(f)* social(e) (dans un hôpital); ~ **student** étudiant(e) *m(f)* en médecine; ~ **studies** études *fpl* de médecine *or* médicales; ~ **technician** technicien *m*, -ienne *f* de laboratoire; ~ **unit/ward** service *m*/salle *f* de médecine générale.

2 *n* (*also* ~ **examination**) (*in hospital, school, army etc*) visite médicale; (*private*) examen médical.

medically ['medɪkəlɪ] *adv* médicalement. **to be** ~ **examined** subir un examen médical.

medicament [me'dɪkəmənt] *n* médicament *m*.

Medicare ['medɪkɛər] *n* (*US*) assistance médicale aux personnes âgées.

medicate ['medɪkeɪt] *vt patient* traiter avec des médicaments; *substance* ajouter une substance médicamenteuse à.

medicated ['medɪkeɪtɪd] *adj* (*gen*) médical; *shampoo* médical, traitant; *soap* médical, médicamenteux.

medication [,medɪ'keɪʃən] *n* médication *f*.

Medici ['medɪtʃɪ] *npl* Médicis.

medicinal [me'dɪsɪnl] *adj* médicinal. ~ **herbs** herbes médicinales, simples *mpl*.

medicine ['medsn, 'medɪsn] **1** *n* (a) (*U: science*) médecine *f*. **to study** ~ faire (sa) médecine; (*Univ*) **Doctor of M~** docteur *m* en médecine; *V* **forensic** *etc*.

(b) (*drug etc*) médicament *m*. **he takes too many** ~**s** il prend *or* absorbe trop de médicaments, il se drogue* trop; **it's a very good** ~ **for colds** c'est un remède souverain contre les rhumes; **to take one's** ~ (*lit*) prendre son médicament; (*fig*) avaler la pilule; **let's give him a taste** *or* **dose of his own** ~ on va lui rendre la monnaie de sa pièce; *V* **patent**.

2 *cpd*: **medicine ball** medecine-ball *m*; **medicine box, medicine chest** pharmacie *f* (portative); **medicine cabinet, medicine chest,**

medicine cupboard (armoire *f* à) pharmacie *f*; **medicine man** sorcier *m*.

medico* ['medɪkəʊ] *n* = **medic**.

medieval *etc* = .**mediaeval** *etc*.

Medina [me'diːnə] *n* Médine (*ville sainte de l'Islam*).

mediocre [,miːdɪ'əʊkər] *adj* médiocre.

mediocrity [,miːdɪ'ɒkrɪtɪ] *n* médiocrité *f*.

meditate ['medɪteɪt] **1** *vt* méditer (*sth* qch, *doing* de faire). **2** *vi* méditer (*on, about* sur), réfléchir (*on, about* à).

meditation [,medɪ'teɪʃən] *n* méditation *f*, réflexion *f* (*on, about* sur). **the fruit of long** ~ le fruit de longues méditations; (*Literat etc*) ~**s** méditations (*on* sur).

meditative ['medɪtətɪv] *adj* méditatif.

meditatively ['medɪtətɪvlɪ] *adv* d'un air méditatif.

Mediterranean [,medɪtə'reɪnɪən] *adj* (*gen*) méditerranéen. **the** ~ **type** le type latin; **the** ~ (**Sea**) la (mer) Méditerranée.

medium ['miːdɪəm] **1** *n*, *pl* **media** (a) (*Bio, Chem, gen*), milieu *m*; (*fig*) moyen *m*, véhicule *m*. (*fig*) **through the** ~ **of the press** par voie de presse; **advertising** ~ organe *m* de publicité; **artist's** ~ moyens *mpl* d'expression d'un artiste; **language is the** ~ **of thought** le langage est le véhicule de la pensée; **television is the best** ~ **for this type of humour** c'est à la télévision que ce genre d'humour passe le mieux, c'est la télévision qui est le meilleur véhicule pour ce genre d'humour; *V* **culture**.

(b) (*mean*) milieu *m*. **the happy** ~ le juste milieu.

(c) (*pl* **mediums**: *Spiritualism*) médium *m*.

2 *adj* (*gen*) moyen; *pen* à pointe moyenne. (*on garment labels*) '~' 'moyen'; *V* **also 3**.

3 *cpd*: (*Cine*) **medium close shot** plan *m* américain; **medium-dry** *wine, champagne* demi-sec; **medium-fine pen** stylo *m* à pointe moyenne; **medium-priced** à un (*or* des) prix économique(s); **medium range missile** fusée *f* à moyenne portée; **medium rare** (*of steaks*) à point; **medium-sized** de grandeur *or* de taille moyenne; (*Rad*) **on the medium wavelength** sur les ondes moyennes; (*Rad*) **medium waves** ondes moyennes.

medlar ['medlər] *n* (*fruit*) nèfle *f*; (*also* ~ **tree**) néflier *m*.

medley ['medlɪ] *n* mélange *m*; (*Mus*) pot-pourri *m*.

medulla [me'dʌlə] *n* (*Anat*) moelle *f*; (*part of brain*) bulbe rachidien.

Medusa [mɪ'djuːzə] *n* la Méduse.

meek [miːk] *adj* doux (*f* douce), humble. ~ **and mild** doux comme un agneau.

meekly ['miːklɪ] *adv* avec douceur, humblement.

meekness ['miːknɪs] *n* douceur *f*, humilité *f*.

meerschaum ['mɪəʃəm] *n* (*pipe*) pipe *f* en écume (de mer); (*clay*) écume *f* de mer.

meet¹ [miːt] (*pret, ptp* **met**) **1** *vt* (a) *person* (*by chance*) rencontrer, tomber sur; (*coming in opposite direction*) croiser; (*by arrangement*) retrouver, rejoindre, revoir; (*go/come to* ~) (aller/venir) chercher, (aller/venir) attendre. **to arrange to** ~ **sb at 3 o'clock** donner rendez-vous à qn pour 3 heures; **I am** ~**ing the chairman at the airport** j'irai attendre le président à l'aéroport; **I am being met at the airport** on doit venir m'attendre à l'aéroport; **I'll** ~ **you outside the cinema** je te (*or* on se retrouve devant le cinéma; **don't bother to** ~ **me** ne prenez pas la peine de venir me chercher; **the car will** ~ **the train** la voiture attendra *or* sera là à l'arrivée du train; **the bus for Aix** ~**s the 10 o'clock train** l'autobus d'Aix assure la correspondance avec le train de 10 heures; **he went out to** ~ **them** il s'est avancé à leur rencontre, il est allé au-devant d'eux; **she came down the steps to** ~ **me** elle a descendu les escaliers et est venue *or* pour venir à ma rencontre; **candidates will be required to** ~ **the committee** les candidats devront se présenter devant les membres du comité; *V* **halfway**, **match²** *etc*.

(b) (*get to know*) rencontrer, faire la connaissance de, connaître. ~ **Mr Jones** je vous présente M. Jones; **I am very pleased to** ~ **you** enchanté de faire votre connaissance; **glad** *or* **pleased to** ~ **you!** enchanté!

(c) (*encounter*) *opponent, opposing team, obstacle* rencontrer; (*face*) *enemy, danger* faire face à, affronter; (*in duel*) se battre avec. **he met his death** *or* **his end in 1880** il trouva la mort en 1880; **to** ~ **death calmly** affronter la mort avec calme *or* sérénité; **this met no response** cela n'a provoqué aucune réponse *or* réaction; *V* **half-way**.

(d) (*satisfy etc*) *expenses, bill* régler, payer; *responsibilities, debt* faire face à, s'acquitter de; *deficit* combler; *goal, aim* atteindre; *demand, need, want* satisfaire, répondre à; *condition, stipulation* remplir; *charge, objection* réfuter; (*Comm*) *orders* satisfaire, assurer. **this will** ~ **the case** ceci fera l'affaire; **to** ~ **payments** faire face à ses obligations financières; **to** ~ **the payments on a washing machine** payer les traites d'une machine à laver; (*Comm etc*) **this** ~**s our requirements** cela correspond à nos besoins; (*Comm etc*) **it did not** ~ **our expectations** nous n'en avons pas été satisfaits.

(e) **the sound which met his ears** le bruit qui frappa ses oreilles; **the sight which met my eye(s)** le spectacle qui me frappa les yeux *or* qui s'offrit à mes yeux; **I met his eye** mon regard rencontra le sien, nos regards se croisèrent; **I dared not** *or* **couldn't** ~ **her eye** je n'osais pas la regarder en face; **there's more to this than** ~**s the eye** (*sth suspicious*) on ne voit pas *or* on ne connaît pas les dessous de cette affaire; (*more difficult than it seems*) c'est moins simple que cela n'en a l'air.

2 *vi* (a) [*people*] (*by chance*) se rencontrer; (*by arrangement*) se retrouver, se rejoindre, se revoir; (*more than once*) se voir; (*get to know each other*) se rencontrer, se connaître, faire connaissance. **to** ~ **again** se revoir; **until we** ~ **again!** au revoir!, à la prochaine fois!; **keep it until we** ~ **again** *or* **until we next** ~ garde-le jusqu'à la prochaine fois; **have you met before?** vous vous connaissez

déjà?, vous vous êtes déjà rencontrés?; **they arranged to ~ at 10
o'clock** ils se sont donné rendez-vous pour 10 heures.
   (b) *[Parliament etc]* se réunir, tenir séance; *[committee, society
etc]* se réunir, s'assembler. **the class ~s in the art room** le cours a
lieu dans la salle de dessin.
   (c) *[armies]* se rencontrer, s'affronter; *[opposing teams]* se rencontrer.
   (d) *[lines, roads etc]* (*join*) se rencontrer; (*cross*) se croiser;
[rivers] se rencontrer, confluer. **our eyes met** nos regards se
croisèrent; *V* **end.**
   3 *n* **(a)** (*Hunting*) rendez-vous *m* (de chasse); (*huntsmen*) chasse
f.
   (b) (*US Sport etc*) réunion *f*, meeting *m*.
◆**meet up** *vi* (*by chance*) se rencontrer; (*by arrangement*) se
retrouver, se rejoindre, se revoir. **to meet up with sb** rencontrer
or rejoindre *or* retrouver *or* revoir qn.
◆**meet with** *vt fus* **(a)** *difficulties, resistance, obstacles* rencontrer;
refusal, losses, storm, gale essuyer; *welcome, reception* recevoir. **he
met with an accident** il lui est arrivé un accident; **we met with
great kindness** on nous a traités avec une grande gentillesse; **this
suggestion was met with angry protests** de vives protestations
ont accueilli la suggestion.
   (b) (*US*) *person* (*by chance*) rencontrer, tomber sur; (*coming in
opposite direction*) croiser; (*by arrangement*) retrouver, rejoindre,
revoir.
meet² [miːt] *adj* († *or liter: suitable*) convenable, séant†.
meeting [ˈmiːtɪŋ] **1** *n* **(a)** *[group of people, political party, club etc]*
réunion *f*; (*large, formal*) assemblée *f*; (*Pol, Sport*) meeting *m*. **business ~** réunion d'affaires *or* de travail; **he's in a ~** il est en
conférence; **I've got ~s all afternoon** je suis pris par des réunions
tout l'après-midi; **to hold a ~** tenir une assemblée *or* une réunion
or un meeting; **to call a ~ of shareholders** convoquer les actionnaires; **to call a ~ to discuss sth** convoquer une réunion pour
débattre qch; **to address a ~** prendre la parole à une réunion (*or*
un meeting); *V* **annual, mass¹, open** *etc*.
   (b) (*between individuals*) rencontre *f*; (*arranged*) rendez-vous *m*;
(*formal*) entrevue *f*. **the minister had a ~ with the ambassador** le
ministre s'est entretenu avec l'ambassadeur, le ministre a eu une
entrevue avec l'ambassadeur; (*fig : agreement*) **it was a ~ of
minds** il y avait entre eux une entente profonde.
   (c) (*Quakers*) culte *m*. **to go to ~** aller au culte.
   2 *cpd*: (**Quakers'**) **meeting house** temple *m*; **meeting place** lieu
m de réunion.
mega... [ˈmegə] *pref* méga... .
megabuck* [ˈmegəbʌk] (*US*) **1** *n* million *m* de dollars. **2** *cpd film etc*
méga-, *e.g.* **megastar** mégastar *f*.
megabyte [ˈmegəbaɪt] *n* (*Comput*) Méga-octet *m*, Mo *m*.
megacycle [ˈmegəsaɪkl] *n* mégacycle *m*.
megadeath [ˈmegədeθ] *n* million *m* de morts.
megahertz [ˈmegəhɜːts] *n* mégahertz *m*.
megalith [ˈmegəlɪθ] *n* mégalithe *m*.
megalithic [ˌmegəˈlɪθɪk] *adj* mégalithique.
megalomania [ˌmegələˈmeɪnɪə] *n* mégalomanie *f*.
megalomaniac [ˌmegələˈmeɪnɪæk] *adj, n* mégalomane (*mf*).
megalopolis [ˌmegəˈlɒpəlɪs] *n* mégalopole *f*.
megaphone [ˈmegəfəʊn] *n* porte-voix *m* inv.
megaton [ˈmegətʌn] *n* mégatonne *f*. **a 5-~ bomb** une bombe de 5
mégatonnes.
megillah‡ [məˈgɪlə] *n* (*US*) grand laïus *m*, longues explications *fpl*.
the whole ~ tout le tremblement*.
meiosis [maɪˈəʊsɪs] *n* (*Bio*) méiose *f*; (*Literat*) litote *f*.
Mekong [ˌmiːˈkɒŋ] *n* **Mékong** *m*. **~ Delta** delta *m* du Mékong.
melamine [ˈmeləmiːn] **1** *n* mélamine *f*. **2** *cpd cup, surface* de *or* en
mélamine. **melamine-coated, melamine-faced** mélaminé.
melancholia [ˌmelənˈkəʊlɪə] *n* (*Psych*) mélancolie *f*.
melancholic [ˌmelənˈkɒlɪk] *adj* (*gen, Psych*) mélancolique.
melancholically [ˌmelənˈkɒlɪklɪ] *adv* mélancoliquement.
melancholy [ˈmelənkəlɪ] **1** *n* (*U*) mélancolie *f*. **2** *adj person, look*
mélancolique; *news, duty, event* triste, attristant.
Melanesia [ˌmeləˈniːzɪə] *n* Mélanésie *f*.
Melanesian [ˌmeləˈniːzɪən] **1** *adj* mélanésien. **2** *n* **(a)** Méla-
nésien(ne) *m(f)*. **(b)** (*Ling*) mélanésien *m*.
melanic [məˈlænɪk] *adj* mélanique.
melanin [ˈmelənɪn] *n* mélanine *f*.
melanism [ˈmelənɪzəm] *n* mélanisme *m*.
Melba toast [ˈmelbə ˈtəʊst] *n* (*Culin*) biscotte *f* très fine.
Melbourne [ˈmelbən] *n* Melbourne.
mellifluous [meˈlɪfluəs] *adj* mélodieux, doux (*f* douce) (à l'oreille).
mellow [ˈmeləʊ] **1** *adj* **(a)** *fruit* bien mûr, fondant; *wine* moelleux,
velouté; *colour, light* doux, velouté; *earth, soil* meuble, riche; *voice,
tone* moelleux, harmonieux, mélodieux; *building* patiné (par l'âge);
person mûri et tranquille; *character* mûri par l'expérience. **to
grow ~** mûrir, s'adoucir.
   (b) (*fig*: slightly drunk*) pompette, éméché.
   (c) (*US*) **that's ~*** c'est idéal, c'est juste ce qu'il faut (*or* fallait).
   2 *vt fruit* (faire) mûrir; *wine* rendre moelleux, donner du velouté
or du moelleux à; *voice, sound* adoucir, rendre plus moelleux;
colour fondre, velouter; *person, character* adoucir, arrondir les
angles de (*fig*). **the years have ~ed him** les angles de son caractère
se sont arrondis avec l'âge, il s'est adouci avec les années.
   3 *vi* [*fruit*] mûrir; [*wine*] se velouter, se velouter, se
patiner; [*voice*] prendre du moelleux, se velouter; [*person, character*] s'adoucir.
mellowing [ˈmeləʊɪŋ] **1** *n* [*fruit, wine*] maturation *f*; [*voice, colours,
person, attitude*] adoucissement *m*. **2** *adj effect etc* adoucissant.
mellowness [ˈmeləʊnɪs] *n* [*fruit*] douceur *f* (fondante); [*wine*]
moelleux *m*, velouté *m*; [*colour*] douceur, velouté; [*voice, tone*]

timbre moelleux *or* velouté; *[building]* patine *f*; *[light, character,
attitude]* douceur.
melodic [mɪˈlɒdɪk] *adj* mélodique.
melodious [mɪˈləʊdɪəs] *adj* mélodieux.
melodiously [mɪˈləʊdɪəslɪ] *adv* mélodieusement.
melodrama [ˈmeləʊˌdrɑːmə] *n* (*lit, fig*) mélodrame *m*, mélo* *m*
(*pej*).
melodramatic [ˌmeləʊdrəˈmætɪk] *adj* mélodramatique.
melodramatically [ˌmeləʊdrəˈmætɪkəlɪ] *adv* d'un air *or* d'une
façon mélodramatique.
melody [ˈmelədɪ] *n* mélodie *f*.
melon [ˈmelən] *n* melon *m*. (*US fig*) **to cut a ~*** se partager les
profits *or* le gâteau; *V* **water.**
melt [melt] **1** *vi* **(a)** *[ice, butter, metal]* fondre; *[solid in liquid]* fondre, se dissoudre. **these cakes ~ in the mouth** ces pâtisseries
fondent dans la bouche; (*fig*) **he looks as if butter wouldn't ~ in
his mouth** on lui donnerait le bon Dieu sans confession*; *V also*
melting.
   (b) (*fig*) *[colours, sounds]* se fondre, s'estomper (*into* dans); *[per-
son]* se laisser attendrir; *[anger]* tomber; *[resolution, determina-
tion]* fléchir, fondre. **to ~ into tears** fondre en larmes; **her heart
~ed with pity** son cœur s'est fondu de pitié; **night ~ed into day**
la nuit a fait insensiblement place au jour; **one colour ~ed into
another** les couleurs se fondaient les unes dans les autres; **the
thief ~ed into the crowd** le voleur s'est fondu *or* a disparu dans
la foule.
   (c) (*: *be too hot*) **to be ~ing** fondre, être en nage.
   2 *vt ice, butter* (faire) fondre; *metal* fondre. (*fig*) **to ~ sb's heart**
attendrir *or* émouvoir (le cœur de) qn; (*Culin*) **~ed butter** beurre
fondu; *V also* **melting.**
   3 *cpd*: (*Nuclear Physics*) **meltdown** fusion *f* (du cœur d'un réacteur nucléaire).
◆**melt away** *vi* **(a)** *[ice etc]* fondre complètement, disparaître.
   (b) (*fig*) *[money, savings]* fondre; *[anger]* se dissiper, tomber;
[confidence] disparaître; *[fog]* se disperser; *[crowd]* se disperser; *[per-
son]* se volatiliser, s'évaporer*, s'envoler*.
◆**melt down** **1** *vt sep* fondre; *scrap iron, coins* remettre à la fonte.
   2 meltdown *n V* **melt 3.**
melting [ˈmeltɪŋ] **1** *adj snow* fondant; (*fig*) *voice, look* attendri;
words attendrissant.
   2 *n* [*snow*] fonte *f*; [*metal*] fusion *f*, fonte.
   3 *cpd*: **melting point** point *m* de fusion; (*fig*) **the country was a
melting pot of many nationalities** le pays était le creuset de pien
des nationalités; **the scheme was back in the melting pot again**
le projet a été remis en question une fois de plus; **it's still all in the
melting pot** c'est encore en pleine discussion *or* au stade des
discussions.
member [ˈmembəʳ] *n* **(a)** *[society, political party etc]* membre *m*,
adhérent(e) *m(f)*; *[family, tribe]* membre. (*on notice etc*) **'~s only'**
'réservé aux adhérents'; **a ~ of the audience** un membre de
l'assistance, l'un des assistants; (*hearer*) un auditeur; (*spectator*)
un spectateur; (*US Pol*) **M~ of Congress** membre du Congrès; **a ~
of the congress** un(e) congressiste; **they treated her like a ~ of
the family** ils l'ont traitée comme si elle faisait partie *or* était de la
famille; (*Brit Pol*) **M~ of Parliament** ≃ député *m*; **the M~ (of
Parliament) for Woodford** le député de Woodford; (*Brit*) **M~ of
the European Parliament** Membre *m* du Parlement Européen; **a
~ of the public** un simple particulier, une simple particulière,
un(e) simple citoyen(ne); *[firm, organisation]* **a ~ of the staff**
un(e) employé(e); (*Scol, Univ*) **a ~ of staff** un professeur; *V* **full,
honorary, private** *etc*.
   (b) (*Anat, Bot, Math etc*) membre *m*. (*Anat*) (*male*) **~** membre
(*viril*).
   2 *cpd*: **the member nations** *or* **countries** *or* **states** les États *mpl*
or pays *mpl* membres.
membership [ˈmembəʃɪp] **1** *n* **(a)** (*state*) adhésion *f*. **Britain's ~ of
the Common Market** l'adhésion de la Grande-Bretagne au
Marché Commun; **when I applied for ~ of the club** quand j'ai fait
ma demande d'adhésion au club; **he has given up his ~ of the
party** il a rendu sa carte du parti; **~ carries certain privileges**
l'adhésion donne droit à certains privilèges, les membres jouissent
de certains privilèges.
   (b) (*number of members*) **this society has a ~ of over 800** cette
société a plus de 800 membres.
   2 *cpd*: **membership card** carte *f* d'adhérent *or* de membre; **membership fee** cotisation *f*, droits *mpl* d'inscription; **membership
qualifications** conditions *fpl* d'éligibilité.
membrane [ˈmembreɪn] *n* membrane *f*.
membranous [memˈbreɪnəs] *adj* membraneux.
memento [məˈmentəʊ] *n* (*keepsake*) souvenir *m*; (*note, mark etc*)
mémento *m*; (*scar*) souvenir. **as a ~ of** en souvenir de.
memo [ˈmeməʊ] **1** *n* (*abbr of* **memorandum**) note *f* (de service). **2**
cpd: **memo pad** bloc-notes *m*.
memoir [ˈmemwɑːʳ] *n* (*essay*) mémoire *m*, étude *f* (*on* sur); (*short
biography*) notice *f* biographique. **~s** (*autobiographical*)
mémoires; *[learned society]* actes *mpl*.
memorabilia [ˌmemərəˈbɪlɪə] *n* souvenirs *mpl* (*objets*).
memorable [ˈmemərəbl] *adj* mémorable.
memorably [ˈmemərəblɪ] *adv* mémorablement.
memorandum [ˌmeməˈrændəm] *n, pl* **memoranda**
[ˌmeməˈrændə] **(a)** (*reminder, note*) note *f*. **to make a ~ of sth**
prendre note de qch, noter qch.
   (b) (*communication within company etc*) note *f* (de service).
he sent a ~ round about the drop in sales il a fait circuler une
note *or* il a fait passer une circulaire à propos de la baisse des
ventes.
   (c) (*Diplomacy*) mémorandum *m*.

(d) (*Jur*) sommaire *m* des statuts (d'un contrat). (*Jur*) ~ **of agreement** protocole *m* d'accord.
memorial [mɪ'mɔːrɪəl] **1** *adj* *plaque* commémoratif. (*US*) **M~ Day** le jour des morts au champ d'honneur (*dernier lundi de mai*); (*US: cemetery*) ~ **park** cimetière *m*; ~ **service** ≃ messe *f* de souvenir.
2 *n* **(a)** (*sth serving as reminder*) **this scholarship is a** ~ **to John F. Kennedy** cette bourse d'études est en mémoire de John F. Kennedy.
(b) (*monument*) monument *m* (commémoratif), mémorial *m*; (*over grave*) monument (funéraire). **a** ~ **to the victims** un monument aux victimes.
(c) (*also* war ~) monument *m* aux morts.
(d) (*Hist: chronicles*) ~**s** chroniques *fpl*, mémoires *mpl*, mémorial *m*.
(e) (*Admin etc: petition*) pétition *f*, requête *f* (officielle).
memorize ['meməraɪz] *vt facts, figures, names* mémoriser, retenir; *poem, speech* apprendre par cœur.
memory ['memərɪ] **1** *n* **(a)** (*faculty; also Comput*) mémoire *f*. **to have a good/bad** ~ avoir (une) bonne/mauvaise mémoire; **to have a** ~ **for faces** avoir la mémoire des visages, être physionomiste; **to play/quote from** ~ jouer/citer de mémoire; **to commit to** ~ *poem* apprendre par cœur; *facts, figures* mémoriser, retenir; **to the best of my** ~ autant que je m'en souvienne; **loss of** ~ perte *f* de mémoire; (*Med*) amnésie *f*; (*Comput*) **additional** *or* **back-up** ~ mémoire auxiliaire; **V living.**
(b) (*recollection*) souvenir *m*. **childhood memories** souvenirs d'enfance; **'Memories of a country childhood'** 'Souvenirs d'une enfance à la campagne'; **the** ~ **of the accident remained with him all his life** il a conservé toute sa vie le souvenir de l'accident, le souvenir de l'accident est resté gravé dans sa mémoire toute sa vie; **to keep sb's** ~ **alive** *or* **green** garder vivant le souvenir de qn, entretenir la mémoire de qn; **in** ~ **of** en souvenir de, à la mémoire de; **sacred to the** ~ **of** à la mémoire de; **of blessed** ~ de glorieuse mémoire.
2 *cpd*: (*Comput*) **memory capacity** capacité *f* de mémoire; (*Comput*) **memory chip** puce *f* mémoire; (*fig*) **it was a trip down memory lane** c'était un retour en arrière *or* un retour aux sources; **memory typewriter** machine *f* à écrire à mémoire.
memsahib ['mem,sɑːhɪb] *n* Madame *f* (*aux Indes*).
men [men] **1** *npl of* **man**. **2** *cpd*: **the menfolk*** les hommes *mpl*; (*Comm*) **menswear** (*clothing*) habillement masculin; (*department*) rayon *m* hommes; **V also man.**
menace ['menɪs] **1** *n* menace *f*. **he drives so badly he's a** ~ **to the public** il conduit si mal qu'il en est un danger public; **that child/dog/motorbike is a** ~***** cet enfant/ce chien/cette motocyclette est une plaie*. **2** *vt* menacer.
menacing ['menɪsɪŋ] *adj* menaçant.
menacingly ['menɪsɪŋlɪ] *adv act* d'un air menaçant; *say* d'un ton menaçant.
ménage [meˈnɑːʒ] *n* (*often pej*) ménage *m*.
menagerie [mɪˈnædʒərɪ] *n* ménagerie *f*.
Menai [,menaɪ] *n*: ~ **Strait** détroit *m* de Menai.
mend [mend] **1** *vt* **(a)** (*repair*) *clothes etc* raccommoder; *watch, wall, vehicle, shoes etc* réparer; (*darn*) *sock, stocking* repriser; *laddered stocking* remmailler; **V fence, invisibly.**
(b) (*fig*) *mistake etc* corriger, rectifier, réparer. **that won't** ~ **matters** cela ne va pas arranger les choses; **to** ~ **one's ways, to** ~ **one's manners** s'amender; **V least.**
2 *vi* **(a)** (*darn etc*) faire le raccommodage.
(b) (*) = **to be on the** ~; **V 3b.**
3 *n* **(a)** (*on clothes*) raccommodage *m*; (*patch*) pièce *f*; (*darn*) reprise *f*.
(b) to be on the ~ [*invalid*] être en voie de guérison, aller mieux; [*business, sales*] prendre une meilleure tournure, reprendre, s'améliorer; [*conditions, situation, weather*] s'améliorer.
mendacious [menˈdeɪʃəs] *adj report* mensonger, fallacieux; *person* menteur.
mendacity [menˈdæsɪtɪ] *n* **(a)** (*U*) (*habit*) fausseté *f*, habitude *f* de mentir; (*tendency*) propension *f* au mensonge; [*report*] caractère mensonger. **(b)** (*lie*) mensonge *m*.
mendelevium [,mendɪˈliːvɪəm] *n* mendélévium *m*.
Mendelian [menˈdiːlɪən] *adj* mendélien.
Mendelism ['mendəlɪzəm] *n* mendélisme *m*.
mendicancy ['mendɪkənsɪ] *n* mendicité *f*.
mendicant ['mendɪkənt] *adj, n* mendiant(e) *m(f)*.
mendicity [menˈdɪsɪtɪ] *n* mendicité *f*.
mending ['mendɪŋ] *n* (*act*) raccommodage *m*; (*clothes to be mended*) vêtements *mpl* à raccommoder; **V invisible.**
Menelaus [,menɪˈleəs] *n* Ménélas *m*.
menhir ['menhɪəʳ] *n* menhir *m*.
menial ['miːnɪəl] **1** *adj person* servile; *task* de domestique, inférieur; *position* subalterne. **2** *n* domestique *mf*, laquais *m* (*pej*).
meninges [mɪˈnɪndʒiːz] *npl* méninges *fpl*.
meningitis [,menɪnˈdʒaɪtɪs] *n* méningite *f*.
meniscus [mɪˈnɪskəs] *n* ménisque *m*.
menopausal ['menəʊpɔːzəl] *adj symptom* dû (*f* due) à la ménopause; *woman* à la ménopause.
menopause ['menəʊpɔːz] *n* ménopause *f*. **the male** ~ andropause *f*.
menorrhagia [,menəˈreɪdʒɪə] *n* ménorragie *f*.
mensch [menʃ] *n* (*US**) (*man*) type *m* *or* (*woman*) fille *f* vraiment bien.
menses ['mensiːz] *npl* menstrues *fpl*.
Menshevik ['menʃɪvɪk] *n, adj* menchevik (*m*).
menstrual ['menstrʊəl] *adj* menstruel.
menstruate ['menstrʊeɪt] *vi* avoir ses règles.
menstruation [,menstrʊˈeɪʃən] *n* menstruation *f*.

mensuration [,mensjʊəˈreɪʃən] *n* (*also Math*) mesurage *m*.
mental ['mentl] *adj* **(a)** *ability, process* mental, intellectuel; *illness* mental. ~ **age** âge mental; ~ **defective** débile *mf* mental(e); ~ **deficiency** débilité *or* déficience mentale *or* intellectuelle; (*US Med*) ~ **healing** thérapeutique *f* par la suggestion; ~ **hospital**, ~ **institution**, ~ **home** hôpital *m* *or* clinique *f* psychiatrique; ~ **illness** maladie *f* mentale; ~ **patient** malade *mf* mental(e); ~ **powers** facultés intellectuelles; (*Psych*) ~ **retardation** déficience *f* intellectuelle, arriération mentale; ~ **strain** (*tension*) tension nerveuse; (*overwork*) surmenage *m* (intellectuel); **she's been under a great deal of** ~ **strain** ses nerfs ont été mis à rude épreuve.
(b) *calculation* mental, de tête; *prayer* intérieur. ~ **arithmetic** calcul mental; **to make a** ~ **note of sth** noter qch (en passant), retenir qch; **he made a** ~ **note to do it** il prit note mentalement de le faire; **to have** ~ **reservations about sth** avoir des doutes sur qch.
(c) (**Brit: mad*) fou (*f* folle), malade*, timbré*.
mentality [menˈtælɪtɪ] *n* mentalité *f*.
mentally ['mentəlɪ] *adv calculate, formulate* mentalement. (*Psych*) ~ **defective** mentalement déficient; ~ **disturbed** déséquilibré; ~ **disabled**, ~ **handicapped** handicapé(e) *m(f)* mental(e); ~ **ill attent de maladie mentale; a ~ ill person** un(e) malade mental(e); (*Psych*) ~ **retarded** intellectuellement déficient, (mentalement) arriéré.
menthol ['menθɒl] *n* menthol *m*. ~ **cigarettes** cigarettes mentholées.
mentholated ['menθəleɪtɪd] *adj* mentholé.
mention ['menʃən] **1** *vt* (*gen*) mentionner, faire mention de, signaler; *dates, figures* citer. **he** ~**ed to me that you were coming** il m'a mentionné votre venue *or* que vous alliez venir; **I'll** ~ **it to him** je lui en toucherai un mot, je le lui signalerai; **I've never heard him** ~ **his father** je ne l'ai jamais entendu parler de son père; **to** ~ **sb in one's will** coucher qn sur son testament; **he didn't** ~ **the accident** il n'a pas fait mention de l'accident, il n'a pas soufflé mot de l'accident; **just** ~ **my name** dites que c'est de ma part; **he** ~**ed several names** il a cité plusieurs noms; **without** ~**ing any names** sans nommer *or* citer personne; **I** ~ **this fact only because ...** je relève ce fait uniquement parce que ...; **they are too numerous to** ~ ils sont trop nombreux pour qu'on les mentionne (*subj*) *or* cite (*subj*) (tous); **don't** ~ **it!** il n'y a pas de quoi!, de rien!*, je vous en prie!; **I need hardly** ~ **that ...** il va sans dire que ...; **it must be** ~**ed that ...** il faut signaler que ...; **not to** ~ ..., **without** ~**ing ...** sans compter ...; **it is not worth** ~**ing** cela ne vaut pas la peine d'en parler; **I have no jazz records worth** ~**ing** je n'ai pour ainsi dire pas de disques de jazz; **V dispatch.**
2 *n* mention *f*. **to make** ~ **of** faire mention de, signaler; **honourable** ~ mention honorable; **it got a** ~ **in the news** on en a parlé *or* on l'a mentionné aux informations.
mentor ['mentɔːʳ] *n* mentor *m*.
menu ['menjuː] *n* **(a)** (*in restaurant etc*) menu *m*; (*printed, written*) menu, carte *f*. **on the** ~ au menu; **V fixed. (b)** (*Comput*) menu *m*. **menu-driven** dirigé *or* piloté par menu.
meow [miːˈaʊ] = **miaow.**
MEP [,emiːˈpiː] *n* (*Brit abbr of* **Member of the European Parliament**) Eurodéputé *m*.
Mephistopheles [,mefɪsˈtɒfɪliːz] *n* Méphistophélès *m*.
mephistophelian [,mefɪstəˈfiːlɪən] *adj* méphistophélique.
mercantile ['mɜːkəntaɪl] *adj* **(a)** *navy, vessel* marchand; *affairs* commercial; *nation* commerçant; *firm, establishment* de commerce; (*pej*) *person, attitude* mercantile. ~ **law** droit commercial; ~ **marine** marine marchande. **(b)** (*Econ*) mercantile.
mercantilism ['mɜːkəntɪlɪzəm] *n* (*Econ, also pej*) mercantilisme *m*.
mercantilist ['mɜːkəntɪlɪst] *adj, n* (*Econ*) mercantiliste (*m*).
Mercator [mɜːˈkeɪtəʳ] *n*: ~ **projection** projection *f* de Mercator.
mercenary ['mɜːsɪnərɪ] **1** *adj* **(a)** (*pej*) *person, attitude* intéressé, mercenaire. **(b)** (*Mil*) mercenaire. **2** *n* (*Mil*) mercenaire *m*.
mercer ['mɜːsəʳ] *n* (*Brit*) marchand *m* de tissus.
merchandise ['mɜːtʃəndaɪz] **1** *n* (*U*) marchandises *fpl*. **2** *vi* commercer, faire du commerce. **3** *vt* promouvoir la vente de.
merchandizer ['mɜːtʃəndaɪzəʳ] *n* spécialiste *mf* des techniques marchandes, merchandiser *m*.
merchandizing ['mɜːtʃəndaɪzɪŋ] *n* techniques marchandes, merchandising *m*.
merchant ['mɜːtʃənt] **1** *n* (*trader, dealer*) négociant *m*; (*wholesaler*) marchand *m* en gros, grossiste *m*; (*retailer*) marchand au détail, détaillant *m*; (*shopkeeper*) commerçant *m*. **'The M~ of Venice'** 'le Marchand de Venise'; **builders'** ~ fournisseur *m* de *or* en matériaux de construction/en sanitaires; **V coal, speed, wine** etc.
2 *cpd*: (*Brit Fin*) **merchant bank** banque *f* de commerce *or* d'affaires, banque *f* d'acceptation; (*Naut*) **merchantman** = **merchant ship**; (*US*) **merchant marine**, (*Brit*) **merchant navy** marine marchande; **merchant seaman** marin *m* de la marine marchande; **merchant ship** navire marchand *or* de commerce; (*U*) **merchant shipping** navires marchands; **merchant vessel** vaisseau marchand *or* de commerce.
merchantability [,mɜːtʃəntəˈbɪlɪtɪ] *n* (*Jur*) qualité *f* loyale et marchande.
merchantable ['mɜːtʃəntəbl] *adj* (*Jur*) de qualité loyale et marchande.
merciful ['mɜːsɪfʊl] *adj* miséricordieux (*to, towards* pour), clément (*to, towards* envers). **his death was a** ~ **release** sa mort a été une délivrance.
mercifully ['mɜːsɪfʊlɪ] *adv* **(a)** *judge, act* miséricordieusement, avec clémence. **(b)** (*fortunately*) ~ **it didn't rain** Dieu merci *or* par bonheur il n'a pas plu.

merciless ['mɜːsɪlɪs] *adj person, judgment* impitoyable, implacable, sans pitié; *rain, storm, heat* implacable, impitoyable.
mercilessly ['mɜːsɪlɪslɪ] *adv* (*V* merciless) impitoyablement, implacablement, sans pitié.
mercurial [mɜːˈkjʊərɪəl] *adj* (*Chem*) mercuriel; (*changeable*) d'humeur inégale *or* changeante; (*lively*) vif (*f* vive), plein d'entrain.
mercury ['mɜːkjʊrɪ] *n* (a) (*Chem*) mercure *m*. (b) **M~** (*Myth*) Mercure *m*; (*Astron*) Mercure *f*.
mercy ['mɜːsɪ] **1** *n* (a) pitié *f*, indulgence *f*; (*Rel*) miséricorde *f*. **without ~** sans pitié; **for ~'s sake** par pitié; **God in his ~** Dieu en sa miséricorde; **no ~ was shown to the revolutionaries** les révolutionnaires furent impitoyablement traités *or* traités sans merci; **to have ~ on sb** avoir pitié de qn; **to beg for ~** demander grâce; **to show ~ towards sb** *or* **to sb** montrer de l'indulgence pour *or* envers qn; (*Jur*) **with a recommendation to ~** ≃ avec avis en faveur d'une commutation de peine; **to throw o.s. on sb's ~** s'en remettre à la merci de qn; **at the ~ of sb/the weather** *etc* à la merci de qn/du temps *etc*; (*iro*) **to leave sb to the tender ~** *or* **mercies of** abandonner qn aux bons soins (*iro*) *or* au bon vouloir (*iro*) de; (*excl*) **~ (me)!*** Seigneur!, miséricorde!; *V* errand.
  (b) (*piece of good fortune*) **to be thankful for small mercies** être reconnaissant du peu qu'il s'offre; **it's a ~ that** heureusement que + *indic*, c'est une chance que + *subj*; **his death was a ~** sa mort a été une délivrance.
  2 *cpd*: **flight, journey** de secours, d'urgence (humanitaire). **mercy killing** euthanasie *f*.
mere¹ [mɪər] *n* étang *m*, (petit) lac *m*.
mere² [mɪər] *adj* simple, pur, seul (*all before n*). **he's a ~ child** ce n'est qu'un enfant; **he's a ~ clerk** c'est un simple employé de bureau, il n'est qu'employé de bureau; **by a ~ chance** par pur hasard; **the ~ sight of him makes me shiver** sa seule vue me fait frissonner, rien qu'à le voir je frissonne; **they quarrelled over a ~ nothing** ils se sont disputés pour une vétille; **he's a ~ nobody** il est moins que rien; **it's a ~ kilometre away** ce n'est qu'à un kilomètre (de distance).
merely ['mɪəlɪ] *adv* purement, simplement, seulement. **I ~ said that she was coming** j'ai tout simplement dit *or* je n'ai fait que dire qu'elle arrivait; **he ~ nodded** il se contenta de faire un signe de tête; **he's a ~ clerk** il n'est qu'employé de bureau; **I did it ~ to please her** je ne l'ai fait que pour lui faire plaisir; **~ to look at him makes me shiver** rien que de le regarder me fait frissonner; **it's ~ a formality** ce n'est qu'une formalité, c'est une simple formalité; **it's not ~ broken, it's ruined** ce n'est pas seulement cassé, c'est fichu*.
meretricious [ˌmerɪˈtrɪʃəs] *adj charm, attraction* factice; *style* plein d'artifices, ampoulé; *jewellery, decoration* clinquant.
merge [mɜːdʒ] **1** *vi* (a) [*colours, shapes*] se mêler (*into, with* à), se fondre (*into, with* dans); [*sounds*] se mêler (*into, with* à), se perdre (*into, with* dans); [*roads*] se rencontrer (*with* avec), se joindre (*with* à); [*river*] confluer (*with* avec).
  (b) (*Comm, Fin*) fusionner (*with* avec).
  2 *vt* (a) unifier. **the states were ~d (into one) in 1976** les États se sont unifiés en 1976, l'unification des États s'est réalisée en 1976.
  (b) (*Comm, Fin*) fusionner, amalgamer; (*Comput*) fusionner. **the firms were ~d** les entreprises ont fusionné; **they decided to ~ the companies into a single unit** ils décidèrent d'amalgamer *or* de fusionner les compagnies.
merger ['mɜːdʒər] *n* (*Comm, Fin*) fusion *f*, fusionnement *m*.
meridian [məˈrɪdɪən] **1** *n* (*Astron, Geog*) méridien *m*; (*fig*) apogée *m*, zénith *m*. **2** *adj* méridien.
meridional [məˈrɪdɪənl] **1** *adj* méridional. **2** *n* Méridional(e) *m(f)*.
meringue [məˈræŋ] *n* meringue *f*.
merino [məˈriːnəʊ] *n* mérinos *m*.
merit ['merɪt] **1** *n* mérite *m*, valeur *f*. **people of ~** gens de valeur *or* de mérite; **work of great ~** travail *m* de grande valeur; **the great ~ of this scheme** le grand mérite de ce projet; **there is little ~ in doing so** il y a peu de mérite à le faire; **to treat sb according to his ~s** traiter qn selon ses mérites; **to decide a case on its ~s** décider d'un cas en toute objectivité; **they went into the ~s of the new plan** ils ont discuté le pour et le contre de ce nouveau projet.
  2 *cpd*: (*Scol etc*) **merit list** tableau *m* d'honneur; **to get one's name on the merit list** être inscrit au tableau d'honneur; (*US Admin*) **merit system** système *m* de recrutement et de promotion par voie de concours.
  3 *vt* mériter. **this ~s fuller discussion** ceci mérite plus ample discussion *or* d'être plus amplement discuté.
meritocracy [ˌmerɪˈtɒkrəsɪ] *n* méritocratie *f*.
meritocrat ['merɪtəʊkræt] *n* membre *m* de la méritocratie.
meritocratic [ˌmerɪtəʊˈkrætɪk] *adj* méritocratique.
meritorious [ˌmerɪˈtɔːrɪəs] *adj person* méritant; *work, deed* méritoire.
meritoriously [ˌmerɪˈtɔːrɪəslɪ] *adv* d'une façon méritoire.
merlin ['mɜːlɪn] *n* (*Orn*) émerillon *m*.
mermaid ['mɜːmeɪd] *n* (*Myth*) sirène *f*.
merman ['mɜːmæn] *n* (*Myth*) triton *m*.
Merovingian [ˌmerəʊˈvɪndʒɪən] **1** *adj* mérovingien. **2** *n* Mérovingien(ne) *m(f)*.
merrily ['merɪlɪ] *adv* joyeusement, gaiement *or* gaîment.
merriment ['merɪmənt] *n* (*U*) gaieté *f or* gaîté *f*, joie *f*; (*laughter*) hilarité *f*. **this remark caused a lot of ~** cette remarque a provoqué l'hilarité générale.
merry ['merɪ] **1** *adj* (a) gai, joyeux. **to make ~†** s'amuser, se divertir; **M~ Christmas!** Joyeux Noël!; **M~ England** l'Angleterre du bon vieux temps; **Robin Hood and his ~ men** Robin des Bois et ses joyeux lurons; *V* may², more *etc*.

  (b) (*: tipsy*) éméché, pompette*. **to grow** *or* **get ~** se griser; **he's getting ~** il a un verre dans le nez*.
  2 *cpd*: **merry-go-round** (*in fairground*) manège *m* (*de chevaux de bois etc*); (*fig*) tourbillon *m*; **merrymaker** fêtard *m*; (*U*) merrymaking réjouissances *fpl*.
mesa ['meɪsə] *n* (*US*) mesa *f*, plateau *m*.
mescaline ['meskəlɪn] *n* mescaline *f*.
mesh [meʃ] **1** *n* (a) [*net, sieve etc*] (*space*) maille *f*; (*fig*) (*network*) réseau *m*, rets *mpl*; (*snare*) rets, filets *mpl*. **netting with 5-cm ~** filet à mailles de 5 cm; **~es** (*threads*) mailles *fpl*; [*spider's web*] fils *mpl*, toile *f*; (*fig*) **trapped in the ~ of circumstances** pris dans l'engrenage des circonstances; (*fig*) **caught in the ~es of the law** pris dans les mailles de la justice; **the ~(es) of intrigue** le réseau d'intrigues; *V* micro....
  (b) (*U*) (*fabric*) tissu *m* à mailles. **nylon ~** tulle *m* de nylon; **wire ~** treillis *m*, grillage *m*; **a belt of fine gold ~** une ceinture tressée de fils d'or.
  (c) [*gears etc*] engrenage *m*. **in ~** en prise.
  2 *cpd*: **mesh bag** filet *m* (à provisions); **mesh stockings** (*non-run*) bas *mpl* indémaillables; (*in cabaret, circus etc*) bas *mpl* filet.
  3 *vi* [*wheels, gears*] s'engrener; [*dates, plans*] concorder, cadrer; (*fig*) [*two people, their characters etc*] avoir des affinités.
  4 *vt fish etc* prendre au filet.
meshug(g)a, meshuggah [mɪˈʃʊgə] *adj* (*US*) cinglé*, maboul‡.
mesmeric [mezˈmerɪk] *adj* hypnotique, magnétique.
mesmerism ['mezmərɪzəm] *n* mesmérisme *m*.
mesmerize ['mezməraɪz] *vt* hypnotiser, magnétiser; [*snake*] fasciner. (*fig*) **I was ~d** je ne pouvais pas détourner mon regard, j'étais comme hypnotisé.
meson ['miːzɒn] *n* (*Phys*) méson *m*.
Mesopotamia [ˌmesəpəˈteɪmɪə] *n* Mésopotamie *f*.
Mesozoic [ˌmesəʊˈzəʊɪk] *adj, n* mésozoïque (*m*).
mess [mes] **1** *n* (a) (*confusion of objects etc*) désordre *m*, pagaïe* *f or* pagaille* *f*, fouillis* *m*, fatras *m*; (*dirt*) saleté *f*; (*muddle*) gâchis *m*; (*fig*) gâchis, pétrin *m*, cafouillage* *m*, cafouillis* *m*. **what a ~ the children have made!** quel désordre *or* gâchis les enfants ont fait!, les enfants ont mis un beau désordre!; **what a ~ your room is in!** quel fouillis* *or* quelle pagaïe* il y a dans ta chambre!; **get this ~ cleared up at once!** range-moi ce fouillis* tout de suite!; **the house was in a terrible ~** (*untidy*) la maison était dans un désordre épouvantable; (*dirty*) la maison était d'une saleté épouvantable; (*after warfare etc*) la maison était dans un triste état *or* un état épouvantable; **his shirt was in a ~** sa chemise était dans un triste état; **the toys were in a ~** les jouets étaient en pagaïe* *or* en désordre; **they left everything in a ~** ils ont tout laissé en pagaïe* *or* en désordre; **this page is (in) a ~, rewrite it** cette page est dans un vrai torchon, recopiez-la; (*after fight, accident etc*) **his face was in a dreadful ~** il avait le visage dans un état épouvantable; **you look a ~, you're a ~** tu n'es pas présentable; **he's a ~*** (*psychologically*) il est complètement déboussolé*; (*US: no use*) il n'est bon à rien; **she made a ~ of her new skirt** (*dirty*) elle a sali *or* tout taché sa jupe neuve; (*tear*) elle a déchiré sa jupe neuve; **the dog has made a ~ of the flowerbeds** le chien a saccagé les plates-bandes; **your boots have made an awful ~ on the carpet** tu as fait des saletés sur le tapis avec tes bottes; **the cat has made a ~ in the kitchen** le chat a fait des saletés dans la cuisine; (*fig*) **to make a ~ of essay, sewing, one's life, career** gâcher; **to make a ~ of things*** tout bousiller*, tout gâcher; (*fig: difficulties*) **to be/get (o.s.) in a ~** être/se mettre dans de beaux draps *or* dans le pétrin; **his life is in a ~** sa vie est un vrai gâchis; **to get (o.s.) out of a ~** se sortir d'un mauvais pas, se dépatouiller*; **to get sb out of a ~** sortir qn d'un mauvais pas; **what a ~ it all is!** quel pétrin!, quel gâchis!; (*fig*) **the result is a political/legal etc ~** politiquement/juridiquement *etc* on aboutit à un vrai gâchis.
  (b) (*Mil*) (*place*) mess *m*, cantine *f*, popote* *f*; (*Naut*) carré *m*, gamelle *f*; (*food*) ordinaire *m*, gamelle; (*members*) mess.
  (c) (*animal food*) pâtée *f*; (††: *dish*) mets *m*, plat *m*. (*Bible*) **a ~ of pottage** un plat de lentilles.
  2 *cpd*: (*Naut*) **mess deck** poste *m* d'équipage; (*Mil etc*) **mess dress** tenue *f* de soirée; (*Brit*) **mess gear*** = mess dress; (*US*) **mess hall** = mess room; **mess jacket** (*Mil etc*) veston *m* de tenue de soirée; [*civilian waiter*] veste courte; **mess kit** (*US*) gamelle *f*; (*Brit*) tenue *f* de soirée; (*Naut*) **mess mate** camarade *m* de plat; **mess room** (*Mil*) (*salle f de*) mess *m*; (*Naut*) carré *m*; (*Mil*) **mess tin** gamelle *f*; (*Brit*) **mess-up*** gâchis *m*.
  3 *vt* salir, souiller.
  4 *vi* (*Mil etc*) manger au mess, manger en commun (*with* avec).
◆**mess about, mess around 1** *vi* (a) (*in water, mud*) patouiller*, (*with feet*) patauger, (*with hands*) tripoter.
  (b) (*: waste time*) gaspiller *or* perdre son temps; (*dawdle*) lambiner*, lanterner. **he was messing about with his friends** il traînait *or* (se) baguenaudait avec ses copains; **what were you doing?** — **just messing about que faisais-tu?** — rien de particulier *or* de spécial; **I love messing about in boats** j'aime (m'amuser à) faire de la voile.
  2 *vt sep* (*: disturb, upset*) (*Brit*) *person* créer des complications à, embêter*; *plans, arrangements* chambarder*, chambouler*. **stop messing me about** arrête de me traiter par-dessus la jambe* comme ça.
◆**mess about with*, mess around with*** *vt fus* (a) (*fiddle with*) pen, ornament etc tripoter*.
  (b) (*amuse o.s. with*) **they were messing about with a ball** ils s'amusaient à taper *or* ils tapaient dans un ballon.
  (c) = mess about 2.
  (d) **stop messing about with him and tell him the truth** arrête de t'amuser avec lui et dis-lui la vérité.
  (e) (*sexually*) peloter*.

◆**mess together** vi (Mil etc) manger ensemble au mess; (*gen) faire popote* ensemble.

◆**mess up 1** vt sep clothes salir, gâcher; room mettre en désordre, semer la pagaïe dans*; hair ébouriffer; task, situation, plans, life etc gâcher. **to mess sb's hair up** décoiffer qn; **that's messed everything up!** cela a tout gâché!; (fig) **to mess sb up*** (psychologically) perturber or traumatiser qn; (US: beat up) abîmer le portrait de qn.
  2 mess-up* n V **mess 2.**

message ['mesɪdʒ] **1** n (a) (communication: by speech, writing, signals etc, also Comput) message m. **telephone** ~ message téléphonique; **to leave a** ~ (for sb) laisser un mot (pour or à qn); **would you give him this** ~? voudriez-vous lui faire cette commission?
  (b) (official or diplomatic etc communication) message m. **the President's** ~ **to Congress** le message du Président au Congrès.
  (c) [prophet, writer, artist, book etc] message m. **to get the** ~* comprendre, saisir*, piger‡.
  (d) (Scot: errand) course f, commission f. **to go on a** ~ **for sb** faire une course pour qn; **to go for** or **get the** ~s faire les courses or les commissions.
  2 cpd: (Scot) **message basket** panier m à provisions; **message-boy** garçon m de courses; (Comput) **message switching** commutation f des messages.

messaging ['mesɪdʒɪŋ] n (Comput) messagerie f.

messenger ['mesɪndʒəʳ] **1** n messager m, -ère f; (in office) commissionnaire m, coursier m; (in hotel etc) chasseur m, coursier; (Post) (petit) télégraphiste m; V **king** etc. **2** cpd: **messenger boy** garçon m de courses.

Messiah [mɪ'saɪə] n Messie m.

messianic [‚mesɪ'ænɪk] adj messianique.

Messrs ['mesəz] n (Brit abbr: pl of **Mr**) messieurs mpl (abbr **MM.**). **Messrs Smith & Co** MM. Smith & Cie.

messy ['mesɪ] adj clothes, room (dirty) sale, malpropre; (untidy) en désordre, désordonné; hair en désordre, ébouriffé; text, page sale; job salissant; (*) situation embrouillé, compliqué. **what a** ~ business!* (dirty, muddy etc) c'est salissant!, on s'en met partout!; (fig: confused) quelle salade!*, quel embrouillamini*!; (fig: hurtful: of divorce etc) quelle sale affaire!

mestizo [mɪ'sti:zəʊ] n (US) métis(se) m(f) (né d'un parent espagnol ou portugais et d'un parent indien).

met¹ [met] pret, ptp of **meet¹**.

met² [met] adj (Brit abbr of **meteorological**) météo inv. **the M**~ **Office** = l'O.N.M. m; ~ **report** bulletin m (de la) météo*.

meta... ['metə] pref mét(a)....

metabolic [‚metə'bɒlɪk] adj métabolique.

metabolically [‚metə'bɒlɪklɪ] adv métaboliquement.

metabolism [me'tæbəlɪzəm] n métabolisme m.

metabolize [me'tæbəlaɪz] vt transformer par le métabolisme.

metacarpal [‚metə'kɑ:pl] adj, n métacarpien (m).

metacarpus [‚metə'kɑ:pəs] n métacarpe m.

metal ['metl] **1** n (a) (Miner) métal m.
  (b) (Brit) (also road ~) empierrement m, cailloutis m; (for railway) ballast m.
  (c) (Brit Rail) ~s rails mpl.
  (d) (Glassware) pâte f de verre.
  (e) (Typ) (composed type) caractère m; (also type ~) plomb m.
  (f) = **mettle**.
  2 cpd de métal, en métal. **metal detector** détecteur m de métaux; **metal polish** produit m d'entretien (pour métaux); **metalwork** (articles) ferronnerie f; (craft: also **metalworking**) travail m des métaux; **metalworker** ferronnier m, (Ind) (ouvrier m) métallurgiste m.
  3 vt (a) (cover with metal) métalliser.
  (b) (Brit) road empierrer, caillouter.

metalanguage ['metəlæŋgwɪdʒ] n métalangue f, métalangage m.

metalinguistic [‚metəlɪŋ'gwɪstɪk] adj métalinguistique.

metalinguistics [‚metəlɪŋ'gwɪstɪks] n (U) métalinguistique f.

metallic [mɪ'tælɪk] adj métallique.

metallurgic(al) [‚metə'lɜ:dʒɪk(əl)] adj métallurgique.

metallurgist [me'tælədʒɪst] n métallurgiste m.

metallurgy [me'tælədʒɪ] n métallurgie f.

metamorphic [‚metə'mɔ:fɪk] adj métamorphique.

metamorphism [‚metə'mɔ:fɪzəm] n (a) (Geol) métamorphisme m.
  (b) (metamorphosis) métamorphose f.

metamorphose [‚metə'mɔ:fəʊz] **1** vt métamorphoser, transformer (into en). **2** vi se métamorphoser (into en).

metamorphosis [‚metə'mɔ:fəsɪs] n métamorphose f.

metamorphous [‚metə'mɔ:fəs] adj = **metamorphic**.

metaphor ['metəfəʳ] n métaphore f, image f; V **mixed**.

metaphorical [‚metə'fɒrɪkəl] adj métaphorique.

metaphysical [‚metə'fɪzɪkəl] adj (gen) métaphysique. (Brit Liter) **the M**~ **poets** les poètes métaphysiques.

metaphysics [‚metə'fɪzɪks] n (U) métaphysique f.

metastasis [mɪ'tæstəsɪs] n métastase f.

metatarsal [‚metə'tɑ:sl] adj, n métatarsien (m).

metatarsus [‚metə'tɑ:səs] n métatarse m.

metathesis [me'tæθəsɪs] n métathèse f.

metazoan [‚metə'zəʊən] n, adj métazoaire (m).

mete [mi:t] vt: **to** ~ **out** punishment infliger, donner; reward décerner; **to** ~ **justice** rendre la justice.

meteor ['mi:tɪəʳ] **1** n météore m. **2** cpd: ~ **crater** cratère m météorique; ~ **shower** pluie f d'étoiles filantes.

meteoric [‚mi:tɪ'ɒrɪk] adj (a) météorique; (fig) brillant et rapide, fulgurant. **his** ~ **rise in the firm** sa montée en flèche dans l'entreprise. (b) (of the weather) météorologique.

meteorite ['mi:tɪəraɪt] n météorite m or f.

meteorological [‚mi:tɪərə'lɒdʒɪkəl] adj météorologique. (Brit)

M~ **Office** = Office National Météorologique, O.N.M. m.

meteorologically [‚mi:tɪərə'lɒdʒɪklɪ] adv météorologiquement.

meteorologist [‚mi:tɪə'rɒlədʒɪst] n météorologue mf, météorologiste mf.

meteorology [‚mi:tɪə'rɒlədʒɪ] n météorologie f.

meter ['mi:təʳ] **1** n (a) (gen: measuring device) compteur m. **electricity/gas/water** ~ compteur d'électricité/à gaz/à eau; **to turn water/gas/electricity off at the** ~ fermer l'eau/le gaz/ l'électricité au compteur; V **light¹** etc.
  (b) (also **parking** ~) parcmètre m.
  (c) (US) = **metre**.
  2 cpd: (US Aut) **meter maid** contractuelle f; **meter reader** releveur m de compteurs.

meterage ['mi:tərɪdʒ] n métrage m.

methadone ['meθədəʊn] n méthadone f.

methane ['mi:θeɪn] n (also ~ **gas**) méthane m.

method ['meθəd] **1** n (a) (U: orderliness) méthode f, ordre m. **lack of** ~ manque m de méthode; **there's** ~ **in his madness** sa folie ne manque pas d'une certaine logique.
  (b) (manner, fashion) méthode f, manière f, façon f. **modern** ~s **of teaching languages** méthodes modernes d'enseignement des langues; **his** ~ **of working** sa méthode de travail; **there are several** ~s **of doing this** il y a plusieurs manières or façons de faire cela; (Scol etc) ~ **of assessment** modalités fpl de contrôle.
  (c) (Cine, Theat) **the M**~ le système or la méthode de Stanislavski.
  2 cpd: (Cine, Theat) **method actor** or **actress** adepte mf du système or de la méthode de Stanislavski.

methodical [mɪ'θɒdɪkəl] adj méthodique.

methodically [mɪ'θɒdɪkəlɪ] adv méthodiquement.

Methodism ['meθədɪzəm] n méthodisme m.

Methodist ['meθədɪst] adj, n méthodiste (mf).

methodological [‚meθədə'lɒdʒɪkəl] adj méthodologique.

methodologically [‚meθədə'lɒdʒɪklɪ] adv méthodologiquement.

methodology [‚meθə'dɒlədʒɪ] n méthodologie f.

meths* [meθs] (Brit) **1** n abbr of **methylated spirit(s)**. **2** cpd: **meths drinker*** alcoolique mf (qui se soûle à l'alcool à brûler).

Methuselah [mə'θu:zələ] n Mathusalem m; V **old**.

methyl ['meθɪl] n méthyle m. ~ **acetate/bromide/chloride** acétate m/bromure m/chlorure m de méthyle.

methylated ['meθɪleɪtɪd] adj: (Brit) ~ **spirit(s)** alcool m à brûler or dénaturé.

methylene ['meθɪli:n] n méthylène m.

meticulous [mɪ'tɪkjʊləs] adj méticuleux.

meticulously [mɪ'tɪkjʊləslɪ] adv méticuleusement. ~ **clean** d'une propreté méticuleuse.

meticulousness [mɪ'tɪkjʊləsnɪs] n soin méticuleux.

métier ['meɪtɪeɪ] n (trade etc) métier m; (one's particular work etc) partie f, rayon* m, domaine m; (strong point) point fort.

metre ['mi:təʳ] n (measure, Poetry) mètre m; (Mus) mesure f.

metric ['metrɪk] adj métrique. ~ **system** système m métrique; **to go** ~* adopter le système métrique.

metrical ['metrɪkəl] adj métrique (also Mus). ~ **psalm** psaume m versifié.

metricate ['metrɪkeɪt] vt convertir au système métrique.

metrication [‚metrɪ'keɪʃən] n conversion f au or adoption f du système métrique.

metrics ['metrɪks] n (U) métrique f.

metrological [‚metrə'lɒdʒɪkəl] adj métrologique.

metrology [mɪ'trɒlədʒɪ] n métrologie f.

metronome ['metrənəʊm] n métronome m.

metropolis [mɪ'trɒpəlɪs] n métropole f (ville).

metropolitan [‚metrə'pɒlɪtən] **1** adj (Geog, Rel) métropolitain. (Brit) **M**~ **Police** police f de Londres. **2** n (Rel) métropolitain m; (in Orthodox Church) métropolite m.

mettle ['metl] n [person] courage m, ardeur f, fougue f; [horse] fougue. **to be on one's** ~ être prêt à donner le meilleur de soi-même, être d'attaque, être sur le qui-vive; **to show one's** ~ montrer de quoi on est capable, faire ses preuves.

mettlesome ['metlsəm] adj ardent, fougueux.

mew [mju:] [cat etc] **1** n (also **mewing**) miaulement m. **2** vi miauler.

mews [mju:z] (Brit) **1** npl (souvent employé comme sg) (a) (small street) ruelle f, venelle f. (b) (††: stables) écuries fpl. **2** cpd: **mews flat** petit appartement assez chic (aménagé dans le local d'une ancienne écurie, remise etc).

Mexican ['meksɪkən] **1** adj mexicain. ~ **jumping bean** fève f sauteuse; (US fig) ~ **standoff** impasse f. **2** n Mexicain(e) m(f).

Mexico ['meksɪkəʊ] n Mexique m. ~ **City** Mexico.

mezcaline ['mezkəlɪn] n = **mescaline**.

mezzanine ['mezəni:n] n (a) (floor) mezzanine m, entresol m. (b) (Theat) (Brit) dessous m de scène; (US) mezzanine f, corbeille f.

mezzo-soprano [‚metsəʊsə'prɑ:nəʊ] n (voice) mezzo-soprano m; (singer) mezzo(-soprano) f.

mezzotint ['metsəʊtɪnt] n mezzo-tinto m inv.

M.F.A. [‚emef'eɪ] n (US Univ) abbr of **Master of Fine Arts** (diplôme des beaux-arts).

MFH [‚emef'eɪtʃ] n (Brit) abbr of **Master of Foxhounds**; V **master**.

mfrs. (Comm) abbr of **manufacturers**.

Mgr. abbr of **Monseigneur** or **Monsignor**.

M.H.R. [‚emeɪtʃ'ɑ:r] n (US: abbr of **Member of the House of Representatives**) ≃ député m.

MHz (Rad etc) (abbr of **megahertz**) MHz.

MI (US Post) abbr of **Michigan**.

mi [mi:] n (Mus) mi m.

MI5 [‚emaɪ'faɪv] n (Brit) abbr of **Military Intelligence 5** (contre-espionnage).

MI6 [‚emaɪ'sɪks] n (Brit) abbr of **Military Intelligence 6** (espionnage).

MIA [ˌemaɪˈeɪ] *Mil abbr of* missing in action; *V* missing.
miaow [miːˈaʊ] **1** *n* miaulement *m*, miaou *m*. **2** *vi* miauler.
miasma [mɪˈæzmə] *n* miasme *m*.
mica [ˈmaɪkə] **1** *n* mica *m*. **2** *cpd:* (*Geol*) **mica-schist** schiste *m* lustré.
mice [maɪs] *npl of* **mouse**.
Michael [ˈmaɪkl] *n* Michel *m*.
Michaelmas [ˈmɪklməs] **1** *n* (*also* ~ **Day**) la Saint-Michel. **2** *cpd:* **Michaelmas daisy** aster *m* d'automne; (*Brit: Jur, Univ*) **Michaelmas term** trimestre *m* d'automne.
Michelangelo [ˌmaɪklˈændʒɪləʊ] *n* Michel-Ange *m*.
Michigan [ˈmɪʃɪgən] *n* Michigan *m*. in ~ dans le Michigan; **Lake** ~ le lac Michigan.
Mick [mɪk] *n* (a) (*name*) *dim of* **Michael**. (b) (*pej‡*) Irlandais *m*.
mickey [ˈmɪkɪ] **1** *n* (*Brit*) **to take the** ~‡ **out of sb** se payer la tête de qn; **he's always taking the** ~‡ il n'arrête pas de se payer la tête des gens. **2** *cpd:* **mickey finn** = **Mickey Finn**; *V* **Mickey**; **mickey-mouse** *V* **Mickey 2**.
Mickey [ˈmɪkɪ] **1** *n* (*name*) *dim of* **Michael**.
  2 *cpd:* **a Mickey Finn** une boisson droguée; **Mickey Mouse** (*n: cartoon character*) Mickey *m*; (*adj*) (*: pej: also* **mickey-mouse***) car, penknife, regulations* à la noix*; *job, courses* pas sérieux, enfantin; *degree* sans valeur, à la noix.
micro [ˈmaɪkrəʊ] *n* (*abbr of* **microcomputer**) micro-ordinateur *m*.
micro... [ˈmaɪkrəʊ] *pref* micro... .
microanalysis [ˌmaɪkrəʊəˈnælɪsɪs] *n* micro-analyse *f*.
microanalytical [ˌmaɪkrəʊˌænəˈlɪtɪkl] *adj* micro-analytique.
microbe [ˈmaɪkrəʊb] *n* microbe *m*.
microbial [maɪˈkrəʊbɪəl], **microbian** [maɪˈkrəʊbɪən], **microbic** [maɪˈkrəʊbɪk] *adj* microbien.
microbiological [ˌmaɪkrəʊbaɪəʊˈlɒdʒɪkəl] *adj* microbiologique.
microbiologist [ˌmaɪkrəʊbaɪˈɒlədʒɪst] *n* microbiologiste *mf*.
microbiology [ˌmaɪkrəʊbaɪˈɒlədʒɪ] *n* microbiologie *f*.
microbus [ˈmaɪkrəʊˌbʌs] *n* (*US Aut*) microbus *m*.
microcapsule [ˈmaɪkrəʊˌkæpsjuːl] *n* microcapsule *f*.
microcephalic [ˌmaɪkrəʊsɪˈfælɪk] *adj* microcéphale.
microcephaly [ˌmaɪkrəʊˈsefəlɪ] *n* microcéphalie *f*.
microchip [ˈmaɪkrəʊˌtʃɪp] *n* puce *f* électronique.
microcircuit [ˈmaɪkrəʊˌsɜːkɪt] *n* microcircuit *m*.
microclimate [ˈmaɪkrəʊklaɪmɪt] *n* microclimat *m*.
micrococcus [ˌmaɪkrəʊˈkɒkəs] *n* microcoque *m*.
microcomputer [ˈmaɪkrəʊkəmˌpjuːtər] *n* micro-ordinateur *m*.
microcomputing [ˈmaɪkrəʊkəmˌpjuːtɪŋ] *n* micro-informatique *f*.
microcopy [ˈmaɪkrəʊˌkɒpɪ] **1** *n* microcopie *f*. **2** *vt* microcopier.
microcorneal lens [ˈmaɪkrəʊˈkɔːnɪəlˈlenz] *n* lentille *f* micro-cornéenne.
microcosm [ˈmaɪkrəʊkɒzəm] *n* microcosme *m*. in ~ en microcosme.
microcosmic [ˈmaɪkrəʊˈkɒzmɪk] *adj* microcosmique.
microcrystal [ˌmaɪkrəʊˈkrɪstəl] *n* microcristal.
microcrystalline [ˈmaɪkrəʊˈkrɪstəˌlam] *adj* microcristallin.
microcircuitry [ˈmaɪkrəʊˈsɜːkətrɪ] *n* microcircuit *m*.
microculture [ˈmaɪkrəʊˌkʌltʃər] *n* micro-culture *f*.
microdissection [ˈmaɪkrəʊdɪˈsekʃən] *n* microdissection *f*.
microdot [ˈmaɪkrəʊˌdɒt] *n* micro-image-point *m*.
microeconomic [ˈmaɪkrəʊˌiːkəˈnɒmɪk] *adj* micro-économique.
microeconomics [ˈmaɪkrəʊˌiːkəˈnɒmɪks] *n* micro-économie *f*.
microelectrode [ˈmaɪkrəʊɪˈlektrəʊd] *n* micro-électrode *f*.
microelectronic [ˈmaɪkrəʊɪlekˈtrɒnɪk] *adj* micro(-)électronique.
microelectronically [ˈmaɪkrəʊɪlekˈtrɒnɪklɪ] *adv* micro(-)électroniquement.
microelectronics [ˈmaɪkrəʊɪlekˈtrɒnɪks] *n* micro(-)électronique *f*.
microenvironment [ˈmaɪkrəʊɪnˈvaɪərənmənt] *n* micro-environnement *m*.
microfauna [ˈmaɪkrəʊˌfɔːnə] *n* microfaune *f*.
microfiche [ˈmaɪkrəʊˌfiːʃ] *n* microfiche *f*. ~ **reader** microlecteur *m* (pour microfiches).
microfilm [ˈmaɪkrəʊˌfɪlm] **1** *n* microfilm *m*. ~ **reader** microlecteur *m*. **2** *vt* microfilmer.
microflora [ˈmaɪkrəʊˌflɔːrə] *n* microflore *f*.
microform [ˈmaɪkrəʊˌfɔːm] *n* microforme *f*.
microgram [ˈmaɪkrəʊˌgræm] *n* microgramme *m*.
micrographic [ˌmaɪkrəʊˈgræfɪk] *adj* micrographique.
micrographically [ˌmaɪkrəʊˈgræfɪklɪ] *adv* micrographiquement.
micrographics [ˌmaɪkrəʊˈgræfɪks] *n* micrographie *f*.
micrography [maɪˈkrɒgrəfɪ] *n* micrographie *f*.
microgroove [ˈmaɪkrəʊˌgruːv] *n* microsillon *m*.
microhabitat [ˈmaɪkrəʊˈhæbɪtæt] *n* microhabitat *m*.
microimage [ˈmaɪkrəʊˌɪmɪdʒ] *n* microimage *f*.
microlight [ˈmaɪkrəʊˌlaɪt] *n* (*Aviat*) ULM *m*, ultra-léger-motorisé *m*.
microlinguistics [ˈmaɪkrəʊlɪŋˈgwɪstɪks] *n* microlinguistique *f*.
microlitre, (*US*) **microliter** [ˈmaɪkrəʊˌliːtər] *n* microlitre *m*.
micromesh [ˈmaɪkrəʊˌmeʃ] *n:* ~ **stockings** bas *mpl* super-fins.
micrometeorite [ˈmaɪkrəʊˈmiːtɪəˌraɪt] *n* micrométéorite *f*.
micrometeorologist [ˈmaɪkrəʊmiːtɪəˈrɒlədʒɪst] *n* micrométéorologue *mf*.
micrometeorology [ˈmaɪkrəʊmiːtɪəˈrɒlədʒɪ] *n* micrométéorologie *f*.
micrometer [maɪˈkrɒmɪtər] *n* micromètre *m*.
micrometry [maɪˈkrɒmɪtrɪ] *n* micrométrie *f*.
microminiature [ˌmaɪkrəʊˈmɪnɪtʃər] *n* microminiature *f*.
microminiaturization [ˈmaɪkrəʊˌmɪnɪtʃəraɪˈzeɪʃən] *n* microminiaturisation *f*.
microminiaturize [ˈmaɪkrəʊˈmɪnɪtʃəraɪz] *vt* microminiaturiser.
micron [ˈmaɪkrɒn] *n* micron *m*.

microorganism [ˈmaɪkrəʊˈɔːgəˌnɪzəm] *n* micro-organisme *m*.
microphone [ˈmaɪkrəʊˌfəʊn] *n* microphone *m*.
microphotograph [ˈmaɪkrəʊˈfəʊtəˌgrɑːf] **1** *n* microphotographie *f*. **2** *vt* microphotographier.
microphotographic [ˈmaɪkrəʊˌfəʊtəˈgræfɪk] *adj* microphotographique.
microphotography [ˈmaɪkrəʊfəˈtɒgrəfɪ] *n* microphotographie *f*.
microphotometer [ˈmaɪkrəʊfəˈtɒmɪtər] *n* microphotomètre *m*.
microphotometric [ˈmaɪkrəʊfəʊtəˈmetrɪk] *adj* microphotométrique.
microphotometry [ˈmaɪkrəʊfəˈtɒmɪtrɪ] *n* microphotométrie *f*.
microphysical [ˈmaɪkrəʊˈfɪzɪkəl] *adj* microphysique.
microphysicist [ˈmaɪkrəʊˈfɪzɪsɪst] *n* microphysicien(ne) *m(f)*.
microphysics [ˈmaɪkrəʊˌfɪzɪks] *n* microphysique.
microprism [ˈmaɪkrəʊˌprɪzəm] *n* microprisme *m*.
microprobe [ˈmaɪkrəʊˌprəʊb] *n* microsonde *f*.
microprocessor [ˌmaɪkrəʊˈprəʊsesər] *n* microprocesseur *m*.
microprogram [ˈmaɪkrəʊˌprəʊgræm] *n* microprogramme *m*.
microprogramming [ˈmaɪkrəʊˌprəʊgræmɪŋ] *n* (*Comput*) microprogrammation *f*.
microreader [ˈmaɪkrəʊˌriːdər] *n* microliseuse *f*, microlecteur *m*.
microreproduction [ˈmaɪkrəʊˌriːprəˈdʌkʃən] *n* microreproduction *f*.
microscope [ˈmaɪkrəʊskəʊp] *n* microscope *m*. **under the** ~ au microscope.
microscopic [ˌmaɪkrəˈskɒpɪk] *adj detail, mark* microscopique; *examination* microscopique, au microscope. ~ **section** coupe *f* histologique.
microscopical [ˌmaɪkrəˈskɒpɪkəl] = **microscopic**.
microscopically [ˌmaɪkrəˈskɒpɪkəlɪ] *adv* au microscope.
microscopy [maɪˈkrɒskəpɪ] *n* microscopie *f*.
microsecond [ˈmaɪkrəʊˌsekənd] *n* microseconde *f*.
microstructural [ˌmaɪkrəʊˈstrʌktʃərəl] *adj* microstructural.
microstructure [ˈmaɪkrəʊˌstrʌktʃər] *n* microstructure *f*.
microsurgery [ˈmaɪkrəʊˌsɜːdʒərɪ] *n* microchirurgie *f*.
microsurgical [ˌmaɪkrəʊˈsɜːdʒɪkəl] *adj* microchirurgical.
microtechnic = **microtechnique**.
microtechnique [ˌmaɪkrəʊtekˈniːk] *n* microtechnique *f*.
microvolt [ˈmaɪkrəʊˌvəʊlt] *n* microvolt *m*.
microwatt [ˈmaɪkrəʊˌwɒt] *n* microwatt *m*.
microwave [ˈmaɪkrəʊˌweɪv] *n* micro-onde *f*. ~ **oven** four *m* à micro-ondes.
micturate [ˈmɪktjʊəreɪt] *vi* uriner.
micturition [ˌmɪktjʊəˈrɪʃən] *n* miction *f*.
mid¹ [mɪd] *pref:* ~ **May** la mi-mai; in ~ **May** à la mi-mai, au milieu (du mois) de mai; in ~ **morning** au milieu de la matinée; ~-**morning coffee break** pause café *f* du matin; in ~ **course** à mi-course; in ~ **ocean** en plein océan, au milieu de l'océan; in ~ **Atlantic** en plein Atlantique, au milieu de l'Atlantique; **a** ~-**Channel collision** une collision au milieu de la Manche; in ~ **discussion***etc* au beau milieu de la discussion *etc*; *V* **midday, midstream, mid-Victorian** *etc*.
mid² [mɪd] *prep* (*liter*) = **amid**.
midair [ˌmɪdˈɛər] **1** *n:* in ~ (*lit*) en plein ciel; (*fig*) **to leave sth in** ~ laisser qch en suspens. **2** *adj collision etc* en plein ciel.
Midas [ˈmaɪdəs] *n* Midas *m*. (*fig*) **to have the** ~ **touch** avoir le don de tout transformer en or.
midbrain [ˈmɪdˌbreɪn] *n* mésencéphale *m*.
midday [ˈmɪdˈdeɪ] **1** *n* midi *m*. **at** ~ à midi. **2** [ˈmɪddeɪ] *cpd sun, heat* de midi.
midden [ˈmɪdn] *n* (*dunghill*) fumier *m*; (*refuse-heap*) tas *m* d'ordures. **this place is (like) a** ~**!** c'est une vraie écurie! *or* porcherie!, on se croirait dans une écurie! *or* porcherie!
middie [ˈmɪdɪ] *n* = **middy**.
middle [ˈmɪdl] **1** *adj chair, period etc* du milieu. (*fig*) **to take the** ~ **course** choisir le moyen terme *or* la solution intermédiaire; **these grapes are of** ~ **quality** ces raisins sont de qualité moyenne; **a man of** ~ **size** un homme de taille moyenne; *V also* **3**.
  2 *n* (a) milieu *m*. **in the** ~ **of the room** au milieu de la pièce; **in the very** ~ (**of**), **right in the** ~ (**of**) au beau milieu (de); **the shot hit him in the** ~ **of his chest** le coup de feu l'a atteint en pleine poitrine; **in the** ~ **of the morning/year/century** au milieu de la matinée/de l'année/du siècle; **in the** ~ **of June** au milieu (du mois) de juin, à la mi-juin; **it's in the** ~ **of nowhere*** c'est en plein bled* *or* en pleine brousse*; **a village in the** ~ **of nowhere*** un petit trou perdu*; **I was in the** ~ **of my work** j'étais en plein travail; **I'm in the** ~ **of reading it** je suis justement en train de le lire; *V* **split**.
  (b) (*: waist*) taille *f*. **he wore it round his** ~ il le portait à la taille *or* autour de la taille; **in the water up to his** ~ dans l'eau jusqu'à mi-corps *or* la ceinture *or* la taille.
  3 *cpd:* **middle age** ≃ la cinquantaine; **he's reached middle age** il a près de la cinquantaine; **buying this middle age** quand il n'était (déjà) plus jeune; **middle-aged** *person* d'un certain âge, entre deux âges; *outlook, attitude* vieux jeu *inv*; **the Middle Ages** le moyen âge; (*fig*) **Middle America** l'Amérique moyenne; **middlebrow*** (*n*) personne *f* sans grandes prétentions intellectuelles; (*adj*) intellectuellement moyen; (*Mus*) **middle C** do *m* du milieu du piano; **middle-class** bourgeois; **the middle class(es)** les classes moyennes, la classe moyenne, la bourgeoisie; **in the middle distance** (*Art etc*) au second plan; (*gen*) à mi-distance; (*Sport*) **middle-distance runner/race** coureur *m*, -euse *f*/course *f* de demi-fond; (*Anat*) **middle ear** oreille moyenne; **Middle East** Moyen-Orient *m*; **Middle Eastern** du Moyen-Orient; (*Ling*) **Middle English** moyen anglais; **middle finger** médius *m*, majeur *m*; (*US*) **middle-grade manager** cadre *m* moyen; (*Ling*) **Middle French** moyen français; (*Ling*) **Middle High German** moyen haut allemand *m*; (*Hist*) **the Middle Kingdom** [*Egypt*] le Moyen Empire; [*China*] l'Empire du

Milieu; **middleman** (*gen*) intermédiaire *m*; (*Comm*) intermédiaire, revendeur *m*; **middle management** cadres *mpl* moyens; **middle manager** cadre *m* moyen; **middlemost** = **midmost**; **middle name** deuxième nom *m*; (*Brit* fig*) his middle name is Scrooge il pourrait aussi bien s'appeler Harpagon; (*fig*) **middle-of-the-road** *politics, approach, group* modéré, centriste; *solution* moyen, du juste milieu; *music, fashion* neutre, sans excès; **middle-of-the-roader**, (*US*) **middle-roader** modéré(e) *m(f)*, centriste *mf*, partisan(e) *m(f)* du juste milieu; **middle school** ≃ premier cycle du secondaire; **middle-sized** *tree, building* de grandeur moyenne; *parcel* de grosseur moyenne; *person* de taille moyenne; (*Ling*) **middle voice** voix moyenne; (*Boxing*) **middleweight** (*n*) poids moyen; (*adj*) *championship, boxer* de poids moyen; (*US*) **Middle West** Middle West *m*, grandes plaines *fpl* de l'intérieur des États-Unis.

middling ['mɪdlɪŋ] 1 *adj performance, result* moyen, passable. of ~ size de grandeur moyenne; **business is** ~ les affaires vont comme ci comme ça *or* ne vont ni bien ni mal; **how are you? —** ~* comment ça va? — moyennement *or* comme ci comme ça.
2 *adv* (*) assez, moyennement. ~ **well** assez bien; ~ **big** assez grand.

Middx *abbr of* **Middlesex.**

middy* ['mɪdɪ] *n* (*Naut abbr of* **midshipman**) midship* *m*.

midfield ['mɪd,fiːld] *n* (*Ftbl*) milieu *m* de terrain.

midge [mɪdʒ] *n* moucheron *m*.

midget ['mɪdʒɪt] 1 *n* nain(e) *m(f)*; (*fig*) puce *f*. 2 *adj* minuscule.

midland ['mɪdlənd] 1 *n* (*Brit Geog*) the **M**~s les comtés *mpl* du centre de l'Angleterre. 2 *cpd* du centre (du pays). **the midland regions** les régions centrales; (*Brit*) **a Midland town** une ville du centre de l'Angleterre.

midlife ['mɪd,laɪf] 1 *adj* de la quarantaine.
2 *adv* autour de la quarantaine.
3 *n*: **in** ~ autour de la quarantaine.

midmost ['mɪdməʊst] *adj* le plus proche du milieu *or* centre.

midnight ['mɪdnaɪt] 1 *n* minuit *m*. **at** ~ à minuit. 2 *cpd* de minuit. **to burn the midnight oil** travailler (*or* lire *etc*) fort avant dans la nuit; **his essay smells of the midnight oil*** on dirait qu'il a passé la moitié de la nuit sur sa dissertation; **the midnight sun** le soleil de minuit.

midriff ['mɪdrɪf] *n* (*diaphragm*) diaphragme *m*; (*stomach*) estomac *m*; [*dress*] taille *f*. **dress with a bare** ~ robe découpée à la taille, robe (deux-pièces) laissant la taille nue.

midshipman ['mɪdʃɪpmən] *n* (*Naut*) midshipman *m*, ≃ enseigne *m* de vaisseau de deuxième classe, aspirant *m*.

midships ['mɪdʃɪps] *adv* = **amidships.**

midsize ['mɪd,saɪz] *adj* de taille moyenne.

midst [mɪdst] 1 *n*: **in the** ~ **of** (*in the middle of*) au milieu de; (*surrounded by*) entouré de; (*among*) parmi; (*during*) pendant, au cours de, au milieu de; **in our** ~ parmi nous; (*liter*) **in the** ~ **of plenty** dans l'abondance; **in the** ~ **of life** au milieu de la vie; **I was in the** ~ **of saying*** j'étais en train de dire.
2 *prep* (*liter*) = **amidst.**

midstream ['mɪd'striːm] *n*: **in** ~ (*lit*) au milieu du courant; (*fig*) en plein milieu.

midsummer ['mɪd,sʌmər] 1 *n* (*height of summer*) milieu *m* or cœur *m* de l'été; (*solstice*) solstice *m* d'été. **in** ~ au cœur de l'été, en plein été; **at** ~ à la Saint-Jean. 2 *cpd heat, weather, storm etc* estival, de plein été. **Midsummer Day** la Saint-Jean; (*fig*) **midsummer madness** pure démence; **'A Midsummer Night's Dream'** 'le Songe d'une nuit d'été'.

midterm ['mɪd'tɜːm] *n* (a) le milieu du trimestre. (b) (*also* ~ **holiday**) ≃ vacances *fpl* de (la) Toussaint (*or* de février *or* de Pentecôte).

mid-Victorian ['mɪdvɪk'tɔːrɪən] *adj* (*Brit*) du milieu de l'époque victorienne.

midway [,mɪd'weɪ] 1 *adj place* (situé) à mi-chemin. 2 *adv stop, pause* à mi-chemin, à mi-route. ~ **between** à mi-chemin entre. 3 *n* (*US = in fair*) (centre *m* de la) fête foraine.

midweek ['mɪd'wiːk] *adj* du milieu de la semaine. (*Rail*) ~ **return** (**ticket**) (billet *m*) aller et retour *m* de milieu de semaine.
2 *adv* vers le milieu de la semaine.

Midwest ['mɪd'west] *n* (*US*) (les grandes plaines du) Middle West *m* or Midwest *m*.

Midwestern [,mɪd'westən] *adj* (*US*) du Middle West, du Midwest.

midwife ['mɪdwaɪf] *n* sage-femme *f*.

midwifery ['mɪdwɪfərɪ] *n* (*U*) obstétrique *f*.

midwinter [,mɪd'wɪntər] 1 *n* (*heart of winter*) milieu *m* or fort *m* de l'hiver; (*solstice*) solstice *m* d'hiver. **in** ~ au cœur de l'hiver, en plein hiver; **at** ~ au solstice d'hiver. 2 *cpd cold, snow, temperature* hivernal, de plein hiver.

mien [miːn] *n* (*frm, liter*) contenance *f*, air *m*, mine *f*.

miff‡ [mɪf] 1 *n* (*quarrel*) fâcherie *f*; (*sulks*) bouderie *f*. 2 *vt* fâcher, mettre en boule*. **to be** ~**ed about** *or* **at** sth être fâché *or* vexé de qch.

might[1] [maɪt] 1 *modal aux vb V* **may**[1]. 2 *cpd*: **might-have-been** ce qui aurait pu être, espoir déçu, vœu non comblé; (*person*) raté(e) *m(f)*, fruit sec.

might[2] [maɪt] *n* (*U*) puissance *f*, force(s) *f(pl)*. (*Prov*) ~ **is right** la force prime le droit; **with** ~ **and main, with all one's** ~ de toutes ses forces.

mightily ['maɪtɪlɪ] *adv* (*powerfully*) puissamment, vigoureusement; (*†: *very*) rudement*, bigrement*.

mightiness ['maɪtɪnɪs] *n* puissance *f*, pouvoir *m*, grandeur *f*.

mightn't ['maɪtnt] = **might not;** *V* **may**[1].

mighty ['maɪtɪ] 1 *adj* (a) (*powerful*) *nation, king* puissant; *achievement* formidable, considérable; *ocean* vaste et puissant; *mountain, tree* imposant, majestueux; *V* **high.**

(b) (*) *sacré** (*before n*). **he was in a** ~ **rage** il était sacrément* en colère; **there was a** ~ **row about it** cela a provoqué une sacrée bagarre* *or* un sacré chambard‡.
2 *adv* (*) *rudement*, sacrément*, bigrement*, bougrement‡.* **you think yourself** ~ **clever!** tu te crois très fin! *or* malin!; **I'm** ~ **sorry that …** je regrette rudement* *or* sacrément* que …; **you've got to be** ~ **careful** il faut faire rudement* *or* sacrément* attention.

mignonette [,mɪnjə'net] *n* réséda *m*.

migraine ['miːɡreɪn] *n* (*Med*) migraine *f*. **it gives me a** ~ ça me donne la migraine.

migrant ['maɪɡrənt] 1 *adj bird, animal* migrateur (*f* -trice); *tribe* nomade, migrateur. (*Agr, Ind*) ~ **worker** (*Ind*) travailleur *m* itinérant; (*foreign*) travailleur étranger *or* immigré; (*Agr*) (*travailleur*) saisonnier *m*; (*Ind*) ~ **labour** main-d'œuvre itinérante (*or* saisonnière *or* étrangère).
2 *n* (a) (*bird, animal*) migrateur *m*; (*person*) nomade *mf*.
(b) = ~ **worker;** *V* **1.**

migrate [maɪ'ɡreɪt] *vi* migrer.

migration [maɪ'ɡreɪʃən] *n* migration *f*.

migratory ['maɪɡrətərɪ] *adj bird, tribe* migrateur (*f* -trice); *movement, journey* migratoire.

mikado [mɪ'kɑːdəʊ] *n* mikado *m*.

mike* [maɪk] *n* (*abbr of* **microphone**) micro *m*.

Mike [maɪk] *n* (a) *dim of* **Michael.** (b) **for the love of** ~* pour l'amour du ciel.

milady† [mɪ'leɪdɪ] *n* madame la comtesse *etc*.

Milan [mɪ'læn] *n* Milan.

Milanese [,mɪlə'niːz] *adj* (*gen, also Culin*) milanais.

milch [mɪltʃ] *adj*: ~ **cow** vache laitière.

mild [maɪld] 1 *adj person* doux (*f* douce), peu *or* pas sévère; *voice, temper* doux; *reproach, punishment* léger; *exercise, effect* modéré; *climate* doux, tempéré; *winter* doux, clément; *breeze* doux, faible; *flavour, cheese, tobacco* doux; *beer* léger; *sauce* peu épicé *or* relevé; *medicine* bénin (*f* -igne), anodin; *illness* bénin. **it's** ~ **today** il fait doux aujourd'hui; (*Met*) **a** ~ **spell** (*gen*) une période clémente; (*after frost*) un redoux; **he had a** ~ **form of polio** il a eu la poliomyélite sous une forme bénigne *or* atténuée; **a** ~ **sedative** un sédatif léger; (*Brit*) ~ **ale** bière anglaise pas très forte; (*Culin*) **a** ~ **curry** un curry pas trop fort *or* pimenté. 2 *n* (*Brit: beer*) bière anglaise pas très forte.

mildew ['mɪldjuː] 1 *n* (*U*) (*gen*) moisissure *f*; (*on wheat, roses etc*) rouille *f*; (*on vine*) mildiou *m*.
2 *vt plant* piquer de rouille; *vine* frapper de mildiou; *paper, cloth* piquer (d'humidité).
3 *vi* [*roses, wheat etc*] se rouiller; [*vine*] devenir mildiousé, être attaqué par le mildiou; [*paper, cloth*] se piquer.

mildewed ['mɪl,djuːd] *adj* (*gen*) moisi; *cloth, paper* piqué (par l'humidité); *wheat, roses* piqué de rouille; *vine* mildiousé.

mildly ['maɪldlɪ] *adv* doucement, avec douceur; (*Med*) bénignement, légèrement. **he's not very clever to put it** ~* pour ne pas dire plus il n'est pas très intelligent; **that's putting it** ~!* c'est le moins qu'on puisse (en) dire!, c'est un euphémisme!

mildness ['maɪldnɪs] *n* (*V* **mild**) douceur *f*; clémence *f*; bénignité *f*; modération *f*; légèreté *f*; saveur peu relevée.

mile [maɪl] 1 *n* mile *m or* mille *m* (= 1.609,33 *m*). **a 50-**~ **journey** ≃ un trajet de 80 km; (*Aut*) **30** ~**s per gallon** ≃ 8 litres aux cent (km); **50** ~**s per hour** ≃ 80 kilomètres à l'heure; **there was nothing but sand for** ~**s and** ~**s** il n'y avait que du sable sur des kilomètres (et des kilomètres); (*fig*) **not a hundred** ~**s from here** sans aller chercher bien loin; **we've walked (for)** ~**s!** on a fait des kilomètres!, on a fait des kilomètres!; **they live** ~**s away** ils habitent à cent lieues d'ici; **you could see/smell it a** ~ **off** ça se voyait/se sentait d'une lieue; **you were** ~**s off (the) target*** vous n'étiez pas près de toucher la cible, vous étiez bien loin du but; **he's** ~**s* bigger than you** il est bien plus grand que toi; **she's** ~**s better than I am at maths*** elle est bien plus calée que moi en maths*.
2 *cpd*: **milepost** ≃ poteau *m* kilométrique; **milestone** (*lit*) borne *f* (milliaire), ≃ borne kilométrique; (*fig: in life, career etc*) jalon *m*, événement marquant *or* déterminant.

mileage ['maɪlɪdʒ] 1 *n* (*Aut etc*) (*distance covered*) distance *f or* parcours *m* en milles, ≃ kilométrage *m*; (*distance per gallon etc*) ≃ consommation *f* (de carburant) aux cent (km). **the indicator showed a very low** ~ le compteur marquait peu de kilomètres; **the car had a low** ~ la voiture avait peu roulé *or* avait peu de kilomètres; **what** ~ **has this car done?** quel est le kilométrage de cette voiture?, combien de kilomètres a cette voiture?; **for a car of that size the** ~ **was very good** pour une voiture aussi puissante elle consommait peu; **you'll get a better** ~ **from this car** vous consommerez moins (d'essence) avec cette voiture; (*fig*) **he got a lot of** ~ **out of it** (*of idea, story, event*) il en a tiré le maximum; (*of coat, gadget etc*) ça lui a fait de l'usage; **there's still some** ~ **left in it** [*idea etc*] on peut encore en tirer quelque chose; [*coat etc*] ça peut encore faire de l'usage; *V* **gas.**
2 *cpd*: (*Admin etc*) **mileage allowance** ≃ indemnité *f* kilométrique; (*Aut*) **mileage indicator** ≃ compteur *m* kilométrique.

mileometer [maɪ'lɒmɪtər] *n* = **milometer.**

milieu ['miːljə:] *n* milieu *m* (social).

militant ['mɪlɪtənt] *adj, n* (*all senses*) militant(e) *m(f)*.

militarism ['mɪlɪtərɪzəm] *n* militarisme *m*.

militarist ['mɪlɪtərɪst] *adj, n* militariste (*mf*).

militaristic [,mɪlɪtə'rɪstɪk] *adj* militariste.

militarize ['mɪlɪtəraɪz] *vt* militariser.

military ['mɪlɪtərɪ] 1 *adj government, life, uniform* militaire; *family* de militaires. (*US*) ~ **academy** (*Scol*) prytanée *m* militaire; (*Univ*) École *f* (spéciale) militaire; **of** ~ **age** d'âge à faire son service (militaire *or* national); ~ **band** musique *f* militaire; ~ **police** police

f militaire; ~ **training** préparation *f* militaire; **to do one's** ~ **service** faire son service (militaire *or* national).
  2 *collective n*: **the** ~ l'armée *f*, le(s) militaire(s) *m(pl)*.
  3 *cpd* **the military-industrial complex** le complexe militaro-industriel.

militate ['mɪlɪtett] *vi* militer (*against* contre).
militia [mɪ'lɪʃə] **1** *collective n* (*gen*) milice(s) *f(pl)*. (*US*) **the** ~ la réserve (territoriale); *V* **state**. **2** *cpd*: ~**man** milicien *m*.
milk [mɪlk] **1** *n* lait *m*. **coconut** ~ lait de coco; (*fig*) **the** ~ **of human kindness** le lait de la tendresse humaine; (*fig*) **a land flowing with** ~ **and honey** un pays de cocagne; (*hum*) **he came home with the** ~*** il est rentré avec le jour *or* à potron-minet*; *V* **condense, cry, skim** *etc*.
  2 *vt* **(a)** *cow* traire.
  (b) (*fig: extract*) dépouiller (*of* de), exploiter. **his son** ~**ed him of all his savings** son fils l'a dépouillé de toutes ses économies; **it** ~**ed (him of) his strength** cela a sapé *or* miné ses forces; **to** ~ **sb of ideas/information** soutirer des idées/des renseignements à qn; **to** ~ **sb dry** exploiter qn à fond, épuiser les forces créatrices de qn.
  3 *vi*: **to go** ~**ing** (s'en) aller traire ses vaches.
  4 *cpd*: (*fig pej*) **milk-and-water** dilué, insipide; **milk bar** milk-bar *m*; (*larger: also* **milk churn**) **bidon** *m* à lait; **milk chocolate** chocolat *m* au lait; **milk diet** régime lacté; **milk duct** (*Anat*) vaisseau *m* glactophore; **milk fever** fièvre *f* lactée; (*Brit*) **milk float** voiture *f* de laitier; **milk gland** (*Anat*) glande *f* galactogène; **milk jug** (petit) pot *m* à lait; **milkmaid** trayeuse *f*; **milkman** laitier *m*; **milk of magnesia** lait *m* de magnésie, magnésie hydratée; **milk pan** petite casserole *f* pour le lait; **milk powder** lait *m* en poudre; **milk products** produits laitiers; **milk pudding** entremets *m* au lait; (*Aviat*) **milk run*** vol *m* sans accroc; **milk saucepan** petite casserole *f* pour le lait; **milk shake** milk-shake *m*, lait frappé parfumé; (*pej*) **milksop*** chiffe molle* (*fig*), lavette* *f* (*fig*); **mollusque*** *m* (*fig*); **milk tooth** dent *f* de lait; (*fig*) **the milk train** le tout premier train (de très bonne heure); (*Bot*) **milkweed** laiteron *m*; (*liter*) **milk-white** d'une blancheur de lait, blanc (*f* blanche) comme le *or* du lait.
milking ['mɪlkɪŋ] **1** *n* traite *f*. **2** *cpd* **pail, stool** à traire. **milking machine** trayeuse *f* (mécanique); **milking time** l'heure *f* de la traite.
milky ['mɪlkɪ] *adj* (*lit*) *diet, product* lacté; (*fig: in colour etc*) laiteux. ~ **coffee/tea** café *m*/thé *m* au lait; **I like my coffee** ~ j'aime le café avec beaucoup de lait; **a** ~ **drink** une boisson à base de lait; (*Astron*) **M**~ **Way** Voie lactée.
mill [mɪl] **1** *n* **(a)** (*wind* ~ *or water* ~) moulin *m*; (*Ind: for grain*) minoterie *f*; (*small: for coffee etc*) moulin. **wind**~ moulin à vent; **pepper-**~ moulin à poivre; (*fig*) **to go through the** ~ passer par de dures épreuves, en voir de dures*; (*fig*) **to put sb through the** ~ mettre qn à l'épreuve, en faire voir de dures à qn*; *V* **coffee, run** *etc*.
  (b) (*factory*) usine *f*, fabrique *f*; (*spinning* ~) filature *f*; (*weaving* ~) tissage *m*; (*steel* ~) aciérie *f*. **paper** ~ (usine *f* de) papeterie *f*; **cotton** ~ filature de coton; *V* **saw*** *etc*.
  2 *cpd*: **millboard** carton *m* pâte; (*Ind*) **mill girl** ouvrière *f* des tissages *or* des filatures; (*Ind*) **millhand** = **mill worker**; (*Ind*) **mill owner** industriel *m* (du textile); **millpond** bief *m or* retenue *f* d'un moulin; **the sea was like a millpond** la mer était d'huile, la mer était (comme) un lac; **mill race** bief *m* d'amont *or* de moulin; (*lit*) **millstone** meule *f*; (*fig*) **it's a millstone round his neck** c'est un boulet qu'il traîne avec lui; **mill stream** courant *m* du bief; **mill wheel** roue *f* d'un moulin; (*Ind*) **mill worker** ouvrier *m*, -ière *f* des filatures (*or* tissages *or* aciéries); **millwright** constructeur *m or* installateur *m* de moulins.
  3 *vt* **(a)** *flour, coffee, pepper* moudre; *vegetables* broyer.
  (b) (*Tech*) *screw, nut* moleter; *wheel, edge of coin* créneler. [*coin*] ~**ed edge** crénelage *m*, grènetis *m*.
  4 *vi* [*crowd etc*] **to** ~ **round sth** grouiller autour de qch.
  ♦ **mill about, mill around** *vi* [*crowd*] grouiller, fourmiller; [*cattle etc*] tourner sur place *or* en rond.
millenary [mɪ'lenərɪ] *adj*, *n*, **millennial** [mɪ'lenɪəl] *adj*, *n* millénaire (*m*).
millennium [mɪ'lenɪəm] *n* millénaire *m*. (*Rel, also fig*) **the** ~ le millénium.
millepede ['mɪlɪpi:d] *n* = **millipede**.
miller ['mɪlər] *n* meunier *m*; (*Ind: large-scale*) minotier *m*.
millet ['mɪlɪt] *n* (*U*) millet *m*.
milli... ['mɪlɪ] *pref* milli....
milliard ['mɪlɪɑ:d] *n* (*Brit*) milliard *m*.
millibar ['mɪlɪbɑ:r] *n* millibar *m*.
milligram(me) ['mɪlɪgræm] *n* milligramme *m*.
millilitre, (*US*) **milliliter** ['mɪlɪ,li:tər] *n* millilitre *m*.
millimetre, (*US*) **millimeter** ['mɪlɪ,mi:tər] *n* millimètre *m*.
milliner ['mɪlɪnər] *n* modiste *f*, chapelier *m*, -ière *f*.
millinery ['mɪlɪnərɪ] *n* (*U*) modes *fpl*, chapellerie féminine.
milling ['mɪlɪŋ] **1** *n* (*U*) [*flour etc*] moulure *f*; [*screw etc*] moletage *m*; [*coin*] crénelage *m*. **2** *adj*: **the** ~ **crowd** la foule grouillante *or* en remous.
million ['mɪljən] *n* million *m*. **a** ~ **men** un million d'hommes; **he's one in a** ~* c'est la crème des hommes *or* la perle des hommes; **it's a chance** (*etc*) **in a** ~ c'est une occasion (*etc*) unique; (*fig*) ~**s of*** des milliers de; **thanks a** ~!* merci mille fois!; (*US*) **to feel like a** ~ (**dollars**)* se sentir dans une forme époustouflante.
millionaire [,mɪljə'neər] *n* millionnaire *m*, ≃ milliardaire *m*.
millionth ['mɪljənθ] **1** *adj* millionième. **2** *n* millionième *mf*; (*fraction*) millionième *m*.
millipede ['mɪlɪpi:d] *n* mille-pattes *m inv*.
Mills bomb ['mɪlz,bɒm] *n* grenade *f* à main.
milometer [maɪ'lɒmɪtər] *n* (*Brit*) compteur *m* de milles, ~ compteur kilométrique.

milord [mɪ'lɔ:d] *n* milord *m*.
milt [mɪlt] *n* laitance *f*, laite *f*.
mime [maɪm] **1** *n* (*Theat*) (*skill, classical play*) mime *m*; (*actor*) mime *m*; (*modern play*) mimodrame *m*; (*fig: gestures etc*) mimique *f*. **2** *vti* mimer.
mimeo ['mɪmɪəʊ] (*abbr of* **mimeograph**) **1** *n* Ronéo *f* ®. **2** *vt* ronéoter*.
mimeograph ['mɪmɪəgrɑ:f] ® **1** *n* (*machine*) machine *f* à ronéotyper; (*copy*) Ronéo *f* ®. **2** *vt* ronéotyper, ronéoter*.
mimic ['mɪmɪk] **1** *n* imitateur *m*, -trice *f*; (*burlesquing*) imitateur, -trice, singe *m*.
  2 *adj* **(a)** (*imitating*) imitateur (*f* -trice), singe.
  (b) (*sham*) factice, simulé. ~ **battle** bataille simulée.
  3 *vt* (*copy*) imiter; (*burlesque*) imiter, singer, contrefaire.
mimicry ['mɪmɪkrɪ] *n* (*U*) imitation *f*; (*Zool: also* **protective** ~) mimétisme *m*.
mimosa [mɪ'məʊzə] *n* mimosa *m*.
Min. (*Brit*) *abbr of* **Ministry**.
min. (*abbr of* **minute¹**) mn, min.
minaret ['mɪnəret] *n* minaret *m*.
minatory ['mɪnətərɪ] *adj* comminatoire, menaçant.
mince [mɪns] **1** *n* (*Brit Culin*) bifteck haché, hachis *m* de viande.
  2 *cpd*: (*Culin*) **mincemeat** *hachis de fruits secs, de pommes et de graisse imbibé de cognac*; (*fig*) **to make mincemeat of** *opponent, enemy* battre à plate(s) couture(s)*, pulvériser; *theories, arguments* pulvériser; (*Culin*) **mince pie** tartelette *f* de Noël (au mincemeat).
  3 *vt* **(a)** (*Brit*) *meat, vegetables* hacher. **(b)** (*fig*) **he didn't** ~ (**his**) **words, he didn't** ~ **matters** il n'a pas mâché ses mots, il n'y est pas allé par quatre chemins; **he didn't** ~ **matters with me** il ne m'a pas mâché ses mots, il n'a pas pris de gants pour me le dire, il m'a parlé sans ambages; **not to** ~ **matters she just wasn't good enough** pour parler carrément *or* sans ambages elle n'était pas à la hauteur.
  4 *vi* (*in talking*) parler du bout des lèvres; (*in walking*) marcher à petits pas maniérés. **to** ~ **in/out** entrer/sortir à petits pas maniérés.
  ♦ **mince up** *vt sep* (*Culin etc*) hacher.
mincer ['mɪnsər] *n* hachoir *m* (*appareil*).
mincing ['mɪnsɪŋ] **1** *adj* affecté, minaudier. **with** ~ **steps** à petits pas maniérés. **2** *cpd*: **mincing machine** hachoir *m*.
mincingly ['mɪnsɪŋlɪ] *adv* d'une manière affectée, en minaudant.
mind [maɪnd] **1** *n* **(a)** esprit *m*; (*intellect*) esprit, intelligence *f*; (*as opposed to matter*) esprit; (*sanity*) raison *f*; (*memory*) souvenir *m*, mémoire *f*, (*opinion*) avis *m*, idée *f*; (*intention*) intention *f*. **in one's** ~**'s eye** en imagination; **his** ~ **is going** il n'a plus tout à fait sa tête, il baisse; **his** ~ **went blank** il a eu un trou *or* un passage à vide, ça a été le vide complet dans sa tête; **I'm not clear in my own** ~ **about** **it** je ne sais pas que qu'en penser moi-même; **to be easy in one's** ~ avoir l'esprit tranquille; **to be uneasy in one's** ~ (**about sth**) avoir des doutes (*sur qch*), être inquiet (*f* -ète) (au sujet de qch); **he is one of the great** ~**s of the century** c'est un des (grands) cerveaux du siècle; (*Prov*) **great** ~**s think alike** les grands esprits se rencontrent; **it was a case of** ~ **over matter** c'était la victoire de l'esprit sur la matière; **of sound** ~ sain d'esprit; **of unsound** ~ ne jouissant plus de toutes ses facultés (mentales); **to be in one's right** ~ avoir toute sa raison *or* sa tête; **to be out of one's** (**right**) ~ ne plus avoir toute sa raison *or* sa tête; **you must be out of your** ~!* ça ne va pas!*; **he went out of his** ~ il a perdu la tête *or* la raison; **with one** ~ comme un seul homme; **they were of one** ~ ils étaient d'accord *or* du même avis; **to be in two** ~**s about sth/ about doing se táter** (*fig*) *or* être irrésolu pour ce qui est de qch/de faire; **I'm still of the same** ~ je n'ai pas changé d'avis; **I was of the same** ~ **as my brother** j'étais du même avis que mon frère, je partageais l'opinion de mon frère; **what's on your** ~? qu'est-ce qui vous préoccupe? *or* vous tracasse? (*V also* **1b**); **that's a load** *or* **a weight off my** ~ c'est un gros souci de moins, cela m'ôte un poids; **I was of a** ~ *or* **it was in my** ~ **to go and see him** je pensais aller le voir; **to my** ~ à mon avis; **nothing is further from my** ~! (bien) loin de moi cette pensée!; **nothing was further from my** ~ **than going to see her** (bien) loin de moi la pensée d'aller la voir, je n'avais nullement l'intention d'aller la voir; *V* **frame, sight, state** *etc*.
  (b) (*in verbal phrases*) **to bear sth in** ~ (*take account of*) tenir compte de qch; (*remember*) ne pas oublier qch; **I'll bear you in** ~ je songerai *or* penserai à vous; **bear it in** ~! songez-y bien!; **to bring one's** ~ **to bear on sth** porter *or* concentrer son attention sur qch, appliquer son esprit à l'étude de qch; **to bring** *or* **call sth to** ~ rappeler qch, évoquer qch; **it came (in)to my** ~ **that ...** il m'est venu à l'esprit que ..., l'idée m'est venue que ...; **you must get it into your** ~ **that ...** tu dois te mettre en tête *or* dans la tête que ...; **I can't get it out of my** ~ je ne peux m'empêcher d'y penser; **to give one's** ~ **to sth** appliquer son esprit à qch, se concentrer sur qch; **he can't give his whole** ~ **to his work** il n'arrive pas à se concentrer sur son travail; **it went quite** *or* **right** *or* **clean* out of my** ~ je l'ai complètement oublié, cela m'est complètement sorti de la tête*; **you can do it if you have a** ~ (**to**) vous pouvez le faire si vous le voulez *or* désirez vraiment; **I have no** ~ **to offend him** je n'ai aucune envie de l'offenser; **to have (it) in** ~ **to do** avoir dans l'idée de faire; **I've a good** ~ **to do it*** j'ai bien envie de le faire, je crois bien avoir envie de le faire; **I've half a** ~ **to do it*** j'ai presque envie de le faire, ça me tente de le faire; **have you (got) anything particular in** ~? avez-vous quelque chose de particulier dans l'idée?; **whom have you in** ~ **for the job?** à qui songez-vous *or* qui avez-vous en vue pour le poste?; **to have sth on one's** ~ avoir l'esprit préoccupé de qch; **to have something at the back of one's** ~ (*gen*) avoir une idée dans la tête; (*pej: scheming etc*) avoir une idée derrière la tête; **to keep sth in** ~ ne pas oublier qch; **to keep**

one's ∼ on sth se concentrer sur qch; **to know one's own** ∼ avoir des idées bien arrêtées, savoir ce que l'on veut; **to let one's** ∼ **run on** sth se laisser aller à penser à qch, laisser ses pensées s'attarder sur qch; **to let one's** ∼ **wander** laisser flotter ses pensées *or* son attention; **to make up one's** ∼ **to do sth** prendre la décision *or* décider de faire qch; **we can't make up our** ∼**s about the house** nous ne savons à quoi nous résoudre *or* nous ne savons quelle décision prendre pour la maison; **I can't make up my** ∼ **about him** (*form opinion of*) je ne sais que penser de lui; (*decide about*) je n'arrive pas à me décider sur son compte; (*liter*) **to pass out of** ∼ tomber dans l'oubli; **that puts me in** ∼ **of** ... cela me rappelle ...; **you can put that right out of your** ∼! tu peux te dépêcher d'oublier tout ça!; **try to put it out of your** ∼ essayez de ne plus y penser; **to put** *or* **set one's** ∼ **to a problem** s'attaquer à un problème; **you can do it if you put** *or* **set your** ∼ **to it** tu peux le faire si tu t'y appliques; **to read sb's** ∼, **to see into sb's** ∼ lire (jusqu'au fond de) la pensée de qn; **to set sb's** ∼ **on** (**doing**) **sth** vouloir fermement (faire) qch; **to set sb's** ∼ **at rest** rassurer qn; **this will take her** ∼ **off her troubles** cela lui changera les idées, cela la distraira de ses ennuis; **the noise takes my** ∼ **off my work** le bruit m'empêche de me concentrer sur mon travail; *V* **cross, improve, piece, slip, speak** *etc*.

2 *cpd*: (*US*) **mind-bender*** révélation *f*; **mind-bending***, **mind-blowing*** *drug* hallucinogène; *experience, news, scene* hallucinant; **mind-boggling*** époustouflant*, ahurissant; **mind-expanding** *drug etc* hallucinogène; **mindful** *V* mindful; (*lit*) **mind reader** liseur *m*, -euse *f* de pensées; (*fig*) **he's a mind reader!** il lit dans la pensée des gens!; **I'm not a mind reader!*** je ne suis pas devin!*; **mind reading** divination *f* par télépathie; (*US*) **mind-set** tournure *f* d'esprit, mentalité *f*.

3 *vt* (**a**) (*pay attention to*) faire *or* prêter attention à; (*beware of*) prendre garde à. **never** ∼! (*don't worry*) ne t'en fais pas!, ne t'inquiète pas!; (*it makes no odds*) ça ne fait rien!, peu importe!; **never** ∼ **that now!** (*soothingly*) n'y pense plus (maintenant)!; (*irritably*) tu ne vas pas m'ennuyer avec ça maintenant!; **never** ∼ **him!** ne t'occupe pas de lui!, ignore-le!; (*iro*) **don't** ∼ **me!*** ne vous gênez surtout pas (pour moi)!* (*iro*); **never** ∼ **the expense!** tant pis pour le prix!, ne regarde pas à la dépense!; ∼ **your language!** surveille ton langage!; **to** ∼ **one's Ps and Qs** faire attention à ce qu'on fait *or* à ce qu'on dit, se surveiller; ∼ **what I say!** écoute bien ce que je te dis!, fais bien attention à ce que je te dis!; ∼ **what you're doing!** (*fais*) attention à ce que tu fais!; ∼ **the step!** attention *or* gare à la marche!; ∼ **your head!** attention *or* gare à votre tête!; ∼ **your backs!** gare à vous!, dégagez!*; ∼ **yourself!**, ∼ **your eye!** prends garde!, fais gaffe!; ∼ **you don't fall!** prenez garde de ne pas tomber!; ∼ **you tell her!** ne manquez pas de le lui dire!; ∼ **and come to see us!*** n'oublie pas de venir nous voir!; **be there at 10,** ∼* tâche d'être là à 10 heures; ∼ **you, I didn't know he was going to Paris** remarquez, je ne savais pas qu'il allait à Paris; ∼ **you, it isn't easy** ce n'est pas facile, vous savez *or* je vous assure; ∼ **you, he could be right**, he could be right, ∼* peut-être qu'il a raison après tout; **I sold the car for £1500 and** ∼ **you I had had it 4 years** j'ai vendu la voiture 1500 livres et avec ça* *or* remarque, je l'avais gardée 4 ans; *V* **business.**

(**b**) (*object to*) **do you** ∼ **if I take this book?** — **I don't** ∼ **at all** cela ne vous fait rien *or* ça ne vous ennuie pas que je prenne ce livre? — mais non, je vous en prie!; **which do you want?** — **I don't** ∼ lequel voulez-vous? — ça m'est égal; **did you** ∼ **my** *or* **me* telling you that?** auriez-vous préféré que je ne vous le dise pas?; **did she** ∼ (**it**) **when he got married?** a-t-elle été malheureuse quand il s'est marié?; **if you don't** ∼ si cela ne vous fait rien; (*iro: indignantly*) non, mais!; **I don't** ∼ **going with you** je veux bien vous accompagner; **I don't** ∼ **the cold** je ne crains pas le froid; **I don't** ∼ **country life but I prefer the town** vivre à la campagne ne me déplaît pas, mais je préfère la ville; **would you** ∼ **opening the door?** cela vous ennuierait d'ouvrir la porte?; **would you** ∼ **coming with me?** cela vous dérangerait de m'accompagner?; (*abruptly*) je vous prie de m'accompagner; **do you** ∼ **the noise?** le bruit vous gêne-t-il?; **I don't** ∼ **what people say** je me moque du qu'en-dira-t-on; **I don't** ∼ **him but I hate her!** lui passe encore, mais elle je la déteste!; **cigarette?** — **I don't** ∼ (**if I do**)* une cigarette? — c'est pas de refus!*; **I wouldn't** ∼ **a cup of coffee** une tasse de café ne serait pas de refus*, je prendrais bien une tasse de café.

(**c**) (*take charge of*) *children* garder, surveiller, prendre soin de; *animals* garder; *shop, business* garder, tenir. (*fig*) **to** ∼ **the shop*** *or* (*US*) **the store*** veiller au grain.

(**d**) (‡ *or dial: remember*) se souvenir de, se rappeler.

◆**mind out*** *vi* faire attention, faire gaffe‡. **mind out!** attention!; **mind out of the way!** ôtez-vous de là!, dégagez!*; **mind out or you'll break it** faites attention de ne pas le casser.

minded ['maɪndɪd] *adj*: **if you are so** ∼ si le cœur vous en dit, si vous y êtes disposé; ∼ **to do sth** disposé *or* enclin à faire qch.

-minded ['maɪndɪd] *adj ending in cpds* (**a**) qui est ... d'esprit, *e.g.* **feeble-minded** faible d'esprit; *V* **high, strong** *etc*. (**b**) qui s'intéresse à ..., *e.g.* **business-minded** qui a le sens des affaires; **he's become very ecology-minded** il est très sensibilisé sur l'écologie maintenant; **an industrially-minded nation** une nation orientée vers l'industrie, une nation aux options industrielles; **a romantically-minded girl** une jeune fille aux idées romantiques; *V* **family, like¹** *etc*.

minder ['maɪndər] *n* (**a**) (*also* baby-∼, child-∼) gardienne *f*. (**b**) (*: *bodyguard etc*) ange *m* gardien (*fig*).

mindful ['maɪndfʊl] *adj*: ∼ **of** attentif à, soucieux de; **be** ∼ **of what I said** songez à ce que j'ai dit.

mindless ['maɪndlɪs] *adj* (**a**) (*stupid*) stupide, idiot. (**b**) (*unmindful*) ∼ **of** oublieux de, indifférent à, inattentif à.

mine¹ [maɪn] **1** *poss pron* le mien, la mienne, les mien(ne)s. **this pencil is** ∼ ce crayon est le mien *or* à moi; **this poem is** ∼ ce poème est de moi; (*fml*) **will you be** ∼? voulez-vous m'épouser?; **the house became** ∼ la maison est devenue (la) mienne; **no advice of** ∼ **could prevent him** aucun conseil de ma part ne pouvait l'empêcher; **no it's** ∼ non c'est à moi *or* le mien; **which dress do you prefer, hers** *or* ∼? quelle robe préférez-vous, la sienne ou la mienne?; **a friend of** ∼ un de mes amis, un ami à moi; **it's no fault of** ∼ ce n'est pas (de) ma faute; **what is** ∼ **is yours** ce qui est à moi est à toi, ce qui m'appartient t'appartient; (*frm*) **it is not** ∼ **to decide** ce n'est pas à moi de décider, il ne m'appartient pas de décider; ∼ **is a specialized department** ma section est une section spécialisée.

2 *poss adj* (†† *or liter*) mon, ma, mes; *V* **host¹**.

mine² [maɪn] **1** *n* (**a**) (*Min*) mine *f*. **coal** ∼ mine de charbon; **to go down the** ∼**s** travailler *or* descendre à la mine; **to work a** ∼ exploiter une mine; (*fig*) **a real** ∼ **of information** une véritable mine *or* une source inépuisable de renseignements.

(**b**) (*Mil, Naut etc*) mine *f*. **to lay a** ∼ mouiller *or* poser une mine; **to clear a beach of** ∼**s** déminer une plage; *V* **land** *etc*.

2 *vt* (**a**) (*Min*) *coal, ore* extraire.

(**b**) (*Mil, Naut etc*) *sea, beach* miner, semer de mines; *ship, tank* miner.

3 *vi* exploiter un gisement. **to** ∼ **for coal** extraire du charbon, exploiter une mine (de charbon).

4 *cpd*: (*Mil, Naut*) **mine-clearing** déminage *m*; (*Mil*) **mine detector** détecteur *m* de mines; (*Mil*) **mine disposal** déminage *m*; (*Mil, Naut*) **minefield champ** *m* de mines; (*fig*) **it's a legal/political minefield** c'est un sac d'embrouilles* juridique/politique; (*Naut*) **minehunter** chasseur *m* de mines; (*Naut*) **minelayer** mouilleur *m* de mines; (*Naut*) **minelaying** mouillage *m* de mines; (*Min*) **mineshaft** puits *m* de mine; (*Naut*) **minesweeper** dragueur *m* de mines; (*Naut*) **mine-sweeping** dragage *m* de mines, déminage *m*.

miner ['maɪnər] *n* mineur *m*. **the** ∼**s' strike** la grève des mineurs; ∼**'s lamp** lampe *f* de mineur.

mineral ['mɪnərəl] **1** *n* (**a**) (*Geol*) minéral *m*. (**b**) (*Brit: soft drinks*) ∼**s** boissons *fpl* gazeuses. **2** *adj* minéral. **the** ∼ **kingdom** le règne minéral; ∼ **oil** (*Brit*) huile *f* minérale; (*US*) huile de paraffine; ∼ **rights** droits *mpl* miniers; ∼ **water** (*natural*) eau *f* minérale; (*Brit: soft drink*) boisson *f* gazeuse.

mineralogical [,mɪnərə'lɒdʒɪkəl] *adj* minéralogique.

mineralogist [,mɪnə'rælədʒɪst] *n* minéralogiste *mf*.

mineralogy [,mɪnə'rælədʒɪ] *n* minéralogie *f*.

Minerva [mɪ'nɜːvə] *n* Minerve *f*.

minestrone [,mɪnɪ'strəʊnɪ] *n* minestrone *m*.

mingle ['mɪŋgl] **1** *vt* mêler (**with** à), mélanger, confondre (**with** avec). **2** *vi* se mêler, se mélanger; (*become indistinguishable*) se confondre (**with** avec). **to** ∼ **with the crowd** se mêler à la foule; **he** ∼**s with all sorts of people** il fraye avec toutes sortes de gens.

mingy* ['mɪndʒɪ] *adj person* radin*, pingre; (*Brit*) *amount, share* misérable.

mini... ['mɪnɪ] *pref* mini.... **he's a kind of** ∼-**dictator*** c'est une sorte de mini-dictateur.

mini* ['mɪnɪ] *n* (*fashion*) mini *f*.

miniature ['mɪnɪtʃər] **1** *n* (*also Art*) miniature *f*. (*lit, fig*) **in** ∼ en miniature.

2 *adj* (en) miniature; *dog* nain; (*tiny*) minuscule. **her doll had a** ∼ **handbag** sa poupée avait un sac à main minuscule; ∼ **bottle of whisky** mini-bouteille *f* de whisky; ∼ **camera** appareil *m* de petit format; ∼ **golf** golf-miniature *m*; ∼ **poodle** caniche *m* nain; ∼ **railway** chemin de fer *m* miniature; ∼ **submarine** sous-marin *m* de poche.

miniaturization [,mɪnɪtʃərar'zeɪʃən] *n* miniaturisation *f*.

miniaturize ['mɪnɪtʃərarz] *vt* miniaturiser.

miniboom ['mɪnɪ,buːm] *n* miniboom *m*, période *f* de relative prospérité.

minibudget ['mɪnɪ,bʌdʒɪt] *n* (*Pol*) collectif *m* budgétaire.

minibus ['mɪnɪ,bʌs] *n* minibus *m*.

minicab ['mɪnɪ,kæb] *n* (*Brit*) taxi *m* (*qu'il faut commander par téléphone*).

minicalculator ['mɪnɪ'kælkjʊ,leɪtər] *n* calculette *f*, calculatrice *f* de poche.

minicar ['mɪnɪ,kɑːr] *n* toute petite voiture *f*.

minicomputer ['mɪnɪkəm'pjuːtər] *n* mini-ordinateur *m*.

mini-course ['mɪnɪ,kɔːs] *n* (*US Scol*) cours *m* extra-scolaire.

minim ['mɪnɪm] *n* (**a**) (*Mus: Brit*) blanche *f*. ∼ **rest** demi-pause *f*. (**b**) (*Measure*) (= 0,5 ml) ≃ goutte *f*.

minima ['mɪnɪmə] *npl of* **minimum**.

minimal ['mɪnɪml] *adj* minimal. **M**∼ **Art** Minimal Art *m*; (*Ling*) ∼ **free form** forme *f* libre minimale; (*Phon*) ∼ **pair** paire *f* minimale.

minimally ['mɪnɪməlɪ] *adv differ, improve, move* imperceptiblement.

minimarket ['mɪnɪ,mɑːkɪt], **minimart** ['mɪnɪ,mɑːt] *n* supérette *f*, mini-libre-service *m*.

minimize ['mɪnɪmaɪz] *vt* (**a**) (*reduce to minimum*) *amount, risk* réduire au minimum. (**b**) (*estimate at lowest*) *losses etc* minimiser, réduire. (**c**) (*devalue, decry*) *sb's contribution, help* minimiser, réduire l'importance de.

minimum ['mɪnɪməm] **1** *n, pl* ∼**s** *or* **minima** minimum *m*. **to reduce to a** *or* **the** ∼ réduire au minimum; **keep interruptions to a** ∼ limitez les interruptions autant que possible; **a** ∼ **of £100** un minimum de 100 livres; **with a** ∼ **of commonsense one could ...** avec un minimum de bon sens *or* le moindre bon sens on pourrait ... .

2 *adj age, price* minimum (*f inv* ou minima, *pl* minimums *or* minima). (*Econ, Ind*) ∼ **wage** S.M.I.C. *m*, salaire *m* minimum (interprofessionnel de croissance).

3 *cpd*: **minimum iron fabric** tissu *m* ne demandant qu'un

repassage minimum; (*Econ*) **minimum lending rate** taux *m* de crédit minimum.
mining ['mamɪŋ] **1** *n* (*U*) **(a)** (*Min*) exploitation *f* minière.
  (b) (*Mil, Naut*) pose *f or* mouillage *m* de mines.
  2 *cpd* *village, company, industry, rights* minier. **mining area** région (d'industrie) minière; **mining engineer** ingénieur *m* des mines; (*US Univ*) **mining engineering** ≃ études *fpl* à l'école des mines; **he comes from a mining family** il est d'une famille de mineurs.
minion ['mɪnɪən] *n* (*servant*) laquais *m*, serviteur *m*, larbin *m*; (*favourite*) favori(te) *m(f)*. (*hum, iro*) ~**s of the law** serviteurs de la loi.
miniscule ['mɪnɪˌskjuːl] *adj* = **minuscule**.
mini-ski ['mɪnɪˌskiː] *n* (*Ski*) mini-ski *m*.
miniskirt ['mɪnɪˌskɜːt] *n* minijupe *f*.
minister ['mɪnɪstə] **1** *n* **(a)** (*Brit: Diplomacy, Parl, Pol*) ministre *m*. **M~ of State** (*Brit Parl*) ≃ secrétaire *m* d'État; (*gen*) ministre *m*; **M~ of Health** ministre de la Santé; ~ **plenipotentiary** ministre plénipotentiaire; ~ **resident** ministre résident; *V* **defence, foreign** etc. **(b)** (*Rel: also* ~ **of religion**) pasteur *m*, ministre *m*. **2** *vi* (*frm*) **to** ~ **to sb's needs** pourvoir aux besoins de qn; **to** ~ **to sb** donner ses soins à qn; (*Rel*) **to** ~ **to a parish** desservir une paroisse; (*fig*) ~**ing angel** ange *m* de bonté.
ministerial [ˌmɪnɪs'tɪərɪəl] *adj* **(a)** (*Parl*) *decision, crisis* ministériel. **the** ~ **benches** le banc des ministres. **(b)** (*Rel*) de ministre, sacerdotal.
ministration [ˌmɪnɪs'treɪʃən] *n* **(a)** (*services, help*) ~**s** soins *mpl*. **(b)** (*Rel*) ministère *m*.
ministry ['mɪnɪstrɪ] *n* **(a)** (*government department*) ministère *m*. **M~ of Health** ministère de la Santé; (*Parl*) **to form a** ~ former un ministère *or* un gouvernement; **the coalition** ~ **lasted 2 years** le ministère de coalition a duré 2 ans.
  (b) (*period of office*) ministère *m*.
  (c) (*body of clergy*) **the** ~ le saint ministère; **to go into** *or* **enter the** ~ devenir *or* se faire pasteur *or* ministre.
minium ['mɪnɪəm] *n* minium *m*.
miniver ['mɪnɪvə] *n* menu-vair *m*.
mink [mɪŋk] **1** *n* (*animal, fur*) vison *m*. **2** *cpd* *coat* etc de vison.
Minnesota [ˌmɪnɪ'səʊtə] *n* Minnesota *m*. **in** ~ dans le Minnesota.
minnow ['mɪnəʊ] *n* vairon *m*; (*any small fish*) fretin *m*; (*fig: unimportant person*) menu fretin (*sg or collective*).
Minoan [mɪ'nəʊən] *adj* minoen.
minor ['maɪnə] **1** *adj* (*Jur, Mus, Philos, Rel*) mineur; *detail, expenses, repairs* petit, menu; *importance, interest, position, role* secondaire. ~ **poet** poète mineur; ~ **problem/worry** problème/souci mineur; (*Mus*) **G** ~ **sol** mineur; (*Mus*) ~ **key** ton mineur; **in the** ~ **key** en mineur; (*Jur*) ~ **offence** ≃ contravention *f* de simple police; (*Med*) ~ **operation** opération *f* bénigne; (*Theat, fig*) **to play a** ~ **part** jouer un rôle accessoire *or* un petit rôle; ~ **planet** petite planète, astéroïde *m*; (*Cards*) ~ **suit** (couleur *f*) mineure *f*; (*Brit Scol*) **Smith** ~ Smith junior.
  2 *n* **(a)** (*Jur*) mineur(e) *m(f)*.
  (b) (*US Univ*) matière *f* secondaire.
  3 *vi* (*US Univ*) **to** ~ **in chemistry** étudier la chimie comme matière secondaire *or* sous-dominante.
Minorca [mɪ'nɔːkə] *n* Minorque *f*. **in** ~ à Minorque.
minority [maɪ'nɒrɪtɪ] **1** *n* (*also Jur*) minorité *f*. **in a** *or* **the** ~ en minorité; **you are in a** ~ **of one** vous êtes le seul à penser ainsi, personne ne partage vos vues *or* votre opinion.
  2 *cpd* *party, opinion, government* minoritaire. (*US Pol*) **minority president** président gouvernant avec un Congrès où les membres du parti adverse sont majoritaires; (*Rad, TV*) **minority programme** émission *f* à l'intention d'un auditoire restreint; (*Admin*) **minority report** rapport *m* soumis par un groupe minoritaire.
Minos ['maɪnɒs] *n* Minos *m*.
Minotaur ['maɪnətɔːr] *n* Minotaure *m*.
minster ['mɪnstər] *n* cathédrale *f*; (*monastery*) église *f* abbatiale. **York M~** cathédrale de York.
minstrel ['mɪnstrəl] *n* (*Hist* etc) ménestrel *m*, trouvère *m*, troubadour *m*. (*Archit*) ~ **gallery** tribune *f* des musiciens; (*Theat*) ~ **show** spectacle *m* de chanteurs et musiciens blancs déguisés en noirs.
minstrelsy ['mɪnstrəlsɪ] *n* (*U*) (*art*) art *m* du ménestrel *or* trouvère *or* troubadour; (*songs*) chants *mpl*.
mint¹ [mɪnt] **1** *n* (*also Brit: Royal M~*) (hôtel *m* de la) Monnaie *f*; (*fig: large sum*) une *or* des somme(s) folle(s). **he made a** ~ **of money** *or* **a** ~ **in oil** il a fait fortune dans le pétrole.
  2 *cpd*: **in mint condition** à l'état (de) neuf, en parfaite condition; (*Philately*) **mint stamp** timbre *m* non oblitéré.
  3 *vt* *coins* battre; *gold* monnayer (*into* pour obtenir); (*fig*) *word, expression* forger, inventer. (*fig*) **he** ~**s money** il fait des affaires d'or, il ramasse l'argent à la pelle.
mint² [mɪnt] **1** *n* (*Bot, Culin*) menthe *f*; (*sweet*) bonbon *m* à la menthe. **2** *cpd* *chocolate, sauce* à la menthe. (*US*) **mint julep** whisky etc glacé à la menthe.
minuet [ˌmɪnjʊ'et] *n* menuet *m*.
minus ['maɪnəs] **1** *prep* **(a)** (*Math* etc) moins. **5** ~ **3 equals 2** 5 moins 3 égale(nt) 2; (*Scol* etc) **A/B** etc ~ **une note un peu en dessous de A/B** etc.
  (b) (*: without*) sans, avec ... de moins *or* de moins. **he arrived** ~ **his coat** il est arrivé sans son manteau; **they found his wallet** ~ **the money** ils ont retrouvé son portefeuille avec l'argent en moins; ~ **a finger** avec un doigt en *or* de moins.
  2 *cpd*: **minus quantity** (*Math*) quantité négative; (*: fig*) quantité négligeable; (*Math*) **minus sign** moins *m*.
  3 *n* (*Math*) (*sign*) moins *m*; (*amount*) quantité *f* négative. (*fig: of situation* etc) **the** ~**es** les côtés *mpl* négatifs.

minuscule ['mɪnəˌskjuːl] *adj* minuscule.
minute¹ ['mɪnɪt] **1** *n* **(a)** (*of time*) minute *f*; (*fig*) minute, instant *m*, moment *m*. **it is 20** ~**s past 2** il est 2 heures 20 (minutes); **at 4 o'clock to the** ~ à 4 heures pile *or* tapant(es); **we got the train without a** ~ **to spare** une minute de plus et nous manquions le train; **I'll do it in a** ~ je le ferai dans une minute; **I'll do it the** ~ **he comes** je le ferai dès qu'il arrivera; **do it this** ~! fais-le tout de suite! *or* à la minute!; **he went out this (very)** ~ il vient tout juste de sortir; **at any** ~ à tout moment, d'une minute *or* d'un instant à l'autre; **any** ~ **now** d'une minute à l'autre; **I've just this** ~ **heard of it** je viens de l'apprendre à la minute; **at the last** ~ à la dernière minute; **to leave things till the last** ~ tout faire à la dernière minute; **I shan't be a** ~ j'en ai pour deux secondes; **it won't take five** ~**s** ce sera fait en un rien de temps; **it's a few** ~**s' walk from the station** c'est tout près de la gare, c'est à quelques minutes à pied de la gare; **wait a** ~, **just a** ~ attendez une minute *or* un instant *or* un moment; (*indignantly*) minute!; **half a** ~! une petite minute!; **up to the** ~ *equipment* dernier modèle *inv*; *fashion* dernier cri *inv*; *news* de (la) dernière heure; **there's one born every** ~!* il faut vraiment le faire!
  (b) (*Geog, Math: part of degree*) minute *f*.
  (c) (*official record*) compte rendu *m*, procès-verbal *m*; (*Comm* etc: *memorandum*) note *f*, circulaire *f*. **to take the** ~**s of a meeting** rédiger le procès-verbal *or* le compte rendu d'une réunion; **who will take the** ~**s?** qui sera le rapporteur de la réunion?
  2 *cpd*: (*Admin, Comm* etc) **minute book** registre *m* des délibérations; (*clock* etc) **minute hand** grande aiguille; (*Culin*) **minute steak** entrecôte *f* minute.
  3 *vt* **(a)** (*note* etc) *fact, detail* prendre note de; *meeting* rédiger le compte rendu de, dresser le procès-verbal de. **(b)** (*send* ~ *to*) *person* faire passer une note à (*about* au sujet de).
minute² [maɪ'njuːt] *adj* (*tiny*) *particles, amount* minuscule, infime, infinitésimal; *change, differences* minime, infime; (*detailed*) *report, examination, description* minutieux, détaillé. **in** ~ **detail** par le menu; **the** ~**st details** les moindres détails.
minutely [maɪ'njuːtlɪ] *adv describe, examine* minutieusement, dans les moindres détails; *change, differ* très peu. **a** ~ **detailed account** un compte rendu extrêmement détaillé *or* circonstancié; **anything** ~ **resembling a fish** quelque chose ayant très vaguement l'apparence d'un poisson.
minutiae [maɪ'njuːʃiː] *npl* menus détails *mpl*, minuties *fpl*, vétilles *fpl* (*pej*).
minx [mɪŋks] *n* (petite) espiègle *f*, friponne *f*.
Miocene ['maɪəˌsiːn] *adj, n* miocène (*m*).
miracle ['mɪrəkl] **1** *n* miracle *m*; (*fig*) miracle, prodige *m*, merveille *f*. **by a** ~, **by some** ~ par miracle; **it is a** ~ **of ingenuity** c'est un miracle *or* un prodige *or* une merveille d'ingéniosité; **it is a** ~ **that** ... c'est miracle que ... + *subj*; **it will be a** ~ **if** ... ce sera (un) miracle si ... . **2** *cpd*: **miracle cure, miracle drug** remède-miracle *m*; **miracle-man** homme-miracle *m*; (*Rel Theat*) **miracle play** miracle *m*.
miraculous [mɪ'rækjʊləs] *adj* (*lit*) miraculeux; (*fig*) miraculeux, prodigieux, merveilleux.
miraculously [mɪ'rækjʊləslɪ] *adv* (*lit, fig*) miraculeusement, par miracle.
mirage ['mɪrɑːʒ] *n* (*lit, fig*) mirage *m*.
mire ['maɪər] *n* (*liter*) (*mud*) fange *f* (*liter*), bourbe *f*, boue *f*; (*swampy ground*) bourbier *m*. (*fig*) **to drag sb's name through the** ~ traîner (le nom de) qn dans la fange *or* la boue.
mirror ['mɪrər] **1** *n* miroir *m*, glace *f*; (*Aut*) rétroviseur *m*; (*fig*) miroir. **hand** ~ glace à main; **pocket** ~ miroir de poche; **to look at o.s. in the** ~ se regarder dans le miroir *or* dans la glace; (*fig*) **it holds a** ~ **(up) to** ... cela reflète ... . **2** *cpd*: **mirror image** image inversée; **mirror writing** écriture *f* inversée. **3** *vt* (*lit, fig*) refléter. (*lit, fig*) **to be** ~**ed in** se refléter dans.
mirth [mɜːθ] *n* (*U*) hilarité *f*, gaieté *f or* gaîté *f*, rires *mpl*. **this remark caused some** ~ cette remarque a déclenché des rires *or* une certaine hilarité.
mirthful ['mɜːθfʊl] *adj* gai, joyeux.
mirthless ['mɜːθlɪs] *adj* sans gaieté, triste.
miry ['maɪərɪ] *adj* (*liter*) fangeux (*liter*), bourbeux.
misadventure [ˌmɪsəd'ventʃər] *n* mésaventure *f*; (*less serious*) contretemps *m*. (*Jur*) **death by** ~ mort accidentelle.
misalliance [ˌmɪsə'laɪəns] *n* mésalliance *f*.
misanthrope ['mɪzənθrəʊp] *n* misanthrope *mf*.
misanthropic [ˌmɪzən'θrɒpɪk] *adj person* misanthrope; *mood* misanthropique.
misanthropist [mɪ'zænθrəpɪst] *n* misanthrope *mf*.
misanthropy [mɪ'zænθrəpɪ] *n* misanthropie *f*.
misapply [ˌmɪsə'plaɪ] *vt discovery, knowledge* mal employer, mal appliquer; *abilities, intelligence* mal employer, mal diriger; *money, funds* détourner.
misapprehend ['mɪsˌæprɪ'hend] *vt* mal comprendre, se faire une idée fausse de *or* sur, se méprendre sur.
misapprehension ['mɪsˌæprɪ'henʃən] *n* erreur *f*, malentendu *m*, méprise *f*. **there seems to be some** ~ il semble y avoir erreur *or* malentendu *or* méprise; **he's (labouring) under a** ~ il n'a pas bien compris, il se fait une idée fausse.
misappropriate ['mɪsə'prəʊprɪeɪt] *vt money, funds* détourner.
misappropriation ['mɪsəˌprəʊprɪ'eɪʃən] *n* détournement *m*.
misbegotten ['mɪsbɪ'gɒtn] *adj* (*lit: liter*) illégitime, bâtard; (*fig*) *plan, scheme* mal conçu, malencontreux.
misbehave ['mɪsbɪ'heɪv] *vi* se conduire mal; (*child*) ne pas être sage, se tenir mal.
misbehaviour, (*US*) **misbehavior** ['mɪsbɪ'heɪvjər] *n* [*person, child*] mauvaise conduite *or* tenue; (*stronger*) inconduite *f*.
misbelief ['mɪsbɪ'liːf] *n* (*Rel*) croyance fausse.

misbeliever ['mɪsbɪ'liːvər] n (Rel) mécréant(e) m(f), infidèle mf.

miscalculate ['mɪs'kælkjʊleɪt] **1** vt mal calculer. **2** vi (fig) se tromper.

miscalculation ['mɪsˌkælkjʊ'leɪʃən] n (lit, fig) erreur f de calcul, mauvais calcul m.

miscall ['mɪs'kɔːl] vt mal nommer, appeler à tort.

miscarriage ['mɪs'kærɪdʒ] n (a) [plan etc] insuccès m, échec m; [letter, goods] perte f, égarement m. ~ of justice erreur f judiciaire. (b) (Med) fausse couche. to have a ~ faire une fausse couche.

miscarry [ˌmɪs'kærɪ] vi (a) [plan, scheme] échouer, avorter, mal tourner; [letter, goods] s'égarer, ne pas arriver à destination. (b) (Med) faire une fausse couche.

miscast ['mɪs'kɑːst] pret, ptp **miscast** vt (Cine, Theat etc) play donner une mauvaise distribution à. he was ~ on n'aurait jamais dû lui donner or attribuer ce rôle.

miscegenation [ˌmɪsɪdʒɪ'neɪʃən] n croisement m entre races (humaines).

miscellaneous [ˌmɪsɪ'leɪnɪəs] adj objects, collection varié, divers, disparate (pej). ~ conversation conversation f sur des sujets divers or à bâtons rompus; ~ expenses frais mpl divers; ~ items (Comm) articles divers; (Press) faits divers; (on agenda) '~' 'divers'.

miscellany [mɪ'selənɪ] n [objects etc] collection f; (Literat) recueil m, sélection f, choix m, anthologie f; (Rad, TV) sélection, choix. (Literat) **miscellanies** miscellanées fpl, (volume m de) mélanges mpl.

mischance [ˌmɪs'tʃɑːns] n mésaventure f, malchance f. **by (a)** ~ par malheur.

mischief ['mɪstʃɪf] **1** n (a) (roguishness) malice f, espièglerie f; (naughtiness) sottises fpl, polissonnerie f; (maliciousness) méchanceté f. he's up to (some) ~ [child] il (nous) prépare une or quelque sottise; [adult] (in fun) il (nous) prépare quelque farce or niche; (from malice) il médite un mauvais tour or coup; he's always up to some ~ il trouve toujours une sottise or niche à faire; [child only] to get into ~ faire des sottises, faire des siennes; to keep sb out of ~ empêcher qn de faire des sottises or des bêtises, garder qn sur le droit chemin (hum); the children managed to keep out of ~ les enfants sont arrivés à ne pas faire de sottises, les enfants ont même été sages; he means ~ [child] il va sûrement faire une sottise; [adult] (in fun) il va sûrement faire une farce; (from malice) il est mal intentionné; out of sheer ~ (for fun) par pure espièglerie; (from malice) par pure méchanceté; full of ~ espiègle, plein de malice; bubbling over with ~ pétillant de malice; to make ~ (for sb) créer des ennuis (à qn); to make ~ between 2 people semer la zizanie or la discorde entre 2 personnes.

(b) (*: child) polisson(ne) m(f), petit(e) vilain(e) m(f).

(c) (U: injury, damage) [physcal] mal m; (mental etc) tort m; (to ship, building etc) dommage m, dégât(s) m(pl). to do sb a ~ (physically) faire mal à qn, blesser qn; (mentally etc) faire du tort à qn; to do o.s. a ~ (physically) se faire mal, se blesser; (mentally etc) se faire du tort.

2 cpd: **mischief-maker** semeur m, -euse f or brandon m de discorde; (esp gossip) mauvaise langue f.

mischievous ['mɪstʃɪvəs] adj (a) (playful, naughty) child, kitten espiègle, malicieux, coquin; adult farceur; glance etc malicieux, espiègle. he's as ~ as a monkey c'est un vrai petit diable.

(b) (harmful) person méchant, malveillant; attempt, report, rumour malveillant, malin (f -igne).

michievously ['mɪstʃɪvslɪ] adv (a) (naughtily etc) malicieusement, par espièglerie. (b) (harmfully) méchamment, avec malveillance.

mischievousness ['mɪstʃɪvəsnɪs] n (roguishness) malice f, espièglerie f; (naughtiness) polissonnerie f.

misconceive ['mɪskən'siːv] **1** vt mal comprendre, mal interpréter. **2** vi se tromper, se méprendre (of sur).

misconceived [ˌmɪskən'siːvd] adj plan, decision peu judicieux.

misconception ['mɪskən'sepʃən] n (wrong idea/opinion) idée/ opinion f fausse; (misunderstanding) malentendu m, méprise f.

misconduct [ˌmɪs'kɒndʌkt] **1** n (a) (bad behaviour) inconduite f; (Jur: sexual) adultère m.

(b) (bad management) [business etc] mauvaise administration f or gestion f.

2 [ˌmɪskən'dʌkt] vt business mal diriger, mal gérer, mal administrer. to ~ o.s.† se conduire mal.

misconstruction ['mɪskən'strʌkʃən] n fausse interprétation f. words open to ~ mots qui prêtent à méprise or contresens.

misconstrue ['mɪskən'struː] vt acts, words mal interpréter.

miscount ['mɪs'kaʊnt] **1** n (gen) mécompte m; (Pol: during election) erreur f dans le compte des suffrages exprimés. **2** vti mal compter.

miscreant ['mɪskrɪənt] n († or liter) scélérat(e) m(f), gredin(e) m(f).

misdeal ['mɪs'diːl] (vb: pret, ptp misdealt) (Cards) **1** n maldonne f. **2** vti: to ~ (the cards) faire maldonne.

misdeed ['mɪs'diːd] n méfait m, mauvaise action; (stronger) crime m.

misdemeanour, (US) **misdemeanor** [ˌmɪsdɪ'miːnər] n incartade f, écart m de conduite; (more serious) méfait m; (Brit Jur) infraction f, contravention f; (US Jur) délit m.

misdescribe [ˌmɪsdɪ'skraɪb] vt goods for sale décrire de façon mensongère.

misdirect ['mɪsdɪ'rekt] vt letter etc mal adresser; person mal renseigner, fourvoyer; blow, efforts mal diriger, mal orienter; operation, scheme mener mal. (Jur) to ~ the jury mal instruire le jury.

misdirection ['mɪsdɪ'rekʃən] n [letter etc] erreur f d'adresse or d'acheminement m; [blow, efforts] mauvaise orientation f; [operation, scheme] mauvaise conduite f.

miser ['maɪzər] n avare mf, grippe-sou m.

miserable ['mɪzərəbl] adj (a) (unhappy) person, life, look malheureux, triste; (deplorable) sight, failure pitoyable, lamentable. to feel ~ (unhappy) avoir le cafard* or des idées noires; (unwell) être or se sentir mal fichu*; to make sb ~ peiner or chagriner qn; (stronger) affliger qn; to make sb's life ~ [person] faire or mener la vie dure à qn; [arthritis etc] gâcher la vie de qn; don't look so ~! ne fais pas cette tête d'enterrement!

(b) (filthy, wretched) misérable, miteux, minable. they were living in ~ conditions ils vivaient dans des conditions misérables or dans la misère.

(c) (*: unpleasant) climate, weather maussade; (stronger) détestable, sale* (before n). what a ~ day!, what ~ weather! quel temps maussade!; (stronger) quel sale temps!*

(d) (contemptible) meal, gift méchant (before n), misérable, piteux; amount, offer dérisoire; salary dérisoire, de misère. a ~ 50 francs une misérable or malheureuse somme de 50 F.

miserably ['mɪzərəblɪ] adv live misérablement, pauvrement; look, smile, answer pitoyablement; pay misérablement, chichement; fail lamentablement, pitoyablement. it was raining ~ une pluie maussade tombait; they played ~* ils ont joué minablement*, ils ont été minables*.

misère [mɪ'zɛər] n (Cards) misère f.

miserliness ['maɪzəlmɪs] n avarice f.

miserly ['maɪzəlɪ] adj avare, pingre, radin*.

misery ['mɪzərɪ] n (a) (unhappiness) tristesse f, douleur f; (suffering) souffrances fpl, supplice m; (wretchedness) misère f, détresse f. the miseries of mankind la misère de l'homme; a life of ~ une vie de misère; to make sb's life a ~ [person] faire or mener la vie dure à qn; [arthritis etc] gâcher la vie de qn; to put an animal out of its ~ achever un animal; put him out of his ~* and tell him the results abrégez son supplice et donnez-lui les résultats.

(b) (*: gloomy person) (child) pleurnicheur m, -euse f; (adult) grincheux m, -euse f, rabat-joie m inv. what a ~ you are! quel grincheux tu fais!, ce que tu peux être pleurnicheur! or grincheux or rabat-joie!

misfire ['mɪs'faɪər] vi [gun] faire long feu, rater; [plan] rater, foirer*; [joke] manquer son but, foirer*; [car engine] avoir des ratés.

misfit ['mɪsfɪt] n (Dress) vêtement m mal réussi or qui ne va pas bien; (fig: person) inadapté(e) m(f). he's always been a ~ here il ne s'est jamais intégré ici, il n'a jamais su s'adapter ici; V social.

misfortune [mɪs'fɔːtʃən] n (single event) malheur m; (U: bad luck) malchance f, infortune f (liter). (loc) ~s never come singly un malheur n'arrive jamais seul; ~ dogs his footsteps il joue de malchance; companion in ~ compagnon m or compagne f d'infortune; it is his ~ that he is deaf pour son malheur il est sourd; I had the ~ to meet him par malheur or par malchance or pour mon malheur je l'ai rencontré; that's YOUR ~!* tant pis pour toi!

misgiving [mɪs'gɪvɪŋ] n crainte(s) f(pl), doute(s) m(pl), appréhension f. not without some ~(s) non sans crainte or appréhension or inquiétude; I had ~s about the scheme j'avais des doutes quant au projet.

misgovern ['mɪs'gʌvən] vti mal gouverner, mal administrer.

misgovernment ['mɪs'gʌvənmənt] n mauvais gouvernement m, mauvaise administration.

misguided ['mɪs'gaɪdɪd] adj person abusé, malavisé (liter); attempt malencontreux; decision, conduct, action peu judicieux.

misguidedly ['mɪs'gaɪdɪdlɪ] adv malencontreusement, peu judicieusement, à mauvais escient.

mishandle ['mɪs'hændl] vt (a) (treat roughly) object manier or manipuler sans précaution.

(b) (mismanage) person mal prendre, mal s'y prendre avec; problem mal traiter. he ~d the whole situation il a totalement manqué de sagacité or de finesse, il a été tout à fait maladroit.

mishap ['mɪshæp] n mésaventure f. slight ~ contretemps m, anicroche* f; without ~ sans encombre; he had a ~ il lui est arrivé une (petite) mésaventure.

mishear ['mɪs'hɪər] pret, ptp **misheard** vt mal entendre.

mishmash* ['mɪʃmæʃ] n méli-mélo* m.

misinform ['mɪsɪn'fɔːm] vt mal renseigner.

misinterpret ['mɪsɪn'tɜːprɪt] vt mal interpréter, prendre à contresens.

misinterpretation ['mɪsɪnˌtɜːprɪ'teɪʃən] n interprétation erronée (of de), contresens m. open to ~ qui prête à contresens.

misjudge ['mɪs'dʒʌdʒ] vt amount, numbers, time mal évaluer, (underestimate) sous-estimer; person méjuger, se méprendre sur le compte de.

misjudg(e)ment [ˌmɪs'dʒʌdʒmənt] n (V misjudge) mauvaise évaluation f; sous-estimation f.

mislay [ˌmɪs'leɪ] pret, ptp **mislaid** vt égarer.

mislead [ˌmɪs'liːd] pret, ptp **misled** vt (accidentally) induire en erreur, tromper; (deliberately) tromper, égarer, fourvoyer.

misleading [ˌmɪs'liːdɪŋ] adj trompeur.

mislike†† [mɪs'laɪk] vt ne pas aimer, détester.

mismanage ['mɪs'mænɪdʒ] vt business, estate, shop mal gérer, gérer en dépit du bon sens; institution, organization mal administrer. the whole situation has been ~d toute l'affaire a été traitée avec maladresse, on s'y est mal pris.

mismanagement ['mɪs'mænɪdʒmənt] n mauvaise gestion f or administration f.

mismatch ['mɪs'mætʃ] n [objects] disparité f; [colours, styles] dissonance f.

mismatched [ˌmɪs'mætʃt] adj people, things mal assortis.

misname ['mɪs'neɪm] vt donner un nom inexact or impropre à, mal nommer.

misnomer ['mɪs'nəʊmər] n nom m mal approprié. that is a ~ c'est un nom vraiment mal approprié, c'est se moquer du monde* que de l'appeler (or les appeler etc) ainsi.

misogamist [mɪˈsɒgəmɪst] n misogame mf.

misogamy [mɪˈsɒgəmɪ] n misogamie f.

misogynist [mɪˈsɒdʒɪnɪst] n misogyne mf.

misogyny [mɪˈsɒdʒɪnɪ] n misogynie f.

misplace [ˈmɪsˈpleɪs] vt (a) object, word mal placer, ne pas mettre où il faudrait; affection, trust mal placer. (b) (lose) égarer.

misplaced [ˈmɪsˈpleɪst] adj remark, humour déplacé, hors de propos.

misprint [ˈmɪsprɪnt] 1 n faute f d'impression or typographique, coquille f. 2 [ˌmɪsˈprɪnt] vt imprimer mal or incorrectement.

mispronounce [ˈmɪsprəˈnaʊns] vt prononcer de travers, estropier, écorcher.

mispronunciation [ˈmɪsprəˌnʌnsɪˈeɪʃən] n prononciation incorrecte (of de), faute(s) f(pl) de prononciation.

misquotation [ˈmɪskwəʊˈteɪʃən] n citation inexacte.

misquote [ˈmɪsˈkwəʊt] vt citer faussement or inexactement. he was ~d in the press as having said ... les journalistes lui ont incorrectement fait dire que ... ; he said that he had been ~d il a dit qu'on avait déformé ses propos.

misread [ˈmɪsˈriːd] pret, ptp **misread** [ˈmɪsˈred] vt (lit) word mal lire; (fig: misinterpret) sb's reply, signs etc mal interpréter, se tromper sur. he misread 'cat' as 'rat' il s'est trompé et a lu 'rat' au lieu de 'chat'; (fig) he misread the statements as promises of ... il s'est mépris sur les déclarations en y voyant des promesses de ... , il a interprété les déclarations à tort comme signifiant des promesses de ... ; (fig) he misread the whole situation il a interprété la situation de façon tout à fait incorrecte.

misrepresent [ˈmɪsˌrepɪˈzent] vt facts dénaturer, déformer; person présenter sous un faux jour, donner une impression incorrecte de. he was ~ed in the press ce qu'on a dit de lui dans les journaux est faux or incorrect.

misrepresentation [ˈmɪsˌreprɪzenˈteɪʃən] n déformation f, présentation déformée.

misrule [ˈmɪsˈruːl] 1 n (bad government) mauvaise administration; (disorder etc) désordre m, anarchie f. 2 vt gouverner mal.

miss[1] [mɪs] 1 n (a) (shot etc) coup manqué or raté; (*: omission) manque m, lacune f; (*: mistake) erreur f, faute f; (failure) four m, bide* m (fig). (Prov) a ~ is as good as a mile râter c'est râter (même de justesse); to give a concert/lecture etc a ~* s'abstenir d'assister à or ne pas aller à un concert/une conférence etc; to give Paris/the Louvre etc a ~* ne pas aller à Paris/au Louvre etc; I'll give the wine a ~ this evening* je m'abstiendrai de boire du vin or je me passerai de vin ce soir; I'll give my evening class a ~ this week* tant pis pour mon cours du soir cette semaine; on give it a ~!* ça suffit!, en voilà assez!, arrête!; they voted the record a ~* le disque a été jugé minable*; V hit, near etc.

(b) (Med*: abbr of miscarriage b) fausse couche f.

2 vt (a) (fail to hit) target, goal manquer, rater, louper*. the shot just ~ed me la balle m'a manqué de justesse or d'un cheveu; the plane just ~ed the tower l'avion a failli toucher la tour.

(b) (fail to find, catch, use etc) vocation, opportunity, appointment, train, person to be met, cue, road, turning manquer, rater; house, thing looked out for, solution ne pas trouver, ne pas voir; meal sauter; class, lecture manquer, sécher (Scol sl). (iro) you haven't ~ed much! vous n'avez pas manqué or perdu grand-chose!; we ~ed the tide nous avons manqué la marée; (fig) to ~ the boat* or the bus* couper le coche* (fig); to ~ one's cue (Theat) manquer sa réplique; (fig) rater l'occasion, manquer le coche*; to ~ one's footing glisser; she doesn't ~ a trick* rien ne lui échappe; to ~ one's way perdre son chemin, s'égarer; you can't ~ our house vous trouverez tout de suite notre maison; you mustn't ~ (seeing) this film ne manquez pas (de voir) or ne ratez pas ce film, c'est un film à ne pas manquer or rater; don't ~ the Louvre ne manquez pas d'aller au Louvre; if we go that way we shall ~ Bourges si nous prenons cette route nous ne verrons pas Bourges; I ~ed him at the station by 5 minutes je l'ai manqué or raté de 5 minutes à la gare.

(c) remark, joke, meaning (not hear) manquer, ne pas entendre; (not understand) ne pas comprendre, ne pas saisir. I ~ed what you said je n'ai pas entendu ce que vous avez dit; I ~ed that je n'ai pas entendu, je n'ai pas compris; I ~ed the point of that joke je n'ai pas compris ce que ça avait de drôle, je n'ai pas saisi l'astuce; you've ~ed the whole point! vous n'avez rien compris!, vous avez laissé passer l'essentiel!

(d) (escape, avoid) accident, bad weather échapper à. he narrowly ~ed being killed il a manqué or il a bien failli se (faire) tuer, il l'a échappé belle.

(e) (long for) person regretter (l'absence de). I do ~ Paris Paris me manque beaucoup; we ~ you very much nous regrettons beaucoup ton absence, tu nous manques beaucoup; are you ~ing me? est-ce que je te manque?; they're ~ing one another ils se manquent l'un à l'autre; he will be greatly ~ed on le regrettera beaucoup; he won't be ~ed personne ne le regrettera; I ~ the old trams je regrette les vieux trams; I ~ the sunshine/the freedom le soleil/la liberté me manque.

(f) (notice loss of) money, valuables remarquer l'absence or la disparition de. I suddenly ~ed my wallet tout d'un coup je me suis aperçu que je n'avais plus mon portefeuille; I'm ~ing 8 dollars* il me manque 8 dollars, j'avais 8 dollars de plus; here's your hat back — I hadn't even ~ed it! je vous rends votre chapeau — je ne m'étais même pas aperçu or n'avais même pas remarqué que je ne l'avais plus!; you can keep that pen, I shan't ~ it vous pouvez garder ce stylo, il ne me fera pas défaut.

3 vi (a) [shot, person] manquer son coup, rater. (fig) you can't ~! vous ne pouvez pas ne pas réussir!

(b) to be ~ing faire défaut, avoir disparu; there is one plate ~ing, one plate is ~ing il manque une assiette; how many are ~ing? combien en manque-t-il?; there's nothing ~ing il ne manque rien, tout y est; one of our aircraft is ~ing un de nos avions n'est pas rentré; V also missing.

◆**miss out** vt sep (a) (accidentally) name, word, line of verse, page passer, sauter, oublier; (in distributing sth) person sauter, oublier.

(b) (on purpose) course at meal ne pas prendre, sauter; name on list omettre; word, line of verse, page laisser de côté, sauter; concert, lecture, museum ne pas aller à; (in distributing sth) person omettre.

◆**miss out on** * vt fus (a) opportunity, bargain laisser passer, louper*, ne pas profiter de; one's share ne pas recevoir, perdre. he missed out on several good deals il a raté or loupé* plusieurs occasions de faire une bonne affaire.

(b) he missed out on the deal il n'a pas obtenu tout ce qu'il aurait pu de l'affaire; make sure you don't miss out on anything vérifie que tu reçois ton dû.

miss[2] [mɪs] n (a) Mademoiselle f. M~ Smith Mademoiselle Smith, Mlle Smith; († or frm) the M~es Smith les demoiselles fpl Smith; (on letter) Mesdemoiselles Smith; (in letter) Dear M~ Smith Chère Mademoiselle; yes M~ Smith oui Mademoiselle; yes ~* oui Mademoiselle or mam'selle*; M~ France 1988 Miss France 1988.

(b) (*: often hum) petite or jeune fille. the modern ~ la jeune fille moderne; she's a cheeky little ~ c'est une petite effrontée.

missal [ˈmɪsəl] n missel m.

misshapen [ˈmɪsˈʃeɪpən] adj object, body, limbs difforme, contrefait.

missile [ˈmɪsaɪl] 1 n (Mil) missile m; (stone etc thrown) projectile m; V ballistic, ground[1], guided etc. 2 cpd: missile base base f de missiles (or fusées); missile launcher lance-missiles m inv.

missing [ˈmɪsɪŋ] adj (a) person absent, disparu; object (lost) perdu, égaré; (left out) manquant. (Admin, Police etc) ~ person personne f absente (Jur); M~ Persons Bureau ≃ brigade f de recherche dans l'intérêt des familles; missing persons file fichier m des personnes recherchées; the 3 ~ students are safe les 3 étudiants dont on était sans nouvelles sont sains et saufs; fill in the ~ words complétez les phrases suivantes, donnez les mots qui manquent; (fig) the ~ link (gen) le maillon qui manque à la chaîne; (between ape and man) le chaînon manquant.

(b) (Mil) disparu. ~ in action (adj) porté disparu; (n) soldat m (etc) porté disparu; ~ believed killed disparu présumé tué; to be reported ~ être porté disparu.

mission [ˈmɪʃən] n (all senses) mission f. trade ~ mission de commerce; (Rel) foreign ~ missions étrangères; to send sb on a ~ to sb envoyer qn en mission auprès de qn; his ~ in life is to help others il s'est donné pour mission d'aider autrui. 2 cpd: (Space etc) mission control centre m de contrôle; mission controller ingénieur m du contrôle de mission.

missionary [ˈmɪʃənrɪ] 1 n missionnaire mf. 2 cpd work, duties missionnaire; society de missionnaires. (sex) missionary position* position f du missionnaire.

missis‡ [ˈmɪsɪz] n (wife) the/my ~ la/ma bourgeoise‡; (boss) the ~ la patronne‡; hey ~! dites m'dame! or ma petite dame!*

Mississippi [ˌmɪsɪˈsɪpɪ] n (state, river) Mississippi m. in ~ dans le Mississippi.

missive [ˈmɪsɪv] n missive f.

Missouri [mɪˈzʊərɪ] n (state, river) Missouri m. in ~ dans le Missouri; (US fig) I'm from ~* je veux des preuves.

misspell [ˈmɪsˈspel] pret, ptp **misspelled** or **misspelt** vt mal écrire, mal orthographier.

misspelling [ˈmɪsˈspelɪŋ] n faute f d'orthographe.

misspend [ˈmɪsˈspend] pret, ptp **misspent** vt money dépenser à tort et à travers, gaspiller; time, strength, talents mal employer, gaspiller. misspent youth folle jeunesse.

misstate [ˈmɪsˈsteɪt] vt rapporter incorrectement.

misstatement [ˈmɪsˈsteɪtmənt] n rapport inexact.

missus‡ [ˈmɪsɪz] n = **missis**‡.

missy*† [ˈmɪsɪ] n ma petite demoiselle*.

mist [mɪst] 1 n (Met) brume f; (on glass) buée f; (before eyes) brouillard m; [perfume, dust etc] nuage m; [ignorance, tears] voile m. morning/sea ~ brume matinale/ de mer; (fig liter) lost in the ~s of time perdu dans la nuit des temps; V Scotch etc.

2 vt (also ~ over, ~ up) mirror, windscreen, eyes embuer.

3 vi (also ~ over, ~ up) [scene, landscape, view] se couvrir de brume, devenir brumeux; [mirror, windscreen, eyes] s'embuer.

mistakable [mɪsˈteɪkəbl] adj facile à confondre (with, for avec).

mistake [mɪsˈteɪk] (vb: pret **mistook**, ptp **mistaken**) 1 n erreur f, faute f; (misunderstanding) méprise f. to make a ~ in a dictation/ problem faire une faute dans une dictée/une erreur dans un problème; I made a ~ about the book/about him je me suis trompé sur le livre/sur son compte; I made a ~ about or over the road to take/about or over the dates je me suis trompé de route/ de dates, j'ai fait une erreur en ce qui concerne la route qu'il fallait prendre/les dates; make no ~ about it ne vous y trompez pas; you're making a big ~ tu fais une grave or lourde erreur; to make the ~ of doing avoir le tort de faire, commettre l'erreur de faire; by ~ par erreur; (carelessly) par inadvertance, par mégarde; I took his umbrella in ~ for mine j'ai pris son parapluie par erreur or en croyant prendre le mien; there must be some ~ il doit y avoir erreur; there must be or let there be no ~ about it qu'on ne s'y méprenne pas or trompe (subj) pas; that's a surprise and no ~! décidément c'est une surprise!, pour une surprise c'est une surprise!; she told him what she thought about it and no ~ elle lui a dit son opinion sans y aller par quatre chemins; my ~! c'est (de) ma faute!, mea-culpa!

2 vt meaning mal comprendre, mal interpréter; intentions se méprendre sur; time, road se tromper de. there's no mistaking her

voice il est impossible de ne pas reconnaître sa voix; **there's no mistaking that** ... il est indubitable que ...; **there's no mistaking it, he** ... il ne faut pas s'y tromper, il ... ; **to ~ A for B** prendre A pour B, confondre A avec B; *V also* **mistaken**.

mistaken [mɪs'teɪkən] **1** *ptp of* **mistake. 2** *adj idea, opinion* erroné, faux (*f* fausse); *conclusion* erroné, mal fondé; *generosity* mal placé. *[person]* **to be ~n** faire erreur (*about* en ce qui concerne), se tromper (*about* sur); **if I'm not ~n** sauf erreur, si je ne me trompe; **that's just where you're ~n!** c'est ce qui vous trompe!, c'est en quoi vous faites erreur!; **in the ~ belief that** ... croyant à tort que ...; *V* **identity.**

mistakenly [mɪs'teɪkənlɪ] *adv* (*in error*) par erreur; (*carelessly*) par inadvertance, par mégarde. **they were ~ considered to be members of the Communist Party** on avait commis l'erreur de croire qu'ils appartenaient au parti communiste.

mister ['mɪstər] *n* (a) (*souvent abrégé en* **Mr**) monsieur *m*. **Mr Smith** Monsieur Smith, M Smith; **yes Mr Smith** oui Monsieur; **Mr Chairman** monsieur le président; (*fig*) **M~ Big*** le caïd‡, le gros bonnet*; (*fig*) **M~ Right*** le mari idéal; (*US pej*) **M~ Charlie*** sale* Blanc *m*. (b) (‡) **hey ~!** eh, dites donc!

mistime ['mɪs'taɪm] *vt* (a) (*pick wrong time for*) *arrival, intervention* faire (etc) au mauvais moment *or* à contretemps; *act, blow* mal calculer. **to ~ one's arrival** (*arrive inopportunely*) arriver à contretemps; **~d remark** remarque inopportune; **he ~d it** il a choisi le mauvais moment.
(b) (*count badly*) mal calculer. **to ~ one's arrival** (*miscalculate time*) se tromper sur *or* mal calculer son (heure d')arrivée.

mistiming [,mɪs'taɪmɪŋ] *n*: **the ~ of his arrival** son arrivée malencontreuse; **the ~ of the attack** le moment malencontreusement choisi pour l'attaque.

mistiness ['mɪstɪnɪs] *n [morning etc]* bruine *f*, état brumeux; (*on windscreen etc*) condensation *f*.

mistlethrush ['mɪslθrʌʃ] *n* draine *or* drenne *f*.

mistletoe ['mɪsltəʊ] *n* (*U*) gui *m*.

mistook [mɪs'tʊk] *pret of* **mistake.**

mistranslate ['mɪstrænz'leɪt] *vt* mal traduire, faire un (*or* des) contresens en traduisant.

mistranslation ['mɪstrænz'leɪʃən] *n* (a) erreur *f* de traduction, contresens *m*. (b) (*U*) *[text etc]* mauvaise traduction, traduction inexacte.

mistreat [,mɪs'tri:t] *vt* maltraiter.

mistreatment [,mɪs'tri:tmənt] *n* mauvais traitement *m*.

mistress ['mɪstrɪs] *n* (a) *[household, institution etc] (also fig)* maîtresse *f*. (*to servant*) **is your ~ or the ~ at home?** Madame est-elle là?; (*fig*) **to be ~ of oneself** être maîtresse de soi; **to be one's own ~** être sa propre maîtresse, être indépendante.
(b) (*Brit: teacher*) (*in primary school*) maîtresse *f*, institutrice *f*; (*in secondary school*) professeur *m*. **the English ~** le professeur d'anglais; **they have a ~ for geography** ils ont un professeur femme en géographie.
(c) (*lover; also*†: *sweetheart*) maîtresse *f*, amante†† *f*.
(d) ['mɪsɪz] (*term of address: abrév* **Mrs** sauf†† *et dial*) madame *f*. **Mrs Smith** Madame Smith, Mme Smith; **yes Mrs Smith** oui Madame.

mistrial [,mɪs'traɪəl] *n* (*Brit, US: Jur*) procès *m* entaché d'un vice de procédure; (*US only*) procès ajourné pour défaut d'unanimité dans le jury.

mistrust ['mɪs'trʌst] **1** *n* méfiance *f*, défiance *f* (*of* à l'égard de). **2** *vt person, sb's motives, suggestion* se méfier de, se défier de (*liter*); *abilities* douter de, ne pas avoir confiance en.

mistrustful [mɪs'trʌstfʊl] *adj* méfiant, défiant (*of* à l'égard de).

mistrustfully [mɪs'trʌstfəlɪ] *adv* avec méfiance; *look, say* d'un air méfiant.

misty ['mɪstɪ] **1** *adj weather* brumeux; *day* de brume, brumeux; *mirror, windscreen* embué; (*fig*) *eyes, look* embrumé, embué; (*fig*) *outline, recollection, idea* nébuleux, flou.
2 *cpd*: **misty-eyed** (*near tears*) qui a les yeux voilés de larmes; (*fig: sentimental*) qui a la larme à l'œil.

misunderstand ['mɪsʌndə'stænd] *pret, ptp* **misunderstood** *vt words, action, reason* mal comprendre, comprendre de travers, mal interpréter. **you ~ me** vous m'avez mal compris, ce n'est pas ce que j'ai voulu dire; **she was misunderstood all her life** toute sa vie elle est restée incomprise *or* méconnue.

misunderstanding ['mɪsʌndə'stændɪŋ] *n* erreur *f*, méprise *f*; (*disagreement*) malentendu *m*, mésentente *f*. **there must be some ~** il doit y avoir méprise *or* une erreur; **they had a slight ~** il y a eu une légère mésentente entre eux.

misunderstood ['mɪsʌndə'stʊd] *pret, ptp of* **misunderstand.**

misuse ['mɪs'ju:s] **1** *n [power, authority]* abus *m*; *[word, tool]* usage *m* impropre *or* abusif; *[money, resources, energies, one's time]* mauvais emploi. (*Jur*) **~ of funds** détournement *m* de fonds.
2 ['mɪs'ju:z] *vt power, authority* abuser de; *word, tool* employer improprement *or* abusivement; *money, resources, energies, one's time* mal employer; *funds* détourner.

M.I.T. ['em,aɪ'ti:] *n* (*US Univ*) *abbr of* **Massachusetts Institute of Technology.**

mite [maɪt] *n* (a) (††: *coin*) denier *m*; (*as contribution*) obole *f*. **the widow's ~** le denier de la veuve; **he gave his ~ to the collection** il a apporté son obole à la souscription.
(b) (*small amount*) grain *m*, brin *m*, atome *m*, parcelle *f*, tantinet *m*. **there's not a ~ of bread left** il ne reste plus une miette de pain; **not a ~ of truth** pas une parcelle *or* un atome de vérité; **a ~ of consolation** une toute petite consolation; **well, just a ~ then** bon, mais alors un tantinet seulement; **we were a ~ surprised*** nous avons été un tantinet *or* un rien surpris.
(c) (*small child*) petit(e) *m(f)*. **poor little ~** le pauvre petit.
(d) (*Zool*) mite *f*. **cheese ~** mite de fromage.

miter ['maɪtər] (*US*) = **mitre.**

Mithraic [mɪθ'reɪɪk] *adj* mithriaque.

Mithras ['mɪθræs] *n* Mithra *m*.

mitigate ['mɪtɪgeɪt] *vt punishment, sentence* atténuer, réduire, mitiger; *suffering, sorrow* adoucir, alléger, atténuer; *effect, evil* atténuer, mitiger. **mitigating circumstances** circonstances atténuantes.

mitigation [,mɪtɪ'geɪʃən] *n* (*V* **mitigate**) atténuation *f*, réduction *f*, mitigation *f*, adoucissement *m*, allégement *m*.

mitral ['maɪtrəl] *adj* mitral. **~ valve** valvule *f* mitrale.

mitre, (*US*) **miter** ['maɪtər] **1** *n* (*Rel*) mitre *f*; (*Carpentry*) onglet *m*.
2 *vt* (*Carpentry*) (*join*) *frame etc* assembler à *or* en onglet; (*cut*) *corner, end* tailler à onglet. **3** *cpd*: (*Carpentry*) **mitre box** boîte *f* à onglets; **mitre joint** (*assemblage m* à) onglet *m*.

mitt [mɪt] *n* (a) = **mitten.** (b) (*Baseball: catcher's* **~**) gant *m* de baseball. (c) (‡: *hand*) patte‡ *f*, patoche‡ *f*.

mitten ['mɪtn] *n* (*with cut-off fingers*) mitaine *f*; (*with no separate fingers*) moufle *f*; (*Boxing**) gant *m*, mitaine*.

mix [mɪks] **1** *n [cement, concrete etc]* mélange *m*, mortier *m*; *[metals]* alliage *m*, amalgame *m*; (*Culin*) *[ingredients]* mélange; (*commercially prepared*) préparation *f*. **a packet of cake ~** un paquet de préparation pour gâteau.
2 *cpd*: **mix-up** confusion *f*; **there was a mix-up over tickets** il y a eu confusion en ce qui concerne les billets; **we got in a mix-up over the dates** nous nous sommes embrouillés dans les dates; **he got into a mix-up with the police** il a eu un démêlé avec la police.
3 *vt liquids, ingredients, colours* mélanger (*with* avec, à); *small objects* mêler, mélanger (*with* avec, à); *metals* allier, amalgamer; *cement, mortar* malaxer; *cake, sauce* préparer, faire; *cocktails etc* préparer; *salad* remuer, tourner. **to ~ one thing with another** mélanger une chose à une autre *or* avec une autre *or* et une autre; **to ~ to a smooth paste** battre pour obtenir une pâte homogène; **~ the eggs into the sugar** incorporez les œufs au sucre; **he ~ed the drinks** il a préparé les boissons; **can I ~ you a drink?** je vous sers un cocktail?; **never ~ your drinks!** évitez toujours les mélanges!; **to ~ business and** *or* **with pleasure** combiner les affaires et le plaisir; **to ~ one's metaphors** faire des métaphores incohérentes; (*Brit fig*) **to ~ it*** (*cause trouble*) causer des ennuis; (*quarrel, fight*) se bagarrer*; *V also* **mixed.**
4 *vi* (*V* 3) se mélanger, se mêler, s'amalgamer, s'allier. **oil and water don't ~** (*lit*) l'huile est insoluble dans l'eau; (*fig*) l'huile et l'eau sont deux choses complètement différentes; **these colours just don't ~** ces couleurs ne s'harmonisent pas *or* ne vont pas bien ensemble; **he ~es with all kinds of people** il fraye avec *or* il fréquente toutes sortes de gens; **he doesn't ~ well** il est peu sociable; **these groups of children just won't ~** ces groupes d'enfants ne fraternisent pas.
♦ **mix in 1** *vi*: **he doesn't want to mix in** il préfère rester à l'écart; **you must try to mix in** il faut essayer de vous mêler un peu aux autres.
2 *vt sep*: **mix in the eggs (with)** incorporez les œufs (à).
♦ **mix round** *vt sep* mélanger, remuer.
♦ **mix together** *vt sep* mélanger, amalgamer.
♦ **mix up 1** *vt sep* (a) (*prepare*) *drink, medicine* mélanger, préparer.
(b) (*put in disorder*) *documents, garments* mêler, mélanger.
(c) (*confuse*) *two objects, two people* confondre. **to mix sth/sb up with sth/sb else** confondre qch/qn avec qch/qn d'autre.
(d) **to mix sb up in** sth impliquer qn dans qch; **to be/get mixed up in an affair** être/se trouver mêlé à une affaire; **don't get mixed up in it!** restez à l'écart!; **he is/he has got mixed up with a lot of criminals** il fréquente/il s'est mis à fréquenter un tas de malfaiteurs*; (*US*) **to mix it up*** (*cause trouble*) causer des ennuis; (*quarrel, fight*) se bagarrer*.
(e) (*muddle*) *person* embrouiller. **to be mixed up** *[person]* être (tout) désorienté *or* déboussolé*; *[account, facts]* être embrouillé *or* confus; **I am all mixed up about it** je ne sais plus où j'en suis, je ne m'y reconnais plus; **you've got me all mixed up** vous m'avez embrouillé.
2 mix-up *n V* **mix** 2.
3 mixed-up *adj V* **mixed** 2.

mixed [mɪkst] **1** *adj marriage, school* mixte, *biscuits, nuts* assortis. **the weather was ~** le temps était inégal *or* variable; (*fig*) **it's a ~ bag*** il y a un peu de tout; **it's a ~ blessing** c'est une bonne chose qui a son mauvais côté, c'est un avantage incertain; **man/woman of ~ blood** un/une sang-mêlé; **in ~ company** en présence d'hommes et de femmes; (*Tennis*) **~ doubles** double *m* mixte; (*Pol Econ*) **~ economy** économie *f* mixte; **~ farming** polyculture *f*; **~ feelings** sentiments *mpl* contraires *or* contradictoires; **she had ~ feelings about it** elle était partagée à ce sujet; **she agreed with ~ feelings** elle a consenti sans enthousiasme; (*Brit*) **~ grill** assortiment *m* de grillades, mixed grill *m*; **~ metaphor** métaphore incohérente; **~ motives** intentions qui ne sont pas entièrement pures; **to meet with a ~ reception** recevoir un accueil mitigé.
2 *cpd*: (*Scol*) **mixed-ability group/teaching** classe *f*/enseignement *m* sans groupes de niveaux; **mixed-up** *person* désorienté, déboussolé*; *account* embrouillé, confus; **he's a mixed-up kid*** c'est un gosse* qui a des problèmes.

mixer ['mɪksər] **1** *n* (a) (*Culin*) **hand ~** batteur *m* à main; **electric ~** batteur électrique, mixer *m*, mixeur *m*.
(b) (*cement, mortar etc*) malaxeur *m*; *[industrial liquids]* agitateur *m*. **cement ~** bétonnière *f*, malaxeur à béton.
(c) (*Cine etc: also* **sound ~**) (*person*) ingénieur *m* du son; (*machine*) mélangeur *m* du son.
(d) **he's a good ~** il est très sociable *or* liant.
(e) (*US: social gathering*) soirée-rencontre *f*, réunion-rencontre *f*.

(f) (*Brit*: troublemaker*) fauteur *m* de troubles.

(g) (*drink*) boisson *f* gazeuse (*servant à couper un alcool*).

2 *cpd:* (*Brit*) **mixer tap** (robinet *m*) mélangeur *m*.

mixing ['mɪksɪŋ] **1** *n* (*V* **mix 3**) mélange *m*; préparation*f*; incorporation*f*; alliage *m*; malaxage *m*; (*Cine etc: also* **sound ~**) mixage *m*. **2** *cpd:* (*Culin*) **mixing bowl** grand bol (de cuisine); (*US*) **mixing faucet** (robinet *m*) mélangeur *m*.

mixture ['mɪkstʃər] *n* mélange *m*; (*Med*) préparation *f*, mixture *f*. **the family is an odd ~** cette famille est un mélange bizarre *or* curieux; (*fig*) **it's just the ~ as before** c'est toujours la même chose, il n'y a rien de nouveau; *V* **cough.**

miz(z)en ['mɪzn] *n* (*Naut*) artimon *m*. **~mast** mât *m* d'artimon.

mizzle ['mɪzl] (* *or dial*) **1** *vi* bruiner. **2** *n* bruine*f*.

Mk. *abbr of* **mark¹.**

M.Litt. ['em'lɪt] *n* (*abbr of* **Master of Literature** *or* **Master of Letters**) ≃ doctorat *m* de troisième cycle.

MLR ['em,el'ɑːr] *n abbr of* **minimum lending rate**; *V* **minimum 3.**

M.L.S. ['em,el'es] *n* (*US Univ: abbr of* **Master of Library Science**) diplôme supérieur de bibliothécaire.

mm (*abbr of* **millimetre(s)**) mm.

M.M.E. ['em,em'iː] *n* (*US Univ*) **(a)** *abbr of* **Master of Mechanical Engineering.**

(b) *abbr of* **Master of Mining Engineering.**

MN ['em'en] *n* **(a)** (*Brit*) *abbr of* **Merchant Navy**; *V* **merchant. (b)** (*US Post*) *abbr of* **Minnesota.**

mnemonic [nɪ'mɒnɪk] *adj, n* mnémotechnique (*f*), mnémonique (*f*).

mnemonics [nɪ'mɒnɪks] *n* (*U*) mnémotechnique*f*.

M.O. ['em'əʊ] *n* **(a)** *abbr of* **medical officer**; *V* **medical. (b)** (*US Post*) *abbr of* **Missouri. (c)** (*: *esp US: abbr of* **modus operandi**) méthode *f*, truc* *m*.

m.o. ['em'əʊ] *n abbr of* **money order**; *V* **money.**

mo'* [məʊ] *n* (*abbr of* **moment a**) moment *m*, instant *m*. **half a ~!**, **just a ~!** un instant!; (*interrupting*) minute!*

moan [məʊn] **1** *n* (*groan: also of wind etc*) gémissement *m*, plainte *f*; (*: *complaint*) plainte, récrimination*f*.

2 *vi* (*groan*) gémir, pousser des gémissements, geindre; [*wind etc*] gémir; (*: *complain*) maugréer, rouspéter*, râler*.

3 *vt* dire en gémissant.

moaning ['məʊnɪŋ] **1** *n* gémissements *mpl*, plainte(s) *f(pl)*; (*: *complaints*) plaintes, jérémiades*fpl*. **2** *adj* gémissant; (*: *complaining*) rouspéteur*, râleur*.

moat [məʊt] *n* douves *fpl*, fossés *mpl*.

moated ['məʊtɪd] *adj castle etc* entouré de douves *or* de fossés.

mob [mɒb] **1** *n* **(a)** (*people*) foule *f*, masse *f*, (*disorderly*) cohue *f*. (†*pej:* **the common people**) **the ~** la populace; **a ~ of soldiers/supporters** une cohue de soldats/de supporters; **the embassy was burnt by the ~** les émeutiers ont brûlé l'ambassade; **they went in a ~ to the town hall** ils se rendirent en masse *or* en foule à la mairie; **a whole ~ of cars*** toute une cohue de voitures.

(b) (*) bande *f*, clique *f* (*pej*). **Paul and his ~** Paul et sa bande, Paul et sa clique (*pej*); **I had nothing to do with that ~** je n'avais rien à voir avec cette clique.

(c) [*criminals, bandits etc*] gang *m*.

2 *cpd:* **mob oratory** l'éloquence*f* démagogique; (*pej*) **mob rule** la loi de la populace *or* de la rue.

3 *vt person* assaillir, faire foule autour de; *place* assiéger. **the shops were ~bed*** les magasins étaient pris d'assaut *or* assiégés.

mobcap ['mɒbkæp] *n* charlotte *f* (*bonnet*).

mobile ['məʊbaɪl] **1** *adj* (*gen, also Sociol*) mobile; *features, face* mobile, expressif. (*fig*) **I'm not ~ this week*** je n'ai pas de voiture *or* je ne suis pas motorisé* cette semaine; **~ canteen** (cuisine) roulante*f*; **~ home** grande caravane (*utilisée comme domicile*); **~ library** bibliobus *m*; **~ police support** renforts *mpl* mobiles de police; **~ police unit** unité*f* mobile de police; (*Rad, TV*) **~ studio** car *m* de reportage; *V* **shop, upwardly.**

2 *n* (*Art*) mobile *m*.

mobility [məʊ'bɪlɪtɪ] *n* mobilité *f*. **~ allowance** allocation *f* de transport (*pour handicapés*); *V* **upward.**

mobilization [,məʊbɪlaɪ'zeɪʃən] *n* (*all senses*) mobilisation*f*.

mobilize ['məʊbɪlaɪz] *vti* (*gen, also Mil*) mobiliser. **to ~ sb into doing** mobiliser qn pour faire; **they were ~d into a group which ... on** les a mobilisés pour constituer un groupe qui ... .

mobster ['mɒbstər] *n* membre *m* du milieu, truand *m*, gangster *m*.

moccasin ['mɒkəsɪn] *n* mocassin *m*.

mocha ['mɒkə] *n* moka *m*.

mock [mɒk] **1** *n:* **to make a ~ of sth/sb** tourner qch/qn en ridicule.

2 *adj* **(a)** (*imitation*) *leather etc* faux (*f* fausse) (*before n*), imitation *inv* (*before n*), simili-*inv*. **~ turtle soup** consommé *m* à la tête de veau.

(b) (*pretended*) *anger, modesty* simulé, feint. **a ~ battle/trial** un simulacre de bataille/de procès; (*Scol etc*) **~ examination** examen blanc.

(c) (*Literat*) burlesque; *V* **also 3.**

3 *cpd:* **mock-heroic** (*gen*) burlesque; (*Literat*) héroï-comique, burlesque; (*Bot*) **mock orange** seringa *m*; **mock-serious** à demi sérieux; **mock-up** maquette *f*.

4 *vt* **(a)** (*ridicule*) ridiculiser; (*scoff at*) se moquer de, railler; (*mimic, burlesque*) singer, parodier.

(b) (*liter: defy*) *sb's plans, attempts* narguer.

5 *vi* se moquer (*at* de).

♦**mock up** *vt sep* faire la maquette de.

2 mock-up *n V* **mock 3.**

mocker ['mɒkər] *n* moqueur *m*, -euse *f*.

mockery ['mɒkərɪ] *n* (*mocking*) moquerie *f*, raillerie *f*; (*person, thing*) sujet *m* de moquerie *or* de raillerie, objet *m* de risée; (*travesty*) parodie *f*, travestissement *m*, caricature *f*. **to make a ~**

of sb/sth tourner qn/qch en dérision, bafouer qn/qch; **he had to put up with a lot of ~** il a dû endurer beaucoup de railleries *or* de persiflages; **it is a ~ of justice** c'est une parodie de (la) justice, c'est un travestissement de la justice; **a ~ of a trial** une parodie *or* une caricature de procès; **what a ~ it was!** c'était grotesque!

mocking ['mɒkɪŋ] **1** *n* (*U*) moquerie*f*, raillerie*f*. **2** *adj person, smile, voice* moqueur, railleur; (*malicious*) narquois. **3** *cpd:* **mockingbird** moqueur *m* (*oiseau*).

mockingly ['mɒkɪŋlɪ] *adv say* d'un ton moqueur *or* railleur *or* narquois, par moquerie *or* dérision; *smile* d'une façon moqueuse *or* narquoise.

M.O.D. [,eməʊ'diː] *n* (*Brit*) *abbr of* **Ministry of Defence**; *V* **defence.**

mod¹ [mɒd] (*abbr of* **modern**) **1** *adj* **(a)** (‡†) *person* dans le vent*; *clothes* à la mode. **(b)** (*) **~ cons** = **modern conveniences**; *V* **modern 1. 2** *n* (*Brit*) (*in 1980's*) garçon *ou* fille bon genre mais sans classe; (*in 1960's*) jeune personne faisant partie d'une bande circulant en scooter (*opposée aux blousons noirs*).

mod² [mɒd] *n* (*Scot*) concours *m* de musique et de poésie (*en gaélique*).

modal ['məʊdl] *adj* (*Ling, Mus etc*) modal. **~ verb** auxiliaire *m* modal.

modality [məʊ'dælɪtɪ] *n* modalité *f*.

mode [məʊd] *n* **(a)** (*way, manner*) mode *m*, façon*f*, manière*f*. **~ of life** façon *or* manière de vivre, mode *m* de vie.

(b) (*Comput, Ling, Mus, Philos etc*) mode *m*. (*Comput*) **in interactive** (*etc*) **~** en mode conversationnel (*etc*); **to have one's calculator in the wrong ~** faire marcher son calculateur dans le mauvais mode.

model ['mɒdl] **1** *n* **(a)** (*small-scale representation*) (*of boat etc*) modèle *m* (réduit); (*Archit, Tech, Town Planning etc*) maquette*f*; *V* **scale¹** *etc.*

(b) (*standard, example*) modèle *m*, exemple *m*. **he was a ~ of discretion** c'était un modèle de discrétion; **on the ~ of** sur le modèle de, à l'image de; **to take sb/sth as one's ~** prendre modèle *or* prendre exemple sur qn/qch; **to hold sb out** *or* **up as a ~** citer *or* donner qn en exemple.

(c) (*person*) (*Art, Phot, Sculp etc*) modèle *m*; (*Fashion*) mannequin *m*. **male ~** mannequin masculin.

(d) (*Comm*) modèle *m*. (*garments, hats*) **the latest ~s** les derniers modèles; (*Aut*) **a 1978 ~** un modèle 1978; (*Aut*) **sports ~** modèle sport; **4-door ~** version *f* 4 portes; **factory ~** modèle de fabrique.

(e) (*Ling, Planning etc*) modèle *m*.

2 *adj* **(a)** (*designed as a ~*) (*gen*) *prison, school etc* modèle, -pilote. **~ factory** usine *f* modèle, usine-pilote *f*.

(b) (*exemplary*) *behaviour, conditions, pupil* modèle, exemplaire.

(c) (*small-scale*) *train, plane, car etc* modèle réduit *inv*; *railway, village* en miniature.

3 *vt* **(a)** (*make ~ of*) modeler (*in* en).

(b) to ~ sth on sth else modeler qch sur qch d'autre; **to ~ o.s. on sb** se modeler sur qn, prendre modèle *or* exemple sur qn.

(c) (*Fashion*) **to ~ clothes** être mannequin, présenter les modèles de collection; **she was ~ling swimwear** elle présentait les modèles de maillots de bain.

4 *vi* (*Art, Phot, Sculp*) poser (*for* pour); (*Fashion*) être mannequin (*for* chez).

modeller, (*US*) **modeler** ['mɒdlər] *n* modeleur *m*, -euse *f*.

modelling, (*US*) **modeling** ['mɒdlɪŋ] *n* (*Art etc*) modelage *m*. **she does ~** (*fashion*) elle travaille comme mannequin; (*for artist*) elle travaille comme modèle; **~ clay** pâte *f* à modeler.

modem ['məʊdem] *n* (*Comput*) modem *m*.

Modena ['mɔːdena] *n* Modène.

moderate ['mɒdərɪt] **1** *adj opinions, demands* modéré (*also Pol*); *person* modéré (*in* dans); *price, income, amount, size, appetite* modéré, raisonnable, moyen; *heat* modéré; *climate* tempéré; *language, terms* mesuré; *talent, capabilities* modéré, moyen, ordinaire; *results* passable, modéré, moyen. **he was ~ in his demands** ses exigences étaient raisonnables *or* n'avaient rien d'excessif.

2 *cpd:* **moderate-sized** de grandeur *or* de grosseur *or* de taille moyenne.

3 *n* (*esp Pol*) modéré(e) *m(f)*.

4 ['mɒdəreɪt] *vt* **(a)** (*restrain, diminish*) modérer. **moderating influence** influence *f* modératrice.

(b) (*preside over*) présider.

5 *vi* [*storm, wind etc*] se modérer, s'apaiser, se calmer.

moderately ['mɒdərɪtlɪ] *adv act, react* avec modération; *eat, drink, exercise* modérément; *pleased etc* plus ou moins, raisonnablement. **this book is ~ priced** ce livre est d'un prix raisonnable; **~ good** assez bon.

moderation [,mɒdə'reɪʃən] *n* (*U*) modération *f*, mesure *f*. **in ~** (*gen*) *eat, drink, exercise* avec modération, modérément; **it's all right in ~** c'est très bien à petites doses *or* à condition de ne pas en abuser; **with ~** avec mesure *or* modération; **to advise ~ in drinking** conseiller la modération dans le boire, conseiller de boire modérément *or* avec modération.

moderator ['mɒdəreɪtər] *n* **(a)** (*Rel*) **M~** président *m* (de l'Assemblée générale de l'Église presbytérienne). **(b)** (*in assembly, council, discussion*) président(e) *m(f)*.

(c) (*Brit Univ: examiner*) examinateur *m*, -trice *f*.

(d) (*Phys, Tech*) modérateur *m*.

modern ['mɒdən] **1** *adj* moderne. **house with all ~ conveniences** (*abbr* **mod cons**) maison *f* tout confort; **it has all ~ conveniences** il y a tout le confort (moderne); **~ languages** langues vivantes; **in ~ times** dans les temps modernes, à l'époque moderne.

2 *n* (*artist, poet etc*) moderne *mf*.
modernism ['mɒdənɪzəm] *n* (a) (*U: Art, Rel*) modernisme *m*. (b) (*word*) néologisme *m*.
modernist ['mɒdənɪst] *adj, n* moderniste (*mf*).
modernistic [‚mɒdə'nɪstɪk] *adj* moderniste.
modernity [mɒ'dɜːnɪtɪ] *n* modernité *f*.
modernization [‚mɒdənaɪ'zeɪʃən] *n* modernisation *f*.
modernize ['mɒdənaɪz] **1** *vt* moderniser. **2** *vi* se moderniser.
modest ['mɒdɪst] *adj* (a) (*not boastful*) modeste, effacé, réservé; (†: *chaste*) pudique, modeste. **to be ~ about one's achievements** ne pas se faire gloire de ses réussites *or* exploits; **don't be so ~!** ne fais pas le modeste!, tu es trop modeste!
  (b) (*fairly small; simple*) *success, achievement, amount, origin* modeste; *demands, needs* modeste, très modéré; *wage, price, sum* (*moderate*) (*very small*) modique. **he was ~ in his demands** ses exigences étaient modestes *or* très modérées, il n'était vraiment pas exigeant; **a ~ little house** une modeste maisonnette, une maisonnette sans prétention(s).
modestly ['mɒdɪstlɪ] *adv* (a) (*without boasting*) modestement, avec modestie; (†: *chastely*) modestement, pudiquement, avec pudeur. (b) (*simply*) modestement, simplement, sans prétention(s).
modesty ['mɒdɪstɪ] *n* (a) (*gen*) modestie *f*; (†: *chasteness*) pudeur *f*, modestie. **false ~** fausse modestie; **may I say with all due ~** ... soit dit en toute modestie .... (b) [*request etc*] modération *f*; [*sum of money, price*] modicité *f*.
modicum ['mɒdɪkəm] *n*: **a ~ of** un minimum de.
modifiable ['mɒdɪfaɪəbl] *adj* modifiable.
modification [‚mɒdɪfɪ'keɪʃən] *n* modification *f* (*to, in* à). **to make ~s** (*in or* to) faire *or* apporter des modifications (à).
modifier ['mɒdɪfaɪəʳ] *n* modificateur *m*; (*Gram*) modificatif *m*.
modify ['mɒdɪfaɪ] *vt* (a) (*change*) *plans, design* modifier, apporter des modifications à; *customs, society* transformer, modifier; (*Gram*) modifier.
  (b) (*make less strong*) modérer. **he'll have to ~ his demands** il faudra qu'il modère (*subj*) ses exigences *or* qu'il en rabatte; **he modified his statement** il modéra les termes de sa déclaration.
modifying ['mɒdɪfaɪɪŋ] **1** *n* modification *f*. **2** *adj* *note, term* modificatif (*also Gram*); *factor* modifiant.
modish ['mɒdɪʃ] *adj* à la mode, mode *inv*.
modishly ['mɒdɪʃlɪ] *adv* à la mode.
modiste [mɒ'diːst] *n* modiste *f*.
Mods* [mɒdz] *n* (*Oxford Univ abbr of* **moderations**) premier examen (pour le grade de bachelier ès arts).
modular ['mɒdjʊləʳ] *adj* (*gen*) modulaire; *furniture* modulaire, à éléments (composables). (*Univ*) **~ degree** licence *f* modulaire, ≃ licence à U.V.; (*US*) **~ scheduling** emploi *m* du temps avec autorisation de sortie en dehors des cours; **a six-week ~ course** des cours bloqués sur six semaines.
modulate ['mɒdjʊleɪt] **1** *vt* (*all senses*) moduler. **2** *vi* (*Mus*) moduler.
modulation [‚mɒdjʊ'leɪʃən] *n* modulation *f*. **frequency ~** modulation de fréquence.
module ['mɒdjuːl] *n* (*gen*) module *m*; (*Univ*) module *m*, ≃ unité *f* de valeur, U.V. *f*. (*US*) **~ learning** enseignement *m* par groupes de niveaux; *V* **lunar**.
modulus ['mɒdjʊləs] *n* (*Math, Phys*) module *m*, coefficient *m*.
moggy‡ ['mɒgɪ] *n* (*Brit: cat*) minou *m*.
mogul ['məʊgəl] **1** *n*: **M~** des Mog(h)ols. **2** *n* (a) **M~** Mog(h)ol *m*. (b) (*fig: powerful person*) nabab *m*. **a ~ of the film industry** un nabab du cinéma. (c) (*Ski*) bosse *f*.
M.O.H. [‚eməʊ'eɪtʃ] *n Brit abbr of* **Medical Officer of Health**; *V* **medical**.
mohair ['məʊhɛəʳ] **1** *n* mohair *m*. **2** *cpd* en *or* de mohair.
Mohammed [məʊ'hæmed] *n* Mohammed *m*, Mahomet *m*.
Mohammedan [məʊ'hæmɪdən] **1** *adj* mahométan , musulman. **2** *n* Mahométan *m(f)*.
Mohammedanism [məʊ'hæmɪdənɪzəm] *n* Mahométisme *m*.
Mohican ['məʊhɪkən] *n* (*also* **~ Indian**) Mohican *mf*.
moist [mɔɪst] *adj* *hand, atmosphere* moite; *climate, wind, surface* humide; *heat* moite, humide; *cake* moelleux. **eyes ~ with tears** des yeux humides *or* mouillés de larmes.
moisten ['mɔɪsn] **1** *vt* humecter, mouiller légèrement; (*Culin*) mouiller légèrement. **to ~ one's lips** s'humecter les lèvres. **2** *vi* devenir humide *or* moite.
moistness ['mɔɪstnɪs] *n* (*V* **moist**) moiteur *f*, humidité *f*.
moisture ['mɔɪstʃəʳ] *n* (*on grass etc*) humidité *f*; (*on glass etc*) buée *f*.
moisturize ['mɔɪstʃəraɪz] *vt* *air, atmosphere* humidifier; *skin* hydrater.
moisturizer ['mɔɪstʃəraɪzəʳ] *n* (*for skin*) crème *f or* lait *m* hydratant(e).
moke‡ [məʊk] *n* (*Brit*) bourricot *m*, baudet *m*.
molar ['məʊləʳ] **1** *n* (*tooth*) molaire *f*. **2** *adj* (*Dentistry, Phys*) molaire.
molasses [məʊ'læsɪz] *n* (*U*) mélasse *f*.
mold [məʊld] *etc* (*US*) = **mould** *etc*.
Moldavia [mɒl'deɪvɪə] *n* Moldavie *f*.
Moldavian [mɒl'deɪvɪən] **1** *n* Moldavien(ne) *m(f)*. **2** *adj* moldavien. **M~ SSR** RSS *f* de Moldavie.
mole¹ [məʊl] *n* (*Zool*) taupe *f*; (*fig: spy*) spy. **2** *cpd*: **mole-catcher** taupier *m*; **molehill** taupinière *f* (*V* **mountain 1**); **moleskin** (*n*) (*lit*) (peau *f* de) taupe *f*; (*Brit Tex*) velours *m* de coton; (*adj*) de *or* en (peau de) taupe; de *or* en velours de coton.
mole² [məʊl] *n* (*on skin*) grain *m* de beauté.
mole³ [məʊl] *n* (*breakwater*) môle *m*, digue *f*.
molecular [məʊ'lekjʊləʳ] *adj* moléculaire.

molecule ['mɒlɪkjuːl] *n* molécule *f*.
molest [məʊ'lest] *vt* (*trouble*) importuner, tracasser; (*harm*) molester, rudoyer, brutaliser; (*Jur: sexually*) attenter à la pudeur de; [*dog*] s'attaquer à.
molestation [‚məʊles'teɪʃən] *n* (*V* **molest**) tracasserie(s) *f(pl)*; brutalités *fpl*; attentat *m* à la pudeur.
moll* [mɒl] *n* (*pej*) nana‡ *f* (de gangster).
mollify ['mɒlɪfaɪ] *vt* apaiser, calmer. **~ing remarks** propos lénifiants.
mollusc, (*US*) **mollusk** ['mɒləsk] *n* mollusque *m*.
Mollybolt ['mɒlɪbəʊlt] ® *n* (*US*) cheville *f* (*Menuiserie*).
mollycoddle ['mɒlɪkɒdl] *vt* (*gen*) élever dans du coton, chouchouter*, dorloter; *pupil* materner.
mollycoddling ['mɒlɪkɒdlɪŋ] *n* (*pej*) chouchoutage *m*; maternage *m*.
Molotov ['mɒlətɒf] *n*: **~ cocktail** cocktail *m* Molotov.
molt [məʊlt] (*US*) = **moult**.
molten ['məʊltən] *adj* *metal, glass* en fusion, fondu.
Moluccan [məʊ'lʌkən] *V* **south**.
molybdenum [mɒ'lɪbdməm] *n* molybdène *m*.
mom* [mɒm] *n* (*US*) maman *f*. **~ and pop store** petite boutique familiale, petit commerce.
moment ['məʊmənt] *n* (a) moment *m*, instant *m*. **man of the ~** homme *m* du moment; **the psychological ~** le moment psychologique; **the ~ of truth** l'instant *or* la minute de vérité; **wait a ~!, just a ~!, one ~!, half a ~!*** (attendez) un instant! *or* une minute!; (*objecting to sth*) minute!, pas si vite!*; **I shan't be a ~**, **I'll just** *or* **only be a ~** j'en ai pour un instant; **a ~ ago** il y a un instant; **a ~ later** un instant plus tard; **that very ~** à cet instant *or* ce moment précis; **the ~ he arrives** dès *or* aussitôt qu'il arrivera; **the ~ he arrived** dès *or* aussitôt qu'il arriva, dès son arrivée; **do it this ~!** fais-le à l'instant! *or* sur-le-champ!; **I've just this ~ heard of it** je viens de l'apprendre à l'instant (même); **it won't take a ~** c'est l'affaire d'un instant; **at the (present) ~**, **at this ~ in time** en ce moment (même), à l'heure qu'il est; **at that ~** à ce moment(-là); **(at) any ~** d'un moment *or* instant à l'autre; **at every ~** à chaque instant, à tout moment; **at the right ~** au bon moment, à point nommé; **at the last ~** au dernier moment; **to leave things till the last ~** attendre le dernier moment; **for a ~** un instant; **for a brief ~** l'espace d'un instant; **not for a ~!** jamais de la vie!; **for the ~** pour le moment; **from the ~ I saw him** dès l'instant où je l'ai vu; **from that ~** dès ce moment, dès cet instant; **I'll come in a ~** j'arrive dans un instant; **it was all over in a ~** tout s'est passé en un instant *or* en un clin d'œil *or* en un tournemain; **the ~ of truth** la minute *or* l'heure *f* de vérité; (*fig*) **he has his ~s** il a ses bons côtés; **it has its ~s** ça contient de bonnes choses; *V* **spur**.
  (b) (*importance*) importance *f*. **of little ~** de peu d'importance; **of (great) ~** de grande *or* haute importance.
  (c) (*Tech*) moment *m*. **~ of inertia** moment d'inertie.
momentarily ['məʊməntərɪlɪ] *adv* (*briefly*) momentanément; (*at any moment*) d'un moment à l'autre; (*US: instantly*) immédiatement, sans attendre.
momentary ['məʊməntərɪ] *adj* (*brief*) momentané, passager; (*liter: constant*) constant, continuel. **after a ~ silence** après un moment de silence.
momentous [məʊ'mentəs] *adj* très important, considérable, capital.
momentousness [məʊ'mentəsnɪs] *n* (*U*) importance capitale, portée *f*.
momentum [məʊ'mentəm] *n* (*gen*) vitesse *f* (acquise); (*Phys etc*) moment *m* (*des quantités de mouvement*); [*political movement etc*] dynamisme *m*. **to gather ~** [*spacecraft, car etc*] prendre de la vitesse; (*fig*) gagner du terrain; (*Aut, Space etc, also fig*) **to lose ~** être en perte de vitesse; [*politician, party etc*] **to have ~** avoir le vent en poupe; **the Reagan ~** la dynamique *or* l'effet *m* Reagan.
Mon. *abbr of* **Monday**.
Monacan [mɒ'nɑːkən] **1** *adj* monégasque. **2** *n* Monégasque *mf*.
Monaco ['mɒnəkəʊ] *n* Monaco *m*. **in ~** à Monaco.
monad ['mɒnæd] *n* (*Chem, Philos*) monade *f*.
Mona Lisa ['məʊnə'liːzə] *n* la Joconde.
monarch ['mɒnək] *n* (*lit, fig*) monarque *m*.
monarchic(al) [mɒ'nɑːkɪk(əl)] *adj* monarchique.
monarchism ['mɒnəkɪzəm] *n* monarchisme *m*.
monarchist ['mɒnəkɪst] *adj, n* monarchiste (*mf*).
monarchy ['mɒnəkɪ] *n* monarchie *f*.
monastery ['mɒnəstərɪ] *n* monastère *m*.
monastic [mə'næstɪk] *adj* *life* monastique, monacal; *vows, architecture* monastique.
monasticism [mə'næstɪsɪzəm] *n* monachisme *m*.
monaural [‚mɒn'ɔːrəl] *adj* *instrument* monophonique, monaural; *hearing* monauriculaire.
Monday ['mʌndɪ] **1** *n* lundi *m*; *for phrases V* **Saturday**; *V also* **Easter**, **Whit** *etc*. **2** *cpd*: (*fig*) **that Monday-morning feeling** la déprime* du lundi matin; (*US fig*) **Monday-morning quarterback*** spécialiste *mf* du je-vous-l'avais-bien-dit.
Monegasque [mɒnə'gæsk] **1** *n* Monégasque *mf*. **2** *adj* monégasque.
monetarism ['mʌnɪtərɪzəm] *n* monétarisme *m*.
monetarist ['mʌnɪtərɪst] *adj, n* monétariste (*mf*).
monetary ['mʌnɪtərɪ] *adj* monétaire; *V* **international**.
money ['mʌnɪ] **1** *n* (a) (*U*) argent *m*; (*Fin*) monnaie *f*. **French ~** argent français; **paper ~** papier-monnaie *m*, monnaie de papier (*often pej*); (*Prov*) **~ is the root of all evil** l'argent est la racine de tous les maux; **lack of ~** manque *m* d'argent; **your ~ or your life!** la bourse ou la vie!; (*Brit*) **it's ~ for jam*** *or* **for old rope*** c'est de l'argent vite gagné *or* gagné sans peine, c'est être payé à ne rien

faire; **to make ~** *[person]* gagner de l'argent; *[business etc]* rapporter, être lucratif (*V also* 1b); **he made his ~ by** dealing in cotton il s'est enrichi avec le coton; **to come into ~** *(by inheritance)* hériter (d'une somme d'argent); *(gen)* recevoir une somme d'argent; **I paid** *or* **gave good ~ for** it ça m'a coûté de l'argent; **he's earning good ~** il gagne bien sa vie (*V also* 1b); **he's earning big ~** il gagne gros; **that's big ~** c'est une grosse somme; **the deal involves big ~** de grosses sommes sont en jeu dans cette transaction (*V also* 1b); **he gets his ~ on** Fridays il touche son argent *or* sa paie le vendredi, il est payé le vendredi; **when do I get my ~?** quand est-ce que j'aurai mon argent?; *(lit, fig)* **to get one's ~'s worth** en avoir pour son argent; **to get one's ~ back** se faire rembourser; *(with difficulty)* récupérer son argent; **I want my ~ back!** remboursez!; **to put ~ into sth** placer son argent dans qch; **is there ~ in it?** est-ce que ça rapporte?, est-ce que c'est lucratif?; **it's a bargain for the ~!** à ce prix-là c'est une occasion!; **it was ~ well spent** j'ai (*or* nous avons *etc*) fait une bonne affaire; *V* **big, coin, counterfeit, ready** *etc*.

(b) *(fig phrases)* **that's the one for my ~!** c'est juste ce qu'il me faut!; **that's the team for my ~** je serais prêt à parier pour cette équipe; **for my ~ we should do it now** à mon avis nous devrions le faire maintenant; **he's made of ~***, **he's rolling in ~***, **he has pots of ~*** il est cousu d'or, il roule sur l'or*; **he's got ~ to burn** il a de l'argent à ne savoir qu'en faire *or* à jeter par la fenêtre; **we're in the ~ now!*** nous roulons sur l'or* maintenant; **he's in the big ~*** il récolte un fric fou‡; *(Prov)* **~ makes ~** l'argent va où est l'argent; *(Prov)* **~ talks** l'argent est roi; *(loc)* **~ doesn't grow on trees** l'argent ne tombe pas du ciel; **to put one's ~ where one's mouth is** joindre l'acte à la parole (en déboursant une somme d'argent); **to throw** *or* **send good ~ after bad** s'enfoncer dans une mauvaise affaire; *(loc)* **bad ~ drives out good** des capitaux douteux font fuir les investissements sains; **this ~ burns a hole in his pocket** il brûle de dépenser cet argent; **~ runs through his fingers like water** l'argent lui fond dans les mains; *(US fig)* **it's ~ from home*** c'est du tout cuit*; *V* **even²**.

(c) *(Jur)* **~s, monies** sommes *fpl* d'argent; **~s paid out** versements *mpl*; **~s received** recettes *fpl*, rentrées *fpl*; **public ~s** deniers publics.

2 *cpd* **difficulties, problems, questions** d'argent, financier. **moneybag** sac *m* d'argent; **he's a moneybags‡** il est plein aux as‡; **moneybox** tirelire *f*; **moneychanger** *(person)* changeur *m*; *(change machine)* distributeur *m* de monnaie; **money expert** expert *m* en matières financières; *(pej)* **moneygrubber** grippe-sou *m*; *(pej)* **moneygrubbing** *(n)* thésaurisation *f*, rapacité *f*; *(adj)* rapace, grippe-sou *inv*; **moneylender** prêteur *m*,-euse *f* sur gages; **moneylending** *(n)* prêt *m* à intérêt; *(adj)* prêteur; **money-loser** affaire infructueuse *or* qui perd de l'argent; **moneymaker** affaire lucrative; **moneymaking** *(n)* acquisition *f* d'argent; *(adj)* lucratif, qui rapporte; **moneyman*** financier *m*; *(Econ)* **money market** marché *m* monétaire; **money matters** questions *fpl* d'argent *or* financières; **money order** mandat *m* postal, mandat-poste *m*; **money spider*** araignée *f* porte-bonheur *inv*; *(Brit)* **money spinner** mine *f* d'or; *(fig)*; *(Econ)* **the money supply** la masse monétaire.

moneyed ['mʌnɪd] *adj* riche, cossu, argenté*. **the ~ classes** les classes possédantes, les nantis *mpl*.

moneywort ['mʌnɪwɜːt] *n (Bot)* souci *m* d'eau, lysimaque *f*.

...monger ['mʌŋgəʳ] *suf* marchand de...; *V* **fish, scandal, war** *etc*.

Mongol ['mɒŋgəl] **1** *adj* **(a)** *(Geog, Ling)* mongol. **(b)** *(Med)* **m~** mongolien. **2** *n* **(a)** Mongol(e) *m(f)*. **(b)** *(Ling)* mongol *m*. **(c)** *(Med)* **m~** mongolien(ne) *m(f)*.

Mongolia [mɒŋ'gəʊlɪə] *n* Mongolie *f*.

Mongolian [mɒŋ'gəʊlɪən] **1** *n* Mongol(e) *m(f)*. **2** *adj* mongol. **the ~ People's Republic** la République populaire mongole.

mongolism ['mɒŋgəlɪzəm] *n (Med)* mongolisme *m*.

mongoose ['mɒŋguːs] *n (Zool)* mangouste *f*.

mongrel ['mʌŋgrəl] **1** *n* **(a)** *(dog)* chien *m* bâtard *m*; *(animal, plant)* hybride *m*, métis(se) *m(f)*. **2** *adj* hybride, bâtard, (de race) indéfinissable.

Monica ['mɒnɪkə] *n* Monique *f*.

monies ['mʌnɪz] *npl* of **money**; *V* **money 1c**.

moniker‡ ['mɒnɪkəʳ] *n (name)* nom *m*; *(nickname)* surnom *m*.

monitor ['mɒnɪtəʳ] **1** *n* **(a)** *(device : Comput, Med, Tech, TV etc)* moniteur *m*. **heart rate ~** moniteur cardiaque.
(b) *(person : Rad)* rédacteur *m*, -trice *f* d'un service d'écoute.
(c) *(Scol)* ≃ chef *m* de classe.
2 *vt* **(a)** *[person]* pupil, work, progress, system suivre de près; equipment *etc* contrôler (les performances de); *[machine]* contrôler. **a nurse/a machine ~s the patient's progress** une infirmière suit de près *or* surveille/une machine contrôle l'évolution de l'état du malade; **to ~ the situation** surveiller l'évolution des choses.
(b) *(Rad)* foreign broadcasts, station être à l'écoute de.

monitoring ['mɒnɪtərɪŋ] *n* **(a)** *(gen)* *(by person)* surveillance *f*; *(by machine)* contrôle *m*; *(Med, Tech)* monitorage *m*; *(Univ, Scol)* contrôle continu (des connaissances).
(b) *(Rad)* (service *m* d')écoute *f*.

monitory ['mɒnɪtərɪ] *adj* monitoire, d'avertissement, d'admonition.

monk [mʌŋk] **1** *n* moine *m*, religieux *m*. **2** *cpd* : **monkfish** *(angler fish)* lotte *f*; *(angel fish)* ange *m* de mer; *(Bot)* **monk's hood** aconit *m*.

monkey ['mʌŋkɪ] **1** *n* singe *m*; *(fig: child)* galopin(e) *m(f)*, polisson(ne) *m(f)*; *(Brit : £500‡)* cinq cents livres. **female ~** guenon *f*; **to make a ~ out of sb** tourner qn en ridicule; *(US : Drugs Sl)* **to have a ~ on one's back** être esclave de la drogue.
2 *cpd* : **monkey bars** *(for climbing on)* cage *f* à poules; *(fig)* **monkey business*** *(dishonest)* quelque chose de louche, combine(s)

f(pl); *(mischievous)* singeries *fpl*; **no monkey business now!*** pas de blagues!*; **monkey house** maison *f* des singes, singerie *f*; *(Naut)* **monkey jacket** vareuse ajustée; *(Brit)* **monkey nut** cacahuète *f or* cacahuète *f*; *(Bot: tree)* **monkey puzzle** araucaria *m*; *(fig)* **monkey tricks*** = **monkey business***; *(US fig)* **to throw a monkey wrench into the works*** flanquer la pagaille*.
◆**monkey about***, **monkey around*** *vi* **(a)** *(waste time)* perdre son temps. **stop monkeying about and get on with your work** cesse de perdre ton temps et fais ton travail.
(b) *(play the fool)* faire l'idiot *or* l'imbécile. **to monkey about with sth** tripoter qch, faire l'imbécile avec qch.

monkish ['mʌŋkɪʃ] *adj* de moine.

mono... ['mɒnəʊ] *pref* mon(o)....

mono ['mɒnəʊ] **1** *adj (abbr of* **monophonic)** mono* *inv*, monophonique, monaural. **2** *n* **(a)** **recorded in ~** enregistré en monophonie. **(b)** *(~ record)* disque *m* mono.

monobasic [mɒnəʊ'beɪsɪk] *adj* monobasique.

monochromatic [mɒnəʊkrə'mætɪk] *adj* monochromatique.

monochrome ['mɒnəkrəʊm] **1** *n (gen, also Art)* camaïeu *m*; *(Phot, TV)* noir et blanc *m*. **landscape in ~** paysage *m* en camaïeu. **2** *adj (gen)* monochrome; *(Art)* en camaïeu; *(Phot, TV)* en noir et blanc.

monocle ['mɒnəkl] *n* monocle *m*.

monocoque ['mɒnəkɒk] *adj (Aut)* monocoque.

monocracy [mɒ'nɒkrəsɪ] *n* monocratie *f*.

monocrat ['mɒnəkræt] *n* monocrate *m*.

monocratic [mɒnə'krætɪk] *adj* monocratique.

monocular [mɒ'nɒkjʊləʳ] *adj* monoculaire.

monoculture ['mɒnəʊkʌltʃəʳ] *n* monoculture *f*.

monocyte ['mɒnəʊsaɪt] *n* monocyte *m*.

monody ['mɒnədɪ] *n* monodie *f*.

monogamist [mə'nɒgəmɪst] *n* monogame *m/f*.

monogamous [mə'nɒgəməs] *adj* monogame.

monogamy [mɒ'nɒgəmɪ] *n* monogamie *f*.

monogenetic [mɒnəʊdʒɪ'netɪk] *adj* monogénétique.

monogram ['mɒnəgræm] **1** *n* monogramme *m*. **2** *vt* marquer de son *(etc)* monogramme *or* de son *(etc)* chiffre.

monogrammed [mɒnə'græmd] *adj* portant un *(or* son *etc)* monogramme, à son *(etc)* chiffre.

monograph ['mɒnəgræf] *n* monographie *f*.

monogynous [mɒ'nɒdʒɪnəs] *adj* monogame.

monogyny [mɒ'nɒdʒɪnɪ] *n* monogamie *f*.

monohull ['mɒnəʊhʌl] *adj* monocoque *(Naut)*.

monokini ['mɒnəʊkiːnɪ] *n* monokini *m*.

monolingual [ˌmɒnəʊ'lɪŋgwəl] *adj* monolingue.

monolith ['mɒnəlɪθ] *n* monolithe *m*.

monolithic [ˌmɒnəʊ'lɪθɪk] *adj (Archeol)* monolithe; *(fig)* society, party monolithique.

monologist ['mɒnəlɒgɪst] *n* monologueur *m*.

monologue, *(US also)* **monolog** ['mɒnəlɒg] *n* monologue *m*.

monomania [ˌmɒnəʊ'meɪnɪə] *n* monomanie *f*.

monomaniac [mɒnəʊ'meɪnɪæk] *n, adj* monomane, monomaniaque.

monometer [mɒ'nɒmɪtəʳ] *n* monomètre *m*.

monomial [mɒ'nəʊmɪəl] *(Math)* **1** *n* monôme *m*. **2** *adj* de *or* en monôme.

monomorphic [mɒnəʊ'mɔːfɪk] *adj* monomorphe.

monomorphism [mɒnəʊ'mɔːfɪzəm] *n* monomorphisme *m*.

mononuclear [mɒnəʊ'njuːklɪəʳ] *adj* mononucléaire.

mononucleosis [ˌmɒnəʊnjuːklɪ'əʊsɪs] *n* mononucléose *f*.

monophonic [ˌmɒnəʊ'fɒnɪk] *adj* monophonique, monaural.

monophony [mɒ'nɒfənɪ] *n* monophonie *f*.

monophthong ['mɒnəfθɒŋ] *n* monophthongue *f*.

monoplane ['mɒnəʊpleɪn] *n* monoplan *m*.

monopolist [mə'nɒpəlɪst] *n* monopoliste *mf*.

monopolistic [mənɒpə'lɪstɪk] *adj* monopolistique.

monopolization [mənɒpəlar'zeɪʃən] *n* monopolisation *f*.

monopolize [mə'nɒpəlaɪz] *vt (Comm)* monopoliser, avoir le monopole de; *(fig)* monopoliser, accaparer.

monopoly [mə'nɒpəlɪ] *n* **(a)** monopole *m (of, in* de). **(b)** *(game)* ® **M~** Monopoly *m* ®.

monorail ['mɒnəʊreɪl] *n* monorail *m*.

monosodium glutamate [mɒnəʊ'səʊdɪəm'gluː'təmeɪt] *n* glutamate *m* (de sodium).

monosyllabic ['mɒnəʊsɪ'læbɪk] *adj* word monosyllabe; language, reply monosyllabique. **he was ~** il a parlé par monosyllabes.

monosyllable ['mɒnəˌsɪləbl] *n* monosyllabe *m*. **to answer in ~s** répondre par monosyllabes.

monotheism ['mɒnəʊˌθiːɪzəm] *n* monothéisme *m*.

monotheist ['mɒnəʊˌθiːɪst] *n* monothéiste *mf*.

monotheistic [ˌmɒnəʊθiː'ɪstɪk] *adj* monothéiste.

monotone ['mɒnətəʊn] *n (voice/tone etc)* voix *f*/ton *m etc* monocorde. **to speak in a ~** parler sur un ton monocorde.

monotonous [mə'nɒtənəs] *adj* music, routine monotone; landscape, scenery monotone, uniforme; voice monotone, monocorde.

monotony [mə'nɒtənɪ] *n* monotonie *f*.

monotype ['mɒnəʊtaɪp] *n (Art, Engraving)* monotype *m*. *(Typ: machine)* **M~** Monotype *f* ®.

monoxide [mɒ'nɒksaɪd] *n* protoxyde *m*.

Monroe doctrine [mən'rəʊ'dɒktrɪn] *n* doctrine *f* de Monroe.

monseigneur [ˌmɒnsen'jɜːʳ] *n* monseigneur *m*.

monsignor [mɒn'siːnjəʳ] *n (Rel)* monsignor *m*.

monsoon [mɒn'suːn] *n* mousson *f*. **the ~ season** la mousson d'été.

mons pubis ['mɒnz'pjuːbɪs] *n, pl* **montes pubis** ['mɒntiːz'pjuːbɪs] pénil *m*, mont *m* de Vénus.

monster ['mɒnstəʳ] **1** *n (all senses)* monstre *m*. **2** *adj* colossal, monstre*.

monstrance ['mɒnstrəns] *n* ostensoir *m*.
monstrosity [mɒns'trɒsɪtɪ] *n* **(a)** (*U*) monstruosité *f*, atrocité *f*. **(b)** (*thing*) monstruosité *f*, chose monstrueuse; (*person*) monstre *m* de laideur.
monstrous ['mɒnstrəs] *adj* **(a)** (*huge*) *animal, fish, building* colossal, énorme, gigantesque. **(b)** (*atrocious*) *crime, behaviour* monstrueux, abominable. **it is quite** ~ **that** ... il est monstrueux *or* scandaleux que ... + *subj*.
monstrously ['mɒnstrəslɪ] *adv* monstrueusement.
montage [mɒn'tɑːʒ] *n* (*Cine, Phot*) montage *m*.
Montana [mɒn'tænə] *n* Montana *m*. **in** ~ dans le Montana.
Mont Blanc [mɔ̃ blɑ̃] *n* Mont *m* Blanc.
Monte Carlo ['mɒntɪ'kɑːləʊ] *n* Monte-Carlo.
Montezuma [mɒntɪ'zuːmə] *n* Montezuma *m*. (*US fig*) ~'s revenge* maladie *f* du touriste, diarrhée *f*.
month [mʌnθ] *n* mois *m*. **it went on for** ~s cela a duré des mois (et des mois); **in the** ~ **of May** au mois de mai, en mai; **to be paid by the** ~ être payé au mois *or* mensualisé; **every** ~ *happen* tous les mois; *pay* mensuellement; **which day of the** ~ **is it?** le combien sommes-nous?; **at the end of this** ~ à la fin du *or* de ce mois; (*Comm*) **at the end of the current** ~ fin courant*; **he owes his landlady two** ~s' **rent** il doit deux mois à sa propriétaire; **six** ~s **pregnant** enceinte de six mois; **he'll never do it in a** ~ **of Sundays*** il le fera la semaine des quatre jeudis* *or* à la saint-glinglin*; *V* **calendar, lunar** *etc*.
monthly ['mʌnθlɪ] **1** *adj publication* mensuel. ~ **instalment,** ~ **payment** mensualité *f*; (*Admin*) ~ **paid staff** employés *mpl* mensualisés; (*Med*) ~ **period** règles *fpl*; ~ **salary** salaire mensuel, mensualité *f*; ~ **ticket** carte *f* (d'abonnement) mensuelle.
  2 *n* (*Press*) revue *or* publication mensuelle.
  3 *adv pay* au mois, mensuellement; *happen* tous les mois.
Montreal [ˌmɒntrɪ'ɔːl] *n* Montréal.
monument ['mɒnjʊmənt] *n* (*all senses*) monument *m* (*to* à).
monumental [ˌmɒnjʊ'mentl] *adj* (*all senses*) monumental. ~ **mason** marbrier *m*.
moo [muː] **1** *n* meuglement *m*, beuglement *m*, mugissement *m*. **2** *vi* meugler, beugler, mugir.
mooch✲ [muːtʃ] **1** *vt* (*US: cadge*) **to** ~ **sth from sb** taper qn de qch✲.
  2 *vi*: **to** ~ **in/out** *etc* entrer/sortir *etc* en traînant.
◆**mooch about**✲, **mooch around**✲ *vi* traînasser, flemmarder*.
mood [muːd] **1** *n* **(a)** humeur *f*, disposition *f*. **to be in a good/bad** ~ être de bonne/mauvaise humeur, être de bon/mauvais poil*; **to be in a nasty** *or* **an ugly** ~ [*person*] être d'une humeur massacrante *or* exécrable; [*crowd*] être menaçant; **to be in a forgiving** ~ être en veine de générosité *or* d'indulgence; **I'm in the** ~ **for dancing** je danserais volontiers, j'ai envie de danser; **I'm not in the** ~ *or* **I'm in no** ~ **for laughing** je ne suis pas d'humeur à rire, je n'ai aucune envie de rire; **I'm in no** ~ **to listen to him** je ne suis pas d'humeur à l'écouter; **are you in the** ~ **for chess?** une partie d'échecs ça vous dit?; **he plays well when he's in the** ~ quand il est d'humeur *or* quand ça lui chante* il joue bien; **I'm not in the** ~ ça ne me dit rien; **as the** ~ **takes him** selon son humeur, comme ça lui chante*; **that depends on his** ~ cela dépend de son humeur; **he's in one of his** ~s il est encore mal luné; **she has** ~s **elle a des sautes d'humeur; the** ~ **of the meeting** l'état *m* d'esprit de l'assemblée.
  (b) (*Ling, Mus*) mode *m*.
  2 *cpd*: **mood music** musique *f* d'ambiance.
moodily ['muːdɪlɪ] *adv* (*bad-temperedly*) *reply* d'un ton maussade, maussadement; (*gloomily*) *stare* d'un air morose.
moodiness ['muːdɪnɪs] *n* (*sulkiness*) humeur *f* maussade; (*changeability*) humeur changeante.
moody ['muːdɪ] *adj* (*variable*) d'humeur changeante, lunatique; (*sulky*) maussade, de mauvaise humeur, mal luné.
moola(h)✲ ['muːlɑː] *n* (*US: money*) pèze✲ *m*, fric✲ *m*.
moon [muːn] **1** *n* lune *f*. **full/new** ~ pleine/nouvelle lune; **there was no** ~ c'était une nuit sans lune; **there was a** ~ **that night** il y avait or il faisait clair de lune cette nuit-là; **by the light of the** ~ à la clarté de la lune, au clair de (la) lune; **the** ~s **of Jupiter** les lunes de Jupiter; (*hum*) **many** ~s **ago** il y a de cela bien longtemps; (*fig*) **to ask** *or* **cry for the** ~ demander la lune; (*fig*) **he's over the** ~* (**about it**) il (en) est ravi, il est aux anges; *V* **blue, land, man** *etc*.
  2 *cpd*: **moonbeam** rayon *m* de lune; **moonboots** après-ski(s) *mpl* (*en nylon*), **moonboots** *mpl*; **moon buggy** jeep *f* lunaire; (*Space*) **mooncraft** module *m* lunaire; **moonfaced** (*pej*) aux joues toutes rondes, joufflu; **moon landing** alunissage *m*; **moonless** *V* **moonless**; **moonlight(ing)** *V* **moonlight(ing)**; **moonlit** éclairé par la lune; **moonlit night** nuit *f* de lune; **moonrise** lever *m* de (la) lune; **moon rock** roche *f* lunaire; **moonrover** = **moon buggy**; (*fig*) **moonshine*** (*nonsense*) balivernes *fpl*, fadaises *fpl*, sornettes *fpl*; (*US: illegal spirits*) alcool *m* de contrebande; (*US*) **moonshiner** (*distiller*) bouilleur *m* de cru clandestin; (*smuggler*) contrebandier *m* d'alcool; (*US*) **moonshining** distillation clandestine; (*Space*) **moonship** module *m* lunaire; (*Space*) **moon shot** tir *m* lunaire; **moonstone** pierre *f* de lune; (*fig*) **moonstruck** dans la lune; **moon walk** marche *f* lunaire.
  3 *vi* (✲: *exhibit buttocks*) montrer son derrière.
◆**moon about, moon around** *vi* musarder en rêvassant.
Moonie ['muːnɪ] *n* mooniste *mf*, adepte *mf* de la secte Moon.
moonless ['muːnlɪs] *adj* sans lune.
moonlight ['muːnlaɪt] **1** *n* clair *m* de lune. **by** ~ au clair de (la) lune. **2** *cpd walk, encounter* au clair de lune. (*Brit fig*) **to do a moonlight flit** déménager à la cloche de bois; **moonlight night** nuit *f* de lune. **3** *vi* (*: work extra*) faire du travail noir, travailler au noir.
moonlighting* ['muːnlaɪtɪŋ] *n* (*U*) travail noir.
Moor [mʊər] *n* Maure *m* or More *m*, Mauresque *f* or Moresque *f*.

moor[1] [mʊər] **1** *n* lande *f*. **2** *cpd*: **moorhen** poule *f* d'eau; **moorland** lande *f*; (*boggy*) terrain tourbeux.
moor[2] [mʊər] **1** *vt ship* amarrer. **2** *vi* mouiller.
mooring ['mʊərɪŋ] *n* (*Naut*) (*place*) mouillage *m*; (*ropes etc*) amarres *fpl*. **at her** ~s sur ses amarres; ~ **buoy** coffre *m* (d'amarrage), bouée *f* de corps-mort.
Moorish ['mʊərɪʃ] *adj* maure (*f inv* or mauresque) *or* more (*f inv* or moresque).
moose [muːs] *n* (*Canada*) orignac *m* or orignal *m*; (*Europe*) élan *m*.
moot [muːt] **1** *adj question* discutable, controversé. **it's a** ~ **point** c'est discutable; (*Jur*) ~ **case** cas *m* hypothétique *or* sans intérêt pratique, hypothèse *f* d'école; (*US*) ~ **court** tribunal *fictif permettant aux étudiants de s'exercer*. **2** *vt question* soulever, mettre sur le tapis. **it has been** ~ed **that** ... on a suggéré que ....
mop [mɒp] **1** *n* (*for floor*) balai *m* laveur; (*Naut*) faubert *m*; (*for dishes*) lavette *f* (à vaisselle); (*fig: also* ~ **of hair**) tignasse *f*. ~ **of curls** toison bouclée.
  2 *cpd*: (*US*) **mopboard** plinthe *f*; (*Mil*) **mopping-up operation**, (*also US*) **mop-up** (opération *f* de) nettoyage *m*.
  3 *vt floor, surface* essuyer. **to** ~ **one's brow** s'éponger le front; (*fig*) **to** ~ **the floor with sb*** battre qn à plate(s) couture(s).
◆**mop down** *vt sep* passer un coup de balai à.
◆**mop up 1** *vt sep* **(a)** *liquid* éponger; *floor, surface* essuyer.
  (b) (*fig*) *profits* rafler, absorber.
  (c) (*Mil*) *terrain* nettoyer; *remnants* éliminer.
  (d) (✲: *drink*) siffler*.
  2 mopping-up *adj V* **mop 2**.
mope [məʊp] *vi* se morfondre, avoir le cafard* *or* des idées noires. **she** ~d **about it all day** toute la journée elle a broyé du noir en y pensant.
◆**mope about, mope around** *vi* passer son temps à se morfondre, traîner son ennui.
moped ['məʊped] *n* (*Brit*) vélomoteur *m*, mobylette *f* ®.
moppet* ['mɒpɪt] *n* chéri(e) *m*(*f*).
moquette [mɒ'ket] *n* moquette *f* (*étoffe*).
moraine [mɒ'reɪn] *n* moraine *f*.
moral ['mɒrəl] **1** *adj* (*all senses*) moral. **it is a** ~ **certainty** c'est une certitude morale; **to be under** *or* **have a** ~ **obligation to do** être moralement obligé de faire, être dans l'obligation morale de faire; ~ **support** soutien moral; **I'm going along as** ~ **support for him** j'y vais pour le soutenir moralement; (*US Pol*) **the M**~ **Majority** les néo-conservateurs *mpl* (américains); ~ **philosopher** moraliste *mf*; ~ **philosophy** la morale, l'éthique *f*; (*Rel*) **M**~ **Rearmament** Réarmement *m* moral; **to raise** ~ **standards** relever le niveau moral; ~ **standards are falling** la moralité décline, le sens moral se perd, on perd le sens des valeurs; ~ **suasion** pression morale.
  2 *n* **(a)** [*story*] morale *f*. **to point the** ~ faire ressortir la morale.
  (b) [*person, act, attitude*] ~s moralité *f*; **of loose** ~s d'une moralité relâchée; **he has no** ~s il est sans moralité.
morale [mɒ'rɑːl] *n* (*U*) moral *m*. **high** ~ bon moral; **his** ~ **was very low** il avait le moral très bas *or* à zéro; **to raise sb's** ~ remonter le moral à qn; **to lower** *or* **undermine sb's** ~ démoraliser qn.
moralist ['mɒrəlɪst] *n* moraliste *mf*.
morality [mə'rælɪtɪ] *n* **(a)** (*U*) moralité *f*. **(b)** (*Theat: also* ~ **play**) moralité *f*.
moralize ['mɒrəlaɪz] **1** *vi* moraliser (*about* sur), faire le moraliste. **2** *vt* moraliser, faire la morale à.
moralizing ['mɒrəlaɪzɪŋ] **1** *adj* moralisateur (*f* -trice). **2** *n* leçons *fpl* de morale.
morally ['mɒrəlɪ] *adv act* moralement. ~ **certain** moralement certain; ~ **speaking** du point de vue de la morale, moralement parlant; ~ **wrong** immoral, contraire à la morale.
morass [mə'ræs] *n* marais *m*, marécage *m*. (*fig*) **a** ~ **of problems** des problèmes à ne plus s'y retrouver *or* à ne plus s'en sortir; **a** ~ **of figures** un fatras de chiffres; **a** ~ **of paperwork** de la paperasserie, un monceau de paperasserie.
moratorium [ˌmɒrə'tɔːrɪəm] *n* moratoire *m*, moratorium *m*.
Moravian [mə'reɪvɪən] **1** *n* Morave *mf*. **2** *adj* morave. **the** ~ **Church** l'église *f* morave.
moray eel [mɒ'reɪiːl] *n* murène *f*.
morbid ['mɔːbɪd] *adj* **(a)** *interest, curiosity, imagination* morbide, malsain; *details* morbide, horrifiant; *fear, dislike* maladif; (*gloomy*) lugubre. **don't be so** ~! ne te complais pas dans ces pensées! *or* ces idées!
  (b) (*Med*) *growth* morbide; *anatomy* pathologique.
morbidity [mɔː'bɪdɪtɪ] *n* (*V* morbid) **(a)** morbidité *f*; état maladif; (*gloom*) abattement maladif, neurasthénie *f*. **(b)** (*Med*) morbidité *f*.
morbidly ['mɔːbɪdlɪ] *adv* (*abnormally*) d'une façon morbide *or* malsaine *or* maladive; (*gloomily*) sombrement, sinistrement. ~ **obsessed by** morbidement *or* maladivement obsédé *or* hanté par.
morbidness ['mɔːbɪdnɪs] *n* = **morbidity**.
mordacious [mɔː'deɪʃəs] *adj* mordant, caustique.
mordacity [mɔː'dæsɪtɪ] *n* mordacité *f* (*liter*), causticité *f*.
mordant ['mɔːdənt] *adj* mordant, caustique.
mordent ['mɔːdənt] *n mordant m*, pincé *m*; **upper** *or* **inverted** ~ pincé renversé.
more [mɔːr] (*comp of* **many, much**) **1** *adj, pron* (*greater in number etc*) plus (de), davantage (de); (*additional*) encore (de); (*other*) d'autres. **I've got** ~ **money/books than you** j'ai plus d'argent/de livres que vous; **he's got** ~ **than you** il en a plus que vous; ~ **people than seats/than usual/than we expected** plus de gens que de places/que de coutume/que prévu *or* que nous ne l'escomptions; **many came but** ~ **stayed away** beaucoup sont venus mais davantage *or* un plus grand nombre se sont abstenus; **many** ~ *or* **a lot** ~ **books/time** beaucoup plus de livres/de temps; **I need a lot** ~ il m'en faut beaucoup plus *or* bien davantage; **I need**

a few ~ books il me faut encore quelques livres or quelques livres de plus; **some were talking and a few** ~ **were reading** il y en avait qui parlaient et d'autres qui lisaient; **a little** ~ un peu plus (de); **several** ~ **days** quelques jours de plus, encore quelques jours; **I'd like (some)** ~ **meat** je voudrais encore de la viande; **there's no** ~ **meat** il n'y a plus de viande; **is there (any)** ~ **wine?** y a-t-il encore du vin?, est-ce qu'il reste du vin?; **have some** ~ **ice cream** reprenez de la glace; **has she any** ~ **children?** a-t-elle d'autres enfants?; **no** ~ **shouting!** assez de cris!, arrêtez de crier!; **I've got no** ~, **I haven't any** ~ je n'en ai plus, il ne m'en reste plus; **I've no** ~ **time** je n'ai plus le temps; **he can't afford** ~ **than a small house** il ne peut se payer qu'une petite maison; **I shan't say any** ~, **I shall say no** ~ je n'en dirai pas davantage; (*threat*) tenez-le-vous pour dit; **it cost** ~ **than I expected** c'était plus cher que je ne l'escomptais; **have you heard any** ~ **about him?** avez-vous d'autres nouvelles de lui?; **one pound is** ~ **than 50p** une livre est plus que 50 pence; ~ **than half the audience** plus de la moitié de l'assistance or des auditeurs; **not** ~ **than a kilo** pas plus d'un kilo; ~ **than 20 came** plus de 20 personnes sont venues; **no** ~ **than a dozen** une douzaine au plus; ~ **than enough** plus que suffisant, amplement or bien suffisant; **I've got** ~ **like these** j'en ai d'autres comme ça, j'en ai encore comme ça; (*fig*) **you couldn't ask for** ~ on ne peut guère en demander plus or davantage; **we must see** ~ **of her** il faut que nous la voyions (*subj*) davantage or plus souvent; **I want to know** ~ **about it** je veux en savoir plus long, je veux en savoir davantage; **there's** ~ **where that came from** ce n'est qu'un début; (*loc*) **the** ~ **the merrier** plus on est de fous plus on rit (*Prov*); **and what's** ~ ... et qui plus est ...; **his speech, of which** ~ **later** son discours, sur lequel nous reviendrons; **let's say no** ~ **about it** n'en parlons plus; **I shall have** ~ **to say about that** je reviendrai sur ce sujet (plus tard), ce n'est pas tout sur ce sujet; **I've nothing** ~ **to say** je n'ai rien à ajouter; **nothing** ~ rien de plus; **something** ~ autre chose, quelque chose d'autre or de plus.

2 *adv* (**a**) (*forming comp of adjs and advs*) plus. ~ **difficult** plus difficile; ~ **easily** plus facilement; ~ **and** ~ **difficult** de plus en plus difficile; **even** ~ **difficult** encore plus difficile.

(**b**) *exercise, sleep etc* plus, davantage. **you must rest** ~ vous devez vous reposer davantage; **he talks** ~ **than I do** il parle plus or davantage que moi; **she talks even** ~ **than he does** elle parle encore plus or davantage que lui; **he sleeps** ~ **and** ~ il dort de plus en plus; **I like apples** ~ **than oranges** j'aime les pommes plus que les oranges.

(**c**) (*in phrases*) ~ **amused than annoyed** plus amusé que fâché; **he was** ~ **frightened than hurt** il a eu plus de peur que de mal; **each** ~ **beautiful than the next** or **the other** tous plus beaux les uns que les autres; **it's** ~ **a short story than a novel** c'est une nouvelle plus qu'un roman; **he's no** ~ **a duke than I am** il n'est pas plus duc que moi; **he could no** ~ **pay me than fly in the air*** il ne pourrait pas plus me payer que devenir pape*; ~ **or less** plus ou moins; **neither** ~ **nor less (than)** ni plus ni moins (que); **it will** ~ **than cover the cost** cela couvrira largement or amplement les frais; **the house is** ~ **than half built** la maison est plus qu'à moitié bâtie; **I had** ~ **than kept my promise** j'avais fait plus que tenir ma promesse; **I can't bear him!** — **no** ~ **can I!** je ne peux pas le souffrir! — ni moi non plus!; **I shan't go there again!** — **no** ~ **you shall** je ne veux pas y retourner! — c'est entendu.

(**d**) (*the* ~) **the** ~ **you rest the quicker you'll get better** plus vous vous reposerez plus vous vous rétablirez rapidement; **the** ~ **I think of it the** ~ **ashamed I feel** plus j'y pense plus j'ai honte; **(the)** ~**'s the pity!** c'est d'autant plus dommage!, c'est bien dommage!; **(the)** ~ **fool you to go!** tu es d'autant plus idiot d'y aller!; **he is all the** ~ **happy** il est d'autant plus heureux (*as* que); **(all) the** ~ **so as** or **because ...** d'autant plus que ... .

(**e**) (*again etc*) **I won't do it any** ~ je ne le ferai plus; **don't do it any** ~! ne recommence pas!; **he doesn't live here any** ~ il n'habite plus ici; **I can't stay any** ~ je ne peux pas rester plus longtemps or davantage; (*frm*) **we shall see him no** ~ nous ne le reverrons jamais plus or plus jamais; (*frm*) **he is no** ~ il n'est plus; **once** ~ une fois de plus, encore une fois; **only once** ~ une dernière fois; (*liter*) **never** ~ (ne ...) plus jamais, (ne ...) jamais plus.

moreish* ['mɔːrɪʃ] *adj*: **these cakes are very** ~* ces gâteaux ont un goût de revenez-y*.

moreover [mɔː'rəʊvə^r] *adv* (*further*) de plus, en outre; (*besides*) d'ailleurs, du reste.

mores ['mɔːreɪz] *npl* mœurs *fpl*.

morganatic [,mɔːgə'nætɪk] *adj* morganatique.

morganatically [,mɔːgə'nætɪkəlɪ] *adv* morganatiquement.

morgue [mɔːg] *n* (*mortuary*) morgue *f*; (*: *of newspaper*) archives *fpl* (*d'un journal*).

MORI ['mɔːrɪ] *n* (*abbr of* **Market and Opinion Research Institute**): ~ **poll** sondage *m* de l'opinion publique.

moribund ['mɒrɪbʌnd] *adj* moribond.

Mormon ['mɔːmən] **1** *n* mormon(e) *m(f)*. **2** *adj* mormon.

Mormonism ['mɔːmənɪzəm] *n* mormonisme *m*.

morn [mɔːn] *n* (*liter*) (*morning*) matin *m*; (*dawn*) aube *f*.

morning ['mɔːnɪŋ] **1** *n* matin *m*; matinée *f*. **good** ~! (*hallo*) bonjour!; (*goodbye*) au revoir!; **he came in the** ~ il est arrivé dans la matinée; **I'll do it in the** ~ je le ferai la matin or dans la matinée; (*tomorrow*) je le ferai demain matin; **it happened first thing in the** ~ c'est arrivé tout au début de la matinée; **I'll do it first thing in the** ~ je le ferai demain à la première heure; **I work in the** ~(**s**) je travaille le matin; **she's working** ~**s** or **she's on** ~**s*** **this week** elle travaille le matin, cette semaine; **a** ~**'s work** une matinée de travail; **she's got the** ~ **off** elle a congé ce matin; **I have a** ~ **off every week** j'ai un matin or une matinée de libre par semaine; **during (the course of) the** ~ pendant la matinée; **I was busy all (the)** ~ j'ai été occupé toute la matinée; **on the** ~ **of January 23rd**

le 23 janvier au matin, le matin du 23 janvier; **what a beautiful** ~! quelle belle matinée!; **at 7 (o'clock) in the** ~ à 7 heures du matin; **in the early** ~ au (petit) matin; **to get up very early in the** ~ se lever de très bonne heure or très tôt (le matin), se lever de bon or de grand matin; **this** ~ ce matin; **tomorrow** ~ demain matin; **the** ~ **before** la veille au matin; **yesterday** ~ hier matin; **the next** or **following** ~, **the** ~ **after** le lendemain matin; **the** ~ **after (the night before)*** un lendemain de cuite*; **every Sunday** ~ tous les dimanches matin; **one summer** ~ (par) un matin d'été; *V* **Monday** etc.

2 *adj* *walk, swim* matinal, du matin. **a** ~ **train** un train le matin or dans la matinée; **the** ~ **train** le train du matin.

3 *cpd*: (*contraceptive*) **morning-after pill** pilule *f* du lendemain; **morning coat** jaquette *f*; **morning coffee** pause-café *f* (dans la matinée); **we have morning coffee together** nous prenons un café ensemble le matin; **morning dress** jaquette *f* et pantalon rayé, habit *m*, frac *m*; (*Bot*) **morning-glory** belle-de-jour *f*; **morning paper** journal *m* (du matin); **morning prayer(s)** prière(s) *f(pl)* du matin; **morning service** office *m* du matin; **morning sickness** nausée *f* (du matin), nausées matinales; **morning star** étoile *f* du matin; (*Naut*) **morning watch** premier quart du jour.

Moroccan [mə'rɒkən] **1** *adj* marocain. **2** *n* Marocain(e) *m(f)*.

Morocco [mə'rɒkəʊ] *n* (**a**) Maroc *m*. (**b**) **m**~ (*leather*) maroquin *m*; **m**~**-bound** relié en maroquin.

moron ['mɔːrɒn] *n* (*gen*) idiot(e) *m(f)*, crétin(e) *m(f)*, minus (habens)* *m inv*; (*Med*) débile *m* léger, débile *f* légère. **he's a** ~!* c'est un débile* or un crétin!, il est taré!

moronic [mə'rɒnɪk] *adj* crétin, idiot.

morose [mə'rəʊs] *adj* (*gloomy*) morose, sombre; (*sullen*) maussade, renfrogné.

morosely [mə'rəʊslɪ] *adv* d'un air morose, sombrement.

morph [mɔːf] *n* (*Ling*) morphe *m*.

morpheme ['mɔːfiːm] *n* morphème *m*.

morphemics [mɔː'fiːmɪks] *n* (*U*) morphématique *f*.

Morpheus ['mɔːfjəs] *n* Morphée *m*; *V* **arm**[1].

morphia ['mɔːfɪə] = **morphine**.

morphine ['mɔːfiːn] *n* morphine *f*. ~ **addict** morphinomane *mf*; ~ **addiction** morphinomanie *f*.

morphological [,mɔːfə'lɒdʒɪkəl] *adj* morphologique.

morphologically [,mɔːfə'lɒdʒɪkəlɪ] *adv* morphologiquement.

morphologist [mɔː'fɒlədʒɪst] *n* morphologue *mf*.

morphology [mɔː'fɒlədʒɪ] *n* morphologie *f*.

morphophonemics [,mɔːfəʊfəʊ'niːmɪks] *n* (*U*) morphophonémique *f*.

morphophonology [,mɔːfəʊfə'nɒlədʒɪ] *n* morphophonologie *f*.

morphosyntax [,mɔːfəʊ'sɪntæks] *n* morphosyntaxe *m*.

morris ['mɒrɪs] *n* (*Brit*: *in cpds*) ~ **dance** (type *m* de) danse *f* folklorique anglaise; ~ **dancers**, ~ **men** danseurs *mpl* folkloriques; ~ **dancing** danses folkloriques.

morrow ['mɒrəʊ] *n* (†† or *liter*) (*morning*) matin *m*; (*next day*) lendemain *m*.

Morse [mɔːs] **1** *n* (*also* ~ **code**) morse *m*. **2** *cpd*: **Morse alphabet** alphabet *m* morse; **Morse signals** signaux *mpl* en morse.

morsel ['mɔːsl] *n* (*gen*) (petit) bout *m*. **she ate only a** ~ **of fish** elle n'a mangé qu'une bouchée de poisson; **choice** ~ morceau *m* de choix.

mortadella [,mɔːtə'delə] *n* mortadelle *f*.

mortal ['mɔːtl] **1** *adj* *life, hatred, enemy, fear* mortel; *injury* mortel, fatal. ~ **combat** combat *m* à mort; ~ **remains** dépouille mortelle; ~ **sin** péché mortel; **it's no** ~ **good to him*** cela ne lui sert strictement à rien. **2** *n* mortel(le) *m(f)*.

mortality [mɔː'tælɪtɪ] *n* mortalité *f*. **infant** ~ (taux *m* de) mortalité infantile.

mortally ['mɔːtəlɪ] *adv* (*lit, fig*) mortellement.

mortar ['mɔːtə^r] **1** *n* (*Constr, Mil, Pharm*) mortier *m*. **2** *cpd*: **mortar-board** mortier *m* (*coiffure universitaire*).

mortgage ['mɔːgɪdʒ] **1** *n* (*in house buying etc*) emprunt-logement *m*; (*second loan etc*) hypothèque *f*. **to take out** or **raise a** ~ obtenir un emprunt-logement (*on, for* pour), prendre une hypothèque; **to pay off** or **clear a** ~ rembourser un emprunt-logement, purger une hypothèque.

2 *vt* *house, one's future* hypothéquer.

3 *cpd* **mortgage broker** courtier *m* en prêts hypothécaires.

mortgagee [,mɔːgə'dʒiː] *n* créancier *m*, -ière *f* hypothécaire.

mortgagor [,mɔːgə'dʒɔː^r] *n* débiteur *m*, -trice *f* hypothécaire.

mortice ['mɔːtɪs] *n* = **mortise**.

mortician [mɔː'tɪʃən] *n* (*US*) entrepreneur *m* de pompes funèbres.

mortification [,mɔːtɪfɪ'keɪʃən] *n* mortification *f* (*also Rel*), humiliation *f*.

mortify ['mɔːtɪfaɪ] *vt* mortifier (*also Rel*), humilier. **I was mortified to learn that ...** j'ai été mortifié d'apprendre que ...; (*Rel*) **to** ~ **the flesh** se mortifier, mortifier sa chair.

mortifying ['mɔːtɪfaɪɪŋ] *adj* mortifiant, humiliant.

mortise ['mɔːtɪs] *n* mortaise *f*. ~ **lock** serrure encastrée.

mortuary ['mɔːtjʊərɪ] **1** *n* morgue *f*, dépôt *m* mortuaire. **2** *adj* mortuaire.

Mosaic [məʊ'zeɪɪk] *adj* (*Bible Hist*) mosaïque, de Moïse.

mosaic [məʊ'zeɪɪk] **1** *n* mosaïque *f*. **2** *cpd* en mosaïque.

Moscow ['mɒskəʊ] *n* Moscou. **the** ~ **team** l'équipe *f* moscovite.

Moselle [məʊ'zel] *n* (**a**) (*Geog*) Moselle *f*. (**b**) (*wine*) (vin *m* de) Moselle *m*.

Moses ['məʊzɪs] **1** *n* Moïse *m*. **Holy** ~!* mince alors!* **2** *cpd*: **Moses basket** moïse *m*.

mosey‡ ['məʊzɪ] *vi*: (*US*) **to** ~ **along** (se) baguenauder*, aller or marcher sans (trop) se presser; **they** ~**ed over to Joe's** ils sont allés jusque chez Joe sans (trop) se presser.

Moslem ['mɒzlem] = **Muslim**.
mosque [mɒsk] *n* mosquée *f*.
mosquito [mɒs'ki:təʊ] **1** *n*, *pl* ~**es** moustique *m*. **2** *cpd*: **mosquito bite** piqûre *f* de moustique; **mosquito net** moustiquaire *f*; **mosquito netting** mousseline *f* or gaze *f* pour moustiquaire.
moss [mɒs] **1** *n* mousse *f* (*Bot*); *V* **rolling. 2** *cpd*: (*US fig*) **mossback*** conservateur *m* à tout crin; **moss green** (*adj*) vert mousse *inv*; (*n*) vert *m* mousse; **moss rose** rose moussue; (*Knitting*) **moss stitch** point *m* de riz.
mossy ['mɒsɪ] *adj* (*gen*) moussu. ~ **green** (*adj*) vert mousse *inv*; (*n*) vert *m* mousse.
most [məʊst] *superl of* **many, much 1** *adj*, *pron* (a) (*greatest in amount etc*) le plus (de), la plus grande quantité (de), le plus grand nombre (de). **he earns (the)** ~ **money** c'est lui qui gagne le plus d'argent; **I've got (the)** ~ **records** c'est moi qui ai le plus (grand nombre) de disques; **(the)** ~ le plus, le maximum; **who has got (the)** ~? qui en a le plus?; **do the** ~ **you** can fais-en le plus que tu pourras; **at (the)** ~, **at the very** ~ au maximum, (tout) au plus; **to make the** ~ **of** *one's time* ne pas perdre, bien employer; *respite, opportunity, sunshine, sb's absence* profiter (au maximum) de; *one's talents, business offer, money* tirer le meilleur parti de; *one's resources, remaining food* utiliser au mieux, faire durer; **make the** ~ **of it!** profitez-en bien!, tâchez de bien en profiter!; **he certainly made the** ~ **of the story** il a vraiment exploité cette histoire à fond; **to make the** ~ **of o.s.** se faire valoir, se mettre en valeur; **they're the** ~!*,* ils sont champions!*
(b) (*largest part*) la plus grande partie (de), la majeure or la meilleure partie (de); (*greatest number*) la majorité (de), la plupart (de). ~ (**of the**) **people/books** *etc* la plupart or la majorité des gens/des livres *etc*; ~ **honey is expensive** le miel en général coûte cher, la plupart des marques de miel coûtent cher; ~ **of the butter** presque tout le beurre; ~ **of the money** la plus grande or la majeure partie de l'argent, presque tout l'argent; ~ **of it** presque tout; ~ **of them** la plupart d'entre eux; ~ **of the day** la plus grande or la majeure partie de la journée; ~ **of the time** la plupart du temps; **for the** ~ **part** pour la plupart, en général; **in** ~ **cases** dans la plupart or la majorité des cas.
2 *adv* (a) (*forming superl of adjs and advs*) le plus. **the** ~ **intelligent boy** le garçon le plus intelligent; **the** ~ **beautiful woman of all** la plus belle femme or la femme la plus belle de toutes; ~ **easily** le plus facilement.
(b) *work, sleep etc* le plus. **he talked** ~ c'est lui qui a le plus parlé or parlé le plus; **what he wants** ~ (**of all**) ce qu'il désire le plus or par-dessus tout or avant tout; **the book he wanted** ~ (**of all**) le livre qu'il voulait le plus or entre tous; **that's what annoyed me** ~ (**of all**) c'est ce qui m'a contrarié le plus or par-dessus tout.
(c) (*very*) bien, très, fort. ~ **likely** très probablement; **a delightful day** une journée on ne peut plus agréable or des plus agréables or bien agréable; **you are** ~ **kind** vous êtes (vraiment) très aimable; **it's a** ~ **useful gadget** c'est un gadget des plus utiles or tout ce qu'il y a de plus utile; **the M**~ **High** le Très-Haut; **M**~ **Reverend** révérendissime.
(d) (*US**): almost*) presque.
...most [məʊst] *suf* le plus, *e.g.* **northern**~ le plus au nord; *V* **foremost, inner** *etc*.
mostly ['məʊstlɪ] *adv* (*chiefly*) principalement, surtout; (*almost all*) pour la plupart; (*most often*) le plus souvent, la plupart du temps, en général. **it is** ~ **water** c'est presque entièrement composé d'eau; **they're** ~ **women** ce sont surtout des femmes, pour la plupart ce sont des femmes; ~ **because** principalement or surtout parce que; **it's** ~ **raining there** il y pleut la plupart du temps or presque constamment; **he** ~ **comes on Mondays** en général il vient le lundi.
MOT [emaʊ'ti:] *n* (*Brit*) (a) *abbr of* **Ministry of Transport**; *V* **transport**.
(b) (*Aut: also* ~ **test**) *contrôle périodique obligatoire des véhicules*. **the car has passed/failed its** ~ (**test**) la voiture a obtenu/n'a pas obtenu le certificat de contrôle; **it's got an** ~ (**certificate**) **till April** le certificat de contrôle est valable jusqu'en avril.
mote [məʊt] *n* atome *m*; *[dust]* grain *m*. (*Bible*) **the** ~ **in thy brother's eye** la paille dans l'œil du frère.
motel [məʊ'tel] *n* motel *m*.
motet [məʊ'tet] *n* motet *m*.
moth [mɒθ] **1** *n* papillon *m* de nuit, phalène *m or f*; (*in clothes*) mite *f*.
2 *cpd*: **mothball** boule *f* de naphtaline; (*fig*) **in mothballs*** *object* en conserve (*hum*); *ship, plan* en réserve; **moth-eaten** mangé aux mites, mité; (**fig**) mangé aux mites*; **to become moth-eaten** se miter; **moth-hole** trou *m* de mite; **mothproof** (*adj*) traité à l'antimite; (*vt*) traiter à l'antimite.
mother ['mʌðə'] **1** *n* (a) (*lit, fig*) mère *f*. **she was (like) a** ~ **to me** elle était une vraie mère pour moi; (*Rel*) **the Reverend M**~ la Révérende Mère; **every** ~**'s son of them was there** ils étaient là tous tant qu'ils étaient; *V* **foster, house, necessity** *etc*.
(b) († *or liter*) old **M**~ **Jones** la mère Jones; *V also* **3**.
(c) (*US ***) = **motherfucker***.
2 *vt* (*act as* ~ **to**) servir de mère à, entourer de soins maternels; (*indulge, protect*) dorloter, chouchouter; (*Psych*) materner; (††: *give birth to*) donner naissance à. **she always** ~**s her lodgers** elle est une vraie mère pour ses locataires.
3 *cpd*: **our Mother Church** notre sainte mère l'Église; **mother country** mère patrie *f*; **mothercraft** puériculture *f*; (*US*) **motherfucker*** connard** *m*, couillon** *m*; **Mother Goose** ma Mère l'Oye; **mother hen** mère poule *f*; **mother-in-law** (*pl* **mothers-in-law**) belle-mère *f*; **motherland** patrie *f*; **mother love** amour maternel; **mother-naked** tout nu, nu comme un ver; **Mother Nature** Dame Nature *f*; **Mother of God** Marie, mère de Dieu; **mother-of-pearl** nacre *f* (de perle); (*Bot*) **mother-of-thousands** chlorophytum *m*; **Mother's Day** la fête des Mères; **mother's help** aide maternelle; (*Naut*) **mother ship** ravitailleur *m*; (*Rel*) **mother superior** mère *f* supérieure; **mother-to-be** future maman; **mother tongue** langue maternelle; **mother wit** bon sens inné.
motherhood ['mʌðəhʊd] *n* maternité *f*.
mothering ['mʌðərɪŋ] *n* soins maternels, amour maternel; (*Psych, fig: in teaching etc*) maternage *m*. **he needs** ~ il a besoin d'une mère qui s'occupe de lui or de la tendresse d'une mère; (*Brit*) **M**~ **Sunday** la fête des Mères.
motherless ['mʌðəlɪs] *adj* orphelin de mère, sans mère.
motherly ['mʌðəlɪ] *adj* maternel.
motif [məʊ'ti:f] *n* (*Art, Mus*) motif *m*.
motion ['məʊʃən] **1** *n* (a) (*U*) mouvement *m*, marche *f*. **perpetual** ~ mouvement perpétuel; **to be in** ~ *[vehicle]* être en marche; *[machine]* être en mouvement or en marche; **to set in** ~ *machine* mettre en mouvement or en marche; *vehicle* mettre en marche; (*fig*) *process etc* mettre en branle; **the** ~ **of the car made him ill** le mouvement de la voiture l'a rendu malade.
(b) (*gesture etc*) mouvement *m*, geste *m*. **he made a** ~ **to close the door** il a esquissé le geste d'aller fermer la porte; (*fig*) **to go through the** ~**s of doing sth** (*mechanically*) faire qch machinalement or en ayant l'esprit ailleurs; (*insincerely*) faire mine or semblant de faire qch.
(c) (*at meeting etc*) motion *f*; (*Parl*) proposition *f*. ~ **carried/rejected** motion adoptée/rejetée; (*Admin, Jur*) **meeting convened of its own** ~ réunion convoquée d'office.
(d) (*bowel* ~) selles *fpl*. **to have** or **pass a** ~ aller à la selle.
(e) *[watch]* mouvement *m*.
(f) (*Mus*) mouvement *m*.
2 *cpd*: **motionless** *V* **motionless**; (*Cine*) **motion picture** film *m* (de cinéma); **motion-picture camera** caméra *f*; **the motion-picture industry** l'industrie *f* cinématographique, le cinéma; **motion sickness** mal *m* des transports; (*Ind etc*) **motion study** étude *f* des cadences.
3 *vti*: **to** ~ (**to**) **sb to do** faire signe à qn de faire; **he** ~**ed me in/out/to a chair** il m'a fait signe d'entrer/de sortir/de m'asseoir, il m'a invité d'un geste à entrer/à sortir/à m'asseoir.
motionless ['məʊʃənlɪs] *adj* immobile, sans mouvement. **he stood there** ~ il se tenait là immobile or sans bouger.
motivate ['məʊtɪveɪt] *vt* *act, decision* motiver; *person* pousser, inciter (*to do* à faire).
motivation [ˌməʊtɪ'veɪʃən] *n* motivation *f*. **he lacks** ~ il n'est pas assez motivé (*to do* pour faire); ~ **research** études *fpl* de motivation.
motive ['məʊtɪv] **1** *n* (a) motif *m*, intention *f*, raison *f*; (*Jur*) mobile *m*. **I did it from the best** ~**s** je l'ai fait avec les meilleures intentions or avec les motifs les plus louables; **his** ~ **for saying that** la raison pour laquelle il a dit cela; **he had no** ~ **for killing her** il l'a tuée sans raison(s) or sans mobile; **what was the** ~ **for the murder?** quel était le mobile du meurtre?; **the only suspect with a** ~ le seul suspect à avoir un mobile; *V* **profit, ulterior**.
(b) = **motif**.
2 *adj* moteur (*f* -trice). ~ **power** force motrice.
motiveless ['məʊtɪvlɪs] *adj* *act, crime* immotivé, gratuit.
motley ['mɒtlɪ] **1** *adj* (*many-coloured*) bigarré, bariolé; (*mixed*) bigarré, hétéroclite. **a** ~ **collection of ...** une collection hétéroclite de ...; **they were a** ~ **crew** ils formaient une bande hétéroclite or curieusement assortie.
2 *n* (*garment*) habit bigarré (*du bouffon*).
motocross ['məʊtəkrɒs] *n* moto-cross *m*.
motor ['məʊtə'] **1** *n* (a) (*engine*) moteur *m*.
(b) (*Brit Aut*) = ~**car**; *V* **2**.
2 *cpd* accident de voiture, d'auto. **motor-assisted** à moteur; **motorbike*** moto* *f*; **motorboat** canot *m* automobile; **motor bus**† autobus *m*; **motorcade** *V* **motorcade**; (*Brit*) **motorcar** auto(mobile) *f*, voiture *f*; **motor coach** car *m*; **motorcycle** motocyclette *f*; **motorcycle combination** (motocyclette *f* à) side-car *m*; **motorcycling** motocyclisme *m*; **motorcyclist** motocycliste *mf*; (*Tech*) **motor drive** entraînement *m* par moteur; **motor-driven** à entraînement par moteur; (*US*) **motor home** camping-car *m*, autocaravane *f*; **motor industry** industrie *f* automobile, (industrie de) l'automobile *f*; **motor insurance** assurance-automobile *f*; (*Naut*) **motor launch** vedette *f*; (*Brit*) **motor lorry** = **motor truck**; (*US*) **motorman** conducteur *m* (*d'un train etc électrique*); **motor mechanic** mécanicien *m* garagiste; **motor mower** tondeuse *f* (à gazon) à moteur; **motor oil** huile *f* (de graissage); (*U*) **motor racing** course *f* automobile; **motor road** route ouverte à la circulation automobile; **motor scooter** scooter *m*; **motor ship** = **motor vessel**; **motor show** exposition *f* d'autos; (*Brit*) **the Motor Show** le Salon de l'Automobile; **motor torpedo boat** vedette *f* lance-torpilles; **the motor trade** (le secteur de) l'automobile *f*; **motor truck** camion *m* (automobile); **motor vehicle** véhicule *m* automobile; (*Naut*) **motor vessel** navire *m* à moteur (diesel), motorship *m*; (*Brit Aut*) **motorway** autoroute *f*.
3 *adj* *muscle, nerve* moteur (*f* -trice); *V also* **2**.
4 *vi* (†) aller en auto. **to go** ~**ing** faire de l'auto; **to** ~ **away/back** *etc* partir/revenir *etc* en auto.
5 *vt* (*Brit*†) conduire en auto. **to** ~ **sb away/back** *etc* emmener/ramener *etc* qn en auto.
motorail ['məʊtəreɪl] *n* train *m* auto-couchettes.
motorcade ['məʊtəkeɪd] *n* (*US*) cortège *m* d'automobiles.
-motored ['məʊtəd] *adj* *ending in cpds*: **four-motored** quadrimoteur (*f* -trice).
motoring ['məʊtərɪŋ] **1** *n* les promenades *fpl* en automobile. **2** *cpd* *accident* de voiture, d'auto; *holiday* en voiture, en auto. (*Brit Press*)

motoring correspondent chroniqueur *m* automobile; (*Press*) **motoring magazine** revue *f* automobile; **the motoring public** les automobilistes *mpl*; **motoring school** auto-école *f*.

motorist ['məʊtərɪst] *n* (*Brit*) automobiliste *mf*.

motorization [,məʊtəraɪ'zeɪʃən] *n* motorisation *f*.

motorize ['məʊtəraɪz] *vt* (*esp Mil*) motoriser. **~d bicycle** *or* **bike*** cyclomoteur *m*; (*) **if you are not ~d I can run you home** si vous n'êtes pas motorisé* *or* en voiture je peux vous reconduire chez vous.

Motown ['məʊtaʊn] *n* (*US*) (a) *surnom de* Detroit. (b) (*Mus*) Motown *m*.

mottle ['mɒtl] *vt* tacheter, moucheter, marbrer (*with* de).

mottled ['mɒtld] *adj* tacheté; (*different colours*) bigarré; *horse* moucheté, pommelé; *skin* marbré; *sky* pommelé; *material* chiné; *porcelain* truité. **~ complexion** teint brouillé.

motto ['mɒtəʊ] *n* (a) *[family, school etc]* devise *f*. (b) (*in cracker*) (*riddle*) devinette *f*; (*joke*) blague *f*. (c) (*Mus*) **~ theme** leitmotiv *m*.

mould¹, (*US*) **mold¹** [məʊld] **1** *n* (*Art, Culin, Metal, Tech etc*) (*container, core, frame*) moule *m*; (*model for design*) modèle *m*, gabarit *m*. **to cast metal in a ~** couler *or* jeter du métal dans un moule; **to cast a figure in a ~** jeter une figure en moule, mouler une figure; (*fig*) **cast in a heroic ~** de la trempe des héros; (*fig*) **cast in the same ~** fait sur *or* coulé dans le même moule; (*fig*) **men of his ~** des hommes de sa trempe *or* de son calibre*; (*Culin*) **rice ~** gâteau *m* de riz.

    2 *vt* (*cast*) *metals* fondre, mouler; *plaster, clay* mouler; (*fashion*) *figure etc* modeler (*in, out of* en); (*fig*) *sb's character, public opinion etc* former, façonner.

mould², (*US*) **mold²** [məʊld] **1** *n* (*fungus*) moisissure *f*. **2** *vi* moisir.

mould³, (*US*) **mold³** [məʊld] *n* (*soil*) humus *m*, terreau *m*; *V* leaf.

moulder, (*US*) **molder** ['məʊldər] *vi* (*gen*) moisir; (*also ~ away*) *[building]* tomber en poussière, se désagréger; (**~fig**) *[person, object]* moisir.

moulding, (*US*) **molding** ['məʊldɪŋ] *n* (a) (*U: V* **mould¹ 2**) (*gen*) moulage *m*; *[metal]* coulée *f*; *[statue]* coulage *m*; (*fig*) formation *f*, modelage *m*. (b) (*Archit: ornament*) moulure *f*; (*Aut*) baguette *f*.

mouldy, (*US*) **moldy** ['məʊldɪ] *adj* (a) (*lit*) moisi. **to go ~** moisir; **to smell ~** sentir le moisi. (b) (*:fig*) *minable*. (*fig*) **all he gave me was a ~ £5*** il s'est tout juste fendu* d'un malheureux billet de 5 livres.

moult, (*US*) **molt** [məʊlt] **1** *n* mue *f*. **2** *vi* *[bird]* muer; *[dog, cat]* perdre ses poils. **3** *vt feathers, hair* perdre.

mound [maʊnd] *n* (a) *[earth]* (*natural*) tertre *m*, butte *f*, monticule *m*; (*artificial*) levée *f* de terre, remblai *m*; *[Archeol]* tertre artificiel, mound *m*; (*burial* **~**) tumulus *m*. (b) (*pile*) tas *m*, monceau *m*.

mount [maʊnt] **1** *n* (a) (*liter*) mont *m*, montagne *f*. **M~ Carmel** le mont Carmel; **M~ Everest** le mont Everest; **the M~ of Olives** le mont des Oliviers; **the Sermon on the M~** le Sermon sur la Montagne.

    (b) (*horse*) monture *f*.

    (c) (*support*) *[machine]* support *m*; *[jewel, lens, specimen]* monture *f*; *[microscope slide]* lame *f*; *[transparency]* cadre *m* en carton *or* en plastique; *[painting, photo]* carton *m* de montage; *[stamp in album]* charnière *f*.

    2 *vt* (a) (*climb on or up*) *hill, stairs* monter, (*with effort*) gravir; *horse* monter (sur), enfourcher; *cycle* monter sur, enfourcher; *ladder* monter à *or* sur; *platform, throne* monter sur. **the car ~ed the pavement** l'auto est montée sur le trottoir.

    (b) (*stallion etc*) monter.

    (c) *machine, specimen, jewel* monter (*on, in* sur); *map* monter, entoiler; *picture, photo* monter *or* coller sur carton; *exhibit* fixer sur un support; *gun* mettre en position. **to ~ stamps in an album** coller *or* mettre des timbres dans un album; (*Phot*) **~ing press** colleuse *f*.

    (d) *play, demonstration, plot* monter. (*Mil*) **to ~ guard** monter la garde (*on* sur; *over* auprès de); **to ~ an offensive** monter une attaque.

    (e) (*provide with horse*) monter; *V* **mounted**.

    3 *vi* (a) *[prices, temperature]* monter, augmenter.

    (b) (*get on horse*) se mettre en selle.

    (c) (*fig*) **the blood ~ed to his cheeks** le sang lui monta au visage.

◆**mount up** *vi* (*increase*) monter, s'élever; (*accumulate*) s'accumuler. **it all mounts up** tout cela finit par chiffrer.

mountain ['maʊntɪn] **1** *n* montagne *f*; (*fig*) montagne, monceau *m*, tas *m*. **to go to/live in the ~s** aller à/habiter la montagne; (*fig*) **to make a ~ out of a molehill** (se) faire une montagne d'un rien; (*Econ*) **beef/butter ~** montagne de bœuf/de beurre; (*fig*) **a ~ of dirty washing** un monceau de linge sale; **a ~ of work** un travail fou *or* monstre.

    2 *cpd tribe, people* montagnard; *animal, plant* de(s) montagne(s); *air* de la montagne; *path, scenery, shoes, chalet* de montagne. **mountain ash** sorbier *m* (d'Amérique); **mountain cat** puma *m*, couguar *m* *or* cougouar *m*; **mountain chain** chaîne *f* de montagnes; **mountain climber** grimpeur *m*, alpiniste *mf*; (*US*) **Mountain Daylight Time** heure *f* d'été des Montagnes Rocheuses; **mountain dew*** whisky *m* (*gén illicitement distillé*); (*Climbing*) **mountain guide** guide *m* de montagne; (*US*) **mountain lion** = **mountain cat**; **mountain range** chaîne *f* de montagnes; **mountain sickness** mal *m* des montagnes; **mountainside** flanc *m* *or* versant *m* d'une montagne; (*US*) **Mountain Standard Time** heure *f* d'hiver des Montagnes Rocheuses; (*US*) **the Mountain State** la Virginie Occidentale; (*US*) **Mountain Time** heure *f* des Montagnes Rocheuses; **mountain top** sommet *m* de la (*or* d'une) montagne, cime *f*.

mountaineer [,maʊntɪ'nɪər] **1** *n* alpiniste *mf*. **2** *vi* faire de l'alpinisme.

mountaineering [,maʊntɪ'nɪərɪŋ] *n* alpinisme *m*.

mountainous ['maʊntɪnəs] *adj country* montagneux; (*fig*) gigantesque, énorme.

mountebank ['maʊntɪbæŋk] *n* charlatan *m*, imposteur *m*.

mounted ['maʊntɪd] *adj troops* monté, à cheval. **~ police** police montée; **~ policeman** membre *m* de la police montée.

Mountie* ['maʊntɪ] *n* membre *m* de la police montée (canadienne). **the ~s** la police montée (canadienne), la Gendarmerie (Royale) (*Can*), la G.R.C. (*Can*).

mourn [mɔːn] **1** *vi* pleurer. **to ~ for sb** pleurer (la mort de) qn; **to ~ for sth** pleurer la perte (*or* la disparition *etc*) de qch; **it's no good ~ing over it** rien ne sert de se lamenter à ce sujet. **2** *vt* pleurer, se lamenter sur.

mourner ['mɔːnər] *n* parent(e) *m(f)* *or* allié(e) *m(f)* *or* ami(e) *m(f)* du défunt. **the ~s** le convoi *or* le cortège funèbre; **to be the chief ~** mener le deuil.

mournful ['mɔːnfʊl] *adj person* mélancolique, triste; (*stronger*) affligé, éploré; *tone, sound, occasion* lugubre, funèbre. **what a ~ expression!** quelle tête *or* mine d'enterrement!

mournfully ['mɔːnfʊlɪ] *adv* lugubrement, mélancoliquement.

mournfulness ['mɔːnfʊlnɪs] *n* tristesse *f*, air *m* *or* aspect *m* lugubre *or* désolé.

mourning ['mɔːnɪŋ] **1** *n* deuil *m*; (*clothes*) vêtements *mpl* de deuil. **in deep ~** en grand deuil; **to be in ~ (for sb)** porter le deuil (de qn), être en deuil (de qn); **to go into/come out of ~** prendre/ quitter le deuil.

    2 *cpd clothes* de deuil. **mourning band** crêpe *m*.

mouse [maʊs] *pl* **mice 1** *n* (a) souris *f*; (*fig*) timide *mf*, souris; *V* field, white. (b) (*Comput*) souris *f*. **2** *adj* = **mousy**. **3** *cpd*: **mousehole** trou *m* de souris; **mousetrap** souricière *f*; (*pej*) **mousetrap (cheese)*** fromage *m* ordinaire. **4** *vi* chasser les souris.

mouser ['maʊsər] *n* souricier *m*.

moussaka [muˈsɑːkə] *n* moussaka *f*.

mousse [muːs] *n* (*Culin*) mousse *f*. **chocolate ~** mousse au chocolat.

moustache [məsˈtɑːʃ] *n* moustache(s) *f(pl)*. **man with a ~** homme moustachu *or* à moustache.

moustachio [məsˈtɑːʃɪəʊ] *n* moustache *f* à la gauloise.

moustachioed [məsˈtɑːʃɪəʊd] *adj* moustachu.

mousy ['maʊsɪ] *adj smell, etc* de souris; (*fig*) *person, character* timide, effacé. **~ hair** cheveux *mpl* châtain clair (sans éclat).

mouth [maʊθ] *pl* **mouths** [maʊðz] **1** *n* (a) *[person, horse, sheep, cow etc]* bouche *f*; *[dog, cat, lion, tiger etc]* gueule *f*. (*Pharm*) **to be taken by ~** à prendre par voie orale; **with one's ~ wide open** bouche bée, bouche béante; **she didn't dare open her ~** elle n'a pas osé ouvrir la bouche *or* dire un mot; **he never opened his ~ all evening** il n'a pas ouvert la bouche *or* il n'a pas desserré les dents de la soirée; **he didn't open his ~ about it, he kept his ~ shut about it** il n'en a pas soufflé mot, il est resté bouche cousue sur la question; **keep your ~ shut about this!** n'en parle à personne!, garde-le pour toi!, bouche cousue!; **shut your ~!‡** ferme-la!‡, boucle-la!‡; (*fig*) **to shut** *or* **close sb's ~ (for him)*, to stop sb's ~** (*silence*) fermer la bouche à qn*; (*kill*) supprimer qn; (**you've got a) big ~!‡** tu ne pouvais pas la fermer!‡; **he's a big ~** c'est un fort en gueule‡, c'est une grande gueule‡; **it makes my ~ water** cela me fait venir l'eau à la bouche; *V* down¹, heart, word *etc*.

    (b) *[river]* embouchure *f*; *[bag]* ouverture *f*; *[hole, cave, harbour etc]* entrée *f*; *[bottle]* goulot *m*; *[cannon, gun]* bouche *f*, gueule *f*; *[well]* trou *m*; *[volcano]* bouche; *[letterbox]* ouverture, fente *f*.

    2 *cpd*: **mouthful** *V* **mouthful**; **mouthorgan** harmonica *m*; **mouthpiece** *[musical instrument]* bec *m*, embouchure *f*; *[telephone]* microphone *m*; (*fig: spokesman*) porte-parole *m inv*; **mouth-to-mouth (resuscitation)** bouche à bouche *m inv*; **mouth ulcer** aphte *m*; **mouthwash** eau *f* dentifrice, élixir *m* dentaire; (*for gargling*) gargarisme *m*; **mouth-watering** appétissant, alléchant.

    3 [maʊð] *vt* (a) (*soundlessly: gen*) dire silencieusement *or* sans un son; (*during spoken voice-over*) faire semblant de prononcer; (*during singing*) faire semblant de chanter.

    (b) (*insincerely*) **to ~ promises/apologies** *etc* faire des promesses/des excuses *etc* du bout des lèvres.

    4 *vi*: **to ~ at sth** faire la moue en entendant (*or* en voyant) qch.

◆**mouth off‡** *vi* (*US*) (*talk boastfully*) en avoir plein la bouche* (*about* de); (*talk nonsense*) débiter des sottises* (*about* au sujet de); (*talk insolently*) parler insolemment.

-mouthed [maʊðd] *adj ending in cpds, e.g.* **wide-mouthed** *person* qui a une grande bouche; *river* à l'embouchure large; *cave* aux une vaste entrée; *bottle* au large goulot; *bag* large du haut; *V* loud, mealy *etc*.

mouthful ['maʊθfʊl] *n* *[food]* bouchée *f*. **~ of tea/wine** (grande) gorgée *f* de thé/de vin; **he swallowed it at one ~** il n'en a fait qu'une bouchée *or* gorgée; (*fig*) **it's a real ~ of a name!*** quel nom à coucher dehors!, quel nom! on en a plein la bouche!; (*fig*) **you said a ~!*** c'est vraiment le cas de le dire, ça tu peux le dire!

movable ['muːvəbl] **1** *adj* mobile. (*Rel*) **~ feast** fête *f* mobile; (*fig*) **it's a ~ feast** il n'y a pas de date fixe. **2** *npl* (*Jur*) **~s** effets mobiliers, biens *mpl* meubles.

move [muːv] **1** *n* (a) mouvement *m*. **to be always on the ~** *[gipsies etc]* se déplacer continuellement, être toujours par monts et par vaux; *[military or diplomatic personnel etc]* être toujours en déplacement; *[child, animal]* ne jamais rester en place; (*: be busy*) ne jamais (s')arrêter; **the circus is on the ~ again** le cirque a repris la route; *[troops, army]* **to be on the ~** être en marche *or* en mouvement; (*moving around*) **he's on the ~ the whole time** il se déplace constamment, il est sans arrêt en déplacement; **the police were after him and he had to stay on the ~** recherché par la police, il était obligé de se déplacer *or* de déménager constamment; (*fig*) **it is a country on the ~** c'est un pays en marche; **it was midnight and no one had made a ~** il était minuit et personne n'avait manifesté l'intention *or* fait mine de partir; **it's time we made a ~** (*that we left*) il est temps que nous partions; (*acted, did sth*) il est temps que nous fassions quelque chose; **he made a ~ towards the door** il esquissa un mouvement vers la porte; **get a ~ on!*** remue-toi!*, grouille-toi!‡

(b) (*change of house*) déménagement *m*; (*change of job*) changement *m* d'emploi. **he made a ~ to Paris** il est parti s'installer à Paris; **it's our third ~ in 2 years** c'est notre troisième déménagement en 2 ans; **it's time he had a ~** il a besoin de changer d'air *or* d'horizon.

(c) (*Chess, Draughts etc*) [*chessman etc*] coup *m*; (*player's turn*) tour *m*; (*fig*) pas *m*, démarche *f*, manœuvre *f*, mesure *f*. **knight's ~** marche *f* du cavalier; **that was a silly ~** (*in game*) ça c'était un coup stupide; (*fig*) c'était une démarche *or* une manœuvre stupide; **it's your ~** c'est à vous de jouer; **to have the first ~** avoir le trait, jouer en premier; (*fig*) **he knows every ~ in the game** il connaît toutes les astuces; **one false ~ and he's ruined** un faux pas et il est ruiné; **his first ~ after his election was to announce ...** son premier acte après son élection fut d'annoncer ...; **what's our** *or* **the next ~?** et maintenant qu'est-ce qu'on fait?; **it's a ~ in the right direction** c'est un pas dans la bonne direction; **let him make the first ~** laisse-lui faire les premiers pas; **we must watch his every ~** il nous faut surveiller tous ses faits et gestes; **without making the least ~ to do so** sans manifester la moindre intention de le faire; **there was a ~ to defeat the proposal** il y a eu une tentative pour faire échec à la proposition.

(d) (*Climbing*) (*step etc*) pas *m*; (*section of pitch*) passage *m*.

2 *vt* **(a)** (*change position of*) *object, furniture* changer de place, déplacer, bouger*; *limbs* remuer, mouvoir; *troops, animals* transporter. **you've ~d the stick!** tu as bougé le bâton!; **he hadn't ~d his chair** il n'avait pas déplacé sa chaise *or* changé sa chaise de place; **~ your chair nearer the fire** approchez votre chaise du feu; **~ your books over here** mets tes livres par ici; **can you ~ your fingers?** pouvez-vous remuer *or* mouvoir vos doigts?; **he ~d his family out of the war zone** il a évacué sa famille hors de la zone de guerre; **they ~d the crowd off the grass** ils ont fait partir la foule de sur la pelouse; **~ your arm off my book** ôte ton bras de sur mon livre; (*Brit*) **to ~ house** déménager; **to ~ one's job** changer d'emploi; **his firm want to ~ him** son entreprise veut l'envoyer ailleurs; **he's asked to be ~d to London/to a new department/to an easier job** il a demandé à être muté à Londres/affecté à une autre section/affecté à un emploi plus facile; (*fig*) **to ~ heaven and earth to do sth** remuer ciel et terre pour faire qch, se mettre en quatre pour faire qch; (*Chess*) **to ~ a piece** jouer une pièce; (*fig*) **he didn't ~ a muscle** il n'a pas levé le petit doigt (*to help etc* pour aider *etc*); (*didn't flinch*) il n'a pas bronché, il n'a pas sourcillé; (*Comm*) **we must try to ~ this old stock** nous devons essayer d'écouler ce vieux stock.

(b) (*set in motion*) **the wind ~s the leaves** le vent agite *or* fait remuer les feuilles; (*Med*) **to ~ one's bowels** aller à la selle.

(c) (*fig*) pousser, inciter (*sb to do* qn à faire). **I am ~d to ask why ...** je suis incité à demander pourquoi ...; **if I feel ~d to do it,** (*hum*) **if the spirit ~s me** si le cœur m'en dit; **he won't be ~d** il est inébranlable; **even this did not ~ him** même ceci n'a pas réussi à l'ébranler.

(d) (*emotionally*) émouvoir. **she's easily ~d** elle s'émeut facilement; **this did not ~ him** ceci n'a pas réussi à l'émouvoir, ceci l'a trouvé impassible; **to ~ sb to tears** émouvoir qn jusqu'aux larmes; **to ~ sb to laughter** faire rire qn; **to ~ sb to anger** mettre qn en colère; **to ~ sb to pity** attendrir qn.

(e) (*Admin, Parl etc*) proposer. **to ~ a resolution** proposer une motion; **to ~ that sth be done** proposer que qch soit fait; **he ~d the adjournment of the meeting** *or* **that the meeting be adjourned** il a proposé que la séance soit levée.

3 *vi* **(a)** [*person, animal*] (*stir*) bouger, remuer; (*go*) aller, se déplacer; [*limb*] bouger, remuer, se mouvoir; [*lips, trees, leaves, curtains, door*] bouger, remuer; [*clouds*] passer, avancer; [*vehicle, ship, plane, procession*] aller, passer; [*troops, army*] se diriger. **don't ~!** ne bougez pas!; **he ~d slowly towards the door** il se dirigea lentement vers la porte; **let's ~ into the garden** passons dans le jardin; **she ~s well** elle a une démarche aisée; **troops are moving near the frontier** il y a des mouvements de troupes près de la frontière; **they ~d rapidly across the lawn** ils ont traversé la pelouse rapidement; **the procession ~d slowly out of sight** petit à petit la procession a disparu; **the car ~d round the corner** la voiture a tourné au coin de la rue; **I saw something moving over there** j'ai vu quelque chose bouger là-bas; **I'll not ~ from here** je ne bougerai pas d'ici; **keep moving!** (*to keep warm etc*) ne restez pas sans bouger!; (*pass along etc*) circulez!; **he has ~d into another class** il est passé dans une autre classe; (*fig*) **to ~ in high society** fréquenter la haute société; **to ~ freely** [*piece of machinery*] jouer librement; [*people, cars*] circuler aisément; [*traffic*] être fluide; **to keep the traffic moving** assurer la circulation ininterrompue des véhicules; **the car in front isn't moving** la voiture devant nous est à l'arrêt; **do not get out while the bus is moving** ne descendez pas de l'autobus en marche, attendez l'arrêt complet de l'autobus pour descendre; **the coach was moving at 30 km/h** le car faisait 30 km/h *or* roulait à 30 (km) à l'heure; **he was certainly moving!** il ne traînait pas!, il gazait!*; **that horse can certainly ~** quand il s'agit de foncer ce cheval se défend!*; (*Comm*) **these goods ~ very fast** ces marchandises se vendent très rapidement; (*Comm*) **these toys won't ~** ces jouets ne se vendent pas; **you can't ~ for books in that room*** on ne peut plus se retourner dans cette pièce tellement il y a de livres.

(b) (*depart*) **it's time we were moving** il est temps que nous partions (*subj*), il est temps de partir; **let's ~!** partons!, en route!

(c) (~ *house etc*) [*person, family*] déménager; [*office, shop, business*] être transféré. **to ~ to a bigger house** aller habiter une maison plus grande, emménager dans une maison plus grande; **to ~ to the country** aller habiter (à) la campagne, aller s'installer à la campagne.

(d) (*progress*) [*plans, talks etc*] progresser, avancer. **things are moving at last!** enfin ça avance! *or* ça progresse!; **he got things moving** avec lui ça a bien démarré *or* c'est bien parti.

(e) (*act, take steps*) agir. **the government won't ~ until ...** le gouvernement ne bougera pas *or* ne fera rien tant que ...; **we must ~ first** nous devons prendre l'initiative; **we'll have to ~ quickly if we want to avoid ...** il nous faudra agir sans tarder si nous voulons éviter ...; **the committee ~d to stop the abuse** le comité a pris des mesures pour mettre fin aux abus.

(f) (*in games*) [*player*] jouer; [*chesspiece*] marcher. **it's you to ~** (c'est) votre tour de jouer; (*Chess*) **white ~s** les blancs jouent; (*Chess*) **the knight ~s like this** le cavalier marche *or* se déplace comme cela.

◆**move about 1** *vi* (*fidget*) remuer; (*travel*) voyager. **he can move about only with difficulty** il ne se déplace qu'avec peine; **stop moving about!** tiens-toi tranquille!; (*change residence*) **we've moved about a good deal** nous ne sommes jamais restés longtemps au même endroit.

2 *vt sep object, furniture, employee* déplacer.

◆**move along 1** *vi* [*people or vehicles in line*] avancer, circuler. **move along there!** [*bus conductor*] avancez vers l'intérieur!; [*policeman*] circulez!; (*on bench etc*) **can you move along a few places?** pouvez-vous pousser un peu?

2 *vt sep crowd* faire circuler, faire avancer; *animals* faire avancer.

◆**move around = move about.**

◆**move away 1** *vi* **(a)** (*depart*) partir, s'éloigner (*from* de).

(b) (*move house*) déménager. **they've moved away from here** ils n'habitent plus par ici.

2 *vt sep person, object* éloigner, écarter (*from* de).

◆**move back 1** *vi* **(a)** (*withdraw*) reculer, se retirer.

(b) (*to original position*) retourner, revenir. **he moved back to the desk** il retourna au bureau.

(c) (*move house*) **they've moved back to London** ils sont retournés *or* revenus habiter (à) Londres.

2 *vt sep* **(a)** *person, crowd, animals* faire reculer; *troops* replier; *object, furniture* reculer.

(b) (*to original position*) *person* faire revenir *or* retourner; *object* remettre. **his firm moved him back to London** son entreprise l'a fait revenir *or* retourner à Londres; **move the table back to where it was before** remets la table là où elle était.

◆**move down 1** *vi* **(a)** [*person, object, lift*] descendre. **he moved down from the top floor** il est descendu du dernier étage; (*on bench etc*) **can you move down a few places?** pouvez-vous vous pousser un peu?

(b) (*Sport: in league*) reculer. (*Scol*) **he has had to move down one class** il a dû descendre d'une classe.

2 *vt sep* **(a)** *person* faire descendre; *object* descendre.

(b) (*demote*) *pupil* faire descendre (dans une classe inférieure); *employee* rétrograder.

◆**move forward 1** *vi* [*person, animal, vehicle*] avancer; [*troops*] se porter en avant.

2 *vt sep person, vehicle* faire avancer; *troops* porter en avant; *object, chair* avancer.

◆**move in 1** *vi* **(a)** (*approach*) [*police etc*] avancer, intervenir.

(b) (*to a house*) emménager.

2 *vt sep person* faire entrer; *furniture etc* rentrer, mettre *or* remettre à l'intérieur; (*on removal day*) installer.

◆**move in on*** *vt fus* (*advance on: Mil etc*) marcher sur, avancer sur; [*police*] faire une descente* dans; [*gangsters*] s'intéresser à; (*attempt takeover of*) *firm* essayer de mettre la main* sur; **to move in on sb for the night*** se faire héberger par qn pour la nuit.

◆**move off 1** *vi* [*person*] s'en aller, s'éloigner, partir; [*car*] démarrer; [*train, army, procession*] s'ébranler, partir.

2 *vt sep object* enlever.

◆**move on 1** *vi* [*person, vehicle*] avancer; (*after stopping*) se remettre en route; [*time*] passer, s'écouler. **the gipsies moved on to another site** les bohémiens sont allés s'installer plus loin; [*policeman etc*] **move on please!** circulez s'il vous plaît!; **and now we move on to a later episode** et maintenant nous passons à un épisode ultérieur.

2 *vt sep person, onlookers* faire circuler; *hands of clock* avancer.

◆**move out 1** *vi* (*of house, office, room etc*) déménager. **to move out of a flat** déménager d'un appartement, quitter un appartement.

2 *vt sep person, animal* faire sortir; *troops* retirer, dégager; *object, furniture* sortir; (*on removal day*) déménager.

◆**move over 1** *vi* s'écarter, se déplacer, se pousser. **move over!** pousse-toi!

2 *vt sep* déplacer, écarter.

◆**move up 1** *vi* **(a)** [*person, flag etc*] monter. **can you move up a few seats?** pouvez-vous vous pousser un peu?; **I want to move up nearer the platform** je veux m'approcher de l'estrade.

(b) [*employee*] avoir de l'avancement; (*Sport: in league*) avancer. [*pupil*] **to move up a class** passer dans la classe supérieure.

2 *vt sep* **(a)** *person* faire monter; *object* monter.

(b) (*promote*) *employee* donner de l'avancement à; *pupil* faire passer dans une classe supérieure.

movement ['muːvmənt] *n* **(a)** (*act*) [*person, troops, army, population, vehicles, goods, capital*] mouvement *m*; (*gesture*) geste *m*; (*St Ex: activity*) activité *f* (*in* dans); (*St Ex: price changes*) mouvement. **he lay without ~** il était étendu sans mouvement; **upward/downward ~ of the hand** mouvement ascendant/

descendant de la main; **troop** ~s mouvements de troupes; **upward** ~ **in the price of butter** hausse *f* du prix du beurre; (*fig*) **there has been little** ~ **in the political situation** la situation politique demeure à peu près inchangée; **the film lacks** ~ le film manque de mouvement, le rythme du film est trop lent; **there was a** ~ **towards the exit** il y eut un mouvement vers la sortie, on se dirigea vers la sortie; (*fig*) **there has been some** ~ **towards fewer customs restrictions** on va *or* s'aiguille vers une réduction des restrictions douanières; **to study sb's** ~s épier les allées et venues de qn; **the police are watching his** ~s la police a l'œil sur tous ses déplacements; ~ **of traffic** circulation *f*.
  (**b**) (*Pol etc*) mouvement *m*. **the Women's Liberation M**~ le mouvement de libération de la femme.
  (**c**) (*Mus*) mouvement *m*. **in 4** ~s en 4 mouvements.
  (**d**) (*Tech*) [*machine, clock, watch etc*] mouvement *m*.
  (**e**) (*Med: also* **bowel** ~) selles *fpl*. **to have a** ~ aller à la selle.
mover ['muːvə^r] *n* (**a**) (*Admin, Parl etc: of motion*) motionnaire *mf*, auteur *m* d'une motion; *V* **prime**. (**b**) (*US*) déménageur *m*. (**c**) **she's a lovely** ~* elle a une chouette façon de danser (*or de marcher etc*)*.
movie* ['muːvɪ] (*esp US*) **1** *n* film *m* (*de cinéma*). **the** ~s le cinéma, le ciné*, le cinoche*; **to go to the** ~s aller au cinéma *or* au ciné*.
  2 *cpd*: **movie actor/actress** acteur *m*/actrice *f* de cinéma; **movie camera** caméra *f*; **moviegoer** (*gen*) amateur *m* de cinéma, cinéphile *mf*; **I'm an occasional moviegoer** je vais de temps en temps au cinéma; **movie-going** la fréquentation des salles de cinéma; **movie house** cinéma *m* (*salle*); **the movie industry** l'industrie *f* cinématographique, le cinéma; **movieland** le (monde du) cinéma; (*US*) **movie maker** cinéaste *m*; **movie star** star *f or* vedette *f* (*de cinéma*); (*US*) **movie theater** cinéma *m* (*salle*).
moving ['muːvɪŋ] *adj* (**a**) *vehicle* en marche; *object, crowd* en mouvement; *power* moteur (*f* -trice). (*in machine*) ~ **part** pièce *f* mobile; (*Jur*) **the** ~ **party** la partie demanderesse; (*Cine*) ~ **picture** film *m* (*de cinéma*); ~ **pavement**, (*US*) ~ **sidewalk** trottoir roulant; ~ **staircase** escalier *m* mécanique *or* roulant; **he was the** ~ **spirit in the whole affair** il était l'âme *f* de toute l'affaire; ~ **target** cible mouvante; ~ **walkway** trottoir roulant.
  (**b**) (*touching*) *sight, plea* émouvant, touchant.
movingly ['muːvɪŋlɪ] *adv* d'une manière émouvante *or* touchante.
mow [məʊ] *pret* **mowed**, *ptp* **mowed** *or* **mown** *vt corn* faucher. **to** ~ **the lawn** tondre le gazon.
◆**mow down** *vt sep* (*fig*) *people, troops* faucher.
mower ['məʊə^r] *n* (**a**) (*person*) faucheur *m*, -euse *f*. (**b**) (*machine*) (*Agr*) faucheuse *f*; (*lawn* ~) tondeuse *f* (à gazon); *V* **motor**.
mowing ['məʊɪŋ] *n* (*Agr*) fauchage *m*. ~ **machine** (*Agr*) faucheuse *f*; (*in garden*) tondeuse *f* (à gazon).
mown [məʊn] *ptp of* **mow**.
Mozambican [məʊzəm'biːkən] **1** *adj* mozambicain. **2** *n* Mozambicain(e) *m(f)*.
Mozambique [məʊzəm'biːk] *n* Mozambique *m*.
Mozart ['məʊtsɑːt] *n* Mozart *m*.
Mozartian [məʊ'tsɑːtɪən] *adj* mozartien.
mozzarella [mɒtsə'relə] *n* (*cheese*) mozzarella *f*.
MP [em'piː] *n* (**a**) (*Brit*) *abbr of* **Member of Parliament**; *V* **member**.
  (**b**) *abbr of* **Military Police**; *V* **military**.
  (**c**) (*Can*) *abbr of* **Mounted Police**; *V* **mounted**.
mpg [empiː'dʒiː] *n abbr of* **miles per gallon**; *V* **mile**.
mph [empiː'aɪtʃ] *n abbr of* **miles per hour**) ≃ km/h.
M.Phil. [em'fɪl] *n* (*Univ: abbr of* **Master of Philosophy**) ≃ DEA *m*.
MPS [empiː'es] *n* (*Brit*) *abbr of* **Member of the Pharmaceutical Society** (*diplôme de pharmacie*).
Mr ['mɪstə^r] *n* M., Monsieur; *V* **mister**.
MRC [emɑː'siː] *n* (*Brit*) *abbr of* **Medical Research Council** (*Conseil supérieur de la recherche médicale*).
MRCP [emɑː'siː'piː] *n* (*Brit*) *abbr of* **Member of the Royal College of Physicians** (*diplôme supérieur de médecine générale*).
MRCS [emɑː'siː'es] *n* (*Brit*) *abbr of* **Member of the Royal College of Surgeons** (*diplôme supérieur de chirurgie*).
MRCVS [emɑː'siː'viː'es] *n* (*Brit*) *abbr of* **Member of the Royal College of Veterinary Surgeons** (*diplôme de médecine vétérinaire*).
Mrs ['mɪsɪz] *n* Mme, Madame.
M & S [emənd'es] *n* ® (*Brit*) *abbr of* **Marks & Spencer** (*grand magasin*).
MS [em'es] *n* (**a**) (*also* **ms**) *abbr of* **manuscript**.
  (**b**) *abbr of* **multiple sclerosis**; *V* **multiple**.
  (**c**) (*US Post*) *abbr of* **Mississippi**.
  (**d**) (*US Univ*) *abbr of* **Master of Science** (*maîtrise de sciences*).
Ms [mɪz] *n* (*titre utilisé pour éviter la distinction entre Madame et Mademoiselle*) ≃ Mme.
MSA [emes'eɪ] *n* (*US Univ*) *abbr of* **Master of Science in Agriculture** (*diplôme d'ingénieur agronome*).
M.Sc. [emes'siː] *n* (*Brit Univ*) *abbr of* **Master of Science** (*maîtrise de sciences*).
MST (*US*) *abbr of* **Mountain Standard Time**; *V* **mountain**.
MT [em'tiː] *n* (**a**) *abbr of* **machine translation**; *V* **machine**.
  (**b**) (*US Post*) *abbr of* **Montana**.
  (**c**) (*US*) *abbr of* **Mountain Time**; *V* **mountain**.
Mt (*Geog: abbr of* **Mount**) Mt. **Mt Everest** l'Everest *m*.
mth *abbr of* **month**.
much [mʌtʃ] *comp* **more**, *superl* **most 1** *adj, pron* (**a**) (*a great deal, a lot*) ~ **money** beaucoup d'argent; **he hasn't** (**very**) ~ **time** il n'a pas beaucoup de temps; ~ **trouble** beaucoup d'ennuis, bien des ennuis; (*fig*) **it's a bit** ~!* c'est un peu fort!; **I haven't got** ~ **left** il ne m'en reste pas beaucoup *or* pas grand-chose; **does it cost** ~? est-ce que ça coûte cher?; ~ **of the town/**

night une bonne partie de la ville/de la nuit; ~ **of what you say** une bonne partie de ce que vous dites; **he hadn't** ~ **to say about it** il n'avait pas grand-chose à dire à ce sujet; **there's not** ~ **anyone can do about it** personne n'y peut grand-chose; **we don't see** ~ **of each other** nous ne nous voyons guère *or* pas souvent; **we have** ~ **to be thankful for** nous avons tout lieu d'être reconnaissants; (*iro*) ~ **you know about it!** comme si tu t'y connaissais!, comme si tu y connaissais quelque chose!; **it isn't up to** ~* ça ne vaut pas grand-chose, ce n'est pas fameux; **he's not** ~ **to look at** il ne paie pas de mine; **he is not** ~ **of a writer** il n'est pas extraordinaire comme écrivain, comme écrivain il y a mieux; **it wasn't** ~ **of an evening** ce n'était pas une soirée très réussie; **he didn't think** ~ **of that** cela ne lui a pas dit grand-chose; **I don't think** ~ **of that film** à mon avis ce film ne vaut pas grand-chose, je ne trouve pas ce film bien fameux; **there isn't** ~ **to choose between them** ils se valent plus ou moins; (*in choice, competition etc*) **there isn't** ~ **in it** ça se vaut, c'est kif-kif*; (*in race etc*) **there wasn't** ~ **in it** il a (*or elle a etc*) gagné de justesse; **to make** ~ **of sb** faire grand cas de qn; **he made** ~ **of the fact that** ... il a fait grand cas du fait que ..., il a attaché beaucoup d'importance au fait que ...; **I couldn't make** ~ **of what he was saying** je n'ai pas bien compris *or* saisi ce qu'il disait.
  (**b**) (*in phrases*) ~ **as time as** ... autant de temps que ...; **as** ~ **as possible** autant que possible; **I've got as** ~ **as you** j'en ai autant que vous; **take as** ~ **as you can** prenez-en autant que vous pouvez; **as** ~ **again** encore autant; **twice as** ~ deux fois autant *or* plus; **twice as** ~ **money** deux fois plus *or* deux fois autant d'argent; **half as** ~ **again** la moitié en plus; **it's as** ~ **as he can do to stand up** c'est tout juste s'il peut se lever; **you could pay as** ~ **as 200 francs for that** vous pourriez payer jusqu'à 200 F pour cela *or* payer ça jusqu'à 200 F; **there was as** ~ **as 4 kg of butter** il y avait bien *or* jusqu'à 4 kg de beurre; **I thought as** ~! c'est bien ce que je pensais!, je m'y attendais!; **that's what he meant, and he said as** ~ **later** c'est ce qu'il a voulu dire, et c'est là pratiquement ce qu'il a dit plus tard; **as** ~ **as to say** comme pour dire; **how** ~? combien?; **how** ~ **does it cost?** combien cela coûte-t-il?, qu'est-ce que cela coûte?; **how** ~ **money have you got?** combien d'argent as-tu?, qu'est-ce que tu as comme argent?; **however** ~ **you protest** vous avez beau protester; **so** ~ **pleasure** tant de plaisir; **so** ~ **of the cheese was mouldy that** ... une si grande partie du fromage était moisie que ..., comme presque tout le fromage était moisi ...; **I've read so** ~ *or* **this** ~ *or* **that** ~ j'en ai lu (tout) ça; **so** ~ **of what he says is untrue** il y a tellement *or* tant de mensonges dans ce qu'il dit; **he'd drunk so** ~ **that** ... il avait tellement *or* tant bu que ...; **I haven't so** ~ **as a penny on me** je n'ai pas un sou sur moi; **without so** ~ **as a word** sans même (dire) un mot; **so** ~ **for that!** (*resignedly*) tant pis!; (*and now for the next*) et d'une!*; **so** ~ **for his help!** voilà ce qu'il *or* c'est ça qu'il appelle aider!; **so** ~ **for his promises!** voilà ce qui reste de ses promesses!, voilà ce que valaient ses promesses!; **he beat me by so** ~ *or* **by this** ~ il m'a battu de ça; **this** ~ *or* **that** ~ **bread** ça de pain; **I'd like about this** *or* **that** ~ j'en voudrais comme ça; **I know this** ~ je sais tout au moins ceci; **this** ~ **is true** il y a ceci de vrai; **too** ~ **sugar** trop de sucre; **I've eaten too** ~ j'ai trop mangé; **that's too** ~! (*lit*) c'est trop!; (*fig: protesting*) (ça) c'est trop fort!; (*: fig: admiring*) **(it's) too** ~! c'est dingue*!; **£500 is too** ~ 500 livres c'est trop; **that was too** ~ **for me** c'en était trop pour moi; **he was too** ~ **for his opponent** il était trop fort pour son adversaire; **the child was too** ~ **for his grandparents** l'enfant était trop fatigant pour ses grands-parents; **this work is too** ~ **for me** ce travail est trop fatigant *or* difficile pour moi; (*: disapproving*) **that film was really too** ~ *or* **a bit** ~ **for me** pour moi ce film dépassait vraiment les bornes; **he made too** ~ **of it** il y a attaché trop d'importance, il en a fait trop de cas.
  2 *adv* (**a**) (*with vb*) beaucoup, fort, très; (*with comp and superl*) beaucoup. **thank you very** ~ merci beaucoup, merci bien; (*frm*) **he** ~ **regrets** il regrette vivement; (*frm*) **you are** ~ **to be envied** vous êtes fort digne d'envie; (*frm*) **he was** ~ **surprised** il fut fort *or* bien surpris; **it doesn't** ~ **matter** cela ne fait pas grand-chose, cela n'a pas beaucoup d'importance; **she doesn't go out** ~ elle ne sort pas beaucoup *or* pas souvent; **are you going?** — **not** ~!‡ tu y vas? — mon œil!‡; ~ **bigger** beaucoup plus grand; ~ **more easily** beaucoup plus facilement; **he's not** ~ **bigger than you** il n'est guère plus grand que vous; ~ **the cleverest** de beaucoup *or* de loin le plus intelligent.
  (**b**) (*in phrases*) **I like you as** ~ **as him** je vous aime autant que lui; **I don't like him as** ~ **as I used to** je ne l'aime pas autant qu'auparavant; **I love him as** ~ **as ever** je l'aime toujours autant; **I don't like it as** ~ **as all that**, **I don't like it all that** ~ je ne l'aime pas tant que ça; **however** ~ **you like him** quelle que soit votre affection pour lui; **the problem is not so** ~ **one of money as of staff** il ne s'agit pas tant d'un problème d'argent que d'un problème de personnel; **she wasn't so** ~ **helping as hindering** elle gênait plus qu'elle n'aidait; **I liked the film so** ~ **that I went back again** j'ai tellement *or* tant aimé le film que je suis retourné le voir; **I felt so** ~ **encouraged by this** je me suis senti tellement encouragé par ceci; **so** ~ **the less to do autant de moins à faire**; **so** ~ **so that** ... à tel point que ...; **it's that** ~ **too long** c'est trop long de (tout) ça; **he talks too** ~ il parle trop; **did you like the film?** — **not too** ~ le film vous a plu? — pas trop; **he didn't even smile**, ~ **less speak** il n'a même pas souri et encore moins parlé; **I don't know him**, ~ **less his father** lui, je ne le connais pas, et son père encore moins; (*very or pretty*) ~ **the same** presque le même (*as que*); **they are** (**very** *or* **pretty**) ~ **of an age** ils sont à peu près du même âge; ~ **as** *or* ~ **though I would like to go bien que je désire** (*subj*) **beaucoup y aller**, malgré tout mon désir d'y aller; ~ **as I like you** en dépit de *or* malgré *or* quelle que soit mon affection pour vous; ~ **as she protested** en dépit de *or* malgré ses protestations; ~ **as I dislike doing this** si peu que j'aime (*subj*) faire ceci; ~ **to my**

amazement à ma grande or profonde stupéfaction.

muchness* ['mʌtʃnɪs] n: **they're much of a ~** c'est blanc bonnet et bonnet blanc.

mucilage ['mju:sɪlɪdʒ] n mucilage m.

muck [mʌk] **1** n (U) (manure) fumier m; (mud) boue f, gadoue f; (dirt) saletés fpl; (fig) (dirty talk) ordure(s) f(pl), saleté(s) f(pl), cochonnerie(s) f(pl); (scandal) scandale m. **dog ~** crotte f de chien; **that article is just ~** cet article est une ordure; (bungle) **to make a ~ of sth‡** gâcher or saloper‡ qch; **she thinks she is Lady M~*** ce qu'elle peut se croire!*
2 cpd: **muck heap** tas m de fumier or d'ordures; (fig) **muckraker** déterreur m de scandales; **muckraking** mise f au jour de scandales; (bungle) **muck-up‡** gâchis m.
♦**muck about, muck around** (Brit) **1** vi (*) (a) (spend time aimlessly) traîner, perdre son temps. **stop mucking about and get on with your work** cesse de perdre ton temps et fais ton travail; **he enjoys mucking about in the garden** il aime bricoler dans le jardin.
  (b) (play the fool) faire l'idiot or l'imbécile. **he will muck about with my watch!** il faut toujours qu'il joue (subj) avec or qu'il tripote (subj) ma montre, il ne peut pas laisser ma montre tranquille; **he keeps mucking about with matters he doesn't understand** il n'arrête pas de fourrer son nez dans des choses qui le dépassent.
2 vt sep (‡) person créer des complications or des embarras à.
♦**muck in‡** vi (Brit) (share money etc) faire bourse commune (with avec); (share room) crécher‡ (with avec). **everyone mucks in here** tout le monde met la main à la pâte* ici; **come on, muck in!** allons, donne un coup de main! or mets la main à la pâte!*
♦**muck out** vt sep stable nettoyer, curer.
♦**muck up‡** (Brit) **1** vt sep (a) (ruin) task, plans, deal, life gâcher; car, machine bousiller*.
  (b) (untidy) room semer la pagaïe dans; (dirty) room, clothes salir.
2 muck-up n V muck 2.

muckiness ['mʌkɪnɪs] n saleté f, malpropreté f.

mucky ['mʌkɪ] adj (muddy) boueux, bourbeux; (filthy) sale, crotté. **what ~ weather!*** quel sale temps!; **you ~ pup!‡** petit goret!

mucous ['mju:kəs] adj muqueux. **~ membrane** (membrane f) muqueuse f.

mucus ['mju:kəs] n mucus m, mucosités fpl.

mud [mʌd] **1** n boue f, gadoue f; (in river, sea) boue, vase f; (in swamp) bourbe f. **car stuck in the ~** voiture embourbée; (fig) **to drag sb's name in the ~** traîner qn dans la boue; (fig) **to throw or sling ~ at sb** couvrir qn de boue; (hum) **here's ~ in your eye!‡** à la tienne Étienne!* (hum); V clear, name, stick.
2 cpd: **mudbank** banc m de vase; **mudbath** bain m de boue; (Aut) **mud flap** (gen) pare-boue m inv; [truck] bavette f; **mud flat(s)** laisse f de vase; (Brit Aut etc) **mudguard** garde-boue m inv; **mud hut** hutte f de terre; **mudlark†** gamin(e) m(f) des rues; **mudpack** masque m de beauté; **mud pie** pâté m (de terre); (U) **mud-slinging** médisance f, dénigrement m.

muddle ['mʌdl] **1** n (disorder) désordre m, fouillis m, pagaïe f or pagaille f; (perplexity) perplexité f, confusion f; (mix-up) confusion, embrouillamini* m. **what a ~!** (disorder) quel fouillis!; (mix-up) quel embrouillamini!*; **to be in a ~** [room, books, clothes] être en désordre or en pagaïe, être sens dessus dessous; [person] ne plus s'y retrouver (over sth dans qch); [ideas] être brouillé or embrouillé or confus; [plans, arrangements] être confus or incertain or sens dessus dessous; **to get into a ~** [ideas] se brouiller, s'embrouiller; [person] s'embrouiller (over sth dans qch, au sujet de qch); **the books have got into a ~** les livres sont en désordre; **there's been a ~ over the seats** il y a eu confusion en ce qui concerne les places.
2 cpd: **muddle-headed** person aux idées confuses, brouillon; plan, ideas confus; **muddle-up** confusion f, embrouillamini* m.
3 vt (also ~ up) (a) **to ~ (up) A and B, to ~ (up) A with B** confondre A avec B.
  (b) (perplex) person embrouiller; sb's ideas brouiller, embrouiller. **he was ~d by the whisky** le whisky lui avait brouillé l'esprit; **to get ~d (up)** s'embrouiller, se brouiller; **to be ~d (up)** être embrouillé.
  (c) facts, story, details brouiller, embrouiller.
♦**muddle along** vi se débrouiller tant bien que mal.
♦**muddle on** vi essayer de se débrouiller tant bien que mal.
♦**muddle through** vi se tirer d'affaire or s'en sortir tant bien que mal. **I expect we'll muddle through** je suppose que nous nous en sortirons d'une façon ou d'une autre.
♦**muddle up 1** vt sep = muddle 3.
2 muddle-up n V muddle 2.

muddler ['mʌdlər] n esprit brouillon (personne).

muddy ['mʌdɪ] **1** adj road boueux, bourbeux; water boueux; river vaseux, boueux; clothes, shoes, hands crotté, couvert de boue; (fig) light grisâtre, terne; liquid trouble; complexion terreux, brouillé; ideas brouillé, confus.
2 vt hands, clothes, shoes crotter, salir; road rendre boueux; water, river troubler.

muesli ['mju:zlɪ] n muesli or müsli m.

muezzin [mu:'ezɪn] n muezzin m.

muff [mʌf] **1** n (Dress, Tech) manchon m. **2** vt (*) rater, louper*; (Sport) ball, shot rater, louper*; chance, opportunity rater, laisser passer. (Theat) **to ~ one's lines** se tromper dans son texte; **to ~ it*** rater son coup. **3** vi (*) rater son coup.

muffin ['mʌfɪn] n muffin m (petit pain rond et plat).

muffle ['mʌfl] vt (a) sound, noise assourdir, étouffer, amortir; noisy thing, bell, drum assourdir. **to ~ the oars** assourdir les avirons; **in a ~d voice** d'une voix sourde or voilée or étouffée.
  (b) (also ~ up: wrap up) object envelopper; person emmitoufler.

~d (up) in a blanket enveloppé or emmitouflé or enroulé dans une couverture; **to ~ o.s. (up)** s'emmitoufler; **he was all ~d up** il était emmitouflé des pieds à la tête.
♦**muffle up 1** vi s'emmitoufler.
2 vt sep = muffle b.

muffler ['mʌflər] n (a) (scarf) cache-nez m inv, cache-col m inv. (b) (US Aut) silencieux m.

mufti ['mʌftɪ] n (a) (Brit Dress) tenue civile. **in ~** en civil, en pékin (Mil sl). (b) (Muslim) mufti m or muphti m.

mug [mʌg] **1** n (a) (gen) chope f; (without handle) timbale f, gobelet m. (amount) **a ~ of coffee** etc un grand café etc.
  (b) (‡: face) bouille* f, bille‡ f. **ugly ~** sale gueule f.
  (c) (Brit‡: fool) andouille‡ f, poire* f, nigaud(e) m(f). **what sort of a ~ do you take me for?** tu me prends pour une andouille?‡; **they're looking for a ~ to help** ils cherchent une bonne poire* pour aider; **it's a ~'s game** on se fait toujours avoir*.
2 cpd: **mug-shot‡** (Police) photo f de criminel (dans les archives de la police); (gen) photo f d'identité.
3 vt (assault) agresser.
♦**mug up*** vt sep (a) (Brit : swot up) bûcher*, potasser*, piocher*.
  (b) (US) **to mug it up‡** faire des grimaces.

mugger ['mʌgər] n agresseur m.

mugging ['mʌgɪŋ] n agression f.

muggins‡ ['mʌgɪnz] n (Brit) idiot(e) m(f), niais(e) m(f). (oneself) **~ had to pay for it** c'est encore ma pomme‡ qui a payé.

muggy ['mʌgɪ] adj room qui sent le renfermé; climate, weather mou (f molle). **it's ~ today** il fait lourd aujourd'hui.

mugwump ['mʌgwʌmp] n (US Pol) non-inscrit m, indépendant m.

mulatto [mju:'lætəʊ] **1** n mulâtre(sse) m(f). **2** adj mulâtre (f inv).

mulberry ['mʌlbərɪ] n (fruit) mûre f; (also ~ tree) mûrier m.

mulch [mʌltʃ] **1** n paillis m. **2** vt pailler (des semis etc).

mulct [mʌlkt] **1** n (fine) amende f. **2** vt (a) (fine) frapper d'une amende. (b) (by fraud etc) **to ~ sb of sth, to ~ sth from sb** extorquer qch à qn.

mule¹ [mju:l] **1** n (a) mulet m; (female) mule f; (fig: person) mule. **obstinate** or **stubborn as a ~** têtu comme une mule or un mulet.
  (b) (Spinning) renvideur m. **2** cpd: **mule driver, mule skinner** muletier m, -ière f; **mule track** chemin m muletier.

mule² [mju:l] n (slipper) mule f.

muleteer [,mju:lɪ'tɪər] n muletier m, -ière f.

mulish ['mju:lɪʃ] adj look, air buté, têtu; person entêté or têtu (comme un mulet).

mulishness ['mju:lɪʃnɪs] n entêtement m.

mull [mʌl] vt wine, ale chauffer et épicer. **(a glass of) ~ed wine** (un) vin chaud.
♦**mull over** vt sep ruminer, retourner dans sa tête, réfléchir à.

mullah ['mʌlə] n mollah m.

mullet ['mʌlɪt] n: **grey ~** mulet m; **red ~** rouget m.

mulligan stew‡ ['mʌlɪgən stju:] n (US) ragoût grossier.

mulligatawny [,mʌlɪgə'tɔ:nɪ] n soupe f au curry.

mullion ['mʌlɪən] n meneau m. **~ed window** fenêtre f à meneaux.

multi-... ['mʌltɪ] pref multi..., (often translated by 'plusieurs') e.g. **~-family accommodation** résidence f pour or destinée à plusieurs familles; **~- journey ticket** abonnement m (pour un nombre déterminé de trajets); **~-person vehicle** véhicule m pour plusieurs personnes; **~-stage rocket** fusée f à plusieurs étages.

multi-access [,mʌltɪ'ækses] n (Comput) multivoie f. **~ system** système m à multivoie.

multicellular [,mʌltɪ'seljʊlər] adj multicellulaire.

multichannel [,mʌltɪ'tʃænl] adj: **~ TV** télévision f à canaux multiples.

multicoloured, (US) **multicolored** ['mʌltɪ,kʌləd] adj multicolore.

multicultural [,mʌltɪ'kʌltʃərəl] adj multiculturel.

multiculturalism [,mʌltɪ'kʌltʃərəlɪzəm] n multiculturalisme m.

multidimensional [,mʌltɪdaɪ'menʃənl] adj multidimensionnel.

multidirectional [,mʌltɪdɪ'rekʃənl] adj multidirectionnel.

multidisciplinary [,mʌltɪ'dɪsɪplɪnərɪ] adj pluridisciplinaire, multidisciplinaire. **~ system** pluridisciplinarité f.

multifaceted [,mʌltɪ'fæsɪtɪd] adj (fig) qui présente de nombreux aspects.

multifarious [,mʌltɪ'fɛərɪəs] adj très varié, divers.

multiflora [,mʌltɪ'flɔ:rə] adj rose etc multiflore.

multiform ['mʌltɪfɔ:m] adj multiforme.

multi-function ['mʌltɪ'fʌŋkʃən] adj multifonctionnel, polyvalent.

multihull ['mʌltɪhʌl] n multicoque m.

multilateral [,mʌltɪ'lætərəl] adj multilatéral.

multi-level ['mʌltɪ'levl] adj (US) à plusieurs niveaux.

multilingual [,mʌltɪ'lɪŋgwəl] adj multilingue, plurilingue.

multilingualism [,mʌltɪ'lɪŋgwəlɪzəm] n multilinguisme m, plurilinguisme m.

multi-media [,mʌltɪ'mi:dɪə] adj multimédia.

multimillionaire [,mʌltɪ,mɪljə'nɛər] n multimillionnaire mf, multimilliardaire mf.

multi-million pound [,mʌltɪ'mɪljən,paʊnd] adj deal etc portant sur plusieurs millions de livres.

multi-nation ['mʌltɪ'neɪʃən] adj treaty, agreement multinational.

multinational [,mʌltɪ'næʃənl] **1** n multinationale f. **2** adj multinational.

multipack ['mʌltɪpæk] n pack m.

multiparous [mʌl'tɪpərəs] adj multipare.

multipartite [,mʌltɪ'pɑ:taɪt] adj divisé en plusieurs parties.

multi-party [,mʌltɪ'pɑ:tɪ] adj (Pol) pluripartite.

multiple ['mʌltɪpl] **1** n (Math) multiple m; V low¹.
2 adj multiple. (Aut) **~ crash** carambolage m; (Psych) **~ personality** dédoublement m de la personnalité, personnalités

simultanées; (*Med*) ~ **sclerosis** sclérose *f* en plaques; (*Brit*) ~ **store** grand magasin à succursales multiples.
   3 *cpd*: (*Scol, Univ*) **multiple choice** (exam *or* test) QCM *m*, questionnaire *m* à choix multiple; **multiple choice question** question *f* à choix multiple; **multiple-risk insurance** assurance *f* multirisque.
multiplex ['mʌltɪpleks] **1** *adj* multiplex. **2** *n* multiplex *m*. **3** *vt* communiquer en multiplex.
multiplexer ['mʌltɪpleksər] *n* multiplexeur *m*.
multiplexing ['mʌltɪpleksɪŋ] *n* multiplexage *m*.
multipliable ['mʌltɪˌplaɪəbl] *adj*, **multiplicable** ['mʌltɪˌplɪkəbl] *adj* multipliable.
multiplicand [ˌmʌltɪplɪˈkænd] *n* multiplicande *m*.
multiplication [ˌmʌltɪplɪˈkeɪʃən] **1** *n* multiplication *f*. **2** *cpd*: **multiplication sign** signe *m* de multiplication; **multiplication tables** tables *fpl* de multiplication.
multiplicative [ˈmʌltɪplɪkeɪtɪv] *adj* (*Math, Gram*) multiplicatif.
multiplicity [ˌmʌltɪˈplɪsɪtɪ] *n* multiplicité *f*.
multiplier ['mʌltɪplaɪər] **1** *n* multiplicateur *m*. **2** *cpd*: **multiplier effect** *m* multiplicateur.
multiply ['mʌltɪplaɪ] **1** *vt* multiplier (*by* par). **2** *vi* se multiplier.
multiplying ['mʌltɪplaɪɪŋ] *adj* multiplicateur (*f* -trice), multiplicatif.
multipolar ['mʌltɪˌpəʊlər] *adj* multipolaire.
multiprocessing [ˌmʌltɪˈprəʊsesɪŋ] *n* (*Comput*) multitraitement *m*.
multiprocessor [ˌmʌltɪˈprəʊsesər] *n* (*Comput*) multicalculateur *m*.
multiprogramming [ˌmʌltɪˈprəʊgræmɪŋ] *n* (*Comput*) multiprogrammation *f*.
multipurpose [ˌmʌltɪˈpɜːpəs] *adj* polyvalent, à usages multiples.
multiracial [ˌmʌltɪˈreɪʃəl] *adj* multiracial.
multirisk [ˌmʌltɪˈrɪsk] *adj* (*Insurance*) multirisque.
multisensory [ˌmʌltɪˈsensərɪ] *adj* multisensoriel.
multistandard [ˌmʌltɪˈstændəd] *adj* TV set, video etc multistandard *inv*.
multistorey [ˌmʌltɪˈstɔːrɪ], **multistoreyed**, (*US*) **multistoried** [ˌmʌltɪˈstɔːrɪd] *adj* à étages. ~ **car park** parking *m* à étages *or* à niveaux multiples.
multitrack [ˌmʌltɪˈtræk] *adj* à plusieurs pistes.
multitude ['mʌltɪtjuːd] *n* multitude *f*. **the** ~ la multitude, la foule; **for a** ~ **of reasons** pour une multitude *or* une multiplicité *or* une foule de raisons.
multitudinous [ˌmʌltɪˈtjuːdɪnəs] *adj* innombrable.
multiuser [ˌmʌltɪˈjuːzər] *adj* (*Comput*) ~ **system** configuration *f* multiposte.
multivalence [ˌmʌltɪˈveɪləns] *n* polyvalence *f*.
multivalent [ˌmʌltɪˈveɪlənt] *adj* polyvalent.
mum¹* [mʌm] *n* (*Brit: mother*) maman *f*.
mum² [mʌm] *adj*: **to keep** ~ (**about sth**) ne pas piper mot (de qch), ne pas souffler mot (de qch); ~'**s the word!** motus!, bouche cousue!
mum³ [mʌm] *n* (*abbr of* chrysanthemum) ~**s** chrysanthèmes *mpl*.
mumble ['mʌmbl] **1** *vi* marmotter. **stop mumbling** arrête de marmotter *or* de parler entre tes dents.
   2 *vt* marmonner, marmotter. **to** ~ **one's words** manger ses mots; **to** ~ **an answer** répondre entre ses dents, marmonner une réponse.
   3 *n* marmonnement *m*, marmottement *m*. **he said in a** ~ dit-il entre ses dents.
mumbo jumbo [ˌmʌmbəʊˈdʒʌmbəʊ] *n* (*nonsense*) baragouin* *m*, charabia* *m*; (*pretentious words*) jargon obscur; (*pretentious ceremony etc*) tralala* *m*, salamalecs* *mpl*.
mummer ['mʌmər] *n* (*Theat*) mime *mf*.
mummery ['mʌmərɪ] *n* (*Theat, fig*) momerie *f*.
mummification [ˌmʌmɪfɪˈkeɪʃən] *n* momification *f*.
mummify ['mʌmɪfaɪ] *vt* momifier.
mummy¹ ['mʌmɪ] *n* (*embalmed*) momie *f*.
mummy²* ['mʌmɪ] *n* (*Brit: mother*) maman *f*. (*pej*) ~'**s boy** fils *m* à sa mère.
mump [mʌmp] *vi* grogner, grommeler.
mumps [mʌmps] *n* (*U*) oreillons *mpl*.
munch [mʌntʃ] *vti* (*gen*) croquer; (*chew noisily*) mastiquer bruyamment. **to** ~ (**away**) **on** *or* **at** sth dévorer qch à belles dents.
munchies‡ ['mʌntʃɪz] *npl* (*US*) (a) (*snack*) quelque chose à grignoter. (b) (*be hungry*) **to have the** ~ avoir un creux.
mundane [ˌmʌnˈdeɪn] *adj* (*ordinary*) banal, quelconque; (*worldly*) de ce monde, terrestre (*fig*).
mung bean ['mʌŋbiːn] *n* haricot *m* mung.
Munich ['mjuːnɪk] *n* Munich.
municipal [mjuːˈnɪsɪpəl] *adj* (*gen*) municipal. (*US Jur*) ~ **court** tribunal *m* d'instance.
municipality [mjuːˌnɪsɪˈpælɪtɪ] *n* municipalité *f*.
munificence [mjuːˈnɪfɪsns] *n* munificence *f*.
munificent [mjuːˈnɪfɪsnt] *adj* munificent.
muniments ['mjuːnɪmənts] *npl* (*Jur*) titres *mpl* (*concernant la propriété d'un bien-fonds*).
munitions [mjuːˈnɪʃənz] **1** *npl* munitions *fpl*. **2** *cpd*: **munitions dump** entrepôt *m* de munitions; **munitions factory** usine *f* de munitions.
mural ['mjʊərəl] **1** *adj* mural. **2** *n* peinture murale.
murder ['mɜːdər] **1** *n* (a) (*gen*) meurtre *m*; (*Jur*) meurtre, (*premeditated*) assassinat *m*. **4** ~**s in one week** 4 meurtres en une semaine; (*excl*) ~! au meurtre!, à l'assassin!; (*Prov*) ~ **will out** tôt ou tard la vérité se fait jour; (*fig*) **he was shouting blue** ~* il criait comme un putois *or* comme si on l'écorchait; (*fig*) **she lets the children get away with** ~* elle passe tout aux enfants; (*fig*) **they get away with** ~* ils peuvent faire n'importe quoi impunément.

(b) (* *fig*) **the noise/heat in here is** ~ le bruit/la chaleur ici est infernal(e); **did you have a good holiday?** — **no, it was** ~ **avez-vous passé de bonnes vacances?** — non, des vacances tuantes *or* c'était tuant; **the roads were** ~ les routes étaient un cauchemar.
   2 *cpd*: **murder case** (*Jur*) procès *m* en homicide; (*Police*) affaire *f* d'homicide; **murder hunt** opération *f* pour retrouver le (*or* un) meurtrier; (*Police*) **Murder Squad** ≃ brigade criminelle (de la police judiciaire); **murder trial** ≃ procès capital; **the murder weapon** l'arme *f* du meurtre.
   3 *vt person* assassiner; (*fig*) song, music, language massacrer; opponent, team battre à plates coutures, écraser. **the** ~**ed man** (*or* woman *etc*) la victime.
murderer ['mɜːdərər] *n* meurtrier *m*, assassin *m*.
murderess ['mɜːdərɪs] *n* meurtrière *f*.
murderous ['mɜːdərəs] *adj* act, rage, person, climate, road meurtrier; (*cruel*) féroce, cruel. **a** ~**-looking individual** un individu à tête d'assassin; (*fig*) **this heat is** ~* cette chaleur est infernale.
murk [mɜːk] *n* obscurité *f*.
murkiness ['mɜːkɪnɪs] *n* obscurité *f*.
murky ['mɜːkɪ] *adj* (*gen*) obscur, sombre, ténébreux; sky sombre; darkness épais (*f* -aisse); water trouble; colour terne, terreux. (*hum*) **his** ~ **past** son passé trouble.
murmur ['mɜːmər] **1** *n* murmure *m*; [bees, traffic etc] bourdonnement *m*; (*fig: protest*) murmure. **there wasn't a** ~ **in the classroom** il n'y avait pas un murmure dans la classe; **to speak in a** ~ parler à voix basse, chuchoter; **a** ~ **of conversation** un bourdonnement de voix; **there were** ~**s of disagreement** il y eut des murmures de désapprobation; **he agreed without a** ~ il accepta sans murmure; (*Med*) **a heart** ~ un souffle au cœur.
   2 *vt* murmurer.
   3 *vi* [person, stream] murmurer; (*complain*) murmurer (*against, about* contre).
murmuring ['mɜːmərɪŋ] **1** *n* (*of people, stream; also fig: of protests*) murmures *mpl*; [bees etc] bourdonnement *m*. **2** *adj* stream murmurant, qui murmure.
Murphy ['mɜːfɪ] **1** *n* (*) (*US: potato*) pomme de terre *f*.
   2 *cpd*: (*US*) **Murphy bed** lit *m* escamotable; **Murphy's law*** loi *f* de la guigne* maximum.
MusBac *n abbr for* **Bachelor of Music** (*diplôme d'études musicales*).
muscatel [ˌmʌskəˈtel] *n* (*grape, wine*) muscat *m*.
muscle ['mʌsl] **1** *n* (a) (*Anat*) muscle *m*. (*fig*) **put some** ~ **into it*** vas-y avec un peu plus de nerf* *or* de force; V **move**.
   (b) (*fig: power*) pouvoir effectif, impact *m*. **political** ~ pouvoir politique effectif, moyens *mpl* politiques; **this union hasn't much** ~ ce syndicat n'a pas beaucoup d'impact *or* de poids.
   2 *cpd*: **muscle-bound** (*lit*) aux muscles hypertrophiés; (*fig*) raide; **muscleman** (*strong man*) hercule *m*; (*gangster etc*) homme *m* de main, sbire *m*.
♦**muscle in*** *vi* (a) (*Brit: into group etc*) intervenir, s'immiscer. **to muscle in on a group/a discussion** essayer de s'imposer dans un groupe/une discussion; **stop muscling in!** occupe-toi de tes oignons!*
   (b) (*US: force one's way inside*) entrer violemment.
Muscovite ['mʌskəvaɪt] **1** *adj* moscovite. **2** *n* Moscovite *mf*.
muscular ['mʌskjʊlər] *adj* tissue, disease musculaire; person, arm musclé. ~ **dystrophy** dystrophie *f* musculaire.
musculature ['mʌskjʊlətjʊər] *n* musculature *f*.
MusDoc *n abbr for* **Doctor of Music** (*doctorat d'études musicales*).
muse [mjuːz] **1** *vi* méditer (*on, about, over* sur), songer, réfléchir (*on, about, over* à). **2** *vt*: '**they might accept' he** ~'**d** 'ils se pourrait qu'ils acceptent' dit-il d'un ton songeur *or* (*silently*) songeait-il. **3** *n* (*Myth, fig*: also M~) muse *f*.
museum [mjuːˈzɪəm] *n* musée *m*. ~ **piece** pièce *f* de musée; (*fig*) vieillerie *f*, antiquaille *f*.
mush [mʌʃ] *n* (*U*) bouillie *f*; (*fig*) sentimentalité *f* de guimauve *or* à l'eau de rose.
mushroom ['mʌʃrʊm] **1** *n* champignon *m* (comestible). **a great** ~ **of smoke** un nuage de fumée en forme de champignon; **that child grows like a** ~ cet enfant pousse comme un champignon; **houses sprang up like** ~**s** les maisons ont poussé comme des champignons.
   2 *cpd* soup, omelette aux champignons; flavour de champignons; (*colour*) carpet beige rosé *inv*. **mushroom cloud** champignon *m* atomique; **mushroom growth** poussée soudaine; **mushroom town** ville *f* champignon *inv*.
   3 *vi* (a) (*grow quickly*) [town etc] pousser comme un champignon. **the village** ~**ed into a town** le village est rapidement devenu ville.
   (b) (*proliferate*) proliféré, se multiplier **shops** ~**ed all over the place** des magasins ont proliféré *or* se sont multipliés un peu partout.
   (c) **a cloud of smoke went** ~**ing up** un nuage de fumée en forme de champignon s'est élevé dans le ciel.
   (d) **to go** ~**ing** aller aux champignons.
mushrooming ['mʌʃrʊmɪŋ] *n* (a) (*picking mushrooms*) cueillette *f* des champignons. **I like** ~ j'aime aller aux champignons. (b) (*fig*) (*growth: of town etc*) poussée *f* rapide; (*proliferation: of shops etc*) prolifération *f*.
mushy ['mʌʃɪ] *adj* vegetables, food en bouillie; fruit blet; ground spongieux; (*fig pej*) fleur bleue *inv*, à la guimauve, à l'eau de rose. ~ **peas** purée *f* de pois.
music ['mjuːzɪk] **1** *n* (*all senses*) musique *f*. **to set to** ~ mettre en musique; (*fig*) **it was** ~ **to his ears** c'était doux à son oreille; (*Univ*) **the Faculty of M**~ la faculté de musique; V **ear**¹, **face**, **pop**² *etc*.
   2 *cpd* teacher, lesson, exam de musique. **music box** boîte *f* à

musique; **music case** porte-musique *m inv*; **music centre** (*equipment*) chaîne compacte (stéréo); (*shop*) magasin *m* de hi-fi; (*Press*) **music critic** critique musical; **music festival** festival *m*; (*Brit*) **music hall** (*n*) music-hall *m*; (*cpd*) de music-hall; **music lover** mélomane *mf*; **music paper** papier *m* à musique; **music stand** pupitre *m* à musique; **music stool** tabouret *m* de musique.

musical ['mju:zɪkəl] **1** *adj* (*lit, fig*) *voice, sound, criticism, studies* musical. **he comes from a ~ family** il sort d'une famille musicienne; **she's very ~** (*gifted*) elle est musicienne, elle est très douée pour la musique; (*fond of it*) elle est mélomane; **~ box** boîte *f* à musique; (*game*) **~ chairs** chaises musicales; (*fig*) **they were playing at ~ chairs** ils changeaient tout le temps de place; **~ comedy** comédie musicale, opérette *f*; **~ evening** soirée musicale; **~ instrument** instrument *m* de musique.
   2 *n* (*Cine, Theat*) comédie musicale.
musically ['mju:zɪkəlɪ] *adv* musicalement.
musician [mju:'zɪʃən] *n* musicien(ne) *m(f)*.
musicianship [mju:'zɪʃənʃɪp] *n* maestria *f* (de musicien), sens *m* de la musique.
musicologist [,mju:zɪ'kɒlədʒɪst] *n* musicologue *mf*.
musicology [,mju:zɪ'kɒlədʒɪ] *n* musicologie *f*.
musing ['mju:zɪŋ] **1** *adj* songeur, pensif, rêveur. **2** *n* songerie *f*, rêverie *f*. **idle ~s** rêvasseries *fpl*.
musingly ['mju:zɪŋlɪ] *adv* d'un air songeur *or* rêveur, pensivement.
musk [mʌsk] **1** *n* musc *m*. **2** *cpd*: **muskmelon** cantaloup *m*; **musk ox** bœuf musqué; **muskrat** rat musqué, ondatra *m*; **musk rose** rose *f* muscade.
muskeg ['mʌskeg] *n* (*US: bog*) tourbière *f*.
musket ['mʌskɪt] *n* mousquet *m*.
musketeer [,mʌskɪ'tɪər] *n* mousquetaire *m*.
musketry ['mʌskɪtrɪ] **1** *n* tir *m* (au fusil *etc*). **2** *cpd* **range, training** de tir (au fusil *etc*).
musky ['mʌskɪ] *adj* musqué, de musc.
Muslim ['mʊslɪm] **1** *n* musulman(e) *m(f)*; *V* **black. 2** *adj* musulman.
muslin ['mʌzlɪn] **1** *n* mousseline *f*. **2** *cpd* de *or* en mousseline.
musquash ['mʌskwɒʃ] **1** *n* (*animal*) rat musqué, ondatra *m*; (*fur*) rat d'Amérique, ondatra. **2** *cpd* **coat** d'ondatra.
muss* [mʌs] *vt* (*also ~ up*) *dress, clothes* chiffonner, froisser. **to ~ sb's hair** décoiffer qn.
mussel ['mʌsl] *n* moule *f*. **~ bed** parc *m* à moules, moulière *f*.
must [mʌst] **1** *modal aux vb* (**a**) (*indicating obligation*) **you must leave now** vous devez partir *or* il faut que vous partiez (*subj*) maintenant; († *or hum*) **I must away** je dois partir, il faut que je parte; (*on notice*) **'the windows must not be opened'** 'défense d'ouvrir les fenêtres'; **I** (*simply or absolutely*) **MUST see him!** il faut absolument que je le voie!; **you mustn't touch it** il ne faut pas *or* tu ne dois pas y toucher, c'est défendu d'y toucher; **what must we do now?** que faut-il *or* que devons-nous faire à présent?; **why must you always be so rude?** pourquoi faut-il toujours que tu sois si grossier?; (*frm*) **you must know that ...** il faut que vous sachiez que ...; **I must ask you not to touch that** je dois vous prier *or* je vous prie de ne pas toucher à cela; (*Comm: in letters*) **we must ask you to send us ...** nous nous trouvons dans l'obligation de vous demander de nous envoyer ...; **if you MUST leave then go at once** s'il faut vraiment que vous partiez (*subj*), partez tout de suite; **sit down if you must** asseyez-vous si c'est indispensable *or* si vous y tenez; **I MUST say, he's very irritating** il n'y a pas à dire *or* franchement il est très agaçant; **you look well, I must say!** je dois dire que *or* vraiment tu as très bonne mine!; (*iro*) **that's brilliant, I MUST say!** pour être réussi, c'est réussi (je dois dire)! (*iro*); **well I MUST say!* il faut bien vraiment!**, ça alors!*; **what must he do but bang the door just when ...**, he must bang the door just when ... il a (bien) fallu qu'il claque (*subj*) la porte juste au moment où ... .
   (**b**) (*indicating certainty*) **he must be wrong** il doit se tromper, il se trompe certainement; **I realized he must be wrong** j'ai compris qu'il devait se tromper *or* qu'il se trompait certainement; **he must be clever, mustn't he?** il doit être intelligent, n'est-ce pas?; **he must be mad!** il doit être fou!, il est fou!; **is he mad? — he MUST be!** est-ce qu'il est fou? — il faut le croire! *or* sûrement!; **I must have made a mistake** j'ai dû me tromper; **you must be joking!** vous devez plaisanter!, vous plaisantez!; **you must know my aunt** vous devez connaître ma tante, vous connaissez sans doute ma tante; **that must be Paul** ça doit être Paul.
   2 *n* (***) impératif *m*, chose *f* indispensable *or* obligatoire. **this book is a ~** c'est un livre qu'il faut absolument avoir *or* lire; **a car is a ~ in the country** une voiture est absolument indispensable à la campagne; **a ~ for all housewives!** ce que toutes les ménagères doivent posséder!, indispensable à toutes les ménagères!
mustache ['mʌstæʃ] *etc* (*US*) = **moustache** *etc*.
mustang ['mʌstæŋ] *n* mustang *m*.
mustard ['mʌstəd] **1** *n* (*Bot, Culin*) moutarde *f*. (*US fig*) **to cut the ~*** faire le poids, être à la hauteur; *V* **keen.**
   2 *cpd*: **mustard and cress** moutarde blanche et cresson alénois; **mustard bath** bain sinapisé *or* à la moutarde; **mustard gas** ypérite *f*, gaz *m* moutarde; **mustard plaster** sinapisme *m*, cataplasme sinapisé; **mustard pot** moutardier *m*.
muster ['mʌstər] **1** *n* (*gathering*) assemblée *f*; (*Mil, Naut: also ~-roll*) rassemblement *m*; (*roll-call*) appel *m*. (*fig*) **to pass ~** (*gen*) (pouvoir) passer, être acceptable; **it must pass ~ with the scientists** il faut que cela soit jugé valable par les scientifiques.
   2 *vt* (**a**) (*assemble, collect*) *helpers, number, sum* réunir; (*also ~ up*) *strength, courage, energy* rassembler. **he ~ed (up) the courage to say so** il prit son courage à deux mains pour le dire; **I couldn't ~ up enough energy to protest** je n'ai pas eu l'énergie de protester; **I could only ~ 50p** je n'ai pu réunir en tout et pour tout que 50 pence; **they could only ~ 5 volunteers** ils n'ont pu

trouver *or* réunir que 5 volontaires; **the club can only ~ 20 members** le club ne compte que 20 membres.
   (**b**) (*call roll of*) battre le rappel de.
   3 *vi* (*gather, assemble*) se réunir, se rassembler.
mustiness ['mʌstɪnɪs] *n* (goût *m or* odeur *f* de) moisi *m*.
mustn't ['mʌsnt] = **must not;** *V* **must.**
musty ['mʌstɪ] *adj* *taste, smell* de moisi; *room* qui sent le moisi *or* le renfermé; (******fig*) *ideas, methods* vieux jeu *inv*. **to grow ~** moisir; **to smell ~** [*room, air*] avoir une odeur de renfermé; [*book, clothes*] avoir une odeur de moisi *or* de vieux.
mutability [,mju:tə'bɪlɪtɪ] *n* mutabilité *f*.
mutable ['mju:təbl] *adj* muable, mutable; (*Ling*) sujet à la mutation.
mutagen ['mju:tədʒən] *n* mutagène *m*.
mutagenic [mju:tə'dʒenɪk] *adj* mutagène.
mutant ['mju:tənt] *adj, n* mutant (*m*).
mutate [mju:'teɪt] **1** *vi* subir une mutation. **2** *vt* faire subir une mutation à.
mutation [mju:'teɪʃən] *n* mutation *f*.
mutatis mutandis [mu:'tɑ:tɪs mu:'tændɪs] *adv* mutatis mutandis, en opérant les changements nécessaires.
mute [mju:t] **1** *adj* *person, reproach* muet. **~ with admiration, in ~ admiration** muet d'admiration; (*Ling*) **H ~** H muet; (*Ling*) **~ 'e' 'e'** muet; **~ swan** cygne *m* tuberculé *or* muet.
   2 *n* (**a**) (*Med*) muet(te) *m(f)*; *V* **deaf.**
   (**b**) (*Mus*) sourdine *f*.
   3 *vt* (**a**) (*Mus*) mettre la sourdine à.
   (**b**) *sound* assourdir, rendre moins sonore; *colour* adoucir, atténuer, assourdir.
muted ['mju:tɪd] *adj* *voice, sound* sourd, assourdi; *colour* sourd; (*Mus*) *violin* en sourdine; *criticism, protest* voilé.
mutilate ['mju:tɪleɪt] *vt* *person, limb* mutiler, estropier; *object* mutiler, dégrader; (*fig*) *text* mutiler, tronquer.
mutilation [,mju:tɪ'leɪʃən] *n* mutilation *f*.
mutineer [,mju:tɪ'nɪər] *n* (*Mil, Naut*) mutiné *m*, mutin *m*.
mutinous ['mju:tɪnəs] *adj* (*Mil, Naut*) *crew, troops* mutiné; (*fig*) *attitude* rebelle. **a ~ look** un regard plein de rébellion; **the children were already fairly ~** les enfants regimbaient *or* se rebiffaient* déjà.
mutiny ['mju:tɪnɪ] **1** *n* (*Mil, Naut*) mutinerie *f*; (*fig*) révolte *f*. **2** *vi* se mutiner; (*fig*) se révolter.
mutt* [mʌt] *n* (**a**) (*fool*) corniaud* *m*, crétin(e)* *m(f)*, andouille* *f*.
   (**b**) (*US : dog*) clebs* *m*, corniaud *m*.
mutter ['mʌtər] **1** *n* marmottement *m*, marmonnement *m*; (*grumbling*) grommellement *m*.
   2 *vt* *threat, wish* marmotter, marmonner. **'no' he ~ed 'non'** marmonna-t-il *or* dit-il entre ses dents.
   3 *vi* marmonner, murmurer; (*grumble*) grommeler, grogner; [*thunder*] gronder.
mutton ['mʌtn] **1** *n* (*Culin*) mouton *m*. **leg of ~** gigot *m*; **shoulder of ~** épaule *f* de mouton; (*fig, hum*) **it's ~ dressed (up) as lamb*** elle s'habille trop jeune pour son âge; *V* **dead. 2** *cpd*: (*Culin*) **mutton chop** côtelette *f* de mouton; (*whiskers*) **mutton chops*** (favoris *mpl* en) côtelettes *fpl*; **muttonhead‡** cornichon* *m*.
mutual ['mju:tjʊəl] *adj* (**a**) (*reciprocal*) *affection, help* mutuel, réciproque; (*Comm*) mutuel. **~ aid** entraide *f*, aide mutuelle *or* réciproque; **by ~ consent** par consentement mutuel; **the feeling is ~** c'est réciproque; **~ insurance company** (compagnie *f* d'assurance) mutuelle *f*; (*US Fin*) **~ fund** fonds *m* commun de placement.
   (**b**) (*common*) *friend, cousin, share* commun.
mutuality [,mju:tjʊ'ælɪtɪ] *n* mutualité *f*.
mutually ['mju:tjʊəlɪ] *adv* mutuellement, réciproquement. **~ exclusive** qui s'excluent l'un(e) l'autre.
Muzak ['mju:zæk] ® *n* musique *f* (d'ambiance) enregistrée.
muzzle ['mʌzl] **1** *n* [*dog, fox etc*] museau *m*; [*gun*] bouche *f*, gueule *f*; (*anti-biting device*) muselière *f*; (*fig*) muselière, bâillon *m*.
   2 *cpd*: **muzzle loader** arme *f* qu'on charge par le canon; **muzzle velocity** vitesse initiale.
   3 *vt* *dog* museler; (*fig*) museler, bâillonner.
muzzy ['mʌzɪ] *adj* dans les vapes*, tout chose*; (*tipsy*) éméché*; *ideas* confus, nébuleux; *outline* estompé, flou. **this cold makes me feel ~** ce rhume me brouille la cervelle *or* m'abrutit.
MW *n* (*Rad : abbr of* **medium wave**) P.O. *fpl*.
my [maɪ] **1** *poss adj* mon, ma, mes. **~ book** mon livre; **~ table** ma table; **~ friend** mon ami(e); **~ clothes** mes vêtements; **MY book** mon livre à moi; **I've broken ~ leg** je me suis cassé la jambe. **2** *excl*: **(oh) ~!*, ~, ~!*** ça, par exemple!
mycology [maɪ'kɒlədʒɪ] *n* mycologie *f*.
mycosis [maɪ'kəʊsɪs] *n* mycose *f*.
myopia [maɪ'əʊpɪə] *n* myopie *f*.
myopic [maɪ'ɒpɪk] *adj* myope.
myriad ['mɪrɪəd] **1** *n* myriade *f*. **2** *adj* (*liter*) innombrable, sans nombre.
myrmidon ['mɜ:mɪdən] *n* (*pej hum*) sbire *m*.
myrrh [mɜ:r] *n* myrrhe *f*.
myrtle ['mɜ:tl] *n* myrte *m*.
myself [maɪ'self] *pers pron* (*reflexive: direct and indirect*) me; (*emphatic*) moi-même; (*after prep*) moi. **I've hurt ~** je me suis blessé; **I said to ~** je me suis dit; **I spoke to him ~** je lui ai parlé moi-même; **he asked me for a photo of ~** il m'a demandé une photo de moi *or* une de mes photos; **I told him ~** je le lui ai dit moi-même; **all by ~** tout seul; **I'm not ~ today** je ne suis pas dans mon état normal *or* dans mon assiette* aujourd'hui.
mysterious [mɪs'tɪərɪəs] *adj* mystérieux.
mysteriously [mɪs'tɪərɪəslɪ] *adv* mystérieusement.
mystery ['mɪstərɪ] **1** *n* (**a**) (*also Rel*) mystère *m*. **there's no ~**

about it ça n'a rien de mystérieux; it's a ~ to me how he did it je n'arrive pas à comprendre comment il l'a fait; **to make a great ~ of sth** faire grand mystère de qch.
   (b) (*Theat:* ~ *play*) mystère *m*.
   (c) (*Literat: also* ~ *story*) roman *m* à énigmes.
  2 *cpd ship, man* mystérieux. (*Theat*) **mystery play** mystère *m*; (*in coach etc*) **mystery tour** voyage *m* surprise (*dont on ne connaît pas la destination*).

mystic ['mɪstɪk] **1** *adj* (*Rel*) mystique; *power* occulte; *rite* ésotérique; *truth* surnaturel; *formula* magique. **2** *n* mystique *mf*.

mystical ['mɪstɪkəl] *adj* mystique.

mysticism ['mɪstɪsɪzəm] *n* mysticisme *m*.
mystification [ˌmɪstɪfɪ'keɪʃən] *n* (*bewildering*) mystification *f*; (*bewilderment*) perplexité *f*. **why all the ~?** pourquoi tout ce mystère?
mystify ['mɪstɪfaɪ] *vt* rendre *or* laisser perplexe; (*deliberately deceive*) mystifier.
mystique [mɪs'tiːk] *n* mystique *f*.
myth [mɪθ] *n* mythe *m*.
mythical ['mɪθɪkəl] *adj* mythique.
mythological [ˌmɪθə'lɒdʒɪkəl] *adj* mythologique.
mythology [mɪ'θɒlədʒɪ] *n* mythologie *f*.
myxomatosis [ˌmɪksəʊmə'təʊsɪs] *n* myxomatose *f*.

N

N, n [en] *n* (a) (*letter*) N, n *m*. **N for Nancy** ≃ N comme Nicolas. **(b)** (*Math*) **to the nth (power)**, (*fig*) **to the nth degree*** à la puissance n; **I told him for the nth time*** to stop talking je lui ai dit pour la énième fois de se taire. **(c)** (*abbr of* **north**) N.
'n'‡ [ən] *conj* = **and**.
n/a (a) (*Admin etc : abbr of* **not applicable**) ne s'applique pas. **(b)** (*Banking : abbr of* **no account**) pas de compte.
NAACP [enei,eisi:'pi:] *n* (*US: abbr of* **National Association for the Advancement of Colored People**) *défense des droits civiques des Noirs*.
NAAFI ['næfɪ] *n* (*Brit Mil: abbr of* **Navy, Army and Air Force Institute**) coopérative *f* militaire.
nab* [næb] *vt* (a) (*catch in wrongdoing*) pincer‡, choper‡, poisser‡. **(b)** (*catch to speak to etc*) attraper, coincer*. **(c)** (*take*) *sb's pen, chair etc* accaparer.
nabob ['neɪbɒb] *n* (*lit, fig*) nabab *m*.
nacelle [næ'sel] *n* (*Aviat*) nacelle *f*.
nacre ['neɪkə^r] *n* nacre *f*.
nacred ['neɪkəd] *adj*, **nacreous** ['neɪkrɪəs] *adj* nacré.
Naderism ['neɪdərɪzəm] *n* consumérisme *m*, défense *f* du consommateur.
nadir ['neɪdɪə^r] *n* (*Astron*) nadir *m*; (*fig*) point le plus bas. **in the ~ of despair** dans le plus profond désespoir; **his fortunes reached their ~ when** ... il atteignit le comble de l'infortune quand ... .
naff‡ [næf] *adj* guère sortable*.
♦naff off‡ *vi* foutre le camp‡.
nag¹ [næg] **1** *vt* (*also* ~ **at**) [*person*] reprendre tout le temps, être toujours après*; [*doubt etc*] harceler. **he was ~ging (at) me to keep my room tidy** il me harcelait *or* m'asticotait* pour que je tienne ma chambre en ordre; **to ~ sb into doing sth** harceler qn jusqu'à ce qu'il fasse qch; **his conscience was ~ging (at)** him sa conscience le travaillait; **~ged by doubts** assailli *or* harcelé *or* poursuivi par le doute. **2** *vi* [*person*] (*scold*) faire des remarques continuelles; [*pain, doubts*] être harcelant. **to ~ at sb** = **to ~ sb**; **V 1. 3** *n*: **he's a dreadful ~*** (*scolding*) il n'arrête pas de faire des remarques; (*pestering*) il n'arrête pas de nous (*or* le *etc*) harceler.
nag²* [næg] *n* (*horse*) cheval *m*; (*pej*) canasson* *m* (*pej*).
Nagasaki [ˌnɑːgə'sɑːkɪ] *n* Nagasaki *m*.
nagger ['nægə^r] *n* = **nag¹ 3**.
nagging ['nægɪŋ] **1** *adj person* qui n'arrête pas de faire des remarques; *pain, worry, doubt* tenace, harcelant. **2** *n* (*U*) remarques continuelles, criailleries *fpl*.
Nahum ['neɪhəm] *n* Nahum *m*.
naiad ['naɪæd] *n* naïade *f*.
nail [neɪl] **1** *n* (a) (*Anat*) ongle *m*. **finger~** ongle (de doigt de la main); *V* **bite, toe, tooth** *etc*.
   (b) (*Tech*) clou *m*. (*fig*) **to pay on the ~** payer rubis sur l'ongle; **he was offered the job on the ~*** on lui a offert le poste sur-le-champ *or* illico*; (*fig*) **that decision was a** *or* **another ~ in his coffin** cette décision n'a fait que le pousser davantage vers le précipice; *V* **bed, hard, hit**.
  2 *cpd*: **nail-biting** habitude *f* de se ronger les ongles; **nailbrush** brosse *f* à ongles; **nail clippers** pince *f* à ongles; **nail enamel** = **nail polish**; **nailfile** lime *f* à ongles; **nail lacquer, nail polish** vernis *m* à ongles; **nail polish remover** dissolvant *m*; **nail scissors** ciseaux *mpl* à ongles; (*Brit*) **nail varnish** = **nail polish**; **nail varnish remover** = **nail polish remover**.
  3 *vt* (a) (*fix with* ~*s*) clouer. **to ~ the lid on a crate** clouer le couvercle d'une caisse; (*fig*) **to ~ one's colours to the mast** proclamer une fois pour toutes sa position; (*fig*) **to be ~ed to the spot** *or* **ground** rester cloué sur place.
   (b) (*put* ~*s into*) clouter. **~ed shoes** chaussures cloutées.
   (c) (*: catch in crime etc*) *person* pincer*, choper‡; (*expose*) *lie* démasquer; *rumour* démentir.
   (d) (*: hit with shot etc*) descendre*, abattre.

♦nail down *vt sep* (a) *lid* clouer.
   (b) (*fig*) *hesitating person* obtenir une décision de. **I nailed him down to coming at 6 o'clock** je l'ai réduit *or* contraint à accepter de venir à 6 heures.
♦nail up *vt sep* (a) *picture etc* fixer par des clous.
   (b) *door, window* condamner (*en clouant*).
   (c) *box, crate* clouer. **to nail up goods in a crate** empaqueter des marchandises dans une caisse clouée.
naïve [naɪ'iːv] *adj* naïf (*f* naïve), ingénu.
naïvely [naɪ'iːvlɪ] *adv* naïvement, ingénument.
naïveté [naɪ'iːvteɪ] *n*, **naïvety** [naɪ'iːvtɪ] *n* naïveté *f*, ingénuité *f*.
naked ['neɪkɪd] *adj* (a) *person* (tout) nu. **to go ~** se promener (tout) nu; *V* **stark, strip**.
   (b) *branch* dénudé, dépouillé; *countryside* pelé, dénudé; *sword* nu. **~ flame** *or* **light** flamme nue; **visible to the ~ eye** visible à l'œil nu; **~ eye** on ne peut pas le voir à l'œil nu; **the ~ truth** la vérité toute nue; **~ facts** faits bruts; **a ~ outline of the events** un aperçu des événements réduit à sa plus simple expression; **it was a ~ attempt at fraud** c'était une tentative de fraude non déguisée.
nakedness ['neɪkɪdnɪs] *n* nudité *f*.
NALGO ['nælgəʊ] *n* (*Brit*) *abbr of* **National and Local Government Officers Association** (*syndicat*).
namby-pamby* ['næmbɪ'pæmbɪ] **1** *n* gnangnan* *mf or* gnian-gnian* *mf*. **2** *adj person* gnangnan* *inv or* gnian-gnian* *inv*; *style* à l'eau de rose.
name [neɪm] **1** *n* (a) nom *m*. **what's your ~?** comment vous appelez-vous?, quel est votre nom?; **my ~ is Robert** je m'appelle Robert; **I'll do it** *or* **my ~'s not Robert Smith!*** je le ferai, foi de Robert Smith!; **I haven't a ha'penny** *or* **a penny to my ~*** je n'ai pas un sou vaillant, je n'ai pas le sou; **what ~ are they giving the child?** comment vont-ils appeler l'enfant?; **they married to give the child a ~** ils se sont mariés pour que l'enfant soit légitime; **what ~ shall I say?** (*Telec*) c'est de la part de qui?; (*announcing arrival*) qui dois-je annoncer?; **please fill in your ~ and address** prière d'inscrire vos nom(, prénom) et adresse; **to take sb's ~ and address** noter *or* prendre les nom(, prénom) et adresse de qn; (*Ftbl etc*) **to have one's ~ taken** recevoir un avertissement, ≃ recevoir un carton jaune; **this man, Smith by ~** *or* **by the ~ of Smith** cet homme, qui répond au nom de Smith; **we know it by** *or* **under another ~** nous le connaissons sous un autre nom; **to go by** *or* **under the ~ of** se faire appeler; **he writes under the ~ of X** il écrit sous le pseudonyme de X; **but his real ~ is Y** mais il s'appelle Y *or* son vrai nom est Y; **I know him only by ~** *or* **by ~ alone** je ne le connais que de nom; **he knows all his customers by ~** il connaît tous ses clients par leur(s) nom(s); **in ~ only** de nom seulement; **to exist in ~ only** *or* **in ~ alone** n'exister que de nom; [*power, rights*] être nominal; **a marriage in ~ only** *or* **in ~ alone** un mariage (tout) nominal; **he is king in ~ only** il n'est roi que de nom, il n'a de roi que le nom; **to refer to sb by ~** désigner qn par son nom; **to name** *or* **mention no ~s, naming** *or* **mentioning no ~s** pour ne nommer personne; **to put one's ~ down for a job** poser sa candidature à un poste; **to put one's ~ down for a competition/for a class** s'inscrire à une compétition/à un cours; **I'll put my ~ down for a company car** je vais faire une demande pour avoir une voiture de fonction; (*fig*) **that's the ~ of the game** (*that's what matters*) c'est ce qui compte; (*that's how it is*) c'est toujours comme ça; **to call sb ~s** injurier qn, traiter qn de tous les noms; **~s cannot hurt me** les injures ne me touchent pas; **she was surprised to hear the child use those ~s** elle a été surprise d'entendre l'enfant employer de si vilains mots; (*fig*) **in the ~ of** ... au nom de ...; **in God's ~** au nom de Dieu, pour l'amour de Dieu; **in the king's ~** de par le roi; **what in the ~ of goodness* are you doing?** pour l'amour de Dieu, qu'est-ce que vous faites?, que diable faites-vous?; **all the great** *or* **big ~s were there** tout ce qui a un nom

(connu) était là; **he's one of the big ~s in show business** il est un des grands noms du monde du spectacle; *V* **first, maiden, pet¹** *etc.*

 (b) *(reputation)* réputation*f*, renom *m*. **he has a ~ for honesty** il est réputé honnête, il a la réputation d'être honnête; **he has a ~ for carelessness** il a la réputation d'être négligent; **to protect one's (good) ~** protéger sa réputation; **this firm has a good ~** cette maison a (une) bonne réputation; **to get a bad ~** se faire une mauvaise réputation *or* un mauvais renom; **this book made his ~** ce livre l'a rendu célèbre; **to make one's ~** se faire un nom; **he made his ~ as a singer** il s'est fait un nom en tant que chanteur; **to make a ~ for o.s. (as)** se faire une réputation *or* un nom (comme *or* en tant que); **my ~ is mud*** in this place je ne suis pas en odeur de sainteté ici, je suis très mal vu ici; *V* **dog, vain.**

 2 *vt* **(a)** *(call by a ~, give a ~ to)* nommer, appeler, donner un nom à; *ship* baptiser; *comet, star, mountain* donner un nom à. **a person ~d Smith** un(e) nommé(e) Smith; **the child was ~d Peter** on a appelé l'enfant Pierre; **to ~ a child after** *or* **for sb** donner à un enfant le nom de qn; **the child was ~d after his father** l'enfant a reçu le nom de son père; **they ~d him Winston after Churchill** ils l'ont appelé Winston en souvenir de Churchill; **tell me how plants are ~d** expliquez-moi l'appellation des plantes.

 (b) *(give ~ of; list)* nommer, citer (le nom de); *(designate)* nommer, désigner (par son nom *or* nominalement); *(reveal identity of)* nommer, révéler le nom de; *(fix) date, price* fixer. **he was ~d as chairman** il a été nommé président; **he was ~d for the chairmanship** son nom a été présenté pour la présidence; **he ~d his son (as) his heir** il a désigné son fils comme héritier; **he has been ~d as the leader of the expedition** on l'a désigné pour diriger l'expédition; **he was ~d as the thief** on l'a désigné comme étant le voleur; **he refused to ~ his accomplices** il a refusé de nommer ses complices *or* de révéler les noms de ses complices; **naming no names** pour ne nommer personne; **they have been ~d as witnesses** ils ont été cités comme témoins; **my collaborators are ~d in the preface** mes collaborateurs sont mentionnés dans l'avant-propos; **~ the presidents** donnez *or* citez le nom des *or* les noms des présidents, nommez les présidents; **~ the chief works of Shakespeare** citez les principaux ouvrages de Shakespeare; **~ your price** fixez votre prix; *(wedding)* **to ~ the day** fixer la date du mariage; **you ~ it, they have it!*** tout ce que vous pouvez imaginer, ils l'ont!

 3 *cpd:* **name day** fête *f* (*d'une personne*); **he's a dreadful name-dropper*** il émaille toujours sa conversation de noms de gens en vue (*qu'il connaît*), à l'entendre il connaît la terre entière; **there was so much name-dropping* in his speech** son discours était truffé de noms de gens en vue (*qu'il connaît*); *(Theat)* **name part** rôle *m* titulaire; **nameplate** *(on door etc)* plaque *f*, écusson *m*; *(on manufactured goods)* plaque du fabricant *or* du constructeur; **namesake** homonyme *m* (*personne*); **name tape** (ruban *m* de) noms *mpl* tissés.

-named [neɪmd] *adj ending in cpds:* **the first-named** le premier, la première; **the last-named** ce dernier, cette dernière.

nameless ['neɪmlɪs] *adj* **(a)** *(unknown) person* sans nom, inconnu; *(anonymous)* anonyme. **a certain person who shall be ~** une (certaine) personne que je ne nommerai pas; **a ~ grave** une tombe sans inscription *or* anonyme.

 (b) *(undefined) sensation, emotion, fear* indéfinissable, inexprimable; *(too hideous to name) vice, crime* innommable.

namely ['neɪmlɪ] *adv* à savoir, c'est-à-dire.

Namibia [nɑː'mɪbɪə] *n* Namibie *f*.

Namibian [nɑː'mɪbɪən] **1** *adj* namibien. **2** *n* Namibien(ne) *m(f)*.

nan* [næn], **nana*** ['nænə] *n (grandmother)* mamie *f*, mémé *f*.

nance* [næns] *n*, **nancy*** ['nænsɪ] *n*, **nancy-boy*** ['nænsɪbɔɪ] *n* (*Brit: pej*) tante*, tapette* *f*.

nankeen [næn'kiːn] *n* (*Tex*) nankin *m*.

nanny ['nænɪ] *n* (**a**) (*Brit: nurse etc*) bonne *f* d'enfants, nounou* *f*, nurse *f*. **yes ~** oui nounou. **(b)** (*: *grandmother*). mamie *f*, mémé *f*.

nanny-goat ['nænɪgəʊt] *n* chèvre *f*, bique* *f*, biquette* *f*.

Naomi ['neɪəmɪ] *n* Noémi *f*.

nap¹ [næp] **1** *n (sleep)* petit somme. **afternoon ~** sieste *f*; **to have** *or* **take a ~** faire un petit somme; *(after lunch)* faire la sieste.

 2 *vi* faire un (petit) somme, sommeiller. *(fig)* **to catch sb ~ping** *(unawares)* prendre qn à l'improviste *or* au dépourvu; *(in error etc)* surprendre qn en défaut.

nap² [næp] *n* (*Tex*) poil *m*. **cloth that has lost its ~** tissu râpé *or* élimé; *(on paper patterns)* **with/without ~** avec/sans sens.

nap³ [næp] *n (Cards)* ≃ manille *f* aux enchères.

nap⁴ [næp] *vt* (*Brit Racing*) **to ~ the winner** donner le cheval gagnant.

napalm ['neɪpɑːm] **1** *n* napalm *m*. **2** *cpd:* **napalm bomb/bombing** bombe *f*/bombardement *m* au napalm. **3** *vt* attaquer au napalm.

nape [neɪp] *n* nuque *f*.

naphtha ['næfθə] *n (gen)* naphte *m*. **petroleum ~** naphta *m*.

naphthalene ['næfθəliːn] *n* naphtaline *f*.

napkin ['næpkɪn] *n* **(a)** serviette *f* (*de table*). **~ ring** rond *m* de serviette. **(b)** (*Brit: for babies*) couche *f*.

Naples ['neɪplz] *n* Naples.

Napoleon [nə'pəʊlɪən] *n* **(a)** Napoléon *m*. **(b)** *(coin)* n~ napoléon *m*. **(c)** (*US: pastry*) n~ millefeuille *m*.

Napoleonic [nə,pəʊlɪ'ɒnɪk] *adj* napoléonien.

napper*† ['næpə'] *n (head)* caboche* *f*.

nappy ['næpɪ] (*Brit: abbr of* **napkin**) **1** *n* couche *f*. **2** *cpd:* **nappy rash** érythème *m* (fessier) (*Med, fml*); *(gen)* **to have nappy rash** avoir les fesses rouges.

narc* [nɑːk] *n* (*US: abbr of* **narcotics agent**) agent *m* de la brigade des stupéfiants, stupe* *m*.

narcissi [nɑː'sɪsaɪ] *npl of* **narcissus**.

narcissism [nɑː'sɪsɪzəm] *n* narcissisme *m*.

narcissist [nɑː'sɪsɪst] *n* narcissique *mf*.

narcissistic [,nɑːsɪ'sɪstɪk] *adj* narcissique.

narcissus [nɑː'sɪsəs] *n, pl* **narcissi** **(a)** *(flower)* narcisse *m*. **(b)** N~ Narcisse *m*.

narcosis [nɑː'kəʊsɪs] *n* narcose *f*.

narcotic [nɑː'kɒtɪk] **1** *adj, n (lit, fig)* narcotique (*m*). **2** *cpd:* **narcotics agent** agent *m* de la brigade des stupéfiants; **to be on a narcotics charge** être inculpé pour affaire de stupéfiants; **the Narcotics Squad** la brigade des stupéfiants.

narcotize ['nɑːkətaɪz] *vt* donner *or* administrer un narcotique à, narcotiser.

nark* [nɑːk] **1** *vt* **(a)** (*Brit*) *(infuriate)* ficher en boule*, foutre en rogne*; *V also* **narked. (b)** **to ~** it arrêter (de faire qch); **~ it!** suffit!*, écrase!* **2** *vi* (*Brit: inform police*) moucharder*. **3** *n* **(a)** (*Brit: also* **copper's ~**) indic* *m*, mouchard* *m*. **(b)** (*US*) = narc*.

narked* [nɑːkt] *adj* en boule*, en rogne*. **to get ~** se ficher en boule*, se foutre en rogne*.

narky* ['nɑːkɪ] *adj* (*Brit*) de mauvais poil*, en boule*, en rogne*.

narrate [nə'reɪt] *vt* raconter, narrer (*liter*).

narration [nə'reɪʃən] *n* narration *f*.

narrative ['nærətɪv] **1** *n* **(a)** *(story, account)* récit *m*, narration *f*, histoire *f*. **(b)** (*U*) narration *f*. **he has a gift for ~** il est doué pour la narration. **2** *adj poem, painting* narratif; *skill* de conteur. **~ writer** narrateur *m*, -trice *f*.

narrator [nə'reɪtə'] *n* narrateur *m*, -trice *f*; (*Mus*) récitant(e) *m(f)*.

narrow ['nærəʊ] **1** *adj road, path* étroit; *valley* étroit, encaissé; *passage* étranglé; *garment* étroit, étriqué; *boundary, limits* restreint, étroit. **within a ~** compass dans d'étroites limites, dans un champ restreint; **to grow** *or* **become ~(er)** se rétrécir, se resserrer; (*Brit*) **~ boat** péniche *f*.

 (b) *(fig) outlook, mind* étroit, restreint, borné; *person* aux vues étroites, à l'esprit étroit, borné; *existence* limité, circonscrit; *scrutiny* serré, poussé; *means, resources, income* limité, juste (*fig*); *majority* faible, petit; *advantage* petit. **in the ~est sense** (*of the word*) au sens le plus restreint (du terme); **a ~ victory** une victoire remportée de justesse; **to have a ~ escape** s'en tirer de justesse, l'échapper belle; **that was a ~ shave!*** *or* **squeak!*** on l'a échappé belle!, il était moins une!*; (*Ling*) **~ vowel** voyelle tendue.

 2 *npl:* **~s** passage étroit; *[harbour]* passe *f*, goulet *m*; *[river]* pertuis *m*, étranglement *m*.

 3 *cpd:* (*Rail*) **narrow-gauge line** *or* **track** voie étroite; **narrow-minded** *person* aux vues étroites, à l'esprit étroit, borné; *ideas, outlook* étroit, restreint, borné; **narrow-mindedness** étroitesse *f* *or* petitesse *f* d'esprit; **narrow-shouldered** étroit de carrure.

 4 *vi* **(a)** *[road, path, valley]* se rétrécir. **his eyes ~ed** il plissa les yeux.

 (b) *(fig: also* **~ down**) *[majority]* s'amenuiser, se rétrécir; *[opinions, outlook]* se restreindre. **the search has now ~ed (down) to Soho** les recherches se limitent maintenant à Soho; **the field of inquiry/the choice has ~ed (down) to 5 people** le champ d'investigation/le choix se ramène *or* se limite *or* se réduit maintenant à 5 personnes; **the question ~s (down) to this** la question se ramène *or* se réduit à ceci; **his outlook has ~ed (down) considerably since then** son horizon s'est beaucoup restreint *or* rétréci depuis lors.

 5 *vt (make narrower) road, piece of land* rétrécir, réduire la largeur de; *skirt* rétrécir, resserrer; *(fig) choice* réduire, restreindre; *mind, ideas* rétrécir; *meaning, interpretation* restreindre, limiter. (*fig*) **to ~ the field (down)** restreindre le champ; **with ~ed eyes** en plissant les yeux (*de méfiance etc*).

♦**narrow down 1** *vi* **(a)** *[road, path, valley]* se rétrécir.

 (b) *(fig)* = narrow 4b.

 2 *vt sep choice* réduire, restreindre; *meaning, interprétation* restreindre, limiter; *V also* narrow 5.

narrowly ['nærəʊlɪ] *adv* **(a)** *(by a small margin)* de justesse. **he ~ escaped being killed** il a bien failli être tué, il était à deux doigts d'être tué; **the bullet ~ missed him** la balle l'a raté de justesse *or* de peu.

 (b) *(strictly) interpret rules etc* strictement, rigoureusement, étroitement.

 (c) *(closely) examine* de près, minutieusement, méticuleusement.

narrowness ['nærəʊnɪs] *n* étroitesse *f*.

narwhal ['nɑːwəl] *n* narval *m*.

NAS [enei'es] *n* (*US*) *abbr of* **National Academy of Sciences** (*académie des sciences*).

NASA ['næsə] *n* (*US*) (*abbr of* **National Aeronautics and Space Administration**) N.A.S.A. *f*.

nasal ['neɪzəl] **1** *adj* (*Anat*) nasal; (*Ling*) *sound, vowel, pronunciation* nasal; *accent* nasillard. **to speak in a ~ voice** parler du nez, nasiller. **2** *n* (*Ling*) nasale *f*.

nasality [neɪ'zælɪtɪ] *n* nasalité *f*.

nasalization [,neɪzəlaɪ'zeɪʃən] *n* nasalisation *f*.

nasalize ['neɪzəlaɪz] *vt* nasaliser.

nasally ['neɪzəlɪ] *adv whine, complain* sur un ton nasillard. **to speak ~** parler du nez, nasiller.

nascent ['næsnt] *adj* naissant; (*Chem etc*) à l'état naissant.

nastily ['nɑːstɪlɪ] *adv* (*unpleasantly*) désagréablement; (*spitefully*) méchamment; (*obscenely*) indécemment, d'une manière obscène. **it rained quite ~** il est tombé une sale pluie.

nastiness ['nɑːstɪnɪs] *n* (*V* **nasty**) (*unpleasantness*) caractère *m* désagréable, (*spitefulness*) méchanceté *f*; (*indecency*) indécence *f*, obscénité *f*; (*in taste*) mauvais goût; (*in odour*) mauvaise odeur; (*dirtiness*) saleté *f*.

nasturtium [nəs'tɜːʃəm] *n* (*Bot*) capucine *f*. **climbing/dwarf ~** capucine grimpante/naine.

nasty ['nɑːstɪ] *adj* **(a)** (*unpleasant*) *person* désagréable, déplaisant (*to* envers); (*stronger*) méchant, mauvais; *remark* méchant; *mo-ment, experience* désagréable; (*stronger*) pénible; *taste, smell* mauvais; *weather, cold, accident, wound* vilain, mauvais, sale* (*before n*); *bend* dangereux, mauvais, sale*. **the weather turned ~** le temps s'est gâté; **to taste ~** avoir un mauvais goût; **to smell ~** sentir mauvais, avoir une mauvaise odeur; **he's a ~ piece of work*** c'est un vilain bonhomme* *or* un sale type*; **to have a ~ temper** avoir très mauvais caractère, avoir un caractère de cochon*; **a ~ job** un sale travail, un sale *or* fichu boulot*; **what a ~ man!** quel horrible bonhomme!*; **a ~ rumour** une rumeur dic-tée par la méchanceté; **he turned ~ when I told him that ...** il est devenu mauvais *or* méchant quand je lui ai dit que ...; **that was a ~ trick** c'était un sale tour; **to have a ~ look in one's eye** avoir l'œil mauvais *or* menaçant; **it was a ~ few moments** ce furent quelques moments très pénibles; **events took a ~ turn,** the situa-tion turned ~ la situation tourna très mal; **he had a ~ time of it!** (*short spell*) il a passé un mauvais quart d'heure!; (*longer period*) il a passé de mauvais moments; (*fig*) **what a ~ mess!** quel gâchis épouvantable!

(b) (*indecent*) *book, story* indécent, obscène. **to have a ~ mind** avoir l'esprit mal tourné *or* malsain.

Natal [nə'tæl] *n* Natal *m*.

natal ['neɪtl] *adj* natal. (*liter*) **~ day** jour *m* de (la) naissance; *V* antenatal, postnatal.

natality [nə'tælɪtɪ] *n* natalité *f*.

natch‡ [nætʃ] *excl* (*abbr of* **naturally**) nature‡, naturellement.

nation ['neɪʃən] **1** *n* nation *f*, peuple *m*. **the French ~** la nation française; **people of all ~s** des gens de toutes les nationalités; **the voice of the ~** la voix de la nation *or* du peuple; **in the service of the ~** au service de la nation; **the whole ~ watched while he did it** il l'a fait sous les yeux de la nation tout entière; *V* **league¹, united.**

2 *cpd*: **nation-wide** (*adj*) *strike, protest* touchant l'ensemble du pays; (*adv*) à travers tout le pays, dans l'ensemble du territoire; **there was a nation-wide search for the killers** on recherchait les assassins à travers tout le pays.

national ['næʃənl] **1** *adj* (a) (*of one nation*) national. (*US Admin*) **N~ Aeronautics and Space Administration** Agence *f* nationale de l'aéronautique et de l'espace; **~ anthem** hymne national; **N~ Assembly** Assemblée *f* nationale; (*Brit Admin*) **N~ Assistance†** Sécurité sociale; **~ costume = ~ dress;** **~ debt** dette publique *or* nationale; **~ dress** costume national *or* du pays; (*Brit*) **N~ Economic Development Council** ≃ Agence nationale d'informa-tion économique; (*Brit*) **N~ Enterprise Board** ≃ Institut *m* de développement industriel; (*Brit Scol*) **N~ Extension College** ≃ Centre *m* national d'enseignement par correspondance; **~ flag** drapeau national; (*Naut*) pavillon national; (*US*) **N~ Foundation of the Arts and the Humanities** ≃ ministère *m* de la Culture; (*Brit Pol*) **N~ Front** Front *m* national; (*US*) **N~ Guard** garde nationale (*milice fédérale formée de volontaires*); (*Brit*) **N~ Health Service** ≃ Sécurité sociale; **I got it on the N~ Health*** je l'ai eu par la Sécurité sociale, ≃ ça m'a été remboursé par la Sécurité sociale; **~ holiday** fête nationale; **~ income** revenu national; (*Brit*) **N~ In-surance** ≃ Sécurité sociale; (*Brit*) **N~ Insurance benefits** presta-tions *fpl* de la Sécurité sociale; (*US Admin*) **N~ Labour Relations Board** commission d'arbitrage du ministère du travail; **N~ Libera-tion Front** Front *m* de Libération nationale; **~ monument** monu-ment national; **~ park** parc national; (*Brit*) **N~ Savings** épargne nationale; (*Brit*) **N~ Savings Certificate** bon *m* d'épargne; (*US Pol*) **N~ Security Council** Conseil *m* national de sécurité; (*Brit Mil*) **(to do one's) ~ service** (faire son) service national *or* militaire; (*Brit Mil*) **~ serviceman** appelé *m*, conscrit *m*; **N~ Socialism** national-socialisme *m*; **~ status** nationalité *f*; (*Brit*) **N~ Trust** ≃ Caisse Nationale des Monuments Historiques et des Sites; *V* **grid.**

(b) (*nation-wide*) national, à l'échelon national, dans l'ensemble du pays. **on a ~ scale** à l'échelon national; **there was ~ op-position to ...** la nation (entière) s'est opposée à ...; **~ strike of miners** grève *f* des mineurs touchant l'ensemble du pays; (*Press*) **the ~ and local papers** la grande presse et la presse locale.

2 *n* (a) (*person*) ressortissant(e) *m(f)*, national(e) *m(f)*. **he's a French ~** (*in France*) il est de nationalité française; (*elsewhere*) c'est un ressortissant *or* un national français; **foreign ~s** ressor-tissants étrangers.

(b) (*Brit Racing*) **the Grand N~** le Grand National (*grande course de haies réputée pour sa difficulté*).

(c) (*~ newspaper*) grand journal *m*.

nationalism ['næʃnəlɪzəm] *n* nationalisme *m*; *V* **Scottish** *etc*.

nationalist ['næʃnəlɪst] *adj, n* nationaliste (*mf*). **N~ China** Chine *f* nationaliste; *V* **Scottish** *etc*.

nationalistic [,næʃnə'lɪstɪk] *adj* nationaliste.

nationality [,næʃə'nælɪtɪ] *n* nationalité *f*; *V* **dual.**

nationalization [,næʃnəlaɪ'zeɪʃən] *n* (a) (*Ind, Pol*) nationalisation *f*. (b) [*person*] = **naturalization** a.

nationalize ['næʃnəlaɪz] *vt* (a) (*Ind, Pol*) nationaliser. (b) *person* = **naturalize** 1a.

nationally ['næʃnəlɪ] *adv* nationalement, du point de vue national, sous l'angle national; (*Rad*) broadcast dans le pays tout entier. **it is ~ known/felt that ...** on sait/sent dans tout le pays que ... .

nationhood ['neɪʃənhʊd] *n* nationalité *f* (*existence en tant que na-tion*).

native ['neɪtɪv] **1** *adj* (a) *country, town* natal; *language* maternel. **~ land** pays natal, patrie *f*; (*US fig*) **~ son** enfant *m* du pays.

(b) (*innate*) *charm, talent, ability* inné, naturel. **~ wit** bon sens inné.

(c) (*indigenous*) *plant, animal* indigène; *product, resources* naturel, du pays, de la région. **plant/animal ~ to** plante *f*/animal

m originaire de; **French ~ speaker** personne *f* dont la langue maternelle est le français *or* de langue maternelle française; (*Ling*) **you should ask a ~ speaker** il faudrait (le) demander à un locuteur natif.

(d) (*of the natives*) *customs, costume* du pays; *matters, rights, knowledge* du pays, des autochtones. (*US*) **N~ American** (*n*) In-dien(ne) *m(f)* d'Amérique; (*adj*) amérindien; **Minister of N~ Af-fairs** ministre chargé des Affaires indigènes; **Ministry of N~ Af-fairs** ministère *m* des Affaires indigènes; **~ labour** main-d'œuvre *f* indigène; **~ quarter** quartier *m* indigène; **to go ~*** adopter le mode de vie indigène; *V* **informant.**

2 *n* (a) (*person*) autochtone *mf*, (*esp of colony*) indigène *mf*. **a ~ of France** un(e) Français(e) de naissance; **he is a ~ of Bourges** il est originaire *or* natif de Bourges; **she speaks French like a ~** elle parle français comme si c'était sa langue maternelle; **the ~s** les habitants *mpl or* gens *mpl* du pays, les autochtones *mpl* (*also hum*).

(b) (*Bot, Zool*) indigène *mf*. **this plant/animal is a ~ of Australia** cette plante/cet animal est originaire d'Australie.

nativism ['neɪtɪ,vɪzəm] *n* (*US*) hostilité *f* aux immigrants.

nativity [nə'tɪvɪtɪ] **1** *n* (a) (*Rel*) **N~** Nativité *f*. (b) (*Astrol*) horoscope *m*. **2** *cpd*: **nativity play** miracle *m or* mystère *m* de la Nativité.

NATO ['neɪtəʊ] *n* (*abbr of* **North Atlantic Treaty Organization**) O.T.A.N. *f*.

NATSOPA [,næt'səʊpə] *n* (*Brit*) *abbr of* **National Society of Operative Printers, Graphical and Media Personnel** (*syndicat*).

natter* ['nætər] (*Brit*) **1** *vi* (*chat*) causer, bavarder; (*chatter*) bavar-der, jacasser; (*continuously*) bavarder *or* jacasser sans arrêt; (*grumble*) grommeler, bougonner*. **we ~ed (away) for hours** nous avons bavardé pendant des heures; **she does ~!** elle n'arrête pas de jacasser!

2 *n* (a) (*chat*) causerie *f*, causette* *f*. **we had a good ~** nous avons bien bavardé, nous avons taillé une bonne bavette*.

(b) (*chatterbox*) moulin *m* à paroles*.

natterer* ['nætərər] *n* = **natter 2b.**

natty* ['nætɪ] *adj* (a) (*neat*) *dress* pimpant, coquet, chic *inv*; *person* chic *inv*, tiré à quatre épingles. (b) (*handy*) *tool, gadget* astucieux, bien trouvé.

natural ['nætʃrəl] **1** *adj* (a) (*normal*) naturel, normal. **it's only ~ c'est bien normal, c'est tout naturel; it seems quite ~ to me** ça me semble tout à fait normal *or* naturel; **there's a perfectly ~ ex-planation for the sound** le bruit s'explique tout à fait naturelle-ment; **it is ~ for this animal to hibernate** il est dans la nature de cet animal d'hiberner, il est naturel *or* normal que cet animal hiberne (*subj*); **it is ~ for you to think ...,** il is ~ that you should think ... il est naturel *or* normal *or* logique que vous pensiez (*subj*) ...; (*Jur*) **death from ~ causes** mort naturelle; **to die a ~ death** mourir de sa belle mort; (*Jur*) **for (the rest of) his ~ life** à vie; **~ size** grandeur *f* nature; (*Ind*) **to reduce the staff by ~ wastage** réduire le personnel par départs naturels.

(b) (*of or from nature*) naturel. **~ resources** ressources *fpl* naturelles; **her hair is a ~ blonde** ses cheveux sont naturellement blonds; **~ (child)birth** accouchement *m* sans douleur; **~ gas** gaz naturel; **~ history** histoire *f* naturelle; **~ law** loi *f* naturelle *or* de la nature; (*Math*) **~ number** nombre naturel; **~ philosophy** physique *f*; **~ philosopher** physicien(ne) *m(f)*; **~ science** sciences naturelles; **~ selection** sélection naturelle.

(c) (*inborn*) inné, naturel. **to have a ~ talent for** avoir une facilité innée pour; **he's a ~ painter** il est né peintre, c'est un peintre né; **playing the piano comes ~* to her** elle est naturelle-ment douée pour le piano.

(d) (*unaffected*) *manner* simple, naturel, sans affectation.

(e) (*Mus*) naturel. **B ~** si naturel; **~ horn** cor *m* d'harmonie; **~ key** ton naturel; **~ trumpet** trompette *f* naturelle.

(f) (††) *child* naturel.

2 *n* (a) (*Mus*) (*sign*) bécarre *m*; (*note*) note *f* naturelle.

(b) (**: ideal*) **he's a ~ for this part** il est fait pour ce rôle, il joue ce rôle au naturel; **did you hear her play? she's a ~!** est-ce que vous l'avez entendue jouer? C'est une pianiste (*etc*) née; (*US*) **it's a ~*** ça coule de source.

(c) (††: *simpleton*) idiot(e) *m(f)* (de naissance), demeuré(e) *m(f)*.

naturalism ['nætʃrəlɪzəm] *n* naturalisme *m*.

naturalist ['nætʃrəlɪst] *adj, n* naturaliste (*mf*).

naturalistic [,nætʃrə'lɪstɪk] *adj* naturaliste.

naturalization [,nætʃrəlaɪ'zeɪʃən] *n* (a) [*person*] naturalisation *f*. (*Brit*) **letters of ~, ~ papers** déclaration *f* de naturalisation. (b) [*plant, animal*] acclimatation *f*.

naturalize ['nætʃrəlaɪz] **1** *vt* (a) *person* naturaliser. **to be ~d** se faire naturaliser.

(b) *animal, plant* acclimater; *word, sport* naturaliser.

2 *vi* [*plant, animal*] s'acclimater.

naturally ['nætʃrəlɪ] *adv* (a) (*as is normal*) naturellement; (*of course*) naturellement, bien sûr, bien entendu, comme de juste. **will you do it? — ~ not!** tu le feras? — sûrement pas! *or* bien sûr que non!

(b) (*by nature*) de nature, par tempérament. **he is ~ lazy** il est paresseux de nature *or* par tempérament; **a ~ optimistic person** un(e) optimiste né(e); **her hair is ~ curly** elle frise naturellement; **it comes ~ to him to do this** il fait cela tout naturellement; **play-ing the piano comes ~ to her** elle a un don (naturel) pour le piano.

(c) (*unaffectedly*) *accept, behave, laugh* simplement, sans af-fectation, avec naturel. **she said it quite ~** elle l'a dit avec un grand naturel.

naturalness ['nætʃrəlnɪs] *n* (*natural appearance, behaviour etc*) naturel *m*; (*simplicity*) simplicité *f*.

nature ['neɪtʃər] **1** *n* (a) (*U: often* **N~**) nature *f*. **he loves ~** il aime la nature; **the laws of** ~ les lois *fpl* de la nature; ~ **versus nurture** l'inné et l'acquis; **let** ~ **take its course** laissez faire la nature; a **freak of** ~ un caprice de la nature; **to paint from** ~ peindre d'après nature; **against** ~ contre nature; ~ **abhors a vacuum** la nature a horreur du vide; *(hum)* **in a state of** ~ à l'état naturel, dans le costume d'Adam*; **return to** ~ retour *m* à l'état de nature *or* à la nature; *V* **mother.**

(b) *(character etc) [person, animal]* nature *f*, naturel *m*, tempérament *m*, caractère *m*. **by** ~ de nature, par tempérament; **he has a nice** ~ il a un naturel *or* un tempérament *or* un caractère facile, il est d'un naturel facile, c'est une bonne nature; **she hid a loving** ~ **under** ... elle cachait une nature aimante *or* un caractère aimant sous ...; **the** ~ **of birds is to fly, it is in the** ~ **of birds to fly** il est de *or* dans la nature des oiseaux de voler; **it is not in his** ~ **to lie** il n'est pas de *or* dans sa nature de mentir; **that's very much in his** ~ c'est tout à fait dans sa nature; *V* **good, human, second**[1] *etc.*

(c) *(essential quality)* nature *f*, essence *f*. **the** ~ **of the soil** la nature du sol; **it is in the** ~ **of things** il est dans l'ordre des choses, il est de *or* dans la nature des choses; **the true** ~ **of things** l'essence des choses; **in the** ~ **of this case it is clear that** ... vu la nature de ce cas il est clair que ... .

(d) *(type, sort)* espèce *f*, genre *m*, sorte *f*, nature *f*. **things of this** ~ les choses de cette nature *or* de ce genre; **his comment was in the** ~ **of a compliment** sa remarque était en quelque sorte un compliment; **invitation in the** ~ **of a threat** invitation qui tient de la menace; **something in the** ~ **of an apology** une sorte d'excuse, une vague excuse; **ceremonies of a religious/solemn** *etc* ~ cérémonies *fpl* religieuses/solennelles *etc.*

2 *cpd:* **nature conservancy protection** *f* de la nature; *(Brit)* **Nature Conservancy Board** ≃ Direction Générale de la Protection de la Nature et de l'Environnement; *(Med)* **nature cure** naturisme *m*; **nature lover** amoureux *m*, -euse *f* de la nature; **nature reserve** réserve naturelle; **nature study** histoire naturelle; *(Scol)* sciences naturelles; **nature trail** itinéraire *m* aménagé pour amateurs de la nature; **nature worship** adoration *f* de la nature.

-natured ['neɪtʃəd] *adj ending in cpds* de nature. **jealous-natured** jaloux de nature, d'un naturel jaloux; *V* **good, ill.**

naturism ['neɪtʃərɪzəm] *n* naturisme *m*.

naturist ['neɪtʃərɪst] *n* naturiste *mf*.

naught [nɔːt] *n* (a) *(Math)* zéro *m*. *(Brit)* ~**s and crosses** ≃ morpion *m (jeu)*.

(b) († *or liter: nothing)* rien *m*. **to bring to** ~ faire échouer, faire avorter; **to come to** ~ échouer, n'aboutir à rien; **to care** ~ **for, to set at** ~ ne faire aucun cas de, ne tenir aucun compte de.

naughtily ['nɔːtɪlɪ] *adv say, remark* avec malice. **to behave** ~ se conduire mal; *[child]* être vilain.

naughtiness ['nɔːtɪnɪs] *n* (a) *[child etc]* désobéissance *f*, mauvaise conduite. **a piece of** ~ une désobéissance. (b) *[story, joke, play]* grivoiserie *f*.

naughty ['nɔːtɪ] *adj* (a) méchant, vilain, pas sage. **a** ~ **child** un vilain *or* méchant (enfant), un enfant pas sage; **that was a** ~ **thing to do!** ce n'est pas beau ce que tu as fait!

(b) *joke, story* grivois, risqué, leste. **the N** ~ **Nineties** ≃ la Belle Époque; ~ **word** vilain mot.

nausea ['nɔːsɪə] *n (Med)* nausée *f*; *(fig)* dégoût *m*, écœurement *m*. *(Med)* **a feeling of** ~ un haut-le-cœur, un mal au cœur, une envie de vomir.

nauseate ['nɔːsɪeɪt] *vt (Med, fig)* écœurer.

nauseating ['nɔːsɪeɪtɪŋ] *adj (Med)* écœurant, qui soulève le cœur; *(fig)* écœurant, dégoûtant.

nauseatingly ['nɔːsɪeɪtɪŋlɪ] *adv (Med, fig)* d'une façon dégoûtante *or* écœurante.

nauseous ['nɔːsɪəs] *adj (Med)* écœurant, qui soulève le cœur; *(fig)* dégoûtant, écœurant.

nautical ['nɔːtɪkəl] *adj* nautique, naval. ~ **almanac** almanach *m* nautique; ~ **matters** questions navales; ~ **mile** mille marin *or* nautique; ~ **term** terme *m* nautique *or* de marine *or* de navigation; **the music has a slight** ~ **flavour** la musique évoque un peu la mer.

nautilus ['nɔːtɪləs] *n (Zool)* nautile *m*.

Navaho ['nævəhəu] *n (also* ~ **Indian)** Navaho *mf or* Navajo *mf*.

naval ['neɪvəl] *adj battle, strength* naval; *affairs, matters* de la marine. *(Mil)* ~ **air station** station *f* aéronavale; ~ **architect** ingénieur *m* du génie maritime *or* des constructions navales; ~ **architecture** construction navale; ~ **aviation** aéronavale *f*; ~ **barracks** caserne *f* maritime; ~ **base** base navale, port *m* de guerre; ~ **college** école navale; ~ **dockyard** arsenal *m* (maritime); ~ **forces** marine *f* de guerre, marine militaire; ~ **hospital** hôpital *m* maritime; ~ **officer** officier *m* de marine; **one of the great** ~ **powers** l'une des grandes, puissances maritimes; ~ **station** = ~ **base**; ~ **stores** entrepôts *mpl* maritimes; ~ **warfare** combat naval.

Navarre [nə'vɑːʳ] *n* Navarre *f*.

nave[1] [neɪv] *n [church]* nef *f*.

nave[2] [neɪv] *n [wheel]* moyeu *m*. *(Aut)* ~ **plate** enjoliveur *m*.

navel ['neɪvəl] *n (Anat)* nombril *m*, ombilic *m*. **2** *cpd:* **navel orange** (orange *f*) navel *f*.

navigable ['nævɪgəbl] *adj* (a) *river, channel* navigable. (b) *missile, balloon, airship* dirigeable.

navigate ['nævɪgeɪt] **1** *vi* naviguer. *(in car)* **you drive, I'll** ~ tu prends le volant, moi je lis la carte (or le plan).

2 *vt* (a) *(plot course of)* **to** ~ **a ship** *or* **a plane** *etc* naviguer.

(b) *(steer) dinghy* être à la barre de; *steamer etc* gouverner; *aircraft* piloter; *missile* diriger. **he** ~**d the ship through the dangerous channel** il a dirigé le navire dans le dangereux chenal.

(c) *(sail) seas, ocean* naviguer sur.

(d) *(fig) stairs etc* franchir avec difficulté. **he** ~**d his way**

through to the bar il s'est frayé un chemin jusqu'au bar; **he** ~**d the maze of back streets** il a réussi à retrouver son chemin dans le dédale des petites rues.

navigation [ˌnævɪ'geɪʃən] **1** *n* navigation *f*; *V* **coastal** *etc.* **2** *cpd:* **navigation laws** code *m* maritime; **navigation lights** feux *mpl* de bord; *V* **coastal** *etc.*

navigator ['nævɪgeɪtəʳ] *n* (a) *(Aut, Aviat, Naut)* navigateur *m*. (b) *(sailor-explorer)* navigateur *m*, marin *m*.

navvy ['nævɪ] *n (Brit)* terrassier *m*.

navy ['neɪvɪ] **1** *n* marine *f (militaire or* de guerre). **he's in the** ~ il est dans la marine, il est marin; *(US)* **Department of the N**~, **N**~ **Department** ministère *m* de la Marine; **Secretary for the N**~ ministre *m* de la Marine; **to serve in the** ~ servir dans la marine; *V* **merchant, royal.**

2 *cpd:* **navy(-blue)** bleu marine *inv*; *(US)* **Navy Register** liste navale; *(US)* **navy yard** arsenal *m* (maritime).

nay [neɪ] († *or liter)* **1** *particle* non. **do not say me** ~ ne me dites pas non; *V* **yea. 2** *adv* (et) même, voire. **surprised,** ~ **astonished** surpris et même abasourdi; **for months,** ~ **for years** ... pendant des mois, voire des années ... .

Nazareth ['næzərɪθ] *n* Nazareth.

Nazi ['nɑːtsɪ] **1** *n* Nazi(e) *m(f)*. **2** *adj* nazi.

Nazism ['nɑːtsɪzəm] *n* nazisme *m*.

NB [en'biː] *(abbr of* nota bene) N.B.

NBA [ˌenbiː'eɪ] *n (US) (abbr of* National Basketball Association *(association nationale de basket-ball)*.

NC (a) *(Comm etc: abbr of* no charge) gratuit.

(b) *(US Post) abbr of* North Carolina.

N.C.B. [ˌensiː'biː] *n (Brit: abbr of* National Coal Board) Charbonnages *mpl* de Grande-Bretagne.

N.C.C.L. [ˌensiːsiː'el] *n (Brit: abbr of* National Council for Civil Liberties) ≃ ligue *f* des droits de l'homme.

N.C.O. [ˌensiː'əu] *n (Mil: abbr of* non-commissioned officer) sous-officier *m*.

ND *(US Post) abbr of* North Dakota.

NE *(US Post) abbr of* Nebraska.

Neanderthal [nɪ'ændətɑːl] **1** *n (Geog)* Néandert(h)al *m*. **2** *adj* néandert(h)alien. ~ **man** homme *m* de Néandert(h)al.

neap [niːp] *n (also* ~**tide)** marée *f* de morte-eau. ~**(tide) season** époque *f* des mortes-eaux.

Neapolitan [nɪə'pɒlɪtən] **1** *adj* napolitain. **a** ~ **ice (cream)** une tranche napolitaine. **2** *n* Napolitain(e) *m(f)*.

near [nɪəʳ] **1** *adv* (a) *(in space)* près, à proximité; *(in time)* près, proche. **he lives quite** ~ il habite tout près *or* tout à côté; ~ **at hand** *object* tout près, à proximité, à portée de la main; *event* tout proche; **place** non loin, dans le voisinage; **to draw** *or* **come** ~ **(to)** s'approcher (de); **to draw** *or* **come** ~ **(to)** s'approcher davantage (de); **to draw** *or* **bring sth** ~**er** rapprocher qch; **it was drawing** *or* **getting** ~ **to Christmas, Christmas was drawing** *or* **getting** ~ on était à l'approche *or* aux approches de Noël, Noël approchait; **it was** ~ **to 6 o'clock** il était près de *or* presque 6 heures; ~ **to where I had seen him** près de l'endroit où je l'avais vu; **she was** ~ **to tears** elle était au bord des larmes.

(b) *(gen* ~**ly:** *in degree)* presque. **this train is nowhere** ~ **full** ce train est loin d'être plein, il s'en faut de beaucoup que ce train (ne) soit plein.

(c) *(close)* **as** ~ **as I can judge** autant que je puisse juger; **the more you look at this portrait, the** ~**er it resembles him** plus on regarde ce portrait, plus il lui ressemble; **you won't get any** ~**er than that to what you want** vous ne trouverez pas mieux; **that's** ~ **enough*** ça pourra aller; **there were 60 people,** ~ **enough*** il y avait 60 personnes, à peu près *or* grosso modo; **as** ~ **as dammit*** ou presque, ou c'est tout comme.*

(d) *(Naut)* près du vent, en serrant le vent. **as** ~ **as she can** au plus près.

2 *prep* (a) *(in space)* près de, auprès de, dans le voisinage de; *(in time)* près de, vers. ~ **here/there** près d'ici/de là; ~ **the church** près de l'église, dans le voisinage de l'église; **he was standing** ~ **the table** il se tenait auprès de *or* près de la table; **regions** ~ **the Equator** les régions avoisinant l'équateur; **stay** ~ **me** restez près de moi; **don't come** ~ **me** ne vous approchez pas de moi; **the sun was** ~ **setting** le soleil était près de se coucher; *(liter)* **the evening was drawing** ~ **its close** la soirée tirait à sa fin; **the passage is** ~ **the end of the book** le passage se trouve vers la fin du livre; **her birthday is** ~ **mine** son anniversaire est proche du mien; *(fig)* **the steak is so tough the knife won't go** ~ **it*** le bifteck est si dur que le couteau n'arrive pas à l'entamer*; *(fig)* **he won't go** ~ **anything illegal** il ne se risquera jamais à faire quoi que ce soit d'illégal.

(b) *(on the point of)* près de, sur le point de. ~ **tears** au bord des larmes; ~ **death** près de *or* sur le point de mourir; **he was very** ~ **refusing** il était sur le point de *or* à deux doigts de refuser.

(c) *(on the same level, in the same degree)* au niveau de, près de. **to be** ~ **sth** se rapprocher de qch; *(fig)* ressembler à qch; **French is** ~**er Latin than English** le français ressemble plus au latin *or* est plus près du latin que l'anglais; **it's the same thing** *or* ~ **it** c'est la même chose *or* presque *or* ou à peu près; **it's as** ~ **snowing as makes no difference** il neige ou peu s'en faut; **nobody comes anywhere** ~ **him at swimming** il n'y a personne à son niveau pour la natation, personne ne lui arrive à la cheville en natation; **that's** ~**er it, that's** ~**er the thing*** voilà qui est mieux; *V* **nowhere.**

3 *adj* (a) *(close in space) building, town, tree* proche, voisin; *neighbour* proche. **to get a** ~ **view of sth** examiner qch de près; **these glasses make things look** ~**er** ces lunettes rapprochent les objets; *(Math)* **to the** ~**est decimal place** à la plus proche décimale près; **to the** ~**est pound** à une livre près; **the** ~**est way**

la route la plus courte *or* la plus directe; **this is very ~ work** ce travail est très minutieux *or* délicat; *V also* **5.**

    (b) (*close in time*) proche, prochain, rapproché. **the hour is ~ (when)** l'heure est proche (où); **in the ~ future** dans un proche avenir, dans un avenir prochain; **these events are still very ~** ces événements sont encore très proches *or* très rapprochés de nous.

    (c) (*fig*) *relative, relationship* proche; *friend* cher, intime; *friendship* intime; *guess* près de la vérité, à peu près juste; *resemblance* assez exact; *portrait* ressemblant; *race, contest* disputé, serré; *result* serré. **my ~est and dearest** mes proches (parents), ceux qui me touchent de près; **a very ~ concern of mine** une chose qui me touche de très près; **the ~est equivalent** ce qui s'en rapproche le plus; (*Aviat*) **a ~ miss** une quasi-collision; **that was a ~ miss** *or* **a ~ thing** (*gen*) il s'en est fallu de peu *or* d'un cheveu; (*of shot*) c'est passé très près; **we had a ~ miss with that truck** on a frôlé l'accident *or* on l'a échappé belle avec ce camion; **the translation is fairly ~** la traduction est assez fidèle; **that's the ~est thing to a compliment** ça pourrait passer pour un compliment, de sa *etc* part c'est un compliment; *V also* **5,** *and* **offer** *etc.*

    (d) = **nearside.**

    (e) (*: mean*) radin*, pingre.

    4 *vt place* approcher de; *person* approcher, s'approcher de. (*liter*) **to be ~ing one's end** toucher à *or* être près de sa fin; **to be ~ing one's goal** toucher au but; **my book is ~ing completion** mon livre est près d'être achevé; **the book is ~ing publication** le livre approche de sa date de publication; **the country is ~ing disaster** le pays est au bord de la catastrophe.

    5 *cpd*: (*US*) **near beer** bière légère; **nearby** (*adv*) près, tout près, à proximité, (*adj*) proche, avoisinant, tout près de là (*or* d'ici); **the Near East** le Proche-Orient; **near gold** similor *m*; **near-nudity** nudité presque totale, quasi-nudité; **nearside** *V* **nearside;** (*US*) **to be near-sighted** être myope, avoir la vue basse; **near-sightedness** myopie *f*; **near silk** soie artificielle.

nearly ['nɪəlɪ] *adv* **(a)** (*almost*) presque, à peu près, près de. **it's ~ complete** c'est presque terminé; **~ black** presque noir; **I've ~ finished** j'ai presque fini; **we are ~ there** nous sommes presque arrivés; **it's ~ 2 o'clock** il est près de *or* presque 2 heures; **it's ~ time to go** il est presque l'heure de partir; **she is ~ 60** elle a près de 60 ans, elle va sur ses 60 ans; **their marks are ~ the same** leurs notes sont à peu près les mêmes; **~ all my money** presque tout mon argent, la presque totalité de mon argent; **he ~ laughed** il a failli rire; **I very ~ lost my place** j'ai bien failli perdre ma place; **she was ~ crying** elle était sur le point de pleurer, elle était au bord des larmes; **it's the same or very ~** so c'est la même chose ou presque.

    (b) **not ~** loin de; **she is not ~ so old as you** elle est loin d'être aussi âgée que vous; **that's not ~ enough** c'est loin d'être suffisant; **it's not ~ good enough** c'est loin d'être satisfaisant.

    (c) (*closely*) près, de près. **this concerns me very ~** cela me touche de très près.

nearness ['nɪənɪs] *n* **(a)** (*in time, place*) proximité *f; [relationship]* intimité *f; [translation]* fidélité *f; [resemblance]* exactitude *f.* **(b)** (*meanness*) parcimonie *f*, radinerie* *f.*

nearside ['nɪəˌsaɪd] (*Aut, Horseriding etc*) **1** *n* (*in Britain*) côté *m* gauche; (*in France, US etc*) côté droit.

    2 *adj* (*in Britain*) de gauche; (*in France, US etc*) de droite.

neat [niːt] *adj* **(a)** (*clean and tidy*) *person, clothes* soigné, propre, net (*f* nette); *sb's appearance, garden, sewing, stitches* soigné, net; *house, room* net, ordonné, bien tenu. **her hair is always very ~** elle est toujours bien coiffée; **~ as a new pin** *child* propre comme un sou neuf; *house* qui brille comme un sou neuf; **he is a ~ worker** il est soigneux dans son travail; **his work is very ~** son travail est très soigné; **his desk is always very ~** son bureau est toujours bien rangé; **~ handwriting** une écriture nette; **she is very ~ in her dress** elle est très soignée dans sa mise, elle s'habille de façon très soignée; **a ~ little suit** un petit tailleur de coupe nette.

    (b) (*pleasing to eye*) *ankles* chevilles fines; *legs* jambes bien faites; **she has a ~ figure** elle est bien faite, elle a une jolie ligne; **a ~ little horse** un beau petit cheval; **a ~ little car** une belle *or* jolie petite voiture.

    (c) *skilful phrase, style* élégant, net (*f* nette); *solution* élégant; *plan* habile, ingénieux; (*: wonderful*) très bien, sensass* *inv.* **a ~ little speech** un petit discours bien tourné; **that's ~!** c'est du beau travail!, c'est du beau boulot!*; **to make a ~ job of sth** bien faire qch, réussir qch; **he's very ~ with his hands** il est très adroit, il est très habile (de ses mains).

    (d) (*Brit: undiluted*) *spirits* pur, sans eau, sec. **he drinks his whisky/brandy ~** il prend son whisky/son cognac sec *or* sans eau; **he had a glass of ~ whisky** il a pris un verre de whisky pur *or* sec; **I'll take it ~** je le prendrai sec.

neaten ['niːtn] *vt dress* ajuster; *desk* ranger. **to ~ one's hair** se recoiffer.

'neath [niːθ] *prep* (*liter*) = **beneath 1.**

neatly ['niːtlɪ] *adv* **(a)** (*tidily*) avec ordre, d'une manière ordonnée *or* soignée; *dress* avec soin; *write* proprement. **to put sth away ~** ranger qch avec soin.

    (b) (*skilfully*) habilement, adroitement. **he avoided the question very ~** il a éludé la question très habilement *or* adroitement; **~ put** joliment dit; **a ~ turned sentence** une phrase bien tournée *or* joliment tournée; **you got out of that very ~** vous vous en êtes adroitement *or* très bien tiré.

neatness ['niːtnɪs] *n* **(a)** (*tidiness*) *[person, clothes]* netteté *f*, propreté *f; [house, room]* netteté, belle ordonnance; *[garden, sewing, stitches]* netteté. **the ~ of her work/appearance** son travail/sa tenue soigné(e), le soin qu'elle apporte à son travail/sa tenue.

    (b) *[ankles]* finesse *f; [legs, figure]* finesse, galbe *m.* **(c)** (*skilfulness*) adresse *f*, habileté *f*, dextérité *f; [style etc]* adresse.

N.E.B. [ˌeniːˈbiː] *n* (*Brit*) *abbr of* **National Enterprise Board;** *V* **national.**

nebbish ['nebɪʃ] **1** *adj* (*US*) empoté*. **your ~ brother** ton empoté de frère. **2** *n* ballot* *m*, empoté(e) *m(f).*

Nebraska [nɪˈbræskə] *n* Nebraska *m.* **in ~** dans le Nebraska.

Nebuchadnezzar [ˌnebjʊkədˈnezər] *n* Nabuchodonosor *m.*

nebula ['nebjʊlə] *n, pl* **nebulae** ['nebjʊliː] nébuleuse *f.*

nebulous ['nebjʊləs] *adj* (*Astron*) nébuleux; (*fig*) nébuleux, vague, flou.

necessarily ['nesɪsərɪlɪ] *adv* nécessairement, forcément, inévitablement. **they must ~ leave tomorrow** ils devront nécessairement *or* inévitablement partir demain; **this is not ~ the case** ce n'est pas forcément *or* nécessairement le cas; **you don't ~ have to believe it** vous n'êtes pas forcé *or* obligé de le croire.

necessary ['nesɪsərɪ] **1** *adj* **(a)** (*essential*) nécessaire, essentiel (*to, for* à). **it is ~ to do** il faut faire, il est nécessaire de faire; **it is ~ for him to be there** il faut qu'il soit là, il est nécessaire qu'il soit là; **it is ~ that ...** il faut que ... + *subj*, il est nécessaire que ... + *subj*; **if ~** s'il le faut, en cas de besoin, au besoin, si besoin est; **to do everything ~ or what is ~ (for)** faire tout ce qu'il faut (pour), faire le nécessaire (pour); **to make the ~ arrangements (for sth to be done)** prendre les dispositions nécessaires *or* faire le nécessaire (pour que qch se fasse); **to make it ~ for sb to do** mettre qn dans la nécessité de faire; **to do more than is ~** faire plus qu'il ne faut, faire plus que le nécessaire; **don't do any more than is ~** n'en faites pas plus qu'il ne faut *or* qu'il n'est nécessaire; **to do no more than is ~** ne faire que le nécessaire *or* que ce qu'il faut; **good food is ~ to health** une bonne alimentation est nécessaire *or* essentielle à la santé; **all the ~ qualifications for this job** toutes les qualités requises pour (obtenir) ce poste; **the law was clearly ~** la loi était de toute évidence nécessaire.

    (b) (*unavoidable*) *corollary* nécessaire; *result* inévitable. **a ~ evil** un mal nécessaire.

    2 *n* **(a) to do the ~*** faire le nécessaire.

    (b) (*money*) **the ~*** le fric‡, les fonds *mpl.*

    (c) (*Jur: necessities*) **necessaries** nécessaire *m.*

necessitate [nɪˈsesɪteɪt] *vt* nécessiter, rendre nécessaire. **the situation ~d his immediate return** la situation l'a obligé à revenir immédiatement, la situation a nécessité son retour immédiat.

necessitous [nɪˈsesɪtəs] *adj* nécessiteux. **in ~ circumstances** dans le besoin, dans la nécessité.

necessity [nɪˈsesɪtɪ] *n* **(a)** (*U: compelling circumstances*) nécessité *f*; (*need, compulsion*) besoin *m*, nécessité. **to be under the ~ of doing** être dans la nécessité de faire; **from or out of ~** par nécessité, par la force des choses; **of ~** de (toute) nécessité, nécessairement, inévitablement; (*Prov*) **~ knows no law** nécessité fait loi (*Prov*); (*Prov*) **~ is the mother of invention** de la nécessité naît l'invention, la nécessité rend ingénieux; **case of absolute ~** cas *m* de force majeure; **there is no ~ for you to do that** vous n'avez pas besoin de faire cela, il n'est pas nécessaire que vous fassiez cela; **in case of ~** au besoin, en cas de besoin; **the ~ of doing** le besoin *or* la nécessité de faire; **she realized the ~ of going to see him** elle a compris qu'il était nécessaire d'aller le voir, elle a compris la nécessité dans laquelle elle se trouvait d'aller le voir; **he did not realize the ~ for a quick decision** il ne s'est pas rendu compte qu'il fallait très vite prendre une décision; **is there any ~?** est-ce nécessaire?; **there's no ~ for tears/apologies** vous n'avez pas besoin de pleurer/de vous excuser; *V* **virtue.**

    (b) (*U: poverty*) besoin *m*, dénuement *m*, nécessité *f.*

    (c) (*necessary object etc*) chose nécessaire *or* essentielle. **the bare necessities of life** les choses nécessaires *or* essentielles à la vie; **a dishwasher is a ~ nowadays** un lave-vaisselle est une chose essentielle *or* indispensable de nos jours.

neck [nek] **1** *n* **(a)** *[person]* cou *m; [horse etc]* encolure *f.* **to have a sore ~** avoir mal au cou; (*fig*) **to risk one's ~** risquer sa vie *or* sa peau*; (*fig*) **to save one's ~** sauver sa peau*; **to fall on sb's ~,** **to fling one's arms round sb's ~** se jeter *or* sauter au cou de qn; (*Racing*) **to win by a ~** gagner d'une encolure; **to be up to one's ~ in work** avoir du travail par-dessus la tête*; **to be up to one's ~ in a crime** être totalement impliqué dans un crime; **he's up to his ~ in it*** il est dans le bain* jusqu'au cou; (*fig*) **he got it in the ~*** il en a pris pour son compte *or* grade*, il a dérouillé‡; **to stick or shoot one's ~ out*** se mouiller‡, s'avancer (*fig*), prendre un *or* des risque(s); **I don't want (to have) him round my ~** je ne veux pas l'avoir sur le dos (*fig*); **to throw sb out ~ and crop** jeter qn dehors sans appel; (*Brit*) **it's ~ or nothing*** il faut jouer le tout pour le tout; **~ of mutton** collet *m* de mouton; **~ of beef** collier *m* de bœuf; (*Culin*) **best end of ~** côtelettes premières; *V* **break, pain, stiff** *etc.*

    (b) *[dress, shirt etc]* encolure *f.* **high ~** col montant; **square ~** décolleté *m or* encolure *f* carré(e); **dress with a low ~** robe décolletée; **shirt with a 38 cm ~** chemise qui fait 38 cm d'encolure *or* de tour de cou; *V* **polo, roll** *etc.*

    (c) *[bottle]* col *m*, goulot *m; [vase]* col; *[tooth, screw]* collet *m; [land]* isthme *m; [guitar, violin]* manche *m.* (*fig*) **in our ~ of the woods** dans nos parages, de par chez nous, dans notre coin; *V* **bottle.**

    (d) (*Brit‡: impertinence*) toupet* *m*, culot‡ *m.*

    2 *vi* (‡) se peloter*. **to ~ with sb** peloter qn.

    3 *cpd*: **neck and neck** à égalité; **neckband** (*part of garment*) col *m; (ribbon etc worn on neck)* tour *m* du cou; **necklace** *V* **necklace; neckline** encolure *f*; **plunging neckline** décolleté *or* décolletage plongeant; (*US*) **necktie** cravate *f.*

-necked [nekt] *adj ending in cpds V* **low**[1] **4,** **round 5,** **stiff 2** *etc.*

neckerchief ['nekətʃiːf] *n* (*scarf*) foulard *m*, tour *m* de cou; (*on dress*) fichu *m.*

necking‡ ['nekɪŋ] *n* pelotage‡ *m.*

necklace ['neklɪs] *n* collier *m*; (*long*) sautoir *m*. ruby/pearl ~ collier de rubis/de perles; diamond ~ collier *m or* rivière *f* de diamants.

necklet ['neklɪt] *n* collier *m*; (*fur*) collet *m* (en fourrure).

necrological [,nekrəʊ'lɒdʒɪkəl] *adj* nécrologique.

necrologist [ne'krɒlədʒɪst] *n* nécrologue *m*.

necrology [ne'krɒlədʒɪ] *n* nécrologie *f*.

necromancer ['nekrəʊmænsər] *n* nécromancien(ne) *m(f)*.

necromancy ['nekrəʊmænsɪ] *n* nécromancie *f*.

necrophile ['nekrəʊfaɪl] *n* nécrophile *mf*.

necrophilia [,nekrəʊ'fɪlɪə] *n*, **necrophilism** [ne'krɒfɪlɪzəm] *n* nécrophilie *f*.

necrophiliac [,nekrəʊ'fɪlɪæk] *n* nécrophile *mf*.

necrophilic [,nekrəʊ'fɪlɪk] *adj* nécrophile.

necrophobe ['nekrəʊfəʊb] *n* nécrophobe *mf*.

necrophobia [,nekrəʊ'fəʊbɪə] *n* nécrophobie *f*.

necrophobic [,nekrəʊ'fəʊbɪk] *adj* nécrophobe.

necropolis [ne'krɒpəlɪs] *n* nécropole *f*.

nectar ['nektər] *n* nectar *m*.

nectarine ['nektərɪn] *n* (*fruit*) brugnon *m*, nectarine *f*; (*tree*) brugnonnier *m*.

NEDC [,eniːdiː'siː] *n* (*Brit*) *abbr of* National Economic Development Council; *V* national.

Neddy* ['nedɪ] *n* (*Brit*) *abbr for* National Economic Development Council; *V* national.

née [neɪ] *adj* née. Mrs Smith, ~ Jones Mme Smith, née Jones.

need [niːd] **1** *n* (a) (*U: necessity, obligation*) besoin *m*. if ~ be si besoin est, s'il le faut; in case of ~ en cas de besoin; there is no ~ for tears vous n'avez pas besoin de pleurer; there's no ~ to hurry on n'a pas besoin de se presser; no ~ to worry! pas besoin de s'en faire!*; no ~ to tell him pas besoin de lui dire; there's no ~ for you to come, you have no ~ to come vous n'êtes pas obligé de venir; to have no ~ to do sth ne pas avoir besoin de *or* ne pas être obligé de *or* ne pas avoir à faire qch; I can't see the ~ for it je n'en vois pas la nécessité.

(b) (*U*) (*want, lack*) besoin *m*; (*poverty*) besoin, indigence *f*, dénuement *m*, gêne *f*. there is much ~ of food il y a un grand besoin de vivres; when the ~ arises quand le besoin se présente *or* s'en fait sentir; to have ~ of, to be in ~ of avoir besoin de; to be badly *or* greatly in ~ of avoir grand besoin de; I have no ~ of advice je n'ai pas *or* aucun besoin de conseils, I'm in ~ of a drink il me faut à boire; the house is in ~ of repainting la maison a besoin d'être repeinte; those most in ~ of help ceux qui ont le plus besoin de secours; to be in ~ être dans le besoin; his ~ is great son dénuement est grand; your ~ is greater than mine vous êtes plus dans le besoin que moi; (*hum*) vous en avez plus besoin que moi; *V* serve.

(c) (*U: misfortune*) adversité *f*, difficulté *f*. in times of ~ aux heures *or* aux moments difficiles; do not fail me in my hour of ~ ne m'abandonnez pas dans l'adversité; *V* friend.

(d) (*thing needed*) besoin *m*. to supply sb's ~s subvenir aux besoins de qn; his ~s are few il a peu de besoins; give me a list of your ~s donnez-moi une liste de ce dont vous avez besoin *or* de ce qu'il vous faut; the greatest ~s of industry ce dont l'industrie a le plus besoin.

2 *pret, ptp* **needed** *vt* (a) (*require*) [*person, thing*] avoir besoin de. they ~ one another ils ont besoin l'un de l'autre; I ~ money j'ai besoin d'argent, il me faut de l'argent; I ~ more money il me faut davantage d'argent; I ~ it j'en ai besoin, il me le faut; do you ~ more time? avez-vous besoin qu'on vous accorde (*subj*) plus de *or* davantage de temps?; have you got all that you ~? vous avez tout ce qu'il vous faut?; it's just what I ~ed c'est tout à fait ce qu'il me fallait; I ~ 2 more to complete the series il m'en faut encore 2 pour compléter la série; he ~ed no second invitation il n'a pas eu besoin qu'on lui répète (*subj*) l'invitation; the house ~s repainting *or* to be repainted la maison a besoin d'être repeinte; her hair ~s brushing *or* to be brushed ses cheveux ont besoin d'un coup de brosse; a visa is ~ed il faut un visa; a much ~ed holiday des vacances dont on a (*or* j'ai *etc*) grand besoin; I gave it a much ~ed wash je l'ai lavé, ce dont il avait grand besoin; it ~ed a war to alter that il a fallu une guerre pour changer ça; it *or* he doesn't ~ me to tell him il n'a pas besoin que je le lui dise; she ~s watching *or* to be watched elle a besoin d'être surveillée; he ~s to have everything explained to him in detail il faut tout lui expliquer en détail; you will hardly ~ to be reminded that ... vous n'avez sûrement pas besoin qu'on (*or* que je *etc*) vous rappelle (*subj*) que ...; you only ~ed to ask tu n'avais qu'à demander; (*fig*) who ~s it?* on s'en fiche*!; *V* hole.

(b) (*demand*) demander, nécessiter, exiger. this book ~s careful reading ce livre demande à être lu attentivement *or* nécessite une lecture attentive; this coat ~s to be cleaned regularly ce manteau doit être nettoyé régulièrement; this plant ~s care cette plante exige qu'on en prenne soin; the situation ~s detailed consideration la situation doit être considérée dans le détail; this will ~ some explaining il va falloir fournir de sérieuses explications là-dessus; it shouldn't ~ a famine to make us realize that ... nous ne devrions pas avoir besoin d'une famine pour nous apercevoir que ... .

3 *modal auxiliary vb* (*ne s'emploie qu'à la forme interrogative, négative et avec 'hardly', 'scarcely' etc: les formes du type 'no one needs to do' sont moins littéraires que celles du type 'no one need do'*).

(a) (*indicating obligation*) need he go?, does he ~ to go? a-t-il besoin *or* est-il obligé d'y aller?, faut-il qu'il y aille?; **you needn't wait** vous n'avez pas besoin *or* vous n'êtes pas obligé d'attendre; **you needn't bother to write to me** ce n'est pas la peine *or* ne vous donnez pas la peine de m'écrire; I told her she needn't reply *or* she didn't need to reply je lui ai dit qu'elle n'était pas obligée *or* forcée

de répondre; **we needn't have hurried** ce n'était pas la peine de nous presser; **need I finish the book now?** faut-il que je termine (*subj*) le livre maintenant?; **need we go into all this now?** est-il nécessaire de *or* faut-il discuter de tout cela maintenant?; **I need hardly say that** ... je n'ai guère besoin de dire que ..., inutile de dire que ...; **need I say more?** ai-je besoin d'en dire plus (long)?; **you needn't say any more inutile d'en dire plus (long); there need be no questions asked** si on fait attention personne ne demandera rien; **no one need go** *or* **needs to go hungry nowadays** de nos jours personne n'est obligé d'avoir *or* n'est condamné à avoir faim; **why need you always remind me of that?, why do you always need to remind me of that?** pourquoi faut-il toujours que tu me rappelles (*subj*) cela?

(b) (*indicating logical necessity*) **need that be true?** est-ce nécessairement vrai?; **that needn't be the case** ce n'est pas nécessairement *or* forcément le cas; **it need not follow that they are all affected** il ne s'ensuit pas nécessairement *or* forcément qu'ils soient tous affectés.

needful ['niːdfʊl] **1** *adj* nécessaire. to do what is ~ faire ce qui est nécessaire, faire le nécessaire; as much as is ~ autant qu'il en faut. **2** *n* (a) to do the ~ * faire ce qu'il faut. (b) (‡: *money*) the ~ le fric‡, les fonds *mpl*.

neediness ['niːdɪnɪs] *n* indigence *f*, dénuement *m*, nécessité *f*.

needle ['niːdl] **1** *n* (a) (*most senses*) aiguille *f*. knitting/darning *etc* ~ aiguille à tricoter/à repriser *etc*; record-player ~ saphir *m* de tourne-disque; gramophone ~ aiguille de phonographe; (*Bot*) pine ~ aiguille de pin; (*fig*) to look for a ~ in a haystack chercher une aiguille dans une botte de foin; (*Drugs sl*) to be on the ~ être héroïnomane, se shooter‡ à l'héroïne; *V* pin, sharp *etc*.

(b) (*Brit fig*) he gives me the ~‡ (*tease*) il me charrie‡; (*annoy*) il me tape sur les nerfs* *or* sur le système*; to get the ~‡ se ficher en boule‡.

2 *vt* (a) (*) (*annoy*) asticoter, agacer; (*sting*) piquer *or* toucher au vif; (*nag*) harceler. she was ~d into replying sharply touchée au vif *or* agacée elle a répondu avec brusquerie.

(b) (*US*) to ~ a drink‡ corser une boisson.

3 *cpd*: needle book, needle case porte-aiguilles *m inv*; needlecraft travaux *mpl* d'aiguille; needlepoint tapisserie *f* à l'aiguille; (*fig*) needle sharp (*alert*) malin (*f*-igne) comme un singe; (*penetrating*) perspicace; she is a good needlewoman elle coud bien; needlework (*gen*) travaux *mpl* d'aiguille; (*mending etc*; *also Scol*) couture *f*; bring your needlework with you apportez votre ouvrage.

needless ['niːdlɪs] *adj expense, inconvenience* inutile, superflu; *action* inutile, qui ne sert à rien; *remark* déplacé. ~ to say, it then began to rain inutile de dire que la pluie s'est mise alors à tomber.

needlessly ['niːdlɪslɪ] *adv* inutilement. you're worrying quite ~ vous vous inquiétez tout à fait inutilement *or* sans raison.

needlessness ['niːdlɪsnɪs] *n* inutilité *f*; [*remark*] inopportunité *f*.

needs [niːdz] *adv* (*ne s'emploie qu'avec 'must'*) absolument, de toute nécessité. I must ~ leave tomorrow il me faut absolument partir demain, je dois de toute nécessité partir demain; if ~ must s'il le faut absolument, si c'est absolument nécessaire; (*Prov*) ~ must when the devil drives nécessité fait loi (*Prov*).

needy ['niːdɪ] **1** *adj person* nécessiteux, indigent. in ~ circumstances dans le besoin, dans l'indigence. **2** *n*: the ~ les nécessiteux *mpl*, les indigents *mpl*.

ne'er [nɛər] **1** *adv* (*liter*) = never **1**. **2** *cpd*: ne'er-do-well (*n*) bon(ne) *m(f)* propre *mf* à rien; (*adj*) bon *or* propre à rien; (*liter*).

ne'ertheless = nevertheless.

nefarious [nɪ'fɛərɪəs] *adj* abominable, infâme, vil (*f* vile) (*liter*).

nefariousness [nɪ'fɛərɪəsnɪs] *n* scélératesse *f*.

negate [nɪ'geɪt] *vt* (*frm*) (*nullify*) annuler; (*deny truth of*) nier la vérité de; (*deny existence of*) nier (l'existence de). this ~d all the good that we had achieved cela a réduit à rien tout le bien que nous avions fait.

negation [nɪ'geɪʃən] *n* (*all senses*) négation *f*.

negative ['negətɪv] **1** *adj* (*all senses*) négatif. he's very ~ about it il a une attitude très négative sur cette question; (*Ling*) ~ particle particule négative.

2 *n* (a) réponse négative. his answer was a curt ~ il a répondu par un non fort sec; the answer was in the ~ la réponse était négative; to answer in the ~ répondre négativement *or* par la négative, faire une réponse négative; (*as answer*) '~' (*gen*) 'non'; (*computer voice*) 'réponse négative'.

(b) (*Ling*) négation *f*. double ~ double négation; two ~s make a positive deux négations équivalent à une affirmation; in(to) the ~ à la forme négative.

(c) (*Phot*) négatif *m*, cliché *m*.

(d) (*Elec*) (pôle *m*) négatif *m*.

3 *vt* (a) (*veto*) *plan* rejeter, s'opposer à, repousser. the amendment was ~d l'amendement fut repoussé.

(b) (*contradict, refute*) *statement* contredire, réfuter.

(c) (*nullify*) *effect* neutraliser.

negatively ['negətɪvlɪ] *adv* négativement.

Negev ['negev] *n*: ~ Desert désert *m* du Néguev.

neglect [nɪ'glekt] **1** *vt child* négliger, laisser à l'abandon, délaisser; *animal, invalid* négliger, ne pas s'occuper de; *one's wife, one's friends* négliger, délaisser; *garden* laisser à l'abandon, ne pas s'occuper de, ne prendre aucun soin de; *house, car, machinery* ne pas s'occuper de, ne prendre aucun soin de; *rule, law* ne tenir aucun compte de, ne faire aucun cas de; *duty, obligation* manquer à, négliger, oublier; *business, work, hobby* négliger, délaisser, se désintéresser de; *opportunity* laisser échapper, négliger; *promise* manquer à, ne pas tenir; *one's health* négliger; *advice* négliger, ne tenir aucun compte de, ne faire aucun cas de. to ~ o.s., to ~ one's

appearance *or* person se négliger; **to ~ to do** négliger *or* omettre de faire; *V also* **neglected.**

  2 *n* (*U*) *[person]* manque *m* de soins *or* d'égards *or* d'attention (*of* envers); *[duty, obligation]* manquement *m* (*of* à); *[work]* manque *m* d'intérêt *m* (*of* pour). **~ of one's appearance** manque de soins apportés à son apparence; **his ~ of his promise** son manquement à sa promesse, le fait de ne pas tenir sa promesse; **his ~ of his house/garden/car** le fait qu'il ne s'occupe pas de sa maison/de son jardin/de sa voiture; **the garden was in a state of ~** le jardin était mal tenu *or* était à l'abandon; **children left in utter ~** enfants laissés complètement à l'abandon; **the fire happened through ~** l'incendie est dû à la négligence.

neglected [nɪ'glektɪd] *adj appearance* négligé, peu soigné; *wife, family* abandonné, délaissé; *house* mal tenu; *garden* mal tenu, laissé à l'abandon. **to feel ~** se sentir abandonné *or* délaissé *or* oublié; **this district of the town is very ~** ce quartier de la ville est laissé complètement à l'abandon.

neglectful [nɪ'glektfʊl] *adj* négligent. **to be ~ of** négliger.

neglectfully [nɪ'glektfəlɪ] *adv* avec négligence.

négligé, negligee ['neglɪʒeɪ] *n* négligé *m*, déshabillé *m*.

negligence ['neglɪdʒəns] *n* (*U*) négligence *f*, manque *m* de soins *or* de précautions. **through ~** par négligence; (*Rel*) **sin of ~** faute *f or* péché *m* d'omission; *V* contributory.

negligent ['neglɪdʒənt] *adj* **(a)** (*neglectful*) négligent. **to be ~ of one's duties** être oublieux de *or* négliger ses devoirs; **he was ~ in his work** il négligeait son travail. **(b)** (*offhand*) *gesture, look* négligent. **with a ~** air d'un air négligent *or* détaché.

negligently ['neglɪdʒəntlɪ] *adv* **(a)** (*offhandedly*) négligemment, avec insouciance. **(b)** (*carelessly*) *omit* par négligence; *behave* avec négligence.

negligible ['neglɪdʒəbl] *adj* négligeable.

negotiable [nɪ'gəʊʃɪəbl] *adj* **(a)** (*Fin*) négociable. **~ securities** fonds *mpl* négociables; **not ~** non négociable. **(b)** *salary, conditions* négociable, à débattre. **(c)** *road* praticable; *mountain, obstacle* franchissable; *river* (*can be sailed*) navigable, (*can be crossed*) franchissable.

negotiate [nɪ'gəʊʃɪeɪt] **1** *vt* **(a)** *sale, loan, settlement, salary* négocier.
  (b) *obstacle, hill* franchir; *river* (*sail on*) naviguer, (*cross*) franchir, traverser; *rapids, falls* franchir; *bend in road* prendre, négocier; *difficulty* surmonter, franchir.
  (c) *bill, cheque, bond* négocier.
  2 *vi* négocier, traiter (*with sb for sth* avec qn pour obtenir qch). **they are negotiating for more pay** ils sont en pourparler(s) *or* ils ont entamé des négociations pour obtenir des augmentations.

negotiation [nɪ,gəʊʃɪ'eɪʃən] *n* (*discussion*) négociation *f*, pourparler *m*. **to begin ~s** with engager *or* entamer des négociations *or* des pourparlers avec; **to be in ~ with** être en pourparler(s) avec; **~s are proceeding** des négociations *or* des pourparlers sont en cours.

negotiator [nɪ'gəʊʃɪeɪtər] *n* négociateur *m*, -trice *f*.

Negress ['niːgres] *n* Noire *f*.

Negro ['niːgrəʊ] **1** *adj* nègre; *V* **spiritual. 2** *n, pl* **~es** Noir *m*.

negroid ['niːgrɔɪd] *adj* négroïde.

Nehemiah [,niːɪ'maɪə] *n* Néhémie *m*.

neigh [neɪ] **1** *vi* hennir. **2** *n* hennissement *m*.

neighbour, (*US*) **neighbor** ['neɪbər] **1** *n* voisin(e) *m(f)*; (*Bible etc*) prochain(e) *m(f)*. **she is my ~** c'est ma voisine; **she is a good ~** c'est une bonne voisine; **Britain's nearest ~ is France** la France est la plus proche voisine de la Grande-Bretagne; *V* **next door.**
  2 *cpd*: (*US Pol*) **Good Neighbor Policy** politique *f* de bon voisinage; (*US*) **neighbor states** états voisins.
  3 *vi* (*US*) **to ~ with sb** se montrer bon voisin envers qn.

neighbourhood, (*US*) **neighborhood** ['neɪbəhʊd] **1** *n* (*district*) voisinage *m*, quartier *m*; (*area nearby*) voisinage, alentours *mpl*, environs *mpl*. **all the children of the ~** tous les enfants du voisinage *or* du quartier; **it's not a nice ~** ce n'est pas un quartier bien; **the whole ~ knows** him tout le voisinage *or* le quartier le connaît; **the soil in this ~ is very rich** la terre de cette région est très riche; **the cinema is in his ~** le cinéma est près de *or* à proximité de chez lui; **in the ~ of the church** aux alentours de *or* aux environs de l'église, dans le voisinage de l'église; **(something) in the ~ of £100** dans les 100 livres, environ 100 livres, à peu près 100 livres; **anyone in the ~ of the crime** toute personne se trouvant dans les parages du crime.
  2 *cpd doctor, shops* du *or* de quartier. **neighbourhood TV** télévision locale; (*fig, often iro*) **our** (*or* **your**) **friendly neighbourhood dentist** *etc* le (cher) dentiste *etc* du coin.

neighbouring, (*US*) **neighboring** ['neɪbərɪŋ] *adj* avoisinant, voisin.

neighbourliness, (*US*) **neighborliness** ['neɪbəlɪnɪs] *n*: (good) **~** rapports *mpl* de bon voisinage.

neighbourly, (*US*) **neighborly** ['neɪbəlɪ] *adj person* bon voisin, amical, obligeant; *feelings* de bon voisin, amical; *action* de bon voisin. **they are ~ people** ils sont bons voisins; **to behave in a ~ way** agir en bon voisin; **~ relations** rapports *mpl* de bon voisinage.

neighing ['neɪɪŋ] **1** *n* hennissement(s) *m(pl)*. **2** *adj* hennissant.

neither ['naɪðər] **1** *adv* ni. **~ ... nor** ni ... ni (+ *ne before vb*); **~ you nor I know** ni vous ni moi ne (le) savons; **the book is ~ good nor bad** le livre n'est ni bon ni mauvais; **I've seen ~ him nor her** je n'ai vu ni lui ni elle; **he can ~ read nor write** il ne sait ni lire ni écrire; **he ~ knows nor cares** il ne le sait pas et ne s'en soucie point; (*fig*) **that's ~ here nor there** ce n'est pas la question, cela n'a rien à voir (avec la question).
  2 *conj* **(a)** ne ... non plus, (et ...) non plus, ni. **if you don't go, ~ shall I** si tu n'y vas pas je n'irai pas non plus; **I'm not going — ~ am I** je n'y vais pas — (et) moi non plus *or* ni moi *or* ni moi non plus†;

he didn't do it — **~** did his brother ce n'est pas lui qui l'a fait — son frère non plus *or* ni son frère.
  (b) (*liter: moreover ... not*) d'ailleurs ... ne ... pas. **I can't go, ~ do I want to** je ne peux pas y aller et d'ailleurs je ne le veux pas.
  3 *adj*: **~ story is true** ni l'une ni l'autre des deux histoires n'est vraie, aucune des deux histoires n'est vraie; **in ~ way** ni d'une manière ni de l'autre; **in ~ case** ni dans un cas ni dans l'autre.
  4 *pron* aucun(e) *m(f)*, ni l'un(e) ni l'autre (+ *ne before vb*). **~ of them knows** ni l'un ni l'autre ne le sait, ils ne le savent ni l'un ni l'autre; **I know ~ of them** je ne connais ni l'un ni l'autre; **which (of the two) do you prefer? — ~** lequel (des deux) préférez-vous? — ni l'un ni l'autre.

Nelly ['nelɪ] *n* (*dim of* **Helen, Ellen**) Hélène *f*, Éléonore *f*. **not on your ~!‡** jamais de la vie!

nelson ['nelsən] *n* (*Wrestling*) **full ~** nelson *m*; **half ~** clef *f* du cou; (*fig*) **to put a half ~ on sb*** attraper qn (*pour l'empêcher de faire qch*).

nem. con. (*abbr of* **nemine contradicente** = **no one contradicting**) à l'unanimité.

nemesia [nɪ'miːʒə] *n* némésia *m* (*fleur*).

Nemesis ['nemɪsɪs] *n* **(a)** (*Myth*) Némésis *f*.
  (b) (*also* **n~**) némésis *f*, instrument *m* de vengeance. **it's ~** c'est un juste retour des choses; (*esp US*) **she's my ~** je suis vaincu d'avance avec elle.

neo... ['niːəʊ] *pref* néo-.

Neocene ['niːə,siːn] *n* néogène *m*.

neoclassical [,niːəʊ'klæsɪkəl] *adj* néo-classique.

neoclassicism [,niːəʊ'klæsɪ,sɪzəm] *n* néo-classicisme *m*.

neodymium [,niːəʊ'dɪmɪəm] *n* néodyme *m*.

neofascism [,niːəʊ'fæʃɪzəm] *n* néo-fascisme *m*.

neofascist [,niːəʊ'fæʃɪst] *adj, n* néo-fasciste (*mf*).

Neogene ['niːə,dʒiːn] *n* néogène *m*.

neolith ['niːəlɪθ] *n* (*Archaeol*) pierre *f* polie.

neolithic [,niːəʊ'lɪθɪk] *adj* néolithique. **~ age** âge *m* néolithique *or* de la pierre polie.

neological [,niːə'lɒdʒɪkəl] *adj* néologique.

neologism [nɪ'ɒlə,dʒɪzəm], **neology** [nɪ'ɒlədʒɪ] *n* néologisme *m*.

neologize [nɪ'ɒlədʒaɪz] *vi* faire un (*or* des) néologisme(s).

neomycin [,niːəʊ'maɪsɪn] *n* néomycine *f*.

neon ['niːɒn] **1** *n* (gaz *m*) néon *m*. **2** *cpd lamp, lighting* au néon. **neon sign** enseigne *f* (lumineuse) au néon.

neonatal [,niːəʊ'neɪtəl] *adj* néo-natal.

neonate ['niːəʊ,neɪt] *n* nouveau-né *m*.

neonazi [,niːəʊ'nɑːtsɪ] *adj, n* néo-nazi(e) *m(f)*.

neophyte ['niːəʊ,faɪt] *n* néophyte *mf*.

neoplasm ['niːəʊ,plæzəm] *n* néoplasme *m*.

Neo-Platonic, *also* **neoplatonic** [,niːəʊplə'tɒnɪk] *adj* néo-platonicien.

Neo-Platonism, *also* **neoplatonism** [,niːəʊ'pleɪtə,nɪzəm] *n* néo-platonisme *m*.

Neo-Platonist, *also* **neoplatonist** [,niːəʊ'pleɪtə,nɪst] *n* néo-platonicien(ne) *m(f)*.

Neozoic [,niːəʊ'zəʊɪk] *adj* néozoïque.

Nepal [nɪ'pɔːl] *n* Népal *m*.

Nepalese [,nepɔː'liːz], **Nepali** [nɪ'pɔːlɪ] **1** *adj* népalais. **2** *n* **(a)** (*pl inv*) Népalais(e) *m(f)*. **(b)** (*Ling*) népalais *m*.

nephew ['nevjuː, (*esp US*) 'nefjuː] *n* neveu *m*.

nephralgia [nɪ'frældʒɪə] *n* néphralgie *f*.

nephrectomy [nɪ'frektəmɪ] *n* néphrectomie *f*.

nephritic [ne'frɪtɪk] *adj* néphritique.

nephritis [ne'fraɪtɪs] *n* néphrite *f*.

nephrology [nɪ'frɒlədʒɪ] *n* néphrologie *f*.

nephrosis [nɪ'frəʊsɪs] *n* néphrose *f*.

nephrotomy [nɪ'frɒtəmɪ] *n* néphrotomie *f*.

nepotism ['nepətɪzəm] *n* népotisme *m*.

Neptune ['neptjuːn] *n* (*Myth*) Neptune *m*; (*Astron*) Neptune *f*.

neptunium [nep'tjuːnɪəm] *n* neptunium *m*.

nerd‡ [nɜːd] *n* ballot* *m*, pauvre mec‡ *m*.

nereid ['nɪərɪɪd] *n* (*Myth, Zool*) néréide *f*.

Nero ['nɪərəʊ] *n* Néron *m*.

nerve [nɜːv] **1** *n* **(a)** (*Anat, Dentistry*) nerf *m*; (*Bot*) nervure *f*. **to kill the ~ of a tooth** dévitaliser une dent.
  (b) (*fig*) **~s** nerfs *mpl*, nervosité *f*; **her ~s are bad** elle est très nerveuse; **she suffers from ~** elle a les nerfs fragiles; (*before performance*) **to have a fit** *or* **an attack of ~s** avoir le trac*; **it's only ~s** c'est de la nervosité; **to be all ~s,** **to be a bundle of ~s** être un paquet de nerfs; **he was in a state of ~s, his ~s were on edge** il était sur les nerfs, il avait les nerfs tendus *or* à vif; **he/that noise gets on my ~s** il/ce bruit me porte *or* me tape sur les nerfs* *or* sur le système*; **to live on one's ~s** vivre sur les nerfs; **to have ~s of steel** *or* **of iron** avoir les nerfs très solides *or* à toute épreuve; **war of ~s** guerre *f* des nerfs; *V* **strain¹.**
  (c) (*U: fig*) (*courage*) courage *m*; (*self-confidence*) assurance *f*, confiance *f* en soi(-même). **it was a test of ~** and **stamina** c'était une épreuve de sang-froid et d'endurance; **try to keep your ~** essayez de conserver votre sang-froid; **after the accident he never got his ~ back** *or* **never regained his ~** après l'accident il n'a jamais retrouvé son assurance *or* sa confiance en lui-même; **I haven't the ~ to do that** je n'ai pas le courage *or* le cran* de faire ça (*V also* **1d**); **his ~ failed him, he lost his ~** il s'est dégonflé*.
  (d) (*: *cheek*) toupet* *m*, culot‡ *m*. **you've got a ~!** tu es gonflé*; **tu as du culot!‡** *or* **du toupet!***; **you've got a bloody‡ ~!** tu charries!‡; **what a ~!**, **of all the ~!, the ~ of it!** quel culot!‡, quel toupet!*, en voilà un culot!‡ *or* un toupet!*; **he had the ~ to say that ...** il a eu le culot‡ *or* le toupet* de dire que ... .
  2 *vt*: **to ~ sb to do** donner à qn le courage *or* l'assurance de faire; **to ~ o.s. to do** prendre son courage à deux mains *or* s'armer de

courage pour faire; **I can't ~ myself to do it** je n'ai pas le courage de le faire.
3 *cpd:* **nerve cell** cellule nerveuse; **nerve centre** (*Anat*) centre nerveux; (*fig*) centre *m* d'opérations (*fig*); **nerve ending** terminaison nerveuse; **nerve gas** gaz *m* neuroplégique **nerve-racking** angoissant, très éprouvant pour les nerfs; **nerve specialist** neurologue *mf*.
nerveless ['nɜːvlɪs] *adj* (a) (*Anat*) sans nerfs; (*Bot*) sans nervures. (*fig*) **it fell from his ~ grasp** sa main, inerte, l'a lâché.
(b) (*fig: calm, collected*) maître (*f* maîtresse) de soi, (plein) de sang-froid.
nervelessness ['nɜːvlɪsnɪs] *n* (*fig: feebleness*) inertie *f*, manque *m* de vigueur *or* d'énergie; (*calmness*) sang-froid *m*.
nerviness* ['nɜːvɪnɪs] *n* (a) énervement *m*, nervosité *f*. (b) (*US: cheek*) culot‡ *m*, toupet* *m*.
nervous ['nɜːvəs] *adj* (a) (*Anat*) nerveux. **to have a ~ breakdown** avoir *or* faire* une dépression nerveuse; **~ disease** maladie nerveuse; **full of ~ energy** plein de vitalité *or* d'énergie; **~ exhaustion** fatigue nerveuse, (*serious*) surmenage mental; **~ system** système nerveux; **~ tension** tension nerveuse.
(b) (*easily excited*) nerveux, excitable; (*tense*) nerveux, tendu; (*apprehensive*) inquiet (*f* -ète), intimidé, troublé. **in a ~ state** très agité; **to feel ~** (*gen*) se sentir mal à l'aise; (*shy*) se sentir tout intimidé; (*tense*) avoir les nerfs en boule *or* à fleur de peau *or* à vif; (*before performance etc*) avoir le trac*; **he makes me (feel) ~** (*fearful*) il m'intimide; (*unsure of myself*) il me fait perdre mes moyens; (*tense*) il m'énerve; **I was ~ about him** *or* **on his account** j'avais peur *or* j'étais inquiet pour lui; **I'm rather ~ about diving** j'ai un peu peur de plonger, j'ai une certaine appréhension à plonger; **don't be ~, it'll be all right** n'aie pas peur *or* ne t'inquiète pas, tout se passera bien; **he's a ~ wreck*** il est à bout de nerfs; (*US*) **~ Nellie‡** timoré(e) *m(f)*, trouillard(e)‡ *m(f)*.
nervously ['nɜːvəslɪ] *adv* (*tensely*) nerveusement; (*apprehensively*) avec inquiétude.
nervousness ['nɜːvəsnɪs] *n* (a) (*excitement*) nervosité *f*, état nerveux, état d'agitation; (*apprehension*) crainte *f*, trac* *m*. (b) [*style etc*] nervosité *f*.
nervy* ['nɜːvɪ] *adj* (a) (*Brit: tense*) énervé, irrité. **to be in a ~ state** avoir les nerfs en boule *or* à fleur de peau *or* à vif. (b) (*US: cheeky*) effronté, qui a du toupet* *or* du culot‡.
nest [nest] **1** *n* (a) [*birds, mice, turtles, ants etc*] nid *m*; (*contents*) nichée *f*. (*lit, fig*) **to leave the ~** quitter le nid; *V* hornet.
(b) (*fig*) nid *m*. **~ of brigands/machine guns** nid de brigands/mitrailleuses.
(c) [*boxes etc*] jeu *m*. **~ of tables** table *f* gigogne.
2 *vi* (a) [*bird etc*] (se) nicher, faire son nid.
(b) **to go (bird) ~ing** aller dénicher les oiseaux *or* les œufs.
(c) [*boxes etc*] s'emboîter.
3 *cpd:* (*fig*) **nest egg** pécule *m*.
nested ['nestɪd] *adj tables* gigognes; (*Gram*) emboîté.
nesting ['nestɪŋ] *n* [*birds*] nidification *f*; (*Gram*) emboîtement *m*. **~ box** nichoir *m*.
nestle ['nesl] *vi* [*person*] se blottir, se pelotonner (*up to, against* contre); [*house etc*] se nicher. **to ~ down in bed** se pelotonner dans son lit; **to ~ against sb's shoulder** se blottir contre l'épaule de qn; **a house nestling among the trees** une maison nichée parmi les arbres *or* blottie dans la verdure.
nestling ['neslɪŋ] *n* oisillon *m*.
net¹ [net] **1** *n* (a) (*gen, Ftbl, Tennis etc; also fig*) filet *m*. (*fig*) **to walk into the ~** donner *or* tomber dans le panneau; (*fig*) **to be caught in the ~** être pris au piège *or* au filet; **hair~** résille *f*, filet à cheveux; (*Tennis*) **to come up to the ~** monter au filet; (*Ftbl etc*) **the ball's in the ~!** c'est un but!; *V* butterfly, mosquito, safety etc.
(b) (*U: Tex*) tulle *m*, voile *m*.
2 *vt* (a) *fish, game* prendre au filet. (*fig*) **the police ~ted several wanted men** la police a ramassé dans ses filets plusieurs des hommes qu'elle recherchait.
(b) *river* tendre des filets dans; *fruit bushes* poser un filet sur.
(c) (*Sport*) **to ~ the ball** envoyer la balle dans le filet; **to ~ a goal** marquer un but.
3 *cpd:* (*Brit*) **netball** netball *m*; (*Tennis*) **net call judge** juge *m* de filet; **net curtains** voilage *m*, (*half-length*) brise-bise *m inv*; **net fishing** pêche *f* au filet; (*Tennis etc*) **net play** jeu *m* au filet; **network** *V* network.
net² [net] **1** *adj price, income, weight* net. **~ loss** perte sèche; **~ profit** bénéfice net; **the price is £15 ~** le prix est de 15 livres net; **'terms strictly ~'** 'prix nets'. **2** *vt* [*business deal etc*] rapporter *or* produire net; [*person*] gagner *or* toucher net.
nether ['neðəʳ] **1** *adj* († *or liter*) bas (*f* basse), inférieur (*f* -eure). **~ regions** enfers *mpl*. **2** *cpd:* **nethermost** le plus bas, le plus profond; **in the nethermost parts of the earth** dans les profondeurs de la terre.
Netherlander ['neðəˌlændəʳ] *n* Néerlandais(e) *m(f)*.
Netherlands ['neðələndz] **1** *npl:* **the ~** les Pays-Bas *mpl*; **in the ~** aux Pays-Bas. **2** *adj* néerlandais.
nett [net] = **net²**.
netting ['netɪŋ] *n* (*U*) (a) (*nets*) filets *mpl*; (*mesh*) mailles *fpl*; (*for fence etc*) treillis *m* métallique; (*Tex*) voile *m*, tulle *m* (*pour rideaux*); *V* mosquito, wire etc.
(b) (*net-making*) fabrication *f* de filets.
(c) (*action*) (*Fishing*) pêche *f* au filet; (*for catching game etc*) pose *f* de filets.
nettle ['netl] **1** *n* (*Bot*) ortie *f*. **stinging ~** ortie brûlante *or* romaine; **dead ~** ortie blanche; (*fig*) **to seize** *or* **grasp the ~** prendre le taureau par les cornes. **2** *vt* (*fig*) agacer, irriter, faire monter la moutarde au nez de. **he was ~d into replying sharply** agacé, il a

répondu avec brusquerie. **3** *cpd:* **nettlerash** urticaire *f*; **nettle sting** piqûre *f* d'ortie.
nettlesome ['netlsəm] *adj* (*annoying*) irritant; (*touchy*) susceptible.
network ['netwɜːk] **1** *n* (*gen, also Elec, Rad, TV*) réseau *m*. **rail ~** réseau ferré *or* ferroviaire *or* de chemin de fer; **road ~** réseau *or* système routier; **~ of narrow streets** lacis *m or* enchevêtrement *m* de ruelles; **~ of veins** réseau *or* lacis de veines; **~ of spies/contacts/salesmen** réseau d'espions/de relations/de représentants de commerce; **~ of lies** tissu *m* de mensonges; (*Rad, TV*) **the programme went out over the whole ~** le programme a été diffusé sur l'ensemble du réseau; (*TV*) **the ~s** les chaînes; *V* old.
2 *vt* (*TV*) diffuser sur l'ensemble du réseau.
networking ['netˌwɜːkɪŋ] *n* (*Comput*) gestion *f* de réseau.
neural ['njʊərəl] *adj* neural.
neuralgia [njʊˈrældʒə] *n* névralgie *f*.
neuralgic [njʊˈrældʒɪk] *adj* névralgique.
neurasthenia [ˌnjʊərəsˈθiːnɪə] *n* neurasthénie *f*.
neurasthenic [ˌnjʊərəsˈθenɪk] *adj, n* neurasthénique (*mf*).
neuritis [njʊəˈraɪtɪs] *n* névrite *f*.
neuro... ['njʊərəʊ] *pref* neuro..., névro....
neurogenic [ˌnjʊərəʊˈdʒenɪk] *adj* neurogène.
neurological [ˌnjʊərəˈlɒdʒɪkəl] *adj* neurologique.
neurologist [njʊəˈrɒlədʒɪst] *n* neurologue *mf*.
neurology [njʊəˈrɒlədʒɪ] *n* neurologie *f*.
neuroma [njʊəˈrəʊmə] *n* névrome *m*, neurome *m*.
neuromuscular [ˌnjʊərəʊˈmʌskjʊlər] *adj* neuromusculaire.
neuron ['njʊərɒn] *n* neurone *m*.
neuropath ['njʊərəpæθ] *n* névropathe *mf*.
neuropathic [ˌnjʊərəˈpæθɪk] *adj* névropathique.
neuropathology [ˌnjʊərəʊpəˈθɒlədʒɪ] *n* neuropathologie *f*.
neuropathy [njʊəˈrɒpəθɪ] *n* névropathie *f*.
neurophysiological [ˌnjʊərəʊˌfɪzɪəˈlɒdʒɪkəl] *adj* neurophysiologique.
neurophysiologist [ˌnjʊərəʊˌfɪzɪˈɒlədʒɪst] *n* neurophysiologiste *mf*.
neurophysiology [ˌnjʊərəʊˌfɪzɪˈɒlədʒɪ] *n* neurophysiologie *f*.
neuropsychiatric [ˌnjʊərəʊˌsaɪkɪˈætrɪk] *adj* neuropsychiatrique.
neuropsychiatrist [ˌnjʊərəʊsaɪˈkaɪətrɪst] *n* neuropsychiatre *mf*.
neuropsychiatry [ˌnjʊərəʊsaɪˈkaɪətrɪ] *n* neuropsychiatrie *f*.
neurosis [njʊˈrəʊsɪs] *n, pl* **neuroses** [njʊˈrəʊsiːz] névrose *f*.
neurosurgeon [ˌnjʊərəʊˈsɜːdʒən] *n* neurochirurgien(ne) *m(f)*.
neurosurgery [ˌnjʊərəʊˈsɜːdʒərɪ] *n* neurochirurgie *f*.
neurosurgical [ˌnjʊərəʊˈsɜːdʒɪkəl] *adj* neurochirurgical.
neurotic [njʊˈrɒtɪk] **1** *adj person* névrosé; *disease, disturbance* névrotique. (*fig*) **she's getting quite ~ about slimming** son désir de maigrir prend des proportions de névrose; **she's getting ~ about the whole business** elle fait une véritable maladie de toute cette histoire, ça devient une obsession chez elle.
2 *n* névrosé(e) *m(f)*, névropathe *mf*.
neurotically [njʊˈrɒtɪkəlɪ] *adv* de façon obsessionnelle, jusqu'à la névrose.
neuroticism [njʊˈrɒtɪsɪzəm] *n* tendances *fpl* à la névrose.
neurotomy [njʊˈrɒtəmɪ] *n* neurotomie *f*.
neurovascular [ˌnjʊərəʊˈvæskjʊlər] *adj* neurovasculaire.
neuter ['njuːtər] **1** *adj* (a) neutre. (b) (*Bot, Zool*) neutre; (*Zool: castrated*) châtré. **2** *n* (a) (*Gram*) neutre *m*. **in the ~** au neutre. (b) (*Zool*) animal châtré. **3** *vt* (*Vet*) châtrer.
neutral ['njuːtrəl] **1** *adj* (*all senses, also Phon*) neutre. **to remain ~** garder la neutralité, rester neutre; (*Pol*) **the ~ powers** les puissances *fpl* neutres; **~ policy** politique *f* neutraliste *or* de neutralité.
2 *n* (a) (*Pol*) habitant(e) *m(f)* d'un pays neutre.
(b) (*Aut*) point mort. **to put the gear in ~** mettre l'embrayage au point mort; **the car** *or* **the engine was in ~** la voiture était au point mort.
neutralism ['njuːtrəlɪzəm] *n* neutralisme *m*.
neutralist ['njuːtrəlɪst] *adj, n* neutraliste (*mf*).
neutrality [njuːˈtrælɪtɪ] *n* (*gen, Chem, Pol etc*) neutralité *f*; *V* armed.
neutralization [ˌnjuːtrəlaɪˈzeɪʃən] *n* neutralisation *f*.
neutralize ['njuːtrəlaɪz] *vt* neutraliser.
neutron ['njuːtrɒn] *n* neutron *m*. **~ bomb** bombe *f* à neutrons; **~ number** nombre *m* de neutrons.
Nevada [nɪˈvɑːdə] *n* Nevada *m*. **in ~** dans le Nevada.
never ['nevəʳ] **1** *adv* (a) (ne ...) jamais. **I ~ eat it** je n'en mange jamais; **I have ~ seen him** je ne l'ai jamais vu; **I've ~ seen him before** je ne l'ai jamais vu (jusqu'à aujourd'hui); **I'd ~ seen him before** je ne l'avais jamais vu auparavant; **~ before had there been such a disaster** jamais on n'avait connu tel désastre; **he will ~ come back** il ne reviendra jamais *or* plus (jamais); **~ again!** jamais plus!, plus jamais!; **~ say that again** ne répète jamais ça; **we shall ~ see her again** on ne la reverra (plus) jamais; **I have ~ yet been able to find ...** je n'ai encore jamais pu trouver ..., jusqu'ici je n'ai jamais pu trouver ...; **~ in all my life** jamais de ma vie; **I ~ heard such a thing!** (de ma vie) je n'ai jamais entendu une telle histoire!; *V* now.
(b) (*emphatic* = *not*) **that will ~ do!** c'est inadmissible!; **I ~ slept a wink** je n'ai pas fermé l'œil; **he ~ so much as smiled** il n'a pas même souri; **he ~ said a word**, (*liter*) **he said ~ a word** il n'a pas dit le moindre mot, il n'a pas soufflé mot; **~ a one** pas un seul; **~ was a child more loved** jamais enfant ne fut plus aimé; (*surely*) **you've ~ left it behind!** ne me dites pas que vous l'avez oublié!; **I've left it behind! — ~!** je l'ai oublié! — ça n'est pas vrai! *or* pas possible!; **well I ~ (did)!*** (ça) par exemple!, pas possible!, mince alors!*; **~ mind!** ça ne fait rien!, ne vous en faites pas!; **~ fear!** n'ayez pas peur!, soyez tranquille!
2 *cpd:* **never-ending** qui n'en finit plus, sans fin, interminable;

never-failing *method* infaillible; *source, spring* inépuisable, intarissable; **nevermore** ne ... plus jamais, ne ... jamais plus; **nevermore!** jamais plus!, plus jamais!; (*Brit*) **to buy on the never-never*** acheter à crédit *or* à tempérament; **never-never land** pays *m* imaginaire *or* de légende *or* de cocagne; **nevertheless** *V* **nevertheless**; **never-to-be-forgotten** inoubliable, qu'on n'oubliera jamais.

nevertheless [ˌnevəðə'les] *adv* néanmoins, toutefois, quand même, (et) pourtant, cependant, malgré tout. **it is ~ true that ...** il est néanmoins *or* toutefois *or* quand même *or* pourtant *or* cependant *or* malgré tout vrai que ...; **I shall go ~** j'irai quand même *or* malgré tout, et pourtant j'irai; **he is ~ my brother** c'est quand même mon frère, malgré tout c'est mon frère; **she has had no news, (yet) ~ she goes on hoping** elle n'a pas reçu de nouvelles, et pourtant *or* et malgré tout elle continue à espérer.

new [nju:] **1** *adj* (a) (*not previously known etc*) nouveau (*before vowel* nouvel, *f* nouvelle), (*brand-new*) neuf (*f* neuve); (*different*) nouveau, autre. **I've got a ~ car** (*different*) j'ai une nouvelle *or* une autre voiture; (*brand-new*) j'ai une voiture neuve; **he has written a ~ book/article** il a écrit un nouveau livre/un nouvel article; **this is X's ~ book** c'est le nouveau *or* dernier livre de X; **I've got a ~ library book** j'ai emprunté un nouveau livre à la bibliothèque; **~ potatoes** pommes (de terre) nouvelles; **~ carrots** carottes *fpl* de primeur *or* nouvelles; **there are several ~ plays on in London** on donne plusieurs nouvelles pièces à Londres; **~ fashion** dernière *or* nouvelle mode; **~ theory/invention** nouvelle théorie/invention; **the ~ moon** la nouvelle lune; **there's a ~ moon tonight** c'est la nouvelle lune ce soir; **I need a ~ notebook** il me faut un nouveau carnet *or* un carnet neuf; **don't get your ~ shoes wet** ne mouille pas tes chaussures neuves; **dressed in ~ clothes** vêtu *or* habillé de neuf; **as good as ~** comme neuf, à l'état de neuf; **he made the bike as good as ~** il a remis le vélo à neuf; **'as ~'** 'état neuf'; **I don't like all these ~ paintings** je n'aime pas tous ces tableaux modernes; **I've got several ~ ideas** j'ai plusieurs idées nouvelles *or* neuves; **this idea is not ~** ce n'est pas une idée nouvelle *or* neuve; **the ~ nations** les pays neufs; **a ~ town** une ville nouvelle; **this is a completely ~ subject** c'est un sujet tout à fait neuf; **this sort of work is ~ to me** ce genre de travail est (quelque chose de) nouveau pour moi; **I'm ~ to this kind of work** je n'ai jamais fait ce genre de travail, je suis novice dans ce genre de travail; **he came ~ to the firm last year** il est arrivé dans la compagnie l'an dernier; **he's ~ to the trade** il est tout nouveau *or* novice dans le métier; **he's quite ~ to the town** il est tout nouvellement arrivé dans la ville; **the ~ people at number 5** les nouveaux habitants du *or* au 5; **~ recruit** nouvelle recrue, bleu* *m*; **the ~ students** les nouveaux *mpl*, les nouvelles *fpl*; (*Scol*) **a ~ boy** un nouveau; (*Scol*) **a ~ girl** une nouvelle; **she's ~, poor thing** elle est nouvelle, la pauvre; **are you ~ here?** (*gen*) vous venez d'arriver ici?; (*in school, firm etc*) vous êtes nouveau ici?; **the ~ woman** la femme moderne; **~ diplomacy** la diplomatie moderne *or* nouvelle manière; **~ style** nouveau style (*V also* 3); (*Pol*) **the N~ Left** la nouvelle gauche (des années 60); **the ~ rich** les nouveaux riches; **bring me a ~ glass for this one is dirty** apportez-moi un autre verre car celui-ci est sale; **there was a ~ waiter today** il y avait un autre *or* un nouveau serveur aujourd'hui; (*fig*) **he's a ~ man since he remarried** il est transformé depuis qu'il s'est remarié; (*Prov*) **there's nothing ~ under the sun** il n'y a rien de nouveau sous le soleil (*Prov*); **that's nothing ~!** ce *or* ça n'est pas nouveau!, il n'y a rien de neuf là-dedans!; **that's a ~ one on me!*** première nouvelle!*, on en apprend tous les jours! (*iro*); **that's something ~!** ça c'est nouveau!; **what's ~?*** quoi de neuf?; *V also* 3 *and* **brand, broom, leaf, split** *etc.*

(b) (*fresh*) *bread* frais (*f* fraiche); *milk* frais, fraîchement trait; *cheese* frais, pas (encore) fait; *wine* nouveau (*f* nouvelle), jeune.

2 *adv* (*gen in cpds*) frais, nouvellement, récemment. **he's ~ out of college** il est frais émoulu du collège, il sort tout juste du collège; *V* 3.

3 *cpd*: **newborn** nouveau-né(e) *m(f)*; **the newborn (babies)** les nouveaux-nés; **new-built** nouvellement construit, tout neuf (*f* toute neuve); **New Brunswick** Nouveau-Brunswick *m*; **New Caledonia** Nouvelle-Calédonie *f*; **New Canadian** Néo-Canadien(ne) *m(f)*; **newcomer** nouveau venu *m*, nouvelle venue *f*, nouvel(le) arrivé(e) *m(f)*, nouvel(le) arrivant(e) *m(f)*; **they are newcomers to this town** ce sont des nouveaux venus dans cette ville; **New Delhi** New Delhi; **New England** Nouvelle-Angleterre *f*; (*pej*) **new-fangled** trop moderne, nouveau genre; **new-found** *happiness etc* de fraîche date; **Newfoundland** *V* **Newfoundland**; **New Guinea** Nouvelle-Guinée *f*; **New Hampshire** New Hampshire *m*; **in New Hampshire** dans le New Hampshire; **New Hebrides** Nouvelles-Hébrides *fpl*; **New Jersey** New Jersey *m*; **in New Jersey** dans le New Jersey; **New Jerusalem** Nouvelle Jérusalem *f*; **new-laid egg** œuf *m* du jour *or* tout frais (pondu); **New Latin** latin *m* moderne; **new look** new-look *m*; **new-look** (*adj*) new-look *inv*; **New Mexico** Nouveau-Mexique *m*; **to New Mexico** au Nouveau-Mexique; **in New Mexico** dans le Nouveau-Mexique; **new-mown** *grass* frais coupé; *hay* frais fauché; **New Orleans** la Nouvelle-Orléans; **New Scotland Yard** Scotland Yard *m* (≃ *le Quai des Orfèvres*); **New South Wales** Nouvelle-Galles *f* du Sud; **newspeak** novlangue *m*; **the new(-style) calendar** le nouveau calendrier, le calendrier grégorien; **New Testament** Nouveau Testament; **the New World** le Nouveau Monde; (*Mus*) **the New World Symphony, the Symphony from the New World** la Symphonie du Nouveau Monde; **New Year** *V* **New Year**; **New York** (*state*) (état *m* de) New York *m*; (*city* : *n*) New York; (*city* : *adj*) new-yorkais; **in New York (State)** dans l'État de New York; **New Yorker** New-Yorkais(e) *m(f)*; **New Zealand** (*n*) Nouvelle-Zélande *f*, (*adj*) néo-zélandais; **New Zealander** Néo-Zélandais *m(f)*.

---

newel ['nju:əl] *n* noyau *m* (d'escalier).

Newfoundland ['nju:fəndlənd] **1** *n* Terre-Neuve *f*. **2** *adj* terre-neuvien. **~ dog** chien *m* de Terre-Neuve, terre-neuve *m inv*; **~ fisherman** terre-neuvas *m*.

Newfoundlander [nju:'faʊndləndər] *n* habitant(e) *m(f)* de Terre-Neuve, Terre-Neuvien(ne) *m(f)*.

newish ['nju:ɪʃ] *adj* assez neuf (*f* neuve), assez nouveau (*f* nouvelle).

newly ['nju:lɪ] **1** *adv* nouvellement, récemment, fraîchement. **~ arrived** nouvellement *or* récemment *or* fraîchement arrivé. **~ shaved** rasé de frais; **the ~-elected members** les membres nouvellement élus, les nouveaux élus; **~-formed friendship** amitié *f* de fraîche date; **~-found happiness** bonheur tout neuf; **her ~-awakened curiosity** sa curiosité récemment éveillée; **~ rich** nouveau riche; **~ made** neuf (*f* neuve), nouveau (*f* nouvelle), de fabrication toute récente; **a ~-dug grave** une tombe fraîchement creusée *or* ouverte.

2 *cpd*: **the newly-weds** les jeunes *or* les nouveaux mariés.

newness ['nju:nɪs] *n* [*fashion, ideas etc*] nouveauté *f*; [*clothes etc*] état *m* (de) neuf; [*person*] inexpérience *f*; [*bread*] fraîcheur *f*; [*cheese*] manque *m* de maturité; [*wine*] jeunesse *f*.

news [nju:z] **1** *n* (*U*) (a) nouvelle(s) *f(pl)*. **a piece or an item of ~** (*gen*) une nouvelle; (*Press*) une information; **have you heard the ~?** vous connaissez la nouvelle?; **have you heard the ~ about John?** vous savez ce qui est arrivé à Jean?; **I have no ~ of him?** avez-vous de ses nouvelles?; **I have no ~ of her** je n'ai pas de ses nouvelles, je n'ai pas de nouvelles d'elle; **do let me have your ~** surtout donnez-moi de vos nouvelles; **what's your ~?** quoi de neuf *or* de nouveau (chez vous)?; **is there any ~?** y a-t-il du nouveau?; **I've got ~ for you!** j'ai du nouveau à vous annoncer!; **this is ~ to me!** première nouvelle!*, on en apprend tous les jours! (*iro*); **it will be ~ to him that we are here** ça va le surprendre de nous savoir ici; **good ~** bonnes nouvelles; **bad *or* sad ~** mauvaises *or* tristes nouvelles; **he's/it's bad ~*** on a toujours des ennuis avec lui/ça; **to make ~** faire parler de soi; **she/it made ~** on a parlé d'elle/on en a parlé dans le journal; (*loc*) **bad ~ travels fast** les malheurs s'apprennent vite; **no ~ is good ~!** pas de nouvelles, bonnes nouvelles! (*loc*); **when the ~ broke** quand on a su la nouvelle; **'dog bites man' isn't ~** 'un homme mordu par un chien' n'est pas (ce qu'on peut appeler) une nouvelle; (*fig*) **he's in the ~ again** le voilà qui refait parler de lui; *V* **break.**

(b) (*Press, Rad, TV*) informations *fpl*; (*Cine, TV*) actualités *fpl*. **I missed the ~** (*broadcast or bulletin*) j'ai raté les informations *or* le bulletin d'informations *or* les actualités; **official ~** communiqué officiel; **financial/sporting** *etc* **~** chronique *or* rubrique financière/sportive *etc*; (*Press*) **'N~ in Brief'** 'Nouvelles brèves'; (*name of paper*) **'Birmingham N~'** 'Nouvelles de Birmingham'.

2 *cpd*: **news agency** agence *f* de presse; (*Brit*) **newsagent** marchand(e) *m(f)* de journaux; (*US* : *Rad, TV*) **news analyst** commentateur *m*; (*US*) **newsboard** carton *m* gris; **newsboy** vendeur *m or* crieur *m* de journaux; (*US*) **newsbreak** nouvelle *f* digne d'intérêt; **news bulletin**, (*US*) **newscast** (*Rad*) (bulletin *m* d')informations *fpl*; (*TV*) actualités *fpl* (télévisées); (*Rad, TV*) **newscaster** présentateur *m*, -trice *f*; (*US Press*) **newsclip** coupure *f* de journal; **news conference** conférence *f* de presse; (*US*) **newsdealer** = **newsagent**; **news desk** service des informations; **news editor** rédacteur *m*; **news film** film *m* d'actualités; **news flash** flash *m* (d'information); **newshawk** = **newshound**; **news headlines** titres *mpl* de l'actualité; **newshound** reporter *m*; (*pej*) **there was a crowd of newshounds around him** il y avait une meute de journalistes acharnés après lui; (*Press etc*) **news item** information *f*; **newsletter** bulletin *m* (de société, de compagnie etc); **news magazine** magazine *m* d'actualités; (*US*) **newsmaker** (*event*) sujet *m* d'actualité; (*person*) vedette *f* de l'actualité; **newsman** journaliste *m*; (*pej*) **newsmonger** colporteur *m*, -euse *f* de ragots *or* de potins; **newspaper** *V* **newspaper**; **news pictures** reportage *m* photographique; **news photographer** reporter *m* photographe; (*U*) **newsprint** papier *m* de journal, papier journal; (*Brit*: *Rad, TV*) **newsreader** présentateur *m*, -trice *f*; **newsreel** actualités *fpl* (filmées); **newsroom** (*Press*) salle *f* de rédaction; (*Rad, TV*) studio *m*; **news service** agence *f* de presse; **news sheet** feuille *f* d'informations; (*US*) **news stand** kiosque *m* (à journaux); **news theatre** cinéma *m or* salle *f* d'actualités; **to have news value** présenter un intérêt pour le public; **newsvendor** vendeur *m* de journaux; **news weekly** hebdomadaire *m* d'actualités; **to be newsworthy** valoir la peine d'être publié.

newspaper ['nju:sˌpeɪpər] **1** *n* journal *m*; (*minor*) feuille *f*. **daily ~** (*journal*) quotidien *m*; **weekly ~** (*journal*) hebdomadaire *m*; **he works on a ~** il travaille pour un journal.

2 *cpd*: **newspaper clippings, newspaper cuttings** coupures *fpl* de journaux *or* de presse; **newspaperman** journaliste *m*; **newspaper office** (bureaux *mpl* de la) rédaction *f*; **newspaper photographer** reporter *m* photographe; **newspaper report** reportage *m*; **newspaperwoman** journaliste *f*.

newsy* ['nju:zɪ] *adj* (a) (*full of news*) plein de nouvelles. (b) (*US*) = **newsworthy**.

newt [nju:t] *n* triton *m*.

Newtonian [nju:'təʊnɪən] *adj* newtonien.

New Year ['nju:'jɪər] **1** *n* nouvel an, nouvelle année. **to bring in *or* see in the ~** faire le réveillon (de la Saint-Sylvestre *or* du jour de l'an), réveillonner (à la Saint-Sylvestre); **Happy ~!** bonne année!; **to wish sb a happy ~** souhaiter une *or* la bonne année à qn.

2 *cpd*: **New Year gift** étrennes *fpl*; **New Year resolution** résolution *f* de nouvel an; **New Year's Day** jour *m or* premier *m* de l'an, nouvel an; **New Year's Eve** la Saint-Sylvestre; *V* **honour.**

next [nekst] **1** *adj* (a) (*in time*) (*in future*) prochain; (*in past*) suivant. **come back ~ week/month** revenez la semaine prochaine/le mois prochain; **he came back the ~ week** il revint la semaine suivante *or* d'après; **he came back the ~ day** il revint le lendemain *or* le jour suivant *or* le jour d'après; **the ~ day but one** le surlendemain; **during the ~ 5 days he did not go out** il n'est pas sorti pendant les 5 jours suivants *or* qui ont suivi; **I will finish this in the ~ 5 days** je finirai ceci dans les 5 jours qui viennent *or* à venir; **the ~ morning** le lendemain matin; **(the) ~ time I see him** la prochaine fois que je le verrai; **the ~ time I saw him** la première fois où *or* que je l'ai revu, quand je l'ai revu; **I'll come back ~ week and the ~ again** je reviendrai la semaine prochaine et la suivante; **this time ~ week** d'ici huit jours; **the ~ moment** l'instant d'après; **from one moment to the ~** d'un moment à l'autre; **the year after ~** dans deux ans.

(b) (*in series, list etc*) (*following*) *page, case* suivant; (*which is to come*) prochain. **he got off at the ~ stop** il est descendu à l'arrêt suivant; **you get off at the ~ stop** vous descendez au prochain arrêt; **who's ~?** à qui le tour?, c'est à qui?; **you're ~** c'est votre tour, c'est à vous (maintenant); **~ please!** au suivant!; **I was the ~ person** *or* **I was ~ to speak** ce fut ensuite à mon tour de parler (*V also* 4a); **I'll ask the very ~ person I see** je vais le demander à la première personne que je verrai; **in the ~ place** ensuite; **on the ~ page** à la page suivante; **'continued in the ~ column'** 'voir colonne ci-contre'; **the ~ thing to do is** ... la première chose à faire maintenant est de ...; **he saw that the ~ thing to do was** ... il vit que ce qu'il devait faire ensuite (c')était ...; **I'll try the ~ size** je vais essayer la taille au-dessus; **the ~ size down** la taille au-dessous.

(c) (*immediately adjacent*) *house, street, room* d'à côté, à côté, voisin.

2 *adv* **(a)** ensuite, après; la prochaine fois. **~ we had lunch** ensuite *or* après nous avons déjeuné; **what shall we do ~?** qu'allons-nous faire maintenant?; **when ~ you come to see us** la prochaine fois que vous viendrez nous voir; **when I ~ saw him** quand je l'ai revu (la fois suivante); **when shall we meet ~?** quand nous reverrons-nous?; **a new dress! what ~?** une nouvelle robe! et puis quoi encore?

(b) **the ~ best thing would be to speak to his brother** à défaut le mieux serait de parler à son frère; **she's my ~ best friend** à part une autre c'est ma meilleure amie; **this is my ~ oldest daughter after Mary** c'est la plus âgée de mes filles après Marie; **she's the ~ youngest** elle suit (par ordre d'âge); **who's the ~ tallest boy?** qui est le plus grand après?; **I come ~ after you** (*in shop etc*) je viens après vous.

(c) **~ to** (*beside*) auprès de, à côté de; (*almost*) presque. **his room is ~ (to) mine** sa chambre est à côté de *or* contiguë à *or* attenante à la mienne; **the church stands ~ (to) the school** l'église est à côté de l'école; **he was sitting ~ (to) me** il était assis à côté de moi *or* auprès de moi; **to wear wool ~ (to) the skin** porter de la laine sur la peau *or* à même la peau; **the thing ~ (to) my heart** la chose qui me tient le plus à cœur; **~ to France, what country do you like best?** après la France, quel est votre pays préféré?; **(US) to get ~ to sb** se mettre bien* avec qn; **the ~ to last row** l'avant-dernier *or* le pénultième rang; **he was ~ to last** il était avant-dernier; **~ to nothing** presque rien; **I got it for ~ to nothing** je l'ai payé trois fois rien; **~ to nobody** presque personne; **there's ~ to no news** il n'y a presque rien de neuf; **the ~ to top/bottom shelf** le deuxième rayon (en partant) du haut/du bas.

3 *prep* (*Brit*) près de, auprès de, à côté de; *V* **2c**.

4 *n* **(a)** prochain(e) *m(f)*. **the ~ to speak is Paul** c'est Paul qui parle ensuite, c'est Paul qui est le prochain à parler; **the ~ to arrive was Robert** c'est Robert qui est arrivé ensuite *or* le suivant; (*baby*) **I hope my ~* will be a boy** j'espère que mon prochain (enfant) sera un garçon.

(b) **to be continued in our ~** suite au prochain numéro.

5 *cpd*: **next door** *V* **next door**; (*on forms etc*) **'next-of-kin'** 'nom et prénom de votre plus proche parent'; **who is your next-of-kin?** qui est votre plus proche parent?; **the police will inform the next-of-kin** la police préviendra la famille.

next door ['neks'dɔː'] **1** *n* la maison d'à côté. **it's the man from ~** c'est le monsieur d'à côté *or* qui habite à côté.

2 *adv* **(a) they live ~ to us** ils habitent à côté de chez nous, ils habitent la maison voisine (de la nôtre); **we live ~ to each other** nous habitons porte à porte; **the boy/girl ~** le garçon/la fille d'à côté *or* qui habite à côté; **despite her wealth she's just like the girl ~** malgré sa fortune elle est restée très simple; **the people/house ~** les gens/la maison d'à côté.

(b) (*fig*) **that is ~ to madness** cela frise la folie; **if he isn't mad he's ~ to it** s'il n'est pas fou il s'en faut de peu *or* c'est tout comme*; **we were ~ to being ruined** nous avons été au bord de la ruine, nous avons frôlé la ruine.

3 *cpd*: **next-door** house maison voisine *or* d'à côté; **next-door neighbour** voisin(e) *m(f)* (d'à côté).

nexus ['neksəs] *n* connection *f*, liaison *f*, lien *m*.

NF [en'ef] *n* (*Brit Pol*) *abbr of* **National Front**; *V* **national**.

n/f (*Banking*) (*abbr of* **no funds**) défaut de provision.

NFL [enef'el] *n* (*US: abbr of* **National Football League**) Fédération *f* américaine de football.

N.F.U. [enef'juː] *n* (*Brit*) *abbr of* **National Farmers' Union** (*syndicat*).

NG [en'dʒiː] *n* (*US*) *abbr of* **National Guard**; *V* **national**.

N.G.A. [endʒiː'eɪ] *n* (*Brit*) *abbr of* **National Graphical Association** (*syndicat*).

NGO [endʒiː'əʊ] *n* (*US*) *abbr of* **non-governmental organization**.

NHL [enaɪtʃ'el] *n* (*US: abbr of* **National Hockey League**) Fédération américaine de hockey sur glace.

N.H.S. [enentʃ'es] *n* (*Brit*) *abbr of* **National Health Service**; *V* **national**.

N.I. (a) (*Brit Post*) *abbr of* **Northern Ireland**; *V* **northern. (b)** (*Brit*) *abbr of* **National Insurance**; *V* **national**.

Niagara [naɪ'ægrə] *n* Niagara *m*. **~ Falls** les chutes *fpl* du Niagara.

nib [nɪb] *n* **(a)** [*pen*] (bec *m* de) plume *f*. **fine ~** plume fine *or* à bec fin; **broad ~** grosse plume, plume à gros bec. **(b)** [*tool*] pointe *f*. **-nibbed** [nɪbd] *adj ending in cpds*: **fine-nibbed** à plume fine; **gold-nibbed** à plume en or.

nibble ['nɪbl] **1** *vti* (*gen*) grignoter, mordiller; [*sheep, goats etc*] brouter; [*fish*] mordre, mordiller. (*fig*) **to ~ (at) an offer** se montrer tenté par une offre; **to ~ (at) one's food** chipoter; **she was nibbling (at) some chocolate** elle grignotait un morceau de chocolat.

2 *n* **(a)** (*Fishing*) touche *f*.

(b) (***) **I feel like a ~** je grignoterais bien quelque chose.

nibs [nɪbz] *n* (*hum*) **his ~*** Son Altesse (*iro*), sézigue*.

Nicaragua [nɪkə'rægjʊə] *n* Nicaragua *m*.

Nicaraguan [nɪkə'rægjʊən] **1** *adj* nicaraguayen. **2** *n* Nicaraguayen(ne) *m(f)*.

nice [naɪs] **1** *adj* **(a)** (*pleasant*) *person* agréable, aimable, gentil, charmant, sympathique; *holiday, weather* beau (*f* belle), agréable; *dress, smile, voice* joli, charmant; *view, visit* charmant, agréable; *meal* bon, délicieux; *smell, taste* bon, agréable; (*iro*) joli, beau. **that's a ~ ring/photo** elle est jolie *or* belle, cette bague/photo; **what a ~ face she's got** quel joli *or* charmant visage elle a; **how ~ you look!** vous êtes vraiment bien!; **Barcombe's a ~ place** Barcombe est un coin agréable; **Paris is a ~ place** Paris est un endroit agréable; **be ~ to him** soyez gentil *or* aimable avec lui; **that wasn't ~ of you** vous n'avez pas été gentil *or* aimable; **we had a ~ evening** nous avons passé une bonne soirée *or* une soirée agréable; **they had a ~ time** ils se sont bien amusés; **to say ~ things** dire des choses aimables *or* gentilles, dire des gentillesses; **how ~ of you to ...** comme c'est gentil *or* aimable à vous de ...; **it's ~ here** on est bien ici; (*iro*) **here's a ~ state of affairs!** (eh bien) voilà du joli!; (*iro*) **you're in a ~ mess** vous voilà dans un beau *or* joli pétrin, vous voilà dans de beaux *or* jolis draps; (*iro*) **that's a ~ way to talk!** c'est du joli ce que vous dites là!

(b) (*intensive*) **~ and warm** bien chaud; **~ and easy** très facile, tout à fait facile; **~ and sweet** bien sucré; **to have a ~ cold drink** boire quelque chose de bien frais; **he gets ~ long holidays** ce qui est bien c'est qu'il a de longues vacances.

(c) (*respectable, refined*) convenable, bien *inv*, comme il faut. **not ~** peu convenable, pas beau* (*f* belle); **a ~ girl** c'est une jeune fille (très) bien *or* très comme il faut*; **our neighbours are not very ~ people** nos voisins ne sont pas des gens très bien; **the play/film/book was not very ~** la pièce/le film/le livre n'était pas très convenable.

(d) (*hard to please*) *person* difficile, méticuleux; (*tricky*) *job, task* délicat; (*subtle*) *distinction, shade of meaning* délicat, subtil (*f* subtile). **she's not very ~ in her methods** elle n'a pas beaucoup de scrupules quant à ses méthodes; **to be ~ about one's food** être difficile *or* exigeant pour *or* sur la nourriture; **~ point** point délicat, question délicate *or* subtile; **he has a ~ taste in** ... il a un goût fin *or* raffiné en....

2 *cpd*: **nice-looking** joli, beau (*f* belle); **he's nice-looking** il est joli garçon *or* beau garçon.

nicely ['naɪslɪ] *adv* **(a)** (*kindly*) gentiment, aimablement; (*pleasantly*) agréablement, joliment, bien. **a ~ situated house** une maison bien *or* agréablement située; **we are ~ placed to judge** what has been going on nous sommes parfaitement bien placés pour juger de ce qui s'est passé; **~ done** bien fait; **that will do ~** cela fera très bien l'affaire; **~, thank you** très bien merci; **the child behaved very ~** l'enfant s'est très bien conduit *or* a été très gentil.

(b) (*carefully*) minutieusement; (*exactly*) exactement.

Nicene ['naɪsiːn] *adj*: **the ~ Creed** le Credo *or* le symbole de Nicée.

niceness ['naɪsnɪs] *n* **(a)** (*pleasantness*) [*person*] gentillesse *f*, amabilité *f*; [*place, thing*] agrément *m*, caractère *m* agréable.

(b) (*fastidiousness*) délicatesse *f*; (*punctiliousness*) caractère *or* côté méticuleux; [*distinction, taste etc*] subtilité *f*, finesse *f*; [*experiment, point etc*] délicatesse.

nicety ['naɪsɪtɪ] *n* **(a)** (*of one's judgment*) exactitude *f*, justesse *f*, précision *f*. **a point of great ~** une question très délicate *or* subtile; **to a ~** à la perfection, exactement, à point. **(b) niceties** (*subtleties*) finesses *fpl*; (*refinements*) raffinements *mpl*.

niche [niːʃ] *n* (*Archit*) niche *f*. (*fig*) **he found his ~ (in life)** il a trouvé sa voie (dans la vie).

Nicholas ['nɪkələs] *n* Nicolas *m*.

Nick [nɪk] *n* (*dim of* **Nicholas**) **Old ~** le diable, le malin.

nick [nɪk] **1** *n* **(a)** (*in wood*) encoche *f*; (*in blade, dish*) ébréchure *f*; (*on face, skin*) entaille *f*, coupure *f*. (*fig*) **in the ~ of time** juste à temps.

(b) (*Brit: Prison etc sl*) taule‡ *f or* tôle‡ *f*. **to be in the ~** être en taule‡, faire de la taule‡.

(c) (*Brit*) **in good ~‡** en bonne condition, impec‡.

2 *vt* **(a)** *plank, stick* entailler, faire une *or* des encoche(s) sur; *blade, dish* ébrécher; *cards* biseauter. **he ~ed his chin while shaving** il s'est fait une entaille *or* une coupure au menton en se rasant.

(b) (*Brit‡: arrest*) pincer*, choper‡. **to get ~ed** se faire pincer* *or* choper‡.

(c) (*Brit‡: steal*) piquer‡, faucher‡, barboter‡.

(d) (*US*) **how much did they ~ you for that suit?‡** tu t'es fait avoir* de combien pour *or* sur ce costume?

nickel ['nɪkl] **1** *n* **(a)** (*U*) nickel *m*. **(b)** (*Can, US: coin*) pièce *f* de cinq cents. **2** *cpd*: (*US †*) **nickel-in-the-slot machine** appareil *m* à sous; **nickel-plated** nickelé; **nickel silver** argentan *m*, maillechort *m*. **3** *vt* nickeler.

nickelodeon [nɪkə'ləʊdɪən] *n* (*US*) (*cinema*) cinéma *m* à cinq sous; (*jukebox*) juke-box *m*.

nicker ['nɪkər] **1** *vi* (a) *[horse]* hennir doucement.
(b) *(snigger)* ricaner.
2 *n, pl inv (Brit‡)* livre *f* (sterling).
nickname ['nɪkneɪm] **1** *n* surnom *m*; *(esp humorous or malicious)* sobriquet *m*; *(short form of name)* diminutif *m*.
2 *vt* surnommer, donner un sobriquet à. John, ∼d 'Taffy' John, surnommé 'Taffy'; **they** ∼**d their teacher 'Goggles'** ils ont surnommé leur professeur 'Carreaux'; ils ont donné à leur professeur le sobriquet (de) 'Carreaux'.
Nicodemus ['nɪkə'di:məs] *n* Nicodème *m*.
nicotiana [nɪ,kəʊʃɪ'a:nə] *n* nicotiana *m*.
nicotine ['nɪkəti:n] *n* nicotine *f*. **2** *cpd*: **nicotine poisoning** nicotinisme *m*; **nicotine-stained** jauni *or* taché de nicotine.
niece [ni:s] *n* nièce *f*.
Nietzschean ['ni:tʃɪən] *adj* nietzschéen, de Nietzsche.
niff‡ [nɪf] *n (Brit)* puanteur *f*. **what a** ∼**!** ce que ça cocotte!‡ *or* schlingue!‡
niffy‡ ['nɪfɪ] *adj (Brit)* puant. **it's** ∼ **in here** ça pue *or* cocotte‡ ici!
nifty‡ ['nɪftɪ] *adj (stylish)* coquet, pimpant, chic *inv*; *(clever)* dégourdi, débrouillard; *(skilful)* habile; *(US: great)* formidable, terrible*. **that's a** ∼ **car** voilà une (petite) voiture qui a de la classe; **that was a** ∼ **piece of work** ça a été vite fait; **you'd better be** ∼ **about it!** il faudrait faire vite!
Niger ['naɪdʒər] *n* **1** *n (country, river)* Niger *m*. **2** *cpd* nigérien; **ambassador etc** de la république du Niger.
Nigeria [naɪ'dʒɪərɪə] *n* Nigéria *m*.
Nigerian [naɪ'dʒɪərɪən] **1** *n* Nigérian(e) *m(f)*. **2** *adj* nigérian.
niggardliness ['nɪgədlɪnɪs] *n* avarice *f*, pingrerie *f*.
niggardly ['nɪgədlɪ] **1** *adj person* chiche, pingre, avare; *amount, portion* mesquin, piètre. **2** *adv* chichement, mesquinement, parcimonieusement.
nigger ['nɪgər] *n* **1** *n (**‡* *pej)* nègre *m*, négresse *f*. *(Brit fig)* **there's a** ∼ **in the woodpile** il se trame quelque chose, il y a anguille sous roche; *(Brit fig)* **to be the** ∼ **in the woodpile** faire le trouble-fête. **2** *cpd*: *(Brit)* **nigger brown** tête de nègre *inv*.
niggle ['nɪgl] **1** *vi [person] (go into detail)* couper les cheveux en quatre; *(find fault)* trouver toujours à redire. **2** *vt*: **his conscience was niggling him** sa conscience le travaillait.
niggling ['nɪglɪŋ] **1** *adj person* tatillon; *details* insignifiant. **a** ∼ **doubt** un petit doute insinuant; **a** ∼ **little pain** une petite douleur persistante. **2** *n (U)* chicanerie *f*.
nigh [naɪ] *adj, adv, prep (liter)* = **near 1, 2, 3.**
night [naɪt] **1** *n* (a) nuit *f*. **at** ∼, **in the** ∼ la nuit; **by** ∼, **in the** ∼ **de nuit**; **last** ∼ hier soir, la nuit dernière, cette nuit; **tomorrow** ∼ demain soir; **the** ∼ **before** la veille au soir; **the** ∼ **before last** avant-hier soir; **in the** ∼, **during the** ∼ pendant la nuit; **Monday** ∼ lundi soir, la nuit de lundi à mardi; **6 o'clock at** ∼ 6 heures du soir; **far into the** ∼ jusqu'à une heure avancée de la nuit, (très) tard dans la nuit; **to spend the** ∼ passer la nuit; **to have a good/bad** ∼ bien/mal dormir, passer une bonne/mauvaise nuit; **I've had several bad** ∼**s in a row** j'ai mal dormi plusieurs nuits de suite; ∼ **and day** nuit et jour; ∼ **after** ∼ des nuits durant; **all** ∼ **(long)** toute la nuit; **to sit up all** ∼ **talking** passer la nuit (entière) à bavarder; **to have a** ∼ **out** sortir le soir; **the maid's** ∼ **out** le soir de sortie de la bonne; **let's make a** ∼ **of it** *(gen)* autant y passer la soirée *or* nuit; *(in entertainment etc)* il est trop tôt pour aller se coucher; **he's on** ∼**s this week** il est de nuit cette semaine; **I've had too many late** ∼**s** je me suis couché tard trop souvent; **she's used to late** ∼**s** elle a l'habitude de se coucher tard; **he needs a** ∼**'s sleep** il a besoin d'une bonne nuit de sommeil; **a** ∼**'s lodging** un toit *or* un gîte pour la nuit; *V* **Arabian, good** *etc*.
(b) *(U: darkness)* nuit *f*, obscurité *f*, ténèbres *fpl (liter)*. ∼ **is falling** la nuit *or* le soir tombe; **he went out into the** ∼ il partit dans la nuit *or* les ténèbres *(liter)*; **he's afraid of the** ∼ il a peur du noir.
(c) *(Theat)* soirée *f*, représentation *f*. **the last 3** ∼**s of** ... les 3 dernières (représentations) de ...; **Mozart** ∼ soirée (consacrée à) Mozart; *V* **first** *etc*.
2 *adv*: **to work** ∼**s** être (au poste) de nuit; *(US)* **I can't sleep** ∼**s** je ne peux pas dormir la nuit.
3 *cpd* **clothes, flight** de nuit. **night-bird** *(lit)* oiseau *m* nocturne; *(fig)* couche-tard *mf inv*, noctambule *mf (hum)*; **night-blind** héméralope; **night blindness** héméralopie *f*; **nightcap** *(hat)* bonnet *m* de nuit; *(drink)* boisson *f (gén alcoolisée, prise avant le coucher)*; **would you like a nightcap?** voulez-vous boire quelque chose avant de vous coucher?; **nightclub** boîte *f* de nuit, night-club *m*; *(Brit)* **nightdress** chemise *f* de nuit *(de femme)*; *(Press)* **night editor** secrétaire *mf* de rédaction de nuit; **nightfall** tombée *f* du jour *or* de la nuit; **at nightfall** au tomber du jour, à la nuit tombante; *(Aviat)* **night-fighter** chasseur *m* de nuit; **nightgown** chemise *f* de nuit *(de femme)*; **nighthawk** *(bird)* engoulevent *m* (d'Amérique); *(US fig: person)* couche-tard *mf inv*; **nightjar** engoulevent *m* (d'Europe); *(US)* **night letter** télégramme-lettre *m* de nuit; **night life** vie *f* des noctambules, activités *fpl* nocturnes; **night light** *(child's)* veilleuse *f*; *(Naut)* feu *m* de position; **nightlong** *(gen)* de toute une nuit; **a nightlong wait** une nuit d'attente; *(lit, fig)* **nightmare** cauchemar *m*; **the very thought was a nightmare** to me rien qu'à y penser j'en avais des cauchemars; **nightmarish** de cauchemar, cauchemardesque; **night-night*** *(goodnight)* bonne nuit; **night nurse** infirmier *m*, -ière *f* de nuit; *(fig)* **night owl*** couche-tard *mf inv*, noctambule *mf (hum)*; **night porter** gardien *m* de nuit, concierge *mf* de service la nuit; **night safe** coffre *m* de nuit; **night school** cours *mpl* du soir; **nightshade** *V* **nightshade**; **nightshift** *(workers)* équipe *f* de nuit; *(work)* poste *m* de nuit; **to be** *or* **to work on nightshift** être (au poste) de nuit; **nightshirt** chemise *f* de nuit *(d'homme)*; **night soil** fumier *m (déjections humaines)*; **nightspot*** = **nightclub**; *(US)* **night stand** table *f* de

nuit; *(US Police)* **night stick** matraque *f* (d'agent de police); **night storage heater/heating** radiateur *m*/chauffage *m* par accumulation *(fonctionnant au tarif de nuit)*; *(US)* **night table** table *f* de nuit; *(U)* **night-time** nuit *f*; **at night-time** la nuit; **in the night-time** pendant la nuit, de nuit; **night watchman** veilleur *m or* gardien *m* de nuit; *(U)* **nightwear** vêtements *mpl* de nuit; **night work** travail *m* de nuit.
nightie* ['naɪtɪ] *n* chemise *f* de nuit *(de femme)*.
nightingale ['naɪtɪŋgeɪl] *n* rossignol *m*.
nightly ['naɪtlɪ] **1** *adj (every night)* de tous les soirs, de toutes les nuits. *(Theat)* ∼ **performance** représentation *f* (de) tous les soirs.
2 *adv* tous les soirs, chaque soir, chaque nuit. *(Theat)* **performances** ∼ représentations tous les soirs; **twice** ∼ deux fois par soirée *or* nuit.
nightshade ['naɪtʃeɪd] *n*: **black** ∼ morelle noire; **deadly** ∼ belladone *f*; **woody** ∼ douce-amère *f*.
nihilism ['naɪɪlɪzəm] *n* nihilisme *m*.
nihilist ['naɪɪlɪst] *n* nihiliste *mf*.
nihilistic [,naɪɪ'lɪstɪk] *adj* nihiliste.
nil [nɪl] *n* rien *m*; *(Brit: in form-filling etc)* néant *m*; *(Brit Sport)* zéro *m*.
Nile [naɪl] *n* Nil *m*. *(Hist)* **the Battle of the** ∼ la bataille d'Aboukir.
nimbi ['nɪmbaɪ] *npl of* **nimbus**.
nimble ['nɪmbl] **1** *adj person, fingers* agile, leste, preste; *mind* vif, prompt. **you have to be fairly** ∼ **to get over this hedge** il faut être assez agile *or* leste pour passer par-dessus cette haie; *[old person]* **she is still** ∼ elle est encore alerte.
2 *cpd*: **nimble-fingered/-footed** aux doigts/pieds agiles *or* lestes *or* prestes; **nimble-minded, nimble-witted** à l'esprit vif *or* prompt.
nimbleness ['nɪmblnɪs] *n [person, fingers]* agilité *f*; *[limbs etc]* agilité, souplesse *f*; *[mind]* vivacité *f*.
nimbly ['nɪmblɪ] *adv* agilement, lestement, prestement.
nimbostratus [,nɪmbəʊ'streɪtəs] *n* nimbostratus *m*.
nimbus ['nɪmbəs] *n, pl* **nimbi** *or* ∼ **es** (a) *(halo)* nimbe *m*, halo *m*. (b) *(cloud)* nimbus *m*.
nincompoop* ['nɪŋkəmpu:p] *n* cornichon* *m*, serin(e)* *m(f)*, gourde* *f*.
nine [naɪn] **1** *adj* neuf *inv*. ∼ **times out of ten** neuf fois sur dix; *(fig)* **he's got** ∼ **lives** il a l'âme chevillée au corps; **a** ∼ **days' wonder** la merveille d'un jour; **a** ∼**-hole golf course** un (parcours de) neuf trous.
2 *n* neuf *m inv*. *(fig)* **dressed (up) to the** ∼**s** en grand tralala, sur son trente et un; *for other phrases V* **six**.
3 *pron* neuf *mfpl*. **there are** ∼ il y en a neuf.
4 *cpd*: **ninepins** (jeu *m* de) quilles *fpl*; **they went down like ninepins** ils sont tombés comme les mouches; **nine-to-five*** **job** travail *m* de bureau routinier; **he's got a nine-to-five*** **mentality** *or* **attitude** ce n'est pas lui qui travaillerait après cinq heures *or* en dehors des heures du bureau; **nine-to-fiver*** (employé(e) *m(f)*) gratte-papier *m*.
nineteen [naɪn'ti:n] **1** *adj* dix-neuf *inv*. **2** *n* dix-neuf *m inv*. *(Brit fig)* **he talks** ∼ **to the dozen*** c'est un vrai moulin à paroles *or* une vraie pie; **they were talking** ∼ **to the dozen** ils jacassaient à qui mieux mieux; *for other phrases V* **six**.
nineteenth ['naɪn'ti:nθ] **1** *adj* dix-neuvième. *(Golf hum)* **the** ∼ **(hole)** le bar, la buvette. **2** *n* dix-neuvième *mf*; *(fraction)* dix-neuvième *m*; *for other phrases V* **sixth**.
ninetieth ['naɪntɪɪθ] **1** *adj* quatre-vingt-dixième. **2** *n* quatre-vingt-dixième *mf*; *(fraction)* quatre-vingt-dixième *m*.
ninety ['naɪntɪ] **1** *adj* quatre-vingt-dix *inv*.
2 *n* quatre-vingt-dix *m inv*. ∼**-one** quatre-vingt-onze; ∼**-nine** quatre-vingt-dix-neuf; **to be in one's nineties** être nonagénaire, avoir passé quatre-vingt-dix ans; *(at doctor's)* **'say** ∼**-nine!'** ≃ **'dites trente-trois!';** *V* **naughty;** *for other phrases V* **sixty**.
ninny* ['nɪnɪ] *n* cornichon* *m*, serin(e)* *m(f)*, gourde* *f*.
ninth [naɪnθ] **1** *adj* neuvième. **2** *n* neuvième *mf*; *(fraction)* neuvième *m*; *for phrases V* **sixth**.
niobium [naɪ'əʊbɪəm] *n* niobium *m*.
nip¹ [nɪp] **1** *n (pinch)* pinçon *m*; *(bite)* morsure *f*. **the dog gave him a** ∼ le chien lui a donné un (petit) coup de dent; *(US)* ∼ **and tuck*** serré, au quart de poil près*; **there's a** ∼ **in the air today** ça pince aujourd'hui, l'air est piquant aujourd'hui.
2 *vt* (a) *(pinch)* pincer; *(bite)* donner un (petit) coup de dent à; *[cold, frost] plants* brûler; *(prune)* bud, shoot pincer; *(fig) plan, ambition* faire échec à. **I've** ∼**ped my finger** je me suis pincé le doigt; *(fig)* **to** ∼ **in the bud** faire avorter, tuer *or* écraser dans l'œuf; **the cold air** ∼**ped our faces** l'air froid nous piquait *or* pinçait le *or* au visage; **all the plants had been** ∼**ped by the frost** toutes les plantes avaient été brûlées par la gelée.
(b) *(‡: steal)* piquer‡, faucher‡.
3 *vi (Brit*)* **to** ∼ **up/down/out** *etc* monter/descendre/sortir *etc* en courant *or* d'un pas allègre; **he** ∼**ped into the café** il a fait un saut au café.
♦ **nip along*** *vi (Brit) [person]* aller d'un bon pas; *[car]* filer. **nip along to Anne's house** cours vite *or* fais un saut chez Anne.
♦ **nip in*** ¹ *vi (Brit)* entrer en courant; entrer un instant. **I've just nipped in for a minute** je ne fais qu'entrer et sortir; **to nip in and out of the traffic** se faufiler entre les voitures.
2 *vt sep (Sewing)* faire une (or des) pince(s) à. **dress nipped in at the waist** robe *f* pincée à la taille.
♦ **nip off*** **1** *vi (Brit*)* filer*, se sauver*.
2 *vt sep bud, shoot* pincer; *top of sth* couper.
nip² [nɪp] *n (drink)* goutte *f*, petit verre. **to take a** ∼ boire une goutte *or* un petit verre; **have a** ∼ **of whisky!** une goutte de whisky?
nipper ['nɪpər] *n* (a) *(Brit‡)* gosse* *mf*, mioche* *mf*. (b) **(pair of)** ∼**s** pince *f*, tenaille(s) *f(pl)*. (c) *(Zool)* pince *f*.

nipple ['nɪpl] n (Anat) mamelon m, bout m de sein; [baby's bottle] tétine f; (Geog) mamelon; (for grease etc) graisseur m.

Nippon ['nɪpɒn] n (Japan) Nippon m.

Nipponese [ˌnɪpə'niːs] **1** adj nippon (f -one or -onne). **2** n Nippon m, Nippone f or Nipponne f.

nippy* ['nɪpɪ] adj (a) (Brit) alerte, vif, preste. **be ~ about it!** fais vite!, grouille-toi!‡ (b) (sharp, cold) wind coupant, cuisant, âpre. **it's ~ today** ça pince aujourd'hui, l'air est piquant aujourd'hui. (c) flavour fort, piquant.

nirvana [nɪə'vɑːnə] n nirvāna m.

Nisei ['niːseɪ] n, pl inv or -s (US) Américain(e) né(e) d'immigrants japonais.

nisi ['naɪsaɪ] adj V **decree 1.**

Nissen hut ['nɪsn.hʌt] n hutte préfabriquée (en tôle, cylindrique).

nit [nɪt] **1** n (a) (louse) lente f. (b) (Brit‡: fool) crétin(e)* m(f). **2** cpd: **he's always nit-picking*** il est très tatillon, il trouve toujours à redire.

niter ['naɪtər] n (US) = **nitre**.

nitrate ['naɪtreɪt] n nitrate m, azotate m.

nitration [naɪ'treɪʃən] n nitration f.

nitre, (US) niter ['naɪtər] n nitre m, salpêtre m.

nitric ['naɪtrɪk] adj nitrique, azotique. **~ acid** acide m nitrique or azotique; **~ oxide** oxyde m azotique or nitrique, bioxyde m d'azote, nitrosyle m.

nitrogen ['naɪtrədʒən] n azote m. **~ gas** (gaz m) azote.

nitrogenous [naɪ'trɒdʒɪnəs] adj azoté.

nitroglycerin(e) ['naɪtrəʊ'glɪsəriːn] n nitroglycérine f.

nitrous ['naɪtrəs] adj nitreux, azoteux, d'azote. **~ acid** acide azoteux or nitreux; **~ oxide** oxyde azoteux or nitreux, protoxyde m d'azote.

nitty-gritty* ['nɪtɪ'grɪtɪ] n: **let's get down to the ~** venons-en au fond du problème or aux choses sérieuses (hum); **the ~ of life** les dures réalités de la vie (hum).

nitwit* ['nɪtwɪt] n imbécile mf, nigaud(e)* m(f).

nix [nɪks] **1** n (*: nothing) rien m, que dalle‡, peau f de balle‡. **2** vt (US) mettre son véto à.

N.J. (US Post) abbr of **New Jersey.**

N.L.F. [ˌenel'ef] n (abbr of **National Liberation Front**) F.L.N. m.

N.M. (US Post) abbr of **New Mexico.**

no [nəʊ] **1** particle non. oh **~!** mais non!; **to say/answer ~** dire/ répondre non; **the answer is ~** la réponse est non or négative; **I won't take ~ for an answer** (il n'est) pas question de me dire non; **I wouldn't do it, ~ not for £100** je ne le ferais pas, même pas pour 100 livres.

2 n, pl **~es** non m inv. **the ~es have it** les non l'emportent, les voix contre l'emportent; **there were 7 ~es** il y avait 7 non or 7 voix contre; V **ay(e).**

3 adj (not any) aucun, nul (f nulle), pas de, point de (all used with ne). **she had ~ coat** elle n'avait pas de manteau; **I have ~ idea** je n'ai aucune idée; **I have ~ more money** je n'ai plus d'argent; **~ man could do more** aucun homme or personne or nul ne pourrait faire davantage; **~ one man could do it** aucun homme ne pourrait le faire (à lui) seul; **~ two men would agree on this** il n'y a pas deux hommes qui seraient d'accord là-dessus; **~ two are alike** il n'y en a pas deux les mêmes; **~ other man** nul autre, personne d'autre; **~ sensible man would have done that** aucun homme de bon sens n'aurait fait ça, un homme de bon sens n'aurait pas fait ça; **~ Frenchman would say that** aucun Français ne dirait ça, un Français ne dirait pas ça; **there's ~ whisky like Scotch** whisky il n'y a pas de meilleur whisky que le whisky écossais; **there's ~ Catholic like a converted Catholic** il n'y a pas plus catholique qu'un catholique converti; **it's of ~ interest** c'est sans intérêt; **a man of ~ intelligence** un homme sans intelligence, un homme dénué d'intelligence; **~ go!*** pas moyen!, pas mèche!*; **it's ~ go*** trying to get him to help us pas moyen d'obtenir qu'il nous aide (subj) (V also 5); **it's ~ good waiting for him** cela ne sert à rien or ce n'est pas la peine de l'attendre; **it's ~ wonder** (ce n'est) pas étonnant (that que + subj or si + indic); **~ wonder!** pas étonnant!*

(b) (emphatic) peu, pas de, nullement. **by ~ means** aucunement, nullement, pas du tout; **he's ~ friend of mine** il n'est pas de mes amis; **he's ~ genius** ce n'est certes pas un génie, il n'a rien d'un génie; **this is ~ place for children** ce n'est pas un endroit pour les enfants; **in ~ time** en un rien de temps; **it's ~ small matter** ce n'est pas rien, ce n'est pas une petite affaire; **theirs is ~ easy task** ils n'ont pas la tâche facile, leur tâche n'est pas (du tout) facile; **there's ~ such thing** cela n'existe pas; V **end, mistake** etc.

(c) (forbidding) **~ smoking** défense de fumer; **~ entry, ~ ad-mittance** entrée interdite, défense d'entrer; **~ parking** stationne-ment interdit; **~ surrender!** on ne se rend pas!; **~ nonsense!** pas d'histoires!, pas de blagues!*

(d) (with gerund) **there's ~ saying what he'll do next** impos-sible de dire ce qu'il fera après; **there's ~ pleasing him** (quoi qu'on fasse) il n'est jamais satisfait.

4 adv (a) non. **whether he comes or ~** qu'il vienne ou non; **hungry or ~ you'll eat it** que tu aies faim ou non, tu le mangeras.

(b) (with comp) ne ... pas, ne ... plus. **the invalid is ~ better** le malade ne va pas mieux; **I can go ~ farther** je ne peux pas aller plus loin, je n'en peux plus; **I can bear it ~ longer** je ne peux plus le supporter; **she took ~ less than 4 weeks to do it** il ne lui a pas fallu moins de 4 semaines pour le faire; **she came herself, ~ less!** elle est venue en personne, voyez-vous ça! (iro).

5 cpd: (US) **no-account*** (adj, n) bon(ne) (mf) à rien; **nobody** V **nobody**; **no-claim(s) bonus** bonus m; (US Jur) **no-fault divorce** ≃ divorce m par consentement mutuel (sans torts prononcés); (US Jur) **no-fault insurance** assurance f automobile à remboursement automatique; **no-frills** avec service (réduit au strict) minimum or simplifié; (US) **no-knock raid** perquisition-surprise f; (US) **it's no-**

go* ça ne marche pas; (Brit Mil) **no-go area** zone interdite (à la police et à l'armée); **no-good*** (adj) nul (f nulle), propre or bon (f bonne) à rien; (n) propre mf à rien; **nohow*** aucunement, en aucune façon; (Sport) **no jump** saut m annulé; **no-man's-land** (Mil) no man's land m; (wasteland) terrain m vague; (indefinite area) zone mal définie; (US) **it's a no-no*** c'est absolument interdit; **no-nonsense** (adj) approach, attitude éminemment sensé or raisonnable, plein de bon sens; **no one = nobody 1**; (Comm) **no sale** non-vente f; (US) **no-show** (on plane/at show) passager m/ spectateur m etc qui ne se présente pas; (Sport) **no throw** lancer m annulé; **no-trump(s)** sans-atout m inv; **to call no-trump(s)** an-noncer sans-atout; **three tricks in no-trump(s)** trois sans-atout.

no. (abbr of **number**) no.

Noah ['nəʊə] n Noé m. **~'s ark** l'arche f de Noé.

nob¹‡ [nɒb] n (esp Brit) aristo‡ m; richard‡ m. **the ~s** (les gens de) la haute‡, les rupins‡ mpl.

nob²‡ [nɒb] n (head) caboche* f, fiole‡ f.

nobble* ['nɒbl] vt (Brit) (a) (bribe, corrupt) person acheter, soudoyer.

(b) (obtain dishonestly) votes etc acheter; money faucher‡, rafler*.

(c) (Racing) horse, dog droguer (pour l'empêcher de gagner).

(d) (catch) wrongdoer pincer‡, choper‡. **the reporters ~d him as he left his hotel** les reporters l'ont happé or lui ont mis la main dessus au moment où il quittait son hôtel.

Nobel [nəʊ'bel] n: **~ prize** prix m Nobel; **~ prizewinner** (lauréat m or lauréate f du) prix Nobel.

nobelium [nəʊ'biːlɪəm] n nobélium m.

nobility [nəʊ'bɪlɪtɪ] n (U) (a) (nobles) (haute) noblesse f. **the old ~** la noblesse d'extraction or d'épée, la vieille noblesse. (b) (quality) noblesse f. **~ of mind** grandeur f d'âme, magnanimité f.

noble ['nəʊbl] **1** adj (a) (noble) person, appearance, matter noble; soul, sentiment noble, grand; monument, edifice majestueux, imposant. **of ~ birth** de haute naissance, de naissance noble; **the ~ art** of self-defence le noble art, la boxe; **a ~ wine** un grand vin, un vin noble.

(b) (*: unselfish) magnanime. **I was very ~ and gave her my share** dans un geste magnanime je lui ai donné ma part, je lui ai généreusement donné ma part; **don't be so ~!** ne fais pas le (or la) magnanime!

(c) metal noble, précieux.

2 n noble m.

3 cpd: **nobleman** noble m, aristocrate m; **noble-minded** magnanime, généreux; **noblewoman** aristocrate f, femme f de la noblesse, noble f.

nobleness ['nəʊblnɪs] n [person, birth] noblesse f; [spirit, action etc] noblesse, magnanimité f, générosité f; [animal, statue etc] belles proportions, noblesse de proportions; [building etc] majesté f. **~ of mind** grandeur f d'âme, magnanimité, générosité.

nobly ['nəʊblɪ] adv (a) (aristocratically) noblement. **~ born** or haute naissance. (b) (magnificently) proportioned majestueuse-ment. (c) (*: selflessly) généreusement, noblement. **he ~ gave her his seat** il lui céda généreusement sa place; **you've done ~!** vous avez été magnifique!, vous avez bien mérité de la patrie! (hum).

nobody ['nəʊbədɪ] **1** pron personne, nul, aucun (+ ne before vb). **I saw ~** je n'ai vu personne; **~ knows** nul or personne ne le sait; **~ spoke to me** personne ne m'a parlé; **who saw him? — ~** qui l'a vu? — personne; **~ knows better than I** personne ne sait mieux que moi; **~ (that was) there** will ever forget ... personne parmi ceux qui étaient là n'oubliera jamais ...; **it is ~'s business** cela ne regarde personne; **like ~'s business*** run etc à toutes jambes, comme un dératé; work etc d'arrache-pied, sans désem-parer; (fig) **he's ~'s fool** il n'est pas né d'hier, il est loin d'être un imbécile.

2 n nullité f, zéro m, rien m du tout. **he's a mere ~**, **he's just a ~** c'est un rien du tout; **they are nobodies** ce sont des moins que rien; **I worked with him when he was a ~** j'ai travaillé avec lui alors qu'il était encore inconnu.

nocturnal [nɒk'tɜːnl] adj nocturne, de nuit.

nocturne ['nɒktɜːn] n (Mus) nocturne m.

nod [nɒd] **1** n (a) signe m (affirmatif) or inclination f de (la) tête. **he gave me a ~** (gen) il m'a fait un signe de (la) tête; (in greeting) il m'a salué de la tête; (signifying 'yes') il m'a fait signe que oui de la tête; **he rose with a ~ of agreement** il s'est levé, signifiant son accord d'un signe de (la) tête; **to answer with a ~** répondre d'un signe de (la) tête; **to get the ~*** [project etc] avoir le feu vert; (Brit) **on the ~*** pass, approve sans discussion, d'un commun accord; (loc) **a ~ is as good as a wink (to a blind man)** c'est bien or ça va*, on a compris.

(b) **the land of N~** le pays des rêves or des songes.

2 vi (a) (move head) faire un signe de (la) tête, incliner la tête; (as sign of assent) hocher la tête, faire signe que oui, faire un signe de tête affirmatif. **to ~ to sb** faire un signe de tête à qn; (in greeting) saluer qn d'un signe de tête, saluer qn de la tête; **he ~ded to me to go** il m'a fait signe de m'en aller; **we have a ~ding acquaintance** nous nous disons bonjour, nous nous saluons; (fig) **he has a ~ding acquaintance with German/this author** il con-naît vaguement l'allemand/cet auteur.

(b) (doze) sommeiller, somnoler. **he was ~ding over a book** il dodelinait de la tête or il somnolait sur un livre; (fig) **to catch sb ~ding** prendre qn en défaut.

(c) [flowers, plumes] se balancer, danser; [trees] onduler, se balancer.

3 vt: **to ~ one's head** (move head down) faire un signe de (la) tête, incliner la tête; (as sign of assent) faire signe que oui, faire un signe de tête affirmatif; **to ~ one's agreement/approval** manifester son assentiment/son approbation d'un or d'un signe de tête; **to ~**

assent faire signe que oui, manifester son assentiment par un *or* d'un signe de tête.

♦**nod off** *vi* s'endormir. **I nodded off for a moment** je me suis endormi un instant.

nodal ['nəʊdl] *adj* nodal.

noddle‡† ['nɒdl] *n* (*head*) caboche* *f*, fiole‡ *f*.

Noddy* ['nɒdɪ] *adj* (*Brit: very easy etc*) d'une simplicité enfantine.

node [nəʊd] *n* (*gen, Astron, Geom, Ling, Phys*) nœud *m*; (*Bot*) nœud, nodosité *f*; (*Anat*) nodus *m*, nodosité.

nodular ['nɒdjʊlə'] *adj* nodulaire.

nodule ['nɒdju:l] *n* (*Anat, Bot, Geol*) nodule *m*.

Noel ['nəʊəl] *n* Noël *m* (*prénom*).

noggin ['nɒgɪn] *n* (a) (*container*) (petit) pot *m*; (*amount*) quart *m* (de pinte). (*Brit: drink*) **let's have a ~** allons boire *or* prendre un pot. (b) (*US*‡: *head*) caboche* *f*, tête *f*.

noise [nɔɪz] **1** *n* (a) (*sound*) bruit *m*, son *m*. **I heard a small ~** j'ai entendu un petit bruit; **the ~ of bells** le son des cloches; **~s in the ears** bourdonnements *mpl* (d'oreilles); **a hammering ~** un martellement; **a clanging ~** un bruit métallique.

(b) (*loud sound*) bruit *m*, tapage *m* (*U*), vacarme *m* (*U*). **the ~ of the traffic** le bruit *or* le vacarme de la circulation; **I hate ~** j'ai horreur du bruit; **to make a ~** faire du bruit *or* du tapage *or* du vacarme; (*fig*) **the book made a lot of ~ when it came out** le livre a fait beaucoup de bruit *or* beaucoup de tapage *or* beaucoup parler de lui quand il est sorti; (*fig*) **to make a lot of ~ about sth*** faire du tapage autour de qch; **she made ~s* about wanting to go home early** elle a marmonné qu'elle voulait rentrer tôt; **stop that ~!** arrêtez(-moi) ce tapage! *or* ce vacarme! *or* ce tintamarre!; **hold your ~!**‡ ferme-la!‡; (*person*) **a big ~*** une huile*, une grosse légume*.

(c) (*U*) (*Rad, TV*) interférences *fpl*, parasites *mpl*; (*Telec*) friture *f*; (*Comput*) bruit *m*.

2 *vt*: **to ~ sth abroad** *or* **about** ébruiter qch.

3 *cpd*: **noise abatement** lutte *f* antibruit; **noise-abatement campaign/society** campagne *f*/ligue *f* antibruit *or* pour la lutte contre le bruit; **noise pollution** les nuisances *fpl* sonores.

noiseless ['nɔɪzlɪs] *adj* silencieux. **with ~ tread** à pas feutrés.

noiselessly ['nɔɪzlɪslɪ] *adv* sans bruit, en silence, silencieusement.

noiselessness ['nɔɪzlɪsnɪs] *n* silence *m*, absence *f* de bruit.

noisily ['nɔɪzɪlɪ] *adv* bruyamment.

noisiness ['nɔɪzɪnɪs] *n* caractère bruyant; [*children*] turbulence *f*.

noisome ['nɔɪsəm] *adj* (*disgusting*) repoussant, répugnant; (*smelly*) puant, fétide, infect; (*harmful*) nocif, nuisible.

noisy ['nɔɪzɪ] *adj* (a) *child etc* bruyant, tapageur; *protest, street* bruyant; *discussion, meeting, welcome* bruyant, tumultueux. [*person, machine*] **to be ~** faire du bruit *or* du tapage. (b) *colour* criard, voyant.

nomad ['nəʊmæd] *n* nomade *mf*.

nomadic [nəʊ'mædɪk] *adj* nomade.

nomadism ['nəʊmədɪzəm] *n* nomadisme *m*.

nom de plume ['nɒmdə'plu:m] *n* (*Literat*) pseudonyme *m*.

nomenclature [nəʊ'menklətʃə'] *n* nomenclature *f*.

nominal ['nɒmɪnl] **1** *adj* (a) (*in name only*) *ruler* de nom (seulement); *agreement, power, rights* nominal. **he was the ~ head of state** il était chef d'État de nom.

(b) (*for form only*) *salary, fee* nominal, insignifiant. **a ~ amount** *or* **sum** une somme nominale *or* insignifiante; (*Jur*) **~ damages** dommages-intérêts *mpl* symboliques; **~ value** valeur nominale *or* fictive; **~ rent** loyer insignifiant.

(c) (*Gram*) nominal.

(d) (*US : Space sl*) conforme au plan prévu.

2 *n* expression *f* nominale.

nominalism ['nɒmɪnəlɪzəm] *n* nominalisme *m*.

nominalist ['nɒmɪnəlɪst] *n, adj* nominaliste (*mf*).

nominalization [,nɒmɪnəlaɪ'zeɪʃən] *n* (*Ling*) nominalisation *f*.

nominalize ['nɒmɪnəlaɪz] *vt* (*Ling*) nominaliser.

nominally ['nɒmɪnəlɪ] *adv* (*in name only*) nominalement, de nom; (*as a matter of form*) pour la forme.

nominate ['nɒmɪneɪt] *vt* (a) (*appoint*) nommer, désigner. **he was ~d chairman, he was ~d to the chairmanship** il a été nommé président; **~d and elected members of a committee** membres désignés et membres élus d'un comité.

(b) (*propose*) proposer, présenter. **he was ~d for the presidency** il a été proposé comme candidat à la présidence; **they ~d Mr X for mayor** ils ont proposé M X comme candidat à la mairie; **to ~ an actor for an Oscar** proposer *or* nominer un acteur pour un Oscar.

nomination [,nɒmɪ'neɪʃən] **1** *n* (a) (*appointment*) nomination *f* (**to** à).

(b) proposition *f* de candidat. **~s must be received by ...** toutes propositions de candidats doivent être reçues avant ... .

(c) (*Cine : for award*) nomination *f*.

2 *cpd*: (*Pol*) **nomination paper** feuille *f* de candidature.

nominative ['nɒmɪnətɪv] **1** *adj* (*gen*) nominatif; *ending* du nominatif.

2 *n* nominatif *m*. **in the ~** au nominatif, au cas sujet.

nominator ['nɒmɪneɪtə'] *n* présentateur *m*.

nominee [,nɒmɪ'ni:] *n* (*for post*) personne désignée *or* nommée, candidat(e) agréé(e); (*for annuity etc*) personne dénommée.

non- [nɒn] **1** *pref* non-. *e.g.* **~ strikers** and **~ -strikers** grévistes et non-grévistes; **believers** and **~- believers** ceux qui croient et ceux qui ne croient pas, (les) croyants et (les) non-croyants.

2 *cpd*: **non-absorbent** non absorbant; **non-academic** *course* orienté vers la formation professionnelle; *staff* non enseignant; *career* qui n'exige pas des études poussées; **non-accomplishment** inaccomplissement *m*, inachèvement *m*; **non-accountable** non responsable; **non-achievement** manque *m* de succès; **non-**

addictive qui ne crée pas une dépendance; **non-admission** non-admission *f*; **non-affiliated** *business* non affilié; *industry* non confédéré; **non-aggression** non-agression *f*; **non-aggression pact** pacte *m* de non-agression; **non-alcoholic** non alcoolisé, sans alcool; (*Pol*) **non-aligned** non-aligné; (*Pol*) **non-alignment** non-alignement *m*; **non-alignment policy** politique *f* de non-alignement; (*Jur*) **non-appearance** non-comparution *f*; **non-arrival** non-arrivée *f*; **non-assertive** qui manque d'assurance, qui ne se met pas en avant; **non-attendance** absence *f*; **non-availability** non-disponibilité *f*; **non-available** non disponible; (*Rel*) **non-believer** incroyant(e) *m(f)*; **non-breakable** incassable; **non-Catholic** (*adj, n*) non-catholique (*mf*); **non-Christian** non chrétien; **non-classified** qui n'est pas classé secret; **non-collegiate** *student* qui n'appartient à aucun collège (*d'une université*); **non-collegiate** *university* université *f* qui n'est pas divisée en collèges; (*US Mil*) **non-com*** (*abbr of* **non-commissioned officer**) sous-off* *m*, gradé *m*; **non-combatant** (*adj, n*) non-combattant (*m*); **non-combustible** non combustible; (*Mil*) **non-commissioned** non breveté, sans brevet; **non-commissioned officer** sous-officier *m*, gradé *m*; (*Rel*) **non-communicant** (*adj, n*) non-communiant(e) *m(f)*; **non-communication** manque *m* de communication; **non-completion** *[work]* non-achèvement *m*; *[contract]* non-exécution *f*; **non-compliance** refus *m* d'obéissance (*with an order* à un ordre); **non compos mentis** qui n'a pas toute sa raison; **non-conductor** (*Phys*) non-conducteur *m*, mauvais conducteur; *[heat]* isolant *m*, calorifuge *m*; (*Elec*) isolant; **nonconformism** *etc* V **nonconformism** *etc*; **non-contemporary** qui n'est pas contemporain; **non-contributory pension scheme** régime *m* de retraite sans retenues *or* cotisations; **noncooperation** refus *m* de coopération; **non-cooperative** qui refuse de coopérer; **non-crush(able)** infroissable; **non-cumulative** non cumulatif; **non-dairy** (*adj*) *product* qui n'est pas à base de lait; **non-dazzle** anti-éblouissant; **non-degradable** qui n'est pas biodégradable; **nondemocratic** qui n'est pas démocratique, non démocratique; (*Tech*) **non-destructive** *testing* non destructeur; **non-detachable** *handle etc* fixe, indémontable; *lining, hood* non détachable; **non-directional** omnidirectionnel; (*Psych*) **non-directive therapy** psychothérapie non directive, non-directivisme *m*; **non-disruptive** non perturbateur; (*Ling*) **non-distinctive** non distinctif; **nondrinker** personne *f* qui ne boit jamais d'alcool; (*Aut*) **nondriver** personne *f* qui n'a pas le permis de conduire; **nonedible** incomestible; **non-essential** non essentiel, peu important, accessoire; **non-essentials** accessoires *mpl*; **non-established** *church* non établi; **the meeting was a non-event*** la réunion n'a jamais démarré; (*Scol etc*) **non-examination course** études *fpl* non sanctionnées par un examen; **nonexistence** non-existence *f*; **nonexistent** non existant, inexistant; **non-explosive** inexplosible; **nonfactual** qui n'est pas basé sur des faits; **non-family** (*n*) ceux qui ne font pas partie de la famille; **non-fat** *cooking, diet* sans corps gras *or* matière grasse; *meat* maigre; **non-fattening** qui ne fait pas grossir; **non-ferrous** non ferreux; **non-fiction** littérature *f* non-romanesque; **he only reads non-fiction** il ne lit jamais de romans; **non-finite verb** verbe *m* au mode impersonnel; **non-finite forms** formes *fpl* des modes impersonnels; **non-fulfilment** non-exécution *f*, inexécution *f*; **non-glare** anti-éblouissant; **non-grammatical** non grammatical; **non grata*** non grata; **he felt rather non grata*** il avait l'impression d'être un intrus; **non-greasy** *ointment, lotion* qui ne graisse pas; *skin, hair* qui n'est pas gras (*f* grasse); **non-hero** anti-héros *m*; **noninflammable** ininflammable; **non-interference** non-intervention *f*; (*Pol etc*) **non-intervention** non-intervention *f*, laisser-faire *m*; **non-intoxicating** *drink etc* non alcoolique; **non-involvement** non-engagement *m*; **non-iron** qui ne nécessite aucun repassage; (*on label*) 'non-iron' 'ne pas repasser'; **non-Jew** non-Juif *m* (*f* -ive); **non-Jewish** non juif; **to be a non-joiner** préférer ne pas s'affilier à des clubs; **non-judgmental** qui ne porte pas de jugement; **non-laddering = non-run**; **nonlinear** non linéaire; **non-linguistic** *communication etc* non verbal; **non-literate** non lettré, qui ne possède pas de langue écrite; **nonmanual** *workers* intellectuel; **nonmaterial** immatériel; *[club etc]* **non-member** personne étrangère (*au club etc*); **open to non-members** ouvert au public; (*Chem*) **non-metal** métalloïde *m*; **non-metallic** (*relating to non-metals*) métalloïdique; (*not of metallic quality*) non métallique; **non-militant** non militant; **non-military** non militaire; **non-nutritious** sans valeur nutritive; **non obst.** V **non obst.**; **non-partisan** impartial, sans parti pris; (*Pol*) **non-party** *vote, decision* indépendant (de tout parti politique); **non-paying** *visitor etc* qui ne paie pas, admis à titre gracieux; **non-payment** non-paiement *m*; **non-person** (*stateless etc*) personne *f* considérée comme n'existant pas; (*pej : useless*) nullité *f*; **non-political** apolitique; **non-productive** non productif; **non-professional** (*adj*) *player etc* amateur; (*n: Sport etc*) amateur *mf*; **non-professional conduct** manquement *m* aux devoirs de la profession; **non-profitmaking**, (*US*) **non-profit** à but non lucratif; **non-proliferation** non-prolifération *f*; **non-punitive** dont l'intention n'est pas de punir; **non-receipt** (*of letter etc*) non-réception *f*; **non-recurring expenses** dépenses *fpl* d'équipement; **non-refillable** *pen, bottle* sans recharge; **non-reflective** *glass* non réfléchissant; **non-religious** non croyant; **nonresident** V **non-resident**; **non-returnable** *bottle etc* non consigné; **non-run** indémaillable; **nonscheduled** *plane, flight* spécial, en dehors des services réguliers; **nonsectarian** non confessionnel; **nonsegregated** sans ségrégation; **non-shrink** irrétrécissable; **non-sinkable** insubmersible; **non-skid** V **nonsked**; **non-skid** antidérapant; **nonslip** *shoe sole, ski* antidérapant; **non-smoker** (*person*) non-fumeur *m*, personne *f* qui ne fume pas; (*Rail*) compartiment *m* 'non-fumeurs'; **he is a non-smoker** il ne fume pas; (*Chem*) **non-solvent** non dissolvant; (*Ling*) **non-standard** non conforme à la langue correcte; **non-starter** (*horse: lit, fig*) non-partant *m*; (*worthless person*) non-valeur f; this proposal is a non-starter cette proposition est hors de question; **non-stick** coating anti-adhérent; saucepan qui n'attache pas; **non-stop** V non-stop; **non-student** non-étudiant(e) m(f), personne f qui n'a pas le statut d'étudiant; (US Jur) **non-support** défaut m de pension alimentaire; **nonswimmer** personne f qui ne sait pas nager; (Scol etc) **non-teaching staff** personnel m non enseignant; **non-threatening** qui n'est pas menaçant; **non U** (Brit*: abbr of non upper class) commun; (Ind) **non-union** workers, labour non syndiqué; **non-viable** non-viable; **non-vocational** courses non professionnel; **non-voluntary** work rémunéré; (US Pol) **nonvoter** abstentionniste m; (Fin) **nonvoting share** action f sans droit de vote; (Pol etc) **non-white** (n) personne f de couleur; (adj) de couleur; **non-worker** personne f sans emploi; **non-working** (adj) sans emploi, qui ne travaille pas; **non-woven** non-tissé.

nonage ['nəʊnɪdʒ] n (Jur) minorité f.

nonagenarian [ˌnɒnədʒɪ'nɛərɪən] adj, n nonagénaire (mf).

nonce [nɒns] n: for the ~ pour la circonstance, pour l'occasion; ~ word mot créé pour l'occasion, mot de circonstance.

nonchalance ['nɒnʃələns] n nonchalance f.

nonchalant ['nɒnʃələnt] adj nonchalant.

nonchalantly ['nɒnʃələntlɪ] adv nonchalamment.

noncommittal ['nɒnkə'mɪtl] adj person, attitude réservé, qui ne se compromet pas; statement qui n'engage à rien, évasif. **a** ~ **answer** une réponse diplomatique or évasive or de Normand; **I'll be very** ~ je ne m'avancerai pas, je ne m'engagerai à rien, je resterai réservé; **he was very** ~ **about it** il ne s'est pas prononcé là-dessus, il a fait une réponse de Normand.

noncommittally [ˌnɒnkə'mɪtəlɪ] adv answer évasivement, sans se compromettre.

nonconformism ['nɒnkən'fɔːmɪzəm] (Rel: **N~**) n non-conformisme m.

nonconformist ['nɒnkən'fɔːmɪst] (Rel: **N~**) 1 n non-conformiste mf. 2 adj non-conformiste, dissident.

Nonconformity ['nɒnkən'fɔːmɪtɪ] n (Rel) non-conformité f.

nondescript ['nɒndɪskrɪpt] adj colour indéfinissable; person sans trait distinctif, quelconque; appearance insignifiant, quelconque.

none [nʌn] 1 pron (a) (not one thing) aucun(e) m(f) (+ ne before verb). ~ of the books aucun livre, aucun des livres; ~ of this rien de ceci; ~ of that! pas de ça!; I want ~ of your excuses! vos excuses ne m'intéressent pas!; he would have ~ of it il ne l'en voulait rien savoir; ~ at all pas un(e) seul(e); I need money but have ~ at all j'ai besoin d'argent mais je n'en ai pas du tout; ~ of this money pas un centime de cet argent; ~ of this cheese pas un gramme de ce fromage; ~ of this milk pas une goutte de ce lait; ~ of this land pas un mètre carré or pas un pouce de ce terrain; there's ~ left il n'en reste plus; is there any bread left? — at all y a-t-il encore du pain? — pas une miette; (liter or hum) money have I ~ d'argent, je n'en ai point; (liter or hum) traces there were ~ de traces, aucune or point (liter or hum).

(b) (not one person) personne, aucun(e) m(f), nul(le) m(f) (all + ne before verb). ~ of them aucun d'entre eux; ~ of us aucun de nous or d'entre nous, personne parmi nous; ~ can tell personne or nul ne peut le dire; ~ but you can do it vous seul êtes capable de le faire; I have told ~ but you je ne l'ai dit à personne d'autre que vous; ~ but a fool would do it il n'y a qu'un imbécile pour le faire; I know, ~ better, that ... je sais mieux que personne que ...; their guest was ~ other than the president himself leur invité n'était autre que le président en personne.

(c) (in form-filling etc) néant m.

2 adv: he's ~ the worse for it il ne s'en porte pas plus mal; I'm ~ the worse for having eaten it je ne me ressens pas de l'avoir mangé; I like him ~ the worse for it je ne l'en aime pas moins pour cela; the house would be ~ the worse for a coat of paint une couche de peinture ne ferait pas de mal à cette maison; he was ~ the wiser il n'en savait pas plus pour autant, il n'était pas plus avancé; it's ~ too warm il ne fait pas tellement chaud; and ~ too soon either! et ce n'est pas trop tôt!; at last he arrived and ~ too soon il arriva enfin et il était grand temps or ce n'était pas trop tôt; it was ~ too easy ce n'était pas tellement facile; I was ~ too sure that he would come j'étais loin d'être sûr qu'il viendrait.

3 cpd: nonesuch = nonsuch; nonetheless = nevertheless.

nonentity [nɒ'nentɪtɪ] n personne insignifiante or sans intérêt. he's a complete ~ c'est une nullité.

nonet [nɒ'net] n (Mus) n nonet m.

non obst. prep (abbr of non obstante = notwithstanding) nonobstant.

nonpareil ['nɒnpərəl] (frm, liter) 1 n personne f or chose f sans pareille. 2 adj incomparable, sans égal.

nonplus ['nɒn'plʌs] vt déconcerter, dérouter, rendre perplexe. I was utterly ~sed j'étais complètement perplexe or dérouté.

nonresident [nɒn'rezɪdənt] 1 adj (gen) non résidant. ~ course stage m sans hébergement des participants; ~ doctor attaché(e) m(f) de consultations; (US Univ Admin) ~ student étudiant(e) d'une université d'État dont le domicile permanent est situé en dehors de cet État. 2 n (gen) non-résidant(e) m(f); (Brit: in hôtel) client(e) m(f) de passage (qui n'a pas de chambre).

nonsense ['nɒnsəns] 1 n (U) absurdités fpl, inepties fpl, sottises fpl, idioties fpl, non-sens m. to talk ~ dire or débiter des absurdités or des inepties; that's a piece of ~! c'est une absurdité! or sottise! or idiotie!, c'est un non-sens!; that's (a lot of) ~! tout ça ce sont des absurdités or des inepties or des sottises or des idioties; but that's ~ mais c'est absurde; oh, ~! oh, ne dis pas d'absurdités! or de sottises! or d'idioties!; all this ~ about them not being able to pay toutes ces histoires idiotes comme quoi* or selon lesquelles ils seraient incapables de payer; it is ~ to say il est absurde or idiot de dire, c'est un non-sens de dire; it's just his ~ il dit des sottises

(comme d'habitude); he will stand no ~ from anybody il ne se laissera pas faire par qui que ce soit, il ne se laissera marcher sur les pieds par personne; he won't stand any ~ about that il ne plaisante pas là-dessus; I've had enough of this ~! j'en ai assez de ces histoires! or idioties!; stop this ~!, no more of your ~! cesse ces idioties!; there's no ~ about him c'est un homme très carré; to knock the ~ out of sb* ramener qn à la raison; to make (a) ~ of sth (complètement) saboter qch; V stuff.

2 cpd: **nonsense verse** vers mpl amphigouriques; **nonsense word** mot m inventé de toutes pièces.

nonsensical [nɒn'sensɪkəl] adj idea, action absurde, inepte, qui n'a pas de sens; person absurde, idiot. **don't be so** ~ ne soyez pas si absurde or idiot, ne dites pas tant d'absurdités or de sottises.

nonsensically [nɒn'sensɪkəlɪ] adv absurdement.

non sequitur [ˌnɒn'sekwɪtər] n: it's a ~ ça manque de suite.

nonsked* ['nɒn'sked] n (US) avion m spécial.

non-stop ['nɒn'stɒp] 1 adj sans arrêt; train direct; journey sans arrêt; flight direct, sans escale; (Ski) non-stop. (Cine, Theat etc) ~ performance spectacle permanent. 2 adv talk etc sans arrêt; (Ski) non-stop. to fly ~ from London to Chicago faire Londres-Chicago sans escale.

nonsuch ['nʌnsʌtʃ] n personne f or chose f sans pareille.

noodle ['nuːdl] n (a) (Culin) ~s nouilles fpl; ~ soup potage m au vermicelle. (b) (‡) (person) nouille‡ f, nigaud(e) m(f); (head) caboche* f, tête f.

nook [nʊk] n (corner) coin m, recoin m; (remote spot) retraite f. ~s and crannies, ~s and corners coins et recoins; breakfast ~ coin-repas m; a shady ~ une retraite ombragée, un coin ombragé.

noon [nuːn] 1 n midi m. at/about ~ à/vers midi; V high. 2 cpd: **noonday, noontide** (n) midi m; (adj) de midi; (fig liter) at the noonday or noontide of his fame au sommet de sa gloire.

noose [nuːs] 1 n nœud coulant; (in animal trapping) collet m; [cowboy] lasso m; [hangman] corde f. (fig) to put one's head in the ~, to put a ~ round one's neck se jeter dans la gueule du loup.

2 vt (a) rope faire un nœud coulant à.

(b) (in trapping) prendre au collet; [cowboy] prendre or attraper au lasso.

nope‡ [nəʊp] particle (US) non.

nor [nɔːr] conj (a) (following 'neither') ni. **neither you** ~ **I can do it** ni vous ni moi (nous) ne pouvons le faire; **she neither eats** ~ **drinks** elle ne mange ni ne boit; **neither here** ~ **elsewhere does he stop working** ici comme ailleurs il ne cesse pas de travailler; V neither.

(b) (= and not) I don't know, ~ do I care je ne sais pas et d'ailleurs je m'en moque; that's not funny, ~ is it true ce n'est ni drôle ni vrai; that's not funny, ~ do I believe it's true cela n'est pas drôle et je ne crois pas non plus que ce soit vrai; I shan't go and ~ will you je n'irai pas et vous non plus; I don't like him — ~ do I je ne l'aime pas — moi non plus; ~ was this all et ce n'était pas tout; ~ will I deny that ... et je ne nie pas non plus que ... + subj; ~ was he disappointed et il ne fut pas déçu non plus; V yet.

nor' [nɔːr] adj (Naut: in cpds) = north. **nor'east** etc = northeast etc; V north 4.

noradrenalin(e) ['nɔː'drenəlɪn,-iːn] n noradrénaline f.

Nordic ['nɔːdɪk] adj nordique.

norm [nɔːm] n norme f.

normal ['nɔːməl] 1 adj (a) person, situation, performance normal; habit ordinaire, commun. the child is not ~ l'enfant n'est pas normal; it is quite ~ to believe ... il est tout à fait normal or naturel de croire ...; it is quite ~ for him to object il est tout à fait normal or naturel qu'il fasse des objections; it's quite a ~ thing for children to fight c'est une chose très normale que les enfants se battent (subj); with old people this is quite ~ chez les gens âgés c'est très normal or commun; beyond ~ experience au-delà de l'expérience ordinaire; ~ working (Engineering, Tech) régime m; (Ind) the factory is back to ~ working le travail a repris normalement à l'usine; ~ speed vitesse f de régime; (Med) ~ temperature température normale.

(b) (Math) normal, perpendiculaire.

(c) (Chem) neutre.

(d) (US etc) ~ school école normale (d'instituteurs or d'institutrices).

2 n (a) normale f, état normal, condition normale. **temperatures below** ~ des températures au-dessous de la normale.

(b) (Math) normale f, perpendiculaire f.

normalcy ['nɔːməlsɪ] n, **normality** [nɔː'mælɪtɪ] n normalité f.

normalization [ˌnɔːməlaɪ'zeɪʃən] n normalisation f.

normalize ['nɔːməlaɪz] vt normaliser, régulariser.

normally ['nɔːməlɪ] adv (gen) normalement; (usually) normalement, en temps normal.

Norman ['nɔːmən] 1 adj normand; (Archit) roman. the ~ Conquest la conquête normande; (Ling) ~ French anglo-normand m. 2 n Normand(e) m(f).

Normandy ['nɔːməndɪ] n Normandie f.

normative ['nɔːmətɪv] adj normatif.

Norse [nɔːs] 1 n (Hist) nordique, scandinave. ~man Scandinave m. 2 n (Ling) nordique m, norrois m. Old ~ vieux norrois.

north [nɔːθ] 1 n nord m. magnetic ~ nord or pôle m magnétique; to the ~ of au nord de; house facing the ~ maison exposée au nord; [wind] to veer to the ~, to go into the ~ tourner au nord, anordir (Naut); the wind is in the ~ le vent est au nord; the wind is (coming or blowing) from the ~ le vent vient or souffle du nord; to live in the ~ habiter dans le nord; in the ~ of Scotland dans le nord de l'Écosse; (US Hist) the N~ les États mpl antiesclavagistes or du nord.

2 adj nord inv, au or du nord, septentrional. ~ wind vent m du nord, bise f; ~ coast côte f nord; in ~ Scotland/Glasgow dans le

nord de l'Écosse/de Glasgow; **on the ~ side** du côté nord; **studio with a ~** light atelier *m* qui reçoit la lumière du nord; **a ~ aspect** une exposition au nord; **room with a ~ aspect** pièce exposée au nord; **~ wall** mur exposé au nord; (*Archit*) **~ transept/door** transept/portail nord *or* septentrional; *V also* **4.**

3 *adv* **go** au nord, vers le nord, en direction du nord; *lie, be* au nord (*of* de). **further ~** plus au nord; **~ of the island** *be, go, sail* au nord de l'île; **the town lies ~ of the border** la ville est située au nord de la frontière; **we drove ~ for 100 km** nous avons roulé pendant 100 km en direction du nord; **go ~ till you get to Crewe** allez en direction du nord jusqu'à Crewe; **to sail due ~** aller droit vers le nord; (*Naut*) avoir le cap au nord; **~ by ~-east** nord quart nord-est.

4 *cpd*: **North Africa** Afrique *f* du Nord; **North African** (*adj*) nord-africain, d'Afrique du Nord; (*n*) Africain(e) *m(f)* du Nord, Nord-Africain(e) *m(f)*; **North America** Amérique *f* du Nord; **North American** (*adj*) nord-américain, d'Amérique du Nord; (*n*) Nord-Américain(e) *m(f)*; **North Atlantic** l'Atlantique *m* Nord; **North Atlantic Drift** dérive *f* nord-atlantique; **northbound** *traffic, vehicles* (se déplaçant) en direction du nord; *carriageway* nord *inv*; **North Carolina** Caroline *f* du Nord; **in North Carolina** en Caroline du Nord; **north-country** (*adj*) du Nord (de l'Angleterre); **North Dakota** Dakota *m* du Nord; **in North Dakota** dans le Dakota du Nord; **north-east** (*n*) nord-est *m*; (*adj*) (du *or* au) nord-est *inv*; (*adv*) vers le nord-est; **north-easter** vent *m* du nord-est; **north-easterly** (*adj*) *wind, direction* du nord-est; *situation* au nord-est; (*adv*) vers le nord-est; **north-eastern** (du) nord-est *inv*; **north-eastward(s)** vers le nord-est; **north-facing** exposé au nord; **North Korea** Corée *f* du Nord; (*New Zealand*) **North Island** île *f* du Nord (*de la Nouvelle-Zélande*); **the Northlands** les pays *mpl* du Nord; (*Hist*) **Northman** Scandinave *m*; **north-north-east** (*n*) nord-nord-est *m*; (*adj*) (du *or* au) nord-nord-est *inv*; (*adv*) vers le nord-nord-est; **north-north-west** (*n*) nord-nord-ouest *m*; (*adj*) (du *or* au) nord-nord-ouest *inv*; (*adv*) vers le nord-nord-ouest; **North Pole** pôle *m* Nord; **North Sea** mer *f* du Nord; (*Brit*) **North Sea gas** gaz naturel (de la mer du Nord); **North Sea oil** pétrole *m* de la mer du Nord; **North Star** étoile *f* polaire; **North Vietnam** Vietnam *m* du Nord; (*Climbing*) **north-wall hammer** marteau-piolet *m*; **north-west** (*n*) nord-ouest *m*; (*adj*) (du *or* au) nord-ouest *inv*; (*adv*) vers le nord-ouest; **north-wester** noroît *m*, vent *m* du nord-ouest; **north-westerly** (*adj*) *wind, direction* du nord-ouest; *situation* au nord-ouest; (*adv*) vers le nord-ouest; **north-western** nord-ouest *inv*, du nord-ouest; **North-West Frontier** frontière *f* du Nord-Ouest; **North-West Passage** passage *m* du Nord-Ouest; (*Can*) **Northwest Territories** (territoires *mpl* du) Nord-Ouest *m*; (*US Hist*) **Northwest Territory** territoire *m* du Nord-Ouest; **north-westward(s)** vers le nord-ouest.

Northants (*Brit Geog*) *abbr of* **Northamptonshire.**

northerly ['nɔ:ðəlɪ] **1** *adj wind* du nord; *situation* au nord; *direction* vers le nord. **~ latitudes** latitudes boréales; **~ aspect** exposition *f* au nord; **in a ~ direction** en direction du nord, vers le nord. **2** *adv* vers le nord.

northern ['nɔ:ðən] **1** *adj* (*gen*) nord *inv*, du nord, septentrional. **the ~ coast** le littoral nord *or* septentrional; **house with a ~ outlook** maison exposée au nord; **~ wall** mur exposé au nord; **in ~ Spain** dans le nord de l'Espagne; **~ hemisphere** hémisphère nord *or* boréal; **~ lights** aurore boréale.

2 *cpd*: **Northern Ireland** Irlande *f* du Nord; **Northern Irish** (*adj*) de l'Irlande du Nord; (*npl*) Irlandais *mpl* du Nord; **northernmost** le plus au nord, à l'extrême nord; (*Australia*) **Northern Territory** Territoire *m* du Nord.

northerner ['nɔ:ðənər] *n* (a) homme *m or* femme *f* du Nord, habitant(e) *m(f)* du Nord. **he is a ~** il vient du Nord; **the ~s** les gens *mpl* du Nord, les septentrionaux *mpl*. (b) (*US Hist*) Nordiste *mf*, antiesclavagiste *mf*.

Northumbria [nɔ:'θʌmbrɪə] *n* Northumbrie *f*.

Northumbrian [nɔ:'θʌmbrɪən] **1** *adj* de Northumbrie. **2** *n* habitant(e) *m(f) or* natif *m*, -ive *f* de Northumbrie.

northward ['nɔ:θwəd] **1** *adj* au nord. **2** *adv* (*also* **~s**) vers le nord.

Norway ['nɔ:weɪ] *n* Norvège *f*.

Norwegian [nɔ:'wi:dʒən] **1** *adj* norvégien. **2** *n* (a) Norvégien(ne) *m(f)*. (b) (*Ling*) norvégien *m*.

nose [nəʊz] **1** *n* (a) [*person*] nez *m*; [*dog*] nez, truffe *f*. **his ~ was bleeding** il saignait du nez; **he has a nice ~** il a un joli nez; **the horse won by a ~** le cheval a gagné d'une demi-tête; **to speak through one's ~** nasiller, parler du nez; **it was there under his very ~** *or* **right under his ~** all the time c'était là juste *or* en plein sous son nez; **she did it under his very ~** *or* **right under his ~** elle l'a fait à sa barbe *or* sous son nez; (*US fig*) **right on the ~‡** en plein dans le mille; (*fig*) **his ~ is out of joint** il est dépité; **that put his ~ out of joint** ça l'a défrisé‡; (*fig*) **to lead sb by the ~** mener qn par le bout du nez; (*fig*) **to look down one's ~ at sb/sth** faire le nez à qn/devant qch; (*fig*) **to turn up one's ~** faire le dégoûté (*at* devant); (*fig*) **to keep one's ~ to the grindstone** travailler sans répit *or* relâche; (*fig*) **to keep sb's ~ to the grindstone** faire travailler qn sans répit *or* relâche, ne laisser aucun répit à qn; **to poke** *or* **stick one's ~ into sth** mettre *or* fourrer son nez dans qch; (*fig*) **you'd better keep your ~ clean*** il vaut mieux que tu te tiennes à carreau*; *V* **blow¹, follow, thumb** *etc*.

(b) (*sense of smell*) odorat *m*, nez *m*. **to have a good ~** avoir l'odorat *or* le nez fin; (*fig*) **to have a (good) ~ for …** avoir du flair pour … .

(c) [*wine etc*] arôme *m*, bouquet *m*.

(d) [*boat etc*] nez *m*; [*tool etc*] bec *m*. (*Brit*) **a line of cars ~ to tail** une file de voitures pare-chocs contre pare-chocs; **he put the car's ~ towards the town** il a tourné la voiture en direction de la ville.

2 *cpd*: **nosebag** musette *f* mangeoire; [*horse*] **noseband**

muserolle *f*; **nosebleed** saignement *m* de nez; **to have a nosebleed** saigner du nez; [*missile*] **nose cone** ogive *f*; (*Aviat*) **nose-dive** (*n*) piqué *m*; (*vi*) [*plane*] descendre en piqué; (*fig*) [*sales etc*] être en chute libre; **nose drops** gouttes nasales, gouttes pour le nez; **nose-gay** petit bouquet; (*plastic surgery*) **to have a nose job*** se faire rectifier le nez; **nose ring** anneau *m* de nez.

3 *vt* (*smell*) flairer, renifler.

4 *vi* [*ship, vehicle*] s'avancer avec précaution. **the ship ~d (her way) through the fog** le navire progressait avec précaution dans le brouillard.

◆**nose about, nose around** *vi* fouiller, fureter, fouiner*.

◆**nose at** *vt fus* flairer, renifler.

◆**nose in** *vi* (a) [*car*] se glisser dans une file. (b) (*) [*person*] s'immiscer *or* s'insinuer (dans un groupe).

◆**nose out 1** *vi* [*car*] déboîter prudemment. **2** *vt sep* (a) [*dog*] flairer. (b) **to nose out a secret*** découvrir *or* flairer un secret; **to nose sb out*** dénicher *or* dépister qn.

-nosed [nəʊzd] *adj ending in cpds* au nez … . **red-nosed** au nez rouge; *V* **long¹, snub²** *etc*.

nosey* ['nəʊzɪ] *adj* curieux, fouinard*, fureteur. **to be ~** mettre *or* fourrer* son nez partout; **don't be so ~** mêlez-vous de vos affaires! *or* de ce qui vous regarde!; (*Brit*: *pej*) **N~ Parker** fouinard(e)* *m(f)*.

nosh‡ [nɒʃ] **1** *n* (a) (*Brit*: *food*) bouffe‡ *f*. **to have some ~** boulotter*, bouffer‡. (b) (*US*: *snack*) casse-croûte *m*. **2** *cpd*: (*Brit*) **nosh-up** bouffe‡ *f*; **to have a nosh up** bouffer‡, bâfrer‡. **3** *vi* (a) (*Brit*: *eat*) boulotter*, bouffer‡. (b) (*US*: *have a snack*) manger *or* grignoter quelque chose entre les repas.

nosily ['nəʊzɪlɪ] *adv* indiscrètement.

nosing ['nəʊzɪŋ] *n* [*stair*] rebord *m*.

nosography [nɒ'sɒgrəfɪ] *n* nosographie *f*.

nosological [ˌnɒsə'lɒdʒɪkəl] *adj* nosologique.

nosologist [nɒ'sɒlədʒɪst] *n* nosologiste *mf*.

nosology [nɒ'sɒlədʒɪ] *n* nosologie *f*.

nostalgia [nɒs'tældʒɪə] *n* nostalgie *f*; (*homesickness*) nostalgie, mal *m* du pays.

nostalgic [nɒs'tældʒɪk] *adj* nostalgique.

Nostradamus [ˌnɒstrə'da:məs] *n* Nostradamus *m*.

nostril ['nɒstrəl] *n* [*person, dog etc*] narine *f*; [*horse etc*] naseau *m*.

nostrum ['nɒstrəm] *n* (*patent medicine, also fig*) panacée *f*, remède universel; (*quack medicine*) remède de charlatan.

nosy ['nəʊzɪ] *adj* = **nosey.**

not [nɒt] *adv* (a) (*with vb*) ne … pas, ne … point (*liter, also hum*). **he is ~ here** il n'est pas ici; **he has ~** *or* **hasn't come** il n'est pas venu; **he will ~** *or* **won't stay** il ne restera pas; **is it ~?, isn't it?** non?, n'est-ce pas?; **you have got it, haven't you?** vous l'avez (bien), non? *or* n'est-ce pas?; **~ only … but also** … non seulement … mais également … ; **he told me ~ to come** il m'a dit de ne pas venir; **~ to mention …** sans compter …, pour ne pas parler de …; **~ wanting to be heard, he removed his shoes** ne voulant pas qu'on l'entende, il ôta ses chaussures.

(b) (*as substitute for clause*) **non. is he coming? — I believe ~** est-ce qu'il vient? — je crois que non; **is it going to rain? — I hope ~** va-t-il pleuvoir? — j'espère que non; **it would appear ~** il semble que non; **I am going whether he comes or ~** j'y vais qu'il vienne ou non; **believe it or ~, she has gone** le croiriez-vous, elle est partie.

(c) (*elliptically*) **are you cold? — ~ at all** avez-vous froid? — pas du tout; **thank you very much — ~ at all** merci beaucoup — je vous en prie *or* de rien *or* il n'y a pas de quoi; **~ in the least** pas du tout, nullement; **I wish it were ~ so** je voudrais bien qu'il en soit autrement; **for the young and the ~ so young** pour les jeunes et les moins jeunes; **big, ~ to say enormous** gros pour ne pas dire énorme; **~ that I care** non pas que cela me fasse quelque chose*; **~ that I know of** pas (autant) que je sache; **~ that they haven't been useful, ~ but what they have been useful*** on ne peut pas dire qu'ils *or* ce n'est pas qu'ils n'aient pas été utiles; **will he come? — as likely as ~** est-ce qu'il viendra? — ça se peut; **as likely as ~ he'll come** il y a une chance sur deux *or* il y a des chances (pour) qu'il vienne; **why ~?** pourquoi pas?

(d) (*understatement*) **~ a few …** bien des …, pas mal de …; **~ without reason** et pour cause, non sans raison; **~ without some regrets** non sans quelques regrets; **I shall ~ be sorry to …** je ne serai pas mécontent de …; **it is ~ unlikely that …** il n'est pas du tout impossible que …; **a ~ inconsiderable number of …** un nombre non négligeable de …; **it's ~ tu parles!‡, et comment!‡**

(e) (*with pron etc*) **~ I!** moi pas!, pas moi!; **~ one book** pas un livre; **~ one man knew** pas un (homme) ne savait; **~ everyone can do that** tout le monde ne peut pas faire cela; **~ any more** plus (maintenant); **~ yet** pas encore.

(f) (*with adj*) non, pas. **~ guilty** non coupable; **~ negotiable** non négociable.

notability [ˌnəʊtə'bɪlɪtɪ] *n* (a) (*U*: *quality*) prééminence *f*. (b) (*person*) notabilité *f*, notable *m*.

notable ['nəʊtəbl] **1** *adj person* notable, éminent; *thing, fact* notable, remarquable. **it is ~ that …** il est remarquable que … + *subj*. **2** *n* notable *m*.

notably ['nəʊtəblɪ] *adv* (a) (*in particular*) notamment, particulièrement, spécialement. (b) (*outstandingly*) notablement, remarquablement.

notarial [nəʊ'tɛərɪəl] *adj seal* notarial; *deed* notarié; *style* de notaire.

notarize ['nəʊtəraɪz] *vt* faire certifier devant notaire.

notary ['nəʊtərɪ] *n* (*also* **~ public**) notaire *m*. **before a ~** par-devant notaire.

notate [nəʊ'teɪt] *vt* (*Mus*) noter, transcrire.

notation [nəʊ'teɪʃən] *n* (*Mus, Ling, Math*) notation *f*.

notch [nɒtʃ] **1** *n* (*in wood, stick etc*) entaille *f*, encoche *f*, coche *f*; (*in*

belt etc) cran m; (in wheel, board etc) dent f, cran; (in saw) dent; (in blade) ébréchure f; (US Geog) défilé m; (Sewing) cran. **he pulled his belt in one** ~ il a resserré sa ceinture d'un cran.
 2 cpd : **notchback** (US: car) tri-corps f, trois-volumes f.
 3 vt stick etc encocher, cocher; wheel etc cranter, denteler; blade ébrécher; (Sewing) seam cranter.
◆ **notch together** vt sep (Carpentry) assembler à entailles.
◆ **notch up** vt sep score, point etc marquer.

note [nəʊt] **1** n **(a)** (short record of facts etc) note f. **to take** or **make a** ~ **of sth** prendre qch en note, prendre note de qch; **please make a** ~ **of her name** prenez note de son nom or notez son nom s'il vous plaît; (fig) **I must make a** ~ **to buy some more** il faut que je me souvienne d'en racheter; [student, policeman, secretary etc] **to take** or **make** ~**s** prendre des notes; **lecture** ~**s** notes de cours; **to speak from** ~**s** parler en consultant ses notes; **to speak without** ~**s** parler sans notes or papiers; V **compare.**
 (b) (Diplomacy) note f. **diplomatic** ~ note diplomatique, mémorandum m; **official** ~ **from the government** note officielle du gouvernement.
 (c) (short commentary) note f, annotation f, commentaire m. **author's** ~ note de l'auteur; **translator's** ~**s** (footnotes etc) remarques fpl or notes du traducteur; (foreword) 'préface f du traducteur'; **'N**~**s on Gibbon'** 'Remarques or Notes sur Gibbon'; ~**s on a literary work** commentaire sur un ouvrage littéraire; **to put** ~**s into a text** annoter un texte.
 (d) (informal letter) mot m. (to secretary) **take a** ~ **to Mr Jones** je vais vous dicter un mot pour M Jones; **just a quick** ~ **to tell you ...** un petit mot à la hâte or en vitesse pour te dire ... .
 (e) (Mus) note f; [piano] touche f; [bird] note. **to give the** ~ donner la note; **to hold a** ~ tenir or prolonger une note; **to play a false** ~, **to sing a false** ~ faire une fausse note; (fig) **his speech struck the right/wrong** ~ son discours était bien dans la note/ n'était pas dans la note.
 (f) (quality, tone) note f, ton m, accent m. **with a** ~ **of anxiety in his voice** avec une note d'anxiété dans la voix; **his voice held a** ~ **of desperation** sa voix avait un accent de désespoir; **a** ~ **of nostalgia** une note or touche nostalgique; **a** ~ **of warning** un avertissement discret.
 (g) (Brit: also bank~) billet m (de banque). **one-pound** ~ billet d'une livre (sterling).
 (h) (Comm) effet m, billet m, bon m. ~ **of hand** reconnaissance f (de dette); (Fin) ~**s payable** effets mpl à payer; V **advice, promissory.**
 (i) (U: notability) **a man of** ~ un homme éminent or de marque; **a family of** ~ une famille éminente; **all the people of** ~ toutes les notabilités; **nothing of** ~ rien d'important.
 (j) (U: notice) **to take** ~ **of** prendre (bonne) note de, remarquer; **take** ~**!** prenez bonne note!; **the critics took** ~ **of the book** les critiques ont remarqué le livre; **they will take** ~ **of what you say** ils feront or prêteront attention à ce que vous dites; **worthy of** ~ remarquable, digne d'attention.
 2 cpd : **notebook** carnet m, calepin m, agenda m; (Scol) cahier m; [stenographer] bloc-notes m; (Brit) **note-case** portefeuille m, porte-billets m inv; **note issue** émission f fiduciaire; (Brit) **notepad** bloc-notes m; **notepaper** papier m à lettres; **noteworthiness** importance f; **noteworthy** notable, remarquable, digne d'attention; **it is noteworthy that ...** il convient de noter que ... .
 3 vt **(a)** (Admin, Jur etc) noter, prendre acte de, prendre (bonne) note de. **to** ~ **a fact** prendre acte d'un fait; (Jur) **'which fact is duly** ~**d'** 'dont acte'; **we have** ~**d your remarks** nous avons pris (bonne) note de vos remarques.
 (b) (notice) remarquer, constater. **to** ~ **an error** relever une faute; ~ **that the matter is not closed yet** notez or remarquez bien que l'affaire n'est pas encore close; **she** ~**d that his hands were dirty** elle remarqua qu'il avait les mains sales; **she** ~**d that they hadn't arrived** elle constata qu'ils n'étaient pas arrivés.
 (c) (also ~ **down**) noter, inscrire, écrire. **let me** ~ **it (down)** laissez-moi le noter or l'écrire; **to** ~ **(down) sb's remarks** noter les remarques de qn; **to** ~ **(down) an appointment in one's diary** noter or inscrire un rendez-vous dans son agenda.
◆ **note down** vt sep = **note 3c.**

noted [nəʊtɪd] adj person éminent, illustre, célèbre; thing, fact réputé, célèbre. **to be** ~ **for one's generosity** être (bien) connu pour sa générosité, avoir une réputation de générosité; (iro) **he's not** ~ **for his broad-mindedness** il n'est pas connu pour la largeur de ses vues; **a town** ~ **for its beauty** une ville connue or célèbre pour sa beauté; **a place** ~ **for its wine** un endroit célèbre or réputé pour son vin.

nothing [ˈnʌθɪŋ] **1** n **(a)** rien m (+ ne before vb). **I saw** ~ je n'ai rien vu; ~ **happened** il n'est rien arrivé, il ne s'est rien passé; **to eat** ~ ne rien manger; ~ **to eat/read** rien à manger/à lire; **he's had** ~ **to eat yet** il n'a pas encore mangé; **he's eaten** ~ **yet** il n'a encore rien mangé; ~ **could be easier** rien de plus simple; ~ **pleases him** rien ne le satisfait, il n'est jamais content; **there is** ~ **that pleases him** il n'y a rien qui lui plaise.
 (b) (+ adj) rien de. ~ **new/interesting** etc rien de nouveau/ d'intéressant etc.
 (c) (in phrases) **he's five foot** ~ il ne fait qu'un mètre cinquante; ~ **on earth** rien au monde; **you look like** ~ **on earth*** tu as l'air de je ne sais quoi; **as if** ~ **had happened** comme si de rien n'était; **fit for** ~ propre or bon (f bonne) à rien; **to say** ~ **of ...** sans parler de ...; **I can do** ~ **(about it)** je n'y peux rien; **he is** ~ **if not polite** il est avant tout poli; **for** ~ (in vain) en vain, inutilement; (without payment) pour rien, gratuitement; (for no reason) sans raison; **he was working for** ~ il travaillait gratuitement or sans se faire payer or bénévolement; **he got** ~ **out of it** il n'en a rien retiré, il n'y a rien gagné; **all his fame was as** ~, all his fame stood for

counted for ~ toute sa gloire ne comptait pour rien; (hum) **I'm not Scottish for** ~***** ce n'est pas pour rien que je suis Écossais; **nothing of the kind!** absolument pas!, (mais) pas du tout!; **to think** ~ **of doing sth** (do as matter of course) trouver naturel de faire qch, n'attacher aucune importance à faire qch; (do unscrupulously) n'avoir aucun scrupule à faire qch; **think** ~ **of it!** mais je vous en prie!, mais pas du tout!; **don't apologize, it's** ~ ne vous excusez pas, ce n'est rien; **that is** ~ **to you** (it's easy for you) pour vous ce n'est rien; (it's not your business) cela ne vous regarde pas; **she is** or **means** ~ **to him** elle n'est rien pour lui; **it's** ~ or **it means** ~ **to me whether he comes or not** il m'est indifférent qu'il vienne ou non; **as a secretary she is** ~ **to** or ~ **compared with her sister** comme secrétaire elle ne vaut pas sa sœur; **I can make** ~ **of it** je n'y comprends rien; **to have** ~ **on** (be naked) être nu; **I have** ~ **on (for) this evening** je ne suis pas pris ce soir, je n'ai rien (de prévu) ce soir; **the police have** ~ **on him** la police n'a rien pu retenir contre lui; (fig: isn't as good as) **he has** ~ **on her*** il ne lui arrive pas à la cheville; **there's** ~ **in it** (not interesting) ce n'est pas intéressant; (not true) ce n'est absolument pas vrai; **there's** ~ **in these rumours** il n'y a rien de vrai or pas un grain de vérité dans ces rumeurs; **there's** ~ **in it for us** nous n'avons rien à y gagner; **there's** ~ **to it*** c'est facile (comme tout*); **I love swimming, there's** ~ **like it!** j'adore la natation, il n'y a rien de tel! or de mieux!; **there's** ~ **like exercise for keeping one fit** il n'y a rien de tel que l'exercice pour garder la forme, rien ne vaut l'exercice pour rester en forme; (Prov) ~ **venture** ~ **gain** or **have** or **win** qui ne risque rien n'a rien (Prov); **you get** ~ **for** ~ on n'a rien pour rien; **to come to** ~ ne pas aboutir, ne rien donner, faire fiasco; **to reduce to** ~ réduire à néant or à rien; ~ **much** pas grand-chose; ~ **but** rien que; **he does** ~ **but eat** il ne fait que manger; **I get** ~ **but complaints all day** je n'entends que des plaintes à longueur de journée; (Brit) **there's** ~ **for it but to go** il n'y a qu'à or il ne nous reste qu'à partir; ~ **less than** rien moins que; ~ **more** rien de plus; ~ **else** rien d'autre; **there's** ~ **else for it** c'est inévitable; **we could do** ~ **else** (nothing more) nous ne pouvions rien faire de plus; (no other thing) nous ne pouvions rien faire d'autre; **that has** ~ **to do with us** nous n'avons rien à voir là-dedans; **I've got** ~ **to do with it** je n'y suis pour rien; **have** ~ **to do with it!** ne vous en mêlez pas!; **that has** ~ **to do with it** cela n'a rien à voir, cela n'entre pas en ligne de compte; **there is** ~ **to laugh at** il n'y a pas de quoi rire; **he had** ~ **to say for himself** (no explanation) il se trouvait sans excuse; (no conversation) il n'avait pas de conversation; **I have** ~ **against him/the idea** je n'ai rien contre lui/cette idée; **there was** ~ **doing* at the club so I went home** il ne se passait rien d'intéressant au club, alors je suis rentré; ~ **doing!*** (refusing) pas question!; (reporting lack of success) pas moyen!; (very quickly) **in** ~ **flat*** en un rien de temps, en cinq sec‡; (US) **you don't know from** ~ ‡ tu ne sais rien de rien; V **wrong.**
 (d) (Math) zéro m.
 (e) (U: nothingness) néant m, rien m.
 (f) (person) zéro m, nullité f; (thing) vétille f, rien m. **it's a mere** ~ **compared with what he spent last year** ça n'est rien or c'est une paille* en comparaison de ce qu'il a dépensé l'an dernier; **to say sweet** ~**s to sb** conter fleurette à qn; **he's just a** ~ c'est une nullité or un zéro.
 2 adv aucunement, nullement, pas du tout. ~ **less than** rien moins que; **he is** ~ **the worse for it** il ne s'en porte pas plus mal; **it was** ~ **like as big as we thought** c'était loin d'être aussi grand qu'on avait cru; ~ **daunted, he ...** nullement or aucunement découragé, il ... ; **sans se** (laisser) démonter, il ... ; V **loath.**
 3 adj (US‡: pej) minable, de rien du tout.

nothingness [ˈnʌθɪŋnɪs] n (U) néant m.

notice [ˈnəʊtɪs] **1** n **(a)** (U) (warning, intimation) avis m, notification f; (Jur: official personal communication) mise f en demeure; (period) délai m. ~ **is hereby given that ...** il est porté à la connaissance du public par la présente que ...; **advance** or **previous** ~ préavis m; **final** ~ dernier avertissement; ~ **to pay** avis d'avoir à payer; (Comm) ~ **of receipt** avis de réception; (Jur) ~ **to appear** assignation f; (Jur, Fin) ~ **of calls** (avis m d') appel m de fonds; (Jur) ~ **of termination** avis m de clôture (d'une procédure); (to tenant etc) ~ **to quit** congé m; **to give** ~ **to** (to tenant) donner congé à; (to landlord etc) donner un préavis de départ à (V also Ib); **he gave her** ~ **to do ...** il l'a avisée qu'elle devait faire ... ; **to give sb** ~ **that ...**, (frm) **to serve** ~ **on sb that ...** aviser qn que ..., faire savoir à qn que ...; **to give** ~ **that ...** faire savoir que ...; (Admin etc: officially) donner acte que ...; (Admin) **to give** ~ **of sth** annoncer qch; **to give sb** ~ **of sth** avertir or prévenir qn de qch; (Admin etc: officially) donner acte je de qch; **I must have (some)** ~ **of what you intend to do** il faut que je sois prévenu or avisé à l'avance de ce que vous avez l'intention de faire; **we require 6 days'** ~ nous demandons un préavis de 6 jours; **you must give me at least a week's** ~ **if you want to do ...** il faut me prévenir or m'avertir au moins une semaine à l'avance si vous voulez faire ...; **we had no** ~ **(of it)** nous n'(en) avons pas été prévenus à l'avance, nous n'avons pas eu de préavis (à ce sujet); (Admin frm) **without (previous)** ~ sans préavis, sans avis préalable; **he did it without any** ~ or **with no** ~ il l'a fait sans en aviser personne; **it happened without** ~ c'est arrivé sans que rien ne le laisse prévoir; **until further** ~ jusqu'à nouvel ordre; **you must be ready to leave at very short** ~ il faut que vous soyez prêt à partir dans les plus brefs délais; **he rang me up at short** ~ il m'a téléphoné à la dernière minute or peu de temps à l'avance; (Fin) **at short** ~ à court terme; **at a moment's** ~ sur-le-champ, immédiatement; **at 3 days'** ~ dans un délai de 3 jours.
 (b) (U: end of work contract) (by employer) congé m; (by employee) démission f. **to give sb** ~ **of dismissal** (employee) licencier qn, renvoyer qn; (servant etc) donner son congé à qn, congédier qn; **to**

give ~, to give in or hand in one's ~ [professional or office worker] donner sa démission; [servant] donner ses huit jours; he was dismissed without (any) ~ or with no ~ il a été renvoyé sans préavis; to get one's ~ recevoir son licenciement or son congé; he's under ~ (to leave) il a reçu son congé; a week's ~ une semaine de préavis; a preavis d'une semaine.

(c) (announcement) avis m, annonce f; (esp in newspaper) entrefilet m, notice f; (poster) affiche f, placard m; (sign) pancarte f, écriteau m. public ~ avis au public; to put a ~ in the paper mettre or faire insérer une annonce or un entrefilet dans le journal; (Press) birth/marriage/death ~ annonce de naissance/mariage/décès; I saw a ~ in the paper about the concert j'ai vu une annonce or un entrefilet or une notice dans le journal à propos du concert; the ~ says 'keep out' la pancarte or l'écriteau porte l'inscription 'défense d'entrer'; the ~ of the meeting was published in ... l'annonce de la réunion or la notice annonçant la réunion a été publiée dans ... .

(d) (review) [book, film, play etc] compte rendu m, critique f. the book/film/play got good ~s le livre/le film/la pièce a eu de bonnes critiques.

(e) (U) to take ~ of sb/sth tenir compte de qn/qch, faire or prêter attention à qn/qch; to take no ~ of sb/sth ne tenir aucun compte de qn/qch, ne pas faire attention à qn/qch; take no ~! ne faites pas attention!; he took no ~ of her remarks il n'a absolument pas tenu compte de ses remarques; he took no ~ of her il n'a absolument pas fait attention à elle, il l'a complètement ignorée; a lot of ~ he takes of me! pour lui c'est comme si je n'existais pas!; I wasn't taking much ~ at the time je ne faisais pas très attention à ce moment-là; it has attracted a lot of ~ cela a suscité un grand intérêt; it escaped his ~ that ... il ne s'est pas aperçu que ..., il n'a pas remarqué que ...; to attract ~ se faire remarquer, s'afficher (pej); to avoid ~ (essayer de) passer inaperçu; to bring to sb's ~ faire observer or faire remarquer à qn, porter à la connaissance de qn; it came to his ~ that ... il s'est aperçu que ..., son attention a été attirée sur le fait que ...; it has come or it has been brought to my ~ that ... il a été porté à ma connaissance que ..., il m'a été signalé que ...; that is beneath my ~ c'est indigne de mon attention; V sit up, slip.

2 vt (a) (perceive) s'apercevoir de, remarquer; (heed) faire attention à. I ~d a tear in his coat j'ai remarqué un accroc dans son manteau; when he ~d me he called out to me quand il m'a vu or s'est aperçu que j'étais là il m'a appelé; to ~ a mistake remarquer une or s'apercevoir d'une faute; without my noticing it sans que je le remarque (subj) or m'en aperçoive, sans que j'y fasse attention; I'm afraid I didn't ~ malheureusement je n'ai pas remarqué; I never ~ such things je ne remarque jamais ces choses-là, je ne fais jamais attention à ces choses-là; I ~d her hesitating j'ai remarqué or je me suis aperçu qu'elle hésitait; I ~ you have a new dress je vois que vous avez une nouvelle robe; so I've ~d! en effet je m'en suis aperçu.

(b) (review) book, film, play faire le compte rendu or la critique de.

3 cpd: (Brit) notice board (printed or painted sign) écriteau m, pancarte f; (for holding announcements) panneau m d'affichage.
noticeable ['nəʊtɪsəbl] adj (perceptible) perceptible, visible; (obvious) évident, net (f nette), clair. it isn't really ~ ça ne se voit pas vraiment; his lack of enthusiasm was very ~ son manque d'enthousiasme était très visible or perceptible; she was ~ on account of her large hat elle se faisait remarquer par son énorme chapeau; it is ~ that ... il est évident or net or clair que ... .
noticeably ['nəʊtɪsəblɪ] adv sensiblement, perceptiblement, nettement, visiblement.
notifiable ['nəʊtɪfaɪəbl] adj (Admin etc) disease à déclarer obligatoirement. all changes of address are ~ immediately tout changement d'adresse doit être signalé immédiatement aux autorités.
notification [,nəʊtɪfɪ'keɪʃən] n avis m, annonce f, notification f; [marriage, engagement] annonce; [birth, death] déclaration f. (Press) 'please accept this as the only ~' 'le présent avis tient lieu de faire-part'.
notify ['nəʊtɪfaɪ] vt: to ~ sth to sb signaler or notifier qch à qn; to ~ sb of sth aviser or avertir qn de qch; any change of address must be notified tout changement d'adresse doit être signalé or notifié; you will be notified later of the result on vous communiquera le résultat ultérieurement or plus tard.
notion ['nəʊʃən] n (a) (thought, project) idée f. brilliant ~ idée géniale or de génie; what a ~! quelle idée!, en voilà une idée!; what a funny ~! quelle drôle d'idée!; I can't bear the ~ (of it) je n'ose pas y penser; he has or gets some wonderful ~s il a de merveilleuses idées; I've got a ~ for a play j'ai l'idée d'une pièce; I hit (up)on or suddenly had the ~ of going to see her tout à coup l'idée m'est venue d'aller la voir; that ~ never entered my head cette idée ne m'est jamais venue, je n'y ai jamais pensé; he got the ~ (into his head) or he somehow got hold of the ~ that she wouldn't help him il s'est mis en tête (l'idée) qu'elle ne l'aiderait pas; where did you get the ~ or what gave you the ~ that I couldn't come? où as-tu pris l'idée que or qu'est-ce qui t'a fait penser que je ne pourrais pas venir?; to put ~s into sb's head, to give sb ~s mettre or fourrer* des idées dans la tête de qn; that gave me the ~ of inviting her cela m'a donné l'idée de l'inviter.

(b) (opinion) idée f, opinion f; (way of thinking) conception f, façon f de penser. he has some odd ~s il a de drôles d'idées; she has some odd ~s about how to bring up children elle a de drôles d'idées sur la façon d'élever les enfants; according to his ~ selon sa façon de penser; if that's your ~ of fun ... si c'est ça que tu appelles t'amuser ...; it wasn't my ~ of a holiday ce n'était pas ce que j'appelle des vacances.

(c) (vague knowledge) idée f, notion f. I've got some ~ of physics j'ai quelques notions de physique; have you any ~ of what he meant to do? avez-vous la moindre idée de ce qu'il voulait faire?; I haven't the least or slightest or foggiest* ~ je n'en ai pas la moindre idée; I have a ~ that he was going to Paris j'ai idée or j'ai dans l'idée qu'il allait à Paris; I had no ~ they knew each other je n'avais aucune idée or j'ignorais absolument qu'ils se connaissaient; he has no ~ of time il n'a pas la notion du temps; can you give me a rough ~ of how many you want? pouvez-vous m'indiquer en gros combien vous en voulez?

(d) (US: ribbons, thread etc) ~s (articles mpl de) mercerie f.
notional ['nəʊʃənl] adj (a) (not real) imaginaire, irréel. (b) (Ling) ~ grammar grammaire notionnelle; ~ word mot plein. (c) (Philos) notionnel, conceptuel. (d) (US: whimsical) person capricieux, fantasque.
notoriety [,nəʊtə'raɪətɪ] n (a) (U) (triste) notoriété f, triste réputation f. (b) (person) individu m au nom tristement célèbre.
notorious [nəʊ'tɔ:rɪəs] adj event, act d'une triste notoriété; crime notoire, célèbre; liar, thief, criminal notoire; place mal famé. a ~ woman une femme de mauvaise réputation; the ~ case of ... le cas tristement célèbre de ...; he is ~ for his dishonesty il est d'une malhonnêteté notoire; he is ~ for this tout le monde sait ça de lui; the ~ Richard Thomas Richard Thomas de triste renom; it is ~ that ... c'est un fait notoire que ..., il est de notoriété publique que ... .
notoriously [nəʊ'tɔ:rɪəslɪ] adv notoirement. ~ cruel/inefficient d'une cruauté/d'une incompétence notoire; it is ~ difficult to do that il est notoire qu'il est difficile de faire cela, il est notoirement difficile de faire cela.
Notts. (Brit Geog) abbr of Nottinghamshire.
notwithstanding [,nɒtwɪθ'stændɪŋ] 1 prep malgré, en dépit de. 2 adv néanmoins, malgré tout, quand même, tout de même, pourtant. 3 conj (gen ~ that) quoique + subj, bien que + subj.
nougat ['nu:gɑ:] n nougat m.
nought [nɔ:t] n = naught.
noun [naʊn] 1 n nom m, substantif m. 2 cpd: noun clause proposition substantive; noun phrase syntagme m nominal.
nourish ['nʌrɪʃ] vt person nourrir (with de); leather etc entretenir; (fig) hopes etc nourrir, entretenir; V ill, under, well².
nourishing ['nʌrɪʃɪŋ] adj nourrissant, nutritif.
nourishment ['nʌrɪʃmənt] n (U: food) nourriture f, aliments mpl. he has taken (some) ~ il s'est (un peu) alimenté.
nous* [naʊs] n (Brit: U) bon sens. he's got a lot of ~ il a du plomb dans la cervelle*.
Nov. abbr of November.
nova ['nəʊvə] n, pl novae ['nəʊvi:] or ~s nova f.
Nova Scotia ['nəʊvə'skəʊʃə] n Nouvelle-Écosse f.
Nova Scotian ['nəʊvə'skəʊʃən] 1 adj néo-écossais. 2 n Néo-écossais(e) m(f).
novel ['nɒvəl] 1 n (Literat) roman m. 2 adj nouveau (f nouvelle) (after n), original, inédit. this is something ~ voici quelque chose d'original or d'inédit.
novelette [,nɒvə'let] n (Literat) nouvelle f; (slightly pej) roman m à bon marché, roman à deux sous; (love story) (petit) roman à l'eau de rose.
novelettish [,nɒvə'letɪʃ] adj (pej) de roman à deux sous; (sentimental) à l'eau de rose.
novelist ['nɒvəlɪst] n romancier m, -ière f.
novella [nəʊ'velə] n roman m court.
novelty ['nɒvəltɪ] n (a) (U) (newness) nouveauté f; (unusualness) étrangeté f. once the ~ has worn off une fois passée la nouveauté.
(b) (idea, thing) innovation f. it was quite a ~ c'était une innovation or du nouveau or de l'inédit.
(c) (Comm) (article m de) nouveauté f, fantaisie f.
November [nəʊ'vembər] n novembre m; for phrases V September.
novena [nəʊ'vi:nə] n neuvaine f.
novice ['nɒvɪs] n novice mf, apprenti(e) m(f), débutant(e) m(f); (Rel) novice. to be a ~ at sth être novice en qch; he's a ~ in politics, he's a political ~ c'est un novice or débutant en politique; he's no ~ il n'est pas novice, il n'en est pas à son coup d'essai.
noviciate, novitiate [nəʊ'vɪʃɪt] n (Rel) (period) (temps m du) noviciat m; (place) maison f des novices, noviciat; (fig) noviciat, apprentissage m.
novocain(e) ['nəʊvəʊkeɪn] n ® novocaïne f ®.
NOW [naʊ] (US) abbr of National Organization for Women (organisation féministe).
now [naʊ] 1 adv (a) (gen) maintenant; (these days) actuellement, en ce moment, à présent; (at that time) alors, à ce moment-là; (in these circumstances) maintenant, dans ces circonstances. what are you doing ~? qu'est-ce que tu fais maintenant or en ce moment or actuellement or à présent?; I am doing it right ~ je suis (justement) en train de le faire, je le fais à l'instant même; he ~ understood why she had left him alors il comprit or il comprit alors pourquoi elle l'avait quitté; how can I believe you ~? comment puis-je croire maintenant? or dans ces circonstances?; ~ is the time to do it c'est le moment de le faire; ~ is the best time to go to Scotland c'est maintenant le meilleur moment pour aller en Écosse; apples are in season just ~ c'est la saison des pommes maintenant or à présent or en ce moment; I saw him come in just ~ je l'ai vu arriver à l'instant, je viens de le voir arriver; I'll do it just ~ or right ~ je vais le faire dès maintenant or à l'instant; I must be off ~ sur ce or maintenant il faut que je me sauve (subj); they won't be long ~ ils ne vont plus tarder (maintenant); I'm ready maintenant or à présent je suis prêt; here and ~ sur-le-champ; (every) ~ and again, (every) ~ and then de temps en temps, de temps à autre, par moments; it's ~ or never! c'est le moment ou jamais!; even ~ there's time to change your mind il

est encore temps (maintenant) de changer d'avis; **people do that even ~** les gens font ça encore aujourd'hui *or* maintenant; **even ~ we have no rifles** encore actuellement *or* à l'heure actuelle nous n'avons pas de fusils.

(b) *(with prep)* **you should have done that before ~** vous auriez déjà dû l'avoir fait; **before ~ people thought that ...** auparavant les gens pensaient que ...; **you should have finished long before ~** il y a longtemps que vous auriez dû avoir fini; **long before ~ it was realized that ...** il y a longtemps déjà on comprenait que ...; **between ~** and **next Tuesday** d'ici (à) mardi prochain; **they should have arrived by ~** ils devraient être déjà arrivés, ils devraient être arrivés à l'heure qu'il est; **haven't you finished by ~?** vous n'avez toujours pas fini?, vous n'avez pas encore fini?; **by ~ it was clear that ...** déjà à ce moment-là il était évident que ...; **that will do for ~** ça ira pour l'instant *or* pour le moment; **from ~ on(wards)** *(with present tense)* à partir de maintenant; *(with future tense)* à partir de maintenant, dorénavant, désormais; *(with past tense)* dès lors, dès ce moment-là; **(in) 3 weeks from ~** d'ici (à) 3 semaines; **from ~ until then** d'ici là; **till ~, until ~, up to ~** *(till this moment)* jusqu'à présent, jusqu'ici; *(till that moment)* jusque-là.

(c) *(showing alternation)* **~ walking, ~ running** tantôt (en) marchant, tantôt (en) courant; **~ here, ~ there** tantôt par ici, tantôt par là.

(d) *(without temporal force)* **~!** bon!, alors!, bon alors!; **~, ~!** allons, allons!; *(warning)* **~,** Simon! allons, Simon!; **come ~!** allons!; **well, ~!** eh bien!; **~ then, let's start!** bon, commençons!; **~ then, what's all this?** alors *or* allons, qu'est-ce que c'est que ça?; **~, they had been looking for him all morning** *or,* ils avaient passé toute la matinée à sa recherche; **~, he was a fisherman** *or* il était pêcheur; **~ do be quiet for a minute** allons, taisez-vous une minute.

2 *conj* maintenant que, à présent que. **~ (that) you've seen him** maintenant que *or* à présent que vous l'avez vu.

3 *adj* (a) *(esp US: present)* actuel. **the ~ president** le président actuel.

(b) *(‡: exciting and new)* **clothes** du dernier cri; *(interested in new things)* **people** branché, dans le vent.

4 *n* **V here.**

nowadays ['nauədeɪz] *adv* aujourd'hui, de nos jours, actuellement.
noway(s) ['nəʊweɪ(z)] *adv* *(US)* aucunement, nullement, en aucune façon.
nowhere ['nəʊwɛəʳ] *adv* (a) nulle part. **he went ~** il n'est allé nulle part; **~ in Europe** nulle part en Europe; **it's ~ you'll ever find it** c'est dans un endroit où tu ne le trouveras jamais; **it's ~ you know** ce n'est pas un endroit que tu connais; **where are you going? — ~ special** où vas-tu? — nulle part en particulier; **~ else** nulle part ailleurs; **she was ~ to be found** elle était introuvable; **she is ~ to be seen** on ne la voit *or* trouve nulle part; **they appeared from ~** *or* **out of ~** ils sont apparus *or* se sont pointés* comme par miracle; **he seemed to come from ~** on aurait dit qu'il était tombé du ciel; **they came up from ~ and won the championship** ils sont revenus de loin pour gagner le championnat; **the rest of the runners came ~** les autres concurrents sont arrivés (bien) loin derrière; **lying will get you ~** tu ne gagneras rien à mentir, ça ne te servira à rien de mentir; **we're getting ~ (fast)*** ça ne nous mène strictement à rien.

(b) **his house is ~ near the church** sa maison n'est pas du tout vers l'église; **she is ~ near as clever as he is** il s'en faut de beaucoup qu'elle soit aussi intelligente que lui; **you are ~ near the truth** vous êtes à mille lieues de la vérité; **you're ~ near it!**, **you're ~ near right!** tu n'y es pas du tout!; **£10 is ~ near enough** 10 livres sont (très) loin du compte.

nowise ['nəʊwaɪz] *adv* *(US)* = **noway(s).**
nowt [naʊt] *n* *(Brit dial)* = **nothing.**
noxious ['nɒkʃəs] *adj* **fumes, gas** délétère, nocif; **substance, habit, influence** nocif. **to have a ~ effect on** avoir un effet nocif sur.
nozzle ['nɒzl] *n* (a) *[hose etc]* ajutage *m*, jet *m*; *[syringe]* canule *f*; *(for icing)* douille *f*; *[bellows]* bec *m*; *[vacuum cleaner]* suceur *m*; *[flamethrower]* ajutage. (b) *(‡: nose)* pif‡ *m*, blair‡ *m*.
N.S.P.C.C. [,enes,pi:'si:'si:] *n* *(Brit: abbr of* **National Society for the Prevention of Cruelty to Children)** *société pour la protection de l'enfance.*
N.S.W. *(Geog) abbr of* **New South Wales;** *V* **new.**
N.T. (a) *(Bible) abbr of* **New Testament;** *V* **new.** (b) *(Brit) abbr of* **National Trust;** *V* **national.**
nth [enθ] *adj* **V** **n** b.
NUAAW *(Brit) n abbr of* **National Union of Agricultural and Allied workers** *(syndicat).*
nuance ['nju:ɑ̃:ns] *n* nuance *f*.
nub [nʌb] *n (small lump)* petit morceau. *(fig)* **the ~ of the matter** le cœur *or* le noyau *or* l'essentiel *m* de l'affaire.
Nubia ['nju:bɪə] *n* Nubie *f*.
Nubian ['nju:bɪən] **1** *adj* nubien. **2** *n* Nubien(ne) *m(f)*.
nubile ['nju:baɪl] *adj* nubile.
nubility [nju:'bɪlɪtɪ] *n* nubilité *f*.
nuclear ['nju:klɪəʳ] *adj* (a) *(Phys)* **charge, energy** nucléaire; **war, missile** nucléaire, atomique. **~ deterrent** force *f* de dissuasion nucléaire; **~ disarmament** désarmement *m* nucléaire; **~ fission** fission *f* nucléaire; **~ fusion** fusion *f* nucléaire; **~ physicist** physicien(ne) *m(f)* atomiste; **~ physics** physique *f* nucléaire; **~ power station** centrale *f* nucléaire; **~ powers** puissances *fpl* nucléaires; **~ reaction** réaction *f* nucléaire; **~ reactor** réacteur *m* nucléaire; **~ reprocessing plant** usine *f* de retraitement des déchets nucléaires; **~(-powered) submarine** sous-marin *m* atomique; **~ scientist** (savant *m*) atomiste *m*; **~ test(ing)** essai *m* *or* expérience *f* nucléaire; **~ warhead** ogive *f* *or* tête *f* nucléaire.

(b) *(Soc)* **~ family** famille *f* nucléaire.
nuclei ['nju:klɪaɪ] *npl of* **nucleus.**
nucleic ['nju:klɪk] *adj:* **~ acid** acide *m* nucléique.
nucleo... ['nju:klɪəʊ] *pref* nucléo....
nucleus ['nju:klɪəs] *n, pl* **nuclei** *(Astron, Phys, Ling)* noyau *m*; *(Bio) [cell]* nucléus *m*. **atomic ~** noyau atomique; *(fig)* **the ~ of a library/university/crew** les éléments *mpl* de base d'une bibliothèque/d'une université/d'un équipage; **the ~ of the affair** le noyau *or* le fond de l'affaire.
nude [nju:d] **1** *adj* nu. *(Art)* **~ figures, ~ studies** nus *mpl*. **2** *n* (a) *(Art)* nu(e) *m(f)*, figure nue, nudité *f*. **a Goya ~** un nu de Goya; *V* **frontal.** (b) **the ~** le nu; **in the ~** nu.
nudge [nʌdʒ] **1** *vt* pousser du coude, donner un (petit) coup de coude à. *(fig)* **to ~ sb's memory** rafraîchir la mémoire à qn. **2** *n* coup *m* de coude.
nudie‡ ['nju:dɪ] *n (also* **~ magazine)** revue *f* déshabillée.
nudism ['nju:dɪzəm] *n* nudisme *m*.
nudist ['nju:dɪst] *adj, n* nudiste *(mf)*. **~ colony/camp** colonie *f*/camp *m* de nudistes.
nudity ['nju:dɪtɪ] *n* nudité *f*.
nudnik‡ ['n(j)ʊdnɪk] *n* *(US)* casse-pieds *mf inv*.
nugatory ['nju:gətərɪ] *adj (frm)* *(worthless)* futile, sans valeur; *(trivial)* insignifiant; *(ineffectual)* inefficace, inopérant; *(not valid)* non valable.
nugget ['nʌgɪt] *n* pépite *f*. **gold ~** pépite d'or.
NUGMW *n abbr of* **National Union of General and Municipal Workers** *(syndicat).*
nuisance ['nju:sns] **1** *n* (a) *(thing, event)* ennui *m*, embêtement* *m*. **what a ~ he is not coming** que c'est ennuyeux *or* comme c'est embêtant* qu'il ne vienne pas; **it's a ~ having to shave** c'est assommant* d'avoir à se raser; **the ~ having to shave each morning** l'embêtement* d'avoir à se raser tous les matins; **this wind is a ~** ce vent est bien embêtant* *or* gênant; **this hat is a ~** ce chapeau m'embête*; **what a ~!** quelle barbe!*, quelle plaie!*; **these mosquitoes are a ~** ces moustiques sont une plaie* *or* sont assommants*.

(b) *(person)* peste *f*, fléau *m*. **that child is a perfect ~** cet enfant est une vraie peste *or* un vrai fléau; **what a ~ you are!** ce que tu peux être empoisonnant!*; **you're being a ~** tu nous embêtes*, tu nous casses les pieds*; **to make a ~ of o.s.** embêter le monde*, être une peste *or* un fléau; **he's really a public ~***, **he's public ~ number one*** c'est une calamité publique*, il empoisonne le monde*; *V* **also 1c.**

(c) *(Jur)* infraction *f* simple, dommage *m* simple. **for causing a public ~** pour dommage simple à autrui; **'commit no ~'** *(no litter)* 'défense de déposer des ordures'; *(do not urinate)* 'défense d'uriner'.

2 *cpd:* **it has a certain nuisance value** cela sert à gêner *or* embêter* le monde.
N.U.J. [,enju:'dʒeɪ] *(Brit) abbr of* **National Union of Journalists** *(syndicat).*
nuke* [nju:k] **1** *vt (attack)* **city** lancer une bombe atomique sur; **nation, enemy** lancer une attaque nucléaire contre; *(destroy)* détruire à l'arme atomique *or* nucléaire. **2** *n* (a) *(weapon)* arme *f* atomique *or* nucléaire. *(*: *slogan)* **'no ~s!'** 'à bas les armes nucléaires!'. (b) *(US: power station)* centrale *f* nucléaire.
null [nʌl] *adj* (a) *(Jur)* **act, decree** nul *(f* nulle), invalide; **legacy** caduc *(f* -uque). **~ and void** nul et non avenu; **to render ~** annuler, infirmer, invalider. (b) *(ineffectual)* **thing** inefficace, inopérant, sans effet; *person* insignifiant.
nullification [,nʌlɪfɪ'keɪʃən] *n* (a) infirmation *f*, invalidation *f*. (b) *(US Hist)* invalidation *f* par un État d'une loi fédérale.
nullify ['nʌlɪfaɪ] *vt* infirmer, invalider.
nullity ['nʌlɪtɪ] **1** *n (U: Jur) [act, decree]* nullité *f*, invalidité *f*; *[legacy]* caducité *f*. **2** *cpd:* *(Jur)* **nullity suit** demande *f* en nullité de mariage.
N.U.M. [,enju:'em] *(Brit) abbr of* **National Union of Mineworkers** *(syndicat).*
numb [nʌm] **1** *adj* engourdi, gourd; *(fig)* paralysé. **hands ~ with cold** mains engourdies par le froid; **my fingers have gone ~** mes doigts se sont engourdis; **to be ~ with fright** être paralysé par la peur, être transi *or* glacé de peur; **after she heard the news she felt ~** après avoir appris la nouvelle, elle s'est sentie inerte.

2 *cpd:* *(US)* **numbhead‡, numbskull** imbécile *mf*, gourde‡ *f*.

3 *vt* engourdir; *(fig) [fear etc]* transir, glacer. **~ed with grief** muet *(f* muette) *or* figé de douleur; **~ed with fear** paralysé par la peur, transi *or* glacé de peur; **it ~s the pain** cela endort la douleur.
number ['nʌmbəʳ] **1** *n* (a) *(gen)* nombre *m*; *(actual figure: when written etc)* chiffre *m*. **even/odd/whole/cardinal/ordinal ~** nombre pair/impair/entier/cardinal/ordinal; *(Bible)* **(the Book of) N~s** les Nombres; **to paint by ~s** peindre selon les indications chiffrées; *(fig)* **to do sth by ~s** *or (US)* **by the ~s** faire qch mécaniquement *or* bêtement; *(US fig: bet)* **to play the ~s*** faire des paris clandestins, jouer à une loterie clandestine; *V* **lucky, round.**

(b) *(quantity, amount)* nombre *m*, quantité *f*. **a ~ of people** un certain nombre de gens, plusieurs personnes; **(large) ~s of people** (un grand) nombre de gens, un nombre assez important de gens, de nombreuses personnes; **a great ~ of books/chairs** une grande quantité de livres/chaises; **in a small ~ of cases** dans un petit nombre de cas; **on a ~ of occasions** à plusieurs occasions, à maintes occasions; **there were a ~ of faults in the machine** la machine avait un (certain) nombre de défauts; **there are a ~ of things which ...** il y a un certain nombre de choses *or* pas mal* de choses qui ...; **a fair ~** un assez grand nombre, un nombre assez important; **boys and girls in equal ~s** garçons et filles en nombre égal; **~s being equal à** nombre égal; **10 in ~** au nombre de 10; **they were 10 in ~** ils étaient (au nombre de) 10; **to the ~ of some 200** au nombre de 200 environ; **few in ~, in small ~s** en petit nombre;

many in ~, in large ~s en grand nombre; **to swell the ~ of** grossir le nombre de; **he was brought in to swell the ~s** on l'a amené pour grossir l'effectif; **without ~** innombrable, sans nombre; **times without ~** à maintes reprises, mille et mille fois; **any ~ can play** le nombre de joueurs est illimité; **there were any ~ of cards in the box** il y avait une quantité *or* un tas* de cartes dans la boîte; **I've told you any ~ of times** je ne sais pas combien de fois je te l'ai dit; **they are found in ~s in Africa** on les trouve en grand nombre en Afrique; **they came in their ~s** ils sont venus en grand nombre; **there were flies in such ~s that …** les mouches étaient en si grand nombre que …; **the power of ~s** le pouvoir du nombre; **to win by force of ~s** *or* **by sheer ~s** l'emporter par le nombre *or* par la force du nombre; **one of their ~** un d'entre eux; **one of our ~** un des nôtres; **he was of our ~** il était des nôtres, il était avec nous.

(c) (*in series: of page, house etc; also Telec*) numéro *m*. (*Telec*) **wrong ~** faux numéro; **at ~ 4** au (numéro) 4; (*Brit Pol*) **N~ 10** 10 Downing Street (*résidence du Premier ministre*); **reference ~** numéro de référence; (*Aut, Mil*) **(registration) ~** (numéro d')immatriculation *f*, numéro minéralogique; **to take a car's ~** relever le numéro d'une voiture; (*fig*) **I've got his ~!** je le connais, lui! (*pej*); **his ~'s up** il est fichu*, son compte est bon; **that bullet had his ~ on it!** (il était dit que) cette balle était pour lui!; **~ one** (*myself*) moi, bibi‡, ma pomme‡, mézigue‡; **he only thinks of ~ one** il ne pense qu'à lui *or* à sézigue‡ *or* à sa pomme‡; **to take care of** *or* **look after ~ one** penser avant tout à son propre intérêt; **the ~ one English player** le meilleur *or* premier joueur anglais; **he's the ~ one there** c'est lui qui dirige tout là-dedans; **he's my ~ two** il est mon second; *V* **opposite**.

(d) (*model, issue*) [*manufactured goods, clothes, car*] modèle *m*; [*newspaper, journal*] numéro *m*. (*Press*) **the January ~** le numéro de janvier; **this car's a nice little ~*** c'est une chouette* petite voiture; **this wine is a nice little ~*** c'est un bon petit vin; (*dress*) **a little ~ in black** une petite robe noire (toute simple); **she's a pretty little ~*** c'est une jolie fille, c'est une belle nénette‡; *V* **back**.

(e) [*music hall, circus*] numéro *m*; [*pianist, dance band*] morceau *m*; [*singer*] chanson *f*; [*dancer*] danse *f*. **there were several dance ~s on the programme** le programme comprenait plusieurs numéros de danse; [*singer*] **my next ~ will be …** je vais maintenant chanter …

(f) (*U: Gram etc*) nombre *m*. **~ is one of the basic concepts** le nombre est un des concepts de base; (*Gram*) **to agree in ~** s'accorder en nombre.

(g) (*Mus*) rythme *m*. **~s** (*Poetry*) vers *mpl*, poésie *f*; (*Mus*) mesures *fpl*.

2 *cpd*: **number-cruncher*** (*machine*) calculatrice *f*; **he's the number-cruncher*** c'est lui le préposé aux chiffres (*hum*); **number-crunching*** calcul *m*; (*Brit Aut*) **number plate** plaque *f* minéralogique *or* d'immatriculation *or* de police; **a car with French number plates** une voiture immatriculée en France.

3 *vt* (a) (*give a number to*) numéroter. **they are ~ed from 1 to 10** ils sont numérotés de 1 à 10; **the houses are not ~ed** les maisons n'ont pas de numéro.

(b) (*include*) compter, comprendre. **the library ~s 30,000 volumes** la bibliothèque compte *or* comporte 30.000 volumes; **I ~ him among my friends** je le compte parmi mes amis; **to be ~ed with the heroes** compter au nombre des *or* parmi les héros.

(c) (*amount to*) compter. **the crew ~s 50 men** l'équipage compte 50 hommes; **they ~ed 700** leur nombre s'élevait *or* se montait à 700, ils étaient au nombre de 700.

(d) (*count*) compter. (*fig*) **his days were ~ed** ses jours étaient comptés; **your chances of trying again are ~ed** il ne reste plus beaucoup d'occasions de tenter ta chance; **he was ~ing the hours till the attack began** il comptait les heures qui le séparaient de l'assaut.

4 *vi* (*Mil etc: also ~ off*) **to ~ (off)** se numéroter (*from the right* en partant de la droite).

numbering ['nʌmbərɪŋ] **1** *n* (*U*) [*houses, seats etc*] numérotage *m*. **2** *cpd*: **numbering machine** numéroteur *m*.

numberless ['nʌmbəlɪs] *adj* innombrable, sans nombre.

numbness ['nʌmnɪs] *n* [*hand, finger, senses*] engourdissement *m*; [*mind*] torpeur *f*, engourdissement.

numerable ['njuːmərəbl] *adj* nombrable, dénombrable.

numeracy ['njuːmərəsɪ] *n* (*U*) notions *fpl* de calcul, capacités *fpl* au calcul.

numeral ['njuːmərəl] **1** *n* chiffre *m*, nombre *m*. **Arabic/Roman ~** chiffre arabe/romain. **2** *adj* numéral.

numerate ['njuːmərɪt] *adj* qui a le sens de l'arithmétique. **he is hardly ~** il sait à peine compter.

numeration [,njuːmə'reɪʃən] *n* (*Math*) numération *f*.

numerator ['njuːməreɪtər] *n* (*Math*) numérateur *m*; (*instrument*) numéroteur *m*.

numerical [njuː'merɪkəl] *adj* numérique. **in ~ order** dans l'ordre numérique.

numerically [njuː'merɪkəlɪ] *adv* numériquement. **~ superior to the enemy** supérieur (*f* -eure) en nombre *or* numériquement supérieur à l'ennemi.

numerous ['njuːmərəs] *adj* nombreux. **a ~ family** une famille nombreuse; **in ~ cases** dans de nombreux cas, dans beaucoup de cas.

numismatic [,njuːmɪz'mætɪk] *adj* numismatique.

numismatics [,njuːmɪz'mætɪks] *n* (*U*) numismatique *f*.

numismatist [njuː'mɪzmətɪst] *n* numismate *mf*.

numskull ['nʌmskʌl] *n* imbécile *mf*, gourde‡ *f*.

nun [nʌn] *n* religieuse *f*, bonne sœur*. **to become a ~** entrer en religion, prendre le voile.

nunciature ['nʌnʃɪətjʊər] *n* nonciature *f*.

nuncio ['nʌnʃɪəʊ] *n* nonce *m*; *V* **papal**.

nunnery† ['nʌnərɪ] *n* couvent *m*.

NUPE ['njuːpɪ] (*Brit*) *abbr of* **National Union of Public Employees** (*syndicat*).

nuptial ['nʌpʃəl] (*liter or hum*) **1** *adj* nuptial. **the ~ day** le jour des noces. **2** *npl*: **~s** noce *f*.

N.U.R. [,enjuː'ɑːr] (*Brit*) *abbr of* **National Union of Railwaymen** (*syndicat*).

nurd‡ [nɜːd] *n* = **nerd**.

nurse [nɜːs] **1** *n* (a) (*in hospital*) infirmière *f*; (*at home*) infirmière, garde-malade *f*. **male ~** infirmier *m*, garde-malade *m*; (*US Med*) **~'s aide** aide-soignant(e) *m(f)*; (*US Med*) **~s' station** bureau *m* des infirmières; **the ~s' dispute/strike** les revendications *fpl*/la grève *f* du personnel soignant; *V* **night**.

(b) (*children's ~*) nurse *f*, bonne *f* d'enfants. **yes ~** oui nounou.

(c) (*wet-~*) nourrice *f*.

2 *cpd*: **nursemaid** bonne *f* d'enfants.

3 *vt* (a) (*Med*) soigner; (*US: suckle*) nourrir, allaiter; (*Brit: cradle in arms*) bercer (dans ses bras). **she ~d him through pneumonia** elle l'a soigné pendant sa pneumonie; **she ~d him back to health** il a guéri grâce à ses soins; **to ~ a cold** soigner un rhume.

(b) (*fig*) *plant* soigner; *hope, one's wrath etc* nourrir, entretenir; *plan, plot* mijoter, couver; *horse, car engine* ménager; *a fire* entretenir. (*Brit Pol*) **to ~ a constituency** soigner les électeurs; **he was nursing the contact till he needed it** il cultivait cette relation pour s'en servir quand il en aurait besoin; **to ~ the business along** (essayer de) maintenir la compagnie à flot; **to ~ a drink all evening** faire durer un verre toute la soirée.

nurseling ['nɜːslɪŋ] *n* = **nursling**.

nursery ['nɜːsərɪ] **1** *n* (a) (*room*) nursery *f*, chambre *f* d'enfants. **day ~** garderie *f*; **night ~** chambre des enfants *or* d'enfants.

(b) (*institution*) (*daytime only*) crèche *f*, garderie *f*; (*daytime or residential*) pouponnière *f*.

(c) (*Agr*) pépinière *f*.

(d) (*fig*) pépinière *f*. **this town is the ~ of the province's cultural life** cette ville est la pépinière de la vie culturelle de la province.

2 *cpd*: **nursery education** enseignement *m* de la maternelle; **nurseryman** pépiniériste *m*; **nursery nurse** puéricultrice *f*; **nursery rhyme** comptine *f*; **nursery school** (*state-run*) école *f* maternelle; (*gen private*) jardin *m* d'enfants; **nursery-school teacher** (*state-run*) institutrice *f* de maternelle; (*private*) jardinière *f* d'enfants; (*Brit: Ski*) **nursery slopes** pentes *fpl or* pistes *fpl* pour débutants.

nursing ['nɜːsɪŋ] **1** *adj* (a) allaitant. **~ mother** mère *f* qui allaite; (*in stations etc*) **room for ~ mothers** salle réservée aux mères qui allaitent.

(b) [*hospital*] **the ~ staff** le personnel soignant *or* infirmier, les infirmières *fpl*.

2 *n* (*suckling*) allaitement *m*; (*care of invalids*) soins *mpl*; (*profession of nurse*) profession *f* d'infirmière. **she's going in for ~** elle va être infirmière.

3 *cpd*: (*Brit*) **nursing auxiliary** aide soignante; **nursing home** (*esp Brit: for medical, surgical cases*) clinique *f*, polyclinique *f*; (*for mental cases, disabled etc*) maison *f* de santé; (*for convalescence/rest cure*) maison de convalescence/de repos; (*US: for old people*) maison de retraite; (*Brit Mil*) **nursing orderly** infirmier *m* (militaire); **nursing studies** études *fpl* d'infirmière *or* d'infirmier.

nursling ['nɜːslɪŋ] *n* nourrisson(ne) *m(f)*.

nurture ['nɜːtʃər] **1** *n* (*frm: lit, fig*) nourriture *f*. **2** *vt* (*lit, fig*) (*rear*) élever, éduquer; (*feed*) nourrir (*on* de).

N.U.S. [,enjuː'es] *n* (*Brit*) *abbr of* **National Union of Students** and **National Union of Seamen** (*syndicats*).

N.U.T. [,enjuː'tiː] *n* (*Brit*) *abbr of* **National Union of Teachers** (*syndicat*).

nut [nʌt] **1** *n* (a) (*Bot*) *terme générique pour fruits à écale* (*no generic term in French*). **do you like ~s?** est-ce que vous aimez les noisettes (*or* les noix *etc*)?; **this chocolate has got ~s in it** c'est du chocolat aux noisettes (*or* aux amandes *etc*); **a bag of mixed ~s** un sachet de noisettes, cacahuètes, amandes *etc* panachées; **~s and raisins** mendiants *mpl*; (*fig*) **he's a tough ~** c'est un dur à cuire*; (*person*) un(e) dur(e) à cuire*; **he can't paint for ~s‡** il peint comme un pied‡; *V* **beech**.

(b) (*Tech*) écrou *m*; (*Climbing*) coinceur *m*. (*fig*) **the ~s and bolts of …** les éléments *mpl* pratiques de … (*V also* **2**).

(c) (*coal*) **~s, ~ coal** noix *fpl*, tête(s)-de-moineau *f(pl) or* tête(s) de moineau *f(pl)*; **anthracite ~s** noix *or* tête(s)-de-moineau d'anthracite.

(d) (*Culin*) *V* **ginger**.

(e) (‡: *head*) caboche* *f*. **use your ~!** réfléchis donc un peu!, creuse-toi un peu les méninges!‡; **to be off one's ~** être tombé sur la tête*, être cinglé*; **you must be off your ~!** mais ça (ne) va plus!*, mais tu es tombé sur la tête*!; **to go off one's ~** perdre la boule‡; (*Brit*) **to do one's ~** piquer une crise*, se mettre dans tous ses états.

(f) (‡: *mad person*) **he's a real ~** c'est un fou, il est cinglé* *or* toqué*.

(g) (‡: *enthusiast*) **a movie/football ~‡** un(e) cinglé(e)* du cinéma/football.

(h) (*excl*) **~s!** des clous!‡; **~s to you!** va te faire fiche!*

(i) (*‡*: *testicles*) couilles ‡‡ *fpl*, roubignoles ‡‡ *fpl*.

2 *cpd* (*Culin*) *cutlet, rissoles, roast etc* à base de cacahuètes (*or* noisettes *etc*) hachées. (*fig: practical*) **nuts-and-bolts*** (*adj*) avant tout pratique; **nuts-and-bolts*** **education** enseignement *m* axé sur les matières fondamentales; **nut-brown** *eyes* noisette *inv*; *complexion* brun; *hair* châtain; **nutcase‡** dingue* *mf*, cinglé(e)* *m(f)*; **he's a nutcase‡** il est bon à enfermer*, il est dingue*; **nut**

chocolate chocolat *m* aux amandes (*or* aux noisettes *etc*); **nutcracker chin** menton *m* en galoche *or* en casse-noisette; **nutcracker(s)** casse-noix *m inv*, casse-noisette(s) *m*; (*Mus*) **The Nutcracker** Casse-noisette; (*Orn*) **nuthatch** sittelle *f*, grimpereau *m*; (*Brit*) **nuthouse**‡ asile *m* (d'aliénés), maison *f* de fous *or* de dingues*; **he's in the nuthouse**‡ il est chez les dingues*; **nutmeg** (*nut*) (noix *f*) muscade *f*; (*tree*) muscadier *m*; **nutmeg-grater** râpe *f* à muscade; (*US*) **the Nutmeg State** le Connecticut; **nutshell** coquille *f* de noix *or* noisette *etc*; (*fig*) **in a nutshell** ... en un mot ..., bref ...; (*fig*) **to put the matter in a nutshell** résumer l'affaire en un mot.
nutrient ['nju:trɪənt] **1** *adj* nutritif. **2** *n* substance nutritive, élément nutritif.
nutriment ['nju:trɪmənt] *n* nourriture *f*, éléments *mpl* nourrissants *or* nutritifs, aliments *mpl*.
nutrition [nju:'trɪʃən] *n* nutrition *f*, alimentation *f*.
nutritional [nju:'trɪʃənl] *adj* alimentaire.
nutritionist [nju:'trɪʃənɪst] *n* nutritionniste *mf*.
nutritious [nju:'trɪʃəs] *adj* nutritif, nourrissant.
nutritiousness [nju:'trɪʃəsnɪs] *n* caractère *m* nutritif.
nutritive ['nju:trɪtɪv] *adj* = **nutritious**.
nuts‡ [nʌts] *adj* dingue*, cinglé*, toqué*. **he's** ~ il est dingue* *or* cinglé*, il est bon à enfermer*; **to go** ~ perdre la boule*; **to be** ~ **about sb/sth** être dingue* de qn/qch.

nutter* ['nʌtər] *n* (*Brit*) cinglé(e)* *m(f)*, dingue* *mf*.
nutty ['nʌtɪ] *adj* (**a**) (*V* **nut**) *chocolate etc* aux noisettes (*or* amandes *or* noix *etc*); *flavour* au goût de noisette *etc*, à la noisette *etc*. (**b**) (*Brit: coal*) ~ **slack** charbonnaille *f*. (**c**) (‡: *mad*) cinglé*, dingue*. ~ **as a fruitcake** complètement dingue*.
nuzzle ['nʌzl] *vi* [*pig*] fouiller du groin, fouiner. **the dog** ~**d up to my leg** le chien est venu fourrer son nez contre ma jambe.
NV (*US Post*) *abbr of* **Nevada**.
N.Y. ['en'waɪ] *n* (*US*) *abbr of* **New York** (*État*).
Nyasaland [nɪ'æsə,lænd] *n* Nyas(s)aland *m*.
nylon ['naɪlɒn] **1** *n* (**a**) (*U*) nylon *m*. (**b**) = ~ **stocking**; *V* **2**. **2** *cpd* de *or* en nylon. **nylon stockings** bas *mpl* nylon.
nymph [nɪmf] *n* nymphe *f*; (*water* ~) naïade *f*; (*wood* ~) (*hama*)dryade *f*; (*sea* ~) néréide *f*; (*mountain* ~) oréade *f*.
nymphet [nɪm'fet] *n* nymphette *f*.
nympho‡ ['nɪmfəʊ] *adj, n* (*abbr of* **nymphomaniac**) nymphomane (*f*).
nymphomania [,nɪmfəʊ'meɪnɪə] *n* nymphomanie *f*.
nymphomaniac [,nɪmfəʊ'meɪnɪæk] *adj, n* nymphomane (*f*).
NYSE ['enwaɪes'i:] *n* (*US*) *abbr of* **New York Stock Exchange** (*Bourse de New York*).
NZ *abbr of* **New Zealand**; *V* **new 3**.

O, o¹ [əʊ] **1** *n* (**a**) (*letter*) O, o *m*. **O for Orange** ≃ O comme Oscar; *V also* **O.K.** (**b**) (*number: Telec etc*) zéro *m*.
2 *cpd*: (*Scot Scol*) **O-grade** ≃ **O-level**; (*Brit Scol*) **O-levels** (*gen*) ≃ brevet *m*; **to do an O-level in French** passer l'épreuve de français au brevet; **O & M** *abbr of* **organization and method** (*V* **organisation**); **O-shaped** en forme de O *or* de cercle.
o² [əʊ] *excl* (*liter*) ô.
o' [əʊ] *prep* (*abbr of* **of**) de; *V* **o'clock** *etc*.
oaf [əʊf] *n* (*awkward*) balourd(e)* *m(f)*; (*bad-mannered*) malotru(e) *m(f)*, mufle *m*.
oafish ['əʊfɪʃ] *adj person* mufle; *behaviour* de mufle, de malotru.
oak [əʊk] **1** *n* chêne *m*. **light/dark** ~ chêne clair/foncé.
2 *cpd* (*made of* ~) de *or* en (bois de) chêne; (~-*coloured*) (couleur) chêne *inv*. **oak apple** noix *f* de galle, galle *f* du chêne; (*US*) **oak leaf cluster** ≃ barrette *f* (*portée sur le ruban d'une médaille*); **oakwood** (*forest*) chênaie *f*, bois *m* de chênes; (*U: material*) (bois *m* de) chêne *m*.
oakenₓ ['əʊkən] *adj* de *or* en (bois de) chêne.
oakum ['əʊkəm] *n* étoupe *f*. **to pick** ~ faire de l'étoupe.
O.A.P. [,əʊeɪ'pi:] (*Brit*) *abbr of* **old age pension** *or* **pensioner**; *V* **old**.
oar [ɔ:r] **1** *n* (**a**) aviron *m*, rame *f*. **he always puts** *or* **pushes** *or* **sticks** *or* **shoves his** ~ **in** il faut toujours qu'il s'en mêle (*subj*) *or* qu'il y mette son grain de sel; *V* **rest, ship** *etc*.
(**b**) (*person*) rameur *m*, -euse *f*.
2 *cpd*: **oarlock** dame *f* (de nage), tolet *m*; **oarsman** rameur *m*; (*Naut, also Sport*) nageur *m*; **oarsmanship** (*art of rowing*) art *m* de ramer; (*skill as rower*) qualités *fpl* de rameur; **oarswoman** rameuse *f*; (*Sport*) nageuse *f*.
-oared [ɔ:d] *adj ending in cpds*: **four-oared** à quatre rames *or* avirons.
oasis [əʊ'eɪsɪs] *n, pl* **oases** [əʊ'eɪsi:z] (*lit, fig*) oasis *f*. **an** ~ **of peace** un havre *or* une oasis de paix.
oast [əʊst] *n* four *m* à (sécher le) houblon. ~-**house** sécherie *f or* séchoir *m* à houblon.
oat [əʊt] **1** *n* (*plant, food*) avoine *f* (*U*); **to be off one's** ~**s**‡ avoir perdu l'appétit; *V* **rolled, wild** *etc*.
2 *cpd*: **oatcake** biscuit *m or* galette *f* d'avoine; **oatmeal** (*n: U*) (*cereal*) flocons *mpl* d'avoine; (*US: porridge*) bouillie *f* d'avoine, porridge *m*; (*cpd: colour*) *dress etc* beige, grège.
oath [əʊθ] *pl* ~**s** [əʊðz] *n* (**a**) (*Jur etc*) serment *m*. (*Jur*) **to take the** ~ prêter serment; **he took** *or* **swore an** ~ **to avenge himself** il fit (le) serment *or* il jura de se venger; (*Jur*) **on** *or* **under** ~ sous serment; (*Jur*) **witness on** *or* **under** ~ témoin assermenté; (*Jur*) **to put sb on** *or* **under** ~, **to administer the** ~ **to sb** faire prêter serment à qn; (*Jur*) **to put sb on** *or* **under** ~ **to do sth** faire promettre à qn sous serment de faire qch; **he swore on his** ~ **that he had never been there** il jura n'y avoir jamais été *or* qu'il n'y avait jamais été; **on my** ~!, **I'll take my** ~ **on it**! je vous le jure!; *V* **allegiance**.
(**b**) (*bad language*) juron *m*. **to let out** *or* **utter an** ~ lâcher *or* pousser un juron.
2 *cpd*: (*Jur etc*) **oath-taking** prestation *f* de serment.
O.A.U. [əʊeɪ'ju:] *n* (*abbr of* **Organisation of African Unity**) O.U.A. *f*.

Obadiah [,əʊbə'daɪə] *n* Abdias *m*.
obbligato [,ɒblɪ'gɑ:təʊ] (*Mus*) **1** *adj* obligé. **2** *n* partie obligée.
obduracy ['ɒbdjʊərəsɪ] *n* (*V* **obdurate**) obstination *f*, opiniâtreté *f*; inflexibilité *f*; dureté *f*; impénitence *f*.
obdurate ['ɒbdjʊrɪt] *adj* (*stubborn*) obstiné, opiniâtre; (*unyielding*) inflexible; (*hard-hearted*) endurci; (*unrepentant*) impénitent.
O.B.E. [əʊbi:'i:] *n abbr of* **Officer of the Order of the British Empire** (*titre honorifique*).
obedience [ə'bi:dɪəns] *n* (*U*) obéissance *f*, soumission *f* (*to* à), obédience *f* (*liter*); (*Rel*) obédience (*to* à). **in** ~ **to the law/his orders** conformément à la loi/ses ordres; (*frm*) **to owe** ~ **to sb** devoir obéissance *or* obédience (*liter*) à qn; **to show** ~ **to sb/sth** obéir à qn/qch; **to compel** ~ **from sb** se faire obéir par qn; **he commands** ~ il sait se faire obéir; *V* **blind**.
obedient [ə'bi:dɪənt] *adj person, child* obéissant; *dog etc* obéissant, docile; (*submissive*) docile, soumis. **to be** ~ **to sb/sth** obéir à qn/qch, être *or* se montrer obéissant envers qn/à qch; (*frm: in letters*) **your** ~ **servant** ≃ je vous prie d'agréer Monsieur (*or* Madame *etc*) l'expression de ma considération distinguée.
obediently [ə'bi:dɪəntlɪ] *adv* docilement; d'une manière soumise, avec soumission. **he** ~ **sat down** il s'est assis docilement; **she smiled** ~ elle a souri d'un air soumis.
obeisance [əʊ'beɪsəns] *n* (*frm*) (**a**) (*U: homage*) hommage *m*. (**b**) (*bow*) révérence *f*, salut cérémonieux.
obelisk ['ɒbɪlɪsk] *n* (**a**) (*Archit*) obélisque *m*. (**b**) (*Typ*: †) obel *m or* obèle *m*.
obese [əʊ'bi:s] *adj* obèse.
obeseness [əʊ'bi:snɪs] *n*, **obesity** [əʊ'bi:sɪtɪ] *n* obésité *f*.
obey [ə'beɪ] **1** *vt person, instinct, order* obéir à; *the law* se conformer à, obéir à; *instructions* se conformer à, observer; (*Jur*) *summons, order* obtempérer à. **the machine was no longer** ~**ing the controls** la machine ne répondait plus aux commandes. **2** *vi* obéir.
obfuscate ['ɒbfəskeɪt] *vt* (*frm*) *mind, judgment* obscurcir; *person* dérouter, déconcerter.
obituary [ə'bɪtjʊərɪ] **1** *n* (*also* ~ **notice**) notice *f* nécrologique, nécrologie *f*. **2** *cpd* announcement nécrologique. ~ **column** nécrologie *f*, rubrique *f* nécrologique, carnet *m* de deuil.
object ['ɒbdʒɪkt] **1** *n* (**a**) (*thing in general*) objet *m*, chose *f*; (*pej: thing*) bizarrerie *f*; (*pej: person*) personne *f* ridicule. ~ **of pity/ridicule** objet de pitié/de risée; **the** ~ **of one's love** l'objet aimé; (*pej*) **what an** ~ **she looks in that dress!*** de quoi est-ce qu'elle a l'air dans cette robe!* (*pej*).
(**b**) (*Gram*) complément *m* (d'objet). **direct/indirect** ~ complément (d'objet) direct/indirect.
(**c**) (*aim*) but *m*, objectif *m*, objet *m*, fin *f*; (*Philos*) objet. **he has no** ~ **in life** il n'a aucun but dans la vie; **with this** ~ (**in view** *or* **in mind**) dans ce but, à cette fin; **with the** ~ **of doing** dans le but de faire; **with the sole** ~ **of doing** à seule fin *or* dans le seul but de faire; **what** ~ **is there in** *or* **what's the** ~ **of doing that?** à quoi bon faire cela?; **money is no** ~ le prix est sans importance; **'distance no** ~ **'** 'toutes distances'; *V* **defeat**.
(**d**) ~ **of virtu** objet *m* d'art, curiosité *f*.
2 *cpd*: (*Gram*) **object clause** proposition *f* complément d'objet, complétive *f* d'objet; (*Ling*) **object language** langage-objet *m*; (*fig*)

it was an object lesson in good manners c'était une démonstration de bonnes manières; it was an object lesson in how not to drive a car c'était une illustration de ce que l'on ne doit pas faire au volant.
3 [əb'dʒekt] *vi* élever une objection (*to sb/sth* contre qn/qch), trouver à redire (*to sth* à qch). I ~ to that remark je désapprouve tout à fait cette remarque; (*frm*) je proteste *or* je m'élève contre cette remarque; I ~ to your rudeness votre grossièreté est inadmissible; (*excl*) I ~! je proteste!, je regrette!; I ~ most strongly! je proteste catégoriquement! *or* énergiquement!; if you don't ~ si vous n'y voyez pas d'inconvénient *or* d'objection; I shall not come if you ~ je ne viendrai pas si vous vous y opposez *or* si vous y voyez une objection *or* si vous y voyez un inconvénient; he didn't ~ when … il n'a élevé *or* formulé aucune objection quand …; he ~s to her drinking il désapprouve qu'elle boive; do you ~ to my smoking? cela vous ennuie que je fume? (*subj*), est-ce que cela vous gêne si je fume?; she ~s to all this noise elle ne peut tolérer tout ce bruit; I don't ~ to helping you je veux bien vous aider; to ~ to sb élever des objections contre qn; I would ~ to Paul but not to Robert as chairman je serais contre Paul mais je n'ai rien contre Robert comme président; they ~ed to him because he was too young on lui a objecté son jeune âge; (*Jur*) to ~ to a witness récuser un témoin; I wouldn't ~ to a bite to eat* je mangerais bien un morceau.
4 [əb'dʒekt] *vt*: to ~ that objecter que, faire valoir que.
objection [əb'dʒekʃən] *n* objection *f*; (*drawback*) inconvénient *m*, obstacle *m*. I have no ~ je n'ai pas d'objection, je ne m'y oppose pas; if you have no ~ si cela ne vous fait rien, si vous n'y voyez pas d'inconvénient *or* d'objection; I have no ~ to him je n'ai rien contre lui, je ne trouve rien à redire sur son compte; I have a strong ~ to dogs in shops j'ai horreur des chiens dans les magasins; have you any ~ to my smoking? cela ne vous ennuie pas que je fume? (*subj*), est-ce que cela vous gêne si je fume?; I have no ~ to the idea/to his leaving je ne vois pas d'objection *or* je ne m'oppose pas à cette idée/à ce qu'il parte; there is no ~ to our leaving il n'y a pas d'obstacle *or* d'inconvénient à ce que nous partions (*subj*); to make *or* raise an ~ soulever *or* élever *or* formuler une objection; (*Jur*) to make ~ to an argument récuser un argument; (*excl*) ~! (*Jur*) objection!; (*gen*) je proteste!; (*Jur*) ~ overruled! objection rejetée!
objectionable [əb'dʒekʃnəbl] *adj* (**a**) (*disagreeable*) *person, behaviour* extrêmement désagréable, impossible, insupportable; *smell* nauséabond; *remark* désobligeant, choquant; *language* grossier, choquant.
(**b**) (*open to objection*) *conduct* répréhensible, blâmable, condamnable; *proposal* inadmissible, inacceptable.
objective [əb'dʒektɪv] **1** *adj* (**a**) (*impartial*) objectif, impartial (*about* en ce qui concerne); (*Philos*) (*Press etc*) he is very ~ in his reporting ses reportages sont très objectifs *or* impartiaux. (**b**) (*Gram*) *case* accusatif; *pronoun* complément d'objet; *genitive* objectif *m*. ~ case (cas *m*) accusatif *m*, cas régime. **2** *n* (**a**) (*gen, also Phot*) objectif *m*. to reach *or* attain one's ~ atteindre le but qu'on s'était fixé. (**b**) (*Gram*) accusatif *m*.
objectively [əb'dʒektɪvlɪ] *adv* (*gen*) objectivement, impartialement, sans parti pris; (*Gram, Philos*) objectivement.
objectivism [əb'dʒektɪvɪzəm] *n* objectivisme *m*.
objectivity [ˌɒbdʒɪk'tɪvɪtɪ] *n* objectivité *f*, impartialité *f*.
objector [əb'dʒektər] *n* opposant(e) *m(f)*. the ~s to this scheme ceux qui s'opposent à ce projet; *V* conscientious.
objet ['ɒbʒɛ] *n*: ~ d'art objet *m* d'art, ~ de vertu objet d'art, curiosité *f*.
objurgate ['ɒbdʒɜːgeɪt] *vt* (*frm*) réprimander; (*stronger*) accabler de reproches.
objurgation [ˌɒbdʒɜː'geɪʃən] *n* (*frm*) objurgation *f*, réprimande *f*.
oblate ['ɒbleɪt] **1** *n* (*Rel*) oblat(e) *m(f)*. **2** *adj* (*Geom*) aplati aux pôles.
oblation [əʊ'bleɪʃən] *n* (*Rel*) (*act*) oblation *f*; (*offering: also* ~s) oblats *mpl*.
obligate ['ɒblɪgeɪt] *vt* obliger, contraindre (*sb to do* qn à faire). to be ~d to do être obligé de *or* contraint à faire.
obligation [ˌɒblɪ'geɪʃən] *n* (**a**) (*compulsion; duty etc*) obligation *f*, devoir *m*, engagement *m*. to be under an ~ to do sth être dans l'obligation de faire; I'm under no ~ to do it rien ne m'oblige à le faire; to put *or* lay an ~ on sb to do, to put *or* lay sb under an ~ to do mettre qn dans l'obligation de faire; it is your ~ to see that … il est de votre devoir de veiller à ce que … + *subj*; (*in advert*) 'without ~' 'sans engagement'; 'no ~ to buy' (*in advert*) 'aucune obligation d'achat'; (*in shop*) 'entrée libre'.
(**b**) (*debt etc*) devoir *m*, dette *f* (de reconnaissance). to meet one's ~s faire honneur à *or* satisfaire à ses obligations *or* ses engagements; to fail to meet one's ~s manquer à ses obligations *or* à ses engagements; to be under an ~ to sb devoir de la reconnaissance à qn; to be under an ~ to sb for sth être redevable à qn de qch; to lay *or* put sb under an ~ créer une obligation à qn; to repay an ~ acquitter une dette de reconnaissance.
obligatory [ɒ'blɪgətərɪ] *adj* (*compulsory*) obligatoire, (*imposed by custom*) de rigueur. to make it ~ for sb to do imposer à qn l'obligation de faire.
oblige [ə'blaɪdʒ] *vt* (**a**) (*compel*) obliger, forcer, astreindre, contraindre (*sb to do* qn à faire). to be ~d to do être obligé *or* forcé de faire, être astreint *or* contraint à faire, devoir faire.
(**b**) (*do a favour to*) rendre service à, obliger. he did it to ~ us il l'a fait par gentillesse pour nous *or* pour nous rendre service; she is always ready to ~ elle est toujours prête à rendre service *or* toujours très obligeante; anything to ~!* toujours prêt à rendre service!; he asked for more time and they ~d by delaying their departure il a demandé un délai et ils se sont pliés à ses désirs en retardant leur départ; (*frm*) can you ~ me with a pen? auriez-vous l'amabilité *or* l'obligeance de me prêter un stylo?; (*frm*) ~ me

by leaving the room faites-moi le plaisir de quitter la pièce; (*Comm*) a prompt answer will ~ une réponse rapide nous obligerait; to be ~d to sb for sth être reconnaissant *or* savoir gré à qn de qch; I am much ~d to you je vous remercie infiniment; much ~d! merci beaucoup!, merci mille fois!
obliging [ə'blaɪdʒɪŋ] *adj* obligeant, serviable, complaisant. it is very ~ of them c'est très gentil *or* aimable de leur part.
obligingly [ə'blaɪdʒɪŋlɪ] *adv* obligeamment, aimablement. the books which you ~ gave me les livres que vous avez eu l'obligeance *or* l'amabilité de me donner.
oblique [ə'bliːk] **1** *adj* (*gen*) oblique; *look* en biais, oblique; *allusion, reference, style* indirect; *route, method* indirect, détourné. (*Gram*) ~ case cas *m* oblique. **2** *n* (*Anat*) oblique *m*; (*Brit Typ*: *also* ~ stroke) trait *m* oblique, oblique *f*.
obliquely [ə'bliːklɪ] *adv* obliquement, en oblique, de *or* en biais; (*fig*) indirectement. the car was hit ~ by the lorry la voiture a été prise en écharpe par le camion.
obliqueness [ə'bliːknɪs] *n*, **obliquity** [ə'blɪkwɪtɪ] *n* (*V* oblique) obliquité *f*; caractère détourné *or* indirect.
obliterate [ə'blɪtəreɪt] *vt* (*erase*) effacer, enlever; (*cross out*) rayer, raturer; (*by progressive wear*) effacer, oblitérer†; *memory, impressions* effacer, oblitérer (*liter*); *the past* faire table rase de; (*Post*) *stamp* oblitérer.
obliteration [əˌblɪtə'reɪʃən] *n* (*V* obliterate) effacement *m*; rature *f*; (*Post*) oblitération *f*.
oblivion [ə'blɪvɪən] *n* (état *m* d')oubli *m*. to sink *or* fall into ~ tomber dans l'oubli.
oblivious [ə'blɪvɪəs] *adj* (*forgetful*) oublieux (*to, of* de); (*unaware*) inconscient (*to, of* de).
oblong ['ɒblɒŋ] **1** *adj* (*rectangular*) oblong (*f* oblongue); (*elongated*) allongé. ~ dish plat *m* rectangulaire. **2** *n* rectangle *m*.
obloquy ['ɒbləkwɪ] *n* opprobre *m*.
obnoxious [əb'nɒkʃəs] *adj* *person* odieux, infect; *child, dog* détestable, insupportable; *smell* nauséabond; *behaviour* odieux, abominable.
oboe ['əʊbəʊ] *n* hautbois *m*. ~ d'amore hautbois d'amour.
oboist ['əʊbəʊɪst] *n* hautboïste *mf*.
obscene [əb'siːn] *adj* obscène. (*Jur*) ~ publication publication *f* obscène.
obscenely [əb'siːnlɪ] *adv* d'une manière obscène. to talk ~ dire des obscénités.
obscenity [əb'senɪtɪ] *n* (*gen, also Jur*) obscénité *f*. the ~ laws les lois *fpl* sur l'obscénité.
obscurantism [ˌɒbskjʊə'ræntɪzəm] *n* obscurantisme *m*.
obscurantist [ˌɒbskjʊə'ræntɪst] *adj, n* obscurantiste (*mf*).
obscure [əb'skjʊər] **1** *adj* (*dark*) obscur, sombre; (*fig*) *book, reason, origin, birth* obscur; *poem, style* obscur, abscons (*liter*); *feeling, memory* indistinct, vague; *life, village, poet* obscur, inconnu, ignoré.
2 *vt* (*darken*) obscurcir, assombrir; (*hide*) *sun* voiler, cacher, éclipser; *view* cacher, masquer; (*fig*) *argument, idea* rendre obscur, embrouiller, obscurcir; *mind* obscurcir, obnubiler. to ~ the issue embrouiller la question.
obscurely [əb'skjʊəlɪ] *adv* obscurément.
obscurity [əb'skjʊərɪtɪ] *n* (*darkness*) obscurité *f*, ténèbres *fpl* (*liter*); (*fig*) obscurité.
obsequies ['ɒbsɪkwɪz] *npl* (*frm*) obsèques *fpl*, funérailles *fpl*.
obsequious [əb'siːkwɪəs] *adj* obséquieux, servile (*to, towards* devant).
obsequiously [əb'siːkwɪəslɪ] *adv* obséquieusement.
obsequiousness [əb'siːkwɪəsnɪs] *n* obséquiosité *f*, servilité *f*.
observable [əb'zɜːvəbl] *adj* (*visible*) observable, visible, perceptible; (*appreciable*) notable, appréciable. as is ~ in rabbits ainsi qu'on peut l'observer chez les lapins.
observance [əb'zɜːvəns] *n* (**a**) (*U*) [*rule*] observation *f*; [*rite, custom, Sabbath*] observance *f*; [*anniversary*] célébration *f*. (**b**) (*rule, practice, custom*) observance *f*. religious ~s observances religieuses.
observant [əb'zɜːvənt] *adj* *person, mind* observateur (*f* -trice), perspicace. the child is very ~ cet enfant est très observateur *or* fait preuve d'un grand don d'observation.
observation [ˌɒbzə'veɪʃən] **1** *n* (**a**) (*U*) observation *f*, surveillance *f*. to keep sb under ~ (*Med*) garder qn en observation; (*Police etc*) surveiller qn; to be under ~ (*Med*) être en observation; (*Police etc*) être sous surveillance; (*Police etc*) he came under ~ when … on n'est mis à le surveiller quand …; he kept the valley under ~ il surveillait la vallée; ~ of birds/bats observation des oiseaux/des chauves-souris; his powers of ~ ses facultés *fpl* d'observation; *V* escape.
(**b**) (*remark*) observation *f*, remarque *f*. his ~s on 'Hamlet' ses réflexions *fpl* sur 'Hamlet'.
2 *cpd*: **observation balloon** ballon *m* d'observation *or* d'aérostation; (*Rail*) **observation car** wagon *m* *or* voiture *f* panoramique; (*Mil*) **observation post** poste *m* d'observation, observatoire *m*; **observation tower** mirador *m*; (*Med*) **observation ward** salle *f* des malades en observation.
observatory [əb'zɜːvətrɪ] *n* observatoire *m*.
observe [əb'zɜːv] *vt* (**a**) (*obey etc*) *rule, custom* observer, se conformer à, respecter; *anniversary* célébrer; *silence* garder, observer. (*Jur*) failure to ~ the law inobservation *f* de la loi.
(**b**) (*take note of*) observer, remarquer; (*study*) observer. to ~ sth closely observer qch attentivement, scruter qch.
(**c**) (*say, remark*) (faire) observer, faire remarquer. he ~d that it was cold il a fait observer *or* remarquer qu'il faisait froid; as I was about to ~ comme j'allais le dire *or* le faire remarquer; I ~d to him that … je lui ai fait remarquer *or* observer que …; 'he has gone' she ~d 'il est parti' dit-elle *or* remarqua-t-elle; as Eliot ~d comme l'a remarqué *or* relevé Eliot.

observer [əb'zɜ:və^r] *n* (a) (*person watching*) observateur *m*, -trice *f*, spectateur *m*, -trice *f*. the ∼ may note ... les observateurs *or* spectateurs remarqueront ... .
(b) (*official: at meeting etc*) observateur *m*, -trice *f*. Third World ∼s at the talks les observateurs du Tiers Monde présents aux entretiens.
(c) (*Pol etc: analyst, commentator*) spécialiste *mf*, expert *m*. an ∼ of Soviet politics un spécialiste de la politique soviétique.
obsess [əb'ses] *vt* obséder, hanter. ∼ed by obsédé *or* hanté par.
obsession [əb'seʃən] *n* (*state*) obsession *f*; (*fixed idea*) obsession, idée *f* fixe; (*of sth unpleasant*) hantise *f*. he's got an ∼ with sport, sport is an ∼ with him le sport c'est son idée fixe, le sport tient de l'obsession chez lui; he has an ∼ about cleanliness c'est un obsédé de la propreté, il a l'obsession de la propreté; his ∼ with her la manière dont elle l'obsède; his ∼ with death son obsession *or* sa hantise de la mort.
obsessive [əb'sesɪv] *adj* (*gen, also Psych*) obsessionnel; *memory, thought* obsédant.
obsessively [əb'sesɪvlɪ] *adv* d'une manière obsédante. ∼ keen to get married obsédé par le désir de se marier; ∼ anxious not to be seen ayant la hantise d'être vu.
obsidian [ɒb'sɪdɪən] *n* obsidienne *f*.
obsolescence [ˌɒbsə'lesns] *n* [*machinery*] obsolescence *f*; [*goods, words*] vieillissement *m*; (*Bio*) atrophie *f*, myopathie *f*. (*Comm*) planned *or* built-in ∼ obsolescence calculée.
obsolescent [ˌɒbsə'lesnt] *adj machinery* obsolescent; *word* vieilli, qui tombe en désuétude; (*Bio*) *organ* en voie d'atrophie.
obsolete ['ɒbsəli:t] *adj passport, ticket* périmé; *goods* vieux (*f* vieille); *machine, tool* vieux, dépassé; *attitude, idea, process, custom* dépassé, démodé, (*stronger*) désuet (*f*-uète), suranné; *law* caduc (*f* -uque), tombé en désuétude; (*Ling*) *word* obsolète, vieilli; (*Bio*) atrophié; (*Rel*) *practices* obsolète.
obstacle ['ɒbstəkl] **1** *n* obstacle *m*; (*fig*) obstacle, empêchement *m* (*to* à). to be an ∼ to sth faire obstacle à qch, entraver qch, être un obstacle à qch; agriculture is the main ∼ in the negotiations l'agriculture constitue la pierre d'achoppement des négociations; to put an ∼ in the way of sth/in sb's way faire obstacle à qch/qn.
2 *cpd*: (*Mil*) **obstacle course** parcours *m* du combattant; (*Sport*) **obstacle race** course *f* d'obstacles.
obstetric(al) [ɒb'stetrɪk(əl)] *adj techniques etc* obstétrical; *clinic* obstétrique.
obstetrician [ˌɒbstə'trɪʃən] *n* obstétricien(ne) *m(f)*, (médecin *m*) accoucheur *m*.
obstetrics [ɒb'stetrɪks] *n* (*U*) obstétrique *f*.
obstinacy ['ɒbstɪnəsɪ] *n* obstination *f*, entêtement *m*, opiniâtreté *f* (*in doing* à faire); [*illness*] persistance *f*; [*resistance*] obstination, persévérance *f*, détermination *f*.
obstinate ['ɒbstɪnɪt] *adj person* obstiné, têtu, entêté, opiniâtre (*about, over* en ce qui concerne); *effort, work, resistance* obstiné, acharné; *pain, illness* persistant; *fever* rebelle; *fight* acharné. to be as ∼ as a mule être têtu comme une mule *or* comme une bourrique*, avoir une tête de mule* *or* de cochon*; he's very ∼ about it il n'en démord pas.
obstinately ['ɒbstɪntlɪ] *adv* obstinément, opiniâtrement; *struggle* avec acharnement. to refuse ∼ refuser obstinément, s'obstiner à refuser; he ∼ insisted on leaving il a absolument tenu à partir; he tried ∼ to do it by himself il s'est obstiné *or* entêté à le faire tout seul.
obstreperous [əb'strepərəs] *adj* (*noisy*) bruyant, tapageur; (*unruly*) turbulent, chahuteur; (*rebellious*) récalcitrant, rebelle, rouspéteur*. the crowd grew ∼ la foule s'est mise à protester bruyamment *or* à rouspéter* bruyamment.
obstreperously [əb'strepərəslɪ] *adv* (*noisily*) bruyamment, tapageusement; (*rebelliously*) avec force protestations, en rouspétant*.
obstruct [əb'strʌkt] **1** *vt* (a) (*block*) *road* encombrer, obstruer (*with* de), barrer, boucher (*with* avec); *pipe* boucher (*with* avec, *by* par), engorger; *artery* obstruer, oblitérer; *view* boucher, cacher.
(b) (*halt*) *traffic* bloquer; *progress* arrêter, enrayer.
(c) (*hinder*) *progress, traffic* entraver, gêner; *plan* entraver, faire obstacle à; *person* gêner, entraver; (*Sport*) *player* faire obstruction à. (*Pol*) to ∼ (the passage of) a bill faire de l'obstruction parlementaire; (*Jur*) to ∼ a policeman in the execution of his duty gêner *or* entraver un agent de police dans l'exercice de ses fonctions.
2 *vi* (*Sport*) faire de l'obstruction.
obstruction [əb'strʌkʃən] *n* (a) (*U: act, state: V* obstruct 1) encombrement *m*, obstruction *f*; engorgement *m*; arrêt *m*. (*Jur*) he was charged with ∼ of the police in the course of their duties ≃ il a été inculpé d'avoir refusé d'aider les policiers dans l'exercice de leurs fonctions.
(b) (*sth which obstructs*) (*to road, passage, plan, progress, view*) obstacle *m*; (*to pipe*) bouchon *m*; (*to artery*) caillot *m*. (*Jur etc*) to cause an ∼ (*gen*) encombrer *or* obstruer la voie publique; (*Aut*) bloquer la circulation, provoquer un embouteillage.
(c) (*Sport*) obstruction *f*.
obstructionism [əb'strʌkʃənɪzəm] *n* obstructionnisme *m*.
obstructionist [əb'strʌkʃənɪst] *adj, n* obstructionniste (*mf*). to adopt ∼ tactics faire de l'obstruction, pratiquer l'obstruction.
obstructive [əb'strʌktɪv] *adj* (a) *measures, policy* d'obstruction, obstructionniste; *person (Pol etc)* obstructionniste, qui fait de l'obstruction; (*gen*) qui se met en travers, qui suscite des obstacles. you're being ∼ vous ne pensez qu'à mettre des bâtons dans les roues. (b) (*Med*) obstructif, obstruant.
obtain [əb'teɪn] **1** *vt* (*gen*) obtenir; *goods* procurer (*for sb* à qn); (*for o.s.*) se procurer; *information, job, money* obtenir, (se) procurer; *votes* obtenir, recueillir; *prize* obtenir, remporter; (*Fin*) *shares* ac-

quérir. this gas is ∼ed from coal on obtient ce gaz à partir du charbon; these goods may be ∼ed from any large store on peut se procurer ces articles dans tous les grands magasins.
2 *vi* [*rule, custom etc*] avoir cours; [*fashion*] être en vogue; [*method*] être courant.
obtainable [əb'teɪnəbl] *adj* qu'on peut obtenir *or* se procurer. where is that book ∼? où peut-on se procurer *or* trouver *or* acheter ce livre?; '∼ at all good chemists' 'en vente dans toutes les bonnes pharmacies'.
obtrude [əb'tru:d] **1** *vt* imposer (*sth on sb* qch à qn). **2** *vi* [*person*] s'imposer, imposer sa présence. the author's opinions do not ∼ l'auteur n'impose pas ses opinions.
obtrusion [əb'tru:ʒən] *n* intrusion *f*.
obtrusive [əb'tru:sɪv] *adj person, presence* importun, indiscret (*f* -ète); *opinions* ostentatoire, affiché; *smell* pénétrant; *film music* gênant, agaçant; *memory* obsédant; *building, decor etc* trop en évidence, qui accroche *or* qui heurte le regard.
obtrusively [əb'tru:sɪvlɪ] *adv* importunément, avec indiscrétion.
obtuse [əb'tju:s] *adj* (*blunt*) obtus; (*Geom*) obtus; *person* obtus, borné. you're just being ∼! tu fais exprès de ne pas comprendre!
obtuseness [əb'tju:snɪs] *n* stupidité *f*.
obverse ['ɒbvɜ:s] **1** *n* [*coin*] face *f*, côté *m* face; [*statement, truth*] contrepartie *f*, contre-pied *m*.
2 *adj* (a) *side of coin etc* de face, qui fait face; (*fig*) correspondant, faisant contrepartie.
(b) (*in shape*) *leaf* renversé, plus large au sommet qu'à la base.
obviate ['ɒbvɪeɪt] *vt difficulty* obvier à, parer à; *necessity* parer à; *danger, objection* prévenir.
obvious ['ɒbvɪəs] *adj* évident, manifeste. it's an ∼ fact, it's quite ∼ c'est bien évident, c'est l'évidence même; it's ∼ that il est évident que, il est de toute évidence que; it's the ∼ thing to do c'est la chose à faire, cela s'impose; the ∼ thing to do is to leave la chose à faire c'est évidemment de partir; that's the ∼ one to choose c'est bien évidemment celui-là qu'il faut choisir; ∼ statement truisme *m*, lapalissade *f*; with ∼ shyness avec une timidité évidente *or* visible; his ∼ good faith sa bonne foi évidente *or* incontestable; we must not be too ∼ about it il va falloir ne pas trop montrer notre jeu.
2 *n*: you are merely stating the ∼ il n'y a rien de nouveau dans ce que vous dites, vous enfoncez une porte ouverte.
obviously ['ɒbvɪəslɪ] *adv* (*clearly*) manifestement; (*of course*) évidemment, bien sûr. it's ∼ true c'est de toute évidence vrai; he was ∼ not drunk il était évident qu'il n'était pas ivre; he was not ∼ drunk il n'était pas visiblement ivre; ∼! bien sûr!, évidemment!; ∼ not! bien sûr que non!
O.C. ['əʊ'si:] *n abbr of* Officer Commanding.
ocarina [ˌɒkə'ri:nə] *n* ocarina *m*.
Occam ['ɒkəm] *n* Occam *m*. ∼'s razor le rasoir d'Occam.
occasion [ə'keɪʒən] **1** *n* (a) (*juncture; suitable time*) occasion *f*, circonstance *f*. on the ∼ of à l'occasion de; (on) the first ∼ (that) it happened la première fois que cela s'est passé; on that ∼ à cette occasion, cette fois-là; on several ∼s à plusieurs occasions *or* reprises; on rare ∼s en de rares occasions; on just such an ∼ dans une occasion tout à fait semblable; on great ∼s dans les grandes occasions *or* circonstances; on a previous *or* former ∼ précédemment; I'll do it on the first possible ∼ je le ferai à la première occasion (possible) *or* dès que l'occasion se présentera; (up)on ∼ à l'occasion, quand l'occasion se présente (*or* se présentait); should the ∼ arise le cas échéant; should the ∼ so demand si les circonstances l'exigent; as the ∼ requires selon le cas; he has had few ∼s to speak Italian il n'a pas eu souvent l'occasion de parler italien; he took (the) ∼ to say ... il en a profité pour dire ...; he was waiting for a suitable ∼ to apologize il attendait une occasion *or* circonstance favorable pour présenter ses excuses; this would be a good ∼ to try it out c'est l'occasion tout indiquée pour l'essayer; to rise to *or* be equal to the ∼ se montrer *or* être à la hauteur des circonstances *or* de la situation.
(b) (*event, function*) événement *m*. a big ∼ un grand événement; it was quite an ∼ cela n'a pas été une petite affaire *or* un petit événement; play/music written for the ∼ pièce spécialement écrite/musique spécialement composée pour l'occasion.
(c) (*reason*) motif *m*, occasion *f*. there is no ∼ for alarm *or* to be alarmed il n'y a pas lieu de s'alarmer, il n'y a pas de quoi s'alarmer; there was no ∼ for it ce n'était pas nécessaire; I have no ∼ for complaint je n'ai pas sujet de me plaindre, je n'ai aucun motif de plainte; you had no ∼ to say that vous n'aviez aucune raison de dire cela; I had ∼ to reprimand him j'ai eu l'occasion de *or* j'ai eu à le réprimander.
(d) (*frm*) to go about one's lawful ∼s vaquer à ses occupations.
2 *vt* occasionner, causer.
occasional [ə'keɪʒənl] *adj* (a) *event* qui a lieu de temps en temps *or* de temps à autre; *visits* espacés; *rain, showers* intermittent. we have an ∼ visitor il nous arrive d'avoir quelqu'un (de temps en temps); we're just ∼ visitors nous ne venons ici qu'occasionnellement; they had passed an ∼ car on the road ils avaient croisé quelques rares voitures; ∼ table table volante; (*esp round*) guéridon *m*.
(b) *verses, music* de circonstance.
occasionally [ə'keɪʒnəlɪ] *adv* de temps en temps, de temps à autre, quelquefois, parfois. very ∼ à intervalles très espacés; only very ∼ très peu souvent, rarement, presque jamais.
occident ['ɒksɪdənt] *n* (*liter*) occident *m*, couchant *m*. the O∼ l'Occident *m*.
occidental [ˌɒksɪ'dentl] *adj* (*liter*) occidental.
occipital [ɒk'sɪpɪtl] *adj* occipital.
occiput ['ɒksɪpʌt] *n* occiput *m*.

occlude [ɒ'klu:d] **1** vt (all senses) occlure. (Met) **~d front** front occlus. **2** vi (Dentistry) s'emboîter.

occlusion [ɒ'klu:ʒən] n (all senses) occlusion f.

occlusive [ɒ'klu:sɪv] **1** adj (also Ling) occlusif. **2** n (Phon) (consonne f) occlusive f.

occult [ɒ'kʌlt] **1** adj occulte. **2** n: **the ~** le surnaturel; **to study the ~** étudier les sciences occultes.

occultism ['ɒkəltɪzəm] n occultisme m.

occupancy ['ɒkjʊpənsɪ] n occupation f (d'une maison etc).

occupant ['ɒkjʊpənt] n [house] occupant(e) m(f), habitant(e) m(f), (tenant) locataire mf; [land, vehicle etc] occupant(e); [job, post] titulaire mf.

occupation [ˌɒkjʊ'peɪʃən] **1** n **(a)** (U) [house etc] occupation f; (Jur) prise f de possession. **unfit for ~** impropre à l'habitation; **the house is ready for ~** la maison est prête à être habitée; **we found them already in ~** nous les avons trouvés déjà installés.

(b) (U: Mil etc) occupation f. **army of ~** armée f d'occupation; **under military ~** sous occupation militaire; **during the O~** pendant or sous l'occupation.

(c) (trade) métier m; (profession) profession f; (work) emploi m, travail m; (activity, pastime) occupation f. **he is a plumber by ~** il est plombier de son métier; **he needs some ~ for his spare time** il lui faut une occupation or de quoi occuper ses loisirs; **his only ~ was helping his father** sa seule occupation était or il avait pour seule occupation d'aider son père.

2 cpd **troops** d'occupation.

occupational [ˌɒkjʊ'peɪʃənl] adj qui a rapport au métier or à la profession. (Jur) **~ activity** activité professionnelle; **~ disease** maladie f du travail; **~ hazard** or **risk** risque m du métier; **~ therapist** ergothérapeute mf; **~ therapy** thérapeutique occupationnelle, ergothérapie f.

occupier ['ɒkjʊpaɪər] n [house] occupant(e) m(f), habitant(e) m(f), (tenant) locataire mf; [land] occupant(e); V **owner**.

occupy ['ɒkjʊpaɪ] vt **(a)** house occuper, habiter, résider dans; room, chair occuper; post, position remplir, occuper.

(b) [troops, demonstrators] occuper. (Mil) **occupied territory** territoire occupé.

(c) space occuper, tenir; time occuper, prendre.

(d) attention, mind, person occuper. **occupied with the thought of** absorbé par la pensée de; **to be occupied in** or **with doing** être occupé à faire; **to ~ o.s.** or **one's time (with** or **by doing)** s'occuper (à faire); **how do you keep occupied all day?** qu'est-ce que vous trouvez à faire toute la journée?; **to keep one's mind occupied** s'occuper l'esprit.

occur [ə'kɜ:r] vi **(a)** [event] avoir lieu, arriver, survenir, se produire; [word, error] se rencontrer, se trouver; [difficulty, opportunity] se présenter; [change] s'opérer; [disease] se produire, se rencontrer; [plant etc] se trouver. **don't let it ~ again!** que cela ne se reproduise plus! or ne se répète (subj) pas!; **if a vacancy ~s** en cas de poste vacant; **should the case ~** le cas échéant.

(b) (come to mind) se présenter or venir à l'esprit (to sb de qn). **an idea ~red to me** une idée m'est venue; **it ~s to me that he is wrong** il me vient à l'esprit qu'il a tort, l'idée me vient qu'il a tort; **it ~red to me that we could ...** j'ai pensé or je me suis dit que nous pourrions ...; **it didn't ~ to him to refuse** il n'a pas eu l'idée de refuser; **the thought would never ~ to me** ça ne me viendrait jamais à l'idée or à l'esprit; **did it never ~ to you to ask?** il ne t'est jamais venu à l'esprit de demander?, tu n'as jamais eu l'idée de demander?

occurrence [ə'kʌrəns] n **(a)** (event) événement m, circonstance f. **an everyday ~** un fait journalier; **this is a common ~** ceci arrive or se produit souvent.

(b) fait m de se produire or d'arriver. [plant etc] **its ~ in the south** is well-known son existence est bien constatée dans le sud; **to be of frequent ~** se produire or arriver souvent.

ocean ['əʊʃən] **1** n (lit, fig) océan m. (fig) **~s of** énormément de*. **2** cpd climate, region océanique; cruise sur l'océan. **ocean bed** fond sous-marin; **ocean-going** de haute mer; **ocean-going ship** (navire m) long-courrier m, navire de haute mer; **ocean liner** paquebot m; (US) **the Ocean State** le Rhode Island.

Oceania [ˌəʊʃɪ'emɪə] n Océanie f.

Oceanian [ˌəʊʃɪ'emɪən] **1** adj océanien. **2** n Océanien(ne) m(f).

oceanic [ˌəʊʃɪ'ænɪk] adj current océanique, pélagique; fauna pélagique.

oceanographer [ˌəʊʃə'nɒɡrəfər] n océanographe mf.

oceanography [ˌəʊʃə'nɒɡrəfɪ] n océanographie f.

ocelot ['əʊsɪlɒt] n ocelot m.

och [ɒx] excl (Scot) oh.

ochre, (US) **ocher** ['əʊkər] n (substance) ocre f; (colour) ocre m.

ochreous ['əʊkrɪəs] adj ocreux.

o'clock [ə'klɒk] adv: **it is one ~** il est une heure; **what ~ is it?** quelle heure est-il?; **at 5 ~** à 5 heures; **at exactly 9 ~** à 9 heures précises or justes; **at twelve ~** (midday) à midi; (midnight) à minuit; (Aviat, Mil: direction) **aircraft approaching at 5 ~** avion m à 5 heures.

OCR [ˌəʊsi:'ɑ:r] (Comput) abbr of **optical character reader, optical character recognition**; V **optical**.

Oct. abbr of **October**.

octagon ['ɒktəɡən] n octogone m.

octagonal [ɒk'tæɡənl] adj octogonal.

octahedron [ˌɒktə'hi:drən] n octaèdre m.

octal ['ɒktəl] n, adj (Comput) **~ (notation)** octal (m).

octane ['ɒktem] **1** n octane m. **2** cpd d'octane. **octane number** indice m d'octane; **high-octane petrol** carburant m à indice d'octane élevé; **octane rating = octane number**.

octave ['ɒktɪv] n (gen, Mus, Rel, Fencing) octave f; (Poetry) huitain m.

octavo [ɒk'teɪvəʊ] n in-octavo m.

octet [ɒk'tet] n (Mus) octuor m; (Poetry) huitain m.

octillion [ɒk'tɪljən] (Brit etc) 10^{48}; (US, France) 10^{27}.

October [ɒk'təʊbər] n octobre m. (Russian Hist) **the ~ Revolution** la Révolution d'octobre; for other phrases V **September**.

octogenarian [ˌɒktəʊdʒɪ'nɛərɪən] adj, n octogénaire (mf).

octopus ['ɒktəpəs] **1** n (Zool) pieuvre f, poulpe m; (Brit Aut: for luggage etc) pieuvre, fixe-bagages m inv. **2** cpd **organization** ramifié, à ramifications (multiples).

octoroon [ˌɒktə'ru:n] n octavon(ne) m(f).

octosyllabic ['ɒktəʊsɪ'læbɪk] **1** adj octosyllabique. **2** n octosyllabe m, vers m octosyllabique.

octosyllable ['ɒktəʊ'sɪləbl] n (line) octosyllabe m, vers m octosyllabique; (word) mot m octosyllabique.

ocular ['ɒkjʊlər] adj, n oculaire (m).

oculist ['ɒkjʊlɪst] n oculiste mf.

OD‡ [əʊ'di:] (US: abbr of **overdose**) **1** n surdose f.

2 vi (Drugs) prendre une surdose de; (fig) se gorger de.

odalisque ['əʊdəlɪsk] n odalisque f.

odd [ɒd] **1** adj **(a)** (strange) bizarre, étrange, singulier, curieux. **(how) ~!** bizarre!, étrange!, curieux!; **how ~ that we should meet him** comme c'est curieux que nous l'ayons rencontré; **what an ~ thing for him to do!** c'est curieux or bizarre qu'il ait fait cela!; **he says some very ~ things** il dit de drôles de choses parfois; **the ~ thing about it is** ce qui est bizarre or étrange à ce sujet c'est, le plus curieux de l'affaire c'est; **he's got rather ~ lately** il est bizarre depuis quelque temps.

(b) (Math) number impair.

(c) (extra, left over) qui reste(nt); (from pair) shoe, sock déparié; (from set) dépareillé. **I've got it all but the ~ penny** il me manque un penny pour avoir le compte; **£5 and some ~ pennies** 5 livres et quelques pennies; **any ~ piece of wood** un morceau de bois quelconque; **any ~ piece of bread you can spare** n'importe quel morceau de pain dont vous n'ayez pas besoin; **a few ~ hats** deux ou trois chapeaux; (Brit) **this is an ~ size that we don't stock** c'est une taille peu courante que nous n'avons pas (en stock); **to be the ~ one over** être en surnombre; **the ~ man out**, **the ~ one out** l'exception f; V also **2** and **odds**.

(d) (and a few more) 60~ 60 et quelques; **forty-~ years** une quarantaine d'années, quarante et quelques années; **£20-~** 20 et quelques livres, 20 livres et quelques.

(e) (occasional, not regular) **in ~ moments** he ... à ses moments perdus il ...; **at ~ times** de temps en temps; **in ~ corners all over the house** dans les coins et recoins de la maison; **~ jobs** menus travaux, travaux divers (V also **2**); **to do ~ jobs about the house** (housework) faire de menus travaux domestiques; (do-it-yourself) bricoler dans la maison; **he does ~ jobs around the garden** il fait de petits travaux de jardinage; **I've got one or two ~ jobs for you to do** j'ai deux ou trois choses or bricoles* à te faire faire; **I don't grudge her the ~ meal (or two)** je ne lui fais pas grief d'un repas par-ci par-là; **he has written the ~ article** il a écrit un ou deux articles; **I get the ~ letter from him** de temps en temps je reçois une lettre de lui.

2 cpd: (esp US) **oddball‡** (n) excentrique mf; (adj) rare, excentrique; **oddbod‡** (person) individu m, type m; (peculiar person) drôle m d'oiseau*; **odd-job man** homme m à tout faire; **odd-looking** à l'air bizarre; (St Ex) **odd lot** lot m fractionné.

oddity ['ɒdɪtɪ] n **(a)** (strangeness) = **oddness**.

(b) (odd person) personne f bizarre, excentrique mf; (odd thing) curiosité f; (odd trait) singularité f. **he's a real ~** il a vraiment un genre très spécial; **one of the oddities of the situation** un des aspects insolites de la situation.

oddly ['ɒdlɪ] adv singulièrement, bizarrement, curieusement; de façon étrange or bizarre. **~ enough she was at home** chose curieuse or singulière elle était chez elle; **she was ~ attractive** elle avait un charme insolite.

oddment ['ɒdmənt] n (Brit Comm) fin f de série; article dépareillé; [cloth] coupon m.

oddness ['ɒdnɪs] n (U) bizarrerie f, étrangeté f, singularité f.

odds [ɒdz] **1** npl **(a)** (Betting) cote f. **he gave him ~ of 5 to 1 (for Jupiter)** il lui a donné une cote de 5 contre 1 (sur Jupiter); **he gave him ~ of 5 to 1 that he would fail his exams** il lui a parié à 5 contre 1 qu'il échouerait à ses examens; **I get good/short/long ~** on m'a donné une bonne/faible/forte cote; **the ~ on** or **against a horse** la cote d'un cheval; **the ~ are 7 to 2 against Lucifer** (la cote de) Lucifer est à 7 contre 2; **the ~ are 6 to 4 on** la cote est à 4 contre 6; **the ~ are 6 to 4 against** la cote est à 6 contre 4; **what ~ will you give me?** quelle est votre cote?; (Brit: fig) **what the ~** plus que nécessaire; **I got £2 over the ~ for it** on me l'a payé 2 livres de plus que je ne demandais (or ne m'y attendais etc).

(b) (fig: balance of advantage) chances fpl (for pour, against contre), avantage m. **the ~ are against his** or **him* coming** il est pratiquement certain qu'il ne viendra pas, il y a gros à parier qu'il ne viendra pas, il y a peu de chances qu'il vienne; **the ~ are on him coming** or **that he will come** il est pratiquement sûr or certain qu'il viendra, il y a de fortes chances (pour) qu'il vienne; **the ~ are even that he will come** il y a cinquante pour cent de chances qu'il vienne; **to fight against heavy** or **great ~** avoir affaire à plus fort que soi, combattre or lutter contre des forces supérieures; **he managed to succeed against overwhelming ~** or **against all the ~** il a réussi alors que tout était contre lui; **the ~ are too great** le succès est trop improbable; **by all the ~** (unquestionably) sans aucun doute; (judging from past experience) à en juger par l'expérience, d'après ce que l'on sait.

(c) (difference) **it makes no ~** cela n'a pas d'importance, ça ne fait rien*; **it makes no ~ to me** ça m'est complètement égal, ça ne me fait rien, je m'en moque, je m'en fiche*; **what's the ~?***

qu'est-ce que ça fait?, qu'est-ce que ça peut bien faire?
 (d) to be at ~ (with sb over sth) être brouillé (avec qn pour qch), ne pas être d'accord (avec qn sur qch); **to set 2 people at ~** brouiller 2 personnes, semer la discorde entre 2 personnes.
 2 cpd: **odds and ends** (gen) des petites choses qui restent; [cloth] bouts mpl; [food] restes mpl; **there were a few odds and ends lying about the house** quelques objets traînaient çà et là dans la maison; (fig) **we still have a few odds and ends to settle** il nous reste encore quelques points à régler; (Racing) **odds-on favourite** grand favori m; (fig) **he's the odds-on favourite for the job** c'est le grand favori pour avoir le poste; **it's odds-on that he'll come** il y a toutes les chances qu'il vienne.
ode [əʊd] n ode f (to à, on sur).
odious ['əʊdɪəs] adj détestable, odieux.
odiously ['əʊdɪəslɪ] adv odieusement.
odiousness ['əʊdɪəsnɪs] n caractère m détestable or odieux.
odium ['əʊdɪəm] n (U) réprobation f générale, anathème m.
odometer [ɒ'dɒmɪtər] n (US) odomètre m.
odont(o)... [ɒ'dɒnt(əʊ)] pref odont(o)....
odontological [ˌɒdɒntə'lɒdʒɪkəl] adj odontologique.
odontologist [ˌɒdɒn'tɒlədʒɪst] n odontologiste mf.
odontology [ˌɒdɒn'tɒlədʒɪ] n odontologie f.
odor ['əʊdər] n (US) = odour.
odoriferous [ˌəʊdə'rɪfərəs] adj odoriférant, parfumé.
odorless ['əʊdəlɪs] adj (US) = odourless.
odorous ['əʊdərəs] adj (liter) odorant, parfumé.
odour, (US) odor ['əʊdər] n odeur f; (pleasant) odeur (agréable), parfum m; (unpleasant) (mauvaise) odeur; (fig) trace f, parfum (liter). (fig) **to be in good/bad ~ with sb** être/ne pas être en faveur auprès de qn, être bien/mal vu de qn; **~ of sanctity** odeur de sainteté.
odourless, (US) = odorless ['əʊdəlɪs] adj inodore.
Odysseus [ə'dɪːsɪəs] n Odusseus m.
Odyssey ['ɒdɪsɪ] n (Myth) Odyssée f. (gen) **o~ odyssée f**.
OE (Ling) n abbr of **Old English**; V old.
OECD ['əʊˌiːsiːˈdiː] n (abbr of **Organisation for Economic Cooperation and Development**) O.C.D.E. f.
oecology [ɪ'kɒlədʒɪ] etc = **ecology** etc.
oecumenical [ˌiːkjuːˈmenɪkəl] etc = **ecumenical** etc.
oedema [ɪ'diːmə] = **edema**.
Oedipal ['iːdɪpəl] adj œdipien.
Oedipus ['iːdɪpəs] n Œdipe m. (Psych) **~ complex** complexe m d'Œdipe.
oenological [ˌiːnə'lɒdʒɪkəl] adj œnologique.
oenologist [iːˈnɒlədʒɪst] n œnologue mf.
oenology [iːˈnɒlədʒɪ] n œnologie f.
o'er ['əʊər] (liter) = **over**.
oesophagus [iːˈsɒfəgəs] = **esophagus**.
oestrogen ['iːstrəʊdʒən] n œstrogène m.
oestrone ['iːstrəʊn] n folliculine f.
oestrous ['iːstrəs] adj œstral. **~ cycle** cycle m œstral.
oestrus ['iːstrəs] n œstrus m.
of [ɒv,əv] prep **(a)** (possession) de. **the wife ~ the doctor** la femme du médecin; **a painting ~ the queen's** un tableau de la reine or qui appartient à la reine; **a friend ~ ours** un de nos amis; **that funny nose ~ hers** son drôle de nez, ce drôle de nez qu'elle a; **~ it** en; **the tip ~ it is broken** le bout en est cassé.
 (b) (objective genitive) de, pour; (subjective) de. **his love ~ his father** son amour pour son père, l'amour qu'il porte (or portait etc) à son père; **love ~ money** amour de l'argent; **a painting ~ the queen** un tableau de la reine or qui représente la reine; **a leader ~ men** un meneur d'hommes; **writer ~ legal articles** auteur d'articles de droit.
 (c) (partitive) de; entre. **the whole ~ the house** toute la maison; **how much ~ this do you want?** combien or quelle quantité en voulez-vous?; **there were 6 ~ us** nous étions 6; **he asked the six ~ us to lunch** il nous a invités les six à déjeuner; **~ the ten only one was absent** sur les dix un seul était absent; **he is not one ~ us** il n'est pas des nôtres; **the 2nd ~ June** le 2 juin; **today ~ all days** ce jour entre tous; **you ~ all people ought to know** vous devriez le savoir mieux que personne; (liter) **he is the bravest ~ the brave** c'est un brave entre les braves; **the quality ~ (all) qualities** la qualité par dessus toutes les autres; (liter) **he drank ~ the wine** il but du vin; V best, first, most, some etc.
 (d) (concerning, in respect of) de. **what do you think ~ him?** que pensez-vous de lui?; **what ~ it?** et alors?; **hard ~ hearing** dur d'oreille; **20 years ~ age** âgé de 20 ans; V bachelor, capable, warn etc.
 (e) (separation in space or time) de. **south ~ Paris** au sud de Paris; **within a month/a kilometre ~** à moins d'un mois/d'un kilomètre de; (US) **a quarter ~ 6** 6 heures moins le quart.
 (f) (origin) de. **~ noble birth** de naissance noble; **~ royal origin** d'origine royale; **a book ~ Dante's** un livre de Dante.
 (g) (cause) de. **to die ~ hunger** mourir de faim; **because ~** à cause de; **it did not happen ~ itself** ce n'est pas arrivé tout seul; **for fear ~** de peur de; V ashamed, choice, necessity etc.
 (h) (with certain verbs) **it tastes ~ garlic** cela a un goût d'ail; V smell etc.
 (i) (deprivation, riddance) de. **to get rid ~** se débarrasser de; **loss ~ appetite** perte d'appétit; **cured ~** guéri de; V free, irrespective, short etc.
 (j) (material) de, en. **dress (made) ~ wool** robe en or de laine.
 (k) (descriptive) de. **house ~ 10 rooms** maison de 10 pièces; **man ~ courage** homme courageux; **girl ~ 10** petite fille de 10 ans; **question ~ no importance** question sans importance; **the city ~ Paris** la ville de Paris; **town ~ narrow streets** ville aux rues étroites; **fruit ~ his own growing** fruits qu'il a cultivés lui-même;

that idiot ~ a doctor cet imbécile de docteur; **he has a real palace ~ a house** c'est un véritable palais que sa maison; V extraction, make, name etc.
 (l) (agent etc) de. **beloved ~ all** bien-aimé de tous; **it was horrid ~ him to say so** c'était méchant de sa part (que) de dire cela; V kind etc.
 (m) (in temporal phrases) **~ late** depuis quelque temps; (liter) **it was often fine ~ a morning** il faisait souvent beau le matin; V old etc.
off [ɒf] (phr vb elem) **1** prep **(a)** (gen) de etc. **he fell/jumped ~ the wall** il est tombé/a sauté du mur; **he fell ~ it** il (en) est tombé; **he took the book ~ the table** il a pris le livre sur la table; **there are 2 buttons ~ my coat** il manque 2 boutons à mon manteau; **the lid was ~ the tin** le couvercle de la boîte n'était pas mis, on avait ôté le couvercle de la boîte; **the lid was ~ it** il n'y avait pas de couvercle; **they eat ~ chipped plates** ils mangent dans des assiettes ébréchées; **they dined ~ a chicken** ils ont dîné d'un poulet; **he cut a slice ~ the cake** il a coupé une tranche du gâteau; **I'll take something ~ the price for you** je vais vous faire une réduction or une remise (sur le prix); V get off, keep off, road etc.
 (b) (distant from) de. **he was a yard ~ me** il était à un mètre de moi; **he ran towards the car and was 5 yards ~** il when ... il a couru vers la voiture et en était à 5 mètres quand ... ; **height ~ the ground** hauteur (à partir) du sol; **street (leading) ~ the square** rue qui part de la place; **house ~ the main road** maison à l'écart de la grand-route; (Naut) **~ Portland Bill** au large de Portland Bill.
 (c) **I'm ~ sausages*** je n'aime plus les saucisses; **I'm ~ smoking*** je ne fume plus; **he's ~ meat*** il ne mange plus de viande; **I'm ~ him*** at the moment il ne me plaît pas en ce moment; V duty, food, work etc.
 2 adv **(a)** (distance) **the house is 5 km ~** la maison est à 5 km; **it fell not 50 metres ~** c'est tombé à moins de 50 mètres; **some way ~** à quelque distance (from de); **my holiday is a week ~** je serai or suis en vacances dans une semaine, je suis à une semaine de mes vacances; (Theat) **noises/voices ~** bruits/voix dans les coulisses; V far, keep off, ward off etc.
 (b) (departure) **to be ~** partir, s'en aller; **~ with you!, ~ you go!** va-t-en!, sauve-toi!*, file!*; **I must be ~, it's time I was ~** je dois m'en aller or filer* or me sauver*; (Sport) **they're ~!** et les voilà partis!; **where are you ~ to?** où allez-vous?; **we're ~ to France today** nous partons pour la France aujourd'hui; **I'm ~ fishing** je vais à la pêche; **he's ~ fishing** (going) il va à la pêche; (gone) il est (parti) à la pêche; **he's gone ~ to school** il est parti pour or à l'école; **he's ~ on his favourite subject** le voilà lancé sur son sujet favori; V go off, run off etc.
 (c) (absence) **to take a day ~** prendre un jour de congé; **I've got this afternoon ~** j'ai congé cet après-midi; **he gets two days ~ each week** il a deux jours de congé or de libre par semaine; **he gets one week ~ a month** il a une semaine de congé par mois.
 (d) (removal) **he had his coat ~** il avait enlevé son manteau; **with his hat ~** sans chapeau; **~ with those socks!** enlève tes chaussettes!; **~ with his head!** qu'on lui coupe (subj) la tête!; **hands ~!** ne touchez pas!, bas les pattes*; **the lid was ~** le couvercle n'était pas mis; **the handle is ~** or **has come ~** la poignée s'est détachée; **there are two buttons ~** il manque deux boutons; (Comm) **10% ~** 10% de remise or de réduction or de rabais; **I'll give you 10% ~** je vais vous faire une remise or une réduction or un rabais de 10%; V help, take off etc.
 (e) (phrases) **~ and on, on and ~** de temps à autre, par intervalles, par intermittence; **right ~***, **straight ~*** tout de suite, à l'instant, sur-le-champ.
 3 adj **(a)** (absence) **he's ~ on Tuesdays** il n'est pas là le mardi; **she's ~ at 4 o'clock** elle termine à 4 heures, elle est libre à 4 heures; (US) **an ~ day** un jour de congé (V also **3e**); **to be ~ sick** (gen) être absent pour cause de maladie; **he is ~ sick** (il n'est pas là) il est malade; **he's been ~ for 3 weeks** cela fait 3 semaines qu'il est absent; V day, time etc.
 (b) (not functioning) **to be ~** [brake] être desserré; [machine, light] être éteint; [engine, gas at main, electricity, water] être coupé; [tap, gas tap] être fermé; (at cooker etc) **the gas is ~** le gaz est fermé; **the light/TV/radio is ~** la lumière/la télé/la radio est éteinte; **the tap is ~** le robinet est fermé; **the switch was in the ~ position** le bouton était sur la position 'fermé'.
 (c) (cancelled etc) **the play is ~** (cancelled) la pièce est annulée or n'aura pas lieu; (no longer running) la pièce a quitté l'affiche or n'est plus à l'affiche; **the party is ~** (cancelled) la soirée est annulée; (postponed) la soirée est remise; **their engagement is ~** ils ont rompu leurs fiançailles; (in restaurant etc) **the cutlets are ~** il n'y a plus de côtelettes.
 (d) (Brit: stale etc) **to be ~** [meat] être mauvais or avancé or avarié; [milk] être tourné; [butter] être rance; [cheese] être trop fait.
 (e) (unsatisfactory etc) **it was a bit ~***, **him leaving like that** c'était plutôt moche* or exagéré de sa part de partir comme ça; **that's a bit ~!*** ce n'est pas très sympa!*; **I thought his performance was a bit ~** je ne l'ai pas trouvé très bon; **he was having an ~ day** il n'était pas en forme or en retard ce jour-là (V also **3a**).
 (f) (circumstances) **they are badly ~** (financially) ils sont dans la gêne; **we're badly ~ for sugar** nous sommes à court de sucre; **how are you ~ for bread?** qu'est-ce que vous avez comme pain?, qu'est-ce qu'il vous reste comme pain?; **he is better ~ where he is** il est mieux là où il est.
 (g) **I came on the ~ chance of seeing her** je suis venu avec l'espoir de la voir; **he bought it on the ~ chance that it would come in useful** il l'a acheté pour le cas où cela pourrait servir; **I did it on the ~ chance*** je l'ai fait à tout hasard or au cas où*; (US Pol) **~ year** année sans élections importantes.
 (h) (Brit) = **offside 2a.**

4 *n* (*: *beginning*) from the ∼* dès le départ.
5 *vi* (‡: *esp US: leave*) ficher le camp*.
6 *vt* (‡: *US: kill*) buter‡, tuer.

7 *cpd*: (*US Theat*) off-Broadway expérimental, hors Broadway; (*US Univ*) **off-campus** en dehors de l'université *or* du campus; **off-centre** (*gen*) désaxé, déséquilibré, décentré; *construction* en porte-à-faux; (*fig*) *assessment etc* pas tout à fait exact; **off-chance** *V* **off 3g**; (*Brit*) he's **off-colour** today il est mal fichu* *or* il n'est pas dans son assiette aujourd'hui; **an off-colour* story** une histoire osée *or* scabreuse; (*Phon*) **off-glide** métastase *f*; (*Mus*) **off-key** (*adj*) faux (*f* fausse); (*adv*) faux; (*Brit*) **off-licence** (*shop*) magasin *m* de vins et spiritueux; (*permit*) licence *f* (*permettant la vente de boissons alcoolisées à emporter*); (*US Mil*) **off-limits (to troops)** interdit (au personnel militaire); (*Comput*) **off-line** autonome; **off-load** (*vt*) *goods* décharger, débarquer; *passengers* débarquer; *task* passer (*on or onto sb* à qn); (*US Theat*) **off-off-Broadway** d'avant-garde, résolument expérimental; **off-peak** *V* **off-peak**; (*Ski*) **off-piste** (*adj, adv*) hors-piste; (*Brit*) **off-putting** *task* rebutant; *food* peu ragoûtant; *person, manner*, rébarbatif, peu engageant; (*Brit*) **off sales** débit *m* de boissons (à emporter); **off-season** (*adj*) hors-saison; (*n*) morte-saison *f*; in the off-season à la morte-saison; **off-street parking** stationnement *m* hors de la voie publique; **off-the-cuff** (*adj*) *remark* impromptu; *speech* impromptu, au pied levé (*V also* cuff); (*Brit*) **off-the-peg** prêt à porter, de confection (*V also* peg); (*US*) **off-the-rack** = off-the-peg (*V also* rack); **off-the-record** (*adj*) (*unofficial*) sans caractère officiel; (*secret*) confidentiel (*V also* record); (*Econ*) **off-the-shelf** *goods*, *item* immédiatement disponible; *purchase* direct dans le commerce (*V also* shelf); (*US*) **off-the-wall*** bizarre, dingue*; **off-white** (*adj*) blanc cassé *inv*; *V also* offbeat, offhand, offset, offshore *etc*.

offal ['ɒfəl] *n* (*U*) (*Culin*) abats *mpl* (*de boucherie*); (*garbage*) déchets *mpl*, ordures *fpl*, détritus *mpl*.

offbeat ['ɒfbiːt] **1** *adj* (a) (*gen*) *clothes, person, behaviour* excentrique, original.
(b) (*Mus*) à temps faible.
2 *n* (*Mus*) temps *m* faible.

offence, (*US*) **offense** [ə'fens] *n* (a) (*Jur*) délit *m* (*against* contre), infraction *f* (*against* à), violation *f* (*against* de); (*Rel etc: sin*) offense *f*, péché *m*. (*Jur etc*) it is an ∼ to do that il est contraire à la loi *or* il est illégal de faire cela; first ∼ premier délit; further ∼ récidive *f*; political ∼ *or* crime politique; capital ∼ crime capital; to commit an ∼ commettre un délit, commettre une infraction (à la loi); ∼ against common decency outrage *m* aux bonnes mœurs; he was charged with an ∼ against ... il a été inculpé d'avoir enfreint ...; ∼ against God offense faite à Dieu; (*fig*) it is an ∼ to the eye cela choque *or* offense la vue; *V* indictable *etc*.
(b) (*U: hurting of sb's feelings*) to give *or* cause ∼ to sb blesser *or* froisser *or* offenser qn; to take ∼ (at) se vexer (de), se froisser (de), s'offenser (de), s'offusquer (de); no ∼ taken! il n'y a pas de mal, il n'y a pas d'offense (*fig*); no ∼ meant! je ne voulais pas vous blesser *or* froisser; no ∼ meant but ... soit dit sans offense ...
(c) (*U: Mil: as opposed to defence*) attaque *f*. (*US Sport*) the ∼ les attaquants *mpl*; *V* weapon.

offend [ə'fend] **1** *vt person* blesser, froisser, offenser; *ears, eyes* offusquer, choquer; *reason* choquer, heurter, outrager. to be *or* become ∼ed (at) se vexer (de), se froisser (de), s'offenser (de), s'offusquer (de), se formaliser (de); she was ∼ed by *or* at my remark mon observation l'a blessée *or* froissée *or* offensée; you mustn't be ∼ed *or* don't be ∼ed if I say ... sans vouloir vous vexer, je dois dire ...; it ∼s my sense of justice cela va à l'encontre de *or* cela choque mon sens de la justice.
2 *vi* (*Jur etc*) commettre une infraction. (*gen*) he promised not to ∼ again il a promis de ne pas recommencer.
♦**offend against** *vt fus law, rule* enfreindre, violer; *good taste* offenser; *common sense* aller à l'encontre de, être une insulte *or* un outrage à.

offender [ə'fendə^r] *n* (a) (*lawbreaker*) délinquant(e) *m(f)*; (*against traffic regulations etc*) contrevenant(e) *m(f)*. (*Jur*) first ∼ délinquant(e) primaire; previous ∼ récidiviste *mf*; persistent *or* habitual ∼ récidiviste *mf* (invétéré(e)); ∼s against the parking regulations les contrevenants (aux règlements du stationnement); who left this book here? — I was the ∼ qui a laissé ce livre ici? — c'est moi le (*or* la) coupable.
(b) (*insulter*) offenseur *m*; (*aggressor*) agresseur *m*.

offense [ə'fens] *n* (*US*) = offence.

offensive [ə'fensɪv] **1** *adj* (a) (*shocking*) offensant, choquant; (*hurtful*) blessant; (*disgusting*) repoussant; (*insulting*) grossier, injurieux; (*rude, unpleasant*) déplaisant. to be ∼ to sb insulter *or* injurier qn; ∼ language propos choquants, grossièretés *fpl*; they found his behaviour very ∼ sa conduite les a profondément choqués.
(b) (*Mil etc*) *action, tactics* offensif. (*Jur*) ∼ weapon arme offensive.
2 *n* (*Mil: action, state*) offensive *f*. to be on the ∼ être en position d'attaque, avoir pris l'offensive; to go over to/take the ∼ passer à/prendre l'offensive; (*fig: Comm etc*) a sales/an advertising ∼ une offensive commerciale/publicitaire; *V* peace.

offensively [ə'fensɪvlɪ] *adv* (*V* offensive 1a) *behave* d'une manière offensante (*etc*); *say* d'une manière blessante *or* injurieuse, désagréablement.

offer ['ɒfə^r] **1** *n* (*also Comm*) offre *f* (*of* de, *for* pour, *to do* de faire), proposition *f* (*of* de); (*of marriage*) demande *f* (en mariage). to make a peace ∼ faire une proposition *or* offre de paix; make me an ∼! faites-moi une proposition! *or* offre!; I'm open to ∼s je suis disposé *or* prêt à recevoir des offres; it's my best ∼ c'est mon dernier mot;

∼s over/around £9,000 offres au-dessus/autour de 9.000 livres; (*in advertisement*) £5 or near(est) ∼ 5 livres à débattre; he's had a good ∼ for the house on lui a fait une offre avantageuse *or* une proposition intéressante pour la maison; (*lit, fig*) he made me an ∼ I couldn't refuse il m'a fait une offre que je ne pouvais pas refuser; (*Comm*) this brand is on ∼ cette marque est en promotion *or* en (vente-)réclame; (*Comm*) 'on ∼ this week', 'this week's special ∼' 'article(s) en promotion cette semaine'; (*Fin*) ∼ of cover promesse *f* de garantie.
2 *vt* (a) *job, gift, prayers* offrir (*to* à); *help, money* proposer (*to* à). to ∼ to do sth offrir *or* proposer de faire; he ∼ed me a sweet il m'a offert un bonbon; she ∼ed me her house for the week elle m'a proposé sa maison *or* elle a mis sa maison à ma disposition pour la semaine; to ∼ o.s. for a mission être volontaire *or* se proposer pour exécuter une mission; (*Rel*) to ∼ a sacrifice offrir un sacrifice, faire l'offrande d'un sacrifice; (*Mil*) to ∼ one's flank to the enemy présenter le flanc à l'ennemi.
(b) (*fig*) *apology, difficulty, opportunity, view* offrir, présenter; *remark, opinion* proposer, suggérer, émettre; *V* resistance.
3 *vi* [*opportunity etc*] s'offrir, se présenter.
♦**offer up** *vt sep* (*liter*) *prayers* offrir; *sacrifice etc* offrir, faire l'offrande de.

offeree [ɒfə'riː] *n* (*Jur, Fin*) destinataire *m* de l'offre.

offering ['ɒfərɪŋ] *n* (*act; also thing offered*) offre *f*, don *m*, offrande *f*; (*Rel*) offrande, sacrifice *m*; *V* burnt, peace, thank *etc*.

offeror ['ɒfərər] *n* (*Jur, Fin*) auteur *m* de l'offre, offrant *m*.

offertory ['ɒfətərɪ] *n* (*Rel*) (*part of service*) offertoire *m*, oblation *f*; (*collection*) quête *f*. ∼ box tronc *m*.

offhand [ɒf'hænd] **1** *adj* (*also* offhanded) (a) (*casual*) *manner* dégagé, désinvolte; *person* sans-gêne *inv*; *behaviour* sans-gêne *inv*, cavalier, désinvolte; *tone* cavalier, désinvolte.
(b) (*curt*) brusque.
2 *adv* spontanément. I can't say ∼ je ne peux pas vous le dire sur-le-champ *or* comme ça*.

offhanded [ɒf'hændɪd] *adj* = offhand 1.

offhandedly [ɒf'hændɪdlɪ] *adv* (*casually*) avec désinvolture, avec sans-gêne, cavalièrement; (*curtly*) avec brusquerie.

offhandedness [ɒf'hændɪdnɪs] *n* (*casualness*) désinvolture *f*, sans-gêne *m*; (*curtness*) brusquerie *f*.

office ['ɒfɪs] **1** *n* (a) (*place, room*) bureau *m*; (*part of organization*) service *m*. lawyer's ∼ étude *f* de notaire; (*US*) doctor's ∼ cabinet *m* (médical); our London ∼ notre siège *or* notre bureau de Londres; the sales ∼ le service des ventes; he works in an ∼ il travaille dans un bureau, il est employé de bureau; (*esp Brit*) [*house etc*] 'usual ∼s' 'cuisine, sanitaires'; *V* box office, foreign, head, home, newspaper *etc*.
(b) (*function*) charge *f*, fonction *f*, poste *m*; (*duty*) fonctions, devoir *m*. (*frm*) it is my ∼ to ensure ... j'ai charge d'assurer ..., il m'incombe d'assurer ...; he performs the ∼ of treasurer il fait fonction de trésorier; to be in ∼, to hold ∼ [*mayor, chairman*] occuper sa charge, remplir sa fonction, être en fonction; [*minister*] détenir *or* avoir un portefeuille; [*political party*] être au pouvoir *or* au gouvernement; to take ∼ [*chairman, mayor, minister*] entrer en fonction; [*political party*] arriver au *or* prendre le pouvoir; he took ∼ as prime minister in January il est entré dans ses fonctions de premier ministre au mois de janvier; to go out of ∼ [*mayor, chairman*] quitter ses fonctions; [*minister*] quitter le ministère, abandonner *or* perdre son portefeuille; [*political party*] perdre le pouvoir; public ∼ fonctions officielles; *V* jack, sweep.
(c) ∼s offices *mpl*, service(s) *m(pl)*, aide *f*; through his good ∼s par ses bons offices; through the ∼s of par l'entremise de; to offer one's good ∼s offrir ses bons offices.
(d) (*Rel*) office *m*. O∼ for the dead office funèbre *or* des morts; *V* divine[1] *etc*.
2 *cpd* *staff, furniture, work* de bureau. (*US*) **office attorney** avocat *m* (*qui prépare les dossiers*); **office automation** bureautique *f*; [*club, society*] **office bearer** membre *m* du bureau *or* comité directeur; (*Brit*) **office block** immeuble *m* de bureaux; **office boy** garçon *m* de bureau; **office building** = office block; **office hours** heures *fpl* de bureau; to work office hours avoir des heures de bureau; he's got an office job il travaille dans un bureau; **office holder** = office bearer; **office manager** directeur *m* de bureau; 'office space to let' 'bureaux *mpl* à louer'; **100 m² of office space** 100 m² de bureaux; **office-worker** employé(e) *m(f)* de bureau.

officer ['ɒfɪsə^r] **1** *n* (a) (*Aviat, Mil, Naut*) officier *m*. ∼'s mess mess *m*; (*Mil*) ∼ of the day officier *or* service *m* de jour; (*Naut*) ∼ of the watch officier de quart; *V* commission, man, petty *etc*.
(b) (*official*) [*company, institution, organization, club*] membre *m* du bureau *or* comité directeur. (*Admin, Jur*) the Committee shall elect its ∼s le comité désigne son bureau; (*Jur*) duly authorized ∼ représentant *m* dûment habilité; *V* local.
(c) police ∼ policier *m*; (*frm*) ∼ of the law fonctionnaire *m* de (la) police (*frm*); the ∼ in charge of the inquiry l'inspecteur chargé *or* le fonctionnaire de police chargé de l'enquête; (*to policeman*) yes ∼ oui monsieur l'agent.
2 *vt* (*Mil etc*) (*command*) commander; (*provide with* ∼s) pourvoir d'officiers *or* de cadres.

official [ə'fɪʃəl] **1** *adj* (*gen*) officiel; *language, style* administratif; *uniform* réglementaire. it's not yet ∼ ce n'est pas encore officiel; through ∼ channels par voie hiérarchique; (*Brit Fin*) O∼ Receiver séquestre *m*, syndic *m* de faillite; (*Brit*) the O∼ Secrets Act *loi relative aux secrets d'État.*
2 *n* (*gen, Sport etc: person in authority*) officiel *m*; [*civil service*] fonctionnaire *mf*; [*railways, post office etc*] employé(e) *m(f)*. the ∼ in charge of ... le (*or* la) responsable de ...; town hall ∼ employé(e)

de mairie; **local government** ~ ≃ fonctionnaire (de l'administration locale); **government** ~ fonctionnaire (de l'Administration); **an** ~ **of the Ministry** un représentant *or* personnage officiel du ministère; *V* **elect**.

officialdom [ə'fɪʃəldəm] *n* (*U*) administration *f*, bureaucratie *f* (*also pej*).

officialese [ə,fɪʃə'liːz] *n* (*U: pej*) jargon administratif.

officially [ə'fɪʃəlɪ] *adv* (**a**) (*gen*) officiellement; *announce, appoint, recognize* officiellement, à titre officiel. (*Post*) **'may be opened** ~' 'peut être ouvert d'office'.
  (**b**) (*in theory*) en théorie, en principe. ~, **he shouldn't do that** en théorie *or* en principe, il ne devrait pas faire cela.

officiate [ə'fɪʃɪeɪt] *vi* (**a**) (*Rel*) officier. **to** ~ **at a wedding** célébrer un mariage. (**b**) assister en sa capacité officielle (*at* à). **to** ~ **as** remplir *or* exercer les fonctions de.

officious [ə'fɪʃəs] *adj person, behaviour* trop empressé, trop zélé. **to be** ~ faire l'officieux *or* l'empressé.

officiously [ə'fɪʃəslɪ] *adv* avec un empressement *or* un zèle excessif.

officiousness [ə'fɪʃəsnɪs] *n* excès *m* d'empressement.

offing ['ɒfɪŋ] *n*: **in the** ~ (*Naut*) au large; (*fig*) en vue, en perspective.

off-peak [ɒf'piːk] (*Brit*) **1** *adj* (*gen*) *train, journey* aux heures creuses. (*Elec*) ~ **charges** tarif réduit (aux heures creuses); (*Elec*) ~ **heating** chauffage *m* par accumulation (*ne consommant d'électricité qu'aux heures creuses*); (*Comm, Rail, Traffic etc*) ~ **hours** heures *fpl* creuses; (*Rail etc*) ~ **ticket** billet au tarif réduit heures creuses.
  2 *adv* aux heures creuses.

offprint ['ɒfprɪnt] *n* (*Typ*) tirage *m or* tiré *m* à part. (*gen*) **I'll send you an** ~ **of my article** je vous enverrai une copie de mon article.

offset ['ɒfset] (*vb: pret, ptp* **offset**) **1** *n* (**a**) (*counterbalancing factor*) compensation *f*. **as an** ~ **to sth** pour compenser qch.
  (**b**) (*Typ*) (*process*) offset *m*; (*smudge etc*) maculage *m*.
  (**c**) (*Bot*) rejeton *m*; (*in pipe etc*) coude *m*, courbure *f*.
  2 *cpd*: (*Typ*) **offset lithography = offset printing**; **offset paper** papier *m* offset; **offset press** presse *f* offset; **offset printing** offset *m*.
  3 *vt* (**a**) (*counteract, compensate for*) contrebalancer, compenser.
  (**b**) (*weigh up*) **to** ~ **one factor against another** mettre en balance deux facteurs.
  (**c**) (*Typ*) (*print*) imprimer en offset; (*smudge*) maculer.

offshoot ['ɒfʃuːt] *n* [*plant, tree*] rejeton *m*; [*organization*] ramification *f*, antenne *f*; [*scheme, discussion, action*] conséquence *f*. **a firm with many** ~**s** une société aux nombreuses ramifications.

offshore [ɒf'ʃɔːr] *adj breeze* de terre; *island* proche du littoral; *waters* côtier, proche du littoral; *fishing* côtier. ~ **drilling** forage *m* en mer *or* marin; (*Fin*) ~ **fund** fond *d'investissement hors contrainte de législation d'un pays ou d'une zone monétaire*.

offside ['ɒf'saɪd] **1** *n* (**a**) (*Aut etc*) (*in Britain*) côté *m* droit; (*in France, US etc*) côté *m* gauche. (**b**) (*Sport*) hors-jeu *m inv*.
  2 *adj* (**a**) (*Aut etc*) (*in Britain*) de droite; (*in France, US etc*) de gauche.
  (**b**) (*Sport*) **to be** ~ être hors jeu; **the** ~ **rule** la règle du hors-jeu.

offspring ['ɒfsprɪŋ] *n* (*pl inv*) progéniture *f* (*U*); (*fig*) fruit *m*, résultat *m*. (*hum*) **how are your** ~?* comment va votre progéniture*?, comment vont vos rejetons* *mpl*?

offstage ['ɒf'steɪdʒ] *adv, adj* (*Theat*) dans les coulisses.

oft [ɒft] *adv* (*liter*) maintes fois, souvent. **many a time and** ~ maintes et maintes fois; ~-**times**†† souventes fois††.

often ['ɒfən] *adv* souvent, fréquemment, à maintes reprises. **very** ~ très souvent, bien des fois; **as** ~ **as he did** il toutes les fois qu'il l'a fait; **as** ~ **as not**, **more** ~ **than not** la plupart du temps, le plus souvent; **so** ~ si souvent, tant de fois; **every so** ~ (*in time*) de temps en temps, de temps à autre, parfois; (*in spacing, distance etc*) çà et là; **too** ~ trop souvent; **once too** ~ une fois de trop; **it cannot be said too** ~ **that ...** on ne dira *or* répétera jamais assez que ...; **how** ~ **have you seen her?** combien de fois l'avez-vous vue?; **how** ~ **do the boats leave?** les bateaux partent tous les combien?

ogival [əʊ'dʒaɪvəl] *adj* ogival, en ogive.

ogive ['əʊdʒaɪv] *n* ogive *f* (*Archit*).

ogle ['əʊgl] *vt* reluquer, lorgner.

ogre ['əʊgər] *n* ogre *m*.

ogress ['əʊgrɪs] *n* ogresse *f*.

OH (*US Post*) *abbr of* **Ohio**.

oh [əʊ] *excl* (**a**) ô!, oh!, ah! ~ **dear!** oh là là!, (oh) mon Dieu!; ~ **what a waste of time!** ah, quelle perte de temps!; ~ **for some fresh air!** si seulement on pouvait avoir un peu d'air frais!; ~ **to be in France!** que ne suis-je en France!; ~ **really?** non, c'est vrai?; **he's going with her**—~**is he!** il y va avec elle—(*surprise*) tiens, tiens!, vraiment! *or* (*interest or acceptance*) ah bon! *or* (*disapproval*) je vois! *or* (*denial*) on verra!; ~ **no you don't!** — ~ **yes I do!** ah mais non! — ah mais si! *or* oh que si!; ~, **just a minute ... euh**, une minute ....
  (**b**) (*cry of pain*) aïe!

Ohio [əʊ'haɪəʊ] *n* Ohio m. **in** ~ dans l'Ohio.

ohm [əʊm] *n* ohm *m*.

OHMS [əʊeɪtʃem'es] (*Brit*) *abbr of* **On His** *or* **Her Majesty's Service**; *V* **majesty**.

oil [ɔɪl] *n* (**a**) (*U: Geol, Ind etc*) pétrole *m*. **to find** *or* **strike** ~ trouver du pétrole; (*fig*) **to pour** ~ **on troubled waters** ramener le calme; *V* **crude**.
  (**b**) (*Art, Aut, Culin, Pharm etc*) huile *f*. **fried in** ~ frit à l'huile; **painted in** ~**s** peint à l'huile; (*Culin*) ~ **and vinegar (dressing)** vinaigrette *f*; ~ **of cloves** essence *f* de girofle; (*Aut*) **to check the** ~ vérifier le niveau d'huile; (*Aut*) **to change the** ~ faire la vidange;

to paint in ~**s** faire de la peinture à l'huile; **an** ~ **by Picasso** une huile de Picasso; *V* **hair, midnight**.
  2 *vt machine* graisser, lubrifier. (*fig*) **to** ~ **the wheels** *or* **works** mettre de l'huile dans les rouages; (*fig*) **to be well**-~**ed**‡ être beurré‡, être paf‡ *inv*; *V also* **oiled**, *and* **palm¹**.
  3 *cpd industry, shares* pétrolier; *prices, king, magnate, millionaire* du pétrole; *deposit* pétrolifère. **oil-based paint** peinture *f* glycérophtalique; **oil-burning** *lamp* à pétrole, à huile; *stove* (*paraffin*) à pétrole, (*fuel oil*) à mazout; *boiler* à mazout; **oilcake** tourteau *m* (*pour bétail*); **oilcan** (*for lubricating*) burette *f* d'huile *or* de graissage; (*for storage*) bidon *m* d'huile; (*Aut*) **oil change** vidange *f*; **oilcloth** toile cirée; **oil colour** peinture *f* à l'huile; **oil deposits** gisements *mpl* de pétrole; **oil drill** trépan *m*; **oilfield** gisement *m or* champ *m* pétrolifère; (*Aut*) **oil filter** filtre *m* à huile; (*Geol*) **oil find** découverte *f* de pétrole; **oil-fired** *boiler* à mazout; *central heating* au mazout; **oil gauge** jauge *f* de niveau d'huile *or* de pression d'huile; **the** ~ **industry** l'industrie *f* du pétrole, le secteur pétrolier; **oil installation** installation pétrolière; **oil lamp** lampe *f* à huile *or* à pétrole; (*Aut etc*) **oil level** niveau *m* d'huile; **oil men** pétroliers *mpl*; **oil paint** peinture *f* à l'huile; (*Art*) couleur *f* à l'huile; **oil painting** (*picture, occupation*) peinture *f* à l'huile; (*fig*) **she's no oil painting*** ce n'est vraiment pas une beauté; (*US Aut*) **oilpan** carter *m*; **oilpaper** papier huilé; **oil pipeline** oléoduc *m*, pipe-line *m*; **oil pollution** pollution *f* aux hydrocarbures; **oil pressure** pression *f* d'huile; **oil producers**, **oil-producing countries** pays *mpl* producteurs de pétrole; **oil refinery** raffinerie *f* (de pétrole); **oil rig** (*land*) derrick *m*; (*sea*) plate-forme pétrolière; **oil sheik** émir *m* du pétrole; **oilskin** (*U*) toile cirée; (*adj*) en toile cirée; (*Brit*: *clothes*) **oilskins** (*pl*) ciré *m*; **oil slick** nappe *f* de pétrole; (*on beach*) marée noire; (*Shipping, Road Transport etc*) **oil spill** déversement *m* accidentel de pétrole; **oilstone** pierre *f* à l'huile; **oil storage tank** (*Ind*) réservoir *m* de stockage de pétrole; (*for central heating*) cuve *f* à mazout; **oil stove** (*paraffin*) poêle à pétrole; (*fuel oil*) poêle à mazout; **oil tank** (*Ind*) réservoir *m* de stockage de pétrole; (*for central heating*) cuve *f* à mazout; **oil tanker** (*ship*) pétrolier *m*, tanker *m*; (*truck*) camion-citerne *m* (à pétrole); **oil terminal** port *m* d'arrivée *or* de départ pour le pétrole; **oil well** puits *m* de pétrole.

oiled [ɔɪld] *adj* (**a**) *cloth, paper* huilé.
  (**b**) (‡: *drunk*: *also* **well** ~) beurré‡, soûl*.

oiler ['ɔɪlər] *n* (**a**) (*ship*) pétrolier *m*; (*can*) burette *f* à huile *or* de graissage; (*person*) graisseur *m*. (**b**) (*US*: *clothes*) ~**s** (*pl*) ciré *m*.

oiliness ['ɔɪlɪnɪs] *n* [*liquid, consistency, stain*] aspect huileux; [*cooking, food*] aspect gras; (*fig pej*) [*manners, tone etc*] onction *f*.

oily ['ɔɪlɪ] *adj liquid, consistency* huileux; *stain* d'huile; *rag, clothes, hands* graisseux; *cooking, food* gras (*f* grasse); (*fig pej*) *manners, tone* onctueux, mielleux.

oink [ɔɪŋk] *vi* [*pig*] grogner.

ointment ['ɔɪntmənt] *n* onguent *m*, pommade *f*.

OK (*US Post*) *abbr of* **Oklahoma**.

O.K.* ['əʊ'keɪ] (*vb: pret, ptp* **O.K.'d**) **1** *excl* d'accord!, parfait!, O.K.! (*don't fuss*) ~, ~! ça va, ça va!
  2 *adj* (*agreed*) parfait, très bien; (*in order*) en règle; (*on draft etc as approval*) (lu et) approuvé. **everything's** ~ tout va bien, tout est en règle; **it's** ~ **by me** *or* **with me!** (je suis) d'accord!, ça me va!, OK!*; **is it** ~ **with you if I come too?** ça ne vous ennuie pas que je vous accompagne? (*subj*); **I'm coming too**, ~? je viens aussi, d'accord?; **I'm** ~ je vais bien, ça va (bien); **fortunately the car is** ~ (*undamaged*) heureusement la voiture est intacte; (*repaired etc*) heureusement la voiture marche *or* est en bon état; **this car is** ~ **but I prefer the other** cette voiture n'est pas mal mais je préfère l'autre; **it's the** ~ **thing to do these days** c'est ce qui se fait de nos jours.
  3 *vt* (*gen*) approuver; *document, draft* (*lit*) parafer *or* parapher; *plan* donner le feu vert à, approuver; (*fig*) approuver.
  4 *n*: **to give one's** ~ (*gen*) donner son accord *or* approbation (*to* à); **to give one's** ~ **to a plan** donner le feu vert à un projet.

okapi [əʊ'kɑːpɪ] *n* okapi *m*.

okay* ['əʊ'keɪ] = **O.K.***

okey-doke(y)‡ ['əʊkɪ'dəʊkɪ] *excl* d'ac*, OK*.

Okie ['əʊkiː] *n* (*US*) travailleur *m* agricole migrant.

Oklahoma [əʊklə'həʊmə] *n* Oklahoma m. **in** ~ dans l'Oklahoma.

okra ['əʊkrə] *n* gombo *m*, okra *m*.

old [əʊld] **1** *adj* (**a**) (*aged; not young*) vieux (*before vowel* vieil, *f* vieille), âgé. **an** ~ **man** un vieil homme, un vieillard, un vieux (†*or* *slightly pej*); **an** ~ **lady** (*gen*) une vieille dame; (*specifically unmarried*) une vieille demoiselle; **an** ~ **woman** une vieille femme, une vieille (†*or slightly pej*); (*pej*) **he's a real** ~ **woman** il a des manies de petite vieille; **a poor** ~ **man** un pauvre vieillard, un pauvre vieux; ~ **people**, ~ **folk**, ~ **folks*** personnes âgées, vieux *mpl*, vieillards *mpl*, vieilles gens; ~ **people's home**, ~ **folks' home** hospice *m* de vieillards; (*private or specific groups*) maison *f* de retraite; **he's as** ~ **as Methuselah** il est vieux comme Mathusalem; **to have an** ~ **head on young shoulders** être mûr pour son âge, faire preuve d'une maturité précoce; ~ **for his age** *or* **for his years** mûr pour son âge; **to be/grow** ~ **before one's time** être vieux/vieillir avant l'âge; **to grow** *or* **get** ~(**er**) vieillir, se faire vieux; **he's getting** ~ il vieillit, il se fait vieux, il prend de l'âge; **in his** ~ **age he ...** sur ses vieux jours *or* dans sa vieillesse il ... (*V also* **2**); **that dress is too** ~ **for you** cette robe fait trop vieux pour toi; ~ **Mr Smith** le vieux M. Smith; ~ **Smith***, ~ **man Smith**‡ le vieux Smith, le (vieux) père Smith*; *V also* **2** *and* **fogey, ripe, salt** *etc*.
  (**b**) (*fig) ~ **Paul here** ce bon vieux Paul; **he's a good** ~ **dog** c'est un brave (vieux) chien; **you** ~ **scoundrel!** sacré vieux!; **I say**, ~ **man** *or* ~ **fellow** *or* ~ **chap** *or* ~ **boy** dites donc mon vieux*; **my** *or* **the** ~ **man**‡ (*husband*) le patron‡; (*father*) le *or* mon paternel‡,

le *or* mon vieux‡; (*boss*) **the ~ man** le patron; **my** *or* **the ~ woman**‡ *or* **lady**‡ (*wife*) la patronne‡, ma bourgeoise*; (*mother*) la *or* ma maternelle‡, la *or* ma vieille‡; *V* **Harry** *etc.*

(**c**) (*of specified age*) **how ~ are you?** quel âge avez-vous?; **he is 10 years ~** il a 10 ans, il est âgé de 10 ans; **at 10 years ~** à (l'âge de) 10 ans; **a 6-year-~** boy, a boy (of) 6 years ~ un garçon de 6 ans; **a 3-year-~** (*child*) un(e) enfant de 3 ans; (*horse*) un (cheval de) 3 ans; **the firm is 80 years ~** la compagnie a 80 ans; **he is ~ enough to dress himself** il est assez grand pour s'habiller tout seul; **they are ~ enough to vote** ils sont en âge de *or* d'âge à voter; **you're ~ enough to know better!** à ton âge tu devrais avoir plus de bon sens!; **too ~ for that sort of work** trop âgé pour ce genre de travail; **I didn't know he was as ~ as** that je ne savais pas qu'il avait cet âge-là; **if I live to be as ~ as** that si je vis jusqu'à cet âge-là; (*to child*) **when you're ~er** quand tu seras plus grand; **if I were ~er** si j'étais plus âgé; **if I were 10 years ~er** si j'avais 10 ans de plus; **he is ~er than you** il est plus âgé que toi; **~er than you** il a 6 ans de plus que toi; **~er brother/son** frère/fils aîné; **his ~est son** son fils aîné; **she's the ~est** elle est *or* c'est elle la plus âgée, elle est l'aînée; **the ~er generation** la génération antérieure.

(**d**) (*not new*) gold, clothes, custom, carrots, bread, moon vieux (*before vowel*) vieil, *f* vieille); building, furniture, debt vieux, ancien (*after n*); (*of long standing*) vieux, ancien (*after n*), établi (depuis longtemps). **an ~ staircase** un vieil escalier, un escalier ancien; **~ wine** vin vieux; **that's an ~ one!** *story etc* elle n'est pas nouvelle!, elle est connue!; *[trick etc]* ce n'est pas nouveau!; **as ~ as the hills** vieux comme le monde *or* comme les chemins; **it's as ~ as Adam** c'est vieux comme le monde, ça remonte au déluge; **the ~ part of Nice** le vieux Nice; **we're ~ friends** nous sommes de vieux amis *or* des amis de longue date; **an ~ family** une vieille famille, une famille de vieille souche; *V also* **2** *and* **brigade, hand, lag**[3], **school**[1] *etc.*

(**e**) (*former*) school, mayor, home ancien (*before n*). (*Brit Scol*) **~ boy** ancien élève (*V also* **2**); (*Brit Scol*) **~ girl** ancienne élève; **in the ~ days** dans le temps, autrefois, jadis; **in the good ~ days** *or* **times** dans le bon vieux temps; **those were the good ~ days** c'était vraiment le bon temps; **this is the ~ way of doing** it on s'y prenait comme cela autrefois; (*Mil*) **~ campaigner** vétéran *m*; *V also* **2** *and* **school**[1], **soldier** *etc.*

(**f**) (*: as intensifier*) **any ~ how/where** *etc* n'importe comment/où *etc*; **any ~ thing** n'importe quoi; **we had a great ~ time** on s'est vraiment bien amusé; (*fig*) **it's the same ~ story** c'est toujours la même histoire.

2 *cpd*: **old age** vieillesse *f*; **in his old age** dans sa vieillesse, sur ses vieux jours; **old age pension** pension *f* vieillesse (*de la Sécurité sociale*); (*Brit*) **old age pensioner** retraité(e) *m(f)*; (*Brit Jur*) **Old Bailey** cour *f* d'assises de Londres; (*Brit*) **the old boy network*** *le réseau de relations des anciens élèves des écoles privées*; **he heard of it through the old boy network** il en a entendu parler par ses relations de privilégié; **old-clothes dealer** fripier *m*, -ière *f*; **the old country** la mère patrie; (*US*) **the Old Dominion** la Virginie; (*Ling*) **Old English** vieil anglais; **Old English sheepdog** ≃ briard *m*; **old-established** ancien (*after n*), établi (depuis longtemps); **old-fashioned** *V* old-fashioned; (*Ling*) **Old French** ancien *or* vieux français; (*US*) **Old Glory** la Bannière étoilée (*drapeau m des Etats-Unis*); (*colour*) **old gold** vieil or *inv*; (*fig*) **old hat** *V* hat **1**; **oldish** *V* oldish; (*Pol etc*) **old-line** ultra(-conservateur (*f*-trice)), ultra-traditionaliste; **old-looking** qui a l'air vieux; (*pej*) **old maid** vieille fille; (*pej*) **old-maidish** habits de vieille fille; *person* maniaque (comme une vieille fille); (*US*) **Old Man River** le Mississippi; (*Art*) **old master** (*artist*) grand peintre, grand maître (de la peinture); (*painting*) tableau *m* de maître; (*US*) **old money** vieilles fortunes; (*Brit*) **old school tie** (*lit*) cravate *f* aux couleurs de son ancienne école; (*fig*) favoritisme *m* de clan, piston *m*; (*fig*) **it's the old school tie** c'est l'art de faire marcher ses relations; (*US Hist*) **the Old South** le sud d'autrefois (*d'avant la guerre de Sécession*); **old stager** vétéran *m*, vieux routier; **oldster** *V* oldster; **old-style** à l'ancienne (mode); **old-style calendar** calendrier julien, vieux calendrier; **Old Testament** Ancien Testament; **old-time** du temps jadis, (*older*) ancien (*before n*); **old-time dancing** danses d'autrefois; **old-timer*** vieillard *m*, ancien *m*; (*US slang*) (*act of address*) le vieux, l'ancien; **old wives' tale** conte *m* de bonne femme; (*pej*) **old-womanish** *person* qui a des manies de petite vieille; *behaviour, remark* de petite vieille; **the Old World** l'ancien monde; **old-world** *V* old-world.

3 *n* (**a**) **the ~** les vieux *mpl*, les vieillards *mpl*, les vieilles gens. **it will appeal to ~ and young (alike)** cela plaira aux vieux comme aux jeunes, cela plaira à tous les âges.

(**b**) (*in days*) **of ~** autrefois, (au temps) jadis; **the men of ~** les hommes d'antan (*liter*) *or* de jadis; **I know him of ~** je le connais depuis longtemps.

olden [ˈəʊldən] *adj* (*liter*) vieux (*before vowel* vieil, *f* vieille), d'autrefois, de jadis. **in ~ times** *or* **days** (au temps) jadis, autrefois; **city of ~ times** ville *f* antique.

olde-worlde [ˈəʊldɪˈwɜːldɪ] *adj* (*hum or pej*) (**a**) = old-world. (**b**) (*pseudo*) vieillot (*f* -otte), faussement ancien (*after n*).

old-fashioned [ˈəʊldˈfæʃnd] **1** *adj* (**a**) (*old, from past times*) attitude, idea, outlook ancien (*after n*), d'autrefois; clothes, furniture, tools à l'ancienne mode, d'autrefois. **in the ~ way** à la manière ancienne; (*fig*) **she is a good ~ kind of teacher** c'est un professeur de la vieille école *or* comme on n'en trouve plus; (*fig*) **good ~ discipline** la bonne discipline d'autrefois; (*fig*) **to give sb/sth an ~ look*** regarder qn/qch de travers.

(**b**) (*out-of-date*) démodé, passé de mode, suranné; *person, attitude* vieux jeu *inv*. **I may be ~, but ...** vous allez me dire que je suis vieux jeu, mais ... , je suis peut-être vieux jeu mais ... .

2 *n* (*US : cocktail*) old-fashioned *m* (*cocktail à base de whisky*).

oldie* [ˈəʊldɪ] *n* (*film, song*) vieux succès*; (*person*) croulant(e)* *m(f)*; *V* **golden**.

oldish* [ˈəʊldɪʃ] *adj* (*V* old) assez vieux (*before vowel* vieil, *f* vieille), assez ancien (*after n*).

oldster* [ˈəʊldstər] *n* (*US*) ancien *m*, vieillard *m*.

old-world [ˈəʊldˈwɜːld] *adj* village, cottage très vieux (*f* vieille) et pittoresque; *charm* suranné, désuet (*f* -ète); (*from past times*) d'antan, d'autrefois; (*outdated*) démodé, suranné, désuet. **with ~ lettering** avec une inscription archaïque; **an ~ interior** un intérieur de style antique; **Stratford is very ~** Stratford fait très petite ville d'antan.

ole‡ [əʊl] *adj* (*esp US : often hum*) = old.

oleaginous [ˌəʊlɪˈædʒɪnəs] *adj* oléagineux.

oleander [ˌəʊlɪˈændər] *n* laurier-rose *m*.

olefine [ˈəʊlɪfiːn] *n* oléfine *f*.

oleo... [ˈəʊlɪəʊ] *pref* olé(i)..., olé(o)... .

oleo* [ˈəʊlɪəʊ] *n* (*US*) *abbr* of **oleomargarine**.

oleomargarine [ˈəʊlɪəʊˈmɑːdʒəriːn] *n* (*US*) margarine *f*.

olfactory [ɒlˈfæktəri] *adj* olfactif.

oligarchic(al) [ˌɒlɪˈgɑːkɪk(əl)] *adj* oligarchique.

oligarchy [ˈɒlɪɡɑːki] *n* oligarchie *f*.

Oligocene [ˈɒlɪɡəʊsiːn] *adj, n* oligocène (*m*).

olive [ˈɒlɪv] **1** *n* olive *f*; (*also* **~ tree**) olivier *m*; (*also* **~ wood**) (bois *m* d')olivier; (*colour*) (vert *m*) olive *m*; *V* **mount** *etc*.

2 *adj* (*also* **~-coloured**) paint, cloth (vert) olive *inv*; complexion, skin olivâtre.

3 *cpd*: (*fig*) **to hold out the olive branch to sb** se présenter à qn le rameau d'olivier à la main; (*US*) **olive drab** (*adj*) gris-vert (olive) *inv*; (*n*) toile *f* de couleur gris-vert (olive) (*utilisée pour les uniformes de l'armée des U.S.A.*); **olive-green** (*adj*) vert olive *inv*; (*n*) vert *m* olive; **olive grove** olivaie *f or* oliveraie *f*; **olive oil** huile *f* d'olive.

Oliver [ˈɒlɪvər] *n* Olivier *m*.

Olympia [əˈlɪmpɪə] *n* (**a**) (*in Greece*) Olympie *f*.

(**b**) (*Brit*) nom du palais des expositions de Londres.

Olympiad [əʊˈlɪmpɪæd] *n* olympiade *f*.

Olympian [əʊˈlɪmpɪən] **1** *adj* (*Myth, fig*) olympien. **2** *n* (*Myth*) dieu *m* de l'Olympe, Olympien *m*; (*US Sport*) athlète *mf* olympique.

Olympic [əʊˈlɪmpɪk] **1** *adj* champion, medal, stadium olympique. **~ flame** flambeau *m or* flamme *f* olympique; **~ Games** Jeux *mpl* olympiques; **~ torch** flambeau *m or* torche *f* olympique. **2** *n*: **the ~s** les Jeux *mpl* olympiques.

Olympus [əʊˈlɪmpəs] *n* (*Geog, Myth* also **Mount ~**) le mont Olympe, l'Olympe *m*.

OM [əʊˈem] (*Brit*) *abbr* of **Order of Merit**; *V* **order**.

Oman [əʊˈmɑːn] *n* : (**the Sultanate of ~**)Oman *m*.

Omani [əʊˈmɑːnɪ] **1** *n* Omanais(e) *m* (*f*). **2** *adj* omanais.

Omar Khayyám [ˈəʊmɑːˈkaɪˈɑːm] *n* Omar Khayam *m*.

ombudsman [ˈɒmbʊdzmən] *n* médiateur *m* (*Admin*), protecteur *m* du citoyen (*Can*).

omega [ˈəʊmɪɡə] *n* oméga *m*.

omelet(te) [ˈɒmlɪt] *n* omelette *f*. **cheese ~** omelette au fromage; (*Prov*) **you can't make an ~ without breaking eggs** on ne fait pas d'omelette sans casser les œufs (*Prov*).

omen [ˈəʊmen] **1** *n* présage *m*, augure *m*, auspice *m*. **it is a good ~ that ...** il est de bon augure *or* c'est un bon présage que ... + *subj*; **of ill** *or* **bad ~** de mauvais augure *or* présage; *V* **bird**. **2** *vt* présager, augurer.

omentum [əʊˈmentəm] *n* épiploon *m*. **lesser/greater ~** petit/grand épiploon.

ominous [ˈɒmɪnəs] *adj* event, appearance de mauvais augure, de sinistre présage; look, tone, cloud, voice menaçant; sound sinistre; sign (très) inquiétant, alarmant. **the silence was ~** le silence ne présageait rien de bon, (*stronger*) le silence était lourd de menaces; **that's ~!** c'est de bien mauvais augure!

ominously [ˈɒmɪnəslɪ] *adv* (*gen*) change, approach etc sinistrement; (*threateningly*) speak, say d'un ton menaçant. **he was ~ silent** son silence ne présageait rien de bon; **it was ~ similar to ...** cela ressemblait de façon fort inquiétante à ... *or* dangereusement à ... it's ~ like ... j'ai bien peur que ce soit ... .

omission [əʊˈmɪʃən] *n* (*thing omitted*) omission *f*, lacune *f*; (*Typ: word(s) omitted*) bourdon *m*; (*act of omitting*) omission, oubli *m*. **it was an ~ on my part** c'est un oubli de ma part; *V* **sin**.

omit [əʊˈmɪt] *vt* (*accidentally*) omettre, oublier (*to do* de faire); (*deliberately*) omettre, négliger (*to do* de faire). **to ~ any reference to sth** passer qch sous silence.

omni... [ˈɒmnɪ] *pref* omni... .

omnibus [ˈɒmnɪbəs] **1** *n* (**a**) (†: *bus*) omnibus† *m*. (**b**) (*book*) recueil *m*. **2** *adj* device à usage multiple. (*US Pol*) **~ bill** projet *m* de loi qui comprend plusieurs mesures; (*Publishing*) **~ edition** gros recueil *m*.

omnidirectional [ˌɒmnɪdɪˈrekʃənl] *adj* omnidirectionnel.

omnipotence [ɒmˈnɪpətəns] *n* omnipotence *f*, toute-puissance *f*.

omnipotent [ɒmˈnɪpətənt] **1** *adj* omnipotent, tout-puissant. **2** *n*: **the O~** le Tout-Puissant.

omnipresence [ˈɒmnɪˈprezəns] *n* omniprésence *f*.

omnipresent [ˈɒmnɪˈprezənt] *adj* omniprésent.

omniscience [ɒmˈnɪsɪəns] *n* omniscience *f*.

omniscient [ɒmˈnɪsɪənt] *adj* omniscient.

omnivore [ˈɒmnɪvɔːr] *n* omnivore *m*.

omnivorous [ɒmˈnɪvərəs] *adj* omnivore; (*fig*) reader insatiable.

on [ɒn] (*phr vb elem*) **1** *adv* (**a**) (*indicating idea of covering*) he had his coat ~ il avait mis son manteau; **~ with your pyjamas!** allez, mets ton pyjama!; **she had nothing ~** elle était toute nue (*V also* **1d**); **what had he got ~?** qu'est-ce qu'il portait?; **the lid is ~** le couvercle est mis; **it was not ~ properly** cela avait été mal mis; *V* **glove, put** *on*, **shoe, try** *on etc*.

(b) *(indicating forward movement)* ~! en avant!; **he put/threw it ~ to the table** il l'a mis/jeté sur la table; **he climbed (up) ~ to the wall** il a grimpé sur le mur; **from that time ~** à partir de ce moment-là; **it was getting ~ for 2 o'clock** il n'était pas loin de 2 heures; **it was well ~ in the night** la nuit était bien avancée, il était tard dans la nuit; **well ~ in September** bien avant dans le mois de septembre; **it was well ~ into September** septembre était déjà bien avancé; *V* **broadside, farther, pass on, year** *etc.*

(c) *(indicating continuation)* **go ~ with your work** continuez votre travail; **let's drive ~ a bit** continuons un peu *(en voiture)*; **and so ~** et ainsi de suite; **life must go ~** la vie continue; **they talked ~ and ~ for hours** ils ont parlé sans discontinuer *or* sans arrêt pendant des heures; *V* **off, keep on, read on, show** *etc.*

(d) *(phrases)* **I've nothing ~ this evening** *(I'm free)* je ne suis pas pris *or* je n'ai rien ce soir *(V also* **la**); **he's got a lot ~ now** il est très pris en ce moment; **he is always ~ at me*** il est toujours après moi*; **I don't know what you're ~ about*** je ne vois pas ce que tu veux dire, je ne comprends pas ce que tu racontes*; **I'll get ~ to him tomorrow** je vais me mettre en rapport avec lui demain; **he's been ~ to me about the broken window** il m'a déjà parlé du carreau cassé; **I've been ~ to him on the phone** je lui ai parlé *or* je l'ai eu au téléphone; **I'm ~ to something** je suis sur une piste intéressante; **the police are ~ to him** la police est sur sa piste; **he was ~ to it at last** *(had found it)* il l'avait enfin trouvé *or* découvert; *(had understood)* il l'avait enfin compris *or* saisi; **he's ~ to a good thing** il a trouvé un filon*; **she's ~ to the fact that we met yesterday** elle sait que nous nous sommes vus hier.

2 *prep* (a) *(gen)* sur; *(indicating position, direction)* sur, à *etc.* ~ **the table** sur la table; ~ **an island** sur une île; ~ **the island of ...** dans l'île de ...; *(with names of islands)* ~ **Rockall/Elba** *etc.* à Rockall/Elbe *etc.*; ~ **the continent of ...** sur le continent de ...; ~ **the high seas** en haute *or* pleine mer; **with sandals ~ her feet** des sandales aux pieds; **with a coat ~** his arm un manteau sur le bras; **with a ring ~ her finger** une bague au doigt; **the ring ~ her finger** la bague qu'elle avait au doigt; **the finger with the ring ~** it le doigt avec la bague; **look at the book — there's a fly ~** it regarde le livre — il y a une mouche dessus; **I have no money ~ me** je n'ai pas d'argent sur moi; **they advanced ~ the fort** ils avancèrent sur le fort; **he turned his back ~ us** il nous a tourné le dos; ~ **the right** à droite; ~ **the blackboard/wall/ceiling** au tableau/mur/plafond; **he hung his hat ~ the nail** il a suspendu son chapeau au clou; **house ~ the main road** maison sur la grand-route *or* au bord de la grand-route; ~ **the road/motorway/pavement** sur la route/l'autoroute/le trottoir; *(US)* **I live ~ Main Street** j'habite Main Street; **a house ~ North Street** une maison dans North Street.

(b) *(fig)* **he swore it ~ the Bible** il l'a juré sur la Bible; **an attack ~ the government** une attaque contre le gouvernement; **let's have a drink ~ it** on va boire un coup* pour fêter ça; **they shook hands ~** it ils se sont serré la main en signe d'accord; **he was travelling ~ a passport/a ticket which ...** il voyageait avec un passport/un billet qui ...; **he's got nothing ~ Paul*** *(not as good as)* Paul pourrait lui en remontrer n'importe quand; *(no hold over)* il n'a pas barre *or* de prise sur Paul.

(c) *(Mus)* **he played it ~ the violin** *etc.*/~ **his violin** *etc.* il l'a joué au violon *etc.*/sur son violon *etc.*; **he played ~ the violin** *etc.* il jouait du violon *etc.*; **with Louis Armstrong ~ the trumpet** avec Louis Armstrong à la trompette.

(d) *(Rad, TV)* *(gen)* à; *(+ name of channel)* sur. ~ **Radio 3/ Channel 4** *etc.* sur Radio 3/Channel 4 *etc.*; ~ **the radio/TV** à la radio/ la télé*; ~ **the BBC** à la BBC; **you're ~** the air vous êtes en direct.

(e) *(indicating source of energy)* à. **the heating works ~** oil le chauffage marche au mazout; **the car runs ~ diesel** la voiture marche au gazoil.

(f) *(indicating source of funds etc)* **he's ~ £9,000 a year** il gagne 9.000 livres par an; **a student ~ a grant** un (étudiant) boursier; **to be ~ a grant** avoir une bourse; **to be ~ the dole/sick pay** *etc.* percevoir *or* toucher* les allocations chômage/maladie *etc.*; **customer ~ a tight budget** client au budget très limité.

(g) *(taking, using etc)* **to be ~ pills** prendre des pillules; **to be ~ drugs** se droguer; **he's ~ heroin** il se drogue à l'héroïne; **I'm back ~ cigarettes** je me suis remis à fumer; **he's ~ a special diet** il suit un régime (spécial); **the doctor put her ~ antibiotics** le médecin l'a mise sous *or* aux antibiotiques.

(h) *(indicating means of travel)* ~ **the train/bus/plane** dans le train/l'autobus/l'avion; ~ **the boat** dans *or* sur le bateau; **I left my handbag ~** it j'y ai laissé mon sac; *V* **foot, horse** *etc.*

(i) *(in expressions of time)* ~ **Sunday** dimanche; ~ **Sundays** le dimanche; ~ **December 1st** le 1er décembre; ~ **the evening of December 3rd** le 3 décembre au soir; ~ **or about the 20th** vers le 20; ~ **or before November 9th** le 9 novembre au plus tard; ~ **and after the 20th** à partir *or* à dater du 20; ~ **Easter Day** le jour de Pâques; **it's just ~ 5 o'clock** il est bientôt *or* il va être 5 heures; *V* **clear, day, occasion** *etc.*

(j) *(at the time etc of)* ~ **my arrival home** à mon arrivée chez moi; ~ **the death of his son** à la mort de son fils; ~ **my refusal to go away** lorsque j'ai refusé de partir; ~ **hearing this** en entendant cela; *V* **application, production, receipt** *etc.*

(k) *(about, concerning)* sur, de. **he lectures ~ Dante** il fait un cours sur Dante; **a book ~ grammar** un livre de grammaire; *(in library etc)* **what have you got ~ the Ancient Greeks?** qu'avez-vous sur les anciens Grecs?; **an essay ~ this subject** une dissertation sur ce sujet; **he spoke ~ atomic energy** il a parlé de l'énergie atomique; **have you heard him ~ V.A.T.?** l'avez-vous entendu parler de la T.V.A.?; **we've read Jones ~ Marx** nous avons lu ce que Jones a écrit sur Marx; **a decision ~ this project** une décision concernant ce projet; *V* **congratulate, keen¹** *etc.*

(l) *(indicating membership)* **to be ~ the team/committee** faire partie de l'équipe/du comité, être (membre) de l'équipe/du comité; **he is ~ the 'Evening News'** il est *or* travaille à l' 'Evening News'; *V* **side, staff** *etc.*

(m) *(engaged upon)* **he's ~ a course** il suit un cours; **I'm ~ a new project** je travaille à un nouveau projet; **he was away ~ an errand** il était parti faire une course; **we're ~ irregular verbs** nous en sommes aux verbes irréguliers; **while we're ~ the subject** pendant que nous y sommes; *V* **business, holiday, tour** *etc.*

(n) *(at the expense of)* **we had a drink ~ the house** nous avons bu un verre aux frais du patron *or* de la maison; **this round's ~ me** c'est ma tournée, c'est moi qui paie cette tournée; **have the ticket ~ me** je vous paie le billet.

(o) *(as against)* **prices are up/down ~ last year's** les prix sont en hausse/en baisse par rapport à *or* sur (ceux de) l'année dernière.

(p) *(Sport etc: in scoring)* avec. **Smith is second ~ 21, but Jones is top ~ 23** Smith est second avec 21, mais Jones le bat avec 23 points.

3 *adj* (a) *(functioning, operative)* **to be ~** *[machine, engine]* être en marche; *[light]* être allumé; *[radio, TV]* être allumé *or* branché, marcher; *[brakes]* être serré *or* mis; *[electrical apparatus, gas at main, electricity, water]* être branché; *[water tap, gas tap]* être ouvert. *(at cooker etc: burning)* **the gas is still ~** le gaz est encore allumé; **leave the tap ~** laisse le robinet ouvert; **don't leave the lights ~ in the kitchen** ne laisse pas la cuisine allumée; **the '~' switch** la commande *or* le bouton 'marche'; **switch in the '~' position** bouton *m* en position de marche *or* sur la position 'ouvert'.

(b) *(taking place etc)* *[meeting, programme, concert]* **to be ~** être en train *or* en cours; **while the meeting** *(etc)* **was ~** pendant la réunion *(etc)*; **the show is ~ already** le spectacle a déjà commencé; *[play, concert etc]* **it's still ~** ce n'est pas fini, ça dure encore; **their engagement is ~ again** ils sont à nouveau fiancés.

(c) *(being presented etc)* **it's ~ in London** *[play]* cela se joue *or* cela se donne *or* cela est à l'affiche à Londres; *[film]* cela passe *or* cela est à l'affiche à Londres; **it's ~ at the Odeon** *[play]* cela se donne à l'Odéon; *[film]* cela passe à l'Odéon; *[play, film]* **it's still ~** cela se donne *or* se joue toujours; **what's ~?** *(Cine, Theat etc)* qu'est-ce qu'on joue?; *(Rad/TV: what is there?)* qu'est-ce qu'il y a à la radio/à la télé?; *(Rad, TV)* **'Dynasty'/Dirk Bogarde is ~ tonight** il y a 'Dynastie'/Dirk Bogarde ce soir; *(Rad, TV, Theat)* **you're ~ now!** tu es maintenant)!; **she's not on till 6 o'clock** elle n'arrive qu' à 6 heures.

(d) *(on duty)* **I'm ~ every Saturday** je travaille tous les samedis; **which doctor is ~ today?** quel médecin est de garde aujourd'hui?

(e) *(available: in restaurant etc)* **are the cutlets still ~?** y a-t-il encore des côtelettes?

(f) *(satisfactory etc)* **it's not ~*** *(behaviour etc)* cela ne se fait pas; *(refusing)* (il n'en est) pas question!; **it wasn't one of his ~ days*** il n'était pas en forme *or* en train ce jour-là.

(g) *(indicating agreement)* **you're ~!*** d'accord!, ça marche!; **we're going out — are you ~?*** nous sortons — vous venez (avec nous)?

4 *cpd:* *(US Univ)* **on-campus** *(adj)* sur le campus, à l'université; *(Brit Comm)* **on-costs** frais *mpl* généraux; *(Phon)* **on-glide** catastase *f;* *(Comput)* **on-line** en ligne; **on-off switch** commande *f* marche-arrêt; *[relationship, plan etc]* **it's an on-off affair*** c'est une affaire en dents de scie; **on-site** *(adj)* sur place; *V also* **oncoming, onlooker, onslaught** *etc.*

onanism ['əʊnənɪzəm] *n* onanisme *m.*

ONC [əʊen'siː] *n (Brit Educ) abbr of* **Ordinary National Certificate;** *V* **ordinary.**

once [wʌns] **1** *adv* (a) *(on one occasion)* une fois. **only ~, ~ only** une seule fois; ~ **before** une fois déjà; ~ **again,** ~ **more** encore une fois, une fois de plus; ~ **(and) for all** une fois pour toutes, une bonne fois, définitivement; ~ **a week** tous les huit jours, une fois par semaine; ~ **a month** une fois par mois; ~ **and again,** ~ **in a while,** ~ **in a way** de temps en temps, de temps à autre; **more than** ~ plus d'une fois, à plusieurs reprises, plusieurs fois; ~ **or twice** une fois ou deux, une ou deux fois; **for ~** pour une fois; **(just) this** ~ (juste) pour cette fois(-ci), (juste) pour une fois; **not ~, never ~** pas une seule fois; **once, long ago ...** une fois *or* un jour, il y a bien longtemps (de cela); **I ~ saw him go in there** une fois je l'ai vu entrer là-bas; ~ **punished, he ...** une fois puni, il ...; **if ~ you begin to hesitate** si jamais vous commencez à hésiter; ~ **is enough** une fois suffit, une fois c'est suffisant; ~ **a journalist always a journalist** qui a été journaliste le reste toute sa vie; *V* **thief** *etc.*

(b) *(formerly)* jadis, autrefois, une fois, à un moment donné. **he was ~ famous** il était jadis *or* autrefois *or* à un moment donné bien connu; ~ **upon a time there was a prince** il y avait une fois *or* il était une fois un prince; **a ~ powerful nation** une nation puissante dans le passé, une nation jadis *or* autrefois puissante.

(c) **at ~** *(immediately)* tout de suite, immédiatement; *(simultaneously)* à la fois, d'un seul coup; **all at ~** *(suddenly)* tout à coup, tout d'un coup, soudain, soudainement; *(simultaneously)* à la fois.

2 *conj* une fois que. ~ **she'd seen him she left** l'ayant vu *or* après l'avoir vu *or* une fois qu'elle l'eut vu elle s'en alla; ~ **you give him the chance** si jamais on lui en donne l'occasion.

3 *cpd:* (‡: *quick look)* **to give sb the once-over** jauger qn d'un coup d'œil; **to give sth the once-over** vérifier qch très rapidement *or* d'un coup d'œil; (‡: *quick clean)* **I gave the room the once-over with the duster** j'ai donné *or* passé un coup (de chiffon *or* de torchon) à la pièce.

oncology [ɒŋ'kɒlədʒɪ] *n* oncologie *f.*

oncologist [ɒŋ'kɒlədʒɪst] *n* oncologiste *mf.*

oncoming ['ɒnkʌmɪŋ] **1** *adj* car *etc* qui approche, qui arrive, venant en sens inverse; *danger* imminent.

2 *n [winter etc]* approche *f,* arrivée *f.*

OND [əʊen'di:] n (Brit Educ) abbr of Ordinary National Diploma; V ordinary.

one [wʌn] **1** adj **(a)** (numerical) un, une. ~ **woman out of** or **in two** une femme sur deux; ~ **or two people** une ou deux personnes; ~ **girl was pretty, the other was ugly** une des filles était jolie, l'autre était laide; ~ **hundred and twenty** cent vingt; **God is** ~ Dieu est un; **that's** ~ **way of doing it** c'est une façon (entre autres) de le faire, on peut aussi le faire comme ça; **she is** ~ **(year old)** elle a un an; **it's** ~ **o'clock** il est une heure; **for** ~ **thing I've got no money** d'abord or pour commencer je n'ai pas d'argent; **as** ~ **man** comme un seul homme; **with** ~ **voice** d'une seule voix.
(b) (indefinite) un, une. ~ **day** un jour; ~ **Sunday morning** un (certain) dimanche matin; ~ **hot summer afternoon she went ...** par un chaud après-midi d'été elle partit ...; ~ **moment she's laughing, the next she's in tears** une minute elle rit, l'autre elle pleure.
(c) (sole) (un(e)) seul(e), unique. **the** ~ **man who could do it** le seul qui pourrait or puisse le faire; **no** ~ **man** could do it un homme ne pourrait pas le faire (à lui) seul; **my** ~ **and only pleasure** mon seul et unique plaisir; **the** ~ **and only Charlie Chaplin!** le seul, l'unique Charlot!
(d) (same) (le) même, identique. **they all went in the** ~ **car** ils sont tous partis dans la même voiture; **they are** ~ **(and the same) person** ils sont une seule et même personne; **it's** ~ **and the same thing** c'est exactement la même chose.
2 n **(a)** (numeral) un(e) m(f). ~, **two, three** un(e), deux, trois; **twenty-**~ vingt et un; **there are three** ~**s in her phone number** il y a trois uns dans son numéro de téléphone; ~ **of them** (people) l'un d'eux, l'une d'elles; (things) (l')un, (l')une; **any** ~ **of them** (people) n'importe lequel d'entre eux, n'importe laquelle d'entre elles; (things) n'importe lequel, n'importe laquelle; **the last but** ~ l'avant-dernier m, -ière f; **chapter** ~ chapitre un; (Comm) **price of** ~ prix à la pièce; **these items are sold in** ~**s** ces articles se vendent à la pièce.
(b) (phrases) **I for** ~ **don't believe it pour ma part je ne le crois pas; who doesn't agree?** — **I for** ~! qui n'est pas d'accord? — moi par exemple! or pour commencer!; **never** (a) ~ pas un (seul); ~ **by** ~ un à un, un par un; **by** or **in** ~**s and twos** par petits groupes; ~ **after the other** l'un après l'autre; ~ **and all** tous tant qu'ils étaient, tous sans exception; **it's all** ~ c'est tout un; **it's all** ~ **to me** cela m'est égal or indifférent; (Brit††) ~ **and sixpence** un shilling et six pence; **he's president and secretary** (all) in ~ il est à la fois président et secrétaire; **it's made all in** ~ c'est fait d'une seule pièce or tout d'une pièce; **to be** ~ **up (on sb)*** avoir l'avantage (sur qn) (V also **4**); **to go** ~ **better than sb** faire mieux que qn; **he's had** ~ **too many*** il a bu un coup de trop*; V **number, road** etc.
3 pron **(a)** (indefinite) un(e) m(f). **would you like** ~? en voulez-vous (un)?; **have you got** ~? en avez-vous (un)?; **the problem is** ~ **of money** c'est une question d'argent; ~ **of these days** un de ces jours; **he's** ~ **of my best friends** c'est un de mes meilleurs amis; **she's** ~ **of the family** elle fait partie de la famille; **he's** ~ **of us** il est des nôtres; **the book is** ~ **which** or **that I've never read** c'est un livre que je n'ai jamais lu; **he's a teacher and I want to be** ~ **too** il est professeur et je veux l'être aussi; **every** ~ **of the boys/books** tous les garçons/les livres sans exception; **you can't have** ~ **without the other** on ne peut avoir l'un sans l'autre; **sit in** ~ **or other of the chairs** asseyez-vous sur l'une des chaises; V **anyone, no, someone** etc.
(b) (specific) **this** ~ celui-ci, celle-ci; **these** ~**s*** ceux-ci, celles-ci; **that** ~ celui-là, celle-là; **those** ~**s*** ceux-là, celles-là; **the** ~ **who** or **that** celui qui, celle qui; **the** ~ **whom** or **that** celui que, celle que; **the** ~ **that** or **which is lying on the table** celui or celle qui se trouve sur la table; **the** ~ **on the floor** celui or celle qui est par terre; **here's my brother's** ~***** voici celui or celle de mon frère; **he's the** ~ **with brown hair** c'est celui qui a les cheveux bruns; **which is the** ~ **you want?** lequel voulez-vous?; **which** ~? lequel?, laquelle?; **which** ~**s*?** lesquels?, lesquelles?; **he hit her** ~ **on the nose*** il lui a flanqué un coup sur le nez*; **I want the red** ~**/the grey** ~**s** je veux le rouge/les gris; **this grey** ~ **will do** ce gris-ci fera l'affaire; **mine's a better** ~ le mien or la mienne est meilleur(e); **you've taken the wrong** ~ vous n'avez pas pris le bon; **that's a difficult** ~**!** ça c'est difficile!; V **eye, quick** etc.
(c) (personal) **they thought of the absent** ~ ils ont pensé à l'absent; **the little** ~**s** les petits; **my dearest** ~ mon chéri, ma chérie; **our dear** ~**s** ceux qui nous sont chers; († or frm) ~ **John Smith** un certain or un nommé John Smith; **he's a clever** ~ c'est un malin; **for** ~ **who claims to know the language, he ...** pour quelqu'un qui prétend connaître la langue, il ...; **he looked like** ~ **who had seen a ghost** il avait l'air de quelqu'un qui aurait vu un fantôme; **to** ~ **who can read between the lines** à celui qui sait lire entre les lignes; **he's never** or **not** ~ **to agree to that sort of thing** il n'est pas de ceux qui acceptent ce genre de choses; **he's a great** ~ **for chess** c'est un mordu* des échecs; **I'm not** ~ or **much of a** ~***** **for sweets** je ne suis pas (grand) amateur de bonbons; **you are a** ~**!‡** tu en as de bonnes!*
(d) ~ **another = each other**; V **each 2c**.
(e) (impersonal) (nominative) on; (accusative, dative) vous. ~ **must try to remember** on doit or il faut se souvenir; **it tires** ~ **too much** cela (vous) fatigue trop; ~ **likes to see** ~**'s friends happy** on aime voir ses amis heureux, on aime que ses amis soient heureux.
4 cpd: **one-...** d'un (seul) ..., à un seul ..., à ... unique; **one-act play, one-acter*** pièce f en un (seul) acte; **one-armed** manchot; **one-arm(ed) bandit*** machine f à sous, ≃ jackpot m; **one-eyed** person borgne; (Zool) unioculé; **one-handed** (adj) person manchot, qui a une (seule) main; tool utilisable d'une (seule) main; (adv) d'une (seule) main; **one-horse*** town or place bled* m, trou* m; **one-legged** unijambiste; **one-line** message message m d'une

(seule) ligne; (joke) **one-liner** (bon) mot m, plaisanterie f express; **one-man** V **one-man**; **one-night stand** (Theat) soirée f or représentation f unique; (sex) amour m de rencontre, liaison f sans lendemain; (Brit) **one-off*** (adj) V **one-off***; (US) **one-on-one, one-one = one-to-one**; (Aut etc) **one-owner** qui n'a eu qu'un propriétaire; **one-parent family** famille f monoparentale; (Pol) **one-party system** système m à parti unique; (Dress) **one-piece** (adj) une pièce inv, d'une seule pièce; (n) vêtement m une pièce; **one-piece swimsuit** maillot m une pièce; (US Cine) **one-reeler** court-métrage m, film d'une bobine; **one-room(ed) flat** or **apartment studio** m, appartement m d'une pièce; **oneself** V **oneself**; (US) **one-shot* = one-off***; **one-sided** decision unilatéral; contest, game inégal; judgment, account partial; bargain, contract inéquitable; (Comm) **'one-size'** 'taille unique'; **one-time** ancien (before n); (Brit) **one-to-one** V **one-to-one**; (Rail) **one-track** à voie unique; (fig) **to have a one-track mind** n'avoir qu'une idée en tête, avoir une idée fixe; (US) **to be one-up*** sb marquer un point sur qn; (hum) **one-upmanship*** art m de faire mieux que les autres; **one-way street** à sens unique; traffic en sens unique; transaction unilatéral; (Rail etc) ticket simple; (fig) friendship, emotion etc non partagé; **he's a one-woman man** c'est l'homme d'une seule femme, c'est un homme qui n'aimera jamais qu'une seule femme.

one-man ['wʌn'mæn] adj job fait or à faire par un seul homme, pour lequel un seul homme suffit; business, office que fait marcher un seul homme; woman, dog etc qui n'aime qu'un seul homme. (Mus, also fig) ~ **band** homme-orchestre m; ~ **show** (Art etc) exposition consacrée à un seul artiste; (Rad, Theat, TV) one man show m; (fig) **this business is a** ~ **band*** or ~ **show*** un seul homme fait marcher toute l'affaire.

oneness ['wʌnnɪs] n unité f; (sameness) identité f; (agreement) accord m, entente f.

one-off* ['wʌn'ɔf] **1** adj object, building unique; event exceptionnel.
2 n : **it's a** ~ [object, ornament, building] il n'y en a qu'un comme ça; [TV programme etc] ça ne fait pas partie d'une série; [event] ça ne va pas se reproduire or se répéter.

onerous ['ɒnərəs] adj task pénible; responsibility lourd.

oneself [wʌn'self] pron se, soi-même; (after prep) soi(-même); (emphatic) soi-même. **to hurt** ~ se blesser; **to dress** ~ s'habiller; **to speak to** ~ se parler (à soi-même); **to be sure of** ~ être sûr de soi(-même); **one must do it** ~ il faut le faire soi-même; **(all) by** ~ (tout) seul.

one-to-one [wʌntə'wʌn] **1** adj comparison, relationship univoque; meeting, discussion seul à seul, en tête-à-tête, face à face. ~ **fight** combat seul à seul; ~ **tuition** leçons fpl particulières; **to teach sb on a** ~ **basis** discuss etc seul à seul, en tête-à-tête, face à face; **to teach sb on a** ~ **basis** donner des leçons particulières à qn; **a** ~ **session** (gen) une réunion seul à seul or en tête-à-tête; (Psych) un face à face.
2 adv compare individuellement; discuss seul à seul, face à face.

ongoing ['ɒngəʊɪŋ] (adj : gen) investigation, project en cours. **they have an** ~ **relationship** ils ont des relations suivies.

onion ['ʌnjən] **1** n oignon m. (Brit) **to know one's** ~**s*** connaître son affaire, s'y connaître; V **cocktail, spring** etc.
2 cpd soup à l'oignon; skin d'oignon; stew aux oignons. (Archit) **onion dome** dôme bulbeux; **onion johnny** vendeur m d'oignons (ambulant); **onion-shaped** bulbeux; **onionskin** pelure f d'oignon.

onlooker ['ɒnlʊkər] n : **the** ~**s** les spectateurs mpl, l'assistance f.

only ['əʊnlɪ] **1** adj seul, unique. ~ **child** enfant m/f unique; **you're the** ~ **one to think of that** vous êtes le seul à y avoir pensé, vous seul y avez pensé; **I'm tired!** — **you're not the** ~ **one!*** je suis fatigué! — vous n'êtes pas le seul! or **il n'y a pas que vous**!; **it's the** ~ **one left** c'est le seul qui reste (subj); **he is not the** ~ **one here** il n'est pas le seul ici, il n'y a pas que lui ici; **the** ~ **book he has** le seul livre qu'il ait; **his** ~ **friend was his dog** son chien était son seul ami; **his** ~ **answer was to shake his head** pour toute réponse il a hoché la tête de droite à gauche; **your** ~ **hope is to find another one** votre unique espoir est d'en trouver un autre; **the** ~ **thing is that it's too late** seulement or malheureusement il est trop tard; **that's the** ~ **way to do it** c'est la seule façon de le faire, on ne peut pas le faire autrement; V **one, pebble** etc.
2 adv seulement, ne ... que. **he's** ~ **10** il n'a que 10 ans, il a seulement 10 ans; **there are** ~ **two people who know that** il n'y a que deux personnes qui savent or sachent cela; ~ **Paul can wait** Paul seul peut attendre, il n'y a que Paul qui puisse attendre; **he can** ~ **wait** il ne peut qu'attendre; **God** ~ **knows!** Dieu seul le sait!; **I can** ~ **say how sorry I am** tout ce que je peux dire c'est combien je suis désolé; **that** ~ **makes matters worse** cela ne fait qu'empirer les choses; **it's** ~ **that I thought he might ...** c'est que, simplement, je pensais qu'il pourrait ...; **I will** ~ **say that ...** je me bornerai à dire or je dirai simplement que ...; ~ **time will tell** c'est l'avenir qui le dira; **it will** ~ **take a minute** ça ne prendra qu'une minute; **I'm** ~ **the secretary** je ne suis que le secrétaire; **a ticket for one person** ~ un billet pour une seule personne; **'ladies** ~**'** 'réservé aux dames'; **I** ~ **looked at it** je n'ai fait que le regarder; **you've** ~ **to ask** vous n'avez qu'à demander; ~ **think of the situation!** imaginez un peu la situation!; ~ **to think of it** rien que d'y penser; **he was** ~ **too pleased to come** il n'a été que trop content de venir, il ne demandait pas mieux que de venir; **it's** ~ **too true** ce n'est que trop vrai; **not** ~ **A but also B** non seulement A mais aussi B; **not** ~ **was it dark, but it was also foggy** non seulement il faisait noir, mais il y avait aussi du brouillard; ~ **yesterday** hier encore, pas plus tard qu'hier; **it seems like** ~ **yesterday** il semble que c'était hier; **he has** ~ **just arrived** il vient tout juste d'arriver; **but I've** ~ **just bought it!** mais je viens seulement de l'acheter!; **I caught the train but** ~ **just** j'ai eu le train mais (c'était) de justesse; **if** ~ si seulement.
3 conj seulement, mais. **I would buy it,** ~ **it's too dear** je l'achèterais bien, seulement or mais il est trop cher; **he would**

come too, ~ **he's ill** il viendrait bien aussi, si ce n'est qu'il est malade *or* seulement il est malade.

o.n.o. [əʊen'əʊ] *abbr of* **or near(est) offer**; *V* **offer.**

onomasiology [ˌɒnəʊˌmeɪsɪ'ɒlədʒɪ] *n* **(a)** (*Ling*) onomasiologie *f.* **(b)** = **onomastics.**

onomastic [ˌɒnəʊ'mæstɪk] *adj* onomastique.

onomastics [ˌɒnə'mæstɪks] *n* (*U*) onomastique *f.*

onomatopoeia [ˌɒnəʊmætəʊ'piːə] *n* onomatopée *f.*

onomatopoeic [ˌɒnəʊmætəʊ'piːɪk] *adj*, **onomatopoetic** [ˌɒnəʊmætəʊpəʊ'etɪk] *adj* onomatopéique.

onrush ['ɒnrʌʃ] *n* [*people*] ruée *f*; [*water*] torrent *m.*

onset ['ɒnset] *n* **(a)** (*attack*) attaque *f*, assaut *m.* **(b)** (*beginning* : *of illness, winter etc*) début *m*, commencement *m.* **at the ~** d'emblée.

onshore ['ɒn'ʃɔːr] *adj wind* de mer, du large.

onslaught ['ɒnslɔːt] *n* attaque *f*, assaut *m*, charge *f.* (*fig*) **he made a furious ~ on the chairman** il s'en prit violemment au président.

Ontario [ɒn'tɛərɪəʊ] *n* Ontario *m.* **Lake ~** le lac Ontario.

onto ['ɒntʊ] *prep* = **on to**; *V* **on 1b, 1f, 2a.**

ontogenesis [ˌɒntə'dʒenɪsɪs] *n* ontogénèse *f.*

ontogeny [ɒn'tɒdʒənɪ] *n* ontogénie *f.*

ontological [ˌɒntə'lɒdʒɪkəl] *adj* ontologique.

ontology [ɒn'tɒlədʒɪ] *n* ontologie *f.*

onus ['əʊnəs] *n* (*no pl*) responsabilité *f*, charge *f*, obligation *f.* **the ~ of proof rests with him** il a la charge de (le) prouver, c'est à lui de faire la preuve; **the ~ is on him to do it** il lui incombe de le faire; **the ~ is on the manufacturers** c'est la responsabilité des fabricants.

onward ['ɒnwəd] (*phr vb elem*) **1** *adv* en avant, plus loin. (*excl*) **~!** en avant!; **to walk ~** avancer; **from this time ~** désormais, dorénavant; **from today ~** à partir d'aujourd'hui, désormais, dorénavant. **2** *adj step, march* en avant.

onwards ['ɒnwədz] *adv* = **onward 1.**

onyx ['ɒnɪks] **1** *n* onyx *m.* **2** *cpd* en onyx, d'onyx.

oodles‡ ['uːdlz] *npl* un tas*, des masses* *fpl*, des quantités *fpl.*

ooh* [uː] **1** *excl* oh!

2 *vi* : **to ~ and aah*** pousser des oh! et des ah!

oohing* ['uːɪŋ] *n*: **there was a lot of ~ and aahing*** on entendait fuser des oh! et des ah!

oolite ['əʊəlaɪt] *n* oolithe *m.*

oolitic [ˌəʊə'lɪtɪk] *adj* oolithique.

oompah* ['uːmpɑː] *n* flonflon *m.*

oomph‡ [ʊmf] *n* (*energy*) dynamisme *m.* (*sex appeal*) **to have ~** avoir du chien*.

oophorectomy [ˌəʊəfə'rektəmɪ] *n* ovariectomie *f.*

oophoritis [ˌəʊəfə'raɪtɪs] *n* ovarite *f.*

oops* [ʊps] *excl* houp! **~-a-daisy!** hop-là!

oosphere ['əʊəsfɪər] *n* oosphère *f.*

oospore ['əʊəspɔːr] *n* oospore *f.*

ooze [uːz] **1** *n* vase *f*, limon *m*, boue *f.*

2 *vi* [*water, pus, walls etc*] suinter; [*resin, gum*] exsuder.

3 *vt*: **his wounds ~d pus** le pus suintait de ses blessures; (*fig pej*) **she was oozing charm/complacency** le charme/la suffisance lui sortait par tous les pores.

♦ **ooze away** *vi* [*liquids*] s'en aller, suinter; [*strength, courage, enthusiasm*] disparaître, se dérober. **his strength etc was oozing away** ses forces *etc* l'abandonnaient.

♦ **ooze out** *vi* [*liquids*] sortir, suinter.

op¹‡ [ɒp] *n* (*Med, Mil*) *abbr of* **operation**; *V* **operation 1b, 1c.**

op² [ɒp] *adj in cpds* : **op art** op art *m*; **op artist** artiste *mf* op art.

opacity [əʊ'pæsɪtɪ] *n* opacité *f*; (*fig*) obscurité *f.*

opal ['əʊpəl] **1** *n* opale *f.* **2** *cpd ring, necklace* d'opale; (*also* **opal-coloured**) opalin.

opalescence [ˌəʊpə'lesns] *n* opalescence *f.*

opalescent [ˌəʊpə'lesnt] *adj* opalescent, opalin.

opaque [əʊ'peɪk] *adj substance, darkness* opaque; (*fig*) (*unclear*) obscur; (*stupid*) stupide, obtus. **~ projector** épiscope *m.*

OPEC ['əʊpek] *n* (*abbr of* **Organization of Petroleum-Exporting Countries**) O.P.E.P. *f.*

Op-Ed ['ɒp'ed] *n, adj* (*US Press* : *abbr of* **opposite editorial**) **~ (page)** page contenant les chroniques et commentaires (*en face des éditoriaux*).

open ['əʊpən] **1** *adj* **(a)** (*not closed*) *door, box, envelope, book, handbag, parcel, grave, wound, eyes, flower etc* ouvert; *bottle, jar* ouvert, débouché; *map, newspaper* ouvert, déplié; *shirt, coat, collar* ouvert, déboutonné. **wide ~** grand ouvert; **the door was slightly ~** la porte était entrouverte *or* entrebâillée; (*fig*) **he is *or* his thoughts are *or* his mind is an ~ book** ses pensées sont un véritable livre ouvert, on peut lire en lui comme dans un livre; **a dress ~ at the neck** une robe à col ouvert *or* échancrée (à l'encolure); (*Brit Banking*) **~ cheque** chèque ouvert *or* non barré; (*Ling*) **~ vowel** voyelle ouverte; (*Mus*) **~ string** corde *f* à vide; (*Elec*) **~ circuit** circuit ouvert; **to welcome sb/sth with ~ arms** accueillir qn/qch à bras ouverts; (*Econ*) **the ~ door** la porte ouverte; **the window flew ~** la fenêtre s'ouvrit brusquement; *V* **break, cut, eye, mouth** *etc.*

(b) *shop, museum* ouvert. **our grocer is ~ on Mondays** notre épicier ouvre *or* est ouvert le lundi; **gardens ~ to the public** jardins ouverts au public; *V* **throw.**

(c) *river, water, canal* (*not obstructed*) ouvert à la navigation, (*not frozen*) non gelé; *road, corridor* dégagé; *pipe* ouvert, non bouché; (*Med*) *bowels* relâché; *pores* dilaté. **road ~ to traffic** route ouverte à la circulation; **the way to Paris lay ~** la route de Paris était libre; **the road to anarchy lay wide ~** on allait tout droit à l'anarchie; **the ~ road** la grand-route.

(d) (*not enclosed*) *car, carriage* découvert, décapoté; *boat* ouvert, non ponté; *drain, sewer* à ciel ouvert. **~ sandwich** canapé *m* (froid); **the ~ air** le plein air (*V also* 2); **in the ~ air** *live, walk, eat* au grand air, en plein air; *sleep* à la belle étoile; *swimming pool* à

ciel ouvert, en plein air; **~ market** (*in town etc*) marché *m* en plein air (*V also* **le**); **in ~ country** en rase campagne, en plein champ; **when you reach ~ country** *or* **~ ground** quand vous gagnerez la campagne; **patch of ~ ground** (*between trees*) clairière *f*; (*in town*) terrain *m* vague; **beyond the woods he found the ~ fields** au-delà des bois il trouva les champs qui s'étendaient; **the ~ sea** la haute mer, le large; **on the ~ sea(s)** en haute mer, au large, de par les mers (*liter*); **~ space** espace *m* libre; **the (wide) ~ spaces** les grands espaces vides; **~ view** *or* **aspect** vue dégagée.

(e) (*fig* : *unrestricted*) *meeting, trial, discussion* public (*f* -ique); *competition* ouvert à tous, *open inv*; *economy* ouvert. (*US Univ*) **~ admission** *or* **enrollment** admission *f* à l'Université sans baccalauréat; (*US Scol*) **~ classroom** classe *f* à activités libres; (*Fin, Comm*) **~ company** société *f* anonyme; (*Jur*) **in ~ court** en audience publique; (*Brit*) **~ day** journée *f* portes ouvertes *or* du public; (*fig*) **to keep ~ house** tenir table ouverte; (*US Admin*) **~ housing** politique *f* immobilière sans restrictions raciales; **~ letter** lettre *f* ouverte; (*Econ*) **~ market** marché *m* libre; (*US Pol*) **~ primary** élection *f* primaire ouverte aux non-inscrits d'un parti; **~ prison** prison *f* ouverte; (*Scol etc*) **~ scholarship** bourse décernée *par un concours ouvert à tous*; (*Hunting*) **~ season** saison *f* de la chasse; (*Ind*) **~ shop** atelier *m* ouvert aux non-syndiqués; (*US Med*) **~ staff hospital** hôpital *m* où tout médecin peut envoyer et traiter ses propres malades; (*Golf*) **~ (tournament)** tournoi *m* open; (*Brit*) **the O~ University** ≃ Centre *m* national d'Enseignement par Correspondance, C.N.E.C. *m.*

(f) (*exposed*) *coast etc* ouvert, exposé. **(wide) ~ to the winds/ the elements** exposé à tous les vents/aux éléments; (*Mil, Pol*) **~ city** ville ouverte; (*Mil*) **a position ~ to attack** une position exposée à l'attaque; **~ to persuasion** accessible *or* ouvert à la persuasion; **I'm ~ to advice** je me laisserais volontiers conseiller; **I'm ~ to correction, but I believe he said** ... dites-moi si je me trompe, mais je crois qu'il a dit ..., si je ne me trompe (*frm*), il a dit ...; **the decision is ~ to criticism** cette décision prête le flanc à la critique; **it is ~ to improvement** ça peut être amélioré; **it is ~ to doubt whether** ... on peut douter que ... + *subj*; *V* **lay¹, offer** *etc.*

(g) (*available*) **membership is not ~ to women** les femmes ne peuvent pas être membres; **the course is not ~ to schoolchildren** ce cours n'est pas ouvert aux lycéens, les lycéens ne peuvent pas choisir ce cours; **it is ~ to you to refuse** libre à vous de refuser, vous pouvez parfaitement refuser; **several methods/choices were ~ to them** plusieurs méthodes/choix s'offraient *or* se présentaient à eux; **this post is still ~** ce poste est encore vacant.

(h) (*frank*) *person, character, face, manner* ouvert, franc (*f* franche); (*declared*) *enemy* déclaré; *admiration, envy* manifeste; *campaign* ouvert; *attempt* non dissimulé, patent; *scandal* public (*f* -ique). **in ~ revolt (against)** en rébellion ouverte (contre); **~ secret** secret *m* de Polichinelle; **it's an ~ secret that** ... ce n'est un secret pour personne que ...; **he was not very ~ with us** il ne nous a pas tout dit, il nous a parlé avec réticence.

(i) (*undecided*) *question* non résolu, non tranché. **the race was still wide ~** l'issue de la course était encore indécise; **it's an ~ question whether he will come** on ne sait pas s'il viendra; **it's an ~ question whether he would have come if** ... on ne saura jamais s'il serait venu si ...; **they left the matter ~** ils n'ont pas tranché la question, ils ont laissé la question en suspens; **let's leave the date/arrangements ~** n'arrêtons pas *or* ne précisons pas la date/les dispositions; **to keep an ~ mind on sth** réserver son jugement *or* son opinion sur qch (*V also* 2); **I've got an ~ mind about it** je n'ai pas encore formé d'opinion à ce sujet (*V also* 2); (*Jur*) **~ verdict** verdict *m* de décès sans cause déterminée; **~ ticket** billet *m* open; *V* **option** *etc.*

2 *cpd*: **open-air** *games, activities* de plein air; *swimming pool, market, meeting* en plein air, à ciel ouvert; **open-air theatre** théâtre *m* de verdure; **open-air treatment** cure *f* d'air; (*fig*) **it's an open-and-shut case** c'est un cas transparent; (*Min*) (*Brit*) **open-cast**, (*US*) **open-cut** à ciel ouvert; **open-ended**, (*US*) **open-end** *box, tube* à deux ouvertures; *discussion, meeting* sans limite de durée; *ticket* sans réservation de retour; *offer* flexible; **open-eyed** (*lit*) les yeux ouverts; (*in surprise, wonder*) les yeux écarquillés; **in open-eyed astonishment** béant d'étonnement; (*US*) **open-faced sandwich** canapé *m* (froid); **to be open-handed** être généreux, avoir le cœur sur la main; (*Med*) **open-heart surgery** chirurgie *f* à cœur ouvert; **open-hearted** franc (*f* franche), sincère; **open-minded** à l'esprit ouvert *or* large, sans parti pris, sans préjugés; (*fig*) **open-mouthed** (*adj, adv*) bouche bée; **in open-mouthed admiration** béant *or* béat d'admiration; **open-necked** à col ouvert, échancré; (*Archit*) **open-plan** *design* qui élimine les cloisons; *house, school* à aire ouverte, non cloisonné; **open-plan office** bureau *m* paysager; **openwork** (*n*) (*Sewing*) (a)jours *mpl*; (*Archit*) claire-voie *f*, ajours; (*cpd*) *stockings etc* ajouré, à jour; (*Archit*) à claire-voie; *V* **reel.**

3 *n* **(a)** **to be out in the ~** (*out of doors*) être dehors *or* en plein air; (*in the country*) être au grand air *or* en plein champ; **to sleep in the ~** dormir à la belle étoile; **to come out into the ~** (*lit*) sortir au grand jour *or* en plein jour; (*fig*) se faire jour, se manifester; **he came (out) into the ~ about what had been going on** il a dévoilé *or* révélé ce qui s'était passé; **why don't you come into the ~ about it?** pourquoi n'en parlez-vous pas franchement?, pourquoi ne le dites-vous pas ouvertement?; **to bring a dispute (out) into the ~** divulguer une querelle.

(b) (*Golf*) **the O~** le tournoi open.

4 *vt* **(a)** *door, box, book, shop, grave, eyes* ouvrir; *letter, envelope* ouvrir, décacheter; *parcel* ouvrir, défaire; *bottle, jar* ouvrir, déboucher; *jacket, coat, collar* ouvrir, déboutonner; *map, newspaper* ouvrir, déplier; (*Elec*) *circuit* ouvrir; (*Med*) *abscess* ouvrir; *bowels* relâcher; *pores* dilater; *wound* (r)ouvrir; *legs* écarter; (*fig*) horizon, career, one's heart etc ouvrir. **to ~ wide** ouvrir tout grand; **to ~ slightly** door, window entrebâiller, entrouvrir; eyes entrouvrir; **to ~ again** rouvrir; V **eye, mouth** etc.

(b) (drive) passage, road ouvrir, frayer; hole percer.

(c) (begin) meeting, account, debate, (Jur) case, trial ouvrir; conversation entamer, engager; negotiations ouvrir, engager; (inaugurate) exhibition, new hospital, factory ouvrir, inaugurer; (found) institution, school, business ouvrir, fonder. **the Queen ~ed Parliament** la reine a ouvert la session parlementaire; (Mil) **to ~ fire (at** or **on)** ouvrir le feu (sur); (Bridge) **to ~ the bidding** ouvrir (les enchères); (Ftbl) **to ~ the scoring** ouvrir la marque.

5 vi (a) [door] (s')ouvrir; [book, eyes] s'ouvrir; [flower] s'ouvrir, s'épanouir, éclore; [shop, museum, bank etc] ouvrir; [gulf, crevasse] s'ouvrir, se former. **this door never ~s** cette porte n'ouvre jamais; **the door ~ed** la porte s'est ouverte; **the door ~ed slightly** la porte s'est entrouverte or s'est entrebâillée; **to ~ again** se rouvrir; **door that ~s on to the garden** porte qui donne sur le jardin; **the kitchen ~s into the dining room** la cuisine donne sur la salle à manger; **the two rooms ~ into one another** les deux pièces communiquent or se commandent; **~ sesame!** sésame ouvre-toi!; (mouth) **~ wide!** ouvrez bien la bouche!

(b) (begin) [class, debate, meeting, play, book] s'ouvrir, commencer (with par); (Bridge) ouvrir. **he ~ed with a warning about inflation** il commença par donner un avertissement sur l'inflation; (Film) **it will ~ next week in London** il sera la semaine prochaine sur les écrans londoniens; **the play ~s** or **they open next week** la première a lieu la semaine prochaine; (Bridge) **to ~ (with) 2 hearts** ouvrir de 2 cœurs.

♦**open out 1** vi (a) [flower] s'ouvrir, s'épanouir, éclore; [view, countryside] s'ouvrir; (fig) [person] (become less shy etc) s'ouvrir; [company, business] étendre le champ de ses activités; [team, player etc] s'affirmer.

(b) (widen) [passage, tunnel, street] s'élargir. **to open out on to** déboucher sur.

2 vt sep ouvrir; map, newspaper ouvrir, déplier; (fig) business développer.

♦**open up 1** vi (a) [shop, business, new career, opportunity] s'ouvrir.

(b) (Mil etc: start shooting) ouvrir le feu, se mettre à tirer.

(c) [flower] s'ouvrir, s'épanouir, éclore.

(d) (fig) s'ouvrir (to sb à qn, about sth de qch). **I couldn't get him to open up at all** je ne suis pas arrivé à le faire parler or s'épancher; **we got him to open up about his plans** il a fini par nous communiquer ses projets.

2 vt sep (a) box, suitcase, parcel ouvrir, défaire; map, newspaper ouvrir, déplier; jacket, coat ouvrir, déboutonner; abscess, wound ouvrir. **the owner opened up the shop for the police** le propriétaire a ouvert le magasin spécialement pour la police; **to open up again** rouvrir.

(b) (start) business, branch etc ouvrir.

(c) oilfield, mine ouvrir, commencer l'exploitation de; route ouvrir; road through jungle etc frayer, ouvrir (through à travers); virgin country rendre accessible; (Econ) remote area désenclaver; blocked road dégager; blocked pipe déboucher; (fig) prospects, vistas, possibility découvrir, révéler; horizons, career ouvrir. **to open up a country for trade** ouvrir un pays au commerce; **to open up a country for development** développer le potentiel d'un pays; **to open up a new market for one's products** établir de nouveaux débouchés pour ses produits.

opener ['əupnə^r] n (a) (surtout dans les composés) personne ou dispositif qui ouvre; V **bottle**, **eye**, **tin** etc. (b) (Theat) (artiste) artiste mf en lever de rideau; (act) lever m de rideau. (c) (Bridge) ouvreur m. (d) (fig) **for ~s*** pour commencer, tout d'abord.

opening ['əupnɪŋ] 1 n (a) ouverture f; (in wall) brèche f; [door, window] embrasure f; (in trees) échappée f, trouée f; (in forest, roof) percée f; (in clouds) éclaircie f; [tunnel] entrée f, ouverture, début m.

(b) (beginning) [meeting, debate, play, speech] ouverture f, début m, commencement m; [negotiations] ouverture, amorce f.

(c) (U: act of ~) [door, road, letter] ouverture f; [shooting, war] déclenchement m; [flower] épanouissement m, éclosion f; (Jur) exposition f des faits; (Cards, Chess) ouverture; [ceremony, exhibition] inauguration f. (Brit) **O~ of Parliament** ouverture de la session parlementaire.

(d) (opportunity) occasion f (to do de faire, pour faire); (trade outlet) débouché m (for pour). **to give one's opponent/the enemy an ~** prêter le flanc à son adversaire/à l'ennemi.

(e) (work: gen) débouché m; (specific job, or work in specific firm) poste m (with chez; as an engineer etc d'ingénieur etc).

2 adj ceremony, speech d'inauguration, inaugural; remark préliminaire; (St Ex) price d'ouverture. **~ gambit** (Chess) gambit m; (fig) manœuvre f or ruse f (stratégique); (Theat) **~ night** première f, soirée f d'ouverture; **~ shot** (in battle etc) premier coup m de feu; (fig: of campaign etc) coup m d'envoi; (Brit) **~ time** l'heure f d'ouverture (des pubs).

openly ['əupənlɪ] adv (frankly) ouvertement, franchement; (publicly) publiquement.

openness ['əupnnɪs] n (a) (candour) franchise f. **~ of mind** largeur f d'esprit. (b) [land, countryside] aspect découvert or exposé.

opera ['ɒpərə] 1 n (a) opéra m. **~ bouffe** opéra bouffe; V comic, grand, light². (b) pl of opus.

2 cpd: **opera glasses** jumelles fpl de théâtre, lorgnette f; **operagoer** amateur m d'opéra; **opera hat** (chapeau m) claque m, gibus m; **opera house** (théâtre m de l')opéra m; **opera-lover** amateur m d'opéra; **opera singer** chanteur m, -euse f d'opéra.

operable ['ɒpərəbl] adj opérable.

operand ['ɒpərænd] n (Comput) opérande m.

operate ['ɒpəreɪt] 1 vi (a) [machine, vehicle] marcher, fonctionner (by electricity etc à l'électricité etc); [system, sb's mind] fonctionner; [law] jouer. **several factors ~d to produce this situation** plusieurs facteurs ont joué pour produire cette situation.

(b) [drug, medicine, propaganda] opérer, faire effet (on, upon sur).

(c) [fleet, regiment, thief etc] opérer; (St Ex) faire des opérations (de bourse), spéculer. **they can't ~ efficiently on so little money** le manque d'argent les empêche d'opérer or de procéder avec efficacité.

(d) (Med) opérer (on sb for sth qn de qch). **he ~d/was ~d on for appendicitis** il a opéré/a été opéré de l'appendicite; **to ~ on sb's eyes** opérer qn aux or des yeux, opérer les yeux de qn; **he has still not been ~d on** il n'a pas encore été opéré, il n'a pas encore subi l'opération.

2 vt (a) [person] machine, tool, vehicle, switchboard, telephone, brakes etc faire marcher, faire fonctionner. **a machine ~d by electricity** une machine qui marche à l'électricité; **this switch ~s a fan** ce bouton commande or actionne un ventilateur; (fig) **such a law will ~ considerable changes** une telle loi opérera des changements considérables.

(b) business, factory diriger, gérer; coalmine, oil well, canal, quarry exploiter, faire valoir.

(c) system opérer, pratiquer. **he has ~d several clever swindles** il a réalisé plusieurs belles escroqueries.

operatic [ˌɒpə'rætɪk] 1 adj d'opéra. 2 n: (amateur) **~s** opéra m d'amateurs.

operating ['ɒpəreɪtɪŋ] adj (a) (Comm, Ind) profit, deficit, expenses etc d'exploitation. **~ cash** trésorerie f d'exploitation. (b) (Med) **~ table** table f d'opération, billard* m; (Brit) **~ theatre**, (US) **~ room** salle f d'opération.

operation [ˌɒpə'reɪʃən] 1 n (a) (U) [machine, vehicle] marche f, fonctionnement m; [mind, digestion] fonctionnement; [drug etc] action f, effet m (on sur); [business] gestion f; [mine, oil well, quarry, canal] exploitation f; [system] application f. **in full ~ machine** fonctionnant à plein (rendement); business, factory en pleine activité; mine etc en pleine exploitation; law pleinement en vigueur; **to be in ~** [machine] être en service; [business etc] fonctionner; [mine etc] être en exploitation; [law, system] être en vigueur; **to come into ~** [law, system] entrer en vigueur; [machine] entrer en service; [business] se mettre à fonctionner; **to put into ~** machine mettre en service; law mettre or faire entrer en vigueur; plan mettre en application.

(b) (gen, Comm, Fin, Ind, Math, Mil, Pol etc) opération f. **that was an expensive ~** l'opération a été coûteuse; (Comm, Ind) **our ~s in Egypt** (trading company) nos opérations or nos activités en Égypte; (oil, mining) nos opérations or nos exploitations en Égypte; **rebuilding ~s began at once** les opérations de reconstruction ont commencé immédiatement; (Mil) **O~ Overlord** Opération Overlord.

(c) (Med) opération f, intervention (chirurgicale). **to have an ~** se faire opérer (for de); **a lung ~** une opération au poumon; **to perform an ~ on sb (for sth)** opérer qn (de qch).

2 cpd: (Comput) **operation code** code m d'opération; (Mil) **operations research** recherche f opérationnelle; (Mil, Police) **operations room** centre m d'opérations.

operational [ˌɒpə'reɪʃənl] adj (a) base, research, unit, soldiers, dangers opérationnel; (Ind, Comm) cost, expenses, profit etc d'exploitation; (Police etc) **on ~ duties** en service; (Fin, Econ) **~ strategy** stratégie f d'intervention.

(b) (ready for use) machine, vehicle en état de marche or de fonctionnement, opérationnel; service etc opérationnel. **when the service is fully ~** quand le service sera pleinement opérationnel or à même de fonctionner à plein.

operative ['ɒpərətɪv] 1 adj (a) law, measure, system en vigueur. **to become ~** entrer en vigueur; **the ~ word** le mot qui compte, le mot clé; (Jur) **the ~ part of the text** le dispositif. (b) (Med) opératoire. 2 n (worker) ouvrier m, -ière f; (machine operator) opérateur m, -trice f; (detective) détective m (privé); (spy) espion(ne) m(f); (secret agent) agent secret; (US Pol: campaign worker) membre m de l'état-major (d'un candidat). **the steel ~s** la main-d'œuvre des aciéries.

operator ['ɒpəreɪtə^r] n (a) (person) [machine, computer etc] opérateur m, -trice f; (Cine) opérateur, -trice (de prise de vues); [telephones] téléphoniste mf, standardiste mf; (Telegraphy) radio m; [business, factory] dirigeant(e) m(f), directeur m, -trice f. **tour ~** organisateur m, -trice f de voyages; **~s in this section of the industry** ceux qui travaillent dans ce secteur de l'industrie; (criminal) **a big-time ~** un escroc d'envergure; (pej) **he is a smooth ~*** c'est quelqu'un qui sait y faire*.

(b) (Math) opérateur m.

operetta [ˌɒpə'retə] n opérette f.

ophthalmia [ɒf'θælmɪə] n ophtalmie f.

ophthalmic [ɒf'θælmɪk] adj nerve, vein ophtalmique; clinic, surgeon, surgery ophtalmologique.

ophthalmologist [ˌɒfθæl'mɒlədʒɪst] n ophtalmologiste mf, ophtalmologue mf.

ophthalmology [ˌɒfθæl'mɒlədʒɪ] n ophtalmologie f.

opthalmoscope [ɒf'θælməskəup] n ophtalmoscope m.

ophthalmoscopy [ˌɒfθæl'mɒskəpɪ] n ophtalmoscopie f.

opiate ['əupɪɪt] 1 n opiat m. 2 adj opiacé.

opine [əu'paɪn] vt (think) être d'avis (that que); (say) émettre l'avis (that que).

opinion [ə'pɪnjən] 1 n (point of view) avis m, opinion f; (belief) opinion, conviction f; (judgment) opinion, jugement m, appréciation f; (professional advice) avis m. **in my ~** à mon avis, pour moi, d'après moi; **in the ~ of** d'après, selon; **that's my ~ for what it's**

worth c'est mon humble avis; **it's a matter of** ~ **whether ...** c'est (une) affaire d'opinion pour ce qui est de savoir si ...; **I'm entirely of your** ~ je suis tout à fait de votre avis *or* opinion, je partage tout à fait votre opinion; **to be of the** ~ **that** être d'avis que, estimer que; **political** ~s opinions politiques; **to have a good** *or* **high** ~ **of sb/sth** avoir bonne opinion de qn/qch, estimer qn/qch; **what is your** ~ **of this book?** que pensez-vous de ce livre?; **I haven't much of an** ~ **of him, I've got a low** ~ *or* **no** ~ **of him** j'ai mauvaise opinion *or* une piètre opinion de lui; *(Jur)* **to take counsel's** ~ consulter un avocat; *(Jur)* ~ **of the court** jugement rendu par le tribunal; *(Med)* **to take a second** ~ consulter un autre médecin, prendre l'avis d'un autre médecin; *V* **legal, public, strong.**
  2 *cpd*: **opinion poll** sondage *m* d'opinion.
opinionated [ə'pɪnjəneɪtɪd] *adj* arrêté dans ses opinions, dogmatique.
opium ['əʊpɪəm] **1** *n* opium *m*. **2** *cpd*: **opium addict** opiomane *mf*; **opium den** fumerie *f* d'opium.
opossum [ə'pɒsəm] *n* opossum *m*, sarigue *f*.
opponent [ə'pəʊnənt] *n (Mil, Sport)* adversaire *mf*; *(in election)* adversaire *mf*, rival(e) *m(f)*; *(in discussion, debate)* antagoniste *mf*; *(of government, ideas etc)* adversaire, opposant(e) *m(f) (of* de). **he has always been an** ~ **of nationalization** il a toujours été contre les nationalisations, il s'est toujours opposé aux nationalisations.
opportune ['ɒpətjuːn] *adj time* opportun, propice, convenable; *action, event, remark* à propos, opportun. **you have come at an** ~ **moment** vous arrivez à point (nommé) *or* à propos.
opportunely ['ɒpətjuːnlɪ] *adv* opportunément, au moment opportun, à propos.
opportuneness [ˌɒpə'tjuːnnɪs] *n* opportunité *f*.
opportunism [ˌɒpə'tjuːnɪzəm] *n* opportunisme *m*.
opportunist [ˌɒpə'tjuːnɪst] *adj, n* opportuniste *(mf)*.
opportunity [ˌɒpə'tjuːnɪtɪ] *n* occasion *f*. **to have the** *or* **an** ~ **to do** *or* **of doing** avoir l'occasion de faire; **to take the** ~ **of doing** *or* **to do** profiter de l'occasion pour faire; **you really missed your** ~ **there!** tu as vraiment laissé passer ta chance! *or* l'occasion!; **at the first** *or* **earliest** ~ à la première occasion, dès que l'occasion se présentera; **when the** ~ **occurs** à l'occasion; **if the** ~ **should occur** si l'occasion se présente; **if you get the** ~ si vous en avez l'occasion; **equality of** ~ chances égales, égalité *f* de chances; **to make the most of one's opportunities** profiter pleinement de ses chances; **this job offers great opportunities** ce poste offre d'excellentes perspectives d'avenir.
oppose [ə'pəʊz] *vt* **(a)** *person, argument, opinion* s'opposer à, combattre; *sb's will, desires, suggestion* s'opposer à, faire opposition à; *decision, plan* s'opposer à, mettre opposition à, contrecarrer, contrarier; *motion, resolution (Pol)* faire opposition à; *(in debate)* parler contre. **he** ~s **our coming** il s'oppose à ce que nous venions *(subj)*; **but he** ~d **it** mais il s'y est opposé.
  (b) *(set against)* opposer *(sth to sth else* qch à qch d'autre).
opposed [ə'pəʊzd] *adj* opposé, hostile *(to* à). **to be** ~ **to sth** être opposé *or* hostile à qch, s'opposer à qch; **I'm** ~ **to your marrying him** je m'oppose à ce que vous l'épousiez *(subj)*; **as** ~ **to** par opposition à; **as** ~ **to that, there is the question of ...** par contre, il y a la question de ... .
opposing [ə'pəʊzɪŋ] *adj army* opposé; *minority* opposant; *(Jur)* adverse. *(Sport)* ~ **team** adversaire(s) *m(pl)*; **the** ~ **votes** les voix 'contre'.
opposite ['ɒpəzɪt] **1** *adj house etc* d'en face; *bank, side, end* opposé, autre; *direction, pole* opposé; *(fig) attitude, point of view* opposé, contraire. **'see map on** ~ **page'** 'voir plan ci-contre'; **the** ~ **sex** l'autre sexe *m*; **we take the** ~ **view (to his)** nous pensons le contraire (de ce qu'il pense), notre opinion est diamétralement opposée (à la sienne); **his** ~ **number** son homologue *mf*.
  2 *adv* (d')en face. **the house** ~ la maison d'en face; **the house is immediately** *or* **directly** ~ la maison est directement en face; ~ **to** en face de.
  3 *prep* en face de. **the house is** ~ **the church** la maison est en face de l'église; **the house and the church are** ~ **one another** la maison et l'église sont en vis-à-vis; **they sat** ~ **one another** ils étaient assis face à face *or* en vis-à-vis; **they live** ~ **us** ils habitent en face de chez nous; *(Cine, Theat etc)* **to play** ~ **sb** partager la vedette avec qn; *(Naut)* ~ **Calais** à la hauteur de Calais.
  4 *n* opposé *m*, contraire *m*, inverse *m*. **quite the** ~! au contraire!; **he told me just the** ~ *or* **the exact** ~ il m'a dit exactement l'inverse *or* le contraire *or* l'opposé; **he says the** ~ **of everything I say** il prend le contre-pied de tout ce que je dis.
opposition [ˌɒpə'zɪʃən] **1** *n* **(a)** opposition *f (also Astron, Pol)*. **his** ~ **to the scheme** son opposition au projet; **in** ~ **(to)** en opposition (avec); *(Pol)* **the party in** ~ le parti de l'opposition; *(Pol)* **to be in** ~ être dans l'opposition; *(Pol)* **the leader of the O**~ le chef de l'opposition; **the** ~* *(opposing team, rival political faction)* l'adversaire *m*; *(business competitors)* la concurrence.
  (b) *(Mil etc)* opposition *f*, résistance *f*. **they put up** *or* **offered considerable** ~ ils opposèrent une vive résistance; **the army met with little or no** ~ l'armée a rencontré peu sinon point de résistance.
  2 *cpd*: *(Pol)* **Opposition** *speaker, member, motion, party* de l'opposition; **the Opposition benches** les bancs *mpl* de l'opposition; *(Climbing)* **opposition hold** opposition *f*.
oppress [ə'pres] *vt* **(a)** *(Mil, Pol etc)* opprimer. **(b)** *[anxiety, heat etc]* oppresser, accabler.
oppression [ə'preʃən] *n (all senses)* oppression *f*.
oppressive [ə'presɪv] *adj* **(a)** *(Mil, Pol etc)* régime, government tyrannique; *law, tax, measure* oppressif. **(b)** *anxiety, suffering* accablant; *heat* accablant, étouffant; *weather* lourd.
oppressively [ə'presɪvlɪ] *adv (V* **oppressive)** **(a)** d'une manière oppressive; *(Mil, Pol etc)* tyranniquement. **(b)** d'une manière

accablante. **it was** ~ **hot** il faisait une chaleur accablante *or* étouffante.
oppressor [ə'presər] *n* oppresseur *m*.
opprobrious [ə'prəʊbrɪəs] *adj (frm)* chargé d'opprobre.
opprobrium [ə'prəʊbrɪəm] *n* opprobre *m*.
opt [ɒpt] *vi*: **to** ~ **for sth** opter pour qch *(also Jur)*; **to** ~ **to do** choisir de faire.
  ◆**opt in*** *vi* choisir de participer *(to* à).
  ◆**opt out*** *vi* choisir de ne pas participer *(of* à); *(Soc)* s'évader de *or* rejeter la société (de consommation). **he opted out of going** il a choisi de ne pas y aller; **you can always opt out** tu peux toujours abandonner *or* te retirer *or* te récuser.
optative ['ɒptətɪv] *adj, n* optatif *(m)*.
optic ['ɒptɪk] **1** *adj* optique. **2** *n (U)* ~s optique *f*.
optical ['ɒptɪkəl] *adj glass, lens* optique *(also Comput)*; *instrument* d'optique. *(Comput)* ~ **character reader,** ~ **scanner** lecteur *m* optique; ~ **character recognition,** ~ **scanning** lecture *f* optique; ~ **disk** disque *m* optique; ~ **illusion** illusion *f* d'optique.
optician [ɒp'tɪʃən] *n* opticien(ne) *m(f)*.
optimal ['ɒptɪml] *adj* optimal.
optimism ['ɒptɪmɪzəm] *n* optimisme *m*.
optimist ['ɒptɪmɪst] *n* optimiste *mf*.
optimistic [ˌɒptɪ'mɪstɪk] *adj* optimiste.
optimistically [ˌɒptɪ'mɪstɪklɪ] *adv* avec optimisme, d'une manière optimiste.
optimization [ˌɒptɪmaɪ'zeɪʃən] *n* optimisation *f*.
optimize ['ɒptɪmaɪz] *vt* optimiser, optimaliser.
optimum ['ɒptɪməm] **1** *adj* optimum. ~ **conditions** conditions *fpl* optimums *or* optima. **2** *n, pl* **optima** ['ɒptɪmə] *or* ~s optimum *m*.
option ['ɒpʃən] *n* **(a)** *(gen)* choix *m*, option *f*; *(Comm, Fin)* option *(on* sur). **to take up the** ~ lever l'option; **at the** ~ **of the purchaser** au gré de l'acheteur; *(Jur)* **the buyer shall have the** ~ **to decide** l'acheteur aura la faculté de décider; *(Jur)* **6 months with/ without the** ~ **of a fine** 6 mois avec/sans substitution d'amende; **I have no** ~ je n'ai pas le choix; **he had no** ~ **but to come** il n'a pas pu faire autrement que de venir; **you have the** ~ **of remaining here** vous pouvez rester ici si vous voulez; **it's left to your** ~ c'est à vous de choisir *or* de décider; *(fig)* **he left** *or* **kept his** ~s **open** il n'a pas voulu s'engager (irrévocablement). **(b)** *(Brit Scol : subject/ course etc)* (matière *f*/cours *m etc* à) option *f*; **programme offering** ~s programme *m* proposant.
optional ['ɒpʃənl] *adj (gen, Scol etc)* facultatif; *(Comm) car accessories etc* en option, optionnel. **'dress** ~' 'la tenue de soirée n'est pas de rigueur'; **the sun roof is an** ~ **extra** le toit ouvrant est en supplément.
optometrist [ɒp'tɒmətrɪst] *n* optométriste *mf*.
opulence ['ɒpjʊləns] *n (U: V* **opulent)** opulence *f*, richesse(s) *f(pl)*; abondance *f*; luxuriance *f*.
opulent ['ɒpjʊlənt] *adj person, life* opulent, riche; *hair* abondant; *vegetation* abondant, luxuriant.
opulently ['ɒpjʊləntlɪ] *adv furnish etc* avec opulence; *live* dans l'opulence.
opus ['əʊpəs] *n, pl* ~es *or* **opera** opus *m*; *V* **magnum.**
opuscule [ɒ'pʌskjuːl] *n* opuscule *m*.
OR *(US Post)* abbr of **Oregon.**
or [ɔːr] *conj* ou (bien); *(with neg)* ni. **red** ~ **black?** rouge ou noir?; ~ **else you die; do it** ~ **else!*** fais-le, sinon (tu vas voir)!; **without tears** ~ **sighs** sans larmes ni soupirs; **he could not read** ~ **write** il ne savait ni lire ni écrire; **an hour** ~ **so** environ *or* à peu près une heure; **botany,** ~ **the science of plants** la botanique, ou la science des plantes *or* autrement dit la science des plantes; *V* **either.**
oracle ['ɒrəkl] *n (Hist, fig)* oracle *m*. *(fig)* **he managed to work the** ~ **and got 3 days' leave** il s'est mystérieusement débrouillé pour obtenir 3 jours de congé.
oracular [ɒ'rækjʊlər] *adj (lit, fig)* d'oracle; *(mysterious)* sibyllin *(liter)*.
oral ['ɔːrəl] **1** *adj* **(a)** *examination, teaching methods* oral; *testimony, message, account* oral, verbal; *(Scol etc)* ~ **examiner** examinateur *m*, -trice *f* à l'oral.
  (b) *(Anat) cavity* buccal, oral; *(Pharm etc) dose* par voie orale. ~ **hygiene** hygiène *f* buccale *or* bucco-dentaire; *(Ling)* ~ **vowel** voyelle orale.
  2 *n* *(examen m)* oral *m*, épreuve orale.
orally ['ɔːrəlɪ] *adv testify, communicate* oralement, de vive voix; *(Pharm)* par voie orale.
orange ['ɒrɪndʒ] **1** *n (fruit)* orange *f*; *(also* ~ **tree)** oranger *m*; *(colour)* orange *m*, orangé *m*. '~s and lemons' chanson et jeu d'enfants; *V* **blood etc.**
  2 *adj (colour)* orangé, orange *inv*; *(taste) drink, flavour* d'orange; *liqueur* à l'orange.
  3 *cpd*: **orange blossom** fleur(s) *f(pl)* d'oranger; *(Ir)* **Orange Day** le 12 juillet *(procession annuelle des orangistes de l'Irlande du Nord)*; **Orange Free State** État *m* libre d'Orange; **orange grove** orangeraie *f*; *(Ir)* **Orangeman** orangiste *m*; **orange marmalade** confiture *f* d'oranges; **orange peel** *(gen)* peau *f or* écorce *f* d'orange; *(Culin)* zeste *m* d'orange; **orange stick** bâtonnet *m (pour manucure etc)*; **orange tree** oranger *m*; **orangewood** (bois *m* d') oranger *m*.
orangeade ['ɒrɪndʒ'eɪd] *n* orangeade *f*.
orangery ['ɒrɪndʒərɪ] *n* orangerie *f*.
orang-outang, orang-utan [ɔː'ræŋuː'tæn] *n* orang-outan(g) *m*.
orate [ɒ'reɪt] *vi* discourir, faire un discours; *(speechify)* pérorer.
oration [ɔː'reɪʃən] *n* discours solennel; *V* **funeral.**
orator ['ɒrətər] *n* orateur *m*, -trice *f*.
oratorical [ˌɒrə'tɒrɪkəl] *adj* oratoire.
oratorio [ˌɒrə'tɔːrɪəʊ] *n* oratorio *m*.

oratory¹ ['ɒrətərɪ] n (art) art m oratoire; (what is said) éloquence f, rhétorique f. **brilliant piece of** ~ brillant discours.
oratory² ['ɒrətərɪ] n (Rel) oratoire m.
orb [ɔːb] n (a) (sphere) globe m, sphère f; (in regalia) globe. (b) (liter: eye) œil m. (c) (liter; celestial body) orbe m.
orbit ['ɔːbɪt] 1 n (Anat, Astron) orbite f. **to be in/go into/put into** ~ (around) être/entrer/mettre en or sur orbite (autour de); (fig) **that doesn't come within my** ~ ceci n'est pas de mon domaine or de mon rayon; **countries within the communist** ~ pays dans l'orbite communiste.
   2 vt graviter autour de, décrire une or des orbite(s) autour de.
   3 vi orbiter, être or rester en or sur orbite (round autour de).
orbital ['ɔːbɪtl] adj (Astron) orbital; (Anat) orbitaire; road périphérique.
Orcadian [ɔː'keɪdɪən] 1 adj des (îles) Orcades. 2 n habitant(e) m(f) des (îles) Orcades.
orchard ['ɔːtʃəd] n verger m. **cherry** ~ champ m de cerisiers, cerisaie f.
orchestra ['ɔːkɪstrə] 1 n (a) (Mus) orchestre m; V leader, string etc. (b) (US Theat) (fauteuils mpl d')orchestre m. 2 cpd: (Theat) **orchestra pit** fosse f d'orchestre; **orchestra stalls** (fauteuils mpl d')orchestre m.
orchestral [ɔː'kestrəl] adj music, style orchestral; concert symphonique.
orchestrate ['ɔːkɪstreɪt] vt orchestrer.
orchestration [ˌɔːkɪs'treɪʃən] n orchestration f, instrumentation f.
orchid ['ɔːkɪd] n orchidée f. **wild** ~ orchis m.
orchis ['ɔːkɪs] n orchis m.
ordain [ɔː'deɪn] vt (a) [God, fate] décréter (that que); [law] décréter (that que), prescrire (that que + subj); [judge] ordonner (that que + subj). **it was** ~ed **that he should die young** il était destiné à mourir jeune, le sort or le destin a voulu qu'il meure jeune.
   (b) (Rel) priest ordonner. **he was** ~ed (**priest**) il a reçu l'ordination, il a été ordonné prêtre.
ordeal [ɔː'diːl] n (a) supplice m, rude épreuve f. **they suffered terrible** ~s ils sont passés par or ils ont subi d'atroces épreuves; **speaking in public was an** ~ **for him** il était au supplice quand il devait parler en public, parler en public le mettait au supplice.
   (b) (Hist Jur) ordalie f. ~ **by fire** épreuve f du feu.
order ['ɔːdər] 1 n (a) (U: disposition, sequence) ordre m. **word** ~ ordre des mots; **in alphabetical** ~ dans l'ordre alphabétique; **what** ~ **should these cards be in?** dans quel ordre ces cartes devraient-elles être?; **in** ~ **of merit** par ordre de mérite; (Theat) **in** ~ **of appearance** par ordre or dans l'ordre d'entrée en scène; **to be in** ~ être en ordre (V also 1d); **the cards were out of** ~ les cartes n'étaient pas dans l'ordre; **to put in(to)** ~ mettre en ordre, agencer, classer; [papers etc] **to get out of** ~ se déclasser; **it is in the** ~ **of things** c'est dans l'ordre des choses; **the old** ~ **is changing** l'ancien état de choses change; V battle, close¹ etc.
   (b) (U: good ~) ordre m. **he's got no sense of** ~ il n'a aucun (sens de l')ordre; **in** ~ room etc en ordre; passport, documents en règle; **to put one's room/one's affairs in** ~ mettre de l'ordre dans sa chambre/ses affaires, mettre sa chambre/ses affaires en ordre; (US) **in short** ~ sans délai, tout de suite; **machine out of** ~ or not in (working or running) ~ machine en panne or détraquée; (Telec) **the line is out of** ~ la ligne est en dérangement; **to be in running** or **working** ~ marcher bien, être en bon état or en état de marche.
   (c) in ~ **to do** pour faire, afin de faire; in ~ **that** afin que + subj, pour que + subj.
   (d) (correct procedure: also Parl) ordre m. (Parl) ~, ~! à l'ordre!; (Parl etc) **to call sb to** ~ rappeler qn à l'ordre; (Parl etc) **(on a) point of** ~ (sur une) question de droit or de forme, (sur un) point de droit or de procédure; (gen: of action, request etc) **to be in** ~ être dans les règles; **that's quite in** ~ je n'y vois aucune objection; **is it in** ~ **to do that?** est-il permis de faire cela?; **would it be in** ~ **for me to speak to her?** serait-il approprié que je lui parle? (subj); **it's quite in** ~ **for him to do that** rien ne s'oppose à ce qu'il fasse ça; (hum) **a drink seems in** ~ un verre (de quelque chose) me semble tout indiqué; **such behaviour is out of** ~ cette conduite n'est pas de mise.
   (e) (peace, control) ordre m. **to keep** ~ [police etc] faire régner l'ordre, maintenir l'ordre; [teacher] faire régner la discipline; **she can't keep her class in** ~ elle n'arrive pas à tenir sa classe; **keep your dog in** ~! surveillez or tenez votre chien!; V law etc.
   (f) (Bio) ordre m; (social position) classe f; (kind) ordre, sorte f, genre m. (social rank) **the lower/higher** ~s les classes inférieures/supérieures; (fig) **of a high** ~ de premier ordre; (Brit) **something of** or **in the** ~ **of 3000 francs** (US) something on the ~ **of 3000 francs** quelque chose de l'ordre de 3000 francs.
   (g) (Archit) ordre m.
   (h) (society, association etc) ordre m; (fig: medal) décoration f, insigne m. **Benedictine O~** ordre des bénédictins; (Brit) **the O~ of the Bath** l'ordre du Bain; (Brit) **the O~ of Merit** l'ordre m du mérite; V boot¹, garter etc.
   (i) (Rel) (holy) ~s ordres mpl (majeurs); **to be in/take (holy)** ~s être/entrer dans les ordres.
   (j) (command) ordre m, commandement m, consigne f (Mil). **sealed** ~s instructions secrètes; **to obey** ~s obéir aux ordres, (Mil) observer or respecter la consigne; **to give sb** ~s **to do sth** ordonner à qn de faire qch; **you can't give me** ~s!, **I don't take** ~s **from you!** je ne suis pas à vos ordres!, ce n'est pas à vous de me donner des ordres!; **I don't take** ~s **from anyone** je n'ai d'ordres à recevoir de personne; ~s **are** ~s la consigne c'est la consigne, les ordres sont les ordres; **that's an** ~! c'est un ordre!; **he gave the** ~ **for it to be done** il ordonna qu'on le fasse, il a donné (l')ordre de le faire; **on the** ~s **of** sur l'ordre de; **by** ~ **of** par ordre de; **to be under the** ~s **of** être sous les ordres de; **to be under** ~s **to do** avoir (reçu

l')ordre de faire; **till further** ~s jusqu'à nouvel ordre; ~ **of the day** ordre du jour; (fig) **strikes were the** ~ **of the day** les grèves étaient à l'ordre du jour; (Brit Parl) **O** ~ **in Council** ordonnance prise en Conseil privé, ≃ décret-loi m; (Jur) judge's ~ ordonnance f; (Jur) ~ **of the Court** injonction f de la cour; **deportation** ~ arrêté m d'expulsion; V marching, starter, tall etc.
   (k) (Comm) commande f. **made to** ~ fait sur commande; **to give an** ~ **to sb (for sth)**, **to place an** ~ **with sb (for sth)** passer une commande (de qch) à qn; **we have received your** ~ **for ...** nous avons bien reçu votre commande de ... ; **we have the shelves on** ~ **for you** vos étagères sont commandées; (Comm, fig) **to do sth to** ~ faire qch sur commande; (in café etc) **an** ~ **of French fries** une portion de frites; V repeat, rush etc.
   (l) (warrant, permit) permis m. ~ **to view** permis de visiter.
   (m) (Fin etc: money) ~ mandat m. **pay to the** ~ **of** payer à l'ordre de; **pay X or** ~ payez X ou à son ordre; V banker, postal etc.
   2 cpd: (Comm, Ind) **order book** carnet m de commandes; (Ind) **the company's order books were full** les carnets de commandes de la compagnie étaient complets; (Comm) **order form** billet m or bon m de commande; (Brit Scol) **order mark** avertissement m; (Brit Parl) **order paper** ordre m du jour.
   3 vt (a) (command) ordonner (sb to do à qn de faire, that que + subj), donner l'ordre (that que + subj). **he was** ~ed **to be quiet** on lui ordonna de se taire; **to** ~ **sb in/out/up** etc ordonner à qn d'entrer/de sortir/de monter etc; **to** ~ **a regiment abroad** envoyer un régiment à l'étranger; **the regiment was** ~ed **to Berlin** le régiment a reçu l'ordre d'aller à Berlin.
   (b) (Comm) goods, meal commander; taxi faire venir.
   (c) (put in ~) one's affairs etc organiser, régler.
   4 vi (in restaurant etc) passer sa commande.
♦ **order about**, **order around** vt sep commander. **he likes ordering people about** il aime commander les gens, il aime donner des ordres à droite et à gauche; **I won't be ordered about by him!** je ne suis pas à ses ordres!
ordered ['ɔːdəd] adj (also well ~) = orderly.
orderliness ['ɔːdəlɪnɪs] n (habitudes fpl d')ordre m.
orderly ['ɔːdəlɪ] 1 adj room ordonné, en ordre; mind méthodique; life rangé, réglé; person qui a de l'ordre or de la méthode; crowd discipliné. **in an** ~ **way** avec ordre, méthodiquement, d'une façon disciplinée.
   2 n (a) (Mil) planton m, ordonnance f.
   (b) (Med) garçon m de salle; V nursing.
   3 cpd: (Mil) **orderly officer** officier m de service or de semaine; (Mil) **orderly room** salle f de rapport.
ordinal ['ɔːdɪnl] 1 adj number ordinal. 2 n (nombre m) ordinal m.
ordinance ['ɔːdɪnəns] n ordonnance f, arrêté m.
ordinand ['ɔːdɪnænd] n ordinand m.
ordinarily ['ɔːdnrɪlɪ] adv ordinairement, d'habitude, normalement, d'ordinaire, généralement. **more than** ~ **polite** d'une politesse qui sort de l'ordinaire.
ordinary ['ɔːdnrɪ] 1 adj (a) (usual) ordinaire, normal, habituel, courant. **in the** ~ **way**, **in the** ~ **course of events** en temps normal, dans des circonstances normales; **in** ~ **use** d'usage or d'emploi courant; **for all** ~ **purposes** pour l'usage courant; **my** ~ **grocer** s mon épicerie habituelle; **it's not what you would call an** ~ **present** c'est vraiment un cadeau peu ordinaire or peu banal.
   (b) (not outstanding) ordinaire, comme les autres; (average) intelligence, knowledge, reader etc moyen. **I'm just an** ~ **fellow** je suis un homme comme les autres; ~ **people** gens mpl ordinaires or comme les autres.
   (c) (pej) person, meal etc ordinaire, quelconque, médiocre.
   (d) (Brit Scol) **O~ Level**, (Scot) **O~ grade** ≃ première partie f du bac; (Brit Educ) **O~ National Certificate** ≃ brevet m de technicien; (Brit Univ) ~ **degree** ≃ licence f libre; (Brit Educ) **O~ National Diploma** ≃ brevet m de technicien supérieur; (Brit Navy) ~ **seaman** matelot m breveté; (St Ex) ~ **share** action f ordinaire.
   2 n (a) ordinaire m. **out of the** ~ hors du commun, exceptionnel, qui sort de l'ordinaire; **above the** ~ au-dessus du commun or de l'ordinaire.
   (b) (Rel) **the** ~ **of the mass** l'ordinaire m de la messe.
ordination [ˌɔːdɪ'neɪʃən] n (Rel) ordination f.
ordnance ['ɔːdnəns] (Mil) 1 n (guns) (pièces fpl d')artillerie f; (unit) service m du matériel et des dépôts.
   2 cpd: **Ordnance Corps** Service m du matériel; **ordnance factory** usine f d'artillerie; (Brit) **Ordnance Survey** service m cartographique de l'État; (Brit) **Ordnance Survey map** ≃ carte f d'État-Major.
Ordovician [ˌɔːdəʊ'vɪʃɪən] adj ordovicien.
ordure ['ɔːdjʊər] n ordure f.
ore [ɔːr] n minerai m. **iron** ~ minerai de fer.
oregano [ˌɒrɪ'ɡɑːnəʊ] n origan m.
Oregon ['ɒrɪɡən] n Oregon m. **in** ~ dans l'Oregon.
oreo ['ɔːrɪəʊ] n (US) (a) (food) gâteau sec au chocolat fourré à la vanille.
   (b) (‡: fig: person) Noir(e) m(f) qui imite les Blancs.
Orestes [ɒ'restiːz] n Oreste m.
organ ['ɔːɡən] 1 n (a) (Mus) orgue m, orgues fpl. **grand** ~ grandes orgues; V barrel, mouth etc.
   (b) (Press: mouthpiece) organe m, porte-parole m inv.
   (c) (Anat) organe m. **vocal** ~s, ~s **of speech** organes vocaux, appareil vocal; **sexual** ~s organes génitaux or sexuels; **male** ~ sexe m masculin.
   (d) (fig: instrument) organe m. **the chief** ~ **of the administration** l'organe principal de l'administration.
   2 cpd: (Med) **organ bank** banque f d'organes; **organ-builder** facteur m d'orgue; **organ-grinder** joueur m, -euse f d'orgue de

Barbarie; **organ loft** tribune f d'orgue; **organ pipe** tuyau m d'orgue; **organ screen** jubé m; **organ stop** jeu m d'orgue.

organdie, (US) **organdy** ['ɔːgəndɪ] **1** n organdi m. **2** cpd en organdi, d'organdi.

organic [ɔːˈgænɪk] adj **(a)** (gen) disease, life, substance, chemistry, law organique; part fondamental. **~ being** être organisé; **~ whole** tout m systématique. **(b)** (free of chemicals) food, product naturel; vegetables biologique, cultivé sans engrais chimiques ni insecticides. **~ farming** agriculture f biologique, culture f sans engrais chimiques ni insecticides; **~ restaurant** restaurant m diététique.

organically [ɔːˈgænɪkəlɪ] adv (Bio, Physiol etc) organiquement; (basically) foncièrement, fondamentalement.

organism ['ɔːgənɪzəm] n organisme m (Bio).

organist ['ɔːgənɪst] n organiste mf. **~ at X cathedral** titulaire mf des (grandes) orgues de or organiste à la cathédrale de X.

organization [ˌɔːgənaɪˈzeɪʃən] **1** n (a) (gen) organisation f; (statutory body) organisme m, organisation; (society) organisation, association f. **youth ~** organisation or organisme de jeunesse; **she belongs to several ~s** elle est membre de plusieurs organisations or associations; **a charitable ~** une œuvre or une fondation charitable; V travel.
(b) (executives etc) [business firm, political party] cadres mpl.
(c) (U) organisation f. **his work lacks ~** son travail manque d'organisation.
2 cpd: (Comm, Admin) **organization and method** organisation f et méthode f; **organization chart** organigramme m; (Fin) **organization expenses** frais mpl de premier établissement; (pej) **organization man** cadre m qui s'identifie complètement à sa firme.

organizational [ˌɔːgənaɪˈzeɪʃənl] adj (gen) organisationnel. (Jur, Comm) **~ change** mutation f des structures.

organize ['ɔːgənaɪz] **1** vt (a) (gen) meeting, scheme, course, club, visit organiser (for sb pour qn). **they ~d (things) for me to go to London** ils ont fait le nécessaire pour que je me rende à Londres; **can you ~* some food for us?** est-ce que vous pouvez nous organiser de quoi manger? or nous arranger une collation?; **can you ~ the food for us?** est-ce que vous pouvez vous occuper de la nourriture?; **she's always organizing people** elle n'arrête pas de dire aux gens ce qu'ils doivent faire; **to get ~d** s'organiser; V also organized.
(b) (Ind: into trade union) syndiquer; V also organized.
2 vi (Ind) se syndiquer.

organized ['ɔːgənaɪzd] adj **(a)** resistance, society, tour organisé (also Bio etc). **~ labour** main-d'œuvre syndiquée or organisée en syndicats; **~ crime** le grand banditisme.
(b) (methodical) approach etc méthodique; person organisé. **he's not very ~** il n'est pas très organisé, il ne sait pas s'organiser.

organizer ['ɔːgənaɪzə'] n [event, activity] organisateur m, -trice f. **the ~s apologize for ...** les organisateurs vous prient de les excuser pour ... .
(b) to be a good/bad ~ être un bon/mauvais organisateur.
(c) (for holding things) vide-poches m inv.

organizing ['ɔːgənaɪzɪŋ] **1** n [event, activity etc] organisation f. **she loves ~** elle adore organiser.
2 adj (a) group, committee (qui est) chargé de l'organisation.
(b) (bossy) person qui n'arrête pas de dire aux autres ce qu'ils doivent faire.

organo ... ['ɔːgənəʊ] pref organo ... .

organza [ɔːˈgænzə] n organza m.

orgasm ['ɔːgæzəm] n orgasme m.

orgiastic [ˌɔːdʒɪˈæstɪk] adj orgiaque.

orgy ['ɔːdʒɪ] n (also ~ window) (fenêtre f en) oriel m.

orient ['ɔːrɪənt] **1** n (liter) orient m, levant m. **the O~** l'Orient. **2** vt (lit, fig) orienter; V oriented.

oriental [ˌɔːrɪˈentəl] **1** adj peoples, civilization oriental; carpet d'Orient. **2** n: **O~** Oriental(e) m(f).

orientate ['ɔːrɪənteɪt] vt (lit, fig) orienter.

orientated ['ɔːrɪənteɪtɪd] = oriented.

orientation [ˌɔːrɪənˈteɪʃən] n (gen) orientation f. (US Univ) **~ week** semaine f d'accueil des étudiants.

oriented ['ɔːrɪəntɪd] adj (often in cpds) (giving priority to) qui favorise ... , axé sur; (specially for needs of) conçu pour, adapté aux besoins de. **defence-~** budget budget qui favorise la défense; **profit-~** economy économie axée sur le profit; **socially ~** government spending dépenses publiques axées sur le social; **industry-~** research recherche conçue en fonction des besoins de l'industrie; **user-/pupil-** etc **~** adapté aux besoins de or spécialement conçu pour l'usager/l'élève etc; **politically ~** orienté (politiquement or idéologiquement).

orienteering [ˌɔːrɪənˈtɪərɪŋ] n (Sport) exercice m d'orientation sur le terrain.

orifice ['ɒrɪfɪs] n orifice m.

origami [ˌɒrɪˈgɑːmɪ] n origami m.

origan ['ɒrɪgən] n origan m.

origin ['ɒrɪdʒɪn] n (parentage, source) origine f; [manufactured goods etc] origine, provenance f. **the ~ of this lies in ...** l'origine en est ... ; **to have humble ~s, to be of humble ~** être d'origine modeste; **his family had its ~ in France** sa famille était originaire de France; **country of ~** pays m d'origine.

original [əˈrɪdʒɪnl] **1** adj (a) (first, earliest) son originel; inhabitant, member originel, premier, originaire; purpose, suggestion, meaning originel, initial, premier; shape, colour primitif; edition original, princeps inv. **the ~ version** la version originale. **an ~ mind** un esprit novateur; (Fin, Comm) **~ cost** coût m d'acquisition; (US Jur) **~ jurisdiction** juridiction f de première instance.
(b) (not copied etc) painting, idea, writer original; play inédit, original.

(c) (unconventional) character, person singulier, original, excentrique.
2 n (a) [painting, language, document] original m. **to read Dante in the ~** lire Dante dans l'original.
(b) (person) original(e) m(f), phénomène* m.

originality [əˌrɪdʒɪˈnælɪtɪ] n originalité f.

originally [əˈrɪdʒnəlɪ] adv (a) (in the beginning) originairement, à l'origine; (at first) originellement. **(b)** (not copying) originalement, d'une manière originale.

originate [əˈrɪdʒɪneɪt] **1** vt [person] être l'auteur de, être à l'origine de; [event etc] donner naissance à, produire, créer.
2 vi: **to ~ from** [person] [goods] provenir de; [suggestion, idea] **to ~ from sb** émaner de qn; [stream, custom etc] **to ~ in** prendre naissance or sa source dans.

originator [əˈrɪdʒɪneɪtə'] n auteur m, créateur m, -trice f; [plan etc] initiateur m, -trice f.

oriole ['ɔːrɪəʊl] n loriot m; V golden.

Orion [əˈraɪən] n (Astron) Orion f; (Myth) Orion m.

Orkney Islands ['ɔːknɪˌaɪləndz] npl, **Orkneys** ['ɔːknɪz] npl Orcades fpl.

orlon ['ɔːlɒn] **1** n ® orlon m ®. **2** cpd en orlon.

ormer ['ɔːmə'] n (Zool) ormeau m.

ormolu ['ɔːməʊluː] **1** n similor m, chrysocale m. **2** cpd en similor, en chrysocale.

ornament ['ɔːnəmənt] **1** n (a) (on building, ceiling, dress etc) ornement m; (vase etc) objet décoratif, bibelot m; (fig, liter: person, quality) ornement (fig, liter). **a row of ~s on the shelf** une rangée de bibelots sur l'étagère.
(b) (U: Archit, Dress etc) ornement m. **rich in ~** richement orné.
(c) (Mus) ornement m.
2 ['ɔːnəment] vt style orner, embellir (with de); room, building, ceiling décorer, ornementer (with de); dress agrémenter, orner (with de).

ornamental [ˌɔːnəˈmentl] adj ornemental; garden, lake d'agrément; design décoratif.

ornamentation [ˌɔːnəmenˈteɪʃən] n ornementation f, décoration f.

ornate [ɔːˈneɪt] adj vase très orné; style très orné, fleuri.

ornately [ɔːˈneɪtlɪ] adv decorate, design avec une profusion d'ornements; write etc dans un style très orné, dans un style très fleuri.

ornery* ['ɔːnərɪ] adj (US) (nasty) méchant; (obstinate) entêté, têtu comme un âne; (base) vil (f vile).

ornithological [ˌɔːnɪθəˈlɒdʒɪkəl] adj ornithologique.

ornithologist [ˌɔːnɪˈθɒlədʒɪst] n ornithologiste mf, ornithologue mf.

ornithology [ˌɔːnɪˈθɒlədʒɪ] n ornithologie f.

orogeny [ɒˈrɒdʒɪnɪ] n orogénie f, orogénèse f.

orphan ['ɔːfən] **1** n orphelin(e) m(f). **2** adj orphelin. **3** vt: **to be ~ed** devenir orphelin(e); **the children were ~ed by the accident** les enfants ont perdu leurs parents dans l'accident.

orphanage ['ɔːfənɪdʒ] n orphelinat m.

Orpheus ['ɔːfjuːs] n Orphée m. (Mus) **~ in the Underworld** Orphée aux Enfers.

ortho... ['ɔːθəʊ] pref orth(o)... .

orthodontics [ˌɔːθəʊˈdɒntɪks] n (U) orthodontie f.

orthodox ['ɔːθədɒks] adj (Rel, also fig) orthodoxe. **the O~** (Eastern) **Church, the Greek O~ Church** l'Église f orthodoxe grecque.

orthodoxy ['ɔːθədɒksɪ] n orthodoxie f.

orthogonal [ɔːˈθɒgənl] adj orthogonal.

orthographic(al) [ˌɔːθəˈgræfɪk(əl)] adj orthographique.

orthography [ɔːˈθɒgrəfɪ] n orthographe f.

orthopaedic, (US) **orthopedic** [ˌɔːθəʊˈpiːdɪk] adj orthopédique. **~ surgeon** orthopédiste mf, chirurgien(ne) m(f) orthopédiste; **~ surgery** chirurgie f orthopédique; **~ bed** lit m très ferme (pour la colonne vertébrale).

orthopaedics, (US) **orthopedics** [ˌɔːθəʊˈpiːdɪks] n orthopédie f.

orthopaedist, (US) **orthopedist** [ˌɔːθəʊˈpiːdɪst] n orthopédiste mf.

orthopaedy, (US) **orthopedy** ['ɔːθəʊpiːdɪ] n = orthopaedics.

ortolan ['ɔːtələn] n ortolan m.

Orwellian [ɔːˈwelɪən] adj (Literat etc) d'Orwell.

oryx ['ɒrɪks] n oryx m.

O.S. [əʊˈes] (Brit Naut) abbr of Ordinary Seaman; V ordinary.

O/S [əʊˈes] (Comm) abbr of outsize.

OS [əʊˈes] (Brit) abbr of Ordnance Survey; V ordnance.

Oscar ['ɒskə'] n (Cine) oscar m.

oscillate ['ɒsɪleɪt] **1** vi (gen, Elec, Phys etc) osciller; (fig) [ideas, opinions] fluctuer, varier; [person] osciller, balancer (between entre). **2** vt faire osciller.

oscillation [ˌɒsɪˈleɪʃən] n oscillation f.

oscillator ['ɒsɪleɪtə'] n oscillateur m.

oscillatory [ˌɒsɪˈleɪtərɪ] adj oscillatoire.

os coxae [ɒsˈkɒksiː] n os m iliaque or coxal.

osculate ['ɒskjʊleɪt] (hum) **1** vi s'embrasser. **2** vt embrasser.

osier ['əʊʒə'] **1** n osier m. **2** cpd branch d'osier; basket en osier, d'osier.

Osiris [əʊˈsaɪrɪs] n Osiris m.

Oslo ['ɒzləʊ] n Oslo.

osmium ['ɒzmɪəm] n osmium m.

osmosis [ɒzˈməʊsɪs] n (Phys, fig) osmose f. **by ~** par osmose.

osmotic [ɒzˈmɒtɪk] adj osmotique.

osprey ['ɒspreɪ] n (Orn) balbuzard m (pêcheur); (on hat) aigrette f.

osseous ['ɒsɪəs] adj (a) (Anat, Zool) osseux. **(b)** = ossiferous.

ossicle ['ɒsɪkl] n osselet m.

ossiferous [ɒˈsɪfərəs] adj ossifère.

ossification [ˌɒsɪfɪˈkeɪʃən] n ossification f.

ossify ['ɒsɪfaɪ] (lit, fig) **1** vt ossifier. **2** vi s'ossifier.

ossuary ['ɒsjʊərɪ] n ossuaire m.

Ostend ['ɒs'tend] *n* Ostende.

ostensible [ɒs'tensəbl] *adj* prétendu, feint, apparent.

ostensibly [ɒs'tensəblɪ] *adv* officiellement, en apparence. **he was** ~ **a student** il était soi-disant *or* c'était officiellement un étudiant, il était censé être étudiant; **he went out,** ~ **to telephone** il est sorti sous prétexte de téléphoner.

ostensive [ɒ'stensɪv] *adj* **(a)** (*Ling etc*) ostensif. **(b)** = **ostensible**.

ostentation [ˌɒsten'teɪʃən] *n* (*U*) ostentation *f*, étalage *m*, parade *f*.

ostentatious [ˌɒsten'teɪʃəs] *adj* **surroundings** prétentieux, plein d'ostentation; *person, manner* prétentieux, ostentatoire (*liter*); *dislike, concern, attempt* exagéré, ostentatoire (*liter*).

ostentatiously [ˌɒsten'teɪʃəslɪ] *adv decorate* avec ostentation; *try* d'une manière exagérée *or* ostentatoire.

osteo... ['ɒstɪəʊ] *pref* ostéo...

osteoarthritis ['ɒstɪəʊɑː'θraɪtɪs] *n* ostéoarthrite *f*.

osteoblast ['ɒstɪəʊblɑːst] *n* ostéoblaste *m*.

osteogenesis [ˌɒstɪəʊ'dʒenɪsɪs] *n* ostéogénèse *f*, ostéogénie *f*.

osteology [ˌɒstɪ'ɒlədʒɪ] *n* ostéologie *f*.

osteomalacia [ˌɒstɪəʊmə'leɪʃɪə] *n* ostéomalacie *f*.

osteomyelitis [ˌɒstɪəʊmaɪə'laɪtɪs] *n* ostéomyélite *f*.

osteopath ['ɒstɪəpæθ] *n* ostéopathe *mf*.

osteopathy [ˌɒstɪ'ɒpəθɪ] *n* ostéopathie *f*.

osteophyte ['ɒstɪəfaɪt] *n* ostéophyte *m*.

osteoplasty ['ɒstɪəplæstɪ] *n* ostéoplastie *f*.

osteoporosis [ˌɒstɪəʊpɔː'rəʊsɪs] *n* ostéoporose *f*.

osteotomy [ˌɒstɪ'ɒtəmɪ] *n* ostéotomie *f*.

ostler†† ['ɒslər] *n* (*esp Brit*) valet *m* d'écurie.

ostracism ['ɒstrəsɪzəm] *n* ostracisme *m*.

ostracize ['ɒstrəsaɪz] *vt* frapper d'ostracisme, mettre au ban de la société, mettre en quarantaine.

ostrich ['ɒstrɪtʃ] *n* autruche *f*.

OT [əʊ'tiː] *n* **(a)** (*Bible*) *abbr of* **Old Testament;** *V* **old. (b)** (*Med*) *abbr of* **occupational therapy;** *V* **occupational.**

other ['ʌðər] **1** *adj* autre. **the** ~ **one** l'autre *mf*; **the** ~ **5** les 5 autres; ~ **people have done it** d'autres l'ont fait; ~ **people's property** la propriété d'autrui; **it always happens to** ~ **people** ça arrive toujours aux autres; (*fig*) **the** ~ **world** l'au-delà *m*, l'autre monde *m* (*V also* **4**); **the** ~ **day/week** l'autre jour/semaine; **come back some** ~ **day** revenez un autre jour; **I wouldn't wish him** ~ **than** he is je ne le voudrais pas autre qu'il est, je ne souhaiterais pas qu'il soit différent; **someone** *or* ~ **said that ...** je ne sais qui a dit que ...; **some writer** *or* ~ **said that ...** je ne sais quel écrivain a dit que ..., un écrivain, je ne sais plus lequel, a dit que ...; **some fool** *or* ~ **un idiot quelconque; there must be some** ~ **way of doing it** on doit pouvoir le faire d'une autre manière; *V* **every, hand, time, word** *etc*.

2 *pron* autre *mf*. **and these 5** ~**s** et ces 5 autres; **there are some** ~**s** il y en a d'autres; **several** ~**s have mentioned it** plusieurs autres l'ont mentionné; **one after the** ~ l'un après l'autre; ~**s have spoken of him** il y en a d'autres qui ont parlé de lui; **he doesn't like hurting** ~**s** il n'aime pas faire de mal aux autres *or* à autrui; **some like flying,** ~**s prefer the train** les uns aiment prendre l'avion, les autres préfèrent le train; **some do,** ~**s don't** il y en a qui le font, d'autres qui ne le font pas; **one** *or* ~ **of them will come** il y en aura bien un qui viendra; **somebody** *or* ~ **suggested that ...** je ne sais qui a suggéré que ..., quelqu'un, je ne sais qui, a suggéré que ...; **that man of all** ~**s** cet homme entre tous; **you and no** ~ vous et personne d'autre; **no** ~ **than** nul autre que; *V* **each, none.**

3 *adv* autrement. **he could not have acted** ~ **than he did** il n'aurait pas pu agir autrement; **I've never seen her** ~ **than with her husband** je ne l'ai jamais vue (autrement) qu'avec son mari; **I couldn't do** ~ **than come, I could do no** ~ **than come** je ne pouvais faire autrement que de venir, je ne pouvais que venir; **no one** ~ **than a member of the family** nul autre qu'un membre de la famille; *V* **somewhat** *etc*.

4 *cpd*: (*US Psych*) **other-directed** conformiste; **other-worldly attitude** détaché des contingences (de ce monde); *person* qui n'a pas les pieds sur terre.

otherwise ['ʌðəwaɪz] **1** *adv* **(a)** (*in another way*) autrement, différemment, d'une autre manière. **I could not do** ~ **than agree** je ne pouvais faire autrement que de consentir; **it cannot be** ~ il ne peut en être autrement; **until proved** ~ jusqu'à preuve du contraire; **he was** ~ **engaged** il était occupé à (faire) autre chose; **except where** ~ **stated** sauf indication contraire; **whether sold or** ~ vendu ou non; (*frm*) **should it be** ~ dans le cas contraire; **Montgomery** ~ **(known as) Monty** Montgomery autrement (dit *or* appelé) Monty.

(b) (*in other respects*) autrement, à part cela. ~ **it's a very good car** autrement *or* à part ça c'est une excellente voiture; **an** ~ **excellent essay** une dissertation par ailleurs excellente.

2 *conj* autrement, sans quoi, sans cela, sinon.

otiose ['əʊʃɪəʊs] *adj* (*frm*) (*idle*) oisif; (*useless*) oiseux, inutile, vain.

otitis [əʊ'taɪtɪs] *n* otite *f*.

Ottawa ['ɒtəwə] *n* (*city*) Ottawa; (*river*) Ottawa *f*, Outaouais *m*.

otter ['ɒtər] *n* loutre *f*; *V* **sea.**

Otto ['ɒtəʊ] *n* Othon *m* *or* Otton *m*.

ottoman ['ɒtəmən] *n* ottomane *f*.

Ottoman ['ɒtəmən] **1** *adj* ottoman. **2** *n* Ottoman(e) *m(f)*.

OU [əʊ'juː] (*Brit Educ*) *abbr of* **Open University;** *V* **open.**

ouch [aʊtʃ] *excl* aïe!

ought¹ [ɔːt] *pret* **ought** *modal aux vb* **(a)** (*indicating obligation, advisability, desirability*) **I ought to do it** je devrais le faire, il faudrait *or* il faut que je le fasse; **I really ought to go and see him** je devrais bien aller le voir; **he thought he ought to tell you** il a pensé qu'il devait vous le dire; **if they behave as they ought** s'ils se conduisent comme ils le doivent, s'ils se conduisent

correctement; **this ought to have been finished long ago** cela aurait dû être terminé il y a longtemps; **oughtn't you to have left by now?** est-ce que vous n'auriez pas dû déjà être parti?

(b) (*indicating probability*) **they ought to be arriving soon** ils devraient bientôt arriver; **he ought to have got there by now I expect** je pense qu'il est arrivé *or* qu'il a dû arriver (à l'heure qu'il est); **that ought to do** ça devrait aller; **that ought to be very enjoyable** cela devrait être très agréable.

ought² [ɔːt] *n* = **aught.**

ouija ['wiːdʒə] *n*: ~ **board** oui-ja *m* *inv*.

ounce [aʊns] *n* once *f* (= 28,35 *grammes*); (*fig: of truth etc*) grain *m*, once, gramme *m*.

our ['aʊər] *poss adj* notre, *pl* nos. ~ **book** notre livre *m*; ~ **table** notre table *f*; ~ **clothes** nos vêtements *mpl*; (*Rel*) **O**~ **Lady** Notre Dame *f*; (*emph*) OUR **car** notre voiture à nous.

ours ['aʊəz] *poss pron* le nôtre, la nôtre, les nôtres. **this car is** ~ cette voiture est à nous *or* nous appartient *or* est la nôtre; **a friend of** ~ un de nos amis (à nous), un ami à nous*; **I think it's one of** ~ je crois que c'est un des nôtres; **your house is better than** ~ votre maison est mieux que la nôtre; **it's no fault of** ~ ce n'est pas de notre faute (à nous); (*pej*) **that car of** ~ notre fichue* voiture; **that stupid son of** ~ notre idiot de fils; **the house became** ~ la maison est devenue la nôtre; **no advice of** ~ **could prevent him** aucun conseil de notre part ne pouvait l'empêcher; (*frm*) **it is not** ~ **to decide** ce n'est pas à nous de décider, il ne nous appartient pas de décider; ~ **is a specialized department** notre section est une section spécialisée.

ourself [ˌaʊə'self] *pers pron* (*frm, liter: of royal or editorial 'we'*) nous-même.

ourselves [ˌaʊə'selvz] *pers pron* (*reflexive: direct and indirect*) nous; (*emphatic*) nous-mêmes; (*after prep*) nous. **we've hurt** ~ nous nous sommes blessés; **we said to** ~ nous nous sommes dit, on s'est dit*; **we saw it** ~ nous l'avons vu nous-mêmes; **we've kept 3 for** ~ nous nous en sommes réservé 3; **we were talking amongst** ~ nous discutions entre nous; **by** ~ tout seuls, toutes seules.

oust [aʊst] *vt* évincer (*sb from sth* qn de qch). **they** ~**ed him from the chairmanship** ils l'ont évincé de la présidence, ils l'ont forcé à démissionner; **X soon** ~**ed Y as the teenagers' idol** X a bientôt supplanté Y comme idole des jeunes.

out [aʊt] (*phr vb elem*) **1** *adv* **(a)** (*away, not inside etc*) dehors. **he's** ~ **in the garden** il est dans le jardin; **Paul is** ~ Paul est sorti *or* n'est pas là; **he's** ~ **to dinner** il est sorti dîner; (*US fig*) **he's** ~ **to lunch**‡ il n'est vraiment pas dans le coup; **he's** ~ **a good deal** il sort beaucoup, il n'est pas souvent chez lui; (*in library*) **that book is** ~ ce livre est sorti; **he's** ~ **fishing** il est (parti) à la pêche; **you should be** ~ **and about!** vous devriez être dehors!, ne restez donc pas enfermé!; **to be** ~ **and about again** être de nouveau sur pied; **to go** ~ sortir; **get** ~! sortez!, dehors!; ~ **you go!** sortez!, décampez!, filez!*; **can you find your own way** ~? pouvez-vous trouver la sortie *or* la porte tout seul?; (*above exit*) ~ '**sortie'; to lunch** ~ déjeuner dehors *or* en ville; **to have a day** ~ sortir pour la journée; **it's her evening** ~ c'est sa soirée de sortie; **let's have a night** ~ **tonight** si on sortait ce soir?; ~ **there** là-bas; **look** ~ **there** regardez là-bas *or* dehors, regardez là-bas dehors; ~ **here** ici; **come in!** — **no, I like it** ~ **here** rentrez! — non, je suis bien dehors; **when he was** ~ **in Iran** lorsqu'il était en Iran; **he went** ~ **to China** il est parti pour la *or* en Chine; **the voyage** ~ l'aller *m*; **to be** ~ **at sea** être en mer *or* au large; **the current carried him** ~ **(to sea)** le courant l'a entraîné vers le large; **the boat was 10 km** ~ **(to sea)** le bateau était à 10 km du rivage; **5 days** ~ **from Liverpool** à 5 jours (de voyage) de Liverpool; (*Sport*) **the ball is** ~ le ballon est sorti; (*Tennis*) '~!' 'out!', 'dehors!'; *V* **come out, run out, throw out** *etc*.

(b) (*loudly, clearly*) ~ **loud** tout haut, à haute voix; ~ **with it!** vas-y, parle!, dis-le donc!, accouche!‡; **I couldn't get his name** ~ je ne suis pas arrivé à prononcer *or* à sortir* son nom; *V* **shout out, speak out** *etc*.

(c) (*fig*) **the roses are** ~ les roses sont ouvertes *or* épanouies, les rosiers sont en fleur(s); **the trees were** ~ (*in leaf*) les arbres étaient verts; (*in flower*) les arbres étaient en fleur(s); **the sun was** ~ il faisait (du) soleil; **the moon was** ~ la lune s'était levée, il y avait clair de lune; **the stars were** ~ les étoiles brillaient; **the secret is** ~ le secret est connu (maintenant), le secret n'en est plus un; **wait till the news gets** ~! attends que la nouvelle soit ébruitée!; **his book is** ~ son livre vient de paraître; **the tide is** ~ la marée est basse; **there's a warrant** ~ **for his arrest** un mandat d'arrêt a été délivré contre lui; **the steelworkers are** ~ **(on strike)** les ouvriers des aciéries sont en grève *or* ont débrayé*; **long skirts are** ~ les jupes longues sont démodées *or* ne se font plus; **the socialists are** ~ les socialistes ne sont plus au pouvoir; **these trousers are** ~ **at the knees, the knees are** ~ **on these trousers** ce pantalon est troué aux genoux; (*unconscious*) **he was** ~ **for 10 minutes** il est resté évanoui *or* sans connaissance pendant 10 minutes; **3 gins and he's** ~ **(cold)*** 3 gins et il n'y a plus personne, 3 gins et il a son compte; (*Boxing*) **he was** ~ **(for the count)** il était K.-O.; **before the month was** (*or is*) ~ avant la fin du mois; (*in cards, games etc*) **you're** ~ tu es éliminé; *V* **come out, have out, knock out** *etc*.

(d) (*extinguished*) [*light, fire, gas etc*] **to be** ~ être éteint; '**lights** ~ **at 10 p.m.**' 'extinction des feux à 22 heures'; *V* **blow out, burn out, go out, put out** *etc*.

(e) (*wrong, incorrect*) **he was** ~ **in his calculations, his calculations were** ~ il s'est trompé dans ses calculs *or* ses comptes; **you were** ~ **by 20 cm, you were 20 cm** ~ vous vous êtes trompé *or* vous avez fait une erreur de 20 cm; **you're not far** ~ tu ne te trompes pas de beaucoup, tu n'es pas loin du compte, tu n'es pas tombé loin*; **my watch is 10 minutes** ~ (*fast*) ma montre avance de 10 minutes; (*slow*) ma montre retarde de 10 minutes.

(f) (*indicating purpose etc*) **to be ~ to do sth** être résolu à faire qch; **she was just ~ for a good time** elle ne voulait que s'amuser; **he's ~ for trouble** il cherche les ennuis; **he's ~ for all he can get** toutes les chances de s'enrichir sont bonnes pour lui; **she's ~ for** *or* **to get a husband** elle fait la chasse au mari, elle veut à tout prix se marier; **they were ~ to get him** ils avaient résolu sa perte; **to be ~ to find sth** chercher qch.

(g) (*phrases*) **to be worn ~** *or* **tired ~** *or* **all ~*** être épuisé *or* éreinté *or* à bout de forces; **the car was going all ~** *or* **flat ~** la voiture fonçait *or* allait à toute vitesse; **he was going all ~ to pass the exam** il travaillait d'arrache-pied *or* sans désemparer pour réussir à l'examen; (*unequivocally*) **right ~**, **straight ~**, **~ straight*** franchement, sans détours, sans ambages; **it's the best car ~*** c'est la meilleure voiture qu'il y ait; **it's the biggest swindle ~*** c'est l'escroquerie de l'année; **he's the best footballer ~*** c'est le meilleur joueur de football du moment; **she was ~ and away the youngest** elle était de beaucoup *or* de loin la plus jeune.

2 out of *prep* (a) (*outside*) en dehors de, hors de. **he lives ~ of town** il habite en dehors de la ville; **he is ~ of town this week** il n'est pas en ville cette semaine; **they were 100 km ~ of Paris** ils étaient à 100 km de Paris; **fish cannot live ~ of water** les poissons ne peuvent vivre hors de l'eau; **to go ~ of the room** sortir de la pièce; **he went ~ of the door** il sortit (par la porte); **come ~ of there!** sortez de là!; **let's get ~ of here!** ne restons pas ici!, partons!; **he jumped ~ of bed** il sauta du lit; **~ of the window** par la fenêtre; **(get) ~ of my** *or* **the way!** écartez-vous!, poussez-vous (*V also* 5); **you're well ~ of it** c'est une chance *or* c'est aussi bien que vous ne soyez pas *or* plus concerné *or* dans le coup*; **to feel ~ of it** se sentir en marge, se sentir de trop *or* en trop; **Paul looks rather ~ of it** Paul n'a pas l'air d'être dans le coup*; **get ~ of it!** (*: *go away*) sortez-vous de là!*; (‡: *I don't believe you*) tu charries!‡; **~ of danger** hors de danger; *V* **bound¹**, **place**, **sight**, **way** *etc*.

(b) (*cause, motive*) par. **~ of curiosity/necessity** *etc* par curiosité/nécessité *etc*.

(c) (*origin, source*) de; dans. **one chapter ~ of a novel** un chapitre d'un roman; **like a princess ~ of a fairy tale** comme une princesse sortie d'un conte de fée; **he read to her ~ of a book by Balzac** il lui a lu un extrait d'un livre de Balzac; **a box made ~ of onyx** une boîte en onyx; **he made the table ~ of a crate** il a fait la table avec une caisse; **carved ~ of wood** sculpté dans le bois; **to drink ~ of a glass** boire dans un verre; **they ate ~ of the same plate** ils mangeaient dans la même assiette; **to take sth ~ of a drawer** prendre qch dans un tiroir; **he copied the poem ~ of a book** il a copié le poème dans un livre; **it was like something ~ of a nightmare** on aurait dit un cauchemar, c'était comme dans un cauchemar; **she looks like something ~ of 'Madame Butterfly'** on dirait qu'elle est sortie tout droit de 'Madame Butterfly'; (*Horseracing*) **Lexicon by Hercules ~ of Alphabet** Lexicon issu d'Hercule et d'Alphabet.

(d) (*from among*) sur. **in 9 cases ~ of 10** dans 9 cas sur 10; **one ~ of (every) 5 smokers** un fumeur sur 5.

(e) (*without*) sans, démuni de. **to be ~ of money** être sans *or* démuni d'argent; **we were ~ of bread** nous n'avions plus de pain; **~ of work** sans emploi, en chômage; *V* **mind**, **print**, **stock** *etc*.

3 n (a) (*) (*pretext*) excuse *f*, échappatoire *m*; (*solution*) solution *f*.

(b) (*US‡*) **on the ~s with sb‡** en bisbille* avec qn, brouillé avec qn.

(c) *V* **in 4a**.

4 adj (*in office*) **the ~ tray** la corbeille pour le courrier à expédier.

5 cpd: **out-of-bounds** *place* interdit; (*US Sport*) *ball* hors jeu; **out-of-date** *passport, ticket* périmé; *custom* suranné, désuet (*f* -ète); *clothes* démodé; *theory, concept* périmé, démodé; *word* vieilli; **out-of-doors = outdoors**; **out-of-pocket expenses** débours *mpl*, frais *mpl*; (*US fig*) **out-of-sight‡** formidable, terrible*; **out-of-the-way** (*remote*) *spot* écarté, peu fréquenté, perdu; (*unusual: also* **out-of-the-ordinary**) *theory, approach, film, book* insolite, inclassable; (*fig*) **out-of-this-world*** terrible*; *V also* **out-and-out**, **output**, **outright** *etc*.

outage ['aʊtɪdʒ] *n* (a) (*break in functioning: esp US*) interruption *f* de service; (*Elec*) coupure *f* de courant. (b) (*amount removed: gen*) quantité *f* enlevée; (*Cine: cut from film*) film *m* rejeté au montage; (*amount lost: gen*) quantité *f* perdue; (*Comm: during transport*) déchet *m* de route *or* de freinte.

out-and-out ['aʊtəndaʊt] *adj* *believer, revolutionary, reactionary* à tous crins, à tout crin; *fool, liar, crook* fieffé, consommé, achevé; *defeat* total, écrasant; *victory, success* éclatant, retentissant.

out-and-outer [aʊtən'daʊtə^r] *n* (*esp US*) jusqu'au-boutiste *mf*.

outasite‡ [aʊtə'saɪt] *adj* (*US* = '*out of sight*') formidable, terrible*.

outback ['aʊtbæk] *n* (*Australia*) intérieur *m* du pays (*plus ou moins inculte*); (*gen*) campagne isolée *or* presque déserte, cambrousse* *f*.

outbid [aʊt'bɪd] *pret* **outbade** *or* **outbid**, *ptp* **outbidden** *or* **outbid 1** *vt* enchérir sur. **2** *vi* surenchérir.

outbidding [aʊt'bɪdɪŋ] *n* (*Fin*) surenchères *fpl*.

outboard ['aʊtbɔːd] *adj,n*: **~ (motor)** (moteur *m*) hors-bord *m*.

outbox [aʊt'bɒks] *vt* boxer mieux que.

outbreak ['aʊtbreɪk] *n* [*war, fighting etc*] début *m*, déclenchement *m*; [*violence*] éruption *f*; [*emotion*] débordement *m*; [*anger etc*] explosion *f*, bouffée *f*, accès *m*; [*fever*] accès; [*spots*] éruption, poussée *f*; [*disease, epidemic*] commencement *m*, début *m*; [*demonstrations*] vague *f*; [*revolt*] déclenchement *m*. **at the ~ of the disease** lorsque la maladie se déclara; **at the ~ of war** lorsque la guerre éclata; **the ~ of hostilities** l'ouverture *f* des hostilités.

outbuilding ['aʊtbɪldɪŋ] *n* dépendance *f*; (*separate*) appentis *m*, remise *f*. **the ~s** les communs, les dépendances *fpl*.

outburst ['aʊtbɜːst] *n* [*person*] emportement *m* passager; [*anger*] explosion *f*, bouffée *f*, accès *m*; [*energy*] accès. **he was ashamed of his ~** il avait honte de l'éclat *or* de la scène qu'il venait de faire.

outcast ['aʊtkɑːst] *n* exilé(e) *m(f)*, proscrit(e) *m(f)*, banni(e) *m(f)*. **social ~** paria *m*, réprouvé(e) *m(f)*.

outclass [aʊt'klɑːs] *vt* (*gen*) surclasser, surpasser; (*Sport*) surclasser.

outcome ['aʊtkʌm] *n* [*meeting, work, discussion*] issue *f*, aboutissement *m*, résultat *m*; [*decision etc*] conséquence *f*.

outcrop ['aʊtkrɒp] (*Géol*) **1** *n* affleurement *m*. **2** [aʊt'krɒp] *vi* affleurer.

outcry ['aʊtkraɪ] *n* tollé *m* (général), huées *fpl*, protestations *fpl*. **to raise an ~ about sth** crier haro sur qch, ameuter l'opinion sur qch; **there was a general ~ against …** un tollé général s'éleva contre … .

outdated [aʊt'deɪtɪd] *adj* *custom* suranné, désuet (*f* -ète); *clothes* démodé; *theory, concept* périmé, démodé; *word* vieilli.

outdistance [aʊt'dɪstəns] *vt* distancer.

outdo [aʊt'duː] *pret* **outdid** [aʊt'dɪd], *ptp* **outdone** [aʊt'dʌn] *vt* surpasser, l'emporter sur, (r)enchérir sur (*sb in sth* qn en qch). **but he was not to be outdone** mais il ne serait pas dit qu'il serait vaincu *or* battu, mais il refusait de s'avouer vaincu *or* battu; **and I, not to be outdone, said that …** et moi, pour ne pas être en reste, je dis que … .

outdoor ['aʊtdɔː^r] *adj* *activity, games* de plein air; *swimming pool* en plein air, à ciel ouvert. **~ centre** centre *m* aéré; **~ clothes** vêtements chauds (*or* imperméables *etc*); **to lead an ~ life** vivre au grand air; **he likes the ~ life** il aime la vie au grand air *or* en plein air.

outdoors [aʊt'dɔːz] **1** *adv* (*also* **out-of-doors**) *stay, play* dehors; *live* au grand air; *sleep* dehors, à la belle étoile. **2** *n*: **the great ~** le grand air.

outer ['aʊtə^r] **1** *adj* *door, wrapping* extérieur (*f* -eure). **~ garments** vêtements *mpl* de dessus; **~ harbour** avant-port *m*; **~ space** espace *m* (cosmique *or* intersidéral), cosmos *m*; **the ~ suburbs** la grande banlieue.

2 *cpd*: **Outer Mongolia** Mongolie-Extérieure *f*; **outermost** (*furthest out*) le plus à l'extérieur, le plus en dehors; (*most isolated*) le plus écarté; **outermost parts of the earth** extrémités *fpl* de la terre.

outface [aʊt'feɪs] *vt* (*stare out*) dévisager; (*fig*) faire perdre contenance à.

outfall ['aʊtfɔːl] *n* [*river*] embouchure *f*; [*sewer*] déversoir *m*.

outfield ['aʊtfiːld] *n* (*Baseball, Cricket*) champ *m* or terrain *m* extérieur.

outfit ['aʊtfɪt] **1** *n* (a) (*clothes and equipment*) équipement *m*, attirail* *m*; (*tools*) matériel *m*, outillage *m*. **camping ~** matériel *or* équipement *or* attirail* de camping; **he wants a Red Indian ~ for Christmas** il veut une panoplie d'Indien pour Noël; **puncture repair ~** trousse *f* de réparation (de pneus).

(b) (*set of clothes*) tenue *f*, (*travelling/skiing* **~** tenue *f* de voyage/ de ski; **she's got a new spring ~** elle a une nouvelle toilette de demi-saison; **did you see the ~ she was wearing?** (*in admiration*) avez-vous remarqué sa toilette?; (*pej*) avez-vous remarqué son accoutrement *or* comment elle était accoutrée?

(c) (*: *organization etc*) équipe* *f*. **he's not in our ~** il n'est pas de chez nous, il n'est pas un des nôtres; **when I joined this ~** quand je me suis retrouvé avec cette bande*.

2 *vt* équiper.

outfitter ['aʊtfɪtə^r] *n* (*Brit: also* **gents' ~**) spécialiste *mf* de confection (pour) hommes. **(gents') ~'s** maison *f* d'habillement *or* de confection pour hommes; **sports ~'s** maison de sports.

outflank [aʊt'flæŋk] *vt* (*Mil*) déborder; (*fig*) déjouer les manœuvres de.

outflow ['aʊtfləʊ] *n* [*water*] écoulement *m*, débit *m*; [*emigrants etc*] exode *m*; [*capital*] exode *m*, sortie(s) *f(pl)*.

outfox [aʊt'fɒks] *vt* se montrer plus malin (*f*-igne) que.

out-front* [aʊt'frʌnt] *adj* (*US: frank*) ouvert, droit.

outgeneral [aʊt'dʒenərəl] *vt* (*Mil*) surpasser en tactique.

outgoing ['aʊtgəʊɪŋ] **1** *adj* (a) *tenant, president* sortant; *train, boat, plane, mail* en partance; *tide* descendant. (b) (*extravert*) *person, personality* ouvert. **2** *npl* (*Brit*) **~s** dépenses *fpl*, débours *mpl*.

outgrow [aʊt'grəʊ] *pret* **outgrew** [aʊt'gruː], *ptp* **outgrown** [aʊt'grəʊn] *vt* *clothes* devenir trop grand pour; (*fig*) *hobby, sport* ne plus s'intéresser à (qch) en grandissant; *habit, defect* perdre *or* se défaire de (qch) en prenant de l'âge; *friends* se détacher de (qn) en grandissant; *opinion, way of life* abandonner en prenant de l'âge. **we've ~n all that now** nous avons dépassé ce stade, nous n'en sommes plus là.

outgrowth ['aʊtgrəʊθ] *n* (*Geol*) excroissance *f*.

outguess [aʊt'ges] *vt* (*esp US*) devancer, se montrer plus rapide que.

out-Herod [aʊt'herəd] *vt*: **to ~ Herod** dépasser Hérode en cruauté (*or* violence *or* extravagance *etc*).

outhouse ['aʊthaʊs] *n* (a) appentis *m*, remise *f*. (*gen*) **the ~s** les communs *mpl*, les dépendances *fpl*. (b) (*US: outdoor lavatory*) cabinets *mpl* extérieurs.

outing ['aʊtɪŋ] *n* sortie *f*, excursion *f*. **the school ~** la sortie annuelle de l'école; **the annual ~ to Blackpool** l'excursion annuelle à Blackpool; **let's go for an ~ tomorrow** faisons une sortie demain; **to go for an ~ in the car** partir faire une randonnée *or* un tour en voiture; **a birthday ~ to the theatre** une sortie au théâtre pour (fêter) un anniversaire.

outlandish [aʊt'lændɪʃ] *adj* exotique; (*pej*) étrange, bizarre, (*stronger*) barbare.

outlast [aʊt'lɑːst] *vt* survivre à.

outlaw ['aʊtlɔː] **1** *n* hors-la-loi *m*. **2** *vt* *person* mettre hors la loi; *activity, organisation* proscrire, déclarer illégal.

outlay ['aʊtleɪ] n (expenses) frais mpl, dépenses fpl, débours mpl; (investment) mise f de fonds. **national ~ on education** dépenses nationales pour l'éducation.

outlet ['aʊtlet] **1** n (for water etc) issue f, sortie f; (US Elec) prise f de courant; [lake] dégorgeoir m, déversoir m; [river, stream] embouchure f; [tunnel] sortie; (fig) (for talents etc) débouché m; (for energy, emotions) exutoire m (for à); (Comm) débouché; V retail.
2 cpd (Tech) pipe d'échappement, d'écoulement; valve d'échappement.

outline ['aʊtlaɪn] **1** n (a) [object] contour m, configuration f; [building, tree etc] profil m, silhouette f; [face] profil m; (shorthand) sténogramme m. **he drew the ~ of the house** il traça le contour de la maison; **to draw sth in ~** dessiner qch au trait; (Art) **rough ~** premier jet, ébauche f.
(b) (plan, summary) plan m; (less exact) esquisse f, idée f. (main features) **~s** grandes lignes, grands traits; **rough ~ of an article** canevas m d'un article; **to give the broad or main or general ~s of sth** décrire or esquisser qch à grands traits; **in broad ~ the plan is as follows** dans ses grandes lignes or en gros, le plan est le suivant; **I'll give you a quick ~ of what we mean to do** je vous donnerai un aperçu de ce que nous avons l'intention de faire; (as title) **'O~s of Botany'** 'Éléments mpl de Botanique'.
2 cpd: **outline drawing** dessin m au trait; **outline map** tracé m des contours (d'un pays), carte muette; (Brit: for building) **outline planning permission** avant-projet m (valorisant le terrain); (Comm) **outline specifications** devis m préliminaire.
3 vt (a) délinéer, tracer le contour de. **she ~d her eyes with a dark pencil** elle a souligné or dessiné le contour de ses yeux avec un crayon foncé; **the mountain was ~d against the sky** la montagne se profilait or se dessinait or se découpait sur le ciel.
(b) (summarize) theory, plan, idea exposer à grands traits or dans ses lignes générales, exposer les grandes lignes de; book, event faire un bref compte rendu de; facts, details passer brièvement en revue. **to ~ the situation** brosser un tableau or donner un aperçu de la situation.

outlive [aʊt'lɪv] vt (a) (survive) person, era, war etc survivre à. **he ~d her by 10 years** il lui a survécu de 10 ans; [person, object, scheme] **to have ~d one's** (or its) **usefulness** avoir fait son temps, ne plus servir à rien. (b) (live down) disgrace etc survivre à.

outlook ['aʊtlʊk] n (a) (view) vue f (on, over sur), perspective f (on, over de); (fig: prospect) perspective (d'avenir), horizon m (fig). **the ~ for June is wet** on annonce or prévoit de la pluie pour juin; **the economic ~** les perspectives or les horizons économiques; **the ~ for the wheat crop is good** la récolte de blé s'annonce bonne; **the ~ (for us) is rather rosy*** les choses se présentent or s'annoncent assez bien (pour nous); **it's a grim or bleak ~** l'horizon est sombre or bouché, les perspectives sont fort sombres.
(b) (point of view) attitude f (on à l'égard de), point m de vue (on sur), conception f (on de). **he has a pessimistic ~** il voit les choses en noir.

outlying ['aʊtlaɪɪŋ] adj (peripheral) périphérique, excentrique; (remote) écarté, isolé. **the ~ suburbs** la grande banlieue.

outmanoeuvre [,aʊtmə'nuːvəʳ] vt (Mil) dominer en manœuvrant plus habilement; (gen) se montrer plus habile que; (get sb to do sth) manipuler.

outmoded [aʊt'məʊdɪd] adj custom suranné, désuet (f -ète); clothes démodé; theory, concept périmé, démodé; word vieilli.

outnumber [aʊt'nʌmbəʳ] vt surpasser en nombre, être plus nombreux que. **we were ~ed five to one** ils étaient cinq fois plus nombreux que nous.

out-of-towner* [,aʊtəv'taʊnəʳ] n (US) étranger m, -ère f à la ville.

outpace [aʊt'peɪs] vt devancer, distancer.

outpatient ['aʊtpeɪʃənt] n malade mf en consultation externe. **~s** (clinic or department) service m de consultation externe.

outplay [aʊt'pleɪ] vt (Sport) dominer par son jeu.

outpoint [aʊt'pɔɪnt] vt (gen) l'emporter sur; (in game) avoir plus de points que.

outpost ['aʊtpəʊst] n (Mil) avant-poste m; [firm, organization] antenne f; (fig) avant-poste.

outpourings ['aʊtpɔːrɪŋz] npl (fig) épanchement(s) m(pl), effusion(s) f(pl).

output ['aʊtpʊt] (vb: pret, ptp **output**) **1** n (a) [factory, mine, oilfield, writer] production f; (Agr) [land] rendement m, production; [machine, factory worker] rendement. **~ fell/rose** le rendement or la production a diminué/augmenté; **this factory has an ~ of 600 radios per day** cette usine débite 600 radios par jour; (Ind, Econ) **gross ~** production brute.
(b) (Comput) sortie f, restitution f.
(c) (Elec) puissance fournie or de sortie.
2 cpd: (Comput) **output device** unité f périphérique de sortie.
3 vt (a) (Comput) sortir (to a printer sur une imprimante).
(b) [factory etc] sortir, débiter.
4 vi (Comput) sortir les données or les informations (to a printer sur une imprimante).

outrage ['aʊtreɪdʒ] **1** n (a) (act, event) atrocité f; (during riot etc) acte m de violence; (public scandal) scandale m. **the prisoners suffered ~s at the hands of ...** les prisonniers ont été atrocement maltraités par ...; **it's an ~ against humanity** c'est un crime contre l'humanité; **an ~ against justice** un outrage à la justice; **several ~s occurred** or **were committed in the course of the night** plusieurs actes de violence ont été commis au cours de la nuit; **bomb ~** attentat m au plastic or à la bombe; **it's an ~!** c'est un scandale!
(b) (emotion) (sentiment m d')intense indignation f.
2 vt [aʊt'reɪdʒ] morals, sense of decency outrager, faire outrage à. **to be ~d by sth** trouver qch monstrueux, être outré de or par qch.

outrageous [aʊt'reɪdʒəs] adj crime, suffering atroce, terrible, monstrueux; conduct, action scandaleux, monstrueux; remark outrageant, injurieux, (weaker) choquant; sense of humour outré, scabreux; price scandaleux*, exorbitant; hat, fashion impossible, extravagant. **it's ~!** c'est un scandale!, cela dépasse les bornes! or la mesure!; **it's absolutely ~ that ...** il est absolument monstrueux or scandaleux que ... + subj; **he's ~!** il dépasse les bornes!, il est impossible!

outrageously [aʊt'reɪdʒəslɪ] adv suffer atrocement, terriblement; behave, speak outrageusement, scandaleusement, (weaker) de façon choquante; lie outrageusement, effrontément; dress de manière ridicule or grotesque. **it is ~ expensive** c'est atrocement cher.

outrank [aʊt'ræŋk] vt (Mil) avoir un grade supérieur à.

outré ['uːtreɪ] adj outré, outrancier, qui dépasse la mesure or les bornes.

outrider ['aʊtraɪdəʳ] n (on horseback) cavalier m; (on motorcycle) motocycliste mf, motard* m (faisant partie d'une escorte). **there were 4 ~s** il y avait une escorte de 4 motocyclistes (or cavaliers etc).

outrigger ['aʊtrɪgəʳ] n (Naut: all senses) outrigger m.

outright [aʊt'raɪt] **1** adv (completely) own entièrement, complètement; kill sur le coup; reject, refuse, deny catégoriquement; (forthrightly) say, tell carrément, (tout) net, franchement. **the bullet killed him ~** la balle l'a tué net or sur le coup; **to buy sth ~** (buy and pay immediately) acheter qch au comptant; (buy all of sth) acheter qch en bloc; **he won the prize ~** il a été le gagnant incontesté du prix; **to laugh ~ at sth** rire franchement or ouvertement de qch.
2 ['aʊtraɪt] adj (complete) complet (f -ète), total, absolu; sale (paying immediately) au comptant; (selling all of sth) en bloc; selfishness, arrogance pur; denial, refusal, rejection catégorique; explanation franc (f franche); supporter inconditionnel. **to be an ~ opponent of sth** s'opposer totalement à qch; **the ~ winner** le gagnant incontesté.

outrun [aʊt'rʌn] pret, ptp **outrun** vt opponent, pursuer etc distancer; (fig) resources, abilities excéder, dépasser.

outset ['aʊtset] n début m, commencement m.

outshine [aʊt'ʃaɪn] pret, ptp **outshone** vt (fig) éclipser, surpasser.

outside [aʊt'saɪd] (phr vb elem) **1** adv (au) dehors, à l'extérieur. **go and play ~** va jouer dehors; (Cine etc) **we must shoot this scene ~** cette scène doit être tournée en extérieur; **the box was clean ~ but dirty inside** la boîte était propre à l'extérieur or au dehors mais sale à l'intérieur; (lit, fig) **seen from ~** vu du dehors or de l'extérieur; **he left the car ~** il a laissé la voiture dans la rue; (at night) il a laissé la voiture passer la nuit dehors*; **there's a man ~ asking for Paul** il y a un homme dehors qui demande Paul; **to go ~** sortir; (on bus) **to ride ~†** voyager sur l'impériale.
2 prep (also ~ of*) (a) (lit) à l'extérieur de, hors de. **~ the house** dehors, à l'extérieur de la maison, hors de la maison; **he was waiting ~ the door** il attendait à la porte; **don't go ~ the garden** ne sors pas du jardin; **the ball landed ~ this line** la balle a atterri de l'autre côté de cette ligne; **~ the harbour** au large du port.
(b) (fig: beyond, apart from) en dehors de. **~ the question** en dehors du problème; **~ the festival proper** en dehors du or en marge du vrai festival; **it's ~ the normal range** ceci sort de la gamme normale; **it's ~ our scheme** ça ne fait pas partie de notre projet; **that is ~ the committee's terms of reference** ceci n'est pas de la compétence de la commission; **she doesn't see anyone ~ her immediate family** elle ne voit personne en dehors de or hors ses proches parents.
3 n [house, car, object] extérieur m, dehors m; (appearance) aspect extérieur, apparence f; (fig) (monde m) extérieur. **on the ~ of** sur l'extérieur de; (beyond) à l'extérieur de, hors de, en dehors de; **he opened the door from the ~** il a ouvert la porte du dehors; **there's no window on to the ~** il n'y a pas de fenêtre qui donne sur l'extérieur; **the box was dirty on the ~** la boîte était sale à l'extérieur; **the ~ of the box was dirty** l'extérieur or le dehors de la boîte était sale; **~ in = inside out** (V inside 3b); (lit, fig) **to look at sth from the ~** regarder qch de l'extérieur or du dehors; (fig) (judging) **from the ~** à en juger par les apparences; **he passed the car on the ~** (Brit) il a doublé la voiture sur la droite; (US, Europe etc) il a doublé la voiture sur la gauche; **at the (very) ~** (tout) au plus, au maximum.
4 adj (a) (lit) measurements, repairs, aerial extérieur (f -eure). (in bus, plane etc) **would you like an ~ seat or an inside one?** voulez-vous une place côté couloir ou côté fenêtre?; (Aut) **the ~ lane** (Brit) la voie de droite; (US, Europe etc) la voie de gauche; (Rad, TV) **~ broadcast** émission réalisée à l'extérieur; (Rad, TV) **~ broadcasting van** or **unit** car m de reportage; (Telec) **~ line** ligne f extérieure.
(b) (fig) world, help, influence extérieur (f -eure); (maximum) price, figure, amount maximum, le plus haut or élevé. **to get an ~ opinion** demander l'avis d'une personne indépendante or non intéressée; (Scol, Univ) **~ examiner** examinateur m, -trice f (venu(e)) de l'extérieur; (hobbies etc) **~ interests** passe-temps mpl inv; (fig) **there is an ~ possibility that he will come** il n'est pas impossible qu'il vienne; (fig) **he has an ~ chance of succeeding** il a une très faible chance de réussir.
5 cpd: (Ftbl) **outside-left/-right** ailier gauche/droit.

outsider [aʊt'saɪdəʳ] n (a) (stranger) étranger m, -ère f. **we don't want some ~ coming in and telling us what to do** nous ne voulons pas que quelqu'un d'étranger or du dehors or d'inconnu vienne nous dire ce qu'il faut faire; (pej) **he is an ~** il n'est pas des nôtres.
(b) (horse or person unlikely to win) outsider m.

outsize ['aʊtsaɪz] adj (gen) énorme, colossal, gigantesque; clothes grande taille inv. (Aut) **~ load** convoi m exceptionnel; **~ shop**

magasin *m* spécialisé dans les grandes tailles, magasin spécial grandes tailles.

outskirts ['aʊtskɜːts] *npl [town]* faubourgs *mpl*, banlieue *f*, approches *fpl*; *[forest]* orée *f*, lisière *f*, bord *m*.

outsmart* [aʊt'smɑːt] *vt* être *or* se montrer plus malin (*f*-igne) que.

outspend [aʊt'spend] *pret, ptp* **outspent** *vt*: to ~ sb dépenser plus que qn.

outspoken [aʊt'spəʊkən] *adj person, answer* franc (*f* franche), carré. **to be** ~ avoir son franc-parler, ne pas mâcher ses mots.

outspokenly [aʊt'spəʊkənlɪ] *adv* franchement, carrément.

outspokenness [aʊt'spəʊkənnɪs] *n* franc-parler *m*, franchise *f*.

outspread ['aʊt'spred] *adj*: ~ **wings** ailes *fpl* déployées.

outstanding [aʊt'stændɪŋ] **1** *adj* **(a)** *(exceptional) person* éminent, remarquable, exceptionnel; *talent, beauty* remarquable, exceptionnel, hors ligne; *detail, event* marquant, frappant, mémorable; *feature* dominant; *interest, importance* exceptionnel.
(b) *(unfinished etc) business* en suspens, en souffrance, non encore réglé; *account* arriéré, impayé; *debt* impayé; *interest* à échoir; *problem* non résolu. **a lot of work is still** ~ beaucoup de travail reste à faire; (*Fin, Comm*) ~ **amount** montant *m* dû; (*Jur, Fin*) ~ **share** action *f* en circulation; (*Jur, Fin*) ~ **claims** sinistres *mpl* en cours; (*Banking*) ~ **item** suspens *m*.
2 *n (Banking)* encours *m*.

outstandingly [aʊt'stændɪŋlɪ] *adv* remarquablement, exceptionnellement, éminemment.

outstay [aʊt'steɪ] *vt person* rester plus longtemps que. **I hope I have not** ~ed **my welcome** j'espère que je n'ai pas abusé de votre hospitalité.

outstretched ['aʊtstretʃt] *adj body, leg* étendu; *arm* tendu; *wings* déployé. **to welcome sb with** ~ **arms** accueillir qn à bras ouverts.

outstrip [aʊt'strɪp] *vt (Sport, fig)* devancer.

outturn ['aʊttɜːn] *n (US) [factory]* production *f*; *[machine, worker]* rendement *m*.

outvote [aʊt'vəʊt] *vt person* mettre en minorité, battre. **his project was** ~d son projet a été rejeté à la majorité des voix *or* n'a pas obtenu la majorité.

outward ['aʊtwəd] **1** *adv* vers l'extérieur. (*Naut*) ~ **bound (for/from)** en partance (pour/de).
2 *adj movement* vers l'extérieur; *ship, freight* en partance; (*fig*) *appearance etc* extérieur (*f*-eure). ~ **journey** (voyage *m* d')aller *m*; **with an** ~ **show of pleasure** en faisant mine d'être ravi.

outwardly ['aʊtwədlɪ] *adv* à l'extérieur, extérieurement, du *or* au dehors; *(apparently)* en apparence. **he was** ~ **pleased but inwardly furious** il avait l'air content *or* il faisait mine d'être content mais il était secrètement furieux.

outwards ['aʊtwədz] *adv* = **outward 1**.

outweigh [aʊt'weɪ] *vt (be more important than) (gen)* l'emporter sur; *[figures, balance etc]* dépasser; *(compensate for)* compenser.

outwit [aʊt'wɪt] *vt (gen)* se montrer plus malin (*f*-igne) *or* spirituel que; *pursuer* dépister, semer*.

outworn [aʊt'wɔːn] *adj clothes* usé; *custom, doctrine*, périmé, dépassé; *subject*, *(Ling) expression* rebattu, usé.

ouzo ['uːzəʊ] *n* ouzo *m*.

ova ['əʊvə] *npl of* **ovum**.

oval ['əʊvəl] **1** *adj* ovale. **2** *n* ovale *m*.

ovarian [əʊ'vɛərɪən] *adj* ovarien.

ovariectomy [əʊ,vɛərɪ'ektəmɪ] *n* ovariectomie *f*.

ovariotomy [əʊ,vɛərɪ'ɒtəmɪ] *n* ovariotomie *f*.

ovaritis [əʊvə'raɪtɪs] *n* ovarite *f*.

ovary ['əʊvərɪ] *n (Anat, Bot)* ovaire *m*.

ovate ['əʊveɪt] *adj* ové.

ovation [əʊ'veɪʃən] *n* ovation *f*, acclamations *fpl*. **to give sb an** ~ ovationner qn, faire une ovation à qn; *V* **standing**.

oven ['ʌvn] **1** *n (Culin)* four *m*; *(Tech)* four, étuve *f*. (*Culin*) **in the** ~ au four; **in a hot** ~ à four vif *or* chaud; **in a cool** *or* **slow** ~ à four doux; **this room/Tangiers is (like) an** ~ cette pièce/Tanger est une fournaise *or* une étuve; *V* **Dutch, gas** *etc*.
2 *cpd: (Brit)* **oven glove** gant isolant; **ovenproof** allant au four; **oven-ready** prêt à cuire; *(U)* **ovenware** plats *mpl* allant au four.

over ['əʊvə'] *[phr vb elem]* **1** *adv* **(a)** *(above)* (par-)dessus. **this one goes** ~ **and that one under** celui-ci passe par-dessus *or* se met dessus et celui-là dessous; **we often see jets fly** ~ nous voyons souvent des avions à réaction passer dans le ciel; **the ball went** ~ **into the field** le ballon est passé par-dessus la haie (*or* le mur *etc*) et il est tombé dans le champ; **children of 8 and** ~ enfants à partir de 8 ans, enfants de 8 ans remplis (*Admin*); **if it is 2 metres or** ~, **then ...** si ça fait 2 mètres ou plus, alors ...; *V* **boil over** *etc*.
(b) *(across)* ~ **here** ici; ~ **there** là-bas; **he has gone** ~ **to Belgium** il est parti en Belgique; ~ **in France** là-bas en France; **they're** ~ **from Canada** ils arrivent du Canada; **he drove us** ~ **to the other side of town** il nous a conduits de l'autre côté de la ville; *(Telec etc)* ~ **to you!** à vous!; *(Rad, TV)* **and now** ~ **to our Birmingham studio** et maintenant nous passons l'antenne à notre studio de Birmingham; **they swam** ~ **to us** ils sont venus vers nous (à la nage); **he went** ~ **to his mother's** il est passé chez sa mère; **let's ask Paul** ~ si on invitait Paul à venir nous voir; **I'll be** ~ **at 7 o'clock** je serai là *or* je passerai à 7 heures; **we had them** ~ **last week** ils sont venus chez nous la semaine dernière; **when you're next** ~ **this way** la prochaine fois que vous passerez par ici; **they were** ~ **for the day** ils sont venus passer la journée; *(fig)* **he went** ~ **to the enemy** il est passé à l'ennemi; *(fig)* **I've gone** ~ **to a new brand of coffee** j'ai changé de marque de café; ~ **against the wall** là-bas contre le mur; **yes, but** ~ **against that ...** oui, mais en contrepartie ... *or* par contre ...; *V* **cross over, hand over, win over** *etc*.
(c) *(everywhere)* partout. **the world** ~ dans le monde entier, aux quatre coins du monde; **I looked for you all** ~ je vous ai cherché

partout; **they searched the house** ~ ils ont cherché dans toute la maison; **covered all** ~ **with dust** tout couvert de poussière; **she was flour all** ~, **she was all** ~ **flour*** elle était couverte de farine, elle avait de la farine partout; **embroidered all** ~ tout brodé; **he was trembling all** ~ il tremblait de tous ses membres; *(fig)* **that's him all** ~! c'est bien de lui!, on le reconnaît bien là!; *V* **look over, read over** *etc*.
(d) *(down, round, sideways etc)* **he hit her and** ~ **she went** il l'a frappée et elle a basculé; **he turned the watch** ~ **and** ~ il a retourné la montre dans tous les sens; **to turn** ~ **in bed** se retourner dans son lit; *V* **bend over, fall over, knock over** *etc*.
(e) *(again)* encore (une fois). ~ **and** ~ **(again)** à maintes reprises, maintes et maintes fois; **he makes the same mistake** ~ **and** ~ **(again)** il n'arrête pas de faire la même erreur; **you'll have to do it** ~ il faut que tu le refasses, il te faudra le refaire; **he did it 5 times** ~ il l'a fait 5 fois de suite; **start all** ~ **(again)** recommencez au début *or* à partir du début, reprenez au commencement; **he had to count them** ~ **(again)** il a dû les recompter.
(f) *(finished)* fini. **the rain is** ~ la pluie s'est arrêtée, il a cessé de pleuvoir; **the danger was** ~ **le danger était passé; autumn/the war/the meeting was just** ~ l'automne/la guerre/la réunion venait de finir *or* de s'achever; **after the war is** ~ quand la guerre sera finie; **when this is all** ~ quand tout cela sera fini *or* terminé; **it's all** ~! c'est fini!; **it's all** ~ **between us** tout est fini entre nous; **it's all** ~ **with him** (*he's finished*) il est tout à fait fini *or* fichu*, c'en est fait de lui; *(we're through)* nous avons rompu.
(g) *(too)* trop, très. **he was not** ~ **pleased with himself** il n'était pas trop content de lui; **I'm not** ~ **glad to see him again** le revoir ne m'enchante guère; **there's not** ~ **much** il n'y en a pas tant que cela; **she's not** ~ **strong** elle n'est pas trop *or* tellement solide; **you haven't done it** ~ **well** vous ne l'avez pas trop *or* très bien fait; *V* **also 3**.
(h) *(remaining)* en plus. **if there is any meat (left)** ~ s'il reste de la viande; **there's nothing** ~ il ne reste plus rien; **there are 3** ~ il en reste 3; **there were 2 apples each and one** ~ il y avait 2 pommes pour chacun et une en plus; **four into twenty-nine goes seven and one** ~ vingt-neuf divisé par quatre fait sept et il reste un; **I've got one card** ~ il me reste une carte, j'ai une carte en trop; **6 metres and a bit** ~ un peu plus de 6 mètres; *V* **leave over** *etc*.
2 *prep* **(a)** *(on top of)* sur, par-dessus. **he spread the blanket** ~ **the bed** il a étendu la couverture sur le lit; ~ **it** dessus; **I spilled coffee** ~ **it** j'ai renversé du café dessus; **with his hat** ~ **one ear** le chapeau sur l'oreille; **tie a piece of paper** ~ **(the top of) the jar** couvrez le pot avec un morceau de papier et attachez; **she put on a cardigan** ~ **her blouse** elle a mis un gilet par-dessus son corsage; *V* **fall, trip** *etc*.
(b) *(above)* au-dessus de. **there was a lamp** ~ **the table** il y avait une lampe au-dessus de la table; **the water came** ~ **his knees** l'eau lui arrivait au-dessus du genou, l'eau lui recouvrait les genoux.
(c) *(across)* par-dessus; de l'autre côté de. **the house** ~ **the way** *or* ~ **the road** la maison d'en face; **there is a café** ~ **the road** il y a un café en face; **the bridge** ~ **the river** le pont qui traverse la rivière; **it's just** ~ **the river** c'est juste de l'autre côté de la rivière; *(liter)* **from** ~ **the seas** de par delà les mers; **tourists from** ~ **the Atlantic/the Channel** touristes *mpl* d'outre-Atlantique/d'outre-Manche; **the noise came from** ~ **the wall** le bruit venait de l'autre côté du mur; **to look** ~ **the wall** regarder par-dessus le mur; **he looked** ~ **my shoulder** il a regardé par-dessus mon épaule; **to jump** ~ **a wall** sauter un mur; **he escaped** ~ **the border** il s'est enfui au-delà de la frontière; *V* **climb, leap** *etc*.
(d) *(during)* ~ **the summer** au cours de l'été, pendant l'été; ~ **Christmas** au cours des fêtes *or* pendant les fêtes de Noël; **he stayed** ~ **Christmas with us** il a passé Noël chez nous; **may I stay** ~ **Friday?** puis-je rester jusqu'à vendredi soir (*or* samedi)?; ~ **a period of** sur une période de; **their visits were spread** ~ **several months** leurs visites se sont échelonnées sur une période de plusieurs mois; ~ **the last few years** pendant les *or* au cours des quelques dernières années.
(e) *(fig)* **they were sitting** ~ **the fire** ils étaient assis tout près du feu; **they talked** ~ **a cup of coffee** ils ont bavardé (tout) en prenant *or* buvant une tasse de café; ~ **the phone** au téléphone; ~ **the radio** à la radio; **how long will you be** ~ **it?** combien de temps cela te prendra-t-il?; **he'll be a long time** ~ **that letter** cette lettre va lui prendre longtemps; **he ruled** ~ **the English** il a régné sur les Anglais; **you have an advantage** ~ **me** vous avez un avantage sur moi; **a sudden change came** ~ **him** il changea soudain; **what came** ~ **you?** qu'est-ce qui t'a pris?; **he's** ~ **me in the firm** il est au-dessus de moi dans la compagnie; **to pause** ~ **a difficulty** marquer un temps d'arrêt sur un point difficile; **they fell out** ~ **money** ils se sont brouillés pour une question d'argent; **an increase of 5%** ~ **last year's total** une augmentation de 5% par rapport au total de l'année dernière; ~ **and above what he has already done for us** sans compter *or* en plus de ce qu'il a déjà fait pour nous; **yes, but** ~ **and above that ...** oui, mais en outre *or* par-dessus le marché ...; **Celtic were all** ~ **Rangers*** le Celtic a complètement dominé *or* baladé* les Rangers; **she was all** ~ **me*** in her efforts to make me stay with her** elle était aux petits soins pour moi dans l'espoir de me convaincre de rester avec elle; **they were all** ~ **him*** when he told them the news** quand il leur a annoncé la nouvelle, ils lui ont fait fête; *V* **look over, think over** *etc*.
(f) *(everywhere in)* **it was raining** ~ **Paris** il pleuvait sur Paris; **it snowed all** ~ **the country** il a neigé sur toute l'étendue du pays *or* sur tout le pays; **all** ~ **France** partout en France; **all** ~ **the world** dans le monde entier, aux quatre coins du monde; **I'll show you** ~ **the house** je vais vous faire visiter la maison.
(g) *(more than)* plus de, au-dessus de. **they stayed for** ~ **3 hours** ils sont restés plus de 3 heures; **she is** ~ **sixty** elle a plus de soixante

ans, elle a passé la soixantaine; **women** ～ **21** les femmes de plus de 21 ans; **candidates must be** ～ **28 years** les candidats doivent avoir plus de 28 ans, les candidats doivent avoir 28 ans accomplis *or* révolus (*Admin, fml*); **the boat is** ～ **10 metres** long le bateau a plus de 10 mètres de long; **well** ～ **200** bien plus de 200; **all numbers** ～ **20** tous les chiffres au-dessus de 20.

3 *pref* sur ... , *e.g.* **overabundant** surabondant, trop abondant; **overabundance** surabondance *f*; *V* **overact, overdraw** *etc*.

overact [əʊvər'ækt] *vi* (*Theat*) charger son rôle, en faire trop*.

overactive [əʊvər'æktɪv] *adj* trop actif. (*Med*) **to have an** ～ **thyroid** souffrir d'hyperthyroïdie *f*.

overage [əʊvərɪdʒ] *n* (*US Comm*) excédent *m* (*de marchandises etc*).

overall [,əʊvər'ɔːl] **1** *adv* view, survey, grasp en général; *measure, paint, decorate* d'un bout à l'autre, de bout en bout. (*Sport*) **he came first** ～ il a gagné le combiné.

2 ['əʊvərɔːl] *adj study, survey* global, d'ensemble; *width, length* total, hors tout; (*total*) total, complet (*f* -ète). (*Aut*) ～ **measurements** encombrement *m*; (*Sport*) ～ **placings** le classement général, le combiné.

3 ['əʊvərɔːl] *n* (*Brit*) (*woman's*) blouse *f*; (*child's*) tablier *m*, blouse; (*painter's*) blouse, sarrau *m*. (*Ind etc*) ～s salopette *f*, combinaison *f*, bleus *mpl* (de travail).

overanxious [əʊvər'æŋkʃəs] *adj* (*worried*) trop inquiet (*f* -ète), trop anxieux; (*zealous*) trop zélé. **I'm not** ～ **to go** je n'ai pas trop *or* tellement envie d'y aller, je ne suis pas trop pressé d'y aller.

overarm ['əʊvərɑːm] *adv throw, serve* par en-dessus.

overate [əʊvər'eɪt] *pret of* **overeat**.

overawe [əʊvər'ɔː] *vt* [*person*] intimider, impressionner; [*sight etc*] impressionner.

overbade [əʊvə'beɪd] *pret of* **overbid**.

overbalance [,əʊvə'bæləns] **1** *vi* [*person*] perdre l'équilibre, basculer; [*object*] se renverser, basculer. **2** *vt object, boat* (faire) basculer, renverser; *person* faire perdre l'équilibre à.

overbearing [əʊvə'bɛərɪŋ] *adj* autoritaire, impérieux, arrogant.

overbid [əʊvə'bɪd] *pret* **overbid** *or* **overbade**, *ptp* **overbid** *or* **overbidden** (*at auction*) **1** *vt* enchérir sur. **2** *vi* surenchérir.

overblown [əʊvə'bləʊn] *adj flower* trop ouvert; *woman* plantureux; *style* ampoulé.

overboard ['əʊvəbɔːd] *adv* (*Naut*) *jump, fall, push* à la mer; *cast* par-dessus bord. **man** ～**!** un homme à la mer!; (*lit, fig*) **to throw** ～ jeter par-dessus bord; **the crate was washed** ～ la caisse a été entraînée par-dessus bord par une lame; (*fig*) **to go** ～* (*go too far*) en faire trop; **to go** ～* **for sth** s'enthousiasmer *or* s'emballer* pour qch.

overbold [əʊvə'bəʊld] *adj person, remark* impudent; *action* trop audacieux.

overbook [əʊvə'bʊk] *vi* [*hotel, airline*] surréserver.

overbooking [əʊvə'bʊkɪŋ] *n* [*hotel, flight*] surréservation *f*, surbooking *m*.

overburden [əʊvə'bɜːdn] *vt* (*lit*) surcharger; (*fig*) surcharger, accabler (*with* de).

overburdened [əʊvə'bɜːdnd] *adj* surchargé.

overcast ['əʊvəkɑːst] *vb*: *pret, ptp* **overcast 1** *adj sky* couvert, sombre; *weather* couvert, bouché. (*Met*) **to grow** ～ se couvrir. **2** *n* (*Brit Sewing*) point *m* de surjet. **3** [əʊvə'kɑst] *vt* (*Brit Sewing*) coudre à points de surjet.

overcautious [əʊvə'kɔːʃəs] *adj* trop prudent, trop circonspect.

overcautiously [əʊvə'kɔːʃəslɪ] *adj* avec un excès de prudence *or* de circonspection.

overcautiousness [əʊvə'kɔːʃəsnɪs] *n* excès *m* de prudence *or* de circonspection.

overcharge [,əʊvə'tʃɑːdʒ] **1** *vt* (**a**) **to** ～ **sb for sth** faire payer qch trop cher à qn, faire payer un prix excessif à qn pour qch, (*in selling*) vendre qch trop cher à qn; **you were** ～**d** vous avez payé un prix excessif, vous avez été estampé*.

(**b**) *electric circuit* surcharger. (*fig*) **speech** ～**d with emotion** discours débordant *or* excessivement empreint d'émotion.

2 *vi* demander un prix excessif, estamper* le client.

overcoat ['əʊvəkəʊt] *n* (*gen*) manteau *m*; (*men's*) pardessus *m*; (*soldier's*) capote *f*; (*sailor's*) caban *m*.

overcome [,əʊvə'kʌm] *pret* **overcame**, *ptp* **overcome** *vt enemy* vaincre, triompher de; *temptation* surmonter; *difficulty, obstacle* venir à bout de, franchir, surmonter; *one's rage, disgust, dislike etc* maîtriser, dominer; *opposition* triompher de. **we shall** ～**!** nous vaincrons!; **to be** ～ **by temptation/remorse/grief** succomber à la tentation/au remords/à la douleur; *sleep* **overcame him** il a succombé au sommeil; ～ **with fear** paralysé par la peur, transi de peur; ～ **with cold** transi (de froid); **she was quite** ～ elle fut saisie, elle resta muette de saisissement.

overcompensate [əʊvə'kɒmpənseɪt] *vi* (*Psych*) surcompenser (*for sth* qch).

overcompensation [,əʊvə,kɒmpən'seɪʃən] *n* (*Psych*) surcompensation *f* (*for* de).

overcompress [əʊvəkəm'pres] *vt* surcomprimer.

overconfidence [əʊvə'kɒnfɪdəns] *n* (*assurance*) suffisance *f*, présomption *f*; (*trust*) confiance *f* aveugle (*in* en).

overconfident [əʊvə'kɒnfɪdənt] *adj* (*assured*) suffisant, présomptueux; (*trusting*) trop confiant (*in* en).

overconsumption [,əʊvəkən'sʌmpʃən] *n* (*Comm, Econ*) surconsommation *f*.

overcook [əʊvə'kʊk] *vt* trop (faire) cuire.

overcrowded [əʊvə'kraʊdɪd] *adj room* bondé, comble; *bus* bondé; *house, town* surpeuplé; (*Scol*) *class* pléthorique; *shelf* surchargé, encombré (*with* de). **room** ～ **with furniture** pièce encombrée (de meubles).

overcrowding [əʊvə'kraʊdɪŋ] *n* (*in housing etc*) surpeuplement *m*, entassement *m*; (*in classroom*) effectif(s) *m* (*pl*) surchargé(s); (*in*

bus etc) encombrement *m*; (*in town, district*) surpeuplement, surpopulation *f*.

overdeveloped [əʊvədɪ'veləpt] *adj* (*gen, also Phot*) trop développé.

overdo [,əʊvə'duː] *pret* **overdid** [,əʊvə'dɪd], *ptp* **overdone** *vt* (**a**) (*exaggerate*) *attitude, accent* exagérer, outrer; *concern, interest* exagérer; (*eat or drink to excess*) prendre *or* consommer trop de. **don't** ～ **the smoking/the drink** ne fume/bois pas trop; **to** ～ **it, to** ～ **things** (*exaggerate*) exagérer; (*in description, sentiment etc*) dépasser la mesure, forcer la note*; (*go too far*) exagérer, pousser*; (*work etc too hard*) s'éreinter, se surmener, s'épuiser; **she rather overdoes the scent** elle se met un peu trop de parfum, elle y va un peu fort* avec le parfum; **she rather overdoes the loving wife*** elle fait un peu trop la petite épouse dévouée.

(**b**) (*overcook*) trop cuire, faire cuire trop longtemps.

overdone [,əʊvə'dʌn] **1** *ptp of* **overdo**. **2** *adj* (*exaggerated*) exagéré, excessif, outré; (*overcooked*) trop cuit.

overdose ['əʊvədəʊs] **1** *n* (*gen*) dose *f* excessive *or* massive *or* trop forte, surdose *f* (*of* de); (*suicide bid*) dose excessive (*etc*), overdose *f*. (*attempt suicide etc*) **to take an** ～ prendre une dose massive de sédatifs (*or* barbituriques *or* drogue *etc*); **she died from an** ～ elle est morte d'avoir absorbé une dose massive de barbituriques (*etc*), elle est morte d'une overdose.

2 [əʊvə'dəʊs] *vi* (*gen, also in suicide bid*) prendre une dose excessive (*on* de).

overdraft ['əʊvədrɑːft] (*Banking*) **1** *n* découvert *m*. **I've got an** ～ mon compte est à découvert, j'ai un découvert à la banque. **2** *cpd*: **overdraft facility** découvert *m* autorisé, autorisation *f* de découvert; **overdraft interest** intérêts *mpl* débiteurs.

overdraw [əʊvə'drɔː] *pret* **overdrew**, *ptp* **overdrawn** (*Banking*) **1** *vi* mettre son compte à découvert, dépasser son crédit. **2** *vt one's account* mettre à découvert.

overdrawn [əʊvə'drɔːn] **1** *ptp of* **overdraw**. **2** *adj account* à découvert. **I'm** ～ *or* **my account is** ～ **by £50** j'ai un découvert de 50 livres.

overdress ['əʊvədres] **1** *n* robe-chasuble *f*. **2** [əʊvə'dres] *vi* (*also* **to be** ～**ed**) s'habiller avec trop de recherche.

overdrive ['əʊvədraɪv] *n* (*Aut*) (*vitesse f*) surmultipliée *f*. (*Aut*) **in** ～ en surmultipliée; (*fig*) **to go into** ～* mettre les bouchées doubles.

overdue [,əʊvə'djuː] *adj train, bus* en retard; *reform* qui tarde (à être réalisé); *acknowledgement, recognition, apology* tardif; *account* arriéré, impayé, en souffrance. **the plane is 20 minutes** ～ l'avion a 20 minutes de retard; **that change is long** ～ ce changement se fait attendre depuis longtemps.

overeager [əʊvər'iːgər] *adj* (*gen*) trop zélé, trop empressé. **he was not** ～ **to leave** il n'avait pas une envie folle de partir, il n'était pas trop pressé de partir.

overeat [əʊvər'iːt] *pret* **overate**, *ptp* **overeaten** *vi* (*on one occasion*) trop manger; (*regularly*) trop manger, se suralimenter.

overeating [əʊvər'iːtɪŋ] *n* excès *mpl* de table.

overelaborate [,əʊvərɪ'læbərɪt] *adj design, plan* trop compliqué; *style* trop travaillé, contourné, tarabiscoté; *excuse* contourné; *dress* trop recherché.

overemphasize [əʊvər'emfəsaɪz] *vt* donner trop d'importance à.

overemphatic [,əʊvərɪm'fætɪk] *adj* trop catégorique.

overemployment [,əʊvərɪm'plɔɪmənt] *n* suremploi *m*.

overenthusiastic [,əʊvərɪn,θuːzɪ'æstɪk] *adj* trop enthousiaste.

overenthusiastically [,əʊvərɪn,θuːzɪ'æstɪkəlɪ] *adv* avec trop d'enthousiasme.

overestimate [əʊvər'estɪmeɪt] *vt price, costs, importance* surestimer; *strength* trop présumer de; *danger* exagérer.

overexcite [əʊvərɪk'saɪt] *vt* surexciter.

overexcited [əʊvərɪk'saɪtɪd] *adj* surexcité. **to get** ～ (*gen*) se mettre dans un état de surexcitation, devenir surexcité; **don't get** ～ ne vous excitez pas!

overexcitement [əʊvərɪk'saɪtmənt] *n* surexcitation *f*.

overexert [əʊvərɪg'zɜːt] *vt*: **to** ～ **o.s.** se surmener, s'éreinter.

overexertion [əʊvərɪg'zɜːʃən] *n* surmenage *m*.

overexpose [əʊvərɪks'pəʊz] *vt* (*Phot*) surexposer.

overexposure [əʊvərɪks'pəʊʒər] *n* (*Phot, also fig*) surexposition *f*.

overfamiliar [əʊvəfə'mɪljər] *adj* trop familier.

overfed [əʊvə'fed] *ptp of* **overfeed**.

overfeed [əʊvə'fiːd] **1** *vt pret, ptp* **overfed** suralimenter, donner trop à manger à. **2** *vi* se suralimenter, trop manger.

overfeeding [əʊvə'fiːdɪŋ] *n* suralimentation *f*.

overflew [əʊvə'fluː] *pret of* **overfly**.

overflow ['əʊvəfləʊ] **1** *n* (**a**) (*pipe, outlet*) [*bath, sink etc*] trop-plein *m*; [*canal, reservoir etc*] déversoir *m*, dégorgeoir *m*.

(**b**) (*flooding*) inondation *f*; (*excess liquid*) débordement *m*, trop-plein *m*.

(**c**) (*excess*) [*people, population*] excédent *m*; [*objects*] excédent, surplus *m*.

2 [əʊvə'fləʊ] *vt container* déborder de. **the river has** ～**ed its banks** la rivière a débordé *or* est sortie de son lit.

3 [əʊvə'fləʊ] *vi* (**a**) [*liquid, river etc*] déborder; (*fig: of people, objects*) déborder. **to fill a cup to** ～**ing** remplir une tasse à ras bords; **the river** ～**ed into the fields** la rivière a inondé les champs; **the crowd** ～**ed into the next room** la foule a débordé dans la pièce voisine.

(**b**) [*container*] déborder (*with* de); [*room, vehicle*] regorger (*with* de). **full to** ～**ing** (*cup, jug*) plein à ras bords *or* à déborder; (*room, vehicle*) plein à craquer.

(**c**) (*fig: be full of*) déborder, regorger (*with* de), abonder (*with* en). **his heart was** ～**ing with love** son cœur débordait d'amour; **the town was** ～**ing with visitors** la ville regorgeait de visiteurs; **he** ～**ed with suggestions** il abondait en suggestions.

4 *cpd pipe* d'écoulement.

overflown [əʊvə'fləʊn] *ptp of* **overfly**.
overfly [əʊvə'flaɪ] *pret* **overflew**, *ptp* **overflown** *vt* survoler.
overfull [əʊvə'fʊl] *adj* trop plein (*of* de).
overgenerous [əʊvə'dʒenərəs] *adj person* prodigue (*with* de); *amount, helping* excessif.
overgrown ['əʊvə'grəʊn] *adj* (a) **the path is** ~ (**with grass**) le chemin est envahi par l'herbe; ~ **with weeds** recouvert de mauvaises herbes, envahi par les mauvaises herbes; **wall** ~ **with** ivy/moss mur recouvert *or* tapissé de lierre/de mousse; **the garden is quite** ~ le jardin est une vraie forêt vierge *or* est complètement envahi (par la végétation).
(b) *child* qui a trop grandi, qui a grandi trop vite. **he's just an** ~ **schoolboy** il a gardé une mentalité d'écolier.
overhand ['əʊvəhænd] (*US*) **1** *adv* (a) (*Sport etc*) *throw, serve* par en-dessus. (b) (*Sewing*) à points de surjet. **2** *vt* (*Sewing*) coudre à points de surjet.
overhang ['əʊvə'hæŋ] *pret, ptp* **overhung** ['əʊvə'hʌŋ] **1** *vt* [*rocks, balcony*] surplomber, faire saillie au-dessus de; [*mist, smoke*] planer sur; [*danger etc*] menacer.
2 *vi* [*cliff, balcony*] faire saillie, être en surplomb.
3 ['əʊvəhæŋ] *n* [*cliff, rock, balcony, building*] surplomb *m*.
overhanging ['əʊvə'hæŋɪŋ] *adj cliff, balcony, wall* en saillie, en surplomb.
overhaul ['əʊvəhɔːl] **1** *n* [*vehicle, machine*] révision *f*; [*ship*] radoub *m*; (*fig*) [*system, programme*] refonte *f*, remaniement *m*.
2 [əʊvə'hɔːl] *vt* (a) (*check, repair*) *vehicle, machine* réviser; *ship* radouber; (*fig*) *system, programme*, refondre, remanier. (b) (*catch up with*) rattraper, gagner de vitesse; (*overtake*) dépasser.
overhead [əʊvə'hed] **1** *adv* (*up above*) au-dessus (de nos têtes *etc*); (*in the sky*) dans le ciel; (*on the floor above*) (à l'étage) au-dessus, en haut.
2 ['əʊvəhed] *adj* (a) *wires, cables, railway* aérien. ~ **lighting** éclairage vertical; ~ **projector** rétroprojecteur *m*; ~ **projection** rétroprojection *f*; (*Aut*) ~ **valve** soupape *f* en tête.
(b) (*Comm*) ~ **charges** *or* **costs** *or* **expenses** frais généraux.
3 [overhead] *n* (*US*) ~, (*Brit*) ~s frais généraux.
overhear [əʊvə'hɪər] *pret, ptp* **overheard** [əʊvə'hɜːd] *vt* (*accidentally*) surprendre, entendre par hasard; (*deliberately*) entendre. **he was overheard to say that ...** on lui a entendu dire *or* on l'a surpris à dire que ...; **I overheard your conversation** j'ai entendu votre conversation malgré moi, j'ai surpris votre conversation.
overheat [əʊvə'hiːt] **1** *vt* surchauffer. **2** *vi* (*gen*) devenir surchauffé; [*engine, brakes*] chauffer.
overheated [əʊvə'hiːtd] *adj room* surchauffé; *brakes, engine* qui chauffe. [*person, animal*] **to get** ~ avoir trop chaud.
overindulge [əʊvərɪn'dʌldʒ] **1** *vi* (*gen*) abuser (*in* de). **I rather** ~**d last night** je me suis laissé aller à faire des excès hier soir. **2** *vt person* trop gâter, satisfaire tous les caprices de; *passion, appetite* céder trop facilement à.
overindulgence [əʊvərɪn'dʌldʒəns] *n* indulgence *f* excessive (*of/towards sb* des/envers les caprices de qn); abus *m* (*in sth* de qch).
overindulgent [əʊvərɪn'dʌldʒənt] *adj* trop indulgent (*to, towards* envers).
overinvestment [əʊvərɪn'vestmənt] *n* (*Econ*) surinvestissement *m*.
overjoyed [əʊvə'dʒɔɪd] *adj* ravi, enchanté (*at, by* de; *to do* de faire; *that que* + *subj*), transporté de joie (*at, by* par). **I was** ~ **to see you** j'étais ravi *or* enchanté de vous voir; **she was** ~ **at the news** la nouvelle l'a transportée de joie *or* l'a mise au comble de la joie.
overkill ['əʊvəkɪl] *n* (*Mil*) (capacité *f* de) surextermination *f*. (*fig*) **that was a massive** ~**!** c'était bien plus qu'il n'en fallait!
overladen [əʊvə'leɪdn] *adj* (*gen, also Elec*) surchargé.
overlaid [əʊvə'leɪd] *pret, ptp of* **overlay**.
overland ['əʊvəlænd] **1** *adv* par voie de terre. **2** *adj:* **the** ~ **route** l'itinéraire *m* par voie de terre (*to* pour aller à).
overlap ['əʊvəlæp] **1** *n* empiètement *m*, chevauchement *m*; [*tiles*] embrochement *m*.
2 [əʊvə'læp] *vi* (*also* ~ **each other**) se recouvrir partiellement; [*teeth, boards*] se chevaucher; [*tiles*] se chevaucher, s'imbriquer (les uns dans les autres); (*fig*) se chevaucher. **his work and ours** ~ son travail et le nôtre se chevauchent, son travail empiète sur le nôtre; **our holidays** ~ nos vacances coïncident en partie *or* (se) chevauchent.
3 [əʊvə'læp] *vt tiles, slates* enchevaucher, embrocher; *edges* dépasser, déborder de; (*fig*) empiéter sur. **to** ~ **each other** V **2**.
overlay [əʊvə'leɪ] *pret, ptp* **overlaid 1** *vt* (re)couvrir (*with* de). **2** ['əʊvəleɪ] *n* revêtement *m*.
overleaf ['əʊvəliːf] *adv* au verso, au dos (de la page).
overload ['əʊvələʊd] **1** *n* surcharge *f*. **2** [əʊvə'ləʊd] *vt circuit, truck, animal* surcharger (*with* de); *engine* surmener.
overlook [əʊvə'lʊk] *vt* (a) (*have a view over*) [*house etc*] donner sur, avoir vue sur; [*window, door*] s'ouvrir sur, donner sur; [*castle etc*] dominer. **our garden is not** ~**ed** les voisins n'ont pas vue sur notre jardin, personne ne voit dans *or* n'a vue sur notre jardin.
(b) (*miss*) *fact, detail* oublier, laisser échapper; *problem, difficulty* oublier, négliger. **I** ~**ed the fact that** j'ai oublié cela, cela m'a échappé; **it is easy to** ~ **the fact that ...** on oublie facilement que ...; **this plant is so small that it is easily** ~**ed** cette plante est si petite qu'il est facile de ne pas la remarquer.
(c) (*wink at, ignore*) *mistake etc* laisser passer, passer sur, fermer les yeux sur. **we'll** ~ **it this time** nous passerons là-dessus cette fois-ci, nous fermerons les yeux (pour) cette fois.
(d) (*supervise*) surveiller.
overlord ['əʊvələːd] *n* (*Hist*) suzerain *m*; (*leader*) chef *m* suprême. (*fig*) **the steel/coal** *etc* ~ le grand patron de la sidérurgie/des charbonnages *etc*.
overly ['əʊvəli] *adv* (*liter*) trop.

overmanned [əʊvə'mænd] *adj industry etc* aux effectifs pléthoriques. **the firm is** ~ la société souffre d'effectifs pléthoriques.
overmanning [əʊvə'mænɪŋ] *n* sureffectifs *mpl*, effectifs *mpl* pléthoriques.
overmuch [əʊvə'mʌtʃ] **1** *adv* trop, excessivement, à l'exces. **2** *adj* trop de, excessif.
overnice [əʊvə'naɪs] *adj person* trop pointilleux, trop scrupuleux; *distinction* trop subtil.
overnight ['əʊvə'naɪt] **1** *adv* (*during the night*) (pendant) la nuit; (*until next day*) jusqu'au lendemain; (*fig: suddenly*) du jour au lendemain. **to stay** ~ **with sb** passer la nuit chez qn; **we drove** ~ nous avons roulé toute la nuit; **will it keep** ~**?** est-ce que cela se gardera jusqu'à demain?; **the town had changed** ~ la ville avait changé du jour au lendemain.
2 *adj stay* d'une nuit; *journey* de nuit; (*fig: sudden*) soudain. ~ **bag** nécessaire *m* de voyage; (*fig*) **there had been an** ~ **change of plans** depuis la veille au soir *or* en une nuit un changement de projets était intervenu.
overpaid [əʊvə'peɪd] *pret, ptp of* **overpay**.
overparticular [əʊvəpə'tɪkjʊlər] *adj person* trop pointilleux, trop scrupuleux; *examination* trop minutieux. **not to be** ~ **about discipline/principles** ne pas être à cheval sur la discipline/les principes; (*don't care either way*) **I'm not** ~ (**about it**) ça m'est égal, je ne suis pas maniaque (sur ce point).
overpass ['əʊvəpɑːs] *n* (*Aut*) (*gen*) pont *m* autoroutier; (*at flyover*) autopont *m*.
overpay [əʊvə'peɪ] *pret, ptp* **overpaid** *vt person, job* trop payer, surpayer. **he was overpaid by £5** on lui a payé 5 livres de trop.
overpayment [əʊvə'peɪmənt] *n* surpaye *f*, paiement *m* excessif.
overplay [əʊvə'pleɪ] *vt* (*fig*) **to** ~ **one's hand** trop présumer de sa situation.
overpopulated [əʊvə'pɒpjʊleɪtɪd] *adj* surpeuplé.
overpopulation [əʊvəpɒpjʊ'leɪʃən] *n* surpopulation *f* (*in* dans), surpeuplement *m* (*of* de).
overpower [əʊvə'paʊər] *vt* (*defeat*) vaincre, subjuguer; (*subdue physically*) dominer, maîtriser; (*fig: overwhelm*) accabler, terrasser.
overpowering [əʊvə'paʊərɪŋ] *adj strength, forces* irrésistible, écrasant; *passion* irrésistible; *smell* suffocant; *heat* accablant, suffocant. **I had an** ~ **desire to tell him everything** j'éprouvais une envie irrésistible de tout lui dire.
overpraise [əʊvə'preɪz] *vt* faire des éloges excessifs de.
overprescribe [əʊvəprɪs'kraɪb] (*Pharm, Med*) **1** *vt* prescrire trop de médicaments. **2** *vt* prescrire en trop grande quantité.
overprice [əʊvə'praɪs] *vt goods* vendre trop cher, demander un prix excessif pour.
overpriced [əʊvə'praɪst] *adj* (*gen*) excessivement cher. **it's** ~ c'est trop cher pour ce que c'est.
overprint [əʊvə'prɪnt] (*Typ*) **1** *vt* surcharger. **to** ~ **a new price on an old price, to** ~ **an old price with a new price** imprimer un nouveau prix sur un vieux prix. **2** ['əʊvəprɪnt] *n* surcharge *f*.
overproduce [əʊvəprə'djuːs] *vt* (*Ind*) surproduire.
overproduction [əʊvəprə'dʌkʃən] *n* (*Ind*) surproduction *f*.
overprotect [əʊvəprə'tekt] *vt child* protéger excessivement, surprotéger.
overprotective [əʊvəprə'tektɪv] *adj* protecteur (*f* -trice) à l'excès.
overrate [əʊvə'reɪt] *vt* surestimer, survaluer, faire trop de cas de.
overrated [əʊvə'reɪtɪd] *adj* (*gen*) surfait, qui ne mérite pas sa réputation.
overreach [əʊvə'riːtʃ] *vt:* **to** ~ **o.s.** (vouloir) trop entreprendre.
overreact [əʊvəri'ækt] *vi* (*also Psych*) réagir de manière exagérée *or* excessive. **observers considered that the government had** ~**ed** les observateurs ont trouvé excessive la réaction gouvernementale; **she's always** ~**ing** elle exagère toujours, elle dramatise toujours tout.
overreaction [əʊvəri'ækʃən] *n* réaction exagérée *or* excessive *or* disproportionnée.
override [əʊvə'raɪd] *pret* **overrode** [əʊvə'rəʊd], *ptp* **overridden** [əʊvə'rɪdn] *vt law, duty, sb's rights* fouler aux pieds; *order, instructions* outrepasser; *decision* annuler, casser; *opinion, objection, protests, sb's wishes, claims* passer outre à, ne pas tenir compte de; *person* passer outre aux désirs de. **this fact** ~**s all others** ce fait l'emporte sur tous les autres; **this** ~**s what we decided before** ceci annule ce que nous avions décidé auparavant.
overrider ['əʊvəraɪdər] *n* (*Aut: of bumper*) tampon *m* (de pare-choc).
overriding [əʊvə'raɪdɪŋ] *adj importance* primordial; *factor, item* prépondérant; (*Jur*) *act, clause* dérogatoire. **his** ~ **desire was to leave as soon as possible** il était dominé par le désir de partir le plus vite possible.
overripe [əʊvə'raɪp] *adj fruit* trop mûr, blet (*f* blette); *cheese* trop fait.
overrule [əʊvə'ruːl] *vt judgment, decision* annuler, casser; *claim, objection* rejeter. **he was** ~**d by the chairman** la décision du président a prévalu contre lui; ~ **objection**.
overrun [əʊvə'rʌn] *pret* **overran** [əʊvə'ræn], *ptp* **overrun 1** *vt* (a) [*rats, weeds*] envahir, infester; [*troops, army*] se rendre maître de, occuper. **the town is overrun with tourists** la ville est envahie par les touristes *or* de touristes.
(b) *line, edge etc* dépasser, aller au-delà de. (*Rail*) **to** ~ **a signal** brûler un signal; **the train overran the platform** le train s'est arrêté au-delà du quai; **to** ~ **one's time** V **2**.
2 *vi* (*also* ~ **one's time**) [*speaker*] dépasser le temps alloué (*by 10 minutes* de 10 minutes); [*programme, concert etc*] dépasser l'heure prévue (*by 10 minutes* de 10 minutes).
oversaw [əʊvə'sɔː] *pret of* **oversee**.

overscrupulous [əʊvə'skru:pjʊləs] *adj* trop pointilleux, trop scrupuleux.

overseas ['əʊvə'si:z] **1** *adv* outre-mer; (*abroad*) à l'étranger. **he's just back from** ~ il revient ces jours-ci d'outre-mer *or* de l'étranger; **visitors from** ~ visiteurs *mpl* (venus) d'outre-mer, étrangers *mpl*.
2 *adj colony, market* d'outre-mer; *trade* extérieur (*f* -eure); *visitor* (venu) d'outre-mer, étranger; *aid* aux pays étrangers. (*Admin, Ind etc*) **he got an** ~ **posting** il a été détaché à l'étranger *or* outre-mer; (*Brit*) **Minister/Ministry of O~ Development** ≃ ministre *m*/ministère *m* de la Coopération; (*US*) ~ **cap** calot *m*, bonnet *m* de police.

oversee [əʊvə'si:] *pret* **oversaw**, *ptp* **overseen** *vt* surveiller.

overseer ['əʊvəsi:ər] *n* (*in factory, on roadworks etc*) contremaître *m*, chef *m* d'équipe; (*in coalmine*) porion *m*; *[prisoners, slaves]* surveillant(e) *m(f)*.

oversell [əʊvə'sel] *pret, ptp* **oversold** *vt* (*fig*) faire trop valoir, mettre trop en avant. (*lit*) **the match/show was oversold** on a vendu plus de billets qu'il n'y avait de places pour le match/le spectacle.

oversensitive [əʊvə'sensɪtɪv] *adj* trop sensible, trop susceptible.

oversexed* [əʊvə'sekst] *adj*: **he's** ~ il ne pense qu'à ça*.

oversew [əʊvə'səʊ] *pret* **oversewed**, *ptp* **oversewed** *or* **oversewn** *vt* coudre à points de surjet.

overshadow [əʊvə'ʃædəʊ] *vt [leaves etc]* ombrager; *[clouds]* obscurcir; (*fig*) *person, sb's achievements* éclipser.

overshoe [əʊvə'ʃu:] *n* (*gen*) galoche *f*; (*of rubber*) caoutchouc *m*.

overshoot [,əʊvə'ʃu:t] *pret, ptp* **overshot** [,əʊvə'ʃɒt] *vt* dépasser, aller au-delà de. (*lit, fig*) **to** ~ **the mark** dépasser le but; **the plane overshot the runway** l'avion a dépassé la piste d'atterrissage.

oversight ['əʊvəsaɪt] *n* (**a**) (*omission*) omission *f*, oubli *m*. **by** *or* **through an** ~ par mégarde, par inadvertance, par négligence; **it was an** ~ c'était une erreur. (**b**) (*supervision*) surveillance *f*. **under the** ~ **of** sous la surveillance de.

oversimplification [,əʊvə,sɪmplɪfɪ'keɪʃən] *n* simplification *f* excessive.

oversimplify [əʊvə'sɪmplɪfaɪ] *vt* trop simplifier, simplifier à l'extrême.

oversize(d) [əʊvə'saɪz(d)] *adj* (**a**) (*too big*) trop grand; (*Scol*) *class* trop nombreux, pléthorique; *family* trop nombreux. (**b**) (*huge*) gigantesque, énorme.

oversleep [əʊvə'sli:p] *pret, ptp* **overslept** *vi* dormir trop longtemps, se réveiller (trop) tard, ne pas se réveiller à temps.

oversold [əʊvə'səʊld] *pret, ptp of* **oversell**.

overspend [əʊvə'spend] *pret, ptp* **overspent** *vt allowance, resources* dépenser au-dessus de *or* au-delà de. **to** ~ **by £10** dépenser 10 livres de trop.

overspending [əʊvə'spendɪŋ] *n* (*gen*) dépenses *fpl* excessives; (*Econ, Admin etc*) dépassements *mpl* de crédits, dépassements budgétaires.

overspill ['əʊvəspɪl] (*Brit*) **1** *n* excédent *m* de population. **the London** ~ l'excédent de la population de Londres. **2** *cpd*: **overspill town** ≃ ville *f* satellite.

overstocked [əʊvə'stɒkt] *adj market* encombré (*with* de); *shop* approvisionné *or* fourni à l'excès (*with* en); *pond, river* surchargé de poissons; *farm* qui a un excès de cheptel.

overstaffed [əʊvə'stɑ:ft] *adj* (*gen*) aux effectifs pléthoriques. **this office is** ~ il y a un excédent de personnel dans ce service.

overstaffing [əʊvə'stɑ:fɪŋ] *n* effectifs *mpl* pléthoriques, sureffectifs *mpl*.

overstate [əʊvə'steɪt] *vt* exagérer.

overstatement [əʊvə'steɪtmənt] *n* exagération *f*.

overstay [əʊvə'steɪ] *vt*: **to** ~ **one's leave** (*Mil*) excéder la durée fixée de sa permission; (*gen*) excéder la durée fixée de son congé; **I hope I have not** ~**ed my welcome** j'espère que je n'ai pas abusé de votre hospitalité.

overstep [,əʊvə'step] *vt limits* dépasser, outrepasser. **to** ~ **one's authority** excéder *or* outrepasser son pouvoir; (*fig*) **to** ~ **the line** *or* **mark** exagérer (*fig*), dépasser la mesure.

overstrain [əʊvə'streɪn] *vt person* surmener; *heart* fatiguer; *strength* abuser de; *horse, metal* forcer; *resources, reserves* user avec excès. **to** ~ **o.s.** se surmener.

overstrung [əʊvə'strʌŋ] *adj piano* à cordes croisées.

overstuffed [əʊvə'stʌft] *adj chair* rembourré.

oversubscribed [əʊvəsəb'skraɪbd] *adj* (*St Ex*) sursouscrit. (*gen*) **this outing was** ~ il y a eu trop d'inscriptions pour cette sortie.

overt [əʊ'vɜ:t] *adj* déclaré, non déguisé.

overtake [,əʊvə'teɪk] *pret* **overtook** [əʊvə'tʊk], *ptp* **overtaken** [,əʊvə'teɪkən] *vt* (*catch up*) rattraper, rejoindre; (*Brit: pass*) *car* doubler; dépasser; *competitor, runner* devancer, dépasser; [*storm, night*] surprendre; [*fate*] s'abattre sur, frapper. ~**n by fear** frappé d'effroi; **to be** ~**n by events** être dépassé par les événements; (*Brit Aut*) **'no overtaking'** 'défense de doubler'.

overtax [əʊvə'tæks] *vt* (**a**) *sb's strength, patience* abuser de; *person* surmener. **to** ~ **one's strength** abuser de ses forces, se surmener. (**b**) (*Fin*) surimposer.

overthrow [,əʊvə'θrəʊ] *pret* **overthrew** [,əʊvə'θru:], *ptp* **overthrown** [,əʊvə'θrəʊn] **1** *vt enemy, country, empire* vaincre (définitivement); *dictator, government, system* renverser. **2** ['əʊvəθrəʊ] *n [enemy etc]* défaite *f*; [*empire, government etc*] chute *f*, renversement *m*.

overtime ['əʊvətaɪm] **1** *n* (**a**) (*at work*) heures *fpl* supplémentaires. **I am on** ~, **I'm doing** *or* **working** ~ je fais des heures supplémentaires; **£300 per week with** ~ 300 livres par semaine heures supplémentaires comprises; **to work** ~ faire des heures supplémentaires; (*fig*) **his conscience was working** ~ sa conscience le travaillait sérieusement*; (*fig*) **we shall have to work** ~

to regain the advantage we have lost il nous faudra mettre les bouchées doubles pour reprendre l'avantage perdu.
(**b**) (*US Sport*) prolongation *f*.
2 *cpd*: **overtime pay** (rémunération *f* pour) heures *fpl* supplémentaires; **overtime work(ing)** heures *fpl* supplémentaires.

overtly [əʊ'vɜ:tlɪ] *adv* ouvertement.

overtone ['əʊvətəʊn] *n* (*Mus*) harmonique *m or f*; (*fig*) note *f*, accent *m*, sous-entendu *m*. **there were** ~**s** *or* **there was an** ~ **of hostility in his voice** on sentait une note *or* des accents d'hostilité dans sa voix; **to have political** ~**s** *[speech]* avoir des sous-entendus politiques; *[visit]* avoir des implications politiques.

overtrick ['əʊvətrɪk] *n* (*Bridge*) levée *f* de mieux.

overtrump [əʊvə'trʌmp] *vt* (*Cards*) surcouper.

overture ['əʊvətjʊər] *n* (*Mus*) ouverture *f*; (*fig*) ouverture, avance *f*. **The 1812 O~** l'Ouverture solennelle; **to make** ~**s to sb** faire des ouvertures à qn; **peace** ~**s** ouvertures de paix; **friendly** ~**s** avances amicales.

overturn [,əʊvə'tɜ:n] **1** *vt car, chair* renverser; *boat* faire chavirer *or* capoter; (*fig*) *government, plans* renverser. **2** *vi [chair]* se renverser; *[car, plane]* se retourner, capoter; *[railway coach]* se retourner, verser; *[boat]* chavirer, capoter.

overtype ['əʊvətaɪp] *vt* taper par-dessus.

overuse [əʊvə'ju:z] *vt* abuser de.

overvalue [əʊvə'vælju:] *vt* (*gen*) surestimer; (*Econ*) *currency* surévaluer.

overview ['əʊvəvju:] *n* (*lit*) vue *f* d'ensemble, panorama *m*; (*fig: of situation etc*) vue d'ensemble.

overweening [əʊvə'wi:nɪŋ] *adj person* outrecuidant; *pride, ambition, self-confidence* démesuré.

overweight ['əʊvə'weɪt] **1** *adj*: **to be** ~ *[person]* peser trop, être trop gros, avoir des kilos en trop; *[suitcase etc]* peser trop lourd, être en excès du poids réglementaire; **your luggage is** ~ vous avez un excédent de bagages; **to be 5 kilos** ~ peser 5 kilos de trop.
2 *n* poids *m* en excès; *[person]* embonpoint *m*.

overwhelm [,əʊvə'welm] *vt [flood, waves, sea]* submerger, engloutir; *[earth, lava, avalanche]* engloutir, ensevelir; *one's enemy, opponent, other team* écraser; *[emotions]* accabler, submerger; *[misfortunes]* atterrer, accabler; *[shame, praise, kindness]* confondre, rendre confus. **to** ~ **sb with questions** accabler qn de questions; **to** ~ **sb with favours** combler qn de faveurs; **I am** ~**ed by his kindness** je suis tout confus de sa bonté; **to be** ~**ed (with joy)** être au comble de la joie; **to be** ~**ed (with grief)** être accablé (par la douleur); **to be** ~**ed with work** être débordé *or* accablé *or* submergé de travail; **we have been** ~**ed with offers of help** nous avons été submergés *or* inondés d'offres d'aide; **Venice quite** ~**ed me** Venise m'a bouleversé.

overwhelming [,əʊvə'welmɪŋ] *adj victory, majority, defeat* écrasant; *desire, power, pressure* irrésistible; *misfortune, sorrow, heat* accablant; *bad news* affligeant, atterrant; *good news* extrêmement réjouissant; *welcome, reception* extrêmement chaleureux. **one's** ~ **impression is of heat** l'impression dominante est celle de la chaleur, on est avant tout saisi par la chaleur.

overwhelmingly [,əʊvə'welmɪŋlɪ] *adv win, defeat* d'une manière écrasante *or* accablante; *vote, accept, reject* en masse. **he was** ~ **polite** il était d'une politesse embarrassante.

overwork [əʊvə'wɜ:k] **1** *n* surmenage *m*. **to be ill from** ~ être malade d'avoir trop travaillé *or* de s'être surmené.
2 *vt person* surmener, surcharger de travail; *horse* forcer. **to** ~ **o.s.** se surmener; (*iro*) **he did not** ~ **himself** il ne s'est pas fatigué *or* foulé* *or* cassé*.
3 *vi* trop travailler, se surmener.

overwrought [əʊvə'rɔ:t] *adj* excédé, à bout.

overzealous [əʊvə'zeləs] *adj* trop zélé. **to be** ~ faire du zèle, faire de l'excès de zèle.

Ovid ['ɒvɪd] *n* Ovide *m*.

oviduct ['əʊvɪdʌkt] *n* oviducte *m*.

oviform ['əʊvɪfɔ:m] *adj* oviforme.

ovine ['əʊvaɪn] *adj* ovin.

oviparous [əʊ'vɪpərəs] *adj* ovipare.

ovoid ['əʊvɔɪd] **1** *adj* ovoïde. **2** *n* forme *f* ovoïde.

ovulate ['ɒvjʊleɪt] *vi* ovuler.

ovulation [,ɒvjʊ'leɪʃən] *n* ovulation *f*.

ovule ['ɒvju:l] *n* (*Bot, Zool*) ovule *m*.

ovum ['əʊvəm] *n, pl* **ova** (*Bio*) ovule *m*.

owe [əʊ] *vt* (**a**) *money etc* devoir (*to sb* à qn). **he** ~**s me £5** il me doit 5 livres; **I'll** ~ **it to you** je vous le devrai; **I still** ~ **him for the meal** je lui dois toujours le (prix du) repas.
(**b**) (*fig*) *respect, obedience, one's life etc* devoir (*to sb* à qn). **I** ~ **you a lunch** je vous dois un déjeuner; **to** ~ **sb a grudge** garder rancune à qn, en vouloir à qn (*for* de); **I** ~ **you thanks for ...** je ne vous ai pas encore remercié pour ... (*or* de ...); **you** ~ **him nothing** vous ne lui devez rien, vous ne lui êtes redevable de rien; **he** ~**s his talent to his father** il tient son talent de son père; **he** ~**s his failure to his own carelessness** il doit son échec à sa propre négligence; (*frm*) **to what do I** ~ **the honour of ...?** qu'est-ce qui me vaut l'honneur de ...? (*frm*); **they** ~ **it to you that they succeeded** ils vous doivent leur succès *or* d'avoir réussi, c'est grâce à vous qu'ils ont réussi; **I** ~ **it to him to do that** je lui dois (bien) de faire cela; **you** ~ **it to yourself to make a success of it** vous vous devez de réussir.

owing ['əʊɪŋ] **1** *adj* dû. **the amount** ~ **on the house** ce qui reste dû sur le prix de la maison; **a lot of money is** ~ **to me** on me doit beaucoup d'argent; **the money still** ~ **to me** la somme qu'on me doit encore, la somme qui m'est redue (*Comm*).
2 owing to *prep* à cause de, par suite de, en raison de, vu.

owl [aʊl] *n* hibou *m*, chouette *f*. (*fig: person*) **a wise old** ~ un vieux hibou; *V* **barn** *etc*.

owlet ['aʊlɪt] *n* jeune hibou *m* or chouette *f*.

owlish ['aʊlɪʃ] *adj appearance* de hibou. **he gave me an ~ stare** il m'a regardé fixement comme un hibou.

owlishly ['aʊlɪʃlɪ] *adv look, stare* (fixement) comme un hibou.

own [əʊn] **1** *adj* propre (*before n*). **his ~ car** sa propre voiture, sa voiture à lui; **this is my ~ book** ce livre est à moi *or* m'appartient; **it's my ~ book** c'est mon livre à moi; **I saw it with my ~ eyes** je l'ai vu de mes propres yeux; **but your ~ brother said so** mais votre propre frère l'a dit; **all my ~ work!** c'est moi qui ai fait tout (le travail) moi-même!; **it was his ~ idea** c'était son idée à lui, l'idée venait de lui; **he does his ~ cooking** il fait sa cuisine lui-même; **the house has its ~ garage** la maison a son garage particulier; **my ~ one** mon chéri, ma chérie; (*in house-selling*) '~ **garden**' 'jardin privatif'; (*Ftbl*) ~ **goal** auto-goal *m*; (*fig*) **to do one's ~ thing*** s'éclater*; prendre son pied*; *V* **accord, sake**[1], **sweet, thing** *etc*.

2 *cpd*: (*Comm*) **their own-brand peas** *etc* leur propre marque *f* de petits pois *etc*.

3 *pron* **(a)** **that's my ~** c'est à moi, c'est le mien; **those are his ~** ceux-là sont à lui, ceux-là sont les siens; **my time is my ~** je suis maître *or* libre de mon temps; **it's all my ~** c'est tout à moi; **a style all his ~** un style bien à lui; **it has a charm all (of) its ~** *or* **of its ~** cela possède un charme tout particulier *or* qui lui est propre; **for reasons of his ~** pour des raisons qui lui étaient propres *or* particulières, pour des raisons personnelles; **a copy of your ~** votre propre exemplaire; **can I have it for my very ~?** puis-je l'avoir pour moi tout seul?; **it's my very ~** c'est à moi tout seul; **a house of your very ~** une maison bien à vous; **she wants a room of her ~** elle veut sa propre chambre *or* sa chambre à elle; **I have money of my ~** j'ai de l'argent à moi *or* des ressources personnelles; **he gave me one of his ~** il m'a donné un des siens, il m'en a donné un qui lui appartenait.

(b) (*phrases*) **to be on one's ~** être tout seul; **did you do it (all) on your ~?** est-ce que vous l'avez fait tout seul? *or* sans aucune aide?; **if I can get him on his ~** si je réussis à le voir seul à seul; (*fig*) **you're on your ~ now!** à toi de jouer (maintenant)!; **he's got nothing to call his ~** *or* **nothing that he can call his ~** il n'a rien à lui, il n'a rien qui lui appartienne réellement; **I'm so busy I can scarcely call my time my ~** je suis si pris que je n'ai pas de temps à moi; (*fig*) **to come into one's ~** réaliser sa destinée, trouver sa justification; **to get one's ~ back (on sb for sth)** prendre sa revanche (sur qn de qch); *V* **hold 3b**.

4 *vt* **(a)** (*possess*) (*gen*) posséder; (*more formally, also Admin: sth imposing or expensive*) être (le *or* la) propriétaire de. **he ~s 2 tractors** il possède 2 tracteurs; **he ~s 3 houses/3 newspapers** il est le propriétaire de 3 maisons/3 journaux; **who ~s this pen/house/paper?** à qui appartient ce stylo/cette maison/ce journal?; **he looks as if he ~s the place*** on dirait qu'il est chez lui.

(b) (*acknowledge*) avouer, reconnaître (*that* que). **I ~ it** je le reconnais, je l'avoue; **he ~ed his mistake** il a reconnu *or* avoué son erreur; **he ~ed himself defeated** il s'est avoué vaincu; **he ~ed the child as his** il a reconnu l'enfant.

5 *vi*: **to ~ to a mistake** avouer *or* reconnaître avoir commis une erreur; **he ~ed to debts of £750** il a avoué *or* reconnu avoir 750 livres de dettes; **he ~ed to having done it** il a avoué l'avoir fait *or* qu'il l'avait fait.

◆**own up** *vi* avouer, confesser, faire des aveux. **to own up to sth** admettre qch; **he owned up to having stolen it** il a avoué *or* confessé l'avoir volé *or* qu'il l'avait volé; **come on, own up!** allons, avoue!

owner ['əʊnə'] **1** *n* (*gen*) propriétaire *mf*; (*Jur: in house-building*) maître *m* d'ouvrage. **as ~s of this dictionary know, ...** comme les possesseurs de ce dictionnaire le savent, ...; **will the ~ of the dictionary which was left in the office please ...** le propriétaire du dictionnaire trouvé au bureau est prié de ...; **all dog ~s will agree that ...** tous ceux qui ont un chien conviendront que ...; **who is the ~ of this book?** à qui appartient ce livre?; **he is the proud ~ of ...** il est l'heureux propriétaire de ...; **the ~ of car number CUF 457** le propriétaire de la voiture immatriculée CUF 457; (*Comm*) **at ~'s risk** aux risques du client; *V* **land** *etc*.

2 *cpd*: **owner-driver** conducteur *m* propriétaire; **owner-occupied house** maison occupée par son propriétaire; **owner-occupier** occupant *m* propriétaire.

ownerless ['əʊnəlɪs] *adj* sans propriétaire.

ownership ['əʊnəʃɪp] *n* possession *f*. (*Comm*) '**under new ~**' 'changement de propriétaire'; **under his ~ business looked up** lui propriétaire, le commerce a repris; **his ~ of the vehicle was not in dispute** on ne lui contestait pas la propriété du véhicule; **to establish ~ of the estate** faire établir un droit de propriété au domaine.

ownsome* ['əʊnsəm] *n*, **owny-o*** ['əʊnɪəʊ] *n* (*hum*) **on one's ~** tout seul.

owt [aʊt] *n* (*Brit dial*) quelque chose.

ox [ɒks] *pl* **oxen 1** *n* bœuf *m*. **as strong as an ~** fort comme un bœuf; (*pej*) **he's a big ~*** c'est un gros balourd.

2 *cpd*: (*colour*) **oxblood** rouge foncé (*m*) *inv*; (*in river*) **oxbow** méandre *m*; **oxbow lake** bras mort; **oxcart** char *m* à bœufs; **ox-eye daisy** marguerite *f*; **oxhide** cuir *m* de bœuf; **oxtail** queue *f* de bœuf; **oxtail soup** soupe *f* à la queue de bœuf.

oxalic [ɒk'sælɪk] *adj* oxalique.

Oxbridge ['ɒksbrɪdʒ] (*Brit*) **1** *n* l'université d'Oxford ou de Cambridge (*ou les deux*). **2** *cpd* **education** à l'université d'Oxford ou de Cambridge; *accent, attitude* typique des universitaires *or* des anciens d'Oxford ou de Cambridge.

oxen ['ɒksən] *npl* of **ox**.

Oxfam ['ɒksfæm] (*Brit: abbr* of **Oxford Committee for Famine Relief**) œuvre *f* de secours contre la faim.

Oxford ['ɒksfəd] *n* Oxford. (*Rel: Brit*) **the ~ Movement** le Mouvement d'Oxford.

oxidase ['ɒksɪdeɪs] *n* oxydase *f*.

oxidation [ˌɒksɪ'deɪʃən] *n* (*Chem*) oxydation *f*, combustion *f*; (*Metal*) calcination *f*.

oxide ['ɒksaɪd] *n* oxyde *m*.

oxidize ['ɒksɪdaɪz] **1** *vt* oxyder. **2** *vi* s'oxyder.

Oxon ['ɒksən] (*Brit*) (*abbr* of **Oxoniensis**) d'Oxford.

Oxonian [ɒk'səʊnɪən] **1** *adj* oxonien, oxfordien. **2** *n* Oxonien(ne) *m(f)*, Oxfordien(ne) *m(f)*.

oxter ['ɒkstə'] *n* (*Scot*) aisselle *f*.

oxyacetylene ['ɒksɪə'setɪliːn] *adj* oxyacétylénique. **~ burner** *or* **lamp** *or* **torch** chalumeau *m* oxyacétylénique; **~ welding** soudure *f* (au chalumeau) oxyacétylénique.

oxygen ['ɒksɪdʒən] **1** *n* oxygène *m*. **2** *cpd*: **oxygen bottle, oxygen cylinder** bouteille *f* d'oxygène; **oxygen mask** masque *m* à oxygène; **oxygen tank** ballon *m* d'oxygène; **oxygen tent** tente *f* à oxygène.

oxygenate ['ɒksɪdʒəneɪt] *vt* oxygéner.

oxygenation [ˌɒksɪdʒə'neɪʃən] *n* oxygénation *f*.

oyez [əʊ'jez] *excl* oyez! (*cri du crieur public ou d'un huissier*).

oyster ['ɔɪstə'] **1** *n* huître *f*. (*fig*) **the world is his ~** le monde est à lui; (*fig*) **to shut up like an ~*** (en) rester muet comme une carpe.

2 *cpd* **industry** ostréicole, huîtrier; *knife* à huître. **oyster bed** banc *m* d'huîtres, huîtrière *f*; (*Orn*) **oystercatcher** huîtrier *m*; (*US Culin*) **oyster cracker** petit biscuit salé; **oyster farm** huîtrière *f*, parc *m* à huîtres; **oyster shell** écaille *f* *or* coquille *f* d'huître; (*US Culin*) **oyster stew** soupe *f* aux huîtres.

oz *abbr* of **ounce(s)**.

ozone ['əʊzəʊn] *n* ozone *m*.

P

P, p [piː] *n* **(a)** (*letter*) P, p *m*. **to mind** *or* **watch one's Ps and Qs*** faire attention à ce qu'on fait *or* à ce qu'on dit, se surveiller; **P for Peter** P comme Pierre. **(b)** (*abbr* of **penny** *or* **pence**) (nouveau) penny *m*, (nouveaux) pence *mpl*. **(c)** (*abbr* of **page**) p. **(d)** *abbr* of **President** *or* **Prince**. **(e)** **p** and **p** (*abbr* of **post(age) and packing**) frais *mpl* de port et d'emballage.

PA [piː'eɪ] **(a)** *abbr* of **personal assistant**; *V* **personal**.

(b) (*abbr* of **public address system:** *gen*) système *m* de sonorisation, sono* *f*. **it was announced over the ~ that ...** on a annoncé par haut-parleurs que ... .

(c) (*US Post*) *abbr* of **Pennsylvania**.

p.a. (*abbr* of **per annum**) par an.

pa* [pɑː] *n* papa *m*.

pabulum ['pæbjʊləm] *n* **(a)** (*US: nonsense*) niaiseries *fpl*. **(b)** (*rare*) (*food*) aliment *m* semi-liquide.

pace[1] [peɪs] **1** *n* **(a)** (*measure*) pas *m*. **20 ~s away** à 20 pas.

(b) (*speed*) pas *m*, allure *f*. **to go at a quick** *or* **good** *or* **smart ~** aller d'un bon pas *or* à vive allure; **to go at a slow ~** aller à pas lents *or* lentement *or* à (une) petite allure; **at a walking ~** au pas; **to quicken one's ~** hâter *or* presser le pas; **to set the ~** (*Sport*) mener le train, donner l'allure; (*fig*) donner le ton; **to keep ~ with sb** (*lit*) aller à la même allure que qn; (*fig*) marcher de pair avec qn; (*fig*) **he can't keep ~ with things** il est dépassé par les événements.

(c) (*pace of a horse*) **to put a horse through its ~s** faire parader un cheval; (*fig*) **to put sb through his ~s** mettre qn à l'épreuve, voir ce dont qn est capable.

2 *cpd*: **pacemaker** (*Med*) stimulateur *m* (cardiaque); (*Sport: also* **pace-setter**) meneur *m*, -euse *f* de train.

3 vi marcher à pas mesurés. **to ~ up and down** faire les cent pas.
4 vt (a) room, street arpenter.
(b) (Sport) runner régler l'allure de.
♦ **pace out** vt sep distance mesurer au pas.
pace² ['peɪs] prep: **~ your advisers** n'en déplaise à vos conseillers.
pacer ['peɪsər] n (US Sport) meneur m, -euse f de train.
pachyderm ['pækɪdɜːm] n pachyderme m.
pacific [pə'sɪfɪk] adj, n pacifique. **the P~ (Ocean)** le Pacifique, l'océan m Pacifique; **P~ Islands** îles fpl du Pacifique; (US) **P~ Daylight Time** heure f d'été du Pacifique; (US) **P~ Standard Time** heure (normale) du Pacifique.
pacifically [pə'sɪfɪkəlɪ] adv pacifiquement.
pacification [ˌpæsɪfɪ'keɪʃən] n (V pacify) apaisement m; pacification f.
pacifier ['pæsɪfaɪər] n (a) (US: dummy-teat) tétine f, sucette f. (b) (person) pacificateur m, -trice f.
pacifism ['pæsɪfɪzəm] n pacifisme m.
pacifist ['pæsɪfɪst] adj, n pacifiste (mf).
pacify ['pæsɪfaɪ] vt person, fears calmer, apaiser; country, creditors pacifier.

pack [pæk] **1** n (a) [goods, cotton] balle f; [pedlar] ballot m; [pack animal] bât m; (Mil) sac m (d'ordonnance).
(b) (group) [hounds] meute f; [wolves, thieves] bande f. **~ of fools*** tas* m or bande* f d'imbéciles; **~ of lies** tissu m de mensonges.
(c) [cards] jeu m.
(d) (Comm) paquet m. (US) **~ of cigarettes** paquet de cigarettes; V economy.
(e) (Rugby) (forwards) pack m; (scrum) mêlée f.
(f) (Med) **cold/wet ~** compresse froide/humide.
2 cpd: **pack animal** bête f de somme; **packhorse** cheval m de charge; **pack ice** banquise f, pack m; **packsaddle** bât m; **pack trail** sentier m muletier.
3 vt (a) (put into box etc) empaqueter, emballer; (put into suitcase etc) mettre dans une valise etc, emballer; (Comm) goods etc emballer; wool mettre en balles. (Comm) **they come ~ed in dozens** on les reçoit par paquets de douze; **to ~ a vase in straw** envelopper un vase dans de la paille.
(b) (fill tightly) trunk, suitcase faire; box remplir (with de); (fig) mind, memory bourrer (with de). **to ~ one's case** faire sa valise; **to ~ one's bags** (lit) faire ses bagages or ses valises; (fig) plier bagage, faire son baluchon*; (fig) **they ~ed the hall to see him** ils se pressaient dans la salle pour le voir; (Theat) [player, play] **to ~ the house** faire salle comble; (fig) **to ~ a room with furniture** bourrer une pièce de meubles; V also packed.
(c) (crush together) earth, objects tasser (into dans); (Ski) snow damer; people entasser (into dans); V also packed.
(d) (pej) **to ~** a jury composer un jury favorable.
(e) [boxer, fighter] **he ~s a good punch, he ~s quite a wallop*** il a un sacré* punch; (US) **to ~ a gun‡** porter un revolver.
4 vi (a) (do one's luggage) faire ses bagages or sa valise; V send.
(b) **these books ~ easily into that box** ces livres tiennent bien dans cette boîte.
(c) [people] se serrer, s'entasser. **they ~ed into the hall to see him** ils se pressaient dans la salle pour le voir; **the crowd ~ed round him** la foule se pressait autour de lui.
♦ **pack away** vt sep ranger.
♦ **pack in‡ 1** vi (fig) [car, watch etc] tomber en panne.
2 vt sep person, job plaquer‡. **pack it in!** laisse tomber!*, écrase!‡; **let's pack it in for the day** assez or on arrête pour aujourd'hui; (fig: of film etc) **it's packing them in*** ça attire les foules.
♦ **pack off*** vt sep envoyer promener*. **to pack a child off to bed** envoyer un enfant au lit; **they packed John off to London** ils ont expédié* Jean à Londres.
♦ **pack up 1** vi (a) (do one's luggage) faire sa valise or ses bagages.
(b) (*: give up and go) plier bagage.
(c) (Brit*: break down, stop working) tomber en panne, rendre l'âme (hum).
2 vt sep (a) clothes, belongings mettre dans une valise; object, book emballer, empaqueter. **he packed up his bits and pieces** il a rassemblé ses affaires; V bag.
(b) (‡: give up) work, school laisser tomber*. **pack it up now!** laisse tomber!*, arrête!
package ['pækɪdʒ] **1** n (a) (parcel) paquet m, colis m.
(b) (fig: group) (items for sale) marché m global; (contract) contrat m global; (purchase) achat m forfaitaire; (also **~ tour**) voyage m organisé or à forfait; (Comput) progiciel m. (Admin, Jur etc) **~ of measures** ensemble m or série f or train m de mesures; (Comput) **payroll/inventory/management ~** progiciel de paie/de stock or inventaire/de gestion; (fig) **I'd rather look at it as a ~** je préfère considérer cela comme un tout; (fig) **I'd like one person to do it all as a ~** je préfère qu'une seule personne s'occupe de tout.
2 cpd: **package deal** marché global; (contract) contrat global; (purchase) achat m forfaitaire; **package holiday** vacances organisées, voyage m à prix forfaitaire; (US) **package store** magasin m de vins et de spiritueux (à emporter); **package tour** voyage organisé.
3 vt (Comm) emballer.
packaging ['pækɪdʒɪŋ] n (Comm) [goods] conditionnement m; (wrapping materials) emballage m.
packed [pækt] **1** adj (a) room (with people) comble, bondé; (with furniture etc) bourré (with de); bus bondé; (also **~ out**) theatre, hall comble. **the bus was ~ (with people)** l'autobus était bondé, l'autobus regorgeait de monde; **the lecture was ~** il y avait foule à la conférence; (fig) **~ like sardines** serrés comme des sardines.
(b) (with luggage ready) **I'm ~ and ready to leave** j'ai fait mes bagages et je suis prêt(e) (à partir).

(c) **~ lunch** repas m froid, panier-repas m.
2 -packed adj ending in cpds, e.g. **a fun-~** holiday des vacances pleines de distractions; **a thrill-~** evening une soirée pleine de or riche en péripéties; V action etc.
packer ['pækər] n (a) (person) emballeur m, -euse f. (b) (device) emballeuse f.
packet ['pækɪt] n (a) (parcel) paquet m, colis m; [needles, sweets] sachet m; [cigarettes, seeds] paquet; (paper bag) pochette f. **that must have cost a ~!*** cela a dû coûter les yeux de la tête! (b) (Naut: also **~ boat**) paquebot m, malle f. **the Dover ~** la malle de Douvres.
packing ['pækɪŋ] **1** n (a) (gen, Comm) emballage m; [parcel] emballage, empaquetage m. **to do one's ~** faire sa valise or ses bagages; (Comm) **meat ~** conserverie f de viande (industrie).
(b) (act of filling) [space] remplissage m.
(c) (Tech) [piston, joint] garniture f.
(d) (material used) (fournitures fpl or matériaux mpl pour) emballage m; (Tech) (matière f pour) garnitures fpl.
2 cpd: **packing case** caisse f d'emballage; (Comput) **packing density** densité f d'implantation.
pact [pækt] n pacte m, traité m. **France made a ~ with England** la France conclut or signa un pacte avec l'Angleterre; **they made a ~ not to tell their mother** ils se sont mis d'accord pour n'en rien dire à leur mère.
pad [pæd] **1** n (a) (to prevent friction, damage) coussinet m; (Tech) tampon m (amortisseur).
(b) (Ftbl) protège-cheville m inv; (Hockey etc) jambière f; (Fencing) plastron m.
(c) (block of paper) bloc m; (writing **~**) bloc (de papier à lettres); (note**~**) bloc-notes m; V blotting.
(d) (for inking) tampon encreur.
(e) [rabbit] patte f; [cat, dog] coussin charnu.
(f) (fig) **the ~ of footsteps** des pas feutrés.
(g) (Space: also launching **~**) rampe f (de lancement).
(h) [water lily] feuille f de nénuphar.
(i) (*: sanitary towel) serviette f hygiénique.
(j) (‡) (bed) pieu‡ m; (room) piaule* f.
(k) (US) [policeman] **to be on the ~‡** toucher des pots-de-vin, palper*.
2 vi aller à pas feutrés. **to ~ along** marcher à pas de loup or à pas feutrés; **to ~ about** aller et venir à pas de loup or à pas feutrés.
3 vt (a) cushion, shoulders rembourrer; clothing matelasser, ouatiner; furniture, door matelasser, capitonner. **to ~ with cotton wool** ouater.
(b) (fig: also **~ out**) speech délayer. **he ~ded his essay (out) a good deal** il y a beaucoup de délayage or de remplissage dans sa dissertation, il a bien allongé la sauce* dans sa dissertation.
♦ **pad out** vt sep (a) clothes, shoulders rembourrer.
(b) (fig) expense account etc gonfler.
(c) meal rendre plus copieux (with potatoes en ajoutant des pommes de terre); V also pad 3b.
padded ['pædɪd] adj garment matelassé, ouatiné; bedhead etc capitonné, matelassé; envelope rembourré. **~ shoulders** épaules rembourrées; **~ cell** cellule matelassée, cabanon m; **~ bag** enveloppe matelassée.
padding ['pædɪŋ] n (a) (action) rembourrage m. (b) (material) bourre f, ouate f; (fig: in book, speech) délayage m, remplissage m. (fig: starchy food) **I've added rice for ~** j'ai ajouté du riz pour que ce soit plus copieux.
paddle ['pædl] **1** n [canoe] pagaie f; [waterwheel] aube f, palette f.
(b) **the child went for a ~** l'enfant est allé barboter or faire trempette.
(c) (US: Table Tennis) raquette f de ping-pong.
2 cpd: **paddle boat**, (Brit) **paddle steamer** bateau m à aubes or à roues; **paddle wheel** roue f à aubes or à palettes; (Brit) **paddling pool** pataugeoire f.
3 vt (a) **to ~ a canoe** pagayer; (fig) **to ~ one's own canoe** se débrouiller tout seul, diriger seul sa barque.
(b) (US: spank) donner une fessée à.
4 vi (a) (walk) (in water) barboter, faire trempette; (in mud) patauger.
(b) (in canoe) **to ~ up/down the river** remonter/descendre la rivière en pagayant.
paddock ['pædək] n enclos m (pour chevaux); (Racing) paddock m.
Paddy ['pædɪ] n (surnom des Irlandais) dim of **Patrick**.
paddy¹ ['pædɪ] n paddy m, riz non décortiqué. **~ field** rizière f.
paddy²* ['pædɪ] n (anger) rogne* f. **to be in a ~** être en rogne*.
paddy waggon‡ ['pædɪˌwægən] n (US) panier m à salade*.
padlock ['pædlɒk] **1** n [door, chain] cadenas m; [cycle] antivol m. **2** vt door cadenasser; cycle mettre un antivol à.
padre ['pɑːdrɪ] n (a) (Mil, Naut etc) aumônier m. (b) (*: clergyman) (Catholic) frère m, curé m; (Protestant) pasteur m.
Padua ['pædʒʊə] n Padoue f.
paean ['piːən] n péan m. **~s of praise** des louanges fpl, un dithyrambe.
paederast ['pedəræst] n = **pederast**.
paediatric [ˌpiːdɪ'ætrɪk] adj department de pédiatrie; illness, medicine, surgery infantile. **~ nurse** puéricultrice f; **~ nursing** puériculture f.
paediatrician [ˌpiːdɪə'trɪʃən] n pédiatre mf.
paediatrics [ˌpiːdɪ'ætrɪks] n (U) pédiatrie f.
paedophile ['piːdəʊfaɪl] n pédophile m.
paedophilia [ˌpiːdəʊ'fɪlɪə] n pédophilie f.
paedophiliac [ˌpiːdəʊ'fɪlɪæk] adj pédophile.
paella [paɪ'elə] n paella f.
pagan ['peɪgən] adj, n (lit, fig) païen(ne) m(f).

paganism ['peɪgənɪzəm] n paganisme m.
page¹ [peɪdʒ] 1 n page f. on ~ 10 (à la) page 10; continued on ~ 20 suite (en) page 20; (fig: Brit) ~ three la page des pin up; (Typ) ~ proofs épreuves fpl en pages. 2 vt book paginer; printed sheets mettre en pages.
page² [peɪdʒ] 1 n (a) (also ~ boy) (in hotel) groom m, chasseur m; (at court) page m. (b) (US: Congress) jeune huissier m. 2 vt (call for) person faire appeler; [person actually calling] appeler. they're paging Mr. Smith on appelle M. Smith.
pageant ['pædʒənt] n (historical) spectacle m or reconstitution f historique; (fig) spectacle pompeux, pompe f. air ~ fête f de l'air.
pageantry ['pædʒəntrɪ] n apparat m, pompe f.
paginate ['pædʒɪneɪt] vt paginer.
pagination [,pædʒɪ'neɪʃən] n pagination f.
paging ['peɪdʒɪŋ] n (Comput, also in book) pagination f.
pagoda [pə'gəʊdə] n pagode f.
paid [peɪd] 1 pret, ptp of pay. 2 adj staff rémunéré; gunman à gages. a ~ hack un nègre (fig). 3 cpd: (Fin) paid-up libéré; paid-up member membre m qui a payé sa cotisation; V also pay.
pail [peɪl] n seau m. ~(ful) of water seau d'eau.
paillasse ['pælæs] n paillasse f.
pain [peɪn] 1 n (a) (U) (physical) douleur f, souffrance f; (mental) peine f, (stronger) douleur, souffrance. to be in (great) ~ souffrir (beaucoup); to cause ~ to (physically) faire mal à, faire souffrir; (mentally) faire de la peine à, peiner, affliger; cry of ~ cri m de douleur.
(b) (localized) douleur f. I have a ~ in my shoulder j'ai une douleur à l'épaule, j'ai mal à l'épaule, mon épaule me fait mal; to have rheumatic ~s souffrir de rhumatismes; where have you got a ~? où as-tu mal?
(c) (nuisance) to be a (real) ~* être enquiquinant or embêtant* or emmouscaillant*‡; to give sb a ~ in the neck* enquiquiner* qn; he's a ~ in the neck* il est enquiquinant* or casse-pieds; (Brit) he's a ~ in the arse*‡, (US) he's a ~ in the ass*‡ c'est un emmerdeur‡ fini.
(d) (trouble) ~s peine f; to take ~s or to be at ~s to do sth faire qch très soigneusement; to take ~s over sth se donner beaucoup de mal pour (faire) qch; to spare no ~s ne pas ménager ses efforts (to do pour faire).
(e) (††: punishment) peine f, punition f. (frm) on ~ of death sous peine de mort.
2 cpd: painkiller calmant m, analgésique m; painkilling calmant, analgésique.
3 vt faire de la peine à, peiner, (stronger) faire souffrir.
pained [peɪnd] adj smile, expression, voice froissé, peiné.
painful ['peɪnfʊl] adj (a) (causing physical pain) wound douloureux. my hand is ~ j'ai mal à la main. (b) (distressing) sight, duty pénible. it is ~ to see her now maintenant elle fait peine à voir. (c) (laborious) climb, task pénible, difficile.
painfully ['peɪnfəlɪ] adv throb douloureusement; walk péniblement, avec difficulté; sensitive, embarrassed etc terriblement. it was ~ clear that ... il n'était que trop évident que ...; he was ~ shy/slow etc sa timidité/sa lenteur etc faisait peine à voir, il était terriblement timide/lent etc.
painless ['peɪnlɪs] adj operation indolore, sans douleur; (fig) experience inoffensif, bénin (f -igne). (fig) it's a ~ way of learning Chinese de cette façon, on peut apprendre le chinois sans (se donner de) mal; the exam was fairly ~* l'examen n'avait rien de bien méchant*.
painlessly ['peɪnlɪslɪ] adv (lit) sans douleur; (*: easily) sans peine, sans difficulté.
painstaking ['peɪnz,teɪkɪŋ] adj work soigné; person assidu, appliqué, soigneux.
painstakingly ['peɪnz,teɪkɪŋlɪ] adv assidûment, avec soin, laborieusement.
paint [peɪnt] 1 n (a) (U) peinture f; V coat, wet.
(b) ~s couleurs fpl; box of ~s boîte f de couleurs.
(c) (pej: make-up) peinture f (pej); V grease.
2 cpd: paintbox boîte f de couleurs; paintbrush (Art) pinceau m; (for decorating) brosse f, pinceau m; (butterfly) painted lady vanesse f; paintpot pot m de peinture (lit); paint remover décapant m (pour peinture); paint roller rouleau m à peinture; paint spray pulvérisateur m (de peinture); (Aut: for repairs) bombe f de peinture or de laque; paint-stripper (chemical) décapant m; (tool) racloir m; the paintwork les peintures fpl.
3 vt (a) wall etc peindre, couvrir de peinture. to ~ a wall red peindre un mur en rouge; to ~ sth again repeindre qch; to ~ one's nails se vernir les ongles; (fig) to ~ the town red faire la noce*, faire la bringue*.
(b) (Art) picture, portrait peindre; (fig: describe) dépeindre, décrire. (Theat) to ~ the scenery brosser les décors; (fig) he ~ed the situation in very black colours il brossa un tableau très sombre de la situation.
(c) (Med) throat, wound badigeonner.
4 vi (Art) peindre, faire de la peinture. to ~ in oils peindre à l'huile, faire de la peinture à l'huile; to ~ in watercolours faire de l'aquarelle.
♦**paint in** vt sep peindre.
♦**paint out** vt sep effacer d'une couche de peinture.
♦**paint over** vt sep slogan, graffiti couvrir de peinture.
painter¹ ['peɪntər] n (a) (Art) peintre m. portrait ~ portraitiste mf; V landscape. (b) (also house~) peintre m (en bâtiments). ~ and decorator peintre décorateur.
painter² ['peɪntər] n (Naut) amarre f.
painting ['peɪntɪŋ] n (a) (U) (Art) peinture f; [buildings] décoration f; (fig: description) peinture, description f. ~ in oils peinture à l'huile; to study ~ étudier la peinture; he does a bit of ~ il fait un

peu de peinture, il fait de la barbouille*. (b) (picture) tableau m, toile f.
pair [peər] 1 n (a) (two) [shoes etc] paire f. these gloves make or are a ~ ces gants font la paire; a ~ of pyjamas un pyjama; a ~ of trousers un pantalon; a ~ of scissors une paire de ciseaux; I have only one ~ of hands! je ne peux pas tout faire à la fois!; a beautiful ~ of legs de belles jambes; in ~s (two together: work etc) à deux; (by twos: enter etc) par deux.
(b) (man and wife) couple m. the happy ~ l'heureux couple.
(c) [animals] paire f; (mated) couple m; V carriage.
(d) (Brit Parl) un de deux députés de partis opposés qui se sont entendus pour s'absenter lors d'un vote.
2 cpd: (Zool etc) pair-bond(ing) union f monogame.
3 vt (a) socks appareiller.
(b) animals accoupler, apparier.
4 vi (a) [glove etc] faire la paire (with avec).
(b) [animals] s'accoupler, s'apparier.
♦**pair off** 1 vi (a) [people] s'arranger deux par deux.
(b) (Brit Parl) s'entendre avec un adversaire pour s'absenter lors d'un vote.
2 vt sep mettre par paires. John was paired off with her at the dance on lui a attribué Jean comme cavalier.
paisley ['peɪzlɪ] 1 n (fabric) lainage m à motif cachemire; (design: also ~ pattern) motif m or dessin m cachemire. 2 cpd: paisley shawl châle m cachemire.
pajamas [pə'dʒɑːməz] npl (US) = pyjamas.
Paki‡ ['pækɪ] (Brit pej) abbr of Pakistani. he's a Paki-basher‡ il s'attaque aux Pakistanais; Paki-bashing‡ chasse f aux Pakistanais, ≃ ratonnade‡ f.
Pakistan [,pɑːkɪs'tɑːn] n Pakistan m.
Pakistani [,pɑːkɪs'tɑːnɪ] 1 adj pakistanais. 2 n Pakistanais(e) m(f).
pal* [pæl] n copain* m, copine* f. they're great ~s ils sont très copains*, ce sont de grands copains*.
♦**pal up*** vi devenir copain(s)* (or copine(s)*) (with avec).
palace ['pælɪs] n palais m. bishop's ~ évêché m, palais épiscopal; royal ~ palais royal; (fig) ~ revolution révolution f de palais.
paladin ['pælədɪn] n paladin m.
palaeo... ['pælɪəʊ] pref = paleo... .
Palaeozoic [,pælɪəʊ'zəʊɪk] adj, n (Geol) paléozoïque (m).
palais ['pæleɪ] n (Brit: also ~ de danse†) dancing m, salle f de danse or de bal.
palatable ['pælətəbl] adj food agréable au goût; (fig: fact etc) acceptable.
palatal ['pælətl] 1 adj palatal. (Ling) ~ l l mouillé. 2 n palatale f.
palatalize ['pælətəlaɪz] vt palataliser, mouiller.
palate ['pælɪt] n (Anat, also fig) palais m; V hard, soft.
palatial [pə'leɪʃəl] adj grandiose, magnifique, comme un palais. this hotel is ~ cet hôtel est un palace; the house is ~ la maison est un palais.
palatinate [pə'lætɪnɪt] n palatinat m.
palaver [pə'lɑːvər] 1 n (a) (parley) palabre f. (b) (*) (idle talk) palabres mpl or fpl; (fuss) histoire f, affaire f. what a ~! quelle histoire pour si peu! 2 vi palabrer.
pale¹ [peɪl] 1 n adj face, person (naturally) pâle; (from sickness, fear) blême; colour pâle; dawn, moonlight blafard. to grow ~ pâlir; ~ blue eyes yeux mpl bleu pâle; (Brit) ~ ale pale-ale m (sorte de bière blonde légère).
2 cpd: paleface Visage pâle mf; pale-faced (naturally) au teint pâle; (from sickness, fear etc) blême.
3 vi [person] pâlir, devenir blême. (fig) it ~s into insignificance beside ... cela perd toute importance or cela n'a rien d'important comparé à ... .
pale² [peɪl] n (stake) pieu m. quite beyond the ~ person (politically etc) à mettre à l'index; (socially) infréquentable; behaviour inacceptable.
paleness ['peɪlnɪs] n pâleur f.
paleo... ['pælɪəʊ] pref paléo(o)... .
paleographer [,pælɪ'ɒgrəfər] n paléographe mf.
paleography [,pælɪ'ɒgrəfɪ] n paléographie f.
paleolithic [,pælɪəʊ'lɪθɪk] adj paléolithique. the ~ age l'âge m paléolithique or de la pierre taillée.
paleontology [,pælɪɒn'tɒlədʒɪ] n paléontologie f.
Palermo [pə'lɛəməʊ] n Palerme.
Palestine ['pælɪstaɪn] n Palestine f.
Palestinian [,pæləs'tɪnɪən] 1 adj palestinien. 2 n Palestinien(ne) m(f).
palette ['pælɪt] n palette f. ~ knife (Art) couteau m (à palette); (for cakes) pelle f (à tarte); (for cooking) spatule f.
palfrey ['pɔːlfrɪ] n palefroi m.
palimony* ['pælɪmənɪ] n pension f alimentaire versée à celle (or à celui) avec qui on vivait maritalement.
palimpsest ['pælɪmpsest] n palimpseste m.
palindrome ['pælɪndrəʊm] n palindrome m.
paling ['peɪlɪŋ] n (fence) palissade f; (stake) palis m.
palisade [,pælɪ'seɪd] n (a) palissade f. (b) (US Geol) ligne f de falaises abruptes.
pall¹ [pɔːl] vi perdre son charme (on sb pour qn). it never ~s on you on ne s'en lasse jamais; his speech ~ed on the audience son discours a fini par lasser l'auditoire.
pall² [pɔːl] n drap m mortuaire; (Rel) pallium m; (fig) [smoke] voile m; [snow] manteau m. to be a ~ bearer porter le cercueil.
Palladian [pə'leɪdɪən] adj (Archit) palladien.
palladium [pə'leɪdɪəm] n (Chem) palladium m.
pallet ['pælɪt] 1 n (a) (mattress) paillasse f; (bed) grabat m.
(b) (for handling goods) palette f.
(c) = palette.
2 cpd: pallet loader palettiseur m; pallet truck transpalette f.

palliasse ['pælıæs] n = **paillasse**.
palliate ['pælıeıt] vt (Med, fig) pallier. **palliating circumstances** circonstances atténuantes.
palliative ['pælıətıv] adj, n palliatif (m).
pallid ['pælıd] adj person, complexion pâle, blême, blafard; light blafard.
pallidness ['pælıdnıs] n, **pallor** ['pælər] n pâleur f; [face] teint blafard, pâleur.
pally* ['pælı] adj (très) copain (f copine)* (with avec).
palm¹ [pɑːm] 1 n [hand] paume f. (fig) **to have sb in the ∼ of one's hand** tenir qn, faire de qn ce qu'on veut; (fig) **to grease** or **oil sb's ∼** graisser la patte* à qn. 2 vt (conceal) cacher au creux de la main; (pick up) subtiliser, escamoter.
♦ **palm off** vt sep sth worthless refiler* (on, onto à).
palm² [pɑːm] 1 n (also ∼ **tree**) palmier m; (branch) palme f; (Rel) rameau m; (Rel: straw cross) rameaux. (fig) **to carry off the ∼** remporter la palme. 2 cpd: (Brit) **palm court** music, orchestra etc ≃ de thé dansant; **palm grove** palmeraie f; **Palm Sunday** dimanche m or fête f des) Rameaux mpl.
palmate ['pælmeıt] adj (Bot, Zool) palmé.
palmetto [pæl'metəʊ] n palmier m nain. (US) **the P∼ State** la Caroline du Sud.
palmist ['pɑːmıst] n chiromancien(ne) m(f).
palmistry ['pɑːmıstrı] n chiromancie f.
palmy ['pɑːmı] adj (fig) heureux; era florissant, glorieux.
palomino [ˌpælə'miːnəʊ], pl -**os** n (US) alezan m doré à crins blancs.
palooka‡ [pə'luːkə] n (US: pej) pauvre type* m, type* fini.
palpable ['pælpəbl] adj (lit) palpable; (fig) error évident, manifeste.
palpably ['pælpəblı] adv manifestement, d'une façon évidente.
palpitate ['pælpıteıt] vi palpiter.
palpitating ['pælpıteıtıŋ] adj palpitant.
palpitation [ˌpælpı'teıʃən] n palpitation f.
palsied ['pɔːlzıd] adj (paralyzed) paralysé, paralytique; (trembling) tremblotant.
palsy ['pɔːlzı] n (Med) (trembling) paralysie agitante; (paralysis) paralysie.
paltry ['pɔːltrı] adj (a) (tiny, insignificant) amount misérable, dérisoire. (b) (petty) behaviour mesquin; excuse piètre.
paludism ['pæljʊdızəm] n paludisme m.
pampas ['pæmpəs] npl pampa(s) f(pl). ∼ **grass** herbe f des pampas.
pamper ['pæmpər] vt choyer, dorloter, gâter. **to ∼ o.s.** se dorloter.
pamphlet ['pæmflıt] n brochure f; (Literat) opuscule m; (scurrilous tract) pamphlet m.
pamphleteer [ˌpæmflı'tıər] n auteur m de brochures or d'opuscules; (tracts) pamphlétaire mf.
Pan [pæn] n Pan m.
pan¹ [pæn] 1 n (a) (Culin) casserole f, poêlon m. **frying ∼** poêle f; **roasting ∼** plat m à rôtir; V **pot**.
   (b) [scales] plateau m, bassin m; [lavatory] cuvette f; (Miner) batée f; V **brain, flash, salt**.
   (c) (US‡: face) binette‡ f, bille f (de clown)‡; V **dead**.
   2 cpd: **pandrop** V **pandrop**; (US) **pan-fry** faire sauter; **pan-handle** V **panhandle**; **pan scrubber** tampon m à récurer, éponge f métallique.
   3 vt (a) sand laver à la batée.
   (b) (*: criticize harshly) film, book éreinter, démolir.
   4 vi: **to ∼ for gold** laver le sable aurifère (à la batée pour en extraire de l'or).
♦ **pan out*** vi (turn out) tourner, se passer; (turn out well) bien tourner, réussir. **it all panned out in the long run** ça s'est (bien) arrangé en fin de compte; **events didn't pan out as he'd hoped** les événements n'ont pas tourné comme il l'avait espéré.
pan² [pæn] 1 vi (Cine, TV) [camera] faire un panoramique, panoramiquer. 2 vt: **to ∼ the camera** panoramiquer.
pan... [pæn] pref pan....
panacea [ˌpænə'sıə] n panacée f.
panache [pə'næʃ] n panache m.
Pan-African ['pæn'æfrıkən] adj panafricain.
Pan-Africanism ['pæn'æfrıkənızəm] n panafricanisme m.
Panama ['pænə,mɑː] n Panama m. ∼ **Canal** canal m de Panama; **p∼** (hat) panama m.
Panamanian [ˌpænə'meınıən] 1 adj panaméen. 2 n Panaméen(ne) m(f).
Pan-American ['pænə'merıkən] adj panaméricain. ∼ **Highway** route panaméricaine; ∼ **Union** Union panaméricaine.
Pan-Americanism ['pænə'merıkənızəm] n panaméricanisme m.
Pan-Asian ['pæn'eıʒən] adj panasiatique.
Pan-Asianism ['pæn'eıʒənızəm] n panasiatisme m.
pancake ['pænkeık] 1 n (a) (Culin) crêpe f. **as flat as a ∼** plat comme une galette. (b) (Aviat: also ∼ **landing**) atterrissage m à plat. 2 cpd: (Elec) **pancake coil** galette f; **Pancake Day, Pancake Tuesday** mardi gras. 3 vi (Aviat) se plaquer, atterrir à plat.
panchromatic ['pænkrəʊ'mætık] adj panchromatique.
pancreas ['pæŋkrıəs] n pancréas m.
pancreatic [ˌpæŋkrı'ætık] adj pancréatique.
panda ['pændə] n panda m. (Brit) ∼ **car** ≃ voiture f pie inv (de la police).
pandemic [pæn'demık] 1 adj universel. 2 n pandémie f.
pandemonium [ˌpændı'məʊnıəm] n tohu-bohu m, chahut m (monstre). **it's sheer ∼!** c'est un véritable charivari!, quel tohu-bohu!
pander ['pændər] vi: **to ∼ to** person se prêter aux exigences de; whims, desires se plier à; tastes, weaknesses flatter bassement.
Pandora [pæn'dɔːrə] n Pandore f. ∼'s **box** boîte f de Pandore.
pandrop ['pændrɒp] n grosse pastille f de menthe.
pane [peın] n vitre f, carreau m.

panegyric [ˌpænı'dʒırık] adj, n panégyrique (m).
panel ['pænl] 1 n (a) [door, wall] panneau m; [ceiling] caisson m.
   (b) (Aut, Aviat: also **instrument** ∼) tableau m de bord.
   (c) (Dress) pan m.
   (d) (Jur) (list) liste f (des jurés); (jury) jury m. (Admin, Scol etc) ∼ **of examiners** jury (d'examinateurs).
   (e) (Brit Med) **to be on a doctor's ∼** être inscrit sur le registre d'un médecin conventionné.
   (f) (Rad, TV etc: group of speakers) (gen) invités mpl; (for debate) invités, experts mpl, tribune f; (for game) jury m.
   (g) (in inquiry) commission f d'enquête; (committee) comité m; (of negotiators etc) table ronde.
   2 cpd: (Aut) **panel-beater** tôlier m; **panel-beating** tôlerie f; (Rad, TV etc) **panel discussion** réunion-débat f; **panel doctor** médecin conventionné; **Rad/TV) panel game** jeu radiophonique/télévisé; (avec des équipes d'invités); **panel patient** malade mf assuré(e) social(e); (US Aut) **panel truck** or van or wagon camionnette f.
   3 vt surface plaquer; room, wall recouvrir de panneaux or de boiseries, lambrisser. ∼**led door** porte f à panneaux; **oak-∼led** lambrissé de chêne, garni de boiseries de chêne.
panelling, (US) **paneling** ['pænəlıŋ] n (U) panneaux mpl, lambris m, boiseries fpl.
panellist, (US) **panelist** ['pænəlıst] n (a) (Rad, TV etc: V **panel** 1f) invité(e) m(f), expert m; membre m d'une tribune or d'un jury.
   (b) (member of commission etc: V **panel** 1g) membre m de la commission d'enquête (or du comité etc).
pang [pæŋ] n serrement m or pincement m de cœur. ∼**s of death** affres fpl or angoisses fpl de la mort; ∼ **of conscience** remords mpl de conscience; ∼ **of jealousy/remorse** affres de la jalousie/du remords; **he saw her go without a ∼** il l'a vue partir sans regret, cela ne lui a fait ni chaud ni froid* de la voir partir; **to feel the ∼s of hunger** commencer à ressentir des tiraillements d'estomac.
panhandle ['pænhændl] 1 n (a) (lit) manche m (de casserole). (b) (US: strip of land) bande f de terre. **the Texas ∼** la partie septentrionale du Texas; (US) **the Panhandle State** la Virginie occidentale.
   2 vi (US‡: beg) mendier.
   3 vt (US‡: beg from) demander l'aumône à.
panhandler‡ ['pænhændlər] n (US: beggar) mendiant(e) m(f).
panic ['pænık] 1 n (U) panique f, terreur f, affolement m. **to throw a crowd into a ∼** semer la panique dans une foule; **to get into a ∼** s'affoler, paniquer*; **to throw sb into a ∼** affoler or paniquer* qn.
   2 cpd fear panique; decision de panique. (fig) **panic button*** signal m d'alarme; (fig) **to hit** or **push the panic button*** paniquer*; **panic buying** achats mpl en catastrophe or de précaution; **it was panic stations‡** ça a été la panique générale*; **panic-stricken** affolé, pris de panique, paniqué*.
   3 vi s'affoler, être pris de panique, paniquer*. **don't ∼!*** pas d'affolement!
   4 vt crowd jeter or semer la panique dans; person affoler. **she was ∼ked into burning the letter** affolée elle brûla la lettre.
panicky ['pænıkı] adj report, newspaper alarmiste; decision, action de panique; person qui s'affole facilement, paniquard*.
panjandrum [pæn'dʒændrəm] n grand ponte*, gros bonnet*, gros manitou*.
pannier ['pænıər] n panier m, corbeille f; [pack animal] panier de bât; (on motorcycle etc: also ∼ **bag**) sacoche f.
panoply ['pænəplı] n panoplie f.
panorama [ˌpænə'rɑːmə] n panorama m.
panoramic [ˌpænə'ræmık] adj panoramique. (Cine) ∼ **screen** écran m panoramique; ∼ **view** vue f panoramique.
pansy ['pænzı] n (a) (Bot) pensée f. (b) (‡pej) tante‡ f, tapette‡ f.
pant [pænt] 1 vi (a) (gasp) [person] haleter; [animal] battre du flanc, haleter. **to ∼ for breath** chercher (à reprendre) son souffle; **the boy/the dog ∼ed along after him** le garçon/le chien s'essoufflait à sa suite; **he ∼ed up the hill** il grimpa la colline en haletant.
   (b) (throb) [heart] palpiter.
   2 vt (also ∼ **out**) words, phrases dire d'une voix haletante, dire en haletant.
   3 n (V 1) halètement m; palpitation f.
♦ **pant after** vt fus (liter) knowledge etc aspirer à.
♦ **pant for** vt fus (a) (liter) = **pant after**.
   (b) (‡) cigarette, drink mourir d'envie de.
pantaloon [ˌpæntə'luːn] n (a) (pair of) ∼**s** culotte f. (b) (Theat) **P∼** Pantalon m.
pantechnicon [pæn'teknıkən] n (Brit: van) grand camion de déménagement; (warehouse) entrepôt m (pour meubles).
pantheism ['pænθiːızəm] n panthéisme m.
pantheist ['pænθiːıst] n panthéiste mf.
pantheistic [ˌpænθiː'ıstık] adj panthéiste.
pantheon ['pænθıən] n panthéon m.
panther ['pænθər] n panthère f; V **black**.
panties* ['pæntız] npl slip m (de femme).
panting ['pæntıŋ] n [person, animal] essoufflement m, halètement m; [heart] palpitation f.
pantograph ['pæntəgrɑːf] n (Rail, Tech) pantographe m.
pantomime ['pæntəmaım] n (a) (Brit Theat: show) spectacle m de Noël (tiré d'un conte de fée). (b) (mime) pantomime f, mime m. **in ∼** en mimant. (c) (fig pej: fuss) comédie f (fig pej).
pantry ['pæntrı] n (in hotel, mansion) office f; (in house) garde-manger m inv.
pants [pænts] npl (a) (Brit: underwear) (for women) culotte f, slip m; (for men) caleçon m, slip. (b) (US, and Brit*: trousers) pantalon m. **she's the one who wears the ∼*** c'est elle qui porte la culotte*; **to catch sb with his ∼ down*** prendre qn au dépourvu.
pantsuit ['pæntsuːt] n tailleur-pantalon m.

panty ['pæntɪ] *in cpds*: **panty girdle** gaine-culotte *f*; **panty hose** (*npl*) collant *m*; **a pair of panty hose** un collant.
panzer ['pæntsər] *n* panzer *m*. ~ **division** division blindée (allemande).
pap¹ [pæp] *n* (*Culin*) bouillie *f*; (*fig pej*) niaiseries *fpl*.
pap²†† [pæp] *n* (*breast*) mamelon *m*.
papa [pə'pɑ:] *n* papa *m*.
papacy ['peɪpəsɪ] *n* papauté *f*.
papadum ['pæpədəm] *n* poppadum *m*.
papal ['peɪpəl] *adj* papal; *bull, legate* du Pape. ~ **cross** croix *f* papale; ~ **infallibility** infaillibilité pontificale; ~ **nuncio** nonce *m* du Pape; **P**~ **States** États *mpl* pontificaux *or* de l'Église.
papaya [pə'paɪə] *n* (*fruit*) papaye *f*; (*tree*) papayer *m*.
paper ['peɪpər] **1** *n* (**a**) (*U*) papier *m*. **a piece of** ~ (*odd bit*) un bout *or* un morceau de papier; (*sheet*) une feuille de papier; (*document etc*) un papier; **old** ~ **paperasses** *fpl*; (*frm*) **to commit to** ~ **coucher** (par écrit); **to put sth down on** ~ mettre qch par écrit; **it's a good plan on** ~ c'est un bon plan sur le papier; **V brown, carbon, rice** *etc*.
(**b**) (*newspaper*) journal *m*. **to write for the** ~**s** faire du journalisme; **it was in the** ~**s yesterday** c'était dans les journaux hier; **I saw it in the** ~ je l'ai vu dans le journal; **V illustrate** *etc*.
(**c**) (*document: gen pl*) ~**s** pièces *fpl*, documents *mpl*, papiers *mpl*; **show me your** (*identity*) ~**s** montrez-moi vos papiers (d'identité); (*Mil*) (*call-up*) ~**s** ordre *m* d'appel; **ship's** ~**s** papiers de bord; **voting** ~ bulletin *m* de vote.
(**d**) (*Scol, Univ*) (*set of exam questions*) (sujets *mpl* de l')épreuve *f* (écrite); (*student's written answers*) copie *f*. **geography** ~ épreuve de géographie; **she did a good** ~ **in French** elle a rendu une bonne copie de français.
(**e**) (*scholarly work*) (*printed*) article *m*; (*spoken*) communication *f*; (*in seminar: by student etc*) exposé *m*. **to write a** ~ **on** écrire un article sur; **to give** *or* **read a** ~ **on** faire une communication *or* un exposé sur.
(**f**) (*government publication*) livre *m*; **V white** *etc*.
(**g**) (*wall*~) papier *m* peint.
(**h**) (*Comm*) effet *m*. **commercial** ~ effet de commerce.
(**i**) (*US: Black sl: money*) fric‡.
2 *cpd doll, towel* en papier, de papier; (*fig pej*) *diploma etc* sans valeur, bidon‡ *inv*; *profits* sur le papier, théorique. **paperback** livre broché, (*cheaper*) livre de poche; **paperback(ed) edition** édition brochée *or* de poche; **it exists in paperback** ça existe en (édition de) poche; **paper bag** sac *m* en papier, (*small*) pochette *f*; **paperbound** = **paperbacked**; **paperboy** (*delivering*) (petit) livreur *m* de journaux; (*selling*) vendeur *m* de journaux; **paper chain** chaîne *f* de papier; **paper chase** rallye-papier *m*; **paper clip** trombone *m*; (*staple*) agrafe *f*; (*bulldog clip*) pince *f*; **paper currency** billets *mpl* (de banque); **paper dart** avion *m* en papier; **paper fastener** attache *f* métallique (*à tête*); (*clip*) trombone *m*; **paper handkerchief** mouchoir *m* en papier; **paperhanger** (*Brit: decorator*) peintre-tapissier *m*; (*US*‡*: crook*) passeur *m* de faux billets (*or* de chèques falsifiés); **paper industry** industrie *f* du papier; **paper knife** coupe-papier *m inv*; **paper lantern** lampion *m*; **paper mill** (usine *f* de) papeterie *f*; **paper money** papier-monnaie *m*; **paper qualifications** diplômes *mpl*; **paper shop*** marchand *m* de journaux; **paper-shredder** destructeur *m* (de documents); (*Comput*) **paper tape** bande *f* perforée, ruban *m* perforé; **paper tiger** tigre *m* de papier; **paperweight** presse-papiers *m inv*; **paper work** (*gen*) écritures *fpl*; (*pej*) paperasserie *f*; **we need two more people to deal with the paperwork** il nous faut deux personnes de plus pour les écritures; **there's far too much paperwork** il y a beaucoup trop de paperasseries; **he brings home paperwork every night** il rapporte du travail à la maison tous les soirs.
3 *vt* (**a**) *room, walls* tapisser. (*fig*) **they** ~**ed the walls of the cafe with notices about** ... ils ont tapissé *or* complètement recouvert le mur du café d'affiches concernant ... .
(**b**) (*US fig: fill theatre*) **to** ~ **the house*** remplir la salle d'invités.
♦**paper over** *vt fus crack in wall etc* recouvrir de papier; (*fig*) *differences, disagreements* passer sur. (*fig*) **to paper over the cracks** arranger les choses.
paperless ['peɪpəlɪs] *adj* sans papier. **the** ~ **society** la société informatique *or* sans papier.
papery ['peɪpərɪ] *adj* (*gen*) (fin) comme du papier; *skin* parcheminé.
papilla [pə'pɪlə] *n*, *pl* -**illae** [pə'pɪli:] papille *f*.
papist ['peɪpɪst] (*pej*) **1** *n* papiste *mf* (*pej*). **2** *adj* de(s) papiste(s) (*pej*).
papistry ['peɪpɪstrɪ] *n* (*pej*) papisme *m* (*pej*).
papoose [pə'pu:s] *n* bébé *m* peau-rouge.
pappus ['pæpəs] *n* aigrette *f* (*Bot*).
paprika ['pæprɪkə] *n* paprika *m*.
Papua New Guinea [pæpjʊənju:,gɪnɪ] **1** *n* Papouasie-Nouvelle-Guinée *f*. **2** *adj* papouan-néo-guinéen.
Papua-New-Guinean ['pæpjʊənju:,gɪnɪən] *n* Papouan-Néo-Guinéen(ne) *m(f)*.
papyrus [pə'paɪərəs] *n*, *pl* **papyri** [pə'paɪəraɪ] papyrus *m inv*.
par¹ [pɑ:r] **1** *n* (**a**) (*equality of value*) égalité *f*, pair *m*; (*Fin*) [*currency*] pair. **to be on a** ~ **with** aller de pair avec, être l'égal de, être au niveau de; (*Fin*) **above/below** ~ au-dessus/au-dessous du pair; (*Fin*) **at** ~ au pair.
(**b**) (*average*) moyenne *f*. (*fig*) **to feel below** ~ ne pas se sentir en forme.
(**c**) (*Golf*) par *m*, normale *f* du parcours. (*Golf*) ~ **3/4** *etc* par 3/4 *etc*; (*fig*) **that's** ~ **for the course** c'est typique, il fallait (*or* faut *etc*) s'y attendre.
2 *cpd*: (*Fin*) **par value** montant nominal.

par²* [pɑ:r] *n* (*Press*) *abbr of* **paragraph.**
para¹* ['pærə] *n abbr of* **paragraph 1a.**
para²* ['pærə] *n* (*Mil: abbr of* **parachutist**) **the** ~**s** les paras* *mpl*; **he's in the** ~**s** il est para*.
para... ['pærə] *pref* para... .
parable ['pærəbl] *n* parabole *f*. **in** ~**s** par paraboles.
parabola [pə'ræbələ] *n* parabole *f* (*Math*).
parabolic [,pærə'bɒlɪk] *adj* parabolique.
paraboloid [pə'ræbələɪd] *n* paraboloïde *m*.
Paracelsus [,pærə'selsəs] *n* Paracelse *m*.
paracetamol [pærə'si:təmɒl] *n* paracétamol *m*.
parachute ['pærəʃu:t] **1** *n* parachute *m*. **2** *cpd cords* de parachute. **parachute drop** parachutage *m*; **parachute jump** saut *m* en parachute; **parachute landing** = **parachute drop**; **parachute regiment** régiment *m* de parachutistes. **3** *vi* descendre en parachute. (*Sport*) **to go parachuting** faire du parachutisme. **4** *vt* parachuter.
parachutist ['pærəʃu:tɪst] *n* parachutiste *mf*.
Paraclete ['pærəkli:t] *n*: **the** ~ le Paraclet.
parade [pə'reɪd] **1** *n* (**a**) (*Mil*) (*procession*) défilé *m*; (*ceremony*) parade *f*, revue *f*. **to be on** ~ (*drilling*) être à l'exercice; (*for review*) défiler.
(**b**) **fashion** ~ présentation *f* de collections; **mannequin** ~ défilé *m* de mannequins.
(**c**) (*fig: exhibition*) étalage *m*. **to make a** ~ **of one's wealth** faire étalage de sa richesse.
(**d**) (*road*) boulevard *m* (*souvent au bord de la mer*).
(**e**) (*Mil: also* ~ **ground**) terrain *m* de manœuvres.
2 *vt troops* faire défiler; (*fig: display*) faire étalage de, afficher.
3 *vi* (*Mil etc*) défiler.
♦**parade about*, parade around*** *vi* se balader*, circuler*. **don't parade about with nothing on!** ne te promène pas *or* ne te balade* pas tout nu!
paradigm ['pærədaɪm] *n* (*Ling etc*) paradigme *m*.
paradigmatic [,pærədɪg'mætɪk] *adj* (*Ling etc*) paradigmatique.
paradisaic(al) [,pærədɪ'seɪk(l)] = **paradisiacal.**
paradise ['pærədaɪs] *n* paradis *m*. (*fig*) **earthly** ~ paradis terrestre; **bird of** ~ oiseau *m* de paradis; **V fool¹.**
paradisiacal [,pærədɪ'saɪəkl] *adj* paradisiaque.
paradox ['pærədɒks] *n* paradoxe *m*.
paradoxical [,pærə'dɒksɪkəl] *adj* paradoxal.
paradoxically [,pærə'dɒksɪkəl] *adv* paradoxalement.
paraffin ['pærəfɪn] **1** *n* (*Chem*) paraffine *f*. (*Brit: fuel*) ~ (**oil**) pétrole *m* (lampant); (*Med*) **liquid** ~ huile *f* de paraffine. **2** *cpd*: **paraffin lamp** lampe *f* à pétrole; **paraffin wax** paraffine *f*.
paragon ['pærəgən] *n* (*gen: of politeness etc*) modèle *m*, parangon *m*; (*also*: ~ **of virtue**) modèle *or* parangon de vertu.
paragraph ['pærəgrɑ:f] **1** *n* (**a**) paragraphe *m*, alinéa *m*. **'new** ~' 'à la ligne'; **to begin a new** ~ aller à la ligne. (**b**) (*newspaper item*) entrefilet *m*. **2** *cpd*: (*Typ*) **paragraph mark** pied *m* de mouche. **3** *vt* diviser en paragraphes *or* en alinéas.
Paraguay ['pærəgwaɪ] *n* Paraguay *m*.
Paraguayan [,pærə'gwaɪən] **1** *adj* paraguayen. **2** *n* Paraguayen(ne) *m(f)*.
parakeet ['pærəki:t] *n* perruche *f* (ondulée).
paralanguage ['pærə,læŋgwɪdʒ] *n* (*Phon*) paralangage *m*.
paralinguistic ['pærə,lɪŋgwɪstɪk] *adj* (*Phon*) paralinguistique.
parallactic [,pærə'læktɪk] *adj* parallactique.
parallax ['pærəlæks] *n* parallaxe *f*.
parallel ['pærəlel] **1** *adj* (**a**) (*Math etc*) parallèle (*with, to* à). **the road runs** ~ **to the railway** la route est parallèle à la voie de chemin de fer; ~ **bars** barres *fpl* parallèles.
(**b**) (*fig*) analogue, parallèle (*with, to* à).
(**c**) (*Ski*) parallèle. ~ **turn** virage *m* parallèle.
2 *adv* parallèlement (*to* à).
3 *cpd*: (*US Aut*) **parallel-park** (*vi*) faire un créneau.
4 *n* (**a**) (*Geog*) parallèle *m*.
(**b**) (*Math*) (ligne *f*) parallèle *f*.
(**c**) (*fig*) parallèle *m*, comparaison *f*. **to draw a** ~ **between** établir *or* faire un parallèle entre; **he/she is without** ~ il/elle est sans pareil(le).
5 *vt* (*Math*) être parallèle à; (*fig*) (*find equivalent to*) trouver un équivalent à; (*be* ~ *to*) être équivalent à.
parallelepiped [,pærə,lelə'paɪped] *n* parallélépipède *m*.
parallelism ['pærəlelɪzəm] *n* (*Math, fig*) parallélisme *m*.
parallelogram [,pærə'leləʊgræm] *n* parallélogramme *m*.
paralysis [pə'rælɪsɪs] *n*, *pl* -**ses** [pə'rælɪsi:z] (a) (*Med*) paralysie *f*; **V creeping, infantile.** (b) (*fig*) [*traffic etc*] immobilisation *f*.
paralytic [,pærə'lɪtɪk] **1** *adj* (**a**) (*Med*) paralytique. (**b**) (*Brit*‡: *drunk*) ivre mort. **2** *n* paralytique *mf*.
paralyzation [,pærəlar'zeɪʃən] *n* immobilisation *f*.
paralyze ['pærəlaɪz] *vt* (*Med*) paralyser; (*fig*) *person* paralyser, pétrifier, méduser; *traffic, communications* paralyser. **his arm is** ~**d** il est paralysé du bras; ~**d with fear** paralysé *or* transi de peur.
paralyzer [,pærəlaɪzər] *n* (*US: spray*) aérosol *m* défensif.
paramedic [,pærə'medɪk] *n* auxiliaire *mf* médical(e).
paramedical [,pærə'medɪkəl] *adj* paramédical.
parament ['pærəmənt] *n* parement *m*.
parameter [pə'ræmɪtər] *n* (*Math*) paramètre *m*. (*fig*) **the** ~**s of the event** les caractéristiques *fpl* *or* les données *fpl* de l'événement; **within its own narrow** ~**s** dans ses étroites limites; **it can be evaluated along different** ~**s** on peut l'évaluer selon différents critères; **the** ~**s of their energy policy** les grandes lignes *or* les orientations principales de leur politique énergétique.
parametric [,pærə'metrɪk] *adj* paramétrique.
paramilitary [,pærə'mɪlɪtərɪ] **1** *adj* paramilitaire. **2** *n* membre *m* d'une force paramilitaire.

paramnesia [ˌpæræm'niːzɪə] n paramnésie f.
paramount ['pærəmaʊnt] **1** adj (gen) suprême; chief souverain. of ~ **importance** d'une suprême importance; **your health is** ~ **ta** santé est ce qui compte le plus.
2 n chef m suprême.
paramour ['pærəmʊər] n amant m; maîtresse f.
paranoia [ˌpærə'nɔɪə] n paranoïa f.
paranoiac, paranoic [ˌpærə'nɔɪk] adj, n paranoïaque (mf).
paranoid ['pærənɔɪd] adj paranoïde.
paranoidal [ˌpærə'nɔɪdl] adj paranoïde.
paranormal [ˌpærə'nɔːməl] adj paranormal.
parapet ['pærəpɪt] n (a) [bridge etc] parapet m, garde-fou m. (b) (Mil) parapet m.
paraph ['pærəf] n parafe m or paraphe m.
paraphernalia ['pærəfə'neɪlɪə] n sg or pl (belongings, also for hobbies, sports etc) attirail m; (bits and pieces) bazar* m.
paraphrase ['pærəfreɪz] **1** n paraphrase f. **2** vt paraphraser.
paraphrastic [ˌpærə'fræstɪk] adj paraphrastique.
paraplegia [ˌpærə'pliːdʒə] n paraplégie f.
paraplegic [ˌpærə'pliːdʒɪk] **1** adj (gen) paraplégique; games pour les paraplégiques. **2** n paraplégique mf.
parapolice [ˌpærəpə'liːs] n police f parallèle.
paraprofessional [ˌpærəprə'feʃənl] adj, n paraprofessionnel(le) (mf).
parapsychological [ˌpærəsaɪkə'lɒdʒɪkəl] adj parapsychique.
parapsychologist [ˌpærəsaɪ'kɒlədʒɪst] n parapsychologue mf.
parapsychology [ˌpærəsaɪ'kɒlədʒɪ] n métapsychologie f.
paras* ['pærəz] npl (abbr of paratroops) paras* mpl.
parascending ['pærəsendɪŋ] (Sport) **1** n parachutisme m ascensionnel. **2** vi: **to go** ~ faire du parachute ascensionnel.
parasite ['pærəsaɪt] n (Bot, Zool, fig) parasite m.
parasitic(al) [ˌpærə'sɪtɪk(əl)] adj (a) parasite (on de). (b) (Med) disease parasitaire.
parasiticidal [ˌpærəˌsɪtɪ'saɪdl] adj parasiticide.
parasiticide [ˌpærə'sɪtɪsaɪd] n parasiticide m.
parasitism ['pærəsɪtɪzəm] n parasitisme m.
parasitologist [ˌpærəsaɪ'tɒlədʒɪst] n parasitologue mf.
parasitology [ˌpærəsaɪ'tɒlədʒɪ] n parasitologie f.
parasitosis [ˌpærəsaɪ'təʊsɪs] n parasitose f.
parasol ['pærə'sɒl] n ombrelle f; (over table etc) parasol m.
parasympathetic [ˌpærəˌsɪmpə'θetɪk] adj parasympathique. ~ **nervous system** système m parasympathique.
parataxis [ˌpærə'tæksɪs] n parataxe f.
parathyroid [ˌpærə'θaɪrɔɪd] **1** adj parathyroïdien. ~ **gland** parathyroïde f. **2** n parathyroïde f.
paratrooper ['pærətruːpər] n parachutiste m (soldat).
paratroops ['pærətruːps] npl (unités fpl de) parachutistes mpl (soldats).
paratyphoid ['pærə'taɪfɔɪd] **1** adj paratyphique. ~ **fever** paratyphoïde f. **2** n paratyphoïde f.
parboil ['pɑːbɔɪl] vt (Culin) faire bouillir or faire cuire à demi.
parcel ['pɑːsl] **1** n (a) (package) colis m, paquet m.
(b) (portion) [land] parcelle f; [shares] paquet m; [goods] lot m; V part.
(c) (fig) ~ **of lies** tas m or tissu m de mensonges; ~ **of liars/of fools** tas* or bande* f de menteurs/de sots.
2 cpd: **parcel bomb** paquet piégé; **parcel net** filet m à bagages; **parcel office** bureau m de messageries; **parcel post** service m de colis postaux, service de messageries; **to send sth by parcel post** envoyer qch par colis postal.
3 vt (also ~ **up**) object, purchases emballer, empaqueter, faire un paquet de.
◆**parcel out** vt sep distribuer; inheritance partager; land lotir.
parch [pɑːtʃ] vt (a) crops, land dessécher, brûler. (b) person altérer. **to be** ~**ed with thirst** avoir une soif dévorante; **to be** ~**ed*** mourir de soif*. (c) (toast) griller légèrement.
parchment ['pɑːtʃmənt] n parchemin m. ~**-like** parcheminé; ~ **paper** papier-parchemin m.
pardner* ['pɑːdnər] n (US) camarade m. **so long,** ~! au revoir, mon pote!*
pardon ['pɑːdn] **1** n (a) (U) pardon m; V beg.
(b) (Rel) indulgence f.
(c) (Jur: also free ~) grâce f. **letter of** ~ lettre f de grâce; **general** ~ amnistie f.
2 vt (a) mistake, person pardonner. **to** ~ **sb for sth** pardonner qch à qn; **to** ~ **sb for doing** pardonner à qn d'avoir fait; ~ **me for troubling you** pardonnez-moi de vous déranger.
(b) (Jur) (V 1c) gracier; amnistier.
3 excl (apologizing) pardon!, excusez-moi!; (not hearing) comment?, vous dites?
pardonable ['pɑːdnəbl] adj mistake pardonnable; (Jur) graciable.
pardonably ['pɑːdnəblɪ] adv de façon bien excusable or bien pardonnable.
pare [pɛər] vt (a) fruit peler, éplucher; nails rogner, couper. (b) (reduce: also ~ **down**) expenses réduire.
parent ['pɛərənt] **1** n père m or mère f. **his** ~**s** ses parents mpl, son père et sa mère, ses père et mère; (Scol) ~**s'** **evening** réunion f d'information avec les parents (d'élèves).
2 cpd interest, involvement etc parental, des parents. **the parent animals, the parent birds** etc les parents mpl; (Comm, Fin) **parent company** maison f or société f mère; (Scol) **parent power** pouvoir m parental; (Scol) **parent-teacher association** association f des parents d'élèves et des professeurs; **parent tree** souche f.
parentage ['pɛərəntɪdʒ] n naissance f, lignée f, origine f. **of unknown** ~ de parents inconnus.
parental [pə'rentl] adj des parents, parental (frm); involvement, cooperation etc parental. **to have** ~ **rights over a child** (gen) avoir

autorité parentale sur un enfant; (Jur) avoir la tutelle d'un enfant.
parenthesis [pə'renθɪsɪs] n, pl **parentheses** [pə'renθɪsiːz] parenthèse f. **in** ~ entre parenthèses.
parenthetic(al) [ˌpærən'θetɪk(əl)] adj (placé) entre parenthèses.
parenthetically [ˌpærən'θetɪkəlɪ] adv par parenthèse, entre parenthèses.
parenthood ['pɛərənthʊd] n condition f de parent(s), paternité f or maternité f. **the joys of** ~ les joies de la paternité or de la maternité.
parenting ['pɛərəntɪŋ] n : ~ **is a full-time occupation** élever un enfant est un travail à plein temps.
parer ['pɛərər] n épluche-légumes m inv.
pariah ['pærɪə] n paria m.
parietal [pə'raɪɪtl] **1** adj pariétal. **2** n (a) (Anat) pariétal m. (b) (npl: US Univ) ~**s** heures fpl de visite (du sexe opposé dans les chambres d'étudiants).
paring ['pɛərɪŋ] n (a) (V pare) action f d'éplucher or de peler etc. ~ **knife** couteau m à éplucher; V cheese. (b) ~**s** [fruit, vegetable] épluchures fpl; [metal] cisaille f.
pari passu ['pærɪ'pæsuː] adv (liter) de pair.
Paris ['pærɪs] n Paris; V plaster.
parish ['pærɪʃ] n (Rel) paroisse f; (Brit: civil) commune f; (US : Louisiana) ≃ comté m.
2 cpd: **parish church** église paroissiale; **parish council** (Rel) conseil m paroissial; (civil) ≃ conseil municipal; **parish hall** salle paroissiale or municipale; **parish priest** (Catholic) curé m; (Protestant) pasteur m; (Brit: pej) **parish-pump** subject d'intérêt purement local; **point of view** borné; **parish-pump mentality/politics** esprit m/politique f de clocher; **parish register** registre paroissial; **parish school†** école communale.
parishioner [pə'rɪʃənər] n paroissien(ne) m(f).
Parisian [pə'rɪzɪən] **1** adj district, theatre, street parisien, de Paris; habit, personality, society parisien; life à Paris, des Parisiens. **2** n Parisien(ne) m(f).
parity ['pærɪtɪ] n (a) (gen) égalité f, parité f; (in arms race) équilibre m. (in wage negotiations) ~ **with the teachers** etc la parité avec les (salaires des) professeurs etc. (b) (Fin) parité f. **exchange at** ~ change m au pair or à (la) parité. (c) (US Agric) taux m de parité.
park [pɑːk] **1** n (public) jardin public, parc m; [country house] parc; V car, national, safari.
2 cpd: **park-and-ride, park-ride** possibilité pour les banlieusards de laisser leur voiture dans une gare et de continuer le trajet en ville par le métro etc; **park keeper** gardien m de parc; **parkland** bois mpl; (US) **parkway** route f à paysage aménagé.
3 vt (a) car etc garer, parquer. **he was** ~**ed near the theatre** il était garé or parqué près du théâtre; **to** ~ **the car** garer la voiture, se garer; **don't** ~ **the car in the street** ne laisse pas la voiture dans la rue; **a line of** ~**ed cars** une rangée de voitures en stationnement.
(b) (*: leave) person, object laisser, abandonner. **to** ~* **a child with sb** laisser un enfant chez qn.
4 vi stationner, se garer. **I was** ~**ing when I caught sight of him** j'étais en train de garer quand je l'aperçus; **do not** ~ **here** ne stationnez pas ici.
parka ['pɑːkə] n parka m.
parkin ['pɑːkɪn] n gâteau m à l'avoine et au gingembre.
parking ['pɑːkɪŋ] **1** n stationnement m. **'~' 'parking', 'stationnement autorisé'; 'no** ~' 'défense de stationner', 'stationnement interdit'; ~ **is very difficult** il est très difficile de trouver à se garer.
2 cpd: **parking attendant** gardien m de parking, gardien de parc de stationnement; (US) **parking bay** lieu m de stationnement (autorisé); (US) **parking brake** frein m à main; **parking lights** feux mpl de position; (US) **parking lot** parking m, parc m de stationnement; **parking meter** parcomètre m; **parking place** lieu m or créneau m de stationnement; **I couldn't find a parking place** je n'ai pas pu trouver à me garer; **parking ticket** P.-V.* m, procès-verbal m, papillon* m.
Parkinson ['pɑːkɪnsən] n cpd : ~**'s disease** la maladie de Parkinson; ~**'s law** le postulat de Parkinson (selon lequel toute tâche finit par occuper le temps disponible).
parkinsonism ['pɑːkɪnsənɪzəm] n parkinsonisme m.
parky* ['pɑːkɪ] adj (Brit) **it's** ~ il fait frisquet*.
parlance ['pɑːləns] n langage m, parler m. **in common** ~ en langage courant or ordinaire or de tous les jours.
parlay ['pɑːlɪ] (US) **1** vt (Betting) réemployer (les gains d'un précédent pari et le pari originel); (fig) talent, inheritance faire fructifier. **2** vi (fig) faire fructifier de l'argent.
parley ['pɑːlɪ] **1** n conférence f, pourparlers mpl; (Mil) pourparlers. **2** vi (also Mil) parlementer (with avec); (more formally) entrer or être en pourparlers (with avec).
parliament ['pɑːləmənt] n (a) (Brit) P~ (institution) Parlement m, Chambres fpl; (building) Parlement; (Hist) Parlement; **in P~** au Parlement; **to go into or enter P~** se faire élire député, entrer au Parlement; V house, member. (b) parlement m.
parliamentarian [ˌpɑːləmən'tɛərɪən] **1** n (a) (Brit Parl: MP) parlementaire mf, membre m du Parlement. (b) (Brit Hist) parlementaire mf. (c) (US: expert) fonctionnaire mf spécialiste des questions de procédure. **2** adj (Brit Hist) parlementaire.
parliamentary [ˌpɑːlə'mentərɪ] adj business, language, behaviour parlementaire. ~ **agent** agent m parlementaire; (Brit) **P~ Commissioner** médiateur m; ~ **election** élection f législative; ~ **government** gouvernement m parlementaire; ~ **privilege** immunité f parlementaire; (Brit) ~ **private secretary** parlementaire attaché à un ministre (assurant la liaison avec les autres parlementaires); (Brit) ~ **secretary** (parlementaire mf faisant fonction de) sous-secrétaire m d'État.
parlour, (US) **parlor** ['pɑːlər] **1** n (in house:†) petit salon; (in convent) parloir m; (in bar) arrière-salle f; V beauty, funeral.

2 *cpd*: (*US Rail*) **parlor car** voiture-salon *f*; **parlour game** jeu *m* de salon *or* de société; **parlourmaid** femme *f* de chambre (*chez des particuliers*).

parlous ['pɑ:ləs] *adj* (*liter, frm*, †) précaire, périlleux, alarmant.

Parma ['pɑ:mə] *n* Parme. ~ **ham** jambon *m* de Parme; ~ **violet** violette *f* de Parme.

Parmesan [,pɑ:mɪ'zæn] *n* (*cheese*) parmesan *m*.

Parnassian [pɑ:'næsɪən] *adj* parnassien.

Parnassus [pɑ:'næsəs] *n* Parnasse *m*. (**Mount**) ~ le mont Parnasse.

parochial [pə'rəʊkɪəl] *adj* (*Rel*) paroissial; (*fig pej*) de clocher. (*US*) ~ **school** école *f* catholique.

parochialism [pə'rəʊkɪəlɪzəm] *n* esprit *m* de clocher.

parodist ['pærədɪst] *n* parodiste *mf*.

parody ['pærədɪ] **1** *n* (*lit, fig*) parodie *f*. **2** *vt* parodier.

parole [pə'rəʊl] **1** *n* (a) (*Mil etc*) parole *f* d'honneur; (*Jur*) liberté *f* conditionnelle. **on** ~ (*Mil*) sur parole; (*Jur*) en liberté conditionnelle; (*Jur*) **to release sb on** ~ mettre qn en liberté conditionnelle; (*Jur*) **to break** ~ se rendre coupable d'un délit entraînant la révocation de sa mise en liberté conditionnelle.
(b) [pæ'rɒl] (*Ling*) parole *f*.
2 *vt prisoner* mettre en liberté conditionnelle.
3 *cpd*: (*Brit*) **parole board** ≃ juge *m* de l'application des peines; (*US*) **parole officer** contrôleur *m* judiciaire.

paroquet ['pærəkɪt] *n* = **parakeet**.

paroxysm ['pærəksɪzəm] *n* (*Med*) paroxysme *m*; (*fig*) [*grief, pain*] paroxysme; [*anger*] accès *m*. **in a** ~ **of delight** dans un transport de joie; ~ **of tears/laughter** crise *f* de larmes/de fou rire.

parquet ['pɑ:keɪ] **1** *n* (a) (*also* ~ **flooring**) parquet *m*. (b) (*US Theat*) parterre *m*. **2** *vt* parqueter.

parquetry ['pɑ:kɪtrɪ] *n* parquetage *m*, parqueterie *f*.

parricidal ['pærɪsaɪdl] *adj* parricide.

parricide ['pærɪsaɪd] *n* (*act*) parricide *m*; (*person*) parricide *mf*.

parrot ['pærət] **1** *n* (*Orn*) perroquet *m*, perruche *f*; (*fig*) perroquet *m*.
2 *cpd*: **parrot disease** psittacose *f*; **parrot fashion** comme un perroquet; **parrot fever** = **parrot disease**; **parrot fish** poisson-perroquet *m*.

parry ['pærɪ] **1** *vt blow* parer, détourner; *question* éluder; *attack* parer; *difficulty* tourner, éviter. **2** *n* parade *f* (*Escrime*).

parse [pɑ:z] *vt* faire l'analyse grammaticale de.

parsec ['pɑ:sek] *n* parsec *m*.

Parsee ['pɑ:si:] *adj, n* parsi(e) *m(f)*.

parsimonious [,pɑ:sɪ'məʊnɪəs] *adj* parcimonieux.

parsimoniously [,pɑ:sɪ'məʊnɪəslɪ] *adv* avec parcimonie, parcimonieusement.

parsimony ['pɑ:sɪmənɪ] *n* parcimonie *f*.

parsing ['pɑ:zɪŋ] *n* (*Ling, Scol*) analyse *f* grammaticale.

parsley ['pɑ:slɪ] *n* persil *m*. ~ **sauce** sauce persillée.

parsnip ['pɑ:snɪp] *n* panais *m*.

parson ['pɑ:sn] *n* (*Church of England etc*) pasteur *m*; (*clergyman in general*) prêtre *m*, ecclésiastique *m*. (*Culin*) ~'s **nose** croupion *m*.

parsonage ['pɑ:sənɪdʒ] *n* presbytère *m*.

part [pɑ:t] **1** *n* (a) (*section, division*) partie *f*. **only** (a) ~ **of the play is good** il n'y a qu'une partie de la pièce qui soit bonne; **the play is good in** ~s, ~s **of the play are good** il y a de bons passages dans la pièce; **in** ~ en partie, partiellement; **for the most** ~ dans l'ensemble; **to be** ~ **and parcel of** faire partie (intégrante) de; **a penny is the hundredth** ~ **of £1** un penny est le centième d'une livre; (*liter*) **a matter of** ~s un homme très doué; **the funny** ~ **of it is that** ... le plus drôle dans l'histoire c'est que ...; *V* **moving, private**.
(b) [*book, play*] partie *f*; (*Publishing: instalment*) livraison *f*, fascicule *m*; [*Press, Rad, TV: of serial*] épisode *m*. **a six-**~ **serial, a serial in six** ~s un feuilleton en six épisodes.
(c) (*Tech*) pièce *f*. **spare** ~ pièce (de rechange), pièce détachée.
(d) (*esp Culin*) mesure *f*. **three** ~s **water to one** ~ **milk** trois mesures d'eau pour une mesure de lait.
(e) (*Gram*) [*verb*] **principal** ~s temps principaux; ~s **of speech** parties *fpl* du discours, catégories grammaticales; **what** ~ **of speech is 'of'?** à quelle catégorie grammaticale est-ce que 'of' appartient?
(f) (*share*) participation *f*, rôle *m*; (*Cine, Theat*) rôle. **he had a large** ~ **in the organization of** ... il a joué un grand rôle dans l'organisation de ...; **she had some** ~ **in it** elle y était pour quelque chose; **we all have our** ~ **to play** nous avons tous notre rôle à jouer; **to take** ~ **in** participer à; **I'll have** *or* **I want no** ~ **in it, I don't want any** ~ **of it** je ne veux pas m'en mêler; *V* **act, play**.
(g) (*side, behalf*) parti *m*, part *f*. **to take sb's** ~ (**in a quarrel**) prendre le parti de qn *or* prendre parti pour qn (dans une dispute); **for my** ~ pour ma part, quant à moi; **an error on the** ~ **of his secretary** une erreur de la part de sa secrétaire; **to take sth in good** ~ prendre qch du bon côté.
(h) (*Mus*) partie *f*; [*song, fugue*] voix *f*; (*sheet of music*) partition *f*. **the violin** ~ la partie de violon; **two-**~ **song** chant *m* à deux voix.
(i) (*region*) **in these** ~s dans cette région, dans ce coin*; **in this** ~ **of the world** dans ce coin*, par ici; **in my** ~ **of the world** dans mon pays, chez moi; **in foreign** ~s à l'étranger.
(j) (*US*) [*hair*] raie *f*.
2 *cpd*: (*Brit*) **part exchange** reprise *f* en compte; (*Brit*) **to take a car** *etc* **in part exchange** reprendre une voiture *etc* en compte; **part owner** copropriétaire *mf*; **part payment** (*exchange*) règlement partiel; (*deposit*) arrhes *fpl*; **part song** chant *m* à plusieurs voix *or* polyphonique; **part-time** *V* **part-time**; **part-timer** travailleur *m*, -euse *f or* employé(e) *m(f)* à temps partiel.
3 *adv* en partie. **she is** ~ **French** elle est en partie française.
4 *vt* (a) *crowd* ouvrir un passage dans; *people, boxers* séparer.

they were ~**ed during the war years** ils sont restés séparés pendant toute la guerre.
(b) **to** ~ **one's hair** se faire une raie; **his hair was** ~**ed at the side** il portait une raie sur le côté.
(c) **to** ~ **company with** (*leave*) fausser compagnie à, quitter; (*disagree*) ne plus être d'accord avec; **they** ~**ed company** (*lit*) ils se quittèrent; (*fig*) ils se trouvèrent en désaccord; (*hum*) **the trailer** ~**ed company with the car** la remorque a faussé compagnie à la voiture.
5 *vi* (*gen: take leave of each other*) se quitter; (*break up: of couple*) se séparer; [*crowd*] s'ouvrir; [*boxers etc*] se séparer; [*rope*] se rompre. **to** ~ **from** sb quitter qn; (*permanently*) se séparer de qn; **to** ~ **with** *money* débourser; *possessions* se défaire de, renoncer à; *employee etc* se séparer de.

partake [pɑ:'teɪk] *pret* **partook** [pɑ:'tʊk], *ptp* **partaken** [pɑ:'teɪkən] *vi* (*frm*) **to** ~ **in** prendre part à, participer à; **to** ~ **of** *meal, refreshment* prendre; (*fig*) tenir de, avoir quelque chose de.

parthenogenesis ['pɑ:θɪnəʊ'dʒenɪsɪs] *n* parthénogénèse *f*.

parthenogenetic [,pɑ:θɪnəʊdʒɪ'netɪk] *adj* parthénogénétique.

parthenogenetically [,pɑ:θɪnəʊdʒɪ'netɪkəlɪ] *adv* parthénogénétiquement.

Parthenon ['pɑ:θɪnɒn] *n* Parthénon *m*.

Parthian ['pɑ:θɪən] *adj*: ~ **shot** flèche *f* du Parthe.

partial ['pɑ:ʃəl] *adj* (a) (*in part*) *success, eclipse* partiel. (b) (*biased*) partial (*to, towards* envers), injuste. (*: like*) **to be** ~ **to sth** avoir un faible pour qch; **to be** ~ **to doing** avoir un penchant à faire.

partiality [,pɑ:ʃɪ'ælɪtɪ] *n* (a) (*bias*) partialité *f* (*for* pour; *towards* envers), parti pris *m* (*favorable*) (*for* pour; *to* en faveur de), favoritisme *m*. (b) (*liking*) prédilection *f*, penchant *m*, faible *m* (*for* pour).

partially ['pɑ:ʃəlɪ] *adv* (a) (*partly*) en partie, partiellement. **the** ~**-sighted** les mal-voyants *mpl*. (b) (*with bias*) avec partialité, partialement.

participant [pɑ:'tɪsɪpənt] *n* participant(e) *m(f)* (*in* à).

participate [pɑ:'tɪsɪpeɪt] *vi* participer, prendre part (*in* à).

participation [pɑ:,tɪsɪ'peɪʃən] *n* participation *f* (*in* à).

participial [,pɑ:tɪ'sɪpɪəl] *adj* participial.

participle ['pɑ:tɪsɪpl] *n* participe *m*. **past/present** ~ participe passé/présent.

particle ['pɑ:tɪkl] *n* particule *f*, parcelle *f*; [*dust, flour etc*] grain *m*; [*metal*] paillette *f*; (*Ling, Phys*) particule; (*fig*) brin *m*, grain. **a** ~ **of truth/of sense** un grain de vérité/de bon sens; **not a** ~ **of evidence** pas l'ombre d'une preuve, pas la moindre preuve; ~ **physics** physique *f* des particules élémentaires.

parti-coloured, (*US*) **parti-colored** ['pɑ:tɪ,kʌləd] *adj* bariolé.

particular [pə'tɪkjʊlə*r*] **1** *adj* (a) (*distinct from others*) particulier, distinct des autres; (*characteristic*) particulier; (*personal*) personnel. **in this** ~ **case** dans ce cas particulier; **for no** ~ **reason** sans raison précise *or* bien définie; **that** ~ **brand** cette marque-là (et non pas une autre); **his** ~ **chair** son fauteuil à lui; **her** ~ **type of humour** son genre particulier d'humour, son humour personnel; **my** ~ **choice** mon choix personnel.
(b) (*outstanding*) particulier, spécial. **nothing** ~ **happened** rien de particulier *or* de spécial n'est arrivé; **he took** ~ **care over it** il y a mis un soin particulier; **to pay** ~ **attention to sth** faire bien attention à qch; **a** ~ **friend of his** un de ses meilleurs amis, un de ses amis intimes; **she didn't say anything** ~ elle n'a rien dit de spécial.
(c) (*having high standards*) minutieux, méticuleux; (*over cleanliness*) méticuleux; (*hard to please*) pointilleux, difficile, exigeant. **she is** ~ **about whom she talks to** elle ne parle pas à n'importe qui; **he is** ~ **about his food** il est difficile pour la nourriture; **which do you want?** — **I'm not** ~ lequel voulez-vous? — cela m'est égal *or* je n'ai pas de préférence.
(d) (*very exact*) *account* détaillé, circonstancié.
2 *n* (a) **in** ~ en particulier, notamment; **nothing in** ~ rien en *or* de particulier.
(b) (*detail*) détail *m*. **in every** ~ en tout point; **he is wrong in one** ~ il se trompe sur un point; ~s (*information*) détails, renseignements *mpl*; (*description*) description *f*; [*person*] (*description*) signalement *m*; (*name, address etc*) nom *m* et adresse *f*, coordonnées *fpl*; (*for official document etc*) caractéristiques *fpl* signalétiques; **full** ~s tous les détails, tous les renseignements; **for further** ~s **apply to** ... pour plus amples renseignements s'adresser à ... .

particularity [pə,tɪkjʊ'lærɪtɪ] *n* particularité *f*.

particularize [pə'tɪkjʊləraɪz] **1** *vt* particulariser, spécifier, détailler, préciser. **2** *vi* spécifier, préciser.

particularly [pə'tɪkjʊləlɪ] *adv* (*in particular*) en particulier, particulièrement, spécialement; (*notably*) notamment, particulièrement; (*very carefully*) méticuleusement, avec grand soin.

parting ['pɑ:tɪŋ] **1** *n* (a) séparation *f*; [*waters*] partage *m*. (*lit, fig*) **the** ~ **of the ways** la croisée des chemins. (b) (*Brit: of hair*) raie *f*; [*mane*] épi *m*. ~ **gift** d'adieu. ~ **words** paroles *fpl* d'adieu; (*fig*) ~ **shot** flèche *f* du Parthe.

partisan [,pɑ:tɪ'zæn] **1** *n* (*supporter; fighter*) partisan *m*. **2** *adj*: ~ **politics** politique partisane; (*Pol etc*) ~ **spirit** esprit *m* de parti; (*Mil*) ~ **warfare** guerre *f* de partisans.

partisanship [,pɑ:tɪ'zænʃɪp] *n* esprit *m* de parti, partialité *f*; (*membership*) appartenance *f* à un parti.

partition [pɑ:'tɪʃən] **1** *n* (a) (*also* ~ **wall**) cloison *f*. **glass** ~ cloison vitrée.
(b) (*dividing*) [*property*] division *f*; [*country*] partition *f*, partage *m*, démembrement *m*; [*estate*] morcellement *m*.
2 *vt property* diviser, partager; *country* partager, démembrer; *estate* morceler; *room* cloisonner.
♦**partition off** *vt sep room, part of room* cloisonner.

partitive ['pɑ:tɪtɪv] *adj, n* partitif (*m*).

partly ['pɑːtlɪ] *adv* partiellement, en partie. ~ **blue**, ~ **green** moitié bleu, moitié vert.

partner ['pɑːtnəʳ] **1** *n* (a) (*gen*) partenaire *mf*; (*Comm, Fin, Jur, Med etc*) associé(e) *m(f)*. **our European** ~**s** nos partenaires européens *or* du Marché commun; **senior** ~ associé principal; **junior** ~ associé adjoint; (*fig*) ~**s in crime** associés *or* complices *mpl* dans le crime; *V* **sleeping, trading.**
(b) (*Sport*) partenaire *mf*; (*co-driver*) coéquipier *m*, -ière *f*; (*Dancing*) cavalier *m*, -ière *f*. **take your** ~**s for a waltz** choisissez vos partenaires pour la valse.
(c) (*in marriage*) époux *m*, épouse *f*, conjoint(e) *m(f)*; (*cohabiting*) concubin(e) *m(f)*, partenaire *mf*; (*in sex*) partenaire. **bring your** ~ **along** venez avec un(e) ami(e).
2 *vt* (*Comm, Fin etc*) être l'associé (de), s'associer à; (*Sport*) être le partenaire de, être le coéquipier de; (*Dancing*) danser avec.

partnership ['pɑːtnəʃɪp] *n* (*gen*) association *f*; (*Comm, Fin, Jur*) ≃ société *f* en nom collectif. (*Comm, Fin*) **limited** ~ (société *f* en) commandite *f*; **to be in** ~ être en association (*with* avec), être associé; **to enter** *or* **go into** ~ s'associer (*with* à, avec); **to take sb into** ~ prendre qn comme associé; **a doctors'** ~ un cabinet de groupe (*médical*), une association de médecins; *V* **general.**

partridge ['pɑːtrɪdʒ] *n* perdrix *f*; (*young bird, also Culin*) perdreau *m*.

part-time ['pɑːt'taɪm] **1** *adj* (a) *job, employment* à temps partiel; (*half-time*) à mi-temps. **to do** ~ **work** travailler à temps partiel *or* à mi-temps.
(b) *employee, staff* (qui travaille) à temps partiel, à mi-temps.
2 *n* (*Ind*) **to be on** ~* être en chômage partiel.
3 *adv* à temps partiel.

parturition [,pɑːtjʊəˈrɪʃən] *n* parturition *f*.

party ['pɑːtɪ] **1** *n* (a) (*Pol etc*) parti *m*. **political/Conservative/ Labour** ~ parti politique/conservateur/travailliste.
(b) (*group*) [*travellers*] groupe *m*, troupe* *f*; [*workmen*] équipe *f*, brigade *f*; (*Mil*) détachement *m*, escouade *f*. (*lit, fig*) **advance** ~ éclaireurs *mpl*; **rescue** ~ équipe de secours.
(c) (*Jur etc*) partie *f*. **all parties concerned** tous les intéressés; **to be** ~ **to a suit** être en cause; **to become a** ~ **to a contract** signer un contrat; **third** ~ tierce personne, tiers *m* (*V also* third); ~ **aggrieved** partie lésée, victime *f*; **innocent** ~ innocent(e) *m(f)*; (*fig*) **I will not be (a)** ~ **to any dishonesty** je ne me ferai le (*or* la) complice d'aucune malhonnêteté; (*fig*) **to be a** ~ **to a crime** être complice d'un crime; *V* **guilty, moving, prevail.**
(d) (*celebration*) réunion *f*, réception *f*, fête *f*. **to give a** ~ donner une surprise-partie *or* une petite réception, inviter des amis; (*more formally*) donner une réception *or* une soirée, recevoir (du monde); **birthday** ~ fête *f* d'anniversaire; **dinner** ~ dîner *m*; **evening** ~ soirée *f*; **private** ~ réunion intime; **tea** ~ thé *m*; (*fig*) **let's keep the** ~ **clean*** pas d'inconvenances!, un peu de tenue!; *V* **bottle, Christmas.**
(e) (‡*hum: person*) individu *m*.
2 *cpd politics, leader* de parti, du parti; *disputes* de partis. **party dress** robe habillée; (*evening dress*) toilette *f* de soirée; **partygoer** (*gen*) habitué(e) *m(f)* des réceptions; (*on specific occasion*) invité(e) *m(f)*; **party line** (*Pol*) politique *f* *or* ligne *f* du parti; (*Telec*) ligne commune à deux abonnés; (*Pol*) **to follow the party line** suivre la ligne du parti, être dans la ligne du parti (*V also* toe); **his party manners were terrible** sa façon de se tenir en société était abominable; **the children were on their party manners*** les enfants ont été d'une tenue exemplaire; (*Pol*) **party machine** machine *f* *or* administration *f* du parti; (*Rad, TV*) **party political broadcast** émission réservée à un parti politique, ≃ 'tribune libre'; **this is not a party political question** ce n'est pas une question qui relève de la ligne du parti; **party politics** politique *f* de parti(s); (*US*) **party pooper‡** rabat-joie *m* *inv*, trouble-fête *mf* *inv*; **party spirit** (*Pol*) esprit *m* de parti; (*: gaiety*) entrain *m*; **party wall** mur mitoyen.
3 *vi* (*:US: go out*) sortir, aller danser; (*go to parties*) courir les réceptions.

PASCAL, Pascal [paesˈkael] *n* Pascal *m*.

paschal ['pɑːskəl] *adj* (*Rel*) pascal. **the P~ Lamb** l'agneau pascal.

pasha ['pæʃə] *n* pacha *m*.

pass [pɑːs] **1** *n* (a) (*permit*) [*journalist, worker etc*] coupe-file *m* *inv*, laissez-passer *m* *inv*; [*Rail etc*] carte *f* d'abonnement; (*Theat*) billet *m* de faveur; (*Naut*) lettre *f* de mer; (*Mil etc: safe conduct*) sauf-conduit *m*.
(b) (*in mountains*) col *m*, défilé *m*; *V* **sell.**
(c) (*in exam*) moyenne *f*, mention *f* passable. **did you get a** ~? avez-vous eu la moyenne?, avez-vous été reçu?; **to get a** ~ **in history** être reçu en histoire.
(d) (*U: situation*) situation *f*, état *m*. (*iro*) **things have come to a pretty** ~! voilà à quoi on en est arrivé!; **to bring sb to a pretty** ~ mettre qn dans de beaux draps; **things have reached such a** ~ **that ...** les choses en sont arrivées à un tel point que ... .
(e) (*Ftbl etc*) passe *f*; (*Fencing*) botte *f*, attaque *f*. **to make a** ~* **at a woman** faire du plat* à une femme.
(f) [*conjuror*] passe *f*.
2 *cpd*: **passbook** livret *m* (bancaire); (*Univ*) **pass degree** ≃ licence *f* libre; **passkey** passe-partout *m* *inv*, passe *m*; (*Scol, Univ*) **passmark** moyenne *f*; **to get a passmark** avoir la moyenne; (*US*) **pass-through** passe-plat *m*; **password** mot *m* de passe.
3 *vi* (a) (*come, go*) passer (*through past*); [*procession*] défiler; (*Aut: overtake*) dépasser, doubler. **to let sb** ~ laisser passer qn; **to** ~ **down the street** descendre la rue; ~ **down the bus please!** avançons s'il vous plaît!; **to** ~ **behind/in front of** passer derrière/devant; **to** ~ **into oblivion** tomber dans l'oubli; **to** ~ **out of sight** disparaître; **letters** ~**ed between them** ils ont échangé des lettres.
(b) [*time*] (se) passer, s'écouler. **the afternoon** ~**ed pleasantly** l'après-midi a passé *or* s'est passé(e) agréablement; **how time** ~**es!** que le temps passe vite!
(c) (*esp Chem: change*) se transformer (*into* en).
(d) (*esp Jur: transfer*) passer, être transmis. **the estate** ~**ed to my brother** la propriété est revenue à mon frère.
(e) (*also* ~ **away**) [*memory, opportunity*] s'effacer, disparaître; [*pain*] passer.
(f) (*in exam*) être reçu (*in* en).
(g) (*take place*) se passer, avoir lieu. **all that** ~**ed between them** tout ce qui s'est passé entre eux; (*liter, frm*) **to bring sth to** ~ accomplir qch, réaliser qch; (*liter*) **it came to** ~ **that** il advint que.
(h) (*be accepted*) [*coins*] avoir cours; [*behaviour*] convenir, être acceptable; [*project*] passer. **to** ~ **under the name of** être connu sous le nom de; **he tried to** ~ **for a doctor** il a essayé de se faire passer pour (un) médecin; **what** ~**es for a hat these days** ce qui de nos jours passe pour un chapeau; **she would** ~ **for 20** on lui donnerait 20 ans; **will this do? — oh it'll** ~ est-ce que ceci convient? — oh ça peut aller; **let it** ~! laisse couler!*; **he let it** ~ il l'a laissé passer, il ne l'a pas relevé; **he couldn't let it** ~ il ne pouvait pas laisser passer ça comme ça.
(i) (*Cards*) passer. (**I**) ~! (je) passe!
(j) (*Sport*) faire une passe.
4 *vt* (a) (*go past*) *building* passer devant; *person* croiser, rencontrer; *barrier, frontier, customs* passer; (*Aut: overtake*) dépasser, doubler; (*go beyond: also Sport*) dépasser. **when you have** ~**ed the town hall** quand vous serez passé devant *or* quand vous aurez dépassé la mairie; **they** ~**ed each other on the way** ils se sont croisés en chemin; (*frm*) **no remark** ~**ed his lips** il ne souffla *or* ne dit pas mot.
(b) (*get through*) *exam* être reçu à *or* admis à, réussir. **the film** ~**ed the censors** le film a reçu le visa de la censure; *V* **muster.**
(c) *time* passer. **just to** ~ **the time** pour passer le temps, histoire de passer le temps*; **to** ~ **the evening reading** passer la soirée à lire; *V* **time.**
(d) (*hand over*) (faire) passer. **please** ~ **the salt** faites passer le sel s'il vous plaît; ~ **me the box** passez-moi la boîte; **to** ~ **a dish round the table** faire passer un plat autour de la table; **the telegram was** ~**ed round the room** on fit passer le télégramme dans la salle; **to** ~ **sth down the line** faire passer qch (de main en main); ~ **the word that it's time to go** faites passer la consigne que c'est l'heure de partir; **to play at** ~**-the-parcel** ≃ jouer au furet; *V* **buck.**
(e) (*accept, allow*) *candidate* recevoir, admettre; (*Parl*) *bill* voter, faire passer. **the censors** ~**ed the film** le film a été autorisé par la censure; **the censors haven't** ~**ed the film** le film a été interdit par la censure; (*Scol, Univ*) **they didn't** ~ **him** ils l'ont refusé *or* recalé; **the doctor** ~**ed him fit for work** le docteur l'a déclaré en état de reprendre le travail; (*Typ*) **to** ~ **the proofs (for press)** donner le bon à tirer.
(f) (*utter*) *comment* faire; *opinion* émettre, formuler. **to** ~ **remarks about sb/sth** faire des observations sur qn/qch; (*Jur, fig*) **to** ~ **judgment** prononcer *or* rendre un jugement (*on* sur); (*Jur*) **to** ~ **sentence** prononcer une condamnation (*on sb* contre qn); *V also* **sentence.**
(g) (*move*) passer. **he** ~**ed his hand over his brow** il s'est passé la main sur le front; **he** ~**ed his handkerchief over his face** il a passé son mouchoir sur son visage; **to** ~ **a rope through a ring** passer une corde dans un anneau; **to** ~ **a cloth over a table** donner *or* passer un coup de chiffon à une table; **to** ~ **a knife through sth** enfoncer un couteau dans qch; (*Culin*) **to** ~ **sth through a sieve** passer qch (au tamis); (*Mil, fig*) **to** ~ **in review** passer en revue.
(h) (*Sport*) *ball* passer.
(i) *forged money* (faire) passer, écouler; *stolen goods* faire passer.
(j) (*surpass*) **to** ~ **comprehension** dépasser l'entendement; **to** ~ **belief** être incroyable.
(k) (*Med*) **to** ~ **blood** avoir du sang dans les urines; **to** ~ **a stone** évacuer un calcul; **to** ~ **water** uriner.

♦**pass along 1** *vi* passer, circuler, passer son chemin.
2 *vt sep* (a) (*lit*) *object, book etc* faire passer (de main en main).
(b) = **pass on 2b.**
♦**pass away** *vi* (a) (*euph: die*) mourir, s'éteindre (*euph*), décéder (*frm*). (b) = **pass 3e.**
♦**pass back** *vt sep object* rendre, retourner. (*Rad, TV*) **I will now pass you back to the studio** je vais rendre l'antenne au studio.
♦**pass by 1** *vi* passer (à côté); [*procession*] défiler. **I saw him passing by** je l'ai vu passer.
2 *vt sep* ne pas faire attention à, négliger, ignorer. **life has passed me by** je n'ai pas vraiment vécu.
♦**pass down 1** *vi* [*inheritance etc*] être transmis, revenir (*to* à).
2 *vt sep* transmettre. **to pass sth down (in a family)** transmettre qch par héritage (dans une famille); **passed down from father to son** transmis de père en fils.
♦**pass in** *vt sep* (faire) passer. **to pass a parcel in through a window** (faire) passer un colis par une fenêtre.
♦**pass off 1** *vi* (a) (*subside*) [*faintness etc*] passer, se dissiper.
(b) (*take place*) [*events*] se passer, se dérouler, s'accomplir. **everything passed off smoothly** tout s'est passé sans accroc.
2 *vt sep* faire passer, faire prendre. **to pass someone off as someone else** faire passer une personne pour une autre; **to pass o.s. off as a doctor** se faire passer pour (un) médecin.
(b) **to pass sth off on sb** repasser *or* refiler* qch à qn.
♦**pass on 1** *vi* (a) (*euph: die*) s'éteindre (*euph*), mourir.
(b) (*continue one's way*) passer son chemin, ne pas s'arrêter. (*fig*) **to pass on to a new subject** passer à un nouveau sujet.
2 *vt sep* (*hand on*) *object* faire passer (*to* à); *news* faire circuler,

faire savoir; *message* transmettre. **take it and pass it on** prenez et faites passer; **to pass on old clothes to sb** repasser de vieux vêtements à qn; **you've passed your cold on to me** tu m'as passé ton rhume; **to pass on a tax to the consumer** répercuter un impôt sur le consommateur.
◆**pass out 1** *vi* (a) *(faint)* s'évanouir, perdre connaissance, tomber dans les pommes*; *(from drink)* tomber ivre mort; *(fall asleep)* s'endormir comme une masse. **he passed out on us** il nous a fait le coup de tomber dans les pommes* (*or* de tomber ivre mort *or* de s'endormir comme une masse).
(b) *(US Scol)* **to pass out of high school** terminer ses études secondaires.
2 *vt sep leaflets etc* distribuer.
◆**pass over 1** *vi (euph)* = **pass on 1a.**
2 *vt* (a) *(sep: neglect)* omettre, négliger, ignorer. **to pass over Paul in favour of Robert** donner la préférence à Robert au détriment de Paul; **he was passed over in favour of his brother** on lui a préféré son frère.
(b) *(fus: ignore)* passer sous silence, ne pas relever.
◆**pass round** *vt sep bottle* faire passer; *sweets, leaflets* distribuer. *(fig)* **to pass round the hat** faire la quête.
◆**pass through 1** *vi* passer. **I can't stop — I'm only passing through** je ne peux pas rester — je ne fais que passer.
2 *vt fus* (a) *hardships* subir, endurer.
(b) *(travel through)* traverser.
◆**pass up** *vt sep* (a) *(lit)* passer.
(b) (*: *forego)* chance, opportunity* laisser passer.
passable ['pɑːsəbl] *adj* (a) *(tolerable)* passable, assez bon. (b) *road* praticable, carrossable; *river* franchissable.
passably ['pɑːsəblɪ] *adv* passablement, assez.
passage ['pæsɪdʒ] **1** *n* (a) *(passing)* *(lit)* passage *m*; *[bill, law]* adoption *f*, *(fig)* passage, transition *f (from ... to ... à)*. **with the ~ of time** he understood avec le temps il finit par comprendre; *(fig, liter)* **~ of** *or* **at arms** passe *f* d'armes; *V* bird.
(b) *(Naut)* voyage *m*, traversée *f*.
(c) *(way through: also ~way)* passage *m*. **to force a ~way through** se frayer un passage *or* un chemin (à travers); **to leave a ~way** laisser un passage, laisser le passage libre.
(d) *(also ~way)* *(indoors)* couloir *m*, corridor *m*; *(outdoors)* ruelle *f*, passage *m*.
(e) *(Mus)* passage *m*; *[text]* passage. *(Literat)* **selected ~s** morceaux choisis.
2 *cpd*: **passageway = passage 1c, 1d.**
passé ['pæseɪ] *adj play, book, person* vieux jeu *inv*, démodé, dépassé*; *woman* défraîchi, fané.
passel ['pæsl] *n (US)* **a ~ of ...** une ribambelle de ... , un tas* de ... .
passenger ['pæsndʒəʳ] **1** *n* *(in train)* voyageur *m*, -euse *f*; *(in boat, plane, car)* passager *m*, -ère *f*. *(fig pej)* **he's just a ~** il n'est vraiment qu'un poids mort.
2 *cpd*: *(Aut)* **passenger cell** habitacle *m*; *(Rail)* **passenger coach**, *(US)* **passenger car** voiture *f* *or* wagon *m* de voyageurs; *(Aviat, Naut)* **passenger list** *f* des passagers; **passenger mile** *(Aviat)* ≃ kilomètre-passager *m*; *(Rail etc)* ≃ kilomètre-voyageur *m*, voyageur *m* kilométrique; *(Aut)* **passenger seat** siège *m* du passager *or* de passagers; *(Aviat, Rail)* **passenger (service) enquiries** renseignements *mpl*; *(Rail)* **passenger station** gare *f* de voyageurs; **passenger train** train *m* de voyageurs.
passe-partout ['pæspɑːtuː] *n* (a) *(master key)* passe-partout *m inv* *(clef)*, passe *m* . (b) *(Art)* **~ (frame)** (encadrement *m* en) sous-verre *m*.
passer-by ['pɑːsə'baɪ] *n* passant(e) *m(f).*
passing ['pɑːsɪŋ] **1** *adj* *(lit)* *person, car* qui passe *(or* passait *etc)*; *(fig: brief)* éphémère, passager. **~ desire** désir fugitif; **~ remark** remarque *f* en passant; *(Mus)* **~ note** note *f* de passage; *(Tennis)* **~ shot** passing-shot *m*.
2 *adv* (†† *or liter)* extrêmement. **~ fair** de toute beauté.
3 *n* (a) *[time]* écoulement *m*; *[train, car]* passage *m*; *(Aut: overtaking)* dépassement *m*. **with the ~ of time** avec le temps; **in ~** en passant.
(b) *(euph: death)* mort *f*, trépas *m (liter)*. **~ bell** glas *m*.
4 *cpd*: *(Mil)* **passing-out parade** défilé *m* de promotion; *(in road)* **passing place** aire *f* de croisement.
passion ['pæʃən] **1** *n* (a) *(love)* passion *f*, amour *m*; *(fig)* passion *(for* de). **to have a ~ for music** avoir la passion de la musique; **ruling ~** passion dominante.
(b) *(burst of anger)* colère *f*, emportement *m*. **fit of ~** accès *m* de colère; **to be in a ~** être furieux; *V* fly³.
(c) *(strong emotion)* passion *f*, émotion violente.
(d) *(Rel, Mus)* **P~** Passion *f*; **the St John/St Matthew P~** la Passion selon saint Jean/saint Matthieu.
2 *cpd*: *(Bot)* **passionflower** passiflore *f*; *(Bot)* **passionfruit** fruit *m* de la passiflore; *(Rel)* **Passion play** mystère *m* de la Passion; *(Rel)* **Passion Sunday** dimanche *m* de la Passion; *(Rel)* **Passion Week** semaine *f* de la Passion.
passionate ['pæʃənɪt] *adj person, plea, love, embrace* passionné; *speech* véhément.
passionately ['pæʃənɪtlɪ] *adv* passionnément, avec passion. **to be ~ fond of sth/sb** adorer qch/qn.
passionless ['pæʃənlɪs] *adj* sans passion, détaché.
passive ['pæsɪv] **1** *adj* (a) *(motionless)* passif, inactif, inerte; *(resigned)* passif, soumis. *(Pol)* **~ resistance** résistance passive; **~ disobedience** désobéissance passive; **~ smoking** tabagisme *m* passif; *(Aut)* **~ restraint** dispositif *m* de sécurité passive. (b) *(Gram)* passif. **2** *n (Gram)* passif *m*. **in the ~** au passif.
passively ['pæsɪvlɪ] *adv* passivement; *(Gram)* au passif.
passiveness ['pæsɪvnɪs] *n*, **passivity** [pæ'sɪvɪtɪ] *n* passivité *f.*
Passover ['pɑːsəʊvəʳ] *n* pâque *f* (des Juifs).

passport ['pɑːspɔːt] *n* passeport *m*. **no-~ day trip to France** une journée en France sans passeport; **~ section** service *m* des passeports; *(Brit)* **visitor's** *or* **short-term ~** passeport *m* temporaire; *(fig)* **~ to success** clef *f* de la réussite.
past [pɑːst] **1** *n* (a) passé *m*. **in the ~** dans le temps, dans le passé, autrefois; **as in the ~** comme par le passé; **she lives in the ~** elle vit dans le passé; **it's a thing of the ~** cela ne se fait plus, cela n'existe plus, c'est du passé, c'est de l'histoire ancienne; **domestic servants are a thing of the ~** les domestiques, cela n'existe plus; **I thought you'd quarrelled? — that's a thing of the ~** je croyais que vous étiez fâchés? — c'est de l'histoire ancienne; **do you know his ~?** vous connaissez son passé?; **a woman with a ~** une femme au passé chargé.
(b) *(Gram)* passé *m*. **in the ~** au passé; **~ definite** passé simple, passé défini, prétérit *m*.
2 *adj* (a) passé. **for some time ~** depuis quelque temps; **in times ~** autrefois, (au temps) jadis; **in ~ centuries** pendant les siècles passés; **the ~ week** la semaine dernière *or* passée; **the ~ few days** ces derniers jours; **all that is now ~** tout cela c'est du passé; **~ president** ancien président; *(fig)* **to be a ~ master of sth** être expert en qch; **to be a ~ master at doing sth** avoir l'art de faire qch.
(b) *(Gram)* *(gen)* passé; *verb* au passé; *form, ending* du passé. **~ perfect** plus-que-parfait *m*; **in the ~ tense** au passé; **~ participle** participe passé.
3 *prep* (a) *(beyond in time)* plus de. **it is ~ 11 o'clock** il est plus de 11 heures, il est 11 heures passées; *(Brit)* **half ~ 3** 3 heures et demie; **quarter ~ 3** 3 heures et quart; **at 20 ~ 3** à 3 heures 20; *(Brit)* **the train goes at 5 ~*** le train part à 5*; **she is ~ 60** elle a plus de 60 ans, elle a 60 ans passés, elle a dépassé la soixantaine.
(b) *(beyond in space)* au delà de, plus loin que. **~ it** au delà, plus loin; **just ~ the post office** un peu plus loin que la poste, juste après la poste.
(c) *(in front of)* devant. **he goes ~ the house every day** tous les jours il passe devant la maison; **he rushed ~ me** il est passé devant moi *or* *(overtook)* m'a dépassé à toute allure.
(d) *(beyond limits of)* au delà de. **~ endurance** insupportable; **it is ~ all understanding** cela dépasse l'entendement; **that is ~ all belief** cela n'est pas croyable, c'est incroyable; **I'm ~ caring** je ne m'en fais plus, j'ai cessé de m'en faire; **he is ~ praying for** on ne peut plus rien pour lui; **he is ~ work** il n'est plus en état de travailler; **he's a bit ~ it now*** il n'est plus dans la course*; **that cake is ~ its best** ce gâteau n'est plus si bon; **I wouldn't put it ~ her** to have done it je la croirais bien capable de l'avoir fait, cela ne m'étonnerait pas d'elle qu'elle l'ait fait; **I wouldn't put it ~ him** cela ne m'étonnerait pas de lui, il en est bien capable.
4 *adv* *(phr vb elem)* auprès, devant. **to go** *or* **walk ~** passer; *V* march¹ *etc.*
pasta ['pæstə] *n (Culin)* pâtes *fpl.*
paste [peɪst] **1** *n* (a) *(Culin)* *(pastry, dough)* pâte *f*; *[meat etc]* pâté *m*. **liver ~** pâté *or* crème *f* de foie; **tomato ~** concentré *m* *or* purée *f* de tomate; **almond ~** pâte d'amandes.
(b) *(gen cpd)* pâte *f*. **tooth~** pâte dentifrice, dentifrice *m*.
(c) *(glue)* colle *f* (de pâte).
(d) *(jewellery)* strass *m*.
2 *cpd jewellery* en strass. **pasteboard** carton *m*; *(US: pastry board)* planche *f* à pâtisserie; **paste-up** collage *m*.
3 *vt* (a) coller; *wallpaper* enduire de colle. **to ~ photos into an album** coller des photos dans un album; **he ~d the pages together** il a collé les pages ensemble.
(b) (*: *thrash)* rosser*.
◆**paste up** *vt sep notice, list* afficher; *photos etc* coller.
2 paste-up *n V* paste 2.
pastel ['pæstəl] *n (crayon m)* pastel *m*. **~ drawing** (dessin *m* au) pastel; **~ shade** ton *m* pastel *inv*.
pastern ['pæstən] *n* paturon *m*.
pasteurization [,pæstəraɪ'zeɪʃən] *n* pasteurisation *f.*
pasteurize ['pæstəraɪz] *vt* pasteuriser.
pasteurized ['pæstəraɪzd] *adj* pasteurisé.
pastiche [pæs'tiːʃ] *n* pastiche *m.*
pastille ['pæstɪl] *n* pastille *f.*
pastime ['pɑːstaɪm] *n* passe-temps *m inv*, divertissement *m*, distraction *f.*
pasting [ˈpeɪstɪŋ] *n (thrashing)* rossée* *f*. **to give sb a ~** flanquer une rossée à qn*.
pastor ['pɑːstəʳ] *n* pasteur *m.*
pastoral ['pɑːstərəl] **1** *adj* (a) *(rural)* pastoral, champêtre; *(Agr)* de pâture; *(Literat etc)* pastoral. **~ land** pâturages *mpl*. (b) *(Rel)* pastoral. **~ letter** lettre *f* pastorale. (c) *(Educ, Sociol etc)* qui concerne la santé physique et morale de l'individu. **in a ~ capacity** dans un rôle de conseiller; *(Educ)* **~ care system** tutorat *m*. **2** *n (Literat, Rel)* pastorale *f.*
pastry ['peɪstrɪ] **1** *n* (a) *(U)* pâte *f*; *V* puff, short. (b) *(cake)* pâtisserie *f*. **2** *cpd*: **pastryboard** planche *f* à pâtisserie; **pastrybrush** pinceau *m* à pâtisserie; **pastrycase** croûte *f*; **in a pastrycase** en croûte; **pastrycook** pâtissier *m*, -ière *f.*
pasturage ['pɑːstjʊrɪdʒ] *n* pâturage *m.*
pasture ['pɑːstʃəʳ] **1** *n (Agr)* *(lieu m de)* pâture *f*, pré *m*, pâturage *m*. **to put out to ~** *(lit)* mettre au pré *or* au pâturage; *(fig)* mettre à la retraite. **2** *vi* paître. **3** *vt* faire paître, pacager. **4** *cpd*: **pasture land** herbage *m*, pâturage(s) *m(pl).*
pasty ['peɪstɪ] **1** *adj* pâteux; *(pej)* *face, complexion* terreux. *(pej)* **~-faced** au teint terreux *or* de papier mâché*. **2** ['pæstɪ] *n (Brit Culin)* petit pâté *m*, feuilleté *m.*
Pat [pæt] *n* (a) *dim of* Patrick *or* Patricia. (b) *au masculin surnom de l'Irlandais.*
pat¹ [pæt] **1** *vt ball etc* taper, tapoter, donner une tape à; *animal*

flatter de la main, caresser. **he ~ted my hand** il me tapota la main.
2 n **(a)** (*tap*) coup léger, petite tape; (*on animal*) caresse f. **to give sb a ~ on the back** (*lit*) tapoter qn dans le dos; (*fig*) complimenter qn, congratuler qn; **he deserves a ~ on the back for that** cela mérite qu'on lui fasse un petit compliment; **to give o.s. a ~ on the back** se congratuler, s'applaudir.
(b) ~ of butter noix f de beurre; (*larger*) motte f de beurre.
pat² [pæt] **1** adv **(a)** (*exactly suitable*) à propos, à point. **to answer ~** (*immediately*) répondre sur-le-champ; (*with repartee*) répondre du tac au tac.
(b) (*perfectly*) **learn** par cœur. **to know sth off ~** savoir qch sur le bout du doigt.
(c) (*firm, unmoving*) **remain** inflexible. (*US*) **to stand ~*** ne rien faire, refuser de bouger.
2 adj *example, answer* tout prêt. **he had his explanation ~** il avait son explication toute prête.
Patagonia [,pætə'gəʊnɪə] n Patagonie f.
Patagonian [,pætə'gəʊnɪən] **1** adj patagonien. **2** n Patagonien(ne) m(f).
patch [pætʃ] **1** n **(a)** (*for clothes*) pièce f; (*for inner tube, airbed*) rustine f; (*over eye*) cache m; (*cosmetic: on face*) mouche f.
(b) (*small area*) [*colour*] tache f; [*sky*] morceau m, échappée f, pan m; [*land*] parcelle f; [*vegetables*] carré m; [*ice*] plaque f; [*mist*] nappe f; [*water*] flaque f; (*on dog's back etc*) tache. **a damp ~ on the wall** une tache d'humidité or une plaque humide sur le mur.
(c) (*fig*) **he isn't a ~ on his brother*** son frère pourrait lui en remontrer n'importe quand, (*stronger*) il n'arrive pas à la cheville de son frère; **to strike a bad ~** être dans la déveine*; **we've had our bad ~es** nous avons eu nos moments difficiles; **good in ~es** bon par moments.
(d) (*Comput*) correction f (de programme).
(e) (*Brit*) [*policeman, social worker*] secteur m. **they're off my ~ now** ils ont quitté mon secteur.
2 cpd: **patch pocket** poche rapportée; (*Med*) **patch test** test m cutané; **patchwork** V **patchwork.**
3 vt *clothes* rapiécer; *tyre* réparer, poser une rustine à.
♦ **patch up** vt sep *clothes* rapiécer, rapetasser*; *machine* rafistoler*; (*) *injured person* rafistoler*. **to patch up a quarrel** se raccommoder.
patchwork ['pætʃwɜːk] **1** n (*lit, fig*) patchwork m. **2** cpd *quilt* en patchwork; *landscape* bigarré; (*pej: lacking in unity*) fait de pièces et de morceaux, disparate.
patchy ['pætʃɪ] adj (*lit; also fig pej*) inégal.
pate [peɪt] n tête f. **a bald ~** un crâne chauve.
patella [pə'telə] n rotule f.
paten ['pætən] n patène f.
patent ['peɪtənt] **1** adj **(a)** (*obvious*) *fact, dishonesty* patent, manifeste, évident.
(b) *invention* breveté. **~ medicine** spécialité f pharmaceutique; **letters ~** lettres patentes.
(c) (*also ~ leather*) cuir m verni; **~ (leather) shoes** souliers vernis or en cuir verni.
2 n (*licence*) brevet m d'invention; (*invention*) invention brevetée. **to take out a ~** prendre un brevet; **~(s) applied for** demande f de brevet déposée; **to come out of** or (*US*) **to come off ~** tomber dans le domaine public.
3 cpd: (*Jur*) **patent attorney** conseil m en propriété industrielle; **patent engineer** conseil m en brevets d'invention; **patent leather** V **1c;** (*Brit*) **Patent Office,** (*US*) **Patent and Trademark Office** ≃ Institut m national de la propriété industrielle; (*Brit*) **Patent Rolls** registre m des brevets d'invention; **patent right** droit m exclusif d'exploitation; **patent still** alambic m breveté.
4 vt faire breveter.
patentable ['peɪtəntəbl] adj (*Jur etc*) brevetable.
patentee [,peɪtən'tiː] n breveté m.
patently ['peɪtəntlɪ] adv manifestement, clairement.
patentor ['peɪtəntər] n (*Jur etc*) personne f or organisme m délivrant un (or le) brevet d'invention.
pater [ˈpeɪtər] **1** n (*esp Brit*) pater‡ m, paternel‡ m. **2** cpd: **paterfamilias** pater familias m; **paternoster** [,pætə'nɒstər] (*Rel*) pater m (noster); (*elevator*) paternoster m.
paternal [pə'tɜːnl] adj paternel.
paternalism [pə'tɜːnəlɪzəm] n paternalisme m.
paternalist [pə'tɜːnəlɪst] adj paternaliste.
paternalistic [pə,tɜːnə'lɪstɪk] adj (*trop*) paternaliste.
paternally [pə'tɜːnəlɪ] adv paternellement.
paternity [pə'tɜːnɪtɪ] **1** n (*lit, fig*) paternité f. **2** cpd: (*Jur*) **paternity order** reconnaissance f de paternité judiciaire; (*Jur*) **paternity suit** action f en recherche de paternité.
path¹ [pɑːθ] **1** n **(a)** (*also ~way*) (*in woods etc*) sentier m, chemin m; (*in garden*) allée f; (*also foot~: beside road*) sentier (pour les piétons); (*fig*) sentier, chemin, voie f. **to clear a ~ through the woods** ouvrir un sentier or un chemin dans les bois; (*fig*) **to beat a ~ to sb's door** accourir en foule chez qn; (*fig*) **the ~ to success** le chemin du succès; V **cross, primrose** *etc.*
(b) [*river*] cours m; [*sun*] route f; [*bullet, missile, spacecraft, planet*] trajectoire f.
2 cpd: **pathfinder** (*gen*) pionnier m, éclaireur m; (*Aviat*) avion m éclaireur.
path²* [pɑːθ] n (*abbr of* **pathology**) **~ lab** laboratoire m or labo* m d'analyses.
Pathan [pə'tɑːn] **1** adj pathan. **2** n Pathan(e) m(f).
pathetic [pə'θetɪk] adj **(a)** *sight, grief* pitoyable, navrant. **~ attempt** tentative désespérée; **it was ~ to see it** cela faisait peine à voir, c'était un spectacle navrant. **(b)** (*) *piece of work, performance* pitoyable, piteux, minable. **(c)** (*Liter*) **~ fallacy** action f de prêter à la nature des sentiments humains.

pathetically [pə'θetɪklɪ] adv pitoyablement. **~ thin** d'une maigreur pitoyable; **she was ~ glad to find him** son plaisir à le retrouver vous serrait le cœur.
pathological [,pæθə'lɒdʒɪkəl] adj pathologique.
pathologist [pə'θɒlədʒɪst] n pathologiste mf.
pathology [pə'θɒlədʒɪ] n pathologie f.
pathos ['peɪθɒs] n pathétique m. **the ~ of the situation** ce que la situation a (or avait etc) de pathétique; **told with great ~** raconté d'une façon très émouvante or très pathétique.
patience ['peɪʃəns] n **(a)** patience f. **to have ~** prendre patience, patienter; **to lose ~** perdre patience (*with sb* avec qn), s'impatienter (*with sb* contre qn); **I am out of ~, my ~ is exhausted** ma patience est à bout, je suis à bout de patience; **I have no ~ with these people** ces gens m'exaspèrent; V **possess, tax, try** *etc.*
(b) (*Brit Cards*) réussite f. **to play ~** faire des réussites.
patient ['peɪʃənt] **1** adj patient, endurant. **(you must) be ~ !** patientez!, (un peu de) patience!*; **he's been ~ long enough** il a assez patienté or attendu, sa patience a des limites.
2 n (*gen*) malade mf; [*dentist etc*] patient(e) m(f); (*post-operative*) opéré(e) m(f). **a doctor's ~s** (*undergoing treatment*) les patients or les malades d'un médecin; (*on his list*) les clients mpl d'un médecin; **V in, out.**
patiently ['peɪʃəntlɪ] adv patiemment, avec patience.
patina ['pætɪnə] n patine f.
patio ['pætɪəʊ] n patio m.
Patna ['pætnə] n Patna. **~ rice** espèce de riz à grain long.
patois ['pætwɑː] n patois m.
patriarch ['peɪtrɪɑːk] n patriarche m.
patriarchal [,peɪtrɪ'ɑːkəl] adj patriarcal.
patriarchy [,peɪtrɪ'ɑːkɪ] n patriarcat m, gouvernement patriarcal.
Patricia [pə'trɪʃə] n Patricia f.
patrician [pə'trɪʃən] adj, n patricien(ne) m(f).
patricide ['peɪtrɪsaɪd] n (*crime*) patricide m; (*person*) patricide mf.
Patrick ['pætrɪk] n Patrice m, Patrick m.
patrimony ['pætrɪmənɪ] n **(a)** patrimoine m, héritage m. **(b)** (*Rel*) biens-fonds mpl (*d'une église*).
patriot ['peɪtrɪət] n patriote mf.
patriotic [,peɪtrɪ'ɒtɪk] adj *deed, speech* patriotique; *person* patriote. (*Pol*) **the P~ Front** le Front patriote.
patriotically [,peɪtrɪ'ɒtɪkəlɪ] adv patriotiquement, en patriote.
patriotism ['pætrɪətɪzəm] n patriotisme m.
patrol [pə'trəʊl] **1** n **(a)** (*U*) patrouille f. **to go on ~** aller en patrouille, faire une ronde; **to be on ~** être de patrouille.
(b) (*group of troops, police, Scouts etc*) patrouille f; (*ship, aircraft on ~*) patrouilleur m; V **border, immigration, customs.**
2 cpd *helicopter, vehicle* de patrouille. **patrolboat** patrouilleur m; (*Police*) **patrol car** voiture f de police; (*Mil, Scouting*) **patrol leader** chef m de patrouille; **patrolman** V **patrolman;** (*US*) **patrol wagon** voiture f or fourgon m cellulaire.
3 vt [*police, troops etc*] *district, town, streets* patrouiller dans, faire une patrouille dans.
4 vi [*troops, police*] patrouiller, faire une patrouille. (*fig: walk about*) **to ~ up and down** faire les cent pas.
patrolman [pə'trəʊlmən] n **(a)** (*US*) agent m de police, gardien m de la paix. **(b)** (*Aut*) agent m de la sécurité routière.
patron ['peɪtrən] n **(a)** [*artist*] protecteur m, -trice f; [*a charity*] patron(ne) m(f); (*also ~ saint*) saint(e) patron(ne) m(f). **~ of the arts** protecteur des arts, mécène m.
(b) [*hotel, shop*] client(e) m(f); [*theatre*] habitué(e) m(f). **our ~s** (*Comm*) notre clientèle f; (*Theat*) notre public m.
patronage ['pætrənɪdʒ] n **(a)** [*artist etc*] patronage m, appui m. **under the ~ of** sous le patronage de, sous les auspices de; **~ of the arts** mécénat m, protection f des arts.
(b) (*Comm*) clientèle f, pratique f.
(c) (*Rel*) droit m de disposer d'un bénéfice; (*Pol*) droit de présentation.
(d) (*Pol pej*) népotisme m; (*US*) nomination f d'amis politiques à des postes de responsabilité. (*US*) **to give out ~ jobs** nommer ses amis politiques à des postes de responsabilité, attribuer des postes aux petits copains*.
patronize ['pætrənaɪz] vt **(a)** (*pej*) traiter avec condescendance.
(b) (*Comm*) *shop, firm* donner or accorder sa clientèle à, se fournir chez; *dress shop* s'habiller chez; *cinema, club* fréquenter.
patronizing ['pætrənaɪzɪŋ] adj *person* condescendant; *look, tone, smile, manner* condescendant, de condescendance.
patronizingly ['pætrənaɪzɪŋlɪ] adv d'un air or d'un ton condescendant.
patronymic [,pætrə'nɪmɪk] **1** n patronyme m, nom m patronymique. **2** adj patronymique.
patsy‡ ['pætsɪ] n (*US*) pigeon* m, gogo* m, victime f.
patter¹ ['pætər] **1** n [*comedian, conjurer*] bavardage m, baratin* m; [*salesman etc*] boniment m, baratin*; (*jargon*) jargon m. **2** vi (*also ~ away, ~ on*) jacasser, baratiner*.
patter² ['pætər] **1** n [*rain, hail*] crépitement m, bruit m. **a ~ of footsteps** un petit bruit de pas pressés; (*Mus*) **~ song** ≃ ritournelle f. **2** vi [*footsteps*] trottiner; [*rain*] frapper, battre (*on* contre); [*hail*] crépiter.
♦ **patter about, patter around** vi trottiner çà et là.
pattern ['pætən] **1** n **(a)** (*design: on material, wallpaper etc*) dessin(s) m(pl), motif m. **the ~ on a tyre** les sculptures fpl d'un pneu; **floral ~** motif de fleurs or floral.
(b) (*style*) modèle m, style m. **various ~s of cutlery** différents modèles de couverts; **dresses of different ~s** des robes de styles différents.
(c) (*Sewing: also paper ~*) patron m; (*Knitting etc*) modèle m.
(d) (*fig: model*) exemple m, modèle m. (*fig*) **~ of living** mode m de vie; **on the ~ of** sur le modèle de; **it set a ~ for other meetings**

cela a institué une marche à suivre pour les autres séances.

 (e) *(standard, regular way of acting etc)* behaviour ∼s of teenagers les types *mpl* de comportement chez les adolescents; **it followed the usual** ∼ *[meeting, interview]* cela s'est déroulé selon la formule habituelle; *[crime, epidemic]* cela s'est passé selon le scénario habituel; *[timetable, schedule]* cela suivait le schéma habituel; **I began to notice a** ∼ **in their behaviour/reactions** *etc* j'ai commencé à remarquer que certaines caractéristiques se dégageaient de leur conduite/de leurs réactions *etc*; **traffic** ∼ orientation *f* or sens *m* de la circulation; **to be part of a** ∼ faire partie d'un tout; *(Econ)* ∼ **of trade** structure *f* or physionomie *f* des échanges.

 (f) *(sample)* *[material etc]* échantillon *m*.

 (g) *(Ling)* modèle *m*; *[sentence]* structure *f*. **on the** ∼ **of** sur le modèle de.

 2 *cpd*: **pattern book** *[material, wallpaper etc]* liasse *f* or album *m* d'échantillons; *(Sewing)* catalogue *m* or album *m* de modes; *(Metal)* **pattern maker** modeleur *m*.

 3 *vt* **(a)** modeler *(on* sur).

 (b) *(decorate)* orner de motifs.

patterned ['pætənd] *adj material, fabric, china* à motifs.
patterning ['pætənɪŋ] *n (Psych: therapy)* thérapie *f* physique pour enfants débiles mentaux *(qui consiste à répéter les premiers mouvements de l'enfance)*.
patty ['pætɪ] **1** *n* petit pâté *m*. **2** *cpd* : **patty pan** petit moule; **patty shell** croûte *f* feuilletée.
paucity ['pɔːsɪtɪ] *n [crops, coal, oil]* pénurie *f*; *[money]* manque *m*; *[news, supplies, water]* disette *f*; *[ideas]* indigence *f*, disette *f*.
Paul [pɔːl] *n* Paul *m*; *V* rob.
Pauline[1] ['pɔːliːn] *n (name)* Pauline *f*.
Pauline[2] ['pɔːlam] *adj (Rel)* paulinien.
paulownia [pɔːˈləʊnɪə] *n* paulownia *m*.
paunch [pɔːntʃ] *n [person]* ventre *m*, panse *f*, bedaine* *f*; *[ruminants]* panse.
pauper ['pɔːpəʳ] *n* indigent(e) *m(f)*, pauvre *m*, -esse *f*. ∼'s **grave** fosse commune.
pause [pɔːz] **1** *n* **(a)** *(temporary halt)* pause *f*, arrêt *m*. **to give** ∼ **to sb** faire hésiter qn, donner à réfléchir à qn; **a** ∼ **in the conversation** un petit or bref silence (dans la conversation); **after a** ∼ **he added** ... après une pause il ajouta ...; **there was a** ∼ **for discussion/for refreshments** on s'arrêta pour discuter/pour prendre des rafraîchissements.

 (b) *(Mus) (rest)* repos *m*, silence *m*; *(sign)* point *m* d'orgue, silence; *(Poetry)* césure *f*.

 2 *vi* **(a)** *(stop)* faire une pause, marquer un temps d'arrêt, s'arrêter un instant. **to** ∼ **for breath** s'arrêter pour reprendre haleine.

 (b) *(hesitate)* hésiter. **it made him** ∼ **(for thought)** cela lui a donné à réfléchir.

 (c) *(linger over)* s'arrêter *(on* sur).
pavane [pəˈvɑːn] *n* pavane *f*.
pave [peɪv] *vt street* paver; *yard* carreler, paver. ∼**d with gold** pavé d'or; *(fig)* **to** ∼ **the way (for)** frayer or ouvrir la voie (à), préparer le chemin (pour).
pavement ['peɪvmənt] **1** *n* **(a)** *(Brit)* trottoir *m*. **(b)** *(road surface) (of stone, wood)* pavé *m*, pavage *m*; *(stone slabs)* dallage *m*; *(ornate)* pavement *m*. **(c)** *(US: roadway)* chaussée *f*. **2** *cpd*: **pavement artist** artiste *mf* des rues *(qui dessine à la craie à même le trottoir)*.
pavilion [pəˈvɪlɪən] *n (tent, building)* pavillon *m* *(tente, construction)*.
paving ['peɪvɪŋ] **1** *n* **(a)** *(material; stone)* pavé *m*; *(flagstones)* dalles *fpl*; *(tiles)* carreaux *mpl*. **(b)** *(paved ground)* pavage *m*; dallage *m*; carrelage *m*; *V* **crazy**. **2** *cpd*: **paving stone** pavé *m*.
Pavlovian [pævˈləʊvɪən] *adj* pavlovien.
paw [pɔː] **1** *n* **(a)** *[animal]* patte *f*.

 (b) *(‡: hand)* patte* *f*. **keep your** ∼**s off!** bas les pattes!*

 2 *vt* **(a)** *[animal]* donner un coup de patte à. *[horse]* **to** ∼ **the ground** piaffer.

 (b)‡: *(pej)* *[person]* tripoter*; *(amorously: also* ∼ **about)** tripoter*, peloter‡.
pawky ['pɔːkɪ] *adj (Scot)* narquois.
pawl [pɔːl] *n* cliquet *m*.
pawn[1] [pɔːn] *n (Chess)* pion *m*. *(fig)* **to be sb's** ∼ être le jouet de qn, se laisser manœuvrer par qn; *(fig)* **he's a mere** ∼ **(in the game)** il n'est qu'un pion sur l'échiquier.
pawn[2] [pɔːn] **1** *vt one's watch etc* mettre en gage or au mont-de-piété, mettre au clou*.

 2 *n* **(a)** *(thing pledged)* gage *m*, nantissement *m*.

 (b) *(U)* **in** ∼ en gage, au mont-de-piété, au clou*; **to get sth out of** ∼ dégager qch du mont-de-piété.

 3 *cpd*: **pawnbroker** prêteur *m*, -euse *f* sur gages; **pawnbroker's, pawnshop** bureau *m* de prêteur sur gages, mont-de-piété *m*; **pawn ticket** reconnaissance *f* (du mont-de-piété) *(de dépôt de gage)*.
pawpaw ['pɔːpɔː] *n* papaye *f*.
pax [pæks] *n* **(a)** *(Brit Scol sl)* pouce! **(b)** *(Rel)* paix *f*.
pay [peɪ] *(vb: pret, ptp* **paid)** **1** *n (gen)* salaire *m*; *[manual worker]* paie *f* or paye *f*; *[office worker]* appointements *mpl*; *[civil servant]* traitement *m*; *[servant]* gages *mpl*; *(Mil, Naut)* solde *f*, paie. **in the** ∼ **of** à la solde de, aux gages de; **the** ∼'**s not very good** ce n'est pas très bien payé; **holidays with** ∼ congés payés; *V* **equal, half** *etc*.

 2 *cpd dispute, negotiation* salarial. *(Brit)* **pay as you earn**, *(US)* **pay-as-you-go** retenue *f* à la source de l'impôt sur le revenu; **Pay Board Commission** *f* des salaires; *(TV)* **pay-cable channel** réseau *m* câblé payant; *(US)* **pay check** salaire *m*, paie *f* or paye *f*; **pay day** jour *m* de paie; **pay desk** caisse *f*; *(Theat)* caisse, guichet *m*; *(Min)* **pay dirt** *(gisement m* d')alluvions *fpl* exploitables; *(US)* **to hit** or **strike pay dirt*** trouver un (bon) filon*; **pay increase = pay rise**; *(Banking)* **pay-in slip** bordereau *m* de versement; **payload** *(weight*

carried) *(by aircraft)* emport *m*; *(by rocket, missile)* poids *m* utile en charge; *(explosive energy: of warhead, bomb load)* puissance *f*; *(Naut: of cargo)* charge payante; **paymaster** *(gen)* intendant *m*, caissier *m*, payeur *m*; *(Naut)* commissaire *m*; *(Mil)* trésorier *m*; *(Brit)* **Paymaster General** trésorier-payeur *m* de l'Échiquier; **payoff** *[person]* remboursement *m* (total); *[debt etc]* règlement *m* (total); *(*: *reward)* récompense *f*; *(*: *bribe)* pot-de-vin *m*; *(*: *outcome)* résultat final; *(*: *climax)* comble *m*, bouquet* *m*; *(Brit)* **pay packet** enveloppe *f* de paie; *(fig)* paie *f*; **pay-phone** téléphone public, cabine *f* téléphonique; **pay rise** augmentation *f* de salaire; *(Ind)* **payroll** *(list)* registre *m* du personnel; *(money)* paie *f* (de tout le personnel), *(more formally)* traitements *mpl* et salaires *mpl*; *(all the employees)* ensemble *m* du personnel; **payroll tax** taxe *f* sur les traitements et salaires; **the factory has 60 people on the payroll** or **a payroll of 60** l'usine a 60 membres de personnel or un personnel de 60; **to be on a firm's payroll** être employé par une société; **payslip** feuille *f* or bulletin *m* de paie; *(US)* **pay station** cabine *f* téléphonique, téléphone public; *(US)* **pay structure** hiérarchisation *f* des salaires; **pay-TV** télé-banque *f*.

 3 *vt* **(a)** *person* payer *(to do* à faire, *for doing* pour faire); *tradesman, bill, fee* payer, régler; *instalments, money* payer; *deposit* verser; *debt* acquitter, s'acquitter de, régler; *loan* rembourser; *(Fin)* *interest* rapporter; *(Fin)* *dividend* distribuer. **to** ∼ **sb £10** payer 10 livres à qn; **he paid them for the book** il leur a payé le livre; **he paid them £2 for the ticket** il leur a payé le billet 2 livres; **he paid £2 for the ticket** il a payé le billet 2 livres; **he paid a lot for his suit** son costume lui a coûté cher, il a payé son costume très cher; **he paid me for my trouble** il m'a dédommagé de mes peines; **I don't** ∼ **you to ask questions** je ne vous paie pas pour poser des questions; **we're not paid for that** on n'est pas payé pour cela, on n'est pas payé pour ça‡; **that's what you're paid for** c'est pour cela qu'on vous paie; **they** ∼ **good wages** ils paient bien; **I get paid on Fridays** on me paie or je touche ma paie le vendredi; **to** ∼ **cash (down)** payer comptant; *(Prov)* **he who** ∼ **the piper calls the tune** qui paie les violons choisit la musique; *(fig)* **to** ∼ **the penalty** subir or payer les conséquences; *(fig)* **to** ∼ **the price** or **payer le prix de**; *(Fin)* **shares that** ∼ **5%** des actions qui rapportent 5%; *(Banking)* **to** ∼ **money into an account** verser de l'argent à un compte; *(fig)* **his generosity paid dividends** sa générosité porta ses fruits; *(US)* **he's paid his dues** *(for achievement)* il en a bavé*; *(for crime, error)* il a payé sa dette *(fig)*; *(fig)* **the business is** ∼**ing its way now** l'affaire couvre ses frais maintenant; *(fig)* **he likes to** ∼ **his way** il aime payer sa part or participer aux frais; *(fig)* **to put paid to sb's plans** mettre les projets de qn par terre; **I'll soon put paid to him!*** j'aurai vite fait de l'envoyer promener!* or de lui régler son compte!; *V* rob.

 (b) *(fig: be profitable to)* rapporter à. **it would** ∼ **him to employ an accountant** il aurait avantage à or cela lui rapporterait d'employer un comptable; **it will** ∼ **you to be nice to him** vous gagnerez à or vous avez intérêt à être aimable avec lui; **it won't** ∼ **him to tell the truth** il ne gagnera rien à dire la vérité; **it doesn't** ∼ **to be polite these days** on ne gagne rien à or on n'a pas intérêt à or cela ne paie pas d'être poli de nos jours; ... **but it paid him in the long run** ... mais il y a gagné en fin de compte.

 (c) **to** ∼ **attention** or **heed to** faire attention à, prêter attention à; ∼ **no heed to it!** il ne faut pas y faire attention; **to** ∼ **compliments to** faire des compliments à; **to** ∼ **court to†** faire la cour à; **to** ∼ **hommage to** rendre hommage à; **to** ∼ **the last honours to** rendre un dernier hommage à; **to** ∼ **sb a visit** rendre visite à qn; **we paid a visit to Paris on our way south** nous avons fait un petit tour à Paris en descendant vers le sud; *(euph)* **to** ∼ **a visit*** or **a call*** aller au petit coin*.

 4 *vi* **(a)** payer. **to** ∼ **for the meal** payer le repas; *(fig)* **he paid dearly for it** il l'a payé cher *(fig)*; **to** ∼ **through the nose for sth*** payer le prix fort pour cela; **we'll have to** ∼ **through the nose for it*** cela va nous coûter les yeux de la tête*; **to** ∼ **over the odds for sth** payer qch un prix fou*; *(fig)* **you'll** ∼ **for this!** vous (me) le payerez!; *(fig)* **I'll make him** ∼ **for that** je lui ferai payer cela; *(fig)* **he's had to** ∼ **for it** *(for achievement)* il en a bavé*; *(for error, crime)* il a payé sa dette *(fig)*; *(on bus)* '∼ **on entry'** 'paiement à l'entrée'; *V* **cash, instalment, nail** *etc*.

 (b) *(be profitable)* être avantageux, rapporter un profit or un bénéfice. **we need to sell 600 copies to make it** ∼ nous devons vendre 600 exemplaires pour faire un bénéfice or pour que ce soit rentable; **does it** ∼**?** est-ce que ça paie?, c'est payant?, c'est rentable?; **this business doesn't** ∼ cette affaire n'est pas rentable; **it** ∼**s to advertise** la publicité rapporte; **it doesn't** ∼ **to tell lies** cela ne sert à rien de mentir, mentir ne sert à rien; **crime doesn't** ∼ le crime ne paie pas.

 ♦ **pay away** *vt sep* **(a)** *(Naut) rope* laisser filer.

 (b) *money* dépenser.

 ♦ **pay back** *vt sep* **(a)** *stolen money* rendre, restituer; *loan* rembourser; *person* rembourser. **I paid my brother back the £10 I owed him** j'ai remboursé à mon frère les 10 livres que je lui devais.

 (b) *(fig) (get even with)* **to pay sb back for doing sth** faire payer à qn qch qu'il a fait; **I'll pay you back for that!** je vous le revaudrai!

 ♦ **pay down** *vt sep*: **he paid £10 down** *(whole amount in cash)* il paya 10 livres comptant; *(as deposit)* il versa un acompte de 10 livres.

 ♦ **pay in** *vt sep* verser *(to* à). **to pay in money at the bank** verser de l'argent à son compte (bancaire); **to pay a sum in to an account** verser une somme à un compte; **to pay in a cheque** verser un chèque.

 ♦ **pay off 1** *vi [trick, scheme etc]* être payant; *[decision]* être valable or payant. **his patience paid off in the long run** finalement il a été récompensé de sa patience.

 2 *vt sep* **(a)** *debts* régler, acquitter, s'acquitter de; *creditor*

rembourser. *(fig)* **to pay off an old score** régler un vieux compte; *(fig)* **to pay off a grudge against sb** prendre sa revanche sur qn.
  (b) *(discharge)* *worker, staff* licencier; *servant* donner son compte à, congédier; *(Naut)* *crew* débarquer.
  3 payoff *n* V **pay 2.**
◆**pay out** *vt sep* **(a)** *rope* laisser filer.
  (b) *money (spend)* débourser, dépenser; *[cashier etc]* payer.
  (c) *(fig)* **I paid him out for reporting me to the boss** il m'a dénoncé au patron mais je le lui ai fait payer; **I'll pay him out for that!** je lui ferai payer ça!, je le lui revaudrai!
◆**pay up 1** *vi* payer. **pay up!** payez!
  2 *vt sep* *amount* payer, verser; *debts, arrears* régler, s'acquitter de. **the instalments will be paid up over 2 years** les versements vont s'échelonner sur 2 ans; *V* **paid.**
payable ['peɪəbl] *adj* **(a)** *(due, owed)* payable *(in/over 3 months* dans/en 3 mois). *(Comm, Fin, Jur)* ∼ **when due** payable à l'échéance; ∼ **to bearer/on demand/at sight** payable au porteur/ sur présentation/à vue; **to make a cheque** ∼ **to sb** faire un chèque à l'ordre de qn.
  (b) *(profitable)* rentable, payant. **it's not a** ∼ **proposition** ce n'est pas (une proposition) rentable, ce n'est pas payant.
PAYE [,pi:eɪwaɪ'i:] *(Brit) abbr* of **Pay As You Earn;** *V* **pay 2.**
payee [peɪ'i:] *n [cheque]* bénéficiaire *mf; [postal order]* destinataire *mf,* bénéficiaire.
payer ['peɪər] *n* celui qui paie; *[cheque]* tireur *m,* -euse *f.* **he's a slow** *or* **bad** ∼ c'est un mauvais payeur.
paying ['peɪɪŋ] **1** *adj* **(a)** *(who pays)* payant. ∼ **guest** pensionnaire *mf,* hôte payant.
  (b) *(profitable)* *business* rémunérateur *(f* -trice), qui rapporte, rentable; *scheme* rentable. **it's not a** ∼ **proposition** ce n'est pas (une proposition) rentable.
  2 *n [debt]* règlement *m,* acquittement *m; [creditor]* rembourse-ment *m; [money]* paiement *m,* versement *m.*
payment ['peɪmənt] *n* **(a)** *(V* **pay)** paiement *m;* versement *m;* règle-ment *m;* acquittement *m;* remboursement *m.* **on** ∼ **of £50** moyen-nant (la somme de) 50 livres; **as** *or* **in** ∼ **for the item you sold me** en règlement de l'article que vous m'avez vendu; **as** *or* **in** ∼ **for the sum I owe you** en remboursement de la somme que je vous dois; **as** *or* **in** ∼ **for your help** en paiement de l'aide que vous m'avez appor-tée; **method of** ∼ **mode** *m* de règlement; **without** ∼ à titre gracieux; **cash** ∼ *(not credit)* paiement comptant; *(in cash)* paie-ment en liquide; ∼ **in kind** paiement en nature; ∼ **in full** règlement complet; ∼ **by instalments** paiement par traites *or* à tempéra-ment; **in monthly** ∼**s of £10** payable en mensualités de 10 livres *or* en versements de 10 livres par mois; **to make a** ∼ faire *or* effectuer un paiement; ∼ **of interest** service *m* d'intérêt; **to present sth for** ∼ présenter qch pour paiement; *V* **down¹, easy, stop** *etc.*
  (b) *(reward)* récompense *f.* **as** ∼ **for** en récompense de.
payola* [peɪ'əʊlə] *n (U:US)* pots-de-vin *mpl.*
PC [pi:'si:] *n* **(a)** *abbr* of **Police Constable;** *V* **police. (b)** *abbr* of **Privy Councillor;** *V* **privy.**
pc [pi:'si:] *n abbr* of **postcard.**
p.c. *abbr* of **per cent.**
p/c *n* **(a)** *(abbr of* **prices current)** prix *mpl* courants. **(b)** *abbr* of **petty cash;** *V* **petty.**
pd *(abbr of* **paid)** payé.
PDT [pi:di:'ti:] *abbr* of **Pacific Daylight Time;** *V* **Pacific.**
PE [pi:'i:] *abbr* of **physical education;** *V* **physical.**
pea [pi:] **1** *n (Bot, Culin)* pois *m.* **green** ∼**s** petits pois; *(fig)* **they are as like as two** ∼**s (in a pod)** ils se ressemblent comme deux gout-tes d'eau; *V* **shell, split, sweet** *etc.* **2** *cpd:* **peagreen** vert pomme *inv;* *(Naut)* **pea jacket** caban *m;* **peapod** cosse *f* de pois; **peashooter** sarbacane *f;* **pea soup** soupe *f* aux pois; *(from split peas)* soupe aux pois cassés; **pea soup fog, pea souper*** purée *f* de pois *(fig).*
peace [pi:s] **1** *n* **(a)** *(U) (not war)* paix *f; (treaty)* (traité *m* de) paix. **to be at** ∼ être en paix; **to live in** *or* **at** ∼ **with** vivre en paix avec; **to make** ∼ faire la paix; **to make** ∼ **with** signer *or* conclure la paix avec; *(fig)* **to make one's** ∼ **with** se réconcilier avec; **after a long (period of)** ∼ **war** broke out après une longue période de paix la guerre éclata.
  (b) *(calm)* paix *f,* tranquillité *f,* calme *m.* **to be at** ∼ **with oneself** avoir la conscience tranquille *or* en paix; **to live at** ∼ **with the world** avoir une vie paisible; **to be at** ∼ **with the world** ne pas avoir le moindre souci; ∼ **of mind** tranquillité d'esprit; **to disturb sb's** ∼ **of mind** troubler l'esprit de qn; **leave him in** ∼ laisse-le tranquille, fiche-lui la paix*; **to sleep in** ∼ dormir tranquille; **he gives them no** ∼ il ne les laisse pas en paix; **anything for the sake of** ∼ **and quiet** n'importe quoi pour avoir la paix; **to hold one's** ∼ garder le silence, se taire; *V* **hold.**
  (c) *(Jur etc: civil order)* paix *f,* ordre public. **to disturb** *or* **break the** ∼ troubler *or* violer l'ordre public. **to keep the** ∼ *[citizen]* ne pas troubler l'ordre public; *[police]* veiller à l'ordre public; *(fig: stop disagreement)* maintenir le calme *or* la paix; **you two try to keep the** ∼**!** essayez de ne pas vous disputer, vous deux!; *V* **breach, justice.**
  2 *cpd (Pol)* *poster, march, meeting, demonstration* pour la paix. **peace campaign** campagne *f* pour la paix *or* pour le désarmement nucléaire; **peace campaigner** militant(e) *m(f)* pour la paix *or* pour le désarmement nucléaire; **peace conference** conférence *f* de paix; **peace initiative** initiative *f* de paix; **peacekeeper** *V* **peacekeeper;** *(US)* **Peace Corps** (organisation américaine de) Coopération *f (pour l'aide aux pays en voie de développement);* **peacekeeping force** *V* **peacekeeping; peace lobby** lobby *m* pour la paix *or* pour le désarmement nucléaire; **peace-loving** pacifique; **peacemaker** pacificateur *m,*-trice *f,* conciliateur *m,* -trice *f; (esp international politics)* artisan *m* de la paix; **Peace Movement**

Mouvement *m* pour la paix *or* pour le désarmement nucléaire; **peace offensive** offensive *f* de paix; **peace offering** *(Rel: sacrifice)* offrande *f* propitiatoire; *(fig)* cadeau *m or* gage *m* de réconciliation; **peace pipe** calumet *m* de la paix; *(Educ)* **peace studies** études *fpl* sur la paix; **peace talks** pourparlers *mpl* de paix; **in peacetime** en temps de paix; **peace treaty** (traité *m* de) paix *f.*
peaceable ['pi:səbl] *adj* paisible, pacifique.
peaceably ['pi:səblɪ] *adv* paisiblement, pacifiquement.
peaceful ['pi:sfʊl] *adj* **(a)** *(quiet: not violent)* *reign, period* paisible; *life, place, sleep* paisible, tranquille; *meeting* calme; *demonstration* non-violent. ∼ **coexistence** coexistence *f* pacifique.
  (b) *(for peacetime)* pacifique. **the** ∼ **uses of atomic energy** l'utilisation pacifique de l'énergie nucléaire.
  (c) *(not quarrelsome)* *person, disposition* pacifique, paisible.
peacefully ['pi:sfəlɪ] *adv* *demonstrate, reign* paisiblement; *work, lie, sleep* paisiblement, tranquillement. **the demonstration passed off** ∼ la manifestation s'est déroulée dans le calme *or* paisiblement.
peacefulness ['pi:sfʊlnɪs] *n* paix *f,* tranquillité *f,* calme *m.*
peacekeeper ['pi:ski:pər] *n (Mil)* soldat *m* de la paix.
peacekeeping ['pi:ski:pɪŋ] **1** *n* pacification *f.* **2** *cpd* *operation, policy* de pacification. *(Mil)* ∼ **force** forces *fpl* de maintien de la paix.
peach¹ [pi:tʃ] **1** *n* **(a)** pêche *f; (also* ∼ **tree)** pêcher *m.*
  (b) *(‡)* **she's a** ∼! elle est jolie comme un cœur!*; *(Sport)* **that was a** ∼ **of a shot!** quel beau coup!; **what a** ∼ **of a car!** quelle voiture sensationnelle!*; **what a** ∼ **of a dress!** quel amour* de robe!
  2 *adj* (couleur) pêche *inv.*
  3 *cpd:* **a peaches and cream complexion** un teint de lis et de rose; **peach blossom** fleur *f* de pêcher; *(US)* **the Peach State** la Géorgie; **peach stone** noyau *m* de pêche.
peach² [pi:tʃ] *vti (Prison sl)* **to** ∼ **(on) sb** moucharder qn*.
peacock ['pi:kɒk] *n* paon *m.* ∼ **blue** bleu paon *inv;* ∼ **butterfly** paon de jour; *V* **proud.**
peahen ['pi:hen] *n* paonne *f.*
peak [pi:k] **1** *n [mountain]* pic *m,* cime *f,* sommet *m; (mountain itself)* pic; *[roof etc]* arête *f,* faîte *m; [cap]* visière *f; (on graph)* som-met; *(fig) [career]* sommet, apogée *m.* **when the Empire was at its** ∼ quand l'Empire était à son apogée; *(Comm)* **when demand was at its** ∼ quand la demande était à son maximum; **business was at its** ∼ **in 1970** les affaires ont atteint un point culminant en 1970; **at the** ∼ **of his fame** à l'apogée *or* au sommet de sa gloire; **discontent reached its** ∼ le mécontentement était à son comble; **traffic reaches its** ∼ **about 5** la circulation est à son maximum (d'inten-sité) vers 17 heures, l'heure de pointe (de la circulation) est vers 17 heures; *V* **off, widow.**
  2 *cpd:* **peak demand** *(Comm)* demande *f* maximum *or* record *inv;* *(Elec)* période *f* de consommation de pointe; *(fig)* **a peak ex-perience** une expérience de l'ineffable, un summum; **peak hours** *(for shops)* heures *fpl* d'affluence; *(for traffic)* heures d'affluence *or* de pointe; *(Elec etc)* **peak load charge** *f* maximum; **peak period** *(for shops, business)* période *f* de pointe; *(for traffic)* période d'affluence *or* de pointe; *(Ind)* **peak production** production *f* maximum; **peak season** pleine saison; **peak traffic** circulation *f* aux heures d'affluence *or* de pointe; **peak year** année *f* record *inv.*
  3 *vi (also* ∼ **out)** *[sales, demand etc]* atteindre un niveau maximum *or* record.
peaked [pi:kt] *adj* *[cap]* à visière; *roof* pointu.
peaky ['pi:kɪ] *adj* fatigué. **to look** ∼ avoir les traits un peu tirés, ne pas avoir l'air très en forme*; **to feel** ∼ ne pas se sentir très en forme*, se sentir mal fichu*.
peal [pi:l] **1** *n:* ∼ **of bells** *(sound)* sonnerie *f* de cloches, carillon *m;* *(set)* carillon; ∼ **of thunder** coup *m* de tonnerre; **the** ∼**s of the organ** le ronflement de l'orgue; ∼ **of laughter** éclat *m* de rire; **to go (off) into** ∼**s of laughter** rire aux éclats *or* à gorge déployée.
  2 *vi (also* ∼ **out)** *[bells]* carillonner; *[thunder]* gronder; *[organ]* ronfler; *[laughter]* éclater.
  3 *vt bells* sonner (à toute volée).
peanut ['pi:nʌt] **1** *n (nut)* cacahouète *f or* cacahuète *f; (plant)* arachide *f.* **£300 is** ∼**s for him‡** pour lui 300 livres représentent une bagatelle; **what you're offering is just** ∼**s‡** ce que vous offrez est une bagatelle *or* est trois fois rien.
  2 *cpd:* **peanut butter** beurre *m* de cacahouètes; *(US)* **peanut gallery*** poulailler* *m (dans un théâtre);* **peanut oil** huile *f* d'arachide.
pear [pɛər] *n* poire *f; (also* ∼ **tree)** poirier *m.* ∼**-shaped** en forme de poire, piriforme; *V* **prickly.**
pearl [pɜːl] **1** *n* perle *f.* **(mother of)** ∼ nacre *f;* **real/cultured** ∼**s** perles fines/de culture; *(fig)* ∼**s of wisdom** trésors *mpl* de sagesse; *(liter)* **a** ∼ **among women** la perle des femmes; *(fig)* **to cast** ∼**s before swine** jeter des perles aux pourceaux, donner de la confiture aux cochons; *V* **seed, string** *etc.*
  2 *cpd:* **pearl barley** orge perlé; **pearl button** bouton *m* de nacre; **pearl diver** pêcheur *m,* -euse *f* de perles; **pearl diving** pêche *f* des perles; **pearl grey** gris perle *inv;* **pearl-handled** *knife* à manche de nacre; *revolver* à crosse de nacre; **pearl necklace** collier *m* de perles; **pearl oyster** huître perlière.
  3 *vi* **(a)** *[water]* perler, former des gouttelettes.
  (b) *(dive for* ∼**s)** pêcher les perles.
pearly ['pɜːlɪ] *adj* *(made of pearl)* en or de nacre; *(in colour)* nacré. *(hum)* **the P∼ Gates** les portes du Paradis; *(Brit)* ∼ **king,** ∼ **queen** marchand(e) des quatre saisons de Londres qui porte des vêtements couverts de boutons de nacre; ∼ **teeth** dents nacrées *or* de perle.
peasant ['pezənt] **1** *n* paysan(ne) *m(f); (pej)* paysan, péquenaud(e)* *m(f),* rustre *m.* **the** ∼**s** *(Hist, Soc)* les paysans; *(Econ: small farm-ers)* les agriculteurs *mpl,* les ruraux *mpl.*

2 adj crafts, life rural, paysan. ~ **farmer** petit propriétaire paysan; ~ **farming** petite propriété paysanne.

peasantry ['pezəntrı] n: the ~ la paysannerie, les paysans mpl; (countrymen) les campagnards mpl.

pease [pi:z] adj: ~ **pudding** purée f de pois cassés.

peat [pi:t] n (U) tourbe f; (one piece) motte f de tourbe. **to dig** or **cut** ~ extraire de la tourbe; ~ **bog** tourbière f; (Hort) ~ **pot** pot m or godet m de tourbe.

peaty ['pi:tı] adj soil tourbeux; smell de tourbe.

pebble ['pebl] **1** n (a) (stone) caillou m; (on beach) galet m. (fig) he's not the only ~ on the beach il n'est pas unique au monde, il n'y a pas que lui.
  (b) (Opt) lentille f en cristal de roche.
  2 cpd: **pebbledash** (n) crépi m moucheté; (vt) recouvrir d'un crépi moucheté; (Tex) **pebbleweave** (cloth) granité m.

pebbly ['peblı] adj surface, road cailouteux. ~ **beach** plage f de galets.

pecan [pı'kæn] n (nut) (noix f) pacane f; (tree) pacanier m.

peccadillo [,pekə'dıləʊ] n peccadille f, vétille f.

peccary ['pekərı] n pécari m.

peck¹ [pek] **1** n (a) [bird] coup m de bec.
  (b) (hasty kiss) bise f. **to give sb a ~ on the cheek** donner à qn une bise sur la joue.
  2 vt [bird] object, ground becqueter, picoter; food picorer; person, attacker donner un coup de bec à. **to ~ a hole in sth** faire un trou dans qch à (force de) coups de bec; **the bird ~ed his eyes out** l'oiseau lui a crevé les yeux à coups de bec.
  3 vi: **the bird ~ed at him** furiously l'oiseau lui donnait des coups de bec furieux; **the bird ~ at the bread** l'oiseau picora le pain; [person] **to ~ at one's food** manger du bout des dents, chipoter*; ~ing order, (US) ~ order [birds] ordre m hiérarchique; (fig) hiérarchie f, ordre m des préséances.

peck² [pek] n (Measure) picotin m. **a ~ of troubles** bien des ennuis.

pecker ['pekər] n (a) (Brit) **to keep one's ~ up*** ne pas se laisser abattre or démonter. (b) (✱✱ US: penis) quéquette* f, verge f.

peckish* ['pekıʃ] adj qui a de l'appétit, qui a envie de manger. **I'm feeling ~** j'ai la dent*, je mangerais bien un morceau.

pectin ['pektın] n pectine f.

pectoral ['pektərəl] **1** adj pectoral. **2** n pectoral m (ornement).

peculate ['pekjʊleıt] vi détourner des fonds (publics).

peculation [,pekjʊ'leıʃən] n détournement m de fonds (publics), péculat m.

peculiar [pı'kju:lıər] adj (a) (odd) bizarre, curieux, étrange. **a most ~ flavour** un goût très curieux or bizarre; **he's rather ~** il est un peu bizarre, il est plutôt excentrique; **it's really most ~!** c'est vraiment très bizarre! or curieux! or étrange!
  (b) (special) particulier, spécial. **a matter of ~ importance** une question d'une importance particulière.
  (c) (belonging exclusively) particulier. **the ~ properties of this drug** les propriétés particulières de ce médicament; **the region has its ~ dialect** cette région a son dialecte particulier or son propre dialecte; ~ **to** particulier à, propre à; **an animal ~ to Africa** un animal qui n'existe qu'en Afrique; **it is a phrase ~ to him** c'est une expression qui lui est particulière or propre.

peculiarity [pı,kju:lı'ærıtı] n (a) (distinctive feature) particularité f, trait distinctif. **it has the ~ that …** cela a or présente la particularité de … + infin; (on passport etc) **'special peculiarities' 'signes particuliers'.**
  (b) (oddity) bizarrerie f, singularité f (liter). **she's got her little peculiarities** elle a ses petites manies; **there is some ~ which I cannot define** il y a quelque chose d'étrange or de bizarre que je n'arrive pas à définir.

peculiarly [pı'kju:lıəlı] adv (a) (specially) particulièrement.
  (b) (oddly) étrangement, singulièrement.

pecuniary [pı'kju:nıərı] adj pécuniaire, financier. ~ **difficulties** ennuis mpl d'argent, embarras mpl pécuniaires.

pedagogic(al) [,pedə'gɒdʒık(əl)] adj pédagogique.

pedagogue ['pedəgɒg] n pédagogue mf.

pedagogy ['pedəgɒgı] n pédagogie f.

pedal ['pedl] **1** n (all types) pédale f. [piano] **loud ~ pédale** forte or de droite; **soft ~ pédale** douce or sourde or de gauche; V **clutch** etc.
  2 cpd: **pedal bicycle** bicyclette f à pédales; **pedalbin** poubelle f à pédale; **pedalboat** pédalo m; **pedalcar** voiture f à pédales; **pedal cycle** bicyclette f à pédales; **pedal cyclist** cycliste mf; **pedal pushers** (pantalon m) corsaire m.
  3 vi (cyclist) pédaler. **he ~led through the town** il a traversé la ville (à bicyclette); V **soft.**
  4 vt machine, cycle appuyer sur la or les pédale(s) de.

pedalo ['pedələʊ] n pédalo m.

pedant ['pedənt] n pédant(e) m(f).

pedantic [pı'dæntık] adj pédant, pédantesque (liter).

pedantically [pı'dæntıkəlı] adv de façon pédante, avec pédantisme.

pedantry ['pedəntrı] n pédantisme m, pédanterie f (liter).

peddle ['pedl] **1** vi faire du colportage. **2** vt goods colporter; (fig pej) gossip colporter, répandre; ideas propager; drugs faire le trafic de.

peddler ['pedlər] n (a) (esp US) = **pedlar.** (b) [drugs] revendeur m, -euse f.

pederast ['pedəræst] n pédéraste m.

pederasty ['pedəræstı] n pédérastie f.

pedestal ['pedıstl] **1** n piédestal m, socle m; (fig) piédestal. (fig) **to put** or **set sb on a ~** mettre qn sur un piédestal. **2** cpd: **pedestal desk** bureau m ministre inv; **pedestal table** guéridon m.

pedestrian [pı'destrıən] **1** n piéton m.
  2 adj style, speech prosaïque, plat, terre à terre inv; exercise, activity (qui se fait) à pied, pédestre.
  3 cpd: (Brit) **pedestrian crossing** passage m pour piétons,

passage clouté; (Brit) **pedestrian precinct** zone piétonnière; **pedestrian traffic** piétons mpl; **pedestrian traffic is increasing here** les piétons deviennent de plus en plus nombreux ici; **'pedestrian traffic only' 'réservé aux piétons'.**

pedestrianization [pı,destrıənər'zeıʃən] n transformation f en zone piétonnière (of de), création f d'une or de zone(s) piétonnière(s).

pedestrianize [pı'destrıə,naız] vt area transformer en zone piétonnière.

pediatric etc = **paediatric** etc.

pedicab ['pedıkæb] n cyclo-pousse m (à deux places).

pedicure ['pedıkjʊər] **1** n (a) (treatment) pédicurie f, podologie f, soins mpl du pied or des pieds (donnés par un pédicure). **to have a ~** se faire soigner les pieds (par un pédicure). (b) (chiropodist) pédicure mf.

pedigree ['pedıgri:] **1** n (a) (lineage) [animal] pedigree m; [person] ascendance f, lignée f. **to be proud of one's ~** être fier de son ascendance or de sa lignée.
  (b) (tree) [person, animal] arbre m généalogique.
  (c) (document) [dogs, horses etc] pedigree m; [person] pièce f or document m généalogique.
  2 cpd dog, cattle de (pure) race.

pediment ['pedımənt] n fronton m.

pedlar ['pedlər] n (door to door) colporteur m; (in street) camelot m.

pedology [pı'dɒlədʒı] n pédologie f.

pedological [,pi:də'lɒdʒıkl] adj pédologique.

pedologist [pı'dɒlədʒıst] n pédologue mf.

pedometer [pı'dɒmıtər] n podomètre m.

pedophile etc = **paedophile** etc.

pee* [pi:] **1** n (urine) pisse‡ f, pissé‡ f, pipi* m. **2** n pipi* m.

peek [pi:k] **1** n coup m d'œil (furtif). **to take a ~ at** jeter un coup d'œil (furtif) à or sur; ~-**a-boo!** coucou!; (US) **peek-a-boo* blouse** corsage m semi-transparent. **2** vi jeter un coup d'œil (furtif) (at sur, à).

peel [pi:l] **1** n [apple, potato] pelure f, épluchure f; [orange] écorce f, peau m; (Culin, also in drink) zeste m; (also candied ~) écorce confite.
  2 vt fruit peler, éplucher; potato éplucher; stick écorcer; shrimps décortiquer, éplucher. **to keep one's eyes ~ed‡** ouvrir l'œil*, faire gaffe‡; **keep your eyes ~ed for a signpost!** ouvre l'œil* et tâche d'apercevoir un panneau!
  3 vi [fruit] se peler; [paint] s'écailler; [skin] peler.
  ◆ **peel away 1** vi [skin] peler; (Med) se desquamer; [paint] s'écailler; [wallpaper] se décoller.
  2 vt sep rind, skin peler; film, covering détacher, décoller.
  ◆ **peel back** vt sep film, covering détacher, décoller.
  ◆ **peel off 1** vi (a) = **peel away 1.** (b) (leave formation, group etc) [plane] s'écarter de la formation; [motorcyclists etc] se détacher du groupe (or du cortège etc) en virant. **to ~ off from** s'écarter de; se détacher en virant de. **2** vt (a) = **peel away 2.** (b) (fig) **to peel off one's clothes*** enlever ses vêtements, se déshabiller.

peeler ['pi:lər] n (a) (gadget) (couteau-)éplucheur m; (electric) éplucheur électrique. (b) (Brit††: policeman) sergent m de ville. (c) (✱ US: stripper) strip-teaseuse f.

peelie-wally‡ ['pi:lı'wælı] adj (Scot) chétif, souffreteux.

peeling ['pi:lıŋ] **1** n (a) [face etc] (Med) desquamation f; (cosmetic trade) peeling m. (b) ~**s** [fruit, vegetables] pelures fpl, épluchures fpl. **2** adj skin qui pèle; wallpaper qui se décolle; paint qui s'écaille.

peep¹ [pi:p] **1** n (a) coup m d'œil, regard furtif. **have a ~** jette un coup d'œil!, regarde vite!; **to have** or **take a ~ at sth** jeter un coup d'œil à or sur qch, regarder qch furtivement or à la dérobée; **she had a ~ at her present** elle a jeté un (petit) coup d'œil à son cadeau; **to get** or **have a ~ at the exam papers** jeter un (petit) coup d'œil discret sur les sujets d'examen.
  (b) [gas] veilleuse f, (toute) petite flamme. **a ~ of light showed through the curtains** un rayon de lumière filtrait entre les rideaux.
  2 cpd: **peep-bo!** coucou!; **peephole** (gen) trou m (pour épier); (in front door etc) œil m de porte, espion m; **Peeping Tom** voyeur m; **peep show** (box) visionneuse f; (pictures) vues fpl stéréoscopiques; (fig) spectacle osé or risqué; **peeptoe shoe/sandal** chaussure f/sandale f à bout découpé.
  3 vi jeter un coup d'œil, regarder furtivement. **to ~ at sth** jeter un coup d'œil à qch, regarder qch furtivement; **she ~ed into the box** elle a jeté un coup d'œil à l'intérieur de la boîte; **he was ~ing at us from behind a tree** il nous regardait furtivement or à la dérobée de derrière un arbre; **to ~ over a wall** regarder furtivement par-dessus un mur, passer la tête par-dessus un mur; **to ~ through a window** regarder furtivement or jeter un coup d'œil par la fenêtre; **I'll just go and ~ down the stairs** je vais seulement jeter un coup d'œil dans l'escalier.
  ◆ **peep out 1** vi [person] se montrer, apparaître. **she was peeping out from behind the curtains** elle passait le nez de derrière les rideaux; **the sun peeped out from behind the clouds** le soleil s'est montré entre les nuages.
  2 vt: **she peeped her head out** elle a passé la tête.

peep² [pi:p] **1** n [bird] pépiement m, piaulement m; [mouse] petit cri aigu. **one ~ out of you and I'll send you to bed!‡** si tu ouvres la bouche je t'envoie te coucher! **2** vi [bird] pépier, piauler; [mouse] pousser de petits cris aigus.

peepers‡ ['pi:pəz] npl quinquets‡ mpl.

peer¹ [pıər] vi (look) **to ~ at sb** regarder qn; (inquiringly) regarder qn d'un air interrogateur; (doubtfully) regarder qn d'un air dubitatif; (anxiously) regarder qn d'un air inquiet; (short-sightedly) regarder qn avec des yeux de myope; **to ~ at a book/photograph** scruter (du regard) or regarder attentivement un livre/une photographie; **she ~ed into the room** elle regarda dans la pièce d'un air interrogateur *or* dubitatif *etc*; **to ~ out of the window/over the wall** regarder par la fenêtre/par-dessus le mur d'un air interrogateur *etc*; **to ~ into sb's face** regarder qn d'un air interrogateur *etc*, dévisager qn; **she ~ed around over her spectacles** elle regarda autour d'elle par-dessus ses lunettes.

peer² [pɪər] **1** *n* **(a)** (*social equal*) pair *m*. **tried/accepted by his ~s** jugé/accepté par ses pairs.
(b) (*liter: in achievement etc*) égal(e) *m(f)*. **it will not be easy to find her ~** il sera difficile de trouver son égale or sa pareille; **as a musician he has no ~** comme musicien il est hors pair *or* il n'a pas son pareil.
(c) (*noble: also ~ of the realm*) pair *m* (du royaume); *V* **life**.
2 *cpd*: (*Social*) **peer group** pairs *mpl*.

peerage [ˈpɪərɪdʒ] *n* (*rank*) pairie *f*; (*collective: the peers*) pairs *mpl*, noblesse *f*; (*list of peers*) nobiliaire *m*. **to inherit a ~** hériter d'une pairie; **to be given a ~** être anobli; *V* **life**.
peeress [ˈpɪərɪs] *n* pairesse *f*.
peerless [ˈpɪəlɪs] *adj* sans pareil, sans égal.
peeve* [piːv] **1** *vt* mettre en rogne*. **2** *n*: **pet ~** bête *f* noire (*fig*).
peeved* [piːvd] *adj* fâché, irrité, en rogne*.
peevish [ˈpiːvɪʃ] *adj* grincheux, maussade; *child* grognon, de mauvaise humeur.
peevishly [ˈpiːvɪʃlɪ] *adv* maussadement, avec maussaderie, avec (mauvaise) humeur.
peevishness [ˈpiːvɪʃnɪs] *n* maussaderie *f*, mauvaise humeur *f*.
peewee* [ˈpiːwiː] (*US*) **1** *adj* minuscule. **2** *n* (*child*) petit bout *m* de chou*, enfant *m* haut comme trois pommes*.
peewit [ˈpiːwɪt] *n* vanneau *m*.
peg [peg] **1** *n* **(a)** (*wooden*) cheville *f*; (*metal*) fiche *f*; (*for coat, hat*) patère *f*; (*tent ~*) piquet *m*; (*Climbing*) piton *m*; (*violin*) cheville; (*cask*) fausset *m*; (*Croquet*) piquet; (*fig*) prétexte *m*, excuse *f*. (*Brit*) **clothes ~** pince *f* à linge; (*Brit*) **to buy a dress off the ~** acheter une robe de prêt-à-porter *or* de confection; **I bought this off the ~** c'est du prêt-à-porter, j'ai acheté ça tout fait (*V also* **off**); (*Climbing*) **to use ~s** pitonner; (*fig*) **to take sb down a ~ (or two)** remettre qn à sa place, rabattre *or* rabaisser le caquet à qn; (*fig*) **a ~ to hang a complaint on** un prétexte de plainte, un prétexte *or* une excuse pour se plaindre; *V* **level**, **square**.
(b) (*Brit*) **a ~ of whisky** un whisky-soda.
2 *cpd*: **pegboard** panneau alvéolé; **peg leg**‡ jambe *f* de bois, pilon *m*; (*US*) **peg pants** ≃ pantalon *m* fuseau.
3 *vt* **(a)** (*gen*) fixer à l'aide de fiches (*or* de piquets *etc*); (*Tech*) cheviller. **to ~ clothes (out) on the line** étendre du linge sur la corde (à l'aide de pinces).
(b) (*Econ*) *prices, wages* bloquer. **to ~ prices *etc* to sth** lier les prix *etc* à qch.
(c) (*Climbing*) pitonner.
◆**peg away**‡ *vi* bosser‡. **he is pegging away at his maths** il pioche* ses maths.
◆**peg down** *vt sep* **(a)** *tent* fixer avec des piquets.
(b) (*fig*) **I pegged him down to saying how much he wanted for it/to £10 an hour** j'ai réussi à le décider à fixer son prix/à accepter 10 livres de l'heure.
◆**peg out 1** *vi* (‡: *die*) claquer‡, casser sa pipe*.
2 *vt sep piece of land* piqueter, délimiter; *V also* **peg 3a**.
Pegasus [ˈpegəsəs] *n* Pégase *m*.
pejoration [ˌpiːdʒəˈreɪʃən] *n* péjoration *f*.
pejorative [pɪˈdʒɒrɪtɪv] *adj* péjoratif.
peke* [piːk] *n abbr of* **pekin(g)ese**.
Pekin [piːˈkɪn] *n*, **Peking** [piːˈkɪŋ] *n* Pékin.
Pekin(g)ese [ˌpiːkɪˈniːz] *n* pékinois *m* (*chien*).
Pekinologist [ˌpiːkəˈnɒlədʒɪst] *n* sinologue *mf* (*Pol*).
pekoe [ˈpiːkəʊ] *n* (*thé m*) pekoe *m*.
pelagic [pɪˈlædʒɪk] *adj* pélagique.
pelargonium [ˌpeləˈɡəʊnɪəm] *n* pélargonium *m*.
pelf [pelf] *n* (*pej*) lucre *m* (*pej*), richesses *fpl*.
pelican [ˈpelɪkən] **1** *n* pélican *m*. **2** *cpd*: (*Brit*) **pelican crossing** passage *m* pour piétons (*commandé par des feux de circulation*).
pellagra [pəˈleɪɡrə] *n* pellagre *f*.
pellet [ˈpelɪt] *n* (*paper, bread*) boulette *f*; (*for gun*) (grain *m* de) plomb *m*; (*Med*) pilule *f*; (*owl etc*) boulette (de résidus regorgés); (*chemicals*) pastille *f*.
pell-mell [ˈpelˈmel] *adv* pêle-mêle, en désordre, en vrac.
pellucid [peˈluːsɪd] *adj* pellucide (*liter*), transparent; (*fig*) *style* clair, limpide; *mind* lucide, clair.
pelmet [ˈpelmɪt] *n* (*wooden*) lambrequin *m*; (*cloth*) cantonnière *f*.
Peloponnese [ˌpeləpəˈniːs] *n*: **the ~** le Péloponnèse.
Peloponnesian [ˌpeləpəˈniːʃən] *adj* péloponnésien. **the ~ War** la guerre du Péloponnèse.
pelota [pɪˈləʊtə] *n* pelote *f* basque.
pelt¹ [pelt] **1** *vt* bombarder, cribler (*with* de). **to ~ sb with stones** lancer une volée *or* une grêle de pierres à qn; **to ~ sb with arrows** cribler qn de flèches; **to ~ sb with tomatoes** bombarder qn de tomates.
2 *vi* **(a)** **the rain is** *or* **it's ~ing (down)***, **it's ~ing with rain*** il tombe des cordes*, il pleut à torrents *or* à seaux; **~ing rain** pluie battante.
(b) (*: run*) courir à toutes jambes, galoper*. **to ~ down the street** descendre la rue au grand galop *or* à fond de train *or* à toute blinde‡.
3 *n*: (**at**) **full ~** à toute vitesse, à fond de train.
pelt² [pelt] *n* (*skin*) peau *f*; (*fur*) fourrure *f*.
pelvic [ˈpelvɪk] *adj* pelvien. **~ floor** plancher *m* pelvien; **~ girdle** ceinture *f* pelvienne.
pelvis [ˈpelvɪs] *n* bassin *m*, pelvis *m*.
pem(m)ican [ˈpemɪkən] *n* pemmican *m*.
pen¹ [pen] **1** *n* plume *f*; (*ball-point*) stylo *m* à bille; (*felt-tip*) (crayon

m) feutre *m*; (*fountain ~*) stylo. **he's usually too lazy to put ~ to paper** il est généralement trop paresseux pour prendre la plume *or* pour écrire; **don't put ~ to paper till you're quite sure** ne faites rien par écrit avant d'être certain; **to run** *or* **put one's ~ through sth** barrer *or* rayer qch (d'un trait de plume); **to live by one's ~** vivre de sa plume; *V* **quill** *etc*.
2 *cpd*: **pen-and-ink drawing** dessin *m* à la plume; (*Brit*) **pen-friend** correspondant(e) *m(f)*; **penholder** porte-plume *m inv*; **penknife** canif *m*; **penmanship** calligraphie *f*; **pen name** pseudonyme *m* (littéraire); **pen nib** bec *m* de plume; (*pej*) **pen-pusher** gratte-papier* *m inv*, rond-de-cuir* *m*; **penpushing** (travail *m* d')écritures *fpl*; **penwiper** essuie-plume *m inv*.
3 *vt letter* écrire; *article* rédiger.
pen² [pen] *n* (*vb: pret* **penned**, *ptp* **penned** *or* **pent**) **1** *n* [*animals*] parc *m*, enclos *m*; (*also* **play~**) parc (d'enfant); (*also* **submarine~**) abri *m* de sous-marins. **2** *vt* (*also* **~ in**, **~ up**) *animals* parquer; *people* enfermer, parquer (*pej*).
pen³ [pen] *n* (*Orn*) cygne *m* femelle.
pen⁴‡ [pen] *n* (*US abbr of* **penitentiary a**) taule‡ *for* tôle‡ *f*, trou‡ *m*.
penal [ˈpiːnl] *adj law, clause* pénal; *offence* punissable. **~ code** code pénal; **~ colony**, **~ settlement** colonie *f* pénitentiaire; (*Jur*) **~ servitude (for life)** travaux forcés (à perpétuité).
penalization [ˌpiːnəlaɪˈzeɪʃən] *n* sanction *f*, pénalité *f*; (*Sport*) pénalisation *f*.
penalize [ˈpiːnəlaɪz] *vt* **(a)** (*punish*) *person* pénaliser, infliger une pénalité à; *action, mistake* pénaliser; (*Sport*) *player, competitor* pénaliser, infliger une pénalisation à. **he was ~d for refusing** il a été pénalisé pour son refus; (*Sport*) **to be ~d for a foul** être pénalisé *or* recevoir une pénalisation pour une infraction.
(b) (*handicap*) handicaper, désavantager. **he was greatly ~d by his deafness** il était sérieusement handicapé par sa surdité; **the rail strike ~s those who haven't got a car** la grève des chemins de fer touche les gens qui n'ont pas de voiture.
penalty [ˈpenltɪ] **1** *n* (*punishment*) pénalité *f*, peine *f*; (*fine*) amende *f*; (*Sport*) pénalisation *f*; (*Ftbl etc*) penalty *m*. **~ for breaking these rules: £10'** 'pénalité pour infraction au règlement: 10 livres'; **the ~ for this crime is 10 years' imprisonment** pour ce crime la peine est 10 ans de réclusion; **on ~ of** sous peine de; **under ~ of death** sous peine de mort; **the ~ for not doing this is ...** si on ne fait pas cela la pénalité est ...; (*fig*) **to pay the ~** supporter les conséquences; (*fig*) **to pay the ~ of wealth** payer la rançon de la fortune; (*in games*) **a 5-point ~ for a wrong answer** une pénalisation *or* une amende de 5 points pour chaque erreur.
2 *cpd*: (*Ftbl*) **penalty area**, **penalty box** surface *f* de réparation; (*Jur*) **penalty clause** clause *f* pénale; (*Rugby etc*) **penalty goal** but *m* sur pénalité; (*Ftbl*) **penalty kick** penalty *m*; (*Rugby*) **penalty goal** coup *m* de pied de pénalité; (*Ftbl*) **penalty spot** point *m* de réparation.
penance [ˈpenəns] *n* (*Rel, fig*) pénitence *f* (*for* de, pour). **to do ~ for** faire pénitence de *or* pour.
pence [pens] *n* **(a)** *pl of* **penny**. **(b)** **one (new) ~*** un (nouveau) penny.
penchant [ˈpɑ̃ʃɑ̃ŋ] *n* penchant *m* (*for* pour), inclination *f* (*for* pour).
pencil [ˈpensl] **1** *n* **(a)** crayon *m*. **to write in ~** écrire au crayon; **coloured ~** crayon de couleur; **(eyebrow) ~** crayon à sourcils; *V* **indelible**, **lead²**, **propel** *etc*.
(b) **a ~ of light shone from his torch** sa lampe (de poche) projetait un pinceau lumineux.
2 *cpd note, line, mark* au crayon. **pencil box** plumier *m*; **pencil case** trousse *f* (d'écolier); **pencil drawing** dessin *m* au crayon, crayonnage *m*; **pencil rubber** gomme *f* (à crayon); **pencil sharpener** taille-crayon *m*.
3 *vt note* crayonner, écrire au crayon. **to ~ one's eyebrows** se faire les sourcils (au crayon).
◆**pencil in** *vt sep* (*lit*) *note* crayonner, écrire au crayon; (*fig: note provisionally*) marquer comme possibilité. (*fig*) **I have pencilled it in for November 6th** je l'ai marqué comme possibilité pour le 6 novembre.
pendant [ˈpendənt] *n* (*on necklace*) pendentif *m*; (*earring*) pendant *m* (d'oreille); (*ceiling lamp*) lustre *m*; (*on chandelier etc*) pendeloque *f*.
pendency [ˈpendənsɪ] *n* (*Jur*) **during the ~ of the action** en cours d'instance.
pending [ˈpendɪŋ] **1** *adj business, question* pendant, en suspens, en souffrance; (*Jur*) *case* pendant, en instance. **the ~ tray** le casier des affaires en souffrance; **other matters ~ will be dealt with next week** les affaires en suspens seront réglées la semaine prochaine.
2 *prep* en attendant.
pendulous [ˈpendjʊləs] *adj* **(a)** (*hanging*) *lips, cheeks, nest* pendant; *flowers* pendant, qui retombe. **(b)** (*swinging*) *movement* de balancement, oscillant.
pendulum [ˈpendjʊləm] *n* **(a)** (*gen*) pendule *m*; (*clock*) balancier *m*. (*fig*) **the swing of the ~ will bring the socialists back to power** le mouvement du pendule ramènera les socialistes au pouvoir.
(b) (*Climbing*) pendule *m*.
Penelope [pəˈneləpɪ] *n* Pénélope *f*.
peneplain, **peneplane** [ˈpiːnɪpleɪn] *n* pénéplaine *f*.
penetrable [ˈpenɪtrəbl] *adj* pénétrable.
penetrate [ˈpenɪtreɪt] *vt* pénétrer (dans). **the bullet ~d his heart** la balle lui a pénétré le cœur *or* lui est entrée dans le cœur; **to ~ a forest** pénétrer dans *or* entrer dans une forêt; **to ~ enemy territory** pénétrer en *or* entrer en territoire ennemi; **the car's lights ~d the darkness** les phares de la voiture perçaient l'obscurité; **the sound ~d the thick walls** le bruit passait au travers *or* à l'épaisseur des murs; **to ~ a mystery/sb's mind** pénétrer *or* comprendre un mystère/les pensées de qn; **to ~ sb's disguise** percer le déguisement de

qn; **to ~ sb's plans** pénétrer *or* découvrir les plans de qn; (*Pol*) **subversive elements have ~d the party** des éléments subversifs se sont infiltrés dans le parti; (*Comm*) **they managed to ~ the sugar market** ils ont réussi à s'infiltrer dans le marché du sucre.
   2 *vi*: **to ~ (into)** [*person, flames*] pénétrer (dans); [*light, water*] pénétrer (dans), filtrer (dans); **to ~ through** traverser; **the sound ~d into the deepest dungeons** le bruit parvenait *or* arrivait jusqu'aux cachots les plus éloignés.
penetrating ['penɪtreɪtɪŋ] *adj* (a) *wind, rain* pénétrant; *cold* pénétrant, mordant; *sound, voice* pénétrant, perçant; *look* pénétrant, perçant.
   (b) (*acute, discerning*) *mind, remark* pénétrant, perspicace; *person, assessment* clairvoyant, perspicace, intelligent.
penetratingly ['penɪtreɪtɪŋlɪ] *adv* (a) *speak, shriek* d'une voix perçante. (b) *assess, observe* avec pénétration, avec perspicacité, avec intelligence.
penetration [,penɪ'treɪʃən] *n* (*U*) pénétration *f* (*also Comm: of markets*); (*discernment*) pénétration *f*, perspicacité *f*.
penetrative ['penɪtrətɪv] *adj* pénétrant.
penguin ['peŋgwɪn] *n* manchot *m*; (*generic term*) pingouin *m*.
penicillin [,penɪ'sɪlɪn] *n* pénicilline *f*.
peninsula [pɪ'nɪnsjʊlə] *n* péninsule *f*.
peninsular [pɪ'nɪnsjʊlə^r] *adj* péninsulaire. **the P~ War** la guerre (*napoléonienne*) d'Espagne.
penis ['piːnɪs] *n* pénis *m*. (*Psych*) **~ envy** revendication subconsciente du phallus.
penitence ['penɪtəns] *n* pénitence *f*, repentir *m*.
penitent ['penɪtənt] *adj, n* pénitent(e) *m(f)*.
penitential [,penɪ'tenʃəl] **1** *adj* contrit. (*Rel*) **~ psalm** psaume *m* de la pénitence *or* pénitentiel. **2** *n* (*code*) pénitentiel *m*.
penitentiary [,penɪ'tenʃərɪ] *n* (a) (*US: prison: also* **state ~**) prison *f*, (*maison f*) centrale *f*. (b) (*Rel*) (*cleric*) pénitencier *m*; (*tribunal*) pénitencerie *f*.
penitently ['penɪtəntlɪ] *adv* d'un air *or* d'un ton contrit.
pennant ['penənt] *n* (*Sport etc, also on car, bicycle*) fanion *m*; (*Naut*) flamme *f*, guidon *m*.
penniless ['penɪlɪs] *adj* sans le sou, sans ressources. **he's quite ~** il n'a pas le sou, il est sans le sou *or* sans ressources; **she was left ~** elle s'est retrouvée sans le sou *or* sans ressources.
Pennine ['penaɪn] *n*: **the ~s, the ~ Range** les Pennines *fpl*, la chaîne Pennine.
pennon ['penən] *n* flamme *f*, banderole *f*; (*Naut*) flamme, guidon *m*.
Pennsylvania [,pensɪl'veɪnɪə] *n* Pennsylvanie *f*. **in ~** en Pennsylvanie; **~ Dutch** (*people*) Allemands *mpl* de Pennsylvanie; (*language*) dialecte *m* des Allemands de Pennsylvanie.
penny ['penɪ] **1** *n*, *pl* **pence** (*valeur*), **pennies** (*pièces*) penny *m* (*avant 1971, douzième du shilling; depuis 1971, centième de la livre*). **one old/new ~** un ancien/un nouveau penny; **it costs 5 pence** cela coûte 5 pence; **I have 5 pennies** j'ai 5 pennies, j'ai 5 pièces d'un penny; **one ~ in the pound** ≃ un centime le franc; (*fig*) **they are two** *or* **ten a ~** on en trouve partout; (*fig*) **nobody was a ~ the worse** personne n'en a souffert, cela n'a fait de tort à personne; (*fig*) **he is none the wiser** (**for it**) il n'en sait pas plus long qu'avant, il n'est pas plus avancé*; **he made** *or* **earned a quick ~ or two** il s'est vite fait un peu d'argent; **he hasn't a ~ (to his name)**, **he hasn't got two pennies to rub together** il n'a pas le sou, il n'a pas un sou vaillant, il n'a pas le sou *or* un radis‡; **he didn't get a ~** il n'a pas eu un sou; (a) **~ for your thoughts!** à quoi pensez-vous?; **the ~ has dropped!*** il a (*or* j'ai *etc*) enfin pigé!‡, ça y est!*, ça a fait tilt!*; (*fig*) **he keeps turning up like a bad ~** pas moyen de se débarrasser de lui; (*Prov*) **a ~ saved is a ~ gained** un sou est un sou; (*Prov*) **in for a ~ in for a pound** (au point où on en est) autant faire les choses jusqu'au bout; (*Prov*) **take care of the pennies and the pounds will take care of themselves** les petits ruisseaux font les grandes rivières (*Prov*), il n'y a pas de petites économies; *V* **honest, pretty, spend** *etc*.
   2 *cpd* **book, pencil** de deux sous. **penny-a-liner*** pigiste *mf*, journaliste *mf* à la pige *or* à deux sous la ligne; (*Brit*) **penny dreadful** roman *m* à deux sous, (petit) roman à sensation; (*Brit*) **penny farthing** (bicycle) bicycle *m*; **penny-in-the-slot machine** (*for amusements*) machine *f* à sous; (*for selling*) distributeur *m* automatique; **penny-pinching** (*n*) économies *fpl* de bouts de chandelle; (*adj*) *person* qui fait des économies de bouts de chandelle; **pennyweight** un gramme et demi; **penny whistle** flûteau *m*; (*Prov*) **to be ~ wise and pound foolish** économiser un franc et en prodiguer mille; **I want a pennyworth of sweets** je voudrais pour un penny de bonbons.
penologist [pi:'nɒlədʒɪst] *n* pénologiste *mf*, pénologue *mf*.
penology [pi:'nɒlədʒɪ] *n* pénologie *f*.
pension ['penʃən] **1** *n* (a) (*state payment*) pension *f*. (**old age**) **~** pension vieillesse (de la Sécurité sociale); **retirement ~** (pension de) retraite *f*; **war/widow's/disablement ~** pension de guerre/de veuve/d'invalidité; *V* **eligible**.
   (b) (*Ind: from company etc*) retraite *f*. **he retired at 60 but got no ~** il s'est retiré à 60 ans mais n'a pas touché de retraite; **it is possible to retire on a ~ at 55** il est possible de toucher une retraite à partir de 55 ans.
   (c) (*to artist, former servant etc*) pension *f*.
   2 *cpd*: **pension book** livret *m* de retraite; **pension fund** fonds *m* vieillesse, assurance *f* vieillesse; (*Ind*) **pension scheme** caisse *f* de retraite.
   3 *vt* pensionner, attribuer une pension à.
♦ pension off *vt sep* mettre à la retraite.
pensionable ['penʃnəbl] *adj* *post* qui donne droit à une pension. **to be of ~ age** avoir (atteint) l'âge de la retraite.
pensioner ['penʃənə^r] *n* (*also* **old age ~**) retraité(e) *m(f)*; (*any kind*

of pension) pensionné(e) *m(f)*; (*also* **war ~**) militaire retraité, (*disabled*) invalide *m* de guerre.
pensive ['pensɪv] *adj* *person, look* pensif, songeur; *music etc* méditatif.
pensively ['pensɪvlɪ] *adv* pensivement, d'un air *or* d'un ton pensif *or* songeur.
pent [pent] **1** *ptp of* **pen²**. **2** *adj* (*liter*) emprisonné. **3** *cpd*: **pent-up** *emotions, rage* refoulé, réprimé; *energy* refoulé, contenu; **she was very pent-up** elle était très tendue *or* sur les nerfs.
pentacle ['pentəkl] *n* pentacle *m*.
pentagon ['pentəgən] *n* pentagone *m*. (*US*) **the P~** le Pentagone.
pentagonal [pen'tægənl] *adj* pentagonal.
pentagram ['pentəgræm] *n* pentacle *m*.
pentahedron [,pentə'hi:drən] *n* pentaèdre *m*.
pentameter [pen'tæmɪtə^r] *n* pentamètre *m*; *V* **iambic**.
Pentateuch ['pentətju:k] *n* Pentateuque *m*.
pentathlon [pen'tæθlən] *n* pentathlon *m*.
pentatonic [,pentə'tɒnɪk] *adj* pentatonique.
Pentecost ['pentɪkɒst] *n* Pentecôte *f*.
Pentecostal [,pentɪ'kɒstl] *adj* de (la) Pentecôte.
Pentecostalism [,pentɪ'kɒstlɪzəm] *n* Pentecôtisme *m*.
Pentecostalist [,pentɪ'kɒstlɪst] **1** *n* Pentecôtiste *mf*. **2** *adj* pentecôtiste.
penthouse ['penthaʊs] *n* (a) (*also* **~ flat** *or* **apartment**) appartement *m* de grand standing (*construit sur le toit d'un immeuble*). (b) (*Archit*) auvent *m*, abri extérieur. **~ roof** appentis *m*, toit *m* en auvent.
penultimate [pɪ'nʌltɪmɪt] **1** *adj* avant-dernier, pénultième. **2** *n* (*Ling*) pénultième *f*, avant-dernière syllabe.
penumbra [pɪ'nʌmbrə] *n* (*Astron*) pénombre *f*.
penurious [pɪ'njʊərɪəs] *adj* (*poor*) indigent, misérable; (*stingy*) parcimonieux, ladre; (*yielding little*) qui rend peu.
penury ['penjʊrɪ] *n* misère *f*, indigence *f*.
peon ['piːən] *n* (*in India*) péon *m*, fantassin *m*; (*in South America*) péon, journalier *m*.
peony (**rose**) ['pɪənɪ('rəʊz)] *n* pivoine *f*.
people ['piːpl] **1** *n* (a) (*pl: persons*) gens *pl* (*preceding adj usu fem*), personnes *fpl*. **old ~** les personnes âgées, les vieilles gens, les vieux *mpl*; **young ~** les jeunes gens *mpl*, les jeunes *mpl*, la jeunesse; **clever ~** les gens intelligents; **all these good ~** toutes ces bonnes gens, tous ces braves gens; **old ~ are often lonely** les vieilles gens sont souvent très seuls; **all the old experienced ~** toutes ces vieilles gens pleins d'expérience; **~ are more important than animals** les gens *or* les êtres humains sont plus importants que les animaux; **a lot of ~** beaucoup de gens *or* de monde, un tas de gens*; **what a lot of ~!** que de monde!; **the place was full of ~** il y avait beaucoup de monde, il y avait un monde fou*; **several ~ said …** plusieurs personnes ont dit …; (*in suggesting sth*) **some ~ might prefer to wait** il y a peut-être des personnes *or* des gens qui préféreraient attendre; **how many ~?** combien de personnes?; **there were several English ~ in the hotel** il y avait plusieurs Anglais à l'hôtel; **they're strange ~** ce sont de drôles de gens; **I like the ~ in the hotel** j'aime les gens à l'hôtel; **what do you ~ think?** qu'est-ce que vous en pensez, vous (tous)? *or* vous autres?; *V* **little¹, other**.
   (b) (*pl: in general*) **what will ~ think?** qu'est-ce que vont penser les gens?, que va-t-on penser?; **~ say …** on dit …; **don't tell ~ about that!** n'allez pas raconter ça (aux gens)!; **~ get worried when they see that** on s'inquiète quand on voit cela, les gens s'inquiètent quand ils voient cela; **~ quarrel a lot here** on se dispute beaucoup ici.
   (c) (*pl: inhabitants*) [*a country*] peuple *m*, nation *f*, population *f*; [*district, town*] habitants *mpl*, population. **country ~** les gens de la campagne, les populations rurales; **town ~** les habitants des villes, les citadins *mpl*; **Liverpool ~ are friendly** à Liverpool les gens sont gentils, les habitants de Liverpool sont gentils; **the ~ of France** les Français *mpl*; **English ~ often say …** les Anglais disent souvent … .
   (d) (*pl: Pol*) **the ~** le peuple; **government by the ~** gouvernement *m* par le peuple; **the king and his ~** le roi et ses sujets *or* son peuple; **~ of the Republic!** citoyens!; **the ~ at large** le grand public; **the minister must tell the ~ the truth** le ministre doit dire la vérité au pays; **man of the ~** homme *m* du peuple; **the ~'s army** l'armée *f* populaire; **~'s democracy** démocratie *f* populaire; (*in country's name*) **P~'s Democratic Republic** République *f* populaire; **the ~'s war** la guerre du peuple; (*US*) **~'s park** jardin *m* public (*à usage non réglementé par le gouvernement*); *V* **common**.
   (e) (*sg: nation, race etc*) peuple *m*, nation *f*, race *f*. **the Jewish ~** la race juive, les Juifs *mpl*; **the ~s of the East** les nations de l'Orient, les Orientaux *mpl*.
   (f) (*pl: *: family*) famille *f*, parents *mpl*. **I am writing to my ~*** j'écris à ma famille; **how are your ~?*** comment va votre famille?, comment ça va chez vous?*
   2 *vt* peupler (**with** de).
pep* [pep] **1** *n* (*U*) entrain *m*, dynamisme *m*, allant *m*. **full of ~** très dynamique, plein d'entrain *or* d'allant. **2** *cpd*: **pep pill*** excitant *m*, stimulant *m*; (*US Scol*) **pep rally** réunion *f* des élèves avant un match interscolaire, pour encourager leur équipe; **pep talk*** laïus* *m* d'encouragement.
♦ pep up* **1** *vi* [*person*] s'animer, être ragaillardi; [*business, trade*] reprendre, remonter.
   2 *vt sep person* remonter le moral à, ragaillardir; *party, conversation* animer; *drink, plot* corser.
peplos ['peplɒs] *n* peplum *m*.
pepper ['pepə^r] **1** *n* (a) (*spice*) poivre *m*. **white/black ~** poivre blanc/gris; *V* **cayenne** *etc*.

(b) (*vegetable*) poivron *m*. **red/green** ~ poivron rouge/vert.
2 *cpd*: **pepper-and-salt** *cloth* marengo; *hair* poivre et sel; **peppercorn** grain *m* de poivre; (*Brit*) **peppercorn rent** loyer nominal; **pepper gas** gaz *m* poivre; **pepper mill** moulin *m* à poivre; **peppermint** (*sweet*) pastille *f* de menthe; (*plant*) menthe poivrée; **peppermint(-flavoured)** à la menthe; **pepperpot, pepper shaker** poivrier *m*, poivrière *f*.
3 *vt* **(a)** (*Culin*) poivrer. **(b)** (*fig*) bombarder (*with* de). **to ~ sb with shot** cribler qn de plombs; **to ~ sb with questions** assaillir *or* bombarder qn de questions.

peppery ['pepərɪ] *adj food, taste* poivré; (*fig*) *person* irascible, emporté; *speech* irrité.

peppy* ['pepɪ] *adj* (*US*) *person* (*energetic*) énergique; (*lively*) plein d'entrain; *car* nerveux.

pepsin ['pepsɪn] *n* pepsine *f*.

peptic ['peptɪk] *adj* digestif. (*Med*) ~ **ulcer** ulcère *m* de l'estomac. **he has a ~ ulcer** il a un ulcère à l'estomac.

peptone ['peptəʊn] *n* peptone *f*.

per [pɜːʳ] *prep* **(a)** par. ~ **annum** par an; ~ **capita** par personne; (*Econ*) ~ **capita income** revenu *m* par habitant; ~ **cent** pour cent; **a 10 ~ cent discount/increase** un rabais/une augmentation de 10 pour cent; ~ **diem**, ~ **day** par jour; (*US*) **a** ~ **diem of 100 dollars** une indemnité journalière de 100 dollars; ~ **head** par tête, par personne; **to drive at 100 km ~ hour** rouler à 100 (km) à l'heure; **she is paid 15 francs ~ hour** on la paie 15 F (de) l'heure; **3 francs ~ kilo** 3 F le kilo; **4 hours ~ person** 4 heures par personne.
(b) (*Comm*) ~ **post** par la poste; **as** ~ **invoice** suivant facture; **as** ~ **usual*** comme d'habitude; (*also Jur*) **per pro** (*abbr of* **per procurationem** = **by proxy**) p.p.

peradventure [,perəd'ventʃəʳ] *adv* (*liter*) par hasard, d'aventure (*liter*).

perambulate [pə'ræmbjʊleɪt] **1** *vt* parcourir (*un terrain, surtout en vue de l'inspecter*). **2** *vi* marcher, faire les cent pas.

perambulation [pə,ræmbjʊ'leɪʃən] *n* marche *f*, promenade(s) *f(pl)*, déambulation *f*.

perambulator ['præmbjʊleɪtəʳ] *n* (*Brit*: †, *frm*) voiture *f* d'enfant, landau *m*.

perborate [pə'bɔːreɪt] *n* perborate *m*.

perceive [pə'siːv] *vt* **(a)** (*see, hear*) *sound, light* percevoir. **(b)** (*notice*) remarquer, apercevoir; (*realize*) s'apercevoir de. **he ~d that** ... il a remarqué *or* s'est aperçu que .... **(c)** (*understand*) *implication, meaning* percevoir, comprendre, saisir.

percentage [pə'sentɪdʒ] **1** *n* **(a)** pourcentage *m*. **the figure is expressed as a** ~ le chiffre donné est un pourcentage; **a high** ~ **were girls** les filles constituaient un fort pourcentage.
(b) (*profit*) pourcentage *m*. **to get a** ~ **on sth** recevoir *or* toucher un pourcentage sur qch; (*fig*) **there's no** ~ **in doing that** on ne gagne rien à faire cela, il n'y a aucun avantage à faire cela.
2 *cpd*: (*Econ*) **percentage distribution** ventilation *f* en pourcentage.

perceptible [pə'septəbl] *adj sound, movement* perceptible; *difference, increase* perceptible, sensible, appréciable.

perceptibly [pə'septɪblɪ] *adv move* d'une manière perceptible; *change, increase* sensiblement.

perception [pə'sepʃən] *n* **(a)** *[sound, sight etc]* perception *f*. **one's powers of** ~ **decrease with age** la faculté de perception diminue avec l'âge.
(b) (*sensitiveness*) sensibilité *f*, intuition *f*; (*insight*) perspicacité *f*, pénétration *f*.
(c) (*Psych*) perception *f*.
(d) *[rents, taxes, profits]* perception *f*.

perceptive [pə'septɪv] *adj faculty* percepteur (*f* -trice), de (la) perception; *analysis, assessment* pénétrant; *person* fin, perspicace. **how very ~ of you!** vous êtes très perspicace!

perceptiveness [pə'septɪvnɪs] *n* = **perception b**.

perch¹ [pɜːtʃ] *n* (*fish*) perche *f*.

perch² [pɜːtʃ] **1** *n* **(a)** *[bird]* perchoir *m*, juchoir *m*. (*fig*) **to knock sb off his** ~ détrôner qn*.
(b) (*measure*) perche *f*.
2 *vi* **[bird]** (se) percher, se jucher. **we ~ed in a tree to see the procession** nous nous sommes perchés dans un arbre pour voir le défilé; **she ~ed on the arm of my chair** elle se percha *or* se jucha sur le bras de mon fauteuil.
3 *vt* percher, jucher. **to ~ a vase on a pedestal** percher *or* jucher un vase sur un piédestal; **we ~ed the child on the wall** nous avons perché *or* juché l'enfant sur le mur; **a chalet ~ed on top of a mountain** un chalet perché *or* juché sur le sommet d'une montagne.

perchance [pə'tʃɑːns] *adv* (*liter*) (*by chance*) par hasard, d'aventure (*liter*); (*perhaps*) peut-être.

percipient [pə'sɪpɪənt] **1** *adj faculty* percepteur (*f* -trice); *person* fin, perspicace; *choice* éclairé. **2** *n* personne *f* qui perçoit.

percolate ['pɜːkəleɪt] **1** *vt coffee* passer. **I am going to ~ the coffee** je vais passer le café; **I don't like ~d coffee** je n'aime pas le café fait dans une cafetière à pression.
2 *vi* (*coffee, water*) passer (*through* par). (*fig*) **the news ~d through from the front** la nouvelle a filtré du front.

percolator ['pɜːkəleɪtəʳ] *n* cafetière *f* à pression; (*in café*) percolateur *m*. **electric ~** cafetière électrique.

percussion [pə'kʌʃən] **1** *n* **(a)** (*impact; noise*) percussion *f*, choc *m*. **(b)** (*Mus*) percussion *f*, batterie *f*. **2** *cpd*: **percussion bullet** balle explosive; **percussion cap** capsule fulminante; **percussion drill** perceuse *f* à percussion; (*Mus*) **percussion instrument** instrument *m* à *or* de percussion.

percussive [pə'kʌsɪv] *adj* percutant.

perdition [pə'dɪʃən] *n* perdition *f*, ruine *f*, perte *f*; (*Rel*) perdition, damnation *f*.

peregrination [,perɪgrɪ'neɪʃən] *n* (†, *frm*) pérégrination *f*. **~s** voyage *m*, pérégrinations.

peregrine ['perɪgrɪn] *adj*: ~ **falcon** faucon *m* pèlerin.

peremptorily [pə'remptərɪlɪ] *adv* péremptoirement, d'un ton *or* d'une manière péremptoire, impérieusement.

peremptory [pə'remptərɪ] *adj instruction, order* péremptoire, formel; *argument* décisif, sans réplique; *tone* tranchant, péremptoire.

perennial [pə'renɪəl] **1** *adj* (*long lasting, enduring*) perpétuel, éternel; (*perpetual, recurrent*) perpétuel, continuel; *plant* vivace. **2** *n* plante *f* vivace; *V* **hardy**.

perennially [pə'renɪəlɪ] *adv* (*everlastingly*) éternellement; (*continually*) perpétuellement, continuellement.

perfect ['pɜːfɪkt] **1** *adj* **(a)** *person, work of art, meal, weather, crime* parfait; *love* parfait, idéal; *harmony* parfait, complet (*f* -ète), total; *wife, hostess, teacher etc* parfait, exemplaire, modèle. **no one is ~** personne n'est parfait, la perfection n'est pas de ce monde; **his English is ~** son anglais est parfait *or* impeccable; **his Spanish is far from ~** son espagnol est loin d'être parfait *or* laisse beaucoup à désirer; **it was the ~ moment to speak to him about it** c'était le moment idéal *or* le meilleur moment possible pour lui en parler; (*Mus*) ~ **pitch** l'oreille absolue; (*Gram*) ~ **tense** parfait *m*; *V* **word**.
(b) (*emphatic*) véritable, parfait. **he's a ~ stranger** personne ne le connaît; **he's a ~ stranger to me** il m'est complètement inconnu; **I am a ~ stranger here** je ne connais absolument personne ici; **a ~ pest** un véritable fléau; ~ **fool** un parfait imbécile, un imbécile fini.
2 *n* (*Gram*) parfait *m*. **in the ~** au parfait.
3 [pə'fekt] *vt work of art* achever, parachever, parfaire; *skill, technique* mettre au point. **to ~ one's French** parfaire ses connaissances de français.

perfectibility [pə,fektɪ'bɪlɪtɪ] *n* perfectibilité *f*.

perfectible [pə'fektɪbl] *adj* perfectible.

perfection [pə'fekʃən] *n* (*completion*) achèvement *m*; (*faultlessness*) perfection *f*; (*perfecting*) perfectionnement *m*. **to ~** à la perfection.

perfectionist [pə'fekʃənɪst] *adj, n* perfectionniste (*mf*).

perfective [pə'fektɪv] (*Gram*) **1** *adj* perfectif. **2** *n* (*aspect*) aspect perfectif; (*verb*) verbe perfectif.

perfectly ['pɜːfɪktlɪ] *adv* parfaitement.

perfidious [pɜː'fɪdɪəs] *adj* perfide, traître (*f* traîtresse).

perfidiously [pɜː'fɪdɪəslɪ] *adv* perfidement, traîtreusement; *act en* traître, perfidement.

perfidy ['pɜːfɪdɪ] *n* perfidie *f*.

perforate ['pɜːfəreɪt] *vt paper, metal* perforer, percer; *ticket* perforer, poinçonner; (*Comput*) ~**d tape** bande *f* perforée; **'tear along the ~d line'** 'détachez suivant le pointillé.'

perforation [,pɜːfə'reɪʃən] *n* perforation *f*.

perforce [pə'fɔːs] *adv* forcément, nécessairement.

perform [pə'fɔːm] **1** *vt* **(a)** *task* exécuter, accomplir; *duty* remplir, accomplir, s'acquitter de; *function* remplir; *miracle* accomplir; *rite* célébrer; (*Jur*) *contract* exécuter. **to ~ an operation** (*gen*) accomplir *or* exécuter une opération; (*Med*) pratiquer une opération, opérer.
(b) (*Theat etc*) *play* jouer, représenter, donner; *ballet, opera* donner; *symphony* exécuter, jouer. **to ~ a part** (*in play*) jouer *or* tenir un rôle; (*in ballet*) danser un rôle; (*in opera*) chanter un rôle; **to ~ a solo/acrobatics** exécuter un solo/un numéro d'acrobatie.
2 *vi* **(a)** (*gen*) donner une *or* des représentation(s); *[actor]* jouer; *[singer]* chanter; *[dancer]* danser; *[acrobat, trained animal]* exécuter un *or* des numéro(s). **to ~ on the violin** jouer du violon, exécuter un morceau au violon; **he ~ed brilliantly as Hamlet** il a brillamment joué *or* interprété Hamlet; (*Theat*) **when we ~ed in Edinburgh** quand nous avons donné une *or* des représentation(s) à Édimbourg, quand nous avons joué à Édimbourg; **the elephants ~ed well** les éléphants ont bien exécuté leur numéro (*V also* **performing**).
(b) *[machine, vehicle]* marcher, fonctionner. **the car is not ~ing properly** la voiture ne marche pas bien.
(c) (*Econ*: *V* **performance 1d**) **to ~ well/badly** avoir de bons/mauvais résultats; avoir de bonnes/mauvaises performances.

performance [pə'fɔːməns] *n* **(a)** (*session, presentation*) (*Theat*) représentation *f*; (*Cine*) séance *f*; *[opera, ballet, circus]* représentation, spectacle *m*; *[concert]* séance, audition *f*. (*Theat*) **2 ~s nightly** 2 représentations chaque soir; **'no ~ tonight'** 'ce soir relâche'; (*Theat etc*) **the late ~** la dernière représentation *or* séance de la journée; (*Theat etc*) **first ~** première *f* (représentation); **the play had 300 ~s** la pièce a eu 300 représentations; (*Cine*) **continuous ~** spectacle permanent.
(b) *[actor, singer, dancer]* interprétation *f*; *[musician]* interprétation, exécution *f*; *[acrobat]* numéro *m*; *[racehorse, athlete etc]* performance *f*; (*fig*) *[speaker, politician]* prestation *f*; (*Scol*) performances *fpl*. (*Sport*) **after several poor ~s he finally managed to** ... après plusieurs performances médiocres il a enfin réussi à ...; (*Sport*) **the team's ~** left much to be desired la performance de l'équipe a beaucoup laissé à désirer; **his ~ of Bach was outstanding** son interprétation de Bach était tout à fait remarquable; **the pianist gave a splendid ~** le pianiste a joué de façon remarquable; **I didn't like her ~ of Giselle** je n'ai pas aimé son interprétation de Giselle; (*Scol*) **her ~ in the exam/in French** ses performances à l'examen/en français.
(c) *[machine]* fonctionnement *m*; *[vehicle]* performance *f*. **the machine has given a consistently fine ~** le fonctionnement de la machine s'est révélé uniformément excellent; *V* **high**.
(d) (*Econ*) *[the economy]* résultats *mpl*, comportement *m*; *[industry, factory]* performances *fpl*, rendement *m*; *[business, financial organization]* résultats, performances; *[theatre, hotel etc]*

résultats. (*Fin*) ~ **bond** garantie *f* de bonne fin *or* de bonne exécution.
   (e) (*U: V* **perform 1a**) exécution *f*; accomplissement *m*; célébration *f.* **in the** ~ **of his duties** dans l'exercice de ses fonctions.
   (f) (*Ling*) performance *f.*
   (g) (*: fuss*) affaire *f*, histoire* *f.* **it was a whole** ~ **to get her to agree to see him!** ça a été toute une affaire *or* toute une histoire* pour la décider à le voir!; **what a** ~! quelle affaire!, quelle histoire!*; **it's such a** ~ **getting ready that it's hardly worth while going for a picnic** c'est une telle affaire *or* une telle histoire* de tout préparer que ça ne vaut guère la peine d'aller pique-niquer.
performative [pə'fɔːmətɪv] *adj, n*: ~ **(verb)** (verbe *m*) performatif *m.*
performer [pə'fɔːmər] *n* (*Theat*) (*gen*) artiste *mf*; (*actor*) interprète *mf*, acteur *m*, -trice *f*; (*pianist etc*) exécutant(e) *m(f)*, interprète; (*dancer*) interprète.
performing [pə'fɔːmɪŋ] *adj* **arts, artists** du spectacle, de représentation. (*in circus etc*) ~ **seals/dogs** *etc* phoques/chiens *etc* savants.
perfume ['pɜːfjuːm] **1** *n* parfum *m.*
   2 [pə'fjuːm] *vt* parfumer.
perfumery [pə'fjuːmərɪ] *n* parfumerie *f.*
perfunctorily [pə'fʌŋktərɪlɪ] *adv* **bow, greet** négligemment; **answer, agree** sans conviction, pour la forme; **perform** avec négligence, sommairement, par-dessous la jambe.
perfunctory [pə'fʌŋktərɪ] *adj* **nod, bow, greeting** négligent, pour la forme; **agreement** superficiel, fait pour la forme.
pergola ['pɜːgələ] *n* pergola *f.*
perhaps [pə'hæps, præps] *adv* peut-être. ~ **so/not** peut-être que oui/que non; ~ **he will come** peut-être viendra-t-il, il viendra peut-être, peut-être qu'il viendra.
perianth ['perɪænθ] *n* (*Bot*) périanthe *m.*
pericardium [ˌperɪ'kɑːdɪəm] *n* péricarde *m.*
pericarp ['perɪkɑːp] *n* (*Bot*) péricarpe *m.*
peridot ['perɪdɒt] *n* péridot *m.*
perigee ['perɪdʒiː] *n* périgée *m.*
periglacial [ˌperɪ'gleɪʃəl] *adj* périglaciaire.
peril ['perɪl] *n* péril *m*, danger *m*. **in** ~ **of** en danger de; **at the** ~ **of** au péril de; **at your** ~ à vos risques et périls.
perilous ['perɪləs] *adj* périlleux, dangereux.
perilously ['perɪləslɪ] *adv* périlleusement, dangereusement. **they were** ~ **near disaster/death** *etc* ils frôlaient la catastrophe/la mort *etc.*
perimeter [pə'rɪmɪtər] *n* périmètre *m.*
perinatal [ˌperɪ'neɪtl] *adj* périnatal.
perineal [ˌperɪ'niːəl] *adj* périnéal.
perineum [ˌperɪ'niːəm] *n* périnée *m.*
period ['pɪərɪəd] **1** *n* **(a)** (*epoch*) période *f*, époque *f*; (*Geol*) période; (*stage: in career, development etc*) époque, moment *m*; (*length of time*) période. **the classical** ~ la période classique; **costumes/furniture of the** ~ costumes/meubles de l'époque; **Picasso's blue** ~ la période bleue de Picasso; **the** ~ **from 1600 to 1750** la période allant de 1600 à 1750; **the post-war** ~ (la période de) l'après-guerre *m*; **during the whole** ~ **of the negotiations** pendant toute la période *or* durée des négociations; **at a later** ~ plus tard; **at that** ~ **in** *or* **of his life** à cette époque *or* à ce moment de sa vie; **a** ~ **of social upheaval** une période *or* une époque de bouleversements sociaux; **he had several** ~**s of illness** il a été malade à plusieurs reprises; (*Astron*) ~ **of revolution** *or* **rotation** période de rotation; (*Med*) **incubation** ~ période d'incubation; **the holiday** ~ la période des vacances; (*Met*) **bright/rainy** ~**s** périodes ensoleillées/de pluie; **in the** ~ **of a year** en l'espace d'une année; **it must be done within a 3-month** ~ il faut le faire dans un délai de 3 mois; *V* **safe.**
   (b) (*Scol etc: lesson*) ≃ (heure *f* de) cours *m* (de 45 minutes). **2 geography** ~**s** 2 cours *or* leçons de géographie.
   (c) (*in punctuation: full stop*) point *m*. (*impressive sentences*) ~**s** périodes *fpl*, phrases bien tournées.
   (d) (*menstruation: also* **monthly** ~) règles *fpl.*
   2 *cpd*: **period costume, period dress** costume *m* de l'époque; **period furniture** (*genuine*) meuble *m* d'époque; (*copy*) meuble de style ancien; (*fig*) **period piece** curiosité *f.*
periodic [ˌpɪərɪ'ɒdɪk] *adj* périodique.
periodical [ˌpɪərɪ'ɒdɪkəl] **1** *adj* périodique. **2** *n* (journal *m*) périodique *m*, publication *f* périodique.
periodically [ˌpɪərɪ'ɒdɪkəlɪ] *adv* périodiquement.
periodicity [ˌpɪərɪə'dɪsɪtɪ] *n* périodicité *f.*
periosteum [ˌperɪ'ɒstɪəm] *n, pl* **periostea** [ˌperɪ'ɒstɪə] périoste *m.*
peripatetic [ˌperɪpə'tetɪk] *adj* (*itinerant*) ambulant; (*Brit*) **teacher** qui exerce sur plusieurs établissements; (*Philos*) péripatétique.
peripheral [pə'rɪfərəl] *adj* **1** périphérique (*all senses*). **2** *n* (*Comput*) périphérique *m.*
periphery [pə'rɪfərɪ] *n* périphérie *f.*
periphrasis [pə'rɪfrəsɪs] *n, pl* **periphrases** [pə'rɪfrəsiːz] périphrase *f*, circonlocution *f.*
periscope ['perɪskəʊp] *n* périscope *m.*
perish ['perɪʃ] **1** *vi* **(a)** (*die*) périr, mourir. **we shall do it or** ~ **in the attempt!** nous réussirons ou nous y laisserons la vie!; (*hum*) ~ **the thought!** jamais de la vie!, loin de moi cette pensée! (*hum*).
   (b) [*rubber, material, leather*] se détériorer, s'abîmer; [*foods etc*] (*be spoilt*) se détériorer, s'abîmer; (*be lost*) être détruit, être perdu.
   2 *vt* **rubber, foods** *etc* abîmer, détériorer.
perishable ['perɪʃəbl] **1** *adj* périssable. **2** *n*: ~**s** denrées *fpl* périssables.
perished ['perɪʃt] *adj* **(a)** *rubber* détérioré, abîmé.
   (b) (*: cold*) **to be** ~* être frigorifié*, crever* de froid.

perisher‡ ['perɪʃər] *n* (*Brit*) enquiquineur* *m*, -euse* *f*. **little** ~! (espèce *f* de) petit poison!*
perishing ['perɪʃɪŋ] *adj* **(a)** très froid. **outside in the** ~ **cold** dehors dans le froid glacial *or* intense; **it was** ~* il faisait un froid de loup *or* de canard*; [*person*] **to be** ~* être frigorifié*, crever* de froid; *V* **perish. (b)** (*Brit*‡) sacré* (*before n*), fichu* (*before n*), foutu‡ (*before n*). **it's a** ~ **nuisance!** c'est vraiment enquiquinant!*
perishingly* ['perɪʃɪŋlɪ] *adv* (*Brit*) ~ **cold** terriblement froid.
peristalsis [ˌperɪ'stælsɪs] *n, pl* **-alses** [ˌperɪ'stælsiːz] péristaltisme *m.*
peristyle ['perɪstaɪl] *n* péristyle *m.*
peritoneum [ˌperɪtə'niːəm] *n* péritoine *m.*
peritonitis [ˌperɪtə'naɪtɪs] *n* péritonite *f.*
periwig ['perɪwɪg] *n* perruque *f.*
periwinkle ['perɪˌwɪŋkl] *n* (*Bot*) pervenche *f*; (*Zool*) bigorneau *m.*
perjure ['pɜːdʒər] *vt*: **to** ~ **o.s.** se parjurer, (*Jur*) faire un faux serment; (*Jur*) ~**d evidence** faux serment, faux témoignage (volontaire).
perjurer ['pɜːdʒərər] *n* parjure *mf.*
perjury ['pɜːdʒərɪ] *n* parjure *m*; (*Jur*) faux serment. **to commit** ~ se parjurer; (*Jur*) faire un faux serment.
perk¹ [pɜːk] **1** *vi*: **to** ~ **up** (*cheer up*) se ragaillardir; (*after illness*) se remonter, se retaper*; (*show interest*) s'animer, dresser l'oreille.
   2 *vt*: **to** ~ **sb up** ragaillardir qn, retaper qn*; **to** ~ **o.s. up** se faire beau; (*lit, fig*) **to** ~ **one's ears up** dresser l'oreille; **to** ~ **one's head up** relever *or* dresser la tête.
perk²* [pɜːk] *n* (*Brit: gen pl*) à-côté *m*, avantage *m* accessoire. ~**s** gratte* *f*, petits bénéfices *or* bénefs‡.
perk³* [pɜːk] *vi* (*abbr of* **percolate**) [*coffee*] passer.
perkily ['pɜːkɪlɪ] *adv* (*V* **perky**) d'un air *or* d'un ton guilleret; vivement, avec entrain; avec désinvolture.
perkiness ['pɜːkɪnɪs] *n* (*V* **perky**) gaieté *f*; entrain *m*; désinvolture *f.*
perky ['pɜːkɪ] *adj* (*gay*) guilleret, gai; (*lively*) vif, éveillé, plein d'entrain; (*cheeky*) désinvolte, effronté.
perm¹ [pɜːm] **1** *n* (*abbr of* **permanent 3**) permanente *f*. **to have a** ~ se faire faire une permanente. **2** *vt*: **to** ~ **sb's hair** faire une permanente à qn; **to have one's hair** ~**ed** se faire faire une permanente.
perm²* [pɜːm] *n abbr of* **permutation.**
permafrost ['pɜːməfrɒst] *n* permafrost *m*, pergélisol *m.*
permanence ['pɜːmənəns] *n* permanence *f.*
permanency ['pɜːmənənsɪ] *n* **(a)** (*U*) permanence *f*, stabilité *f*. **(b)** (*job*) emploi permanent, poste *m* fixe.
permanent ['pɜːmənənt] **1** *adj* permanent. **we cannot make any** ~ **arrangements** nous ne pouvons pas prendre de dispositions permanentes *or* fixes; **I'm not** ~ **here** je ne suis pas ici à titre définitif; ~ **address** résidence *f or* adresse *f* fixe; (*Brit Admin*) **P**~ **Undersecretary** ≃ secrétaire général (de ministère); **appointment to the** ~ **staff** nomination *f* à titre définitif; ~ **wave** permanente *f*; (*Brit Rail*) ~ **way** voie ferrée.
   2 *cpd*: **permanent-press** (*adj*) *trousers* à pli permanent; *skirt* indéplissable.
   3 *n* (*for hair*) permanente *f.*
permanently ['pɜːmənəntlɪ] *adv* en permanence, de façon permanente, à titre définitif. **he was** ~ **appointed last September** en septembre dernier il a été nommé à titre définitif.
permanganate [pɜː'mæŋgənɪt] *n* permanganate *m.*
permeability [ˌpɜːmɪə'bɪlɪtɪ] *n* perméabilité *f.*
permeable ['pɜːmɪəbl] *adj* perméable, pénétrable.
permeate ['pɜːmɪeɪt] **1** *vt* [*liquid*] pénétrer, filtrer à travers; [*ideas*] pénétrer dans *or* parmi, se répandre dans *or* parmi. (*lit, fig*) ~**d with** saturé de, imprégné de. **2** *vi* (*pass through*) pénétrer, s'infiltrer; (*fig: spread*) se répandre, pénétrer.
Permian ['pɜːmɪən] *adj* (*Geol*) permien.
permissible [pə'mɪsɪbl] *adj* (*permitted*) *action etc* permis; (*unobjectionable*) *behaviour, attitude* acceptable. **it is** ~ **to refuse** il est permis de refuser; **would it be** ~ **to say that** ...? serait-il acceptable de dire que ...?; **the degree of** ~ **error is 2%** la marge d'erreur acceptable *or* tolérable est de 2%.
permission [pə'mɪʃən] *n* permission *f*; (*official*) autorisation *f*. **without** ~ sans permission, sans autorisation; **with your** ~ avec votre permission; **'by kind** ~ **of** 'avec l'aimable consentement de'; **no** ~ **is needed** il n'est pas nécessaire d'avoir une autorisation; **she gave** ~ **for her daughter's marriage** elle a consenti au mariage de sa fille; **she gave her daughter** ~ **to marry** elle a autorisé sa fille à se marier; ~ **is required in writing from the committee** il est nécessaire d'obtenir l'autorisation écrite du comité; **to ask** ~ **to do sth** demander la permission *or* l'autorisation de faire qch; **who gave you** ~ **to do that?** qui vous a autorisé à *or* qui vous a permis de faire cela?; **you have my** ~ **to do that** je vous permets de *or* vous autorise à faire cela, je vous accorde la permission *or* l'autorisation de faire cela.
permissive [pə'mɪsɪv] *adj* (*tolerant*) *person, parent* permissif. **the** ~ **society** la société permissive. **(b)** (*optional*) facultatif.
permissively [pə'mɪsɪvlɪ] *adv* de façon permissive.
permissiveness [pə'mɪsɪvnɪs] *n* permissivité *f.*
permit ['pɜːmɪt] **1** *n* autorisation écrite; (*for specific activity*) permis *m*; (*for goods at Customs*) passavant *m*. **building** ~ permis de bâtir *or* de construire; **fishing** ~ permis *or* licence *f* de pêche; **residence** ~ permis de séjour; **you need a** ~ **to go into the laboratory** pour entrer dans le laboratoire il vous faut une autorisation écrite *or* un laissez-passer; **please show your** ~ **at the gate** prière de montrer son laissez-passer à l'entrée; *V* **entry** *etc.*
   2 [pə'mɪt] *vt* (*gen*) permettre (*sb to do* à qn de faire); (*more formally*) autoriser (*sb to do* qn à faire). **he was** ~**ted to leave** on lui a permis de partir, on l'a autorisé à partir; **is it** ~**ted to smoke?** est-il permis de fumer?; **it is not** ~**ted to smoke** il n'est pas permis *or* il

est interdit de fumer; **we could never ～ it to happen** nous ne pourrions jamais permettre que cela se produise, nous ne pourrions jamais laisser cela se produire; **I won't ～ it** je ne le permettrai pas; **her mother will not ～ her to sell the house** sa mère ne lui permet pas de *or* ne l'autorise pas à vendre la maison; **her mother will never ～ the sale of the house** sa mère n'autorisera jamais la vente de la maison; **the law ～s the sale of this substance** la loi autorise la vente de cette substance; **the vent ～s the escape of gas** l'orifice permet l'échappement du gaz.
3 [pə'mɪt] *vi*: **to ～ of sth** permettre qch; **it does not ～ of doubt** cela ne permet pas le moindre doute; **weather ～ting** si le temps le permet.
permutation [ˌpɜːmjʊ'teɪʃən] *n* permutation *f*.
permute [pə'mjuːt] *vt* permuter.
pernicious [pɜː'nɪʃəs] *adj* (*gen, also Med*) pernicieux. **～ anaemia** anémie pernicieuse.
perniciously [pɜː'nɪʃəslɪ] *adv* pernicieusement.
pernickety* [pə'nɪkɪtɪ] *adj* (*stickler for detail*) pointilleux, formaliste; (*hard to please*) difficile; *job* délicat, minutieux. **he's very ～** il est très pointilleux, il cherche toujours la petite bête, il est très difficile; **he's very ～ about what he wears/about his food** il est très difficile pour ses vêtements/pour sa nourriture.
peroration [ˌperə'reɪʃən] *n* péroraison *f*.
peroxide [pə'rɒksaɪd] *n* (*Chem*) peroxyde *m*; (*for hair*) eau *f* oxygénée. **～ blonde*** blonde décolorée *or* oxygénée*; *V* hydrogen.
perpendicular [ˌpɜːpən'dɪkjʊlər] **1** *adj* (*also Archit, Math*) perpendiculaire (*to* à); *cliff, slope* à pic. (*Archit*) **～ Gothic** gothique perpendiculaire anglais. **2** *n* perpendiculaire *f*. **to be out of ～** être hors d'aplomb, sortir de la perpendiculaire.
perpendicularly [ˌpɜːpən'dɪkjʊləlɪ] *adv* perpendiculairement.
perpetrate ['pɜːpɪtreɪt] *vt* *crime* perpétrer, commettre; *blunder, hoax* faire.
perpetration [ˌpɜːpɪ'treɪʃən] *n* perpétration *f*.
perpetrator ['pɜːpɪtreɪtər] *n* auteur *m* (*d'un crime etc*). **～ of a crime** auteur d'un crime, coupable *mf*, criminel(le) *m(f)*.
perpetual [pə'petjʊəl] *adj* *movement, calendar, rain, sunshine, flower* perpétuel; *nuisance, worry* perpétuel, constant; *noise, questions* perpétuel, continuel; *snows* éternel. **a ～ stream of visitors** un flot continu *or* perpétuel *or* ininterrompu de visiteurs; **he's a ～ nuisance** il ne cesse d'enquiquiner* le monde.
perpetually [pə'petjʊəlɪ] *adv* perpétuellement, continuellement, sans cesse.
perpetuate [pə'petjʊeɪt] *vt* perpétuer.
perpetuation [pəˌpetjʊ'eɪʃən] *n* perpétuation *f*.
perpetuity [ˌpɜːpɪ'tjuːɪtɪ] *n* perpétuité. **in ～** à perpétuité.
perplex [pə'pleks] *vt* (a) (*puzzle*) plonger dans la perplexité, rendre perplexe. **I was ～ed by his refusal to help** son refus d'aider m'a rendu perplexe.
(b) (*complicate*) *matter, question* compliquer, embrouiller. **to ～ the issue** compliquer *or* embrouiller la question.
perplexed [pə'plekst] *adj* *person* embarrassé, perplexe; *tone, glance* perplexe. **I'm ～** je suis perplexe, je ne sais pas trop quoi faire; **to look ～** avoir l'air perplexe *or* embarrassé.
perplexedly [pə'pleksɪdlɪ] *adv* avec perplexité, d'un air *or* d'un ton perplexe, d'un air embarrassé.
perplexing [pə'pleksɪŋ] *adj* *matter, question* embarrassant, compliqué; *situation* embarrassant, confus.
perplexity [pə'pleksɪtɪ] *n* (*bewilderment*) embarras *m*, perplexité *f*; (*complexity*) complexité *f*.
perquisite ['pɜːkwɪzɪt] *n* à-côté *m*; (*in money*) à-côté, gratification *f*.
perry ['perɪ] *n* poiré *m*.
persecute ['pɜːsɪkjuːt] *vt* (*harass, oppress*) *minorities etc* persécuter; (*annoy*) harceler (*with* de), tourmenter, persécuter.
persecution [ˌpɜːsɪ'kjuːʃən] *n* persécution *f*. **he has got a ～ mania** *or* **complex** il a la manie *or* la folie de la persécution.
persecutor ['pɜːsɪkjuːtər] *n* persécuteur *m*, -trice *f*.
Persephone [pə'sefənɪ] *n* Perséphone *f*.
Perseus ['pɜːsjuːs] *n* Persée *m*.
perseverance [ˌpɜːsɪ'vɪərəns] *n* persévérance *f*, ténacité *f*. **by sheer ～** à force de persévérance *or* de persévérer.
persevere [ˌpɜːsɪ'vɪər] *vi* persévérer (*in sth* dans qch), persister (*in sth* dans qch, *at doing sth* à faire qch).
persevering [ˌpɜːsɪ'vɪərɪŋ] *adj* (*determined*) persévérant, obstiné; (*hard-working*) assidu.
perseveringly [ˌpɜːsɪ'vɪərɪŋlɪ] *adv* (*V* **persevering**) avec persévérance, avec obstination; assidûment, avec assiduité.
Persia ['pɜːʃə] *n* Perse *f*.
Persian ['pɜːʃən] **1** *adj* (*Antiquity*) perse; (*from 7th century onward*) persan. **～ carpet** tapis *m* de Perse; **～ cat** chat persan; **～ Gulf** golfe *m* Persique; **～ lamb** astrakan *m*, agneau rasé. **2** *n* (a) Persan(e) *m(f)*; (*Hist*) Perse *mf*. (b) (*Ling*) persan *m*.
persiflage ['pɜːsɪflɑːʒ] *n* persiflage *m*, ironie *f*, raillerie *f*.
persimmon [pɜː'sɪmən] *n* (*tree*) plaqueminier *m* de Virginie *or* du Japon, kaki *m*; (*fruit*) kaki *m*.
persist [pə'sɪst] *vi* [*person*] persister, s'obstiner (*in sth* dans qch, *in doing* à faire); [*pain, opinion*] persister.
persistence [pə'sɪstəns] *n*, **persistency** [pə'sɪstənsɪ] *n* (*U*) [*person*] (*perseverance*) persistance *f*, persévérance *f*; (*obstinacy*) persistance, obstination *f*; [*pain*] persistance. **his ～ in talking** sa persistance *or* son obstination à parler; **as a reward for her ～** pour la récompenser de sa persistance *or* de sa persévérance.
persistent [pə'sɪstənt] *adj* *person* (*persevering*) persévérant; (*obstinate*) obstiné; *smell, chemical substance* persistant; *warnings, complaints, interruptions* continuel, répété; *noise, nuisance* continuel, incessant; *pain, fever, cough* persistant, tenace; *fears, doubts* continuel, tenace. (*Jur*) **～ offender** multi-récidiviste *mf*.

persistently [pə'sɪstəntlɪ] *adv* (*constantly*) constamment; (*obstinately*) avec persistance, obstinément. **he ～ refused to help us** il refusait obstinément *or* il persistait à refuser de nous aider.
persnickety* [pə'snɪkɪtɪ] *adj* (a) = **pernickety**. (b) (*snobbish*) snob *inv*.
person ['pɜːsn] *n* (a) personne *f*, individu *m* (*often pej*); (*Jur*) personne. **I know no such ～** (*no one of that name*) je ne connais personne de ce nom; (*no one like that*) je ne connais personne de ce genre; **in ～** en personne; **give it to him in ～** remettez-le-lui en mains propres; **in the ～ of** dans *or* en la personne de; **a certain ～ who shall be nameless** une certaine personne qui restera anonyme *or* qu'il vaut mieux ne pas nommer; (*Telec*) **a ～ to ～ call** une communication (téléphonique) avec préavis; (*Police etc*) **he had a knife on his ～** il avait un couteau sur lui; (*Jur*) **acting with ～ or ～s unknown** (agissant) de concert *or* en complicité avec un ou des tiers non-identifiés; *V* displaced, per, private *etc*.
(b) (*Gram*) personne *f*. **in the first ～ singular** à la première personne du singulier.
persona [pɜː'səʊnə] *n* (*Liter, Psych etc*) personnage *m*. **～ grata/non grata** persona grata/non grata.
personable ['pɜːsnəbl] *adj* qui présente bien, de belle prestance.
personage ['pɜːsnɪdʒ] *n* (*Theat, gen*) personnage *m*.
personal ['pɜːsnl] **1** *adj* (*private*) *opinion, matter* personnel; (*individual*) *style* personnel, particulier; *liberty etc* personnel, individuel; (*for one's own use*) *luggage, belongings* personnel; (*to do with the body*) *habits* intime; (*in person*) *call, visit* personnel; *application* (fait) en personne; (*Gram*) personnel; (*slightly pej*) *remark, question* indiscret (*f* -ète). **my ～ belief is ...** personnellement *or* pour ma part *or* en ce qui me concerne je crois ...; **I have no ～ knowledge of this** personnellement *or* moi-même je ne sais rien à ce sujet; **a letter marked '～'** une lettre marquée 'personnelle'; **his ～ interests were at stake** ses intérêts personnels *or* particuliers étaient en jeu; **the conversation/argument grew ～** la conversation/la discussion prit un ton *or* un tour personnel; **don't be ～!** ne sois pas si indiscret!, ne fais pas de remarques désobligeantes!; **don't let's get ～!** abstenons-nous de remarques désobligeantes!; **his ～ appearance leaves much to be desired** son apparence (personnelle) *or* sa tenue laisse beaucoup à désirer; **to make a ～ appearance** apparaître en personne; **～ assistant** secrétaire *mf* particulier(ière); **～ cleanliness** hygiène *f* intime; (*Brit Telec*) **～ call** (*person to person*) communication *f* (téléphonique) avec préavis; (*private*) communication téléphonique privée; (*Brit Univ*) **to have a ～ chair** être professeur à titre personnel; (*Press*) **～ column** annonces personnelles; **～ computer** ordinateur *m* individuel *or* personnel; **～ details** (*name, address etc*) coordonnées* *fpl*; **～ effects** effets personnels; (*Jur*) **～ estate, ～ property** biens personnels; **do me a ～ favour and ...** rendez-moi service *or* faites-moi plaisir et ...; **～ friend** ami(e) *m(f)* intime; **～ insurance** assurance *f* personnelle; **～ accident insurance** assurance *f* individuelle contre les accidents; **his ～ life** sa vie privée; (*Gram*) **～ pronoun** pronom *m* personnel; **～ stationery** papier *m* à lettres à en-tête personnel; **to give sth the ～ touch** ajouter une note personnelle *or* originale à qch; **～ tuition** cours *mpl* particuliers (*in* de).
2 *n* (*US Press*) (*article*) entrefilet *m* mondain; (*ad*) petite annonce *f* personnelle.
personality [ˌpɜːsə'nælɪtɪ] **1** *n* (a) (*U: also Psych*) personnalité *f*. **you must allow him to express his ～** vous devez lui permettre d'exprimer sa personnalité; **he has a pleasant/strong ～** il a une personnalité sympathique/forte; **he has a lot of ～** il a beaucoup de personnalité; **the house seemed to have a ～ of its own** la maison semblait avoir un caractère bien à elle; *V* dual, split.
(b) (*celebrity*) personnalité *f*, personnage connu; (*high-ranking person*) notabilité *f*. **～ cult** culte *m* de la personnalité; **a well-known television ～** une vedette de la télévision *or* du petit écran.
(c) **to indulge in personalities** faire des personnalités, faire des remarques désobligeantes; **let's keep personalities out of this** ne faisons pas de personnalités, abstenons-nous de remarques désobligeantes.
2 *cpd* (*gen, Psych*) *problems* de personnalité. **personality test** test *m* de personnalité, test projectif.
personalize ['pɜːsənəlaɪz] *vt* personnaliser.
personalized ['pɜːsənəlaɪzd] *adj* personnalisé.
personally ['pɜːsnəlɪ] *adv* (a) (*in person*) en personne. **I spoke to him ～** je lui ai parlé en personne; **hand it over to him ～** remettez-le-lui en mains propres; **I am ～ responsible for ...** je suis personnellement responsable de ... .
(b) (*for my etc part*) personnellement, quant à moi (*or* toi *etc*), pour ma (*or* ta *etc*) part. **～ I believe that it is possible** personnellement *or* pour ma part je crois que c'est possible; **others may refuse but ～ I am willing to help you** d'autres refuseront peut-être, quant à moi *or* mais pour ma part *or* mais personnellement je suis prêt à vous aider.
(c) **don't take it ～!** ne croyez pas que vous soyez personnellement visé!; **I like him ～ but not as an employer** je l'aime en tant que personne mais pas en tant que patron.
personalty ['pɜːsnltɪ] *n* (*Jur*) biens personnels.
personate ['pɜːsəneɪt] *vt* (a) (*Theat*) jouer le rôle de. (b) (*personify*) personnifier; (*impersonate*) se faire passer pour.
personification [pɜːˌsɒnɪfɪ'keɪʃən] *n* (*all senses*) personnification *f*. **he is the ～ of good taste** il est la personnification *or* l'incarnation *f* du bon goût, il est le bon goût personnifié.
personify [pɜː'sɒnɪfaɪ] *vt* personnifier. **she's kindness personified** c'est la bonté personnifiée *or* en personne; **he's fascism personified** il est le fascisme personnifié.
personnel [ˌpɜːsə'nel] **1** *n* personnel *m*.
2 *cpd*: **personnel agency** agence *f* pour l'emploi, bureau *m* de

placement; (*Mil*) **personnel carrier** véhicule *m* transport de troupes; **personnel department** service *m* du personnel; **personnel management** gestion *f* or direction *f* de or du personnel; **personnel manager** chef *m* du personnel; **personnel officer** cadre *m* or attaché *m* de gestion du personnel, responsable *mf* du personnel.

perspective [pə'spektɪv] *n* (a) (*Archit, Art, Surv, gen*) perspective *f*; (*fig*) optique *f*. (*Art etc*) he has no sense of ~ il n'a aucun sens de la perspective; (*fig*) **to see sth in its true** ~ voir qch dans son contexte; **let's get this into** ~ ne perdons pas le sens des proportions; (*fig*) **in historical** ~ dans une perspective historique.
   (b) (*prospect*) perspective *f*. **we have the** ~ **of much unemployment ahead** nous avons devant nous la perspective d'un chômage considérable; **they had in** ~ **a great industrial expansion** ils avaient une grande expansion industrielle en perspective.
perspex [pɜ:speks] *n* (*esp Brit*) ® plexiglas *m* ®.
perspicacious [,pɜ:spɪ'keɪʃəs] *adj person* perspicace; *analysis* pénétrant.
perspicacity [,pɜ:spɪ'kæsɪtɪ] *n* perspicacité *f*, clairvoyance *f*.
perspicuous [pə'spɪkjʊəs] *adj* clair, net.
perspicuity [,pɜ:spɪ'kju:ɪtɪ] *n* (a) = **perspicacity**. (b) [*explanation, statement*] clarté *f*, netteté *f*.
perspiration [,pɜ:spə'reɪʃən] *n* transpiration *f*, sueur *f*. **bathed in** ~, **dripping with** ~ en nage, tout en sueur; **beads of** ~ gouttes *fpl* de sueur or de transpiration.
perspire [pəs'paɪəʳ] *vi* transpirer. **he was perspiring profusely** il était en sueur or en nage, il transpirait abondamment.
persuadable [pə'sweɪdəbl] *adj* qui peut être persuadé.
persuade [pə'sweɪd] *vt* persuader (*sb of sth* qn de qch, *sb that* qn que), convaincre (*sb of sth* qn de qch). **to** ~ **sb to do** persuader qn de faire, amener or décider qn à faire; **to** ~ **sb not to do** persuader qn de ne pas faire, dissuader qn de faire; **I wanted to help but they** ~**d me not to** je voulais aider mais on m'en a dissuadé; **they** ~**d me that I ought to see him** ils m'ont persuadé que je devais le voir; **to** ~ **sb of the truth of a theory** convaincre qn de la vérité d'une théorie; **she is easily** ~**d** elle se laisse facilement persuader or convaincre; **it doesn't take much to** ~ **him** il n'en faut pas beaucoup pour le persuader or le convaincre; **I am (quite)** ~**d that** he is wrong je suis (tout à fait) persuadé qu'il a tort.
persuasion [pə'sweɪʒən] *n* (a) (*U*) persuasion *f*. **a little gentle** ~ **will get him to help** si nous le persuadons en douceur il nous aidera; **he needed a lot of** ~ il a fallu beaucoup de persuasion pour le convaincre; **I don't need much** ~ **to stop working** il n'en faut pas beaucoup pour me persuader de m'arrêter de travailler.
   (b) (*frm: conviction*) persuasion *f*, conviction *f*. **it is my** ~ **that ...** je suis persuadé que ... .
   (c) (*Rel*) religion *f*, confession *f*. **people of all** ~**s** des gens de toutes les religions or confessions; **I am not of that** ~ **myself** personnellement je ne partage pas cette croyance; **the Mahometan** ~ la religion mahométane; **and others of that** ~ et d'autres de la même confession.
persuasive [pə'sweɪsɪv] *adj person, voice* persuasif; *evidence, argument* convaincant.
persuasively [pə'sweɪsɪvlɪ] *adv speak* d'un ton persuasif; *smile* d'une manière persuasive.
persuasiveness [pə'sweɪsɪvnɪs] *n* pouvoir *m* or force *f* de persuasion.
pert [pɜ:t] *adj* coquin, hardi, mutin. **a** ~ **little hat** un petit chapeau coquin.
pertain [pɜ:'teɪn] *vi* (a) (*relate*) se rapporter, avoir rapport, se rattacher (*to* à). **documents** ~**ing to the case** documents se rapportant à or relatifs à l'affaire. (b) (*Jur etc*) [*land*] appartenir (*to* à).
pertinacious [,pɜ:tɪ'neɪʃəs] *adj* (*stubborn*) entêté, obstiné; (*in opinions etc*) opiniâtre.
pertinaciously [,pɜ:tɪ'neɪʃəslɪ] *adv* (*V* **pertinacious**) avec entêtement, obstinément; opiniâtrement.
pertinacity [,pɜ:tɪ'næsɪtɪ] *n* (*V* **pertinacious**) entêtement *m*, obstination *f*; opiniâtreté *f*.
pertinence [pɜ:tɪnəns] *n* justesse *f*, à-propos *m*, pertinence *f*; (*Ling*) pertinence.
pertinent [pɜ:tɪnənt] *adj answer, remark* pertinent, approprié, judicieux; (*Ling*) pertinent. ~ **to** approprié à, qui a rapport à.
pertinently [pɜ:tɪnəntlɪ] *adv* pertinemment, avec justesse, à propos.
pertly [pɜ:tlɪ] *adv* avec effronterie, avec impertinence.
pertness [pɜ:tnɪs] *n* effronterie *f*, impertinence *f*.
perturb [pə'tɜ:b] *vt* perturber, inquiéter, agiter. **I was** ~**ed to hear that ...** j'ai appris avec inquiétude que ... .
perturbation [,pɜ:tɜ:'beɪʃən] *n* (*U*) perturbation *f*, inquiétude *f*, agitation *f*.
perturbing [pə'tɜ:bɪŋ] *adj* troublant, inquiétant.
pertussis [pə'tʌsɪs] *n* coqueluche *f*.
Peru [pə'ru:] *n* Pérou *m*.
Perugia [pə'ru:dʒə] *n* Pérouse.
perusal [pə'ru:zəl] *n* lecture *f*; (*thorough*) lecture attentive.
peruse [pə'ru:z] *vt* lire; (*thoroughly*) lire attentivement.
Peruvian [pə'ru:vɪən] **1** *adj* péruvien. **2** *n* Péruvien(ne) *m(f)*.
pervade [pɜ:'veɪd] *vt* [*smell*] se répandre dans; [*influence*] s'étendre dans; [*ideas*] s'insinuer dans, pénétrer dans; [*gloom*] envahir. **the feeling/the atmosphere** ~**s the whole book** ce sentiment/cette atmosphère se retrouve dans tout le livre.
pervasive [pɜ:'veɪsɪv] *adj smell, ideas* pénétrant; *gloom* envahissant; *influence* qui se fait sentir un peu partout.
perverse [pə'vɜ:s] *adj* (*wicked*) pervers, mauvais; (*stubborn*) obstiné, têtu, entêté; (*contrary*) contrariant. **driven by a** ~ **desire to hurt himself** poussé par un désir pervers de se faire souffrir; **how** ~ **of him!** qu'il est contrariant!, quel esprit de contradiction!

perversely [pə'vɜ:slɪ] *adv* (*wickedly*) avec perversité, par pure méchanceté; (*stubbornly*) par pur entêtement; (*contrarily*) par esprit de contradiction.
perverseness [pə'vɜ:snɪs] *n* = **perversity**.
perversion [pə'vɜ:ʃən] *n* (*also Psych*) perversion *f*; [*facts*] déformation *f*, travestissement *m*. **sexual** ~**s** perversions sexuelles; (*Med etc*) ~ **of a function** perversion or altération *f* d'une fonction; **a** ~ **of justice** (*gen*) un travestissement de la justice; (*Jur*) un déni de justice; **a** ~ **of truth** un travestissement de la vérité.
perversity [pə'vɜ:sɪtɪ] *n* (*wickedness*) perversité *f*, méchanceté *f*; (*stubbornness*) obstination *f*, entêtement *m*; (*contrariness*) caractère contrariant, esprit *m* de contradiction.
pervert [pə'vɜ:t] **1** *vt person* pervertir, dépraver; (*Psych*) pervertir; (*Rel*) détourner de ses croyances; *habits* dénaturer, dépraver; *fact* fausser, travestir; *sb's words* dénaturer, déformer; *justice, truth* travestir. **to** ~ **the course of justice** égarer la justice en subornant un témoin.
   2 [pɜ:vɜ:t] *n* (a) (*Psych: also sexual* ~) perverti(e) *m(f)* sexuel(le).
   (b) (*Rel: pej*) apostat *m*.
pervious [pɜ:vɪəs] *adj* perméable, pénétrable; (*fig*) accessible (*to* à).
peseta [pə'setə] *n* peseta *f*.
pesky* [peskɪ] *adj* (*US*) sale* (*before n*), empoisonnant*.
peso [peɪsəʊ] *n* (*money*) peso *m*.
pessary [pesərɪ] *n* pessaire *m*.
pessimism [pesɪmɪzəm] *n* pessimisme *m*.
pessimist [pesɪmɪst] *n* pessimiste *mf*.
pessimistic [,pesɪ'mɪstɪk] *adj* pessimiste (*about* au sujet de, sur). **I'm very** ~ **about it** je suis très pessimiste à ce sujet or là-dessus; **I feel** or **I am fairly** ~ **about his coming** je n'ai pas grand espoir qu'il vienne.
pessimistically [,pesɪ'mɪstɪkəlɪ] *adv* avec pessimisme, d'un ton or d'un air pessimiste.
pest [pest] **1** *n* (a) (*insect*) insecte *m* nuisible; (*animal*) animal *m* nuisible. **rabbits are (officially) a** ~ **in Australia** en Australie les lapins sont classés comme animaux nuisibles.
   (b) (*person*) casse-pieds* *mf inv*, empoisonneur* *m*, -euse* *f*. **what a** ~ **that meeting is!** quelle barbe* cette réunion!; **it's a** ~ **having to go c'est embêtant** or barbant* d'avoir à y aller; **you're a perfect** ~! tu n'es qu'un empoisonneur public!*, si tu savais ce que tu es embêtant!*
   2 *cpd*: **pest control** (*insects*) lutte contre les insectes; (*rats*) dératisation *f*; (*Admin*) **pest control officer** agent préposé à la lutte antiparasitaire.
pester [pestəʳ] *vt* importuner, harceler. **to** ~ **sb with questions** harceler qn de questions; **he** ~**ed me to go to the cinema with him but I refused** il m'a harcelé or il m'a cassé les pieds* pour que j'aille au cinéma avec lui mais j'ai refusé; **he** ~**ed me to go to the cinema with him and I went, he went on** ~**ing me until I went to the cinema with him** il n'a eu de cesse que j'aille au cinéma avec lui, il m'a tellement cassé les pieds* que je suis allé au cinéma avec lui; **she has been** ~**ing me for an answer** elle n'arrête pas de me réclamer une réponse; **he** ~**ed his father into lending him the car** à force d'insister auprès de son père il a fini par se faire prêter la voiture; **he** ~**s the life out of me*** il me casse les pieds*; **stop** ~**ing me** laisse-moi tranquille, fiche-moi la paix*; **stop** ~**ing me about your bike** fiche-moi la paix* avec ton vélo; **is this man** ~**ing you?** est-ce que cet homme vous importune?
pesticidal [,pestɪ'saɪdl] *adj* pesticide.
pesticide [pestɪsaɪd] *n* (*gen*) pesticide *m*.
pestiferous [pes'tɪfərəs] *adj* = **pestilent**.
pestilence [pestɪləns] *n* peste *f* (*also fig*).
pestilent [pestɪlənt] *adj*, **pestilential** [,pestɪ'lenʃəl] *adj* (*causing disease*) pestilentiel; (*pernicious*) nuisible; (*: *annoying*) fichu* (*before n*), sacré* (*before n*).
pestle [pesl] *n* pilon *m*.
pet¹ [pet] **1** *n* (a) (*animal*) animal familier or de compagnie. **we have 6** ~**s** nous avons 6 animaux chez nous or à la maison; **he hasn't got any** ~**s** il n'a pas d'animaux chez lui; **she keeps a goldfish as a** ~ en fait d'animal elle a un poisson rouge; **'no** ~**s allowed'** 'les animaux sont interdits'.
   (b) (*: *favourite*) chouchou(te)* *m(f)*. **the teacher's** ~ le chouchou* du professeur; **to make a** ~ **of sb** chouchouter qn*.
   (c) (*) **be a** ~ sois un chou*, sois gentil; **he's rather a** ~ c'est un chou*, il est adorable; **come here (my)** ~ viens ici mon chou* or mon lapin*.
   2 *cpd*: **pet food** aliments *mpl* pour animaux; (*US*) **petnapping*** vol *m* d'animaux familiers (*pour les revendre aux laboratoires*); **pet shop** boutique *f* d'animaux.
   3 *adj* (a) *lion, snake* apprivoisé. **he's got a** ~ **rabbit** il a un lapin (apprivoisé).
   (b) (*favourite*) favori (*f* -ite). **his** ~ **theme** son thème favori; ~ **aversion***, ~ **hate*** bête noire; ~ **name** petit nom (d'amitié); ~ **subject** marotte *f*, dada* *m*; **it's his** ~ **subject** c'est sa marotte, c'est son dada*; **once he gets on his** ~ **subject** ... quand il enfourche son cheval de bataille ... or son dada favori* ... .
   4 *vt* (*indulge*) chouchouter*; (*fondle*) câliner; (*: *sexually*) caresser, peloter‡.
   5 *vi* (*: *sexually*) se caresser, se peloter‡.
pet²* [pet] *n*: **to be in a** ~ être d'une humeur de dogue, être de mauvais poil*, être en rogne*.
petal [petl] *n* pétale *m*. ~**-shaped** en forme de pétale.
petard [pe'tɑ:d] *n* pétard *m*; *V* **hoist**.
Pete [pi:t] *n* (*dim of* **Peter**) **for** ~**'s sake!*** mais enfin!, bon sang!*
Peter [pi:təʳ] *n* Pierre *m*. (*Rel*) ~**'s pence** denier *m* de saint-Pierre; *V* **blue, rob**.

peter¹ ['pi:tər] vi: to ~ out *[supplies]* s'épuiser; *[stream, conversation]* tarir; *[plans]* tomber à l'eau; *[story, plot, play, book]* tourner court; *[fire, flame]* mourir; *[road]* se perdre.
peter²⁎⁎ ['pi:tər] n (US: *penis*) bite f⁎⁎.
petit ['petɪ] adj (US) ~ jury jury m (dans un procès).
petite [pə'ti:t] adj *woman* menue.
petition [pə'tɪʃən] **1** n (a) (*list of signatures*) pétition f. **to get up a** ~ **for/against** sth organiser une pétition en faveur de/contre qch.
  (b) (*prayer*) prière f; (*request*) requête f, supplique f.
  (c) (*Jur*) requête f, pétition f. ~ **for divorce** demande f en divorce; **right of** ~ droit m de pétition; V **file²**.
  2 vt (a) adresser une pétition à, pétitionner. **they ~ed the king for the release of the prisoner** ils adressèrent une pétition au roi pour demander la libération du prisonnier.
  (b) (*beg*) implorer, prier (*sb to do* qn de faire).
  (c) (*Jur*) **to** ~ **the court** adresser or présenter une pétition en justice.
  3 vi adresser une pétition, pétitionner. (*Jur*) **to** ~ **for divorce** faire une demande en divorce.
petitioner [pə'tɪʃnər] n pétitionnaire mf; (*Jur*) requérant(e) m(f), pétitionnaire mf; (*in divorce*) demandeur m, -eresse f (en divorce).
Petrarch ['petra:k] n Pétrarque m.
petrel ['petrəl] n pétrel m; V **stormy**.
petrifaction [,petrɪ'fækʃən] n (*lit, fig*) pétrification f.
petrified ['petrɪfaɪd] adj (*lit*) pétrifié; (*fig: also* ~ **with fear**) pétrifié de peur, paralysé de peur, cloué (sur place) de peur. **I was absolutely ~!** j'étais terrifié!, j'étais pétrifié de peur!
petrify ['petrɪfaɪ] **1** vt (*lit*) pétrifier; (*fig*) pétrifier or paralyser de peur, clouer (sur place) de peur.
  2 vi se pétrifier (*lit*).
petro... ['petrəʊ] *pref* pétro....
petrochemical [,petrəʊ'kemɪkəl] **1** n produit m pétrochimique **2** adj pétrochimique.
petrodollar ['petrəʊ,dɒlər] n petrodollar m.
petrographic(al) [,petrə'græfɪk(əl)] adj pétrographique.
petrography [pe'trɒgrəfɪ] n pétrographie f.
petrol ['petrəl] (*Brit*) **1** n essence f. **high-octane** ~ supercarburant m, super⁎ m; **2-star** ~ essence f ordinaire; **3-star** or **4-star** ~ super⁎ m; **this car is heavy on** ~ cette voiture consomme beaucoup (d'essence); **we've run out of** ~ *[driver]* nous sommes en panne d'essence; *[garage owner]* nous n'avons plus d'essence; V **star**.
  2 cpd: **petrol bomb** cocktail m Molotov; **petrol can** bidon m à essence; **petrol-driven** à essence; **petrol engine** moteur m à essence; **petrol (filler) cap** bouchon m de réservoir d'essence; **petrol gauge** jauge f d'essence; **petrol pump** (*at garage*) pompe f d'essence; (*in engine*) pompe à essence; **petrol rationing** rationnement m d'essence; **petrol station** station-service f, station f or poste m d'essence; **petrol tank** réservoir m (d'essence); **petrol tanker** (*ship*) pétrolier m, tanker m; (*lorry*) camion-citerne m (transportant de l'essence).
petroleum [pɪ'trəʊlɪəm] n pétrole m. ~ **jelly** vaseline f.
petroliferous [,petrə'lɪfərəs] adj pétrolifère.
petrology [pe'trɒlɪdʒɪ] n pétrologie f.
petro-politics [,petrəʊ'pɒlɪtɪks] npl politique f menée des pays de l'OPEP.
petticoat ['petɪkəʊt] n (*underskirt*) jupon m; (*slip*) combinaison f. **the rustle of** ~s le bruissement or le froufrou des jupons.
pettifogging ['petɪfɒgɪŋ] adj (a) (*insignificant*) *details* insignifiant; *objections* chicanier.
  (b) (*slightly dishonest*) *person* plutôt louche; *dealings* plutôt douteux, plutôt louche.
pettily ['petɪlɪ] adv avec mesquinerie, de façon mesquine.
pettiness ['petɪnɪs] n (U: V **petty b, c**) insignifiance f, manque m d'importance; mesquinerie f, petitesse f; méchanceté f, malveillance f; caractère pointilleux; manie f de critiquer; intolérance f, étroitesse f.
petting⁎ ['petɪŋ] n (U) caresses fpl, pelotage‡ m. **heavy** ~ pelotage poussé‡.
pettish ['petɪʃ] adj *person* de mauvaise humeur, irritable; *remark* maussade; *child* grognon.
pettishly ['petɪʃlɪ] adv avec mauvaise humeur, d'un air or d'un ton maussade.
petty ['petɪ] adj (a) (*on a small scale*) *farmer, shopkeeper* petit. (*Brit*) ~ **cash** petite caisse f, caisse f de dépenses courantes; ~ **criminal** petit malfaiteur m, malfaiteur à la petite semaine; ~ **expenses** menues dépenses; (*Jur*) ~ **larceny** larcin m; ~ **official** fonctionnaire mf subalterne, petit fonctionnaire; (*Brit Jur*) **P**~ **Sessions** sessions fpl des juges de paix.
  (b) (*trivial*) *detail, complaint* petit, insignifiant, sans importance. ~ **annoyances** désagréments mineurs, tracasseries fpl; ~ **regulations** règlement tracassier.
  (c) (*small-minded*) mesquin, petit; (*spiteful*) méchant, mauvais, malveillant; (*preoccupied with detail*) (trop) pointilleux; (*fault-finding*) critique; (*intolerant*) intolérant, étroit. ~**-minded** mesquin.
  (d) (*Naut*) ~ **officer** ≃ maître m; (*US Navy*) ~ **officer third class** quartier-maître de première classe.
petulance ['petjʊləns] n irritabilité f, irascibilité f.
petulant ['petjʊlənt] adj *person* irritable, irascible. **in a** ~ **mood** de mauvaise humeur.
petulantly ['petjʊləntlɪ] adv *speak* d'un ton irrité, avec irritation, avec humeur; *behave* avec mauvaise humeur.
petunia [pɪ'tju:nɪə] n pétunia m.
pew [pju:] n (*Rel*) banc m (d'église); (⁎) siège m. (*hum*) **take a** ~⁎ prenez donc un siège.
pewter ['pju:tər] n (U) étain m. **to collect** ~ collectionner les étains; ~ **pot** pot m en or d'étain.

PFC [pi:ef'si:] n (*US Mil*) abbr of **Private First Class**; V **private**.
PFLP [pi:efel'pi:] n (abbr of **Popular Front for the Liberation of Palestine**) F.P.L.P. m.
PG [pi:'dʒi:] (*Cine*) (*film censor's rating*) abbr of **Parental Guidance** (*pour enfants accompagnés d'un adulte*).
P.G. abbr of **paying guest**; V **paying**.
PH [pi:'eɪtʃ] (*US Mil*) abbr of **Purple Heart**; V **purple**.
pH [pi:'eɪtʃ] n pH m.
Phaedra ['fi:drə] n Phèdre f.
phaeton ['feɪtən] n phaéton m.
phagocyte ['fægə,saɪt] n phagocyte m.
phagocytosis [,fægəsar'təʊsɪs] n phagocytose f.
phalangeal [fə'lændʒɪəl] adj phalangien.
phalanstery ['fælənstərɪ] n phalanstère m.
phalarope ['fælə,rəʊp] n phalarope m.
phalanx ['fælæŋks] n, pl **phalanges** ['fælændʒi:z] (*gen, Mil, Hist: pl also* ~**es**; *Anat*) phalange f.
phallic ['fælɪk] adj phallique. ~ **symbol** symbole m phallique.
phallus ['fæləs] n phallus m.
phantasm ['fæntæzəm] n fantasme m.
phantasmagoria [,fæntæzmə'gɔːrɪə] n fantasmagorie f.
phantasmagoric(al) [,fæntæzmə'gɒrɪk(əl)] adj fantasmagorique.
phantasmal [fæn'tæzməl] adj fantomatique.
phantasy ['fæntəzɪ] n = **fantasy**.
phantom ['fæntəm] n (*ghost*) fantôme m; (*vision*) fantasme m.
Pharaoh ['feərəʊ] n pharaon m; (*as name*) Pharaon m.
Pharisaic(al) [,færɪ'seɪk(əl)] adj pharisaïque.
Pharisee ['færɪsi:] n Pharisien(ne) m(f).
pharmaceutical [,fɑːmə'sju:tɪkəl] adj pharmaceutique.
pharmacist ['fɑːməsɪst] n pharmacien(ne) m(f).
pharmacological [,fɑːməkə'lɒdʒɪkəl] adj pharmacologique.
pharmacology [,fɑːmə'kɒlədʒɪ] n pharmacologie f.
pharmacopoeia [,fɑːməkə'pi:ə] n pharmacopée f, Codex m.
pharmacy ['fɑːməsɪ] n pharmacie f.
pharyngitis [,færɪn'dʒaɪtɪs] n pharyngite f, angine f. **to have** ~ avoir la pharyngite, avoir une angine.
pharynx ['færɪŋks] n pharynx m.
phase [feɪz] **1** n (*stage in process*) phase f, période f; (*aspect, side*) aspect m; (*Astron, Chem, Elec, Phys etc*) phase. **the adolescent** ~ **in the development of the individual** la période or la phase de l'adolescence dans le développement de l'individu; **every child goes through a difficult** ~ tout enfant passe par une période difficile; **it's just a** ~ (**he's going through**) ça lui passera; **a critical** ~ **in the negotiations** une phase or une période or un stade critique des négociations; **the first** ~ **of the work** la première tranche des travaux; **the** ~**s of a disease** les phases d'une maladie; **the** ~**s of the moon** les phases de la lune; (*Elec*) **in** ~ en phase; (*Elec, fig*) **out of** ~ déphasé.
  2 cpd: **phase-out** suppression f progressive.
  3 vt *innovations, developments* introduire graduellement; *execution of plan* procéder par étapes à. **they** ~**d the modernization of the factory** on a procédé par étapes à la modernisation de l'usine; **the modernization of the factory was** ~**d over 3 years** la modernisation de l'usine s'est effectuée en trois ans par étapes; **the changes were** ~**d carefully so as to avoid unemployment** on a pris soin d'introduire les changements graduellement afin d'éviter le chômage; **we must** ~ **the various processes so as to lose as little time as possible** nous devons arranger or organiser les diverses opérations de façon à perdre le moins de temps possible; ~**d changes** changements organisés de façon progressive; **a** ~**d withdrawal of troops** un retrait progressif des troupes.
◆**phase in** vt sep *new machinery* introduire progressivement or graduellement.
◆**phase out 1** vt sep *machinery* retirer progressivement; *jobs* supprimer graduellement; *techniques, differences* éliminer progressivement.
  2 n phase-out V **phase 2**.
phatic ['fætɪk] adj phatique.
Ph.D. ['pi:,eɪtʃ'di:] n (*Univ*) (abbr for **Doctor of Philosophy**) ≃ titulaire m d'un doctorat d'état.
pheasant ['feznt] n faisan m; (*hen* ~) faisane f; (*young* ~) faisandeau m.
phenobarbitone ['fi:nəʊ'bɑː:bɪtəʊn] n phénobarbital m.
phenol ['fi:nɒl] n phénol m.
phenomena [fɪ'nɒmɪnə] npl of **phenomenon**.
phenomenal [fɪ'nɒmɪnl] adj (*lit, fig*) phénoménal.
phenomenally [fɪ'nɒmɪnəlɪ] adv phénoménalement.
phenomenological [fənɒmənə'lɒdʒɪkəl] adj phénoménologique.
phenomenologist [fənɒmə'nɒlədʒɪst] n phénoménologue mf.
phenomenology [fənɒmə'nɒlədʒɪ] n phénoménologie f.
phenomenon [fɪ'nɒmɪnən] n, pl **phenomena** (*lit, fig*) phénomène m.
pheromone ['ferə,məʊn] n phéromone f.
phew [fju:] excl (*from disgust*) pouah!; (*surprise*) oh!; (*relief*) ouf!; (*heat*) pfff!
Phi Beta Kappa [faɪ'beɪtə'kæpə] n (*US Univ*) association d'anciens étudiants très brillants.
phial ['faɪəl] n fiole f.
Philadelphia [,fɪlə'delfɪə] n Philadelphie.
philander [fɪ'lændər] vi courir après les femmes, faire la cour aux femmes.
philanderer [fɪ'lændərər] n coureur m (de jupons), don Juan m.
philandering [fɪ'lændərɪŋ] n flirts mpl, liaisons fpl.
philanthropic [,fɪlən'θrɒpɪk] adj philanthropique.
philanthropist [fɪ'lænθrəpɪst] n philanthrope mf.

philanthropy [fɪ'lænθrəpɪ] *n* philanthropie *f*.
philatelic [ˌfɪlə'telɪk] *adj* philatélique.
philatelist [fɪ'lætəlɪst] *n* philatéliste *mf*.
philately [fɪ'lætəlɪ] *n* philatélie *f*.
...phile [faɪl] *suf* ...phile. franco~ (*adj*, *n*) francophile (*mf*).
Philemon [far'li:mɒn] *n* Philémon *m*.
philharmonic [ˌfɪlɑː'mɒnɪk] *adj* philharmonique.
philhellene [fɪl'heliːn] *n*, *adj* philhellène (*mf*).
philhellenic [ˌfɪlhe'liːnɪk] *adj* philhellène.
philhellenism [fɪl'helnɪzəm] *n* philhellénisme *m*.
...philia ['fɪlɪə] *suf* ...philie *f*. franco~ francophilie *f*.
Philip ['fɪlɪp] *n* Philippe *m*.
Philippi ['fɪlɪpaɪ] *n* Philippes.
Philippians [fɪ'lɪpɪəns] *npl* Philippiens *mpl*.
philippic [fɪ'lɪpɪk] *n* (*liter*) philippique *f*.
Philippine ['fɪlɪpiːn] *adj*, *n*: the ~ Islands, the ~s les Philippines *fpl*.
Philistine ['fɪlɪstaɪn] **1** *adj* philistin; (*fig*) béotien. **2** *n* (*Bible etc*) Philistin *m*; (*fig*) philistin *m*, béotien(ne) *m(f)*.
Philistinism ['fɪlɪstɪnɪzəm] *n* philistinisme *m*.
Phillips ['fɪlɪps] *n* ® ~ screw vis *f* cruciforme; ~ screwdriver tournevis *m* cruciforme.
philodendron [ˌfɪlə'dendrən] *n* philodendron *m*.
philological [ˌfɪlə'lɒdʒɪkəl] *adj* philologique.
philologist [fɪ'lɒlədʒɪst] *n* philologue *mf*.
philology [fɪ'lɒlədʒɪ] *n* philologie *f*.
philosopher [fɪ'lɒsəfəʳ] *n* philosophe *mf*. (*fig*) he's something of a ~ il est du genre philosophe; ~'s stone pierre philosophale.
philosophic(al) [ˌfɪlə'sɒfɪk(əl)] *adj* (a) *subject, debate* philosophique.
  (b) (*fig: calm, resigned*) philosophe, calme, résigné. in a ~ tone d'un ton philosophe; I felt fairly ~ about it all j'ai pris tout cela assez philosophiquement *or* avec une certaine philosophie.
philosophically [ˌfɪlə'sɒfɪkəlɪ] *adv* philosophiquement, avec philosophie.
philosophize [fɪ'lɒsəfaɪz] *vi* philosopher (*about, on* sur).
philosophy [fɪ'lɒsəfɪ] *n* philosophie *f*. **Aristotle's** ~ la philosophie d'Aristote; his ~ of life sa philosophie, sa conception de la vie; he took the news with ~ il reçut la nouvelle avec philosophie *or* philosophiquement; V *moral, natural*.
philtre, (*US*) philter ['fɪltəʳ] *n* philtre *m*.
phiz‡ [fɪz] *n*, **phizog**‡ [fɪ'zɒg] *n* (*abbr of* **physiognomy**) binette‡ *f*, bouille‡ *f*.
phlebitis [flɪ'baɪtɪs] *n* phlébite *f*.
phlebology [flɪ'bɒlədʒɪ] *n* phlébologie *f*.
phlebotomist [flɪ'bɒtəmɪst] *n* phlébotomiste *mf*.
phlebotomy [flɪ'bɒtəmɪ] *n* phlébotomie *f*.
phlegm [flem] *n* flegme *m*.
phlegmatic [fleg'mætɪk] *adj* flegmatique.
phlegmatically [fleg'mætɪkəlɪ] *adv* flegmatiquement, avec flegme.
phlox [flɒks] *n* phlox *m inv*.
Phnom-Penh ['nɒm'pen] *n* Phnom-Penh.
...phobe [fəʊb] *suf* ...phobe. franco~ (*adj*, *n*) francophobe (*mf*).
phobia ['fəʊbɪə] *n* phobie *f*. I've got a ~ about ... j'ai la phobie des (*or* du *etc* ...).
...phobia ['fəʊbɪə] *suf* ...phobie *f*. anglo~ anglophobie *f*.
phobic ['fəʊbɪk] *adj*, *n* phobique (*mf*).
phoenix ['fiːnɪks] *n* phénix *m*.
phonatory ['fəʊnətərɪ] *adj* phonateur (*f*-trice), phonatoire.
phone¹ [fəʊn] (*abbr of* **telephone**) **1** *n* téléphone *m*. on *or* over the ~ (*gen*) au téléphone; I'm on the ~ (*subscriber*) j'ai le téléphone; (*speaking*) je suis au téléphone; to have sb on the ~ avoir qn au bout du fil.
  2 *cpd*: **phone book** annuaire *m*; **phone box** cabine *f* téléphonique; **phone call** coup *m* de fil *or* de téléphone; (*Brit Telec*) **phone card** carte *f* de téléphone à mémoire; (*Rad*) **phone-in (programme)** programme *m* à ligne ouverte; **phone number** numéro *m* de téléphone.
  3 *vt* téléphoner à, passer un coup de fil à.
  4 *vi* téléphoner.
phone² [fəʊn] *n* (*Ling*) phone *m*.
phoneme ['fəʊniːm] *n* phonème *m*.
phonemic [fəʊ'niːmɪk] *adj* phonémique.
phonemics [fəʊ'niːmɪks] *n* phonémique *f*, phonématique *f*.
phonetic [fəʊ'netɪk] *adj* phonétique. the ~ alphabet l'alphabet *m* phonétique; ~ law loi *f* phonétique.
phonetics [fəʊ'netɪks] *n* (*U: subject, study*) phonétique *f*; (*symbols*) transcription *f* phonétique. **articulatory/acoustic/auditory** ~ phonétique *f* articulatoire/acoustique/auditoire; the ~ are wrong la transcription phonétique est fausse.
phonetician [ˌfəʊnɪ'tɪʃən] *n* phonéticien(ne) *m(f)*.
phoney* ['fəʊnɪ] **1** *adj name* faux (*f* fausse); *jewels* en toc*; *emotion* factice, simulé; *excuse, story, report* bidon* *inv*, à la noix*; *person* pas franc, poseur. (*in 1939*) the ~ war* la drôle de guerre; this diamond is a ~ ce diamant c'est du toc*; apparently he was a ~ doctor il paraît que c'était un charlatan *or* un médecin marron; a ~ company une société bidon*; it sounds ~ cela a l'air d'être de la frime* *or* de la blague*.
  2 *n* (*person*) charlatan *m*, poseur *m*, faux jeton* *m*. that diamond is a ~ ce diamant c'est du toc*.
phonic ['fɒnɪk] *adj* phonique.
phono... ['fəʊnəʊ] *pref* phono... .
phonograph ['fəʊnəgrɑːf] *n* (*US, also Brit†*) électrophone *m*, phonographe† *m*.
phonological [ˌfəʊnə'lɒdʒɪkəl] *adj* phonologique.
phonologically [ˌfəʊnə'lɒdʒɪklɪ] *adv* phonologiquement.

phonologist [fə'nɒlɒdʒɪst] *n* phonologue *mf*.
phonology [fəʊ'nɒlədʒɪ] *n* phonologie *f*.
phony* ['fəʊnɪ] = **phoney***.
phooey* ['fuːɪ] *excl* (*US*) (*scorn*) peuh!, pfft!; (*disappointment*) zut alors!
phosgene ['fɒzdʒiːn] *n* phosgène *m*.
phosphate ['fɒsfeɪt] *n* (*Chem*) phosphate *m*. (*Agr*) ~s phosphates, engrais phosphatés.
phosphene ['fɒsfiːn] *n* phosphène *m*.
phosphide ['fɒsfaɪd] *n* phosphure *m*.
phosphine ['fɒsfiːn] *n* phosphine *f*.
phosphoresce [ˌfɒsfə'res] *vi* être phosphorescent.
phosphorescence [ˌfɒsfə'resns] *n* phosphorescence *f*.
phosphorescent [ˌfɒsfə'resnt] *adj* phosphorescent.
phosphoric [fɒs'fɒrɪk] *adj* phosphorique.
phosphorous ['fɒsfərəs] *adj* phosphoreux.
phosphorus ['fɒsfərəs] *n* phosphore *m*.
photo ['fəʊtəʊ] **1** *n* (*abbr of* **photograph**) photo *f*; *for phrases* V **photograph**.
  2 *cpd*: **photo album** album *m* de photos; (*Sport*) **photo finish** photo-finish *f*.
photo... ['fəʊtəʊ] *pref* photo... .
photocall ['fəʊtəʊˌkɔːl] *n* (*Brit Press*) séance *f* de photos pour la presse.
photocell ['fəʊtəʊˌsel] *n* photocellule *f*.
photochemistry [ˌfəʊtəʊ'kemɪstrɪ] *n* photochimie *f*.
photochemical [ˌfəʊtəʊ'kemɪkəl] *adj* photochimique.
photocompose [ˌfəʊtəʊkəm'pəʊz] *vt* photocomposer.
photocomposer [ˌfəʊtəʊkəm'pəʊzəʳ] *n* photocomposeuse *f*.
photocomposition [ˌfəʊtəʊkɒmpə'zɪʃən] *n* photocomposition *f*.
photoconductive [ˌfəʊtəʊkən'dʌktɪv] *adj* photoconducteur (*f* -trice).
photocopier ['fəʊtəʊˌkɒpɪəʳ] *n* photocopieur *m*, photocopieuse *f*.
photocopy ['fəʊtəʊˌkɒpɪ] **1** *n* photocopie *f*. **2** *vt* photocopier.
photocurrent ['fəʊtəʊˌkʌrənt] *n* photocourant *m*.
photodisintegration [ˌfəʊtəʊdɪsˌɪntɪ'greɪʃən] *n* photodissociation *f*.
photodisk ['fəʊtəʊˌdɪsk] *n* (*Comput*) photodisque *m*.
photoelasticity [ˌfəʊtəʊɪlæ'stɪsɪtɪ] *n* photoélastimétrie *f*.
photoelectric(al) [ˌfəʊtəʊɪ'lektrɪk(l)] *adj* photo-électrique. ~ cell cellule *f* photo-électrique.
photoelectricity [ˌfəʊtəʊɪlek'trɪsɪtɪ] *n* photoélectricité *f*.
photoelectron [ˌfəʊtəʊɪ'lektrɒn] *n* photo(-)électron *m*.
photoengrave [ˌfəʊtəʊɪn'greɪv] *vt* photograver.
photoengraving [ˌfəʊtəʊɪn'greɪvɪŋ] *n* photogravure *f*.
Photofit ['fəʊtəʊˌfɪt] ® **1** *n* (*picture*) portrait-robot *m*. **2** *cpd*: a **Photofit picture** un portrait-robot.
photoflash ['fəʊtəʊˌflæʃ] *n* flash *m*.
photoflood ['fəʊtəʊˌflʌd] *n* projecteur *m*.
photogenic [ˌfəʊtə'dʒenɪk] *adj* photogénique.
photogeology [ˌfəʊtəʊdʒɪ'ɒlədʒɪ] *n* photo-géologie *f*.
photograph ['fəʊtəgrɑːf] **1** *n* photo(graphie) *f*. to take a ~ of sb/ sth prendre une photo de qn/qch, prendre qn/qch en photo; he takes good ~s il fait de bonnes photos; he takes a good ~* (*is photogenic*) il est photogénique, il est bien en photo*; in *or* on the ~ sur la photo; V *aerial, colour*.
  2 *cpd*: **photograph album** album *m* de photos *or* de photographies.
  3 *vt* photographier, prendre en photo.
  4 *vi*: to ~ well être photogénique, être bien en photo*.
photographer [fə'tɒgrəfəʳ] *n* (*also Press etc*) photographe *mf*. **press** ~ photographe *mf* de la presse, reporter *m* photographe; **street** ~ photostoppeur *m*; he's a keen ~ il est passionné de photo.
photographic [ˌfəʊtə'græfɪk] *adj*. photographique. ~ library photothèque *f*; ~ memory mémoire *f* photographique.
photographically [ˌfəʊtə'græfɪkəlɪ] *adv* photographiquement.
photography [fə'tɒgrəfɪ] *n* (*U*) photographie *f(U)*; V *colour, trick*.
photogravure [ˌfəʊtəʊgrə'vjʊəʳ] *n* photogravure *f*, héliogravure *f*.
photokinesis [ˌfəʊtəʊkɪ'niːsɪs] *n* photokinésie *f*.
photokinetic [ˌfəʊtəʊkɪ'netɪk] *adj* photokinétique.
photolitho [ˌfəʊtəʊ'laɪθəʊ] *n* (*abbr of* **photolithography**) photolithographie *f*.
photolithograph [ˌfəʊtəʊ'lɪθəˌgrɑːf] *n* gravure *f* photolithographique.
photolithography [ˌfəʊtəʊlɪ'θɒgrəfɪ] *n* photolithographie *f*.
photolysis [fəʊ'tɒlɪsɪs] *n* photolyse *f*.
photomachine [ˌfəʊtəʊmə'ʃiːn] *n* photomaton *m*.
photomap ['fəʊtəʊˌmæp] *n* photoplan *m*.
photomechanical [ˌfəʊtəʊmɪ'kænɪkl] *adj* photomécanique.
photometer [fəʊ'tɒmɪtəʳ] *n* photomètre *m*.
photometric [ˌfəʊtə'metrɪk] *adj* photométrique.
photometry [fəʊ'tɒmɪtrɪ] *n* photométrie *f*.
photomontage [ˌfəʊtəʊmɒn'tɑːʒ] *n* photomontage *m*.
photomultiplier [ˌfəʊtəʊ'mʌltɪˌplaɪəʳ] *n* photomultiplicateur *m*.
photon ['fəʊtɒn] *n* photon *m*.
photo-offset ['fəʊtəʊˌɒf.set] *n* (*Typ*) offset *m* (*process*).
photoperiod [ˌfəʊtəʊ'pɪərɪəd] *n* photopériode *f*.
photoperiodic [ˌfəʊtəʊˌpɪərɪ'ɒdɪk] *adj* photopériodique.
photoperiodism [ˌfəʊtəʊ'pɪərɪədɪzəm] *n* photopériodisme *m*.
photophobia [ˌfəʊtəʊ'fəʊbɪə] *n* photophobie *f*.
photorealism [ˌfəʊtəʊ'rɪəˌlɪzəm] *n* photoréalisme *m*.
photoreconnaissance [ˌfəʊtəʊrɪ'kɒnɪsəns] *n* reconnaissance *f* photographique.
photosensitive [ˌfəʊtəʊ'sensɪtɪv] *adj* photosensible.
photosensitivity [ˌfəʊtəʊsensɪ'tɪvɪtɪ] *n* photosensibilité *f*.
photosensitize [ˌfəʊtəʊ'sensɪˌtaɪz] *vt* photosensibiliser.
photosensor ['fəʊtəʊˌsensəʳ] *n* dispositif *m* photosensible.

photoset ['fəʊtəʊ,set] *vt* photocomposer.
Photostat ['fəʊtəʊ,stæt] ® **1** *n* photostat *m*. **2** *vt* photocopier.
photosynthesis [,fəʊtəʊ'sɪnθɪsɪs] *n* photosynthèse *f*.
photosynthesize [,fəʊtəʊ'sɪnθɪ,saɪz] *vt* photosynthétiser.
photosynthetic [,fəʊtəʊsɪn'θetɪk] *adj* photosynthétique.
photosynthetically [,fəʊtəʊsɪn'θetɪklɪ] *adv* photosynthétiquement.
phototelegram [,fəʊtəʊ'tele,græm] *n* phototélégramme *m*.
phototelegraphy [,fəʊtəʊtɪ'legrəfɪ] *n* phototélégraphie *f*.
phototropic [,fəʊtəʊ'trɒpɪk] *adj* phototropique.
phototropism [,fəʊtəʊ'trɒpɪzəm] *n* phototropisme *m*.
phototype ['fəʊtəʊ,taɪp] *n* (*process*) phototypie *f*.
phototypesetting [,fəʊtəʊ'taɪp,setɪŋ] *n* (*US Typ*) photocomposition *f*.
phototypography [,fəʊtəʊtaɪ'pɒgrəfɪ] *n* phototypographie *f*.
phrasal ['freɪzəl] *adj* syntagmatique ~ **verb** verbe *m* à particule.
phrase [freɪz] **1** *n* (a) (*saying*) expression *f*. **as the** ~ **is** *or* **goes** comme on dit, selon l'expression consacrée; **that's exactly the** ~ **I'm looking for** voilà exactement l'expression que je cherche; *V* **set**.
  (b) (*Ling: gen*) locution *f*; (*Transformational Gram*) syntagme *m*. **noun/verb** ~ syntagme nominal/verbal.
  (c) (*Mus*) phrase *f*.
2 *vt* (a) *thought* exprimer; *letter* rédiger. **a neatly** ~**d letter** une lettre bien tournée; **can we** ~ **it differently?** pouvons-nous l'exprimer différemment? *or* en d'autres termes?
  (b) (*Mus*) phraser.
3 *cpd*: **phrasebook** recueil *m* d'expressions; (*Ling*) **phrase marker** marqueur *m* syntagmatique; (*Ling*) **phrase structure** (*n*) structure *f* syntagmatique; (*adj*) *rule, grammar* de structure syntagmatique.
phraseology [,freɪzɪ'ɒlədʒɪ] *n* phraséologie *f*.
phrasing ['freɪzɪŋ] *n* (a) *[ideas]* expression *f*; *[text]* rédaction *f*, phraséologie *f*. **the** ~ **is unfortunate** les termes sont mal choisis.
  (b) (*Mus*) phrasé *m*.
phrenetic [frɪ'netɪk] *adj* = **frenetic**.
phrenic ['frenɪk] *adj* (*Anat*) phrénique.
phrenologist [frɪ'nɒlədʒɪst] *n* phrénologue *mf*, phrénologiste *mf*.
phrenology [frɪ'nɒlədʒɪ] *n* phrénologie *f*.
phthisiology [,θaɪsɪ'ɒlədʒɪ] *n* phthisiologie *f*.
phthisis ['θaɪsɪs] *n* phtisie *f*.
phut ['fʌt] *adv*: **to go** ~ *[machine, object]* péter‡, rendre l'âme*; *[scheme, plan]* tomber à l'eau.
phycology [faɪ'kɒlədʒɪ] *n* phycologie *f*.
phylactery [fɪ'læktərɪ] *n* phylactère *m*.
phylactic [fɪ'læktɪk] *adj* phylactique.
phyletic [faɪ'letɪk] *adj* phylogénique.
phylloxera [,fɪlɒk'sɪərə] *n* phylloxéra *m*.
phylogenesis [,faɪləʊ'dʒenɪsɪs] *n* phylogénèse *f*.
phylogenetic [,faɪləʊdʒɪ'netɪk] *adj* phylogénique.
phylum ['faɪləm] *n* phylum *m*.
physic ['fɪzɪk] *n* (a) (*U*) ~**s** physique *f*; **experimental** ~**s** physique expérimentale; *V* **atomic**, **nuclear** *etc*. (b) (††) médicament *m*.
physical ['fɪzɪkəl] **1** *adj* (a) (*of the body*) physique. ~ **cruelty** brutalité *f*, sévices *mpl*; ~ **culture** culture *f* physique; ~ **education** éducation *f* physique; ~ **examination**, ~ **check-up** examen médical, bilan *m* de santé, check-up* *m inv*; ~ **exercise** exercice *m* physique; ~ **exercises**, (*Brit*) ~ **jerks*** exercices *mpl* d'assouplissement, gymnastique *f*; ~ **handicap** handicap *m* physique; **it's a** ~ **impossibility for him to get there on time** il lui est physiquement *or* matériellement impossible d'arriver là-bas à l'heure; (*US Med*) ~ **therapist** physiothérapeute *mf*, ≃ kinésithérapeute *mf*; ~ **therapy** physiothérapie *f*, ≃ kinésithérapie *f*; **to have a** ~ **therapy** faire de la rééducation; ~ **training** éducation *f* physique.
  (b) *geography, properties, sciences* physique; *world, universe, object* matériel.
2 *n* (*) examen médical, bilan *m* de santé, check-up* *m inv*. **to go for a** ~ aller passer une visite médicale.
physically ['fɪzɪkəlɪ] *adv* physiquement. **he is** ~ **handicapped** c'est un handicapé physique.
physician [fɪ'zɪʃən] *n* médecin *m*.
physicist ['fɪzɪsɪst] *n* physicien(ne) *m(f)*. **experimental/theoretical** *etc* ~ physicien(ne) de physique expérimentale/théorique *etc*; *V* **atomic** *etc*.
physio... ['fɪzɪəʊ] *pref* physio....
physiognomy [,fɪzɪ'ɒnəmɪ] *n* (*gen*) physionomie *f*; (*hum: face*) bobine‡ *f*, bouille‡ *f*.
physiological ['fɪzɪə'lɒdʒɪkəl] *adj* physiologique.
physiologist [,fɪzɪ'ɒlədʒɪst] *n* physiologiste *mf*.
physiology [,fɪzɪ'ɒlədʒɪ] *n* physiologie *f*.
physiotherapist [,fɪzɪə'θerəpɪst] *n* physiothérapeute *mf*, ≃ kinésithérapeute *mf*.
physiotherapy [,fɪzɪə'θerəpɪ] *n* physiothérapie *f*, ≃ kinésithérapie *f*.
physique [fɪ'ziːk] *n* (*strength, health etc*) constitution *f*; (*appearance*) physique *m*. **he has a fine/poor** ~ il a une bonne/mauvaise constitution.
phytogeography [,faɪtəʊdʒɪ'ɒgrəfɪ] *n* phytogéographie *f*.
phytology [faɪ'tɒlədʒɪ] *n* phytobiologie *f*.
phytopathology [,faɪtəʊpə'θɒlədʒɪ] *n* phytopathologie *f*.
phytoplankton [,faɪtə'plæŋktən] *n* phytoplancton *m*.
pi¹* [paɪ] *adj* (*Brit: pej abbr of* **pious**) *person* satisfait de soi, suffisant; *expression* suffisant, béat.
pi² [paɪ] *n* (*Math*) pi *m*.
pianist ['pɪənɪst] *n* pianiste *mf*.
piano ['pjɑːnəʊ] **1** *n* piano *m*; *V* **baby**, **grand**, **upright** *etc*.

2 *cpd*: **piano-accordion** accordéon *m* à clavier; **piano concerto** concerto *m* pour piano; **piano duet** morceau *m* pour quatre mains; **piano lesson** leçon *f* de piano; **I love piano music** j'aime (écouter) le piano; **I'd like some piano music** je voudrais de la musique pour piano; **piano organ** piano *m* mécanique; **piano piece** morceau *m* pour piano; **piano stool** tabouret *m*; **piano teacher** professeur *m* de piano; **piano tuner** accordeur *m* (de piano).
3 *adv* (*Mus*) piano.
pianoforte [,pjɑː'nəʊ'fɔːtɪ] *n* (*frm*) = **piano 1**.
pianola [pɪə'nəʊlə] *n* ® piano *m* mécanique, pianola *m* ®.
piazza [pɪ'ætsə] *n* (a) (*square*) place *f*, piazza *f*. (b) (*US*) véranda *f*.
pibroch ['piːbrɒx] *n* pibrock *m*.
pica ['paɪkə] *n* (*Typ*) douze *m*, cicéro *m*.
picador ['pɪkədɔːr] *n* picador *m*.
Picardy ['pɪkədɪ] *n* Picardie *f*.
picaresque [,pɪkə'resk] *adj* picaresque.
picayune* [,pɪkə'juːn] *adj* insignifiant, mesquin.
piccalilli ['pɪkə,lɪlɪ] *n* (espèce *f* de) pickles *mpl*.
piccaninny ['pɪkə,nɪnɪ] *n* négrillon(ne) *m(f)*.
piccolo ['pɪkələʊ] *n* piccolo *m*.
pick [pɪk] **1** *n* (a) *tool* pioche *f*, pic *m*; (*Climbing: ice* ~) piolet *m*; *[mason]* smille *f*; *[miner]* rivelaine *f*; *V* **ice**, **tooth**.
  (b) (*choice*) choix *m*. **to take one's** ~ faire son choix; **take your** ~ choisissez, vous avez le choix, à votre choix; **whose** ~ **is it now?** à qui de choisir?; **the** ~ **of the bunch** le meilleur de tous; (*TV etc*) ~ **of the pops** palmarès *m* de la chanson, hit-parade *m*.
2 *cpd*: **pickaxe**, (*US*) **pickax** (*n*) pic *m*, pioche *f*; (*vt*) creuser (*or* défoncer) avec un pic *or* une pioche, piocher; **picklock** (*key*) crochet *m*, rossignol *m*; (*thief*) crocheteur *m*; (*Brit*) **pick-me-up*** remontant *m*; **pickpocket** pickpocket *m*, voleur *m* à la tire; **pickup** *V* **pickup**.
3 *vt* (a) (*choose*) choisir. **you can** ~ **whichever you like** vous pouvez choisir celui que vous voulez; (*Sport*) **to** ~ (**the**) **sides** former *or* sélectionner les équipes; (*Racing*) **he** ~**ed the winner** il a pronostiqué le (cheval) gagnant; (*Racing*) **I'm not very good at** ~**ing the winner** je ne suis pas très doué pour choisir le gagnant; (*fig*) **they certainly** ~**ed a winner in Colin Smith** avec Colin Smith ils ont vraiment tiré le bon numéro; **to** ~ **one's way through/among** avancer avec précaution à travers/parmi; **to** ~ **a fight with sb** (*physical*) chercher la bagarre *or* chercher à se bagarrer* avec qn; (*words: also* **to** ~ **a quarrel with sb**) chercher noise à qn, provoquer une querelle avec qn.
  (b) (*gather*) *fruit, flower* cueillir.
  (c) (*take out, remove*) *spot, scab* gratter, écorcher. **to** ~ **one's nose** se mettre les doigts dans le nez; **to** ~ **a splinter from one's hand** s'enlever une écharde de la main; **to** ~ **the bones of a chicken** sucer les os d'un poulet; **the dog was** ~**ing the bone** le chien rongeait l'os; **to** ~ **one's teeth** se curer les dents; **you've** ~**ed a hole in your jersey** à force de tirailler tu as fait un trou à ton pull; (*fig*) **to** ~ **holes in an argument** relever les défauts *or* les failles d'un raisonnement; **he's always** ~**ing holes in everything** il trouve toujours à redire; **to** ~ **sb's brains** faire appel aux lumières de qn; **I want to** ~ **your brains** j'ai besoin de vos lumières; **to** ~ **a lock** crocheter une serrure; **to** ~ **pockets** pratiquer le vol à la tire; **to** ~ **sb's pocket** faire les poches à qn; **I've had my pocket** ~**ed** on m'a fait les poches; *V also* **bone**.
4 *vi*: **to** ~ **and choose** faire le (*or* la) difficile; **I like to** ~ **and choose** j'aime bien prendre mon temps pour choisir; **to** ~ **at one's food** manger du bout des dents, chipoter*, pignocher*; **the bird** ~**ed at the bread** l'oiseau picorait le pain; **don't** ~ **at that spot** ne gratte pas ce bouton.
◆**pick at** *vt fus* (*US**) = **pick on a**.
◆**pick off** *vt sep* (a) *paint* gratter, enlever; *flower, leaf* cueillir, enlever.
  (b) (*shoot*) abattre (*après avoir visé soigneusement*). **he picked off the sentry** il a visé soigneusement et a abattu la sentinelle; **he picked off the 3 sentries** il a abattu les 3 sentinelles l'une après l'autre.
◆**pick on** *vt fus* (a) (*: nag at, harass*) harceler. **to pick on sb** harceler qn, être toujours sur le dos de qn*; **he is always picking on Robert** il est toujours sur le dos de Robert*, c'est toujours après Robert qu'il rouspète*; **stop picking on me!** fiche-moi la paix!*, arrête de rouspéter après moi!*
  (b) (*single out*) choisir, désigner. **the teacher picked on him to collect the books** le professeur le choisit *or* le désigna pour ramasser les livres; **why pick on me?** all the rest did the same pourquoi t'en (*or* s'en) prendre à moi? les autres ont fait la même chose.
◆**pick out** *vt sep* (a) (*choose*) choisir, désigner. **pick out two or three you would like to keep** choisissez-en deux ou trois que vous aimeriez garder; **he picked 2 apples out of the basket** elle choisit 2 pommes dans le panier; **he had already picked out his successor** il avait déjà choisi son successeur.
  (b) (*distinguish*) distinguer; (*in identification parade*) identifier. **I couldn't pick out anyone I knew in the crowd** je ne pouvais repérer *or* distinguer personne de ma connaissance dans la foule; **can you pick out the melody in this passage?** pouvez-vous distinguer la mélodie dans ce passage?; **can you pick me out in this photo?** pouvez-vous me reconnaître sur cette photo?
  (c) **to pick out a tune on the piano** retrouver un air au piano.
  (d) (*highlight*) **to pick out a colour** rehausser *or* mettre en valeur une couleur; **letters picked out in gold on a black background** lettres rehaussées d'or sur fond noir.
◆**pick over** *vt sep* *collection of fruit, goods etc* trier, examiner (pour choisir). **to pick some books over** examiner quelques livres; **he picked the rags over** il tria les chiffons; **she was picking over the**

shirts in the sale elle examinait les chemises en solde les unes après les autres.
♦**pick through** *vt fus* = **pick over**.
♦**pick up 1** *vi* (a) (*improve*) *[conditions, programme, weather]* s'améliorer; *[prices, wages]* remonter; *[trade, business]* reprendre; *[invalid]* se rétablir, se remettre. **business has picked up recently** les affaires ont repris récemment; (*Comm, Fin*) **the market will pick up soon** le marché va bientôt remonter; (*Sport*) **the team is picking up now** l'équipe est en progrès maintenant; (*Rad, TV etc*) **the sound picked up towards the end** le son s'améliora vers la fin; **things are picking up a bit*** ça commence à aller mieux.
(b) (*put on speed*) *[vehicle]* prendre de la vitesse. **the car picked up once we got out of town** dès la sortie de la ville la voiture prit de la vitesse.
(c) (*: *continue*) continuer, reprendre. **after dinner we picked up where we'd left off** après le dîner nous avons repris la conversation (*or* le travail *etc*) où nous l'avions laissé(e).
2 *vt sep* (a) (*lift*) *sth dropped, book, clothes etc* ramasser. (*after fall*) **to pick o.s. up** se relever, se remettre sur pieds; **he picked up the child** (*gen*) il a pris l'enfant dans ses bras; (*after fall*) il a relevé l'enfant; **he picked up the telephone and dialled a number** il a décroché le téléphone et a composé un numéro; **pick up all your clothes before you go out!** ramasse tous tes vêtements avant de sortir!; **to pick up the pieces** (*lit*) ramasser les morceaux; (*fig*) sauver ce qu'on peut et recommencer, recoller les morceaux; (*fig*) **he had to pick up the bill** c'est lui qui a dû payer *or* casquer*.
(b) (*collect*) prendre. **can you pick up my coat from the cleaners?** pourrais-tu (passer) prendre mon manteau chez le teinturier?; **I'll pick up the books next week** je passerai prendre les livres la semaine prochaine; **I'll pick you up at 6 o'clock** je passerai vous prendre à 6 heures, je viendrai vous chercher à 6 heures.
(c) (*Aut: give lift to*) *passenger, hitchhiker* prendre. **I'll pick you up at the shop** je vous prendrai devant le magasin.
(d) (*pej*) ramasser. **he picked up a girl at the cinema** il a ramassé une fille au cinéma.
(e) (*buy, obtain*) découvrir, dénicher. **to pick up a bargain at a jumble sale** trouver une occasion dans une vente (de charité); **where did you pick up that record?** où avez-vous déniché ce disque?; **it's a book you can pick up anywhere** c'est un livre que l'on trouve partout.
(f) (*acquire, learn*) *language etc* apprendre; *habit* prendre. **he picked up French very quickly** il n'a pas mis longtemps à apprendre le français; **I've picked up a bit of German** j'ai appris quelques mots d'allemand; **you'll soon pick it up again** vous vous y remettrez vite; **to pick up an accent** prendre un accent; **to pick up bad habits** prendre de mauvaises habitudes; **I picked up a bit of news about him today** j'ai appris quelque chose sur lui aujourd'hui; **see what you can pick up about their export scheme** essayez d'avoir des renseignements *or* des tuyaux* sur leur plan d'exportations; **our agents have picked up something about it** nos agents ont appris *or* découvert quelque chose là-dessus.
(g) (*Rad, Telec*) *station, programme, message* capter.
(h) (*rescue*) recueillir; (*from sea*) recueillir, repêcher. **the helicopter/lifeboat picked up 10 survivors** l'hélicoptère/le canot de sauvetage a recueilli 10 survivants.
(i) (*catch, arrest*) *wanted man* arrêter, cueillir*, pincer*. **they picked him up for questioning** on l'a arrêté pour l'interroger.
(j) (*focus on*) *[lights, camera]* saisir dans le champ. **we picked up a rabbit in the car headlights** nous avons aperçu un lapin dans la lumière des phares; **the cameras picked him up as he left the hall** en sortant du hall il est entré dans le champ des caméras; **the papers picked up the story** les journaux se sont emparés de l'affaire.
(k) *sb's error etc* relever, ne pas laisser passer. **he picked up 10 misprints** il a relevé 10 fautes d'impression; **he picked up every mistake** il n'a pas laissé passer une seule erreur.
(l) (*reprimand*) faire une remarque *or* une observation à, reprendre. **to pick sb up for having made a mistake** reprendre qn pour une faute.
(m) *[car, boat]* **to pick up speed** prendre de la vitesse; (*Sport*) **he managed to pick up a few points in the later events** il a réussi à gagner *or* rattraper quelques points dans les épreuves suivantes.
(n) (*: *steal*) faucher*, piquer*.
3 pickup *V* **pickup**.
4 pick-me-up* *n* *V* **pick 2**.
pickaback ['pɪkəbæk] = **piggyback 1, 2, 3a**.
pickaninny ['pɪkə,nɪnɪ] *n* = **picaninny**.
picked [pɪkt] *adj* (*also* hand-~) *goods, objects* sélectionné; *men* trié sur le volet. **a group of** (hand-)~ **soldiers** un groupe de soldats d'élite *or* de soldats triés sur le volet.
picker ['pɪkər] *n* (*gen in cpds*) cueilleur *m*, -euse *f*. **apple-**~ cueilleur, -euse de pommes.
picket ['pɪkɪt] **1** *n* (a) (*Ind: also* **strike-**~) piquet *m* de grève; (*at civil demonstrations*) piquet *m* (de manifestants); (*group of soldiers*) détachement *m* (de soldats); (*sentry*) factionnaire *m*. **fire** ~ piquet *m* d'incendie.
(b) (*stake*) pieu *m*, piquet *m*.
2 *cpd*: (*Ind*) **to be on picket duty** faire partie d'un piquet de grève; **picket line** (cordon *m* de) piquet *m* de grève; **to cross a picket line** traverser un piquet de grève.
3 *vt* (a) (*Ind*) **to ~ a factory** mettre un piquet de grève aux portes d'une usine; **the demonstrators** ~**ed the embassy** les manifestants ont formé un cordon devant l'ambassade.
(b) *field* clôturer.
4 *vi* *[strikers]* organiser un piquet de grève.

picketing ['pɪkɪtɪŋ] *n* piquets *mpl* de grève. **there was no** ~ il n'y a pas eu de piquet de grève; *V* **secondary**.
picking ['pɪkɪŋ] *n* (a) *[object from group]* choix *m*; *[candidate, leader]* choix, sélection *f*; *[fruit, vegetables]* cueillette *f*; *[lock]* crochetage *m*; (*careful choosing*) triage *m*.
(b) ~**s** (*of food*) restes *mpl*, débris *mpl*.
(c) (*fig: profits etc*) **there are rich** ~**s** ça peut rapporter gros.
pickle ['pɪkl] **1** *n* (a) (*U: Culin*) (*brine*) saumure *f*; (*wine, spices*) marinade *f*; (*vinegar*) vinaigre *m*. ~**(s)** pickles *mpl*, petits légumes macérés dans du vinaigre.
(b) (*) **to be in a** (*pretty or fine*) ~ être dans de beaux draps, être dans le pétrin; **I'm in rather a** ~ je suis plutôt dans le pétrin.
2 *vt* (*V* **1a**) conserver dans de la saumure *or* dans du vinaigre.
pickled ['pɪkld] *adj* (a) *cucumber etc* conservé *or* macéré dans du vinaigre. (b) (*: *drunk*) bourré‡, ivre.
pickup ['pɪkʌp] **1** *n* (a) *[record-player]* pick-up *m* *inv*, lecteur *m*.
(b) (*Aut: passenger*) passager *m*, -ère *f* ramassé(e) en route. **the bus made 3** ~**s** l'autobus s'est arrêté 3 fois pour prendre *or* laisser monter des passagers.
(c) (*: *casual lover*) partenaire *mf* de rencontre.
(d) (*collection*) **he made a** ~ *[truck driver]* il s'est arrêté pour prendre quelque chose; *[drug runner, spy]* il est allé chercher quelque chose.
(e) (*Aut: acceleration*) reprise(s) *f(pl)*.
(f) (*recovery*) (*Med*) rétablissement *m*; (*in trade etc*) reprise *f* (d'activité).
(g) (*: *pick-me-up*) remontant *m*.
(h) = **pickup truck**; *V* **2**.
2 *cpd*: **pickup truck**, (*Brit*) **pickup van** camionnette *f* (découverte).
3 *adj* (*Sport*) *game* impromptu, improvisé. ~ **side** équipe *f* de fortune.
picky* ['pɪkɪ] *adj* (*US*) difficile (à satisfaire).
picnic ['pɪknɪk] (*vb: pret, ptp* **picnicked**) **1** *n* pique-nique *m*. (*fig*) **it's no** ~* ça n'est pas une partie de plaisir*; **2** *cpd*: **picnic basket**, **picnic hamper** panier *m* à pique-nique; (*US*) **picnic ham** ≃ jambonneau *m*. **3** *vi* pique-niquer, faire un pique-nique.
picnicker ['pɪknɪkər] *n* pique-niqueur *m*, -euse *f*.
pics‡ [pɪks] *npl* (*abbr of* **pictures**) (a) (*films*) ciné* *m*. (b) (*photos*) photos *fpl*.
Pict [pɪkt] *n* Picte *mf*.
Pictish ['pɪktɪʃ] *adj* picte.
pictogram ['pɪktə,græm] *n* pictogramme.
pictograph ['pɪktəgra:f] *n* (a) (*record, chart etc*) pictogramme *m*. (b) (*Ling*) (*symbol*) idéogramme *m*; (*writing*) idéographie *f*.
pictorial [pɪk'tɔ:rɪəl] **1** *adj* *magazine, calendar* illustré; *record* en images; *work* pictural; *masterpiece* pictural, de peinture. **2** *n* illustré *m*.
pictorially [pɪk'tɔ:rɪəlɪ] *adv* en images, au moyen d'images, à l'aide d'images.
picture ['pɪktʃər] **1** *n* (a) (*gen*) image *f*; (*illustration*) image, illustration *f*; (*photograph*) photo(graphie) *f*; (*TV*) image; (*painting*) tableau *m*, peinture *f*; (*portrait*) portrait *m*; (*engraving*) gravure *f*; (*reproduction*) reproduction *f*; (*drawing*) dessin *m*. ~**s made by reflections in the water** images produites par les reflets sur l'eau; **I took a good** ~ **of him** j'ai pris une bonne photo de lui; **I must get a** ~ **of that fountain!** je veux absolument prendre une vue de *or* photographier cette fontaine!; (*fig*) **every** ~ **tells a story** cela se passe de commentaire; (*TV*) **we have the sound but no** ~ nous avons le son mais pas l'image; **to paint a** ~ faire un tableau; **to draw a** ~ faire un dessin; **to paint/draw a** ~ **of sth** peindre/dessiner qch; *V* **pretty**.
(b) (*Cine*) film *m*. **they made a** ~ **about it** on en a fait *or* tiré un film; (*esp Brit*) **to go to the** ~**s** aller au cinéma, aller voir un film; (*esp Brit*) **what's on at the** ~**s?** qu'est-ce qu'on donne au cinéma?; **there's a good** ~ **on this week** on donne *or* on passe un bon film cette semaine; *V* **motion** *etc*.
(c) (*fig*) (*spoken*) description *f*, tableau *m*, image *f*; (*mental image*) image, représentation *f*. **he gave us a** ~ **of the scenes at the front line** il nous présenta un tableau de *or* nous décrivit la situation au front; **his** ~ **of ancient Greece** le tableau *or* l'image qu'il présente (*or* présentait *etc*) de la Grèce antique; **he painted a black** ~ **of the future** il nous peignit un sombre tableau de l'avenir; **I have a clear** ~ **of him as he was when I saw him last** je le revois clairement *or* je me souviens très bien de lui tel qu'il était la dernière fois que je l'ai vu; **I have no very clear** ~ **of the room** je ne me représente pas très bien la pièce; **these figures give the general** ~ ces chiffres donnent un tableau général de la situation; **do you get the** ~?* tu vois la situation?, tu vois le tableau?*, tu piges?‡; **to put sb in the** ~ mettre qn au courant.
(d) (*fig phrases*) **she was a** ~ **in her new dress** elle était ravissante dans sa nouvelle robe; **the garden is a** ~ **in June** le jardin est magnifique en juin; **he is** *or* **looks the** ~ **of health/ happiness** il respire la santé/le bonheur; **you're the** ~ **of your mother!** vous êtes (tout) le portrait de votre mère!; (*fig*) **the other side of the** ~ le revers de la médaille; **his face was a** ~!* son expression en disait long!, si vous aviez vu sa tête!*; **to be/put sb/keep sb in the** ~ être/mettre qn/tenir qn au courant; **to be pushed** *or* **left out of the** ~ être mis sur la touche, être éliminé de la scène.
2 *cpd*: **picture book** livre *m* d'images; (*Cards*) **picture card** figure *f*; **picture frame** cadre *m*; **picture-framer** encadreur *m*; **picture-framing** encadrement *m*; **picture gallery** (*public*) musée *m* (de peinture); (*private*) galerie *f* (de peinture); **picturegoer** cinéphile *mf*, habitué(e) *m(f)* du cinéma, amateur *m* de cinéma; **picture hat** capeline *f*; **picture house†** cinéma *m*; **picture postcard** carte postale (illustrée); **picture rail** cimaise *f*; (*TV*) **picture tube**

tube-image *m*; **picture window** fenêtre *f* panoramique; **picture writing** écriture *f* pictographique.
  3 *vt* (a) (*imagine*) s'imaginer, se représenter. **just ~ yourself lying on the beach** imaginez-vous étendu sur la plage; **~ yourself as a father** imaginez-vous dans le rôle de père.
  (b) (*describe*) dépeindre, décrire, représenter.
  (c) (*by drawing etc*) représenter.
picturesque [,pɪktʃə'resk] *adj* pittoresque.
picturesquely [,pɪktʃə'resklɪ] *adv* d'une manière pittoresque, avec pittoresque.
picturesqueness [,pɪktʃə'resknɪs] *n* pittoresque *m*.
piddle‡ ['pɪdl] *vi* faire pipi*.
piddling* ['pɪdlɪŋ] *adj* (*insignificant*) insignifiant, futile; (*small*) négligeable, de rien.
pidgin ['pɪdʒɪn] *n* (a) (*also*: **~ English**) pidgin(-english) *m*; (*other languages*) ≃ sabir *m*. (b) (*) V **pigeon 1b**.
pie [paɪ] **1** *n* [*fruit, fish, meat with gravy etc*] tourte *f*; [*compact filling*] pâté *m* en croûte. **apple ~** tourte aux pommes; **rabbit/chicken ~** tourte au lapin/au poulet; **pork ~** pâté de porc en croûte; **it's ~ in the sky*** ce sont des promesses en l'air *or* de belles promesses (*iro*); (*fig*) **they want a piece of the ~** ils veulent leur part du gâteau; (*US fig*) **that's ~ to him‡** pour lui, c'est du gâteau*; V **finger, humble, mud** etc.
  2 *cpd*: (*Math*) **pie chart** graphique *m* circulaire, camembert* *m*; **piecrust** croûte *f* de *or* pour pâté; **pie dish** plat *m* allant au four, terrine *f*; **pie-eyed‡** parti*, rond*; **pie plate** moule *m* à tarte, tourtière *f*.
piebald ['paɪbɔːld] **1** *adj horse* pie *inv*. **2** *n* cheval *m or* jument *f* pie.
piece [piːs] **1** *n* (a) morceau *m*; [*cloth, chocolate, glass, paper*] morceau, bout *m*; [*bread, cake*] morceau, tranche *f*; [*wood*] bout, morceau, (*large*) pièce *f*; [*ribbon, string*] bout; (*broken or detached part*) morceau, fragment *m*; (*Comm, Ind*) pièce *f*; (*item, section, also Chess*) pièce; (*Draughts*) pion *m*. **a ~ of silk/wood/paper** etc un morceau de soie/de bois/de papier etc; **a ~ of sarcasm/irony** un sarcasme/ une ironie; **a ~ of land** (*for agriculture*) une pièce *or* parcelle de terre; (*for building*) un lotissement; **a ~ of meat** un morceau *or* une pièce de viande; (*left over*) un morceau *or* un bout de viande; **I bought a nice ~ of beef** j'ai acheté un beau morceau de bœuf; **a sizeable ~ of beef** une belle pièce de bœuf; **I've got a ~ of grit in my eye** j'ai une poussière *or* une escarbille dans l'œil; **a ~ of advice** un conseil; **a ~ of carelessness** de la négligence; **it's a ~ of folly** c'est de la folie; **a ~ of furniture** un meuble; **a ~ of information** un renseignement; **by a ~ of luck** par (un coup de) chance; **a ~ of news** une nouvelle; **a good ~ of work** du bon travail; **read me a ~ out of 'Ivanhoe'** lisez-moi un passage *or* un extrait d''Ivanhoé'; **there's a ~ in the newspaper about ...** on parle dans le journal de ...; **it is made (all) in one ~** c'est fait d'une seule pièce *or* tout d'une pièce; **we got back in one ~*** nous sommes rentrés sains et saufs; **the vase is still in one ~** le vase ne s'est pas cassé *or* est intact; **he had a nasty fall but he's still in one ~*** il a fait une mauvaise chute mais il est entier* *or* indemne; **the back is (all) of a ~ with the seat** le dossier et le siège sont d'un seul tenant; **it is (all) of a ~ with what he said before** cela s'accorde tout à fait avec ce qu'il a dit auparavant; **to give sb a ~ of one's mind*** dire ses quatre vérités à qn*, dire son fait à qn; **he got a ~ of my mind** je lui ai dit ton fait, il a eu de mes nouvelles*; (*Comm*) **sold by the ~** vendu à la pièce *or* au détail; (*Ind*) **paid by the ~** payé à la pièce; **a 5-franc ~** une pièce de 5 F; **a ~ of eight** dollar espagnol; **a 30-~ tea set** un service à thé de 30 pièces; (*Mus*) **10-~ band** orchestre *m* de 10 exécutants; **3 ~s of luggage** 3 valises *fpl* (*or* sacs *mpl* etc); **how many ~s of luggage have you got?** qu'est-ce que vous avez comme bagages?; **~ by ~** pièce à pièce, morceau par morceau; [*jigsaw, game*] **there's a ~ missing** il y a une pièce qui manque; **to put** *or* **fit together the ~s of a mystery** résoudre un mystère en rassemblant les éléments; V **bit², museum, paper, set** etc.
  (b) (*phrases*) **in ~s** (*broken*) en morceaux, en fragments; (*not yet assembled*) *furniture etc* en pièces détachées; **it just came to ~s** c'est parti en morceaux *or* en pièces détachées (*hum*); **it fell to ~s** c'est tombé en morceaux; **the chair comes to ~s if you unscrew the screws** la chaise se démonte si on desserre les vis; (*fig*) **to go to ~s*** [*person*] (*collapse*) s'effondrer; (*lose one's grip*) lâcher pied (*fig*), perdre les pédales*; [*team etc*] se désintégrer; **to take sth to ~s** démonter qch, désassembler qch; **it takes to ~s** c'est démontable; **to cut** *or* **hack sth to ~s** couper *or* mettre qch en pièces; **to smash sth to ~s** briser qch en mille morceaux, mettre qch en miettes; **the boat was smashed to ~s** le bateau vola en éclats; V **pull, tear** etc.
  (c) (*Mus*) morceau *m*; (*poem*) poème *m*, (*pièce f de*) vers *mpl*. **piano ~** morceau pour piano; **a ~ by Grieg** un morceau de Grieg; **a ~ of poetry** un poème, une poésie, une pièce de vers (*liter*).
  (d) (*firearm*) fusil *m*; (*cannon*) pièce *f* (d'artillerie).
  (e) (‡: *girl*) **she's a nice ~** c'est un beau brin de fille.
  2 *cpd*: (*Ind*) **piecework** travail *m* à la pièce *or* aux pièces; **to be on piecework, to do piecework** travailler à la pièce; **pieceworker** ouvrier *m*, -ière *f* payé(e) à la pièce.
◆**piece together** *vt sep broken object* rassembler; *jigsaw* assembler; (*fig*) *story* reconstituer; (*fig*) *facts* rassembler, faire concorder. **I managed to piece together what had happened from what he said** à partir de ce qu'il a dit, j'ai réussi à reconstituer les événements.
piecemeal ['piːsmiːl] **1** *adv* (*bit by bit*) *tell, explain, recount* par bribes; *construct* petit à petit, par bouts; (*haphazardly*) sans plan *or* système véritable, au coup par coup; **he tossed the books ~ into the box** il jeta les livres en vrac dans la caisse.
  2 *adj* (*V* **1**) raconté par bribes; fait petit à petit, fait par bouts; peu systématique, peu ordonné. **he gave me a ~ account/description of it** il m'en a donné par bribes un compte rendu/une description

the construction was ~ la construction a été réalisée petit à petit *or* par étapes; **this essay is ~** cette dissertation est décousue *or* manque de plan; **a ~ argument** un raisonnement peu systématique *or* qui manque de rigueur.
pied [paɪd] *adj* bariolé, bigarré, panaché; *animal* pie *inv*. **the P~ Piper** le joueur de flûte d'Hameln.
pied-à-terre [,pɪeɪdæ'tɛər] *n* pied-à-terre *m inv*.
Piedmont ['piːdmɒnt] *n* (a) (*Geog*) Piémont *m*. (b) (*Geol*) **p~ piémont** *m*; **p~ glacier** glacier *m* de piémont.
pier [pɪər] **1** *n* (a) (*with amusements etc*) jetée *f* (*promenade*); (*landing stage*) appontement *m*, embarcadère *m*; (*breakwater*) brise-lames *m*; (*in airport*) jetée d'embarquement (*or* de débarquement).
  (b) (*Archit*) (*column*) pilier *m*, colonne *f*; [*bridge*] pile *f*; (*brickwork*) pied-droit *m or* piédroit *m*.
  2 *cpd*: **pier glass** (glace *f* de) trumeau *m*; **pierhead** musoir *m*.
pierce [pɪəs] *vt* (a) (*make hole in, go through*) percer, transpercer. **to have one's ears ~d** se faire percer les oreilles; **~d earrings, earrings for ~d ears** boucles *fpl* d'oreilles pour oreilles percées; **the arrow ~d his armour** la flèche transperça son armure; **the bullet ~d his arm** la balle lui transperça le bras.
  (b) (*sound*) percer; (*cold, wind*) transpercer. (*liter*) **the words ~d his heart** ces paroles lui percèrent le cœur.
piercing ['pɪəsɪŋ] *adj sound, voice* aigu (*f* -guë), perçant; *look* perçant; *cold, wind* glacial, pénétrant.
piercingly ['pɪəsɪŋlɪ] *adv scream* d'une voix perçante. **~ cold wind** vent d'un froid pénétrant, vent glacial.
pierrot ['pɪərəʊ] *n* pierrot *m*.
pietism ['paɪɪtɪzəm] *n* piétisme *m*.
pietist ['paɪɪtɪst] *adj, n* piétiste (*mf*).
piety ['paɪətɪ] *n* piété *f*.
piezoelectric [paɪ,iːzəʊɪ'lektrɪk] *adj* piézoélectrique.
piezoelectricity [paɪ,iːzəʊɪlek'trɪsɪtɪ] *n* piézo-électricité *f*.
piezometer [paɪɪ'zɒmɪtər] *n* piézomètre *m*.
piffle* ['pɪfl] *n* balivernes *fpl*, fadaises *fpl*.
piffling* ['pɪflɪŋ] *adj* (*trivial*) futile, frivole; (*worthless*) insignifiant.
pig [pɪg] **1** *n* (a) cochon *m*, porc *m*. (*fig*) **to buy a ~ in a poke** acheter chat en poche; **~s might fly!*** ce n'est pas demain la veille*, c'est (*or* ce sera etc) le jour où les poules auront des dents!*; (*US fig*) **in a ~'s eye!‡** jamais de la vie!, mon œil!*; **they were living like ~s** ils vivaient comme des porcs *or* dans une (vraie) porcherie; (*fig*) **it was a ~*** to do c'était vachement* difficile à faire; V **Guinea, suck** etc.
  (b) (*pej: person*) cochon* *m*, sale type* *m*. **to make a ~ of o.s.** manger comme un goinfre, se goinfrer*; **you ~!*** (*mean*) espèce de chameau!*; (*dirty*) espèce de cochon!*; (*greedy*) espèce de goinfre!
  (c) (‡*pej: policeman*) flicard* *m*. **the ~s** la flicaille‡.
  (d) (*slut*) (*dirty*) souillon *f*; (*promiscuous*) salope‡ *f*.
  2 *cpd*: **pig breeding** élevage porcin; **pig ignorant‡** d'une ignorance crasse; **pig industry** industrie porcine; **pig iron** saumon *m* de fonte; **pig Latin ≃** javanais *m* (*argot*); **pigman** porcher *m*; **pigskin** (*leather*) peau *f* de porc; (*US Ftbl*) ballon *m* (*de football américain*); (*Brit: lit, fig*) **pigsty** porcherie *f*; **your room is like a pigsty!** ta chambre est une vraie porcherie!; **pig-swill** pâtée *f* pour les porcs; [*hair*] **pigtail** natte *f*.
  3 *vi* [*sow*] mettre bas, cochonner.
  4 *vt*: **to ~ it‡** vivre comme un cochon* (*or* des cochons).
◆**pig out*** *vi* (*eat greedily*) s'en mettre plein derrière la cravate*.
pigeon ['pɪdʒən] **1** *n* (a) (*also Culin*) pigeon *m*. **wood-~** ramier *m*; *V* **carrier, clay, homing** etc.
  (b) (*) affaire *f*. **that's not my ~** ça n'est pas mes oignons*; **that's your ~** c'est toi que ça regarde, c'est tes oignons*.
  2 *cpd*: **pigeon-chested** à la poitrine bombée *or* renflée; **pigeon-fancier** colombophile *mf*; **pigeonhole** V **pigeonhole**; **pigeon house, pigeon loft** pigeonnier *m*; **by pigeon post** par pigeon voyageur; **pigeon shooting** tir *m* aux pigeons; **to be pigeon-toed** avoir *or* marcher les pieds tournés en dedans.
pigeonhole ['pɪdʒɪn,həʊl] **1** *n* (*in desk*) case *f*, casier *m*; (*on wall etc*) casier.
  2 *vt* (a) (*store away papers*) classer, ranger.
  (b) (*shelve*) *project, problem* enterrer provisoirement. (*US Pol*) **to ~ a bill** enterrer un projet de loi.
  (c) (*classify*) *person* étiqueter, cataloguer, classer (*as* comme).
piggery ['pɪgərɪ] *n* porcherie *f*.
piggish* ['pɪgɪʃ] *adj* (*pej*) (*in manners*) sale, grossier; (*greedy*) goinfre; (*stubborn*) têtu.
piggy ['pɪgɪ] **1** *n* (*child language*) cochon *m*. **2** *adj* porcin, comme un cochon. **3** *cpd*: **piggyback** V **piggyback**; **piggybank** tirelire *f* (*souvent en forme de cochon*).
piggyback ['pɪgɪ,bæk] **1** *adv ride, be carried* sur le dos. (*fig*) **the shuttle rides ~ on the rocket** la navette est placée sur le dos de la fusée.
  2 *adj ride etc* sur le dos.
  3 *n* (a) **to give sb a ~** porter qn sur son dos; **give me a ~, Daddy!** fais-moi faire un tour (à dada) sur ton dos, Papa!
  (b) (*US Rail*) ferroutage *m*.
  4 *vt* (a) (*carry on one's back*) porter sur son dos.
  (b) (*US Rail*) ferrouter.
  (c) (*fig*) *plan etc* englober, couvrir.
  5 *vi* [*plan, expenditure etc*] être couvert, être pris en charge.
pigheaded ['pɪg'hedɪd] *adj* (*pej*) entêté, obstiné, têtu.
pigheadedly ['pɪg'hedɪdlɪ] *adv* (*pej*) obstinément, avec entêtement.
pigheadedness ['pɪg'hedɪdnɪs] *n* (*pej*) entêtement *m*, obstination *f*.
piglet ['pɪglɪt] *n* porcelet *m*, petit cochon *m*.
pigment ['pɪgmənt] *n* pigment *m*.
pigmentation [,pɪgmən'teɪʃən] *n* pigmentation *f*.

pigmented [pɪg'mentɪd] *adj* pigmenté.
pigmy ['pɪgmɪ] = **pygmy.**
pike¹ [paɪk] *n* (*spear*) pique *f.*
pike² [paɪk] *n* 1 *n* (*fish*) brochet *m.* 2 *cpd*: **pikeperch** sandre *m.*
pike³ [paɪk] *n* = **turnpike**; *V* **turn** 2.
pike⁴ [paɪk] *n* (*Brit dial: peak*) pic *m.*
piker‡ [paɪkər] *n* (*US*) (*small gambler*) thunard‡ *m*; (*small speculator*) boursicoteur *m*, -euse *f*; (*stingy person*) pingre *mf*; (*contemptible person*) minable *mf.*
pikestaff ['paɪksta:f] *n V* **plain.**
pilaf(f) ['pɪlæf] *n* pilaf *m.*
pilaster [pɪ'læstər] *n* pilastre *m.*
Pilate ['paɪlət] *n*: **Pontius ~** Ponce Pilate *m.*
pilau [pɪ'laʊ] = **pilaff.**
pilchard ['pɪltʃəd] *n* pilchard *m*, sardine *f.*
pile¹ [paɪl] 1 *n* (a) (*Constr etc*) pieu *m* de fondation; (*in water*) pilotis *m*; *[bridge]* pile *f.* (b) (*pointed stake*) pieu *m.* 2 *cpd*: **pile driver** sonnette *f*; (*Hist*) **pile dwelling** maison *f* sur pilotis. 3 *vt land* enfoncer des pieux *or* des pilots dans.
pile² [paɪl] 1 *n* (a) (*heap*) *[bricks, books etc]* pile *f*; (*less tidy*) tas *m.* his clothes lay in a ~ ses vêtements étaient en tas; **the linen was in a neat ~** le linge était rangé en une pile bien nette; **to make a ~ of books, to put books in a ~** empiler des livres, mettre des livres en tas *or* en pile.
(b) (*: fortune*) fortune *f.* **to make one's ~** faire son beurre*, faire fortune; **he made a ~ on this deal** il a ramassé un joli paquet* avec cette affaire.
(c) (*) **~s of, a ~ of** *butter, honey* beaucoup de, des masses de*; *cars, flowers* beaucoup de, un tas de*; **to have a ~ of** *or* **~s of money** avoir beaucoup d'argent *or* un argent fou *or* plein d'argent*.
(d) (*Phys*) pile *f*; *V* **atomic.**
(e) (*liter: imposing building*) édifice *m.* **the Louvre, that impressive ~** le Louvre, cet édifice impressionnant.
(f) (*Med*) **~s** hémorroïdes *fpl.*
2 *cpd*: (*Aut*) **pileup** carambolage *m*; **there was a 10-car pileup on the motorway** 10 voitures se sont carambolées sur l'autoroute.
3 *vt* (a) (*also ~ up*) empiler, entasser. **he ~d the books (up)** one on top of the other il a empilé les livres les uns sur les autres; **don't ~ them (up) too high** ne les empile pas trop haut; **a table ~d (high) with books** une table couverte de piles de livres; **to ~ coal on the fire, to ~ the fire up with coal** empiler du charbon sur le feu.
(b) **he ~d the books into the box** il a empilé *or* entassé les livres dans la caisse; **I ~d the children into the car*** j'ai entassé *or* enfourné* *or* empilé* les enfants dans la voiture.
4 *vi* (*) **we all ~d into the car** nous nous sommes tous entassés *or* empilés* dans la voiture; **we ~d off the train** nous sommes descendus du train en nous bousculant; **they ~d through the door** ils sont entrés *or* sortis en se bousculant.
♦ **pile in** *vi [people]* s'entasser, s'empiler*. **the bus arrived and we all piled in** l'autobus est arrivé et nous nous sommes tous entassés *or* empilés* dedans; **pile in, all of you!** empilez-vous* là-dedans!
♦ **pile off** *vi [people]* descendre en désordre.
♦ **pile on‡** *vt sep*: **to pile it on** exagérer, en rajouter, en remettre*; **he does tend to pile it on** il a tendance à en rajouter *or* à en remettre*; **stop piling it on** arrête de forcer la dose!*, n'en rajoute pas!; **to pile on the agony** dramatiser, faire du mélo*.
♦ **pile out** *vi* sortir en désordre *or* en se bousculant.
♦ **pile up** 1 *vi* (a) *[snow etc]* s'amonceler; *[reasons etc]* s'amonceler, s'accumuler; (*) *[work, business]* s'accumuler. **he had to let the work pile up while his colleague was away** pendant que son collègue était parti il a dû laisser le travail s'accumuler *or* il a dû accumuler du travail en retard; **the evidence piled up against him** les preuves s'amoncelaient *or* s'accumulaient contre lui.
(b) (*: crash*) **the car piled up against the wall** la voiture est rentrée* dans le mur *or* s'est écrasée contre le mur *or* a tamponné le mur; **the ship piled up on the rocks** le bateau s'est fracassé sur les rochers.
2 *vt sep* (a) (*lit*) *V* **pile²** 3a.
(b) *evidence* accumuler, amonceler; *reasons* accumuler.
(c) (*: crash*) **he piled up the car/the motorbike last night** hier soir il a bousillé* la voiture/la moto.
3 **pileup** *n V* **pile²** 2.
pile³ [paɪl] *n* (*Tex*) poils *mpl.* **the ~ of a carpet** les poils d'un tapis; **carpet with a deep ~** tapis de haute laine.
pilfer ['pɪlfər] 1 *vt* chaparder*. 2 *vi* se livrer au chapardage*.
pilferage ['pɪlfərɪdʒ] *n* chapardage *m*, coulage *m.*
pilferer ['pɪlfərər] *n* chapardeur* *m*, -euse* *f.*
pilfering ['pɪlfərɪŋ] *n* chapardage *m.*
pilgrim ['pɪlgrɪm] *n* pèlerin *m.* **the ~s to Lourdes** les pèlerins de Lourdes; (*Hist*) **the P~ Fathers** les (Pères) Pèlerins; **'P~'s Progress'** 'Le Voyage du Pèlerin'.
pilgrimage ['pɪlgrɪmɪdʒ] *n* pèlerinage *m.* **to make a ~, to go on a ~** faire un pèlerinage.
pill [pɪl] 1 *n* (a) (*Med, fig*) pilule *f.* (*fig*) **to sugar** *or* **sweeten the ~** dorer la pilule (*for sb* à qn); *V* **bitter.** (b) (*also birth* **~**) pilule *f.* **to be on the ~** prendre la pilule. 2 *cpd*: **pillbox** (*Med*) boîte *f* à pilules; (*Mil*) casemate *f*, blockhaus *m inv*; (*hat*) toque *f.*
pillage ['pɪlɪdʒ] 1 *n* pillage *m*, saccage *m.* 2 *vt* piller, saccager, mettre à sac. 3 *vi* se livrer au pillage *or* au saccage.
pillar ['pɪlər] 1 *n* (*Archit*) pilier *m*, colonne *f*; (*Min, also Climbing*) pilier; (*fig*) *[fire, smoke]* colonne; (*fig: support*) pilier, soutien *m.* **he was pushed around from ~ to post** on se le renvoyait de l'un à l'autre; **after giving up his job he went from ~ to post until ...** après avoir quitté son emploi il a erré à droite et à gauche jusqu'au jour où ...; **~ of water** trombe *f* d'eau; **~ of salt** statue *f* de sel; **~**

of the Church pilier de l'Église; **he was a ~ of strength** il a vraiment été d'un grand soutien; (*Geog*) **the P~s of Hercules** les Colonnes d'Hercule.
2 *cpd*: (*Brit*) **pillar-box** boîte *f* aux *or* à lettres; **pillar-box red** rouge sang *inv.*
pillion ['pɪljən] 1 *n [motorcycle]* siège *m* arrière, tan-sad *m*; *[horse]* selle *f* de derrière. **~ passenger** passager *m* de derrière. 2 *adv*: **to ride ~** (*on horse*) monter en croupe; (*on motorcycle*) monter derrière.
pillory ['pɪlərɪ] 1 *n* pilori *m.* 2 *vt* (*Hist, fig*) mettre au pilori.
pillow ['pɪləʊ] 1 *n* (a) oreiller *m.* **he rested his head on a ~ of moss** il reposa sa tête sur un coussin de mousse.
(b) (*Tech: also* **lace ~**) carreau *m* (de dentellière).
2 *cpd*: **pillowcase** taie *f* d'oreiller; **pillow fight** bataille *f* d'oreillers *or* de polochons*; **pillow slip** = **pillowcase**; **pillowtalk** confidences *fpl* sur l'oreiller; *V* **lace.**
3 *vt head* reposer. **she ~ed her head on my shoulder** elle reposa *or* appuya la tête sur mon épaule; **she ~ed her head in her arms** elle a reposé sa tête sur ses bras.
pilot ['paɪlət] 1 *n* (*Aviat, Naut*) pilote *m.* **co-~** copilote *m*; *V* **automatic.**
2 *adj project etc* -pilote. **~ scheme** projet-pilote *m*, projet expérimental.
3 *cpd*: **pilot boat** bateau-pilote *m*; (*TV*) **pilot film** film-pilote *m*; **pilot-fish** poisson-pilote *m*; **pilot house** poste *m* de pilotage; **pilot jacket** blouson *m* d'aviateur; **pilot jet, pilot light** veilleuse *f* (*de cuisinière, de chauffe-eau etc*); **pilot officer** sous-lieutenant *m* (de l'armée de l'air); (*Ind*) **pilot production** *or* **series** pré-série *f.*
4 *vt* (*Aviat, Naut*) piloter. **he ~ed us through the crowd** il nous a guidés *or* pilotés à travers la foule; **he ~ed the country through the difficult post-war period** il a guidé *or* dirigé le pays à travers les difficultés de l'après-guerre; (*Parl*) **to ~ a bill through the House** assurer le passage d'un projet de loi.
pimento [pɪ'mentəʊ] *n* piment *m.*
pimp [pɪmp] 1 *n* souteneur *m*, maquereau‡ *m*, marlou *m*‡. 2 *vi* être souteneur, faire le maquereau‡.
pimpernel ['pɪmpənel] *n* mouron *m*; *V* **scarlet.**
pimple ['pɪmpl] *n* bouton *m* (*Med*). **to come out in ~s** avoir une poussée de boutons.
pimply ['pɪmplɪ] *adj face, person* boutonneux.
pin [pɪn] 1 *n* (a) (*Sewing: also for hair, tie etc*) épingle *f*; (*Brit: also* **drawing ~**) punaise *f.* (**hat**)**~** épingle à chapeau; **the room was like** *or* **was as neat as a new ~** la pièce était impeccable; **he was as neat as a new ~** (*clean*) il était propre comme un sou neuf*; (*tidy*) il était tiré à quatre épingles; **you could have heard a ~ drop** on aurait entendu voler une mouche; **I've got ~s and needles (in my foot)** j'ai des fourmis (au pied); (*fig*) **to be on ~s** être sur des charbons ardents; **for two ~s I'd smack his face*** pour un peu je lui donnerais une gifle; *V* **rolling, safety** *etc.*
(b) (*Tech*) goupille *f*, goujon *m*; *[hand grenade]* goupille; *[pulley]* essieu *m*; (*Elec*) fiche *f or* broche *f* (de prise de courant); (*Med: in limb*) broche. (*Elec*) **3-~ plug** prise *f* à 3 fiches *or* broches.
(c) (*Bowling*) quille *f*; (*Golf*) drapeau *m* de trou.
(d) (‡: *leg*) **~s** guibolles‡ *fpl or* guiboles‡ *fpl*, quilles‡ *fpl*, pattes *fpl*; **he's not very steady on his ~s** il a les guibolles‡ en coton, il ne tient pas sur ses quilles‡ *or* sur ses pattes.
2 *cpd*: **pinball** flipper *m*; **pinball machine** flipper *m*; **pincushion** pelote *f* à épingles; **pinhead** (*lit*) tête *f* d'épingle; (‡*pej: idiot*) imbécile *mf*, andouille‡ *f*; **pinhole** trou *m* d'épingle; (*Phot*) sténopé *m*; **pin money*** argent *m* de poche; **pinpoint** (*n*) (*lit*) pointe *f* d'épingle; (*vt*) *place* localiser avec précision; *problem* mettre le doigt sur, définir; **pinprick** (*lit*) piqûre *f* d'épingle; (*fig: annoyance*) coup *m* d'épingle; **pinstripe** rayure très fine; **black material with a white pinstripe** tissu noir finement rayé de blanc; **pinstripe suit** costume rayé; **pin table** = **pinball machine**; **pinup** (girl)* pin-up *f inv.*
3 *vt* (a) (*put pin in*) *dress* épingler; *papers* (*together*) attacher *or* réunir *or* assembler avec une épingle; (*to wall etc*) attacher avec une punaise. **he ~ned the medal to his uniform** il a épinglé la médaille sur son uniforme; **he ~ned the calendar on the wall** il a accroché *or* fixé le calendrier au mur (avec une punaise).
(b) (*fig*) **his arms were ~ned to his sides** il avait les bras collés au corps; **to ~ sb against a wall** clouer qn à un mur, immobiliser qn contre un mur; **the fallen tree ~ned him against the house** l'arbre abattu le cloua *or* le coinça *or* l'immobilisa contre la maison; **the battalion was ~ned (down) against the river** le bataillon était bloqué sur la berge du fleuve; **to ~ one's hopes on sth** mettre tous ses espoirs dans qch; **they tried to ~ the crime on him*** ils ont essayé de lui mettre le crime sur le dos *or* de lui coller* la responsabilité du crime; **you can't ~ it on me!*** vous ne pouvez rien prouver contre moi!
(c) (*Tech*) cheviller, goupiller.
(d) (*US: as sign of love*) **to ~ a girl*** offrir à une jeune fille son insigne de confrérie en gage d'affection.
♦ **pin back** *vt sep* (*lit*) retenir (avec une épingle). (*fig*) **to pin sb's ears back*** (*startle*) faire dresser l'oreille à qn; (*US: scold*) passer un savon* à qn; (*US: beat up*) ficher une raclée à qn.
♦ **pin down** *vt sep* (a) (*secure*) attacher *or* fixer avec une épingle *or* une punaise.
(b) (*trap*) immobiliser, coincer. **to be pinned down by a fallen tree** être immobilisé par *or* coincé sous un arbre tombé.
(c) (*fig*) **to pin sb down to a promise** obliger qn à tenir sa promesse; **I can't manage to pin him down** je n'arrive pas à le coincer* (*fig*); **see if you can pin him down to naming a price** essaie de le faire dire un prix; **there's something wrong but I can't pin it down** il y a quelque chose qui ne va pas mais je n'arrive pas à définir exactement ce que c'est *or* à mettre le doigt dessus.

◆**pin on** *vt sep* attacher avec une punaise *or* une épingle, épingler.
◆**pin together** *vt sep* épingler.
◆**pin up 1** *vt sep notice* fixer (au mur) avec une punaise, punaiser, afficher; *hem* épingler; *hair* épingler, relever avec des épingles.
  2 pinup *n, adj* V **pin 2.**
pinafore ['pɪnəfɔːʳ] *n* (*apron*) tablier *m*; (*overall*) blouse *f* (*de travail*). ~ **dress** robe-chasuble *f*.
pincer ['pɪnsəʳ] *n* (a) [*crab*] pince *f*. ~ **movement** (*fig, Mil*) mouvement *m* de tenailles. (b) (*tool*) ~**s** tenailles *fpl*.
pinch [pɪntʃ] **1** *n* (a) (*action*) pincement *m*; (*mark*) pinçon *m*. **to give sb a** ~ (**on the arm**) pincer qn (au bras); (*fig*) **people are beginning to feel the** ~ les gens commencent à être serrés *or* à être à court; (*fig*) **at a** ~, (*US*) **in a** ~ à la limite, à la rigueur; **it'll do at a** ~ cela fera l'affaire à la rigueur *or* faute de mieux; **when it comes to the** ~ au moment critique.
  (b) [*salt*] pincée *f*; [*snuff*] prise *f*. (*fig*) **to take sth with a** ~ **of salt** ne pas prendre qch pour argent comptant *or* au pied de la lettre.
  2 *cpd*: **pinch-hit** V **pinch-hit; pinchpenny** (*adj*) grippe-sou.
  3 *vt* (a) pincer; [*shoes*] serrer. **he** ~**ed her arm** il lui a pincé le bras, il l'a pincée au bras.
  (b) (*: steal*) piquer*, faucher*; (*hum, or child's language*) chiper. **I had my car** ~**ed** on m'a fauché* *or* piqué* ma voiture; **he** ~**ed that idea from Shaw** il a chipé* *or* piqué* cette idée à Shaw; **Robert** ~**ed John's girlfriend** Robert a piqué* sa petite amie à Jean.
  (c) (*: arrest*) pincer*. **to get** ~**ed** se faire pincer*; **they** ~**ed him with the jewels on him** on l'a pincé* *or* piqué‡ en possession des bijoux; **he got** ~**ed for speeding** il s'est fait pincer* pour excès de vitesse.
  4 *vi* (a) [*shoe*] être étroit, serrer. (*fig*) **that's where the shoe** ~**es** c'est là que le bât blesse.
  (b) **to** ~ **and scrape** rogner sur tout, se serrer la ceinture*.
◆**pinch back, pinch off** *vt sep bud* épincer, pincer.
pinchbeck ['pɪntʃbek] **1** *n*(a) (*metal*) chrysocale *m*, similor *m*. (b) (*sth sham*) toc *m*. **2** *adj* (*lit*) en chrysocale, en similor. (b) (*sham*) en toc, de pacotille.
pinched ['pɪntʃt] *adj* (a) (*drawn*) **to look** ~ avoir les traits tirés; **to look** ~ **with cold/with hunger** avoir l'air transi de froid/tenaillé par la faim. (b) ~ **for money** à court d'argent; ~ **for space** à l'étroit.
pinch-hit ['pɪntʃhɪt] *vi* (*US Baseball*) jouer en remplaçant. (*US fig*) **to** ~ **for sb** assurer le remplacement de qn au pied levé.
pinch-hitter ['pɪntʃhɪtəʳ] *n* remplaçant *m*, substitut *m*.
Pindar ['pɪndəʳ] *n* Pindare *m*.
Pindaric [pɪn'dærɪk] *adj* pindarique.
pindling* ['pɪndlɪŋ] *adj* (*US*) chétif, malingre.
pine¹ [paɪn] **1** *n* (a) (*also* ~ **tree**) pin *m*.
  2 *cpd*: **pine cone** pomme *f* de pin; **pine grove** pinède *f*; **pine kernel** pigne *f*, pignon *m*; **pine marten** martre *f*; **pine needle** aiguille *f* de pin; **pine nut** = **pine kernel**; (*US*) **the Pine Tree State** le Maine; **pinewood** (*grove*) bois *m* de pins, pinède *f*; (*U: material*) bois de pin, pin *m*.
pine² [paɪn] *vi* (a) (*long*) **to** ~ **for sth** soupirer après qch (*liter*), désirer ardemment *or* vivement qch; **to** ~ **for one's family** s'ennuyer de sa famille, désirer ardemment retrouver sa famille; **after 6 months in London she began to** ~ **for home** après 6 mois passés à Londres elle ne pensait qu'à *or* aspirait à *or* désirait ardemment rentrer chez elle; **exiles pining for home** des exilés qui ont la nostalgie du pays natal.
  (b) (*be sad*) languir, dépérir.
◆**pine away** *vi* languir, dépérir.
pineal ['pɪnɪəl] *adj*: ~ **body** *or* **gland** glande *f* pinéale, épiphyse *f*.
pineapple ['paɪn.æpl] **1** *n* ananas *m*. **2** *cpd flavour, icecream* aux ananas. **pineapple juice** jus *m* d'ananas.
ping [pɪŋ] **1** *n* bruit *m* métallique; [*bell, clock*] tintement *m*; (*US Aut*) cliquetement *m*. **2** *vi* faire un bruit métallique, tinter; (*US Aut*) cliqueter. **3** *cpd*: **ping-pong** ping-pong *m*; **ping-pong ball** balle *f* de ping-pong; **ping-pong player** pongiste *mf*.
pinging [pɪŋɪŋ] *n* (*US Aut*) cliquetement *m*.
pinion¹ ['pɪnjən] **1** *n* [*bird*] aileron *m*. **2** *vt* (a) *person* lier. **to** ~ **sb's arms** lier les bras à qn; **he was** ~**ed against the wall** il était cloué au mur, il était coincé contre le mur. (b) *bird* rogner les ailes à.
pinion² ['pɪnjən] *n* (*Tech*) pignon *m*. ~ **wheel** roue *f* à pignon; *V* **rack¹.**
pink¹ [pɪŋk] **1** *n* (a) (*colour*) rose *m*. (*fig*) **to be in the** ~ se porter comme un charme; **in the** ~ **of condition** en excellente *or* pleine forme; (*fig*) **to see** ~ **elephants** avoir des visions hallucinatoires (*dues à l'alcool*); V **hunting, salmon.**
  (b) (*Bot*) œillet *m*, mignardise *f*.
  2 *adj cheek, clothes, paper* rose; (*Pol*) gauchisant. **the petals turn** ~ les pétales rosissent; **she turned** ~ **with pleasure** elle rosit *or* rougit de plaisir; **he turned** ~ **with embarrassment** il rougit de confusion; *V* **strike, tickle.**
  3 *cpd*: (*Med*) **pink eye** conjonctivite aiguë contagieuse; **pink gin** cocktail *m* de gin et d'angusture; **pink lady** (*cocktail*) cocktail *m* à base de gin, cognac, jus de citron et grenadine; (*US: terminating employment*) **pink slip*** lettre *f* de licenciement.
pink² [pɪŋk] *vt* (a) (*Sewing*) denteler. ~**ing shears** *or* **scissors** ciseaux *mpl* à denteler. (b) (*put holes in*) perforer. (c) (*pierce*) percer.
pink³ [pɪŋk] *vi* (*Brit*) [*car engine etc*] cliqueter.
pinkie ['pɪŋkɪ] *n* petit doigt, auriculaire *m*.
pinking ['pɪŋkɪŋ] *n* (*Brit Aut*) cliquettement *m*.
pinkish ['pɪŋkɪʃ] *adj* rosâtre, rosé; (*Pol*) gauchisant.
pinko* ['pɪŋkəʊ] *adj, n* (*Pol: pej*) gauchisant(e) *m(f)*.
pinnace ['pɪnɪs] *n* chaloupe *f*, grand canot *m*.

pinnacle ['pɪnəkl] *n* (*Archit*) pinacle *m*; (*mountain peak*) pic *m*, cime *f*; (*Climbing*) gendarme *m*; (*fig*) apogée *m*, sommet *m*, pinacle.
pinny‡ ['pɪnɪ] *n* (*abbr of* **pinafore**) tablier *m*.
Pinocchio [pɪ'nəʊkjəʊ] *n* Pinocchio *m*.
pinochle ['piːnʌkl] *n* (*US*) (sorte *f* de) belote *f*.
pint [paɪnt] **1** *n* (a) pinte *f*, ≃ demi-litre *m* (*Brit = 0,57 litre; US = 0,47 litre*).
  (b) (*Brit*: *beer*) ≃ demi *m* (de bière). **let's go for a** ~ allons boire un demi *or* prendre un pot*; **he had a few** ~**s** il a bu quelques demis; **he likes his** ~ il aime son verre de bière.
  2 *cpd*: **pint-size(d)*** minuscule.
pinta* ['paɪntə] *n* (*abbr of* **pint of milk**: *terme publicitaire*) ≃ demi-litre *m* de lait.
pioneer [paɪə'nɪəʳ] **1** *n* (*gen*) pionnier *m*; (*early settler*) pionnier, colon *m*; (*Mil*) pionnier, sapeur *m*; (*explorer*) explorateur *m*, -trice *f*; [*scheme, science, method*] pionnier, promoteur *m*, -trice *f*. **he was one of the** ~**s in this field** il a été l'un des pionniers *or* novateurs *or* précurseurs dans ce domaine; **he was a** ~ **in the study of bats** il a été un pionnier de l'étude des chauves-souris, il a été l'un des premiers à étudier les chauves-souris; **one of the** ~**s of aviation/scientific research** l'un des pionniers de l'aviation/de la recherche scientifique.
  2 *vt*: **to** ~ **the study of sth** être l'un des premiers (*or* l'une des premières) à étudier qch; **she** ~**ed research in this field** elle fut à l'avant-garde de la recherche dans ce domaine, elle ouvrit la voie dans ce domaine; **he** ~**ed the use of this drug** il a été l'un des premiers à utiliser ce médicament, il a lancé l'usage de ce médicament; *V also* **pioneering.**
  3 *cpd research, study* complètement nouveau. **he did pioneer work in the development of ...** il a été le premier à développer ... .
pioneering [paɪə'nɪərɪŋ] *adj work, research, study* complètement nouveau *or* original.
pious ['paɪəs] *adj person, deed* pieux. **a** ~ **deed** une action pieuse, une œuvre pie; (*iro*) ~ **hope** espoir légitime.
piously ['paɪəslɪ] *adv* avec piété, pieusement.
pip¹ [pɪp] **1** *n* (a) [*fruit*] pépin *m*.
  (b) [*card, dice*] point *m*.
  (c) (*Brit Mil*: *on uniform*) ≃ galon *m*.
  (d) (*Telec*) top *m*. **the** ~**s** le bip-bip; **at the third** ~ **it will be 6.49 and 20 seconds** au troisième top il sera exactement 6 heures 49 minutes 20 secondes; **put more money in when you hear the** ~**s** introduisez des pièces supplémentaires quand vous entendrez le bip-bip.
  (e) (*Radar*) spot *m*.
  2 *cpd*: **pipsqueak*** foutriquet *m*.
pip² [pɪp] *n* (*Vet*) pépie *f*. (*Brit fig*) **he gives me the** ~* il me hérisse le poil*.
pip³* [pɪp] *vt* (a) (*hit*) atteindre d'une balle. (b) **to** ~ **sb** (**to the post**) coiffer qn (au poteau); **to be** ~**ped at the post** se faire coiffer au poteau, se faire battre *or* griller* de justesse. (c) (*fail*) se faire recaler* *or* coller*.
pipe [paɪp] **1** *n* (a) (*for water, gas*) tuyau *m*, conduit *m*, conduite *f*; (*smaller*) tube *m*. **to lay water** ~**s** poser des conduites d'eau *or* une canalisation d'eau; *V* **drain, wind¹.**
  (b) (*Mus*) pipeau *m*, chalumeau *m*; [*organ*] tuyau *m*; (*boatswain's*) sifflet *m*. (*bagpipes*) ~**s** cornemuse *f*; ~**s of Pan** flûte *f* de Pan.
  (c) (*sound*) [*bird*] chant *m*.
  (d) pipe *f*. **he smokes a** ~ il fume la pipe; **he smoked a** ~ **before he left** il fuma une pipe avant de partir; **to fill a** ~ bourrer une pipe; ~ **of peace** calumet *m* de (la) paix; **a** ~(**ful**) **of tobacco** une pipe de tabac; **put that in your** ~ **and smoke it!*** si ça ne te plaît pas c'est le même prix!*, mets ça dans ta poche et ton mouchoir par-dessus!
  2 *cpd*: **pipeclay** terre *f* de pipe; **pipe cleaner** cure-pipe *m*; **pipe dream** chimère *m* de (la) Espagne (*fig*); **pipeline** V **pipeline; pipe organ** grandes orgues; **pipe rack** porte-pipes *m inv*; **pipe tobacco** tabac *m* à pipe.
  3 *vt* (a) (*Agr, Comm etc*) *liquid* transporter *or* acheminer par tuyau *or* conduite *or* canalisation *etc*. **water is** ~**d to the farm** l'eau est amenée jusqu'à la ferme par une canalisation; **to** ~ **oil across the desert** transporter du pétrole à travers le désert par pipeline *or* oléoduc; **to** ~ **oil into a tank** verser *or* faire passer du pétrole dans un réservoir à l'aide d'un tuyau; ~**d music** musique *f* de fond enregistrée.
  (b) (*Mus*) *tune* jouer (sur un pipeau *etc*); (*Naut*) *order* siffler. **to** ~ **all hands on deck** rassembler l'équipage sur le pont (au son du sifflet); **to** ~ **sb in/out** saluer l'arrivée/le départ de qn (au son du sifflet); **the commander was** ~**d aboard** le commandant a reçu les honneurs du sifflet en montant à bord.
  (c) (*Sewing*) passepoiler, garnir d'un passepoil. ~**d with blue** passepoilé de bleu, garni d'un passepoil bleu.
  (d) (*Culin*) **to** ~ **icing/cream** *etc* **on a cake** décorer un gâteau de fondant/de crème fouettée *etc* (à l'aide d'une douille).
  (e) (*say*) dire d'une voix flûtée; (*sing*) chanter d'une voix flûtée.
  4 *vi* (a) (*Mus*) jouer du pipeau *or* du chalumeau *or* de la flûte *or* de la cornemuse.
  (b) (*Naut*) donner un coup de sifflet.
◆**pipe down‡** *vi* mettre la sourdine*, se taire. (do) **pipe down!** un peu de calme!, mets-y une sourdine!*, baisse un peu le ton!*
◆**pipe up*** *vi* se faire entendre.
pipeline ['paɪp,laɪn] *n* (*gen*) oléoduc *m*; [*oil*] oléoduc *m*; [*natural gas*] gazoduc *m*; [*milk*] lactoduc *m*. **it's in the** ~ (*gen*) ça doit venir (*or* sortir) bientôt; [*project, contract, agreement*] c'est en cours de réalisation; (*Ind*) **there's a new model in the** ~ on est en train de développer un nouveau modèle; (*Comm*) **the goods you ordered are in the** ~ les marchandises que vous avez commandées sont en

route; **they have got a pay increase in the** ~ ils doivent recevoir une augmentation de salaire.

piper ['paɪpər] n joueur m, -euse f de pipeau or de chalumeau; (bagpiper) cornemuseur m; V **pay.**

pipette [pɪ'pet] n pipette f.

piping ['paɪpɪŋ] **1** n (U) **(a)** (in house) tuyauterie f, canalisation f, conduites fpl. **(b)** (Mus) son m du pipeau or du chalumeau or de la cornemuse. **(c)** (Sewing) passepoil m. ~ **cord** ganse f. **(d)** (on cake etc) décorations (appliquées) à la douille. **2** adj voice, tone flûté. **3** adv: ~ **hot** tout chaud, tout bouillant.

pipit ['pɪpɪt] n (Orn) pipit m.

pipkin ['pɪpkɪn] n poêlon m (en terre).

pippin ['pɪpɪn] n (pomme f) reinette f.

piquancy ['pi:kənsɪ] n (flavour) goût piquant; [story] sel m, piquant m.

piquant ['pi:kənt] adj flavour, story piquant.

piquantly ['pi:kəntlɪ] adv d'une manière piquante.

pique [pi:k] **1** vt **(a)** person dépiter, irriter, froisser. **(b)** sb's curiosity, interest piquer, exciter. **2** n ressentiment m, dépit m. **in a fit of** ~ dans un accès de dépit.

piquet [pɪ'ket] n piquet m (jeu de cartes).

piracy ['paɪərəsɪ] n (U) piraterie f; (fig) [book, film, tape, video etc] piratage m; [idea] pillage m, vol m; (Comm) contrefaçon f. **a tale of** ~ une histoire de pirates.

piranha [pɪ'rɑ:njə] n piranha m or piraya m.

pirate ['paɪərɪt] **1** n **(a)** (Hist) pirate m, corsaire m, flibustier m. **(b)** (Comm) (gen) contrefacteur m; [book, tape, film, video] pirate m; [ideas] voleur m, -euse f. **2** cpd flag, ship de pirates. **pirate radio** radio f or émetteur m pirate. **3** vt book, tape, film, video pirater; product contrefaire; invention, idea s'approprier, piller, voler.

pirated ['paɪərɪtɪd] adj (Comm) contrefait. ~ **edition** édition pirate.

piratical [paɪ'rætɪkəl] adj (V pirate) de pirate; de contrefacteur.

pirating ['paɪərɪtɪŋ] n [book, tape, film, video] piratage m.

pirouette [ˌpɪrʊ'et] **1** n pirouette f. **2** vi faire la pirouette, pirouetter.

Pisa ['pi:zə] n Pise.

Pisces ['paɪsi:z] n (Astron) les Poissons mpl. (Astron) **I'm** ~ je suis (des) Poissons.

piss⁑⁑ [pɪs] **1** n pisse⁑⁑ f. ~ **artist**⁑⁑ soûlographe⁑ mf. **2** vi pisser⁑. (fig: raining) **it's** ~ing **down** il pleut comme vache qui pisse⁑.

♦ **piss off**⁑⁑ **1** vi foutre le camp⁑. **piss off!** fous(-moi) le camp!⁑ **2** vt: **I'm pissed off** j'en ai marre⁑, j'en ai ras le bol⁑.

pissed⁑⁑ [pɪst] adj bituré⁑, bourré⁑, blindé⁑. **to get** ~ se soûler la gueule⁑; ~ **as a newt**, ~ **out of one's mind** complètement bituré⁑ or rétamé⁑.

pistachio [pɪs'tɑ:ʃɪəʊ] n **(a)** (nut) pistache f; (tree) pistachier m. ~-**flavoured ice cream** glace f à la pistache. **(b)** (colour) (vert m) pistache m inv.

piste [pi:st] n (Ski) piste f.

pisted ['pi:stɪd] adj (Ski) **it's well** ~ **down** c'est bien damé.

pistil ['pɪstɪl] n pistil m.

pistol ['pɪstl] **1** n pistolet m; (Sport: starter's ~) pistolet m (de starter). **2** cpd: **at pistol point** sous la menace du pistolet; **pistol shot** coup m de pistolet; (US) **pistol-whip** (vt) frapper avec un pistolet (au visage).

piston ['pɪstən] **1** n piston m (lit). **2** cpd: **piston engine** moteur m à pistons; **piston-engined** à moteur à pistons; (US) **piston pin** goupille f; **piston ring** segment m (de pistons); **piston rod** tige f de piston.

pit¹ [pɪt] **1** n **(a)** (large hole) trou m; (on moon's surface etc) cratère m, dépression f; (also coal~) mine f, puits m de mine; (as game trap etc) trappe f, fosse f; (quarry) carrière f; (in garage) fosse; (in motor racing) stand m. **chalk** ~ carrière à chaux; (Min) **to go down the** ~ (gen) descendre au fond de la mine; (start work there) aller travailler à la mine; **he works in the** ~s il travaille à la mine; **the men in the** ~s les mineurs mpl (de fond); (fig: hell) **the** ~ l'enfer m.

(b) (small depression) (in metal, glass) petit trou; (on face) (petite) marque f or cicatrice f.

(c) (Anat) creux m. **the ball hit him in the** ~ **of his stomach/ back** la balle l'a touché au creux de l'estomac/des reins; V **arm¹.**

(d) (Brit Theat) (fauteuils mpl d')orchestre m; (for cockfighting) arène f; (US St Ex) parquet m de la Bourse. (US St Ex) **the wheat** ~ la Bourse du blé.

(e) (fig: awful): **it's the** ~s!⁑ c'est merdique!⁑

2 cpd: (Min) **pithead** carreau m de la mine; (Min) **pithead ballot** référendum m des mineurs des houillères; (Min) **pit pony** cheval m de mine; (Min) **pit prop** poteau m or étai m de mine; (Min) **pit worker** mineur m de fond.

3 vt **(a)** opposer (sb against sb qn à qn). **to** ~ **o.s. against sb** se mesurer avec or à qn; **to be** ~**ted against sb** avoir qn comme or pour adversaire; **to** ~ **one's wits against** jouer au plus fin avec, se mesurer avec.

(b) metal trouer, piqueter; face, skin grêler, marquer. **a car** ~**ted with rust** une voiture piquée de rouille; **his face was** ~**ted with pockmarks** son visage était grêlé par la petite vérole; **the** ~**ted surface of the glass** la surface piquetée du verre.

pit² [pɪt] **1** n (fruit-stone) noyau m. **2** vt dénoyauter. ~**ted prunes/ cherries** etc pruneaux m/cerises fpl etc dénoyauté(e)s.

pitapat ['pɪtə'pæt] adv: **to go** ~ [feet] trottiner; [heart] palpiter, battre; [rain] crépiter.

pitch¹ [pɪtʃ] **1** n **(a)** (throw) acte m de lancer, lancement m. **the ball went full** ~ **over the fence** le ballon a volé par-dessus la barrière.

(b) (degree) degré m, point m; [voice] hauteur f. (fig) **at its** (highest) ~ à son comble; **excitement was at fever** ~ l'excitation allait jusqu'à la fièvre; **things have reached such a** ~ **that** ... les choses en sont arrivées à un point tel que ....

(c) (Mus) ton m; (Phon) hauteur f. **to give the** ~ donner le ton; V **concert, perfect.**

(d) (Brit Sport: ground) terrain m. **football/cricket** etc ~ terrain de football/de cricket etc.

(e) (Brit) [trader] place f (habituelle); V **queer.**

(f) (sales talk) baratin* m publicitaire, boniment m. **to make a** ~* **for** (support) plan, suggestion, sb's point of view parler en faveur de; (approach sexually) faire des avances à; V **sales.**

(g) [roof] degré m de pente.

(h) (movement of boat) tangage m.

(i) (Aviat, Naut) [propeller] pas m. **variable** ~ **propeller** hélice f à pas variable.

(j) (Climbing) longueur f (de corde).

2 cpd: (Golf) **pitch-and-putt** pitch-and-putt m (genre de golf limité à deux clubs); **pitch-and-toss** sorte f de jeu de pile ou face; **pitchfork** (n) fourche f (à foin); (vt) (Agr) fourcher, lancer avec une fourche; (fig) **I was pitchforked into it** j'ai dû le faire du jour au lendemain; (US) **pitchman*** (street seller) camelot m; (TV) présentateur m de produits; (Mus) **pitch pipe** diapason m (en forme de sifflet).

3 vt **(a)** (throw) ball (also Baseball) lancer; object jeter, lancer; (Agr) hay lancer avec une fourche; (discard) jeter, bazarder*. ~ **it over here!** jette-le or lance-le par ici!; **he was** ~**ed off his horse** il a été jeté à bas de son cheval, il a été désarçonné; **the horse** ~**ed him off** le cheval l'a jeté à bas or à terre; **to** ~ **over/through/under** etc lancer or jeter par-dessus/à travers/par-dessous etc; (US) ~ **it!*** balance-le!*, jette-le!

(b) (Mus) note donner; melody donner le ton de or à. **she can't** ~ **a note properly** elle ne sait pas trouver la note juste (lit); **I'll** ~ **you a note** je vous donne une note pour commencer; **to** ~ **the voice higher/lower** hausser/baisser le ton de la voix; **this song is** ~**ed too low** cette chanson est dans un ton trop bas; **to** ~ **one's aspirations too high** aspirer or viser trop haut, placer ses aspirations trop haut; **it is** ~**ed in rather high-flown terms** c'est exprimé en des termes assez ronflants; **the speech must be** ~**ed at the right level for the audience** le ton du discours doit être adapté au public; (fig) **you're** ~**ing it a bit high!** or **strong!** tu exagères un peu!, tu y vas un peu fort!; **he** ~**ed me a story about*** ... il m'a débité or m'a sorti* une histoire sur ....

(c) (set up) **to** ~ **a tent** dresser une tente; **to** ~ **camp** établir un camp.

(d) (*: Comm: promote) product promouvoir, faire du battage pour.

4 vi **(a)** (fall) tomber; (be jerked) être projeté; [ball] rebondir, tomber. **she slipped and** ~**ed forward** elle a glissé et est tombée le nez en avant or et a piqué du nez; **he** ~**ed forward as the bus stopped** il a été projeté en avant quand l'autobus s'est arrêté; **to** ~ **into the lake** tomber la tête la première dans le lac; **to** ~ **off a horse** tomber de cheval; **the aircraft** ~**ed into the sea** l'avion a plongé dans la mer; **he** ~**ed over** il est tombé; **he** ~**ed over backwards** il est tombé à la renverse; **the ball** ~**ed (down) at his feet** la balle est tombée or a rebondi à ses pieds.

(b) (Naut) tanguer. **the ship** ~**ed and tossed** le navire tanguait.

(c) (Baseball) lancer la balle. (US fig) **he's in there** ~**ing*** il est solide au poste.

♦ **pitch in*** vi s'atteler or s'attaquer au boulot*, s'y coller*. **they all pitched in to help him** ils s'y sont tous mis or collés* pour l'aider; **come on, pitch in all of you!** allez, mettez-vous-y or collez-vous-y* tous!

♦ **pitch into*** vt fus **(a)** (attack) tomber sur; (abuse) tomber sur, taper sur*, éreinter*.

(b) s'attaquer à. **they pitched into the work** ils se sont attaqués or collés* au travail; **they pitched into the meal** ils se sont attaqués au repas, ils y sont allés d'un bon coup de fourchette.

♦ **pitch out** vt sep (get rid of) person expulser, éjecter*, vider*; thing jeter, bazarder*. **the car overturned and the driver was pitched out** la voiture a fait un tonneau et le conducteur a été éjecté.

♦ **pitch (up)on** vt fus arrêter son choix sur.

pitch² [pɪtʃ] **1** n (tar) poix f, brai m. **mineral** ~ asphalte minéral, bitume m.

2 cpd: **pitch-black** (gen) noir comme poix, noir ébène inv; **it's pitch-black outside** il fait noir comme dans un four dehors; **pitch-blende** pechblende f; **it's pitch-dark** il fait noir comme dans un four; **it's a pitch-dark night** il fait nuit noire; **pitch pine** pitchpin m.

3 vt brayer, enduire de poix or de brai.

pitched [pɪtʃt] adj: ~ **battle** (Mil) bataille rangée; (fig) véritable bataille.

pitcher¹ ['pɪtʃər] n cruche f; (bigger) broc m.

pitcher² ['pɪtʃər] n (Baseball) lanceur m.

piteous ['pɪtɪəs] adj pitoyable. **a** ~ **sight** un spectacle pitoyable or à faire pitié.

piteously ['pɪtɪəslɪ] adv pitoyablement.

pitfall ['pɪtfɔ:l] n (lit) trappe f, piège m; (fig) piège, embûche f. **the** ~**s of English** les pièges de l'anglais; (fig) **there are many** ~**s ahead** or **de nombreuses embûches nous** (or les etc) guettent.

pith [pɪθ] n **(a)** [bone, plant] moelle f; [orange] peau blanche. ~ **helmet** casque colonial. **(b)** (fig) (essence) essence f, moelle f (fig); (force) force f, vigueur f.

pithecanthropine [ˌpɪθɪ'kænθrəʊˌpaɪn] **1** adj pithécanthropien. **2** n pithécanthrope m.

pithecanthropus [ˌpɪθɪkæn'θrəʊpəs] n pithécanthrope m.

pithiness ['pɪθɪnɪs] *n [style]* vigueur *f*, concision *f*.
pithy ['pɪθɪ] *adj (forceful)* nerveux, vigoureux; *(terse)* concis; *(pointed)* savoureux, piquant. a ∼ **saying** une remarque piquante.
pitiable ['pɪtɪəbl] *adj hovel* pitoyable; *income* misérable, de misère; *appearance* piteux, minable; *attempt* piteux. a ∼ **situation** une situation pitoyable *or* navrante.
pitiably ['pɪtɪəblɪ] *adv* pitoyablement.
pitiful ['pɪtɪfʊl] *adj* (a) *(touching) appearance, sight, cripple* pitoyable. (b) *(deplorable) cowardice* lamentable, déplorable. his ∼ **efforts to speak French** ses lamentables efforts pour parler français.
pitifully ['pɪtɪfəlɪ] *adv (pathetically)* pitoyablement, à faire pitié; *(contemptibly)* lamentablement. he was ∼ **thin** il était maigre à faire pitié; a ∼ **bad play** une pièce lamentable.
pitiless ['pɪtɪlɪs] *adj* sans pitié, impitoyable.
pitilessly ['pɪtɪlɪslɪ] *adv* sans pitié, impitoyablement.
piton ['pi:tɒn] *n (Climbing)* piton *m*.
pitta ['pɪtə] *adj*: ∼ **bread** pain *m* grec *(plat et de forme ovale)*.
pittance ['pɪtəns] *n (gen)* somme *f* dérisoire; *(income)* maigre revenu *m*; *(wage)* salaire *m* de misère. she's living on a ∼ elle n'a presque rien pour vivre; they're offering a mere ∼ ils offrent un salaire de misère.
pitter-patter ['pɪtə'pætəʳ] **1** *adv* = **pitapat. 2** *n* = **patter²** 1.
pituitary [pɪ'tju:ɪtərɪ] *adj* pituitaire. ∼ **gland** glande *f* pituitaire, hypophyse *f*.
pity ['pɪtɪ] **1** *n* (a) pitié *f*, compassion *f*. for ∼'s **sake** par pitié, de grâce; **to have** ∼ **on sb** avoir pitié de qn; **to have** ∼ **on him!** ayez pitié de lui!; **to take** ∼ **on sb** avoir pitié de qn, prendre qn en pitié; **to feel** ∼ **for sb** avoir pitié de qn, s'apitoyer sur qn; **to move sb to** ∼ exciter la compassion de qn, apitoyer qn; **out of** ∼ **(for him)** par pitié (pour lui).
(b) *(misfortune)* dommage *m*. it is a ∼/a great ∼ c'est dommage/ bien dommage; **it is a thousand pities** that ... il est mille fois *or* extrêmement dommage que ... + *subj*; it's a ∼ **(that) you can't come** il est *or* quel dommage que vous ne puissiez (pas) venir; **what a** ∼! quel dommage!; **(the) more's the** ∼! c'est bien dommage!, c'est d'autant plus dommage!; **the** ∼ **of it is that** ... le plus malheureux c'est que ... .
2 *vt* plaindre, s'apitoyer sur, avoir pitié de. **he is to be pitied** il est à plaindre.
pitying ['pɪtɪɪŋ] *adj* compatissant, plein de pitié.
pityingly ['pɪtɪɪŋlɪ] *adv* avec compassion, avec pitié.
Pius ['paɪəs] *n* Pie *m*.
pivot ['pɪvət] **1** *n (Mil, Tech, fig)* pivot *m*. **pivot joint** diarthrose *f* rotatoire.
2 *vt (turn)* faire pivoter; *(mount on* ∼*)* monter sur pivot. he ∼ed **it on his hand** il l'a fait pivoter *or* tourner sur sa main.
3 *vi (Tech)* pivoter, tourner. she ∼ed **round and round** elle tournoyait sans s'arrêter; he ∼ed **on his heel** il a tourné sur ses talons; **his whole argument** ∼s **on this point** son argument repose entièrement sur ce point.
pivotal ['pɪvətl] *adj* essentiel, central.
pix* [pɪks] *npl (abbr of pictures) (films)* ciné* *m*; *(photos)* photos *fpl*.
pixie ['pɪksɪ] *n* lutin *m*, fée *f*. ∼ **hood** bonnet pointu.
pixilated* ['pɪksɪ,leɪtɪd] *adj* farfelu.
pizano* [pɪ'zænəʊ] *n (US)* copain *m*.
pizza ['pi:tsə] *n* pizza *f*.
piz(z)azz‡ [pɪ'zæz] *n (US) (gen)* énergie *f*, vigueur *f*; *(in car)* allure *f*; *(pej: garishness)* tape-à-l'œil *m*.
pizzeria [,pi:tsə'ri:ə] *n* pizzeria *f*.
P & L *(Comm) abbr of* profit and loss; *V* profit.
placard ['plækɑ:d] **1** *n (gen)* affiche *f*, placard *m*; *(at demo etc)* pancarte *f*. **2** *vt wall* placarder; *announcement* afficher. **the town is** ∼ed **with slogans** la ville est placardée de slogans.
placate [plə'keɪt] *vt* calmer, apaiser.
place [pleɪs] **1** *n* (a) *(gen)* endroit *m*, lieu *m* *(gen frm)*. **to take** ∼ avoir lieu; **this is the** ∼ c'est ici, voici l'endroit; **we came to a** ∼ **where** ... nous sommes arrivés à un endroit où ...; **any** ∼ **will do** n'importe où fera l'affaire; *(US)* **I couldn't find it any** ∼ je n'ai pu le trouver nulle part; *(US)* **some** ∼ quelque part; *(US)* **it must be some** ∼ **in the house** ça doit être quelque part dans la maison; *(US)* **some** ∼ **else*** quelque part ailleurs; *(US)* **no** ∼ nulle part; **he was in another** ∼ altogether il était dans un tout autre endroit *or* un tout autre lieu; **this is no** ∼ **for children** ce n'est pas un endroit (convenable) pour des enfants; **can't you find a better** ∼ **to sit down?** est-ce que tu ne pourrais pas trouver un meilleur *or* un autre endroit où t'asseoir?; **it's not a very nice** ∼ **here for a picnic** ça n'est pas un bien joli endroit pour pique-niquer; **this is no** ∼ *or* **this isn't the** ∼ **to start an argument** nous ne pouvons pas commencer à discuter ici, ce n'est pas un lieu pour discuter; **from** ∼ **to** ∼ d'un endroit à l'autre, de lieu en lieu; **he went from** ∼ **to** ∼ **looking for her** il la chercha de ville en ville *or* de village en village *etc*); **she moved around the room from** ∼ **to** ∼ elle allait d'un coin de la pièce à un autre *or* de-ci de-là dans la pièce; **his clothes were all over the** ∼ ses vêtements traînaient partout; **I've looked for him all over the** ∼ je l'ai cherché partout; **to find/lose one's** ∼ **in a book** trouver/perdre sa page dans un livre *(V also* **1** h**)**; **to laugh at the right** ∼ rire quand il faut, rire au bon endroit *or* moment; *(travel)* **to go** ∼s* voyager, voir du pays; **we like to go** ∼s* **at weekends** nous aimons faire un tour *or* bouger* pendant les week-ends; *(make good)* **he'll go** ∼s* **all right!** il ira loin!, il fera son chemin!; **he's going** ∼s* **il fait son chemin**; *(make progress)* **we're going** ∼s* **at last** nous avançons enfin *(fig)*, ça démarre* *(fig)*; **I can't be in two** ∼s **at once!*** je ne peux pas être dans deux endroits (différents) à la fois!
(b) *(specific spot)* lieu *m*, endroit *m*. ∼ **of amusement/birth/ death/residence/work** lieu de distraction(s)/de naissance/de

décès/de résidence/de travail; ∼ **of refuge** (lieu de) refuge *m*; **he is at his** ∼ **of business** il est à son lieu de travail; **this building is a** ∼ **of business** cet immeuble est occupé par des locaux commerciaux; *(Jur)* **fixed** ∼ **of business** établissement *m* stable; ∼ **of worship** édifice religieux, lieu de culte; **the time and** ∼ **of the crime** l'heure et le lieu du crime; **do you remember the** ∼ **where we met?** te souviens-tu de l'endroit où nous nous sommes rencontrés?; *(Phon)* ∼ **of articulation** lieu *m or* point *m* d'articulation; *V* **fortify, market, watering** *etc*.
(c) *(district, area)* endroit *m*, coin *m*; *(building)* endroit, bâtiment *m*, immeuble *m*; *(town)* endroit, ville *f*; *(village)* endroit, village *m*, localité *f*. **it's a small** ∼ *(village)* c'est un petit village; *(house)* c'est une petite maison; **it's just a little country** ∼ ce n'est qu'un petit village de campagne; **he needs a** ∼ **in the country** il a une maison *or* une résidence à la campagne; **the house is a vast great** ∼ la maison est immense; **the town is such a big** ∼ **now that** ... la ville s'est tellement agrandie *or* étendue que ...; **we tried to find a native of the** ∼ nous avons essayé de trouver quelqu'un (qui soit originaire) du coin; **the train doesn't stop at that** ∼ **any more le** train ne s'arrête plus là *or* à cet endroit; **house prices are high in every** ∼ **round here** le prix des maisons est élevé partout par ici *or* dans tout le coin* *or* secteur*; **his family is growing, he needs a bigger** ∼ sa famille s'agrandit, il lui faut quelque chose de plus grand *or* une maison plus grande; **his business is growing, he needs a bigger** ∼ son affaire s'agrandit, il lui faut quelque chose de plus grand *or* des locaux plus étendus; **we were at Anne's** ∼* nous étions chez Anne; **come over to our** ∼* venez à la maison *or* chez nous.
(d) *(in street names)* ≃ rue *f*. **Washington P**∼ rue de Washington.
(e) *(seat)* place *f*; *(at table)* place, couvert *m*. **a theatre with 2,000** ∼s un théâtre de 2.000 places; **are there any** ∼s **left?** est-ce qu'il reste des places?; **keep a** ∼ **for me** gardez-moi une place; *(in restaurant, theatre etc)* **is this** ∼ **taken?** est-ce que cette place est prise?; **to lay** *or* **set an extra** ∼ *(at table)* mettre un couvert supplémentaire; *V* **change.**
(f) *(position, situation; circumstance; function)* place *f*; *[star, planet]* position *f*. **in** ∼ *or* à la place de, au lieu de; **to take the** ∼ **of sb/sth** remplacer qn/qch; **to take sb's** ∼ remplacer qn; **out of** ∼ *object* déplacé; *remark (inopportune)* hors de propos, *(improper)* déplacé; **it looks out of** ∼ **there** ça n'a pas l'air à sa place là-bas; **I feel rather out of** ∼ **here** je ne me sens pas à ma place ici; **in** ∼ *object* à sa place; *remark* à propos; **put the book back in its** ∼ remets le livre à sa place; **it wasn't in its** ∼ ça n'était pas à sa place, ça avait été déplacé; **a** ∼ **for everything and everything in its** ∼ une place pour chaque chose et chaque chose à sa place; *(Scol etc)* **he was not in his** ∼ il n'était pas à sa place *(lit)*; *(fig)* **to put sb in his** ∼ remettre qn à sa place, reprendre qn; **that certainly put him in his** ∼! ça l'a bien remis à sa place!; *(Scol)* **go back to your** ∼s retournez à *or* reprenez vos places; **take your** ∼s **for a quadrille** mettez-vous à *or* prenez vos places pour un quadrille; **(if I were) in your** ∼ ... (si j'étais) à votre place ...; **to know one's** ∼ savoir se tenir à sa place; **it's not your** ∼ **to criticize** ce n'est pas à vous de critiquer; **it's my** ∼ **to tell him** c'est à moi de le lui dire; **can you find a** ∼ **for this vase?** pouvez-vous trouver une place *or* un endroit où mettre ce vase?; **to give** ∼ **to** céder la place à; **there's a** ∼ **in this town for a good administrator** cette ville a besoin d'un bon administrateur, il manque à cette ville un bon administrateur.
(g) *(job, position, post, vacancy)* place *f*, situation *f*, poste *m*. ∼s **for 500 workers** des places *or* de l'emploi pour 500 ouvriers; **we have a** ∼ **for a typist** nous avons une place pour une dactylo; **we have a** ∼ **for a teacher** nous avons un poste pour un professeur; **he's looking for a** ∼ **in publishing** il cherche une situation dans l'édition; **we will try to find a** ∼ **for him** on va essayer de le caser* quelque part; **the school will offer 10** ∼s **next term** l'école disposera de 10 places le trimestre prochain; **this school must have a further 80** ∼s cette école a besoin de 80 places supplémentaires; *(Univ etc)* **I have got a** ∼ **on the sociology course** j'ai été admis à faire sociologie.
(h) *(rank)* rang *m*, place *f*; *(in series)* place; *(in exam results)* place. **in the first** ∼ en premier lieu, premièrement, primo; **in the second** ∼ en second lieu, deuxièmement; **in the next** ∼ ensuite; **in the last** ∼ enfin; *(Math)* **to 5 decimal** ∼s, **to 5** ∼s **of decimals** jusqu'à la 5e décimale; **Paul won the race with Robert in second** ∼ Paul a gagné la course et Robert s'est placé *or* a terminé second; **Robert took second** ∼ **in the race** Robert a été second dans la course; *(Ftbl etc)* **the team was in third** ∼ l'équipe était placée troisième *or* était en troisième position; *(Brit Scol)* ∼ **in class** *(gen)* classement *m*, place; *(Brit)* **to get** *or* **take a high/low** ∼ **in class** avoir un bon/mauvais classement, avoir une bonne/mauvaise place en classe; **he took second** ∼ **in history/in the history exam** il a été deuxième en histoire/à l'examen d'histoire; *(Scol)* **he took first** ∼ **in class last year** l'année dernière il a été (le) premier de sa classe; *(Racing)* **to back a horse for a** ∼ jouer un cheval placé; **to keep/lose one's** ∼ **in the queue** garder/perdre sa place dans la queue; **people in high** ∼s les gens haut placés *or* en haut lieu.
2 *cpd*: **place card** carte *f* marque-place; *(Rugby)* **place kick** coup de pied placé; **place mat** set *m*, napperon individuel; **place-name** nom *m* de lieu; *(as study, as group)* **place-names** toponymie *f*; **place setting** couvert *m*.
3 *vt* (a) *(put)* placer, mettre. ∼ **it on the table** mets-le *or* place-le *or* pose-le sur la table; **the picture is** ∼d **rather high up** le tableau est placé un peu trop haut; **to** ∼ **an advertisement in the paper** placer *or* mettre *or* passer une annonce dans le journal; **she** ∼d **the matter in the hands of her solicitor** elle remit l'affaire entre les mains de son avocat; **to** ∼ **confidence in sb/sth** placer sa

confiance en qn/qch; **to ~ trust in sb** faire confiance à qn; **he ~s good health among his greatest assets** il considère *or* place une robuste santé parmi ses meilleurs atouts.

(b) (*situate: gen pass*) placer, situer. **the house is well ~d** la maison est bien située; **he ~d his house high on the hill** il fit construire sa maison près du sommet de la colline; **the shop is awkwardly ~d** le magasin est mal situé *or* mal placé; **the town is ~d in the valley** la ville est située dans la vallée; (*Mil etc*) **they were well ~d to attack** ils étaient en bonne position *or* bien placés pour attaquer; (*fig*) **I am rather awkwardly ~d at the moment** je me trouve dans une situation assez délicate en ce moment; **he is well ~d to decide** il est bien placé pour décider; **we are better ~d than we were a month ago** notre situation est meilleure qu'il y a un mois.

(c) (*in exam*) placer, classer; (*in race*) placer. **he was ~d first in French** il s'est placé *or* classé premier en français; **he was ~d first in the race** il s'est placé premier dans la course; **he wasn't ~d in the race** il n'a pas été placé dans la course; **my horse wasn't ~d** mon cheval n'a pas été placé; (*Ftbl etc*) **our team is well ~d in the league** notre équipe a une bonne position dans le classement.

(d) (*Fin*) *money* placer, investir. **to ~ money at interest** placer de l'argent à intérêt; (*Comm*) **he ~d an order for wood with that firm** il a passé une commande de bois à cette firme; **to ~ a bet with sb** placer un pari chez qn; **to ~ a contract for machinery with a firm** passer un contrat d'achat avec une firme pour l'outillage; (*Comm*) **these goods are difficult to ~** ces marchandises sont difficiles à placer; (*Comm*) **we are trying to ~ our surplus butter production** nous essayons de placer *or* d'écouler le surplus de notre production de beurre; **to ~ a book with a publisher** faire accepter un livre par un éditeur.

(e) (*appoint; find a job for*) placer, trouver une place *or* un emploi pour. **they ~d him in the accounts department** on l'a mis *or* placé à la comptabilité; **the agency is trying to ~ him with a building firm** l'agence essaie de lui trouver une place *or* de le placer dans une entreprise de construction.

(f) (*remember; identify*) se rappeler, se remettre. **I just can't ~ him at all** je n'arrive absolument pas à me le remettre *or* à le situer; **he ~d her at once** il la reconnut aussitôt, il se la rappela immédiatement; **to ~ a face** remettre un visage; **to ~ an accent** situer *or* reconnaître un accent.

4 *vi* (*US Racing*) être placé.

placebo [pləˈsiːbəʊ] *n* (*Med, fig*) placebo *m*.

placement [ˈpleɪsmənt] **1** *n* (*Fin*) placement *m*, investissement *m*; (*Univ etc: during studies*) stage *m*. **2** *cpd*: (*US Univ*) **placement office** (*for career guidance*) centre *m* d'orientation; (*for jobs*) bureau *m* de placement pour étudiants; (*US Scol etc*) **placement test** examen *m* de niveau.

placenta [pləˈsentə] *n* placenta *m*.

placer [ˈpleɪsər] *n* (*US Geol*) sable *m or* gravier *m* aurifère.

placid [ˈplæsɪd] *adj* *person, smile* placide, calme, serein; *waters* tranquille, calme.

placidity [pləˈsɪdɪtɪ] *n* placidité *f*, calme *m*, tranquillité *f*.

placidly [ˈplæsɪdlɪ] *adv* avec placidité, avec calme, placidement.

placing [ˈpleɪsɪŋ] *n* [*money, funds*] placement *m*, investissement *m*; [*ball, players*] position *f*.

plagal [ˈpleɪɡəl] *adj* (*Mus*) plagal.

plagiarism [ˈpleɪdʒərɪzəm] *n* plagiat *m*, démarquage *m*.

plagiarist [ˈpleɪdʒərɪst] *n* plagiaire *mf*, démarqueur *m*, -euse *f*.

plagiarize [ˈpleɪdʒəraɪz] *vt* plagier, démarquer.

plague [pleɪɡ] **1** *n* (*Med*) peste *f*; (*fig*) (*nuisance*) fléau *m*; (*annoying person*) plaie *f*. **to avoid/hate like the ~** fuir/haïr comme la peste; **what a ~ he is!*** c'est une vraie plaie!; *V* bubonic *etc*.

2 *cpd*: **plague-ridden, plague-stricken** *region, household* frappé de la peste; *person* pestiféré.

3 *vt* [*person, fear etc*] tourmenter, harceler, tracasser. **to ~ sb with questions** harceler qn de questions; **they ~d me to tell them** ... ils m'ont cassé les pieds* pour que je leur dise ...; **~d with** (*doubts, fears, remorse*) rongé par; **we were ~d with mosquitoes** les moustiques nous ont rendu la vie impossible; **the place was ~d with flies** le coin était infesté de mouches; **to ~ the life out of sb** rendre la vie impossible à qn.

plaguey*†† [ˈpleɪɡɪ] *adj* fâcheux, assommant.

plaice [pleɪs] *n* carrelet *m*, plie *f*.

plaid [plæd] **1** *n* (*U: cloth, pattern*) tissu écossais; (*over shoulder*) plaid *m*. **2** *adj* (*en tissu*) écossais.

plain [pleɪn] **1** *adj* **(a)** (*obvious*) clair, évident. **the path is quite ~** la voie est clairement tracée; **in ~ view** à la vue de tous; **it must be ~ to everyone that** ... il doit être clair pour tout le monde que ..., il ne doit échapper à personne que ...; **it's as ~ as a pikestaff** *or* **as the nose on your face*** c'est clair comme le jour *or* comme de l'eau de roche; **a ~ case of jealousy** un cas manifeste *or* évident de jalousie; **I must make it ~ that** ... vous devez bien comprendre que ...; **he made his feelings ~** il ne cacha pas ce qu'il ressentait *or* pensait; **to make sth ~ to sb** faire comprendre qch à qn.

(b) (*unambiguous*) clair, franc (*f* franche); *statement, assessment* clair. **~ talk, ~ speaking** (*gen*) propos *mpl* sans équivoque; **I like ~ speaking** j'aime le franc-parler *or* la franchise; **to be a ~ speaker** avoir son franc-parler; **to use ~ language** parler sans ambages, appeler les choses par leur nom; **in ~ words** *or* **in ~ English, I think you made a mistake** je vous le dis *or* pour vous le dire carrément, à mon avis vous vous êtes trompé; **I explained it all in ~ words** *or* **in ~ English** j'ai tout expliqué très clairement; **I gave him a ~ answer** je lui ai répondu carrément *or* sans détours *or* sans ambages; **~ dealing(s)** procédés *mpl* honnêtes; **the ~ truth of the matter is (that)** ... à dire vrai ..., à la vérité ...; **let me**

be quite ~ with you je serai franc avec vous; **do I make myself ~?** est-ce que je me fais bien comprendre?

(c) (*sheer, utter*) pur, tout pur, pur et simple. **it's ~ folly** *or* **madness** c'est pure folie, c'est de la folie toute pure.

(d) (*simple; unadorned*) *dress, style, diet, food* simple; (*in one colour*) *fabric, suit, colour* uni. **~ living** mode *m* de vie tout simple *or* sans luxe; **~ cooking** cuisine *f* bourgeoise; **~ cook** cuisinière *f*; **I'm a ~ man** je suis un homme tout simple, je ne suis pas un homme compliqué; **they used to be called ~ Smith** dans le temps ils s'appelaient Smith tout court; (*Knitting*) **~ stitch** maille *f* à l'endroit; (*Knitting*) **one ~, one purl** une maille à l'endroit, une maille à l'envers; **a ~ row** un rang à l'endroit; **~ chocolate** chocolat *m* (à croquer); **to send under ~ cover** envoyer sous pli discret; **~ flour** farine *f* (sans levure); **~ paper** (*not lined*) papier *m* uni; (*fig*) **it's ~ sailing from now on** maintenant ça va aller comme sur des roulettes.

(e) (*not pretty*) sans beauté, quelconque, ordinaire (*pej*). **she's very ~** elle a un visage ingrat, elle n'a rien d'une beauté; **she's rather a ~ Jane*** ce n'est pas une Vénus.

2 *adv* **(a)** (*clearly*) **I told him quite ~ what I thought of him** je lui ai dit franchement *or* carrément *or* sans ambages ce que je pensais de lui; **I can't put it ~er than this** je ne peux pas m'exprimer plus clairement que cela *or* en termes plus explicites.

(b) (**: in truth*) tout bonnement. **she's just ~ shy** elle est tout bonnement timide.

3 *n* plaine *f*. (*US*) **the (Great) P~s** les Prairies *fpl*, la Grande Prairie.

4 *cpd*: **plain chant** plain-chant *m*; **in plain clothes** en civil; **a plain-clothes (police)man** un policier en civil; (*Police*) **plain-clothes officers** personnel *m* en civil; **plainsman** habitant *m* de la plaine; **plainsong = plain chant; plain-spoken** qui a son franc-parler, qui appelle les choses par leur nom.

plainly [ˈpleɪnlɪ] *adv* **(a)** (*obviously*) clairement, manifestement; (*unambiguously*) carrément, sans détours. **there has ~ been a mistake** il y a eu manifestement erreur, il est clair qu'il y a eu erreur; **he explained it ~** il l'a expliqué clairement *or* en termes clairs; **I can see the answer ~** la réponse saute aux yeux; **I remember it ~** je m'en souviens distinctement *or* clairement; **to speak ~ to sb** parler à qn sans détours *or* sans ambages.

(b) (*simply*) *dress* simplement, sobrement, sans recherche.

plainness [ˈpleɪnnɪs] *n* (*simplicity*) simplicité *f*, sobriété *f*; (*lack of beauty*) manque *m* de beauté.

plaintiff [ˈpleɪntɪf] *n* (*Jur*) demandeur *m*, -eresse *f*, plaignant(e) *m(f)*.

plaintive [ˈpleɪntɪv] *adj* *voice* plaintif.

plaintively [ˈpleɪntɪvlɪ] *adv* plaintivement, d'un ton plaintif.

plait [plæt] **1** *n* [*hair*] natte *f*, tresse *f*. **she wears her hair in ~s** elle porte des tresses. **2** *vt* *hair, string* natter, tresser; *basket, wicker* tresser; *straw* ourdir.

plan [plæn] **1** *n* **(a)** (*drawing, map*) [*building, estate, district etc*] plan *m*; *V* seating.

(b) (*Econ, Pol, gen: project*) plan *m*, projet *m*. **~ of campaign** plan de campagne; (*Pol*) **five-year ~** plan de cinq ans, plan quinquennal; **development ~** plan *or* projet de développement; **to draw up a ~** dresser un plan; **everything is going according to ~** tout se passe selon les prévisions *or* comme prévu; **to make ~s** faire des projets; **to upset** *or* **spoil sb's ~s** déranger les projets de qn; **to change one's ~s** changer d'idée, prendre d'autres dispositions; **the best ~ would be to leave tomorrow** le mieux serait de partir demain; **the ~ is to come back here after the show** notre idée est *or* nous prévoyons de revenir ici après le spectacle; **what ~s have you for the holiday/for your son?** quels sont vos projets pour les vacances/pour votre fils?; **I haven't any particular ~s** je n'ai aucun projet précis; **have you got any ~s for tonight?** est-ce que vous avez prévu quelque chose pour ce soir?

2 *vt* **(a)** (*esp Econ, Pol, Ind, Comm*) *research, project, enterprise* (*devise and work out*) élaborer, préparer; (*devise and schedule*) planifier. **to ~ the future of an industry** planifier l'avenir d'une industrie; *V* also **planned** *and* **obsolescence** *etc*.

(b) (*make plans for*) *house, estate, garden etc* concevoir, dresser les plans de; *programme, holiday, journey, crime* préparer à l'avance, organiser; *essay* faire le plan de; (*Mil*) *campaign, attack* organiser. **who ~ned the house/garden?** qui a dressé les plans de la maison/du jardin?; **well-~ned house** maison bien conçue; **they ~ned the attack together** ils ont concerté l'attaque; **he has got it all ~ned** il a tout prévu, il a pensé à tout; **that wasn't ~ned** cela n'était pas prévu, il n'a pas été prévu; **we shall go on as ~ned** nous continuerons comme prévu; **couples can now ~ their families** les couples peuvent maintenant fixer le rythme des naissances dans leur foyer; *V* also **planned**.

(c) (*intend*) *visit, holiday* projeter. **to ~ to do** projeter de *or* se proposer de *or* avoir l'intention de faire, former *or* concevoir le projet de faire (*frm*); **how long do you ~ to be away for?** combien de temps avez-vous l'intention de vous absenter? *or* pensez-vous être absent?; **will you stay for a while?** — **I wasn't ~ning to** resterez-vous un peu? — ce n'était pas dans mes intentions.

3 *vi* faire des projets. **one has to ~ months ahead** il faut s'y prendre des mois à l'avance; **we are ~ning for the future/the holidays** *etc* nous faisons des projets *or* nous prenons nos dispositions pour l'avenir/les vacances *etc*; **we didn't ~ for such a large number of visitors** nous n'avions pas prévu un si grand nombre de visiteurs.

♦**plan out** *vt sep* préparer *or* organiser dans tous les détails.

planchette [plɑːnˈʃet] *n* planchette *f* (*spiritisme*).

plane¹ [pleɪn] *n* (*abbr of* **aeroplane** *or* **airplane**) avion *m*. **by ~** par avion.

plane² [pleɪn] (*Carpentry*) **1** *n* rabot *m*. **2** *vt* (*also* **~ down**) raboter.

plane³ [pleɪn] n (also ~ **tree**) platane m.
plane⁴ [pleɪn] **1** n (Archit, Art, Math etc) plan m; (fig) plan, niveau m. horizontal ~ plan horizontal; (fig) **on the same** ~ **as** sur le même plan que, au même niveau que; **he seems to exist on another** ~ **altogether** il semble vivre dans un autre monde or un autre univers.
  2 adj plan, uni, plat; (Math) plan. ~ **geometry** géométrie plane.
plane⁵ [pleɪn] vi [bird, glider, boat] planer; [car] faire de l'aquaplanage.
◆ **plane down** vi [bird, glider] descendre en vol plané.
planet ['plænɪt] n planète f.
planetarium [,plænɪ'tɛərɪəm] n planétarium m.
planetary ['plænɪtərɪ] adj planétaire.
planetology [,plænɪ'tɒlədʒɪ] n planétologie f.
plangent ['plændʒənt] adj (liter) retentissant.
planisphere ['plænɪsfɪər] n [world] planisphère m; [stars] planisphère céleste.
plank [plæŋk] **1** n planche f; (fig Pol) article m or point m (d'un programme politique or électoral); V **walk**. **2** vt (*: also ~ **down**) déposer brusquement, planter.
planking ['plæŋkɪŋ] n (U) planchéiage m; (Naut) planches fpl, bordages mpl, revêtement m.
plankton ['plæŋktən] n plancton m.
planned ['plænd] adj (a) (Econ, Pol, Ind, Comm) planifié. ~ **economy** économie planifiée; ~ **parenthood** contrôle m or régulation f des naissances.
  (b) crime etc prémédité. **the murder was** ~ le meurtre était prémédité.
planner ['plænər] n (Econ) planificateur m, -trice f; V **town**.
planning ['plænɪŋ] **1** n (a) (Econ, Pol, Ind, Comm: V **plan** 2a) élaboration f, planification f; **the** ~ **of the project took 3 years** l'élaboration du projet a duré 3 ans; **department of** ~ service de (la) planification; **skilled in** ~ qui a le sens de la planification.
  (b) (V **plan** 2b) organisation f. **we must do some** ~ **for the holidays** il faut dresser des plans pour les vacances; V **family, town**.
  2 cpd: **planning board, planning committee** (Econ, Ind) service m or bureau m de planification; (in local government) ≃ service m de l'urbanisme; **planning permission** permis m de construire; **it's still at the planning stage** c'est encore à l'état d'ébauche.
plant [plɑ:nt] **1** n (a) (Bot) plante f.
  (b) (Ind, Tech) (U: machinery, equipment) matériel m, biens mpl d'équipement m; (fixed) installation f; (U: equipment and buildings) bâtiments mpl et matériel; (factory) usine f, fabrique f. **the heating** ~ l'installation de chauffage; **he had to hire the** ~ **to do it** il a dû louer le matériel or l'équipement pour le faire; **a steel** ~ une aciérie; V **nuclear**.
  (c) (*: frame-up) coup monté; (person put into suspect organization) agent m infiltré.
  2 cpd: **plant breeder** obtenteur m de nouveauté(s) végétale(s), phytogénéticien(ne) m(f); (Ind, Tech) **plant-hire firm** entreprise f de location de matériel; (Bot) **the plant kingdom** le règne végétal; **plant life** flore f; **plant louse** puceron m; **plant pot** pot m (de fleurs).
  3 vt (a) seeds, plants, bulbs planter; field etc planter (with en). **a field** ~**ed with wheat** un champ planté de or en blé.
  (b) (place) flag, stick etc planter, enfoncer; box, chair, suitcase etc planter, camper; people, colonists etc établir, installer; blow appliquer, envoyer, flanquer*; kiss planter; idea implanter (in sb's head dans la tête de qn). **he** ~**ed himself in the middle of the road** il se planta or se campa au milieu de la route; (fig) **to** ~ **a revolver on sb** cacher un revolver sur qn (pour le faire incriminer).
◆ **plant down** vt sep planter, camper.
◆ **plant out** vt sep seedlings repiquer.
Plantagenet [plæn'tædʒɪnɪt] n Plantagenêt.
plantain ['plæntɪn] n plantain m.
plantar ['plæntər] adj plantaire.
plantation [plæn'teɪʃən] n (all senses) plantation f. **coffee/rubber** ~ plantation de café/de caoutchouc.
planter ['plɑ:ntər] n (person) planteur m; (machine) planteuse f. **coffee/rubber** ~ planteur de café/de caoutchouc.
plaque [plæk] n (gen) plaque f; (on teeth) plaque f dentaire.
plash [plæʃ] **1** n [waves] clapotis m, clapotement m; [object falling into water] floc m. **2** vi clapoter; faire floc or flac.
plasm ['plæzəm] n protoplasme m.
plasma ['plæzmə] n plasma m; V **blood**.
plaster ['plɑ:stər] **1** n (a) (Constr) plâtre m.
  (b) (Med: U: for broken bones) plâtre m. ~ **of Paris** plâtre de moulage; **he had his leg in** ~ il avait la jambe dans le plâtre or la jambe plâtrée.
  (c) (Brit Med: also adhesive or sticking ~) sparadrap m. **a (piece of)** ~ un pansement adhésif; V **mustard**.
  2 cpd mould etc de or en plâtre. (U) **plasterboard** Placoplâtre ® f; **plaster cast** (Med) plâtre m; (Sculp) moule m (en plâtre); (U: Constr) **plaster work** plâtre(s) m(pl).
  3 vt (a) (Constr, Med) plâtrer; (fig: cover) couvrir (with de). (fig) ~**ed with covert de**; **to** ~ **a wall with posters**, **to** ~ **posters on or over a wall** couvrir or tapisser un mur d'affiches.
  (b) (Mil*: with bombs, shells) pilonner; (‡: bash up) tabasser‡, battre comme plâtre*.
◆ **plaster on*** vt sep butter, hair cream, make-up etc étaler or mettre une couche épaisse de.
◆ **plaster over, plaster up** vt sep crack, hole boucher.
plastered‡ ['plɑ:stəd] adj (drunk) beurré‡, bourré‡.
plasterer ['plɑ:stərər] n plâtrier m.
plastering ['plɑ:stərɪŋ] n (Constr) plâtrage m.

plastic ['plæstɪk] **1** n (substance) plastique m, matière f plastique. ~**s matières** fpl plastiques.
  2 adj (a) (made of ~) toy, box, dish en (matière) plastique. ~ **bag** sac m en plastique; ~ **bullet** balle f de plastique; ~ **foam** mousse f de plastique; (fig) ~ **money** carte(s) f(pl) de crédit, monnaie f électronique.
  (b) (explosive) ~ **bomb** bombe f au plastic; ~ **bomb attack** attentat m au plastic, plasticage m; ~ **explosive** plastic m.
  (c) (*: fig, pej) food, coffee etc synthétique.
  (d) (Art) plastique; (flexible) plastique, malléable. ~ **surgeon** spécialiste mf de chirurgie esthétique; ~ **surgery** chirurgie f esthétique.
  3 cpd: **plastics industry** industrie f (des) plastique(s).
plasticated ['plæstɪ,keɪtɪd] adj (lit) plastifié; (fig) synthétique, artificiel.
plasticine ['plæstɪsi:n] n ® (U) pâte f à modeler.
plasticity [plæs'tɪsɪtɪ] n plasticité f.
Plate [pleɪt] n: **the River** ~ le Rio de la Plata.
plate [pleɪt] **1** n (a) assiette f; (platter) plat m; (in church) plateau m de quête. **a** ~ **of soup** une assiette de soupe; (fig) **he wants to be handed everything on a** ~ il voudrait qu'on lui apporte (subj) tout sur un plateau or sur un plat d'argent; (fig) **to have a lot on one's** ~* avoir du pain sur la planche; (fig) **he's got too much on his** ~ **already*** il ne sait déjà plus où donner de la tête; V **dinner, soup, tea** etc.
  (b) (U) (gold dishes) orfèvrerie f, vaisselle f d'or; (silver dishes) argenterie f, vaisselle d'argent.
  (c) (flat metal) plaque f; (metal coating) placage m; (metal thus coated) plaqué m. **it's not silver, it's only** ~ ce n'est pas de l'argent massif, ce n'est que du plaqué.
  (d) (on wall, door; in battery, armour) plaque f; (Aut: pressure ~) plateau m d'embrayage; (Aut: number ~) plaque d'immatriculation, plaque minéralogique; V **clutch, hot, number**.
  (e) (Geol: of earth) plaque f.
  (f) (Phot) plaque f; (Typ) cliché m; (for engraving) planche f; (illustration: in book) gravure f. (in book) **full-page** ~ gravure hors-texte, planche; V **fashion**.
  (g) (Dentistry) dentier m.
  (h) (Racing: prize, race) coupe f.
  2 cpd: (U) **plate armour** blindage m; (U) **plate glass** verre m à vitre très épais, verre double or triple; **plate-glass window** baie vitrée; (Brit Rail) **platelayer** poseur m de rails; **plate rack** (for drying) égouttoir m; (for storing) range-assiettes m inv; (Geol) **plate tectonics** tectonique f des plaques; **plate warmer** chauffe-assiettes m inv.
  3 vt (a) (with metal) plaquer; (with gold) dorer; (with silver) argenter; (with nickel) nickeler; V **armour** etc.
  (b) ship etc blinder.
plateau ['plætəʊ] n plateau m (Geog).
plateful ['pleɪtfʊl] n assiettée f, assiette f.
platelet ['pleɪtlɪt] n plaquette f.
platen ['plætən] n [printing press] platine f; [typewriter] rouleau m.
platform ['plætfɔ:m] **1** n (on oil rig, bus (Brit), scales, in scaffolding etc) plate-forme f; (for band, in hall) estrade f; (at meeting etc) tribune f; (Brit Rail) quai m; (fig Pol) plate-forme (électorale). (Rail) ~ **(number) six; he was on the** ~ **at the last meeting** il était sur l'estrade or il était à la tribune (d'honneur) lors de la dernière réunion; V **diving**.
  2 cpd: (at meeting) **the platform party** la tribune; **platform scales** (balance f à) bascule f; **platform-soled shoes, platform soles*** chaussures fpl à semelles compensées; (Brit Rail) **platform ticket** billet m de quai.
plating ['pleɪtɪŋ] n (V **plate** 3) placage m; dorage m, dorure f; argentage m, argenture f; nickelage m; blindage m; V **armour** etc.
platinum ['plætɪnəm] **1** n (U) platine m. **2** cpd jewellery en or de platine. **platinum blonde** blonde f platinée; **platinum blond(e)** hair cheveux mpl platinés or blond platiné; (award) **platinum disc** disque m de platine.
platitude ['plætɪtju:d] n platitude f, lieu commun.
platitudinize [,plætɪ'tju:dɪnaɪz] vi débiter des platitudes or des lieux communs.
platitudinous [,plætɪ'tju:dɪnəs] adj banal, d'une grande platitude, rebattu.
Plato ['pleɪtəʊ] n Platon m.
Platonic [plə'tɒnɪk] adj (a) philosophy platonicien. **(b)** p~ relationship, love platonique.
Platonism ['pleɪtənɪzm] n platonisme m.
Platonist ['pleɪtənɪst] adj, n platonicien(ne) m(f).
platoon [plə'tu:n] n (Mil) section f; [policemen, firemen etc] peloton m. (US Mil) **platoon sergeant** adjudant m.
platter ['plætər] n (a) (dish) plat m. (US fig: easily) **on a** ~* sur un plateau (d'argent).
  (b) (US‡: record) disque m.
platypus ['plætɪpəs] n ornithorynque m.
plaudits ['plɔ:dɪts] npl applaudissements mpl, acclamations fpl, ovations fpl.
plausibility [,plɔ:zə'bɪlɪtɪ] n [argument, excuse] plausibilité f. **his** ~ le fait qu'il est si convaincant.
plausible ['plɔ:zəbl] adj argument, excuse plausible, vraisemblable; person convaincant.
plausibly ['plɔ:zəblɪ] adv plausiblement, d'une manière plausible or convaincante.
play [pleɪ] **1** n (a) (U: amusement) jeu m, divertissement m, amusement m. **the children were at** ~ les enfants jouaient or s'amusaient; **to say sth in** ~ dire qch par jeu or par plaisanterie; **a** ~ **on words** un jeu de mots, un calembour; (fig) **the** ~ **of light on water** le jeu de la lumière sur l'eau; V **child**.

(b) (*Sport*) jeu *m*. there was some good ~ in the second half il y a eu du beau jeu à la deuxième mi-temps; that was a clever piece of ~ c'était finement or astucieusement joué; ball in/out of ~ ballon or balle en/hors jeu; ~ starts at 11 o'clock le(s) match(s) commence(nt) à 11 heures; (*fig*) to make a ~ for sth tout faire pour avoir or obtenir qch; he made a ~ for her il lui a fait des avances; (*fig*) to bring sth into ~ mettre or faire entrer qch en jeu; (*fig*) to come into ~ entrer en jeu; (*fig*) to make great ~ with sth faire grand cas de qch, faire tout un plat* de qch; *V* fair¹, foul *etc*.

(c) (*U: Tech etc: movement, scope*) jeu *m*. there's too much ~ in the clutch il y a trop de jeu dans l'embrayage; (*fig*) to give full or free ~ to one's imagination/emotions donner libre cours à son imagination/à ses émotions.

(d) (*Theat*) pièce *f* (de théâtre). the ~s of Molière les pièces or le théâtre de Molière; radio ~ pièce radiophonique; television ~ dramatique *f*; to go to (see) a ~ aller au théâtre, aller voir une pièce; I've seen the film, but I haven't seen the ~ je l'ai vu au cinéma, mais pas au théâtre or à la scène, j'ai vu le film, mais pas la pièce; the ~ ends at 10.30 la représentation se termine à 10h 30; he's in a ~ by Pinter il joue dans une pièce de Pinter.

2 *cpd*: playact jouer la comédie, faire du théâtre; (*fig*) it's only playacting c'est de la (pure) comédie or du cinéma*; (*fig*) he's a playactor il est comédien, il joue continuellement la comédie; (*Sound Recording*) playback lecture *f*; playbill affiche *f* (de théâtre); (*US Theat*) Playbill ® programme *m*; play box coffre *m* à jouets; playboy playboy *m*; play-by-play *account etc* (*Sport*) suivi; (*fig*) circonstancié; play clothes vêtements *mpl* qu'on ne craignent rien (*pour jouer*); playfellow† = playmate; playgoer amateur *m* de théâtre; he is a regular playgoer il va régulièrement au théâtre; playground cour *f* de récréation; playgroup ≃ garderie *f*; playhouse (*Theat*) théâtre *m*; (*for children*) maison *f* (pliante); playmate (petit(e)) camarade *mf*, (petit) copain *m*, (petite) copine *f*; (*Sport*) play-off (*after a tie*) belle *f*; (*US: for championship*) finale *f* de coupe or de championnat; playpen parc *m* (pour petits enfants); play reading lecture *f* d'une pièce (de théâtre); playroom salle *f* de jeux (*pour enfants*); playschool = playgroup; (*lit, fig*) plaything jouet *m*; (*Scol*) playtime récréation *f*; playwright dramaturge *m*, auteur *m* dramatique.

3 *vt* **(a)** *game, cards* jouer à; *card, chesspiece* jouer; *opponent, opposing team* jouer contre. to ~ football/bridge/chess jouer au football/au bridge/aux échecs; will you ~ tennis with me? voulez-vous faire une partie de tennis avec moi?; I'll ~ you for the drinks jouons la tournée; England are ~ing Scotland on Saturday l'Angleterre joue contre or rencontre l'Écosse samedi; England will be ~ing Smith (in the team) l'Angleterre a sélectionné Smith (pour l'équipe); to ~ a match against sb disputer un match avec qn; the match will be ~ed on Saturday le match aura lieu samedi; to ~ the game (*Sport etc*) jouer franc jeu, jouer selon les règles; (*fig*) jouer le jeu, être loyal; don't ~ games with me! ne me faites pas marcher!, ne vous moquez pas de moi!; (*fig*) he's ~ing a safe game il ne prend pas de risques; (*fig*) to ~ (it) safe ne prendre aucun risque; the boys were ~ing soldiers les garçons jouaient aux soldats; (*Ftbl*) to ~ the ball jouer le ballon; (*Tennis*) he ~ed the ball into the net il mit or envoya la balle dans le filet; (*fig*) to ~ ball with sb coopérer avec qn; he won't ~ ball il refuse de jouer le jeu; (*Cards*) to ~ hearts/trumps jouer cœur/atout; he ~ed a heart il a joué (un) cœur; he ~ed his ace (*lit*) il a joué son as; (*fig*) il a joué sa carte maîtresse; (*fig*) to ~ one's cards well or right bien jouer son jeu; to ~ a fish fatiguer un poisson; (*St Ex*) to ~ the market jouer à la Bourse; (*fig*) to ~ the field* jouer sur plusieurs tableaux; (*fig*) to ~ both ends against the middle* jouer les uns contre les autres; (*fig*) to ~ it cool* garder son sang-froid, ne pas s'énerver; to ~ a joke or trick on sb jouer un tour à qn, faire une farce à qn; my eyesight is ~ing tricks with or on me ma vue me joue des tours; his memory is ~ing him tricks sa mémoire lui joue des tours; (*liter*) to ~ sb false, to ~ false with sb agir déloyalement avec qn; *V* cat, Harry, truant, waiting *etc*.

(b) (*Theat etc*) part jouer, interpréter; *play* jouer, présenter, donner. they ~ed it as a comedy ils en ont donné une interprétation comique, ils l'ont joué en comédie; we ~ed Brighton last week nous avons joué à Brighton la semaine dernière; let's ~ it for laughs* jouons-le en farce; he ~ed (the part of) Macbeth il a joué or il a incarné Macbeth; he ~ed Macbeth as a well-meaning fool il a fait de Macbeth un sot plein de bonnes intentions; what did you ~ in 'Macbeth'? quel rôle jouiez-vous or interprétiez-vous dans 'Macbeth'?; (*lit, fig*) to ~ one's part well bien jouer; (*fig*) he was only ~ing a part il jouait la comédie; (*fig*) to ~ a part in sth [*person*] prendre part à qch, contribuer à qch; [*quality, object*] contribuer à qch; (*fig*) he ~ed no part in it il n'y était pour rien; to ~ the fool faire l'imbécile; it ~ed the devil* or merry hell* with our plans ça a chamboulé* or flanqué en l'air* nos projets.

(c) (*Mus*) *instrument* jouer de; *note, tune, concerto* jouer; *record* passer, jouer*. to ~ the piano jouer du piano; they were ~ing Beethoven ils jouaient du Beethoven; *V* ear¹, second¹.

(d) (*direct*) *hose, searchlight* diriger (*on, onto* sur). they ~ed the searchlights over the front of the building ils ont promené les projecteurs sur la façade du bâtiment.

4 *vi* **(a)** (*gen, Cards, Sport etc*) jouer; [*lambs etc*] s'ébattre, folâtrer. to ~ at chess jouer aux échecs; it's you or your turn to ~ c'est votre tour de jouer; is Paul coming out to ~? est-ce que Paul vient jouer? or s'amuser?; what are you doing? — just ~ing que faites-vous? — rien, on s'amuse; (*fig*) he just ~s at being a soldier il ne prend pas au sérieux son métier de soldat; the boys were ~ing at soldiers les garçons jouaient aux soldats; the little girl was ~ing at being a lady la petite fille jouait à la dame; they were ~ing with a gun ils jouaient avec un fusil; stop ~ing with that pencil and listen to me laisse ce crayon tranquille or arrête

de tripoter ce crayon et écoute-moi; (*Golf*) he ~ed into the trees il envoya sa balle dans les arbres; to ~ for money/matches jouer de l'argent/des allumettes; (*lit, fig*) to ~ for high stakes jouer gros jeu; to ~ fair (*Sport etc*) jouer franc jeu, jouer selon les règles; (*fig*) jouer le jeu, être loyal.

(b) (*fig*) to ~ with fire jouer avec le feu; (*fig*) to ~ for time essayer de gagner du temps; to ~ hard to get* se faire désirer; to ~ fast and loose with sb se jouer de qn, traiter qn à la légère; to ~ into sb's hands faire le jeu de qn, se faire avoir* par qn; it's not a question to be ~ed with ce n'est pas une question qui se traite à la légère; he's not a man to be ~ed with ce n'est pas un homme avec qui plaisanter; he's just ~ing with you il vous fait marcher; to ~ with an idea caresser une idée.

(c) [*light, fountain*] jouer (*on* sur).

(d) (*Mus*) [*person, organ, orchestra*] jouer. to ~ on the piano jouer du piano; piece to be ~ed on two pianos morceau exécuté or se jouant sur deux pianos; will you ~ for us? (*perform*) voulez-vous nous jouer quelque chose or nous faire un peu de musique?; (*accompany*) voulez-vous nous accompagner?; *V* ear¹.

(e) (*Theat etc*) jouer. he ~ed in a film with Greta Garbo il a joué dans un film avec Greta Garbo; we have ~ed all over the South nous avons fait une tournée dans le sud; (*fig*) to ~ dead faire le mort; *V* gallery.

◆ **play about** *vi* **(a)** [*children etc*] jouer, s'amuser.

(b) (*toy, fiddle*) jouer, s'amuser (*with* avec). he was playing about with the gun when it went off il s'amusait avec or il jouait avec or il tripotait le fusil quand le coup est parti; stop playing about with that watch arrête de tripoter cette montre, laisse cette montre tranquille; he's just playing about with you* il vous fait marcher.

◆ **play along 1** *vi* (*fig*) to play along with sb entrer dans le jeu de qn.

2 *vt sep* (*fig*) to play sb along tenir qn en haleine.

◆ **play around** *vi* = play about.

◆ **play back 1** *vt sep* tape (réécouter, repasser.

2 play-back *n V* play 2.

◆ **play down** *vt sep* decision, effect minimiser; situation, attitude dédramatiser; opinion, dissent mettre une sourdine à; language atténuer; policy mettre en sourdine.

◆ **play in** *vt sep* **(a)** (*fig*) to play o.s. in prendre la température* (*fig*), se faire la main*.

(b) the band played the procession in le défilé entra aux sons de la fanfare.

◆ **play off 1** *vt sep* **(a)** to play off A against B monter A contre B (pour en tirer profit).

(b) (*Sport*) to play a match off jouer la belle.

2 play-off *n V* play 2.

◆ **play on** *vt* fus sb's emotions, credulity, good nature jouer sur, miser sur. to play on words jouer sur les mots, faire des calembours; the noise began to play on her nerves le bruit commençait à l'agacer or à lui taper sur les nerfs*.

◆ **play out** *vt sep* **(a)** the band played the procession out le défilé sortit aux sons de la fanfare.

(b) to be played out* [*person*] être épuisé or éreinté* or vanné*; [*argument*] être périmé, avoir fait son temps.

◆ **play over**, **play through** *vt sep* piece of music jouer.

◆ **play up 1** *vi* **(a)** (*Sport*) bien jouer. play up! allez-y!

(b) (*Brit*: give trouble*) the engine is playing up le moteur fait des siennes or ne tourne pas rond; his rheumatism/his leg is playing up son rhumatisme/sa jambe le tracasse; the children have been playing up all day les enfants ont été insupportables or ont fait des leurs toute la journée.

(c) (*: curry favour with*) to play up to sb chercher à se faire bien voir de qn, faire de la lèche à qn‡.

2 *vt sep* **(a)** his rheumatism/his leg is playing him up son rhumatisme/sa jambe le tracasse; that boy plays his father up ce garçon en fait voir à son père.

(b) (*magnify importance of*) insister sur (l'importance de).

◆ **play upon** *vt fus* = play on.

player ['pleɪə'] **1** *n* **(a)** (*Sport*) joueur *m*, -euse *f*. football ~ joueur de football; he's a very good ~ il joue très bien, c'est un excellent joueur.

(b) (*Theat*) acteur *m*, -trice *f*.

(c) (*Mus*) musicien(ne) *m(f)*, exécutant(e) *m(f)*. flute ~ joueur *m*, -euse *f* de flûte, flûtiste *mf*; he's a good ~ c'est un bon musicien, il joue bien.

2 *cpd*: player piano piano *m* mécanique.

playful ['pleɪfʊl] *adj* mood, tone, remark badin, enjoué; person enjoué, taquin; child, puppy etc espiègle. he's only being ~ il fait ça pour s'amuser, c'est de l'espièglerie.

playfully ['pleɪfʊlɪ] *adv* remark, say, joke en badinant, d'un ton enjoué; nudge, tickle d'un air taquin, par espièglerie.

playfulness ['pleɪfʊlnɪs] *n* (*gen*) caractère *m* badin or enjoué; [*person*] enjouement *m*; [*child, puppy etc*] espièglerie *f*.

playing ['pleɪɪŋ] **1** *n* (*U*) **(a)** (*Sport*) jeu *m*. there was some good ~ in the second half il y a eu du beau jeu à la deuxième mi-temps.

(b) (*Mus*) the orchestra's ~ of the symphony was uninspired l'orchestre manquait d'inspiration dans l'interprétation de la symphonie; there was some fine ~ in the violin concerto il y a eu des passages bien joués dans le concerto pour violon.

2 *cpd*: playing card carte *f* à jouer; playing field terrain *m* de jeu or de sport.

plaza ['plɑːzə] *n* (*US*) **(a)** (*public square*) (grand-)place *f*. **(b)** (*motorway services*) aire *f* de service (*sur une autoroute*); (*toll*) péage *m* (d'autoroute). **(c)** (*for parking etc*) aire *f* de stationnement.

PLC, **plc** [piː'el'siː] (*Brit*: abbr of public limited company) Smith & Co. ~ Smith et Cie. SARL.

plea [pli:] **1** n (a) (excuse) excuse f; (claim) allégation f. **on the ~ of** en alléguant, en invoquant; **on the ~ that** en alléguant or en invoquant que.
  (b) (Jur) (allegation) argument m (that selon lequel); (answer, defence) défense f (that selon laquelle). **to put forward** or **make a ~ of self-defence** plaider la légitime défense; **to enter a ~ of guilty/not guilty** plaider coupable/non coupable.
  (c) (entreaty) appel m (for à), supplication f. **to make a ~ for mercy** implorer la clémence.
  2 cpd: (Jur) **plea bargaining** négociations fpl entre le juge et l'avocat de la défense pour réduire la gravité des charges.

plead [pli:d] pret, ptp **pleaded** or (*: esp US) **pled 1** vi (a) **to ~ with sb to do** supplier or implorer qn de faire; **he ~ed for help** il a imploré or supplié qu'on l'aide (subj); **he ~ed with them for help** il a imploré leur aide; **to ~ for mercy** implorer la clémence; **he ~ed for mercy for his brother** (begged) il a imploré la clémence pour son frère; (spoke eloquently) il a plaidé la clémence envers son frère; **to ~ for a scheme/programme** etc plaider pour un projet/un programme etc.
  (b) (Jur) plaider (for pour, en faveur de, against contre). **to ~ guilty/not guilty** plaider coupable/non coupable; **how do you ~?** plaidez-vous coupable ou non coupable?
  2 vt (a) (Jur etc: argue) plaider. (Jur) **to ~ sb's case**, (fig) **to ~ sb's cause** plaider la cause de qn (Jur, fig).
  (b) (give as excuse) alléguer, invoquer; (Jur) plaider. **to ~ ignorance** alléguer or invoquer son ignorance; **he ~ed unemployment as a reason for ...** il invoqua or il allégua le chômage pour expliquer ...; (Jur) **to ~ insanity** plaider la démence; V **fifth**.

pleading [pli:dɪŋ] **1** n (a) prières fpl (for sb en faveur de qn), intercession f (liter). (b) (Jur) plaidoirie f, plaidoyer m. (c) (Jur) **~s** conclusions fpl (des parties). **2** adj implorant, suppliant.
pleadingly [pli:dɪŋlɪ] adv d'un air or d'un ton suppliant or implorant.

pleasant [plezənt] adj person (attractive) sympathique, agréable, charmant; (polite) aimable; house, town agréable, attrayant, plaisant; smell, taste agréable, bon (f bonne); style agréable; weather, summer agréable, beau (f belle); surprise agréable, heureux, bon. **they had a ~ time** ils ont passé un bon moment, ils se sont bien amusés; **they spent a ~ afternoon** ils ont passé un bon or un agréable après-midi; **it's very ~ here** on est bien ici, il fait bon ici; **Barcombe is a ~ place** Barcombe est un coin agréable or un joli coin; **he was or he made himself very ~ to us** il s'est montré très aimable or charmant avec nous; **~ dreams!** fais de beaux rêves!

pleasantly [plezntlɪ] adv behave, smile, answer aimablement. **~ surprised** agréablement surpris; **the garden was ~ laid out** le jardin était agréablement or plaisamment arrangé; **it was ~ warm** il faisait une chaleur agréable.

pleasantness [plezntnɪs] n [person, manner, welcome] amabilité f; [place, house] agrément m, attrait m, charme m.

pleasantry [plezntrɪ] n (joke) plaisanterie f. (polite remarks) **pleasantries** civilités fpl, propos mpl aimables.

please [pli:z] **1** adv s'il vous plaît, s'il te plaît. **yes ~** oui s'il vous (or te) plaît; **~ come in, come in ~** entrez, je vous prie; (frm) **~ be seated** veuillez vous asseoir (frm); **~ do not smoke** (notice) prière de ne pas fumer; (spoken) ne fumez pas s'il vous plaît, je vous prie de ne pas fumer; **~ let me know if I can help you** ne manquez pas de me faire savoir si je peux vous aider; **may I smoke? — ~ do!** je peux fumer? — faites donc! or je vous en prie! or mais bien sûr!; **shall I tell him? — ~ do!** je le lui dis? — mais oui dites-le-lui or mais oui bien sûr or mais oui allez-y*; (excl) **~!** (entreating) s'il vous plaît!; (protesting) (ah non!) je vous en prie! or s'il vous plaît!; **~ don't!** ne faites pas ça s'il vous plaît!; (in prayer) **~ let him be all right** mon Dieu, faites qu'il ne lui soit rien arrivé.
  2 vi (think fit) **I shall do as I ~** je ferai comme il me plaira or comme je veux; **do as you ~!** faites comme vous voulez or comme bon vous semble; **as you ~!** comme vous voulez!, à votre guise!; **you may take as many as you ~** vous pouvez en prendre autant qu'il vous plaira; **if you ~** s'il vous plaît; (iro) **he wanted £50 if you ~!** il voulait 50 livres, rien que ça! or s'il vous plaît!
  (b) plaire, faire plaisir. (esp Comm) **our aim is to ~** nous ne cherchons qu'à satisfaire; **he is very anxious to ~** il est très désireux de plaire; **a gift that is sure to ~** un cadeau qui ne peut que faire plaisir or que plaire.
  3 vt (a) (give pleasure to) plaire à, faire plaisir à; (satisfy) satisfaire, contenter. **the gift ~d him** le cadeau lui a plu or lui a fait plaisir; **I did it just to ~ you** je ne l'ai fait que pour te faire plaisir; **that will ~ him** ça va lui faire plaisir, il va être content; **he is easily ~d/hard to ~** il est facile/difficile à contenter or à satisfaire; **there's no pleasing him** il n'y a jamais moyen de le contenter or de le satisfaire; (loc) **you can't ~ all (of) the people all (of) the time** on ne saurait contenter tout le monde; **music that ~s the ear** musique plaisante à l'oreille or qui flatte l'oreille; (frm) **it ~d him to refuse permission ...** il lui a plu de ne pas consentir ..., il a trouvé bon de ne pas consentir ... .
  (b) **to ~ oneself** faire comme on veut; **~ yourself!** comme vous voulez!, à votre guise!; **you must ~ yourself whether you do it or not** c'est à vous de décider si vous voulez le faire ou non; **~ God he comes!** plaise à Dieu qu'il vienne!

pleased [pli:zd] adj content, heureux (with de). **as ~ as Punch** heureux comme un roi, aux anges; **he looked very ~ at the news** la nouvelle a eu l'air de lui faire grand plaisir; **he was ~ to hear that ...** il a été heureux d'apprendre que ...; **~ to meet you!*** enchanté!; **I am ~ that you can come** je suis heureux or content que vous puissiez venir; (frm) **we are ~ to inform you that ...** nous avons l'honneur de or (less frm) le plaisir de vous

informer que ...; **to be ~ with o.s./sb/sth** être content de soi/qn/qch; **they were anything but ~ with the decision** la décision était loin de leur faire plaisir; V **graciously**.
pleasing [pli:zɪŋ] adj personality sympathique, aimable, plaisant; sight, news, results, effect plaisant, qui fait plaisir. **it was very ~ to him** cela lui a fait grand plaisir.
pleasingly [pli:zɪŋlɪ] adv agréablement.
pleasurable [pleʒərəbl] adj (très) agréable.
pleasurably [pleʒərəblɪ] adv (très) agréablement.

pleasure [pleʒər] **1** n (a) (satisfaction) plaisir m. **with ~** (with enjoyment) listen etc avec plaisir; (willingly) do, agree, help avec plaisir, volontiers; **one of my greatest ~s** un de mes plus grands plaisirs, une de mes plus grandes joies; **it's a ~!, the ~ is mine!** je vous en prie!; **it's a ~ to see you** quel plaisir de vous voir!; **it's been a ~ to talk to you** j'ai eu beaucoup de plaisir à parler avec vous; **it gave me much ~ to hear that ...** cela m'a fait grand plaisir d'apprendre que ...; **if it gives you any ~** si ça peut vous faire plaisir; (frm: at dance) **may I have the ~?** voulez-vous m'accorder cette danse?; (frm) **may we have the ~ of your company at dinner?** voulez-vous nous faire le plaisir de dîner avec nous?; (frm) **Mrs A requests the ~ of Mr B's company** at dinner Mme A prie M B de lui faire l'honneur de venir dîner; **he finds** or **takes great ~ in chess** il trouve or prend beaucoup de plaisir aux échecs; **what ~ can you find in doing that?** quel plaisir pouvez-vous trouver à faire cela?; **to take great ~ in doing** éprouver or avoir or prendre or trouver beaucoup de plaisir à faire; (pej) se complaire à faire; **they took great ~ in his success** ils se sont réjouis de son succès; **it takes all the ~ out of it** ça vous gâche le plaisir; **has he gone to Paris on business or for ~?** est-il allé à Paris pour affaires ou pour son plaisir?; **a life of ~** une vie de plaisirs; V **business**.
  (b) (U: will, desire) bon plaisir, volonté f. **at ~** à volonté; **at your ~** à votre gré; (Jur) **during the Queen's ~** aussi longtemps qu'il plaira à Sa Majesté, pendant le bon plaisir de la reine; (Comm) **we await your ~** nous attendons votre décision.
  2 cpd: **pleasure boat** bateau m de plaisance; (collective) **pleasure craft** bateaux mpl de plaisance; **pleasure cruise** croisière f; (short) promenade f en mer or en bateau; **pleasure-loving** qui aime le(s) plaisir(s); (Psych) **the pleasure principle** le principe de la recherche du plaisir; **pleasure-seeker** hédoniste mf; **pleasure-seeking** hédoniste; **pleasure steamer** vapeur m de plaisance; **pleasure trip** excursion f.

pleat [pli:t] **1** n pli m. **2** vt plisser.
pleb* [pleb] n (pej) plébéien(ne) m(f), roturier m, -ière f. **the ~s** le commun (des mortels).
plebe* [pli:b] n (US) élève m de première année (d'une école militaire ou navale).
plebeian [plɪ'bi:ən] adj, n plébéien(ne) m(f).
plebiscite [plebɪsɪt] n plébiscite m. **to hold a ~** faire un plébiscite.
plectrum [plektrəm] n plectre m.
pled* [pled] (esp US) pret, ptp of **plead**.
pledge [pledʒ] **1** n (a) (security, token; also in pawnshop) gage m. **as a ~ of his love** en gage or témoignage de son amour.
  (b) (promise) promesse f, engagement m; (agreement) pacte m. **I give you this ~** je vous fais cette promesse; **he made a ~ of secrecy** il a promis de or il s'est engagé à garder le secret; **to be under a ~ of secrecy** avoir promis de ne rien dire; **it was told me under a ~ of secrecy** on me l'a raconté contre la promesse de ne rien en dire; **the government did not honour its ~ to cut taxes** le gouvernement n'a pas honoré son engagement or n'a pas tenu sa promesse de réduire les impôts; **a ~ on pay rises** un engagement concernant les augmentations de salaires; **the countries signed a ~ to help each other** les pays ont signé un pacte d'aide mutuelle; (fig) **to sign** or **take the ~** faire vœu de tempérance.
  (c) (US Univ) (promise) promesse f d'entrer dans une confrérie; (student) étudiant(e) m(f) qui accomplit une période d'essai avant d'entrer dans une confrérie.
  (d) (toast) toast m (to à).
  2 vt (a) (pawn) engager, mettre en gage.
  (b) (promise) one's help, support, allegiance promettre. **to ~ (o.s.) to do** (gen) promettre de faire, s'engager à faire; (solemnly) faire vœu de faire; **to ~ sb to secrecy** faire promettre le secret à qn; **he is ~d to secrecy** il a promis de garder le secret; **to ~ one's word (that)** donner sa parole (que).
  (c) (US Univ: into fraternity) coopter. **to be ~d to a fraternity** accomplir une période d'essai avant d'entrer dans une confrérie.
  (d) (toast) boire à la santé de.
Pleiades [plaɪədi:z] npl Pléiades fpl.
Pleistocene [plaɪstəsi:n] adj, n pléistocène (m).
plenary [pli:nərɪ] **1** adj power absolu; assembly plénier; (Rel) plénier. (in) **~ session** (en) séance plénière; **~ meeting** réunion plénière, plenum m. **2** n (~ session) séance plénière, plenum m.
plenipotentiary [plenɪpə'tenʃərɪ] adj, n plénipotentiaire (mf). **ambassador ~** ambassadeur m plénipotentiaire.
plenitude [plenɪtju:d] n plénitude f.
plenteous [plentɪəs] adj, **plentiful** [plentɪfʊl] adj harvest, food abondant; meal, amount copieux. **a ~ supply of** une abondance or une profusion de; **eggs are ~ just now** il y a (une) abondance d'œufs en ce moment.
plentifully [plentɪfəlɪ] adv abondamment, copieusement.
plenty [plentɪ] **1** n (a) abondance f. **it grows here in ~** cela pousse en abondance or à foison ici; **he had friends in ~** il ne manquait pas d'amis; **to live in ~** vivre dans l'abondance; **land of ~** pays m de cocagne; V **horn**.
  (b) **~ of** (bien) assez de; **I've got ~** j'en ai bien assez; **he's got ~ of friends** il ne manque pas d'amis; **he's got ~ of money** il n'est pas pauvre; **10 is ~** 10 suffisent (largement or amplement); **that's**

~ ça suffit (amplement); there's ~ to go on nous avons toutes les données nécessaires pour le moment.
2 *adj* (‡ *or dial*) = ~ of; *V* **1b**.
3 *adv* (‡) assez. it's ~ big enough! c'est bien assez grand!; (*US*) it sure rained ~! qu'est-ce qu'il est tombé!*
pleonasm ['pli:ənæzəm] *n* pléonasme *m*.
pleonastic [pli:ə'næstɪk] *adj* pléonastique.
plethora ['pleθərə] *n* pléthore *f*, surabondance *f* (*of* de); (*Med*) pléthore.
plethoric [ple'θɒrɪk] *adj* pléthorique.
pleura ['pluərə] *n*, *pl* **-rae** [pluəri:] plèvre *f*.
pleurisy ['pluərɪsɪ] *n* (*U*) pleurésie *f*. to have ~ avoir une pleurésie.
pleuritic [pluə'rɪtɪk] *adj* pleurétique.
Plexiglass ['pleksɪglɑ:s] *n* ® plexiglas ® *m*.
plexus ['pleksəs] *n* plexus *m*; *V* solar.
pliability [plaɪə'bɪlɪtɪ] *n* (*V* pliable) flexibilité *f*; souplesse *f*, docilité *f*, malléabilité *f*.
pliable ['plaɪəbl] *adj*, **pliant** ['plaɪənt] *adj substance* flexible; *character, person* souple, docile, malléable.
pliers ['plaɪəz] *npl* (*also* **pair of** ~) pince(s) *f(pl)*, tenaille(s) *f(pl)*.
plight[1] [plaɪt] *n* situation *f* critique, état *m* critique. the country's economic ~ la crise *or* les difficultés *fpl* économique(s) du pays; in a sad *or* sorry ~ dans un triste état; what a dreadful ~ (to be in)! quelles circonstances désespérées!, quelle situation lamentable!
plight[2] [plaɪt] *vt* (*liter*, ††) to ~ one's word engager sa parole; (†† *or hum*) to ~ one's troth engager sa foi†, se fiancer.
plimsoll ['plɪmsəl] *n* (*Brit*) (chaussure *f* de) tennis *m*. **2** *cpd*: (*Naut*) **Plimsoll line**, **Plimsoll mark** ligne *f* de flottaison en charge.
plink [plɪŋk] (*US*) **1** *vi* (*a*) (*sound*) tinter. (*b*) (*shoot*) canarder*.
2 *vt* (*a*) (*sound*) faire tinter. (*b*) (*shoot at*) canarder*.
plinth [plɪnθ] *n* [*column, pedestal*] plinthe *f*; [*statue, record player*] socle *m*.
Pliny ['plɪnɪ] *n* Pline *m*.
Pliocene ['plaɪəusi:n] *adj*, *n* pliocène (*m*).
PLO [pi:el'əʊ] *n* (*abbr of* **Palestine Liberation Organization**) O.L.P. *f*.
plod [plɒd] **1** *n*: they went at a steady ~ ils cheminaient d'un pas égal; the slow ~ of the horses on the cobbles le lent martellement des sabots sur les pavés.
2 *vi* (~ along) cheminer, avancer d'un pas lent *or* égal *or* lourd. to ~ in/out *etc* entrer/sortir *etc* d'un pas lent *or* égal *or* lourd.
(**b**) (*fig: work*) bosser‡, bûcher*. he was ~ding through his maths il faisait méthodiquement son devoir de maths, il bûchait* ses maths; I'm ~ding through that book ça lis ce livre mais c'est laborieux; you'll have to ~ through it il faudra (faire l'effort de) persévérer jusqu'au bout.
3 *vt*: we ~ded the road for another hour nous avons poursuivi notre lente marche pendant une heure.
♦**plod along** *vi V* **plod 2a**.
♦**plod on** *vi* (*lit*) continuer *or* poursuivre son chemin; (*fig*) persévérer *or* progresser (laborieusement).
plodder ['plɒdər] *n* travailleur *m*, -euse *f* assidu(e), bûcheur* *m*, -euse *f*.
plodding ['plɒdɪŋ] *adj step* lourd, pesant; *student, worker* bûcheur.
plonk [plɒŋk] **1** *n* (*a*) (*sound*) plouf *m*, floc *m*. (*b*) (*Brit*: *cheap wine*) vin *m* ordinaire, pinard‡ *m*. **2** *adv* (*) it fell ~ in the middle of the table c'est tombé au beau milieu de la table. **3** *vt* (*also* ~ down) poser (bruyamment). he ~ed the book (down) on to the table il a posé (bruyamment) *ou* a flanqué* le livre sur la table; he ~ed himself (down) into the chair il s'est laissé tomber dans le fauteuil.
plop [plɒp] **1** *n* ploc *m*, floc *m*. **2** *adv*: it went ~ into the water c'est tombé dans l'eau (en faisant ploc *or* floc). **3** *vi* [*stone*] faire ploc *or* floc; [*single drop*] faire floc; [*raindrops*] faire flic flac.
plosive ['pləusɪv] (*Ling*) **1** *adj* occlusif. **2** *n* consonne occlusive.
plot [plɒt] **1** *n* (*a*) (*of ground*) (lot *m* de) terrain *m*, lotissement *m*. ~ of grass gazon *m*; building ~ terrain à bâtir; the vegetable ~ le coin des légumes.
(**b**) (*plan, conspiracy*) complot *m*, conspiration *f* (*against* contre, *to do* pour faire).
(**c**) (*Literat, Theat*) intrigue *f*, action *f*. (*fig*) the ~ thickens l'affaire *or* l'histoire se corse.
2 *vt* (*a*) (*mark out: also* ~ out) (*Aviat, Naut etc*) course, route déterminer; *graph, curve, diagram* tracer point par point; *boundary, piece of land* relever. (*Naut*) to ~ one's position on the map pointer la carte.
(**b**) *sb's death, ruin etc* comploter. to ~ to do comploter de faire.
3 *vi* (*conspire*) comploter, conspirer (*against* contre).
plotter[1] ['plɒtər] *n* conspirateur *m*, -trice *f*; (*against the government*) conjuré(e) *m(f)*.
plotter[2] ['plɒtər] *n* (*Comput*) traceur *m* (de courbes).
plotting ['plɒtɪŋ] **1** *n* (*U*) complots *mpl*, conspirations *fpl*. **2** *cpd*: (*Comput*) **plotting board**, **plotting table** table *f* traçante.
plotz‡ [plɒts] *vi* (*US*) se casser la gueule‡, échouer dans les grandes largeurs*.
plotzed‡ [plɒtst] *adj* (*US*) (*drunk*) bourré‡, ivre.
plough, (*US*) **plow** [plaʊ] **1** *n* (*Agr*) charrue *f*. (*Astron*) the P~ la Grande Ourse, le Grand Chariot; *V* snow *etc*.
2 *cpd*: **plough horse** cheval *m* de labour; **ploughland** terre *f* de labour, terre arable; **ploughman** laboureur *m*; **ploughman's lunch** ≃ sandwich *m* au fromage; **ploughshare** soc *m* (de charrue).
3 *vt* (*a*) (*Agr*) *field* labourer; *furrow* creuser, tracer. (*fig*) to ~ one's way *V* **4b**.
(**b**) (*Brit* *†‡: fail*) *candidate* recaler*, coller*.
4 *vi* (*a*) (*Agr*) labourer.

(**b**) (*fig: also* ~ one's way) to ~ through the mud/snow avancer péniblement dans la boue/la neige; the ship ~ed through the heavy swell le navire avançait en luttant contre la forte houle; the car ~ed through the fence la voiture a défoncé la barrière; to ~ through a book lire un livre d'une manière laborieuse; he was ~ing through his maths il faisait méthodiquement son devoir de maths, il bûchait* ses maths.
♦**plough back** *vt sep profits* réinvestir, reverser (*into* dans).
2 ploughing back *n V* ploughing.
♦**plough in**, **plough under** *vt sep crops, grass* recouvrir *or* enterrer en labourant; *path, right of way* labourer (pour faire disparaître).
♦**plough up** *vt sep* (*a*) *field, bushes, path, right of way* labourer.
(**b**) (*fig*) the tanks ploughed up the field les tanks ont labouré *or* défoncé le champ; the train ploughed up the track for 40 metres le train a labouré *or* défoncé la voie sur 40 mètres.
ploughing ['plaʊɪŋ] *n* (*U*) labour *m*; [*field etc*] labourage *m*. (*fig*) the ~ back of profits le réinvestissement des bénéfices.
plover ['plʌvər] *n* pluvier *m*.
plow [plaʊ] (*US*) = **plough**.
ploy* [plɔɪ] *n* stratagème *m*, truc* *m* (*to do* pour faire).
PLR [pi:el'ɑ:r] *abbr of* **public lending right**; *V* public.
pluck [plʌk] **1** *n* (*a*) (*U: courage*) courage *m*, cran* *m*. (*b*) (*U: Culin*) fressure *f*. (*c*) (*tug*) petit coup. **2** *vt fruit, flower* cueillir; (*Mus*) *strings* pincer; *guitar* pincer les cordes de; (*Culin*) *bird* plumer. to ~ one's eyebrows s'épiler les sourcils.
♦**pluck at** *vt fus*: to pluck at sb's sleeve tirer qn doucement par la manche.
♦**pluck off** *vt sep feathers* arracher; *fluff etc* détacher, enlever.
♦**pluck out** *vt sep* arracher.
♦**pluck up** *vt sep* (*a*) *weed* arracher, extirper.
(**b**) to pluck up courage prendre son courage à deux mains; he plucked up (the) courage to tell her il a (enfin) trouvé le courage de *or* il s'est (enfin) décidé à le lui dire.
pluckily ['plʌkɪlɪ] *adv* avec cran*, courageusement.
pluckiness ['plʌkɪnɪs] *n* (*U*) courage *m*, cran* *m*.
plucky ['plʌkɪ] *adj* courageux, qui a du cran* *or* de l'estomac.
plug [plʌg] **1** *n* (*a*) (*for draining*) [*bath, basin*] bonde *f*, vidange *f*; [*barrel*] bonde; (*to stop a leak*) tampon *m*; (*stopper*) bouchon *m*; (*Geol: in volcano*) culot *m*. a ~ of cotton wool un tampon de coton; to put in/pull out the ~ mettre/enlever *or* ôter la bonde; (*in lavatory*) to pull the ~ tirer la chasse d'eau; (*fig*) to pull the ~ on‡ *patient* débrancher; *accomplice, wrongdoer* exposer; *project etc* laisser tomber*; *V* ear[1].
(**b**) (*Elec*) (*on flex, apparatus*) prise *f* (de courant) (*mâle*), fiche *f*; (*wall* ~) prise *f* (de courant) (*femelle*); [*switchboard*] fiche; (*Aut: sparking* ~) bougie *f*; *V* amp, fused, pin.
(**c**) (*US: fire* ~) bouche *f* d'incendie.
(**d**) (*: publicity*) coup *m* de pouce (publicitaire), réclame *f or* publicité *f* (clandestine *or* indirecte). to give sth/sb a ~, to put in a ~ for sth/sb donner un coup de pouce (publicitaire) à qch/qn, faire de la réclame *or* de la publicité indirecte pour qch/qn.
(**e**) (*US: tobacco*) (*for smoking*) carotte *f*; (*for chewing*) chique *f*.
2 *cpd*: (*US*) **plug hat** (chapeau *m* en) tuyau *m* de poêle; **plughole** trou *m* (d'écoulement *or* de vidange), bonde *f*, vidange *f*; it went down the plughole il est tombé dans le trou (du lavabo *or* de l'évier *etc*); (*Elec*) **plug-in** qui se branche sur le secteur; **plug-in telephone** téléphone *m* à fiche; (*US*) **plugugly*** dur *m*, brute *f*.
3 *vt* (*a*) (*also* ~ up) *hole, crack* boucher, obturer; *barrel, jar* boucher; *leak* colmater, (*on boat*) aveugler; *tooth* obturer (*with* avec). (*fig*) to ~ the gap in the tax laws mettre fin aux échappatoires en matière de fiscalité; (*fig*) to ~ the drain on gold reserves arrêter l'hémorragie *or* la fuite des réserves d'or.
(**b**) to ~ sth into a hole enfoncer qch dans un trou; ~ the TV into the wall branchez le téléviseur (sur le secteur).
(**c**) (*: publicize*) (*on one occasion*) faire de la réclame *or* de la publicité pour; (*repeatedly*) matraquer*.
(**d**) (‡) (*shoot*) flinguer‡, ficher* *or* flanquer* une balle dans la peau à; (*punch*) ficher* *or* flanquer* un *or* des coup(s) de poing à.
♦**plug away** *vi* bosser‡, travailler dur (*at doing* pour faire). he was plugging away at his maths il faisait méthodiquement son devoir de maths, il bûchait* ses maths.
♦**plug in 1** *vi* se brancher. the TV plugs in over there la télé se branche là-bas; does your radio plug in? est-ce que votre radio peut se brancher sur le secteur?
2 *vt sep lead, apparatus* brancher.
3 plug-in *adj V* plug **2**.
♦**plug up** *vt sep* = **plug 3a**.
plum [plʌm] **1** *n* (*a*) (*fruit*) prune *f*; (*also* ~ tree) prunier *m*.
(**b**) (*fig*) (*choice thing*) meilleur morceau (*fig*), meilleure part (*fig*); (*choice job*) boulot* *m* en or.
2 *adj* (*a*) (*also* ~-coloured) prune *inv*.
(**b**) (*: best, choice*) de choix, le plus chouette*. he got the ~ job c'est lui qui a décroché le meilleur travail *or* le travail le plus chouette*; he has a ~ job il a un boulot* en or.
3 *cpd*: **plumcake** (plum-)cake *m*; **plum duff**, **plum pudding** (plum-)pudding *m*.
plumage ['plu:mɪdʒ] *n* plumage *m*.
plumb [plʌm] **1** *n* plomb *m*. out of ~ hors d'aplomb.
2 *cpd*: **plumbline** fil *m* à plomb; (*Naut*) sonde *f*.
3 *adj* vertical, à plomb, d'aplomb.
4 *adv* (**a**) en plein, exactement. ~ in the middle of en plein milieu de, au beau milieu de.
(**b**) (*US**) complètement, absolument, tout à fait.
5 *vt* sonder. to ~ the depths (*lit*) sonder les profondeurs; (*fig*) toucher le fond (du désespoir).
♦**plumb in** *vt sep washing machine etc* faire le raccordement de.

plumbago [plʌm'beɪgəʊ] *n* (a) (*graphite*) plombagine *f*. (b) (*Bot*) plumbago *m*.
plumber ['plʌmər] *n* (a) plombier *m*. (*US: device*) ~'s helper (débouchoir *m* à) ventouse *f*. (b) (*US‡*) agent *m* de surveillance gouvernementale, plombier* *m*.
plumbic ['plʌmbɪk] *adj* plombifère.
plumbing ['plʌmɪŋ] *n* (*trade*) (travail *m* de) plomberie *f*; (*system*) plomberie, tuyauterie *f*.
plume [pluːm] 1 *n* (*large feather*) plume *f* (*d'autruche etc*); (*cluster of feathers*) plumes; (*on hat, helmet*) plumet *m*, (*larger*) panache *m*; (*fig: of smoke*) panache. (*fig*) in borrowed ~s paré d'atours d'emprunt, paré des plumes du paon (*fig*).
  2 *vt* [*bird*] *wing, feather* lisser. the bird was pluming itself l'oiseau se lissait les plumes; (*fig*) to ~ o.s. on sth se targuer de qch.
plumed [pluːmd] *adj* (*V plume*) à plumet, empanaché.
plummet ['plʌmɪt] 1 *n* plomb *m*. 2 *vi* [*aircraft, bird*] plonger, descendre *or* tomber à pic; [*temperature*] baisser *or* descendre brusquement; [*price, sales*] dégringoler; [*spirits, morale*] tomber à zéro.
plummy* ['plʌmɪ] *adj* (a) *accent, voice* (exagérément) aristocratique. (b) (*desirable*) recherché. ~ job (bonne) planque* *f* (*fig*), sinécure *f*.
plump¹ [plʌmp] 1 *adj* *person* grassouillet, empâté; *child, hand* potelé; *cheek, face* rebondi, plein; *arm, leg* dodu, potelé; *chicken* dodu, charnu; *cushion* rebondi, bien rembourré. 2 *vt* *poultry* engraisser; (*also* ~ **up**) *pillow* tapoter, faire bouffer.
◆**plump out** *vi* devenir rondelet, grossir.
plump² [plʌmp] 1 *vt* (*drop*) laisser tomber lourdement, flanquer*. 2 *vi* tomber lourdement. 3 *adv* (a) en plein, exactement. ~ **in the middle of** en plein milieu de, au beau milieu de. (b) (*in plain words*) carrément, sans mâcher ses mots.
◆**plump down** 1 *vi* s'affaler.
  2 *vt sep* laisser tomber lourdement. **to plump o.s. down on the sofa** s'affaler sur le sofa.
◆**plump for** *vt fus* fixer son choix sur, se décider pour, jeter son dévolu sur.
plumpness ['plʌmpnɪs] *n* [*person*] rondeur *f*, embonpoint *m*.
plunder ['plʌndər] 1 *n* (*U*) (*act*) pillage *m*; (*loot*) butin *m*. 2 *vt* piller.
plunderer ['plʌndərər] *n* pillard *m*.
plundering ['plʌndərɪŋ] 1 *n* (*U*) pillage *m*. 2 *adj* pillard.
plunge [plʌndʒ] 1 *n* [*bird, diver, goalkeeper*] plongeon *m*; (*quick bathe*) (petit) plongeon; (*steep fall*) chute *f*; (*fig: fall*) chute, dégringolade* *f* (*in prices* de *or* des prix); (*Fin: rash investment*) spéculation hasardeuse (*on* sur). **to take a ~** [*diver etc*] plonger; [*bather*] faire un (petit) plongeon; [*shares, prices etc*] dégringoler*; his ~ **into debt** son endettement soudain; (*fig*) **to take the ~** se jeter à l'eau, franchir *or* sauter le pas.
  2 *vt* *hand, knife, dagger* plonger, enfoncer (*into* dans); (*into water*) plonger (*into* dans); (*fig*) plonger (*into war/darkness/despair etc* dans la guerre/les ténèbres/le désespoir *etc*).
  3 *vi* (a) (*dive*) [*diver, goalkeeper, penguin, submarine*] plonger (*into* dans, *from* de); [*horse*] piquer une tête, piquer du nez; [*ship*] piquer de l'avant *or* du nez; [*road, cliff*] plonger (*into* dans); (*fig*) [*person*] se jeter, se lancer (*into* dans). **he ~d into the argument** il s'est lancé dans la discussion; (*fig*) **the stream/road ~d down the mountainside** le ruisseau/la route dévalait le flanc de la colline; **the neckline ~s at the back** le décolleté est plongeant dans le dos.
  (b) (*fall*) [*person*] tomber, faire une chute (*from* de); [*vehicle*] dégringoler, tomber (*from* de); [*prices etc*] dégringoler, tomber. **he ~d to his death** il a fait une chute mortelle; **the plane ~d to the ground/into the sea** l'avion s'est écrasé au sol/s'est abîmé dans la mer; **the car ~d over the cliff** la voiture a plongé par-dessus la falaise; **the truck ~d across the road** le camion a fait une embardée en travers de la route.
  (c) (*rush*) se jeter, se lancer, se précipiter. **to ~ in/out/across** *etc* entrer/sortir/traverser *etc* précipitamment *or* à toute allure *or* en quatrième vitesse*; **he ~d down the stairs** il a dégringolé *or* a dévalé l'escalier quatre à quatre; **he ~d through the hedge** il a piqué brusquement *or* s'est jeté au travers de la haie.
  (d) (*) (*gamble*) jouer gros jeu, flamber; (*St Ex: speculate*) spéculer imprudemment. **he ~d and bought a car** il a sauté le pas et s'est offert une voiture.
◆**plunge in** *vi* [*diver etc*] plonger; (*fig: into work etc*) s'y mettre de grand cœur; *V* deep.
  2 *vt sep* (y) plonger.
plunger ['plʌndʒər] *n* (a) (*piston*) piston *m*; (*for blocked pipe*) (débouchoir *m* à) ventouse *f*. (b) (*gambler*) flambeur *m*; (*St Ex*) (spéculateur *m*) risque-tout *m inv*.
plunging ['plʌndʒɪŋ] 1 *n* (*action*) plongement *m*; [*diver etc*] plongées *fpl*; [*boat*] tangage *m*. 2 *adj*: ~ **neckline** décolleté plongeant.
plunk [plʌŋk] = **plonk 1a, 2, 3.**
pluperfect ['pluː'pɜːfɪkt] *n* plus-que-parfait *m*.
plural ['plʊərəl] 1 *adj* (a) (*Gram*) *form, number, ending, person* pluriel, du pluriel; *verb, noun* au pluriel. (b) *vote* plural. 2 *n* (*Gram*) pluriel *m*. **in the ~** au pluriel.
pluralism ['plʊərəlɪzəm] *n* (*Philos*) pluralisme *m*; (*Rel*) cumul *m*.
plurality [,plʊə'rælɪtɪ] *n* (a) pluralité *f*; [*benefices etc*] cumul *m*. (b) (*US Pol*) majorité relative. **a ~ of 5,000 votes** 5.000 voix *fpl* d'avance sur le candidat classé second.
plus [plʌs] 1 *prep* plus. **3 ~ 4** 3 plus *or* et 4; **~ what I've done already** plus ce que j'ai déjà fait; (*Bridge etc*) **we are ~ 5** nous menons par 5 points.
  2 *adj* (a) (*Elec, Math*) positif. (*lit*) **on the ~ side of the account** à l'actif du compte; (*fig*) **on the ~ side of the account we have his support** l'aspect positif, c'est que nous avons son appui; (*fig*) **a ~ factor** un atout.

(b) **10-~ hours a week** un minimum de 10 heures *or* plus de 10 heures par semaine; (*Scol etc*) **beta ~** bêta plus; **we've sold 100 ~** nous en avons vendu 100 et quelques *or* plus de 100.
  3 *n* (*Math: sign*) (signe *m*) plus *m*; (*fig: extra advantage*) avantage additionnel, atout *m*. (*of situation etc*) **the ~es** les côtés positifs.
  4 *cpd*: **plus fours** culotte *f* de golf; (*Math*) **plus sign** signe *m* plus.
plush [plʌʃ] 1 *n* (*Tex*) peluche *f*. 2 *adj* (*made of* ~) de *or* en peluche; (*~-like*) pelucheux; (*: sumptuous*) rupin‡, somptueux.
plushy* ['plʌʃɪ] *adj* rupin‡, somptueux.
Plutarch ['pluːtɑːk] *n* Plutarque *m*.
Pluto ['pluːtəʊ] *n* (*Astron*) Pluton *f*; (*Myth*) Pluton *m*.
plutocracy [,pluː'tɒkrəsɪ] *n* ploutocratie *f*.
plutocrat ['pluːtəʊkræt] *n* ploutocrate *m*.
plutocratic [,pluːtəʊ'krætɪk] *adj* ploutocratique.
plutonium [pluː'təʊnɪəm] *n* plutonium *m*.
pluviometer [pluː'vɪ'ɒmɪtər] *n* pluviomètre *m*.
ply¹ [plaɪ] 1 *n* (a) [*wood*] feuille *f*, épaisseur *f*; [*wool*] fil *m*, brin *m*; [*rope*] toron *m*, brin. (b) (*cpd ending*) **three-~ (wool)** laine *f* trois fils; **two-~ tissues/napkins** mouchoirs *mpl*/serviettes *fpl* en papier double épaisseur. 2 *cpd*: **plywood** contre-plaqué *m*.
ply² [plaɪ] 1 *vt* (a) *needle, tool* manier, jouer (habilement) de; *oar* manier; [*ship*] *river* naviguer sur, voguer sur (*liter*). **they plied their oars** ils faisaient force de rames; **to ~ one's trade (as)** exercer son métier (de).
  (b) **to ~ sb with questions** presser qn de questions; **to ~ sb for information** demander continuellement des renseignements à qn; **he plied them with drink** il ne cessait de remplir leur verre.
  2 *vi* [*ship, coach etc*] **to ~ between** faire la navette entre; **to ~ for hire** faire un service de taxi.
PM [piː'em] *n* (*Brit*) *abbr of* **Prime Minister**.
p.m. ['piː'em] (*abbr of* post meridiem) de l'après-midi. **3 p.m.** 3 h de l'après-midi; **10 p.m.** 10 h du soir.
PMG [piːem'dʒiː] *n* (*Brit*) (a) *abbr of* **Paymaster General**; *V* pay.
  (b) *abbr of* **Postmaster General**; *V* post³.
pneumatic [njuː'mætɪk] *adj* pneumatique. ~ **drill** marteau-piqueur *m*; ~ **tyre** pneu *m*.
pneumatically [njuː'mætɪkəlɪ] *adv* pneumatiquement.
pneumonia [njuː'məʊnɪə] *n* (*U: Med*) pneumonie *f*, fluxion *f* de poitrine.
pneumonologist [,njuːmə'nɒlədʒɪst] *n* pneumologue *mf*.
pneumonology [,njuːmə'nɒlədʒɪ] *n* pneumonologie *f*.
Po [pəʊ] *n* (*river*) Pô *m*.
P.O. [piː'əʊ] *n* (a) *abbr of* **post office**. (b) *abbr of* **Petty Officer**; *V* petty. (c) *abbr of* **Pilot Officer**; *V* pilot.
p.o. [piː'əʊ] *abbr of* **postal order**; *V* postal.
po‡ [pəʊ] (*Brit*) 1 *n* pot *m* (de chambre). 2 *cpd*: **po-faced‡** à l'air pincé.
poach¹ [pəʊtʃ] *vt* (*Culin*) pocher. ~**ed eggs** œufs pochés.
poach² [pəʊtʃ] 1 *vt* *game* braconner, chasser illégalement; *fish* braconner, pêcher illégalement.
  2 *vi* braconner. **to ~ for salmon** *etc* braconner du saumon *etc*; (*lit, fig*) **to ~ on sb's preserves** *or* **territory** braconner sur les terres de qn; (*fig*) **stop ~ing!*** (*in tennis*) arrête de me chiper la balle!*; (*in work*) arrête de marcher sur mes plates-bandes!*
poacher¹ ['pəʊtʃər] *n* (*for eggs*) pocheuse *f*.
poacher² ['pəʊtʃər] *n* (*of game etc*) braconnier *m*.
poaching ['pəʊtʃɪŋ] *n* braconnage *m*.
pock [pɒk] *n* (*Med*) pustule *f* de petite vérole. 2 *cpd*: **pockmark** marque *f* de petite vérole; **pockmarked** *face* grêlé; *surface* criblé de (petits) trous.
pocket ['pɒkɪt] 1 *n* (a) (*in garment, suitcase, file, book cover*) poche *f*. **with his hands in his ~s** les mains dans les poches; **in his trouser ~** dans sa poche de pantalon; **to go through sb's ~s** faire les poches à qn; (*fig*) **he is always putting his hand in his ~** il n'arrête pas de débourser; **he had to put his hand in his ~ and pay their bills** il a dû payer leurs factures de sa poche; (*fig*) **the deal put £100 in his ~** l'affaire lui a rapporté 100 livres; **it is a drain on his ~** ça grève son budget; **that will hurt his ~** ça fera mal à son porte-monnaie; (*fig*) **to have sb in one's ~** avoir qn dans sa manche *or* dans sa poche; **he has the game in his ~** il a le jeu dans sa poche; **to fill** *or* **line one's ~s** se remplir les poches; **to be in ~** avoir une marge de bénéfice; **to be out of ~** en être de sa poche; **out-of-~** *V* out 5; **I was £5 in/out of ~** j'avais fait un bénéfice/essuyé une perte de 5 livres; **it left me £5 in/out of ~** ça m'a rapporté/coûté 5 livres.
  (b) (*fig*) poche *f*; (*Aviat: air* ~) trou *m* d'air; (*Billiards*) blouse *f*. ~ **of gas/pus/resistance** poche de gaz/pus/de résistance; ~ **of infection** foyer *m* de contagion; **there are still some ~s of unemployment** il reste quelques petites zones de chômage.
  2 *cpd* *flask, torch, dictionary, edition etc* de poche. **pocket battleship** cuirassé *m* de poche; (*US*) **pocket billiards** billard *m* à blouses; **pocketbook** *V* pocketbook; **pocket calculator** calculatrice *f* de poche, calculette *f*; **pocket-handkerchief** (*n*) mouchoir *m* de poche; (*adj: fig*) grand comme un mouchoir de poche; **pocketknife** couteau *m* de poche, canif *m*; (*US*) **pocket money** argent *m* de poche; **pocket-size(d)** (*lit*) de poche; (*fig*) *person, house, garden etc* tout petit; (*US Pol*) **pocket veto** véto suspensif indirect.
  3 *vt* (a) (*lit*) empocher, mettre dans sa poche. (*fig*) **to ~ one's pride** *etc* mettre son amour-propre *etc* dans sa poche.
  (b) (*: steal*) empocher, barboter*.
  (c) (*US Pol*) **to ~ a bill** mettre un véto suspensif à un projet de loi.
pocketbook ['pɒkɪt,bʊk] *n* (a) (*Brit: wallet*) portefeuille *m*. (b) (*notebook*) calepin *m*, carnet *m*. (c) (*US: also* **pocket book**) livre *m* de poche.
pocketful ['pɒkɪtfʊl] *n* poche pleine.

pod [pɒd] n (a) [bean, pea etc] cosse f. (fig) to be in ~ˇˇ être enceinte. (b) (Space) nacelle f.
podgy* ['pɒdʒɪ] adj rondelet.
podiatrist [pɒ'diːətrɪst] n (US) pédicure mf, podologue mf.
podiatry [pɒ'diːətrɪ] n (US) (science) podologie f; (treatment) soins mpl du pied, traitement m des maladies du pied.
podium ['pəʊdɪəm] n, pl **podia** ['pəʊdɪə] podium m.
Podunk ['pəʊdʌŋk] n (US) petit village perdu, ≃ Trifouilly-les-Oies.
POE abbr of port of embarkation; V port.
poem ['pəʊɪm] n poème m. the ~s of Keats les poèmes or les poésies fpl de Keats.
poet ['pəʊɪt] n poète m. (Brit) ~ laureate poète lauréat.
poetaster [ˌpəʊɪ'tæstər] n mauvais poète, rimailleur m.
poetess ['pəʊɪtes] n poétesse f.
poetic [pəʊ'etɪk] 1 adj poétique. ~ licence licence f poétique; it's ~ justice il y a une justice immanente. 2 n: ~s poétique f.
poetical [pəʊ'etɪkəl] adj poétique.
poetically [pəʊ'etɪkəlɪ] adv poétiquement.
poeticize [pəʊ'etɪsaɪz] vt poétiser.
poetry ['pəʊɪtrɪ] 1 n (U: lit, fig) poésie f. the ~ of Keats la poésie de Keats; he writes ~ il écrit des poèmes, il fait des vers or de la poésie. 2 cpd: poetry reading lecture f de poèmes.
pogo-stick ['pəʊɡəʊˌstɪk] n échasse f sauteuse.
pogrom ['pɒɡrəm] 1 n pogrom m. 2 vt massacrer (au cours d'un pogrom).
poignancy ['pɔɪnjənsɪ] n (V poignant) caractère poignant, intensité f.
poignant ['pɔɪnjənt] adj emotion, grief poignant, intense, vif (f vive); look, entreaty poignant.
poignantly ['pɔɪnjəntlɪ] adv feel d'une manière poignante, intensément, vivement; look, entreat d'une manière poignante.
poinsettia [pɔɪn'setɪə] n poinsettia m.
point [pɔɪnt] 1 n (a) (sharp end: gen: of pencil, needle, knife, jaw, bow etc) pointe f; (Climbing) pointe (de crampon); (Aut) vis f platinée. knife with a sharp ~ couteau très pointu; to put a ~ on a pencil tailler un crayon (en pointe); (fig) not to put too fine a ~ on it pour ne pas y aller par quatre chemins, pour dire les choses comme elles sont; star with 5 ~s étoile à 5 branches; stag with 8 ~s cerf (de) 8 cors; (Ballet) to be or dance on ~s faire des pointes; at the ~ of a sword à la pointe de l'épée; at the ~ of a revolver sous la menace du revolver; V gun, pistol etc.
(b) (dot) (Geom, Typ) point m; (Math: decimal ~) virgule f (décimale). 3 ~ 6 (3.6) 3 virgule 6 (3,6); (Geom) ~ A le point A.
(c) (position) (on scale) point m; (in space) point, endroit m; (in time) point, moment m. ~ of the compass aire f de vent; the (thirty-two) ~s of the compass la rose des vents; from all ~s (of the compass) de toutes parts, de tous côtés; all ~s east toute ville (or escale etc) à l'est; the train stops at Slough, and all ~s west le train s'arrête à Slough et dans toutes les gares à l'ouest de Slough; ~ of departure point de départ; ~ of entry (into a country) point d'arrivée (dans un pays); (fig) there was no ~ of contact between them il n'y avait aucun point de contact or point commun entre eux; ~ of view point de vue; from that/my ~ of view de ce/mon point de vue; from the social ~ of view du point de vue social; the highest ~ in the district le point culminant de la région; at that ~ in the road à cet endroit de la route; at the ~ where the road forks là où la route bifurque; [pipe etc] outlet ~ point de sortie; boiling/freezing ~ point d'ébullition/de congélation; the bag was full to bursting ~ le sac était plein à craquer; from that ~ onwards (in space) à partir de là; (in time) à partir de ce moment, désormais; at this or that ~ (in space) à cet endroit; (in time) à cet instant précis, à ce moment-là; at this ~ in time à l'heure qu'il est, en ce moment.
(d) (in phrases) to be on the ~ of doing être sur le point de faire; he had reached the ~ of resigning il en était au point de donner sa démission; (lit, fig) he had reached the ~ of no return il avait atteint le point de non-retour; (fig) up to a ~ jusqu'à un certain point, dans une certaine mesure; on or at the ~ of death à l'article de la mort; when it comes to the ~ en fin de compte, quand tout est dit (V also 1g); when it came to the ~ of paying quand le moment de payer est arrivé; severe to the ~ of cruelty sévère au point d'être cruel; they provoked him to the ~ of losing his temper or to the ~ where he lost his temper ils l'ont provoqué au point de le mettre hors de lui; V focal, high, low, turning etc.
(e) (counting unit: Scol, Sport, St Ex; also on scale) point m; (on thermometer) degré m. (Boxing) on ~s aux points; the cost-of-living index went up 2 ~s l'indice du coût de la vie a augmenté de 2 points; (St Ex) to rise or gain 3 ~s gagner 3 points, enregistrer une hausse de 3 points; (Typ) 8-~ type caractères mpl de 8 points; V brownie, score.
(f) (idea, subject, item, detail) point m. the ~ at issue notre (or leur etc) propos, la question qui nous (or les etc) concerne; ~ of interest/of no importance point intéressant/sans importance; just as a ~ of interest, did you ...? à titre d'information or juste pour savoir, est-ce que vous ...?; on this ~ we are agreed sur ce point or là-dessus nous sommes d'accord, c'est un point acquis; on all ~s en tous points; 12-~ plan plan m en 12 points; it's a ~ of detail c'est un point de détail; on a ~ of principle sur une question de principe; a ~ of law un point de droit; it was a ~ of honour with him never to refuse il se faisait un point d'honneur de ne jamais refuser, il mettait son point d'honneur à ne jamais refuser; in ~ of fact en fait, à vrai dire; the main ~s to remember les principaux points à ne pas oublier; ~ by ~ point par point (V also 2); he made the ~ that ... il fit remarquer que ...; he made a good ~ when he said that ... il a fait une remarque pertinente or judicieuse en disant que ...; I'd like to make a ~ if I may j'aurais

une remarque à faire si vous le permettez; you've made your ~! (had your say) vous avez dit ce que vous aviez à dire!; (convinced me) vous m'avez convaincu!; I take your ~ je vois ce que vous voulez dire or où vous voulez en venir (about en ce qui concerne); ~ taken! très juste!; you have a ~ there! c'est juste!, il y a du vrai dans ce que vous dites!; to carry or gain or win one's ~ avoir gain de cause; he gave me a few ~s on what to do il m'a donné quelques conseils or il m'a donné quelques tuyaux* or il m'a tuyauté* sur ce que je devais faire; V case¹, moot, order etc.
(g) (important part, main idea etc) [argument etc] (point m) essentiel m; [joke etc] astuce f, sel m, piquant m; (meaning, purpose) intérêt m, sens m. there's no ~ in waiting cela ne sert à rien d'attendre; what's the ~ of or in waiting? à quoi bon attendre?; what's the ~? I don't see any ~ in doing that je ne vois aucun intérêt or sens à faire cela; there's little ~ in saying ... cela ne sert pas à grand-chose de dire ...; there's some or a ~ in it ce n'est pas sans raison; what was the ~ of his visit? quel était le sens de or à quoi rimait sa visite?; the ~ is that you had promised it for today! le fait est que or c'est que vous l'aviez promis pour aujourd'hui!; the whole ~ was to have it today tout l'intérêt était de l'avoir aujourd'hui!; that's the (whole) ~!, that's just the ~! justement!, c'est justement de cela qu'il s'agit!; that's not the ~ il ne s'agit pas de cela, là n'est pas la question; that is beside the ~ c'est à côté de la question, cela n'a rien à voir; that is hardly the ~! comme s'il s'agissait de cela!; off the ~ hors de propos; (very much) to the ~ (très) pertinent; the ~ of this story is that ... là où je veux (or il veut etc) en venir avec cette histoire, c'est que ...; a long story that seemed to have no ~ at all une longue histoire sans rime ni raison; to see or get the ~ comprendre, piger‡; you get the ~? vous saisissez?; to come to the ~ (en) venir au fait; get or come to the ~! au fait!, venez-en à l'essentiel!, abrégez!*; let's get back to the ~ revenons à ce qui nous préoccupe or à ce qui nous intéresse or à nos moutons; to keep or stick to the ~ rester dans le sujet; to make a ~ of doing ne pas manquer de faire; the news gave ~ to his arguments les nouvelles ont souligné la pertinence de ses arguments; his remarks lack ~ ses remarques ne sont pas très pertinentes; V miss etc.
(h) (characteristic) [horse etc] caractéristique f. good ~s qualités fpl; bad ~s défauts mpl; it is not his strong ~ ce n'est pas son fort; he has his ~s il a ses bons côtés, il n'est pas sans qualités; the ~s to look for when buying a car les détails mpl que vous devez prendre en considération lors de l'achat d'une voiture.
(i) (Geog) pointe f, promontoire m, cap m.
(j) (Brit Rail) ~s aiguilles fpl.
(k) (Brit Elec: also power ~) prise f (de courant) (femelle).
2 cpd: point-blank V point-blank; point-by-point méthodique; (Brit: Police etc) to be on point duty diriger la circulation; point of sale (n) point m de vente; point-of-sale (adj) advertising etc sur point de vente; (Rail) pointsman aiguilleur m; (Boxing) points decision décision f aux points; points system système m des points; points win victoire f aux points; (Racing) point-to-point (race) course f de chevaux dans laquelle la liberté est laissée au cavalier de choisir son parcours d'un point à un autre.
3 vt (a) (aim, direct) telescope, hosepipe etc pointer, braquer, diriger (on sur). to ~ a gun at sb braquer un revolver sur qn; he ~ed his stick towards the house il a tendu or pointé son bâton vers la maison; he ~ed the boat towards the harbour il a mis le cap sur le port; he ~ed the car towards the town il a tourné la voiture en direction de la ville; he ~ed his finger at me il a pointé or tendu son doigt vers moi, il m'a montré du doigt; V also finger.
(b) (mark, show) montrer, indiquer. the signs ~ the way to London les panneaux de signalisation indiquent or montrent la direction de Londres; (fig) it ~s the way to closer cooperation cela montre la voie pour or ouvre la voie à une plus grande coopération; (fig) to ~ the moral souligner or faire ressortir la morale.
(c) (sharpen) pencil, stick tailler (en pointe); tool aiguiser, affûter.
(d) (Constr) wall jointoyer (with de).
(e) (punctuate) ponctuer; Hebrew mettre les points-voyelles à; psalm marquer de points.
4 vi (a) [person] montrer or indiquer du doigt. it's rude to ~ ce n'est pas poli de montrer du doigt; to ~ at or towards sth/sb montrer or indiquer or désigner qch/qn du doigt; he ~ed at the house with his stick il montra or indiqua la maison avec sa canne; (fig) I want to ~ to one or two facts je veux attirer votre attention sur un ou deux faits; (fig) all the evidence ~s to him or to his guilt tous les témoignages l'accusent; everything ~s to a brilliant career for him tout annonce or indique qu'il aura une brillante carrière; it all ~s to the fact that ... tout laisse à penser que ...; everything ~s to murder/suicide tout laisse à penser qu'il s'agit d'un meurtre/d'un suicide; (fig) everything ~s that way tout nous amène à cette conclusion.
(b) [signpost] indiquer la direction (towards de); [gun] être braqué (at sur); [vehicle etc] être dirigé, être tourné (towards vers). the needle is ~ing north l'aiguille indique le nord; the hour hand is ~ing to 4 la petite aiguille indique 4 heures; the car isn't ~ing in the right direction la voiture n'est pas tournée dans la bonne direction or dans le bon sens.
(c) [dog] tomber en arrêt.
◆**point out** vt sep (a) (show) person, object, place montrer, indiquer, désigner.
(b) (mention) signaler, faire remarquer (sth to sb qch à qn, that que). to point sth out to sb signaler qch à qn, attirer l'attention de qn sur qch; he pointed me out to me that I was wrong il m'a signalé or il m'a fait remarquer que j'avais tort; I should point that out ... je dois vous dire or signaler que ... .

◆**point up** *vt sep* faire ressortir, mettre en évidence, souligner. **to point up a story** illustrer une histoire.

point-blank ['pɔmt'blæŋk] **1** *adj shot* à bout portant; (*fig*) *refusal* net, catégorique; *request* de but en blanc, à brûle-pourpoint. **at ~ range** à bout portant.

2 *adv fire, shoot* à bout portant; (*fig*) *refuse* tout net, catégoriquement; *request, demand* de but en blanc, à brûle-pourpoint.

pointed ['pɔmtɪd] *adj* (**a**) *knife, stick, pencil, roof, chin, nose* pointu; *beard* en pointe; (*Archit*) *window, arch* en ogive. **the ~ end** le bout pointu.

(**b**) (*fig*) *remark* lourd de sens, plein de sous-entendus. **her rather ~ silence** son silence lourd de sens *or* significatif.

pointedly ['pɔmtɪdlɪ] *adv reply* d'une manière significative. **... she said ~ ...** dit-elle avec intention *or* d'un ton plein de sous-entendus; **rather ~ she refused to comment** sa façon de se refuser à tout commentaire disait bien ce qu'elle voulait dire.

pointer ['pɔmtəʳ] *n* (**a**) (*stick*) baguette *f*; (*on scale*) (*indicator*) index *m*, (*needle*) aiguille *f*; (*on screen: arrow*) flèche lumineuse.

(**b**) (*clue, indication*) indice *m* (*to sth*); (*piece of advice*) conseil *m*, tuyau* *m*. **he gave me some ~s on what to do*** il m'a donné quelques conseils *mpl* (pratiques) *or* indications *fpl or* tuyaux* sur ce que je devais faire; **there is at present no ~ to the outcome** rien ne permet de présumer *or* de conjecturer l'issue pour le moment; **they are looking for ~s on how the situation will develop** ils cherchent des indices permettant d'établir comment la situation va évoluer; **his remarks are a possible ~ to a solution** ses remarques pourraient bien laisser entrevoir une solution.

(**c**) (*dog*) chien *m* d'arrêt.

pointillism ['pwæntɪlɪzəm] *n* pointillisme *m*.

pointing ['pɔmtɪŋ] *n* (*Constr*) jointoiement *m*.

pointless ['pɔmtlɪs] *adj attempt, task* inutile, vain, futile; *murder* gratuit; *suffering* inutile, vain, injustifié; *explanation, joke, story* sans rime ni raison, qui ne rime à rien. **it is ~ to complain** il ne sert à rien de se plaindre, c'est peine perdue que de se plaindre; **life seemed ~ to her** la vie lui paraissait dénuée de sens.

pointlessly ['pɔmtlɪslɪ] *adv try, work, suffer* inutilement, vainement; *kill* gratuitement, sans raison.

pointlessness ['pɔmtlɪsnɪs] *n* (*V pointless*) inutilité *f*, futilité *f*; gratuité *f*.

poise [pɔɪz] **1** *n* (*balance*) équilibre *m*; (*carriage*) maintien *m*; [*head, body etc*] port *m*; (*fig*) (*composure etc*) calme *m*, sang-froid *m*; (*self-confidence*) (calme) assurance *f*, (*grace*) grâce *f*. **they walked with books on their heads to improve their ~** elles marchaient en portant des livres sur la tête pour perfectionner leur maintien; **a woman of great ~** une femme pleine de grâce *or* empreinte d'une tranquille assurance; **he is young and lacks ~** il est jeune et manque d'assurance *or* d'aisance.

2 *vt* (*balance*) mettre en équilibre; (*hold balanced*) tenir en équilibre, maintenir en équilibre. **she ~d her pen** *or* **held her pen ~d over her notebook** elle tenait son stylo suspendu au-dessus du bloc-notes, (prête à écrire); **he ~d himself on his toes** il s'est tenu sur la pointe des pieds (sans bouger); **to be ~d** (*balanced*) être en équilibre; (*held, hanging*) être suspendu immobile; (*hovering*) être immobile *or* suspendu (en l'air); **the diver was ~d at the edge of the pool** le plongeur se tenait sur le rebord de la piscine prêt à plonger; **the tiger was ~d ready to spring** le tigre se tenait (immobile) prêt à bondir; **~d (ready) to attack/for the attack** (tout) prêt à attaquer/pour l'attaque; (*fig*) **~d on the brink of success/ruin** au bord de la réussite/de la ruine; **to be ~d between life and death** être entre la vie et la mort.

poison ['pɔɪzn] **1** *n* (*lit, fig*) poison *m*; [*snake*] venin *m*. **to take ~** s'empoisonner; **to die of ~** mourir empoisonné; (*fig: offering drink*) **what's your ~?**‡ tu te soûles‡ à quoi?; *V* **hate, rat**.

2 *cpd*: **poison fang** dent venimeuse; **poison gas** gaz toxique *or* asphyxiant; **poison gland** glande *f* à venin; (*Bot*) **poison ivy** sumac vénéneux; **poison-pen letter** lettre *f* anonyme venimeuse.

3 *vt* [*person*] *person, food, well, arrow* empoisonner; [*noxious substance*] *person* empoisonner, intoxiquer; *rivers etc* empoisonner. **a ~ed foot/finger** *etc* un pied/doigt *etc* infecté; **the drugs are ~ing his system** les drogues l'intoxiquent; (*fig*) **it is ~ing their friendship** cela empoisonne *or* gâche *or* gâte leur amitié; **to ~ sb's mind** (*corrupt*) corrompre qn; (*instil doubts*) faire douter qn; **he ~ed her mind against her husband** il l'a fait douter de son mari.

poisoner ['pɔɪznəʳ] *n* empoisonneur *m*, -euse *f* (*lit*).

poisoning ['pɔɪznɪŋ] *n* (*V poison 3*) empoisonnement *m*; intoxication *f*. **to die of ~** mourir empoisonné; **arsenic ~** empoisonnement à l'arsenic; *V* **food, lead²**.

poisonous ['pɔɪznəs] *adj snake* venimeux; *gas, fumes* toxique, asphyxiant; *substance* toxique; (*fig*) *propaganda, rumours, doctrine* pernicieux, diabolique. **he is quite ~*** il est absolument ignoble; **this coffee is ~*** ce café est infect.

poke¹ [pəʊk] *n* (*dial, esp Scot*) sac *m*; *V* **pig**.

poke² [pəʊk] **1** *n* (*push*) poussée *f*; (*jab*) (petit) coup *m* (*de coude, de canne, avec le doigt etc*); (*US*: *punch*) coup de poing. **to give the fire a ~** donner un coup de tisonnier au feu; **to give sb a ~ in the ribs** enfoncer son coude (*or* son doigt *etc*) dans les côtes de qn, pousser qn dans les côtes avec son coude (*or* son doigt *etc*), pousser qn du coude; **I got a ~ in the eye from his umbrella** j'ai reçu son parapluie dans l'œil; **he gave the ground a ~ with his stick** il a enfoncé sa canne dans le sol.

2 *vt* (**a**) (*jab with, finger, stick etc*) pousser, donner un coup de coude (*or* de canne *or* avec le doigt) à; (*US*‡: *punch*) donner un coup de poing à; (*thrust*) *stick, finger etc* enfoncer (*into* dans, *through* à travers); *rag etc* fourrer (*into* dans). **to ~ the fire** tisonner le feu; **he ~d me with his umbrella** il m'a donné un petit coup de parapluie, il m'a poussé avec son parapluie; **he ~d his**

finger in her eye il lui a mis le doigt dans l'œil; **he ~d the ground with his stick, he ~d his stick into the ground** il a enfoncé sa canne dans le sol; **he ~d me in the ribs** il m'a enfoncé son coude (*or* son doigt *etc*) dans les côtes, il m'a poussé dans les côtes avec son coude (*or* son doigt), il m'a poussé du coude; (*US*) **he ~d me one in the stomach*** il m'a envoyé son poing dans l'estomac; **he ~d his finger at me** il pointa son index vers moi; **he ~d his finger up his nose** il s'est fourré le doigt dans le nez; **to ~ one's head out of the window** passer la tête hors de *or* par la fenêtre; **to ~ a hole in sth** (*with one's finger/stick etc*) faire un trou dans qch *or* percer qch (*avec le doigt/sa canne etc*); *V* **fun, nose**.

(**b**) (*Brit*‡: *sexually*) faire l'amour avec, tringler‡.

3 *vi* (**a**) (*also ~ out*) [*elbows, stomach, stick*] sortir, dépasser (*from, through* de).

(**b**) **he ~d at me with his finger** il pointa son index vers moi; **he ~d at the suitcase with his stick** il poussa la valise avec sa canne; **the children were poking at their food** les enfants chipotaient (en mangeant); (*fig*) **to ~ into sth*** fourrer le nez dans qch, fourgonner dans qch.

◆**poke about, poke around** *vi* (**a**) (*lit*) fourrager; fureter. **to poke about in a drawer/a dustbin** fourrager dans un tiroir/une poubelle; **I spent the morning poking about in antique shops** j'ai passé la matinée à fureter dans les magasins d'antiquités.

(**b**) (*pej*). **he was poking about in my study** il fouinait dans mon bureau.

◆**poke in** *vt sep head* passer (à l'intérieur); *stick etc* enfoncer; *rag* fourrer. **to poke one's nose in*** fourrer son nez dans les affaires des autres, se mêler de ce qui ne vous regarde pas.

◆**poke out 1** *vi* (**a**) = **poke 3a**.

(**b**) (*bulge*) [*stomach, chest, bottom*] être protubérant *or* proéminent.

2 *vt sep* (**a**) sortir. **the tortoise poked its head out** la tortue a sorti la tête.

(**b**) (*remove etc*) faire partir, déloger. **he poked the ants out with a stick** il a délogé les fourmis avec un bâton; **to poke sb's eye out** crever l'œil à qn.

poker¹ ['pəʊkəʳ] *n* (*for fire etc*) tisonnier *m*. (*U*) **~ work** (*craft*) pyrogravure *f*; (*objects*) pyrogravures *fpl*; *V* **stiff**.

poker² ['pəʊkəʳ] **1** *n* (*Cards*) poker *m*. **2** *cpd*: **poker-face** visage *m* impassible; **poker-faced** au visage impassible.

pokey‡ ['pəʊkɪ] *n* (*US: jail*) trou* *m*, taule‡ *f*.

poky ['pəʊkɪ] *adj* (*pej*) *house, room* exigu (*f* -guë) et sombre.

pol* [pɒl] *n* (*US: abbr of politician*) homme *m or* personnalité *f* politique.

Polack‡ ['pəʊlæk] *n* (*pej*) Polaque *mf*, Polonais(e) *m(f)*.

Poland ['pəʊlənd] *n* Pologne *f*.

polar ['pəʊləʳ] *adj* (*Elec, Geog*) polaire. **~ bear** ours blanc; **P~ Circle** cercle *m* polaire; **~ lights** aurore *f* polaire.

polarimeter [ˌpəʊlə'rɪmɪtəʳ] *n* polarimètre *m*.

polariscope [pəʊ'lærɪskəʊp] *n* polariscope *m*.

polarity [pəʊ'lærɪtɪ] *n* polarité *f*.

polarization [ˌpəʊləraɪ'zeɪʃən] *n* (*lit, fig*) polarisation *f*.

polarize ['pəʊləraɪz] *vt* (*lit, fig*) polariser.

Polaroid ['pəʊlərɔɪd] ® **1** *adj* polaroïd ® *inv*. **2** *n* (*also ~ camera*) (appareil *m*) Polaroïd ® *m*; (*also ~ print*) photo *f* polaroïd.

Pole [pəʊl] *n* Polonais(e) *m(f)*.

pole¹ [pəʊl] **1** *n* (**a**) (*rod*) perche *f*; (*fixed*) poteau *m*, mât *m*; (*flag~, tent ~*; *also in gymnastics, for climbing*) mât; (*telegraph ~*) poteau télégraphique; (*curtain ~*) tringle *f*; (*barber's ~*) enseigne *f* de coiffeur; (*in fire station*) perche *f*; (*for vaulting, punting*) perche. **their only weapons were wooden ~s** leurs seules armes étaient des perches *or* de longs bâtons; (*fig*) **to be up the ~*** (*mistaken*) se gourer‡, se tromper; (*mad*) dérailler* (*fig*); (*fig: mad*) **to send or drive sb up the ~*** rendre qn fou (*f* folle), faire perdre la tête à qn; *V* **greasy, ski** *etc*.

(**b**) (*Ski*) (*ski stick*) bâton *m*; (*marking run*) piquet *m*.

(**c**) (††: *Measure*) = 5,029 mètres.

2 *cpd*: **poleax(e)** *V* **poleax(e)**; (*Sport*) **pole jump, pole vault** (*n*) saut *m* à la perche; (*vi*) sauter à la perche; **pole jumper, pole vaulter** sauteur *m*, -euse *f* à la perche, perchiste *mf*; **pole jumping, pole vaulting** saut *m* à la perche.

3 *vt punt etc* faire avancer (à l'aide d'une perche).

pole² [pəʊl] **1** *n* (*Elec, Geog*) pôle *m*. **North/South P~** pôle Nord/ Sud; **from ~ to ~** d'un pôle à l'autre; (*fig*) **they are ~s apart** ils sont aux antipodes (l'un de l'autre). **2** *cpd*: **pole star** étoile *f* polaire.

poleax(e) ['pəʊlæks] **1** *n* (*weapon*) hache *f* d'armes; [*butcher etc*] merlin *m*. **2** *vt cattle etc* abattre, assommer; (*fig*) *person* terrasser.

polecat ['pəʊlkæt] *n* putois *m*.

pol. econ. *abbr of political economy*; *V* **political**.

polemic [pɒ'lemɪk] **1** *adj* polémique. **2** *n* (*argument*) polémique *f*. **~s** polémique (*U*).

polemical [pɒ'lemɪkəl] *adj* polémique.

police [pə'liːs] **1** *n* (*U*) (**a**) (*organization*) ≃ police *f* (*under Ministry of the Interior: gen in towns*); gendarmerie *f* (*under Ministry of War: throughout France*). (*collective*) **the ~** la police, les gendarmes *mpl*; **to join the ~** entrer dans la police, se faire policier *or* gendarme; **he is in the ~, he is a member of the ~** il est dans *or* de la police, il est policier, il est gendarme; **extra ~ were called in** on a fait venir des renforts de police; **the ~ are on his track** la police est sur sa piste, les gendarmes sont sur sa piste; **river/railway ~** police fluviale/des chemins de fer; *V* **mounted** *etc*.

(**b**) (*US Mil*) corvée *f* (militaire) de rangement et de nettoyage.

2 *cpd* (*gen*) de la police; *leave, vehicle, members* de la police *or* de la gendarmerie; *campaign, control, inquiry* policier, de la police *or* de la gendarmerie; *sergeant* de la police; *harassment* par la police. **police academy** école *f* de police; **police car** voiture *f* de police; **police chief** (*Brit*) ≃ préfet *m* (de police); (*US*) ≃ (commissaire *m*)

divisionnaire *m*; **Police Complaints Board** ≃ inspection *f* générale des services; **police constable** *V* **constable**; **police court** tribunal *m* de police; **police custody** *V* **custody**; **police dog** (*gen*) chien *m*; (*US: alsatian*) berger *m* allemand; **police escort** escorte policière; **the police force** la police, les gendarmes *mpl*, les forces *fpl* de l'ordre; **member of the police force** policier *m*; **to join the police force** entrer dans la police; **police headquarters** administration *f* centrale, siège *m* central; **police intervention** intervention *f* de la police; **policeman** *V* **policeman**; **police office** gendarmerie *f* (*bureaux*); **police officer** policier *m*, fonctionnaire *m* de la police; **to become a police officer** entrer dans la police; **police presence** présence *f* policière; **police protection** protection *f* de la police; **to have a police record** avoir un casier judiciaire; **he hasn't a police record** il a un casier judiciaire vierge; **the police service** (*the police, collectively*) la police; **police state** état policier; **police station** poste *m* or commissariat *m* de police, gendarmerie *f*; (*US*) **police wagon** voiture *f* or fourgon *m* cellulaire; **policewoman** femme *f* agent (de police); **police work** le métier de policier.
   3 *vt* (a) (*lit: with policemen*) **it was decided to ~ the streets** on a décidé d'envoyer des agents de police (*or* des gendarmes) pour maintenir l'ordre dans les rues.
   (b) [*vigilantes, volunteers etc*] *district, road, football match etc* faire la police dans (or à, sur etc); (*Mil*) *frontier, territory* contrôler, maintenir la paix dans (or à, sur etc); (*fig*) *agreements, controls* veiller à l'application de; *prices etc* contrôler. **the border is ~d by U.N. patrols** la frontière est sous la surveillance des patrouilles de l'O.N.U.
   (c) (*US: keep clean*) nettoyer.
policeman [pə'li:smən] *n, pl* **-men** (*in town*) agent *m* de police, gardien *m* de la paix; (*in country*) gendarme *m*. **to become a ~** entrer dans la police; **I knew he was a ~** je savais qu'il était de la police.
policing [pə'li:sɪŋ] *n* maintien *m* de l'ordre.
policy¹ [ˈpɒlɪsɪ] **1** *n* (a) (*aims, principles etc*) (*Pol*) politique *f*; [*newspaper, company, organisation*] politique (générale), ligne *f* (d'action); (*course of action*) règle *f*. **the government's policies** la politique du gouvernement; (*Pol*) **foreign/economic/social ~** politique étrangère/économique/sociale; **what is the company ~ on this matter?** quelle est la ligne suivie par la compagnie à ce sujet?; **the paper followed a ~ of attacking the Church** le journal attaquait systématiquement l'Église; **the Ruritanian ~ of expelling its critics** la politique d'expulsion pratiquée par les Ruritaniens à l'encontre de leurs critiques; **nationalisation is a matter of ~ for the Socialists** les nationalisations sont une question de principe pour les socialistes; **it has always been our ~ to deliver goods free** nous avons toujours eu pour règle de livrer les marchandises franco de port; **my ~ has always been to wait and see** j'ai toujours eu pour règle d'attendre et de voir venir; **it would be good/bad ~ to do that** ce serait une bonne/mauvaise politique que de faire cela; **complete frankness is the best ~** la franchise totale est la meilleure politique; *V* **honesty**.
   (b) (*U: prudence*) (bonne) politique *f*. **it would not be ~ to refuse** il ne serait pas politique de refuser.
   2 *cpd* (*gen*) *discussions etc* de politique générale. **policy decision** décision *f* de principe; **policy maker** (*within organization, firm etc*) décideur *m*; (*for political party etc*) responsable *m* politique; **policy matter** question *f* de politique générale or de principe; **policy paper** document *m* de politique générale; **to make a policy statement** faire une déclaration de principe.
policy² [ˈpɒlɪsɪ] *n* (*Insurance*) police *f* (d'assurance). **to take out a ~** souscrire à une police d'assurance; **~ holder** assuré(e) *m(f)*.
polio [ˈpəʊlɪəʊ] *n* (*abbr of* **poliomyelitis**) polio *f*. **~ victim** polio *mf*.
poliomyelitis [ˌpəʊlɪəʊmaɪəˈlaɪtɪs] *n* poliomyélite *f*.
Polish [ˈpəʊlɪʃ] **1** *adj* polonais. **2** *n* (*Ling*) polonais *m*.
polish [ˈpɒlɪʃ] **1** *n* (a) (*substance*) (*for shoes*) cirage *m*, crème *f* (à chaussures); (*for floor, furniture*) encaustique *f*, cire *f*; (*for nails*) vernis *m* (à ongles). **metal ~** produit *m* d'entretien pour les métaux.
   (b) (*act*) **to give sth a ~** faire briller qch; **my shoes need a ~** mes chaussures ont besoin d'être cirées.
   (c) (*shine*) poli *m*, éclat *m*, brillant *m*; (*fig: refinement*) [*person*] raffinement *m*; [*style, work, performance*] perfection *f*, élégance *f*. **high ~** lustre *m*; **to put a ~ on sth** faire briller qch; **the buttons have lost their ~** les boutons ont perdu leur éclat or leur brillant.
   2 *vt* (*also ~ up*) *stones, glass* polir; *shoes* cirer; *floor, furniture* cirer, astiquer, faire briller; *car* astiquer, briquer; *pans, metal* fourbir, astiquer, faire briller; *leather* lustrer; (*fig*) *person* parfaire l'éducation de; *manners* affiner; *style, language* polir, châtier. **to ~ (up) one's French** perfectionner or travailler son français; **the style needs ~ing** le style manque de poli or laisse à désirer or aurait besoin d'être plus soigné; *V* **also polished**.
◆ **polish off** *vt sep* *food, drink* finir; *work, correspondence* expédier; *competitor, enemy* régler son compte à, en finir avec; (‡: *kill*) liquider*, nettoyer‡. **he polished off the meal** il a tout mangé jusqu'à la dernière miette.
◆ **polish up** *vt sep* = **polish 2**.
polished [ˈpɒlɪʃt] *adj* *surface* poli, brillant; *floor, shoes* ciré, brillant; *leather* lustré; *silver, ornaments* brillant, fourbi, astiqué; *stone, glass* poli; (*fig*) *person* qui a de l'éducation or du savoir-vivre; *manners* raffiné; *style* poli, châtié; *performer* accompli; *performance* impeccable.
polisher [ˈpɒlɪʃəʳ] *n* (*person*) polisseur *m*, -euse *f*; (*machine: gen*) polissoir *m*; (*for floors*) cireuse *f*; (*for pebbles etc*) polisseuse *f*.
polite [pəˈlaɪt] *adj* *person, remark* poli. **to be ~ to sb** être poli or correct avec or envers or à l'égard de qn; **when I said it was not his best work I was being ~** c'est par pure politesse que j'ai dit que ce

n'était pas sa meilleure œuvre; **be ~ about his car!** ne dis pas de mal de sa voiture!; **in ~ society** dans la bonne société.
politely [pəˈlaɪtlɪ] *adv* poliment, avec politesse.
politeness [pəˈlaɪtnɪs] *n* politesse *f*. **to do sth out of ~** faire qch par politesse.
politic [ˈpɒlɪtɪk] **1** *adj* politique, diplomatique. **he thought** or **deemed it ~ to refuse** il a jugé politique de refuser; *V* **body**.
   2 *n*: **~s** politique *f*; **to talk ~s** parler politique; **to go into ~s** choisir or embrasser une carrière politique, se lancer dans la politique; **foreign ~s** politique étrangère; *V* **party**.
political [pəˈlɪtɪkəl] *adj* (*all senses*) politique. **~ economy/ geography** économie *f*/géographie *f* politique; **~ science** sciences *fpl* politiques; (*US*) **~ action committee** comité *m* de soutien (*d'un candidat*); **to ask for ~ asylum** demander le droit d'asile (politique); **~ analyst** or **expert** or **commentator** politologue *mf*; (*US*) **~ convention** convention *f* politique; **he's a ~ animal** il a la politique dans le sang; *V* **party, protest**.
politically [pəˈlɪtɪkəlɪ] **1** *adv* politiquement. **2** *cpd*: **politically-minded, politically-orientated** qui s'intéresse à la politique.
politician [ˌpɒlɪˈtɪʃən] *n* homme *m* politique, femme *f* politique, politicien(ne) *m(f)* (*pej*).
politicization [pəˌlɪtɪsaɪˈzeɪʃən] *n* politisation *f*.
politicize [pəˈlɪtɪsaɪz] *vt* politiser.
politicking [ˈpɒlɪtɪkɪŋ] *n* (*pej*) politique *f* politicienne.
politic(o)... [pəˈlɪtɪk(əʊ)] *pref* politico... .
polity [ˈpɒlɪtɪ] *n* (*system of government*) régime *m*, administration *f* politique; (*government organization*) constitution *f* politique; (*the State*) État *m*.
polka [ˈpɒlkə] *n* polka *f*. **~ dot** pois *m* (*sur tissu*).
poll [pəʊl] **1** *n* (a) (*vote in general*) vote *m*; (*voting at election*) scrutin *m*; (*election*) élection(s) *f(pl)*; (*list of voters*) liste électorale; (*voting place*) bureau *m* de vote; (*votes cast*) voix *fpl*, suffrages *mpl*. **to take a ~ on sth** procéder à un vote sur or au sujet de qch; **the result of the ~** le résultat de l'élection or du scrutin; **on the eve of the ~** à la veille de l'élection or du scrutin; **people under 18 are excluded from the ~** les jeunes de moins de 18 ans n'ont pas le droit de vote or ne peuvent pas voter; **to go to the ~s** aller aux urnes; **a crushing defeat at the ~s** une écrasante défaite aux élections; **to head the ~** arriver en tête de scrutin, avoir le plus grand nombre de voix; **there was an 84% ~, there was an 84% turnout at the ~s** 84% des inscrits ont voté, la participation électorale était de (l'ordre de) 84%; **the ~ was heavy/light** or **low** la participation électorale était importante or forte/faible; **he got 20% of the ~** il a obtenu 20% des suffrages exprimés; **he achieved a ~ of 5,000 votes** il a obtenu 5.000 voix; *V* **standing**.
   (b) (*opinion survey*) sondage *m*. (public) **opinion ~** sondage d'opinion; **to take a ~** sonder l'opinion (*of* de); *V* **Gallup**.
   (c) (††: *head*) chef† *m*.
   2 *cpd*: (*US*) **poll tax** sondeur *m*; **poll tax** capitation *f*.
   3 *vt* (a) *votes* obtenir; *people* sonder, interroger. **they ~ed the students to find out whether ...** ils ont sondé l'opinion des étudiants pour savoir si ...; **40% of those ~ed supported the government** 40% de ceux qui ont participé au sondage or 40% des personnes interrogées étaient pour le gouvernement.
   (b) *cattle* décorner; *tree* étêter, écimer.
   4 *vi* (a) **the party will ~ badly/heavily in Scotland** le parti obtiendra peu de/beaucoup de voix or de suffrages en Écosse.
   (b) (*vote*) voter.
pollack [ˈpɒlək] *n* lieu *m* jaune.
pollard [ˈpɒləd] **1** *n* (*animal*) animal *m* sans cornes; (*tree*) têtard *m*, arbre étêté or écimé. **2** *vt* *animal* décorner; *tree* étêter, écimer.
pollen [ˈpɒlən] *n* pollen *m*.
pollinate [ˈpɒlɪneɪt] *vt* féconder (avec du pollen).
pollination [ˌpɒlɪˈneɪʃən] *n* pollinisation *f*, fécondation *f*.
polling [ˈpəʊlɪŋ] **1** *n* élections *fpl*. **~ is on Thursday** les élections ont lieu jeudi, on vote jeudi; **~ was heavy** il y a eu une forte participation électorale, le nombre des votants a été élevé.
   2 *cpd*: **polling booth** isoloir *m*; **polling day** jour *m* des élections; (*US*) **polling place**, (*Brit*) **polling station** bureau *m* de vote.
pollock [ˈpɒlək] *n* = **pollack**.
pollster [ˈpəʊlstəʳ] *n* sondeur *m*, enquêteur *m*, -trice *f*.
pollute [pəˈluːt] *vt* polluer; (*fig*) contaminer; (*corrupt*) corrompre; (*desecrate*) profaner, polluer (*liter*). **the river was ~d with chemicals** la rivière était polluée par des produits chimiques.
pollution [pəˈluːʃən] *n* (*V* **pollute**) pollution *f*; contamination *f*; profanation *f*. **air ~** pollution de l'air.
Pollyanna [ˌpɒlɪˈænə] *n* (*US*) optimiste *m(f)* béat(e).
polo [ˈpəʊləʊ] **1** *n* polo *m*; *V* **water**. **2** *cpd*: **poloneck** (*n*) col roulé; (*adj*) à col roulé; (*US*) **polo shirt** polo *m*, chemise *f* polo; **polo stick** maillet *m* (de polo).
polonaise [ˌpɒləˈneɪz] *n* (*Mus, Dance*) polonaise *f*.
polonium [pəˈləʊnɪəm] *n* polonium *m*.
poltergeist [ˈpɔːltəgaɪst] *n* esprit frappeur.
poltroon† [pɒlˈtruːn] *n* poltron *m*.
poly... [ˈpɒlɪ] *pref* poly... .
poly* [ˈpɒlɪ] *n* (*abbr of* **polytechnic**) ≃ IUT *m*.
polyandrous [ˌpɒlɪˈændrəs] *adj* polyandre.
polyandry [ˈpɒlɪændrɪ] *n* polyandrie *f*.
polyanthus [ˌpɒlɪˈænθəs] *n* primevère *f* (*multiflore*).
polyarchy [ˈpɒlɪɑːkɪ] *n* polyarchie *f*.
polychromatic [ˌpɒlɪkrəʊˈmætɪk] *adj* polychrome.
polychrome [ˈpɒlɪkrəʊm] **1** *adj* polychrome. **2** *n* statue *f* (*or* tableau *m etc*) polychrome.
polyclinic [ˌpɒlɪˈklɪnɪk] *n* polyclinique *f*.
polycotton [ˈpɒlɪˈkɒtən] *n* polyester *m* et coton *m*.
polyester [ˌpɒlɪˈestəʳ] **1** *n* polyester *m*. **2** *cpd* de or en polyester.
polyethylene [ˌpɒlɪˈeθɪliːn] *n* (*US*) polyéthylène *m*, polythène *m*.

polygamist [pɒˈligəmɪst] n polygame mf.
polygamous [pɒˈligəməs] adj polygame.
polygamy [pɒˈligəmɪ] n polygamie f.
polygenesis [ˌpɒlɪˈdʒenɪsɪs] n polygénisme m.
polygenetic [ˌpɒlɪdʒɪˈnetɪk] adj polygénétique.
polyglot [ˈpɒlɪglɒt] adj, n polyglotte (mf).
polygon [ˈpɒlɪgən] n polygone m.
polygonal [pɒˈligənl] adj polygonal.
polygraph [ˈpɒlɪgrɑːf] n détecteur m de mensonges.
polyhedral [ˌpɒlɪˈhiːdrəl] adj polyédrique.
polyhedron [ˌpɒlɪˈhiːdrən] n polyèdre m.
polymath [ˈpɒlɪmæθ] n esprit m universal.
polymer [ˈpɒlɪmər] n polymère m.
polymerization [ˌpɒlɪmərarˈzeɪʃən] n polymérisation f.
polymorphism [ˌpɒlɪˈmɔːfɪzəm] n polymorphisme m, polymorphie f.
polymorphous [ˌpɒlɪˈmɔːfəs] adj polymorphe.
Polynesia [ˌpɒlɪˈniːzɪə] n Polynésie f.
Polynesian [ˌpɒlɪˈniːzɪən] **1** adj polynésien. **2** n (a) Polynésien(ne) m(f). (b) (Ling) polynésien m.
polynomial [ˌpɒlɪˈnəumɪəl] adj, n polynôme (m).
polyp [ˈpɒlɪp] n polype m.
polyphase [ˈpɒlɪfeɪz] adj polyphase.
polyphonic [ˌpɒlɪˈfɒnɪk] adj polyphonique.
polyphony [pəˈlɪfənɪ] n polyphonie f.
polypropylene [ˌpɒlɪˈprɒpɪliːn] n polypropylène m.
polypus [ˈpɒlɪpəs] n (Med) polype m.
polysemic [ˌpɒlɪˈsiːmɪk] adj polysémique.
polysemous [ˌpɒlɪˈsiːməs] adj polysémique.
polysemy [pɒˈlɪsəmɪ] n polysémie f.
polystyrene [ˌpɒlɪˈstaɪriːn] **1** n polystyrène m. **expanded** ~ polystyrène expansé. **2** cpd: **polystyrene cement** colle f polystyrène; **polystyrene chips** billes fpl (de) polystyrène.
polysyllabic [ˈpɒlɪsɪˈlæbɪk] adj polysyllabe, polysyllabique.
polysyllable [ˈpɒlɪˌsɪləbl] n polysyllabe m, mot m polysyllabique.
polytechnic [ˌpɒlɪˈteknɪk] n (Brit) ≃ IUT m, Institut m Universitaire de Technologie.
polytheism [ˈpɒlɪθiːɪzəm] n polythéisme m.
polytheistic [ˌpɒlɪθiːˈɪstɪk] adj polythéiste.
polythene [ˈpɒlɪθiːn] n (Brit) polyéthylène m, polythène m. ~ **bag** sac m en plastique or en polyéthylène.
polyunsaturated [ˌpɒlɪʌnˈsætʃʊˌreɪtɪd] adj polyinsaturé.
polyurethane [ˌpɒlɪˈjʊərɪθeɪn] n polyuréthane m.
polyvalent [pəˈlɪvələnt] adj polyvalent.
polyvinyl [ˈpɒlɪvaɪnl] n polyvinyl m.
pom [pɒm] n = **pommy**.
pomade [pəˈmɑːd] **1** n pommade f. **2** vt pommader.
pomander [pəʊˈmændər] n (china) diffuseur m de parfum.
pomegranate [ˈpɒməˌgrænɪt] n (fruit) grenade f; (tree) grenadier m.
pomelo [ˈpɒmɪləʊ] n pomelo m.
Pomeranian [ˌpɒməˈreɪnɪən] n (dog) loulou m (de Poméranie).
pommel [ˈpʌml] **1** n pommeau m. **2** cpd: **pommel horse** cheval m d'arçons. **3** vt = **pummel**.
pommy [ˈpɒmɪ] (Australia) **1** n Anglais(e) m(f). **2** adj anglais.
pomp [pɒmp] n pompe f, faste m, apparat m. ~ **and circumstance** grand apparat, pompes (liter); **with great** ~ en grande pompe.
Pompadour [ˈpɒmpəˌdʊər] n (US: hairstyle) banane f (coiffure).
Pompeii [pɒmˈpeɪiː] n Pompéi.
Pompey [ˈpɒmpɪ] n Pompée m.
pompom [ˈpɒmpɒm] n (Mil) canon-mitrailleuse m (de D.C.A.).
pompon [ˈpɒmpɒn] n pompon m.
pomposity [pɒmˈpɒsɪtɪ] n (pej) manières pompeuses, air or ton pompeux, solennité f.
pompous [ˈpɒmpəs] adj (pej) person pompeux, solennel, plein de son importance; remark, speech, tone, voice pompeux, pontifiant, solennel; style pompeux, ampoulé.
pompously [ˈpɒmpəslɪ] adv (pej) pompeusement, d'un ton or d'un air pompeux.
ponce [pɒns] (Brit) **1** n maquereau m, souteneur m. **2** vi faire le maquereau, être souteneur.
♦ **ponce about** vi se pavaner.
poncho [ˈpɒntʃəʊ] n poncho m.
pond [pɒnd] **1** n étang m; (stagnant) mare f; (artificial) bassin m; V fish, mill etc. **2** cpd: **pondlife** vie animale des eaux stagnantes; **pondweed** épi m d'eau, potamot m.
ponder [ˈpɒndər] **1** vt considérer, peser, réfléchir à or sur. **2** vi méditer (over, on sur), réfléchir (over, on à, sur).
ponderable [ˈpɒndərəbl] adj pondérable.
ponderous [ˈpɒndərəs] adj movement, object lourd, pesant; style, joke lourd; speech, tone, voice pesant et solennel.
ponderously [ˈpɒndərəslɪ] adv move pesamment; write avec lourdeur; say, declaim d'une voix pesante et solennelle.
pone [pəʊn] n (US) pain m de maïs.
pong [pɒŋ] (Brit) **1** n mauvaise odeur, (stronger) puanteur f. **what a** ~ **in here!** ça pue ici! **2** vi puer.
pons Varolii [pɒnzvəˈrəʊliaɪ] n pont m de Varole, protubérance f annulaire.
pontiff [ˈpɒntɪf] n (Rel) (dignitary) pontife m; (pope) souverain pontife, pontife romain.
pontifical [pɒnˈtɪfɪkəl] adj (Rel) pontifical; (fig) pontifiant.
pontificate [pɒnˈtɪfɪkɪt] **1** n (Rel) pontificat m. **2** [pɒnˈtɪfɪkeɪt] vi (fig) pontifier (about au sujet de, sur).
Pontius Pilate [ˈpɒnʃəsˈpaɪlət] n Ponce Pilate m.
pontoon [pɒnˈtuːn] **1** n (a) (gen) ponton m; (on aircraft) flotteur m. (b) (Brit Cards) vingt-et-un m. **2** cpd: **pontoon bridge** pont flottant.

pony [ˈpəʊnɪ] **1** n poney m; (Brit‡) 25 livres; (US Scol‡: crib) traduc* f, corrigé m (utilisé illicitement). **2** cpd: (US Hist) **pony express** messageries fpl rapides par relais de cavaliers; **hair in a ponytail** cheveux mpl en queue de cheval; **pony trekking** randonnée f équestre or à cheval.
pooch‡ [puːtʃ] n cabot‡ m, clebs‡ m.
poodle [ˈpuːdl] n caniche m.
poof‡ [pʊf] n (Brit pej) tante‡ f, tapette‡ f.
poofy‡ [ˈpʊfɪ] adj (Brit pej) efféminé, du genre tapette‡. **it's** ~ ça fait fille.
pooh [puː] **1** excl bah!, peuh! **2** cpd: **to pooh-pooh sth** faire fi de qch, dédaigner qch.
pool¹ [puːl] n (a) (puddle) [water, rain] flaque f (d'eau); [spilt liquid] flaque, (larger) mare f; (fig) [light from lamp, spot, flood] rond m; [sunlight] flaque; [shadow] zone f. **lying in a** ~ **of blood** étendu dans une mare de sang; **in a** ~ **of light** dans une flaque or un rond de lumière.
(b) (pond) (natural) étang m; (artificial) bassin m, pièce f d'eau; (in river) plan m d'eau; (water hole) point m d'eau; (swimming ~) piscine f; V paddle.
pool² [puːl] **1** n (a) (money) (Cards etc: stake) poule f, cagnotte f; (gen: common fund) cagnotte.
(b) (fig) (of things owned in common) fonds m commun; (reserve, source) [ideas, experience, ability] réservoir m; [advisers, experts] équipe f. **a** ~ **of vehicles** un parc de voitures; **(typing)** ~ **bureau** m des dactylos, pool m, dactylo f; **genetic** ~ **pool** m génétique.
(c) (Econ: consortium) pool m; (US: monopoly trust) trust m. **the coal and steel** ~ le pool du charbon et de l'acier.
(d) **the** ~**s** = **the football** ~; V football.
(e) (US: billiards) billard américain. **to shoot** ~ jouer au billard américain.
2 cpd: (Billiards) **poolroom** (salle f de) billard m; **pool table** billard m (table).
3 vt money, resources, objects mettre en commun; knowledge, efforts unir.
poop¹ [puːp] n (Naut) poupe f. ~ **deck** dunette f.
poop²‡ [puːp] n (excrement) crotte f.
poop³* [puːp] n (US) (information) tuyau* m, bon renseignement m.
pooped‡ [puːpt] adj (exhausted) épuisé, vanné‡, à plat*, flapi*.
poor [pʊər] **1** adj (a) (not rich) person, family, nation pauvre. **as** ~ **as a church-mouse** pauvre comme un rat or comme Job; **how** ~ **is he really?** jusqu'à quel point est-il pauvre?; **to become** ~**er** s'appauvrir; **in** ~ **circumstances** dans le besoin, dans la gêne; (fig: lacking) ~ **in mineral resources** pauvre en minerais; V also **3**, and white etc.
(b) (inferior) amount, sales, harvest, output maigre, médiocre; work, worker, soldier, film, result, food, holiday, summer médiocre, piètre (before n); effort insuffisant; light faible; sight faible, mauvais; soil pauvre, peu productif; cards médiocre. (Scol etc: as mark) '~' 'faible', 'médiocre'; **he has a** ~ **chance of success** il a peu de chances de réussir; **to have** ~ **hearing** être dur d'oreille; **he has a** ~ **memory** il n'a pas bonne mémoire; **to be in** ~ **health** ne pas être en bonne santé, être en mauvaise santé; **a** ~ **meal of bread and water** un maigre or piètre repas de pain et d'eau; **it was a** ~ **evening** ce n'était pas une soirée réussie, la soirée n'était pas une réussite; **he showed a** ~ **grasp of the facts** il a manifesté un manque de compréhension des faits; (iro) **in my** ~ **opinion** à mon humble avis; **to be** ~ **at (doing) sth, to be a** ~ **hand at (doing) sth** ne pas être doué pour (faire) qch; **I'm a** ~ **sailor** je n'ai pas le pied marin; **he is a** ~ **traveller** il supporte mal les voyages; **he's a** ~ **loser** il est mauvais perdant; V second¹, show etc.
(c) (pitiable) pauvre. ~ **little boy** pauvre petit garçon; **she's all alone,** ~ **woman** elle est toute seule, la pauvre; ~ **Smith, he lost his money** ce pauvre Smith, il a perdu son argent; ~ **things*, they look cold** les pauvres, ils ont l'air d'avoir froid; **you** ~ **old thing!*** mon pauvre vieux!, ma pauvre vieille!; **it's a** ~ **thing** or **a** ~ **show when ...** c'est malheureux que ... + subj.
2 n: **the** ~ les pauvres mpl.
3 cpd: (Rel) **poorbox** tronc m des pauvres; (US Culin) **poor boy** grand sandwich m mixte; (Hist) **poorhouse** hospice m (des pauvres); (Hist) **poor law** assistance f publique; (Hist) **the poor laws** les lois fpl sur l'assistance publique; (US) **to poor-mouth*** sb/sth parler en termes désobligeants de qn/qch; **poor-spirited** timoré, pusillanime.
poorly [ˈpʊəlɪ] **1** adj souffrant, malade. **2** adv live, dress pauvrement; perform, work, write, explain, swim, eat médiocrement, mal. ~ **lit/paid** etc mal éclairé/payé etc; **to be** ~ **off** être pauvre.
poorness [ˈpʊənɪs] n (lack of wealth) pauvreté f; (badness) pauvreté, mauvaise qualité, médiocrité f.
poovy‡ [ˈpuːvɪ] adj = **poofy**.
pop¹ [pɒp] **1** n (a) (sound) [cork etc] pan m; [press stud etc] bruit sec. (excl) ~! pan!; **to go** ~ faire pan.
(b) (*U: drink) boisson gazeuse.
2 cpd: **popcorn** pop-corn m; **popeyed** les yeux écarquillés, ébahi; **popgun** pistolet m à bouchon; (US Scol) **pop quiz** interrogation f écrite impromptue.
3 vt (a) balloon crever; cork faire sauter; corn faire éclater; press stud fermer.
(b) (put) passer; mettre, fourrer; jeter. **to** ~ **one's head round the door/out of the window** passer brusquement la tête par la porte/par la fenêtre; **to** ~ **sth into the oven** passer or mettre qch au four; **he** ~**ped it into his mouth** il l'a fourré or l'a mis dans sa bouche; (Drugs Sl) **to** ~ **pills** se droguer (avec des comprimés); **could you** ~ **this letter into the postbox?** pourriez-vous jeter or mettre cette lettre à la boîte?; (fig) **to** ~ **the question** faire sa demande (en mariage).
(c) (‡†: pawn) mettre au clou*.

4 vi (a) [balloon] crever; [cork] sauter; [corn] éclater; [press stud, buttons etc] sauter. **my ears ~ped** mes oreilles se sont brusquement débouchées; **his eyes ~ped** il a écarquillé les yeux, il a ouvert des yeux ronds or de grands yeux; **his eyes were ~ping out of his head** les yeux lui sortaient de la tête, il avait les yeux exorbités.

(b) (go) **I ~ped over** (or **round** or **across** or **out**) **to the grocer's** j'ai fait un saut à l'épicerie; **he ~ped into a café** il est entré dans un café en vitesse.

♦**pop back 1** vi revenir, retourner (en vitesse or pour un instant). **2** vt sep lid etc remettre, replacer.

♦**pop in** vi entrer en passant, ne faire que passer. **I popped in to say hullo to them** je suis entré (en passant) leur dire bonjour; **she kept popping in and out** elle n'a pas cessé d'entrer et de sortir.

♦**pop off** vi (a) (leave) partir. **they popped off to Spain for a few days** ils sont partis passer quelques jours en Espagne, ils ont filé* pour quelques jours en Espagne.

(b) (‡: die) mourir (subitement), claquer*.

(c) (US‡: shout) donner de la gueule‡.

♦**pop out** vi [person] sortir; [cork] sauter. **the rabbit popped out of its burrow** le lapin a détalé de son terrier.

♦**pop up** vi (from water, above wall etc) surgir. **he popped up unexpectedly in Tangiers** il a réapparu inopinément à Tanger.

pop² [pɒp] (abbr of **popular**) **1** adj music, song, singer, concert pop inv. ~ **art** le pop'art. **2** n (musique f) pop m. **it's top of the ~s** just now c'est en tête du hit-parade or du palmarès de la chanson en ce moment.

pop³* [pɒp] n (esp US) papa m. (to old man) **yes ~(s)** oui grand-père*, oui pépé*.

pope [pəʊp] n pape m. **P~ John XXIII** le pape Jean XXIII; (Cards) ~ **Joan** le nain jaune.

popemobile* ['pəʊpməbiːl] n voiture blindée utilisée lors des 'bains de foule' du pape.

popery ['pəʊpərɪ] n (pej) papisme m (pej). **no ~!** à bas le pape!

popinjay† ['pɒpɪndʒeɪ] n fat m, freluquet m.

popish ['pəʊpɪʃ] adj (pej) papiste (pej).

poplar ['pɒplər] n peuplier m.

poplin ['pɒplɪn] n popeline f. **2** cpd de or en popeline.

poppadum ['pɒpədəm] n poppadum m.

popper ['pɒpər] n (Brit*: press stud) pression f, bouton-pression m.

poppet* ['pɒpɪt] n (Brit) yes, (my) ~ oui, mon petit chou; **she's a ~** elle est à croquer, c'est un amour.

poppy ['pɒpɪ] **1** n (a) (flower) pavot m; (growing wild) coquelicot m. (b) (Brit: symbolic buttonhole) coquelicot m (artificiel vendu au bénéfice des mutilés de guerre). **2** adj (colour) ponceau inv. **3** cpd: (Brit: V 1b) **Poppy Day** anniversaire m de l'armistice; **poppy seed** graine f de pavot.

poppycock* ['pɒpɪkɒk] n (U) balivernes fpl, fariboles fpl. ~! balivernes!

Popsicle ['pɒpsɪkl] n ® (US) glace f à l'eau (tenue par deux bâtonnets).

popsy‡ ['pɒpsɪ] n souris‡ f, fille f.

populace ['pɒpjʊlɪs] n peuple m, foule f, populace f (pej).

popular ['pɒpjʊlər] adj. (a) (well-liked) person, decision, book, sport populaire; (fashionable) style, model à la mode, en vogue. **he is ~ with his colleagues** ses collègues l'aiment beaucoup, il jouit d'une grande popularité auprès de ses collègues; **he is ~ with the girls** il a du succès or il a la cote* auprès des filles; **I'm not very ~ with the boss just now*** je ne suis pas très bien vu du patron or je n'ai pas la cote* auprès du patron en ce moment; (Comm) **this is a very ~ colour** cette couleur se vend beaucoup; **it is ~ to despise politicians** mépriser les hommes politiques est à la mode, c'est la mode de mépriser les hommes politiques.

(b) (of, for, by the people) music, concert populaire; lecture, journal de vulgarisation; government, opinion, discontent populaire, du peuple; mistake, habit, practice populaire, courant. ~ **etymology** étymologie f populaire; (Pol) ~ **front** front m populaire; **at ~ prices** à la portée de toutes les bourses; **by ~ request** à la demande générale; (US Pol) ~ **vote** vote m populaire.

popularist ['pɒpjʊlərɪst] adj populaire, qui s'adresse au peuple.

popularity [ˌpɒpjʊˈlærɪtɪ] n popularité f (with auprès de, among parmi). **to grow in ~** être de plus en plus populaire, acquérir une popularité de plus en plus grande; **to decline in ~** être de moins en moins populaire, perdre de sa popularité; **it enjoyed a certain ~** cela a joui d'une certaine popularité or faveur.

popularization [ˌpɒpjʊlaɪˈzeɪʃən] n (a) (U: V **popularize**) popularisation f; vulgarisation f. (b) (popularized work) œuvre f or ouvrage m de vulgarisation.

popularize ['pɒpjʊləraɪz] vt sport, music, fashion, product populariser, rendre populaire; science, ideas vulgariser.

popularizer ['pɒpjʊləraɪzər] n [sport, fashion] promoteur m, -trice f; [science, ideas] vulgarisateur m, -trice f. **he was the ~ of the new-style bicycle** c'est lui qui a popularisé or rendu populaire le nouveau modèle de bicyclette.

popularly ['pɒpjʊləlɪ] adv: ~ **known as ...** communément connu or connu de tous sous le nom de ...; **it is ~ supposed that ...** il est communément or généralement présumé que ...; **he is ~ believed to be rich** il passe communément or généralement pour être riche.

populate ['pɒpjʊleɪt] vt peupler. **densely/sparsely ~d** très/peu peuplé, à forte/faible densité de population.

population [ˌpɒpjʊˈleɪʃən] **1** n population f. **a fall/rise in (the) ~** une diminution/un accroissement de la population; **the ~ of the town is 15,000** la population de la ville est de or la ~ de la population de 15.000 habitants; **all the working ~** toute la population active.

2 cpd increase de la population, démographique. **the population explosion** l'explosion f démographique; **population figures**

démographie f; **population planning** planification f démographique.

populous ['pɒpjʊləs] adj populeux, très peuplé, à forte densité de population.

porcelain ['pɔːsəlɪn] **1** n (U: substance, objects) porcelaine f. **a piece of ~** une porcelaine. **2** cpd dish de or en porcelaine; clay, glaze à porcelaine. (U) **porcelain ware** vaisselle f en or de porcelaine.

porch [pɔːtʃ] n [house, church] porche m; [hotel] marquise f; (also **sun ~**) véranda f.

porcine ['pɔːsaɪn] adj (frm) porcin, de porc.

porcupine ['pɔːkjʊpaɪn] **1** n porc-épic m; V **prickly**. **2** cpd: **porcupine fish** poisson-globe m.

pore¹ [pɔːr] n (in skin) pore m.

pore² [pɔːr] vi: **to ~ over** book être absorbé dans; letter, map étudier de près; problem méditer longuement; **he was poring over the book** il était plongé dans or absorbé par le livre.

pork [pɔːk] (Culin) **1** n porc m. **2** cpd chop etc de porc. (US Pol) **pork barrel*** (n) travaux mpl publics (or programme m de recherche etc) entrepris à des fins électorales; (adj) project etc subventionné (à des fins électorales); (US Pol) **pork barrel law*** loi destinée à avantager une région particulière sous prétexte de législation générale; **pork butcher** ≃ charcutier m; **porkpie** ≃ pâté m en croûte; **porkpie hat** (chapeau m) feutre rond; **pork sausage** saucisse f (de porc).

porker ['pɔːkər] n porc m à l'engrais, goret m.

porky* ['pɔːkɪ] adj (pej) gras comme un porc, bouffi.

porn* [pɔːn] n (U: abbr of **pornography**) porno* m. **it's just ~** c'est porno (adj inv); ~ **shop** boutique f porno; V **hard, soft**.

pornographic [ˌpɔːnəˈgræfɪk] adj pornographique.

pornography [pɔːˈnɒgrəfɪ] n pornographie f.

porosity [pɔːˈrɒsɪtɪ] n porosité f.

porous ['pɔːrəs] adj poreux, perméable.

porousness ['pɔːrəsnɪs] n porosité f.

porphyry ['pɔːfɪrɪ] n porphyre m.

porpoise ['pɔːpəs] n marsouin m (Zool).

porridge ['pɒrɪdʒ] n (a) porridge m, bouillie f de flocons d'avoine. ~ **oats** flocons mpl d'avoine. (b) (Brit: Prison sl) **to do ~** faire de la taule‡.

porringer† ['pɒrɪndʒər] n bol m, écuelle f.

port¹ [pɔːt] **1** n (harbour, town) port m. (Naut) ~ **of call** (port d')escale f; (fig) **I've only one more ~ of call** il ne me reste plus qu'une course à faire; ~ **of despatch** or (US) **shipment** port d'expédition; ~ **of embarkation** port d'embarquement; ~ **of entry** port de débarquement or d'arrivée; **naval/fishing ~** port militaire/de pêche; **to come into ~** entrer dans le port; **they put into ~ at Dieppe** ils ont relâché dans le port de Dieppe; **to leave ~** appareiller, lever l'ancre; (loc) **any ~ in a storm** nécessité n'a pas de loi (Prov); V **sea, trading** etc.

2 cpd facilities, security portuaire, du port. **port authorities** autorités fpl portuaires; **port dues** droits mpl de port.

port² [pɔːt] n (opening) (Aviat, Naut: also ~ **hole**) hublot m; (Naut: for guns, cargo) sabord m; (Comput) port m, porte f.

port³ [pɔːt] (Naut: left) **1** n (also ~ **side**) bâbord m. **to ~** à bâbord; **land to ~!** terre par bâbord! **2** adj guns, lights de bâbord. **3** vt: **to ~ the helm** mettre la barre à bâbord.

port⁴ [pɔːt] n (wine) porto m.

portability [ˌpɔːtəˈbɪlɪtɪ] n (esp Comput) portabilité f; [software] transférabilité f.

portable ['pɔːtəbl] **1** adj (gen) portatif; software transférable. **2** n modèle portatif.

portage ['pɔːtɪdʒ] n (action, route) portage m; (cost) frais mpl de portage.

Portakabin ['pɔːtəkæbɪn] n ® (gen) bâtiment m préfabriqué; (extension to office etc) petite annexe préfabriquée; (works office etc) baraque f de chantier.

portal ['pɔːtl] **1** n portail m. **2** adj: ~ **vein** veine f porte.

portcullis [pɔːtˈkʌlɪs] n herse f (de château fort).

portend [pɔːˈtend] vt présager, laisser pressentir, laisser augurer, annoncer.

portent ['pɔːtent] n prodige m, présage m. **of evil ~** de mauvais présage.

portentous [pɔːˈtentəs] adj (ominous) de mauvais présage, de mauvais augure, sinistre; (marvellous) prodigieux, extraordinaire; (grave) solennel, grave; (pej: pompous) pompeux, pontifiant.

portentously [pɔːˈtentəslɪ] adv say d'un air or d'un ton solennel or grave or pompeux (pej) or pontifiant (pej).

porter ['pɔːtər] **1** n (a) (for luggage: in station, hotel etc, on climb or expedition) porteur m.

(b) (US Rail: attendant) employé(e) m(f) des wagons-lits.

(c) (Brit: doorkeeper) [private housing] concierge mf; [public building] portier m, gardien(ne) m(f); (Univ) appariteur m. ~**'s lodge** loge f du or de la concierge etc.

(d) (beer) porter m, bière brune.

2 cpd: **porterhouse (steak)** ≃ chateaubriand m.

porterage ['pɔːtərɪdʒ] n (act) portage m; (cost) frais mpl de portage.

portfolio [pɔːtˈfəʊlɪəʊ] n (a) (Pol: object, also post) portefeuille m. **minister without ~** ministre m sans portefeuille. (b) [shares] portefeuille m. (c) [artist] portfolio m.

portico ['pɔːtɪkəʊ] n portique m.

portion ['pɔːʃən] **1** n (part, percentage) portion f, partie f; [train, ticket etc] partie f; (share) portion, (quote-)part f; [estate, inheritance etc] portion, part; (of food: helping) portion; (†: also **marriage ~**) dot f; (liter: fate) sort m, destin m.

2 vti (also ~ **out**) répartir (among, between entre).

portliness ['pɔːtlɪnɪs] n embonpoint m, corpulence f.

portly ['pɔːtlɪ] adj corpulent.

portmanteau [pɔːt'mæntəʊ] *n* grosse valise (*de cuir*). (*Ling*) ~ **word** mot-valise *m*.

portrait ['pɔːtrɪt] **1** *n* (*Art, gen*) portrait *m*. **to paint sb's** ~ peindre (le portrait de) qn. **2** *cpd*: (*Phot*) **portrait lens** bonnette *f*; **portrait gallery** galerie *f* de portraits; **portrait painter** portraitiste *mf*.

portraitist ['pɔːtrɪtɪst] *n* portraitiste *mf*.

portraiture ['pɔːtrɪtʃər] *n* (*U*) (*art*) art *m* du portrait; (*portrait*) portrait; (*collectively*) portraits.

portray [pɔː'treɪ] *vt* [*painter*] peindre, faire le portrait de; [*painting*] représenter. **he** ~**ed him as an embittered man** [*painter*] il l'a peint *or* il en a fait le portrait sous les traits d'un homme aigri; [*writer, speaker, actor*] il en a fait un homme aigri.

portrayal [pɔː'treəl] *n* (*V* **portray**) peinture *f*, portrait *m*; représentation *f*.

Portugal ['pɔːtjʊgəl] *n* Portugal *m*.

Portuguese [,pɔːtjʊ'giːz] **1** *adj* portugais. **2** *n* (a) (*pl inv*) Portugais(e) *m(f)*. (b) (*Ling*) portugais *m*. **3** *cpd*: **Portuguese man-of-war** galère *f* (*Zool*).

pose [pəʊz] **1** *n* (*body position*) pose *f*, attitude *f*; (*Art*) pose; (*fig*) pose; (*pej*) pose, attitude, affectation *f*. **to strike a** ~ poser (pour la galerie); **it's only a** ~ c'est de la pose, c'est pure affectation, ce n'est qu'une attitude.

2 *vi* (*Art, Phot*) poser (*for* pour, *as* en); (*fig: attitudinize*) poser, prendre des poses, se donner des airs. **to** ~ **as a doctor** se faire passer pour un docteur.

3 *vt* (a) *artist's model* faire prendre une pose à; *person* faire poser.

(b) *problem, question* poser; *difficulties* créer; *argument, claim* présenter, formuler.

Poseidon [pɒ'saɪdən] *n* Poséidon *m*.

poser ['pəʊzər] *n* question *f* difficile. **that's a** ~! ça c'est difficile, ça c'est un vrai casse-tête.

poseur [pəʊ'zɜːr] *n* (*pej*) poseur *m*, -euse *f* (*pej*).

posh [pɒʃ] **1** *adj* (*: often pej*) *person* chic *inv*, snob (*f inv*), rupin‡; *accent* distingué, de la haute‡; *house, neighbourhood, hotel* chic, rupin‡; *car, school* chic, de riches, de rupins‡; *clothes* chic, élégant. ~ **people** les snob(s) *mpl*, les gens chic, les gens bien, les rupins‡; **a** ~ **wedding** un grand mariage, un mariage à grand tralala*; **he was looking very** ~ il faisait très chic, il s'était mis sur son trente et un.

2 *adv* (‡ *pej*) **to talk** ~ parler comme les gens bien *or* la haute‡.

◆**posh up‡** *vt sep house* embellir; (*clean up*) briquer; *child* pomponner, bichonner. **to posh o.s. up** se pomponner; **he was all poshed up** il était sur son trente et un, il était bien sapé‡.

posit ['pɒzɪt] *vt* avancer, énoncer, poser en principe.

position [pə'zɪʃən] **1** *n* (a) (*place, location*) [*person, object*] position *f* (*also Geog, Math, Mil, Mus, Naut, Phys etc*), place *f*; [*house, shop, town*] emplacement *m*, situation *f*; [*gun*] emplacement. **in**(**to**) ~ en place, en position; **to change the** ~ **of sth** changer qch de place; **to take up** (**one's**) ~ prendre position *or* place; **to get o.s. into** ~ se placer; **to be in a good** ~ être bien placé (*V also* **1d**); (*Mil etc*) **the enemy** ~**s** les positions de l'ennemi; (*Sport*) **what** ~ **do you play in?** à quelle place jouez-vous?; (*lit, fig*) **to jockey** *or* **jostle** *or* **manoeuvre for** ~ manœuvrer pour se placer avantageusement; (*in post office, bank*) '~ **closed**' 'guichet fermé'.

(b) (*attitude, angle: also Art, Ballet*) position *f*. **in a horizontal** ~ en position horizontale; **in an uncomfortable** ~ dans une position incommode; **to change** (**one's**) ~ changer de position.

(c) (*in class, league*) position *f*, place *f*; (*socially*) position, condition *f*; (*job*) poste *m*, emploi *m*, situation *f*. **he finished in 3rd** ~ il est arrivé en 3e position *or* place; **her** ~ **in class was 4th** elle était la 4e de sa classe; **his** ~ **in society** sa position dans la société; **a man of** ~ un homme de condition; **a man in his** ~ **should not** ... un homme dans sa position *or* de sa condition ne devrait pas ... (*V also* **1d**); **his** ~ **in the government** son poste *or* sa fonction dans le gouvernement; **a high** ~ **in the Ministry** une haute fonction au ministère; **a** ~ **of trust** un poste de confiance.

(d) (*fig: situation, circumstances*) situation *f*, place *f*. **to be in a** ~ **to do sth** être en position *or* en mesure de faire qch; **he is in a good/bad** ~ **to judge** il est bien/mal placé pour juger; **he is in no** ~ **to decide** il n'est pas en position *or* en mesure de décider; **put yourself in my** ~ mettez-vous à ma place; **a man in his** ~ **cannot expect mercy** un homme dans sa situation ne peut s'attendre à la clémence; **what would you do in my** ~? que feriez-vous à ma place?; **our** ~ **is desperate** notre situation est désespérée; **the economic** ~ la situation économique, la conjoncture; **to be in a good/bad** ~ être dans une bonne/mauvaise situation; **we were in a false/an awkward** ~ nous étions dans une situation fausse/délicate.

(e) (*fig: point of view, opinion*) position *f*, opinion *f*. **you must make your** ~ **clear** vous devez dire franchement quelle est votre position, vous devez donner votre opinion; **his** ~ **on foreign aid** sa position sur la question de l'aide aux pays en voie de développement; **to take up a** ~ **on sth** prendre position sur qch; **he took up the** ~ **that** ... il a adopté le point de vue selon lequel ... .

2 *vt* (a) (*adjust angle of*) *light, microscope, camera* mettre en position.

(b) (*put in place*) *gun, chair, camera* mettre en place, placer; *house, school* situer, placer; *guards, policemen* placer, poster; *army, ship* mettre en position. **he** ~**ed each item with great care** il a très soigneusement disposé chaque article; **to** ~ **o.s.** se mettre, se placer.

(c) (*find* ~ *of*) déterminer la position de.

positive ['pɒzɪtɪv] **1** *adj* (a) (*not negative: also Elec, Gram, Math, Phot, Typ*) positif; *test, result, reaction* positif; (*affirmative: Ling etc*) affirmatif; (*constructive*) *suggestion* positif, concret (*f* -ète); *attitude,*

criticism positif. (*Brit*) ~ **discrimination** mesures *fpl* anti-discriminatoires en faveur des minorités; ~ **vetting** enquête *f* de sécurité; **they need some** ~ **help** ils ont besoin d'une aide concrète *or* effective; **we need some** ~ **thinking** ce qu'il nous faut, c'est quelque chose de positif *or* constructif; **think** ~! soyez positif!; **he's very** ~ **about it** il a une attitude très positive à ce sujet.

(b) (*definite, indisputable*) *order, rule, instruction* catégorique; *formel; fact* indéniable, irréfutable; *change, increase, improvement* réel, tangible. ~ **proof, proof** ~ preuve formelle; **there is** ~ **evidence that** ... il y a des preuves indéniables du fait que ...; ~ **progress has been made** un réel progrès *or* un progrès tangible a été fait; **he has made a** ~ **contribution to the scheme** il a apporté une contribution effective au projet, il a contribué de manière effective au projet; **it is a** ~ **pleasure to do it** c'est un vrai plaisir de faire ça; **it's a** ~ **miracle*** c'est pur miracle; **he's a** ~ **genius*** c'est un vrai *or* véritable génie; **he's a** ~ **fool*** il est complètement idiot *or* stupide, c'est un idiot fini.

(c) (*sure, certain*) *person* sûr, certain (*about, on, of* de). **are you quite** ~? en êtes-vous bien sûr? *or* certain?; **I'm absolutely** ~ **I put it back** je mettrais ma main au feu que je l'ai remis à sa place; ... **he said in a** ~ **tone of voice** ... dit-il d'un ton très assuré; **to my** ~ **knowledge he did not see it** je sais sans l'ombre d'un doute qu'il ne l'a pas vu; **she is a very** ~ **person** elle est très résolue *or* tranchante, elle sait ce qu'elle veut.

2 *n* (*Elec*) pôle positif; (*Gram*) affirmatif *m*; (*Math*) nombre positif, quantité positive; (*Phot*) épreuve positive, positif. (*Ling*) **in the** ~ à l'affirmatif.

positively ['pɒzɪtɪvlɪ] *adv* (*definitely, indisputably*) indéniablement, irréfutablement; (*categorically*) formellement, catégoriquement; (*affirmatively*) affirmativement; (*with certainty*) de façon certaine *or* sûre; (*emphatically*) positivement; (*absolutely*) complètement, absolument. **he was** ~ **rude to me** il a été positivement grossier avec moi; **he's** ~ **mad** il est complètement fou; (*constructively*) **to think** ~ penser de façon positive *or* constructive.

positivism ['pɒzɪtɪvɪzəm] *n* positivisme *m*.

positivist ['pɒzɪtɪvɪst] *adj, n* positiviste (*mf*).

posse ['pɒsɪ] *n* (*also fig hum*) petite troupe, détachement *m*.

possess [pə'zes] *vt* (a) (*own, have*) *property, qualities* posséder, avoir; *documents, money, proof* posséder, avoir, être en possession de. **all I** ~ tout ce que je possède; **it** ~**es several advantages** cela présente plusieurs avantages; **to** ~ **o.s. of sth** s'emparer de qch; **to be** ~**ed of** posséder, avoir; **to** ~ **one's soul** *or* **o.s. in patience** s'armer de patience.

(b) [*demon, rage*] posséder; (*fig: obsess*) posséder, obséder. **like one** ~**ed** comme un possédé; **he was** ~**ed by the devil** il était possédé du démon; ~**ed with** *or* **by jealousy** obsédé *or* dévoré par la jalousie, en proie à la jalousie; **one single aim** ~**ed him** il n'avait qu'un seul but en tête; **what can have** ~**ed him to say that?** qu'est-ce qui l'a pris de dire ça!*

possession [pə'zeʃən] *n* (a) (*U: act, state*) possession *f*; (*Jur: occupancy*) jouissance *f*. **in** ~ **of** en possession de; **to have** ~ **of** posséder, avoir la jouissance de; **to have in one's** ~ avoir en sa possession; **to get** ~ **of** acquérir, obtenir; (*by force*) s'emparer de; (*improperly*) s'approprier; (*Rugby*) **to get** ~ **of the ball** s'emparer du ballon; **to come into** ~ **of** entrer en possession de; **he was in full** ~ **of his senses** il était en pleine possession de ses facultés, il avait le plein usage de ses facultés; **to come into sb's** ~ tomber en la possession de qn; **according to the information in my** ~ selon les renseignements dont je dispose; **to take** ~ **of** prendre possession de; (*improperly*) s'approprier; (*confiscate*) confisquer; (*Jur*) **to take** ~ prendre possession; (*Jur*) **to be in** ~ occuper les lieux; (*Jur etc*) **a house with vacant** ~ une maison avec jouissance immédiate; (*Prov*) ~ **is nine points of the law** (en fait de meubles) possession vaut titre.

(b) (*object*) possession *f*, bien *m*; (*territory*) possession.

possessive [pə'zesɪv] **1** *adj* (a) *person, nature, attitude, love* possessif. **to be** ~ **about sth** ne pas vouloir partager qch; **to be** ~ **towards** *or* **with sb** être possessif avec *or* à l'égard de qn; **an over**~ **mother** une mère abusive.

(b) (*Gram*) possessif.

2 *n* (*Gram*) possessif *m*. **in the** ~ au possessif.

possessively [pə'zesɪvlɪ] *adv* d'une façon possessive.

possessiveness [pə'zesɪvnɪs] *n* (*U*) possessivité *f*.

possessor [pə'zesər] *n* possesseur *m*; (*owner*) propriétaire *mf*. **to be the** ~ **of** être possesseur de, posséder; **he was the proud** ~ **of** il était l'heureux propriétaire de.

posset ['pɒsɪt] *n boisson composée de lait chaud, de vin ou de bière et d'épices.*

possibility [,pɒsə'bɪlɪtɪ] *n* (a) (*U*) possibilité *f*. **within the bounds of** ~ dans l'ordre des choses possibles, dans la limite du possible; **if by any** ~ ... si par impossible ..., si par hasard ...; **there is some** ~/**not much** ~ **of success** il y a quelques chances/peu de chances de succès; **there is no** ~ **of my leaving** il n'est pas possible que je parte; **there is some** ~ *or* **a** ~ **that I might come** il est possible que je puisse venir, il n'est pas impossible que je vienne; **it's a distinct** ~ c'est bien possible.

(b) (*possible event*) possibilité *f*, éventualité *f*. **to foresee all the possibilities** envisager toutes les possibilités *or* éventualités; **we must allow for the** ~ **that he may refuse** nous devons nous préparer à *or* nous devons envisager l'éventualité de son refus; **he is a** ~ **for the job** c'est un candidat possible *or* acceptable.

(c) (*promise, potential*) **the firm saw good possibilities for expansion** la compagnie voyait de bonnes possibilités d'expansion; **the scheme/the job has real possibilities** c'est un projet/un emploi qui offre toutes sortes de possibilités; **it's got possibilities!** c'est possible!, c'est à voir! *or* à étudier!

possible ['pɒsəbl] **1** *adj* (a) *possible*; *event, reaction, victory, loss*

possible, éventuel. **it's just ~** ce n'est pas impossible; **it's not ~!** ce n'est pas possible!, pas possible!*; **it is ~ that** il se peut que + *subj*, il est possible que+*subj*; **it's just ~ that** il n'est pas impossible que+ *subj*, il y a une chance que+ *subj*; **it's ~ to do so** il est possible de le faire, c'est faisable; **it is ~ for him to leave** il lui est possible de partir; **to make sth ~** rendre qch possible; **he made it ~ for me to go to Spain** il a rendu possible mon voyage en Espagne; **if ~** si possible; **as far as ~** dans la mesure du possible; **as much as ~** autant que possible; **he did as much as ~** il a fait tout ce qu'il pouvait; **as soon as ~** dès que possible, aussitôt que possible; **as quickly as ~** le plus vite possible; **the best ~ result** le meilleur résultat possible; **one ~ result** un résultat possible *or* éventuel; **what ~ interest can you have in it?** qu'est-ce qui peut bien vous intéresser là-dedans?; **there is no ~ excuse for his behaviour** sa conduite n'a aucune excuse *or* est tout à fait inexcusable.
  (b) (*perhaps acceptable*) *candidate, successor* possible, acceptable. **a ~ solution** une solution possible *or* à envisager; **it is a ~ solution to the problem** ce pourrait être une manière de résoudre le problème.
  2 *n* **(a)** **the art of the ~** l'art *m* du possible.
  (b) (*) **that idea is a ~** c'est une idée à suivre *or* à approfondir *or* à voir, c'est une possibilité; **a list of ~s for the job** une liste de personnes susceptibles d'être retenues pour ce poste; **he's a ~ for the match on Saturday** c'est un joueur éventuel pour le match de samedi; (*Sport*) **the P~s versus the Probables** la sélection B contre la sélection A.

possibly ['pɒsəblɪ] *adv* **(a)** (*with 'can' etc*) **as often as I ~ can** aussi souvent qu'il m'est (*or* me sera) matériellement possible (de le faire); **he did all he ~ could to help them** il a fait tout son possible pour les aider; **if I ~ can** si cela m'est (le moins du monde) possible, dans la mesure du possible; **I cannot ~ come** il m'est absolument impossible de venir; **you can't ~ do that!** tu ne peux absolument pas faire ça!; **how can I ~ allow it?** comment puis-je en toute conscience le permettre?; **it can't ~ be true!** ça ne se peut pas!, ce n'est pas vrai!
  (b) (*perhaps*) peut-être. **~ they've gone already** ils sont peut-être déjà partis, peut-être qu'ils sont déjà partis, il se peut qu'ils soient déjà partis; **(yes)** **~** peut-être bien; **~ not** peut-être pas.

possum ['pɒsəm] *n* (*: abbr of* **opossum**) opossum *m*. (*fig*) **to play ~*** faire le mort.

post¹ [pəʊst] **1** *n* (*of wood, metal*) poteau *m*; (*stake*) pieu *m*; (*for door etc: upright*) montant *m*. (*Sport*) **starting/finishing *or* winning ~** poteau de départ/d'arrivée; (*fig*) **to be left at the ~** manquer le départ, rester sur la touche; (*Sport, fig*) **to be beaten at the ~** être battu *ou* coiffé sur le poteau; *V* **deaf, gate, lamp** *etc*.
  2 *vt* **(a)** (*also ~ up*) *notice, list* afficher. **'~ no bills'** 'défense d'afficher'.
  (b) (*announce*) *results* annoncer. **to ~ a ship/a soldier missing** porter un navire/un soldat disparu.
  (c) to ~ a wall with advertisements poser *or* coller des affiches publicitaires sur un mur.

post² [pəʊst] **1** *n* **(a)** (*Mil, gen*) poste *m*. **at one's ~** à son poste; *V* **forward, last** *etc*.
  (b) (*esp Can, US: trading* **~**) comptoir *m*.
  (c) (*situation, job*) poste *m*, situation *f*; (*in civil service, government etc*) poste. **a ~ as a manager** un poste *or* une situation de directeur.
  2 *cpd*: (*US Mil*) **post exchange** magasin *m* de l'armée.
  3 *vt* **(a)** (*also Mil: position*) *sentry, guard* poster. **they ~ed a man by the stairs** ils ont posté un homme près de l'escalier.
  (b) (*esp Brit: send, assign*) (*Mil*) affecter (*to* à); (*Admin, Comm*) affecter, nommer (*to* à).
  (c) (*US Jur*) **to ~ bail** déposer une caution; **to ~ the collateral required** fournir les garanties.

post³ [pəʊst] (*esp Brit*) **1** *n* **(a)** (*U*) poste *f*; (*letters*) courrier *m*. **by ~** par la poste; **by return (of) ~** par retour du courrier; **by first-/second-class ~** ≃ tarif normal/réduit; **your receipt is in the ~** votre reçu est déjà posté; **I'll put it in the ~ today** je le posterai aujourd'hui; **it went first ~ this morning** c'est parti ce matin par le premier courrier; **to catch/miss the ~** avoir/manquer la levée; **take this to the ~** allez poster ceci, portez ceci à la poste *or* à la boîte*; **drop it in the ~ on your way** mettez-le à la boîte en route; **the ~ was lifted** *or* **collected at 8 o'clock** la levée a eu lieu à 8 heures; **has the ~ been** *or* **come yet?** le courrier est-il arrivé?, le facteur est-il passé?; **the ~ is late** le courrier a du retard; **is there any ~ for me?** est-ce que j'ai du courrier?, y a-t-il une lettre pour moi?; (*cost*) **~ and packing** frais *mpl* de port et d'emballage; (*Brit*) **Minister/Ministry of P~s and Telecommunications** ministre *m*/ministère *m* des Postes et (des) Télécommunications; *V* **registered** *etc*.
  (b) (*Hist: riders etc*) poste *f*; *V* **general**.
  2 *cpd*: (*Brit*) **post-bag** sac postal; (*esp Brit*) **postbox** boîte *f* aux lettres; **postcard** carte postale; (*Hist*) **post chaise** chaise *f* de poste; **postcode** code postal; **post-free** franco, franc de port, en franchise; **posthaste** *V* **posthaste**; (*Mus*) **post horn** cornet *m* de poste *or* de postillon; **postman** facteur *m*, préposé *m* (*Admin*); (*game*) **postman's knock** ≃ le mariage chinois; **postmark** (*n*) cachet *m* de la poste; (*vt*) tamponner, timbrer; **date as postmark** pour la date se référer au cachet de la poste; **letter with a French postmark** lettre timbrée de France; **it is postmarked Paris** il y a 'Paris' sur le cachet; **postmaster** receveur *m* des postes; (*Brit*) **Postmaster General** ministre *m* des Postes et Télécommunications; **postmistress** receveuse *f* des postes; **post office** *V* **post office**; **postpaid** port payé.
  3 *vt* **(a)** (*send by* **~**) envoyer *or* expédier par la poste; (*Brit: put in mailbox*) mettre à la poste, poster, mettre à la boîte*. **~ early for**

Christmas n'attendez pas la dernière minute pour poster vos cartes et colis de Noël.
  (b) (*Book-keeping: also ~ up*) *transaction* inscrire. **to ~ an entry to the ledger** passer une écriture dans le registre; **to ~ (up) a ledger** tenir un registre à jour; (*fig*) **to keep sb ~ed** tenir qn au courant.
  4 *vi* (*Hist: travel by stages*) voyager par la poste; prendre le courrier; (*††: hasten*) courir la poste, faire diligence.
♦**post on** *vt sep letter, parcel* faire suivre.
♦**post up** *vt sep* = **post³ 3b.**

post... [pəʊst] *pref* post.... **~glacial** postglaciaire; **~-1950** (*adj*) postérieur (*f* -eure) à (l'année) 1950, d'après 1950; **~** (*adv*) après 1950; *V* **postdate, post-impressionism** *etc*.

postage ['pəʊstɪdʒ] **1** *n* (*U*) tarifs postaux *or* d'affranchissement. **what is the ~ to Canada?** quels sont les tarifs d'affranchissement *or* les tarifs postaux pour le Canada?; (*in account etc*) **~: £2** frais *mpl* de port: 2 livres; **~ due 20p** surtaxe 20 pence; (*Comm*) **~ and packing** frais de port et d'emballage.
  2 *cpd*: (*US*) **postage meter** machine *f* à affranchir (les lettres); **postage rates** tarifs postaux; **postage stamp** timbre-poste *m*.

postal ['pəʊstəl] *adj district, code, zone* postal; *application* par la poste. **~ charges, ~ rates** tarifs postaux; **~ dispute** conflit *m* (des employés) des postes; **~ order** mandat(-poste) *m*, mandat postal (*for 100 francs* de 100 F); **the ~ services** les services postaux; **2-tier ~ service** courrier *m* à 2 vitesses; **~ strike** grève *f* des employés des postes; **~ vote** (*paper*) bulletin *m* de vote par correspondance; (*system*) vote *m* par correspondance; **~ worker** employé(e) *m(f)* des postes, postier *m*, -ière *f*.

postdate ['pəʊst'deɪt] *vt* postdater.

postdoctoral [pəʊst'dɒktərəl] *adj* (*Univ*) *research, studies etc* après le doctorat. **~ fellow** chercheur *m* qui a son doctorat; **~ fellowship** poste *m* de chercheur (qui a son doctorat).

poster ['pəʊstər] *n* affiche *f*; (*decorative*) poster *m*. **~ paint** gouache *f*.

poste restante ['pəʊst'restã:nt] *n, adv* (*esp Brit*) poste restante.

posterior [pɒs'tɪərɪər] **1** *adj* postérieur (*f* -eure) (*to* à). **2** *n* (* *hum*) derrière *m*, postérieur* *m*.

posterity [pɒs'terɪtɪ] *n* postérité *f*. **to go down to ~ as sth/for sth** entrer dans la postérité en tant que qch/pour qch.

postern ['pɒstɜːn] *n* poterne *f*.

postgraduate ['pəʊst'grædʒuət] **1** *adj studies, course, grant* ≃ de troisième cycle (universitaire). **~ diploma** diplôme décerné après la licence (*maîtrise etc*).
  2 *n* (*also ~ student*) étudiant(e) *m(f)* de troisième cycle.

posthaste ['pəʊst'heɪst] *adv* à toute allure.

posthumous ['pɒstjuməs] *adj* posthume.

posthumously ['pɒstjuməslɪ] *adv publish, appear* après la mort de l'auteur, après sa (*etc*) mort; *award* à titre posthume.

postiche [pɒs'ti:ʃ] *n, adj* postiche (*m*).

postil(l)ion [pəs'tɪlɪən] *n* postillon *m*.

post-impressionism ['pəʊstɪm'preʃənɪzəm] *n* post-impressionnisme *m*.

post-impressionist ['pəʊstɪm'preʃənɪst] *adj, n* post-impressionniste (*mf*).

post-industrial [,pəʊstɪn'dʌstrɪəl] *adj* post(-)industriel.

posting ['pəʊstɪŋ] *n* **(a)** (*U: sending by post*) expédition *f or* envoi *m* par la poste.
  (b) (*Brit: assignment*) affectation *f*. **he got a ~ to Paris** il a été affecté *or* nommé à Paris.

post-mortem ['pəʊst'mɔːtəm] **1** *adj*: **~ examination** autopsie *f*. **2** *n* (*Med, also fig*) autopsie *f*. **to hold a ~** faire une autopsie; **to carry out a ~** on faire l'autopsie de, autopsier.

postnatal ['pəʊst'neɪtl] *adj* post-natal. (*Med*) **~ ward** salle *f* de suites de couches.

post office ['pəʊst,ɒfɪs] **1** *n* (*place*) (bureau *m* de) poste *f*; (*organization*) administration *f* des postes, service *m* des postes. **he works** *or* **he is in the ~** il est postier, il est employé des postes; **the main ~** la grande poste; *V* **general** *etc*.
  2 *cpd*: **Post Office Box No. 24** (*abbr* **P.O. Box 24**) boîte postale no. 24 (*abbr* **B.P.** 24); (*US*) **Post Office Department** ministère *m* des Postes et Télécommunications; **he has £100 in post office savings** *or* **in the Post Office Savings Bank** il a 100 livres sur son livret de Caisse d'Épargne, il a 100 livres à la Caisse (Nationale) d'Épargne; **post office worker** employé(e) *m(f)* des postes, postier *m*, -ière *f*.

postpone [pəʊst'pəʊn] *vt* renvoyer (à plus tard), remettre, ajourner, reporter (*for* à, *until* à).

postponement [pəʊst'pəʊnmənt] *n* ajournement *m*, renvoi *m* (à plus tard), remise *f* à plus tard.

postposition ['pəʊstpə'zɪʃən] *n* postposition *f*.

postpositive [pəʊst'pɒzɪtɪv] **1** *adj* postpositif. **2** *n* postposition *f*.

postprandial ['pəʊst'prændɪəl] *adj* (*liter or hum*) (d')après le repas.

postscript ['pəʊsskrɪpt] *n* (*to letter: abbr* **P.S.**) post-scriptum *m inv* (*abbr* **P.S.** *m*); (*to book*) postface *f*. (*fig*) **I'd like to add a ~ to what you have said** je voudrais ajouter un mot à ce que vous avez dit.

postsynchronization [pəʊst,sɪŋkrənaɪ'zeɪʃən] *n* postsynchronisation *f*.

postsynchronize [pəʊst'sɪŋkrənaɪz] *vt* postsynchroniser.

post-tertiary [pəʊst'tɜːʃərɪ] *adj* (*Geol*) **~ period** ère *f* post-tertiaire.

postulant ['pɒstjulənt] *n* (*Rel*) postulant(e) *m(f)*.

postulate ['pɒstjulɪt] **1** *n* postulat *m*. **2** ['pɒstjuleɪt] *vt* poser comme principe; (*Philos*) postuler.

posture ['pɒstʃər] **1** *n* posture *f*, position *f*; (*fig*) attitude *f*, position. **his ~ is very bad** il se tient très mal. **2** *vi* (*pej*) poser, prendre des attitudes.

posturing ['postjərɪŋ] n pose f, affectation f.
postvocalic [pəustvəu'kælɪk] adj (Phon) postvocalique.
postwar ['pəust'wɔː^r] adj de l'après-guerre. (Brit Fin) ~ credits crédits gouvernementaux résultant d'une réduction dans l'abattement fiscal pendant la seconde guerre mondiale; the ~ period, the ~ years l'après-guerre m.
posy ['pəuzɪ] n petit bouquet (de fleurs).
pot¹ [pot] 1 n (a) (for flowers, jam, dry goods etc) pot m; (†: for beer) chope f; (piece of pottery) poterie f; (for cooking) marmite f, pot†; (saucepan) casserole f; (tea~) théière f; (coffee~) cafetière f; (potful) marmite, pot, casserole; (chamber~) pot (de chambre), vase m de nuit. jam ~ pot à confiture; ~ of jam pot de confiture; ~s and pans casseroles, batterie f de cuisine; (making tea) and one for the ~ et une cuillerée pour la théière; (Prov) it's the ~ calling the kettle black c'est la Pitié qui se moque de la Charité, c'est la poêle qui se moque du chaudron; (fig) he can just keep the ~ boiling il arrive tout juste à faire bouillir la marmite, il gagne tout juste de quoi vivre; (in game etc) keep the ~ boiling! allez-y!, à votre tour!; V flower etc.
(b) (* fig) (prize) coupe f, (large stomach) brioche* f, bedaine* f. (important person) a big ~* une huile*, une grosse légume*; to have ~s of money* avoir un argent fou, rouler sur l'or; to have ~s of time* avoir tout son temps; to go to ~* [person] se laisser complètement aller; [business] aller à la dérive; [plans] aller à vau-l'eau; to have gone to ~* être fichu*.
2 cpd: **potbellied** (from overeating) ventru, bedonnant*; (from malnutrition) au ventre ballonné; vase, stove ventru, renflé; **potbelly** (from overeating) gros ventre, bedaine* f; (from malnutrition) ventre ballonné; (fig pej) **potboiler** œuvre f alimentaire; this plant is pot-bound cette plante est (trop) à l'étroit dans son pot; (US) **pot cheese** ≃ fromage blanc égoutté; **potherbs** herbes potagères; **pothole** (in road) nid m de poule, fondrière f; (underground) caverne f, (larger) grotte f, gouffre m; **potholer** spéléologue mf, spéléo* mf; **potholing** spéléologie f; to go potholing faire de la spéléologie; **pothook** (lit) crémaillère f; (Handwriting) boucle f; **pothunter*** chasseur m de trophées; (fig) to take potluck (at meal) manger à la fortune du pot; (gen) prendre ce qu'il y a, s'en remettre au sort; (Brit) **potman** laveur m de verres (dans un pub); (US) **potpie** tourte f à la viande; **potpourri** V potpourri; (Culin) **pot roast** (n) rôti braisé, rôti à la cocotte; **pot-roast** (vt) faire braiser, faire cuire à la cocotte; **pot scourer**, **pot scrubber** tampon m à récurer; (Archeol) **potsherd** tesson m (de poterie); to take a potshot at sth tirer qch à vue de nez or au pifomètre*; **pot-trained** child propre.
3 vt (a) plant, jam etc mettre en pot; V also **potted**.
(b) (Billiards) to ~ the ball blouser la bille.
(c) (*: shoot) duck, pheasant abattre, descendre*.
(d) (*) baby mettre sur le pot.
4 vi (a) (make pottery) faire de la poterie.
(b) (shoot) to ~ at sth tirer qch, canarder qch.
pot²‡ [pot] 1 n (cannabis) marie-jeanne* f, marijuana f; (hashish) hasch* m.
2 cpd: (Drugs sl) **pothead** drogué(e) m(f) à la marijuana (or au hasch*); (Drugs sl) **pot party** séance f de hasch*.
potable ['pəutəbl] adj potable (lit).
potash ['potæʃ] n (carbonate m de) potasse f.
potassium [pə'tæsɪəm] 1 n potassium m. 2 cpd de potassium.
potation [pəu'teɪʃən] n (gen pl) libation f.
potato [pə'teɪtəu] pl ~es 1 n pomme f de terre. sweet ~ patate f (douce); is there any ~ left? est-ce qu'il reste des pommes de terre?; (fig, esp US) it's small ~es* c'est de la petite bière*; V fry², hot, mash etc.
2 cpd field, salad de pommes de terre. **potato beetle** doryphore m; **potato blight** maladie f des pommes de terre; **potato bug** = potato beetle; **potato cake** croquette f de pommes de terre; (US) **potato chips**, (Brit) **potato crisps** pommes fpl chips; **potato-masher** presse-purée m inv; **potato omelette** omelette aux pommes de terre or parmentière; **potato-peeler** couteau m éplucheur, épluche-légumes m inv; **potato soup** soupe f de pommes de terre, potage parmentier; with a potato topping recouvert de pommes de terre au gratin.
poteen [pɒ'tiːn, pɒ'tʃiːn] n (Ir) whisky m (illicite).
potency ['pəutənsɪ] n (a) [remedy, drug, charm, argument] puissance f, force f; [drink] forte teneur en alcool. (b) [male] virilité f.
potent ['pəutənt] adj (a) remedy, drug, charm puissant; drink fort; argument, reason convaincant, puissant. (b) male viril.
potentate ['pəutənteɪt] n potentat m.
potential [pəu'tenʃəl] 1 adj energy, resources potentiel; sales, uses possible, éventuel; success, danger, enemy potentiel, en puissance; meaning, value virtuel; (Gram) potentiel. he is a ~ prime minister c'est un premier ministre en puissance.
2 n (U) (a) (Elec, Gram, Math, Phys etc) potentiel m. military ~ potentiel militaire.
(b) (fig: promise, possibilities) possibilités fpl. the ~ of a discovery/of a new country les possibilités d'une découverte/d'un pays neuf; to have ~ [person, company, business] être prometteur, avoir de l'avenir; [scheme, plan, job] être prometteur, offrir toutes sortes de possibilités; [building, land, area] (can) offrir toutes sortes de possibilités; area with ~ as zone f convertible or aménageable en; to have the ~ to do être tout à fait capable de faire; he's got ~ as a footballer il a de l'avenir en tant que footballeur, c'est un footballeur prometteur; (Scol) he's got ~ in maths il a des aptitudes en maths; to have great ~ être très prometteur, promettre beaucoup; he hasn't yet realized his full ~ il n'a pas encore donné toute sa mesure.

potentiality [pəu,tenʃɪ'ælɪtɪ] n potentialité f. **potentialities** = potential 2b.
potentially [pəu'tenʃəlɪ] adv useful etc potentiellement. this is ~ one of the key issues ceci pourrait bien constituer une des questions les plus importantes; it's ~ dangerous ça pourrait bien être dangereux, c'est potentiellement dangereux.
pother ['pɒðə^r] n (U) (fuss) agitation f; (noise) vacarme m, tapage m.
potion ['pəuʃən] n (medicine) potion f; (magic drink) philtre m, breuvage m magique. love ~ philtre (d'amour).
potlatch ['pɒtlætʃ] n (US) fête où l'on échange des cadeaux.
potpourri [pəu'purɪ] n [flowers] fleurs séchées; (fig, Literat, Mus) pot-pourri m.
potted ['pɒtɪd] adj: ~ meat rillettes fpl de viande; ~ plant plante f verte, plante d'appartement; ~ shrimps crevettes conservées dans du beurre fondu; (fig) a ~ version of 'Ivanhoe' un abrégé or un condensé d''Ivanhoé'; he gave me a ~ account of what had happened il m'a raconté en deux mots ce qui était arrivé, il m'a fait un bref résumé de ce qui était arrivé.
potter¹ ['pɒtə^r] vi mener sa petite vie tranquille, bricoler*. to ~ round the house suivre son petit traintrain* or faire des petits travaux dans la maison; to ~ round the shops faire les magasins sans se presser.
♦ **potter about** vi suivre son petit traintrain*, bricoler*.
♦ **potter along** vi aller son petit bonhomme de chemin, poursuivre sa route sans se presser. we potter along nous continuons notre traintrain*.
♦ **potter around**, **potter away** vi = potter about.
potter² ['pɒtə^r] n potier f. ~'s clay or earth argile f or terre f à or de potier; (US: cemetery) ~'s field cimetière m des pauvres; ~'s wheel tour m de potier.
pottery ['pɒtərɪ] 1 n (a) (U) (craft, occupation) poterie f, (objects) poteries, vaisselle f (U) de terre; (glazed) faïencerie f (U); (ceramics) céramiques fpl. a piece of ~ une poterie; Etruscan ~ poterie(s) étrusque(s).
(b) (place) poterie f. (Brit Geog) the Potteries la région des Poteries (dans le Staffordshire).
2 cpd jug, dish de or en terre, de or en céramique, de or en faïence.
potty¹* ['pɒtɪ] n pot m (de bébé). ~-trained propre.
potty²* ['pɒtɪ] adj (Brit) (a) person toqué*, dingue*; idea farfelu. to be ~ about sb/sth être toqué de qn/qch*; it's driving me ~ ça me rend dingue*. (b) (slightly pej) a ~ little house une maison de rien du tout.
pouch [pautʃ] n petit sac; (for money) bourse f; (for ammunition) étui m; (for cartridges) giberne f; (for tobacco) blague f; (US Diplomacy) valise f (diplomatique); [kangaroo etc] poche f (ventrale); (under eye) poche.
pouf(fe) [puːf] n (a) (stool) pouf m. (b) (Brit ‡) = poof.
poulterer ['pəultərə^r] n marchand m de volailles, volailler m.
poultice ['pəultɪs] 1 n cataplasme m. 2 vt mettre un cataplasme à.
poultry ['pəultrɪ] 1 n (U) volaille f (U), volailles.
2 cpd: **poultry dealer** volailler m; **poultry farm** exploitation f pour l'élevage de la volaille, élevage m de volaille(s); **poultry farmer** volailleur m, -euse f; (U) **poultry farming** élevage m de volaille(s), aviculture f.
pounce [pauns] 1 n bond m, attaque subite. 2 vi bondir, sauter. to ~ on prey etc bondir sur, sauter sur; book, small object se précipiter sur; (fig) idea, suggestion sauter sur.
pound¹ [paund] 1 n (a) (weight) livre f (= 453,6 grammes). sold by the ~ vendu à la livre; 30p a ~ 30 pence la livre; to demand one's ~ of flesh exiger son dû impitoyablement.
(b) (money) livre f. ~ sterling livre sterling; 10 ~s sterling 10 livres sterling; V penny.
2 cpd: **pound cake** quatre-quarts m inv; **pound note** billet m d'une livre.
pound² [paund] 1 vt drugs, spices, nuts piler; meat attendrir; dough battre, taper sur; rocks concasser; earth, paving slabs pilonner; [guns, bombs, shells] pilonner, marteler. to ~ sth to a pulp/to pieces réduire or mettre qch en bouillie/en miettes; to ~ sth to a powder pulvériser qch, réduire or mettre qch en poudre; the guns ~ed the walls to pieces les canons ont pulvérisé les murs; the bombs ~ed the city to rubble les bombes n'ont laissé que des décombres dans la ville; the artillery ~ed the enemy line l'artillerie a pilonné or martelé la ligne ennemie; the waves ~ed the boat to pieces les vagues ont mis le bateau en miettes; the sea was ~ing the boat la mer battait sans arrêt contre le bateau; to ~ sb (with one's fists) bourrer qn de coups; he ~ed the door (with his fists) in a fury furieux, il a martelé la porte (à coups de poing) or il a tambouriné contre la porte; he ~ed the stake into the ground with a rock il a enfoncé le pieu dans le sol à l'aide d'une grosse pierre; (fig) I tried to ~ some sense into his head j'ai essayé de faire entrer or d'enfoncer un peu de bon sens dans son crâne; he was ~ing the dough vigorously elle battait la pâte énergiquement à coups de poing; he was ~ing the piano il tapait (comme un sourd) sur le piano, il jouait comme un forcené; he was ~ing the typewriter all evening il n'a pas arrêté de taper sur sa machine toute la soirée; to ~ the beat [policeman] faire sa ronde; (fig: be ordinary policeman) être simple agent; (US fig = seek work) battre le pavé (pour chercher du travail).
2 vi (a) [heart] battre fort, (with fear) battre la chamade; [sea, waves] battre (on, against contre). he ~ed at or on the door il martela la porte (à coups de poing), il frappa de grands coups à la porte; he ~ed on the table il donna de grands coups sur la table, il frappa du poing sur la table; he was ~ing on the piano il tapait (comme un sourd) sur le piano, il jouait comme un forcené; the drums were ~ing les tambours battaient, on entendait battre le(s) tambour(s).

(b) (*move heavily*) **to ~ in/out** *etc* (*heavily*) entrer/sortir *etc* en martelant le pavé (*or* le plancher); (*at a run*) entrer/sortir *etc* en courant bruyamment; **he was ~ing up and down his room** il arpentait sa chambre à pas lourds.

◆ **pound away** *vi*: **to pound away at** *or* **on the piano** taper à tours de bras sur le piano, jouer comme un forcené; **he was pounding away at** *or* **on the typewriter all evening** il a tapé sur sa machine à tours de bras toute la soirée.

◆ **pound down** *vt sep drugs, spices, nuts* piler; *rocks* concasser; *earth, paving slabs* pilonner. **to pound sth down to a pulp** réduire *or* mettre qch en bouillie; **to pound sth down to a powder** pulvériser qch, réduire *or* mettre qch en poudre.

◆ **pound out** *vt sep*: **to pound out a tune on the piano** marteler un air au piano; **to pound out a letter on the typewriter** taper énergiquement une lettre à la machine.

◆ **pound up** *vt sep drugs, spices, nuts* piler; *rocks* concasser; *earth, paving slabs* pilonner.

pound³ [paʊnd] *n* (*for dogs, cars*) fourrière *f*.

poundage [ˈpaʊndɪdʒ] *n* (a) (*tax/commission*) impôt *m*/ commission *f* de tant par livre (*sterling ou de poids*). (b) (*weight*) poids *m* (en livres).

-pounder [ˈpaʊndər] *n ending in cpds*: (*gun*) **thirty-pounder** pièce *f* or canon *m* de trente; (*fish*) **three-pounder** poisson *m* de trois livres.

pounding [ˈpaʊndɪŋ] *n* (a) (*V* pound²) pilage *m*; pilonnage *m*; concassage *m*. (b) [*guns etc*] pilonnage *m*; [*heart*] battement *m* frénétique; [*sea, waves*] coups *mpl* de boutoir; [*feet, hooves etc*] martèlement *m*. **the boat took a ~ from the waves** le bateau a été battu par les vagues; **the city took a ~** la ville a été pilonnée; (*fig*) **our team took a ~ on Saturday*** notre équipe s'est fait battre à plate(s) couture(s) samedi.

pour [pɔːr] **1** *vt liquid* verser. **~ed him a cup of tea** elle lui a versé *or* servi une tasse de thé; **~ yourself some tea** prenez du thé, servez-vous *or* versez-vous du thé; **shall I ~ the tea?** je sers le thé?; **he ~ed me a drink** il m'a versé *or* servi à boire; **she ~ed the water off the carrots** elle a vidé l'eau des carottes; **to ~ metal/wax into a mould** couler du métal/de la cire; (*fig*) **to ~ money into a scheme** investir énormément d'argent dans un projet; **they ~ed more and more men into the war** ils ont envoyé au front un nombre toujours croissant de troupes; **she looked as if she had been ~ed into her dress*** elle était *or* semblait moulée dans sa robe; (*US: fig*) **to ~ it on*** y mettre le paquet*, foncer*; *V* **oil, water**.

2 *vi* (a) [*water, blood etc*] couler à flots, se déverser, ruisseler (*from* de). **water came ~ing into the room** l'eau se déversa *or* entra à flots dans la pièce; **water was ~ing down the walls** l'eau ruisselait le long des murs; **smoke was ~ing from the chimney** des nuages de fumée s'échappaient de la cheminée; **sunshine ~ed into the room** le soleil entrait à flots dans la pièce; **the sweat ~ed off him** il ruisselait de sueur; (*fig*) **goods are ~ing out of the factories** les usines déversent des quantités de marchandises.

(b) it is ~ing (with rain), it's ~ing buckets* il pleut à verse *or* à flots *or* à torrents *or* à seaux; **it ~ed for 4 days** il n'a pas arrêté de pleuvoir à torrents pendant 4 jours; *V* **rain**.

(c) [*people, cars, animals*] affluer. **to ~ in/out** entrer/sortir en grand nombre *or* en masse; **tourists are ~ing into London** les touristes affluent à Londres.

(d) this saucepan does not ~ well cette casserole verse mal.

(e) (*US: act as hostess*) jouer le rôle de maîtresse de maison.

◆ **pour away** *vt sep dregs etc* vider.

◆ **pour down** *vi*: **the rain** *or* **it was pouring down** il pleuvait à verse *or* à flots *or* à torrents.

◆ **pour forth** *vt sep* = **pour out 2b**.

◆ **pour in 1** *vi* [*water, sunshine, rain*] entrer (à flots); [*people, cars, animals*] arriver de toutes parts *or* en masse. **complaints/letters poured in** il y a eu un déluge *or* une avalanche de réclamations/de lettres.

2 *vt sep liquid* verser. (*fig*) **they poured in capital** ils y ont investi d'énormes capitaux.

◆ **pour off** *vt sep liquid* vider.

◆ **pour out 1** *vi* [*water*] sortir à flots; [*people, cars, animals*] sortir en masse. **the words came pouring out** ce fut une cascade *or* un flot de paroles.

2 *vt sep* (a) *tea, coffee, drinks* verser, servir (*for sb* à qn); *dregs, unwanted liquid* vider. **shall I pour out?** je sers?; **the factory pours out hundreds of cars a day** l'usine sort des centaines de voitures chaque jour; **the country is pouring out money on such projects** le pays engloutit des sommes folles dans de tels projets.

(b) (*fig*) *anger, emotion* donner libre cours à; *troubles* épancher; *complaint* déverser. **to pour out one's heart to sb** s'épancher avec qn, épancher son cœur avec qn; **he poured out his story to me** il m'a raconté *or* sorti* son histoire d'un seul jet.

pouring [ˈpɔːrɪŋ] *adj* (a) (*also* ~ **consistency**) *sauce etc* liquide. **(b) (in) the ~ rain** (sous) la pluie torrentielle *or* battante; **a ~ wet day** une journée de pluie torrentielle.

pout [paʊt] **1** *n* moue *f*. ... **she said with a ~** ... dit-elle en faisant la moue. **2** *vi* faire la moue. **3** *vt*: **to ~ one's lips** faire la moue; **'no' she ~ed** 'non' dit-elle en faisant la moue.

poverty [ˈpɒvətɪ] **1** *n* pauvreté *f*. **to live in ~** vivre dans le besoin *or* dans la gêne; **to live in extreme ~** vivre dans la misère *or* l'indigence *f* or le dénuement; **~ of ideas** pauvreté *or* manque *m or* indigence d'idées; **~ of resources** manque de ressources.

2 *cpd*: **at/below/above ~ level** *or* **the ~ line** sur le/en dessous du/au-dessus du seuil de pauvreté; **poverty-stricken** (*lit*) *person, family* dans le dénuement; *district* miséreux, misérable; *conditions* misérable; (*hard up*) **I'm poverty-stricken** je suis fauché* (comme les blés), je suis sans le sou; (*Brit*) **the poverty trap** le dilemme du

plafond de ressources (*dont le dépassement supprime les prestations sociales*).

P.O.W. [ˈpiːˌəʊˈdʌbljuː] (*Mil*) *abbr of* **prisoner of war**; *V* **prisoner**.

powder [ˈpaʊdər] **1** *n* (*all senses*) poudre *f*. **face ~** poudre de riz; (*Culin*) **milk ~** lait *m* en poudre; **to reduce sth to a ~** pulvériser qch, réduire qch en poudre; **in the form of a ~** en poudre; (*fig*) **to keep one's ~ dry** être paré; (*US*) **to take a ~*** décamper; *V* **baking, talcum** *etc*.

2 *cpd*: **powder blue** bleu pastel (*m*) *inv*; **powder blue dress** robe *f* bleu pastel; **powder compact** poudrier *m*; **in powder form** en poudre; **powder keg** (*lit*) baril *m* de poudre; (*fig*) poudrière *f*; **powder magazine** poudrière *f*; **powder puff** houppette *f*, (*big, fluffy*) houppe *f*; **powder room** toilettes *fpl* (pour dames).

3 *vt* (a) *chalk, rocks* réduire en poudre, pulvériser; *milk, eggs* réduire en poudre. **~ed milk** lait *m* en poudre; (*US*) **~ed sugar** sucre *m* glace.

(b) *face, body* poudrer; (*Culin*) *cake etc* saupoudrer (*with* de). **to ~ one's nose** (*lit*) se mettre de la poudre; (* *euph*) (aller) se refaire une beauté (*euph*); **trees ~ed with snow** arbres saupoudrés de neige; (*fig*) **nose ~ed with freckles** nez couvert de taches de rousseur.

powdering [ˈpaʊdərɪŋ] *n*: **a ~ of snow** une mince pellicule de neige; **a ~ of sugar** un saupoudrage de sucre.

powdery [ˈpaʊdərɪ] *adj substance, snow* poudreux; *stone etc* friable; *surface* couvert de poudre.

power [ˈpaʊər] **1** *n* (a) (*ability, capacity*) pouvoir *m*, capacité *f*; (*faculty*) faculté *f*. **it is not (with)in my ~ to help you** il n'est pas en mon pouvoir de vous aider; **he did everything** *or* **all in his ~ to help us** il a fait tout son possible *or* tout ce qui était en son pouvoir pour nous aider; **it is quite beyond her ~ to save him** elle est tout à fait impuissante à le sauver, il n'est pas en son pouvoir de le sauver; **mental ~s** facultés mentales; **the ~ of movement/of hearing** la faculté de se mouvoir/d'entendre; **he lost the ~ of speech** il a perdu (l'usage de) la parole; **his ~s are failing with age** ses facultés déclinent *or* baissent avec l'âge; **his ~s of persuasion** son pouvoir *or* sa force de persuasion; **his ~s of resistance** sa capacité de résistance; **his ~s of imagination** sa faculté d'imagination; **the body's recuperative ~** la capacité *or* la faculté régénératrice du corps; *V* **height, and also 1c**.

(b) (*force*) [*person, blow, sun, explosion*] puissance *f*, force *f*; (*Ling: of grammar*) puissance. **the ~ of love/thought** la toute-puissance de l'amour/de la pensée; **sea/air ~** puissance navale/aérienne; **more ~ to your elbow!** tous mes vœux de réussite.

(c) (*authority*) pouvoir *m* (*also Pol*), autorité *f*. **the ~ of the President/the police/the army** l'autorité *or* le pouvoir du Président/de la police/de l'armée; **student/pupil** *etc* **~** le pouvoir des étudiants/lycéens *etc*; **absolute ~** pouvoir absolu; **he has the ~ to act** il a le pouvoir d'agir; **they have no ~ in economic matters** ils n'ont aucune autorité en matière économique; **that does not fall within my ~(s), that is beyond** *or* **outside my ~(s)** ceci n'est pas *or* ne relève pas de ma compétence; **he exceeded his ~s** il a outrepassé *or* excédé ses pouvoirs; **at the height of his ~** à l'apogée de son pouvoir; **to have the ~ of life and death over sb** avoir droit de vie et de mort sur qn; **the ~ of veto** le droit de veto; (*Pol*) **in ~** au pouvoir; **to come to ~** accéder au pouvoir; **to have ~ over sb** avoir du pouvoir sur qn; **to have sb in one's ~** avoir qn en son pouvoir; **to fall into sb's ~** tomber au pouvoir de qn.

(d) (*fig*) **they are the real ~ in the government** ce sont eux qui détiennent le pouvoir réel dans le gouvernement; (*fig*) **the ~ behind the throne** l'éminence grise, celui (*or* celle) qui tire les ficelles; **the Church is no longer the ~ it was** l'Église n'est plus la puissance qu'elle était; **he is a ~ in the university** il est très influent à l'université; **he is a ~ in the land** c'est un homme très puissant *or* très influent; **the ~s of darkness/evil** les forces *fpl* des ténèbres/du mal; **the ~s that be** les autorités constituées; *V* **above**.

(e) (*nation*) puissance *f*. **the nuclear/world ~s** les puissances nucléaires/mondiales; **one of the great naval ~s** une des grandes puissances navales.

(f) [*engine, telescope etc*] puissance *f*; (*Elec, Phys, Tech etc*) puissance, force *f*; (*energy*) énergie *f*; (*Opt*) puissance; (*output*) rendement *m*; (*electricity*) électricité *f*, courant *m*. **it works by nuclear ~** ça marche *or* fonctionne à l'énergie nucléaire; (*Elec*) **they cut off the ~** ils ont coupé le courant; (*Elec*) **our consumption of ~ has risen** notre consommation d'électricité a augmenté; **a low-~ microscope** un microscope de faible puissance; **magnifying ~** grossissement *m*; **engines at half ~** moteurs à mi-régime; **the ship returned to port under her own ~** le navire est rentré au port par ses propres moyens; *V* **horse** *etc*.

(g) (*Math*) puissance *f*. **5 to the ~ of 3** 5 puissance 3; **to the nth ~** (à la) puissance n.

(h) (*) **a ~ of un tas*** de, énormément de; **it did me a ~ of good** ça m'a fait un bien immense, ça m'a rudement* fait du bien; **he made a ~ of money** il a gagné un argent fou.

2 *cpd saw, loom, lathe* mécanique; (*Aut*) *brakes etc* assisté; (*Ind*) *strike, dispute* des travailleurs des centrales (*électriques*). **power-assisted** assisté; (*Pol*) **power base** base *f* politique, support *m* politique; **powerboat** hors-bord *m inv*; (*US Pol*) **power broker** éminence *f* grise; (*Elec*) **power cable** câble *m* électrique; (*Brit Elec*) **power cut** coupure *f* de courant; (*Aviat*) **power dive** descente *f* en piqué; **power-driven** à moteur; (*Elec*) électrique; **power elite** élite *f* au pouvoir; (*Brit*) **power game** lutte *f* pour le pouvoir; **powerhouse** (*lit*) centrale *f* électrique; (*fig*) personne *f or* groupe *m* très dynamique; (*fig*) **a powerhouse of new ideas** une mine d'idées nouvelles; (*Elec*) **power line** ligne *f* à haute tension; **power of attorney** procuration *f*, pouvoir *m*; (*US*) **power pack** bloc *m* d'alimentation (électrique); (*US*) **power plant** (*building*) centrale *f* (électrique); (*in vehicle etc*) groupe *m* moteur; (*Brit Elec*) **power**

point prise *f* de courant *or* de force; **power politics** politique *f* de la force armée; (*Pol*) **power sharing** le partage du pouvoir; (*Elec*) **power station** centrale *f* (électrique); (*Aut*) **power steering** direction *f* assistée; (*Pol*) **power structure** (*way power is held*) répartition *f* des pouvoirs; (*those with power*) ceux *mpl* qui détiennent le pouvoir; (*Ind*) **power workers** travailleurs *mpl* des centrales (*électriques*).

3 *vt* (*gen pass*) faire marcher, faire fonctionner, actionner; (*propel*) propulser. **~ed by nuclear energy** qui marche *or* fonctionne à l'énergie nucléaire; **~ed by jet engines** propulsé par des moteurs à réaction.

-powered ['pauəd] *adj ending in cpds*: **nuclear-powered** qui marche *or* fonctionne à l'énergie nucléaire; *V* **high** *etc*.

powerful ['pauəfʊl] *adj* (*all senses, also Gram*) puissant. **he gave a ~ performance in 'Hamlet'** il a donné une représentation puissante *or* émouvante dans 'Hamlet'; **a ~ lot of*** beaucoup de, un tas de*.

powerfully ['pauəfəlɪ] *adv hit, strike* avec force; *affect* fortement; *write etc* puissamment. **to be ~ built** avoir une carrure puissante.

powerless ['pauəlɪs] *adj* impuissant. **he is ~ to help you** il est dans l'impossibilité de vous aider, il est impuissant à vous aider; **they are ~ in the matter** ceci n'est pas de leur compétence, ils n'ont aucun pouvoir en la matière.

powerlessly ['pauəlɪslɪ] *adv*: **I looked on ~** j'ai regardé faire, impuissant, j'étais un spectateur impuissant.

powwow ['pauwau] **1** *n* assemblée *f* (*de Peaux-Rouges*); (* *fig*) tête-à-tête *m inv*. **2** *vi* (*fig) s'entretenir, palabrer (*pej*).

pox [pɒks] *n* (*gen:†*) vérole†† *f*; (*: *syphilis*) vérole‡ *f*. **a ~ on ...!†** maudit soit ...!; *V* **chicken, cow¹** *etc*.

p.p. (*abbr of* per procurationem = *by proxy*) p.p.

PPE ['pi:,pi:'i:] (*Univ*) *abbr of* **philosophy, politics and economics**.

PPS ['pi:,pi:'es] *n* (*Brit Parl*) *abbr of* **Parliamentary Private Secretary**; *V* **parliamentary**.

PR¹ [pi:'ɑ:r] *n abbr of* **public relations**; *V* **public**.

PR² [pi:'ɑ:r] (*US Post*) *abbr of* **Puerto Rico**.

Pr. *abbr of* **Prince**.

practicability [,præktɪkə'bɪlɪtɪ] *n* [*road, path*] praticabilité *f*; [*scheme, suggestion*] praticabilité, possibilité *f* de réalisation. **to doubt the ~ of a scheme** douter qu'un projet soit réalisable.

practicable ['præktɪkəbl] *adj scheme, solution, suggestion* praticable, réalisable, exécutable; *road* praticable.

practical ['præktɪkəl] **1** *adj* (*all senses*) pratique. **~ joke** farce *f*; (*US*) **~ nurse** infirmier *m*, -ière *f* auxiliaire, aide-soignant(e) *m(f)*; **he's very ~** il a beaucoup de sens pratique, c'est un homme très pratique. **2** *n* (*exam*) épreuve *f* pratique.

practicality [,præktɪ'kælɪtɪ] *n* (a) (*U*) [*person*] sens *m or* esprit *m* pratique; [*scheme, suggestion*] aspect *m* pratique. **to doubt the ~ of a scheme** douter qu'un projet soit viable (dans la pratique). (b) **practicalities** détails *mpl* pratiques.

practically ['præktɪklɪ] *adv* (*in a practical way*) d'une manière pratique; *say, suggest* d'une manière pragmatique; (*in practice*) dans la pratique, en fait; (*almost*) presque, pratiquement.

practicalness ['præktɪkəlnɪs] *n* = **practicality a**.

practice ['præktɪs] **1** *n* (a) (*habits, usage*) pratique *f*, coutume *f*, usage *m*. **to make a ~ of doing, to make it a ~ to do** avoir l'habitude *or* se faire une habitude de faire; **it is not my ~ to do so** il n'est pas dans mes habitudes de le faire; **as is my (usual) ~** comme je fais d'habitude; **it's common ~** c'est courant; *V* **restrictive, sharp** *etc*.

(b) (*exercises*) exercices *mpl*; (*training*) entraînement *m*; (*rehearsal*) répétition *f*. **have you done your ~ today?** tu as fait tes exercices *or* tu t'es exercé aujourd'hui?; **he does 6 hours' piano ~ a day** il s'exerce au *or* il travaille le piano (pendant) 6 heures par jour, il fait 6 heures de piano par jour; **it takes years of ~** il faut de longues années d'entraînement, il faut s'exercer pendant des années; **I need more ~** je manque d'entraînement, je ne me suis pas assez exercé; **in ~** bien entraîné *or* exercé; **out of ~** rouillé (*fig*); (*Prov*) **~ makes perfect** c'est en forgeant qu'on devient forgeron (*Prov*); *V* **target**.

(c) (*U: as opposed to theory*) pratique *f*. **in(to) ~** en pratique.

(d) (*profession: of law, medicine etc*) cabinet *m*; (*business, clients*) clientèle *f*, cabinet *m*. **to go into ~** *or* **to set up in ~ as a doctor/lawyer** s'installer *or* s'établir docteur/avocat; **he is in ~ in Valence** il exerce à Valence; **he has a large ~** il a une nombreuse clientèle, il a un cabinet important; *V* **general**.

2 *cpd flight, run* d'entraînement. (*Scol etc*) **practice exam** *or* **test** examen *m* blanc.

3 *vti* (*US*) = **practise**.

practise, (US) practice ['præktɪs] **1** *vt* (a) (*put into practice*) *charity, self-denial, one's religion* pratiquer; *method* employer, appliquer. **to ~ medicine/law** exercer la médecine *or* la profession de médecin/la profession d'avocat; (*loc*) **to ~ what one preaches** mettre en pratique ce que l'on prêche, prêcher d'exemple.

(b) (*exercise in*) (*Sport*) s'entraîner à; *violin etc* s'exercer à, travailler; *song, chorus, recitation* travailler. **she was practising her scales** elle faisait ses gammes; **to ~ doing** s'entraîner *or* s'exercer à faire; **I'm practising my German on him** je m'exerce à parler allemand avec lui; *V also* **practised**.

2 *vi* (a) (*Mus*) s'exercer; (*Sport*) s'entraîner; [*beginner*] faire des exercices. **to ~ on the piano** s'exercer au piano, travailler le piano; **he ~s for 2 hours every day** il fait 2 heures d'entraînement *or* d'exercices par jour.

(b) [*doctor, lawyer*] exercer. **to ~ as a doctor/lawyer** exercer la médecine *or* la profession de médecin/la profession d'avocat.

practised, (US) practiced ['præktɪst] *adj teacher, nurse, soldier* expérimenté, chevronné; *eye, ear* exercé; *movement* expert.

practising, (US) practicing ['præktɪsɪŋ] *adj doctor* exerçant; *lawyer* en exercice; *Catholic, Buddhist* pratiquant. **a ~ Christian** un (chrétien) pratiquant; **he is not a ~ homosexual** son homosexualité demeure à l'état latent.

practitioner [præk'tɪʃənər] *n* (*of an art*) praticien *m*, -ienne *f*; (*Med: also medical ~*) médecin *m*; *V* **general** *etc*.

praesidium [prɪ'sɪdɪəm] *n* præsidium *m*.

praetorian [prɪ'tɔ:rɪən] *adj* prétorien.

pragmatic [præg'mætɪk] **1** *adj* (a) (*Philos, gen*) pragmatique. (b) (*dogmatic*) dogmatique, positif; (*officious*) officieux. **2** *n* (*U*) **~s** pragmatique.

pragmatical [præg'mætɪkl] *adj* = **pragmatic 1b**.

pragmatically [præg'mætɪklɪ] *adv* d'une manière pragmatique, avec pragmatisme.

pragmatism ['prægmətɪzəm] *n* (*V* **pragmatic**) pragmatisme *m*; dogmatisme *m*; caractère officieux.

pragmatist ['prægmətɪst] *adj, n* pragmatiste (*mf*).

Prague [prɑ:g] *n* Prague.

prairie ['preərɪ] **1** *n* plaine *f* (herbeuse). (*US*) **the ~(s)** la Grande Prairie, les Prairies. **2** *cpd*: (*US*) **prairie cocktail** = **prairie oyster**; (*US*) **prairie dog** chien *m* de prairie, cynomys *m*; (*US*) **prairie oyster** œuf *m* cru assaisonné et bu dans de l'alcool (*remède contre la gueule de bois*); (*US*) **prairie schooner** grand chariot *m* bâché (des pionniers américains); (*US*) **the Prairie State** l'Illinois *m*; (*US*) **prairie wolf** coyote *m*.

praise [preɪz] **1** *n* (a) éloge(s) *m(pl)*, louange(s) *f(pl)*. **in ~ of** à la louange de; **to speak** (*or* **write** *etc*) **in ~ of sb/sth** faire l'éloge de qn/qch; **it is beyond ~** c'est au-dessus de tout éloge; **I have nothing but ~ for what he has done** je ne peux que le louer de ce qu'il a fait; **I have nothing but ~ for him** je n'ai qu'à me louer *or* me féliciter de lui; **all ~ to him for speaking out!** je lui tire mon chapeau d'avoir dit ce qu'il pensait; **he was loud** *or* **warm in his ~(s) of** ... il n'a pas tari d'éloges sur ..., il a chanté les louanges de ...; *V* **sing** *etc*.

(b) (*Rel*) **a hymn of ~** un cantique; **~ be to God!** Dieu soit loué!; **~ be!*** Dieu merci!

2 *cpd*: **praiseworthy** *V* **praiseworthy**.

3 *vt* (a) *person, action, sb's courage etc* louer, faire l'éloge de. **to ~ sb for sth/for doing** louer qn de *or* pour qch/d'avoir fait; **to ~ sb to the skies** porter qn aux nues, chanter les louanges de qn.

(b) (*Rel*) louer, glorifier.

♦ **praise up** *vt sep* chanter les louanges de.

praiseworthily ['preɪz,wɜːðɪlɪ] *adv* d'une manière louable *or* méritoire.

praiseworthiness ['preɪz,wɜːðnɪs] *n* mérite *m*.

praiseworthy ['preɪz,wɜːðɪ] *adj person* digne d'éloges; *cause, attempt* digne d'éloges, louable, méritoire.

pram [præm] *n* (*Brit*) voiture *f* d'enfant, landau *m*. (*Brit*) **~ park** emplacement *m* réservé aux voitures d'enfants.

prance [prɑ:ns] *vi* [*horse, dancer etc*] caracoler. **the horse was prancing about** le cheval caracolait; **she was prancing* around** *or* **about with nothing on** elle se baladait* toute nue; **to ~ in/out** *etc* [*horse*] entrer/sortir en caracolant; [*person*] (*arrogantly*) entrer/sortir en se pavanant; (*gaily*) entrer/sortir allègrement.

prang‡† [præŋ] *vt* (*Brit*) (*crash*) *plane, car* bousiller*; (*bomb*) pilonner.

prank [præŋk] *n* (*escapade*) frasque *f*, fredaine *f*, équipée *f*; (*joke*) farce *f*, tour *m*, niche *f*. **a childish ~** une gaminerie; **to play a ~ on sb** jouer un tour à qn, faire une farce *or* une niche à qn.

prankster† ['præŋkstər] *n* farceur *m*, -euse *f*.

praseodymium [,preɪzɪəʊ'dɪmɪəm] *n* praséodyme *m*.

prat‡ [præt] *n* imbécile *mf*, andouille *f*.

pratfall‡ ['præt,fɔːl] *n* (*US*) chute *f* sur le derrière.

prate [preɪt] *vi* jaser, babiller (*pej*). **to ~ on about sth** parler à n'en plus finir de qch.

prattle ['prætl] **1** *vi* [*one person*] jaser, babiller (*pej*); [*several people*] papoter, jacasser; [*child*] babiller, gazouiller. **to ~ on about sth** parler à n'en plus finir de qch; **he ~s on and on** c'est un vrai moulin à paroles.

2 *n* [*one person*] bavardage *m*, babil *m* (*pej*), babillage *m* (*pej*); [*several people*] jacasserie *f*, papotage *m*; [*child*] babil, babillage.

prawn [prɔːn] *n* crevette *f* rose, bouquet *m*. **~ cocktail** salade *f* or mayonnaise *f* de crevettes; *V* **Dublin**.

pray [preɪ] **1** *vi* (a) prier. **they ~ed to God to help them** ils prièrent Dieu de les secourir; **he ~ed to be released from his suffering** il pria le ciel de mettre fin à ses souffrances; **to ~ for sb/sb's soul/one's country** *etc* prier pour qn/l'âme de qn/son pays *etc*; **he ~ed for forgiveness** il pria Dieu de lui pardonner; **to ~ for rain** prier pour qu'il pleuve, faire des prières pour la pluie; (*fig*) **we're ~ing for fine weather** nous faisons des prières pour qu'il fasse beau; **he's past ~ing for*** il est perdu, (*also hum*) c'est un cas désespéré.

(b) (†, *liter*) **~ be seated** veuillez vous asseoir, asseyez-vous je vous prie; (*iro*) **what good is that, ~?** à quoi cela peut-il bien servir, je vous le demande?

2 *vt* (†, *liter*) prier (*sb to do* qn de faire, *that* que + *subj*). **they ~ed God to help him** ils prièrent Dieu de lui venir en aide; **I ~ you** je vous (en) prie.

prayer [preər] **1** *n* (a) (*Rel*) prière *f* (*also U*). **to be at ~** *or* **at one's ~s** être en prière; **he was kneeling in ~** il priait à genoux; **to say one's ~s** faire sa prière; **they said a ~ for him** ils ont fait *or* dit une prière pour lui, ils ont prié pour lui; (*as service*) **~s** office *m*; (*US*) **he didn't have a ~*** il n'avait pas la moindre chance; *V* **common, evening, lord** *etc*.

(b) (*liter*) **it is our earnest ~ that ...** nous espérons de tout cœur que ....

2 *cpd*: **prayer beads** chapelet *m*; **prayer book** livre *m* de messe;

the **Prayer Book** le rituel de l'Église anglicane; **prayer mat** tapis *m* de prière; **prayer meeting** réunion *f* de prière; **prayer rug** tapis *m* de prière; **prayer wheel** moulin *m* à prières.
praying ['preɪɪŋ] **1** *n* (*U*) prière(s) *f(pl)*. **2** *adj* en prière. (*Zool*) ~ **mantis** mante religieuse.
pre... [pri:] *pref* pré.... ~**-glacial** préglaciaire; ~**-1950** (*adj*) antérieur (*f* -eure) à (l'année) 1950, d'avant 1950; (*adv*) avant 1950; *V* **predate, prerecord** etc.
preach [pri:tʃ] **1** *vi* (*Rel*) prêcher (*also fig pej*), évangéliser; (*in church*) prêcher. **to** ~ **to sb** prêcher qn; (*fig pej*) **to** ~ **to** *or* **at sb** prêcher *or* sermonner qn; (*fig*) **you are** ~**ing to the converted** vous prêchez un converti; *V* **practise**.
  2 *vt religion, the Gospel, crusade, doctrine* prêcher; (*fig*) *patience* prêcher, préconiser, prôner; *advantage* prôner. **to** ~ **a sermon** prêcher, faire un sermon.
preacher ['pri:tʃər] *n* prédicateur *m*; (*US: clergyman*) pasteur *m*.
preachify* ['pri:tʃɪfaɪ] *vi* (*pej*) prêcher, faire la morale.
preaching ['pri:tʃɪŋ] *n* (*U*) prédication *f*, sermon *m*; (*fig pej*) prêchi-prêcha* (*pej*).
preachy* ['pri:tʃɪ] *adj* (*pej*) prêcheur, sermonneur.
preamble [pri:'æmbl] *n* préambule *m*; (*in book*) préface *f*.
preamplifier [,pri:'æmplɪfaɪər] *n* préamplificateur *m*, préampli* *m*.
prearrange ['pri:ə'reɪndʒ] *vt* arranger *or* organiser *or* fixer à l'avance *or* au préalable.
prebend ['prebənd] *n* prébende *f*.
prebendary ['prebəndərɪ] *n* prébendier *m*.
precarious [prɪ'kɛərɪəs] *adj* précaire.
precariously [prɪ'kɛərɪəslɪ] *adv* précairement.
precast ['pri:'kɑ:st] *adj:* ~ **concrete** béton précoulé.
precaution [prɪ'kɔ:ʃən] *n* précaution *f* (*against* contre). **as a** ~ **par** précaution; **to take** ~**s** prendre ses précautions; **to take the** ~ **of** doing prendre la précaution de faire.
precautionary [prɪ'kɔ:ʃənərɪ] *adj* de précaution, préventif. **as a** ~ **measure** par mesure de précaution.
precede [prɪ'si:d] *vt* (*in space, time*) précéder; (*in rank*) avoir la préséance sur. **the week preceding his death** la semaine qui a précédé sa mort, la semaine avant sa mort.
precedence ['presɪdəns] *n* (*in rank*) préséance *f*; (*in importance*) priorité *f*. **to have** *or* **take** ~ **over sb** avoir la préséance *or* le pas sur qn; **this question must take** ~ **over the others** ce problème a la priorité sur les autres, ce problème passe en priorité *or* est prioritaire.
precedent ['presɪdənt] *n* précédent *m*. **without** ~ sans précédent; **to act as** *or* **form a** ~ constituer un précédent; **to set** *or* **create a** ~ créer un précédent.
preceding [prɪ'si:dɪŋ] *adj* précédent. **the** ~ **day** le jour précédent, la veille.
precentor [prɪ'sentər] *n* premier chantre, maître *m* de chapelle.
precept ['pri:sept] *n* précepte *m*.
preceptor [prɪ'septər] *n* précepteur *m*, -trice *f*.
pre-Christian [pri:'krɪstʃən] *adj* préchrétien.
precinct ['pri:sɪŋkt] **1** *n* (a) (*round cathedral etc*) enceinte *f*; (*boundary*) pourtour *m*. (*fig*) **within the** ~**s of** dans les limites de; (*neighbourhood*) **the** ~**s** les alentours *mpl*, les environs *mpl*; *V* **pedestrian, shopping**.
  (b) (*US Police*) circonscription administrative; (*US Pol*) circonscription électorale, arrondissement *m*.
  2 *cpd*: (*US*) **precinct captain** (*Pol*) responsable *mf* politique de quartier; (*Police*) ≃ commissaire *m* (de police) de quartier; (*US*) **precinct cop flic*** *m*, agent *m*; (*US Police*) **precinct police** police *f* de quartier; (*US Police*) **precinct station** poste *m* de police de quartier, commissariat *m* de quartier; (*US Pol*) **precinct worker** *militant(e) m(f) politique à l'échelon du quartier*.
preciosity [,presɪ'ɒsɪtɪ] *n* préciosité *f*.
precious ['preʃəs] **1** *adj* (a) *metal, person, moment* précieux; *object, book, possession* précieux, de valeur; (* *iro*) chéri, cher (*f* chère). ~ **stone** pierre précieuse; **don't waste** ~ **time** arguing ne perds pas un temps précieux à discuter; **this book is very** ~ **to me** ce livre a une très grande valeur pour moi, ce livre m'est très précieux; **he is very** ~ **to me** il m'est très précieux, (*iro*) **your** ~ **son*** ton fils chéri *or* adoré, ton cher fils; (*iro*) **your** ~ **car** ta voiture chérie, ta chère voiture.
  (b) *style, language* précieux, affecté.
  (c) (*) **a** ~ **liar** un beau *or* joli *or* fameux menteur.
  2 *adv* (*) ~ **few**, ~ **little** très *or* fort *or* bien peu.
  3 *n*: (my) ~! mon trésor!
precipice ['presɪpɪs] *n* (*gen*) à-pic *m inv*. **to fall over a** ~ tomber dans un précipice.
precipitance [prɪ'sɪpɪtəns] *n*, **precipitancy** [prɪ'sɪpɪtənsɪ] *n* précipitation *f*.
precipitant [prɪ'sɪpɪtənt] **1** *adj* = **precipitate 4**. **2** *n* (*Chem*) précipitant *m*.
precipitate [prɪ'sɪpɪteɪt] **1** *vt* (a) (*hasten*) *event, crisis* hâter, précipiter; (*hurl*) *person* précipiter (*into* dans).
  (b) (*Chem*) précipiter; (*Met*) condenser.
  2 *vi* (*Chem*) (se) précipiter; (*Met*) se condenser.
  3 *n* (*Chem*) précipité *m*.
  4 [prɪ'sɪpɪtɪt] *adj* irréfléchi, hâtif.
precipitately [prɪ'sɪpɪtɪtlɪ] *adv* précipitamment, avec précipitation, à la hâte.
precipitation [prɪ,sɪpɪ'teɪʃən] *n* précipitation *f* (*also Chem, Met*).
precipitous [prɪ'sɪpɪtəs] *adj* (a) escarpé, abrupt, à pic. (b) = **precipitate 4**.
precipitously [prɪ'sɪpɪtəslɪ] *adv* à pic, abruptement.
précis ['preɪsi:] **1** *n*, *pl* **précis** ['preɪsi:z] résumé *m*, précis *m*. **2** *vt* faire un résumé *or* précis de.
precise [prɪ'saɪs] *adj* (a) *details, instructions, description* précis;

measurement, meaning, account précis, exact. **be (more)** ~! soyez (plus) précis *or* explicite!, précisez!; **there were 8 to be** ~ il y en avait 8 pour être exact *or* précis; **it was the** ~ **amount I needed** c'était exactement la quantité (*or* somme) qu'il me fallait; **he gave me that** ~ **book** c'est ce livre même qu'il m'a donné; **at that** ~ **moment** à ce moment précis *or* même.
  (b) (*meticulous*) *movement* précis; *person, manner* méticuleux, minutieux; (*pej: over-*~) pointilleux, maniaque. **he is a very** ~ **worker** c'est un travailleur très méticuleux *or* minutieux, il est extrêmement méticuleux dans son travail; **in that** ~ **voice of hers** de sa façon de parler si nette.
precisely [prɪ'saɪslɪ] *adv explain, instruct, describe, recount* précisément; *use instrument* avec précision; (*exactly*) précisément, exactement. ... **he said very** ~ ... dit-il d'une voix très nette *or* en détachant nettement les syllabes; **at 10 o'clock** ~ à 10 heures précises *or* sonnantes; **you have** ~ **2 minutes to get out** vous avez très précisément *or* exactement 2 minutes pour sortir; **he said** ~ **nothing** il n'a absolument rien dit; **what** ~ **does he do for a living?** que fait-il au juste pour gagner sa vie?; ~! justement!, précisément!, exactement!
preciseness [prɪ'saɪsnɪs] *n* = **precision 1**.
precision [prɪ'sɪʒən] **1** *n* (*V precise*) précision *f*; exactitude *f*; minutie *f*. **2** *cpd instrument, tool* de précision. **precision bombing** bombardement *m* de précision; **precision-made** de haute précision.
preclude [prɪ'klu:d] *vt doubt* écarter, dissiper; *misunderstanding* prévenir; *possibility* exclure. **to be** ~**d from doing** être empêché *or* dans l'impossibilité de faire; **that** ~**s his leaving** cela le met dans l'impossibilité de partir.
precocious [prɪ'kəʊʃəs] *adj* précoce.
precociously [prɪ'kəʊʃəslɪ] *adv* précocement, avec précocité.
precociousness [prɪ'kəʊʃəsnɪs] *n*, **precocity** [prə'kɒsɪtɪ] *n* précocité *f*.
precognition [,pri:kɒg'nɪʃən] *n* préconnaissance *f*.
precombustion ['pri:kəm'bʌstʃən] *n* précombustion *f*.
preconceived ['pri:kən'si:vd] *adj:* ~ **idea** idée préconçue.
preconception ['pri:kən'sepʃən] *n* idée préconçue, préconception *f*.
preconcerted ['pri:kən'sɜ:tɪd] *adj* arrêté *or* concerté d'avance *or* au préalable.
precondition ['pri:kən'dɪʃən] **1** *n* condition nécessaire *or* requise, condition sine qua non. **2** *vt* conditionner (*sb to do* qn à faire).
precook ['pri:'kuk] *vt* faire cuire à l'avance.
precooked ['pri:'kukt] *adj* précuit.
precool ['pri:'ku:l] *vt* refroidir d'avance.
precursor [pri:'kɜ:sər] *n* (*person, thing*) précurseur *m*; (*event*) annonce *f*, signe avant-coureur.
precursory [prɪ'kɜ:sərɪ] *adj remark* préliminaire; *taste, glimpse* annonciateur (*f* -trice).
predaceous, predacious [prɪ'deɪʃəs] *adj* = **predatory**.
predate ['pri:'deɪt] *vt* (a) (*put earlier date on*) *cheque, document* antidater. (b) (*come before in time*) *event* précéder, avoir lieu avant, venir avant; *document* être antérieur (*f* -eure) à, précéder.
predator ['predətər] *n* prédateur *m*, rapace *m*.
predatory ['predətərɪ] *adj animal, bird, insect* de proie, prédateur, rapace; *habits* de prédateur(s); *person* rapace; *armies* pillard; *look* vorace, avide.
predecease ['pri:dɪ'si:s] *vt* prédécéder.
predecessor ['pri:dɪsesər] *n* prédécesseur *m*.
predestination [pri:,destɪ'neɪʃən] *n* prédestination *f*.
predestine [pri:'destɪn] *vt* (*also Rel*) prédestiner (*to* à; *to do* à faire).
predetermination ['pri:dɪ,tɜ:mɪ'neɪʃən] *n* détermination antérieure; (*Philos, Rel*) prédétermination *f*.
predetermine ['pri:dɪ'tɜ:mɪn] *vt* déterminer *or* arrêter au préalable *or* d'avance; (*Philos, Rel*) prédéterminer.
predicable ['predɪkəbl] *adj, n* (*Philos*) prédicable (*m*).
predicament [prɪ'dɪkəmənt] *n* situation difficile *or* fâcheuse. **I'm in a real** ~! (*puzzled*) je ne sais vraiment pas que faire!; (*in a fix*) me voilà dans de beaux draps!
predicate ['predɪkeɪt] **1** *vt* (a) (*affirm, also Philos*) affirmer (*that* que). (b) (*imply*) *existence of sth etc* impliquer, supposer. (c) (*base*) *statement, belief, argument* baser, fonder (*on, upon* sur). **this is** ~**d on the fact that** ... ceci est fondé *or* basé sur le fait que .... **2** ['predɪkɪt] *n* (*Gram*) prédicat *m*; (*Philos*) prédicat, attribut *m*. **3** ['predɪkɪt] *adj* (*Gram*) prédicatif; (*Philos*) attributif.
predicative [prɪ'dɪkətɪv] *adj* prédicatif.
predicatively [prɪ'dɪkətɪvlɪ] *adv* (*Gram*) en tant que prédicat.
predict [prɪ'dɪkt] *vt* prédire.
predictable [prɪ'dɪktəbl] *adj* prévisible. **his reaction was very** ~ sa réaction était tout à fait prévisible *or* était facile à prévoir, il a réagi comme on pouvait le prévoir.
predictably [prɪ'dɪktəblɪ] *adv* d'une manière prévisible. ~, **he did not appear** comme on pouvait le prévoir, *or* comme il fallait s'y attendre, il ne s'est pas montré.
prediction [prɪ'dɪkʃən] *n* prédiction *f*.
predictive [prɪ'dɪktɪv] *adj* prophétique.
predigested [,pri:daɪ'dʒestɪd] *adj* prédigéré.
predilection [,pri:dɪ'lekʃən] *n* prédilection *f*. **to have a** ~ **for sth** avoir une prédilection *or* une préférence marquée pour qch, affectionner qch.
predispose ['pri:dɪs'pəʊz] *vt* prédisposer (*to sth* à qch; *to do* à faire).
predisposition ['pri:,dɪspə'zɪʃən] *n* prédisposition *f* (*to* à).
predominance [prɪ'dɒmɪnəns] *n* prédominance *f*.
predominant [prɪ'dɒmɪnənt] *adj* prédominant.
predominantly [prɪ'dɒmɪnəntlɪ] *adv* principalement, surtout. **they are** ~ **French** il y a une prédominance de Français parmi eux, ce sont principalement *or* surtout des Français.

predominate [prɪ'dɒmɪneɪt] *vi* prédominer (*over* sur), prévaloir.

preemie‡ ['pri:mɪ] *n* (*US Med*) prématuré(e) *m(f)*.

pre-eminence [pri:'emɪnəns] *n* prééminence *f*.

pre-eminent [pri:'emɪnənt] *adj* prééminent.

pre-empt [pri:'empt] *vt* (a) *sb's decision, action* anticiper, devancer; *sb's statement* empiéter sur. **he ~ed control of the negotiations** il a pris unilatéralement *or* il s'est adjugé la direction des négociations. (b) *painting, land* acquérir par (droit de) préemption.

pre-emption [pri:'empʃən] *n* (droit *m* de) préemption *f*.

pre-emptive [pri:(')emptɪv] *adj right* de préemption; *attack, strike* préventif. (*Bridge*) **~ bid** (demande *f* de) barrage *m*.

preen [pri:n] *vt feathers, tail* lisser. **the bird was ~ing itself** l'oiseau se lissait les plumes; **she was ~ing herself in front of the mirror** elle se pomponnait *or* s'arrangeait complaisamment devant la glace; (*fig*) **to ~ o.s. on sth/on doing** s'enorgueillir de qch/de faire.

pre-establish ['pri:ɪs'tæblɪʃ] *vt* préétablir.

pre-exist ['pri:ɪg'zɪst] **1** *vi* préexister. **2** *vt* préexister à.

pre-existence ['pri:ɪg'zɪstəns] *n* préexistence *f*.

pre-existent ['pri:ɪg'zɪstənt] *adj* préexistant.

prefab* ['pri:fæb] *n* (*abbr of* **prefabricated building**) maison (*or* salle de classe *etc*) préfabriquée.

prefabricate [,pri:'fæbrɪkeɪt] *vt* préfabriquer.

preface ['prefɪs] **1** *n* (*to book*) préface *f*, avant-propos *m inv*; (*to speech*) introduction *f*, exorde *m*, préambule *m*.
  2 *vt book* faire précéder (*by* de). **he ~d his speech by asking for volunteers** en guise d'introduction à son discours il a demandé des volontaires; **he ~d this by saying ...** en avant-propos il a dit ..., il a commencé par dire ....

prefaded [,pri:'feɪdɪd] *adj jeans etc* délavé.

prefatory ['prefətərɪ] *adj remarks* préliminaire; *page* liminaire.

prefect ['pri:fekt] *n* (*French Admin*) préfet *m*; (*Brit Scol*) élève des grandes classes chargé(e) de la discipline.

prefecture ['pri:fektjʊər] *n* préfecture *f*.

prefer [prɪ'fɜːr] *vt* (a) préférer. **to ~ A to B** préférer A à B, aimer mieux A que B; **to ~ doing** *or* **to do** aimer mieux *or* préférer faire; **I ~ to take the train rather than go by car, I ~ taking the train to going by car** j'aime mieux *or* je préfère prendre le train que d'aller en voiture; **I ~ you to leave at once** je préfère *or* j'aime mieux que vous partiez (*subj*) tout de suite; **I would ~ not to (do it)** je préférerais *or* j'aimerais mieux ne pas le faire; **I much ~ Scotland** je préfère de beaucoup l'Écosse, j'aime beaucoup mieux l'Écosse; (*of envelope etc*) **Post Office ~red size** format recommandé *or* approuvé par le service des Postes; (*US Fin*) **~red stock = preference shares** (*V* **preference 2**).
  (b) (*Jur*) *charge* porter; *action* intenter; *request* formuler; *petition* adresser; *argument, reason* présenter. **to ~ a complaint against sb** déposer une plainte *or* porter plainte contre qn.
  (c) (*esp Rel: promote*) élever (*to* à).

preferable ['prefərəbl] *adj* préférable (*to sth* à qch). **it is ~ to refuse** il est préférable de refuser, il vaut mieux refuser.

preferably ['prefərəblɪ] *adv* de préférence.

preference ['prefərəns] **1** *n* (*liking*) préférence *f* (*for* pour); (*priority: also Econ*) priorité *f* (*over* sur), préférence. **what is your ~?** que préférez-vous?; **in ~ to** + *n* de préférence à, plutôt que; **in ~ to doing** plutôt que de faire; **to give A ~ (over B)** accorder *or* donner la préférence à A (plutôt qu'à B); **I have no strong ~** je n'ai pas vraiment de préférence.
  2 *cpd*: (*Brit Fin*) **preference shares, preference stock** actions privilégiées *or* de priorité.

preferential [prefə'renʃəl] *adj tariff, treatment, terms* préférentiel, de faveur; *trade, ballot, voting* préférentiel.

preferment [prɪ'fɜːmənt] *n* (*esp Rel*) avancement *m*, élévation *f* (*to* à).

prefiguration [,pri:fɪgə'reɪʃən] *n* préfiguration *f*.

prefigure [pri:'fɪgər] *vt* (*foreshadow*) préfigurer; (*imagine*) se figurer d'avance.

prefix ['pri:fɪks] **1** *n* préfixe *m*. **2** *vt* préfixer.

preflight ['pri:flaɪt] *adj* d'avant le décollage.

preform ['pri:fɔːm] *vt* préformer.

preformation ['pri:fɔː'meɪʃən] *n* préformation *f*.

prefrontal [,pri:'frʌntl] *adj* préfrontal.

preggers‡ ['pregəz] *adj* (*Brit* = **pregnant**) qui attend un gosse*.

pregnancy ['pregnənsɪ] *n* [*woman*] grossesse *f*; [*animal*] gestation *f*. **~ test** test *m* de grossesse.

pregnant ['pregnənt] *adj woman* enceinte; *animal* pleine, gravide; (*fig*) *pause, silence* lourd de sens; *idea* fécond. **3 months ~** enceinte de 3 mois; (*fig*) **~ with** gros (*f* grosse) de, riche de.

preheat ['pri:'hi:t] *vt* chauffer à l'avance. **~ed oven** four chaud.

prehensile [prɪ'hensaɪl] *adj* préhensile.

prehistoric ['pri:hɪs'tɒrɪk] *adj* préhistorique.

prehistory ['pri:'hɪstərɪ] *n* préhistoire *f*.

pre-ignition ['pri:ɪg'nɪʃən] *n* auto-allumage *m*.

prejudge ['pri:'dʒʌdʒ] *vt question* préjuger de; *person* condamner *or* juger d'avance.

prejudice ['predʒʊdɪs] **1** *n* (a) préjugé *m*, prévention *f*; (*U*) préjugés, prévention(s). **he found a lot of ~ in that country** il a trouvé beaucoup de préjugés *or* de prévention(s) dans ce pays; **racial ~** préjugés raciaux; **to have a ~ against/in favour of** avoir un préjugé *or* des préjugés *or* une prévention *or* des préventions contre/en faveur de; **he is quite without ~ in this matter** il est sans parti pris dans cette affaire.
  (b) (*esp Jur: detriment*) préjudice *m*. **to the ~ of** au préjudice de; **without ~ (to)** sans préjudice (de).
  2 *vt* (a) *person* prévenir (*against* contre, *in favour of* en faveur de); *V also* **prejudiced**.

(b) (*also Jur*) *claim, chance* porter préjudice à.

prejudiced ['predʒʊdɪst] *adj person* plein de préjugés *or* de prévention(s); *idea, opinion* préconçu, partial. **he is ~/not ~ in that matter** il est de parti pris/sans parti pris dans cette affaire; **to be ~ against** avoir un (*or* des) préjugé(s) contre.

prejudicial [,predʒʊ'dɪʃəl] *adj* préjudiciable, nuisible (*to* à). **to be ~ to nuire** à.

prelacy ['preləsɪ] *n* (*office*) prélature *f*; (*prelates collectively*) prélats *mpl*.

prelate ['prelɪt] *n* prélat *m*.

pre-law [,pri:'lɔː] *adj, n* (*US Univ*) **~ (program)** enseignement *m* préparatoire aux études de droit.

prelim* ['pri:lɪm] *n* (*abbr of* **preliminary**) (*Univ*) examen *m* préliminaire; (*Sport*) (épreuve *f*) éliminatoire *f*.

preliminary [prɪ'lɪmɪnərɪ] **1** *adj exam, inquiry, report, remark* préliminaire; *stage* premier, initial. (*Constr etc*) **~ estimate** *m* estimatif; (*Brit Jur*) **~ hearing** audience *f* préliminaire. **2** *n* **preliminaries** préliminaires *mpl*; **as a ~** en guise de préliminaire, au préalable.

prelude ['prelju:d] **1** *n* (*Mus, gen*) prélude *m* (*to* de). **2** *vt* préluder à.

premarital ['pri:'mærɪtl] *adj* avant le mariage.

premature ['premətʃʊər] *adj decision etc* prématuré; *birth* prématuré, avant terme. **~ baby** (enfant) prématuré(e) *m(f)*, enfant né(e) avant terme; **you are a little ~** vous anticipez un peu.

prematurely ['premətʃʊəlɪ] *adv* arrive, decide, age prématurément; *be born* avant terme. **~ bald/lined** chauve/ridé avant l'âge; **he was ~ grey** il avait blanchi avant l'âge *or* prématurément.

pre-med* [pri:'med] **1** *n* (a) (*Brit: abbr of* **premedication**) prémédication *f*. (b) (*US*) **~ program**; *V* **2**.
  2 *adj* (*US abbr of* **premedical**) **~ program** enseignement *m* préparatoire aux études de médecine; **~ student** étudiant(e) *m(f)* en année préparatoire de médecine.

premeditate [pri:'medɪteɪt] *vt* préméditer.

premeditation [pri:,medɪ'teɪʃən] *n* préméditation *f*.

premenstrual [pri:'menstrʊəl] *adj* prémenstruel. **~ tension** syndrome *m* prémenstruel.

premier ['premɪər] **1** *adj* premier, primordial. **2** *n* (*Pol*) Premier ministre.

première ['premɪɛər] (*Cine, Theat*) **1** *n* première *f*. **the film had its London ~ last night** la première londonienne du film a eu lieu hier soir. **2** *vt* donner la première de. **the film was ~d in Paris** la première du film a eu lieu à Paris.

premiership ['premɪəʃɪp] *n* (*Pol*) fonction *f* de Premier ministre. **during his ~** sous son ministère, pendant qu'il était Premier ministre; **he was aiming at the ~** il voulait être *or* il aspirait à être Premier ministre.

premise ['premɪs] *n* (a) (*Philos, gen: hypothesis*) prémisse *f*. **on the ~ that** en partant du principe que, si l'on pose en principe que.
  (b) (*property*) **~s** locaux *mpl*, lieux *mpl*; **business ~s** locaux commerciaux; **on the ~s** sur les lieux, sur place; **off the ~s** à l'extérieur, hors des lieux; **to see sb off the ~s** escorter qn jusqu'à sa sortie des lieux; **get off the ~s** videz *or* évacuez les lieux.

premium ['pri:mɪəm] **1** *n* (a) (*gen, Comm, Fin, Insurance*) prime *f*. (*St Ex*) **to sell sth at a ~** vendre qch à prime; (*Comm, fig*) **to be at a ~** faire prime; **to set** *or* **put a ~ on** [*person*] faire grand cas de; [*situation, event*] donner beaucoup d'importance à, mettre l'accent sur.
  (b) (*US: gasoline*) super(carburant) *m*.
  2 *cpd*: (*Brit*) **premium bond** bon *m* à lots; (*Brit*) **premium fuel**, (*US*) **premium gasoline** super(carburant) *m*; **premium price** prix *m* fort.

premolar [pri:'məʊlər] *n* prémolaire *f*.

premonition [,pri:mə'nɪʃən] *n* prémonition *f*, pressentiment *m*. **to have a ~ that** avoir le pressentiment que, pressentir que.

premonitory [prɪ'mɒnɪtərɪ] *adj* prémonitoire, précurseur.

prenatal ['pri:'neɪtl] *adj* prénatal.

prenuptial [,pri:'nʌpʃəl] *adj* prénuptial.

preoccupation [pri:,ɒkjʊ'peɪʃən] *n* préoccupation *f*. **his greatest ~ was discovering the facts** sa préoccupation majeure était de découvrir les faits; **his ~ with money** son obsession *f* de l'argent; **his ~ with finishing the book** stopped him from ... il était tellement préoccupé de l'idée de terminer le livre qu'il n'a pas ....

preoccupy [pri:'ɒkjʊpaɪ] *vt person, mind* préoccuper. **to be preoccupied** être préoccupé (*by, with* de).

pre-op* ['pri:'ɒp] **~ medication** prémédication *f*, médication *f* préopératoire.

preordain ['pri:ɔː'deɪn] *vt* ordonner *or* régler d'avance; (*Philos, Rel*) préordonner.

prep* [prep] **1** *n* (*abbr of* **preparation**) (a) (*Brit Scol*) (*work*) devoirs *mpl*, préparation *f*; (*period*) étude *f* (surveillée).
  (b) (*US Med*) préparation *f* d'un(e) malade).
  2 *adj* (*Brit*) **~ school = preparatory school**; *V* **preparatory**.
  3 *vi* (*US**) (a) **to ~*** **for sth** se préparer pour qch.
  (b) (*US Scol*) entrer en classe préparatoire (pour l'université).
  4 *vt* (*US*) **to ~ o.s.** se préparer.

prepack ['pri:'pæk] *vt*, **prepackage** ['pri:'pækɪdʒ] *vt* (*Comm*) préconditionner.

prepaid ['pri:'peɪd] *adj* (*gen*) payé (d'avance). (*Comm*) **carriage ~** port payé; **reply ~** réponse payée; (*Fin etc*) **~ expenses** compte *m* de régularisation de l'actif; (*US Med*) **~ health care** médecine *f* prépayée.

preparation [,prepə'reɪʃən] *n* (a) (*U: act*) préparation *f*; (*Culin, Pharm etc: thing prepared*) préparation. **~s** préparatifs *mpl*; **the country's ~s for war** les préparatifs de guerre du pays; **to make ~s for sth** prendre ses dispositions pour qch, faire les préparatifs de qch; [*book, film etc*] **to be in ~** être en préparation; **in ~ for en**

vue de; **Latin is a good ~ for Greek** le latin prépare bien au grec, le latin est une bonne formation pour le grec.
 (b) (*U: Scol*) (*work*) devoirs *mpl*, préparation *f*; (*period*) étude *f*.
preparatory [prɪˈpærətərɪ] *adj work* préparatoire; *measure, step* préliminaire, préalable. **~ school** (*Brit*) école primaire privée; (*US*) lycée privé; **~ to** avant, préalablement à, en vue de; **~ to sth/to doing** en vue de qch/de faire, avant qch/de faire.
prepare [prɪˈpɛəʳ] **1** *vt plan, speech, lesson, work, medicine, sauce* préparer; *meal, dish* préparer, apprêter; *surprise* préparer, ménager (*for sb* à qn); *room, equipment* préparer (*for* pour); *person* préparer (*for an exam* à un examen, *for an operation* pour une opération). **to ~ sb for a shock/for bad news** préparer qn à un choc/à une mauvaise nouvelle; **~ yourself for a shock!** prépare-toi à (recevoir) un choc!, tiens-toi bien! **to ~ o.s. for = to ~ for** (*V* 2); **to ~ the way/ground for sth** préparer la voie/le terrain pour qch; *V also* **prepared.**
 2 *vi*: **to ~ for** (*make arrangements*) *journey, sb's arrival, event* faire des préparatifs pour, prendre ses dispositions pour; (*prepare o.s. for*) *storm, flood, meeting, discussion* se préparer pour; *war* se préparer à; *examination* préparer; **to ~ to do sth** s'apprêter *or* se préparer à faire qch.
prepared [prɪˈpɛəd] *adj person, army, country* prêt; *statement, answer* préparé à l'avance; (*Culin*) *sauce, soup* tout prêt. **be ~!** soyez toujours sur le qui-vive!; **be ~ for bad news** préparez-vous à une mauvaise nouvelle; **I am ~ for anything** (*can cope with anything*) j'ai tout prévu, je suis paré; (*won't be surprised at anything*) je m'attends à tout; **to be ~ to do sth** être prêt *or* disposé à faire qch.
preparedness [prɪˈpɛərɪdnɪs] *n* état *m* de préparation. (*Mil*) **state of ~** état d'alerte préventive.
prepay [ˈpriːˈpeɪ] *pret, ptp* **prepaid** *vt* payer d'avance; *V also* **prepaid.**
prepayment [ˈpriːˈpeɪmənt] *n* paiement *m* d'avance.
preponderance [prɪˈpɒndərəns] *n* (*in numbers*) supériorité *f* numérique; (*in influence, weight*) prépondérance *f* (*over* sur).
preponderant [prɪˈpɒndərənt] *adj* prépondérant.
preponderantly [prɪˈpɒndərəntlɪ] *adv* surtout, en majorité.
preponderate [prɪˈpɒndəreɪt] *vi* l'emporter (*over* sur), être prépondérant.
preposition [ˌprepəˈzɪʃən] *n* préposition *f*.
prepositional [ˌprepəˈzɪʃənl] *adj phrase* prépositif, prépositionnel; *use* prépositionnel.
prepositionally [ˌprepəˈzɪʃənəlɪ] *adv* prépositivement.
prepossess [ˌpriːpəˈzes] *vt* (*preoccupy*) préoccuper; (*bias*) prévenir, influencer; (*impress favourably*) impressionner favorablement.
prepossessing [ˌpriːpəˈzesɪŋ] *adj appearance* avenant. **he is very ~** il est très avenant, il présente* bien, il fait très bonne impression; **she married a very ~ young man** elle a épousé un jeune homme très bien*.
preposterous [prɪˈpɒstərəs] *adj* absurde, ridicule, grotesque.
preposterously [prɪˈpɒstərəslɪ] *adv* absurdement, ridiculement.
preposterousness [prɪˈpɒstərəsnɪs] *n* (*U*) absurdité *f*, grotesque *m*.
preppie*, **preppy*** [ˈprepɪ] (*US*) **1** *adj* bon chic bon genre*. **2** *n* étudiant(e) *m(f)* d'une boîte* privée.
preprogrammed [ˈpriːˈprəʊgræmd] *adj* programmé à l'avance.
prepuce [ˈpriːpjuːs] *n* prépuce *m*.
Pre-Raphaelite [ˈpriːˈræfəlaɪt] *adj, n* préraphaélite (*mf*).
prerecord [ˈpriːrɪˈkɔːd] *vt song, programme* enregistrer à l'avance. **~ed broadcast** émission *f* en différé.
prerelease [ˈpriːrɪˈliːs] *adj* (*Cine*) **~ showing** avant-première *f*.
prerequisite [ˈpriːˈrekwɪzɪt] **1** *n* (a) (*gen*) condition *f* préalable. **(b)** (*US Univ*) unité *f* de valeur dont l'obtention conditionne l'inscription dans l'unité de valeur supérieure. **2** *adj* nécessaire au préalable, préalablement nécessaire.
prerogative [prɪˈrɒgətɪv] *n* prérogative *f*, privilège *m*, apanage *m*. (*Brit*) **to exercise the Royal P~** faire acte de souverain.
presage [ˈpresɪdʒ] **1** *n* (*omen*) présage *m*; (*foreboding*) pressentiment *m*. **2** *vt* présager, annoncer, laisser prévoir.
presbyopia [ˌprezbɪˈəʊpɪə] *n* presbytie *f*.
Presbyterian [ˌprezbɪˈtɪərɪən] *adj, n* presbytérien(ne) *m(f)*.
Presbyterianism [ˌprezbɪˈtɪərɪənɪzəm] *n* presbytérianisme *m*.
presbytery [ˈprezbɪtərɪ] *n* (*part of church*) chœur *m*; (*residence*) presbytère *m*; (*court*) consistoire *m*.
preschool [ˈpriːˈskuːl] *adj years, age* préscolaire; *child* d'âge préscolaire. **~ education** enseignement *m* préscolaire; **~ playgroup** ≃ garderie *f*.
preschooler [ˈpriːˈskuːləʳ] *n* (*US*) enfant *mf* d'âge préscolaire.
prescience [ˈpresɪəns] *n* prescience *f*.
prescient [ˈpresɪənt] *adj* prescient.
prescribe [prɪsˈkraɪb] *vt* (*gen, Admin, Jur, Med*) prescrire (*sth for sb* qch pour qn). **the ~d dose/form/punishment** la dose/le formulaire/la punition prescrit(e); **~d books** œuvres *fpl* (inscrites) au programme; **this diet is ~d in some cases** ce régime se prescrit dans certains cas; **to ~ for boils** faire une ordonnance pour des furoncles; **he ~d complete rest** il a prescrit *or* ordonné le repos absolu; (*fig*) **what do you ~?** que me conseillez-vous?, que me recommandez-vous?
prescription [prɪsˈkrɪpʃən] **1** *n* (a) (*U: gen, Admin, Jur etc*) prescription *f*.
 (b) (*Med*) ordonnance *f*. **to make out *or* write out a ~ for sb** rédiger *or* faire une ordonnance pour qn; **to make up *or* (*US*) fill a ~** exécuter une ordonnance; **it can only be obtained on ~**, **it's on ~ only** on ne peut l'obtenir que sur ordonnance, c'est délivré *or* vendu seulement sur ordonnance.
 2 *cpd* (*made according to* ~) prescrit; (*available only on* ~) vendu

sur ordonnance seulement. (*Brit Med*) **prescription charges** somme *f* fixe à payer lors de l'exécution de l'ordonnance.
prescriptive [prɪsˈkrɪptɪv] *adj* (*giving precepts*) (*gen*) normatif; (*grammar*) normatif, puriste, de puristes; (*legalized by custom*) *rights etc* consacré par l'usage.
prescriptivism [prɪsˈkrɪptɪˌvɪzəm] *n* (*Ling*) normativisme *m*.
presence [ˈprezns] *n* (a) présence *f*. **~ of mind** présence d'esprit; **in the ~ of** en présence de; (*Jur*) par-devant; (*frm*) **your ~ is requested** vous êtes prié d'y assister; (*liter, frm*) **they were admitted to the king's ~** ils furent admis en présence du roi; **he certainly made his ~ felt*** sa présence n'est vraiment pas passée inaperçue; **a ghostly ~** une présence surnaturelle; **this country will maintain a ~ in North Africa** ce pays maintiendra une présence en Afrique du Nord; **police ~** présence *f* policière; **there was a massive police ~ at the match** il y avait un imposant service d'ordre au match.
 (b) (*bearing etc*) présence *f*, prestance *f*, allure *f*. **to lack ~** manquer de présence; **he has a good stage ~** il a de la présence (sur scène); **a man of noble ~** un homme de belle prestance *or* de belle allure.
present [ˈpreznt] **1** *adj* (a) (*in attendance; in existence*) présent. **~ at/in** présent à/dans; **to be ~ at sth** être présent à qch, assister à qch; **those ~** les personnes présentes, ceux qui étaient là, l'assistance *f*; **who was ~?** qui était là?; **is there a doctor ~?** y a-t-il un docteur ici? *or* dans l'assistance?; **all ~ and correct!** tous présents à l'appel!; **~ company excepted** les personnes ici présentes exceptées, à l'exception des personnes ici présentes.
 (b) (*existing now*) *state, epoch, year, circumstances, techniques, residence* présent (*after n*), actuel; (*in question*) présent (*before n*), en question; (*Gram*) présent (*after n*). **her ~ husband** son mari actuel; **the ~ writer believes** l'auteur croit; **in the ~ case** dans la présente affaire, dans le cas présent *or* qui nous intéresse *or* en question; **at the ~ day *or* time** actuellement, à présent (*V also* 2); **at the ~ moment** actuellement, à présent; (*more precisely*) en ce moment même; **the ~ month** le mois courant, ce mois-ci.
 2 *cpd*: **present-day** *adj* actuel, d'aujourd'hui, contemporain, d'à présent; (*Gram*) **present perfect** passé composé.
 3 *n* (a) (*also Gram*) présent *m*. **up to the ~** jusqu'à présent; **for the ~** pour le moment; **at ~** actuellement, à présent, en ce moment; **as things are at ~** dans l'état actuel des choses; (*loc*) **there's no time like the ~!** il ne faut jamais remettre au lendemain ce que l'on peut faire le jour même; **to live in the ~** (*enjoy life*) vivre dans le présent; (*live from day to day*) vivre au jour le jour; (*Gram*) **in the ~** au présent.
 (b) (*gift*) cadeau *m*. **it's for a ~** c'est pour offrir; **she gave me the book as a ~** elle m'a offert le livre; (*fig*) **to make sb a ~ of sth** faire cadeau *or* don de qch à qn; *V* **birthday, Christmas** *etc*.
 (c) (*Jur*) **by these ~s** par les présentes.
 4 [prɪˈzent] *vt* (a) **to ~ sb with sth, to ~ sth to sb** (*give as gift*) offrir qch à qn, faire don *or* cadeau de qch à qn; (*hand over*) *prize, medal* remettre qch à qn; **she ~ed him with a son** elle lui a donné un fils; **we were ~ed with a fait accompli** nous nous sommes trouvés devant un fait accompli; (*Mil*) **to ~ arms** présenter les armes; **~ arms!** présentez armes!
 (b) *tickets, documents, credentials, one's compliments, apologies* présenter (*to* à); *plan, account, proposal, report, petition* présenter, soumettre (*to* à); *complaint* déposer; *proof, evidence* apporter, fournir; (*Parl*) *bill* introduire, présenter; (*Jur etc*) *case* exposer. **to ~ o.s. at the desk/for an interview** se présenter au bureau/à une entrevue; **to ~ a cheque** (*for payment*) encaisser *or* présenter un chèque; **his report ~s the matter in another light** son rapport présente la question sous un autre jour, son rapport jette une lumière différente sur la question.
 (c) (*offer, provide*) *problem* présenter, poser; *difficulties, features* présenter; *opportunity* donner. **the bay ~s a magnificent sight** la baie présente un spectacle splendide; **the opportunity ~ed itself** l'occasion s'est présentée; **to ~ the appearance of sth** avoir *or* donner (toute) l'apparence de qch; **the patrol ~ed an easy target** la patrouille offrait *or* constituait une cible facile.
 (d) *play, concert* donner; *film* donner, passer; (*Rad, TV*) *play, programme* donner, passer; (*act as presenter of*) présenter. **we are glad to ~** ... nous sommes heureux de vous présenter ...; **~ing Glenda Jackson as Lady Macbeth** 'avec Glenda Jackson dans le rôle de Lady Macbeth'.
 (e) (*introduce*) présenter (*sb to sb* qn à qn). **may I ~ Miss Smith?** permettez-moi de vous présenter Mademoiselle Smith; (*Brit*) **to be ~ed** (*at Court*) être présenté à la Cour.
presentable [prɪˈzentəbl] *adj person, appearance, room* présentable; *clothes* présentable, mettable, sortable*. **go and make yourself (look) ~** va t'arranger un peu; **I'm not very ~** je ne suis guère présentable, je ne peux guère me montrer.
presentation [ˌprezənˈteɪʃən] **1** *n* (a) (*U*) [*plan, account, proposal, report, petition*] présentation *f*, soumission *f*; [*complaint*] déposition *f*; [*parliamentary bill*] présentation, introduction *f*; [*cheque*] encaissement *m*; [*case*] exposition *f*. **his ~ of the play** (*the fact that he did it*) le fait qu'il ait donné la pièce; (*the way he did it*) sa mise en scène de la pièce; **on ~ of this ticket** sur présentation de ce billet; **the subject matter is good but the ~ is poor** le fond est bon mais la présentation laisse à désirer.
 (b) (*introduction*) présentation *f*.
 (c) (*gift*) cadeau *m*; (*ceremony*) remise *f* du cadeau (*or* de la médaille *etc*), ≃ vin *m* d'honneur. **who made the ~?** qui a remis le cadeau (*or* la médaille *etc*)?; **to make a ~ of sth to sb** remettre qch à qn.
 (d) (*Univ etc*) exposé *m* oral.
 2 *cpd*: (*Comm*) **presentation box *or* case** coffret *m* de luxe; [*book*] **presentation copy** (*for inspection, review*) spécimen *m* (gratuit),

exemplaire envoyé à titre gracieux; (*from author*) exemplaire offert en hommage.

presenter [prɪ'zentər] *n* (*Brit: Rad, TV*) présentateur *m*, -trice *f*.

presentiment [prɪ'zentmənt] *n* pressentiment *m*.

presently ['prezntlɪ] *adv* (**a**) (*Brit: in a little while*) tout à l'heure, bientôt; (+ *vb in past*) au bout d'un certain temps. (**b**) (*esp US: now*) à présent, en ce moment.

presentment [prɪ'zentmənt] *n* [*note, bill of exchange etc*] présentation *f*; (*Jur*) déclaration *f* émanant du jury.

preservation [,prezə'veɪʃən] **1** *n* conservation *f*; (*from harm*) préservation *f*. **in good ~, in a good state of ~** en bon état de conservation.
2 *cpd*: (*Brit Admin*) **to put a preservation order on a building** classer un édifice; (*Archit etc*) **preservation society** association *f* pour la sauvegarde et la conservation (*des sites etc*).

preservationist [,prezə'veɪʃənɪst] *n* (*esp US*) défenseur *m* de l'environnement.

preservative [prɪ'zɜ:vətɪv] *n* (*Culin*) agent *m* de conservation, conservateur *m*.

preserve [prɪ'zɜ:v] **1** *vt* (**a**) (*keep, maintain*) *building, traditions, manuscript, eyesight, position* conserver; *leather, wood* entretenir; *memory* conserver, garder; *dignity, sense of humour, reputation* garder; *peace* maintenir; *silence* observer, garder. **well-/badly-~d** en bon/mauvais état de conservation; **she is very well-~d** elle est bien conservée (pour son âge); **to ~ one's looks** conserver sa beauté; **have you ~d the original?** avez-vous gardé or conservé l'original?
(**b**) (*from harm etc*) préserver, garantir (*from* de), protéger (*from* contre). **may God ~ you!** Dieu vous garde!, que Dieu vous protège!; (**heaven** or **the saints**) **~ me from that!*** le ciel m'en préserve!
(**c**) (*Culin*) *fruit etc* conserver, mettre en conserve. **~d** en conserve; **~d food** (*in bottles, cans*) conserves *fpl*; (*frozen*) produits surgelés.
(**d**) (*Hunting*) **~d** *fishing* réservé; *land, river* privé.
2 *n* (**a**) (*Culin: often pl*) (*Brit: jam*) confiture *f*; (*Brit: chutney*) condiment *m* à base de fruits; (*Brit, US: bottled fruit/vegetables*) fruits *mpl*/légumes *mpl* en conserve.
(**b**) (*Hunting*) réserve *f*. **game ~** chasse gardée or interdite.
(**c**) (*fig*) chasse *f* gardée. **that's his ~** c'est sa chasse gardée, c'est son domaine particulier.

preserver [prɪ'zɜ:vər] *n* (*person*) sauveur *m*; *V* **life**.

preserving [prɪ'zɜ:vɪŋ] *adj*: **~ pan** bassine *f* à confiture.

preset ['pri:'set] *vt pret, ptp* **preset** régler à l'avance.

preshrunk ['pri:'ʃrʌŋk] *adj* irrétrécissable.

preside [prɪ'zaɪd] *vi* présider. **to ~ at** or **over a meeting** présider une réunion.

presidency ['prezɪdənsɪ] *n* présidence *f*.

president ['prezɪdənt] **1** *n* (*Pol etc*) président *m*; (*US Comm*) président-directeur général, P.D.G. *m*; (*US Univ*) président *m* (*d'université*) *m*. (*Brit Parl*) **P~ of the Board of Trade** ≃ ministre *m* du Commerce. **2** *cpd*: **president-elect** président désigné.

presidential [,prezɪ'denʃəl] *adj* (**a**) (*gen*) *decision, suite etc* présidentiel, du président. **~ elections** élection *f* présidentielle.
(**b**) (*of one specific President*) *staff, envoy, representative* du Président. (*US Pol*) **~ adviser** conseiller *m* personnel du Président.

presidentially [,prezɪ'denʃəlɪ] *adv* en tant que président.

presidium [prɪ'sɪdɪəm] *n* = **praesidium**.

pre-soak ['pri:'səʊk] *vt* faire tremper.

press [pres] **1** *n* (**a**) (*apparatus*) (*for wine, olives, cheese etc*) pressoir *m*; (*for gluing, moulding etc*) presse *f*; (*trouser ~*) presse à pantalon; (*racket ~*) presse-raquette *m inv*. **cider ~** pressoir à cidre; **hydraulic ~** presse hydraulique.
(**b**) (*Typ*) (*machine: also* **printing ~**) presse *f* (typographique); (*place, publishing firm*) imprimerie *f*; (*newspapers collectively*) presse. **rotary ~** presse rotative; **at** or **in the ~** sous presse; **to go to ~** [*book etc*] être mis sous presse; [*newspaper*] aller à l'impression; **correct at time of going to ~** correct au moment de mettre sous presse; **to set the ~es rolling** mettre les presses en marche; **to pass sth for ~** donner le bon à tirer de qch; **the national ~** la grande presse; **I saw it in the ~** je l'ai lu dans la presse or dans les journaux; **the ~ reported that ...** la presse a relaté que ..., on a rapporté dans la presse que ...; **to advertise in the ~** (*Comm*) faire de la publicité dans la presse or dans les journaux; (*privately*) mettre une annonce dans les journaux; **a member of the ~** un(e) journaliste; **is the ~ or are any of the ~ present?** la presse est-elle représentée?; **to get a good/bad ~** avoir bonne/mauvaise presse; *V* **yellow**.
(**c**) (*pressure: with hand, instrument*) pression *f*. **he gave his trousers a ~** il a donné un coup de fer à son pantalon; *V* **durable, permanent**.
(**d**) (*weightlifting*) développé *m*.
(**e**) (*cupboard*) armoire *f*, placard *m*.
(**f**) († or *liter: crowd*) foule *f*, presse *f* (*liter*). **he lost his hat in the ~ to get out** il a perdu son chapeau dans la bousculade à la sortie.
2 *cpd campaign, card etc* de presse. **press agency** agence *f* de presse; **press agent** agent *m* de publicité; **press attaché** attaché(e) *m(f)* de presse; **press baron** magnat *m* de la presse; **press box** tribune *f* de la presse; **press button** bouton(-poussoir) *m*; **press clipping** coupure *f* de presse or de journal; **press conference** conférence *f* de presse; **press cutting** = **press clipping**; **press-cutting agency** argus *m* de la presse; (*esp Parl*) **press gallery** tribune *f* de la presse; (*Hist*) **press-gang** racoleurs *mpl*; (*fig*) **to press-gang sb into doing sth** faire pression sur qn or forcer la main à qn pour qu'il fasse qch; (*Climbing*) **press hold** appui *m*; **press lord** = **press baron**; (*Brit*) **pressman** journaliste *m*; (*Brit*) **pressmark** cote *f* (*d'un livre de bibliothèque*); **press photographer**

photographe *mf* de (la) presse, reporter *m* photographe; **press release** communiqué *m* de presse; **press report** reportage *m*; (*US*) **press run** tirage *m* (d'une revue *etc*); (*US*) **the White House** *etc* **press secretary** le porte-parole de la Maison Blanche *etc*; (*Brit*) **press stud** bouton-pression *m*, pression *f*; (*Gymnastics*) **press-up** traction *f*; **to do press-ups** faire des tractions or des pompes*; (*Cine*) **press view** avant-première *f*.

3 *vt* (**a**) (*push, squeeze*) *button, knob, switch, trigger, accelerator* appuyer sur; *sb's hand etc* serrer, presser. **he ~ed his fingertips together** il pressa les extrémités de ses doigts les unes contre les autres; **he ~ed his nose against the window** il a collé son nez à la fenêtre; (*US*) **to ~ the flesh** serrer une multitude de mains, prendre un bain de foule; **he ~ed her to him** il la serra or pressa contre lui; **she ~ed the lid on to the box** elle a fait pression sur le couvercle de la boîte (pour la fermer); **as the crowd moved back he found himself ~ed (up) against a wall** comme la foule reculait il s'est trouvé acculé or pressé contre un mur.
(**b**) *grapes, olives, lemons, flowers* presser. **to ~ the juice out of an orange** presser une orange, exprimer le jus d'une orange.
(**c**) *clothes etc* repasser, donner un coup de fer à.
(**d**) (*make by ~ing*) *object, machine part* mouler, fabriquer; *record, disk* presser.
(**e**) (*fig*) (*in battle, game*) presser, attaquer constamment; [*pursuer*] talonner, serrer de près; [*creditor*] poursuivre, harceler. **to ~ sb for payment/an answer** presser qn de payer/de répondre; **to be ~ed for time/money** être à court de temps/d'argent, manquer de temps/d'argent; **I am really ~ed today** je suis débordé (de travail) aujourd'hui; **to ~ a gift/money on sb** presser qn d'accepter or insister pour que qn accepte (*subj*) un cadeau/de l'argent, offrir avec insistance un cadeau/de l'argent à qn; **to ~ sb to do sth** presser qn de or pousser qn à faire qch, insister pour que qn fasse qch; **to ~ sb into doing sth** forcer qn à faire qch; **he didn't need much ~ing** il n'y a guère eu besoin d'insister, il ne s'est guère fait prier; **we were all ~ed into service** nous avons tous été obligés d'offrir nos services or de mettre la main à la pâte*; **the box was ~ed into service as a table** la caisse a fait office de table; († or *hum*) **to ~ one's suit** faire sa demande (en mariage); *V* **hard**.
(**f**) *attack, advantage* pousser, poursuivre; *claim, demand* renouveler, insister sur. (*Jur*) **to ~ charges against sb** engager des poursuites contre qn; **I shan't ~ the point** je n'insisterai pas.
(**g**) (*Weightlifting*) soulever.

4 *vi* (**a**) (*exert pressure*) (*with hand etc*) appuyer (*on* sur); [*weight, burden*] faire pression, peser (*on* sur); [*debts, troubles*] peser **on sb** à qn). **time ~es!** le temps presse!, l'heure tourne!; (*fig*) **to ~ for sth** faire pression pour obtenir qch, demander instamment qch; **they are ~ing to have the road diverted** ils font pression pour (obtenir) que la route soit déviée.
(**b**) **he ~ed through the crowd** il se fraya un chemin dans la foule; **he ~ed in/out** *etc* il est entré/sorti *etc* en jouant des coudes; **they ~ed in/out** *etc* ils entrèrent/sortirent *etc* en masse; **the people ~ed round his car** les gens se pressaient autour de sa voiture.

◆ **press ahead** *vi* = **press on**.
◆ **press back** *vt sep* (**a**) *crowd, enemy* refouler.
(**b**) (*replace etc*) *lid* remettre en appuyant. **he pressed the box back into shape** il a redonné sa forme à la boîte d'une pression de la main.
◆ **press down 1** *vi* appuyer (*on* sur).
2 *vt sep knob, button, switch* appuyer sur. **she pressed the clothes down into the suitcase** elle appuya sur les vêtements pour les faire entrer dans la valise.
◆ **press in** *vt sep panel etc* enfoncer.
◆ **press on** *vi* (*in work, journey etc*) continuer. **press on!** (*don't give up*) persévérez!, n'abandonnez pas!; (*hurry up*) continuez vite!; **we've got to press on regardless!*** continuons quand même!, nous ne pouvons pas nous permettre de nous arrêter!; (*fig*) **to press on with sth** continuer résolument (à faire) qch; **they are pressing on with the nuclear agreement** ils continuent à tout faire pour que l'accord nucléaire se réalise.
◆ **press out** *vt sep* (**a**) *juice, liquid* exprimer.
(**b**) *crease, fold* aplatir; (*with iron*) aplatir au fer or en repassant.

pressing ['presɪŋ] **1** *adj business, problem* urgent; *danger* pressant; *invitation* instant. **he was very ~ and I could not refuse** il a beaucoup insisté et je n'ai pas pu refuser.
2 *n* [*clothes*] repassage *m*. **to send sth for cleaning and ~** faire nettoyer et repasser qch, envoyer qch au pressing.

pressure ['preʃər] **1** *n* (**a**) (*gen, Met, Phys, Tech*) pression *f*; (*Aut: tyre ~*) pression (de gonflage). **atmospheric ~** pression atmosphérique; **water ~** pression de l'eau; **a ~ of 2 kg to the square cm** une pression de 2 kg par cm²; **to exert** or **put ~ on sth** faire pression or exercer une pression sur qch, presser or appuyer sur qch; (*Tech etc*) **at full ~** à pression maxima; (*fig*) **the factory is now working at full ~** l'usine fonctionne maintenant à plein rendement; **he was working at high** or **full ~** il travaillait à la limite de ses possibilités; *V* **blood pressure** *etc*.
(**b**) (*fig: influence, compulsion*) pression *f*, contrainte *f*. **because of parental ~** à cause de la pression des parents, parce que les parents ont fait pression; **to put ~ on sb, to bring ~ to bear on sb** faire pression or exercer une pression sur qn (*to do* pour qu'il fasse); **they're putting the ~ on now** ils nous (*or* le *etc*) talonnent maintenant; **he was acting under ~ when he said ...** il agissait sous la contrainte or il n'agissait pas de son plein gré quand il a dit ... (*V also* **1c**); **under ~ from his staff** sous la pression de son personnel; **to use ~ to obtain a confession** user de contrainte pour obtenir une confession.
(**c**) (*fig: stress, burden*) **the ~ of these events/of life today** la tension créée par ces événements/par la vie d'aujourd'hui; **~ of**

work prevented him from going le travail l'a empêché d'y aller, il n'a pas pu y aller parce qu'il avait trop de travail; **he has had a lot of ~ on him recently, he has been under a lot of ~ recently** il est débordé, il est sous pression*; **I work badly under ~** je travaille mal quand je suis sous pression*; **I can't work well under such ~** je ne fais pas du bon travail quand je suis talonné de cette façon.

2 *cpd*: (*Aviat*) **pressure cabin** cabine pressurisée *or* sous pression; **pressure-cook** cuire à la cocotte-minute ® *or* en autocuiseur; **pressure cooker** autocuiseur *m*, cocotte-minute *f* ®; **pressure-feed** alimentation *f* sous pression; **pressure gauge** manomètre *m*, jauge *f* de pression; (*fig: Pol etc*) **pressure group** groupe *m* de pression; (*Anat*) **pressure point** point *m* de compression digitale de l'artère; (*Space etc*) **pressure suit** scaphandre pressurisé.

3 *vt*: **to ~ sb to do** faire pression sur qn pour qu'il fasse; **to ~ sb into doing** forcer qn à *or* contraindre qn de faire.

pressurization [ˌpreʃəraɪˈzeɪʃən] *n* pressurisation *f*, mise *f* en pression.

pressurize [ˈpreʃəraɪz] *vt* (a) *cabin, spacesuit* pressuriser. (*Aviat*) **~d cabin** cabine pressurisée *or* sous pression; **~d water reactor** réacteur *m* à eau sous pression. (b) (* *fig*) = **pressure 3**.

Prestel [ˈpres,tel] *n* ® ≃ Télétel *m* ®.

prestidigitation [ˈprestɪˌdɪdʒɪˈteɪʃən] *n* prestidigitation *f*.

prestige [presˈtiːʒ] **1** *n* prestige *m*. **2** *adj car, production, politics etc* de prestige.

prestigious [presˈtɪdʒəs] *adj* prestigieux.

presto [ˈprestəʊ] *adv* (*Mus, gen*) presto. **hey ~!** le tour est joué!

prestressed [ˈpriːˈstrest] *adj* précontraint. **~ concrete** (béton armé) précontraint *m*.

presumable [prɪˈzjuːməbl] *adj* présumable.

presumably [prɪˈzjuːməblɪ] *adv* vraisemblablement, probablement. **you are ~ his son** je présume *or* je suppose que vous êtes son fils.

presume [prɪˈzjuːm] **1** *vt* (a) (*suppose*) présumer (*also Jur*), supposer (*that* que); *sb's death* présumer. **every man is ~d (to be) innocent** tout homme est présumé (être) innocent; **it may be ~d that ...** on peut présumer que ...; **I ~ so** je (le) présume, je (le) suppose; **you are presuming rather a lot** vous faites pas mal de suppositions, vous présumez pas mal de choses.
(b) (*venture, take liberty*) se permettre (*to do* de faire).
2 *vi*: **you ~ too much!** vous prenez bien des libertés!; **I hope I'm not presuming** je ne voudrais pas être impertinent; (*when asking a favour*) je ne voudrais pas abuser de votre gentillesse; **to ~ (up)on** abuser de.

presumption [prɪˈzʌmpʃən] *n* (a) (*supposition*) présomption *f*, supposition *f*. **the ~ is that** on présume que, on suppose que, il est à présumer que; **there is a strong ~ that** tout laisse à présumer que.
(b) (*U*) présomption *f*, audace *f*, impertinence *f*. **if you'll excuse my ~** si vous me le permettez, si vous voulez bien pardonner mon audace.

presumptive [prɪˈzʌmptɪv] *adj heir* présomptif; (*Jur*) *evidence* par présomption.

presumptuous [prɪˈzʌmptjʊəs] *adj person, letter, question* présomptueux, impertinent.

presumptuously [prɪˈzʌmptjʊəslɪ] *adv* présomptueusement.

presumptuousness [prɪˈzʌmptjʊəsnɪs] *n* (*U*) = **presumption b.**

presuppose [ˌpriːsəˈpəʊz] *vt* présupposer.

presupposition [ˌpriːsʌpəˈzɪʃən] *n* présupposition *f*.

pre-tax [ˌpriːˈtæks] *adj* avant impôts.

pre-teen [ˌpriːˈtiːn] **1** *adj* préadolescent. **2** *n*: **the ~s** les 10 à 12 ans.

pretence, (*US*) **pretense** [prɪˈtens] *n* (a) (*pretext*) prétexte *m*, excuse *f*; (*claim*) prétention *f*; (*U: affectation*) prétention. **he makes no ~ to learning** il n'a pas la prétention d'être savant; **under** *or* **on the ~ of (doing) sth** sous prétexte *or* sous couleur de (faire) qch; *V* **false.**
(b) (*make-believe*) **to make a ~ of doing** faire semblant *or* feindre de faire; **he made a ~ of friendship** il a feint l'amitié; **it's all (a) ~** tout cela est pure comédie *or* une feinte; **I'm tired of their ~** that all is well je suis las de les voir faire comme si tout allait bien; **his ~ of sympathy did not impress me** sa feinte sympathie m'a laissé froid, ses démonstrations de feinte sympathie m'ont laissé froid.

pretend [prɪˈtend] **1** *vt* (a) (*feign*) faire semblant (*to do* de faire, *that* que); *ignorance, concern, illness* feindre, simuler. **let's ~ we're soldiers** jouons aux soldats; (*pej*) **he was ~ing to be a doctor** il se faisait passer pour un docteur.
(b) (*claim*) prétendre (*that* que). **I don't ~ to know everything about it** je ne prétends pas tout savoir là-dessus, je n'ai pas la prétention de tout savoir là-dessus.
2 *vi* (a) (*feign*) faire semblant. **the children were playing at let's ~** les enfants jouaient à faire semblant; **I was only ~ing!** c'était pour rire!, je plaisantais!; **let's stop ~ing!** assez joué la comédie!; **let's not ~ to each other** ne nous jouons pas la comédie, soyons francs l'un avec l'autre.
(b) (*claim*) **to ~ to sth** prétendre à qch, avoir des prétentions à qch.
3 *adj* (*) *money, house etc* pour (de) rire*. **it's only ~!** c'est pour rire!*

pretended [prɪˈtendɪd] *adj* prétendu, soi-disant *inv*.

pretender [prɪˈtendər] *n* prétendant *m* (*to the throne* au trône). (*Hist*) **the Young P~** le Jeune Prétendant (*Charles Édouard Stuart*).

pretense [prɪˈtens] *n* (*US*) = **pretence.**

pretension [prɪˈtenʃən] *n* (a) (*claim: also pej*) prétention *f* (*to sth* à

qch). **this work has serious literary ~s** cette œuvre peut à juste titre prétendre à *or* cette œuvre a droit à la reconnaissance littéraire; (*pej*) **he has social ~s** il a des prétentions sociales.
(b) (*U: pretentiousness*) prétention *f*.

pretentious [prɪˈtenʃəs] *adj* prétentieux.

pretentiously [prɪˈtenʃəslɪ] *adv* prétentieusement.

pretentiousness [prɪˈtenʃəsnɪs] *n* (*U*) prétention *f*.

preterite [ˈpretərɪt] *n* prétérit *m*, passé *m* simple.

preternatural [ˌpriːtəˈnætʃrəl] *adj* surnaturel.

pretext [ˈpriːtekst] *n* prétexte *m* (*to do* pour faire). **under** *or* **on the ~ of (doing)** sth sous prétexte de (faire) qch.

prettify [ˈprɪtɪfaɪ] *vt child* pomponner; *house, garden, dress* enjoliver. **to ~ o.s.** se faire une beauté*, se pomponner.

prettily [ˈprɪtɪlɪ] *adv* joliment.

pretty [ˈprɪtɪ] **1** *adj* (a) (*pleasing*) *child, flower, music etc* joli (*before n*). **as ~ as a picture** *person* joli comme un cœur *or* à croquer; *garden etc* ravissant; **she's not just a ~ face*** elle n'a pas seulement un joli minois, elle a d'autres atouts que son joli visage; **it wasn't a ~ sight** ce n'était pas beau à voir; (*to parrot*) **~ polly!** bonjour Jacquot!; **he has a ~ wit**† il est très spirituel, il a beaucoup d'esprit.
(b) (*iro*) joli, beau (*f* belle). **that's a ~ state of affairs!** c'est du joli!; **you've made a ~ mess of it!** vous avez fait là de la jolie besogne!
(c) (*: *considerable*) *sum, price* joli, coquet. **it will cost a ~ penny** cela coûtera une jolie somme *or* une somme coquette.
2 *adv* assez. **it's ~ cold!** il fait assez froid!, il ne fait pas chaud!; **~ well!** pas mal!; **~ well finished** nous avons presque *or* pratiquement fini; **it's ~ much the same thing** c'est à peu près *or* pratiquement la même chose; **he's ~ nearly better** il est presque *or* pratiquement guéri; *V* **sit.**
3 *cpd*: (*pej*) **pretty-pretty*** un peu trop joli.
♦ **pretty up*** *vt sep* = **prettify.**

pretzel [ˈpretsl] *n* bretzel *m*.

prevail [prɪˈveɪl] *vi* (a) (*gain victory*) prévaloir (*against* contre, *over* sur), l'emporter, avoir l'avantage (*against* contre, *over* sur). **commonsense will ~** le bon sens prévaudra *or* s'imposera.
(b) (*conditions, attitude, fashion*) prédominer, avoir cours, régner; (*style*) être en vogue. **the situation which now ~s** la situation actuelle.
(c) **to ~ (up)on sb to do** décider qn à faire, persuader qn de faire; **can I ~ on you to lend me some money?** accepteriez-vous de me prêter de l'argent?

prevailing [prɪˈveɪlɪŋ] *adj* (a) *wind* dominant. (b) (*widespread*) *belief, opinion, attitude* courant, répandu. (c) (*current*) *conditions, situation, customs* (*today*) actuel; (*at that time*) à l'époque; *style, taste* (*today*) actuel, du jour; (*at that time*) de l'époque, du jour. (*Econ*) **~ market rate** cours *m* du marché.
(d) (*Jur*) **the ~ party** la partie gagnante.

prevalence [ˈprevələns] *n* (*illness*) fréquence *f*, (*belief, opinion, attitude*) prédominance *f*, fréquence; (*conditions, situation, customs*) caractère généralisé; (*fashion, style*) popularité *f*, vogue *f*. **I'm surprised by the ~ of that idea** cela m'étonne que cette idée soit si répandue.

prevalent [ˈprevələnt] *adj* (a) (*widespread*) *belief, opinion, attitude* courant, répandu, fréquent; *illness* répandu. **that sort of thing is very ~** ce genre de chose se voit (*or* se fait) partout, ce genre de chose est très courant. (b) (*current*) *conditions, customs* (*today*) actuel; (*at that time*) à l'époque; (*style, taste*) (*today*) actuel, du jour; (*at that time*) de l'époque, du jour.

prevaricate [prɪˈværɪkeɪt] *vi* équivoquer, biaiser, tergiverser, user de faux-fuyants.

prevarication [prɪˌværɪˈkeɪʃən] *n* faux-fuyant(s) *m*(*pl*).

prevent [prɪˈvent] *vt* empêcher (*sb from doing, sb's doing* qn de faire); *event, action* empêcher; *illness* prévenir; *accident, fire, war* empêcher, éviter. **nothing could ~ him** rien ne pouvait l'en empêcher; **she couldn't ~ his death** elle n'a pu empêcher qu'il ne meure *or* l'empêcher de mourir; **I couldn't ~ the door from closing** je n'ai pas pu empêcher la porte de se fermer *or* éviter que la porte ne se ferme (*subj*).

preventable [prɪˈventəbl] *adj* évitable.

preventative [prɪˈventətɪv] *adj* préventif.

prevention [prɪˈvenʃən] *n* (*U*) prévention *f*. (*Prov*) **~ is better than cure** mieux vaut prévenir que guérir; **Society for the P~ of Cruelty to Animals** Société Protectrice des Animaux; *V* **accident, fire** *etc*.

preventive [prɪˈventɪv] **1** *adj medicine, measures*, préventif. (*Jur*) **~ detention** (forte) peine *f* de prison. **2** *n* (*measure*) mesure préventive (*against* contre); (*medicine*) médicament préventif (*against* contre).

preview [ˈpriːvjuː] *n* (*film, exhibition*) avant-première *f*; (*art exhibition*) vernissage *m*. (*fig*) **to give sb a ~ of sth** donner à qn un aperçu de qch; (*Rad, TV*) **for a ~ of today's main events over now to Jack Smith** et maintenant pour un tour d'horizon des principaux événements de la journée je passe l'antenne à Jack Smith.

previous [ˈpriːvɪəs] **1** *adj* (a) (*gen*) (*immediately before*) précédent; (*sometime before*) antérieur (*f* -eure). **the ~ letter** la précédente lettre, la lettre précédente; **a ~ letter** une lettre précédente *or* antérieure; **the ~ day** la veille; **the ~ evening** la veille au soir; **the ~ week/year** la semaine/l'année précédente; **on ~ occasions** précédemment, auparavant; **in a ~ life** dans une vie antérieure; **~ to** antérieur à; **have you made any ~ applications?** avez-vous déjà fait de demandes?; **I have a ~ engagement** je suis déjà pris; (*Comm*) **no ~ experience necessary** aucune expérience (préalable) exigée; (*Jur*) **to have no ~ convictions** avoir un casier judiciaire vierge; (*Jur*) **he has 3 ~ convictions** il a déjà 3

condamnations; **the car has had 2 ~ owners** la voiture a déjà eu 2 propriétaires.
(b) (*frm: hasty*) prématuré. **this seems somewhat ~** ceci semble quelque peu prématuré; **you have been rather ~ in inviting him** votre invitation est quelque peu prématurée, vous avez été bien pressé de l'inviter.
2 *adv:* **~ to** antérieurement à, préalablement à, avant; **~ to (his) leaving he** … avant de partir *or* avant son départ il …; **~ to his leaving we** … avant son départ *or* avant qu'il ne parte nous … .
previously ['priːvɪəslɪ] *adv* (*before*) précédemment, avant, auparavant; (*in the past*) par le passé, dans le temps, jadis; (*already*) déjà.
prewar ['priːˈwɔːr] *adj* d'avant-guerre.
prewash ['priːwɒʃ] *n* prélavage *m*.
prex* [preks] *n*, **prexie***, **prexy*** ['preksɪ] *n* (*US Univ*) président *m* (d'université).
prey [preɪ] **1** *n* (*lit, fig*) proie *f*. **bird of ~** oiseau *m* de proie; **to be a ~ to nightmares, illnesses** être en proie à; **to fall a ~ to** devenir la proie de.
2 *vi:* **to ~ on** [*animal etc*] faire sa proie de; [*person*] faire sa victime de, s'attaquer (continuellement) à; [*fear, anxiety*] ronger, miner; **something is ~ing on her mind** il y a quelque chose qui la travaille*.
prezzie‡ ['prezɪ] *n* (*abbr of* **present**) cadeau *m*.
Priam ['praɪəm] *n* Priam *m*.
price [praɪs] **1** *n* (a) (*Comm etc*) (*cost*) prix *m* (*also fig*); (*estimate*) devis *m*; (*St Ex*) cours *m*. **the ~ in sterling** le prix en livres sterling; **to go up** *or* **rise in ~** augmenter; **to go down** *or* **fall in ~** baisser; **what is the ~ of this book?** combien coûte *or* vaut ce livre?, à quel prix est ce livre?; **— take it** *or* **leave it** c'est mon dernier prix — c'est à prendre ou à laisser; **to put a ~ on sth** fixer le prix de qch; **we pay top ~s for gold and silver** nous achetons l'or et l'argent au prix fort; **he got a good ~ for it** il l'a vendu cher *or* à un prix élevé; (*fig*) **he paid a high** *or* **big ~ for his success** il a payé chèrement son succès; (*fig*) **it's a high** *or* **big ~ to pay for it** c'est le payer chèrement, c'est l'obtenir au prix d'un grand sacrifice, c'est consentir un grand sacrifice pour l'avoir; (*fig*) **it's a small ~ to pay for it** c'est consentir un bien petit sacrifice pour l'avoir; (*fig*) **every man has his ~** tout homme est corruptible à condition d'y mettre le prix; **I wouldn't buy it at any ~** je ne l'achèterais à aucun prix; (*fig*) **I wouldn't help him at any ~!** je ne l'aiderais à aucun prix!; **they want peace at any ~** ils veulent la paix coûte que coûte *or* à tout prix; (*fig*) **will you do it? — not at any ~!** vous allez le faire? — pour rien au monde! *or* pas question!; **you can get it but at a ~!** vous pouvez l'avoir mais cela vous coûtera cher!; (*fig*) **he's famous now but at what a ~!** il est célèbre maintenant mais à quel prix!; **he'll do it for a ~** il le fera si on y met le prix; **competitive ~** prix *m* défiant la concurrence; **the ~ is right** c'est un prix (très) correct; (*Brit*) **Secretary of State for/Department of P~s** ministre *m*/ministère *m* des Prix, ≃ Direction générale de la concurrence et des prix; **ask him for a ~ for putting in a new window** demandez-lui un devis *or* combien ça coûterait *or* quel est son prix pour poser une nouvelle fenêtre; (*St Ex*) **to make a ~** fixer un cours; (*St Ex*) **market ~** cours *m* du marché; (*fig*) **there's a ~ on his head, he has got a ~ on his head** sa tête a été mise à prix; **to put a ~ on sb's head** mettre à prix la tête de qn; *V* **cheap, closing, reduced** *etc*.
(b) (*value*) prix *m*, valeur *f*. **to put a ~ on a jewel/picture** évaluer un bijou/un tableau; (*fig*) **I cannot put a ~ on his friendship** son amitié n'a pas de prix (pour moi), je ne saurais dire combien j'apprécie son amitié; **he sets** *or* **puts a high ~ on loyalty** il attache beaucoup de valeur *or* un grand prix à la loyauté, il fait très grand cas de la loyauté; (*liter*) **beyond ~, without ~** qui n'a pas de prix, hors de prix, sans prix.
(c) (*Betting*) cote *f*. **what ~ are they giving on Black Beauty?** quelle est la cote de Black Beauty?; (*fig*) **what ~* all his promises now?** que valent *or* que dites-vous de toutes ses promesses maintenant?; **what ~* he'll change his mind?** vous pariez combien qu'il va changer d'avis?
2 *cpd control, index, war* des prix; *reduction, rise* de(s) prix. **price bracket = price range; Price(s) Commission** ≃ Direction *f* générale de la concurrence et de la consommation; **price cut** réduction *f*, rabais *m*; **price cutting** réductions *fpl* de prix; (*Jur, Fin*) **price earning ratio** bénéfice *m* net par action; **~ escalation** flambée *f* des prix; (*Jur*) **escalation clause** clause *f* de révision des prix; **price fixing** (*by government*) contrôle *m* des prix; (*pej: by firms*) alignement *m* des prix; **price freeze** blocage *m* des prix; **to put a price limit on sth** fixer le prix maximum de qch; **my price limit is £400** je n'irai pas au-dessus de 400 livres; **price list** tarif *m*, prix courant(s); **price range** éventail *m* *or* gamme *f* de prix; **within my price range** dans mes prix; **in the medium price range** d'un prix modéré, dans les prix moyens; (*pej: by firms*) **price-rigging** alignement *m* des prix; **price ring** cartel *m* des prix; **prices and incomes policy** politique *f* des prix et des revenus; (*Brit*) **prices index** indice *m* des prix; (*US Econ*) **price support** (politique *f* de) soutien *m* des prix; (*lit*) **price tag** (*lit*) étiquette *f*; (*fig: cost*) prix *m*, coût *m*; (*fig*) **it's got a heavy price tag** le prix est très élevé, ça coûte cher; **what's the price tag on that house?** quel prix demandent-ils pour cette maison?; **price ticket** étiquette *f*; (*Jur*) **price variation clause** clause *f* de révision des prix; **price war** guerre *f* des prix.
3 *vt* (*fix ~ of*) fixer le prix de; (*mark ~ on*) marquer le prix de; (*ask ~ of*) demander le prix de, s'informer du prix de; (*fig: estimate value of*) évaluer. **it is ~d at £10** ça coûte 10 livres, ça se vend 10 livres; **it is ~d rather high** c'est plutôt cher; **it isn't ~d in the window** le prix n'est pas (marqué) en vitrine *or* à l'étalage.
♦**price down** *vt sep* (*Comm*) (*reduce price of*) réduire le prix de,

solder; (*mark lower price on*) inscrire un prix réduit sur, changer l'étiquette de.
♦**price out** *vt sep:* **to price one's goods out of the market** perdre un marché à vouloir demander des prix trop élevés; **Japanese radios have priced ours out (of the market)** nos radios ne peuvent plus soutenir la concurrence des prix japonais; **the French have priced us out of that market** les bas prix pratiqués par les Français nous ont chassés de ce marché.
♦**price up** *vt sep* (*Comm*) (*raise price of*) augmenter; (*mark higher price on*) inscrire un prix plus élevé sur, changer l'étiquette de.
-priced [praɪst] *adj ending in cpds:* **high-priced** coûteux, cher; *V* **low¹** *etc*.
priceless ['praɪslɪs] *adj* (a) *picture, jewels* qui n'a pas de prix, sans prix, hors de prix, inestimable; *friendship, contribution, gift* inestimable, très précieux. (b) (*: *amusing*) impayable*.
pricey* ['praɪsɪ] *adj* coûteux, cher, chérot* (*m only*).
prick [prɪk] **1** *n* (a) (*act, sensation, mark*) piqûre *f*. **to give sth a ~** piquer qch; (*fig*) **the ~s of conscience** les aiguillons *mpl* de la conscience, le remords; *V* **kick**.
(b) (*‡*: *penis*) verge *f*, bitte*‡ *f*.
(c) (*‡*: *person*) sale con *‡ *m*.
2 *vt* (a) [*person, thorn, pin, hypodermic*] piquer; *balloon, blister* crever; *name on list etc* piquer, pointer. **she ~ed her finger with a pin** elle s'est piqué le doigt avec une épingle; **to ~ a hole in sth** faire un trou d'épingle (*or* d'aiguille *etc*) dans qch; (*fig*) **his conscience ~ed him** il avait mauvaise conscience, il n'avait pas la conscience tranquille.
(b) to ~ (up) one's ears [*animal*] dresser les oreilles; [*person*] (*fig*) dresser *or* tendre *or* prêter l'oreille.
3 *vi* (a) [*thorn etc*] piquer. (*fig*) **his conscience was ~ing** il avait mauvaise conscience.
(b) my eyes are ~ing les yeux me cuisent; **my toe is ~ing** j'ai des fourmis dans l'orteil.
♦**prick out** *vt sep* (a) *seedlings* repiquer.
(b) (*with pin etc*) *outline, design* piquer, tracer en piquant.
♦**prick up 1** *vi* (*lit*) **the dog's ears pricked up** le chien a dressé l'oreille; (*fig*) **his ears pricked up** il a dressé l'oreille.
2 *vt sep* = **prick 2b**.
pricking ['prɪkɪŋ] *n* picotement *m*, sensation cuisante. (*fig*) **~s of conscience** remords *mpl(pl)*.
prickle ['prɪkl] **1** *n* (a) [*plant*] épine *f*, piquant *m*; [*hedgehog etc*] piquant. **(b)** (*sensation: on skin etc*) picotement *m*, sensation cuisante. **2** *vt* piquer. **3** *vi* [*skin, fingers etc*] fourmiller, picoter.
prickly ['prɪklɪ] *adj plant* épineux, hérissé; *animal* hérissé, armé de piquants; (*fig*) *person* ombrageux, irritable; *subject* épineux, délicat. **his beard was ~** sa barbe piquait; **my arm feels ~** j'ai des fourmis *or* des fourmillements dans le bras; (*fig*) **he is as ~ as a porcupine** c'est un vrai hérisson; (*Med*) **~ heat** fièvre *f* miliaire; (*Bot*) **~ pear** (*fruit*) figue *f* de Barbarie; (*tree*) figuier *m* de Barbarie.
pride [praɪd] **1** *n* (a) (*U*) (*self-respect*) orgueil *m*, amour-propre *m*; (*satisfaction*) fierté *f*; (*pej: arrogance*) orgueil, arrogance *f*, vanité *f*. **his ~ was hurt** il était blessé dans son orgueil *or* dans son amour-propre; **he has too much ~ to ask for help** il est trop fier *or* il a trop d'amour-propre pour demander de l'aide; **she has no ~** elle n'a pas d'amour-propre; **false ~** vanité *f*; (*Prov*) **~ comes** *or* **goes before a fall** péché d'orgueil ne va pas sans danger; (*Prov*) **~ feels no pain** il faut souffrir pour être belle (*Prov*); **her son's success is a great source of ~ to her** elle s'enorgueillit *or* elle est très fière du succès de son fils; **her ~ in her family** la fierté qu'elle tire de sa famille; **he spoke of them with ~** il parla d'eux avec fierté; **to take (a) ~ in** *children, achievements* être très fier de; *house, car etc* prendre (grand) soin de; **she takes a ~ in her appearance** elle prend soin de sa personne; **to take (a) ~ in doing** mettre sa fierté à faire; **to take** *or* **have ~ of place** avoir la place d'honneur.
(b) (*object of ~*) fierté *f*. **she is her father's ~ and joy** elle est la fierté de son père.
(c) a ~ of lions une troupe de lions.
2 *vt:* **to ~ o.s. (up)on (doing) sth** être fier *or* s'enorgueillir de (faire) qch.
priest [priːst] **1** *n* (*Christian, pagan*) prêtre *m*; (*parish ~*) curé *m*. (*collectively*) **the ~s** le clergé; *V* **assistant, high** *etc*. **2** *cpd:* (*pej*) **priest-ridden** dominé par le clergé, sous la tutelle des curés (*pej*).
priestess ['priːstɪs] *n* prêtresse *f*.
priesthood ['priːsthʊd] *n* (*function*) prêtrise *f*, sacerdoce *m*; (*priests collectively*) clergé *m*. **to enter the ~** se faire prêtre, entrer dans les ordres.
priestly ['priːstlɪ] *adj* sacerdotal, de prêtre.
prig [prɪg] *n* pharisien(ne) *m(f)*. **what a ~ she is!** ce qu'elle peut se prendre au sérieux!; **don't be such a ~!** ne fais pas le petit saint! (*or* la petite sainte!).
priggish ['prɪgɪʃ] *adj* pharisaïque, suffisant, fat (*m only*).
priggishness ['prɪgɪʃnɪs] *n* (*U*) pharisaïsme *m*, suffisance *f*, fatuité *f*.
prim [prɪm] *adj person* (*also ~ and proper*) (*prudish*) collet monté *inv*, guindé; (*demure*) très convenable, comme il faut*; *manner, smile, look, expression* compassé, guindé, contraint; *dress, hat* très correct, très convenable; *house, garden* trop coquet *or* net *or* impeccable.
primacy ['praɪməsɪ] *n* (*supremacy*) primauté *f*; (*Rel*) primatie *f*.
primadonna ['priːməˈdɒnə] *n* prima donna *f inv*.
prima facie ['praɪməˈfeɪʃɪ] **1** *adv* à première vue, de prime abord.
2 *adj* (*Jur*) recevable, bien fondé; (*gen*) légitime (à première vue). **to have a ~ case** (*Jur*) avoir une affaire recevable; (*gen*) avoir raison à première vue; (*Jur*) **~ evidence** commencement *m* de preuve; **there are ~ reasons why** … il existe à première vue des raisons très légitimes qui expliquent que … .
primal ['praɪməl] *adj* (*first in time*) primitif, des premiers âges;

(first in importance) principal, primordial, premier *(before n)*. *(Psych)* ~ **scream** cri *m* primal.

primarily ['praɪmərɪlɪ] *adv (chiefly)* essentiellement, principalement; *(originally)* primitivement, à l'origine.

primary ['praɪmərɪ] **1** *adj (first: gen, also Astron, Chem, Econ, Elec, Geol, Med etc)* primaire; *(basic) reason* principal, fondamental, primordial; *concern, aim* principal, premier *(before n)*. ~ **cause** *(gen)* cause *f* principale; *(Philos)* cause *f* première; ~ **colour** couleur *f* fondamentale; ~ **education** enseignement *m* primaire; *(US Pol)* ~ **election** élection *f* primaire; *(Zool)* ~ **feather** rémige *f*; **of** ~ **importance** d'une importance primordiale, de la plus haute *or* de toute première importance; *(Econ)* ~ **industries** le secteur primaire; **the** ~ **meaning of a word** le sens premier d'un mot; *(Econ)* ~ **producer** producteur *m* du secteur primaire; *(Econ)* ~ **producing country** pays *m* de production primaire; ~ **product** produit *m* primaire *or* de base; *(Brit)* ~ **school** école *f* primaire; *(Brit)* ~ **(school)teacher** instituteur *m*, -trice *f*; *(Phon)* ~ **stress** accent principal; *(Gram)* ~ **tense** temps primitif; *(Elec)* ~ **winding** enroulement *m* primaire.
2 *n (school)* école *f* primaire; *(colour)* couleur fondamentale; *(feather)* rémige *f*; *(Elec)* enroulement *m* primaire; *(US Pol)* primaire *f*.

primate ['praɪmɪt] *n* **(a)** *(Rel)* primat *m*. **(b)** ['praɪmeɪt] *(Zool)* primate *m*.

prime [praɪm] **1** *adj* **(a)** *(first)* premier; *(principal) reason etc* primordial, principal, fondamental; *concern, aim* principal, premier *(before n)*. *(Econ, Fin)* ~ **bill** effet *m* de premier ordre; *(Comm, Econ)* ~ **cost** prix *m* de revient, prix coûtant; *(Math)* ~ **factor** facteur *m* premier, diviseur *m* premier; *(gen)* **a** ~ **factor in** ... un facteur primordial *or* fondamental dans ...; **of** ~ **importance** d'une importance primordiale, de la plus haute *or* de toute première importance; *(Geog)* ~ **meridian** premier meridien *m*; ~ **minister** *etc V* **prime minister** *etc*; ~ **mover** *(Phys, Tech)* force *f* motrice; *(Philos)* premier moteur *m*, cause *f* première; *(fig: person)* instigateur *m*, -trice *f*; *(Math)* ~ **number** nombre *m* premier; *(Econ, Fin)* ~ **rate** taux *m* préférentiel *or* de base.
(b) *(excellent) advantage* de premier ordre; *(best) meat* de premier choix. **in** ~ **condition** *animal, athlete* en parfaite condition; *car* en excellent état; ~ **cut** morceau *m* de premier choix; **a** ~ **example of what to avoid** un excellent exemple de ce qu'il faut éviter; **of** ~ **quality** de première qualité; ~ **ribs** côtes premières; *(Rad, TV)* ~ **time** heure(s) *f(pl)* d'écoute maximum.
(c) *(Math)* premier.
2 *n* **(a)** **in the** ~ **of life, in one's** ~ dans *or* à la fleur de l'âge; **when the Renaissance was in its** ~ quand la Renaissance était à son apogée, aux plus beaux jours de la Renaissance; **he is past his** ~ il est sur le retour; *(hum)* **this grapefruit is past its** ~* ce pamplemousse n'est plus de la première fraîcheur, ce pamplemousse a vu des jours meilleurs *(hum)*.
(b) *(Math)* nombre premier.
(c) *(Rel)* prime *f*.
3 *vt* **(a)** *gun, pump* amorcer. *(fig)* **to** ~ **the pump** renflouer une entreprise *or* une affaire; **to** ~ **sb with drink** faire boire qn (tant et plus); **he was well** ~**d (with drink)** il avait bu plus que de raison.
(b) *surface for painting* apprêter.
(c) *(fig) person* mettre au fait, mettre au courant. **they** ~**d him about what he should say** ils lui ont bien fait répéter ce qu'il avait à dire; **he was** ~**d to say that** ils lui ont fait la leçon pour qu'il dise cela; **she came well** ~**d for the interview** elle est arrivée à l'entrevue tout à fait préparée.

prime minister [,praɪm'mɪnɪstə^r] *n* Premier ministre *m*.
prime ministerial [,praɪmmɪnɪ'stɪərɪəl] *adj* de *(or* du) Premier ministre.
prime ministership [,praɪm'mɪnɪstrɪ] *n* ministère *m*, fonctions *fpl* de Premier ministre.
prime ministry [,praɪm'mɪnɪstrɪ] *n* ministère *m*, fonctions *fpl* de Premier ministre.
primer ['praɪmə^r] *n (textbook)* premier livre, livre élémentaire; *(reading book)* abécédaire *m*; *(paint)* apprêt *m*.
primeval [praɪ'miːvəl] *adj* primitif, des premiers âges; primordial. ~ **forest** forêt *f* vierge.
priming ['praɪmɪŋ] *n* **(a)** *[pump]* amorçage *m*; *[gun]* amorce *f*. **(b)** *(Painting) (substance)* couche *f* d'apprêt; *(action)* apprêt *m*.
primitive ['prɪmɪtɪv] *adj, n (all senses)* primitif *(m)*.
primly ['prɪmlɪ] *adv (prudishly)* d'une manière guindée *or* compassée *or* contrainte; *(demurely)* d'un petit air sage.
primness ['prɪmnɪs] *n [person] (prudishness)* façons guindées *or* compassées, air *m* collet monté; *(demureness)* façons très correctes *or* très convenables; *[house, garden]* aspect trop coquet *or* impeccable; *[dress, hat]* aspect très correct.
primogeniture [,praɪməʊ'dʒenɪtʃə^r] *n (Jur etc)* primogéniture *f*.
primordial [praɪ'mɔːdɪəl] *adj* primordial.
primp [prɪmp] **1** *vi* se pomponner, se bichonner. **2** *vt* pomponner, bichonner.
primrose ['prɪmrəʊz] **1** *n (Bot)* primevère *f (jaune)*. *(fig)* **the** ~ **path** le chemin *or* la voie de la facilité. **2** *adj (also* ~ **yellow)** jaune pâle *inv*, (jaune) primevère *inv*.
primula ['prɪmjʊlə] *n* primevère *f*.
primus ['praɪməs] *n* **(a)** ® *(also* ~ **stove)** réchaud *m* de camping (à pétrole), Primus *m* ®. **(b)** *(bishop)* P~ ≃ primat *m*.
prince [prɪns] **1** *n* **(a)** prince *m (also fig)*. P~ **Charles** le prince Charles; **the** P~ **of Wales** le prince de Galles; ~ **consort** prince consort; ~ **regent** prince régent; P~ **Charming** le Prince Charmant; **the** P~ **of Darkness** le prince des ténèbres *or* des démons; *(fig)* **the** ~**s of this world** les princes de la terre, les grands *mpl* de ce monde.
(b) *(US fig: fine man)* chic type* *m*.
2 *cpd*: **Prince Edward Island** île *f* du Prince-Édouard.
princeling ['prɪnslɪŋ] *n* principicule *m*.

princely ['prɪnslɪ] *adj (lit, fig)* princier.
princess [prɪn'ses] *n* princesse *f*. P~ **Anne** la princesse Anne; P~ **Royal** princesse royale *(titre donné à la fille aînée du monarque)*.
principal ['prɪnsɪpəl] **1** *adj* principal. *(Brit Theat)* ~ **boy** jeune héros *m (rôle tenu par une actrice dans les spectacles de Noël)*; *(Gram)* ~ **clause** (proposition *f)* principale *f*; *(Gram)* ~ **parts of a verb** temps primitifs d'un verbe; *(Mus)* ~ **horn/violin** premier cor/violon.
2 *n* **(a)** *(Scol etc) (gen)* directeur *m*, -trice *f*; *[lycée]* proviseur *m*, directrice *f*; *[collège]* principal(e) *m(f)*.
(b) *(in orchestra)* chef *m* de pupitre; *(Theat)* vedette *f*.
(c) *(Fin, Jur: person employing agent, lawyer etc)* mandant *m*, commettant *m*; *(Jur: chief perpetrator of a crime)* auteur *m* (d'un crime), principal responsable. *(Jur, Fin)* ~ **and agent** commettant et agent.
(d) *(Fin: capital sum)* principal *m*, capital *m*. ~ **and interest** principal *or* capital et intérêts.
principality [,prɪnsɪ'pælɪtɪ] *n* principauté *f*.
principally ['prɪnsɪpəlɪ] *adv* principalement.
principle ['prɪnsəpl] *n (all senses)* principe *m*. **to go back to first** ~**s** remonter jusqu'au principe; **it is based on false** ~**s** cela repose sur de fausses prémisses *or* de faux principes; **in** ~ en principe; **on** ~, **as a matter of** ~ par principe; **I make it a** ~ **never to lend money**, **it's against my** ~**s to lend money** j'ai pour principe de ne jamais prêter d'argent; **that would be totally against my** ~**s** cela irait à l'encontre de tous mes principes; **for the** ~ **of the thing*** pour le principe; **he is a man of** ~**(s)**, **he has high** ~**s** c'est un homme qui a des principes; **all these machines work on the same** ~ toutes ces machines marchent sur *or* selon le même principe.
-principled ['prɪnsəpld] *adj ending in cpds V* **high, low**[1].
prink [prɪŋk] = **primp**.
print [prɪnt] **1** *n* **(a)** *(mark) [hand, foot, tyre etc]* empreinte *f*; *(finger~)* empreinte (digitale). **a thumb/paw etc** ~ l'empreinte d'un pouce/d'une patte *etc*; *(Police etc)* **to take sb's** ~**s** prendre les empreintes de qn; *V* **finger, foot** *etc*.
(b) *(U: Typ) (actual letters)* caractères *mpl*; *(printed material)* texte imprimé. **in small/large** ~ en petits/gros caractères; **read the small** *or* **fine** ~ **before you sign** lisez toutes les clauses avant de signer; **the** ~ **is poor** les caractères ne sont pas nets; **it was there in cold** ~ ! c'était là noir sur blanc!; **the book is out of** ~ /**in** ~ le livre est épuisé/disponible (en librairie); **'Books in** ~' 'Livres en librairie', 'Catalogue courant'; **he wants to see himself in** ~ il veut se faire imprimer; **I've got into** ~ **at last!** me voilà enfin imprimé!; **to rush into** ~ se hâter *or* s'empresser de publier un ouvrage *(or* un article *etc)*; **don't let that get into** ~ n'allez pas imprimer *or* publier cela.
(c) *(Comput)* sortie *f* sur imprimante.
(d) *(Art: etching, woodcut etc)* estampe *f*, gravure *f*; *(Art: reproduction)* gravure; *(Phot)* épreuve *f*; *(Tex: material, design)* imprimé *m*; *(printed dress)* robe imprimée. *(Phot)* **to make a** ~ **from a negative** tirer une épreuve d'un cliché; **a cotton** ~ une cotonnade imprimée; *V* **blue**.
2 *adj dress etc* en *(tissu)* imprimé.
3 *cpd*: **print journalism** journalisme *m* de presse écrite; **print-maker** graveur *m*; *(Computers)* **printout** listage *m*; *(US)* **print reporter** journaliste *mf* de la presse écrite; **print shop** *(Typ)* imprimerie *f*; *(art shop)* boutique *f* d'art *(spécialisée dans la vente de reproductions, affiches etc)*; *(Ind)* **the print unions** les syndicats *mpl* des typographes.
4 *vt* **(a)** *(Typ)* imprimer; *(publish)* imprimer, publier. ~**ed in England** imprimé en Angleterre; **the book is being** ~**ed just now** le livre est sous presse *or* à l'impression en ce moment; **100 copies were** ~**ed** cela a été tiré *or* imprimé à 100 exemplaires, on en a tiré 100 exemplaires; **he has had several books** ~**ed** il a publié plusieurs livres; **they didn't dare** ~ **it** ils n'ont pas osé l'imprimer *or* le publier; **will you have your lectures** ~**ed?** publierez-vous *or* ferez-vous imprimer vos conférences?; *(lit)* **to** ~ **money** imprimer des billets; *(fig: Econ)* **it's a licence to** ~ **money** c'est donner carte blanche à l'inflation; *V also* **printed**.
(b) *(Tex)* imprimer; *(Phot)* tirer.
(c) *(write in block letters)* écrire en caractères d'imprimerie. ~ **it in block capitals** écrivez-le en lettres majuscules.
(d) **the mark of horses' hooves** ~**ed in the sand** la marque de sabots de chevaux imprimée sur le sable, la trace *or* les empreintes *fpl* de sabots de chevaux sur le sable; *(fig)* **face** ~**ed in sb's memory** visage gravé dans la mémoire.
5 *vi [machine]* imprimer. **the book is** ~**ing now** le livre est à l'impression en ce moment; *(Phot)* **this negative won't** ~ ce cliché ne donnera rien.
♦ **print off** *vt sep (Typ)* tirer, imprimer; *(Phot)* tirer.
♦ **print out** *(Computers)* **1** *vt sep* imprimer.
2 printout *n V* **print 2**.
printable ['prɪntəbl] *adj* imprimable. *(hum)* **what he said is just not** ~ on ne peut vraiment pas répéter ce qu'il a dit.
printed ['prɪntɪd] *adj notice, form, cotton, design, dress* imprimé; *writing paper* à en-tête. ~ **matter**, ~ **papers** imprimés *mpl*; **the** ~ **word** tout ce qui est imprimé, la chose imprimée; *(Electronics)* ~ **circuit** circuit imprimé.
printer ['prɪntə^r] *n* **(a)** imprimeur *m*; *(typographer)* typographe *mf*, imprimeur *m*. **the text has gone to the** ~ le texte est chez l'imprimeur; ~'s **devil** apprenti imprimeur; ~'s **error** faute *f* d'impression, coquille *f*; ~'s **ink** encre *f* d'imprimerie; ~'s **reader** correcteur *m*, -trice *f* (d'épreuves). **(b)** *(Comput)* imprimante *f*. **(c)** *(Phot)* tireuse *f*.
printing ['prɪntɪŋ] **1** *n (Press, Tex, Typ)* impression *f*; *(Phot)* tirage *m*; *(block writing)* écriture *f* en caractères d'imprimerie.
2 *cpd*: *(Phot)* **printing frame** châssis-presse *m*; **printing ink**

encre f d'imprimerie; **printing office** imprimerie f; **printing press** presse f typographique; **printing works** imprimerie f (atelier).

prior ['praɪəʳ] **1** adj précédent, antérieur (f -eure); **consent** préalable. **~ to** antérieur à; **without ~ notice** sans préavis, sans avertissement préalable; **to have a ~ claim to sth** avoir droit à qch par priorité; (US Jur) **~ restraint** interdiction f judiciaire.
2 adv: **~ to** antérieurement à, préalablement à, avant; **~ to (his) leaving he ...** avant de partir or avant son départ il ...; **~ to his leaving we ...** avant son départ or avant qu'il ne parte nous ... .
3 n (Rel) prieur m.

prioress ['praɪərɪs] n prieure f.

priority [praɪ'ɒrɪtɪ] **1** n priorité f. **to have** or **take ~ over** avoir la priorité sur; **housing must be given first** or **top ~** on doit donner la priorité absolue au logement; **schools were low on the list of priorities** or **the ~ list** les écoles venaient loin sur la liste des priorités or n'étaient pas une des priorités les plus pressantes; **you must get your priorities right** vous devez décider de ce qui compte le plus pour vous.
2 cpd: (St Ex) **priority share** action f de priorité.

priory ['praɪərɪ] n prieuré m.

prise [praɪz] vt (Brit) **to ~ open a box** ouvrir une boîte en faisant levier, forcer une boîte; **to ~ the lid off a box** forcer le couvercle d'une boîte; (fig) **I ~d him out of his chair** je l'ai enfin fait décoller* de sa chaise; (fig) **I managed to ~ him out of the job** je suis arrivé à le faire sauter* (de son poste); (fig) **to ~ a secret out of sb** arracher un secret à qn.
♦ **prise off** vt sep enlever en faisant levier.
♦ **prise up** vt sep soulever en faisant levier.

prism ['prɪzəm] n prisme m; V **prune¹**.

prismatic [prɪz'mætɪk] adj surface, shape, colour prismatique (also fig). **~ compass** boussole f topographique à prismes.

prison ['prɪzn] **1** n (place) prison f; (imprisonment) prison, réclusion f. **he is in ~** il est en prison, il fait de la prison; **to put sb in ~** mettre qn en prison, incarcérer qn, emprisonner qn; **to send sb to ~** condamner qn à la prison; **to send sb to ~ for 5 years** condamner qn à 5 ans de prison; **he was in ~ for 5 years** il a fait 5 ans de prison.
2 cpd food, life, conditions dans la (or les) prison(s), pénitentiaire; system carcéral, pénitentiaire; organization, colony pénitentiaire. **the prison authorities** l'administration f pénitentiaire; **prison camp** camp m de prisonniers; **prison farm** ferme f dépendant d'une maison d'arrêt; **prison governor** directeur m de prison; (US) **prison guard** gardien(ne) m(f) or surveillant(e) m(f) (de prison); **prison officer** gardien(ne) m(f) or surveillant(e) m(f) (de prison); **the prison population** la population pénitentiaire; **prison van** voiture f cellulaire, panier m à salade*; **prison visitor** visiteur m, -euse f de prison; **prison yard** cour f or préau m de prison.

prisoner ['prɪznəʳ] n (gen) prisonnier m, -ière f; (in jail) détenu(e) m(f), prisonnier, -ière; **~ of conscience** détenu(e) or prisonnier (-ière) politique; **~ of war** prisonnier de guerre; (Jur) **~ at the bar** accusé(e) m(f), inculpé(e) m(f); **the enemy took him ~** il a été fait prisonnier par l'ennemi; **to hold sb ~** détenir qn, garder qn en captivité.

prissy* ['prɪsɪ] adj (prudish) bégueule; (effeminate) efféminé; (fussy) pointilleux.

pristine ['prɪstam] adj (a) (unspoiled) parfait, virginal. (b) (original) original, d'origine.

prithee†† ['prɪðiː] excl je vous prie.

privacy ['prɪvəsɪ] **1** n intimité f, solitude f. **his desire for ~** son désir d'être seul, son désir de solitude; [public figure etc] son désir de préserver sa vie privée; **there is no ~ in these flats** on ne peut avoir aucune vie privée dans ces appartements; **everyone needs some ~** tout le monde a besoin de solitude or a besoin d'être seul de temps en temps; **they were looking for ~** ils cherchaient un coin retiré; **he told me in strictest ~** il me l'a dit dans le plus grand secret; **in the ~ of his own home** dans l'intimité de son foyer; V **invasion**.
2 cpd: (Jur) **Privacy Act** loi f sur la protection de la vie privée.

private ['praɪvɪt] **1** adj (a) (not public) conversation, meeting, interview privé, en privé; land, road privé; (confidential) confidentiel, personnel, de caractère privé. '**~**' (on door etc) 'privé', 'interdit au public'; (on envelope) 'personnelle'; **mark the letter '~'** inscrivez 'personnelle' sur la lettre; **this matter is strictly ~** cette affaire est strictement confidentielle; **it's a ~ matter** or **affair** c'est une affaire privée; **he's a very ~ person** c'est un homme très secret or qui ne se confie pas; [public figure etc] **il tient à préserver sa vie privée, (Jur) ~ agreement** accord m à l'amiable; **they have a ~ agreement to help each other** ils ont convenu (entre eux) de s'aider mutuellement, ils se sont entendus or se sont mis d'accord pour s'aider mutuellement; '**~ fishing**' 'pêche réservée or gardée'; '**funeral ~**' 'les obsèques auront lieu dans la plus stricte intimité'; (Admin, Jur) **~ hearing** audience f à huis clos; **~ hotel** ≃ petit hôtel; **for your ~ information** à titre confidentiel or officieux; **I have ~ information that ...** je sais de source privée que ...; **~ letter** lettre de caractère privé; **in (his) ~ life** dans sa vie privée, dans le privé; (Theat etc) **~ performance** représentation f à bureaux fermés; **~ place** coin retiré, petit coin tranquille; **~ property** propriété privée; (in hotel etc) **~ room** salon m réservé (V also 1b); [film] **~ showing** séance f privée; (Brit Scol) **~ study** permanence f, étude f; (Art etc) **~ view** vernissage m; **~ wedding** mariage célébré dans l'intimité.
(b) (for use of one person) house, lesson, room particulier; (personal) bank account, advantage personnel. **a ~ (bank) account** un compte en banque personnel; **room with ~ bath(room)** chambre f avec salle de bain particulière; **in his ~ capacity** à titre personnel; **~ car** voiture de tourisme; **~ house** domicile particulier; **he has a ~ income, he has ~ means** il a une fortune personnelle; **~**

joke plaisanterie personnelle or pour initiés, gag m intime; **it is my ~ opinion that ...** pour ma part je pense que ...; (Anat) **~ parts** les parties fpl (génitales); **~ pupil** élève m f en leçons particulières; **for ~ reasons** pour des raisons personnelles; **~ secretary** secrétaire particulier or privé, secrétaire particulière or privée; **~ teacher, ~ tutor** (for full education) précepteur m, institutrice f; (for one subject) répétiteur m, -trice f; **he's got a ~ teacher for maths** il prend des leçons particulières en maths, il a un répétiteur en maths; **in his ~ thoughts** dans ses pensées secrètes or intimes; **~ tuition** leçons particulières; **for his ~ use** pour son usage personnel.
(c) (not official; not state-controlled etc) company, institution, army privé; clinic, nursing home privé, non conventionné. **~ school** école privée or libre; (Econ) **~ enterprise** entreprise privée; (Econ, Ind) **the ~ sector** le secteur privé; (esp Brit Med) **to be in ~ practice** ≃ être médecin non conventionné; (esp Brit Med) **~ treatment** ≃ traitement non remboursé; (Brit Med) **~ patient** malade m f privé; **~ patients** clientèle f privée; **~ health insurance** assurance f maladie privée; **~ detective, ~ investigator, ~ eye*** détective privé; **a ~ citizen, a ~ person** un particulier, un simple citoyen, une personne privée; (Parl) **~ member** simple député m; (Parl) **~ member's bill** proposition f de loi émanant d'un simple député.
(d) (Mil) **~ soldier** (simple) soldat m, soldat de deuxième classe.
2 n (a) (Mil) (simple) soldat m, soldat de première classe. **P~ Martin** le soldat Martin; **P~ Martin!** soldat Martin!; (US) **~ 1st class** ≃ caporal m; (US Mil) **~ E.2** soldat m de 1ère classe; (US Mil) **~ E.1** soldat m de 2ème classe.
(b) **in ~ = privately a and b.**
(c) (Anat) **~s** les parties fpl (génitales).

privateer [‚praɪvə'tɪəʳ] n (man, ship) corsaire m.

privately ['praɪvɪtlɪ] adv (a) (secretly, personally) dans son for intérieur. **~ he believes that ...** dans son for intérieur il croit que ...; **~ he was against the scheme** intérieurement or secrètement il était opposé au projet.
(b) (not publicly) **may I speak to you ~?** puis-je vous parler en privé?; **he told me ~ that ...** il m'a dit en confidence que ...; **he has said ~ that ...** il a dit en privé or en petit comité que ...; **the wedding was held ~** le mariage a eu lieu dans l'intimité; **the committee sat ~** le comité s'est réuni en séance privée or à huis clos.
(c) (unofficially) write, apply, object à titre personnel or privé, en tant que particulier.
(d) **he is being ~ educated** (private school) il fait ses études dans une institution privée; (private tutor) il a un précepteur.

privation [praɪ'veɪʃən] n privation f.

privative ['prɪvətɪv] adj, n (also Ling) privatif (m).

privatization [‚praɪvɪtaɪ'zeɪʃən] n (Econ) privatisation f.

privatize ['praɪvɪtaɪz] vt (Econ) privatiser.

privet ['prɪvɪt] n troène m. **~ hedge** haie f de troènes.

privilege ['prɪvɪlɪdʒ] **1** n privilège m; (U: Parl etc) prérogative f, immunité f. **to have the ~ of doing** avoir le privilège or jouir du privilège de faire; **I hate ~** je déteste les privilèges.
2 vt (pass only) **to be ~d to do** avoir le privilège de faire; **I was ~d to meet him once** j'ai eu le privilège de le rencontrer une fois.

privileged ['prɪvɪlɪdʒd] adj person, group, situation, position privilégié. **a ~ few** quelques privilégiés; **the ~ few** la minorité privilégiée; **~ information** renseignements confidentiels (obtenus dans l'exercice de ses fonctions); V **under**.

privily†† ['prɪvɪlɪ] adv en secret.

privy ['prɪvɪ] **1** adj (†† or Jur) privé, secret (f -ète). **~ to** au courant de, dans le secret de. **2** cpd: (Brit) **Privy Council** conseil m privé; **Privy Councillor** conseiller privé; **Privy Purse** cassette royale; **Privy Seal** petit sceau. **3** n cabinets mpl, W.-C. mpl.

prize¹ [praɪz] **1** n (a) (gen, Scol, fig) prix m; (in lottery) lot m. **to win first ~** (Scol etc) remporter le premier prix (in de); (in lottery) gagner le gros lot; **the Nobel P~** le prix Nobel; V **cash** etc.
(b) (Naut) prise f de navire or (de cargaison).
2 adj (a) (prize-winning) primé, qui a remporté un prix. **a ~ sheep** un mouton primé; **he grows ~ onions** il cultive des oignons pour les concours agricoles.
(b) (outstanding) magnifique, remarquable. **a ~ cow** une vache magnifique; **his ~ cow** sa plus belle vache; **that's a ~ example of official stupidity!** c'est un parfait exemple de la bêtise des milieux officiels!; **she is a ~ idiot*** c'est une idiote finie or de premier ordre.
3 cpd: (Scol) **prize day** distribution f des prix; **prize draw** tombola f; (Boxing) **prize fight** combat professionnel; **prize fighter** boxeur professionnel; **prize fighting** boxe professionnelle; (Scol etc) **prize-giving** distribution f des prix; **prize list** palmarès m; **prize money** (gen, Sport) argent m du prix; (Naut) part f de prise; (Boxing) **prize ring** ring m; **prizewinner** (Scol, gen) lauréat(e) m(f); (in lottery) gagnant(e) m(f); **prizewinning** essay, novel, entry etc primé, qui remporte le prix; ticket gagnant.
4 vt priser, attacher beaucoup de prix à, faire grand cas de. **to ~ sth very highly** faire très grand cas de qch, priser hautement qch; **~d possession** bien le plus précieux.

prize² [praɪz] vt = **prise**.

P.R.O. [‚piː‚ɑː'rəʊ] n abbr of **public relations officer**; V **public**.

pro¹ [prəʊ] **1** pref (a) (in favour of) pro- pro...; **~-French** profrançais; **they are very ~-Moscow** ils sont prosoviétiques; **he was ~-Hitler** il était hitlérien, il était partisan d'Hitler.
(b) (acting for) pro... pro-, vice-; V **proconsul** etc.
2 n: **the ~s and the cons** le pour et le contre.

pro²* [prəʊ] **1** n (a) (abbr of **professional**) (Sport etc) pro m f; (fig) **you can see he's a ~** on voit bien que l'on a affaire à un professionnel, on dirait qu'il a fait ça toute sa vie.
(b) (abbr of **prostitute**) prostituée f, professionnelle f.

2 *cpd*: (*Golf*) pro-am (*abbr of* professional-amateur) pro-am *mf*; (*golf*) pro-am tournament tournoi *m* pro-am.
pro-abortion [ˌprəʊəˈbɔːʃən] *adj* en faveur de l'interruption volontaire de grossesse.
pro-abortionist [ˌprəʊəˈbɔːʃənɪst] *n* partisan(e) *m(f)* de l'interruption volontaire de grossesse.
probability [ˌprɒbəˈbɪlɪtɪ] *n* probabilité *f*. in all ~ selon toute probabilité; the ~ is that il est très probable que + *indic*, il y a de grandes chances pour que + *subj*; there is little ~ that il est peu probable que + *subj*.
probable [ˈprɒbəbl] **1** *adj* (a) (*likely*) *reason, success, event, election* probable. it is ~ that he will succeed il est probable qu'il réussira; it is hardly/not ~ that ... il est peu probable/improbable que ... + *subj*.
  (b) (*credible*) vraisemblable. his explanation did not sound very ~ son explication ne m'a pas paru très vraisemblable.
2 *n*: he is one of the ~s for the job il est un de ceux qui sont considérés très sérieusement pour le poste; *V* possible.
probably [ˈprɒbəblɪ] *adv* probablement, vraisemblablement, selon toute probabilité. he ~ forgot il a probablement *or* vraisemblablement oublié, selon toute probabilité il aura oublié; very ~, but ... c'est bien probable *or* peut-être bien, mais ... .
probate [ˈprəʊbɪt] (*Jur*) **1** *n* homologation *f* (d'un testament). to value sth for ~ évaluer *or* expertiser qch pour l'homologation d'un testament; to grant/take out ~ of a will homologuer/faire homologuer un testament.
2 *cpd*: probate court tribunal *m* des successions.
3 *vt* (*US*) *will* homologuer.
probation [prəˈbeɪʃən] **1** *n* (a) (*Jur*) ≃ mise *f* à l'épreuve; (*for minors*) mise *f* en liberté surveillée. to be on ~ ≃ être en sursis avec mise à l'épreuve *or* en liberté surveillée; to put sb on ~ mettre qn en sursis avec mise à l'épreuve *or* en liberté surveillée.
  (b) he is on ~ (*employee*) il a été engagé à l'essai; (*Rel*) il est novice; (*US Educ*) il a été pris (*or* repris) à l'essai; (*US Educ*) a semester on ~ un semestre à l'essai.
2 *cpd*: (*Jur*) probation officer contrôleur *m* judiciaire.
probationary [prəˈbeɪʃnərɪ] *adj* (*gen*) d'essai; (*Jur*) de sursis, avec mise à l'épreuve; (*Rel*) de probation, de noviciat. for a ~ period pendant une période d'essai; ~ period of 3 months période *f* de 3 mois à l'essai.
probationer [prəˈbeɪʃnər] *n* (*in business, factory etc*) employé(e) *m(f)* engagé(e) à l'essai; (*Brit Police*) stagiaire *mf*; (*Rel*) novice *mf*; (*Jur*) ≃ condamné(e) *m(f)* sursitaire avec mise à l'épreuve, (*minor*) délinquant(e) *m(f)* en liberté surveillée.
probe [prəʊb] **1** *n* (*gen, Med, Dentistry, Space*) sonde *f*; (*fig: investigation*) enquête *f* (*into* sur), investigation *f* (*into* de). (*Space*) Venus ~ sonde *f* spatiale à destination de Vénus.
2 *vt* (a) *hole, crack* explorer, examiner; (*Med*) sonder; (*Space*) explorer. he ~d the ground with his stick il fouilla la terre de sa canne.
  (b) *sb's subconscious, past, private life* sonder, explorer, chercher à découvrir; *causes, crime, sb's death* chercher à éclaircir; *mystery* approfondir.
3 *vi* (*gen, Med etc*) faire un examen avec une sonde, faire un sondage; (*fig: inquire*) faire des recherches, poursuivre une investigation, fouiner (*pej*). to ~ for sth (*gen, Med*) chercher à localiser *or* à découvrir qch; (*fig: by investigation*) rechercher qch, fouiner à la recherche de qch; the police should have ~d more deeply la police aurait dû pousser plus loin ses investigations; to ~ into sth = to probe sth; *V* **2b**.
probing [ˈprəʊbɪŋ] **1** *adj* *instrument* pour sonder; (*fig*) *question, study* pénétrant; *interrogation* serré; *look* inquisiteur (*f* -trice). **2** *n* (*gen, Med*) sondage *m*; (*fig: investigations*) investigations *fpl* (*into* de).
probity [ˈprəʊbɪtɪ] *n* probité *f*.
problem [ˈprɒbləm] **1** *n* problème *m* (*also Math*). the housing ~ le problème *or* (*more acute*) la crise du logement; he is a great ~ to his mother il pose de gros problèmes à sa mère; we've got ~s with the car nous avons des ennuis avec la voiture; he's got drinking ~s il a des tendances à l'alcoolisme, il est porté sur la boisson; it's not my ~ ça ne me concerne pas; that's no ~ to him ça ne lui pose pas de problème, c'est simple comme tout pour lui; that's no ~!, no ~!* (ça ne pose) pas de problème!*; what's the ~? qu'est-ce qui ne va pas?; I had no ~ in getting the money, it was no ~ to get the money je n'ai eu aucun mal à obtenir l'argent.
2 *adj* (a) (*causing problems*) *situation* difficile; *family, group* qui pose des problèmes; *child* caractériel, difficile. (*Sociol*) ~ cases des cas sociaux.
  (b) (*Literat etc*) *novel, play* à thèse.
3 *cpd*: (*Press*) problem page courrier *m* du cœur.
problematic(al) [ˌprɒblɪˈmætɪk(l)] *adj* problématique. it is ~ whether ... il n'est pas du tout certain que ... + *subj*.
proboscis [prəˈbɒsɪs] *n* (*Zool*) trompe *f*; (*hum: nose*) appendice *m* (*hum*).
procedural [prəˈsiːdjʊrəl] *adj* (*Admin, Insurance etc*) de procédure.
procedure [prəˈsiːdʒər] *n* procédure *f*. what is the ~? qu'est-ce qu'on doit faire?; (*more formally*) quelle est la procédure à suivre?, comment doit-on procéder?; the correct *or* normal ~ is to apply to pour suivre la procédure normale il faut s'adresser à; (*Admin, Jur etc*) order of ~ règles *fpl* de procédure.
proceed [prəˈsiːd] **1** *vi* (a) (*go*) aller, avancer, circuler. he was ~ing along the road il avançait sur la route; (*lit, fig*) before we ~ any further avant d'aller plus loin; cars should ~ slowly les autos devraient avancer *or* rouler lentement; to ~ on one's way poursuivre son chemin *or* sa route; you must ~ cautiously il faut avancer avec prudence; (*fig: act*) il faut agir *or* procéder avec prudence.

  (b) (*go on*) aller, se rendre; (*fig*) passer (*to* à); (*continue*) continuer. they then ~ed to London ils se sont ensuite rendus à Londres; let us ~ to the next item passons à la question suivante; I am not sure how to ~ je ne sais pas très bien comment m'y prendre; to ~ to do sth se mettre à faire qch; they ~ed with their plan ils ont donné suite à leur projet; (*Jur*) they did not ~ with the charges against him ils ont abandonné les poursuites engagées contre lui; ~ with your work continuez *or* poursuivez votre travail; please ~! veuillez continuer *or* poursuivre; everything is ~ing well les choses suivent leur cours de manière satisfaisante; it is all ~ing according to plan tout se passe ainsi que prévu; the discussions are ~ing normally les discussions se poursuivent normalement; the text ~s thus le texte continue ainsi.
  (c) (*originate*) to ~ from venir de, provenir de; (*fig*) provenir de, découler de.
  (d) (*Jur*) to ~ against sb engager des poursuites contre qn.
2 *vt* continuer. 'well' she ~ed 'eh bien' continua-t-elle.
3 *n V* proceeds.
proceeding [prəˈsiːdɪŋ] *n* (a) (*course of action*) façon *f or* manière *f* d'agir. it was a somewhat dubious ~ c'était une manière de procéder *or* une façon d'agir quelque peu douteuse; the safest ~ would be to wait la conduite la plus sage serait d'attendre; there were some odd ~s il se passait des choses bizarres, il y avait des agissements *mpl or* des menées *fpl* bizarres.
  (b) ~s (*ceremony*) (*meeting*) séance *f*, réunion *f*; (*discussions*) débats *mpl*; the ~s begin at 7 o'clock la réunion *or* la séance commencera à 19 heures; the secretary recorded all the ~s le secrétaire a enregistré *or* consigné tous les débats.
  (c) (*esp Jur: measures*) ~s mesures *fpl*; to take ~s prendre des mesures (*in order to do* pour faire, *against sb* contre qn); (*Jur*) to take (legal) ~s against sb engager des poursuites contre qn, intenter un procès à qn; legal ~s procès *m*; *V* divorce, commence, institute.
  (d) (*records*) ~s compte rendu, rapport *m*. it was published in the Society's ~s cela a été publié dans les actes de la Société; (*as title*) P~s of the Historical Society Actes *mpl* de la Société d'histoire.
proceeds [ˈprəʊsiːdz] *npl* montant *m* (des recettes), somme *f* recueillie. (*Jur, Fin*) ~ of insurance indemnité *f* versée par la compagnie.
process¹ [ˈprəʊses] **1** *n* (a) (*Chem, Biol, Ling, Sociol etc*) processus *m*; (*fig, Admin, Jur*) procédure *f*. the ~ of digestion/growing up etc le processus de la digestion/de la croissance *etc*; a natural/ chemical ~ un processus naturel/chimique; the thawing/ preserving etc ~ le processus de décongélation/de conservation etc; the legal/administrative ~ takes a year la procédure légale/ administrative prend un an; the ~es of the law le processus de la justice; it's a slow *or* long ~ (*Chem etc*) c'est un processus lent; (*fig*) ça prend du temps; he supervised the whole ~ il a supervisé l'opération *f* du début à la fin.
  (b) to be in ~ [*discussions, examinations, work*] être en cours; [*building*] être en cours *or* en voie de construction; while work is in ~ pendant les travaux, quand le travail est en cours; it is in ~ of construction c'est en cours *or* en voie de construction; we are in (the) ~ of removal to Leeds nous sommes en train de déménager pour aller à Leeds; in the ~ of cleaning the picture, they discovered ... au cours du nettoyage du tableau *or* pendant qu'ils nettoyaient le tableau ils ont découvert ...; in the ~ of time avec le temps.
  (c) (*specific method*) procédé *m*, méthode *f*. the Bessemer ~ le procédé Bessemer; he has devised a ~ for controlling weeds il a mis au point un procédé *or* une méthode pour venir à bout des mauvaises herbes.
  (d) (*Jur*) (*action*) procès *m*; (*summons*) citation *f*, sommation *f* de comparaître. to bring a ~ against sb intenter un procès à qn; to serve a ~ on sb signifier une citation à qn; *V* serve.
  (e) (*Anat, Bot, Zool*) excroissance *f*, protubérance *f*.
2 *cpd*: process control commande *f or* régulation *f* de processus; process(ed) cheese fromage *m* fondu, crème *f* de gruyère *etc*; (*Typ*) process printing quadrichromie *f*; (*Jur*) process-server mandataire *m* habilité à recevoir les significations.
3 *vt* (*Ind*) *raw materials* traiter, transformer; *seeds* traiter; *food* traiter, faire subir un traitement à; (*Phot*) *film* développer; (*Comput*) *information, data* traiter; (*Comput*) *tape* faire passer en machine; (*Admin etc*) *an application, papers, records* s'occuper de. they ~ 10,000 forms per day 10.000 formulaires passent chaque jour entre leurs mains; (*Comm*) in order to ~ your order afin de donner suite à votre commande.
process² [prəˈses] *vi* (*Brit: go in procession*) défiler, avancer en cortège; (*Rel*) aller en procession.
processing [ˈprəʊsesɪŋ] **1** *n* (*U: V* process¹ **3**) traitement *m*, transformation *f*; développement *m*; *V* data, food, word *etc*.
2 *cpd*: processing rack cadre *m* de développement; (*Comput*) processing unit unité *f* de traitement.
procession [prəˈseʃən] *n* [*people, cars*] cortège *m*, défilé *m*; (*Rel*) procession *f*. to walk in (a) ~ défiler, aller en cortège *or* en procession; *V* funeral.
processional [prəˈseʃənl] (*Rel*) **1** *adj* processionnel. **2** *n* hymne *m* processionnel.
processor [ˈprəʊsesər] *n* (a) (*Comput*) processeur *m*; *V* data, word *etc*. (b) ~ food processor; *V* food.
proclaim [prəˈkleɪm] *vt* (a) (*announce*) proclamer, déclarer (*that* que); *holiday* proclamer, instituer; *one's independence* proclamer; *war, peace, one's love* déclarer; *edict* promulguer. to ~ sb king proclamer qn roi.
  (b) (*reveal*) démontrer, révéler. his tone ~ed his confidence le ton de sa voix démontrait *or* révélait sa confiance; their

expressions ~ed **their guilt** la culpabilité se lisait sur leurs visages.
proclamation [,prɒklə'meɪʃən] n proclamation f.
proclivity [prə'klɪvɪtɪ] n (frm) propension f, inclination f (to sth à qch, to do à faire).
proconsul ['prəʊ'kɒnsəl] n proconsul m.
procrastinate [prəʊ'kræstɪneɪt] vi faire traîner les choses, avoir tendance à tout remettre au lendemain.
procrastination [prəʊ,kræstɪ'neɪʃən] n procrastination f.
procrastinator [prəʊ,kræstɪ'neɪtər] n personne f qui remet tout au lendemain.
procreate ['prəʊkrɪeɪt] vt procréer, engendrer.
procreation [,prəʊkrɪ'eɪʃən] n procréation f.
Procrustean [prəʊ'krʌstɪən] adj de Procuste.
proctor ['prɒktər] n (a) (Jur etc) fondé m de pouvoir. (b) (Univ) (Oxford, Cambridge) personne f responsable de la discipline; (US) surveillant(e) m(f) (à un examen).
procurable [prə'kjʊərəbl] adj que l'on peut se procurer. **it is easily** ~ **on** peut se le procurer facilement.
procuration [,prɒkjʊ'reɪʃən] (a) (act of procuring) obtention f, acquisition f.
  (b) (Jur: authority) procuration f.
  (c) (crime) proxénétisme m.
procurator ['prɒkjʊreɪtər] n (Jur) fondé m de pouvoir. (Scot Jur) **P~ Fiscal** ≃ procureur m (de la République).
procure [prə'kjʊər] **1** vt (a) (obtain for o.s.) se procurer, obtenir; sb's release etc obtenir. **to** ~ **sth for sb, to** ~ **sb sth** procurer qch à qn, faire obtenir qch à qn; **to** ~ **sb's death**† faire assassiner qn.
  (b) (Jur) prostitute etc offrir les services de, procurer.
2 vi (Jur) faire du proxénétisme.
procurement [prə'kjʊəmənt] n (gen) obtention f; (US, esp Mil) acquisition f de matériel militaire.
procurer [prə'kjʊərər] n (Jur) entremetteur m, proxénète m.
procuress [prə'kjʊərɪs] n (Jur) entremetteuse f, proxénète f.
procuring [prə'kjʊərɪŋ] n [goods, objects] obtention f; (Jur) proxénétisme m.
prod [prɒd] **1** n (push) poussée f; (jab) (petit) coup m (de canne, avec le doigt etc). **to give sb a** ~ pousser qn doucement (du doigt or du pied or avec la pointe d'un bâton etc); (fig) pousser or aiguillonner qn; (fig) **he needs a** ~ **from time to time** il a besoin d'être poussé or d'être aiguillonné or qu'on le secoue* (subj) un peu de temps en temps.
2 vt pousser doucement. **to** ~ **sb** pousser qn doucement (du doigt or du pied or avec la pointe d'un bâton etc); (fig) pousser or aiguillonner qn; **he** ~**ded the box with his umbrella** il a poussé la boîte avec la pointe de son parapluie; **he** ~**ded the map with his finger** il a planté son doigt sur la carte; **to** ~ **sb into doing sth** pousser or inciter qn à faire qch; **he needs** ~**ding** il a besoin d'être poussé or d'être aiguillonné or qu'on le secoue* (subj); **to** ~ **sb along/out** etc faire avancer/sortir etc qn en le poussant (du doigt or du pied or avec la pointe d'un bâton).
3 vi: **to** ~ **at sb/sth** = **to** ~ **sb/sth**; V **2**.
prodigal ['prɒdɪgəl] adj prodigue (of de). **the** ~ **(son)** (Bible) le fils prodigue; (fig) l'enfant m prodigue.
prodigality [,prɒdɪ'gælɪtɪ] n prodigalité f.
prodigally ['prɒdɪgəlɪ] adv avec prodigalité, prodigalement.
prodigious [prə'dɪdʒəs] adj prodigieux, extraordinaire.
prodigiously [prə'dɪdʒəslɪ] adv prodigieusement.
prodigy ['prɒdɪdʒɪ] n prodige m, merveille f. **child** ~, **infant** ~ enfant mf prodige; **a** ~ **of learning** un puits de science.
produce [prə'djuːs] **1** vt (a) (make, yield, manufacture) milk, oil, coal, ore, crops produire; cars, radios produire, fabriquer; [writer, artist, musician etc] produire; (Fin) interest, profit rapporter; offspring [animal] produire, donner naissance à; [woman] donner naissance à. (Fin) **his shares** ~ **a yield of 7½%** ses actions rapportent 7½%; **that investment** ~**s no return** cet investissement ne rapporte rien; **Scotland** ~**s whisky** l'Écosse produit du whisky or est un pays producteur de whisky; **we must** ~ **more coal** nous devons produire plus de charbon; **coal** ~**s electricity** le charbon produit or donne de l'électricité; **he burned sticks to** ~ **some warmth** il a brûlé des brindilles pour faire un peu de chaleur; **these magazines are** ~**d by the same firm** ces revues sont éditées par la même maison; **he** ~**d a masterpiece** il a produit un chef-d'œuvre; **well-**~**d book** bien présenté; goods bien fait (V also **1d**); **he has** ~**d a new top record** il a sorti un nouveau disque pop.
  (b) (bring out, show) gift, handkerchief, gun sortir (from de), exhiber, produire; ticket, documents etc produire, présenter, exhiber; witness produire; proof fournir, apporter. **he suddenly** ~**d a large parcel** il a soudain sorti or produit or exhibé un gros paquet; **I can't** ~ **£100 just like that!** je ne peux pas trouver 100 livres comme ça!; **can you** ~ **a box to put this in?** vous n'auriez pas une boîte (à me donner) où je puisse mettre cela?; **he** ~**d a sudden burst of energy** il a eu un sursaut d'énergie.
  (c) (cause) famine, deaths causer, provoquer; dispute, bitterness occasionner, provoquer, causer; results produire, donner; impression faire, donner; pleasure, interest susciter; (Elec) current engendrer; spark faire jaillir. **it** ~**d a sensation in my finger** cela a provoqué or produit une sensation dans mon doigt.
  (d) (Theat) mettre en scène; (Cine) produire; (Rad) play mettre en ondes; programme réaliser; (TV) play, film mettre en scène; programme réaliser. **well** ~**d** bien monté.
2 vi (a) [mine, oil well, factory] produire; [land, trees, cows] produire, rendre.
  (b) (Theat) assurer la mise en scène; (Cine) assurer la production (d'un film); (Rad, TV) assurer la réalisation d'une émission.
3 ['prɒdjuːs] n (U) produits mpl (d'alimentation). **agricultural/**

garden/foreign ~ produits agricoles/maraîchers/étrangers; '~ **of France'** 'produit français', 'produit de France'; **we eat mostly our own** ~ nous mangeons surtout nos propres produits or ce que nous produisons nous-mêmes.
producer [prə'djuːsər] **1** n (Agr, Ind etc) producteur m, -trice f; (Theat) metteur m en scène; (Cine) producteur m, -trice f; (Rad, TV) réalisateur m, metteur en ondes. **one of the largest oil** ~**s** un des plus gros producteurs de pétrole.
2 cpd: **producer gas** gaz m fourni par gazogène; (Econ) **producer goods** biens mpl de production.
-producing [prə'djuːsɪŋ] adj ending in cpds producteur (f -trice) de .... **oil-producing** producteur de pétrole; **one of the most important coal-producing countries** un des plus gros pays producteurs de charbon.
product ['prɒdʌkt] **1** n (a) (Comm, Ind etc) produit m; (fig) produit, résultat m, fruit m. **food** ~**s** produits alimentaires or d'alimentation, denrées fpl (alimentaires); **it is the** ~ **of his imagination** c'est le fruit de son imagination; (fig) **he is the** ~ **of our educational system** il est le produit de notre système d'enseignement; **she is the** ~ **of a broken home** elle en est le résultat d'un foyer désuni; V **finished, gross, waste** etc.
  (b) (Math) produit m.
2 cpd: **product liability** responsabilité f du fabricant.
production [prə'dʌkʃən] **1** n (a) (U: V produce **1a**) production f; fabrication f. **to put sth into** ~ entreprendre la production or la fabrication de qch; **to take sth out of** ~ retirer qch de la production; **the factory is in full** ~ l'usine tourne à plein rendement; car ~ **has risen recently** la production automobile a récemment augmenté.
  (b) (U: showing: V produce **1b**) production f, présentation f. **on** ~ **of this ticket** sur présentation de ce billet.
  (c) (act of producing: V produce **1d**) (Theat) mise f en scène; (Cine) production f; (Rad) mise en ondes, réalisation f; (TV) mise en scène, réalisation. (Theat) '**Macbeth': a new** ~ **by ...** 'Macbeth': une nouvelle mise en scène de ...; (fig) **he made a real** ~ **out of it*** il en a fait toute une affaire or tout un plat*.
  (d) (work produced) (Theat) pièce f; (Cine, Rad, TV) production f; (Art, Literat) production, œuvre f.
2 cpd: (Ind) **production line** chaîne f de fabrication; **he works on the production line** il travaille à la chaîne; **production line work** travail m à la chaîne; **production manager** directeur m de la production.
productive [prə'dʌktɪv] adj land, imagination fertile, fécond; meeting, discussion, work fructueux, fécond; (Econ) employment, labour productif; (Ling) productif. **to be** ~ **of sth** produire qch, engendrer qch, être générateur (f -trice) de qch; **I've had a very** ~ **day** j'ai eu une journée très fructueuse, j'ai bien travaillé aujourd'hui.
productivity [,prɒdʌk'tɪvɪtɪ] **1** n (U: Econ, Ind) productivité f. **2** cpd fall, increase de productivité. (Brit) **productivity agreement** accord m de productivité; **productivity bonus** prime f à la productivité.
prof [prɒf] n (abbr of professor) prof* m, professeur m. (on envelope) **Prof. C. Smith** Monsieur C. Smith.
profanation [,prɒfə'neɪʃən] n profanation f.
profane [prə'feɪn] **1** adj (secular, lay) profane; (pej) language etc impie, sacrilège; V sacred. **2** vt profaner.
profanity [prə'fænɪtɪ] n (U: V profane) nature f or caractère m profane; (pej) impiété f; (oath) juron m, blasphème m. **he uttered a stream of profanities** il proféra un chapelet de jurons.
profess [prə'fes] vt (a) professer, déclarer, affirmer (that que); faith, religion professer, (publicly) faire profession de; an opinion, respect, hatred professer. **she** ~**ed total ignorance** elle a affirmé ne rien savoir du tout; **he** ~**ed himself satisfied** il s'est déclaré satisfait; **she** ~**es to be 39** elle se donne 39 ans, elle prétend avoir 39 ans; **he** ~**es to know all about it** il déclare or prétend tout savoir sur ce sujet; **I don't** ~ **to be an expert** je ne prétends pas être expert en la matière.
  (b) (frm; have as one's profession) **to** ~ **law/medicine** exercer la profession d'avocat/de médecin.
  (c) (frm: Univ: teach) professer.
professed [prə'fest] adj atheist, communist etc déclaré; (Rel) monk, nun profès (f -esse).
professedly [prə'fesɪdlɪ] adv de son (or leur etc) propre aveu, d'après lui (or eux etc); (allegedly) soi-disant, prétendument.
profession [prə'feʃən] n (a) (calling) profession f; (body of people) (membres mpl de une) profession. **by** ~ de son (or mon etc) métier; **the medical** ~ (calling) la profession de médecin, la médecine; (doctors collectively) le corps médical, les médecins mpl; **the** ~**s** les professions fpl libérales; V learned etc.
  (b) (declaration) profession f, déclaration f. ~ **of faith** profession de foi; [monk, nun] **to make one's** ~ faire sa profession, prononcer ses vœux.
professional [prə'feʃənl] **1** adj (a) skill, organization, training, etiquette professionnel. **he is a** ~ **man** il exerce une profession libérale; **the** ~ **classes** les (membres mpl des) professions libérales; **to take** ~ **advice** (medical/legal) consulter un médecin/un avocat; (on practical problem) consulter un professionnel or un homme de métier; **it is not** ~ **practice to do so** faire cela est contraire à l'usage professionnel; (US) ~ **school** (Univ: faculty) faculté f de droit or de médecine; (business school) grande école commerciale.
  (b) (by profession) writer, politician professionnel, de profession; footballer, tennis player professionnel; diplomat, soldier de carrière; (fig: of high standard) play, piece of work de haute qualité, excellent. ~ **army** armée f de métier; ~ **football/tennis** etc football/tennis etc professionnel; (Sport) **to turn** or **go** ~

passer professionnel; **to have a very ~ attitude to one's work** prendre son travail très au sérieux; **it is well up to ~ standards** c'est d'un niveau de professionnel; (*Ftbl*) ~ **foul** faute délibérée.
  2 *n* (*all senses*) professionnel(le) *m(f)*.

professionalism [prə'feʃnəlɪzəm] *n [writer, actor etc]* professionnalisme *m*; (*Sport*) professionnalisme; *[play, piece of work]* excellence *f*, haute qualité.

professionally [prə'feʃnəlɪ] *adv* professionnellement, de manière professionnelle; (*Sport*) *play* en professionnel. **he is known ~ as Joe Bloggs** dans la profession *or* le métier il est connu sous le nom de Joe Bloggs; **I know him only ~** je n'ai que des rapports de travail avec lui, je ne suis en rapports avec lui que pour le travail; **I never met him ~** je n'ai jamais eu de rapports de travail avec lui; (*fig*) **he did that very ~** il a fait cela de manière très professionnelle; **to be ~ qualified** être diplômé; **he was acting ~ when he did that** il agissait dans le cadre de ses fonctions officielles *or* à titre officiel quand il a fait cela; **he had it ~ built** il l'a fait construire par un professionnel; **the play was ~ produced** la mise en scène (de la pièce) était d'un professionnel; **have you ever sung ~?** avez-vous jamais été chanteur professionnel?

professor [prə'fesə'] *n* **(a)** (*Univ: Brit, US*) professeur *m* (titulaire d'une chaire); (*US: teacher*) professeur. **~ of French, French ~** professeur (de la chaire) de français; (*in letters*) **Dear P~ Smith** monsieur, (*less formally*) Cher Monsieur, (*if known to writer*) Cher Professeur; (*on envelope*) **P~ C. Smith** Monsieur C. Smith; *V* assistant *etc*.
  (b) (*US*‡: *iro*) maestro *m*, maître *m*.

professorial [,prɒfe'sɔ:rɪəl] *adj* professoral.

professorship [prə'fesəʃɪp] *n* chaire *f* (*of* de). **he has got a ~** il est titulaire d'une chaire.

proffer ['prɒfə'] *vt object, arm* offrir, tendre; *a remark, suggestion* faire; *one's thanks, apologies* offrir, présenter. **to ~ one's hand to sb** tendre la main à qn.

proficiency [prə'fɪʃənsɪ] *n* (grande) compétence *f* (*in* en).

proficient [prə'fɪʃənt] *adj* (très) compétent (*in* en).

profile ['prəʊfaɪl] **1** *n* **(a)** *[head, building, hill etc]* profil *m* (*also* Archit). **in ~** de profil. **(b)** (*fig: description*) *[person]* profil *m*, portrait *m*; *[situation etc]* profil *m*, esquisse *f*. **(c)** (*graph or table*) profil. **(d)** **to keep a low ~** essayer de ne pas (trop) se faire remarquer, adopter une attitude discrète (*V also* low); **to keep a high ~** (*in media etc*) garder la vedette; (*be seen on streets etc*) être très en vue *or* en évidence.
  2 *vt* **(a)** (*show in* ~) profiler (*also* Archit). **(b)** (*fig*) *person* établir le profil de, brosser le portrait de; *situation* établir le profil de, tracer une esquisse de.

profit ['prɒfɪt] **1** *n* (*Comm*) profit *m*, bénéfice *m*; (*fig*) profit, avantage *m*. **~ and loss** profits et pertes (*V also* 2); **gross/net ~** bénéfice brut/net; **to make *or* turn a ~** faire un bénéfice *or* des bénéfices; **to make a ~ of £100** faire un bénéfice de 100 livres (*on sth* sur qch); **to sell sth at a ~** vendre qch à profit; **to show *or* yield a ~** rapporter (un bénéfice); (*lit, fig*) **there's not much ~ in doing on ne gagne pas grand-chose à faire; (*Insurance*) **with ~s policy** police *f* (d'assurance) avec participation aux bénéfices; (*fig*) **with ~** avec profit, avec fruit; (*fig*) **to turn sth to ~** mettre à profit qch, tirer parti de qch.
  2 *cpd*: (*Book-keeping*) **profit and loss account** compte *m* de profits et pertes; **a profit-making/non-profit-making organization** une organisation à but lucratif/non lucratif; **profit margin** marge *f* bénéficiaire; **the profit motive** la recherche du profit; **profit-seeking** à but lucratif; (*Ind*) **profit-sharing** participation *f* aux bénéfices; **profit-sharing scheme** système *m* de participation (aux bénéfices); **profit squeeze** compression *f* des bénéfices; (*St Ex*) **profit taking** vente *f* d'actions avec bénéfice.
  3 *vi* (*fig*) tirer un profit *or* un avantage. **~ by *or* from sth** tirer avantage *or* profit de qch, bien profiter de qch; **I can't see how he hopes to ~ (by it)** je ne vois pas ce qu'il espère en retirer *or* y gagner.
  4 *vt* (†† *or* liter) profiter à. **it will ~ him nothing** cela ne lui profitera en rien.

profitability [,prɒfɪtə'bɪlɪtɪ] *n* (*Comm etc*) rentabilité *f*; (*fig*) rentabilité, caractère profitable *or* fructueux.

profitable ['prɒfɪtəbl] *adj* (*Comm etc*) *deal, sale, investment* rentable, lucratif, payant; (*fig*) *scheme, agreement, contract* avantageux, rentable; *meeting, discussion, visit* fructueux, payant (*fig*), profitable. **we don't stock them any more as they were not ~** nous ne les stockons plus parce qu'ils n'étaient pas rentables; **it was a very ~ half-hour** cela a été une demi-heure très fructueuse *or* payante *or* profitable; **you would find it ~ to read this** vous trouveriez la lecture de ceci utile *or* profitable, c'est avec profit que vous liriez ceci.

profitably ['prɒfɪtəblɪ] *adv sell* à profit; *deal* avec profit; (*fig*) avec profit, avec fruit, utilement.

profiteer [,prɒfɪ'tɪə'] (*pej*) **1** *n* profiteur *m* (*pej*), mercanti *m* (*pej*).
  2 *vi* faire des bénéfices excessifs.

profitless ['prɒfɪtlɪs] *adj* (*lit, fig*) sans profit.

profitlessly ['prɒfɪtlɪslɪ] *adv* (*lit, fig*) sans profit.

profligacy ['prɒflɪgəsɪ] *n* (*debauchery*) débauche *f*, libertinage *m*; (*extravagance*) extrême prodigalité *f*.

profligate ['prɒflɪgɪt] **1** *adj* (*debauched*) *person, behaviour* débauché, libertin, dissolu; *life* de débauche, de libertinage; (*extravagant*) extrêmement prodigue. **2** *n* débauché(e) *m(f)*, libertin(e) *m(f)*.

pro-form ['prəʊ,fɔ:m] *n* (*Ling*) proforme *f*.

pro forma ['prəʊ'fɔ:mə] **1** *adj* pro forma *inv*. **2** *n* (*also* ~ **invoice**) facture *f* pro forma; (*also* ~ **letter**) (formule *f* de) lettre toute faite.
  3 *adv* selon les règles.

profound [prə'faʊnd] *adj* (*all senses*) profond.

profoundly [prə'faʊndlɪ] *adv* profondément.

profundity [prə'fʌndɪtɪ] *n* profondeur *f*.

profuse [prə'fju:s] *adj vegetation, bleeding* abondant; *thanks, praise, apologies* profus, multiple. **~ in** prodigue de; **to be ~ in one's thanks/excuses** se confondre en remerciements/excuses.

profusely [prə'fju:slɪ] *adv grow etc* à profusion, à foison, en abondance; *bleed, sweat* abondamment; *thank* avec effusion. **to apologize ~** se confondre en excuses; **to praise sb ~** se répandre en éloges sur qn.

profusion [prə'fju:ʒən] *n* profusion *f*, abondance *f* (*of* de). **in ~** à profusion, à foison.

prog.* [prɒg] *n* (*Brit: TV etc: abbr of* **programme**) émission *f*, programme *m*.

progenitor [prəʊ'dʒenɪtə'] *n* (*lit*) ancêtre *m*; (*fig*) auteur *m*.

progeny ['prɒdʒɪnɪ] *n* (*offspring*) progéniture *f*; (*descendants*) lignée *f*, descendants *mpl*.

progesterone [prəʊ'dʒestə,rəʊn] *n* progestérone *f*.

prognathous [prɒg'neɪθəs] *adj* prognathe.

prognosis [prɒg'nəʊsɪs] *n*, *pl* **prognoses** [prɒg'nəʊsi:z] pronostic *m*.

prognostic [prɒg'nɒstɪk] *n* (*frm*) présage *m*, signe *m* avant-coureur.

prognosticate [prɒg'nɒstɪkeɪt] *vt* pronostiquer, prédire, présager.

prognostication [prɒg,nɒstɪ'keɪʃən] *n* pronostic *m*.

program ['prəʊgræm] **1** *n* **(a)** (*Comput*) programme *m*.
  (b) (*US*) programme *m*.
  2 *cpd* (*Comput*) *specification, costs* du *or* d'un programme.
  3 *vi* (*Comput*) établir un (*or* des) programme(s).
  4 *vt* (*Comput*) programmer. **to ~ sth to do** ... programmer qch de façon à faire ....

programmable ['prəʊgræməbl] *adj* (*Comput*) programmable.

programme ['prəʊgræm] (*Brit*) **1** *n* **(a)** (*most senses*) programme *m*; (*Rad, TV: broadcast*) émission *f* (*on* sur; *about* au sujet de); *[course]* emploi *m* du temps; (*Rad: station*) poste *m*; (*TV: station*) chaîne *f*. **what's the ~ for today?** (*during course etc*) quel est l'emploi du temps aujourd'hui?; (*fig*) qu'est-ce qu'on fait aujourd'hui?, quel est le programme des réjouissances aujourd'hui?*; **in the ~ for the day** parmi les activités *fpl* de la journée; **what's on the ~?** qu'est-ce qu'il y a au programme?; **what's on the other ~?** (*TV*) qu'y a-t-il sur l'autre chaîne?; (*Rad*) qu'y a-t-il sur l'autre poste?; (*Rad, TV*) **details of the morning's ~s** le programme de la matinée, les détails des émissions de la matinée; *V* **request** *etc*.
  (b) (*Comput*) = **program**.
  2 *cpd*: (*Rad, TV*) **programme editor** éditorialiste *mf*; **programme music** musique *f* à programme; (*Mus*) **programme notes** notes *fpl* sur le programme; (*Theat*) **programme seller** vendeur *m*, -euse *f* de programmes.
  3 *vt* **(a)** *washing machine etc* programmer (*to do* pour faire); *problem, task* programmer. **~d learning** enseignement programmé; **the broadcast was ~d for Sunday evening/for 8 o'clock** l'émission était programmée pour dimanche soir/pour 8 heures; **the meeting was ~d to start at 7** le début de la réunion était prévu pour 19 heures.
  (b) (*Comput*) = **program**.

programmer ['prəʊgræmə'] *n* (*person: also* **computer ~**) programmeur *m*, -euse *f*; (*device*) programmateur *m*.

programming ['prəʊgræmɪŋ] **1** *n* (*also* **computer ~**) programmation *f*. **2** *cpd error, language etc* de programmation.

progress ['prəʊgres] **1** *n* **(a)** (*U: lit, fig*) progrès *m(pl)*. **in the name of ~** au nom du progrès; **we made slow ~ through the mud** nous avons avancé lentement dans la boue; **we are making good ~ in our search for a solution** nos travaux pour trouver une solution progressent de manière satisfaisante; **we have made little/no ~** nous n'avons guère fait de progrès/fait aucun progrès; **he is making ~** *[student etc]* il fait des progrès, il est en progrès; *[patient]* son état (de santé) s'améliore; **the ~ of events** le cours des événements; **the meeting is in ~** la réunion est en cours *or* a déjà commencé; **while the meeting was in ~** pendant que la réunion se déroulait; **the work in ~** les travaux en cours; **'silence: exam in ~'** 'silence: examen'; **to be in full ~** battre son plein.
  (b) (††: *journey*) voyage *m*; *V* pilgrim.
  2 *cpd*: (*Fin*) **progress payment** acompte *m*; **progress report** (*gen*) compte rendu *m* (*on* de); (*Med*) bulletin *m* de santé; (*Scol*) bulletin *m* scolaire; (*Admin*) état *m* périodique; **to make a progress report on** (*gen*) rendre compte de l'évolution de; (*Scol: on pupil*) rendre compte des progrès de; (*Med: on patient*) rendre compte de l'évolution de l'état de santé de; (*Admin*) dresser un état périodique de.
  3 *vi* [prə'gres] (*lit, fig*) aller, avancer (*towards* vers); *[student etc]* faire des progrès, progresser; *[patient]* aller mieux; *[search, investigations, researches, studies etc]* progresser, avancer. **matters are ~ing slowly** les choses progressent lentement; **as the game ~ed** à mesure que la partie se déroulait; **while the discussions were ~ing** pendant que les discussions se déroulaient.

progression [prə'greʃən] *n* (*gen, Math*) progression *f*. **by arithmetical/geometrical ~** selon une progression arithmétique/ géométrique; **it's a logical ~** c'est une suite logique.

progressive [prə'gresɪv] **1** *adj* **(a)** *movement, taxation, disease, improvement* progressif; *idea, party, person, outlook* progressiste (*also* Pol); *age* de *or* du progrès. **in ~ stages** par degrés, par étapes; **~ education** éducation *f* nouvelle. **(b)** (*Gram, Phon*) progressif. **2** *n* (*Pol etc*) progressiste *mf*. **(b)** (*Gram*) temps *m* progressif.

progressively [prə'gresɪvlɪ] *adv* progressivement, par degrés, petit à petit, graduellement.

progressiveness [prə'gresɪvnɪs] *n* progressivité *f*.

progressivity [,prəʊgre'sɪvɪtɪ] *n* progressivité *f*.

prohibit [prə'hɪbɪt] *vt* **(a)** *(forbid)* interdire, défendre *(sb from doing* à qn de faire); *(Admin, Jur etc) weapons, drugs, swearing* prohiber. **smoking** ~ed défense de fumer; **feeding the animals is** ~ed il est interdit *or* défendu de donner à manger aux animaux; **pedestrians are** ~ed **from using this bridge** il est interdit aux piétons d'utiliser ce pont, l'usage de ce pont est interdit aux piétons.
   (b) *(prevent)* empêcher *(sb from doing* qn de faire). **my health** ~s **me from swimming** ma santé m'empêche de nager, il m'est interdit *or* défendu de nager pour des raisons de santé.
prohibition [ˌprəʊɪ'bɪʃən] 1 *n (V prohibit)* prohibition *f*; interdiction *f*, défense *f*; *(esp US: against alcohol)* prohibition. 2 *cpd (US) laws, party* prohibitionniste.
prohibitionism [ˌprəʊɪ'bɪʃənɪzəm] *n* prohibitionnisme *m*.
prohibitionist [ˌprəʊɪ'bɪʃənɪst] *adj, n* prohibitionniste *(mf)*.
prohibitive [prə'hɪbɪtɪv] *adj price, tax, laws* prohibitif.
prohibitory [prə'hɪbɪtərɪ] *adj* prohibitif.
project ['prɒdʒekt] 1 *n* **(a)** *(gen)* projet *m*; *(plan, scheme)* projet *m*, plan *m*, programme *m*; *(Constr)* grands travaux *mpl*. **they are studying the** ~ **for the new road** ils étudient le projet de construction de la nouvelle route; **the whole** ~ **will cost 2 million** l'opération *or* l'entreprise tout entière coûtera 2 millions.
   (b) *(study)* étude *f (on* de); *(Scol)* dossier *m (on* sur); *(Univ)* mémoire *m (on* sur).
   (c) *(US: also* **housing** ~) cité *f*, lotissement *m*.
   2 *cpd budget, staff* de l'opération, de l'entreprise. **project manager** chef *m* de projet, maître *m* d'œuvre.
   3 [prə'dʒekt] *vt* **(a)** *(gen, Psych, Math)* projeter. *(Psych)* **to** ~ **o.s.** se projeter; **she** ~ed **an image of innocence** elle projetait *or* présentait l'image de l'innocence même; **in view of the** ~ed **contract** étant donné le projet de contrat; **to** ~ **quantities/costs** *etc* **from sth** prévoir la quantité/le coût *etc* à partir de qch.
   (b) *(propel)* propulser. **to** ~ **a rocket into space** propulser une fusée dans l'espace.
   (c) *(cause to jut out) part of building etc* projeter en avant.
   4 [prə'dʒekt] *vi* **(a)** *(jut out)* former *or* faire saillie, être en saillie, saillir. **to** ~ **over sth** surplomber qch; **to** ~ **into sth** s'avancer (en saillie) dans qch.
   (b) *(Psych)* **how does he** ~? quelle image de lui-même présente-t-il *or* projette-t-il?, quelle impression donne-t-il?
   (c) *(with voice: of actor, singer)* projeter sa *(or* leur *etc)* voix.
projectile [prə'dʒektaɪl] *n* projectile *m*.
projecting [prə'dʒektɪŋ] *adj construction* saillant, en saillie; *tooth* qui avance.
projection [prə'dʒekʃən] 1 *n* **(a)** *(gen)* projection *f*; *(of rocket)* propulsion *f*; *(from opinion polls, sample votes etc)* prévisions *fpl* par extrapolation, projections *fpl*. **(b)** *(overhang)* saillie *f*, ressaut *m*. 2 *cpd:* (*Cine*) **projection booth, projection room** cabine *f* de projection.
projectionist [prə'dʒekʃənɪst] *n* projectionniste *mf*.
projective [prə'dʒektɪv] *adj* projectif.
projector [prə'dʒektər] *n (Cine etc)* projecteur *m*.
prolactin [prəʊ'læktɪn] *n* prolactine *f*.
prolapse ['prəʊlæps] 1 *n (gen)* descente *f* d'organe, ptose *f*, prolapsus *m*; *[womb]* descente *f* de matrice *or* de l'utérus. 2 *vi* descendre.
prole ⚇ [prəʊl] *adj, n (pej abbr of* **proletarian)** prolo ⚇ *(m)*.
proletarian [ˌprəʊlə'tɛərɪən] 1 *n* prolétaire *mf*. 2 *adj class, party* prolétarien; *life, ways, mentality* de prolétaire.
proletarianize [ˌprəʊlə'tɛərɪənaɪz] *vt* prolétariser.
proletariat [ˌprəʊlə'tɛərɪət] *n* prolétariat *m*.
proliferate [prə'lɪfəreɪt] *vi* proliférer.
proliferation [prəˌlɪfə'reɪʃən] *n* prolifération *f*.
proliferous [prə'lɪfərəs] *adj* prolifère.
prolific [prə'lɪfɪk] *adj* prolifique.
prolix ['prəʊlɪks] *adj* prolixe.
prolixity [prəʊ'lɪksɪtɪ] *n* prolixité *f*.
prologue ['prəʊlɒg] *n (Literat etc)* prologue *m (to* de); *(fig)* prologue *(to* à).
prolong [prə'lɒŋ] *vt* prolonger.
prolongation [ˌprəʊlɒŋ'geɪʃən] *n (in space)* prolongement *m*; *(in time)* prolongation *f*.
prolonged [prə'lɒŋd] *adj* long, de longue durée. ~ **leave of absence** congé *m* de longue durée; ~ **sick leave** congé *m* de longue maladie; **after a** ~ **absence** après une longue absence.
prom* [prɒm] *n (abbr of* **promenade) (a)** *(Brit: by sea)* promenade *f*, front *m* de mer. **(b)** *(Brit)* = **promenade concert**; **V promenade 2. (c)** *(US)* = **promenade 1c.**
promenade [ˌprɒmɪ'nɑ:d] 1 *n (a)* *(walk)* promenade *f*.
   (b) *(place)* *(by sea)* promenade *f*, front *m* de mer; *(in park etc)* avenue *f*; *(in theatre, hall etc)* promenoir *m*.
   (c) *(US)* bal *m* d'étudiants *(or* de lycéens).
   2 *cpd:* *(Brit)* **Promenade Concerts** série *f* annuelle de concerts; *(Naut)* **promenade deck** pont *m* promenade.
   3 *vi (walk)* se promener.
   4 *vt person* promener; *avenue* se promener le long de.
promenader* [ˌprɒmɪ'nɑːdər] *n (Brit Mus)* auditeur *m*, -trice *f* d'un 'promenade concert'; **V promenade.**
Prometheus [prə'miːθjuːs] *n* Prométhée *m*.
promethium [prə'miːθɪəm] *n* prométhéum *m*.
prominence ['prɒmɪnəns] *n (V prominent)* proéminence *f*, aspect saillant *or* frappant *or* marquant; importance *f*. **to bring sth/sb into** ~ mettre qch/qn en vue, attirer l'attention sur qch/qn; **to come into** ~ prendre de l'importance.
prominent ['prɒmɪnənt] *adj ridge, structure, nose* proéminent; *cheekbones* saillant; *tooth* qui avance; *(fig: striking) pattern, markings* frappant; *feature* marquant; *(fig: outstanding) person*

important, bien en vue. **he is a** ~ **member of ...** c'est un membre important de ...; **she is** ~ **in London literary circles** elle est très en vue dans les cercles littéraires londoniens; **he was very** ~ **in ..., he played a** ~ **part in ...** il a joué un rôle important dans ...; **to put sth in a** ~ **position** mettre qch bien en vue *or* en valeur; *(fig)* **he occupies a** ~ **position in ...** il occupe une position importante *or* en vue dans ... .
prominently ['prɒmɪnəntlɪ] *adv display, place, set* bien en vue. **his name figured** ~ **in the case** on a beaucoup entendu parler de lui dans l'affaire.
promiscuity [ˌprɒmɪs'kjuːɪtɪ] *n* **(a)** *(pej: sexual)* promiscuité sexuelle. **(b)** *(gen)* promiscuité *f*.
promiscuous [prə'mɪskjʊəs] *adj* **(a)** *(pej: in sexual matters) person* de mœurs faciles *or* légères; *conduct* léger, libre, immoral; **she is very** ~ elle change sans arrêt de partenaire, elle couche avec n'importe qui. **(b)** *(disorderly, mixed) collection, heap* confus.
promiscuously [prə'mɪskjʊəslɪ] *adv* **(a)** *(pej) behave* immoralement. **(b)** *heap, collect* confusément.
promiscuousness [prə'mɪskjʊəsnɪs] *n* = **promiscuity.**
promise ['prɒmɪs] 1 *n* **(a)** *(undertaking)* promesse *f*. ~ **of marriage** promesse de mariage; **under (a** *or* **the)** ~ **of** sous promesse de; **to make sb a** ~ faire une promesse à qn *(to do* de faire); **is it a** ~? c'est promis?; **to keep one's** ~ tenir sa promesse; **to hold** *or* **keep sb to his** ~ contraindre qn à tenir sa promesse, faire tenir sa promesse à qn; *(dismissively)* ~s, ~s! oh, on dit ça, on dit ça!
   (b) *(hope)* promesse(s) *f(pl)*, espérance(s) *f(pl)*. **a young man of** ~ un jeune homme plein de promesses *or* qui promet; **he shows great** ~ il donne de grandes espérances; **it holds out a** ~ **of peace** cela promet *or* fait espérer la paix.
   (c) *(assure)* assurer. **he did say so, I** ~ **you** il l'a vraiment dit, je vous assure.
   2 *vt* **(a)** promettre *(sth to sb* qch à qn, *sb to do* à qn de faire, *that* que). **I** ~ **(you)!** je vous le promets!; **'I will help you' she** ~d **'je vous aiderai' promit-elle; I can't** ~ **(anything)** je ne peux rien (vous) promettre; *(fig)* **to** ~ **sb the earth** *or* **the moon** promettre monts et merveilles à qn, promettre la lune à qn; **to** ~ **s.** *(to do)* **sth** se promettre de (faire) qch.
   (b) *(fig)* promettre, annoncer. **those clouds** ~ **rain** ces nuages annoncent la pluie; **they** ~ **us rain tomorrow** ils nous ont promis *or* annoncé de la pluie pour demain; **it** ~s **to be hot today** il va sûrement faire chaud aujourd'hui; **this** ~s **to be difficult** ça promet d'être *or* ça s'annonce difficile.
   3 *vi* **(a)** promettre. **(will you)** ~? (c'est) promis?, juré?; **I can't** ~ **but I'll do my best** je ne vous promets rien mais je ferai de mon mieux.
   (b) *(fig)* **to** ~ **well** *[person]* promettre, être plein de promesses; *[situation, event]* être plein de promesses, être prometteur; *[crop, business]* s'annoncer bien; *[first book]* promettre, être prometteur; **this doesn't** ~ **well** ce n'est guère prometteur, ça ne s'annonce pas bien.
promised ['prɒmɪst] *adj* promis. **the P~ Land** la Terre Promise.
promising ['prɒmɪsɪŋ] *adj* **(a)** *(encouraging) situation, sign* prometteur, qui promet, plein de promesses. **the future is** ~ l'avenir s'annonce bien; **that's** ~ c'est prometteur; *(iro)* **ça promet!** *(iro)*; **it doesn't look very** ~ ça ne semble guère prometteur; *(of scheme, plan etc)* ça m'étonnerait que ça marche *(subj)*, ça ne se présente pas bien.
   (b) *(full of promise) person* prometteur, plein de promesses, qui promet. **we have 2** ~ **candidates** nous avons 2 candidats prometteurs; **he is a** ~ **pianist** c'est un pianiste d'avenir.
promisingly ['prɒmɪsɪŋlɪ] *adv* d'une façon prometteuse. **it began quite** ~ tout s'annonçait bien, c'était bien parti; **it's going quite** ~ c'est prometteur, ça marche bien.
promissory ['prɒmɪsərɪ] *adj:* ~ **note** billet *m* à ordre.
promo ['prəʊməʊ] *n (US Comm: abbr of* **promotion)** promotion *f*.
promontory ['prɒməntrɪ] *n* promontoire *m*.
promote [prə'məʊt] *vt* **(a)** *person* promouvoir *(to* à). **to be** ~d être promu, monter en grade; **he was** ~d **(to) colonel** *or* **to the rank of colonel** il a été promu (au grade de) colonel; *(Ftbl etc)* **they've been** ~d **to the first division** ils sont montés en première division.
   (b) *(encourage) cause, cooperation, plan, sales, product* promouvoir; *trade* promouvoir, développer, favoriser, encourager; *(Comm) firm, company, business, campaign* lancer; *(Parl) bill* présenter.
promoter [prə'məʊtər] *n [sport]* organisateur *m*, -trice *f*; *(Comm) [product]* promoteur *m* de vente; *[business, company]* fondateur *m*, -trice *f*.
promotion [prə'məʊʃən] 1 *n* **(a)** promotion *f*, avancement *m*. **to get** ~ obtenir de l'avancement, être promu.
   (b) *(U: V promote b)* promotion *f*, développement *m*; lancement *m*; présentation *f*. **(sales)** ~ promotion des ventes.
   (c) *(advertising material)* réclames *fpl*, publicité *f*.
   (d) *(US Scol)* passage *m* de classe.
   2 *cpd:* **promotion opportunities** *or* **prospects** possibilités *fpl* d'avancement *or* de promotion.
prompt [prɒmpt] 1 *adj* **(a)** *(speedy) action* rapide, prompt; *delivery, reply, service* rapide. ~ **payment** paiement *m* rapide; *(Comm)* paiement dans les délais; **they were** ~ **to offer their services** ils ont été prompts à offrir leurs services, ils ont offert leurs services sans tarder.
   (b) *(punctual)* ponctuel, à l'heure.
   2 *adv* ponctuellement. **at 6 o'clock** ~ à 6 heures pile *or* tapantes *or* sonnantes; **I want it on May 6th** ~ je le veux le 6 mai sans faute *or* au plus tard.
   3 *vt* **(a)** *person* pousser, inciter *(to do* à faire); *protest, reaction* provoquer, entraîner, être à l'origine de. **I felt** ~ed **to protest** cela m'a incité à protester, je me suis senti obligé de protester; **he was**

~ed by a desire to see justice done il était animé or poussé par un désir de voir la justice triompher; **it ~s the thought that** ... cela incite à penser que ..., cela vous fait penser que ...; **a feeling of regret ~ed by the sight of** ... un sentiment de regret provoqué or déclenché par la vue de ... .
  (b) (Theat) souffler.
  4 n **(a)** (Theat) **to give sb a ~** souffler une réplique à qn.
  (b) (Comput: on screen) (message m de) guidage m.
  5 cpd: (Theat) **prompt box** trou m du souffleur; **prompt side** (Brit) côté m cour; (US) côté jardin; **off prompt side** (Brit) côté jardin; (US) côté cour.

prompter ['prɒmptə'] n (Theat) souffleur m, -euse f.
prompting ['prɒmptɪŋ] n incitation f. **he did it at my ~** il l'a fait à mon instigation; **he did it without (any) ~** il l'a fait de son propre chef.
promptitude ['prɒmptɪtjuːd] n promptitude f, empressement m (in doing à faire); (punctuality) ponctualité f.
promptly ['prɒmptlɪ] adv **(a)** (speedily) rapidement, promptement, avec promptitude. **to pay ~** payer sans tarder; (Comm) payer recta or dans les délais.
  (b) (punctually) ponctuellement. **he arrived ~ at 3** il est arrivé ponctuellement à 3 heures.
  (c) (thereupon) là-dessus, aussi sec*. **she refused and he ~ hit her** elle a refusé et là-dessus or aussi sec* il l'a frappée.
promptness ['prɒmptnɪs] n = **promptitude**.
promulgate ['prɒməlgeɪt] vt law promulguer; idea, doctrine, creed répandre, disséminer.
promulgation [,prɒməl'geɪʃən] n (V **promulgate**) promulgation f; dissémination f.
prone [prəʊn] adj **(a)** (face down) (couché) sur le ventre, étendu face contre terre, prostré. **(b)** (liable) prédisposé, enclin, sujet (to sth à qch, to do à faire).
proneness ['prəʊnnɪs] n tendance f, prédisposition f (to sth à qch, to do à faire).
prong [prɒŋ] n [fork] dent f; [antler] pointe f.
pronged [prɒŋd] adj à dents.
-pronged [prɒŋd] adj ending in cpds: **three-pronged fork** à trois dents; (Mil etc) **attack, advance** sur trois fronts, triple.
pronominal [prəʊ'nɒmɪnl] adj pronominal.
pronoun ['prəʊnaʊn] n pronom m.
pronounce [prə'naʊns] **1** vt **(a)** word etc prononcer. **how is it ~d?** comment ça se prononce?; **the 'k' in 'knot' is not ~d** on ne prononce pas le 'k' dans 'knot', le 'k' dans 'knot' est muet.
  (b) déclarer, prononcer (that que). (Jur) **to ~ sentence** prononcer la sentence; **they ~d him unfit to drive** ils l'ont déclaré inapte à la conduite; **he ~d himself in favour of the suggestion** il s'est prononcé or il s'est déclaré en faveur de la suggestion.
  2 vi se prononcer (on sur, for en faveur de, against contre); (Jur) prononcer (for en faveur de, against contre), rendre un arrêt.
pronounceable [prə'naʊnsəbl] adj prononçable.
pronounced [prə'naʊnst] adj prononcé, marqué.
pronouncement [prə'naʊnsmənt] n déclaration f.
pronto* ['prɒntəʊ] adv tout de suite, illico*.
pronunciation [prə,nʌnsɪ'eɪʃən] n prononciation f.
proof [pruːf] **1** n **(a)** (gen, Jur, Math etc) preuve f. (Jur etc) **~ of identity** papiers mpl or pièce(s) f(pl) d'identité; (Jur) **the burden of ~** lies with the prosecution la charge de la preuve incombe au ministère public; **by way of ~** en guise de preuve, comme preuve, pour preuve; **as (a) ~ of**, in ~ of pour preuve de; **I've got ~ that he did it** j'ai la preuve or je peux prouver qu'il l'a fait; **it is ~ that he is honest** c'est la preuve qu'il est honnête; (fig) **he showed or gave ~ of great courage** il a fait preuve or a témoigné de beaucoup de courage; V **positive**.
  (b) (test) épreuve f. **to put sth/sb to the ~** mettre qch/qn à l'épreuve, éprouver qch/qn; (Prov) **the ~ of the pudding is in the eating** c'est à l'usage que l'on peut juger de la qualité d'une chose.
  (c) [book, pamphlet, engraving, photograph] épreuve f. **to pass the ~s** donner le bon à tirer; **to read or correct the ~s** corriger les épreuves; **the book is in ~** le livre est au stade des épreuves; V **galley, page'** etc.
  (d) (of alcohol) teneur f en alcool. **this whisky is 70' ~** ≃ ce whisky titre 40° d'alcool or 40° Gay Lussac; **under/over ~** moins de/plus de la teneur normale or exigée en alcool.
  2 cpd: **proofread** corriger les épreuves; **proofreader** correcteur m, -trice f d'épreuves or d'imprimerie; **proofreading** correction f des épreuves; **proof sheets** épreuves fpl; **proof spirit** alcool m à 57°; **at proof stage** au stade des épreuves.
  3 adj: **~ against** bullets, time, wear, erosion à l'épreuve de; temptation, suggestion insensible à.
  4 vt **(a)** fabric, anorak, tent imperméabiliser.
  (b) (Typ etc) corriger les épreuves de.
  ... proof [pruːf] adj endings in cpds à l'épreuve de; V **bullet, fool'** etc.
prop¹ [prɒp] **1** n **(a)** support m; (for wall, in mine, tunnel etc) étai m; (for clothes-line) perche f; (for vines, hops etc) échalas m; (for beans, peas) rame f; (for seedlings) tuteur m; (fig) soutien m, appui m (to, for de). **his presence was a great ~ to her** morale elle lui trouvait beaucoup de réconfort dans sa présence, sa présence lui était d'un grand réconfort (moral); (fig) **this drug is a ~ to many people** ce médicament rend la vie supportable à beaucop de gens.
  (b) (Rugby) **~ (forward)** pilier m.
  2 vt (also **~ up**) (lean) ladder, cycle appuyer (against contre); (support, shore up) tunnel, wall, building étayer; clothes-line, lid caler; vine, hops échalasser; beans, peas mettre une rame à; seedlings mettre un tuteur à; (fig) régime maintenir; business, company soutenir, renflouer; organization soutenir, patronner; (Fin) the pound venir au secours de. **to ~ o.s. (up) against** se caler contre,

s'adosser à; **he managed to ~ the box open** il réussit à maintenir la boîte ouverte.
prop²* [prɒp] n (Theat) abbr of **property** 1c.
prop³* [prɒp] n (Aviat) abbr of **propeller**.
prop. (Comm) abbr of **proprietor**.
propaganda [,prɒpə'gændə] **1** n propagande f. **2** cpd leaflet, campaign de propagande.
propagandist [,prɒpə'gændɪst] adj, n propagandiste (mf).
propagandize [,prɒpə'gændaɪz] **1** vi faire de la propagande. **2** vt doctrine faire de la propagande pour; person soumettre à la propagande, faire de la propagande à.
propagate ['prɒpəgeɪt] (lit, fig) **1** vt propager. **2** vi se propager.
propagation [,prɒpə'geɪʃən] n propagation f.
propel [prə'pel] vt **(a)** vehicle, boat, machine propulser, faire avancer. **(b)** (push) pousser. **to ~ sth/sb along** faire avancer qch/qn (en le poussant); **they ~led him into the room** ils l'ont poussé dans la pièce, (more violently) ils l'ont propulsé dans la pièce. **2** cpd: (Brit) **propelling pencil** porte-mine m inv.
propellant [prə'pelənt] n [rocket] propergol m, combustible m (pour fusée).
propellent [prə'pelənt] **1** adj propulseur, propulsif. **2** n = **propellant**.
propeller [prə'pelə'] **1** n [plane, ship] hélice f. **2** cpd: **propeller shaft** (Aut) arbre m de transmission; (Aviat, Naut) arbre d'hélice.
propensity [prə'pensɪtɪ] n propension f, tendance naturelle (to, towards, for à; to do, for doing à faire).
proper ['prɒpə'] **1** adj **(a)** (appropriate, suitable, correct) convenable, adéquat, indiqué, correct. **you'll have to put the lid on the ~ way** il faut que vous mettiez (subj) le couvercle comme il faut; **you'll have to apply for it (in) the ~ way** il faudra faire votre demande dans les règles; **you should be wearing ~ clothes** vous devriez porter une tenue adéquate or une tenue plus indiquée; **the ~ dress for the occasion** la tenue de rigueur pour l'occasion; **that is not the ~ tool for the job** ce n'est pas le bon outil or l'outil adéquat or l'outil indiqué or l'outil qu'il faut or l'outil qui convient pour ce travail; **the ~ spelling** l'orthographe correcte; **in the ~ meaning or sense of the word** au sens propre du mot; **if you had come at the ~ time** si vous étiez venu à la bonne heure or à l'heure dite; **2 a.m. isn't a ~ time to phone anyone** 2 heures du matin n'est pas une heure (convenable) pour téléphoner à qui que ce soit; (Admin etc) **you must go through the ~ channels** vous devez passer par la filière officielle; **the ~ reply would have been 'no'** la réponse qui aurait convenu c'est 'non'; **to make a ~ job of sth** bien réussir qch (also iro); **to do the ~ thing by sb** bien agir or agir honorablement envers qn; (Math) **~ fraction** fraction f inférieure à l'unité; (Gram) **~ noun** nom m propre; (Rel) **~ psalm** psaume m du jour; **do as you think ~** faites ce qui vous semble bon; **if you think it ~ to do so** si vous jugez bon de faire ainsi; **in a manner ~ to his position** ainsi que l'exigeait sa position; **the qualities which are ~ to this substance** les qualités propres à or typiques de cette substance; V **right** etc.
  (b) (authentic) vrai, véritable, authentique; (after n: strictly speaking) proprement dit, même. **he's not a ~ electrician** ce n'est pas un véritable électricien; **I'm not a ~ Londoner or a Londoner ~** je ne suis pas à proprement parler londonien; **outside Paris ~** en dehors de Paris même or de Paris proprement dit.
  (c) (seemly) person comme il faut*, convenable*; book, behaviour convenable, correct. **it isn't ~ to do that** cela ne se fait pas, faire cela n'est pas correct or convenable; V **prim**.
  (d) (*: intensive) **he's a ~ fool** c'est un imbécile fini; **I felt a ~ idiot** je me suis senti vraiment idiot; **he's a ~ gentleman** c'est un monsieur très comme il faut*, c'est un vrai gentleman; **he made a ~ mess of it** il (en) a fait un beau gâchis; **it's a ~ mess in there!** c'est un beau désordre or la pagaïe* complète là-dedans!
  2 adv (‡) **(a)** behave, talk comme il faut.
  (b) vraiment, très. **he did it ~ quick** et comment qu'il l'a fait vite‡; **it's ~ cruel!** qu'est-ce que c'est cruel!‡
  3 n (Rel: often P~) propre m.
properly ['prɒpəlɪ] adv **(a)** (appropriately, correctly) convenablement, correctement, comme il faut. **he was not ~ dressed for the reception** il n'était pas correctement vêtu pour la réception; **use the tool ~** sers-toi de l'outil correctement or comme il faut; **if you can't do it ~ I'll help you** si tu n'arrives pas à le faire comme il faut je t'aiderai; **he can't speak ~** il ne peut pas parler normalement; **~ speaking** à proprement parler; **it's not ~ spelt** ce n'est pas orthographié correctement; **he very ~ refused** il a refusé et avec raison or à juste titre; (Admin, Jur etc) **he was behaving quite ~** il se conduisait d'une manière tout à fait correcte; V also **b**.
  (b) (in seemly way) **to behave ~** se conduire convenablement or comme il faut; **behave/speak ~!** tiens-toi/parle comme il faut!; **he doesn't speak ~** il parle mal; **you're not even ~ dressed** tu n'es même pas vêtu comme il faut.
  (c) (*: completely) vraiment. **we were ~ beaten** nous avons été battus à plate(s) couture(s); **I was ~ ashamed** j'avais vraiment or drôlement* honte; **I told him ~ what I thought of him** je lui ai dit carrément or sans mâcher mes mots ce que je pensais de lui.
propertied ['prɒpətɪd] adj possédant.
property ['prɒpətɪ] **1** n **(a)** (U: possessions) propriété f, biens mpl. **is this your ~?** est-ce que cela vous appartient?, est-ce à vous?; **it is the ~ of** ... cela appartient à ..., c'est la propriété de ...; **personal ~ must not be left in the cloakroom** il ne faut pas laisser d'effets personnels dans le vestiaire; (Jur) **personal ~** biens personnels or mobiliers; **government/company ~** propriété f du gouvernement/de la compagnie; (lit) **it is common ~** c'est la propriété de tous, ce sont les biens communs; (fig) **it is common ~ that** ... chacun sait que ..., il est de notoriété publique que ...; **a man or**

woman of ~ un homme *or* une femme qui a du bien *or* des biens; *V* lost, real.

(b) (*U: estate*) propriété *f*; (*lands*) terres *fpl*; (*buildings*) biens *mpl* immobiliers. **he has** *or* **owns** ~ **in Ireland** il a des terres (*or* des biens immobiliers) en Irlande, il est propriétaire en Irlande; **get off my** ~ décampez de ma propriété *or* de mes terres.

(c) (*house etc*) propriété *f*. **a fine** ~ **with views over the lake** une belle propriété avec vue sur le lac.

(d) (*Chem, Phys etc: quality*) propriété *f*. **this plant has healing properties** cette plante a des propriétés *or* des vertus thérapeutiques.

(e) (*Theat*) accessoire *m*.

2 *cpd*: **property developer** promoteur *m* immobilier; **property insurance** assurance *f* habitation; **property law** droit *m* des biens; (*Theat*) **property man** accessoiriste *m*; **the property market** *or* **mart** le marché immobilier; (*Theat*) **property mistress** accessoiriste *f*; **property owner** propriétaire foncier; (*US Jur*) **property settlement** répartition *f* des biens (en cas de divorce); **property speculation** spéculation *f* immobilière; **property speculator** spéculateur *m* immobilier; **property tax** impôt foncier.

prophecy ['prɒfɪsɪ] *n* prophétie *f*.

prophesy ['prɒfɪsaɪ] **1** *vt* prédire (*that* que); *event* prédire, prophétiser. **2** *vi* prophétiser, faire des prophéties.

prophet ['prɒfɪt] *n* prophète *m*. **the P~ Samuel** *etc* le prophète Samuel *etc*.

prophetess ['prɒfɪtɪs] *n* prophétesse *f*.

prophetic(al) [prə'fetɪk(l)] *adj* prophétique.

prophetically [prə'fetɪkəlɪ] *adv* prophétiquement.

prophylactic [,prɒfɪ'læktɪk] **1** *adj* prophylactique. **2** *n* prophylactique *m*; (*US: contraceptive*) préservatif *m*.

prophylaxis [,prɒfɪ'læksɪs] *n* prophylaxie *f*.

propinquity [prə'pɪŋkwɪtɪ] *n* (*in time, space*) proximité *f*; (*in relationship*) parenté *f* proche, consanguinité *f*; [*ideas etc*] ressemblance *f*, affinité *f*.

propitiate [prə'pɪʃɪeɪt] *vt person, the gods* se concilier.

propitiation [prə,pɪʃɪ'eɪʃən] *n* propitiation *f*.

propitiatory [prə'pɪʃɪətərɪ] *adj* propitiatoire.

propitious [prə'pɪʃəs] *adj* propice, favorable (*to* à).

propitiously [prə'pɪʃəslɪ] *adv* d'une manière propice, favorablement.

proponent [prə'pəʊnənt] *n* partisan(e) *m(f)*, adepte *mf* (*of* de).

proportion [prə'pɔːʃən] **1** *n* **(a)** (*ratio, relationship: also Math*) proportion *f*. **the** ~ **of blacks to whites** la proportion *or* le pourcentage des noirs par rapport aux blancs; **in due** ~ selon une proportion équitable *or* une juste proportion; **in perfect** ~ parfaitement proportionné; **in** ~ **as** à mesure que; **add milk in** ~ **to the weight of flour** ajoutez du lait en proportion avec le poids de la farine; **her weight is not in** ~ **to her height** son poids n'est pas proportionné à sa taille; **contributions in** ~ **to one's earnings** contributions au prorata de *or* en proportion de ses revenus; **in** ~ **to what she earns, what she gives is enormous** en proportion de ce qu'elle gagne, ce qu'elle donne est énorme; **out of (all)** ~ hors de (toute) proportion; **out of** ~ **to** hors de proportion avec, disproportionné à *or* avec; **he's got it out of** ~ [*artist etc*] il n'a pas respecté les proportions, c'est mal proportionné; (*fig*) il a exagéré, c'est hors de proportion; (*lit, fig*) **he has no sense of** ~ il n'a pas le sens des proportions.

(b) (*size*) ~**s** proportions *fpl*, dimensions *fpl*.

(c) (*part*) part *f*, partie *f*, pourcentage *m*. **in equal** ~**s** à parts égales; **a certain** ~ **of the staff** une certaine partie *or* un certain pourcentage du personnel; **your** ~ **of the work** votre part du travail; **what** ~ **is rented?** quel est le pourcentage de ce qui est loué?

2 *vt* proportionner (*to* à). **well-~ed** bien proportionné.

proportional [prə'pɔːʃənl] *adj* proportionnel, proportionné (*to* à), en proportion (*to* de). (*Pol*) ~ **representation** représentation proportionnelle.

proportionally [prə'pɔːʃnəlɪ] *adv* proportionnellement.

proportionate [prə'pɔːʃnɪt] **1** *adj* = **proportional**. **2** *vt* = **proportion 2**.

proportionately [prə'pɔːʃnɪtlɪ] *adv* = **proportionally**.

proposal [prə'pəʊzl] *n* **(a)** (*offer*) proposition *f*, offre *f*; (*of marriage*) demande *f* en mariage, offre de mariage. **(b)** (*plan*) projet *m*, plan *m* (*for sth* de *or* pour qch; *to do* pour faire). (*suggestion*) proposition *f*, suggestion *f* (*to do* de faire). (*Jur*) ~**s for the amendment of this treaty** projet *m* tendant à la révision du présent traité.

propose [prə'pəʊz] **1** *vt* **(a)** (*suggest*) proposer, suggérer (*sth to sb* qch à qn; *doing* de faire; *that* que + *subj*); *measures, course of action* proposer; *plan, motion, course* proposer, présenter, soumettre; *toast* porter; *candidate* proposer. **to** ~ **sb's health** porter un toast à la santé de qn; **to** ~ **marriage to sb** faire sa demande à qn, demander qn en mariage; **he** ~**d Smith as** *or* **for chairman** il a proposé Smith pour la présidence.

(b) (*have in mind*) **to** ~ **to do** *or* **doing** se proposer *or* avoir l'intention de faire, penser *or* compter faire.

2 *vi* (*offer marriage*) faire une demande en mariage, faire sa demande (*to sb* à qn).

proposer [prə'pəʊzəʳ] *n* (*Admin, Parl etc*) auteur *m* de la proposition; (*for club membership etc*) parrain *m*.

proposition [,prɒpə'zɪʃən] **1** *n* **(a)** (*gen, Comm, Math, Philos etc: statement, offer*) proposition *f*.

(b) (*affair, enterprise*) **that's quite another** ~ *or* **a different** ~ ça c'est une tout autre affaire; **the journey alone is quite a** ~ *or* **is a big** ~ rien que le voyage n'est pas une petite affaire; **it's a tough** ~ c'est ardu, ça présente de grandes difficultés; **he's a tough** ~* il est coriace, il n'est pas commode; *V* **economic, paying** *etc*.

(c) (*pej: immoral*) proposition *f* malhonnête.

2 *vt* faire des propositions (malhonnêtes) à.

propound [prə'paʊnd] *vt* (*put up*) *theory, idea* proposer, soumettre; *problem, question* poser; (*explain, develop*) *programme* exposer.

proprietary [prə'praɪətərɪ] *adj* **(a)** (*Comm*) *article* de marque déposée. ~ **brand** (produit *m* de) marque déposée; ~ **medicine** spécialité *f* pharmaceutique; ~ **name** marque déposée; ~ **rights** droit *m* de propriété. **(b)** *duties etc* de propriétaire. (*US Hist*) ~ **colony** colonie accordée par la Couronne à une personne en pleine propriété. **(c)** (*US Med*) ~ **hospital** hôpital privé.

proprietor [prə'praɪətəʳ] *n* propriétaire *m*.

proprietorship [prə'praɪətəʃɪp] *n* (*right*) droit *m* de propriété. **under his** ~ quand il en était (*or* sera) le propriétaire, lui (étant) propriétaire.

proprietress [prə'praɪətrɪs] *n* propriétaire *f*.

propriety [prə'praɪətɪ] *n* **(a)** (*decency*) bienséance *f*, convenance *f*, correction *f*. **to observe the proprieties** respecter *or* observer les bienséances *or* les convenances; **he threw** ~ **to the winds** il a envoyé promener les bienséances *or* les convenances.

(b) (*U: appropriateness, correctness etc*) [*behaviour, conduct, step*] justesse *f*, rectitude *f*; [*phrase, expression*] justesse, correction *f*.

propulsion [prə'pʌlʃən] *n* propulsion *f*.

propulsive [prə'pʌlsɪv] *adj* propulsif, propulseur, de propulsion.

pro rata ['prəʊ'rɑːtə] *adv* au pro rata.

prorate ['prəʊreɪt] *vt* (*US*) distribuer au prorata.

prorogation [,prəʊrə'geɪʃən] *n* prorogation *f*.

prorogue [prə'rəʊg] *vt* (*esp Parl*) proroger.

prosaic [prəʊ'zeɪk] *adj* prosaïque.

prosaically [prəʊ'zeɪkəlɪ] *adv* prosaïquement.

proscenium [prəʊ'siːnɪəm], *pl* **-nia** [prəʊ'siːnɪə], ~**s** *n* proscenium *m*.

proscribe [prəʊ'skraɪb] *vt* proscrire.

proscription [prəʊ'skrɪpʃən] *n* proscription *f*.

prose [prəʊz] **1** *n* **(a)** (*U: Literat*) prose *f*. **in** ~ en prose. **(b)** (*Scol, Univ: also* ~ **translation**) thème *m*. **2** *cpd* **poem, comedy** en prose. **prose writer** prosateur *m*.

prosecute ['prɒsɪkjuːt] *vt* **(a)** (*Jur etc*) poursuivre (en justice), engager des poursuites (*judiciaires*) contre. **Mr John Mortimer, prosecuting, pointed out that ...** M. John Mortimer, représentant la partie plaignante (*in higher court*) le ministère public, a fait remarquer que ...; **he was** ~**d for speeding** il a été poursuivi pour excès de vitesse; *V* **trespasser**.

(b) (*further*) *enquiry, researches, a war* poursuivre.

prosecuting ['prɒsɪkjuːtɪŋ] *adj* (*Jur*) ~ **attorney** avocat *m* général; **to appear as** ~ **counsel** représenter le ministère public.

prosecution [,prɒsɪ'kjuːʃən] *n* **(a)** (*Jur*) (*case*) accusation *f*; (*act, proceedings*) poursuites *fpl* judiciaires. **he had six** ~**s for theft** il a été poursuivi six fois pour vol; **you are liable to** ~ **if ...** vous pouvez être poursuivi si ..., vous pouvez être *or* faire l'objet de poursuites si ...; **to appear as counsel for the** ~ représenter le ministère public; **witness for the** ~ témoin *m* à charge; *V* **director**.

(b) (*Jur: prosecuting lawyers*) (*side*) partie *f* plaignante; (*in higher court*) ministère public.

(c) (*furtherance*: *V* **prosecute b**) poursuite *f*.

prosecutor ['prɒsɪkjuːtəʳ] *n* plaignant *m*; (*also* **public** ~) procureur *m* (de la République), ministère public.

proselyte ['prɒsɪlaɪt] **1** *n* prosélyte *mf*. **2** *vti* = **proselytize**.

proselytism ['prɒsɪlɪtɪzəm] *n* prosélytisme *m*.

proselytize ['prɒsɪlɪtaɪz] **1** *vi* faire du prosélytisme. **2** *vt person* convertir, faire un(e) prosélyte de.

proseminar [prəʊ'semɪnɑːʳ] *n* (*US Univ*) séminaire *m* pour étudiants de troisième année.

prosodic [prə'sɒdɪk] *adj* prosodique. (*Phon*) ~ **feature** trait *m* prosodique.

prosody ['prɒsədɪ] *n* prosodie *f*.

prospect ['prɒspekt] **1** *n* **(a)** (*view*) vue *f*, perspective *f* (*of, from* de). (*fig*) (*outlook*) perspective; (*future*) (perspectives d')avenir *m*; (*hope*) espoir *m* (*of sth* de qch, *of doing* de faire). **this** ~ **cheered him up** cette perspective l'a réjoui; **to have sth in** ~ avoir qch en perspective *or* en vue; **the events in** ~ les événements en perspective; **there is little** ~ **of his coming** il y a peu de chances *or* d'espoir (pour) qu'il vienne; **he has little** ~ **of succeeding** il a peu de chances de réussir; **there is no** ~ **of that** rien ne laisse prévoir cela; **there is every** ~ **of success/of succeeding** tout laisse prévoir le succès/qu'on réussira; **the** ~**s for the harvest are good/poor** la récolte s'annonce bien/mal; **future** ~**s for the steel industry** les perspectives d'avenir de la sidérurgie; **what are his** ~**s?** quelles sont ses perspectives d'avenir?; **he has good** ~**s** il a de l'avenir; **he has no** ~**s** il n'a aucun avenir; **the job has no** ~**s** c'est un emploi sans avenir; **'good** ~**s of promotion'** 'nombreuses *or* réelles possibilités de développement', 'situation *f* d'avenir'; **to improve one's career** ~**s** améliorer ses chances de promotion *or* d'avancement; **the job offered the** ~ **of foreign travel** l'emploi offrait la possibilité de voyager à l'étranger.

(b) (*likely person, thing*) (*for marriage*) parti *m*. **he is a good** ~ **for the England team** c'est un bon espoir pour l'équipe anglaise; **this product is an exciting** ~ **for the European market** ce produit ouvre des perspectives passionnantes en ce qui concerne le marché européen; (*Comm etc*) **he seems quite a good** ~ il semble prometteur; **their offer/the deal seemed quite a good** ~ leur offre/l'affaire semblait prometteuse dans l'ensemble.

2 [prəs'pekt] *vi* prospecter. **to** ~ **for gold** *etc* prospecter pour trouver de l'or *etc*, chercher de l'or *etc*.

3 [prəs'pekt] *vt land, district* prospecter.

prospecting [prəs'pektɪŋ] *n* (*Min etc*) prospection *f*.

prospective [prəs'pektɪv] *adj* *son-in-law, home, legislation* futur (*before n*); *journey* en perspective; *customer* éventuel, possible.

prospector [prəs'pektə^r] n prospecteur m, -trice f. **gold** ~ chercheur m d'or.

prospectus [prəs'pektəs] n prospectus m.

prosper ['prɒspə^r] **1** vi [person] prospérer; [company, enterprise] prospérer, réussir. **2** vt (†, liter) favoriser, faire prospérer, faire réussir.

prosperity [prɒs'perɪtɪ] n (U) prospérité f.

prosperous ['prɒspərəs] adj person, city, business prospère, florissant; period, years prospère; undertaking prospère, qui réussit; look, appearance prospère, de prospérité; (liter) wind favorable.

prosperously ['prɒspərəslɪ] adv de manière prospère or florissante.

prostaglandin [,prɒstə'glændɪn] n prostaglandine f.

prostate ['prɒsteɪt] n (also ~ gland) prostate f. **to have a** ~ **operation** se faire opérer de la prostate.

prosthesis [prɒs'θi:sɪs] n prothèse f or prothèse f.

prosthetic [prɒs'θetɪk] adj prosthétique or prothétique.

prosthodontics [,prɒsθə'dɒntɪks] n prothèse f dentaire.

prosthodontist ['prɒsθə'dɒntɪst] n prothésiste mf dentaire.

prostitute ['prɒstɪtjuːt] **1** n prostituée f. **male** ~ prostitué m, homme m se livrant à la prostitution. **2** vt (lit, fig) prostituer.

prostitution [,prɒstɪ'tjuːʃən] n (U) prostitution f.

prostrate ['prɒstreɪt] **1** adj (lit) à plat ventre; (in respect, submission) prosterné; (in exhaustion) prostré; (fig: nervously, mentally) prostré, accablé, abattu.
2 [prɒs'treɪt] vt **(a) to** ~ **o.s.** se prosterner.
(b) (fig) accabler. **the news** ~d **him** la nouvelle l'a accablé or abattu; ~d **with grief/by the heat** accablé de chagrin/par la chaleur.

prostration [prɒs'treɪʃən] n (act) prosternation f, prosternement m; (Rel) prostration f; (fig: nervous exhaustion) prostration. **in a state of** ~ prostré.

prosy ['prəʊzɪ] adj ennuyeux, insipide.

prot* [prɒt] n (pej) abbr of **Protestant**.

protactinium [,prəʊtæk'tɪnɪəm] n protactinium m.

protagonist [prəʊ'tægənɪst] n protagoniste mf.

Protagoras [prəʊ'tægəræs] n Protagoras m.

protean ['prəʊtɪən] adj changeant, inconstant.

protect [prə'tekt] vt person, property, country, plants protéger (from de, against contre); interests, rights sauvegarder; (Econ) industry protéger. **the tigress fought to** ~ **her cubs** la tigresse s'est battue pour défendre ses petits; **don't lie to** ~ **your brother** ne cherche pas à protéger ton frère en mentant.

protection [prə'tekʃən] **1** n **(a)** (V **protect**) protection f (against contre); sauvegarde f. **to be under sb's** ~ être sous la protection or sous l'aile de qn; **he wore a helmet for** ~ **against rock falls** il portait un casque pour se protéger des or contre les chutes de pierres; **the Prime Minister's personal** ~ la protection rapprochée du Premier ministre; **it is some** ~ **against the cold** cela protège (un peu) contre le froid, cela donne une certaine protection contre le froid.
(b) = **protection money**; V **2**.
2 cpd: **he pays 200 dollars a week protection money** il paye 200 dollars par semaine pour ne pas être attaqué (par le gang etc); **he pays protection money to Big Joe** il verse de l'argent à Big Joe pour qu'il le laisse (subj) en paix; **he's running a protection racket** il est à la tête d'un racket, il extorque des fonds par intimidation.

protectionism [prə'tekʃənɪzəm] n **(a)** (Econ) protectionnisme m. **(b)** (US: of wildlife) défense f de l'environnement.

protectionist [prə'tekʃənɪst] **1** adj **(a)** (Econ) protectionniste. **(b)** (US: of wildlife) measure etc pour la défense de l'environnement. **2** n **(a)** (Econ) protectionniste mf. **(b)** (US: of wildlife) défenseur m de l'environnement.

protective [prə'tektɪv] adj layer, attitude, gesture protecteur (f -trice), de protection; clothing, covering de protection; (Econ) tariff, duty, system protecteur. (Zool) ~ **colouring** or **coloration** mimétisme m, homochromie f; (Jur) ~ **custody** détention préventive (comme mesure de protection).

protectively [prə'tektɪvlɪ] adv d'un geste (or ton etc) protecteur.

protector [prə'tektə^r] n (person) protecteur m; (object, device) dispositif m de protection. (Brit Hist) **the (Lord) P~** le Protecteur.

protectorate [prə'tektərɪt] n protectorat m (also Brit Hist).

protectress [prə'tektrɪs] n protectrice f.

protein ['prəʊtiːn] **1** n protéine f. **2** cpd intake, deficiency de protéines; foods, diet riche en protéines. **protein content** teneur f en protéines.

pro tem* ['prəʊ'tem], **pro tempore** ['prəʊ'tempərɪ] **1** adv temporairement. **2** adj temporaire.

protest ['prəʊtest] **1** n protestation f (against contre, about à propos de). **to do sth under** ~ faire qch en protestant or contre son gré; **to make a** ~ protester, élever une protestation (against contre); **in** ~ en signe de protestation (against contre); **political** ~(**s**) (esp actions) agitation f politique; (esp argument) contestation f.
2 cpd (Pol etc) meeting de protestation. **protest march, protest demonstration** manifestation f.
3 [prə'test] vt protester (that que); one's innocence, loyalty protester de. **'I didn't do it' he** ~ed **'ce n'est pas moi qui l'ai fait'** protesta-t-il.
(b) (US) protester contre.
4 [prə'test] vi protester, élever une or des protestation(s) (against contre, about à propos de, to sb auprès de qn).

Protestant ['prɒtɪstənt] adj, n protestant(e) m(f). ~ **ethic** morale f protestante.

Protestantism ['prɒtɪstəntɪzəm] n protestantisme m.

protestation [,prɒtes'teɪʃən] n protestation f.

protester [prə'testə^r] n protestataire mf; (on march, in demonstration etc) manifestant(e) m(f).

proto... ['prəʊtəʊ] pref proto...:

protocol ['prəʊtəkɒl] n (also Comput) protocole m.

proton ['prəʊtɒn] n proton m.

protoplasm ['prəʊtəʊplæzəm] n protoplasme m, protoplasma m.

prototype ['prəʊtəʊtaɪp] n prototype m. **a prototype aircraft** le prototype d'un avion.

protract [prə'trækt] vt prolonger, faire durer, faire traîner.

protracted [prə'træktɪd] adj prolongé, très long (f longue).

protraction [prə'trækʃən] n prolongation f.

protractor [prə'træktə^r] n (Geom) rapporteur m.

protrude [prə'truːd] **1** vi [stick, gutter, rock, shelf] dépasser, faire saillie, avancer; [teeth] avancer; [eyes] être globuleux. **2** vt faire dépasser.

protruding [prə'truːdɪŋ] adj teeth qui avance; eyes globuleux; chin saillant; shelf, rock en saillie.

protrusion [prə'truːʒən] n saillie f, avancée f.

protrusive [prə'truːsɪv] adj = **protruding**.

protuberance [prə'tjuːbərəns] n protubérance f.

protuberant [prə'tjuːbərənt] adj protubérant.

proud [praʊd] adj **(a)** person fier (of sb/sth de qn/qch, that que + subj, to do de faire); (arrogant) fier, orgueilleux, hautain. **that's nothing to be** ~ **of!** il n'y a pas de quoi être fier!; **I'm not very** ~ **of myself** je ne suis pas très fier de moi; **as** ~ **as a peacock** fier comme Artaban; (pej) vaniteux comme un paon; **it was a** ~ **day for us when** ... nous avons été remplis de fierté or très fiers le jour où ...; **to do o.s.** ~* ne se priver de rien; **to do sb** ~* (entertain etc) se mettre en frais pour qn, recevoir qn comme un roi (or une reine); (honour) faire beaucoup d'honneur à qn; V **house, possessor** etc.
(b) (splendid) building, ship imposant, superbe, majestueux; stallion fier.
(c) nail, screw qui dépasse.

proudly ['praʊdlɪ] adv fièrement, avec fierté; (pej: arrogantly) fièrement, orgueilleusement; (splendidly) majestueusement, superbement, de manière imposante.

prove [pruːv] **1** vt **(a)** (give proof of) prouver (also Jur); (show) prouver, démontrer. **that** ~**s his innocence** or **him innocent** or **that he is innocent** cela prouve son innocence or qu'il est innocent; **you can't** ~ **anything against me** vous n'avez aucune preuve contre moi; **that** ~d **that she did it** cela prouvait bien or c'était bien la preuve qu'elle l'avait fait; **he** ~d **that she did it** il a prouvé or démontré qu'elle l'avait (bien) fait; **he managed to** ~ **it against her** il a réussi à prouver qu'elle l'avait fait or qu'elle était coupable; **he couldn't** ~ **anything against her** il n'a rien pu prouver contre elle; **the theory remains to be** ~d il reste à prouver or démontrer cette théorie, cette théorie n'est pas encore prouvée; **whether he was right remains to be** ~d reste à prouver or encore faut-il prouver qu'il avait raison; **he was** ~d **right** il s'est avéré qu'il avait raison, les faits lui ont donné raison; **it all goes to** ~ **that** ... tout cela montre bien or prouve que ...; **to** ~ **one's point** prouver ce que l'on avance (or à avancé etc); **can you** ~ **it?** pouvez-vous le prouver?; **that** ~**s it!** c'est la preuve!; **he** ~d **himself innocent** il a prouvé son innocence; **he** ~d **himself useful** il s'est révélé or montré utile; (Scot Jur) **verdict of not** ~**n** (ordonnance f de) non-lieu m (en l'absence de charges suffisantes); **the case was not** ~**n** il y a eu ordonnance de non-lieu.
(b) (test) mettre à l'épreuve; will homologuer. **to** ~ **o.s.** faire ses preuves.
(c) (Culin) dough laisser lever.
(d) (Jur, Fin) **to** ~ **a debt** produire une dette (à la faillite).
2 vi **(a)** [person] se montrer, s'avérer, se révéler; [fact, object] s'avérer, se révéler. **he** ~d **(to be) incapable of helping us** il s'est montré or avéré or révélé incapable de nous aider; **the information** ~d **(to be) correct** les renseignements se sont avérés or révélés justes; **the money** ~d **to be in his pocket** l'argent s'est trouvé être dans sa poche; **it** ~d **very useful** cela a été or (more formally) s'est révélé très utile; **the car** ~d **(to be) a success** la voiture a été une réussite; **if it** ~**s otherwise** s'il en est autrement or différemment.
(b) (Culin) [dough] lever.

provenance ['prɒvənəns] n provenance f.

Provençal [,prɒvãːn'sɑːl] **1** adj provençal. **2** n **(a)** Provençal(e) m(f). **(b)** (Ling) provençal m.

Provence [prɒ'vãːns] n Provence f. **in** ~ en Provence.

provender ['prɒvəndə^r] n fourrage m, provende f.

proverb ['prɒvɜːb] n proverbe m. (Bible) **(the Book of) P~s** le livre des Proverbes.

proverbial [prə'vɜːbɪəl] adj proverbial.

proverbially [prə'vɜːbɪəlɪ] adv proverbialement.

provide [prə'vaɪd] **1** vt **(a)** (supply) fournir (sb with sth, sth for sb qch à qn); (equip) munir, pourvoir (sb with sth qn de qch), fournir (sb with sth qch à qn). **to** ~ **o.s. with sth** se pourvoir or se munir de qch, se procurer qch; **I will** ~ **food for everyone** c'est moi qui fournirai la nourriture pour tout le monde; **he** ~d **the school with a new library** il a pourvu l'école d'une nouvelle bibliothèque; **candidates must** ~ **their own pencils** les candidats doivent être munis de leurs propres crayons; **can you** ~ **a substitute?** pouvez-vous trouver un remplaçant?; **it** ~**s accommodation for 5 families** cela loge 5 familles; **the field** ~**s plenty of space for a car park** le champ offre suffisamment d'espace pour un parc à autos; **I am already** ~d **with all I need** je suis déjà bien pourvu, j'ai déjà tout ce qu'il me faut; **the car is** ~d **with a radio** la voiture est pourvue d'une radio.
(b) [legislation, treaty etc] stipuler, prévoir (that que). **unless otherwise** ~d sauf dispositions contraires.

2 *vi* (a) (*financially*) **to ~ for** (*gen*) pourvoir *or* subvenir aux besoins de; *family* entretenir; (*in the future*) assurer l'avenir de qn; **I'll see you well ~d for** je ferai le nécessaire pour que vous ne manquiez (*subj*) de rien; **the Lord will ~** Dieu y pourvoira.

(b) (*make arrangements*) **to ~ for** sth prévoir qch; [*treaty, legislation*] prévoir *or* stipuler qch; **they hadn't ~d for such a lot of spectators** le nombre de spectateurs les a pris au dépourvu; **he had ~d for any eventuality** il avait paré à toute éventualité; **to ~ against** se prémunir contre, prendre ses précautions contre.

provided [prə'vaɪdɪd] *conj*: **~ (that)** pourvu que + *subj*, à condition que + *subj*, à condition de + *infin*; **you can go ~ it doesn't rain** tu peux y aller pourvu qu'il *or* à condition qu'il ne pleuve pas; **you can go ~ you pass your exam** tu peux y aller à condition de réussir ton examen; **~ you always keep it closed** pourvu que tu le gardes toujours bien fermé; (*Admin*, *Jur*) **~ always that ...** sous réserve que + *subj*.

providence ['prɒvɪdəns] *n* (a) (*Rel etc*) providence *f*. **P~** la Providence. (b) (†: *foresight*) prévoyance *f*, prudence *f*.

provident ['prɒvɪdənt] *adj* person prévoyant, prudent; (*Brit*) *fund, society* de prévoyance.

providential [,prɒvɪ'denʃəl] *adj* providentiel.

providentially [,prɒvɪ'denʃəlɪ] *adv* providentiellement.

providently ['prɒvɪdəntlɪ] *adv* avec prévoyance, prudemment.

provider [prə'vaɪdər] *n* pourvoyeur *m*, -euse *f*; (*Comm*) fournisseur *m*, -euse *f*.

providing [prə'vaɪdɪŋ] *conj* = **provided**.

province ['prɒvɪns] *n* (a) province *f*. **the ~s** (*collectively*) la province; **in the ~s** en province.

(b) (*fig*) domaine *m*, compétence *f* (*esp Admin*). **that is not my ~, it is not within my ~** cela n'est pas de mon domaine *or* de ma compétence *or* de mon ressort; **his particular ~ is housing** le logement est son domaine *or* sa spécialité.

(c) (*Rel*) archevêché *m*.

provincial [prə'vɪnʃəl] **1** *adj* (*gen, also pej*) provincial, de province. (*Comm*) **~ branch** branche *f or* agence *f* régionale. **2** *n* provincial(e) *m*(*f*).

provincialism [prə'vɪnʃəlɪzəm] *n* provincialisme *m*.

provision [prə'vɪʒən] **1** *n* (a) (*supply*) provision *f*. **to lay in** *or* **get in a ~ of coal** faire provision de charbon; (*food etc*) **~s** provisions *fpl*; **to get ~s in** faire des provisions.

(b) (*U: supplying*) [*food*] fourniture *f*, approvisionnement *m*; [*equipment*] fourniture. **the ~ of housing** le logement; **~ of food to the soldiers** approvisionnement des soldats en nourriture; (*Fin*) **~ of capital** apport *m or* fourniture de capitaux; **to make ~ for one's family, dependents etc** pourvoir aux besoins de, assurer l'avenir de; *journey, siege, famine* prendre des dispositions *or* des précautions pour.

(c) (*Admin*) (*funding*) financement *m* (*of, for* de); (*funds*) fonds *mpl*.

(d) (*Admin*, *Jur etc*: *stipulation*) disposition *f*, clause *f*. **according to the ~s of the treaty** selon les dispositions du traité; **it falls within the ~s of this law** cela tombe sous le coup de cette loi, c'est un cas prévu par cette loi; **~ to the contrary** clause contraire; **there is no ~ for this in the rules, the rules make no ~ for this** le règlement ne prévoit pas cela.

2 *cpd*: **provision merchant** marchand *m* de comestibles.

3 *vt* approvisionner, ravitailler.

provisional [prə'vɪʒənl] **1** *adj* *government* provisoire; *arrangement, agreement, acceptance* à titre conditionnel; (*Admin*) *appointment* à titre provisoire; (*Jur*) provisionnel. (*Brit*) **~ driving licence** permis *m* de conduire provisoire (*obligatoire pour l'élève conducteur*).

2 *n* (*Ir Pol*) **the P~s** les Provisionals (*tendance activiste de l'IRA*).

provisionally [prə'vɪʒnəlɪ] *adv* agree à titre conditionnel; *appoint* à titre provisoire.

proviso [prə'vaɪzəʊ] *n* stipulation *f*, condition *f*; (*Jur*) clause restrictive, condition formelle. **with the ~ that** à condition que + *subj*.

Provo* ['prɒvəʊ] *n* = **provisional 2**.

provocation [,prɒvə'keɪʃən] *n* provocation *f*. **under ~** en réponse à une provocation.

provocative [prə'vɒkətɪv] *adj* (*aggressive*) *gesture, remark* provocant, provocateur (*f* -trice); (*thought-provoking*) *book, title, talk* qui donne à penser, qui vise à provoquer des réactions; (*seductive*) *woman, movement, smile* provocant, aguichant. **now you're trying to be ~** là vous essayez de me (*or* le *etc*) provoquer, là vous me (*or* lui *etc*) cherchez querelle.

provocatively [prə'vɒkətɪvlɪ] *adv* (*V provocative*) d'un air *or* d'un ton provocant *or* provocateur; d'une manière apte à provoquer des réactions; d'un air aguichant.

provoke [prə'vəʊk] *vt* (a) (*rouse*) provoquer, pousser, inciter (*sb to do or into doing* qn à faire); *war, dispute, revolt* provoquer, faire naître; *reply* provoquer, susciter. **it ~d them to action** cela les a provoqués *or* incités *or* poussés à agir.

(b) **to ~ sb, to ~ sb's anger** *or* sb to anger provoquer qn.

provoking [prə'vəʊkɪŋ] *adj* contrariant, agaçant; *V* **thought**.

provost ['prɒvəst] **1** *n* (*Brit Univ*) principal *m*; (*US Univ*) ≃ doyen *m*; (*Scot*) maire *m*; (*Rel*) doyen *m*; *V* **lord**. **2** *cpd*: (*Mil*) **provost court** tribunal prévôtal; **provost guard** prévôté *f*; **provost marshal** prévôt *m*.

prow [praʊ] *n* proue *f*.

prowess ['praʊɪs] *n* prouesse *f*.

prowl [praʊl] **1** *vi* (*also* **~ about, ~ around**) rôder. **2** *n*: **to be on the ~** rôder. **3** *cpd*: (*US Police*) **prowl car** voiture *f* de police.

prowler ['praʊlər] *n* rôdeur *m*, -euse *f*.

prowling ['praʊlɪŋ] *adj* rôdeur; *taxi* en maraude.

proximity [prɒk'sɪmɪtɪ] *n* proximité *f*. **in ~ to, in the ~ of** à proximité de; **~ fuse** fusée *f* de proximité.

proximo ['prɒksɪməʊ] *adv* (*Comm*) (du mois) prochain.

proxy ['prɒksɪ] **1** *n* (*power*) procuration *f*, pouvoir *m*, mandat *m*; (*person*) mandataire *mf*. **by ~** par procuration. **2** *cpd*: (*Mil euph*) **proxy conflict** conflit *m* par personnes interposées; **proxy vote** vote *m* par procuration.

prude [pru:d] *n* prude *f*, bégueule *f*. **he is a ~** il est prude *or* bégueule.

prudence ['pru:dəns] *n* prudence *f*, circonspection *f*.

prudent ['pru:dənt] *adj* prudent, circonspect.

prudential [pru:'denʃəl] *adj* prudent, de prudence.

prudently ['pru:dəntlɪ] *adv* prudemment, avec prudence.

prudery ['pru:dərɪ] *n* pruderie *f*, pudibonderie *f*.

prudish ['pru:dɪʃ] *adj* prude, pudibond, bégueule.

prudishness ['pru:dɪʃnɪs] *n* = **prudery**.

prune¹ [pru:n] *n* (*fruit*) pruneau *m*; (*pej*‡: *person*) repoussoir *m*. (*fig*) **~s and prisms** afféterie *f*, préciosité *f*.

prune² [pru:n] *vt* tree tailler; (*thin out*) élaguer, émonder; *bush* tailler; (*fig: also* **~ down**) *article, essay* élaguer, faire des coupures dans.

♦**prune away** *vt sep* *branches* élaguer; (*fig*) *paragraph, words* élaguer.

pruning ['pru:nɪŋ] **1** *n* (*V* **prune²**) taille *f*; élagage *m*, émondage *m*. **2** *cpd*: **pruning hook** émondoir *m*, ébranchoir *m*; **pruning knife** serpette *f*; **pruning shears** cisailles *fpl*.

prurience ['prʊərɪəns] *n* lascivité *f*, luxure *f*.

prurient ['prʊərɪənt] *adj* lascif.

Prussia ['prʌʃə] *n* Prusse *f*.

Prussian ['prʌʃən] **1** *adj* prussien. **~ blue** bleu *m* de Prusse. **2** *n* Prussien(ne) *m*(*f*).

prussic ['prʌsɪk] *adj*: **~ acid** acide *m* prussique.

pry¹ [praɪ] *vi* fourrer son nez dans les affaires des autres, s'occuper de ce qui ne vous regarde pas. **I don't want to ~ but ...** je ne veux pas être indiscret mais ...; **stop ~ing!** occupez-vous de ce qui vous regarde!; **to ~ into** sb's desk fureter *or* fouiller *or* fouiner dans le bureau de qn; **to ~ into a secret** chercher à découvrir un secret.

pry² [praɪ] *vt* (*US*) = **prise**.

prying ['praɪɪŋ] *adj* fureteur, curieux, indiscret (*f* -ète).

P.S. [pi:'es] *n* (*abbr for* **postscript**) p.s. *m*.

psalm [sɑ:m] *n* psaume *m*. (*Bible*) (**the Book of**) **P~s** le livre des Psaumes.

psalmist ['sɑ:mɪst] *n* psalmiste *m*.

psalmody ['sælmədɪ] *n* psalmodie *f*.

psalter ['sɔ:ltər] *n* psautier *m*.

PSBR [,pi:esbi:'ɑ:r] (*Econ*) *abbr of* **public sector borrowing requirement**; *V* **public**.

psephologist [se'fɒlədʒɪst] *n* spécialiste *mf* des élections.

psephology [sə'fɒlədʒɪ] *n* étude *f* des élections.

pseud* [sju:d] (*Brit*) **1** *n* bêcheur* *m*, -euse *f*. **2** *adj* qui manque de sincérité, artificiel.

pseudo- ['sju:dəʊ] *pref* pseudo-. **~antique** pseudo-antique; **~autobiography** pseudo-autobiographie *f*; **~apologetically** sous couleur de s'excuser.

pseudo* ['sju:dəʊ] *adj* insincère, faux (*f* fausse).

pseudonym ['sju:dənɪm] *n* pseudonyme *m*.

pseudonymous [sju:'dɒnɪməs] *adj* pseudonyme.

pshaw [pʃɔ:] *excl* peuh!

psittacosis [,psɪtə'kəʊsɪs] *n* psittacose *f*.

psoriasis [sɒ'raɪəsɪs] *n* psoriasis *m*.

PST [pi:es'ti:] (*US*) *abbr of* **Pacific Standard Time**; *V* **Pacific**.

PSV [pi:es'vi:] *n* (*Aut*) *abbr of* **public service vehicle**; *V* **public**.

psych* [saɪk] (*abbr of* **psychoanalyse**) *vt* (a) (*guess, anticipate*) sb's reactions etc deviner, prévoir.

(b) (*make uneasy: also* **~ out**) intimider, déconcerter (volontairement). **that doesn't ~ me** ça ne me fait ni chaud ni froid, ça ne me panique‡ pas.

(c) (*prepare psychologically: also* **~ up**) préparer (mentalement) (*for* sth à *or* pour qch; *to do* pour faire). **to get o.s. ~ed up for sth** se préparer mentalement à qch, se chauffer* pour qch; **he was all ~ed up to start, when ...** il était gonflé à bloc*, tout prêt à commencer, quand ... .

♦**psych out*** **1** *vi* (*break down*) craquer*. **2** *vt sep* (a) (*cause to break down*) faire craquer*.

(b) *V* **psych b**.

(c) (*US: analyse, work out*) piger‡, comprendre (*that* que); *situation etc* analyser, comprendre. **to psych sb out** voir clair dans le jeu de qn; **I psyched it all out for myself** je m'y suis retrouvé tout seul.

♦**psych up*** *vt sep* *V* **psych c**.

psyche ['saɪkɪ] *n* psychisme *m*, psyché *f*.

psychedelia [,saɪkə'deliə] *npl* (*US*) (*objects*) objets *mpl* psychédéliques; (*atmosphere*) univers *m* psychédélique.

psychedelic [,saɪkə'delɪk] *adj* psychédélique.

psychiatric [,saɪkɪ'ætrɪk] *adj* hospital, treatment, medicine psychiatrique; *disease* mental.

psychiatrist [saɪ'kaɪətrɪst] *n* psychiatre *mf*.

psychiatry [saɪ'kaɪətrɪ] *n* psychiatrie *f*.

psychic ['saɪkɪk] **1** *adj* (a) (*supernatural*) *phenomenon* métapsychique, psychique*; (*telepathic*) télépathe. **~ research** recherches *fpl* métapsychiques; **I'm not ~*** je ne suis pas devin.

(b) (*Psych*) psychique. **2** *n* médium *m*.

psychical ['saɪkɪkəl] *adj* = **psychic 1**.

psycho- ['saɪkəʊ] *pref* psych(o)... .

psycho‡ ['saɪkəʊ] *abbr of* **psychopath(ic), psychotic**.

psychoanalysis [,saɪkəʊə'nælɪsɪs] *n* psychanalyse *f*.

psychoanalyst [,saɪkəʊ'ænəlɪst] *n* psychanalyste *mf*.

psychoanalytic(al) [,saɪkəʊ,ænə'lɪtɪk(əl)] *adj* psychanalytique.

psychoanalyze [,saɪkəʊ'ænəlaɪz] *vt* psychanalyser.

psychodrama ['saɪkəʊdrɑ:mə] n psychodrame m.
psychokinesis [,saɪkəʊkɪ'ni:sɪs] n psychocinèse f, psychokinésie f.
psychokinetic [,saɪkəʊkɪ'netɪk] adj psychocinétique.
psycholinguistic ['saɪkəʊlɪŋ'gwɪstɪk] 1 adj psycholinguistique. 2 n (U) ~s psycholinguistique f.
psychological [,saɪkə'lɒdʒɪkəl] adj method, study, state, moment, warfare psychologique. it's only ~* c'est psychique or psychologique.
psychologically [,saɪkə'lɒdʒɪkəlɪ] adv psychologiquement.
psychologist [saɪ'kɒlədʒɪst] n psychologue mf; V child, industrial etc.
psychology [saɪ'kɒlədʒɪ] n psychologie f; V child etc.
psychometric ['saɪkəʊ'metrɪk] 1 adj psychométrique. 2 n (U) ~s psychométrie f.
psychometry [saɪ'kɒmɪtrɪ] n psychométrie f.
psychomotor ['saɪkəʊ'məʊtər] adj psychomoteur (f -trice).
psychoneurosis ['saɪkəʊnjʊə'rəʊsɪs] n psychonévrose f, psychoneurasthénie f.
psychoneurotic ['saɪkəʊnjʊə'rɒtɪk] adj psychonévrotique.
psychopath ['saɪkəʊpæθ] n psychopathe mf.
psychopathic [,saɪkəʊ'pæθɪk] adj person psychopathe; condition psychopathique.
psychopathology ['saɪkəʊpə'θɒlədʒɪ] n psychopathologie f.
psychopharmacological ['saɪkəʊfɑ:məkə'lɒdʒɪkəl] adj psychopharmacologique.
psychopharmacology ['saɪkəʊfɑ:mə'kɒlədʒɪ] n psychopharmacologie f.
psychophysical ['saɪkəʊ'fɪzɪkəl] adj psychophysique.
psychophysics ['saɪkəʊ'fɪzɪks] n (U) psychophysique f.
psychophysiological ['saɪkəʊ,fɪzɪə'lɒdʒɪkəl] adj psychophysiologique.
psychophysiology ['saɪkəʊfɪzɪ'ɒlədʒɪ] n psychophysiologie f.
psychoprophylactic [,saɪkəʊ,prɒfɪ'læktɪk] adj psychoprophylactique.
psychoprophylaxis [,saɪkəʊ,prɒfɪ'læksɪs] n psycho-prophylaxie f.
psychosis [saɪ'kəʊsɪs] n, pl psychoses [saɪ'kəʊsi:z] psychose f.
psychosocial ['saɪkəʊ'səʊʃəl] adj psychosocial.
psychosociological ['saɪkəʊ,səʊsɪə'lɒdʒɪkəl] adj psychosociologique.
psychosomatic ['saɪkəʊsəʊ'mætɪk] adj psychosomatique.
psychosurgery ['saɪkəʊ'sɜ:dʒərɪ] n psychochirurgie f.
psychotherapist ['saɪkəʊ'θerəpɪst] n psychothérapeute mf.
psychotherapy ['saɪkəʊ'θerəpɪ] n psychothérapie f.
psychotic [saɪ'kɒtɪk] adj, n psychotique (mf).
psy-war* ['saɪwɔ:r] n (US) guerre f psychologique.
PT [pi:'ti:] n (Educ) abbr of physical training; V physical.
pt abbr of pint(s) and point(s).
PTA [,pi:ti:'eɪ] n (Scol) abbr of Parent-Teacher Association; V parent.
ptarmigan ['tɑ:mɪgən] n lagopède m des Alpes.
Pte (Mil) abbr of Private. (on envelope) ~ J. Smith le soldat J. Smith.
pterodactyl [,terəʊ'dæktɪl] n ptérodactyle m.
P.T.O. [,pi:ti:'əʊ] (abbr of please turn over) T.S.V.P.
Ptolemaic [,tɒlə'meɪɪk] adj ptolémaïque.
Ptolemy ['tɒləmɪ] n Ptolémée m.
ptomaine ['təʊmeɪn] n ptomaïne f. ~ poisoning intoxication f alimentaire.
ptosis ['təʊsɪs] n ptose f.
ptyalin ['taɪəlɪn] n ptyaline f.
pub [pʌb] (Brit abbr of public house) 1 n pub m, ≃ bistrot* m. 2 cpd: to go on a pub crawl*, to go pub-crawling* faire la tournée des bistrots* or des pubs.
puberty ['pju:bətɪ] n puberté f.
pubescence [pju:'besəns] n pubescence f.
pubescent [pju:'besənt] adj pubescent.
pubic ['pju:bɪk] adj region etc pubien. ~ hair poils mpl du pubis.
pubis ['pju:bɪs] n pubis m.
public ['pʌblɪk] 1 adj (a) (gen: Admin, Econ, Fin etc) public (f -ique); (owned by the nation) enterprise etc nationalisé, étatisé. ~ analyst analyste mf d'État or officiel(le); ~ assistance† assistance publique; (Econ) the ~ debt la dette publique; (US Jur) ~ defender avocat m de l'assistance judiciaire; [copyright] in the ~ domain dans le domaine public; (Scol etc) ~ examination examen national; (US Med) ~ health médecine orientée vers l'hygiène publique; (US) P~ Health Service ≃ Direction f des affaires sanitaires et sociales; (US) ~ housing logements mpl sociaux, ≃ H.L.M. fpl; (US) ~ housing project cité f H.L.M.; ~ law droit public; (Brit) ~ limited company ≃ société f à responsabilité limitée; (US) ~ medicine ~ health; (Econ) ~ money deniers publics; (Econ) ~ ownership nationalisation f, étatisation f; under ~ ownership nationalisé, étatisé; to take sth into ~ ownership nationaliser qch, étatiser qch; (Jur) P~ Prosecutor ≃ procureur m (de la République), ministère public; (Jur) P~ Prosecutor's Office parquet m; (Econ) the ~ purse le trésor public; (Brit) P~ Record Office ≃ Archives nationales; (Econ) the ~ sector le secteur public; ~ sector borrowing emprunts mpl d'État; (US) ~ television télévision f éducative (non commerciale); ~ utility service public; ~ welfare assistance publique; ~ works travaux publics; [company] to go ~ être coté en Bourse; V also 2.
    (b) (of, for, by everyone) meeting, park, indignation public (f -ique). it is a matter of ~ interest c'est une question d'intérêt public or général; he has the ~ interest at heart il a à cœur l'intérêt or le bien public; there was a ~ protest against ... il y a eu de nombreux mouvements de protestation contre ... (V also 1c); the house has two ~ rooms and three bedrooms la maison a

cinq pièces dont trois chambres; (US TV) ~ access channels chaînes fpl de télévision accordant du temps d'antenne à des groupements de particuliers; ~ affairs affaires publiques; 'this is a ~ announcement: would passengers ...' votre attention s'il vous plaît: les passagers sont priés de ...'; (Brit) ~ bar bar m; ~ building édifice public; (Admin) ~ convenience toilettes fpl (publiques); ~ enemy ennemi public; (fig) ~ enemy number one* ennemi public numéro un; to be in the ~ eye être très en vue; he's a ~ figure c'est quelqu'un qui est très en vue, c'est une personnalité très connue; (Brit Admin) ~ footpath passage public pour piétons, sentier public; ~ holiday jour férié, fête légale; ~ lavatory toilettes fpl, W.C. mpl; ~ library bibliothèque municipale; a man in ~ life un homme public; to go into ~ life se consacrer aux affaires publiques; to be active in ~ life prendre une part active aux affaires publiques; ~ opinion opinion publique; ~ opinion poll sondage m d'opinion publique; ~ servant fonctionnaire mf; ~ service service public; (US) ~ service corporation service public non nationalisé; (Brit) ~ service vehicle véhicule m de transport en commun; ~ speakers know that ... les personnes amenées à parler fréquemment en public savent que ...; she is a good ~ speaker elle parle bien en public; ~ speaking art m oratoire; ~ spirit civisme m, sens m civique (V also 2); ~ transport transports mpl en commun; V also 2, and image, nuisance etc.
    (c) (open to everyone, not secret) public (f -ique). to make sth ~ rendre qch public, publier qch, porter qch à la connaissance du public; it was all quite ~ cela n'avait rien de secret, c'était tout à fait officiel; he made a ~ protest il a protesté publiquement; his ~ support of the strikers son appui déclaré or ouvert aux grévistes; let's go over there, it's too ~ here allons là-bas, c'est trop public ici.
    2 cpd: public address system (système m de) sonorisation f; (Brit) public house pub m, ≃ café m; (Brit Admin) public lending right droits compensant un auteur sur le prêt de ses ouvrages en bibliothèque; public relations relations publiques; public relations officer responsable mf de relations publiques; it's just a public relations exercise il (etc) a fait ça uniquement dans le but de se faire bien voir; public school (Brit) public school f, collège m secondaire privé; (US) école publique; (Brit) public schoolboy or schoolgirl élève mf d'une public school; to be public-spirited faire preuve de civisme.
    3 n public m. in ~ en public; the reading/sporting ~ les amateurs mpl de lecture/de sport; (hum) the great British ~ les sujets mpl de Sa (Gracieuse) Majesté; he couldn't disappoint his ~ il ne pouvait pas décevoir son public; V general etc.
publican ['pʌblɪkən] n (a) (Brit: pub manager) patron(ne) m(f) de bistrot. (b) (Bible) publicain m.
publication [,pʌblɪ'keɪʃən] 1 n (a) (U: act of publishing) [book etc] publication f; (Jur) [banns] publication f; [decree] promulgation f, publication f. after the ~ of the book après la publication or la parution du livre; this is not for ~ (lit) (gen) il ne faut pas publier ceci, (by the press) ceci ne doit pas être communiqué à la presse; (fig) ceci doit rester entre nous.
    (b) (published work) publication f.
    2 cpd: publication date date f de parution or de publication.
publicist ['pʌblɪsɪst] n (Jur) spécialiste mf de droit public international; (Press) journaliste mf; (Advertising) (agent m) publicitaire m, agent de publicité.
publicity [pʌb'lɪsɪtɪ] 1 n (U) publicité f (for pour). can you give us some ~ for the concert? pouvez-vous nous faire de la publicité pour le concert?; adverse ~ contre-publicité f; I keep getting ~ about the society's meetings je reçois tout le temps des circulaires concernant les réunions de la société; I've seen some of their ~ j'ai vu des exemples de leur publicité or pub*.
    2 cpd: publicity agency agence f publicitaire or de publicité; publicity agent (agent m) publicitaire m, agent de publicité.
publicize ['pʌblɪsaɪz] vt (a) (make public) rendre public (f -ique), publier. I don't ~ the fact, but ... je ne le crie pas sur les toits mais...; well-~d dont on parle beaucoup (or dont on a beaucoup parlé etc) (V also (b)). (b) (advertise) faire de la publicité pour. well-~d annoncé à grand renfort de publicité.
publicly ['pʌblɪklɪ] adv publiquement, en public. (Econ) ~-owned étatisé, nationalisé.
publish ['pʌblɪʃ] vt (a) news publier, faire connaître. (Jur) to ~ the banns publier les bans. (b) book publier, éditer, faire paraître, sortir; author éditer. 'to be ~ed' 'à paraître'; 'just ~ed' 'vient de paraître'; ~ed monthly paraît tous les mois.
publisher ['pʌblɪʃər] n éditeur m, -trice f.
publishing ['pʌblɪʃɪŋ] n [book etc] publication f. he's in ~ il travaille dans l'édition; ~ house maison f d'édition.
puce [pju:s] adj puce inv.
puck¹ [pʌk] n (elf) lutin m, farfadet m.
puck² [pʌk] n (Ice Hockey) palet m.
pucker ['pʌkər] 1 vi (also ~ up) [face, feature, forehead] se plisser; (Sewing) goder. 2 vt (also ~ up) (Sewing) faire goder. to ~ (up) one's brow or forehead plisser son front. 3 n (Sewing) faux pli m.
puckish ['pʌkɪʃ] adj de lutin, malicieux.
pud‡ [pʊd] n abbr of pudding.
pudding ['pʊdɪŋ] 1 n (a) (cooked dessert) steamed ~ pudding cuit à la vapeur; apple ~ dessert m aux pommes; rice ~ riz m au lait; V milk, proof etc.
    (b) (dessert course in meal) dessert m. what's for ~? qu'y a-t-il comme dessert?
    (c) (cooked meat etc dish) pudding m. steak-and-kidney ~ pudding à la viande de bœuf et aux rognons.
    (d) (cooked sausage) black/white ~ boudin noir/blanc.
    (e) (pej: fat person) patapouf* mf.
    2 cpd: pudding basin jatte f, bol m; (fig pej) pudding-face‡ (face

f de) lune‡ *f*, tête *f* de lard‡; *(fig pej)* pudding-head‡ empoté(e)* *m(f)*; *(Culin)* pudding rice riz *m* à grains ronds; *(Geol)* pudding-stone poudingue *m*, conglomérat *m*.

puddle ['pʌdl] *n* flaque *f*.

pudenda [puːˈdendə] *npl* parties *fpl* génitales.

pudgy ['pʌdʒɪ] *adj* = **podgy**.

pueblo ['pweblǝʊ] *n (US)* pueblo *m*, village indien du sud-ouest.

puerile ['pjʊǝraɪl] *adj* puéril *(f* puérile).

puerility [pjʊǝˈrɪlɪtɪ] *n* puérilité *f*.

puerperal [pjuː(ˈ)ɜ:pǝrǝl] *adj* puerpéral. ~ **fever** fièvre puerpérale.

Puerto Rican ['pwɜ:tǝʊˈri:kǝn] **1** *adj* portoricain. **2** *n* Portoricain(e) *m(f)*.

Puerto Rico ['pwɜ:tǝʊˈri:kǝʊ] *n* Porto Rico *f*.

puff [pʌf] **1** *n* **(a)** *[air]* bouffée *f*, souffle *m*; *(from mouth)* souffle; *[wind, smoke]* bouffée; *(sound of engine)* teuf-teuf *m*. **our hopes vanished in a** ~ **of smoke** nos espoirs se sont évanouis *or* s'en sont allés en fumée; **he blew out the candles with one** ~ il a éteint les bougies d'un seul souffle; **to be out of** ~* être à bout de souffle, être essoufflé; **to get one's** ~* **back** reprendre son souffle, reprendre haleine; **he took a** ~ **at his pipe/cigarette** il a tiré une bouffée de sa pipe/cigarette; **just time for a quick** ~!* juste le temps de griller* une cigarette en vitesse!

(b) *(powder* ~*)* houppe *f*, *(small)* houppette *f*; *(in dress)* bouillon *m*; *(pastry)* feuilleté *m*. **jam** ~ feuilleté à la confiture.

(c) (*: *advertisement)* réclame *f (U)*, boniment *m (U)*; *(written article)* papier *m*. *(Press, Rad, TV)* **he gave the record a** ~ il a fait de la réclame *or* du boniment pour le disque; **there's a** ~ **about his new book** il y a un papier sur son nouveau livre.

2 *cpd:* **puff adder** vipère heurtante; **puffball** vesse-de-loup *f*; **puff pastry**, *(US)* **puff paste** pâte feuilletée; *(baby talk)* **puff-puff*** teuf-teuf *m (baby talk)*; **puff(ed) sleeves** manches bouffantes.

3 *vi (blow)* souffler; *(pant)* haleter; *[wind]* souffler. **smoke was** ~**ing from the ship's funnel** des bouffées de fumée sortaient de la cheminée du navire; **he was** ~**ing hard** *or* ~**ing like a grampus** *or* ~**ing and panting** il soufflait comme un phoque *or* un bœuf; **to** ~ **(away) at one's pipe/cigarette** tirer des bouffées de sa pipe/cigarette; **he** ~**ed up to the top of the hill** soufflant et haletant il a grimpé jusqu'en haut de la colline; *[train]* **to** ~ **in/out** *etc* entrer/sortir *etc* en envoyant des bouffées de fumée; *V also* **puffed**.

4 *vt* **(a)** *[person, chimney, engine, boat]* **to** ~ **(out)** smoke envoyer des bouffées de fumée; **stop** ~**ing smoke into my face** arrête de m'envoyer ta fumée dans la figure; **he** ~**ed his pipe** il tirait des bouffées de sa pipe.

(b) *rice* faire gonfler; *(also* ~ **out)** *sails etc* gonfler. **to** ~ **(out) one's cheeks** gonfler ses joues; **to** ~ **out one's chest** gonfler *or* bomber sa poitrine; **the bird** ~**ed out** *or* **up its feathers** l'oiseau hérissa ses plumes; **his eyes are** ~**ed (up)** il a les yeux gonflés *or* bouffis.

(c) (*: *praise: also* ~ **up)** porter aux nues, faire mousser*.

◆**puff away** *vi V* **puff 3**.

◆**puff out 1** *vi [sails etc]* se gonfler; *V also* **puff 3**.

2 *vt sep* **(a)** *V* **puff 4a, 4b, 4c**.

(b) *(utter breathlessly)* dire en haletant *or* tout essoufflé.

◆**puff up 1** *vi [sails etc]* se gonfler; *[eye, face]* enfler.

2 *vt sep (inflate)* gonfler. *(fig)* **to be puffed up (with pride)** être bouffi d'orgueil; *V also* **puff 4b and 4c**.

puffed* [pʌft] *adj (breathless: also* ~ **out)** à bout de souffle, haletant.

puffer ['pʌfǝr] *n* **(a)** *(fish)* poisson-globe *m*. **(b)** (*: *train)* teuf-teuf *m*, train *m*.

puffin ['pʌfɪn] *n* macareux *m*.

puffiness ['pʌfɪnɪs] *n (V* **puffy)** gonflement *m*, bouffissure *f*; boursouflure *f*.

puffy ['pʌfɪ] *adj eye* gonflé, bouffi; *face* gonflé, bouffi, boursouflé.

pug [pʌg] **1** *n* carlin *m*. **2** *cpd:* **pug nose** nez rond retroussé; **pug-nosed** au nez rond retroussé.

pugilism ['pju:dʒɪlɪzǝm] *n* boxe *f*.

pugilist ['pju:dʒɪlɪst] *n* pugiliste *m*, boxeur *m*.

pugnacious [pʌgˈneɪʃǝs] *adj* batailleur, pugnace, querelleur.

pugnaciously [pʌgˈneɪʃǝslɪ] *adv* avec pugnacité, d'un ton querelleur.

pugnacity [pʌgˈnæsɪtɪ] *n* pugnacité *f*.

puke‡ [pju:k] **1** *vi* vomir, dégobiller‡. *(fig)* **it makes you** ~ c'est à faire vomir, c'est dégueulasse‡. **2** *n* **(a)** *(vomit)* vomi *m*. **(b)** *(US pej: person)* salaud‡ *m*.

pukka* ['pʌkǝ] *adj (genuine)* vrai, authentique, véritable; *(excellent)* de premier ordre; *(socially superior)* snob *inv. (Brit: fig, †)* **he's a** ~ **sahib** c'est ce qu'on appelle un gentleman.

pulchritude ['pʌlkrɪtju:d] *n (frm)* beauté *f*.

pull [pʊl] **1** *n* **(a)** *(act, effect)* traction *f*; *[moon]* attraction *f*; *(attraction: magnetic, fig)* (force *f* d')attraction, magnétisme *m*. **to give sth a** ~, **to give a** ~ **on** *or* **at sth** tirer (sur) qch; **one more** ~ **and we'll have it up** encore un coup et on l'aura; **I felt a** ~ **at my sleeve** j'ai senti quelqu'un qui tirait ma manche; **it was a long** ~ **up the hill** la montée était longue (et raide) pour aller jusqu'en haut de la colline; *(Rowing)* **it was a long** ~ **to the shore** il a fallu faire force de rames pour arriver jusqu'au rivage; **the** ~ **of the current** la force du courant; *(fig)* **the** ~ **of family ties** la force des liens familiaux; *(fig)* **the** ~ **of the South/the sea** *etc* l'attraction du Sud/de la mer *etc*; *(fig)* **to have a** ~ **over sb** *(have advantage over)* avoir l'avantage *or* le dessus sur qn; *(have a hold over)* avoir barre sur qn; *(fig)* **to have (some)** ~ avoir de l'influence auprès de qn; *(fig)* **he's got** ~* il a le bras long; *V* **leg**.

(b) *(at bottle, glass, drink)* lampée *f*, gorgée *f*. **he took a** ~ **at the bottle** il a une gorgée *or* lampée à même la bouteille; **he took a long** ~ **at his cigarette/pipe** il a tiré longuement sur sa cigarette/pipe.

(c) *(handle)* poignée *f*; *(cord)* cordon *m*; *V* **bell**.

(d) *(Typ)* épreuve *f*.

(e) *(Golf)* coup *m* hooké.

2 *cpd:* *(Brit)* **pull-in** *(lay-by)* parking *m*; *(café)* café *m* de bord de route, routier *m*; *(US)* **pull-off** parking *m*; **pull-out** *V* **pull-out**; **pullover** pull *m*, pullover *m*; *(on can)* **pull-ring**, **pull-tab** anneau *m*, bague *f*; **pull-up** *(Brit: by roadside)* = **pull-in**; *(Gymnastics)* traction *f (sur anneaux etc)*.

3 *vt* **(a)** *(draw)* cart, carriage, coach, caravan, curtains tirer. **to** ~ **a door shut** tirer une porte derrière *or* après soi; **to** ~ **a door open** ouvrir une porte en la tirant; ~ **your chair closer to the table** approchez votre chaise de la table; **he** ~**ed the box over to the window** il a traîné la caisse jusqu'à la fenêtre; **he** ~**ed her towards him** il l'attira vers lui.

(b) *(tug)* bell, rope tirer; *trigger* presser; *oars* manier. **he** ~**s a good oar** il est bon rameur; **to** ~ **to pieces** *or* **to bits** *(lit)* toy, box *etc* mettre en pièces *or* en morceaux, démolir; *daisy* effeuiller; *(fig)* argument, scheme, play, film démolir*; (*) person éreinter; **to** ~ **sb's hair** tirer les cheveux à qn; ~ **the other one (it's got bells on)!* à d'autres!, mon œil!*; *(Horse-racing)* **to** ~ **a horse** retenir un cheval; *(Boxing, also fig)* **to** ~ **one's punches** ménager son adversaire; **he didn't** ~ **any punches** il n'y est pas allé de main morte, il n'a pas pris de gants; *(fig)* **to** ~ **one's weight** faire sa part du travail, fournir sa part d'effort; *(fig)* **to** ~ **rank on sb** en imposer hiérarchiquement à qn; *V* **leg, string, wire** *etc*.

(c) *(draw out)* tooth arracher, extraire; cork, stopper ôter, enlever, retirer; gun, knife tirer, sortir; flowers cueillir; weeds arracher, extirper; beer tirer; *(Culin)* chicken vider. **he** ~**ed a gun on me** il a (soudain) braqué un revolver sur moi; **he's** ~**ing pints* somewhere in London** il est barman *or* garçon de café quelque part à Londres; *(Cards)* **to** ~ **trumps*** faire tomber les atouts.

(d) *(strain, tear)* thread tirer; muscle, tendon, ligament se déchirer, se froisser, se claquer.

(e) *(Typ)* tirer.

(f) *(Golf etc)* ball hooker. **to** ~ **a shot** hooker.

(g) *(fig: make, do)* faire, effectuer. **the gang** ~**ed several bank raids/several burglaries last month** le gang a effectué plusieurs hold-up de banques/plusieurs cambriolages le mois dernier; *(fig)* **to** ~ **a fast one*** monter une combine pour entuber‡ les gens; **to** ~ **a fast one on sb*** rouler qn*, avoir qn*, entuber qn‡; *V* **face, long¹** *etc*.

(h) (‡: *have sex with)* lever‡, s'envoyer‡.

4 *vi* **(a)** *(tug)* tirer *(at, on* sur). **stop** ~**ing!** arrêtez de tirer!; **he** ~**ed at her sleeve** il lui tira la manche, il la tira par la manche; **the car/the steering is** ~**ing to the left** la voiture/la direction tire *or* porte à gauche; **the brakes** ~ **to the left** quand on freine la voiture tire à gauche *or* porte à gauche *or* est déportée sur la gauche; **the rope won't** ~, il must be stuck la corde ne vient pas, elle doit être coincée.

(b) *(move)* **the coach** ~**ed slowly up the hill** le car a gravi lentement la colline; **the train** ~**ed into/out of the station** le train est entré en gare/est sorti de la gare; **he soon** ~**ed clear of the traffic** il a eu vite fait de laisser le gros de la circulation derrière lui; **he began to** ~ **ahead of his pursuers** il a commencé à prendre de l'avance sur *or* à se détacher de *or* à distancer ses poursuivants; **the car isn't** ~**ing very well** la voiture manque de reprises.

(c) **to** ~ **at a cigarette/pipe** *etc* tirer sur une cigarette/pipe *etc*; **he** ~**ed at his whisky** il a pris une gorgée *or* une lampée de son whisky.

(d) *(row)* ramer *(for* vers).

◆**pull about, pull around** *vt sep* **(a)** *wheeled object etc* tirer derrière soi.

(b) *(handle roughly)* watch, ornament etc tirailler; person malmener.

◆**pull ahead** *vi (in race, election etc)* prendre la tête.

◆**pull along** *vt sep wheeled object etc* tirer derrière soi. **to pull o.s. along** se traîner.

◆**pull apart 1** *vi:* **this box pulls apart** cette boîte est démontable *or* se démonte.

2 *vt sep* **(a)** *(pull to pieces)* démonter; *(break)* mettre en pièces *or* en morceaux. *(fig)* **the police pulled the whole house apart looking for drugs** la police a mis la maison sens dessus dessous en cherchant de la drogue.

(b) *(separate)* dogs, adversaries séparer; sheets of paper etc détacher, séparer.

◆**pull away 1** *vi* **(a)** *[vehicle, ship]* démarrer; *[train]* démarrer, s'ébranler. **he pulled away from the kerb** il s'est éloigné du trottoir; **he began to pull away from his pursuers** il a commencé à se détacher de *or* à prendre de l'avance sur *or* à distancer ses poursuivants; **she suddenly pulled away from him** elle s'est soudain écartée de lui.

(b) **they were pulling away on the oars** ils faisaient force de rames.

2 *vt sep (withdraw)* retirer brusquement *(from sb* à qn); *(snatch)* ôter, arracher *(from sb* à qn, des mains de qn). **he pulled the child away from the fire** il a éloigné *or* écarté l'enfant du feu.

◆**pull back 1** *vi (Mil, gen, fig: withdraw)* se retirer.

2 *vt sep* **(a)** *(withdraw)* object retirer *(from* de); person tirer en arrière *(from* loin de); *(Mil)* retirer, ramener à *or* vers l'arrière. **to pull back the curtains** ouvrir les rideaux.

(b) *lever* tirer (sur).

◆**pull down 1** *vi:* **the blind won't pull down** le store ne descend pas.

2 *vt sep* **(a)** *blind* baisser, descendre. **he pulled his opponent down (to the ground)** il a mis à terre son adversaire; **he pulled his hat down over his eyes** il ramena *or* rabattit son chapeau sur ses yeux; **pull your skirt down over your knees** ramène *or* tire ta jupe sur tes genoux; **she slipped and pulled everything down off the shelf with her** elle a glissé et entraîné dans sa chute tout ce qui était sur l'étagère.

(b) (*demolish*) *building* démolir, abattre; *tree* abattre. **the whole street has been pulled down** la rue a été complètement démolie; (*fig*) **to pull down the government** renverser le gouvernement.

(c) (*weaken, reduce*) affaiblir, abattre. **his illness has pulled him down a good deal** la maladie a sapé ses forces, la maladie l'a beaucoup affaibli *or* abattu; **his geography marks pulled him down** ses notes de géographie ont fait baisser sa moyenne *or* l'ont fait dégringoler*.

(d) (*US*: *earn*) [*person*] gagner; [*business, shop etc*] rapporter.

♦**pull in 1** *vi* (*Aut etc*) (*arrive*) arriver; (*enter*) entrer; (*stop*) s'arrêter. **when the train pulled in (at the station)** quand le train est entré en gare.

2 *vt sep* **(a)** *rope, fishing line* ramener. **to pull sb in** (*into room, car*) faire entrer qn, tirer qn à l'intérieur; (*into pool etc*) faire piquer une tête dans l'eau à qn; **pull your chair in (to the table)** rentre ta chaise (sous la table); **pull your stomach in!** rentre le ventre!; (*fig*) **that film is certainly pulling people in** sans aucun doute ce film attire les foules; *V* **belt, horn**.

(b) (*detain*) **the police pulled him in for questioning** la police l'a appréhendé pour l'interroger.

(c) (*restrain*) *horse* retenir.

(d) (*: earn*) [*person*] gagner; [*business, shop etc*] rapporter.

3 **pull-in** *n V* **pull 2**.

♦**pull off 1** *vt sep* **(a)** (*remove*) *handle, lid, cloth* enlever, ôter; *gloves, shoes, coat, hat* enlever, ôter, retirer.

(b) (*fig*) *plan, aim* réaliser; *deal* mener à bien, conclure; *attack, hoax* réussir. **he didn't manage to pull it off** il n'a pas réussi son coup.

2 **pull-off** *n V* **pull 2**.

♦**pull on 1** *vi*: **the cover pulls on** la housse s'enfile.

2 *vt sep gloves, coat, cover* mettre, enfiler; *shoes, hat* mettre.

♦**pull out 1** *vi* **(a)** (*leave*) [*train*] s'ébranler, démarrer; [*car, ship*] démarrer; (*withdraw: lit, fig*) se retirer (*of* de). (*Aviat*) **to pull out of a dive** se redresser; **he pulled out of the deal at the last minute** il a tiré son épingle du jeu *or* il s'est retiré à la dernière minute.

(b) (*Aut*) déboîter, sortir de la file. **he pulled out to overtake the truck** il a déboîté pour doubler le camion.

(c) **the drawers pull out easily** les tiroirs coulissent bien; **the table pulls out to seat 8** avec la rallonge 8 personnes peuvent s'asseoir à la table; **the centre pages pull out** les pages du milieu sont détachables *or* se détachent.

2 *vt sep* **(a)** (*extract, remove*) *nail, hair, page* arracher; *splinter* enlever; *cork, stopper* ôter, enlever, retirer; *tooth* arracher, extraire; *weeds* arracher, extirper; *gun, knife, cigarette lighter* sortir, tirer. **he pulled a rabbit out of his hat** il a sorti *or* tiré un lapin de son chapeau; **to pull sb out of a room** faire sortir qn d'une pièce, tirer qn à l'extérieur; **they pulled him out of the wreckage alive** ils l'ont tiré *or* sorti vivant des débris; *V* **finger, stop**.

(b) (*withdraw*) *troops, police etc* retirer (*of* de).

(c) (*:fig: produce*) *reason, argument* sortir*, fournir, donner. (*fig*) **he pulled out one last trick** il a usé d'un dernier stratagème.

3 **pull-out** *adj, n V* **pull-out.**

♦**pull over 1** *vi* (*Aut*) **he pulled over (to one side) to let the ambulance past** il s'est rangé *or* rabattu sur le côté pour laisser passer l'ambulance.

2 *vt sep* **(a)** **he pulled the box over to the window** il a traîné la caisse jusqu'à la fenêtre; **she pulled the chair over and stood on it** elle a tiré la chaise à elle pour grimper dessus; **they pulled him over to the door** ils l'ont entraîné vers la porte.

(b) **they climbed the wall and pulled him over** ils ont grimpé sur le mur et l'ont fait passer de l'autre côté.

(c) (*topple*) **he pulled the bookcase over on top of himself** il a entraîné la bibliothèque dans sa chute, il s'est renversé la bibliothèque dessus.

3 **pullover** *n V* **pull 3**.

♦**pull round 1** *vi* [*unconscious person*] revenir à soi, reprendre conscience; [*sick person*] se remettre, se rétablir, s'en sortir.

2 *vt sep* **(a)** *chair etc* faire pivoter, tourner. **he pulled me round to face him** il m'a fait me retourner pour me forcer à lui faire face.

(b) *unconscious person* ranimer; *sick person* tirer *or* sortir de là.

♦**pull through 1** *vi* **(a)** **the rope won't pull through** la corde ne passe pas.

(b) (*fig*) (*from illness*) s'en tirer, s'en sortir; (*from difficulties*) se tirer d'affaire *or* d'embarras, s'en sortir, s'en tirer.

2 *vt sep* **(a)** *rope etc* (*gen*) faire passer; (*Climbing*) rappeler.

(b) (*fig*) *person* (*from illness*) guérir, tirer *or* sortir de là, tirer d'affaire; (*from difficulties*) sortir *or* tirer d'affaire *or* d'embarras.

♦**pull together 1** *vi* (*on rope etc*) tirer ensemble *or* simultanément; (*row*) ramer simultanément *or* à l'unisson; (*fig: cooperate*) (s'entendre pour) faire un effort.

2 *vt sep* (*join*) *rope ends etc* joindre. (*fig*) **to pull o.s. together** se reprendre, se ressaisir; **pull yourself together!** ressaisis-toi!, reprends-toi!, ne te laisse pas aller!

♦**pull up 1** *vi* **(a)** (*stop*) [*vehicle*] s'arrêter, stopper; [*athlete, horse*] s'arrêter (net).

(b) (*draw level with*) **he pulled up with the leaders** il a rattrapé *or* rejoint ceux qui menaient.

2 *vt sep* **(a)** *object* remonter; (*haul up*) hisser; *stockings* remonter, tirer. **when the bucket was full he pulled it up** une fois le seau plein il l'a tiré à la chaise à elle pour grimper dessus, il a remonté le seau plein du fond du puits; **he pulled the child up** il se pencha du haut du mur et hissa l'enfant jusqu'à lui; **he pulled me up out of the armchair** il m'a tiré *or* fait sortir du fauteuil; (*fig*) **your geography mark has pulled you up** votre note de géographie vous a remonté*; *V* **sock**[1].

(b) *tree etc* arracher, déraciner; *weed* arracher, extirper. (*fig*) **to pull up one's roots** larguer ses amarres (*fig*), se déraciner.

(c) (*halt*) *vehicle* arrêter, stopper; *horse* arrêter. **the chairman pulled the speaker up (short)** le président a interrompu *or* a coupé la parole à l'orateur; **he pulled himself up (short)** il s'arrêta net *or* pile; **the police pulled him up for speeding** la police l'a stoppé pour excès de vitesse; (*fig*) **the headmaster pulled him up for using bad language** il a été repris *or* réprimandé par le directeur pour avoir été grossier.

3 **pull-up** *n V* **pull 2**.

pullet ['pʊlɪt] *n* jeune poule *f*, poulette *f*.

pulley ['pʊlɪ] *n* poulie *f*; (*for clothes-drying*) séchoir *m* à linge (suspendu).

Pullman ['pʊlmən] *n* (*Rail*) (*also* ~ **carriage**) pullman *m*, voiture-salon *f*, wagon-salon *m*; (*sleeper: also* ~ **car**) voiture-lit *f*, wagon-lit *m*.

pull-out ['pʊlaʊt] **1** *n* **(a)** (*in magazine etc*) supplément *m* détachable.

(b) [*troops*] retrait *m*.

2 *adj magazine section* détachable; *table leaf, shelf* rétractable. ~ **bed** meuble-lit *m*.

pullulate ['pʌljʊleɪt] *vi* pulluler.

pulmonary ['pʌlmənərɪ] *adj* pulmonaire.

pulp [pʌlp] **1** *n* pulpe *f*; (*part of fruit*) pulpe, chair *f*; (*for paper*) pâte *f* à papier, pulpe (à papier). **to reduce** *or* **crush to a** ~ **wood** réduire en pâte *or* en pulpe; *fruit* réduire en pulpe *or* en purée *or* en marmelade; (*fig*) **his arm was crushed to a** ~ il a eu le bras complètement écrasé, il a eu le bras mis en bouillie *or* en marmelade; *V* **pound**[2] *etc*.

2 *cpd*: (*in tooth*) **pulp cavity** cavité *f* pulpaire; **pulp magazine** magazine *m* à sensation, torchon* *m*.

3 *vt wood, linen* réduire en pâte *or* en pulpe; *fruit* réduire en pulpe *or* en purée *or* en marmelade; *book* mettre au pilon, pilonner.

pulpit ['pʊlpɪt] *n* chaire *f* (*Rel*).

pulpy ['pʌlpɪ] *adj fruit* charnu, pulpeux; (*Bio*) *tissue* pulpeux.

pulsar ['pʌlsɑːr] *n* pulsar *m*.

pulsate [pʌl'seɪt] *vi* produire *or* émettre des pulsations; [*heart*] battre fort, palpiter; [*blood*] battre; [*music*] vibrer. **the pulsating rhythm of the drums** le battement rythmique des tambours.

pulsating [pʌl'seɪtɪŋ] *adj heart* palpitant; *music* vibrant; (*fig: exciting*) palpitant, excitant.

pulsation [pʌl'seɪʃən] *n* [*heart*] battement *m*, pulsation *f*; (*Elec, Phys*) pulsation *f*.

pulse[1] [pʌls] **1** *n* (*Med*) pouls *m*; (*Elec, Phys, Rad*) vibration *f*; [*radar*] impulsion *f*; (*fig*) [*drums etc*] battement *m* rythmique; [*emotion*] frémissement *m*, palpitation *f*. **to take sb's** ~ prendre le pouls de qn; **an event that stirred my** ~**s** un événement qui m'a remué le cœur *or* qui m'a fait palpiter d'émotion.

2 *cpd*: (*Med*) **pulsebeat** (battement *m or* pulsation *f* de) pouls *m*.

3 *vi* [*heart*] battre fort; [*blood*] battre. **it sent the blood pulsing through his veins** cela lui fouetta le sang, cela le fit palpiter d'émotion; **the life pulsing in a great city** la vie qui palpite au cœur d'une grande ville.

pulse[2] [pʌls] *n* (*Bot*) légume *m* à gousse; (*Culin: dried*) légume sec.

pulverization [ˌpʌlvəraɪ'zeɪʃən] *n* pulvérisation *f*.

pulverize ['pʌlvəraɪz] *vt* (*lit, fig*) pulvériser.

puma ['pjuːmə] *n* puma *m*.

pumice ['pʌmɪs] *n* (*also* ~ **stone**) pierre *f* ponce.

pummel ['pʌml] *vt* (**a**) (*in fight*) bourrer *or* rouer de coups. (**b**) (*in massage*) pétrir.

pummelling ['pʌməlɪŋ] *n* (**a**) (*in fight*) volée *f* de coups. **to take a** ~ (*lit*) se faire rouer de coups; (*Sport: be beaten*) se faire battre à plate(s) couture(s); (*be criticized/attacked*) se faire violemment critiquer/attaquer.

(b) (*in massage*) pétrissage *m*.

pump[1] [pʌmp] **1** *n* (*all senses*) pompe *f*; *V* **parish, petrol, prime** *etc*.

2 *cpd*: (*Brit*) **pump attendant** pompiste *mf*; **pump house, pump-ing station** station *f* d'épuisement *or* de pompage; [*petrol*] **a rise in pump prices** une hausse à la pompe; (*Econ*) **pump priming** amorçage *m* économique, coup *m* de pouce à l'économie; **pump room** buvette *f* (*où l'on prend les eaux dans une station thermale*); **pump-water** eau *f* de la pompe.

3 *vt* **(a)** **to** ~ **sth out of sth** pomper qch de qch; **to** ~ **sth into sth** refouler qch dans qch (au moyen d'une pompe); **to** ~ **water into sth** pomper de l'eau dans qch; **to** ~ **air into a tyre** gonfler un pneu (avec une pompe); **the water is** ~**ed up to the house** l'eau est amenée jusqu'à la maison au moyen d'une pompe; **to** ~ **oil through a pipe** faire passer *or* faire couler du pétrole dans un pipe-line (à l'aide d'une pompe); **they** ~**ed the tank dry** ils ont vidé *or* asséché le réservoir (à la pompe); **the heart** ~**s the blood round the body** le cœur fait circuler le sang dans le corps; (*fig*) **they** ~**ed money into the project** ils ont injecté de plus en plus d'argent dans le projet; (*fig*) **he** ~**ed facts into their heads** il leur bourrait* la tête de faits précis; **to** ~ **sb full of lead**‡ trouer la peau‡ *or* faire la peau‡ à qn; (*Sport*) **to** ~ **iron*** faire de l'haltérophilie.

(b) (*fig: question*) **to** ~ **sb for sth** essayer de soutirer qch à qn; **they'll try to** ~ **you** (*for information*) ils essayeront de vous faire parler *or* de vous cuisiner* *or* de vous tirer les vers* du nez; **he managed to** ~ **the figures out of me** il a réussi à me soutirer *or* à me faire dire les chiffres.

(c) *handle etc* lever et abaisser plusieurs fois *or* continuellement. **he** ~**ed my hand vigorously** il me secoua vigoureusement la main.

4 *vi* [*pump, machine, person*] pomper; [*heart*] battre fort. **blood** ~**ed from the artery** le sang coulait à flots de l'artère; **the oil was** ~**ing along the pipeline** le pétrole coulait dans le pipe-line; **the**

piston was ~ing up and down le piston montait et descendait régulièrement.

♦**pump in** vt sep water, oil, gas etc refouler (à l'aide d'une pompe). **pump some more air in** donnez plus d'air.

♦**pump out 1** vt sep water, oil, gas etc pomper, aspirer (à l'aide d'une pompe).
  2 vi [blood, oil] couler à flots (of de).

♦**pump up** vt sep tyre, airbed gonfler; V also **pump 3a**.

pump² [pʌmp] n (slip-on shoe) chaussure f sans lacet; (dancing shoe) escarpin m.

pumpernickel ['pʌmpənɪkl] n pumpernickel m, pain m de seigle noir.

pumpkin ['pʌmpkɪn] n citrouille f; (bigger) potiron m; [Cinderella] citrouille. ~ **pie** tarte f au potiron.

pun [pʌn] **1** n calembour m, jeu m de mots. **2** vi faire un or des calembour(s), faire un or des jeu(x) de mots.

Punch [pʌntʃ] n Polichinelle m. ~ **and Judy Show** (théâtre m de) guignol m; V **pleased**.

punch¹ [pʌntʃ] **1** n (a) (blow) coup m de poing. **to give sb a** ~ **on the nose** donner un coup de poing sur le nez à qn; (Boxing) **he's got a good** ~ il a du punch; V **pack, pull, rabbit, ride** etc.
  (b) (U: fig: force) [person] punch* m. **a phrase with more** ~ une expression plus frappante or plus incisive; **we need a presentation with some** ~ **to it** il nous faut une présentation énergique or vigoureuse; **a story with no** ~ **to it** une histoire qui manque de mordant.
  (c) (tool) (for tickets) poinçonneuse f; (for holes in paper) perforateur m; (Metalworking) poinçonneuse, emporte-pièce m inv; (for stamping design) étampe f, (smaller) poinçon m; (for driving in nails) chasse-clou m.
  2 cpd: **punch(ing) bag** (lit) sac m de sable, **punching-bag** m; (fig) souffre-douleur m inv; **punchball** (Brit) punching-ball m; (US) variante simplifiée du baseball, qui se joue sans batte; **punch(ed) card** carte perforée; **punch(ed) card system** système m à cartes perforées; **punch-drunk** (Boxing) abruti par les coups, groggy, sonné*; (fig) abruti; **punching ball** = **punchball**; **punch-line** [joke etc] conclusion f (comique); [speech etc] trait final; (Comput) **punch operator** mécanographe mf; (Comput) **punched tape** bande perforée; (Brit) **punch-up*** bagarre* f; (Brit) **to have a punch-up*** se bagarrer*.
  3 vt (a) (with fist) person donner un coup de poing à; ball, door frapper d'un coup de poing. **to** ~ **sb's nose/face** donner un coup de poing sur le nez/sur la figure à qn; **he** ~**ed his fist through the glass** il a passé son poing à travers la vitre, il a brisé la vitre d'un coup de poing; **the goalkeeper** ~**ed the ball over the bar** d'un coup de poing le gardien de but a envoyé le ballon par-dessus la barre; **he** ~**ed his way through** il s'est ouvert un chemin à (force de) coups de poing or en frappant à droite et à gauche.
  (b) (US) **to** ~ **cattle** conduire le bétail (à l'aiguillon).
  (c) (with tool) paper poinçonner, perforer; ticket (by hand) poinçonner; (automatically) composter; computer cards perforer; metal poinçonner, découper à l'emporte-pièce; design estamper; nails enfoncer profondément (au chasse-clou). **to** ~ **a hole in sth** faire un trou dans qch; (Ind) **to** ~ **the time clock, to** ~ **one's card** pointer.
  4 vi frapper (dur), cogner. (Boxing) **he** ~**es well** il sait frapper.

♦**punch in 1** vi (Ind: on time clock) pointer (en arrivant).
  2 vt sep door, lid etc ouvrir d'un coup de poing. **to punch sb's face or head in‡** casser la gueule à qn‡.

♦**punch out 1** vi (Ind: on time clock) pointer (en partant).
  2 vt sep hole faire au poinçon or à la poinçonneuse; machine parts découper à l'emporte-pièce; design estamper.

punch² [pʌntʃ] n (drink) punch m. ~ **bowl** bol m à punch.

punchy* [pʌntʃɪ] adj (a) (esp US: forceful) person qui a du punch*, dynamique; remark, reply incisif, mordant. (b) = **punch-drunk**; V **punch¹ 2**.

punctilio [pʌŋkˈtɪlɪəʊ] n (frm) (U: formality) formalisme m; (point of etiquette) point m or détail m d'étiquette.

punctilious [pʌŋkˈtɪlɪəs] adj pointilleux.

punctiliously [pʌŋkˈtɪlɪəslɪ] adv de façon pointilleuse.

punctual ['pʌŋktjʊəl] adj person, train à l'heure; payment ponctuel. **he is always** ~ il est très ponctuel, il est toujours à l'heure; **be** ~ soyez or arrivez à l'heure.

punctuality [ˌpʌŋktjʊˈælɪtɪ] n [person] ponctualité f, exactitude f; [train] exactitude.

punctually ['pʌŋktjʊəlɪ] adv à l'heure. **the train arrived** ~ le train est arrivé or était à l'heure; **the train arrived** ~ **at 7 o'clock** le train est arrivé à 7 heures pile or précises; **he leaves** ~ **at 8 every morning** il part à 8 heures précises or ponctuellement à 8 heures tous les matins.

punctuate ['pʌŋktjʊeɪt] vt (lit, fig) ponctuer (with de).

punctuation [ˌpʌŋktjʊˈeɪʃən] n ponctuation f. ~ **mark** signe m de ponctuation.

puncture ['pʌŋktʃər] **1** n (in tyre) crevaison f; (in skin, paper, leather) piqûre f; (Med) ponction f. (Aut etc) **I've got a** ~ j'ai (un pneu) crevé; **they had a** ~ **outside Limoges** ils ont crevé près de Limoges.
  2 cpd: **puncture repair kit** trousse f de secours pour crevaisons.
  3 vt tyre, balloon crever; skin, leather, paper piquer; (Med) abscess percer, ouvrir.
  4 vi [tyre etc] crever.

pundit ['pʌndɪt] n (iro) expert m, pontife m.

pungency ['pʌndʒənsɪ] n [smell, taste] âcreté f; [sauce] goût piquant or relevé; [remark, criticism] mordant m, causticité f.

pungent ['pʌndʒənt] adj smell, taste âcre, piquant; sauce piquant, relevé; remark, criticism mordant, caustique, acerbe; sorrow déchirant.

pungently ['pʌndʒəntlɪ] adv remark d'un ton mordant or caustique or acerbe; criticize de façon mordante or caustique or acerbe.

Punic ['pju:nɪk] adj punique.

punish ['pʌnɪʃ] vt (a) person punir (for sth de qch, for doing pour avoir fait); theft, fault punir. **he was** ~**ed by having to clean it all up** pour le punir on lui a fait tout nettoyer, pour sa punition il a dû tout nettoyer.
  (b) (fig) opponent in fight, boxer, opposing team malmener; engine fatiguer; roast beef faire honneur à; bottle of whisky taper dans*. **the jockey really** ~**ed his horse** le jockey a vraiment forcé or fatigué son cheval.

punishable ['pʌnɪʃəbl] adj offence punissable. ~ **by death** passible de la peine de mort.

punishing ['pʌnɪʃɪŋ] **1** n (act) punition f. (fig) [boxer, opponent, opposing team] **to take a** ~ se faire malmener; **the roast beef/the bottle of whisky took a** ~ il n'est pas resté grand-chose du rosbif/de la bouteille de whisky, le rosbif/le whisky en a pris un coup*. **2** adj speed, heat, game, work épuisant, exténuant.

punishment ['pʌnɪʃmənt] n (gen) punition f; (solemn) châtiment m; (formal: against employee, student etc) sanctions fpl. **as a** ~ (for) en punition (de); **he took his** ~ **bravely** or **like a man** il a subi or encaissé* sa punition sans se plaindre; **to make the** ~ **fit the crime** adapter le châtiment au crime, proportionner la peine au délit; (fig) **to take a lot of** ~ [boxer, opponent in fight] encaisser*; [opposing team] se faire malmener; V **capital, corporal²** etc.

punitive ['pju:nɪtɪv] adj expedition punitif; measure de punition. (Jur) ~ **damages** dommages-intérêts dissuasifs (très élevés).

Punjab [pʌnˈdʒɑːb] n Pendjab m.

Punjabi [pʌnˈdʒɑːbɪ] **1** adj pendjabi. **2** n (a) Pendjabi mf. (b) (Ling) pendjabi m.

punk [pʌŋk] **1** n (a) (music) punk m; (musician, fan) punk mf.
  (b) (‡: nonsense) foutaises‡ fpl.
  (c) (US‡: beginner) débutant m, novice m.
  (d) (esp US‡: ruffian) sale* petit voyou m.
  2 adj (a) music, style punk inv. ~ **rock** le rock punk, le punk rock.
  (b) (‡: inferior) qui ne vaut rien, minable, de con‡.
  (c) (US‡: ill) mal foutu‡.

punnet ['pʌnɪt] n (Brit) carton m, petit panier (pour fraises etc).

punster ['pʌnstər] n personne f qui fait des calembours.

punt¹ [pʌnt] **1** n (boat) bachot m or bateau m à fond plat. **2** vt boat faire avancer à la perche; goods transporter en bachot. **3** vi: **to go** ~ing faire un tour de rivière, aller se promener en bachot.

punt² [pʌnt] (Ftbl, Rugby) **1** vt ball envoyer d'un coup de volée. **2** n coup m de volée.

punt³ [pʌnt] vi (Brit: bet) parier.

punter ['pʌntər] n (Brit: gen) parieur m, -ieuse f.

puny ['pju:nɪ] adj person, animal chétif, malingre, frêle; effort faible, piteux.

pup [pʌp] **1** n (dog) chiot m, jeune chien(ne) m(f); (seal) bébé-phoque m, jeune phoque m; (* fig pej: youth) freluquet m, godelureau m. **he's an insolent young** ~ c'est un petit morveux*; V **sell. 2** cpd: **pup tent** tente individuelle. **3** vi mettre bas.

pupa ['pju:pə] n, pl **pupae** ['pju:pi:] chrysalide f, pupe f.

pupate ['pju:peɪt] vi devenir chrysalide or pupe.

pupil¹ ['pju:pl] n (Scol etc) élève mf. **2** cpd: (Brit) **pupil nurse** élève m(f) infirmier(-ière) (qui suit une formation courte); **pupil power** pouvoir m des lycéens; **pupil teacher** professeur m stagiaire.

pupil² ['pju:pl] n [eye] pupille f.

puppet ['pʌpɪt] **1** n (lit) marionnette f; (flat cutout) pantin m; (fig) marionnette, pantin, fantoche m. **he was like a** ~ **on a string** il n'était qu'une marionnette or qu'un pantin dont on tire les fils; V **glove** etc.
  2 cpd theatre, play de marionnettes; (fig, esp Pol) state, leader, cabinet fantoche. **puppet show** (spectacle m de) marionnettes fpl.

puppeteer [ˌpʌpɪˈtɪər] n montreur m, -euse f de marionnettes, marionnettiste mf.

puppetry ['pʌpɪtrɪ] n art m des marionnettes.

puppy ['pʌpɪ] **1** n = **pup 1. 2** cpd: **puppy fat** rondeurs fpl d'adolescent(e); **puppy love** premier amour (d'adolescent).

purblind ['pɜːblaɪnd] adj (blind) aveugle; (poorly sighted) qui voit très mal, qui a une vue très faible; (fig: stupid) aveugle, borné, obtus.

purchase ['pɜːtʃɪs] **1** n (a) (Comm etc) achat m. **to make a** ~ faire un achat.
  (b) (grip, hold) prise f. **the wheels can't get a** ~ **on this surface** les roues n'ont pas de prise sur cette surface; **I can't get a** ~ **on this rock** je n'arrive pas à trouver un point d'appui or une prise sur ce rocher.
  2 cpd: **purchase money, purchase price** prix m d'achat; (Brit) **purchase tax** taxe f à l'achat.
  3 vt acheter (sth from sb qch à qn, sth for sb qch pour or à qn).

purchaser ['pɜːtʃɪsər] n acheteur m, -euse f.

purchasing ['pɜːtʃɪsɪŋ] **1** n (Ind, Comm etc) achat m. **2** cpd: (Ind, Comm etc) **purchasing officer** acheteur m, - euse f (professionnel(le)); **purchasing power** pouvoir m d'achat.

pure [pjʊər] **1** adj (gen) pur. **as** ~ **as the driven snow** innocent comme l'enfant qui vient de naître; (Bible) ~ **in heart** au cœur pur; ~ **science** science pure; (Genetics) ~ **line** hérédité pure; ~ **alcohol** alcool absolu; **a** ~ **wool suit** un complet pure laine; ~ **and simple** pur et simple; **it was** ~ **hypocrisy** c'était de la pure hypocrisie or de l'hypocrisie pure; **it was a** ~ **accident** c'était un pur accident; **a** ~ **waste of time** une pure or belle or vraie perte de temps; (Phon) ~ **vowel** voyelle pure.
  2 cpd: **purebred** (adj) de race; (n) animal m de race; (horse) pur-sang m inv; **pure-hearted** (au cœur) pur; **pure-minded** pur (d'esprit).

purée ['pjʊareɪ] n purée f.
purely ['pjʊəlɪ] adv purement. ~ **and simply** purement et simplement.
pureness ['pjʊənɪs] n (U) pureté f.
purgation [pɜː'geɪʃən] n (Rel) purgation f, purification f; (Pol) purge f, épuration f; (Med) purge.
purgative ['pɜːgətɪv] adj, n purgatif (m).
purgatory ['pɜːgətərɪ] n (lit, fig) purgatoire m. (fig) **it was** ~ c'était un vrai purgatoire or supplice; **it was** ~ **for me** j'étais au supplice.
purge [pɜːdʒ] 1 n (act: gen, Med) purge f; (Pol) purge, épuration f; (medicament) purge, purgatif m. **the political** ~s **which followed the revolution** les purges politiques qui ont or l'épuration politique qui a suivi la révolution; **a** ~ **of the dissidents** une purge des dissidents.
2 vt (a) (gen) purger (of de); (Med) person, body purger; (Pol) state, nation, party purger (of de); traitors, bad elements éliminer; sins purger, expier.
(b) (Jur) person disculper (of de); accusation se disculper de. **to** ~ **an offence** purger une peine; (US) **to** ~ **one's contempt (of Congress)** purger sa contumace.
purification [ˌpjʊərɪfɪ'keɪʃən] n [air, water, metal etc] épuration f; [person] purification f.
purifier ['pjʊərɪfaɪər] n épurateur m, purificateur m. **air** ~ purificateur d'air; V **water** etc.
purify ['pjʊərɪfaɪ] vt substance épurer, purifier; person purifier.
purism ['pjʊərɪzəm] n purisme m.
purist ['pjʊərɪst] adj, n puriste (mf).
puritan ['pjʊərɪtən] adj, n puritain(e) m(f).
puritanical [ˌpjʊərɪ'tænɪkəl] adj puritain, de puritain.
puritanism ['pjʊərɪtənɪzəm] n puritanisme m.
purity ['pjʊərɪtɪ] n pureté f.
purl [pɜːl] 1 n (also ~ **stitch**) maille f à l'envers. **a row of** ~ **(stitches)** un rang à l'envers; V **plain**. 2 adj à l'envers. 3 vt tricoter à l'envers; V **knit**.
purlieus ['pɜːljuːz] npl (frm) alentours mpl, abords mpl, environs mpl.
purloin [pɜː'lɔɪn] vt dérober.
purple ['pɜːpl] 1 adj cramoisi, violet, pourpre. **to go** ~ **(in the face)** devenir cramoisi or pourpre; (US Mil) P~ **Heart** décoration attribuée aux blessés de guerre; (Literat) ~ **passage** or **patch** morceau m de bravoure.
2 n (colour) pourpre m, violet m. (Rel) **the** ~ la pourpre.
purplish ['pɜːplɪʃ] adj violacé, qui tire sur le violet.
purport ['pɜːpət] 1 n (meaning) signification f, portée f, teneur f; (intention) but m.
2 [pɜː'pɔːt] vt: **to** ~ **to be** [person] se présenter comme étant, se faire passer pour, se prétendre; [book, film, statement etc] se vouloir; **a man** ~**ing to come from the Ministry** un homme qui serait envoyé or qui prétend être envoyé par le ministère; **to** ~ **that** ... prétendre or suggérer or laisser entendre que ... .
purportedly [pɜː'pɔːtədlɪ] adv: ~ **written by** ... qui aurait été écrit par ... .
purpose ['pɜːpəs] 1 n (a) (aim, intention) but m, objet m; (use) usage m, utilité f. **he's a man with a** ~ **in life** c'est un homme qui a un but or un objectif dans la vie; **it's a film with a** ~ c'est un film à thèse or qui contient un message; **what is the** ~ **of the meeting?** quel est le but or l'objet or l'utilité de la réunion?; **what was the** ~ **of his visit?** quel était le but or l'objet de sa visite?; dans quel but est-il venu?; **what is the** ~ **of this tool?** à quoi sert cet outil?; **my** ~ **in doing this is** ... la raison pour laquelle je fais ceci est ..., le but or l'objet que je me propose est ...; **for** or **with the** ~ **of doing** dans le but or l'intention de faire ..., afin de faire ...; **for this** ~ dans ce but, à cet effet, à cette fin; **for my** ~s pour ce que je veux faire; **for our** ~s **we may disregard this** en ce qui nous concerne or pour ce qui nous touche nous n'avons pas besoin de tenir compte de cela; **it is adequate for the** ~ cela fait l'affaire, cela atteint son but, cela remplit son objet; **for all practical** ~s en pratique; **for the** ~s **of the meeting** pour (les besoins de) cette réunion; (Jur) **for the** ~s **of this Act** aux fins de la présente loi; V **all, intent, serve** etc.
(b) (phrases) **on** ~ exprès, à dessein, délibérément; **he did it on** ~ il l'a fait exprès or à dessein; **he did it on** ~ **to annoy me** il l'a fait exprès pour me contrarier; **to no** ~ en vain, inutilement; **to no** ~ **at all** en pure perte; **to some** ~, **to good** ~ utilement, à profit; **the money will be used to good** ~ l'argent sera bien or utilement employé; **to the** ~ à propos; **not to the** ~ hors de propos.
(c) (U) (sense of) ~ résolution f; **he has no sense of** ~ il vit sans but, il manque de résolution; **his activities seem to lack** ~ il semble agir sans but précis; **he has great strength of** ~ il est très résolu or déterminé, il a énormément de volonté; V **infirm, infirmity**.
2 cpd: **purpose-built** fonctionnalisé, construit spécialement; **it was purpose-built** c'était construit spécialement pour cet usage, c'était fonctionnalisé.
3 vt se proposer (to do de faire).
purposeful ['pɜːpəsfʊl] adj (determined) person résolu, déterminé, qui sait ce qu'il veut; gesture, look résolu, décidé; (intentional) act réfléchi, significatif.
purposefully ['pɜːpəsfəlɪ] adv move, act dans un but précis or réfléchi, avec une intention bien arrêtée, délibérément.
purposefulness ['pɜːpəsfʊlnɪs] n résolution f, détermination f, ténacité f.
purposeless ['pɜːpəslɪs] adj person qui manque de résolution, qui n'a pas de but, qui ne sait pas ce qu'il veut; character indécis, irrésolu; act sans but or objet (précis), inutile.
purposely ['pɜːpəslɪ] adv exprès, à dessein, de propos délibéré. **he made a** ~ **vague statement** il a fait exprès de faire une déclaration peu précise; **the government's statement was** ~ **vague** la

déclaration du gouvernement a été délibérément vague or a été vague à dessein.
purr [pɜːr] 1 vi [cat] ronronner, faire ronron; [person, engine, car] ronronner. 2 vt: **'sit down, darling'** she ~ed **'assieds-toi, chéri'** roucoula-t-elle. 3 n [cat] ronronnement m, ronron m; [engine, car] ronronnement.
purse [pɜːs] 1 n (for coins) porte-monnaie m inv, bourse f; (wallet) portefeuille m; (US: handbag) sac m à main; (esp Sport: prize) prix m, récompense f. (fig) **it's beyond my** ~ c'est trop cher pour moi or pour ma bourse, c'est au-delà de mes moyens; V **public**.
2 cpd: **purse-proud** fier de sa fortune; (fig) **to hold/tighten the purse strings** tenir/serrer les cordons de la bourse.
3 vt: **to** ~ **(up) one's lips** faire la moue, pincer les lèvres.
purser ['pɜːsər] n (Naut) commissaire m du bord.
pursuance [pə'sjuːəns] n (frm) exécution f. **in** ~ **of** dans l'exécution de.
pursuant [pə'sjuːənt] adj (frm) ~ **to** (following on) suivant; (in accordance with) conformément à.
pursue [pə'sjuː] vt (a) (chase) poursuivre; thief, animal poursuivre, pourchasser, (track) traquer; pleasure rechercher; objective poursuivre; success, fame rechercher, briguer; [misfortune etc] suivre, accompagner. **his eyes** ~d **me round the room** il me suivait du regard à travers la pièce; (fig) **he won't stop pursuing her** il n'arrête pas de la poursuivre or de lui courir après*.
(b) (carry on) studies, career poursuivre, continuer; profession exercer; course of action suivre; plan, theme, inquiry poursuivre.
pursuer [pə'sjuːər] n poursuivant(e) m(f).
pursuit [pə'sjuːt] 1 n (a) (chase) poursuite f; (fig: of pleasure, happiness) poursuite, recherche f. **in** ~ **of** thief à la poursuite de; happiness, success à la poursuite de, à la recherche de; **to go in** ~ **of** sb/sth se mettre à la poursuite or à la recherche de qn/qch; **with two policemen in hot** ~ avec deux agents à ses (or mes etc) trousses.
(b) (occupation) occupation f, travail m, activité f; (pastime) passe-temps m inv. **scientific** ~s travaux mpl or recherches fpl scientifiques.
2 cpd: **pursuit plane** avion m de chasse.
purulence ['pjʊərʊləns] n purulence f.
purulent ['pjʊərʊlənt] adj purulent.
purvey [pə'veɪ] vt (Comm etc) fournir (sth to sb qch à qn), approvisionner (sth to sb qn en qch).
purveyance [pə'veɪəns] n (Comm etc) approvisionnement m, fourniture f de provisions.
purveyor [pə'veɪər] n (Comm etc) fournisseur m, -euse f, approvisionneur m, -euse f (of sth en qch, to sb de qn).
purview ['pɜːvjuː] n (frm) [act, bill] articles mpl; [the law] domaine m, limites fpl; [inquiry] champ m, limites; [committee] capacité f, compétence f; [book, film] limites, portée f.
pus [pʌs] n pus m.
push [pʊʃ] 1 n (a) (shove) poussée f. **with one** ~ d'une (seule) poussée, en poussant une seule fois; **to give sb/sth a** ~ pousser qn/qch; **the car needs a** ~ il faut pousser la voiture; (Brit fig) **to give sb the** ~* [employer] flanquer qn à la porte*; [boyfriend, girlfriend etc] laisser tomber qn*, plaquer qn*; (Brit fig) **he got the** ~* (from employer) il s'est fait flanquer à la porte*; (from girlfriend) elle l'a laissé tomber*, elle l'a plaqué*; **there was a great** ~ **as the crowd emerged** quand la foule est sortie il y a eu une grande bousculade; (US fig) **when** ~ **comes to shove** (en mettant les choses) au pire; V **bell**[1] etc.
(b) (Mil: advance) poussée f, avance f. (Mil) **they made a** ~ **to the coast** ils ont fait une poussée or ils ont avancé jusqu'à la côte.
(c) (fig) (effort) gros effort, coup m de collier; (campaign) campagne f. **they made a** ~ **to get everything finished in time** ils ont fait un gros effort or ils ont donné un coup de collier pour tout terminer à temps; **they were having a** ~ **on sales** or **a sales** ~ ils avaient organisé une campagne de promotion des ventes; **we're having a** ~ **for more teachers** nous menons une campagne pour une augmentation du nombre d'enseignants; **at a** ~* au besoin, en cas de besoin, à la rigueur; **when it comes to the** ~* au moment critique or crucial.
(d) (*U: drive, energy) dynamisme m, initiative f. **he's got plenty of** ~ il est très dynamique, il est plein d'initiative.
2 cpd: (Brit) **push-bike*** vélo m, bécane* f; **push-button** V **push-button**; **pushcart** charrette f à bras; (Brit) **push chair** poussette f (pour enfant); **pushover*** V **pushover***; **pushpin** épingle f (à tête de couleur); (Electronics) **push-pull circuit** push-pull m; (Aut) **push rod** tige f de culbuteur; (Gymnastics) **push-up** traction f; **to do push-ups** faire des tractions or des pompes*.
3 vt (a) (shove) car, barrow, door, person pousser; (press) knob, button appuyer sur, presser sur; (prod) pousser; (thrust) stick, finger etc enfoncer (into dans, between entre); rag etc fourrer (into dans). **don't** ~ **me!** ne me poussez pas!, ne me bousculez pas!; **to** ~ **sb into a room** pousser qn dans une pièce; **to** ~ **sb against a wall** pousser or presser qn contre un mur; **to** ~ **sb off the pavement** pousser qn du trottoir, (by jostling) obliger qn à descendre du trottoir (en le bousculant); **to** ~ **sb in/out/up** etc faire entrer/sortir/ monter etc qn en le poussant or d'une poussée; **he** ~ed **him down the stairs** il l'a poussé et l'a fait tomber dans l'escalier; **they** ~ed **him out of the car** ils l'ont poussé hors de la voiture; **to** ~ **sb/sth out of the way** écarter qn/qch en poussant, pousser qn/qch à l'écart; **he** ~ed **the box under the table** (moved) il a poussé or fourré* la boîte sous la table; (hid) il a vite caché la boîte sous la table; **they** ~ed **the car off the road** ils ont poussé la voiture sur le bas-côté; **she** ~ed **the books off the table** elle a poussé or balayé les livres de dessus la table; **he** ~ed **his finger into my eye** il m'a mis le doigt dans l'œil; **he** ~ed **his head through the window** il a mis or passé la tête par la fenêtre; **he** ~ed **the book into my hand**

il m'a fourré* le livre dans la main; **to ~ a door open/shut** ouvrir/fermer une porte en poussant *or* d'une poussée, pousser une porte (pour l'ouvrir/la fermer); **to ~ one's way through a crowd** se frayer *or* s'ouvrir un chemin dans la foule (*V also* **4b** *and* **push in 1a** *etc*); (*fig*) **he ~ed the thought to the back of his mind** il a repoussé *or* écarté cette pensée pour le moment; (*fig*) **it ~ed the matter right out of my mind** cela m'a fait complètement oublier l'affaire; (*fig*) **he must be ~ing*** 60 il ne doit pas avoir loin de 60 ans, il doit friser la soixantaine; (*fig*) **he must be ~ing*** 75 il ne doit pas avoir loin de 75 ans.

(b) (*fig: press, advance*) *advantage* poursuivre; *claim* présenter avec insistance; *one's views* mettre en avant, imposer; *plan, method, solution* préconiser, recommander; *product* pousser la vente de, faire de la réclame pour; *candidate etc* appuyer, soutenir. **he ~ed the bill through Parliament** il a réussi à faire voter le projet de loi; **to ~ home an attack** pousser à fond une attaque; **they are going to ~ the export side of the business** ils vont donner priorité aux exportations dans leur affaire; **to ~ drugs** revendre de la drogue; **he was ~ing drugs to students** il ravitaillait les étudiants en drogue, il revendait de la drogue aux étudiants; **don't ~ your luck*** vas-y doucement!; **he's ~ing his luck*** il y va un peu fort.

(c) (*put pressure on*) pousser; (*force*) forcer, obliger; (*harass*) importuner, harceler. **to ~ sb for payment/for an answer** presser *or* engager qn à payer/à répondre; **to ~ o.s. hard** se mener la vie dure; **he ~es himself too hard** il exige trop de lui-même; **don't ~ him too hard** *or* **too far** ne soyez pas trop dur envers lui, ne le poussez pas à bout; **they ~ed him to the limits of his endurance** on l'a poussé jusqu'à la limite de ses forces; **stop ~ing him and let him make up his own mind** arrêtez de le harceler *or* fichez-lui la paix* et laissez-le décider tout seul; **to ~ sb to do** pousser qn à faire, insister pour que qn fasse; **to ~ sb into doing** forcer *or* obliger qn à faire; **I was ~ed into it** on m'y a poussé *or* forcé, je n'ai pas eu le choix; **he was ~ed into teaching** on l'a poussé à devenir professeur *or* à faire de l'enseignement; **to be ~ed*** **for time/money** être à court de temps/d'argent, manquer de temps/d'argent; **I'm really ~ed* today** je suis vraiment bousculé *or* débordé aujourd'hui; **I'm rather ~ed* for boxes just now** je n'ai pas beaucoup de boîtes en ce moment; **that's ~ing it a bit!*** (*indignantly*) c'est un peu fort!, tu y vas (*or* il y va *etc*) un peu fort!; (*not much time etc*) ça c'est un peu juste!

(d) (*US Golf*) **to ~ the ball** couper *ou* faire dévier la balle.

4 *vi* (a) pousser; (*on bell*) appuyer (*on* sur). **you ~ and I'll pull** poussez et moi je vais tirer; (*in crowd etc*) **stop ~ing!** arrêtez de pousser!, ne bousculez pas!; **'~'** (*on door*) 'poussez'; (*on bell*) 'appuyez', 'sonnez'; (*fig*) **he ~es too much** il se met trop en avant; (*fig*) **to ~ for better conditions/higher wages** *etc* faire pression pour obtenir de meilleures conditions/une augmentation de salaire *etc*.

(b) (*move: also* **~**) *way*) **they ~ed (their way) into/out of the room** ils sont entrés dans la pièce/sortis de la pièce en se frayant un passage; **he ~ed (his way) past me** il a réussi à passer *or* il m'a dépassé en me bousculant; **she ~ed (her way) through the crowd** elle s'est frayé *or* ouvert un chemin dans la foule.

♦ **push about** *vt sep* = **push around**.

♦ **push along 1** *vi* (a) (*****: *leave*) filer*, se sauver*.

(b) (*Aut etc: move quickly*) rouler bon train. **the coach was pushing along at 70** le car faisait facilement du 110 (à l'heure).

2 *vt sep person, cart, chair* pousser; (*fig: hasten*) *work* activer, accélérer.

♦ **push around** *vt sep* (a) *cart, toy* pousser de-ci de-là, pousser à droite et à gauche.

(b) (***** *fig: bully*) marcher sur les pieds à* (*fig*), être vache‡ avec. **stop pushing me around!** arrête de me donner des ordres! *or* de me marcher sur les pieds!*

♦ **push aside** *vt sep person, chair* écarter (brusquement), pousser à l'écart; (*fig*) *objection, suggestion* écarter, rejeter.

♦ **push away** *vt sep person, chair, one's plate* repousser; *gift* repousser, rejeter.

♦ **push back** *vt sep cover, blankets, lock of hair* rejeter *or* repousser (en arrière); *curtains* écarter; *person, crowd, enemy* repousser, faire reculer; (*fig*) *desire, impulse* réprimer, contenir, refréner.

♦ **push down 1** *vi* appuyer (*on* sur).

2 *vt sep switch, lever* abaisser; *knob, button* appuyer sur; *pin, stick* enfoncer; (*knock over*) *fence, barrier, person* renverser. **he pushed the ball down off the roof** d'une poussée il a fait tomber le ballon du toit; **he pushed the books down into the box** il a entassé les livres dans la caisse.

♦ **push forward 1** *vi* (*also* **push one's way forward**) avancer, frayer *or* s'ouvrir un chemin.

2 *vt sep person, box etc* pousser en avant, faire avancer. **he pushed himself forward** il s'est avancé, il s'est frayé *or* ouvert un chemin; (*fig*) il s'est mis en avant, il s'est fait valoir.

♦ **push in 1** *vi* (a) (*also* **push one's way in**) s'introduire de force.

(b) (*fig: interfere*) intervenir. **he's always pushing in where he's not wanted** il se mêle toujours de *or* il intervient toujours dans ce qui ne le regarde pas.

2 *vt sep* (a) *stick, pin, finger* enfoncer; *rag* fourrer dedans; *person* pousser dedans; *knob, button* appuyer sur. **they opened the door and pushed him in** ils ouvrirent la porte et le poussèrent dans la pièce; **they took him to the pond and pushed him in** ils l'ont conduit à l'étang et l'ont poussé dedans; *V* **oar**.

(b) (*break*) *window, door, sides of box* enfoncer.

♦ **push off 1** *vi* (a) (*Naut*) pousser au large.

(b) (*****: *leave*) filer*, se sauver*, ficher le camp*. **I must push off** il faut que je file* (*subj*) *or* que je me sauve* (*subj*); **push off!** décampez!, fichez le camp!*, filez!*

(c) **the top just pushes off** il suffit de pousser le haut pour l'enlever.

2 *vt sep* (a) *top, lid* pousser, enlever en poussant; *vase from shelf etc* faire tomber (*from* de); *person from cliff etc* pousser, faire tomber (*from* de, du haut de).

(b) (*Naut*) déborder.

♦ **push on 1** *vi* (*in journey*) pousser (*to* jusqu'à), continuer son chemin; (*in work*) continuer, persévérer. **to push on with sth** continuer (à faire) qch.

2 *vt sep* (a) *lid, cover* placer *or* (re)mettre en place (en pressant *or* en appuyant).

(b) (*fig: incite*) pousser, inciter (*sb to do* qn à faire).

♦ **push out 1** *vi* (a) (*also* **push one's way out**) se frayer *or* s'ouvrir un chemin (à travers la foule).

(b) [*roots, branches*] pousser; [*shoots*] pointer, sortir; [*birds*] sortir.

2 *vt sep* (a) *person, object* pousser dehors; *stopper* faire sortir (en poussant); (*fig*) *employee, office-holder* évincer, se débarrasser de. **to push the boat out** (*lit*) pousser au large; (*fig*) faire la fête, célébrer.

(b) (*Bot*) *roots, shoots* produire.

♦ **push over 1** *vi*: **he pushed (his way) over towards her** il se fraya *or* s'ouvrit un chemin vers elle.

2 *vt sep* (a) *object* pousser (*to sb* vers qn); (*over cliff, bridge etc*) pousser, faire tomber.

(b) (*topple*) *chair, vase, person* renverser, faire tomber.

3 pushover* *n V* **pushover***.

♦ **push through 1** *vi* (*also* **push one's way through**) se frayer *or* s'ouvrir un chemin.

2 *vt sep* (a) *stick, hand etc* enfoncer, (faire) passer.

(b) (*fig*) *deal, business* conclure à la hâte; *decision* faire accepter à la hâte; (*Parl*) *bill* réussir à faire voter.

♦ **push to** *vt sep door* fermer (en poussant), pousser (pour fermer).

♦ **push up** *vt sep* (a) *stick, hand, lever, switch* (re)lever; *spectacles* relever. (*fig*) **he's pushing up the daisies*** il mange les pissenlits par la racine*.

(b) (*fig: increase*) *numbers, taxes, sales* augmenter; *prices* augmenter, faire monter; *demand, speed* augmenter, accroître; *sb's temperature, blood pressure* faire monter. **that pushes up the total to over 100** cela fait monter le total à plus de 100.

2 push-up *n V* **push 2**.

push-button ['puʃ,bʌtn] **1** *n* bouton *m*, poussoir *m*.

2 *adj machine etc* à commande automatique. **~ controls** commande *f* automatique; **~ warfare** guerre *f* presse-bouton.

pusher ['puʃər] *n* (a) (*pej*) arriviste *mf*; *V* **pen¹** *etc*. (b) (*Drugs sl*: *also* **drug-~**) revendeur *m*, -euse *f* (de drogue), ravitailleur *m*, -euse *f* (en drogue).

pushful* ['puʃfʊl] *adj* (*pej*) *person* arriviste, qui se fait valoir, qui se met trop en avant; *manner* arrogant.

pushfulness* ['puʃfʊlnɪs] *n* (*pej*) arrivisme *m*, excès *m* d'ambition; [*manner*] arrogance *f*.

pushing ['puʃɪŋ] *adj person* dynamique, entreprenant; (*pej*) arriviste, qui se fait valoir, qui se met trop en avant; *manner* arrogant.

Pushkin ['puʃkɪn] *n* Pouchkine *m*.

pushover* ['puʃəʊvər] *n*: **it was a ~** c'était la facilité même, c'était un jeu d'enfant, c'était l'enfance de l'art; **he was a ~** (*easily beaten*) il a été battu à plate(s) couture(s), il a été battu très facilement; (*easily swindled*) il s'est laissé avoir*, il a donné dans le panneau*; (*easily convinced*) il a marché* tout de suite; **he's a ~ for blondes** quand il rencontre une blonde, il ne se tient plus.

pushy* ['puʃɪ] *adj* = **pushful**.

pusillanimity [,pju:sɪlə'nɪmɪtɪ] *n* pusillanimité *f*.

pusillanimous [,pju:sɪ'lænɪməs] *adj* pusillanime.

puss* [pʊs] *n* (a) (*cat*) minet *m*, -ette *f*, minou *m*. (**to cat**) **~**, **~!** minet, minet!, minou, minou!; **P~ in Boots** le Chat Botté. (b) (‡) (*girl*) nana‡ *f*, souris‡ *f*; (*face*) gueule‡ *f*, (*mouth*) margoulette‡ *f*.

pussy* ['pʊsɪ] **1** *n* (a) minet *m*, -ette *f*, minou *m*, chat(te) *m(f)*. (b) (*****) (*female genitals*) chatte*‡ *f*; (*intercourse*) baise*‡ *f*.

2 *cpd*: **pussycat** (*lit*) minet *m*, -ette *f*, minou *m*; (*US*) hi, **pussycat!*** bonjour, mon chou!* *or* mon ange!; **pussyfoot*** (*vi*) marcher à pas de loup; (*fig*) ne pas se mouiller*, ménager la chèvre et le chou; **pussyfooting*** (*adj*: *fig*) *person* qui a peur de se mouiller*; *attitude* timoré; (*n*: *also* **pussyfooting* about** *or* **around**) tergiversations *fpl*; (*Bot*) **pussy willow** saule *m* (blanc).

pustule ['pʌstju:l] *n* pustule *f*.

put [pʊt] *pret, ptp* **put 1** *vt* (a) (*place*) mettre; poser; placer. **~ it on the table/beside the window/over there** mettez-le *or* posez-le *or* placez-le sur la table/près de la fenêtre/là-bas; **~ it in the drawer** mettez-le *or* placez-le dans le tiroir; **to ~ sth in one's pocket/purse** *etc* mettre qch dans sa poche/son porte-monnaie *etc*; **you've ~ the picture rather high up** tu as mis *or* placé *or* accroché le tableau un peu trop haut; **he ~s sugar in his tea** il met *or* prend du sucre dans son thé, il a sucré son thé; **he ~ some more sugar in his tea** il a mis du sucre dans son thé, il a sucré son thé; **he ~ some more coal on the fire** il a remis *or* rajouté du charbon sur le feu; **~ the book in its proper place** (re)mets le livre à sa place; **to ~ one's arms round sb** prendre qn dans ses bras, entourer qn de ses bras; **he ~ his head through the window** il a passé la tête par la fenêtre; **he ~ his head round the door** il a passé la tête par la porte; **she ~ the shell to her ear** elle a mis le coquillage contre son oreille, elle a porté le coquillage à son oreille; **he ~ his rucksack over the fence** il a mis *or* passé son sac à dos de l'autre côté de la barrière; **they ~ a plank across the stream** ils ont mis *or* placé *or* posé une planche en travers du ruisseau; **he ~ the lid on the box** il a mis *or* placé le couvercle sur la boîte; **he ~ his hand over his mouth** il s'est mis la main devant la bouche; (*shaking hands*) **~ it there!** tope là!; **to ~**

a spacecraft into orbit placer un vaisseau spatial sur orbite, mettre un vaisseau spatial en orbite; **to ~ a button on a shirt** mettre or coudre un bouton à une chemise; **to ~ a patch on a sheet** mettre une pièce à un drap, rapiécer un drap; **to ~ a new blade on a saw** mettre or fixer une nouvelle lame à une scie, remplacer la lame d'une scie; **to ~ an advertisement in the paper** placer or mettre or passer une annonce dans le journal; **he ~ me on the train** il m'a mis or accompagné au train; **he ~ me into a non-smoker** il m'a trouvé une place dans un compartiment non-fumeurs; **to ~ sb off a train/boat** etc débarquer qn d'un train/d'un bateau etc; **to ~ sb on to/off a committee** nommer qn à/renvoyer qn d'un comité; (fig) **that ~ me in a mess!*** ça m'a mis or fourré dans le pétrin!; for other phrases V **bed, stay** etc.

(b) (fig) mettre; signature apposer (on, to à); mark faire (on sur, à). **he ~ the matter in the hands of his solicitor** il a remis l'affaire entre les mains de son avocat; **to ~ one's confidence in sb/sth** placer sa confiance en qn/qch; **what value do you ~ on this?** (lit) à quelle valeur or à quel prix estimez-vous cela?; (fig) quelle valeur accordez-vous or attribuez-vous or attachez-vous à cela?; **he ~ all his energy into his career** il a consacré toute son énergie à sa carrière; **you get out of life what you ~ into it** on ne retire de la vie que ce qu'on y met soi-même; **he has ~ a lot into his marriage** il a fait beaucoup d'efforts pour que son mariage soit une réussite; **I've ~ a lot of time and trouble into it** j'y ai consacré beaucoup de temps et d'efforts; **to ~ money into a company** placer or investir de l'argent dans une affaire; **he ~ all his savings into the project** il a placé or englouti toutes ses économies dans ce projet; **to ~ money on a horse** parier or miser sur un cheval; **he ~ £10 on Black Beauty** il a parié or misé 10 livres sur Black Beauty; **he ~s good health among his greatest assets** il estime que sa robuste santé est l'un de ses meilleurs atouts; **we should ~ happiness before** or **above wealth** on devrait placer le bonheur au-dessus de la richesse, on devrait préférer le bonheur à la richesse; **I ~ Milton above Tennyson** je place Milton au-dessus de Tennyson, je trouve Milton supérieur à Tennyson; **I shouldn't ~ him among the greatest poets** je ne le place or classe pas parmi les plus grands poètes, à mon avis ce n'est pas l'un des plus grands poètes; for other phrases V **blame, end, market, pay**, etc.

(c) (thrust; direct) enfoncer. **to ~ one's fist through a window** passer le poing à travers une vitre; **to ~ one's pen through a word** rayer or barrer or biffer un mot; **to ~ a knife into sb** poignarder qn, filer* un coup de poignard à qn; **to ~ a bullet into sb** atteindre qn d'une balle, coller une balle dans la peau de qn*; **I ~ a bullet through his head** je lui ai tiré une balle dans la tête; (Sport) **to ~ the shot** or **the weight** lancer le poids; (Naut) **to ~ the rudder to port** mettre la barre à bâbord.

(d) (cause to be, do, begin etc) **to ~ sb in a good/bad mood** mettre qn de bonne/mauvaise humeur; **to ~ sb on a diet** mettre qn au régime; **to ~ sb to great expense** occasionner de grosses dépenses à qn; **to ~ sb to some trouble** or **inconvenience** déranger qn; **to ~ sb's time to good use** bien employer son temps, mettre son temps à profit, faire bon usage de son temps; **they ~ him to dig(ging) the garden** ils lui ont fait bêcher le jardin, ils lui ont donné la tâche de bêcher le jardin; **I ~ him to work at once** je l'ai mis au travail aussitôt; **they had to ~ 4 men on to this job** ils ont dû employer 4 hommes à ce travail or pour ce travail; **to ~ a watch to the right time** mettre une montre à l'heure; for other phrases V **death, sleep, wise** etc.

(e) (prepositional usages) **he tried to ~ one across** or **over on me*** il a essayé de me faire marcher* or de m'avoir*; **you'll never ~ anything across** or **over on him*** on ne la lui fait pas, on ne peut pas le faire marcher*; **she ~ my brother against me** elle a monté mon frère contre moi; **his remarks ~ me off my food** ses remarques m'ont coupé l'appétit; **it almost ~ me off opera for good** cela a failli me dégoûter de l'opéra pour toujours; **it certainly ~ me off going to Greece** cela m'a certainement ôté l'envie d'aller en Grèce; **the noise is ~ting me off my work** le bruit me distrait de mon travail, le bruit m'empêche de me concentrer sur mon travail; **someone has been ~ over him at the office** on a placé quelqu'un au-dessus de lui au bureau; **to ~ sb through an examination** faire subir un examen à qn; **they really ~ him through it*** ils lui en ont fait voir de dures*, ils lui ont fait passer un mauvais quart d'heure; for other phrases V **pace, scent, stroke** etc.

(f) (express) dire, exprimer. **can you ~ it another way?** pouvez-vous vous exprimer autrement?; **to ~ it bluntly** pour parler franc, sans mâcher mes mots; **as he would ~ it** selon sa formule or son expression, pour employer sa formule or son expression; **as Shakespeare ~s it** comme le dit Shakespeare; **I don't quite know how to ~ it** je ne sais pas trop comment le dire; **let me ~ it another way** si je peux m'exprimer autrement, en d'autres mots; **how shall I ~ it?** comment dire?, comment dirais-je?; **~ it so as not to offend her** présente la chose de façon à ne pas la blesser; **how will you ~ it to him?** comment vas-tu le lui dire?, comment vas-tu lui présenter la chose?; **if I may ~ it so** si je puis dire, si je peux m'exprimer ainsi; **the compliment was gracefully ~** le compliment était bien tourné; **to ~ an expression into French** traduire or mettre une expression en français; **how would you ~ it in French?** comment le dirais-tu en français?; **to ~ into verse** mettre en vers; for other phrases V **mildly, word, writing** etc.

(g) (submit, expound) case, problem exposer, présenter; proposal, resolution présenter, soumettre; question poser. **he ~ the arguments for and against the project** il a présenté les arguments pour et contre le projet; **he ~ his own side of the argument very clearly** il a présenté or exposé très clairement son côté de l'affaire; **I ~ it to you that ...** n'est-il pas vrai que ...?, je maintiens que ...; **it was ~ to me in no uncertain terms that I should resign**

on m'a déclaré en termes très clairs que je devrais donner ma démission.

(h) (estimate) estimer, évaluer. **they ~ the loss at £10,000** on estime or évalue or chiffre la perte à 10.000 livres; **the population was ~ at 50,000** on a évalué or estimé le nombre d'habitants à 50.000; **what would you ~ it at?** à combien l'estimez-vous? or l'évaluez-vous?; **I'd ~ her** or **her age at 50** je lui donnerais 50 ans.

2 vi (Naut) **to ~ into port** faire escale or relâche, entrer au port; **the ship ~ into Southampton** le navire est entré au port de Southampton; **to ~ to sea** appareiller, lever l'ancre, prendre le large.

3 cpd: **put-down*** (denigrating) dénigrement m; (snub) rebuffade f; (Rugby) **put-in** introduction f; **put-on*** (n: pretence) comédie f; (hoax) mystification f, farce f; (adj: feigned) affecté, feint, simulé; **a put-up job*** un coup monté; **to be put-upon*** se faire marcher sur les pieds (fig); (Brit) **put-you-up** (n) canapé-lit m, divan m.

♦put about 1 vi (Naut) virer de bord.
2 vt sep **(a)** rumour etc faire courir, faire circuler. **he put it about that ...** il a fait courir or circuler le bruit que ... .
(b) (†) = **put out 2g**.
(c) (Naut) **to put the ship about** virer de bord.

♦put across vt sep **(a)** (communicate; get accepted) ideas, intentions, desires faire comprendre, faire accepter, communiquer (to sb à qn). **to put sth across to sb** faire comprendre or faire accepter qch à qn; **the play puts the message across very well** l'auteur de la pièce communique très bien son message, le message de la pièce passe la rampe; **he knows his stuff but he can't put it across** il connaît son sujet à fond mais il n'arrive pas à le faire comprendre aux autres or à communiquer; **he can't put himself across** il n'arrive pas à se mettre en valeur; **there was a special campaign to put the new product across to the housewife** il y a eu une campagne spéciale pour faire accepter le nouveau produit aux ménagères; **she put the song across beautifully** elle a interprété la chanson à merveille.
(b) (perform successfully) **to put a deal across** réussir une affaire, conclure un marché; **he tried to put one** or **it across on me*** il a essayé de me faire marcher* or de m'avoir*; **you'll never put one** or **it across on him*** on ne la lui fait pas, on ne peut pas le faire marcher*.

♦put apart vt sep (fig) **that puts him apart from the others** cela le distingue des autres.

♦put around vt sep = **put about 2a**.

♦put aside vt sep **(a)** object mettre à part or de côté; (keep, save) food, money mettre de côté, garder en réserve. **she put her book aside when I came in** elle a posé son livre quand je suis entré; **he put aside the document to read later** il a mis le document à part or de côté pour le lire plus tard; (Comm) **I have had it put aside for you** je vous l'ai fait mettre de côté.
(b) (fig) doubts, worries écarter, éloigner de soi, chasser; idea, hope renoncer à, écarter.

♦put away vt sep **(a)** = **put aside a**.
(b) = **put aside b**.
(c) (put in storage place) clothes, toys, books ranger. **to put the car away** rentrer la voiture, mettre la voiture au garage.
(d) (confine) (in prison) mettre en prison, boucler*, coffrer*; (in mental hospital) (faire) enfermer, (faire) interner.
(e) (*: consume) food engloutir, avaler, bâfrer‡; drink siffler*.
(f) = **put down k**.

♦put back 1 vi (Naut) **to put back to port** rentrer au port; **they put back to Dieppe** ils sont rentrés or retournés à Dieppe.
2 vt sep **(a)** (replace) remettre (à sa place or en place). **put it back on the shelf** remettez-le or replacez-le sur l'étagère; **put it back!** remets-le à sa place!
(b) (retard) development, progress retarder, freiner; clock retarder (by one hour d'une heure); clock hands remettre en arrière. **the disaster put the project back (by) 10 years** le désastre a retardé de 10 ans la réalisation du projet; **this will put us back 10 years** cela nous fera perdre 10 ans, cela nous ramènera où nous en étions il y a 10 ans; V also **clock**.
(c) (postpone) remettre (to à).

♦put by vt sep = **put aside a**.

♦put down 1 vi [aircraft] se poser, atterrir; (on carrier) apponter.
2 vt sep **(a)** parcel, book poser, déposer; child poser, mettre à terre (or sur un lit); (Aut) passenger déposer, laisser. **put it down!** pose ça!; **she put her book down and rose to her feet** elle posa son livre et se leva; (fig) **I simply couldn't put that book down** je ne pouvais pas m'arracher à ce livre; (Aut) **put me down at the corner here** déposez-moi or laissez-moi or débarquez-moi au coin; V **foot** etc.
(b) (Aviat) aircraft poser.
(c) umbrella fermer.
(d) (pay) deposit, money verser (on pour). **he put down £100 (as a deposit) on the car** il a versé 100 livres d'arrhes pour la voiture.
(e) wine mettre en cave.
(f) (suppress) revolt réprimer, étouffer; custom, practice faire cesser, abolir, supprimer. **there was a campaign to put down vandalism** il y avait une campagne pour la répression du vandalisme.
(g) (fig) person (silence) réduire au silence, faire taire; (snub) rabrouer; (humiliate) humilier, rabaisser.
(h) (record) noter, inscrire. **to put sth down in writing** or **on paper** coucher or mettre qch par écrit; (Comm) **put it down on my account** mettez-le or portez-le sur mon compte; **I have put you down as a teacher/for £10** je vous ai inscrit comme professeur/pour 10 livres; **I'll put you down for the next vacancy** je vais inscrire votre nom pour la prochaine place disponible; V **name** etc.
(i) (attribute) attribuer (sth to sth qch à qch). **I put it down to his**

stupidity je l'attribue à sa stupidité; **the accident must be put down to negligence** l'accident doit être imputé à la négligence; **we put it all down to the fact that he was tired** nous avons attribué tout cela à sa fatigue, nous avons mis tout cela sur le compte de sa fatigue.

   (j) (*consider, assess*) considérer (*as* comme), tenir (*as* pour), prendre (*as* pour). **I had put him down as a complete fool** je l'avais pris pour *or* je le considérais comme *or* je le tenais pour un parfait imbécile; **I'd put her down as about forty** je lui donnerais la quarantaine *or* environ quarante ans.

   (k) (*Brit: euph: kill*) *dog, cat* faire piquer; *horse* abattre, tuer.

   3 put-down *n* V **put 3.**

◆**put forth** *vt sep* (*liter*) *leaves, roots, shoots* produire; *arm, hand* tendre, avancer; (*fig*) *idea, suggestion* avancer, émettre; *effort* fournir, déployer; *news, rumour* répandre, faire circuler.

◆**put forward** *vt sep* **(a)** (*propose*) *theory, argument, reason* avancer, présenter; *opinion* exprimer, émettre; *plan* proposer. **he put his name forward as a candidate** il s'est porté candidat, il a posé sa candidature; **he put himself forward for the job** il s'est porté candidat au poste, il a posé sa candidature au poste; **he put Jones forward for the job** il a proposé Jones pour le poste.

   (b) (*advance*) *meeting, starting time, clock, schedule, programme* avancer (*by* de, *to, until* à).

◆**put in 1** *vi* (*Naut*) faire relâche *or* escale (*at* à).

   2 *vt sep* **(a)** (*into box, drawer, room etc*) mettre dedans *or* à l'intérieur; *seeds* planter, semer. **he put his head in at the window** il a passé la tête par la fenêtre; **I've put the car in for repairs** j'ai donné la voiture à réparer; (*into luggage etc*) **have you put in the camera?** est-ce que tu as pris l'appareil photo?; V *appearance, oar etc.*

   (b) (*insert*) *word, paragraph* insérer, introduire; *remark* ajouter, glisser; (*include: in letter, publication*) inclure. **have you put in why you are not going?** est-ce que vous avez expliqué pourquoi vous n'y allez pas?; **'but it's cold' he put in** 'mais il fait froid' fit-il remarquer.

   (c) (*enter*) *document* présenter, produire, fournir; *claim* présenter; *application* faire; *one's name* avancer, inscrire. (*Jur*) **to put in a plea** plaider; **to put in a protest** élever *or* formuler une protestation; **to put sb in for an exam** inscrire *or* présenter qn à un examen; **to put sb in for a job/promotion** proposer qn pour un poste/pour de l'avancement.

   (d) (*esp Pol: install*) *political party, person* élire.

   (e) *time* passer. **he put in the morning writing the report** il a passé la matinée à écrire le rapport; **they put in the time playing cards** ils ont passé le temps *or* ils se sont occupés en jouant aux cartes; **we have an hour to put in before the plane leaves** nous avons une heure à perdre *or* à occuper avant le départ de l'avion; **I've put in a lot of time on it** j'y ai passé *or* consacré beaucoup de temps; **he has put in a full day's work** il a bien rempli sa journée, il a bien travaillé (aujourd'hui); **can you put in a few hours at the weekend?** pourrais-tu travailler quelques heures pendant le week-end?; **she puts in an hour a day at the piano** elle fait une heure de piano par jour.

   3 put-in *n* V **put 3.**

◆**put in for** *vt fus job* poser sa candidature pour *or* à; *promotion, rise, new house, supplementary benefit* faire une demande de, solliciter.

◆**put off 1** *vi* (*Naut*) démarrer (*from* de), pousser au large.

   2 *vt sep* **(a)** (*postpone*) *departure, appointment, meeting* retarder, ajourner, repousser; *decision* remettre à plus tard, différer; *visitor* renvoyer à plus tard. **he put me off writing the letter** il a remis la lettre à plus tard; **to put sth off for 10 days/until January** remettre qch de 10 jours/jusqu'à janvier; **I'm sorry to have to put you off** je suis désolé d'avoir à vous décommander (jusqu'à une autre fois), je suis désolé d'avoir à vous renvoyer à plus tard.

   (b) (*dissuade, divert*) dissuader; (*hinder, distract*) démonter, dérouter; (*disconcert*) déconcerter, troubler. **he put her off with vague promises** il l'a dissuadée avec de vagues promesses; **he is not easily put off** il ne se laisse pas facilement démonter *or* dérouter *or* décourager; **he puts me off when he laughs like that** cela me déconcerte quand il rit de cette façon; **the colour of the drink quite put me off** la couleur de la boisson m'a plutôt dégoûté; **don't let his abruptness put you off** ne vous laissez pas troubler par sa brusquerie.

   (c) *coat, hat etc* enlever, retirer; *passenger* déposer, débarquer.

   (d) (*extinguish etc*) *light, gas* éteindre; *radio, TV, heater* fermer.

◆**put on 1** *vt sep* **(a)** *coat, skirt, trousers* mettre, passer, enfiler; *gloves, socks* mettre, enfiler; *hat, glasses* mettre. **to put on one's shoes** mettre ses chaussures, se chausser.

   (b) (*add, increase*) *pressure, speed* augmenter, accroître. **to put on weight** prendre du poids, grossir; **he put on 3 kilos** il a pris 3 kilos, il a grossi de 3 kilos; **they put on two goals in the second half** ils ont encore marqué deux buts pendant la deuxième mi-temps.

   (c) (*assume*) *indignation* affecter, feindre, simuler; *air, accent* prendre, se donner, emprunter; (**: deceive*) *person* faire marcher*. **he's just putting it on** il fait seulement semblant, il se donne un air *or* il se donne; **she really puts it on*** elle se donne des airs, c'est une poseuse *or* une crâneuse*; **you're only putting me on!*** tu me fais marcher!*; **he is always putting people on*** about his rich relations il raconte toujours des histoires sur ses riches parents.

   (d) (*make available*) *concert, play, show* organiser; *film* projeter; *extra train, bus etc* mettre en service. **he put on a childish display of temper** il a manifesté sa mauvaise humeur de façon puérile; **when the veal was finished** they put on beef quand il n'y a plus eu de veau ils ont servi du bœuf; (*Telec*) **put me on to Mr Brown** passez-moi M Brown; (*Telec*) **would you put on Mrs**

Smith? je voudrais parler à Mme Smith, passez-moi Mme Smith.

   (e) (*start functioning etc*) *light, gas* allumer; *radio, TV* ouvrir; *radiator, heater* ouvrir, allumer. **put the kettle on** mets l'eau à chauffer; **I'll just put the soup on** je vais juste mettre la soupe à cuire (*or* chauffer); **to put the brakes on** freiner.

   (f) (*advance*) *clock* avancer (*by* de).

   (g) (*wager*) parier, miser, mettre (*on* sur).

   (h) (*inform, indicate*) indiquer. **they put the police on to him** ils l'ont signalé à la police; **can you put me on to a good dentist?** pourriez-vous me donner l'adresse d'un bon dentiste? *or* m'indiquer un bon dentiste?; **Paul put us on to you** c'est Paul qui nous a dit de nous adresser à vous, c'est Paul qui nous envoie; **what put you on to it?** qu'est-ce qui vous en a donné l'idée?, qu'est-ce qui vous y a fait penser?

   2 put-on* *adj, n* V **put 3.**

◆**put out 1** *vi* (*Naut*) prendre le large. **to put out to sea** prendre le large, quitter le port; **to put out from Dieppe** quitter Dieppe.

   2 *vt sep* **(a)** (*put outside*) *chair etc* sortir, mettre dehors; (*Baseball*) *ball* mettre hors jeu; (*get rid of*) *rubbish* sortir; (*expel*) *person* expulser (*of* de), mettre dehors; *country, organization* expulser (*of* de). **he put the rug out to dry** il a mis *or* étendu la couverture dehors pour qu'elle sèche (*subj*); **he put the cat out for the night** il a fait sortir le chat *or* il a mis le chat dehors pour la nuit; **to put sb's eyes out** crever les yeux à qn; (*fig*) **to put sth out of one's head** *or* **mind** ne plus penser à qch; *for other phrases* V **grass** *etc.*

   (b) (*Naut*) *boat* mettre à l'eau *or* à la mer.

   (c) (*stretch out, extend*) *arm, leg* allonger, étendre; *foot* avancer; *tongue* tirer (*at sb* à qn); *leaves, shoots, roots* produire. **to put out one's hand** tendre *or* avancer la main; (*in greeting*) tendre la main; [*car driver, traffic policeman*] tendre le bras; **to put one's head out of the window** passer la tête par la fenêtre; **the snail put out its horns** l'escargot a sorti ses cornes; *for other phrases* V **feeler** *etc.*

   (d) (*lay out in order*) *cards* étaler; *chessmen etc* disposer; *sb's clothes* sortir; *dishes, cutlery* sortir, disposer. **you can put the papers out on the table** vous pouvez étaler les papiers sur la table.

   (e) (*extinguish*) *light, flames, gas, cigarette* éteindre; *heater* fermer. **put the fire out** (*heater*) fermez le radiateur; (*coal etc*) éteignez le feu.

   (f) (*disconcert*) déconcerter, dérouter (*by, about* par), interloquer; (*vex*) fâcher, contrarier, ennuyer (*by, about* par). **she looked very put out** elle avait l'air très contrariée.

   (g) (*inconvenience*) déranger, gêner. **I don't want to put you out** je ne voudrais pas vous déranger; **don't put yourself out** ne vous dérangez pas; (*iro*) surtout ne vous gênez pas!; **she really put herself out for us** elle s'est donné beaucoup de mal pour nous, elle s'est mise en quatre *or* en frais pour nous.

   (h) (*issue*) *news* annoncer; *report, regulations* publier; *rumour* faire courir *or* circuler; *appeal, warning* lancer; *announcement, statement* publier; *propaganda* faire; *book, edition* sortir, publier. **the government will put out a statement about it** le gouvernement va faire une déclaration *or* va publier un communiqué à ce sujet.

   (i) (*spend*) dépenser. **they put out half a million on the project** ils ont dépensé un demi-million pour ce projet, ils ont investi un demi-million dans ce projet.

   (j) (*lend at interest*) placer, prêter à intérêt. **he has £1,000 put out at 12%** il a placé 1.000 livres à 12%.

   (k) *repairs, small jobs* donner au dehors; (*Ind: subcontract*) donner à un *or* des sous-traitant(s). **that shop puts out all its repair work** ce magasin donne toutes les réparations au dehors.

   (l) (*exert*) *one's strength* déployer, user de. **they had to put out all their diplomacy to reach agreement** ils ont dû déployer *or* prodiguer tous leurs talents de diplomatie pour arriver à un accord.

   (m) (*dislocate*) *shoulder* déboîter, disloquer, démettre; *ankle, knee, back* démettre.

◆**put over** *vt sep* = **put across.**

◆**put through** *vt sep* **(a)** (*make, complete*) *deal* conclure, mener à bien; *decision* prendre; *proposal* faire accepter, faire approuver.

   (b) (*Telec: connect*) *call* passer; *caller* brancher, mettre en communication. **I'm putting you through now** je vous mets en communication, vous êtes en ligne; **put me through to Mr Smith** passez-moi M Smith.

◆**put together** *vt sep* **(a)** (*lit*) mettre ensemble. **you must not put two hamsters together in the same cage** il ne faut pas mettre deux hamsters ensemble dans une cage; **we don't want to put two men together at table** il vaut mieux ne pas placer deux hommes l'un à côté de l'autre à table; **he's worth more than the rest of the family put together** à lui tout seul il vaut largement le reste de la famille; *for other phrases* V **head, two** *etc.*

   (b) (*assemble*) *table, bookcase, radio* assembler, monter; *jigsaw* assembler, faire; *book, story, account* composer; *facts, what happened* reconstituer; (*mend*) *broken vase etc* réparer, recoller, remettre ensemble les morceaux de. **she put together an excellent supper** elle a improvisé un délicieux dîner; (*Scol etc*) **to put together an application** constituer un dossier.

◆**put up 1** *vi* **(a)** (*lodge*) descendre (*at* dans); (*for one night*) passer la nuit (*at* à).

   (b) (*offer o.s.*) se porter candidat(e) (*for* à), se présenter comme candidat(e) (*for* pour). **to put up for president** se porter candidat à la présidence, poser sa candidature à la présidence; (*Parl*) **to put up for a constituency** chercher à se faire accepter comme candidat dans une circonscription électorale; **to put up for re-election** être candidat pour un nouveau mandat.

   2 *vt sep* **(a)** (*raise*) *hand* lever; *flag, sail* hisser; *tent* dresser; *collar, window* remonter; *umbrella* ouvrir; *notice* mettre, afficher (*on* sur); *picture* mettre, accrocher (*on* sur); *missile, rocket, space probe* lancer; *building, bridge* construire, ériger; *fence, barrier* ériger, dresser. **to put a ladder up against a wall** poser *or* dresser une échelle contre un mur; **put them up!*** (*in robbery etc*) haut les mains!; (*challenge to fight*) défends-toi!; *for other phrases V* back, foot *etc.*

(**b**) (*increase*) *numbers, taxes, sales* augmenter; *prices* augmenter, faire monter; *demand, speed* augmenter, accroître; *sb's temperature, blood pressure* faire monter. **that puts up the total to over 1,000** cela fait monter le total à plus de 1.000.

(**c**) (*offer*) *proposal, suggestion, idea* présenter, soumettre; *plea, prayer* offrir; *resistance* opposer, offrir; (*nominate*) proposer comme candidat (*for* à, *as* comme). **the plans were put up to the committee** les plans ont été présentés *or* soumis au comité; **the matter was put up to the board for a decision** l'affaire a été soumise au conseil d'administration pour qu'il décide (*subj*); **to put sth up for sale/auction** mettre qch en vente/aux enchères; **he was put up by his local branch** il a été présenté comme candidat par sa section locale; **they put him up for the chairmanship** on l'a présenté *or* proposé comme candidat à la présidence; **I'll put you up for the club** je vous proposerai comme membre du club; *for other phrases V* fight, show, struggle *etc*.

(**d**) (*provide*) *money, funds* fournir (*for* pour); *reward* offrir. **to put up money for a project** financer un projet, fournir les fonds pour un projet; **how much can you put up?** combien pouvez-vous (y) mettre?

(**e**) (*prepare, pack*) *picnic, sandwiches* préparer; (*Comm*) *order* exécuter; (*Pharm*) *prescription* préparer, exécuter. **the pills are put up in plastic tubes** les pilules sont présentées *or* emballées dans des tubes en plastique; **to put up apples for the winter** emmagasiner des pommes pour l'hiver, se constituer une réserve de pommes pour l'hiver.

(**f**) (*lodge*) loger, héberger. **I'm sorry I can't put you up** je suis désolé de ne pas pouvoir vous recevoir pour la nuit *or* vous coucher.

(**g**) (*incite*) **to put sb up to doing** pousser *or* inciter qn à faire; **someone must have put him up to it** quelqu'un a dû l'y pousser *or* l'y inciter *or* lui en donner l'idée.

(**h**) (*inform about*) **to put sb up to sth** mettre qn au courant de qch, renseigner qn sur qch; **I'll put you up to all his little tricks** je te mettrai au courant *or* je t'avertirai de tous ses petits tours; **he put her up to all the ways of avoiding tax** il l'a renseignée *or* tuyautée* sur tous les moyens d'éviter de payer les impôts.

3 put-up *adj*, **put-you-up** *n V* put 3.

♦**put upon** *vt fus* (*gen pass*) **she is put upon** on abuse de sa gentillesse; **I won't be put upon any more!** je ne vais plus me laisser faire! *or* me laisser marcher sur les pieds!

2 put-upon* *adj V* put 3.

♦**put up with** *vt fus* tolérer, supporter, encaisser*. **he has a lot to put up with** il a beaucoup de problèmes, il n'a pas la vie facile; **it is difficult to put up with** c'est difficile à supporter, c'est difficilement supportable.

putative ['pjuːtətɪv] *adj* (*frm*) putatif.
putrefaction [ˌpjuːtrɪ'fækʃən] *n* putréfaction *f*.
putrefy ['pjuːtrɪfaɪ] **1** *vt* putréfier. **2** *vi* se putréfier.
putrescence [pjuː'tresns] *n* putrescence *f*.
putrescent [pjuː'tresnt] *adj* putrescent, en voie de putréfaction.
putrid ['pjuːtrɪd] *adj* putride, pourrissant; (* *fig*) dégoûtant, dégueulasse‡.
putsch [pʊtʃ] *n* putsch *m*, coup *m* d'État.
putt [pʌt] (*Golf*) **1** *n* putt *m*, coup roulé. **2** *vti* putter.
puttee ['pʌtiː] *n* bande molletière.
putter¹ ['pʌtər] *n* (*golf club*) putter *m*.
putter² ['pʌtər] *vi* = **potter¹**.
putting ['pʌtɪŋ] **1** *n* putting *m*. **2** *cpd*: **putting green** (putting) green *m*, vert *m*.
putty ['pʌtɪ] **1** *n* mastic *m* (*ciment*). **she's like ~ in my hands** c'est une pâte molle entre mes mains.
2 *cpd*: **putty knife** couteau *m* de vitrier.
3 *vt* mastiquer.
puzzle ['pʌzl] **1** *n* (**a**) (*mystery*) énigme *f*, mystère *m*; (*bewilderment*)

perplexité *f*. **he is a real ~ to me** c'est une énigme vivante pour moi; **it is a ~ to me how he ever got the job** je n'arriverai jamais à comprendre comment il a obtenu le poste; **to be in a ~ about sth** être perplexe au sujet de qch; **I'm in a ~ about what to do** je suis dans l'incertitude *or* la perplexité, je ne sais pas trop quoi faire.

(**b**) (*game*) casse-tête *m inv*; (*word game*) rébus *m*; (*crossword*) mots croisés; (*jigsaw*) puzzle *m*; (*riddle*) devinette *f*.

2 *cpd*: **puzzle book** livre *m* de jeux.

3 *vt* rendre *or* laisser perplexe. **that really ~d him** ça l'a vraiment rendu *or* laissé perplexe; **I am ~d to know why** je n'arrive pas à comprendre pourquoi; **he was ~d about what to say** il ne savait pas quoi dire.

4 *vi*: **to ~ over** *or* **about** *problem, mystery* essayer de résoudre; *event, sb's actions, intentions* essayer de comprendre; **I'm still puzzling over where he might have hidden it** j'en suis encore à me demander où il a bien pu le cacher.

♦**puzzle out** *vt sep problem* résoudre; *mystery* éclaircir, élucider; *writing* déchiffrer; *answer, solution* trouver, découvrir; *sb's actions, attitude* comprendre. **I'm trying to puzzle out why he did it** j'essaie de comprendre *or* découvrir pourquoi il l'a fait.

puzzled ['pʌzld] *adj* perplexe; *V also* puzzle.
puzzlement ['pʌzlmənt] *n* (*U*) perplexité *f*.
puzzler ['pʌzlər] *n* (*gen*) énigme *f*; (*problem*) question *f* difficile, casse-tête *m inv*.
puzzling ['pʌzlɪŋ] *adj behaviour etc* curieux, inexplicable; *mechanism etc* mystérieux, incompréhensible.
PVC [ˌpiːviː'siː] *n* (*Tex: abbr of* polyvinyl chloride) p.v.c. *m*.
PW [piː'dʌblju] *n* (*US Mil: abbr of* prisoner of war) prisonnier *m* de guerre.
p.w. (*abbr of* per week) par semaine.
PWR [piːˌdʌblju'ɑːr] *n abbr of* pressurized water reactor; *V* pressurize.
PX [piː'eks] *n* (*US Mil: abbr of* post exchange) coopérative *f* militaire.
pygmy ['pɪgmɪ] **1** *n* (*also fig*) pygmée *m*. **2** *adj* (*also fig*) pygmée (*f inv*), pygméen.
pyjama [pɪ'dʒɑːmə] (*Brit*) **1** *npl*: **~s** pyjama *m*; **a pair of ~s** un pyjama; **in** (**one's**) **~s** en pyjama. **2** *cpd jacket, trousers* de pyjama.
pylon ['paɪlən] *n* pylône *m*.
pylori [paɪ'lɔːraɪ] *npl of* pylorus.
pyloric [paɪ'lɔːrɪk] *adj* pylorique.
pylorus [paɪ'lɔːrəs] *n, pl* **-ri** pylore *m*.
pyorrhea [paɪə'rɪə] *n* pyorrhée *f* alvéolaire.
pyramid ['pɪrəmɪd] **1** *n* pyramide *f*. **2** *cpd*: **pyramid selling** vente *f* à la boule de neige *or* en cascade *or* en pyramide. **3** *vt* (*US Fin*) **to ~ winnings** spéculer en réinvestissant les bénéfices réalisés.
pyramidal [pɪ'ræmɪdl] *adj* pyramidal.
Pyramus ['pɪrəməs] *n*: **~ and Thisbe** Pyrame *m* et Thisbé *f*.
pyre ['paɪər] *n* bûcher *m* funéraire.
Pyrenean [pɪrə'niːən] *adj* pyrénéen, des Pyrénées.
Pyrenees [pɪrə'niːz] *npl* Pyrénées *fpl*.
pyrethrum [paɪ'riːθrəm] *n* pyrèthre *m*.
pyretic [paɪ'retɪk] *adj* pyrétique.
Pyrex ['paɪreks] ® **1** *n* pyrex *m* ®. **2** *cpd dish* en pyrex.
pyrexia [paɪ'reksɪə] *n* pyrexie *f*.
pyrexic [paɪ'reksɪk] *adj* pyrexique.
pyrites [paɪ'raɪtiːz] *n* pyrite *f*. **iron ~** sulfure *m* de fer, fer sulfuré.
pyritic [paɪ'rɪtɪk] *adj* pyriteux.
pyro... ['paɪərəʊ] *pref* pyro....
pyromaniac [ˌpaɪərəʊ'meɪnɪæk] *n* pyromane *mf*, incendiaire *mf*.
pyrotechnic [ˌpaɪərəʊ'teknɪk] **1** *adj* pyrotechnique. **~ display** feu(x) *m(pl)* d'artifice. **2** *n*: **~s** (*U: Phys*) pyrotechnie *f*; (*pl: fig hum*) feux *mpl* d'artifice.
Pyrrhic ['pɪrɪk] *adj*: **~ victory** victoire *f* à la Pyrrhus, victoire coûteuse.
Pyrrhus ['pɪrəs] *n* Pyrrhus *m*.
Pythagoras [paɪ'θægərəs] *n* Pythagore *m*.
Pythagorean [paɪˌθægə'rɪən] *adj* (*gen*) pythagoricien; (*number, letter*) pythagorique.
python ['paɪθən] *n* python *m*.
pyx [pɪks] *n* (*in church*) ciboire *m*; (*for sick communions*) pyxide *f*.

Q

Q, q [kju:] *n* (*letter*) Q, q *m*. **Q for Queen** ≃ Q comme Quintal; *V* P.
Qatar [kæ'tɑːʳ] **1** *n* (a) (*country*) Qatar *m*. (b) (*inhabitant*) Qatarien(ne) *m(f)*. **2** *adj* qatarien.
Q.C. [kju:'si:] *n* (*Brit Jur*) *abbr of* **Queen's Counsel**; *V* **counsel 1b**.
QE2 [,kju:i:'tu:] *n* (*Brit Naut*) *abbr of* **Queen Elizabeth II** (*paquebot*).
Q.E.D. [,kju:i:'di:] (*Math: abbr of* **quod erat demonstrandum**) C.Q.F.D.
q.t. [kju:'ti:] *n* (*abbr of quiet*) **on the ~** * en douce*, en cachette.
qua [kweɪ] *adv* en tant que, considéré comme, en (*sa etc*) qualité de.
quack¹ [kwæk] **1** *n* coin-coin *m inv* (*cri du canard*). **2** *vi* faire coin-coin. **3** *cpd*: (*baby talk*) **quack-quack** coin-coin *m inv*.
quack²* [kwæk] **1** *n* (*bogus doctor, also gen: sham*) charlatan *m*; (*hum: doctor*) toubib* *m*. **2** *adj*: ~ **doctor** charlatan *m*.
quackery ['kwækərɪ] *n* (*U*) charlatanisme *m*.
quad¹ [kwɒd] *n abbr of* **quadruplet** and **quadrangle**.
quad²‡ [kwɒd] *n* = **quod‡**.
Quadragesima [kwɒdrə'dʒesɪmə] *n* Quadragésime *f*.
quadrangle ['kwɒdræŋgl] *n* (*Math*) quadrilatère *m*; (*courtyard*) cour *f* (*d'un collège etc*).
quadrangular [kwɒ'dræŋgjʊləʳ] *adj* quadrangulaire.
quadrant ['kwɒdrənt] *n* [*circle*] quadrant *m*, quart *m* de cercle.
quadraphonic [,kwɒdrə'fɒnɪk] *adj* quadriphonique, tétraphonique. **in ~** (*sound*) en quadriphonie, en tétraphonie.
quadraphonics [,kwɒdrə'fɒnɪks] *nsg* quadriphonie *f*, tétraphonie *f*.
quadraphony [kwɒd'rɒfənɪ] *n* = **quadraphonics**.
quadrasonic [,kwɒdrə'sɒnɪk] *adj* quadriphonique, tétraphonique.
quadrasonics [,kwɒdrə'sɒnɪks] *nsg* quadriphonie *f*, tétraphonie *f*.
quadrat ['kwɒdrət] *n* quadrat *m*.
quadratic [kwɒ'drætɪk] *adj* (*Math*) quadratique. ~ **equation** équation *f* du second degré.
quadrature ['kwɒdrətʃəʳ] *n* quadrature *f*.
quadr(i)... [kwɒdrɪ] *pref* quatri(i)....
quadriceps ['kwɒdrɪseps] *n* quadriceps *m*.
quadrilateral [,kwɒdrɪ'lætərəl] (*Math*) **1** *adj* quadrilatère, quadrilatéral. **2** *n* quadrilatère *m*.
quadrilingual [,kwɒdrɪ'lɪŋgwəl] *adj* quadrilingue.
quadrille [kwə'drɪl] *n* (*Dancing*) quadrille *m*.
quadrillion [kwə'drɪljən] *n* (*Brit etc*) 10²⁴, (*US, France*) 10¹⁵.
quadripartite ['kwɒdrɪ'pɑːtaɪt] *adj* quadriparti (*f -e or -te*).
quadriplegia [,kwɒdrɪ'pli:dʒɪə] *n* tétraplégie *f*, quadriplégie *f*.
quadriplegic [,kwɒdrɪ'pli:dʒɪk] *adj, n* tétraplégique (*mf*), quadriplégique (*mf*).
quadroon [kwɒ'dru:n] *n* quarteron(ne) *m(f)*.
quadrophonic etc = **quadraphonic etc.**
quadruped ['kwɒdrʊped] *adj, n* quadrupède (*m*).
quadruple ['kwɒdrʊpl] **1** *adj, n* quadruple (*m*). **2** [kwɒ'dru:pl] *vti* quadrupler.
quadruplet [kwɒ'dru:plɪt] *n* quadruplé(e) *m(f)*.
quadruplicate [kwɒ'dru:plɪkɪt] **1** *adj* quadruple. **2** *n*: **in ~** en quatre exemplaires.
quaff [kwɒf] *vt* († *or hum*) *glass* vider à longs traits; *wine* lamper.
quag ['kwæg] *n* = **quagmire**.
quagga ['kwægə] *n* couagga *m*.
quagmire ['kwægmaɪəʳ] *n* (*lit, fig*) bourbier *m*.
quahaug, quahog ['kwɑːhɒg] *n* (*US*) clam *m*.
quail¹ [kweɪl] *vi* [*person*] perdre courage, reculer (*before* devant). **his heart** *or* **spirit ~ed** son courage l'a trahi.
quail² [kweɪl] *n, pl inv or* ~**s** (*Orn*) caille *f*.
quaint [kweɪnt] *adj* (*odd*) *person, dress, attitude, idea, custom* bizarre, original; (*picturesque*) pittoresque; (*old-fashioned etc*) au charme vieillot, qui a un petit cachet vieillot *or* désuet. **a ~ little village** un petit village au charme vieillot; **a ~ custom** une coutume pittoresque; ~ **old countryman** vieux paysan pittoresque.
quaintly ['kweɪntlɪ] *adv* (*V* **quaint**) d'une manière originale *or* bizarre *or* pittoresque.
quaintness ['kweɪntnɪs] *n* (*V* **quaint**) originalité *f*, bizarrerie *f*; pittoresque *m*; cachet *or* caractère vieillot.
quake [kweɪk] **1** *vi* [*earth*] trembler; [*person etc*] trembler, frémir (*with* de). **I was quaking** je tremblais comme une feuille. **2** *n* (*abbr of* **earthquake**) tremblement *m* de terre, séisme *m*.
Quaker ['kweɪkəʳ] **1** *n* quaker(esse) *m(f)*. **2** *adj community, family* de quakers; *beliefs* des quakers. ~ **meeting** réunion *f* de quakers.
Quakerism ['kweɪkərɪzəm] *n* quakerisme *m*.
qualification [,kwɒlɪfɪ'keɪʃən] *n* (a) (*ability*) compétence *f* (*for* en; *to do* pour faire), aptitude *f* (*for* à), capacité *f* (*to do* pour faire). **I doubt his ~ to teach English** je doute qu'il ait les compétences requises *or* qu'il ait les capacités requises pour enseigner l'anglais; **we have never questioned his ~ for the job** nous n'avons jamais mis en doute son aptitude à remplir le poste.
(b) (*gen pl*) ~**s** (*degrees, diplomas etc*) diplômes *mpl*, titres *mpl* (*in* de); (*for a trade etc*) qualifications *fpl* professionnelles; (*necessary conditions for a post etc*) conditions requises *or* nécessaires; conditions à remplir. **his only ~ for the job was his experience in**

similar work seule son expérience dans des domaines similaires le qualifiait pour ce travail; **what are your ~s?** (*skill, degrees, experience etc*) quelle est votre formation?; (*paper* ~s) qu'est-ce que vous avez comme diplômes? *or* qualifications professionnelles?; **he has a lot of experience but no paper ~s** *or* **formal ~s** il a beaucoup d'expérience mais il n'a aucun diplôme *or* il n'a aucun titre *or* il n'a pas de qualifications professionnelles; **I have no teaching ~(s)** je n'ai pas le(s) diplôme(s) requis pour enseigner.
(c) (*limitation*) réserve *f*, restriction *f*, condition *f*. **to accept a plan with ~(s)** accepter un projet avec des réserves *or* avec des restrictions *or* à certaines conditions; **without ~(s)** sans réserves *or* restrictions *or* conditions.
(d) (*gen, Gram: qualifying*) qualification *f*.
qualified ['kwɒlɪfaɪd] *adj* (a) *person* compétent, qualifié (*for* pour, en matière de); *engineer, doctor, nurse, teacher* diplômé; *craftsman, player* qualifié. **we must find a ~ person to take charge of the project** il nous faut trouver une personne ayant la compétence voulue pour prendre la direction du projet; **he was not ~ for this job** il ne remplissait pas les conditions requises pour ce poste, il n'avait pas le(s) diplôme(s) requis *or* les titres requis *or* les qualifications professionnelles requises pour ce poste; **to be ~ to do** être qualifié *or* avoir la compétence voulue pour faire, être habilité à faire (*esp Jur*); **he is ~ to teach** il a les diplômes requis pour l'enseignement, il a qualité pour enseigner; **they are not ~ to vote** ils ne sont pas habilités à voter; **I'm not ~ to speak for her** je ne suis pas qualifié pour parler en son nom; **I don't feel ~ to judge** je ne me sens pas qualifié pour juger.
(b) (*modified*) *praise* mitigé; *support, acceptance, approval* conditionnel. **a ~ success** une demi-réussite.
qualifier ['kwɒlɪfaɪəʳ] *n* (*Gram*) qualificatif *m*, qualificateur *m*.
qualify ['kwɒlɪfaɪ] **1** *vt* (a) (*make competent*) **to ~ sb to do/for sth** (*gen*) qualifier qn pour faire/pour qch; [*experience etc*] donner à qn les compétences *or* qualités requises pour faire/pour qch; [*degree, diploma*] donner à qn les diplômes *or* titres requis pour faire/pour qch; [*trade diploma, certificates*] donner à qn les qualifications professionnelles nécessaires pour faire/pour qch; (*Jur*) **to ~ sb to do** habiliter qn à faire; **that doesn't ~ him to speak on it** cela ne lui donne pas qualité pour en parler.
(b) (*modify*) *attitude, praise* mitiger, tempérer, atténuer; *approval, support* mettre des réserves à; *statement, opinion* nuancer. **to ~ one's acceptance of sth** accepter qch sous réserve *or* sous condition; **I think you should ~ that remark** je pense que vous devriez nuancer cette remarque.
(c) (*describe*) qualifier (*as* de); (*Gram*) qualifier.
2 *vi* obtenir son diplôme (*or* son brevet *etc*). **to ~ as a doctor** obtenir le *or* son diplôme de docteur (en médecine); **he has qualified as a teacher** il a obtenu le *or* son diplôme de professeur; **while he was ~ing as a teacher** pendant qu'il faisait des études pour devenir professeur; **to ~ as a nurse/an engineer** obtenir son diplôme d'infirmière/d'ingénieur; **to ~ for a job** obtenir le(s) diplôme(s) *or* titre(s) nécessaire(s) pour un poste; **he doesn't ~ for that post** il n'a pas le(s) diplôme(s) *or* titre(s) nécessaire(s) pour (occuper) ce poste; **does he ~?** est-ce qu'il remplit les conditions requises?; (*Sport*) **to ~ for the final** se qualifier pour la finale; (*fig*) **he hardly qualifies as a poet** il ne mérite pas vraiment le nom de poète.
qualifying ['kwɒlɪfaɪɪŋ] *adj* (a) *mark* de passage, qui permet de passer; *examination* d'entrée; *score* qui permet de se qualifier. (*Sport*) ~ **heat** éliminatoire *f*; (*Jur*) ~ **period** période *f* probatoire *or* de stage; ~ **round** série *f* éliminatoire; (*St Ex*) ~ **shares** actions *fpl* de garantie. (b) (*Gram*) qualificatif.
qualitative ['kwɒlɪtətɪv] *adj* qualitatif.
qualitatively ['kwɒlɪtətɪvlɪ] *adv* qualitativement.
quality ['kwɒlɪtɪ] **1** *n* (a) (*nature, kind*) qualité *f*. **of the best ~** de première qualité, de premier ordre *or* choix; **of good** *or* **high ~** de bonne qualité, de qualité supérieure; **of poor** *or* **bad** *or* **low ~** de mauvaise qualité, de qualité inférieure; **the ~ of life** la qualité de la vie.
(b) (*U: goodness*) qualité *f*. **guarantee of ~** garantie *f* de qualité; **it's ~ rather than quantity that counts** c'est la qualité qui compte plus que la quantité; **this wine has ~** ce vin a de la qualité *or* est de qualité; **he has real ~** il a de la classe.
(c) (*attribute*) qualité *f*. **natural qualities** qualités naturelles; **one of his (good) qualities** une de ses qualités; **one of his bad qualities** un de ses défauts; **he has many artistic qualities** il a beaucoup de qualités *or* de dons *mpl* artistiques.
(d) [*voice, sound*] qualité *f*, timbre *m*.
(e) († *or hum: high rank*) qualité† *f*.
2 *cpd car, film, product* de qualité. (*Ind*) **quality control** contrôle *m* de qualité (*auquel on soumet les produits manufacturés*); (*Press*) **the quality papers** les journaux sérieux.
qualm [kwɑːm] *n* (a) (*scruple*) doute *m*, scrupule *m*; (*misgiving*) appréhension *f*, inquiétude *f*. ~**s of conscience** scrupules de conscience; **he did it without a ~** il l'a fait sans le moindre scrupule; **I would feel no ~s about doing that** je n'aurais pas le

moindre scrupule à faire cela; **I had some ~s about his future** j'avais quelques inquiétudes sur *or* pour son avenir.
 (b) (*nausea*) malaise *m*, nausée *f*, haut-le-cœur *m inv*.
quandary [ˈkwɒndərɪ] *n* embarras *m*, dilemme *m*, difficulté *f*. **to be in a ~** être dans l'embarras, être pris dans un dilemme; **he was in a ~ about** *or* **as to** *or* **over what to do** il était bien embarrassé de savoir quoi faire; **that got him out of a ~** ça l'a sorti d'un dilemme, ça l'a tiré d'embarras.
quango [ˈkwæŋɡəʊ] *n* (*Brit: abbr of* quasi-autonomous national government organization) organisme *m* (autonome) d'État.
quanta [ˈkwɒntə] *npl of* quantum.
quantifier [ˈkwɒntɪfaɪəʳ] *n* (*Ling, Philos*) quantificateur *m*.
quantify [ˈkwɒntɪfaɪ] *vt* déterminer la quantité de, évaluer quantitativement; (*Philos*) quantifier.
quantitative [ˈkwɒntɪtətɪv] *adj* (*Chem etc*) quantitatif; (*Ling, Poetry*) de quantité. (*Chem*) ~ **analysis** analyse quantitative.
quantitatively [ˈkwɒntɪtətɪvlɪ] *adv* quantitativement.
quantity [ˈkwɒntɪtɪ] **1** *n* (*gen, Ling, Math, Poetry*) quantité *f*. **a small ~ of rice** une petite quantité de riz; **what ~ do you want?** quelle quantité (en) voulez-vous?; **in ~** en (grande) quantité; **in large quantities** en grandes quantités; **a ~ of, any ~ of, quantities of** une quantité de, (des) quantités de, un grand nombre de; **V quality, unknown.**
 2 *cpd* (*Comm*) production sur une grande échelle, en série. (*Ling, Poetry*) **quantity mark** signe *m* de quantité; (*Brit*) **quantity surveying** métrage *m*; (*Brit*) **quantity surveyor** métreur *m* (vérificateur).
quantum [ˈkwɒntəm] *pl* **quanta** **1** *n* quantum *m*. **2** *cpd*: (*Phys*) **quantum mechanics** mécanique *f* quantique; **quantum number** nombre *m* quantique; **quantum theory** théorie *f* des quanta.
quarantine [ˈkwɒrəntiːn] **1** *n* quarantaine *f* (*pour raisons sanitaires*). **in ~** en quarantaine. **2** *cpd regulations, period* de quarantaine. **3** *vt* mettre en quarantaine.
quark [kwɑːk] *n* quark *m*.
quarrel [ˈkwɒrəl] **1** *n* (*dispute*) querelle *f*, dispute *f*; (*more intellectual*) différend *m*; (*breach*) brouille *f*. **I had a ~ with him yesterday** je me suis disputé *or* querellé avec lui hier; **they've had a ~** (*argued*) ils se sont disputés *or* querellés; (*fallen out*) ils se sont brouillés; **they had a sudden ~** ils ont eu un accrochage*; **the children's little ~s** les disputes *or* chamailleries* *fpl* des enfants; **the ~ between the professor and his assistant** la querelle entre le professeur et son assistant; (*longer: more formally*) la querelle qui oppose *or* opposait *etc*) le professeur à son assistant; **to start a ~** provoquer *or* susciter une querelle *or* dispute; **to pick a ~ with sb**, **to try to start a ~ with sb** chercher querelle à qn; (*fig*) **I have no ~ with you** je n'ai rien contre vous; **he had no ~ with what we had done** il n'avait rien à redire à ce que nous avions fait.
 2 *vi* (*have a dispute*) se disputer, se quereller, se chamailler* (*with sb* avec qn, *about, over* à propos de); (*break off friendship*) se brouiller (*with sb* avec qn). (*fig*) **I cannot ~ with that** je n'ai rien à redire à cela; **what he ~s with is ...** ce contre quoi il s'insurge c'est ... .
quarrelling, (*US*) **quarreling** [ˈkwɒrəlɪŋ] **1** *n* (*US*) disputes *fpl*, querelles *fpl*; (*petty*) chamailleries* *fpl*. **2** *adj* qui se disputent.
quarrelsome [ˈkwɒrəlsəm] *adj* querelleur, batailleur, chamailleur, mauvais coucheur.
quarrier [ˈkwɒrɪəʳ] *n* (ouvrier *m*) carrier *m*.
quarry¹ [ˈkwɒrɪ] **1** *n* carrière *f*; **V marble** *etc*.
 2 *cpd*: **quarryman** (ouvrier *m*) carrier *m*; **quarry tile** carreau *m*; **quarry-tiled floor** sol carrelé.
 3 *vt stone* extraire; *hillside* exploiter (*en carrière*).
 4 *vi* exploiter une carrière. **they are ~ing for marble** ils exploitent une carrière de marbre.
♦**quarry out** *vt sep block, stone* extraire.
quarry² [ˈkwɒrɪ] *n* (*animal, bird etc*) proie *f*; (*Hunting: game*) gibier *m*. **the detectives lost their ~** les policiers ont perdu la trace de celui qu'ils pourchassaient.
quart [kwɔːt] *n* (*measure*) ≃ litre *m* (*Brit = 1,136 litres; US = 0,946 litre*). (*fig*) **it's like trying to put a ~ into a pint pot** c'est tenter l'impossible (il n'y a vraiment pas la place).
quarter [ˈkwɔːtəʳ] **1** *n* **(a)** (*fourth part*) quart *m*. **to divide sth into ~s** diviser qch en quatre (parties égales) *or* en (quatre) quartiers; **a ~ (of a pound) of tea** un quart (de livre) de thé; **a ~ full/empty** au quart plein/vide; **it's a ~ gone already** il y en a déjà un quart de parti; **a ~ as big as** quatre fois moins grand que; **I bought it for a ~ of the price** *or* **for ~ the price** je l'ai acheté au quart du prix *or* pour le quart de son prix.
 (b) (*in expressions of time*) quart *m* (d'heure). **a ~ of an hour** un quart d'heure; **a ~ to 7,** (*US*) **a ~ of 7** 7 heures moins le quart *or* moins un quart; **a ~ past 6,** (*US*) **a ~ after 6** 6 heures et quart *or* et quart; (*Aut*) **to drive with one's hands at a ~ to three** conduire avec les mains à neuf heures et quart; **it wasn't the ~ yet** il n'était pas encore le quart; **the clock strikes the ~s** l'horloge sonne les quarts.
 (c) (*specific fourth parts*) [*year*] trimestre *m*; (*US and Can money*) quart *m* de dollar, vingt-cinq cents; (*Brit weight*) = 28 *livres* (= 12,7 *kg*); (*US weight*) = 25 *livres* (= 11,34 *kg*); (*Her*) quartier *m*; [*beef, apple etc*] quartier; [*moon*] quartier. **to pay by the ~** payer tous les trois mois *or* par trimestre; **a ~'s rent** un terme (de loyer); **V forequarters, hindquarters** *etc*.
 (d) (*direction*) direction *f*, part *f*, côté *m*; (*compass point*) point cardinal. (*Naut*) **on the port/starboard ~** par la hanche de bâbord/tribord; **from all ~s** de toutes parts, de tous côtés; **you must report that to the proper ~** vous devez signaler cela à qui de droit; **in responsible ~s** dans les milieux autorisés.
 (e) (*part of town*) quartier *m*. **the Latin ~** le quartier latin.
 (f) (*lodgings*) ~s résidence *f*, domicile *m*; (*Mil*) quartiers *mpl*,

(*temporary*) cantonnement *m*; **they are living in very cramped ~s** ils sont logés très à l'étroit; **V married** *etc*.
 (g) (*U: liter: mercy*) quartier *m* (*liter*), grâce *f*. **to give/cry ~** faire/demander quartier.
 2 *vt* **(a)** (*divide into four*) diviser en quatre (parts égales), diviser en (quatre) quartiers; *traitor's body* écarteler; (*Her*) écarteler; **V hang.**
 (b) (*lodge*) (*Mil*) *troops* caserner, (*temporarily*) cantonner; (*gen*) loger (*on chez*).
 (c) [*dogs*] **to ~ the ground** quêter; [*police etc*] **to ~ a town** in search of sb quadriller une ville à la recherche de qn.
 3 *adj* d'un quart. **the ~ part of** le quart de; **a ~ share in sth** (une part d')un quart de qch; **V also 4.**
 4 *cpd*: **quarterback V quarterback**; (*Fin, Jur*) **quarter day** (jour *m* du) terme *m*; (*Naut*) **quarter-deck** plage *f* arrière; [*sailing ship*] gaillard *m* d'arrière; (*Sport*) **quarter final** quart *m* de finale; (*Brit Aut*) **quarter light** déflecteur *m*; **quartermaster V quartermaster**; (*Sport*) **quarter mile** (course *f* d'un) quart *m* de mille; (*US Mus*) **quarter note** noire *f*; **quarter pound** (*n*) quart *m* de livre; **quarter-pound** (*adj*) d'un quart de livre; (*Jur*) **quarter sessions** (*sessions*) ≃ assises trimestrielles (de tribunal de grande instance); (*court*) ≃ tribunal *m* de grande instance (*jusqu'en 1972*); (*US Aut*) **quarter window** déflecteur *m*.
quarterback [ˈkwɔːtəbæk] (*US*) **1** *n* (*Ftbl*) stratège *m* (*souvent en position d'arrière*). **2** *vt* **(a)** (*Ftbl*) diriger la stratégie de. **(b)** (*fig*) gérer. **3** *vi* (*Ftbl*) servir de stratège.
quartering [ˈkwɔːtərɪŋ] *n* (*U*) **(a)** division *f* en quatre; (*Her*) écartelure *f*. **(b)** (*Mil: lodging*) cantonnement *m*.
quarterly [ˈkwɔːtəlɪ] **1** *adj review, payment* trimestriel. **2** *n* (*periodical*) publication trimestrielle. **3** *adv* tous les trois mois; trimestriellement, (une fois) par trimestre.
quartermaster [ˈkwɔːtəˌmɑːstəʳ] *n* **(a)** (*Mil*) intendant *m* militaire de troisième classe. **(b)** (*Naut*) maître *m* de manœuvre. **2** *cpd*: (*Mil*) **quartermaster general** intendant général d'armée de première classe; (*Mil*) **quartermaster sergeant** intendant militaire adjoint.
quartet(te) [kwɔːˈtet] *n* (*classical music; players*) quatuor *m*; (*jazz players*) quartette *m*; (*iron hum: four people*) quatuor*.
quarto [ˈkwɔːtəʊ] **1** *n* in-quarto *m*. **2** *adj paper* in-quarto *inv*.
quartz [kwɔːts] **1** *n* quartz *m*. **2** *cpd* de *or* en quartz. **quartz clock/watch** pendule *f*/montre *f* à quartz; **quartz crystal** cristal *m* de quartz.
quartzite [ˈkwɔːtsaɪt] *n* quartzite *m*.
quasar [ˈkweɪzɑːʳ] *n* quasar *m*.
quash [kwɒʃ] *vt decision* casser, annuler; *verdict, judgment* infirmer, réformer, casser; *rebellion* réprimer, étouffer; *proposal, suggestion* rejeter, repousser.
quasi- [ˈkwɑːzɪ] *pref* (+ *n*) quasi-; (+ *adj*) quasi, presque. **quasi-marriage** quasi-mariage *m*; **~revolutionary** quasi *or* presque révolutionnaire.
quatercentenary [ˌkwɒtəsənˈtiːnərɪ] *n* quatrième centenaire *m*.
quaternary [kwəˈtɜːnərɪ] **1** *adj* (*Chem, Geol, Math*) quaternaire. **2** *n* (*set of four*) ensemble *m* de quatre; (*number four*) quatre *m*. (*Geol*) **the Q~** le quaternaire.
quatrain [ˈkwɒtreɪn] *n* quatrain *m*.
quaver [ˈkweɪvəʳ] **1** *n* (*Mus: esp Brit: note*) croche *f*; (*gen: voice tremor*) tremblement *m*, chevrotement *m*. **2** *cpd*: (*Brit Mus*) **quaver rest** demi-soupir *m*. **3** *vi* [*voice*] chevroter, trembloter; [*person*] chevroter, parler d'une voix chevrotante *or* tremblotante. **4** *vt* (*also ~ out*) chevroter.
quavering [ˈkweɪvərɪŋ] **1** *adj* tremblotant, chevrotant. **2** *n* tremblement *m*, tremblotement *m*, chevrotement *m*.
quaveringly [ˈkweɪvərɪŋlɪ] *adv* d'une voix chevrotante *or* tremblotante, avec des tremblements dans la voix.
quavery [ˈkweɪvərɪ] *adj* = **quavering 1**.
quay [kiː] *n* (*Naut etc*) quai *m*. **at** *or* **alongside the ~side** à quai.
queasiness [ˈkwiːzɪnɪs] *n* (*U*) nausée *f*, malaise *m*.
queasy [ˈkwiːzɪ] *adj food* (*upsetting*) indigeste; (*nauseating*) écœurant; *stomach, digestion* délicat; *person* sujet aux nausées. **he was ~**, **he felt ~**, **his stomach was ~** il avait mal au cœur, il avait envie de vomir; (*fig*) **he's got a ~ conscience** il n'a pas la conscience tranquille.
Quebec [kwɪˈbek] **1** *n* **(a)** (*city*) Québec. **(b)** (*province*) (Province *f* du) Québec *m*. **2** *adj* québécois. (*Ling*) **~ French** québécois *m*.
Quebec(k)er [kwɪˈbekəʳ] *n* Québécois(e) *m(f)*.
Quebecois [kebeˈkwa] *n* (*person*) Québécois(e) *m(f)*.
queen [kwiːn] **1** *n* (*also fig*) reine *f*. **Q~ Elizabeth** la reine Élisabeth; **she was ~ to George III** elle était l'épouse de Georges III; (*iro*) **Q~ Anne's dead!*** ce n'est pas une nouvelle!, tu ne nous apprends rien! (*V also 2*); **~ of the ball** reine du bal; **V beauty, Mary, may²** *etc.*
 (b) (*Brit*) **Q~'s Bench** cour supérieure de justice; (*Jur*) **Q~'s Counsel** avocat *m* de la Couronne; (*Jur*) **to turn Q~'s evidence** témoigner contre ses complices; **the Q~'s highway** la voie publique; **Q~'s Messenger** courrier *m* diplomatique.
 (c) (*ant, bee, wasp*) reine *f*; (*Chess*) dame *f*, reine; (*Cards*) dame.
 (d) (‡ *pej: homosexual*) folle‡ *f*, tante‡ *f*.
 2 *cpd*: (*Brit*) **Queen Anne** *furniture etc* de l'époque de la reine Anne (*début 18e s.*); **queen bee** reine *f* des abeilles; (*fig*) **she's the queen bee*** c'est elle qui commande; **queencake** *petit gâteau aux raisins secs en forme de cœur*; **queen consort** reine *f* (*épouse du roi*); **queen dowager** reine douairière; **Queen Mother** reine mère *f*.
 3 *vt* **(a)** (*‡*) **to ~ it** faire la grande dame; **to ~ it over sb** prendre des airs d'impératrice avec qn.
 (b) (*Chess*) *pawn* damer.
queenly [ˈkwiːnlɪ] *adj* de reine.

Queensland ['kwi:nzlənd] *n* Queensland *m*. **in** ~ dans le Queensland.

queer [kwiər] **1** *adj* (a) (*odd*) étrange, bizarre, singulier. **a** ~ **fellow** un curieux personnage *or* bonhomme, un drôle de corps*; (*pej*) **a** ~ **customer** un drôle d'individu *or* de type*; ~ **in the head*** dérangé, toqué*; (*Brit*) **to be in Q~ Street*** se trouver dans une mauvaise passe *or* en mauvaise posture.
(b) (*suspicious*) suspect, louche. **there's something** ~ **going on** il se passe quelque chose de louche; **there's something** ~ **about the way he always has money** il y a quelque chose de suspect dans le fait qu'il a toujours de l'argent.
(c) (*Brit*: *unwell*) mal fichu*, patraque*. **she suddenly felt** ~ elle s'est soudain trouvée prise d'un malaise.
(d) (*pej: homosexual*) homosexuel. **he's** ~ c'est un pédé*.
(e) (*US fig*) **to be** ~ **for sth*** adorer qch, être dingue* de qch.
2 *cpd*: **queer-bashing*** chasse *f* aux pédés*; **he was a queer-looking man** il avait une drôle d'allure; **it was a queer-sounding name** c'était un nom (qui avait une consonance) bizarre.
3 *n* (**pej:** *homosexual*) (*male*) pédéraste *m*, pédé* *m*; (*female*) lesbienne *f*, gouine* *f*.
4 *vt* gâter, abîmer. (*Brit fig*) **to** ~ **sb's pitch** couper l'herbe sous les pieds à *or* de qn.

queerly ['kwiəli] *adv* étrangement, bizarrement, singulièrement.

queerness ['kwiənis] *n* étrangeté *f*, bizarrerie *f*, singularité *f*.

quell [kwel] *vt rebellion, rage, anxieties* réprimer, étouffer. **she** ~**ed him with a glance** elle l'a fait rentrer sous terre d'un regard, elle l'a foudroyé du regard.

quench [kwentʃ] *vt flames, fire* éteindre; *steel etc* tremper; *hope, desire* réprimer, étouffer; *enthusiasm* refroidir. **to** ~ **one's thirst** se désaltérer.

quenchless ['kwentʃlis] *adj* (*liter*) inextinguible.

quern [kwɜ:n] *n* moulin *m* à bras (*pour le grain*).

querulous ['kwerʊləs] *adj person* récriminateur (*f* -trice), bougon*, ronchonneur*; *tone* plaintif, bougon*.

querulously ['kwerʊləsli] *adv* en se lamentant, d'un ton plaintif *or* bougon*.

query ['kwiəri] **1** *n* (a) (*question*) question *f*; (*doubt*) doute *m*. **readers' queries** questions des lecteurs; **this raises a** ~ **about the viability of the scheme** cela met en question la viabilité de ce projet.
2 *vt* (a) *statement, motive, evidence* mettre en doute *or* en question. **I** ~ **that!** je me permets d'en douter!; **to** ~ **whether** demander si, chercher à savoir si.
(b) (*write ? against*) *part of text* marquer d'un point d'interrogation.

quest [kwest] *n* quête *f*, recherche *f*, poursuite *f* (*for* de). **in** ~ **of** en quête de.

question ['kwestʃən] **1** *n* (a) question *f* (*also Parl*). **to ask sb a** ~, **to put a** ~ **to sb**, (*Parl*) **to put down a** ~ **for sb** poser une question à qn; **what a** ~ **to ask!** quelle question!, belle question! (*iro*); (*prevaricating*) **that's a good** ~! voilà une bonne question, la question est pertinente; (*Gram*) **indirect** *or* **oblique** ~ interrogation indirecte; **to put sth to the** ~ soumettre qch au vote; *V* **leading, pop¹, sixty** *etc*.
(b) (*U: doubt*) (mise *f* en) doute *m*. **beyond (all)** ~, **without** ~, **past** ~ (*adj*) hors de doute, incontestable; (*adv*) incontestablement, sans aucun doute; **there is no** ~ **about it** cela ne fait aucun doute; **there is no** ~ **but that this is better** il ne fait aucun doute que ceci est mieux; **there's no** ~ **that this is better** une chose est sûre, ceci n'est pas mieux; *V* **call**.
(c) (*matter, subject*) question *f*, sujet *m*, affaire *f*. **that's the** ~! là est la question!, c'est là (toute) la question!; **that's not the** ~ là n'est pas la question, il ne s'agit pas de cela; **that's another** ~ altogether ça c'est une tout autre affaire; **the person in** ~ la personne en question *or* dont il s'agit; **there's some/no** ~ **of closing the shop** il est/il n'est pas question de fermer *or* qu'on ferme (*subj*) le magasin; **there's no** ~ **of that**, **that is out of the** ~ il ne peut en être question, il n'en est pas question, il ne saurait en être question (*frm*); **the** ~ **is how many** la question c'est de savoir combien, il s'agit de savoir combien; (*in concluding*) reste à savoir combien; **the** ~ **is to decide** ... il s'agit de décider ...; (*in concluding*) reste à décider ...; **the German** ~ la question allemande, le problème allemand; **it is a** ~ **of sincerity** c'est une question de sincérité; **it's (all) a** ~ **of what you want to do eventually** tout dépend de ce que tu veux faire en fin de compte; **it's an open** ~ **(whether)** la question reste posée (de savoir si), personne ne sait (si); **success is a** ~ **of time** le succès n'est qu'une affaire de temps; *V* **burning** *etc*.
2 *cpd*: **question mark** point *m* d'interrogation; (*fig*) **there is a question mark over whether he meant to do it** on ne sait pas au juste s'il avait l'intention de le faire; (*fig*) **a big question mark hangs over his future** quant à son avenir c'est un point d'interrogation; **questionmaster** meneur *m* de jeu; (*Rad, TV*) animateur *m*; **question tag** queue *f* de phrase interrogative; (*Brit Parl*) **question time** heure réservée aux questions orales.
3 *vt* (a) interroger, poser des questions à, questionner (*on* sur, *about* au sujet de, à propos de); (*Police*) interroger. **we** ~**ed him closely to find out whether** nous l'avons interrogé de près pour savoir si; **I will not be** ~**ed about it** je refuse d'être l'objet de questions à ce sujet.
(b) *motive, account, sb's honesty* mettre en doute *or* en question, douter de; *claim* contester. **to** ~ **whether** douter que + *subj*.

questionable ['kwestʃənəbl] *adj statement, figures* discutable, douteux, contestable; (*pej*) *motive etc* louche, douteux, suspect; *taste* discutable, douteux. **it is** ~ **whether** il est douteux *or* discutable que + *subj*.

questioner ['kwestʃənər] *n* personne *f* qui pose des questions;

(*interrupting*) interpellateur *m*, -trice *f*. **she looked at her** ~ elle regarda la personne qui l'interrogeait.

questioning ['kwestʃənɪŋ] **1** *adj* interrogateur (*f* -trice), questionneur. **he gave me a** ~ **look** il m'interrogea du regard. **2** *n* interrogation *f*.

questionnaire [,kwestʃə'nεər] *n* questionnaire *m*.

queue [kju:] **1** *n* (a) (*Brit*) [*people*] queue *f*, file *f* (d'attente); [*cars*] file. **to stand in a** ~ faire la queue; **go to the end of the** ~! prenez la queue!; **he joined the theatre** ~ il s'est joint aux personnes qui faisaient la queue au théâtre; **ticket** ~ queue devant les guichets; *V* **jump** *etc*.
(b) (*pigtail*) natte *f* (d'homme).
2 *cpd*: (*Brit*) **queue-jump** (*vi*) passer avant son tour; ne pas attendre son tour; **queue-jumper** resquilleur *m*, -euse *f* (*qui passe avant son tour*); **queue-jumping** resquillage *m* (*pour passer avant son tour*).
3 *vi* (*Brit: also* ~ **up**) [*people, cars*] faire la queue (*for* pour). **we** ~**d (up) for an hour** nous avons fait une heure de queue.

quibble ['kwibl] **1** *n* chicane *f*, argutie *f*. **that's just a** ~ c'est couper les cheveux en quatre*. **2** *vi* chicaner, ergoter (*over* sur).

quibbler ['kwiblər] *n* chicaneur *m*, -euse *f*, chicanier *m*, -ière *f*, ergoteur *m*, -euse *f*.

quibbling ['kwiblɪŋ] **1** *adj person* ergoteur, chicaneur, chicanier; *argument* captieux, spécieux; *objection* spécieux. **2** *n* (*U*) chicanerie *f*.

quick [kwik] **1** *adj* (a) (*rapid*) *pulse, train, movement, route, decision, method* rapide; *recovery, answer* prompt. **be** ~! dépêche-toi!, fais vite!; **try to be** ~**er next time** essaie de faire plus vite la prochaine fois; **at a** ~ **pace** d'un pas *or* rapide, d'un bon pas; (*Mil*) ~ **march!** en avant, marche!; **I had a** ~ **chat with her** *or* **a few** ~ **words with her** j'ai échangé quelques mots (rapides) avec elle; **going cheap for a** ~ **sale** sacrifié pour vente rapide; **we had a** ~ **meal** nous avons mangé en vitesse *or* sur le pouce*; **to have a** ~ **one*** prendre un pot* en vitesse; **it's** ~**er by train** c'est plus rapide *or* ça va plus vite par le train; **he's a** ~ **worker** il travaille vite; (* *iro*) il ne perd pas de temps (*iro*), il va vite en besogne (*iro*); *V* **double, draw** *etc*.
(b) (*lively*) *mind* vif (*f* vive), rapide, éveillé, agile; *child* vif, éveillé. **he's too** ~ **for me** il est trop rapide pour moi, il va trop vite pour moi; **he has a** ~ **eye for mistakes** il repère vite les fautes; **to have a** ~ **ear** avoir l'oreille fine; **to have a** ~ **wit** avoir la repartie facile *or* de la repartie (*V also* 4); **he was** ~ **to see that** ... il a tout de suite vu *or* remarqué que ...; **to be** ~ **to take offence** être prompt à s'offenser, s'offenser pour un rien; **to have a** ~ **temper** s'emporter facilement, être soupe au lait* (*V also* 4); (*liter*) **to be** ~ **to anger** avoir la tête chaude, être prompt à s'emporter; **he is** ~ **at figures** il calcule vite.
2 *n* (a) (*Anat*) vif *m*. **to bite one's nails to the** ~ se ronger les ongles jusqu'au sang; (*fig*) **to cut** *or* **sting sb to the** ~ piquer *or* blesser qn au vif.
(b) (††, *liter*) **the** ~ **and the dead** les vivants *mpl* et les morts *mpl*.
3 *adv* (= *quickly*) ~, **over here!** vite, par ici!; **as** ~ **as lightning** *or* **as a flash** avec la rapidité de l'éclair; *for other phrases V* **quickly**.
4 *cpd*: **quick-acting** *drug etc* qui agit rapidement; **quick-assembly** furniture meubles *mpl* à monter soi-même; (*Theat*) **quick-change artist** spécialiste *mf* des transformations rapides; **a series of quick-fire questions** un feu roulant de questions; **to shoot quick-fire questions at sb** mitrailler qn de questions; (*Mil*) **quick-firing** à tir rapide; **quick-freeze** surgeler; **quicklime** chaux vive; **quicksand** mouvant; **quicksands** sables mouvants; **to get stuck in quicksands** s'enliser; **quickset hedge** haie *f* vive; (*hawthorn*) haie d'aubépine; **quick-setting** *cement* à prise rapide; **jelly** qui prend facilement; **quicksilver** vif-argent *m*, mercure *m*; (*Dancing*) **quickstep** fox(-trot) *m*; **to be quick-tempered** avoir la tête chaude, être prompt à s'emporter, être soupe au lait* *inv*; **quick-witted** à l'esprit vif *or* délié; (*in answering*) qui a la repartie facile *or* de la repartie.

quicken ['kwikən] **1** *vt* (*lit*) accélérer, presser, hâter; (*fig*) *feelings, imagination* exciter, stimuler; *appetite* stimuler, aiguiser. **to** ~ **one's pace** accélérer son allure, presser le pas; (*Mus*) **to** ~ **the tempo** presser l'allure *or* la cadence.
2 *vi* [*pace, movement*] s'accélérer, devenir *or* se faire plus rapide; [*hope*] se ranimer; [*foetus*] remuer.

quickie* ['kwiki] *n* chose faite en vitesse *or* à la hâte; (*drink*) pot* pris en vitesse; (*question*) question *f* éclair *inv*; (*Cine*) court métrage vite fait.

quickly ['kwikli] *adv* (*fast*) vite, rapidement; (*without delay*) promptement, sans tarder. ~! vite!, dépéchez-vous!; **as** ~ **as possible** aussi vite que possible, au plus vite; **as** ~ **as I can** aussi vite que je peux; **the police were** ~ **on the spot** la police est arrivée sans tarder *or* promptement sur les lieux.

quickness ['kwiknis] *n* vitesse *f*, rapidité *f*; [*intelligence, sight, gesture*] vivacité *f*; [*mind*] promptitude *f*, vivacité; [*pulse*] rapidité; [*hearing*] finesse *f*. ~ **of temper** promptitude à s'emporter; ~ **of wit** vivacité d'esprit.

quid¹* [kwid] *n* (*pl inv: Brit: pound*) livre *f* (*sterling*).

quid² [kwid] *n* [*tobacco*] chique *f*.

quiddity ['kwiditi] *n* (*Philos*) quiddité *f*.

quid pro quo [,kwidprəʊ'kwəʊ] *n*: **it's a** ~ (**for**) c'est en contrepartie (de), c'est à titre de réciprocité (pour).

quiescence [kwar'esns] *n* tranquillité *f*; latence *f*, passivité *f*.

quiescent [kwar'esnt] *adj* passif, immobile, tranquille.

quiet ['kwarət] **1** *adj* (a) (*silent, not noisy, still*) *sea, street, evening, neighbour* tranquille; *person* silencieux, tranquille. **he was** ~ **for a long time** (*silent*) il est resté longtemps sans rien dire; (*still*) il est resté longtemps sans bouger; **you're very** ~ **today** tu ne dis rien *or* pas grand-chose aujourd'hui; be ~!, keep ~! taisez-vous!; isn't it ~! que c'est calme! or tranquille!; it was ~ as the grave il y avait un silence de mort; try to be a little ~er essayez de ne pas faire autant de bruit; to keep or stay ~ (still) se tenir or rester tranquille; (silent) garder le silence; to keep sb ~ (still) faire tenir qn tranquille, forcer qn à se tenir tranquille; (silent) faire taire qn, imposer silence à qn; that book should keep him ~ for a while ce livre devrait le faire se tenir tranquille un moment; keep those bottles ~ empêchez ces bouteilles de tinter, ne faites pas de bruit avec ces bouteilles.

(b) (not loud) music doux (f douce); voice, tone bas (f basse); footstep, sound léger; cough, laugh petit (V also 1e). keep the radio ~ baisse le volume (de la radio).

(c) (subdued) person, face, temperament doux (f douce); dog, horse docile; child calme, facile, doux; dress, colour sobre, discret (f -ète); style simple. a ~ old lady une vieille dame tranquille; my daughter is a very ~ girl ma fille n'est pas expansive, ma fille est une silencieuse.

(d) (peaceful, calm) calme, paisible, tranquille. the patient had a ~ night le malade a passé une nuit tranquille or paisible; he had a ~ sleep il a dormi tranquillement or paisiblement; those were ~ times la vie était calme en ce temps-là; (Mil etc) all ~ rien de nouveau; all ~ on the western front à l'ouest rien de nouveau; they lead a ~ life ils mènent une vie tranquille; this town is too ~ for me cette ville est trop endormie pour moi, pour moi cette ville manque d'animation; business is ~ les affaires sont calmes; (St Ex) the market was ~ la Bourse était calme; he went to sleep with a ~ mind il s'endormit l'esprit tranquille.

(e) (secret) caché, dissimulé; (private) intime; evening, dinner, discussion intime; irony voilé, discret (f -ète); resentment sourd. they had a ~ wedding ils se sont mariés dans l'intimité; the wedding was very ~ le mariage a eu lieu dans la plus stricte intimité; I'll have a ~ word with her je vais lui glisser discrètement un mot à l'oreille, je vais lui dire deux mots en particulier; they had a ~ laugh over it ils en ont ri doucement; he said with a ~ smile dit-il avec un petit sourire; with ~ humour avec une pointe d'humour; he had a ~ dig* at his brother il lança une pointe discrète à son frère; he kept the whole thing ~ il n'a pas ébruité l'affaire; keep it ~ gardez cela pour vous.

2 n (U) (a) (silence) silence m, tranquillité f. in the ~ of the night dans le silence de la nuit; let's have complete ~ for a few minutes faisons silence complet pendant quelques minutes.

(b) (peace) calme m, paix f, tranquillité f. an hour of blessed ~ une heure de répit fort appréciée; there was a period of ~ after the fighting il y a eu une accalmie après les combats; V peace.

(c) (*) on the ~ en cachette, en douce*; to do sth on the ~ faire qch en cachette or en dessous; she had a drink on the ~ elle a pris un verre en douce* or en suisse; he told me on the ~ il me l'a dit en confidence.

3 vt = quieten.

quieten ['kwaɪətn] vt (esp Brit) person, crowd, horse, suspicion calmer, apaiser; fear calmer, dissiper; pain calmer; conscience tranquilliser, apaiser.

◆**quiet(en) down 1** vi s'apaiser, se calmer, s'assagir; (after unruly youth) se ranger. their children have quietened down a lot leurs enfants se sont beaucoup assagis.

2 vt sep person, dog, horse calmer, apaiser.

quietism ['kwaɪətɪzəm] n quiétisme m.

quietist ['kwaɪətɪst] adj, n quiétiste (mf).

quietly ['kwaɪətlɪ] adv (silently) silencieusement, sans (faire de) bruit; (not loudly) speak, sing doucement; (gently) doucement, calmement; (without fuss) paisiblement, sobrement, discrètement, simplement; (secretly) en cachette, en douce*, secrètement. they got married very ~ ils se sont mariés dans la plus stricte intimité.

quietness ['kwaɪətnɪs] n (silence) silence m; (stillness) calme m, tranquillité f, quiétude f; (gentleness) douceur f; (peacefulness) repos m, tranquillité, calme.

quietude ['kwaɪətjuːd] n quiétude f.

quietus [kwaɪˈiːtəs] n (Jur) quittance f; (fig) (release) coup m de grâce (fit, fig); (death) mort f.

quiff [kwɪf] n (Brit: also ~ of hair) (on forehead) mèche f; (on top of head) épi m; (on top of baby's head) coque f.

quill [kwɪl] n (feather) penne f; (part of feather) tuyau m de plume; (also ~-pen) plume f d'oie; [porcupine etc] piquant m.

quilt [kwɪlt] **1** n édredon m (piqué), courtepointe f. continental ~ couette f. **2** vt eiderdown, cover matelasser, ouater et piquer; dressing gown matelasser, ouatiner; furniture, bedhead etc capitonner.

quilted ['kwɪltɪd] adj jacket, bed cover matelassé; dressing gown matelassé, ouatiné; bed head capitonné.

quilting ['kwɪltɪŋ] n (U) (process) ouatage m, capitonnage m; (material) ouate f, matelassé m, ouatine f, capitonnage.

quin [kwɪn] n (Brit) abbr of quintuplet.

quince [kwɪns] **1** n (fruit) coing m; (tree) cognassier m. **2** cpd jam de coings.

quincentenary [ˌkwɪnsenˈtiːnərɪ] n cinquième centenaire m.

quinine [kwɪˈniːn] n quinine f.

Quinquagesima [ˌkwɪŋkwəˈdʒesɪmə] n Quinquagésime f.

quinquennial [kwɪŋˈkwenɪəl] adj quinquennal.

quinquennium [kwɪŋˈkwenɪəm] n quinquennat m.

quinsy ['kwɪnzɪ] n (Med††) amygdalite purulente.

quint [kwɪnt] n (US) abbr of quintuplet.

quintessence [kwɪnˈtesns] n quintessence f.

quintessential [ˌkwɪntɪˈsenʃəl] adj quintessenciel.

quintet(te) [kwɪnˈtet] n quintette m.

quintillion [kwɪnˈtɪljən] n (Brit etc) 10^{18}, (US, France) 10^{30}, quintillion m.

quintuple ['kwɪntjʊpl] **1** adj, n quintuple (m). **2** [kwɪnˈtjuːpl] vti quintupler.

quintuplet [kwɪnˈtjuːplɪt] n quintuplé(e) m(f).

quip [kwɪp] **1** n raillerie f, quolibet m, mot m piquant. **2** vi railler, lancer des pointes. **3** vt: 'never on a Sunday' she ~ped 'jamais le dimanche' dit-elle avec piquant or avec esprit.

quire ['kwaɪər] n (a) (Bookbinding) (part of book) cahier m (d'un livre) (4 feuilles). book in ~s livre en feuilles (détachées) or en cahiers. (b) [paper] ≃ main f (de papier).

quirk [kwɜːk] n (a) bizarrerie f, excentricité f. it's just one of his ~s c'est encore une de ses excentricités; by a ~ of fate par un caprice du destin; by some ~ of nature/of circumstance par une bizarrerie de la nature/de(s) circonstance(s).

(b) (flourish) (Art, Mus) arabesque f; (in signature) parafe m or paraphe m; (in handwriting) fioriture f.

quirky ['kwɜːkɪ] adj capricieux, primesautier; (strange) étrange, original.

quirt [kwɜːt] **1** n (US) cravache f tressée. **2** vt (US) cravacher.

quisling ['kwɪzlɪŋ] n collaborateur m, -trice f (pej), collabo* mf.

quit [kwɪt] pret, ptp quit or quitted **1** vt (a) (leave) place, premises quitter, s'en aller de; person quitter, laisser. to give a tenant notice to ~ donner congé à un locataire.

(b) (give up) lâcher, quitter, abandonner; (esp US: stop) cesser, arrêter (doing de faire). to ~ school quitter l'école or le collège etc; to ~ one's job quitter sa place; to ~ hold lâcher prise; to ~ hold of sth lâcher qch; to ~ work cesser le travail; ~ fooling! arrête de faire l'idiot!

2 vi (esp US) (give up: in game etc) se rendre; (accept defeat) abandonner la partie, renoncer; (resign) démissionner. I ~! j'arrête!, j'abandonne!; he ~s too easily il se laisse décourager or il abandonne la partie trop facilement.

3 adj: ~ of débarrassé de.

quite [kwaɪt] adv (a) (entirely) tout à fait, tout, complètement, entièrement. (also iro) ~ (so)! exactement!; I ~ agree with you je suis entièrement or tout à fait de votre avis; he ~ realizes that he must go il se rend parfaitement compte qu'il doit partir; I ~ understand je comprends très bien; I ~ believe it je le crois volontiers or sans difficulté, je n'ai aucun mal à le croire; I don't ~ know je ne sais pas bien or trop; I don't ~ see what he means je ne vois pas tout à fait or pas trop ce qu'il veut dire; that's ~ enough! ça suffit comme ça!; that's ~ enough for me j'en ai vraiment assez; it wasn't ~ what I wanted ce n'était pas exactement ce que je voulais; not ~ as many as last week pas tout à fait autant que la semaine dernière; that's ~ another matter c'est une tout autre affaire; ~ 4 days ago il y a bien 4 jours; he was ~ right il avait bien raison or tout à fait raison; my watch is ~ right ma montre a l'heure exacte; ~ new tout (à fait) neuf; he was ~ alone il était tout seul; she was ~ a beauty c'était une véritable beauté; it is ~ splendid c'est vraiment splendide!; V thing.

(b) (to some degree, moderately) plutôt, assez. it was ~ dark for 6 o'clock il faisait plutôt sombre pour 6 heures; ~ a long time assez longtemps; ~ a few people un bon or assez grand nombre de gens; your essay was ~ good votre dissertation n'était pas mal inv or pas mauvaise du tout; he is ~ a good singer c'est un assez bon chanteur; I ~ like this painting j'aime assez ce tableau.

quits [kwɪts] adj quitte. to be ~ with sb être quitte envers qn; now they are ~ maintenant ils sont quittes; let's call it ~ restons-en là; to cry ~ se déclarer quittes, déclarer match nul.

quittance ['kwɪtəns] n (Fin etc) quittance f.

quitter ['kwɪtər] n (pej) personne f qui abandonne facilement la partie or qui se laisse rebuter par les difficultés, dégonflé(e)* mf.

quiver[1] ['kwɪvər] **1** vi [person] frémir, frissonner, trembler (with de); [voice] trembler, trembloter, chevroter; [leaves] frémir, frissonner; [flame] vaciller; [wings] battre, palpiter; [lips] trembler, frémir; [eyelids] battre; [flesh, heart] frémir, palpiter; [violin] frémir.

2 n (V 1) frémissement m; tremblement m; frisson m, frissonnement m (liter); vacillement m; battement m; palpitation f.

quiver[2] ['kwɪvər] n (for arrows) carquois m.

qui vive [kiːˈviːv] n: on the ~ sur le qui-vive.

Quixote ['kwɪksət] n: Don ~ don Quichotte m.

quixotic [kwɪkˈsɒtɪk] adj person (unselfish) chevaleresque, généreux; (visionary) chimérique; plan, idea donquichottesque. with a ~ disregard for his own safety avec un mépris donquichottesque pour sa propre sécurité.

quixotically [kwɪkˈsɒtɪkəlɪ] adv à la (manière de) don Quichotte. to behave ~ jouer le don Quichotte; he volunteered ~ to go himself en don Quichotte, il offrit d'y aller lui-même.

quixotism ['kwɪksətɪzəm] n, **quixotry** ['kwɪksətrɪ] n donquichottisme m.

quiz [kwɪz] **1** n, pl quizzes (a) (Rad, TV) quiz m, jeu-concours m (radiophonique or télévisé); (in magazine etc) série f de questions; (puzzle) devinette f.

(b) (US Scol) interrogation f rapide (orale ou écrite).

2 vt (a) (gen) interroger, questionner, presser de questions (about au sujet de). (b) (US Scol) interroger rapidement.

3 cpd: (US) quiz kid* enfant mf prodige; quizmaster meneur m de jeu; (Rad, TV) animateur m; (Rad, TV) quiz programme quiz m.

quizzical ['kwɪzɪkəl] adj (mocking, questioning) moqueur, narquois, ironique; (puzzled) perplexe.

quizzically ['kwɪzɪkəlɪ] adv (V quizzical) d'un air narquois or ironique; d'un air perplexe.

quod‡ [kwɒd] n (Brit) taule‡ f or tôle‡ f, bloc* m. to be in ~ être au bloc* or à l'ombre*, faire de la taule‡.

quoin [kwɔɪn] n (angle) coin m or angle m d'un mur; (stone) pierre f d'angle.

quoit [kwɔɪt] n palet m. ~s jeu m du palet; to play ~s jouer au palet.

quondam ['kwɒndæm] *adj* (*liter*) ancien (*before n*), d'autrefois.
Quonset hut ['kwɒnsɪt'hʌt] *n* ® (*US*) baraque *or* hutte préfabriquée (*en tôle, cylindrique*).
quorate ['kwɔːreɪt] *adj* (*Admin*) qui a le quorum, où le quorum est atteinte.
quorum ['kwɔːrəm] *n* quorum *m*. **we have not got a** ~ nous n'avons pas de quorum, le quorum n'est pas atteint.
quota ['kwəʊtə] **1** *n* (**a**) (*share*) quote-part *f*, part *f*.
  (**b**) (*permitted amount*) *[imports, immigrants]* quota *m*, contingent *m*.
  2 *cpd*: **quota system** système *m* de quotas.
quotable ['kwəʊtəbl] *adj* (*which one may quote*) que l'on peut (*or* puisse) citer; (*worth quoting*) digne d'être cité, bon à citer.
quotation [kwəʊ'teɪʃən] **1** *n* (**a**) (*passage cited*) citation *f* (*from* de).
  (**b**) (*St Ex*) cours *m*, cote *f*; (*Comm: estimate*) devis *m* (estimatif).
  2 *cpd*: **quotation marks** guillemets *mpl*; **in quotation marks** entre guillemets; **to open/close the quotation marks** ouvrir/ fermer les guillemets.
quote [kwəʊt] **1** *vt* (**a**) *author, poem, fact, text* citer; *words* rapporter, citer; *reference number etc* rappeler. **to** ~ **Shelley** citer Shelley; **to** ~ **sb as an example** citer *or* donner qn en exemple; **you can** ~ **me** vous pouvez me citer *or* citer ce que j'ai dit; **don't** ~ **me** ne dites

pas que c'est moi qui vous l'ai dit; **he was** ~**d as saying that ...** il aurait dit que ...; **can you** ~ **(me) a recent instance of this?** pouvez-vous (me) citer un exemple récent de ceci?; (*Comm*) **when ordering please** ~ **this number** pour toute commande prière de rappeler ce numéro.
  (**b**) (*Comm*) *price* indiquer, établir, spécifier; (*St Ex*) *price* coter (*at* à). **this was the best price he could** ~ **us** c'est le meilleur prix qu'il a pu nous faire *or* proposer.
  2 *vi* (**a**) (*Literat etc*) faire des citations. **to** ~ **from the Bible** citer la Bible.
  (**b**) (*Comm*) **to** ~ **for a job** établir *or* faire un devis pour un travail.
  3 *n* (**a**) (*quotation*) citation *f* (*from* de).
  (**b**) (*to journalist etc: short statement*) déclaration *f*, commentaire *m*. '**give us a** ~!' **the pressmen cried** 'faites-nous une déclaration *or* un commentaire!' ont crié les journalistes.
  (**c**) (*quotation marks*) ~**s*** *npl* guillemets *mpl*; **in** ~**s*** entre guillemets.
  4 *adv* (*indicating beginning of quotation*) (*in dictation*) ouvrez les guillemets; (*in lecture, report etc*) je cite.
quoth [kwəʊθ] *defective vb* (†† *or hum*) ~ **he** fit-il, dit-il.
quotient ['kwəʊʃənt] *n* (*esp Math*) quotient *m*; *V* **intelligence**.
qv *abbr of* **quod vide** (= '*which see*') ≃ voir.

R

R, r [ɑːr] *n* (**a**) (*letter*) R, r *m*. **the three R's** la lecture, l'écriture et l'arithmétique (*les trois bases de l'enseignement*); **R for Robert** R comme Raoul.
  (**b**) (*Cine: abbr of* **Restricted**) (*Brit*) distribution restreinte (à des clubs); (*US*) interdit aux moins de 17 ans.
  (**c**) (*abbr of* **right**) droite.
  (**d**) (*Geog*) *abbr of* **river**.
  (**e**) (*abbr of* **Réaumur**) R.
  (**f**) (*Brit: abbr of* **Rex, Regina**) **George R** le roi Georges; **Elizabeth R** la reine Élisabeth.
R.A. [ɑːr'eɪ] *n* (*Brit*) *abbr of* **Royal Academician** (*membre de l'Académie Royale*).
R.A.A.F. [ɑːreɪeɪ'ef] *n abbr of* **Royal Australian Air Force**.
rabbet ['ræbɪt] *n* feuillure *f*, rainure *f*.
rabbi ['ræbaɪ] *n* rabbin *m*; *V* **chief**.
Rabbinic [rə'bɪnɪk] *n* (*Ling*) langue *f* rabbinique.
rabbinical [rə'bɪnɪkəl] *adj* rabbinique.
rabbit ['ræbɪt] **1** *n* lapin *m*; (* *fig: Sport etc*) nullard(e)* *m(f)*.**doe** ~ lapin *f*; **wild** ~ lapin *m* de garenne; *V* **Welsh** *etc*.
  2 *vi* (*shoot* ~**s**) **to go** ~**ing** chasser le lapin.
  (**b**) (*Brit*: *also* ~ **on, go** ~**ing on**) ne pas cesser de parler (*about* de). **to** ~ **on about** s'étendre à n'en plus finir sur.
  3 *cpd*: **rabbit burrow, rabbit hole** terrier *m* (de lapin); (*US fig: TV aerial*) **rabbit ears** antenne *f* en V d'intérieur; **rabbit hutch** clapier *m*, cabane *f* *or* cage *f* à lapins; (*Boxing etc*) **rabbit punch** coup *m* du lapin *or* sur la nuque; (*fig: streets, corridors*) **rabbit warren** (*lit*) garenne *f*; (*fig: streets, corridors*) labyrinthe *m*.
rabble ['ræbl] **1** *n* (*disorderly crowd*) cohue *f*, foule *f* (confuse). (*pej: lower classes*) **the** ~ la populace (*pej*).
  2 *cpd*: (*pej*) **rabble-rouser** fomentateur *m*, -trice *f* de troubles, agitateur *m*, -trice *f*; (*pej*) **rabble-rousing** (*n*) incitation *f* à la révolte *or* à la violence; (*adj*) qui incite à la révolte *or* à la violence, qui cherche à soulever les masses.
Rabelaisian [ˌræbə'leɪzɪən] *adj* rabelaisien.
rabid ['ræbɪd] *adj* (**a**) (*Med*) (*animal*) enragé; (*person*) atteint de la rage.
  (**b**) (*fanatical*) *reformer etc* forcené, enragé, fanatique; *hatred etc* farouche, féroce.
rabidly ['ræbɪdlɪ] *adv* farouchement, férocement, avec fanatisme, comme un(e) enragé(e).
rabies ['reɪbiːz] **1** *n* rage *f* (*Med*). **2** *cpd* *virus* rabique, de la rage; *injection* contre la rage.
R.A.C. [ˌɑːreɪ'siː] *n* (*Brit: abbr of* **Royal Automobile Club**) ≃ Automobile-Club *m*, Touring-Club *m*.
raccoon [rə'kuːn] **1** *n* raton *m* laveur. **2** *cpd* en fourrure de raton (laveur).
race¹ [reɪs] **1** *n* (**a**) (*Sport etc*) course *f*. **the 100 metres** ~ la course sur *or* de 100 mètres, le 100 mètres; **horse** ~ course de chevaux; **cycle** ~ course cycliste; (*Horse-racing*) **the** ~**s** les courses (de chevaux); (*lit, fig*) ~ **against time** course contre la montre; *V* **arm², long¹, relay**.
  (**b**) (*swift current*) (*in sea*) raz *m*; (*in stream*) courant fort; *V* **mill**.
  (**c**) (*fig, liter*) *[sun, moon]* cours *m*.
  2 *vt* (**a**) *person* faire une course avec, s'efforcer de dépasser. **I'll**

~ **you to school!** à qui arrivera le premier à l'école!; **the car was racing the train** la voiture faisait la course avec le train *or* luttait de vitesse avec le train.
  (**b**) (*cause to speed*) *car* lancer (à fond). (*Aut*) **to** ~ **the engine** emballer le moteur.
  (**c**) (*Sport*) *horse* faire courir. **the champion** ~**s Ferraris** le champion court sur Ferrari.
  3 *vi* (**a**) (*compete*) *[racing driver, athlete, jockey etc]* courir, faire la course. **to** ~ **against sb** faire la course avec qn; (*fig*) **to** ~ **against time** courir contre la montre; *[horse owner]* **he** ~**s at Longchamp every week** il fait courir à Longchamp toutes les semaines.
  (**b**) (*rush*) *[person]* aller *or* courir à toute allure *or* à toute vitesse. **to** ~ **in/out/across** *etc* entrer/sortir/traverser *etc* à toute allure; **to** ~ **for a taxi** courir pour avoir un taxi; **to** ~ **to the station** courir à la gare, foncer jusqu'à la gare; **to** ~ **along** filer (à toute allure); **he** ~**d down the street** il a descendu la rue à toute vitesse.
  (**c**) *[engine]* s'emballer; *[propeller]* s'affoler; *[pulse]* être très rapide.
  4 *cpd*: **race card** programme *m* (des courses); (*esp Brit*) **racecourse** champ *m* de courses, hippodrome *m*; **racegoer** turfiste *mf*; **racehorse** cheval *m* de course; **race meeting** (réunion *f* de) courses *fpl*; **racetrack** (*US*) champ *m* de courses; (*Brit*) piste *f*; (*US*) **raceway** (*for horses*) piste *f* (de champ de courses); (*for cars*) piste *f* (pour courses automobiles).
race² [reɪs] **1** *n* (*lit, fig*) race *f*. **the human** ~ la race *or* l'espèce humaine.
  2 *cpd* *hatred, prejudice* racial. **race relations** relations *fpl* interraciales; (*Brit*) **the Race Relations Board** commission chargée de supprimer la discrimination raciale; **race riot** émeute(s) *f(pl)* raciale(s).
raceme ['ræsiːm] *n* racème *m* (rare), grappe *f*.
racer ['reɪsər] *n* (*person*) coureur *m*, -euse *f*; (*car, yacht*) racer *m*; (*horse*) cheval *m* de course; (*cycle*) vélo *m* *or* bicyclette *f* de course.
Rachel ['reɪtʃəl] *n* Rachel *f*.
rachitic [ræ'kɪtɪk] *adj* rachitique.
rachitis [rə'kaɪtɪs] *n* (*Med frm*) rachitisme *m*.
Rachmanism ['rækmə.nɪzəm] *n* intimidation *f* de locataires par des propriétaires sans scrupules (*pour obtenir une expulsion*).
racial ['reɪʃəl] *adj* *discrimination etc* racial. ~ **minorities** minorités raciales; *V* **violence**.
racialism ['reɪʃəlɪzəm] *n* racisme *m*.
racialist ['reɪʃəlɪst] *adj, n* raciste (*mf*).
raciness ['reɪsɪnɪs] *n* (*V* **racy**) verve *f*, piquant *m*.
racing ['reɪsɪŋ] **1** *n*: **horse-** ~ courses *fpl* de chevaux, hippisme *m*; **motor** ~ courses d'automobiles.
  2 *cpd* *calendar, stables* de(s) courses. **racing bicycle** vélo *m* *or* bicyclette *f* de course; **racing car** voiture *f* de course, racer *m*; **racing colours** couleurs *fpl* d'une écurie (*portées par le jockey*); **racing cyclist** coureur *m* cycliste; **racing driver** coureur *m* automobile, pilote *m* de courses; **racing man** turfiste *m*, amateur *m* de courses; **racing pigeon** pigeon *m* voyageur de compétition; **the racing world** *[horses]* le monde hippique *or* du turf; *[cars]* le monde des courses (automobiles); **racing yacht** racer *m*, yacht *m* de course.

racism ['reɪsɪzəm] n racisme m.
racist ['reɪsɪst] adj, n raciste (mf)
rack¹ [ræk] **1** n **(a)** (for bottles, documents) casier m; (for luggage) porte-bagages m; (for dishes) égouttoir m; (for hanging tools/ties etc) porte-outils/-cravates etc m; (for vegetables) bac(s) m(pl) à légumes; (for fodder, rifles, pipes) râtelier m. (US) **off the ~** en confection, en prêt-à-porter (V also off); V bicycle, hat, luggage, toast etc.
  (b) (Hist) chevalet m. **to put sb on the ~** infliger or faire subir à qn le supplice du chevalet; (fig) mettre qn au supplice.
  2 cpd: (Tech) **rack and pinion** crémaillère f; **rack railway** chemin m de fer à crémaillère; **rack rent** loyer exorbitant.
  3 vt (Hist) faire subir le supplice du chevalet à; (fig) [pain] torturer, tourmenter. (fig) **~ed by remorse** tenaillé par le remords; **to ~ one's brains** se creuser la tête or la cervelle*.
rack² [ræk] n: **to go to ~ and ruin** [building] tomber en ruine; [business, economy] aller à vau-l'eau; [person, country] aller à la ruine.
racket¹ ['rækɪt] n (Sport) raquette f. (game) **~s** (jeu m de) paume f; **~ press** presse-raquette m inv, presse f.
racket² ['rækɪt] **1** n **(a)** (noise) [people] tapage m, raffut* m, boucan‡ m; [machine] vacarme m. **to make a ~** faire du raffut* or du boucan‡ or du vacarme.
  (b) (*) (organized crime) racket m; (dishonest scheme) escroquerie f. **the drug/stolen car ~** le trafic de la drogue/des voitures volées; **that firm is on to quite a ~** cette firme a trouvé une jolie combine*; **he's in on the ~** il est dans le coup*; (fig: job etc) **what's your ~** qu'est-ce que vous faites (dans la vie)?
  (c) to stand the ~‡ (take responsibility) payer les pots cassés*; (pay up) payer, casquer‡.
  2 vi (make a noise) faire du raffut* or du boucan‡; (also ~ about, ~ around: lead a gay life) faire la bombe* or la bringue‡.
racketeer [ˌrækɪ'tɪər] n racketter m, racketteur m.
racketeering [ˌrækɪ'tɪərɪŋ] n racket m.
racking ['rækɪŋ] adj pain atroce, épouvantable.
raconteur [ˌrækɒn'tɜːr] n conteur m, -euse f.
racoon [rə'kuːn] n = **raccoon**.
racquet ['rækɪt] n = **racket¹**.
racy ['reɪsɪ] adj **(a)** speech plein de verve; style plein de verve, piquant. **(b)** wine qui a du caractère. **(c)** (risqué) story etc risqué, osé.
RADA ['rɑːdə] n (abbr of **Royal Academy of Dramatic Art**) ≃ Conservatoire m d'Art Dramatique.
radar ['reɪdɑːr] **1** n radar m. **by ~** au radar.
  2 cpd: echo, screen, station radar inv. **radar beacon** balise f radar; **radar operator** radariste mf; **radar scanner** déchiffreur m de radar; **radar sensor** détecteur m (radar); (Aut Police) **radar trap** piège m radar; **to get caught in a radar trap** se faire piéger par un radar.
raddle ['rædl] **1** n ocre f rouge.
  2 vt passer à l'ocre; sheep marquer à l'ocre.
raddled ['rædld] adj face marqué, aux traits accusés, fripé; person au visage marqué, aux traits accusés.
radial ['reɪdɪəl] adj (Med, Tech) radial. **~ engine** moteur m en étoile; (Brit) **~ tyre** pneu m à carcasse radiale.
radiance ['reɪdɪəns] n, **radiancy** ['reɪdɪənsɪ] n [sun, lights etc] éclat m, rayonnement m, splendeur f (liter); [face, personality, beauty] éclat, rayonnement.
radiant ['reɪdɪənt] **1** adj sun radieux, rayonnant; colour éclatant; person, beauty, smile radieux. **to be ~ with joy/health** rayonner de joie/de santé; (Phys) **~ heat** chaleur radiante; **~ heater** radiateur m à foyer rayonnant; **~ heating** chauffage direct or par rayonnement.
  2 n (Phys) point radiant; (Math) radian m; (Astron) (point m) radiant m.
radiantly ['reɪdɪəntlɪ] adv shine d'un vif éclat; smile d'un air radieux. **to be ~ happy** rayonner de joie.
radiate ['reɪdɪeɪt] **1** vi (emit rays) irradier, rayonner (liter); (emit heat) rayonner; (Phys) irradier; (fig) [lines, roads] rayonner (from de), partir du même centre.
  2 vt heat émettre, dégager, répandre. (fig) **to ~ happiness** être rayonnant or rayonner de bonheur; **he ~s enthusiasm** il respire l'enthousiasme.
radiation [ˌreɪdɪ'eɪʃən] **1** n [light] irradiation f; [heat] rayonnement m; (radioactivity) radiation f. **2** cpd: **radiation sickness** mal m des rayons; (Med) **radiation treatment** radiothérapie f.
radiator ['reɪdɪeɪtər] **1** n (also Aut) radiateur m. **2** cpd: (Aut) **radiator cap** bouchon m de radiateur; (Aut) **radiator grill** calandre f.
radical ['rædɪkəl] adj, n (all senses) radical (m).
radicalism ['rædɪkəlɪzəm] n radicalisme m.
radically ['rædɪkəlɪ] adv radicalement.
radices ['reɪdɪsiːz] npl of **radix**.
radicle ['rædɪkl] n (Bot) radicule f, radicelle f; (Chem) radical m.
radii ['reɪdɪaɪ] npl of **radius**.
radio ['reɪdɪəʊ] **1** n **(a)** (also ~ set) poste m (de radio), radio f. **on the ~** à la radio; **he has got a ~** il a un poste de radio, il a la radio; **to put the ~ on/off** allumer/éteindre la radio or le poste; V transistor.
  (b) (U: Telec) radio f, radiotélégraphie f. **to send a message by ~** envoyer un (message) radio; **they were communicating by ~** ils communiquaient par radio.
  2 vt person appeler or joindre par radio; one's position signaler par radio. **to ~ a message** envoyer un (message) radio.
  3 vi: **to ~ for help** appeler au secours par radio.
  4 cpd talk, programme à la radio. **radioactive** radioactif; **radioactive waste** déchets radioactifs; **radioactivity** radioactivité f;

radio announcer speaker(ine) m(f), annonceur m; **radio astronomy** radioastronomie f; (Aviat, Naut) **radio beacon** radiophare m, radiobalise f; **radio beam** faisceau m radio inv; **radiobiology** radiobiologie f; **radio broadcast** émission f radiophonique; **radiocab** radio-taxi m; **radio car** voiture-radio f, voiture émettrice; **radiochemistry** radiochimie f; **radiocommunication** contact m radio inv; **radio compass** radiocompas m; **radio contact** = radiocommunication; **radio control** téléguidage m; **radio-controlled** téléguidé; **radio direction finding** radiogoniométrie f; **radioelement** radioélément m; **radio engineer** ingénieur m radio inv; **radio frequency** radiofréquence f; **radioisotope** radio-isotope m; **radio link** liaison f radio inv; **radio mast** antenne f (radio); **radio operator** opérateur m (radio), radio m; **radio play** pièce f de théâtre pour la radio, audiodrame m; **radio programme** émission f (de radio), programme m radiophonique; **radio set** poste m (de radio), radio f; **radio silence** silence m radio inv; **radio** (sono-)**buoy** bouée f sonore; **radio source, radio star** radiosource f; **radio station** station f de radio, poste m émetteur; **radio taxi** radio-taxi m; **radiotelegram** (n) radiotélégramme m, radiogramme m; **radiotelegraphy** radiotélégraphie f; **radiotelephone** radiotéléphone m; **radiotelephony** radiotéléphonie f; **radio telescope** radiotélescope m; **radiotherapy** radiothérapie f; **radio valve** valve f, tube m à vide; (Rad, TV) **radio van** studio m mobile (de radiodiffusion or d'enregistrement); **radio wave** onde hertzienne.
radiogram ['reɪdɪəʊgræm] n (message) radiogramme m, radio m; (Brit: apparatus) combiné m (avec radio et pickup).
radiograph ['reɪdɪəʊgrɑːf] n radio f, radiographie f.
radiographer [ˌreɪdɪ'ɒgrəfər] n radiologue mf (technicien).
radiography [ˌreɪdɪ'ɒgrəfɪ] n radiographie f, radio f.
radiological [ˌreɪdɪə'lɒdʒɪkəl] adj radiologique.
radiologist [ˌreɪdɪ'ɒlədʒɪst] n radiologue mf (médecin).
radiology [ˌreɪdɪ'ɒlədʒɪ] n radiologie f.
radiolysis [ˌreɪdɪ'ɒlɪsɪs] n radiolyse f.
radiometer [ˌreɪdɪ'ɒmɪtər] n radiomètre m.
radioscopy [ˌreɪdɪ'ɒskəpɪ] n radioscopie f.
radish ['rædɪʃ] n radis m.
radium ['reɪdɪəm] n radium m. (Med) **~ treatment** radiumthérapie f, curiethérapie f.
radius ['reɪdɪəs] n, pl **radii** (Math, fig) rayon m; (Anat) radius m. **within a 6 km ~ of Paris** dans un rayon de 6 km autour de Paris.
radix ['reɪdɪks] n, pl **radices** (Math) base f; (Ling) radical m.
radon ['reɪdɒn] n radon m.
R.A.F. [ɑːreɪ'ef, ræf] n (Brit) (abbr of **Royal Air Force**) RAF f.
raffia ['ræfɪə] **1** n raphia m. **2** cpd en raphia.
raffish ['ræfɪʃ] adj person qui mène une vie dissolue or déréglée, libertin; look canaille.
raffle ['ræfl] **1** n tombola f. **~ ticket** billet m de tombola. **2** vt mettre en tombola.
raft [rɑːft] n **(a)** (flat structure) radeau m; (logs) train m de flottage; V life. **(b)** (US fig) **a ~ of*** un tas de.
rafter [rɑːftər] n (Archit) chevron m.
rag¹ [ræg] **1** n **(a)** lambeau m, loque f; (for wiping etc) chiffon m. **a ~ to wipe the floor** un (bout de) chiffon pour essuyer le plancher; **I haven't a ~ to wear*** je n'ai rien à me mettre sur le dos*; **to feel like a wet ~*** (emotionally) se sentir vidé or mou (f molle) comme une chiffe; (physically) se sentir ramollo* inv; **~s** (for paper-making) chiffons, peilles fpl; (old clothes) guenilles fpl, haillons mpl; **his clothes were in ~s** ses vêtements étaient en lambeaux or tombaient en loques; **to be** (dressed) **in ~s** être vêtu de guenilles or de haillons, être déguenillé; **in ~s and tatters** tout en loques; **to go from ~s to riches** passer de la misère à la richesse; V glad.
  (b) (fig: of truth, self-respect) brin m; (*pej: newspaper) torchon* m (pej), feuille f de chou*.
  (c) (‡US: sanitary towel) serviette f hygiénique.
  (d) (Mus) rag m.
  2 cpd: **ragbag** (lit) sac m à chiffons; (Brit fig) ramassis m, pot-pourri m; **rag doll** poupée f de chiffon; (Brit) **rag**(-and-bone) **man**, **ragpicker** chiffonnier m; **ragtag** V ragtag; **ragtime** rag(-)time m; (US Aut) **ragtop** décapotable f; **the rag trade*** la confection; (Bot) **ragweed** ambrosie f; (Bot) **ragwort** jacobée f.
rag²* [ræg] (Brit) **1** n (joke) farce f, blague* f. **for a ~** par plaisanterie, pour s'amuser, pour blaguer*; (Univ) **the ~, ~ week** la semaine où les étudiants organisent des attractions au profit d'œuvres charitables.
  2 vt (tease) taquiner, mettre en boîte*; (play trick on) faire une blague* à.
ragamuffin ['rægəˌmʌfɪn] n (urchin) galopin* m; (ragged fellow) va-nu-pieds m inv.
rage [reɪdʒ] **1** n rage f, fureur f; [sea] furie f. **to be in a ~** être furieux or en fureur or en rage; **to put sb into a ~** mettre qn en rage or en fureur; **to fly into a ~** entrer en fureur, se mettre en rage, sortir de ses gonds; **fit of ~** accès m or crise f de fureur or rage; (fig) **to be** (all) **the ~** faire fureur.
  2 vi [person] être furieux (against contre), rager*; [battle, fire] faire rage; [sea] être démonté, être en furie; [storm] se déchaîner, faire rage; [wind] être déchaîné. (fig) **the fire ~d through the city** l'incendie s'est propagé dans la ville avec une violence inouïe.
ragged ['rægɪd] adj clothes en lambeaux, en loques; person déguenillé, en haillons; animal's coat à poil long (et broussailleux); edge of page, rock déchiqueté; cuff usé, effiloché; (fig) cloud échevelé; performance inégal. (Bot) **~ robin** fleur f de coucou; (US fig) **on the ~ edge** (gen) au bord de l'abîme; (fig); **on the ~ edge of poverty** à la limite de la misère; (US) **to run sb ~*** éreinter qn; **to run o.s. ~*** s'éreinter, s'épuiser.
raging ['reɪdʒɪŋ] **1** adj person furieux; thirst ardent; pain atroce; sea démonté, en furie; wind, storm déchaîné. **to be in a ~ temper**, **to be ~ mad*** être dans une colère noire or une rage folle; **~**

R·S

toothache rage *f* de dents; ~ **fever** fièvre violente *or* de cheval.
 2 *n [person]* rage *f*, fureur *f*; *[elements]* déchaînement *m*. **the ~ of the sea** la mer en furie.
raglan ['ræglən] *adj, n* raglan (*m*) *inv.*
ragout ['rægu:] *n* ragoût *m.*
ragtag ['ræg͵tæg] *n*: **ragtag and bobtail** racaille *f*, populace *f.*
rah* [rɑ:] *(US)* **1** *excl* hourra!, bravo!
 2 *cpd*: **rah-rah*** enthousiaste, exubérant.
raid [reɪd] **1** *n* (*Mil*) raid *m*, incursion *f*; (*by police*) descente *f*, rafle *f*; (*by bandits*) razzia *f*; (*by thieves*) hold-up *m inv.* **air ~ raid** (aérien), bombardement aérien; **bank ~** hold-up *m or* braquage* *m* d'une banque.
 2 *vt* (*Mil*) faire une incursion *or* un raid dans; (*Aviat*) bombarder, faire un raid sur; *[police]* faire une descente *or* une rafle dans; *[bandits]* razzier; *[thieves]* faire un hold-up à, braquer*; (*fig*) *orchard* marauder dans; (*hum*) *cashbox, penny bank* puiser dans; (*hum*) *larder, fridge* dévaliser, faire une descente dans*.
raider ['reɪdər] *n* (*person*) braqueur *m**, malfaiteur *m*; (*ship*) navire *m* qui accomplit un raid, raider *m*; (*plane*) bombardier *m*. (*Mil*) **~s** commando *m.*
rail¹ [reɪl] **1** *n* (**a**) (*bar*) *[bridge, quay]* garde-fou *m*; *[boat]* bastingage *m*, rambarde *f*; *[balcony, terrace]* balustrade *f*; *[handrail: on wall]* main courante; (*banister*) rampe *f*; (*for carpet, curtains, spotlights etc*) tringle *f*. (*Racing*) **the horse was close to the ~s** le cheval tenait la corde; (*fence*) **~s** grille *f*, barrière *f*; V **altar, towel** *etc.*
 (**b**) (*for train, tram*) rail *m*. **to travel by ~** voyager en train; **to send by ~** envoyer par (le) train *or* par chemin de fer; **to go off the ~s** (*lit*) *[train etc]* dérailler; (*fig*) *[person]* (*err*) s'écarter du droit chemin; (*be confused*) être déboussolé*; V **live².**
 2 *cpd* **ticket** de chemin de fer; *journey* en chemin de fer; *dispute* des employés des chemins de fer. **railcar** autorail *m*; **railcard** carte *f* de chemin de fer (≃ *carte SNCF*); **family railcard** ≃ carte *f* couple-famille; **student's railcard** carte *f* d'étudiant; **railhead** tête *f* de ligne; **railroad** V **railroad**; **rail strike** grève *f* des employés des chemins de fer; **rail traffic** trafic *m* ferroviaire; **rail transport** transport *m* par chemin de fer *or* par train; **railway** V **railway**; **railworkers** employés des chemins de fer, cheminots *mpl.*
◆**rail in** *vt sep* clôturer, entourer d'une clôture *or* d'une barrière.
◆**rail off** *vt sep* fermer au moyen d'une clôture *or* d'une barrière.
rail² [reɪl] *vi*: **to ~ at** *or* **against sb** se répandre en injures contre qn.
railing ['reɪlɪŋ] *n* (**a**) (*rail*) *[bridge, quay]* garde-fou *m*; *[balcony, terrace]* balustrade *f*; (*on stairs*) rampe *f*; (*on wall*) main courante.
 (**b**) (*part of fence*) barreau *m*; (*fence: also* **~s**) grille *f.*
raillery ['reɪlərɪ] *n* taquinerie *f*, badinage *m.*
railroad ['reɪlrəʊd] **1** *n* (*US*) = **railway 1.**
 2 *vt* (**a**) (*US*) expédier par chemin de fer *or* par rail.
 (**b**) (* *fig*) **to ~ a bill** faire voter un projet de loi (après un débat sommaire); **to ~ sb into doing sth** forcer qn à faire qch sans qu'il ait le temps de réfléchir *or* de faire ouf*.
railway ['reɪlweɪ] **1** *n* (**a**) (*Brit*) (*system*) chemin *m* de fer; (*track*) voie ferrée; V **aerial, scenic, underground.**
 (**b**) (*US: for trams etc*) rails *mpl.*
 2 *cpd bridge, ticket* de chemin de fer. **railway carriage** voiture *f*, wagon *m*; **railway engine** locomotive *f*; **railway guide** indicateur *m* des chemins de fer; **railway journey** voyage *m* en chemin de fer; **railway line** ligne *f* de chemin de fer; (*track*) voie ferrée; **railway-man** cheminot *m*; **railway network** réseau *m* ferroviaire; **railway porter** porteur *m*; **railway station** gare *f*; (*small*) station *f or* halte *f* de chemin de fer; **railway timetable** horaire *m* des chemins de fer, ≃ Chaix *m* ®; **railway workers** employés *mpl* des chemins de fer, cheminots *mpl*; **railway yard** dépôt *m* (d'une gare).
raiment ['reɪmənt] *n* (*liter*) vêtements *mpl.*
rain [reɪn] **1** *n* (**a**) (*Met*) pluie *f*. **it looks like ~** le temps est à la pluie; **in the ~** sous la pluie; **heavy/light ~** pluie battante/fine; **the ~'s on** ça pleut*; (*come*) **~** (*hail*) *or* **shine** (*lit*) par tous les temps, qu'il pleuve ou qu'il vente; (*fig*) quoi qu'il arrive; **the ~s** la saison des pluies; V **right.**
 (**b**) (*fig*) *[arrows, blows, bullets]* pluie *f.*
 2 *cpd*: **rain belt** zone *f* des pluies; **rainbow** V **rainbow**; (*US*) **rain check*** billet *m* pour un autre match (*or* pour un autre spectacle); (*US fig*) **to give sb a rain check*** inviter qn une autre fois (à la place); (*US fig*) **I'll take a rain check*** je viendrai une autre fois, ce n'est que partie remise; **raincoat** imperméable *m*, imper* *m*; **rain cloud** nuage *m* de pluie; **raindrop** goutte *f* de pluie; **rainfall** (*shower*) chute *f* de pluie; (*amount*) hauteur *f* des précipitations; **rain forest** forêt *f* tropicale humide; **rain gauge** pluviomètre *m*; **rain hood** capuchette *f*; **rainmaker** faiseur *m* de pluie; **rainmaking** *adj ceremony etc* pour faire pleuvoir; **rainproof** (*adj*) imperméable; (*vt*) imperméabiliser; **rainstorm** pluie torrentielle, trombe *f* d'eau; **rainwater** eau *f* de pluie; **rainwear** vêtements *mpl* de pluie, imperméables *mpl.*
 3 *vt blows* faire pleuvoir.
 4 *vi* pleuvoir. **it is ~ing** il pleut; **it is ~ing heavily** il pleut à verse; **it's ~ing cats and dogs**, **it's raining buckets*** il pleut à seaux *or* à torrents, il pleut *or* il tombe des cordes*; (*Prov*) **it never ~s but it pours** un malheur n'arrive jamais seul.
◆**rain down** *vi [bullets, stones etc]* pleuvoir.
◆**rain off**, (*US*) **rain out** *vt sep*: **the match was rained off** *or* **out** le match a été annulé (*or* abandonné) à cause de la pluie.
rainbow ['reɪnbəʊ] *n* arc-en-ciel *m*. **of all colours of the ~** de toutes les couleurs de l'arc-en-ciel; **~ trout** truite *f* arc-en-ciel; **~ wrasse** girelle *f.*
rainless ['reɪnlɪs] *adj* sec (*f* sèche), sans pluie.
rainy ['reɪnɪ] *adj* pluvieux. **the ~ season** la saison des pluies; (*fig*) **to put something away for a ~ day** mettre de l'argent de côté, garder une poire pour la soif.
raise [reɪz] **1** *vt* (**a**) (*lift, cause to rise*) *arm, leg, eyes* lever; *object,*

weight lever, soulever; *dust* soulever. **to ~ a blind** (re)lever un store; (*Theat*) **to ~ the curtain** lever le rideau; (*lit*) **to ~ one's eyebrows** lever les sourcils; (*in surprise*) **they ~d their eyebrows when they heard** ... ils ont eu une expression perplexe *or* l'étonnement s'est lu sur leur visage quand ils ont entendu ... . (*fig*) **that will make him ~ his eyebrows** cela le fera tiquer; (*fig*) **he didn't ~ an eyebrow** il n'a pas sourcillé *or* tiqué; **to ~ one's hat to sb** donner un coup de chapeau à qn; (*fig*) tirer son chapeau à qn*; **to ~ one's glass to sb** lever son verre à qn, boire à la santé de qn; **to ~ one's hand to sb** lever la main sur qn; **to ~ one's fist to sb** menacer qn du poing; **to ~ sb from the dead** ressusciter qn (d'entre les morts); **to ~ one's voice** (*speak louder*) hausser la voix; (*get angry*) élever la voix, hausser le ton; **not a voice was ~d in protest** personne n'a élevé la voix pour protester; **to ~ sb's spirits** remonter le moral de qn; **to ~ sb's hopes** donner à espérer à qn; **he ~d the people to revolt** il souleva le peuple; (*fig*) **to ~ the roof*** faire un boucan monstre*; (*in protest*) rouspéter ferme*; **to ~ the level of the ground** rehausser le niveau du sol; (*Naut*) **to ~ a sunken ship** renflouer un navire coulé; V **tone.**
 (**b**) (*increase*) *salary* augmenter, relever (*Admin*); *price* majorer, augmenter; *standard, level* élever; *age limit* reculer; *temperature* faire monter. **to ~ the school-leaving age** prolonger la scolarité obligatoire.
 (**c**) (*build, erect*) *monument* élever, ériger; *building* construire, édifier, bâtir.
 (**d**) (*produce*) *spirit* évoquer; *ghosts* faire apparaître; *problems, difficulties* soulever, provoquer. **to ~ a blister** provoquer une ampoule; **to ~ a laugh** provoquer le rire, faire rire; **to ~ a cheer** (*oneself*) crier 'hourra'; (*in others*) faire jaillir des hourras; **to ~ difficulties** soulever *or* faire des difficultés; **to ~ a smile** (*oneself*) ébaucher un sourire; (*in others*) faire sourire, donner à sourire; **to ~ suspicion in sb's mind** faire naître des soupçons dans l'esprit de qn; **to ~ Cain*** *or* **hell‡** (*make a noise*) faire un éclat *or* du boucan‡; (*make a fuss*) faire une scène de tous les diables*.
 (**e**) (*bring to notice*) *question* soulever; *objection, protest* élever.
 (**f**) (*grow, breed*) *animals, children, family* élever; *corn, wheat* cultiver, faire pousser.
 (**g**) (*get together*) *army, taxes* lever; *money* se procurer. **to ~ funds for sth** (*gen*) réunir *or* rassembler *or* se procurer les fonds pour qch; *[professional fundraiser]* collecter des fonds pour qch; (*Fin, Econ*) mobiliser des fonds pour qch; **to ~ a loan** *[government etc]* lancer *or* émettre un emprunt; *[person]* emprunter; **to ~ money on sth** emprunter de l'argent sur qch; **I can't ~ the £500 I need** je n'arrive pas à me procurer les 500 livres dont j'ai besoin; V **mortgage.**
 (**h**) (*end*) *siege, embargo* lever.
 (**i**) (*Cards*) (*Poker*) faire une mise supérieure, relancer; (*Bridge*) faire une annonce supérieure, monter, enchérir. **I'll ~ you 6** je fais une relance de 6; V **bid.**
 (**j**) (*contact*) **have you managed to ~ anyone on the radio?** avez-vous réussi à entrer en contact avec *or* à toucher quelqu'un par (la) radio?
 2 *n* (**a**) (*US, also Brit*: payrise*) augmentation *f* (de salaire).
 (**b**) (*Cards*) (*Poker*) relance *f*, mise supérieure; (*Bridge*) annonce supérieure, montée *f.*
◆**raise up** *vt sep* lever, soulever. **he raised himself up on his elbow** il s'est soulevé sur son coude.
raiser ['reɪzər] *n* (**a**) (*Agr*) éleveur *m*. **cattle-/sheep-~** éleveur de bétail/de moutons.
 (**b**) (*cpd ending*) V **fire, fund** *etc.*
raisin ['reɪzɪn] *n* raisin sec. **~ bread** pain *m* aux raisins secs.
raj [rɑ:dʒ] *n* empire *m* (*britannique aux Indes*).
rajah ['rɑ:dʒə] *n* raja(h) *m or* radja(h) *m.*
rake¹ [reɪk] **1** *n* (*for gardener, croupier*) râteau *m*; (*for grate*) râble *m*, ringard *m.*
 2 *cpd*: **rake-off*** profit *m* (*souvent illegal*).
 3 *vt garden* ratisser; *hay, leaves* râteler. **to ~ a fire** tisonner un feu; **to ~ the stones off the lawn** enlever les cailloux de la pelouse (à l'aide d'un râteau); (*fig*) **to ~ one's memory** fouiller dans sa mémoire *or* dans ses souvenirs; (*fig*) **his glance ~d the crowd** il a parcouru la foule du regard; **to ~ sth with machine-gun fire** balayer qch avec une mitrailleuse.
 4 *vi* (*fig: search*) **to ~ among** *or* **through** fouiller dans.
◆**rake in*** *vt sep money* amasser. **he's just raking it in!** il remue le fric à la pelle!‡
◆**rake out** *vt sep*: **to rake out a fire** éteindre un feu en faisant tomber la braise.
◆**rake over** *vt sep flower bed* ratisser; (*fig*) *memories* remuer.
◆**rake up** *vt sep fire* attiser; *leaves* ramasser avec un râteau, ratisser; (*fig*) *grievance* rappeler. **to rake up the past** revenir sur le passé; **to rake up sb's past** fouiller dans le passé de qn.
rake²† [reɪk] *n* (*person*) roué *m*, débauché *m*, coureur *m.*
rake³ [reɪk] **1** *n* (*Naut*) *[mast]* quête *f*; (*Theat*) *[stage]* pente *f*; (*Aut*) *[seat]* inclinaison *f*. **2** *vi* (*Naut*) être incliné; (*Theat*) être en pente.
rakish¹ ['reɪkɪʃ] *adj person* débauché, libertin; *appearance* cavalier, désinvolte. **he wore his hat at a ~ angle** il portait *or* il avait campé son chapeau sur le coin de l'œil.
rakish² ['reɪkɪʃ] *adj* (*Naut*) élancé, à la ligne élancée.
rakishly ['reɪkɪʃlɪ] *adv behave* en libertin, en débauché; *speak, dress* avec désinvolture.
rally¹ ['rælɪ] **1** *n* (**a**) *[troops]* rassemblement *m*, ralliement *m*; *[people]* rassemblement, (*Pol*) rassemblement, meeting *m*; (*Aut*) rallye *m*; (*Tennis*) échange *m*. **youth/peace ~** rassemblement de la jeunesse/en faveur de la paix; **electoral ~** meeting de campagne électorale.
 (**b**) (*in health*) amélioration *f*, mieux *m*; (*St Ex*) reprise *f.*
 2 *vt troops* rassembler, rallier; *supporters* rallier; *one's strength*

retrouver, reprendre. **hoping to ~ opinion within the party** en espérant rallier à sa cause des membres du parti.
 3 *vi [troops, people]* se rallier; *[sick person]* aller mieux, reprendre des forces *or* le dessus. **~ing point** point *m* de ralliement; *(fig)* **to ~ to a movement/to the support of sb** se rallier à un mouvement/à la cause de qn; *(Aut)* **to go ~ing** faire un *or* des rallye(s); *(St Ex)* **the market rallied** les cours ont repris.
 ♦**rally round 1** *vi (fig)* venir en aide.
 2 *vt fus*: **during her husband's illness everyone rallied round her** pendant la maladie de son mari tout le monde est venu lui apporter son soutien.
rally² ['rælɪ] *vt (tease)* taquiner, se moquer (gentiment) de.
RAM [ræm] *n (Comput: abbr of* **random access memory)** R.A.M. *m*.
ram [ræm] **1** *n* bélier *m (also Astron)*; *(Tech)* hie *f*, dame *f*; *[pile driver]* mouton *m*; *(for water)* bélier hydraulique; *V* **battering**.
 2 *cpd*: *(Aviat)* **ramjet** statoréacteur *m*.
 3 *vt* **(a)** *(push down)* enfoncer, pilonner *(Tech)*, damer *(Tech)*; *(pack down)* tasser *(into* dans). **he ~med his umbrella down the pipe** il a enfoncé son parapluie dans le tuyau; **he ~med the clothes into the case** il a tassé les vêtements dans la valise, il a bourré la valise de vêtements; *(Mil, Min)* **to ~ a charge home** refouler une charge; *(fig)* **to ~ home an argument** donner beaucoup de poids à un argument, corroborer un argument; *(fig)* **to ~ sth down sb's throat** rebattre les oreilles à qn de qch; *(fig)* **to ~ sth into sb's head** enfoncer *or* fourrer* qch dans la tête *or* dans le crâne de qn.
 (b) *(crash into)* *(Naut)* heurter de l'avant *or* par l'étrave, *(in battle)* éperonner; *(Aut: deliberately or accidentally) another vehicle* embouttir; *post, tree* percuter (contre).
 ♦**ram down** *vt sep earth* tasser; *(Tech)* damer; *piles* enfoncer. **his hat rammed down over his ears** le chapeau enfoncé jusqu'aux oreilles.
 ♦**ram in** *vt sep* enfoncer.
Ramadan [ˌræmə'dɑːn] *n* ramadan *m*.
ramble ['ræmbl] **1** *n* randonnée *f*, excursion *f* (à pied), balade* *f*. **to go for a ~** faire une randonnée *or* une excursion (à pied) *or* une balade*.
 2 *vi* **(a)** *(wander about)* se promener au hasard; *(go on hike)* faire une randonnée, faire une *or* des excursion(s) à pied.
 (b) *(pej: in speech: also ~ on)* parler pour ne rien dire; *[old person]* radoter. **he ~d on for half an hour** il a discouru *or* n'a cessé de discourir pendant une demi-heure.
rambler ['ræmblər] *n* **(a)** *(person)* promeneur *m*, -euse *f*, excursionniste *mf*. **(b)** *(also ~ rose)* rosier grimpant.
rambling ['ræmblɪŋ] **1** *adj speech, writing* décousu; *person* qui radote; *town, building* construit au hasard *or* sans plan défini; *old house, flat* plein de coins et de recoins; *plant* grimpant. **2** *n (incoherent speech)* divagations *fpl*, radotages *mpl*.
rambunctious [ræm'bʌŋkʃəs] *adj (US)* = **rumbustious.**
R.A.M.C. [ˌɑːreɪɛm'siː] *n (abbr of* **Royal Army Medical Corps)** service *m* de santé de l'Armée.
ramification [ˌræmɪfɪ'keɪʃən] *n* ramification *f*.
ramify ['ræmɪfaɪ] **1** *vt* ramifier. **2** *vi* se ramifier.
rammer ['ræmər] *n (Tech)* dame *f*, hie *f*; *[cannon]* refouloir *m*.
ramp [ræmp] *n* **(a)** *(slope)* rampe *f*; *(in road: for speed control)* cassevitesse *m*; *(in garage etc)* pont *m* de graissage; *(Aviat)* **(approach or boarding)** ~ passerelle *f*; *(in garage)* **hydraulic ~** pont élévateur; *(sign on road)* **'~'** 'dénivellation'.
 (b) *(Brit‡: swindle)* escroquerie *f*. **it's a ~** c'est du vol.
rampage [ræm'peɪdʒ] **1** *n*: **to be** *or* **go on the ~** se déchaîner; *(looting etc)* se livrer au saccage. **2** *vi (also ~ about, ~ around)* se déchaîner.
rampancy ['ræmpənsɪ] *n [plants]* exubérance *f*; *(fig) [evil etc]* déchaînement *m*.
rampant ['ræmpənt] *adj plants* exubérant, luxuriant; *(Her)* rampant. *(fig)* **to be ~** *[corruption, violence]* sévir, régner; *[disease]* sévir.
rampart ['ræmpɑːt] *n (lit, fig)* rempart *m*.
rampike ['ræmpaɪk] *n (US)* arbre *m* mort (debout).
ramrod ['ræmrɒd] *n [gun]* baguette *f*; *[cannon]* refouloir *m*; *V* **stiff.**
ramshackle ['ræmˌʃækl] *adj building* délabré, branlant; *table* branlant; *machine* déglingué*. **~ old car** vieille guimbarde, vieux tacot*.
R.A.N. [ɑːreɪ'en] *n abbr of* **Royal Australian Navy.**
ran [ræn] *pret of* **run.**
ranch [rɑːntʃ] **1** *n* ranch *m*. **2** *cpd*: **ranch hand** ouvrier *m* de ranch; **ranch(-type) house** maison *f* rustique (en rez-de-chaussée).
rancher ['rɑːntʃər] *n (US)* **(owner)** propriétaire *mf* de ranch; *(employee)* cowboy *m*.
rancid ['rænsɪd] *adj* rance. **to go ~** rancir; **to smell ~** sentir le rance.
rancidity [ræn'sɪdɪtɪ] *n*, **rancidness** ['rænsɪdnɪs] *n* rance *m*.
rancorous ['ræŋkərəs] *adj* plein de rancœur, rancunier.
rancour, *(US)* **rancor** ['ræŋkər] *n* rancœur *f*, rancune *f*.
rand [rænd] *n*, *pl inv (monetary unit)* rand *m*.
random ['rændəm] **1** *n*: **at ~** au hasard, *(stronger)* à l'aveuglette; **chosen at ~** choisi au hasard; **to walk about at ~** se promener à l'aventure; **to hit out at ~** lancer des coups à l'aveuglette. **2** *adj* fait au hasard. **~ bullet** balle perdue; **~ sample** échantillon prélevé au hasard; *(Comput)* **~ access memory** mémoire *f* vive; **~ number** nombre *m* au hasard.
randy* ['rændɪ] *adj (gen)* libidineux, chaud lapin*; *(aroused)* excité, aguiché*.
ranee ['rɑːniː] *n* = **rani.**
rang [ræŋ] *pret of* **ring².**
range [reɪndʒ] **1** *n* **(a)** *[mountains]* chaîne *f*; *(row)* rangée *f*, rang *m*.

 (b) *(scope, distance covered) [telescope, gun, missile]* portée *f*; *[plane, ship, mooncraft]* rayon *m* d'action, autonomie *f*. **at a ~ of** à une distance de; **at long ~** à longue portée; *(Mil)* **to find the ~** régler son tir; *(lit, fig)* **to be out of ~** être hors de portée; **within (firing) ~** à portée de tir; *(fig)* **within my ~** à ma portée; **~ of vision** champ visuel; *V* **free, long¹, shooting** *etc*.
 (c) *(extent between limits) [temperature]* écarts *mpl*, variations *fpl*; *[prices, salaries]* échelle *f*, éventail *m*; *[musical instrument, voice]* étendue *f*, tessiture *f*, registre *m*; *(selection) [colours, feelings, speeds]* gamme *f*; *[goods, patterns]* assortiment *m*, choix *m*, gamme. **there will be a wide ~ of subjects** il y aura un grand choix de sujets; *(Comm)* **a ~ of products** une gamme de produits; *(Comm)* **a car/house at the lower end of the ~** une voiture/maison bas de gamme.
 (d) *(animal, plant)* habitat *m*, région *f*.
 (e) *(domain, sphere) [activity]* champ *m*, rayon *m*; *[influence]* sphère *f*; *[knowledge]* étendue *f*, cercle *m*, champ. **the ~ of his ideas is limited** le cercle de ses idées est restreint.
 (f) *(US: grazing land)* prairie *f*, *(grand)* pâturage *m*.
 (g) *(also shooting ~) (Mil)* champ *m* de tir; *(at fair)* stand *m* (de tir); *V* **rifle².**
 (h) *(Surv)* direction *f*, alignement *m*. **in ~ with** dans l'alignement *or* le prolongement de.
 (i) *(cooking stove)* fourneau *m* de cuisine.
 2 *vt* **(a)** *(place in a row) objects* ranger, mettre en rang, disposer en ligne; *troops* aligner. *(fig)* **to ~ o.s. on the side of** se ranger du côté de; **they ~d themselves along the pavement to see the procession** ils se sont postés le long du trottoir pour regarder le défilé.
 (b) *(classify)* ranger, classer *(among* parmi).
 (c) *(roam over)* parcourir. **he ~d the whole country looking for ...** il a parcouru le pays en tous sens à la recherche de ...; **to ~ the seas** parcourir *or* sillonner les mers.
 (d) *(direct) gun, telescope* braquer *(on* sur).
 3 *vi* **(a)** *(extend) [discussion, quest]* s'étendre *(from ... to de ... à, over* sur); *[results, opinions]* aller *(from ... to de ... à)*, varier *(from ... to entre ...* et). **the search ~d over the whole country** les recherches se sont étendues sur tout le pays; **the numbers ~ from 10 to 20** les numéros vont de 10 à 20; **the temperature ~s from 18° to 24°** *or* **between 18° and 24°** la température varie entre 18° et 24°; *(fig)* **researches ranging over a wide field** recherches qui embrassent un large domaine.
 (b) *(roam)* errer, vagabonder. **to ~ over the area** parcourir la région; **animals ranging through the jungle** des animaux qui rôdent dans la jungle.
 (c) *[guns, missiles, shells]* **to ~ over** avoir une portée de, porter à.
 4 *cpd*: *(Mil, Naut, Phot)* **rangefinder** télémètre *m*.
ranger ['reɪndʒər] *n* **(a)** *[forest etc]* garde *m* forestier. **(b)** *(US: mounted patrolman)* gendarme *m* à cheval. *(US)* **~s** gendarmerie *f* à cheval. **(c)** **R~ (Guide)** guide *f* aînée.
Rangoon [ræŋ'guːn] *n* Rangoon.
rangy ['reɪndʒɪ] *adj (US)* grand et élancé, sans une once de graisse.
rani ['rɑːniː] *n* rani *f*.
rank¹ [ræŋk] **1** *n* **(a)** *(row)* rang *m*; *(Brit: also taxi ~)* station *f* de taxis. **the taxi at the head of the ~** le taxi en tête de file; **to break ~s** rompre les rangs; **to serve in the ~s** servir dans les rangs; *(Brit Mil)* **other ~s** les sous-officiers *mpl* et hommes *mpl* de troupe; **the ~ and file** *(Mil)* les hommes de troupe; *(fig)* la masse, le peuple; *(Pol)* **the ~ and file of the party** la base du parti; **the ~ and file workers** la base, les ouvriers *mpl*; **to rise from the ~s** sortir du rang; **to reduce to the ~s** casser; *(fig)* **they were drawn from the ~s of the unemployed** on les avait tirés des rangs des chômeurs; *V* **close².**
 (b) *(Mil: grade)* grade *m*, rang *m*. **to reach the ~ of general** atteindre le grade de général; *V* **pull.**
 (c) *(class, position)* rang *m* (social), condition *f*, classe *f*. **people of all ~s** gens de toutes conditions; **a person of ~** une personne de haut rang; **a singer of the first ~** un chanteur de (tout) premier ordre; **a second-~ painter** un peintre de seconde zone *or* de deuxième ordre.
 (d) *(Gram)* rang *m*.
 (e) *[organ]* rang *m*.
 2 *cpd*: *(Gram)* **rankshifted** déplacé de rang.
 3 *vt* **(a) I ~ it as one of the best red wines** je le classe parmi les meilleurs vins rouges; **I ~ Beethoven among the great** je compte Beethoven parmi les grands; *(US Scol)* **to be ~ed high/low in class** avoir un bon/mauvais classement.
 (b) *(US Mil)* = **outrank.**
 4 *vi [book etc]* se classer, compter; *[person]* compter. **he ~s among my friends** il compte parmi mes amis; **to ~ above/below sb** être supérieur/inférieur à qn; **to ~ high among** occuper un rang élevé parmi; *(Mil)* **the ~ing officer** l'officier responsable *or* le plus haut en grade.
rank² [ræŋk] *adj* **(a)** *plants* exubérant, luxuriant; *weeds, grass* touffu; *soil* planureux, trop fertile, trop riche. **it is ~ with weeds** les mauvaises herbes y poussent à foison.
 (b) *smell* fétide, fort; *dustbin, drains* fétide; *fats* rance; *person* grossier, répugnant, ignoble.
 (c) *(flagrant) disgrace* absolu, complet *(f* -ète); *poison, traitor* véritable *(before n)*; *injustice* criant, flagrant; *insolence* caractérisé; *liar* fieffé *(before n)*; *lie* grossier, flagrant. **a ~ beginner** un pur novice, un parfait débutant; **he's a ~ outsider** il n'est vraiment pas dans la course.
ranker ['ræŋkər] *n (Mil)* **(soldier)** simple soldat *m*; *(officer)* officier sorti du rang.
rankle ['ræŋkl] *vi* rester sur le cœur, laisser une rancœur. **it ~d**

with him il en était ulcéré, il l'avait sur le cœur, ça lui était resté sur l'estomac*.

rankness ['ræŋknɪs] *n* (a) *[plants etc]* exubérance *f*, luxuriance *f*. (b) (*smell*) odeur *f* fétide; (*taste*) goût *m* rance.

ransack ['rænsæk] *vt* (*pillage*) *house, shop* saccager, piller; *town, region* mettre à sac; (*search*) *room, luggage, drawer* fouiller (à fond), mettre tout sens dessus dessous dans; *files, one's memory* , fouiller dans (*for* pour trouver).

ransom ['rænsəm] **1** *n* (*lit, fig*) rançon *f*. **to hold sb to ~** mettre qn à rançon; (*fig*) exercer un chantage sur qn; (*fig*) **they are being held to ~** ils ont le couteau sur la gorge; *V* **king**. **2** *vt* racheter.

rant [rænt] *vi* (a) (*pej*) *[orator etc]* déclamer (de façon exagérée), parler avec emphase. (b) (*also ~ on*) divaguer. **to ~ and rave** tempêter; **to ~ (and rave) at sb** tempêter *or* fulminer contre qn.

ranting ['ræntɪŋ] **1** *n* rodomontade(s) *f(pl)*. **2** *adj* déclamatoire.

ranunculus [rə'nʌŋkjʊləs] *n* renoncule *f*.

rap [ræp] **1** *n* (a) (*noise*) petits coups *mpl* secs; (*blow*) tape *f*. **there was a ~ at the door** on a frappé bruyamment à la porte; **to give sb a ~ on the knuckles** donner sur les doigts à qn; (*fig: rebuke*) taper sur les doigts de qn; **to take the ~*** devoir payer les pots cassés; (*US*) **to get the ~*** for sth trinquer* *or* écoper* pour qch; **I don't care a ~*** je m'en fiche* éperdument.

(b) (*esp US‡*) (*criminal charge*) inculpation *f*; (*prison sentence*) condamnation *f*. **to beat the ~** échapper à une condamnation; **to hang a murder ~ on sb** faire endosser un meurtre à qn.

(c) (*US‡: chat*) causette *f**, conversation *f*.

2 *cpd:* (*US*) **rap session*** discussion *f* à bâtons rompus; (*US: record*) **rap sheet** casier *m* judiciaire.

3 *vt door* frapper bruyamment à; *table* frapper sur. **to ~ sb's knuckles, to ~ sb over the knuckles** donner sur les doigts de qn; (*fig: rebuke*) taper sur les doigts de qn.

4 *vi* (a) (*knock*) frapper, cogner, donner un coup sec; (*fig: rebuke*) blâmer, réprouver.

(b) (*US‡: chat*) tailler une bavette*, bavarder.

♦**rap out** *vt sep* (a) (*say curtly*) dire brusquement; *oath* lâcher; *order, retort* lancer.

(b) (*Spiritualism*) *message* communiquer *or* annoncer au moyen de coups.

rapacious [rə'peɪʃəs] *adj* rapace, avide.

rapaciously [rə'peɪʃəslɪ] *adv* avec rapacité *or* avidité.

rapacity [rə'pæsɪtɪ] *n* rapacité *f*, avidité *f*.

rape[1] [reɪp] **1** *n* (*also Jur*) viol *m*; (††: *abduction*) ravissement† *m*, rapt *m*. **2** *vt* violer.

rape[2] [reɪp] *n* (*Bot*) colza *m*. **~ oil/seed** huile *f*/graine *f* de colza.

rape[3] [reɪp] *n* (*grape pulp*) marc *m* de raisin; (*wine*) râpé *m*.

Raphael ['ræfeɪəl] *n* Raphaël *m*.

rapid ['ræpɪd] **1** *adj action* rapide, prompt; *river, pulse* rapide; *slope, descent* raide, rapide. (*Mil*) **~ deployment force** force *f* d'intervention; **~ eye movement sleep** phase *f* de mouvements oculaires, sommeil *m* paradoxal. (*Mil*) **~ fire** tir *m* rapide; (*fig*) **~ fire of questions** feu roulant de questions; (*US*) **~ transit** métro *m*. **2** *npl* (*in river*) **~s** rapides *mpl*.

rapidity [rə'pɪdɪtɪ] *n* rapidité *f*.

rapidly ['ræpɪdlɪ] *adv* rapidement.

rapier ['reɪpɪər] **1** *n* rapière *f*. **~ thrust** (*lit*) coup *m* de pointe; (*fig*) remarque mordante. **2** *cpd* (*fig*) **wit** *etc* mordant.

rapine ['ræpaɪn] *n* rapine *f*.

rapist ['reɪpɪst] *n* (*Jur*) violeur *m*, auteur *m* d'un viol.

rapping ['ræpɪŋ] *n* coups secs et durs.

rapport [ræ'pɔːr] *n* rapport *m* (*with* avec, *between* entre). **in ~ with** en harmonie avec.

rapprochement [ræ'prɒʃmɑ̃ːŋ] *n* rapprochement *m* (*fig*).

rapscallion [ræp'skælɪən] *n* vaurien *m*, mauvais garnement.

rapt [ræpt] *adj interest, attention* profond, intense; *look, smile* ravi, extasié; *welcome* enthousiaste, délirant. **~ in contemplation/in thought** plongé dans la contemplation/dans ses pensées; **~ with wonder** émerveillé.

rapture ['ræptʃər] *n* (*delight*) ravissement *m*, enchantement *m*; (*ecstasy*) extase *f*, transport *m*. **to be in ~s over** *or* **about** *object* être ravi *or* enchanté de; *person* être en extase devant; **to go into ~s over** *or* **about** sth/sb s'extasier sur qch/qn.

rapturous ['ræptʃərəs] *adj exclamation* de ravissement, d'extase; *applause* frénétique, enthousiaste.

rapturously ['ræptʃərəslɪ] *adv greet, listen* avec ravissement; *applaud* avec frénésie.

ra-ra ['rɑːrɑː] *adj:* **~ skirt** jupe *f* à falbalas.

rare [reər] *adj occurrence, plant* rare; *atmosphere* raréfié; (*: excellent*) fameux*; (*underdone*) *meat* saignant. (*Chem*) **~ earth** terre *f* rare; **with very ~ exceptions** à de rares exceptions près; **it is ~ for her to come** il est rare qu'elle vienne; **to grow ~(r)** *[plants, atmosphere]* se raréfier; *[visits]* devenir plus rares *or* moins fréquents; **we had a ~ (old) time*** on holiday nous avons passé de fameuses* vacances; **a very ~ steak** un bifteck bleu; *V* **medium**.

rarebit ['reəbɪt] *n V* **Welsh**.

rarefaction [,reərɪ'fækʃən] *n* raréfaction *f*.

rarefied ['reərɪfaɪd] *adj atmosphere* raréfié; (*fig*) trop raffiné. **to become ~** se raréfier.

rarefy ['reərɪfaɪ] **1** *vt* raréfier. **2** *vi* se raréfier.

rarely ['reəlɪ] *adv* rarement.

rareness ['reənɪs] *n* rareté *f* (*qualité*).

raring ['reərɪŋ] *adj:* **to be ~ to go** être très impatient de commencer, ne demander qu'à commencer.

rarity ['reərɪtɪ] *n* rareté *f*. **rain is a ~ here** la pluie est un événement rare ici.

rascal ['rɑːskəl] *n* (*scoundrel*) coquin *m*, vaurien *m*; (*scamp*) polisson(ne) *m(f)*, fripon(ne) *m(f)*.

rascality [rɑːs'kælɪtɪ] *n* coquinerie *f*, friponnerie *f*.

rascally ['rɑːskəlɪ] *adj lawyer, merchant* retors; *trick* méchant, vilain, de coquin. **a ~ man** un vaurien, un coquin; **his ~ nephew** son coquin de neveu; **~ habits** habitudes *fpl* de vaurien *or* de coquin.

rash[1] [ræʃ] *n* (*Med: gen sense*) rougeur *f*, éruption *f*; (*from food etc*) (plaques *fpl* d')urticaire *f*; (*in measles etc*) éruption, taches *fpl* rouges. **to come out** *or* **break out in a ~** avoir une éruption; *V* **heat, nettle**.

rash[2] [ræʃ] *adj person* imprudent, impétueux, téméraire, qui manque de réflexion, qui agit à la légère; *promise, words, thoughts, judgment* irréfléchi, imprudent. **it was ~ of him to do that** il s'est montré très imprudent en faisant cela; **in a ~ moment** dans un moment d'impétuosité *or* d'enthousiasme.

rasher ['ræʃər] *n* (*Brit*) (*mince*) tranche *f* (de bacon).

rashly ['ræʃlɪ] *adv* (*gen*) *behave etc* imprudemment, sans réfléchir; *offer, promise etc* dans un moment d'impétuosité *or* d'enthousiasme.

rashness ['ræʃnɪs] *n* (*V* **rash**[2]) imprudence *f*, impétuosité *f*, irréflexion *f*.

rasp [rɑːsp] **1** *n* (*tool*) râpe *f*; (*noise*) grincement *m*. **2** *vt* (a) (*Tech*) râper. (b) (*speak: also ~ out*) dire *or* crier d'une voix grinçante *or* âpre. **3** *vi* grincer, crisser.

raspberry ['rɑːzbərɪ] **1** *n* (*fruit*) framboise *f*. (*fig*) **to blow a ~*** faire pfft, faire un bruit de dérision; **to get a ~*** from se faire rabrouer *or* rembarrer* par. **2** *cpd ice cream, tart* (à la) framboise *inv*; *jam* de framboise. **raspberry bush, raspberry cane** framboisier *m*.

rasping ['rɑːspɪŋ] **1** *adj sound* grinçant, crissant; *voice* âpre, grinçant, rugueux. **2** *n* (*sound*) crissement *m*, grincement *m*.

Rasputin [ræ'spjuːtɪn] *n* Raspoutine *m*.

Rasta ['ræstə] *n, adj* (*abbr of* **Rastafarian**) rasta (*mf*) *inv*.

Rastafarian [,ræstə'feərɪən] *n, adj* rastafari (*mf*) *inv*.

Rastafarianism [,ræstə'feərɪənɪzəm] *n* rastafarianisme *m*.

rat [ræt] **1** *n* (*Zool*) rat *m*; (**pej:** *person*) salaud‡ *m*, vache* *f*; (‡: *informer*) mouchard(e) *m(f)*; (‡: *blackleg*) jaune *m*; (*: abandoning friends*) lâcheur* *m*, -euse* *f*. **he's a dirty ~*** c'est un salaud‡ *or* un sale individu*; **you ~!*** espèce de salaud!‡; **~s!*** (*Brit: expressing disbelief*) mon œil!*; (*expressing irritation*) zut alors!*; *V* **smell**.

2 *cpd:* **ratcatcher** chasseur *m* de rats; **ratcatching** chasse *f* aux rats; (*extermination*) dératisation *f*; (*US*) **rat fink‡** salaud‡ *m*, vache* *f*; (*Naut*) **ratline** enflèchure *f*; **rat poison** mort-aux-rats *f*; **rat race** foire *f* d'empoigne; (*pej*) **her hair was in rats' tails*** ses cheveux étaient en queues de rat; **rattrap** piège *m* à rats, ratière *f*.

3 *vi* (a) **to go ~ting** faire la chasse aux rats. (b) (*) **to ~ on sb** (*desert*) lâcher qn*; (*inform on*) donner qn, moucharder qn*.

ratable ['reɪtəbl] *adj* = **rateable**.

ratchet ['rætʃɪt] *n* rochet *m*. **~ wheel** roue *f* à rochet.

rate[1] [reɪt] **1** *n* (a) (*ratio, proportion*) proportion *f*, taux *m*; (*speed*) vitesse *f*, train *m*, allure *f*. **birth/death ~** (taux *m* de) la natalité/la mortalité; **the failure ~** for this exam is high il y a un pourcentage élevé d'échecs à cet examen; **~ of consumption** taux de consommation; (*Elec, Water*) **~ of flow** débit *m* (moyen); **at the ~ of 100 litres an hour** à raison de 100 litres par heure; **at a ~ of a une vitesse de**; (*Aviat*) **~ of climb** vitesse ascensionnelle; (*Med*) **pulse ~** fréquence *f* des pulsations; **to pay sb at the ~ of £4 per hour** payer qn à raison de 4 livres de l'heure; **at a great ~, at a ~ of knots*** à toute allure, au trot*, à fond de train*; **to go at a terrific ~** aller à un train d'enfer; **if you continue at this ~** si vous continuez à ce train-là *or* de cette façon; **at his ~ of working, he'll never finish** au rythme auquel il travaille, il n'aura jamais terminé; (*fig*) **at the ~ you're going, you'll be dead before long** du train où vous allez, vous ne ferez pas de vieux os; (*fig*) **at any ~** en tout cas, de toute façon; **at that ~** à ce compte-là, dans ce cas; *V* **first-rate** *etc*.

(b) (*Comm, Fin*) taux *m*, cours *m*, tarif *m*. **~ of exchange** taux *or* cours du change; (*Econ*) **~ of growth, growth ~** taux *m* de croissance; **~ of interest/pay** taux d'intérêt/de rémunération; **postage/advertising ~s** tarifs postaux/de publicité; **insurance ~s** primes *fpl* d'assurance; **there is a reduced ~ for children** les enfants bénéficient d'un tarif réduit *or* d'une réduction; **basic salary ~** traitement *m* de base; *V* **basic**.

(c) (*Brit Fin: municipal tax*) **~s** impôts locaux; **~s and taxes** impôts et contributions; **a penny on/off the ~s** une augmentation/réduction d'un pour cent des impôts locaux; *V* **water**.

2 *cpd:* (*Brit*) **rate-capping** plafonnement *m* des impôts locaux; **rate collector** receveur municipal; **ratepayer** contribuable *mf* (*payant les impôts locaux*); **rate(s) office** recette municipale (*bureau*); **rate rebate** dégrèvement *m* (d'impôts locaux).

3 *vt* (a) (*estimate worth of, appraise*) évaluer (*at* à); (*fig: consider*) considérer (*as* comme). **to ~ sb/sth highly** faire grand cas de qn/qch; **how does he ~ that film?** que pense-t-il de ce film?; **I ~ him amongst my best pupils** je le considère comme un de mes meilleurs élèves, je le compte parmi mes meilleurs élèves.

(b) (*Local Government*) fixer le loyer matriciel de. **house ~d at £100 per annum** ≃ maison *f* dont le loyer matriciel (*Admin*) *or* la valeur locative imposable est de 100 livres par an.

(c) (*deserve*) mériter. (*Scol*) **I think he ~s a pass** (mark) je crois qu'il mérite *or* vaut la moyenne.

4 *vi* (*be classed*) être classé, se classer (*as* comme).

rate[2] [reɪt] *vt* (*liter*) = **berate**.

rateable ['reɪtəbl] *adj property* imposable. **~ value** ≃ loyer matriciel (*Admin*), valeur locative imposable.

rather ['rɑːðər] *adv* (a) (*for preference*) plutôt. **~ than wait, he went away** plutôt que d'attendre, il est parti; **I would ~ have the blue dress** je préférerais *or* j'aimerais mieux *or* je prendrais plutôt la robe bleue; **I would much ~ ...** je préférerais de beaucoup ...; **I would ~ be happy than rich** j'aimerais mieux être heureux que riche, je préfère le bonheur à la richesse; **I would ~ wait here than go** je préférerais attendre (plutôt) que de partir; **I would ~ you came yourself** je préférerais que vous veniez (*subj*) vous-même; **I'd ~ not** je préfère pas*, j'aime mieux pas*; **I'd ~ not go** j'aimerais mieux ne pas y aller; **I'd ~ die!** plutôt mourir!

(b) (*more accurately*) plus exactement, plutôt. **a car, or ~ an old banger** une voiture, ou plus exactement *or* ou plutôt une vieille guimbarde; **he isn't on holiday, but ~ out of work** il n'est pas en vacances, mais bien plutôt en chômage.

(c) (*to a considerable degree*) plutôt; (*to some extent*) un peu; (*somewhat*) quelque peu; (*fairly*) assez; (*slightly*) légèrement. **he's a ~ clever person, he's ~ a clever person** il est plutôt intelligent; **he felt ~ better** il se sentait un peu mieux; **he looked ~ silly** il a eu l'air plutôt stupide; **it's ~ more difficult than you think** c'est un peu plus difficile que vous ne croyez; **Latin is ~ too difficult for me** le latin est un peu trop difficile pour moi; **it's ~ a pity** c'est plutôt dommage; **his book is ~ good** son livre n'est pas mauvais du tout; **that costs ~ a lot** cela coûte assez cher; **I ~ think he's wrong** je crois bien *or* j'ai l'impression qu'il a tort; (*excl*) ~!* et comment!*

ratification [ˌrætɪfɪ'keɪʃən] *n* ratification *f*.

ratify ['rætɪfaɪ] *vt* ratifier.

rating[1] ['reɪtɪŋ] *n* (a) (*assessment*) estimation *f*, évaluation *f*.
(b) (*npl: TV*) **the** (audience *or* TV) ~**s** l'indice *m* d'écoute; **to have a high ~, to get good ~s** [*programme*] avoir un bon indice d'écoute, [*person*] avoir la faveur du public.
(c) (*Brit Fin: tax on property*) montant *m* des impôts locaux.
(d) (*placing*) classement *m*.
(e) (*Brit Naut*) (*classification*) classe *f*; (*sailor*) marin *m*, matelot *m*. **the ~s** les matelots et gradés *mpl*.

rating[2] ['reɪtɪŋ] *n* réprimande *f*, semonce *f*, engueulade‡ *f*.

ratio ['reɪʃɪəʊ] *n* proportion *f*, raison *f*, rapport *m*. **in the ~ of 100 to 1** dans la proportion de 100 contre 1, dans le rapport de 100 contre *or* à 1; **inverse** *or* **indirect ~** raison inverse; **in direct ~ to** en raison directe de.

ratiocinate [ˌrætɪ'ɒsɪneɪt] *vi* (*frm*) raisonner, ratiociner (*pej*).

ratiocination [ˌrætɪɒsɪ'neɪʃən] *n* (*frm*) raisonnement *m*, ratiocination *f* (*pej*).

ration ['ræʃən] **1** *n* (*allowance: of food, goods etc*) ration *f*. **it's off the ~** ce n'est plus rationné; (*food*) ~**s** vivres *mpl*; **to put sb on short ~s** réduire les rations de qn; *V* iron.
2 *cpd*: **ration book, ration card** carte *f* de rationnement.
3 *vt goods, food, people* rationner. **he was ~ed to 1 kg** sa ration était 1 kg.
♦**ration out** *vt sep food etc* rationner.

rational ['ræʃənl] *adj creature, person* doué de raison, raisonnable; (*Med: lucid*) lucide; *faculty* rationnel; (*Math*) rationnel; *activity, thinking* rationnel, conforme à la raison; *action, argument, behaviour, person* raisonnable, sensé; *explanation* logique, raisonné; *solution* logique. **it was the only ~ thing to do** c'était la seule façon logique *or* rationnelle d'agir; **it wasn't very ~ of him to do that** il n'a pas agi de façon très logique *or* rationnelle.

rationale [ˌræʃə'nɑːl] *n* (*reasoning*) raisonnement *m*; (*statement*) exposé raisonné.

rationalism ['ræʃnəlɪzəm] *n* rationalisme *m*.

rationalist ['ræʃnəlɪst] *adj, n* rationaliste (*mf*).

rationalistic [ˌræʃnə'lɪstɪk] *adj* rationaliste.

rationality [ˌræʃə'nælɪtɪ] *n* rationalité *f*.

rationalization [ˌræʃnəlaɪ'zeɪʃən] *n* rationalisation *f*.

rationalize ['ræʃnəlaɪz] **1** *vt* (a) *event, conduct etc* (tenter de) trouver une explication logique à; (*Psych*) justifier *or* motiver après coup.
(b) (*organize efficiently*) *industry, production, problems* rationaliser.
(c) (*Math*) rendre rationnel.
2 *vi* (*Psych*) chercher une justification après coup.

rationally ['ræʃnəlɪ] *adv behave, discuss, speak* rationnellement, raisonnablement. ~**, it should be possible to do it** logiquement, il devrait être possible de le faire.

rationing ['ræʃnɪŋ] *n* rationnement *m*. **food ~** rationnement de l'alimentation.

rattan [ræ'tæn] **1** *n* rotin *m*. **2** *cpd* de *or* en rotin.

rat-tat-tat ['rætə'tæt] *n* (*on door*) toc-toc *m*; (*on drum*) ran-tan-plan *m*.

rattle ['rætl] **1** *n* (a) (*sound*) [*vehicle*] bruit *m* (de ferraille), fracas *m*; [*chains, bottles, typewriter*] cliquetis *m*; [*door*] vibrations *fpl*; [*hailstones, machine gun*] crépitement *m*; [*rattlesnake*] sonnettes *fpl*; (*Med: also* **death ~**) râle *m*.
(b) (*baby's*) (*gen*) hochet *m*; (*strung on pram*) boulier *m* (de bébé); [*sports fan*] crécelle *f*.
2 *cpd*: **rattlebrained** écervelé, étourdi, sans cervelle; **rattlesnake** serpent *m* à sonnettes, crotale *m*; **rattletrap*** guimbarde *f*, tacot* *m*.
3 *vi* [*box, container, object*] faire du bruit; [*articles in box*] s'entrechoquer, bringuebaler, ballotter; [*vehicle*] faire un bruit de ferraille; [*bullets, hailstones*] crépiter; [*machinery*] cliqueter; [*window*] trembler. **to ~ at the door** cogner à la porte; **there is something rattling** il y a quelque chose qui cogne; [*vehicle*] **to ~ along/away** *etc* rouler/partir *etc* dans un bruit de ferraille.
4 *vt* (a) *box* agiter (avec bruit); *bottles, cans* faire s'entrechoquer; *dice* agiter, secouer; *keys* faire cliqueter.
(b) (*: *alarm*) *person* déconcerter, démonter, ébranler. **to get ~d** perdre son sang-froid, paniquer*; **don't get ~d!** pas de panique!*
♦**rattle down** *vi* [*falling stones etc*] dégringoler *or* tomber avec fracas.
♦**rattle off** *vt sep poem, speech, apology* débiter à toute allure.

♦**rattle on** *vi* parler sans arrêt (*about sth* de qch), jacasser.
♦**rattle through** *vt fus* faire (*or* écrire *or* lire *etc*) à toute vitesse *or* au grand galop.

rattler ['rætlər] *n* (*rattlesnake*) serpent *m* à sonnettes, crotale *m*.

rattling ['rætlɪŋ] **1** *n* = **rattle 1a**. **2** *adj* bruyant. **I heard a ~ noise** j'ai entendu un cliquetis, j'ai entendu quelque chose qui cognait; **at a ~ pace** *or* **speed** à grande vitesse, à vive allure. **3** *adv* (*†) ~ **good** formidable*, épatant*.

ratty* ['rætɪ] *adj* de mauvais poil*.

raucous ['rɔːkəs] *adj* rauque.

raucously ['rɔːkəslɪ] *adv* d'une voix rauque.

raucousness ['rɔːkəsnɪs] *n* ton *m* rauque, raucité *f*.

raunch‡ ['rɔːntʃ] *n* (*US*) [*story, film, song*] obscénité *f*, lubricité *f*.

raunchy‡ ['rɔːntʃɪ] *adj* (*US*) *person* libidineux, chaud lapin*; *story, film, song* obscène, cochon*, lubrique.

ravage ['rævɪdʒ] **1** *n* [*war etc*] ravage *m*, dévastation *f*. **the ~s of time** les outrages *mpl* *or* les ravages du temps, l'injure *f* des ans. **2** *vt* (*ruin*) ravager, dévaster; (*plunder*) ravager, piller. **body ~d by disease** corps ravagé par la maladie.

rave [reɪv] **1** *vi* (*be delirious*) délirer, divaguer; (*talk wildly*) divaguer, déraisonner; (*speak furiously*) s'emporter, tempêter (*at, against* contre); (*speak enthusiastically*) s'extasier (*about, over* sur), parler avec enthousiasme (*about, over* de); [*storm*] faire rage; [*wind*] être déchaîné; [*sea*] être démonté *or* en furie; *V* rant.
2 *cpd*: **rave notice***, **rave review*** critique *f* dithyrambique; (*Brit: wild party*) **to have a rave-up**** faire la foire* *or* la fête*.

ravel ['rævəl] **1** *vt* (a) (*entangle: lit, fig*) emmêler, embrouiller, enchevêtrer.
(b) (*disentangle*) = **ravel out 2**.
2 *vi* (*become tangled*) s'embrouiller, s'enchevêtrer; (*fray*) s'effilocher.
♦**ravel out 1** *vi* s'effilocher.
2 *vt sep material* effilocher; *threads* démêler; *knitting* défaire; (*fig*) *difficulty* débrouiller; *plot* dénouer.

raven ['reɪvn] **1** *n* corbeau *m*. **2** *adj* (*colour*) noir comme (du) jais *or* comme l'ébène. **raven-haired** aux cheveux de jais.

ravening ['rævnɪŋ] *adj* vorace, rapace.

Ravenna [rə'venə] *n* Ravenne.

ravenous ['rævənəs] *adj animal* vorace, rapace; *person* affamé; *appetite* vorace, féroce; *hunger* dévorant. **I'm ~*** j'ai une faim de loup, j'ai l'estomac dans les talons*.

ravenously ['rævənəslɪ] *adv* voracement. **to be ~ hungry** avoir une faim de loup, avoir l'estomac dans les talons*.

ravine [rə'viːn] *n* ravin *m*.

raving ['reɪvɪŋ] **1** *adj* délirant. ~ **lunatic** fou furieux, folle furieuse; *V* **mad**. **2** *n*: ~**(s)** délire *m*, divagations *fpl*.

ravioli [ˌrævɪ'əʊlɪ] *n* ravioli *mpl*.

ravish ['rævɪʃ] *vt* (a) (*delight*) ravir, enchanter, transporter.
(b) (†† *or liter*) (*rape*) violer; (*abduct*) ravir.

ravisher ['rævɪʃər] *n* ravisseur *m*.

ravishing ['rævɪʃɪŋ] *adj woman, sight* ravissant, enchanteur (*f* -teresse); *beauty* enchanteur.

ravishingly ['rævɪʃɪŋlɪ] *adv* de façon *or* de manière ravissante. **she is ~ beautiful** elle est belle à ravir, elle est d'une beauté éblouissante.

ravishment ['rævɪʃmənt] *n* (a) (*delight*) enchantement *m*, ravissement *m*. (b) (†† *or liter*) (*rape*) viol *m*; (*abduction*) ravissement† *m*, rapt *m*.

raw [rɔː] **1** *adj* (a) (*uncooked*) *meat, food* cru; (*unprocessed*) *cloth* écru; *ore, sugar* brut; *silk* grège; *alcohol* pur; (*Comput*) *data etc* brut. ~ **colour** couleur crue; **a ~ deal*** un sale coup*; **to give sb a ~ deal*** faire un sale coup à qn*; **he got a ~ deal*** **when ...** on lui a fait un sale coup* quand ...; **the old get a ~ deal*** **nowadays** les vieux sont très mal traités de nos jours; [*cloth etc*] ~ **edge** bord coupé; ~ **material(s)** matières premières; (*US Scol etc*) ~ **score** première approximation *f* de note; ~ **spirits** alcool pur.
(b) (*inexperienced*) inexpérimenté, novice; *troops* non aguerri; (*uncouth*) mal dégrossi; (*coarse*) humour, story cru. ~ **recruit** bleu* *m*.
(c) (*sore*) sensible, irrité; *wound* à vif; *skin* écorché; *nerves* à fleur de peau, à vif.
(d) *climate* froid et humide, âpre; *wind* âpre, aigre; *air* vif.
2 *n*: **to get sb on the ~** toucher *or* piquer qn au vif; **life/nature in the ~** la vie/la nature telle qu'elle est; (*naked*) **in the ~*** nu, à poil*.
3 *cpd*: **rawboned** *person* maigre, décharné; *horse* efflanqué; **rawhide** (*whip*) fouet *m* à lanières; (*material*) cuir brut *or* vert.

Rawlbolt ['rɔːlbəʊlt] *n* ® cheville *f* (pour murs *or* corps *or* matériaux creux).

Rawlplug ['rɔːlplʌɡ] *n* ® cheville *f* (*Menuiserie*).

rawness ['rɔːnɪs] *n* (a) ~ **of this meat/colour** cette viande/ couleur crue. (b) (*lack of experience*) inexpérience *f*. (c) (*on skin*) écorchure *f*. (d) [*climate*] froid *m* humide. **the ~ of the wind** l'âpreté *f* du vent, le vent aigre.

ray[1] [reɪ] *n* [*light, heat, sun etc*] rayon *m*; (*fig*) rayon, lueur *f*. ~ **of hope** lueur d'espoir; *V* **cathode, death, X-ray** *etc*.

ray[2] [reɪ] *n* (*fish*) raie *f*; *V* sting.

ray[3] [reɪ] *n* (*Mus*) ré *m*.

rayon ['reɪɒn] **1** *n* (*Tex*) rayonne *f*, soie artificielle. **2** *adj* en rayonne.

raze [reɪz] *vt* raser. **to ~ to the ground** *town* raser; *building* raser, abattre à ras de terre.

razor ['reɪzər] **1** *n* rasoir *m*. **electric ~** rasoir électrique; (*fig*) **on the ~'s edge** sur la corde raide; *V* **safety** *etc*.
2 *cpd*: **razorbill** petit pingouin *m*; **razor blade** lame *f* de rasoir; (*US*) **razor clam** couteau *m*; (*Hairdressing*) **razor cut** coupe *f* au rasoir; **razor-sharp** *knife etc* tranchant comme un rasoir; (*fig*) *person, mind* délié, vif; *wit* acéré; (*Brit*) **razor-shell** couteau *m*; **razor-slashing** taillades *fpl* à coup de rasoir.

razz‡ [ræz] *vt* mettre en boîte*.

razzle‡ ['ræzl] **1** *n*: **to go on the** ~ faire la bringue‡ *or* la nouba‡. **2** *cpd*: **razzledazzle‡** tape-à-l'œil* *m*.

razzmatazz* ['ræzməˈtæz] *n* **(a)** (*glitter*) tape-à-l'œil* *m*. **(b)** (*double talk*) propos *mpl* trompeurs.

R & B [ɑːrən'biː] *n abbr of* **rhythm and blues**; *V* **rhythm**.

R.C. [ɑːˈsiː] (*Rel*) *abbr of* **Roman Catholic**; *V* **Roman**.

R.C.A.F. [ˌɑːsiːeɪˈef] *n abbr of* **Royal Canadian Air Force**.

R.C.M.P. [ˌɑːsiːemˈpiː] *n abbr of* **Royal Canadian Mounted Police**; *V* **royal**.

R.C.N. [ɑːsiːˈen] *n abbr of* **Royal Canadian Navy**.

Rd. (*abbr of* **Road**) Rte.

R.D.C. [ɑːˌdiːˈsiː] *n Brit Local Govt: abbr of* **Rural District Council**; *V* **rural**.

R.E. [ɑːˈriː] *n* **(a)** (*Scol*) *abbr of* **religious education**; *V* **religious**. **(b)** (*Brit Mil: abbr of* **Royal Engineers**) génie *m* militaire britannique.

re¹ [reɪ] *n* (*Mus*) ré *m*.

re² [riː] *prep* (*Admin, Comm etc: referring to*) au sujet de, relativement à, concernant; (*Jur: also* in ~) en l'affaire de.

re... [riː] *pref* (*before consonant*) re..., ré...; (*before vowel*) r..., ré.... **to** ~**do** refaire; **to** ~**heat** réchauffer; **to** ~**open** rouvrir; **to** ~**elect** réélire.

reach [riːtʃ] **1** *n* **(a)** (*accessibility*) portée *f*, atteinte *f*. **within** ~ à portée; **out of** ~ hors de portée *or* d'atteinte; **within sb's** ~ à (la) portée de qn; **out of sb's** ~ hors de (la) portée de qn; **within arm's** ~ à portée de la main; **cars are within everyone's** ~ nowadays de nos jours les voitures sont à la portée de toutes les bourses *or* de tous; **out of the children's** ~ hors de (la) portée des enfants; **I keep it within easy** ~ *or* **within my** ~ je le garde à portée de main *or* sous la main; **mountains not within easy** ~ montagnes difficilement accessibles *or* d'accès difficile; **within easy** ~ **of the sea** à proximité de la mer, proche de la mer; **she was beyond (the)** ~ **of human help** elle était au-delà de tout secours humain; **beyond the** ~ **of the law** à l'abri de la justice; **this subject is beyond his** ~ ce sujet le dépasse.
(b) (*length*) [*beach, river*] étendue *f*; [*canal*] bief *m*.
(c) (*esp Boxing*) allonge *f*. **he has a long** ~ il a une bonne allonge.
2 *cpd*: (*pej*) **it is a reach-me-down (from my sister)** c'est un vêtement qui me vient de ma sœur.
3 *vt* **(a)** (*get as far as*) *place* atteindre, gagner, arriver à; *age, goal, limit* atteindre; *agreement, understanding* aboutir à, arriver à; *conclusion* arriver à; *perfection* atteindre. **when we** ~**ed him he was dead** quand nous sommes arrivés auprès de lui, il était mort; **to** ~ **the terrace you have to cross the garden** pour accéder à la terrasse, il faut traverser le jardin; **I hope this letter** ~**es him** j'espère que cette lettre lui parviendra; **the news** ~**ed us too late** nous avons appris *or* reçu la nouvelle trop tard; **to** ~ **page 50** arriver *or* en être à la page 50; **not a sound** ~**ed our ears** aucun bruit ne parvenait à nos oreilles; **you can** ~ **me at my hotel** vous pouvez me joindre à mon hôtel; **he is tall enough to** ~ **the top shelf** il est assez grand pour atteindre l'étagère d'en haut; **he** ~**es her shoulder** il lui arrive à l'épaule; **her dress** ~**es the floor** sa robe descend jusqu'à terre.
(b) (*get and give*) passer. ~ **me (over) that book** passez-moi ce livre; ~ **(over) the salt for Richard** passez le sel à Richard.
(c) (*US Jur: suborn*) *witness* corrompre, suborner.
4 *vi* **(a)** [*territory etc*] s'étendre; [*voice, sound*] porter (*to* jusqu'à); *V* **far**.
(b) (*stretch out hand: also* ~ **across,** ~ **out,** ~ **over**) étendre le bras (*for sth* pour prendre qch, *to grasp etc* pour saisir etc). (*US*) ~ **for the sky!‡** haut les mains!
◆**reach back** *vi* (*fig*) remonter (*to* à). **to reach back to Victorian times** remonter à l'époque victorienne.
◆**reach down 1** *vi* [*clothes, curtains etc*] descendre (*to* jusqu'à).
2 *vt sep* (*from hook*) décrocher; (*from shelf*) descendre. **will you reach me down the book?** voulez-vous me descendre le livre?, voulez-vous me passer le livre qui est là-haut?
◆**reach out** *vt sep* tendre. **he reached out his hand for the cup** il a étendu le bras pour prendre la tasse.
◆**reach up** *vi* **(a)** lever le bras. **he reached up to get the book on the shelf** il a levé le bras pour atteindre le livre sur le rayon.
(b) monter. **the flood water reached up to the windows** la crue (des eaux) est montée jusqu'aux fenêtres.

reachable ['riːtʃəbl] *adj place* accessible; *object* accessible, à portée. **he is** ~**t at ...** on peut le joindre à ....

react [riːˈækt] *vi* réagir (*against* contre, *on* sur, *to* à).

reaction [riːˈækʃən] **1** *n* (*gen*) réaction *f*. **what was his** ~ **to your suggestion?** comment a-t-il réagi *or* quelle a été sa réaction à votre proposition?; **this decision was a** ~ **against violence** cette décision a été le contrecoup de la violence *or* a été la riposte à la violence *or* a été prise en réaction contre la violence; (*Pol*) **forces of** ~ forces *fpl* de la réaction, forces réactionnaires; *V* **chain**.
2 *cpd*: **reaction engine** moteur *m* à réaction.

reactionary [riːˈækʃənrɪ] *adj, n* réactionnaire (*mf*).

reactive [riːˈæktɪv] *adj* (*gen, Chem, Phys, Psych*) réactif.

reactor [riːˈæktər] *n* (*Chem, Elec, Phys*) réacteur *m*; *V* **nuclear**.

read [riːd] *pret, ptp* **read** [red] **1** *vt* **(a)** *book, letter etc* lire; *music, bad handwriting* déchiffrer, lire; *hieroglyphs* déchiffrer; *proofs* corriger. **to** ~ **sb sth,** ~ **sth to sb** lire qch à qn; **I read him to sleep** je lui ai fait la lecture jusqu'à ce qu'il s'endorme; **I brought you something to** ~ je vous ai apporté de la lecture; (*Jur*) **to** ~ **the Riot Act** ≃ faire les trois sommations; (*fig*) **he read them the riot act*** il les a tancés vertement; (*fig*) **to** ~ **sb a lesson*** faire la leçon à qn, sermonner qn; (*fig*) **to take sth as read** (*as self-evident*) considérer qch comme allant de soi; (*as agreed*) considérer qch comme convenu; (*Admin*) **they took the minutes as read** ils sont

passés à l'ordre du jour (sans revenir sur le procès-verbal de la dernière séance); (*in errata*) **for 'meet'** ~ **'met'** au lieu de 'meet' prière de lire 'met'; (*Jur: on document*) **read and approved** lu et approuvé; *V* **well**.
(b) (*interpret*) *dream* interpréter, expliquer; (*understand*) comprendre. **to** ~ **sb's hand** lire les lignes de la main de *or* à qn; **to** ~ **the tea leaves** *or* **the teacups** ≃ lire dans le marc de café; (*US fig*) **to** ~ **the wind** flairer le vent; **these words can be read in several ways** ces mots peuvent s'interpréter de plusieurs façons; (*fig*) **to** ~ **between the lines** lire entre les lignes; **to** ~ **something into a text** faire dire à un texte quelque chose qu'il ne dit pas, solliciter un texte; (*fig*) **we mustn't** ~ **too much into this** nous ne devons pas y attacher trop d'importance; **to** ~ **sb's thoughts** lire (dans) la pensée de qn; **I can** ~ **him like a book** je sais *or* devine toujours ce qu'il pense; **I read disappointment in his eyes** j'ai lu la déception dans ses yeux.
(c) (*esp Univ: study*) étudier, faire. **to** ~ **medicine/law** faire (des études de) médecine/droit, faire sa médecine/son droit; **he is** ~**ing English/geography** etc il fait de l'anglais/de la géographie etc.
(d) *thermometer, barometer etc* lire. **to** ~ **a meter** relever un compteur.
(e) [*instruments*] marquer, indiquer. **the thermometer** ~**s 37°** le thermomètre indique (une température de) 37° *or* marque 37°.
(f) (*Telec*) recevoir. **do you** ~ **me?** est-ce que vous me recevez?; (*fig*) **vous me comprenez?**; *V* **loud**.
2 *vi* **(a)** lire. **he can** ~ **and write** il sait lire et écrire; **she** ~**s well** elle lit bien, elle fait bien la lecture; [*learner, beginner*] elle sait bien lire; **he likes** ~**ing** il aime lire *or* bouquiner*, il aime la lecture; **to** ~ **aloud** lire à haute voix; **to** ~ **to oneself** lire; **do you like being read to?** aimez-vous qu'on vous fasse la lecture?; **I read about it in the paper** je l'ai lu *or* je l'ai vu dans le journal; **I've read about him** j'ai lu quelque chose à son sujet.
(b) the letter ~**s thus** voici ce que dit la lettre, voici comment la lettre est rédigée; **the quotation** ~**s as follows** voici les termes exacts de la citation; **this book** ~**s well/badly** ce livre se lit bien/ mal; **his article** ~**s like an official report** le style de son article fait penser à celui d'un rapport officiel, son article a l'allure d'un rapport officiel.
(c) (*esp Univ: study*) étudier, faire des études. **to** ~ **for an examination** préparer un examen; *V* **bar¹**.
3 *n* (*) lecture *f*. **she enjoys a good** ~ elle aime bien la lecture, elle aime bouquiner*; **it's a good** ~ ça se lit facilement, ça se laisse bien lire; **to have a quiet/a little** ~ lire *or* bouquiner* tranquillement un peu.
4 *cpd*: (*Comput*) **read head** tête *f* de lecture; (*Comput*) **read-only memory** mémoire *f* morte; (*Comput*) **read-out** (*n*) affichage *m*, sortie *f*; (*Comput*) **read-write head** tête *f* de lecture-écriture; (*Comput*) **read-write window** fenêtre *f* d'inscription-lecture.
◆**read back** *vt sep one's notes etc* relire.
◆**read off** *vt sep* **(a)** *text (without pause)* lire d'un trait; (*at sight*) lire à livre ouvert.
(b) *instrument readings* relever.
◆**read on** *vi* continuer à lire, poursuivre sa lecture. **'now read on'** 'suite du feuilleton'.
◆**read out 1** *vt sep* **(a)** *text* lire à haute voix; *instrument readings* relever à haute voix.
(b) (*Comput*) afficher, extraire, sortir.
2 read-out *n V* **read 4**.
◆**read over** *vt sep* relire.
◆**read through** *vt sep* (*rapidly*) parcourir; (*thoroughly*) lire en entier *or* d'un bout à l'autre.
◆**read up** *vt sep* étudier, bûcher*, potasser*. **I must read up the Revolution** il faut que j'étudie (*subj*) *or* que je potasse* (*subj*) la Révolution.
◆**read up on** *vt fus* = **read up**.

readability [ˌriːdəˈbɪlɪtɪ] *n* lisibilité *f*.

readable ['riːdəbl] *adj handwriting etc* lisible; *book* agréable *or* facile à lire. **not very** ~ difficile à lire; **it's very** ~ ça se lit facilement.

readdress ['riːəˈdres] *vt letter, parcel* réadresser; (*forward*) faire suivre.

reader ['riːdər] *n* **(a)** lecteur *m*, -trice *f*. **publisher's** ~ lecteur, -trice dans une maison d'édition; **he's a great** ~ il aime beaucoup lire, c'est un grand liseur; *V* **lay⁴, proof** etc.
(b) (*Brit Univ*) ≃ chargé(e) *m(f)* d'enseignement; (*US Univ*) directeur *m*, -trice *f* de thèse *or* d'études.
(c) (*schoolbook*) (*to teach reading*) livre *m* de lecture; (*anthology*) recueil *m* de textes. **first French** ~ recueil de textes français pour première année.

readership ['riːdəʃɪp] *n* **(a)** [*newspaper, magazine*] nombre *m* de lecteurs. **this paper has a big** ~ **/a** ~ **of millions** ce journal a beaucoup de lecteurs/des millions de lecteurs.
(b) (*Brit Univ*) ≃ poste *m* (*or* fonctions *fpl*) de chargé(e) d'enseignement; (*US Univ*) fonctions (*or* responsabilités) de directeur (-trice) de thèse *or* d'études.

readily ['redɪlɪ] *adv* (*willingly*) volontiers, de bon cœur; (*easily*) facilement, aisément.

readiness ['redɪnɪs] *n* **(a)** (*preparedness*) **to be (kept) in** ~ être (tenu) prêt (*for* à, pour). **(b)** (*willingness*) empressement *m*, bonne volonté. **his** ~ **to help us** son empressement à nous aider, l'empressement qu'il a montré à nous aider.

reading ['riːdɪŋ] **1** *n* **(a)** (*U*) lecture *f*; [*proofs*] correction *f*. **she likes** ~ elle aime bien lire *or* la lecture; **this book is** *or* **makes very interesting** ~ ce livre est très intéressant (à lire); **I'd prefer some light** ~ je préférerais un livre distrayant *or* délassant *or* d'une lecture facile.
(b) (*recital*) (séance *f* de) lecture *f*; *V* **play, poetry**.
(c) (*interpretation*) interprétation *f*, explication *f*. **my** ~ **of the**

sentence mon explication *or* interprétation de la phrase; (*Cine, Theat*) his ~ of the part son interprétation du rôle.
  (d) (*variant*) variante *f*, leçon *f*.
  (e) (*Elec, Med, Phys etc: from instrument*) to take a ~ lire un instrument, relever les indications d'un instrument; the ~ is ... l'instrument indique ... .
  (f) (*Parl*) [*bill*] discussion *f*, lecture *f*. the House gave the bill its first ~ la Chambre a examiné le projet de loi en première lecture; the third ~ of the bill was debated le projet de loi a été discuté en troisième lecture.
  (g) (*U: knowledge*) culture *f*, connaissances *fpl*. of wide ~ instruit, cultivé.
  2 *cpd*: (*Scol*) he has a reading age of eight il a le niveau de lecture d'un enfant de huit ans; reading book livre *m* de lecture; reading desk pupitre *m*; (*Rel*) lutrin *m*; reading glass loupe *f*; reading glasses lunettes *fpl* pour lire; to have a reading knowledge of Spanish savoir lire l'espagnol; reading lamp *or* light (*gen*) lampe *f* de lecture, lampe de travail *or* de bureau; (*in train, plane etc*) liseuse *f*; reading list bibliographie *f*, (*liste f* d')ouvrages *mpl* recommandés; reading matter choses *fpl* à lire, de quoi lire; reading room salle *f* de lecture *or* de travail.

readjust [ˈriːəˈdʒʌst] 1 *vt* rajuster, réarranger, réadapter; (*correct*) rectifier; *salary* rajuster; *instrument* régler (de nouveau).
  2 *vi* se réadapter (*to* à).

readjustment [ˈriːəˈdʒʌstmənt] *n* réadaptation *f*, [*salary*] rajustement *m or* réajustement *m*.

ready [ˈredɪ] 1 *adj* (a) (*prepared*) *person, thing* prêt. dinner is ~ le dîner est prêt; 'dinner's ~!' 'à table!'; everything is ~ for his visit tout est prêt pour sa visite; ~ for anything prêt à toute éventualité; ~ to use *or* for use prêt à l'usage; to be ~ to do être prêt à faire; to get ~ to do se préparer *or* s'apprêter à faire; to get (o.s.) ~ se préparer, s'apprêter; to be ~ with an excuse avoir une excuse toute prête *or* en réserve; to make *or* get sth ~ préparer *or* apprêter qch; (*Sport*) ~, steady, go! prêts? 1-2-3 partez!; (*Naut*) ~ about! pare à virer!; I'm ~ for him! je l'attends de pied ferme!; get ~ for it! tenez-vous prêt!; (*before momentous news etc*) tenez-vous bien!; (*Publishing*) 'now ~' 'vient de paraître'; (*Comm*) we have the goods you ordered ~ to hand nous tenons à votre disposition les marchandises que vous avez commandées; ~ money, ~ cash (argent *m*) liquide *m*; to pay in ~ cash payer en espèces; how much have you got in ~ money *or* ~ cash? combien avez-vous en liquide?
  (b) (*willing*) prêt, disposé (*to* à); (*inclined*) enclin, porté (*to* à); (*quick*) prompt (*to do* à faire); (*about to*) sur le point, près (*to do* de faire). he is always ~ to help il est toujours prêt à rendre service; I am quite ~ to see him je suis tout à fait disposé à le voir; don't be so ~ to criticize ne soyez pas si prompt à critiquer; I'm ~ to believe it je veux bien le croire, je suis prêt à le croire; he was ~ to cry il était sur le point de *or* près de pleurer.
  (c) (*prompt*) *reply, wit* prompt. to have a ~ tongue avoir la langue déliée, avoir la parole facile; [*goods*] to have a ~ sale se vendre facilement, être de vente courante; ~ solution solution tout indiquée.
  2 *n* (a) (*Mil*) to come to the ~ apprêter l'arme; at the ~ (*Mil*) prêt à faire feu; (*Naut*) paré à faire feu; (*fig*) tout prêt.
  (b) (*money*) the ~‡ *or* readies‡ le fric‡.
  3 *adv* (*in cpds*) ready-cooked/-furnished *etc* tout cuit/tout meublé *etc* (d'avance).
  4 *cpd*: ready-made *curtains* tout fait; *clothes* de confection, prêt à porter; *solution, answer* tout prêt; ready-made ideas des idées banales *or* toutes faites; (*Culin*) ready-mix for cakes/pancakes *etc* préparation *f* pour gâteaux/crêpes *etc*; she made a ready-mix cake elle a fait un gâteau à partir d'une préparation *or* d'un sachet; ready reckoner barème *m*; ready-to-serve prêt à servir; ready-to-wear à porter.

reafforestation [ˈriːəˌfɒrɪsˈteɪʃən] *n*, (*US*) **reforestation** [ˈriːfɒrɪsˈteɪʃən] *n* reboisement *m*.

reagent [riːˈeɪdʒənt] *n* (*Chem*) réactif *m*.

real [rɪəl] 1 *adj* (a) (*gen*) vrai (*before n*); (*as opposed to apparent*) véritable, vrai (*before n*), réel; *gold, jewels* vrai, véritable; *flowers, silk* naturel; (*Philos, Math*) réel. in ~ life dans la réalité, dans la vie réelle; he is the ~ boss c'est lui le véritable patron *or* le patron réel; this is the ~ thing ça c'est pour de vrai *or* de bon; he has no ~ power il n'a pas de pouvoir effectif; what is the ~ reason? quelle est la vraie *or* véritable raison?; here in ~ terms is how inflation affects us voici comment l'inflation nous touche dans la réalité *or* dans la pratique; when you've tasted the ~ thing, this whisky ... quand tu as (*or* auras) goûté du vrai whisky, celui-ci ...; climbing this hill isn't much when you've done the ~ thing si tu as vraiment fait de l'alpinisme, cette petite colline n'est rien du tout; it's the ~ thing *or* the ~ McCoy* c'est de l'authentique, c'est du vrai or du véritable*; (*Rel*) R~ Presence présence réelle.
  (b) (*Jur*) ~ estate biens fonciers *or* immeubles *or* immobiliers; (*US*) ~-estate agent agent *m* immobilier; (*US*) ~-estate developer promoteur *m* (de construction); ~-estate office agence immobilière; (*US*) ~-estate register cadastre *m*; ~ property biens *mpl* immobiliers *or* immeubles.
  (c) (*Comput*) ~ time temps *m* réel; ~-time computer ordinateur *m* exploité en temps réel; ~-time processing traitement *m* immédiat *or* en temps réel; ~-time system système *m* en temps-réel.
  2 *adv* (‡) rudement*, vachement*. we had a ~ good laugh on a rudement bien ri*, on a vachement rigolé*, on s'est drôlement marré*.
  3 *n* (a) for ~* pour de vrai*.
  (b) (*Philos*) the ~ le réel.

realism [ˈrɪəlɪzəm] *n* réalisme *m*.
realist [ˈrɪəlɪst] *adj, n* réaliste (*mf*).

realistic [rɪəˈlɪstɪk] *adj* réaliste.
realistically [rɪəˈlɪstɪkəlɪ] *adv* avec réalisme, d'une façon réaliste.
reality [riːˈælɪtɪ] *n* (a) réalité *f*. to bring sb back to ~ ramener qn à la réalité; in ~ en réalité, en fait. (b) (*trueness to life*) réalisme *m*.
realizable [ˈrɪəlaɪzəbl] *adj* *assets, hope, plan* réalisable.
realization [ˌrɪəlaɪˈzeɪʃən] *n* (a) [*assets, hope, plan*] réalisation *f*. (b) (*awareness*) prise *f* de conscience. the sudden ~ that ... la découverte soudaine que ... .
realize [ˈrɪəlaɪz] *vt* (a) (*become aware of*) se rendre compte de, prendre conscience de; (*understand*) comprendre. does he ~ the problems? se rend-il compte des problèmes?; the committee ~s the gravity of the situation le comité a pris conscience de la gravité de la situation; he had not fully ~d that she was dead il n'avait pas (vraiment) réalisé qu'elle était morte; I ~d it was raining je me suis rendu compte qu'il pleuvait, j'ai réalisé* qu'il pleuvait; I had never ~ that I was right je lui ai bien fait comprendre que j'avais raison; I ~ that ... je me rends compte du fait que ...; yes, I ~ that! oui, je sais bien!, oui, je m'en rends bien compte!; I ~d how he had done it j'ai compris comment *or* je me suis rendu compte de la façon dont il l'avait fait; I ~d why ... j'ai compris pourquoi ...; I ~ it's too late, but ... je sais bien qu'il est trop tard, mais ... .
  (b) *hope, plan* réaliser.
  (c) (*Fin*) *assets* réaliser; *price* atteindre; *interest* rapporter. how much did your Rembrandt ~?, how much did you ~ on your Rembrandt? combien votre Rembrandt vous a-t-il rapporté?
really [ˈrɪəlɪ] 1 *adv* vraiment, réellement, véritablement. I ~ don't know what to think je ne sais vraiment pas quoi penser; he ~ is an idiot c'est un véritable imbécile, il est vraiment idiot; it won't ~ last ça ne durera guère; I don't REALLY like ... je ne peux vraiment pas dire que j'aime ... , je n'aime guère ... ; you ~ MUST visit Paris il faut absolument que vous visitiez (*subj*) Paris.
  2 *excl* (*in doubt*) vraiment?, sans blague!*; (*in surprise*) c'est vrai?; (*in protest*) vraiment! not ~! pas vraiment!; (*in disbelief*) pas possible!
realm [relm] *n* (*liter: kingdom*) royaume *m*; (*fig*) domaine *m*; *V* coin.
realtor [ˈrɪəltɔːr] *n* (*US*) agent *m* immobilier.
realty [ˈrɪəltɪ] *n* (*Jur*) biens immobiliers *or* immeubles.
ream¹ [riːm] *n* [*paper*] ≃ rame *f* (de papier). (*fig*) he always writes ~s* il écrit toujours des volumes *or* toute une tartine*.
ream² [riːm] *vt* (*Tech*) fraiser.
reamer [ˈriːmər] *n* (*Tech*) fraise *f*.
reanimate [ˌriːˈænɪmeɪt] *vt* ranimer, raviver.
reanimation [ˈriːˌænɪˈmeɪʃən] *n* (*Med*) réanimation *f*.
reap [riːp] *vt* (*Agr*) moissonner, faucher; (*fig*) *profit* récolter, tirer. to ~ the fruit of one's labours recueillir le fruit de son labeur; (*fig*) to ~ what one has sown récolter ce qu'on a semé; *V* sow². 2 *vi* moissonner, faire la moisson.
reaper [ˈriːpər] *n* (*person*) moissonneur *m*, -euse *f*; (*machine*) moissonneuse *f*. ~ and binder moissonneuse-lieuse *f*; (*fig, liter: death*) the (Grim) R~ la Faucheuse.
reaping [ˈriːpɪŋ] 1 *n* moisson *f*. 2 *cpd*: reaping hook faucille *f*; reaping machine moissonneuse *f*.
reappear [ˈriːəˈpɪər] *vi* réapparaître, reparaître.
reappearance [ˈriːəˈpɪərəns] *n* réapparition *f*.
reappoint [ˈriːəˈpɔɪnt] *vt* renommer (*to* à).
reappointment [ˈriːəˈpɔɪntmənt] *n* renouvellement *m* de nomination (*to* à).
reapportion [ˈriːəˈpɔːʃən] 1 *vt* réassigner, répartir à nouveau; (*US Pol*) redécouper, procéder à une révision du découpage électoral de. 2 *vi* (*US Pol*) subir un redécoupage électoral.
reapportionment [ˈriːəˈpɔːʃənmənt] *n* (*US Pol*) redécoupage *m* électoral.
reappraisal [ˈriːəˈpreɪzəl] *n* [*situation, problem*] réévaluation *f*, réexamen *m*; [*author, film etc*] réévaluation.
rear¹ [rɪər] 1 *n* (a) (*back part*) arrière *m*, derrière *m*; (*:* buttocks) derrière*. in *or* at the ~ à l'arrière; at the ~ of derrière, à l'arrière de; from the ~, he looks like Chaplin (vu) de dos, il ressemble à Charlot; from the ~ the car looks like ... par l'arrière *or* vue de derrière la voiture ressemble à ... .
  (b) (*Mil*) arrière-garde *f*, arrières *mpl*; [*squad*] dernier rang; [*column*] queue *f*. to attack an army in the ~ attaquer une armée à revers; (*also gen*) to bring up the ~ fermer la marche.
  2 *cpd* de derrière, arrière *inv*. ~ bumper pare-chocs *m* arrière; ~ door [*house*] porte *f* de derrière; (*Aut*) portière *f* arrière; (*Aut*) ~ wheel roue *f* arrière *or* de derrière (*V also* 3); (*Aut*) ~ window glace *f* arrière.
  3 *cpd*: rear admiral vice-amiral *m*; (*Aut*) rear-engined avec moteur *m* à l'arrière; rear gunner mitrailleur *m* arrière *inv*; rear-mounted installé à l'arrière; (*Cine*) rear projection projection *f* par transparence; (*Aut*) rear-view mirror rétroviseur *m*; (*Aut*) rear-wheel drive roues *fpl* arrière motrices.
rear² [rɪər] 1 *vt* (a) *animals, family* élever; *plants* faire pousser, cultiver.
  (b) to ~ one's head relever *or* dresser la tête; the snake ~ed its head le serpent s'est dressé; violence ~s its ugly head again la violence fait sa réapparition (dans toute son horreur), on voit poindre à nouveau l'horrible violence.
  (c) (*set up*) *monument* dresser, ériger.
  2 *vi* (*also* ~ up) [*animal*] se cabrer; [*snake*] se dresser.
rearguard [ˈrɪəgɑːd] *n* (*Mil*) arrière-garde *f*. ~ action combat *m* d'arrière-garde.
rearm [ˌriːˈɑːm] *vti* réarmer.
rearmament [ˌriːˈɑːməmənt] *n* réarmement *m*.
rearmost [ˈrɪəməust] *adj* dernier, de queue.
rearrange [ˈriːəˈreɪndʒ] *vt* réarranger.

rearrangement ['ri:ə'reɪndʒmənt] *n* réarrangement *m*, nouvel arrangement.

rearward ['rɪəwəd] **1** *n* arrière *m*. **2** *adj part* arrière *inv*; *position* (situé) à l'arrière, de l'arrière; *movement* en arrière. **3** *adv* (*also* ~s) vers l'arrière, par derrière.

reason ['ri:zn] **1** *n* (a) (*cause, justification*) [*behaviour*] raison *f*, motif *m*; [*event*] raison, cause *f*. **the** ~**s are** ... les raisons en sont ... ; **the** ~ **for my lateness/why I am late is that** ... la raison de mon retard/pour laquelle je suis en retard, c'est que ...; **my** ~ **for going, the** ~ **for my going** la raison de mon départ *or* pour laquelle je pars (*or* suis parti *etc*); **I want to know the** ~ **why** je veux savoir (le) pourquoi; **and that's the** ~ **why** et voilà pourquoi, et voilà la raison; **I have (good or every)** ~ **to believe that** ... j'ai (tout) lieu *or* j'ai de bonnes raisons de croire que ...; **there is** ~ **to believe that he is dead** il y a lieu de croire qu'il est mort; **for the simple** ~ **that** ... pour la simple *or* bonne raison que ...; **for the very** ~ **that** ... précisément parce que ...; **for that very** ~ pour cette raison, pour cela même; **for no** ~ sans raison, sans motif; **for some** ~ *or* **another** pour une raison ou pour une autre; **for** ~**s best known to himself** pour des raisons qu'il est seul à connaître, pour des raisons connues de lui seul; **all the more** ~ **for doing** *or* **to do** raison de plus pour faire; **with** ~ avec (juste) raison, à juste titre; **by** ~ **of** en raison de, à cause de; **for personal/health** *etc* ~**s** pour des raisons personnelles/de santé *etc*.

(b) (*U: mental faculty*) raison *f*. **to lose one's** ~ perdre la raison.

(c) (*U: common sense*) raison *f*, bon sens. **to make sb see** ~ raisonner qn, faire entendre raison à qn; **he listened to** ~ il s'est rendu à la raison; **he won't listen to** ~ on ne peut pas lui faire entendre raison; **that stands to** ~ cela va sans dire, cela va de soi; **it stands to** ~ **that** il va sans dire que; **I will do anything in** *or* **within** ~ je ferai tout ce qu'il est raisonnablement possible de faire; *V* **rhyme**.

2 *vi* (a) (*think logically*) raisonner.

(b) (*argue*) **to** ~ **with sb** raisonner avec qn; **one can't** ~ **with her** il n'y a pas moyen de lui faire entendre raison.

3 *vt* (a) (*work out*) calculer (*that* que); (*argue*) soutenir (*that* que); *V* **also reasoned**.

(b) **to** ~ **sb out of his folly** ramener qn à la raison, faire renoncer qn à sa folie en le raisonnant; **to** ~ **sb into a sensible decision** amener qn à prendre une décision intelligente en le raisonnant.

reasonable ['ri:znəbl] *adj person, attitude* raisonnable; *price, offer* raisonnable, honnête, correct; *essay, results* honnête, correct. (*Jur*) ~ **doubt** doute bien fondé; **there is a** ~ **chance that** ... il y a des chances (pour) que ... + *subj*; **a** ~ **amount of** une certaine quantité de.

reasonableness ['ri:znəblnɪs] *n* caractère *m or* nature *f* raisonnable.

reasonably ['ri:znəbli] *adv* raisonnablement. **one can** ~ **think that** ... il est raisonnable de penser que ...; ~ **priced** à *or* d'un prix raisonnable.

reasoned ['ri:znd] *adj* raisonné.

reasoning ['ri:znɪŋ] **1** *n* raisonnement *m*, dialectique *f*. **2** *adj mind* doué de raison.

reassemble [,ri:ə'sembl] **1** *vt people, troops* rassembler; *tool, machine* remonter. **2** *vi* se rassembler. **school** ~**s on 5th September** la rentrée des classes aura lieu le 5 septembre.

reassert ['ri:ə'sɜːt] *vt* réaffirmer. **to** ~ **o.s.** s'imposer à nouveau.

reassess ['ri:ə'ses] *vt situation* réexaminer; (*for taxation*) *person* réviser la cote de; (*Jur*) *damages* réévaluer.

reassurance [,ri:ə'ʃʊərəns] *n* (a) (*emotional*) réconfort *m*. (b) (*factual*) assurance *f*, garantie *f*. **to seek** ~ **that** chercher à obtenir l'assurance *or* une garantie que.

reassure [,ri:ə'ʃʊəʳ] *vt* rassurer.

reassuring [,ri:ə'ʃʊərɪŋ] *adj* rassurant.

reassuringly [,ri:ə'ʃʊərɪŋli] *adv* d'une manière rassurante.

reawaken ['ri:ə'weɪkən] **1** *vt person* réveiller de nouveau; *interest* réveiller de nouveau, faire renaître. **2** *vi* se réveiller de nouveau.

reawakening ['ri:ə'weɪknɪŋ] *n* réveil *m*; [*ideas, interest*] renaissance *f*, réveil.

Reb* [reb] *n* (*US: also* **reb***) soldat *m* confédéré.

rebarbative ['ri:bɑ:bətɪv] *adj* rébarbatif, rebutant.

rebate ['ri:beɪt] *n* (*discount*) rabais *m*, remise *f*; (*money back*) remboursement *m*; (*on tax, rates*) dégrèvement *m*; (*on rent*) réduction *f*; *V* **rate, rent, tax**.

Rebecca [rɪ'bekə] *n* Rébecca *f*.

rebel ['rebl] **1** *n* rebelle *mf*, insurgé(e) *m(f)*, révolté(e) *m(f)*; (*fig*) rebelle. **2** *adj* rebelle. **3** [rɪ'bel] *vi* (*lit, fig*) se rebeller, se révolter, s'insurger (*against* contre).

rebellion [rɪ'beljən] *n* rébellion *f*, révolte *f*. **to rise in** ~ se rebeller, se révolter.

rebellious [rɪ'beljəs] *adj* rebelle; (*fig*) *child* indocile, rebelle.

rebelliousness [rɪ'beljəsnɪs] *n* esprit *m* de rébellion, disposition *f* à la rébellion.

rebirth ['ri:'bɜ:θ] *n* renaissance *f*.

rebore ['ri:'bɔ:ʳ] (*Tech*) **1** *vt* réaléser. **2** *n* réalésage *m*. **this engine needs a** ~ ce moteur a besoin d'être réalésé.

reborn ['ri:'bɔ:n] *adj* réincarné. (*fig*) **to be** ~ se réincarner dans.

rebound [rɪ'baʊnd] **1** *vi* (a) [*ball*] rebondir (*against* sur). (*fig*) **your violent methods will** ~ **(on you)** vos méthodes violentes retomberont sur vous *or* se retourneront contre vous.

(b) (*after setback: of firm etc*) repartir, reprendre du poil de la bête*.

2 ['ri:baʊnd] *n* [*ball*] rebond *m*; [*bullet*] ricochet *m*; (*in prices*) remontée *f* (*in* de). **to hit a ball on the** ~ frapper une balle après le premier rebond; (*fig*) **to be on the** ~ **from a setback** *etc* (*feeling effects*) être sous le coup d'un échec (*or* d'une déception *etc*); (*recovering*) reprendre du poil de la bête* après un échec (*or* une

déception *etc*); **she married Robert on the** ~* elle était encore sous le coup d'une déception (sentimentale) quand elle a épousé Robert.

rebroadcast ['ri:'brɔ:dkɑ:st] **1** *n* retransmission *f*. **2** *vt* retransmettre.

rebuff [rɪ'bʌf] **1** *n* rebuffade *f*. **to meet with a** ~ essuyer une rebuffade. **2** *vt person* repousser, rabrouer; *offering, suggestion* repousser.

rebuild [,ri:'bɪld] *pret, ptp* **rebuilt** *vt* rebâtir, reconstruire.

rebuilding [,ri:'bɪldɪŋ] *n* (*U*) reconstruction *f*.

rebuke [rɪ'bju:k] **1** *n* reproche *m*, réprimande *f*, blâme *m*. **2** *vt* réprimander, faire des reproches à. **to** ~ **sb for sth** reprocher qch à qn; **to** ~ **sb for having done** reprocher à qn d'avoir fait.

rebus ['ri:bəs] *n* rébus *m*.

rebut [rɪ'bʌt] *vt* réfuter.

rebuttal [rɪ'bʌtl] *n* réfutation *f*.

recalcitrance [rɪ'kælsɪtrəns] *n* caractère *or* esprit récalcitrant.

recalcitrant [rɪ'kælsɪtrənt] *adj* récalcitrant.

recall [rɪ'kɔ:l] **1** *vt* (a) (*summon back*) *ambassador, library book* rappeler; (*Fin*) *capital* faire rentrer. (*fig*) **this music** ~**s the past** cette musique rappelle le passé; (*lit, fig*) **to** ~ **sb to life** rappeler qn à la vie; **to** ~ **Parliament** convoquer le Parlement (en session extraordinaire).

(b) (*remember*) se rappeler (*that* que), se souvenir de. **I cannot** ~ **meeting him** *or* **whether I met him** je ne me rappelle pas l'avoir rencontré.

2 *n* rappel *m* (*also Mil*). [*library*] **this book is on** ~ ce livre a été rappelé; (*fig*) **beyond** *or* **past** ~ (*adj*) irrévocable; (*adv*) irrévocablement.

3 *cpd*: [*library*] **recall slip** fiche *f* de rappel.

recant [rɪ'kænt] **1** *vt statement* rétracter; *opinion* désavouer; *religious belief* abjurer. **to** ~ **one's opinion** se déjuger. **2** *vi* se rétracter; (*Rel*) abjurer.

recantation [,ri:kæn'teɪʃən] *n* rétractation *f*, reniement *m*; (*Rel*) abjuration *f*.

recap¹* ['ri:kæp] **1** *n* (*abbr of* **recapitulation**) récapitulation *f*. **2** *vti* [rɪ'kæp] (*abbr of* **recapitulate**) **well, to** ~, ... eh bien, en résumé ... .

recap² ['ri:kæp] (*US*) **1** *n* (*tyre*) pneu rechapé. **2** *vt* rechaper.

recapitulate [,ri:kə'pɪtjʊleɪt] **1** *vt argument* récapituler, faire le résumé de; *facts* reprendre. **2** *vi* récapituler, faire un résumé.

recapitulation [,ri:kə,pɪtjʊ'leɪʃən] *n* récapitulation *f*.

recapture ['ri:'kæptʃəʳ] **1** *vt animal, prisoner* reprendre, rattraper; *capturer; emotion, enthusiasm* retrouver; [*film, play, book*] *atmosphere, period* recréer. **2** *n* [*town, territory*] reprise *f*; [*escapee*] arrestation *f*, capture *f*; [*escaped animal*] capture.

recast ['ri:'kɑ:st] *vt* (a) (*Metal*) refondre. (b) *play, film* changer la distribution (des rôles) de; *actor* donner un nouveau rôle à. (c) (*rewrite*) refondre, remanier. **2** *n* (*Metal*) refonte *f*.

recce* ['reki] (*Mil*) *abbr of* **reconnaissance, reconnoitre**.

recd (*Comm: abbr of* **received**) reçu.

recede [rɪ'si:d] *vi* (a) [*tide*] descendre; (*fig*) [*coast, person*] s'éloigner; [*hopes of rescue etc*] s'estomper. **to** ~ **into the distance** s'éloigner, disparaître dans le lointain.

(b) [*chin, forehead*] fuir. **his hair is receding** son front se dégarnit; **receding chin/forehead** menton/front fuyant; **receding hairline** front dégarni.

(c) [*price*] baisser.

(d) (*fml*) **to** ~ **from** *opinion, promise* revenir sur.

receipt [rɪ'si:t] **1** *n* (a) (*U: esp Comm*) réception *f*. **to acknowledge** ~ **of** accuser réception de; **on** ~ **of** au reçu de, dès réception de; **I am in** ~ **of** ... j'ai reçu ...; **to pay on** ~ payer à la réception.

(b) (*paper*) (*for payment*) reçu *m*, quittance *f*, récépissé *m* (*for* de); (*for parcel, letter*) accusé *m* de réception. ~ **book** livre *m* or carnet *m* de quittances, quittancier *m*.

(c) (*Comm, Fin: money taken*) ~**s** recette(s) *f(pl)*, rentrées *fpl*.

(d) (*Culin* ††) = **recipe**.

2 *vt bill* acquitter.

receivable [rɪ'si:vəbl] **1** *adj* recevable. **2** *n* (*Fin*) ~**s** créances *fpl* (recouvrables).

receive [rɪ'si:v] **1** *vt* (a) (*get*) *letter, present* recevoir; *money, salary* recevoir, toucher; *punch* encaisser*; *refusal, setback* essuyer; (*Jur*) *stolen goods* recéler *or* receler. (*Jur*) **to** ~ **2 years** *or* **2 years' imprisonment** être condamné à 2 ans de prison; **we** ~**d nothing but abuse** nous n'avons reçu que des insultes; (*Comm*) **we** ~**d your request yesterday** votre demande nous est parvenue hier; (*Comm*) ~**d with thanks** pour acquit.

(b) (*welcome*) recevoir, accueillir. **to** ~ **sb with open arms** recevoir qn à bras ouverts; **his suggestion was well/not well** ~**d** sa suggestion a reçu un accueil favorable/défavorable; (*Rel*) **to be** ~**d into the Church** être reçu dans l'Église.

(c) (*Rad, TV*) *transmissions* capter, recevoir; *V* **loud**.

2 *vi* (a) recevoir. **Mrs X** ~**s on Mondays** Mme X reçoit le lundi.

(b) (*Jur*) être coupable de recel.

received [rɪ'si:vd] *adj opinion* reçu, admis. (*Brit Ling*) ~ **pronunciation** prononciation *f* standard (*de l'anglais*).

receiver [rɪ'si:vəʳ] *n* (a) (*person*) receveur *m*, -euse *f*; [*letter*] destinataire *mf*; [*goods*] consignataire *mf*, réceptionnaire *mf*; [*stolen property*] receleur *m*, -euse *f*.

(b) (*Fin, Jur*) ≃ administrateur *m* provisoire. **official** ~ (**in bankruptcy**) séquestre *m*, syndic *m* de faillite, administrateur *m* judiciaire (en matière de faillite); **to call in the (official)** ~ placer la société sous administration judiciaire.

(c) [*telephone*] récepteur *m*, combiné *m*. **to lift the** ~ décrocher; **to replace the** ~ raccrocher; ~ **rest** commutateur *m*.

(d) (*radio set*) (poste *m*) récepteur *m*.

receivership [rɪ'si:vəʃɪp] *n* (*Fin*) **the company has gone into** ~ la société a été placée sous administration judiciaire.

receiving [rɪ'si:vɪŋ] **1** *adj* récepteur (*f* -trice), de réception. (*fig*) **to**

be on the ~ end* of a gift recevoir un cadeau; **he blew his top and I was on the ~ end*** il s'est mis dans une colère noire, et c'est moi qui ai écopé* *or* qui en ai fait les frais*; (*Rad*) ~ **set** poste récepteur.
  2 *n [stolen goods]* recel *m*.

recension [rɪ'senʃən] *n* **(a)** (*U*) révision *f*. **(b)** (*text*) texte révisé.

recent ['ri:snt] *adj arrival, event, invention* récent; *development* nouveau (*f* nouvelle); *acquaintance etc* de fraîche date, nouveau. **in ~ years** ces dernières années.

recently ['ri:sntlɪ] *adv* récemment, dernièrement. **as ~ as** pas plus tard que; **until (quite) ~** jusqu'à ces derniers temps.

receptacle [rɪ'septəkl] *n* récipient *m*; (*fig*) réceptacle *m*.

reception [rɪ'sepʃən] **1** *n* **(a)** (*U*) réception *f*.
  (b) (*ceremony*) réception *f*.
  (c) (*welcome*) réception *f*, accueil *m*. **to get a favourable ~** être bien accueilli *or* reçu; **to give sb a warm/chilly ~** faire un accueil chaleureux/froid à qn.
  (d) (*Rad, TV*) réception *f*.
  (e) (*in hotel*) réception *f*. **at ~** à la réception.
  2 *cpd*: **reception centre** centre *m* d'accueil; (*Brit Scol*) **reception class** cours *m* préparatoire; (*Brit*) **reception clerk** réceptionniste *mf*; **reception (desk)** (bureau *m* de) réception *f*; **reception room** (*in public building*) salle *f* de réception; (*in house*) pièce *f* commune, salon *m*.

receptionist [rɪ'sepʃənɪst] *n* réceptionniste *mf*.

receptive [rɪ'septɪv] *adj* réceptif (*to* à).

receptiveness [rɪ'septɪvnɪs] *n*, **receptivity** ['ri:sep'tɪvɪtɪ] *n* réceptivité *f*.

recess [rɪ'ses] **1** *n* **(a)** (*holidays*) (*Jur*) vacances *fpl* (judiciaires); (*Parl*) vacances (parlementaires).
  (b) (*short break*) (*US Jur*) suspension *f* d'audience; (*Scol, esp US*) récréation *f*.
  (c) (*alcove*) renfoncement *m*; [*bed*] alcôve *f*; [*door, window*] embrasure *f*; [*statue*] niche *f*.
  (d) (*secret place*) recoin *m*; (*fig: depths*) recoin, repli *m*. **in the ~es of his mind** dans les recoins de son esprit.
  2 *cpd*: (*US Pol*) **recess appointment** *nomination effectuée par le chef de l'exécutif pendant les vacances parlementaires.*
  3 *vt* (*make an alcove in*) pratiquer un renfoncement dans; (*put in alcove*) bed etc mettre dans un renfoncement.
  4 *vi* (*US Jur, Parl*) suspendre les séances, être en vacances.

recession [rɪ'seʃən] *n* **(a)** (*U*) recul *m*, régression *f*.
  (b) (*Econ*) récession *f*.

recessional [rɪ'seʃənl] (*Rel*) **1** *n* hymne *m* de sortie du clergé. **2** *adj* de sortie.

recessionary [rɪ'seʃənərɪ] *adj factors etc* de récession.

recessive [rɪ'sesɪv] *adj* rétrograde; (*Genetics*) récessif.

recharge [ri:'tʃɑ:dʒ] *vt battery, gun* recharger.

rechargeable [ri:'tʃɑ:dʒəbl] *adj battery* rechargeable.

recidivism [rɪ'sɪdɪvɪzəm] *n* récidive *f*.

recidivist [rɪ'sɪdɪvɪst] *adj, n* récidiviste (*mf*).

recipe ['resɪpɪ] *n* (*Culin, Pharm*) recette *f*; (*fig*) recette, secret *m* (*for* de).

recipient [rɪ'sɪpɪənt] *n* (*gen*) personne *f* qui reçoit (*or* a reçu *etc*); (*Post: of letter*) destinataire *mf*; [*cheque*] bénéficiaire *mf*; [*award, decoration*] récipiendaire *m*; (*Jur*) donataire *mf*.

reciprocal [rɪ'sɪprəkəl] **1** *adj* (*mutual*) réciproque, mutuel; (*Gram*) réciproque; (*Math*) réciproque, inverse. **2** *n* (*Math*) réciproque *f*.

reciprocally [rɪ'sɪprəkəlɪ] *adv* réciproquement, mutuellement; (*Math*) inversement.

reciprocate [rɪ'sɪprəkeɪt] **1** *vt* **(a)** *smiles, wishes* rendre; *help* donner *or* offrir en retour; *kindness* retourner.
  2 *vi* **(a)** faire la même chose en retour, s'empresser d'en faire autant. **he insulted me and I ~d** il m'a injurié, et je lui ai rendu la pareille; **he called me a fool and I ~d** il m'a traité d'imbécile et je lui ai retourné le compliment.
  (b) (*Tech*) avoir un mouvement alternatif *or* de va-et-vient. **reciprocating engine** moteur alternatif; **reciprocating device** dispositif *m* de va-et-vient.

reciprocation [rɪˌsɪprə'keɪʃən] *n* **(a)** [*help, kindness*] échange *m*.
  (b) (*Tech*) alternance *f*, va-et-vient *m inv*.

reciprocity [ˌresɪ'prɒsɪtɪ] *n* réciprocité *f*.

recital [rɪ'saɪtl] *n* **(a)** (*account*) récit *m*, compte rendu, narration *f*; [*details*] énumération *f*.
  (b) [*poetry*] récitation *f*, récital *m*; [*music*] récital.
  (c) (*Jur: in contract*) ~**s** préambule *m*.

recitation [ˌresɪ'teɪʃən] *n* récitation *f*.

recitative [ˌresɪtə'ti:v] *n* récitatif *m*.

recite [rɪ'saɪt] **1** *vt* **(a)** *poetry* réciter, déclamer. **(b)** *facts* exposer; *details* énumérer. **2** *vi* réciter, déclamer.

reckless ['reklɪs] *adj* (*heedless*) insouciant; (*rash*) imprudent, téméraire, casse-cou* *inv*. (*Aut*) ~ **driving** conduite imprudente; ~ **driver** automobiliste *mf* imprudent(e).

recklessly ['reklɪslɪ] *adv* (*V* **reckless**) avec insouciance; imprudemment.

recklessness ['reklɪsnɪs] *n* (*V* **reckless**) insouciance *f*, imprudence *f*; manque *m* de prudence; témérité *f*.

reckon ['rekən] **1** *vt* **(a)** (*calculate*) *time, numbers, points* compter; *cost, surface* calculer.
  (b) (*judge*) considérer, estimer. **I ~ him among my friends** je le compte parmi *or* au nombre de mes amis; **Mrs X is ~ed (to be) a beautiful woman** Mme X est considérée comme une femme très belle.
  (c) (*) (*think*) penser, croire; (*estimate*) estimer, juger; (*suppose*) supposer, imaginer. **I ~ we can start** je pense qu'on peut commencer; **I ~ he must be about forty** j'estime qu'il a *or* je lui

donnerais la quarantaine; **about thirty, I ~** une trentaine, à mon avis.
  2 *vi* **(a)** calculer, compter. ~**ing from tomorrow** en comptant à partir de demain, à compter de demain.
  (b) (*fig*) **you can ~ on 30** tu peux compter sur 30; **I was ~ing on doing that tomorrow** j'avais prévu faire *or* je pensais faire ça demain; **I wasn't ~ing on having to do that** je ne m'attendais pas à devoir faire ça; **you'll have to ~ with 6 more** il faudra compter avec 6 de plus; **you'll have to ~ with an objection from them** il faut s'attendre à une objection de leur part; **he's a person to be ~ed with** c'est une personne avec laquelle il faut compter; **if you insult him you'll have to ~ with the whole family** si vous l'insultez, vous aurez affaire à toute la famille; **he was ~ing without his secretary** il avait compté sans sa secrétaire; **he ~ed without the fact that ...** il n'avait pas prévu que ..., il n'avait pas tenu compte du fait que ... .

◆**reckon up** *vt sep* (*gen*) calculer; (*add*) ajouter, additionner.

reckoner ['rekənər] *n* *V* **ready**.

reckoning ['reknɪŋ] *n* **(a)** (*Math etc*) (*evaluation*) compte *m*; (*calculation*) calcul *m*. **to be out in one's ~** s'être trompé dans ses calculs.
  (b) (*Comm*) règlement *m* de compte(s) (*lit*); [*hotel*] note *f*; [*restaurant*] addition *f*. (*Rel*) **the day of ~** le jour du Jugement; (*fig*) **the day of ~ can't be far away** un de ces jours ça va lui *etc* retomber dessus.
  (c) (*judgment*) estimation *f*. **to the best of my ~** (pour) autant que je puisse en juger; **in your ~** d'après vous, à votre avis.
  (d) (*Naut*) estime *f*; *V* **dead**.

reclaim [rɪ'kleɪm] **1** *vt* *land* (*gen*) reconquérir; (*from forest, bush*) défricher; (*from sea*) assainir, assécher, conquérir par assèchement; (*with manure etc*) amender, bonifier; *by-product* récupérer; (*demand back*) réclamer (*sth from sb* qch à qn).
  2 *n*: **past** *or* **beyond ~** perdu à tout jamais; **he is beyond ~** il ne se corrigera jamais.

reclaimable [rɪ'kleɪməbl] *adj* *land* amendable; *by-products* récupérable.

reclamation [ˌreklə'meɪʃən] *n* (*V* **reclaim**) reconquête f; assainissement *m*; défrichement *m*; assèchement *m*; amendement *m*; récupération *f*; réclamation *f*.

recline [rɪ'klaɪn] **1** *vt* *head, arm* reposer, appuyer.
  2 *vi* [*person*] être couché, être allongé, être étendu. **she was reclining in the armchair** elle était allongée *or* étendue sur le fauteuil; **reclining in his bath** étendu *or* allongé dans son bain; **the seat ~s** le siège est inclinable, le dossier (du siège) est réglable.

reclining [rɪ'klaɪnɪŋ] *adj*: ~ **chair** chaise longue; [*coach, plane, car*] ~ **seat** siège *m* inclinable *or* à dossier réglable.

recluse [rɪ'klu:s] *n* reclus(e) *m(f)*, solitaire *m*.

recognition [ˌrekəg'nɪʃən] *n* **(a)** (*gen, Pol: acknowledgement*) reconnaissance *f*. **in ~ of** en reconnaissance de.
  (b) (*fame etc*) **he seeks ~** il désire que ses mérites (*or* talents *etc*) soient reconnus; **this brought him ~ at last** c'est ce qui lui a enfin permis d'être reconnu; **his exploits have gained world-wide ~** ses exploits ont été reconnus dans le monde entier; **to receive no ~** passer inaperçu.
  (c) (*identification*) reconnaissance *f*; (*Aviat*) identification *f*. **he has changed beyond** *or* **out of all ~** il est devenu méconnaissable; **he has changed it beyond** *or* **out of all ~** il l'a rendu méconnaissable; **to improve beyond** *or* **out of (all) ~** s'améliorer jusqu'à en être méconnaissable.
  (d) (*Comput*) reconnaissance *f*. **speech ~** reconnaissance de la parole.

recognizable ['rekəgnaɪzəbl] *adj* reconnaissable.

recognizance [rɪ'kɒgnɪzəns] *n* (*Jur*) engagement *m*; (*sum of money*) caution *f* (personnelle). **to enter into ~s** (*for sb*) donner *or* fournir *or* se porter caution (pour qn); **bail in his own ~ of £1000** mise en liberté (provisoire) sous caution personnelle de 1000 livres.

recognize ['rekəgnaɪz] *vt* **(a)** (*gen*) reconnaître (*by* à, *as* comme étant, *that* que).
  (b) (*US*) [*chairman of meeting*] donner la parole à.

recognized ['rekəgnaɪzd] *adj* **(a)** reconnu, admis, reçu. **a ~ fact** un fait reconnu *or* indiscuté. **(b)** (*Comm*) attitré.

recoil [rɪ'kɔɪl] **1** *vi* **(a)** [*person*] reculer, avoir un mouvement de recul (*from* devant). **to ~ in disgust** reculer de dégoût; **to ~ from doing** reculer devant l'idée de faire, se refuser à faire.
  (b) [*gun*] reculer; [*spring*] se détendre; [*fig*] [*actions etc*] retomber (*on* sur).
  2 *n* [*gun*] recul *m*; [*spring*] détente *f*; (*fig*) dégoût *m* (*from* pour, de), horreur *f* (*from* de), répugnance *f* (*from* pour).

recollect [ˌrekə'lekt] **1** *vt* se rappeler, se souvenir de. **to ~ o.s.** se recueillir. **2** *vi* se souvenir. **as far as I ~** autant que je m'en souvienne.

recollection [ˌrekə'lekʃən] *n* souvenir *m*. **to the best of my ~**, **within my ~** autant que je m'en souvienne; **his ~ of it is vague** il ne s'en souvient que vaguement; **I have some ~ of it** j'en ai un vague souvenir; **I have no ~ of it** je ne m'en souviens pas, je n'en ai aucun souvenir.

recommence ['ri:kə'mens] *vti* recommencer (*doing* à faire).

recommend [ˌrekə'mend] *vt* **(a)** (*speak good of*) recommander. **to ~ sb for a job** recommander qn pour un emploi, appuyer la candidature de qn; **it is to be ~ed** c'est à conseiller; **it is not to be ~ed** c'est à déconseiller.
  (b) (*advise*) recommander, conseiller (*sb to do* à qn de faire). **what do you ~ for curing a cough?** que recommandez-vous pour guérir une toux?; **he was ~ed to accept** on lui a recommandé *or* conseillé d'accepter.
  (c) (*make acceptable*) prévenir en faveur de, rendre acceptable. **she has a lot to ~ her** elle a beaucoup de qualités en sa faveur, il

y a beaucoup à dire en sa faveur; **she has little to ~ her** elle n'a pas grand-chose pour elle.
　　(d) (*commit*) *child, one's soul* recommander, confier (*to* à).
recommendable [ˌrekəˈmendəbl] *adj* recommandable. **it is not ~** c'est à déconseiller.
recommendation [ˌrekəmenˈdeɪʃən] *n* recommandation *f*. **on the ~ of** sur la recommandation de.
recommendatory [ˌrekəˈmendətərɪ] *adj* de recommandation.
recommittal [ˌriːkəˈmɪtl] *n* (*US Parl*) renvoi *m* en commission (*d'un projet de loi*).
recompense ['rekəmpens] **1** *n* **(a)** (*reward*) récompense *f*. **in ~ for** en récompense.
　　(b) (*Jur: for damage*) dédommagement *m*, compensation *f*.
2 *vt* **(a)** (*reward*) récompenser (*for* de).
　　(b) (*Jur etc: repay*) *person* dédommager; *damage, loss* compenser, réparer.
recompose [ˌriːkəmˈpəʊz] *vt* **(a)** (*rewrite*) recomposer. **(b)** (*calm*) **to ~ o.s.** se ressaisir, retrouver son calme *or* son sang-froid.
reconcilable [ˈrekənsaɪləbl] *adj ideas, opinions* conciliable, compatible (*with* avec).
reconcile ['rekənsaɪl] *vt person* réconcilier (*to* avec); *argument, dispute* arranger; *two facts or ideas* concilier, accorder (*with* avec, *and* et). **they became ~d** ils se sont réconciliés; **to ~o.s. to sth** se résigner à qch, se faire à qch; **what ~d him to it was ...** ce qui le lui a fait accepter, c'était ... .
reconciliation [ˌrekənsɪlɪˈeɪʃən] *n* [*persons*] réconciliation *f*; [*opinions, principles*] conciliation *f*.
recondite [rɪˈkɒndaɪt] *adj* abstrus, obscur.
recondition [ˈriːkənˈdɪʃən] *vt* remettre à neuf *or* en état, rénover; *machine* réviser. (*Aut*) **~ed engine** moteur remis à neuf *or* révisé.
reconnaissance [rɪˈkɒnɪsəns] *n* (*Aviat, Mil*) reconnaissance *f*. **~ flight/patrol** vol *m*/patrouille *f* de reconnaissance.
reconnoitre, (*US*) **reconnoiter** [ˌrekəˈnɔɪtər] (*Aviat, Mil*) **1** *vt region* reconnaître. **2** *vi* faire une reconnaissance.
reconnoitring [ˌrekəˈnɔɪtərɪŋ] *n* (*Mil etc*) reconnaissance *f*.
reconquer [ˌriːˈkɒŋkər] *vt* reconquérir.
reconquest [ˌriːˈkɒŋkwest] *n* reconquête *f*.
reconsider [ˈriːkənˈsɪdər] **1** *vt decision, opinion* reconsidérer; *judgment* réviser. **won't you ~ it?** est-ce que vous seriez prêt à reconsidérer la question?
　　2 *vi* (*gen*) reconsidérer la question; (*and change mind*) changer d'avis.
reconsideration [ˈriːkənˌsɪdəˈreɪʃən] *n* remise *f* en cause, nouvel examen.
reconstitute [ˌriːˈkɒnstɪtjuːt] *vt* reconstituer.
reconstitution [ˈriːˌkɒnstɪˈtjuːʃən] *n* reconstitution *f*.
reconstruct [ˈriːkənˈstrʌkt] *vt building* reconstruire, rebâtir; *crime* reconstituer.
reconstruction [ˈriːkənˈstrʌkʃən] *n* [*building*] reconstruction *f*, réfection *f*; [*crime*] reconstitution *f*. (*US Hist*) **The R~** la Reconstruction de l'Union (*après 1865*).
record [rɪˈkɔːd] **1** *vt* **(a)** (*register*) *facts, story* enregistrer; *protest, disapproval* prendre acte de; *event etc* (*in journal, log*) noter; (*describe*) décrire. **to ~ the proceedings of a meeting** tenir le procès-verbal d'une assemblée; (*Parl*) **to ~ one's vote** voter; **his speech as ~ed in the newspapers ...** son discours, tel que le rapportent les journaux ...; **history/the author ~s that ...** l'histoire/l'auteur rapporte que ...; **it's not ~ed anywhere** ce n'est pas attesté; **to ~ the population** recenser la population.
　　(b) [*thermometer etc*] enregistrer, marquer.
　　(c) *speech, music* enregistrer. **to ~ on tape** enregistrer sur bande; **to ~ on video** magnétoscoper; (*Telec*) **this is a ~ed message** ceci est *or* vous écoutez un message enregistré. *V* tape.
2 *vi* enregistrer. **he is ~ing at 5 o'clock** il enregistre à 5 heures; **his voice does not ~ well** sa voix ne se prête pas bien à l'enregistrement.
3 ['rekɔːd] *n* **(a)** (*account, report*) rapport *m*, récit *m*; (*of attendance*) registre *m*; (*of act, decision*) minute *f*; (*of evidence, meeting*) procès-verbal *m*; (*official report*) rapport officiel; (*Jur*) enregistrement *m*; (*historical report*) document *m*. **the society's ~s** les actes *mpl* de la société; (*public*) **~s** archives *fpl*, annales *fpl*; **to make *or* keep a ~ of** noter, consigner; (*fig*) **it is on ~ that ...** c'est un fait établi *or* il est établi que ...; **there is no similar example on ~** aucun exemple semblable n'est attesté; **to go on ~ as saying that ...** déclarer publiquement que ...; **to put on ~** consigner, mentionner (par écrit); **there is no ~ of his having said it** il n'est noté *or* consigné nulle part qu'il l'ait dit; **there is no ~ of it in history** l'histoire n'en fait pas mention; **to put *or* set the ~ straight** mettre les choses au clair, dissiper toute confusion possible; **just to set the ~ straight, let me point out that ...** pour qu'il n'y ait aucune confusion possible, disons bien que ...; (*fig*) **for the ~, they refuse ...** il faut noter *or* signaler qu'ils refusent ...; **this is strictly off the ~*** ceci est à titre (purement) confidentiel *or* officieux, ceci doit rester strictement entre nous; **the interview was off the ~*** l'interview n'était pas officielle; **off the ~*, he did come!** (*gen*) entre nous, il est venu!; (*to reporter*) vous ne me citerez pas, hein, mais il est venu; (*Press etc*) **on the ~, he admitted that ...** dans ses déclarations officielles, il a avoué que ...; (*fig*) **this statue is a ~ of a past civilization** cette statue est la marque d'une civilisation passée.
　　(b) (*case history*) dossier *m*; (*card*) fiche *f*. (*Mil*) **service ~** états *mpl* de service; (*Jur*) (*police*) **~** casier *m* judiciaire; **~ of previous convictions** dossier du prévenu; (*Jur, Police*) **he's got a clean ~,** **he hasn't got a ~*** il a un casier (judiciaire) vierge; **he's got a long ~** il a un casier judiciaire chargé; **France's splendid ~** les succès glorieux de la France; **his past ~** sa conduite passée; **his war ~** son passé militaire; (*Scol*) **his attendance ~ is bad** il a été souvent

absent; **to have a good ~ at school** avoir un bon dossier scolaire; **this airline has a good safety ~** cette compagnie aérienne a une bonne tradition de sécurité; **he left a splendid ~ of achievements** il avait à son compte de magnifiques réussites; *V* police, track *etc*.
　　(c) (*Comput*) article *m*.
　　(d) (*recording*) [*voice etc*] enregistrement *m*.
　　(e) (*also* gramophone **~**) disque *m*. **to make *or* cut a ~** graver un disque.
　　(f) (*Sport, fig*) record *m*. **to beat *or* break the ~** battre le record; **to hold the ~** détenir le record; **long-jump ~** record du saut en longueur; *V* world *etc*.
　　(g) [*seismograph etc*] courbe enregistrée.
4 *cpd amount, attendance, result* record *inv*. (*Mus*) **record album** album *m* de disques; (*Sport*) **record breaker** personne *f* (*or* performance *f*) qui bat le(s) record(s); (*Sport, fig*) **record-breaking** qui bat tous les records; **record cabinet** casier *m* à disques, discothèque *f*; **record card** fiche *f*; **record changer** changeur *m* de disques automatique; **record dealer** disquaire *mf*; (*Sport*) **record holder** détenteur *m*, -trice *f* du record; **record library** discothèque *f* (*collection*); **record player** tourne-disque *m*, électrophone *m*; (*Rad*) **record programme** programme *m* de disques; **to do sth in record time** faire qch en un temps record; **record token** bon-cadeau *m* (négociable contre un disque), chèque-disque *m*.
recorded [rɪˈkɔːdɪd] *adj* **(a)** *music* enregistré; (*Rad, TV*) *programme* enregistré à l'avance, transmis en différé. (*Brit Post*) **to send by ~ delivery** ≃ envoyer en recommandé *or* avec avis de réception. **(b)** *fact, occurrence* attesté, noté.
recorder [rɪˈkɔːdər] *n* **(a)** (*official facts*) archiviste *mf*; (*registrar*) greffier *m*.
　　(b) (*Brit Jur*) ≃ avocat nommé à la fonction de juge; (*US Jur*) ≃ juge suppléant.
　　(c) [*sounds*] (*apparatus*) appareil *m* enregistreur; (*tape* **~**) magnétophone *m*; (*cassette* **~**) magnétophone à cassettes; *V* video.
　　(d) (*person*) artiste *mf* qui enregistre.
　　(e) (*Mus*) flûte *f* à bec. **descant/treble/tenor/bass ~** flûte *f* à bec soprano/alto/ténor/basse.
recording [rɪˈkɔːdɪŋ] **1** *n* [*sound, facts*] enregistrement *m*. (*Rad*) **'this programme is a ~'** 'ce programme est enregistré'.
　　2 *adj* **(a)** (*Admin etc*) *official* chargé du recensement. (*Rel*) **the R~ Angel** l'ange qui tient le grand livre des bienfaits et des méfaits.
　　(b) *artist* qui enregistre; *apparatus* enregistreur. **~ equipment** matériel *m* d'enregistrement; (*Mus*) **~ session** séance *f* d'enregistrement; (*Mus*) **~ studio** studio *m* d'enregistrement; **~ tape** bande *f or* ruban *m* magnétique; (*Rad, TV*) **~ van** car *m* de reportage.
recount [rɪˈkaʊnt] *vt* (*relate*) raconter, narrer.
re-count [ˌriːˈkaʊnt] **1** *vt* recompter, compter de nouveau. **2** ['riːkaʊnt] *n* [*votes*] deuxième compte *m* (des suffrages exprimés).
recoup [rɪˈkuːp] **1** *vt* **(a)** (*make good*) *losses* récupérer. **to ~ costs** [*person*] rentrer dans ses fonds; [*earnings*] couvrir les frais; [*course of action*] permettre de couvrir les frais. **(b)** (*reimburse*) dédommager (*for* de). **to ~ o.s.** se dédommager, se rattraper. **(c)** (*Jur*) déduire, défalquer. **2** *vi* récupérer ses pertes.
recourse [rɪˈkɔːs] *n* recours *m* (*to* à). **to have ~ to** avoir recours à, recourir à.
recover [rɪˈkʌvər] **1** *vt sth lost, one's appetite, reason, balance* retrouver; *sth lent* reprendre (*from* à qn), récupérer; *lost territory* regagner, reconquérir; *sth floating* repêcher; *space capsule, wreck* récupérer; (*Ind etc*) *materials* récupérer; (*Fin*) *debt* recouvrer; *goods, property* rentrer en possession de. **to ~ one's breath** reprendre haleine *or* sa respiration; [*invalid*] **to ~ one's strength** reprendre des forces; **to ~ consciousness** revenir à soi, reprendre connaissance; **to ~ one's sight/health** retrouver *or* recouvrer la vue/la santé; **to ~ land from the sea** conquérir du terrain sur la mer; (*fig*) **to ~ lost ground** se rattraper; **to ~ o.s. *or* one's composure** se ressaisir, se reprendre; **to ~ expenses** rentrer dans ses frais, récupérer ses débours; (*Jur*) **to ~ one's losses** réparer ses pertes; (*Jur*) **to ~ damages** obtenir des dommages-intérêts.
　　2 *vi* **(a)** (*after shock, accident etc*) se remettre (*from* de); (*from illness*) guérir, se rétablir (*from* de); (*regain consciousness*) revenir à soi, reprendre connaissance; (*after error*) se ressaisir; [*the economy, the dollar*] se rétablir, se redresser; [*stock market*] reprendre; [*shares*] remonter. **she has completely ~ed** elle est tout à fait rétablie.
　　(b) (*Jur*) obtenir gain de cause. **right to ~** droit *m* de reprise.
re-cover [ˌriːˈkʌvər] *vt* couvrir de nouveau, recouvrir; *chair, umbrella* recouvrir.
recoverable [rɪˈkʌvərəbl] *adj* (*Fin*) récupérable, recouvrable; *losses* réparable.
recovered [rɪˈkʌvəd] *adj* (*Med: better*) rétabli.
recovery [rɪˈkʌvərɪ] **1** *n* **(a)** (*V* recover **1**) récupération *f*; recouvrement *m*; reconquête *f*; (*Jur: of damages*) obtention *f*.
　　(b) (*V* recover **2a**) guérison *f*; rétablissement *m*; redressement *m*; reprise *f*, remontée *f*. **to be on the way to ~** être en voie de guérison; **he is making a good ~** il est en bonne voie de guérison; **best wishes for a speedy ~** tous nos vœux de prompt rétablissement; **past ~** *sick person* dans un état désespéré; *situation* sans remède, irrémédiable; (*Sport*) **to make a ~** se ressaisir.
　　2 *cpd* (*Space*) **recovery operation** opération *f* de récupération (*d'un vaisseau spatial etc*); (*Med*) **recovery room** salle *f* de réanimation; (*Space, Naut*) **recovery ship** *or* **vessel** navire *m* de récupération.
recreant ['rekrɪənt] *adj, n* (*liter*) lâche (*m*), traître(sse) *m(f)*.
recreate ['riːkrɪˈeɪt] *vt* recréer.

recreation [ˌrekrɪ'eɪʃən] **1** n **(a)** (U) récréation f, détente f, délassement m. **for ~ I go fishing** je vais à la pêche pour me détendre. **(b)** (Scol) récréation f, récré* f. **2** cpd: **recreation ground** terrain m de jeux; **recreation room** salle f de récréation.
recreational [ˌrekrɪ'eɪʃənəl] adj facilities de récréation.
recreative ['rekrɪˌeɪtɪv] adj récréatif, divertissant.
recriminate [rɪ'krɪmɪneɪt] vi récriminer (against contre).
recrimination [rɪˌkrɪmɪ'neɪʃən] n récrimination f.
recrudesce [ˌriːkruː'des] vi être en recrudescence.
recrudescence [ˌriːkruː'desns] n recrudescence f.
recrudescent [ˌriːkruː'desnt] adj recrudescent.
recruit [rɪ'kruːt] **1** n (Mil, fig) recrue f. **the party gained ~s from the middle classes** le parti faisait des recrues dans la bourgeoisie; V **raw** etc.
   2 vt member, soldier, staff recruter. **the party was ~ed from the middle classes** le parti se recrutait dans la bourgeoisie; **he ~ed me to help** il m'a embauché* pour aider.
recruiting [rɪ'kruːtɪŋ] **1** n recrutement m. **2** cpd: (Mil) **recruiting office** bureau m de recrutement; **recruiting officer** recruteur m.
recruitment [rɪ'kruːtmənt] n recrutement m.
rectal ['rektəl] adj rectal.
rectangle ['rekˌtæŋgl] n rectangle m.
rectangular [rek'tæŋgjʊləʳ] adj rectangulaire.
rectifiable ['rektɪfaɪəbl] adj rectifiable.
rectification [ˌrektɪfɪ'keɪʃən] n (Chem, Math, gen) rectification f; (Elec) redressement m.
rectifier ['rektɪfaɪəʳ] n (Elec) redresseur m.
rectify ['rektɪfaɪ] vt **(a)** error rectifier, corriger. **to ~ an omission** réparer une négligence or un oubli. **(b)** (Chem, Math) rectifier. **(c)** (Elec) redresser.
rectilineal [ˌrektɪ'lɪnɪəl] adj, **rectilinear** [ˌrektɪ'lɪnɪəʳ] adj rectiligne.
rectitude ['rektɪtjuːd] n rectitude f.
rector ['rektəʳ] n **(a)** (Rel) pasteur m (anglican). **(b)** (Scot) (Scol) proviseur m (de lycée); (Univ) président élu d'une université.
rectory ['rektərɪ] n presbytère m (anglican).
rectum ['rektəm] n rectum m.
recumbent [rɪ'kʌmbənt] adj couché, étendu. (Art) **~ figure** (gen) figure f couchée or étendue; (on tombs) gisant m.
recuperate [rɪ'kuːpəreɪt] **1** vi (Med) se rétablir, se remettre, récupérer. **2** vt object récupérer; losses réparer.
recuperation [rɪˌkuːpə'reɪʃən] n (Med) rétablissement m; [materials etc] récupération f.
recuperative [rɪ'kuːpərətɪv] adj régénérateur (f -trice). **he has amazing ~ powers** il a des pouvoirs étonnants de récupération, il récupère à une vitesse étonnante.
recur [rɪ'kɜːʳ] vi **(a)** (happen again) [error, event] se reproduire; [idea, theme] se retrouver, revenir; [illness, infection] réapparaître; [opportunity, problem] se représenter.
   (b) (come to mind again) revenir à la mémoire (to sb de qn).
   (c) (Math) se reproduire périodiquement.
recurrence [rɪ'kʌrəns] n [error, event, idea, theme] répétition f; [headaches, symptoms] réapparition f; [opportunity, problem] réapparition, retour m. **a ~ of the illness** un nouvel accès de la maladie, une rechute; **let there be no ~ of this** que ceci ne se reproduise plus.
recurrent [rɪ'kʌrənt] adj **(a)** fréquent, périodique, qui revient souvent. (Comm) **~ expenses** frais généraux. **(b)** (Anat) récurrent.
recurring [rɪ'kɜːrɪŋ] adj **(a)** (Math) périodique. **~ decimal fraction** f périodique. **(b)** event qui se reproduit régulièrement; complaints régulier, périodique; illness chronique.
recursion [rɪ'kɜːʃən] n (Math, Gram) récursion f.
recursive [rɪ'kɜːsɪv] adj (Gram) récursif.
recursively [rɪ'kɜːsɪvlɪ] adv de façon récursive.
recursiveness [rɪ'kɜːsɪvnɪs] n récursivité f.
recusant ['rekjʊzənt] adj (Rel) réfractaire.
recyclable [ˌriː'saɪkləbl] adj recyclable.
recycle [ˌriː'saɪkl] vt recycler; (Ind) revenue réinvestir.
recycling [ˌriː'saɪklɪŋ] n recyclage m.
red [red] **1** adj **(a)** (in colour) rouge; hair roux (f rousse); lips vermeil. **~ with anger** rouge de colère; **~ as a beetroot** rouge comme une pivoine or un coquelicot or une tomate; (lit) **he was rather ~ in the face** il avait le teint rouge; (fig) **was I ~ in the face!**, **was my face ~!*, did I have a ~ face!*** j'étais rouge de confusion, j'étais très embarrassé; **to go** or **turn ~** rougir; **to see ~** voir rouge, se fâcher tout rouge; **it's like a ~ rag to a bull** c'est comme le rouge pour les taureaux; **that is like a ~ rag to him** il voit rouge quand on lui parle de cela (or quand on lui montre cela etc); (US) **it's not worth a ~ cent*** ça ne vaut pas un sou or un rond*; (fig) **to roll out the ~ carpet for sb** recevoir qn en grande pompe, se mettre en frais pour recevoir qn; (Rel: cardinal's) **~ hat** chapeau m de cardinal; (US) **to go into ~ ink*** [company] être en déficit; [individual] se mettre à découvert; **~ light** (lit) feu m rouge; (fig) **to see the ~ light** se rendre compte du danger; (fig) **he got the ~ light on the project** son projet n'a pas eu le feu vert, on a mis le véto à son projet; (Aut) **to go through the ~ light** passer au rouge, brûler un feu rouge; V also **3**, and **paint** etc.
   (b) (Pol) rouge. **the R~ Army** l'Armée rouge; **R~ China** Chine f communiste; (USSR) **the R~ Guard** la garde rouge; (China) **the R~ Guards** les gardes mpl rouges.
   2 n **(a)** (colour) rouge m.
   (b) (Pol: person) rouge mf, communiste mf. **he sees ~s under the bed** il voit des communistes partout.
   (c) (Billiards) bille f rouge; (Roulette) rouge m.
   (d) (fig) **to be in the ~*** [individual] être à découvert; [company] être en déficit; **to get out of the ~** ne plus être à découvert,

combler le déficit; **to be £100 in the ~** avoir un découvert or un déficit de 100 livres.
   (e) (US Hist: Indians) **the R~s** les Peaux-Rouges mpl.
   3 cpd: **red admiral** (butterfly) vulcain m; **red alert** alerte maximale; (Mil) **to be on red alert** être en état d'alerte maximale; **red-blooded** vigoureux; **redbreast** rouge-gorge m; **red-breasted merganser** harle m huppé; (Brit) **red-brick university** université f de fondation récente; **red cap** (Brit Mil*) policier m militaire; (US Rail) porteur m; **red-carpet treatment** accueil m princier or somptueux; **redcoat** (Brit Hist) soldat anglais; (Brit: in holiday camp) animateur m, -trice f; **Red Crescent** Croissant m Rouge; **Red Cross** Croix-Rouge f; **redcurrant** groseille f (rouge); **red deer** cerf commun; (Naut) **red duster*** = **red ensign**; (Naut) **red ensign** pavillon m de la marine marchande (britannique); **red-eyed** aux yeux rouges; **red-faced** (lit) rougeaud, rubicond; (fig) gêné, rouge de confusion; **Red Flag** drapeau m rouge; **red grouse** grouse f, lagopède m d'Écosse; **to be caught red-handed** être pris en flagrant délit or la main dans le sac; **red-haired**, **red-headed** roux (f rousse); **redhead** roux m, rousse f, rouquin(e) m(f); **to raise iron to red heat** chauffer le fer au rouge; (lit) **red herring** hareng saur; (fig) **that's a red herring** c'est pour brouiller les pistes, c'est une diversion; **red-hot** (adj: lit) chauffé au rouge, brûlant; (fig: enthusiastic) ardent, enthousiaste; (fig: up to the moment) news, information tout chaud; (n) (US Culin*) hot-dog m; **Red Indian** Peau-Rouge mf; **red lead** minium m; **red-letter day** jour m mémorable, jour à marquer d'une pierre blanche; **red light** V **1**; **red-light district** quartier réservé (où sont les maisons de prostitution); (US Fin) **redline** discriminer (financièrement) à l'encontre de; (US) **red man** Indien m (aux USA); **red mullet** rouget-barbet m; (esp US) **redneck*** rustre m, péquenaud m; **red pepper** poivron m rouge; **(Little) Red Riding Hood** le Petit Chaperon Rouge; (Geog) **Red Sea** mer f Rouge; **red sea bream** daurade f (or dorade f) rose; **red shank** chevalier m gambette; **redskin** Peau-Rouge mf; (in Moscow) **Red Square** la place Rouge; **red squirrel** écureuil m; (Orn) **redstart** rouge-queue m; (fig) **red tape** paperasserie f, bureaucratie f tatillonne, chinoiseries administratives; (Orn) **redwing** mauvis m; (Bot) **redwood** séquoia m.
redact [rɪ'dækt] vt (draw up) rédiger; (edit) éditer.
redaction [rɪ'dækʃən] n (V redact) rédaction f; édition f.
redden ['redn] **1** vt rendre rouge, rougir. **2** vi [person] rougir; [foliage] roussir, devenir roux.
reddish ['redɪʃ] adj rougeâtre. **~ hair** cheveux qui tirent vers or sur le roux.
redecorate [ˌriː'dekəreɪt] **1** vt room, house refaire, repeindre, retapisser. **2** vi refaire les peintures or les papiers peints.
redecoration [ˌriːdekə'reɪʃən] n remise f à neuf des peintures, remplacement m des papiers peints.
redeem [rɪ'diːm] vt (buy back) racheter; (from pawn) dégager; (Fin) debt amortir, rembourser; bill honorer; mortgage purger; (Comm) coupon, token échanger (for contre); (US) banknote convertir en espèces; promise tenir; obligation s'acquitter de, satisfaire à; (Rel) sinner racheter, rédimer, sauver; (compensate for) failing racheter, compenser; fault réparer. **to ~ o.s.** or **one's honour** se racheter.
redeemable [rɪ'diːməbl] adj rachetable; debt amortissable; bill remboursable; mortgage remboursable, amortissable; (from pawn) qui peut être dégagé.
Redeemer [rɪ'diːməʳ] n (Rel) Rédempteur m.
redeeming [rɪ'diːmɪŋ] adj quality qui rachète les défauts. **it's a bad newspaper and its only ~ feature is that it is politically unbiased** c'est un mauvais journal qui ne se rachète que par son objectivité en politique or dont le seul bon côté est son objectivité en politique.
redefine [ˌriːdɪ'faɪn] vt (gen) redéfinir. **to ~ the problem** modifier les données du problème.
redemption [rɪ'dempʃən] n (V redeem) rachat m; dégagement m; amortissement m; remboursement m; purge f; (Rel) rédemption f. (fig) **beyond** or **past ~** object irréparable; situation irrémédiable; person qui ne peut plus être sauvé.
redemptive [rɪ'demptɪv] adj Rédempteur (f -trice).
redeploy ['riːdɪ'plɔɪ] vt troops redéployer; workers, staff reconvertir; (Econ) sector etc redéployer.
redeployment ['riːdɪ'plɔɪmənt] n (V redeploy) redéploiement m; reconversion f.
redid [ˌriː'dɪd] pret of redo.
redirect [ˌriːdaɪ'rekt] vt letter, parcel faire suivre.
rediscover ['riːdɪs'kʌvəʳ] vt redécouvrir.
redistribute ['riːdɪs'trɪbjuːt] vt redistribuer.
redistrict [ˌriː'dɪstrɪkt] **1** vt (US Pol, Admin) soumettre à un redécoupage électoral (or administratif). **2** vi (US Pol, Admin) se soumettre à un redécoupage électoral (or administratif).
redistricting [ˌriː'dɪstrɪktɪŋ] n (US Pol, Admin) redécoupage électoral (or administratif).
redness ['rednɪs] n rougeur f; [hair] rousseur f.
redo ['riː'duː] pret redid, ptp redone vt refaire.
redolence ['redələns] n parfum m, odeur f agréable.
redolent ['redələnt] adj odorant, parfumé. **~ of lavender** qui sent la lavande; (fig) **~ of** qui évoque or suggère, évocateur (f -trice) de.
redone [rɪ'dʌn] ptp of redo.
redouble [rɪ'dʌbl] **1** vt **(a)** redoubler. **to ~ one's efforts** redoubler ses efforts or d'efforts. **(b)** (Bridge) surcontrer. **2** vi redoubler. **3** n (Bridge) surcontre m.
redoubt [rɪ'daʊt] n (Mil) redoute f.
redoubtable [rɪ'daʊtəbl] adj redoutable, formidable.
redound [rɪ'daʊnd] vi contribuer (to à). **to ~ upon** retomber sur; **to ~ to sb's credit** être (tout) à l'honneur de qn.
redraft [ˌriː'drɑːft] vt rédiger de nouveau.
redress [rɪ'dres] **1** vt wrong, errors redresser, réparer; situation

redresser. **to ~ the balance** redresser *or* rétablir l'équilibre; **to ~ a grievance** réparer un tort.

2 *n* (*V* 1) redressement *m*, réparation *f* (*also Jur*). **to seek ~ for** demander réparation de; **you have no ~** vous ne pouvez pas obtenir réparation.

reduce [rɪ'dju:s] **1** *vt* (a) (*lessen*) réduire (*to* à; *by sth* de qch), diminuer; (*shorten*) raccourcir; (*weaken*) affaiblir; (*lower*) abaisser, ravaler; *drawing, plan* réduire; *expenses* réduire, restreindre; *price* baisser, diminuer; (*Med*) *swelling* résorber, résoudre; *temperature* faire descendre, abaisser; (*Culin*) *sauce* faire réduire; (*Ind*) *output* ralentir; (*Mil etc: in rank*) rétrograder, réduire à un grade inférieur. (*Mil*) **to ~ to the ranks** casser; **to ~ unemployment** réduire le chômage; (*gradually*) résorber le chômage; (*Aut*) **to ~ speed** diminuer la vitesse, ralentir; **'~ speed now'** 'ralentir'; (*Jur*) **to ~ a prisoner's sentence** réduire la peine d'un prisonnier.

(b) (*Chem, Math, fig*) réduire (*to* en, à). **to ~ sth to a powder/to pieces/to ashes** réduire qch en poudre/en morceaux/en cendres; **to ~ an argument to its simplest form** réduire un raisonnement à sa plus simple expression, simplifier un raisonnement au maximum; **it has been ~d to nothing** cela a été réduit à zéro; **he's ~d to a skeleton** il n'est plus qu'un squelette ambulant; **to ~ sb to silence/obedience/despair** réduire qn au silence/à l'obéissance/au désespoir; **to ~ sb to beggary/to slavery** réduire qn à la mendicité/en esclavage; **to be ~d to begging** être réduit *or* contraint à mendier; **to ~ sb to submission** soumettre qn; **to ~ sb to tears** faire pleurer qn; (*Admin, Jur*) **to ~ to writing** consigner par écrit.

2 *vi* (*slim*) maigrir. **to be reducing** être au régime.

reduced [rɪ'dju:st] *adj* réduit. **to buy at a ~ price** *rail, theatre ticket* acheter à prix réduit; *goods in shops* acheter au rabais *or* en solde; (*Comm*) **~ goods** soldes *mpl*; **it was ~d, I couldn't resist (buying) it** c'était soldé *or* en solde, je n'ai pas pu y résister; (*on ticket*) **'~'** 'prix réduit'; **on a ~ scale** à échelle réduite; (*fig*) sur une petite échelle, en petit; **in ~ circumstances** dans la gène.

reducer [rɪ'dju:səʳ] *n* (*slimming device*) appareil *m* d'amaigrissement; (*Phot*) réducteur *m*.

reducible [rɪ'dju:səbl] *adj* réductible.

reduction [rɪ'dʌkʃən] *n* (*gen, Chem, Math etc*) réduction *f*; (*in length*) raccourcissement *m*; (*in width*) diminution *f*; *[expenses, staff]* réduction, compression *f*; *[prices, wages]* diminution, réduction, baisse *f*; *[temperature]* baisse *f*; *[Elec: of voltage]* diminution; (*Jur: of sentence*) réduction, modération *f*; *[Med: of swelling]* résorption *f*, résolution *f*; (*Phot*) réduction *f*; (*Tech*) démultiplication *f*. (*Comm*) **to make a ~ on an article** faire une remise sur un article; (*Comm*) **this is a ~** c'est un rabais; **to sell sth at a ~** vendre qch au rabais; **~ for cash** escompte *m* au comptant; **~ of taxes** dégrèvement *m* d'impôts; **~ of speed** ralentissement *m*; (*Mil etc*) **~ in strength** réduction *or* diminution des effectifs; **~ in rank** rétrogradation *f*.

redundance [rɪ'dʌndəns] = **redundancy 1b, 1c**.

redundancy [rɪ'dʌndənsɪ] **1** *n* (a) (*Ind*) licenciement *m*, mise *f* en chômage (technique). **it caused a lot of redundancies** cela a causé de nombreux licenciements *or* la mise en chômage de nombreux employés *or* beaucoup de chômage technique; **he feared ~** il redoutait d'être licencié *or* mis en chômage; **he went in the last round of redundancies** il a perdu son emploi lors de la dernière série de licenciements, il fait partie de la dernière charrette*.

(b) (*gen*) excès *m*, superfluité *f*, surabondance *f*.

(c) (*Literat*) redondance *f*, pléonasme *m*, tautologie *f*.

2 *cpd*: (*Brit Ind*) **redundancy payment** *or* **money** indemnité *f* de licenciement.

redundant [rɪ'dʌndənt] *adj object, example, detail* superflu; *style, word* redondant; (*Brit*) *person, helper, worker* en surnombre; (*Brit Ind: out of work*) au chômage (technique), qui a été licencié (pour raisons économiques). (*Brit Ind*) **to be made ~, to become ~** être licencié, être mis en chômage (technique); **he found himself ~** il s'est retrouvé au chômage.

reduplicate [rɪ'dju:plɪkeɪt] **1** *vt* redoubler; (*Ling*) rédupliquer. **2** [rɪ'dju:plɪkɪt] *adj* redoublé; répliquale.

reduplication [rɪ,dju:plɪ'keɪʃən] *n* redoublement *m*; (*Ling*) réduplication *f*.

reduplicative [rɪ'dju:plɪkətɪv] *adj* (*Ling*) réduplicatif.

re-echo ['ri:'ekəʊ] **1** *vi* retentir, résonner (de nouveau *or* plusieurs fois). **2** *vt* répéter, renvoyer en écho.

reed [ri:d] **1** *n* (*Bot*) roseau *m*; *[wind instrument]* anche *f*; (*liter: pipe*) chalumeau *m*, pipeau *m*. (*Mus*) **the ~s** les instruments *mpl* à anche; *V* **broken**.

2 *cpd basket etc* de *or* en roseau(x). (*Orn*) **reed bunting** bruant *m* des roseaux; (*Mus*) **reed instrument** instrument *m* à anche; (*Mus*) **reed stop** jeu *m* d'anches *or* à anches.

re-educate [ri:'edjʊkeɪt] *vt* rééduquer.

re-education ['ri:'edjʊ'keɪʃən] *n* rééducation *f*.

reedy ['ri:dɪ] *adj field, area* couvert de roseaux; (*fig*) *instrument, sound* nasillard, aigu (*f* -guë); *voice* flûté, ténu.

reef[1] [ri:f] *n* (a) récif *m*, écueil *m*; (*fig*) écueil. **coral ~** récif de corail.

(b) (*Min*) reef *m*, veine *f*, filon *m*.

reef[2] [ri:f] **1** *n* (*Naut*) ris *m*. **2** *vt* (*Naut*) *sail* prendre un ris dans. **3** *cpd*: **reef knot** nœud *m* plat.

reefer ['ri:fəʳ] *n* (a) (*jacket*) caban *m*.

(b) (‡) joint‡ *m*, cigarette *f* de marijuana.

(c) (*US*‡: *truck etc*) camion *m* (*or* wagon *m*) frigorifique.

reek [ri:k] **1** *n* puanteur *f*, relent *m*. **2** *vi* (a) (*smell*) puer, empester, sentir mauvais. **to ~ of sth** puer *or* empester qch. (b) (*Scot*) *[chimney]* fumer.

reel [ri:l] **1** *n* (a) *[thread etc]* bobine *f*; (*Fishing*) moulinet *m*; (*Cine*) *[film]* bande *f*; (*Tech*) dévidoir *m*, touret *m*, bobine. (*US fig*) **off**

the ~* d'une seule traite, d'affilée; *V* **inertia** *etc*.

(b) (*dance*) reel *m*, quadrille *m* écossais.

2 *cpd*: **reel holder** porte-bobines *m inv*; **reel-to-reel** (*adj*) à bobines.

3 *vt* (*Tech*) **thread** bobiner.

4 *vi* chanceler, vaciller; *[drunken man]* tituber. **he ~ed back from the edge of the cliff** il s'est écarté en chancelant du bord de la falaise; **he went ~ing down the street** il a descendu la rue en vacillant *or* titubant; **the blow made him ~** le coup l'a fait chanceler, il a chancelé sous le coup; (*fig*) **the street ~ed before her eyes** la rue a vacillé *or* chaviré autour d'elle; (*fig*) **my head is ~ing** la tête me tourne; (*fig*) **the news made him** *or* **his mind ~** la nouvelle l'a ébranlé *or* bouleversé; (*fig*) **I ~ed at the very thought** cette pensée m'a donné le vertige.

◆**reel in** *vt sep* (*Fishing, Naut*) ramener, remonter.

◆**reel off** *vt sep verses, list* débiter; *thread* dévider.

◆**reel up** *vt sep* enrouler.

re-elect [,ri:ɪ'lekt] *vt* réélire.

re-election [,ri:ɪ'lekʃən] *n* (*Pol*) **to stand** *or* **run** *or* **offer o.s. for ~**, (*US*) **face ~** se représenter.

re-embark ['ri:ɪm'bɑ:k] *vti* rembarquer.

re-embarkation ['ri:,embɑ:'keɪʃən] *n* rembarquement *m*.

re-emerge ['ri:ɪ'mɜ:dʒ] *vi [object, swimmer]* ressurgir; *[facts]* ressortir.

re-employ [,ri:ɪm'plɔɪ] *vt* réembaucher.

re-enact ['ri:ɪ'nækt] *vt* (a) (*Jur*) remettre en vigueur. (b) *scene, crime* reconstituer, reproduire.

re-enactment ['ri:ɪ'næktmənt] *n [law etc]* remise *f* en vigueur; *[crime]* reconstitution *f*.

re-engage ['ri:ɪn'geɪdʒ] *vt employee* rengager, réembaucher (*Ind*); (*Tech*) rengrener. (*Aut*) **to ~ the clutch** rembrayer.

re-engagement ['ri:ɪn'geɪdʒmənt] *n* (*V* **re-engage**) rengagement *m*, réembauchage *m* (*Ind*); rengrènement *m*.

re-enlist ['ri:ɪn'lɪst] **1** *vi* se rengager. **2** *vt* rengager.

re-enter [,ri:'entəʳ] **1** *vi* (a) rentrer.

(b) **to ~ for an exam** se représenter à *or* se réinscrire pour un examen. **2** *vt* rentrer dans. (*Space*) **to ~ the atmosphere** rentrer dans l'atmosphère.

re-entry [,ri:'entrɪ] *n* (*also Space*) rentrée *f*. (*Space*) **~ point** point *m* de rentrée.

re-erect ['ri:ɪ'rekt] *vt building, bridge* reconstruire; *scaffolding, toy* remonter.

re-establish ['ri:ɪs'tæblɪʃ] *vt order* rétablir; *person* réhabiliter; *custom* restaurer.

re-establishment [,ri:ɪs'tæblɪʃmənt] *n* (*V* **re-establish**) rétablissement *m*; réhabilitation *f*, restauration *f*.

reeve[1] [ri:v] *n* (*Hist*) premier magistrat; (*Can*) président *m* du conseil municipal.

reeve[2] [ri:v] *vt* (*Naut*) *rope* passer dans un anneau *or* une poulie, capeler; *shoal* passer au travers de.

re-examination ['ri:ɪg,zæmɪ'neɪʃən] *n* nouvel examen; (*Jur: of witness*) nouvel interrogatoire.

re-examine ['ri:ɪg'zæmɪn] *vt* examiner de nouveau; (*Jur*) *witness* interroger de nouveau.

ref[1] (*Comm*) *abbr for* **with reference to**; *V* **reference**.

ref[2]* [ref] *n* (*Sport: abbr of* **referee**) arbitre *m*.

refection [rɪ'fekʃən] *n* (*light meal*) collation *f*, repas léger; (*refreshment*) rafraîchissements *mpl*.

refectory [rɪ'fektərɪ] *n* réfectoire *m*.

refer [rɪ'fɜ:ʳ] **1** *vt* (a) (*pass*) *matter, question, file* soumettre (*to* à). **the problem was ~red to the U.N.** le problème a été soumis *or* renvoyé à l'O.N.U.; **the dispute was ~red to arbitration** le litige a été soumis à l'arbitrage; **it was ~red to us for (a) decision** on nous a demandé de prendre une décision là-dessus; **I have to ~ it to my boss** je dois le soumettre à *or* en parler à mon patron; **I ~red him to the manager** je lui ai dit de s'adresser au gérant, je l'ai renvoyé au gérant; **the doctor ~red me to a specialist** le docteur m'a adressé à un spécialiste; **to ~ sb to the article on ...** renvoyer qn à l'article sur..., prier qn de se reporter *or* se référer à l'article sur...; **'the reader is ~red to page 10'** 'prière de se reporter *or* se référer à la page 10'; (*Banking*) **to ~ a cheque to drawer** refuser d'honorer un chèque; (*Med*) **~red pain** douleur *f* irradiée.

(c) (*Jur*) *accused* déférer.

(d) (*Univ*) refuser. **his thesis has been ~red** on lui a demandé de revoir *or* de reprendre sa thèse.

(e) (*liter, frm: ascribe*) attribuer (*to* à); (*relate*) rattacher (*to* à).

2 *vi* (a) (*allude*) (*directly*) parler (*to* de), faire référence (*to* à); (*indirectly*) faire allusion (*to* à). **I am not ~ring to you** je ne parle pas de vous; **we shall not ~ to it again** nous n'en reparlerons pas, nous n'en parlerons plus; **he never ~s to that evening** il ne parle jamais de ce soir-là; **what can he be ~ring to?** de quoi parle-t-il?, à quoi peut-il bien faire allusion?; **he ~red to her as his assistant** il l'a appelée son assistante; (*Comm*) **~ring to your letter** (comme) suite *or* en réponse à votre lettre.

(b) (*apply*) s'appliquer (*to* à). **does that remark ~ to me?** est-ce que cette remarque s'applique à moi?; **this ~s to you all** cela vous concerne tous.

(c) (*consult*) se référer, se reporter (*to sth* à qch). **to ~ to one's notes** consulter ses notes, se référer *or* se reporter à ses notes; **'please ~ to section 3'** 'prière de se reporter *or* se référer à la section 3'; **you must ~ to the original** vous devez vous référer *or* vous reporter à l'original; **he ~red to the manager** il a consulté le gérant, il en a référé au gérant.

◆**refer back** *vt sep decision* remettre (à plus tard), ajourner. **to refer sth back to sb** consulter qn sur *or* au sujet de qch.

referable [rɪ'fɜ:rəbl] *adj* attribuable (*to* à).

referee [,refə'ri:] **1** *n* (a) (*Sport, also fig*) arbitre *m*.

(b) (*Brit: giving a reference*) répondant(e) *m(f)*. **to act as** *or* **be ~ for sb** fournir des références *or* une attestation à qn; **to give sb as a ~** donner qu en référence; **may I give your name as a ~** puis-je donner votre nom en référence.

2 *vt* (*Sport, fig*) arbitrer.

3 *vi* (*Sport, fig*) servir d'arbitre, être arbitre.

reference ['refrəns] **1** *n* **(a)** (*U*) référence *f* (*to* à); *[question for judgment]* renvoi *m*; *[committee, tribunal]* compétence *f*. **outside the ~ of** hors de la compétence de; *V* **term**.

(b) (*allusion*) (*direct*) mention *f* (*to* de); (*indirect*) allusion *f* (*to* à). **a ~ was made to his illness** on a fait allusion à *or* on a fait mention de *or* on a parlé de sa maladie; **in** *or* **with ~ to** quant à, en ce qui concerne; (*Comm*) (*comme*) suite à; **without ~ to** sans tenir compte de, sans égard pour.

(c) (*testimonial*) ~(**s**) références *fpl*; **to give sb a good ~** *or* **good ~s** fournir de bonnes références à qn; **a banker's ~** des références bancaires; **I've been asked for a ~ for him** on m'a demandé de fournir des renseignements sur lui.

(d) = referee 1b.

(e) (*in book, article: note redirecting reader*) renvoi *m*, référence *f*; (*on map*) coordonnées *fpl*; (*Comm: on letter*) référence. **please quote this ~** prière de rappeler cette référence; *V* **cross**.

(f) (*connection*) rapport *m* (*to* avec). **this has no ~ to ...** cela n'a aucun rapport avec ... .

(g) (*Ling*) référence *f*.

2 *cpd*: **reference book** ouvrage *m* de référence *or* à consulter; **reference library** bibliothèque *f* d'ouvrages à consulter; **reference mark** renvoi *m*; (*Comm*) **reference number** numéro *m* de référence; **reference point** point *m* de référence; (*Phot*) **reference strip** bande *f* étalon.

3 *vt* **(a)** *quotation* référencer; *book* fournir les références de.

(b) (*refer to*) faire référence à.

referendum [,refə'rendəm] *n, pl* **referenda** [,refə'rendə] référendum *m*. **to hold a ~** organiser un référendum; **a ~ will be held** un référendum aura lieu.

referent ['refərənt] *n* référent *m*.

referential [,refə'renʃəl] *adj* référentiel.

refill [,ri:'fil] **1** *vt glass, bottle* remplir à nouveau; *pen, lighter* recharger.

2 ['ri:fil] *n* (*gen*) recharge *f*; (*cartridge*) cartouche *f*; *[propelling pencil]* mine *f* de rechange; *[notebook]* feuilles *fpl* de rechange. (*of drink*) **would you like a ~?** encore un verre (*or* une tasse)?

refine [rɪ'faɪn] *vt ore* affiner; *oil* épurer; *crude oil, sugar* raffiner; *language* châtier; *manners* réformer; *taste* affiner; (*fig*) *essay etc* peaufiner*. **2** *vi*: **to ~ upon sth** raffiner sur qch.

refined [rɪ'faɪnd] *adj* **(a)** *crude oil, sugar* raffiné; *ore* affiné, pur; *oil* épuré.

(b) *person* raffiné, cultivé; *style, taste* raffiné, fin.

refinement [rɪ'faɪnmənt] *n* **(a)** (*U: refining*) *[crude oil, sugar]* raffinage *m*; *[ore]* affinage *m*; *[oil]* épuration *f*.

(b) (*U*) *[person]* raffinement *m*, délicatesse *f*; *[language, style]* raffinement, subtilité *f*, recherche *f*.

(c) (*improvement: in technique, machine etc*) perfectionnement *m* (*in* de). (*fig*) **that is a ~ of cruelty** c'est la cruauté raffinée.

refiner [rɪ'faɪnəʳ] *n [crude oil, sugar]* raffineur *m*; *[metals]* affineur *m*; *[oil]* épureur *m*.

refinery [rɪ'faɪnərɪ] *n [crude oil, sugar]* raffinerie *f*; *[metals]* affinerie *f*.

refit [,ri:'fit] **1** *vt* remettre en état, réparer; *ship* réparer, remettre en état; *factory* équiper de nouveau, renouveler l'équipement de.

2 *vi* [*ship*] être réparé, être remis en état.

3 ['ri:fit] *n* (*Naut*) réparation *f*, remise *f* en état, refonte *f*; *[factory]* nouvel équipement. **~ yard** chantier *m* de réarmement.

refitting [,ri:'fitɪŋ] *n*, **refitment** ['ri:'fitmənt] *n* = **refit 3**.

reflate [,ri:'fleɪt] *vt* (*Econ*) relancer.

reflation [ri:'fleɪʃən] *n* (*Econ*) relance *f*.

reflationary [ri:'fleɪʃnərɪ] *adj* (*Econ*) de relance.

reflect [rɪ'flekt] **1** *vt* **(a)** (*throw back*) *heat, sound* renvoyer; *light, image* refléter; (*mirror*) réfléchir; (*fig*) (*gen*) refléter; *credit, discredit* faire rejaillir, faire retomber (*on* sur). **the moon is ~ed in the lake** la lune se reflète dans le lac; **I saw him ~ed in the mirror** j'ai vu son image dans le miroir *or* réfléchie par le miroir; **he saw himself ~ed in the mirror** le miroir a réfléchi *or* lui a renvoyé son image; **~ing prism** prisme réflecteur; (*fig*) **he basked in the ~ed glory of his friend's success** il se chauffait aux rayons de la gloire de son ami; **the many difficulties are ~ed in his report** son rapport reflète les nombreuses difficultés; **his music ~s his love for her** sa musique reflète *or* exprime *or* traduit son amour pour elle.

(b) (*think*) se dire, penser, se faire la réflexion (*that* que).

2 *vi* (*meditate*) réfléchir, méditer (*on* sur), penser (*on* à).

♦**reflect (up)on** *vt fus* (*discredit*) *person* faire tort à; *reputation* nuire à, porter atteinte à; *motives, reasons* discréditer.

reflectingly [rɪ'flektɪŋlɪ] *adv* **= reflectively**.

reflection [rɪ'flekʃən] *n* **(a)** (*U: reflecting*) *[light, heat, sound]* réflexion *f*.

(b) (*image: in mirror etc*) reflet *m*, image *f*. **to see one's ~ in a mirror** voir son reflet dans un miroir; (*fig*) **a pale ~ of former glory** un pâle reflet de la gloire passée.

(c) (*U: consideration*) réflexion *f*. **on ~** (toute) réflexion faite, à la réflexion; **on serious ~** après mûre réflexion; **he did it without sufficient ~** il l'a fait sans avoir suffisamment réfléchi.

(d) (*thoughts, comments*) ~**s** pensées *fpl*, réflexions *fpl*, remarques *fpl* (*on, upon* sur).

(e) (*adverse criticism*) critique *f* (*on* de), réflexion désobligeante (*on* sur); (*on sb's honour*) atteinte *f* (*on* à). **this is a ~ on your motives** cela fait douter de vos motifs; **this is no ~ on... ** cela ne porte pas atteinte à... .

reflective [rɪ'flektɪv] *adj* **(a)** (*Phys etc*) *surface* réfléchissant, réflecteur (*f* -trice); *light* réfléchi. **(b)** *faculty, powers* de réflexion; *person* réfléchi. **(c)** (*Gram*) **= reflexive**.

reflectively [rɪ'flektɪvlɪ] *adv* d'un air *or* d'un ton réfléchi *or* pensif, avec réflexion.

reflectiveness [rɪ'flektɪvnɪs] *n* caractère réfléchi.

reflector [rɪ'flektəʳ] *n* (*gen*) réflecteur *m*; (*Aut*) réflecteur, cataphote *m*.

reflex ['ri:fleks] **1** *adj* (*Physiol, Psych, fig*) réflexe; (*Math*) *angle* rentrant; (*Phys*) réfléchi. (*Phot*) **~ (camera)** (appareil *m*) reflex *m*. **2** *n* réflexe *m*; *V* **condition**.

reflexion [rɪ'flekʃən] *n* **= reflection**.

reflexive [rɪ'fleksɪv] (*Gram*) **1** *adj* réfléchi. **2** *n* verbe réfléchi.

reflexively [rɪ'fleksɪvlɪ] *adv* (*Gram*) au sens réfléchi, à la forme réfléchie.

refloat [,ri:'fləʊt] **1** *vt ship, business etc* renflouer, remettre à flot. **2** *vi* être renfloué, être remis à flot.

reflux ['ri:flʌks] *n* reflux *m*.

reforestation [,ri:fɒrɪs'teɪʃən] *n* (*US*) **= reafforestation**.

reform [rɪ'fɔ:m] **1** *n* réforme *f*; *V* **land**.

2 *cpd measures etc* de réforme. **Reform Judaism** judaïsme *m* non orthodoxe; (*Brit Hist*) **the Reform Laws** les lois *fpl* de réforme parlementaire; (*US*) **reform school** maison *f* de redressement.

3 *vt law* réformer; *institutions, services* réformer, faire des réformes dans; *conduct* corriger; *person* faire prendre de meilleures habitudes à. **to ~ spelling** faire une réforme de *or* réformer l'orthographe.

4 *vi [person]* se réformer, se corriger, s'amender.

re-form ['ri:'fɔ:m] **1** *vt* **(a)** (*form again*) reformer, rendre sa première forme à; (*Mil*) *ranks* reformer; *troops* rallier, remettre en rangs.

(b) (*give new form to*) donner une nouvelle forme à.

2 *vi* se reformer; (*Mil*) se reformer, se remettre en rangs, reprendre sa formation.

reformable [rɪ'fɔ:məbl] *adj* réformable.

reformation [,refə'meɪʃən] *n* (*U*) *[church, spelling, conduct]* réforme *f*; *[person]* retour *m* à une vie honnête *or* à une conduite meilleure. (*Hist*) **the R~** la Réforme, la Réformation.

reformative [rɪ'fɔ:mətɪv] *adj* de réforme, réformateur (*f* -trice).

reformatory [rɪ'fɔ:mətərɪ] *n* (*Brit*††) maison *f* de correction *or* de redressement; (*US Jur*) centre *m* d'éducation surveillée.

reformed [rɪ'fɔ:md] *adj* **(a)** *behaviour, person* amendé. (*hum*) **he's a ~ character*** il s'est rangé *or* assagi. **(b)** (*Admin*) *spelling etc* réformé. **(c)** (*Rel*) *church* réformé; *Jew* non orthodoxe.

reformer [rɪ'fɔ:məʳ] *n* réformateur *m*, -trice *f*.

reformist [rɪ'fɔ:mɪst] *adj, n* réformiste (*mf*).

refract [rɪ'frækt] *vt* réfracter.

refracting [rɪ'fræktɪŋ] *adj* (*Phys*) réfringent. **~ angle** angle *m* de réfringence; **~ telescope** lunette *f* d'approche.

refraction [rɪ'frækʃən] *n* réfraction *f*.

refractive [rɪ'fræktɪv] *adj* réfractif, réfringent. **~ index** indice *m* de réfraction.

refractor [rɪ'fræktəʳ] *n* **(a)** (*Phys*) milieu réfringent, dispositif *m* de réfraction. **(b)** (*telescope*) lunette *f* d'approche.

refractory [rɪ'fræktərɪ] *adj person* réfractaire, rebelle, insoumis; *disease* rebelle, opiniâtre; (*Chem, Miner*) réfractaire.

refrain¹ [rɪ'freɪn] *vi* se retenir, s'abstenir (*from doing* de faire). **he ~ed from comment** il s'est abstenu de tout commentaire; **they ~ed from measures leading to...** ils se sont abstenus de toute mesure menant à...; **I couldn't ~ from laughing** je n'ai pas pu m'empêcher de rire; **please ~ from smoking** (*on notice*) prière de ne pas fumer; (*spoken*) ayez l'obligeance de ne pas fumer.

refrain² [rɪ'freɪn] *n* (*Mus, Poetry, fig*) refrain *m*.

refrangible [rɪ'frændʒəbl] *adj* réfrangible.

refresh [rɪ'freʃ] *vt [drink, bath]* rafraîchir; *[food]* revigorer, redonner des forces à; *[sleep, rest etc]* délasser, détendre. **to ~ o.s.** (*with drink*) se rafraîchir; (*with food*) se restaurer; (*with sleep*) se reposer, se délasser; **to ~ one's memory** se rafraîchir la mémoire; **to ~ one's memory about sth** se remettre qch en mémoire; **let me ~ your memory!** je vais vous rafraîchir la mémoire!*

refresher [rɪ'freʃəʳ] **1** *n* **(a)** *drink etc* boisson *f* etc pour se rafraîchir. **(b)** (*Jur*) honoraires *mpl* supplémentaires. **2** *cpd*: (*Univ etc*) **refresher course** cours *m* de recyclage.

refreshing [rɪ'freʃɪŋ] *adj fruit, drink* rafraîchissant; *sleep* reposant, réparateur (*f* -trice); *sight, news* réconfortant; *change* agréable; *idea, approach, point of view* nouveau (*f* nouvelle), original, intéressant.

refreshment [rɪ'freʃmənt] **1** *n* **(a)** *[mind, body]* repos *m*, délassement *m*.

(b) (*food, drink*) (*light*) ~**s** rafraîchissements *mpl*; (*place*) ~**s = ~ room** (*V* 2).

2 *cpd*: **refreshment bar** buvette *f*; (*Rail*) **refreshment room** buffet *m*; **refreshment stall = refreshment bar**.

refrigerant [rɪ'frɪdʒərənt] *adj, n* réfrigérant (*m*); (*Med*) fébrifuge (*m*).

refrigerate [rɪ'frɪdʒəreɪt] *vt* réfrigérer; (*in cold room etc*) frigorifier.

refrigeration [rɪ,frɪdʒə'reɪʃən] *n* réfrigération *f*; frigorification *f*.

refrigerator [rɪ'frɪdʒəreɪtəʳ] **1** *n* (*cabinet*) réfrigérateur *m*, frigidaire *m* ®, frigo* *m*; (*room*) chambre *f* frigorifique; (*apparatus*) condenseur *m*. **2** *cpd truck etc* frigorifique.

refrigeratory [rɪ'frɪdʒərətərɪ] *adj, n* (*Chem*) réfrigérant (*m*).

refringent [rɪ'frɪndʒənt] *adj* réfringent.

refuel ['ri:'fjʊəl] **1** *vi* se ravitailler en carburant *or* en combustible. **2** *vt* ravitailler.

refuelling ['ri:'fjʊəlɪŋ] *n* ravitaillement *m* (en carburant *or* en combustible). (*Aviat*) **~ stop** escale *f* technique.

refuge ['refju:dʒ] *n* (*lit, fig*) refuge *m*, abri *m* (*from* contre); (*for climbers, pedestrians etc*) refuge. **place of** ~ asile *m*; **to seek** ~ chercher refuge *or* asile; (*lit, fig*) **to take** ~ in se réfugier dans; **to take** ~ **in lying** se réfugier dans les mensonges; **God is my** ~ Dieu est mon refuge.

refugee [,refju'dʒi:] *n* réfugié(e) *m(f)*. ~ **camp** camp *m* de réfugiés.

refulgence [rɪ'fʌldʒəns] *n* (*liter*) splendeur *f*, éclat *m*.

refulgent [rɪ'fʌldʒənt] *adj* (*liter*) resplendissant, éclatant.

refund [rɪ'fʌnd] **1** *vt* (**a**) rembourser (*to sb* à qn). **to** ~ **sb's expenses** rembourser qn de ses frais *or* dépenses; **to** ~ **postage** rembourser les frais de port.
(**b**) (*Fin*) *excess payments* ristourner.
2 ['ri:fʌnd] *n* remboursement *m*; (*Fin*) ristourne *f*. **tax** ~ bonification *f* de trop-perçu; **to get a** ~ se faire rembourser.

refundable [rɪ'fʌndəbl] *adj* remboursable.

refurbish [,ri:'fɜ:bɪʃ] *vt* remettre à neuf.

refurnish [,ri:'fɜ:nɪʃ] *vt* remeubler.

refusal [rɪ'fju:zəl] *n* refus *m* (*to do* de faire). (*Jur*) ~ **of justice** déni *m* de justice; **to get a** ~, **to meet with a** ~ se heurter à *or* essuyer un refus; **to give a flat** ~ refuser net; (*Equitation*) **3** ~**s** 3 refus; **to give sb first** ~ **of sth** accorder à qn l'option sur qch; **to have (the) first** ~ **of sth** recevoir la première offre de qch, avoir le droit de préemption sur qch.

refuse¹ [rɪ'fju:z] **1** *vt* (*gen*) refuser (*sb sth* qch à qn, *to do* de faire), se refuser (*to do* à faire); *offer, invitation* refuser, décliner; *request* refuser, rejeter, repousser. **I absolutely** ~ **to do it** je me refuse catégoriquement à le faire; **to be** ~**d** essuyer un refus; **to be** ~**d sth** se voir refuser qch; **they were** ~**d permission to leave** on leur a refusé *or* ils se sont vu refuser la permission de partir; **she** ~**d him** elle l'a rejeté; **she** ~**d his proposal** elle a rejeté son offre de mariage; *[horse]* **to** ~ **a fence** refuser l'obstacle.
2 *vi* refuser, opposer un refus; *[horse]* refuser l'obstacle.

refuse² ['refju:s] **1** *n* détritus *mpl*, ordures *fpl*; (*industrial or food waste*) déchets *mpl*. **household** ~ ordures ménagères; **garden** ~ détritus de jardin.
2 *cpd*: **refuse bin** poubelle *f*, boîte *f* à ordures; **refuse chute** (*at dump*) dépotoir *m*; (*in building*) vide-ordures *m inv*; **refuse collection** ramassage *m* d'ordures; **refuse collector** éboueur *m*; **refuse destructor** incinérateur *m* (d'ordures); **refuse disposal** traitement *m* des ordures; **refuse disposal service** service *m* de voirie; **refuse disposal unit** broyeur *m* d'ordures; **refuse dump** (*public*) décharge *f* (publique), dépotoir *m*; (*in garden*) monceau *m* de détritus; **refuse lorry** voiture *f* d'éboueurs.

refutable [rɪ'fju:təbl] *adj* réfutable.

refutation [,refju'teɪʃən] *n* réfutation *f*.

refute [rɪ'fju:t] *vt* réfuter.

regain [rɪ'geɪn] *vt* regagner; *health, one's sight* recouvrer; *territory* reconquérir. **to** ~ **one's strength** récupérer (ses forces); **to** ~ **consciousness** revenir à soi, reprendre connaissance; **to** ~ **lost time** regagner *or* rattraper le temps perdu; **to** ~ **one's footing** reprendre pied; **to** ~ **possession (of)** rentrer en possession (de).

regal ['ri:gəl] *adj* royal; (*fig*) majestueux.

regale [rɪ'geɪl] *vt* régaler (*sb with sth* qn de qch).

regalia [rɪ'geɪlɪə] *n [monarch]* prérogatives *fpl* royales; (*insignia*) insignes royaux; *[Freemasons etc]* insignes. (*hum*) **she was in full** ~ elle était dans ses plus beaux atours *or* en grand tra-la-la*.

regally ['ri:gəlɪ] *adv* (*lit, fig*) royalement.

regard [rɪ'gɑ:d] **1** *vt* (**a**) (*look at*) regarder, observer, considérer; (*consider*) considérer, regarder (*as* comme), tenir (*as* pour). **to** ~ **with favour/horror** regarder d'un œil favorable/avec horreur; **we** ~ **it as worth doing** à notre avis ça vaut la peine de le faire; **we don't** ~ **it as necessary** nous ne le considérons pas comme nécessaire; (*frm*) **I** ~ **him highly** je le tiens en grande estime; **without** ~**ing his wishes** sans tenir compte de ses souhaits.
(**b**) (*concern*) concerner, regarder. **as** ~**s** … pour *or* en ce qui concerne…, pour ce qui regarde….
2 *n* (**a**) (*attention, concern*) attention *f*, considération *f*. **to pay** ~ **to, to have** ~ **for** tenir compte de; **to have** *or* **show little** ~ **for** faire peu de cas de; **to have** *or* **show no** ~ **for** ne faire aucun cas de; **without** ~ **to** *or* **for** sans égard pour; **out of** ~ **for** par égard pour; **having** ~ **to** si l'on tient compte de; **in this** ~ à cet égard, sous ce rapport; **with** *or* **in** ~ **to** pour *or* en ce qui concerne, quant à, relativement à.
(**b**) (*U: esteem*) respect *m*, estime *f*, considération *f*. (*frm*) **to hold sb in high** ~ tenir qn en haute estime; **to have a great** ~ **for sb** avoir beaucoup d'estime pour qn.
(**c**) (*in messages*) **give him my** ~**s** transmettez-lui mon bon *or* meilleur souvenir; **Paul sends his kind** ~**s** Paul vous envoie son bon souvenir; (*as letter-ending*) (**kindest**) ~**s** meilleurs souvenirs.
(**d**) (*liter: look*) regard *m*.

regardful [rɪ'gɑ:dful] *adj*: ~ **of** *feelings, duty* attentif à; *interests* soucieux de, soigneux de.

regarding [rɪ'gɑ:dɪŋ] *prep* pour *or* en ce qui concerne, quant à, relativement à.

regardless [rɪ'gɑ:dlɪs] **1** *adj*: ~ **of** *sb's feelings, fate* indifférent à; *future, danger* insouciant de; *sb's troubles* inattentif à; ~ **of consequences** sans se soucier des conséquences; ~ **of expense** *or* **cost** sans regarder à la dépense; ~ **of rank** sans distinction de rang. **2** *adv* (*) quand même. **he did it** ~ il l'a fait quand même.

regatta [rɪ'gætə] *n* (*one event*) régate *f*; (*regular event*) régates *fpl*. **to take part in a** ~ régater, prendre part à une régate.

regency ['ri:dʒənsɪ] **1** *n* régence *f*. **2** *cpd*: **Regency** *furniture, style* Régence (*anglaise*) *inv* (*1810-1820*).

regenerate [rɪ'dʒenəreɪt] **1** *vt* régénérer. **2** *vi* se régénérer. **3** [rɪ'dʒenərɪt] *adj* régénéré.

regeneration [rɪ,dʒenə'reɪʃən] *n* régénération *f*.

regenerative [rɪ'dʒenərətɪv] *adj* régénérateur (*f* -trice).

regent ['ri:dʒənt] *n* régent(e) *m(f)*; (*US Univ*) membre *m* du conseil d'université. **prince** ~ prince régent.

reggae ['regeɪ] *n* reggae *m*.

regicide ['redʒɪsaɪd] *n* (*person*) régicide *mf*; (*act*) régicide *m*.

régime [reɪ'ʒi:m] *n* régime *m* (*politique etc*).

regimen ['redʒɪmen] *n* (*frm*) régime *m* (*médical*).

regiment ['redʒɪmənt] **1** *n* (*Mil, fig*) régiment *m*. **2** ['redʒɪment] *vt* (*fig*) imposer une discipline trop stricte à, enrégimenter.

regimented ['redʒɪmentɪd] *adj way of life, institution* enrégimenté. **they are too** ~ **at that college** la discipline est trop stricte dans ce collège.

regimental [,redʒɪ'mentl] **1** *adj* (*Mil*) *insignia, car* régimentaire; *traditions* du régiment. ~ **band** musique *f* du régiment; (*Mil*) ~ **sergeant-major** ≃ adjudant-chef *m*.
2 *n* (*Mil*) ~**s** uniforme *m*; **in full** ~**s** en grand uniforme, en grande tenue.

regimentation [,redʒɪmen'teɪʃən] *n* (*pej*) discipline excessive.

region ['ri:dʒən] *n* (*all senses*) région *f*. (*fig*) **the lower** ~**s** les enfers *mpl*; **in the** ~ **of 5 kg/10 francs** environ *or* dans les 5 kg/10 F, aux alentours de 5 kg/10 F.

regional ['ri:dʒənl] *adj* régional. (*Admin, Ind*) ~ **development** ≃ aménagement *m* du territoire, action *f* régionale; (*Scot*) ~ **council** ≃ conseil *m* général.

regionalism ['ri:dʒənəlɪzəm] *n* régionalisme *m*.

regionalist ['ri:dʒənəlɪst] *adj, n* régionaliste (*mf*).

register ['redʒɪstər] **1** *n* (**a**) (*gen*) registre *m*; (*of members etc*) liste *f*. (*Scol: also* **attendance** ~) registre *m* d'absences; **electoral** ~ liste électorale; ~ **of births, marriages and deaths** registre d'état civil.
(**b**) (*Tech: gauge of speed, numbers etc*) compteur *m*, enregistreur *m*; *V* **cash**.
(**c**) *[voice, organ etc]* registre *m*.
(**d**) (*Ling*) registre *m*. **it's the wrong** ~ ce n'est pas le bon registre.
(**e**) (*Typ*) registre *m*.
(**f**) (*US: air vent*) registre *m*.
2 *cpd* (*Naut*) **register ton** tonneau *m* (de jauge).
3 *vt* (**a**) (*record formally*) *fact, figure* enregistrer; *birth, death* déclarer; *vehicle* (faire) immatriculer. **to** ~ **a trademark** déposer une marque de fabrique; **he is** ~**ed as disabled** il est officiellement reconnu comme handicapé; **he** ~**ed his disapproval by refusing** … il a manifesté sa désapprobation en refusant …; **to** ~ **a protest** protester; *V also* **registered**.
(**b**) (*take note of*) *fact* enregistrer; (*: realize*) se rendre compte de, réaliser*. **I** ~**ed the fact that he had gone** je me suis rendu compte *or* j'ai réalisé* qu'il était parti.
(**c**) (*indicate*) *[machines] speed, quantity* indiquer, marquer; *rainfall* enregistrer; *temperature* marquer; *[face, expression] happiness, sorrow* exprimer, refléter. **he** ~**ed surprise** son visage *or* il a exprimé l'étonnement, il a paru étonné; **he** ~**ed no emotion** il n'a pas exprimé d'émotion, il n'a pas paru ému.
(**d**) (*Post*) *letter* recommander; (*Rail*) *luggage* (faire) enregistrer. **to** ~ **one's luggage through to London** (faire) enregistrer ses bagages jusqu'à Londres; *V also* **registered**.
(**e**) (*Tech*) *parts* faire coïncider; (*Typ*) mettre en registre.
4 *vi* (**a**) (*on electoral list etc*) se faire inscrire, s'inscrire; (*in hotel*) s'inscrire sur *or* signer le registre. **to** ~ **with a doctor** se faire inscrire comme patient chez un médecin; **to** ~ **with the police** se déclarer à la police; **to** ~ **for military service** se faire recenser, se faire porter sur les tableaux de recensement; **to** ~ **for a course/for French literature** s'inscrire à un cours/en littérature française.
(**b**) (*Tech*) *[two parts of machine]* coïncider exactement; (*Typ*) être en registre.
(**c**) (*: be understood*) être compris, pénétrer. **it hasn't** ~**ed (with him)** cela n'a pas encore pénétré, il n'a pas saisi, il n'a pas pigé‡; **her death hadn't** ~**ed with him** il n'avait pas vraiment réalisé qu'elle était morte.

registered ['redʒɪstəd] *adj* (**a**) *student, voter* inscrit; *vehicle* immatriculé; (*Brit Admin*) *nursing home, playgroup, charity* agréé par l'État, reconnu par les autorités. ~ **company** société inscrite au tribunal de commerce; ~ **name** nom déposé; (*US*) ~ **nurse** infirmière diplômée d'État; (*Fin*) ~ **share** action *f* nominative; ~ **shareholder** ≃ actionnaire inscrit; ~ **stocks** actions *or* valeurs nominatives, titres nominatifs; ~ **trademark** marque déposée; *V* **state**.
(**b**) (*Post*) *letter* recommandé; (*Rail*) *luggage* enregistré. **by** ~ **post** par envoi recommandé.

registrar [,redʒɪs'trɑ:r] *n* (**a**) (*Brit Admin*) officier *m* de l'état civil. ~**'s office** bureau *m* de l'état civil. **to be married by the** ~ se marier civilement *or* à la mairie.
(**b**) (*Univ*) (*Brit*) secrétaire *m* (général); (*US*) chef *m* du service des inscriptions.
(**c**) (*Brit Med*) chef *m* de clinique.
(**d**) (*Jur*) (*in court*) greffier *m*. (*Fin*) (**companies'**) ~ conservateur *m* (du registre des sociétés).

registration [,redʒɪs'treɪʃən] **1** *n* (**a**) (*gen: V* **register**) enregistrement *m*, inscription *f*; *[trademark]* dépôt *m*. (**b**) (*Post*) *[letter]* recommandation *f*; (*Rail*) *[luggage]* enregistrement *m*. (**c**) (*Brit Scol: also* ~ **period**) appel *m*.
2 *cpd*: (*Brit Aut*) **registration document** ≃ carte grise; (*Brit*) **an E etc registration car** un modèle de 1968 *etc*; **registration fee** (*Post*) taxe *f* de recommandation; (*Rail: for luggage*) frais *mpl* d'enregistrement; (*Univ*) droits *mpl* d'inscription; (*Brit Aut*) **registration number** numéro *m* minéralogique *or* d'immatriculation; **car (with) registration number OPG 240 R** voiture immatriculée OPG 240 R.

registry ['redʒɪstrɪ] **1** n (act) enregistrement m, inscription f; (office) (gen) bureau m de l'enregistrement; (Brit Admin) bureau de l'état civil; (Naut) certificat m d'immatriculation. (Naut) **port of ~** port m d'attache.

2 cpd: (Brit) **registry office** bureau m de l'état civil; **to get married in a registry office** se marier civilement or à la mairie.

regius ['riːdʒəs] adj (Brit Univ) **~ professor** professeur m (titulaire d'une chaire de fondation royale).

regnal ['regnl] adj: **~ year** année f du règne.

regnant ['regnənt] adj régnant. **queen ~** reine f régnante.

regorge [rɪˈdʒɔːdʒ] **1** vt vomir, régurgiter. **2** vi refluer.

regress [rɪˈgres] **1** vi (a) (Bio, Psych, fig) régresser (to au stade de), rétrograder. (b) (move backwards) retourner en arrière, reculer. **2** ['riːgres] n = regression.

regression [rɪˈgreʃən] n (lit) retour m en arrière, recul m; (Bio, Psych, fig) régression f.

regressive [rɪˈgresɪv] adj régressif.

regret [rɪˈgret] **1** vt regretter (doing, to do de faire; that que + subj); mistake, words, event regretter, être désolé or navré de; one's youth, lost opportunity regretter. **I ~ to say that** ... j'ai le regret de dire que ...; **he is very ill, I ~ to say** il est très malade, hélas or je regrette de le dire; **we ~ to hear that** ... nous sommes désolés d'apprendre que ...; **we ~ that it was not possible to** ... (gen) nous sommes désolés de n'avoir pu ...; (Comm) nous sommes au regret de vous informer qu'il n'a pas été possible de ... ; **it is to be ~ted that** ... il est regrettable que ... + subj; **you won't ~ it!** vous ne le regretterez pas!; (frm) **the President ~s he cannot see you today** le Président est au regret or exprime ses regrets de ne pouvoir vous recevoir aujourd'hui; **he is much ~ted** on le regrette beaucoup.

2 n regret m (for de). **much to my ~** à mon grand regret; **I have no ~s** je ne regrette rien, je n'ai aucun regret; **to do sth with ~** (sadly) faire qch avec regret; (against one's wishes) faire qch à regret or à contrecœur; **to send ~s** envoyer ses regrets; **please give her my ~s that I cannot come** dites-lui, s'il vous plaît, combien je regrette de ne pouvoir venir.

regretful [rɪˈgretfʊl] adj person plein de regrets; look, attitude de regret.

regretfully [rɪˈgretfʊlɪ] adv (sadly) avec regret; (unwillingly) à regret, à contrecœur.

regrettable [rɪˈgretəbl] adj regrettable, fâcheux. **it is ~ that** il est à regretter or regrettable or fâcheux que + subj.

regrettably [rɪˈgretəblɪ] adv late, poor fâcheusement. **~, he refused** malheureusement, il a refusé.

regroup [ˌriːˈgruːp] **1** vt regrouper. **2** vi se regrouper; (fig) se ressaisir.

regrouping [ˌriːˈgruːpɪŋ] n regroupement m.

regs [regz] npl (abbr of regulations) règlement m.

Regt. abbr of **Regiment**.

regular ['regjʊlər] **1** adj (a) (symmetrical) régulier, symétrique; (Math) figure régulier; (even) surface uni. **~ features** traits réguliers, visage régulier.

(b) (recurring at even intervals) pulse, breathing, footsteps, reminders régulier. **at ~ intervals** à intervalles réguliers; **there is a ~ bus service to town** il y a un service régulier d'autobus allant en ville; **to be ~ in one's habits** être régulier dans ses habitudes; **~ way of life** vie régulière or réglée; **to keep ~ hours** mener une vie réglée; **he is as ~ as clockwork** il est très ponctuel, il est réglé comme une horloge; **his visits are as ~ as clockwork** ses visites sont très régulières, ses visites sont réglées comme du papier à musique*; **he has no ~ employment** il est sans emploi régulier; (Med) **~ bowel movements** selles régulières.

(c) (habitual) habituel, normal, ordinaire; (Comm) size ordinaire, standard inv; price normal, courant; listener, reader fidèle. **the ~ staff** le personnel permanent; **our ~ cleaning woman** notre femme de ménage habituelle; **my ~ dentist** mon dentiste habituel; **my ~ doctor** mon médecin traitant; **his ~ time for getting up** l'heure à laquelle il se lève habituellement or normalement; (US) **~ gas** essence f (ordinaire).

(d) (permissible, accepted) action, procedure régulier, en règle. **to make ~** régulariser; **it is quite ~ to apply in person** il est tout à fait normal or régulier de faire sa demande en personne.

(e) (Mil) (not conscripted) soldier, army de métier; officer de carrière; (not territorial) d'active. **the ~ police force** la police de métier.

(f) (Ling) régulier.

(g) (Rel) **~ clergy** clergé régulier.

(h) (*) vrai, véritable. **he's a ~ idiot** c'est un imbécile fini; (US) **~ guy** chic type* m.

2 n (a) (Mil) soldat m de métier; (police officer) policier m (de métier).

(b) (habitual customer etc) habitué(e) m(f), bon(ne) client(e) m(f). (Rad, TV) **he's one of the ~s on that programme** il participe or prend part régulièrement à ce programme.

(c) (Rel) régulier m, religieux m.

(d) (US: gas) essence f (ordinaire), ordinaire m.

regularity [ˌregjʊˈlærɪtɪ] n régularité f.

regularize ['regjʊləraɪz] vt régulariser.

regularly ['regjʊləlɪ] adv régulièrement.

regulate ['regjʊleɪt] vt (a) (control systematically) amount, flow régler; expenditure régler, calculer. **to ~ one's life by** se régler sur. (b) machine régler, ajuster.

regulation [ˌregjʊˈleɪʃən] **1** n (rule) règlement m, arrêté m. **against ~s** contraire au règlement; V **fire, safety.**

2 cpd style, size réglementaire. (Mil) **regulation boots** brodequins mpl d'ordonnance; (Mil) **regulation dress** tenue f réglementaire.

regulative ['regjʊlətɪv] adj régulateur (f -trice).

regulator ['regjʊleɪtər] n (person) régulateur m, -trice f; (instrument) régulateur m. **acidity ~** correcteur m d'acidité.

Regulo ['regjʊləʊ] n ®: **~ (mark) 6** etc thermostat 6 etc.

regurgitate [rɪˈgɜːdʒɪteɪt] **1** vt (person) régurgiter, rendre; (drainpipe etc) dégorger. **2** vi refluer.

regurgitation [rɪˈgɜːdʒɪteɪʃən] n régurgitation f.

rehabilitate [ˌriːəˈbɪlɪteɪt] vt the disabled (to everyday life) rééduquer; (to work) réadapter; refugees réadapter; demobilized troops réintégrer (dans la vie civile); ex-prisoner réinsérer; drug user, alcoholic rééduquer; disgraced person, sb's memory réhabiliter.

rehabilitation ['riːəˌbɪlɪˈteɪʃən] n (V rehabilitate) rééducation f; réadaptation f; réintégration f (dans la vie civile); réinsertion f; réhabilitation f. (Admin) **~ centre** centre m de réadaptation.

rehash [ˌriːˈhæʃ] **1** vt literary material etc remanier, réarranger. **2** ['riːhæʃ] n réchauffé m, resucée* f.

rehearsal [rɪˈhɜːsəl] n (a) (Theat) répétition f. **this play is in ~** on répète cette pièce; V **dress.**

(b) (U) [facts etc] énumération f, récit détaillé.

rehearse [rɪˈhɜːs] vt (Theat) répéter; (gen) facts, grievances réciter, énumérer, raconter en détail. **to ~ what one is going to say** préparer ce qu'on va dire; **well ~d** play etc répété avec soin; actor qui a soigneusement répété son texte; (fig) intervention, protest etc soigneusement étudié.

rehouse [ˌriːˈhaʊz] vt reloger.

reign [reɪn] **1** n (lit, fig) règne m. **in the ~ of** sous le règne de; (Hist) **the R~ of Terror** la Terreur; (fig) **~ of terror** régime m de terreur.

2 vi (lit, fig) régner. **silence ~s** le silence règne; **to ~ supreme** [monarch etc] régner en or être le maître absolu; [champion etc] être sans rival; [justice, peace] régner en souverain(e).

reigning ['reɪnɪŋ] adj monarch régnant; king, queen présent, actuel (before noun); champion actuel; (fig) attitude regnant, en vogue.

reimburse [ˌriːɪmˈbɜːs] vt rembourser (sb for sth qch à qn, qn de qch). **to ~ sb (for) his expenses** rembourser qn de ses dépenses.

reimbursement [ˌriːɪmˈbɜːsmənt] n remboursement m.

reimpose ['riːɪmˈpəʊz] vt réimposer.

rein [reɪn] n (often pl: lit, fig) rêne f; [horse in harness] guide f. [child] **~s** rênes; (lit, fig) **to hold the ~s** tenir les rênes; (lit, fig) **to keep a ~ on** tenir en bride; (lit, fig) **to keep a tight ~ on** person tenir la bride haute or serrée à; expenses surveiller étroitement; (fig) **to give free ~ to** anger, passions lâcher la bride à, donner libre cours à; one's imagination lâcher la bride à, se laisser entraîner par.

♦ **rein back 1** vt sep horse faire reculer.
2 vi reculer.

♦ **rein in 1** vi (fig) ralentir.
2 vt sep horse serrer la bride à, ramener au pas; (fig) passions contenir, maîtriser.

♦ **rein up** vi s'arrêter.

reincarnate [ˌriːɪnˈkɑːneɪt] **1** vt réincarner. **2** [ˌriːɪnˈkɑːnɪt] adj réincarné.

reincarnation ['riːɪnkɑːˈneɪʃən] n réincarnation f.

reindeer ['reɪndɪər] n, pl inv renne m.

reinforce [ˌriːɪnˈfɔːs] vt (Mil) renforcer; (gen) wall, bridge, heel renforcer; beam armer, renforcer; one's demands etc appuyer. **~d concrete** béton armé.

reinforcement [ˌriːɪnˈfɔːsmənt] **1** n (a) (action) renforcement m; (thing) renfort m. (b) (Mil: action) renforcement m. (also fig) **~s** renforts mpl. **2** cpd troops, supplies de renfort.

reinsert ['riːɪnˈsɜːt] vt réinsérer.

reinstate ['riːɪnˈsteɪt] vt employee réintégrer, rétablir dans ses fonctions; text rétablir (in dans).

reinstatement ['riːɪnˈsteɪtmənt] n réintégration f, rétablissement m.

reinstitute [ˌriːɪnˈstɪˌtjuːt] vt rétablir.

reinstitution ['riːɪnstɪˈtjuːʃən] n rétablissement m.

reinsurance ['riːɪnˈʃʊərəns] n réassurance f; [underwriter etc, against possible losses] contre-assurance f.

reinsure ['riːɪnˈʃʊər] vt (V reinsurance) réassurer; contracter une contre-assurance sur.

reintegrate [ˌriːˈɪntɪgreɪt] vt réintégrer.

reintegration ['riːˌɪntɪˈgreɪʃən] n réintégration f.

reinvest ['riːɪnˈvest] vt (Fin) réinvestir.

reinvestment ['riːɪnˈvestmənt] n (Fin) nouveau placement, nouvel investissement m.

reinvigorate [ˌriːɪnˈvɪgəreɪt] vt revigorer.

reissue [ˌriːˈɪʃjuː] **1** vt book donner une nouvelle édition de, rééditer; film ressortir, redistribuer.

2 n (act) réédition f; redistribution f. **it is a ~** [book] il a été réédité; [film] il est ressorti.

reiterate [riːˈɪtəreɪt] vt réitérer, répéter.

reiteration [riːˌɪtəˈreɪʃən] n réitération f, répétition f.

reiterative [riːˈɪtərətɪv] adj réitératif.

reject [rɪˈdʒekt] **1** vt (a) (gen) rejeter, repousser; damaged goods etc [customer, shopkeeper] refuser; [maker, producer] mettre au rebut; suitor repousser, éconduire; candidate, manuscript refuser; offer, proposal, application rejeter; plea, advances repousser; possibility rejeter, repousser.

(b) (Med) [body] medicament, transplant rejeter.

(c) (Comput) rejeter.

2 ['riːdʒekt] n (a) (Comm) pièce f or article m de rebut; V **export.**

(b) (Comput) rejet m.

3 ['riːdʒekt] cpd (Comm, Ind) goods de rebut. **reject shop** boutique f (d'articles) de second choix.

rejection [rɪˈdʒekʃən] **1** n refus m; rejet m; (Med) rejet m. **2** cpd: (Publishing) **rejection slip** lettre f de refus.

rejig* [riːˈdʒɪg], *(US)* **rejigger*** [riːˈdʒɪgəʳ] *vt* réorganiser, réarranger.

rejoice [rɪˈdʒɔɪs] **1** *vt* réjouir, ravir, enchanter. *(frm, liter)* it ∼d his heart to see ... il s'est félicité du fond du cœur de voir ... .
2 *vi* se réjouir, être ravi, être enchanté *(at, over* de). to ∼ in sth jouir de qch, posséder qch; *(hum, iro)* he ∼s in the name of Marmaduke il a le privilège de s'appeler Marmaduke *(iro).*

rejoicing [rɪˈdʒɔɪsɪŋ] *n* (a) *(U)* réjouissance *f*, jubilation *f*. (b) ∼s réjouissances *fpl*, fête *f*.

rejoin¹ [ˌriːˈdʒɔɪn] **1** *vt person, army* rejoindre. *(Naut)* to ∼ ship rallier le bord; the road ∼s the motorway la route rejoint l'autoroute. **2** *vi* se rejoindre.

rejoin² [rɪˈdʒɔɪn] *vi (reply)* répliquer, répondre.

rejoinder [rɪˈdʒɔɪndəʳ] *n* réplique *f*, repartie *f*, riposte *f*; *(Jur)* réplique *f*, réponse *f* à une réplique.

rejuvenate [rɪˈdʒuːvɪneɪt] *vti* rajeunir.

rejuvenation [rɪˌdʒuːvɪˈneɪʃən] *n* rajeunissement *m*.

rekindle [ˌriːˈkɪndl] **1** *vt fire* rallumer, attiser; *(fig)* hope, enthusiasm ranimer, raviver. **2** *vi* se rallumer; se ranimer.

relapse [rɪˈlæps] **1** *n (Med, fig)* rechute *f*. to have a ∼ avoir *or* faire une rechute, rechuter.
2 *vi (gen)* retomber *(into* dans); *[invalid]* rechuter.

relate [rɪˈleɪt] **1** *vt* (a) *(recount) story* raconter, relater, faire le récit de; *details* rapporter. strange to ∼ ... chose curieuse (à dire) ... .
(b) *(associate)* établir un rapport entre, rapprocher; *breeds* apparenter; *(to a category)* rattacher, lier. it is often difficult to ∼ the cause to the effect il est souvent difficile d'établir un rapport de cause à effet *or* d'établir un lien entre la cause et l'effet *or* de rattacher l'effet à la cause.
2 *vi* se rapporter, toucher *(to* à).

related [rɪˈleɪtɪd] **1** *adj* (a) *(in family)* apparenté, allié *(to* à), parent *(to* de). she is ∼ to us elle est notre parente; to be closely/distantly ∼ être proche parent/parent éloigné; ∼ by marriage to parent par alliance de, allié à.
(b) *(connected) (Chem)* apparenté; *(Philos)* connexe; *(Mus)* relatif. French is ∼ to Spanish le français est parent de l'espagnol; geometry and other ∼ subjects la géométrie et les sujets connexes *or* qui s'y rattachent; *[fact, incident etc]* to be ∼ to avoir rapport à; the facts are certainly ∼ les faits sont certainement liés; the incidents are not ∼ ces incidents n'ont pas de lien entre eux *or* n'ont aucun rapport (entre eux).
2 **-related** *adj ending in cpds* qui est lié à; health∼ problems problèmes liés à la santé; earnings∼ pensions retraites *fpl* ramenées au salaire.

relating [rɪˈleɪtɪŋ] *adj*: ∼ to concernant, relatif à.

relation [rɪˈleɪʃən] *n* (a) *(family: person)* parent(e) *m(f)*; *(kinship)* parenté *f*. I've got some ∼s coming to dinner j'ai de la famille à dîner; is he any ∼ to you? est-il de vos parents?; he is no ∼ (of mine *or* to me) il n'est pas de ma famille, il n'y a aucun lien de parenté *or* aucune parenté entre nous; what ∼ is she to you? quelle est sa parenté avec vous?
(b) *(relationship)* rapport *m*, relation *f*. to bear a ∼ to avoir rapport à; to bear no ∼ to n'avoir aucun rapport avec, être sans rapport avec; in ∼ to par rapport à, relativement à; ∼s relations, rapports; *(personal ties)* rapports; to have business ∼s with être en rapports *or* relations d'affaires avec; diplomatic/friendly/international ∼s relations diplomatiques/d'amitié/internationales; ∼s are rather strained the relations *or* les rapports sont assez tendu(e)s; sexual ∼s rapports (sexuels); *V* public.
(c) *(telling) [story]* récit *m*, relation *f*; *[details]* rapport *m*.

relational [rɪˈleɪʃnəl] *adj (gen, Ling)* relationnel.

relationship [rɪˈleɪʃənʃɪp] *n* (a) *(family ties)* liens *mpl* de parenté. what is your ∼ to him? quels sont les liens de parenté entre vous?, quels sont vos liens de parenté avec lui?
(b) *(connection)* rapport *m*; *(relations)* relations *fpl*, rapports; *(personal ties)* rapports. to see a ∼ between 2 events voir un rapport *or* un lien entre 2 événements; to have a ∼ with sb *(general)* avoir des relations *or* être en relations avec qn; *(sexual)* avoir une liaison avec qn; he has a good ∼ with his clients il est en bons rapports avec ses clients; they have a good ∼ ils s'entendent bien; friendly/business ∼ relations d'amitié/d'affaires; his ∼ with his father was strained ses rapports avec son père étaient tendus; the ∼ between mother and child les rapports entre la mère et l'enfant.

relative [ˈrelətɪv] **1** *adj* (a) *(comparative)* relatif; *(respective)* respectif. happiness is ∼ le bonheur est relatif; petrol consumption is ∼ to speed la consommation d'essence est fonction de la vitesse; to live in ∼ luxury vivre dans un luxe relatif; the ∼ merits of A and B les mérites respectifs de A et de B.
(b) *(relevant)* relatif à, qui se rapporte à; the documents ∼ to the problem les documents relatifs au *or* qui se rapportent au problème.
(c) *(Ling, Mus)* relatif. *(Mus)* ∼ major/minor (key) (ton) majeur/mineur relatif.
2 *n* (a) *(person)* parent(e) *m(f)*. one of my ∼s un(e) parent(e) à moi, un membre de ma famille; all my ∼s came toute ma famille est venue.
(b) *(Ling)* relatif *m*.

relatively [ˈrelətɪvlɪ] *adv (V relative)* relativement; respectivement; *(fairly, rather)* assez. ∼ speaking relativement parlant.

relativism [ˈrelətɪvɪzəm] *n* relativisme *m*.

relativist [ˈrelətɪvɪst] *adj, n* relativiste *(mf)*.

relativistic [ˌrelətɪvˈɪstɪk] *adj* relativiste.

relativity [ˌreləˈtɪvɪtɪ] *n (gen, Ling, Philos, Phys)* relativité *f*. theory of ∼ théorie *f* de la relativité.

relativization [ˌrelətɪvaɪˈzeɪʃən] *n* relativisation *f*.

relativize [ˈrelətɪvaɪz] *vt* relativiser.

relax [rɪˈlæks] **1** *vt* hold, grip relâcher, desserrer; *(Med)* bowels relâcher; muscles relâcher, décontracter, relaxer; discipline, attention, effort relâcher; restrictions modérer; measures, tariffs assouplir; person, one's mind détendre, délasser; *V also* **relaxed.**
2 *vi* (a) *(rest)* se détendre, se délasser, se relaxer. (*: calm down) let's just ∼! restons calmes!, ne nous énervons pas!, du calme!
(b) *(V 1)* se relâcher; se desserrer; se décontracter.

relaxation [ˌriːlækˈseɪʃən] *n* (a) *(U) [muscles, discipline, attention]* relâchement *m*; *[mind]* détente *f*, relaxation *f*; *[body]* décontraction *f*, relaxation; *[restriction, measures, tariffs]* assouplissement *m*. *(Jur)* **measures of** ∼ mesures *fpl* d'assouplissement.
(b) *(recreation)* détente *f*, délassement *m*; *(rest)* repos *m*. you need some ∼ after work on a besoin d'une détente après le travail; books are her ∼ pour se délasser *or* se détendre elle lit; the ∼s of the wealthy les distractions *fpl* des riches.

relaxed [rɪˈlækst] *adj discipline, effort, attention* relâché; muscle etc relâché, relaxé; smile, voice, attitude détendu. *(Med)* ∼ throat gorge irritée *or* enflammée; to feel ∼ se sentir détendu *or* décontracté; *(fig: don't feel strongly one way or other)* I feel fairly ∼ about it* ça m'est égal, ça ne me fait ni chaud ni froid*.

relaxing [rɪˈlæksɪŋ] *adj climate* reposant, amollissant *(pej)*, débilitant *(pej)*; atmosphere, activity délassant, relaxant, qui procure de la *or* une détente.

relay [ˈriːleɪ] **1** *n* (a) *[horses, men etc]* relais *m*. to work in ∼s travailler par relais, se relayer.
(b) *(Rad, TV)* émission relayée.
(c) *(Sport)* = relay race; *V 2.*
(d) *(Elec, Phys, Tech)* relais *m*.
2 *cpd*: **relay race** course *f* de relais; *(Rad, TV)* **relay station** relais *m*.
3 *vt (Elec, Rad, TV etc) programme, signal, message* relayer, retransmettre. to ∼ each other se relayer.

re-lay [ˌriːˈleɪ] *vt pret, ptp* **re-laid** carpet reposer.

release [rɪˈliːs] **1** *n* (a) *(U) (from captivity)* libération *f*; *(from prison)* libération, élargissement *m (frm)*; *(Jur: from custody)* relaxe *f*; *(from obligation, responsibility)* libération; *(from service)* dispense *f*, exemption *f*; *(Comm: from customs, bond)* congé *m*. on his ∼ from prison he ... dès sa sortie de prison, il ...; the ∼ of the prisoners by the allied forces la libération des prisonniers par les forces alliées; death was a happy ∼ for him pour lui la mort a été une délivrance; *(Fin, Econ, Jur)* ∼ of appropriation déblocage *m* de crédit.
(b) *(U) (Comm) [goods]* mise *f* en vente; *[news]* autorisation *f* de publier; *[film, record]* sortie *f*; *[book]* parution *f*, sortie. this film is now on general ∼ ce film n'est plus en exclusivité.
(c) *(Comm: sth just brought out) (record)* (nouveau) disque *m*; *(film)* (nouveau) film *m*; *(book)* nouveauté *f*; *(Press etc)* communiqué *m*.
(d) *(U) [bomb]* lâchage *m*, largage *m*; *(Phot etc)* déclenchement *m*; *[brake]* dégagement *m*, desserrage *m*; *[steam]* échappement *m*. ∼ valve soupape *f* de sûreté.
(e) *(also* ∼ switch/button) touche *f* de déclenchement.
2 *cpd* switch, knob, catch etc de déclenchement *or* de sortie etc. *(Cine)* **release print** copie *f* d'exploitation.
3 *vt* (a) *(set free) person (from prison)* libérer, relâcher *(from* de), mettre en liberté, relaxer, élargir *(Jur)*; *(from chains)* libérer *(from* de); *(from rubble, wreckage)* dégager *(from* de); *(from obligation)* dégager, libérer *(from* de); *(from promise, vow)* relever *(from* de). *(Jur)* to ∼ sb on bail mettre qn en liberté provisoire sous caution; to ∼ sb from a debt faire la remise d'une dette à qn; death ∼d him from pain la mort mit fin à ses souffrances; his employer agreed to ∼ him son patron lui a permis de cesser son travail; can you ∼ him for a few hours each week? pouvez-vous le libérer *or* le rendre disponible quelques heures par semaine?
(b) *(let go) object, sb's hand, pigeon* lâcher; bomb lâcher, larguer; *(Chem) gas* dégager. to ∼ one's grip *or* hold lâcher prise; to ∼ one's hold of *or* one's grip on sth lâcher qch.
(c) *(issue) book, record* sortir, faire paraître; film (faire) sortir; goods mettre en vente; *(publish, announce) news* autoriser la publication de; details of sth publier. to ∼ a statement publier un communiqué *(about* au sujet de).
(d) *(Jur) property* céder.
(e) spring, clasp, catch faire jouer; *(Phot) shutter* déclencher; handbrake desserrer. *(Aut)* to ∼ the clutch débrayer.

relegate [ˈrelɪgeɪt] *vt* (a) *(demote) person* reléguer; *(Sport) team* reléguer *(to* à, en), déclasser. *(Ftbl)* to be ∼d descendre en seconde etc division; to ∼ old furniture to the attic reléguer de vieux meubles au grenier. (b) *(hand over) matter, question* renvoyer *(to* à), se décharger de *(or* sur).

relegation [ˌrelɪˈgeɪʃən] *n* relégation *f (also Sport)*; *[matter, question]* renvoi *m (to* à).

relent [rɪˈlent] *vi* s'adoucir, se laisser toucher, se laisser fléchir; *(reverse one's decision)* revenir sur une décision.

relentless [rɪˈlentlɪs] *adj* implacable, impitoyable.

relentlessly [rɪˈlentlɪslɪ] *adv* implacablement, impitoyablement.

relet [ˈriːˈlet] *vt* relouer.

relevance [ˈreləvəns] *n*, **relevancy** [ˈreləvənsɪ] *n* pertinence *f*, à-propos *m inv*; rapport *m (to* avec). what is the ∼ of your question to the problem? quel est le rapport entre votre question et le problème?

relevant [ˈreləvənt] *adj* ayant rapport *(to* à); remark, argument pertinent *(to* à); regulation applicable, approprié *(to* à); fact significatif; information, course, study utile; *(Jur)* document justificatif. *(Jur, Fin)* the ∼ year l'année de référence; to be ∼ to sth avoir rapport à qch; that is not ∼ cela n'entre pas en ligne de compte, cela n'a rien à voir*; you must refer to the ∼ chapter vous devez vous rapporter au chapitre approprié.

reliability [rɪ,laɪə'bɪlɪtɪ] n *[person, character]* (esprit m de) sérieux m; *[memory, description]* sûreté f, précision f; *[device, machine]* qualité f, robustesse f, solidité f, fiabilité f.

reliable [rɪ'laɪəbl] adj person sérieux, digne de confiance, sûr; *employee* sérieux, efficace, sur qui l'on peut compter *or* se reposer; *firm, company* sérieux; *machine* bon, solide, fiable; *information* sérieux, sûr; *description, memory, account* auquel *or* à laquelle on peut se fier. **she's very ~** elle est très sérieuse, on peut toujours compter sur elle; **a ~ source of information** une source digne de foi, une source sûre; **her memory is not very ~** on ne peut pas vraiment se fier à sa mémoire.

reliably [rɪ'laɪəblɪ] adv *work* sérieusement. **I am ~ informed that ...** j'apprends de source sûre *or* de bonne source que ...

reliance [rɪ'laɪəns] n *(trust)* confiance f *(on* en); *(dependence)* dépendance f *(on* de), besoin m *(on* de). **to place ~ on sb/in sth** avoir confiance en qn/en qch.

reliant [rɪ'laɪənt] adj *(trusting)* confiant *(on* en). *(dependent)* ~ **on** dépendant de, qui compte sur, qui a besoin de; **self-~** indépendant.

relic ['relɪk] n relique f *(also Rel).* ~**s** *(human remains)* dépouille f (mortelle); *(of the past)* reliques fpl, vestiges mpl.

relict†† ['relɪkt] n veuve f.

relief [rɪ'liːf] 1 n (a) *(from pain, anxiety)* soulagement m. **to bring ~ to** apporter *or* procurer du soulagement à; **I felt great ~ when ...** j'ai éprouvé un grand *or* vif soulagement quand ...; **to my ~ à mon grand soulagement; that's a ~!** ouf! je respire!, j'aime mieux ça!; **(to me) it was a ~ to find it** j'ai été soulagé de le retrouver; *V comic.*

(b) *(assistance)* secours m, aide f, assistance f. **to go to the ~ of** aller au secours de; **to come to the ~ of** venir en aide à; **to send ~ to** envoyer des secours à.

(c) *(US Admin)* aides fpl sociales. **to get ~, to be on ~** bénéficier d'aides sociales.

(d) *(Mil) [town]* délivrance f; *[guard]* relève f.

(e) *(exemption) (Jur)* exonération f; *(fiscal)* dégrèvement m.

(f) *(Art, Geog)* relief m. **high/low ~** haut-/bas-relief; **to stand out in ~ against** se détacher sur; *(lit, fig)* **to bring** *or* **throw sth into ~** mettre qch en relief, faire ressortir qch.

2 cpd *train, coach, typist, clerk* supplémentaire. **relief fund** caisse f de secours; **relief map** carte f en relief; *[refugees, earthquakes etc]* **relief organization** société f de secours; *(Brit)* **relief road** route f de délestage; **relief supplies** secours mpl; **relief troops** relève f, troupes fpl de secours; **relief valve** soupape f de sûreté; **relief work** œuvres fpl de secours.

relieve [rɪ'liːv] vt (a) *person* soulager. **to feel ~d** se sentir soulagé; **he was ~d to learn that ...** il a été soulagé d'apprendre que ...; **to ~ sb of a burden** soulager qn d'un fardeau; **to ~ sb of a coat/suitcase** débarrasser qn d'un manteau/d'une valise; **to ~ sb of a duty** décharger qn d'une obligation; **to ~ sb of a post,** *(Mil)* **to ~ sb of a command** relever qn de ses fonctions; **the news ~d me of anxiety** la nouvelle a dissipé mes inquiétudes; *(hum)* **a thief has ~d me of my purse** un voleur m'a soulagé de *(hum) or* délesté de* mon porte-monnaie.

(b) *(mitigate) anxiety, pain* soulager, alléger; *fear, boredom* dissiper; *poverty* remédier à, pallier. **to ~ sb's mind** tranquilliser (l'esprit de) qn; **to ~ one's feelings** *(sorrow)* s'épancher, décharger son cœur; *(anger)* décharger sa colère *or* sa bile; **to ~ a situation** remédier à une situation; **the black of her dress was ~d by a white collar** un col blanc égayait sa robe noire; **the new road ~s peak-hour congestion** la nouvelle route facilite la circulation aux heures de pointe; **the new road ~s congestion in the town centre** la nouvelle route décongestionne le centre de la ville; *(Med)* **to ~ congestion** décongestionner; *(euph)* **to ~ o.s.** se soulager*, faire ses besoins*.

(c) *(help)* secourir, aider, venir en aide à.

(d) *(take over from)* relayer. **Paul will ~ you at 6** Paul vous relayera à 6 heures; *(Mil)* **to ~ the guard** relever la garde.

(e) *(Mil) town* délivrer, faire lever le siège de.

relievo [rɪ'liːvəʊ] n *(Art)* relief m.

religion [rɪ'lɪdʒən] n *(belief)* religion f; *(form of worship)* culte m; *(item on form etc)* confession f. **the Christian ~** la religion chrétienne; **this new ~ already has many adherents** ce nouveau culte a déjà de nombreux adeptes; **wars of ~** guerres fpl de religion; *(fig)* **to make a ~ of doing** se faire une obligation (absolue) de faire; *(lit)* **it's against my ~ (to do that)** c'est contraire à ma religion (de faire cela); *(hum)* **it's against my ~ to clean windows*** je ne fais jamais les vitres, c'est contraire à ma religion *(hum);* **to enter ~** entrer en religion; **her name in ~** son nom de religion; **he's got ~*** il s'est converti.

religiosity [rɪ,lɪdʒɪ'ɒsɪtɪ] n religiosité f.

religious [rɪ'lɪdʒəs] 1 adj (a) *person, teaching, order, life, freedom* religieux; *book* de piété; *wars* de religion. **he's a ~ person** il est croyant *or* pratiquant; **he's very ~** il est très croyant *or* très pieux; *(Scol)* ~ **education,** ~ **instruction** instruction religieuse.

(b) *(fig: conscientious, exact) care* scrupuleux, religieux; *silence* religieux.

2 n *(pl inv)* religieux m, -ieuse f.

religiously [rɪ'lɪdʒəslɪ] adv religieusement, pieusement; *(conscientiously)* scrupuleusement.

religiousness [rɪ'lɪdʒəsnɪs] n piété f, dévotion f.

reline ['riː'laɪn] vt *coat, jacket* mettre une nouvelle doublure à, redoubler. *(Aut)* **to ~ the brakes** changer les garnitures de freins.

relinquish [rɪ'lɪŋkwɪʃ] vt (a) *(give up) hope, power* abandonner; *plan, right* renoncer à *(to sb* en faveur de qn); *habit* renoncer à; *post* quitter, abandonner; *goods, property etc* se dessaisir de, abandonner.

(b) *(let go) object* lâcher. **to ~ one's hold on sth** lâcher qch.

relinquishment [rɪ'lɪŋkwɪʃmənt] n *(V relinquish)* abandon m *(of* de); renonciation f *(of* à).

reliquary ['relɪkwərɪ] n reliquaire m.

relish ['relɪʃ] 1 n (a) *(enjoyment)* goût m *(for* pour). **to do sth with (great) ~, to take ~ in doing sth** faire qch avec goût *or* délectation; **he ate with ~** il mangeait de bon appétit.

(b) *(Culin) (flavour)* goût m, saveur f; *(seasoning)* condiment m, assaisonnement m; *(trace: of spices etc)* soupçon m; *(fig: charm)* attrait m, charme m. *(fig)* **it had lost all ~** cela avait perdu tout attrait.

2 vt *food, wine* savourer. **to ~ doing** se délecter à faire, trouver du plaisir à faire; **I don't ~ the thought of getting up at 5** l'idée de me lever à 5 heures ne me sourit guère *or* ne me dit rien.

relive ['riː'lɪv] vt revivre.

reload ['riː'ləʊd] vt recharger.

relocate [,riːləʊ'keɪt] 1 vt installer ailleurs. 2 vi *(US)* déménager, s'installer ailleurs.

reluctance [rɪ'lʌktəns] n (a) répugnance f *(to do* à faire). **to do sth with ~** faire qch à regret *or* à contrecœur; **to make a show of ~** se faire prier, se faire tirer l'oreille. (b) *(Elec)* réluctance f.

reluctant [rɪ'lʌktənt] adj (a) *(unwilling, disinclined) person, animal* peu disposé *(to* à), peu enthousiaste. **he is ~ to do it** il hésite *or* il rechigne *or* il est peu disposé à le faire; **the ~ soldier** le soldat malgré lui.

(b) *(done unwillingly)* fait à regret *or* à contrecœur; *consent, praise* accordé à contrecœur.

reluctantly [rɪ'lʌktəntlɪ] adv à regret, à contrecœur, sans enthousiasme.

rely [rɪ'laɪ] vi: **to ~ (up)on sb/sth** compter sur qn/qch, avoir confiance en qn/qch, se fier à qn/qch; **she relied on the trains being on time** elle comptait *or* tablait sur le fait que les trains seraient à l'heure; **I ~ on him for my income** je dépends de lui pour mes revenus; **you can ~ upon it** vous pouvez y compter; **you can ~ on me not to say anything about it** vous pouvez compter sur moi pour ne pas en parler, comptez sur ma discrétion; **she is not to be relied upon** on ne peut pas compter sur elle; **he relies increasingly on his assistants** il se repose de plus en plus sur ses assistants; **you mustn't ~ on other people for everything** il faut se prendre en charge; *(Jur)* **to ~ on sth** invoquer qch.

REM [rem] n *(abbr of rapid eye movement)* ~ **sleep** sommeil m paradoxal.

remain [rɪ'meɪn] vi (a) *(be left)* rester. **much ~s to be done** il reste beaucoup à faire; **nothing ~s to be said** il ne reste plus rien à dire; **nothing ~s but to accept** il ne reste plus qu'à accepter; **it ~s to be seen whether ...** reste à savoir si ...; **that ~s to be seen** c'est ce que nous verrons, c'est ce qu'il reste à voir; **the fact ~s that he is wrong** il n'en est pas moins vrai *or* toujours est-il qu'il a tort; **take 2 from 4, 2 ~ 4** moins 2, il reste 2.

(b) *(stay)* rester, demeurer. **to ~ faithful** demeurer *or* rester fidèle; **to ~ seated** restez assis; **to ~ out/in** *etc* rester (en) dehors/(en) dedans *etc;* **to ~ up** rester levé; **let the matter ~ as it is** laissez l'affaire comme cela; **it's the same ça ne change pas; to ~ silent** garder le silence; **it ~s unsolved** ce n'est toujours pas résolu; **if the weather ~s fine** si le temps se maintient (au beau); *(in letters)* **I ~, yours faithfully** je vous prie d'agréer *or* veuillez agréer l'expression de mes sentiments distingués.

♦**remain behind** vi rester.

remainder [rɪ'meɪndər] 1 n (a) *(sth left over)* reste m; *(remaining people)* autres mfpl; *(Math)* reste m; *(Jur)* usufruit m avec réversibilité. **for the ~ of the week** pendant le reste *or* le restant de la semaine.

(b) ~**s** *(Comm) (books etc)* invendus mpl soldés, soldes mpl d'éditeur; *(clothes, articles)* fin(s) f(pl) de série.

2 vt *books etc* solder.

remaining [rɪ'meɪnɪŋ] adj qui reste. **I have only one ~** il ne m'en reste qu'un, je n'en ai qu'un de reste; **the ~ cakes** le reste des gâteaux, les gâteaux qui restent.

remains [rɪ'meɪnz] npl *[meal]* restes mpl; *[fortune, army]* débris mpl; *[building]* restes, vestiges mpl, ruines fpl. **literary ~** œuvres fpl posthumes; **his (mortal) ~** ses restes, sa dépouille mortelle; **human ~** restes humains.

remake ['riː'meɪk] 1 vt refaire. 2 ['riː'meɪk] n *(Cine)* remake m.

remand [rɪ'mɑːnd] 1 vt *(gen, Jur) case, accused person* déférer, renvoyer *(to* à). *(Jur)* **to ~ sb to a higher court** renvoyer qn à une instance supérieure; **to ~ in custody** mettre en détention preventive; **to ~ on bail** laisser en liberté provisoire (sous caution); **case ~ed for a week** affaire renvoyée à huitaine; *V further.*

2 n renvoi m (à une autre audience). **to be on ~** *(in custody)* être en détention préventive *or* en prévention; *(on bail)* être en liberté provisoire.

3 cpd: *(Brit)* **remand home** ≃ maison f d'arrêt; **remand wing** quartier m des détenus préventifs.

remark [rɪ'mɑːk] 1 n (a) *(comment)* remarque f, réflexion f, observation f, commentaire m. **to make** *or* **pass the ~ that** remarquer que, faire observer que; **I have a few ~s to make on that subject** j'ai quelques remarques *or* réflexions *or* observations à vous communiquer à ce sujet; *(pej)* **to pass ~s about sb** faire des réflexions sur qn; ~**s were passed about your absence** on a fait des remarques *or* des réflexions sur votre absence.

(b) *(U)* remarque f, attention f. **worthy of ~** digne d'attention, remarquable.

2 vt (a) *(say)* (faire) remarquer, (faire) observer. **'I can't go' he ~ed** 'je ne peux pas y aller' dit-il.

(b) *(notice)* remarquer, observer.

3 vi faire des remarques *or* des observations *(on* sur). **he ~ed on it to me** il m'en a fait l'observation *or* la remarque.

remarkable [rɪ'mɑːkəbl] adj remarquable *(for* par); *event* remarquable, marquant; *pupil, mind* remarquable, brillant.

remarkably [rɪ'mɑːkəblɪ] adv remarquablement.

remarriage ['ri:'mærɪdʒ] *n* remariage *m*.
remarry ['ri:'mærɪ] *vi* se remarier.
remediable [rɪ'mi:dɪəbl] *adj* remédiable.
remedial [rɪ'mi:dɪəl] *adj action* réparateur (*f* -trice); *measures* de redressement; *class* de rattrapage. ~ **(course in) English** cours *m* de soutien *or* de rattrapage en anglais; ~ **exercises** gymnastique *f* médicale *or* corrective; ~ **teaching** cours *mpl* de rattrapage; ~ **treatment** traitement curatif.
remedy ['remǝdɪ] **1** *n* (*Med, fig*) remède *m* (*for* contre, à, de); (*Jur*) recours *m*. **past** *or* **beyond** ~ sans remède; **we must provide a** ~ **for injustice** nous devons trouver un remède à l'injustice; **the** ~ **for boredom is work** le travail est le remède de *or* contre l'ennui; **the** ~ **for despair** le remède contre le désespoir.
2 *vt* (*Med*) remédier à; (*fig*) remédier à, porter remède à. **the situation cannot be remedied** la situation est sans remède.
remember [rɪ'membǝr] **1** *vt* **(a)** (*recall*) *person, date, occasion* se souvenir de, se rappeler. **to** ~ **that** se rappeler que; **I** ~ **doing it** je me rappelle l'avoir fait *or* que je l'ai fait, je me souviens de l'avoir fait; **I** ~**ed to do it** j'ai pensé à le faire; **I** ~ **when an egg cost one penny** je me souviens de l'époque où un œuf coûtait un penny; **I cannot** ~ **your name** je ne me rappelle pas votre nom; **don't you** ~ **me?** (*face to face*) vous ne me reconnaissez pas?; (*phone*) vous ne vous souvenez pas de moi?; **I** ~ **your face** je me souviens de votre visage, je vous reconnais; **I don't** ~ **a thing about it** je n'en ai pas le moindre souvenir, je ne me souviens de rien; **I can never** ~ **phone numbers** je n'ai aucune mémoire pour les *or* je ne me souviens jamais des numéros de téléphone; **let us** ~ **that ...** n'oublions pas que ...; **here's something to** ~ **him by** voici un souvenir de lui; **I can't** ~ **the word at the moment le mot m'échappe pour le moment; we can't always** ~ **everything** on ne peut pas toujours songer à tout; ~ **where you are!** ressaisissez-vous!; **to** ~ **o.s.** se reprendre; **to** ~ **sb in one's prayers/one's will** ne pas oublier qn dans ses prières/son testament; **that's worth** ~**ing** c'est bon à savoir; **please** ~ **the guide** n'oubliez pas le guide.
(b) (*commemorate*) *the fallen, a battle* commémorer.
(c) (*give good wishes to*) rappeler (*to* au bon souvenir de). ~ **me to your mother** rappelez-moi au bon souvenir de votre mère; **he asks to be** ~**ed to you** il vous envoie son meilleur souvenir.
2 *vi* se souvenir. **I can't** ~ je ne me souviens pas, je ne sais plus; **as far as I** ~ autant qu'il m'en souvienne; **not as far as I** ~ pas à ma connaissance, pas que je m'en souvienne; **if I** ~ **right(ly)** si j'ai bonne mémoire, si je m'en *or* me souviens bien.
remembered [rɪ'membǝd] *adj* (*liter*) *happiness etc* inscrit dans la mémoire.
remembrance [rɪ'membrǝns] *n* (*memory, thing remembered*) souvenir *m*, mémoire *f*; (*act of remembering, keepsake*) souvenir. **(Brit) R**~ **Day** ≃ (le jour de) l'Armistice *m*, le 11 novembre; **in** ~ **of** en souvenir de; **to the best of my** ~ autant qu'il m'en souvienne; **within the** ~ **of man** de mémoire d'homme; **to have no** ~ **of** ne pas se souvenir de, n'avoir aucun souvenir de; **give my kind** ~**s to your sister** rappelez-moi au bon souvenir de votre sœur.
remind [rɪ'maɪnd] *vt* rappeler (*sb of sth* qch à qn, *sb that* à qn que). **you are** ~**ed that ...** nous vous rappelons que ...; **to** ~ **sb to do** faire penser à qn à faire; **must I** ~ **you (again)?** faut-il que je (vous) le redise? *or* le rappelle (*subj*) encore une fois?; **she** ~**ed him of his mother** elle lui rappelait sa mère; **that** ~**s me!** à propos!, j'y pense!
reminder [rɪ'maɪndǝr] *n* (*note, knot etc*) mémento *m*, pense-bête *m*. **as a** ~ **that** pour (vous *or* lui *etc*) rappeler que; **his presence was a** ~ **of ...** sa présence rappelait ...; **a gentle** ~ un rappel discret; **give him a gentle** ~ rappelez-le-lui discrètement; (*Comm*) (**letter of**) ~ lettre *f* de rappel.
reminisce [,remɪ'nɪs] *vi* évoquer *or* raconter ses souvenirs. **to** ~ **about sth** évoquer qch.
reminiscence [,remɪ'nɪsǝns] *n* réminiscence *f*.
reminiscent [,remɪ'nɪsǝnt] *adj*: ~ **of** qui rappelle, qui fait penser à, évocateur (*f* -trice) de; **style** ~ **of Shakespeare's** style qui rappelle (celui de) Shakespeare.
reminiscently [,remɪ'nɪsǝntlɪ] *adv*: **to smile** ~ sourire à un souvenir *or* à ce souvenir; **he talked** ~ **of the war** il rappelait ses souvenirs de (la) guerre, il évoquait des souvenirs de (la) guerre.
remiss [rɪ'mɪs] *adj* négligent, insouciant, peu zélé. **he has been** ~ **in not finishing his work** c'est négligent de sa part de ne pas avoir terminé son travail; **that was very** ~ **of you** vous vous êtes montré très négligent.
remission [rɪ'mɪʃǝn] *n* (*gen, Med, Rel*) rémission *f*; (*Jur*) remise *f*. **the** ~ **of sins** la rémission des péchés; (*Jur*) **he earned 3 years'** ~ **(for good conduct)** on lui a accordé 3 ans de remise (pour bonne conduite); (*Jur*) ~ **from a debt** remise d'une dette; **there can be no** ~ **of registration fees** il ne peut y avoir de dispense *or* d'exemption des droits d'inscription.
remissness [rɪ'mɪsnɪs] *n* négligence *f*, manque *m* de zèle.
remit¹ [rɪ'mɪt] **1** *vt* **(a)** (*Rel*) *sins* pardonner, remettre; (*Jur etc*) *fee, debt, penalty* remettre. **to have part of one's sentence** ~**ted** bénéficier d'une remise de peine; **to** ~ **sb's sentence** bénéficier à qn d'une remise de peine; **the prisoner's sentence was** ~**ted** on a remis la peine du détenu, le détenu a reçu une remise de peine.
(b) (*send*) *money* envoyer, verser.
(c) (*lessen*) relâcher, se relâcher de.
(d) (*postpone*) différer.
(e) (*Jur*) renvoyer (à une instance inférieure).
2 *vi* (*become less*) diminuer; (*storm*) se calmer; (*effort*) se relâcher.
remit² ['ri:mɪt] *n* attributions *fpl*.
remittal [rɪ'mɪtl] *n* (*Jur*) renvoi *m* (à une instance inférieure).
remittance [rɪ'mɪtǝns] **1** *n* **(a)** (*of money*) (*gen*) versement *m*; (*Banking, Econ, Fin*) remise *f* de fonds; (*Comm etc: payment*) paiement *m*, règlement *m*. **enclose your** ~ joignez votre règlement.
(b) (*of documents*) remise *f*.

2 *cpd*: (*Comm*) **remittance advice** avis *m* de versement; (*US*) **remittance man** *résident m étranger entretenu (par ses parents etc)*.
remittee [remɪ'ti:] *n* destinataire *mf* (*d'un envoi de fonds*).
remittent [rɪ'mɪtǝnt] *adj* (*Med*) rémittent; (*fig*) intermittent.
remitter [rɪ'mɪtǝr] *n* **(a)** remetteur *m*, -euse *f*; *[money]* envoyeur *m*, -euse *f*; (*Comm*) remettant *m*. **(b)** (*Jur*) renvoi *m* (à une instance inférieure).
remnant ['remnǝnt] **1** *n* (*anything remaining*) reste *m*, restant *m*; (*piece*) débris *m*, bout *m*; *[custom, splendour]* vestige *m*; *[food, fortune]* bribe *f*, débris; *[cloth]* coupon *m*. (*Comm*) ~**s** soldes *mpl* (de fins de série); **the** ~ **of the army** ce qui restait (*or* reste) de l'armée.
2 *cpd*: (*Comm*) **remnant day** jour *m* de soldes; **remnant sale** solde *m* (de coupons *or* d'invendus *or* de fins de série).
remodel [,ri:'mɒdl] *vt* (*also Art, Tech*) remodeler; (*fig*) *society* réorganiser; *constitution* remanier.
remonstrance [rɪ'mɒnstrǝns] *n* **(a)** (*U*) remontrance *f*.
(b) (*protest*) protestation *f*; (*reproof*) reproche *f*.
remonstrant [rɪ'mɒnstrǝnt] **1** *adj tone* de remontrance, de protestation. **2** *n* protestataire *mf*.
remonstrate ['remǝnstreɪt] **1** *vi* protester (*against* contre). **to** ~ **with sb about sth** faire des remontrances à qn au sujet de qch. **2** *vt* faire observer *or* remarquer (*that* que) (*avec l'idée de reproche ou de contradiction*).
remorse [rɪ'mɔ:s] *n* (*U*) remords *m* (*at* de, *for* pour). **a feeling of** ~ un remords; **without** ~ sans pitié.
remorseful [rɪ'mɔ:sfʊl] *adj* plein de remords.
remorsefully [rɪ'mɔ:sfǝlɪ] *adv* avec remords.
remorsefulness [rɪ'mɔ:sfʊlnɪs] *n* (*U*) remords *m*.
remorseless [rɪ'mɔ:slɪs] *adj* sans remords, dénué de remords; (*fig*) implacable.
remorselessly [rɪ'mɔ:slɪslɪ] *adv* sans remords; (*fig*) sans pitié, impitoyablement, implacablement.
remorselessness [rɪ'mɔ:slɪsnɪs] *n* absence *f or* manque *m* de pitié *or* de remords.
remote [rɪ'mǝʊt] **1** *adj* **(a)** *place* (*distant*) lointain, éloigné; (*isolated*) écarté, isolé; *past time* lointain, ancien, reculé; *future time* lointain; *person* distant, froid, réservé. **in** ~ **country districts** au (fin) fond de la campagne; **in the remotest parts of Africa** au fin fond de l'Afrique; **in a** ~ **spot** dans un lieu retiré *or* écarté *or* à l'écart; **house** ~ **from a main road** maison située loin *or* à l'écart d'une grand-route; ~ **antiquity** antiquité reculée, haute antiquité; **in the** ~ **past/future** dans le passé/l'avenir lointain; ~ **ancestor/relative** ancêtre/parent éloigné; **what he said was rather** ~ **from the subject in hand** ce qu'il a dit était plutôt éloigné de la question; **you will find her rather** ~ vous la trouverez assez distante *or* d'un abord assez difficile.
(b) (*slight*) vague, petit. **very** ~ **resemblance** ressemblance très vague *or* lointaine; **I haven't the remotest idea** je n'ai pas la moindre idée; **he hasn't a** ~ **chance** il n'a pas le moindre espoir; **there is a** ~ **possibility that he will come** il y a une petite chance qu'il vienne.
2 *cpd*: **remote control** télécommande *f*, commande *f* à distance; **remote-controlled** télécommandé; (*Comput*) **remote job entry** télésoumission *f* de travaux.
remotely [rɪ'mǝʊtlɪ] *adv* **(a)** (*distantly*) *situated* au loin, dans le lointain. **we are** ~ **related** nous sommes parents éloignés.
(b) (*haughtily*) *look, speak* de façon distante, avec froideur.
(c) (*slightly*) vaguement, faiblement. **it is** ~ **possible that** il est tout juste possible que + *subj*; **it doesn't** ~ **resemble** cela ne ressemble absolument pas à *or* pas le moins du monde à; **he isn't** ~ **interested** il n'est pas le moins du monde *or* absolument pas intéressé.
remoteness [rɪ'mǝʊtnɪs] *n* (*in space*) éloignement *m*, isolement *m*; (*in time*) éloignement *m*. **his** ~ son attitude distante *or* réservée; (*from sb*) envers qn); **his** ~ **from everyday life** son isolement de la vie ordinaire.
remould [,ri:'mǝʊld] (*Brit*) **1** *vt* (*Tech*) remouler; *tyre* rechaper; (*fig*) *sb's character* corriger. **2** ['ri:mǝʊld] *n* (*tyre*) pneu rechapé.
remount [,ri:'maʊnt] **1** *vt* **(a)** *horse* remonter sur; *bicycle* enfourcher de nouveau; *hill* remonter; *ladder* grimper de nouveau sur.
(b) *picture* rentoiler; *photo* faire un nouveau montage de. **2** *vi* remonter à cheval (*or* à bicyclette).
removable [rɪ'mu:vǝbl] *adj* (*detachable*) amovible, détachable; (*movable*) *object* mobile; *machine* transportable.
removal [rɪ'mu:vǝl] **1** *n* enlèvement *m*; *[furniture, household]* déménagement *m*; *[abuse, evil]* suppression *f*; *[pain]* soulagement *m*; (*from a job*) (*demotion*) déplacement *m*; (*sacking*) renvoi *m*, révocation *f*; (*Med*) ablation *f*. **stain** ~ détachage *m*; **after our** ~ après notre changement *m* de domicile; **our** ~ **to this house** notre emménagement *m* dans cette maison; **our** ~ **from London** notre déménagement de Londres.
2 *cpd*: **removal allowance** indemnité *f* de déménagement; **removal expenses** frais *mpl* de déménagement; **removal man** déménageur *m*; (*Brit*) **removal van** voiture *f or* camion *m or* fourgon *m* de déménagement.
remove [rɪ'mu:v] **1** *vt object* enlever (*from* de); *clothes* enlever, ôter; *furniture* enlever, *[removers]* déménager; *stain, graffiti* enlever, faire partir; *paragraph, word, item on list* rayer, barrer; *threat, tax, abuse* supprimer; *objection* réfuter; *difficulty, problem* résoudre; (*lit, fig*) *obstacle* écarter; *doubt* chasser; *suspicion, fear* dissiper; *employee* renvoyer, destituer; *official* déplacer; (*: murder*) liquider‡; *tumour* extirper, enlever; *splint, bandage* enlever. ~ **the lid** enlevez le couvercle; **he was** ~**d to the cells** on l'a emmené en cellule; **to** ~ **sb to hospital** hospitaliser qn; **to** ~ **a child from school** retirer un enfant de l'école; (*Jur: in court*) ~ **the prisoner!** faire sortir l'accusé!; **he** ~**d himself to another room** il s'est retiré

dans une autre pièce; (*hum*) **I must ~ myself*** je dois filer*; **to ~ sb's name** rayer qn, radier qn; **to ~ one's make-up** se démaquiller; **make-up removing cream** crème démaquillante; **to ~ unwanted hair from the legs** épiler les jambes; (*fig*) **to be far ~d from** être loin de; **cousin once/twice ~d** cousin(e) *m(f)* au deuxième/troisième degré.

2 *vi* déménager, changer de domicile. **to ~ to London** aller habiter (à) Londres, aller s'installer à Londres.

3 *n* (*in relationship*) degré *m* de parenté. (*fig*) **to be only a few ~s from** être tout proche de; **this is but one ~ from disaster** nous frisons (*or* ils frisent *etc*) le désastre; **it's a far ~ from ...** c'est loin d'être ... .

remover [rɪˈmuːvəʳ] *n* (**a**) (*removal man*) déménageur *m*.
  (**b**) (*substance*) (*for varnish*) dissolvant *m*; (*for stains*) détachant *m*. **paint ~** décapant *m* (pour peintures); *V* **cuticle**, **hair**, **make-up**.
remunerate [rɪˈmjuːnəreɪt] *vt* rémunérer.
remuneration [rɪˌmjuːnəˈreɪʃən] *n* rémunération *f* (*for* de).
remunerative [rɪˈmjuːnərətɪv] *adj* rémunérateur (*f* -trice), lucratif.
renaissance [rɪˈneɪsɑ̃ːns] **1** *n* renaissance *f*. (*Hist*) **the R ~** la Renaissance. **2** *cpd*: **Renaissance** *art, scholar* de la Renaissance; *style, palace* Renaissance *inv*.
renal [ˈriːnl] *adj* rénal. **~ failure** défaillance *or* insuffisance rénale.
rename [ˈriːˈneɪm] *vt person, street, town* rebaptiser (*fig*).
renascence [rɪˈnæsns] *n* = **renaissance**.
renascent [rɪˈnæsnt] *adj* renaissant.
rend [rend] *pret, ptp* **rent** *vt* (*liter*) *cloth* déchirer; *armour* fendre; (*fig*) déchirer, fendre. (*lit, fig*) **to ~ sth from** arracher qch à *or* de; **country rent by civil war** pays déchiré par la guerre civile; **a cry rent the silence** un cri déchira le silence; **to ~ sb's heart** fendre le cœur à qn.
render [ˈrendəʳ] *vt* (**a**) (*frm: give*) *service, homage, judgment* rendre; *help* donner; *explanation* donner, fournir. **~ unto Caesar the things which are Caesar's** rendez donc *or* il faut rendre à César ce qui est de César; **to ~ thanks to sb** remercier qn; **to ~ thanks to God** rendre grâce à Dieu; **to ~ assistance** prêter assistance *or* secours; **to ~ an account of sth** rendre compte de qch.
  (**b**) (*Comm*) *account* remettre, présenter. (**to**) **account ~ed £10** rappel de compte *or* facture de rappel — 10 livres.
  (**c**) *music* interpréter; *text* rendre, traduire (*into* en).
  (**d**) (*make*) rendre. **his accident ~ed him helpless** son accident l'a rendu complètement infirme.
  (**e**) (*Culin*) *fat* faire fondre.
  (**f**) (*Constr*) plâtrer.
♦ **render down** *vt sep fat* faire fondre.
♦ **render up** *vt sep* (*liter*) *fortress* rendre; *prisoner, treasure* livrer.
rendering [ˈrendərɪŋ] *n* (*piece of music, poem*) interprétation *f*; (*translation*) traduction *f* (*into* en).
rendez-vous [ˈrɒndɪvuː] **1** *n, pl* **rendez-vous** [ˈrɒndɪvuːz] rendez-vous *m*. **2** *vi* (*meet*) se retrouver; (*assemble*) se réunir. **to ~ with sb** rejoindre qn; (*Mil etc*) **they rendez-voused with the patrol at dawn** ils ont rejoint la patrouille à l'aube.
rendition [renˈdɪʃən] *n* = **rendering**.
reneague [rɪˈniːg] *vi* = **reneg(u)e**.
renegade [ˈrenɪgeɪd] *n* renégat(e) *m(f)*.
reneg(u)e [rɪˈniːg] *vi* manquer à sa parole; (*Cards*) faire une renonce. **to ~ on a promise** manquer à sa promesse.
renew [rɪˈnjuː] *vt appointment, attack, contract, passport, promise, one's strength* renouveler; *lease* renouveler, reconduire; *supplies* remplacer, renouveler. **to ~ negotiations/discussions** reprendre des négociations/discussions; **to ~ one's subscription** renouveler son abonnement, se réabonner; **to ~ one's acquaintance with sb** renouer connaissance avec qn; *V* **also renewed**.
renewable [rɪˈnjuːəbl] *adj* renouvelable.
renewal [rɪˈnjuːəl] *n* (*V* **renew**) renouvellement *m*; reconduction *f*; remplacement *m*; reprise *f*; (*strength*) regain *m*. **~ of subscription** réabonnement *m*.
renewed [rɪˈnjuːd] *adj* (*gen*) accru. **with ~ vigour** avec une force accrue; **with ~ enthusiasm** avec un regain d'enthousiasme; **~ outbreaks of rioting** recrudescence *f* de troubles; **to make ~ efforts** to redoubler d'efforts pour faire.
rennet [ˈrenɪt] *n* (*for junket*) présure *f*.
renounce [rɪˈnaʊns] **1** *vt liberty, opinions, ideas, title* renoncer à; *religion* abjurer; *right* renoncer à, abandonner; *treaty* dénoncer; *friend* renier; *cause, party* renier, désavouer; *principles* répudier. **2** *vi* (*Bridge*) défausser.
renouncement [rɪˈnaʊnsmənt] *n* = **renunciation**.
renovate [ˈrenəʊveɪt] *vt clothes, house* remettre à neuf, rénover; *building, painting, statue* restaurer.
renovation [ˌrenəʊˈveɪʃən] *n* (*V* **renovate**) remise *f* à neuf, rénovation *f*; restauration *f*.
renown [rɪˈnaʊn] *n* renommée *f*, renom *m*, célébrité *f*. **of high ~** de grand renom.
renowned [rɪˈnaʊnd] *adj* renommé (*for* pour), célèbre (*for* par), en renom, illustre.
rent¹ [rent] **1** *n* (*house, room*) loyer *m*; (*farm*) fermage *m*; (*television etc*) (prix *m* de) location *f*. (*US*) **for ~** à louer; **quarter's ~** terme *m*; (**one week**) **late** *or* **behind with one's ~** en retard (d'une semaine) sur son loyer; **to pay a high/low ~ for** payer un gros/petit loyer pour; **evicted for non-payment of ~** expulsé pour non-paiement de loyer.
  2 *cpd*: (*Brit Comm*) '**rent-a-bike**' *etc* 'location de vélos' *etc*; **rent-a-car** *firm* compagnie *f* de location de voitures; (*Brit*) **rent-a-crowd***, **rent-a-mob*** (*gen*) agitateurs *mpl* professionnels; (*supporters: at meeting etc*) claque *f*; **rent collector** receveur *m* de loyers; **rent control** contrôle *m* des loyers; **rent-controlled** au loyer contrôlé (par le gouvernement); **rent-free** (*adj*) exempt de

loyer, gratuit; (*adv*) sans payer de loyer; **rent rebate** réduction *f* de loyer.
  3 *vt* (**a**) (*take for ~*) louer, prendre en location. **we don't own it, only ~ it** nous ne sommes pas propriétaires, mais locataires seulement.
  (**b**) (*also ~ out*) louer, donner en location.
rent² [rent] **1** *pret, ptp of* **rend**. **2** *n* (*tear*) (*cloth*) déchirure *f*, accroc *m*; (*rock*) fissure *f*; (*clouds*) déchirure, trouée *f*; (*fig*) (*party etc*) rupture *f*, scission *f*.
rental [ˈrentl] *n* (*amount paid*) (*house, land*) (montant *m* du) loyer *m*; (*esp for holiday accommodation*) prix *m* de location; (*television etc*) (prix de) location *f*; (*telephone*) abonnement *m*; (*income from rents*) revenu *m* en loyers *or* fermages. (*US*) **~ library** bibliothèque *f* de prêt (*payante*).
renumber [ˌriːˈnʌmbəʳ] *vt* numéroter de nouveau, renuméroter.
renunciation [rɪˌnʌnsɪˈeɪʃən] *n* (*V* **renounce**) renonciation *f* (*of* à); abjuration *f*; dénonciation *f*; reniement *m*, désaveu *m* (*of* de); (*Jur*) répudiation *f*.
reoccupy [ˌriːˈɒkjʊpaɪ] *vt* réoccuper.
reopen [ˌriːˈəʊpən] **1** *vt box, door* rouvrir; *fight, battle, hostilities* reprendre; *debate, discussion* rouvrir. (*Jur*) **to ~ a case** rouvrir une affaire. **2** *vi* (*school*) reprendre; (*shop, theatre etc*) rouvrir; (*wound*) se rouvrir.
reopening [ˌriːˈəʊpnɪŋ] *n* réouverture *f*.
reorder [ˈriːˈɔːdəʳ] *vt* (**a**) *goods, supplies* commander de nouveau.
  (**b**) (*reorganize*) reclasser, réorganiser.
reorganization [ˈriːˌɔːgənaɪˈzeɪʃən] *n* réorganisation *f*.
reorganize [ˈriːˈɔːgənaɪz] **1** *vt* réorganiser. **2** *vi* se réorganiser.
rep¹* [rep] *n abbr of* **repertory b**.
rep² [rep] *n* (*Tex*) reps *m*.
rep³* [rep] *n* (*Comm abbr of* **representative**) représentant *m* (de commerce).
repaid [rɪˈpeɪd] *pret, ptp of* **repay**.
repaint [ˈriːˈpeɪnt] *vt* repeindre.
repair¹ [rɪˈpɛəʳ] **1** *vt tyre, shoes, chair* réparer; *clothes* réparer, raccommoder; *machine, watch* réparer, arranger; *roof, road* réparer, refaire; (*Naut*) *hull* radouber; (*fig*) *error, wrong* réparer, remédier à.
  2 *n* (**a**) (*gen*) réparation *f*; (*clothes*) raccommodage *m*; (*shoes*) ressemelage *m*; (*roof, road*) réfection *f*; (*Naut*) (*hull*) radoub *m*. **to be under ~** etre en réparation; **beyond ~** (*adj*) irréparable; (*adv*) irréparablement; **damaged** *or* **broken beyond ~** irréparable; **closed for ~s** fermé pour cause de travaux; '**road ~s**' 'chantier'; '(**shoe**) **~s while you wait**' 'talon minute'.
  (**b**) (*U: condition*) **to be in good/bad ~** être en bon/mauvais état; **to keep in (good) ~** entretenir.
  3 *cpd*: **repair kit** trousse *f* de réparation *or* d'outils; **repair man** réparateur *m*; **repair outfit** = **repair kit**; **repair shop** atelier *m* de réparations.
repair² [rɪˈpɛəʳ] *vi* (*liter: go*) aller, se rendre.
repairable [rɪˈpɛərəbl] *adj* réparable.
repairer [rɪˈpɛərəʳ] *n* réparateur *m*, -trice *f*; *V* **clock**, **shoe** *etc*.
repaper [ˌriːˈpeɪpəʳ] *vt* retapisser, refaire les papiers peints de.
reparable [ˈrepərəbl] *adj* réparable.
reparation [ˌrepəˈreɪʃən] *n* réparation *f*. **to make ~s for** réparer (*une injure etc*).
repartee [ˌrepɑːˈtiː] *n* repartie *f*, réplique *f*. **to be good at ~** avoir la réplique facile, avoir de la repartie.
repast [rɪˈpɑːst] *n* (*liter*) repas *m*, banquet *m*.
repatriate [riːˈpætrɪeɪt] **1** *vt* rapatrier. **2** *n* [riːˈpætrɪət] rapatrié(e) *m(f)*.
repatriation [riːˌpætrɪˈeɪʃən] *n* rapatriement *m*.
repay [rɪˈpeɪ] *pret, ptp* **repaid** *vt* (**a**) (*pay back*) *money* rendre, rembourser; *person* rembourser; *debt, obligation* s'acquitter de. **if you lend me £2 I'll ~ you on Saturday** si tu me prêtes 2 livres je te les rendrai *or* je te rembourserai samedi; **to ~ sb's expenses** rembourser *or* indemniser qn de ses frais; (*fig*) **how can I ever ~ you?** comment pourrais-je (jamais) te remercier?
  (**b**) (*give in return*) récompenser. **to ~ sb's kindness** payer de retour la gentillesse de qn, récompenser qn de sa gentillesse; **to ~ sb with gratitude** payer qn de gratitude; **to be repaid for one's efforts** être récompensé de ses efforts; **it ~s obstinacy** la persévérance paie *or* est payante, cela vaut la peine de persévérer.
repayable [riːˈpeɪəbl] *adj* remboursable. **~ in 10 monthly instalments** remboursable en 10 mensualités.
repayment [riːˈpeɪmənt] *n* (*money*) remboursement *m*; (*effort*) récompense *f*. **~s can be spread over 3 years** les remboursements peuvent s'échelonner sur 3 ans; (*Fin*) **~ schedule** calendrier *m* d'amortissement.
repeal [rɪˈpiːl] **1** *vt law* abroger, annuler; *sentence* annuler; *decree* révoquer. **2** *n* abrogation *f*, annulation *f*, révocation *f*.
repeat [rɪˈpiːt] **1** *vt* (*say again*) répéter, redire, réitérer; *demand, promise* réitérer; (*Mus*) reprendre; (*recite*) *poem etc* réciter (par cœur); (*do again*) *action, attack* répéter, renouveler; *pattern, motif* répéter, reproduire; (*Comm*) *order* renouveler. (*Comm*) **this offer will never be ~ed** ce prix unique *or* exceptionnel, ne manquez pas; **you must not ~ what I tell you** il ne faut pas répéter ce que je vous dis; **to ~ o.s.** se répéter; **to ~ one's efforts** renouveler ses efforts; (*Scol*) **to ~ a class** redoubler une classe.
  2 *vi* (**a**) répéter. **I ~, it is impossible** je le répète, c'est impossible.
  (**b**) (*Math*) se reproduire périodiquement. **0.054 ~ing** 0,054 périodique.
  (**c**) (*) **radishes ~ on me** les radis me donnent des renvois*.
  3 *n* répétition *f*; (*Mus*) reprise *f*; (*Rad, TV*) reprise *f*, rediffusion *f*. (*Mus*) **shall we play the ~?** est-ce qu'on joue les reprises?

4 *cpd:* (*Mus*) **repeat mark(s)** barre *f* de reprise, renvoi *m*; (*Brit Comm*) **repeat order** commande renouvelée; (*Theat*) **repeat performance** deuxième représentation *f*; (*fig*) **he gave a repeat performance** il a fait exactement la même chose; (*pej*) il a fait la même comédie; (*Mus*) **repeat sign = repeat marks.**

repeated [rɪˈpiːtɪd] *adj requests, criticism* répété; *efforts* renouvelé.

repeatedly [rɪˈpiːtɪdlɪ] *adv* à maintes reprises, très souvent. **I have ~ told you** je ne cesse de vous répéter; **he had ~ proclaimed his innocence** il n'avait pas cessé de proclamer son innocence.

repeater [rɪˈpiːtər] **1** *n* (**a**) (*gun/watch/alarm clock*) fusil *m*/montre *f*/réveil *m* à répétition. (**b**) (*Math*) fraction *f* périodique. (**c**) (*US Scol*) redoublant(e) *m(f)*; (*US Jur*) récidiviste *mf*. **2** *cpd:* (*Econ, Fin*) **repeater loan** prêt-relais *m*.

repeating [rɪˈpiːtɪŋ] *adj* (*Math*) périodique.

repeg [riːˈpeg] *vt* (*Econ, Fin*) ne plus faire flotter, redonner une parité fixe à.

repel [rɪˈpel] *vt enemy, sb's advances* repousser; (*fig: disgust*) repousser, rebuter, inspirer de la répulsion *or* de la répugnance à. (*fig*) **to be ~led by** éprouver de la répulsion pour.

repellent [rɪˈpelənt] *adj* repoussant, répugnant. **I find him ~** il me répugne, il me dégoûte; *V insect, water etc.*

repent [rɪˈpent] **1** *vi* se repentir (*of* de). **2** *vt* se repentir de, regretter.

repentance [rɪˈpentəns] *n* repentir *m*.

repentant [rɪˈpentənt] *adj* repentant.

repercussion [ˌriːpəˈkʌʃən] *n* [*sounds*] répercussion *f*; [*shock*] répercussion, contrecoup *m*; (*fig*) répercussion *f*. **to have ~s on** se répercuter sur, avoir des répercussions sur *or* son contrecoup dans; **the ~(s) of this defeat** le contrecoup *or* les répercussions de cet échec; **there will be no ~s** il n'y aura pas de répercussions; **the ~ on prices of the rise in costs** la répercussion sur les prix de la hausse du coût.

repertoire [ˈrepətwɑːr] *n* (*Theat, fig*) répertoire *m*.

repertory [ˈrepətərɪ] (**a**) (*Theat, fig*) = **repertoire.** (**b**) (*also ~ theatre*) théâtre *m* de répertoire. **~ company** compagnie *f* or troupe *f* (de théâtre) de répertoire; **to act in ~**, **to play ~** faire partie d'une troupe de répertoire; **he did 3 years in ~** il a joué pendant 3 ans dans un théâtre de répertoire.

repetition [ˌrepɪˈtɪʃən] *n* (**a**) (*U: V repeat* 1) répétition *f*, redite *f*, réitération *f*; récitation *f*; renouvellement *m*; reproduction *f*. (**b**) (*recurrence*) répétition *f*, retour *m*.

repetitious [ˌrepɪˈtɪʃəs] *adj* plein de répétitions *or* de redites.

repetitive [rɪˈpetɪtɪv] *adj person* rabâcheur; *writing* plein de redites; *work* répétitif, monotone.

repine [rɪˈpain] *vi* se plaindre, murmurer.

replace [rɪˈpleis] *vt* (**a**) (*put back*) replacer, remettre (à sa place *or* en place), ranger. (*Telec*) **to ~ the receiver** raccrocher. (**b**) (*take the place of*) remplacer, tenir la place de. (**c**) (*provide substitute for*) remplacer (*by, with* par).

replaceable [rɪˈpleisəbl] *adj* remplaçable.

replacement [rɪˈpleismənt] **1** *n* (**a**) (*putting back*) remise *f* en place, replacement *m*. (**b**) (*substituting*) remplacement *m*, substitution *f*; (*person*) remplaçant(e) *m(f)*; (*product*) produit *m* de remplacement. **2** *cpd:* (*Aut*) **replacement engine** moteur *m* de rechange; **to fit a replacement engine/clutch** faire l'échange standard du moteur/de l'embrayage; (*Tech*) **replacement part** pièce *f* de rechange.

replant [ˈriːˈplɑːnt] *vt* replanter.

replay [ˈriːplei] (*Sport*) **1** *n* match rejoué; *V action.* **2** [ˌriːˈplei] *vt* rejouer.

replenish [rɪˈplenɪʃ] *vt* remplir de nouveau (*with* de). **to ~ one's supplies of sth** se réapprovisionner en qch; **to ~ one's wardrobe** remonter sa garde-robe.

replenishment [rɪˈplenɪʃmənt] *n* remplissage *m*. **~ of supplies** réapprovisionnement *m*.

replete [rɪˈpliːt] *adj* rempli, plein (*with* de); (*well-fed*) *person* rassasié.

repletion [rɪˈpliːʃən] *n* satiété *f*.

replica [ˈreplikə] *n* (*gen*) copie exacte; [*painting*] réplique *f*; [*document*] fac-similé *m*, copie exacte.

replicate [ˈreplɪˌkeit] **1** *vt* (**a**) (*reproduce*) (*gen*) reproduire; (*Bio*) se reproduire par mitose ou méiose. (**b**) (*fold back*) replier. **2** [ˈreplɪkɪt] *adj leaf etc* replié.

replication [ˌreplɪˈkeiʃən] *n* (*gen*) reproduction *f*; (*Bio*) reproduction *f* par mitose ou méiose.

reply [rɪˈplai] **1** *n* réponse *f*; (*quick*) réplique *f*; (*Jur*) réplique *f*. **in ~ (to)** en réponse (à); **he made no ~** il n'a pas répondu. **2** *vti* répondre; (*quickly*) répliquer. **3** *cpd:* (*Post*) **reply coupon** coupon-réponse *m*; **reply paid** réponse payée.

repoint [riːˈpɔint] *vt building* rejointoyer.

repointing [riːˈpɔintɪŋ] *n* rejointoyage *m*.

repo man* [ˈriːpəʊˌmæn] *n* (*US*) = **repossession man.**

report [rɪˈpɔːt] **1** *n* (**a**) (*account, statement*) rapport *m*; [*speech*] compte rendu *m*; [*debate, meeting*] compte rendu, procès-verbal *m*; (*Press, Rad, TV*) reportage *m*; (*official*) rapport (d'enquête) *m*; (*at regular intervals: on weather, sales, etc*) bulletin *m*. (*Government*) **~ on the motor industry** report *m* (parlementaire) sur l'industrie automobile; **monthly ~** bulletin mensuel; **school ~** bulletin *m* scolaire; **to make a ~ on** faire un rapport sur; (*Press, Rad, TV*) faire un reportage sur; (*Comm*) **annual ~** rapport annuel (de gestion); **chairman's ~** rapport présidentiel; (*Jur*) **law ~s** recueil *m* de jurisprudence *or* de droit; (*Jur*) **to make a ~ against** dresser un procès-verbal à; *V progress, weather.*

(**b**) (*rumour*) rumeur *f*. **there is a ~ that ...** le bruit court que ..., on dit que ...; **as ~ has it** selon les bruits qui courent, selon la rumeur publique; **there are ~s of rioting** il y aurait (*or* il y aurait

eu) des émeutes; **the ~s of rioting have been proved ...** les allégations selon lesquelles il y aurait eu des émeutes se sont révélées ...; **to know sth only by ~** ne savoir qch que par ouï-dire; **I have heard a ~ that ...** j'ai entendu dire que ... .

(**c**) (*repute*) [*person*] réputation *f*; [*product*] renom *m*, renommée *f*. **of good ~** de bonne réputation, dont on dit du bien.

(**d**) (*explosion*) détonation *f*, explosion *f*; [*rifle, gun*] coup *m* de fusil *etc.* **with a loud ~** avec une forte détonation.

2 *cpd:* (*Scol*) **report card** bulletin *m* scolaire; (*Brit Parl*) **the bill has reached the report stage** le rapport de la Commission du projet de loi a été présenté.

3 *vt* (**a**) (*give account of*) rapporter, rendre compte de; (*bring to notice esp of authorities*) signaler; (*Press, Rad, TV*) rapporter. **to ~ a speech** faire le compte rendu d'un discours; **to ~ one's findings** [*scientist etc*] rendre compte de l'état de ses recherches; [*commission*] présenter ses conclusions; **to ~ progress** (*orally*) faire un exposé de l'état de la situation; (*in writing*) dresser un état sur la situation; **only one paper ~ed his death** un seul journal a signalé *or* mentionné sa mort; **the papers ~ed the crime as solved** les journaux ont présenté le crime comme résolu; **our correspondent ~s from Rome that ...** notre correspondant à Rome nous apprend que ...; (*Press*) **~ing restrictions** l'embargo sur l'information (*fig*); **he is ~ed as having said** il aurait dit; **it is ~ed that a prisoner has escaped**, **a prisoner is ~ed to have escaped** un détenu se serait évadé; (*Gram*) **~ed speech** style *or* discours indirect; (*Parl*) **to ~ a Bill** présenter un projet de loi; (*Parl*) **to move to ~ progress** demander la clôture des débats.

(**b**) (*announce*) déclarer, annoncer. **it is ~ed from the White House that ...** on annonce à la Maison Blanche que ... .

(**c**) (*notify authorities of*) *accident, crime, suspect* signaler; *criminal, culprit* dénoncer (*often pej*). **all accidents must be ~ed to the police** tous les accidents doivent être signalés à la police; **to ~ a theft to the police** signaler un vol à la police; **to ~ sb for bad behaviour** signaler qn pour mauvaise conduite; **to ~ sb's bad behaviour** signaler la mauvaise conduite de qn; **her colleague ~ed her to the boss out of jealousy** sa collègue l'a dénoncée au patron par jalousie.

(**d**) (*Mil, Naut*) signaler. **to ~ sb sick** signaler que qn est malade; **~ed missing** porté manquant *or* disparu; **nothing to ~** rien à signaler; **to ~ one's position** signaler *or* donner sa position.

4 *vi* (**a**) (*announce o.s. ready*) se présenter. **~ to the director on Monday** présentez-vous chez le directeur lundi; **to ~ for duty** se présenter au travail, prendre son service.

(**b**) (*Mil*) **to ~ to one's unit** rallier son unité; **to ~ sick** se faire porter malade.

(**c**) (*give a report*) faire un rapport (*on* sur); (*Press, Rad, TV*) faire un reportage (*on* sur). **the committee is ready to ~** le comité est prêt à faire son rapport; (*Rad, TV*) **Michael Brown ~s from Rome** de Rome, (le reportage de) Michael Brown.

(**d**) (*Admin: in hierarchy*) **he ~s to the sales manager** il est sous les ordres (directs) du directeur des ventes.

♦ report back *vi* (**a**) (*return*) (*Mil etc*) rentrer au quartier. (*gen*) **you must report back at 6 o'clock** il faut que vous soyez de retour à 6 heures.

(**b**) (*give report*) donner *or* présenter son rapport (*to* à). **the committee was asked to investigate the complaint and report back to the assembly** le comité a été chargé d'examiner la plainte et de présenter son rapport à l'assemblée.

reportage [ˌrepɔːˈtɑːʒ] *n* reportage *m*.

reportedly [rɪˈpɔːtɪdlɪ] *adv:* **he had ~ seen her** il l'aurait vue, il paraît qu'il l'a vue, on dit qu'il l'a vue.

reporter [rɪˈpɔːtər] *n* (**a**) (*Press*) journaliste *mf*; (*on the spot*) reporter *m*; (*Rad, TV*) reporter. **special ~** envoyé(e) spécial(e) *m(f)*; (*Jur, Parl*) **~s' gallery** tribune *f* de la presse.

(**b**) (*Parl: stenographer*) sténographe *mf*; (*Jur*) greffier *m*.

repose [rɪˈpəʊz] **1** *n* (*rest*) repos *m*; (*sleep*) sommeil *m*; (*peace*) repos, tranquillité *f*, paix *f*. **in ~** en repos, au repos. **2** *vt* (*frm*) *confidence, trust* mettre, placer (*in* en). **to ~ o.s.** se reposer. **3** *vi* (**a**) (*rest*) se reposer; [*dead*] reposer. (**b**) (*be based*) reposer, être fondé (*on* sur).

repository [rɪˈpɒzɪtərɪ] *n* (*gen, also Comm*) (*warehouse*) dépôt *m*, entrepôt *m*; (*fig*) [*facts etc*] répertoire *m*, mine *f*; (*person*) dépositaire *mf* (*d'un secret etc*).

repossess [ˌriːpəˈzes] *vt* reprendre possession de, rentrer en possession de.

repossession [ˌriːpəˈzeʃən] *n* reprise *f* de possession. (*US**) **~ man** récupérateur* *m, sorte d'huissier chargé de saisir un bien non payé.*

repp [rep] *n* = **rep².**

reprehend [ˌreprɪˈhend] *vt person* réprimander; *action, behaviour* blâmer, condamner.

reprehensible [ˌreprɪˈhensəbl] *adj* répréhensible, blâmable.

reprehensibly [ˌreprɪˈhensəblɪ] *adv* de façon répréhensible.

reprehension [ˌreprɪˈhenʃən] *n* (*U*) réprimande *f*, blâme *m*.

represent [ˌreprɪˈzent] *vt* (**a**) (*stand for, symbolize*) représenter. **a drawing ~ing prehistoric man** un dessin représentant *or* qui représente l'homme préhistorique; **phonetic symbols ~ sounds** les symboles phonétiques représentent des sons; (*fig*) **he ~s all that is best in his country's culture** il représente *or* personnifie les meilleurs aspects de la culture de son pays; **£100 doesn't ~ a good salary these days** 100 livres ne représentent *or* ne constituent plus un bon salaire de nos jours.

(**b**) (*declare to be*) *person, event* représenter, dépeindre, décrire (*as* comme étant); *grievance, risk etc* présenter (*as* comme étant). **he ~ed me to be a fool or as a fool** il m'a représenté *or* dépeint comme un imbécile; **I am not what you ~ me to be** je ne suis pas tel que vous me décrivez *or* dépeignez; **he ~s himself as a doctor** il se fait passer pour (un) médecin; **it is exactly as ~ed in the**

advertisement cela est exactement conforme à la description de l'annonce (publicitaire); **he ~ed the risks as being slight** il a présenté les risques comme négligeables.

   (c) (*explain*) expliquer, exposer, représenter (*liter*); (*point out*) faire remarquer, signaler. **can you ~ to him how much we need his help?** pouvez-vous lui expliquer *or* lui faire comprendre à quel point nous avons besoin de son aide?

   (d) (*act or speak for*) représenter (*also Parl*); (*Jur*) représenter (en justice), postuler pour. **he ~s Bogminster in Parliament** il représente Bogminster au Parlement, il est le député de Bogminster; **the delegation ~ed the mining industry** la délégation représentait l'industrie minière; **he ~s their firm in London** il représente leur maison à Londres; **many countries were ~ed at the ceremony** de nombreux pays s'étaient fait représenter à la cérémonie; **I ~ Mr Thomas** je viens de la part de M. Thomas.

   (e) (*Theat*) *character* jouer (le rôle de); *part* jouer, interpréter.

   (f) (*Jur*) (*in contracts etc*) déclarer.

re-present [ˈriːprɪˈzent] *vt* présenter de nouveau.

representation [ˌreprɪzenˈteɪʃən] *n* **(a)** (*Theat, gen*) représentation *f*; [*role*] interprétation *f*. (*Parl*) **proportional ~** représentation proportionnelle.

   (b) (*protest*) **~s** démarche *f*; **the ambassador made ~s to the government** l'ambassadeur a fait une démarche auprès du gouvernement.

representational [ˌreprɪzenˈteɪʃənəl] *adj* représentatif, qui représente; (*Painting*) figuratif.

representative [ˌreprɪˈzentətɪv] **1** *adj* **(a)** (*typical*) représentatif, caractéristique, typique (*of* de). **a ~ cross section of the public** une fraction représentative du public; **this is not a ~ sample** ceci ne constitue pas un échantillon représentatif.

   (b) (*Parl*) **~ government** gouvernement représentatif.

   2 *n* représentant(e) *m(f)*; (*Comm*) représentant (de commerce); (*US Pol*) député *m*; *V* **house**.

repress [rɪˈpres] *vt emotions* réprimer, contenir; *revolt* réprimer; *sneeze* étouffer; (*Psych*) refouler.

repressed [rɪˈprest] *adj* réprimé, contenu; (*Psych*) refoulé.

repression [rɪˈpreʃən] *n* **(a)** répression *f*. **(b)** (*Psych*) (*voluntary*) répression *f*; (*involuntary*) refoulement *m*.

repressive [rɪˈpresɪv] *adj* répressif. (*Pol*) **~ measures** mesures *fpl* de répression.

reprieve [rɪˈpriːv] **1** *n* (*Jur*) (lettres *fpl* de) grâce *f*, commutation *f* de la peine capitale; (*delay*) sursis *m*; (*fig: respite*) répit *m*, sursis, délai *m*. **they won a ~ for the house** ils ont obtenu un sursis pour la maison.

   2 *vt* (*Jur*) accorder une commutation de la peine capitale à; (*delay*) surseoir à l'exécution de; (*fig*) accorder du répit à. (*fig*) **the building has been ~d for a while** le bâtiment a bénéficié d'un sursis.

reprimand [ˈreprɪmɑːnd] **1** *n* (*from parents, teachers*) réprimande *f*; (*from employer*) blâme *m*. **2** *vt* réprimander; blâmer.

reprint [ˌriːˈprɪnt] **1** *vt* réimprimer. **this book is being ~ed** ce livre est en réimpression. **2** *vi* [*book*] être en réimpression. **3** [ˈriːprɪnt] *n* réimpression *f*. **cheap ~** édition *f* à bon marché.

reprisal [rɪˈpraɪzəl] *n*: **~s** représailles *fpl*; **to take ~s** user de représailles; **as a ~ for** en représailles de; **by way of ~** par représailles.

repro* [ˈriːprəʊ] **1** *n abbr of* **reprographics, reprography**. **2** *cpd* (*abbr of* **reproduction**): **~ furniture** copie(s) *f(pl)* de meuble(s) ancien(s).

reproach [rɪˈprəʊtʃ] **1** *n* **(a)** (*rebuke*) reproche *m*. **to heap ~es on sb** accabler qn de reproches; (*fig*) **to be a ~ to** être la honte de.

   (b) (*U: discredit*) honte *f*, opprobre *m*. **term of ~** parole *f* de reproche; **to bring ~ on** jeter le discrédit sur, discréditer; **above** *or* **beyond ~** sans reproche, irréprochable.

   2 *vt* faire des reproches à, reprocher à. **to ~ sb for sth** reprocher qch à qn; **to ~ sb for having done** reprocher à qn d'avoir fait; **he has nothing to ~ himself with** il n'a rien à se reprocher.

reproachful [rɪˈprəʊtʃʊl] *adj look, tone, person* réprobateur (*f* -trice); *words* de reproche.

reproachfully [rɪˈprəʊtʃfəlɪ] *adv* avec reproche, d'un air *or* ton de reproche.

reprobate [ˈreprəʊbeɪt] **1** *adj, n* dépravé(e) *m(f)*. **2** *vt* réprouver.

reprobation [ˌreprəʊˈbeɪʃən] *n* réprobation *f*.

reprocess [ˌriːˈprəʊses] *vt* retraiter.

reprocessing [ˌriːˈprəʊsesɪŋ] *n* retraitement *m*; *V* **nuclear**.

reproduce [ˌriːprəˈdjuːs] **1** *vt* reproduire. **2** *vi* se reproduire.

reproducible [ˌriːprəˈdjuːsɪbl] *adj* reproductible.

reproduction [ˌriːprəˈdʌkʃən] **1** *n* **(a)** (*procreation*) reproduction *f*.

   (b) (*Art*) reproduction *f*. **sound ~** reproduction sonore; **this picture is a ~** ce tableau est une reproduction *or* une copie.

   2 *cpd*: **reproduction furniture** copie(s) *f(pl)* de meuble(s) ancien(s).

reproductive [ˌriːprəˈdʌktɪv] *adj* reproducteur (*f* -trice).

reprographic [ˌreprəʊˈgræfɪk] *adj* de reprographie.

reprographics [ˌriːprəʊˈgræfɪks], **reprography** [rɪˈprɒɡrəfɪ] *n* reprographie *f*.

re-proof [ˈriːˈpruːf] *vt garment* réimperméabiliser.

reproof [rɪˈpruːf] *n* reproche *m*, réprimande *f*, désapprobation *f*.

reproval [rɪˈpruːvəl] *n* reproche *m*, blâme *m*.

reprove [rɪˈpruːv] *vt person* blâmer (*for* de), réprimander (*for* sur); *action* réprouver, condamner.

reproving [rɪˈpruːvɪŋ] *adj* réprobateur (*f* -trice).

reprovingly [rɪˈpruːvɪŋlɪ] *adv* d'un air *or* ton de reproche.

reptile [ˈreptaɪl] *adj, n* (*also fig pej*) reptile (*m*).

reptilian [repˈtɪlɪən] **1** *adj* (*Zool*) reptilien; (*fig pej*) reptile (*liter*), de reptile. **2** *n* reptile *m* (*also fig*).

republic [rɪˈpʌblɪk] *n* république *f*. (*US*) **the R~** les États-Unis de l'Amérique.

republican [rɪˈpʌblɪkən] *adj, n* républicain(e) *m(f)*.

republicanism [rɪˈpʌblɪkənɪzəm] *n* (*gen*) républicanisme *m*. (*US*) **R~** politique *f* du parti républicain.

republication [ˈriːpʌblɪˈkeɪʃən] *n* [*book*] réédition *f*, nouvelle édition: [*law, banns*] nouvelle publication.

republish [ˈriːˈpʌblɪʃ] *vt book* rééditer; *banns* publier de nouveau.

repudiate [rɪˈpjuːdɪeɪt] *vt friend, ally* renier, désavouer; *accusation* répudier, repousser, rejeter; [*government etc*] *debt, treaty, obligation* refuser d'honorer. **to ~ one's wife** répudier sa femme.

repudiation [rɪˌpjuːdɪˈeɪʃən] *n* (*V* **repudiate**) reniement *m*, désaveu *m*; répudiation *f*, rejet *m*.

repugnance [rɪˈpʌɡnəns] *n* répugnance *f*, aversion *f* (*to* pour). **he shows ~ to accepting charity** il répugne à accepter la charité.

repugnant [rɪˈpʌɡnənt] *adj* répugnant, dégoûtant. **he finds her ~** elle lui répugne; **to find sth ~ to do** répugner à faire qch.

repulse [rɪˈpʌls] **1** *n* (*Mil*) repousser, refouler; (*fig*) *help, offer* repousser, rejeter. **2** *n* (*Mil*) échec *m*; (*fig*) rebuffade *f*, refus *m*. **to meet with** *or* **suffer a ~** essuyer une rebuffade.

repulsion [rɪˈpʌlʃən] *n* (*also Phys*) répulsion *f*.

repulsive [rɪˈpʌlsɪv] *adj* répulsif, repoussant; (*Phys*) répulsif.

repulsively [rɪˈpʌlsɪvlɪ] *adv* d'une façon repoussante. **~ ugly** d'une laideur repoussante.

repulsiveness [rɪˈpʌlsɪvnɪs] *n* aspect *or* caractère repoussant.

repurchase [ˌriːˈpɜːtʃɪs] **1** *n* rachat *m*. **2** *vt* racheter.

reputable [ˈrepjʊtəbl] *adj person* honorable, estimé, de bonne réputation; *occupation* honorable; *dealer, firm* de bonne réputation.

reputation [ˌrepjʊˈteɪʃən] *n* réputation *f*. **to have a good/bad ~** avoir (une) bonne/(une) mauvaise réputation; **a good ~ as a singer** une bonne réputation de chanteur; **to have a ~ for honesty** avoir la réputation d'être réputé pour son honnêteté; **to live up to one's ~** soutenir sa réputation.

repute [rɪˈpjuːt] **1** *n* réputation *f*, renom *m*. **to know sb by ~** connaître qn de réputation; **to be of good ~** avoir (une) bonne réputation; **a restaurant of ~** un restaurant réputé *or* en renom; **place of ill ~** endroit *m* mal famé; (*euph: brothel*) **a house of ill ~** une maison close; **to hold sb in high ~** avoir une très haute opinion de qn.

   2 *vt* (*pass only*) **to be ~d rich** passer pour riche; **he is ~d to be the best player** il est réputé *or* censé être le meilleur joueur.

reputed [rɪˈpjuːtɪd] *adj* réputé. (*Jur*) **~ father** père putatif.

reputedly [rɪˈpjuːtɪdlɪ] *adv* à *or* d'après ce qu'on dit, selon la rumeur publique.

request [rɪˈkwest] **1** *n* **(a)** demande *f*, requête *f*. **at sb's ~** sur *or* à la demande de qn, à la requête de qn; **by general** *or* **popular ~** à la demande générale; **on** *or* **by ~** sur demande; **to make a ~ for sth** faire une demande de qch; **to make a ~ to sb for sth** demander qch à qn; **to grant a ~** accéder à une demande *or* à une requête.

   (b) (*Rad*) disque *m* des auditeurs *or* demandé par un auditeur. **to play a ~ for sb** faire passer un disque à l'intention de qn.

   2 *vt* demander. **to ~ sth from sb** demander qch à qn; **to ~ sb to do something** demander à qn de faire, prier qn de faire; **'you are ~ed not to smoke'** 'prière de ne pas fumer'; (*Comm etc*) **as ~ed in your letter of ...** comme vous (nous) l'avez demandé dans votre lettre du ... ; (*Comm etc*) **herewith, as ~ed, my cheque for £50** ci-joint selon votre demande un *or* mon chèque de £50; **it's all I ~ of you** c'est tout ce que je vous demande.

   3 *cpd*: (*Rad*) **request programme** programme *m* des auditeurs; (*Brit*) [*bus*] **request stop** arrêt facultatif.

requiem [ˈrekwɪem] *n* requiem *m*. **~ mass** messe *f* de requiem.

require [rɪˈkwaɪəʳ] *vt* **(a)** (*need*) [*person*] avoir besoin de; [*thing, action*] demander, nécessiter. **I have all I ~** j'ai tout ce qu'il me faut *or* tout ce dont j'ai besoin; **the journey will ~ 3 hours** le voyage prendra *or* demandera 3 heures; **it ~s great care** cela demande *or* nécessite *or* exige beaucoup de soin; **this plant ~s frequent watering** cette plante demande à être arrosée souvent; **if ~d** au besoin, si besoin est, s'il le faut; **when (it is) ~d** quand il le faut; **what qualifications are ~d?** quels sont les diplômes nécessaires *or* exigés?

   (b) (*demand*) exiger; (*order*) exiger, réclamer. **to ~ sb to do** exiger de qn qu'il fasse; (*fml*) **you are ~d to present yourself here tomorrow** vous êtes prié de vous présenter ici demain; **to ~ sth of sb** exiger qch de qn; **as ~d by law** comme la loi l'exige; **we ~ two references** nous exigeons deux références.

required [rɪˈkwaɪəd] *adj* exigé, demandé, requis. **to satisfy the ~ conditions** satisfaire aux conditions requises; **by the ~ date** en temps voulu; **in the ~ time** dans les délais prescrits; **the ~ amount** la quantité voulue; (*US Scol etc*) **~ course** matière *f* obligatoire.

requirement [rɪˈkwaɪəmənt] *n* **(a)** (*need*) exigence *f*, besoin *m*. **to meet sb's ~s** satisfaire aux exigences *or* aux besoins de qn; **there isn't enough to meet the ~s** il n'y en a pas assez pour satisfaire *or* suffire à la demande.

   (b) (*condition*) condition *f* requise. **to fit the ~s** remplir les conditions.

   (c) (*US Univ*) cursus *m* obligatoire.

requisite [ˈrekwɪzɪt] **1** *n* chose *f* nécessaire *or* requise (*for* pour). **all the ~s** tout ce qui est nécessaire; **travel/toilet ~s** accessoires *mpl* de voyage/toilette. **2** *adj* requis, nécessaire.

requisition [ˌrekwɪˈzɪʃən] **1** *n* demande *f*; (*gen Mil*) réquisition *f*. **to put in a ~ for** faire une demande de. **2** *vt* (*gen*) faire une demande de; (*Mil*) réquisitionner.

requital [rɪˈkwaɪtl] *n* (*repayment*) récompense *f*; (*revenge*) revanche *f*.

requite [rɪˈkwaɪt] *vt* **(a)** (*repay*) *person, action* récompenser, payer (*for* de). **~d love** amour partagé.

(b) (*avenge*) *action* venger; *person* se venger de.

reran ['riː'ræn] *pret of* **rerun**.

reread ['riː'riːd] *pret, ptp* **reread** ['riː'red] *vt* relire.

reredos ['rɪədɒs] *n* retable *m*.

reroute ['riː'ruːt] *vt train, coach* changer l'itinéraire de, dérouter. **our train was ~d through Leeds** on a fait faire à notre train un détour par Leeds, notre train a été dérouté par Leeds.

rerun ['riː'rʌn] (*vb: pret* **reran**, *ptp* **rerun**) **1** *n [film, tape]* reprise *f*; (*TV programme, series*) rediffusion *f*. **2** ['rɪː'rʌn] *vt film, tape* passer de nouveau; *race* courir de nouveau.

resale ['riː'seɪl] *n* (*gen*) revente *f*. **what's the ~ value?** cela se revend combien?, quelle est la valeur de rachat?; (*on package etc*) **'not for ~'** 'échantillon gratuit'.

resat ['riː'sæt] *pret, ptp of* **resit**.

reschedule [riː'ʃedjuːl, *US* riː'skedjuːl] *vt meeting, visit* changer l'heure (*or* la date) de; *train service etc* changer l'horaire de; *repayments* changer les dates de; *plans, course* changer le programme de.

rescind [rɪ'sɪnd] *vt judgment* rescinder, casser; *law* abroger; *act* révoquer; *contract* résilier, dissoudre; *decision, agreement* annuler.

rescission [rɪ'sɪʒən] *n* (*V* **rescind**) rescision *f*; abrogation *f*; révocation *f*; résiliation *f*; annulation *f*.

rescript ['riːskrɪpt] *n [Hist, Rel]* rescrit *m*.

rescue ['reskjuː] **1** *n* (*help*) secours *mpl*; (*saving*) sauvetage *m*; (*freeing*) délivrance *f*. **~ was difficult** le sauvetage a été difficile; **~ came too late** les secours sont arrivés trop tard; **to go to sb's ~** aller au secours *or* à la rescousse de qn; **to come to sb's ~** venir en aide à qn *or* à la rescousse de qn; **to the ~** à la rescousse; *V* air.

2 *vt* (*save*) sauver, secourir; (*free*) délivrer (*from* de). **you ~d me from a difficult situation** vous m'avez tiré d'une situation difficile; **the ~d were taken to hospital** les rescapés ont été emmenés à l'hôpital.

3 *cpd attempt* de sauvetage. **rescue operations** opérations *fpl* de sauvetage; **rescue party** (*gen*) équipe *f* de secours; (*Ski, Climbing*) colonne *f* de secours.

rescuer ['reskjʊəʳ] *n* (*V* **rescue**) sauveteur *m*; libérateur *m*, -trice *f*.

research [rɪ'sɜːtʃ] **1** *n* recherche(s) *f(pl)*. **a piece of ~** un travail de recherche; **to do ~** faire des recherches *or* de la recherche; **to carry out ~ into the effects of ...** faire des recherches sur les effets de ... .

2 *vi* faire des recherches (*into, on* sur).

3 *vt article* faire des recherches pour *or* en vue de.

4 *cpd*: (*Ind etc*) **Research and Development** Recherche *f* et Développement *m or* et Réalisation *f*; (*Univ*) **research assistant** *or* **associate** ≃ étudiant(e) *m(f)* de maîtrise (*ayant statut de chercheur*); **research establishment** centre *m* de recherches; (*Univ*) **research fellow** ≃ chercheur *m*, -euse *f* attaché(e) à l'université; **research laboratory** laboratoire *m* de recherches; (*Univ*) **research student** étudiant(e) *m(f)* qui fait de la recherche, étudiant(e) *m(f)* de doctorat (*ayant statut de chercheur*); **research work** travail *m* de recherche, recherches *fpl*; **research worker** chercheur *m*, -euse *f*.

researcher [rɪ'sɜːtʃəʳ] *n* chercheur *m*, -euse *f*.

reseat ['riː'siːt] *vt* (a) *person* faire changer de place à. **to ~ o.s.** se rasseoir. (b) *chair* refaire le fond de; *trousers* mettre un fond à.

resection [riː'sekʃən] *n* résection *f*.

resell [ˌriː'sel] *pret, ptp* **resold** *vt* revendre.

resemblance [rɪ'zembləns] *n* ressemblance *f*. **to bear a strong/faint ~** avoir une grande/vague ressemblance avec; **there's not the slightest ~ between them** il n'y a pas la moindre ressemblance entre eux, ils ne se ressemblent pas du tout; **this bears no ~ to the facts** ceci n'a aucune ressemblance avec les faits.

resemble [rɪ'zembl] *vt [person]* ressembler à; *[thing]* ressembler à, être semblable à. **they ~ each other** ils se ressemblent.

resent [rɪ'zent] *vt sb's reply, look, attitude* être contrarié par, (*stronger*) être indigné de. **I ~ that!** je vous en prie!, je proteste!; **I ~ your tone** votre ton me déplaît fortement; **he ~ed my promotion** il n'a jamais pu accepter *or* admettre ma promotion; **he ~ed having lost his job/that I married her** il n'a jamais pu admettre *or* accepter d'avoir perdu son emploi/le fait que je l'ai épousée; **he really ~ed this** ça lui est resté en travers de la gorge*; **he may ~ my being here** il n'appréciera peut-être pas ma présence.

resentful [rɪ'zentfʊl] *adj person, reply* plein de ressentiment, amer. **to be ~ of sb's success** envier à qn son succès; **to feel ~ about** éprouver du ressentiment de, être froissé *or* irrité de.

resentfully [rɪ'zentfəlɪ] *adv* avec ressentiment.

resentment [rɪ'zentmənt] *n* ressentiment *m*.

reservation [ˌrezə'veɪʃən] **1** *n* (a) réserve *f*; (*Jur*) réservation *f*. **mental ~** restriction mentale; **without ~** sans réserve, sans arrière-pensée; **with ~s** avec certaines réserves, sous réserve; **to have ~s about** avoir des doutes sur.

(b) (*booking*) réservation *f*, location *f*. **to make a ~ at the hotel/on the boat** réserver *or* retenir une chambre à l'hôtel/une place sur le bateau; **to have a ~** (*in train, coach, plane*) avoir une place réservée; (*in hotel*) avoir une chambre réservée; (*in restaurant*) avoir une table réservée.

(c) (*area of land*) réserve *f*; (*US*) réserve (indienne). (*on roadway*) (**central**) **~** bande *f* médiane.

(d) (*Rel*) **R~** (*of the Sacrament*) les Saintes Réserves.

2 *cpd*: (*in airport, hotels etc*) **reservation desk** comptoir *m* des réservations.

reserve [rɪ'zɜːv] **1** *vt* (a) (*keep*) réserver, garder, mettre en réserve *or* de côté. **to ~ one's strength** ménager *or* garder ses forces; (*Sport*) se réserver; **to ~ the best wine for one's friends** réserver le meilleur vin pour ses amis; **to ~ judgment/one's decision** se réserver de prononcer un jugement/de prendre une décision; **to ~ the right to do** se réserver le droit de faire; **to ~ a warm welcome**

for sb ménager *or* réserver un accueil chaleureux à qn; **to ~ o.s.** se réserver pour.

(b) (*book in advance*) *room, seat* réserver, retenir.

2 *n* (a) (*sth stored*) réserve *f*, stock *m*. **to have great ~s of energy** avoir une grande réserve d'énergie; **cash ~** réserve de caisse; **gold ~s** réserves *fpl* d'or; **world ~s of pyrites** réserves mondiales de pyrite; **to keep** *or* **hold in ~** tenir en réserve.

(b) (*restriction*) réserve *f*, restriction *f*. **without ~** sans réserve, sans restriction; **with all ~** *or* **all proper ~s** sous toutes réserves.

(c) **~ = ~ price**; *V* 3.

(d) (*piece of land*) réserve *f*; *V* **game**¹, **nature**.

(e) (*U: attitude*) réserve *f*, retenue *f*. **he treated me with some ~** il s'est tenu sur la réserve avec moi; **to break through sb's ~** amener qn à se départir de sa réserve *or* retenue.

(f) (*Mil*) **the R~** l'armée *f* de réserve; **the ~s** la réserve, les réservistes *mpl*.

(g) (*Sport*) remplaçant(e) *m(f)*.

3 *cpd currency, fund* de réserve. (*US*) **reserve bank** banque *f* de réserve; (*Mil*) **reserve list** cadre *m* de réserve; **reserve (petrol) tank** réservoir *m* (d'essence) de secours, nourrice *f*; (*Sport*) **reserve player** remplaçant(e) *m(f)*; (*Brit*) **reserve price** prix *m* minimum; **reserve team** deuxième équipe *f*, équipe B.

reserved [rɪ'zɜːvd] *adj* (a) (*shy*) réservé, timide; (*uncommunicative*) renfermé. **he was very ~ about ...** il est resté sur la réserve quant à ... .

(b) *room* réservé. **~ seats** places réservées.

(c) (*Comm*) **all rights ~** tous droits de reproduction réservés; *V* **copyright**.

reservedly [rɪ'zɜːvɪdlɪ] *adv* avec réserve, avec retenue.

reservist [rɪ'zɜːvɪst] *n* (*Mil*) réserviste *m*.

reservoir ['rezəvwɑːʳ] *n* (*lit, fig*) réservoir *m*.

reset ['riː'set] *pret, ptp* **reset 1** *vt* (a) *precious stone* remonter.

(b) *clock, watch* mettre à l'heure. **to ~ the alarm** remettre l'alarme.

(c) (*Med*) *limb* remettre. **to ~ a broken bone** réduire une fracture.

(d) (*Typ*) recomposer.

2 *cpd*: (*Comput*) **reset switch** commande *f* de remise à zéro.

resettle [ˌriː'setl] *vt refugee* établir, implanter; *land* repeupler.

resettlement [ˌriː'setlmənt] *n* (*V* **resettle**) établissement *m*, implantation *f*; repeuplement *m*.

reshape ['riː'ʃeɪp] *vt dough, clay* refaçonner, modeler de nouveau; *text, policy* réorganiser.

reshuffle [ˌriː'ʃʌfl] **1** *vt* (a) *cards* battre de nouveau. (b) (*fig*) *cabinet, board of directors* remanier. **2** *n* (a) *[cards]* **to have a ~** rebattre. (b) (*in command etc*) remaniement *m*. (*Pol*) **Cabinet ~** remaniement ministériel.

reside [rɪ'zaɪd] *vi* (*lit, fig*) résider. **the power ~s in** *or* **with the President** le pouvoir est entre les mains du Président *or* réside dans le Président.

residence ['rezɪdəns] **1** *n* (a) (*house: frm*) résidence *f*, demeure *f*. **the President's official ~** la résidence officielle du Président.

(b) (*also university ~, hall of ~*) résidence *f* universitaire.

(c) (*U: stay*) séjour *m*, résidence *f*. **after 5 years' ~ in Britain** après avoir résidé en Grande-Bretagne pendant 5 ans; (*Admin*) **place/country of ~** lieu *m*/pays *m* de résidence; **to take up ~ in the country** élire domicile *or* s'installer à la campagne; *[monarch, governor etc]* **to be in ~** être en résidence; **the students are now in ~** les étudiants sont maintenant rentrés; **there is always a doctor in ~** il y a toujours un médecin résidant.

2 *cpd*: (*US Univ*) **residence hall** résidence *f* universitaire; (*Brit*) **residence permit** permis *m or* carte *f* de séjour.

residency ['rezɪdənsɪ] *n* (*gen*) résidence officielle; (*US Med*) internat *m* de deuxième et de troisième années.

resident ['rezɪdənt] **1** *n* (a) habitant(e) *m(f)*; (*in foreign country*) résident(e) *m(f)*; (*in street*) riverain(e) *m(f)*; (*in hostel*) pensionnaire *mf*. **'parking for ~s only'** 'voie privée', 'emplacement pour résidents autorisés'; **'~s only'** 'interdit sauf aux riverains'.

(b) (*US Med*) interne *mf* de deuxième et de troisième années.

2 *adj* résidant; *chaplain, tutor* à demeure. **they are ~ in France** ils résident en France; **the ~ population** la population fixe, les habitants *mpl* du pays; (*Med*) **~ physician** interne *mf*; (*US Univ*) **~ head** directeur *m*, -trice *f* d'une résidence universitaire; (*US Univ*) **~ student** *étudiant(e) d'une université d'État dont le domicile permanent est situé en dehors de cet État*.

residential [ˌrezɪ'denʃəl] *adj area* résidentiel; *conditions* de résidence; *work, post* qui demande résidence. (*US*) **~ school** internat *m* (*surtout pour handicapés*); (*US*) **~ student** interne *mf* (*en général handicapé*).

residual [rɪ'zɪdjʊəl] **1** *adj* restant; (*Chem*) résiduaire, résiduel. **2** *n* (*Chem*) résidu *m*; (*Math*) reste *m*.

residuary [rɪ'zɪdjʊərɪ] *adj* restant; (*Chem*) résiduaire. (*Jur*) **~ estate** montant *m* net d'une succession; (*Jur*) **~ legatee** ≃ légataire *mf* universel(le).

residue ['rezɪdjuː] *n* reste(s) *m(pl)*; (*Chem*) résidu *m*; (*Math*) reste; (*Jur*) reliquat *m*.

residuum [rɪ'zɪdjʊəm] *n* résidu *m*, reste *m*.

resign [rɪ'zaɪn] **1** *vt* (*give up*) se démettre de; *one's job* démissionner de; (*hand over*) céder (*to* à). **he ~ed the leadership to his colleague** il a cédé la direction à son collègue; (*Mil etc*) **to ~ one's commission** démissionner (*se dit d'un officier*); **to ~ o.s.** *or* **to (doing) sth** se résigner à (faire) qch.

2 *vi* démissionner, donner sa démission (*from* de).

resignation [ˌrezɪg'neɪʃən] *n* (a) (*from job*) démission *f*. **to tender one's ~** donner sa démission. (b) (*mental state*) résignation *f*. (c) (*U*) *[a right]* abandon *m* (*of* de), renonciation *f* (*of* à).

resigned [rɪ'zaɪnd] *adj person, look, voice* résigné. **to become ~ to (doing) sth** se résigner à (faire) qch; **I was ~ to walking, when...** je m'étais résigné à y aller à pied, lorsque....
resignedly [rɪ'zaɪnɪdlɪ] *adv* avec résignation, d'un ton *or* d'un air résigné.
resilience [rɪ'zɪlɪəns] *n [person, character]* élasticité *f*, ressort *m*; *[rubber]* élasticité.
resilient [rɪ'zɪlɪənt] *adj nature, character* qui réagit; *rubber, metal* élastique. **he's very ~** (*physically*) il a beaucoup de résistance, il récupère bien; (*mentally etc*) il a du ressort, il ne se laisse pas abattre *or* déprimer.
resin ['rezɪn] *n* résine *f*.
resinous ['rezɪnəs] *adj* résineux.
resist [rɪ'zɪst] **1** *vt attack, arrest* résister à, s'opposer à; *temptation* résister à; *person* repousser, résister à; *order* refuser d'obéir *or* d'obtempérer à; *change* s'opposer à. **I couldn't ~ (eating) another cake** je n'ai pas pu résister à l'envie de *or* je n'ai pas pu m'empêcher de manger encore un gâteau; **he ~s any advice** il s'oppose à *or* il est rebelle à tout conseil; **she can't ~ him** elle ne peut rien lui refuser.
2 *vi* résister, offrir de la résistance.
resistance [rɪ'zɪstəns] **1** *n* (*gen, Elec, Med, Mil, Phys*) résistance *f*. (*Hist*) **the R~** la Résistance; **to meet with ~** se heurter à une résistance; **to offer ~ to sth** résister à qch; **to put up** *or* **offer stiff ~ to sth** opposer une vive résistance à qch; **he offered no ~** il n'opposa aucune résistance (*to* à); (*Med*) **his ~ was very low** il n'offrait presque plus de résistance (au mal); *V* **line¹**, **passive**.
2 *cpd:* **resistance fighter** résistant(e) *m(f)*; **resistance movement** résistance *f* (*mouvement*).
resistant [rɪ'zɪstənt] *adj* résistant; (*Med*) rebelle. (*of virus, strain*) **~ to** rebelle à; **~ to penicillin** pénicillo-résistant; *V* **water**.
resit ['riː'sɪt] *pret, ptp* **resat** (*Brit*) **1** *vt* se représenter à, repasser. **2** *vi* se présenter à la deuxième session. **3** ['riːsɪt] *n* deuxième session *f* (*d'un examen*). **to have a ~ in law** devoir se représenter en droit.
resold [ˌriː'səʊld] *pret, ptp of* **resell**.
resole ['riː'səʊl] *vt* ressemeler.
resolute ['rezəluːt] *adj* résolu, déterminé.
resolutely ['rezəluːtlɪ] *adv* résolument, avec détermination.
resoluteness ['rezəluːtnɪs] *n* résolution *f*, détermination *f*, fermeté *f*.
resolution [ˌrezə'luːʃən] *n* (a) (*decision*) résolution *f*. **to make a ~ to do** prendre la résolution de faire; **good ~s** bonnes résolutions; *V* **New Year**. (b) (*Admin, Pol*) résolution *f*. **to make a ~** prendre une résolution; **to adopt/reject a ~** adopter/rejeter une résolution. (c) (*U: resoluteness*) fermeté *f*, résolution *f*. **to show ~** faire preuve de fermeté, faire preuve (d'esprit) de décision. (d) (*U: solving*) *[problem, puzzle]* solution *f*. (e) (*U: Chem, Med, Mus*) résolution *f* (*into* en).
resolvable [rɪ'zɒlvəbl] *adj* résoluble.
resolve [rɪ'zɒlv] **1** *vt* (a) (*break up*) résoudre, réduire (*into* en). **to ~ sth into its elements** ramener *or* réduire qch à ses éléments; **water ~s itself into steam** l'eau se résout *or* se transforme en vapeur; **the meeting ~d itself into a committee** l'assemblée se constitua en commission.
(b) *problem, difficulty* résoudre; *doubt* dissiper.
(c) (*Med, Mus*) résoudre.
2 *vi* (a) (*decide*) résoudre, décider (*to do* de faire), se résoudre, se décider (*to do* à faire). **to ~ (up)on sth** se résoudre à qch; **to ~ that ...** décider que ...; **it has been ~ that** il a été résolu que.
(b) (*break up*) se résoudre (*into* en). **the question ~s into 4 points** la question se divise en 4 points.
3 *n* (a) (*decision*) résolution *f*, décision *f*. **to make a ~ to do** prendre la résolution de faire, résoudre de faire.
(b) (*U: resoluteness*) résolution *f*, fermeté *f*. **to do sth with ~** faire qch avec détermination.
resolved [rɪ'zɒlvd] *adj* résolu, décidé (*to do* à faire).
resonance ['rezənəns] *n* (*gen, Mus, Phon, Phys*) résonance *f*; *[voice]* résonance, sonorité *f*.
resonant ['rezənənt] *adj* (*gen, Mus, Phys*) résonant; (*Phon*) sonnant, résonant; *voice* sonore, résonant.
resonator ['rezəneɪtər] *n* résonateur *m*.
resorption [rɪ'zɔːpʃən] *n* résorption *f*.
resort [rɪ'zɔːt] **1** *n* (a) (*recourse*) recours *m*; (*thing, action resorted to*) ressource *f*, recours, expédient *m* (*often pej*). **without ~ to violence** sans recourir *or* avoir recours à la violence; **as a last ~**, **in the last ~** en dernier ressort; **it was/you were my last ~** c'était/tu étais mon dernier recours; **hiding was the only ~ left to them** se cacher était la seule ressource qui leur restait.
(b) (*place*) lieu *m* de séjour *or* de vacances. **coastal ~** plage *f*; **seaside/summer ~** station *f* balnéaire/estivale; **winter sports ~** station de sports d'hiver; (*fig liter*) **a ~ of thieves** un repaire de voleurs; *V* **health**, **holiday**.
2 *vi* avoir recours (*to sth/sb* à qch/qn), recourir (*to sth* à qch), en venir (*to doing* à faire).
resound [rɪ'zaʊnd] **1** *vi* retentir, résonner (*with* de). (*fig*) **his speech will ~ throughout France** son discours aura du retentissement dans toute la France. **2** *vt* faire retentir *or* résonner.
resounding [rɪ'zaʊndɪŋ] *adj noise, shout* sonore, retentissant; *laugh* sonore; *voice* sonore, tonitruant (*pej*); *triumph, victory* retentissant. **~ success** succès retentissant *or* fou*; **~ defeat** défaite écrasante.
resoundingly [rɪ'zaʊndɪŋlɪ] *adv* d'une manière retentissante. **the play was ~ successful** la pièce a eu un succès retentissant.
resource [rɪ'zɔːs] **1** *n* (a) (*wealth, supplies etc*) **~s** ressources *fpl*; **financial/mineral/natural ~s** ressources pécuniaires/en minerals/naturelles; **~s of men and materials** ressources en hommes et en matériel; (*Fin*) **the total ~s of a company** les ressources

totales d'une société; (*fig*) **he has no ~s against boredom** il ne sait pas lutter *or* se défendre contre l'ennui; (*fig*) **left to his own ~s** livré à ses propres ressources *or* à lui-même.
(b) (*Comput*) ressources *fpl*.
(c) (*expedient*) ressource *f*. **as a last ~** en dernier ressort, en dernière ressource; **you are my last ~** vous êtes ma dernière ressource *or* mon dernier espoir.
2 *cpd:* (*Scol, Univ etc*) **resource centre** centre *m* de documentation; (*Econ*) **resource(s) gap** déficit *m* de ressources.
resourceful [rɪ'sɔːsfʊl] *adj person* (plein) de ressources, ingénieux, débrouillard*; *scheme* ingénieux.
resourcefully [rɪ'sɔːsfʊlɪ] *adv* d'une manière ingénieuse *or* débrouillarde*.
resourcefulness [rɪ'sɔːsfʊlnɪs] *n* (*U*) ressource *f*.
respect [rɪs'pekt] **1** *n* (a) (*U: esteem*) respect *m*, considération *f*, estime *f*. **to have ~ for** *person* avoir du respect pour, respecter; *the law, sb's intelligence* respecter; **I have the greatest ~ for him** j'ai infiniment de respect pour lui; **to treat with ~** traiter avec respect; **to be held in ~** être tenu en haute estime; **he can command ~** il impose le respect, il sait se faire respecter.
(b) (*U: consideration*) respect *m*, considération *f*, égard *m*. **she has no ~ for other people's feelings** elle n'a aucune considération *or* aucun respect pour les sentiments d'autrui; **out of ~ for** par respect *or* égard pour; **with (due) ~ I still think that** sans vouloir vous contredire *or* sauf votre respect je crois toujours que; (*frm*) **without ~ of persons** sans acception de personne; **without ~ to the consequences** sans tenir compte *or* se soucier des conséquences, sans s'arrêter aux conséquences.
(c) (*U: reference; aspect*) égard *m*, rapport *m*. **with ~ to** pour *or* en ce qui concerne, quant à, relativement à; **good in ~ of content** bon sous le rapport du contenu *or* quant au contenu; **in what ~?** sous quel rapport?, à quel égard?; **in some ~s** à certains égards, sous certains rapports; **in many ~s** à bien des égards; **in this ~** à cet égard, sous ce rapport; **in other ~s** à d'autres égards.
(d) (*regards*) **~s** respects *mpl*, hommages *mpl*; **to pay one's ~s to sb** présenter ses respects à qn; **give my ~s to** présentez mes respects *or* mes hommages à.
2 *vt* (a) *person, customs, sb's wishes, opinions, grief, the law* respecter. **to ~ o.s.** se respecter.
(b) **as ~s** quant à, en ce qui concerne.
respectability [rɪsˌpektə'bɪlɪt] *n* respectabilité *f*.
respectable [rɪs'pektəbl] *adj* (a) (*estimable*) *person* respectable, honorable, estimable; *motives* respectable, honorable; (*socially approved*) *person* respectable, convenable; *clothes, behaviour* convenable, comme il faut. **a poor but ~ woman** une femme pauvre mais tout à fait respectable; **they are very ~ people** ce sont de très braves gens; **he was outwardly ~ but...** il avait l'apparence de la respectabilité mais...; **in ~ society** entre gens convenables *or* comme il faut; **that's not ~** ça ne se fait pas.
(b) (*of some size, importance*) *size, income* considérable, respectable. **a ~ writer** un écrivain qui n'est pas sans talent; **a ~ sum** une somme respectable *or* rondelette.
respectably [rɪs'pektəblɪ] *adv* (a) *dress, behave* convenablement, correctement, comme il faut*. (b) (*quite well*) passablement, pas mal*.
respecter [rɪs'pektər] *n:* **death/the law is no ~ of persons** tout le monde est égal devant la mort/la loi; **death is no ~ of wealth** les riches et les pauvres sont égaux devant la mort; **he is no ~ of persons** il ne s'en laisse imposer par personne.
respectful [rɪs'pektfʊl] *adj person, behaviour, tone* respectueux (*of* de, *towards* envers, à l'égard de).
respectfully [rɪs'pektfəlɪ] *adv* respectueusement, avec respect. (*in letters*) **I remain ~ yours** *or* **yours ~** je vous prie d'agréer l'expression de mes sentiments respectueux *or* (*man to woman*) de mes très respectueux hommages.
respectfulness [rɪs'pektfʊlnɪs] *n* respect *m*, caractère respectueux.
respecting [rɪs'pektɪŋ] *prep* en ce qui concerne, quant à, concernant, touchant.
respective [rɪs'pektɪv] *adj* respectif.
respectively [rɪs'pektɪvlɪ] *adv* respectivement.
respiration [ˌrespɪ'reɪʃən] *n* (*Bot, Med*) respiration *f*.
respirator ['respɪreɪtər] *n* (*Med*) respirateur *m*; (*Mil*) masque *m* à gaz.
respiratory [rɪs'paɪərətərɪ] *adj* respiratoire; *V* **tract¹**.
respire [rɪs'paɪər] *vti* respirer.
respite ['respaɪt] *n* répit *m*, relâche *m or f*; (*Jur*) sursis *m*. **without (a) ~** sans répit, sans relâche, sans cesse.
resplendence [rɪs'plendəns] *n* resplendissement *m* (*liter*); splendeur *f*.
resplendent [rɪs'plendənt] *adj* resplendissant.
respond [rɪs'pɒnd] *vi* (a) (*reply*) répondre (*to* à, *with* par), faire une réponse (*to* à); (*Rel*) chanter les répons. **to ~ to a toast** répondre à un toast.
(b) (*show reaction to*) répondre (*to* à). **brakes that ~ well** freins qui répondent bien; **car that ~s well to controls** voiture qui a de bonnes réactions *or* qui répond bien aux commandes; **the patient ~ed to treatment** le malade a bien réagi au traitement; **the illness ~ed to treatment** le traitement a agi sur la maladie.
respondent [rɪs'pɒndənt] **1** *n* (a) (*Jur*) défendeur *m*, -deresse *f*. (b) (*in opinion poll etc*) **the ~s** les personnes interrogées, les sondés *mpl*. **2** *adj* qui répond *or* réagit (*to* à).
response [rɪs'pɒns] *n* (a) (*lit, fig*) réponse *f*; (*to treatment*) réaction *f*. **in ~ to** en réponse à; **in ~ to the radio appeal, the sum of £10,000 was raised** par suite de *or* en réponse à l'appel radiodiffusé, on a recueilli la somme de 10.000 livres; **his only ~ was to nod** pour toute réponse, il a incliné la tête; **we had hoped for a**

bigger ~ from the public nous n'avons pas reçu du public la réponse escomptée.
   (b) (*Rel*) répons *m*.

responsibility [rɪs,pɒnsə'bɪlɪtɪ] **1** *n* responsabilité *f*. **to lay** *or* **put** *or* **place the** ~ **for sth on sb** tenir qn pour responsable de qch, faire porter la responsabilité de qch à qn; **to take** ~ **for sth** prendre la responsabilité de qch; 'the company takes no ~ **for objects left here'** ≃ 'la compagnie décline toute responsabilité pour les objets en dépôt'; **to take on the** ~ accepter *or* assumer la responsabilité; **the group which claimed** ~ **for the attack** le groupe qui a revendiqué l'attentat; **that's** HIS ~ c'est à lui de s'en occuper; **it's not** MY ~ **to do that** ce n'est pas à moi de faire ça; **on my own** ~ sous ma responsabilité; **he wants a position with more** ~ il cherche un poste offrant plus de responsabilités; **he has too many responsibilities** il a *or* assume trop de responsabilités; **it is a big** ~ **for him** c'est une grande *or* lourde responsabilité pour lui; **it is a** ~ **of course** évidemment, c'est une grande responsabilité.
   2 *cpd*: **responsibility payment** prime *f* de fonction.

responsible [rɪs'pɒnsəbl] *adj* **(a)** (*liable*) responsable (*for* de). **she is not** ~ **for her actions** elle n'est pas responsable de ses actes; **to be** ~ **to sb** être responsable de qch envers qn *or* devant qn; **to be directly** ~ **to sb** relever directement de qn; **who is** ~ **for this mistake?** qui est l'auteur *or* le responsable de cette erreur?; **I hold you** ~ **for all that happened** je vous considère *or* rends responsable de tout ce qui est arrivé.
   (b) (*trustworthy*) *person* digne de confiance, sur qui on peut compter. **he has a very** ~ **nature** il est très sérieux, il a un grand sens des responsabilités.
   (c) *job, duty* comportant des responsabilités.

responsibly [rɪs'pɒnsəblɪ] *adv* avec sérieux.

responsive [rɪs'pɒnsɪv] *adj audience, class, pupil* qui réagit bien. **he is very** ~ il n'est pas du tout timide *or* réservé; (*to affection*) il est très affectueux; ~ **to criticism** sensible à la critique; **he wasn't very** ~ **when I spoke to him about it** quand je lui en ai parlé, il a été plutôt réservé *or* il n'a pas beaucoup réagi.

responsiveness [rɪs'pɒnsɪvnɪs] *n* (*V* **responsive**) bonne réaction (*to* à); manque *m* de réserve *or* de timidité; caractère affectueux.

rest [rest] **1** *n* **(a)** (*gen: relaxation etc*) repos *m*. **a day of** ~ un jour de repos; **to need** ~ avoir besoin de repos; **to need a** ~ avoir besoin de se reposer; **to have a** ~ se reposer; **she took** *or* **had an hour's** ~ elle s'est reposée pendant une heure; **we had a couple of** ~s **during the walk** pendant la promenade nous nous sommes arrêtés deux fois pour nous reposer; (*US Mil: leave*) ~ **and recuperation** permission *f*; **take a** ~! reposez-vous!; **to have a good night's** ~ passer une bonne nuit; (*liter*) **to retire to** ~ se retirer; **at** ~ au repos; **to be at** ~ (*peaceful*) être tranquille *or* calme; (*immobile*) rester immobile, ne pas bouger; (*euph: dead*) reposer en paix; **to lay to** ~ porter en terre; **to set** ~ *fears, doubts* dissiper; **to put** *or* **set sb's mind at** ~ tranquilliser qn, rassurer qn; **you can set** *or* **put your mind at** ~ tu peux être tranquille; **to come to** ~ *[ball, car etc]* s'arrêter, s'immobiliser; *[bird, insect]* se poser (*on* sur); **give it a** ~!* (*change the subject*) change de disque!*; (*stop working*) laisse tomber!*
   (b) (*support*) support *m*, appui *m*; *V* **arm¹, receiver** etc.
   (c) (*remainder*) **the** ~ **of the money** le reste *or* le restant *or* ce qui reste de l'argent, l'argent qui reste; **the** ~ **of the boys** les garçons qui restent, les autres garçons; **I will take half of the money and you keep the** ~ je prends la moitié de l'argent et tu gardes le reste *or* le restant; **I will take this book and you keep the** ~ je prends ce livre et tu gardes les autres; **you go off and the** ~ **of us will wait here** pars, nous (autres) nous resterons ici; **he was as drunk as the** ~ **of them** il était aussi ivre que (tous) les autres; **all the** ~ **of the money** tout ce qui reste de l'argent, tout l'argent qui reste; **all the** ~ **of the books** tous les autres livres; **and all the** ~ **of it*** et tout ça*, et tout ce qui s'ensuit; **for the** ~ quant au reste.
   (d) (*Mus*) pause *f*; (*Poetry*) césure *f*. (*Mus*) **crotchet** (*Brit*) *or* **quarter-note** (*US*) ~ soupir *m*.
   2 *cpd*: (*Mil*) **rest camp** cantonnement *m* de repos; **rest centre** centre *m* d'accueil; **rest cure** cure *f* de repos; **rest day** jour *m* de repos; **rest home, rest house** maison *f* de repos; **resting place** lieu *m* de repos; *[the dead]* dernière demeure; (*US*) **rest room** toilettes *fpl*.
   3 *vi* **(a)** (*repose*) se reposer; *[the dead]* reposer. **she never** ~s elle ne se repose jamais, elle ne sait pas se reposer; **you must** ~ **for an hour** il faut vous reposer pendant une heure; (*fig*) **he won't** ~ **till he finds out the truth** il n'aura de cesse qu'il ne découvre (*subj*) la vérité; (*fig*) **to** ~ **easy** dormir sur ses deux oreilles; **to** ~ **on one's oars** (*lit*) lever les avirons *or* les rames; (*fig*) prendre un repos bien mérité; (*fig*) **to** ~ **on one's laurels** se reposer *or* s'endormir sur ses lauriers; *[actor]* (*euph*) **to be** ~ing se trouver sans engagement; **may he** ~ **in peace** qu'il repose en paix; (*Agr*) **to let a field** ~ laisser reposer un champ, laisser un champ en jachère; (*Jur*) **the defence** (*or* **prosecution**) ~s' 'plaise au tribunal adopter nos conclusions'.
   (b) (*remain*) rester, demeurer. ~ **assured that** soyez certain *or* assuré que; **the matter must not** ~ **there, things must not** ~ **like that** il n'est pas admissible que l'affaire en reste (*subj*) là; **and there the matter** ~s **for the moment** l'affaire en est là pour le moment; **the authority** ~s **with him** c'est lui qui détient l'autorité; **the decision** ~s **with him, it** ~s **with him to decide** il lui appartient de décider, c'est à lui de prendre la décision; **it doesn't** ~ **with me** cela ne dépend pas de moi.
   (c) (*lean, be supported*) *[person]* s'appuyer (*on* sur, *against* contre); *[ladder]* appuyer (*on* sur, *against* contre); *[roof etc]* reposer, appuyer (*on* sur); *[fig] [argument, reputation, case]* reposer (*on* sur); *[eyes, gaze]* se poser, s'arrêter (*on* sur). **her elbows were** ~ing **on the table** elle appuyait ses coudes sur la

table; (*fig*) **a heavy responsibility** ~s **on him** il a de lourdes responsabilités.
   4 *vt* **(a)** faire *or* laisser reposer, donner du repos à. **to** ~ **o.s.** se reposer; **I am quite** ~ed je me sens tout à fait reposé; **to** ~ **the horses** laisser reposer les chevaux; **God** ~ **his soul!** que Dieu ait son âme!, paix à son âme!; (*Jur*) **to** ~ **one's case** conclure sa plaidoirie.
   (b) (*lean*) poser, appuyer (*on* sur, *against* contre); (*fig: base*) *suspicions* fonder, faire reposer, baser (*on* sur). **to** ~ **one's hand on sb's shoulder** poser la main sur l'épaule de qn; **to** ~ **one's elbows on the table** appuyer *or* poser les coudes sur la table; **to** ~ **a ladder against a wall** appuyer une échelle contre un mur.
◆ **rest up*** *vi* se reposer.

restart ['ri:'stɑ:t] **1** *vt work, activity* reprendre, recommencer; *engine* relancer, remettre en marche; *machine* remettre en marche.
   2 *vi* reprendre, recommencer; *[engine, machine]* se remettre en marche.

restate ['ri:'steɪt] *vt argument, reasons* répéter; *problem* énoncer de nouveau; *theory, case, one's position* exposer de nouveau.

restatement ['ri:'steɪtmənt] *n* (*gen*) répétition *f*; *[plan, theory]* nouvel énoncé. (*Jur*) ~ **of the law** réexposé *m* du droit.

restaurant ['restərɔ̃:ŋ] **1** *n* restaurant *m*. **2** *cpd food, prices* de restaurant. (*Brit Rail*) **restaurant car** wagon-restaurant *m*.

restaurateur [,restərə'tɜ:ʳ] *n* restaurateur *m*, -trice *f*.

restful ['restfʊl] *adj occupation, pastime etc* reposant, qui procure du repos; *colour* reposant; *place* paisible, tranquille, reposant. **she is very** ~ **to be with** elle est très reposante.

restfully ['restfəlɪ] *adv* paisiblement, tranquillement.

restitution [,restɪ'tju:ʃən] *n* **(a)** (*U*) restitution *f*. **to make** ~ **of sth** restituer qch; (*Jur*) ~ **of conjugal rights** ordre *m* de réintégration du domicile conjugal. **(b)** (*reparation*) réparation *f*, compensation *f*, indemnité *f*.

restive ['restɪv] *adj horse* rétif; *person* agité, énervé; *manner* impatient, nerveux. **to get** *or* **grow** ~ *[person]* s'agiter, s'énerver; *[horse]* devenir rétif.

restiveness ['restɪvnɪs] *n [horse]* état rétif; *[person]* agitation *f*, énervement *m*.

restless ['restlɪs] *adj person, manner, sea* agité; *child* agité, remuant. **I had a** ~ **night** j'ai mal dormi; **he is in his sleep** il a le sommeil agité; *[audience, class etc]* **to get** ~ s'impatienter, s'agiter, donner des signes d'agitation; (*fig: unsettled*) **he is very** ~ **just now** il n'a pas encore trouvé sa voie, il ne sait pas quoi faire de sa peau*.

restlessly ['restlɪslɪ] *adv* avec agitation. **to walk** ~ **up and down** faire nerveusement les cent pas.

restlessness ['restlɪsnɪs] *n [sleep]* agitation *f*; *[manner]* agitation, nervosité *f*; *[crowd]* impatience *f*.

restock ['ri:'stɒk] *vt shop* réapprovisionner; *pond, river* empoissonner.

restoration [,restə'reɪʃən] *n* **(a)** (*U: return*) rétablissement *m*; (*Jur*) *[property]* restitution *f*. (*Brit Hist*) **the R**~ la Restauration. **(b)** *[text]* rétablissement *m*; *[monument, work of art]* restauration *f*.

restorative [rɪs'tɒrətɪv] *adj, n* fortifiant (*m*), reconstituant (*m*).

restore [rɪs'tɔ:ʳ] *vt* **(a)** (*give or bring back*) *sth lost, borrowed, stolen* rendre, restituer (*to* à); *sb's sight etc* rendre; (*Jur*) *rights* rétablir; *confidence* redonner (*to* sb à qn, *in* dans); *order, calm* rétablir, ramener. **to** ~ **sb's health** rétablir la santé de qn, rendre la santé à qn; ~d **to health** rétabli, guéri; **to** ~ **sb to life** ramener qn à la vie; **to** ~ **sth to its former condition** remettre qch en état; **the brandy** ~d **my strength** *or* **me** le cognac m'a redonné des forces; **he was** ~d **to them safe and sound** il leur a été rendu sain et sauf; **to** ~ **to the throne** replacer sur le trône; **to** ~ **to power** ramener au pouvoir.
   (b) (*repair*) *building, painting, furniture etc* restaurer; *leather goods* rénover; *text* restituer, rétablir.

restorer [rɪs'tɔ:rəʳ] *n* (*Art etc*) restaurateur *m*, -trice *f*; *V* **hair**.

restrain [rɪs'treɪn] *vt* **(a)** (*prevent: gen*) retenir. **I was going to do it but he** ~ed **me** j'allais le faire mais il m'a retenu *or* m'en a empêché; **to** ~ **sb from doing** empêcher *or* retenir qn de faire.
   (b) *dangerous person etc* (*overcome*) maîtriser; (*control*) contenir; (*imprison*) interner, priver de liberté.
   (c) (*control*) *one's anger, feelings etc* contenir, réprimer, refréner. **please** ~ **yourself!** je vous en prie dominez-vous!
   (d) (*restrict*) *trade etc* restreindre.

restrained [rɪs'treɪnd] *adj emotions* contenu; *tone, voice, words, manner* mesuré; *style* sobre. **he was very** ~ **when he heard the news** quand il a appris la nouvelle, il est resté très maître de lui-même *or* de soi.

restraint [rɪs'treɪnt] *n* **(a)** (*restriction*) contrainte *f*, entrave *f*, frein *m*. **without** ~ sans contrainte; (*Jur*) **to place under** ~ interner; **subject to many** ~s sujet à de nombreuses contraintes.
   (b) (*U: moderation*) *[person]* retenue *f*; *[speech]* retenue, mesure *f*; *[style]* sobriété *f*. **to show a lack of** ~ manquer de maîtrise de soi *or* de retenue; **he said with great** ~ **that** mesurant ses paroles, il a déclaré que.
   (c) (*act of restraining*: *V* **restrain** b, c) maîtrise *f*; répression *f*; domination *f*; *V* **wage**.

restrict [rɪs'trɪkt] *vt* restreindre, limiter (*to* à). **visiting is** ~ed **to one hour per day** les visites sont limitées à une heure par jour; **to** ~ **sb's authority/freedom** restreindre *or* limiter l'autorité/la liberté de qn; **access** ~ed **to members of staff** accès interdit aux personnes étrangères à l'établissement.

restricted [rɪs'trɪktɪd] *adj number, group, circulation, aim* restreint, limité; (*Admin, Mil*) *document* confidentiel; *point of view*, *horizon* étroit. **within a ~ area** dans une zone restreinte *or* limitée; (*fig*) dans certaines limites; (*Aut*) **~ area** zone à vitesse limitée; (*Ling*) **~ code** code restreint.

restriction [rɪs'trɪkʃən] *n* restriction*f*, limitation*f*. **to place ~s on** apporter des restrictions à; (*Aut*) **speed ~** limitation de vitesse; (*Comm*) **price ~** contrôle *m* de prix.

restrictive [rɪs'trɪktɪv] *adj* restrictif. **~ practices** (*by trade unions*) pratiques restrictives de production; (*by manufacturers*) entraves *fpl* à la libre concurrence *or* à la liberté du commerce.

re-string ['riː'strɪŋ] *pret, ptp* **re-strung** *vt pearls, necklace* renfiler; (*Mus*) *violin* remplacer les cordes de; (*Sport*) *racket* recorder; *bow* remplacer la corde de, remettre une corde à.

restyle ['riː'staɪl] *vt product* donner un nouveau look à. **to have one's hair ~d** changer de coiffure; **to ~ sb's hair** changer le style de la coiffure de qn.

result [rɪ'zʌlt] **1** *n* (a) *résultat m*, conséquence*f*; (*Math*) résultat. **as a ~** he failed en conséquence il a échoué, résultat : il a échoué*; **to be the ~ of** être la conséquence de, être dû à, résulter de; **as a ~ of** (*gen*) à la suite de; (*directly because of: esp Admin*) par suite de; **he died as a ~ of his injuries** il est décédé des suites de ses blessures; **without ~** sans résultat.

(b) *[election, exam, race]* résultat *m*. **to demand ~s** exiger des résultats; **to get ~s*** *[person]* obtenir de bons résultats, arriver à quelque chose*; *[action]* donner de bons résultats, aboutir à quelque chose*.

2 *vi* (a) (*follow*) résulter, provenir (*from* de). **it ~s that** il s'ensuit que.

(b) (*finish*) **that's going to ~ badly** cela va mal se terminer.

♦**result in** *vt fus* (*gen*) mener à, aboutir à, se terminer par; *failure, setback etc* se solder par.

resultant [rɪ'zʌltənt] **1** *adj* résultant, qui (en) résulte. **2** *n* (*Math*) résultante*f*.

resume [rɪ'zjuːm] **1** *vt* (a) (*restart etc*) *tale, account* reprendre; *activity, discussions* reprendre, recommencer; *relations* renouer. **to ~ work** reprendre le travail, se remettre au travail; **to ~ one's journey** reprendre la route, continuer son voyage; **'well' he ~d** 'eh bien' reprit-il; **to ~ one's seat** se rasseoir; (*frm*) **to ~ possession of** reprendre possession de. (b) (*sum up*) résumer. **2** *vi* [*classes, work etc*] reprendre, recommencer.

résumé ['reɪzjuːmeɪ] *n* résumé *m*; (*US*) curriculum vitæ *m inv*.

resumption [rɪ'zʌmpʃən] *n* reprise*f*.

resurface [,riː'sɜːfɪs] **1** *vt road* refaire la surface de. **2** *vi [diver, submarine]* remonter à la *or* en surface, faire surface.

resurgence [rɪ'sɜːdʒəns] *n* (*gen*) réapparition *f*; (*Econ*) redémarrage *m*.

resurgent [rɪ'sɜːdʒənt] *adj* (*gen*) qui connaît un nouvel essor, renaissant; (*Econ*) *spending etc* en nette augmentation.

resurrect [,rezə'rekt] *vt* ressusciter; (*fig*) *fashion, ideas* faire revivre; *memories* ressusciter, réveiller; (* *hum*) *dress, chair etc* remettre en service.

resurrection [,rezə'rekʃən] *n* (*Rel, fig*) résurrection*f*.

resuscitate [rɪ'sʌsɪteɪt] *vt* (*Med*) réanimer.

resuscitation [rɪ,sʌsɪ'teɪʃən] *n* (*Med*) réanimation*f*.

resuscitator [rɪ'sʌsɪteɪtə'] *n* (*Med*) réanimateur *m*.

retail ['riːteɪl] **1** *n* (vente *f* au) détail *m*.

2 *vt* vendre au détail, détailler; (*fig*) *gossip* colporter, répandre.

3 *vi [goods]* se vendre (au détail) (*at* à).

4 *adv*: **to sell ~** vendre au détail.

5 *cpd*: (*Fin*) **retail banking** opérations *fpl* bancaires axées sur le marché des particuliers; **retail business** commerce *m* de détail; **retail dealer** détaillant(e) *m(f)*; **they are looking for a retail outlet for ...** ils cherchent un débouché pour ...; **50 retail outlets** 50 points *mpl* de vente; **retail price** prix *m* de détail; **retail price index** ≃ indice *m* des prix à l'INSEE; (*Brit*) **retail shop**, (*US*) **retail store** magasin *m* de détail, détaillant *m*; **the retail trade** (*traders*) les détaillants *mpl*; (*selling*) la vente au détail.

retailer ['riːteɪlə'] *n* détaillant(e) *m(f)*.

retain [rɪ'teɪn] *vt* (a) (*keep*) conserver, garder; (*hold*) retenir, maintenir; *heat* conserver. **~ing wall** mur *m* de soutènement; **to ~ control (of)** garder le contrôle (de); (*Fin*) **~ed earnings** bénéfices *mpl* non distribués.

(b) (*remember*) garder en mémoire.

(c) (*engage*) *lawyer* retenir, engager. **~ing fee** = **retainer b**.

retainer [rɪ'teɪnə'] *n* (a) (†, *liter: servant*) serviteur *m*. (b) (*fee*) provision*f*.

retake ['riː'teɪk] (*vb: pret* **retook**, *ptp* **retaken**) **1** *n* (*Cine*) nouvelle prise (de vues). **2** ['riː'teɪk] *vt* (a) reprendre; *prisoner* reprendre, rattraper. (b) (*Cine*) faire une nouvelle prise.

retaliate [rɪ'tælɪeɪt] *vi* se venger (*against sb/sth* de qn/qch), user de représailles (*against sb* envers qn). **he ~d by breaking a window** pour se venger il a brisé une fenêtre; **he ~d by pointing out that ...** il a riposté *or* rétorqué que ..., pour sa part il a fait observer que ...; **to ~ (up)on sb** rendre la pareille à qn, user de représailles envers qn.

retaliation [rɪ,tælɪ'eɪʃən] *n* revanche *f*, vengeance *f*, représailles *fpl*. **in ~** par représailles; **in ~ for** pour venger, pour se venger de; **policy of ~** politique *f* de représailles.

retaliatory [rɪ'tælɪətərɪ] *adj* de représailles. **~ measures** (*gen, Mil*) représailles *fpl*; (*Econ*) mesures *fpl* de rétorsion.

retard [rɪ'tɑːd] **1** *vt* retarder; (*Aut*) *ignition* retarder. **2** *n* retard *m*.

retarded [rɪ'tɑːdɪd] *adj* (*Med*) retardé, arriéré; (*pej*) demeuré*. (*Aut*) **~ ignition** retard *m* à l'allumage; (*Tech*) **~ acceleration** accélération négative; **mentally ~** arriéré.

retch [retʃ] **1** *vi* avoir des haut-le-cœur. **2** *n* haut-le-cœur *m inv*.

retching ['retʃɪŋ] *n* haut-le-cœur *mpl*.

retd (*abbr of* **retired**) en retraite.

retell ['riː'tel] *pret, ptp* **retold** *vt* raconter de nouveau.

retention [rɪ'tenʃən] *n* conservation*f*, maintien *m*; (*Med*) rétention *f*; (*memory*) mémoire*f*.

retentive [rɪ'tentɪv] *adj memory* fidèle, sûr. **he is very ~** il a une très bonne mémoire.

retentiveness [rɪ'tentɪvnɪs] *n* faculté *f* de retenir, mémoire*f*.

rethink ['riː'θɪŋk] *pret, ptp* **rethought 1** *vt* repenser. **2** *n* (*) we'll have to have a ~** nous allons devoir y réfléchir encore un coup*.

reticence ['retɪsəns] *n* réticence*f*.

reticent ['retɪsənt] *adj* réticent, réservé. **to be ~ about** (*habitually*) ne pas parler beaucoup de; (*on one occasion*) ne pas dire grand-chose de.

reticently ['retɪsəntlɪ] *adv* avec réticence, avec réserve.

reticle ['retɪkl] *n* (*Opt*) réticule *m*.

reticulate [rɪ'tɪkjʊlɪt] *adj*, **reticulated** [rɪ'tɪkjʊleɪtɪd] *adj* réticulé.

reticule ['retɪkjuːl] *n* (a) = **reticle**. (b) (*handbag*) réticule *m*.

retina ['retɪnə] *n, pl* **retinæ** ['retɪniː] *or* **~s** rétine*f*.

retinal ['retɪnl] *adj* rétinien.

retinue ['retɪnjuː] *n* suite *f*, escorte *f*, cortège *m*.

retire [rɪ'taɪə'] **1** *vi* (a) (*withdraw*) se retirer, partir; (*Mil*) reculer, se replier. **to ~ from the room** quitter la pièce; **to ~ to the lounge** se retirer au salon, passer au salon; (*Sport*) **to ~ hurt** abandonner à la suite d'une blessure; **to ~ into o.s.** rentrer en *or* se replier sur soi-même; **to ~ from the world/from public life** se retirer du monde/de la vie publique.

(b) (*go to bed*) (aller) se coucher.

(c) (*give up one's work*) prendre sa retraite. **he ~d on a good pension** il a pris sa retraite et il touche une bonne pension; **to ~ from business** se retirer des affaires.

2 *vt worker, employee* mettre à la retraite; (*Fin*) *bond* retirer de la circulation. **to be compulsorily ~d** être mis à la retraite d'office.

retired [rɪ'taɪəd] *adj* (a) (*no longer working*) retraité, à la retraite. **a ~ person** un(e) retraité(e); (*Mil*) **~ list** état *m* des mises à la retraite; **~ pay** pension *f* de retraite. (b) (*secluded*) *life, spot* retiré.

retiree [rɪ'taɪriː] *n* (*US*) retraité(e) *m(f)*.

retirement [rɪ'taɪəmənt] **1** *n* (a) (*stopping work*) retraite*f*. **~ at 60** (mise *f* à la) retraite à 60 ans; **to announce one's ~** annoncer que l'on prend sa retraite; **to come out of ~** reprendre ses activités *or* une occupation *or* du service (*après avoir pris sa retraite*); **how will you spend your ~?** qu'est-ce que vous ferez quand vous aurez pris votre retraite?; **V compulsory, early**.

(b) (*seclusion*) isolement *m*, solitude *f*. **to live in ~** vivre retiré du monde.

(c) (*Mil*) retraite *f*, repli *m*; (*Sport*) abandon *m*.

2 *cpd*: **retirement age** âge *m* de (la) retraite; **retirement benefit** prime *f* de retraite; (*US*) **retirement community** communauté *f* de retraités; **retirement pay** retraite *f*; **retirement pension** (pension *f* de) retraite *f*; (*Mil*) solde *f* de retraite; *V also* **pension**.

retiring [rɪ'taɪərɪŋ] *adj* (a) (*shy*) réservé. (b) **~ room** cabinet particulier. (c) (*taking retirement*) *manager, employee etc* sur le point de prendre sa retraite. **~ age** âge *m* de (la) retraite. (d) (*outgoing*) *chairman, president etc* sortant.

retool [riː'tuːl] (*US*) **1** *vt* (*reorganize*) réorganiser, rééquiper. **2** *vi* se réorganiser, se rééquiper.

retort [rɪ'tɔːt] **1** *n* (a) (*answer*) réplique *f*, riposte *f*. (b) (*Chem*) cornue *f*. **2** *vt* rétorquer, riposter, répliquer (*that* que). **'not at all' he ~ed** 'pas du tout' rétorqua-t-il *or* riposta-t-il *or* répliqua-t-il.

retouch ['riː'tʌtʃ] *vt* (*Art, Phot*) retoucher.

retrace [rɪ'treɪs] *vt developments etc* (*research into*) reconstituer; (*give account of*) retracer. **to ~ one's path** *or* **steps** revenir sur ses pas, rebrousser chemin.

retract [rɪ'trækt] **1** *vt* (a) (*withdraw*) *offer* rétracter, retirer; *statement* rétracter, revenir sur, désavouer. (b) (*draw back*) *claws* rétracter, rentrer; (*Aviat*) *undercarriage* rentrer, escamoter. **2** *vi* (a) (*withdraw*) se rétracter, se désavouer. (b) (*draw back*) se rétracter; (*Aviat*) rentrer.

retractable [rɪ'træktəbl] *adj* (*lit*) rentrant, escamotable; (*fig*) *remark* que l'on peut rétracter *or* retirer.

retraction [rɪ'trækʃən] *n [offer]* rétraction*f*; *[declaration]* rétractation, désaveu *m*; *[claws etc]* rétraction *f*; *[undercarriage]* escamotage *m*.

retrain [riː'treɪn] **1** *vt* recycler, donner une nouvelle formation (professionnelle) à. **2** *vi* se recycler.

retraining ['riː'treɪnɪŋ] *n* recyclage *m*.

retransmit ['riː'trænz'mɪt] *vt* réexpédier; (*Phys, Rad, TV*) retransmettre, rediffuser.

retread [,riː'tred] (*Brit*) **1** *vt tyre* rechaper. **2** ['riː'tred] *n* (*tyre*) pneu rechapé.

retreat [rɪ'triːt] **1** *n* (a) (*gen, also Mil*) retraite *f*, repli *m*, recul *m*. **the army is in ~** l'armée bat en retraite; **to sound the ~** battre la retraite; **to make** *or* **beat a hasty ~** partir en vitesse.

(b) (*Econ: of currency*) repli *m*. **the pound went into ~** la livre a cédé du terrain.

(c) (*place*) asile *m*, refuge *m*, retraite *f* (*liter*); (*Rel*) retraite. **to go on a ~** faire une retraite; **a country ~** un endroit (*or* une maison *etc*) tranquille à la campagne.

2 *vi* (*Mil*) battre en retraite; (*withdraw*) se retirer (*from* de); *[flood, glacier]* reculer; *[chin, forehead]* être fuyant. **to ~ within o.s.** se replier sur soi-même.

3 *vt* (*Chess*) ramener.

retrench [rɪ'trentʃ] **1** *vt* restreindre, réduire; *book* faire des coupures dans. **2** *vi* faire des économies.

retrenchment [rɪ'trentʃmənt] *n* (a) *[expense]* réduction *f* (des dépenses). (b) (*Mil*) retranchement *m*.

retrial ['riː'traɪəl] *n* (*Jur*) nouveau procès *m*.

retribution [,retrɪ'bjuːʃən] *n* châtiment *m*, récompense *f* (*d'une mauvaise action*).

retributive [rɪ'trɪbjʊtɪv] *adj person, action* vengeur (*f* -geresse); *justice* distributif.

retrievable [rɪ'triːvəbl] *adj object, material* récupérable; *money* recouvrable; *error, loss* réparable.

retrieval [rɪ'triːvəl] *n* (*V* **retrieve**) récuperation *f*; recouvrement *m*; réparation *f*. beyond *or* past ~ irréparable; *V* information.

retrieve [rɪ'triːv] 1 *vt* (*recover*) *object* récupérer (*from* de); *[dog]* rapporter; (*Fin*) recouvrer; *information* rechercher et extraire; *fortune, honour, position* rétablir; (*set to rights*) *error* réparer; *situation* redresser, sauver; (*rescue*) sauver, tirer (*from* de). (*lit, fig*) we shall ~ nothing from this disaster nous ne sauverons *or* récupérerons rien de ce désastre.
  2 *vi [dog]* rapporter.

retriever [rɪ'triːvə^r] *n* retriever *m*, chien *m* d'arrêt.

retro ... ['retrəʊ] *pref* rétro ....

retroactive [‚retrəʊ'æktɪv] *adj* rétroactif. the law came into force ~ to October 1st la loi est entrée en vigueur avec effet rétroactif à compter du 1er octobre; ~ payment (*on salary etc*) rappel *m*.

retroengine ['retrəʊ‚endʒɪn] *n* fusée *f* de freinage.

retroflex(ed) ['retrəʊfleks(t)] *adj* (*Ling*) apical, rétroflexe.

retroflexion [‚retrəʊ'flekʃən] *n* (*Med*) rétroflexion *f*.

retrograde ['retrəʊgreɪd] 1 *adj* rétrograde. 2 *vi* rétrograder.

retrogress [‚retrəʊ'gres] *vi* rétrograder.

retrogression [‚retrəʊ'greʃən] *n* rétrogradation *f*, régression *f*.

retrogressive [‚retrəʊ'gresɪv] *adj* rétrogressif, rétrograde; (*Bio*) régressif.

retropack ['retrəʊpæk] *n* système *m* de rétrofusées.

retrorocket ['retrəʊ‚rɒkɪt] *n* rétrofusée *f*.

retrospect ['retrəʊspekt] *n* examen *or* coup d'œil rétrospectif. in ~ rétrospectivement, après coup.

retrospection [‚retrəʊ'spekʃən] *n* examen rétrospectif.

retrospective [‚retrəʊ'spektɪv] 1 *adj glance, thought, wisdom* rétrospectif; (*Admin, Jur*) *pay rise, effect* rétroactif. 2 *n* (*Art*) rétrospective *f*.

retrospectively [‚retrəʊ'spektɪvlɪ] *adv* rétrospectivement; (*Admin, Jur*) rétroactivement.

retry ['riː'traɪ] *vt* (*Jur*) juger de nouveau.

retune [riː'tjuːn] 1 *vi* (*Rad*) (*change wavelength*) se mettre à l'écoute (*to* de); (*go back*) reprendre l'écoute (*to* de).
  2 *vt musical instrument* réaccorder.

return [rɪ'tɜːn] 1 *vi* [*person, vehicle etc*] (*come back*) revenir; (*go back*) retourner; [*property*] retourner, revenir, faire retour (*to* à); [*symptoms, doubts, fears*] réapparaître. to ~ home rentrer; have they ~ed? sont-ils revenus? *or* rentrés? *or* de retour?; his good spirits ~ed sa bonne humeur est revenue; to ~ to one's work reprendre *or* se remettre à son travail; to ~ to school rentrer (en classe); to ~ to a subject/an idea revenir à un sujet/une idée; to ~ to what we were talking about, he ... pour en revenir à la question, il ...; to ~ to one's bad habits reprendre ses mauvaises habitudes.
  2 *vt* (a) (*give back*) (*gen*) rendre; *sth borrowed, stolen, lost* rendre, restituer; (*bring back*) rapporter; *goods to shop* rendre, rapporter; (*put back*) remettre; (*send back*) renvoyer, retourner; *ball, sound, light* renvoyer; *compliment, salute, blow, visit* rendre; *sb's love* répondre à. to ~ money to sb rembourser qn; he ~ed the £5 to him il lui a remboursé les 5 livres, il l'a remboursé des 5 livres; to ~ a book to the library rapporter *or* rendre un livre à la bibliothèque; to ~ a book to the shelf remettre un livre sur le rayon; he ~ed it to his pocket il l'a remis dans sa poche; (*on letter*) '~ to sender' 'retour à l'envoyeur'; (*liter*) to ~ thanks rendre grâce, remercier; to ~ the favour renvoyer l'ascenseur; (*fig*) to ~ sb's favour rendre service à qn (en retour); I hope to ~ your kindness j'espère pouvoir vous rendre service en retour; his love was not ~ed elle n'a pas répondu à son amour; to ~ good for evil rendre le bien pour le mal; to ~ like for like rendre la pareille; (*Bridge*) to ~ hearts rejouer du cœur, renvoyer cœur; (*Tennis*) to ~ the ball renvoyer la balle; backhand well ~ed by ... revers bien repris par ... .
    (b) (*reply*) répondre, répliquer, riposter.
    (c) (*declare*) *income, details* déclarer. (*Jur*) to ~ a verdict rendre *or* prononcer un verdict; (*Jur*) to ~ a verdict of guilty on sb déclarer qn coupable; to ~ a verdict of murder conclure au meurtre.
    (d) (*Fin*) *profit, income* rapporter, donner.
    (e) (*Parl*) *candidate* élire. he was ~ed by an overwhelming majority il a été élu à *or* avec une très forte majorité.
  3 *n* (a) (*coming, going back*) [*person, illness, seasons*] retour *m*. on my ~ dès mon retour; ~ home retour; after their ~ to school après la rentrée (des classes); by ~ of post par retour du courrier; a ~ to one's old habits un retour à ses vieilles habitudes; many happy ~s (of the day)! bon anniversaire!; *V* point.
    (b) (*giving back*) retour *m*; (*sending back*) renvoi *m*; (*putting back*) remise *f* en place; [*sth lost, stolen, borrowed*] restitution *f*; [*money*] remboursement *m*; *V* sale.
    (c) (*Brit: also* ~ ticket) aller et retour *m*.
    (d) (*recompense*) récompense *f* (*for* de), (*from land, business, mine*) rendement *m*, rapport *m*, (*from investments, shares*) rapport. ~s (*profits*) bénéfice *m*, profit *m*; (*receipts*) rentrées *fpl*, recettes *fpl*; small profits and quick ~s de bas prix et un gros chiffre d'affaires; (*Fin*) ~ on capital rapport *m* de capital; ~ on investments rentabilité *f* des investissements; to get a poor ~ for one's kindness être mal récompensé *or* mal payé de sa gentillesse; in ~ en revanche; in ~ for en récompense de, en échange de; *V* diminish.
    (e) (*act of declaring*) [*verdict*] déclaration *f*; [*election results*] proclamation *f*; (*report*) rapport *m*, relevé *m*; (*statistics*) statistique

f. official ~s statistiques officielles; the population ~s show that ... le recensement montre que ...; the election ~s les résultats *mpl* de l'élection; tax ~ (feuille *f* de) déclaration de revenus *or* d'impôts.
    (f) (*Parl*) [*candidate*] élection *f*.
    (g) (*Sport*) riposte *f*; (*Tennis*) retour *m* reprise *f*. ~ of service retour *m* de service.
  4 *cpd*: (*Brit*) **return fare** (prix *m*) aller et retour *m*; **return flight** vol *m* de retour; [*ticket*] **return half** coupon *m* de retour; (*Fin*) **return item** impayé *m*; (*Pol*) **returning officer** président *m* du bureau de vote; **return journey** (voyage *m or* trajet *m* de) retour *m*; **return match** revanche *f*, match *m* retour; (*Tech*) **return stroke** course *f* retour; (*Brit*) **return ticket** (billet *m* d')aller et retour *m*.

returnable [rɪ'tɜːnəbl] *adj* qu'on doit rendre; *bottle etc* consigné. the bottles are non-~ ça n'est pas consigné *or* repris, c'est du verre perdu.

reunification ['riː‚juː‚nɪfɪ'keɪʃən] *n* réunification *f*.

reunify ['riː'juːnɪfaɪ] *vt* réunifier.

reunion [riː'juːnjən] *n* réunion *f*.

Réunion [riː'juːnjən] *n*: ~ (**Island**) (île *f* de) la Réunion.

reunite ['riːjuː'naɪt] 1 *vt* réunir. they were ~d at last ils se sont enfin retrouvés. 2 *vi* se réunir.

re-up‡ ['riː'ʌp] *vi* (*US Mil*) rempiler*, se réengager.

re-usable ['riː'juːzəbl] *adj* réutilisable.

re-use ['riː'juːz] *vt* réutiliser.

rev [rev] 1 *n* (*Aut: abbr of* **revolution**) tour *m*. ~ counter compte-tours *m inv*; **4,000** ~**s per minute** 4.000 tours minute. 2 *vt*: to ~ (**up**) the engine emballer le moteur. 3 *vi* (*also* ~ **up**) [*engine*] s'emballer; [*driver*] emballer le moteur.

revaluation [riː‚væljʊ'eɪʃən] *n* (*Fin*) réévaluation *f*.

revalue ['riː'væljuː] *vt* (*Fin*) réévaluer.

revamp* ['riː'væmp] *vt company, department* réorganiser; *house, room, object* retaper*.

revanchism [rɪ'væntʃɪzəm] *n* revanchisme *m*.

revanchist [rɪ'væntʃɪst] *n, adj* revanchiste (*mf*).

Rev(d). *abbr of* **Reverend**.

reveal [rɪ'viːl] *vt* (*gen*) révéler; (*make visible*) *hidden object etc* découvrir, laisser voir; (*make known*) révéler (*that* que); *truth, facts* révéler, faire connaître; *corruption* révéler, mettre a jour. I cannot ~ to you what he said je ne peux pas vous révéler ce qu'il a dit; to ~ one's identity se faire connaître, révéler son identité; he ~ed himself as being ... il s'est révélé comme étant ...; ~ed religion religion révélée.

revealing [rɪ'viːlɪŋ] *adj* révélateur (*f* -trice); *dress* décolleté.

reveille [rɪ'vælɪ] *n* (*Mil*) réveil *m*; *V* **sound**[1].

revel ['revl] 1 *vi* (a) (*make merry*) s'amuser, se divertir; (*carouse*) faire la fête. (b) (*delight*) se délecter (*in sth* de qch). to ~ in doing se délecter à faire, prendre grand plaisir à faire. 2 *n*: ~s (*entertainment*) divertissements *mpl*; (*carousing*) festivités *fpl*.

revelation [‚revə'leɪʃən] *n* révélation *f*. (*Rel*) (**the Book of**) R~ l'Apocalypse *f*.

reveller ['revlə^r] *n* fêtard *m*, joyeux convive *m*. the ~s les gens *mpl* de la fête, les fêtards *mpl*.

revelry ['revlrɪ] *n* (*U*) festivités *fpl*.

revenge [rɪ'vendʒ] 1 *n* (*lit*) vengeance *f*; (*fig, Sport etc*) revanche *f*. to take ~ on sb for sth se venger de qch sur qn; to get one's ~ se venger; to do sth out of ~ faire qch par vengeance; in ~ he killed him pour se venger il l'a tué.
  2 *vt insult, murder* venger. to ~ o.s., to be ~d (*gen*) se venger (*on sb* de qn, *on sb for sth* de qch sur qn); (*in sport competition etc*) prendre sa revanche (*on sb* sur qn, *for sth* de qch).

revengeful [rɪ'vendʒfʊl] *adj person* vindicatif; *act* vengeur (*f* -geresse).

revengefully [rɪ'vendʒfəlɪ] *adv* par (esprit de) vengeance.

revenger [rɪ'vendʒə^r] *n* vengeur *m*, -geresse *f*.

revenue ['revənjuː] *n* 1 *n* [*state*] revenu *m*; [*individual*] revenu, rentes *fpl*; *V* inland etc. 2 *cpd*: **revenue man** douanier *m*; **revenue officer** agent *m or* employé(e) *m(f)* des douanes; (*US Econ*) **revenue sharing** redistribution *f* d'une partie des impôts fédéraux aux autorités locales; **revenue stamp** timbre *m* fiscal.

reverberate [rɪ'vɜːbərət] 1 *vi* [*sound*] retentir, résonner, se répercuter; [*light, heat*] se réverbérer; (*fig*) [*protests etc*] se propager. 2 *vt sound* renvoyer, répercuter; *light* réverbérer, réfléchir; *heat* réverbérer.

reverberation [rɪ‚vɜːbə'reɪʃən] *n* [*sound*] répercussion *f*; [*light, heat*] réverbération *f*.

reverberator [rɪ'vɜːbəreɪtə^r] *n* réflecteur *m*.

revere [rɪ'vɪə^r] *vt* révérer, vénérer.

reverence ['revərəns] 1 *n* (a) vénération *f*, respect *m* (religieux). to have ~ for sb, to hold sb in ~ révérer qn; to show *or* pay ~ to rendre hommage à. (b) your R~ ≃ mon (révérend) père, monsieur l'abbé. 2 *vt* révérer.

reverend ['revərənd] 1 *adj* vénérable. the R~ **Robert Martin** (*Anglican*) le révérend Robert Martin; (*Roman Catholic*) l'abbé (Robert) Martin; (*Nonconformist*) le pasteur (Robert) Martin; the **Most** R~ le Révérendissime; the **Very** *or* **Right** R~ **Robert Martin** (*Anglican*) le très révérend Robert Martin; (*Roman Catholic*) monseigneur Martin; R~ **Mother** révérende mère.
  2 *n* (‡) (*Roman Catholic*) curé *m*; (*Protestant*) pasteur *m*.

reverent ['revərənt] *adj* respectueux.

reverential [‚revə'renʃəl] *adj* révérenciel.

reverently ['revərəntlɪ] *adv* avec respect, avec vénération.

reverie ['revərɪ] *n* rêverie *f*.

revers [rɪ'vɪə^r] *n* revers *m* (d'un vêtement).

reversal [rɪ'vɜːsəl] *n* (*turning upside down*) renversement *m*; (*switching over of 2 objects*) intervention *f*; [*opinion, view etc*] revirement *m*; (*Jur*) [*judgment*] arrêt *m* d'annulation, réforme *f*.

reverse [rɪ'vɜːs] **1** adj (a) (gen) inverse, contraire, opposé. ~ **side** [coin, medal] revers m; [sheet of paper] verso m; [cloth] envers m; [painting] dos m; **in ~ order** dans l'ordre inverse; ~ **turn** (Aut) virage m en marche arrière; (Dancing) renversement m; (US) ~ **discrimination**, ~ **racism** racisme m à l'envers, discrimination f raciale en faveur des Noirs.
 (b) (Aut: backwards) ~ **gear** marche f arrière; (Tech) ~ **motion** or **action** (backwards) mouvement renversé; (opposite direction) mouvement inverse.
 2 n (a) (opposite) contraire m, opposé m, inverse m. **quite the ~!** tout or bien au contraire!; **it is quite the ~** c'est tout le contraire or tout l'opposé, c'est justement l'inverse; **he is the ~ of polite** il n'est rien moins que poli, c'est tout le contraire d'un homme poli; (fig) **in ~** dans l'ordre inverse; V also **2d**.
 (b) (back) [coin, medal] revers m; [sheet of paper] verso m; [cloth] envers m; [painting] dos m.
 (c) (setback, loss) revers m, échec m; (defeat) défaite f.
 (d) (Aut) **in ~** en marche arrière.
 3 vt (a) (turn the other way round) renverser, retourner; garment retourner; situation renverser, changer complètement; photo, result inverser. **to ~ the order of things** inverser l'ordre des choses; **to ~ one's policy** faire volte-face (fig); **to ~ a procedure** procéder par ordre inverse; **to ~ a trend** renverser une tendance; (Brit Telec) **to ~ the charges** téléphoner en P.C.V. (V also **5**); **to ~ the position(s) of two objects** intervertir or inverser deux objets.
 (b) (cause to move backwards) moving belt renverser la direction or la marche de; typewriter ribbon changer de sens. (Tech) **to ~ the engine** faire machine arrière; **to ~ one's car into the garage/down the hill** rentrer dans le garage/descendre la côte en marche arrière; **he ~d the car into a tree** il a heurté un arbre en faisant une marche arrière; **to ~ one's car across the road** faire une marche arrière en travers de la route.
 (c) (Jur: annul) decision, verdict réformer, annuler; judgment réformer, déjuger; sentence révoquer, casser.
 4 vi (Brit) (move backwards) [car] faire marche arrière; [dancer] renverser. (Aut) **to ~ into the garage/down the hill** rentrer dans le garage/descendre la côte en marche arrière; **to ~ into a tree** heurter un arbre en faisant une marche arrière; **to ~ across the road** faire une marche arrière en travers de la route; (Aut) **reversing lights** feux mpl de marche arrière, feux de recul.
 5 cpd: (Brit Telec) **reverse(d) charge call** (appel m or communication f en) P.C.V. m, appel m à frais virés (Can).
reversibility [rɪ,vɜːsɪ'bɪlɪtɪ] n réversibilité f.
reversible [rɪ'vɜːsəbl] adj réversible; garment, cloth réversible, sans envers ni endroit; decision révocable.
reversion [rɪ'vɜːʃən] n (a) (return to former state) retour m (to à). (Bio) réversion f. ~ **to type** réversion au type primitif. (b) (Jur) réversion f, droit m de retour. (c) (Phot) inversion f.
reversionary [rɪ'vɜːʃnərɪ] adj (a) (Jur) de réversion, réversible. (b) (Bio) atavique, régressif.
revert [rɪ'vɜːt] vi (a) (return) revenir (to à); (Jur) revenir, retourner (to à); [property] faire retour (to à). **to ~ to the question** pour en revenir à la question; (Bio) **to ~ to type** retourner or revenir au type primitif; (fig) **he has ~ed to type** le naturel a repris le dessus.
 (b) (become again) fields ~ing **to woodland** des champs qui retournent à l'état de forêt.
review [rɪ'vjuː] **1** n (a) (situation, events, the past) examen m, étude f, bilan m; [wages, prices, contracts] révision f; (printed etc report) rapport m d'enquête. **the agreement comes up for ~ or comes under ~ next year** l'accord doit être révisé l'année prochaine; **I shall keep your case under ~** je suivrai votre cas de très près; **he gave a ~ of recent developments in photography** il passa en revue les progrès récents de la photographie.
 (b) (Mil, Naut: inspection) revue f. **to hold a ~** passer une revue.
 (c) (US Scol etc: revision) révision f.
 (d) (critical article) [book, film, play etc] critique f, compte rendu m. [book] ~ **copy** exemplaire m de service de presse.
 (e) (magazine) revue f, périodique m.
 2 vt (a) (consider again) one's life, the past passer en revue. **we shall ~ the situation next year** nous réexaminerons or reconsidérerons la situation l'année prochaine.
 (b) troops passer en revue.
 (c) (US Scol etc) revoir, réviser.
 (d) book, play, film faire la critique de, donner or faire un compte rendu de.
reviewer [rɪ'vjuːər] n critique m. **book/film etc ~** critique littéraire/de cinéma etc.
revile [rɪ'vaɪl] **1** vt injurier, insulter. **2** vi proférer des injures (at, against contre).
revise [rɪ'vaɪz] **1** vt (a) (change) opinion, estimate réviser, modifier. **to ~ sth upward(s)** réviser en hausse qch.
 (b) (update) dictionary etc réviser, mettre à jour; (correct) proof corriger, revoir; text revoir, réviser, corriger. ~**d edition** édition revue et corrigée; (Brit) [Bible] **R~d Version** traduction (anglaise) de la Bible de 1884.
 (c) (Brit: learn up) revoir, repasser, réviser.
 2 vi réviser. **to ~ for exams** réviser or faire des révisions pour des examens; **to start revising** commencer à réviser or (à faire) ses révisions.
 3 n (Typ) (épreuve f de) mise f en pages, seconde épreuve.
reviser [rɪ'vaɪzər] n réviseur m; [proof] correcteur m, -trice f.
revision [rɪ'vɪʒən] n révision f.
revisionism [rɪ'vɪʒənɪzəm] n révisionnisme m.
revisionist [rɪ'vɪʒənɪst] adj, n révisionniste (mf).
revisit ['riː'vɪzɪt] vt place revisiter; person retourner voir.

revitalize [,riː'vaɪtəlaɪz] vt (gen) redonner de la vitalité à, revivifier (liter). **to ~ the economy** relancer l'économie.
revival [rɪ'vaɪvəl] n (a) (bringing back) [custom, ceremony] reprise f; (Jur) remise f en vigueur. (Hist) **the R~ of Learning** la Renaissance. (b) (Theat: play) reprise f; (Rel) [faith] renouveau m, réveil m. ~ **meeting** réunion f pour le renouveau de la foi.
revivalist [rɪ'vaɪvəlɪst] adj, n revivaliste (mf).
revive [rɪ'vaɪv] **1** vt (a) person (from fainting) ranimer; (from near death, esp Med) réanimer. **a glass of brandy will ~ you** un verre de cognac vous remontera or vous requinquera.
 (b) fire, feeling, pain, memory ranimer, raviver; conversation ranimer; hope, interest faire renaître, raviver; trade, business relancer, réactiver; fashion remettre en vogue; law remettre en vigueur; custom, usage rétablir; play reprendre. **to ~ sb's courage** redonner du courage à qn; **to ~ sb's spirits** remonter le moral à qn.
 2 vi (a) (person) reprendre connaissance; (hope, feelings) renaître; (business, trade) reprendre.
reviver [rɪ'vaɪvər] n (drink) remontant m.
revivify [riː'vɪvɪfaɪ] vt revivifier (liter).
revocation [,revə'keɪʃən] n (order, promise, edict) révocation f; (law, bill) abrogation f; (licence) retrait m; (decision) annulation f.
revoke [rɪ'vəʊk] **1** vt law rapporter, abroger; order, edict révoquer; promise revenir sur, révoquer; decision revenir sur, annuler; licence retirer. **2** vi (Cards) faire une (fausse) renonce. **3** n (Cards) (fausse) renonce f.
revolt [rɪ'vəʊlt] **1** n révolte f. **to break out in ~, to rise in ~** se révolter, se soulever; **to be in ~ (against)** se révolter or être révolté (contre); V **stir¹**.
 2 vi (a) (rebel) se révolter, se soulever, se rebeller (against contre).
 (b) (be disgusted) se révolter (at contre), être dégoûté (at par).
 3 vt révolter, dégoûter, répugner. **to be ~ed by** être révolté or dégoûté par.
revolting [rɪ'vəʊltɪŋ] adj (repulsive, disgusting) dégoûtant, écœurant, révoltant; sight, story, meal dégoûtant, répugnant; (*: unpleasant) weather, colour épouvantable, dégueulasse‡; dress affreux.
revoltingly [rɪ'vəʊltɪŋlɪ] adv d'une manière révoltante or écœurante.
revolution [,revə'luːʃən] n (a) (turn) [planet] révolution f, [wheel] révolution, tour m.
 (b) (Pol etc: uprising) révolution f, coup m d'État; (fig) révolution. (Hist) **French R~** Révolution française; ~ **in methods of farming** révolution dans les méthodes d'exploitation agricole; (Hist) **Industrial/Agricultural R~** Révolution industrielle/agricole.
revolutionary [,revə'luːʃnərɪ] adj, n (lit, fig) révolutionnaire (mf).
revolutionize [,revə'luːʃənaɪz] vt révolutionner, transformer radicalement.
revolve [rɪ'vɒlv] **1** vt (lit) faire tourner. (fig) **to ~ a problem in one's mind** tourner et retourner un problème dans son esprit.
 2 vi tourner. **to ~ on an axis/around the sun** tourner sur un axe/autour du soleil; (fig) **everything ~s around him** tout dépend de lui.
revolver [rɪ'vɒlvər] n revolver m.
revolving [rɪ'vɒlvɪŋ] adj tournant; (Astron) en rotation, qui tourne; (Tech) rotatif, à rotation. ~ **chair/bookcase** fauteuil m/ bibliothèque f pivotant(e); (US) ~ **credit** crédit m documentaire renouvelable; ~ **door** tambour m; ~ **light** (gen) feu tournant, feu à éclats; (on police car etc) gyrophare m; ~ **stage** scène tournante.
revue [rɪ'vjuː] n (Theat) (satirical revue) f (spectacular) revue, spectacle m de music-hall. ~ **artist** artiste mf de music-hall.
revulsion [rɪ'vʌlʃən] n (a) (disgust) dégoût m, écœurement m, répugnance f (at devant). (b) (sudden change) revirement m; (reaction) réaction f (against contre).
reward [rɪ'wɔːd] **1** n récompense f. **as a ~ for your honesty** en récompense de votre honnêteté; **as ~ for helping me** pour vous (or le etc) récompenser de m'avoir aidé; **1,000 francs ~** 1.000 F de récompense; **to offer a ~** offrir une récompense.
 2 vt récompenser (for de); (with money) récompenser, rémunérer (for de). **'finder will be ~ed'** 'récompense à qui rapportera l'objet'; **to ~ sb with a smile** remercier qn d'un sourire.
rewarding [rɪ'wɔːdɪŋ] adj (financially) rémunérateur (f -trice); (mentally, morally) qui en vaut la peine. **this is a very ~ book** ce livre vaut la peine d'être lu; **a ~ film** un film qui vaut la peine d'être vu; **bringing up a child is exhausting but ~** élever un enfant est une occupation exténuante mais qui a sa récompense.
rewind ['riː'waɪnd] pret, ptp **rewound** vt (Tex) rebobiner; (Cine) rembobiner; ribbon, tape rembobiner; watch remonter.
rewinding ['riː'waɪndɪŋ] n (V rewind) rebobinage m; rembobinage m; remontage m.
rewire [riː'waɪər] vt: **to ~ a house** refaire l'installation électrique d'une maison.
reword ['riː'wɜːd] vt paragraph, sentence rédiger à nouveau, recomposer; idea exprimer en d'autres termes.
rewound ['riː'waʊnd] pret, ptp of **rewind**.
rewrite ['riː'raɪt] pret **rewrote**, ptp **rewritten 1** vt (gen) récrire; (rework) remanier; (copy) recopier. (Gram) **to ~ as** réécrire sous la forme de. **2** n (*) remaniement m. **3** cpd: (Gram) **rewrite rule**, **rewriting rule** règle f de réécriture.
rewriter [riː'raɪtər] n (US Press) rewriter m, rédacteur-réviseur m.
rewritten [riː'rɪtn] ptp of **rewrite**.
rewrote ['riː'rəʊt] pret of **rewrite**.
Reykjavik ['reɪkjəviːk] n Reykjavik.
rhapsodic [ræp'sɒdɪk] adj (Mus) r(h)apsodique; (fig) dithyrambique (often iro), élogieux.

rhapsodize ['ræpsədaɪz] *vi* s'extasier (*over, about* sur).
rhapsody ['ræpsədɪ] *n* (*Mus*) r(h)apsodie *f*; (*fig*) dithyrambe *m* (*often iro*), éloge *m* enthousiaste.
rhea ['riːə] *n* nandou *m*.
rheme [riːm] *n* rhème *m*.
Rhenish ['renɪʃ] *adj wine* du Rhin.
rhenium ['riːnɪəm] *n* rhénium *m*.
rheostat ['riːəʊstæt] *n* rhéostat *m*.
rhesus ['riːsəs] 1 *n* rhésus *m*. 2 *cpd*: **rhesus baby** enfant *m* rhésus; **rhesus factor** facteur *m* rhésus; **rhesus monkey** rhésus *m*; **rhesus negative/positive** rhésus négatif/positif.
rhetic ['riːtɪk] *adj* (*Ling*) rhétique.
rhetoric ['retərɪk] *n* rhétorique *f* (*also pej*), éloquence *f*.
rhetorical [rɪ'tɒrɪkəl] *adj* (de) rhétorique; *style* ampoulé (*pej*). ~ **question** question *f* pour la forme *or* l'effet.
rhetorically [rɪ'tɒrɪkəlɪ] *adv speak, declaim* en orateur, en rhéteur (*pej*); *ask* pour la forme, pour l'effet.
rhetorician [,retə'rɪʃən] *n* rhétoricien(ne) *m(f)*, rhéteur *m* (*pej*).
rheumatic [ruː'mætɪk] 1 *n* (*person*) rhumatisant(e) *m(f)*. 2 *adj* rhumatismal. ~ **fever** rhumatisme *m* articulaire aigu.
rheumatics* [ruː'mætɪks] *npl* rhumatismes *mpl*.
rheumatism ['ruːmətɪzəm] *n* rhumatisme *m*.
rheumatoid ['ruːmətɔɪd] *adj*: ~ **arthritis** polyarthrite *f* chronique évolutive, rhumatisme *m* chronique polyarticulaire.
rheumatologist [,ruːmə'tɒlədʒɪst] *n* rhumatologiste *mf*, rhumatologue *mf*.
rheumatology [,ruːmə'tɒlədʒɪ] *n* rhumatologie *f*.
rheumy ['ruːmɪ] *adj* chassieux.
Rhine [raɪn] 1 *n* Rhin *m*. 2 *cpd*: **the Rhineland** la Rhénanie.
rhinestone ['raɪnstəʊn] *n* faux diamant *m*.
rhino* ['raɪnəʊ] *n abbr of* **rhinoceros**.
rhinoceros [raɪ'nɒsərəs] *n* rhinocéros *m*.
rhizome ['raɪzəʊm] *n* rhizome *m*.
Rhode Island ['rəʊd'aɪlənd] *n* Rhode Island *m*. **in** ~ à Rhode Island.
Rhodes [rəʊdz] *n* (*Geog*) Rhodes *f*. **in** ~ à Rhodes.
Rhodesia [rəʊ'diːʒə] *n* Rhodésie *f*.
Rhodesian [rəʊ'diːʒən] 1 *adj* rhodésien. 2 *n* Rhodésien(ne) *m(f)*.
rhodium ['rəʊdɪəm] *n* rhodium *m*.
rhododendron [,rəʊdə'dendrən] *n* rhododendron *m*.
rhomb [rɒm] *n* losange *m*, rhombe *m*.
rhombic ['rɒmbɪk] *adj* rhombique.
rhomboid ['rɒmbɔɪd] 1 *n* rhomboïde *m*. 2 *adj* rhombique, rhomboïdal.
rhombus ['rɒmbəs] *n* = **rhomb**.
Rhone [rəʊn] *n* Rhône *m*.
rhubarb ['ruːbɑːb] 1 *n* (a) (*Bot, Culin*) rhubarbe *f*. (b) (*Theat*) '~, ~, ~' ≃ brouhaha *m* (*mot employé pour constituer un murmure de fond*). (c) (*US‡: quarrel*) prise *f* de bec, éclats *mpl* de voix. 2 *cpd jam* de rhubarbe; *pie* à la rhubarbe.
rhyme [raɪm] 1 *n* (a) (*identical sound*) rime *f*. **for (the sake of) the** ~ pour la rime; (*fig*) **without** ~ **or reason** sans rime ni raison; (*fig*) **there seems to be neither** ~ **nor reason to it** cela ne rime à rien, cela n'a ni rime ni raison.
(b) (*poetry*) vers *mpl*; (*a poem*) poème *m*. **in** ~ en vers (rimés); **to put into** ~ mettre en vers; *V* **nursery**.
2 *cpd*: **rhyme scheme** agencement *m* des rimes.
3 *vt* faire rimer (*with* avec).
4 *vi* (a) [*word*] rimer (*with* avec). **rhyming slang** argot *m* des Cockneys qui substitue un mot donné une locution qui rime avec ce mot.
(b) (*pej: write verse*) faire de mauvais vers, rimailler (*pej*).
rhymer ['raɪmər] *n*, **rhymester** ['raɪmstər] *n* (*pej*) rimailleur *m*, -euse *f* (*pej*).
rhythm ['rɪðəm] 1 *n* rythme *m*. (*Mus*) ~ **and blues** rhythm and blues *m* (*combinaison de blues et de rock*). 2 *cpd*: [*contraception*] **rhythm method** méthode *f* des températures.
rhythmic(al) ['rɪðmɪk(əl)] *adj movement, beat* rythmique; *music* rythmé, cadencé.
rhythmically ['rɪðmɪkəlɪ] *adv* de façon rythmée, avec rythme.
RI [ɑː'aɪ] *n* (a) *n abbr of* **religious instruction**; *V* **religious**. (b) (*US Post*) *abbr of* **Rhode Island**.
rib [rɪb] 1 *n* (a) (*Anat, Culin*) côte *f*. **true/false** ~ vraie/fausse côte; **to dig** *or* **poke sb in the** ~s pousser qn du coude; *V* **floating, stick** etc. (b) [*leaf, ceiling*] nervure *f*; [*ship*] membre *m*, membrure *f*; [*shell*] strie *f*, [*umbrella*] baleine *f*; [*knitting*] côte *f*. 2 *cpd*: **rib cage** cage *f* thoracique; (*Culin*) **rib roast** côte *f* de bœuf. 3 *vt* (*: tease*) taquiner, mettre en boîte*.
ribald ['rɪbəld] *adj* grivois, paillard. ~ **joke** grivoiserie *f*, paillardise *f*.
ribaldry ['rɪbəldrɪ] *n* (*U*) paillardises *fpl*.
riband†† ['rɪbənd] *n* = **ribbon**.
ribbed [rɪbd] *adj knitting* à *or* en côtes; *shell* strié; *ceiling* à nervures.
ribbon ['rɪbən] 1 *n* (a) [*dress, hair, typewriter, decoration*] ruban *m*. **velvet** ~ ruban de velours; *V* **bunch**.
(b) (*tatters*) **in** ~s en lambeaux; **to tear sth to** ~s (*lit*) mettre qch en lambeaux; (*fig*) *play etc* éreinter.
(c) (*†: reins*) ~s guides *fpl*.
2 *cpd*: **ribbon development** extension urbaine linéaire en bordure de route.
ribonucleic ['raɪbəʊnjuː'kliːɪk] *adj*: ~ **acid** acide *m* ribonucléique.
rice [raɪs] 1 *n* riz *m*. 2 *cpd*: **Rice Krispies** ® grains *mpl* de riz soufflés, Rice Krispies *mpl* ®; **ricefield** rizière *f*; **rice growing** riziculture *f*; **rice-growing** producteur (*f* -trice) de riz; **rice paper** papier *m* de riz; **rice pudding** riz *m* au lait; **rice wine** saké *m*.
rich [rɪtʃ] 1 *adj person, nation, country, countryside* riche; *profit* gros (*f* grosse); *furniture, decoration, style* riche, magnifique,

luxueux; *gift, clothes, banquet* riche, somptueux; *wine* généreux; *food* riche; *soil, land* riche, fertile; *colour, sound* riche, chaud, vif; *voice* chaud, ample, étoffé. **to grow** *or* **get** ~(**er**) s'enrichir; **to make sb** ~ enrichir qn; ~ **in corn/minerals/vitamins** riche en maïs/minerais/vitamines; (*fig*) ~ **in detail** riche en *or* qui abonde en détails; **he lives in a very** ~ **district** il habite un quartier très chic; ~ **tea biscuit** ≃ petit-beurre *m*; (*iro*) **that's** ~!* ça c'est pas mal!* (*iro*), c'est le comble!; *V* **get, Croesus**.
2 *n* (a) **the** ~ les riches *mpl*.
(b) ~es richesse(s) *f(pl)*.
Richard ['rɪtʃəd] *n* Richard *m*. ~ (**the**) **Lionheart** Richard Cœur de Lion.
richly ['rɪtʃlɪ] *adv dress* richement, somptueusement; *decorate* richement, magnifiquement, luxueusement; *deserve* largement, grandement, joliment. (*lit, fig*) **he was** ~ **rewarded** il a été largement *or* richement récompensé.
richness ['rɪtʃnɪs] *n* (*V* **rich**) richesse *f*; luxe *m*; somptuosité *f*; fertilité *f*; ampleur *f*; [*colour*] éclat *m*. ~ **in oil/vitamins** richesse en pétrole/vitamines.
Richter ['rɪçtər] *n*: **the** ~ **scale** l'échelle *f* de Richter.
rick¹ [rɪk] *n* (*Agr*) meule *f* (de foin *etc*).
rick² [rɪk] = **wrick**.
rickets ['rɪkɪts] *n* (*U*) rachitisme *m*. **to have** ~ être rachitique.
rickety ['rɪkɪtɪ] *adj* (*Med*) rachitique; (*fig*) *bicycle* délabré; *furniture* bancal, boiteux, branlant; *stairs* délabré, branlant. ~ **old car** vieille guimbarde* *f*, vieux tacot* *m*.
rickey ['rɪkɪ] *n* (*US*) eau *f* gazeuse sucrée au citron vert (*avec ou sans alcool*).
rickshaw ['rɪkʃɔː] *n* pousse(-pousse) *m inv*.
ricky-tick ['rɪkɪtɪk] *adj* démodé, rétro* (*inv*).
ricochet ['rɪkəʃeɪ] 1 *n* ricochet *m*. 2 *vi* ricocher.
rictus ['rɪktəs] *n* rictus *m*.
rid [rɪd] *pret, ptp* **rid** *or* **ridded** *vt* (*of pests, disease*) débarrasser; (*of bandits etc*) délivrer (*of* de). **to get** ~ **of, to** ~ **o.s. of** (*gen*) se débarrasser de; *habit, illusion, desire, tendency* perdre, se défaire de; *fears, doubts* perdre; *spots, cold, cough, fleas, rubbish* se débarrasser de; *unwanted goods* se débarrasser de, se défaire de; *ex-girlfriend* laisser tomber*, se débarrasser de; **to be** ~ **of sb/sth** être débarrassé de qn/qch; **to get** ~ **of one's debts** liquider *or* régler ses dettes; **the body gets** ~ **of waste** l'organisme élimine les déchets.
riddance ['rɪdəns] *n* débarras *m*. **good** ~!* bon débarras!*; **it was** (**a**) **good** ~!* quel débarras!*
ridden ['rɪdn] 1 *ptp of* **ride**. 2 *adj*: ~ **by** tourmenté *or* hanté par; ~ **by fears, fear-**~ hanté par la peur; ~ **by remorse, remorse-**~ tourmenté par le remords; *V* **debt, hag** *etc*.
riddle¹ ['rɪdl] 1 *n* crible *m*, claie *f*.
2 *vt* (a) *coal, soil etc* cribler, passer au crible; *stove* agiter la grille de.
(b) *person, target* cribler (*with bullets etc* de balles *etc*). ~**d with holes** criblé de trous; **the council is** ~**d with corruption** la corruption règne au conseil; **the committee is** ~**d with troublemakers** le comité grouille de provocateurs.
riddle² ['rɪdl] *n* énigme *f*, devinette *f*; (*mystery*) énigme, mystère *m*. **to speak in** ~s parler par énigmes; **to ask sb a** ~ poser une devinette à qn.
ride [raɪd] (*vb: pret* **rode**, *ptp* **ridden**) 1 *n* (a) (*outing*) promenade *f*, tour *m*, balade* *f*; (*distance covered*) trajet *m*. **horse** ~, ~ **on horseback** (*for pleasure*) promenade *or* tour *or* balade* à cheval; (*long journey*) chevauchée *f*; **the** ~ **of the Valkyries** la chevauchée des Valkyries; **after a hard** ~ **across country** après une chevauchée pénible à travers la campagne; **he gave the child a** ~ **on his back** il a promené l'enfant sur son dos; **to go for a** ~ **in a car** faire un tour *or* une promenade en voiture, se promener en voiture; **to take sb for a** ~ (*in car etc*) emmener qn en promenade en voiture; (*fig: make fool of*) faire marcher qn*, mener qn en bateau*; (*swindle*) rouler qn*, posséder qn*; (*US*: *kill*) emmener qn pour l'assassiner; **he gave me a** ~ **into town in his car** il m'a emmené en ville dans sa voiture; **it's my first** ~ **in a Rolls** c'est la première fois que je me promène en Rolls *or* que je roule dans une Rolls; **I've never had a** ~ **in a train** je n'ai jamais pris le train; **can I have a** ~ **on your bike?** est-ce que je peux monter sur ton vélo?; **3** ~s **on the merry-go-round** 3 tours sur le manège; **to have a** ~ **in a helicopter** faire un tour en hélicoptère; **we had a** ~ **in a taxi** nous avons pris un taxi; **it was the taxi** ~ **they liked best** c'est le taxi qu'ils ont préféré; **cycle/car** ~ tour *or* promenade *or* balade* à bicyclette/en voiture; **coach** ~ tour *or* excursion *f* en car; **it's a short taxi** ~ **to the airport** ce n'est pas loin en taxi jusqu'à l'aéroport; **he has a long** (**car/bus**) ~ **to work** il a un long trajet (en voiture/en autobus) jusqu'à son lieu de travail; **it's only a short** ~ **by bus/coach/train/car/taxi** il n'y en a pas pour longtemps par l'autobus/par l'autocar/par le train/en voiture/en taxi; **it's a 60p** ~ **from the station** le trajet depuis la gare coûte 60 pence; **to steal a** ~ voyager sans billet *or* sans payer; *V* **joy**.
(b) (*path for horses*) allée cavalière.
2 *vi* (a) (*Sport etc: ride a horse*) monter à cheval, faire du cheval, monter. **can you** ~? savez-vous monter à cheval?; **she** ~**s a lot** elle monte beaucoup à cheval, elle fait beaucoup d'équitation; **he has ridden since childhood** il fait du cheval depuis son enfance; **she learnt to** ~ **on Oscar** elle a appris à monter sur Oscar; **to go riding** faire du cheval, monter (à cheval); **to** ~ **astride/sidesaddle** monter à califourchon/en amazone; **he** ~**s well** il monte bien, il est bon cavalier; **to** ~ **to hounds** chasser à courre, faire de la chasse à courre; **the jockey was riding just under 65 kilos** (en tenue) le jockey pesait un peu moins de 65 kilos.
(b) (*go on horseback/by bicycle/by motorcycle*) aller à cheval/à bicyclette/en *or* à moto. **to** ~ **down/away** *etc* descendre/s'éloigner

etc à cheval (*or* à bicyclette *or* en moto *or* à moto); **he stopped then rode on** il s'est arrêté puis a repris sa route; **they had ridden all day** ils avaient passé toute la journée à cheval *or* en selle; **he rode to London** il est allé à Londres à cheval (*or* à bicyclette *etc*); **he was riding on a bicycle/a camel** il était à bicyclette/à dos de chameau; **the child was riding on his father's back** l'enfant était à cheval sur le dos de son père; **he was riding on his father's shoulders** il était (assis à califourchon) sur les épaules de son père; **the witch was riding on a broomstick** la sorcière était à cheval *or* à califourchon sur un balai; **they were riding on a bus/in a car/in a train/in a cart** ils étaient en autobus/en voiture/en train/en charrette; **they rode in a bus to ...** ils sont allés en autobus à ... ; (*fig*) **to be riding for a fall** courir à un échec; (*fig*) **to ~ roughshod over** *person* passer sur le corps *or* sur le ventre* de; *objection* passer outre à; (*fig liter*) **the seagull ~s on the wind** la mouette est portée par le vent; (*fig*) **the moon was riding high in the sky** la lune voguait dans le ciel; (*fig*) **he's riding high** tout lui réussit, il est dans une bonne passe, il a le vent en poupe; [*ship*] **to ~ at anchor** être à l'ancre *or* au mouillage; (*fig, esp US*) **to ~ with the punches** encaisser*; (*fig*) **we'll just have to let the matter** *or* **let things ~ for a while** nous allons devoir laisser l'affaire suivre son cours *or* laisser courir* pendant un certain temps; (*fig*) **she had to let things ~** elle a dû laisser courir*; *V* **shank.**
  (c) [*horse*] **to ~ well** être une bonne monture.
  (d) (*Tech etc*) (*overlap*) chevaucher; (*work out of place*) travailler.
  3 *vt* **(a) to ~ a horse** monter à cheval; **have you ever ridden a horse?** avez-vous jamais fait du cheval?, êtes-vous jamais monté à cheval?; **I have never ridden Flash** je n'ai jamais monté Flash; **he rode Cass at Newmarket** il montait Cass à Newmarket; **he rode Buster into town** il a pris Buster pour aller en ville, il est allé en ville sur Buster; **Jason will be ridden by J. Bean** Jason sera monté par J. Bean; **who is riding Omar?** qui monte Omar?; [*jockey*] **to ~ a race** monter dans une course; **Alfie rode a good race** Alfie a fait une bonne course; **he rode his horse straight at me** il a dirigé son cheval droit sur moi; **he rode his horse up the stairs** il a fait monter l'escalier à son cheval; **he rode his horse away/back** *etc* il est parti/revenu *etc* à cheval; **he ~s his pony to school** il va à l'école à dos de poney; **have you ever ridden a donkey/camel?** êtes-vous jamais monté à dos d'âne/à dos de chameau?; **he was riding a donkey** il était à dos d'âne; **he was riding a motorbike** il était à *or* en moto; **he rode his motorbike to the station** il est allé à la gare en moto; **I have never ridden a bicycle/a motorbike** je ne suis jamais monté à bicyclette/à moto; **can I ~ your bike?** est-ce que je peux monter sur ton vélo?; **he was riding a bicycle** il était à bicyclette; **he rode his cycle into town** il est allé en ville à bicyclette; **he always ~s a bicycle** il va partout à *or* il se déplace toujours à bicyclette; **witches ~ broomsticks** les sorcières chevauchent des balais; **she was riding a broomstick** elle était à cheval *or* à califourchon sur un balai; **they had ridden 10 km** ils avaient fait 10 km à cheval (*or* à bicyclette *or* à *or* en moto); **they had ridden all the way** ils avaient fait tout le trajet *or* le voyage à cheval (*or* à bicyclette *etc*); **he rode the country looking for ...** il a parcouru tout le pays à cheval (*or* à bicyclette *etc*) à la recherche de ... ; (*US*) **to ~ sb on a rail** expulser qn de la ville (en l'emmenant à califourchon sur un poteau); (*fig*) **the birds rode the wind** les oiseaux étaient portés par le vent; (*liter*) **the ship rode the waves** le bateau voguait sur les vagues.
  (b) (*: esp US: nag etc*) être toujours sur le dos de*, ne pas ficher la paix à* (*about* au sujet de). **don't ~ him too hard** ne soyez pas trop dur avec lui, ne le poussez pas trop loin.
◆**ride about, ride around** *vi* se déplacer *or* aller çà et là *or* faire un tour (à cheval *or* à bicyclette *or* en voiture *etc*).
◆**ride behind** *vi* (*on same horse*) monter en croupe; (*on motorcycle*) monter derrière *or* en croupe; (*in car*) s'asseoir *or* être assis à l'arrière.
◆**ride down** *vt sep* **(a)** (*trample*) renverser, piétiner.
  (b) (*catch up with*) rattraper (*à cheval*).
◆**ride out** **1** *vi* sortir (à cheval *or* à bicyclette *etc*).
  2 *vt sep* (*fig*) surmonter. **to ride out the storm** (*Naut*) étaler la tempête; (*fig*) surmonter la crise; **to ride out a difficult time** se tirer d'une *or* surmonter une mauvaise passe; **the company managed to ride out the depression** la société a réussi à survivre à la dépression.
◆**ride up** *vi* **(a)** [*horseman, motorcyclist etc*] arriver.
  (b) [*skirt etc*] remonter.

rider ['raɪdər] *n* **(a)** (*person*) [*horse*] cavalier *m*, -ière *f*; [*racehorse*] jockey *m*; [*circus horse*] écuyer *m*, -ère *f*; [*bicycle*] cycliste *mf*; [*motorcycle*] motocycliste *mf*. **a good ~** un bon cavalier, une bonne cavalière; *V* **dispatch, out.**
  (b) (*addition: to document*) annexe *f*, acte *or* article additionnel; (*to bill*) clause additionnelle; (*to insurance policy, jury's verdict*) avenant *m*. **the committee added a ~ condemning ...** la commission ajouta un article *or* une annexe condamnant ... .

ridge [rɪdʒ] **1** *n* **(a)** (*top of a line of hills or mountains*) arête *f*, crête *f*; (*extended top of a hill*) faîte *m*; (*ledge on hillside*) corniche *f*; (*chain of hills, mountains*) chaîne *f*; (*in sea: reef*) récif *m*.
  (b) (*in roof, on nose*) arête *f*; (*on sand*) ride *f*; (*in ploughed land*) billon *m*; (*on cliff, rockface*) strie *f*. **alveolar ~, teeth~** arcade *f* alvéolaire; (*Met*) **a ~ of high pressure** une ligne de hautes pressions; (*Agr*) **~ and furrow (formation)** crêtes *fpl* de labours.
  2 *cpd*: **ridge piece, ridge pole** (poutre *f* de) faîte *m*, faîtage *m*; **ridge tent** tente *f* (à toit en arête); **ridge tile** (tuile *f*) faîtière *f*, enfaîteau *m*; **ridge way** chemin *m* de faîte, route *f* des crêtes.
  3 *vt roof* enfaîter; *earth* billonner; *rockface* strier; *sand* rider.

ridicule ['rɪdɪkjuːl] **1** *n* raillerie *f*, ridicule *m*. **to hold sb/sth up to ~** tourner qn/qch en ridicule *or* en dérision; **to lay o.s. open to ~**

s'exposer aux railleries; **she's an object of ~** elle est un objet de risée.
  2 *vt* ridiculiser, tourner en ridicule *or* en dérision.
ridiculous [rɪ'dɪkjʊləs] *adj* ridicule. **to make sth ~** ridiculiser qch; **to make o.s. (look) ~** se rendre ridicule, se ridiculiser; **to see the ~ side of sth** voir le ridicule de qch *or* le côté risible de qch; *V* **sublime.**
ridiculously [rɪ'dɪkjʊləslɪ] *adv* ridiculement.
ridiculousness [rɪ'dɪkjʊləsnɪs] *n* ridicule *m* (*état*).
riding ['raɪdɪŋ] **1** *n* (*horse-riding*) équitation *f*; (*horsemanship*) monte *f*. **2** *cpd*: **riding boots** bottes *fpl* (de cheval); **riding breeches** culotte *f* de cheval; **riding crop = riding whip; riding habit** habit *m or* tenue *f* d'amazone; **riding jacket** veste *f* de cheval *or* d'équitation; **riding master** professeur *m* d'équitation; **riding school** manège *m*, école *f* d'équitation; **riding stable(s)** centre *m* d'équitation, manège *m*; **riding whip** cravache *f*.
rife [raɪf] *adj* **(a)** (*widespread*) *disease, corruption* répandu. **to be ~** sévir, être répandu, régner; **rumour is ~** des bruits courent. **(b)** (*full of*) ~ **with** (*gen*) abondant en; **a city ~ with violence** une ville où règne la violence; **the company was ~ with rumours about ...** des bruits couraient dans toute la compagnie à propos de ... .
riff [rɪf] *n* (*Jazz*) riff *m* (*mélodie improvisée et répétée*).
riffle ['rɪfl] *vt pages* feuilleter *or* tourner rapidement.
riffraff ['rɪfræf] *n* racaille *f*.
rifle¹ ['raɪfl] *vt town* piller; *tomb* violer; *drawer, till* vider, dévaliser, rafler* le contenu de; *house* dévaliser, vider. **to ~ sb's pockets** (*steal from*) puiser dans les poches de qn; (*go through*) faire les poches à qn.
rifle² ['raɪfl] **1** *n* (*gun*) fusil *m* (rayé); (*for hunting*) carabine *f* de chasse. (*Mil*) **the R~s** ≃ les chasseurs *mpl* à pied, (le régiment de) l'infanterie légère.
  2 *cpd*: **rifle butt** crosse *f* de fusil; **rifleman** fusilier *m*; **rifle range** (*outdoor*) champ *m* de tir; (*indoor*) stand *m* de tir; **rifle shot** coup *m* de fusil; (*marksman*) tireur *m*; **within rifle range** *or* **rifle shot** à portée de fusil.
rift [rɪft] *n* **(a)** (*lit*) fente *f*, fissure *f*, crevasse *f*; (*in clouds*) éclaircie *f*, trouée *f*. (*Geol*) ~ **valley** graben *m*.
  (b) (*fig: disagreement*) désaccord *m*; (*Pol*) (*in party*) division *f*; (*in cabinet, group*) division, désaccord. **this caused a ~ in their friendship** ceci a causé une faille dans leur amitié; **the ~ between them was widening** ils s'éloignaient de plus en plus l'un de l'autre.
rig [rɪg] **1** *n* **(a)** (*Naut*) gréement *m*.
  (b) (*oil ~*) (*land*) derrick *m*; (*sea: also floating ~*) plate-forme *f* (pétrolière) flottante.
  (c) (*: outfit: also ~ out*) tenue *f*, accoutrement *m* (*pej*).
  (d) (*US: tractor-trailer*) semi-remorque *m*.
  2 *vt* **(a)** (*Naut*) gréer.
  (b) (*fix dishonestly*) *election, competition, game* truquer; *prices* fixer illégalement. **it was ~ged** c'était un coup monté; (*St Ex*) **to ~ the market** provoquer une hausse *or* une baisse factice dans les cours.
  3 *vi* (*Naut*) être gréé.
◆**rig out** *vt sep* (*clothe*) habiller (*with* de, *as* en).
◆**rig up** *vt boat* gréer; (*with mast*) mâter; *equipment* monter, installer; (*fig*) (*make hastily*) faire avec des moyens de fortune *or* avec les moyens du bord; (*arrange*) arranger.
rigger ['rɪgər] *n* (*Naut*) gréeur *m*; (*Aviat*) monteur-régleur *m*.
rigging ['rɪgɪŋ] *n* **(a)** (*Naut*) (*ropes etc*) gréement *m*; (*action*) gréage *m*. **(b)** (*US: clothes*) vêtements *mpl*, fringues‡ *fpl*. **(c)** (*: dishonest interference*) [*election, competition*] truquage *m*; [*prices*] fixation illégale.
right [raɪt] **1** *adj* **(a)** (*just, fair*) juste, équitable; (*morally good*) bien *inv*, conforme au devoir, conforme à la morale. **it isn't ~ to lie, lying isn't ~** ce n'est pas bien de mentir; **to do what is ~** faire ce qui est conforme au devoir *or* à la morale, faire ce qu'il faut, se conduire bien *or* honnêtement (*V also* **1c**); **he thought it ~ to warn me** il a cru *or* jugé bon de m'avertir; **it seemed only ~ to give him the money** il ne semblait que juste de lui donner l'argent; **it's only ~ and proper** ce n'est que justice, c'est bien le moins; **it is only ~ for her to go** *or* **that she should go** il est juste qu'elle y aille; **it is only ~ to point out that ...** nous devons néanmoins signaler que..., en toute justice il faut signaler que...; **would it be ~ to tell him?** ferait-on bien de le lui dire?; **to do the ~ thing by sb** bien agir *or* agir honorablement envers qn.
  (b) (*accurate*) juste, exact, conforme à la vérité. **to be ~** [*person*] avoir raison; [*answer, solution*] être juste *or* être exact; **you're quite ~** vous avez parfaitement raison; **how ~ you are!*** (*approvingly*) vous avez cent fois raison!; (*iro*) et comment!*; **that's ~** c'est juste, c'est exact, c'est ça*; **that can't be ~!** ça ne doit pas être ça!, ça ne doit pas être juste!; **the ~ answer** la bonne réponse; **the ~ time** (*o'clock*) l'heure exacte *or* juste (*V also* **1c**); **is the clock ~?** est-ce que la pendule est à l'heure?; **you were ~ to refuse** *or* **in refusing** vous avez bien fait de *or* vous avez eu raison de refuser; **my guess was ~** j'avais deviné juste; **I got all my sums ~ at school** j'ai réussi toutes mes additions en classe; (*iro*) **the Chancellor didn't get his sums ~** le ministre des Finances n'est pas tombé juste dans ses calculs; **to get one's facts ~** être sûr de ce qu'on avance; **let's get it ~ this time!** essayons d'y arriver cette fois-ci!; **your opinions are ~** vos opinions sont bien fondées; **to put** *or* **set ~** *error* corriger, rectifier; *situation* redresser, rétablir; *clock* remettre à l'heure; **that can easily be put ~** on peut facilement arranger ça; **I tried to put things ~ after their quarrel** j'ai essayé d'arranger les choses *or* la situation après leur querelle; **the plumber came and put things ~** le plombier est venu et a fait la *or* les réparation(s); **to put** *or* **set sb ~** détromper qn, éclairer qn,

tirer qn d'erreur; **put me ~ if I'm wrong** dites-moi si je me trompe (*V also* **1d**); **V all right**.
 (c) (*correct etc*) bon (*f* bonne) (*before n*); (*best*) meilleur (*f* -eure). (*lit*) **on the ~ road** sur le bon chemin; (*fig*) **on the ~ road, on the ~ track** sur la bonne voie; **is this the ~ road for Paris?** est-ce bien la route de Paris?, est-ce que c'est la bonne route pour Paris?; **you are on the ~ train now** vous êtes dans le bon train maintenant; **what's the ~ thing to do?** quelle est la meilleure chose à faire?, qu'est ce qu'il vaut mieux faire?; **I don't know what's the ~ thing to do** je ne sais pas ce qu'il vaut mieux faire; **to come at the ~ time** arriver au bon moment, tomber bien; **to do sth at the ~ time** faire qch au bon moment *or* au moment voulu; **she wasn't wearing the ~ clothes** elle ne portait pas les vêtements appropriés *or* qui convenaient; **I haven't got the ~ papers with me** je n'ai pas les bons documents sur moi; **you must choose the ~ books for this course** il ne faut pas se tromper en choisissant les livres pour ce cours, il faut choisir les meilleurs livres pour ce cours; **to do sth the ~ way** faire qch comme il faut, s'y prendre bien; **that is the ~ way of looking at it** c'est bien ainsi qu'il faut envisager la question; **the ~ word** le mot juste; **the ~ man for the job** l'homme de la situation, l'homme qu'il faut; **Mr R~*** l'homme *m* de ma (*or* sa *etc*) vie; **it is just the ~ size** c'est exactement la taille qu'il faut; **we will do what is ~ for the country** nous ferons ce qui est dans l'intérêt du pays; **she is on the ~ side of forty** elle n'a pas encore quarante ans, elle a moins de quarante ans; **to get on the ~ side of sb*** s'insinuer dans les bonnes grâces *or* dans les petits papiers* de qn; **to know the ~ side of the material** l'endroit *m* du tissu; **to know the ~ people** avoir des relations utiles; **he's the ~ sort*** c'est un type bien*, c'est un chic type*; **more than is ~** plus que de raison; *V also* **side**.
 (d) (*well*) [*person*] en bonne santé, bien portant; [*car, engine, machine*] en état, qui marche (bien). **the medicine soon put *or* set him ~** le médicament l'a vite guéri; **I don't feel quite ~ today** je ne me sens pas très bien *or* pas très d'aplomb *or* pas dans mon assiette* aujourd'hui; (*Brit*) **to be as ~ as rain*** (*after illness*) porter comme un charme; (*after fall*) être indemne; **he put the engine ~** il a remis le moteur en état; **to be in one's ~ mind** avoir toute sa raison; **he's not ~ in the head‡** il est un peu dingue‡; *V all* **right**.
 (e) (*Math*) *angle, cone* droit. **at ~ angles** à angle droit (*to* avec), perpendiculaire (*to* à).
 (f) (*phrases*) **~!**, (*Brit*) **~-oh!***, **~ you are!*** d'accord!, entendu!, convenu!; **that's ~!** mais oui!, c'est ça!; **is that ~?** vraiment?, c'est vrai?; **~ enough!** bien sûr!, c'est vrai!, effectivement!; **it's a ~ mess in there*** c'est la pagaïe* complète là-dedans; **he's a ~ fool!*** c'est un imbécile fini!
 (g) (*opposite of left*) droit, de droite. **~ hand** main droite (*V also* **5**); **I'd give my ~ hand to know the answer** je donnerais beaucoup *or* cher* pour connaître la réponse; **on my ~ hand you see the bridge** sur ma droite vous voyez le pont; **V hook**.

 2 *adv* **(a)** (*straight, directly*) droit, tout droit, directement; (*exactly*) tout, tout à fait. **~ in front of you** (tout) droit devant vous; **~ ahead of you** directement devant vous; **~ behind you** (*gen*) en plein derrière vous; **you'll have the wind ~ behind you** vous aurez le vent juste dans le dos; **go ~ on** continuez tout droit; **~ away, ~ off*** (*immediately*) tout de suite, sur-le-champ; (*at the first attempt*) du premier coup; **~ now** en ce moment; (*at once*) tout de suite; **~ here** ici même; **~ in the middle** au beau milieu, en plein milieu; **~ at the start** dès le (tout) début; **the blow hit me ~ on the face** j'ai reçu le coup en pleine figure.
 (b) (*completely, all the way*) tout, tout à fait, complètement. **~ round the house** tout autour de la maison; **to fall ~ to the bottom** tomber droit au fond *or* tout au fond; (*lit, fig*) **rotten ~ through** complètement pourri; **pierced ~ through** transpercé *or* percé de part en part; **to turn ~ round** se retourner; **~ (up) against the wall** tout contre le mur; **~ at the top of the mountain** tout en haut *or* juste au sommet de la montagne; **~ at the back, ~ at the bottom** tout au fond; **push it ~ in** enfoncez-le complètement *or* jusqu'au bout; **~ on!‡** bravo!, c'est ça!; (*in race etc*) **he's ~ up there** il est en tête, il est parmi les favoris.
 (c) (*correctly*) bien, juste, correctement; (*well*) bien, comme il faut, d'une manière satisfaisante. **to guess ~** deviner juste; **to answer ~** répondre correctement; **if I remember ~** si je me souviens bien; **you did ~ to refuse** vous avez bien fait de refuser, vous avez eu raison de refuser; **if everything goes ~** si tout va bien; **nothing goes ~ for them** rien ne leur réussit; **if I get you ~*** si je comprends bien; **I'll see you ~‡** je veillerai à ce que vous n'y perdiez (*subj*) pas, vous n'en serez pas de votre poche*; *V* **serve**.
 (d) (†, *dial: very*) fort, très, tout à fait. (*Brit*) **the R~ Honourable** le Très Honorable; *V* **reverend**.
 (e) (*opposite of left*) à droite. **to look ~ and left** regarder à droite et à gauche; **to be cheated ~ and left** être volé par tout le monde, être volé de tous les côtés; **to owe money ~ and left** devoir de l'argent à tout le monde; **~, left and centre*** partout, de tous côtés; (*Mil*) **eyes ~!** tête droite!; (*Mil*) **~ about turn!** demi-tour *m* à droite!

 3 *n* **(a)** (*moral*) bien *m*; (*intellectual*) vrai *m*. **he doesn't know ~ from wrong** il ne sait pas discerner le bien du mal; **to be in the ~** avoir raison, être dans le vrai.
 (b) (*entitlement*) droit *m*. **to have a ~ to sth** avoir droit à qch; **to have a ~ or the ~ to do** avoir le droit de faire, être en droit de faire; **he has no ~ to sit here** il n'a pas le droit de s'asseoir là; **what ~ have you to say that?** de quel droit dites-vous cela?; **by what ~?** à quel titre?, de quel droit?; **he has no ~ to the money** il n'a pas droit à cet argent; **he is within his ~** il est dans son (bon) droit; **by ~s** en toute justice; **by ~ of conquest** par droit de conquête, à titre de conquérant; **I know my ~s** je sais quels sont mes droits; (*Jur*) **in**

one's own ~ de son propre chef; **she's a good actress in her own ~** elle est elle-même une bonne actrice; **to stand on *or* assert one's ~s** revendiquer *or* faire valoir ses droits; **divine ~** droit divin; **women's ~s** droits de la femme; **women's ~s movement** mouvement *m* pour les droits de la femme; (*Comm*) **to have the (sole) ~s of sth** avoir les droits (exclusifs) pour qch; (*Jur*) **~ of appeal** droit d'appel; (*Jur*) **~ of user** droit d'usage; *V* **civil, human, inspect**.
 (c) (*proper state*) **to put *or* set sth to ~s** mettre qch en ordre; (*fig*) **to put the world *or* things to ~s** reconstruire *or* refaire le monde; **to know the ~s and wrongs of a question** connaître tous les détails d'une question, être tout à fait au courant d'une question; **I want to know the ~s and wrongs of it first** je veux d'abord savoir qui a tort et qui a raison là-dedans.
 (d) (*not left*) droite *f*. **to drive on the ~** conduire à droite; **to keep to the ~** tenir la *or* sa droite; **on my ~** à ma droite; **on *or* to the ~ of the church** à droite de l'église; (*Pol*) **the R~** la droite.
 4 *vt* **(a)** (*return to normal*) *car, ship* redresser. **the car ~ed itself** la voiture s'est redressée (toute seule); **the problem should ~ itself** le problème devrait s'arranger tout seul *or* se résoudre de lui-même.
 (b) (*make amends for*) *wrong* redresser; *injustice* réparer.
 5 *cpd*: **right angle** angle droit; **right-angled** à angle droit; **right-angled triangle** triangle *m* rectangle; **right-hand drive** car voiture *f* avec (la) conduite à droite; **right-handed** *person* droitier; **right-hander** (*Sport*) coup *m* du droit; (*person*) droitier *m*, -ière *f*; **the right-hand side** le côté droit; (*fig*) **his right-hand man** son bras droit (*personne*); **right-minded** = **right-thinking**; **right-of-way** (*across property*) droit *m* de passage; (*Aut: priority*) priorité *f*; (*Aut*) **it's his right-of-way** c'est lui qui a la priorité; **he has (the) right-of-way** il a (la) priorité; **right-thinking** sensé, sain d'esprit; (*Zool*) **right whale** baleine *f* franche; **right wing** (*Sport: also* **right-winger**) ailier droit; (*Pol*) droite *f*; **the right wing of the party** l'aile droite du parti; **right-wing** (*Pol*) de droite; (*Pol*) **to be right-wing** être de droite; (*Pol*) **right-winger** membre *m* de la droite.

righteous ['raɪtʃəs] *adj person* droit, vertueux; (*in Bible*) juste; *anger, indignation* juste, justifié; *V* **self**.
righteously ['raɪtʃəslɪ] *adv* vertueusement.
righteousness ['raɪtʃəsnɪs] *n* droiture *f*, vertu *f*.
rightful ['raɪtful] *adj* **(a)** *heir, owner* légitime. **~ claimant** ayant droit *m*. **(b)** (*fair*) *action* juste.
rightfully ['raɪtfəlɪ] *adv* légitimement, à juste titre.
rightist ['raɪtɪst] (*Pol*) **1** *n* homme *m or* femme *f* de droite. **2** *adj* de droite.
rightly ['raɪtlɪ] *adv* **(a)** (*correctly*) bien, correctement. **I don't ~ know*** je ne sais pas très bien *or* pas au juste; **it shouldn't ~ do** that cela ne devrait vraiment pas faire ça.
 (b) (*justifiably*) avec justesse, à juste titre. **~ or wrongly** à tort ou à raison; **~ so** à juste titre, avec (juste) raison.
rigid ['rɪdʒɪd] *adj* (*lit*) *board, material* rigide, raide; (*fig*) *person, discipline, character* rigide, inflexible, sévère; *specifications, interpretation, principles* strict; *system* qui manque de flexibilité. **~ with fear** paralysé de peur; **he's quite ~ about it** il est inflexible là-dessus.
rigidity [rɪ'dʒɪdɪtɪ] *n* (*V* **rigid**) rigidité *f*; raideur *f*; inflexibilité *f*, sévérité *f*; caractère strict; manque *m* de flexibilité.
rigidly ['rɪdʒɪdlɪ] *adv* *stand etc* avec raideur, rigidement; (*fig*) *behave* inflexiblement; *define, follow rules* rigoureusement; *oppose, insist* absolument.
rigmarole ['rɪgmərəʊl] *n* (*speech*) galimatias *m*, discours *mpl* incohérents *or* verbeux. **to go through the whole *or* same ~ again** recommencer la même comédie*.
rigor ['rɪgər] *n* (*US*) = **rigour**.
rigor mortis ['rɪgə'mɔːtɪs] *n* rigidité *f* cadavérique.
rigorous ['rɪgərəs] *adj* rigoureux.
rigorously ['rɪgərəslɪ] *adv* rigoureusement, avec rigueur.
rigour, (*US*) **rigor** ['rɪgər] *n* rigueur *f*.
rile* [raɪl] *vt* agacer, mettre en boule*.
rill [rɪl] *n* (*liter*) ruisselet *m*.
rim [rɪm] **1** *n* (*gen*) bord *m*; [*wheel*] jante *f*; [*spectacles*] monture *f*. **2** *vt* border; *wheel* janter, cercler.
rimaye [riː'meɪ] *n* (*Climbing*) rimaye *f*.
rime¹ [raɪm] *n* = **rhyme**.
rime² [raɪm] *n* (*liter*) givre *m*.
rimless ['rɪmlɪs] *adj spectacles* à monture invisible, à verres non cerclés.
rind [raɪnd] **1** *n* [*orange, lemon*] peau *f*, pelure *f*, écorce *f*; (*in cooking, drink*) zeste *m*; (*larger piece*) écorce; (*peelings*) pelure; [*cheese*] croûte *f*; [*bacon*] couenne *f*. **melon ~** écorce de melon. **2** *vt* peler; enlever la croûte *or* la couenne de; écorcer.
ring¹ [rɪŋ] **1** *n* **(a)** (*gen: also for curtain, in gym etc*) anneau *m*; (*on finger*) anneau, (*with stone*) bague *f*, [*bishop*] anneau; (*on bird's foot*) bague; (*for napkin*) rond *m*; (*for swimmer*) bouée *f* de natation; (*for invalid to sit on*) rond (pour malade); [*piston*] segment *m*; [*turbine*] couronne *f*. **diamond ~** bague de diamant(s); **wedding ~** alliance *f*, anneau de mariage; *V* **ear¹, key, signet** *etc*.
 (b) (*circle*) cercle *m*, rond *m*; (*of people*) cercle; (*of smoke, in water etc*) rond; (*in treetrunk*) cercle; (*round sun, moon*) auréole *f*, halo *m*. **the ~s of Saturn** les anneaux *mpl* de Saturne; **to have ~s round the eyes** avoir les yeux cernés *or* battus; **to stand in a ~** se tenir en cercle *or* en rond, former un cercle; (*fig*) **to run *or* make ~s round sb*** battre qn à plate(s) couture(s), enfoncer qn*.
 (c) (*group*) (*gen, Pol*) coterie *f*, clique *f* (*pej*); [*dealers*] groupe *m*, cartel *m*; [*gangsters*] bande *f*, gang *m*; [*spies*] réseau *m*.
 (d) (*enclosure*) (*at circus*) arène *f*, piste *f*; (*at exhibition*) enceinte *f* des bookmakers; (*Boxing*) ring *m*. (*boxing itself*) **the ~** la boxe, le ring.

2 *vt* (*surround*) entourer, encercler, cerner; (*with quoit, hoop*) jeter un anneau sur; (*put ~ on or round*) *item on list etc* entourer d'un cercle; *bird, tree* baguer; *bear, bull* mettre un anneau au nez de.

3 *cpd*: **ring-a-ring-a-roses** ronde et jeu enfantins; **ring binder** classeur *m* à anneaux; **ringbolt** (*Tech*) piton *m*; (*Naut*) anneau *m* (d'amarrage); **ringdove** ramier *m*; (*Gymnastics*) **ring exercise** exercice *m* aux anneaux; **ring finger** annulaire *m*; **ringleader** chef *m*, meneur *m*; **the ringmaster** ≃ 'Monsieur Loyal'; **ring ouzel** merle *m* à plastron; (*on can*) **ring-pull** anneau *m*, bague *f*; (*Brit*) **ring road** route *f* de ceinture; (*motorway-type*) périphérique *m*; **ringside seat** place *f* au premier rang; (*fig*) **to have a ringside seat** être aux premières loges (*fig*); **ring spanner** clef polygonale; **ring-tailed** à queue zébrée; **ringworm** teigne *f*.

ring² [rɪŋ] (*vb*: pret **rang**, ptp **rung**) **1** *n* (a) (*sound*) son *m*; [*bell*] sonnerie *f*, (*lighter*) tintement *m*; [*electric bell*] retentissement *m*; [*coins*] tintement. **there was a ~ at the door** on a sonné à la porte; **to hear a ~ at the door** entendre sonner à la porte; **give 2 ~s for the maid** sonne 2 coups *or* 2 fois pour (appeler) la bonne; **his voice had an angry ~ (in it)** il y avait un accent *or* une note de colère dans sa voix; **that has the ~ of truth (to it)** ça sonne juste.
(b) (*Telec*) coup *m* de téléphone *or* de fil*. **to give sb a ~** donner *or* passer un coup de téléphone *or* de fil* à qn.
(c) *~ of bells* jeu *m* de cloches.
2 *cpd*: (*US*) **to have a ring-a-ding‡** faire la nouba‡, faire la bringue*.

3 *vi* (a) [*bell*] sonner, retentir, (*lightly*) tinter; [*alarm clock, telephone*] sonner. **the bell rang** la cloche a sonné *or* tinté, la sonnette a retenti; **the bell rang for dinner** la cloche a sonné le dîner; **to ~ for sb** sonner qn; **to ~ for sth** sonner pour demander qch; **please ~ for attention** prière de sonner; **to ~ for the lift** appeler l'ascenseur; **to ~ at the door** sonner à la porte; **you rang, sir?** Monsieur a sonné?
(b) (*telephone*) téléphoner.
(c) (*sound*) [*words*] retentir, résonner; [*voice*] vibrer; [*coin*] sonner, tinter; (*resound*) résonner, retentir; [*ears*] tinter, bourdonner. [*coin*] **to ~ false/true** sonner faux/clair; (*fig*) **that ~s true** ça sonne juste; **that doesn't ~ true** ça sonne faux; **the room rang with their shouts** la pièce résonnait de leurs cris; **the town rang with his praises** la ville entière chantait ses louanges; **the news set the town ~ing** toute la ville parlait de la nouvelle, dans toute la ville il n'était bruit que de la nouvelle; **his voice rang with emotion** sa voix vibrait d'émotion; **his words still ~ in my ears** ses mots retentissent encore à mes oreilles.
4 *vt* (a) (*sound: gen*) sonner; *coin* faire sonner, faire tinter. **to ~ the doorbell** sonner (à la porte); **to ~ the bell** (*lit*) sonner, donner un coup de sonnette; (*handbell*) agiter la sonnette; (**fig: succeed*) décrocher la timbale*, réussir magnifiquement; **they rang the church bells** (*gen*) ils ont fait sonner les cloches; [*bellringers*] ils ont sonné les cloches; (*fig*) **his name ~s a bell*** son nom me dit quelque chose *or* me rappelle quelque chose; (*liter: lit, fig*) **to ~ the knell (of)** sonner le glas (de); **to ~ the hours** sonner les heures; [*bells*] **to ~ the changes** carillonner (*en variant l'ordre des cloches*); (*fig*) **to ~ the changes on the same speech** rabâcher le même discours avec des variantes; **to ~ the changes on an outfit/the menu** varier un ensemble/le menu *etc*.
(b) (*Telec: also ~ up*) téléphoner à, donner *or* passer un coup de téléphone *or* de fil* à.

♦**ring back** (*Telec*) *vi, vt sep* rappeler.
♦**ring down** *vt sep* (*Theat*) **to ring down the curtain** (faire) baisser le rideau; (*fig*) **to ring down the curtain on sth** marquer la fin de qch.
♦**ring in** **1** *vi* (a) (*report by telephone*) téléphoner un reportage.
(b) (*US: clock on*) pointer en arrivant.
2 *vt sep*: **to ring in the New Year** carillonner le Nouvel An.
♦**ring off** *vi* (*Telec*) raccrocher.
♦**ring out** *vi* (a) [*bell*] sonner; [*electric bell*] retentir; [*voice*] résonner; [*shot*] éclater, retentir.
(b) (*US: clock off*) pointer en partant.
♦**ring up** *vt sep* (a) (*Telec*) donner un coup de téléphone *or* de fil* à.
(b) (*Theat*) **to ring up the curtain** frapper les trois coups, (sonner pour faire) lever le rideau; (*fig*) **to ring up the curtain on a new career** *etc* marquer le début d'une nouvelle carrière *etc*.
(c) (*on cash register*) *amount* enregistrer.

ringer ['rɪŋər] *n* (a) (*bell ~*) sonneur *m*, carillonneur *m*. (b) (*look-alike*) sosie *m*. **he's a dead ~*** for the President c'est le sosie du président.
ringing ['rɪŋɪŋ] **1** *adj bell* qui résonne *or* tinte; *voice, tone* sonore, retentissant, vibrant. (*Brit Telec*) **~ tone** sonnerie *f*. **2** *n* [*bell*] sonnerie *f*, son *m*, (*lighter*) tintement *m*; [*electric bell*] retentissement *m*; [*telephone*] sonnerie; (*in ears*) tintement, bourdonnement *m*.
ringlet ['rɪŋlɪt] *n* frisette *f*, (*long*) anglaise *f*.
rink [rɪŋk] *n* [*ice-hockey, ice-skating*] patinoire *f*; [*roller-skating*] skating *m*.
rinky-dink* ['rɪŋkɪˈdɪŋk] *adj* (*US*) (*old-fashioned; also small-time*) ringard*; (*poor quality*) de camelote*; (*broken down*) déglingué*, démoli.
rinse [rɪns] **1** *n* (a) (*act*) rinçage *m*. **give the cup a ~** rincez la tasse, passez la tasse sous le robinet.
(b) (*for hair*) rinçage *m*.
2 *vt* (a) *clothes etc* rincer. **to ~ one's hands** se passer les mains à l'eau; **to ~ the soap off one's hands** se rincer les mains.
(b) (*colour with a ~*) **to ~ one's hair** se faire un *or* des rinçage(s); **she ~d her hair black** elle s'est fait un rinçage noir.
♦**rinse out** *vt sep* (a) *hair tint, colour, dirt* faire partir à l'eau.
(b) *cup* rincer. **to rinse out one's mouth** se rincer la bouche.

Rio ['ri:əʊ] *n*: ~ (**de Janeiro**) Rio (de Janeiro); ~ **Grande** Rio Grande *m*.

riot ['raɪət] **1** *n* (a) (*uprising*) émeute *f*, violentes bagarres *fpl*; (*Jur*) actes *mpl* séditieux. **the ~s against the régime** les émeutes contre le régime; **last night's ~s** les émeutes *or* les violentes bagarres de la nuit dernière.
(b) (*fig*) **a ~ of colour(s)** une débauche de couleurs; **a ~ of reds and blues** une profusion de rouges et de bleus; **a ~ of flowers** une profusion de fleurs; **he's a ~‡** c'est un (type) rigolo*; **she is a ~‡** elle est rigolote*; **the film is a ~‡** (*funny*) le film est tordant*; (*successful*) le film a un succès fou*; *V* **run**.
2 *cpd*: (*Hist*) **Riot Act** loi *f* contre les attroupements séditieux (*V also* **read¹**); **in riot gear** casqué et portant un bouclier; **the riot police, the Riot Squad** la brigade anti-émeute; **riot shield** bouclier *m* (*utilisé par la police*).
3 *vi* manifester avec violence, se livrer à de violentes bagarres, (*stronger*) faire une émeute; (*Jur*) se livrer à des actes séditieux.
rioter ['raɪətər] *n* manifestant(e) *m(f)* (*violent*), (*stronger*) émeutier *m*, -ière *f*; (*vandalizing*) casseur *m*.
riotous ['raɪətəs] *adj* (a) (*Jur*) *behaviour* séditieux. **~ assembly** attroupements séditieux.
(b) (*noisy, debauched*) tapageur. **~ living** vie *f* de débauche, vie déréglée.
(c) (**: boisterous*) *laughter* exubérant; *evening* d'une gaieté bruyante; *funny* tordant*. **a ~ success** un succès fou* *or* monstre*; **we had a ~ time*** nous nous sommes bien marrés‡.
riotously ['raɪətəslɪ] *adv* (a) (*behave, act*) (*noisily*) de façon tapageuse; (*Jur*) de façon séditieuse.
(b) **it was ~ funny*** c'était à se tordre*, c'était rigolo* au possible.
R.I.P. [ɑːraɪˈpiː] (*abbr for* **rest in peace**) R.I.P.
rip [rɪp] **1** *n* déchirure *f*.
2 *cpd*: **ripcord** poignée *f* d'ouverture (*pour parachute ou ballon*); **rip-off‡** *V* **rip-off‡**; **rip-roaring*** (*gen*) d'une gaieté bruyante, exubérant; *success* monstre*; **ripsaw** scie *f* à refendre; **riptide** courant *m* de retour, contre-courant *m*, turbulence *f*.
3 *vt* déchirer, fendre. **to ~ open a letter** ouvrir une lettre en hâte, fendre une enveloppe; **to ~ the buttons from a shirt** arracher les boutons d'une chemise.
4 *vi* (a) [*cloth*] se déchirer, se fendre.
(b) (***) **the car ~s along** la voiture roule à toute vitesse *or* roule à toute biture*; **let her ~!** appuie!, fonce!*; **to let ~** (*gen*) laisser courir*; (*in anger*) éclater, exploser (*de colère etc*); **he let ~ a string of oaths** il a lâché un chapelet de jurons; **he let ~ at me** il m'a passé un bon savon*.
♦**rip off** **1** *vt sep* (a) (*lit*) arracher, déchirer, enlever à la hâte (*from* de).
(b) (‡: *steal object, goods* voler; (*defraud etc*) *customer* filouter*; *employee* exploiter. **they're ripping you off!** c'est du vol manifeste!, c'est de l'arnaque*!
2 *rip-off‡* *V* **rip-off‡**.
♦**rip out** *vt sep* arracher.
♦**rip up** *vt sep* déchirer.
riparian [raɪˈpɛərɪən] *adj, n* riverain(e) *m(f)*.
ripe [raɪp] *adj fruit* mûr; *cheese* fait; *age, judgment* mûr. **to live to a ~ old age** vivre très vieux, vivre jusqu'à un bel âge *or* un âge avancé; (*fig*) **to be ~ for** être mûr *or* bon pour; (*fig iro*) **that's ~!‡** ça c'est pas mal!*, faut le faire!*; *V* **over**.
ripen ['raɪpən] **1** *vt* (faire) mûrir. **2** *vi* mûrir; [*cheese*] se faire.
ripeness ['raɪpnɪs] *n* maturité *f*.
rip-off‡ ['rɪpɒf] **1** *n* escroquerie *f*. **it's a ~!** c'est du vol manifeste!, c'est de l'arnaque*! **2** *cpd*: **rip-off artist‡** escroc *m*.
riposte [rɪˈpɒst] **1** *n* (*Fencing: also fig*) riposte *f*. **2** *vi* riposter.
ripper ['rɪpər] *n* (*murderer*) éventreur *m*. **Jack the R~** Jack l'éventreur.
ripping‡ ['rɪpɪŋ] *adj* (*Brit*) épatant*, sensationnel*.
ripple ['rɪpl] **1** *n* (a) (*movement*) [*water*] ride *f*, ondulation *f*; [*crops*] ondulation.
(b) (*noise*) [*waves*] clapotis *m*; [*voices*] murmure(s) *m(pl)*, gazouillement *m*; [*laughter*] cascade *f*.
2 *cpd*: **ripple effect** effet *m* de vague.
3 *vi* [*water*] se rider; [*crops, hair*] onduler; [*waves*] clapoter.
4 *vt* rider; faire onduler.
rise [raɪz] (*vb*: pret **rose**, ptp **risen**) **1** *n* (a) [*theatre curtain, sun*] lever *m*; (*Mus*) hausse *f*; (*increase*) (*in temperature*) élévation *f*, hausse; (*in pressure*) hausse; [*tide*] flux *m*, flot *m*; [*river*] crue *f*; (*Brit: in wages*) augmentation *f*, relèvement *m* (*Admin*); (*in prices*) hausse, augmentation, majoration *f*; (*in bank rate*) relèvement *m*. **prices are on the ~** les prix sont en hausse; (*Brit*) [*employee*] **to ask for a ~** demander une augmentation (de salaire); **there has been a ~ in the number of people who do this** le nombre de personnes qui font cela a augmenté; (*fig*) **his meteoric ~** son ascension *f* rapide; **his ~ to power** sa montée au pouvoir; **his ~ to fame took 20 years** il a mis 20 ans à parvenir à la gloire *or* à devenir célèbre; **the ~ of Bristol/the steel industry** l'essor *m* de Bristol/de l'industrie de l'acier; **the ~ of the working classes** l'ascension du prolétariat; **the ~ and fall of an empire** l'essor et la chute d'un empire, la grandeur et la décadence d'un empire; (*fig*) **to get a ~ out of sb*** faire marcher qn*.
(b) (*small hill*) éminence *f*, hauteur *f*, élévation *f*; (*slope*) côte *f*, pente *f*.
(c) (*origin*) [*river*] source *f*; (*fig*) source, origine *f*, naissance *f*. **the river has its ~ (in)** la rivière prend sa source *or* a son origine (dans); (*fig*) **to give ~ to** *trouble* causer, provoquer; *speculation, rumour* donner lieu à, engendrer; *bitterness* occasionner, causer; *fear, suspicions* donner naissance à, susciter; *pleasure, interest* susciter; *impression* faire, donner.

2 *vi* (a) (*get up*) (*from sitting, lying*) se lever, se mettre debout; (*from bed*) se lever; (*after falling*) se relever. **he ~s early/late** il se lève tôt/tard; **~ and shine!** allez, lève-toi!, debout, là-dedans!*; **he rose to go** il s'est levé pour partir; **to ~ to one's feet** se mettre debout, se lever; **to ~ on tiptoe** se mettre sur la pointe des pieds; **to ~ from** (*the*) **table** se lever de table; **he rose from his chair** il s'est levé de sa chaise; **he rose from his sickbed to go and see her** il a quitté son lit pour aller la voir; **to ~ from the dead** ressusciter (des morts); **the horse rose on its hind legs** le cheval s'est dressé (sur ses jambes de derrière) *or* s'est cabré.

(b) [*smoke, mist*] s'élever, monter; [*balloon*] s'élever; [*aircraft, lift*] monter; [*theatre curtain, sun, moon, wind, bread*] se lever; [*dough*] lever; [*hair*] se dresser; [*ground*] monter (en pente); [*voice*] monter, devenir plus aigu (*f* -guë); [*sea*] devenir houleux; [*water, river, tide, blood pressure, temperature, exchange rate*] monter; [*barometer*] remonter, être en hausse; [*hopes, anger*] croître, grandir; [*prices*] monter, augmenter; [*cost of living*] augmenter, être en hausse; [*stocks, shares*] monter, être en hausse. [*swimmer, object, fish*] **to ~ to the surface** remonter à la *or* en surface; **the fish are rising well** les poissons mordent bien; (*fig*) **he rose to the bait** il a mordu à l'hameçon; **he won't ~ to any of your taunts** il ne réagira à aucune de vos piques; **his eyebrows rose at the sight of her** quand il l'a vue il a levé les sourcils (d'étonnement); (*fig*) **the idea/image rose in his mind** l'idée/l'image s'est présentée à son esprit; **the mountain ~s to 3,000 metres** la montagne a une altitude de 3.000 mètres; **the mountains rising before him** les montagnes qui se dressaient *or* s'élevaient devant lui; **to ~ to the occasion** se montrer à la hauteur de la situation *or* des circonstances; **I can't ~ to £10** je ne peux pas aller jusqu'à 10 livres; **to ~ in price** augmenter (de prix); **to ~ above a certain temperature/a certain level** dépasser une température donnée/un niveau donné; **her spirits rose** son moral a remonté; **his gorge rose at this sight** son cœur s'est soulevé à ce spectacle; **the colour rose to her cheeks** ses joues se sont empourprées, le rouge lui est monté aux joues.

(c) (*fig: in society, rank*) s'élever. **to ~ in the world** réussir, faire son chemin dans le monde; **to ~ from nothing** partir de rien; (*Mil*) **to ~ from the ranks** sortir du rang; **he rose to be President/a captain** il s'est élevé jusqu'à devenir Président/jusqu'au grade de capitaine.

(d) (*adjourn*) [*assembly*] clore la session; [*meeting*] lever la séance. (*Parl*) **the House rose at 2 a.m.** l'Assemblée a levé la séance à 2 heures du matin; **Parliament will ~ on Thursday next** les vacances parlementaires commenceront jeudi prochain.

(e) (*originate*) [*river*] prendre sa source *or* sa naissance (*in* dans).

(f) (*rebel: also ~ up*) se soulever, se révolter (*against* contre). **to ~ (up) in revolt** se révolter (*against* contre); **they rose (up) in anger and assassinated the tyrant** emportés par la colère ils se sont soulevés et ont assassiné le tyran.

◆ **rise up** *vi* [*person*] se lever; *V also* **rise 2.**

risen ['rɪzn] **1** *ptp of* **rise. 2** *adj* (*Rel*) **the ~ Lord** le Christ ressuscité.

riser ['raɪzəʳ] *n* (a) (*person*) **to be an early ~** (aimer) se lever tôt, être lève-tôt *inv* *or* matinal; **to be a late ~** (aimer) se lever tard, être lève-tard *inv*. (b) [*stair*] contremarche *f*.

risibility [ˌrɪzɪˈbɪlɪtɪ] *n* caractère *m* drôle.

risible ['rɪzɪbl] *adj* risible.

rising ['raɪzɪŋ] **1** *n* (a) (*rebellion*) soulèvement *m*, insurrection *f*.

(b) (*U*) [*sun, star*] lever *m*; [*barometer*] hausse *f*; [*prices*] augmentation *f*, hausse; [*river*] crue *f*; [*person from dead*] résurrection *f*; (*Theat*) [*curtain*] lever; [*ground*] élévation *f*. **the ~ and falling of the waves** le mouvement montant et descendant des vagues, les vagues s'élevant et s'abaissant; **the ~ and falling of the boat on the water** le mouvement du bateau qui danse sur les flots.

(c) [*Parliament, court*] ajournement *m*, clôture *f* de séance.

2 *adj* (a) *sun* levant; *barometer, prices, temperature* en hausse; *tide* montant; *wind* qui se lève; *tone* qui monte; *anger, fury* croissant; *ground* qui monte en pente. **~ damp** humidité *f* (par capillarité).

(b) (*fig*) nouveau (*f* nouvelle). **the ~ sap** la sève ascendante; **a ~ young doctor** un jeune médecin d'avenir; **the ~ generation** la nouvelle génération, les jeunes *mpl*; *V also* **3.**

3 *adv* (*) **she's ~ six** elle va sur ses six ans; (*Brit Scol*) **the ~ fives** les enfants qui auront cinq ans dans l'année.

risk [rɪsk] **1** *n* (a) (*possible danger*) risque *m*. **to take** *or* **run ~s** courir des risques; **to take** *or* **run the ~ of doing** courir le risque de faire; **that's a ~ you'll have to take** c'est un risque à courir; **there's too much ~ involved** c'est trop risqué; **it's not worth the ~** ça ne vaut pas la peine de courir un tel risque; **there is no ~ of his coming** *or* **that he will come** il n'y a pas de risque qu'il vienne, il ne risque pas de venir; **you do it at your own ~** vous le faites à vos risques et périls; (*Comm*) **goods sent at sender's ~** envois faits aux risques de l'expéditeur; **at the ~ of seeming stupid** au risque de *or* quitte à paraître stupide; **at the ~ of his life** au péril de sa vie; **at ~** *person* en danger, en péril, exposé; *plan, custom* menacé; **children at ~** l'enfance *f* en danger; **some jobs are at ~** des emplois risquent d'être supprimés *or* sont menacés; *V* **occupational, owner** *etc.*

(b) (*Insurance*) risque *m*. **fire ~** risque d'incendie; **he's a bad accident ~** il présente des risques élevés d'accident; **he's a bad ~** on court trop de risques avec lui; *V* **security.**

2 *cpd*: **risk capital** capitaux *mpl* à risques; **risk-taking** (le fait de) prendre des risques; **he does not like risk-taking** il n'aime pas prendre des risques, il n'a pas le goût du risque.

3 *vt* (a) *life, career, future* risquer, aventurer, hasarder; *reputation, savings* risquer. **you ~ falling** vous risquez de tomber; *V* **neck.**

(b) *battle, defeat, quarrel* s'exposer aux risques de; *accident* risquer d'avoir, courir le risque de; (*venture*) *criticism, remark* risquer, aventurer. **she won't ~ coming today** elle ne se risquera pas à venir aujourd'hui; **I'll ~ it** je vais risquer *or* tenter le coup*; **I can't ~ it** je ne peux pas prendre un tel risque.

riskiness ['rɪskɪnɪs] *n* (*U*) risques *mpl*, hasards *mpl*, aléas *mpl*.

risky ['rɪskɪ] *adj* *enterprise, deed* plein de risques, risqué, hasardeux; *joke, story* risqué, osé. **it's ~, it's a ~ business** c'est risqué.

risotto [rɪˈzɒtəʊ] *n* risotto *m*.

risqué ['riːskeɪ] *adj* *story, joke* risqué, osé.

rissole ['rɪsəʊl] *n* (*Brit*) rissole *f*.

rite [raɪt] *n* rite *m*. **funeral ~s** rites funèbres; **last ~s** derniers sacrements; **~ of passage** rite de passage; (*Mus*) **the R~ of Spring** le Sacre du printemps.

ritual ['rɪtjʊəl] **1** *adj* rituel. **2** *n* rituel *m*. (*fig*) **he went through the ~** il a fait les gestes rituels, il s'est conformé aux rites; **he went through the ~ of apologizing** il a fait les excuses rituelles, il s'est excusé comme de coutume.

ritualism ['rɪtjʊəlɪzəm] *n* ritualisme *m*.

ritualist ['rɪtjʊəlɪst] *adj, n* ritualiste (*mf*).

ritualistic [ˌrɪtjʊəˈlɪstɪk] *adj* ritualiste.

ritually ['rɪtjʊəlɪ] *adv* rituellement.

ritzy* ['rɪtsɪ] *adj* (*US*) luxueux.

rival ['raɪvəl] **1** *n* rival(e) *m(f)*.

2 *adj* *firm, enterprise* rival, concurrent; *attraction, claim* opposé, antagonique. **two ~ firms** deux entreprises rivales, deux concurrents.

3 *vt* (*gen*) rivaliser avec (*in* de); (*Comm*) être en concurrence avec; (*equal*) égaler (*in* en). **he can't ~ her in intelligence** il ne peut pas l'égaler en intelligence, il ne peut pas rivaliser d'intelligence avec elle; **his achievements ~ even yours** ses réussites égalent même les vôtres.

rivalry ['raɪvlrɪ] *n* rivalité *f* (*with* avec, *between* entre).

rive [raɪv] *pret* **rived,** *ptp* **riven** (*liter*) **1** *vt* fendre. **2** *vi* se fendre. **riven by** fendu par; (*fig*) déchiré par.

river ['rɪvəʳ] **1** *n* rivière *f*, (*major*) fleuve *m* (*also fig*), (*Admin, Econ, Geog etc*) cours *m* d'eau. **down ~** en aval; **up ~** en amont; (*Brit*) **the ~ Seine,** (*US*) **the Seine ~** la Seine; (*fig*) **~s of blood** des fleuves de sang; *V* **sell.**

2 *cpd*: *police, port, system* fluvial. **riverbank** rive *f*, berge *f*, bord *m*; **river basin** bassin fluvial; **riverbed** lit *m* de rivière *or* de fleuve; (*Med*) **river blindness** cécité *f* des rivières, onchocercose *f*; **river fish** poisson *m* d'eau douce *or* de rivière; **river fishing** pêche fluviale *or* en eau douce; **river head** source *f* (de rivière *or* de fleuve); **river horse** hippopotame *m*; **river lamprey** lamproie *f* de rivière; **rivermouth** bouche *f* d'une rivière *or* d'un fleuve, embouchure *f*; **riverside** (*n*) bord *m* de l'eau (*or* de la rivière *or* du fleuve), rive *f*, (*adj*) (situé) au bord de la rivière *etc*; **by the riverside** au bord de l'eau (*or* de la rivière *etc*); **along the riverside** le long de la rivière (*or* du fleuve); **river traffic** trafic fluvial, navigation fluviale.

riverine ['rɪvəraɪn] *adj* fluvial; *person* riverain.

rivet ['rɪvɪt] **1** *n* rivet *m*.

2 *vt* (*Tech*) riveter, river. (*fig*) **it ~ed our attention** ça nous a fascinés; **~ed with fear** rivé *or* cloué sur place par la peur.

3 *cpd*: **rivet joint** assemblage *m* par rivets.

riveter ['rɪvɪtəʳ] *n* (*person*) riveur *m*; (*machine*) riveuse *f*.

rivet(t)ing ['rɪvɪtɪŋ] *n* rivetage *m*. **2** *adj* (*fascinating*) fascinant.

Riviera [ˌrɪvɪˈɛərə] *n*: **the (French) ~** la Côte d'Azur; **the Italian ~** la Riviera (italienne).

rivulet ['rɪvjʊlɪt] *n* (petit) ruisseau *m*.

Riyadh [rɪˈjɑːd] *n* Riyad.

RN (*Brit*) *abbr of* **Royal Navy;** *V* **royal.**

RNA [ɑːrenˈeɪ] *n* (*Med: abbr of* **ribonucleic acid**) A.R.N.

RNR (*Brit*) *abbr of* **Royal Naval Reserve;** *V* **royal.**

RNZAF *abbr of* **Royal New Zealand Air Force.**

RNZN *abbr of* **Royal New Zealand Navy.**

roach¹ [rəʊtʃ] *n* (*fish*) gardon *m*.

roach² [rəʊtʃ] **1** *n* (a) (*: abbr of* **cockroach**) cafard *m*, cancrelat *m*, blatte *f*. (b) (*US Drugs sl*) mégot *m* de joint. **2** *cpd*: (*US Drugs sl*) **roach clip** pince *f* (métallique) pour joint.

road [rəʊd] **1** *n* (a) (*gen*) route *f*; (*minor*) chemin *m*; (*in town*) rue *f*; (*fig*) chemin, voie *f*. **trunk ~** (route) nationale *f*, grande route; **country ~** route de campagne, petite route, (route) départementale *f*; **'~ up'** 'attention travaux'; **she lives across the ~ (from us)** elle habite en face de chez nous; **just across the ~ is a bakery** il y a une boulangerie juste en face; **my car is off the ~ just now** (*laid up*) ma voiture est sur cales pour le moment; (*being repaired*) ma voiture est en réparation; **I hope to put it back on the ~ soon** j'espère qu'elle sera bientôt en état (de rouler); **this vehicle shouldn't be on the ~** on ne devrait pas laisser circuler un véhicule dans cet état; **a spot of petrol will get us on the ~ again** un peu d'essence va nous dépanner; **he is a danger on the ~** (au volant) c'est un danger public; **to take (to) the ~** prendre la route, se mettre en route; [*salesman, theatre company*] **to be on the ~** être en tournée; **we were on the ~ at 6 in the morning** nous étions sur la route à 6 heures du matin; **we've been on the ~ since this morning** nous voyageons depuis ce matin; **we were on the ~ to Paris** nous étions en route pour Paris; **is this the ~ to London?** *or* **the London ~?** c'est (bien) la route de Londres?; (*in towns*) **London R~** rue de Londres; **you're on the right ~** vous êtes sur la bonne route; (*fig*) **you're on the right ~** vous êtes sur la bonne voie; **on the ~ to ruin/success** sur le chemin de la ruine/du succès; (*fig*) **somewhere along the ~ he changed his mind** à un moment donné *or* en cours de route* il a changé d'avis; **you're in my ~*** vous me barrez le passage, vous m'empêchez de passer, vous êtes sur *or* dans mon chemin; **(get) out of the ~!*** dégagez!; (*dial*) **any ~*** de toute façon; **to have one for the** ~* prendre un dernier verre avant de partir, boire le coup de l'étrier; (*Naut*) ~s rade *f*; (*Brit: car sales*) **on-the-** ~ **price, price on the** ~ prix *m* clés en mains; *V* **arterial, hit, main, Rome** *etc*.

(b) (*US*) *abbr of* **railroad**.

2 *cpd*: **road accident** accident *m* de la route *or* de la circulation; (*US*) **roadbed** [*railroad*] ballast *m*; [*road*] empierrement *m*; **road-block** barrage *m* routier; **road book** guide *m* routier; **roadbridge** pont *m* routier; **road construction** construction *f* des routes; (*US*) **road gang** équipe *f* de forçats (employés à construire des routes); **road haulage** transports *mpl* routiers; **road haulier** entrepreneur *m* de transports routiers; **roadhog** chauffard *m*, écraseur* *m*, -euse* *f*; **roadhouse** hostellerie *f*, relais *m*; (*U*) **roadmaking** construction *f* de (la) route; **roadman** cantonnier *m*; **roadmap** carte routière; **roadmender** = **roadman**; **road metal** empierrement *m*; (*Cycling*) **road racer** *or* **rider** routier *m*, -ière *f*; **road racing** compétition *f* automobile (*or* cycliste) sur route; **roadroller** rouleau *m* compresseur; (*US: bird*) **road runner** coucou *m* terrestre (du Sud-Ouest); **road safety** sécurité routière; **he has no road sense** [*driver*] il n'a aucune notion de la conduite; [*pedestrian*] il n'a aucune notion de la circulation; **to teach a child road sense** apprendre à un enfant à faire attention à la circulation; (*Theat*) **road show** spectacle *m* de tournée; **roadside** *V* **roadside**; **roadsign** signal *m* routier, panneau *m* (de signalisation), poteau indicateur; **international roadsigns** signalisation routière internationale; (*Aut*) **road stability** tenue *f* de route; (*Naut*) **roadstead** rade *f*; **road surveyor** agent *m* voyer, agent des Ponts et Chaussées; **roadsweeper** (*person*) balayeur *m*, -euse *f*; (*vehicle*) balayeuse *f*; **road test** (*n*) essai *m* sur route; **they are road-testing the car tomorrow** ils vont faire les essais sur route demain; **road traffic** circulation routière; **road transport** transports routiers; **road-trials** (*road test*) essais *mpl* sur route; (*rally*) épreuves *fpl* sur route; **road-user** (*gen*) usager *m* de la route; **road-user charges** taxation *f* des usagers de la route; **roadway** chaussée *f*. (*on bridge*) tablier *m*, chaussée; **roadworks** travaux *mpl* (d'entretien des routes); **a roadworthy car** une voiture en état de marche.

roadie ['rəʊdɪ] *n* (*Pop sl*) membre *m* de l'équipe d'une vedette en tournée.

roadside ['rəʊdsaɪd] 1 *n* bord *m* de la route, accotement *m*, bas-côté *m*. **along** *or* **by the** ~ au bord de la route. 2 *cpd* **inn** (situé) au bord de la route. **roadside repairs** (*professional*) dépannage *m*; (*done alone*) réparations *fpl* de fortune.

roadster ['rəʊdstər] *n* (*car*) roadster *m*; (*cycle*) bicyclette *f* routière.

roam [rəʊm] 1 *vt* **streets, countryside** parcourir, errer dans *or* par. **to** ~ **the (seven) seas** courir *or* parcourir les mers, bourlinguer; [*child, dog*] **to** ~ **the streets** traîner dans les rues.

2 *vi* errer, rôder; [*thoughts*] vagabonder. **to** ~ **about the house** errer dans la maison; **to** ~ **about the world** rouler *or* errer (de) par le monde; **to** ~ **about the streets** traîner dans les rues, traîner les rues (*pej*).

♦**roam about, roam around** *vi* errer de-ci de-là; (*wider*) vagabonder, bourlinguer*, rouler sa bosse*.

roamer ['rəʊmər] *n* vagabond *m*.

roaming ['rəʊmɪŋ] 1 *adj* **person** errant, vagabond; **dog** errant; **thoughts** vagabond. 2 *n* vagabondage *m*.

roan[1] [rəʊn] *adj, n* (*horse*) rouan (*m*); *V* **strawberry**.

roan[2] [rəʊn] *n* (*leather*) basane *f*.

roar [rɔːr] 1 *vi* [*person, crowd*] hurler, pousser de grands cris; (*with anger*) rugir; [*lion*] rugir; [*bull*] mugir, beugler; [*wind, sea*] mugir; [*thunder, gun, waterfall, storm, forest fire, engine, vehicle*] gronder; (*Aut: rev*) vrombir; [*fire in hearth*] ronfler. **to** ~ **with pain** hurler de douleur; **to** ~ **with laughter** rire à gorge déployée, éclater de rire, se tordre; **this will make you** ~!* tu vas te marrer!‡, tu vas rigoler!*; **the trucks** ~**ed past** les camions sont passés bruyamment à toute allure; **the car** ~**ed up the street** la voiture est passée dans la rue en vrombissant; **he** ~**ed away on his motorbike** il est parti en faisant vrombir sa moto.

2 *vt* (a) (*also* ~ **out**) **order** vociférer; **song** chanter à tue-tête, brailler, beugler; **one's disapproval** hurler.

(b) (*Aut*) **to** ~ **the engine** faire ronfler *or* faire vrombir le moteur.

3 *n* hurlement(s) *m(pl)*; rugissement *m*; mugissement *m*; beuglement *m*; grondement *m*; vrombissement *m*; ronflement *m*. ~s **of laughter** de gros éclats de rire; **the** ~s **of the crowd** les clameurs *fpl* de la foule.

roaring ['rɔːrɪŋ] 1 *adj* (*V* **roar 1**) hurlant; rugissant; mugissant; beuglant; grondant; vrombissant; ronflant. (*in hearth*) **a** ~ **fire** une belle flambée; (*Geog*) **the** ~ **forties** les quarantièmes rugissants *mpl*; (*fig*) **drunk** complètement bourré* *or* noir*; **a** ~ **success** un succès fou* *or* monstre*; **to do a** ~ **trade** faire un gros commerce (*in* de), faire des affaires d'or*.

2 = **roar 3**.

roast [rəʊst] 1 *n* (a) rôti *m*. ~ **of beef** rôti de bœuf, rosbif *m*; ~ **of veal/pork** *etc* rôti de veau/porc *etc*; **a slice off the** ~ une tranche de *or* du rôti.

(b) (*US: barbecue*) barbecue *m*.

2 *adj* **pork, veal, chicken** rôti. ~ **beef** rôti *m* de bœuf, rosbif *m*; ~ **potatoes** pommes *fpl* de terre rôties.

3 *vt* (a) **meat** (faire) rôtir; **chestnuts** griller, rôtir; **coffee beans** griller, torréfier; **minerals** calciner, griller. **the sun was** ~**ing the city** le soleil grillait la ville; **to** ~ **o.s. by the fire** se rôtir au coin du feu.

(b) (*US*‡: *criticize*) éreinter.

4 *vi* [*meat*] rôtir; *V also* **roasting**.

roaster ['rəʊstər] *n* (*device*) rôtissoire *f*; (*bird*) poulet *m etc* à rôtir.

roasting ['rəʊstɪŋ] 1 *n* (*lit*) rôtissage *m*. (*fig*) **to give sb a** ~‡ sonner les cloches à qn*; ~ **jack,** ~ **spit** tournebroche *m*.

2 *adj* (a) (*: hot*) **day, weather** torride. **it's** ~ **in here** on crève* (de chaleur) ici, on rôtit* ici; **I'm** ~!* je crève* (de chaleur)!

(b) (*Culin*) **chicken** *etc* à rôtir.

rob [rɒb] *vt* **person** voler, dévaliser; **shop** dévaliser; **orchard** piller. **to** ~ **sb of sth** (*purse etc*) voler *or* dérober qch à qn; (*rights, privileges*) dépouiller *or* priver qn de qch; **to** ~ **an orchard** piller un verger; **to** ~ **the till** voler de l'argent dans la caisse; (*loc*) **to** ~ **Peter to pay Paul** déshabiller saint Pierre pour habiller saint Paul, faire un trou pour en boucher un autre; **I've been** ~**bed of my watch** on m'a volé ma montre; **I've been** ~**bed!** j'ai été volé!; **the bank was** ~**bed** la banque a été dévalisée, il y a eu un vol à la banque; (*fig*) **he has been** ~**bed of the pleasure of seeing her** il a été privé du plaisir de la voir; **the shock** ~**bed him of speech** (*briefly*) le choc lui a fait perdre la parole; (*long-term*) le choc lui a ôté l'usage de la parole.

robber ['rɒbər] 1 *n* bandit *m*, voleur *m*. 2 *cpd*: **robber baron** (*US Ind*) requin *m* de l'industrie *or* de la finance.

robbery ['rɒbərɪ] *n* vol *m*. (*Jur*) ~ **with violence** vol avec voies de fait *or* coups et blessures; **highway** ~ vol de grand chemin, brigandage *m*; **at that price it's sheer** ~!* à ce prix-là c'est du vol manifeste! *or* de l'escroquerie!; *V* **armed, daylight**.

robe [rəʊb] 1 *n* (a) (*garment*) robe *f* de cérémonie; (*for house wear*) peignoir *m*. **he was wearing his** ~ **of office** il portait la robe *or* la toge de sa charge; **ceremonial** ~s vêtements *mpl* de cérémonie; **christening** ~ robe de baptême; *V* **coronation**. (b) (*US: rug*) couverture *f*. 2 *vt* revêtir (d'une robe); (*fig, liter*) parer, revêtir (*in* de). 3 *vi* [*judge etc*] revêtir sa robe.

Robert ['rɒbət] *n* Robert *m*.

robin ['rɒbɪn] *n* (a) (*European: also* ~ **redbreast**) rouge-gorge *m*. (b) (*US*) merle *m* américain; *V* **round**.

robot ['rəʊbɒt] 1 *n* robot *m*; (*fig*) robot, automate *m*. 2 *cpd* **worker, guidance, pilot** automatique, -robot. **robot bomb** bombe-robot *f*; **robot plane** avion-robot *m*, avion *m* à commande automatique.

robotics [rəʊ'bɒtɪks] *n* robotique *f*.

robotization [‚rəʊbɒtaɪ'zeɪʃən] *n* robotisation *f*.

robotize ['rəʊbɒtaɪz] *vt* robotiser.

robust [rəʊ'bʌst] *adj* **person** robuste, vigoureux, solide; **defence** vigoureux, énergique; **material, structure, appetite** solide; **wine** robuste; **humour, style** robuste.

robustly [rəʊ'bʌstlɪ] *adv* **build** solidement; (*fig*) **answer** avec vigueur.

robustness [rəʊ'bʌstnɪs] *n* robustesse *f*, solidité *f*, vigueur *f*.

roc [rɒk] *n* rock *m*, roc *m*.

rock[1] [rɒk] 1 *vt* (a) (*swing to and fro*) **child** bercer; **cradle** balancer. **to** ~ **a child to sleep** endormir un enfant en le berçant; **a boat** ~**ed by the waves** un bateau bercé par les vagues (*V also* **1b**); **to** ~ **o.s. in a rocking chair** se balancer dans un fauteuil à bascule.

(b) (*shake*) ébranler, secouer; **ship** [*waves*] ballotter; [*explosion*] ébranler; (*fig: startle*) ébranler, secouer. **town** ~**ed by an earthquake** ville ébranlée par un tremblement de terre; (*fig*) **to** ~ **the boat** * jouer les trouble-fête, semer le trouble *or* la perturbation; (*fig*) **don't** ~ **the boat** * ne compromets pas les choses, ne fais pas l'empêcheur de danser en rond*; **that bit of news will** ~ **her!** * cette nouvelle va la bouleverser! *or* lui donner un sale coup!*

2 *vi* (a) (*sway gently*) [*cradle, hammock*] (se) balancer; [*person, ship*] se balancer. **he was** ~**ing back and forth** il se balançait d'avant en arrière.

(b) (*sway violently*) [*person*] chanceler; [*building*] être ébranlé *or* secoué. **the mast was** ~**ing in the wind** le mât oscillait sous les coups du vent; **the ground** ~**ed beneath our feet** le sol a tremblé sous nos pieds; **they** ~**ed with laughter** * ils se sont tordus *or* gondolés‡.

3 *n* (*pop music*) rock *m*; *V also* **5** *and* **punk**.

4 *adj* (*Mus*) **ballet, musical** *etc* rock *inv*. ~ **musician** rocker *m*.

5 *cpd*: **rock-and-roll** rock (and roll) *m or* rock 'n' roll *m*; **to do the rock-and-roll** danser le rock (and roll).

rock[2] [rɒk] 1 *n* (a) (*substance*) (*any kind*) roche *f*; (*hard*) roc *m*; (*rock face*) rocher *m*, paroi rocheuse. **caves hewn out of the** ~ des cavernes taillées dans la roche *or* le roc *or* le rocher; **hewn out of solid** ~ creusé à même le roc, creusé dans le roc; (*lit, fig*) **built on** ~ bâti sur le roc; **they were drilling into** ~ **and not clay** ils foraient la roche *or* le roc et non l'argile; **plants that grow in** ~ plantes qui poussent sur la roche; **porous/volcanic** *etc* ~ roche poreuse/volcanique *etc*.

(b) **the study of** ~s l'étude des roches.

(c) (*large mass, huge boulder*) rocher *m*, roc *m* (*liter*); (*smaller*) roche *f*. **a huge** ~ **blocked their way** un énorme rocher leur bouchait le chemin; **the entrance was blocked by a pile of fallen** ~s l'entrée était bouchée par des éboulis de roches; (*Geog*) **the R**~ (**of Gibraltar**) le rocher de Gibraltar; (*fig*) **as solid as a** ~ solide comme le roc; **the ship went on the** ~s le bateau est allé donner sur les rochers *or* sur les écueils; [*drink*] **on the** ~s avec des glaçons; (*fig*) **he's on the** ~s‡ il n'a pas le sou, il est à sec* *or* dans la dèche‡; **that firm went on the** ~s **last year** * cette firme a fait faillite *or* est tombée en déconfiture* l'an dernier; **their marriage is on the** ~s* leur mariage est en train de craquer*.

(d) (‡) (*diamond*) bouchon *m* de carafe* (*hum*), diamant *m*. (*jewels*) ~s quincaillerie* *f*.

(e) (*sweet*) ≃ sucre *m* d'orge. **Brighton** ~ bâton de sucre d'orge marqué au nom de Brighton.

2 *cpd*: **rock bass** achigan *m* de roche; (*Brit*) **rock bun, rock cake** rocher *m* (*Culin*); **rock carving** sculpture *f* sur roc; **rock-climber** varappeur *m*, -euse *f*, rochassier *m*, -ière *f*; **rock-climbing** varappe *f*, escalade *f*; **rock crystal** cristal *m* de roche; **rock face** paroi rocheuse; **rock fall** chute *f* de pierres *or* de rochers; **rockfish** goujon *m*, rascasse *f*, scorpène *f*; **rock garden** (jardin *m* de) rocaille *f*; (*Art*) **rock painting** peinture rupestre *or* pariétale; **rock plant** plante *f*

alpestre *or* de rocaille; (*US fig*) **rock-ribbed** inébranlable, à toute
• épreuve; **rock rose** hélianthème *m*; (*Brit*) **rock salmon** roussette *f*;
rock salt sel *m* gemme.
rock-bottom ['rɒk'bɒtəm] *n* (*Geol*) fond rocheux. (*fig*) **this is** ∼*
c'est la fin de tout, c'est la catastrophe; **her spirits reached** ∼* elle
avait le moral au plus bas *or* à zéro*; **prices were at** ∼ les prix
étaient tombés aux niveaux les plus bas; (*Comm*) '∼ **prices**'
'marchandises sacrifiées', 'prix défiant toute concurrence'.
rocker ['rɒkər] *n* (a) *[cradle etc]* bascule *f*; (*chair*) fauteuil *m* à
bascule. **to be off one's** ∼* être cinglé*, avoir le cerveau
détraqué*; **to go off one's** ∼* perdre la boule*. (b) (*person*) ≃
blouson noir.
rockery ['rɒkərɪ] *n* (jardin *m* de) rocaille *f*.
rocket ['rɒkɪt] **1** *n* (*Mil*) fusée *f*, roquette *f*; (*Aviat, also firework*)
fusée. **to fire** *or* **send up a** ∼ lancer une fusée; **distress** ∼ fusée *or*
signal *m* de détresse; **space** ∼ fusée interplanétaire; (*Brit: fig*) **he's
just had a** ∼* **from the boss** le patron vient de lui passer un savon*
or de l'enguirlander*.
2 *vi [prices]* monter en flèche. (*fig*) **to** ∼ **to fame** devenir célèbre
du jour au lendemain; **he went** ∼**ing* past my door** il est passé en
trombe devant ma porte.
3 *cpd*: **rocket attack** attaque *f* à la roquette; **rocket base** =
rocket range; **rocket gun** fusil *m* lance-fusées *inv or* lance-
roquettes *inv*; **rocket launcher** lance-fusées *m inv*, lance-roquettes
m inv; **rocket plane** avion-fusée *m*; **rocket-propelled**
autopropulsé; **rocket propulsion** propulsion *f* par fusée,
autopropulsion *f*; **rocket range** base *f* de lancement de missiles;
within rocket-range à portée de missiles; **rocket research**
recherches aérospatiales; **rocket ship** navire *m* lance-fusées *inv or*
lance-missiles *inv*; **rocket technology** fuséologie *f*.
rocketry ['rɒkɪtrɪ] *n* (*science*) fuséologie *f*; (*rockets collectively*)
(panoplie *f* de) fusées *fpl*.
rocking ['rɒkɪŋ] **1** *n* balancement *m*, ballottement *m*. **2** *cpd*: **rocking chair** fauteuil *m* à bascule; **rocking horse** cheval *m* à bascule.
rockling ['rɒklɪŋ] *n* loche *f* de mer.
rocky¹ ['rɒkɪ] *adj* (*unsteady*) *table* branlant; (* *fig*) *health* précaire,
chancelant; *situation* instable, précaire; *government* branlant. **his
English is rather** ∼* son anglais est faiblard*; **his finances are** ∼*
sa situation financière est précaire.
rocky² ['rɒkɪ] *adj* *mountain, hill* rocheux; *road, path* rocailleux.
(*Geog*) **the R**∼ **Mountains, the Rockies** les (montagnes *fpl*)
Rocheuses *fpl*.
rococo [rəʊ'kəʊkəʊ] **1** *n* rococo *m*. **2** *adj* rococo *inv*.
rod [rɒd] **1** *n* (a) (*wooden*) baguette *f*; (*metallic*) tringle *f*; *[machin-
ery]* tige *f*; (*for punishment*) baguette *f*, canne *f*; (*symbol of authority*) verge *f*. **curtain/stair** ∼ tringle à rideaux/d'escalier; (*fig*) **to
make a** ∼ **for one's own back** se préparer *or* s'attirer des ennuis;
to rule with a ∼ **of iron** *country* gouverner d'une main de fer *or*
avec une verge de fer (*liter*); *person, family* mener à la baguette *or*
à la trique*; *V* **black, connect, piston, spare** *etc.*
(b) (*fishing*) canne *f* (à pêche). **to fish with** ∼ **and line** pêcher
à la ligne.
(c) (*measure*) perche *f* (= 5,03 *m*).
(d) (*in eye*) bâtonnet *m*.
(e) (*US*⁑: *gun*) flingue⁑ *m*.
(f) (*Aut*: *hotrod*) hotrod *m*, voiture *f* gonflée.
(g) (*⁑*: *penis*) bite⁑ *f*.
2 *cpd*: (*Med*) **rod bacterium** bâtonnet *m*; (*Tech*) **rod bearing**
manchon *m* de bielle.
rode [rəʊd] *pret of* **ride**.
rodent ['rəʊdənt] **1** *n* rongeur (*m*). **2** *adj* rongeur. (*Med*) ∼ **cancer,
∼ ulcer** cancer *m* de la peau.
rodeo ['rəʊdɪəʊ] *n* rodéo *m*.
rodomontade [,rɒdəmɒn'teɪd] *n* rodomontade *f*.
roe¹ [rəʊ] *n* (*species: also* ∼ **deer**) chevreuil *m*. ∼ **buck** chevreuil
mâle; (*female*) ∼ **deer** chevreuil *m* femelle, chevrette *f*.
roe² [rəʊ] *n [fish]* **hard** ∼ œufs *mpl* de poisson; **soft** ∼ laitance *f*;
herring ∼ œufs *or* laitance de hareng.
roentgen ['rɒntjən] *n* Roentgen *m or* Röntgen *m*.
rogation [rəʊ'geɪʃən] (*Rel*) **1** *n* (*gen pl*) rogations *fpl*.
2 *cpd*: **Rogation Days** *les 3 jours qui précèdent l'Ascension*; **Rogation Sunday** dimanche *m* des Rogations; **Rogation-tide** période *f*
des Rogations.
rogatory ['rɒgətərɪ] *adj* (*Jur*) rogatoire; *V* **letter**.
Roger ['rɒdʒər] *n* Roger *m*. (*Telec*) '**r**∼' 'compris'; *V* **jolly**.
rogue [rəʊg] **1** *n* (a) (*scoundrel*) coquin *m*, gredin *m*; (*scamp*)
polisson(ne) *m(f)*, coquin(e) *m(f)*, fripon(ne) *m(f)*. **you little** ∼!
petit coquin!
(b) (*Zool*) solitaire *m*.
2 *adj* (*US fig: gone to the bad*) dévoyé.
3 rogue elephant éléphant *m* solitaire; **rogues' gallery** (*Police*)
(collection *f* de) photographies *fpl* de repris de justice; (*fig*) **they
look like a rogues' gallery** ils ont des têtes de repris de justice.
roguery ['rəʊgərɪ] *n* (*wickedness*) coquinerie *f*, malhonnêteté *f*;
(*mischief*) espièglerie *f*, friponnerie *f*, polissonnerie *f*.
roguish ['rəʊgɪʃ] *adj* espiègle, coquin, polisson.
roguishly ['rəʊgɪʃlɪ] *adv* *behave, speak* avec espièglerie,
malicieusement; *look* d'un œil coquin.
roily ['rɔɪlɪ] *adj* *water, sea* troublé, agité; (*fig*) *person* exaspéré.
roister ['rɔɪstər] *vi* s'amuser bruyamment.
roisterer ['rɔɪstərər] *n* fêtard(e)* *m(f)*.
Roland ['rəʊlənd] *n* Roland *m*. (*loc*) **a** ∼ **for an Oliver** un prêté pour
un rendu.
role [rəʊl] **1** *n* (*Theat, fig*) rôle *m*; *V* **leading** *etc.* **2** *cpd*: (*Psych*) **role
model** modèle *m* à émuler; **role-play(ing)** (*Psych*) psychodrame *m*;
(*Scol*) jeu *m* de rôle.
roll [rəʊl] **1** *n* (a) *[cloth, paper, netting, wire, hair etc]* rouleau *m*;

[banknotes] liasse *f*; *[tobacco]* carotte *f*; *[butter]* coquille *f*; *[flesh, fat]*
bourrelet *m*. (*Phot*) ∼ **of film** (rouleau *m* de) pellicule *f*.
(b) (*also* **bread** ∼) petit pain; *V* **sausage, Swiss** *etc.*
(c) (*movement*) *[ship]* roulis *m*; *[sea]* houle *f*; (*Aviat*) vol *m* en
tonneau. **to walk with a** ∼ rouler les hanches, se dandiner *or* se
balancer en marchant; **the ship gave a sudden** ∼ le bateau s'est
mis à rouler; **the horse was having a** ∼ **on the grass** le cheval se
roulait dans l'herbe; **to have a** ∼ **in the hay with sb**⁑ batifoler*
dans l'herbe avec qn; *V* **rock**.
(d) (*sound*) *[thunder, drums]* roulement *m*; *[organ]* ronflement
m.
(e) (*list, register*) liste *f*, tableau *m*; (*for court, ship's crew etc*) rôle
m. (*Scol*) **class** ∼ liste *f* (nominative) des élèves; **we have 60 pupils
on our** ∼(**s**) nous avons 60 élèves inscrits; (*Scol*) **falling** ∼**s**
diminutions *fpl* d'effectifs; **to call the** ∼ faire l'appel; ∼ **of honour**
(*Mil*) liste des combattants morts pour la patrie *or* tombés au
champ d'honneur; (*Scol*) tableau d'honneur; (*Jur*) **to strike sb** *or*
sb's name off the ∼**s** radier qn des listes *or* du tableau; *V* **electoral**.
2 *cpd*: (*US*) **rollaway bed** lit *m* pliant (sur roulettes); (*US*) **rollback** (*gen*) réduction *f*; (*Econ*) baisse *f* forcée des prix (sur ordre du
gouvernement); (*Aut*) **roll bar** arceau *m* de sécurité; (*gen, Mil, Scol*)
roll call appel *m*; (*Brit*) **roll-collar** = **roll-neck**; **roll film** pellicule
f (en rouleau); (*Brit*) **rollmop**; (*Brit*) **rollmop**; (*Brit*) *[sweater]* **roll-neck**
col *m* roulé; **roll-neck(ed)** à col roulé; **roll-on** *V* **roll-on**; (*Fin: of
loan*) **rollover** refinancement *m*; (*Fin*) **rollover project** projet-
relais *m*; **roll-top desk** bureau *m* à cylindre.
3 *vi* (a) (*turn over*) rouler. **to** ∼ **over and over** *[object]* rouler sur
soi-même; *[person]* se rouler; **the coin** ∼**ed under the table** la
pièce a roulé sous la table; **stones** ∼**ed down the hill** des pierres
ont roulé *or* déboulé jusqu'au pied de la colline; **the car** ∼**ed down
the hill** (*brakes off*) la voiture a descendu la pente toute seule; (*over
and over*) la voiture a dévalé la pente en faisant une série de tonneaux; **to** ∼ **headlong down a slope** dégringoler une pente, rouler
du haut en bas d'une pente; **the children were** ∼**ing down the
slope** les enfants roulaient le long de la pente; **tears were** ∼**ing
down her cheeks** les larmes roulaient sur ses joues; **the waves
were** ∼**ing on to the beach** les vagues déferlaient sur la plage; **the
newspapers were** ∼**ing off the presses** les journaux tombaient
des rotatives; **the wheels kept** ∼**ing** les roues continuaient à tourner; (*fig*) **heads will** ∼ il y aura des limogeages*, des têtes tom-
beront; (*Aut*) **we were** ∼**ing along at 100 km/h** nous roulions à
100 (km) à l'heure; (*Theat*) **to keep the show** ∼**ing*** s'arranger
pour que le spectacle continue (*subj*); (*fig*) **you must keep the ball
or things** ∼**ing while I'm away*** arrangez-vous pour que ça tourne
(*subj*) rond *or* pour que tout marche (*subj*) pendant mon absence;
the horse ∼**ed in the mud** le cheval s'est roulé *or* vautré dans la
boue; (*fig*) **he's** ∼**ing (in money or in it)*** il roule sur l'or; (*fig*) **they
were** ∼**ing in the aisles*** ils se tordaient, ils se tenaient les côtes*.
(b) *[ship]* rouler. **he** ∼**ed from side to side as he walked** il se
balançait en marchant; **his eyes were** ∼**ing** ses yeux roulaient, il
roulait les yeux.
(c) *[thunder]* gronder, rouler; *[drums, words]* rouler; *[voice]*
retentir; *[organ]* rendre un son grave et prolongé; *[noises]* se répercuter.
4 *vt* (a) *barrel, hoop, ball* (faire) rouler; *umbrella, cigarette* rouler;
pastry, dough étendre *or* abaisser au rouleau; *metal* laminer; *lawn*
rouler; *road* cylindrer. **to** ∼ **one's eyes** rouler les yeux; **to** ∼ **one's
r's** rouler les r; **to** ∼ **sth between one's fingers** rouler qch avec *or*
entre ses doigts; **to** ∼ **string into a ball** enrouler de la ficelle en
pelote; **the hedgehog** ∼**ed itself up into a ball** le hérisson s'est
roulé en boule; **he** ∼**ed himself in a blanket** il s'est roulé *or* enroulé
dans une couverture; **they** ∼**ed the car to the side of the road** ils
ont poussé la voiture sur le bas-côté; *V also* **rolled**.
(b) (*US*⁑: *rob*) dévaliser.
♦**roll about** *vi [coins, marbles]* rouler çà et là; *[ship]* rouler; *[per-
son, dog]* se rouler par terre.
♦**roll along 1** *vi [ball, vehicle]* rouler.
(b) (*⁑: arrive*) s'amener⁑, se pointer⁑.
2 *vt sep ball* faire rouler; *car* pousser.
♦**roll away 1** *vi [clouds, mist, vehicle]* rouler, s'éloigner; *[ball]* rouler au
loin. **the ball rolled away from me** le ballon a roulé loin de moi.
2 *vt sep trolley, table* éloigner, emmener.
♦**roll back 1** *vi [object]* rouler en arrière; *[eyes]* chavirer.
2 *vt sep* (a) *object* rouler en arrière; *carpet* rouler; *sheet* enlever
(en roulant).
(b) (*fig: bring back*) ramener. **if only we could roll back the
years** si seulement nous pouvions ramener le temps passé.
(c) (*US fig: reduce*) réduire.
3 rollback* *n V* **roll 2**.
♦**roll by** *vi [vehicle, procession]* passer; *[clouds]* être chassé; *[time,
years]* s'écouler, passer.
♦**roll down 1** *vi [ball, person]* rouler de haut en bas; *[tears]* couler.
2 *vt sep cart* descendre (en roulant).
♦**roll in 1** *vi [waves]* déferler; (*) [letters, contributions, suggestions]*
affluer; (*) [person]* s'amener⁑, se pointer⁑, entrer (avec désinvolture). **he rolled in* half an hour late** il s'est amené⁑ avec une
demi-heure de retard; **the money keeps rolling in*** l'argent continue à affluer.
2 *vt sep barrel, trolley* faire entrer (en roulant).
♦**roll off 1** *vi* (a) *[vehicle, procession]* s'ébranler, se mettre en
marche.
(b) (*fall off*) dégringoler.
2 roll-on-roll-off *n, adj V* **roll-on**.
♦**roll on 1** *vi [vehicle etc]* continuer de rouler; *[time]* s'écouler. **roll
on the holidays!*** vivement les vacances!; **roll on Tuesday!*** vivement qu'on soit mardi!

2 *vt sep stockings* enfiler.
3 roll-on *n*, **roll-on-roll-off** *n*, *adj* V **roll-on**.
♦**roll out** *vt sep* (**a**) *barrel, trolley* rouler *or* pousser dehors.
  (**b**) *sentence, verse* débiter.
  (**c**) *pastry* étendre *or* abaisser au rouleau; *metal* laminer.
♦**roll over 1** *vi [person, animal] (once)* se retourner (sur soi-même); *(several times: also* **roll over and over)** se rouler.
  2 *vt sep person, animal, object* retourner.
♦**roll past** *vi* = **roll by**.
♦**roll up 1** *vi* (**a**) *[animal]* se rouler (*into* en).
  (**b**) (*: arrive*) arriver, s'amener‡. *[fairground]* **roll up and see the show!** approchez, venez voir le spectacle!
  2 *vt sep cloth, paper, map* rouler. **to roll up one's sleeves** retrousser ses manches; *V also* **roll 4**.
rolled [rəʊld] *adj* (**a**) *(in a roll) blanket etc* roulé, enroulé, en rouleau. (**b**) ~ **tobacco** tabac *m* en carotte; ~ **gold** plaqué *m* or; ~**-gold bracelet** bracelet *m* plaqué or; ~ **oats** flocons *mpl* d'avoine. (**c**) *(Phon)* roulé.
roller [ˈrəʊlər] **1** *n* (**a**) *(for pressing, smoothing)* rouleau *m*; *[pastry]* rouleau à pâtisserie; *[roads]* rouleau compresseur; *[lawn]* rouleau de jardin; *[metal]* laminoir *m*, cylindre *m* lamineur; *(Papermaking, Tex)* calandre *f*.
  (**b**) *(for painting and decorating)* rouleau *m* (à peinture); *(for inking)* rouleau (encreur).
  (**c**) *(for winding sth round)* rouleau *m*; *[blind]* enrouleur *m*; *[hair]* rouleau (à mise en plis). **to put one's hair in** ~**s** se mettre des rouleaux.
  (**d**) *(for moving things)* rouleau *m*; *(wheel)* roulette *f*, galet *m*. **table on** ~**s** table *f* à roulettes.
  (**e**) *(part of harness)* surfaix *m*.
  (**f**) *(wave)* lame *f* de houle.
  2 *cpd*: **roller bandage** bande roulée; **roller blind** store *m*; **roller coaster** montagnes *fpl* russes; **roller skate** patin à roulettes; **roller-skate** faire du patin à roulettes; **roller-skating** patinage *m* à roulettes; **roller towel** essuie-main(s) *m* à or en rouleau.
rollerdrome [ˈrəʊlədrəʊm] *n* (*US*) piste *f* de patin à roulettes.
rollick [ˈrɒlɪk] *vi* *(also* ~ **about)** s'amuser bruyamment.
rollicking [ˈrɒlɪkɪŋ] *adj person* d'une gaieté exubérante, joyeux; *play, farce* bouffon; *occasion* (bruyant et) joyeux. **to lead a** ~ **life** mener une joyeuse vie *or* une vie de patachon*; **to have a** ~ **time** s'amuser follement *or* comme des fous; **it was a** ~ **party** nous nous sommes amusés comme des petits fous à la soirée.
rolling [ˈrəʊlɪŋ] **1** *adj ship* qui roule; *sea* houleux; *countryside, ground* onduleux, à ondulations. *(Prov)* **a** ~ **stone gathers no moss** pierre qui roule n'amasse pas mousse *(Prov)*; *(fig)* **he's a** ~ **stone** il a l'âme d'un nomade; **to have a** ~ **gait** rouler *or* balancer les hanches, se déhancher; ~ **waves** grosses vagues, lames déferlantes.
  2 *cpd*: **rolling mill** *(factory)* laminerie *f*, usine *f* de laminage; *(machine)* laminoir *m*; **rolling pin** rouleau *m* (à pâtisserie); *(Fin)* **rolling plan** plan *m* chenille *or* glissant; *(Rail)* **rolling stock** matériel roulant.
rollmop [ˈrəʊlmɒp] *(Brit) n (also* ~ **herring)** rollmops *m*.
roll-on [ˈrəʊlɒn] **1** *n (corset)* gaine *f*.
  2 *adj deodorant etc* à bille.
  3 *cpd*: **roll-on-roll-off** (manutention *f* par) roulage *m*; **roll-on-roll-off port** port *m* de roulage; **roll-on-roll-off ship** roulier *m*.
roly-poly [ˈrəʊlɪˈpəʊlɪ] **1** *adj* (*) grassouillet, boulot (*f* -otte), rondelet. **2** *n (a)* (*Brit: also* ~ **pudding**) roulé *m* à la confiture. (**b**) (*: plump child*) poupard *m*.
ROM [rɒm] *n (Comput: abbr of* **Read-Only-Memory)** mémoire *f* morte.
Romagna [rəˈmɑːnjə] *n* Romagne *f*.
romaine [rəˈmeɪn] *n (US: also* ~ **lettuce)** (laitue *f*) romaine *f*.
Roman [ˈrəʊmən] **1** *n* (**a**) *(person)* Romain(e) *m(f)*. *(Bible)* **the Epistle/Letter to the** ~**s** l'épître/la lettre aux Romains.
  (**b**) *(Typ)* romain *m*.
  2 *adj (Archit, Geog, Hist, Rel, Typ)* romain. ~ **candle** chandelle romaine; ~ **Catholic** *(adj, n)* catholique *(mf)*; **the** ~ **Catholic Church** l'Église catholique (et romaine); **the** ~ **Empire** l'Empire romain; **the** ~ **Emperor** l'Empereur romain (*V also* **holy)**; *(Typ)* ~ **letters** caractères romains; ~ **nose** nez aquilin; ~ **numerals** chiffres romains; *(Rel)* **the** ~ **Rite** le rite romain.
romance [rəˈmæns] **1** *n* (**a**) *(tale of chivalry)* roman *m*; *(love story/film)* roman/film *m* à l'eau de rose; *(Mus)* romance *f*; *(love affair)* idylle *f*; *(love)* amour *m*; *(U: charm, attraction)* charme *m*. **it's quite a** ~ c'est un vrai roman; *(fig: lies)* **it's pure** ~ c'est de la pure invention, c'est du roman; **their** ~ **lasted six months** leur idylle a duré six mois; **he was her first** ~ il était son premier amoureux *or* amour; **they had a beautiful** ~ ils ont vécu un beau roman (d'amour); **the** ~ **of the sea/of foreign lands** la poésie de la mer/ des pays étrangers.
  (**b**) *(Ling)* R~ roman *m*.
  2 *adj (Ling)* R~ roman.
  3 *vi* enjoliver (à plaisir), broder *(fig)*.
romancer [rəˈmænsər] *n* conteur *m*, -euse *f*. *(fig)* **he's a** ~ il enjolive toujours tout.
Romanesque [ˌrəʊməˈnesk] *adj architecture* roman.
Romania [rəˈmeɪnɪə] *n* Roumanie *f*.
Romanian [rəˈmeɪnɪən] **1** *adj* roumain. **2** *n* (**a**) *(person)* Roumain(e) *m(f)*. (**b**) *(Ling)* roumain *m*.
Romanic [rəˈmænɪk] *adj language* roman.
romanize [ˈrəʊmənaɪz] *vt (Hist)* romaniser; *(Rel)* convertir au catholicisme.
Romans(c)h [rəˈmænʃ] *n* romanche *m*.
romantic [rəˈmæntɪk] **1** *adj appearance, landscape, building* romantique (*also Art, Hist, Literat, Mus*); *person, film, book*

romantique, sentimental (*pej*); *adventure, setting* romanesque. *(Art, Literat, Mus)* **the R~ Movement** le Mouvement romantique, le romantisme; *(Cine, Theat)* ~ **lead** jeune premier *m*.
  2 *n* romantique *mf*, sentimental(e) *m(f)*; *(Art, Literat, Mus)* romantique.
romantically [rəˈmæntɪkəlɪ] *adv write, describe* d'une façon romanesque; *sing, woo* en romantique. **castle** ~ **situated in a wood** château situé dans le cadre romantique d'un bois.
romanticism [rəˈmæntɪsɪzəm] *n (Art, Literat, Mus)* romantisme *m*.
romanticist [rəˈmæntɪsɪst] *n (Art, Literat, Mus)* romantique *mf*.
romanticize [rəˈmæntɪsaɪz] *vti* romancer.
Romany [ˈrɒmənɪ] **1** *n* (**a**) bohémien(ne) *m(f)*. (**b**) *(Ling)* romani *m*. **2** *adj* de bohémien.
Rome [rəʊm] *n* Rome. *(Prov)* **when in** ~ **(do as the Romans do)** à Rome il faut vivre comme les Romains; *(Prov)* ~ **wasn't built in a day** Paris *or* Rome ne s'est pas fait en un jour; *(Prov)* **all roads lead to** ~ tous les chemins mènent à Rome; **the Church of** ~ l'Église (catholique) romaine; *(Rel)* **to go over to** ~ se convertir au catholicisme.
Romeo [ˈrəʊmɪəʊ] *n* Roméo *m (also fig)*.
Romish [ˈrəʊmɪʃ] *adj (pej)* catholique.
romp [rɒmp] **1** *n* jeux bruyants, ébats *mpl*. **the play was just a** ~ la pièce n'était (guère) qu'une farce.
  2 *vi [children, puppies]* jouer bruyamment, s'ébattre. **the horse** ~**ed home** le cheval est arrivé dans un fauteuil*; *(fig)* **to** ~ **through an exam** passer un examen haut la main.
rompers [ˈrɒmpəz] *npl* barboteuse *f (pour enfant)*.
Romulus [ˈrɒmjʊləs] *n*: ~ **and Remus** Romulus *m* et Rémus *m*.
Roncesvalles [ˈrɒnsəvælz] *n* Roncevaux.
rondeau [ˈrɒndəʊ] *n*, **rondel** [ˈrɒndl] *n (Mus, Poetry)* rondeau *m*.
rondo [ˈrɒndəʊ] *n (Mus)* rondeau *m*.
Roneo [ˈrəʊnɪəʊ] *vt* ® polycopier, ronéotyper, ronéoter.
rood [ruːd] *n* (**a**) *(Rel Archit)* crucifix *m*. ~ **screen** jubé *m*. (**b**) *(Brit: measure)* quart *m* d'arpent.
roof [ruːf] **1** *n [building, car]* toit *m (also Climbing)*; *[cave, tunnel]* plafond *m*; *(fig: of sky, branches)* voûte *f*. *(Anat)* **the** ~ **of the mouth** la voûte du palais; **without a** ~ **over one's head** sans abri *or* toit; **a room in the** ~ une chambre sous les combles *or* sous les toits; **I couldn't live under her** ~ je ne pourrais pas vivre chez elle; **to live under the same** ~ **as sb** vivre sous le même toit avec *or* que qn; *(fig)* **to go through** *or* **to hit the** ~* *[person]* exploser, piquer une crise*; *[price, claim]* devenir excessif; *V* **flat¹, raise, sunshine** *etc*.
  2 *cpd*: **roof garden** jardin *m* sur le toit; *(gen, Aut)* **roof light** plafonnier *m*; *(Brit Aut)* **roof rack** galerie *f*; **rooftop** toit *m*.
  3 *vt house* couvrir (d'un toit). **red-**~**ed** à toit rouge.
♦**roof in** *vt sep* couvrir d'un toit.
♦**roof over** *vt sep* recouvrir d'un toit.
roofing [ˈruːfɪŋ] *n* (**a**) *(on house)* toiture *f*, couverture *f*. ~ **felt** couverture bitumée *or* goudronnée. (**b**) *(act)* pose *f* de la toiture *or* de la couverture.
rook¹ [rʊk] *n (Orn)* freux *m*.
  2 *vt* (‡: *swindle*) rouler*, empiler*, escroquer.
rook² [rʊk] *n (Chess)* tour *f*.
rookery [ˈrʊkərɪ] *n* colonie *f* de freux; *[seals, penguins]* colonie; *(fig pej: overcrowded slum)* taudis surpeuplé.
rookie‡ [ˈrʊkɪ] *n (esp Mil)* bleu* *m*.
room [rʊm] **1** *n* (**a**) *(in house)* pièce *f*; *(large)* salle *f*; *(bedroom)* chambre *f*; *(office, study)* bureau *m*; *(in hotel)* chambre. ~**s to let** chambres à louer; ~ **and board** pension *f*; **his** ~**s** son appartement *m*; **come to my** ~**s for coffee** venez prendre le café chez moi; **they live in** ~**s** ils habitent un meublé *or* un garni *(pej)*; *V* **double, lecture, roof** *etc*.
  (**b**) *(U: space)* place *f*. **is there** ~? y a-t-il de la place?; **there is** ~ **for 2 people** il y a de la place pour 2 personnes; **there's no** ~ il n'y a pas de place; *(fig)* **there's no** ~ **to swing a cat*** il n'y a pas la place de se retourner; **to take up** ~/ **too much** ~ prendre de la place/trop de place; **to make** ~ **for sb** faire une place pour qn; **to make** ~ **for sth** faire de la place pour qch; *(fig)* **there is still** ~ **for hope** il y a encore lieu d'espérer; **there is little** ~ **for hope** il ne reste pas beaucoup d'espoir; **there is no** ~ **for doubt** il n'y a pas de doute possible; **there is** ~ **for improvement in your work** votre travail laisse à désirer.
  2 *vi* partager une chambre *(with* avec). **to** ~ **with a landlady** louer une chambre meublée.
  3 *cpd*: *(US)* **room clerk** réceptionniste *mf*, réceptionnaire *mf*; **room divider** meuble *m* de séparation; *(US)* **rooming house** maison *f or* immeuble *m* de rapport; **he lives in a rooming house** il habite un meublé; *(US: in maternity wards)* **rooming-in** politique *de garde du nouveau-né dans la chambre de la mère*; **roommate** camarade *mf* de chambre; *(sharing lodgings)* colocataire *mf*; **room service** *(on bill etc)* service *m* des chambres (d'hôtel); **ring for room service** appelez le garçon d'étage; **room temperature** température ambiante; **wine at room temperature** vin chambré.
-roomed [rʊmd] *adj ending in cpds*: **a 6-roomed house** une maison de 6 pièces; **a two-roomed flat** un deux-pièces.
roomer [ˈrʊmər] *n (US)* locataire *mf*.
roomette [ruːˈmet] *n (US Rail)* compartiment *m* individuel de wagons-lits.
roomful [ˈrʊmfʊl] *n* pleine salle.
roominess [ˈrʊmɪnɪs] *n* dimensions spacieuses.
roomy [ˈrʊmɪ] *adj flat, handbag* spacieux; *garment* ample.
roost [ruːst] **1** *n* perchoir *m*, juchoir *m*; *V* **rule**. **2** *vi (settle)* se percher, se jucher; *(sleep)* jucher. *(fig)* **all her little schemes are coming home to** ~ toutes ses petites combines vont lui retomber dessus *or* se retourner contre elle.

rooster ['ru:stər] *n* coq *m*.
root [ru:t] **1** *n* (a) (*gen, Bot, Math etc*) racine *f*; (*fig*) [*trouble etc*] origine *f*, cause *f*. to **pull up** *or* **out by the ∼s** déraciner, extirper; (*lit, fig*) to **take ∼** prendre racine; (*fig*) to **pull up one's ∼s** se déraciner; **her ∼s are in France** elle est restée française de cœur *or* d'esprit; **she has no ∼s** c'est une déracinée; to **put down ∼s in a country** s'enraciner dans un pays; (*fig*) **∼ and branch** entièrement, radicalement; the **∼ of the matter** la vraie raison; to **get to the ∼s of the problem** trouver la cause *or* aller au fond du problème; **that is at the ∼ of ...** cela est à l'origine de ...; **what lies at the ∼ of his attitude?** quelle est la raison fondamentale de son attitude?; *V* **cube, grass, square**.
　(b) (*Ling*) (*gen*) racine *f*; (*Morphology: of verb*) radical *m*; (*Morphology: of non-verb*) base *f*.
　(c) [*tooth*] racine *f*; [*tongue*] base *f*.
　(d) (*Mus*) fondamentale *f*.
　2 *cpd*: (*US*) **root beer** *sorte de limonade à base d'extraits végétaux*; **root cause** cause première; **root crops** racines *fpl* alimentaires; (*Math*) **root sign** radical *m*; (*Bot*) **rootstock** rhizome *m*; **root vegetable** racine *f* (comestible); (*Ling*) **root word** mot souche *inv*.
　3 *vt* (*Bot*) enraciner. (*fig*) **a deeply ∼ed belief** une croyance bien enracinée; (*fig*) to **be ∼ed to the spot** être cloué sur place.
　4 *vi* (a) [*plants etc*] s'enraciner, prendre racine.
　(b) [*pigs*] fouiller (avec le groin).
♦**root about, root around** *vi* fouiller (*among* dans, *for sth* pour trouver qch).
♦**root for** *vt fus* (*: esp US*) *team* encourager, applaudir.
♦**root out** *vt sep* (*fig*) (*find*) dénicher; (*remove*) extirper.
♦**root up** *vt sep plant* déraciner; [*pigs*] déterrer; (*fig*) extirper.
rootless ['ru:tlɪs] *adj* (*lit, fig*) sans racine(s).
rope [rəʊp] **1** *n* (a) (*gen*) corde *f*; (*Naut*) cordage *m*; [*bell*] cordon *m*. (*fig*) to **give sb more ∼** lâcher la bride à qn; **give him enough ∼ and he'll hang himself** si on le laisse faire il se passera lui-même la corde au cou *or* il creusera sa propre tombe; (*Boxing etc*) the **∼s** les cordes *fpl*; **on the ∼s** (*Boxing*) dans les cordes; (* *fig*) *person* sur le flanc*; *business* ne battant que d'une aile*; (*fig*) to **know the ∼s*** être au courant, connaître son affaire *or* les ficelles*; to **show sb the ∼s*** mettre qn au courant; to **learn the ∼s*** se mettre au courant; **a ∼ of pearls** un collier de perles; **a ∼ of onions** un chapelet d'oignons; **a ∼ of hair** une torsade de cheveux; *V* **clothes, skipping, tight** *etc*.
　(b) (*Climbing*) corde *f*; (*people on ∼*) cordée *f*. **a ∼ of climbers** une cordée d'alpinistes; to **put on the ∼** s'encorder; **there were 3 of them on the ∼** ils formaient une cordée de 3.
　2 *cpd*: **ropedancer** funambule *mf*, danseur *m*, -euse *f* de corde; **rope ladder** échelle *f* de corde; (*Climbing*) **rope-length** longueur *f* de corde; **ropemaker** cordier *m*; (*Indian*) **rope trick** tour *m* de la corde (*prestidigitation*); **ropewalker** = **ropedancer**; (*Climbing*) **roping-off** rappel *m*.
　3 *vt* (a) *box, case* corder. to **∼ sb to a tree** lier qn à un arbre; to **∼ climbers (together)** encorder des alpinistes; (*Climbing*) **∼d party** cordée *f*.
　(b) (*US: catch*) *cattle* prendre au lasso.
♦**rope in** *vt sep area* entourer de cordes, délimiter par une corde. (*fig*) to **rope sb in*** enrôler qn, embringuer qn*; **he got himself roped in to help at the fête** il s'est laissé embringuer* pour aider à la fête; **I don't want to get roped in* for anything** je ne veux pas me laisser embringuer*.
♦**rope off** *vt sep* (*section off*) réserver par une corde; (*block off*) interdire l'accès de.
♦**rope up** (*Alpinism*) **1** *vi* s'encorder. **2** *vt sep* encorder. to **be roped up** être encordé.
rop(e)y ['rəʊpɪ] *adj* (a) *liquid* visqueux. (b) (* *fig: bad*) pas fameux, pas brillant, mal en point.
RORO *abbr of* **roll-on-roll-off**; *V* **roll-on**.
rosary ['rəʊzərɪ] *n* (a) (*Rel*) chapelet *m*; (*fifteen decades*) rosaire *m*.
　(b) (*in garden*) roseraie *f*.
rose[1] [rəʊz] *pret of* **rise**.
rose[2] [rəʊz] **1** *n* (a) (*flower*) rose *f*; (*also ∼bush, ∼ tree*) rosier *m*. **wild ∼** églantine *f*; (*fig*) **my life isn't all ∼s** tout n'est pas rose dans ma vie; (*Prov*) **there is no ∼ without a thorn** il n'y a pas de roses sans épines; (*fig*) **she's an English ∼** elle est belle comme une fleur *or* fraîche comme une rose; (*fig*) **that will put ∼s back in your cheeks** cela va te rendre tes belles couleurs; (*fig liter*) **under the ∼** en confidence, sous le manteau; (*Brit Hist*) the **Wars of the R∼s** la guerre des Deux-Roses; (*fig*) to **come up ∼s*** marcher comme sur des roulettes*; *V* **bed, Christmas, rock**[2].
　(b) [*hose, watering can*] pomme *f*; (*on hat, shoe*) rosette *f*; [*pump*] crépine *f*; (*on ceiling*) rosace *f* (de plafond); *V* **compass**.
　(c) (*colour*) rose *m*.
　2 *adj* rose.
　3 *cpd leaf, petal* de rose. **rosebay** laurier-rose *m*; **rosebed** massif *m* de rosiers; **rosebowl** coupe *f* à fleurs; **rosebud** bouton *m* de rose; **rosebud mouth** bouche *f* en cerise; **rose-coloured** rose, couleur de rose *inv*; (*fig*) to **see everything/life through rose-coloured spectacles** voir tout/la vie en rose; **rose diamond** rose *f* (*diamant*); **rose garden** roseraie *f*; **rose grower** rosiériste *mf*; **rose hip** gratte-cul *m*; **rosehip syrup** sirop *m* d'églantine; **roselike** rosacé; **rosemary** *V* **rosemary**; **rose pink** rose, rosé; **rose-red** vermeil; **rose water** eau *f* de rose (*lit*); **rose window** rosace *f*, rose *f*; **rosewood** (*n*) palissandre *m*, bois *m* de rose; (*adj*) en bois de rose.
rosé ['rəʊzeɪ] *n* rosé *m* (*vin*).
roseate ['rəʊzɪət] *adj* rose.
rosemary ['rəʊzmərɪ] *n* romarin *m*.
roseola [rəʊˈzɪələ] *n* roséole *f*.

rosette [rəʊˈzet] *n* (*ribbons etc*) rosette *f*; (*Sport: as prize*) cocarde *f*; (*Archit*) rosace *f*.
Rosicrucian [ˌrəʊzɪˈkru:ʃən] *adj*, *n* rosicrucien(ne) *m(f)*.
rosin ['rɒzɪn] *n* colophane *f*.
RoSPA ['rɒspə] *n abbr of* **Royal Society for the Prevention of Accidents** (*société f pour la prévention des accidents*).
roster ['rɒstər] *n* liste *f*, tableau *m* (de service); *V* **duty**.
rostrum ['rɒstrəm] *n* tribune *f*; (*Roman Hist*) rostres *mpl*.
rosy ['rəʊzɪ] *adj* rose, rosé. **∼ cheeks** joues *fpl* roses *or* vermeilles (*liter*); to **have a ∼ complexion** avoir les joues roses; (*fig*) **his future looks ∼** il semble avoir un brillant avenir devant lui; **the situation looks ∼** la situation se présente bien; to **paint a ∼ picture of sth** dépeindre *or* peindre qch en rose.
rot [rɒt] **1** *n* (*U*) (a) pourriture *f*; (*Bot, Med*) carie *f*. (*fig*) **he worked well at the beginning then the ∼ set in*** au début il travaillait bien mais par la suite il a flanché* *or* les problèmes ont commencé; (*fig*) to **stop the ∼** redresser la situation; *V* **dry**.
　(b) (*: nonsense*) bêtises *fpl*, balivernes *fpl*, idioties *fpl*. to **talk ∼** dire des bêtises, débiter des blagues* *or* des foutaises‡; **that's utter ∼, that's a lot of ∼** ça, c'est de la blague* *or* de la foutaise‡; (*what*) **∼ quelle idiotie *or* blague*, c'est de la blague* *or* de la foutaise‡.
　2 *cpd*: (*pej*) **rotgut*** tord-boyaux‡ *m*; **rotproof** imputrescible.
　3 *vi* pourrir, se décomposer, se putréfier; (*fig*) [*person*] dépérir, pourrir, croupir. to **∼ in jail** pourrir *or* croupir en prison; **let him ∼!** qu'il aille se faire pendre!*
　4 *vt* (*faire*) pourrir.
♦**rot away** *vi* tomber en pourriture.
rota ['rəʊtə] *n* (a) liste *f*, tableau *m* (de service). (b) (*Rel*) **R∼** rote *f*.
Rotarian [rəʊˈteərɪən] *adj*, *n* rotarien (*m*).
rotary ['rəʊtərɪ] *adj* (a) rotatif, rotatoire. **∼ cultivator** motoculteur *m*; **∼ engine** moteur *m* rotatif; **∼ (printing) press** rotative *f*; **∼ printer** rotativiste *m*; (*Phot*) **∼ shutter** obturateur *m* à secteur. (b) **R∼ (Club)** Rotary Club *m*.
rotate [rəʊˈteɪt] **1** *vt* (*revolve*) faire tourner; (*on pivot*) faire pivoter; (*change round*) *crops* alterner; [*two people*] *work, jobs* faire à tour de rôle. **2** *vi* tourner; (*on pivot*) pivoter; [*crops*] être alterné.
rotating [rəʊˈteɪtɪŋ] *adj* (*V* **rotate**) tournant; rotatif; pivotant; alternant.
rotation [rəʊˈteɪʃən] *n* (*turning*) rotation *f*; (*turn*) rotation, tour *m*. **in** *or* **by ∼** à tour de rôle; **∼ of crops** assolement *m*, rotation *f* (des cultures).
rotatory [rəʊˈteɪtərɪ] *adj* rotatoire.
rotavate ['rəʊtəveɪt] *vt* labourer avec un motoculteur.
Rotavator ['rəʊtəveɪtər] *n* ® (*Brit*) motoculteur *m*.
rote [rəʊt] *n*: **by ∼** *learn* machinalement, sans essayer de comprendre; *recite* comme un perroquet.
rotisserie [rəʊˈtɪsərɪ] *n* (*grill or oven*) rôtissoire *f*; (*fitment*) tournebroche *m*; (*restaurant*) rôtisserie *f*.
rotogravure [ˌrəʊtəʊɡrəˈvjʊər] *n* rotogravure *f*.
rotor ['rəʊtər] **1** *n* (*Aviat, Elec*) rotor *m*. **2** *cpd*: (*Aut*) **rotor arm** toucheau *m*; **rotor blade** pale *f* de rotor; **rotorcraft** giravion *m*, hélicoptère *m*.
rototill ['rəʊtəʊtɪl] *vt* (*US*) labourer avec un motoculteur.
Rototiller ['rəʊtəʊtɪlər] *n* ® (*US*) motoculteur *m*.
rotten ['rɒtn] *adj* (a) *wood, vegetation, egg* pourri; *tooth* carié, gâté; *fruit* gâté, pourri; (*fig: corrupt*) véreux, corrompu. (*lit, fig*) **∼ to the core** complètement pourri.
　(b) (*: bad*) mauvais, moche*. **it's ∼ weather!** quel temps de chien!; to **feel ∼*** se sentir patraque* *or* mal fichu*; **it's a ∼ business** c'est une sale affaire; **what a ∼ luck!** quelle guigne!*, quelle poisse!*; **what a ∼trick!** quel sale tour!*
rottenness ['rɒtnnɪs] *n* (état *m* de) pourriture *f*.
rotter*† ['rɒtər] *n* (*Brit*) sale type* *m*, vache‡ *f*.
rotting ['rɒtɪŋ] *adj* en pourriture, qui pourrit.
rotund [rəʊˈtʌnd] *adj person* replet (*f* -ète), rondelet; *object* rond, arrondi; (*fig*) *speech, literary style* emphatique, ampoulé, ronflant; *voice* sonore.
rotunda [rəʊˈtʌndə] *n* rotonde *f*.
rotundity [rəʊˈtʌndɪtɪ] *n* [*person*] embonpoint *m*, corpulence *f*; (*fig*) [*style*] grandiloquence *f*; [*voice*] sonorité *f*.
rouble, (*US*) **ruble** ['ru:bl] *n* rouble *m*.
roué ['ru:eɪ] *n* roué *m*, débauché *m*.
rouge [ru:ʒ] **1** *n* rouge *m* (à joues). **2** *vt*: to **∼ one's cheeks** se farder les joues, se mettre du rouge (à joues).
rough [rʌf] **1** *adj* (a) (*uneven*) *ground* accidenté, inégal; *skin, cloth* rêche, rugueux; *surface* rugueux; *path, road* raboteux, rocailleux. **∼ to the touch** rude *or* rêche *or* rugueux au toucher; **∼ hands** [*peasant*] mains rugueuses; [*housewife*] mains rêches.
　(b) (*fig*) *sound* rude, âpre; *taste* âpre, âcre; *voice* rauque, rude; (*coarse, unrefined*) *person, manners* rude, fruste; *speech* rude; (*harsh etc*) *person* brutal, violent; *neighbourhood* mauvais; *life* dur, rude; *tongue* mauvais; *tone, voice* brusque. **∼ handling of sth** manque *m* de soin envers qch; **a ∼ sea, ∼ seas** mer agitée *or* houleuse, grosse mer; **the waves were very ∼** il y avait de très grosses vagues; **a ∼ crossing** une mauvaise traversée; **∼ weather** gros temps, mauvais temps; (*Sport etc*) **∼ play** jeu brutal; **it's a ∼ game** c'est un jeu brutal; **∼ stuff*** brutalité *f* (gratuite); **there was a bit of ∼ stuff*** at the pub last night il y a eu de la bagarre *or* ça a bardé* hier soir au café; **these boys are very ∼** ces garçons sont des brutes *or* de petites brutes *or* sont très durs; **a ∼ customer*** un dur*; to **have a ∼ time (of it)** en voir de rudes *or* de dures*; to **be ∼ with sb, to give sb a ∼ time (of it)** malmener qn; (*fig*) être dur avec qn, en faire voir de toutes les couleurs à qn*; (*fig*) to **make things ∼ for sb*** mener la vie dure à qn; (*fig*) **they gave him a ∼ ride** ils lui en ont fait baver*; **it is ∼ on him*** (*in this instance*) il n'a pas de veine*, c'est un coup dur* pour lui; (*generally*) ce n'est pas

marrant‡ pour lui; (*fig: ill*) **to feel** ~* ne pas se sentir bien, être mal fichu*.

   (c) (*approximate, unfinished*) *plan* non travaillé, ébauché; *calculation, translation* approximatif. ~ **copy**, ~ **draft**, (*U*) ~ **work** brouillon *m*; ~ **sketch** croquis *m*, ébauche *f*; ~ **paper** papier *m* de brouillon; ~ **justice** justice *f* sommaire; ~ **estimate**, ~ **guess** approximation *f*; **at a** ~ **estimate** *or* **guess** à vue d'œil, approximativement; **in its** ~ **state** à l'état brut; ~ **diamond** diamant brut; (*fig*) **he's a** ~ **diamond** sous ses dehors frustes c'est un brave garçon.

   2 *adv* **live** à la dure; *play* brutalement. **to sleep** ~ coucher dehors *or* à la dure; (*fig*) **to cut up** ~* (*angry*) se mettre en rogne* *or* en boule*; (*violent*) devenir violent.

   3 *n* **(a)** (*ground*) terrain accidenté *or* rocailleux; (*Golf*) rough *m*. (*fig*) **to take the** ~ **with the smooth** prendre les choses comme elles viennent.

   (b) (*draft*) brouillon *m*, premier jet *m*. (*unfinished*) **in the** ~ brut, à l'état brut *or* d'ébauche.

   (c) (*: person*) voyou *m*.

   4 *cpd*: **rough-and-ready** *method* fruste, rudimentaire; *work* grossier, fait à la hâte; *installation, equipment* rudimentaire, de fortune; *person* sans façons; **rough-and-tumble** (*adj*) désordonné, confus; (*n*) mêlée *f*, bagarre *f*; **after the rough-and-tumble of his** life in the navy après sa vie mouvementée de marin; **roughcast** (*adj, n*) crépi (*m*); (*vt*) crépir; **rough-dry** (*vt*) sécher sans repasser; **rough-hewn** dégrossi, ébauché; **roughhouse*** bagarre *f*; **rough-neck*** voyou *m*, dur *m* à cuire*; **rough puff pastry** pâte *f* feuilletée (simplifiée); **roughrider** dresseur *m or* dompteur *m* de chevaux; **roughshod** *V* **ride 2b**; **rough-spoken** au langage grossier.

   5 *vt*: **to** ~ **it*** vivre à la dure.

♦**rough out** *vt sep* *plan, drawing* ébaucher.

♦**rough up** *vt sep* *hair* ébouriffer. (*fig*) **to rough sb up*** malmener qn, (*stronger*) tabasser‡ qn.

roughage ['rʌfɪdʒ] *n* (*U*) aliments *mpl* de lest *or* de volume.

roughen ['rʌfn] **1** *vt* rendre rude *or* rugueux *or* rêche. **2** *vi* devenir rude *or* rugueux.

roughly ['rʌflɪ] *adv* **(a)** (*not gently*) *push* rudement, brutalement; *play* brutalement; *answer, order* avec brusquerie. **to treat sth/sb** ~ malmener qch/qn.

   (b) (*not finely*) *make, sew* grossièrement. **the table is very** ~ **made** la table est très grossière; **to sketch sth** ~ faire un croquis de qch.

   (c) (*approximately*) approximativement, en gros, à peu près. ~ **speaking** en gros, approximativement; **it costs** ~ **100 francs** cela coûte environ 100 F; **tell me** ~ **what it's all about** dites-moi grosso modo *or* en gros de quoi il s'agit; **she is** ~ **40** elle a dans les *or* à peu près 40 ans.

roughness ['rʌfnɪs] *n* (*V* **rough**) inégalité *f*; rugosité *f*; rudesse *f*; âpreté *f*; violence *f*; brutalité *f*; grossièreté *f*; brusquerie *f*; dureté *f*; état brut; (*road*) inégalités *fpl*, mauvais état; (*sea*) agitation *f*.

roulette [ru:'let] *n* roulette *f* (*jeu, cuvette*); *V* **Russian 1**.

Roumania [ru:'meɪnɪə] *n* = **Romania**.

Roumanian [ru:'meɪnɪən] *adj* = **Romanian**.

round [raʊnd] (*phr vb elem*) **1** *adv* **(a)** (*around*) autour. **there was** **a wall right** ~ *or* **all** ~ il y avait un mur tout autour; **he went** ~ **by the bridge** il a fait le détour *or* il est passé par le pont; **you can't** **get through here, you'll have to go** ~ vous ne pouvez pas passer par ici, il faut faire le tour; **the long way** ~ le chemin le plus long; **it's a long way** ~ ça fait un grand détour *or* un grand crochet; **she** **ran** ~ **to her mother's** elle a couru chez sa mère; **come** ~ **and see** **me** venez me voir; **I asked him** ~ **for a drink** je l'ai invité à (passer) prendre un verre chez moi; **I'll be** ~ **at 8 o'clock** je serai là à 8 heures; **spring will soon be** ~ **again** le printemps reviendra bientôt; **all (the) year** ~ pendant toute l'année, d'un bout à l'autre de l'année; **drinks all** ~**!*** je paie une tournée*!; (*fig*) **taking things all** ~, **taken all** ~ tout compte fait; *V* **gather round**, **look round** *etc*.

   (b) ~ **about** *V* **2b**.

   2 *prep* **(a)** (*of place etc*) autour de. **sitting** ~ **the table** assis autour de la table; **sitting** ~ **the fire** assis au coin du feu *or* auprès du feu; **all** ~ **the house** tout autour de la maison; **the villages** ~ **Lewes** les villages des environs *or* des alentours de Lewes; **the** **house is just** ~ **the corner** la maison est au coin de la rue *or* juste après le coin de la rue; (*fig*) **la maison est tout près; come and see** **me if you're** ~ **this way** viens me voir si tu passes par ici *or* si tu es dans le coin*; **to go** ~ **a corner** tourner un coin; (*Aut*) prendre un virage; **to go** ~ **an obstacle** contourner un obstacle; **to look** ~ **a house** visiter une maison; **to show sb** ~ **a town** faire visiter une ville à qn; **they went** ~ **the castle** ils ont visité le château; **they** **went** ~ **the cafés looking for …** ils ont fait le tour des cafés à la recherche de …; **she's 75 cm** ~ **the waist** elle fait 75 cm de tour de taille; **put a blanket** ~ **him** enveloppez-le d'une couverture; *V* **clock**, **world** *etc*.

   (b) (*approximately: also* ~ **about**) autour de, environ. ~ (*about*) **7 o'clock** autour de *or* environ 7 heures, vers (les) 7 heures; ~ (*about*) **£800** 800 livres environ, dans les 800 livres, autour de 800 livres.

   3 *adj* (*circular*) rond, circulaire; (*rounded*) rond, arrondi. **to** **have** ~ **shoulders** avoir le dos rond *or* voûté; (*Ling*) ~ **vowel** voyelle arrondie; **in rich** ~ **tones** d'une voix riche et sonore; (*Archit*) ~ **arch** (arc *m* en) plein cintre, arc roman; ~ **handwriting** écriture ronde; (*fig*) **a** ~ **dozen** une douzaine tout rond; ~ **figure,** ~ **number** chiffre rond; **in** ~ **figures that will cost 20 million** cela coûtera 20 millions en chiffres ronds *or* pour donner un chiffre rond; **at a** ~ **pace** à vive allure; **a** (*good*) ~ **sum** une somme rondelette *or* coquette*; **he told me in** ~ **terms why …** il m'a expliqué tout net pourquoi …; **the cost of the** ~ **journey** *or* **the** ~ **trip** le prix du voyage aller et retour; **Concorde does 3** ~ **trips a** **week** Concorde effectue 3 rotations *fpl* par semaine; *V also* **5**.

4 *n* **(a)** (*circle etc*) rond *m*, cercle *m*; (*slice: of bread, meat*) tranche *f*. **a** ~ **of toast** un toast, une tranche de pain grillé.

   (b) (*esp Brit: delivery* ~) tournée *f*. **to do** *or* **make one's** ~(**s**) [*watchman, policeman*] faire sa ronde *or* sa tournée; [*postman, milkman*] faire sa tournée; [*doctor*] faire ses visites; **he has got a** **paper** ~ il distribue des journaux; **to go the** ~**s** [*infection, a cold* *etc*] faire des ravages; [*news, joke etc*] courir, circuler; **the story is** **going the** ~**s that …** le bruit court que …, on raconte *or* on dit que …; **the story went the** ~**s of the club** l'histoire a fait le tour du club; **this coat has gone the** ~**s of the family*** ce manteau a fait le tour de la famille; (*fig*) **the daily** ~ la routine quotidienne, le train-train quotidien; **one long** ~ **of pleasures** une longue suite de plaisirs.

   (c) [*cards, golf*] partie *f*; (*Boxing*) round *m*, reprise *f*; (*Equitation*) tour *m* de piste, parcours *m*; [*competition, tournament*] partie, manche *f*; [*election*] manche *f*; [*talks, discussions*] série *f*. (*Equitation*) **to have a clear** ~ faire un tour de piste *or* un parcours sans fautes; **a new** ~ **of negotiations** une nouvelle série de négociations; **to pay for a** ~ (*of drinks*) payer une tournée*; **it's my** ~ c'est ma tournée*; (*Mil*) ~ **of ammunition** cartouche *f*; **a** ~ **of 5** **shots** une salve de 5 coups; **a** ~ **of applause** une salve d'applaudissements; (*Theat*) **let's have a** ~ **of applause for Lucy!** applaudissons Lucy!, un ban* pour Lucy!

   (d) (*Mus*) canon *m*; (*Dancing*) ronde *f*.

   (e) **in the** ~ (*Sculp*) en ronde-bosse; (*Theat*) en rond; (*fig*) en détail.

   5 *cpd*: **roundabout** *V* **roundabout**; **round-cheeked** aux joues rondes, joufflu; **round dance** ronde *f*; **round-eyed** (avec) des yeux ronds, aux yeux ronds; **round-faced** au visage rond; **round-game** jeu *m* pour un nombre indéterminé de joueurs; (*Brit Hist*) **Round-** **head** Tête ronde; (*US Rail*) **roundhouse** rotonde *f*; **round-necked** **pullover** pullover *m* ras du cou; **round robin** pétition *f* (*où les* *signatures sont disposées en rond*); **round-shouldered** voûté; **roundsman** *V* **roundsman**; (*Myth*) **Round Table** Table ronde; (*fig*) **round-table discussion** table ronde; (*US*) **round trip** aller *m* et retour; **round trip ticket** billet *m* aller retour; **round-up** [*cattle,* *people*] rassemblement *m*; [*criminals, suspects*] rafle *f*; **roundworm** ascaride *m*.

   6 *vt* **(a)** (*make round*) arrondir.

   (b) (*Comput, Math*) *figure* arrondir. ~**ing error** erreur *f* d'arrondi.

   (c) (*go round*) *corner* tourner; *bend* prendre; (*Naut*) *cape* doubler; *obstacle* contourner.

♦**round down** *vt sep* *prices etc* arrondir (au chiffre inférieur).

♦**round off** *vt sep* *speech, list, series* terminer; *sentence* parachever; *debate, meeting* mettre fin à, clore; *meal* terminer, finir (*with* par). **and now, to round off, I must say …** et maintenant, pour conclure *or* en dernier lieu, je dois dire … .

♦**round up** **1** *vt sep* **(a)** (*bring together*) *people* rassembler, réunir; *cattle* rassembler; *criminals* effectuer une rafle de, ramasser*.

   (b) *prices etc* arrondir (au chiffre supérieur).

   2 round-up *n V* **round 5**.

♦**round (up)on** *vt fus* (*in words*) s'en prendre à; (*in actions*) sauter sur, attaquer.

roundabout ['raʊndəbaʊt] **1** *adj* *route* détourné, indirect. **we** **came (by) a** ~ **way** nous avons fait un détour; **by** ~ **means** par des moyens détournés; ~ **phrase** circonlocution *f*; **what a** ~ **way of** **doing things!** quelle façon contournée *or* compliquée de faire les choses!

   2 *n* (*Brit*) (*merry-go-round*) manège *m* (*dans une fête foraine*); (*at* *road junction*) rond-point *m* (*à sens giratoire*); (*on traffic sign*) sens *m* giratoire; *V* **swing**.

rounded ['raʊndɪd] *adj* *object, face* arrondi; *cheeks* rebondi, plein; (*Phon*) *vowel* arrondi; *style* harmonieux, élégant.

roundelay ['raʊndɪleɪ] *n* (*Mus* ††) rondeau *m*.

rounder ['raʊndər] *n* (*US*) fêtard* *m*, noceur* *m*.

rounders ['raʊndəz] *n* (*Brit*) sorte *f* de baseball.

roundly ['raʊndlɪ] *adv* (*fig*) tout net, franchement, carrément, rondement.

roundness ['raʊndnɪs] *n* rondeur *f*.

roundsman ['raʊndzmən] *n, pl* **roundsmen** ['raʊndzmən] (*Brit*) livreur *m*. **milk** ~ laitier *m*.

rouse [raʊz] **1** *vt* (*awaken*) réveiller, éveiller; (*stimulate*) activer, éveiller; *feeling* exciter, stimuler; *admiration, interest* susciter; *in-* *dignation* provoquer, soulever; *suspicions* éveiller. ~ **yourself!** secouez-vous!*; **to** ~ **the masses** soulever les masses; **to** ~ **sb to** **action** inciter *or* pousser qn à agir; **to** ~ **sb (to anger)** mettre qn en colère; **he's a terrible man when he's** ~**d** il est terrible quand il est en colère.

   2 *vi* (*waken*) se réveiller; (*become active*) sortir de sa torpeur.

rousing ['raʊzɪŋ] *adj* *speech, sermon* vibrant, véhément; *cheers,* *applause* frénétique, enthousiaste; *music* entraînant.

roustabout ['raʊstəbaʊt] *n* (*US*) débardeur *m*; (*Australia*) manœuvre *m*, homme *m* à tout faire.

rout¹ [raʊt] **1** *n* **(a)** (*Mil: defeat*) déroute *f*, débâcle *f*. **to put to** ~ mettre en déroute. **(b)** (††: *revels*) raout†† *m*, fête mondaine. **(c)** (*Jur: mob*) attroupement illégal. **2** *vt* (*defeat*) mettre en déroute.

rout² [raʊt] *vi* (*search: also* ~ **about**) fouiller.

♦**rout out** *vt sep* (*find*) dénicher; (*force out*) déloger. **to rout sb out of** **bed** tirer qn de son lit.

route [ru:t] *n* **(a)** (*gen, also of train, plane, ship etc*) itinéraire *m*; (*Climbing*) itinéraire, voie *f*. **shipping/air** ~**s** routes maritimes/ aériennes; (*Aut*) **all** ~**s** toutes directions; **what** ~ **does the 39 bus** **take?** par où passe le 39?, quel est le trajet *or* le parcours *or* l'itinéraire du 39?; **we're on a bus** ~ nous sommes sur une ligne d'autobus; **the** ~ **to the coast goes through …** pour aller à la côte on passe par…; **I know a good** ~ **to London** je connais un bon

itinéraire pour aller à Londres; **en** ~ en route (*for* pour); *V* **sea, trade.**
  (b) (*often* [raʊt]: *Mil*) ordres *mpl* de marche, route *f* à suivre.
  (c) (*US: often* [raʊt]: *delivery round*) tournée *f*. **he has a paper** ~ il distribue des journaux.
  2 *cpd*: **route map** (*for a journey*) croquis *m* d'itinéraire, topo* *m*; (*for trains etc*) carte *f* du réseau; (*Mil*) **route march** marche *f* d'entraînement.
  3 *vt* (*plan* ~ *of*) *train, coach, bus* fixer le parcours *or* l'itinéraire de. **to** ~ **a train through Leeds** faire passer un train par Leeds; **my luggage was** ~**d through Amsterdam** mes bagages ont été expédiés via Amsterdam; **they've** ~**d the train by Leeds** le train passe maintenant par Leeds.
routine [ruːˈtiːn] **1** *n* **(a)** routine *f*. **daily** ~ (*Mil, Naut*) emploi *m* du temps; (*gen*) occupations journalières, train-train *m* de la vie quotidienne; **business** *or* **office** ~ travail courant du bureau; **as a matter of** ~ automatiquement, systématiquement.
  (b) (*Theat*) numéro *m*. **dance** ~ numéro de danse; (*fig*) **he gave me the old** ~*⁎* **about his wife not understanding him** il m'a ressorti la vieille rengaine du mari incompris, il a mis le disque* du mari incompris.
  2 *adj procedure, enquiry* d'usage; *work etc* ordinaire, habituel; (*pej*) monotone, de routine. ~ **duties** affaires *or* obligations courantes; **it was quite** ~ ça n'avait rien d'anormal *or* de spécial.
rove [rəʊv] **1** *vi* errer, vagabonder, rôder; *[eyes]* errer. **2** *vt countryside* parcourir, errer dans *or* sur; *streets* errer dans, aller au hasard dans.
rover [ˈrəʊvəʳ] *n* vagabond(e) *m(f)*.
roving [ˈrəʊvɪŋ] **1** *adj* vagabond, nomade. **he has a** ~ **eye** il aime reluquer* *or* lorgner les filles; ~ **life** vie *f* nomade; ~ **ambassador** ambassadeur itinérant; ~ **reporter** reporter volant; **to have a** ~ **commission** avoir (toute) liberté de manœuvre.
  2 *n* vagabondage *m*.
row¹ [rəʊ] **1** *n* [*objects, people*] (*beside one another*) rang *m*, rangée *f*; (*behind one another*) file *f*, ligne *f*; [*seeds, plants*] rayon *m*, rang; [*houses, trees, figures*] rangée; [*cars*] file; (*Knitting*) rang. **in the front** ~ au premier rang; (*Rugby*) **the front/second/back** ~ (**of the scrum**) la première/deuxième/troisième ligne (de mêlée); **they were sitting in a** ~ ils étaient assis en rang; (*fig*) **4 failures in a** ~ 4 échecs d'affilée *or* de suite *or* à la file*; (*fig*) **a hard** *or* **long** ~ **to hoe** une rude besogne.
  2 *cpd*: (*US*) **they live in a row-house** leur maison est attenante aux maisons voisines.
row² [rəʊ] **1** *vt boat* faire aller à la rame *or* à l'aviron; *person, object* transporter en canot (*to* à). **to** ~ **sb across** faire traverser qn en canot; **to** ~ **a race** faire une course d'aviron; *V* **stroke.**
  2 *vi* (*gen*) ramer; (*Sport*) faire de l'aviron. **to** ~ **away/back** s'éloigner/revenir à la rame; **he** ~**ed across the Atlantic** il a traversé l'Atlantique à la rame *or* à l'aviron; **to go** ~**ing** (*for pleasure*) canoter, faire du canotage; (*Sport*) faire de l'aviron.
  3 *n* promenade *f* en canot. **to go for a** ~ canoter, faire un tour en canot; **it will be a hard** ~ **upstream** ce sera dur de remonter la rivière à la rame *or* à l'aviron.
  4 *cpd*: **rowboat** canot *m* (à rames); **rowlock** [ˈrɒlək] dame *f* de nage, tolet *m*.
row³⁎ [raʊ] **1** *n* (*noise*) tapage *m*, vacarme *m*, raffut* *m*, boucan⁎ *m*; (*quarrel*) querelle *f*, dispute *f*; (*scolding*) réprimande *f*, savon* *m*, engueulade⁎ *f*. **to make a** ~ faire du raffut* *or* du boucan⁎; **what a** ~! quel boucan!⁎; **hold your** ~! la ferme!⁎; **to have a** ~ **with sb** se disputer avec qn, s'engueuler avec qn⁎; **to give sb a** ~ passer un savon à qn*, sonner les cloches à qn*, engueuler qn⁎; **to get (into) a** ~ se faire passer un savon*, se faire laver la tête*, se faire sonner les cloches*.
  2 *vt* passer un savon à*, sonner les cloches à*.
  3 *vi* se quereller, se disputer, s'engueuler⁎ (*with* avec).
rowan [ˈraʊən] *n* (*tree*) sorbier *m* des oiseleurs; (*berry*) sorbe *f*.
rowdiness [ˈraʊdɪnɪs] *n* (*noise*) tapage *m*, chahut *m*; (*fighting*) bagarre* *f*.
rowdy [ˈraʊdɪ] **1** *adj* (*noisy*) chahuteur, bagarreur*. **to be** ~ (*make a din*) chahuter; (*fight*) se bagarrer*. **2** *n* (*⁎*) bagarreur* *m*, voyou *m*. **football rowdies** voyous *mpl* qui vont aux matchs de football.
rowdyism [ˈraʊdɪɪzəm] *n* (*V* **rowdy**) chahut *m*; bagarre* *f*; (*at football match etc*) violence *f*.
rower [ˈrəʊəʳ] *n* rameur *m*, -euse *f*; (*in navy*) nageur *m*.
rowing [ˈrəʊɪŋ] **1** *n* (*for pleasure*) canotage *m*; (*Sport*) aviron *m*; (*in navy*) nage *f*. **2** *cpd*: (*Brit*) **rowing boat** canot *m* (à rames); **rowing club** cercle *m or* club *m* d'aviron.
royal [ˈrɔɪəl] **1** *adj* **(a)** *person, age, family, palace, etiquette* royal; (*fig*) royal, princier, magnifique. (*Brit*) **R**~ **Academy** Académie Royale; (*Brit*) **R**~ **Air Force** Royal Air Force *f*, armée *f* de l'air; (*Brit Pol*) **R**~ **assent** assentiment royal (*accordé à un projet de loi*); ~ **blue** bleu roi *inv*; **R**~ **Canadian Mounted Police** Gendarmerie *f* Royale Canadienne; (*Brit*) **R**~ **Commission** Commission *f* extraparlementaire; (*Brit Mil*) **R**~ **Engineers** génie *m*; (*Cards*) ~ **flush** flush *m* royal; **Your/His R**~ **Highness** Votre/Son Altesse Royale; **the** ~ **household** la maison du roi *or* de la reine; (*Brit*) **R**~ **Marines** les Marines (*de la Marine anglaise*); (*Brit*) **R**~ **Naval Reserve** corps *m* de réservistes de la Marine; (*Brit*) **R**~ **Navy** marine nationale; (*fig*) **the** ~ **road to freedom/success** etc la voie *or* la route royale de la liberté/du succès *etc*; (*Brit*) **R**~ **Society** Académie *f* des Sciences; (*Brit Police*) **R**~ **Ulster Constabulary** police *f* de l'Irlande du Nord; **the** ~ **'we'** le 'nous' de majesté; (*fig*) **they gave him a** ~ **welcome** ils l'ont reçu de façon royale; *V* **prerogative.**
  (b) *paper* de format grand raisin. ~ **octavo** in-huit raisin.
  2 *n* (*⁎*) personne *f* de la famille royale. **the** ~**s** la famille royale.

royalism [ˈrɔɪəlɪzəm] *n* royalisme *m*.
royalist [ˈrɔɪəlɪst] *adj, n* royaliste (*mf*).
royally [ˈrɔɪəlɪ] *adv* (*lit, fig*) royalement.
royalty [ˈrɔɪəltɪ] *n* **(a)** (*position, dignity, rank*) royauté *f*. **(b)** (*royal person*) membre *m* de la famille royale; (*royal persons*) (membres *mpl* de) la famille royale. **(c) royalties** (*from book*) redevance *f*, droits *mpl* d'auteur; (*from oil well, patent*) royalties *fpl*.
rozzer⁎‡ [ˈrɒzəʳ] *n* (*Brit*) flic* *m*, poulet* *m*.
RP [ɑːˈpiː] *n* (*Brit Ling*) (*abbr of* **Received Pronunciation**) prononciation *f* standard (de l'anglais).
rpm [ɑːpiːˈem] (*abbr of* **revolutions per minute**) tr/min.
R.R. (*US*) *abbr of* **railroad.**
R & R [ɑːrəndˈɑːʳ] *n* (*US Mil*) (*abbr of* **rest and recuperation**) permission *f*.
R.S.A. [ɑːresˈeɪ] *n* **(a)** *abbr of* **Royal Society of Arts** (*organisme habilité à conférer des diplômes*). **(b)** (*abbr of* **Royal Scottish Academy**) Académie *f* Royale d'Écosse.
R.S.M. [ɑːresˈem] *n* (*Mil*) *abbr of* **Regimental Sergeant Major;** *V* **regimental.**
R.S.P.C.A. [ɑːrespiːsiːˈeɪ] *n* (*Brit*) (*abbr of* **Royal Society for the Prevention of Cruelty to Animals**) ≃ S.P.A. *f*.
R.S.V.P. [ɑːresviːˈpiː] (*abbr for* **please reply**) RSVP.
Rt. Hon. (*Brit Pol*) *abbr of* **Right Honourable;** *V* **right 2 (d).**
Rt. Rev. *abbr of* **Right Reverend;** *V* **reverend.**
rub [rʌb] **1** *n* (*on thing*) frottement *m*; (*on person*) friction *f*; (*with duster etc*) coup *m* de chiffon *or* de torchon. **to give sth a** ~ (*furniture, shoes, silver*) donner un coup de chiffon *or* de torchon à qch; (*sore place, one's arms*) frotter qch; (*fig*) **there's the** ~! c'est là la difficulté!, voilà le hic!*; **the** ~ **is that...** l'ennui *or* le hic*, c'est que....
  2 *cpd*: **rub-a-dub(-dub)** rataplan *m*; **to give a horse a rub-down** bouchonner un cheval; **to give sb a rub-down** faire une friction à qn, frictionner qn; **to give sth a rub-up** frotter *or* astiquer qch.
  3 *vt* frotter; (*polish*) astiquer, frotter; (*Art*) *brass, inscription* prendre un frottis de. ~ **yourself and you'll soon be dry** frictionne-toi *or* frotte-toi, tu seras bientôt sec; **to** ~ **one's nose** se frotter le nez; (*fig*) **to** ~ **sb's nose in sth** ne jamais laisser oublier qch à qn; **to** ~ **one's hands (together)** se frotter les mains; **to** ~ **sth dry** sécher qch en le frottant; **to** ~ **a hole in sth** faire un trou dans qch à force de frotter; **to** ~ **sth through a sieve** passer qch au tamis; **to** ~ **lotion into the skin** faire pénétrer de la lotion dans la peau; (*fig*) **to** ~ **shoulders with all sorts of people** coudoyer toutes sortes de gens; *V* **salt.**
  4 *vi* [*thing*] frotter (*against* contre); [*person, cat*] se frotter (*against* contre).
◆**rub along*** *vi* faire *or* poursuivre son petit bonhomme de chemin. [*two people*] **to rub along (together)** vivre *or* s'accorder tant bien que mal; (*fig*) **he can rub along in French, he knows enough French to rub along with** il sait assez de français pour se tirer d'affaire tant bien que mal *or* pour se débrouiller.
◆**rub away** *vt sep mark* faire disparaître (en frottant), effacer. **she rubbed her tears away** elle a essuyé ses larmes (de la main).
◆**rub down 1** *vt sep horse* bouchonner; *person* frictionner (*with* avec); *wall, paintwork* (*clean*) frotter, nettoyer du haut en bas; (*sandpaper*) poncer, polir.
  2 rub-down *n* *V* **rub 2.**
◆**rub in** *vt sep oil, liniment* faire pénétrer en frottant; (*fig*) *idea* insister sur; *lesson* faire entrer (*to* à). (*fig*) **don't rub it in!*** pas besoin de me le rappeler, ne remuez pas le couteau dans la plaie; **he's always rubbing in how rich he is** il ne vous laisse jamais oublier à quel point il est riche.
◆**rub off 1** *vi* [*mark*] partir, s'en aller; [*writing*] s'effacer, disparaître. **the blue will rub off on to your hands** tu vas avoir les mains toutes bleues; (*fig*) **I hope some of his politeness will rub off on to his brother*** j'espère qu'il passera un peu de sa politesse à son frère, j'espère que sa politesse déteindra un peu sur son frère.
  2 *vt sep writing on blackboard* effacer; *dirt* enlever en frottant.
◆**rub out 1** *vi* [*mark, writing*] s'effacer, s'en aller. **that ink won't rub out** cette encre ne s'effacera pas.
  2 *vt sep* (*erase*) effacer; (‡: *kill*) descendre*, liquider*.
◆**rub up 1** *vi* (*fig*) **to rub up against all sorts of people** côtoyer toutes sortes de gens.
  2 *vt sep vase, table* frotter, astiquer. (*fig*) **to rub sb up the right way** savoir comment s'y prendre avec qn; (*fig*) **to rub sb up the wrong way** prendre qn à rebrousse-poil*; (*: revise*) **to rub up one's French** dérouiller* son français.
  3 rub-up *n* *V* **rub 2.**
rubato [ruːˈbɑːtəʊ] *n, adv* rubato (*m*).
rubber¹ [ˈrʌbəʳ] **1** *n* **(a)** (*material: U*) caoutchouc *m*. **synthetic** ~ caoutchouc synthétique; (*US fig*) **to lay** ~*⁎* (*start*) démarrer sur les chapeaux de roue; (*pass*) passer en trombe; *V* **foam** etc.
  (b) (*Brit: eraser*) gomme *f*.
  (c) (‡: *contraceptive*) préservatif *m*, capote *f* anglaise.
  (d) (*shoes*) ~**s** caoutchoucs *mpl*.
  2 *adj goods, clothes* de *or* en caoutchouc. ~ **band** élastique *m*; ~ **boots** bottes *fpl* de caoutchouc; ~ **bullet** balle *f* en caoutchouc; (*US fig*) ~ **check*** chèque *m* en bois* *or* sans provision; ~ **ring** (*for sitting on*) rond *m* (pour malade); (*for swimming*) bouée *f* de natation; *V* **also 3.**
  3 *cpd*: **rubber-covered** sous caoutchouc; (*US*) **rubberneck**⁎‡† (*n*) touriste *mf*, badaud(e) *m(f)*; (*vi*) baguenauder; **rubber plant** caoutchouc *m* (*plante verte*); **rubber plantation** plantation *f* de hévéas; **rubber solution** dissolution *f*; **rubber stamp** tampon *m*; **rubber-stamp*** (*lit*) tamponner; (*fig*) approuver sans discussion; **rubber tree** arbre *m* à gomme, hévéa *m*; **rubber-tyred** sur pneus.
rubber² [ˈrʌbəʳ] *n* (*Cards*) rob *m*, robre *m*. **to play a** ~ faire un robre *or* une partie; (*Bridge*) **that's game and** ~ c'est la partie.

rubberized ['rʌbəraɪzd] *adj* caoutchouté.

rubbery ['rʌbərɪ] *adj* caoutchouteux.

rubbing ['rʌbɪŋ] **1** *n* (*action*) frottement *m*, frottage *m*; (*Art*) frottis *m*, reproduction *f* par frottage; *V* **brass**. **2** *cpd*: (*US*) **rubbing alcohol** alcool *m* à 90 (degrés).

rubbish ['rʌbɪʃ] **1** *n* (**a**) (*waste material*) détritus *mpl*; (*Brit: household* ~) ordures *fpl*, immondices *fpl*; [*factory*] déchets *mpl*; [*building site*] décombres *mpl*; (*pej: worthless things*) choses *fpl* sans valeur, camelote* *f*, pacotille *f*. **household** ~ ordures ménagères; **garden** ~ détritus de jardin; **this shop sells a lot of** ~ ce magasin ne vend que de la camelote* *or* des saletés*; **it's just** ~ ça ne vaut rien (*V also* **1b**).

  (**b**) (*fig: nonsense*) bêtises *fpl*, absurdités *fpl*, inepties *fpl*. **to talk** ~ débiter des bêtises *or* des absurdités *or* des inepties; (**what a lot of**) ~!* quelle blague!*; **this book is** ~ ce livre ne vaut strictement rien *or* est une ineptie; **that's just** ~ ça ne veut rien dire, ça n'a aucun sens; **it is** ~ **to say that …** c'est idiot de dire que … .

  2 *cpd*: (*Brit*) **rubbish bin** poubelle *f*, boite *f* à ordures; **rubbish cart** voiture *f* d'éboueurs; **rubbish chute** (*at dump*) dépotoir *m*; (*in building*) vide-ordures *m inv*; **rubbish collection** ramassage *m* d'ordures; **rubbish dump**, **rubbish heap** (*public*) décharge publique, dépotoir *m*; (*in garden*) monceau *m* de détritus.

  3 *vt* (*fig*: *denigrate*) débiner*.

rubbishy ['rʌbɪʃɪ] *adj goods* sans valeur, de pacotille; (*fig*) *book, film, ideas* inepte, idiot, qui ne vaut rien. ~ **shoes** chaussures de mauvaise qualité; **this is** ~ **stuff** c'est de la camelote* *or* de la saleté*.

rubble ['rʌbl] *n [ruined house, bomb site, demolition site]* décombres *mpl*, (*smaller pieces*) gravats *mpl*; (*in roadbuilding*) blocaille *f*, blocage *m*. **the building was reduced to a heap of** ~ il ne restait du bâtiment qu'un tas de décombres.

rube‡ [ru:b] *n* (*US*) péquenaud‡ *m*.

Rube Goldberg ['ru:b'gəʊldbɜ:g] *n* (*US*) **a** ~ **machine** un engin tarabiscoté (fait avec les moyens du bord).

Rubicon ['ru:bɪkən] *n* Rubicon *m*. **to cross the** ~ passer *or* franchir le Rubicon.

rubicund ['ru:bɪkənd] *adj complexion* rubicond, rougeaud.

rubidium [ru:'bɪdɪəm] *n* rubidium *m*.

ruble ['ru:bl] *n* (*US*) = **rouble**.

rubric ['ru:brɪk] *n* rubrique *f*.

ruby ['ru:bɪ] **1** *n* rubis *m*; (*colour*) couleur *f* de rubis. **2** *cpd* (*colour*) *wine* (couleur de) rubis *inv*; *lips* vermeil; (*made of rubies*) *necklace, ring* de rubis.

R.U.C. [ɑ:ju:'si:] *n abbr of* **Royal Ulster Constabulary**; *V* **royal**.

ruck¹ [rʌk] *n* (*Racing*) peloton *m*; (*Rugby*) mêlée *f* ouverte *or* spontanée. (*fig*) **the (common)** ~ les masses *fpl*, la foule, le peuple; (*fig*) **to get out of the** ~ se distinguer du commun des mortels.

ruck² [rʌk], **ruckle** ['rʌkl] **1** *n* (*crease*) faux pli, godet *m*. **2** *vi* se froisser, se chiffonner. **3** *vt* froisser, chiffonner.

♦ **ruck up** *vi [skirt, blouse]* remonter en faisant des plis.

rucksack ['rʌksæk] *n* sac *m* à dos, sac de montagne.

ruckus* ['rʌkəs] *n* (*US*) chahut *m*, grabuge* *m*.

ruction* ['rʌkʃən] *n* (*gen pl*) (*rows*) disputes *fpl*, grabuge* *m*; (*riots*) troubles *mpl*, bagarres *fpl*. **there'll be** ~ **s if you break that glass** si tu casses ce verre tu vas te faire sonner les cloches* *or* il va y avoir du grabuge*.

rudder ['rʌdər] *n* (*Aviat, Naut, fig*) gouvernail *m*. (*Aviat*) **vertical/ horizontal** ~ gouvernail de direction/de profondeur.

rudderless ['rʌdəlɪs] *adj* (*lit*) sans gouvernail, à la dérive; (*fig*) à la dérive.

ruddiness ['rʌdɪnɪs] *n* rougeur *f*, teint vif *or* coloré.

ruddy ['rʌdɪ] *adj* (**a**) *complexion* (*gen*) rubicond (*pej*), rougeaud (*pej*), coloré; (*with healthy glow*) rouge de santé; *sky, glow* rougeoyant, rougeâtre. (**b**) (*: Brit euph for* **bloody**) fichu*, sacré*. **he's a** ~ **fool** c'est un sacré* *or* fichu* imbécile; **you're a** ~ **nuisance** tu me casses les pieds*, tu m'enquiquines*.

rude [ru:d] *adj* (**a**) *person, speech, behaviour, reply, gesture* (*impolite*) impoli, mal élevé, (*stronger*) insolent; (*coarse*) grossier; (*improper*) inconvenant, indécent; *story* scabreux; *song* grivois; *gesture* obscène, indécent. ~ **remarks** (*insults*) paroles injurieuses *or* offensantes; (*obscenities etc*) grossièretés *fpl*; **to be** ~ **to sb** se conduire grossièrement envers qn, être grossier *or* très impoli envers qn; **he's always** ~ c'est un malappris; **would it be** ~ **to ask you your address?** sans indiscrétion peut-on savoir votre adresse?; **it's** ~ **to stare** c'est très mal élevé de dévisager les gens; **there's nothing** ~ **about that picture** ce tableau n'a rien d'inconvenant *or* d'indécent; ~ **word** gros mot.

  (**b**) (*sudden*) *shock* brusque, violent, rude. (*fig*) **to have** *or* **get a** ~ **awakening** être rappelé brusquement *or* brutalement à la réalité.

  (**c**) (*primitive*) *way of living, peasant* primitif, rude; (*simply made*) *implement* grossier, primitif, rudimentaire.

  (**d**) (*vigorous*) *strength* robuste, vigoureux. **he's in** ~ **health** il a une santé robuste *or* de fer.

rudely ['ru:dlɪ] *adv* (*V* **rude**) impoliment; insolemment; grossièrement; violemment, brusquement. ~**-fashioned** *object* objet grossièrement fabriqué, objet fabriqué sans art.

rudeness ['ru:dnɪs] *n* (*V* **rude**) impolitesse *f*, insolence *f*; grossièreté *f*; violence *f*, brusquerie *f*; caractère primitif, rudesse *f*.

rudiment ['ru:dɪmənt] *n* (*Anat*) rudiment *m*. (*fig*) ~**s** rudiments *mpl*, éléments *mpl*, notions *fpl* élémentaires.

rudimentary [,ru:dɪ'mentərɪ] *adj* rudimentaire.

rue¹ [ru:] *vt* (*liter*) se repentir de, regretter amèrement.

rue² [ru:] *n* (*Bot*) rue *f*.

rueful ['ru:fʊl] *adj person* triste, chagrin; *look* triste, piteux; *situation* triste, attristant.

ruefully ['ru:fəlɪ] *adv* d'un air piteux, avec regret.

ruff¹ [rʌf] *n* (**a**) (*Dress*) collerette *f*, (*Hist*) fraise *f*; [*bird, animal*] collier *m*, collerette *f*. (**b**) (*Orn*) (*sandpiper*) combattant *m*; (*pigeon*) pigeon capucin.

ruff² [rʌf] (*Cards*) **1** *n* action *f* de couper (avec un atout). **2** *vti* couper (avec un atout).

ruffian ['rʌfɪən] *n* voyou *m*, brute *f*. **you little** ~!* petit polisson!

ruffianly ['rʌfɪənlɪ] *adj person* brutal; *behaviour* de voyou, de brute; *looks, appearance* de brigand, de voyou.

ruffle ['rʌfl] **1** *n* (*on wrist*) manchette *f* (*en dentelle etc*); (*on chest*) jabot *m*; (*round neck*) fraise *f*; (*ripple: on water*) ride *f*, ondulation *f*.

  2 *vt* (**a**) (*disturb*) *hair, feathers* ébouriffer; *surface, water* agiter, troubler, rider; *one's clothes* déranger, froisser, chiffonner. **the bird** ~**d** (**up**) **its feathers** l'oiseau a hérissé ses plumes.

  (**b**) (*fig*) (*upset*) froisser; (*disturb*) troubler; (*annoy*) contrarier, irriter. **she wasn't at all** ~**d** elle n'a jamais perdu son calme.

Rufflette [rʌf'let] *n ®*: ~ (**tape**) galon *m* fronceur, rufflette *f* ®.

rug [rʌg] *n* (**a**) (*for floor*) petit tapis; (*bedside*) descente *f* de lit, carpette *f*; (*fireside*) carpette. (*fig*) **to pull the** ~ **out from under sb's feet** couper l'herbe sous les pieds de qn. (**b**) (*woollen cover*) couverture *f*; (*in tartan*) plaid *m*; *V* **travelling**.

rugby ['rʌgbɪ] **1** *n* (*also* ~ **football**) rugby *m*. **2** *cpd*: **rugby league** (le) rugby *m* à treize; **rugby footballer**, **rugby player** rugbyman *m*, joueur *m* de rugby; **rugby union** (le) rugby *m* à quinze.

rugged ['rʌgɪd] *adj country, ground, landscape* accidenté; *road* raboteux, rocailleux; *cliff, coast* déchiqueté; *mountains* aux contours déchiquetés; *bark* rugueux; *features* irrégulier, rude; *workmanship, statue* fruste; *character, manners* rude, sans raffinement; *person* bourru, rude; *determination, resistance* acharné, farouche; (*: solid*) *machine, construction* robuste, solide. **covered with** ~ **rocks** hérissé de rochers.

ruggedness ['rʌgɪdnɪs] *n [surface]* aspérité *f*, rugosité *f*; [*rock*] anfractuosités *fpl*; [*character*] rudesse *f*; [*features*] irrégularité *f*, rudesse. **the** ~ **of the ground** les accidents *mpl or* les aspérités du terrain.

rugger* ['rʌgər] *n* (*Brit*) rugby *m*.

Ruhr [ruər] *n* Ruhr *f*.

ruin ['ru:ɪn] **1** *n* (**a**) (*U*) ruine *f*; (*thing, event, person*) ruine, perte *f*. **the palace was going to** ~ *or* **falling into** ~ le palais tombait en ruine *or* menaçait ruine *or* se délabrait; **he was on the brink of** ~, ~ **stared him in the face** il était au bord de la ruine; **the** ~ **of my hopes** la ruine *or* la faillite de mes espérances; **drink was his** ~ l'alcool a été sa perte; **it will be the** ~ **of him** ça sera sa ruine; **you will be the** ~ **of me** tu seras ma perte *or* ma ruine; *V* **rack³**.

  (**b**) (*gen pl*) [*building, hopes, beauty etc*] ruine(s) *f(pl)*. (*lit, fig*) **in** ~**s** en ruine; **the castle is now a** ~ le château est maintenant une ruine.

  2 *vt* *building, reputation, hopes, health, person* ruiner; *clothes* abîmer; *event, enjoyment* gâter.

ruination [,ru:ɪ'neɪʃən] *n* ruine *f*, perte *f*. **to be the** ~ **of** ruiner.

ruined ['ru:ɪnd] *adj building* en ruine; *person* ruiné.

ruinous ['ru:məs] *adj* ruineux. **that trip proved** ~ **for his firm** ce voyage a entraîné la ruine de *or* a ruiné sa compagnie; **the price of butter is** ~* le prix du beurre est exorbitant *or* ruineux.

ruinously ['ru:məslɪ] *adv*: ~ **expensive** ruineux.

rule [ru:l] **1** *n* (**a**) (*guiding principle*) règle *f*; (*regulation*) règlement *m*; (*Gram*) règle *f*. **the** ~**s of the game** la règle du jeu; **school** ~**s** règlement *m* intérieur (de l'école *or* du lycée *etc*); **it's against the** ~**s** c'est contraire à la règle *or* au règlement; **running is against the** ~**s**, **it's against the** ~**s to run** il est contraire à la règle *or* il n'est pas permis de courir; (*lit, fig*) **to play by the** ~**s** jouer suivant *or* selon les règles; ~**s and regulations** statuts *mpl*; **standing** ~ règlement; **it's a** ~ **that …** il est de règle que … + *subj*; ~ **of the road** (*Aut*) règle générale de la circulation; (*Naut*) règles générales du trafic maritime; **to do sth by** ~ faire qch selon les règles; (*Math*) **the** ~ **of three** la règle de trois; **by** ~ **of thumb** à vue de nez; **golden** ~ règle d'or; *V* **exception, work** *etc*.

  (**b**) (*custom*) coutume *f*, habitude *f*. **ties are the** ~ **in this hotel** les cravates sont de règle dans cet hôtel; **bad weather is the** ~ **in winter** le mauvais temps est habituel *or* normal en hiver; **he makes it a** ~ **to get up early** il a pour règle de se lever tôt; **to make tidiness a** ~ faire de l'ordre une règle; **as a** ~ en règle générale, normalement, en principe.

  (**c**) (*U: authority*) autorité *f*, empire *m*. **under British** ~ sous l'autorité britannique; **under a tyrant's** ~ sous l'empire *or* la domination d'un tyran; (*Pol etc*) **majority** ~, **the** ~ **of the majority** le gouvernement par la majorité; **the** ~ **of law** l'autorité de la loi; *V* **home**.

  (**d**) (*for measuring*) règle *f* (graduée). **a foot** ~ une règle d'un pied; **folding** ~ mètre pliant; *V* **slide**.

  (**e**) (*Rel*) règle *f*.

  2 *cpd*: **the rule book** le règlement; (*fig*) **to throw the rule book at sb*** remettre qn à sa place, rembarrer qn*.

  3 *vt* (**a**) *country* gouverner; (*fig*) *passions, emotion* maîtriser; *person* dominer, mener. (*fig*) **to** ~ **the roost** faire la loi; **he** ~**d the company for 30 years** il a dirigé la compagnie *or* il a été à la tête de la compagnie pendant 30 ans; **to be** ~**d by jealousy** être mené *or* dominé par la jalousie; **to** ~ **one's passions** maîtriser ses passions; **he is** ~**d by his wife** il est mené par sa femme; **if you would only be** ~**d by what I say …** si seulement tu voulais consentir à écouter mes conseils …; **I won't be** ~**d by what he wants** je ne veux pas me plier à ses volontés.

  (**b**) [*judge, umpire etc*] décider, déclarer (*that* que). (*Jur*) **the judge** ~**d the defence out of order** le juge a déclaré non recevables les paroles de l'avocat pour la défense; **the judge** ~**d that the child should go to school** le juge a décidé que l'enfant irait à l'école.

(c) (*draw lines on*) *paper* régler, rayer; *line* tirer à la règle. ~d **paper** papier réglé *or* rayé.
  4 *vi* (a) (*reign*) régner (*over* sur).
  (b) **the prices ruling in Paris** les cours (pratiqués) à Paris.
  (c) (*Jur*) statuer (*against* contre, *in favour of* en faveur de, *on* sur).
◆**rule off** *vt* (*Comm*) *account* clore, arrêter. **to rule off a column of figures** tirer une ligne sous une colonne de chiffres.
◆**rule out** *vt sep word, sentence* barrer, rayer, biffer; (*fig*) *possibility, suggestion, date, person* exclure, écarter. **the age limit rules him out** il est exclu du fait de la limite d'âge; **murder can't be ruled out** il est impossible d'écarter d'exclure l'hypothèse d'un meurtre.
ruler ['ru:lər] *n* (a) (*sovereign*) souverain(e) *m(f)*; (*political leader*) chef *m* (d'État). **the country's** ~s les dirigeants *mpl* du pays. (b) (*for measuring*) règle *f*.
ruling ['ru:lɪŋ] **1** *adj principle* souverain; *factor, passion* dominant; *price* pratiqué, actuel. **the** ~ **class** la classe dirigeante; (*Pol*) **the** ~ **party** le parti au pouvoir.
  2 *n* (*Admin, Jur*) décision *f*, jugement *m*; (*judge*) décision. **to get/give a** ~ obtenir/rendre un jugement.
rum¹ [rʌm] **1** *n* rhum *m*. **2** *cpd*: (*Hist*) **rumrunner** (*person*) contrebandier *m* d'alcool; (*ship*) bateau *m* servant à la contrebande de l'alcool; **rum-running** contrebande *f* de l'alcool; **rum toddy** grog *m*.
rum²* [rʌm] *adj* (*Brit: odd*) bizarre, drôle; *idea* biscornu*.
Rumania [ru:ˈmeɪnɪə] *n* (*Brit*) Roumanie *f*.
Rumanian [ru:ˈmeɪnɪən] (*Brit*) **1** *adj* roumain. **2** *n* (a) (*person*) Roumain(e) *m(f)*. (b) (*Ling*) roumain *m*.
rumba ['rʌmbə] *n* rumba *f*.
rumble ['rʌmbl] **1** *n* (a) (*noise*) *[thunder, cannon]* grondement *m*; *[train, lorry]* roulement *m*, grondement; *[pipe, stomach]* gargouillement *m*, borborygme *m*.
  (b) (‡: *fight*) bagarre *f* entre bandes de jeunes.
  2 *cpd*: **rumble seat** strapontin *m*; **rumble strip** (*on road*) section *f* de route avec rainurage.
  3 *vi* *[thunder, cannon]* gronder; *[stomach, pipes]* gargouiller. *[vehicle]* **to** ~ **past** passer avec fracas.
  4 *vt* (a) (*also* ~ **out**) *comments, remarks* dire en grondant, grommeler.
  (b) (*Brit*) (‡: *see through*) *swindle* flairer, subodorer*; *trick* piger‡; *person* voir venir; (*find out*) piger‡, découvrir (*what/why etc* ce que/pourquoi etc). **I soon** ~d **him** *or* **his game** *or* **what he was up to** j'ai tout de suite pigé sa combine!‡
rumbling ['rʌmblɪŋ] *n* *[thunder]* grondement *m*; *[vehicle]* roulement *m*, grondement; *[stomach, pipe]* gargouillement *m*. **tummy** ~s* gargouillis *mpl*, borborygmes *mpl*.
rumbustious [rʌmˈbʌstʃəs] *adj* bruyant, exubérant.
ruminant ['ru:mɪnənt] *adj, n* ruminant (*m*).
ruminate ['ru:mɪneɪt] **1** *vi* (*lit, fig*) ruminer. (*fig*) **to** ~ **over** *or* **about** *or* **on sth** ruminer qch, retourner qch dans sa tête. **2** *vt* ruminer.
rumination [ˌru:mɪˈneɪʃən] *n* (*lit, fig*) rumination *f*.
ruminative ['ru:mɪnətɪv] *adj* (*fig*) pensif, méditatif, réfléchi.
ruminatively ['ru:mɪnətɪvlɪ] *adv* pensivement.
rummage ['rʌmɪdʒ] **1** *n* (a) (*action*) **to have a good** ~ **round** bien fouiller partout.
  (b) (*jumble*) bric-à-brac *m*, vieilleries *fpl*, objets *mpl* divers.
  2 *cpd*: **rummage sale** vente *f* de charité (*de bric-à-brac*).
  3 *vi* (*also* ~ **about**, ~ **around**) farfouiller*, fouiller (*among, in* dans, *for* pour trouver).
rummy¹* ['rʌmɪ] **1** *adj* = **rum²**. **2** *n* (*US**: *drunk*) poivrot* *m*, ivrogne *m*.
rummy² ['rʌmɪ] *n* (*Cards*) rami *m*.
rumour, (*US*) **rumor** ['ru:mər] **1** *n* rumeur *f* (*that* selon laquelle), bruit *m* (qui court). **there is a disturbing** ~ (**to the effect**) **that** il court un bruit inquiétant selon lequel; **all these nasty** ~s toutes ces rumeurs pernicieuses; ~ **has it that** ... on dit que ..., le bruit court que ...; **there is a** ~ **of war** le bruit court *or* on dit qu'il va y avoir la guerre.
  2 *vt*: **it is** ~**ed that** ... on dit que ..., le bruit court que ...; **he is** ~**ed to be in London** il serait à Londres, le bruit court qu'il est à Londres; **he is** ~**ed to be rich** on le dit riche.
rump [rʌmp] **1** *n* *[animal]* croupe *f*; *[fowl]* croupion *m*; (*Culin*) culotte *f* (de bœuf); (*) *[person]* derrière *m*, postérieur* *m*. **2** *cpd*: (*Brit Hist*) **the Rump Parliament** le Parlement Croupion; **rump-steak** romsteck *m* *or* rumsteck *m*.
rumple ['rʌmpl] *vt clothes* chiffonner, froisser, friper; *paper* froisser, chiffonner; *hair* ébouriffer.
rumpus* ['rʌmpəs] **1** *n* chahut *m*; (*noise*) tapage *m*, boucan‡ *m*; (*quarrel*) prise *f* de bec*. **to make a** ~ faire du chahut *or* du boucan; **to have a** ~ **with sb** se chamailler* avec qn, avoir une prise de bec avec qn*.
  2 *cpd*: (*esp US*) **rumpus room** salle *f* de jeux.
run [rʌn] (*vb: pret* **ran**, *ptp* **run**) **1** *n* (a) (*act of running*) action *f* de courir, course *f*. **to go for a** ~ faire un peu de course à pied; **to go for a 2-km** ~ faire 2 km de course à pied; **at a** ~ au pas de course, en courant; **to break into a** ~ se mettre à courir, prendre le pas de course; **to make a** ~ **for it** prendre la fuite, se sauver, filer*; **to have the** ~ **of a place** avoir un endroit à son entière disposition; **to give sb the** ~ **of a place** mettre un endroit à l'entière disposition de qn; **you have the entire** ~ **of my garden** mon jardin est à votre entière disposition, vous pouvez aller partout *or* où bon vous semble dans mon jardin; **a criminal on the** ~ (**from the police**) un criminel recherché par la police; **he is still on the** ~ il court encore, il est toujours en cavale; **he was on the** ~ **for several months** il a réussi à rester en liberté plusieurs mois, il n'a été

repris qu'au bout de plusieurs mois; **to have the enemy on the** ~ mettre l'ennemi en fuite; **to keep the enemy on the** ~ harceler l'ennemi; **she has so much to do she's always on the** ~* elle a tant à faire qu'elle est tout le temps à courir *or* en train de courir; (*fig*) **we've given him a good** ~ **for his money** nous ne nous sommes pas avoués vaincus d'avance; **he's had a good** ~ **for his money** (*been strongly challenged*) on lui a donné du fil à retordre; (*enjoyed himself*) il en a bien profité; (*on sb's retirement, death etc*) **he's had a good** ~ il a bien profité de l'existence; **to have the** ~s‡ (*diarrhoea*) avoir la courante‡.
  (b) (*outing*) tour *m*, promenade *f*, excursion *f*. **to go for a** ~ **in the car** faire un tour *or* une promenade en voiture; **they went for a** ~ **in the country** ils ont fait un tour *or* une excursion *or* une promenade à la campagne; **we had a pleasant** ~ **down** le voyage a été agréable; **to take a** ~ **up to London** faire un tour *or* une virée* à Londres, pousser une pointe jusqu'à Londres; **I'll give you a** ~ **up to town** je vais vous conduire *or* vous emmener en ville; *V* **trial**.
  (c) (*distance travelled*) *[bus, train, boat, plane]* parcours *m*; *[car]* trajet *m*. **it's a 30-minute** ~ il y a une demi-heure de trajet; **it's a 30-minute bus** ~ il y a une demi-heure d'autobus; **it's a short car** ~ le trajet n'est pas long en voiture, on n'en a pas pour longtemps en voiture; **the boat no longer does that** ~ le bateau ne fait plus cette traversée, ce service n'existe plus; **on the outward** ~ **the ferry** ... pendant le parcours aller le ferry ...; **the ferries on the Dover-Calais** ~ les ferrys sur le parcours Douvres-Calais *or* qui assurent le service Douvres-Calais; **the ships on the China** ~ les paquebots qui font la Chine.
  (d) (*series*) succession *f*, série *f*, suite *f*; (*Cards*) séquence *f*. (*Roulette*) **a** ~ **on the red** une série à la rouge; **the** ~ **of the cards** le hasard (des cartes); **that fashion has had a long** ~ cette mode a duré longtemps; (*Theat*) **when the London** ~ **was over** quand la saison à Londres *or* la série de représentations à Londres s'est terminée; (*Theat*) **the play had a long** ~ la pièce a tenu longtemps l'affiche; **there was no difference in the long** ~ en fin de compte il n'y a pas eu de différence; **things will sort themselves out in the long** ~ les choses s'arrangeront à la longue *or* avec le temps; **to have a** ~ **of luck** être en veine*; **a** ~ **of bad luck** une période de malchance *or* de déveine*; **a** ~ **of misfortunes** une suite de malheurs, une série noire*.
  (e) (*rush, great demand*) ruée *f*. (*St Ex*) **a** ~ **on shares** une très forte demande d'actions; (*Fin*) **there has been a** ~ **on the pound sterling** il y a eu une ruée sur la livre (sterling); **there was a** ~ **on the banks** les guichets (des banques) ont été assiégés; (*Comm*) **there has been a** ~ **on sugar** on s'est rué sur le sucre.
  (f) *[tide]* poussée *f*, flux *m*.
  (g) (*fig: trend*) *[market]* tendance *f*; *[events]* direction *f*, tendance; *[opinion]* tendance, courant *m*. **the (common)** ~ **of mankind** le commun des mortels; **the ordinary** ~ **of things** la routine, le train-train habituel; **the usual** ~ **of problems** tous les problèmes habituels *or* typiques, les mêmes problèmes que d'habitude; **outside the usual** ~ **of things** inhabituel, qui sort de l'ordinaire, hors du commun.
  (h) (*track for sledging, skiing etc*) piste *f*, descente *f*; (*animal enclosure*) enclos *m*. **ski** ~ piste de ski; *V* **chicken**.
  (i) (*in stocking*) échelle *f*, maille filée.
  (j) (*Mus*) roulade *f*.
  (k) (*Typ*) tirage *m*. **a** ~ **of 5,000 copies** un tirage de 5.000 exemplaires.
  (l) (*Cricket, Baseball*) point *m*. (*Baseball*) **to make a** ~ marquer un point.
  2 *cpd*: **runabout** (*car*) petite voiture; (*boat*) runabout *m*; (*Rail etc*) **runabout ticket** billet *m* circulaire; **he gave me the run-around**‡ il est resté très évasif, il m'a fait des réponses de Normand; **run-away** *V* **runaway**; **rundown** *V* **rundown**; (*Brit: tyre*) **run-flat** (*n*) pneu *m* traité anti-crevaison; (*quarrel*) **run-in*** prise *f* de bec (*over* à propos de); (*Sport*) **run-off** finale *f* (d'une course); **run-of-the-mill** moyen, banal, ordinaire; (*Typ*) **run-on line** enjambement *m*; **runproof** indémaillable; **run-through** essai *m*, répétition *f*; **run-up** (*Sport*) course *f* d'élan; (*Brit: preparation*) période *f* préparatoire (*to* à); (*US: increase*) augmentation *f* (*in* de); **the run-up to the elections** la période qui précède les élections; **the run-up in prices** la flambée des prix; **runway** (*Aviat*) piste *f* (d'envol *or* d'atterrissage); (*Tech*) chemin *m* de roulement, piste, rampe *f*.
  3 *vi* (a) (*gen*) courir; (*hurry*) courir, se précipiter. **to** ~ **down/in/off etc** descendre/entrer/partir etc en courant; **she came** ~**ning out** elle est sortie en courant; **to** ~ **down a slope** descendre une pente en courant; **he is always** ~**ning about the streets** il court toujours dans les rues; **don't** ~ **across the road** ne traverse pas la rue en courant; **to** ~ **for all one is worth**, **to** ~ **like hell*** courir à toutes jambes; **to** ~ **for the bus** courir pour attraper l'autobus; **she ran to meet him** elle a couru à sa rencontre, elle s'est précipitée au-devant de lui; **she ran to help him** elle a couru l'aider, elle a couru *or* s'est précipitée *or* a volé à son secours; **she ran over to her neighbour's** elle a couru *or* s'est précipitée chez sa voisine; **he used to** ~ **for his school** il a disputé des épreuves de course *or* il a couru dans les compétitions d'athlétisme pour son lycée; (*fig*) **to** ~ **with the hare and hunt with the hounds** ménager la chèvre et le chou; **the car ran into a tree** la voiture a heurté un arbre (*V also* **run into**); (*fig*) **to** ~ **behind sb** prendre un retard de plus en plus grand par rapport à qn.
  (b) (*flee*) fuir, se sauver. **to** ~ **for one's life** se sauver à toutes jambes; ~ **for your lives!** sauve-qui-peut!; ~ **for it!** sauvez-vous!; *[fox, criminal]* **to** ~ **to earth** se terrer; **go on then**, ~ **to mummy!** c'est ça, va (te réfugier) dans les jupes de ta mère!; *V* **cut**.
  (c) (*fig*) **the news ran like wildfire through the crowd** la nouvelle s'est répandue comme une traînée de poudre dans la foule; **a rumour ran through the school** un bruit a couru dans

l'école; **the order ran down the column** l'ordre a couru *or* a été transmis d'un bout de la colonne à l'autre; **laughter ran round the room** le rire a gagné toute la salle; **a ripple of fear ran through the town** la peur a gagné toute la ville; **how does the last sentence ~?** comment la dernière phrase est-elle rédigée?, rappelez-moi la dernière phrase; **so the story ~s** c'est ainsi que l'histoire est racontée; *(fig: Pol etc)* **to ~ for President, to ~ for the Presidency** être candidat à la présidence; **he isn't ~ning this time** il n'est pas candidat cette fois-ci; **he won't ~ again** il ne se représentera plus; *V* re-election.

(d) *(become etc)* **to ~ dry** *[river]* se tarir, être à sec; *[resources etc]* s'épuiser; **my pen's ~ dry** je n'ai plus d'encre; **he ran dry of ideas** il s'est trouvé à court d'idées; **supplies are ~ning short** *or* **low** les provisions s'épuisent *or* commencent à manquer *or* tirent à leur fin; **to ~ short of sth** se trouver à court de qch, venir à manquer de qch; **to ~ riot** *[people, imagination]* être déchaîné; *[vegetation]* pousser follement; **to ~ to fat** engraisser, prendre de la graisse; **he ~s to sentiment in some of his books** dans quelques-uns de ses livres il a tendance à être sentimental *or* il donne dans le sentimental *(pej)*; **to ~ wild** *[person]* faire le fou *(f* la folle)*; *[children]* être déchaîné; *[animals]* courir en liberté; *[plants, garden]* retourner à l'état sauvage; *V* seed.

(e) *(move)* filer; *[drawer, curtains]* glisser. **the rope ran through his fingers** la corde lui a filé entre les doigts; *(fig)* **money simply ~s through his fingers** l'argent lui fond entre les mains *or* lui file entre les doigts; **the bed ~s on rollers** le lit a des roulettes; **the drawer~s smoothly** le tiroir glisse facilement; **this zip doesn't ~ well** cette fermeture éclair ne joue pas bien *or* accroche.

(f) *(flow)* couler; *(drip)* dégoutter; *[river, tears, tap]* couler; *[pen]* fuir, couler; *[sore, abscess]* suppurer; *[butter]* fondre; *[cheese]* couler; *[colour, dye]* s'étaler, se mélanger (à une couleur voisine), baver; *(in washing)* déteindre; *[ink]* baver, faire des bavures. **my ice cream is ~ning** ma glace fond *or* coule; **the river ~s for 30 km** la rivière a 30 km de long; **the river ~s between wooded banks** la rivière coule entre des berges boisées; **rivers ~ into the sea** les fleuves se jettent dans la mer; **the street ~s into the square** la rue débouche dans la place; **to ~ high** *[river]* être haut, couler à pleins bords; *[sea]* être gros *(f* grosse); *(fig)* **feelings were ~ning high** les passions étaient exacerbées; **prices are ~ning high** les prix sont très hauts en ce moment; **a heavy sea was ~ning** la mer était très forte; **where the tide is ~ning strongly** là où la marée monte *(or* descend) très vite; **to leave a tap ~ning** laisser un robinet ouvert; **your bath is ~ning now** votre bain est en train de couler; **the milk ran all over the floor** le lait s'est répandu sur le sol; **the floor was ~ning with water** le plancher était inondé (d'eau); **the walls were ~ning with moisture** les murs ruisselaient d'humidité; **the streets were ~ning with blood** les rues ruisselaient de sang; **his face was ~ning with sweat** sa figure ruisselait de sueur; **tears ran down her cheeks** les larmes coulaient le long de ses joues; **his eyes are ~ning** il a les yeux qui coulent *or* pleurent; **his nose was ~ning** il avait le nez qui coulait; *(fig)* **his blood ran cold** son sang s'est glacé *or* s'est figé dans ses veines.

(g) *(extend, continue)* *[play]* tenir l'affiche, se jouer; *[film]* passer; *[contract]* valoir, être valide; *(Fin)* *[interest]* courir. **the play has been ~ning for a year** la pièce tient l'affiche *or* se joue depuis un an; **this contract has 10 months to ~** ce contrat expire dans 10 mois *or* vaut (encore) pour 10 mois; *(Jur)* **the two sentences to ~ concurrently/consecutively** avec/sans confusion des deux peines; *(Rad, TV)* **the programme ran for an extra 10 minutes** le programme a duré 10 minutes de plus que prévu; **the expenditure ~s into thousands of pounds** les dépenses s'élèvent *or* se chiffrent à des milliers de livres; **the book has ~ into 3 editions** on a publié 3 éditions de ce livre; **the poem ~s (in)to several hundred lines** le poème comprend plusieurs centaines de vers; **I can't ~ to a new car** je ne peux pas m'offrir *or* me payer* une nouvelle voiture; **the funds won't ~ to a party at the end of term** les fonds ne permettent pas d'organiser une soirée à la fin du trimestre.

(h) *(Naut)* **to ~ before the wind** courir vent arrière; **to ~ ashore** *or* **aground** s'échouer, se jeter à la côte; **to ~ on the rocks** donner *or* se jeter sur les rochers; **to ~ into port** entrer au port; **to ~ foul of another ship** entrer en collision avec *or* aborder un autre navire; *(fig)* **to ~ foul of sb** se disputer avec qn, indisposer qn contre soi.

(i) *[bus, train, coach, ferryboat]* faire le service. **this train ~s between London and Manchester** ce train fait le service Londres-Manchester *or* entre Londres et Manchester; **the buses ~ once an hour** les autobus passent toutes les heures; **the buses aren't ~ning today** il n'y a pas d'autobus *or* les autobus sont supprimés aujourd'hui; **that train doesn't ~ on Sundays** ce train est supprimé le dimanche; **there are no trains ~ning on Christmas Day** le service des trains est suspendu le jour de Noël; **there are no trains ~ning to Birmingham** il n'y a pas de trains en direction de Birmingham.

(j) *(function)* *[machine]* marcher, fonctionner; *[factory]* travailler, marcher; *[wheel]* tourner. **the car is ~ning smoothly** la voiture marche bien; **you mustn't leave the engine ~ning** il ne faut pas laisser tourner le moteur; **this car ~s on diesel** cette voiture marche au gas-oil; **the radio ~s off the mains/off batteries** cette radio marche sur le secteur/sur piles; *(fig)* **things are ~ning smoothly/badly for them** tout va *or* marche bien/mal pour eux.

(k) *(pass)* *[road, river etc]* passer *(through* à travers); *[mountain range]* s'étendre. **the road ~s past our house** la route passe devant notre maison; **the road ~s right into town** la route débouche en plein centre de la ville; **the main road ~s north and south** la route principale va du nord au sud; **he has a scar ~ning**

across his chest il a une cicatrice en travers de la poitrine; **a wall ~s round the garden** un mur entoure le jardin; **the river ~s through the valley** la rivière traverse la vallée; *(fig)* **this theme ~s through the whole history of art** ce thème se retrouve *or* est présent dans toute l'histoire de l'art; **asthma ~s in the family** l'asthme est héréditaire dans la famille; **it ~s in the family** ça tient *or* c'est de famille; **that tune is ~ning through my head** cet air me trotte* par la tête; **the idea ran through my head that ...** il m'est venu à l'esprit *or* à l'idée que ...; **the conversation ran on that very subject** la conversation a roulé précisément sur ce sujet; **my thoughts ran on Jenny** je pensais (toujours) à Jenny.

(l) *[stockings]* filer; *[knitting]* se démailler.

4 *vt* **(a)** *(gen)* courir. **he ~s 3 km every day** il fait 3 km de course à pied tous les jours; **he ran 2 km non-stop** il a couru pendant 2 km sans s'arrêter; **he ran the distance in under half an hour** il a couvert la distance en moins d'une demi-heure; **to ~ the 100 metres** courir le 100 mètres; **to ~ a race** courir dans une épreuve, participer à une épreuve de course; **you ran a good race** vous avez fait une excellente course; **the first race will be ~ at 2 o'clock** la première épreuve se courra à 2 heures; **this horse will ~ the Grand Prix** ce cheval va courir (dans) le Grand Prix; **to ~ errands** *or* **messages** faire des commissions *or* des courses; *[child, dog]* **to ~ the streets** traîner dans les rues; **to ~ a blockade** forcer un blocus; *(US)* **to ~ a red** *or* **a stoplight** brûler *or* griller un feu rouge; **they ran the rapids** ils ont franchi les rapides; *(fig)* **to ~ sb close** serrer qn de près; **you're ~ning things a bit close!** *or* **fine!*** ça va être juste!, tu calcules un peu juste!; **to let events ~ their course** laisser les événements suivre leur cours; **the disease ran its course** la maladie a suivi son cours normal *or* son évolution normale; **to ~ risks** courir des risques; **you're ~ning the risk of being arrested** *or* **of arrest** vous risquez de vous faire arrêter; **to ~ a temperature** *or* **a fever** faire de la température, avoir de la fièvre; **he was ~ning a high temperature** il avait une forte fièvre; **she ran the car into a tree** elle a percuté *or* heurté un arbre, elle est rentrée* dans un arbre (avec sa voiture); *V* gauntlet.

(b) *(chase, hunt)* *fox, deer* chasser; *(make run)* *person, animal* faire courir; *(Sport)* *horse* faire courir, engager; *(Pol)* *candidate* poser *or* appuyer la candidature de. **the party is ~ning 100 candidates this year** le parti présente 100 candidats (aux élections) cette année; *(fig)* **we ran him to earth in the library** nous avons fini par le trouver dans la bibliothèque; **he ran the quotation to earth in 'Hamlet'** il a fini par dénicher la citation dans 'Hamlet'; **to ~ a horse in the Derby** engager *or* faire courir un cheval dans le Derby; **the sheriff ran him out of town** le shérif l'a chassé de la ville; **they ran him out of the house** ils l'ont saisi et l'ont chassé de la maison; **to ~ sb off his feet*** fatiguer *or* éreinter qn; **she is absolutely ~ off her feet*** elle est débordée, elle n'en peut plus, elle ne sait plus où donner de la tête; *(fig)* **that will ~ him into trouble** ça lui créera des ennuis; **that will ~ you into a lot of expense** ça va vous causer de grandes dépenses; **to ~ sb into debt** forcer qn à s'endetter.

(c) *(transport)* *person* conduire (en voiture *or* en bateau); *thing* transporter (en voiture *or* en bateau); *(smuggle)* *guns, whisky* passer en contrebande, faire la contrebande de. **he ran her home** il l'a ramenée chez elle (en voiture); **to ~ sb into town** conduire qn en ville; **I'll ~ your luggage to the station** j'emporterai vos bagages à la gare en voiture; **he was ~ning guns to the island** il faisait passer *or* passait des fusils en contrebande dans l'île.

(d) *(operate etc)* *machine* faire marcher, faire aller, faire fonctionner; *(Comput)* *program* exécuter. **to ~ a radio off the mains** faire marcher une radio sur le secteur; **to ~ a machine by compressed air** actionner une machine par air comprimé, faire marcher une machine à l'air comprimé; **to ~ an engine on gas** faire fonctionner un moteur au gaz; **to ~ a lorry on diesel** faire marcher un camion au gas-oil; **I can't afford to ~ a car** je ne peux pas me permettre d'avoir une voiture; **he ~s a Rolls** il a une Rolls; **this car is very cheap to ~** cette voiture est très économique; **to ~ the car into/out of the garage** rentrer la voiture au/sortir la voiture du garage; **to ~ a boat ashore** mettre un bateau à la côte; *V* ground.

(e) *(organize, manage)* *business, company, organization, school* diriger, administrer; *shop, mine* diriger, faire marcher; *hotel, club* tenir, diriger; *newspaper* éditer, gérer, administrer; *competition* organiser; *public transport* organiser (le service de). **they ~ trains to London every hour** il y a un train pour Londres toutes les heures; **the company ~s extra buses at rush hour** la compagnie met en service des autobus supplémentaires aux heures de pointe; **the school is ~ning courses for foreign students** le collège organise des cours pour les étudiants étrangers; **he is ~ning the courses for them** il leur fait des cours; **to ~ a house** tenir une maison; **a house which is easy to ~** une maison facile à tenir *or* entretenir; **who will ~ your house now?** qui va tenir votre maison *or* votre ménage maintenant?; **I want to ~ my own life** je veux être maître de ma vie *or* de mes décisions; **she's the one who really ~s everything** en réalité c'est elle qui dirige tout *or* fait tout marcher; *(fig)* **I'm ~ning this show!*** c'est moi qui fais marcher la baraque!*; *(fig)* **he ~s the whole show*** c'est lui qui fait la loi.

(f) *(put, move casually or quickly)* **to ~ one's hand over sth** passer *or* promener la main sur qch; **to ~ one's fingers over the piano keys** faire glisser ses doigts sur les touches *or* sur le clavier; **to ~ one's finger down a list** suivre une liste du doigt; **to ~ one's fingers through one's hair** se passer la main dans les cheveux; **to ~ a comb through one's hair** se passer un peigne dans les cheveux, se donner un coup de peigne; **to ~ one's eye over a page** jeter un coup d'œil sur une page; **he ran the vacuum cleaner over the carpet** il a passé rapidement le tapis à l'aspirateur; **she ran her pencil through the word** elle a barré le mot d'un coup de crayon; **she ran a line of stitches along the hem** elle a fait une série de points le long de l'ourlet; **to ~ a rope through a ring** enfiler *or* faire passer une corde dans un anneau; **to ~ a piece of elastic through the waist of a dress** faire passer un élastique dans la ceinture d'une robe; **to ~ a rope round a tree** passer une corde autour d'un arbre; **to ~ a fence round a garden** entourer un jardin d'une barrière; **to ~ a pipe into a room** faire passer un tuyau *or* amener un tuyau dans une pièce.

(g) *(issue)* *(Press)* publier, imprimer, faire paraître; *(Cine)* présenter, donner; *(Comm)* vendre, mettre en vente. **the paper ran a series of articles on the housing situation** le journal a publié *or* fait paraître une série d'articles sur la crise du logement; **the papers ran the story on the front page** les journaux ont imprimé *or* publié l'article en première page; **the supermarket is ~ning a new line in soap powder** le supermarché est en train de lancer une nouvelle lessive.

(h) *(cause to flow)* faire couler. **to ~ water into a bath** faire couler de l'eau dans une baignoire; **I'll ~ you a bath** je vais te faire couler un bain; **he ~s his words together** il mange ses mots.

◆**run about 1** *vi* courir çà et là. **the children were running about all over the house** les enfants couraient partout dans la maison; *(fig)* **she has been running about with him for several months*** elle sort avec lui depuis plusieurs mois.

2 runabout *n, adj* V **run 2**.

◆**run across 1** *vi* traverser en courant.

2 *vt fus* *(meet)* *person* rencontrer par hasard, tomber sur; *(find)* *object* trouver par hasard; *quotation, reference* trouver *or* rencontrer par hasard.

◆**run after** *vt fus* courir après. *(fig)* **she runs after everything in trousers*** elle est très coureuse; *(fig)* **I'm not going to spend my days running after you!** je ne suis pas ton valet de chambre!* *or* ta bonne!*

◆**run along** *vi* courir; *(go away)* s'en aller. **run along!** sauvez-vous!, filez!*

◆**run around 1** *vi* = **run about 1**.

2 run-around *n* V **run 2**.

◆**run at** *vt fus* *(attack)* se jeter *or* se précipiter sur.

◆**run away 1** *vi* **(a)** partir en courant; *(flee)* *[person]* se sauver, s'enfuir; *(abscond)* décamper; *[horse]* s'emballer. **to run away from home** s'enfuir (de chez soi), faire une fugue; **don't run away, I need your advice** ne te sauve pas, j'ai besoin d'un conseil; **run away and play!** va jouer (et fiche-moi la paix*)!; *(elope)* **to run away with sb** s'enfuir avec qn; **she ran away with another man** elle est partie or elle s'est enfuie avec un autre homme; *(steal)* **he ran away with the funds** il s'est sauvé* *or* enfui avec les fonds; *(fig)* **don't run away with the idea that ...** n'allez pas vous mettre dans la tête que ...; *(fig)* **he lets his temper run away with him** il ne sait pas se contrôler *or* se dominer.

(b) *[water]* s'écouler. **he let the bath water run away** il a laissé la baignoire se vider.

2 *vt sep* water laisser s'écouler.

3 runaway *n, adj* V **runaway**.

◆**run away with** *vt fus* *(use up)* *funds, money, resources* épuiser; *(Sport etc: win easily)* *race* gagner dans un fauteuil*; *prize* gagner haut la main; V *also* **run away 1a**.

◆**run back 1** *vi* revenir *or* retourner *or* rentrer en courant.

2 *vt sep* **(a)** *person* ramener (en voiture).

(b) *(rewind)* *tape, film* rembobiner.

◆**run down 1** *vi* **(a)** *[person]* descendre en courant.

(b) *[watch etc]* s'arrêter (faute d'être remonté); *[battery]* se décharger.

2 *vt sep* **(a)** *(Aut)* *(knock over)* renverser; *(run over)* écraser.

(b) *(Naut)* *ship* heurter *or* aborder par l'avant *or* par l'étrave; *(in battle)* éperonner.

(c) *(limit, reduce)* *production* restreindre de plus en plus; *factory* restreindre la production de; *shop* réduire peu à peu l'ampleur de. *(Med)* **to be run down** être fatigué *or* surmené; **I feel a little run down** je me sens à plat*, je suis mal fichu*.

(d) *(*: disparage)* *person* décrier, dénigrer, déblatérer* contre; *thing* éreinter, démolir*; *action* critiquer, dénigrer.

(e) *(pursue and capture)* *criminal* découvrir la cachette de; *stag etc* mettre aux abois.

3 rundown *n* V **rundown**.

◆**run in 1** *vi* entrer en courant; *(*: call)* passer. **I'll run in and see you tomorrow*** je passerai vous voir demain, je ferai un saut* chez vous demain.

2 *vt sep* **(a)** *(Brit)* *car* roder. *(Aut)* 'running in, please pass' 'en rodage'.

(b) *(*: arrest)* emmener au poste.

3 run-in *n* V **run 2**.

◆**run into** *vt fus* *(meet)* rencontrer par hasard, tomber sur. *(fig)* **run into difficulties** *or* **trouble** se heurter à des difficultés; **to run into danger** se trouver exposé à un danger; **to run into debt** s'endetter; **we've run into a problem** nous trouvons devant un problème.

◆**run off 1** *vi* = **run away 1**.

2 *vt sep* **(a)** = **run away 2**.

(b) *poem, letter* écrire *or* rédiger en vitesse; *(Typ)* tirer. **to run off an article** écrire un article au fil de la plume; **to run off 600 copies** tirer 600 exemplaires.

(c) *(Sport)* **to run off the heats** faire (se) disputer les éliminatoires.

3 run-off *n* V **run 2**.

◆**run on 1** *vi* **(a)** continuer de courir; *(*: *fig: in talking etc)* parler sans arrêt, baratiner‡. **he does run on so** c'est un vrai moulin à paroles; **she ran on at great length about her new house** elle n'arrêtait pas *or* elle n'en finissait pas de parler de sa nouvelle maison; **it ran on for 4 hours** ça a duré 4 bonnes heures.

(b) *[letters, words]* ne pas être séparés, être liés; *[line of writing]* suivre sans alinéa; *[verse]* enjamber; *[time]* passer, s'écouler; *[disease etc]* suivre son cours.

2 *vt sep* *letters, words* faire suivre sans laisser d'espace; *sentences* faire suivre sans laisser d'alinéa.

3 run-on *adj* V **run 2**.

◆**run out 1** *vi* **(a)** *[person]* sortir en courant; *[rope, chain]* se dérouler; *[liquid]* couler. **the pier runs out into the sea** la jetée s'avance dans la mer.

(b) *(come to an end)* *[lease, contract]* expirer; *[supplies]* s'épuiser, venir à manquer; *[period of time]* s'écouler, tirer à sa fin. **my patience is running out** je suis à bout de patience; **when the money runs out** quand il n'y a (*or* aura) plus d'argent, quand l'argent est (*or* sera) épuisé; *(fig)* **their luck ran out** la chance les a lâchés *or* abandonnés.

2 *vt sep* *rope, chain* laisser filer.

◆**run out of** *vt fus* *supplies, money* manquer de, être à court de; *patience* être à bout de; *time* manquer de.

◆**run over 1** *vi* **(a)** *(overflow)* *[liquid, container]* déborder. *(Rad, TV etc)* **the play ran over by 10 minutes** la pièce a duré 10 minutes de plus que prévu; *(Rad, TV etc)* **we're running over** nous avons pris du retard.

(b) *(go briefly)* passer, faire un saut. **she ran over to her neighbour's** elle a fait un saut (jusque) chez sa voisine, elle est passée chez sa voisine.

2 *vt fus* **(a)** *(recapitulate)* *story, part in play* repasser, revoir. **I'll run over your part with you** je vous ferai répéter *or* repasser *or* revoir votre rôle; **let's just run over it again** revoyons *or* reprenons cela encore une fois.

(b) *(reread)* *notes* jeter un coup d'œil sur, parcourir, revoir.

3 *vt sep* *(Aut)* *person, animal* écraser.

◆**run through 1** *vi* passer *or* traverser en courant.

2 *vt fus* **(a)** *(use up)* *fortune* gaspiller, manger.

(b) *(read quickly)* *notes, text* parcourir, jeter un coup d'œil sur.

(c) *(rehearse)* *play* répéter; *(recapitulate)* résumer, reprendre. **let's run through it again** reprenons cela (encore une fois); **if I may just run through the principal points once more?** puis-je reprendre *or* rappeler *or* récapituler les points principaux?

3 *vt sep* **(a)** **to run sb through (with a sword)** passer une épée à travers le corps de qn.

(b) *(Comput)* *data* passer (en revue).

4 run-through *n* V **run 2**.

◆**run up 1** *vi* monter en courant. *(fig)* **to run up against difficulties** se heurter à des difficultés.

2 *vt sep* **(a)** *flag* hisser.

(b) *bill, account* laisser accumuler. **to run up a debt** s'endetter (*of* de).

(c) *(*: sew quickly)* fabriquer*.

3 run-up *n* V **run 2**.

runaway ['rʌnəweɪ] **1** *n* *(gen)* fuyard *m*, fugitif *m*, -ive *f*; *(teenager, pupil etc)* fugueur *m*, euse *f*.

2 *adj* *slave, person* fugitif; *horse* emballé; *car, railway truck* fou (*f* folle). **~ wedding** mariage clandestin; **the ~ couple** le couple clandestin, les amants; *(Fin)* **~ inflation** inflation galopante; *(fig)* **~ success** succès *m* à tout casser*, succès monstre*; **he had a ~ victory** il a remporté la victoire haut la main.

rundown ['rʌndaʊn] *n* **(a)** *(gen)* réduction *f*, diminution *f*; *[industry, business]* réductions *fpl* délibérées. **there will be a ~ of staff** il y aura une réduction de personnel. **(b) to give sb a ~ on sth*** mettre qn au courant *or* au parfum‡ de qch.

rune [ruːn] *n* rune *f*.

rung¹ [rʌŋ] *ptp of* **ring²**.

rung² [rʌŋ] *n* *[ladder]* barreau *m*, échelon *m*, traverse *f*; *[chair]* bâton *m*, barreau.

runic ['ruːnɪk] *adj* runique.

runnel ['rʌnl] *n* *(brook)* ruisseau *m*; *(gutter)* rigole *f*.

runner ['rʌnər] **1** *n* **(a)** *(athlete)* coureur *m*; *(horse)* partant *m*; *(messenger)* messager *m*, courrier *m*; *(smuggler)* contrebandier *m*. *(Brit Hist)* **Bow Street R~** sergent *m* (de ville); V **blockade, gun**.

(b) *(sliding part)* *[sledge]* patin *m*; *[skate]* lame *f*; *[turbine]* couronne *f* mobile; *[drawer]* coulisseau *m*; *[car seat, door etc]* glissière *f*; *[curtain]* suspendeur *m*.

(c) *(table-~)* chemin *m* de table; *(hall carpet)* chemin de couloir; *(stair carpet)* chemin d'escalier.

(d) *(Bot: plant)* coulant *m*, stolon *m*.

2 *cpd*: *(Brit)* **runner bean** haricot *m* à rames; *(Scol, Sport etc)* **runner-up** *(pl* **runners-up**) second(e) *m(f)*.

running ['rʌnɪŋ] **1** *n* **(a)** *(action: in race etc)* course *f*. **to make the ~** *(Sport)* faire le lièvre; *(fig)* *(in work)* mener la course; *(in relationship)* prendre l'initiative; **to be in the ~** avoir des chances de réussir; **to be out of the ~*** ne plus être dans la course, n'avoir aucune chance de réussir, ne plus compter; **to be in the ~ for promotion/for the job** être sur les rangs pour obtenir de l'avancement/pour avoir le poste.

(b) *(U: functioning)* *[machine]* marche *f*, fonctionnement *m*; *[train]* marche.

(c) *(U: V run 4e)* direction *f*; administration *f*; organisation *f*.

(d) *(U: smuggling)* contrebande *f*; V **gun**.

2 *adj*: **~ jump** saut *m* avec élan; **go and take a ~ jump!**‡ va te faire cuire un œuf!‡; **~ kick** coup de pied donné en courant; *(fig)* **~ accompaniment** accompagnement soutenu; *(Fin)* **~ account** compte courant *(entre banques etc)*; **to have** *or* **keep a ~ account with sb** être en compte avec qn; **~ battle** *combat m* où l'un des adversaires est en retraite; **to keep up a ~ battle** *(Aviat, Naut)* soutenir *or* appuyer la chasse; *(fig)* être en lutte continuelle *(with* avec); *(Naut)* **~ bowline** laguis *m*; *(Rad, TV)* **~ commentary** commentaire suivi; *(fig)* **she gave us a ~ commentary on what was**

going on elle nous a fait un commentaire détaillé sur ce qui se passait; *(Mil)* ~ **fire** feu roulant; ~ **hand** écriture cursive; ~ **knot** nœud coulant; *(Sewing)* ~ **stitch** point *m* de devant; *(Typ)* ~ **title** titre courant; a ~ **stream**, ~ **water** un cours d'eau; ~ **water** (in every room) eau courante (dans toutes les chambres); ~ **sore** *(Med)* plaie *f* qui suppure; *(fig)* véritable plaie; *(Med)* ~ **cold** rhume *m* de cerveau; ~ **tap** robinet *m* qui coule.

3 *cpd: [car, train]* **running board** marchepied *m*; **running costs** frais *mpl* d'exploitation; **the running costs of the car/the central heating are high** la voiture/le chauffage central revient cher; *(US Pol)* **his running mate** celui (or celle) qu'il a choisi(e) comme candidat(e) à la vice-présidence; **in running order** en état de marche; **running shoe** chaussure *f* de course; *(Sport)* **running track** piste *f*.

4 *adv* **de suite. 4 days/times** ~ **4** jours/fois de suite.

runny [ˈrʌnɪ] *adj substance* liquide, qui coule, qui a tendance à couler; *omelette* baveux; *nose, eyes* qui coule.

runt [rʌnt] *n (animal)* avorton *m*; *(pej: person)* nabot *m*, avorton. **a little** ~ **of a man** un bonhomme tout riquiqui*.

rupee [ruːˈpiː] *n* roupie *f*.

rupture [ˈrʌptʃər] **1** *n (lit, fig)* rupture *f*; *(Med*: *hernia)* hernie *f*. **2** *vt* rompre. *(Med)* **to** ~ **o.s.** se donner une hernie. **3** *vi* se rompre.

rural [ˈrʊərəl] *adj economy, population* rural; *tranquillity, scenery* rural, agreste; *life* rural, champêtre. *(Brit Rel)* ~ **dean** doyen rural; ~ **depopulation** exode rural; *(Brit)* ~ **district council** conseil *m* municipal rural.

ruse [ruːz] *n* ruse *f*, stratagème *m*.

rush¹ [rʌʃ] **1** *n* **(a)** *(rapid movement)* course précipitée, ruée *f*; *[crowd]* ruée, bousculade *f*, rush *m*; *(Mil: attack)* bond *m*, assaut *m*. **he was caught in the** ~ **for the door** il a été pris dans la ruée vers la porte; **it got lost in the** ~ ça s'est perdu dans la bousculade or dans la confusion; **to make a** ~ **at** se précipiter sur; **there was a** ~ **for the empty seats** il y a eu une ruée vers les places libres, on s'est rué vers or sur les places libres; **gold** ~ ruée vers l'or; *(Comm)* **there's a** ~ **on matches** on se rue sur les allumettes; **we have a** ~ **on in the office just now** c'est le coup de feu en ce moment au bureau; **the Christmas** ~ la bousculade des fêtes de fin d'année; **we've had a** ~ **of orders** on nous a submergés de commandes; **a** ~ **of warm air** une bouffée d'air tiède; **there was a** ~ **of water** l'eau a jailli; **he had a** ~ **of blood to the head** il a eu un coup de sang.

(b) *(hurry)* hâte *f*. **the** ~ **of city life** le rythme effréné de la vie urbaine; **to be in a** ~ être extrêmement pressé; **I had a** ~ **to get here in time** j'ai dû me dépêcher pour arriver à l'heure; **I did it in a** ~ je l'ai fait à toute vitesse or en quatrième vitesse*; **what's all the** ~? pourquoi est-ce que c'est si pressé?; **is there any** ~ **for this?** est-ce que c'est pressé? or urgent?; **it all happened in a** ~ tout est arrivé or tout s'est passé très vite.

(c) *(Cine)* (projection *f* d')essai *m*.

(d) *(US Drugs sl)* flash *m (sl).*

(e) *(US Univ: of fraternity etc)* campagne *f* de recrutement.

2 *cpd:* **rush hours** heures *fpl* de pointe or d'affluence; **rush-hour traffic** circulation *f* des heures de pointe; **rush job** travail *m* d'urgence; **that was a rush job** c'était fait à la va-vite*; *(Comm)* **rush order** commande pressée or urgente.

3 *vi [person]* se précipiter, s'élancer, se ruer; *[car]* foncer. **the train went** ~**ing into the tunnel** le train est entré à toute vitesse dans le tunnel; **they** ~**ed to help her** ils se sont précipités pour l'aider; **I** ~**ed to her side** je me suis précipité à ses côtés; *(to offer encouragement etc)* je me suis précipité pour être avec elle; **I'm** ~**ing to finish it** je me presse or je me dépêche pour en avoir fini; **to** ~ **through** *book* lire à la hâte or en diagonale; *meal* prendre sur le pouce*; *museum* visiter au pas de course; *town* traverser à toute vitesse; *work* expédier; **to** ~ **in/out/back** *etc* entrer/sortir/rentrer *etc* précipitamment or à toute vitesse; **to** ~ **to the attack** se jeter or se ruer à l'attaque; **to** ~ **to conclusions** conclure à la légère; **the blood** ~**ed to his face** le sang lui est monté au visage; **memories** ~**ed into his mind** des souvenirs affluèrent à l'esprit; **the wind** ~**ed through the stable** le vent s'engouffrait dans l'écurie; **a torrent of water** ~**ed down the slope** un véritable torrent a dévalé la pente; **V** headlong.

4 *vt* **(a)** *(cause to move quickly)* entraîner or pousser vivement. **to** ~ **sb to hospital** transporter qn d'urgence à l'hôpital; **they** ~**ed more troops to the front** ils ont envoyé or expédié d'urgence des troupes fraîches sur le front; **they** ~**ed him out of the room** ils l'ont fait sortir précipitamment or en toute hâte de la pièce; **I don't want to** ~ **you** je ne voudrais pas vous bousculer; **don't** ~ **me!** laissez-moi le temps de souffler!; **to be** ~**ed off one's feet** être débordé; **to** ~ **sb off his feet** ne pas laisser à qn le temps de souffler; **to** ~ **sb into a decision** forcer or obliger qn à prendre une décision à la hâte; **to** ~ **sb into doing sth** forcer or obliger qn à faire qch à la hâte; **they** ~**ed the bill through Parliament** ils ont fait voter la loi à la hâte.

(b) *(take by storm) (Mil)* town, position prendre d'assaut; *fence, barrier* franchir (sur son élan). **her admirers** ~**ed the stage** ses admirateurs ont envahi la scène; **the mob** ~**ed the line of policemen** la foule s'est élancée contre le cordon de police.

(c) *(do hurriedly)* job, task dépêcher; *order* exécuter d'urgence.

(Comm) **'please** ~ **me 3 tickets'** 'envoyez-moi de toute urgence 3 billets'.

(d) *(‡) (charge)* faire payer; *(swindle)* faire payer un prix exorbitant à, estamper*. **how much were you** ~**ed for it?** combien on te l'a fait payer?; **you really WERE** ~**ed for that!** tu t'es vraiment fait estamper* pour ça!

(e) *(US Univ: of fraternity etc)* recruter.

♦**rush about**, **rush around** *vi* courir çà et là.

♦**rush at** *vt fus* se jeter sur, se ruer sur; *enemy* se ruer sur, fondre sur. **don't rush at the job, take it slowly** ne fais pas ça trop vite, prends ton temps.

♦**rush down** *vi [person]* descendre précipitamment; *[stream]* dévaler.

♦**rush through** *vt sep (Comm)* order exécuter d'urgence; *goods, supplies* envoyer or faire parvenir de toute urgence. **they rushed medical supplies through to him** on lui a fait parvenir des médicaments de toute urgence.

♦**rush up 1** *vi (arrive)* accourir.

2 *vt sep help, reinforcements* faire parvenir or (faire) envoyer d'urgence *(to* à).

rush² [rʌʃ] **1** *n (Bot)* jonc *m*; *(for chair)* jonc, paille *f*. **2** *cpd:* **rush light** chandelle *f* à mèche de jonc; **rush mat** ≃ tapis *m* tressé; *(U)* **rush matting** ≃ tapis *m* tressé.

rusk [rʌsk] *n* biscotte *f*.

russet [ˈrʌsɪt] **1** *n* **(a)** *(colour)* couleur *f* feuille-morte *inv*, brun roux. **(b)** *(apple)* reinette grise. **2** *adj* feuille-morte *inv*, brun roux *inv.*

Russia [ˈrʌʃə] *n* Russie *f.*

Russian [ˈrʌʃən] **1** *adj (gen)* russe; *teacher* de russe. *(Culin)* ~ **dressing** sauce *f* rouge relevée *(pour la salade)*; ~ **roulette** roulette *f* russe; ~ **S.S.R.** R.S.S. *f* de Russie. **2** *n* **(a)** Russe *mf.* **(b)** *(Ling)* russe *m.*

rust [rʌst] **1** *n (on metal; also Bot)* rouille *f*. **2** *cpd:* **rust-coloured** (couleur) rouille *inv*, roux *(f* rousse); **rustproof** *etc* V **rustproof** *etc*; **rust-resistant** = **rustproof** *(adj).* **3** *vt (lit, fig)* rouiller. **4** *vi (lit, fig)* se rouiller.

♦**rust in** *vi [screw]* se rouiller dans son trou.

♦**rust up** *vi* se rouiller.

rustic [ˈrʌstɪk] **1** *n* campagnard(e) *m(f)*, paysan(ne) *m(f)*, rustaud(e) *m(f) (pej)*, rustre *m (pej).* **2** *adj scene* rustique, champêtre; *bench, charm, simplicity* rustique.

rusticate [ˈrʌstɪkeɪt] **1** *vi* habiter la campagne. **2** *vt (Brit Univ)* exclure (temporairement).

rustiness [ˈrʌstɪnɪs] *n* rouillure *f*, rouille *f.*

rustle [ˈrʌsl] **1** *n [leaves]* bruissement *m*; *[silk, skirts]* bruissement, frou-frou *m*; *[papers]* froissement *m.*

2 *vi [leaves, wind]* bruire; *[papers]* produire un froissement or un bruissement; *[clothes, skirt]* faire frou-frou. **she** ~**d into the room** elle est entrée en froufroutant dans la pièce; **something** ~**d in the cupboard** il y a eu un froissement or un bruissement dans le placard.

3 *vt* **(a)** *leaves* faire bruire; *paper* froisser; *programme* agiter avec un bruissement; *petticoat, skirt* faire froufrouter.

(b) *(esp US: steal) cattle* voler.

♦**rustle up*** *vt sep* se débrouiller* pour trouver (or faire), préparer (à la hâte). **can you rustle up a cup of coffee?** tu voudrais me (or nous *etc*) donner un café en vitesse?

rustler [ˈrʌslər] *n* **(a)** *(esp US: cattle thief)* voleur *m* de bétail. **(b)** *(US *: energetic person)* type* *m* énergique or expéditif.

rustling [ˈrʌslɪŋ] *n* **(a)** *(cattle theft)* vol *m* de bétail. **(b)** = **rustle 1**.

rustproof [ˈrʌstpruːf] **1** *adj metal, alloy* inoxydable, qui ne rouille pas; *paint, treatment* antirouille, anticorrosion; *bodywork* traité contre la rouille or la corrosion. **2** *vt* traiter contre la rouille or la corrosion.

rustproofing [ˈrʌstpruːfɪŋ] *n* traitement *m* antirouille or anticorrosion.

rusty [ˈrʌstɪ] *adj (lit, fig)* rouillé. *(lit)* **to get** or **go** ~ se rouiller; *(fig)* **my English is** ~ mon anglais est un peu rouillé.

rut¹ [rʌt] *(Zool)* **1** *n* rut *m*. **2** *vi* être en rut. ~**ting season** saison *f* du rut.

rut² [rʌt] **1** *n (in track, path)* ornière *f*; *(fig)* routine *f*, ornière. *(fig)* **to be in** or **to get into a** ~ *[person]* suivre l'ornière, s'encroûter; *[mind]* devenir routinier; *(fig)* **to get out of the** ~ sortir de l'ornière. **2** *vt* sillonner.

rutabaga [ˌruːtəˈbeɪgə] *n (US)* rutabaga *m.*

Ruth [ruːθ] *n* Ruth *f.*

ruthenium [ruːˈθiːnɪəm] *n* ruthénium *m.*

ruthless [ˈruːθlɪs] *adj* impitoyable, cruel, sans pitié.

ruthlessly [ˈruːθlɪslɪ] *adv* sans pitié, sans merci, impitoyablement.

ruthlessness [ˈruːθlɪsnɪs] *n* caractère *m* or nature *f* impitoyable.

RV [ɑːˈviː] *n (Bible) abbr of* **Revised Version**; *V* revise.

Rwanda [rʊˈændə] *n* Rwanda *m.*

rye [raɪ] **1** *n* **(a)** *(grain)* seigle *m*. **(b)** *(US)* = ~ **whisky. 2** *cpd:* **rye bread** pain *m* de seigle; **ryegrass** ivraie *f* vivace, ray-grass *m*; **rye whisky** whisky *m* à base de seigle.

S

S, s [es] *n* (**a**) (*letter*) S, s *m*. **S for sugar** ≃ S comme Suzanne.
  (**b**) (*abbr of* south) S.
  (**c**) **S** (*Rel: abbr of* **Saint**) St(e).
SA [es'eɪ] *n abbr of* **South America, South Africa, South Australia**; *V* **south.**
Saar [zɑːr] *n* (*river, region*) **the** ~ la Sarre.
sabbatarian [ˌsæbə'tɛrɪən] **1** *n* (*Christian*) partisan(e) *m(f)* de l'observance stricte du dimanche; (*Jew*) personne *f* qui observe le sabbat. **2** *adj* (*Jewish Rel*) de l'observance du sabbat.
Sabbath ['sæbəθ] *n* (*Jewish*) sabbat *m*; (†: *Sunday*) dimanche *m*. **to keep/break the** ~ observer/violer le sabbat *or* le dimanche; (**witches'**) **s**~ sabbat.
sabbatical [sə'bætɪkəl] *adj* sabbatique. (*Univ*) ~ (**year**) année *f* sabbatique.
saber ['seɪbər] (*US*) = **sabre.**
sable ['seɪbl] **1** *n* (**a**) (*Zool*) zibeline *f*, martre *f*. (**b**) (*Her*) sable *m*. **2** *cpd* (**a**) *fur* de zibeline, de martre; *brush* en poil de martre. (**b**) (*liter: black*) noir.
sabot ['sæbəʊ] *n* (*all wood*) sabot *m*; (*leather etc upper*) socque *m*.
sabotage ['sæbətɑːʒ] **1** *n* (*U*) sabotage *m*. **an act of** ~ un sabotage. **2** *vt* (*lit, fig*) saboter.
saboteur [ˌsæbə'tɜːr] *n* saboteur *m*, -euse *f*.
sabre, (*US*) **saber** ['seɪbər] **1** *n* sabre *m*. **2** *cpd*: (*fig*) **sabre rattling** bruits *mpl* de sabre (*fig*); **sabre-toothed tiger** smilodon *m*, machairodus *m*.
sac [sæk] *n* (*Anat, Bio*) sac *m*.
saccharin ['sækərɪn] *n* (*US*) = **saccharine 2.**
saccharine ['sækəriːn] **1** *adj drink* sacchariné; *product* à la saccharine; *pill, flavour* de saccharine; (*fig*) *smile* mielleux, douceâtre. **2** *n* saccharine *f*.
sacerdotal [ˌsæsə'dəʊtl] *adj* sacerdotal.
sachet ['sæʃeɪ] *n* sachet *m*; (*shampoo*) berlingot *m*.
sack¹ [sæk] **1** *n* (**a**) (*bag*) sac *m*. **coal**~ sac à charbon; ~ **of coal** sac de charbon; **a** ~(**ful**) **of potatoes** un (plein) sac de pommes de terre; **that dress makes her look like a** ~ **of potatoes** dans cette robe elle ressemble à un sac de pommes de terre.
  (**b**) (*: dismissal*) renvoi *m*. **to give sb the** ~* renvoyer qn, mettre *or* flanquer* qn à la porte, virer* qn; **to get the** ~* être renvoyé, être mis *or* flanqué* à la porte, se faire virer*.
  (**c**) (‡: *bed*) pieu‡ *m*, plumard‡ *m*. **to hit the** ~‡ aller se pieuter‡.
  2 *cpd*: **sackcloth** grosse toile d'emballage, toile à sac; (*Rel*) **sackcloth and ashes** le sac et la cendre; (*fig*) **to be in sackcloth and ashes** être contrit; **sack dress** robe *f* sac; **sack race** course *f* en sac.
  3 *vt* (*: dismiss*) *employee* renvoyer, mettre à la porte, virer*.
♦sack out‡, sack up‡ *vi* (*US: go to bed*) aller se pieuter‡.
sack² [sæk] **1** *n* (*plundering*) sac *m*, pillage *m*. **2** *vt town* mettre à sac, saccager, piller.
sack³ [sæk] *n* (*wine*) vin *m* blanc sec.
sackbut ['sækbʌt] *n* (*Mus*) saquebute *f*.
sacking¹ ['sækɪŋ] *n* (**a**) (*U: Tex*) grosse toile d'emballage, toile à sac.
  (**b**) (*: dismissal*) (*gen*) renvoi *m*. **large scale** ~s renvois massifs, largage *m*.
sacking² ['sækɪŋ] *n* (*plundering*) sac *m*, pillage *m*.
sacral ['seɪkrəl] *adj* (*Anat*) sacré.
sacrament ['sækrəmənt] *n* sacrement *m*. **to receive the** ~s communier; *V* **blessed.**
sacramental [ˌsækrə'mentl] **1** *adj* sacramentel. **2** *n* sacramental *m*.
sacred ['seɪkrɪd] *adj* (**a**) (*Rel*) sacré, saint; *music* sacré, religieux. **the S**~ **Heart** le Sacré-Cœur; **S**~ **History** l'Histoire Sainte; **things** ~ **and profane** le sacré et le profane; ~ **writings** livres sacrés.
  (**b**) (*solemn*) *duty* sacré; *moment* solennel, sacré; *promise* sacré, inviolable; (*revered*) sacré. ~ **to the memory of** consacré *or* voué à la mémoire de; **the cow is a** ~ **animal in India** aux Indes la vache est un animal sacré; **to her nothing was** ~ pour elle rien n'était sacré, elle ne respectait rien; **is nothing** ~? vous ne respectez donc rien?; (*fig*) ~ **cow** chose sacro-sainte.
sacrifice ['sækrɪfaɪs] **1** *n* (*all senses*) sacrifice *m*. (*Rel*) **the** ~ **of the mass** le saint sacrifice (de la messe); (*fig*) **to make great** ~s faire *or* consentir de grands sacrifices (*for sb* pour qn, *to do* pour faire); *V* **self.**
  2 *vt* (*all senses*) sacrifier (*to* à). **to** ~ **o.s. for sb** se sacrifier pour qn; (*in small ads etc*) '**cost £25:** ~ **for £5**'* 'coût 25 livres: sacrifié à 5 livres'.
sacrificial [ˌsækrɪ'fɪʃəl] *adj* (*gen, also Rel*) sacrificiel. **the** ~ **lamb** l'agneau *m* du sacrifice.
sacrilege ['sækrɪlɪdʒ] *n* (*lit, fig*) sacrilège *m*.
sacrilegious [ˌsækrɪ'lɪdʒəs] *adj* sacrilège.
sacrist(an) ['sækrɪst(ən)] *n* sacristain(e) *m(f)*, sacristine *f*.
sacristy ['sækrɪstɪ] *n* sacristie *f*.
sacroiliac [ˌseɪkrəʊ'ɪlɪæk] **1** *adj* sacro-iliaque. **2** *n* articulation *f* sacro-iliaque.
sacrosanct ['sækrəʊsæŋkt] *adj* sacro-saint.
sacrum ['seɪkrəm] *n* sacrum *m*.
sad [sæd] *adj* (**a**) (*unhappy*) triste (*before n*), affligé; (*depressed*)

triste, déprimé; *feeling, look* triste, de tristesse; *smile* triste. ~-**eyed** aux yeux tristes; ~-**faced** au visage triste; **to make sb** ~ attrister qn; **to grow** ~ s'attrister, devenir triste; **he eventually departed a** ~**der and** (**a**) **wiser man** finalement il partit ayant appris la dure leçon de l'expérience.
  (**b**) (*deplorable*) *news, duty, occasion* triste, attristant; *loss* douloureux; *state, condition* triste; *mistake* regrettable, fâcheux. **it's a very** ~ **state of affairs** c'est un triste état de choses *or* un état de choses déplorable; **it's a** ~ **business** c'est une triste affaire, c'est une affaire lamentable; ~ **to say** ... (et) chose triste à dire ... ; (*US fig*) ~ **sack*** (*gen*) empoté* *m*; (*Mil*) pauvre troufion* *m*.
sadden ['sædn] *vt* attrister, rendre triste, affliger.
saddle ['sædl] **1** *n* (**a**) (*horse, cycle*) selle *f*. (*lit*) **in the** ~ en selle; **he leapt into the** ~ il sauta en selle; (*fig*) **when he was in the** ~ quand c'était lui qui tenait les rênes; *V* **side** *etc*.
  (**b**) (*hill*) col *m*.
  (**c**) (*Culin*) ~ **of lamb** selle *f* d'agneau.
  2 *cpd*: **saddle-backed** ensellé; **saddlebag** (*horse*) sacoche *f* de selle; (*cycle*) sacoche de bicyclette; **saddlebow** pommeau *m*, arçon *m*; **saddlecloth** tapis *m* de selle; **saddle horse** cheval *m* de selle; **saddle joint** articulation *f* en selle; (*US*) **saddle shoes** chaussures *fpl* basses bicolores; **saddle-sore** meurtri à force d'être en selle; **saddle-stitched** cousu à longs points.
  3 *vt* (**a**) (*also* ~ **up**) *horse* seller.
  (**b**) (* *fig*) **to** ~ **sb with sth** imposer qch à qn, coller qch à qn*; **I've been** ~**d with organizing the meeting** on m'a collé* l'organisation de la réunion; **we're** ~**d with it** nous voilà avec ça sur les bras.
saddler ['sædlər] *n* sellier *m*.
saddlery ['sædlərɪ] *n* (*articles, business*) sellerie *f*.
Sadducee ['sædjʊsiː] *n* Sad(d)ucéen(ne) *m(f)*.
sadism ['seɪdɪzəm] *n* sadisme *m*.
sadist ['seɪdɪst] *n* sadique *m(f)*.
sadistic [sə'dɪstɪk] *adj* sadique.
sadly ['sædlɪ] *adv* (*unhappily*) *smile, speak* tristement, avec tristesse; (*regrettably*) fâcheusement. **a** ~ **incompetent teacher** un professeur fort incompétent; ~ **lacking in** ... qui manque fortement de ...; **you are** ~ **mistaken** vous vous trompez fort; **it's** ~ **in need of repair** cela a bien besoin d'être réparé.
sadness ['sædnɪs] *n* (*U*) tristesse *f*, mélancolie *f*.
sadomasochism [ˌseɪdəʊ'mæsəkɪzəm] *n* sadomasochisme *m*.
sadomasochist [ˌseɪdəʊ'mæsəkɪst] *n* sadomasochiste *mf*.
sadomasochistic [ˌseɪdəʊˌmæsə'kɪstɪk] *adj* sadomasochiste.
s.a.e. [eseɪ'iː] *n abbr of* **stamped addressed envelope**; *V* **stamp.**
safari [sə'fɑːrɪ] **1** *n* safari *m*. **to make a** ~, **to go** *or* **be on** ~ faire un safari. **2** *cpd*: **safari hat** chapeau *m* de brousse; **safari jacket** saharienne *f*; **safari park** réserve *f*; **safari shirt** saharienne *f*; **safari suit** ensemble *m* saharien.
safe [seɪf] **1** *adj* (**a**) (*not in danger*) *person* hors de danger, en sécurité. ~ **and sound** sain et sauf; **to be** ~ **from** être à l'abri de; **all the passengers are** ~ tous les passagers sont sains et saufs *or* sont hors de danger; (*fig*) **no girl is** ~ **with him** les filles courent toujours un risque avec lui; **you'll be quite** ~ **here** vous êtes en sécurité ici, vous ne courez aucun danger ici; **I'll keep it** ~ **for you** je vais vous le garder en lieu sûr; **a** ~ **investment** un placement sûr *or* de père de famille; **your reputation is** ~ votre réputation est inattaquable *or* ne craint rien; **your secret is** ~ **with me** avec moi votre secret ne risque rien.
  (**b**) (*not dangerous*) *toy, animal* sans danger; *method, vehicle* sûr; *action* sans risque, sans danger; *structure, bridge* solide; (*secure*) *hiding place, harbour* sûr; (*prudent*) *action, choice, guess, estimate* prudent, raisonnable. (*Naut*) **a** ~ **anchorage** un bon mouillage; **is it** ~ **to come out?** est-ce qu'on peut sortir sans danger?; **it is quite** ~ **to go alone** on peut y aller seul sans aucun danger; **it's not** ~ **to go alone** il est dangereux d'y aller tout seul; **is that dog** ~? ce chien n'est pas méchant?; **that dog isn't** ~ **with children** il ne faut pas laisser les enfants s'approcher du chien; **the ice isn't** ~ la glace n'est pas solide *or* ferme; **is the ladder** ~ **for the children?** est-ce que l'échelle est assez solide pour les enfants?; **this boat is not** ~ *or* **not in a** ~ **condition** ce bateau n'est pas en état; **is the bathing/the beach** ~? la baignade/la plage n'est pas dangereuse?; ~ **journey!** bon voyage!; ~ **home!*** bon retour!; **in a** ~ **place** en lieu sûr; **in** ~ **hands** en mains sûres; **he's in jail for the moment** pour le moment on est tranquille — il est sous les verrous; (*for spy, hunted man etc*) ~ **house** lieu *m* sûr; **it's** ~ **as houses** (*runs no risk*) cela ne court aucun risque; (*offers no risk*) cela ne présente aucun risque; (*Med*) **the** ~ **period*** la période sans danger; **I'd feel** ~**r if we waited** je me sentirais plus en sécurité si nous attendions; **it might be** ~**r to wait** il vaudrait peut-être mieux attendre pour plus de sûreté; **the** ~**st thing (to do) would be to wait** here le plus sûr serait d'attendre ici; (*just*) **to be on the** ~ **side** par précaution, pour plus de sûreté, par acquit de conscience; **it's better to be on the** ~ **side and take an umbrella** pour être plus

598

sûr il vaut mieux prendre un parapluie; **better ~ than sorry!** mieux vaut être trop prudent!; **he was a ~ choice** or **they chose a ~ man for headmaster** en le nommant directeur ils n'ont couru aucun risque; (*Sport*) **a ~ winner** un gagnant certain or assuré; **it's a ~ bet he'll win** il gagnera à coup sûr; **he's ~ for re-election** il sera réélu à coup sûr; (*Pol*) **a ~ seat** un siège assuré or imperdable; **it is ~ to predict** ... on peut prédire sans risque d'erreur or en toute tranquillité ...; *V* **play**.
  2 *n* (**a**) (*for money, valuables*) coffre-fort *m*.
  (**b**) (*for food*) garde-manger *m inv*.
  3 *cpd*: **safe-blower** perceur *m* de coffre-fort (*qui utilise des explosifs*); **safe-breaker** perceur *m* de coffre-fort; (*Mil etc*) **safe-conduct** sauf-conduit *m*; **safe-cracker** = **safe-breaker**; **safe deposit** (*vault*) dépôt *m* de coffres-forts; (*also:* **safe deposit box**) coffre(-fort) *m*; **safeguard** *V* **safeguard**; **safekeeping** bonne garde, sécurité *f*; **in safekeeping** sous bonne garde, en sécurité; **I gave it to him for safekeeping, I put it in his safekeeping** je le lui ai donné à garder or pour qu'il le garde (*subj*); **the key is in his safekeeping** on lui a confié (la garde de) la clef.
safeguard ['seɪfgɑːd] **1** *vt* sauvegarder, protéger (*against* contre). **2** *n* sauvegarde *f*, garantie *f* (*against* contre). **as a ~ against** comme sauvegarde contre, pour éviter; (*Jur*) **~ clause** clause *f* de sauvegarde.
safely ['seɪflɪ] *adv* (*without mishap*) sans accident; (*without risk*) sans risque, sans danger; (*without damage*) sans dommage; (*securely*) en sûreté. **to arrive ~** (*person*) bien arriver, arriver à bon port, arriver sain et sauf; (*parcel*) bien arriver, arriver à bon port; **'arrived ~'** 'bien arrivé'; (*Comm*) **the consignment reached us ~** nous avons bien reçu les marchandises; **you can walk about quite ~ in this town** vous pouvez vous promener sans risque or sans danger dans cette ville; **he's ~ through to the semifinal** il est arrivé (sans encombre) en demi-finale; **to put sth away ~** ranger qch en lieu sûr; **we can ~ say that** ... nous pouvons dire à coup sûr or sans risque d'erreur que ... .
safeness ['seɪfnɪs] *n* (*freedom from danger*) sécurité *f*; (*construction, equipment*) solidité *f*.
safety ['seɪftɪ] **1** *n* (**a**) (*freedom from danger*) sécurité *f*. **in a place of ~** en lieu sûr; **to ensure sb's ~** veiller sur or assurer la sécurité de qn; **his ~ must be our first consideration** sa sécurité doit être notre premier souci; **this airline is very concerned over the ~ of its passengers** cette compagnie d'aviation se préoccupe beaucoup de la sécurité de ses passagers; **he reached ~ at last** il fut enfin en sûreté or en sécurité; **he sought ~ in flight** il chercha le salut dans la fuite; **to play for ~** ne pas prendre de risques, jouer au plus sûr; **there is ~ in numbers** plus on est nombreux moins il y a de danger; **for ~'s sake** pour plus de sûreté, par mesure de sécurité; **~ on the roads/in the factories** la sécurité sur les routes/dans les usines; **~ first!** la sécurité d'abord!; (*Aut*) **soyez prudents!** (*V also* **2**); *V also* **road**.
  (**b**) [*construction, equipment*] solidité *f*.
  2 *cpd*: **safety belt** ceinture *f* de sécurité; **safety blade** lame *f* de sûreté; **safety bolt** verrou *m* de sûreté; **safety catch** cran *m* de sécurité; **safety chain** chaîne *f* de sûreté; (*Theat*) **safety curtain** rideau *m* de fer; (*US*) **safety-deposit box** coffre(-fort) *m*; **safety device** dispositif *m* de sécurité; **the ~ factor** le facteur de sécurité; **safety first campaign** (*gen*) campagne *f* de sécurité; (*Aut*) campagne *f* de la prévention routière; **safety glass** verre *m* Sécurit ®; **safety lamp** lampe *f* de mineur; **safety lock** serrure *f* de sécurité; **safety margin** marge *f* de sécurité; **safety match** allumette *f* de sûreté or suédoise; **safety measure** mesure *f* de sécurité; **as a safety measure** pour plus de sûreté, par mesure de sécurité; **safety mechanism** dispositif *m* de sécurité; **safety net** (*lit*) filet *m* (de protection); (*fig*) filet de sécurité; **safety pin** épingle *f* de sûreté or de nourrice; **safety precaution** mesure *f* de sécurité; **safety razor** rasoir *m* de sûreté or mécanique; **safety regulations** règles *fpl* de sécurité; **safety screen** écran *m* de sécurité; (*lit, fig*) **safety valve** soupape *f* de sûreté; (*US Aut*) **safety zone** zone protégée pour piétons.
saffron ['sæfrən] **1** *n* safran *m*. **2** *adj* colour safran *inv*; *flavour* safrané. **~ rice** riz au safran or safrané; **~ yellow** jaune safran *inv*.
sag [sæg] **1** *vi* [*roof, chair*] s'affaisser; [*beam, floorboard*] s'arquer, fléchir; [*cheeks, breasts, hemline*] pendre; [*rope*] pendre au milieu, être détendu; [*gate*] être affaissé; [*prices*] fléchir, baisser.
  2 *n* affaissement *m*; fléchissement *m*; [*prices*] fléchissement, baisse *f*.
saga ['sɑːgə] *n* (*Liter*) saga *f*; (*film, story*) aventure *f* épique; (*novel*) roman-fleuve *m*. (*fig*) **he told me the whole ~ of what had happened** il m'a raconté tout ce qui était arrivé or toutes les péripéties en long et en large.
sagacious [sə'geɪʃəs] *adj* person sagace, avisé; *comment* judicieux, perspicace.
sagaciously [sə'geɪʃəslɪ] *adv* avec sagacité.
sagaciousness [sə'geɪʃəsnɪs] *n*, **sagacity** [sə'gæsɪtɪ] *n* sagacité *f*.
sage[1] [seɪdʒ] **1** *n* (*Bot, Culin*) sauge *f*. **~ and onion stuffing** farce *f* à l'oignon et à la sauge. **2** *cpd*: **sage green** vert cendré *inv*; (*US*) **sage brush** armoise *f*; (*US*) **the Sagebrush State** le Nevada.
sage[2] [seɪdʒ] **1** *adj* (*wise*) sage, savant, avisé; (*solemn*) solennel, grave. **2** *n* sage *m*.
sagely ['seɪdʒlɪ] *adv* (*wisely*) avec sagesse; (*solemnly*) d'un air or d'un ton solennel.
sagging ['sægɪŋ] *adj* ground affaissé; *beam* arqué, fléchi; *cheek, hemline* pendant; *rope* détendu; *gate* affaissé.
Sagittarius [ˌsædʒɪ'tɛərɪəs] *n* (*Astron*) le Sagittaire. **I'm ~** je suis (du) Sagittaire.
sago ['seɪgəʊ] **1** *n* sagou *m*. **2** *cpd*: **sago palm** sagoutier *m*; **sago pudding** sagou au lait.
Sahara [sə'hɑːrə] *n*: **the ~** (*Desert*) le (désert du) Sahara.

sahib ['sɑːhɪb] *n* (*aux Indes*) Monsieur *m*, maître *m*. **Smith S~** Monsieur Smith; *V* **pukka**.
said [sed] *pret, ptp of* **say**.
Saigon [saɪ'gɒn] *n* Saigon.
sail [seɪl] **1** *n* (**a**) (*boat*) voile *f*. **under ~** à la voile; **the boat has set ~** le bateau a pris la mer; [*boat*] **to set ~ for** partir à destination de; **he has set ~ for America** il est parti pour l'Amérique (en bateau); **there wasn't a ~ in sight** il n'y avait pas une seule voile en vue; *V* **hoist, wind**[1] *etc*.
  (**b**) (*trip*) **to go for a ~** faire un tour en bateau or en mer; **Spain is 2 days' ~ from here** l'Espagne est à 2 jours de mer.
  (**c**) [*windmill*] aile *f*.
  2 *cpd*: **sailboard** planche *f* à voile; **sailboarder** véliplanchiste *mf*; **sailboarding** planche *f* à voile; **to go sailboarding** faire de la planche à voile; (*US*) **sailboat** bateau *m* à voiles, voilier *m*; **sailcloth** toile *f* à voile; **sail maker** voilier *m* (*personne*); **sailplane** planeur *m*.
  3 *vi* (**a**) [*boat*] **to ~ into harbour** entrer au port; **the ship ~ed into Cadiz** le bateau arriva à Cadix; **it ~ed round the cape** il doubla le cap; **to ~ at 10 knots** filer 10 nœuds; **the boat ~ed down the river** le bateau descendit la rivière; **the steamer ~s at 6 o'clock** le vapeur prend la mer or part à 6 heures.
  (**b**) [*person*] **to ~ away/back** *etc* partir/revenir *etc* en bateau; **to ~ round the world** faire le tour du monde en bateau; **we ~ed for Australia** nous sommes partis pour l'Australie (en bateau); **we ~ed into Southampton** nous sommes entrés dans le port de Southampton; **we ~ at 6 o'clock** nous partons à 6 heures, le bateau part à 6 heures; **he ~s** or **goes ~ing every week-end** il fait du bateau or de la voile tous les week-ends; (*fig*) **he was ~ing close to** or **near the wind** il jouait un jeu dangereux.
  (**c**) (*fig*) [*swan etc*] glisser. **clouds were ~ing across the sky** des nuages glissaient or couraient dans le ciel; **the book ~ed across the room and landed at her feet** le livre a volé à travers la pièce et a atterri à ses pieds; **the book ~ed out of the window** le livre est allé voler par la fenêtre; **she ~ed into the room*** elle est entrée dans la pièce toutes voiles dehors (*hum*).
  4 *vt* (**a**) **to ~ the seas** parcourir les mers; **he ~ed the Atlantic last year** l'année dernière il a fait la traversée de or il a traversé l'Atlantique (en bateau).
  (**b**) *boat* manœuvrer, piloter, commander. **he ~ed his boat round the cape** il a doublé le cap; **he ~s his own yacht** (*owns it*) il a son propre yacht; (*captains it*) il pilote son yacht lui-même.
  ♦**sail into** *vt fus* (**a**) (‡: *scold*) passer un savon à*, laver la tête à*, voler dans les plumes à‡.
  (**b**) (*) **he sailed into the work** il a attaqué le travail avec entrain.
  ♦**sail through*** **1** *vi* réussir haut la main.
  2 *vt fus*: **to sail through one's degree/one's driving test** avoir sa licence/son permis de conduire haut la main.
sailing ['seɪlɪŋ] **1** *n* (**a**) (*U: activity, hobby*) (*dinghies etc*) navigation *f* à voile; (*yachts*) navigation *f* de plaisance. **a day's ~** une journée de voile or en mer; **his hobby is ~** son passe-temps favori est la voile; *V* **plain**.
  (**b**) (*departure*) départ *m*.
  2 *cpd*: (*Brit*) **sailing boat** bateau *m* à voiles, voilier *m*; **sailing date** date *f* de départ (d'un bateau); **sailing dinghy** canot *m* à voiles, dériveur *m*; **sailing orders** instructions *fpl* pour appareiller; **sailing ship** grand voilier *m*, navire *m* à voiles.
sailor ['seɪlə*] **1** *n* (*gen*) marin *m*; (*before the mast*) matelot *m*. **to be a good/bad ~** avoir/ne pas avoir le pied marin. **2** *cpd*: **sailor hat** chapeau *m* de marin; **sailor suit** costume marin.
sainfoin ['sænfɔɪn] *n* sainfoin *m*.
saint [seɪnt] **1** *n* saint(e) *m(f)*. **~'s day** fête *f* (de saint); **All S~s'** (**Day**) la Toussaint; **~ not a ~*** ce n'est pas un petit saint.
  2 *cpd*: **Saint John/Peter** *etc* saint Jean/Pierre *etc*; **Saint Patrick's** *etc* **Day** la Saint-Patrick *etc*; **Saint Peter's** *etc* **Church** (l'église *f*) Saint-Pierre *etc*; **Saint Bernard** (*dog*) saint-bernard *m inv*; (*Geog*) **Saint Helena** Sainte-Hélène *f*; **on Saint Helena** à Sainte-Hélène; **Saint-John's-wort** mille-pertuis *m*; (*Geog*) **the Saint Lawrence** le Saint-Laurent; **the Saint Lawrence Seaway** la voie maritime du Saint-Laurent; **saint-like** = **saintly**; (*Geog*) **Saint Lucia** Sainte-Lucie *f*; **in Saint Lucia** à Sainte-Lucie; **Saint Lucian** (*n*) Saint-Lucien(ne) *m(f)*; (*adj*) saint-lucien; (*Geog*) **Saint Pierre and Miquelon** Saint-Pierre-et-Miquelon; (*Geog*) **Saint Vincent and the Grenadines** Saint-Vincent-et-Grenadines; (*Med*) **Saint Vitus' dance** danse *f* de Saint-Guy.
sainted ['seɪntɪd] *adj* sanctifié.
sainthood ['seɪnthʊd] *n* sainteté *f*.
saintliness ['seɪntlɪnɪs] *n* sainteté *f*.
saintly ['seɪntlɪ] *adj* quality de saint; *smile* plein de bonté. **a ~ person** une sainte personne, une personne pleine de bonté.
saithe [seɪθ] *n* (*Brit*) lieu noir *m*, colin *m*.
sake[1] [seɪk] *n*: **for the ~ of sb** par amour de qn, par égard pour qn; **for God's ~** pour l'amour de Dieu; **for my ~** pour moi, par égard pour moi; **for your own ~** pour ton bien; **for their ~(s)** pour eux; **do it for both our ~s** fais-le (par égard) pour nous deux; **to eat for the ~ of eating** manger pour le plaisir de manger; **for old times' ~** en souvenir du passé; **for argument's ~** à titre d'exemple; **art for art's ~** l'art pour l'art; **for the ~ of peace** pour avoir la paix; *V* **goodness, heaven, pity** *etc*.
sake[2] ['sɑːkɪ] *n* saké *m*.
sal [sæl] *n* sel *m*. **~ ammoniac** sel ammoniac; **~ volatile** sel volatil.
salaam [sə'lɑːm] **1** *n* salutation *f* (à l'orientale). **2** *vi* saluer (à l'orientale).
salable ['seɪləbl] *adj* (*US*) = **saleable**.
salacious [sə'leɪʃəs] *adj* joke, remark licencieux, grivois; *smile, look* lubrique.

salaciousness [sə'leɪʃəsnɪs] n grivoiserie f; lubricité f.
salad ['sæləd] **1** n salade f. **ham ~** jambon accompagné de salade; **tomato ~** salade de tomates; V **fruit, potato** etc.
  2 cpd: **salad bowl** saladier m; (Brit) **salad cream** (sorte f de) mayonnaise f (en bouteille etc); (fig) **salad days** années fpl de jeunesse et d'inexpérience; **salad dish** = salad bowl; **salad dressing** (oil and vinegar) vinaigrette f; (made with egg) mayonnaise f; **salad oil** huile f de table; **salad servers** couvert m à salade; **salad shaker** (basket) panier m à salade; (spinner) essoreuse f (à salade).
salamander ['sælə,mændər] n (Myth, Zool) salamandre f.
salami [sə'lɑ:mɪ] n salami m.
salaried ['sælərɪd] adj person qui touche un traitement or des appointements; post où l'on touche un traitement. (Ind) ~ **staff** employés mpl touchant un traitement or des appointements.
salary ['sælərɪ] **1** n (monthly, professional etc) traitement m, appointements mpl; (pay in general) salaire m. **he couldn't do that on his ~** il ne pourrait pas faire ça avec ce qu'il gagne or avec son salaire.
  2 cpd: **salary bracket** fourchette f des traitements; **salary earner** personne f qui touche un traitement; **salary range** éventail m des traitements; **salary scale** échelle f des traitements.
sale [seɪl] **1** n (act) vente f. **'for ~'** 'à vendre'; **'not for ~'** 'cet article n'est pas à vendre'; **to put up for ~** mettre en vente; **our house is up for ~** notre maison est à vendre or en vente; **on ~** en vente; **on ~ at all good chemists** en vente dans toutes les bonnes pharmacies; **we made a quick ~** la vente a été vite conclue; **it's going cheap for a quick ~** le prix est bas parce qu'on espère vendre vite; **he finds a ready ~ for his vegetables** il n'a aucun mal à vendre ses légumes; **his vegetables find a ready ~** ses légumes se vendent sans aucun mal; **on ~ or return** (basis) avec possibilité de reprise des invendus, avec faculté de retour; **~s are up/down** les ventes ont augmenté/baissé; **~ by auction** vente publique, vente aux enchères; V **cash** etc.
  (b) (event: gen) vente f; (auction ~) vente (aux enchères); (Comm: also ~s) soldes mpl. **the ~s are on** c'est la saison des soldes; **the ~ begins** or **the ~s begin next week** les soldes commencent la semaine prochaine; **this shop is having a ~** just now il y a des soldes dans ce magasin en ce moment; **to put in the ~** mettre en solde, solder; **in a ~** en solde; **they are having a ~** in aid of **the blind** on organise une vente (de' charité) en faveur des aveugles; V **bring, clearance, jumble** etc.
  2 cpd: **sale of work** vente f de charité; **sale price** prix m de solde or de rabais; **saleroom** salle f des ventes; (US) **sales clerk** vendeur m, -euse f; **sales department** service m des ventes; **sales force** ensemble m des représentants; **sales leaflet** argumentaire m; **salesman** (in shop) vendeur m; (representative) représentant m de commerce; **he's a good salesman** il sait vendre (V **door 1a** etc); **sales manager** directeur commercial; **salesmanship** art m de la vente; **sales office** bureau m de vente; **sales pitch*** baratin* m publicitaire, boniment m; **sales promotion** promotion f des ventes; **sales resistance** réaction f défavorable (à la publicité), résistance f (de l'acheteur); (US) **salesroom** = **saleroom; sales slip** (in shops) ticket m de caisse); **sales talk*** baratin* m publicitaire, boniment m; (US) **sales tax** taxe f à l'achat; **saleswoman** vendeuse f; **sale value** valeur marchande.
saleable ['seɪləbl] adj vendable. **highly ~** très demandé.
Salerno [sə'lernəʊ] n Salerne.
salient ['seɪlɪənt] adj, n saillant (m).
salina [sə'li:nə] n (a) (marsh etc) (marais m) salant m, salin m, saline f; (saltworks) saline(s), raffinerie f de sel. **(b)** (mine) mine f de sel.
saline ['seɪlaɪn] **1** adj solution salin. **2** n (a) = salina a. **(b)** (Chem: solution) solution f isotonique de sel(s) alcalin(s); (Med) purgatif salin.
salinity [sə'lɪnɪtɪ] n salinité f.
saliva [sə'laɪvə] n salive f.
salivary ['sælɪvərɪ] adj salivaire.
salivate ['sælɪveɪt] vi saliver.
salivation [,sælɪ'veɪʃən] n salivation f.
sallow¹ ['sæləʊ] adj complexion jaunâtre, cireux.
sallow² ['sæləʊ] n (Bot) saule m.
sallowness ['sæləʊnɪs] n teint m jaunâtre.
sally ['sælɪ] n (a) (Mil) sortie f. (b) (flash of wit) saillie f, boutade f. **to make a ~** dire une boutade.
◆**sally forth, sally out** vi sortir gaiement.
Sally Army [,sælɪ 'ɑ:mɪ] n (Brit) (abbr of Salvation Army) Armée f du Salut.
salmon ['sæmən] **1** n saumon m; V **rock², smoke. 2** cpd: **salmon fishing** pêche f au saumon; **salmon pink** (rose) saumon inv; **salmon steak** darne f de saumon; **salmon trout** truite saumonée.
salmonella [,sælmə'nelə] n salmonelle f. **~ poisoning** salmonellose f.
salmonellosis [,sælmənə'ləʊsɪs] n salmonellose f.
Salome [sə'ləʊmɪ] n Salomé f.
salon ['sælɒn] n (all senses) salon m; V **beauty, hair.**
saloon [sə'lu:n] **1** n (a) (large room) salle f, salon m; (on ship) salon; V **billiard.**
  (b) (Brit: also ~ **bar**) bar m; (US: bar) bar m, saloon m.
  (c) (Brit: car) conduite intérieure, berline f. **5-seater ~** berline 5 places.
  2 cpd: (Brit) **saloon bar** bar m; **saloon car** (Brit Aut) conduite intérieure, berline f; (US Rail) wagon-salon m.
salsa ['sɑːlsə] n (a) (Culin) sauce aux oignons, tomates et poivrons (spécialité portoricaine). (b) (Mus) salsa f.
salsify ['sælsɪfɪ] n salsifis m.
SALT [sɔːlt] (abbr of Strategic Arms Limitation Talks) ~ **negotiations** négociations fpl S.A.L.T.

salt [sɔːlt] **1** n (a) (U: Chem, Culin) sel m. **kitchen/table ~** sel de cuisine/de table; **there's too much ~ in the potatoes** les pommes de terre sont trop salées; **I don't like ~ in my food** je n'aime pas manger salé; (fig) **to rub ~ in the wound** retourner le couteau dans la plaie; (fig) **he's not worth his ~** il ne vaut pas grand-chose; (fig) **to take sth with a pinch or grain of ~** ne pas prendre qch au pied de la lettre; (fig) **the ~ of the earth** le sel de la terre; (fig) **to sit above/below the ~** être socialement supérieur/inférieur.
  (b) ~**s** sels mpl; V **bath, smell** etc.
  (c) (Naut) **an old ~** un vieux loup de mer.
  2 adj water, butter, beef salé; taste salé, de sel. ~ **lake** lac m salé; ~ **pork** petit salé m; (fig) ~ **tears** larmes fpl amères.
  3 cpd: (US: house) **salt box** maison f à deux étages et à toit dissymétrique; **saltcellar** salière f; **salt flat** salant m; **salt-free** sans sel; **salt lick** (block of salt) pierre f à lécher; (place) salant m; **salt marsh** marais m salant, salin m, saline f; **salt mine** mine f de sel; (US: fig, hum) **back to the salt mines*!** allez, il faut reprendre le collier*!; **salt pan** puits salant; **salt shaker** salière f; **salt spoon** cuiller f à sel; (Hist) **salt tax** gabelle f; **saltwater fish** poisson m de mer; **saltworks** salin m, saline(s) f(pl), raffinerie f de sel.
  4 vt meat, one's food saler.
◆**salt away** vt sep meat saler; (fig) money mettre à gauche*.
◆**salt down** vt fus saler, conserver dans le sel.
saltine [sɔːl'tiːn] n (US: cracker) petit biscuit m salé.
saltiness ['sɔːltɪnɪs] n [water] salinité f; [food] goût salé.
salting ['sɔːltɪŋ] n (a) (act of putting salt on) salaison f. (b) (place: esp Brit) (marais m) salant m.
saltpetre, (US) saltpeter ['sɔːlt,piːtər] n salpêtre m.
salty ['sɔːltɪ] adj taste salé; deposit saumâtre.
salubrious [sə'luːbrɪəs] adj salubre, sain. (fig) **not a very ~ district** un quartier peu recommandable.
salubrity [sə'luːbrɪtɪ] n salubrité f.
saluki [sə'luːkɪ] n sloughi m (chien).
salutary ['sæljʊtərɪ] adj salutaire.
salutation [,sæljʊ'teɪʃən] n salut m; (exaggerated) salutation f. **in ~** pour saluer.
salutatorian [sə,luːtə'tɔːrɪən] n (US Scol) deuxième mf de la promotion (qui prononce un discours de fin d'année).
salute [sə'luːt] **1** n (with hand) salut m; (with guns) salve f. **military ~** salut militaire; **to give (sb) a ~** faire un salut (à qn); **to return sb's ~** répondre au salut de qn; **to take the ~** passer les troupes en revue; V **fire, gun. 2** vt (Mil etc) saluer (de la main); (fig: acclaim) saluer (as comme). **to ~ the flag** saluer le drapeau. **3** vi (Mil etc) faire un salut.
Salvador(i)an [,sælvə'dɔːr(ɪ)ən] **1** n Salvadorien(ne) m(f). **2** adj salvadorien.
salvage ['sælvɪdʒ] **1** n (U) (a) (saving) [ship, cargo] sauvetage m; (for re-use) récupération f.
  (b) (things saved from fire, wreck) objets or biens sauvés or récupérés; (things for re-use) objets récupérables. **to collect old newspapers for ~** récupérer les vieux journaux.
  (c) (payment) prime f or indemnité f de sauvetage.
  2 cpd operation, work, company, vessel de sauvetage.
  3 vt ship sauver, effectuer le sauvetage de; material, cargo sauver (from de); (for re-use) récupérer. (fig) **we'll have to ~ what we can from the situation** il nous faudra sauver ce que nous pourrons de la situation.
salvation [sæl'veɪʃən] **1** n (Rel etc) salut m; (economic) relèvement m. (fig) **work has been his ~** c'est le travail qui l'a sauvé, il a trouvé son salut dans le travail; V **mean².**
  2 cpd: **Salvation Army** Armée f du Salut; **Salvation Army band** fanfare f de l'Armée du Salut.
salvationist [sæl'veɪʃənɪst] n salutiste mf.
salve¹ [sælv] **1** n (lit, fig) baume m. **2** vt soulager, calmer, apaiser. **to ~ his conscience** he ... pour être en règle avec sa conscience il ... .
salve² [sælv] vt (salvage) sauver.
salver ['sælvər] n plateau m (de métal).
salvia ['sælvɪə] n sauge f à fleurs rouges, salvia f.
salvo¹ ['sælvəʊ] n (Mil) salve f; V **fire.**
salvo² ['sælvəʊ] n (Jur) réserve f, réservation f.
salvor ['sælvər] n sauveteur m (en mer).
Salzburg ['sæltsbɜːg] n Salzbourg.
Sam [sæm] **1** n dim of **Samuel;** V **uncle. 2** cpd: **Sam Browne (belt)** ceinturon m et baudrier m.
Samaria [sə'mɛərɪə] n Samarie f.
Samaritan [sə'mærɪtən] **1** n Samaritain(e) m(f). (Rel) **the Good ~** le bon Samaritain; **he was a good ~** il faisait le bon Samaritain; (US) **Good ~ Laws** lois mettant un sauveteur à l'abri de poursuites judiciaires qui pourraient être engagées par le blessé; (organization) **the S~s** ≃ S.O.S. Amitié. **2** adj samaritain.
samarium [sə'mɛərɪəm] n samarium m.
samba ['sæmbə] n samba f.
sambo*⸸ ['sæmbəʊ] n (pej) noiraud(e)⸸ m(f), moricaud(e)*⸸ m(f) (pej).
same [seɪm] **1** adj même; (Jur: aforementioned) susdit. **the ~ books as** or that **les mêmes livres que; the ~ day** le jour même; **the very ~ day** le jour même, exactement le même jour; **that ~ day** ce même jour, ce jour même; **in the ~ way** ... de même ...; **in the ~ way as** or that de la même façon que; **we sat at the ~ table as usual** nous nous sommes assis à notre table habituelle; **how are you? ~ as usual!*** comment vas-tu? — comme d'habitude! or toujours pareil!*; **is that the ~ man (that) I saw yesterday?** est-ce bien le même homme que celui que j'ai vu hier?; **they turned out to be one and the ~ person** en fin de compte il s'agissait d'une seule et même personne; **he always says the ~ old thing** il répète toujours la même chose; **it comes to the ~ thing** cela revient au

même (*V* one); **they both arrived at the ~ time** ils sont arrivés tous les deux en même temps; **don't all talk at the ~ time** ne parlez pas tous en même temps *or* à la fois; **at the ~ time we must remember that** ... en même temps il faut se rappeler que ...; **at the very ~ time as** ... au moment même *or* précis où ...; **to go the ~ way as sb** (*lit*) aller dans la même direction que qn; (*fig*) suivre les traces *or* l'exemple de qn, marcher sur les traces de qn; (*in health*) **she's much about the ~** son état est inchangé, elle est pareille*.

2 *pron* (a) **the ~** (*gen*) la même chose; (*specific reference*) le *or* la même; (*Jur: aforementioned*) le susdit, la susdite; **it's the ~ as** ... c'est la même chose que ...; **the film is the ~ as before** le film est le même qu'avant; **the price is the ~ as last year** c'est le même prix que l'année dernière; **we must all write the ~** il faut que nous écrivions tous la même chose; **do the ~ as your brother** fais comme ton frère; **he left and I did the ~** il est parti et j'ai fait de même *or* j'en ai fait autant; **I'll do the ~ for you** je te le rendrai *or* revaudrai; **I would do the ~ again** je recommencerais; **don't do the ~ again!** ne recommence pas!; (*in bar etc*) **the ~ again please** la même chose s'il vous plaît, remettez ça‡; **I don't feel the ~ about it as I did** maintenant je vois la chose différemment; **I still feel the ~ about you** mes sentiments à ton égard n'ont pas changé; **it's all** *or* **just the ~ to me** cela m'est égal; **all the ~** *or* **just the ~, he refused** il a refusé quand même *or* tout de même, n'empêche qu'il a refusé; **things go on just the ~** (*monotonously*) rien ne change; (*in spite of everything*) rien n'est changé, la vie continue (quand même); **it's not the ~ at all** ce n'est pas du tout la même chose, ce n'est pas du tout pareil; **it's not the ~ as before** ce n'est plus pareil, ce n'est plus comme avant; **it's the ~ everywhere** c'est partout pareil; **and the ~ to you!** à vous aussi, à vous de même; (*as retort: in quarrel etc*) et je te souhaite la pareille!; **~ here!*** moi aussi; **it's the ~ with us** (et) nous aussi!

(b) (*Comm*) le *or* la même. **to repairing ~** réparation du même (*or* de la même).

3 *cpd*: (*Comm*) **same-day** (*adj*) *delivery, service etc* (garanti) le même jour *or* dans la journée.

sameness ['seimnis] *n* identité *f*, similitude *f*; (*monotony*) monotonie *f*, uniformité *f*.

Samoa [sə'məuə] *n* Samoa *m*.

Samoan [sə'məuən] **1** *n* Samoan(e) *m(f)*. **2** *adj* samoan.

samovar [,sæməu'va:r] *n* samovar *m*.

sampan ['sæmpæn] *n* sampan(g) *m*.

sample ['sa:mpl] **1** *n* (*gen*) échantillon *m*; (*Med*) [*urine*] échantillon; [*blood, tissue*] prélèvement *m*. **as a ~** à titre d'échantillon; **to take a ~** prélever un échantillon, faire un prélèvement (*also Geol*); **to take a blood ~** faire une prise *or* un prélèvement de sang (*from* à); **to choose from ~s** choisir sur échantillons; (*Comm*) **all the goods are up to ~** toutes les marchandises sont d'aussi bonne qualité que les échantillons; (*Comm*) **free ~** échantillon gratuit; **a ~ of his poetry** un exemple de sa poésie; *V* random *etc*.

2 *cpd*: (*Comm*) **sample book** collection *f* d'échantillons; **sample bottle, sample cigarette, sample selection** *etc* échantillon *m*; **sample line, sample sentence** *etc* exemple *m*; **a sample section of the population** une section représentative de la population; **sample survey** enquête *f* par sondage.

3 *vt food, wine* goûter.

sampler ['sa:mplər] *n* modèle *m* de broderie (*représentant un début dans les travaux d'aiguille*).

sampling ['sa:mplɪŋ] *n* prélèvement *m* d'échantillons, choix *m* d'échantillons, échantillonnage *m*. (*Comm etc*) **~ technique** technique *f* d'échantillonnage.

Samson ['sæmsn] *n* Samson *m*.

Samuel ['sæmjuəl] *n* Samuel *m*.

San Andreas [sænæn'dreiəs] *n*: **~ Fault** faille *f* de San Andreas.

sanatorium [,sænə'tɔ:riəm] *n*, *pl* **sanatoria** [,sænə'tɔ:riə] (*Brit*) sanatorium *m*; (*Scol*) infirmerie *f*.

Sancho Panza [,sæntʃəu'pænzə] *n* Sancho Pança *m*.

sanctification [,sæŋktɪfɪ'keɪʃən] *n* sanctification *f*.

sanctify ['sæŋktɪfaɪ] *vt* sanctifier.

sanctimonious [,sæŋktɪ'məuniəs] *adj* moralisateur (*f* -trice).

sanctimoniously [,sæŋktɪ'məuniəsli] *adv* d'une manière moralisatrice; *speak* d'un ton moralisateur *or* prêcheur.

sanctimoniousness [,sæŋktɪ'məuniəsnis] *n* caractère *or* ton moralisateur, attitude moralisatrice.

sanction ['sæŋkʃən] **1** *n* (a) (*U: authorization*) sanction *f*, approbation *f*. **with the ~ of sb** avec le consentement de qn; **he gave it his ~** il a donné son approbation.

(b) (*enforcing measure*) sanction *f*. **to impose economic ~s against** prendre des sanctions économiques contre.

2 *vt law, conduct* sanctionner, approuver. **I will not ~ such a thing** je ne peux pas approuver *or* sanctionner une chose pareille; **this expression has been ~ed by usage** cette expression est consacrée par l'usage.

sanctity ['sæŋktɪtɪ] *n* [*person, behaviour*] sainteté *f*; [*oath, place*] caractère sacré; [*property, marriage*] inviolabilité *f*. **odour of ~** odeur *f* de sainteté.

sanctuary ['sæŋktjuəri] *n* (*holy place*) sanctuaire *m*; (*refuge*) asile *m*; (*for wild life*) réserve *f*. **right of ~** droit *m* d'asile; **to seek ~** chercher asile; *V* bird.

sanctum ['sæŋktəm] *n* (a) (*holy place*) sanctuaire *m*.
(b) (*: sb's study etc*) retraite *f*, tanière *f*. (*hum*) **the (inner) ~** le saint des saints (*hum*).

sand [sænd] **1** *n* (a) sable *m*. **a grain of ~** un grain de sable; **this resort has miles and miles of golden ~** cette station balnéaire a des kilomètres de plages de sable doré; (*fig*) **the ~s are running out** nos instants sont comptés; **~s** [*beach*] plage *f* (de sable); [*desert*] désert *m* (de sable).
(b) (*US*: *courage*) cran* *m*.

2 *cpd*: **sandbag** *V* sandbag; **sandbank** banc *m* de sable; **sand bar** barre *f* (*de rivière*); **sandblast** (*n*) jet *m* de sable; (*vt*) décaper à la sableuse; **sandblasting** décapage *m* à la sableuse; **sandblaster**, **sandblasting machine** sableuse *f*; (*US*) **sandblind** qui a mauvaise vue, mal voyant; (*US*) **sandbox** tas *m* de sable; **happy as a sandboy** gai comme un pinson; **sandcastle** château *m* de sable; **sand desert** désert *m* de sable; (*US Zool*) **sand dollar** oursin *m* plat; **sand dune** dune *f* (de sable); **sand eel** anguille *f* de sable, lançon *m*, équille *f*; **sand flea** (*beach flea*) puce *f* de mer; (*tropical*) chique *f*; **sandfly** phlébotome *m*; (*biting midge*) simulie *f*; **sandglass** sablier *m*; (*US*) **sandlot** terrain *m* vague; **sandlot baseball** baseball *m* pratiqué dans les terrains vagues; (*fig*) **sandman** marchand *m* de sable; **sand martin** hirondelle *f* de rivage; **sandpaper** (*n*) papier *m* de verre; (*vt: also* **sandpaper down**) frotter *or* poncer au papier de verre; **sandpapering** ponçage *m* au papier de verre; (*US*) **sandpile** tas *m* de sable; **sandpiper** bécasseau *m*; (*esp Brit*) **sandpit** sablonnière *f*, carrière *f* de sable; (*for children*) tas *m* de sable; **sandshoes** (*rubber-soled*) tennis *fpl*; (*rope-soled*) espadrilles *fpl*; **sandstone** grès *m*; **sandstone quarry** grésière *f*; **sandstorm** tempête *f* de sable; (*US Golf*) **sand trap** bunker *m*, obstacle *m* de sable; **sandworm** arénicole *m*; **sand yacht** char *m* à voile; **to go sandyachting** faire du char à voile.

3 *vt* (a) *path* sabler, couvrir de sable; (*against ice*) sabler.
(b) (*also* **~ down**) frotter *or* poncer au papier de verre.

sandal ['sændl] *n* sandale *f*; (*rope-soled*) espadrille *f*.

sandal(wood) ['sændl(wud)] **1** *n* santal *m*. **2** *cpd box, perfume* de santal.

sandbag ['sændbæg] **1** *n* sac *m* de sable *or* de terre. **2** *vt* (a) (*stun*) assommer. (b) *wall, door, dam* renforcer avec des sacs de sable *or* de terre.

sander ['sændər] *n* (*tool*) ponçeuse *f*.

Sandhurst ['sændhз:st] *n* (*Brit*) école *f* militaire, ≃ Saint-Cyr.

sanding ['sændɪŋ] *n* [*road*] sablage *m*; (*sandpapering*) ponçage *m* au papier de verre.

sandwich ['sænwɪdʒ] **1** *n* sandwich *m*. **cheese ~** sandwich au fromage; **open ~** canapé *m*.

2 *cpd*: **sandwich bar** boutique *f* qui ne vend que des sandwiches, sandwich bar *m*; **sandwich board** panneau *m* publicitaire (*porté par un homme-sandwich*); (*Ind*) **sandwich course** stage *m* de formation professionnelle alterné; **sandwich loaf** pain *m* de mie; **sandwich man** homme-sandwich *m*.

3 *vt* (*also* **~ in**) *person, appointment* intercaler. **to be ~ed (between)** être pris en sandwich (entre)*.

sandy ['sændɪ] *adj* (a) *soil, path* sablonneux; *water, deposit* sableux; *beach* de sable. (b) (*colour*) couleur (de) sable *inv*. **~ hair** cheveux *mpl* blond roux.

sane [sem] *adj person* sain d'esprit; *judgment* sain, raisonnable, sensé. **he isn't quite ~** il n'a pas toute sa raison.

sanely ['semli] *adv* sainement, raisonnablement, judicieusement.

Sanforized ['sænfəraizd] *adj* ® irrétrécissable, qui ne rétrécit pas au lavage.

San Francisco [,sænfræn'sɪskəu] *n* San Francisco.

sang [sæŋ] *pret of* sing.

sangfroid ['sã:ŋ'frwa:] *n* sang-froid *m*.

sangria [sæŋ'gri:ə] *n* sangria *f*.

sanguinary ['sæŋgwɪnəri] *adj battle, struggle* sanglant; *ruler* sanguinaire, altéré de sang (*liter*).

sanguine ['sæŋgwɪn] *adj* (a) *person* optimiste, plein d'espoir; *temperament, outlook* optimiste; *prospect* encourageant. **we are ~ about our chances of success** nous sommes optimistes quant à nos chances de succès; **of ~ disposition** d'un naturel optimiste, porté à l'optimisme.
(b) *complexion* sanguin, rubicond.

sanguinely ['sæŋgwɪnli] *adv* avec optimisme, avec confiance.

sanguineous [sæŋ'gwɪnɪəs] *adj* sanguinolent.

sanitarium [,sæni'tɛəriəm] *n*, *pl* **sanitaria** [,sæni'tɛəriə] (*esp US*) = sanatorium.

sanitary ['sænitəri] **1** *adj* (a) (*clean*) hygiénique, salubre.
(b) *system, equipment* sanitaire. **there are poor ~ arrangements** les conditions sanitaires laissent *or* le sanitaire laisse à désirer.

2 *cpd*: **sanitary engineer** ingénieur *m* sanitaire; **sanitary inspector** inspecteur *m*, -trice *f* de la Santé publique; (*Brit*) **sanitary towel**, (*US*) **sanitary napkin** serviette *f* hygiénique.

sanitation [,sæni'teiʃən] *n* (*in house*) installations *fpl* sanitaires, sanitaire *m*; (*in town*) système *m* sanitaire; (*science*) hygiène publique. (*US*) **~ man** éboueur *m* (municipal).

sanitize ['sænitaiz] *vt* (*lit*) assainir, désinfecter; (*fig*) assainir, expurger.

sanitized ['sænitaizd] *adj* (*fig*) *account, view of events* édulcoré, expurgé.

sanity ['sæniti] *n* [*person*] santé mentale; [*judgment, reasoning*] rectitude *f*. **he was restored to ~** il retrouva sa santé mentale *or* sa raison; **~ demands that** ... le bon sens exige que ... + *subj*; **fortunately ~ prevailed** heureusement le bon sens l'emporta.

sank [sæŋk] *pret of* sink[1].

San Marinese [,sæn,mæri'ni:z] **1** *n* Saint-Marinais(e) *m(f)*. **2** *adj* saint marinais.

San Marino [,sænmə'ri:nəu] *n* Saint-Marin *m*. **in ~** à Saint-Marin.

sansevieria [,sænsə'viəriə] *n* sansevière *f*.

Sanskrit ['sænskrit] *adj*, *n* sanscrit (*m*).

Santa Claus [,sæntə'klɔ:z] *n* le père Noël.

Santiago [,sænti'a:gəu] *n* (*Chile*) Santiago. (*Spain*) **~ de Compostela** Saint-Jacques-de-Compostelle.

Saone [sɔ:n] *n* Saône *f*.

sap[1] [sæp] *n* (*Bot*) sève *f*.

sap² [sæp] **1** n (Mil: trench) sape f. **2** vt strength, confidence saper, miner.

sap³‡ [sæp] **1** n (fool) cruche* f, andouille* f. **2** cpd: **saphead** cruche* f, andouille* f.

sapless ['sæplɪs] adj plant sans sève, desséché.

sapling ['sæplɪŋ] n jeune arbre m; (fig) jeune homme m. ∼s boisage m.

sapper ['sæpər] n (Brit Mil) soldat m du génie. (Brit Mil) **the S∼s** le génie.

sapphic ['sæfɪk] adj saphique.

sapphire ['sæfaɪər] **1** n (jewel, gramophone needle) saphir m. **2** cpd ring de saphir(s). **sapphire (blue) sky** un ciel de saphir.

sappiness ['sæpɪnɪs] n abondance f de sève.

sappy¹ ['sæpɪ] adj leaves plein de sève; wood vert.

sappy²‡ ['sæpɪ] adj (foolish) cruche*.

saraband ['særəbænd] n sarabande f.

Saracen ['særəsn] **1** adj sarrasin. **2** n Sarrasin(e) m(f).

Saragossa [,særə'gɒsə] n Saragosse.

Sarah ['sɛərə] n Sara(h) f.

Saranwrap [sə'rænræp] n ® (US) film alimentaire transparent, scellofrais ® m.

Saratoga [,særə'təʊgə] n Saratoga. (US) ∼ **trunk** grosse malle à couvercle bombé.

sarcasm ['sɑːkæzəm] n (U) sarcasme m, raillerie f.

sarcastic [sɑː'kæstɪk] adj sarcastique. ∼ **remarks** sarcasmes mpl.

sarcastically [sɑː'kæstɪkəlɪ] adv avec sarcasme, railleusement, sarcastiquement.

sarcoma [sɑː'kəʊmə] n (Med) sarcome m.

sarcomatosis [sɑː,kəʊmə'təʊsɪs] n sarcomatose f.

sarcophagus [sɑː'kɒfəgəs] n, pl **sarcophagi** [sɑː'kɒfəgaɪ] sarcophage m.

sardine [sɑː'diːn] n sardine f. tinned or (US) canned ∼s sardines en boîte or en conserve, ≃ sardines à l'huile; V pack.

Sardinia [sɑː'dɪnɪə] n Sardaigne f. in ∼ en Sardaigne.

Sardinian [sɑː'dɪnɪən] **1** adj sarde. **2** n (a) Sarde mf. (b) (Ling) sarde m.

sardonic [sɑː'dɒnɪk] adj sardonique.

sardonically [sɑː'dɒnɪkəlɪ] adv sardoniquement.

Sargasso [sɑː'gæsəʊ] n: ∼ **Sea** mer f des Sargasses.

sarge [sɑːdʒ] n (abbr of **sergeant**) sergent m.

sari ['sɑːrɪ] n sari m.

Sark [sɑːk] n (île f de) Sercq m.

sarky‡ ['sɑːkɪ] adj sarcastique.

sarong [sə'rɒŋ] n sarong m.

sarsaparilla [,sɑːsəpə'rɪlə] n (plant) salsepareille f; (drink) boisson f à la salsepareille.

sartorial [sɑː'tɔːrɪəl] adj elegance, matters vestimentaire. ∼ **art** art m du tailleur.

sartorius [sɑː'tɔːrɪəs] n, pl -**rii** [-rɪaɪ] (Anat) muscle m couturier.

SAS [eser'es] n (Brit Mil) (abbr of **Special Air Service**) ≃ GIGN m.

sash¹ [sæʃ] n (on uniform) écharpe f; (on dress etc) large ceinture f à nœud.

sash² [sæʃ] **1** n [window] châssis m à guillotine. **2** cpd: **sash cord** corde f (d'une fenêtre); **sash window** fenêtre f à guillotine.

sashay* [sæ'ʃeɪ] vi (walk stylishly) évoluer d'un pas léger, glisser.

Saskatchewan ['sæs'kætʃɪˌwən] n (province) Saskatchewan m.

sasquatch ['sæskwætʃ] n animal hypothétique des forêts du Nord-Ouest des États Unis et du Canada.

sass‡ [sæs] (US) **1** n toupet* m, culot* m. **2** vt répondre d'un ton insolent à.

Sassenach ['sæsənæx] n (Scot: gen pej) nom donné aux Anglais par les Écossais.

sassy* ['sæsɪ] adj (US) insolent, impertinent. **don't be** ∼ **with me** je n'aime pas qu'on (me) réponde.

Sat. abbr of **Saturday**.

sat [sæt] pret, ptp of **sit**.

Satan ['seɪtn] n Satan m; V limb.

satanic [sə'tænɪk] adj satanique, démoniaque.

satanically [sə'tænɪkəlɪ] adv d'une manière satanique.

Satanism ['seɪtənɪzəm] n satanisme m.

satchel ['sætʃəl] n cartable m.

Satcom ['sæt,kɒm] n centre m de communications par satellite.

sate [seɪt] vt = **satiate**.

sateen [sæ'tiːn] **1** n satinette f. **2** cpd en satinette.

satellite ['sætəlaɪt] **1** n (a) (Astron, Pol, Space) satellite m. artificial ∼ satellite artificiel; communications ∼ satellite de télécommunications, satellite-relais m. (b) (US: dormitory town) ville f satellite. **2** cpd town, country etc satellite. **satellite killer** satellite m d'intervention, destructeur m de satellites; (Pol) the **satellite nations** les nations fpl satellites. **3** vt (transmit via satellite) transmettre par satellite.

satiate ['seɪʃɪeɪt] vt (lit) assouvir, rassasier (with de); (fig) blaser (with par).

satiated ['seɪʃɪeɪtɪd] adj (with food) repu, rassasié; (with pleasures) comblé, blasé (pej).

satiation [,seɪʃɪ'eɪʃən] n (lit, fig) assouvissement m. **to** ∼ **(point)** (jusqu')à satiété.

satiety [sə'taɪətɪ] n satiété f.

satin ['sætɪn] **1** n satin m; V silk. **2** cpd dress, slipper en or de satin; paper, finish satiné. **satin stitch** plumetis m; **satinwood** bois m de citronnier.

satinette [,sætɪ'net] **1** n satinette f. **2** cpd en satinette.

satire ['sætaɪər] n satire f (on contre).

satiric(al) [sə'tɪrɪk(əl)] adj satirique.

satirically [sə'tɪrɪkəlɪ] adv d'une manière satirique.

satirist ['sætərɪst] n (writer) écrivain m satirique; (cartoonist) caricaturiste mf; (in cabaret etc) ≃ chansonnier m. **he's TV's**

greatest ∼ il n'a pas son pareil à la télévision pour la satire.

satirize ['sætəraɪz] vt faire la satire de.

satisfaction [,sætɪs'fækʃən] n (a) (pleasure) satisfaction f, contentement m (at de). **to feel** ∼/**great** ∼ éprouver de la satisfaction/une satisfaction profonde; **it was a great** ∼ **to us to hear that** ... nous avons appris avec beaucoup de satisfaction que ...; **one of his greatest** ∼s **was his son's success** le succès de son fils lui a apporté l'une de ses plus grandes satisfactions; **to note with** ∼ constater avec satisfaction; **to my (great)** ∼ **he** ... à ma grande satisfaction il ...; **to everybody's** ∼ à la satisfaction générale; **it has not been proved to my** ∼ cela n'a pas été prouvé de façon à me convaincre; **has the repair been done to your** ∼? est-ce que vous êtes satisfait de la réparation?; V job.

(b) [demand, need] satisfaction f; [wrong] réparation f, dédommagement m; [appetite] assouvissement m; [debt] règlement m, acquittement m. **to give/obtain** ∼ donner/obtenir satisfaction; **I demand** ∼ j'exige qu'on me donne (subj) satisfaction.

satisfactorily [,sætɪs'fæktərɪlɪ] adv d'une manière satisfaisante or acceptable.

satisfactory [,sætɪs'fæktərɪ] adj result, report, work satisfaisant. **to bring sth to a** ∼ **conclusion** mener qch à bien; **his work is/isn't** ∼ son travail est satisfaisant/laisse à désirer; (in commercial letters etc) **we are sorry it was not** ∼ nous regrettons vivement que vous n'en soyez pas satisfait or que cela ne vous ait pas donné (entière) satisfaction.

satisfied ['sætɪsfaɪd] adj satisfait, content. **he is never** ∼ il n'est jamais content or satisfait; **he was** ∼ **to remain** ... il a accepté de rester ..., il a trouvé suffisant de rester ...; **in a** ∼ **voice** d'un ton satisfait or content; **I am not** ∼ **with your answer** votre réponse ne me satisfait pas; (iro) **are you** ∼ **now?** vous voilà satisfait!; **a** ∼ **audience** un public satisfait; **very** ∼ **with the results** très content des résultats; V also **satisfy**.

satisfy ['sætɪsfaɪ] **1** vt (a) person satisfaire, contenter, faire plaisir à. (Scol, Univ) **to** ∼ **the examiners** être reçu (à un examen); V also **satisfied**.

(b) hunger, need, want, creditor satisfaire; condition satisfaire, remplir; objection répondre à; debt, obligation s'acquitter de; (Comm) demand satisfaire à.

(c) (convince) convaincre, assurer (sb that qn que, of de). **to** ∼ **o.s. of sth** s'assurer de qch; **I am satisfied that you have done your best** je suis convaincu or persuadé que vous avez fait de votre mieux.

2 vi donner satisfaction.

satisfying ['sætɪsfaɪɪŋ] adj report, result, experience satisfaisant; food nourrissant, substantiel; work, task motivant.

satrap ['sætrəp] n satrape m.

saturate ['sætʃəreɪt] vt saturer (with de). (Comm) **to** ∼ **the market** saturer le marché; **my shoes are** ∼d mes chaussures sont trempées.

saturation [,sætʃə'reɪʃən] **1** n saturation f. **2** cpd: **saturation bombing** tactique f de saturation (par bombardement); **saturation point** point m de saturation; **to reach saturation point** arriver à saturation.

Saturday ['sætədɪ] n samedi m. **on** ∼ samedi; **on** ∼s le samedi; **next** ∼, ∼ **next** samedi prochain or qui vient; **last** ∼ samedi dernier; **the first** ∼ **of the month** le premier/dernier samedi du mois; **every** ∼ tous les samedis, chaque samedi; **every other** ∼, **every second** ∼ un samedi sur deux; **it is** ∼ **today** nous sommes aujourd'hui samedi; ∼ **December 18th** samedi 18 décembre; **on** ∼ **January 23rd** le samedi 23 janvier; **the** ∼ **after next** samedi en huit; **a week on** ∼, ∼ **week** samedi en huit; **a fortnight on** ∼, ∼ **fortnight** samedi en quinze; **a week/fortnight past on** ∼ il y a huit/quinze jours samedi dernier; **the following** ∼ le samedi suivant; **the** ∼ **before last** l'autre samedi; ∼ **morning** samedi matin; ∼ **afternoon** samedi après-midi; ∼ **evening** samedi soir; ∼ **night** samedi soir, (overnight) la nuit de samedi; (TV) ∼ **evening viewing** émissions fpl du samedi soir; (Comm) ∼ **closing** fermeture f le samedi; (Press) the ∼ **edition** l'édition de or du samedi; (US: gun) ∼ **night special*** revolver m bon marché; V holy.

Saturn ['sætən] n (Myth) Saturne m; (Astron) Saturne f.

Saturnalia [,sætə'neɪlɪə] n (fig) saturnale(s) f(pl).

saturnine ['sætənaɪn] adj saturnien (liter), sombre.

satyr ['sætər] n satyre m.

sauce [sɔːs] **1** n (a) (Culin) sauce f. **mint** ∼ sauce à la menthe; (Prov) **what's** ∼ **for the goose is** ∼ **for the gander** ce qui est bon pour l'un l'est pour l'autre; V apple, tomato, white etc.

(b) (‡: impudence) toupet*m. **none of your** ∼! (to child) petit(e) impertinent(e)!; (to adult) assez d'impertinence!

(c) (US: drink) **the** ∼‡ l'alcool m; **to hit the** ∼‡, **to be on the** ∼‡ picoler dur‡.

2 cpd: **sauceboat** saucière f; **saucepan** casserole f (V double 4).

saucer ['sɔːsər] n soucoupe f, sous-tasse f. ∼-**eyed**, **with eyes like** ∼s avec des yeux comme des soucoupes; ∼-**shaped** en forme de soucoupe; V flying.

saucily ['sɔːsɪlɪ] adv behave, speak avec impertinence, impertinemment; dress avec coquetterie; look d'un air coquin.

sauciness ['sɔːsɪnɪs] n (cheekiness) toupet* m; impertinence f; (smartness) coquetterie f.

saucy ['sɔːsɪ] adj (cheeky) impertinent; look coquin; (hat) coquin, déluré. **hat at a** ∼ **angle** un chapeau coquettement posé sur l'oreille.

Saudi ['saʊdɪ] **1** adj saoudien. **2** n Saoudien(ne) m(f). **3** cpd: **Saudi Arabia** Arabie f Saoudite; **Saudi Arabian** Saoudien(ne) m(f).

sauerkraut ['saʊəkraʊt] n (U) choucroute f.

Saul [sɔːl] n Saül m.

sauna ['sɔːnə] n (also ∼ **bath**) sauna m.

saunter ['sɔːntər] **1** vi flâner, se balader*. **to** ∼ **in/out/away** etc entrer/sortir/s'éloigner etc d'un pas nonchalant. **2** n balade* f,

flânerie *f*. **to go for a ~** faire une petite promenade *or* une balade*.
saurian ['sɔːrɪən] *adj, n* saurien (*m*).
sausage ['sɒsɪdʒ] **1** *n* saucisse *f*; (*pre-cooked*) saucisson *m*. **beef/ pork ~** saucisse de bœuf/de porc; (*Brit*) **not a ~⁂** rien, des clous⁂; V **cocktail, garlic, liver**¹ *etc*.
2 *cpd*: **sausage dog*** teckel *m*, saucisson *m* à pattes (*hum*); **sausage machine** machine *f* à saucisses; **sausage meat** chair *f* à saucisse; (*esp Brit*) **sausage roll** ≃ friand *m*.
sauté ['səʊteɪ] **1** *vt potatoes, meat* faire sauter. **2** *adj*: **~ potatoes** pommes (de terre) sautées.
savage ['sævɪdʒ] **1** *adj* **(a)** (*cruel, fierce*) *person* brutal; *dog* méchant, féroce; *attack, criticism* virulent, féroce; *look* furieux, féroce. **to have a ~ temper** être très colérique, avoir un caractère de chien*; **to deal a ~ blow (to)** frapper brutalement.
(b) (*primitive*) *tribe, customs* primitif, sauvage, barbare.
2 *n* sauvage *mf*.
3 *vt* [*dog etc*] attaquer férocement; (*fig*) [*critics etc*] éreinter, attaquer violemment.
savagely ['sævɪdʒlɪ] *adv* sauvagement, brutalement.
savageness ['sævɪdʒnɪs] *n*, **savagery** ['sævɪdʒrɪ] *n* (*cruelty*) sauvagerie *f*, brutalité *f*, férocité *f*; (*primitiveness*) barbarie *f*.
savanna(h) [sə'vænə] *n* savane *f*.
savant ['sævənt] *n* érudit(e) *m(f)*, homme *m* de science, lettré(e) *m(f)*.
save¹ [seɪv] **1** *vt* **(a)** (*rescue*) *person, animal, jewels, building etc* sauver (*from* de); (*Rel*) *sinner* sauver, délivrer. (*Rel*) **to ~ one's soul** sauver son âme; (*fig*) **I couldn't do it to ~ my life** *or* **my soul** je ne le ferais pour rien au monde; **to ~ sb from death/drowning** *etc* sauver qn de la mort/de la noyade *etc*; **to ~ sb from falling** empêcher qn de tomber; **to ~ sb's life** sauver la vie à *or* de qn; **to ~ sb from himself** protéger qn de *or* contre lui-même; **to ~ the situation** sauver la situation; (*fig*) **to ~ one's bacon*** se tirer du pétrin; **to ~ one's skin*** *or* **neck*** *or* **hide*** sauver sa peau*; **to ~ face** sauver la face; **God ~ the Queen!** vive la reine!; **to ~ sth from the wreck/the fire** *etc* sauver qch du naufrage/de l'incendie *etc*; (*fig*) **things look black but we must try to ~ something from the wreckage** la situation est sombre mais il faut essayer de sauver les meubles*; **to ~ a building from demolition** sauver un bâtiment de la démolition, empêcher la démolition d'un bâtiment; **they ~d the palace for posterity** on a préservé le palais pour la postérité.
(b) (*store away: also ~ up*) *money* mettre de côté; *food* mettre de côté, garder. **he has money ~d** il a de l'argent de côté; **I've ~d you a piece of cake** je t'ai gardé un morceau de gâteau; **to ~ o.s. (up) for sth** se réserver pour qch; **he was saving (up) the cherry till last** il gardait la cerise pour la bonne bouche; **I ~d your letter till the last** j'ai gardé ta lettre pour la bonne bouche; **to ~ (up) old newspapers for charity** garder les vieux journaux pour les bonnes œuvres; (*collect*) **to ~ stamps/matchboxes** *etc* collectionner les timbres/les boîtes d'allumettes *etc*.
(c) (*not spend, not use*) *money, labour* économiser; *time* (faire) gagner; (*avoid*) *difficulty etc* éviter, épargner (*sb sth* qch à qn). **you have ~d me a lot of trouble** vous m'avez épargné *or* évité bien des ennuis; **to ~ time** let's assume that ... pour aller plus vite *or* pour gagner du temps admettons que ... + *subj*; **this route will ~ you 10 miles** cet itinéraire vous fera gagner 10 milles; **that will ~ my going** *or* **me from going** cela m'évitera d'y aller; **think of all the money you'll ~** pensez à tout l'argent que vous économiserez *or* à toutes les économies que vous ferez; (*Comm*) **'~ 10p on this packet'** '10 pence d'économie sur ce paquet'; **you ~ £1 if you buy 3 packets** vous économisez une livre si vous achetez 3 paquets; **to ~ petrol** faire des économies d'essence, économiser l'essence; **he's saving his strength** *or* **himself for tomorrow's race** il se ménage pour la course de demain; V **penny, stitch**.
(d) (*Sport*) **to ~ a goal** empêcher de marquer, faire un blocage, sauver un but.
(e) (*Comput*) sauvegarder, conserver.
2 *vi* **(a)** (*also ~ up*) mettre de l'argent de côté, faire des économies, épargner. **to ~ (up) for the holidays/for a new bike** mettre de l'argent de côté pour les vacances/pour (acheter) un nouveau vélo.
(b) **to ~ on sth** économiser sur qch, faire des économies sur qch.
3 *n* **(a)** (*Sport*) arrêt *m* (du ballon), blocage *m*. **what a brilliant ~!** c'est un arrêt de toute première classe!
(b) (*Comput*) sauvegarde *f*.
◆**save up 1** *vi* = **save¹ 2a.**
2 *vt sep* = **save¹ 1b.**
save² [seɪv] *prep* sauf, à l'exception de. **~ that** ... sauf que ..., à cette exception près que ..., à ceci près que ... .
saveloy ['sævəlɔɪ] *n* cervelas *m*.
Savile Row ['sævɪl'rəʊ] *n* (*Brit*) *rue de Londres où se trouvent les meilleurs tailleurs*. **a ~ suit** un costume de Savile Row.
saving ['seɪvɪŋ] **1** *n* **(a)** (*rescue*) sauvetage *m*; [*sinner*] salut *m*; V **face, life**.
(b) [*time*] économie *f*; [*money*] économie *f*, épargne *f*. **we must make ~s** il faut économiser *or* faire des économies; **this means a great ~ of time/petrol** *etc* cela représente une grande économie de temps/d'essence *etc*; **a great ~ of money** une grande économie; **the government is trying to encourage ~(s)** le gouvernement cherche à encourager l'épargne; **small ~s** la petite épargne; **to live on one's ~s** vivre de ses économies; V **national, post office**.
(c) (*Comput*) sauvegarde *f*.
2 *cpd*: **savings account** (*Brit*) compte *m* d'épargne; (*US*) compte *m* de dépôt; (*US*) **savings and loan association** ≃ société *f* de crédit immobilier; **savings bank** caisse *f* d'épargne; **savings stamp** timbre-épargne *m*.

3 *adj* (*Jur*) **~ clause** avenant *m*; **generosity is his ~ grace** il se rachète par sa générosité; *energy etc*) **-~ campaign** campagne *f* pour les économies d'énergie *etc*; V **labour** *etc*.
4 *prep* (†) sauf. **~ your presence** sauf votre respect.
savior ['seɪvjər] (*US*) = **saviour**.
saviour ['seɪvjər] *n* sauveur *m*. (*Rel*) **the S~** le Sauveur.
savoir-faire ['sævwɑː'fɛər] *n* savoir-vivre *m*.
savor ['seɪvər] *etc* (*US*) = **savour** *etc*.
savory ['seɪvərɪ] **1** *n* **(a)** (*herb*) sarriette *f*. **(b)** (*US*) = **savoury 2. 2** *adj* (*US*) = **savoury 1.**
savour, (*US*) **savor** ['seɪvər] **1** *n* (*flavour*) saveur *f*, goût *m*; (*fig*) pointe *f*, trace *f*, soupçon *m*. **2** *vt food, drink* savourer, déguster. **3** *vi*: **to ~ of sth** sentir qch; **his attitude ~s of pedantry** son attitude sent le pédantisme.
savouriness, (*US*) **savoriness** ['seɪvərɪnɪs] *n* saveur *f*, succulence *f*.
savourless, (*US*) **savorless** ['seɪvəlɪs] *adj* sans saveur, sans goût, insipide, fade.
savoury, (*US*) **savory** ['seɪvərɪ] **1** *adj* **(a)** (*appetising*) *smell, taste* savoureux, appétissant. (*fig*) **not a very ~ subject** un sujet peu appétissant *or* peu ragoûtant; **not a very ~ district** un quartier peu recommandable.
(b) (*not sweet*) *dish* salé (*par opposition à sucré*).
2 *n* (*Culin*) mets *m* non sucré, (*on toast*) canapé *m* chaud.
Savoy [sə'vɔɪ] **1** *n* Savoie *f*. **2** *adj* savoyard. (*Brit*) **~ cabbage** chou frisé de Milan.
Savoyard [sə'vɔɪɑːd] **1** *n* Savoyard(e) *m(f)*. **2** *adj* savoyard.
savvy⁑ ['sævɪ] **1** *n* jugeote* *f*, bon sens *m*. **2** *vi* **(a)** (⁑: †: *know*) **no ~** sais pas, moi*. **(b)** (*US⁑: understand*) piger⁑, comprendre. **I can take care of myself, ~?** je me débrouille tout seul, tu piges?⁑ **3** *adj* (*US*⁂) drôlement calé* (*about* en).
saw¹ [sɔː] (*vb: pret* **sawed**, *ptp* **sawed** *or* **sawn**) **1** *n* scie *f*; V **circular** *etc*.
2 *cpd*: (*pej*) **sawbones***† chirurgien *m*, charcutier⁑ *m* (*pej*); (*US*) **sawbuck** (*sawhorse*) chevalet *m* de scieur de bois; (⁑: *$10 bill*) billet *m* de dix dollars; (*U*) **sawdust** sciure *f* (de bois); **saw edge** lame dentée; **saw-edged knife** couteau-scie *m*; **sawfish** poisson *m* scie, scie *f*; **sawhorse** chevalet *m* de scieur de bois; **sawmill** scierie *f*.
3 *vt* scier, débiter à la scie. (*US fig*) **to ~ wood⁑** (*sleep*) roupiller*; (*snore*) ronfler; V *also* **sawn**.
4 *vi*: **to ~ through a log** scier une bûche en deux; **to ~ through a plank/the bars of a cell** scier une planche/les barreaux d'une cellule.
◆**saw away** *vi* (* *pej*) **to saw away at the violin** racler du violon.
◆**saw off** *vt sep* enlever à la scie.
2 sawed-off *adj* V **sawed 2; sawn-off** *adj* V **sawn 3.**
◆**saw up** *vt sep* débiter à la scie.
saw² [sɔː] *n* (*saying*) dicton *m*.
saw³ [sɔː] *pret of* **see¹**.
sawed [sɔːd] **1** *pret, ptp of* **saw¹**.
2 *cpd*: (*US* * *pej: short*) **sawed-off** court sur pattes*, petit; (*US*) **sawed-off shotgun** carabine *f* à canon scié.
sawn [sɔːn] **1** *ptp of* **saw¹**. **2** *adj* scié. **~ timber** bois *m* de sciage. **3** *cpd*: **sawn-off shotgun** carabine *f* à canon scié.
sawyer ['sɔːjər] *n* scieur *m*.
sax* [sæks] *n* (*abbr of* **saxophone**) saxo* *m*.
saxhorn ['sækshɔːn] *n* saxhorn *m*.
saxifrage ['sæksɪfrɪdʒ] *n* saxifrage *f*.
Saxon ['sæksn] **1** *adj* saxon. **2** *n* **(a)** Saxon(ne) *m(f)*. **(b)** (*Ling*) saxon *m*.
Saxony ['sæksənɪ] *n* Saxe *f*.
saxophone ['sæksəfəʊn] *n* saxophone *m*.
saxophonist [ˌsæk'sɒfənɪst] *n* saxophoniste *mf*, saxo* *m*.
say [seɪ] *pret, ptp* **said 1** *vt* **(a)** (*speak, utter, pronounce*) dire (*sth to sb* qch à qn); *lesson, poem* réciter. (*Rel*) **to ~ mass** dire *or* célébrer la messe; **to ~ a prayer** faire *or* dire une prière; **to ~ thank you** dire merci; **to ~ goodbye to sb** dire au revoir à qn; (*more formally*) faire ses adieux à qn; (*fig*) **you ~ goodbye to peace and quiet!** tu peux dire adieu à la tranquillité!; (*fig*) **to ~ yes/no to an invitation** accepter/refuser une invitation (*V also* **1f**); **your father said no** ton père a dit (que) non; **~ after me** ...: répétez après moi ...; **could you ~ that again?** pourriez-vous répéter ce que vous venez de dire?; **I've got nothing to ~** (*can't think of anything*) je n'ai rien à dire; (*to police, judge etc: no formal statement*) je n'ai pas de déclaration à faire; (*to press etc: no comment*) pas de commentaire, je n'ai rien à dire; **I've got nothing more to ~** je n'ai rien à ajouter; **all of that can be said in 2 sentences** tout cela tient en 2 phrases; **something was said about it** on en a parlé, il en a été question; **I should like to ~ a few words about** j'aimerais dire quelques mots au sujet de *or* à propos de; **I should like to ask Mr Smith to ~ a few words** je voudrais prier M. Smith de prendre la parole; **he said I was to give you this** il m'a dit de vous donner ceci; **he said to wait here** il a dit d'attendre ici; **to ~ one's say** dire ce qu'on a à dire (*V also* **3**); **so ~ing, he sat down** sur ces mots *or* sur ce, il s'assit; V **least, less** *etc*.
(b) (*assert, state*) dire; (*make formal statement about*) déclarer, indiquer; (*claim*) prétendre. **as I said yesterday** comme je l'ai dit hier; **as I said in my letter/on the phone** comme je vous l'ai dit dans ma lettre/au téléphone; **it ~s in the rules** ..., il est dit dans le règlement; **it ~s on the radio there's going to be snow** la radio annonce de la neige; (*expressing doubt*) **that's what you ~!**, **so you ~!** que vous dites!*, c'est ce que vous dites!, c'est vous qui le dites!; **he got home at 6 so he ~s** il est rentré à 6 heures à ce qu'il dit *or* prétend; **it is said that ... on dit que ...; he is said to have an artificial leg** on dit qu'il a une jambe artificielle.
(c) (*suppose; think; assume; estimate*) dire, penser. **what will people ~?** qu'est-ce que les gens vont dire?; **he doesn't care what**

people ~ il se moque du qu'en-dira-t-on; I ~ he should take it je suis d'avis qu'il le prenne; I should ~ she's intelligent je pense qu'elle est intelligente; I would ~ she was 50 je lui donnerais 50 ans; what would you ~ is the population of Paris? quelle est à votre avis or d'après vous la population de Paris?; to see him you would ~ he was drunk à le voir on dirait qu'il est ivre; let us ~ for argument's sake that ... mettons à titre d'exemple que ...; ~ someone left you a fortune, what would you do with it? si vous héritiez d'une fortune qu'en feriez-vous?; V also 1f.

(d) (admit) dire, reconnaître. I must ~ (that) she's very pretty je dois dire or reconnaître qu'elle est très jolie.

(e) (register) [dial, gauge etc] marquer, indiquer. my watch ~s 10 o'clock ma montre marque or indique 10 heures; the thermometer ~s 30° le thermomètre marque or indique 30°.

(f) (in phrases) dire. I can't ~ I'm fond of anchovies je ne peux pas dire que j'aime (subj) les anchois; '10 o'clock' he said to himself '10 heures' se dit-il; would you really ~? (le pensez-vous) vraiment?; is he right? — I should ~ he is or I should ~ so (emphatic: expressing certainty) est-ce qu'il a raison? — et comment! or pour avoir raison il a raison!; (expressing doubt) est-ce qu'il a raison? — il me semble or je pense que oui; I should ~ he is right! il a bien raison, c'est moi qui vous le dis!; didn't I ~ so? je l'avais bien dit n'est-ce pas?; and so ~ all of us nous sommes tous d'accord là-dessus; to ~ nothing of ... (+ n) sans parler de ...; (+ vb) sans parler du fait que ..., sans compter que ...; that's ~ing a lot* ce n'est pas peu dire; he's cleverer than his brother but that isn't ~ing much* or a lot* il est plus intelligent que son frère mais ça ne veut pas dire grand-chose; that doesn't ~ much for him ce n'est pas à son honneur; that doesn't ~ much for his intelligence cela ne dénote pas beaucoup d'intelligence de sa part, cela en dit long (iro) sur son intelligence; it ~s much or a lot for his courage that he stayed il a bien prouvé son courage en restant; she hasn't much to ~ for herself elle n'a jamais grand-chose à dire; he always has a lot to ~ for himself il parle toujours beaucoup, il a toujours son mot à dire; what have you (got) to ~ for yourself? qu'avez-vous comme excuse?; you might as well ~ the earth is flat! autant dire que la terre est plate!; don't ~ it's broken!* ne me dis pas que c'est cassé!; you can ~ THAT again!* c'est le cas de le dire!, à qui le dites-vous!*; (emphatic) you('ve) said it!* tu l'as dit!*; (hum) though I ~s‡ it as shouldn't ... ce n'est pas à moi de dire ça mais ...; ~ no more (= I understand) ça va, j'ai compris; let's ~ no more about it! n'en parlons plus!; enough said!*, 'nuff said!‡ (ça) suffit!, assez parlé!, en voilà assez!; to ~ the least c'est le moins qu'on puisse dire; she was not very wise, to ~ the least elle était pour le moins imprudente; it wasn't a very good meal, to ~ the least of it c'était un repas assez médiocre pour ne pas dire plus; it goes without ~ing that ... il va sans dire que ..., il va de soi que ...; shall we ~ £5/Tuesday? disons or mettons 5 livres/mardi?; if he came at, ~, 4 o'clock s'il venait, disons or mettons, à 4 heures; just ~ the word and I'll go vous n'avez qu'un mot à dire pour que je parte; he hadn't a good word to ~ for her il n'a rien trouvé à dire en sa faveur; there's something to be said for it cela a des mérites or du bon or des avantages; there's something to be said for waiting il y aurait peut-être intérêt à attendre, on ferait peut-être mieux d'attendre; it's easier or sooner said than done! c'est plus facile à dire qu'à faire!, facile à dire!*; when all is said and done tout compte fait, au bout du compte; what do you ~ to a cup of tea? — I won't ~ no (to it)* que diriez-vous d'une tasse de thé? — j'en boirais bien une or ce ne serait pas de refus* or je ne dirais pas non; what would you ~ to a round of golf? si on faisait une partie de golf?; there's no ~ing what he'll do (il est) impossible de dire or on ne peut pas savoir ce qu'il fera.

2 vi dire. so to ~ pour ainsi dire; that is to ~ c'est-à-dire; it is (as) one or you might ~ a new method c'est comme qui dirait* une nouvelle méthode; (!) ~! dites donc!; (iro) you don't ~!* sans blague!* (iro), pas possible! (iro); ~*, what time is it? dites, quelle heure est-il?; if there were, ~, 500 people s'il y avait, mettons or disons, 500 personnes; (iro) ~s or sez you!‡ que tu dis!*; ~s who?‡, sez who?‡ ah oui? (iro); as they ~ comme on dit, comme dirait l'autre*; it seems rather rude, I must ~ cela ne me paraît guère poli, je l'avoue; (expressing indignation) well, I must ~! ça alors!*; it's not for me to ~ (not my responsibility) ce n'est pas à moi de décider or de juger; (not my place) ce n'est pas à moi de le dire.

3 n: to have one's ~ dire son mot, dire ce qu'on a à dire; to have a ~/no ~ in the matter avoir/ne pas avoir voix au chapitre; to have a ~ in selecting ... avoir son mot à dire dans la sélection de ...; to have a strong ~ in sth jouer un rôle déterminant dans qch; V also 1a.

saying ['seɪɪŋ] n dicton m, proverbe m, adage m. as the ~ goes comme dit le proverbe, comme on dit; ~s of the week les mots mpl or les citations fpl de la semaine.

say-so* ['seɪsəʊ] n: on your ~ parce que vous le dites (or l'aviez dit etc); on his ~ parce qu'il le dit (or l'a dit etc), sur ses dires; it's his ~* c'est lui qui décide, c'est à lui de dire.

SC (US Post) abbr of **South Carolina.**

s/c abbr of **self-contained;** V **self** 2.

scab [skæb] 1 n (a) [wound] croûte f, escarre f. (b) (U) = scabies. (c) (‡ pej: strikebreaker) jaune m (pej), briseur m de grève. 2 vi (a) se cicatriser, former une croûte. (b) (‡ pej: strikebreaker) refuser de faire grève, faire le jaune.

scabbard ['skæbəd] n [dagger] gaine f; [sword] fourreau m.

scabby ['skæbɪ] adj skin croûteux; (Med) scabieux; (‡) behaviour moche*, méprisable.

scabies ['skeɪbiːz] n (U: Med) gale f.

scabious¹ ['skeɪbɪəs] adj (Med) scabieux.

scabious² ['skeɪbɪəs] n (Bot) scabieuse f.

scabrous ['skeɪbrəs] adj (a) question, topic scabreux, risqué. (b) (Bot, Zool) rugueux.

scads‡ [skædz] npl (US) to have ~ of avoir beaucoup de or plein* de.

scaffold ['skæfəld] n (a) (gallows) échafaud m. (b) (Constr) échafaudage m.

scaffolding ['skæfəldɪŋ] n (U) (structure) échafaudage m; (material) matériel m pour échafaudages.

scag‡ [skæg] n (US Drugs sl) héroïne f.

scalawag* ['skæləwæg] n (US) = **scallywag*.**

scald [skɔːld] 1 vt jar, teapot, tomatoes échauder, ébouillanter; (sterilize) stériliser. to ~ one's hand s'ébouillanter la main; to ~ o.s. s'ébouillanter; (Culin) to ~ the milk chauffer le lait sans le faire bouillir.
2 n brûlure f (causée par l'eau etc bouillante).

scalding ['skɔːldɪŋ] adj (also ~ hot) bouillant, brûlant. (fig) ~ tears larmes brûlantes.

scale¹ [skeɪl] 1 n (a) [thermometer, ruler] graduation f, échelle f (graduée); [numbers] série f; [wages] barème m, échelle. ~ of charges (gen) tableau m des tarifs; (Econ, Fin) barème m des redevances; social ~ échelle sociale; V centigrade, Fahrenheit, sliding.
(b) [map, drawing] échelle f. (drawn) to ~ à l'échelle; drawn to a ~ of rapporté à l'échelle de; on a ~ of 1 cm to 5 km à une échelle de 1 cm pour 5 km or de 1/500 000; this map is not to ~ or is out of ~ les distances ne sont pas respectées sur cette carte.
(c) (fig) (scope) échelle f; (size etc) importance f. on a large ~ sur une grande échelle, en grand; on a small ~ sur une petite échelle, en petit; on a national ~ à l'échelle nationale; a disaster of or on this ~ une catastrophe de cette importance.
(d) (Mus) gamme f. to practise one's ~s faire ses gammes.
2 cpd: scale drawing dessin m à l'échelle; scale model modèle réduit; V full-scale etc.
3 vt (a) wall, mountain escalader.
(b) map dessiner à l'échelle.
♦ **scale back** vt sep (US) = **scale down.**
♦ **scale down** vt sep (gen) réduire; salary, (Scol) marks réduire proportionnellement; drawing réduire l'échelle de; production réduire, baisser.
♦ **scale up** vt sep augmenter proportionnellement.

scale² [skeɪl] 1 n V **scales.**
2 cpd: scale maker fabricant m de balances; scale pan plateau m de balance.
3 vti peser.

scale³ [skeɪl] 1 n (a) [fish, reptile, rust] écaille f; [skin] squame f. metal ~ écaille métallique; (fig) the ~s fell from his eyes les écailles lui sont tombées des yeux.
(b) (U) [water pipes, kettle] tartre m, dépôt m calcaire; [teeth] tartre.
2 vt (a) fish écailler.
(b) teeth, kettle détartrer.
♦ **scale off** vi s'en aller en écailles, s'écailler.

scales [skeɪlz] npl (for weighing) (pair or set of) ~ (gen: in kitchen, shop) balance f; (in bathroom) pèse-personne m inv; (for babies) pèse-bébé m inv; (for luggage, heavy goods) bascule f; (for letters) pèse-lettres m inv; (manual, with weight on a rod) balance romaine. kitchen or household ~s balance de ménage; (Astron) the S~ la Balance; to turn the ~ at 80 kilos peser 80 kilos; (fig) to tip the ~ faire pencher la balance (in sb's favour du côté de qn; against sb contre qn); V platform etc.

scallion ['skælɪən] n (gen) oignon m; (US: shallot) échalote f; (US: leek) poireau m.

scallop ['skɒləp] 1 n (a) coquille f Saint-Jacques, pétoncle m. ~ shell coquille.
(b) (Sewing) ~s festons mpl.
2 vt (a) ~ed fish/lobster coquille f de poisson/de homard.
(b) hem etc festonner. (Sewing) ~ed edge bordure festonnée or à festons; (Culin) to ~ (the edges of) a pie canneler le bord d'une tourte.

scallywag* ['skælɪwæg] n (a) (rascal) petit(e) polisson(ne) m(f).
(b) (US Hist) Sudiste républicain (après la guerre de Sécession).

scalp [skælp] 1 n cuir m chevelu; (Indian trophy) scalp m. 2 vt scalper.

scalpel ['skælpəl] n scalpel m.

scaly ['skeɪlɪ] adj fish écailleux; skin squameux; kettle, pipe entartré.

scam‡ [skæm] (US) 1 n arnaque‡ m, escroquerie f.
2 vi faire de la gratte* or des bénefs‡.

scamp¹* [skæmp] n (child) polisson(ne) m(f), galopin* m; (adult) coquin(e) m(f).

scamp² [skæmp] vt one's work etc bâcler*.

scamper ['skæmpər] 1 n galopade f, [mice] trottinement m.
2 vi [children] galoper; [mice] trottiner. [children] to ~ in/out etc entrer/sortir etc en gambadant.
♦ **scamper about** vi [children] gambader; [mice] trottiner çà et là.
♦ **scamper away, scamper off** vi [children, mice] s'enfuir, détaler*.

scampi ['skæmpɪ] npl langoustines fpl (frites), scampi mpl.

scan [skæn] 1 vt (a) (examine closely) horizon, sb's face scruter; crowd fouiller du regard; newspaper lire attentivement (for sth pour y trouver qch).
(b) (glance quickly over) horizon promener son regard sur; crowd parcourir des yeux; newspaper parcourir rapidement, feuilleter.
(c) (Comput) scruter.
(d) (Radar, TV) balayer; (Med) [machine] balayer; [person] faire une scanographie de.

(e) (*Poetry*) scander.
2 *vi* se scander. **this line does not** ~ ce vers est faux.
3 *n* **(a)** (*Rad, TV*) balayage *m*.
  (b) (*Med*) (*scanning*) scanographie *f*, tomodensitométrie *f*; (*picture*) scanographie *f*, scinti(llo)gramme *m*. (*Med*) (**ultra-sound**) ~ échographie *f*.

scandal ['skændl] **1** *n* **(a)** (*disgrace*) scandale *m*; (*Jur*) diffamation *f*. **to cause a** ~ causer un scandale; **the groundnuts** ~ le scandale des arachides; **it's a** (*real*) ~ c'est scandaleux, c'est une honte; **it's a** ~ **that** ... c'est un scandale *or* une honte que ... + *subj*.
  (b) (*U: gossip*) médisance *f*, cancans *mpl*, ragots* *mpl*. **to talk** ~ colporter des cancans *or* des ragots*; **have you heard the latest** ~? avez-vous entendu les derniers potins?*; **there's a lot of** ~ **going around about him** il y a beaucoup de ragots* qui circulent sur son compte.
  2 *cpd*: **scandalmonger** mauvaise langue, colporteur *m*, -euse *f* de ragots*; (*US Press*) torchon* *m*.
scandalize ['skændəlaɪz] *vt* scandaliser, indigner. **to be** ~**d by** se scandaliser de, s'indigner de; **she was quite** ~**d** elle était vraiment scandalisée *or* indignée.
scandalous ['skændələs] *adj talk, behaviour* scandaleux; (*Jur*) diffamatoire. **that's a** ~ **price** c'est scandaleux de demander ce prix-là; **it's simply** ~ c'est vraiment scandaleux, c'est un vrai scandale.
scandalously ['skændələslɪ] *adv* scandaleusement.
Scandinavia [,skændɪ'neɪvɪə] *n* Scandinavie *f*.
Scandinavian [,skændɪ'neɪvɪən] **1** *adj* scandinave. ~ (**type** *or* **style**) **furniture** etc mobilier *m* etc de type scandinave, ≃ mobilier etc design. **2** *n* Scandinave *mf*.
scandium ['skændɪəm] *n* scandium *m*.
scanner ['skænər] *n* (*Med*) tomodensitomètre *m*, scanographe *m*, scanner *m*; (*Radar, TV*) scanner, analyseur *m* à balayage; (*graphic arts*) scanner; (*optical* ~) lecteur *m* optique.
scanning ['skænɪŋ] **1** *n* (*V* scan 1d) balayage *m*; scanographie *f*. **2** *adj*: ~ **electron microscope** microscope *m* électronique à balayage.
scansion ['skænʃən] *n* scansion *f*.
scant [skænt] *adj* peu abondant, insuffisant. **to pay** ~ **attention** faire à peine attention; ~ **praise** éloge des plus brefs.
scantily ['skæntɪlɪ] *adv* insuffisamment. ~ **clad** vêtu du strict minimum, en tenue légère (*hum*).
scantiness ['skæntɪnɪs] *n* insuffisance *f*.
scanty ['skæntɪ] *adj meal, harvest* peu abondant, insuffisant; *swimsuit* minuscule, réduit à sa plus simple expression (*hum*). **a** ~ **income** de maigres revenus *mpl*.
scapegoat ['skeɪpɡəʊt] *n* bouc *m* émissaire.
scapegrace ['skeɪpɡreɪs] *n* coquin(e) *m(f)*, vaurien(ne) *m(f)*.
scapula ['skæpjʊlə] *n* omoplate *f*.
scapular ['skæpjʊlər] *adj, n* scapulaire (*m*).
scar¹ [skɑːr] **1** *n* (*mark: lit, fig*) cicatrice *f*; (*knife wound, esp on face*) balafre *f*. **it left a** ~ **on his face** cela a laissé une cicatrice sur son visage; (*fig*) **the quarrying left a** ~ **on the hillside** l'exploitation de la carrière a laissé une cicatrice sur *or* a mutilé le flanc de la colline; (*fig*) **it left a deep** ~ **on his mind** il en est resté profondément marqué (*fig*).
  2 *cpd*: **Scarface** le Balafré.
  3 *vt* marquer d'une cicatrice, (*with knife*) balafrer. **he was** ~**red with many wounds** il portait les cicatrices de nombreuses blessures; **face** ~**red by smallpox** figure grêlée par la petite vérole; **war-**~**red town** ville qui porte des cicatrices de la guerre; **walls** ~**red by bullets** des murs portant des traces de balles.
scar² [skɑːr] *n* (*crag*) rocher escarpé.
scarab ['skærəb] *n* (*beetle, gem*) scarabée *m*.
scarce [skeəs] **1** *adj food, money* peu abondant; *copy, edition* rare. **money/corn is getting** ~ l'argent/le blé se fait rare; **such people are** ~ de telles gens sont rares, on ne rencontre pas souvent de telles gens; **to make o.s.** ~* s'esquiver, se sauver*.
  2 *adv* (††) = **scarcely**.
scarcely ['skeəslɪ] *adv* à peine. **it** ~ **touched him** cela l'a à peine touché; **I could** ~ **stand** je pouvais à peine tenir debout, j'avais de la peine *ou* du mal à tenir debout; ~ **anybody knows** il y a très peu de gens qui savent; **he** ~ **ever goes there** il n'y va presque jamais, il n'y va guère; **I** ~ **know what to say** je ne sais trop que dire; **I can** ~ **believe it** j'ai peine à *ou* du mal à le croire.
scarceness ['skeəsnɪs] *n*, **scarcity** ['skeəsɪtɪ] *n* (*lack: of corn, money etc*) manque *m*, pénurie *f*, disette *f*; (*scarcity*) rareté *f*. **there is a** ~ **of good artists today** il n'y a plus guère de bons artistes; **the** ~ **of the metal** la rareté du métal; **this item has a certain scarcity value** cet objet a une certaine valeur à cause de sa rareté; ~ **value** valeur *f* de rareté.
scare [skeər] **1** *n* **(a) to give sb a** ~ effrayer qn, faire peur à qn, donner la frousse à qn*; **what a** ~ **he gave me!** il m'a fait une de ces peurs! *or* une de ces frousses!*
  (b) (*rumour etc*) bruit *m* alarmant *or* alarmiste. **to raise a** ~ semer la panique *or* l'alarme, faire courir des bruits alarmants; **the invasion** ~ les bruits alarmistes d'invasion; **bomb/gas etc** ~ alerte *f* à la bombe/au gaz etc; **because of the war** ~ à cause des rumeurs *fpl* de guerre; **there have been several war** ~**s this year** à plusieurs reprises cette année les gens ont craint la guerre.
  2 *cpd headlines, tactics* alarmiste. (*lit, fig*) **scarecrow** épouvantail *m*; (*US Press*) **scarehead**‡ manchette *f* à sensation; **scaremonger** alarmiste *mf*.
  3 *vt* effrayer, faire peur à. **to** ~ **sb stiff*** faire une peur bleue à qn; *V also* **scared, and living**.
◆**scare away, scare off** *vt sep*: **the dog scared him away** la peur du chien l'a fait fuir, il a fui par peur du chien; (*fig*) **the price scared him away** le prix lui a fait peur.

◆**scare up*** *vt sep* (*US*) *food, money* arriver à trouver.
scared [skeəd] *adj* effrayé, affolé (*of* par). **to be** ~ avoir peur (*of* de); **to be** ~ **stiff*** avoir une peur bleue, avoir la frousse* *or* la trouille‡; **to be** ~ **out of one's wits*** être complètement affolé *or* paniqué*; **he's** ~ **to death of women*** il a une peur terrible *or* mortelle des femmes.
scaredy* ['skeədɪ] *n* (*Brit: children's talk*) ~ (**cat**) trouillard(e)‡ *m(f)*, poule *f* mouillée*.
scarf*¹ [skɑːf] *n, pl* **scarves** *or* ~**s** écharpe *f*; (*square*) foulard *m*. ~**-ring** coulant *m or* anneau *m* pour foulard; *V* **head**.
scarf*² [skɑːf] *vt* (*US: also* ~ **down**) engloutir, s'enfiler‡.
scarify ['skeərɪfaɪ] *vt* (*Agr, Med*) scarifier; (*fig*) éreinter.
scarlatina [,skɑːlə'tiːnə] *n* scarlatine *f*.
scarlet ['skɑːlɪt] **1** *adj* écarlate. **to go** *or* **blush** ~ (**with shame**) devenir rouge *or* écarlate (de honte). **2** *cpd*: **scarlet fever** scarlatine *f*; **scarlet pimpernel** mouron *m* rouge; **scarlet runner** (**bean**) haricot grimpant. **3** *n* écarlate *f*.
scarp [skɑːp] *n* escarpement *m*.
scarper‡ ['skɑːpər] *vi* (*Brit*) ficher le camp*.
scarves [skɑːvz] *npl of* **scarf**.
scary* ['skeərɪ] *adj* qui donne des frissons *or* la frousse*, angoissant.
scat¹‡ [skæt] *excl* allez ouste!*
scat² [skæt] *n* (*US Jazz*) scat *m*, *style d'improvisation vocale*.
scathing ['skeɪðɪŋ] *adj remark, criticism* acerbe, caustique, cinglant. **to be** ~ **about sth** critiquer qch de façon cinglante; **to give sb a** ~ **look** jeter un regard noir à qn, foudroyer qn du regard.
scathingly ['skeɪðɪŋlɪ] *adv* d'une manière acerbe *or* cinglante. **to look** ~ **at sb** foudroyer qn du regard.
scatter ['skætər] **1** *vt* **(a)** (*also* ~ **about,** ~ **around**) *crumbs, papers* éparpiller; *seeds* semer à la volée; *sand, salt, sawdust* répandre. (*fig*) **to** ~ **sth to the four winds** semer qch aux quatre vents; **he** ~**ed pennies among the children** il a jeté à la volée des piécettes aux enfants; **to** ~ **cushions on a divan** jeter des coussins çà et là sur un divan.
  (b) *clouds, crowd* disperser; *enemy* mettre en déroute; *light* diffuser. **my relatives are** ~**ed all over the country** ma famille est dispersée aux quatre coins du pays.
  2 *vi* [*clouds, crowd*] se disperser. **the onlookers** ~**ed at the approach of the police** les badauds se sont dispersés à l'arrivée de la police.
  3 *n* (*Math, Tech*) dispersion *f*. **a** ~ **of houses** des maisons dispersées *or* éparses; **a** ~ **of raindrops** quelques gouttes de pluie éparses.
  4 *cpd*: **scatterbrain** écervelé(e) *m*, hurluberlu* *m*; **scatterbrained** écervelé, hurluberlu*; **scatter cushions** petits coussins; **scatter rugs** carpettes *fpl*.
scattered ['skætəd] *adj books* éparpillés; *houses* dispersés, éparpillés; *population* dispersé, disséminé; *light* diffus. **the village is very** ~ les maisons du village sont très dispersées; (*Met*) ~ **showers** averses *fpl* intermittentes.
scattering ['skætərɪŋ] *n* [*clouds, crowd*] dispersion *f*; [*light*] diffusion *f*. **there was a** ~ **of people in the hall** il y avait quelques personnes dispersées *or* çà et là dans la salle.
scattiness* ['skætɪnɪs] *n* (*Brit*) loufoquerie* *f*.
scatty* ['skætɪ] *adj* (*Brit*) loufoque*, farfelu.
scavenge ['skævɪndʒ] **1** *vt streets* enlever les ordures de; *object* récupérer. **2** *vi*: **to** ~ **in the dustbins for sth** faire les poubelles pour trouver qch.
scavenger ['skævɪndʒər] **1** *n* **(a)** (*Zool*) charognard *m*. **(b)** (*street cleaner*) éboueur *m*. **(c)** (*person: on rubbish dumps, in bins etc*) pilleur *m* de poubelles. **2** *cpd*: **scavenger hunt** chasse *f* au trésor, rallye *m*.
scenario [sɪ'nɑːrɪəʊ] *n* **(a)** (*Cine*) scénario *m*. **(b)** (*fig*) (*sequence of events*) scénario *m*; (*plan of action*) plan *m* d'action, stratégie *f* (*for* pour). (*Mil, Pol, etc*) **best-/worst-case** ~ meilleure/pire hypothèse *f*.
scenarist ['siːnərɪst] *n* scénariste *mf*.
scene [siːn] **1** *n* **(a)** (*Theat etc*) (*part of play*) scène *f*; (*setting*) décor *m*; (*fig*) scene; (*happening*) incident *m*. **the garden** ~ **in 'Richard II'** la scène du jardin dans 'Richard II'; (*Cine, TV*) **outdoor** *or* **outside** ~ extérieur *m*; ~ **from a film** scène *or* séquence *f* (tirée) d'un film; **the big** ~ **in the film** la grande scène du film; **it was his big** ~ c'était sa grande scène; **the** ~ **is set in Paris** la scène se passe à Paris, l'action se déroule à Paris; (*fig*) **the** ~ **was set for their romance** toutes les conditions étaient réunies pour leur idylle; **this set the** ~ **for the discussion** ceci a préparé le terrain pour les discussions; (*fig*) **now let our reporter set the** ~ **for you** notre reporter va maintenant vous mettre au courant de la situation; (*Theat, fig*) **behind the** ~**s** dans les coulisses; (*fig*) **to work behind the** ~**s** travailler dans l'ombre *or* dans les coulisses; ~**s of violence** scènes de violence; **there were angry** ~**s at the meeting** des incidents violents ont eu lieu au cours de la réunion; *V* **change**.
  (b) (*place*) lieu(x) *m(pl)*, endroit *m*. **the** ~ **of the crime/accident** le lieu du crime/de l'accident; (*Mil*) ~ **of operations** théâtre *m* des opérations; **he needs a change of** ~ il a besoin de changer d'air *or* de décor*; **they were soon on the** ~ ils furent vite sur les lieux; **to appear** *or* **come on the** ~ faire son apparition; **when I came on the** ~ quand je suis arrivé; **he has disappeared from the political** ~ il a disparu de la scène politique; **the political** ~ **in France** la situation politique en France; **the drug** ~ **in our big cities** la situation de la drogue dans nos grandes villes; (*fig*) **it's a bad** ~* c'est pas brillant*, la situation n'est pas brillante; **it's not my** ~* ça n'est pas mon genre, c'est pas mon truc*.
  (c) (*sight, view*) spectacle *m*, vue *f*, tableau *m*. **the** ~ **from the top is marvellous** du sommet la vue *or* le panorama est magnifique; **the** ~ **spread out before you** la vue *or* le panorama qui

s'offre à vous; **the hills make a lovely** ~ les collines offrent un très joli spectacle *or* tableau; **picture the** ~ ... représentez-vous la scène ...; **it was a** ~ **of utter destruction** c'était un spectacle de destruction totale.

   (d) (*: *fuss*) scène *f*. **try not to make a** ~ **about it** tâche de ne pas en faire (toute) une scène *or* toute une histoire*; **to have a** ~ **with sb** avoir une scène avec qn; **I hate** ~**s** je déteste les scènes.

   (e) (‡: *sexually*) **to have a** ~ **with sb** avoir une liaison avec qn.

  2 *cpd*: (*Theat*) **scene change** changement *m* de décor(s); **scene painter** peintre *m* de décors; **scene shift** changement *m* de décor(s); **scene shifter** machiniste *mf*.

scenery ['siːnərɪ] *n* (a) paysage *m*, vue *f*. **the** ~ **is beautiful le** paysage est très beau, la vue est très belle; **mountain** ~ paysage de montagnes; (*fig*) **a change of** ~ will do you good un changement d'air *or* de cadre *or* de décor* vous fera du bien.

   (b) (*Theat*) décor(s) *m(pl)*.

scenic ['siːnɪk] *adj* scénique. (*esp US Rail*) ~ **car** voiture *f* panoramique; ~ **railway** (*panoramic*) petit train (d'agrément); (*Brit: switchback*) montagnes *fpl* russes; (*US*) ~ **road** route *f* touristique; **an area of great** ~ **beauty** une région qui offre de très beaux panoramas.

scenography [siːˈnɒɡrəfɪ] *n* scénographie *f*.

scent [sent] **1** *n* (a) (*odour*) parfum *m*, senteur *f* (*liter*).

   (b) (*liquid perfume*) parfum *m*. **to use** ~ se parfumer.

   (c) (*animal's track*) fumet *m*; (*fig*) piste *f*, voie *f*. (*Hunting, fig*) **to lose the** ~ perdre la piste; **to throw** *or* **put sb off the** ~ dépister *or* déjouer qn; **to put** *or* **throw dogs off the** ~ dépister les chiens, brouiller *or* faire perdre la piste aux chiens; **to be on the (right)** ~ être sur la bonne piste *or* voie; **he got the** ~ **of something suspicious** il a flairé quelque chose de louche.

   (d) (*sense of smell*) [*person*] odorat *m*; [*animal*] flair *m*.

  2 *cpd*: **scent bottle** flacon *m* à parfum; **scent spray** vaporisateur *m* (à parfum); (*aerosol*) atomiseur *m* (à parfum).

  3 *vt* (a) (*put* ~ *on*) handkerchief, air parfumer (*with* de). **the** ~**ed air** l'air parfumé *or* odorant.

   (b) (*smell*) game flairer; (*fig*) danger, trouble flairer, pressentir.

scentless ['sentlɪs] *adj* inodore, sans odeur.

scepter ['septər] *n* (*US*) = **sceptre**.

sceptic, (*US*) **skeptic** ['skeptɪk] *adj, n* sceptique (*mf*).

sceptical, (*US*) **skeptical** ['skeptɪkəl] *adj* sceptique (*of, about* sur). **I'm rather** ~ **about it** cela me laisse sceptique.

sceptically, (*US*) **skeptically** ['skeptɪkəlɪ] *adv* avec scepticisme.

scepticism, (*US*) **skepticism** ['skeptɪsɪzəm] *n* scepticisme *m*.

sceptre, (*US*) **scepter** ['septər] *n* sceptre *m*.

schedule ['ʃedjuːl, *US* 'skedjuːl] **1** *n* (a) [*work, duties*] programme *m*, plan *m*; [*trains etc*] horaire *m*; [*events*] calendrier *m*. **production/building** *etc* ~ prévisions *fpl or* programme pour la production/la construction *etc*; **to make out a** ~ établir un programme *or* un plan *or* un horaire; **the whole ceremony went off according to** ~ toute la cérémonie s'est déroulée selon le programme *or* les prévisions; (*fig*) **it all went according to** ~ tout s'est passé comme prévu; **the train is on** *or* **up to** ~ le train est à l'heure; **the train is behind** ~ le train a du retard; **the preparations are on** ~/**behind** ~ il n'y a pas de retard/il y a du retard dans les préparatifs; **the work is on** ~ les travaux avancent selon les prévisions; **our work has fallen behind** ~ nous sommes en retard dans notre travail *or* sur notre plan de travail; **the ceremony will take place on** ~ la cérémonie aura lieu à l'heure prévue (*or* à la date prévue *etc*); **our** ~ **does not include the Louvre** notre programme ne comprend pas le Louvre; **to be ahead of** ~ (*in work*) avoir de l'avance sur son programme; [*train*] avoir de l'avance; **to work to a very tight** ~ avoir un programme de travail très serré.

   (b) (*list*) [*goods, contents*] liste *f*, inventaire *m*; [*prices*] barème *m*, tarif *m*. ~ **of charges** tarif *or* liste *or* barème des prix, échéancier *m*, calendrier *m* des remboursements.

   (c) (*Jur: to contract*) annexe *f* (*to* à).

  2 *vt* (a) (*gen pass*) activity établir le programme *or* l'horaire de. **his** ~**d speech** le discours qu'il doit (*or* devait *etc*) prononcer; **his** ~**d departure** son départ prévu; **at the** ~**d time/date** *etc* à l'heure/à la date *etc* prévue *or* indiquée; ~**d price** prix tarifé; **as** ~**d** comme prévu; [*train, bus etc*] ~**d service** service régulier; ~**d flight** vol régulier; **this stop is not** ~**d** cet arrêt n'est pas indiqué dans l'horaire; **he is** ~**d to leave** *et* at midday son départ est fixé pour midi; **you are** ~**d to speak after him** d'après le programme c'est à vous de parler après lui; **the train is** ~**d for 11 o'clock** *or* **to arrive at 11 o'clock** selon l'horaire le train doit arriver à 11 heures; ~**d territories** zone *f* sterling.

   (b) *object* inscrire sur une liste. (*Brit: Admin, Archit*) ~**d building** bâtiment classé (*comme monument historique*).

schema ['skiːmə] *n, pl* **schemata** [skiːˈmɑːtə] schéma *m*.

schematic [skɪˈmætɪk] *adj* schématique.

scheme [skiːm] **1** *n* (a) (*plan*) plan *m* (*to do* pour faire); (*project*) projet *m*; (*method*) procédé *m* (*for doing* pour faire). **he's got a** ~ **for re-using plastic bottles** il a un plan *or* un projet *or* un procédé pour réutiliser les bouteilles en plastique; **a** ~ **of work** un plan de travail; **profit-sharing** ~ système *m* de participation (aux bénéfices); **pension** ~ régime *m* de retraites; **a** ~ **for greater productivity** un plan destiné à augmenter la productivité; (*fig*) **where does he stand in the** ~ **of things?** quel est son rôle dans toute cette affaire?, où se situe-t-il dans tout cela?; **the** ~ **for the new bridge** le projet pour le nouveau pont; **it's some crazy** ~ **of his** c'est une de ses idées invraisemblables; **it's not a bad** ~* ça n'est pas une mauvaise idée; *V* **supplementary**.

   (b) (*plot*) complot *m*, machination(s) *f(pl)*; (*dishonest plan*) procédé *m* malhonnête, combine* *f*. **It's a** ~ **to get him out of the way** c'est un complot pour l'éliminer.

   (c) (*arrangement*) classification *f*, arrangement *m*, combinaison *f*; *V* **colour, rhyme**.

  2 *vt* combiner, machiner.

  3 *vi* comploter, conspirer, intriguer (*to do* pour faire).

schemer ['skiːmər] *n* (*on small scale*) intrigant(e) *m(f)*; (*on large scale*) conspirateur *m*, -trice *f*, comploteur *m*, -euse *f*.

scheming ['skiːmɪŋ] **1** *adj* intrigant, rusé. **2** *n* machinations *fpl*, intrigues *fpl*.

scherzo ['skɜːtsəʊ] *n* scherzo *m*.

schism ['sɪzəm] *n* schisme *m*.

schismatic [sɪzˈmætɪk] *adj, n* schismatique (*mf*).

schist [ʃɪst] *n* schiste *m* cristallin.

schiz‡ [skɪts] (*US, Can*) *n* (a) (*abbr of* **schizophrenic**) schizo‡ *mf*.

   (b) (*abbr of* **schizophrenia**) schizophrénie *f*.

schizo‡ ['skɪtsəʊ] (*Brit*) *adj, n* (*abbr of* **schizophrenic**) schizo‡ (*mf*).

schizoid ['skɪtsɔɪd] *adj, n* schizoïde (*mf*).

schizophrenia [ˌskɪtsəʊˈfriːnɪə] *n* schizophrénie *f*.

schizophrenic [ˌskɪtsəʊˈfrenɪk] *adj, n* schizophrène (*mf*).

schlemiel‡, **schlemihl**‡ [ʃləˈmiːl] *n* (*US*) pauvre bougre* *m*, minable *m*.

schlep(p)‡ [ʃlep] (*US*) **1** *vi* se trainer, crapahuter‡. **2** *vt* trimballer*, (se) coltiner*.

schlock‡ [ʃlɒk] (*US*) **1** *n* camelote *f*. **2** *adj* de camelote.

schmaltz* [ʃmɔːlts] *n* (*U*) sentimentalisme excessif.

schmaltzy* [ʃmɔːltsɪ] *adj* à la guimauve, à l'eau de rose.

schmo(e) [ʃməʊ] *n* (*US*) ballot* *m*, andouille* *f*.

schmuck‡ [ʃmʌk] *n* (*US*) con‡ *m*, connard‡ *m*.

schnapps [ʃnæps] *n* schnaps *m*.

schnook [ʃnʊk] *n* (*US*) ballot* *m*, pauvre type* *m*.

schnorkel ['ʃnɔːkl] *n* = **snorkel**.

schnorrer‡ ['ʃnɔːrər] *n* (*US*) mendigot *m*, tapeur* *m*.

schnozzle‡ ['ʃnɒzl] *n* (*US*) gros pif* *m*, tarin* *m*.

scholar ['skɒlər] *n* (a) lettré(e) *m(f)*, érudit(e) *m(f)*. **a** ~ **and a gentleman** un homme cultivé et raffiné; **a Dickens** ~ un(e) spécialiste de Dickens; **I'm not much of a** ~ je ne suis pas bien savant *or* instruit.

   (b) (*scholarship holder*) boursier *m*, -ière *f*; (†: *pupil*) écolier *m*, -ière *f*.

scholarly ['skɒləlɪ] *adj* account, work, man érudit, savant.

scholarship ['skɒləʃɪp] **1** *n* (a) () érudition *f*, savoir *m*. (b) (*award*) bourse *f* (d'études); (*US Univ*) bourse *f* (*pour étudiant de licence*). **to win a** ~ **to Cambridge** obtenir une bourse pour Cambridge (*par concours*). **2** *cpd*: **scholarship holder** boursier *m*, -ière *f*.

scholastic [skəˈlæstɪk] **1** *adj* philosophy scolastique; work, achievement scolaire. **the** ~ **profession** (*gen*) l'enseignement *m*; (*teachers collectively*) les enseignants *mpl*; ~ **agency** (*teachers' employment*) bureau *m* de placement pour enseignants; (*selection of school*) organisme d'orientation sur le choix d'établissement scolaire; (*US*) ~ **aptitude test** examen *m* d'entrée à l'université. **2** *n* (*Philos*) scolastique *m*.

scholasticism [skəˈlæstɪsɪzəm] *n* scolastique *f*.

school¹ [skuːl] **1** *n* (a) (*gen*) école *f*; (*primary* ~) école; (*secondary* ~) (*gen*) lycée *m*; (*up to 16 only*) collège *m*; (*of dancing*) école, académie *f*; (*of music*) école, conservatoire *m*. ~ **of motoring** auto-école *f*; **to go to** ~ aller à l'école (*or* au collège *or* au lycée *etc*); **to leave** ~ quitter l'école *etc*; **to send a child to** ~ (*gen*) envoyer un enfant à l'école; (*Admin*) scolariser un enfant; **at** *or* **in** ~ à l'école *etc*; **we were at** ~ **together** nous étions à la même école *etc*; **he wasn't at** ~ **yesterday** il n'était pas à l'école *etc or* en classe hier, il était absent hier; **the whole** ~ **wish(es) you** well toute l'école *etc* vous souhaite du succès; **to go skiing** (*etc*) **with the** ~ ≃ partir en classe de neige (*etc*); **television** (*etc*) **for** ~**s** la télévision (*etc*) scolaire; *V* **boarding, high, old, summer** *etc*.

   (b) (*lessons*) classe(s) *f(pl)*, (*gen secondary*) cours *mpl*. ~ **re-opens in September** la rentrée scolaire *or* la rentrée des classes est en septembre; **there's no** ~ **this morning** il n'y a pas classe *or* pas de classes ce matin, il n'y a pas (de) cours ce matin.

   (c) (*Univ*) faculté *f*, collège *m*; (*Oxford and Cambridge*) salle *f* d'examens. (*Oxford and Cambridge*) **S**~**s** les examens *mpl* (*V also* **1f**); **he's at law/medical** ~ il fait son droit/sa médecine.

   (d) (*institute*) institut *m*. **S**~ **of Linguistics/African Studies** *etc* Institut *m or* (*smaller*) Département *m* de Linguistique/d'Études africaines *etc*; (*US*) ~ **of education** école *f* normale (primaire).

   (e) (*fig*) école *f*. **the hard** ~ **of poverty** la dure école de la pauvreté; **he learnt that in a good** ~ il a appris cela à bonne école.

   (f) (*Hist: scholasticism*) **the** ~**s** l'École, la scolastique.

   (g) [*painting, philosophy etc*] école *f*. (*Ar*) **the Dutch** ~ l'école hollandaise; **the Freudian** ~ l'école freudienne; **a** ~ **of thought** une école de pensée; **an aristocrat/doctor** *etc* **of the old** ~ un aristocrate/un docteur *etc* de la vieille école; **he's one of the old** ~ il est de la vieille école *or* de la vieille garde, c'est un traditionaliste.

  2 *cpd* equipment, edition, television, doctor scolaire. **school-age child** enfant *mf* d'âge scolaire; **school attendance** scolarisation *f*, scolarité *f*; **school attendance officer** fonctionnaire *mf* chargé(e) de faire respecter les règlements de la scolarisation; **schoolbag** cartable *m*; **schoolbook** livre *m* scolaire *or* de classe; **schoolboy** (*V* **1**) élève *m*, écolier *m*, lycéen *m*, collégien *m* (*V also* **public**); **schoolboy slang** argot *m* des écoles *or* des lycées; **school bus** autobus *m or* car *m* de ramassage scolaire; **school bus service** service *m* de ramassage scolaire; **school certificate**† ≃ BEPC *m*; **schoolchild** écolier *m*, -ière *f*, lycéen(ne) *m(f)*, collégien(ne) *m(f)*; (*Brit, Scol*) **school council** comité *m* des délégués de classe; (*US*) **school counsellor** conseiller *m*, -ère *f* général(e) d'éducation; **school crossing patrol** *V* **crossing b**; **schooldays** années *fpl* de scolarité *or* d'école; **during my schooldays** du temps où j'allais en classe; (*US*) **school district** secteur *m* scolaire; **school doctor** médecin *m* scolaire; **school fees** frais *mpl* de scolarité; **schoolfellow** camarade *mf* de classe; **school fund** (*in primary schools*) coopérative *f*; (*in secondary schools*) caisse *f* de solidarité; **schoolgirl** (*V* 1a) élève *f*, écolière *f*, lycéenne *f*, collégienne *f*; **schoolgirl complexion** teint *m* de jeune fille; **schoolgirl crush*** béguin* *m* (*on* pour); **school holidays** vacances *fpl* scolaires; **during school hours** pendant les heures de classe; **schoolhouse** (*school building*) école *f*; (*for headmaster*) maison *f* du directeur; (*Brit Scol*) **school(s) inspector** (*secondary*) ≃ inspecteur *m*, -trice *f* d'académie; (*primary*) ≃ inspecteur *m*, -trice *f* primaire; (*Brit*) **school leaver** jeune *mf* qui a terminé ses études secondaires; **school-leaving age** âge *m* de fin de scolarité; **to raise the school-leaving age** prolonger la scolarité (*to* jusqu'à); **school librarian** (*books only*) bibliothécaire *mf* scolaire; (*books and other resources*) documentaliste *mf* scolaire; **school life** vie *f* scolaire; **school lunch, school meal** repas *m* scolaire *or* pris à la cantine; **he hates school lunches** *or* **meals** il déteste manger à la cantine; **to take school lunches** manger à la cantine (*à l'école etc*); (*pej*) **schoolmarm** institutrice *f*; (*pej*) **she is very schoolmarmish** elle fait *or* est très maîtresse d'école; **schoolmaster** (*primary*) instituteur *m*; (*secondary*) professeur *m*; **schoolmate** = **schoolfellow**; (*Brit*) **school(s) medical officer** médecin *m* scolaire; (*Philos*) **Schoolmen** scolastiques *mpl*; **schoolmistress** (*primary*) institutrice *f*; (*secondary*) professeur *m*; **school officer** = **school attendance officer**; (*Brit*) **school (educational) outing** sortie *f* (éducative) scolaire; **school phobia** phobie *f* de l'école; (*Brit*) **school record** dossier *m* d'élève *or* scolaire; **school report** bulletin *m* (scolaire); **schoolroom** salle *f* de classe; **in the schoolroom** dans la (salle de) classe, en classe; (*US*) **school superintendent** inspecteur *m* (responsable du bon fonctionnement des établissements scolaires); **schoolteacher** (*primary*) instituteur *m*, -trice *f*; (*secondary*) professeur *m*; **school-teaching** enseignement *m*; **in school time** pendant les heures de classe; **school uniform** uniforme *m* scolaire; **school visit** sortie *f* (éducative) scolaire; **school year** année *f* scolaire.

3 *vt animal* dresser; *feelings, reactions* contrôler; *voice etc* discipliner. **to ~ o.s. to do** s'astreindre à faire.

school² [sku:l] *n* [*fish*] banc *m*.

schooling ['sku:lɪŋ] *n* (a) (*Scol*) instruction *f*, études *fpl*. **~ is free** les études sont gratuites; **compulsory ~** scolarité *f* obligatoire; **~ is compulsory up to 16** la scolarité est obligatoire jusqu'à 16 ans; **he had very little formal ~** il a reçu très peu d'instruction; **he lost a year's ~** il a perdu une année (d'école).

(b) [*horse*] dressage *m*.

schooner ['sku:nə'] *n* (a) (*Naut*) schooner *m*, goélette *f*. (b) (*Brit: sherry glass*) grand verre *m* (à Xérès); (*US: beer glass*) demi *m* (de bière).

schuss [ʃʊs] *n* (*Ski*) schuss *m*.

schwah [ʃwɑ:] *n* (*Phon*) schwa *m*.

sciatic [sar'ætɪk] *adj* sciatique.

sciatica [sar'ætɪkə] *n* sciatique *f*.

science ['saɪəns] **1** *n* (a) science(s) *f(pl)*. **we study ~ at school** nous étudions les sciences au lycée; **gardening for him is quite a ~** pour lui le jardinage est une véritable science; (*Univ*) **the Faculty of S~, the S~ Faculty** la faculté des Sciences; (*Brit*) **Secretary (of State) for S~, Minister of S~** ministre *m* de la Recherche scientifique; **Department** *or* **Ministry of S~** ministère *m* de la Recherche scientifique; *V* **applied, natural, social** *etc*.

(b) (†: *knowledge*) savoir *m*, connaissances *fpl*. **to blind sb with ~** éblouir qn de sa science.

2 *cpd equipment, subject* scientifique; *exam* de sciences. **science fiction** (*n*) science-fiction *f*, (*adj*) de science-fiction; **science park** parc *m* scientifique; **science teacher** professeur *m* de sciences.

scientific [,saɪən'tɪfɪk] *adj investigation, method, studies* scientifique; *gifts* pour les sciences; *instrument* de précision. **~ farming** l'agriculture *f* scientifique; (*Brit Police*) **~ officer** expert *m* (de la police); **he's a very ~ footballer** il joue au football avec science.

scientifically [,saɪən'tɪfɪkəlɪ] *adv* scientifiquement; *plan etc* avec science.

scientist ['saɪəntɪst] *n* (*as career*) scientifique *mf*; (*scientific scholar*) savant *m*. **my daughter is a ~** ma fille est une scientifique; **one of our leading ~s** l'un de nos plus grands savants; *V* **Christian, social** *etc*.

scientologist [,saɪən'tɒlədʒɪst] *adj, n* scientologue (*mf*).

scientology ['saɪən'tɒlədʒɪ] *n* scientologie *f*.

sci-fi* ['saɪ'faɪ] (*abbr of* **science-fiction**) **1** *n* science-fiction *f*, S.F. *f*. **2** *adj* de science-fiction, de S.F.

Scillies ['sɪlɪz] *npl*, **Scilly Isles** ['sɪlaɪlz] *npl* Sorlingues *fpl*.

scimitar ['sɪmɪtə'] *n* cimeterre *m*.

scintillate ['sɪntɪleɪt] *vi* [*star, jewel*] scintiller; (*fig*) [*person*] briller (*dans une conversation*), pétiller d'esprit.

scintillating ['sɪntɪleɪtɪŋ] *adj star* scintillant; *jewel* scintillant, étincelant; *conversation, wit, remark* brillant, pétillant, étincelant.

scion ['saɪən] *n* (*person*) descendant(e) *m(f)*; (*Bot*) scion *m*.

Scipio ['sɪpɪəʊ] *n* Scipion *m*.

scissor ['sɪzə'] **1** *n*: **~s** ciseaux *mpl*; **a pair of ~s** une paire de ciseaux; *V* **kitchen, nail** *etc*. **2** *cpd*: **a scissors-and-paste job** (*lit*) un montage à coups de ciseaux; (*fig*) une compilation; **scissor bill** bec *m* en ciseaux; (*Sport*) **scissors jump** saut *m* en ciseaux. **3** *vt* (***) couper avec des ciseaux.

sclera ['sklɪərə] *n* (*Anat*) sclérotique *f*.

sclerosis [sklɪ'rəʊsɪs] *n* sclérose *f*; *V* **multiple**.

sclerotic [sklɪ'rɒtɪk] *adj* (*Anat*) sclérotique.

SCM [essi:'em] *n* (*Brit*) *abbr of* **State Certified Midwife**; *V* **state**.

scoff¹ [skɒf] *vi* se moquer. **to ~ at** se moquer de, mépriser; **he was ~ed at by the whole town** il a été l'objet de risée de toute la ville.

scoff²* [skɒf] *vti* (*esp Brit*) bouffer‡.

scoffer ['skɒfə'] *n* moqueur *m*, -euse *f*, railleur *m*, -euse *f*.

scoffing ['skɒfɪŋ] **1** *adj remark, laugh* moqueur, railleur. **2** *n* moqueries *fpl*, railleries *fpl*.

scofflaw ['skɒflɔ:] *n* (*US*) personne *f* qui se moque des lois et des règlements.

scold [skəʊld] **1** *vt* réprimander, attraper, passer un savon à* (*for doing* pour avoir fait); *child* gronder, attraper, tirer les oreilles à* (*for doing* pour avoir fait). **he got ~ed** il s'est fait attraper. **2** *vi* grogner, rouspéter*. **3** *n* (*woman*) mégère *f*, chipie *f*.

scolding ['skəʊldɪŋ] *n* gronderie *f*, réprimande *f*. **to get a ~ from sb** se faire gronder *or* attraper par qn; **to give sb a ~** réprimander *or* gronder qn.

scoliosis [skɒlɪ'əʊsɪs] *n* scoliose *f*.

scollop ['skɒləp] = **scallop**.

scone [skɒn] *n* (*Brit*) scone *m* (*sorte de petit pain au lait*).

scoop [sku:p] **1** *n* (a) (*for flour, sugar*) pelle *f* (à main); (*for water*) écope *f*; (*for ice cream*) cuiller *f* à glace; (*for mashed potatoes*) cuiller à purée; [*bulldozer*] lame *f*; [*dredger*] benne *f* preneuse; (*also* **~ful**) pelletée *f*. **at one ~** en un seul coup de pelle; (*with hands*) d'un seul coup.

(b) (*Press*) reportage exclusif *or* à sensation, scoop *m*; (*Comm*) bénéfice important. **to make a ~** (*Comm*) faire un gros bénéfice; (*Press*) publier une information *or* une nouvelle (à sensation) en exclusivité, faire un scoop; (*Press*) **it was a ~ for the 'Globe'** le 'Globe' l'a publié en exclusivité, cela a été un scoop pour le 'Globe'.

2 *vt* (*Comm*) *market* s'emparer de; *competitor* devancer; *profit* ramasser; (*Press*) *story* publier en exclusivité; (*fig*) **to ~ the pool** tout rafler.

♦**scoop out** *vt sep*: **to scoop water out of a boat** écoper un bateau; **he scooped the sand out (of the bucket)** il a vidé le sable (du seau); **he had to scoop the water out of the sink** il a dû se servir d'un récipient pour vider l'eau de l'évier; **he scooped out a hollow in the soft earth** il a creusé un trou dans la terre molle.

♦**scoop up** *vt sep earth, sweets* ramasser, (*with instrument*) ramasser à la pelle. **the eagle scooped up the rabbit** l'aigle a saisi le lapin dans ses serres; **he scooped up the child and ran for his life** il a ramassé l'enfant en vitesse et s'est enfui à toutes jambes.

scoot‡ [sku:t] *vi* se sauver*, filer*. **~!** allez-vous-en!, fichez le camp!*, filez!*; **to ~ in/out** *etc* entrer/sortir *etc* rapidement *or* en coup de vent.

♦**scoot away‡, scoot off‡** *vi* se sauver*, filer*.

scooter ['sku:tə'] *n* (*also* **motor ~**) scooter *m*; (*child's*) trottinette *f*.

scope [skəʊp] *n* (*opportunity: for activity, action etc*) possibilité *f*, occasion *f*; (*range*) [*law, regulation*] étendue *f*, portée *f*; (*capacity*) [*person*] compétence *f*, moyens *mpl* (intellectuels), capacité(s) *f(pl)*; [*undertaking*] envergure *f*. **a programme of considerable ~** un programme d'une envergure considérable *or* très ambitieux; **to extend the ~ of one's activities** élargir le champ de ses activités, étendre son rayon d'action; **his job gave him plenty of ~ (for his ability)** son travail lui offrait beaucoup de possibilités pour montrer ses compétences; **he wants a job with more ~** il voudrait un travail avec un champ d'activité plus varié; **it gave him full ~ to decide for himself** cela le laissait entièrement libre de *or* cela lui donnait carte blanche pour prendre les décisions lui-même; **this work is within/beyond his ~** ce travail entre dans ses compétences/dépasse ses compétences; **the subject is within/beyond the ~ of this book** le sujet entre dans les limites/dépasse les limites de ce livre; **that is within the ~ of the new regulations** ceci est prévu par le nouveau règlement.

scorbutic [skɔ:'bju:tɪk] *adj* scorbutique.

scorch [skɔ:tʃ] **1** *n* (*also* **~ mark**) brûlure légère. **there was a ~ on her dress** sa robe avait été roussie.

2 *vt linen* roussir, brûler légèrement; *grass* [*fire etc*] brûler; [*sun*] dessécher, roussir. **~ed earth policy** tactique *f* de la terre brûlée. **3** *vi* roussir.

♦**scorch along*** *vi* [*car*] rouler à toute vitesse; [*driver*] conduire à un train d'enfer; [*cyclist*] pédaler à fond de train *or* comme un fou* (*f* une folle*).

scorcher* ['skɔ:tʃə'] *n* journée *f* torride. **it was a (real) ~ (of a day)** il faisait une chaleur caniculaire *or* une de ces chaleurs*.

scorching ['skɔ:tʃɪŋ] *adj* (a) *heat* torride; *sand* brûlant. **~ sun** soleil *m* de plomb.

(b) (**: also* **~ hot**) *food* brûlant; *liquid* bouillant; *weather* très chaud. **it was a ~ (hot) day** il faisait une de ces chaleurs*.

score [skɔ:'] **1** *n* (a) (*amount won etc*) (*Sport*) score *m*; (*Cards*) marque *f*; (*US Scol: mark*) note *f*. **to keep (the) ~** (*gen*) compter *or* marquer les points; (*Cards*) tenir la marque; (*Tennis*) tenir le score; (*Ftbl*) **there's no ~ yet** on n'a pas encore marqué (de but); **there was no ~ in the match between X and Y** X et Y ont fait match nul *or* zéro à zéro; **what's the ~?** (*Sport*) où en est le jeu? *or* la partie? *or* le match?; (** fig*) où en sommes-nous?; (*fig*) **to know the ~*** connaître le topo*, savoir de quoi il retourne; *V* **half** *etc*.

(b) (*debt*) compte *m*, dette *f*. (*fig*) **to settle a ~ with sb** régler son compte à qn; **he's got a ~** *or* **an old ~ to settle with him** il a un compte à régler avec lui.

(c) (*subject, account*) titre *m*. **on the ~ of** pour cause de, en raison de; **on more ~s than one** à plus d'un titre; **on that ~** à cet égard, sur ce chapitre, à ce titre; **on what ~?** à quel titre?; **on several ~s** à plusieurs titres.

(d) (*mark, cut*) (*on metal, wood*) rayure *f*; (*deeper*) entaille *f*; (*on rock*) strie *f*, (*on skin, leather*) (*accidental*) éraflure *f*; (*deliberate*) incision *f*.

(e) (*Mus*) (*sheets of music*) partition *f*; (*film ~*) musique *f* du film. **piano ~** partition de piano; **to follow the ~** suivre la partition; (*Cine*) **who wrote the ~?** qui est l'auteur de la musique?; *V* **vocal**.

(f) (*twenty*) **a ~** vingt; **a ~ of people** une vingtaine de personnes; **three ~ and ten††** soixante-dix; (*fig*) **~s of times** trente-six

fois*; **there were** ~**s of mistakes** il y avait un grand nombre de *or* des tas* de fautes.
  2 *cpd*: **scoreboard** (*gen*) tableau *m* (d'affichage); (*Billiards*) boulier *m*; **scorecard** *[game]* carte *f or* fiche *f* de score; (*Shooting*) carton *m*; (*Golf*) carte *f* de parcours; (*Cards*) feuille *f* de marque; **scorekeeper** marqueur *m*; (*Games*) **scoresheet** feuille *f* de match; (*Ftbl*) **they're ahead on the scoresheet** ils mènent à la marque.
  3 *vt* (**a**) *goal, point* marquer. (*Scol etc*) **to** ~ **70% (in an exam)** avoir 70 sur 100 (à un examen); **to** ~ **well in a test** avoir *or* obtenir un bon résultat à un test; (*Tennis*) **he went 5 games without scoring** a point il n'a pas marqué un seul point pendant 5 jeux; **they had 14 goals** ~**d against them** leurs adversaires ont marqué 14 buts; **to** ~ **a hit** (*Fencing*) toucher; (*Shooting*) viser juste; (*fig*) **to** ~ **a great success** *or* **a hit** remporter un grand succès; **he certainly** ~**d a hit with her*** il a vraiment eu une touche*; (*fig, esp US*) **to** ~ **points** marquer des points; (*fig*) **to** ~ **a point** (**over** *or* **off sb**) prendre le dessus (sur qn), l'emporter (sur qn), marquer un point (aux dépens de qn).
  (**b**) (*cut*) *stick* entailler; *rock* strier; *ground* entamer; *wood, metal* rayer; *leather, skin* inciser, (*accidentally*) érafler; (*Culin*) inciser.
  (**c**) (*Mus*) (*arrange*) adapter (*for* pour); (*orchestrate*) orchestrer (*for* pour); (*US: compose*) composer. **the film was** ~**d by X** la musique du film a été composée par X; **it is** ~**d for piano and cello** c'est écrit pour piano et violoncelle.
  4 *vi* (**a**) (*Sport*) *[player]* marquer un *or* des point(s); *[footballer etc]* marquer un but; (*keep the score*) marquer les points. (*Ftbl*) **they failed to** ~ ils n'ont pas réussi à marquer (un but); (*fig*) **that is where he** ~**s** c'est là qu'il a le dessus *or* l'avantage; **to** ~ **over** *or* **off sb** marquer un point aux dépens de qn, damer le pion à qn; (*fig*) **that doesn't** ~ ça ne compte pas.
  (**b**) (**‡**: *succeed*) (*gen*) avoir du succès; (*have sex*) tomber une fille; (*in buying drugs*) réussir à acheter de la drogue.
◆**score off, score out** *vt sep* rayer, barrer, biffer.
◆**score up** *vt sep* *points* marquer, faire; *debt* porter en compte, inscrire. (*fig*) **that remark will be scored up against you** on ne vous pardonnera pas cette réflexion.
scorer ['skɔːrəʳ] *n* (*keeping score*) marqueur *m*; (*also* goal ~) marqueur (de but).
scoring ['skɔːrɪŋ] *n* (*U*) (**a**) (*Sport*) buts *mpl*; (*Cards*) points *mpl*. (*Ftbl etc*) **all the** ~ **was in the second half** tous les buts ont été marqués pendant la deuxième mi-temps; **'rules for** ~**'** 'comment marquer les points'; **the rules for** ~ **should be changed** il faudrait changer la règle pour marquer les points.
  (**b**) (*cut*) incision *f*, striage *m*; (*Culin*) incision.
  (**c**) (*Mus*) arrangement *m*.
scorn ['skɔːn] **1** *n* (*U*) mépris *m*, dédain *m*. **to be filled with** ~ (**for**) éprouver un grand mépris (pour), n'avoir que du mépris (pour); *V* **finger, laugh.**
  2 *vt person* mépriser; *action* dédaigner, mépriser; *advice* faire fi de, négliger; *suggestion* rejeter, passer outre à. **he** ~**s telling lies** *or* **to tell a lie** il ne s'abaisserait pas à mentir.
scornful ['skɔːnfʊl] *adj person, look, laugh, remark* méprisant, dédaigneux. **to be** ~ **about sth** manifester son mépris *or* son dédain pour qch.
scornfully ['skɔːnfəlɪ] *adv say, wave, point* avec mépris, avec dédain, d'un air méprisant *or* dédaigneux; *speak* d'un ton méprisant *or* dédaigneux.
Scorpio ['skɔːpɪəʊ] *n* (*Astron*) le Scorpion. **I'm** ~ je suis (du) Scorpion.
scorpion ['skɔːpɪən] *n* scorpion *m*. ~ **fish** rascasse *f*.
Scot [skɒt] *n* Écossais(e) *m(f)*. **the** ~**s** les Écossais; *V also* **Scots.**
Scotch [skɒtʃ] **1** *n* (**a**) (*also* ~ whisky) whisky *m*, scotch *m*. (**b**) (*abusivement pour* Scottish *ou* Scots) **the** ~ les Écossais *mpl*.
  2 *cpd*: **Scotch broth** potage *m* (de mouton, de légumes et d'orge); (*Brit*) **Scotch egg** œuf dur enrobé de chair à saucisse; (*US*) **Scotch-Irish** irlando-écossais; **Scotch mist** bruine *f*, crachin *m*; **Scotch pine** pin *m* sylvestre; (*US*) **Scotch tape** ® scotch *m* ®, ruban adhésif; **Scotch terrier** scotch-terrier *m*; (*Culin*) **Scotch woodcock** toast *m* aux œufs brouillés aux anchois. **3** *adj* (*abusivement pour* Scottish *ou* Scots) écossais.
scotch [skɒtʃ] *vt rumour* étouffer; *plan, attempt* faire échouer; *revolt, uprising* réprimer; *claim* démentir.
scot-free ['skɒt'friː] *adj* (*unpunished*) sans être puni; (*not paying*) sans payer, gratis; (*unhurt*) indemne.
Scotland ['skɒtlənd] *n* Écosse *f*. **Secretary of State for** ~ ministre *m* pour l'Écosse; *V* **yard²**.
Scots [skɒts] **1** *n* (*Ling*) écossais *m*. **2** *cpd*: **Scotsman** Écossais *m*; **Scots pine** pine *m* sylvestre; **Scotswoman** Écossaise *f*. **3** *adj* écossais. (*Mil*) ~ **Guards** la Garde écossaise; ~ **law** le droit écossais.
Scotticism ['skɒtɪsɪzəm] *n* expression écossaise.
Scottie ['skɒtɪ] *n* (*abbr of* Scotch terrier) scotch-terrier *m*.
Scottish ['skɒtɪʃ] *adj* écossais. ~ **country dancing** danses folkloriques écossaises; (*Brit Pol*) ~ **National Party** Parti National Écossais; ~ **Nationalism** nationalisme écossais; ~ **Nationalist** (*n*) nationaliste *mf* écossais(e); (*adj*) de *or* des nationaliste(s) écossais; **the** ~ **Office** le ministère des Affaires écossaises; ~ **terrier** scotch-terrier *m*.
scoundrel ['skaʊndrəl] *n* fripouille *f*, vaurien *m*, (*stronger*) crapule *f*; (*child*) coquin(e) *m(f)*, (petit) chenapan *m*. **you little** ~! (espèce de) petit coquin *or* chenapan!
scoundrelly ['skaʊndrəlɪ] *adj* de gredin, de vaurien.
scour ['skaʊəʳ] **1** *vt* (**a**) *pan, sink* récurer; *metal* décaper; *table, floor* frotter; (*with water*) nettoyer à grande eau.
  (**b**) *channel* creuser, éroder.
  (**c**) (*search*) parcourir. **they** ~**ed the town for the murderer** ils ont parcouru toute la ville à la recherche de l'assassin; **to** ~ **the**

area/the woods/the countryside battre le secteur/les bois/toute la région.
  2 *cpd*: **scouring powder** poudre *f* à récurer.
◆**scour off** *vt sep* enlever en frottant.
◆**scour out** *vt sep* récurer.
scourer ['skaʊərəʳ] *n* (*powder*) poudre *f* à récurer; (*pad*) tampon abrasif *or* à récurer.
scourge [skɜːdʒ] **1** *n* (*fig*) fléau *m*; (*whip*) discipline *f*, fouet *m*. **2** *vt* (*fig*) châtier, être un fléau pour; (*whip*) fouetter. **to** ~ **o.s.** se flageller.
scouse* [skaʊs] **1** *n* (**a**) (*person*) (*living in Liverpool*) habitant(e) *m(f)* de Liverpool; (*born there*) originaire *mf* de Liverpool.
  (**b**) (*dialect*) dialecte *m* de Liverpool.
  2 *adj* de Liverpool.
scout [skaʊt] **1** *n* (**a**) (*Mil*) éclaireur *m*. **he's a good** ~*† c'est un chic type*; *V* **talent.**
  (**b**) (*gen Catholic*) scout *m*; (*gen non-Catholic*) éclaireur *m*; **cub** *etc*.
  (**c**) (*) **to have a** ~ **round** reconnaître le terrain; **have a** ~ **round to see if he's there** allez jeter un coup d'œil pour voir s'il est là.
  (**d**) (*Brit Univ*) domestique *m*.
  2 *cpd*: **scout camp** camp *m* scout; (*Mil*) **scout car** voiture *f* de reconnaissance; **scoutmaster** chef *m* scout; **scout movement** mouvement *m* scout; **scout uniform** uniforme *m* de scout.
  3 *vi* (*Mil*) aller en reconnaissance.
◆**scout about, scout around** *vi* (*Mil*) aller en reconnaissance. (*fig*) **to scout about for** chercher, aller *or* être à la recherche de.
scouting ['skaʊtɪŋ] *n* (*U*) (**a**) (*youth movement*) scoutisme *m*. (**b**) (*Mil*) reconnaissance *f*.
scow [skaʊ] *n* chaland *m*.
scowl [skaʊl] **1** *n* air *m* de mauvaise humeur, mine renfrognée. **he said with a** ~ dit-il en se renfrognant *or* d'un air renfrogné.
  2 *vi* se renfrogner, faire la grimace, froncer les sourcils. **to** ~ **at sb/sth** jeter un regard mauvais à qn/qch; **'shut up!' he** ~**ed** 'tais-toi!' dit-il en se renfrognant *or* l'œil mauvais.
scowling ['skaʊlɪŋ] *adj face, look* renfrogné, maussade.
scrabble ['skræbl] **1** *vi* (*also* ~ **about,** ~ **around**) **to** ~ **in the ground for sth** gratter la terre pour trouver qch; **she** ~**d** (**about** *or* **around**) **in the sand for the keys she had dropped** elle cherchait à tâtons dans le sable les clefs qu'elle avait laissé tomber; **he** ~**d** (**about** *or* **around**) **for a pen in the drawer** il a tâtonné dans le tiroir à la recherche d'un stylo.
  2 *n* (*game*) **S**~ ® Scrabble *m* ®.
scrag [skræg] **1** *n* (*Brit Culin: also* ~ **end**) collet *m* (de mouton). **2** *vt* (**‡**) *person* tordre le cou à*.
scragginess ['skrægɪnɪs] *n [neck, body, person]* aspect décharné, maigreur *f* squelettique; *[animal]* aspect famélique.
scraggy ['skrægɪ] *adj* (*Brit*) *person, animal* efflanqué, décharné; *arm* décharné. ~ **cat** chat *m* famélique; ~ **chicken** poulet *m* étique; ~ **neck** cou *m* de poulet* (*fig*).
scram‡ [skræm] *vi* ficher le camp*. ~**!** fiche(-moi) le camp!*; **I'd better** ~ je dois filer*.
scramble ['skræmbl] **1** *vi* (**a**) (*clamber*) **to** ~ **up/down** grimper/descendre tant bien que mal; **he** ~**d along the cliff** il a avancé avec difficulté le long de la falaise; **they** ~**d over the rocks/up the cliff** en s'aidant des pieds et des mains ils ont avancé sur les rochers/escaladé la falaise; **he** ~**d into/out of the car** il est monté dans/descendu de la voiture à toute vitesse, il s'est précipité dans/hors de la voiture; **he** ~**d down off the wall** il a dégringolé du mur; **he** ~**d through the hedge** il s'est frayé tant bien que mal un passage à travers la haie; **to** ~ **for** *coins, seats* se bousculer pour (avoir), se disputer; *jobs etc* faire des pieds et des mains pour (avoir).
  (**b**) (*Sport*) **to go scrambling** faire du trial.
  (**c**) (*Aviat*) décoller sur alerte.
  2 *vt* (*Culin, Telec*) brouiller. ~**d eggs** œufs brouillés.
  3 *n* (**a**) bousculade *f*, ruée *f*, curée *f*. **the** ~ **for seats** la ruée pour les places; **there was a** ~ **for seats** (*lit*) on s'est rué sur les places; (*fig*) on s'est arraché les places.
  (**b**) (*also* **motorcycle** ~) (réunion *f* de) moto-cross *m*.
scrambler ['skræmbləʳ] *n* (**a**) (*Telec: device*) brouilleur *m* (**b**) (*motorcyclist*) trialiste *mf*.
scrambling ['skræmblɪŋ] *n* (*Sport*) trial *m*.
scrap¹ [skræp] **1** *n* (**a**) (*small piece*) *[paper, cloth, bread, string]* (petit) bout *m*; *[verse, writing]* quelques lignes *fpl*; *[conversation]* bribe *f*; *[news]* fragment *m*. ~**s** (*broken pieces*) débris *mpl*; (*food remnants*) restes *mpl*; (*fig*) **there isn't a** ~ **of evidence** il n'y a pas la moindre preuve; **it wasn't a** ~ **of use** cela n'a servi absolument à rien; **there wasn't a** ~ **of truth in it** il n'y avait pas un brin de vérité là-dedans; **not a** ~ ~ pas du tout.
  (**b**) (*U*: ~ **iron**) ferraille *f*. **to collect** ~ récupérer de la ferraille; **I put it out for** ~ je l'ai envoyé à la ferraille; **to sell a car/ship for** ~ vendre une voiture/un bateau à la casse; **what is it worth as** ~? qu'est-ce que cela vaudrait (vendu) à la casse?
  2 *cpd*: **scrapbook** album *m* (de coupures de journaux etc); **scrap car** voiture *f* mise à la ferraille, **scrap dealer** marchand *m* de ferraille, ferrailleur *m*; **scrap heap** tas *m* de ferraille; (*fig*) **to throw sth on the scrap heap** mettre qch au rebut *or* au rancart*, bazarder qch*; **to throw sb on the scrap heap*** mettre qn au rancart*; **scrap iron** ferraille *f*; **scrap merchant** = **scrap dealer**; **scrap metal** = **scrap iron**; **scrap paper** (*for scribbling on*) (papier *m* de) brouillon *m*; (*old newspapers etc*) vieux papiers *mpl*; **its scrap value is £10** (vendu) à la casse cela vaut 10 livres; **scrap yard** chantier *m* de ferraille; (*for cars*) cimetière *m* de voitures.
  3 *vt* jeter, bazarder*; *car, ship* envoyer à la ferraille *or* à la casse; *equipment* mettre au rebut; *project* abandonner, mettre au rancart*. **let's** ~ **the idea** laissons tomber cette idée.

scrap²* [skræp] **1** n (fight) bagarre f. **to get into** or **have a ~** se bagarrer* (with avec).
2 vi se bagarrer*.
scrape [skreɪp] **1** n **(a)** (action) coup m de grattoir or de racloir; (sound) grattement m, raclement m; (mark) éraflure f, égratignure f. **to give sth a ~** gratter or racler qch; **to give one's knee a ~** s'érafler or s'égratigner le genou.
(b) [butter etc] lichette* f.
(c) (*: trouble) **to get (o.s.) into a ~** s'attirer des ennuis, se mettre dans un mauvais pas; **he's always getting into ~s** il lui arrive toujours des histoires*; **to get (o.s.) out of a ~** se tirer d'affaire or d'embarras or du pétrin; **to get sb into a ~** attirer des ennuis à qn, mettre qn dans un mauvais pas; **to get sb out of a ~** tirer qn d'affaire or d'embarras or du pétrin.
2 vt (clean: gen) gratter, racler; vegetables gratter; (graze) érafler, égratigner; (just touch) frôler, effleurer. **to ~ (the skin off) one's knees** s'érafler les genoux; **to ~ one's plate clean** tout manger, nettoyer or racler* son assiette; **to ~ a living** vivoter; **to ~ a violin*** racler du violon; (Naut) **to ~ the bottom** talonner (le fond); (fig) **to ~ (the bottom of) the barrel** en être réduit aux raclures (fig); (Aut) **I ~d his bumper** je lui ai frôlé or éraflé le pare-chocs; V also **scrape up.**
3 vi (make scraping sound) racler, gratter; (rub) frotter (against contre). **to ~ along the wall** frôler le mur; **the car ~d past the lamppost** la voiture a frôlé le réverbère; **to ~ through the doorway** réussir de justesse à passer par la porte; (fig) **he just ~d clear of a prison sentence** il a frisé la peine de prison, il a tout juste évité une peine de prison; **to ~ through an exam** réussir un examen de justesse; V **bow².**
♦**scrape along** vi: **she scraped along on £10 per week** elle vivotait avec 10 livres par semaine; **I can just scrape along in Spanish** je me débrouille en espagnol*.
♦**scrape away 1** vi (*) **to scrape away at the violin** racler du violon.
2 vt sep enlever en grattant or en raclant.
♦**scrape off** vt sep = **scrape away 2.**
♦**scrape out** vt sep contents enlever en grattant or en raclant; pan nettoyer en raclant, récurer.
♦**scrape through** vi passer de justesse; (fig: succeed) réussir de justesse.
♦**scrape together** vt sep **(a) to scrape 2 bits of metal together** frotter 2 morceaux de métal l'un contre l'autre.
(b) objects rassembler, ramasser; (fig) money réunir or amasser à grand-peine or en raclant les fonds de tiroirs.
♦**scrape up** vt sep earth, pebbles ramasser, mettre en tas; (fig) money réussir à économiser, amasser à grand-peine. **to scrape up an acquaintance with sb** réussir à faire la connaissance de qn.
scraper ['skreɪpər] **1** n racloir m, grattoir m; (at doorstep) décrottoir m, gratte-pieds m inv. **2** cpd: **scraperboard** carte f à gratter.
scraping ['skreɪpɪŋ] **1** adj noise de grattement, de raclement.
2 n **(a)** [butter] mince couche f, lichette* f. **~s** [food] restes mpl; [dirt, paint] raclures fpl.
(b) (action) grattement m, raclement m; V **bow².**
scrappy ['skræpɪ] adj conversation, essay décousu; education incomplet (f -ète), présentant des lacunes. **a ~ meal** (insubstantial) un repas sur le pouce* (from left-overs) un repas (fait) de restes.
scratch [skrætʃ] **1** n **(a)** (mark) (on skin) égratignure f, éraflure f; (on paint) éraflure; (on glass, record) rayure f. **they came out of it without a ~** ils s'en sont sortis indemnes or sans une égratignure; **it's only a ~** ce n'est qu'une égratignure.
(b) (action) grattement m; (by claw) coup m de griffe; (by fingernail) coup d'ongle. **the cat gave her a ~** le chat l'a griffée; **to have a good ~*** se gratter un bon coup*.
(c) (noise) grattement m, grincement m.
(d) (Sport) **to be on** or **start from ~** être scratch inv; (fig) **to start from ~** partir de zéro*; **we'll have to start from ~ again** il nous faudra repartir de zéro*; **he didn't come up to ~** il ne s'est pas montré à la hauteur; **my car didn't come up to ~** ma voiture n'a pas été aussi bonne qu'il l'aurait fallu; **to bring up to ~** amener au niveau voulu; **to keep sb up to ~** maintenir qn au niveau voulu.
2 cpd crew, team de fortune, improvisé; vote par surprise; golfer scratch inv, de handicap zéro. (Comput) **scratch file** fichier m de travail or de manœuvre; **scratch pad** (gen) bloc-notes m; (Comput) zone f de travail; **scratch race** course f scratch; (Golf) **scratch score** scratch score m; (Comput) **scratch tape** bande f de travail or de manœuvre.
3 vt **(a)** (with nail, claw) griffer; varnish érafler; record, glass rayer. **to ~ a hole in sth** creuser un trou en grattant qch; **he ~ed his hand on a nail** il s'est éraflé or écorché la main sur un clou; **he ~ed his name on the wood** il a gravé son nom dans le bois; (fig) **it only ~ed the surface** (gen) c'était (or c'est) très superficiel; [report, lecture] ça n'a fait qu'effleurer la question, c'était très superficiel; (fig) **to ~ a few lines** griffonner quelques mots.
(b) (to relieve itch) gratter. **to ~ o.s.** se gratter; (lit, fig) **to ~ one's head** se gratter la tête; (fig) **you ~ my back and I'll ~ yours** un petit service en vaut un autre.
(c) (cancel) meeting annuler; (Comput) effacer; (Sport etc) competitor, horse scratcher; match, game annuler; (US Pol) candidate rayer de la liste. (US Pol) **to ~ a ballot** modifier un bulletin de vote (en rayant un nom etc).
4 vi **(a)** (with nail, claw) griffer; (to relieve itch) se gratter; [hens] gratter le sol; [pen] gratter, grincer. **the dog was ~ing at the door** le chien grattait à la porte.
(b) (Sport etc) [competitor] se faire scratcher; [candidate] se désister.
♦**scratch out** vt sep **(a)** (from list) rayer, effacer.

(b) hole creuser en grattant. **to scratch sb's eyes out** arracher les yeux à qn.
♦**scratch together** vt sep (fig) money réussir à amasser (en grattant les fonds de tiroirs).
♦**scratch up** vt sep bone déterrer; (fig) money = **scratch together.**
scratchy ['skrætʃɪ] adj surface, material rêche, qui accroche; pen qui grince, qui gratte; handwriting en pattes de mouche; record rayé, éraillé.
scrawl [skrɔːl] **1** n **(a)** (gen) gribouillage m, griffonnage m. **I can't read her ~** je ne peux pas déchiffrer son gribouillage; **the word finished in a ~** le mot se terminait par un gribouillage; **her letter was just a ~** sa lettre était griffonnée.
(b) (brief letter, note) mot m griffoné à la hâte.
2 vt gribouiller, griffonner. **to ~ a note to sb** griffonner un mot à qn; **there were rude words ~ed all over the wall** il y avait des mots grossiers gribouillés sur tout le mur.
3 vi gribouiller.
scrawny ['skrɔːnɪ] adj person, animal efflanqué, décharné; arm décharné. **~ cat** chat m famélique; **~ neck** cou m de poulet* (fig).
scream [skriːm] **1** n **(a)** (pain, fear) cri aigu or perçant, hurlement m; [laughter] éclat m. **to give a ~** pousser un cri.
(b) (*) **it was a ~** c'était à se tordre, c'était vraiment marrant‡; **he's a ~** il est impayable*.
2 vi (also ~ out) [person] crier, pousser des cris, hurler; [baby] crier, brailler; [siren, brakes, wind] hurler. **to ~ with laughter** rire aux éclats or aux larmes; **to ~ with pain/with rage** hurler de douleur/de rage; **to ~ for help** crier à l'aide or au secours; **to ~ at sb** crier après qn.
3 vt (also ~ out) **(a)** abuse etc hurler (at à). **'shut up' he ~ed** 'taisez-vous' hurla-t-il; **to ~ o.s. hoarse** s'enrouer à force de crier, s'égosiller.
(b) [headlines, posters] annoncer en toutes lettres.
♦**scream out 1** vi = **scream 2. 2** vt sep = **scream 3.**
screamer‡ ['skriːmər] n (US) **(a)** (headline) énorme manchette f.
(b) (joke) histoire f désopilante. **he's a ~*‡** il est désopilant or tordant*.
screamingly* ['skriːmɪŋlɪ] adv: **~ funny** à mourir de rire, tordant*.
scree ['skriː] n éboulis m (en montagne).
screech [skriːtʃ] **1** n (gen) cri strident; (from pain, fright, rage) hurlement m; [brakes] grincement m; [tyres] crissement m; [owl] cri (rauque et perçant); [siren] hurlement. **she gave a ~ of laughter** elle est partie d'un rire perçant.
2 cpd: **screech owl** chouette-effraie f, chat-huant m.
3 vi [person] pousser des cris stridents, hurler; [brakes] grincer; [tyres] crisser; [singer, owl] crier; [siren] hurler.
4 vt crier à tue-tête.
screed [skriːd] n **(a)** (discourse) laïus* m, topo* m (about sur); (letter) longue missive f (about sur). (fig: a lot) **to write ~s** écrire des volumes or toute une tartine*.
(b) (Constr) (depth guide strip) guide m; (levelling device) règle f à araser le béton; (U: surfacing material) matériau m de ragréage.
screen [skriːn] **1** n **(a)** (in room) paravent m; (for fire) écran m de cheminée; (fig: of troops, trees) rideau m; (pretence) masque m; V **safety, silk, smoke** etc.
(b) (Cine, TV etc) écran m. **to show sth on a ~** projeter qch; (TV) **a 50-cm ~** un écran de 50 cm; (Cine) **the ~** l'écran, le cinéma; (Cine) **the big** or **large ~** le grand écran; (TV) **the small ~** le petit écran; **to write for the ~** écrire des scénarios; V **panoramic, television, wide** etc.
(c) (sieve) crible m, claie f.
2 cpd: **screen actor** acteur m de cinéma, vedette f de l'écran; **screen door** porte grillagée; **screenplay** scénario m; **screen rights** droits mpl d'adaptation cinématographique; **screen test** bout m d'essai; **to do a screen test** tourner un bout d'essai; (Brit Aut) **screen wash(er)** lave-glace(s); **screen writer** scénariste mf.
3 vt **(a)** (hide) masquer, cacher. **the trees ~ed the house** les arbres masquaient or cachaient la maison; **to ~ sth from sight** or **view** dérober or masquer qch aux regards; **he ~ed the book with his hand** il a caché le livre de sa main; **to ~ sth from the wind/sun** protéger qch du vent/du soleil; **in order to ~ our movements from the enemy** pour cacher or masquer nos mouvements à l'ennemi.
(b) (Cine, TV) film projeter.
(c) (sieve) coal cribler; candidates, applications passer au crible. (fig) **to ~ sb (for a job)** passer un candidat au crible; (Med) **to ~ sb for cancer** faire subir à qn un test de dépistage du cancer.
♦**screen off** vt sep: **the kitchen was screened off from the rest of the room** la cuisine était cachée du reste de la pièce (par un rideau or un paravent); **the nurses screened off his bed** les infirmières ont mis un or des paravent(s) autour de son lit; **the trees screened off the house from the road** les arbres cachaient la maison de la route, les arbres formaient un écran (de verdure) entre la maison et la route; **a cordon of police screened off the accident from the onlookers** les agents de police ont formé un cordon pour cacher l'accident aux badauds.
screening ['skriːnɪŋ] n **(a)** [film] projection f. **(b)** [coal] criblage m; [bags] [person] tri m, procédure f de sélection sur dossier; (Med) [person] test m or visite f de dépistage (of sb que l'on fait subir à qn).
screw [skruː] **1** n **(a)** vis f; (action) tour m de vis. (Brit) **a ~ of tea/sweets/tobacco** etc un cornet de thé/de bonbons/de tabac etc; (fig) **he's got a ~ loose*** il lui manque une case*; (fig) **to put the ~(s) on sb*** forcer la main à qn; V **thumb, tighten** etc.
(b) (Aviat, Naut) hélice f; V **air, twin.**
(c) (Brit‡: income) salaire m. **he gets a good ~** son boulot paie bien‡.
(d) (Prison sl: warder) maton(ne) m(f) (sl).

(e) (***_***) it was a good ~ on a bien baisé******; she's a good ~ elle baise bien******.

2 cpd: (US) **screwball*** (adj, n) cinglé(e)* m(f), tordu(e)* m(f); **screw bolt** boulon m à vis; **screwdriver** (tool) tournevis m; (drink) vodka-orange f; **screw joint** joint m à vis; **screw propeller** hélice f; **screw thread** filet m de vis; **screw top** (n) couvercle m à pas de vis; **screw-top(ped)** (adj) avec couvercle à pas de vis; (fig: muddle) **screw-up*** pagaille f complète, fiasco* m.

3 vt (a) visser (on sur, to à), fixer avec une vis. **to ~ sth tight** visser qch à bloc; (fig) **to ~ one's face into a smile** grimacer un sourire; **to ~ sb's neck*** tordre le cou à qn*; (excl) ~ **you!*** va te faire foutre!*

(b) (extort) money extorquer, soutirer (out of à); information arracher (out of à); (defraud) person estamper*, rouler*.

(c) (***_***) woman baiser******.

4 vi se visser.

◆**screw around** vi (a) (*: waste time) glander*, glandouiller*. (b) (***_***: sexually) baiser****** avec tout le monde, coucher à droite à gauche*.

◆**screw down 1** vi se visser.
2 vt sep visser (à fond).

◆**screw off 1** vi se dévisser.
2 vt sep dévisser.

◆**screw on 1** vi se visser.
2 vt sep visser, fixer avec des vis; lid visser. (fig) **he's got his head screwed on all right*** or **the right way*** il a la tête sur les épaules.

◆**screw round** vt sep tourner, visser. (fig) **to screw one's head round** se dévisser la tête or le cou.

◆**screw together** vt sep two parts fixer avec une vis. **to screw sth together** assembler qch avec des vis.

◆**screw up 1** vt sep (a) visser (à fond), resserrer (à fond).
(b) paper chiffonner, froisser; handkerchief rouler, tortiller. **to screw up one's eyes** plisser les yeux; **to screw up one's face** faire la grimace; (fig) **to screw up (one's) courage** prendre son courage à deux mains* (to do pour faire).
(c) (*: spoil) bousiller*.
(d) (*) person screwed up paumé*.
2 screw-up* n V screw 2.

screwed* [skru:d] adj (Brit) soûl, paf* inv, bourré*; V also **screw up**.

screwy* ['skru:ɪ] adj (mad) cinglé*, tordu*.

scribble ['skrɪbl] **1** vi gribouiller, griffonner.
2 vt gribouiller, griffonner. **to ~ a note to sb** griffonner un mot à qn; **there were comments ~d all over the page** il y avait des commentaires griffonnés or gribouillés sur toute la page.
3 n gribouillage m, griffonnage m. **I can't read her ~** je ne peux pas déchiffrer son gribouillage; **the word ended in a ~** le mot se terminait par un gribouillage; **her letter was just a ~** sa lettre était griffonnée.

◆**scribble down** vt sep notes griffonner.

◆**scribble out** vt sep (a) (erase) rayer, raturer.
(b) essay, draft jeter sur le papier, ébaucher.

scribbler ['skrɪblər] n (lit) gribouilleur m, -euse f; (fig: bad author) plumitif m.

scribbling ['skrɪblɪŋ] n gribouillage m, gribouillis m. (Brit) **~ pad** bloc-notes m.

scribe [skraɪb] n (all senses) scribe m.

scrimmage ['skrɪmɪdʒ] n (gen, Sport) mêlée f.

scrimp [skrɪmp] vi lésiner (on sur), être chiche (on de). **to ~ and save** économiser sur tout.

scrimpy ['skrɪmpɪ] adj amount, supply microscopique; garment étriqué.

scrimshank ['skrɪmʃæŋk] (Brit Mil sl) **1** n = **scrimshanker**. **2** vi (*) tirer au flanc*.

scrimshanker ['skrɪmˌʃæŋkər] n (Brit Mil sl) tire-au-flanc* m inv.

scrip [skrɪp] n (Fin) titre m provisoire (d'action).

script [skrɪpt] **1** n (a) (Cine) scénario m; (Rad, Theat, TV) texte m.
(b) (in exam) copie f; (Jur) document m original.
(c) (U) (handwriting) script m, écriture f script; (Typ) scriptes fpl; V italic.
2 cpd: (Cine) **scriptwriter** scénariste mf.
3 vt film écrire le scénario de. (Rad, TV) **~ed talk/discussion** etc conversation/discussion etc préparée d'avance.

scriptural ['skrɪptʃərəl] adj scriptural, biblique.

Scripture ['skrɪptʃər] n (also Holy **~**(s)) Écriture sainte, Saintes Écritures. (Scol) **~** (**lesson**) (cours m d')instruction religieuse.

scrod [skrɒd] n (US) jeune morue f or cabillaud m (spécialité du Massachussetts).

scrofula ['skrɒfjʊlə] n scrofule f.

scrofulous ['skrɒfjʊləs] adj scrofuleux.

scroll [skrəʊl] **1** n (a) [parchment] rouleau m; (ancient book) manuscrit m; V dead. (b) (Archit) volute f, spirale f; (in writing) enjolivement m; [violin] volute f. **2** vi (Comput) défiler. **3** vt (Comput) **to ~ up/down** faire remonter/descendre, faire défiler vers le haut/le bas.

Scrooge [skru:dʒ] n harpagon m.

scrotum ['skrəʊtəm] n scrotum m.

scrounge* [skraʊndʒ] **1** vt meal, clothes etc se faire payer (from or off sb par qn). **to ~ money from sb** taper qn*; **he ~d £5 off him** il l'a tapé de 5 livres*; **can I ~ your pen?** je peux te piquer ton stylo?
2 vi: **to ~ on sb** vivre aux crochets de qn; **he's always scrounging** c'est un parasite; (for meals) c'est un pique-assiette.
3 n: **to be on the ~ for sth** essayer d'emprunter qch; **he's always on the ~** c'est un parasite.

scrounger* ['skraʊndʒər] n parasite m, profiteur m, -euse f; (for meals) pique-assiette mf inv.

scrub[1] [skrʌb] **1** n nettoyage m à la brosse, bon nettoyage. **to give sth a good ~** bien nettoyer qch (à la brosse or avec une brosse); **give your face a ~!** lave-toi bien la figure!; **it needs a ~** cela a besoin d'être bien nettoyé.
2 cpd: **scrubbing brush** brosse dure; (US) **scrubwoman** femme f de ménage.
3 vt (a) floor nettoyer or laver à la brosse; washing frotter; pan récurer. **to ~ one's hands** se brosser les mains, se nettoyer les mains à la brosse; **she ~bed the walls clean** elle a nettoyé les murs à fond.
(b) (*: cancel) match etc annuler. **let's ~** that laissons tomber. **let's ~ the whole thing*** laissons tomber tout ça*.
4 vi frotter. **she's been on her knees ~bing all day** elle a passé sa journée à genoux à frotter les planchers; (fig) **let's ~ round it*** laissons tomber*, n'en parlons plus.

◆**scrub away** vt sep dirt enlever en frottant; stain faire partir (en frottant).

◆**scrub down** vt sep room, walls nettoyer à fond or à grande eau, se livrer à un nettoyage en règle de. **to scrub oneself down** faire une toilette en règle.

◆**scrub off** vt sep = **scrub away**.

◆**scrub out** vt sep name effacer; stain faire partir; pan récurer.

◆**scrub up** vi [surgeon etc] se brosser les mains avant d'opérer.

scrub[2] [skrʌb] n (U: brushwood) broussailles fpl.

scrubber[1] ['skrʌbər] n (also pan-~) tampon m à récurer.

scrubber[2]* ['skrʌbər] n sauteuse* f, putain* f.

scrubby ['skrʌbɪ] adj tree rabougri; countryside couvert de broussailles.

scruff [skrʌf] n (a) **by the ~ of the neck** par la peau du cou. (b) (*: untidy person) individu débraillé or mal soigné.

scruffiness ['skrʌfɪnɪs] n [person] débraillé m, laisser-aller m; [clothes, building] miteux m.

scruffy ['skrʌfɪ] adj person mal soigné, débraillé; child crasseux; clothes, building miteux; hair sale et mal peigné.

scrum [skrʌm] n (a) (Rugby) mêlée f. **to put the ball into the ~** introduire la balle en mêlée; loose **~** mêlée ouverte or spontanée; (Rugby) **~ half** demi m de mêlée.
(b) (fig*: pushing) bousculade f, mêlée f. **there was a terrible ~ at the sales** il y avait une de ces bousculades aux soldes.

scrummage ['skrʌmɪdʒ] **1** n = **scrum**. **2** vi (Rugby) jouer en mêlée; (fig) se bousculer.

scrump* [skrʌmp] vt (Brit) apples etc chaparder.

scrumptious* ['skrʌmpʃəs] adj succulent, délicieux.

scrumpy ['skrʌmpɪ] n (Brit) cidre m fermier.

scrunch [skrʌntʃ] = **crunch**.

scruple ['skru:pl] **1** n scrupule m. **to have ~s about sth** avoir des scrupules au sujet de qch; **he has no ~s** il est sans scrupules, il est dénué de scrupules; **to have no ~s about doing sth** n'avoir aucun scrupule à faire qch, ne pas se faire scrupule de faire qch.
2 vi: **not to ~ to do** ne pas hésiter à faire, ne pas se faire scrupule de faire.

scrupulous ['skru:pjʊləs] adj person, honesty scrupuleux; attention scrupuleux, méticuleux. **he was very ~ about paying his debts** il payait ses dettes de façon scrupuleuse.

scrupulously ['skru:pjʊləslɪ] adv scrupuleusement, d'une manière scrupuleuse. **~ honest** d'une honnêteté scrupuleuse; **~ exact** exact jusqu'au scrupule; **~ clean** d'une propreté irréprochable.

scrupulousness ['skru:pjʊləsnɪs] n (U) (honesty) scrupules mpl, esprit scrupuleux; (exactitude) minutie f.

scrutineer [,skru:tɪ'nɪər] n (Brit) scrutateur m, -trice f.

scrutinize ['skru:tɪnaɪz] vt writing, document scruter, examiner minutieusement; votes pointer.

scrutiny ['skru:tɪnɪ] n (a) (act of scrutinizing) [document, conduct] examen minutieux or rigoureux; [votes] pointage m. (b) (watchful gaze) regard m insistant. **under his ~, she felt nervous** son regard interrogatoire la mettait mal à l'aise.

scuba ['sku:bə] n (abbr of self-contained underwater breathing apparatus) scaphandre m autonome. **~ diver** plongeur m, -euse f; **~ diving** plongée f sous-marine (autonome).

scud [skʌd] vi (also **~** along) [clouds, waves] courir (à toute allure); [boat] filer (vent arrière). **the clouds were ~ding across the sky** les nuages couraient (à toute allure) dans le ciel.

scuff [skʌf] **1** vt shoes, furniture érafler. **~ed shoes** chaussures éraflées; **to ~ one's feet** traîner les pieds. **2** vi traîner les pieds. **3** cpd: (on shoes) **scuff marks** éraflures fpl, marques fpl d'usure.

scuffle ['skʌfl] **1** n bagarre f, échauffourée f, rixe f. **2** vi se bagarrer* (with avec).

scull [skʌl] **1** n (one of a pair of oars) aviron m (de couple); (single oar for stern) godille f. **2** vi (with 2 oars) ramer (en couple); (with single oar) godiller. **to go ~ing** faire de l'aviron. **3** vt (with 2 oars) faire avancer à l'aviron; (with single oar) faire avancer à la godille.

scullery ['skʌlərɪ] n (esp Brit) arrière-cuisine f. **~ maid** fille f de cuisine.

sculpt [skʌlp(t)] **1** vt sculpter (out of dans). **2** vi sculpter, faire de la sculpture.

sculptor ['skʌlptər] n sculpteur m.

sculptress ['skʌlptrɪs] n femme f sculpteur, sculpteur m. **I met a ~** j'ai rencontré une femme sculpteur; **she is a ~** elle est sculpteur.

sculptural ['skʌlptʃərəl] adj sculptural.

sculpture ['skʌlptʃər] **1** n sculpture f. **a (piece of) ~** une sculpture. **2** vti sculpter.

scum [skʌm] n (a) (gen) écume f; (foamy) écume, mousse f; (dirty) couche f de saleté; (on bath) crasse f. **to remove the ~ (from)** (foam) écumer; (dirt) décrasser, nettoyer. (b) (pej: people) rebut m, lie f. **the ~ of the earth** le rebut du genre humain. (c) (* pej: person) salaud* m, ordure* f.

scummy ['skʌmɪ] adj (lit) écumeux, couvert d'écume, mousseux; (‡ pej) de salaud‡.

scunner‡ ['skʌnər] n (esp N Engl, Scot) **to take a ~ to** sb/sth prendre qn/qch en grippe, avoir qn/qch dans le nez*.

scupper ['skʌpər] **1** n (Naut) dalot m or daleau m. **2** vt (Brit*) plan, negotiations faire capoter, saboter; effort saboter. **we're ~ed** nous sommes fichus*.

scurf [skɜ:f] n [scalp] pellicules fpl (du cuir chevelu); [skin] peau morte.

scurfy ['skɜ:fɪ] adj scalp pelliculeux; skin dartreux.

scurrility [skʌ'rɪlɪtɪ] n (V scurrilous) caractère calomnieux; caractère fielleux; virulence f; grossièreté f, vulgarité f.

scurrilous ['skʌrɪləs] adj (defamatory) calomnieux; (vicious) fielleux, haineux; (bitter) virulent; (coarse) grossier, vulgaire.

scurrilously ['skʌrɪləslɪ] adv (V scurrilous) calomnieusement; avec virulence; grossièrement, vulgairement.

scurry ['skʌrɪ] **1** n débandade f, sauve-qui-peut m inv.
2 vi se précipiter, filer* (à toute allure). (fig: through work etc) **to ~ through** sth faire qch à toute vitesse, expédier qch.
♦**scurry away, scurry off** vi [person] détaler, se sauver (à toutes jambes), décamper; [animal] détaler.

scurvy ['skɜ:vɪ] **1** n scorbut m. **2** adj (†† or liter) bas (f basse), mesquin, vil (f vile).

scutcheon ['skʌtʃən] n = escutcheon.

scuttle¹ ['skʌtl] n (for coal) seau m (à charbon).

scuttle² ['skʌtl] vi courir précipitamment. **to ~ in/out/through** etc entrer/sortir/traverser etc précipitamment.
♦**scuttle away, scuttle off** vi déguerpir, filer*.

scuttle³ ['skʌtl] **1** n (a) (Naut) écoutille f. (b) (US: in ceiling etc) trappe f. **2** vt (a) (Naut) saborder. **to ~ one's own ship** se saborder. (b) (fig) hopes, plans faire échouer. **3** cpd: **scuttlebutt** (Naut: water cask) baril m d'eau douce; (US fig: gossip) ragots mpl, commérages mpl.

Scylla ['sɪlə] n Scylla. (fig) **to be between ~ and Charybdis** tomber de Charybde en Scylla.

scythe [saɪð] **1** n faux f. **2** vt faucher.

SD (US Post) abbr of **South Dakota**.

SDI [esdi:'aɪ] n (US: Mil, Space) abbr of **Strategic Defense Initiative**; V **strategic**.

SDP [esdi:'pi:] n (Brit Pol) abbr of **Social Democratic Party**; V **social**.

sea [si:] **1** n (a) (not land) mer f. **on the ~** boat en mer; town au bord de la mer; **by** or **beside the ~** au bord de la mer; **over** or **beyond the ~(s)** outre-mer; **from over** or **beyond the ~(s)** d'outre-mer; **to swim in the ~** nager or se baigner dans la mer; **to go to ~** [boat] prendre la mer; [person] devenir or se faire marin; **to put to ~** prendre la mer; **by ~** par mer, en bateau; (Naut) **service at ~** service m à la mer; **look out to ~** regardez au large; **(out) at ~** en mer; (fig) **I'm all at ~** (in lecture, translation etc) je nage complètement*; (after moving house, changing jobs etc) je suis complètement déboussolé*; **I'm all at ~ over how to answer this question** je ne sais absolument pas comment répondre à cette question, pour ce qui est de répondre à cette question je nage complètement*; **he was all at ~ in the discussion** il était complètement perdu dans la discussion; **it left him all at ~** cela l'a complètement désorienté, cela l'a laissé extrêmement perplexe; (fig) **the call of the ~** l'appel m du large; V **follow, half, high** etc.
(b) (particular area: also on moon) mer f. **the S~ of Galilee** la mer de Galilée; V **dead, red, seven** etc.
(c) (U: state of the ~) (état m de la) mer f. **what's the ~ like?** (for sailing) comment est la mer?, quel est l'état de la mer?; (for bathing) est-ce que l'eau est bonne?; **the ~ was very rough** la mer était très houleuse or très mauvaise, il y avait une très grosse mer; **a rough** or **heavy ~** une mer houleuse; **a calm ~** une mer calme; (Naut) **to ship a ~** embarquer un paquet de mer.
(d) (fig) [faces, difficulties] océan m, multitude f; [corn, blood] mer f.
2 cpd: **sea air** air marin or de la mer; **sea anchor** ancre flottante; **sea anemone** anémone f de mer, actinie f; **sea bathing** bains mpl de mer; **sea battle** bataille f navale; **sea bed** fond m de la mer; **sea bird** oiseau m de mer, oiseau marin; **sea biscuit** biscuit m de mer; **seaboard** littoral m, côte f; **sea boot** botte f de mer or de marin; **seaborne** goods transporté par mer; trade maritime; **sea bream** daurade f or dorade f; **sea breeze** brise f de mer or du large; **sea calf** veau marin, phoque m; **sea captain** capitaine m (de la marine marchande); (fig) **sea change** profond changement m; (fig) **sea chest** malle-cabine f; **sea coast** côte f; **sea cow** vache marine; **sea crossing** traversée f (par mer); **sea dog** (fish) roussette f, chien m de mer; (seal) phoque commun; (sailor) (old) **sea dog** (vieux) loup m de mer; **sea eagle** aigle m de mer; **sea eel** anguille f de mer; **sea elephant** éléphant m de mer; **seafarer, seafaring man** marin m; **seafaring** (also **seafaring life**) vie f de marin; **sea fight** combat naval; **sea fish** poisson m de mer; **sea fish farming** aquiculture f; **seafood** fruits mpl de mer; **sea front** bord m de (la) mer, front m de mer; (liter) **seagirt** ceint par la mer; **sea god** dieu marin; **seagoing man** marin m; **seagoing ship** (navire m) long-courrier m, navire m de mer; **sea-green** vert glauque inv; **seagull** mouette f; **sea horse** hippocampe m; **sea kale** chou marin, crambe m; **sea lamprey** lamproie f de mer; **sea lavender** lavande f de mer, statice m; **to find** or **get one's sea legs** s'amariner, s'habituer à la mer; **he's got his sea legs** il a retrouvé le pied marin; **sea level** niveau m de la mer; (Mil etc) **sea lift** évacuation f par mer; **sea lion** otarie f; (Scot) **sea loch** bras m de mer; (Brit) **Sea Lord** ≃ amiral m de l'état-major de la Marine; **First Sea Lord** ≃ amiral-chef m d'état-major de la Marine; **seaman** V **seaman**; **sea mile** mille marin; **sea otter** loutre f de mer; **sea perch** perche f de mer; **seaplane** hydravion m; **seaplane base** hydrobase f; **seaport** port m de mer; **sea power** puissance navale;

sea route route f maritime; **sea rover** (ship) bateau m pirate; (person) pirate m; **seascape** (view) panorama marin; (Art) marine f; **sea scout** scout marin; **sea serpent** serpent m de mer; **sea shanty** chanson f de marins; **sea shell** coquillage m; **seashore** rivage m, plage f, bord m de (la) mer; **by** or **on the seashore** au bord de la mer; **children playing on the seashore** enfants mpl qui jouent sur la plage or sur le rivage; **to be seasick** avoir le mal de mer; **seasickness** mal m de mer; **seaside** V **seaside**; **sea transport** transports mpl maritimes; **sea trout** truite f de mer; **sea urchin** oursin m; **sea wall** digue f; **sea water** eau f de mer; **seaway** route f maritime; **seaweed** algue(s) f(pl); **seaworthiness** bon état de navigabilité (d'un navire) (V **certificate** a); **seaworthy** en état de naviguer.

Seabee ['si:bi:] n (US Mil) militaire m du Génie maritime.

seal¹ [si:l] **1** n phoque m. **2** cpd: **seal cull, seal culling** massacre m des bébés-phoques; **sealskin** (n) peau f de phoque; (adj) (en peau) de phoque. **3** vi: **to go ~ing** chasser le phoque.

seal² [si:l] **1** n (a) (stamping device) sceau m, cachet m; (on document) sceau, cachet; (on envelope) cachet; (on package) plomb m; (Jur: on door etc) scellé m. (fig) **under ~ of secrecy** sous le sceau du secret; **under the ~ of confession** dans le secret de la confession; (Comm) **~ of quality** label m de qualité; (Jur) **given under my hand and ~** signé et scellé par moi; **to put** or **set one's ~ to** sth apposer son sceau à qch; (fig) **to set one's ~ (of approval) to** sth donner son approbation à qch; (fig) **this set the ~ on their alliance** ceci a scellé leur alliance; V **privy, self** etc.
(b) (ornamental stamp) **Christmas ~** timbre m ornemental de Noël.
(c) (device for sealing, also Aut) joint m (d'étanchéité). **the ~ is not very good** ce n'est pas très étanche.
2 cpd: **seal ring** chevalière f.
3 vt (a) (put ~ on) document sceller, apposer un sceau sur; (stick down) envelope, packet coller, fermer; (close with ~) envelope cacheter; package plomber; jar sceller, fermer hermétiquement; tin souder. **~ed orders** instructions secrètes; (fig) **my lips are ~ed** mes lèvres sont scellées; (Culin) **to ~ a steak** etc saisir un bifteck etc; V **hermetically**.
(b) (decide) fate régler, décider (de); bargain conclure. **this ~ed his fate** cela a décidé (de) or a réglé son sort.
♦**seal in** vt sep enfermer (hermétiquement). **our special process seals the flavour in** notre procédé spécial garde or conserve toute la saveur.
♦**seal off** vt sep (close up) door, room condamner; (forbid entry to) passage, road, room interdire l'accès de; (with troops, police etc) district mettre un cordon autour de, encercler, boucler.
♦**seal up** vt sep window, door, jar fermer hermétiquement, sceller; tin souder.

sealant ['si:lənt] n (device) joint m; (substance) enduit m étanche.

sealer ['si:lər] n (person) chasseur m de phoques; (ship) navire équipé pour la chasse au(x) phoque(s).

sealing¹ ['si:lɪŋ] n chasse f aux phoques.

sealing² ['si:lɪŋ] n [document] scellage m; [letter] cachetage m; [package] plombage m. **~ wax** cire f à cacheter.

seam [si:m] **1** n (a) (in cloth, canvas) couture f; (in plastic, rubber) couture, joint m; (in planks, metal) joint; (in welding) soudure f. **to come apart at the ~s** [garment] se découdre; (fig: of relationship etc) se désagréger; [suitcase, room] **to be bursting at the ~s*** être plein à craquer.
(b) (Min) filon m, veine f; (Geol) couche f.
(c) (on face) (wrinkle) ride f; (scar) balafre f, couture f.
2 vt faire une couture or un joint à. (fig) **a face ~ed with wrinkles/scars** un visage sillonné de rides/couturé (de cicatrices).

seaman ['si:mən] pl **seamen** **1** n (gen) marin m; (US Navy) quartier-maître m de 2ème classe; V **able, ordinary**. **2** cpd: (US Navy) **seaman apprentice** matelot m breveté; **seamanlike** de bon marin; (US Navy) **seaman recruit** matelot m.

seamanship ['si:mənʃɪp] n habileté f dans la manœuvre, qualités fpl de marin.

seamen ['si:mən] npl of **seaman**.

seamless ['si:mlɪs] adj sans couture(s).

seamstress ['semstrɪs] n couturière f.

seamy ['si:mɪ] adj district mal famé, louche. **the ~ side of life** le côté peu reluisant de la vie, l'envers m du décor (fig).

séance ['seɪɑ:ns] n [spiritualists] séance f de spiritisme; [committee etc] séance f, réunion f.

sear [sɪər] **1** adj desséché, flétri.
2 vt (wither) flower, grain, leaves [heat] dessécher, flétrir; [frost] flétrir; (burn) brûler; (Med: cauterize) cautériser; (brand) marquer au fer rouge; (fig: make callous) person, conscience, feelings endurcir.
♦**sear through** vt fus walls, metal traverser, percer.

search [sɜ:tʃ] **1** n (a) (for sth lost) recherche(s) f(pl). **in ~ of** à la recherche de; **a ~ was made for the child** on a entrepris des recherches pour retrouver l'enfant; **the ~ for the missing man** les recherches entreprises pour retrouver l'homme; **to begin a ~ for** person partir à la recherche de; thing se mettre à la recherche de; **in my ~ I found an interesting book** au cours de mes recherches j'ai découvert un livre intéressant; V **house**.
(b) (drawer, box, pocket, district) fouille f; (Admin) [luggage etc] visite f; (Jur) [building etc] perquisition f. **the ~ did not reveal anything** la fouille n'a rien donné; **his ~ of the drawer revealed nothing** il a fouillé le tiroir sans rien trouver or pour ne rien trouver; **the thieves' ~ of the house** la fouille de la maison par les voleurs; (Police) **house ~** perquisition à domicile, visite domiciliaire; (Jur) **right of ~** droit m de visite; **passengers must submit to a ~** les passagers doivent se soumettre à une fouille.
(c) (Comput) recherche f.

2 *cpd*: **searchlight** projecteur *m* (*pour éclairer*); **search party** équipe *f or* caravane *f or* expédition *f* de secours; (*Jur*) **search warrant** mandat *m* de perquisition.

3 *vt* (a) (*hunt through*) *house, park, woods, district* fouiller; (*Jur*) *house etc* perquisitionner. **they ~ed the woods for the child** ils ont fouillé les bois *or* ils ont passé les bois au peigne fin à la recherche de l'enfant; **we have ~ed the library for it** nous l'avons cherché partout dans la bibliothèque.

(b) (*examine*) *pocket, drawer, suitcase* fouiller (dans) (*for* pour essayer de retrouver); *luggage* (*gen*) fouiller; (*Customs, Police etc*) visiter; *suspect* fouiller. **they ~ed him for a weapon** ils l'ont fouillé pour s'assurer qu'il n'avait pas d'arme; **~ me!** je n'en sais rien moi!, je n'en ai pas la moindre idée!

(c) (*scan*) *documents, records, photograph* examiner (en détail) (*for* pour trouver). (*fig*) **he ~ed her face for some sign of affection** il a cherché sur son visage un signe d'affection; **to ~ one's conscience** sonder sa conscience; **to ~ one's memory** chercher dans *or* fouiller dans ses souvenirs.

(d) (*Comput*) *file* consulter. **to ~ a file for sth** rechercher qch dans un fichier.

4 *vi* (a) (*gen*) chercher. **to ~ after** *or* **for sth** chercher *or* rechercher qch; **to ~ through sth** fouiller qch, chercher dans qch; **they ~ed through his belongings** ils ont fouillé ses affaires.

(b) (*Comput*) **to ~** for rechercher.

◆**search about, search around** *vi*: **to search about for sth** chercher qch un peu partout, fouiller un peu partout pour trouver qch.

◆**search out** *vt sep* se mettre à la recherche de, rechercher; chercher à trouver; (*and find*) découvrir.

searcher ['sɜːtʃər] *n* chercheur *m*, -euse *f* (*for, after* en quête de).

searching ['sɜːtʃɪŋ] *adj look* pénétrant, scrutateur (*f* -trice); *examination* rigoureux, minutieux; *V* **heart**.

searchingly ['sɜːtʃɪŋlɪ] *adv* de façon pénétrante.

searing ['sɪərɪŋ] *adj* pain aigu (*f* -guë), fulgurant.

seaside ['siːsaɪd] **1** *n* (*U*) bord *m* de la mer. **at** *or* **beside** *or* **by the ~** au bord de la mer, à la mer; **we're going to the ~** nous allons à la mer *or* au bord de la mer.

2 *cpd* *town* au bord de la mer; *holiday* à la mer; *hotel* en bord de mer, sur le bord de la mer. **seaside resort** station *f* balnéaire.

season ['siːzn] **1** *n* (a) (*spring, summer etc*) saison *f*. **the dry ~** la saison sèche; *V* **monsoon, rainy** *etc*.

(b) (*period of activity, availability etc*) saison *f*, époque *f*, temps *m*; (*fig*) moment opportun. **to be in/out of ~** [*food*] être/ne pas être de saison; [*remark etc*] être à propos/hors de propos; **a word in ~** un mot dit à propos *or* au moment opportun; (*fig*) **in (~) and out of ~** à tout bout de champ; **strawberries in/out of ~** fraises en saison/hors de saison; (*fig*) **in due ~** en temps utile, au moment opportun; **it isn't the ~ for lily of the valley** ce n'est pas la saison du muguet; **the Christmas ~** la période de Noël *or* des fêtes; **the (social) ~** la saison (mondaine); **the London (social) ~** la saison londonienne; **her first ~** sa première saison, ses débuts *mpl* dans le monde; **the busy ~** (*for shops etc*) la période de grand travail *or* de pointe; (*for hotels etc*) la pleine saison; **the hunting/fishing** *etc* **~** la saison de la chasse/de la pêche *etc*; **the football ~** la saison de football; (*Sport*) **his first ~ in the Celtic team** sa première saison dans l'équipe du Celtic; **the ~ is at its height** la saison bat son plein, c'est le plein de la saison; **the start of the ~** [*tourism, hotels etc*] le début de la (basse) saison; (*Sport*) l'ouverture *f* de la saison; (*Shooting*) l'ouverture de la chasse; (*social*) le commencement de la saison (mondaine); **'S~'s greetings'** 'Joyeux Noël et Bonne Année'; **early in the ~** (*specific*) au début de la saison; (*non-specific*) en début de saison; **late in the ~** (*specific*) à l'arrière-saison; (*non-specific*) en arrière-saison; **the off-~** la morte-saison; **during the off-~** hors saison; *V* **festive, silly, tourist** *etc*.

(c) (*Theat*) saison *f* (théâtrale). **he did a ~ at the Old Vic** il a joué à l'Old Vic pendant une saison; **the film is here for a short ~** le film sera projeté quelques semaines; (*on notice*) '**for a ~**, Laurence Olivier in 'Macbeth'' 'pour quelques semaines, Laurence Olivier dans 'Macbeth''; (*TV*) **a ~ of Renoir (films), a Renoir ~** un cycle Renoir.

(d) **~** = **~ ticket**; *V* **2**.

(e) (*Vet*) **in ~** en chaleur.

2 *cpd*: (*Rail, Theat etc*) **season ticket** carte *f* d'abonnement; **to take out a season ticket** prendre un abonnement, s'abonner (*for* à); **season ticket holder** personne *f* qui possède une carte d'abonnement.

3 *vt* (a) *wood* faire sécher, dessécher; *cask* abreuver; *V also* **seasoned**.

(b) (*Culin*) (*with condiments*) assaisonner; (*with spice*) épicer, relever. **a highly ~ed dish** un plat relevé; (*fig*) **a speech ~ed with humour** un discours assaisonné *or* pimenté d'humour.

seasonable ['siːznəbl] *adj weather* de saison; *advice* à propos, opportun.

seasonal ['siːzənl] *adj* (*all senses*) saisonnier. **it's very ~** c'est très saisonnier, cela dépend beaucoup de la saison; **~ worker** (ouvrier *m*, -ière *f*) saisonnier *m*, -ière *f*.

seasonally ['siːzənlɪ] *adv* selon la saison. (*Statistics*) **~ adjusted** corrigé en fonction des variations saisonnières, désaisonalisé.

seasoned ['siːznd] *adj wood* séché, desséché; (*fig*) *worker* expérimenté; *writer, actor, footballer etc* chevronné, expérimenté; *troops* aguerri. **a ~ campaigner for civil rights** un vétéran des campagnes pour les droits civils; (*fig*) *campaigner* vieux routier (*fig*); **to be ~ to sth** être habitué à qch; *V also* **season**.

seasoning ['siːznɪŋ] *n* assaisonnement *m*, condiment *m*. **add ~** assaisonnez; **check the ~** vérifiez l'assaisonnement; **there's too much ~** c'est trop assaisonné; (*fig*) **with a ~ of humour** avec un grain d'humour.

seat [siːt] **1** *n* (a) (*chair etc*) (*gen*) siège *m*; (*in theatre, cinema*) fauteuil *m*; (*in bus, train*) banquette *f*; (*Aut*) (*individual*) siège; (*for several people*) banquette; (*on cycle*) selle *f*; *V* **back, driver, hot** *etc*.

(b) (*place or right to sit*) place *f*. **to take a ~** s'asseoir; **to take one's ~** prendre place (*V also* **1d**); **to keep one's ~** rester assis; **to lose one's ~** perdre sa place (*V also* **1d, 1f**); (*Cine, Theat*) **I'd like 2 ~s for ...** je voudrais 2 places pour ...; **keep a ~ for me** gardez-moi une place; **there are ~s for 70 people** il y a 70 places assises; *V* **book** *etc*.

(c) (*part of chair*) siège *m*; [*trousers*] fond *m*; (*: buttocks*) derrière *m*, postérieur* *m*. (*fig*) **he was flying by the ~ of his pants** il a dû faire appel à toute la présence d'esprit dont il était capable.

(d) (*Parl*) siège *m*. **to keep/lose one's ~** être/ne pas être réélu; (*Brit*) **to take one's ~ in the Commons/in the Lords** prendre son siège aux Communes/à la Chambre des Lords, ≃ être validé comme député à l'Assemblée nationale/comme sénateur; **the socialists won/lost 10 ~s** les socialistes ont gagné/perdu 10 sièges; **they won the ~ from the Conservatives** ils ont pris le siège aux conservateurs; **a majority of 50 ~s** une majorité de 50 (députés *etc*); *V* **safe**.

(e) (*location, centre*) [*government*] siège *m*; [*commerce*] centre *m*; (*Med*) [*infection*] foyer *m*. **~ of learning** siège *or* haut lieu du savoir; **he has a (country) ~ in the north** il a un manoir *or* un château dans le nord.

(f) (*Equitation*) **to have a good ~** avoir une bonne assiette, bien se tenir en selle; **to keep one's ~** rester en selle; **to lose one's ~** être désarçonné, vider les étriers.

2 *cpd*: **seat back** dossier *m* (de chaise *etc*); (*Aut, Aviat*) **seat belt** ceinture *f* de sécurité; (*US*) **we were seatmates** nous étions assis l'un(e) à coté de l'autre; (*US Scol*) **seatwork** travail *m* fait en classe; *V* **fasten**.

3 *vt* (a) *child* (faire) asseoir; (*at table*) *guest* placer. **to ~ o.s.** s'asseoir; **please be ~ed** veuillez vous asseoir, asseyez-vous je vous prie; **to remain ~ed** rester assis; **the waiter ~ed him at my table** le garçon l'a placé à ma table; *V* **deep**.

(b) (*have or find room for*) **we cannot ~ them all** nous n'avons pas assez de sièges pour tout le monde; **how many does the hall ~?** combien y a-t-il de places assises *or* à combien peut-on s'asseoir dans la salle?; **this car ~s 6 in comfort** on tient confortablement à 6 dans cette voiture; **this table ~s 8** on peut tenir à 8 à cette table, c'est une table pour 8 personnes *or* couverts.

(c) (*also* **re~**) *chair* refaire le siège de; *trousers* (re)mettre un fond à.

4 *vi*: **this skirt won't ~** cette jupe ne va pas se déformer derrière.

-seater ['siːtər] *adj, n ending in cpds*: **a two-seater** une deux places; **two-seater car/plane** voiture *f*/avion *m* biplace *or* à deux places; **a 50-seater coach** un car de 50 places.

seating ['siːtɪŋ] **1** *n* (*U*) (a) (*act*) répartition *f or* allocation *f* des places. **is the ~ (of the guests) all right?** est-ce qu'on a bien placé les invités?

(b) (*seats*) sièges *mpl*; (*as opposed to standing room*) places assises. **~ for 600** 600 places assises.

2 *cpd*: **seating accommodation** nombre *m* de places assises; **we must think about the seating arrangements** il faut penser à placer les gens; **what are the seating arrangements?** comment va-t-on placer les gens?; **seating capacity = seating accommodation**; (*at dinner*) **seating plan** plan *m* de table.

SEATO ['siːtəʊ] *n* (*abbr of* **South East Asia Treaty Organisation**) O.T.A.S.E. *f*.

seaward ['siːwəd] **1** *adj journey* vers le large; *breeze* de terre. **2** *adv* = **seawards**.

seawards ['siːwədz] *adv* vers le large, vers la mer.

sebaceous [sɪ'beɪʃəs] *adj* sébacé.

Sebastian [sɪ'bæstjən] *n* Sébastien *m*.

seborrhoea [ˌsebə'rɪə] *n* séborrhée *f*.

sebum ['siːbəm] *n* sébum *m*.

sec‡ [sek] *n abbr of* **second²**.

secant ['siːkənt] **1** *n* sécante *f*. **2** *adj* sécant.

secateurs [ˌsekə'tɜːz] *npl* (*esp Brit: also* **pair of ~**) sécateur *m*.

secede [sɪ'siːd] *vi* faire sécession, se séparer (*from* de).

secession [sɪ'seʃən] *n* sécession *f*, séparation *f*.

secessionist [sɪ'seʃnɪst] *adj, n* sécessionniste (*mf*).

seclude [sɪ'kluːd] *vt* éloigner *or* isoler (du monde).

secluded [sɪ'kluːdɪd] *adj house* à l'écart, (dans un endroit) retiré; *garden* isolé; *life* retiré (du monde), solitaire. **~ spot** endroit retiré.

seclusion [sɪ'kluːʒən] *n* solitude *f*. **to live in ~** vivre en solitaire, vivre retiré du monde.

second¹ ['sekənd] **1** *adj* (a) (*esp one of many*) deuxième; (*more often one of 2*) second. **to be ~ in the queue** être le (*or* la) deuxième dans la queue; **to be ~ in command** (*Mil*) commander en second; (*gen*) être deuxième dans la hiérarchie (*V also* **2**); (*Scol*) **he was ~ in French** il a été deuxième en français; (*fig*) **he's a ~ Beethoven** c'est un autre Beethoven; **Britain's ~ city** la deuxième ville de Grande-Bretagne; (*Brit Parl*) **the ~ chamber** la Chambre des Lords; **give him a ~ chance to show what he can do** donnez-lui encore une chance de montrer ce dont il est capable; **you won't get a ~ chance to go to Australia** vous ne retrouverez pas l'occasion d'aller en Australie, l'occasion d'aller en Australie ne se représentera pas; **would you like a ~ cup of tea?** voulez-vous encore du thé?; **would you like a ~ cup?** voulez-vous une seconde *or* autre tasse?; **he had a ~ cup of coffee** il a repris du café; **every ~ day** tous les deux jours, un jour sur deux; **every ~ Thursday** un jeudi sur deux; **on the ~ floor** (*Brit*) au deuxième (étage), (*US*) au premier (étage); (*Aut*) **~ gear** seconde *f*; (*Theat*) **the ~ house** la deuxième représentation de la journée; (*Med*) **to ask for a ~ opinion** demander l'avis d'un autre *or* d'un deuxième médecin; (*Med*) **I'd like a ~ opinion** je voudrais consulter un deuxième *or* autre médecin, j'aimerais avoir un autre avis; (*Gram*) **in the ~ person** à la deuxième personne; (*Gram*) **~ person singular/plural** deuxième personne du singulier/pluriel; **in the ~ place** deuxièmement, (*more formally*) en second lieu; **in the first place ... in the ~ place** d'abord ... ensuite; **~ teeth** seconde dentition; **for the ~ time** pour la deuxième fois; **for the ~ and last time** pour la seconde et dernière fois; (*Mus*) **~ violin** second violon; **Charles the S~** Charles Deux, Charles II; *V also* 2 *and* **helping, look, row** *etc*; *for other phrases V* **sixth**.

(b) (*fig phrases*) **to be in one's ~ childhood** retomber en enfance; **to play ~ fiddle to sb** jouer un rôle secondaire auprès de qn, (*over longer period*) vivre dans l'ombre de qn; **it's ~ nature to him** c'est une seconde nature chez lui; **it was ~ nature for him to help his friends** aider ses amis était chez lui une seconde nature; **~ to none** sans pareil, sans rival, inégalable; **for elegance of style he is ~ to none** pour ce qui est de l'élégance du style il ne le cède à personne; **~ self** autre soi-même *m*; **my ~ self** un(e) autre moi-même; **to have ~ sight** avoir le don de seconde vue; **he has a ~ string to his bow** il a plus d'une corde à son arc; **I'm having ~ thoughts (about it)** je commence à avoir des doutes (là-dessus); **I've had ~ thoughts about the holiday** pour ce qui est des vacances j'ai changé d'avis; **the director has had ~ thoughts about it** le directeur est revenu sur sa première décision là-dessus; **on ~ thoughts ...** réflexion faite ..., à la réflexion ...; **to get one's ~ wind** retrouver son souffle; (*fig*) reprendre des forces, retrouver ses forces; *V also* 2; *for other phrases V* **sixth**.

2 *cpd:* **second-best** *V* **second-best; second-class** *V* **second-class;** (*Rel*) **the second coming** le second avènement *m* (du Messie); **second cousin** petit(e) cousin(e) (*issu(e) de germains*); (*US*) **second-guess** comprendre après coup; **secondhand** *V* **secondhand** *and also* **second²** 2; **second-in-command** (*Mil*) commandant *m* en second; (*Naut*) second *m*; (*gen*) second, adjoint *m*; (*Mil etc*) **second lieutenant** sous-lieutenant *m*; (*Merchant Navy*) **second mate, second officer** commandant *m* en second; **second-rate** (*goods*) de qualité inférieure; (*writer, work*) médiocre, de deuxième ordre; **second-rater*** médiocre *mf*, médiocrité *f*; (*US*) **second-story man‡** monte-en-l'air *m inv*.

3 *adv* (*in race, exam, competition*) en seconde place *or* position. **he came** *or* **was placed ~** il s'est classé deuxième *or* second; (*at meeting, party etc*) **he arrived ~** il est arrivé le deuxième.

(b) = **secondly**.

(c) (*Rail etc*) **to travel ~** voyager en seconde.

(d) (+ *superl adj*) **the ~ largest/smallest book** le plus grand/ petit livre sauf un.

4 *n* (a) deuxième *mf*, second(e) *m(f)*. **he came a good ~** il s'est fait battre de justesse; **he came a poor ~** il a été largement battu (en deuxième place); (*Climbing*) **~ (on the rope)** second (de cordée).

(b) (*Boxing*) soigneur *m*; (*in duel*) second *m*, témoin *m*. (*Boxing*) **~s out (of the ring)!** soigneurs hors du ring!

(c) (*Brit Univ*) ≃ licence *f* avec mention (assez) bien. **he got an upper/a lower ~** ≃ il a eu sa licence avec mention bien/assez bien; **many students get a lower ~** de nombreux étudiants sont reçus avec la mention assez bien.

(d) (*Aut: ~ gear*) seconde *f*. **in ~** en seconde.

(e) (*Comm: non perfect goods*) **~s** articles *mpl* de second choix, articles comportant un défaut.

(f) (*second helping*) **~s*** rabiot* *m*, rab‡ *m*; **anyone for ~s*?** qui en reveut?, qui veut du rab‡?

(g) (*Mus: interval*) seconde *f*.

5 *vt* (a) *motion* appuyer; *speaker* appuyer la motion de. **I'll ~ that** (*at meeting*) j'appuie la proposition *or* la demande; (*gen*) je suis d'accord *or* pour*.

(b) [sɪˈkɒnd] (*Brit: Admin, Mil*) affecter provisoirement (*to* à), détacher (*to* à). **he has been ~ed for service abroad** il est en détachement à l'étranger.

second² [ˈsekənd] 1 *n* seconde *f* (*also Geog, Math etc*); (*fig*) seconde, instant *m*. **it won't take a ~** il y en a pour une seconde or un instant; **at that very ~** à cet instant précis; **just a ~!**, **half a ~!*** un instant!, une (petite) seconde!; **I'm coming in half a ~** j'arrive tout de suite *or* dans une seconde; *V* **split**.

2 *cpd:* **second(s) hand** trotteuse *f*.

secondary [ˈsekəndərɪ] 1 *adj* (*gen*) secondaire; *meaning* secondaire, dérivé; *education* secondaire, du second degré; (*minor*) secondaire, accessoire. **of ~ importance** secondaire, peu important; (*Philos*) **~ cause** cause seconde; (*Geol*) **~ era** (ère *f*) secondaire *m*; (*Brit*) **~ modern school** ≃ collège *m* d'enseignement général; (*Ind*) **~ picketing** piquets *mpl* de grève de solidarité; **~ road** route départementale *or* secondaire; (*Chem, Ind*) **~ product** sous-produit *m*; **~ school** collège *m* d'enseignement secondaire, lycée *m*; **~ stress** accent *m* secondaire.

2 *n* (*Univ etc: minor subject*) matière *f* secondaire.

second-best [ˈsekəndˈbest] 1 *n:* **it is the ~** (*gen*) c'est ce qu'il y a de mieux après; (*poor substitute*) c'est un pis-aller; **as a ~** faute de mieux, au pis-aller.

2 *adj* **jacket** *etc* de tous ses jours. **his ~ novel** de tous ses romans celui qui vient en second du point de vue de la qualité.

3 *adv:* **to come off ~** perdre, se faire battre.

second-class [ˈsekəndˈklɑːs] 1 *adj* (*lit*) de deuxième classe; (*Rail*) *ticket, compartment* de seconde (classe); *hotel* de seconde catégorie, de second ordre; (*pej*) *food, goods etc* de qualité inférieure. **~ citizen** déshérité(e) *m(f)* dans la société; (*Univ*) **~ degree** = **second¹** 4c; **~ mail** (*Brit*) courrier *m* à tarif réduit; (*US*) imprimés *mpl* périodiques; (*Rail*) **a ~ return to London** un aller et retour de seconde pour Londres; (*Rail*) **~ seat** seconde *f*.

2 *adv* (*Rail etc*) **to travel ~** voyager en seconde.

seconder [ˈsekəndər] *n [motion]* personne *f* qui appuie une motion; *[candidate]* deuxième parrain *m*.

secondhand [ˈsekəndˈhænd] 1 *adj clothes, car* d'occasion, de seconde main; (*fig*) *information, account* de seconde main. **~ bookseller** libraire *m* d'occasion, bouquiniste *mf*; **~ bookshop** librairie *f* d'occasion; **~ dealer** marchand(e) *m(f)* d'occasion; **~ smoke*** la fumée des autres.

2 *adv* **buy** d'occasion. **to hear sth ~** entendre dire qch, entendre qch de quelqu'un d'autre.

secondly [ˈsekəndlɪ] *adv* deuxièmement, (*more formally*) en second lieu. **firstly ... ~ ... d'abord ... ensuite ...**.

secondment [sɪˈkɒndmənt] *n* (*Brit*) affectation *f* provisoire, détachement *m*. **on ~** (*at home*) en détachement, détaché (*to* à); (*abroad*) en mission (*to* à).

secrecy [ˈsiːkrəsɪ] *n* (*U*) secret *m*. **in ~** en secret, secrètement; **in strict ~** en grand secret, dans le plus grand secret; **under pledge of ~** sous le sceau du secret; **there's no ~ about it** on n'en fait pas (un) mystère; **there was an air of ~ about her** elle avait un petit air mystérieux; **I rely on your ~** je compte sur votre discrétion; **a country where ~ reigns** un pays qui a la manie du secret; *V* **swear**.

secret [ˈsiːkrɪt] 1 *n* (a) secret *m*. **to keep a ~** garder un secret; **I told it you as a ~** je vous l'ai dit en confidence; **to let sb into the ~** mettre qn dans le secret; **to let sb into a ~** révéler *or* confier *or* dire un secret à qn; **to be in the ~** être au courant *or* dans le coup*; **there's no ~ about it** cela n'a rien de secret; **to have no ~s from sb** ne pas avoir de secrets pour qn; **he makes no ~ of the fact that** il ne cache pas que; *lovers'* **~** confidence *f* d'amoureux; **the ~ of success/successful writing** le secret du succès/de la littérature à succès; **the ~ of being a good teacher is ...** pour être bon professeur le secret est ...; **the ~s of nature** les secrets *or* les mystères *mpl* de la nature; *V* **open, state** *etc*.

(b) (*U: secrecy*) **in ~** en secret, secrètement, en cachette.

2 *adj* (a) (*concealed*) *place, drawer, marriage, negotiations* secret (*f* -ète); *door, passage* secret, dérobé; (*secluded*) *place* retiré, caché. **to keep one's plans ~** ne pas révéler ses plans, cacher ses plans; **to keep sth ~ from sb** ne pas révéler *or* montrer qch à qn; **it's all highly ~** c'est tout ce qu'il y a de plus secret; **~ admirer** admirateur *m*, -trice *f* inconnu(e); **~ agent** agent secret; **~ ballot** vote *m* à bulletin secret; **~ funds** caisse *f* noire; **~ police** police secrète; **the S~ Service** (*Brit*) les services secrets; (*US*) les services chargés de la protection du président; **~ society** société secrète; *V* **top¹**.

(b) (*secretive*) secret (*f* -ète), dissimulé (*pej*).

secretarial [ˌsekrəˈteəriəl] *adj* *work* de secrétariat, de secrétaire. **~ college** école *f* de secrétariat; **~ course** études *fpl* de secrétaire; **to have a ~ job** être secrétaire.

secretariat [ˌsekrəˈteəriət] *n* secrétariat *m* (*personnel, bureau, services*).

secretary [ˈsekrətrɪ] 1 *n* (a) (*in office, of club etc*) secrétaire *mf*; (*also company ~*) secrétaire général (*d'une société*). (*Pol*) **S~ of State** (*Brit*) ministre *m* (*of, for* de); (*US*) secrétaire *m* d'État, ≃ ministre des Affaires étrangères; *V* **foreign, parliamentary, under** *etc*.

(b) (*writing desk*) secrétaire *m*.

2 *cpd:* **secretary-general** secrétaire général.

secrete [sɪˈkriːt] *vt* (*Anat, Bio, Med*) sécréter. (b) (*hide*) cacher.

secretion [sɪˈkriːʃən] *n* (*V* **secrete**) (a) sécrétion *f*. (b) action *f* de cacher.

secretive [ˈsiːkrətɪv] *adj* (*by nature*) secret (*f* -ète), dissimulé (*pej*), cachottier (*pej*). **to be ~ about sth** faire un secret *or* un mystère de qch, se montrer très réservé à propos de qch.

secretively [ˈsiːkrətɪvlɪ] *adv* d'une façon très réservée, d'une façon dissimulée (*pej*).

secretiveness [ˈsiːkrətɪvnɪs] *n* (*U*) réserve *f*, caractère dissimulé (*pej*) *or* cachottier (*pej*).

secretly [ˈsiːkrətlɪ] *adv* secrètement, en secret, en cachette; *believe etc* secrètement, en son for intérieur.

sect [sekt] *n* secte *f*.

sectarian [sekˈteəriən] 1 *adj* (*gen*) sectaire (*mf*). **~ school** école *f* confessionnelle. 2 *n* sectaire *mf*.

sectarianism [sekˈteəriənizəm] *n* sectarisme *m*.

section [ˈsekʃən] 1 *n* (a) *[book, law, population]* section *f*, partie *f*; *[text, document]* section, article *m*, paragraphe *m*; *[country]* partie; *[road, pipeline]* section, tronçon *m*; *[town]* quartier *m*; *[machine, furniture]* élément *m*; (*Mil*) groupe *m* (de combat). *[orchestra]* **the brass/string ~** les cuivres *mpl*/les cordes *fpl*; (*Press*) **the financial ~** la *or* les page(s) financière(s); (*Admin, Jur*) **~ 2 of the municipal by-laws** l'article 2 des arrêtés municipaux; **this bookcase comes in ~s** cette bibliothèque se vend par éléments; **there is a ~ of public opinion which maintains ...** il y a une partie *or* une section de l'opinion publique qui maintient ... .

(b) (*Admin, Ind*) section *f*; (*Comm*) rayon *m*; *V* **consular, passport** *etc*.

(c) (*Rail*) (*part of network*) canton *m* (de voie ferrée); (*US Rail*) (*extra train*) train *m* supplémentaire, train-bis *m*; (*US: in sleeping car*) compartiment-lits *m*.

(d) (*cut*) coupe *f*, section *f*; (*for microscope*) coupe, lamelle *f*. **longitudinal/vertical ~** coupe longitudinale/verticale; *V* **cross**.

(e) (*act of cutting*) section *f*, sectionnement *m*.

2 *cpd:* (*US Rail*) **section hand** cantonnier *m* (des chemins de fer), agent *m* de la voie; **section mark** signe *m* de paragraphe.

3 *vt* sectionner.

♦**section off** *vt sep* séparer.

sectional [ˈsekʃənl] *adj* (*made of sections*) *bookcase etc* à éléments; (*representing a part*) *interests* d'un groupe; *drawing* en coupe.

sectionalism [ˈsekʃənəlizəm] *n* défense *f* des intérêts d'un groupe.

sector ['sektər] **1** *n* **(a)** secteur *m*; (*Mil*) secteur, zone *f*; (*Comput*) secteur; (*fig*) secteur, domaine *m*. **private/public** ~ secteur privé/public. **(b)** (*Geom*) secteur *m*; (*instrument*) compas *m* (de proportions). **2** *vt* sectoriser.

sectorial [sek'tɔːrɪəl] *adj* sectoriel.

secular ['sekjʊlər] *adj authority, clergy* séculier; *teaching, school* laïque; *art, writer, music* profane. **we live in a** ~ **society** nous vivons dans une société qui a perdu la foi.

secularism ['sekjʊlərɪzəm] *n* (*policy*) laïcité *f*; (*doctrine*) laïcisme *m*.

secularization [,sekjʊlərɪ'zeɪʃən] *n* (*V* **secular**) sécularisation *f*; laïcisation *f*.

secularize ['sekjʊləraɪz] *vt* (*V* **secular**) séculariser; laïciser.

secure [sɪ'kjʊər] **1** *adj* **(a)** (*solid, firm*) *bolt, padlock* solide; *nail, knot* solide, qui tient bien; *rope* bien attaché; *door, window* bien fermé; *structure, ladder* qui ne bouge pas, ferme; *foothold, handhold* bon, sûr. **to make** ~ *rope* bien attacher; *door, window* bien fermer; *tile* bien fixer.
  (b) (*in safe place*) en sûreté, en sécurité, en lieu sûr; *hideout, place* sûr; (*certain*) *career, future, promotion, fame* assuré. ~ **from** *or* **against** à l'abri de.
  (c) (*unworried*) tranquille, sans inquiétude. **to feel** ~ **about** ne pas avoir d'inquiétudes sur *or* au sujet de; ~ **in the knowledge that** ayant la certitude que; **a child must be (emotionally)** ~ un enfant a besoin de sécurité sur le plan affectif, un enfant a besoin d'être sécurisé.
  2 *vt* **(a)** (*get*) *object* se procurer, obtenir; *staff, performer* engager. **to** ~ **sth for sb** procurer qch à qn, obtenir qch pour qn.
  (b) (*fix*) *rope* fixer, attacher; *door, window* bien fermer; *tile* fixer; (*tie up*) *person, animal* attacher.
  (c) (*make safe*) (*from danger*) préserver, protéger, garantir (*against, from* de); *debt, loan* garantir; *career, future* assurer.

securely [sɪ'kjʊəlɪ] *adv* (*V* **secure 1**) (*firmly*) solidement, bien; (*safely*) en sécurité.

Securicor [sɪ'kjʊərkɔːr] *n* ® *société f de surveillance et de convoi de fonds.* ~ **guard** employé *m* du service de surveillance, convoyeur *m* de fonds.

security [sɪ'kjʊərɪtɪ] **1** *n* **(a)** (*safety, confidence*) sécurité *f*. **in** ~ en sécurité; (*Admin, Ind*) *job* ~ sécurité de l'emploi; ~ **of tenure** (*in one's job*) sécurité totale de l'emploi; (*Jur: of tenant*) bail assuré; (*Psych*) **a child needs** ~ un enfant a besoin de sécurité sur le plan affectif, un enfant a besoin d'être sécurisé.
  (b) (*Ind, Pol etc: against spying, escape etc*) sécurité *f*. ~ **was very lax** les mesures de sécurité étaient très relâchées; [*jail*] **maximum** *or* **top** *or* **high** ~ **wing** quartier *m* de haute surveillance; *V also* **maximum**.
  (c) (*Fin: for loan*) caution *f*, garantie *f*. **loans without** ~ crédit *m* à découvert; **up to £1,000 without** ~ jusqu'à 1.000 livres sans caution *or* sans garantie; **to stand** ~ **for sb** se porter garant pour *or* de qn.
  (d) (*St Ex*) **securities** valeurs *fpl*, titres *mpl*; **government securities** fonds *mpl* d'État.
  2 *cpd*: (*Fin*) **securities market** marché *m* des valeurs; (*Fin*) **security agreement** accord *m* de sûreté; (*Psych*) **security blanket** couverture *f* sécurisante (*pour jeune enfant*); **Security Council** Conseil *m* de sécurité; **security firm** société *f* de surveillance; **security forces** forces *fpl* de sécurité; **security guard** (*gen*) garde chargé de la sécurité; (*transporting money*) convoyeur *m* de fonds; **security leak** fuite *f* (*de documents, de secrets etc*); **security officer** (*Mil, Naut*) officier chargé de la sécurité; (*Comm, Ind*) inspecteur *m* (chargé) de la sécurité; **security police** services *mpl* de la sûreté; **security risk** personne *f* susceptible de compromettre la sûreté de l'État, la sécurité d'une organisation etc; **that man is a security risk** cet homme n'est pas sûr.

sedan [sɪ'dæn] *n* **(a)** (*also* ~ **chair**) chaise *f* à porteurs. **(b)** (*US: car*) conduite intérieure, berline *f*.

sedate [sɪ'deɪt] **1** *adj person* posé, calme, réfléchi; *behaviour* calme, pondéré. **2** *vt* (*Med*) donner des sédatifs à, mettre sous sédation.

sedately [sɪ'deɪtlɪ] *adv* posément, calmement.

sedateness [sɪ'deɪtnɪs] *n* (*V* **sedate**) allure posée *or* réfléchie; calme *m*, pondération *f*.

sedation [sɪ'deɪʃən] *n* sédation *f*. **under** ~ sous sédation, sous calmants.

sedative ['sedətɪv] *adj, n* calmant (*m*), sédatif (*m*).

sedentary ['sedntrɪ] *adj work* sédentaire. ~ **worker** travailleur *m*, -euse *f* sédentaire.

sedge [sedʒ] *n* laiche *f*, carex *m*. ~ **warbler** phragmite *m* des joncs, rousserolle *f*.

sediment ['sedɪmənt] *n* (*Geol, Med*) sédiment *m*; (*in boiler, liquids*) dépôt *m*; (*in wine*) dépôt, lie *f*.

sedimentary [,sedɪ'mentərɪ] *adj* sédimentaire.

sedimentation [,sedɪmen'teɪʃən] *n* sédimentation *f*.

sedition [sə'dɪʃən] *n* sédition *f*.

seditious [sə'dɪʃəs] *adj* séditieux.

seduce [sɪ'djuːs] *vt* (*also sexually*) séduire. **to** ~ **sb from sth** détourner qn de qch; **to** ~ **sb into doing sth** entraîner qn à faire qch.

seducer [sɪ'djuːsər] *n* séducteur *m*, -trice *f*.

seduction [sɪ'dʌkʃən] *n* séduction *f*.

seductive [sɪ'dʌktɪv] *adj person, charms* séduisant, attrayant; *smile, perfume* aguichant, séducteur (*f* -trice); *offer* alléchant.

seductively [sɪ'dʌktɪvlɪ] *adv* d'une manière séduisante, avec séduction.

seductiveness [sɪ'dʌktɪvnɪs] *n* caractère séduisant, qualité séduisante.

seductress [sɪ'dʌktrɪs] *n* séductrice *f*.

sedulous ['sedjʊləs] *adj* assidu, persévérant, attentif.

sedulously ['sedjʊləslɪ] *adv* assidûment, avec persévérance.

see¹ [siː] *pret* **saw**, *ptp* **seen** **1** *vt* **(a)** (*gen*) voir. **I can** ~ **him** je le vois; **I saw him read/reading the letter** je l'ai vu lire/qui lisait la lettre; **he was** ~**n to read the letter** on l'a vu lire la lettre; **she saw him knocked down** elle l'a vu (se faire) renverser; **there was no one at all** *or* **not a soul to be** ~**n** il n'y avait pas un chat* (*fig*), il n'y avait pas âme qui vive; **there was not a house to be** ~**n** il n'y avait pas une seule maison en vue; (*Brit*) **I could** ~ **him far enough!*** j'en ai (*or* avais) marre de sa tête!‡, ce qu'il peut (*or* a pu) me casser les pieds!‡; **I could** ~ **it** *or* **that one coming*** je le sentais venir, je m'y attendais; **to** ~ **fit to do** juger bon de faire; **will she come?** — **if she** ~**s fit** est-ce qu'elle viendra? — oui, si elle le juge bon; **I'll be glad to** ~ **the back of him*** je serai heureux de le voir partir *or* d'être débarrassé de lui; ~ **page 10** voir (à la) page 10; **to** ~ **double** voir double; (*fig*) **to** ~ **red** voir rouge; **to** ~ **sth with one's own eyes** voir qch de ses propres yeux; **to** ~ **the sights** faire du tourisme, visiter la ville; **to** ~ **the sights of Paris** visiter (les monuments de) Paris; **we spent a few days in Paris** ~**ing the sights** nous avons passé quelques jours à Paris à visiter la ville; (*fig*) **to** ~ **stars** voir trente-six chandelles; **I must be** ~**ing things*** je dois avoir des visions* *or* des hallucinations; **can you** ~ **your way without a torch?** est-ce que vous pouvez trouver votre chemin *or* est-ce que vous y voyez assez sans lampe de poche?; (*fig*) **can you** ~ **your way to helping us?** est-ce que vous trouveriez (le) moyen de nous aider?; **I can't** ~ **my way to doing that** je ne vois pas comment je pourrais le faire; (*fig*) **he can't** ~ **the wood for the trees** il se perd dans les détails; **I want to** ~ **the world** je veux voyager; *V* **last, light, remain** *etc*.
  (b) (*understand, conceive*) voir, comprendre, saisir. **to** ~ **the joke** comprendre *or* saisir la plaisanterie; **to** ~ **sense** entendre raison; **he won't** ~ **sense** il ne veut pas entendre raison, il ne veut pas comprendre; **try to make him** ~ **sense** essaie de lui faire entendre raison; **I can't** ~ **the point of it** je n'en vois pas l'intérêt *or* l'utilité; **I don't** ~ **the point of inviting him** je ne vois pas l'intérêt de l'inviter; **do you** ~ **what I mean?** voyez-vous *or* vous voyez ce que je veux dire?; **I** ~ **what you're getting at** je vois *or* je devine où vous voulez en venir; **I fail to** ~ *or* **I can't** ~ **how you're going to do it** je ne vois pas du tout *or* je ne vois vraiment pas comment vous allez le faire; **the way I** ~ **it, as I** ~ **it** à mon avis, selon moi; **this is how** *or* **the way I** ~ **it** voici comment je vois *or* comprends la chose; **the French** ~ **it differently** les Français voient la chose différemment; **I don't** ~ **why** je ne vois pas pourquoi.
  (c) (*notice, learn, discover*) voir, remarquer, apprendre, découvrir. **I saw in the paper that he is gone** j'ai vu *or* lu dans le journal qu'il est parti; **I** ~ **they've bought a new car** je vois *or* je remarque *or* j'apprends qu'ils ont acheté une nouvelle voiture; **I** ~ **nothing wrong in it** je n'y trouve rien à redire; **I don't know what she** ~**s in him** (*what good qualities*) je ne sais pas ce qu'elle lui trouve (de bien); (*what attracts her*) je ne sais pas ce qui l'attire en lui; ~ **who's at the door** allez voir qui est à la porte; **not until I** ~ **how many there are** pas avant de savoir *or* de voir *or* de découvrir combien il y en a.
  (d) (*visit, meet, speak to*) voir; *doctor, lawyer* voir, consulter. **to go and** ~ **sb**, **to go to** ~ **sb** aller voir qn; **I'm** ~**ing the doctor tomorrow** je vais chez le docteur *or* je vois le docteur demain; **the manager wants to** ~ **you** le directeur veut vous voir, le directeur vous demande; **I can't** ~ **you today** je ne peux pas vous voir *or* recevoir aujourd'hui; **I want to** ~ **you about my son** je voudrais vous voir *or* vous parler au sujet de mon fils; **they** ~ **a lot of him** ils le voient souvent; **you must** ~ **less of him** il faut que vous le voyiez (*subj*) moins souvent.
  (e) (*: phrases*) ~ **you!**, **(I'll) be** ~**ing you!** à bientôt!, salut!*; ~ **you later!** à tout à l'heure!; ~ **you some time!** à un de ces jours!; ~ **you soon!** à bientôt!; ~ **you (on) Sunday** *etc* à dimanche *etc*; ~ **you next week** *etc* à la semaine prochaine *etc*.
  (f) (*experience, know*) voir, éprouver, connaître. **this hat has** ~**n better days** ce chapeau a connu des jours meilleurs; **I never thought we'd** ~ **the day when ...** je n'aurais jamais cru qu'un jour ...; **we'll never** ~ **his like again** nous ne verrons jamais son pareil; (*Mil*) **he saw service in Libya** il a servi en Libye, il a fait la campagne de Libye; **he has** ~**n service abroad** il a servi à l'étranger; **since she's started going round with that crowd she has certainly** ~**n life** depuis qu'elle fait partie de cette bande elle en a vu des choses; **I'm going to Australia because I want to** ~ **life** je pars en Australie parce que je veux voir le monde *or* rouler ma bosse*; **since becoming a social worker she's certainly** ~**n life** depuis qu'elle est assistante sociale elle a pu se rendre compte de ce que c'est que la vie; **I've** ~**n some things in my time*** but ... j'en ai vu (des choses) dans ma vie* mais ... .
  (g) (*accompany, escort*) (re)conduire, (r)accompagner. **to** ~ **sb to the station** accompagner *or* conduire qn à la gare; **to** ~ **sb home/to the door** reconduire *or* raccompagner qn jusque chez lui/jusqu'à la porte; **the policeman saw him off the premises** l'agent l'a reconduit (jusqu'à la porte); **to** ~ **the children to bed** coucher les enfants; **he was so drunk we had to** ~ **him to bed** il était tellement ivre que nous avons dû l'aider à se coucher; *V also* **see off, see out**.
  (h) (*allow to be*) laisser, permettre. **I couldn't** ~ **her left alone** je ne pouvais pas supporter *or* permettre qu'on la laisse (*subj*) toute seule.
  (i) (*ensure*) s'assurer. ~ **that he has all he needs** (*make sure*) veillez à ce qu'il ait tout ce dont il a besoin; (*check*) assurez-vous qu'il ne manque de rien; ~ **that you have it ready for Monday** faites en sorte que ce soit prêt pour lundi; **I'll** ~ **he gets the letter** je ferai le nécessaire pour que la lettre lui parvienne, je me charge de lui faire parvenir la lettre; (*Brit*) **I'll** ~ **you all right‡** (*gen*) je vais arranger ton affaire; (*bribe etc*) je te garantis que tu y

trouveras ton compte; **I'll ~ you damned** or **in hell first!*** jamais de la vie!, il faudra que vous me passiez sur le corps d'abord; V also **see to.**

  (j) (imagine) (s')imaginer, se représenter, voir. **I can't ~ him as Prime Minister** je ne le vois or ne l'imagine pas du tout en Premier ministre; **I can't ~ myself doing that** je me vois mal or je m'imagine mal or je ne me vois pas du tout faisant cela; **I can't ~ myself being elected** je ne vois pas très bien comment je pourrais être élu.

  (k) (Poker etc) **(I'll) ~ you** je demande à vous voir, je vous vois.

2 vi **a.** to ~ **in/out/through** etc voir à l'intérieur/à l'extérieur/à travers etc; **let me ~** montre-moi, fais voir (V also **2d**); **~ for yourself** voyez vous-même; **as you can ~** comme vous pouvez (le) constater; **so I ~** c'est bien ce que je vois; (in anger) **now ~ here!** non, mais dites donc!*, écoutez-moi un peu!; **he couldn't ~ to read** il n'y voyait pas assez clair pour lire; **cats can ~ in the dark** les chats voient clair la nuit; **you can ~ for miles** on y voit à des kilomètres; V **eye.**

  (b) (find out) voir. **I'll go and ~** je vais (aller) voir; **I'll go and ~ if dinner's ready** je vais (aller) voir si le dîner est prêt.

  (c) (understand) voir, comprendre. **as far as I can ~** à ce que je vois, pour autant que je puisse en juger; **so I ~!** je vois!, ah bon!; (in explanations etc) **... you ~ ...** voyez-vous, ... vous comprenez, ... vous voyez; **it's all over now, ~?**‡* c'est fini, compris?*; **but he's dead don't you ~?** tu ne vois pas qu'il est mort?, il est mort tu vois or sais bien.

  (d) (think, deliberate) voir. **let me ~, let's ~** voyons (un peu); **let me ~** or **let's ~, what have I got to do?** voyons, qu'est-ce que j'ai à faire?; **can I go out? — we'll ~** est-ce que je peux sortir? — on va voir or on verra (ça).

  3 cpd: **see-through** blouse etc transparent.

◆**see about** vt fus **(a)** (deal with) s'occuper de. **he came to see about buying the house** il est venu voir s'il pouvait acheter la maison; **he came to see about the washing machine** il est venu au sujet de la machine à laver.

  (b) (consider) **to see about sth** voir si qch est possible; **may I go? — we'll see about it** est-ce que je peux y aller? — on va voir or on verra (ça); **he said he wouldn't do it — we'll see about that!** il a dit qu'il ne le ferait pas — c'est ce qu'on va voir!; **we must see about (getting) a new television** il va falloir songer à s'acheter une nouvelle télévision.

◆**see after** vt fus s'occuper de.

◆**see in** vt sep person faire entrer. **to see the New Year in** fêter la Nouvelle Année, faire le réveillon du Nouvel An.

◆**see into** vt fus (study, examine) s'enquérir de, examiner. **we shall have to see into this** il va falloir examiner la question or se renseigner là-dessus.

◆**see off** vt sep **(a) I saw him off at the station/airport** etc je l'ai accompagné au train or à la gare/à l'avion or à l'aéroport etc; **we'll come and see you off** on viendra vous dire au revoir (à la gare or à l'aéroport or au bateau etc).

  (b) (fig*: defeat) damer le pion à.

◆**see out** vt sep **(a)** person reconduire or raccompagner à la porte. **I'll see myself out*** ne vous dérangez pas, je trouverai le chemin, pas la peine de me raccompagner!*; **he saw himself out** il est sorti sans qu'on le raccompagne (subj).

  (b) this coat will have to see the winter out il faut que ce manteau lui (or me etc) fasse l'hiver; **he was so ill we wondered whether he'd see the week out** il était si malade que nous nous demandions s'il passerait la semaine; **I saw the third act out then left** je suis resté jusqu'à la fin du troisième acte et je suis parti.

◆**see over** vt fus house, factory, gardens visiter.

◆**see through 1** vt fus person ne pas se laisser tromper or duper par, pénétrer les intentions de, voir dans le jeu de; behaviour, promises ne pas se laisser tromper or duper par, voir clair dans. **I saw through him at once** j'ai tout de suite compris où il voulait en venir, j'ai tout de suite deviné ses intentions or vu son jeu.

  2 vt always sep project, deal mener à bonne fin. **£10 should see you through** 10 livres devraient vous suffire; **don't worry, I'll see you through** ne vous inquiétez pas, vous pouvez compter sur moi.

  3 see-through adj V **see¹ 3.**

◆**see to** vt fus (deal with) s'occuper de, veiller à; (mend) réparer. **I'll see to the car** je m'occuperai de la voiture; **please see to it that ... + subj; see to it that the door is shut** veillez à ce que la porte soit bien fermée; **the sweets didn't last long, the children saw to that!** les bonbons n'ont pas fait long feu, les enfants se sont chargés de les faire disparaître!

see² [siː] n [bishop] siège épiscopal, évêché m; [archbishop] archevêché m; V **holy.**

seed [siːd] **1** n **(a)** (Agr, Bot etc) graine f; (collective n: for sowing) graines fpl, semence f; (in apple, grape etc) pépin m. **to run** or **go to ~** [plant etc] monter en graine; [person] (grow slovenly) se négliger, se laisser aller; (lose vigour) se décatir.

  (b) (fig: source, origin) germe m, semence f. **the ~s of discontent** les germes du mécontentement; **to sow ~s of doubt in sb's mind** semer le doute dans l'esprit de qn.

  (c) (sperm) semence f, sperme m; (offspring) progéniture f.

  (d) (Tennis etc: also **~ed player**) tête f de série. **first ~** joueur classé premier, joueuse classée première, première tête de série.

  2 cpd: **seedbed** semis m, couche f; **seed box** germoir m; **seed-cake** gâteau m au carvi; **seed corn** blé m de semence; **seeding machine** semoir m; **seed merchant** grainetier m; (Econ, Fin) **seed money** capital m initial, mise f de fonds initiale; **seed pearls** semence f de perles, très petites perles; **seed potato** pomme f de terre de semence; **seedsman = seed merchant.**

  3 vt **(a)** lawn ensemencer; raisin, grape épépiner. **to ~ clouds** ensemencer les nuages.

  (b) (Tennis) **he was ~ed third** il était (classé) troisième tête de série; V also **1d.**

  4 vi monter en graine.

seedily ['siːdɪlɪ] adv dress minablement, de façon miteuse or minable.

seediness ['siːdɪnɪs] n **(a)** (shabbiness) aspect m minable or miteux. **(b)** (*: illness) indisposition f.

seedless ['siːdlɪs] adj sans pépins.

seedling ['siːdlɪŋ] n semis m, (jeune) plant m.

seedy ['siːdɪ] adj **(a)** (shabby) clothes râpé, miteux; person, hotel minable, miteux. **(b)** (*: ill) **I'm feeling ~** je suis or je me sens mal fichu*, je me sens patraque*, je ne me sens pas dans mon assiette; **he looks rather ~** il a l'air mal fichu*.

seeing ['siːɪŋ] **1** n vue f, vision f. (Prov) **~ is believing** voir c'est croire. **2** conj: **~ (that)** vu que, étant donné que. **3** cpd: (US) **Seeing Eye dog** chien m d'aveugle.

seek [siːk] pret, ptp **sought 1** vt **(a)** (look for) object, solution, person, death chercher; fame, honours rechercher, ambitionner; happiness, peace chercher, rechercher. **to ~ one's fortune in Canada** chercher or tenter fortune au Canada; **they sought shelter from the storm** ils ont cherché un abri or un refuge contre la tempête; **we sought shelter in the embassy/under a big tree** nous nous sommes réfugiés à l'ambassade/sous un grand arbre; **the reason is not far to ~** la raison n'est pas difficile à trouver, on n'a pas à chercher loin pour trouver la raison.

  (b) (ask) demander (from sb à qn). **to ~ advice/help from sb** demander conseil/de l'aide à qn, chercher conseil/secours auprès de qn.

  (c) (frm: attempt) chercher (to do à faire). **they sought to kill him** ils ont cherché à le tuer.

  2 vi: **to ~ for** or **after sth/sb** rechercher qch/qn; **much sought after** très recherché, très demandé.

◆**seek out** vt sep person aller voir, (aller) s'adresser à; trouble etc (re)chercher.

seeker ['siːkə'] n **(a)** (person) chercheur m, -euse f (after en quête de); V **self.** **(b)** (Mil: device) autodirecteur m.

seem [siːm] vi **(a)** sembler, paraître, avoir l'air. **he ~s honest** il semble (être) honnête, il paraît honnête, il a l'air honnête; **she ~s to know you** elle a l'air de vous connaître, elle semble vous connaître, on dirait qu'elle vous connaît; **she ~s not to want to leave** elle semble ne pas vouloir partir, on dirait qu'elle ne veut pas partir; **we ~ to have met before** il me semble or j'ai l'impression que nous nous sommes déjà rencontrés; **I ~ to have heard that before** il me semble avoir déjà entendu cela, il me semble que j'ai déjà entendu cela; **I can't ~ to do it** je n'arrive pas à le faire; **I ~ed to be floating** j'avais l'impression de planer; **how did she ~ to you?** comment l'as-tu trouvée?; **how does it ~ to you?** qu'en penses-tu?; **it all ~s like a dream** on croit rêver.

  (b) (impers vb) paraître, sembler. (looks to me as if) **it ~s that** or **as if the government is going to fall** il semble bien que le gouvernement va tomber; (people say) **it ~s that the government is going to fall** il paraît que le gouvernement va tomber; **I've checked and it ~s she's right** j'ai vérifié et il semble qu'elle a raison or on dirait qu'elle a raison or elle semble avoir raison; **it ~s she's right for everybody says so** il semble bien qu'elle a raison or il y a de fortes chances qu'elle ait raison puisque tout le monde est d'accord là-dessus; **I've checked and it doesn't ~ she's right** or **it ~s she's not right** j'ai vérifié et il ne semble pas qu'elle ait raison or elle semble avoir tort or il y a de fortes chances qu'elle ait tort; **from what people say it doesn't ~ she's right** d'après ce qu'on dit elle semble avoir tort; **does it ~ that she is right?** est-ce qu'il semble qu'elle ait raison?, est-ce qu'elle semble avoir raison?; **the heat was so terrible it ~ed that the whole earth was ablaze** il faisait une chaleur si terrible qu'il semblait que la terre entière fût or était en feu; **it ~s to me that he refused** il me semble qu'il a refusé; **it ~s to me that we should leave at once** il me semble qu'il faudrait partir tout de suite; **it does not ~ to me that we can accept** il ne me semble pas que nous puissions accepter; **does it ~ to you as though it's going to rain?** est-ce qu'il te semble qu'il va pleuvoir?, est-ce que tu crois qu'il va pleuvoir?; **they're getting married next week — so it ~s** ils vont se marier or ils se marient la semaine prochaine — (à ce qu'il paraît; **it ~s not** il paraît que non; **it ~s that he died yesterday** il paraît qu'il est mort hier; **he died yesterday it ~s** il est mort hier paraît-il; **I did what ~ed best** j'ai fait ce que j'ai jugé bon; **it ~s ages since we last met** il y a des siècles* que nous ne nous sommes vus; **there ~s to be a mistake in this translation** il semble y avoir une erreur dans cette traduction; **there ~s to be a mistake, I'm the one who booked this room** il semble y avoir erreur, c'est moi qui ai retenu cette chambre.

seeming ['siːmɪŋ] adj apparent, soi-disant inv.

seemingly ['siːmɪŋlɪ] adv apparemment. **there has ~ been a rise in inflation** à ce qu'il paraît il y a eu une hausse de l'inflation; **he's left then? — ~** il est donc parti? — (à ce qu')il paraît or d'après ce qu'on dit.

seemliness ['siːmlɪnɪs] n [behaviour] bienséance f; [dress] décence f.

seemly ['siːmlɪ] adj behaviour convenable, bienséant; dress décent, correct.

seen [siːn] ptp of **see¹.**

seep [siːp] vi suinter, filtrer. **water was ~ing through the walls** l'eau suintait des murs or filtrait à travers les murs, les murs suintaient.

◆**seep away** vi s'écouler peu à peu or goutte à goutte.

◆**seep in** vi s'infiltrer.

◆**seep out** vi suinter.

seepage ['siːpɪdʒ] n [water, blood] suintement m; (from tank) fuite f, déperdition f.

seer [sɪəʳ] *n* (*liter*) voyant(e) *m(f)*, prophète *m*, prophétesse *f*.
seersucker ['sɪə,sʌkəʳ] *n* crépon *m* de coton.
seesaw ['siː:sɔ:] **1** *n* (jeu *m* de) bascule *f*. **2** *cpd*: **seesaw motion** mouvement *m* de bascule, va-et-vient *m inv*. **3** *vi* (*lit*) jouer à la bascule; (*fig*) osciller.
seethe [siː:ð] *vi* **(a)** *[boiling liquid etc]* bouillir, bouillonner, être en effervescence; *[sea]* bouillonner.
　(b) (*fig*) **to ~ with anger** *or* **rage** *or* **fury** bouillir de colère *or* rage *or* fureur; **he was (positively) seething*** il était furibond, il était (fou) furieux; **a country seething with discontent** un pays où le mécontentement fermente; **the crowd ~d round the film star** la foule se pressait autour de la vedette; **the streets were seething with people** les rues grouillaient de *or* foisonnaient de monde.
segment ['segmənt] **1** *n* (*gen, Anat, Geom, Ling, Zool*) segment *m*; *[orange etc]* quartier *m*, morceau *m*. **2** [seg'ment] *vt* segmenter, couper en segments. **3** [seg'ment] *vi* se segmenter.
segmental [,seg'mentl] *adj* (*gen*) segmentaire; (*Ling*) segmental.
segmentation [,segmən'teɪʃən] *n* segmentation *f*.
segregate ['segrɪgeɪt] *vt* séparer, isoler (*from* de); (*Pol*) séparer. **to ~ the sexes** séparer les sexes; **they decided to ~ the contagious patients** ils ont décidé d'isoler les (malades) contagieux; **the political prisoners were ~d from the others** les prisonniers politiques ont été séparés *or* isolés des autres.
segregated ['segrɪgeɪtɪd] *adj* (*Pol*) *school, club, bus* où la ségrégation (raciale) est appliquée. **a ~ school system** un système d'enseignement où la ségrégation est appliquée.
segregation [,segrɪ'geɪʃən] *n* (*Pol*) ségrégation *f*; *[group, person, object]* séparation *f*, isolement *m* (*from* de).
segregationist [,segrɪ'geɪʃnɪst] **1** *n* ségrégationniste *mf*. **2** *adj riot, demonstration* ségrégationniste; *policy* de ségrégation, ségrégationniste.
Seine [seɪn] *n* Seine *f*.
seine [seɪn] *n* seine *f*.
seismic ['saɪzmɪk] *adj* sismique.
seismograph ['saɪzməgrɑːf] *n* sismographe *m*.
seismography [saɪz'mɒgrəfɪ] *n* sismographie *f*.
seismology [saɪz'mɒlədʒɪ] *n* sismologie *f*.
seize [siːz] **1** *vt* **(a)** (*clutch, grab*) saisir, attraper. **she ~d (hold of) his hand, she ~d him by the hand** elle lui a saisi la main; **he ~d her by the hair** il l'a empoignée par les cheveux; **to ~ sb bodily** attraper qn à bras-le-corps; **to ~ the opportunity to do** saisir l'occasion *or* sauter sur l'occasion de faire; **to be ~d with rage** avoir un accès de rage; **to be ~d with fear** être saisi de peur; **she was ~d with the desire to see him** un désir soudain de le voir s'est emparé d'elle *or* l'a saisie; **he was ~d with a bout of coughing** il a été pris d'un accès de toux, il a eu un accès de toux; *V* **bull¹**.
　(b) (*get possession of by force*) s'emparer de, se saisir de; (*Mil*) *territory* s'emparer de; *person, gun, ship* capturer, s'emparer de. **to ~ power** s'emparer du pouvoir.
　(c) (*Jur*) *person* arrêter, détenir; *property* saisir; *contraband* confisquer, saisir.
　2 *vi* (*Tech*) se gripper.
◆**seize up** *vi* (*Tech*) se gripper; (*Med*) s'ankyloser.
◆**seize (up)on** *vt fus idea, suggestion, offer, chance* saisir, sauter sur.
seizure ['siː:ʒəʳ] *n* **(a)** (*U*) *[goods, gun, property]* saisie *f*; *[city, ship]* capture *f*; *[power, territory]* prise *f*; *[criminal]* capture, arrestation *f*; (*Jur*) appréhension *f* (au corps); *[contraband]* saisie, confiscation *f*.
　(b) (*Med*) crise *f*, attaque *f*. **to have a ~** avoir une crise *or* une attaque.
seldom ['seldəm] *adv* rarement, peu souvent, ne ... guère. **he ~ worked** il travaillait rarement, il ne travaillait guère; **~ if ever** rarement pour ne pas dire jamais.
select [sɪ'lekt] **1** *vt team, candidate* sélectionner (*from, among* parmi); *gift, book, colour* choisir (*from, among* parmi). **to ~ a sample of rock** prélever un échantillon de; *colours, materials* choisir un échantillon de; **~ed poems** poèmes choisis; **~ed works** œuvres choisies; (*Comm*) **~ed fruit** fruits sélectionnés *or* de premier choix.
　2 *adj audience* choisi, d'élite; *club* fermé; *restaurant* chic *inv*, sélect. (*Brit Parl*) **~ committee** commission *f* parlementaire (d'enquête); **a ~ few** quelques privilégiés; **a ~ group of friends** quelques amis choisis; **they formed a small ~ group** ils formaient un petit groupe fermé.
　3 *cpd*: (*US*) **selectman** conseiller *m* municipal (en Nouvelle-Angleterre).
selectee [sɪlek'tiː] *n* (*US Mil*) appelé *m*.
selection [sɪ'lekʃən] **1** *n* sélection *f*, choix *m*. **to make a ~** faire une sélection *or* un choix; (*Literat, Mus*) **~s from** morceaux choisis de; *V* **natural**. **2** *cpd*: **selection committee** comité *m* de sélection.
selective [sɪ'lektɪv] *adj recruitment, classification* sélectif. **one must be ~** il faut savoir faire un choix; **~ breeding** élevage *m* à base de sélection; (*Scol*) (*Brit*) **~ entry**, (*US*) **~ admissions** sélection *f*; (*Brit*) **~ school** école *f* or lycée *m* or collège *m* à recrutement sélectif; (*US Mil*) **~ service** service *m* militaire obligatoire, conscription *f*; (*Ind*) **~ strike** grève *f* ponctuelle *or* limitée.
selectively [sɪ'lektɪvlɪ] *adv [terrorists etc]* **to strike ~** se livrer à des actions ponctuelles.
selectivity [,sɪlek'tɪvɪtɪ] *n* (*Elec, Rad*) sélectivité *f*; (*Scol*) sélection *f*.
selector [sɪ'lektəʳ] *n* (*person*) sélectionneur *m*, -euse *f*; (*Tech*) sélecteur *m*.
selenium [sɪ'liː:nɪəm] *n* sélénium *m*.
self [self] **1** *n*, *pl* **selves** (*also Philos, Psych*) **the ~** le moi *inv*; **the cult of ~** le culte du moi; **the conscious ~** le moi conscient; **his better ~** le meilleur de lui-même; **her real ~** son vrai moi; **my**

former **~** le moi *or* la personne que j'étais auparavant; **she's her old ~ again** elle est redevenue complètement elle-même; **she had no thought of ~** elle ne pensait jamais à elle-même *or* à son intérêt personnel; *V* **second¹**, **shadow**.
　(b) (*Comm etc*) moi-même *etc.* **your good ~** vous-même; **your good selves** vous-mêmes; (*on cheque*) **pay ~** payez à l'ordre de moi-même.
　2 *cpd*: **self-abasement** avilissement *m or* abaissement *m* de soi; **self-absorbed** égocentrique; **self-absorption** égocentrisme *m*; **self-abuse** masturbation *f*; **self-accusation** auto-accusation *f*; **self-acting** automatique; **self-addressed envelope** enveloppe *f* à mon (*or* son *etc*) nom et adresse; **self-adhesive** auto-adhésif; **self-adjusting** à réglage automatique; **to indulge in self-advertisement** faire sa propre réclame; **self-aggrandizement** autoglorification *f*; **self-analysis** auto-analyse *f*; **self-apparent** évident, ça va (*or* allait *etc*) de soi; **he was a self-appointed critic of ...** il a pris sur lui de critiquer ...; **self-appraisal** auto-évaluation *f*; **self-assertion** affirmation *f* de soi; **self-assertive** très sûr de soi; **self-assessment** auto-évaluation *f*; **self-assurance** assurance *f*, confiance *f* en soi; **self-assured** sûr de soi, plein d'assurance; **to be self-aware** avoir pris conscience de soi-même; **self-awareness** (prise *f* de) conscience *f* de soi-même; (*Climbing*) **self-belay**, **self-belaying system** auto-assurance *f*; **self-betterment** amélioration *f* de soi-même *or* de sa condition; **self-catering** (*n*) appartement *m etc* indépendant (avec cuisine); (*adj*) indépendant (avec cuisine); **self-centred**, (*US*) **self-centered** égocentrique; **self-centredness**, (*US*) **self-centeredness** égocentrisme *m*; **self-cleaning** *oven etc* autonettoyant; **self-closing** à fermeture automatique; **self-coloured**, (*US*) **self-colored** uni; **self-composed** posé, calme; **self-composure** calme *m*, sang-froid *m*; **self-conceit** vanité *f*, suffisance *f*; **self-conceited** vaniteux, suffisant; **he is a self-confessed thief** *etc* il est voleur *etc* de son propre aveu; **self-confidence** confiance *f* en soi; **self-confident** sûr de soi, plein d'assurance; **self-congratulation** autolouange *f*; **self-congratulatory** satisfait de soi; **self-conscious** timide, intimidé, gauche; **to be self-conscious about** être gêné *or* intimidé par; **self-consciously** gauchement, timidement; **self-consciousness** gêne *f*, timidité *f*, gaucherie *f*; **self-contained** *person* indépendant; (*Brit*) *flat* indépendant, avec entrée particulière; **self-contempt** mépris *m* de soi; **self-contradiction** contradiction *f* avec soi-même; **self-contradictory** *text* contradictoire (*en soi*), *person* qui se contredit; **self-control** maîtrise *f* de soi, sang-froid *m*; **self-controlled** maître (*f* maîtresse) de soi; **self-correcting** autocorrectif; **self-critical** qui se critique; (*Pol, Rel*) qui fait son autocritique; **self-criticism** critique *f* de soi; (*Pol, Rel*) autocritique *f*; **self-deception** aveuglement *m*; **self-defeating** *action, plan* qui va à l'encontre du but recherché; **self-defence**, (*US*) **self-defense** (*skill, art*) autodéfense *f*; (*Jur*) **in self-defence** en légitime défense (*V* **noble** 1a); **self-delusion** aveuglement *m*; **self-denial** abnégation *f*, sacrifice *m* de soi; **self-denying** *person* qui fait preuve d'abnégation, qui se sacrifie; *decision etc* qui impose le sacrifice de ses intérêts; **to be self-deprecating** *[person]* se dénigrer soi-même; **self-deprecatory** *thoughts* autodénigrant; **self-destruct** (*vi*) (*Space etc*) s'autodétruire, se désintégrer; (*adj*) *device, program* autodestructeur; **self-destruction** autodestruction *f*; **self-determination** autodétermination *f*; **self-determined** déterminé par soi-même; **self-determining** autodéterminant; **self-discipline** autodiscipline *f*; **self-disciplined** qui fait preuve d'autodiscipline; **self-discovery** (*Psych*) découverte *f* de soi; **self-doubt** fait *m* de douter de soi-même; **self-doubting** qui doute de soi-même; (*Brit Aut*) **self-drive (hire)** car voiture *f* sans chauffeur; **self-drive car hire** location *f* de voitures sans chauffeur; **self-educated** autodidacte; **self-effacement** modestie *f*, effacement *m*; **self-effacing** effacé, modeste; **self-elected** (*Pol*) qui s'est élu lui-même; **he was a self-elected critic of ...** il avait pris sur lui de critiquer ...; **self-employed**, **in self-employment** indépendant, qui travaille à son compte; **the self-employed** les travailleurs indépendants; **self-esteem** respect *m* de soi, amour-propre *m*; **self-evaluation** auto-évaluation *f*; **self-evident** évident, qui va de soi; **self-evidently** fort *or* bien évidemment; **self-examination** examen *m* de conscience; **self-explanatory** qui se passe d'explication, évident (en soi); **self-expression** expression *f* (libre); **self-fertilization** autofécondation *f*; **self-fertilizing** autofertile; **self-filling** à remplissage automatique; **self-financing** (*n*) autofinancement *m*; **self-flattery** autolouange *f*; **self-forgetful** désintéressé; **self-forgetfulness** désintéressement *m*; **self-glorification** auto-glorification *f*; **self-governing** autonome; **self-government** autonomie *f*; **self-hate** haine *f* de soi, fait *m* de se détester; **self-hating** qui se déteste; **self-hatred** = **self-hate**; **self-help** (*gen*) efforts personnels, débrouillardise* *f*; (*Econ*) auto-assistance *f*; **self-hypnosis** autohypnose *f*; **self-ignite** s'enflammer spontanément; **self-ignition** (*gen*) combustion *f* spontanée; (*Aut*) auto-allumage *m*; **self-image** image *f* de soi-même; **self-importance** suffisance *f*; **self-important** suffisant, m'as-tu-vu* *inv*; **self-imposed** auto-imposé, que l'on s'impose à soi-même; **self-improvement** progrès *mpl* personnels; **self-indulgence** (*gen*) amour *m* de son propre confort, sybaritisme *m*; (*self-pity*) apitoiement *m* sur soi-même; **self-indulgent** (*gen*) qui ne se refuse rien, sybarite; (*self-pitying*) qui s'apitoie sur son (propre) sort; **self-inflicted** que l'on s'inflige à soi-même, volontaire; **self-interest** intérêt *m* (personnel); **self-interested** intéressé, qui recherche son avantage personnel; **self-justification** autojustification *f*; **self-justifying** justificatif; **self-knowledge** connaissance *f* de soi; (*on furniture*) **self-levelling foot** pied *m* de nivellement, pied auto-réglable; **self-loader** arme *f* automatique; **self-loading** *gun* automatique; **self-loathing** (*n*) dégoût *m* de soi-même; (*adj*) qui a horreur de soi-même; **self-locking** à fermeture automatique; **self-**

love narcissisme *m*, amour *m* de soi-même; **self-lubricating** autolubrifiant; **self-lubrication** autolubrification *f*; **self-made** qui a réussi par ses propres moyens; **self-made man** self-made man *m*, fils *m* de ses œuvres (*frm*); **self-maintenance** entretien *m* automatique; **self-mastery** maîtrise *f* de soi-même; **self-mockery** autodérision *f*; **self-mocking** *person* moqueur à l'égard de soi-même; *humour* empreint d'autodérision; **self-mockingly** par autodérision; **self-motivated** très motivé (de par soi-même); **self-murder** suicide *m*; **self-obsessed** obsédé par soi-même; **self-obsession** obsession *f* de soi-même; **self-opinionated** entêté, opiniâtre; he was a self-ordained critic of ... il avait pris sur lui de critiquer ...; it's **self-perpetuating** ça se perpétue indéfiniment; **self-pity** apitoiement *m* sur soi-même; full of self-pity, **self-pitying** qui s'apitoie sur son (propre) sort; **self-portrait** autoportrait *m*; **self-possessed** assuré, qui garde son sang-froid; **self-possession** assurance *f*, sang-froid *m*; **self-praise** éloge *m* de soi-même, autolouange *f*; **self-preoccupied** égocentrique; **self-preservation** instinct *m* de conservation; **self-pride** orgueil *m* personnel; he was a self-proclaimed critic of ... il avait pris sur lui de critiquer ...; **self-propelled** autopropulsé; **from self-protection** pour sa propre protection; **self-punishment** autopunition *f*; (*Brit*) **self-raising flour** farine *f* pour gâteaux (*avec levure incorporée*); **self-regulating**, **self-regulatory** autorégulateur; **self-reliance** indépendance *f*; **self-reliant** indépendant; to be self-reliant ne compter que sur soi(-même); **self-renewal** renouvellement *m* automatique; **self-renewing** qui se renouvelle automatiquement; **self-replicating** *computer, machine etc* autoreproducteur; **self-reproach** repentir *m*, remords *m*; **self-reproachful** plein de reproches à l'égard de soi-même; **self-respect** respect *m* de soi, dignité personnelle; **self-respecting** qui se respecte; no self-respecting teacher would agree that ... aucun professeur qui se respecte (*subj*) ne conviendrait que ...; **self-restraint** retenue *f*; **self-revelation** révélation *f* de soi-même; **self-ridicule** autodérision *f*; **self-righteous** pharisaïque, satisfait de soi; **self-righteousness** pharisaïsme *m*, satisfaction *f* de soi; (*Naut*) **self-righting** inchavirable; (*US*) **self-rising flour** = **self-raising flour**; (*Pol*) **self-rule** autonomie *f*; (*Pol*) **self-ruling** autonome; **self-sacrifice** abnégation *f*, dévouement *m*; **self-sacrificing** qui se sacrifie, qui a l'esprit de sacrifice; **selfsame** *V* **selfsame**; **self-satisfaction** contentement *m* de soi, fatuité *f*; **self-satisfied** *person* content de soi, suffisant; *smile* suffisant, de satisfaction; **self-sealing** *envelope* autocollant, auto-adhésif; *container* à obturation automatique; **self-seeker** égoïste *mf*; **self-seeking** égoïste; **self-service** libre-service *m inv*; a self-service shop/restaurant un (magasin/restaurant) libre-service *or* self-service; a self-service garage une station *or* un poste (d'essence) libre-service; **self-serving** égoïste, intéressé; (*Aut*) **self-starter** démarreur *m* (automatique *or* électrique); **self-steering** à pilotage automatique; **self-styled** soi-disant *inv*, prétendu; **self-sufficiency** (*economic*) autarcie *f*; (*self-confidence*) autosuffisance *f*; **self-sufficient** (*economically*) autarcique; (*self-confident*) autosuffisant; **self-supporting** *person* qui subvient à ses (propres) besoins; *firm* financièrement indépendant; (*Econ*) **self-sustaining growth** croissance *f* autonome; **self-taught** autodidacte; 'French self-taught' 'apprenez le français tout seul'; **self-torture** torture *f* délibérée de soi-même; (*Med*) **self-treatment** automédication *f*; **self-will** volonté *f* inébranlable; **self-willed** entêté, volontaire; **self-winding** (à remontage) automatique; **self-worship** adulation *f* de soi-même.

selfdom ['selfdəm] *n* (*Psych*) individualité *f*.
selfhood ['selfhʊd] *n* (*Psych*) individualité *f*.
selfish ['selfɪʃ] *adj person, behaviour* égoïste; *motive* intéressé.
selfishly ['selfɪʃlɪ] *adv* égoïstement, en égoïste.
selfishness ['selfɪʃnɪs] *n* égoïsme *m*.
selfless ['selflɪs] *adj* désintéressé, altruiste.
selflessly ['selflɪslɪ] *adv* sans penser à soi, d'une façon désintéressée, par altruisme.
selflessness ['selflɪsnɪs] *n* désintéressement *m*, altruisme *m*.
selfsame ['selfseɪm] *adj* même. this is the ~ book c'est bien le même livre; I reached Paris the ~ day je suis arrivé à Paris le même jour *or* le jour même.
sell [sel] *pret, ptp* **sold** 1 *vt* (a) vendre. 'to be sold' 'à vendre'; to ~ sth for 25 francs vendre qch 25 F; he sold it (to) me for 10 francs il me l'a vendu 10 F; he sold the books at 10 francs each il a vendu les livres 10 F chaque *or* pièce; he was selling them at *or* for 10 francs a dozen il les vendait 10 F la douzaine; do you ~ stamps? avez-vous des timbres?; are stamps sold here? est-ce qu'on vend des timbres ici?; I was sold this in Grenoble on m'a vendu cela à Grenoble; he's a commercial traveller who ~s shirts c'est un voyageur de commerce qui place *or* vend des chemises; it's not the price but the quality that ~s this item ce n'est pas le prix mais la qualité qui fait vendre cet article; we're finding it difficult to ~ our stock of ... nous avons du mal à écouler notre stock de ...; (*pej*) to ~ o.s. se vendre (*V also* **1b**); to ~ sb into slavery vendre qn comme esclave; to ~ a secret vendre *or* trahir un secret; (*fig*) to ~ the pass abandonner *or* trahir la cause; (*St Ex*) to ~ short vendre à découvert; (*fig*) to ~ sb short (*cheat*) avoir qn*, posséder qn*; (*belittle*) débiner qn*; (*fig*) to ~ sb a bill of goods* en faire accroire à qn; to ~ one's life dearly vendre chèrement sa vie; he sold his soul for political power il a vendu son âme contre le pouvoir (politique); I'd ~ my soul for a coat like that!* je donnerais n'importe quoi *or* je me damnerais pour avoir un manteau comme ça!; to ~ sb down the river trahir qn, lâcher qn*; to ~ sb a pup‡ rouler qn*.
  (b) (*: put across*) to ~ sb an idea faire accepter une idée à qn; if we can ~ coexistence to Ruritania si nous arrivons à faire accepter le principe de la coexistence à la Ruritanie; he doesn't ~

himself *or* his personality very well il n'arrive pas à se faire valoir *or* à se mettre en valeur; if you can ~ yourself to the voters si vous arrivez à vous faire accepter par *or* à convaincre les électeurs; to be sold on* an idea *etc* être enthousiasmé *or* emballé* par une idée *etc*; to be sold on sb* être complètement emballé* par qn *or* entiché de qn.
  (c) (*: cheat, betray*) tromper, attraper, avoir*. I've been sold! on m'a eu!*, je me suis fait avoir!*; to ~ sb down the river complètement laisser tomber qn, trahir qn de belle façon.
  2 *vi* se vendre. these books ~ at *or* for 10 francs each ces livres se vendent 10 F chaque *or* pièce; they ~ at 10 francs a dozen ils se vendent 10 F la douzaine; your car should ~ for 18.000 francs votre voiture devrait se vendre 18.000 F *or* réaliser 18.000 F; it ~s well cela se vend bien; that line doesn't ~ cet article se vend mal; the idea didn't ~ l'idée n'a pas été acceptée; *V* **cake**.
  3 *n* (a) (‡) (*disappointment*) déception *f*; (*fraud*) attrape-nigaud *m*. what a ~! ce que je me suis (*or* tu t'es *etc*) fait avoir!*
  (b) (*Comm*) *V* **hard**, **soft**.
  4 *cpd*: (*Comm*) **sell-by date** *f* limite de vente.
◆**sell back** *vt sep* revendre (*à la même personne etc*).
◆**sell off** *vt sep* *stock* liquider; *goods* solder; *shares* vendre, liquider.
◆**sell out 1** *vi* (*Comm*) (*sell one's business*) vendre son fonds *or* son affaire; (*sell one's stock*) liquider son stock. (*fig*) to sell out to the enemy passer à l'ennemi; to sell out on sb trahir qn, laisser tomber qn*.
  2 *vt sep* (a) (*St Ex*) vendre, réaliser.
  (b) (*Comm*) vendre tout son stock de. this item is sold out cet article est épuisé; we are sold out on n'en a plus; we are sold out of milk on n'a plus de lait; (*Theat*) the house was sold out toutes les places étaient louées.
  3 **sellout** *n* *V* **sellout**.
◆**sell up** (*esp Brit*) **1** *vi* (*Comm*) vendre son fonds *or* son affaire.
  2 *vt sep* (a) (*Jur*) *goods* opérer la vente forcée de, saisir; *debtor* vendre les biens de.
  (b) (*Comm*) *business* vendre, liquider.
seller ['selər] *n* (a) (*in compounds*) vendeur *m*, -euse *f*, marchand(e) *m(f)*; e.g. newspaper-~ vendeur *m*, -euse *f* de journaux; onion-~ marchand(e) *m(f)* d'oignons; *V* **book** *etc*.
  (b) (*as opposed to buyer*) vendeur *m*. ~'s market marché favorable au vendeur.
  (c) (*) this book is a (good) ~ ce livre se vend bien *or* comme des petits pains*; *V* **best**.
selling ['selɪŋ] **1** *n* vente(s) *f(pl)*.
  2 *cpd*: **selling point** avantage *m or* atout *m* intéressant pour le client; **selling price** prix *m* de vente; (*Fin*) **selling rate** cours *m* vendeur.
sellotape ['seləʊteɪp] (*Brit*) ® **1** *n* scotch *m* ®, ruban adhésif. **2** *vt* scotcher, coller avec du ruban adhésif.
sellout ['selaʊt] *n* (a) (*Cine, Theat etc*) the play was a ~ tous les billets (pour la pièce) ont été vendus, on a joué à guichets fermés *or* à bureaux fermés.
  (b) (*betrayal*) trahison *f*, capitulation *f*. a ~ of minority opinion une trahison de l'opinion de la minorité; (*Pol*) a ~ to the left une capitulation devant la gauche.
seltzer ['seltsər] *n* (*US: also* ~ **water**) eau *f* de Seltz.
selvage, **selvedge** ['selvɪdʒ] *n* lisière *f* (*d'un tissu*).
selves [selvz] *npl of* **self**.
semantic [sɪ'mæntɪk] *adj* sémantique.
semantically [sɪ'mæntɪkəlɪ] *adv* du point de vue de la sémantique.
semanticist [sɪ'mæntɪsɪst] *n* sémanticien(ne) *m(f)*.
semantics [sɪ'mæntɪks] *n* (*U*) sémantique *f*.
semaphore ['seməfɔ:r] **1** *n* (a) signaux *mpl* à bras. in ~ par signaux à bras. (b) (*Rail*) sémaphore *m*. **2** *vt* transmettre par signaux à bras.
semblance ['sembləns] *n* semblant *m*, apparence *f*. without a ~ of respect sans le moindre semblant de respect; to put on a ~ of sorrow prétendre avoir *or* faire semblant d'avoir de la peine.
seme [si:m] *n* (*Ling*) sème *m*.
semen ['si:mən] *n* sperme *m*, semence *f*.
semester [sɪ'mestər] *n* (*esp US*) semestre *m*.
semi ['semɪ] **1** *pref* (a) semi-, demi-, à demi; *V* **2**.
  (b) (*not completely* + *adj*) plus ou moins. it's ~ tidy c'est plus ou moins bien rangé.
  2 *cpd*: **semiautomatic** semi-automatique; **semibasement** ≃ rez-de-jardin *m*; (*Mus: esp Brit*) **semibreve** ronde *f*; (*Mus: esp Brit*) **semibreve rest** pause *f*; **semicircle** demi-cercle *m*; **semicircular** demi-circulaire, semi-circulaire, en demi-cercle; **semicolon** point-virgule *m*; **semicommercial** semi-commercial; **semiconductor** semi-conducteur *m*; **semiconscious** à demi conscient; **semiconsonant** semi-consonne *f*; **semidarkness** pénombre *f*, demi-jour *m*; **semidesert** (*adj*) semi-désertique; **semidetached** (**house**) maison jumelée *or* jumelle; **semi-detached houses** maisons mitoyennes; **semifinal** demi-finale *f*; **semifinalist** (*player*) joueur *m*, -euse *f* de demi-finale; (*team*) équipe *f* jouant dans la demi-finale; **semiliquid** semi-liquide; **semiliterate** semi-analphabète, presque illettré; (*US Press*) **semi-monthly** bimensuel (*m*); **semiofficial** semi-officiel, officieux; **semipolitical** semi-politique; **semiprecious** semi-précieux; **semiprecious stone** pierre fine *or* semi-précieuse; (*US Med*) **semiprivate room** chambre *f* d'hôpital à plusieurs lits; **semiprofessional** semi-professionnel; (*Mus: esp Brit*) **semiquaver** double croche *f*; **semiskilled** *work* d'ouvrier spécialisé; **semi-skilled worker** ouvrier *m*, -ière *f* spécialisé(e), O.S. *mf*; **semisolid** semi-solide; **semitone** demi-ton *m* (*Aut*) **semitrailer** semi-remorque *f*; **semitropical** semi-tropical; **semivowel** semi-voyelle *f*, semi-consonne *f*; (*US Press*) **semiweekly** bihebdomadaire (*m*).
  3 *n* (a) (*Brit**) *abbr of* **semidetached house**; *V* **2**.

(b) (US) abbr of **semi-trailer;** V 2.
seminal ['semml] adj (Anat) séminal; (fig) qui fait école, riche et original.
seminar ['semɑːr] n séminaire m, colloque m; (Univ) séminaire, séance f de travaux pratiques or de T.P.
seminarist ['semmərɪst] n séminariste m.
seminary ['semmərɪ] n (priests' college) séminaire m; (school) petit séminaire.
semiology [ˌsemɪˈɒlədʒɪ] n sémiologie f.
semiotic [ˌsemɪˈɒtɪk] adj sémiotique.
semiotics [ˌsemɪˈɒtɪks] n sémiotique f.
Semite ['siːmaɪt] n Sémite mf.
Semitic [sɪˈmɪtɪk] adj language sémitique; people sémite.
semolina [ˌseməˈliːnə] n semoule f. ~ (pudding) semoule au lait.
sempiternal [ˌsempɪˈtɜːnl] adj (liter) éternel, perpétuel.
sempstress ['sempstrɪs] n = **seamstress**.
SEN [esiːˈen] n (Brit) abbr of **State Enrolled Nurse;** V **state.**
Sen. (US) abbr of **Senator.**
sen. abbr of **senior.**
senate ['senɪt] n (a) (Pol) sénat m. (b) (Univ) conseil m d'université.
senator ['senɪtər] n sénateur m.
senatorial [ˌsenəˈtɔːrɪəl] adj sénatorial.
send [send] pret, ptp **sent** 1 vt (a) (dispatch) thing envoyer (to sb à qn); (by post) envoyer or expédier (par la poste). **I sent him a letter to say that ...** je lui ai envoyé or expédié une lettre pour lui dire que ...; **I sent the letter to him yesterday** je lui ai envoyé or expédié la lettre hier; **I wrote the letter but didn't ~ it (off)** j'ai écrit la lettre mais je ne l'ai pas envoyée or expédiée or mise à la poste; **to ~ good wishes** adresser or envoyer ses bons vœux; **Paul ~s his best wishes** Paul vous (or nous etc) envoie ses bons vœux; **~ her my regards** faites-lui mes amitiés; **to ~ help** envoyer des secours; **to ~ word that ...** faire savoir que ..., faire dire que ...; **I'll ~ a car (for you)** j'enverrai une voiture (vous chercher); **to ~ washing to the laundry** donner or envoyer du linge au blanchissage; **God sent a plague to punish the Egyptians** Dieu envoya or infligea un fléau aux Egyptiens pour les punir; **the rain has been sent to save our crops** cette pluie nous a été envoyée or donnée pour sauver nos récoltes; (hum) **these things are sent to try us!** c'est le Ciel qui nous envoie ces épreuves!
(b) (cause to go) person envoyer. **to ~ sb for sth** envoyer qn chercher qch; **to ~ sb to do sth** envoyer qn faire qch; **I sent him (along) to see her** je l'ai envoyé la voir; **~ him (along) to see me** dis-lui de venir me voir, envoie-le-moi; **to ~ sb to bed** envoyer qn se coucher; **to ~ sb home** (through illness) renvoyer qn chez lui, dire à qn de rentrer chez lui; (for misbehaviour) renvoyer qn chez lui; (from abroad) rapatrier qn; (Ind) **to ~ workers home** mettre des employés en chômage technique; (lit, fig) **to ~ sb to sleep** endormir qn; **they sent him to school in London** ils l'ont envoyé or mis à l'école (or au lycée etc) à Londres; **I won't ~ you to school today** je ne t'envoie pas à l'école aujourd'hui, tu n'iras pas à l'école aujourd'hui; **children are sent to school at the age of 5** les enfants doivent aller à l'école à partir de 5 ans; **some children are sent to school without breakfast** il y a des enfants qui vont à l'école or qui partent pour l'école sans avoir pris de petit déjeuner; **he was sent to prison** on l'a envoyé en prison; **the rain sent us indoors** la pluie nous a fait rentrer; **they sent the dogs after the escaped prisoner** ils ont envoyé les chiens à la poursuite or à la recherche du prisonnier évadé; (fig) **to ~ sb packing*** or **about his business*** envoyer promener qn*, envoyer paître qn*, envoyer qn sur les roses*; (fig) **to ~ sb to Coventry** mettre qn en quarantaine, boycotter qn.
(c) (propel, cause to move) ball envoyer, lancer; stone, arrow lancer. **to ~ an astronaut/a rocket into space** lancer or envoyer un astronaute/une fusée dans l'espace; **he sent the ball over the trees** il a envoyé or lancé le ballon par-dessus les arbres; **he screwed up the paper and sent it straight into the basket** il a froissé le papier et l'a envoyé or l'a lancé tout droit dans la corbeille; **the explosion sent a cloud of smoke into the air** l'explosion a projeté un nuage de fumée (en l'air); (fig) **to ~ a shiver down sb's spine** faire passer un frisson dans le dos de qn; **the news sent a thrill through her** la nouvelle l'a électrisée; **the sight of the dog sent her running to her mother** en voyant le chien elle s'est précipitée vers sa mère; **the blow sent him sprawling** le coup l'a envoyé par terre; **he sent the plate flying** il a envoyé voler or valser* l'assiette; **to ~ sb flying** envoyer qn rouler à terre.
(d) (+adj: cause to become) rendre. **the noise is ~ing me mad** le bruit me rend fou.
(e) (‡: make ecstatic) emballer*, exciter, enthousiasmer. **he ~s me** je le trouve sensationnel; **this music ~s me** cette musique m'emballe* or me fait quelque chose.
2 vi (frm, liter) **they sent to ask if ...** ils envoyèrent demander si ....
3 cpd: **they were given a warm send-off*** on leur a fait des adieux chaleureux; **they gave him a big send-off*** ils sont venus nombreux lui souhaiter bon voyage; (Brit) **send-up*** [person] mise f en boîte*, parodie f; [book] parodie.
♦**send away 1** vi: **to send away for sth** (order by post) commander qch par correspondance; (order and receive) se faire envoyer qch.
2 vt sep (a) faire partir, envoyer. **to send one's children away to school** mettre ses enfants en pension.
(b) (dismiss) renvoyer, congédier. **to send sb away with a flea in his ear‡** envoyer promener qn*, envoyer qn sur les roses*.
(c) parcel, letter, goods envoyer, expédier; (post) mettre à la poste.
♦**send back** vt sep person, thing renvoyer.

♦**send down** vt sep (a) (lit) person faire descendre, envoyer en bas.
(b) prices, sb's temperature, blood pressure faire baisser.
(c) (Brit Univ) renvoyer (de l'université).
(d) (*: jail) envoyer en prison, coffrer.
♦**send for** vt fus (a) doctor, police etc faire venir, appeler; (send sb to get) faire appeler, envoyer chercher. **to send for help** envoyer chercher de l'aide, se faire envoyer des secours.
(b) (order by post) commander par correspondance; (order and receive) se faire envoyer.
♦**send forth** vt sep (liter) light émettre; leaf produire; smell exhaler, répandre; army envoyer.
♦**send in** vt sep (a) person faire entrer; troops etc envoyer.
(b) resignation envoyer, donner; report, entry form envoyer, soumettre. **to send in an application** faire une demande; (for job) poser sa candidature; **to send in a request** envoyer or faire une demande; **send in your name and address if you wish to receive ...** envoyez vos nom et adresse si vous désirez recevoir ... .
♦**send off 1** vi = **send away 1.**
2 vt sep (a) person envoyer. **I sent him off to think it over/get cleaned up** etc je l'ai envoyé méditer là-dessus/se débarbouiller etc; **she sent the child off to the grocer's** elle a envoyé l'enfant chez l'épicier; **she sent him off with a flea in his ear‡** elle l'a envoyé promener*, elle l'a envoyé sur les roses*.
(b) (say goodbye to) dire au revoir à. **there was a large crowd to send him off** une foule de gens était venue or étaient venus lui dire au revoir or lui souhaiter bon voyage.
(c) letter, parcel, goods envoyer, expédier; (post) mettre à la poste.
(d) (Ftbl etc) player renvoyer du terrain.
3 send-off* n V **send 3.**
♦**send on** vt sep (a) (Brit) letter faire suivre; luggage (in advance) expédier à l'avance; (afterwards) faire suivre; object left behind renvoyer.
♦**send out 1** vi: **to send out for sth** envoyer chercher qch; **prisoners are allowed to send out for meals from a nearby café** les détenus ont le droit d'envoyer chercher leurs repas dans un café voisin.
2 vt sep (a) person, dog etc faire sortir, mettre à la porte. **she sent the children out to play** elle a envoyé les enfants jouer dehors; **I sent her out for a breath of air** je l'ai envoyée prendre l'air; **they were sent out for talking too loudly** on les a fait sortir or on les a mis à la porte parce qu'ils parlaient trop fort.
(b) (post) correspondence, leaflets envoyer (par la poste).
(c) scouts, messengers, emissary envoyer, expédier, dépêcher.
(d) (emit) smell répandre, exhaler; heat émettre, répandre; light diffuser, émettre; smoke jeter, répandre.
♦**send round** vt sep (a) document, bottle etc faire circuler.
(b) faire parvenir. **I'll send it round to you as soon as it's ready** je vous le ferai parvenir or porter dès que cela sera prêt.
(c) person envoyer. **I sent him round to the grocer's** je l'ai envoyé chez l'épicier.
♦**send up** vt sep (a) person, luggage faire monter; smoke jeter, répandre; aeroplane envoyer; spacecraft, flare lancer; prices faire monter en flèche.
(b) (Brit*: make fun of) person mettre en boîte*, charrier‡; book parodier.
(c) entry form envoyer.
(d) (blow up) faire sauter*, faire exploser.
(e) (*: jail) envoyer en prison, coffrer.
2 (Brit) **send-up*** n V **send 3.**
sender ['sendər] n expéditeur m, -trice f, envoyeur m, -euse f; V **return.**
Seneca ['senɪkə] n Sénèque m.
Senegal [ˌsenɪˈgɔːl] n Sénégal m.
Senegalese ['senɪgəˈliːz] 1 adj sénégalais. 2 n, pl inv Sénégalais(e) m(f).
senile ['siːnaɪl] adj sénile. **~ decay** dégénérescence f sénile; **~ dementia** démence f sénile.
senility [sɪˈnɪlɪtɪ] n sénilité f.
senior ['siːnɪər] 1 adj (a) (older) aîné, plus âgé. **he is 3 years ~ to me,** he is ~ to me by 3 years il est mon aîné de 3 ans, il est plus âgé que moi de 3 ans, il a 3 ans de plus que moi; (Mr) **Smith S~** (M.) Smith père; **Mrs Smith S~** Mme Smith mère; **~ citizen** personne âgée or du troisième âge; **the problem of ~ citizens** les problèmes des gens âgés or du troisième âge; **~ citizens' club** club m du troisième âge; (Brit) **~ school** (oldest classes) grandes classes; (secondary school) collège m d'enseignement secondaire; (US) **~ high school** ≃ lycée m; (US Scol) **~ year** (classe f) terminale f, dernière année d'études (scolaires).
(b) (of higher rank) employee de grade supérieur; officer supérieur (f -eure); position, rank supérieur, plus élevé. **he is ~ to me in the firm** (in rank) il est au-dessus de moi dans l'entreprise, son poste dans l'entreprise est plus élevé que le mien; (in service) il a plus d'ancienneté que moi dans la maison; (Mil) **the ~ officer** l'officier supérieur; **a ~ official** (Civil Service) un haut fonctionnaire; (private firm) un cadre supérieur or haut placé; (Brit) **~ CID officer** officier m de police judiciaire haut placé; **~ police officer** officier m de police haut placé; (Brit Air Force) **~ aircraftman, ~ aircraftwoman** ≃ soldat m; (US Air Force) **~ airman** caporal-chef m; (US Navy) **~ chief petty officer** premier maître m; **~ clerk** premier commis, commis principal; **~ executive** cadre supérieur; (Brit Scol) **~ master** professeur principal; (US Air Force) **~ master sergeant** adjudant m; **~ partner** associé principal; (Brit) **the S~ Service** la marine (de guerre).
2 n (a) (in age) aîné(e) m(f). **he is my ~ by 3 years, he is 3 years my ~** (in age) il est mon aîné de 3 ans, il est plus âgé que moi de 3

ans; (*in service*) il a 3 ans d'ancienneté de plus que moi.
 (**b**) (*US Univ*) étudiant(e) *m(f)* de licence; (*US Scol*) élève *mf* de terminale. (*Brit Scol*) **the ~s** les grand(e)s *m(f)pl*.

seniority [ˌsiːnɪˈɒrɪtɪ] *n* (*in age*) priorité *f* d'âge; (*in rank*) supériorité *f*; (*in years of service*) ancienneté *f*. **promotion by ~** avancement *m* à l'ancienneté.

senna ['senə] *n* séné *m*. **~ pod** gousse *f* de séné.

sensation [sen'seɪʃən] *n* (**a**) (*U: feeling*) sensation *f*. **to lose all ~ in one's arm** perdre toute sensation dans le bras.
 (**b**) (*impression*) sensation *f*, impression *f*. **to have a dizzy ~** avoir une sensation de vertige; **I had a gliding ~** *or* **the ~ of gliding** j'avais la sensation *or* l'impression de planer.
 (**c**) (*excitement*) sensation *f*; (*Press*) sensation, scandale *m*. **to create** *or* **cause a ~** faire sensation; **it was a ~ in Paris** cela a fait sensation à Paris; **it's a ~!** c'est sensationnel!

sensational [sen'seɪʃənl] *adj* (**a**) *event* qui fait sensation, sensationnel; *fashion* qui fait sensation. **~ murder** meurtre *m* qui fait sensation.
 (**b**) *film, novel, newspaper* à sensation. **he gave a ~ account of the accident** il a fait un récit dramatique de l'accident.
 (**c**) (*: marvellous*) sensationnel*, formidable*, sensass* *inv*.

sensationalism [sen'seɪʃnəlɪzəm] *n* (*U*) (**a**) (*Press etc*) recherche *f* *or* exploitation *f* du sensationnel. (**b**) (*Philos*) sensualisme *m*.

sensationalist [sen'seɪʃnəlɪst] **1** *n* colporteur *m*, -euse *f* de nouvelles à sensation; (*writer*) auteur *m* à sensation. **2** *adj* à sensation.

sensationally [sen'seɪʃnəlɪ] *adv report, describe* en recherchant le sensationnel. **it was ~ successful/popular** *etc* cela a connu un succès/une popularité *etc* inouï(e) *or* fantastique.

sense [sens] **1** *n* (**a**) (*faculty*) sens *m*. **~ of hearing** ouïe *f*; **~ of smell** odorat *m*; **~ of sight** vue *f*; **~ of taste** goût *m*; **~ of touch** toucher *m*; **to come to one's ~s** (*regain consciousness*) reprendre connaissance, revenir à soi (*V also* **1d**); *V* **sixth**.
 (**b**) (*awareness*) sens *m*, sentiment *m*. **~ of colour** sens de la couleur; **~ of direction** sens de l'orientation; **~ of duty** sentiment du devoir; **~ of humour** sens de l'humour; **to lose all ~ of time** perdre toute notion de l'heure; **the ~ of my own inadequacy** le sentiment de mon impuissance; **to have no ~ of shame** ne pas savoir ce que c'est que la honte; *V* **business, road, strong**.
 (**c**) (*sensation, impression*) (*physical*) sensation *f*; (*mental*) sentiment *m*. **a ~ of warmth** une sensation de chaleur; **a ~ of guilt** un sentiment de culpabilité.
 (**d**) (*sanity*) **~s** raison *f*; **to take leave of one's ~s** perdre la tête *or* la raison; **to come to one's ~s** (*become reasonable*) revenir à la raison; **to bring sb to his ~s** ramener qn à la raison; **anyone in his ~s would know ...** tout homme sensé *or* tout homme jouissant de sa raison saurait ...; **no one in his ~s would do that** il faudrait être fou pour faire ça.
 (**e**) (*wisdom, sound judgment; also* **common~**) bon sens, intelligence *f*. **haven't you enough ~** *or* **the (good) ~ to refuse?** n'avez-vous pas assez de bon sens pour refuser?; **there is some ~ in what he says** il y a du bon sens dans ce qu'il dit; **to have more ~ than to do** avoir trop de bon sens pour faire, être trop sensé pour faire; **you should have had more ~ than to do it** vous auriez dû avoir assez de bon sens pour ne pas le faire; *V* **common**.
 (**f**) (*reasonable quality*) sens *m*. **there's no ~ in (doing) that** cela n'a pas de sens, cela ne rime à rien; **what's the ~ of** *or* **in (doing) that?** à quoi bon (faire) cela?; *V* **see¹, talk**.
 (**g**) (*meaning*) [*word, phrase, writing, text etc*] sens *m* (*also Ling*), signification *f*. **in the literal/figurative ~** au sens propre/figuré; **every ~ of the word** dans toute l'acception du terme; **in a ~** dans un (certain) sens, dans une certaine mesure; **to get the ~ of what sb says** saisir l'essentiel de ce que dit qn.
 (**h**) (*rational meaning*) [*words, writing, action, event*] sens *m*. [*words, speech etc*] **to make ~** avoir du sens; [*words, speech etc*] **not to make ~** ne pas avoir de sens, être dénué de sens; **what she did makes ~** ce qu'elle a fait est logique *or* se tient; **what she did just doesn't make ~** ce qu'elle a fait n'a pas le sens commun *or* n'est pas logique *or* ne tient pas debout*; **why did she do it? — I don't know, it doesn't make ~** pourquoi est-ce qu'elle a fait ça? — je n'en sais rien, ça n'a pas le sens commun *or* ça n'est pas logique *or* ça ne tient pas debout*; **to make ~ of sth** arriver à comprendre qch, saisir la signification de qch.
 (**i**) (*opinion*) **the general ~ of the meeting** l'opinion générale *or* le sentiment de ceux présents; (*US Pol*) **the ~ of the Senate** la recommandation du Sénat.
 2 *cpd*: **sense organ** organe des sens *or* sensoriel.
 3 *vt* (*become aware of, feel*) sentir (intuitivement), deviner, pressentir. **to ~ somebody's presence** se rendre compte d'une présence, sentir une présence; **to ~ danger** pressentir le danger; **I could ~ his eyes on me** je me sentais qu'il me regardait; **one could ~ the life flowing in...** on devinait la vie qui coulait dans...; **I ~d his interest in what I was saying** j'ai senti *or* je me suis rendu compte que ce que je disais l'intéressait; **to ~ that one is unwelcome** sentir *or* deviner qu'on n'est pas le bienvenu; **I ~d as much** c'est bien ce que j'ai deviné *or* senti.

senseless ['senslɪs] *adj* (**a**) (*stupid*) *person* insensé; *action, idea* stupide, qui n'a pas le sens commun, (*stronger*) absurde, insensé. **a ~ waste of energy resources** un gâchis insensé des ressources d'énergie; **a ~ waste of human life** des pertes insensées en vies humaines; **what a ~ thing to do!** (*or to say!* *etc*) c'est d'une stupidité sans nom!, ça n'a pas le sens commun!
 (**b**) (*unconscious*) sans connaissance. **to fall ~ (to the floor)** tomber sans connaissance; *V* **knock**.

senselessly ['senslɪslɪ] *adv* stupidement, d'une façon insensée.

senselessness ['senslɪsnɪs] *n* [*person*] manque *m* de bon sens;

[*action, idea*] absurdité *f*. **the absolute ~ of the war** l'absurdité totale de la guerre.

sensibility [ˌsensɪˈbɪlɪtɪ] *n* (**a**) (*U*) sensibilité *f*. (**b**) **sensibilities** susceptibilité *f*.

sensible ['sensəbl] *adj* (**a**) (*wise, of sound judgment*) *person* sensé, raisonnable. **she's a ~ person** *or* **type*** elle est très raisonnable *or* sensée, elle a les deux pieds sur terre*; **try to be ~ about it** sois raisonnable; **that was ~ of you** c'était raisonnable de ta part, tu as fait preuve de bon sens.
 (**b**) (*reasonable, practicable*) *act, decision, choice* sage, raisonnable; *clothes* pratique, commode. **the most ~ thing (to do) would be to see her** le plus sage *or* raisonnable serait de la voir; **~ shoes** chaussures *fpl* pratiques.
 (**c**) (*perceptible*) *change, difference, rise in temperature* sensible, appréciable, assez considérable.
 (**d**) (†, *frm: aware*) **I am ~ of the honour you do me** je suis sensible à *or* conscient de l'honneur que vous me faites.

sensibleness ['sensəblnɪs] *n* bon sens, jugement *m*.

sensibly ['sensəblɪ] *adv* (**a**) (*reasonably*) *act, decide* raisonnablement, sagement, judicieusement. **to be ~ dressed** porter des vêtements pratiques. (**b**) (*perceptibly*) sensiblement.

sensitive ['sensɪtɪv] **1** *adj* (**a**) *person* (*emotionally aware, responsive*) sensible; (*easily hurt*) sensible (*to* à); (*easily offended*) facilement blessé (*to* par), susceptible, ombrageux; (*easily influenced*) impressionnable, influençable. **she is ~ about her nose** elle n'aime pas qu'on lui parle (*subj*) de son nez.
 (**b**) *tooth, eyes, Phot film* sensible (*to* à); (*Phot*) *paper* sensibilisé. **public opinion is very ~ to hints of corruption** l'opinion publique réagit vivement à tout soupçon de corruption.
 (**c**) (*delicate*) *skin*, délicat.
 (**d**) (*difficult*) *matter, subject, topic* délicat, épineux; *situation* névralgique, délicat. **this is politically very ~** sur le plan politique ceci est très délicat; **that is a very ~ area** (*place*) c'est un point chaud; (*fig: subject matter*) c'est un domaine très délicat.
 2 -sensitive *adj ending in cpds, e.g.* **heat-/light-sensitive** sensible à la chaleur/la lumière.

sensitively ['sensɪtɪvlɪ] *adv* avec sensibilité, d'une manière sensible.

sensitiveness ['sensɪtɪvnɪs] *n* (*V* **sensitive 1a**) sensibilité *f*; susceptibilité *f*.

sensitivity [ˌsensɪˈtɪvɪtɪ] *n* (*V* **sensitive 1a, 1b, 1c**) sensibilité *f*; susceptibilité *f*; délicatesse *f*; (*Fin, St Ex*) instabilité *f*.

sensitize ['sensɪtaɪz] *vt* (*Med, Phot*) sensibiliser.

sensor ['sensər] *n* (*Tech*) détecteur *m*. **heat ~** palpeur *m*.

sensory ['sensərɪ] *adj* des sens; (*Physiol*) *organ, nerve* sensoriel.

sensual ['sensjʊəl] *adj* sensuel.

sensualism ['sensjʊəlɪzəm] *n* sensualité *f*; (*Philos*) sensualisme *m*.

sensualist ['sensjʊəlɪst] *n* personne sensuelle, voluptueux *m*, -euse *f*; (*Philos*) sensualiste *mf*.

sensuality [ˌsensjʊˈælɪtɪ] *n* sensualité *f*.

sensually ['sensjʊəlɪ] *adv* sensuellement.

sensuous ['sensjʊəs] *adj poetry, music* voluptueux, qui fait appel aux sens, qui affecte les sens; *person, temperament* voluptueux, sensuel.

sensuously ['sensjʊəslɪ] *adv* avec volupté, voluptueusement.

sensuousness ['sensjʊəsnɪs] *n* [*poetry, music*] qualité voluptueuse *or* évocatrice; [*person, temperament*] volupté *f*.

sent [sent] *pret, ptp of* **send**.

sentence ['sentəns] **1** *n* (**a**) (*Gram*) phrase *f*.
 (**b**) (*Jur*) (*judgment*) condamnation *f*, sentence *f*; (*punishment*) peine *f*. (*lit, fig*) **to pass ~ on sb** prononcer une condamnation *or* une sentence contre qn; **~ of death** arrêt *m* de mort, condamnation à mort; **under ~ of death** condamné à mort; **he got a 5-year ~** il a été condamné à 5 ans de prison; **a long ~** une longue peine; *V* **commute, life, serve** *etc*.
 2 *cpd*: (*Gram*) **sentence structure** structure *f* de la phrase.
 3 *vt* prononcer une condamnation *or* une sentence contre. **to ~ sb to death/to 5 years** condamner qn à mort/à 5 ans de prison.

sententious [sen'tenʃəs] *adj* sentencieux, pompeux.

sententiously [sen'tenʃəslɪ] *adv* sentencieusement.

sententiousness [sen'tenʃəsnɪs] *n* [*speech*] ton sentencieux; [*person*] caractère sentencieux.

sentient ['sentʃənt] *adj* sensible, doué de sensation.

sentiment ['sentɪmənt] *n* (**a**) (*feeling*) sentiment *m*; (*opinion*) opinion *f*, avis *m*. **my ~s towards your daughter** les sentiments que j'éprouve pour votre fille *or* que m'inspire votre fille.
 (**b**) (*U: sentimentality*) sentimentalité *f*, sentiment* *m*, sensiblerie *f* (*pej*).

sentimental [ˌsentɪˈmentl] *adj person, novel* sentimental (*also pej*). **it's of ~ value only** sa valeur est purement sentimentale; (*Literat*) **~ comedy** comédie larmoyante.

sentimentalism [ˌsentɪˈmentəlɪzəm] *n* sentimentalisme *m*, sensiblerie *f* (*pej*).

sentimentalist [ˌsentɪˈmentəlɪst] *n* sentimental(e) *m(f)*.

sentimentality [ˌsentɪmenˈtælɪtɪ] *n* sentimentalité *f*, sensiblerie *f* (*pej*).

sentimentalize [ˌsentɪˈmentəlaɪz] **1** *vt* rendre sentimental. **2** *vi* faire du sentiment*.

sentimentally [ˌsentɪˈmentəlɪ] *adv* sentimentalement, d'une manière *or* d'une voix sentimentale.

sentinel ['sentɪnl] *n* sentinelle *f*, factionnaire *m*.

sentry ['sentrɪ] **1** *n* (*Mil etc*) sentinelle *f*, factionnaire *m*; (*fig*) sentinelle. **2** *cpd*: **sentry box** guérite *f*; **to be on sentry duty** être en *or* de faction.

Seoul [səʊl] *n* Séoul.

sepal ['sepəl] *n* sépale *m*.

separable ['sepərəbl] *adj* séparable.

separate ['seprɪt] **1** adj section, piece séparé, distinct; treaty, peace séparé; career, existence indépendant; organization, unit distinct, indépendant; entrance particulier; occasion, day différent; question, issue différent, autre. **the children have ~ rooms** les enfants ont chacun leur (propre) chambre; **Paul and his wife sleep in ~ beds/rooms** Paul et sa femme font lit/chambre à part; (in restaurant etc) **we want ~ bills** nous voudrions des additions séparées or chacun notre addition; **the two houses though semidetached are quite ~** les deux maisons bien que jumelées sont tout à fait indépendantes (l'une de l'autre); **I wrote it on a ~ sheet** je l'ai écrit sur une feuille séparée or sur une feuille à part; **take a ~ sheet for each answer** prenez une nouvelle feuille pour chaque réponse; **there will be ~ discussions on this question** cette question sera discutée à part or séparément; **there is a ~ department for footwear** il y a un rayon séparé or spécial pour les chaussures; **'with ~ toilet'** 'avec W.-C. séparé'; **keep the novels ~ from the textbooks** ne mélangez pas les romans et les livres de classe; (Can) **~ school** école f or collège m privé(e); (US Jur) **~ opinion** avis m divergeant de la minorité des juges.
2 n (clothes) **~s** coordonnés mpl.
3 ['separeɪt] vt séparer (from de); (sort out) séparer, trier; (divide up) diviser; strands dédoubler; milk écrémer. **to ~ truth from error** distinguer le vrai du faux; **they are ~d but not divorced** ils sont séparés mais ils n'ont pas divorcé; V sheep, wheat.
4 ['separeɪt] vi (a) [liquids] se séparer (from de); [metals etc] se séparer, se détacher (from de).
(b) [people] se séparer, se quitter; [fighters] rompre.
(c) [married couple] se séparer; [non-married couple] rompre.
◆**separate out** vt sep séparer, trier.
separately ['seprɪtlɪ] adv (a) (apart) séparément, à part. **(b)** (one by one) séparément, un par un, un à la fois. **these articles are sold ~** ces articles se vendent séparément.
separation [,sepə'reɪʃən] **1** n séparation f; [ore] triage m; (Pol, Rel) scission f, séparation f; (after marriage) séparation (from d'avec). **judicial ~** séparation de corps.
2 cpd: **separation allowance** (Mil) allocation f militaire; (Jur: alimony) pension f alimentaire.
separatism ['sepərətɪzəm] n séparatisme m.
separatist ['sepərətɪst] adj, n séparatiste (mf).
separator ['sepəreɪtə'] n (all senses) séparateur m.
Sephardi [se'fɑːdɪ] n, pl **Sephardim** [se'fɑːdɪm] Séfardi mf or Séfaraddi mf.
sepia ['siːpjə] n (a) (colour) sépia f. **~ drawing** sépia. **(b)** (fish) seiche f.
sepoy ['siːpɔɪ] n cipaye m.
sepsis ['sepsɪs] n (Med) septicité f, état m septique.
Sept. abbr of September.
septa ['septə] npl of septum.
September [sep'tembə'] **1** n septembre m, mois m de septembre. **the first of ~** le premier septembre; **the tenth of ~** le dix septembre; **on the tenth of ~** le dix septembre; **in ~** en septembre; **in the month of ~** au mois de septembre; **each** or **every ~** tous les ans or chaque année en septembre; **at the beginning of ~** au début (du mois) de septembre, début septembre*; **in the middle of ~**, **in mid ~** au milieu (du mois) de septembre, à la mi-septembre; **at the end of ~** à la fin (du mois) de septembre, fin septembre*; **during ~** pendant le mois de septembre; **there are 30 days in ~** il y a 30 jours au mois de septembre, septembre a 30 jours; **~ was cold** septembre a été froid, il a fait froid en septembre; **early in ~**, **in early ~** au début de septembre; **late in ~**, **in late ~** vers la fin de septembre; **last/next ~** septembre dernier/prochain.
2 cpd: **the September holidays/rains** etc les congés mpl/les pluies fpl (du mois) de septembre; (Hist) **September Riots** massacres mpl de septembre; **it's September weather** il fait un temps de septembre.
Septembrist [sep'tembrɪst] n septembriseur m.
septet [sep'tet] n septuor m.
septic ['septɪk] adj septique; wound infecté. **to go** or **become ~** s'infecter; **~ poisoning** septicémie f; **~ tank** fosse f septique.
septicaemia, (US) **septicemia** [,septɪ'siːmɪə] n septicémie f.
septuagenarian [,septjʊədʒɪ'nɛərɪən] adj, n septuagénaire (mf).
Septuagesima [,septjʊə'dʒesɪmə] n Septuagésime f.
Septuagint ['septjʊədʒɪnt] n version f (biblique) des Septante.
septum ['septəm] n, pl **septa** (Anat, Bot) cloison f, septum m.
septuplet [sep'tʌplɪt] n septuplé(e) m(f).
sepulchral [sɪ'pʌlkrəl] adj sépulcral; (fig: gloomy) funèbre, sépulcral.
sepulchre, (US) **sepulcher** ['sepəlkə'] n sépulcre m, tombeau m; (Rel) sépulcre. (fig) **whited ~** hypocrite mf; V holy.
sequel ['siːkwəl] n (a) (consequence) suite f, conséquence f; (to illness etc) séquelles fpl. **it had a tragic ~** cela a eu des suites or des conséquences tragiques. **(b)** [book, film etc] suite f.
sequence ['siːkwəns] n (a) (order) ordre m, suite f. **in ~** par ordre, les uns à la suite des autres; **in historical ~** par ordre chronologique; **logical ~** ordre or enchaînement m logique.
(b) (series) suite f, succession f; (Cards) séquence f.
(c) (film) **~** séquence f; (dance) **~** numéro m (de danse).
(d) (Mus) séquence f.
(e) (Comput) séquence f.
(f) (Ling: gen) suite f. (Gram) **~ of tenses** concordance f des temps.
sequential [sɪ'kwenʃəl] adj (a) (in regular sequence) séquentiel. **(b)** (following) qui suit. **~ upon** or **from** qui résulte de. **(c)** (Comput) séquentiel. **~ access/processing** accès m/traitement m séquentiel.
sequester [sɪ'kwestə'] vt (a) (isolate) isoler; (shut up) enfermer; séquestrer. **~ed** life isolé, retiré; spot retiré, peu fréquenté. **(b)**

(Jur) property séquestrer. **~ed** property mis or placé sous séquestre.
sequestrate [sɪ'kwestreɪt] vt (Jur) (a) = sequester b. (b) (confiscate) confisquer, saisir.
sequestration [,siːkwes'treɪʃən] n (Jur) (a) [property] séquestration f, mise f sous séquestre. (b) (confiscation) confiscation f, saisie f conservatoire.
sequin ['siːkwɪn] n paillette f.
sequoia [sɪ'kwɔɪə] n séquoia m.
seraglio [se'rɑːlɪəʊ] n sérail m.
serape [se'rɑːpɪ] n (US) poncho m, couverture f mexicaine.
seraph ['serəf] n, pl **~s** or (Rel, liter etc) **seraphim** séraphin m.
seraphic [sə'ræfɪk] adj (lit, fig) séraphique.
seraphim ['serəfɪm] npl of seraph.
Serb [sɜːb] **1** adj serbe. **2** n (a) Serbe mf. (b) (Ling) serbe m.
Serbia ['sɜːbɪə] n Serbie f.
Serbian ['sɜːbɪən] = **Serb.**
Serbo-Croat ['sɜːbəʊ'krəʊæt], **Serbo-Croatian** ['sɜːbəʊkrəʊ'eɪʃən] **1** adj serbo-croate. **2** n (a) Serbo-croate mf. (b) (Ling) serbo-croate m.
sere [sɪə'] adj = sear 1.
serenade [,serə'neɪd] **1** n sérénade f. **2** vt donner une sérénade à.
serendipitous [,serən'dɪpɪtəs] adj (US) discovery etc heureux. **his timing was ~** il a eu la chance de bien tomber*.
serendipity [,serən'dɪpɪtɪ] n (U: hum) don m de faire par hasard des découvertes heureuses.
serene [sə'riːn] adj person, smile serein, tranquille, paisible; sky serein, clair; sea calme. **to become** or **grow ~** [person] redevenir serein, se rasséréner; [sky] redevenir serein; [sea] redevenir calme; **His S~ Highness** Son Altesse Sérénissime; **all ~!*** tout va bien!
serenely [sə'riːnlɪ] adv smile etc avec sérénité, sereinement; say d'un ton serein. **~ indifferent to the noise** suprêmement indifférent au bruit.
serenity [sɪ'renɪtɪ] n (V serene) sérénité f; calme m; tranquillité f.
serf [sɜːf] n serf m, serve f.
serfdom ['sɜːfdəm] n servage m.
serge [sɜːdʒ] **1** n serge f. **2** cpd de serge. **blue serge suit** complet m en serge bleue.
sergeant ['sɑːdʒənt] **1** n (a) (Brit: Mil, Air Force) sergent m. **yes, ~** oui, chef; V also **2**, and colour, drill², flight¹ etc.
(b) (US Air Force) caporal-chef m.
(c) (Police) (Brit, US) ≃ brigadier m; V detective.
2 cpd: **sergeant at arms** huissier m d'armes; (US Mil) **sergeant first class** sergent-chef m; (Mil) **sergeant-major** (Brit) sergent-major m; (US Mil) adjudant-chef m; V company, regimental.
serial ['sɪərɪəl] **1** n (a) (Rad, TV) feuilleton m; (in magazine etc: also **~ story**) roman-feuilleton m, feuilleton. **television/radio ~** feuilleton à la télévision/à la radio, feuilleton télévisé/radiophonique; **13-part ~** feuilleton en 13 épisodes.
(b) (publication, journal) publication f périodique, périodique m.
2 adj (a) d'une série, formant une série, en série; music sériel. **~ number** [goods, car engine] numéro m de série; [soldier] (numéro) matricule m; [cheque, banknote] numéro.
(b) (Comput) disk, transmission, processing, programming etc série inv; **access** sequentiel.
(c) **~ rights** droits mpl de reproduction en feuilleton; **~ writer** feuilletoniste mf.
serialize ['sɪərɪəlaɪz] vt (Press) publier en feuilleton; (Rad, TV) adapter en feuilleton. **it was ~d in 6 parts** cela a été publié or adapté en 6 épisodes; **it has been ~d in the papers** cela a paru or été publié en feuilleton dans les journaux.
serially ['sɪərɪəlɪ] adv (a) number en série. **(b)** to appear/be published **~** [story] paraître/être publié en feuilleton; [magazine, journal] paraître/être publié en livraisons périodiques.
seriatim [,sɪərɪ'eɪtɪm] adv (frm) successivement, point par point.
sericulture [,serɪ'kʌltʃə'] n sériciculture f.
series ['sɪərɪz] **1** n, pl inv (a) (also Chem, Comm, Elec, Ling, Mus) série f; (succession) série, suite f, succession f; (Math) série, suite. **in ~** (also Elec) en série; **~ of stamps/coins** etc série de timbres/de monnaies etc; **~ of colours** gamme f or échelle f de couleurs; **a ~ of volumes on this subject** une série de volumes sur ce sujet; **there has been a ~ of incidents** il y a eu une série or une suite or une succession d'incidents, il y a eu plusieurs incidents successifs; **it will be one of a ~ of measures intended to ...** cette mesure entrera dans le cadre d'une série de mesures destinées à....
(b) (Rad, TV) série f (d'émissions); (set of books) collection f; (set of stamps) série. (Rad, TV) **this is the last in the present ~** (of programmes) c'est la dernière émission de cette série; (Publishing) **a new paperback ~** une nouvelle collection de poche; V world.
2 cpd: (Elec) **series connection** montage m en série.
serio-comic [,sɪərɪəʊ'kɒmɪk] adj mi-sérieux mi-comique.
serious ['sɪərɪəs] adj (a) (in earnest, not frivolous) person, offer, suggestion, interest sérieux, sincère; publication, conversation, discussion, occasion sérieux, important; report, information, account sérieux, sûr; attitude, voice, smile, look plein de sérieux, grave; tone sérieux, grave; (unsmiling) person sérieux, grave, froid; look grave, sévère; (thoughtful) sérieux, réfléchi, posé; pupil sérieux, appliqué. **are you ~?** parlez-vous sérieusement?; **I'm quite ~** je suis sérieux, je parle sérieusement, je ne plaisante pas; **to give ~ thought to sth** (ponder) bien réfléchir à qch; (intend) songer sérieusement à (faire) qch; **to be ~ about one's work** être sérieux dans son travail; **the ~ student of jazz will maintain that ...** quelqu'un qui s'intéresse sérieusement au jazz affirmera que ...; **marriage is a ~ business** le mariage est une affaire sérieuse.

(b) (*causing concern*) *illness, injury, mistake, situation* grave, sérieux; *damage* important, considérable; *threat* sérieux; *loss* grave, lourd. **I have ~ doubts about** ... je doute sérieusement de ..., j'ai de graves doutes sur ...; **the patient's condition is ~** le patient est dans un état grave.

seriously ['sɪərɪəslɪ] *adv* (a) (*in earnest*) sérieusement, avec sérieux; (*not jokingly*) sérieusement, sans plaisanter, sans blaguer*. **he said it all quite ~** il l'a dit tout à fait sérieusement, en disant ça il ne plaisantait *or* ne blaguait* pas; **yes, but ~** ... oui, mais sérieusement ...; **~ now** ... sérieusement ..., sans blague* ..., toute plaisanterie *or* blague* (mise) à part ...; **to take sth/sb ~** prendre qch/qn au sérieux; **to think ~ about sth** (*ponder*) bien réfléchir à qch; (*intend*) songer sérieusement à (faire) qch.

(b) (*dangerously*) gravement, sérieusement, dangereusement; *ill* gravement; *wounded* grièvement; *worried* sérieusement.

seriousness ['sɪərɪəsnɪs] *n* (a) [*intention, offer, suggestion, interest*] sérieux *m*, sincérité *f*; [*publication, discussion, conversation, occasion*] sérieux, importance *f*; [*report, information, account*] caractère sérieux *or* sûr; [*attitude, voice, smile, tone, look*] sérieux, gravité *f*; [*character*] sérieux, gravité, froideur *f*; [*thoughtfulness*] sérieux, caractère posé *or* réfléchi. **in all ~** sérieusement, en toute sincérité.

(b) [*situation, illness, mistake, threat, loss, injury*] gravité *f*; [*damage*] importance *f*, ampleur *f*.

serjeant ['sɑːdʒənt] = **sergeant.**

sermon ['sɜːmən] *n* (*Rel*) sermon *m*; (*fig pej*) sermon, laïus* *m*. **the S~ on the Mount** le Sermon sur la Montagne; (*fig pej*) **to give sb a ~**, **to preach a ~ to sb** faire un sermon à qn.

sermonize ['sɜːmənaɪz] (*fig pej*) **1** *vt* sermonner. **2** *vi* prêcher, faire des sermons.

serous ['sɪərəs] *adj* séreux.

serpent ['sɜːpənt] *n* (*lit, fig*) serpent *m*; *V* **sea.**

serpentine ['sɜːpəntaɪn] **1** *adj river, road* sinueux, tortueux, qui serpente; (*treacherous*) perfide; (*Zool*) de serpent. **2** *n* (*Miner*) serpentine *f*, ophite *m*.

serrate [se'reɪt] *vt* denteler, découper en dents de scie.

serrated [se'reɪtd] *adj edge, blade* en dents de scie; *knife* à dents de scie.

serration [se'reɪʃən] *n* denteluref.

serried ['serɪd] *adj* serré. **in ~ ranks** en rangs serrés.

serum ['sɪərəm] *n* sérum *m*. **tetanos ~** sérum antitétanique.

servant ['sɜːvənt] **1** *n* (*in household*) domestique *mf*; (*maid*) bonne *f*, (*fig*) serviteur *m*, servante *f*. **to keep a ~** avoir un(e) domestique; **a large staff of ~s** une nombreuse domesticité; **the ~s' hall** l'office *f*; **I'm not your ~** je ne suis pas votre domestique; **the government is the ~ of the people** le gouvernement est le serviteur *or* est au service du peuple; (*frm*) **your obedient ~** ≃ je vous prie d'agréer, Monsieur (*or* Madame *etc*), l'expression de ma considération distinguée; *V* **civil, humble, man, public** *etc*.

2 *cpd*: **servant girl** servante *f*, bonne *f*.

serve [sɜːv] **1** *vt* (a) (*work for*) *master, employer, family* servir, être au service de; *God, one's country* servir. **he ~d his country well** il a bien servi son pays, il a bien mérité de la patrie (*frm*); **he has ~d the firm well** il a bien servi la compagnie, il a rendu de grands services à la compagnie; **he has ~d our cause well** il a bien servi notre cause; (*fig*) **to ~ two masters** servir deux maîtres à la fois; (*Rel*) **to ~ mass** servir la messe.

(b) (*be used as*) [*object etc*] servir (*as* de); (*be useful to*) rendre service à, être utile à. **it ~s me as a table** ça lui sert de table; **it's not very good but it will ~ me** ça n'est pas parfait mais ça fera l'affaire; **it will ~ my** (*or your etc*) **purpose** *or* **needs** cela fera l'affaire; **it ~s its purpose** *or* **turn** cela fait l'affaire, cela suffit bien; **it ~s a variety of purposes** cela sert à divers usages; **it ~s no useful purpose** cela ne sert à rien (de spécial); **if my memory ~s me (right)** (*V also* **1c**) si j'ai bonne mémoire, si je me souviens bien; **his knowledge of history ~d him well** ses connaissances en histoire *or* d'histoire lui ont été très utiles *or* se sont avérées très utiles *or* lui ont bien servi; **that excuse won't ~ you when** ... cette excuse ne vous servira à rien quand ... .

(c) (*phrases*) **(it) ~s him right** c'est bien fait pour lui, il ne l'a pas volé; **(it) ~s you right for being so stupid** cela t'apprendra à être si stupide; **it would have ~d them right if they hadn't got any** ça aurait été bien fait pour eux s'ils n'en avaient pas reçu.

(d) (*in shop, restaurant*) servir. **to ~ sb (with) sth** servir qch à qn; **are you being ~d?** est-ce qu'on vous sert? *or* s'occupe de vous?

(e) *food, meal* servir (*to sb* à qn). **dinner is ~d** le dîner est servi; (*as formal announcement*) Madame est servie (*or* Monsieur est servi); **this fish should be ~d with mustard sauce** ce poisson se sert *or* se mange avec une sauce à la moutarde; (*in recipe etc*) **'~s 5'** '5 portions'; *V also* **serving** and **first.**

(f) (*with transport, church services*) desservir; (*with gas, electricity*) alimenter. **the bus ~s 6 villages** le car dessert 6 villages; **the power station ~s a large district** la centrale alimente une zone étendue.

(g) (*work out*) **to ~ one's apprenticeship** *or* **time (as)** faire son apprentissage (de); **he ~d (out) his term of office** il est resté à son poste jusqu'à la fin de son mandat; **to ~ one's time** (*Mil*) faire son temps de service; (*Prison*) faire son temps de prison; (*in prison*) **to ~ time** faire de la prison; **to ~ (out) a prison sentence** purger une peine (de prison); [*prisoner*] **he has ~d over 25 years altogether** en tout il a fait plus de 25 ans de prison.

(h) (*Jur*) **to ~ legal process** signifier *or* notifier un acte judiciaire; **to ~ notice on sb (to the effect) that** ... notifier *or* signifier à qn que ...; **to ~ a summons on sb, to ~ sb with a summons** remettre une assignation à qn; **to ~ a warrant on sb, to ~ sb with a warrant** délivrer à qn un mandat; **to ~ a writ on sb, to ~ sb with a writ** assigner qn.

(i) (*Tennis etc*) servir.

(j) [*bull, stallion etc*] servir.

2 *vi* (a) [*servant, waiter*] servir. **to ~ at table** servir à table; **is there anyone serving at this table?** est-ce que quelqu'un fait le service de cette table? *or* s'occupe du service à cette table?

(b) (*work, do duty*) **to ~ on a committee/jury** être membre d'un comité/d'un jury; **he has ~d for 2 years as chairman of this society** cela fait 2 ans qu'il exerce la fonction de président de cette société; *V also* **serving.**

(c) (*Mil*) servir. **to ~ in the army** servir dans l'armée; **he ~d in Germany** il a servi en Allemagne; **he ~d as a Sapper in the Engineers** il a servi comme simple soldat dans le génie; **to ~ under sb** servir sous (les ordres de) qn; **he ~d with my brother** mon frère et lui ont été soldats ensemble.

(d) (*be useful*) servir (*for, as* de), être utile. **that table is not exactly what I want but it will ~** cette table n'est pas exactement ce que je veux mais elle fera l'affaire; **it ~s to show/explain** *etc* cela sert à montrer/expliquer *etc*.

(e) (*Rel*) servir; (*Tennis*) servir, être au service.

3 *n* (*Tennis etc*) service *m*. **he has a strong ~** il a un service puissant; **it's your ~** c'est à vous de servir.

◆**serve out** *vt sep* (a) *meal, soup* servir; *rations, provisions* distribuer.

(b) **to serve sb out (for sth)** prendre sa revanche sur qn (pour qch), payer qn de retour (pour qch).

(c) *V* **1g.**

◆**serve up** *vt sep* servir, mettre sur la table.

server ['sɜːvər] *n* (a) (*Rel*) servant *m*; (*Tennis etc*) servant(e) *m(f)*, serveur *m*, -euse *f*. (b) (*tray*) plateau *m*; (*utensil*) couvert *m* à servir; *V* **salad.**

servery ['sɜːvərɪ] *n* (*Brit*) office *f*.

service ['sɜːvɪs] **1** *n* (a) (*U: act of serving: gen, domestic, Mil etc*) service *m*. (*Mil*) **to see ~ (as)** avoir du service *or* servir (comme); **this coat has seen** *or* **given good ~** ce manteau a fait de l'usage; **10 years' ~** 10 ans de service; **on Her Majesty's ~** au service de Sa Majesté; [*domestic servant*] **to be in ~** être domestique *or* en service; **to be in sb's ~** être au service de qn; **at your ~** à votre service *or* disposition; **our company is always at your ~** notre compagnie est toujours à votre service; **to be of ~ to sb** être utile à qn, rendre service à qn; **can I be of ~?** est-ce que je peux vous aider?; (*in shop*) **qu'y a-t-il pour votre service?**; **to bring/come into ~** mettre/entrer en service; **this machine is out of ~** cette machine est hors service; **how long has this machine been in ~?** depuis quand cette machine fonctionne-t-elle?; (*in shop, hotel etc*) **the ~ is very poor** le service est très mauvais; (*Brit: on bill*) **15% ~ included** service 15% compris; *V* **active, military.**

(b) (*department; system*) service *m*. **medical/public/social** *etc* **~s** services médicaux/publics/sociaux *etc*; **customs ~** (service de la) douane *f*; (*Mil*) **when I was in the S~s** quand j'étais dans l'armée (*or* la marine *or* l'aviation *etc*); (*Mil*) **the S~s were represented** il y avait des représentants (des différentes branches) des forces armées; **the train ~ to London is excellent** le service de chemin de fer pour Londres est *or* les trains pour Londres sont excellent(s); **do you know what the train ~ is (to London)?** connaissez-vous l'horaire des trains (pour Londres)?; **the number 4 bus ~** la ligne *or* le service du (numéro) 4; *V* **civil, health, postal** *etc*.

(c) (*help etc rendered*) service *m*. **to do sb a ~** rendre service à qn; **for ~s rendered (to)** pour services rendus (à); **they dispensed with his ~s** ils se sont passés *or* privés de ses services; **do you need the ~s of a lawyer?** avez-vous besoin (des services) d'un avocat?

(d) (*Rel*) (*gen*) service *m*; (*Catholic*) service, office *m*; (*Protestant*) service, culte *m*; *V* **evening, funeral** *etc*.

(e) (*maintenance work*) [*car etc*] révision *f*; [*household machine*] entretien *m*, service *m* après-vente. (*Aut*) **30,000-km ~** révision des 30.000 km; **to put one's car in for ~** donner sa voiture à réviser; *V* **after** *etc*.

(f) (*set of crockery*) service *m*. **coffee ~** service à café; *V* **dinner, tea** *etc*.

(g) (*Tennis etc*) service *m*.

(h) (*Jur*) **~ of documents** signification *f or* notification *f* d'actes; (*Jur*) **~ of process** signification *f* d'un acte judiciaire *or* d'une citation.

2 *cpd*: [*motorway*] **service area** aire *f* de services; **the service bus** l'autobus régulier; (*Brit*) **service charge** service *m*; **service department** (*office etc*) service *m* des réparations *or* d'entretien; (*repair shop*) atelier *m* de réparations; (*Brit Mil*) **service dress** tenue *f* numéro un; (*US*) **service elevator = service lift**; (*Mil*) **service families** familles *fpl* de militaires; (*Brit*) **service flat** appartement *m* avec service (*assuré par le personnel de l'immeuble*); **service hatch** passe-plat *m*; (*Econ*) **the service industries** les services *mpl*, les industries *fpl* de service; (*Brit*) **service lift** (*for goods*) monte-charge *m inv*; (*for personnel*) ascenseur *m* de service; (*Tennis*) **service line** ligne *f* de service; (*Mil*) **serviceman** militaire *m*; (*Space*) **service module** module *m* de service; (*Mil*) **service rifle** fusil *m* de guerre; (*Brit*) **service road** (*access road*) voie *f or* chemin *m* d'accès; (*for works traffic*) voie de service; (*Aut*) **service station** station-service *f*.

3 *vt car* réviser; *washing machine etc* entretenir, assurer le service après-vente de; (*Fin*) *debt* servir les intérêts de. **I put my car in to be ~d** j'ai donné ma voiture à réviser.

serviceable ['sɜːvɪsəbl] *adj* (*useful, practical*) *building* commode; *style, clothes* pratique, commode; (*durable*) *building* durable, solide; *clothes* solide, qui fait de l'usage; (*usable, working*) utilisable.

servicing ['sɜːvɪsɪŋ] *n* [*car*] révision *f*; [*washing machine etc*] entretien *m*.

serviette [ˌsɜːvɪˈet] n (esp Brit) serviette f (de table). ~ ring rond m de serviette.

servile [ˈsɜːvaɪl] adj person, behaviour servile, obséquieux, rampant; flattery etc servile.

servility [sɜːˈvɪlɪtɪ] n servilité f.

serving [ˈsɜːvɪŋ] 1 n (a) (action) service m. (b) (portion) portion f, part f.
2 adj (in office) the ~ chairman etc le président etc en exercice.
3 cpd: **serving dish** plat m; **serving hatch** passe-plat m.

servitude [ˈsɜːvɪtjuːd] n servitude f, asservissement m; (slavery) esclavage m; V penal.

servo [ˈsɜːvəʊ] n abbr of **servo-mechanism, servo-motor**; V servo-.

servo- [ˈsɜːvəʊ] pref servo.... ~assisted assisté; ~control servocommande f; ~mechanism servomécanisme m; ~motor servomoteur m.

sesame [ˈsesəmɪ] 1 n sésame m; V open. 2 cpd: **sesame oil** huile f de sésame; **sesame seeds** graines fpl de sésame.

sesquipedalian [ˌseskwɪpɪˈdeɪlɪən] adj polysyllabique.

session [ˈseʃən] n (a) (U: Admin, Jur, Parl etc) séance f, session f. **to be in** ~ siéger; **this court is now in** ~ le tribunal est en session or en séance, l'audience est ouverte; **to go into secret** ~ siéger en séance secrète or à huis clos; V quarter etc.
(b) (gen, Admin, Jur, Parl etc: sitting) séance f. **2 afternoon** ~s **a week** 2 séances par semaine l'après-midi; **I had a** ~ **with him yesterday** nous avons travaillé ensemble or nous avons eu une (longue) discussion etc hier; **he's just had a** ~ **with the dentist** il vient d'avoir une séance chez le dentiste; **we're in for a long** ~ nous n'aurons pas fini de sitôt, cela menace de durer; (Brit Scol) **the morning/afternoon** ~ les cours mpl du matin/de l'après-midi; V jam², recording.
(c) (Scol, Univ) (year) année f (universitaire or scolaire); (US: term) trimestre m (universitaire).

set [set] (vb: pret, ptp **set**) **1** n (a) (objects) jeu m, série f, assortiment m; (kit) trousse f; [sails, oars, keys, golf clubs, knives, spanners, needles] jeu; [ties, pens] jeu, assortiment; [chairs, coffee tables, rugs, saucepans, weights, numbers, stamps etc] série; [books, ornaments, toy cars] collection f; [bracelets, magazines] collection, série; [dishes, plates, mugs etc] service m; [tyres] train m; [jewels] parure f; [theories etc] corps m, ensemble m. **a** ~ **of rooms** un appartement; **a** ~ **of kitchen utensils** une batterie de cuisine; **I want a new** ~ **of buttons for my coat** je veux de nouveaux boutons pour mon manteau; **I bought her a** ~ **of hairclasps** je lui ai acheté des barrettes assorties; ~ **of teeth** dentition f, denture f; ~ **of false teeth** dentier m; [teeth] top/bottom ~ appareil m pour la mâchoire supérieure/inférieure; **a** ~ **of dining-room furniture** un mobilier or un ensemble de salle à manger; **he had a whole** ~ **of telephones on his desk** il avait toute une collection or batterie (hum) de téléphones sur son bureau; **in** ~s **of 3** par séries or jeux de 3; **in** ~s **en jeux complets, en séries complètes; it makes a** ~ **with those over there** cela forme un jeu or un ensemble avec les autres là-bas; **I need 2 more to make up the** ~ il m'en manque 2 pour avoir tout le jeu or toute la série; **sewing** ~ trousse f de couture; **painting** ~ boîte f de peinture; **chess/draughts** ~ jeu d'échecs/de dames (objet); V tea etc.
(b) (Tennis) set m. (Tennis) ~ **to Connors** set Connors.
(c) (Math, Philos) ensemble m.
(d) (Elec) appareil m; (Rad, TV) poste m; V head, transistor, wireless etc.
(e) (group of people) groupe m, bande f (also pej); (larger) cercle m, monde m, milieu m. **the golfing** ~ le monde du golf; **the literary** ~ le monde des lettres, les milieux littéraires; **I'm not in their** ~, **we're not in the same** ~ nous ne sommes pas du même monde or milieu, je n'appartiens pas à leur cercle; **a** ~ **of thieves/gangsters** etc une bande de voleurs/gangsters etc; **they're just a** ~ **of fools!** ce n'est qu'une bande d'imbéciles! V jet¹ etc.
(f) (Brit Scol) groupe m de niveau.
(g) (stage) (Cine) plateau m, (Theat etc) scène f; (scenery) décor m. **on (the)** ~ (Cine) sur le plateau, (Theat) en scène.
(h) (Hairdressing) mise f en plis. **to have a** ~ se faire faire une mise en plis; **I like your** ~ j'aime ta coiffure; V shampoo.
(i) (U: position, posture, direction etc) [body] position f, attitude f; [head] port m; [shoulders] position; [tide, wind] direction f; [opinion, sb's mind etc] tendance f. (liter) **at** ~ **of sun** au coucher du soleil.
(j) (Hunting) arrêt m; V dead.
(k) (Horticulture) plante f à repiquer. **onion** ~s oignons mpl à repiquer.
2 adj (a) (unchanging) rule, price, time fixe; smile etc figé; purpose, dogma fixe, (bien) déterminé; opinion, idea (bien) arrêté; lunch à prix fixe; (prearranged) time, date fixé, décidé d'avance; (Scol etc) book, subject au programme; speech, talk étudié, préparé d'avance; prayer liturgique. ~ **in one's ways** conservateur (f -trice), routinier, qui tient à ses habitudes; ~ **in one's opinions** immuable dans ses convictions; (Met) ~ **fair** au beau fixe; (in restaurant) **the** ~ **meal, the** ~ **menu** la table d'hôte; ~ **expression,** ~ **phrase** expression f consacrée or toute faite, locution f figée (frm); ~ **piece** (fireworks) pièce f (de feu) d'artifice; (Art, Literat, Mus) morceau traditionnel; (in music competition etc) morceau de concours; (Rugby) ~ **scrum** mêlée f ordonnée; **the fruit is** ~ les fruits ont (bien) noué.
(b) (determined) résolu, déterminé; (ready) prêt. **to be** ~ (up)on sth vouloir qch à tout prix, avoir jeté son dévolu sur qch; **since you are so** ~ **on it** puisque vous y tenez tant; **to be** ~ **on doing** être résolu à faire, vouloir à tout prix faire; **to be (dead)** ~ **against** s'opposer (absolument or formellement) à; **they're all** ~! ils sont fin prêts!; **to be all** ~ **to do** être prêt pour faire; (Sport) **on your**

marks, get ~, go! à vos marques, prêts, partez!; (fig) **the scene is** ~ **for...** tout est prêt pour....
3 cpd: **setback** (hitch) contretemps m, (more serious) revers m, échec m; (in health) rechute f; **set-in sleeve** manche rapportée; (Tennis) **set point** balle f de set; **set square** équerre f (à dessin); (Math) **set theory** théorie f des ensembles; **set-to*** (fight) bagarre f; (quarrel) prise f de bec*; **to have a set-to with sb*** se bagarrer avec qn*, avoir une prise de bec avec qn*; **setup** V setup.
4 vt (a) (place, put) object mettre, poser, placer; signature etc apposer; sentry, guard poster. ~ **it on the table/beside the window/over there** mettez-le or posez-le or placez-le sur la table or près de la fenêtre/là-bas; **the house is** ~ **on a hill** la maison est située sur une colline; **his stories,** ~ **in the Paris of 1890** ses histoires, situées or qui se passent or qui se déroulent dans le Paris de 1890; **he** ~ **the scheme before the committee** il a présenté le projet au comité; **I** ~ **Wordsworth above the place** or **mets au-dessus of Wordsworth, je le considère supérieur à Wordsworth; what value do you** ~ **on this?** (lit) à quelle valeur or à quel prix estimez-vous cela?; (fig) quelle valeur accordez-vous à cela?; **we must** ~ **the advantages against the disadvantages** il faut peser le pour et le contre, il faut mettre en balance les avantages et les inconvénients; **to** ~ **fire to sth** mettre le feu à qch; for other phrases V foot, heart, store etc.
(b) (arrange, adjust) clock, mechanism régler; alarm mettre; (on display) specimen, butterfly etc monter; eggs, hen faire couver; plant repiquer; (Typ) type, page composer; (Med) arm, leg (in plaster) plâtrer; (with splint) mettre une attelle à; fracture réduire. ~s **his watch by the radio** il règle sa montre sur la radio; ~ **your watch to the right time/to 2 pm** mettez votre montre à l'heure/à 14 heures; **have you** ~ **the alarm clock?** est-ce que tu as mis le réveil?; **I've** ~ **the alarm for 6** or **to wake me at 6** j'ai mis le réveil à or pour 6 heures; **he** ~ **the needle to zero** il a ramené l'aiguille à zéro; (Aviat) **he** ~ **the controls to automatic** il a mis les commandes sur automatique; **to** ~ **sb's hair** faire une mise en plis à qn; **to have one's hair** ~ se faire faire une mise en plis; for other phrases V sail, table etc.
(c) (fix, establish) date, deadline, limit fixer. **let's** ~ **a time for the meeting** fixons l'heure de la réunion; **I've** ~ **myself a time limit** je me suis fixé une limite (de temps) or un délai; **he** ~ **a new record for the 100 metres** il a établi un nouveau record pour le 100 mètres; **they** ~ **the pass mark at 10** on a fixé la moyenne à 10; for other phrases V course, fashion, pace etc.
(d) (give, assign) task donner; exam, test composer or choisir les questions de; texts, books mettre au programme; subject donner. **I** ~ **them a difficult translation** je leur ai donné une traduction difficile (à faire); **to** ~ **sb a problem** poser un problème à qn; **Molière is not** ~ **this year** Molière n'est pas au programme cette année; **I** ~ **him the job of clearing up** je l'ai chargé de ranger or du rangement; for other phrases V example etc.
(e) (Brit Scol) **to** ~ **to maths, to** ~ **pupils for** or **in maths** répartir les élèves en groupes de niveau en maths.
(f) (cause to be, do, begin etc) **to** ~ **a dog on sb** lâcher or lancer un chien contre qn (V also set upon); **they** ~ **the police on to him** ils l'ont signalé à la police; **she** ~ **my brother against me** elle a monté mon frère contre moi; **someone has been** ~ **over him at the office** on a placé quelqu'un au-dessus de lui au bureau; **to** ~ **sth going** mettre qch en marche; **the news** ~ **me thinking** la nouvelle m'a fait réfléchir or m'a donné à réfléchir; **that** ~ **him wondering whether** ... cela l'a porté or poussé à se demander si ...; **this** ~ **everyone laughing** cela a fait rire tout le monde, à cela tout le monde s'est mis à rire; **to** ~ **sb to do sth** faire faire qch à qn, donner à qn la tâche de faire qch; **I** ~ **him to work at once** je l'ai mis au travail aussitôt; **to** ~ **o.s. to do** entreprendre de faire.
(g) gem sertir (in dans), enchâsser (in dans), monter (in sur). **to** ~ **sth with jewels** orner or incruster qch de pierres précieuses.
(h) jelly, jam faire prendre; concrete faire prendre, faire durcir; dye, colour fixer.
5 vi (a) [sun, moon etc] se coucher.
(b) [broken bone, limb] se ressouder; [jelly, jam] prendre; [glue] durcir; [concrete] prendre, durcir; [fruit] nouer; (fig) [character] se former, s'affermir. **quick-**~ting cement ciment prompt or à prise rapide; **his face** ~ **in a hostile expression** son visage s'est figé dans une expression hostile.
(c) (begin) se mettre, commencer (to doing à faire). **to** ~ **to work** se mettre au travail, s'y mettre*.

◆**set about 1** vt fus (a) (begin) task, essay entreprendre, se mettre à. **to** ~ **about doing** se mettre à faire; **I don't know how to** ~ **about it** je ne sais pas comment m'y prendre.
(b) (attack) attaquer. **they** ~ **about each other** (blows) ils en sont venus aux coups or aux mains; (words) ils se sont mis à se disputer.
2 vt sep rumour etc faire courir. **he** ~ **it about that** ... il a fait courir le bruit que ....

◆**set apart** vt sep object etc mettre de côté or à part. (fig) **that** ~s **him apart from the others** cela le distingue des autres.

◆**set aside** vt sep (a) (keep, save) mettre de côté, garder en réserve.
(b) **she** ~ **her book aside when I came in** elle a posé son livre quand je suis entré.
(c) (reject, annul) request, objection, proposal, petition rejeter; decree, will annuler; (Jur) judgment casser.

◆**set back 1** vt sep (a) (replace) remettre. **set it back on the shelf** remets-le sur l'étagère.
(b) **the house was** ~ **back from the road** la maison était (construite) en retrait de la route; **the dog** ~ **its ears back** le chien a couché les oreilles.
(c) (retard) development, progress retarder; clock retarder (by one hour d'une heure). **the disaster** ~ **back the project by 10**

years le désastre a retardé de 10 ans la réalisation du projet; *V* **clock.**

(d) (*: *cost*) coûter. **that car must have set him back a good deal** *or* **a packet‡** cette voiture a dû lui coûter les yeux de la tête; **how much did all that set you back?** combien tu as dû cracher‡ pour tout ça?

2 setback *n V* **set 3.**

◆**set by** *vt sep* = **set aside a.**

◆**set down** *vt sep* (a) (*put down*) *object* poser, déposer; *[coach, plane, taxi etc] passenger* laisser, déposer. (*Aut*) **I'll set you down at the corner** je vais vous laisser *or* déposer au coin.

(b) (*Aviat*) *plane* poser.

(c) (*record*) noter, inscrire. **to set sth down in writing** *or* **on paper** coucher *or* mettre qch par écrit; (*Comm*) **set it down on** *or* **to my account** mettez-le *or* portez-le sur mon compte.

(d) (*attribute*) attribuer (*sth to sth* qch à qch). **I set it down to his stupidity** je l'attribue à sa stupidité; **the accident must be set down to negligence** l'accident doit être imputé à la négligence; **we set it all down to the fact that he was tired** nous avons expliqué tout cela par sa fatigue, nous avons attribué tout cela à sa fatigue.

(e) (*assess, estimate*) **I had already set him down as a liar** je le tenais déjà pour menteur, j'avais déjà constaté qu'il était menteur.

◆**set forth 1** *vi* = **set off 1.**

2 *vt sep idea, plan, opinion* faire connaître, exposer; *conditions, rules* inclure.

◆**set in 1** *vi* (*begin*) *[complications, difficulties]* survenir, surgir; *[disease]* se déclarer. **a reaction set in after the war** une réaction s'est amorcée après la guerre; **the rain will soon set in** il va bientôt commencer à pleuvoir; **the rain has set in for the night** il va pleuvoir toute la nuit; **the rain has really set in now!** la pluie a l'air bien installée!

2 *vt sep* (*Sewing*) *sleeve* rapporter.

3 set-in *adj V* **set 3.**

◆**set off 1** *vi* (*leave*) se mettre en route, partir, s'en aller. **to set off on a journey/an expedition** partir en voyage/en expédition; (*fig*) **he set off on a long explanation** il s'est lancé dans une longue explication.

2 *vt sep* (a) *bomb* faire exploser; *firework* faire partir; *mechanism* déclencher. **to set sb off laughing/crying** *etc* faire rire/pleurer *etc* qn; **her remark set him off and she couldn't get a word in edgeways** après sa remarque il s'est lancé et elle n'a pas pu placer un mot.

(b) (*enhance*) *hair, eyes, picture, furnishings etc* mettre en valeur, faire valoir; *complexion, colour* rehausser, mettre en valeur.

(c) (*balance etc*) **to set off profits against losses** balancer les pertes et les profits, opposer les pertes aux profits; **we must set off the expenses against the profits** il faut déduire les dépenses des bénéfices; **the profit on hats will set off the loss on ties** le bénéfice sur les chapeaux compensera le déficit sur les cravates.

◆**set on** *vt fus* = **set upon.**

◆**set out 1** *vi* (a) (*leave, depart*) se mettre en route (*for* pour), partir (*for* pour, *from* de, *in search of* à la recherche de).

(b) (*intend, propose*) **he set out to explain why it had happened** il a cherché à *or* s'est proposé d'expliquer pourquoi cela s'était produit; **I didn't set out to prove you were wrong** il n'était pas dans mon intention de prouver *or* mon but n'était pas de prouver que vous aviez tort; **I set out to convince him he should change his mind** j'ai entrepris de le persuader de changer d'avis; **the book sets out to show that ...** ce livre a pour objet *or* but de montrer que ... .

2 *vt sep books, goods* exposer; *chessmen etc on board* disposer; (*fig*) *reasons, ideas* présenter, exposer. **the conditions are set out in paragraph 3** les modalités sont indiquées *or* prévues au paragraphe 3; **it's very clearly set out here** c'est expliqué *or* exposé ici de façon très claire; **the information is well set out on the page** l'information est bien présentée sur la page.

◆**set to 1** *vi* (*start*) commencer, se mettre (*to do* à faire); (*start work*) s'y mettre*. **they set to with their fists** ils en sont venus aux coups (de poing).

2 set-to* *n V* **set 3.**

◆**set up 1** *vi* (*Comm etc*) **to set up in business as a grocer** s'établir épicier; **he set up in business in London** il a monté une affaire *or* une entreprise à Londres.

2 *vt sep* (a) (*place in position*) *chairs, table, stall* placer, installer; *tent* dresser; *monument, statue* ériger, dresser. (*Typ*) **to set up type** assembler les caractères, composer; **to set up camp** établir un camp.

(b) (*fig: start, establish*) *school, institution* fonder; *business, company, fund* créer, lancer; *tribunal, government, committee* constituer; *fashion* lancer; *irritation, quarrel* causer, provoquer, susciter; *record* établir; *theory* avancer. **to set up an inquiry** ouvrir une enquête; **to set up house** s'installer; **they set up house together** ils se sont mis en ménage; **to set up shop** (*Comm*) ouvrir un commerce *or* un magasin, s'établir, s'installer; (*fig*) s'établir, s'installer; **he set up shop as a grocer** il s'est établi épicier, il a ouvert une épicerie; (*fig*) **he set up shop as a doctor*** il s'est établi docteur; **to set up a yell** se mettre à hurler; **to set sb up in business** établir *or* lancer qn dans les affaires; **he's all set up now** il est bien établi *or* lancé maintenant; **I've set it all up for you** je vous ai tout installé *or* préparé.

(c) (*pose*) **I've never set myself up as a scholar** je n'ai jamais prétendu être savant.

(d) (*after illness*) remonter, rétablir, remettre sur pied.

(e) (*equip*) munir, approvisionner (*with* de), monter (*with* en).

3 setup* *n V* **setup.**

4 setting-up *n V* **setting 2.**

◆**set upon** *vt fus* (*attack*) (*physically*) attaquer, se jeter sur; (*verbally*) attaquer.

sett [set] *n* (*in roadway etc*) pavé *m.*

settee [se'ti:] *n* canapé *m.* ~ **bed** canapé-lit *m.*

setter ['setər] *n* (a) (*dog*) setter *m*, chien *m* d'arrêt. (b) (*person*) *[gems]* sertisseur *m*; *V* **type** *etc.*

setting ['setɪŋ] **1** *n* (a) *[jewel]* monture *f*; (*fig: framework, background*) cadre *m.*

(b) (*Mus*) *[poem etc]* mise *f* en musique. ~ **for piano** arrangement *m* pour piano.

(c) (*U*) *[sun etc]* coucher *m*; (*act of placing*) mise *f*; *[machine etc]* réglage *m*; (*Typ*) composition *f*; (*Med*) *[fracture]* réduction *f*; *[limb, bone]* pose *f* d'un plâtre *or* d'une attelle (*of* à); (*hardening*) *[jam]* épaississement *m*; *[cement]* solidification *f*, durcissement *m.*

(d) (*Brit Scol*) répartition *f* par groupes de niveaux.

2 *cpd:* **setting lotion** lotion *f or* fixateur *m* pour mise en plis; (*Phot*) **setting ring** bague *f* de réglage; **setting-up** *[institution, company etc]* création *f*, lancement *m*; (*Typ*) composition *f*; **setting-up exercises** exercices *mpl* d'assouplissement.

settle¹ ['setl] *n* banc *m* à haut dossier.

settle² ['setl] **1** *vt* (a) (*place carefully*) placer *or* poser délicatement; (*stop wobbling*) stabiliser; (*adjust*) ajuster. **he ~d himself into the chair** il s'est installé confortablement *or* il s'est enfoncé dans le fauteuil; **to ~ an invalid for the night** installer un malade pour la nuit; **he ~d his daughter in a flat** il a installé sa fille dans un appartement; **to get ~d** s'installer.

(b) (*arrange, solve etc*) *question, matter* régler, décider, trancher; *argument* régler; *conditions, terms, details* régler, décider de; *date* fixer; *difficulty* résoudre, trancher; *problem* résoudre; *affairs* régler, mettre en ordre; *debt* rembourser, s'acquitter de; *bill, account* régler. **that ~s it** (*no more problem*) comme ça le problème est réglé; (*that's made my mind up*) ça me décide; **that's ~d then?** alors c'est convenu? *or* entendu?; **nothing is ~d** rien n'est décidé; ~ **it among yourselves** arrangez ça entre vous; (*Jur*) **to ~ a case out of court** régler une affaire à l'amiable; **several points remain to be ~d** il reste encore plusieurs points à régler; (*Ftbl etc*) **the result was ~d in the first half** la première mi-temps a décidé du résultat; **I'll ~ him, I'll ~ his hash‡** je vais lui régler son compte*; *V* **score.**

(c) (*calm, stabilize*) *nerves* calmer; *doubts* apaiser, dissiper. **he sprinkled water on the floor to ~ the dust** il a aspergé le sol d'eau pour faire retomber la poussière; **to ~ one's stomach** *or* **digestion** calmer *or* soulager les douleurs d'estomac; (*Brit*) **the weather is ~d** le temps est au beau fixe; **a man of ~d habits** un homme aux habitudes régulières.

(d) (*Jur*) **to ~ sth on sb** constituer qch à qn.

(e) (*colonize*) *land* coloniser.

2 *vi* (a) *[bird, insect]* se poser (*on* sur); *[dust etc]* retomber; *[sediment, coffee grounds etc]* se déposer; *[building]* se tasser; *[emotions]* s'apaiser; *[conditions, situation]* redevenir normal, s'arranger, se tasser*. *[dust, snow]* **to ~ on sth** couvrir qch; (*fig*) **when the dust has ~d** quand les choses se seront arrangées *or* tassées* nous pourrons ...; **let the grounds ~ before you pour the coffee** laissez le marc se déposer avant de verser le café; **the wind ~d in the east** le vent a définitivement tourné à l'est; **the weather has ~d** le temps s'est mis au beau fixe; **to ~ into an armchair** s'installer confortablement *or* s'enfoncer dans un fauteuil; **to ~ into one's new job** s'habituer *or* se faire à son nouvel emploi; **to ~ into a routine** adopter une routine; **to ~ into a habit** prendre une habitude *or* un pli*; **to ~ to sth** se mettre (sérieusement) à qch, s'appliquer à qch; **I can't ~ to anything** je suis incapable de me concentrer; **let your meal ~ before you go swimming** attends d'avoir digéré avant de te baigner; (*fig*) **things are settling into shape** cela commence à prendre tournure.

(b) (*go to live*) s'installer, se fixer; (*as colonist*) s'établir. **he ~d in London/in France** il s'est installé *or* fixé à Londres/en France; **the Dutch ~d in South Africa** les Hollandais se sont établis en Afrique du Sud.

(c) **to ~ with sb for the cost of the meal** régler qn pour le prix du repas, régler le prix du repas à qn; **I'll ~ for all of us** je vais régler la note (pour tout le monde); (*Jur*) **to ~ out of court** arriver à un règlement à l'amiable; **he ~d for £200** il s'est contenté de 200 livres, il a accepté 200 livres; **they ~d on £200** ils se sont mis d'accord sur 200 livres; **will you ~ for a draw?** accepteriez-vous un match nul?; **to ~ on sth** fixer son choix sur qch, opter *or* se décider pour qch.

◆**settle down 1** *vi [person]* (*in armchair etc*) s'installer (*in* dans); (*take up one's residence etc*) s'installer, se fixer; (*become calmer*) se calmer; (*after wild youth etc*) se ranger, s'assagir; *[excitement, emotions]* s'apaiser; *[situation, conditions]* s'arranger, redevenir normal, se tasser*. **he settled down to read the document** il s'est installé pour lire tranquillement le document; **to settle down to work** se mettre (sérieusement) au travail; **he has settled down in his new job** il s'est habitué *or* adapté *or* fait à son nouvel emploi; **to settle down at school** s'habituer *or* s'adapter à l'école; **it's time he got married and settled down** il est temps qu'il se marie (*subj*) et qu'il mène (*subj*) une vie stable; **he can't settle down anywhere** il n'arrive à se fixer nulle part; **he took some time to settle down in Australia/to civilian life** il a mis du temps à s'habituer *or* à s'adapter à la vie en Australie/à la vie civile; **when things have settled down again** quand les choses se seront calmées *or* seront redevenues normales *or* se seront tassées*.

2 *vt sep* installer. **to settle o.s. down in an armchair** s'installer confortablement dans un fauteuil; **he settled the child down on the settee** il a installé l'enfant sur le canapé.

◆**settle in** *vi* (*get things straight*) s'installer; (*get used to things*)

s'adapter. **the house is finished and they're quite settled in** la maison est terminée et ils sont tout à fait installés; **we took some time to settle in** nous avons mis du temps à nous adapter.
◆**settle up 1** *vi* régler (la note). **to settle up with sb** (*financially*) régler qn; (*fig*) régler son compte à qn*; **let's settle up** faisons nos comptes.
   2 *vt sep bill* régler.
settlement ['setlmənt] *n* (**a**) (*U*) *[question, argument, bill, debt]* règlement *m*; *[conditions, terms, details, date]* décision *f* (*of* concernant); *[problem]* solution *f*. **in ~ of an account** pour *or* en règlement d'un compte.
   (**b**) (*agreement*) accord *m*. **to reach a ~** arriver à *or* conclure un accord; (*Pol etc*) **the chances of a ~** les chances d'un accord; *V* **negotiate, wage**.
   (**c**) (*Jur*) donation *f* (*on sb* en faveur de qn); (*act of settling*) constitution *f*; (*income*) rente *f*; (*dowry*) dot *f*; *V* **marriage**.
   (**d**) (*colonization*) colonisation *f*; (*colony*) colonie *f*; (*village*) village *m*, hameau *m*; (*homestead*) ferme *f or* habitation *f* (isolée); *V* **penal**.
   (**e**) (*for social work: also ~* **house**) centre *m* d'œuvres sociales.
   (**f**) (*Constr: of building etc*) tassement *m*.
settler ['setlər] *n* colon *m*, colonisateur *m*, -trice *f*.
settlor ['setlər] *n* (*Fin, Jur*) constituant *m*.
setup ['setʌp] *n* (**a**) (*way sth is organised*) **what's the ~?** comment est-ce que c'est organisé? *or* que ça marche?; **it's an odd ~** c'est une drôle de situation; **I don't like that ~ at all** je n'aime pas l'allure de tout ça*; **when did he join the ~?** quand est-ce qu'il est entré là-dedans? (*or* dans l'équipe? *or* dans l'affaire?).
   (**b**) (*esp US*: *sth arranged in advance*) coup *m* monté, machination *f*.
seven ['sevn] **1** *adj* sept *inv*. (*liter*) **the ~ seas** toutes les mers *or* tous les océans (du globe); **the ~ deadly sins** les sept péchés capitaux; (*US Univ*) **the S~ Sisters** le groupement d'universités du nord-est réservées aux jeunes filles.
   2 *n* sept *m inv*; *for other phrases V* **six**.
   3 *cpd*: **sevenfold** (*adj*) septuple; (*adv*) au septuple; **seven-league boots** bottes *fpl* de sept lieues.
   4 *pron* sept *mfpl*. **there are ~** il y en a sept.
seventeen ['sevn'ti:n] **1** *adj* dix-sept *inv*. **2** *n* dix-sept *m inv*.
seventeenth ['sevn'ti:nθ] **1** *adj* dix-septième. **2** *n* dix-septième *mf*; (*fraction*) dix-septième; *for phrases V* **sixth**.
seventh ['sevnθ] **1** *adj* septième. **S~ Day Adventist** adventiste *mf* du septième jour; (*US: Baseball*) **~ inning stretch** mi-temps *f*; *V* **heaven**. **2** *n* (**a**) (*thing, person*) septième *mf*; (*fraction*) septième *m*; *for other phrases V* **sixth**. (**b**) (*Mus*) septième *f*.
seventieth ['sevntɪθ] **1** *adj* soixante-dixième. **2** *n* soixante-dixième *mf*; (*fraction*) soixante-dixième *m*.
seventy ['sevntɪ] **1** *adj* soixante-dix *inv*. **he's in his seventies** il est septuagénaire, il a plus de soixante-dix ans; *for other phrases V* **sixty**.
sever ['sevər] **1** *vt rope etc* couper, trancher; (*fig*) *relations* rompre, cesser; *communications* interrompre. **to ~ one's connections with sb** cesser toutes relations avec qn; (*Comm*) se dissocier de qn.
   2 *vi* [*rope etc*] se rompre, casser, céder.
severability [,sevərə'bɪlɪtɪ] *n* (*Jur*) autonomie *f* des dispositions d'un contrat.
several ['sevrəl] **1** *adj* (**a**) (*in number*) plusieurs. **~ times** plusieurs fois.
   (**b**) (*separate*) différent, divers, distinct. **they went their ~ ways** (*lit*) ils sont partis chacun de son côté; (*fig*) la vie les a séparés; *V* **joint**.
   2 *pron* plusieurs *mfpl*. **~ of them** plusieurs d'entre eux (*or* elles); **~ of us saw the accident** plusieurs d'entre nous ont vu l'accident, nous sommes plusieurs à avoir vu l'accident; **~ of us passed the exam** nous sommes plusieurs à avoir été reçus à l'examen.
severally ['sevrəlɪ] *adv* séparément, individuellement.
severance ['sevərəns] **1** *n* séparation *f* (*from* de); *[relations]* rupture *f*; *[communications]* interruption *f*. **2** *cpd*: (*US Jur*) **severance motion** demande *f* de procès séparés (par des co-accusés); (*Ind*) **severance pay** indemnité *f* de licenciement.
severe [sɪ'vɪər] *adj person* sévère (*with, on, towards* pour, envers), strict, dur (*with, on, towards* avec, envers); *look, measure, criticism, blow, reprimand* sévère; *style, clothes* sévère, austère; *punishment* dur, sévère; *examination, test* dur, difficile; *competition* serré, acharné; *climate, winter* rigoureux, rude, dur; *cold, frost* intense; *pain* vif (*before n*), violent; *wound, defeat* grave; *illness* grave, sérieux. **~ loss** (*of life, troops*) pertes *fpl* sévères *or* lourdes; (*bereavement*) perte cruelle; (*financial*) lourde perte; **a ~ attack of toothache** une rage de dents; (*Med*) **a ~ cold** un gros rhume.
severely [sɪ'vɪəlɪ] *adv punish* durement, sévèrement; *look, speak, criticize, reprimand* sévèrement; *injure, wound* grièvement; *dress, design* sévèrement, avec austérité. **~ ill** gravement malade; (*Med*) **~ subnormal** débile profond; **~ handicapped** (*physically*) handicapé moteur; (*mentally*) débile profond; **~ tried** durement éprouvé; **to leave ~ alone** *object* ne jamais toucher à; *politics, deal* ne pas du tout se mêler de; *person* ignorer complètement.
severity [sɪ'verɪtɪ] *n* (*V* **severe**) sévérité *f*; gravité *f*; rigueur *f*; violence *f*; dureté *f*; austérité *f*; difficulté *f*; intensité *f*.
Seville [sə'vɪl] *n* Séville. (*Brit*) **~ orange** orange amère, bigarade *f*.
sew [səʊ] *pret* **sewed**, *ptp* **sewn, sewed 1** *vt* coudre. **to ~ a button on sth** coudre un bouton à qch; (*if button missing*) recoudre un bouton à qch. **2** *vi* coudre, faire de la couture.
◆**sew on** *vt sep button etc* (*gen*) coudre; (*also* **sew back on**) recoudre.
◆**sew up** *vt sep tear* recoudre; *seam* faire; *sack* fermer par une couture; *wound* (re)coudre, suturer. **to sew sth up in a sack** coudre qch dans un sac; **we've got the contract all sewn up^** le

contrat est dans le sac* *or* dans la poche*; **they've got the match all sewn up*** ils ont le match dans leur poche*; **it's all sewn up now*** l'affaire est dans le sac*.
sewage ['sju:ɪdʒ] **1** *n* (*U*) vidanges *fpl*. **2** *cpd*: **sewage disposal** évacuation *f* des vidanges; **sewage farm, sewage works** champ *m* d'épandage.
sewer ['sjʊər] *n* égout *m*. **~ gas** gaz *m* méphitique (d'égouts); **sewer rat** rat *m* d'égout; *V* **main**.
sewerage ['sjʊərɪdʒ] *n* (**a**) (*disposal*) évacuation *f* des vidanges; (*system*) (système *m* d')égouts *mpl*; (*cost of service*) frais *mpl* de vidange. (**b**) = **sewage**.
sewing ['səʊɪŋ] **1** *n* (*U*) (*activity, skill*) couture *f*; (*piece of work*) ouvrage *m*. **I like ~** j'aime coudre *or* la couture; **she put her ~ down** elle a posé son ouvrage. **2** *cpd*: **sewing basket** boîte *f* à couture; **they have a sewing bee on Thursdays** elles se réunissent pour coudre le jeudi; **sewing cotton** fil *m* de coton, fil à coudre; **sewing machine** machine *f* à coudre; **sewing silk** fil *m* de soie.
sewn [səʊn] *ptp of* **sew**.
sex [seks] **1** *n* (**a**) sexe *m*. **the gentle** *or* **weaker ~** le sexe faible; *V* **fair¹** *etc*.
   (**b**) (*U: sexual act*) rapports *mpl* sexuels, relations *fpl* sexuelles. **to have ~ with sb** coucher avec qn*, avoir des rapports (sexuels) avec qn; **all he ever thinks about is ~*** il ne pense qu'à coucher* *or* qu'à ça*; **~ outside marriage** relations *fpl* extra-conjugales.
   2 *cpd discrimination, education, instinct* sexuel. **sex act** acte sexuel; **sex appeal** sex-appeal *m*; **sex clinic** clinique *f* de sexothérapie; **he is sex-crazy*** c'est un obsédé (sexuel); **sex fiend** satyre *m*; **sex hormone** hormone sexuelle; (*US*) **sex hygiene** hygiène sexuelle; **sex kitten** minette *f* très sexy; (*Bio*) **sex-linked** sex-linked *inv*; **sex-mad*** = **sex-crazy***; **sex maniac** obsédé(e) sexuel(le) *m(f)*; **sex object** objet sexuel; **sex offender** délinquant(e) sexuel(le) *m(f)*; **sex organ** organe sexuel; **sex pot*** fille *f or* femme *f* très sexy*; **sex-ridden** *person* qui ramène tout au sexe; **book** farci de sexe; **sex shop** sex-shop *m*, boutique *f* porno *inv*; **sex-starved*** (sexuellement) frustré*, refoulé*; **sex symbol** sex-symbol *m*; **sex therapy** sexothérapie *f*; **sex therapist** sexothérapeute *mf*; **sex urge** pulsion sexuelle.
   3 *vt chick etc* déterminer le sexe de.
sexagenarian [,seksədʒɪ'nɛərɪən] *adj, n* sexagénaire (*mf*).
Sexagesima [seksə'dʒesɪmə] *n* séxagésime *f*.
sexed [sekst] *adj* (**a**) (*Biol, Zool*) sexué. (**b**) **to be highly ~** avoir une forte libido.
sexism ['seksɪzəm] *n* sexisme *m*.
sexist ['seksɪst] *adj* sexiste.
sexless ['seksləs] *adj* (**a**) (*Biol etc*) asexué. (**b**) *person* frigide.
sexologist [sek'sʊlədʒɪst] *n* sexologue *mf*.
sexology [sek'sʊlədʒɪ] *n* sexologie *f*.
sexploitation* [,seksplɔɪ'teɪʃən] *n* utilisation *f* de l'image de la femme-objet dans la publicité *etc*.
sextant ['sekstənt] *n* sextant *m*.
sextet [seks'tet] *n* sextuor *m*.
sexton ['sekstən] *n* sacristain *m*, bedeau *m*.
sextuplet [seks'tju:plɪt] *n* sextuplé(e) *m(f)*.
sexual ['seksjʊəl] *adj* sexuel. **~ harassment** avances *fpl* sexuelles importunes; **~ intercourse** rapports sexuels.
sexuality [,seksjʊ'ælɪtɪ] *n* sexualité *f*.
sexually ['seksjʊəlɪ] *adv* sexuellement. **~ attractive** physiquement *or* sexuellement attirant; **~ transmitted disease** maladie *f* sexuellement transmissible.
sexy* ['seksɪ] *adj* sexy* *inv*.
Seychelles [seɪ'ʃel(z)] Seychelles *fpl*.
sez* [sez] = **says** (*V* **say**). (*iro*) **~ you!** que tu dis!*
SF [es'ef] *n* (*abbr of* **science fiction**) S.F. *f*.
Sgt. *abbr of* **Sergeant**. (*on envelopes*) **Sgt. J. Smith** le Sergent J. Smith.
shabbily ['ʃæbɪlɪ] *adv dress* pauvrement; *behave, treat* mesquinement, petitement.
shabbiness ['ʃæbɪnɪs] *n* [*dress*] aspect élimé *or* râpé; *[person]* mise *f* pauvre; *[behaviour, treatment]* mesquinerie *f*, petitesse *f*.
shabby ['ʃæbɪ] **1** *adj garment* râpé, usé, élimé; *furniture* pauvre, minable; *house, district* miteux; *person* miteux, pauvrement vêtu *or* mis; *behaviour, excuse* mesquin, méprisable. **a ~ trick** un vilain tour, une mesquinerie.
   2 *cpd*: **shabby-genteel** pauvre mais digne; **shabby-looking** de pauvre apparence.
shack [ʃæk] *n* cabane *f*, hutte *f*.
◆**shack up^** *vi* (*live*) crécher^, habiter. **to shack up with sb** se coller avec qn^; **to shack up together** avoir un collage^.
shackle ['ʃækl] **1** *n*: **~s** chaînes *fpl*, fers *mpl*; (*fig*) chaînes, entraves *fpl*. **2** *vt* mettre aux fers, enchaîner; (*fig*) entraver.
shad [ʃæd] *n* alose *f*.
shade [ʃeɪd] **1** *n* (**a**) (*U*) ombre *f*. **in the ~ of a tree** à l'ombre *or* sous l'ombrage d'un arbre; **40° in the ~** 40° à l'ombre; (*Art*) **light and ~** les clairs *mpl* et les ombres *or* les noirs *mpl*; (*fig*) **to put sth in(to) the ~** éclipser qch, rejeter qch dans l'ombre.
   (**b**) *[colour]* nuance *f*, ton *m*; *[opinion]* nuance. **several ~s darker than that** plus sombre de plusieurs tons (que cela); **several ~s of red** plusieurs nuances *or* tons de rouge; **a new ~ of lipstick** un nouveau ton *or* une nouvelle couleur de rouge à lèvres; **a ~ of meaning** une nuance (*de sens*).
   (**c**) (*fig*) **a ~ of vulgarity** un soupçon de vulgarité; **there's not a ~ of difference between them** il n'y a pas la moindre différence entre eux; **a ~ bigger** un tout petit peu *or* légèrement *or* un tantinet* plus grand.
   (**d**) (*lamp~*) abat-jour *m inv*; (*eye~*) visière *f*; (*US: blind*) store *m*. (*US: sunglasses*) **~s** lunettes *fpl* de soleil.

(e) (*liter: ghost*) ombre *f*, fantôme *m*. ~s **of Sartre** voilà qui fait penser à Sartre!, ça rappelle Sartre!

2 *vt* **(a)** *[trees, parasol]* donner de l'ombre à, ombrager, abriter du soleil; *[person] one's work etc* abriter du soleil *or* de la lumière. ~**d place** endroit ombragé *or* à l'ombre; **he** ~**d his eyes with his hands** il s'abrita les yeux de la main; **to** ~ **a light** voiler une lampe.

(b) (*also* ~ **in**) *painting etc* ombrer, nuancer; (*by hatching*) outline, drawing etc hachurer; (*colour in*) colorer (*in* en).

3 *vi* (*also* ~ **off**) se dégrader (*into* jusqu'à), se fondre (*into* en). **the red** ~**s (off) into pink** le rouge se fond en rose.

◆**shade off 1** *vi* = **shade 3.**

2 *vt sep colours etc* estomper.

shadiness ['ʃeɪdɪnɪs] *n* (*U*) (*shade*) ombre *f*; (*fig*) malhonnêteté *f*, caractère suspect *or* louche.

shading ['ʃeɪdɪŋ] *n* (*U*) (*in painting etc*) ombres *fpl*, noirs *mpl*; (*cross-hatching*) hachure(s) *f(pl)*.

shadow ['ʃædəʊ] **1** *n* **(a)** ombre *f*. **in the** ~ **of the tree** à l'ombre de l'arbre; **in the** ~ **of the porch** dans l'ombre du porche; **he was standing in (the)** ~ il se tenait dans l'ombre; (*darkness*) **the** ~**s** l'obscurité *f*, les ténèbres *fpl*; **I could see his** ~ **on the wall** je voyais son ombre (projetée) sur le mur; (*fig*) **he's afraid of his own** ~ il a peur de son ombre; **to cast a** ~ **over sth** (*lit*) projeter une ombre sur qch; (*fig*) assombrir qch; **without a** ~ **of doubt** sans l'ombre d'un doute; **not a** ~ **of truth** pas le moindre atome de vérité; **he's only a** ~ **of his former self** il n'est plus que l'ombre de lui-même; **to have (dark)** ~**s under one's eyes** avoir les yeux cernés, avoir des cernes *mpl* sous les yeux; **five o'clock** ~ (*on chin*) la barbe du soir; *V* **wear.**

(b) (*fig: detective etc*) personne *f* (*or* policier *m or* détective *m etc*) qui file quelqu'un. **to put a** ~ **on sb** faire filer qn, faire prendre qn en filature.

(c) (*Psych*) ombre *à*.

2 *cpd*: **shadow boxing** (*Sport*) boxe *f* à vide; (*fig*) attaque *f* de pure forme, attaque purement rituelle; (*Brit Parl*) **shadow cabinet** cabinet *m* fantôme (*de l'opposition*); (*Brit Parl*) **he is (the) shadow Foreign Secretary** il est le porte-parole de l'opposition pour les Affaires étrangères.

3 *vt* (*follow*) filer, prendre en filature.

shadowy ['ʃædəʊɪ] *adj path* ombragé; *woods* sombre, ombreux; *outline, form, idea, plan* vague, indistinct.

shady ['ʃeɪdɪ] *adj* **(a)** *spot* ombragé. **(b)** (*dishonest etc*) *person, business* louche, véreux.

shaft¹ [ʃɑːft] **1** *n* **(a)** (*stem etc*) *[arrow, spear]* hampe *f*; *[tool, golf club]* manche *m*; *[feather]* tuyau *m*; *[column]* fût *m*; *[bone]* diaphyse *f*; (*on cart, carriage, plough etc*) brancard *m*; (*Aut, Tech*) arbre *m*; *V* **cam** etc.

(b) (*liter: arrow*) flèche *f*. **Cupid's** ~**s** les flèches de Cupidon; (*fig*) ~ **of light** rayon *m or* trait *m* de lumière; ~ **of lightning** éclair *m*; ~ **of sarcasm/wit** trait de raillerie/d'esprit.

(c) (*vertical enclosed space*) *[mine]* puits *m*; *[lift, elevator]* cage *f*; (*for ventilation*) puits, cheminée *f*.

shag¹ [ʃæg] *n* (*tobacco*) tabac très fort.

shag² [ʃæg] *n* (*Orn*) cormoran huppé.

shag³ [ʃæg] **1** *vt* **⁂** baiser **⁂**. **2** *vi* (*US*) **to** ~ **off⁂** se tirer⁂, foutre le camp⁂.

shag⁴ [ʃæg] *vt* (*US: retrieve*) *ball* récupérer.

shagged⁑ [ʃægd] *adj* (*also* ~ **out**) éreinté, crevé*.

shaggy ['ʃægɪ] *adj hair, beard* hirsute; *mane* broussailleux; *eyebrows* hérissé; *animal* à longs poils rudes; *carpet, rug* à longs poils. (*fig*) ~ **dog story** histoire *f* sans queue ni tête.

shagreen [ʃæ'griːn] *n* chagrin *m* (*cuir*).

Shah [ʃɑː] *n* schah *m*.

shake [ʃeɪk] (*vb: pret* **shook**, *ptp* **shaken**) **1** *n* secousse *f*, ébranlement *m*; (*quiver*) tremblement *m*. **to give sth a** ~ secouer qch; **with a** ~ **of his head** avec un hochement de tête *or* en hochant la tête en signe de refus; **with a** ~ **in his voice** la voix tremblante, d'une voix tremblante; **to be all of a** ~* être tout tremblant; **to have the** ~**s*** (*from nerves*) avoir la tremblote*; (*from drink*) trembler, être agité de tremblements; **I'll be there in a** ~* dans un instant *or* une seconde; **in a brace of** ~**s***, **in two** ~**s (of a lamb's tail)*** en un clin d'œil, en moins de deux*; **he/it is no great** ~**s*** il/cela ne casse rien*; **he's no great** ~**s*** **at swimming** *or* **as a swimmer** il n'est pas fameux *or* il ne casse rien* comme nageur; *V* **hand, milk** etc.

2 *cpd*: **shakedown** (*bed*) lit *m* de fortune; (*US⁑: search*) fouille *f*; (*US⁑: extortion*) extorsion *f*, chantage *m*; (*US Econ*) **shake-out** tassement *m*; **shake-up** grande réorganisation, grand remaniement.

3 *vt* **(a)** *duster, rug, person* secouer; *dice, bottle, medicine, cocktail* agiter; *house, windows etc* ébranler, faire trembler; (*brandish*) *stick etc* brandir. '~ **the bottle**' 'agiter avant emploi'; **to** ~ **one's head** (*in refusal etc*) dire *or* faire non de la tête, hocher la tête en signe de refus; (*at bad news etc*) secouer la tête; **he shook his finger at me** (*playfully, warningly*) il m'a fait signe du doigt; (*threateningly*) il m'a menacé du doigt; **to** ~ **one's fist/stick at sb** menacer qn du poing/de sa canne; **to** ~ **hands with sb** serrer la main à qn; **they shook hands** ils se sont serré la main; **they shook hands to** *or* **till ils se sont serré la main en signe d'accord;** (*fig*) ~ **a leg!*** remue-toi!, remue tes abattis!*; *[person, animal]* **to** ~ **o.s.** *or* **itself** se secouer; (*to remove sand, water etc*) s'ébrouer.

(b) **to** ~ **apples from a tree** secouer un arbre pour en faire tomber les pommes; **he shook the sand out of his shoes** il a secoué ses chaussures pour en vider le sable; **he shook 2 aspirins into his hand** il a fait tomber 2 comprimés d'aspirine dans sa main; **he shook pepper on to his steak** il a saupoudré son bifteck de poivre; **he shook himself free** il s'est libéré d'une secousse.

(c) (*fig: weaken, impair*) *confidence, belief, resolve* ébranler;

opinion affecter; *health* ébranler, compromettre; *reputation* nuire à, compromettre. **even torture could not** ~ **him** même la torture ne l'a pas ébranlé.

(d) (*fig*) (*amaze*) stupéfier; (*disturb*) secouer, bouleverser. **this will** ~ **you!** tu vas en être soufflé!*, ça va t'en boucher un coin!⁑; **4 days which shook the world** 4 jours qui ébranlèrent le monde; **he needs to be** ~**n out of his smugness** il faudrait qu'il lui arrive (*subj*) quelque chose qui lui fasse perdre sa suffisance; *V also* **shaken.**

(e) (*US*) = **shake off b.**

4 *vi* **(a)** *[person, hand, table]* trembler; *[building, windows, walls]* trembler, être ébranlé; *[leaves, grasses]* trembler, être agité; *[voice]* trembler, trembloter. **he was shaking with laughter, his sides were shaking** il se tordait (de rire); **to** ~ **with cold** trembler de froid, grelotter; **to** ~ **with fear** trembler de peur; (*fig*) **to** ~ **in one's shoes** avoir une peur bleue*, avoir la frousse*; **the walls shook at the sound** le bruit a ébranlé les murs.

(b) (~ **hands**) **they shook on the deal** ils ont scellé leur accord d'une poignée de main; (**let's**) ~ **on it!** tope là!, topez là!

◆**shake down 1** *vi* **(a)** (*: settle for sleep*) se coucher, se pieuter⁑. **I can shake down anywhere** je peux pioncer⁑ *or* me pieuter⁑ n'importe où.

(b) (*learn to work etc together*) **they'll be a good team once they've shaken down** ils formeront une bonne équipe quand ils se seront habitués *or* faits les uns aux autres.

(c) (*settle: contents of packet etc*) se tasser.

2 *vt sep* **(a)** **to shake down apples from a tree** faire tomber des pommes en secouant l'arbre, secouer l'arbre pour en faire tomber les pommes; **to shake down the contents of a packet** secouer un paquet pour en tasser le contenu.

(b) (*US⁑*) **to shake sb down for £50** soutirer *or* faire cracher⁑ 50 livres à qn.

(c) (*US⁑: frisk, search*) *person* fouiller.

3 shakedown *n V* **shake 2.**

◆**shake off** *vt sep* **(a)** **to shake off dust/sand/water from sth** secouer la poussière/le sable/l'eau de qch; (*fig, liter*) **he shook off the dust of that country from his feet** en quittant ce pays il secoua la poussière de ses sandales.

(b) (*fig: get rid of*) *cold, cough* se débarrasser de; *yoke etc* se libérer de, s'affranchir de; *habit* se défaire de, perdre; *pursuer* se débarrasser de, semer*.

◆**shake out** *vt sep flag, sail* déployer; *blanket* bien secouer; *bag* vider en secouant. **she picked up the bag and shook out its contents** elle a pris le sac et l'a vidé en le secouant; **she shook 50p out of her bag** elle a secoué son sac et en a fait tomber 50 pence.

2 shake-out *n V* **shake 2.**

◆**shake up 1** *vt sep* **(a)** *pillow, cushion* secouer, taper; *bottle, medicine* agiter.

(b) (*fig: disturb*) bouleverser, secouer. **he was considerably shaken up by the news** il a été très secoué *or* il a été bouleversé par la nouvelle, la nouvelle lui a fait un coup*; *V also* **shook.**

(c) (*fig: rouse, stir*) *person* secouer, secouer les puces à*; *firm, organization* réorganiser de fond en comble.

2 shake-up *n V* **shake 2.**

shaken ['ʃeɪkn] *adj* (*upset*) secoué, (*stronger*) bouleversé; (*amazed*) stupéfié.

shaker ['ʃeɪkə*r*] *n* (*for cocktails*) shaker *m*; (*for dice*) cornet *m*; (*for salad*) panier *m* à salade; *V* **flour** etc.

Shakespearean, Shakespearian [ʃeɪks'pɪərɪən] *adj* shakespearien.

shakily ['ʃeɪkɪlɪ] *adv* (*gen*) en tremblant; *walk* d'un pas mal assuré, à pas chancelants; *write* d'une main tremblante; *say, reply* d'une voix tremblante *or* chevrotante, (*nervously*) d'une voix mal assurée. **he got** ~ **to his feet** il s'est levé tout tremblant.

shakiness ['ʃeɪkɪnɪs] *n* (*U*) *[hand]* tremblement *m*; *[table etc]* manque *m* de stabilité *or* solidité; *[building]* manque de solidité; *[voice]* chevrotement *m*; (*fig*) *[position]* instabilité *f*; *[health]* faiblesse *f*; *[knowledge]* insuffisance *f*, faiblesse.

shako ['ʃækəʊ] *n* s(c)hako *m*.

shaky ['ʃeɪkɪ] *adj hand* tremblant, tremblotant; *voice* tremblant, chevrotant, (*nervous*) mal assuré; *writing* tremblé; *table, building* branlant, peu solide; (*fig*) *health* chancelant, faible; *business, firm, deal* à l'avenir incertain. **I feel a bit** ~ je ne me sens pas solide sur mes jambes, je me sens faible; (*fig*) **my Spanish is very** ~ mes notions d'espagnol sont chancelantes; **his memory is rather** ~ sa mémoire n'est pas très sûre, sa mémoire est assez mauvaise.

shale [ʃeɪl] *n* argile schisteuse, schiste argileux. ~ **oil** huile *f* de schiste.

shall [ʃæl] *modal aux vb* (*2nd pers sg* **shalt††**; *neg* **shall not** *often abbr to* **shan't**; *V also* **should**) **(a)** (*in 1st person fut tense*) **I shall** *or* **I'll arrive on Monday** j'arriverai lundi; **we shall not** *or* **we shan't be there before 6 o'clock** nous n'y serons pas avant 6 heures; **I'll come in a minute** je vais venir *or* je viens dans un instant.

(b) (*in 1st person questions*) **shall I open the door?** dois-je ouvrir la porte?, voulez-vous que j'ouvre (*subj*) la porte?, j'ouvre la porte?*; **I'll buy 3, shall I?** je vais en acheter 3, n'est-ce pas? *or* d'accord?*; **let's go in, shall we?** entrons, voulez-vous?; **shall we ask him to come with us?** si on lui demandait de venir avec nous?

(c) (*indicating command, guarantee etc*) **it shall be done this way and no other** cela sera fait *or* doit être fait de cette façon et d'aucune autre; (*Bible*) **thou shalt not kill** tu ne tueras point; **you shall obey me** vous m'obéirez, vous devez m'obéir; **you shan't have that job!** tu n'auras pas ce poste!

shallot [ʃə'lɒt] *n* (*Brit*) échalote *f*.

shallow ['ʃæləʊ] **1** *adj* **(a)** *water, dish* peu profond. ~ **breathing** respiration superficielle.

(b) (*fig*) *mind, character, person* superficiel, sans profondeur;

conversation futile, superficiel. **to be ~-minded** manquer de profondeur d'esprit.
2 *n*: **~s** bas-fond *m*, haut-fond *m*.
shallowness ['ʃæləʊnɪs] *n* (*lit*) manque *m* de profondeur; (*fig*) [*person*] esprit superficiel; [*character*] manque de profondeur; [*conversation*] futilité *f*; [*knowledge*] caractère superficiel.
shalt†† [ʃælt] *2nd pers sg of* **shall**.
sham [ʃæm] **1** *n* (*pretence*) comédie *f*, frime* *f*; (*person*) imposteur *m*; (*jewellery, furniture*) imitation *f*. **this diamond is a ~** ce diamant est faux *or* de l'imitation *or* du toc*; **the election was a ~** l'élection n'était qu'une comédie *or* était de la frime*; **his promises were a ~** ses promesses n'étaient que du vent; **the whole organization was a ~** l'entière organisation n'était qu'une imposture.
2 *adj jewellery* faux (*f* fausse) en toc*; *piety* feint; *title* faux; *illness* feint, simulé; *fight* simulé. **~ Louis XVI** de l'imitation *or* du faux Louis XVI.
3 *vt* feindre, simuler. **to ~ ill** *or* **illness** feindre *or* simuler une maladie, faire semblant d'être malade; **she ~med dead** elle a fait la morte, elle a fait semblant d'être morte.
4 *vi* faire semblant, jouer la comédie. **he is only ~ming** il fait seulement semblant.
shaman ['ʃæmən] *n* chaman *m*.
shamanism ['ʃæmə,nɪzəm] *n* chamanisme *m*.
shamateur* ['ʃæmətəʳ] *n* (*Sport*) athlète *mf* (*or* joueur *m*, -euse *f etc*) prétendu(e) amateur (*qui se fait rémunérer*)
shamble ['ʃæmbl] *vi* marcher en traînant les pieds. **to ~ in/out/away** *etc* entrer/sortir/s'éloigner *etc* en traînant les pieds.
shambles ['ʃæmblz] *n* (*no pl*) (*gen*: *muddle*) confusion *f*, désordre *m*, pagaille* *f*; (*stronger*: *after battle, disaster*) scène *f or* spectacle *m* de dévastation. **what a ~!** quelle (belle) pagaille!*; **his room was (in) a ~** sa chambre était sens dessus dessous *or* tout en l'air; **the match degenerated into a ~** le match s'est terminé dans la pagaille*; **your essay is a ~** votre dissertation est un fouillis sans nom*; **it's a bloody ~!** c'est complètement bordélique.
shambolic* ['ʃæm'bɒlɪk] *adj* bordélique.
shame [ʃeɪm] **1** *n* (a) (*U*) (*feeling*) honte *f*, confusion *f*; (*humiliation*) honte. **to my eternal** *or* **lasting ~** à ma très grande honte; **he hung his head in ~** il a baissé la tête de honte *or* de confusion; **to bring ~ (up)on sb** être *or* faire la honte de qn, déshonorer qn; **to put sb/sth to ~** faire honte à qn/qch; **~ on you!** quelle honte!, c'est honteux de votre part!; **the ~ of it!** quelle honte!, c'est honteux!; **the ~ of that defeat** la honte de cette défaite, cette défaite déshonorante; **the street is the ~ of the town** cette rue déshonore la ville; **she has no sense of ~** elle ne sait pas ce que c'est que la honte, elle n'a aucune pudeur; **he has lost all sense of ~** il a perdu toute honte, il a toute honte bue (*liter*); **V cry, crying.**
(b) (*no pl*) dommage *m*. **it is a ~** c'est dommage (*that* que + *subj*, *to do* de faire) **it's a dreadful ~!** c'est tellement dommage!; **it would be a ~ if he were to refuse** *or* **if he refused** il serait dommage qu'il refuse (*subj*) **what a ~!** (quel) dommage!; **what a ~ he isn't here** (quel) dommage qu'il ne soit pas ici.
2 *vt* (*bring disgrace on*) couvrir de honte, faire la honte de, déshonorer; (*make ashamed*) faire honte à, humilier, mortifier. **to ~ sb into doing sth** obliger qn à faire qch en lui faisant honte, piquer l'amour-propre de qn pour qu'il fasse qch; **to be ~d into doing sth** faire qch par amour-propre *or* pour conserver son amour-propre.
shamefaced ['ʃeɪmfeɪst] *adj* (*ashamed*) honteux, penaud; (*confused*) confus, timide. **he was rather ~ about it** il en était tout honteux *or* penaud.
shamefacedly ['ʃeɪmfeɪsɪdlɪ] *adv* (*V* **shamefaced**) d'un air honteux *or* penaud; avec confusion, timidement.
shamefacedness ['ʃeɪmfeɪstnɪs] *n* (*V* **shamefaced**) air penaud; confusion *f*, timidité *f*.
shameful ['ʃeɪmfʊl] *adj* honteux, scandaleux. **it's ~ to spend so much on drink** c'est une honte de tant dépenser pour la boisson.
shamefully ['ʃeɪmfəlɪ] *adv behave* honteusement; *bad, late* scandaleusement, abominablement. **he is ~ ignorant** il est d'une ignorance crasse, il est si ignorant que c'en est une honte.
shameless ['ʃeɪmlɪs] *adj* (a) (*unashamed*) *person* éhonté, effronté; *behaviour* effronté, impudent. **he is a ~ liar** c'est un menteur éhonté, c'est un effronté menteur, il ment sans vergogne; **he is quite ~ about it** il n'en a pas du tout honte.
(b) (*immodest*) *person* sans pudeur, impudique; *act* impudique.
shamelessly ['ʃeɪmlɪslɪ] *adv* (*V* **shameless**) effrontément, sans honte, sans vergogne; sans pudeur, de façon impudique.
shamelessness ['ʃeɪmlɪsnɪs] *n* (*V* **shameless**) effronterie *f*, impudence *f*; impudeur *f*.
shaming ['ʃeɪmɪŋ] *adj* mortifiant, humiliant. **it's too ~!** quelle humiliation!
shammy* ['ʃæmɪ] *n* (*also* **~ leather**) peau *f* de chamois.
shampoo [ʃæm'puː] **1** *n* (*product, process*) shampooing *m*. **~ and set** shampooing (et) mise *f* en plis; **to give o.s. a ~** se faire un shampooing, se laver la tête; **V dry.**
2 *vt person* faire un shampooing à; *hair, carpet* shampouiner *or* shampooiner. **to have one's hair ~ed and set** se faire faire un shampooing (et) mise en plis.
shamrock ['ʃæmrɒk] *n* trèfle *m* (*emblème national de l'Irlande*)
shamus ['ʃeɪməs] *n* (*policeman*) flic* *m*; (*detective*) détective *m* privé.
shandy ['ʃændɪ] *n* (*Brit*) panaché *m*.
Shanghai ['ʃæŋ'haɪ] *n* Shanghai.
shanghai [ʃæŋ'haɪ] *vt* (*Naut††*) embarquer de force comme membre d'équipage, shangailler (*rare*). (*fig*) **to ~ sb into doing*** contraindre qn à faire.
Shangri-la ['ʃæŋrɪ'lɑː] *n* paradis *m* terrestre.

shank [ʃæŋk] *n* (*Anat*) jambe *f*; [*horse*] canon *m*; (*Culin*) jarret *m*; (*handle etc*) manche *m*. (*fig*) **to go** *or* **ride on S~s' pony** *or* **mare** aller à pied, prendre le train onze.
shan't [ʃɑːnt] = **shall not**; **V shall.**
shantung [ʃæn'tʌŋ] *n* shant(o)ung *m*.
shanty¹ ['ʃæntɪ] *n* (*hut*) baraque *f*, cabane *f*, bicoque* *f*. **~town** bidonville *m*.
shanty² ['ʃæntɪ] *n* (*Brit*) (*also* **sea ~**) chanson *f* de marins.
SHAPE [ʃeɪp] *n* (*abbr of* **Supreme Headquarters Allied Powers Europe**) quartier général des forces alliées de l'OTAN en Europe.
shape [ʃeɪp] **1** *n* (a) (*form, outline*) forme *f*. **what ~ is the room?**, **what is the ~ of the room?** quelle est la forme de la pièce?, de quelle forme est la pièce?; **stamps of all ~s** des timbres de toutes formes; **of all ~s and sizes** de toutes les formes et de toutes les tailles; **children of all ~s and sizes** des enfants d'allures diverses; **his nose is a funny ~** son nez a une drôle de forme; **this hat has lost its ~** ce chapeau s'est déformé; **it's like a mushroom in ~** cela a la forme d'un champignon, cela ressemble à un champignon; **it's triangular in ~** c'est en forme de triangle, c'est triangulaire; **in the ~ of a cross** en forme de croix; **a prince in the ~ of a swan** un prince sous la forme d'un cygne; **a monster in human ~** un monstre à figure humaine; **I can't stand racism in any ~ or form** je ne peux pas tolérer le racisme sous quelque forme que ce soit; (*lit, fig*) **to take the ~ of sth** prendre la forme de qch; **the news reached him in the ~ of a telegram from his brother** c'est par un télégramme de son frère qu'il a appris la nouvelle; **that's the ~ of things to come** cela donne une idée de ce qui nous attend; **who knows what ~ the future will take?** qui sait comment se présentera l'avenir?; (*dress, vase, project*) **to take ~** prendre forme *or* tournure; **to be in good ~** [*person*] être en (bonne) forme; [*business etc*] marcher bien; **in poor ~** *person*, *business* mal en point; **he carved the wood into ~** il a façonné le bois; **he beat the silver into ~** il a façonné l'argent; (*fig*) **to knock** *or* **lick* into ~** *assistant* former, dresser*; *soldier* entraîner, dresser*; **to knock** *or* **lick* sth into ~** arranger qch, rendre qch présentable; **he managed to knock** *or* **lick* the team into ~** il a réussi à mettre l'équipe au point; **to get (o.s.) into ~** (re)trouver la forme; **to keep o.s. in good ~** rester *or* se maintenir en forme; **to get one's ideas into ~** formuler *or* préciser ses idées.
(b) (*human figure*) forme *f*, figure *f*; (*silhouette*) forme, silhouette *f*; (*thing dimly seen*) forme vague *or* imprécise; (*ghost etc*) fantôme *m*, apparition *f*. **a ~ loomed up out of the darkness** une forme imprécise surgit de l'obscurité.
(c) (*for jellies etc*) moule *m*; (*in hat-making*) forme *f*.
(d) (*Culin*) rice ~ gâteau *m* de riz; meat ~ pain *m* de viande.
2 *vt clay* façonner, modeler; *stone, wood* façonner, tailler; (*fig*) *statement, explanation* formuler. **he ~d the clay into a tree**, **he ~d a tree out of the clay** il a façonné l'argile en arbre; **oddly ~d** d'une forme bizarre; **a nicely ~d stone** une pierre d'une jolie forme; (*Phot*) ~d canvas détourage *m*; **to ~ sb's ideas/character** former les idées/le caractère de qn; **to ~ sb's life** déterminer le destin de qn; **to ~ the course of events** influencer la marche des événements.
3 *vi* (*fig*) prendre forme *or* tournure. **our plans are shaping (up) well** nos projets prennent tournure *or* s'annoncent bien *or* sont en bonne voie; **things are shaping (up) well** tout marche bien, on avance; **how is he shaping?** comment s'en sort-il?*, est-ce qu'il se fait?; **how is he shaping in** *or* **at Spanish?** comment marche-t-il *or* s'en sort-il* en espagnol?; **he is shaping (up) nicely as a goalkeeper** il est en train de devenir un bon gardien de but.
♦**shape up** *vi* (a) (*get on*) progresser. (*US*) **~ up or ship out!** rentre dans le rang ou fiche le camp!*; **V also shape 3.**
(b) (*esp US*: *slim etc*) retrouver la forme.
-shaped ['ʃeɪpt] *adj ending in cpds* en forme de. **heart-shaped** en forme de cœur; **V egg** *etc*.
shapeless ['ʃeɪplɪs] *adj mass, lump* informe; *dress, hat, shoes* informe, sans forme. [*clothes, shoes*] **to become ~** se déformer, s'avachir.
shapelessness ['ʃeɪplɪsnɪs] *n* absence *f* de forme.
shapeliness ['ʃeɪplɪnɪs] *n* belles proportions, beauté *f* (de forme), galbe *m*.
shapely ['ʃeɪplɪ] *adj vase, building, person* bien proportionné, beau (*f* belle). **a ~ woman** une femme bien faite *or* bien tournée *or* bien roulée*; **a ~ pair of legs** des jambes bien galbées *or* bien faites.
shard [ʃɑːd] *n* tesson *m* (de poterie).
share [ʃeəʳ] **1** *n* (a) part *f*. **here's your ~** voici votre part, voici ce qui vous est dû; **my ~ is £5** (*receiving*) ma (quote-)part s'élève à *or* j'ai droit à *or* je dois recevoir 5 livres; (*paying*) ma (quote-)part s'élève à *or* je dois (payer) 5 livres; **his ~ of the inheritance** sa part *or* sa portion de l'héritage; **his ~ of** *or* **in the profits** sa part des bénéfices; **he will get a ~ of** *or* **in the profits** il aura part aux bénéfices; **he has a ~ in the business** il est l'un des associés dans cette affaire; **he has a half-~ in the firm** il possède la moitié de l'entreprise; **to have a ~ in doing sth** contribuer à faire qch; **he had some ~ in it** il y était pour quelque chose; **I had no ~ in that** je n'y étais pour rien; **to take a ~ in sth** participer à qch; **to pay one's ~** payer sa (quote-)part; **to bear one's ~ of the cost** participer aux frais; **he wants more than his ~** il veut plus qu'il ne lui est dû, il tire la couverture à lui (*fig*); **he isn't doing his ~** il ne fournit pas sa part d'efforts; **he's had more than his (fair) ~ of misfortune** il a eu plus que sa part de malheurs; **to take one's ~ of the blame** accepter sa part de responsabilité; **he does his full ~ of work** il fournit sa part *or* sa (quote-)part de travail; **they went ~s in the cost of the holiday** ils ont payé les vacances à deux (*or* trois *etc*), ils ont partagé le coût des vacances entre eux; **V fair¹, lion.**
(b) (*Brit St Ex*) action *f*. **he has 500 ~s in an oil company** il a 500

actions d'une compagnie de pétrole; *V* **ordinary, preference, qualifying** *etc.*
   (c) (*Agr: plough*~) soc *m* (*de charrue*).
   2 *cpd*: (*Fin*) **share capital** capital *m* social; (*Brit Fin etc*) **share certificate** titre *m or* certificat *m* d'actions; (*US Agr*) **sharecrop** (*vt*) cultiver (comme métayer); (*vi*) travailler comme métayer; (*US Agr*) **sharecropper** métayer *m*, -ère *f*; **sharecropping** métayage *m*; (*Brit Fin etc*) **shareholder** actionnaire *mf*; (*St Ex*) **share index** indice *m* de la Bourse; **share-out** partage *m*, distribution *f*; (*St Ex*) **share premium** prime *f* d'émission; (*St Ex*) **share prices** prix *mpl* des actions.
   3 *vt* **(a)** (*gen*) partager; *room, prize* partager (*with sb* avec qn); *expenses, work* partager (*with sb* avec qn), participer à; *profits* avoir part à; *sorrow, joy* partager, prendre part à; *responsibility, blame, credit* partager. **they** ~**d the money (between them)** ils se sont partagé l'argent; (*in school etc*) **you can** ~ **Anne's book** tu peux suivre avec Anne; (*Telec*) ~**d line** ligne partagée; **they** ~ **certain characteristics** ils ont certaines caractéristiques en commun; **I do not** ~ **that view** je ne partage pas cette opinion; **I** ~ **your hope that** ... j'espère avec *or* comme vous que ... .
   (b) (*also* ~ **out**) partager, répartir (*among, between* entre).
   4 *vi* partager. (*loc*) ~ **and** ~ **alike** à chacun sa part; **to** ~ **in** *sorrow, joy* partager, prendre part à; *responsibility* partager; *profits* avoir part à; *expenses, work* partager à, partager.
  ◆**share out 1** *vt sep* = **share 3b.**
  2 share-out *n* *V* **share 2.**
shark [ʃɑːk] *n* (*fish : gen*) requin *m*; (*generic name*) squale *m*; (*fig pej: sharp businessman*) requin *m*; (*swindler*) escroc *m*, aigrefin *m*. ~**skin** (*Tex*) peau *f* d'ange; *V* **bask** *etc*.
sharon ['ʃærən] *n* (*also* ~ **fruit**) charon *m or* sharon *m*.
sharp [ʃɑːp] **1** *adj* **(a)** *razor, knife* tranchant, bien affilé, bien aiguisé; *point* aigu (*f* -guë), acéré; *teeth* pointu; *fang* acéré; *pin, nail* pointu, acéré; *pencil* bien taillé, pointu. **take a** ~ **knife** prenez un couteau qui coupe bien *or* bien tranchant; **the** ~ **edge** [*blade, knife*] le côté coupant, le (côté) tranchant; [*tin etc*] le bord tranchant *or* coupant.
   (b) (*pointed etc*) *nose, chin* pointu; *features* anguleux; *corner, angle* aigu (*f* -guë); *bend in road* aigu, brusque. **the car made a** ~ **turn** la voiture a tourné brusquement.
   (c) (*abrupt*) *descent* raide; *fall in price, change* brusque, soudain.
   (d) (*well-defined*) *outline* net, distinct; (*TV*) *contrast, picture* net; *difference, contrast* marqué, prononcé.
   (e) (*shrill, piercing*) *cry, voice* perçant, aigu (*f* -guë).
   (f) (*Mus*) **C** ~ **do dièse; that note was a little** ~ cette note était un peu trop haute.
   (g) (*harsh, bitter*) *wind, cold* pénétrant, vif; *frost* fort; *pain* violent, cuisant, vif; *smell, taste, cheese, sauce, perfume* piquant, âpre (*pej*), âcre (*pej*); *words, retort* cinglant, mordant; *rebuke* sévère; *tone* acerbe. **to have a** ~ **tongue** avoir la langue acérée.
   (h) (*brisk etc*) *pace, quarrel* vif. **that was** ~ **work!** ça n'a pas traîné!*, ça n'a pas pris longtemps!, ça a été vite fait!; **look** *or* **be** ~ **(about it)!** fais vite!, dépêche-toi!, grouille-toi!‡
   (i) (*acute*) *eyesight* perçant; *hearing, smell* fin; *intelligence, mind* délié, vif, pénétrant; *person* vif, malin (*f* -igne), dégourdi*; *child* vif, éveillé. **to have** ~ **ears** avoir l'ouïe fine; **to have** ~ **eyes** avoir une vue perçante; (*fig*) **he has a** ~ **eye for a bargain** il sait repérer *or* flairer une bonne affaire; **to keep a** ~ **look-out for sb/sth** guetter qn/qch avec vigilance *or* d'un œil attentif; **he is as** ~ **as a needle** (*clever*) il est malin comme un singe; (*missing nothing*) il est très perspicace, rien ne lui échappe.
   (j) (*pej: unscrupulous*) *person* peu scrupuleux, malhonnête. ~ **practice** procédés déloyaux *or* (*stronger*) malhonnêtes.
   2 *adv* **(a)** (*Mus*) *sing, play* trop haut.
   (b) (*abruptly*) *stop* brusquement, net. **turn** *or* **take** ~ **left** tournez à gauche à angle droit *or* tout à fait à gauche.
   (c) (*punctually*) **at 3 o'clock** ~ à 3 heures précises *or* sonnantes, à 3 heures pile.
   3 *n* (*Mus*) dièse *m*.
   4 *cpd*: (*fig*) **sharp-eared** à l'ouïe fine; **sharp-eyed** à qui rien n'échappe; **sharp-faced, sharp-featured** aux traits anguleux; **sharpshooter** tireur *m* d'élite; **sharp-sighted** = **sharp-eyed**; **sharp-tempered** coléreux, soupe au lait* *inv*; **sharp-tongued** qui a la langue acérée; **sharp-witted** à l'esprit vif *or* prompt.
sharpen ['ʃɑːpən] **1** *vt* **(a)** *blade, knife, razor, tool* aiguiser, affûter, affiler; *scissors* aiguiser; *pencil* tailler. **the cat was** ~**ing its claws on the chair leg** le chat aiguisait ses griffes *or* se faisait les griffes sur le pied de la chaise.
   (b) (*fig*) *outline,* (*TV*) *contrast, picture, focus* rendre plus net; *difference, contrast* rendre plus marqué; *appetite* aiguiser; *desire* exciter; *pain* aggraver, aviver; *feeling* aviver; *intelligence* affiner, rendre plus fin. **to** ~ **one's wits** se dégourdir.
   (c) (*esp Brit Mus*) diéser.
   2 *vi* [*voice*] devenir plus perçant; [*desire, pain*] s'accroître, devenir plus vif, s'aviver.
sharpener ['ʃɑːpnər] *n* (*knife* ~) (*on wall, on wheel etc*) aiguisoir *m* à couteaux, affiloir *m*; (*long, gen with handle*) fusil *m* à repasser les couteaux; (*pencil* ~) taille-crayons *m* *inv*.
sharpening ['ʃɑːpnɪŋ] *n* aiguisage *m*, affilage *m*, affûtage *m*.
sharper ['ʃɑːpər] *n* escroc *m*, filou *m*, aigrefin *m*; (*card* ~) tricheur *m*, -euse *f* (*professionnel(le)*).
sharpie‡ ['ʃɑːpɪ] *n* (*US*) (*alert person*) petit(e) futé(e) *m(f)*; (*crook*) filou *m*, escroc *m*.
sharply ['ʃɑːplɪ] *adv* **(a)** (*lit*) ~ **pointed** *knife, scissors* à pointe effilée *or* acérée; *nose* pointu, en quart de Brie (*hum*).
   (b) (*abruptly*) *change, rise* brusquement, soudain; *turn* brusquement, court; *stop* brusquement, net; (*Aut*) **to corner** ~ prendre un virage à la corde; **the road goes up/down** ~ la route monte

brusquement *or* raide/descend brusquement *or* en pente abrupte.
   (c) (*harshly*) *criticize, reproach* sévèrement, vivement; *observe, comment, retort* sèchement, avec brusquerie, d'un ton acerbe. **to speak** ~ **to sb about sth** faire des observations sévères *or* parler sans ménagements à qn au sujet de qch.
   (d) (*distinctly*) *show up, stand out* nettement; *differ* nettement, clairement. ~ **in focus** bien net; **the black contrasts** ~ **with the white** le noir forme un contraste très net avec le blanc.
   (e) (*acutely, alertly*) *say, ask* vivement, avec intérêt. **he looked at me** ~ il m'a regardé soudain avec intérêt.
sharpness ['ʃɑːpnɪs] *n* **(a)** [*razor, knife*] tranchant *m*; [*pencil, needle, nail*] pointe aiguë.
   (b) (*fig*) [*turn, bend*] angle *m* brusque; [*outline etc*] netteté *f*; [*pain*] violence *f*, acuité *f*; [*criticism, reproach, rebuke*] sévérité *f*, tranchant *m*; [*tone, voice*] brusquerie *f*, aigreur *f*; [*taste, smell*] piquant *m*, âcreté *f* (*pej*); [*wind, cold*] âpreté *f*. **there's a** ~ **in the air** il fait frais *or* frisquet*, le fond de l'air* est frais.
shat⁎⁎ [ʃæt] *pret, ptp of* **shit**⁎⁎.
shatter ['ʃætər] **1** *vt* *window, door* fracasser (*against* contre); *health* ruiner, briser; *self-confidence* briser; *faith* détruire; (*fig*) *hopes, chances* ruiner, détruire; *career* briser. **the sound** ~**ed the glasses** le bruit a brisé les verres; **to** ~ **sb's nerves** démolir les nerfs de qn; (*fig*) **she was** ~**ed by his death** sa mort l'a anéantie; *V also* **shattered.**
   2 *vi* [*glass, windscreen, cup*] voler en éclats; [*box etc*] se fracasser (*against* contre).
   3 *cpd*: **shatterproof glass** verre *m* sécurit *inv* ®.
shattered ['ʃætəd] *adj* (*grief-stricken*) anéanti, consterné; (*aghast, overwhelmed*) bouleversé, complètement retourné; (*: exhausted*) éreinté*.
shattering ['ʃætərɪŋ] *adj* (*fig*) *attack* destructeur (*f* -trice); *defeat* écrasant, accablant; *news* bouleversant, renversant*; *experience, disappointment* bouleversant. **this was a** ~ **blow to our hopes/plans** nos espoirs/nos projets ont été gravement compromis.
shave [ʃeɪv] (*vb: pret* **shaved**, *ptp* **shaved, shaven**††) **1** *n*: **to give sb a** ~ raser qn; **to have** *or* **give o.s. a** ~ se raser, se faire la barbe; (*fig*) **to have a close** *or* **narrow** ~ l'échapper belle, y échapper de justesse; **that was a close** *or* **narrow** ~! il était moins une!*, on l'a échappé belle!; *V* **after** *etc*.
   2 *vt* *person, face, legs etc* raser; *wood* raboter, raper; (*fig: brush against*) raser, frôler. (*fig*) **to** ~ **the price of sth** faire un rabais sur le prix de qch.
   3 *vi* se raser.
  ◆**shave off** *vt sep* **(a)** **to shave off one's beard** se raser la barbe.
   (b) **the joiner shaved some of the wood off** le menuisier a enlevé un peu du bois au rabot; (*fig*) **to shave off a few pounds** faire un rabais de quelques livres.
shaven ['ʃeɪvn] **1** (††) *ptp of* **shave. 2** *adj* rasé; *V* **clean** *etc*.
shaver ['ʃeɪvər] *n* **(a)** rasoir *m* électrique. **(b)** (*young*) ~**⁎†** gosse* *m*, gamin *m*.
Shavian ['ʃeɪvɪən] *adj* à la *or* de Bernard Shaw.
shaving ['ʃeɪvɪŋ] **1** *n* **(a)** (*piece of wood, metal etc*) copeau *m*.
   (b) (*U: with razor etc*) rasage *m*. ~ **is a nuisance** c'est embêtant* de se raser.
   2 *cpd*: **shaving brush** blaireau *m*; **shaving cream** crème *f* à raser; **shaving soap** savon *m* à barbe; **shaving stick** bâton *m* de savon à barbe.
shawl [ʃɔːl] *n* châle *m*.
she [ʃiː] **1** *pers pron* **(a)** (*stressed, unstressed*) elle. ~ **has come** elle est venue; **here** ~ **is** la voici; ~ **is a doctor** elle est médecin, c'est un médecin; ~ **is a small woman** elle est petite; **it is** ~ c'est elle; (*frm*) **if I were** ~ si j'étais elle, si j'étais à sa place; **SHE didn't do it** ce n'est pas elle qui l'a fait; **younger than** ~ plus jeune qu'elle; ~**'s a fine boat/car** c'est un beau bateau/une belle voiture.
   (b) (+ *rel pron*) celle. ~ **who** *or* **that can** ... celle qui peut ... .
   2 *cpd* (*gen: with names of animals*) **she-** femelle (*after noun*); **she-bear** ourse *f*; (*fig*) **she-cat** mégère *f*, furie *f*; (*fig*) **she-devil** démon *m*, furie *f*; **she-goat** chèvre *f*; *V* **wolf** *etc*.
   3 *n* (*⁎*) femelle *f*. **it's a** ~ (*animal*) c'est une femelle; (*baby*) c'est une fille.
shea ['ʃɪə] *n* karité *m*.
sheaf [ʃiːf] *n, pl* **sheaves** [*corn*] gerbe *f*; [*papers*] liasse *f*; [*arrows*] faisceau *m*.
shear [ʃɪər] (*vb: pret* **sheared**, *ptp* **sheared** *or* **shorn**) **1** *npl*: ~**s** (*Horticulture*) cisaille(s) *f(pl)*; (*Sewing, gen*) grands ciseaux; **a pair of** ~**s** une paire de cisailles; *V* **pruning** *etc*.
   2 *vt* *sheep* tondre; (*fig*) *shorn of* dépouillé de.
  ◆**shear off 1** *vi* [*branch etc*] partir, se détacher.
   2 *vt sep* *wool* tondre; *projecting part, nail* faire partir, arracher; *branch* couper, élaguer. **the ship had its bow shorn off in the collision** dans la collision l'avant du navire a été emporté.
  ◆**shear through** *vt fus* *paper, cloth* trancher; *wood, metal* fendre; (*fig*) *the waves, the crowd* fendre.
shearer ['ʃɪərər] *n* (*person*) tondeur *m*, -euse *f*; (*machine*) tondeuse *f*.
shearing ['ʃɪərɪŋ] *n* (*process*) tonte *f*. (*wool etc*) ~**s** tonte.
sheath [ʃiːθ] **1** *n* **(a)** [*dagger*] gaine *f*; [*sword*] fourreau *m*; [*scissors etc*] étui *m*; [*electric cable, flex*] gaine *f*; (*Bio*) gaine, enveloppe *f*; (*Bot*) enveloppe; (*Brit: contraceptive*) préservatif *m*.
   (b) (*also* ~ **dress**) fourreau *m* (*robe*).
   2 *cpd*: **sheath knife** couteau *m* à gaine.
sheathe [ʃiːð] *vt* *sword, dagger* rengainer; *cable* gainer; [*cat etc*] *claws* rentrer. **(b)** (*cover*) recouvrir, revêtir (*with* de).
sheaves [ʃiːvz] *npl of* **sheaf.**
Sheba ['ʃiːbə] *n* Saba. **the Queen of** ~ la reine de Saba.
shebang⁎ [ʃəˈbæŋ] *n* (*US*) **the whole** ~ toute l'affaire, tout le tremblement*.

shebeen [ʃɪ'bi:n] *n* (*Ir*) débit *m* de boissons clandestin.

shed¹ [ʃed] *n* (a) (*gen*) abri *m*; (*smallish*) abri, cabane *f*; (*larger*) remise *f*, resserre *f*; (*large, open-sided: Rail, Agric etc*) hangar *m*; (*lean-to*) appentis *m*. **bicycle ~** abri à vélos, remise pour les vélos; **garden ~** abri de jardin, cabane; *V* **cow, tool** *etc*.
 (b) (*part of factory*) atelier *m*.

shed² [ʃed] *pret, ptp* **shed** *vt* (a) (*lose, get rid of*) *petals, leaves, fur, horns* perdre; *shell* dépouiller; (*truck*) *load* déverser, perdre; (*Space: rocket, section of craft*) larguer, éjecter; *tears* verser, répandre; *coat etc* enlever, se dépouiller de (*frm*) *unwanted thing* se débarrasser de, se défaire de; *assistant, employee* se défaire de, congédier. [*dog, cat*] **to ~ hairs** perdre ses poils; **the snake ~s its skin** le serpent mue; **to ~ blood** (*one's own*) verser son sang; (*other people's*) faire couler le sang, verser *or* répandre le sang; **I'm trying to ~ 5 kilos** j'essaie de perdre 5 kilos.
 (b) (*send out*) *light* répandre, diffuser; *warmth, happiness* répandre. **to ~ light on** (*lit*) éclairer; (*fig*) *sb's motives etc* jeter de la lumière sur; *problem* éclaircir; *little-known subject* éclairer.

she'd [ʃi:d] = **she had, she would**; *V* **have, would**.

sheen [ʃi:n] *n* (*on silk*) lustre *m*, luisant *m*; (*on hair*) brillant *m*, éclat *m*. **to take the ~ off sth** (*lit*) délustrer qch; (*fig*) diminuer l'éclat de qch.

sheep [ʃi:p] **1** *n, pl inv* mouton *m* (*animal*); (*ewe*) brebis *f*. **they followed him like a lot of ~** ils l'ont suivi comme des moutons, ils l'ont suivi comme les moutons de Panurge; (*fig*) **to make ~'s eyes at** faire les yeux doux à; (*fig*) **we must divide** *or* **separate the ~ from the goats** il ne faut pas mélanger les torchons et les serviettes* (*fig*); *V* **black, lost** *etc*.
 2 *cpd*: **sheep-dip** bain *m* parasiticide (*pour moutons*); **sheepdog** chien *m* de berger (*V* *trial*); **sheep farm** ferme *f* d'élevage de moutons; **sheep farmer** éleveur *m* de moutons; **sheep farming** élevage *m* de moutons; **sheepfold** parc *m* à moutons, bergerie *f*; (*US*) **sheepherder** berger *m*, gardien *m* de moutons; (*Naut*) **sheepshank** jambe *f* de chien; **sheepshearer** (*person*) tondeur *m*, -euse *f* (*de moutons*); (*machine*) tondeuse *f* (à moutons); (*U*) **sheepshearing** tonte *f* (des moutons); **sheepskin** *V* **sheepskin**; **sheep track** piste *f* à moutons; **sheep-worrying** harcèlement *m* des moutons (*par des chiens*).

sheepish [ʃi:pɪʃ] *adj* penaud.

sheepishly [ʃi:pɪʃlɪ] *adv* d'un air penaud.

sheepishness [ʃi:pɪʃnɪs] *n* timidité *f*, air penaud.

sheepskin [ʃi:pskɪn] **1** *n* (a) peau *f* de mouton.
 (b) (*US Univ*: *fig*) peau *f* d'âne, diplôme *m*.
 2 *cpd waistcoat etc* en peau de mouton. **sheepskin jacket** canadienne *f*.

sheer¹ [ʃɪə'] **1** *adj* (a) (*utter*) *chance, kindness, malice* pur; *impossibility, necessity* absolu. **it was ~ mud/rock** *etc* ce n'était que de la boue/du roc *etc*; **by** (a) **~ accident** tout à fait par hasard, par pur hasard; **in ~ amazement** absolument stupéfait, bouche bée de stupéfaction; **~ carelessness** pure étourderie, étourderie pure *or* simple; **in ~ desperation** en désespoir de cause; **by ~ hard work** uniquement grâce au travail *or* aux efforts; **it's ~ madness** c'est de la folie pure *or* douce*; **it's ~ robbery** c'est du vol manifeste; **a ~ waste of time** une véritable perte de temps, une perte de temps absolue.
 (b) *stockings, material* extra-fin.
 (c) *rock, cliff* à pic, abrupt. **a ~ drop** *or* **fall** un à-pic.
 2 *adv* à pic, abruptement.

sheer² [ʃɪə'] (*Naut: swerve*) **1** *n* embardée *f*. **2** *vi* faire une embardée.
 ◆**sheer off** *vi* [*ship*] faire une embardée; (*gen*) changer de direction.

sheet [ʃi:t] **1** *n* (a) (*on bed*) drap *m*; (*shroud*) linceul *m*; (*dust ~*) housse *f*; (*tarpaulin*) bâche *f*; *V* **water, white** *etc*.
 (b) (*piece*) [*plastic, rubber*] morceau *m*; [*paper, notepaper*] feuille *f*; [*iron, steel*] tôle *f*; [*glass, metal etc*] feuille, plaque *f*. **an odd** *or* **loose ~** une feuille volante; (*Comm*) **order ~** bulletin *m* de commande; **baking ~** plaque à gâteaux *or* de four; *V* **balance** *etc*.
 (c) (*expanse: of water, snow etc*) étendue *f*. **a ~ of ice** (*large*) une plaque *or* nappe de glace; (*thin film*) une couche de glace; (*on road*) une plaque de verglas; **a ~ of flame** un rideau de flammes; **the rain came down in ~s** il pleuvait à torrents.
 (d) (*periodical*) périodique *m*; (*newspaper*) journal *m*.
 (e) (*Naut*) écoute *f*; *V* **main** *etc*.
 2 *cpd*: **sheet anchor** (*Naut*) ancre *f* de veille; (*fig*) ancre de salut; (*U*) **sheet lightning** éclair *m* en nappe(s); (*U*) **sheet metal** (*gen*) tôle *f*; (*US Aut*) carrosserie *f*; (*U*) **sheet music** partitions *fpl*.

Sheherazade [ʃə,herə'zɑ:də] *n* Schéhérazade *f*.

sheik(h) [ʃeɪk] *n* (a) cheik *m*; *V* **oil**. (b) (*US fig*) séducteur *m*, Roméo *m*.

sheik(h)dom [ʃeɪkdəm] *n* tribu *f or* territoire *m* sous l'autorité d'un cheik.

shekel [ʃekl] *n* (*modern*) shekel *m*; (*Hist: Bible etc*) sicle *m*; (*US fig*: *coin*) pièce *f* de monnaie. (*fig*) **~s*** fric* *m*, sous* *mpl*; (*US fig*) **to be in the ~s*** être en fonds, avoir du fric*.

sheldrake [ʃel,dreɪk], **shelduck** [ʃel,dʌk] *n* tadorne *m* de Bellon.

shelf [ʃelf] *pl* **shelves 1** *n* (a) étagère *f*, planche *f*, rayon *m*; (*in shop*) rayon; (*in oven*) plaque *f*. **a ~ of books** un rayon de livres; **a set of shelves** une étagère, un rayonnage; (*Comm*) **there are more luxury goods on the shelves nowadays** il y a plus d'articles de luxe sur les rayons *or* dans les magasins aujourd'hui; **to buy sth off the ~** acheter qch tout fait (*V also* off); (*fig: woman*) **to be (left) on the ~** monter en graine (*fig*), être laissée pour compte; *V* **book** *etc*.
 (b) (*edge*) (*in rock*) rebord *m*, saillie *f*; (*underwater*) écueil *m*; *V* **continental**.
 2 *cpd*: (*Comm*) **shelf life** durée *f* de conservation avant vente; (*Libraries*) **shelf mark** cote *f*.

shell [ʃel] **1** *n* (a) [*egg, nut, oyster, snail etc*] coquille *f*; [*tortoise, lobster, crab*] carapace *f*; (*on beach, in collection etc*) coquillage *m*; [*peas*] cosse *f*. (*lit, fig*) **to come out of/go back into one's ~** sortir de/rentrer dans sa coquille; (*US*) '**clam on the ~**' ≃ 'dégustation de clams'; *V* **cockle** *etc*.
 (b) [*building*] carcasse *f*; [*ship*] coque *f*. (*Culin*) **pastry ~** fond *m* de tarte.
 (c) (*Mil*) obus *m*; (*US: cartridge*) cartouche *f*.
 (d) (*racing boat*) outrigger *m*.
 2 *cpd necklace, ornament etc* de *or* en coquillages. (*Mil*) **shellfire** bombardement *m* par obus, pilonnage *m* d'artillerie; **shellfish** (*pl inv*) (*lobster, crab*) crustacé *m*; (*mollusc*) coquillage *m*; (*pl: Culin*) fruits *mpl* de mer; (*US*) **shell game** (*trick*) tour *m* de passe-passe (pratiqué avec des coques de noix); (*fig: fraud*) escroquerie *f*; (*Mil*) **shellproof** blindé; (*Med*) **shell shock** psychose *f* traumatique, commotion cérébrale (à la suite d'éclatements d'obus); (*Med*) **shell-shocked** commotionné (par des éclatements d'obus); **shell-shocked ex-serviceman** commotionné *m* de guerre.
 3 *vt* (a) *peas* écosser; *nut* décortiquer, écaler; *oyster* écailler, retirer de sa coquille; *crab, prawn, shrimp* décortiquer; *lobster* retirer de sa carapace; *V also* **shelled**.
 (b) (*Mil*) bombarder (d'obus).
 ◆**shell out*** **1** *vi* casquer*, payer. **to shell out for sth** payer qch, casquer* pour qch.
 2 *vt sep* cracher*, aligner*.

she'll [ʃi:l] = **she will**; *V* **will**.

shellac [ʃə'læk] **1** *n* (*U*) (*gomme*) laque *f*. **2** *vt* laquer; (*US fig*: *beat*) battre à plates coutures.

shelled [ʃeld] *adj nut, prawn* décortiqué; *pea* écossé.

shelling [ʃelɪŋ] *n* (*U: Mil*) bombardement *m* (*par obus*), pilonnage *m* d'artillerie.

shelter [ʃeltə'] **1** *n* (a) (*U*) abri *m*, couvert *m*. **under the ~ of** sous l'abri de; **to take ~, to get under ~** se mettre à l'abri *or* à couvert; **to take ~ from/under shelter de/sous; **to seek/offer ~** chercher/offrir un abri (*from* contre); **she gave him ~ for the night** elle lui a donné (un) asile pour la nuit; **we must find ~ for the night** nous devons trouver un abri pour cette nuit; (*Brit*) **S~** organisation *f* bénévole qui cherche à loger les sans-logis.
 (b) (*hut etc*) (*on mountain*) abri *m*, refuge *m*; (*for sentry*) guérite *f*; (*bus ~*) abribus *m*; (*air-raid ~*) abri.
 2 *vt* (a) (*protect*) (*from wind, rain, sun, shells etc*) abriter (*from* de), protéger (*from* de, contre); (*from blame etc*) protéger (*from* de); *criminal etc* protéger; (*hide*) cacher. **~ed from the wind** à l'abri du vent; *V also* **sheltered**.
 (b) (*give lodging to*) recueillir, donner un asile *or* le couvert à; *fugitive etc* donner asile à, recueillir.
 3 *vi* s'abriter (*from* de, *under* sous), se mettre à l'abri *or* à couvert.

sheltered [ʃeltəd] *adj place* abrité; (*fig*) *life* bien protégé, retiré; *conditions, environment* protégé; (*Econ*) *industry* protégé (*contre la concurrence étrangère*). (*Ind*) **~ workshop** centre *m* d'aide, atelier protégé (*réservé aux travailleurs handicapés*); (*for elderly, disabled*) **~ housing** foyers-logements *mpl* (*dans une résidence pour personnes âgées ou handicapées*); **he had a ~ childhood** son enfance s'est écoulée à l'abri des soucis, on lui a fait une enfance sans soucis.

shelve [ʃelv] **1** *vt* (a) (*fig: postpone*) *plan, project, problem* mettre en sommeil *or* en suspens. (b) (*lit*) *cupboard, wall* garnir de rayons *or* d'étagères. **2** *vi* (*slope: also* **~ down**) descendre en pente douce.

shelves [ʃelvz] *npl of* **shelf**.

shelving [ʃelvɪŋ] *n* (*U*) rayonnage(s) *m(pl)*, étagères *fpl*; [*project etc*] mise *f* en sommeil *or* en suspens.

shemozzle* [ʃə'mɒzl] *n* (*Brit*) bagarre* *f*, chamaillerie* *f*. **there was quite a ~!** ça a bardé!*

shenanigan(s)* [ʃə'nænɪɡən(z)] *n* (*U*) (*trickery*) manigances *fpl*, entourloupettes* *fpl*; (*rowdy fun*) chahut *m*.

shepherd [ʃepəd] **1** *n* (a) berger *m*; (*Rel*) pasteur *m*. (*Rel*) **the Good S~** le bon Pasteur.
 (b) (*also* **~ dog**) chien *m* de berger.
 2 *cpd*: **shepherd boy** jeune pâtre *m* (*liter*), jeune berger *m*; **shepherd's check** = **shepherd's plaid**; **shepherd's crook** houlette *f*; (*esp Brit Culin*) **shepherd's pie** hachis *m* Parmentier; **shepherd's plaid** plaid noir et blanc; (*Bot*) **shepherd's purse** bourse-à-pasteur *f*.
 3 *vt sheep* garder, soigner. **the dog ~ed the flock into the field** le chien a fait entrer le troupeau dans le pré; (*fig*) **to ~ sb in** faire entrer qn; **to ~ sb out** escorter qn jusqu'à la porte; **he ~ed us round Paris** il nous a escortés *or* nous a guidés *or* nous a servi de guide dans Paris.

shepherdess [ʃepədɪs] *n* bergère *f*.

sherbet [ʃɜ:bət] *n* (a) (*Brit*) (*fruit juice*) jus *m* de fruit glacé; (*fizzy*) boisson gazeuse; (*powder*) poudre acidulée *or* de sorbet. (b) (*US: water ice*) sorbet *m*.

sheriff [ʃerɪf] **1** *n* (a) (*Brit Jur*) shérif *m*. (b) (*US*) shérif *m*, ≃ capitaine *m* de gendarmerie.
 2 *cpd*: **S~ Court** (*Scot*) ≃ tribunal *m* de grande instance; (*US*) ≃ tribunal *m* de police.

Sherpa [ʃɜ:pə] *n* sherpa *m*.

sherry [ʃerɪ] *n* xérès *m*, sherry *m*.

she's [ʃi:z] = **she is, she has**; *V* **be, have**.

Shetland [ʃetlənd] **1** *n* (*also* **the ~ Islands** *or* **Isles, the ~s**) les îles *fpl* Shetland. **2** *adj* (*gen*) *people, customs, village* shetlandais; *sweater* en shetland. **3** *cpd*: **Shetland pony** poney shetlandais; **Shetland pullover** pull-over *m* en shetland; **Shetland wool** shetland *m*.

Shetlander [ʃetləndə'] *n* Shetlandais(e) *m(f)*.

shew [ʃəʊ] *vti* = **show**.

shhh [ʃ:] *excl* chut!
Shiah [ˈʃiːə] **1** *n* **(a)** (*doctrine*) chi'isme *m*. **(b)** (*follower*: *also* ~ Muslim) chi'ite *mf*. **2** *adj* chi'ite.
shibboleth [ˈʃɪbələθ] *n* (*Bible*) schibboleth *m*; (*fig*) (*doctrine*) doctrine *f or* principe *m* arbitraire; (*password*) mot *m* de passe; (*characteristic*) caractéristique *f*, signe distinctif.
shield [ʃiːld] **1** *n* (*gen*) bouclier *m*; (*not round*) écu *m*; (*Her*) écu, blason *m*; (*on gun*) bouclier; (*on or around machine*) écran *m* de protection, tôle protectrice; (*against radiation*) écran, (*fig*) (*safeguard*) sauvegarde *f*, bouclier (*liter*) (*against* contre); (*person*) protecteur *m*, -trice *f*. (*Space*) **thermal** ~ bouclier thermique; *V* **dress, wind**¹ *etc*.
2 *vt* protéger (*from* de, contre); *fugitive, criminal* protéger, couvrir; (*Tech*) *machine operator* protéger; *gun, machine* fixer un bouclier *or* un écran de protection à. **to** ~ **one's eyes from the sun** se protéger les yeux du soleil; **to** ~ **sb with one's body** faire à qn un bouclier *or* un rempart de son corps.
shieling [ˈʃiːlɪŋ] *n* (*Scot: hut etc*) petite cabane de berger.
shift [ʃɪft] **1** *n* (**a**) (*change*) changement *m* (*in* de), modification *f* (*in* de); (*Ling*) mutation *f*; (*movement: of cargo, load etc*) déplacement *m* (*in* de). **there has been a** ~ **in policy/attitude** la politique/ l'attitude a changé; **a sudden** ~ **in policy/attitude** un retournement *or* un bouleversement de la politique/de l'attitude; ~ **of emphasis** changement *m* d'éclairage; **a sudden** ~ **in the wind** une saute de vent; **he asked for a** ~ **to London/to another department/to an easier job** il a demandé à être muté à Londres/affecté à une autre section/affecté à un emploi plus facile; **it's time he made a** ~ il est temps qu'il change (*subj*) d'horizon; *V* **scene, vowel** *etc*.
(**b**) (*Ind etc*) (*period of work*) poste *m*, période *f* de travail d'une équipe; (*people*) poste, équipe (*de relais*). **he works** ~**s, he's on** ~**s** il travaille par roulement, il fait un travail posté; **they used to work a 10-hour** ~ **in that factory** ils avaient des postes de 10 heures dans cette usine; **I work an 8-hour** ~ je fais les trois-huit, je fais un poste de 8 heures; **this factory operates on 3** ~**s per 24-hour period** dans cette usine ils font les trois-huit *or* 3 équipes *or* 3 postes se relaient sur 24 heures; **to be on day/night** ~ être (au poste) de jour/de nuit; **which** ~ **do you prefer?** quel poste préférez-vous?; **the next** ~ **were late in coming on** le poste suivant *or* l'équipe suivante était en retard pour prendre le relais *or* la relève; **they worked in** ~**s to release the injured man** ils se sont relayés pour (essayer de) libérer le blessé; *V* **day, night** *etc*.
(**c**) (*expedient*) expédient *m*, stratagème *m*, truc* *m*, ruse *f* (*pej*), tour *m* (*pej*). **to make** ~ **with sth/sb** se contenter de *or* s'accommoder de *or* se débrouiller* avec qch/qn; **to make** ~ **without sth/ sb** se passer de qch/qn, se débrouiller* sans qch/qn; **to make** ~ **to do** se débrouiller* pour faire; **as a last desperate** ~ **he** ... en désespoir de cause il ... .
(**d**) (*US Aut: gear*~) (changement *m* de) vitesse *f*.
(**e**) (*straight dress*) robe droite; (†: *woman's slip*) chemise *f*.
(**f**) (*Comput*) décalage *m*.
2 *cpd*: [*typewriter*] **shift key** touche *f* de majuscule; (*Comput*) **shift register** registre *m* à décalage; (*Brit Ind etc*) **shift work** travail *m* posté *or* par relais *or* par roulement; **to do shift work, to be on shift work** travailler par roulement, faire un travail posté; **shift worker** ouvrier posté.
3 *vt* (**a**) (*move*) *object, furniture* déplacer, changer de place; *one's head, arm etc* bouger, remuer; *chair, car etc* déplacer, changer de place, bouger; (*Theat*) *scenery* changer; *screw* débloquer, faire bouger; *lid, top, cap* faire bouger; *employee* (*to another town*) muter (*to* à); (*to another job, department*) affecter (*to* à); *pupil* transférer, faire passer (*to another class* dans une autre classe); (*fig*) *blame, responsibility* rejeter (*on, on to* sur). **he** ~**ed his chair nearer the fire** il a approché sa chaise du feu; **to** ~ **sth in/out/away** *etc* rentrer/sortir/écarter qch; **we couldn't** ~ **him** (*from his opinion*) nous n'avons pas réussi à le faire changer d'avis *or* à l'ébranler; **I can't** ~ **this cold*** je n'arrive pas à me débarrasser de ce rhume.
(**b**) (*change; exchange*) changer de. (*lit, fig*) **to** ~ **position** changer de position; (*US Aut*) **to** ~ **gears** changer de vitesse, passer les vitesses; *V* **ground**¹.
4 *vi* (**a**) (*go*) aller; (*move house*) déménager; (*change position, stir*) [*person, animal, planet etc*] changer de place *or* de position, bouger; [*limb*] remuer, bouger; [*wind*] tourner; [*ballast, cargo, load*] se déplacer; [*opinions, ideas*] changer, se modifier; (*fig: change one's mind*) changer d'avis. **he** ~**ed over to the window** il s'est approché de la fenêtre; ~ **a minute to let me past** pousse-toi *or* bouge-toi* une minute pour me laisser passer; ~ **off the rug** va-t-en du tapis; (*on seat etc*) **can you** ~ **down** *or* **up** *or* **along a little?** pourriez-vous pousser un peu?; **he has** ~**ed to London** (*gen*) il est à Londres maintenant; (*moved house*) il a déménagé à Londres; (*changed job*) il a trouvé un nouvel emploi à Londres; (*within same firm*) il a été muté à Londres; **he has** ~**ed into another class** il a été transféré *or* il est passé dans une autre classe; (*Theat etc*) **the scene** ~**s to Paris** la scène est maintenant à Paris; (*Aut*) **to** ~ **into second** (*gear*) passer la deuxième; **he won't** ~ (*lit*) il ne bougera pas; (*fig: change opinion*) il est inébranlable, il ne bougera pas; **the government has not** ~**ed from its original position** le gouvernement n'a pas modifié sa première position; (*go fast*) **he/that car certainly** ~**s*** il/cette voiture ne traîne pas! *or* ne lanterne pas! *or* fonce!; (*hurry*) **come on,** ~**!*** allez, remue-toi! *or* grouille-toi!‡
(**b**) **to** ~ **for o.s.** se débrouiller* tout seul.
♦**shift about, shift around 1** *vi* (**a**) (*move house*) déménager souvent; (*change job*) changer souvent d'emploi; (*within same firm*) être muté plusieurs fois.
(**b**) (*fidget*) bouger, remuer.
2 *vt sep furniture etc* déplacer, changer de place.

♦**shift away** *vi* (*move house*) déménager. **they've shifted away from here** ils n'habitent plus par ici.
♦**shift back 1** *vi* (**a**) (*move house*) **they've shifted back to London** ils sont retournés *or* revenus habiter (à) Londres.
(**b**) (*withdraw*) (se) reculer.
2 *vt sep chair etc* reculer.
♦**shift over** *vi* s'écarter, se déplacer, se pousser. **shift over!** pousse-toi!
shiftily [ˈʃɪftɪlɪ] *adv* (*V* **shifty**) sournoisement; de façon évasive.
shiftiness [ˈʃɪftɪnɪs] *n* (*V* **shifty**) manque *m* de franchise, caractère *m or* aspect *m* louche, sournoiserie *f*; caractère évasif.
shifting [ˈʃɪftɪŋ] *adj scene, opinion* changeant; *sand* mouvant.
shiftless [ˈʃɪftlɪs] *adj* (*idle*) fainéant, paresseux, flemmard*; (*unresourceful*) manquant de ressources.
shiftlessness [ˈʃɪftlɪsnɪs] *n* manque *m* de ressources.
shifty [ˈʃɪftɪ] *adj person, behaviour* louche, qui manque de franchise, sournois; *answer* évasif; *look* fuyant. ~**-eyed** aux yeux fuyants.
Shiite, Shi'ite [ˈʃiːaɪt] (*also* ~ Muslim) *n, adj* chi'ite (*mf*).
shiksa, shikse(h) [ˈʃɪksə] *n* (*US: often pej*) jeune fille *f* non juive.
shill [ʃɪl] *n* (*US: at fairground etc*) compère *m*.
shillelagh [ʃəˈleɪlə] *n* (*Ir*) gourdin irlandais.
shilling [ˈʃɪlɪŋ] *n* (*Brit*) shilling *m* (*ancienne pièce valant le vingtième de la livre*).
shilly-shally [ˈʃɪlɪˌʃælɪ] **1** *vi* hésiter; (*deliberately*) tergiverser, atermoyer. **stop** ~**ing!** décide-toi enfin! **2** *n* = **shilly-shallying**.
shilly-shallying [ˈʃɪlɪˌʃælɪŋ] *n* (*U*) hésitation *fpl*, valse-hésitation *f*; (*deliberate*) tergiversations *fpl*, atermoiements *mpl*.
shimmer [ˈʃɪmə*ʳ*] **1** *vi* [*satin, jewels*] chatoyer; [*water, lake, heat haze, road surface*] miroiter. **the moonlight** ~**ed on the lake** le clair de lune se reflétait sur le lac *or* faisait miroiter le lac.
2 *n* [*satin, jewels*] chatoiement *m*; [*water, lake*] miroitement *m*.
shimmering [ˈʃɪmərɪŋ] *adj*, **shimmery** [ˈʃɪmərɪ] *adj material, jewel* chatoyant; *water, lake* miroitant. **the** ~ **moonlight on the lake** le clair de lune qui faisait miroiter le lac.
shimmy [ˈʃɪmɪ] **1** *n* (**a**) (*US Aut*) shimmy *m*. (**b**) (*dance*) shimmy *m*.
2 *vi* (*US Aut*) avoir du shimmy.
shin [ʃɪn] **1** *n* (**a**) tibia *m*.
(**b**) (*Culin*) ~ **of beef** jarret *m* de bœuf.
2 *cpd*: **shinbone** tibia *m*; **shin guard, shin pad** jambière *f*.
3 *vi*: **to** ~ **up a tree** grimper à un arbre; **to** ~ **down a tree** dégringoler lestement d'un arbre; **to** ~ **over a wall** escalader un mur.
♦**shin down** *vi* dégringoler* lestement.
♦**shin up** *vi* grimper lestement.
shindig* [ˈʃɪndɪg] *n* (*dance, party etc*) fiesta *f*, soirée joyeuse.
shindy* [ˈʃɪndɪ] *n* (**a**) (*brawl*) bagarre *f*; (*row, commotion*) tapage *m*, boucan* *m*. **to kick up** *or* **make a** ~ faire du boucan*. (**b**) = **shindig**.
shine [ʃaɪn] *n* (*vb: pret, ptp* **shone**) **1** *n* [*sun*] éclat *m*; [*metal*] éclat, brillant *m*; [*shoes*] brillant. **to give sth a** ~ faire briller qch, faire reluire qch; **to take the** ~ **off** *brass, shoes* rendre mat *or* terne (*pej*); *trouser seat* délustrer; (* *fig*) *success, news* diminuer l'attrait de, faire tomber à plat; *sb else's achievement* éclipser; **the** ~ **on his trousers** son pantalon lustré; **to take a** ~ **to sb**‡ se toquer de qn*; *V* **moon, rain** *etc*.
2 *vi* [*sun, stars, lamp*] briller; [*metal, shoes*] briller, reluire; (*fig: excel*) briller. **the sun is shining** il fait (du) soleil, il y a du soleil, le soleil brille; **the moon is shining** il y a clair de lune; **to** ~ **on sth** éclairer *or* illuminer qch; **the light was shining in my eyes** j'avais la lumière dans les yeux; **her face shone with happiness** son visage rayonnait de bonheur; **her eyes shone with pleasure/envy** ses yeux brillaient de plaisir/luisaient d'envie; (*fig*) **to** ~ **at** *football*/*Spanish* briller *or* faire des étincelles* au football/en espagnol.
3 *vt* (**a**) ~ **your torch** *or* ~ **the light over here** éclairez par ici; **he shone his torch on the car** il a braqué sa lampe de poche sur la voiture, il a éclairé la voiture.
(**b**) (*pret, ptp* **shone** *or* **shined**) *furniture, brass, shoes* faire briller, faire reluire, astiquer.
♦**shine down** *vi* [*sun, moon, stars*] briller.
♦**shine through** *vi* [*light etc*] passer, filtrer; (*fig*) [*courage etc*] transparaître.
♦**shine up** *vi* (*US fig*) **to shine up to sb*** (*to girl*) faire du plat* à qn; (*to boss*) faire de la lèche* à qn.
shiner [ˈʃaɪnə*ʳ*] *n* (**a**) (‡: *black eye*) œil poché, œil au beurre noir*.
(**b**) *V* **shoe**.
shingle [ˈʃɪŋgl] **1** *n* (*U: on beach etc*) galets *mpl*; (*U: on roof*) bardeaux *mpl*; (*US*: signboard*) petite enseigne (*de docteur, de notaire etc*); (†: *hairstyle*) coupe *f* à la garçonne. **2** *cpd*: **shingle beach** plage *f* de galets. **3** *vt* (†) *hair* couper à la garçonne.
shingles [ˈʃɪŋglz] *n* (*U*) zona *m*.
shingly [ˈʃɪŋglɪ] *adj beach* (couvert) de galets.
shininess [ˈʃaɪnɪnɪs] *n* éclat *m*, brillant *m*.
shining [ˈʃaɪnɪŋ] *adj furniture, car, floor* luisant, reluisant; (*clean*) reluisant (*de propreté*); (*happy*) *face* rayonnant; *eyes, hair* brillant; *example* resplendissant; *V* **improve**.
shinny [ˈʃɪnɪ] *vi* = **shin 3**.
Shinto [ˈʃɪntəʊ] *n* shintô *m*.
Shintoism [ˈʃɪntəʊɪzəm] *n* shintoïsme *m*.
Shintoist [ˈʃɪntəʊɪst] *adj, n* shintoïste (*mf*).
shinty [ˈʃɪntɪ] *n* (*Scot*) sorte *f* de hockey sur gazon.
shiny [ˈʃaɪnɪ] *adj surface etc* brillant; *car, furniture* brillant, reluisant; *coin, nose* brillant; *clothes* lustré.
ship [ʃɪp] **1** *n* (*gen*) bateau *m*; (*large*) navire *m*; (*vessel*) vaisseau *m*, bâtiment *m*. **His** (*or* **Her**) **Majesty's S**~ (*abbr* **HMS**) **Maria/ Falcon** (le HMS) la Maria/le Falcon; (†, *liter*) **the good** ~ **Caradoc**

la neft Caradoc, le Caradoc; (*Hist*) ~ **of the line** bâtiment de ligne; ~'**s biscuit** biscuit *m* (de mer); ~'**s boat** chaloupe *f*; ~'**s company** équipage *m*, hommes *mpl* du bord; ~'**s papers** papiers *mpl* de bord *or* d'un navire; (*fig*) **when my** ~ **comes home** quand j'aurai fait fortune; (*fig*) **he runs** *or* **keeps a tight** ~ il ne plaisante pas sur l'organisation (*or* la discipline); (*fig*) **the** ~ **of the desert** le vaisseau du désert, le chameau; *V* **board, jump, war** *etc*.

2 *cpd*: **shipbuilder** constructeur *m* de navires; **shipbuilding** construction navale; **ship canal** canal *m* maritime *or* de navigation; **shipload** (*lit*) charge *f*; (*fig*) grande quantité, masse* *f*; **tourists were arriving by the shipload** les touristes arrivaient par bateaux entiers; **shipmate** camarade *m* de bord; **shipowner** armateur *m*; **ship('s) chandler** fournisseur *m* d'équipement maritime, shipchandler *m*; **shipshape** bien rangé, en ordre; (*loc*) **all shipshape and Bristol fashion** arrangé d'une façon impeccable; **ship-to-shore radio** liaison *f* radio avec la côte; **shipwreck** *V* **shipwreck**; **shipwright** (*builder*) constructeur *m* de navires; (*carpenter*) charpentier *m* (de chantier naval); **shipyard** chantier naval.

3 *vt* **(a)** (*transport*) transporter; (*send by* ~) expédier (par bateau); (*send by any means*) expédier. (*Comm*) **the goods were** ~**ped on SS Wallisdown** la marchandise a été expédiée à bord du SS Wallisdown.

(b) (*put or take on board*) *cargo* embarquer, charger; *water* embarquer. **to** ~ **the oars** rentrer les avirons.

◆**ship off, ship out 1** *vi* s'embarquer (*to* pour).

2 *vt sep* **(a)** (*send by ship*) *goods, troops etc* envoyer (par bateau *or* par mer).

(b) (*: send*) *goods, person* expédier*.

shipment ['ʃɪpmənt] *n* (*load*) cargaison *f*; (*act of shipping*) expédition *f* (*par bateau*). (*Comm*) **ready for** ~ prêt à l'expédition.

shipper ['ʃɪpər] *n* expéditeur *m*, affréteur *m*.

shipping ['ʃɪpɪŋ] **1** *n* (*U*) **(a)** (*ships collectively*) navires *mpl*; (*traffic*) navigation *f*. (*Rad*) **attention all** ~! avis à la navigation!; **it was a danger to** ~ cela constituait un danger pour la navigation; **the canal is closed to British** ~ le canal est fermé aux navires britanniques.

(b) (*act of loading*) chargement *m*, embarquement *m*.

2 *cpd*: **shipping agent** agent *m* maritime; **shipping company, shipping line** compagnie *f* de navigation; **shipping lane** voie *f* de navigation; **shipping losses during 1944** les pertes en navires pendant 1944.

shipwreck ['ʃɪprek] **1** *n* (*event*) naufrage *m*; (*wrecked ship*) épave *f*.

2 *vt* (*lit*) faire sombrer; (*fig*) ruiner, anéantir. **to be** ~**ed** faire naufrage; ~**ed on a desert island** [*vessel*] échoué sur une île déserte; [*person*] naufragé sur une île déserte; **a** ~**ed person** un(e) naufragé(e); ~**ed sailor/vessel** marin/vaisseau naufragé.

shire ['ʃaɪər] *n* (*Brit*) comté *m*. **the S~s** les comtés du centre de l'Angleterre; ~ **horse** shire *m*, cheval *m* de gros trait.

shirk [ʃɜːk] **1** *vt task, work* ne pas faire; *obligation, duty* esquiver, se dérober à; *difficulty, problem, issue* escamoter, éluder, esquiver. **to** ~ **doing** éviter de faire, s'arranger pour ne pas faire. **2** *vi* tirer au flanc*.

shirker ['ʃɜːkər] *n* tire-au-flanc* *mf inv*.

shirr [ʃɜːr] *vt* **(a)** (*Sewing*) froncer. **(b)** (*US Culin*) ~**ed eggs** œufs *mpl* en cocotte *or* au four.

shirring ['ʃɜːrɪŋ] **1** *n* fronces *fpl*. **2** *cpd*: **shirring elastic** (fil *m*) élastique *m* à froncer.

shirt [ʃɜːt] **1** *n* (*man's*) chemise *f*; (*woman's*) chemisier *m*; (*footballer's etc*) maillot *m*. (*fig*) **keep your** ~ **on**‡ ne vous mettez pas en rogne* *or* en pétard‡; (*Betting etc*) **to put one's** ~ **on sth** jouer (toute) sa fortune *or* tout ce qu'on a sur qch; (*Betting etc*) **to lose one's** ~ perdre (toute) sa fortune *or* tout ce qu'on a, y laisser sa chemise; *V* **boil, night, stuff** *etc*.

2 *cpd*: **shirtdress** robe *f* chemisier; **shirt front** plastron *m*; **in (one's) shirt sleeves** en bras *or* manches de chemise; **shirttail** pan *m* de chemise; **in (one's) shirttails** en (pans de) chemise; (*US*) **shirttail*** cousin cousin(e) *m(f)* éloigné(e), cousin(e) à la mode de Bretagne; **shirtwaist(ed) dress, shirtwaister** robe *f* chemisier; (*US*) **shirtwaist** (*blouse*) chemisier *m*; (*dress*) robe *f* chemisier.

shirting ['ʃɜːtɪŋ] *n* (*U*) shirting *m*.

shirty* ['ʃɜːtɪ] *adj* (*esp Brit*) en rogne*, de mauvais poil*. **to get** ~ se mettre en rogne*, prendre la mouche.

shit‡ [ʃɪt] (*vb: pret, ptp* **shat**) **1** *n* (*excrement*) merde‡* *f*; (*fig*) connerie‡ *f*. (*excl*) ~! merde!‡; **don't give me that** ~! arrête de déconner!‡; **he's a** ~ c'est un salaud‡. **2** *vi* chier‡*. **3** *cpd*: **shitlist**‡* liste *f* noire.

shitty*‡ ['ʃɪtɪ] *adj* dégueulasse‡, dégoûtant. **what a** ~ **thing to happen!** quelle vacherie!‡, quelle saloperie!‡

shiv‡ [ʃɪv] *n* (*US: knife*) surin‡ *m*, couteau *m*.

shiver¹ ['ʃɪvər] **1** *vi* (*with cold*) frissonner, trembler (*with* de); (*with fear*) frissonner, trembler, tressaillir (*with* de); (*with pleasure*) frissonner, tressaillir (*with* de); *V* **shoe**.

2 *n* (*from cold*) frisson *m*; (*from fear, pleasure*) frisson, tressaillement *m*. **it sent** ~**s down his spine** cela lui a donné froid dans le dos; **he gave a** ~ il a frissonné, il a eu un frisson; **to give sb the** ~**s** donner le frisson à qn.

shiver² ['ʃɪvər] **1** *n* (*fragment*) éclat *m*, fragment *m*. **2** *vi* (*shatter*) voler en éclats, se fracasser. **3** *vt* fracasser.

shivery ['ʃɪvərɪ] *adj* (*from cold*) frissonnant, qui a des frissons; (*from fever*) fiévreux; (*from fear/emotion etc*) tremblant *or* frissonnant (de peur/d'émotion *etc*).

shoal¹ ['ʃəʊl] *n* (*fish*) banc *m* (*de poissons*). (*fig*) **they came in (their)** ~**s** ils sont venus en foule; ~**s of*** une grande quantité de, une masse de*; ~**s of applications** une avalanche de demandes.

shoal² ['ʃəʊl] *n* (*shallows*) haut-fond *m*, bas-fond *m*; (*sandbank*) banc *m* de sable, écueil *m*.

shock¹ [ʃɒk] **1** *n* **(a)** (*impact*) [*collision etc*] choc *m*, heurt *m*; [*earthquake, explosion*] secousse *f*.

(b) (*Elec*) décharge *f* (électrique). **to get a** ~ recevoir une décharge (électrique), prendre le jus*; **she got a** ~ **from the refrigerator**, **the refrigerator gave her a** ~ elle a reçu une décharge en touchant le réfrigérateur.

(c) (*to sensibilities etc*) choc *m*, coup *m*, secousse *f*; (*feeling, emotion*) horreur *f*. **he got such a** ~ **when he heard that** ... cela lui a donné un tel choc *or* un tel coup *or* une telle secousse d'apprendre que ...; **he hasn't yet got over the** ~ **of her death** il ne s'est pas encore remis du choc que lui a causé sa mort; **the** ~ **killed him** le choc l'a tué; **the** ~ **of the election results** les résultats stupéfiants de l'élection; **their refusal came as a** ~ **to me** leur refus m'a stupéfié *or* ébahi; **it comes as a** ~ **to hear that** ... il est stupéfiant d'apprendre que ...; **you gave me a** ~! vous m'avez fait peur!; **I got such a** ~! (*at sth startling*) j'ai eu une de ces émotions!*; (*at bad news*) ça m'a bouleversé!; **pale with** ~ pâle de saisissement; **my feeling is one of** ~ **at the idea that** ... j'éprouve un sentiment d'horreur à l'idée que ..., je suis bouleversé à l'idée que ... .

(d) (*Med*) commotion *f*, choc *m*. **to be suffering from** ~ être sous le coup du choc, être commotionné; **in a state of** ~ en état de choc, commotionné; *V* **shell** *etc*.

(e) (*US Aut*) ~**s*** amortisseurs *mpl*.

2 *cpd* (*Mil etc*) *tactics, troops* de choc. (*Aut*) **shock absorber** amortisseur *m*; **shockproof** (*Tech*) anti-choc *inv*; (*: fig*) *person* difficile à choquer; **shock resistant** résistant aux chocs; (*Med*) **shock therapy**, **shock treatment** (traitement *m* par) électrochoc *m*; (*Phys*) **shock wave** onde *f* de choc.

3 *adj* (*:*) *result, reaction* stupéfiant.

4 *vt* (*take aback*) secouer, retourner*; (*stronger*) bouleverser; (*disgust*) dégoûter; (*scandalize*) choquer, scandaliser. **his mother's death** ~**ed him into going to see his father** bouleversé par la mort de sa mère il est allé voir son père; **to** ~ **sb out of his complacency** secouer qn (*fig*) qn jusqu'à ce qu'il perde sa suffisance; **he's easily** ~**ed** il se choque facilement *or* pour un rien.

shock² [ʃɒk] *n*: **a** ~ **of hair** une tignasse*.

shocked [ʃɒkt] *adj* (*taken aback*) secoué, (*stronger*) bouleversé; (*disgusted*) dégoûté; (*scandalized*) choqué; (*Med*) commotionné. **a** ~ **silence** un silence accablé.

shocker ['ʃɒkər] *n* **(a)** (*:*) **he's a** ~ il est impossible *or* imbuvable*; **his essay's a** ~ sa dissertation est une catastrophe*; **what a** ~ **of a day!** quel temps épouvantable! *or* de cochon!* **(b)** (*cheap book*) livre *m* à sensation.

shocking ['ʃɒkɪŋ] **1** *adj* **(a)** (*appalling*) *crime, cruelty* affreux, atroce, odieux; *news, sight* atroce, bouleversant; (*scandalizing*) *book, behaviour* choquant, scandaleux; *decision, waste of money* scandaleux; *price* exorbitant, scandaleux. **the film wasn't really** ~ le film n'avait rien de vraiment choquant.

(b) (*very bad*) *weather, results, cold, cough* affreux, terrible, épouvantable; *handwriting* épouvantable; *meal* infect. **she has** ~ **taste** son manque de goût est atroce.

2 *adv* (*:*) terriblement, affreusement.

shockingly ['ʃɒkɪŋlɪ] *adv unfair, expensive, difficult* terriblement, affreusement; *behave* (*appallingly*) épouvantablement, de façon terrible; (*scandalously*) scandaleusement, de façon choquante; (*very badly*) très mal, odieusement; *play, act etc* de façon lamentable.

shod [ʃɒd] *pret, ptp of* **shoe 3**.

shoddily ['ʃɒdɪlɪ] *adv made* mal, à la six-quatre-deux*; *behave* de façon mesquine.

shoddiness ['ʃɒdɪnɪs] *n* [*work, goods*] mauvaise qualité; [*behaviour*] bassesse *f*, mesquinerie *f*.

shoddy ['ʃɒdɪ] **1** *adj work* de mauvaise qualité; *goods* de mauvaise qualité, mal fait, mal fini; *behaviour* mesquin. **2** *n* (*cloth*) tissu *m* fait d'effiloché.

shoe [ʃuː] (*vb: pret, ptp* **shod**) **1** *n* chaussure *f*, soulier *m*; (*horse*~) fer *m* (à cheval); (*brake* ~) sabot *m* (de frein). **to have one's** ~**s on/off** être chaussé/déchaussé; **to put on one's** ~**s** mettre ses chaussures, se chausser; **to take off one's** ~**s** enlever ses chaussures, se déchausser; (*fig*) **to shake** *or* **shiver in one's** ~**s** avoir une peur bleue, (*less strong*) être dans ses petits souliers*; (*fig*) **I wouldn't like to be in his** ~**s** je n'aimerais pas être à sa place; (*fig*) **to step into sb's** ~**s** succéder à qn; **he's waiting for dead men's** ~**s** il attend que quelqu'un meure pour prendre sa place; (*fig*) **you'll know where the** ~ **pinches when** ... vous vous trouverez serré *or* à court quand ...; (*fig*) **that's another pair of** ~**s** c'est une autre paire de manches; *V* **court** *etc*.

2 *cpd*: **shoeblack** cireur *m* de chaussures; **shoebrush** brosse *f* à chaussures; **shoe cream** crème *f* pour chaussures; **shoehorn** chausse-pied *m*; **shoelace** lacet *m* de soulier; (*fig*) **you are not fit** *or* **worthy to tie his shoelaces** vous n'êtes pas digne de délier le cordon de ses souliers; **shoe leather** cuir *m* pour chaussures; (*fig*) **I wore out a lot of shoe leather, it cost me a lot in shoe leather** ça m'est revenu cher en chaussures, j'ai dû faire des kilomètres à pied; **shoemaker** (*cobbler*) cordonnier *m*; (*manufacturer*) fabricant *m* de chaussures; (*shoeshop owner*) chausseur *m*; **shoemaker's shop** cordonnerie *f*; **shoe polish** cirage *m*; **shoe repairs** réparation *f* de chaussures; **shoe repairer** cordonnier *m*; **shoe repairer's (shop)** cordonnerie *f*; (*U*) **shoe repairing** cordonnerie *f*; **shoeshine (boy)** cireur *m* de chaussures; **shoeshiner** cireur *m* de chaussures; **shoeshop** magasin *m* de chaussures; (*lit*) **shoestring** = **shoelace**; (*fig*) **to do sth on a shoestring** faire qch à peu de frais *or* avec peu d'argent; **they're living on a shoestring** ils sont gênés, ils doivent se serrer la ceinture*; **shoestring budget** budget *m* minime *or* infime; **shoetree** embauchoir *m*.

3 *vt horse* ferrer. [*person*] **to be well/badly shod** être bien/mal chaussé, (*Prov*) **the cobbler's children are always the worst**

shod ce sont les cordonniers qui sont les plus mal chaussés (*Prov*).
shone [ʃɒn] *pret, ptp of* **shine**.
shoo [ʃuː] **1** *excl* (*to animals*) pschtt!; (*to person*) ouste!* **2** *vt* (*also ~ away*, *~ off*) chasser. **3** *cpd*: (*US*) **it's a shoo-in*** c'est du tout cuit*, c'est du gâteau*.
shook [ʃʊk] **1** *pret of* **shake**. **2** *cpd*: **to be shook up*** about sth être tout remué *or* tout émotionné* à propos de qch; **a shook-up* generation** une génération de paumés*.
shoot [ʃuːt] (*vb: pret, ptp* **shot**) **1** *n* (**a**) (*on branch etc*) pousse *f*, scion *m*, rejeton *m*; (*seedling*) pousse.
(**b**) (*chute*) glissière *f*, déversoir *m*.
(**c**) (*shooting party*) partie *f* de chasse; (*land*) (terrain *m* de) chasse *f*. (*fig*) **the whole (bang) ~*** (*things*) absolument tout, le tout, tout le tremblement* *or* le bataclan*; (*people*) tout le monde, tout le tremblement*.
(**d**) (*US: excl*) **~!*** oh zut!*, mince!*
2 *cpd*: (*US Cine*) **shoot'em-up*** film *m* de violence; (*US*) **shoot-the-chute** toboggan *m* (*glissière*); **shoot-out*** fusillade *f*.
3 *vt* (**a**) *game* (*hunt*) chasser; (*kill*) abattre, tirer; *injured horse etc* abattre; *person* (*hit*) atteindre *or* (*wound*) blesser *or* (*kill*) tuer d'un coup de fusil (*or de* revolver *etc*), abattre, descendre*; (*execute*) fusiller. **to be shot in the head** être atteint *or* blessé *or* tué d'une balle dans la tête; **to be shot in the arm** recevoir une balle dans le bras, être atteint d'une balle au bras; **he had been shot through the heart** il avait reçu une balle en plein cœur; **to ~ sb dead** abattre qn; **he was shot as a spy** il a été fusillé pour espionnage; (*hum*) **people have been shot for less*** c'est se mettre la corde au cou*; (*hum*) **you'll get shot for that!*** tu vas te faire incendier pour ça!*; **to ~ from the hip** (*lit*) tirer dès qu'on a dégainé; (*fig*) (*challenging sb*) attaquer impulsivement; (*answering sb*) riposter impulsivement; (*fig*) **to ~ o.s. in the foot*** mal juger son coup, ramasser une pelle*.
(**b**) (*fire*) *gun* tirer *or* lâcher un coup de (*at* sur); *arrow* décocher, lancer, tirer (*at* sur); *bullet* tirer (*at* sur); *rocket, missile* lancer (*at* sur). (*fig*) **the volcano shot lava high into the air** le volcan projetait *or* lançait de la lave dans les airs; **they shot the coal into the cellar** ils ont déversé le charbon dans la cave; **to ~ rubbish** déverser des ordures; **to ~ a goal, to ~ the ball into the net** marquer *or* shooter un but; **he shot the bolt** (*fastened*) il a mis *or* poussé le verrou; (*opened*) il a tiré le verrou; (*fig*) **he has shot his bolt** il a joué sa dernière carte, il a brûlé ses dernières cartouches; (*US fig*) **to ~ the breeze*** bavarder; (*US fig*) **to ~ the bull‡** raconter des conneries‡; (*fig*) **to ~ a line‡** faire de l'épate*, en mettre plein la vue*; (*Brit fig*) **to ~ a line about ‡** raconter des histoires *or* des bobards* à propos de; (*US fig: spend all*) **to ~ the works*** on sth claquer* tout ce qu'on a pour acheter qch; **to ~ dice** jeter les dés; (*fig*) **to ~ the moon** déménager à la cloche de bois; *V* **pool²**.
(**c**) (*direct*) *look, glance* décocher, lancer (*at* à); (*searchlight etc*) *beam of light* braquer (*at* sur); (*sun*) *ray of light* lancer, darder. **he shot a smile at her** il lui a jeté un sourire, il lui a souri rapidement; **to ~ questions at sb** bombarder *or* mitrailler qn de questions.
(**d**) (*Cine etc*) *film, scene* tourner; *subject of snapshot etc* prendre (en photo).
(**e**) *rapids* franchir, descendre; *bridge* passer rapidement sous.
(**f**) (*) (*send*) envoyer, expédier; (*give*) donner; (*throw*) jeter, flanquer*.
(**g**) (*Drugs sl*) **to ~ heroin** se shooter (*sl*) à l'héroïne.
4 *vi* (**a**) (*with gun, bow*) tirer (*at* sur); (*Sport: at target*) tirer (à la cible). (*Brit: hunt*) **to go ~ing** chasser, aller à la chasse, tirer le gibier; **to ~ to kill** tirer pour abattre; **to ~ on sight** tirer à vue; **he can't ~ straight** il tire mal *or* comme un pied*.
(**b**) (*move quickly*) [*person, car, ball etc*] **to ~ in/out/past** *etc* entrer/sortir/passer *etc* en flèche; **to ~ along** filer; **he shot to the door** il n'a fait qu'un bond jusqu'à la porte; **the car shot out of a side street** la voiture est sortie *or* a débouché à toute vitesse d'une rue transversale; **he shot across the road** il a traversé la rue comme une flèche; **the ball shot over the wall** le ballon a été projeté par-dessus le mur; **the bullet shot past his ears** la balle lui a sifflé aux oreilles; **the cat shot up the tree** le chat a grimpé à l'arbre à toute vitesse; **the pain went ~ing up his arm** la douleur au bras lui élançait, son bras s'élançait; (*in class etc*) **he has shot ahead in the last few weeks** il a fait des progrès énormes depuis quelques semaines.
(**c**) (*Ftbl etc*) shooter, tirer. **to ~ at goal** shooter, faire un shoot; (*fig: in conversation*) **to ~!*** vas-y!, dis ce que tu as à dire!, dis!*
(**d**) (*Bot*) bourgeonner, pousser.
♦**shoot away 1** *vi* (**a**) (*Mil etc: fire*) continuer à tirer, tirer sans arrêt.
(**b**) (*move*) partir comme une flèche, s'enfuir à toutes jambes. **2** *vt sep* = **shoot off 2b**.
♦**shoot back** *vi* (**a**) (*Mil etc*) retourner le (*or* son *etc*) feu (*at* à).
(**b**) (*move*) retourner *or* rentrer *or* revenir en flèche.
♦**shoot down** *vt sep* (**a**) *plane* abattre, descendre. (*Aviat*) **he was shot down in flames** son avion s'est abattu en flammes; (*fig*) **to shoot down in flames*** *project* démolir; *person* descendre en flammes*.
(**b**) (*kill*) *person* abattre, descendre*.
♦**shoot off 1** *vi* = **shoot away 1b**.
2 *vt sep* (**a**) *gun* décharger, faire partir. (*fig*) **he's always shooting his mouth off‡** il faut toujours qu'il ouvre le bec* *or* sa grande gueule‡; **to shoot off (one's mouth) about sth‡** raconter des histoires *or* des bobards* au sujet de qch.
(**b**) **he had a leg shot off** il a eu une jambe emportée par un éclat d'obus, un éclat d'obus lui a emporté la jambe.
♦**shoot out 1** *vi* [*person, car etc*] sortir comme une flèche; [*flame, water*] jaillir.
2 *vt sep* (**a**) **to shoot out one's tongue** [*person*] tirer la langue;

[*snake*] darder sa langue; **he shot out his arm and grabbed my stick** il a avancé brusquement le bras et a attrapé ma canne; **he was shot out of the car** il a été éjecté de la voiture; *V* **neck**.
(**b**) **to shoot it out** avoir un règlement de compte (à coups de revolvers *or* de fusils), s'expliquer à coups de revolvers *or* de fusils.
3 *shoot-out* n V* **shoot 2**.
♦**shoot up 1** *vi* (**a**) [*flame, water*] jaillir; [*rocket, price etc*] monter en flèche.
(**b**) (*grow quickly*) [*tree, plant*] pousser vite; [*child*] pousser comme un champignon.
(**c**) (*Drugs sl*) se shooter (*sl*).
2 *vt sep* (**a**) (*US*: with gun*) flinguer‡, tirer sur. (**b**) (*Drugs sl*) *heroin etc* se shooter à (*sl*).
3 *shot up‡ adj V* **shot 3**.
-shooter [ˈʃuːtər] *n ending in cpds V* **pea**, **six** *etc*.
shooting [ˈʃuːtɪŋ] **1** *n* (**a**) (*U*) (*shots*) coups *mpl* de feu; (*continuous*) fusillade *f*. **I heard some ~ over there** j'ai entendu des coups de feu par là-bas; **the ~ caused 10 deaths** la fusillade a fait 10 morts.
(**b**) (*act*) (*murder*) meurtre *m* *or* assassinat *m* (*avec une arme à feu*); (*execution*) fusillade *f*, exécution *f*. **the ~ of a policeman in the main street** le meurtre d'un agent de police abattu dans la grand-rue.
(**c**) (*Hunting*) chasse *f*. **rabbit ~** la chasse au lapin; **there's good ~ there** il y a une bonne chasse là-bas.
(**d**) (*Cine*) [*film, scene*] tournage *m*.
2 *adj* *pain* lancinant. **~ star** étoile filante.
3 *cpd*: (*Brit Aut*) **shooting brake** break *m*; **the shooting-down of the diplomat** l'attentat *m* contre le diplomate; **the shooting-down of the plane** (*by the enemy*) la perte *or* la destruction de l'avion (*abattu par l'ennemi*); **shooting gallery** tir *m*, stand *m* (de tir); **there were a few shooting incidents last night** la nuit dernière il y a eu quelques échanges *mpl* de coups de feu; (*Brit fig*) **the whole shooting match*** tout le bataclan*, tout le tremblement*; **shooting party** partie *f* de chasse; **shooting range** tir *m*, stand *m* (de tir); **within shooting range** à portée de fusil (*or de* canon *etc*); (*Cine*) **shooting script** découpage *m*; **shooting stick** canne-siège *f*.
shop [ʃɒp] **1** *n* (**a**) (*esp Brit: Comm*) magasin *m*, (*small*) boutique *f*. **wine ~** marchand *m* de vins; **at the butcher's ~** à la boucherie, chez le boucher; '**The Toy S~**' 'la Maison du Jouet'; **mobile** *or* **travelling ~** épicerie *etc* roulante; **he's just gone (round) to the ~s** il est juste sorti faire des courses; **to set up ~** (*Comm*) ouvrir un commerce *or* un magasin, s'établir, s'installer; (*fig*) s'établir, s'installer; (*lit, fig*) **to shut up ~** fermer boutique; (*fig*) **you've come to the wrong ~*** tu te trompes d'adresse* (*fig*); (*fig*) **to talk ~** parler boutique *or* affaires *or* métier; (*fig*) **all over the ~*** (*everywhere*) partout; (*in confusion*) en désordre, en pagaille; *V* **back, corner, grocer** *etc*.
(**b**) (*workshop*) atelier *m*.
(**c**) (*part of factory*) atelier *m*. **assembly ~** atelier de montage; *V* **closed, machine** *etc*.
2 *cpd* (*bought in shop*) *cakes etc* acheté dans le commerce. (*Brit*) **shop assistant** vendeur *m*, -euse *f*, employé(e) *m(f)* (de magasin); (*esp Brit*) **shopfitter** décorateur *m* de magasin; (*Brit Ind*) **he works on the shop floor** c'est un ouvrier; (*Brit Ind*) **the shop-floor** (*workers*) les ouvriers *mpl*; (*Brit*) **shopgirl** vendeuse *f*; **shopkeeper** commerçant(e) *m(f)*, marchand(e) *m(f)*; **the small shopkeeper** le petit commerçant; **shoplift** voler à l'étalage; **shoplifter** voleur *m*, -euse *f* à l'étalage; (*U*) **shoplifting** vol *m* à l'étalage; (*Brit*) **shop-soiled** qui a fait l'étalage *or* la vitrine, défraîchi; (*Brit Ind*) **shop steward** délégué(e) syndical(e) *m(f)*; (*jargon*) **shoptalk*** jargon *m* (de métier); **I'm getting tired of shoptalk*** je commence à en avoir assez de parler affaires *or* métier; (*Brit*) **shopwalker†** chef *m* de rayon; **shop window** vitrine *f*; (*US*) **shopworn** = **shop-soiled**.
3 *vi*: **to ~ at Harrods** faire ses courses *or* ses achats chez Harrods; (*sign*) '**~ at Brown's**' 'achetez chez Brown'; **to go ~ping** (*locally etc*) faire les courses; (*on shopping expedition*) faire des courses, courir les magasins; **I was ~ping for a winter coat** je cherchais un manteau d'hiver.
4 *vt* (‡: *esp Brit: betray*) vendre, donner*.
♦**shop around** *vi* comparer les prix. **to shop around for sth** comparer les prix avant d'acheter qch; (*fig*) **you ought to shop around before you decide on a university** vous devriez vous renseigner à droite et à gauche avant de choisir une université.
shopper [ˈʃɒpər] *n* (**a**) (*person*) personne *f* qui fait ses courses; (*customer*) client(e) *m(f)*. (**b**) (*bag*) sac *m* (à provisions), cabas *m*; (*on wheels*) caddie *m*.
shopping [ˈʃɒpɪŋ] **1** *n* (*U*) (**a**) **to do the/some ~** faire les/des courses; **~ is very tiring** faire les courses est très fatigant; '**open Thursdays for late evening ~**' 'ouvert le jeudi en nocturne', 'nocturne le jeudi'; *V* **mall, window** *etc*.
(**b**) (*goods*) achats *mpl*.
2 *cpd* *street, district* commerçant. **shopping bag** sac *m* (à provisions), cabas *m*; **shopping basket** panier *m* (à provisions); **shopping centre** centre commercial; **shopping precinct** zone commerciale (piétonnière); **shopping trip** tournée *f* d'achats; **shopping trolley** caddie *m*.
shore¹ [ʃɔːr] **1** *n* [*sea*] rivage *m*, bord *m*; [*lake*] rive *f*, bord; (*coast*) côte *f*, littoral *m*; (*beach*) plage *f*. (*fig liter*) **these ~s** ces rives; (*esp Naut*) **on ~** à terre; (*Naut*) **to go on ~** débarquer.
2 *cpd*: (*Naut*) **shore leave** permission *f* à terre; **shoreline** littoral *m*; (*US Navy*) **shore patrol** détachement *m* de police militaire (de la Marine); **shoreward(s)** *V* **shoreward(s)**.
shore² [ʃɔːr] **1** *n* (*for wall, tunnel*) étai *m*, étançon *m*; (*for tree*) étai *m*; (*for ship*) accore *m*, étançon.
2 *vt* étayer, étançonner; accorer.
♦**shore up** *vt sep* (**a**) = **shore² 2**.
(**b**) (*fig*) consolider.

shoreward ['ʃɔːwəd] *adj, adv* vers le rivage *or* la côte *or* la rive.
shorewards ['ʃɔːwədz] *adv* = **shoreward.**
shorn [ʃɔːn] *ptp of* **shear.**
short [ʃɔːt] **1** *adj* (a) (*gen*) court; *person* petit, de petite taille; *step, walk* petit; *visit, message, conversation* court, bref; *programme* court; (*Ling*) *vowel, syllable* bref. the ∼est route le chemin le plus court; the ∼est distance between two points le plus court chemin d'un point à un autre; a ∼ distance away, a ∼ way off à peu de distance, à une faible distance; ∼ trousers culottes courtes (*de petit garçon*); he is rather ∼ in the leg, he's got rather ∼ legs il est plutôt court de jambes *or [dog etc]* court sur pattes; these trousers are ∼ in the leg ce pantalon est court de jambes; (*Ski*) ∼ ski ski *m* court (*V also* 2); one ∼ year of happiness une petite *or* brève année de bonheur; to take a ∼ holiday prendre quelques jours de vacances; a ∼ time *or* while ago il y a peu de temps; in a ∼ time *or* while dans peu de temps, bientôt, sous peu; time is getting ∼ il ne reste plus beaucoup de temps; the days are getting ∼er les jours raccourcissent; make the skirt ∼er raccourcis la jupe; (*fig*) the ∼ answer is that he ... tout simplement il ...; ∼ and to the point bref et précis; (*hum*) that was ∼ and sweet ça n'a pas traîné (*hum*), ça a été du vite fait*; (*lit, fig*) ∼ cut raccourci *m*; I took a ∼ cut through the fields j'ai pris un raccourci *or* j'ai coupé *or* j'ai pris au plus court à travers champs; you'll have to do it all with no ∼ cuts il faudra que tu fasses le tout sans rien omettre; a ∼ drink un petit verre d'apéritif (*or* d'alcool); ∼ drinks des apéritifs, de l'alcool; (*fig*) he got the ∼ end of the stick c'est lui qui en a pâti; to win by a ∼ head (*Racing*) gagner d'une courte tête; (*fig*) gagner de justesse; (*Ind*) ∼er hours and better pay une réduction des heures de travail et une augmentation de salaire; they want a ∼er working week on veut réduire la semaine de travail; at ∼ notice dans un court *or* bref délai; to have a ∼ temper être coléreux *or* soupe au lait *inv*; (*Ind*) to be on ∼ time to work ∼ time être en chômage partiel (*V also* 2); to put sb on ∼ time mettre qn au chômage partiel; (*fig*) to make ∼ work of sth ne pas mettre beaucoup de temps à faire qch; (*fig*) to make ∼ work of sb* envoyer promener qn*; *V also* 2 *and* hair, shrift, story, term *etc*.

(b) 'TV' is ∼ for 'television' 'TV' est l'abréviation de 'television'; Fred is ∼ for Frederick Fred est le diminutif de Frederick; he's called Fred for ∼ son diminutif est Fred.

(c) (*lacking etc*) they never went ∼ ils n'ont jamais manqué du nécessaire; to be ∼ of sugar être à court de sucre, manquer de sucre; I'm a bit ∼ this month* je suis un peu fauché* à court ce mois-ci; we're ∼ of 3 il nous en manque 3, il s'en faut de 3; we're not ∼ of volunteers nous ne manquons pas de volontaires; he's long on muscle but a bit ∼ on brains* il a beaucoup de muscle mais pas tellement de cervelle; *V* breath *etc*.

(d) (*insufficient etc*) insuffisant, incomplet (*f* -ète). petrol is ∼ *or* in ∼ supply at the moment on manque d'essence en ce moment; to give sb ∼ change ne pas rendre la monnaie juste à qn, ne pas rendre assez à qn; (*deliberately*) tricher en rendant la monnaie à qn; to give ∼ weight *or* ∼ measure ne pas donner le poids juste; (*deliberately*) tricher sur le poids; *V* commons.

(e) (*curt*) *reply, manner* brusque, sec (*f* sèche). he was rather ∼ with me il m'a répondu (*or* parlé *etc*) assez sèchement *or* brusquement, il s'est montré assez sec *or* brusque à mon égard.

(f) (*Fin*) *bill* à courte échéance; *loan* à court terme. ∼ sale vente *f* à découvert.

2 *cpd*: (*Culin*) **shortbread** sablé *m*; (*US*) **strawberry** *etc* **shortcake** tarte sablée aux fraises *etc*; to **short-change** sb (*lit: in shop etc*) ne pas rendre assez à qn; (*fig*) rouler qn*; (*Elec*) **short-circuit** (*n*) court-circuit *m*; (*vt*) (*Elec, fig*) court-circuiter; (*vi*) se mettre en court-circuit; **shortcoming** défaut *m*; (*Culin*) **short(crust) pastry** pâte brisée; (*Fin*) **short-dated** à courte échéance; **shortfall** *V* **shortfall**; **short-haired** *person* aux cheveux courts; *animal* à poil ras; **shorthand** *V* **shorthand**; **short-handed** à court de personnel *or* de main-d'œuvre; **short-haul** (*n*) camionnage *m* à *or* sur courte distance; (*adj*) à courte distance; (*Zool*) **shorthorns** race *f* short-horn; (*Brit Comm*) **short-life** (*adj*) *garment* qui n'est pas fait pour durer; *food* de conservation limitée; (*Brit*) **shortlist** (*n*) liste *f* de(s) candidats sélectionnés; (*vt*) mettre sur la liste des candidats sélectionnés; he was shortlisted for the post of ... il avait été parmi les candidats sélectionnés pour le poste de ...; **short-lived** *animal* à la vie éphémère; *happiness* de courte durée; (*US*) **short-order cook** cuisinier *m*, -ière *f* préparant des plats rapides; (*US*) **short-order service** service *m* de plats rapides; **short-range** *shot, gun* de *or* à courte portée; *aircraft* à court rayon d'action; (*fig*) *plan, weather forecast* à court terme; (*US*) **shortsheet** (*vt*) *bed* mettre en portefeuille; **short sight** myopie *f*; **short-sighted** (*lit: esp Brit*) myope; (*fig*) *person* myope, qui manque de perspicacité; *policy, measure* qui manque de vision; **short-sightedness** (*lit*) myopie *f*; (*fig*) [*person*] myopie intellectuelle, manque *m* de perspicacité; [*policy, measure*] manque de vision; **short ski method** ski *m* évolutif; **short-sleeved** à manches courtes; to be **short-staffed** manquer de personnel, souffrir d'une pénurie de personnel; (*Baseball*) **shortstop** bloqueur *m*; **short story** nouvelle *f*; **short-story writer** nouvelliste *mf*, conteur *m*, -euse *f*; to be **short-tempered** (*in general*) être coléreux *or* soupe au lait* *inv*, s'emporter facilement; (*in a bad temper*) être d'humeur irritable; **short-term** *parking etc* de courte durée; *loan, planning, solution* à court terme; **short-term car park** parc *m* de stationnement de courte durée (*V also* passport); (*Ind*) **short-time working** chômage partiel; (*Rad*) **shortwave** (*n*) ondes courtes; (*adj*) *radio* à ondes courtes; *transmission* sur ondes courtes; **short-winded** qui manque de souffle, au souffle court.

3 *adv* (a) to cut ∼ *speech, TV etc programme* couper court à, abréger; *class, visit, holiday* écourter, abréger; *person* couper la

parole à (*V also* cut 4a); the ball fell ∼ le ballon n'est pas tombé assez loin (*V also* fall 2i).

(b) ∼ of (*except*) sauf; (*less than*) moins de, en dessous de; (*before*) avant; £10 ∼ of what they needed 10 livres de moins que ce dont ils ont besoin, 10 livres en dessous de ce dont ils ont besoin; it's well ∼ of the truth c'est bien en deçà de la vérité; a week ∼ of their arrival/his birthday *etc* une semaine avant leur arrivée/son anniversaire *etc*; we're 3 ∼ il nous en manque 3, il s'en faut de 3; I'm £2 ∼ il me manque 2 livres; not far ∼ of £100 pas loin de 100 livres, presque 100 livres; we are £2,000 ∼ of our target il nous manque encore 2.000 livres pour arriver à la somme que nous nous sommes fixée; he fell 10 metres ∼ of the winning post il est tombé à 10 mètres du poteau d'arrivée; it's little ∼ of suicide c'est presque un suicide, peu s'en faut que ce ne soit un suicide; it's little ∼ of folly cela frise la folie; it's nothing ∼ of robbery c'est du vol ni plus ni moins; nothing ∼ of a revolution will satisfy them seule la révolution saura les satisfaire, il ne leur faudra rien moins que la révolution pour les satisfaire; I don't see what you can do ∼ of asking him yourself je ne vois pas ce que vous pouvez faire à moins de *or* si ce n'est lui demander vous-même; he did everything ∼ of asking her to marry him il a tout fait sauf *or* hormis lui demander de l'épouser; to go ∼ of sth manquer de qch, se priver de qch; sugar is running ∼ le sucre commence à manquer; to run ∼ of sth se trouver à court de qch, venir à manquer de qch; the car stopped ∼ of the house la voiture s'est arrêtée avant (d'arriver au niveau de) la maison; (*fig*) I'd stop ∼ of murder je n'irais pas jusqu'au meurtre (*V also* stop 3b); to take sb up ∼ couper la parole à qn; (*fig*) to be taken ∼ être pris d'un besoin pressant; *V* bring up, sell.

4 *n* (a) in ∼ (enfin) bref.

(b) (*) (*Cine*) court métrage *m*; (*Elec*) court-circuit *m*. (*Brit: drinks*) ∼s des apéritifs *mpl*, de l'alcool *m*; *V* long¹.

(c) (*garment*) (a pair of) ∼s (*gen*) un short; [*footballer etc*] une culotte; (*US: men's underwear*) un caleçon.

5 *vt* (*Elec*) court-circuiter.

6 *vi* (*Elec*) se mettre en court-circuit.

shortage ['ʃɔːtɪdʒ] *n* [*corn, coal, energy, cash etc*] manque *m*, pénurie *f*; [*resources*] manque, insuffisance *f*. in times of ∼ en période de pénurie; there was no ∼ of water on ne manquait pas d'eau; owing to the ∼ of staff à cause d'un manque de personnel; the food ∼ la disette *or* pénurie de vivres, la disette; the housing ∼ la crise du logement; the ∼ of £100 in the amount l'absence *f* *or* le déficit de 100 livres dans la somme.

shorten ['ʃɔːtn] **1** *vt skirt, rope* raccourcir; *visit, holiday, journey* écourter; *life* abréger; *book, programme, letter* raccourcir, abréger; *syllabus* alléger; *distance, time* réduire.

2 *vi [days etc]* raccourcir. the odds are ∼ing (*lit*) la cote s'affaiblit; (*fig*) les chances s'amenuisent *or* deviennent moindres.

shortening ['ʃɔːtnɪŋ] *n* (*U*) (a) (*V* shorten) raccourcissement *m*; abrègement *m*; allègement *m*; réduction *f*. (b) (*Culin*) matière grasse.

shortfall ['ʃɔːtfɔːl] *n* (in *payments, profits, savings etc*) montant *m* insuffisant (in de); (in numbers *etc*) nombre *m* insuffisant (in de). there is a ∼ of £5,000 il manque 5.000 livres; the ∼ of £5,000 les 5.000 livres qui manquent; there is a ∼ of 200 in the registrations for this course il manque 200 inscriptions à ce cours.

shorthand ['ʃɔːthænd] (*Brit*) **1** *n* sténographie *f*. to take sth down in ∼ prendre qch en sténo, sténographier qch.

2 *cpd*: **shorthand notebook** carnet *m* de sténo; **shorthand notes** notes *fpl* en *or* de sténo; **shorthand typing** sténodactylo *f*; **shorthand typist** sténodactylo *mf*; **shorthand writer** sténo(graphe) *mf*.

shortie ['ʃɔːtɪ] *n* = **shorty.**

shortish ['ʃɔːtɪʃ] *adj* (*V* short) plutôt court; assez petit; assez bref.

shortly ['ʃɔːtlɪ] *adv* (a) (*soon*) bientôt, dans peu de temps; (*in a few days*) prochainement, sous peu. ∼ after peu (de temps) après; ∼ before twelve peu avant midi (*or* minuit). (b) (*concisely*) brièvement; (*curtly*) sèchement, brusquement.

shortness ['ʃɔːtnɪs] *n* (a) [*stick, skirt, hair, grass, arms*] peu *m or* manque *m* de longueur; [*person*] petite taille, petitesse *f*; [*visit, message, conversation, programme*] brièveté *f*, courte durée; [*vowel, syllable*] brévité *f*. because of its ∼ parce que c'est (*or* c'était) si court.

(b) (*curtness*) brusquerie *f*, sécheresse *f*.

shorty* ['ʃɔːtɪ] *n* courtaud(e) *m(f)*. hey ∼! hé toi le *or* la petit(e)!

Shostakovich [,ʃɒstəˈkəʊvɪtʃ] *n* Chostakovitch *m*.

shot [ʃɒt] *n* (a) (*act of firing*) coup *m*, décharge *f*; (*causing wound*) coup; (*sound*) coup (de feu *or* de fusil *etc*); (*bullet*) balle *f*; (*U: pellets: also* lead ∼) plomb *m*. not a single ∼ was fired on n'a pas tiré un seul coup; to take *or* have *or* fire a ∼ at sb/sth tirer sur qn/qch; good ∼! (c'était) bien visé! (*V also* 1c); a ∼ across the bows (*Naut*) un coup de semonce; (*fig*) un avertissement; at the first ∼ du premier coup; the first ∼ killed him la première balle l'a tué; I've got 4 ∼s left il me reste 4 coups *or* balles; he is a good/bad ∼ il est bon/mauvais tireur; (*fig*) big ∼* huile‡ *f*, grosse légume‡, gros bonnet*; (*fig*) Parthian ∼ flèche *f* du Parthe; (*fig*) to make a ∼ in the dark tenter le coup, deviner à tout hasard; (*fig*) that was just a ∼ in the dark c'était dit à tout hasard; he was off like a ∼ il est parti comme une flèche; he agreed like a ∼* il y a consenti sans hésiter *or* avec empressement; would you go? — like a ∼!* est-ce que tu irais? — sans hésiter! *or* et comment!*; *V* crack, long¹, parting *etc*.

(b) (*Space*) lancement *m*; *V* moon, space.

(c) (*Sport*) (*Ftbl, Hockey*) tir *m*; (*Golf, Tennis etc*) coup *m*; (*throw*) lancer *m*. good ∼! (c'était) bien joué!; a ∼ at goal un shoot, un tir au but; (*Sport*) to put the ∼ lancer le poids; *V* call.

(d) (*attempt*) essai *m*, tentative *f*, coup *m*; (*guess*) hypothèse *f*;

(*turn to play*) tour *m*. **to have a ~ at (doing) sth** essayer de faire qch; **have a ~ at it!** (*try it*) tentez le coup!; (*guess*) devinez!, dites voir!*

  (e) (*Phot*) photo(graphie) *f*; (*Cine*) prise *f* de vue(s), plan *m*.

  (f) (*injection*) piqûre *f* (*against* contre).

  (g) (*of whisky etc*) coup *m*. **put a ~ of gin in it** ajoute donc une goutte de gin. (*fig*) **a ~ in the arm** un coup de fouet, un stimulant.

  2 *cpd*: (*Cine, Phot*) **shot angle** angle *m* de prise de vue(s); **shot-gun** fusil *m* de chasse; (*US*) **to ride shotgun** voyager comme passager, accompagner; (*fig*) **shotgun marriage** *or* **wedding** régularisation *f* (précipitée), mariage forcé; (*Sport*) **shot put** lancer *m* du poids.

  3 *pret, ptp of* **shoot**. **to get/be ~ of‡** se débarrasser/être débarrassé de; (*exhausted*) **to be (all) ~ up‡** être exténué *or* sur les rotules‡.

4 *adj* (**a**) **~ silk** soie changeante; **~ with yellow** strié de jaune.

  (b) (*US fig**: *in bad state*) *machine, plan etc* fichu*, foutu‡.

should [ʃʊd] *modal aux vb* (*cond of* **shall**: *neg* **should not** *abbr* **shouldn't**) (**a**) (*indicating obligation, advisability, desirability*) **I should go and see her** je devrais aller la voir, il faudrait que j'aille la voir; **should I go too?** — **yes you should** devrais-je y aller aussi? — oui vous devriez *or* ça vaudrait mieux; **he thought he should tell you** il a pensé qu'il ferait bien de vous le dire *or* qu'il devrait vous le dire; (*frm*) **you should know that we have spoken to him** il faut que vous sachiez que nous lui avons parlé; **you should have been a teacher** vous auriez dû être professeur; **shouldn't you go and see her?** est-ce que vous ne devriez pas aller la voir?, est-ce que vous ne feriez pas bien d'aller la voir?; **everything is as it should be** tout est comme il se doit, tout est en ordre; ... **which is as it should be** ... comme il se doit; **how should I know?** comment voulez-vous que je (le) sache?

  (b) (*indicating probability*) **he should win the race** il devrait gagner la course, il va probablement gagner la course; **he should have got there by now I expect** je pense qu'il est arrivé, il a dû arriver à l'heure qu'il est; **that should be John at the door now** ça doit être Jean (qui frappe *or* qui sonne); **this should do the trick*** ça devrait faire l'affaire; **why should he suspect me?** pourquoi me soupçonnerait-il?

  (c) (*often used to form cond tense in 1st person*) **I should** *or* **I'd go if he invited me** s'il m'invitait, j'irais; **we should have come if we had known** si nous avions su, nous serions venus; **will you come?** — **I should like to** est-ce que vous viendrez? — j'aimerais bien; **I shouldn't be surprised if he comes** *or* **came** *or* **were to come** ça ne m'étonnerait pas qu'il vienne; **I should think there were about 40** (je pense qu')il devait y en avoir environ 40; **was it a good film?** — **I should think it was!** est-ce que c'était un bon film? — je pense bien! *or* et comment!*; **he's coming to apologize** — **I should think so too!** il vient présenter ses excuses — j'espère bien!; **I should hope not!** il ne manquerait plus que ça!*; **I should say so!** et comment!*

  (d) (*subj uses*) (*frm*) **it is necessary that he should be told** il faut qu'on le lui dise; (*frm*) **lest he should change his mind** de crainte qu'il ne change (*subj*) d'avis; **it is surprising that he should be so young** c'est étonnant qu'il soit si jeune; **who should come in but Paul!** et devinez qui est entré? Paul!

shoulder [ˈʃəʊldər] **1** *n* (**a**) (*Anat, Culin, Dress etc*) épaule *f*. **to have broad ~s** (*lit*) être large d'épaules *or* de carrure; (*fig*) avoir les reins solides (*fig*); **the ~s are too wide, it's too wide across the ~s** c'est trop large d'épaules *or* de carrure; **put my jacket round your ~s** mets *or* jette ma veste sur tes épaules *or* sur ton dos; (*lit, fig*) **to cry** *or* **weep on sb's ~** pleurer sur l'épaule de qn; **she had her bag on** *or* **over one ~** elle portait son sac à l'épaule; **they stood ~ to ~** (*lit*) ils étaient coude à coude *or* côte à côte; (*fig*) ils se serraient les coudes, ils s'entraidaient, ils unissaient leurs efforts; (*fig*) **all the responsibilities had fallen on his ~s** toutes les responsabilités étaient retombées sur lui *or* sur ses épaules; (*fig*) **to put** *or* **set one's ~ to the wheel** s'atteler à la tâche; *V* **cold, head, rub, straighten** *etc*.

  (b) (*Brit: of road*) accotement *m*, bas-côté *m*; [*hill*] contrefort *m*, épaulement *m*; (*Climbing*) épaule *f*. [*road*] **hard/soft ~** accotement stabilisé/non stabilisé.

  2 *cpd*: **shoulder bag** sac *m* à bandoulière; **shoulder blade** omoplate *f*; **it hit him between the shoulder blades** cela l'a atteint en plein entre les deux épaules; **to carry sb shoulder-high** porter qn en triomphe; (*Anat*) **shoulder joint** articulation *f* de l'épaule; **shoulder-length hair** cheveux milongs *or* jusqu'aux épaules; **shoulder pad** épaulette *f* (*rembourrage d'épaules de vêtement*); **shoulder strap** [*garment*] bretelle *f*; [*bag*] bandoulière *f*; (*Mil*) patte *f* d'épaule.

  3 *vt* (**a**) *load, case etc* charger sur son épaule; *child etc* hisser sur ses épaules; (*fig*) *responsibility* endosser; *task* se charger de. (*Mil*) **to ~ arms** porter l'arme; **~ arms!** portez l'arme!

  (b) **to ~ sb aside** *or* **out of the way** écarter qn d'un coup d'épaule; **to ~ one's way through the crowd** se frayer un chemin à travers *or* dans la foule à coups d'épaules.

shouldn't [ˈʃʊdnt] = **should not**; *V* **should**.

shout [ʃaʊt] **1** *n* cri *m* (*of joy etc* de joie *etc*). **there were ~s of applause/protest/laughter** des acclamations/des protestations bruyantes/des éclats de rire ont retenti; **he gave a ~ of laughter** il a éclaté de rire; **to give sb a ~** appeler qn; **~ 'long live the queen' could be heard** on entendait crier 'vive la reine'; (*Brit: in bar etc*) **it's my ~‡** c'est ma tournée*.

  2 *vt order, slogan* crier. **'no' he ~ed** 'non' cria-t-il; **to ~ o.s. hoarse** s'enrouer à force de crier; *V* **head**.

  3 *vi* (**a**) *cry, shout, pousser des cris* (*for joy etc* de joie *etc*). **stop ~ing, I'm not deaf!** ne crie pas comme ça, je ne suis pas sourd!; **to ~ with laughter** éclater de rire; **to ~ for help** crier *or* appeler au secours;

she ~ed for Jane to come elle a appelé Jane en criant *or* à grands cris; **she ~ed for someone to come and help her** elle a appelé pour qu'on vienne l'aider; **he ~ed to** *or* **at me to throw him the rope** il m'a crié de lui lancer la corde; (*fig*) **it's nothing to ~ about*** ça n'a rien d'extraordinaire, il n'y a pas de quoi en faire un plat*.

  (b) (*scold etc*) **to ~ at sb** engueuler‡ qn, crier après* qn.

◆**shout down** *vt sep speaker* huer. **they shouted down the proposal** ils ont rejeté la proposition avec de hauts cris.

◆**shout out 1** *vi* (*gen*) pousser un cri. **to shout out to sb** interpeller qn.

  2 *vt sep order* crier; *slogan* crier, lancer.

shouting [ˈʃaʊtɪŋ] *n* (*U*) cris *mpl*, clameur *f*; (*noise of quarrelling*) éclats *mpl* de voix. (*fig*) **it's all over bar the ~** l'important est fait (il ne reste plus que les détails).

shove [ʃʌv] **1** *n* poussée *f*. **to give sb/sth a ~** pousser qn/qch; **give it a good ~** poussez-le un bon coup.

  2 *cpd*: (*Brit*) **shove-ha'penny** jeu *m* de palet de table.

  3 *vt* (**a**) (*push*) pousser; (*with effort*) pousser avec peine *or* effort; (*thrust*) *stick, finger etc* enfoncer (*into* dans, *between* entre); *rag* fourrer (*into* dans); (*jostle*) bousculer. **to ~ sth in/out/down** *etc* faire entrer/sortir/descendre *etc* qch en poussant; **to ~ sth/sb aside** pousser qch/qn de côté, écarter qch/qn (d'un geste); **to ~ sth into a drawer/one's pocket** fourrer qch dans un tiroir/sa poche; **stop shoving me!** arrêtez de me pousser! *or* bousculer!; **to ~ sb into a room** pousser qn dans une pièce; **to ~ sb against a wall** pousser *or* presser qn contre un mur; **to ~ sb off the pavement** pousser qn du trottoir, (*by jostling*) obliger à descendre du trottoir (en le bousculant); **to ~ sb/sth out of the way** écarter qn/qch en poussant, pousser qn/qch à l'écart; **he ~d the box under the table** (*moved*) il a poussé *or* fourré la boîte sous la table; (*hid*) il a vite caché la boîte sous la table; **they ~d the car off the road** ils ont poussé la voiture sur le bas-côté; **she ~d the books off the table** elle a poussé *or* balayé les livres de dessus la table; **he ~d his finger into my eye** il m'a mis le doigt dans l'œil; **he ~d his head through the window** il a mis *or* passé la tête par la fenêtre; **he ~d the book into my hand** il m'a fourré le livre dans la main; **to ~ a door open** ouvrir une porte en poussant *or* d'une poussée, pousser une porte (pour l'ouvrir); **to ~ one's way through the crowd** se frayer un chemin dans *or* à travers la foule, s'ouvrir un passage dans la foule en poussant.

  (b) (*: *put*) mettre, poser, ficher*, flanquer*.

  4 *vi* pousser. **stop shoving!** arrêtez de pousser!, ne bousculez pas!; **he ~d (his way) past me** il m'a dépassé en me bousculant; **two men ~d (their way) past** deux hommes sont passés en jouant des coudes *or* en bousculant les gens; **he ~d (his way) through the crowd** il s'est frayé un chemin dans *or* à travers la foule.

◆**shove around, shove around** *vt sep* (*lit*) object pousser çà et là *or* dans tous les sens; *person* bousculer; (**fig: treat high-handedly*) en prendre à son aise avec.

◆**shove away** *vt sep person, object* repousser.

◆**shove back** *vt sep* (*push back*) *person, chair* repousser; (*replace*) remettre (à sa place); (*into pocket etc*) fourrer de nouveau, remettre.

◆**shove down*** *vt sep object* poser. **he shoved down a few notes before he forgot** il a griffoné *or* gribouillé quelques notes pour ne pas oublier.

◆**shove off 1** *vi* (*Naut*) pousser au large; (*: *leave*) ficher le camp*, filer*, se tirer‡.

  2 *vt sep boat* pousser au large, déborder.

◆**shove on*** *vt sep* (**a**) *one's coat etc* enfiler; *hat* enfoncer.

  (b) **shove on another record** mets donc un autre disque.

◆**shove out** *vt sep boat* pousser au large, déborder; *person* mettre à la porte.

◆**shove over 1** *vi* (*: *move over*) se pousser.

  2 *vt sep* (**a**) (*knock over*) *chair etc* renverser; *person* faire tomber (par terre).

  (b) (*over cliff etc*) pousser.

  (c) **shove it over to me*** passe-le-moi.

◆**shove up*** *vi* = **shove over 1**.

shovel [ˈʃʌvl] **1** *n* pelle *f*; (*mechanical*) pelleteuse *f*, pelle mécanique.

  2 *vt coal, grain* pelleter; (*also* **~ out**) *snow, mud* enlever à la pelle. **to ~ earth into a pile** pelleter la terre pour en faire un tas; (*fig*) **he ~led the food into his mouth*** il fourrait* *or* enfournait* la nourriture dans sa bouche.

◆**shovel up** *vt sep sth spilt etc* ramasser avec une pelle *or* à la pelle; *snow* enlever à la pelle.

shoveler [ˈʃʌvələr] *n* (*canard m*) souchet *m*.

shovelful [ˈʃʌvlfʊl] *n* pelletée *f*.

show [ʃəʊ] (*vb: pret* **showed**, *ptp* **shown** *or* **showed**) **1** *n* (**a**) [*hatred etc*] manifestation *f*, démonstration *f*; [*affection etc*] démonstration, témoignage *m*; [*semblance*] apparence *f*, semblant *m*; (*ostentation*) parade *f*. **there were some fine pieces on ~** quelques beaux objets étaient exposés; **an impressive ~ of strength** un impressionnant étalage de force, une impressionnante démonstration de force; **a ~ of hands** un vote à main levée; **to vote by ~ of hands** voter à main levée; **the dahlias make** *or* **are a splendid ~** les dahlias sont splendides (à voir) *or* offrent un spectacle splendide; **they make a great ~ of their wealth** ils font parade *or* étalage de leur richesse; **with a ~ of emotion** en affectant l'émotion, en affectant d'être ému; **they made a ~ of resistance** ils ont fait semblant de résister, ils ont offert un simulacre de résistance; **to make a ~ of doing** faire semblant *or* mine de faire; **just for ~** pour l'effet.

  (b) (*exhibition*) (*Agr, Art, Tech etc*) exposition *f*; (*Comm*) foire *f*; (*Agr: contest*) concours *m*. **flower ~** floralies *fpl*; (*smaller*) exposition de fleurs; **dress ~** défilé *m* de couture; [*artist etc*] **he's**

holding his first London ~ il a sa première exposition à Londres, il expose à Londres pour la première fois; **the Boat S~** le Salon de la Navigation; *V* **dog, fashion, motor** *etc*.

  (c) (*Theat etc*) spectacle *m*; (*variety* ~) show *m*. **there are several good ~s on in London** on donne plusieurs bons spectacles à Londres en ce moment; **I often go to a ~** je vais souvent au spectacle; **the last ~ starts at 9** (*Theat*) la dernière représentation *or* (*Cine*) la dernière séance commence à 21 heures; **there is no ~ on Sundays** (*Theat*) il n'y a pas de représentation le dimanche; (*Cine*) il n'y a pas de séance le dimanche; **on with the ~!** que la représentation commence (*subj*)! *or* continue (*subj*)!; **the ~ must go on** (*Theat, fig*) il faut continuer malgré tout; (*fig*) **let's get the ~ on the road*** il faut faire démarrer* tout ça, passons à l'action.

  (d) (*phrases*) (*esp Brit*) **good ~!*** bravo!; **to put up a good ~** faire bonne figure, bien se défendre*; **to make a poor ~** faire triste *or* piètre figure; **it's a poor ~*** c'est lamentable, il n'y a pas de quoi être fier; **it's a poor ~* that** ... il est malheureux que ... + *subj*; **this is Paul's ~*** c'est Paul qui commande ici; **to run the ~*** faire marcher l'affaire; **to give the ~ away*** vendre la mèche; *V* **steal** *etc*.

  2 *cpd*: (*Theat*) **show bill** affiche *f* de spectacle; **show biz‡** = **show business**; (*US*) **showboat** (*n*) (*lit*) bateau-théâtre *m*; (‡ *fig: person*) m'as-tu-vu(e)* *m(f)* (*pl inv*); (*vi*) crâner*, en mettre plein la vue; **show business** le monde du spectacle, l'industrie *f* du spectacle; (*lit, fig*) **showcase** vitrine *f*; **showcase project** opération *f* de prestige; **showdown** épreuve *f* de force; (*Brit*) **show flat** appartement *m* témoin; **show girl** girl *f*; **showground** champ *m* de foire; (*Brit*) **showhouse** maison *f* témoin; (*U*) **show jumping** concours *m* hippique, jumping *m*; **showman,** *pl* **-men** (*in fair, circus etc*) forain *m*; (*fig*) **he's a real showman** il a vraiment le sens de la mise en scène (*fig*); **showmanship** art *m or* don *m or* sens *m* de la mise en scène; (*US*) **a show-me* attitude** une attitude sceptique; (*US*) **the Show-me State** le Missouri; **show-off** m'as-tu-vu(e)* *m(f)* (*pl inv*); **showpiece** (*of exhibition etc*) trésor *m*, joyau *m*, clou* *m*; **this vase is a real showpiece** ce vase est une pièce remarquable; **the new school is a showpiece** *or* **showplace** la nouvelle école est un modèle du genre; **showplace** (*tourist attraction*) lieu *m* de grand intérêt touristique; (*US*) **showplace home** maison *f* de rêve; **showroom** magasin *m or* salle *f* d'exposition; **in showroom condition** à l'état *m* de neuf; **he/it was a show-stopper*** il était/ c'était le clou* du spectacle; (*Jur*) **show trial** grand procès *m* (*souvent idéologique*); (*lit, fig*) **showwindow** vitrine *f*.

  3 *vt* **(a)** (*display, make visible*) montrer, faire voir; *ticket, passport* montrer, présenter; (*exhibit*) *goods for sale, picture, dog* exposer. **~ it me!** faites voir!, montrez-le moi!; **we're going to ~ (you) some slides** nous allons (vous) passer *or* projeter quelques diapositives; **they ~ a film during the flight** on passe un film *or* il y a une projection de cinéma pendant le vol; **what is ~ing at that cinema/at the Odeon?** qu'est-ce qu'on donne *or* qu'est-ce qui passe dans ce cinéma/à l'Odéon?; **the film was first ~n in 1974** ce film est sorti en 1974; **it has been ~n on television** c'est passé à la télévision; (*in shop*) **what can I ~ you?** que puis-je vous montrer?, que désirez-vous voir?; **as ~n by the graph** comme le montre *or* l'indique le graphique; **as ~n in the illustration on page 4** voir l'illustration page 4; (*fig*) **there's nothing to ~ for it** on ne le dirait pas, ça ne se voit *or* ne se remarque pas; **he has nothing to ~ for it** il n'en a rien tiré, ça ne lui a rien donné *or* apporté; **he has nothing to ~ for all the effort he has put into it** les efforts qu'il y a consacrés n'ont rien donné; **I ought to ~ myself at Paul's party** il faudrait que je fasse acte de présence à la soirée de Paul; **he daren't ~ himself** *or* **his face there again** il n'ose plus s'y montrer *or* montrer son nez là-bas*; (*fig*) **to ~ one's hand** *or* **cards** dévoiler ses intentions, abattre son jeu *or* ses cartes; (*fig*) **to ~ a clean pair of heels** se sauver à toutes jambes; (*Brit fig*) **~ a leg!*** lève-toi!, debout!; (*lit, fig*) **to ~ one's teeth** montrer les dents; (*fig*) **to ~ sb the door** mettre qn à la porte; (*fig*) **to ~ the flag** être là pour le principe, faire acte de présence.

  (b) (*indicate*) *[dial, clock etc]* indiquer, marquer; (*gen*) montrer, indiquer. **what time does your watch ~?** quelle heure est-il à votre montre?; (*Comm, Fin*) **to ~ a loss/profit** indiquer une perte/ un bénéfice; **the figures ~ a rise over last year's sales** les chiffres montrent *or* indiquent que les ventes ont augmenté par rapport à l'année dernière; **the roads are ~n in red** les routes sont marquées en rouge.

  (c) (*demonstrate*) montrer, faire voir; (*reveal*) montrer, laisser voir; (*explain*) montrer, expliquer; (*prove*) montrer, prouver; *one's intelligence, kindness, courage, tact* montrer, faire preuve de; *one's interest, surprise, agreement* montrer, manifester; *one's approval* montrer, indiquer; *one's gratitude, respect* témoigner. **to ~ loyalty** se montrer loyal (*to sb* envers qn); **that dress ~s her bra** cette robe laisse voir son soutien-gorge; **this skirt ~s the dirt** cette jupe est salissante; **it's ~ing signs of wear** cela porte des signes d'usure; **he was ~ing signs of tiredness** il montrait des signes de fatigue; **it ~ed signs of having been used** il était visible qu'on s'en était servi, manifestement on s'en était servi; **it was ~ing signs of rain** il avait l'air de vouloir pleuvoir; **to ~ fight** faire montre de combativité; **her choice of clothes ~s good taste** sa façon de s'habiller témoigne de son bon goût; **he ~ed that he was angry** il a montré *or* manifesté *or* laissé voir *or* laissé paraître sa colère; **she's beginning to ~ her age** elle commence à faire son âge; **this ~s great intelligence** cela montre *or* révèle *or* dénote beaucoup d'intelligence; **he ~ed himself (to be) a coward** il s'est montré *or* révélé lâche; **to ~ sth to be true** démontrer la vérité de qch, montrer que qch est vrai; **it all goes to ~ that** ... cela te montre *or* prouve bien que ... ; **it only** *or* **just goes to ~!*** tu m'en diras tant!*, c'est bien ça la vie!; **I ~ed him that it was impossible** je lui

ai prouvé *or* démontré que c'était impossible; **he ~ed me how it works** il m'a montré *or* il m'a fait voir comment cela fonctionne; (*fig*) **I'll ~ him!*** je lui apprendrai!; **to ~ sb the way** montrer *or* indiquer le chemin à qn; **I'll ~ you the way** suivez-moi (je vais vous montrer le chemin); *V* **willing** *etc*.

  (d) (*guide, conduct*) **to ~ sb into the room** faire entrer qn dans la pièce; **to ~ sb to his seat** placer qn; **to ~ sb to the door** reconduire qn jusqu'à la porte; **to ~ sb over** *or* **round a house** faire visiter une maison à qn.

  4 *vi* **(a)** *[emotion]* être visible; *[stain, scar]* se voir; *[underskirt etc]* dépasser. **it doesn't ~** cela ne se voit pas, on ne dirait pas; **don't worry, it won't ~** ne t'inquiète pas, ça ne se verra pas; **his fear ~ed on his face** la peur se voyait *or* se lisait sur son visage.

  (b) (‡: *arrive*) = **show up 1b**.

◆**show in** *vt sep visitor etc* faire entrer.

◆**show off 1** *vi* **(a)** (*gen*) crâner*, poser (pour la galerie); *[child]* chercher à se rendre intéressant, faire l'intéressant. **she's always showing off** c'est une crâneuse* *or* une poseuse; **stop showing off** (*gen*) arrête de crâner* *or* d'en ficher plein la vue*; (*showing off knowledge*) arrête d'étaler ta science*.

  2 *vt sep* **(a)** *sb's beauty, complexion etc* faire valoir, mettre en valeur.

  (b) (*pej*) *one's wealth, knowledge etc* faire parade *or* étalage de, étaler. **he wanted to show off his new car** il voulait faire admirer sa nouvelle voiture.

  3 show-off *n V* **show 2**.

  4 showing-off *n V* **showing 2**.

◆**show out** *vt sep visitor etc* accompagner *or* reconduire (jusqu'à la porte).

◆**show through** *vi* (*be visible*) se voir au travers.

◆**show up 1** *vi* **(a)** (*stand out*) *[feature]* ressortir; *[mistake]* être visible *or* manifeste; *[stain]* se voir (nettement). **the tower showed up clearly against the sky** la tour se détachait nettement sur le ciel.

  (b) (*: *arrive, appear*) arriver, se pointer*, s'amener*.

  2 *vt sep* **(a)** *visitor etc* faire monter.

  (b) *fraud, impostor* démasquer, dénoncer; *flaw, defect* faire ressortir.

  (c) (*embarrass*) faire honte à (en public).

shower ['ʃaʊə] **1** *n* **(a)** *[rain]* averse *f*; (*fig*) *[blows]* volée *f*, avalanche *f*, grêle *f*; *[sparks, stones, arrows]* pluie *f*; *[blessings]* déluge *m*; *[insults]* torrent *m*, flot *m*.

  (b) (*also* ~ **bath**) douche *f*. **to have** *or* **take a ~** prendre une douche.

  (c) (*Brit‡ pej: people*) bande *f* de crétins*.

  (d) (*before wedding etc*) **to give a ~ for sb** organiser une soirée pour donner ses cadeaux à qn.

  2 *cpd*: **shower cap** bonnet *m* de douche; **showerproof** imperméable; **shower unit** bloc-douche *m*.

  3 *vt* (*fig*) **to ~ sb with gifts/praise, to ~ gifts/praise on sb** combler qn de cadeaux/de louanges; **to ~ blows on sb** faire pleuvoir des coups sur qn; **to ~ abuse** *or* **insults on sb** accabler *or* couvrir qn d'injures.

showery ['ʃaʊərɪ] *adj day* pluvieux. **it will be ~** il y aura des averses.

showing ['ʃəʊɪŋ] **1** *n* **(a)** *[pictures etc]* exposition *f*; *[film]* projection *f*. (*Cine*) **the first ~ is at 8 p.m.** la première séance est à 20 heures; (*Cine, TV*) **another ~ of this film** une nouvelle projection de ce film.

  (b) (*performance*) performance *f*, prestation* *f*. **on this ~ he doesn't stand much chance** si c'est là ce dont il est capable *or* à en juger d'après cette prestation*, il n'a pas de grandes chances; **he made a good ~** il s'en est bien tiré; **he made a poor ~** il ne s'est vraiment pas distingué.

  (c) **on his own ~** de son propre aveu.

  2 *cpd*: (*U*) **showing-off** pose *f*, crânerie* *f*.

shown [ʃəʊn] *ptp of* **show**.

showy ['ʃəʊɪ] *adj garment, material, décor* qui attire l'attention, voyant (*pej*), tape-à-l'œil* *inv* (*pej*); *colour* éclatant, voyant (*pej*), criard (*pej*); (*pej*) *manner* ostentatoire, prétentieux; (*pej*) *ceremony* plein d'ostentation.

shrank [ʃræŋk] *pret of* **shrink**.

shrapnel ['ʃræpnl] *n* (*Mil*) **(a)** obus *m* à balles, shrapnel *m*. **(b)** (*U*) éclats *mpl* d'obus.

shred [ʃred] **1** *n [cloth, paper, skin, plastic sheeting]* lambeau *m*; (*fig*) *[truth]* parcelle *f*, grain *m*; *[commonsense]* once *f*, atome *m*, grain. **not a ~ of evidence** pas la moindre *or* plus petite preuve; **her dress hung in ~s** sa robe était en lambeaux; **without a ~ of clothing on** nu comme un ver, complètement nu; **to tear to ~s** mettre en lambeaux, déchiqueter; (*fig*) *argument etc* démolir entièrement, ne rien laisser subsister de.

  2 *vt* **(a)** *paper etc* (*gen*) mettre en lambeaux, déchiqueter; (*in shredder*) détruire (par lacération), déchiqueter.

  (b) *carrots etc* râper; *cabbage, lettuce* couper en lanières.

shredder ['ʃredə^r] *n* **(a)** *[food processor]* (disque-)râpeur *m*. **(b)** (*also* **paper** *or* **document ~**) destructeur *m* (de documents), déchiqueteuse *f*. **to put through the ~** détruire, déchiqueter.

shrew [ʃruː] *n* **(a)** (*Zool*) musaraigne *f*. **(b)** (*woman*) mégère *f*, chipie* *f*; *V* **taming**.

shrewd [ʃruːd] *adj person* (*clearsighted*) perspicace; (*cunning*) astucieux; *businessman, lawyer* habile; *assessment* perspicace; *plan* astucieux; *reasoning, action* judicieux. **I have a ~ idea that** ... je soupçonne fortement que ..., j'ai l'impression très nette que ...; **I've a ~ idea of what he will say** je vois d'ici *or* je sais d'avance ce qu'il va dire; **I can make a ~ guess at how many there were** je peux deviner à peu près combien il y en avait; **that was a ~ move** il (*or* elle) a bien manœuvré.

shrewdly ['ʃruːdlɪ] *adv assess, suspect* avec perspicacité; *reason* habilement; *guess* astucieusement.

shrewdness ['ʃruːdnɪs] *n [person]* perspicacité *f*, habileté *f*, sagacité *f*; *[assessment]* perspicacité; *[plan]* astuce *f*.

shrewish ['ʃruːɪʃ] *adj* acariâtre, de mégère, de chipie*.

shriek [ʃriːk] **1** *n* hurlement *m*, cri perçant *or* aigu. **to give a ~** pousser un hurlement *or* un cri; **~s of laughter** grands éclats *mpl* de rire; **with ~s of laughter** en riant à gorge déployée.
  2 *vi* hurler, crier (*with* de). **to ~ with laughter** rire à gorge déployée, se tordre de rire; (*fig*) **the colour simply ~s at one** cette couleur hurle *or* est vraiment criarde.
  3 *vt* hurler, crier. **to ~ abuse at sb** hurler des injures à qn; **'no'** **he ~ed** 'non' hurla-t-il.

shrift [ʃrɪft] *n:* **to give sb short ~** expédier qn sans ménagement, envoyer promener qn*; **I got short ~ from him** il m'a traité sans ménagement, il m'a envoyé promener*.

shrike [ʃraɪk] *n* pie-grièche *f*.

shrill [ʃrɪl] **1** *adj voice* criard, perçant, aigu (*f* -guë); *cry* perçant, aigu; *whistle, laugh, music* strident. **2** *vi [whistle etc]* retentir. **3** *vt:* **'stop!' she ~ed** 'arrête!' cria-t-elle d'une voix perçante *or* stridente.

shrillness ['ʃrɪlnɪs] *n* (*U*) ton aigu *or* perçant.

shrilly ['ʃrɪlɪ] *adv* d'un ton aigu *or* perçant.

shrimp [ʃrɪmp] **1** *n* crevette *f*. (*fig*) **he's just a little ~** il n'est pas plus haut que trois pommes. **2** *cpd:* (*Culin*) **shrimp cocktail** hors-d'œuvre *m* de crevettes; **shrimp sauce** sauce *f* crevette. **3** *vi:* **to go ~ing** aller pêcher la crevette.

shrine [ʃraɪn] *n* (*place of worship*) lieu saint, lieu de pèlerinage; (*reliquary*) châsse *f*; (*tomb*) tombeau *m*; (*fig*) haut lieu.

shrink [ʃrɪŋk] *pret* **shrank**, *ptp* **shrunk 1** *vi* (a) (*get smaller*) *[clothes]* rétrécir; *[area]* se réduire; *[boundaries]* se resserrer; *[piece of meat]* réduire; *[body, person]* se ratatiner, rapetisser; *[wood]* se contracter; *[quantity, amount]* diminuer. (*on label*) **'will not ~'** 'irrétrécissable'.
  (b) (*also* **~ away**, **~ back**) reculer, se dérober (*from sth* devant qch, *from doing* devant l'idée de faire). **she shrank (away** *or* **back) from him** elle a eu un mouvement de recul; **he did not ~ from saying that ...** il n'a pas craint de dire que ... .
  2 *vt wool* (faire) rétrécir; *metal* contracter.
  3 *n* (‡: *psychiatrist*) psychiatre *mf*, psy* *mf*.
  4 *cpd:* **to shrink-wrap** emballer sous film plastique (par rétraction); **shrink-wrapped** emballé sous film plastique.

shrinkage ['ʃrɪŋkɪdʒ] *n* (*V* **shrink**) rétrécissement *m*; contraction *f*; diminution *f*; *[metal]* retrait *m*. **allowing for ~** compte tenu du rétrécissement.

shrinking ['ʃrɪŋkɪŋ] *adj* craintif. (*fig*) **~ violet** sensitive *f*, personne *f* sensible et timide.

shrive†† [ʃraɪv] *pret* **shrived** *or* **shrove**, *ptp* **shrived** *or* **shriven** *vt* confesser et absoudre.

shrivel ['ʃrɪvl] (*also* **~ up**) **1** *vi [apple, body]* se ratatiner; *[skin]* se rider, se flétrir; *[leaf]* se flétrir, se racornir; *[steak]* se racornir, se ratatiner. (*fig*) **her answer made him ~ (up)** sa réponse lui a donné envie de rentrer sous terre.
  2 *vt* ratatiner; rider; flétrir; racornir.

shriven ['ʃrɪvn] *ptp of* **shrive**.

shroud [ʃraʊd] **1** *n* (a) linceul *m*, suaire *m* (*liter*); (*fig*) *[mist]* voile *m*, linceul (*liter*); *[snow]* linceul (*liter*); *[mystery]* voile.
  (b) *[mast]* hauban *m*; *[parachute]* suspentes *fpl*.
  (c) (*Space: of rocket*) coiffe *f*.
  2 *vt corpse* envelopper dans un linceul, ensevelir. (*fig*) **~ed in mist/snow** enseveli sous la brume/la neige, sous un linceul de brume/de neige (*liter*); **~ed in mystery** enveloppé de mystère.

shrove [ʃrəʊv] **1** *pret of* **shrive**. **2** *cpd:* **Shrovetide** les jours gras (*les trois jours précédant le Carême*); **Shrove Tuesday** (le) Mardi gras.

shrub [ʃrʌb] *n* arbrisseau *m*; (*small*) arbuste *m*; *V* **flowering**.

shrubbery ['ʃrʌbərɪ] *n* (massif *m* d') arbustes *mpl*.

shrug [ʃrʌg] **1** *n* haussement *m* d'épaules. **to give a ~ of contempt** hausser les épaules (en signe) de mépris; **... he said with a ~** ... dit-il en haussant les épaules *or* avec un haussement d'épaules.
  2 *vti:* **to ~ (one's shoulders)** hausser les épaules.
  ♦**shrug off** *vt sep suggestion, warning* dédaigner, faire fi de; *remark* ignorer, ne pas relever; *infection, a cold* se débarrasser de.

shrunk [ʃrʌŋk] *ptp of* **shrink**.

shrunken ['ʃrʌŋkən] *adj person, body* ratatiné, rabougri. **~ head** tête réduite.

shtick [ʃtɪk] *n* (*US: Theat, also gen*) truc *m*.

shuck [ʃʌk] (*US*) **1** *n* (*pod*) cosse *f*; *[nut]* écale *f*; *[chestnut]* bogue *f*; *[corn]* spathe *f*. **2** *excl:* **~s!*** mince alors!*, zut alors!* **3** *vt bean* écosser; *nut* écaler; *corn* égrener. **to ~ one's clothes** se déshabiller à la va-vite.

shudder ['ʃʌdər] **1** *n* (*from cold*) frisson *m*; (*from horror*) frisson, frémissement *m*; *[vehicle, ship, engine]* vibration *f*, trépidation *f*. **to give a ~** *[person]* frissonner, frémir; *[vehicle, ship]* avoir une forte secousse, être ébranlé; **it gives me the ~s*** ça me donne des frissons; **he realized with a ~ that ...** il a frissonné *or* frémi, comprenant que ... .
  2 *vi* (*from cold*) frissonner; (*from horror*) frémir, frissonner; *[engine, motor]* vibrer, trépider; *[vehicle, ship]* (*on striking sth*) avoir une forte secousse, être ébranlé; (*for mechanical reasons*) vibrer, trépider. **I ~ to think what might have happened** je frémis rien qu'à la pensée de ce qui aurait pu se produire; **what will he do next? — I ~ to think!** qu'est-ce qu'il va encore faire? — j'en frémis d'avance!

shuffle ['ʃʌfl] **1** *n* (a) **the ~ of footsteps** le bruit d'une démarche traînante.
  (b) (*Cards*) battage *m*; (*fig*) réorganisation *f*. **give the cards a**

good ~ bats bien les cartes; (*Parl*) **a cabinet (re)~** un remaniement ministériel.
  2 *cpd:* **shuffleboard** jeu *m* de palets.
  3 *vt* (a) **to ~ one's feet** traîner les pieds.
  (b) *cards* battre; *dominoes* mêler, brouiller; *papers* remuer, déranger.
  4 *vi* (a) traîner les pieds. **to ~ in/out/along** *etc* entrer/sortir/avancer *etc* d'un pas traînant *or* en traînant les pieds.
  (b) (*Cards*) battre (les cartes).
  ♦**shuffle off 1** *vi* s'en aller *or* s'éloigner d'un pas traînant *or* en traînant les pieds.
  2 *vt sep garment* enlever maladroitement; (*fig*) *responsibility* rejeter (*on to sb* sur qn), se dérober à.

shun [ʃʌn] *vt place, temptation* fuir; *person, publicity* fuir, éviter; *work, obligation* éviter, esquiver. **I ~ned his company** j'ai fui sa présence; **to ~ doing** éviter de faire.

shunt [ʃʌnt] **1** *vt* (a) (*Rail*) (*direct*) aiguiller; (*divert*) dériver, détourner; (*move about*) manœuvrer; (*position*) garer.
  (b) (*fig*) *conversation, discussion* aiguiller, détourner (*on to* sur); *person* expédier* (*to à*). (*fig*) **they ~ed the visitors to and fro between the factory and the offices*** ils ont fait faire la navette aux visiteurs entre l'usine et les bureaux; **~ that book over to me!**‡ passe-moi *or* file-moi ce bouquin!*
  (c) (*Elec*) shunter, dériver.
  2 *vi* (*fig*) *[person, object, document]* **to ~ (to and fro)** faire la navette (*between* entre).
  3 *n* (*Rail*) aiguillage *m*; (*fig**) collision *f*.

shunter ['ʃʌntər] *n* (*Brit Rail*) (*person*) aiguilleur *m* (de train); (*engine*) locomotive *f* de manœuvre.

shunting ['ʃʌntɪŋ] (*Rail*) **1** *n* manœuvres *fpl* d'aiguillage. **2** *cpd:* (*Brit*) **shunting operation** opération *f* de triage; **shunting yard** voies *fpl* de garage et de triage.

shush [ʃʊʃ] **1** *excl* chut! **2** *vt* (*) faire chut à; (*silence: also* **~ up**) faire taire.

shut [ʃʌt] *pret, ptp* **shut 1** *vt eyes, door, factory, shop* fermer; *drawer* (re)fermer, repousser. **the shop is ~ now** le magasin est fermé maintenant; **the shop is ~ on Sundays** le magasin ferme *or* est fermé le dimanche; **we're ~ting the office for 2 weeks in July** nous fermons le bureau pour 2 semaines au mois de juillet; **to ~ one's finger in a drawer** se pincer *or* se prendre le doigt dans un tiroir; **to ~ sb in a room** enfermer qn dans une pièce; **~ your mouth!**‡ ferme-la!‡, boucle-la!‡; **~ your face!**‡ ta gueule!‡, la ferme!‡; *V* **door, ear¹, eye, open, stable² etc.**
  2 *vi [door, box, lid, drawer]* se fermer, fermer; *[museum, theatre, shop]* fermer. **the door ~s** la porte s'est (re)fermée; **the shop ~s badly** la porte ferme mal; **the shop ~s on Sundays/at 6 o'clock** le magasin ferme le dimanche/à 18 heures.
  3 *cpd:* **shutdown** fermeture *f*; **to get a bit of shut-eye**‡ *or* **some shut-eye**‡ piquer un roupillon‡, dormir un peu; **shut-in** enfermé, confiné; **shutoff (device)** interrupteur *m* automatique, dispositif *m* d'arrêt automatique; **shut-out** (*Ind*) lock-out *m inv*; (*US Sport*) victoire éclatante (*au cours de laquelle une équipe ne marque pas de points*); (*Bridge*) **shut-out bid** (annonce *f* de) barrage *m*.
  ♦**shut away** *vt sep person, animal* enfermer; *valuables* mettre sous clef. **he shuts himself away** il s'enferme chez lui, il vit en reclus.
  ♦**shut down 1** *vi [business, shop, theatre]* fermer (définitivement), fermer ses portes.
  2 *vt sep lid* fermer, rabattre; *business, shop, theatre* fermer (définitivement); *machine* arrêter.
  3 **shutdown** *n V* **shut 3**.
  ♦**shut in 1** *vt sep person, animal* enfermer; (*surround*) entourer (*with* de). **to feel shut in** se sentir enfermé *or* emprisonné (*fig*).
  2 **shut-in** *adj V* **shut 3**.
  ♦**shut off 1** *vt sep* (a) (*stop, cut*) *electricity, gas* couper, fermer; *engine* couper; *supplies* arrêter, couper.
  (b) (*isolate*) *person* isoler, séparer (*from* de). **we're very shut off here** nous sommes coupés de tout ici *or* très isolés ici.
  2 **shutoff** *n, adj V* **shut 3**.
  ♦**shut out 1** *vt sep* (a) **he found that they had shut him out, he found himself shut out** il a trouvé qu'il était à la porte *or* qu'il ne pouvait pas entrer; **don't shut me out, I haven't got a key** ne ferme pas la porte, je n'ai pas de clef; **I shut the cat out at night** je laisse *or* mets le chat dehors pour la nuit; **close the door and shut out the noise** ferme la porte pour qu'on n'entende pas le bruit; **he shut them out of his will** il les a exclus de son testament; **you can't shut him out of your life** tu ne peux pas l'exclure *or* le bannir de ta vie.
  (b) (*block*) *view* boucher; *memory* chasser de son esprit.
  (c) (*US Sport*) *opponent* bloquer.
  2 **shut-out** *n, adj V* **shut 3**.
  ♦**shut to 1** *vi [door]* se (re)fermer.
  2 *vt sep* (re)fermer.
  ♦**shut up 1** *vi* (*: *be quiet*) se taire. **shut up!** tais-toi!, ferme-la!‡, boucle-la!‡; **better just shut up and get on with it** mieux vaut se taire *or* ne rien dire et continuer.
  2 *vt sep* (a) *factory, business, theatre, house* fermer; *V* **shop**.
  (b) *person, animal* enfermer; *valuables* mettre sous clef. **to shut sb up in prison** emprisonner qn, mettre qn en prison.
  (c) (*: *silence*) faire taire, clouer le bec à*.

shutter ['ʃʌtər] **1** *n* volet *m*; (*Phot*) obturateur *m*. **to put up the ~s** mettre les volets; (*Comm*) fermer (le magasin); (*fig: permanently*) fermer boutique, fermer définitivement. **2** *cpd:* **shutter speed** vitesse *f* d'obturation.

shuttered ['ʃʌtəd] *adj house etc* aux volets fermés.

shuttle ['ʃʌtl] **1** *n* (a) *[loom, sewing machine]* navette *f*. (b) (*plane, train etc*) navette *f*. **air~** navette aérienne; **space~** navette spatiale.

2 *cpd*: **shuttlecock** volant *m* (*Badminton*); **shuttle diplomacy** navettes *fpl* diplomatiques; (*Tech*) **shuttle movement** mouvement alternatif; (*Aviat, Rail etc*) **shuttle service** (service *m* de) navette *f*.
3 *vi* [*person, vehicle, boat*] faire la navette (*between* entre).
4 *vt*: **to ~ sb to and fro** envoyer qn à droite et à gauche; **he was ~d** (*back and forth*) **between the factory and the office** on l'a renvoyé de l'usine au bureau et vice versa, il a dû faire la navette entre l'usine et le bureau; **the papers were ~d** (*backwards and forwards*) **from one department to another** les documents ont été renvoyés d'un service à l'autre.

shy¹ [ʃaɪ] **1** *adj person* timide; (*reserved*) réservé; (*unsociable*) sauvage; *animal* timide, peureux; *look, smile* timide; (*self-conscious*) embarrassé, gauche. **he's a ~ person, he's ~ of people** c'est un timide, il est mal à l'aise avec les gens, il est sauvage; **he's ~ with** *or* **of women** il est timide avec les femmes *or* auprès des femmes, les femmes l'intimident; **to make sb** (*feel*) **~** intimider qn, gêner qn, embarrasser qn; **don't be ~** ne fais pas le (*or* la) timide; **don't be ~ of telling me what you want** n'ayez pas peur de *or* n'hésitez pas à *or* ne craignez pas de me dire ce que vous voulez; **I'm rather ~ of inviting him** je n'ose guère l'inviter, j'ai un peu peur de l'inviter; (*US fig*) **he is 2 months ~ of 70** il aura 70 ans dans 2 mois; (*US fig*) **I'm $5 ~** il me manque 5 dollars; *V* **bite, fight, work** *etc*.
2 *vi* [*horse*] broncher (*at* devant).
♦**shy away** *vi* (*fig*) **to shy away from doing** répugner à faire, s'effaroucher à l'idée de faire.

shy² [ʃaɪ] (*Brit*) **1** *vt* (*throw*) lancer, jeter. **2** *n* (*lit*) **to take** *or* **have a ~ at sth** lancer un projectile (*or* une pierre *etc*) vers qch; **'20p a ~'** '20 pence le coup'; (*fig: try*) **to have a ~ at doing** tenter de faire; *V* **coconut**.

shyly [ʃaɪlɪ] *adv* (*V* **shy¹ 1**) timidement; avec réserve; gauchement.
shyness [ʃaɪnɪs] *n* (*V* **shy¹ 1**) timidité *f*; réserve *f*; sauvagerie *f*; embarras *m*, gaucherie *f*.
shyster* [ʃaɪstər] *n* escroc *m*; (*specifically lawyer*) avocat véreux *or* marron.
si [si:] *n* (*Mus*) si *m*.
Siam [saɪˈæm] *n* Siam *m*.
Siamese [ˌsaɪəˈmiːz] **1** *adj* siamois. **~ cat** chat siamois; **~ twins** (frères) siamois, (sœurs) siamoises. **2** *n* (**a**) (*pl inv*) Siamois(e) *m(f)*. (**b**) (*Ling*) siamois *m*.
Siberia [saɪˈbɪərɪə] *n* Sibérie *f*.
Siberian [saɪˈbɪərɪən] **1** *adj* sibérien, de Sibérie. **2** *n* Sibérien(ne) *m(f)*.
sibilant [ˈsɪbɪlənt] **1** *adj* (*also Phon*) sifflant. **2** *n* (*Phon*) sifflante *f*.
sibling [ˈsɪblɪŋ] **1** *n*: **~s** enfants *mfpl* de mêmes parents; **one of his ~s** l'un de ses frères et sœurs; **Paul and Lucy are ~s** Paul et Lucie sont de mêmes parents *or* sont frère et sœur. **2** *cpd*: (*Psych*) **sibling rivalry** rivalité fraternelle.
sibyl [ˈsɪbɪl] *n* sibylle *f*.
sibylline [ˈsɪbɪlaɪn] *adj* sibyllin.
sic [sɪk] *adv* sic.
Sicilian [sɪˈsɪlɪən] **1** *adj* sicilien. **2** *n* (**a**) Sicilien(ne) *m(f)*. (**b**) (*Ling*) sicilien *m*.
Sicily [ˈsɪsɪlɪ] *n* Sicile *f*. **in ~** en Sicile.
sick [sɪk] **1** *adj* (**a**) (*ill*) *person* malade; *pallor* maladif. **he's a ~ man** c'est un malade; **he's (away** *or* **off) ~** (il n'est pas là) il est malade; **to go ~** se faire porter malade; **to fall** *or* **take ~** tomber malade; **to be ~ of a fever†** avoir la fièvre; *V* **home, off** *etc*.
(**b**) (*Brit: nauseated, vomiting*) **to be ~** vomir; **to feel ~** avoir mal au cœur, avoir des nausées, avoir envie de vomir; **a ~ feeling** (*lit*) un haut-le-coeur; (*fig*) une (sensation d')angoisse; **melon makes me ~** le melon me fait mal au cœur *or* (*stronger*) me fait vomir (*V also* **lc**); **I get ~ in planes** j'ai mal au cœur *or* je suis malade en avion, j'ai le mal de l'air; **~ headache** migraine *f*; *V* **sea** *etc*.
(**c**) (*fig*) *mind, imagination, fancies* malsain. **~ humour** humour noir; **~ joke** plaisanterie macabre *or* malsaine; **~ comedian** comédien porté sur l'humour noir; **to be ~ at heart** avoir la mort dans l'âme; **to be ~ of sth/sb*** en avoir assez de qch/qn, en avoir marre* de qch/qn; **to be ~ and tired of sth/sb*** en avoir par-dessus la tête de qch/qn; **to be ~ to death*** *or* **to the (back) teeth*** of en avoir par-dessus la tête de, en avoir ras le bol‡ *or* plein le dos* de; **to be ~ of the sight of sth/sb*** en avoir assez *or* marre* de voir qch/qn; **it's enough to make you ~** il y a de quoi vous écœurer *or* vous rendre malade*; **it makes me ~ to think that …** ça m'écœure *or* me dégoûte de penser que …; **you make me ~!*** tu me dégoûtes!; **he was really ~ at failing the exam‡** il était vraiment écœuré d'avoir échoué à l'examen; **he really looked ~‡** il avait l'air écœuré, il faisait une de ces têtes!*
2 *npl*: **the ~** les malades *mpl*.
3 *cpd*: **sick bay** infirmerie *f*; **sickbed** lit *m* de malade; (*Brit*) **sick benefit** (prestations *fpl* de l')assurance *f* maladie; (**on**) **sick leave** (en) congé *m* de maladie; **to be on the sick list** (*Admin*) être porté malade; (*‡: ill*) être malade; **sick-making‡** dégoûtant; **sick pay** indemnité *f* de maladie (*versée par l'employeur*); **sickroom** (*in school etc*) infirmerie *f*; (*at home*) chambre *f* de malade.
♦**sick up*** *vt sep* vomir, rendre.
sicken [ˈsɪkn] **1** *vt* rendre malade, donner mal au cœur à; (*fig*) dégoûter, écœurer. **2** *vi* tomber malade. [*person*] **to ~ for sth** couver qch; (*fig*) **to ~** se lasser de, en avoir assez de.
sickening [ˈsɪknɪŋ] *adj sight, smell* écœurant, qui soulève le cœur; (*fig*) *cruelty, crime* répugnant, ignoble; *waste* dégoûtant, révoltant; (*‡: annoying*) *person, behaviour* agaçant, exaspérant.
sickeningly [ˈsɪknɪŋlɪ] *adv*: **it is ~ sweet** c'est tellement sucré que c'en est écœurant; **~ polite*** d'une politesse écœurante.
sickle [ˈsɪkl] **1** *n* faucille *f*. **2** *cpd*: (*Med*) **sickle-cell anaemia** anémie *f* à hématies falciformes, drépanocytose *f*.

sickliness [ˈsɪklɪnɪs] *n* [*person*] état maladif; [*cake*] goût écœurant.
sickly [ˈsɪklɪ] *adj* (**a**) *person* maladif, souffreteux, mal en point; *complexion* blafard, pâle; *climate* malsain; *plant* étiolé; *smile* pâle, faible; (*fig*) *business etc* mal en point.
(**b**) (*Brit*) *colour, smell, cake* écœurant. **~ sweet** douceâtre.
sickness [ˈsɪknɪs] **1** *n* (*U*) (*illness*) maladie *f*. **there's a lot of ~ in the village** il y a beaucoup de malades dans le village; **there's ~ on board** il y a des cas de maladie à bord; (*vomiting*) **bouts of ~** vomissements *mpl*; **mountain ~** mal *m* des montagnes; *V* **travel** *etc*.
2 *cpd*: (*Brit*) **sickness benefit** (prestations *fpl* de l')assurance *f* maladie; **sickness insurance** assurance(-)maladie *f*.
side [saɪd] **1** *n* (**a**) [*person*] côté *m*; [*animal*] flanc *m*. **wounded in the ~** blessé au côté; **to sleep on one's ~** dormir sur le côté; **he had the telephone by his ~** il avait le téléphone à côté de lui *or* à portée de la main; **his assistant was at** *or* **by his ~** son assistant était à ses côtés; (*fig*) **she remained by his ~ through thick and thin** elle est restée à ses côtés *or* elle l'a soutenu à travers toutes leurs épreuves; **~ by ~** (*people*) côte à côte; (*things*) l'un à côté de l'autre; (*fig: in agreement*) en parfait accord (*with* avec); (*Culin*) **a ~ of bacon** une flèche de lard; **a ~ of beef/mutton** un quartier de bœuf/mouton; *V* **split** *etc*.
(**b**) (*as opposed to top, bottom etc*) [*box, house, car, triangle etc*] côté *m*; [*ship*] flanc *m*, côté; (*of mountain: gen*) versant *m*; (*flank*) flanc *m*; (*inside*) [*cave, ditch, box*] paroi *f*. [*mountain*] **the north ~** le versant nord; **vines growing on the ~ of the hill** des vignes qui poussaient sur le flanc de la colline; **by the ~ of the church** à côté de *or* tout près de l'église; **set the box on its ~** pose la caisse sur le côté; **go round the ~ of the house** contournez la maison; **you'll find him round the ~** (*of the house*) tournez le coin de la maison et vous le verrez; **she is like the ~ of a house‡** c'est un monument*, elle est colossale; *V* **near, off** *etc*.
(**c**) (*outer surface*) [*cube, record, coin*] côté *m*, face *f*; [*square*] côté; [*garment, cloth, slice of bread, sheet of paper*] côté; (*fig*) [*matter, problem etc*] aspect *m*; [*sb's character*] facette *f*. [*garment, cloth*] **the right ~** l'endroit *m*; **the wrong ~** l'envers *m*; [*cloth*] **right/wrong ~ out** à l'endroit/l'envers; **right/wrong ~ up** dans le bon/mauvais sens; (*on box etc*) **'this ~ up'** 'haut'; **write on both ~s of the paper** écrivez des deux côtés de la feuille, écrivez recto verso; **I've written 6 ~s** j'ai écrit 6 pages; (*fig*) **the other ~ of the coin** *or* **picture** le revers de la médaille; **there are two ~s to every quarrel** dans toute querelle il y a deux points de vue; (*fig*) **look at it from his ~** (*of it*) considère cela de son point de vue; **he's got a nasty ~*** to him *or* to his nature il a un côté très déplaisant, il a quelque chose de très déplaisant; *V* **bright, flip, right, wrong** *etc*.
(**d**) (*edge*) [*road, lake, river*] bord *m*; [*wood, forest*] lisière *f*, bord; [*field, estate*] bord, côté *m*. **by the ~ of the road/lake** *etc* au bord de la route/du lac *etc*.
(**e**) (*lateral part*) côté *m*. **on the other ~ of the street/room** de l'autre côté de la rue/la pièce; **he crossed to the other ~ of the room** il a traversé la pièce; **the east ~ of the town** le côté est *or* la partie est de la ville; **he is paralysed down one ~ of his face** il a un côté du visage paralysé; (*fig*) **the science ~ of the college** la section sciences du collège; (*Brit Parl*) **members on the other ~ of the House** (*the government*) les députés de la majorité; (*the opposition*) les députés de l'opposition; **from all ~s, from every ~** de tous côtés, de toutes parts; **from ~ to ~** d'un côté à l'autre; **he moved to one ~** il s'est écarté *or* poussé; **to take sb on one ~** prendre qn à part; **to put sth to** *or* **on one ~** mettre qch de côté; **it's on this ~ of London** c'est de notre côté de Londres; (*between here and London*) c'est avant Londres, c'est entre ici et Londres; (*fig*) **he's on the wrong ~ of fifty** il a passé la cinquantaine; (*fig*) **he's on the right ~ of 50** il n'a pas encore 50 ans; **he makes a bit (of money) on the ~*** il se fait un peu d'argent en plus, il fait de la gratte* (*pej*); **a cousin on his mother's ~** un cousin du côté de sa mère; **my grandfather on my mother's ~** mon grand-père maternel; (*TV*) **on the other ~** sur l'autre chaîne; (*fig*) **it's on the heavy/cold ~** c'est plutôt lourd/froid; *V* **safe, sunny** *etc*.
(**f**) (*group, team, party*) (*gen*) camp *m*, côté *m*; (*Sport*) équipe *f*; (*Pol etc*) parti *m*. **he's on our ~** il est de notre camp *or* avec nous; **God was on their ~** Dieu était avec eux; **we have time on our ~** nous avons le temps pour nous, le temps joue en notre faveur; **whose ~ are you on?** qui soutenez-vous?, qui défendez-vous?; **there are faults on both ~s** les deux côtés *or* camps ont des torts *or* sont fautifs; **with a few concessions on the government ~** avec quelques concessions de la part du gouvernement; **to take ~s** (**with sb**) prendre parti (pour qn); **to pick** *or* **choose ~s** former les camps; (*Sport*) **they've picked** *or* **chosen the England ~** on a sélectionné l'équipe d'Angleterre; *V* **change**.
(**g**) (*Brit*: *conceit*) **he's got no ~, there's no ~ about him** il est très simple, ce n'est pas un crâneur*; **to put on ~** prendre des airs supérieurs, crâner*.
2 *cpd* chapel, panel, elevation, seat latéral; (*fig*) *effect* secondaire. **sideboard** buffet *m*; (*Brit*) **sideboards**, (*Brit, US*) **sideburns** pattes *fpl*, rouflaquettes* *fpl*; **sidecar** side-car *m*; **side dish** plat *m* d'accompagnement; **side door** entrée latérale, petite porte; **side drum** tambour *m* plat, caisse *f* claire; **side effect** effect *m* secondaire *or* indésirable; **side entrance** entrée latérale; (*Phot*: *adj, adv*) **side face** de profil; **side glance** regard *m* de côté; **side issue** question *f* secondaire, à-côté *m*; (*US Jur*) **side judge** judge *m* adjoint; **sidekick*** (*assistant*) sous-fifre* *m*; (*friend*) copain* *m*, copine* *f*; (*Brit Aut*) **sidelight** feu *m* de position, veilleuse *f*; (*fig*) **it gives us a sidelight on …** cela nous donne un aperçu de …, cela révèle un côté *or* aspect inattendu de …; **sideline** *V* below; **sidelong** (*adj*) oblique, de côté; (*adv*) de côté, en oblique; (*Brit Rel*) **sidesman** adjoint *m* au bedeau; **side plate** petite assiette; (*Brit*) **side road** petite route, route transversale; (*in town*) petite rue, rue transversale; **to ride sidesaddle**

monter en amazone; **side shows** attractions *fpl*; (*Aviat*) **sideslip** (*n*) glissade *f or* glissement *m* sur l'aile; (*vi*) glisser sur l'aile; (*Ski*) **side-slipping** dérapage *m*; **side-splitting*** tordant*; **side-step** (*vt*) *blow* éviter, esquiver; *question* éviter, éluder; *rules etc* ne pas tenir compte de; (*vi*) (*lit*) faire un pas de côté; (*Ski*) monter en escalier; (*fig*) rester évasif; (*Boxing*) esquiver; **side-stepping** montée *f* en escalier; **side street** petite rue, rue transversale; (*Swimming*) **side stroke** nage *f* indienne; **sidetable** desserte *f*; **sidetrack** *train* dériver, dérouter; (*fig*) *person* faire dévier de son sujet; (*fig*) **to get sidetracked** s'écarter de son sujet; (*Aut*) **side trim** moulure *f* latérale; **side view** vue *f* de côté; (*US*) **sidewalk** trottoir *m*; **sideways** V **sideways**; (*US*) **side-wheeler** bateau *m* à aubes; **side whiskers** favoris *mpl*.

3 *vi*: **to ~ with sb** se ranger du côté de qn, prendre parti pour qn, faire cause commune avec qn.
-sided ['saɪdɪd] *adj ending in cpds*: **three-sided** à trois côtés, trilatéral; **many-sided** multilatéral; *V* **one** *etc*.
sideline ['saɪdlaɪn] *n* (**a**) (*Sport*) (ligne *f* de) touche *f*. **on the ~s** (*Sport*) sur la touche; (*fig*) dans les coulisses; (*fig*) **he stayed on the sidelines** il n'a pas pris position, il n'est pas intervenu.
(**b**) activité *f* (*or* travail *m etc*) secondaire. **he sells wood as a ~** il a aussi un petit commerce de bois; (*Comm*) **it's just a ~** ce n'est pas notre spécialité.
sidereal [saɪ'dɪərɪəl] *adj* sidéral.
sideways ['saɪdweɪz] **1** *adj* oblique, de côté. **2** *adv* **look** de côté, obliquement; *walk* en crabe; *stand* de profil. **it goes in ~** ça rentre de côté; **car parked ~ on to the kerb** voiture garée le long du trottoir.
siding ['saɪdɪŋ] *n* (**a**) (*Rail*) voie *f* de garage *or* d'évitement; *V* **goods**. (**b**) (*US: wall covering*) revêtement *m* extérieur.
sidle ['saɪdl] *vi*: **to ~ along** marcher de côté, avancer de biais; **to ~ in/out** *etc* entrer/sortir *etc* furtivement; **he ~d into the room** il s'est faufilé dans la pièce; **he ~d up to me** il s'est glissé vers moi.
Sidon ['saɪdən] *n* Sidon.
siege [siːdʒ] *n* (*Mil, fig*) siège *m*. **in a state of ~** en état de siège; **to lay ~ to a town** assiéger une ville, mettre le siège devant une ville; **to raise** *or* **lift the ~** lever le siège (*lit*).
Siena [sɪ'enə] *n* Sienne.
Sienese [sɪə'niːz] *adj* siennois.
sienna [sɪ'enə] *n* (*earth*) terre *f* de Sienne *or* d'ombre; (*colour*) ocre brun; *V* **burnt**.
sierra [sɪ'erə] *n* sierra *f*.
Sierra Leone [sɪ'erəlɪ'əʊn] *n* Sierra Leone *f*.
Sierra Leonean [sɪ'erəlɪ'əʊnɪən] **1** *n* Sierra-Léonien(ne) *m(f)*. **2** *adj* sierra-léonien(ne).
siesta [sɪ'estə] *n* sieste *f*. **to have** *or* **take a ~** faire une *or* la sieste.
sieve [sɪv] **1** *n* (*for coal, stones*) crible *m*; (*for sugar, flour, sand, soil*) tamis *m*; (*for wheat*) van *m*; (*for liquids*) passoire *f*. (*Culin*) **to rub** *or* **put through a ~** passer au tamis; **he's got a head** *or* **memory like a ~*** sa mémoire est une (vraie) passoire.
2 *vt fruit, vegetables* passer; *sugar, flour, sand, soil* tamiser; *coal, stones* passer au crible, cribler.
sift [sɪft] **1** *vt* (**a**) *flour, sugar, sand* tamiser, passer au tamis; *coal, stones* cribler, passer au crible; *wheat* vanner; (*fig*) *evidence* passer au crible *or* au tamis. **to ~ flour on to sth** saupoudrer qch de farine (au moyen d'un tamis).
(**b**) (*also* **~ out**) *cinders etc* séparer (à l'aide d'un crible); (*fig*) *facts, truth* dégager.
2 *vi* (*fig*) **to ~ through sth** passer qch en revue, examiner qch.
sifter ['sɪftə^r] *n* (*V* **sift 1**) tamis *m*; crible *m*; (*machine*) cribleuse *f*; (*for flour, sugar*) saupoudreuse *f*.
sigh [saɪ] **1** *n* soupir *m*. **to heave** *or* **give a ~** soupirer, pousser un soupir.
2 *vt*: **'if only he had come' she ~ed** 'si seulement il était venu' dit-elle en soupirant *or* soupira-t-elle.
3 *vi* soupirer, pousser un soupir; [*wind*] gémir. **he ~ed with relief** il a poussé un soupir de soulagement; **to ~ for sth** soupirer après *or* pour qch; (*for sth lost*) regretter qch; **to ~ over sth** se lamenter sur qch, regretter qch.
sighing ['saɪɪŋ] *n* [*person*] soupirs *mpl*; [*wind*] gémissements *mpl*.
sight [saɪt] **1** *n* (**a**) (*faculty; act of seeing; range of vision*) vue *f*. **to have good/poor ~** avoir une bonne/mauvaise vue; **to lose one's ~** devenir aveugle, perdre la vue; **to get back** *or* **regain one's ~** recouvrer la vue; **to know sb by ~** connaître qn de vue; **to shoot on ~** *or* **at ~** tirer à vue; **he translated it at ~** il l'a traduit à livre ouvert; **he played the music at ~** il a déchiffré le morceau de musique; **at the ~ of** à la vue de, en voyant, au spectacle de; **the train was still in ~** on voyait encore le train, le train était encore visible; **the end is (with)in ~** la fin est en vue, on entrevoit la fin; **we are within ~ of a solution** nous entrevoyons une solution; **we live within ~ of the sea** de chez nous on voit *or* aperçoit la mer; **to come into ~** apparaître; **keep the luggage in ~,** **keep ~ of the luggage, don't let the luggage out of your ~** ne perdez pas les bagages de vue, surveillez les bagages; **out of ~** hors de vue; **to keep out of ~** (*vi*) se cacher, ne pas se montrer; (*vt*) cacher, ne pas montrer; **it is out of ~** on ne le voit pas, ce n'est pas visible, ce n'est pas à portée de vue; **he never lets it out of his ~** il le garde toujours sous les yeux; (*liter*) **out of my ~!** hors de ma vue!; **keep out of his ~!** qu'il ne te voie pas!; (*Prov*) **out of ~ out of mind** loin des yeux loin du cœur (*Prov*); **to catch ~ of** apercevoir; (*lit, fig*) **to lose ~ of sb/sth** perdre qn/qch de vue; **at first ~ it seems to be ...** à première vue *or* au premier abord cela semble être ...; **love at first ~** le coup de foudre; **it was my first ~ of Paris** c'était la première fois que je voyais Paris; **I got my first ~ of that document yesterday** j'ai vu ce document hier pour la première fois; **their first ~ of land came after 30 days at sea** la terre leur est apparue pour la première fois au bout de 30 jours en mer; **the ~ of**

the cathedral la vue de la cathédrale; **I can't bear** *or* **stand the ~ of blood** je ne peux pas supporter la vue du sang; **I can't bear** *or* **stand the ~ of him, I hate the ~ of him** je ne peux pas le voir (en peinture*) *or* le sentir*; (*Comm*) **to buy/accept sth ~ unseen** acheter/accepter qch sans l'avoir examiné; (*fig liter*) **to find favour in sb's ~** trouver grâce aux yeux de qn; **all men are equal in the ~ of God** tous les hommes sont égaux devant Dieu; **in the ~ of the law** aux yeux de la loi, devant la loi; *V* **heave, second¹, short** *etc*.

(**b**) (*spectacle*) spectacle *m* (*also pej*). **the tulips are a wonderful ~** les tulipes sont magnifiques; **it is a ~ to see** *or* **a ~ to be seen** cela vaut la peine d'être vu, il faut le voir; **the Grand Canyon is one of the ~s of the world** le Grand Canyon constitue l'un des plus beaux spectacles du monde *or* est l'un des plus beaux paysages du monde; **it's one of the ~s of Paris** c'est l'une des attractions touristiques de Paris, c'est l'une des choses à voir à Paris; **it's a sad ~** c'est triste (à voir), ça fait pitié; **it's not a pretty ~** ça n'est guère joli (à voir); **it was a ~ for sore eyes** (*welcome*) c'était un spectacle à réjouir le cœur; (*pej) c'était à en pleurer; **his face was a ~!** (*amazed etc*) il faisait une de ces têtes!*; (*after injury etc*) il avait une tête à faire peur*; (*pej*) **I must look a ~!** je dois avoir une de ces allures!* *or* l'air de Dieu sait quoi!*; **doesn't she look a ~ in that hat!** elle a l'air d'un épouvantail avec ce chapeau!; *V* **see¹**.

(**c**) (*on gun*) mire *f*. **to take ~** viser; **to have sth in one's ~s** avoir qch dans sa ligne de tir; (*fig*) **to have sb in one's ~s** avoir qn dans le collimateur; (*fig*) **to set one's ~s too high** viser trop haut (*fig*); **to set one's ~s on sth** viser qch, décider d'obtenir qch.

(**d**) (*phrases*) **not by a long ~** loin de là, bien au contraire; **it's a** (*far or long*) **~ better than the other*** c'est infiniment mieux que l'autre; **he's a ~ too clever*** il est par *or* bien trop malin.

2 *cpd*: (*Comm, Fin*) **sight draft** effet *m* à vue; (*Mus*) **sight-read** déchiffrer; **sight-reading** déchiffrage *m*; **sightseeing** tourisme *m*; **to go sightseeing, to do some sightseeing** (*gen*) faire le (*or* la) touriste; (*in town*) visiter la ville; **sightseer** touriste *mf*.

3 *vt* (**a**) (*see*) *land, person* apercevoir.
(**b**) **to ~ a gun** (*aim*) prendre sa visée, viser; (*adjust*) régler le viseur d'un canon.
sighted ['saɪtɪd] **1** *adj* qui voit, doué de vue *or* de vision. **to be partially ~** avoir un certain degré de vision. **2** *npl*: **the ~** les voyants *mpl* (*lit*), ceux qui voient.
-sighted ['saɪtɪd] *adj ending in cpds*: **weak-sighted** à la vue faible; *V* **clear, short** *etc*.
sighting ['saɪtɪŋ] *n*: **numerous ~s of the monster have been reported** de nombreuses personnes ont déclaré avoir vu le monstre; **he has reported 6 ~s** il déclare l'avoir vu 6 fois.
sightly ['saɪtlɪ] *adj*: **it's not very ~** ce n'est pas beau à voir.
sign [saɪn] **1** *n* (**a**) (*with hand etc*) signe *m*, geste *m*. **he made a ~ of recognition** il m'a (*or* lui a *etc*) fait signe qu'il me (*or* le *etc*) reconnaissait; **they communicated by ~s** ils se parlaient par signes; **to make a ~ to sb** faire signe à qn (*to do* faire); **to make the ~ of the Cross** faire le signe de la croix (*over sb/sth* sur qn/qch); (*cross o.s.*) se signer; **he made a rude ~** il a fait un geste grossier.
(**b**) (*symbol: Astron, Ling, Math, Mus etc*) signe *m*. **the ~s of the zodiac** les signes du zodiaque; **this ~ means 'do not machine-wash'** ce signe *or* ce symbole signifie 'ne pas laver à la machine'; (*Astrol*) **born under the ~ of Leo** né sous le signe du Lion; (*Astrol*) **air/earth/fire/water ~** signe d'air/de terre/de feu/d'eau; *V* **minus** *etc*.
(**c**) (*indication*) signe *m*, preuve *f*, indication *f*; (*Med*) symptôme *m*; (*trace*) signe, trace *f*, marque *f*. **as a ~ en signe de; it's a good/bad ~** c'est bon/mauvais signe; **all the ~s are that ...** tout laisse à penser que ...; **those clouds are a ~ of rain** ces nuages sont un signe de pluie *or* présagent la pluie; **violence is a ~ of fear** la violence est (un) signe *or* une preuve de peur, la violence dénote *or* indique *or* révèle la peur; **it's a ~ of the times** c'est un signe des temps; **it's a sure ~** c'est un signe infaillible; **at the slightest ~ of disagreement** au moindre signe de désaccord; **there is no ~ of his agreeing** rien ne laisse à penser *or* rien n'indique qu'il va accepter; **he gave no ~ of wishing to come with us** il ne donnait aucun signe de *or* il n'avait pas du tout l'air de vouloir venir avec nous; **there was no ~ of life** il n'y avait aucun signe de vie; **there's no ~ of him anywhere** on ne le trouve nulle part, il n'y a aucune trace de lui; **there's no ~ of it anywhere** c'est introuvable, je (*or* il *etc*) n'arrive pas à le (re)trouver; *V* **show**.
(**d**) (*notice*) panneau *m*; (*on inn, shop*) enseigne *f*; (*Aut: traffic warnings etc*) panneau (de signalisation); (*Aut: directions on motorways etc*) panneau (indicateur); (*writing on signpost*) direction *f*, indication *f*. (*on road*) **I can't read the ~** je n'arrive pas à lire le panneau.
2 *cpd*: **sign language** langage *m* par signes; **to talk in sign language** parler *or* communiquer par signes; **signpost** *etc V* **signpost** *etc*; **sign writer** peintre *m* d'enseignes.
3 *vt* (**a**) *letter, document, register, visitors' book* signer. (*fig*) **it was ~ed, sealed and delivered by twelve noon** à midi, l'affaire était entièrement réglée; **to ~ one's name** signer; **he ~s himself John Smith** il signe 'John Smith'; *V* **pledge**.
(**b**) (*Ftbl etc*) **to ~ a player** engager un joueur.
4 *vi* (**a**) signer. **you have to ~ for the key** vous devez signer pour obtenir la clef; **he ~ed for the parcel** il a signé le reçu de livraison du paquet; (*Ftbl*) **Smith has ~ed for Celtic** Smith a signé un contrat d'engagement avec le Celtic; *V* **dot**.
(**b**) **to ~ to sb to do sth** faire signe à qn de faire qch.
♦**sign away** *vt sep*: **to sign away sth** signer sa renonciation à qch, signer l'abandon de son droit sur qch.
♦**sign in** *vi* (*in factory*) pointer; (*in hotel*) signer le registre.
♦**sign off** *vi* (**a**) (*Rad, TV*) terminer l'émission. **this is Jacques**

Dupont signing off c'est Jacques Dupont qui vous dit au revoir.
  (b) (*on leaving work*) pointer en partant.
◆**sign on 1** *vi* **(a)** (*Ind etc*) (*for job*) se faire embaucher (*as* comme, en tant que); (*Mil*) s'engager (*as* comme, en tant que).
  (b) (*on arrival at work*) pointer en arrivant.
  (c) (*enrol*) s'inscrire. **I've signed on for German conversation** je me suis inscrit au cours de conversation allemande.
  2 *vt sep employee* embaucher; (*Mil*) engager.
◆**sign over** *vt sep* céder par écrit (*to* à).
◆**sign up 1** *vi* = **sign on 1a**.
  2 *vt sep* = **sign on 2**.
signal ['sɪgnl] **1** *n* **(a)** (*gen, Ling, Naut, Psych, Rail etc*) signal *m*. **at a prearranged** ~ à un signal convenu; **the** ~ **for departure** le signal du départ; (*Naut*) **flag** ~**s** signaux par pavillons; (**traffic**) ~**s** feux *mpl* de circulation; (*Rail*) **the** ~ **is at red** le signal est au rouge; (*Aut*) **I didn't see his** ~ je n'ai pas vu son signal (*or* clignotant); *V* **distress, hand** etc.
  (b) (*electronic impulse; message: Rad, Telec, TV*) signal *m*. **I'm getting the engaged** ~ ça sonne occupé *or* pas libre; **send a** ~ **to HQ to the effect that ...** envoyez un signal *or* message au Q.G. pour dire que ...; (*Rad, Telec, TV*) **the** ~ **is very weak** le signal est très faible; (*Rad, TV*) **station** ~ indicatif *m* de l'émetteur; (*Mil*) **the S**~**s** les Transmissions *fpl*.
  2 *cpd*: (*Naut*) **signal book** code international de signaux, livre *m* des signaux; (*Rail*) **signal box** cabine *f* d'aiguillage, poste *m* d'aiguillage *or* de signalisation; (*Naut*) **signal flag** pavillon *m* de signalisation; **signalman** (*Rail*) aiguilleur *m*; (*Naut*) signaleur *m*, sémaphoriste *m*.
  3 *adj* (*avant n*) *success* remarquable, insigne; *importance* capital.
  4 *vt message* communiquer par signaux. **to** ~ **sb on/through** *etc* faire signe à qn d'avancer/de passer *etc*; (*Aut*) **to** ~ **a turn** indiquer *or* signaler un changement de direction.
  5 *vi* (*gen*) faire des signaux; (*Aut*) mettre son clignotant. **to** ~ **to sb** faire signe à qn (*to do* de faire).
signalize ['sɪgnəlaɪz] *vt* (*mark, make notable*) marquer; (*point out*) distinguer, signaler.
signally ['sɪgnəlɪ] *adv* singulièrement, extraordinairement. **he has** ~ **failed to do it** il a manifestement échoué *or* bel et bien échoué dans sa tentative.
signatory ['sɪgnətərɪ] **1** *adj* signataire. **2** *n* signataire *mf* (*to* de).
signature ['sɪgnətʃər] **1** *n* **(a)** signature *f*. **to set** *or* **put one's** ~ **to sth** apposer sa signature à qch. **(b)** (*Mus: key* ~) armature *f*. **2** *cpd*: (*esp Brit*) **signature tune** indicatif musical.
signer ['saɪnər] *n* signataire *mf*.
signet ['sɪgnɪt] *n* sceau *m*, cachet *m*. ~ **ring** chevalière *f*; *V* **writer**.
significance [sɪg'nɪfɪkəns] *n* (*meaning*) signification *f*; (*importance*) [*event, speech*] importance *f*, portée *f*. **a look of deep** ~ un regard lourd de sens; **what he thinks is of no** ~ peu importe ce qu'il pense.
significant [sɪg'nɪfɪkənt] *adj achievement, increase, amount* considérable; *event* important, de grande portée; *look* significatif. **it is** ~ **that ...** il est significatif *or* révélateur que ...+*subj*.
significantly [sɪg'nɪfɪkəntlɪ] *adv smile, wink, nudge* d'une façon significative. **she looked at me** ~ elle m'a jeté un regard lourd de sens; ~, **he refused** fait révélateur, il a refusé; **he was** ~ **absent** son absence était significative; **it has improved** ~ l'amélioration est considérable; **it is not** ~ **different** la différence est insignifiante.
signification [ˌsɪgnɪfɪ'keɪʃən] *n* signification *f*, sens *m*.
signify ['sɪgnɪfaɪ] **1** *vt* **(a)** (*mean*) signifier, vouloir dire (*that* que); (*indicate*) signifier, être (un) signe de, indiquer. **it signifies intelligence** cela indique *or* dénote *or* révèle de l'intelligence.
  (b) (*make known*) signifier, indiquer, faire comprendre (*that* que); *one's approval* signifier; *one's opinion* faire connaître.
  2 *vi* avoir de l'importance. **it does not** ~ cela n'a aucune importance, cela importe peu.
signpost ['saɪnpəʊst] **1** *n* poteau *m* indicateur.
  2 *vt direction, place* indiquer. **Lewes is** ~**ed at the crossroads** Lewes est indiqué au carrefour; **the road is badly** ~**ed** (*not indicated*) la route est mal indiquée; (*no signposts on it*) la route est mal signalisée.
signposting ['saɪnpəʊstɪŋ] *n* signalisation *f* (verticale).
Sikh [siːk] **1** *n* Sikh *mf*. **2** *adj* sikh (*f inv*).
silage ['saɪlɪdʒ] *n* (*fodder*) fourrage ensilé *or* vert; (*method*) ensilage *m*.
silence ['saɪləns] **1** *n* silence *m*. **he called for** ~ il a demandé *or* réclamé le silence; **when he finished speaking, there was** ~ quand il a fini de parler, le silence a régné *or* on a gardé le silence *or* personne n'a soufflé mot; **the** ~ **was broken by a cry** un cri a déchiré le silence; **they listened in** ~ ils ont écouté en silence *or* sans rien dire; **a two minutes'** ~ deux minutes de silence; **your** ~ **on this matter ...** le silence *or* le mutisme que vous gardez sur ce sujet ...; (*fig*) **there is** ~ **in official circles** dans les milieux autorisés on garde le silence; (*fig*) **to pass sth over in** ~ passer qch sous silence; (*Prov*) ~ **gives** *or* **means consent** qui ne dit mot consent (*Prov*); (*Prov*) ~ **is golden** le silence est d'or (*Prov*); *V* **dead, radio, reduce** etc.
  2 *vt person, critic, guns* réduire au silence, faire taire; *noise* étouffer; *conscience* faire taire. **to** ~ **criticism** faire taire les critiques, imposer silence aux critiques; **to** ~ **the opposition** réduire l'opposition au silence.
silencer ['saɪlənsər] *n* (*on gun*, (*Brit*) *on car*) silencieux *m*.
silent ['saɪlənt] **1** *adj person* silencieux; (*taciturn*) silencieux, peu communicatif, taciturne; *engine, movement* silencieux; *step* silencieux, feutré; *room* silencieux, tranquille; *film, wish, reproach* muet. **it was (as)** ~ **as the grave** *or* **the tomb** il y avait un silence

de mort; **to fall** *or* **become** ~ se taire; **to keep** *or* **be** ~ garder le silence, se taire; **be** ~**!** taisez-vous!, silence!; **to remain** ~ **about sth** se taire *or* garder le silence *or* ne rien dire au sujet de qch; (*Ling*) **a** ~ **letter** une lettre muette; ~ '**h**' 'h' muet; **the** ~ **majority** la majorité silencieuse; (*US Comm*) ~ **partner** (*associé m*) commanditaire *m*; (*in road*) ~ **policeman** casse-vitesse *m*; (*Pol*) **the** ~ **revolution** la révolution Silencieuse.
  2 *n* (*Cine: gen pl*) **the** ~**s** les films muets, le (cinéma) muet.
silently ['saɪləntlɪ] *adv* (*noiselessly*) silencieusement, sans (faire de) bruit; (*without speaking*) silencieusement, en silence.
Silesia [saɪ'liːʃɪə] *n* Silésie *f*.
silex ['saɪleks] *n* silex *m*.
silhouette [ˌsɪluː'et] **1** *n* silhouette *f* (*sur l'horizon etc*); (*Art*) silhouette. **2** *vt*: **to be** ~**d against** se découper contre, se profiler sur, se silhouetter sur; ~**d against** se découpant contre, se profilant sur, silhouetté sur.
silica ['sɪlɪkə] *n* silice *f*. ~ **gel** gel *m* de silice.
silicate ['sɪlɪkɪt] *n* silicate *m*.
siliceous [sɪ'lɪʃəs] *adj* siliceux.
silicon ['sɪlɪkən] *n* silicium *m*. ~ **chip** puce *f* électronique, pastille *f* de silicium.
silicone ['sɪlɪkəʊn] *n* silicone *f*.
silicosis [ˌsɪlɪ'kəʊsɪs] *n* silicose *f*.
silk [sɪlk] **1** *n* **(a)** (*material*) soie *f*; (*thread*) (fil *m* de) soie. **they were all in their** ~**s and satins** elles étaient toutes en grande toilette; **the shelves were full of** ~**s and satins** les rayonnages regorgeaient de soierie et de satin; *V* **artificial, raw, sewing** etc.
  (b) (*Brit Jur: barrister*) avocat *m* de la couronne. **to take** ~ être nommé avocat de la couronne.
  2 *cpd blouse etc* de *or* en soie. **silk factory** soierie *f* (*fabrique*); **with a silk finish** *cloth* similisé, mercerisé; *paintwork* satiné; **silk hat** haut-de-forme *m*; **silk industry** soierie *f* (*industrie*); **silk manufacturer** fabricant *m* en soierie; (*in Lyons*) soyeux *m*; (*U*) **silkscreen printing** sérigraphie *f*; **silk stocking** bas *m* de soie; **silk thread** fil *m* de soie, soie *f* à coudre; **silkworm** ver *m* à soie; **silkworm breeding** sériciculture *f*, élevage *m* des vers à soie.
silken ['sɪlkən] *adj dress, hair* soyeux; *skin* soyeux, satiné; *voice* doucereux. **it has a** ~ **sheen** cela a des reflets soyeux.
silkiness ['sɪlkɪnɪs] *n* qualité *or* douceur soyeuse, soyeux *m*.
silky ['sɪlkɪ] *adj hair, dress* (à l'aspect) soyeux; *voice* doucereux.
sill [sɪl] *n* [*window*] rebord *m*, appui *m*; [*door*] seuil *m*; (*Aut*) bas *m* de marche.
silliness ['sɪlɪnɪs] *n* sottise *f*, stupidité *f*, niaiserie *f*.
silly ['sɪlɪ] **1** *adj person* bête, idiot, sot (*f* sotte); *behaviour, answer* stupide, idiot, bête; *clothes, shoes* peu pratique, ridicule. **you** ~ **fool!** espèce d'idiot(e)!, espèce d'imbécile!; **the** ~ **idiot!** quel(le) imbécile!; **don't be** ~ ne fais pas l'idiot(e) *or* l'imbécile; **I felt** ~ **when he said ...** je me suis senti bête *or* ridicule quand il a dit ...; **I feel** ~ **in this hat** je me sens ridicule *or* je dois avoir l'air idiot avec ce chapeau; **he'll do something** ~ il va faire une bêtise; **that was a** ~ **thing to do** c'était bête *or* idiot de faire cela; (*Press*) **the** ~ **season** la période creuse (*où les nouvelles manquent d'intérêt*); *V* **knock**.
  2 *n* (*also* ~ **billy***) idiot(e) *m(f)*. **you big** ~**!** espèce d'imbécile!, gros bêta (*f* grosse bêtasse)!*
silo ['saɪləʊ] *n* silo *m*.
silt [sɪlt] *n* (*gen*) limon *m*; (*mud*) vase *f*.
◆**silt up 1** *vi* (*with mud*) s'envaser; (*with sand*) s'ensabler.
  2 *vt sep* [*mud*] envaser; [*sand*] ensabler; (*gen*) boucher, engorger.
Silurian [saɪ'lʊərɪən] *adj, n* (*Geol*) silurien (*m*).
silver ['sɪlvər] **1** *n* (*U*) **(a)** (*metal*) argent *m*; (~**ware, cutlery etc**) argenterie *f*.
  (b) (*money*) argent *m* (monnayé), monnaie *f* (*en pièces d'argent*). **have you got any** ~**?** — sorry, only notes and coppers est-ce que vous avez de la monnaie? — désolé, je n'ai que des billets ou alors de la petite monnaie; **£2 in** ~ 2 livres en pièces d'argent.
  2 *adj* (*made of* ~) *cutlery, jewellery etc* d'argent, en argent; (~**-coloured**) argenté; *coin* d'argent. (*at meeting etc*) ~ **collection** quête *f*; '**there will be a** ~ **collection**' 'vous êtes priés de contribuer généreusement à la quête; (*Prov*) **every cloud has a** ~ **lining** à quelque chose malheur est bon (*Prov*); (*Cine*) **the** ~ **screen** le grand écran; (*fig*) **to be born with a** ~ **spoon in one's mouth** naître fortuné, naître avec une cuiller d'argent dans la bouche.
  3 *cpd*: **silver birch** bouleau argenté; **silver fir** sapin argenté; **silverfish** poisson *m* d'argent; **silver foil** = silver paper; **silver fox** renard argenté; **silver gilt** plaqué *m* argent; **silver-grey** argenté; **silver-haired** aux cheveux argentés; **silver jubilee** (fête *f* du) vingt-cinquième anniversaire *m* (*d'un événement*); **silver paper** papier *m* d'argent *or* d'étain; (*U*) **silver plate** (*solid silver articles*) argenterie *f*; (*electroplate*) plaqué *m* argent; **silver-plated** argenté, plaqué argent *inv*; **silver plating** argenture *f*; (*Brit Culin*) **silverside** tranche *f* grasse; **silversmith** orfèvre *mf*; (*US*) **the Silver State** le Nevada; **silver-tongued** à la langue déliée, éloquent; (*U*) **silverware** argenterie *f*; **silver wedding** noces *fpl* d'argent.
  4 *vt mirror, fork* argenter.
silvery ['sɪlvərɪ] *adj light, colour* argenté; *sound* argentin. ~ **grey** gris argenté *inv*.
silviculture ['sɪlvɪˌkʌltʃər] *n* sylviculture *f*.
simian ['sɪmɪən] *adj, n* simien(ne) *m(f)*.
similar ['sɪmɪlər] *adj* semblable (*to* à); (*less strongly*) similaire, comparable (*to* à). **we have a** ~ **house** notre maison est presque la même *or* presque pareille; **the 2 houses are** ~ **in size** les 2 maisons sont de dimensions similaires *or* comparables; **the 2 houses are so** ~ **that ...** les 2 maisons sont si semblables que ... *or* se ressemblent à un point tel que ...; **on a** ~ **occasion** dans des circonstances semblables *or* similaires, en semblable occasion; **your case is** ~ votre cas est semblable *or* similaire *or* analogue; **paint removers**

and ~ **products** les décapants et produits similaires *or* voisins; **vehicles ~ to the bicycle** véhicules voisins de *or* apparentés à la bicyclette; **it is ~ in colour** ce n'est pas exactement la même couleur mais presque *or* mais c'est dans les mêmes tons; **it is ~ in colour to ruby** c'est d'une couleur semblable *or* comparable à celle du rubis.

similarity [ˌsɪmɪˈlærɪtɪ] *n* ressemblance *f* (**to** avec, **between** entre), similitude *f* (**between** entre), similarité *f* (**between** entre).

similarly [ˈsɪmɪləlɪ] *adv* de la même façon. **and ~, ...** et de même, ...

simile [ˈsɪmɪlɪ] *n* (*Literat*) comparaison *f*. **style rich in ~** style qui abonde en comparaisons.

similitude [sɪˈmɪltjuːd] *n* similitude *f*, ressemblance *f*; (*Literat etc*) comparaison *f*.

simmer [ˈsɪməʳ] **1** *n* (*slight boil*) faible ébullition *f*. **the stew was just on the ~** le ragoût cuisait à feu doux *or* mijotait.

  2 *vi* [*water*] frémir; [*vegetables*] cuire à feu doux; [*soup, stew*] cuire à feu doux, mijoter, mitonner; (*fig*) (*with excitement*) être en ébullition; (*with anticipation*) être tout excité d'avance; (*with discontent*) bouillir de mécontentement; [*revolt*] couver, fermenter; [*anger*] couver, monter. **he was ~ing (with rage)** il bouillait (de rage).

  3 *vt water, dye* laisser frémir; *soup, stew* faire cuire à feu doux, mijoter, mitonner; *vegetables* faire cuire à feu doux.

♦**simmer down*** *vi* (*fig*) s'apaiser, se calmer. **simmer down!** calme-toi!, un peu de calme!

simnel cake [ˈsɪmnlkeɪk] *n* (*Brit*) gâteau *m* aux raisins recouvert de pâte d'amandes (*généralement servi à Pâques*).

Simon [ˈsaɪmən] *n* Simon *m*.

simonize [ˈsaɪmənaɪz] *vt* ® lustrer, polir.

simony [ˈsaɪmənɪ] *n* simonie *f*.

simper [ˈsɪmpəʳ] **1** *n* sourire affecté. **~s** minauderie(s) *f(pl)*. **2** *vti* minauder. **'yes' she ~ed** 'oui' dit-elle en minaudant.

simpering [ˈsɪmpərɪŋ] **1** *n* minauderies *fpl*, mignardises *fpl*. **2** *adj* minaudier, affecté, mignard.

simperingly [ˈsɪmpərɪŋlɪ] *adv* d'une manière affectée, avec affectation.

simple [ˈsɪmpl] **1** *adj* **(a)** (*not compound*) *substance, machine, fracture, sentence* simple; (*Ling*) *tense* simple, non composé; *form of life* simple, élémentaire. **~ division** division *f* simple; **~ equation** équation *f* du premier degré; (*Fin, Math*) **~ interest** intérêts *mpl* simples; (*Mus*) **~ time** mesure *f* simple; *V* **pure.**

  (b) (*uncomplicated, easy*) simple, facile; (*plain*) *furniture, way of dressing, style* simple, sans recherche; *dress* simple, sans apprêt; *attitude, answer* simple, franc (*f* franche). **it's as ~ as ABC** c'est simple comme bonjour; **it's very ~!** c'est très simple!, c'est tout ce qu'il y a de plus simple!; **it's a ~ matter to have the clock repaired** il est tout à fait simple *or* très simple de faire réparer la pendule; **it's a ~ matter of buying another key** il s'agit tout simplement d'acheter une autre clef; **the ~ life** la vie simple; **she likes the ~ life** elle aime vivre simplement *or* avec simplicité; **a ~ little black dress** une petite robe noire toute simple *or* très sobre; **he's a ~ labourer** c'est un simple ouvrier; **they're ~ people** ce sont des gens simples *or* sans façons; **I'm a ~ soul** je suis tout simple *or* sans façons (*V also* **1c**); **to make ~(r)** simplifier; **in ~ terms, in ~ English, in ~ language** pour parler simplement *or* clairement, ≃ en bon français; **the ~ fact that ...** le simple fait que ...; **the ~ truth** la vérité pure et simple; **for the ~ reason that ...** pour la seule *or* simple raison que ...; **a dangerously ~ way of ...** une façon dangereusement simpliste de ... .

  (c) (*innocent*) simple, ingénu, naïf (*f* naïve); (*foolish*) simple, sot (*f* sotte), niais. **~ Simon** nigaud *m*, naïf *m*; **he's a ~ soul** c'est une âme simple, c'est un naïf, (*iro*) c'est une bonne âme; **he's a bit ~** il est un peu simplet *or* un peu simple d'esprit.

  2 *cpd*: **simple-hearted** (qui a le cœur) candide, franc (*f* franche), ouvert; **simple-minded** simplet, simple d'esprit, naïf (*f* naïve); **simple-mindedness** simplicité *f* d'esprit, naïveté *f*.

simpleton [ˈsɪmpltən] *n* nigaud(e) *m(f)*, niais(e) *m(f)*.

simplicity [sɪmˈplɪsɪtɪ] *n* simplicité *f*. **it's ~ itself** c'est tout ce qu'il y a de plus simple, c'est la simplicité même, rien de plus simple.

simplifiable [ˈsɪmplɪfaɪəbl] *adj* simplifiable.

simplification [ˌsɪmplɪfɪˈkeɪʃən] *n* simplification *f*.

simplify [ˈsɪmplɪfaɪ] *vt* simplifier.

simplistic [sɪmˈplɪstɪk] *adj* simpliste.

Simplon [ˈsɪmplɒn] *n*: **~ Pass** col *m* du Simplon.

simply [ˈsɪmplɪ] *adv* **(a)** *talk* simplement, avec simplicité; *live, dress* simplement, avec simplicité, sans prétention.

  (b) (*only*) simplement, seulement; (*absolutely*) absolument. **it ~ isn't possible, it is ~ impossible** c'est absolument *or* tout simplement impossible; **I ~ said that ...** j'ai simplement *or* seulement dit que ...; **she could ~ refuse** elle pourrait refuser purement et simplement; **you ~ MUST come!** il faut absolument que vous veniez! (*subj*).

simulacrum [ˌsɪmjʊˈleɪkrəm] *n, pl* **simulacra** [ˌsɪmjʊˈleɪkrə] simulacre *m*.

simulate [ˈsɪmjʊleɪt] *vt* **(a)** (*Aviat, Comput, Space, Tech etc*) simuler. **(b)** *passion, enthusiasm, grief* simuler, feindre, affecter; *illness* simuler, feindre.

simulation [ˌsɪmjʊˈleɪʃən] *n* simulation *f*.

simulator [ˈsɪmjʊleɪtəʳ] *n* (*Aut, Space*) simulateur *m*; (*Aviat: also* **flight ~**) simulateur *m* de vol.

simultaneity [ˌsɪmltəˈniːɪtɪ] *n* simultanéité *f*.

simultaneous [ˌsɪmlˈteɪnɪəs] *adj* *event, translation* simultané. (*Math*) **~ equations** équations équivalentes.

simultaneously [ˌsɪmlˈteɪnɪəslɪ] *adv* simultanément, en même temps. **~ with** en même temps que.

sin [sɪn] **1** *n* péché *m*. **~s of omission/commission** péchés par omission/par action; **a ~ against (the law of) God** un manque-

ment à la loi de Dieu; **it's a ~ to do that** (*Rel*) c'est un péché que de faire cela; (**fig*: † *or hum*) c'est une honte *or* un crime de faire cela; (*fig: unmarried*) **to live in ~** vivre maritalement *or* en concubinage (*with sb* avec qn); *V* **seven, ugly** *etc*.

  2 *cpd*: (*US*) **sin tax*** taxe *f* sur le tabac et les alcools.

  3 *vi* pécher (*against* contre). (*fig*) **he was more ~ned against than ~ning** il était plus victime que coupable.

Sinai [ˈsaɪneaɪ] *n* Sinaï *m*. **the ~ Desert** le désert du Sinaï; **Mount ~** le mont Sinaï.

Sinbad [ˈsɪnbæd] *n*: **~ the Sailor** Sinbad le Marin.

since [sɪns] **1** *conj* **(a)** (*in time*) depuis que. **~ I have been here** depuis que je suis ici; **ever ~ I met him** depuis que *or* depuis le jour où je l'ai rencontré; **it's a week ~ I saw him** cela fait une semaine que je ne l'ai (pas) vu, je ne l'ai pas vu depuis une semaine; **it's ages ~ I saw you** cela fait des siècles qu'on ne s'est pas vus*.

  (b) (*because*) puisque, comme, vu que, étant donné que. **why don't you buy it, ~ you are so rich!** achète-le donc, toi qui es si riche!

  2 *adv* depuis. **he has not been here ~** il n'est pas venu depuis; **he has been my friend ever ~** il est resté mon ami depuis (ce moment-là); **a short time ~, not long ~** il y a peu de temps; **it's many years ~** il y a bien des années de cela, cela fait bien des années.

  3 *prep* depuis. **~ arriving** *or* **his arrival** depuis son arrivée, depuis qu'il est arrivé; **I have been waiting ~ 10 o'clock** j'attends depuis 10 heures; **~ then** depuis (lors); **ever ~ 1900** France has attempted to ... depuis 1900 la France tente de *or* a sans cesse tenté de ...; **ever ~ then** *or* that time she's never gone out alone depuis ce temps-là elle ne sort plus jamais seule; **how long is it ~ the accident?** combien de temps s'est passé *or* il s'est passé combien de temps depuis l'accident?, l'accident remonte à quand?

sincere [sɪnˈsɪəʳ] *adj* *person, letter, apology* sincère; *emotion, offer, attempt* sincère, réel, vrai. **it is my ~ belief that ...** je crois sincèrement que ...; **are they ~ in their desire to help us?** est-ce que leur désir de nous aider est (vraiment) sincère?

sincerely [sɪnˈsɪəlɪ] *adv* sincèrement. (*letter-ending*) **Yours ~** ≃ Je vous prie d'agréer, Monsieur (*or* Madame *etc*), l'expression de mes sentiments les meilleurs; (*man to woman*) je vous prie d'agréer, Madame, mes très respectueux hommages; (*less formally*) cordialement à vous, bien à vous.

sincerity [sɪnˈserɪtɪ] *n* [*person*] sincérité *f*, bonne foi; [*emotion*] sincérité *f*. **in all ~** en toute sincérité.

sine [saɪn] *n* (*Math*) sinus *m*.

sinecure [ˈsaɪnɪkjʊəʳ] *n* sinécure *f*.

sinew [ˈsɪnjuː] *n* (*Anat*) tendon *m*. **~s** (*muscles*) muscles *mpl*; (*strength*) force(s) *f(pl)*; (*energy*) vigueur *f*, nerf *m*; **money is the ~s of war** l'argent est le nerf de la guerre; **a man of great moral ~** un homme d'une grande force morale.

sinewy [ˈsɪnjuɪ] *adj* *body* musclé, nerveux; *meat* tendineux, nerveux; *fibres* tendineux.

sinful [ˈsɪnfʊl] *adj* *pleasure, desire, thought* coupable, inavouable; *act, waste* scandaleux, honteux; *town* immonde (*fig*). **~ person** pécheur *m*, -eresse *f*.

sinfully [ˈsɪnfʊlɪ] *adv* *behave, think* d'une façon coupable; *waste etc* scandaleusement.

sinfulness [ˈsɪnfʊlnɪs] *n* (*U*) [*person*] péchés *mpl*; [*deed*] caractère coupable *or* scandaleux.

sing [sɪŋ] pret **sang**, ptp **sung** **1** *vt* [*person, bird*] chanter; (*fig*) *sb's beauty etc* chanter, célébrer. **she sang the child to sleep** elle a chanté jusqu'à ce que l'enfant s'endorme; **she was ~ing the child to sleep** elle chantait pour que l'enfant s'endorme; **to ~ mass** chanter la messe; **sung mass** messe chantée, grand-messe *f*; (*fig*) **to ~ another tune** déchanter, changer de ton; (*fig*) **to ~ sb's praises** chanter les louanges de qn.

  2 *vi* **(a)** [*person, bird, kettle, violin*] chanter; [*ears*] bourdonner, tinter; [*wind*] siffler. **to ~ like a lark** chanter comme un rossignol; **to ~ soprano** chanter soprano; **to ~ small*** se faire tout petit, filer doux*.

  (b) (*US‡*) moucharder*, se mettre à table‡.

  3 *cpd*: **to have a singsong** chanter en chœur; **to repeat sth in a singsong (voice)** répéter qch sur deux tons; **singsong voice** voix qui psalmodie.

♦**sing out** *vi* chanter fort; (**fig*) crier, parler fort, se faire entendre. **if you want anything just sing out*** si vous voulez quoi que ce soit vous n'avez qu'à appeler (bien fort); **to sing out for sth*** réclamer qch à grands cris.

♦**sing up** *vi* chanter plus fort. **sing up!** plus fort!

Singapore [ˌsɪŋɡəˈpɔːʳ] *n* Singapour *m*. **in ~** à Singapour.

Singaporean [ˌsɪŋɡəˈpɔːrɪən] **1** *adj* singapourien. **2** *n* Singapourien(ne) *m(f)*.

singe [sɪndʒ] **1** *vt* brûler légèrement; *cloth, clothes* roussir; *poultry* flamber. (*fig*) **to ~ one's wings** se brûler les ailes *or* les doigts. **2** *n* (*also* **~ mark**) légère brûlure; (*scorch mark on cloth*) tache *f* de roussi, roussissure *f*.

singer [ˈsɪŋəʳ] *n* chanteur *m*, -euse *f*; *V* **opera** *etc*.

Singhalese [ˌsɪŋɡəˈliːz] **1** *adj* cingalais. **2** *n* **(a)** (*pl inv*) Cingalais(e) *m(f)*. **(b)** (*Ling*) cingalais *m*.

singing [ˈsɪŋɪŋ] **1** *n* (*U*) [*person, bird, violin*] chant *m*; [*kettle, wind*] sifflement *m*; (*in ears*) bourdonnement *m*, tintement *m*.

  2 *cpd*: **to have singing lessons** prendre des leçons de chant, apprendre le chant; **singing teacher** professeur *m* de chant; **to have a good singing voice** avoir de la voix, avoir une belle voix (*pour le chant*).

single [ˈsɪŋɡl] **1** *adj* **(a)** (*only one*) seul, unique. **there was a ~ rose in the garden** il y avait une seule rose dans le jardin; **he gave her a ~ rose** il lui a donné une rose; **if there is a ~ or one ~ objection to this proposal** s'il y a une seule *or* la moindre objection à cette proposition; **he was the ~ survivor** il était le seul *or* l'unique survivant; **a ~ diamond** un diamant monté seul; (*as ring*) un solitaire; (*Rail*) **a ~ track** une voie unique (*V also* **3**); **every ~ day** tous les jours sans exception; **not a ~ person spoke** pas une seule personne n'a parlé; **I didn't see a ~ soul** je n'ai vu personne, je n'ai pas vu âme qui vive; **I haven't a ~ moment to lose** je n'ai pas une minute à perdre; **a** *or* **one ~ department should deal with all of these matters** un service unique *or* un même service devrait traiter toutes ces affaires; *V also* **3**.

  (b) (*not double etc*) *knot, flower* simple. (*Brit*) **a ~ ticket to London** un aller (simple) *or* un billet simple pour Londres; (*Brit*) **~ fare** prix *m* d'un aller (simple); **in ~ file** *stand* en or à la file; **~ bed** lit *m* d'une personne; **~ room** chambre *f* à un lit *or* particulière *or* pour une personne; **to type sth in ~ spacing** taper qch à simple interligne; *V also* **3**.

  (c) (*unmarried*) célibataire. **~ people** célibataires *mpl*; (*Admin*) **~ parent** (*gen*) parent *m* isolé *or* unique; (*unmarried*) père *m or* mère *f* célibataire; **she's a ~ woman** elle est célibataire, c'est une célibataire; (*Soc*) **the ~ homeless** les gens seuls et sans abri; **the ~ state, the ~ life** le célibat.

  2 *n* **(a)** (*Sport: pl*) **~s** simple *m*; **ladies' ~s** simple dames.

  (b) (*Brit Rail etc: ticket*) aller *m* (simple), billet *m* simple.

  (c) (*in cinema, theatre*) **there are only ~s left** il ne reste que des places séparées *or* isolées.

  (d) (*record*) **a ~** un 45 tours; **his latest ~** son dernier 45 tours.

  (e) (*: unmarried people*) **~s** célibataires *mfpl*; **~s bar/club** bar *m*/club *m* de rencontres pour célibataires.

  (f) (*Brit*: *£1 note*) billet *m* d'une livre.

  3 *cpd:* **single-barrelled** à un canon; (*Dress*) **single-breasted** droit; **single-celled** unicellulaire; **in single combat** en combat singulier; (*Brit*) **single cream** crème fraîche liquide; (*Brit*) **single-decker** (*adj*) sans impériale; (*n*) autobus *m or* tramway *m* etc sans impériale; **single-engined** monomoteur (*f* -trice); **single-entry book-keeping** comptabilité *f* en partie simple; **single-handed** (*adv*) tout seul, sans aucune aide; (*adj*) *achievement* fait sans aucune aide; (*Naut*) *sailing, voyage, race* en solitaire; *[person]* **to be single-handed** n'avoir aucune aide, être tout seul; **single-handedly** tout(e) seul(e), à lui (*etc*) tout seul; **single-masted** à un mât; **single-minded** *person* résolu, ferme; *attempt* énergique, résolu; *determination* tenace; **to be single-minded about sth** concentrer tous ses efforts sur qch; **to be single-minded in one's efforts to do sth** tout faire en vue de faire qch; **single-parent family** famille monoparentale; (*Pol*) **single-party** *state, government* à parti unique; (*Aviat*) **single-seater** (*aeroplane*) (avion *m*) monoplace *m*; (*Brit*) **single-sex school** établissement *m* scolaire non mixte; (*Comput*) **single-sided disk** disque *m* simple; (*Rail*) **single-track** à voie unique; (*fig*) **to have a single-track mind** (*one thing at a time*) ne pouvoir se concentrer que sur une seule chose à la fois; (*obsessive idea*) n'avoir qu'une idée en tête.

◆**single out** *vt sep* (*distinguish*) distinguer; (*pick out*) choisir. **I don't want to single anyone out** je ne veux pas faire de distinctions; **he's singled out for all the nasty jobs** on le choisit pour toutes les corvées; **to single o.s. out** se singulariser.

singleness ['sɪŋglnɪs] *n:* **~ of purpose** persévérance *f*, ténacité *f*, unité *f* d'intention.

singlet ['sɪŋglɪt] *n* (*Brit*) maillot *m or* tricot *m* de corps.

singleton ['sɪŋgltən] *n* (*Cards*) singleton *m*.

singly ['sɪŋglɪ] *adv* séparément, un(e) à un(e).

singular ['sɪŋgjʊləʳ] **1** *adj* **(a)** (*Gram*) *noun, verb* au singulier, singulier; *form, ending* du singulier. **the masculine ~** le masculin singulier. **(b)** (*outstanding*) singulier, remarquable; (*unusual*) singulier, rare; (*strange*) singulier, étrange, bizarre; (*surprising*) singulier, extraordinaire, surprenant. **2** *n* (*Gram*) singulier *m*. **in the ~** au singulier.

singularity [,sɪŋgjʊ'lærɪtɪ] *n* singularité *f*.

singularize ['sɪŋgjʊləraɪz] *vt* singulariser.

singularly ['sɪŋgjʊləlɪ] *adv* singulièrement.

Sinhalese [,sɪŋə'li:z] = **Singhalese**.

sinister ['sɪnɪstəʳ] *adj* **(a)** *omen, sign, silence* sinistre, funeste, de mauvais augure; *plan, plot, appearance, figure* sinistre, menaçant. **(b)** (*Her*) sénestre.

sinisterly ['sɪnɪstəlɪ] *adv* sinistrement.

sink¹ [sɪŋk] *pret* **sank**, *ptp* **sunk** **1** *vi* **(a)** (*go under*) *[ship]* couler, sombrer; *[person, object]* couler. **to ~ to the bottom** couler *or* aller au fond; **to ~ like a stone** couler à pic; (*fig*) **they left him to ~ or swim** ils l'ont laissé s'en sortir* *or* s'en tirer* tout seul; (*fig*) **it was ~ or swim** il fallait bien s'en sortir* *or* s'en tirer* tout seul; **~ or swim he'll have to manage by himself** il n'a qu'à se débrouiller comme il peut.

  (b) *[ground]* s'affaisser; *[foundation, building]* s'affaisser, se tasser; *[level, river, fire]* baisser. **the land ~s towards the sea** le terrain descend en pente vers la mer; **the sun was ~ing** le soleil se couchait; **the sun sank below the horizon** le soleil a disparu *or* s'est enfoncé au-dessous de l'horizon; **to ~ out of sight** disparaître; **to ~ to one's knees** tomber à genoux; **to ~ to the ground** s'affaisser, s'écrouler; **he sank into a chair** il s'est laissé tomber *or* s'est affaissé *or* s'est effondré dans un fauteuil; **he sank into the mud up to his knees** il s'est enfoncé *or* il a enfoncé dans la boue jusqu'aux genoux; **she let her head ~ into the pillow** elle a laissé retomber sa tête sur l'oreiller; **the water slowly sank into the ground** l'eau a pénétré *or* s'est infiltrée lentement dans le sol; (*fig: dying*) **he is ~ing fast** il décline *or* il baisse rapidement.

  (c) (*fig*) **to ~ into a deep sleep** tomber *or* sombrer dans un sommeil profond; **to ~ into despondency** tomber dans le découragement, se laisser aller au découragement; **to ~ into insignificance/poverty/despair** sombrer dans l'insignifiance/la misère/le désespoir; **he has sunk in my estimation** il a baissé dans

mon estime; **his voice sank** sa voix s'est faite plus basse; **his voice sank to a whisper** il s'est mis à chuchoter, sa voix n'a plus été qu'un murmure; **his heart** *or* **his spirits sank** le découragement *or* l'accablement s'est emparé de lui, il en a eu un coup de cafard*; **his heart sank at the thought** il a eu un serrement de cœur *or* son cœur s'est serré à cette pensée, il a été pris de découragement à cette idée; **it's enough to make your heart ~** c'est à vous démoraliser *or* à vous donner le cafard*.

  (d) *[prices, value, temperature]* tomber très bas, baisser beaucoup; *[sales, numbers]* baisser beaucoup. (*St Ex*) **the shares have sunk to 3 dollars** les actions sont tombées à 3 dollars; (*Fin*) **the pound has sunk to a new low** la livre est tombée plus bas que jamais *or* a atteint sa cote la plus basse.

  2 *vt* **(a)** *ship* couler, faire sombrer; *object* faire couler (au fond); (*fig*) *theory* démolir; *business, project* ruiner, couler; *play, book* couler, démolir; (*) *person* couler, ruiner la réputation de. (*fig*) **they sank their differences** ils ont enterré *or* oublié *or* mis de côté leurs querelles; **to be sunk in thought/depression/despair** être plongé dans ses pensées/la dépression/le désespoir; **I'm sunk*** je suis fichu* *or* perdu.

  (b) *mine, well* creuser, forer; *foundations* creuser; *pipe etc* noyer. **to ~ a post 2 metres in the ground** enfoncer un pieu 2 mètres dans le sol; **the dog sank his fangs into my leg** le chien a enfoncé *or* planté ses crocs dans ma jambe; **he sank his teeth into the sandwich** il a mordu (à belles dents) dans le sandwich; **he can ~ a glass of beer in 5 seconds*** il peut avaler *or* s'envoyer‡ une bière en 5 secondes; (*Golf*) **to ~ the ball** faire entrer la balle dans le trou; (*fig*) **to ~ a lot of money in a project** (*invest*) investir *or* placer beaucoup d'argent dans une entreprise; (*lose*) perdre *or* engloutir *or* engouffrer beaucoup d'argent dans une entreprise.

◆**sink back** *vi* (*se laisser*) retomber, se renverser. **it sank back into the water** c'est retombé dans l'eau; **he managed to sit up but soon sank back exhausted** il a réussi à s'asseoir mais s'est bientôt laissé retomber épuisé; **he sank back into his chair** il s'est enfoncé dans son fauteuil.

◆**sink down** *vi* *[building]* s'enfoncer, s'affaisser; *[post]* s'enfoncer. **to sink down into a chair** s'affaisser dans un fauteuil; **to sink down on one's knees** tomber à genoux; **he sank down (out of sight)** behind the bush il a disparu derrière le buisson.

◆**sink in** *vi* **(a)** *[person, post etc]* s'enfoncer; *[water, ointment etc]* pénétrer.

  (b) (*fig*) *[explanation]* rentrer; *[remark]* faire son effet. **when the facts sank in, he ...** quand il a pleinement compris les faits, il ...; **as it hadn't really sunk in yet he ...** comme il n'arrivait pas encore à s'en rendre compte il ..., comme il ne réalisait* pas encore il ...; **my explanation took a long time to sink in** j'ai eu du mal à lui (*or* leur *etc*) faire rentrer *or* pénétrer l'explication dans la tête, il a (*or* ils ont *etc*) mis longtemps à comprendre mon explication.

sink² [sɪŋk] **1** *n* (*in kitchen*) évier *m*; (*US also in bathroom*) lavabo *m*. **double ~** évier à deux bacs; (*fig*) **a ~ of iniquity** un cloaque du *or* de vice; *V* **kitchen**. **2** *cpd:* **sink tidy** coin *m* d'évier (*ustensile ménager*); **sink unit** bloc-évier *m*.

sinker ['sɪŋkəʳ] *n* **(a)** (*lead*) plomb *m*; *V* **hook**. **(b)** (*US*: doughnut*) beignet *m*.

sinking ['sɪŋkɪŋ] **1** *adj:* **with ~ heart** le cœur serré; (*stronger*) la mort dans l'âme; **that ~ feeling** ce serrement de cœur; (*stronger*) ce sentiment de désastre imminent; **to have a ~ feeling** avoir un serrement de cœur; (*stronger*) avoir la mort dans l'âme; **I had a ~ feeling that he would come back again** j'avais le pénible *or* fâcheux pressentiment qu'il reviendrait.

  2 *n:* **the ~ of a ship** (*accidental*) le naufrage d'un navire; (*in battle*) le torpillage d'un navire; **the submarine's ~ of the cruiser made possible ...** quand le sous-marin a coulé le croiseur cela a permis...

  3 *cpd:* (*Fin*) **sinking fund** fonds *mpl* d'amortissement.

sinless ['sɪnlɪs] *adj* sans péché, pur, innocent.

sinner ['sɪnəʳ] *n* pécheur *m*, -eresse *f*.

Sinn Fein ['ʃɪn'feɪn] *n* Sinn Fein *m* (*mouvement politique républicain pour la réunification de l'Irlande*).

Sino- ['saɪnəʊ] *pref* sino-. **~Soviet** sino-soviétique.

Sinologist [saɪ'nɒlədʒɪst] *n* sinologue *mf*.

Sinology [saɪ'nɒlədʒɪ] *n* sinologie *f*.

Sinophobia [,saɪnəʊ'fəʊbɪə] *n* sinophobie *f*.

sinuosity [sɪnjʊ'ɒsɪtɪ] *n* sinuosité *f*.

sinuous ['sɪnjʊəs] *adj* (*lit, fig*) sinueux.

sinus ['saɪnəs] *n* sinus *m inv* (*Med*). **to have ~ trouble** avoir de la sinusite.

sinusitis [,saɪnə'saɪtɪs] *n* (*U*) sinusite *f*. **to have ~** avoir de la sinusite.

Sioux [su:] **1** *adj* sioux *inv*. (*US*) **the ~ State** le Dakota du Nord. **2** *n* **(a)** (*pl inv*) Sioux *mf*. **(b)** (*Ling*) sioux *m*.

sip [sɪp] **1** *n* petite gorgée. **do you want a ~ of rum?** voulez-vous une goutte de rhum?; **he took a ~** il a bu une petite gorgée. **2** *vt* boire à petites gorgées *or* à petits coups; (*with enjoyment*) siroter*.

siphon ['saɪfən] **1** *n* siphon *m*; **~ soda**.

  2 *vt* siphonner.

◆**siphon off** *vt sep* (*lit*) siphonner; (*fig*) *people etc* mettre à part; *profits, funds* canaliser; (*illegally*) détourner.

sir [sɜːʳ] *n* monsieur *m*. **yes ~** oui, Monsieur; (*to officer: in Army, Navy, Air Force*) oui, mon commandant (*or* mon lieutenant *etc*); (*to surgeon*) oui docteur; (*emphatic*) **yes/no ~!*** ça oui/non!; (*in letter*) **Dear S~** Monsieur; (*to newspaper editor*) **S~** Monsieur (*le Directeur*); (*iro*) **my dear/good ~** mon cher/bon Monsieur; (*Brit*) **S~ John Smith** sir John Smith.

sire ['saɪəʳ] **1** *n* (*Zool*) père *m*; (††: *father*) père; (††: *ancestor*) aïeul *m*. (*to king*) **yes ~** oui sire. **2** *vt* engendrer.

siree* [sɪ'riː] *n* (*US: emphatic*) **yes/no ~!** ça oui/non!

siren ['saɪərən] **1** n **(a)** (device) sirène f. **(b)** (Myth) the S~s les sirènes fpl. **2** adj (liter) charms séducteur (f -trice); song de sirène, enchanteur (f -teresse).

sirloin ['sɜːlɔɪn] n aloyau m. **a ~ steak** un bifteck dans l'aloyau or d'aloyau.

sirocco [sɪ'rɒkəʊ] n sirocco m.

sis✻ [sɪs] n (abbr of **sister**) sœurette f, frangine✻ f.

sisal ['saɪsəl] **1** n sisal m. **2** cpd en or de sisal.

sissy✻ ['sɪsɪ] **1** n (coward) poule mouillée. (effeminate) **he's a bit of a ~** il est un peu efféminé, il fait un peu tapette✻. **2** adj efféminé. **that's ~!** ça fait fille!

sister ['sɪstər] **1** n **(a)** sœur f. **her younger ~** sa (sœur) cadette, sa petite sœur; V **half, step** etc. **(b)** (Rel) religieuse f, (bonne) sœur f. **yes ~** oui, ma sœur; **S~ Mary Margaret** sœur Marie Marguerite; **the S~s of Charity** les sœurs de la Charité. **(c)** (Brit Med: also **nursing ~**) infirmière f chef. **yes ~** oui Madame (or Mademoiselle). **(d)** (US) listen **~!**✻ écoute ma vieille!* **2** cpd: **sister-in-law** (pl **sisters-in-law**) belle-sœur f. **3** adj: (with fem nouns) sœur; (with masc nouns) frère. **~ organisation** organisation f sœur (pl organisations sœurs); **~ country** pays m frère (pl pays frères); (US Univ) **~ school** université f de filles jumelée avec une université de garçons; **~ ship** sister-ship m.

sisterhood ['sɪstəhʊd] n (solidarity) solidarité f féminine; (Rel) communauté f (religieuse). (group of women) **the ~** la communauté (des femmes).

sisterly ['sɪstəlɪ] adj de sœur, fraternel.

Sistine ['sɪstiːn] adj: **the ~ Chapel** la chapelle Sixtine.

Sisyphus ['sɪsɪfəs] n Sisyphe m.

sit [sɪt] pret, ptp **sat 1** vi **(a)** (also **~ down**) s'asseoir. **to be ~ting** être assis; (to dog) **~!** assis!; **~ by me** assieds-toi près de moi; **he was ~ting at his desk/at table** il était (assis) à son bureau/à table; **they spent the evening ~ting at home** ils ont passé la soirée (tranquillement) à la maison; **she just ~s at home all day** elle reste chez elle toute la journée à ne rien faire; **he was ~ting over his books all evening** il a passé toute la soirée dans ses livres; **to ~ through a lecture/play** etc assister à une conférence/à une pièce jusqu'au bout; **don't just ~ there, do something!** ne reste pas là à ne rien faire!; **to ~ still** rester or se tenir tranquille, ne pas bouger; **to ~ straight** or **upright** se tenir droit; (lit, fig: stay put) **to ~ tight** ne pas bouger; (fig) **to be ~ting pretty**✻ avoir le bon filon*, tenir le bon bout*; (fig: hum or liter) **to ~ at sb's feet** suivre l'enseignement de qn; (Art, Phot) **to ~ for one's portrait** poser pour son portrait; **she sat for Picasso** elle a posé pour Picasso; **to ~ on a committee/jury** être membre or faire partie d'un comité/jury; (fig) **to ~ for an exam** passer un examen, se présenter à un examen; **he sat for Sandhurst** il s'est présenté au concours d'entrée de Sandhurst; (Brit Parl) **he ~s for Brighton** il est (le) député de Brighton. **(b)** [bird, insect] se poser, se percher. **to be ~ting** être perché; (on eggs) couver; **the hen is ~ting on 12 eggs** la poule couve 12 œufs. **(c)** [committee, assembly etc] être en session; siéger. **the committee is ~ting now** le comité est en séance; **the House is ~ting now from November to June** la Chambre siège de novembre à juin; **the House sat for 16 hours** la Chambre a été en séance pendant 16 heures. **(d)** [dress, coat etc] tomber (on sb sur qn). **the jacket ~s badly across the shoulders** la veste tombe mal aux épaules; (fig) **this policy would ~ well with their allies** cette politique serait bien vue de leurs alliés; (liter) **it sat heavy on his conscience** cela lui pesait sur la conscience; (liter) **how ~s the wind?** d'où vient or souffle le vent?

2 vt **(a)** (also **~ down**) asseoir, installer; (invite to) faire asseoir. **he sat the child (down) on his knee** il a assis or installé l'enfant sur ses genoux; **they sat him (down) in a chair** (placed him in it) ils l'ont assis or installé dans un fauteuil; (invited him to sit) ils l'ont fait asseoir dans un fauteuil. **(b) to ~ a horse well/badly** monter bien/mal, avoir une bonne/mauvaise assiette. **(c)** (esp Brit) exam passer, se présenter à.

3 cpd: **he had a 10-minute sit-down**✻ il s'est assis 10 minutes (pour se reposer); **we had a sit-down lunch**✻ nous avons déjeuné à table; **sit-down strike** grève f sur le tas; **sit-in** V **sit-in**; (Gymnastics) **sit-up** redressement m assis; **sit-up**✻ derrière m, fesses fpl.

◆**sit about, sit around** vi rester assis (à ne rien faire), traîner.

◆**sit back** vi: **to sit back in an armchair** s'enfoncer or se carrer or se caler dans un fauteuil; **to sit back on one's heels** s'asseoir sur les talons; **just sit back and listen to this** installe-toi bien et écoute un peu (ceci); (fig) **he sat back and did nothing about it** il s'est abstenu de faire quoi que ce soit, il n'a pas levé le petit doigt; (fig) **I can't just sit back and do nothing!** je ne peux quand même pas rester là à ne rien faire! or à me croiser les bras!; (fig) **the Government sat back and did nothing to help them** le gouvernement n'a pas fait le moindre geste pour les aider.

◆**sit down 1** vi s'asseoir. **to be sitting down** être assis; **he sat down to a huge dinner** il s'est attablé devant un repas gigantesque; (fig) **to take sth sitting down**✻ rester les bras croisés devant qch (fig); (fig) **to sit down under an insult** supporter une insulte sans broncher, encaisser* une insulte.

2 vt sep = **sit 2a**.

3 sit-down n, adj V **sit 3**.

◆**sit in 1** vi **(a)** she sat in all day waiting for him to come elle est restée à la maison toute la journée à l'attendre, elle a passé la journée chez elle à l'attendre; **to sit in on a discussion** assister à une discussion (sans y prendre part); (fig: replace) **to sit in for sb** remplacer qn. **(b) the demonstrators sat in in the director's office** les manifestants ont occupé le bureau du directeur. **2 sit-in** n V **sit-in**.

◆**sit on**✻ vt fus (fig) **(a)** (keep secret, not publish etc) news, facts, report garder secret, garder le silence sur, garder sous le boisseau; (not pass on) file, document garder (pour soi), accaparer. **the committee sat on the proposals for weeks, then decided to … pen-**dant des semaines, le comité ne s'est pas occupé des propositions, puis a décidé de … . **(b)** person (silence) faire taire, fermer or clouer le bec à*; (snub etc) remettre à sa place, rabrouer, rembarrer*. **he won't be sat on** il ne se laisse pas marcher sur les pieds. **(c)** (reject) idea, proposal rejeter, repousser.

◆**sit out 1** vi (sit outside) (aller) s'asseoir dehors, se mettre or s'installer dehors. **2** vt sep **(a) to sit a lecture/play** etc **out** rester jusqu'à la fin d'une conférence/d'une pièce etc, assister à une conférence/à une pièce etc jusqu'au bout. **(b) she sat out the waltz** elle n'a pas dansé la valse.

◆**sit up 1** vi **(a)** (sit upright) se redresser, s'asseoir bien droit. **to be sitting up** être assis bien droit, se tenir droit; **he was sitting up in bed** il était assis dans son lit; **you can sit up now** vous pouvez vous asseoir maintenant; (fig) **to make sb sit up** secouer or étonner qn; (fig) **to sit up (and take notice)** (gen) se secouer, se réveiller; (after illness) **he began to sit up and take notice** il a commencé à reprendre intérêt à la vie or à refaire surface. **(b)** (stay up) rester debout, ne pas se coucher. **to sit up late** se coucher tard, veiller tard; **to sit up all night** ne pas se coucher de la nuit; **don't sit up for me** couchez-vous sans m'attendre; **the nurse sat up with him** l'infirmière est restée à son chevet or l'a veillé.

2 vt sep doll, child asseoir, redresser.

3 sit-up n V **sit 3**.

◆**sit upon**✻ **1** vt fus = **sit on**✻. **2 sit-upon**✻ n V **sit 3**.

sitar [sɪ'tɑːr] n sitar m.

sitcom✻ ['sɪtkɒm] n (Rad, TV etc: abbr of **situation comedy**) comédie f de situation.

site [saɪt] **1** n [town, building] emplacement m; (Archeol) site m; (Constr) chantier m (de construction or de démolition etc); (Camping) (terrain m de) camping m. **the ~ of the battle** le champ de bataille; V **building, launching** etc. **2** cpd: **site measuring** métré m. **3** vt town, building, gun placer. **they want to ~ the steelworks in that valley** on veut placer or construire l'aciérie dans cette vallée; **the factory is very badly ~d** l'usine est très mal située or placée.

sit-in ['sɪtɪn] n [demonstrators etc] sit-in m, manifestation f avec occupation de locaux; [workers] grève f sur le tas. **the workers held a ~** les ouvriers ont organisé une grève sur le tas; **the students held a ~ in the university offices** les étudiants ont occupé les bureaux de l'université; **the ~ at the offices** l'occupation f des bureaux.

siting ['saɪtɪŋ] n: **the ~ of the new town there was a mistake** c'était une erreur de bâtir or placer la ville nouvelle à cet endroit; **the ~ of the new factories has given rise to many objections** le choix de l'emplacement pour les nouvelles usines a soulevé de nombreuses critiques.

sitter ['sɪtər] n (Art) modèle m; (baby-~) baby-sitter m; (hen) couveuse f. (Sport) **he missed a ~**✻ il a raté un coup enfantin; **it's a ~!**✻ tu ne peux pas (or il ne peut pas etc) le rater!

sitting ['sɪtɪŋ] **1** n [committee, assembly etc] séance f; (for portrait) séance f de pose; (in canteen etc) service m. **they served 200 people in one ~/in 2 ~s** ils ont servi 200 personnes à la fois/en 2 services; **2nd ~ for lunch** 2e service pour le déjeuner. **2** adj committee en séance; official en exercice; game bird posé, au repos. (Jur) **~ judge** juge m en exercice; (Brit Parl) **~ member** député m en exercice; (Brit) **~ tenant** locataire mf en possession des lieux or en place. **3** cpd: **sitting and standing room** places debout et assises; (fig) **sitting duck**✻ victime f or cible f facile; **sitting room** salon m.

situate ['sɪtjʊeɪt] vt (locate) building, town placer; (put into perspective) problem, event situer. **the house is ~d in the country** la maison se trouve or est située à la campagne; **the shop is well ~d** le magasin est bien situé or bien placé; **we are rather badly ~d as there is no bus service** nous sommes assez mal situés car il n'y a pas d'autobus; (fig) **he is rather badly ~d at the moment** il est dans une situation assez défavorable or en assez mauvaise posture en ce moment; (financially) il est assez gêné or il a des ennuis d'argent en ce moment; **I am well ~d to appreciate the risks** je suis bien placé pour apprécier les risques; **how are you ~d for money?** est-ce que tu as l'argent qu'il te faut?, est-ce que tu as besoin d'argent?

situation [ˌsɪtjʊ'eɪʃən] **1** n **(a)** (location) [town, building etc] situation f, emplacement m. **the house has a fine ~** la maison est bien située. **(b)** (circumstances) situation f (also Literat). **he was in a very difficult ~** il se trouvait dans une situation très difficile; **they managed to save the ~** ils ont réussi à sauver or redresser la situation; **the international ~** la situation internationale, la conjoncture internationale; (jargon) **they're in a waiting/discussion** etc **~** ils sont en situation d'attente/de dialogue; **in an exam ~, you must …** à un examen, il faut … . **(c)** (job) situation f, emploi m, poste m. **'~s vacant/wanted'** 'offres fpl/demandes fpl d'emploi'.

2 *cpd*: (*Theat etc*) **situation comedy** comédie *f* de situation.
situational [ˌsɪtjʊˈeɪʃənl] *adj* situationnel.
six [sɪks] **1** *adj* six *inv*. **he is ~ (years old)** il a six ans (*V also* 3); **he'll be ~ on Saturday** il aura six ans samedi; **he lives in number ~** il habite au (numéro) six; **~ times six** six fois six.
2 *pron* six *mfpl*. **there were about ~** il y en avait six environ *or* à peu près; **~ of the girls came** six des filles sont venues; **there are ~ of us** nous sommes *or* on est* six; **all ~ (of us)** left nous sommes partis tous les six; **all ~ (of them) left** tous les six sont partis, ils sont partis tous les six.
3 *n* six *m inv*. **it is ~ o'clock** il est six heures; **come at ~** venez à six heures; **it struck ~** six heures ont sonné; **they are sold in ~es** c'est vendu *or* cela se vend par (lots *or* paquets de) six; **the children arrived in ~es** les enfants sont arrivés par groupes de six; **he lives at ~ Churchill Street** il habite (au) six rue Churchill; (*Brit*) **~ of the best*** six grands coups; (*fig*) **to be at ~es and sevens** [*books, house etc*] être en désordre *or* en pagaille*, être sens dessus dessous; [*person*] être tout retourné*; (*hum*) **to be ~ foot under*** manger les pissenlits par la racine*; (*fig*) **it's ~ of one and half a dozen of the other** c'est blanc bonnet et bonnet blanc, c'est du pareil au même*, c'est kif-kif*; *V* **knock.**
4 *cpd*: (*Aut*) **six-cylinder** (*adj*) à six cylindres; (*n*) (voiture *f* à) six cylindres *f*; (*Mus*) **in six-eight time** en mesure à six-huit; **sixfold** (*adj*) sextuple; (*adv*) au sextuple; **a six-footer*** un grand d'un mètre quatre-vingts; **six-pack** pack *m* de six; (*Brit*) **sixpence** (*coin*) (ancienne) pièce *f* de six pence; (*value*) six pence *mpl*; **sixpenny** (*adj*) à six pence; **six-seater** (*adj*) à six places; (*n*) (*car etc*) (voiture *f etc* à) six places *f*; (*plane etc*) (avion *m etc* à) six places *m*; **six-shooter** pistolet *m* automatique; **six-sided** hexagonal; (*Aut*) **six-speed gearbox** boîte *f* à six vitesses; **six-storey** à six étages; **six-year-old** (*adj*) *child, horse* de six ans; *house, car* vieux (*f* vieille) de six ans; (*n*) (*child*) enfant (âgé) de six ans; (*horse*) cheval *m* de six ans.
sixish [ˈsɪksɪʃ] *adj*: **he ~** il a dans les six ans, il a six ans environ; **he came at ~** il est venu vers (les) six heures.
sixteen [ˈsɪksˈtiːn] **1** *adj* seize *inv*. **she was sweet ~** c'était une fraîche jeune fille (de seize ans). **2** *n* seize *m inv; for phrases V* **six.**
3 *pron* seize *mfpl*. **there are ~** il y en a seize.
sixteenth [ˈsɪksˈtiːnθ] **1** *adj* seizième. **2** *n* seizième *mf*; (*fraction*) seizième *m; for phrases V* **sixth.**
sixth [sɪksθ] **1** *adj* sixième. **to be ~ in an exam/in German** être sixième à un concours/en allemand; **to arrive ~** il est arrivée la sixième; **Charles the S~** Charles six; **the ~ of November**, **November the ~** le six novembre; (*fig*) **~ sense** sixième sens *m*.
2 *n* sixième *mf*; (*fraction*) sixième *m*; (*Mus*) sixte *f*. **he wrote the letter on the ~** il a écrit la lettre le six, sa lettre est du six; **your letter of the ~** votre lettre du six (courant); (*Brit Scol*) **the ~ = the ~ form** (*V* 4).
3 *adv* (a) (*in race, exam, competition*) en sixième position *or* place. **he came** *or* **was placed ~** il s'est classé sixième.
(b) = sixthly.
4 *cpd*: (*Brit Scol*) **sixth form** ≃ classes *fpl* de première et terminale; **to be in the sixth form** ≃ être en première *or* en terminale; **sixth-form college** lycée *m* n'ayant que des classes de première et de terminale; **sixth-form pupil**, **sixth-former** ≃ élève *mf* de première *or* de terminale.
sixthly [ˈsɪksθlɪ] *adv* sixièmement, en sixième lieu.
sixtieth [ˈsɪkstɪɪθ] **1** *adj* soixantième. **2** *n* soixantième *mf*; (*fraction*) soixantième *m*.
sixty [ˈsɪkstɪ] **1** *adj* soixante *inv*. **he is about ~** il a une soixantaine d'années, il a dans les soixante ans; **about ~ books** une soixantaine de livres.
2 *n* soixante *m inv*. **about ~** une soixantaine, environ soixante; **to be in one's sixties** avoir entre soixante et soixante-dix ans, être sexagénaire; **he is in his early sixties** il a un peu plus de soixante ans; **he is in his late sixties** il approche de soixante-dix ans; **she's getting on** *or* **going on for ~** elle approche de la soixantaine, elle va sur ses soixante ans; (*1960s etc*) **in the sixties** dans les années soixante; **in the early/late sixties** au début/vers la fin des années soixante; **the temperature was in the sixties** ≃ il faisait entre quinze et vingt degrés; **the numbers were in the sixties** le nombre s'élevait à plus de soixante; (*Aut*) **to do ~*** faire du soixante milles (à l'heure), ≃ faire du cent (à l'heure); *for other phrases V* **six.**
3 *pron* soixante *mfpl*. **there are ~** il y en a soixante.
4 *cpd*: **sixty-first** soixante et unième; (*fig*) **that's the sixty-four (thousand) dollar question*** c'est la question cruciale, c'est toute la question; **there were sixty-odd*** il y en avait soixante et quelques*, il y en avait une soixantaine; **sixty-odd books** un peu plus de soixante livres, soixante et quelques livres; **sixty-one** soixante et un; **sixty-second** soixante-deuxième; **sixty-two** soixante-deux.
sizable [ˈsaɪzəbl] *adj* = **sizeable.**
sizably [ˈsaɪzəblɪ] *adv* = **sizeably.**
size¹ [saɪz] **1** *n* (*for plaster, paper*) colle *f*; (*for cloth*) apprêt *m*. **2** *vt* encoller; apprêter.
size² [saɪz] **1** *n* (a) [*person, animal, sb's head, hands*] taille *f*; [*room, building*] grandeur *f*, dimensions *fpl*; [*car, chair*] dimensions; [*egg, fruit, jewel*] grosseur *f*; [*parcel*] grosseur, dimensions; [*book, photograph, sheet of paper, envelope*] taille, dimensions; [*format*] format *m*; [*sum*] montant *m*; [*estate, park, country*] étendue *f*, superficie *f*; [*problem, difficulty, obstacle*] ampleur *f*, étendue; [*operation, campaign*] ampleur, envergure *f*. [*packet, tube etc*] **the small/large ~** le petit/grand modèle; **the ~ of the town** l'importance *f* de la ville; **a building of vast ~** un bâtiment de belles dimensions; **the ~ of the farm** (*building*) les dimensions de la ferme; (*land*) l'étendue de la ferme; **the ~ of the fish you caught** la taille du poisson

que tu as attrapé; **the ~ of the sum involved was so large that ...** la somme en question était d'une telle importance que ...; **sort them according to ~** triez-les selon la grosseur (*or* le format *etc*); **it's the ~ of a brick** c'est de la taille d'une brique; **it's the ~ of a walnut** c'est de la grosseur d'une noix; **it's the ~ of a house/elephant** c'est grand comme une maison/un éléphant; **a child of that ~ shouldn't be allowed to do that** un enfant de cette taille *or* de cet âge ne devrait pas avoir le droit de faire ça; **he's about your ~** il est à peu près de la même taille que vous; (*fig*) **that's about the ~ of it!** c'est à peu près ça!, quelque chose dans ce genre-là!; **he cut the wood to ~** il a coupé le bois à la dimension voulue; **they are all of a ~** ils sont tous de la même grosseur (*or* de la même taille *etc*); *V* **cut down**, **shape** *etc*.
(b) [*coat, skirt, dress, trousers etc*] taille *f*; [*shoes, gloves*] pointure *f*; [*shirt*] encolure *f*. **what ~ are you?**, **what ~ do you take?** (*in dress etc*) quelle taille faites-vous?; (*in shoes, gloves*) quelle pointure faites-vous?; (*in hats*) quel est votre tour de tête?; **what ~ of collar?** *or* **shirt?** quelle encolure?; **I take ~ 12** je prends du 12 *or* la taille 12; **what ~ of waist are you?** quel est votre tour de taille?; **hip ~** tour *m* de hanches; **what ~ (of) shoes do you take?** quelle pointure faites-vous?, vous chaussez du combien?; **I take ~ 5 (shoes)** ≃ je chausse *or* je fais du 38; **we are out of ~ 5 (shoes)** ≃ nous n'avons plus de (chaussures en) 38; **'one ~'** 'taille unique'; **I need a ~ smaller** il me faut la taille (*or* la pointure *etc*) en-dessous; **it's 2 ~s too big for me** c'est 2 tailles au-dessus de ce qu'il me faut; **we haven't got your ~** nous n'avons pas votre taille (*or* pointure *etc*); *V* **try.**
2 *vt* classer *or* trier selon la grosseur (*or* la dimension *or* la taille *etc*).
♦**size up** *vt sep* *person* juger, jauger; *situation* mesurer. **to size up the problem** mesurer l'étendue du problème; **I can't quite size him up** (*know what he is worth*) je n'arrive pas vraiment à le juger *or* à décider ce qu'il vaut; (*know what he wants*) je ne vois pas vraiment où il veut en venir.
-size(d) [saɪz(d)] *adj ending in cpds* (*V* **size²** 1) **medium-size(d)** de taille (*or* grandeur *or* grosseur *or* pointure *etc*) moyenne; *V* **life** *etc*.
sizeable [ˈsaɪzəbl] *adj* *dog, building, car, book, estate* assez grand; *egg, fruit, jewel* assez gros (*f* grosse); *sum, problem, operation* important, assez considérable.
sizeably [ˈsaɪzəblɪ] *adv* considérablement, de beaucoup.
sizzle [ˈsɪzl] **1** *vi* grésiller. **2** *n* grésillement *m*.
sizzler* [ˈsɪzlər] *n* journée *f* torride *or* caniculaire.
sizzling [ˈsɪzlɪŋ] **1** *adj* *fat, bacon* grésillant. **a ~ noise** un grésillement. **2** *adv*: **~ hot** brûlant; **it was a ~ hot day*** on étouffait *or* il faisait une chaleur étouffante ce jour-là.
skate¹ [skeɪt] *n* (*Brit: fish*) raie *f*.
skate² [skeɪt] **1** *n* patin *m*. (*fig*) **put** *or* **get your ~s on!*** dépêche-toi!, grouille-toi!*, magne-toi!*; *V* **ice**, **roller.**
2 *cpd*: **skateboard** (*n*) skateboard *m*, planche *f* à roulettes; (*vi*) faire de la planche à roulettes; **skateboarder** skateur *m*, -euse *f*.
3 *vi* patiner. **to go skating** (*ice*) faire du patin *or* du patinage; (*roller*) faire du patin à roulettes *or* du skating; **he ~d across the pond** il a traversé l'étang (en patinant *or* à patins); (*fig*) **it went skating across the room** cela a glissé à travers la pièce; *V* **ice**, **roller.**
♦**skate over**, **skate round** *vt fus* *problem, difficulty, objection* esquiver autant que possible.
skater [ˈskeɪtər] *n* (*ice*) patineur *m*, -euse *f*; (*roller*) personne *f* qui fait du skating *or* du patinage à roulettes.
skating [ˈskeɪtɪŋ] **1** *n* (*ice*) patinage *m*; (*roller*) skating *m*, patinage à roulettes. **2** *cpd* *champion, championship, display* (*ice*) de patinage; (*roller*) de skating, de patinage à roulettes. **skating rink** (*ice*) patinoire *f*; (*roller*) skating *m*; (*Ski*) **skating turn** pas *m* de patineur.
skean dhu [ˌskiːənˈduː] *n* (*Scot*) poignard *m*.
skedaddle* [skɪˈdædl] *vi* (*run away*) décamper*, déguerpir*; (*flee in panic*) fuir en catastrophe.
skeet shooting [ˈskiːtˌʃuːtɪŋ] *n* ball-trap *m*.
skein [skeɪn] *n* [*wool etc*] écheveau *m*.
skeletal [ˈskelɪtl] *adj* squelettique.
skeleton [ˈskelɪtn] **1** *n* (*Anat*) squelette *m*; [*building, ship, model etc*] squelette, charpente *f*; [*plan, scheme, suggestion, novel etc*] schéma *m*, grandes lignes. **he was a mere ~** *or* **a walking ~** *or* **a living ~** c'était un véritable cadavre ambulant; **he was reduced to a ~** il n'était plus qu'une squelette, il était devenu (d'une maigreur) squelettique; **the staff was reduced to a ~** le personnel était réduit au strict minimum; (*fig*) **the ~ at the feast** le *or* la trouble-fête *inv*, le rabat-joie *inv*; (*fig*) **the ~ in the cupboard**, **the family ~** la honte cachée *or* le honteux secret de la famille.
2 *cpd* *army, crew, staff* squelettique; (*fig*), réduit au strict minimum. **skeleton key** passe-(partout) *m inv*, crochet *m*, rossignol *m*; **skeleton map** carte *f* schématique; **skeleton outline** [*drawing, map, plan etc*] schéma simplifié; [*proposals, report etc*] résumé *m*, grandes lignes.
skep [skep] *n* (a) (*beehive*) ruche *f*. (b) (*basket*) panier *m*.
skeptic(al) [ˈskeptɪk(əl)] (*US*) = **sceptic(al).**
sketch [sketʃ] **1** *n* (a) (*drawing*) croquis *m*, esquisse *f*; (*fig*) [*ideas, proposals etc*] résumé *m*, aperçu *m*, ébauche *f*. **a rough ~** (*drawing*) une ébauche; (*fig*) **he gave me a (rough) ~ of what he planned to do** il m'a donné un aperçu de *or* il m'a dit en gros ce qu'il comptait faire.
(b) (*Theat*) sketch *m*, saynète *f*.
2 *cpd*: **sketch(ing) book** carnet *m* à croquis *or* à dessins; **sketch(ing) pad** bloc *m* à dessins; **sketch map** carte faite à main levée.
3 *vi* faire des croquis *or* des esquisses. **to go ~ing** aller *or* partir faire des croquis.

4 vt view, castle, figure faire un croquis or une esquisse de, croquer, esquisser; map faire à main levée; (fig) ideas, proposals, novel, plan ébaucher, esquisser.
◆**sketch in** vt sep detail in drawing ajouter, dessiner; (fig) details ajouter; facts indiquer.
◆**sketch out** vt sep plans, proposals, ideas ébaucher, esquisser. (lit, fig) to sketch out a picture of sth ébaucher qch, dessiner les grandes lignes de qch.
sketchily ['sketʃɪlɪ] adv (V sketchy) incomplètement, superficiellement.
sketchy ['sketʃɪ] adj answer, account incomplet (f -ète), sommaire; piece of work incomplet, peu détaillé. his knowledge of geography is ~ il n'a que des connaissances superficielles or insuffisantes en géographie, il a de grosses lacunes en géographie.
skew [skju:] **1** n: to be on the ~ être de travers or en biais or mal posé.
2 adj (squint) de travers, oblique, de guingois*; (slanting) penché, de travers.
3 cpd: **skewbald** (adj) fauve et blanc, pie inv; (n) cheval m fauve et blanc, cheval pie inv; **skew-eyed*** qui louche, qui a un œil qui dit zut à l'autre*; (Brit) (on the) **skew-whiff*** de travers, de guingois*, de traviole‡.
4 vi (a) (also ~ round) obliquer.
(b) (squint) loucher.
skewer ['skjuər] **1** n (for roast etc) broche f; (for kebabs) brochette f. **2** vt chicken embrocher; pieces of meat mettre en brochette; (fig) transpercer, embrocher*.
ski [ski:] **1** n ski m (équipement), planche* f; (Aviat) patin m; V water.
2 cpd school, clothes de ski. **ski binding** fixation f; **skibob** ski-bob m, véloski m; **ski boot** chaussure f de ski; (US: girl) **ski bunny*** minette f de station de ski; **ski instructor** moniteur m, -trice f de ski; **skijump** (action) saut m à skis; (place) tremplin m (de ski); **skijumping** saut m à skis; **skilift** télésiège m, remonte-pente m inv; (gen) the skilifts les remontées fpl mécaniques; **skimountaineering** ski m de haute montagne; **ski pants** fuseau m (de ski); **ski-pass** forfait-skieur(s) m; **ski pole** = ski stick; (Aut) **skirack** porte-skis m; **ski resort** station f de ski or de neige, station de sports d'hiver; **ski run** piste f de ski; **ski slopes** pentes fpl or pistes fpl de ski; **ski stick** bâton m de ski; **ski-suit** combinaison f (de ski); **ski-touring** ski m de randonnée; **ski tow** téléski m, remonte-pente m inv; **ski trousers** = ski pants; **ski wax** fart m; **ski-wear** vêtements mpl de ski.
3 vi faire du ski, skier. to go ~ing (as holiday) partir aux sports d'hiver; (go out skiing) (aller) faire du ski; I like ~ing j'aime le ski or faire du ski or skier; to ~ down a slope descendre une pente à or en skis.
skid [skɪd] **1** n (a) (Aut) dérapage m. to get or go into a ~ déraper, faire un dérapage; to get out of a ~, to correct a ~ redresser or contrôler un dérapage.
(b) (on wheel) cale f.
(c) (under heavy object) (rollers, logs etc) traîneau m. (cause to fail) to put the ~s‡ on or under person faire un croc-en-jambe à (fig), plan etc faire tomber à l'eau*; (US) to hit the ~s* devenir clochard(e)*.
2 cpd: **skidlid*** casque m (de moto); **skidmark** trace f de dérapage; **skidpad, skidpan** piste f or chaussée f or terrain m de dérapages (pour apprendre à contrôler un véhicule); **skidproof** antidérapant; (US) **skid row** quartier m de clochards, cour f des miracles; (US fig) he's heading for skid row il finira clochard*.
3 vi (Aut) [person] déraper, glisser. the car ~ded to a halt la voiture s'est arrêtée en dérapant; (Aut) I ~ded into a tree j'ai dérapé et percuté contre un arbre; he went ~ding into the bookcase il a glissé or dérapé et est allé se cogner contre la bibliothèque; the toy ~ded across the room le jouet a glissé jusqu'à l'autre bout de la pièce; (US) prices ~ded* les prix ont dérapé.
skier ['ski:ər] n skieur m, -euse f. ~s' hut chalet-skieurs m.
skiff [skɪf] n skiff m, yole f.
skiing ['ski:ɪŋ] **1** n (US) ski m (sport); V water. **2** cpd clothes, school de ski. **skiing holiday** vacances fpl aux sports d'hiver, vacances de neige; to go on a skiing holiday partir aux sports d'hiver; **skiing instructor** moniteur m, -trice f de ski; **skiing pants** fuseau m (de ski); **skiing resort** station f de ski or de neige, station de sports d'hiver; **skiing trousers** = skiing pants.
skilful, (US) **skillful** ['skɪlfʊl] adj person habile, adroit (at doing à faire); gesture, action habile.
skilfully, (US) **skillfully** ['skɪlfəlɪ] adv habilement, adroitement.
skilfulness, (US) **skillfulness** ['skɪlfʊlnɪs] n (U) habileté f, adresse f.
skill [skɪl] n (a) (U: competence, ability) habileté f, adresse f; (gen manual) dextérité f; (talent) savoir-faire m, talent m. the ~ of the dancers l'adresse or l'habileté or le talent des danseurs; the ~ of the juggler l'adresse or la dextérité or le talent du jongleur; his ~ at billiards son habileté or son adresse au billard; his ~ in negotiation son savoir-faire or son talent or son habileté en matière de négociations; his ~ in persuading them l'habileté dont il a fait preuve en les persuadant; lack of ~ maladresse f.
(b) (in craft etc) technique f. ~s (gen) capacités fpl, compétences fpl; (Scol : innate) aptitudes fpl scolaires; (Scol : learnt) savoir m; it's a ~ that has to be acquired c'est une technique qui s'apprend; we could make good use of his ~s ses capacités or ses compétences nous seraient bien utiles; what ~s do you have? quelles sont vos compétences?; learning a language is a question of learning new ~s apprendre une langue consiste à acquérir de nouveaux automatismes.
skilled [skɪld] adj (a) person habile, adroit (in, at doing pour faire, in or at sth en qch); movement, stroke adroit. he's a ~ driver c'est

un conducteur habile or adroit; ~ in diplomacy expert en diplomatie, qui a beaucoup d'habileté or d'expérience en diplomatie; ~ in the art of negotiating versé or maître (f inv) dans l'art de la négociation.
(b) (Ind) worker, engineer etc qualifié; work de technicien, de spécialiste. ~ labour main-d'œuvre qualifiée.
skillet ['skɪlɪt] n poêlon m.
skillful ['skɪlfʊl] adj (US) = **skilful**.
skillfully ['skɪlfəlɪ] adv (US) = **skilfully**.
skillfulness ['skɪlfʊlnɪs] n (US) = **skilfulness**.
skim [skɪm] **1** vt (a) milk écrémer; soup écumer. to ~ the cream/scum/grease from sth écrémer/écumer/dégraisser qch.
(b) [bird etc] to ~ the ground/water raser or effleurer or frôler le sol/la surface de l'eau; to ~ a stone across the pond faire ricocher une pierre sur l'étang.
(c) (US* fig) one's income ne pas déclarer en totalité au fisc.
2 vi: (a) to ~ across the water/along the ground raser l'eau/le sol; the stone ~med across the pond la pierre a ricoché d'un bout à l'autre de l'étang; (fig) to ~ through a book parcourir or feuilleter un livre; he ~med over the difficult passages il s'est contenté de parcourir rapidement les passages difficiles.
(b) (US* fig : cheat on taxes) frauder (le fisc).
3 cpd: **skim(med) milk** lait écrémé.
◆**skim off** vt sep cream, grease enlever. (fig) they skimmed off the brightest pupils ils ont mis à part les élèves les plus brillants.
skimmer ['skɪmər] n (Orn) rhyncops m, bec-en-ciseaux m.
skimming ['skɪmɪŋ] n (US*: tax fraud) ≃ fraude f fiscale.
skimp [skɪmp] **1** vt butter, cloth, paint etc lésiner sur; money économiser; praise, thanks être chiche de; piece of work faire à la va-vite, bâcler*. **2** vi lésiner, économiser.
skimpily ['skɪmpɪlɪ] adv serve, provide avec parcimonie; live chichement.
skimpiness ['skɪmpɪnɪs] n [meal, helping, allowance] insuffisance f; [dress etc] ampleur insuffisante; [person] avarice f.
skimpy ['skɪmpɪ] adj meal, allowance insuffisant, maigre, chiche; dress étriqué, trop juste; person avare, radin*.
skin [skɪn] **1** n (a) [person, animal] peau f. she has a good/bad ~ elle a une jolie/vilaine peau; to wear wool next (to) the ~ porter de la laine sur la peau or à même la peau; wet or soaked to the ~ trempé jusqu'aux os; the snake casts or sheds its ~ le serpent mue; rabbit ~ peau de lapin; (fig) to be (all or only) ~ and bone n'avoir que la peau sur les os; (fig) with a whole ~ indemne, sain et sauf, sans une écorchure; (fig) to escape by the ~ of one's teeth l'échapper belle; (fig) we caught the last train by the ~ of our teeth nous avons attrapé le dernier train de justesse; (fig) to have a thick ~ avoir une peau d'éléphant, être insensible; to have a thin ~ être susceptible, avoir l'épiderme sensible; (fig) to get under sb's ~* porter or taper* sur les nerfs à qn; (fig) I've got you under my ~* je t'ai dans la peau‡, je suis amoureux fou (f amoureuse folle) de toi; (fig) it's no ~ off my nose‡ (does not hurt me) pour ce que ça me coûte!; (does not concern me) ce n'est pas mon problème; V pig, save[1] etc.
(b) (fig) [fruit, vegetable, milk pudding, sausage, drum] peau f; (peeled) pelure f; [boat, aircraft] revêtement m; (for duplicating) stencil m; (for wine) outre f. to cook potatoes in their ~(s) faire cuire des pommes de terre en robe des champs or en robe de chambre; a banana ~ une peau de banane.
(c) (Ski) ~s peaux fpl (de phoque), peluches fpl.
2 cpd colour, texture de (la) peau. **skin-deep** superficiel (V also beauty); it's only skin-deep ça ne va pas (chercher) bien loin; **skin disease** maladie f de (la) peau; **skin diver** plongeur m, -euse f sous-marin(e); **skin diving** plongée sous-marine; (Cine) **skinflick‡** film m porno* inv; **skinflint** grippe-sou m, radin(e)* m(f); (US) **skin game*** escroquerie f; **skin graft** greffe f de la peau; **skin grafting** greffe f or greffage m de la peau; (Brit: thug) **skinhead** skinhead m, jeune voyou m (aux cheveux tondus ras); (US) **skin mag(azine)*** revue f porno*; (Med) **skin test** cuti-(réaction) f; **skintight** collant, ajusté.
3 vt (a) animal dépouiller, écorcher; fruit, vegetable éplucher. (fig) I'll ~ him alive!* je vais l'écorcher tout vif!; to ~ one's knee s'érafler or s'écorcher le genou; V eye.
(b) (‡: steal from) estamper*, plumer*.
skinful‡ ['skɪnfʊl] n: to have (had) a ~ être bourré‡, être noir‡; he's got a ~ of whisky il s'est soûlé* or il a pris une biture‡ au whisky.
-skinned [skɪnd] adj ending in cpds: **fair-skinned** à (la) peau claire; V thick, thin etc.
skinner ['skɪnər] n peaussier m.
skinny ['skɪnɪ] **1** adj (person) maigrelet, maigrichon; (sweater) moulant. (Fashion) the ~ look la mode ultra-mince. **2** cpd : (US) **skinny-dip*** (n) baignade f à poil*; (vi) se baigner à poil*; **skinny-rib** (sweater)* pull-chaussette m.
skint‡ [skɪnt] adj (Brit) fauché*, sans le rond*.
skip¹ [skɪp] **1** n petit bond, petit saut. to give a ~ faire un petit bond or saut.
2 cpd: (US) **skip rope** corde f à sauter.
3 vi (a) gambader, sautiller; (with rope) sauter à la corde. to ~ with joy sauter or bondir de joie; the child ~ped in/out etc l'enfant est entré/sorti etc en gambadant or en sautillant; she ~ped lightly over the stones elle sautait légèrement par-dessus les pierres; he ~ped out of the way of the cycle il a bondi pour éviter le vélo, il a évité le vélo d'un bond; (fig) he ~ped over that point il est passé sur ce point, il a sauté par-dessus or a glissé sur ce point; to ~ from one subject to another sauter d'un sujet à un autre; the author or book ~s about a lot l'auteur papillonne beaucoup dans ce livre.
(b) (fig) I ~ped up to London yesterday j'ai fait un saut à

Londres hier; **he ~ped off without paying** il a décampé *or* filé* sans payer; **I ~ped round to see her** j'ai fait un saut chez elle, je suis passé la voir en vitesse; **he ~ped across to Spain** il a fait un saut *or* une virée* en Espagne.

4 *vt* (*omit*) *chapter, page, paragraph* sauter, passer; *class, meal* sauter. **I'll ~ lunch** je vais sauter le déjeuner, je ne vais pas déjeuner, je vais me passer de déjeuner; **~ it!*** laisse tomber!*; **~ the details!** laisse tomber les détails!*, épargne-nous les détails!; **to ~ school** sécher les cours.

skip² [skɪp] *n* (*container*) benne *f*.

skipper ['skɪpər] **1** *n* (*Naut*) capitaine *m*, patron *m*; (*Sport**) capitaine, chef *m* d'équipe; (*in race*) skipper *m*. **2** *vt* (*) *boat* commander; *team* être le chef de, mener.

skipping ['skɪpɪŋ] *n* saut *m* à la corde. (*Brit*) **~ rope** corde *f* à sauter.

skirl [skɜːl] *n* son aigu (*de la cornemuse*).

skirmish ['skɜːmɪʃ] **1** *n* (*Mil*) échauffourée *f*, escarmouche *f*, accrochage *m*; (*fig*) escarmouche, accrochage*. **2** *vi* (*Mil*) s'engager dans une escarmouche. (*fig*) **to ~ with sb** avoir un accrochage* avec qn.

skirt [skɜːt] **1** *n* (**a**) (*garment*) jupe *f*; [*frock coat*] basque *f*. (*fig: girl*) **a bit of ~‡** une nana‡.

  (**b**) (*Tech: on machine, vehicle*) jupe *f*.

  (**c**) (*Culin: steak*) flanchet *m*.

  2 *cpd*: **a skirt length** une hauteur de jupe.

  3 *vt* (*also* **~ round**) (*go round*) contourner, longer; (*miss, avoid*) *town, obstacle* contourner, éviter; *problem, difficulty* esquiver, éluder. **the road ~s (round) the forest** la route longe *or* contourne la forêt; **we ~ed (round) Paris to the north** nous sommes passés au nord de Paris, nous avons contourné Paris par le nord; **to ~ (round) the issue (of whether ...)** esquiver *or* éluder *or* se défiler* sur la question (de savoir si ...).

  4 *vi*: **~ round** *V* **3**.

skirting ['skɜːtɪŋ] *n* (*Brit: also* **~ board**) plinthe *f*.

skit [skɪt] *n* parodie *f* (*on de*); (*Theat*) sketch *m* satirique.

skitter ['skɪtər] *vi*: **to ~ across the water/along the ground** [*bird*] voler en frôlant l'eau/le sol; [*stone*] ricocher sur l'eau/le sol.

skittish ['skɪtɪʃ] *adj* (*playful*) espiègle; (*coquettish*) coquet, frivole; *horse* ombrageux.

skittishly ['skɪtɪʃlɪ] *adv* (*V* **skittish**) avec espièglerie; en faisant la coquette; d'une manière ombrageuse.

skittle ['skɪtl] **1** *n* quille *f*. (*esp Brit*) **~s** (jeu *m* de) quilles; *V* **beer**.

  2 *cpd*: **skittle alley** piste *f* de jeu *m* de quilles, bowling *m*.

skive* [skaɪv] (*Brit*) **1** *vi* tirer au flanc*.

  2 *n*: **to be on the ~** tirer au flanc*.

◆**skive off*** *vi* (*Brit*) se défiler*.

skiver* ['skaɪvər] *n* (*Brit*) tire-au-flanc* *m inv*.

skivvy* ['skɪvɪ] **1** *n* (**a**) (*Brit pej: servant*) boniche *f* (*pej*), bonne *f* à tout faire. (**b**) (*US: underwear*) **skivvies*** sous-vêtements *mpl* (d'homme). **2** *vi* (*Brit*) faire la boniche.

skua ['skjuːə] *n* stercoraire *m*, labbe *m*.

skulduggery* [skʌl'dʌgərɪ] *n* (*U*) maquignonnage *m*, trafic *m*. **a piece of ~** un maquignonnage.

skulk [skʌlk] *vi* (*also* **~ about**) rôder en se cachant, rôder furtivement. **to ~ in/away** *etc* entrer/s'éloigner *etc* furtivement.

skull [skʌl] **1** *n* crâne *m*. **~ and crossbones** (*emblem*) tête *f* de mort; (*flag*) pavillon *m* à tête de mort; **I can't get it into his (thick) ~*** **that ...** pas moyen de lui faire comprendre que ..., je n'arrive pas à lui faire entrer dans le crâne* que ... .

  2 *cpd*: **skullcap** calotte *f*.

skunk [skʌŋk] *n* (*animal*) mouffette *f*; (*fur*) sconse *m*; (*pej: person*) mufle* *m*, canaille *f*, salaud‡ *m*.

sky [skaɪ] **1** *n* ciel *m*. **the skies** le(s) ciel(s); (*fig*) les cieux; **there was a clear blue ~** le ciel était clair et bleu; **in the ~** dans le ciel; **under the open ~** à la belle étoile; **under a blue ~**, **under blue skies** sous des ciels bleus, sous un ciel bleu; **the skies over** *or* **of England** les ciels d'Angleterre; **the skies of Van Gogh** les ciels de Van Gogh; **under warmer skies** sous des cieux plus cléments; **to praise sb to the skies** porter qn aux nues; (*fig*) **it came out of a clear (blue) ~** c'est arrivé de façon tout à fait inattendue, on ne s'y attendait vraiment pas; (*fig*) **the ~'s the limit*** tout est possible.

  2 *cpd*: **sky-blue** (*adj, n*) bleu ciel (*m*) *inv*; **sky-dive** (*n*) saut *m* (en parachute) en chute libre; (*vi*) faire du parachutisme en chute libre; **skydiver** parachutiste *mf* (faisant de la chute libre); **skydiving** parachutisme *m* (en chute libre); **sky-high** très haut (dans le ciel); (*fig*) extrêmement haut; **he hit the ball sky-high** il a envoyé le ballon très haut (dans le ciel); **the bridge was blown sky-high** le pont a sauté, le pont a volé en morceaux; **to blow a theory sky-high** démolir une théorie; **prices are sky-high** les prix sont exorbitants; **the crisis sent sugar prices sky-high** la crise a fait monter en flèche le prix du sucre; **skyjack*** détourner, pirater (*un avion*); **skyjacker*** pirate *m* de l'air; **skyjacking*** détournement *m* d'avion, piraterie *f* aérienne; (*Space*) **Skylab** laboratoire *m* spatial, Skylab *m*; **skylark** (*n: bird*) alouette *f* (des champs); (*vi:*) chahuter, faire le fou (*f* la folle); **skylarking*** rigolade* *f*, chahut *m*; **skylight** lucarne *f*; **skyline** ligne *f* d'horizon; [*city*] ligne des toits; [*buildings*] profil *m*, silhouette *f*; (*fig: †*) **sky pilot‡** aumônier *m*, curé *m*; **skyrocket** (*n*) fusée volante *or* à baguette; (*vi*) [*prices*] monter en flèche; **skyscraper** gratte-ciel *m inv*; (*Aviat*) **sky train** train *m* du ciel; **skyway** (*Aviat**) route *or* voie aérienne; (*US Aut*) route surélevée; **skywriting** publicité tracée (dans le ciel) par un avion.

  3 *vt ball* envoyer très haut *or* en chandelle.

Skye [skaɪ] *n* (*l'île f de*) Skye *f*.

skyward ['skaɪwəd] *adj, adv* vers le ciel.

skywards ['skaɪwədz] *adv* vers le ciel.

slab [slæb] **1** *n* (**a**) (*large piece*) [*stone, wood, slate*] bloc *m*; (*flat*) plaque *f*; [*meat*] pièce *f*; (*smaller*) carré *m*, pavé *m*; [*cake*] pavé *m*; (*smaller*) grosse tranche; [*chocolate*] plaque *f*; (*smaller*) tablette *f*.

  (**b**) (*paving* **~**) dalle *f*; (*table, surface*) (*in butcher's etc*) étal *m*; (*in mortuary*) table *f* de dissection *or* d'autopsie.

  2 *cpd*: **slab cake** grand cake rectangulaire.

slack [slæk] **1** *adj* (**a**) (*loose*) *rope* lâche, mal tendu; *joint, knot* desserré; *hold, grip* faible. **to be ~** [*screw etc*] avoir du jeu; [*rope etc*] avoir du mou; (*of rope etc*) **keep it ~!** laissez du mou!; (*fig*) **~ water** eau(x) morte(s) *or* dormante(s); (*between tides*) mer *f* étale, étale *m*.

  (**b**) (*inactive*) *demand* faible; *market, trade* faible, stagnant. **during ~ periods** (*weeks, months etc*) pendant les jours *or* mois creux, pendant les périodes creuses; (*in the day*) aux heures creuses; **the ~ season** la morte-saison; **business is ~ this week** les affaires marchent au ralenti *or* ne vont pas fort* cette semaine.

  (**c**) *person* (*lacking energy*) mou (*f* molle), indolent; (*lax*) négligent; *student* inappliqué, peu sérieux; *worker* peu sérieux, peu consciencieux. **to be ~ about one's work** négliger son travail, se relâcher dans son travail; **he has grown very ~** (*in general*) il se laisse aller; (*in work etc*) il fait preuve de mollesse dans *or* il n'est plus consciencieux dans son travail; **this pupil is very ~** cet élève est très peu sérieux *or* ne travaille pas assez *or* ne s'applique pas assez; **he is ~ in answering letters** il met longtemps à répondre aux lettres qu'il reçoit.

  2 *n* (**a**) (*in rope: gen, also Climbing*) mou *m*; (*in cable*) ballant *m*; (*in joint etc*) jeu *m*. **to take up the ~ in a rope** raidir un cordage; (*fig*) **to take up the ~ in the economy** relancer les secteurs affaiblis de l'économie.

  (**b**) (*Dress: pl*) **~s** pantalon *m*.

  (**c**) (*coal*) poussier *m*.

  3 *vi* (*) ne pas travailler comme il le faudrait.

◆**slack off 1** *vi* (**a**) (*: stop working/trying etc*) se relâcher (dans son travail/dans ses efforts *etc*).

  (**b**) [*business, trade, demand*] ralentir.

  2 *vt sep rope, cable* détendre, donner du mou à.

◆**slack up*** *vi* ralentir (ses efforts *or* son travail).

slacken ['slækən] **1** *vt* (*also* **~ off**) *rope* relâcher, donner du mou à; *cable* donner du ballant à; *reins* relâcher; *screw* desserrer; *pressure etc* diminuer, réduire. **to ~ one's pace** ralentir l'allure; (*Aut*) **to ~ speed** diminuer de vitesse, ralentir.

  2 *vi* (*also* **~ off**) [*rope*] se relâcher, prendre du mou; [*cable*] prendre du ballant; [*screw*] se desserrer; [*gale*] diminuer de force; [*speed*] diminuer; [*activity, business, trade*] ralentir, diminuer; [*effort, enthusiasm, pressure*] diminuer, se relâcher.

◆**slacken off 1** *vi* (**a**) = **slacken 2**.

  (**b**) [*person*] se relâcher, se laisser aller.

  2 *vt sep* = **slacken 1**.

◆**slacken up** *vi* = **slacken off 1b**.

slackening ['slækənɪŋ] *n* (*also* **~ off**; *V* **slacken**) ralentissement *m*; relâchement *m*; desserrement *m*; diminution *f*.

slacker* ['slækər] *n* flemmard(e)* *m(f)*, fainéant(e) *m(f)*.

slackly ['slæklɪ] *adv hang* lâchement, mollement; (*fig*) *work* négligemment.

slackness ['slæknɪs] *n* [*rope etc*] manque *m* de tension; (*) [*person*] négligence *f*, laisser-aller *m*. **the ~ of trade** le ralentissement *or* la stagnation *or* (*stronger*) le marasme des affaires.

slag [slæg] **1** *n* (**a**) (*Metal*) scories *fpl*, crasses *fpl*.

  (**b**) (*Min*) stériles *mpl*.

  (**c**) (*‡: slut*) salope *f*‡.

  2 *cpd*: **slag heap** (*Metal*) crassier *m*; (*Min*) terril *m*.

◆**slag off‡** *vt sep* (*US*) **to slag to slag sb off‡** (*scold; insult*) engueuler‡ qn; (*speak badly of*) débiner* qn.

slain [sleɪn] (*liter*) **1** *ptp of* **slay**. **2** *npl* (*Mil*) **the ~** les morts, les soldats tombés au champ d'honneur.

slake [sleɪk] *vt lime* éteindre; *one's thirst* étancher; (*fig*) *desire for revenge etc* assouvir, satisfaire.

slalom ['slɑːləm] **1** *n* slalom *m*. **2** *vi* slalomer. **3** *cpd*: **slalom descent** descente *f* en slalom; **slalom racer** *or* **specialist** slalomeur *m*, -euse *f*.

slam [slæm] **1** *n* (**a**) [*door*] claquement *m*.

  (**b**) (*Bridge*) chelem *m*. **to make a grand/little ~** faire un grand/petit chelem.

  2 *vt* (**a**) *door* (faire) claquer, fermer violemment; *lid* (faire) claquer, rabattre violemment. **to ~ the door shut** claquer la porte; **she ~med the books on the table** elle a jeté brutalement *or* a flanqué* les livres sur la table; **he ~med the ball into the grandstand** d'un coup violent il a envoyé le ballon dans la tribune; (*fig*) **our team ~med yours*** notre équipe a écrasé la vôtre.

  (**b**) (*‡*) *play, singer* critiquer, éreinter*, démolir*.

  3 *vi* [*door, lid*] claquer. **the door ~med shut** la porte s'est refermée en claquant.

◆**slam down** *vt sep* poser d'un geste violent, jeter brutalement, flanquer*.

◆**slam on** *vt sep*: **to slam on the brakes** freiner à mort; (*fig: stop*) **to slam the brakes on sth*** mettre le hola à qch.

◆**slam to 1** *vi* se refermer en claquant.

  2 *vt sep* refermer en claquant.

slammer ['slæmər] *n* (*Prison sl*) **the ~** la taule (*sl*), la prison.

slander ['slɑːndər] **1** *n* calomnie *f*; (*Jur*) diffamation *f*. **it's a ~ to suggest that ...** c'est de la calomnie que de suggérer que ... . **2** *vt* calomnier, dire du mal de; (*Jur*) diffamer.

slanderer ['slɑːndərər] *n* calomniateur *m*, -trice *f*; (*Jur*) diffamateur *m*, -trice *f*.

slanderous ['slɑːndərəs] *adj* calomnieux, calomniateur (*f* -trice); (*Jur*) diffamatoire.

slanderously ['slɑːndərəslɪ] *adv* calomnieusement; (*Jur*) de façon diffamatoire.

slang [slæŋ] **1** *n* (*U*) argot *m*. **in ~** en argot; **in army/school ~** en argot militaire/d'écolier, dans l'argot des armées/des écoles; **that word is ~** c'est un mot d'argot *or* argotique, c'est un argotisme; **to**

talk ~ parler argot; **he uses a lot of** ~ il emploie beaucoup d'argot, il s'exprime dans une langue très verte; *V* rhyme. **2** *adj phrase, word* d'argot, argotique. **a** ~ **expression** un argotisme. **3** *vt* (*) traiter de tous les noms. **4** *cpd:* (*Brit*) **slanging match*** échange *m* d'insultes, prise *f* de bec*.

slangily* ['slæŋɪlɪ] *adv:* **to talk** ~ parler argot, employer beaucoup d'argot.

slangy* ['slæŋɪ] *adj person* qui parle argot, qui emploie beaucoup d'argot; *style, language* argotique.

slant [slɑːnt] **1** *n* (a) inclinaison *f*, aspect penché; (*fig: point of view*) point *m* de vue (*on* sur), angle *m*, perspective *f*. **what's his** ~ **on it?** quel est son point de vue sur la question?; (*fig*) **his mind has a curious** ~ il a une curieuse tournure *or* forme d'esprit; **to give/get a new** ~* **on sth** présenter/voir qch sous un angle *or* jour nouveau.
(b) (*Type: also* ~ **mark**) (barre *f*) oblique *f*.
2 *cpd:* **slant-eyed** aux yeux bridés, (*pej*) chinetoque (*pej*); **slant-wise** obliquement, de biais.
3 *vi* [*line, handwriting*] pencher, être incliné, ne pas être droit; [*light, sunbeam*] passer obliquement.
4 *vt line, handwriting* faire pencher, incliner; (*fig*) *account, news* présenter avec parti pris. **a** ~**ed report** un rapport orienté *or* tendancieux.

slanting ['slɑːntɪŋ] *adj roof, surface* en pente, incliné; *handwriting* penché, couché; *line* penché, oblique. ~ **rain** pluie *f* (qui tombe en) oblique.

slap [slæp] **1** *n* claque *f*; (*on face*) gifle *f*; (*on back*) grande tape, (*stronger*) grande claque. **a** ~ **on the bottom** une fessée; (*lit, fig*) **a** ~ **in the face** une gifle; **a** ~ **on the back** une grande tape *or* claque dans le dos; (*fig*) **to give s.o./to get a** ~ **on the wrist** taper qn/se faire taper sur les doigts.
2 *cpd:* (*Brit*) **they were having a bit of the old slap and tickle‡** ils étaient en train de se peloter*; **slap-bang* into the wall** en plein *or* tout droit dans le mur; **he ran slap-bang(-wallop)* into his mother** il s'est cogné en plein contre sa mère; (*fig: met*) il s'est retrouvé tout d'un coup sur sa mère, il s'est retrouvé tout d'un coup nez à nez avec sa mère; **slapdash** (*adj*) *person* insouciant, négligent; *work* bâclé*, fait à la va-vite *or* sans soin *or* n'importe comment; (*adv*) à la va-vite, sans soin, n'importe comment; **slap-happy*** (*carelessly cheerful*) insouciant, décontracté*, relaxe*; (*US: punch-drunk*) groggy, abruti de coups; **slapstick (comedy)** grosse farce, comédie *or* farce bouffonne; (*Brit*) **a slap-up meal*** un repas fameux *or* extra*.
3 *adv* (*) en plein, tout droit. **he ran** ~ **into the wall** il est rentré en plein dans *or* tout droit dans le mur; ~ **in the middle** en plein *or* au beau milieu.
4 *vt* (a) (*hit*) *person* donner une tape *or* (*stronger*) claque à. **to** ~ **sb on the back** donner une tape *or* une claque dans le dos à qn; **to** ~ **a child's bottom** donner une fessée à un enfant; **to** ~ **sb's face** *or* **sb in the face** gifler qn; (*in amusement etc*) **to** ~ **one's knees** se taper sur les cuisses.
(b) (*put*) mettre brusquement, flanquer*; (*apply*) appliquer *or* mettre à la va-vite *or* sans soin. **he** ~**ped the book on the table** il a flanqué* le livre sur la table; **he** ~**ped a coat of paint on the wall** il a flanqué* un coup de peinture *or* il a donné un coup de pinceau au mur; **he** ~**ped £5 on to the price*** il a collé* 5 livres de plus sur le prix, il a gonflé son prix de 5 livres; **she** ~**ped some foundation on her face*** elle s'est collé du fond de teint n'importe comment *or* à la va-vite.
♦**slap down** *vt sep object* poser brusquement *or* violemment. (*fig*) **to slap sb down*** rembarrer* qn, envoyer qn sur les roses*.
♦**slap on** *vt sep paint etc* appliquer à la va-vite *or* n'importe comment. **to slap on make-up** se maquiller n'importe comment *or* à la va-vite.

slash [slæʃ] **1** *n* (a) (*cut: gen*) entaille *f*, taillade *f*; (*on face*) entaille, balafre *f*; (*Sewing: in sleeve*) crevé *m*.
(b) (*Typ: also* ~ **mark**) (barre *f*) oblique *f*.
2 *vt* (a) (*with knife, sickle etc*) entailler, (*several cuts*) taillader; *rope* couper net, trancher; *face* balafrer; (*with whip, stick*) cingler; (*Sewing*) *sleeve* faire des crevés dans. **to** ~ **sb** taillader qn; **his attacker** ~**ed his face/his jacket** son assaillant lui a balafré le visage/a taillade sa veste; ~**ed sleeves** manches *fpl* à crevés.
(b) (*fig*) *prices* casser*, écraser*; *costs, expenses* réduire radicalement; *speech, text* couper *or* raccourcir radicalement. '**prices** ~**ed**' 'prix cassés', 'prix sacrifiés'.
(c) (*: condemn*) *book, play* éreinter*, démolir*.
3 *vi:* **he** ~**ed at me with his stick** il m'a flanqué* un *or* des coup(s) de bâton; **he** ~**ed at the grass with his stick** il cinglait l'herbe de sa canne.

slashing ['slæʃɪŋ] *adj* (*fig*) *criticism, attack* cinglant, mordant.

slat [slæt] *n* [*blind*] lamelle *f*; [*bed-frame*] latte *f*; [*room divider etc*] lame *f*.

slate [sleɪt] **1** *n* (*substance, object: Constr, Scol etc*) ardoise *f*; (*fig: Pol*) liste *f* provisoire de candidats. (*Pol*) **they've got a full** ~ **there** ils ont des candidats dans toutes les circonscriptions; (*Brit Comm*) **put it on the** ~* mettez-le sur mon compte, ajoutez ça sur mon ardoise*; *V* **wipe**.
2 *cpd deposits* d'ardoise, ardoisier; *industry* ardoisier, de l'ardoise; *roof* en ardoise, d'ardoise. **slate-blue** (*adj, n*) bleu ardoise (*m*) *inv*; **slate-coloured** ardoise *inv*; **slate-grey** (*adj, n*) gris ardoise (*m*) *inv*; **slate quarry** ardoisière *f*, carrière *f* d'ardoise.
3 *vt* (a) *roof* ardoiser.
(b) (*US Pol*) *candidate* proposer.
(c) (*Brit**) *book, play, actor, politician* éreinter*, démolir*; (*scold*) attraper*, enguculcr‡.
(d) (*: destined*) **to be** ~**d* for sth** être désigné pour qch.

slater ['sleɪtər] *n* (a) (*in quarry*) ardoisier *m*; [*roof*] couvreur (-ardoisier) *m*. (b) (*woodlouse*) cloporte *m*.

slattern ['slætən] *n* souillon *f*.

slatternly ['slætənlɪ] *adj woman, appearance* peu soigné, négligé; *behaviour, habits* de souillon.

slaty ['sleɪtɪ] *adj* (*in texture*) ardoisier, semblable à l'ardoise; (*in colour*) (couleur) ardoise *inv*.

slaughter ['slɔːtər] **1** *n* [*animals*] abattage *m*; [*people*] carnage *m*, massacre *m*, tuerie *f*. **the** ~ **on the roads** les hécatombes *fpl* sur la route; **there was great** ~ cela a été un carnage *or* un massacre *or* une tuerie.
2 *cpd:* **slaughterhouse** abattoir *m*.
3 *vt animal* abattre; *person* tuer sauvagement; *people* massacrer. **our team really** ~**ed them*** notre équipe les a écrasés *or* massacrés*.

slaughterer ['slɔːtərər] *n* [*animals*] tueur *m*, assommeur *m*; [*person*] meurtrier *m*; [*people*] massacreur *m*.

Slav [slɑːv] **1** *adj* slave. **2** *n* Slave *mf*.

slave [sleɪv] **1** *n* (*lit, fig*) esclave *mf*. (*fig*) **to be a** ~ **to** être (l')esclave de; *V* white.
2 *cpd:* **slave driver** (*lit*) surveillant *m* d'esclaves; (*fig*) négrier *m*, -ière *f*; **slave labour** (*exploitation*) exploitation *f* des esclaves; (*work*) travail fait par les esclaves; (**fig*) travail de forçat *or* de galérien; **slave labour camp** camp *m* de travaux forcés; **slave ship** (*vaisseau m*) négrier *m*; **slave trade** commerce *m* des esclaves, traite *f* des noirs; **slave trader** marchand *m* d'esclaves, négrier *m*; **slave traffic** trafic *m* d'esclaves.
3 *vi* (*also* ~ **away**) travailler comme un nègre, trimer. **to** ~ **(away) at sth/at doing** s'escrimer sur qch/à faire.

slaver¹ ['sleɪvər] *n* (*person*) marchand *m* d'esclaves, négrier *m*; (*ship*) (vaisseau *m*) négrier.

slaver² ['slævər] (*dribble*) **1** *n* bave *f*, salive *f*.
2 *vi* baver.

slavery ['sleɪvərɪ] *n* (*lit, fig*) esclavage *m*. **housework is nothing but** ~ le ménage est un véritable esclavage *or* une perpétuelle corvée; *V* sell.

slavey* ['sleɪvɪ] *n* boniche* *f*.

Slavic ['slɑːvɪk] *adj, n* slave (*m*).

slavish ['sleɪvɪʃ] *adj subjection* d'esclave; *imitation, devotion* servile.

slavishly ['sleɪvɪʃlɪ] *adv* servilement.

Slavonic [slə'vɒnɪk] *adj, n* slave (*m*).

slavophile ['slævəʊfaɪl] *n, adj* slavophile (*mf*).

slay [sleɪ] *pret* **slew**, *ptp* **slain** *vt* (*liter*) tuer. (*fig*) **he** ~**s me!‡** il me fait mourir *or* crever* de rire!; *V also* **slain**.

slayer ['sleɪər] *n* (*liter*) tueur *m*, -euse *f*.

sleazy ['sliːzɪ] *adj* minable, miteux*, dégueulasse‡.

sled [sled] *n* = **sledge 1**.

sledding ['sledɪŋ] *n* (*US*) hard *or* tough ~* période *f* (*or* tâche *f*) difficile.

sledge [sledʒ] **1** *n* traîneau *m*; (*child's*) luge *f*. **2** *vi:* **to go sledging** faire de la luge, se promener en traîneau; **to** ~ **down/across** *etc* descendre/traverser *etc* en luge *or* en traîneau.

sledgehammer ['sledʒˌhæmər] *n* marteau *m* de forgeron. (*fig*) **to strike sb/sth a** ~ **blow** assener un coup violent *or* magistral à qn/qch.

sleek [sliːk] *adj hair, fur* lisse et brillant, luisant; *cat* au poil soyeux *or* brillant; *person* (*in appearance*) (trop) soigné, bichonné; (*in manner*) manières onctueux, doucereux; *car, plane* aérodynamique; *boat* aux lignes pures.
♦**sleek down** *vt sep:* **to sleek one's hair down** se lisser les cheveux.

sleekly ['sliːklɪ] *adv smile, reply* doucereusement, avec onction.

sleekness ['sliːknɪs] *n* [*hair etc*] brillant *m*, luisant *m*; [*person*] allure (trop) soignée, air bichonné; [*manner*] onctuosité *f*; [*car, plane*] ligne *f* aérodynamique; [*boat*] finesse *f or* pureté *f* (de lignes).

sleep [sliːp] (*vb: pret, ptp* **slept**) **1** *n* sommeil *m*. **to be in a deep** *or* **sound** ~ dormir profondément; **to be in a very heavy** ~ dormir d'un sommeil de plomb; **to talk in one's** ~ parler en dormant *or* dans son sommeil; **to walk in one's** ~ marcher en dormant; **to sleep the** ~ **of the just** dormir du sommeil du juste; **overcome by** ~ ayant succombé au sommeil; **to have a** ~, **to get some** ~ dormir; (*for a short while*) faire un somme; **to get** *or* **go to** ~ s'endormir; **my leg has gone to** ~ j'ai la jambe engourdie; **I didn't get a wink of** ~ *or* **any** ~ all night je n'ai pas fermé l'œil de la nuit; **she sang the child to** ~ elle a chanté jusqu'à ce que l'enfant s'endorme; **to put** *or* **send sb to** ~ endormir qn; (*euph: put down*) **to put a cat to** ~ faire piquer un chat; **I need 8 hours'** ~ **a night** il me faut (mes) 8 heures de sommeil chaque nuit; **a 3-hour** ~ 3 heures de sommeil; **I haven't had enough** ~ **lately** je manque de sommeil ces temps-ci; **I had a good** ~ **last night** j'ai bien dormi la nuit dernière; **to have a good night's** ~ passer une bonne nuit; **a** ~ **will do you good** cela vous fera du bien de dormir; **let him have his** ~ **out** laisse-le dormir tant qu'il voudra; *V* **beauty, lose** *etc*.
2 *cpd:* **sleep-learning** hypnopédie *f*; **sleepwalk** marcher en dormant; **he sleepwalks** il est somnambule; **sleepwalker** somnambule *mf*; (*U*) **sleepwalking** somnambulisme *m*; (*U: Comm etc*) **sleepwear** vêtements *mpl or* lingerie *f* de nuit.
3 *vi* (a) dormir. **to** ~ **tight** *or* **like a log** *or* **like a top** dormir à poings fermés *or* comme une souche *or* comme un loir; ~ **tight!** dors bien!; **to** ~ **heavily** dormir d'un sommeil de plomb; **he was** ~**ing deeply** *or* **soundly** il dormait profondément, il était profondément endormi; **to** ~ **soundly** (*without fear*) dormir sur ses deux oreilles; **to** ~ **lightly** (*regularly*) avoir le sommeil léger; (*on one occasion*) dormir d'un sommeil léger; **I didn't** ~ **a wink all night** je n'ai pas fermé l'œil de la nuit; **to** ~ **the clock round** faire le tour du cadran; (*fig*) **he was** ~**ing on his feet** il dormait debout.

(b) *(spend night)* coucher. **he slept in the car** il a passé la nuit *or* dormi dans la voiture; **he slept at his aunt's** il a couché chez sa tante; **he ~s on a hard mattress** il couche *or* dort sur un matelas dur; *(euph)* **to ~ with sb** coucher* avec qn.

4 *vt:* **the house ~s 8 (people)** on peut loger *or* coucher 8 personnes dans cette maison; **this room will ~ 4 (people)** on peut coucher 4 personnes *or* coucher à 4 dans cette chambre; **the hotel ~s 500** l'hôtel peut loger *or* contenir 500 personnes; **can you ~ us all?** pouvez-vous nous coucher tous?

◆**sleep around*** *vi* coucher* avec n'importe qui, coucher* à droite et à gauche.

◆**sleep away** *vt sep:* **to sleep the morning away** passer la matinée à dormir, ne pas se réveiller de la matinée.

◆**sleep in** *vi* **(a)** *(lie late)* faire la grasse matinée, dormir tard; *(oversleep)* ne pas se réveiller à temps, dormir trop tard.
(b) *[nurse, servant etc]* être logé sur place.

◆**sleep off** *vt sep:* **to sleep sth off** dormir pour faire passer qch, se remettre de qch en dormant; **go to bed and sleep it off** va te coucher et cela te passera en dormant; **to sleep off a hangover, to sleep it off*** dormir pour faire passer sa gueule de bois*, cuver son vin*.

◆**sleep on 1** *vi:* **he slept on till 10** il a dormi jusqu'à 10 heures, il ne s'est pas réveillé avant 10 heures; **let him sleep on for another hour** laisse-le dormir encore une heure.
2 *vt fus:* **to sleep on a problem/a letter/a decision** attendre le lendemain pour résoudre un problème/répondre à une lettre/ prendre une décision; **let's sleep on it** nous verrons demain, la nuit porte conseil; **I'll have to sleep on it** il faut que j'attende demain pour décider.

◆**sleep out** *vi* **(a)** *(in open air)* coucher à la belle étoile; *(in tent)* coucher sous la tente.
(b) *[nurse, servant etc]* ne pas être logé (sur place).

◆**sleep through 1** *vi:* **I slept through till the afternoon** j'ai dormi comme une souche *or* sans me réveiller jusqu'à l'après-midi.
2 *vt fus:* **he slept through the storm** l'orage ne l'a pas réveillé; **he slept through the alarm clock** il n'a pas entendu son réveil (sonner).

sleeper ['sliːpəʳ] *n* **(a)** *(person)* dormeur *m*, -euse *f*; *(fig: spy)* espion(ne) *m(f)* en sommeil. **to be a light/heavy ~** avoir le sommeil léger/lourd; **that child is a good ~** cet enfant dort très bien *or* fait sa nuit sans se réveiller.
(b) *(Brit Rail)* *(on track)* traverse *f*; *(berth)* couchette *f*; *(rail car)* voiture-lit *f*; *(train)* train-couchettes *m*. **I took a ~ to Marseilles** j'ai pris une couchette pour aller à Marseille, je suis allé à Marseille en couchette.
(c) *(esp Brit: earring)* clou *m* *(boucle d'oreille)*.
(d) *(US fig: sudden success)* révélation *f*.

sleepily ['sliːpɪlɪ] *adv* d'un air *or* ton endormi.

sleepiness ['sliːpɪnɪs] *n* *[person]* envie *f* de dormir, torpeur *f*; *[town]* somnolence *f*, torpeur.

sleeping ['sliːpɪŋ] **1** *adj person* qui dort, endormi. *(Prov)* **let ~ dogs lie** il ne faut pas réveiller le chat qui dort *(Prov)*; **the S~ Beauty** la Belle au bois dormant.
2 *cpd:* **sleeping bag** sac *m* de couchage; **sleeping berth** couchette *f*; *(Rail)* **sleeping car** wagon-couchettes *m*, voiture-lit *f*; **sleeping draught** soporifique *m*; *(Brit Comm)* **sleeping partner** (associé *m*) commanditaire *m*; **sleeping pill** somnifère *m*; *(in road)* **sleeping policeman** casse-vitesse *m*; *(US)* **sleeping porch** chambre-vérandah *f*; **sleeping quarters** chambres *fpl* (à coucher); *(in barracks)* chambrées *fpl*; *(dormitory)* dortoir *m*; **sleeping sickness** maladie *f* du sommeil; **sleeping suit** grenouillère *f*; **sleeping tablet = sleeping pill.**

sleepless ['sliːplɪs] *adj person* qui ne dort pas, éveillé; *(fig: alert)* infatigable, inlassable. **to have a ~ night** ne pas dormir de la nuit, passer une nuit blanche; **he spent many ~ hours worrying about it** il a passé bien des heures sans sommeil à se faire du souci à ce sujet.

sleeplessly ['sliːplɪslɪ] *adv* sans dormir.

sleeplessness ['sliːplɪsnɪs] *n* insomnie *f*.

sleepy ['sliːpɪ] **1** *adj person* qui a envie de dormir, somnolent; *(not alert)* endormi; *voice, look, village* endormi, somnolent. **to be or feel ~** avoir sommeil, avoir envie de dormir. **2** *cpd:* **sleepyhead*** *(n)* endormi(e) *m(f)*; **sleepyheaded*** *(adj)* (à moitié) endormi.

sleet [sliːt] **1** *n* neige fondue. **2** *vi:* **it is ~ing** il tombe de la neige fondue.

sleeve [sliːv] **1** *n* *[garment]* manche *f*, *[record]* pochette *f*, *[cylinder etc]* chemise *f*. *(fig)* **he's always got something up his ~** il a plus d'un tour dans son sac; **he's bound to have something up his ~** il a certainement quelque chose en réserve, il garde certainement un atout caché; **I don't know what he's got up his ~** je ne sais pas ce qu'il nous réserve (comme surprise); **I've got an idea up my ~** j'ai une petite idée en réserve *or* dans la tête; *V* **heart, laugh, shirt** *etc.*
2 *cpd:* **sleeveboard** jeannette *f*; *(Brit: on record sleeve)* **sleevenote** texte *m* *(sur pochette de disque)*.

-sleeved [sliːvd] *adj ending in cpds:* **long-sleeved** à manches longues.

sleeveless ['sliːvlɪs] *adj* sans manches.

sleigh [sleɪ] **1** *n* traîneau *m*. **2** *cpd:* **sleigh bell** grelot *m or* clochette *f* (de traîneau); **to go for a sleigh ride** faire une promenade en traîneau. **3** *vi* aller en traîneau.

sleight [slaɪt] *n:* **~ of hand** *(skill)* habileté *f*, dextérité *f*; *(trick)* tour *m* de passe-passe; **by (a) ~ of hand** par un tour de passe-passe.

slender ['slendəʳ] *adj figure, person* svelte, mince; *stem, hand* fin; *wineglass* élancé; *neck* fin, gracieux; *waist* fin, délié; *fingers* fins, effilé; *(fig) hope* ténu, faible; *chance, possibility* faible; *excuse* faible, peu convaincant; *income, means* maigre, insuffisant, modeste; *knowledge, resources* maigre, limité, insuffisant. *[person]* **tall and ~ élancé; small and ~ menu; a ~ majority** une faible majorité.

slenderize ['slendəraɪz] *vt (US)* amincir.

slenderly ['slendəlɪ] *adv:* **~ built** svelte, mince.

slenderness ['slendənɪs] *n* *(V slender)* sveltesse *f*, minceur *f*; finesse *f*; faiblesse *f*; insuffisance *f*.

slept [slept] *pret, ptp of* **sleep.**

sleuth [sluːθ] **1** *n* *(dog: also ~ hound)* limier *m* (chien); *(*: detective)* limier, détective *m*. **2** *vi* *(*: also ~ around)* fureter, fouiner*.

slew¹ [sluː] *pret of* **slay.**

slew² [sluː] *(also ~ round)* **1** *vi* virer, pivoter; *(Naut)* virer; *[car]* déraper par l'arrière; *(right round)* faire un tête-à-queue. **the car ~ed (round) to a stop** la voiture s'est arrêtée après un tête-à-queue. **2** *vt* faire pivoter, faire virer. **he ~ed the car (round)** il a fait déraper la voiture par l'arrière; *(right round)* il a fait un tête-à-queue.

slew³ [sluː] *n (US)* **a ~ of*** ... un tas* de ... , un grand nombre de ... .

slewed [sluːd] *adj (Brit: drunk)* paf* *inv*, soûl*.

slice [slaɪs] **1** *n* **(a)** *[cake, bread, meat]* tranche *f*, *[lemon, cucumber, sausage]* rondelle *f*, tranche. **~ of bread and butter** tranche de pain beurré, tartine beurrée.
(b) *(fig)* *(part)* partie *f*, *(share)* part *f*. **it took quite a ~ of our profits** cela nous a pris une bonne partie de nos bénéfices; **a large ~ of the credit** une grande part du mérite; **~ of life** tranche *f* de vie; **~ of luck** coup *m* de chance.
(c) *(kitchen utensil)* spatule *f*, truelle *f*.
(d) *(Sport)* balle *f* coupée, slice *m*.
2 *vt* **(a)** *bread, cake, meat* couper (en tranches); *lemon, sausage, cucumber* couper (en rondelles); *rope etc* couper net, trancher. **to ~ sth thin** couper qch en tranches *or* rondelles fines; **a ~d loaf** un pain en tranches; **it's the best thing since ~d bread*** on n'a pas vu mieux depuis l'invention du fil à couper le beurre.
(b) *(Sport) ball* couper, slicer.
3 *vi:* **this knife won't ~** ce couteau coupe très mal; **this bread won't ~** ce pain se coupe très mal *or* est très difficile à couper.

◆**slice off** *vt sep piece of rope, finger etc* couper net. **to slice off a piece of sausage** couper une rondelle de saucisson; **to slice off a steak** couper *or* tailler un bifteck.

◆**slice through** *vt fus rope* couper net, trancher; *(fig) restrictions etc* (réussir à) passer au travers de, court-circuiter*. *(fig)* **to slice through the air/the waves** fendre l'air/les flots.

◆**slice up** *vt sep* couper *or* débiter en tranches *or* en rondelles.

slicer ['slaɪsəʳ] *n* couteau *m* mécanique, machine *f* à couper *(la viande ou le pain)*; *(in shop etc)* coupe-jambon *m inv.*

slick [slɪk] **1** *adj* **(a)** *hair* lissé et brillant, luisant; *road, surface* glissant, gras *(f* grasse).
(b) *(pej) explanation* trop prompt; *excuse* facile; *style* superficiel, brillant en apparence; *manners* doucereux, mielleux; *person (glib)* qui a la parole facile, qui a du bagout*; *(cunning)* astucieux, rusé; *business deal* mené rondement, mené bon train. **he always has a ~ answer** il a toujours la réponse facile, il a toujours réponse à tout; **a ~ customer*** une fine mouche, un(e) fin(e) rusé(e).
2 *n (oil ~)* nappe *f* de pétrole; *(on beach)* marée noire.
3 *vt:* **to ~ (down) one's hair** *(with comb etc)* se lisser les cheveux; *(with hair cream)* se brillantiner les cheveux.

slicker* ['slɪkəʳ] *n combinard(e)* *m(f)*; *V* **city.**

slickly ['slɪklɪ] *adv answer* habilement.

slickness ['slɪknɪs] *n (V slick)* **(a)** brillant *m*; nature glissante. **(b)** *(pej)* excès *m* de promptitude; qualité superficielle; caractère doucereux; parole *f* facile, bagout* *m*; astuce *f*, ruse *f*.

slide [slaɪd] **(a)** *(vb: pret, ptp slid)* **1** *n* **(a)** *(action)* glissade *f*; *(land~)* glissement *m* (de terrain); *(fig: in prices, temperature etc)* baisse *f*, chute *f* (in de).
(b) *(in playground, pool etc)* toboggan *m*; *(polished ice etc)* glissoire *f*; *(for logs etc)* glissoir *m*.
(c) *[microscope]* porte-objet *m*; *(Phot)* diapositive *f*, diapo* *f*. **illustrated with ~s** accompagné de diapositives; **a film for ~s** une pellicule à diapositives; *V* **colour, lantern.**
(d) *(Tech: runner)* coulisse *f*; *(on trombone etc)* coulisse; *(Mus: between notes)* coulé *m*; *(hair ~)* barrette *f*.
2 *cpd:* *(Phot)* **slide box** classeur *m* pour diapositives, boîte *f* à diapositives; *(Phot)* **slide changer** passe-vues *m*; *(Dress etc)* **slide fastener** fermeture *f* éclair ®, fermeture à glissière; *(Phot)* **slide magazine** panier *m*; *(Phot)* **slide projector** projecteur *m* de diapositives; **slide rule** règle *f* à calcul.
3 *vi* **(a)** *[person, object]* glisser; *(on ice etc) [person]* faire des glissades, glisser. **to ~ down the bannisters** descendre en glissant sur la rampe; **to ~ down a slope** descendre une pente en glissant, glisser le long d'une pente; **the drawer ~s in and out easily** le tiroir glisse bien, le tiroir s'ouvre et se ferme facilement; **the top ought to ~ gently into place** on devrait pouvoir mettre le haut en place en le faisant glisser doucement; **the book slid off my knee** le livre a glissé de mes genoux; **to let things ~** laisser les choses aller à la dérive; **he let his studies ~** il a négligé ses études.
(b) *(move silently)* se glisser. **he slid into the room** il s'est glissé dans la pièce; *(fig)* **to ~ into bad habits** prendre insensiblement de mauvaises habitudes.
4 *vt* faire glisser, glisser. **he slid the chair across the room** il a fait glisser la chaise à travers la pièce; **he slid the packing case into a corner** il a glissé la caisse dans un coin; **he slid the photo into his pocket** il a glissé la photo dans sa poche; **to ~ the top (back) onto a box** (re)mettre le couvercle sur une boîte (en le faisant glisser); **~ the drawer into place** remets le tiroir en place; **he slid the gun out of the holster** il a sorti le revolver de l'étui.

◆**slide down** *vi [person, animal, vehicle]* descendre en glissant; *[object]* glisser.

◆**slide off** *vi* **(a)** *[top, lid etc]* s'enlever facilement *or* en glissant.

(b) (*fig: leave quietly*) [*guest*] s'en aller discrètement, s'éclipser*; [*thief*] s'éloigner furtivement.

sliding ['slaɪdɪŋ] **1** *adj movement* glissant; *part* qui glisse, mobile; *panel, door, seat* coulissant. (*Aut*) ~ **roof** toit ouvrant; (*Admin, Comm, Ind etc*) ~ **scale** échelle *f* mobile; (*US*) ~ **time** horaire *m* variable. **2** *n* glissement *m*.

slight [slaɪt] **1** *adj* **(a)** *person, figure* (*slim*) mince, menu; (*frail*) frêle; *framework* fragile.

(b) (*small*) *movement, increase, pain, difference, wind, accent* petit, léger (*before n only*); (*trivial, negligible*) *increase, difference* faible, insignifiant, négligeable; *error* petit, insignifiant, sans importance. **he showed some** ~ **optimism** il a fait preuve d'un peu d'optimisme; **to a** ~ **extent** dans une faible mesure; **not the** ~**est danger** pas le moindre danger; **not in the** ~**est** pas le moins du monde, pas du tout; **I haven't the** ~**est idea** je n'(en) ai pas la moindre idée; **just the** ~**est bit short** un tout petit peu trop court; **there's not the** ~**est possibility** *or* **chance of that** il n'y en a pas la moindre possibilité, c'est tout à fait impossible; **he takes offence at the** ~**est thing** il se pique pour un rien; **the wound is only** ~ la blessure est légère *or* sans gravité.

2 *vt* (*ignore*) ignorer, manquer d'égards envers; (*offend*) blesser, offenser. **he felt (himself)** ~**ed** il s'est senti blessé *or* offensé.

3 *n* manque *m* d'égards, humiliation *f*, offense *f*. **this is a** ~ **on all of us** c'est un affront qui nous touche tous.

slighting ['slaɪtɪŋ] *adj* blessant, offensant, désobligeant.

slightingly ['slaɪtɪŋlɪ] *adv* avec peu d'égards, d'une manière blessante *or* offensante *or* désobligeante.

slightly ['slaɪtlɪ] *adv* **(a)** *sick, cold, better* légèrement, un peu. **I know her** ~ je la connais un peu. **(b)** ~ **built** mince, menu.

slightness ['slaɪtnɪs] *n* (*slimness*) minceur *f*; (*frailty*) fragilité *f*; [*difference, increase etc*] caractère insignifiant *or* négligeable.

slim [slɪm] **1** *adj person, figure, waist* mince, svelte; *ankle, book, volume* mince; (*fig*) *hope, chance* faible; *excuse* mince, médiocre, faible; *evidence* insuffisant, peu convaincant; *resources* maigre, insuffisant, faible.

2 *vi* maigrir; (*diet*) suivre un régime amaigrissant. **she's** ~**ming** elle essaie de maigrir, elle suit un régime pour maigrir.

3 *vt* (*also* ~ **down**) [*diet etc*] faire maigrir; [*dress etc*] amincir.

♦**slim down 1** *vi* maigrir, perdre du poids.

2 *vt sep* **(a)** = **slim 3.**

(b) (*fig*) **slimmed down** *business, industry* allégé, dégraissé.

slime [slaɪm] *n* (*mud*) vase *f*; (*on riverbeds*) limon *m*; (*sticky substance*) dépôt visqueux *or* gluant; (*from snail*) bave *f*.

sliminess ['slaɪmɪnɪs] *n* (*V* **slimy**) nature vaseuse *or* limoneuse; viscosité *f*; suintement *m*; obséquiosité *f*; servilité *f*.

slimmer ['slɪmə^r] *n* personne *f* suivant un régime amaigrissant, personne au régime.

slimming ['slɪmɪŋ] **1** *n* fait *m* de suivre un régime amaigrissant, amaigrissement *m*. ~ **can be very tiring** un régime amaigrissant peut être très fatigant, ça peut être très fatigant de se faire maigrir *or* d'être au régime.

2 *adj diet, pills* amaigrissant, pour maigrir; *food* qui ne fait pas grossir; *dress etc* amincissant.

slimness ['slɪmnɪs] *n* (*V* **slim**) minceur *f*, sveltesse *f*; faiblesse *f*; insuffisance *f*.

slimy ['slaɪmɪ] *adj* **(** *gen : greasy, slippery*) *liquid, secretion, mark, deposit* visqueux, gluant; *fish, slug* visqueux; *walls* suintant.

(b) (*of slime etc*; *V* **slime**) vaseux, limoneux; (*covered with slime*) couvert de vase (*or* de limon); (*muddy*) boueux.

(c) (*fig*) *manners, smile* doucereux, obséquieux, servile; *person* rampant, servile, visqueux. **he's really** ~ c'est un lécheur *or* un lèche-bottes*.

sling [slɪŋ] (*vb: pret, ptp* **slung**) **1** *n* **(a)** (*weapon*) fronde *f*; (*child's*) lance-pierre(s) *m inv*.

(b) (*hoist*) cordages *mpl*, courroies *fpl*; (*for oil drums etc*) courroie; (*Naut: for loads, casks, boats*) élingue *f*; (*Naut: for mast*) cravate *f*; (*for rifle*) bretelle *f*; (*Med*) écharpe *f*. **to have one's arm in a** ~ avoir le bras en écharpe.

(c) (*Climbing*) anneau *m* (de corde); (*gear* ~) baudrier *m*.

2 *cpd*: (*US*) **slingshot** lance-pierre(s) *m inv*.

3 *vt* **(a)** (*throw*) *objects, stones* lancer, jeter (*at sb, to sb* à qn, *at sth* sur qch); *insults, accusations* lancer (*at sb* à qn).

(b) (*hang*) *hammock etc* suspendre; *load etc* hisser; (*Naut*) élinguer. **to** ~ **across one's shoulder** *rifle* mettre en bandoulière *or* à la bretelle; *satchel* mettre en bandoulière; *load, coat* jeter par derrière l'épaule; **with his rifle slung across his shoulder** avec son fusil en bandoulière *or* à la bretelle.

♦**sling away*** *vt sep* (*get rid of*) jeter, se débarrasser de, ficher en l'air*.

♦**sling out*** *vt sep* (*put out*) *person* flanquer* à la porte *or* dehors; *object* jeter, se débarrasser de, ficher en l'air*.

♦**sling over*** *vt sep* (*pass*) passer, envoyer, balancer*.

♦**sling up** *vt sep* suspendre.

slink [slɪŋk] *pret, ptp* **slunk** *vi*: **to** ~ **away/out** *etc* s'en aller/sortir *etc* furtivement *or* sournoisement *or* honteusement.

slinkily* ['slɪŋkɪlɪ] *adv walk* d'une démarche ondoyante *or* ondulante, avec un mouvement onduleux.

slinking ['slɪŋkɪŋ] *adj* furtif.

slinky* ['slɪŋkɪ] *adj woman* séduisant, provocant, aguichant; *body* sinueux, ondoyant; *walk* ondoyant, ondulant; *dress* moulant, collant.

slip [slɪp] **1** *n* **(a)** (*slide*) dérapage *m*; (*trip*) faux pas *m*; (*of earth*) éboulement *m*; (*fig: mistake*) erreur *f*, bévue *f*, gaffe* *f*; (*oversight*) étourderie *f*, oubli *m*; (*moral*) écart *m*, faute légère. (*Prov*) **there's many a** ~ **'twixt cup and lip** il y a loin de la coupe aux lèvres (*Prov*); ~ **of the tongue**, ~ **of the pen** lapsus *m*; **it was a** ~ **of the tongue** c'était un lapsus, la langue lui a (*or* m'a *etc*) fourché; **he**

made several ~**s** il a fait *or* commis plusieurs lapsus; **to give sb the** ~ fausser compagnie à qn.

(b) (*pillow*~) taie *f* (d'oreiller); (*underskirt*) combinaison *f*; *V* **gym.**

(c) the ~**s** (*Naut*) la cale; (*Theat*) les coulisses *fpl*; (*Cricket*) *partie f du terrain se trouvant diagonalement derrière le batteur;* **in the** ~**s** (*Naut*) sur cale; (*Theat*) dans les coulisses.

(d) (*plant-cutting*) bouture *f*; (*paper: in filing system*) fiche *f*. **a** ~ **of paper** (*small sheet*) une petite feuille *or* un bout *or* un morceau de papier; (*strip*) une bande de papier; (*fig*) **a (mere)** ~ **of a boy/girl** un gamin/une gamine, un jeune homme/une jeune fille gracile.

(e) (*U: Pottery*) engobe *m*.

(f) (*Aviat: side*~) glissade *f or* glissement *m* sur l'aile.

2 *cpd*: **slipcovers** housses *fpl*; **slipknot** nœud coulant; **slip-on** (*adj*) facile à mettre *or* à enfiler*; **slipover*** pull-over *m* sans manches, débardeur *m*; (*Brit*) **slip road** (*to motorway*) bretelle *f* d'accès; (*bypass road*) voie *f* de déviation; **slipshod** *person* (*in dress etc*) débraillé, négligé; (*in work*) négligent; *work, style* négligé, peu soigné; **slipslop*** (*liquor*) lavasse* *f*, bibine* *f*; (*talk, writing*) bêtises *fpl*; (*Knitting*) **slip stitch** maille glissée; (*Aviat*) **slipstream** sillage *m*; **slip-up*** bévue *f*, cafouillage* *m*; **there has been a slip-up somewhere*** quelqu'un a dû faire une gaffe*, quelque chose a cafouillé*, il y a eu un cafouillage*; **a slip-up in communication(s)*** une défaillance *or* un cafouillage* dans les communications; (*Naut*) **slipway** (*for building, repairing*) cale *f* (de construction); (*for launching*) cale de lancement.

3 *vi* **(a)** (*slide*) [*person, foot, hand, object*] glisser. **he** ~**ped on the ice** il a glissé *or* dérapé sur la glace; **my foot/hand** ~**ped** mon pied/ma main a glissé; (*Aut*) **the clutch** ~**ped** l'embrayage a patiné; **the knot has** ~**ped** le nœud a glissé *or* coulissé; **the fish** ~**ped off the hook** le poisson s'est détaché de l'hameçon; **the drawer** ~**s in and out easily** le tiroir glisse bien, le tiroir s'ouvre et se ferme facilement; **the top ought to** ~ **gently into place** on devrait pouvoir mettre le haut en place en le faisant glisser doucement; **the saw** ~**ped and cut my hand** la scie a glissé *or* dérapé et m'a entaillé la main; **the book** ~**ped out of his hand/off the table** le livre lui a glissé des doigts/a glissé de la table; **the beads** ~**ped through my fingers** les perles m'ont glissé entre les doigts; (*fig*) **money** ~**s through her fingers** l'argent lui file entre les doigts; **the thief** ~**ped through their fingers** le voleur leur a filé entre les doigts; **several errors had** ~**ped into the report** plusieurs erreurs s'étaient glissées dans le rapport; **to let an opportunity** ~, **to let** ~ **an opportunity** laisser passer *or* laisser échapper une occasion; **he let** ~ **an oath** il a laissé échapper un juron; **he let (it)** ~ **that** ... il a laissé échapper que ...; **he's** ~**ping*** (*getting old, less efficient*) il baisse, il n'est plus ce qu'il était, il perd les pédales*; (*making more mistakes*) il ne fait plus assez attention, il ne se concentre plus assez.

(b) (*move quickly*) [*person*] se glisser, passer, se faufiler; [*vehicle*] se faufiler, passer. **he** ~**ped into/out of the room** il s'est glissé *or* coulé dans/hors de la pièce; **he** ~**ped through the corridors** il s'est faufilé dans les couloirs; **I'll just** ~ **through the garden** je vais passer par le jardin; **the motorbike** ~**ped through the traffic** la motocyclette s'est faufilée à travers la circulation; **to** ~ **into bed** se glisser *or* se couler dans son lit; **to** ~ **into a dress** se glisser dans *or* enfiler (*rapidement*) une robe; **to** ~ **out of a dress** enlever (*rapidement*) une robe; (*fig*) **he** ~**ped easily into his new role** il s'est ajusté *or* adapté *or* fait facilement à son nouveau rôle; **to** ~ **into bad habits** prendre insensiblement de mauvaises habitudes.

4 *vt* **(a)** (*slide*) glisser. **to** ~ **a coin to sb/into sb's hand** glisser une pièce à qn/dans la main de qn; **he** ~**ped the book back on the shelf** il a glissé *or* remis le livre à sa place sur l'étagère; **he** ~**ped the ring on her finger** il lui a glissé *or* passé la bague au doigt; **he** ~**ped the photo into his pocket** il a glissé la photo dans sa poche; **to** ~ **the top (back) onto a box** (re)mettre le couvercle sur une boîte (en le faisant glisser); **he** ~ **the drawer (back) into place** remets le tiroir en place; **he** ~**ped the gun out of its holster** il a retiré *or* sorti le revolver de son étui; (*Aut*) **to** ~ **the clutch** faire patiner l'embrayage; **a question on Proust was** ~**ped into the exam** l'épreuve a comporté une question inattendue sur Proust; (*Med*) **a** ~**ped disc** une hernie discale.

(b) (*escape*) échapper à; (*Naut*) *anchor, cable, moorings* filer. **the dog** ~**ped its collar** le chien s'est dégagé *or* de son collier; **he** ~**ped the dog's leash** il a lâché le chien; (*Knitting*) **to** ~ **a stitch** glisser une maille; **that** ~**ped his attention** *or* **his notice** cela lui a échappé; **it** ~**ped his notice that** ... il ne s'est pas aperçu que ..., il n'a pas remarqué que ..., il lui a échappé que ...; **it** ~**ped my memory** *or* **my mind** j'avais complètement oublié cela, cela m'était complètement sorti de la tête.

♦**slip along** *vi* faire un saut, passer. **he has just slipped along to the shops** il a fait un saut jusqu'aux magasins; **slip along to Mary's and ask her** ... fais un saut *or* passe chez Marie et demande-lui ... .

♦**slip away** *vi* [*car, boat*] s'éloigner doucement; [*guest*] partir discrètement, s'esquiver, s'éclipser*; [*thief*] s'en aller furtivement, filer*, s'esquiver. **I slipped away for a few minutes** je me suis esquivé *or* éclipsé* pour quelques minutes; **her life was slipping away (from her)** la vie la quittait.

♦**slip back 1** *vi* [*car, boat*] revenir *or* retourner doucement; [*guest*] revenir *or* retourner discrètement; [*thief, spy*] revenir *or* retourner furtivement *or* subrepticement. **I'll just slip back and get it** je retourne le chercher.

2 *vt sep V* **slip 4a.**

♦**slip by** *vi* = **slip past.**

♦**slip down** *vi* [*object, car*] glisser; [*person*] glisser et tomber. **I'll just slip down and get it** je descends le chercher.

◆**slip in 1** *vi [car, boat]* entrer doucement; *[person]* entrer discrètement *or* sans se faire remarquer; *[thief]* entrer furtivement *or* subrepticement; *[cat etc]* entrer inaperçu. **several errors have slipped in** plusieurs erreurs s'y sont glissées; **I'll just slip in and tell him** je vais juste entrer le lui dire; **I've only slipped in for a minute** je ne fais que passer, je ne fais qu'entrer et sortir.
  2 *vt sep object* glisser, placer; *part, drawer* glisser à sa place; *remark, comment* glisser, placer. (*Aut*) **to slip in the clutch** embrayer.

◆**slip off 1** *vi* (a) = **slip away.**
  (b) *[coat, lid, cover]* glisser.
  2 *vt sep cover, ring, bracelet, glove, shoe* enlever; *garment* enlever, ôter.

◆**slip on 1** *vt sep garment* passer, enfiler*; *ring, bracelet, glove* mettre, enfiler; *shoe* mettre; *lid, cover* (re)mettre, placer.
  2 slip-on *adj* V **slip 2.**

◆**slip out 1** *vi [guest]* sortir discrètement, s'esquiver, s'éclipser*; *[thief]* sortir furtivement, filer*, s'esquiver. **I must just slip out for some cigarettes** il faut que je sorte un instant chercher des cigarettes; **she slipped out to the shops** elle a fait un saut jusqu'aux magasins; **the secret slipped out** le secret a été révélé par mégarde; **the words slipped out before he realized it** les mots lui ont échappé avant même qu'il ne s'en rende compte.
  2 *vt sep* sortir doucement (*or* discrètement *etc*).

◆**slip over 1** *vi* = **slip along.**
  2 *vt sep*: **to slip one over on sb*** rouler qn*.
  3 slipover* *n* V **slip 2.**

◆**slip past** *vi [person, vehicle]* passer, se faufiler. **the years slipped past** les années passèrent.

◆**slip round** *vi* = **slip along.**

◆**slip through** *vi [person]* passer quand même; *[error etc]* ne pas être remarqué.

◆**slip up*** **1** *vi* (*make mistake*) gaffer*, cafouiller*, se ficher dedans*.
  2 slip-up *n* V **slip 2.**

slipper ['slɪpər] *n* pantoufle *f*, (*warmer*) chausson *m*; (*mule*) mule *f*; V **glass.**

slippery ['slɪpərɪ] *adj surface, road, stone, fish* glissant; (*fig pej*) *person* (*evasive*) fuyant, insaisissable; (*unreliable*) sur qui on ne peut pas compter. **it's ~ underfoot** le sol est glissant, on glisse en marchant; (*fig pej*) **he's as ~ as an eel** il glisse ou il échappe comme une anguille; (*fig*) **to be on ~ ground** être sur un terrain glissant; (*fig*) **to be on a ~ slope** être sur un terrain glissant *or* une pente savonneuse*.

slippy* ['slɪpɪ] *adj fish, stone* glissant; *road, floor* glissant, casse-gueule* *inv*. (*Brit*) **look ~ (about it)!** grouille-toi!*

slit [slɪt] (*vb: pret, ptp* **slit**) **1** *n* (*opening*) fente *f*; (*cut*) incision *f*; (*tear*) déchirure *f*. **to make a ~ in sth** fendre *or* inciser *or* déchirer qch; **the skirt has a ~ up the side** la jupe a une fente *or* est fendue sur le côté; **a ~ skirt** une jupe fendue.
  2 *cpd*: **slit-eyed** aux yeux bridés.
  3 *vt* (*make an opening in*) fendre; (*cut*) inciser, couper, faire une fente dans; (*tear*) déchirer. **to ~ sb's throat** couper *or* trancher la gorge à qn, égorger qn; **to ~ a letter open** ouvrir une lettre (*avec un objet tranchant*); **to ~ a sack open** éventrer *or* fendre un sac.

slither ['slɪðər] *vi [person, animal]* glisser; *[snake]* onduler. **he ~ed about on the ice** il dérapait sur la glace, il essayait de se tenir en équilibre sur la glace; **the car ~ed (about) all over the place** la voiture a dérapé dans tous les sens; **he ~ed down the slope/down the rope** il a dégringolé* la pente/le long de la corde; **the snake ~ed across the path** le serpent a traversé le sentier en ondulant.

sliver ['slɪvər] *n [glass, wood]* éclat *m*; *[cheese, ham etc]* lamelle *f*, petit morceau.

slivovitz ['slɪvəʊvɪts] *n* (*U*) slivowitz *m*.

Sloane Ranger* [,sləʊn'reɪndʒər] *n* (*Brit*) *jeune bourgeoise vivant dans le quartier de Sloane Square*, ≃ Napie *f*.

slob* [slɒb] *n* rustaud(e) *m(f)*, plouc* *mf*.

slobber ['slɒbər] **1** *vi [person, dog etc]* baver. **to ~ over sth** (*lit*) baver sur qch; (*fig pej*) s'attendrir *or* s'extasier exagérément sur qch; **to ~ over sb** *[dog]* couvrir qn de grands coups de langue; (*fig pej: kiss etc*) *[person]* faire des mamours* à qn, donner une fricassée de museau à qn*. **2** *n* (*U*) bave *f*, salive *f*; (*fig pej*) sensiblerie *f*, attendrissement exagéré.

sloe [sləʊ] **1** *n* prunelle *f*; (*bush*) prunellier *m*. **2** *cpd*: **sloe-eyed** aux yeux de biche; **sloe gin** gin *m* à la prunelle.

slog [slɒg] **1** *n* (*work*) long travail pénible, travail de Romain* *or* de nègre*; (*effort*) gros effort. **the programme was one long ~** le programme exigeait un grand effort *or* représentait un travail de Romain*; **it was a (hard) ~ to pass the exam** il a fallu fournir un gros effort *or* travailler comme un nègre* pour réussir à l'examen; **after a long ~ he reached the top of the hill** après un gros effort il a atteint le sommet de la colline; **he found it nothing but a ~** c'était une vraie corvée pour lui.
  2 *vt ball* donner un grand coup à; *opponent* donner un grand coup à, donner un gnon* à.
  3 *vi* (a) (*work etc*) travailler très dur *or* comme un nègre*. **he ~ged through the book** il s'est forcé à lire le livre, il a poursuivi péniblement la lecture du livre.
  (b) (*walk etc*) marcher d'un pas lourd, avancer avec obstination. **he ~ged up the hill** il a gravi la colline avec effort *or* avec obstination *or* d'un pas lourd.

◆**slog along** *vi* marcher d'un pas lourd, avancer avec obstination. **we slogged along for 10 km** nous nous sommes traînés sur 10 km.

◆**slog away** *vi* travailler dur *or* comme un nègre*. **to slog away at sth** trimer* sur qch.

◆**slog on** *vi* = **slog along.**

slogan ['sləʊgən] *n* slogan *m*.

slogger* ['slɒgər] *n* (*hard worker*) bourreau *m* de travail, bûcheur *m*, -euse *f*, bosseur* *m*, -euse* *f*; (*Boxing*) cogneur *m*.

sloop [slu:p] *n* sloop *m*.

slop [slɒp] **1** *n*: **~s** (*dirty water*) eaux sales; (*in teacup etc*) fond *m* de tasse; (*liquid food*) (*for invalids etc*) bouillon *m*, aliment *m* liquide; (*for pigs*) pâtée *f*, soupe *f*.
  2 *cpd*: **slop basin** vide-tasses *m inv*; **slop bucket**, **slop pail** (*in kitchen etc*) boîte *f* à ordures, poubelle *f*; (*in bedroom*) seau *m* de toilette; (*on farm*) seau à pâtée.
  3 *vt liquid* (*spill*) renverser, répandre; (*tip carelessly*) répandre (*on to* sur, *into* dans). **you've ~ped paint all over the floor** tu as éclaboussé tout le plancher de peinture.
  4 *vi* (*also ~ over*) *[water, tea etc]* déborder, se renverser (*into* dans, *on to* sur); *[bowl, bucket]* déborder.

◆**slop about**, **slop around 1** *vi* (a) **the water was slopping about in the bucket** l'eau clapotait dans le seau; **they were slopping about in the mud** ils pataugeaient dans la boue.
  (b) (*fig*) **she slops about in a dressing gown all day*** elle traîne *or* traînasse* toute la journée en robe de chambre.
  2 *vt sep* renverser *or* mettre un peu partout.

◆**slop out** *vi* (*Prison*) vider les seaux hygiéniques.

◆**slop over 1** *vi* = **slop 4.**
  2 *vt sep* renverser, répandre.

slope [sləʊp] **1** *n* (a) *[roof, floor, ground, surface]* inclinaison *f*, pente *f*, déclivité *f*; *[handwriting etc]* inclinaison. **roof with a slight/steep ~** toit (qui descend) en pente douce/raide; **road with a ~ of 1 in 8** route avec une pente de 12,5%; (*Mil*) **rifle at the ~** fusil sur l'épaule.
  (b) (*rising ground, gentle hill*) côte *f*, pente *f*; (*mountainside*) versant *m*, flanc *m*. **~ up** montée *f*; **~ down** descente *f*; **the car got stuck on a ~** la voiture est restée en panne dans une côte; **halfway up** *or* **down the ~** à mi-côte, à mi-pente; **on the ~s of Mount Etna** sur les flancs de l'Etna; **the southern ~s of the Himalayas** le versant sud de l'Himalaya; **on the (ski) ~s** sur les pistes (de ski).
  2 *vi [ground, roof]* être en pente, être incliné; *[handwriting]* pencher. **the garden ~s towards the river** le jardin descend en pente vers la rivière.
  3 *vt* incliner, pencher. (*Mil*) **to ~ arms** mettre l'arme sur l'épaule; **'~ arms!'** 'portez arme!'

◆**slope away**, **slope down** *vi [ground]* descendre en pente (*to* jusqu'à, *towards* vers).

◆**slope off*** *vi* se sauver*, se tirer*, se barrer*.

◆**slope up** *vi [road, ground]* monter.

sloping ['sləʊpɪŋ] *adj ground, roof etc* en pente, incliné; *handwriting etc* penché; *shoulders* tombant.

sloppily ['slɒpɪlɪ] *adv* (*carelessly*) *dress* de façon négligée, sans soin; *work* sans soin; (*sentimentally*) *talk, behave* avec sensiblerie.

sloppiness ['slɒpɪnɪs] *n* (*V* **sloppy**) état liquide *or* détrempé; manque *m* de soin; négligé *m*; sensiblerie *f*; excès *m* de sentimentalité.

sloppy ['slɒpɪ] **1** *adj* (a) *food* trop liquide; *ground, field* détrempé.
  (b) (*poor*) *work* peu soigné, bâclé*, saboté*; *appearance* négligé, débraillé. **~ English** anglais très relâché *or* négligé.
  (c) *garment* trop grand, mal ajusté.
  (d) (*sentimental*) *smile, look* pâmé, débordant de sensiblerie; *book, film* fadement sentimental. **don't be ~!** pas de sensiblerie!
  2 *cpd*: **sloppy Joe** (*sweater*) gros pull *m* vague; (*US: sandwich*) hamburger *m* servi en sandwich.

slosh [slɒʃ] *vt* (a) (*Brit*: *hit*) flanquer* un coup *or* un gnon* à.
  (b) (*: spill*) renverser, répandre; (*apply lavishly*) répandre (*on to, over* sur, *into* dans). **to ~ paint on a wall** barbouiller un mur de peinture, flanquer* de la peinture sur un mur; **he ~ed water over the floor** (*deliberately*) il a répandu de l'eau par terre; (*accidentally*) il a renversé *or* fichu* de l'eau par terre.

◆**slosh about***, **slosh around*** **1** *vi* = **slop about 1a.**
  2 *vt sep* = **slop about 2.**

sloshed* [slɒʃt] *adj* (*esp Brit: drunk*) bourré*, paf* *inv*, noir*. **to get ~** se soûler la gueule*, prendre une cuite*.

slot [slɒt] **1** *n* (a) (*slit*) fente *f*; (*groove*) rainure *f*; (*in door, for mail*) ouverture *f* pour les lettres. **to put a coin in the ~** mettre *or* introduire une pièce dans la fente.
  (b) (*fig: space in schedule etc*) (*gen, also Rad, TV*) créneau *m*, plage *f* *or* tranche *f* horaire; (*Scol etc: in timetable*) heure *f*, plage horaire. (*Rad, TV etc*) **they are looking for something to fill the early-evening comedy ~** on cherche quelque chose pour la tranche comédie du début de soirée; (*job etc*) **who will fit this ~?** qui fera l'affaire pour ce créneau?
  2 *cpd*: (*US*) **slot car** petite voiture *f* de circuit-auto; **slot machine** (*for tickets, cigarettes etc*) distributeur *m* (automatique); (*in fair etc*) appareil *m* *or* machine *f* à sous; **slot meter** compteur *m* (de gaz *etc*) (à pièces).
  3 *vt*: **to ~ a part into another part** emboîter *or* encastrer une pièce dans une autre pièce; (*fig*) **to ~ sth into a programme/timetable** insérer *or* faire rentrer qch dans une grille de programmes/d'horaires.
  4 *vi*: **this part ~s into that part** cette pièce-ci s'emboîte *or* s'encastre dans celle-là; (*fig*) **the song will ~ into the programme here** on peut insérer *or* faire figurer la chanson à ce moment-là du programme.

◆**slot in 1** *vi [piece, part]* s'emboîter, s'encastrer; (*fig*) *[item on programme etc]* s'insérer, figurer.
  2 *vt sep piece, part* emboîter, encastrer; (*fig*) *item on programme* insérer, faire figurer.

◆**slot together 1** *vi [pieces, parts]* s'emboîter *or* s'encastrer les un(e)s dans les autres.
  2 *vt sep pieces, parts* emboîter *or* encastrer les un(e)s dans les autres.

sloth [sləʊθ] n (a) (U) paresse f (also Rel), fainéantise f, indolence f. (b) (Zool) paresseux m.

slothful ['sləʊθfʊl] adj paresseux, fainéant, indolent.

slothfully ['sləʊθfəlɪ] adv avec indolence, avec paresse.

slouch [slaʊtʃ] **1** n (a) **to walk with a ~** mal se tenir en marchant.
  (b) he's no ~* il n'est pas empoté*.
  2 cpd: **slouch hat** chapeau m (mou) à larges bords.
  3 vi: he was ~ing in a chair il était affalé dans un fauteuil; she always ~es elle ne se tient jamais droite, elle est toujours avachie; stop ~ing! redresse-toi!, tiens-toi droit!; he ~ed in/out etc il entra/sortit etc en traînant les pieds, le dos voûté.

◆slouch about, slouch around vi traîner à ne rien faire.

slough¹ [slaʊ] n (swamp) bourbier m, marécage m. (fig) the S~ of Despond l'abîme m du désespoir.

slough² [slʌf] **1** n [snake] dépouille f, mue f.
  2 vt (also ~ off) the snake ~ed (off) its skin le serpent a mué.

◆slough off vt sep (a) = slough² 2.
  (b) (fig) habit etc perdre, se débarrasser de.

Slovak ['sləʊvæk], **Slovakian** [sləʊ'vækɪən] **1** adj slovaque. **2** n Slovaque mf.

sloven ['slʌvn] n (dirty) souillon f (woman only), personne sale or négligée dans sa tenue; (careless) personne sans soin.

Slovene ['sləʊviːn] **1** adj slovène. **2** n (a) Slovène mf. (b) (Ling) slovène m.

slovenliness ['slʌvnlɪnɪs] n (untidiness) négligé m, débraillé m; (carelessness) manque m de soin, négligence f.

slovenly ['slʌvnlɪ] adj (untidy) person, appearance sale, négligé, débraillé; (careless) work qui manque de soin, négligé, bâclé*. she's ~ c'est une souillon.

slow [sləʊ] **1** adj (a) (gen) person, vehicle, movement, pulse, voice, progress lent. it's ~ but sure c'est lent mais sûr, cela avance (or fonctionne etc) lentement mais sûrement; (Brit) a ~ train un (train) omnibus; at a ~ speed à petite vitesse; (lit,fig) it's ~ going on n'avance pas vite; it's ~ work c'est un travail qui avance lentement; he's a ~ worker il est lent dans son travail, il travaille lentement; he's a ~ learner il apprend lentement, il est lent à apprendre; to be ~ of speech avoir la parole lente; he is ~ to anger il est lent à se mettre en colère, il lui en faut beaucoup pour se mettre en colère; (not naturally quick) he was ~ to understand/notice etc, he was ~ in understanding/noticing etc il a été lent à comprendre/remarquer etc, il lui a fallu longtemps pour comprendre/remarquer etc; (taking his time) he was ~ in deciding/acting etc, he was ~ to decide/act etc il a été long à décider/agir etc, il a tardé à décider/agir etc; he was not ~ to notice or in noticing ... il a vite remarqué ..., il n'a pas mis longtemps à remarquer ... .
  (b) (fig) pitch, track, surface collant, lourd; market, trading trop calme, stagnant; (boring) party, evening ennuyeux, qui manque d'entrain; novel, plot, play qui avance lentement, ennuyeux; person (phlegmatic) flegmatique, à l'allure posée; (stupid) lent, lourd, endormi. my watch is ~ ma montre retarde; my watch is 10 minutes ~ ma montre retarde de 10 minutes; in a ~ oven à four doux; business is ~ les affaires stagnent; life here is ~ la vie s'écoule lentement ici, ici on vit au ralenti.
  2 adv lentement. (Naut) ~ astern! (en) arrière doucement!; to go ~ [walker, driver, vehicle] aller or avancer lentement; (fig: be cautious) y aller doucement; (fig: be less active, do less) ralentir (ses activités); (Ind) faire la grève perlée; [watch etc] prendre du retard; to go ~ er ralentir (le pas).
  3 cpd: **slow-acting/-burning** etc à action/combustion etc lente; it is **slow-acting/-burning** etc cela agit/brûle etc lentement; (US) he did a **slow burn**‡ sa colère a couvé or monté; (Brit) **slowcoach** (dawdler) lambin(e)* m(f); (dullard) esprit lent; (Culin) **slow cooker** mijoteuse f électrique; **slowdown** ralentissement m; (US Ind) grève perlée; **slow match** mèche f à combustion lente; (Cine etc) in **slow motion** au ralenti; **slow-motion film/shot** etc (film m/prise f de vues etc au) ralenti m; **slow-moving** person, animal lent, aux mouvements lents; vehicle lent; play lent, dont l'action est lente; (US) **slowpoke*** = **slowcoach**; **slow-speaking**, **slow-spoken** à la parole lente, au débit lent; **slow-witted** lourdaud, qui a l'esprit lent or lourd; (Zool) **slow worm** orvet m, serpent m de verre.
  4 vt (also ~ down, ~ up) person (in walk) faire ralentir; (in activity) ralentir, retarder; vehicle, machine ralentir (la marche de); traffic ralentir; horse ralentir l'allure or le pas de; progress, production, negotiations, reaction ralentir, retarder. his injury ~ed him down or up sa blessure l'a ralenti or l'a diminué; all these interruptions have ~ed us down or up toutes ces interruptions nous ont retardés.
  5 vi (also ~ down, ~ off, ~ up) [driver, vehicle, machine, one's reactions, production, progress] ralentir; [walker etc] ralentir (le pas); [worker] ralentir (ses efforts). (Aut) to '~' ralentir'; (Aut) a '~' signal un signal de ralentissement; (fig) you must ~ down or you will make yourself ill il faut que vous ralentissiez (subj) (vos activités) sinon vous allez tomber malade; since his retirement his life has ~ed down depuis qu'il a pris sa retraite il vit au ralenti.

◆slow down 1 vi, vt sep = slow 5, 4.
  2 slowdown n V slow 3.

◆slow off vi = slow 5.

◆slow up vi, vt sep = slow 5, 4.

slowly ['sləʊlɪ] adv think, work lentement; walk lentement, à pas lents; talk lentement, d'une voix lente; (little by little) peu à peu. ~ but surely lentement mais sûrement; [car etc] to go or drive or move ~ aller lentement or au pas; to go (or speak or work or drive etc) more ~ ralentir.

slowness ['sləʊnɪs] n [person, vehicle, movement etc] lenteur f;

[pitch, track] lourdeur f; [party, evening] manque m d'entrain or d'intérêt; [novel, plot, play] lenteur, manque de mouvement or d'action; (lack of energy etc) allure posée; (stupidity) lenteur d'esprit, stupidité f. ~ of mind lenteur or lourdeur d'esprit; his ~ to act or in acting la lenteur avec laquelle or le retard avec lequel il a agi.

sludge [slʌdʒ] n (U) (mud) boue f, vase f, bourbe f; (sediment) boue, dépôt m; (sewage) vidanges fpl; (melting snow) neige fondante or fondue.

slug [slʌg] **1** n (Zool) limace f; (bullet) balle f; (blow) coup m; (Min, Typ) lingot m; (esp US: metal token) jeton m; (US‡: false coin) fausse pièce f, pièce f bidon* inv, faux jeton m. (US) a ~ of whisky‡ un peu or un coup* de whisky sec.
  2 vt (*: hit) frapper comme une brute.

◆slug out* vt sep: **to slug it out** se taper dessus* (pour régler une question).

slugfest‡ ['slʌgfest] n bagarre f, rixe f.

sluggard ['slʌgəd] n paresseux m, -euse f, indolent(e) m(f), fainéant(e) m(f).

sluggish ['slʌgɪʃ] adj person, temperament mou (f molle), léthargique, apathique; (slow-moving) lent; (lazy) paresseux; growth, reaction, movement, circulation, digestion lent; liver paresseux; market, business (trop) calme, stagnant. (Aut) the engine is ~ le moteur manque de reprise or de nervosité; (Comm) sales are ~ les ventes ne vont pas fort.

sluggishly ['slʌgɪʃlɪ] adv (V sluggish) mollement; lentement; paresseusement. (Aut) the engine picks up ~ le moteur n'est pas nerveux.

sluggishness ['slʌgɪʃnɪs] n [person] mollesse f, léthargie f, lenteur f, apathie f; [engine] manque m de nervosité.

sluice [sluːs] **1** n (a) (whole structure) écluse f; (gate: also ~ gate, ~ valve) vanne f, porte f d'écluse; (channel: also ~way) canal m (à vannes); (water held back) eaux retenues par la vanne.
  (b) to give sth/o.s. a ~ (down) laver qch/se laver à grande eau.
  2 cpd: **sluice gate** V sluice 1a; **sluice valve** = **sluice gate**; **sluiceway** V sluice 1a.
  3 vt (also ~ down) laver à grande eau.

slum [slʌm] **1** n (house) taudis m. the ~s les quartiers mpl pauvres or misérables, les bas quartiers; (in suburb) la zone.
  2 cpd: **slum area** quartier m pauvre; **slum clearance** aménagement m des quartiers insalubres; **slum clearance area** zone f de quartiers insalubres en voie d'aménagement; **slum clearance campaign** campagne f pour la démolition des taudis; (US pej) **slumlord*** marchand* m de sommeil; **slum-dweller** habitant(e) m(f) de taudis; **slum dwelling** taudis m.
  3 vi (*: live cheaply: also esp Brit) ~ it) vivre à la dure, manger de la vache enragée*. (iro) we don't see you often round here — I'm ~ming (it) today! on ne te voit pas souvent ici — aujourd'hui je m'encanaille!
  4 vt (*) to ~ it V 3.

slumber ['slʌmbər] **1** n (liter: also ~s) sommeil m (paisible).
  2 cpd: (Comm) **slumber wear** vêtements mpl or lingerie f de nuit.
  3 vi dormir paisiblement.

slumb(e)rous ['slʌmb(ə)rəs] adj (liter) (drowsy) somnolent; (soporific) assoupissant (liter).

slumgullion [slʌm'gʌljən] n (US) ragoût m.

slummy ['slʌmɪ] adj house, district, background, kitchen, appearance sordide, misérable. the ~ part (of the town) les bas quartiers, les quartiers pauvres.

slump [slʌmp] **1** n (in numbers, popularity, morale etc) forte baisse, baisse soudaine (in de); (Econ) récession f, crise f (économique or monétaire), marasme m; (St Ex) effondrement m (des cours); (Comm: in sales etc) crise, baisse soudaine (in f prices) effondrement (in de). the 1929 ~ la crise (économique) de 1929.
  2 vi a [popularity, morale, production, trade] baisser brutalement; [prices, rates] s'effondrer. business has ~ed les affaires sont en baisse, c'est le marasme (économique).
  (b) (also ~ down) s'effondrer, s'écrouler, s'affaisser (into dans, onto sur). he lay ~ed on the floor il gisait effondré or écroulé par terre; he was ~ed over the wheel il était affaissé sur le volant.
  (c) (stoop) avoir le dos rond or voûté.

◆slump back vi [person] retomber en arrière.

◆slump down vi = slump 2b.

slumpflation [slʌmp'fleɪʃən] n (US Econ) récession f avec inflation.

slung [slʌŋ] pret, ptp of **sling**.

slunk [slʌŋk] pret, ptp of **slink**.

slur [slɜːr] **1** n (a) (stigma) tache f (on sur), atteinte f (on à), insinuation f (on contre); (insult) insulte f, affront m. to be a ~ on sb's reputation porter atteinte à or être une tache sur la réputation de qn; that is a ~ on him cela porte atteinte à son intégrité; to cast a ~ on sb porter atteinte à la réputation de qn; it's no ~ on him to say ... ce n'est pas le calomnier que de dire ... .
  (b) (Mus) liaison f.
  2 vt (join) several sounds, words lier à tort; (Mus) lier; (enunciate indistinctly) word etc mal articuler, ne pas articuler. his speech was ~red, he ~red his words il n'arrivait pas à articuler, il n'articulait pas.
  3 vi [sounds etc] être or devenir indistinct.

◆slur over vt fus incident, mistake, differences, discrepancies passer sous silence, glisser sur.

slurp [slɜːp] vti boire à grand bruit.

slush [slʌʃ] **1** n (U) (snow) neige fondante or fondue; (mud) gadoue f; (fig: sentiment) sensiblerie f. **2** cpd: **slush fund** fonds mpl secrets, caisse f noire.

slushy ['slʌʃɪ] adj (V slush) snow fondant, fondu; mud détrempé; streets couvert de neige fondante or de neige fondue or de gadoue; (fig) novel, film fadement sentimental, fadasse*.

slut [slʌt] n (dirty) souillon f; (immoral) fille f (pej), salope‡ f.
sluttish ['slʌtɪʃ] adj appearance sale, de souillon; morals, behaviour de salope‡. **a ~ woman** une souillon.
sly [slaɪ] **1** adj (wily) rusé; (secretive) dissimulé; (underhand) sournois; (mischievous) espiègle, malin (f -igne). **a ~ look** un regard rusé or sournois or espiègle or par en dessous; **he's a ~ dog*** (wily) c'est une fine mouche or un fin matois; (not as pure as he seems) ce n'est pas un petit saint, ce n'est pas un enfant de chœur; V fox.
   2 cpd: **slyboots*** malin m, -igne f.
   3 n: **on the ~** en cachette, en secret, en douce*; sournoisement (pej).
slyly ['slaɪlɪ] adv plan, act de façon rusée or dissimulée, sournoisement; say, smile, suggest sournoisement (pej); (mischievously) avec espièglerie; (in secret) en cachette, en secret, en douce*.
slyness ['slaɪnɪs] n (V sly) ruse f; dissimulation f; sournoiserie f; espièglerie f.
smack¹ [smæk] **1** vi (lit, fig) **to ~ of sth** sentir qch. **2** n **(a)** (small taste) léger or petit goût; (fig) soupçon m. **(b)** (US Drugs sl) héroïne f, (poudre f) blanche f (sl).
smack² [smæk] **1** n (slap) tape f, (stronger) claque f; (on face) gifle f; (sound) bruit sec, claquement m; (*fig: kiss) gros baiser (qui claque). **he gave the ball a good ~** il a donné un grand coup dans le ballon; (fig: esp Brit) **it was a ~ in the eye for them*** (snub) c'était une gifle pour eux; (setback) c'était un revers pour eux; (fig: esp Brit) **to have a ~ at doing sth*** essayer (un coup*) de faire qch; **I'll have a ~ at it** jé vais essayer, je vais tenter le coup*.
   2 vt person donner une tape or (stronger) une claque à; (on face) gifler. **to ~ sb's face** gifler qn, donner une paire de gifles à qn; **I'll ~ your bottom!** je vais te donner la fessée!, tu vas avoir la fessée!; **he ~ed the table (with his hand)** il a frappé sur la table (de la main); **to ~ one's lips** se lécher les babines.
   3 adv (*) en plein. **~ in the middle** en plein milieu; **he kissed her ~ on the lips** il l'a embrassée en plein sur la bouche; **he ran ~ into the tree** il est rentré en plein or tout droit dans l'arbre.
smack³ [smæk] n (also fishing ~) smack m or sémaque m.
smacker‡ ['smækə'] n (kiss) gros baiser, grosse bise*; (blow) grand coup (retentissant); (Brit: pound) livre f; (US: dollar) dollar m.
smacking ['smækɪŋ] n fessée f. **to give sb a ~** donner une or la fessée à qn.
small [smɔːl] **1** adj **(a)** child, table, town, quantity, organization, voice petit; person petit, de petite taille; family petit, peu nombreux; audience, population peu nombreux; income, sum petit, modeste; stock, supply petit, limité; meal petit, léger; garden, room petit, de dimensions modestes; (unimportant) mistake, worry, difficulty petit, insignifiant, mineur (f -eure); (pej: morally mean) person, mind petit, bas (f basse), mesquin. **a ~ waist** une taille mince or svelte; **the ~est details** les moindres détails; **the ~est possible number of books** le moins de livres possible; **a ~ proportion of the business comes from abroad** un pourcentage limité or restreint des affaires vient de l'étranger; **to grow or get ~er** [income, difficulties, population, amount, supply] diminuer; [town, organization] décroître; **to make ~er** income, amount, supply diminuer; organization réduire; garden, object, garment rapetisser; (Typ) **in ~ letters** en (lettres) minuscules fpl; (euph) **the ~est room** le petit coin; **he is a ~ eater** il ne mange pas beaucoup, il a un petit appétit; **~ shopkeeper/farmer** petit commerçant/cultivateur; **he felt ~ when he was told that ...** il ne s'est pas senti fier or il s'est senti tout honteux quand on lui a dit que ...; **to make sb feel ~** humilier qn, rabaisser qn; V also **4** and **hour, look, print, way** etc.
   (b) (in negative sense: little or no) **to have ~ cause** or **reason to do** n'avoir guère de raisons de faire; **a matter of no ~ consequence** une affaire d'une grande importance or qui ne manque pas d'importance; V wonder etc.
   2 adv: **to cut up ~** paper couper en tout petits morceaux; meat hacher menu.
   3 n **(a)** **the ~ of the back** le creux des reins.
   (b) (Brit: underwear: npl) **~s*** dessous mpl, sous-vêtements mpl.
   4 cpd: (Brit Press) **small ads** petites annonces; (Mil) **small-arms** armes portatives, petites armes; (Zool) **small barbel** barbillon m, colinot m or colineau m; (Brit fig) **it is small beer** c'est de la petite bière*; **he is small beer** il ne compte pas, il est insignifiant; **small change** petite or menue monnaie; (Jur) **small claims court** tribunal m d'instance (s'occupant d'affaires mineures); (Aut) **small end** pied m de bielle; **the small fry** le menu fretin; **he's just small fry** c'est du menu fretin, il ne compte pas, il est insignifiant; (Brit Agr) **smallholder** ≃ petit cultivateur; (Brit Agr) **smallholding** ≃ petite ferme (de moins de deux hectares); (Anat) **small intestine** intestin m grêle; **small-minded** d'esprit bas, mesquin; **small-mindedness** petitesse f d'esprit, mesquinerie f; (Zool) **small-mouth bass** achigan m à petite bouche; (US) **small potatoes** = **small beer; smallpox** variole f, petite vérole; **small-scale** (adj) peu important; undertaking de peu d'importance, de peu d'envergure; (TV) **the small screen** le petit écran; (U) **small talk** papotage m, menus propos; **he's got plenty of small talk** il a de la conversation, il a la conversation facile; **small-time** (adj) peu important, de troisième ordre; **a small-time crook** un escroc à la petite semaine; **small-timer*** moins m que rien, individu insignifiant; (pej) **small-town** (adj) provincial, de petite ville, de province.
smallish ['smɔːlɪʃ] adj (V small **1a**) plutôt or assez petit (or modeste etc); assez peu nombreux.
smallness ['smɔːlnɪs] n [person] petite taille; [hand, foot, object] petitesse f; [income, sum, contribution etc] modicité f; (small-mindedness) petitesse (d'esprit), mesquinerie f.
smarm* [smɑːm] vi (Brit) flatter, flagorner. **to ~ over sb** flagorner qn, lécher les bottes* à qn, passer de la pommade* à qn.

smarmy* ['smɑːmɪ] adj (Brit) person flagorneur, lécheur*; words, manner obséquieux. **he's always so ~** ce qu'il est flagorneur! or lèche-bottes inv!*
smart [smɑːt] **1** adj **(a)** (not shabby) person, clothes chic inv, élégant, qui a de l'allure; hotel, shop, car, house élégant; neighbourhood, party, dinner élégant, chic inv, select (f inv); (fashionable) à la mode, dernier cri inv. **she was looking very ~** elle était très élégante or très chic, elle avait beaucoup d'allure; **the ~ set** le grand monde, le monde select, la haute‡†; **the Washington/London ~ set** le tout-Washington/le tout-Londres; **it's considered ~ these days to do that** de nos jours on trouve que ça fait bien or chic de faire ça.
   (b) person (clever) intelligent, habile, dégourdi*; (shrewd) astucieux, malin (f -igne); (pej) retors, roublard*; deed, act intelligent, astucieux; answer spirituel, bien envoyé. **a ~ lad***, (US) **a ~ guy*** un malin, un finaud; **he's trying to be ~** il fait le malin; **he's too ~ for me** il est beaucoup trop futé pour moi; **don't get ~ with me!*** ne la ramène pas!‡; **he thinks it ~ to do that** il trouve (ça) bien or intelligent de faire cela; **that was ~ of you!, that was ~ work!** c'était futé de ta part! (V also **1c**).
   (c) (quick) pace vif, rapide; action prompt. **that was ~ work!** tu n'as pas (or il n'a pas etc) perdu de temps! or mis longtemps! or traîné!; **look ~ (about it)!** remue-toi!*, grouille-toi!‡; **a ~ rebuke** une verte semonce.
   2 cpd: (pej) **smart-alec(k)***, (US also) **smart ass‡** bêcheur* m, -euse f, (Monsieur or Madame or Mademoiselle) je-sais-tout* mf inv; **smart card*** (credit card) carte f à mémoire.
   3 vi **(a)** [cut, graze] faire mal, brûler; [iodine etc] piquer. **my eyes were ~ing** j'avais les yeux irrités or qui me brûlaient or qui me piquaient; **the smoke made his throat ~** la fumée lui irritait la gorge, la gorge lui cuisait or lui brûlait à cause de la fumée.
   (b) (fig) être piqué au vif. **he was ~ing under the insult** il ressentait vivement l'insulte, l'insulte l'avait piqué au vif; **you'll ~ for this!** il vous en cuira!, vous me le payerez!
   4 npl (US: brains) **~s*** intelligence f, jugeote* f.
smarten ['smɑːtn] vt = **smarten up.**
   ◆ **smarten up 1** vi **(a)** (make o.s. tidy etc) [person] devenir plus élégant or soigné; [town] devenir plus élégant or pimpant. **you'd better smarten up for dinner** il faut que tu t'arranges (subj) (un peu) or que tu te fasses beau (f belle) pour le dîner.
   (b) (speed up) [production, pace] s'accélérer.
   2 vt sep **(a)** (tidy up) person rendre plus élégant or plus soigné; child pomponner, bichonner; house, room, town (gen) arranger, rendre élégant or pimpant. **to smarten o.s. up** se faire beau (f belle) or élégant.
   (b) (speed up) accélérer.
smartly ['smɑːtlɪ] adv (elegantly) dress avec beaucoup de chic or d'élégance or d'allure; (cleverly) act, say habilement, astucieusement; (quickly) move promptement, vivement; answer du tac au tac. **he rebuked her ~** il lui a fait un reproche cinglant or une verte semonce.
smartness ['smɑːtnɪs] n (U) (in appearance etc) chic m, élégance f, allure f; (cleverness) intelligence f, habileté f, astuce f; (pej) roublardise f; (quickness) promptitude f, rapidité f.
smarty* ['smɑːtɪ] n (also ~-pants*) bêcheur* m, -euse* f, (Monsieur or Madame or Mademoiselle) je-sais-tout* mf inv.
smash [smæʃ] **1** n **(a)** (sound) fracas m; (blow) coup violent; (Tennis etc) smash m. **the ~ as the car hit the lamppost** le choc quand la voiture a percuté le réverbère; **the cup fell with a ~** la tasse s'est fracassée (en tombant) par terre; **he fell and hit his head a nasty ~ on the kerb** en tombant il s'est violemment cogné la tête contre le trottoir.
   (b) (also ~-up*) (accident) accident m; (Aut, Rail: collision) collision f, tamponnement m; (very violent) télescopage m. **car/rail ~** accident de voiture/de chemin de fer.
   (c) (Econ, Fin: collapse) effondrement m (financier), débâcle f (financière); (St Ex) krach m; (bankruptcy) faillite f; (ruin) ruine f, débâcle complète.
   (d) = **smash hit; V 2.**
   (e) **whisky/brandy ~** whisky/cognac glacé à la menthe.
   2 cpd: **smash-and-grab (raid)** cambriolage m (commis en brisant une devanture); **there was a smash-and-grab (raid) at the jeweller's** des bandits ont brisé la vitrine du bijoutier et raflé les bijoux; **it was a smash hit*** cela a fait un malheur*, cela a été un succès foudroyant; **it was the smash hit of the year*** c'était le succès de l'année; **smash-up*** V **smash 1b.**
   3 adv (*) **to run ~ into a wall** heurter un mur de front or de plein fouet, rentrer en plein dans un mur; **the cup fell ~ to the ground** la tasse s'est fracassée par terre; (Fin) **to go ~** faire faillite.
   4 vt **(a)** (break) casser, briser; (shatter) fracasser. **I've ~ed my watch** j'ai cassé ma montre; **the waves ~ed the boat on the rocks** les vagues ont fracassé le bateau contre les rochers; **to ~ sth to pieces** or **to bits** briser qch en mille morceaux, mettre qch en miettes; **when they ~ed the atom*** quand on a désintégré or fissionné l'atome; **to ~ a door open** enfoncer une porte; **he ~ed the glass with the hammer, he ~ed the hammer through the glass** il a fracassé la vitre avec le marteau; **he ~ed his fist into Paul's face** il a écrasé son poing sur la figure de Paul; (Tennis) **to ~ the ball** faire un smash, smasher; (Tennis) **he ~ed the ball into the net** il a envoyé son smash dans le filet.
   (b) (fig) spy ring etc briser, détruire; hopes ruiner; enemy écraser; opponent battre à plate(s) couture(s), pulvériser*. (Sport etc) **he ~ed* the record in the high jump** il a pulvérisé* le record du saut en hauteur.
   5 vi **(a)** se briser (en mille morceaux), se fracasser. **the cup ~ed against the wall** la tasse s'est fracassée contre le mur; **the car ~ed into the tree** la voiture s'est écrasée contre l'arbre; **his fist ~ed**

into my face son poing s'est écrasé or il a écrasé son poing sur ma figure, il m'a asséné son poing sur la figure.
  (b) *(Fin) [person, firm]* faire faillite.
♦**smash down** *vt sep door, fence* fracasser.
♦**smash in** *vt sep door* enfoncer. **to smash sb's face in*** casser la gueule à qn‡.
♦**smash up 1** *vt sep room, house, shop* tout casser dans, tout démolir dans; *car* accidenter, bousiller*. **he was smashed up* in a car** accident il a été grièvement blessé or sérieusement amoché‡ dans un accident de voiture.
  2 smash-up* *n* V **smash 1b**.
smashed‡ [smæʃt] *adj (drunk)* bourré‡, complètement paf‡ *(inv)*; *(drugged)* défoncé*.
smasher* ['smæʃəʳ] *n (esp Brit) (in appearance)* he's a ~ il est vachement‡ beau; **she's a** ~ elle est vachement‡ jolie or bien roulée*; *(in character etc)* **to be a** ~ être épatant* or vachement chouette‡; **it's a** ~ c'est épatant* or sensationnel* or formidable*.
smashing* ['smæʃɪŋ] *adj (esp Brit)* formidable*, du tonnerre*, terrible*. **they had a** ~ **time** ils se sont vachement* bien or formidablement* bien amusés.
smattering ['smætərɪŋ] *n* connaissances vagues or superficielles. **a** ~ **of German** il sait quelques mots d'allemand; **I've got a** ~ **of maths** j'ai quelques connaissances vagues or quelques notions en maths.
smear [smɪəʳ] **1** *n* **(a)** *(mark)* trace *f*, *(longer)* traînée *f*, *(légère)* tache *f*, salissure *f*. **a long** ~ **of ink** une traînée d'encre; **there is a** ~ **on this page** il y a une légère tache or une salissure sur cette page, cette page est tachée or salie.
  (b) *(sth said or written)* diffamation *f* *(on, against* de). **this** ~ **on his honour/reputation** cette atteinte à son honneur/sa réputation.
  (c) *(Med)* frottis *m*, prélèvement *m*; V **cervical**.
  2 *cpd:* **smear campaign** campagne *f* de diffamation; **smear tactics** méthodes *fpl* diffamatoires; *(Med)* **smear test** frottis *m*; **it is a smear word** c'est un mot diffamatoire.
  3 *vt* **(a)** **to** ~ **cream on one's hands**, ~ **one's hands with cream** s'enduire les mains de crème; **he** ~ed **his face with mud**, **he** ~ed **mud on his face** il s'est barbouillé le visage de boue; **his hands were** ~ed **with ink** il avait les mains barbouillées or tachées d'encre, il avait des traînées d'encre sur les mains; **you've** ~ed **it all over the place** tu en a mis partout; **he** ~ed **butter on the slice of bread** il a étalé du beurre sur la tranche de pain.
  (b) *page of print* maculer; *wet paint* faire une trace or une marque sur; *lettering* étaler (accidentellement); *(fig) reputation, integrity* salir, entacher, porter atteinte à. **to** ~ **sb** *[story, report]* porter atteinte à la réputation de qn; *[person]* calomnier qn.
  (c) *(US‡: defeat)* battre à plates coutures.
  4 *vi [ink, paint]* se salir.
smeary ['smɪərɪ] *adj face* barbouillé; *printed page* plein de macules; *window* couvert de taches or de traînées; *ink, paint* sali.
smell [smel] *(vb: pret, ptp* **smelled** *or* **smelt**) **1** *n (sense of* ~) odorat *m*; *[animal]* odorat, flair *m*; *(odour)* odeur *f*; *(stench)* mauvaise odeur. **he has a keen sense of** ~ il a l'odorat très développé, il a le nez très fin; **he has no sense of** ~ il n'a pas d'odorat; **the mixture has no** ~ le mélange est inodore or n'a pas d'odeur or ne sent rien; **a gas with no** ~ un gaz inodore or sans odeur; **it has a nice/nasty** ~ cela sent bon/mauvais; **what a** ~ **in here!** que ça sent mauvais ici!, ça pue ici!; **there was a** ~ **of burning in the room** il y avait une odeur de brûlé dans la pièce, la pièce sentait le brûlé; **to have a** ~ **at sth** *[person]* sentir qch, *(more carefully)* renifler qch; *[dog etc]* flairer or renifler qch.
  2 *cpd:* **smelling salts** sels *mpl*.
  3 *vt* sentir; *(sniff at)* sentir, renifler. **he could** ~ **or he smelt something burning** il sentait que quelque chose brûlait; **he smelt the meat to see if it were bad** il a senti or reniflé la viande pour voir si elle était encore bonne; **the dog could** ~ **or the dog smelt the bone** le chien a flairé or éventé l'os; **the dog smelt the bone suspiciously** le chien a flairé or reniflé l'os d'un air soupçonneux; *(fig)* **I** ~ **a rat!** je soupçonne quelque chose!, il y a anguille sous roche, il y quelque chose de louche là-dedans or là-dessous; **he** ~ed **danger and refused to go on** il a flairé or deviné or pressenti le danger et a refusé de continuer; **I (can)** ~ **danger!** je pressens un danger!
  4 *vi* **(a)** **since the accident he cannot** ~ depuis l'accident il n'a plus d'odorat; **to** ~ **at sth** *[person]* sentir or renifler qch; *[dog etc]* renifler or flairer qch.
  (b) **that mixture doesn't** ~ **(at all)** ce mélange ne sent rien or n'a pas (du tout) d'odeur; **this gas doesn't** ~ ce gaz est inodore; **these socks** ~! ces chaussettes sentent mauvais! or sentent!*; *(stink)* ces chaussettes puent!; **this room** ~s! cette pièce sent mauvais! or pue!; **his breath** ~s il a mauvaise haleine; **that** ~s **like chocolate** ça sent le chocolat, on dirait du chocolat; **to** ~ **of onions/burning** etc sentir l'oignon/le brûlé etc; **to** ~ **good** or **sweet** sentir bon; **to** ~ **bad** sentir mauvais; **to** ~ **foul** empester; **it** ~s **delicious!** ça embaume!; **it** ~s **dreadful!** ça pue!; **that deal** ~s **a bit*** cette affaire semble plutôt louche or ne semble pas très catholique*; *(fig)* **that idea** ~s!‡ cette idée ne vaut rien!, c'est une idée catastrophique!*; *(fig)* **I think he** ~s!‡ je trouve que c'est un sale type!*
♦**smell out** *vt sep* **(a)** *(discover) [dog etc]* découvrir en flairant or en reniflant; *[person] criminal, traitor* découvrir, dépister; *treachery, plot* découvrir.
  (b) **it's smelling the room out** ça empeste la pièce.
smelliness ['smelɪnɪs] *n (U)* mauvaise odeur, *(stronger)* puanteur *f*.
smelly ['smelɪ] *adj* **(a)** qui sent mauvais, malodorant. **to be** ~ sentir mauvais, *(stronger)* puer; **it's** ~ **in here** ça sent mauvais ici, ça sent* ici. **(b)** *(‡ fig: unpleasant) person, object, idea* moche*.
smelt¹ [smelt] *pret, ptp of* **smell**.

smelt² [smelt] *n (fish)* éperlan *m*.
smelt³ [smelt] *vt ore* fondre; *metal* extraire par fusion.
smelting ['smeltɪŋ] *n (V* **smelt³***)* fonte *f*; extraction *f* par fusion. ~ **furnace** haut-fourneau *m*; ~ **works** fonderie *f*.
smidgen*, **smidgin*** ['smɪdʒən] *n*: **a** ~ **of** *(gen)* un tout petit peu de; *(of truth)* un grain or un brin de, une once de.
smile [smaɪl] **1** *n* sourire *m*. **with a** ~ **on his lips** le sourire aux lèvres; ... **he said with a** ~ ... dit-il en souriant; ...**he said with a nasty** ~ ... dit-il en souriant méchamment or avec un mauvais sourire; **he had a happy** ~ **on his face** il avait un sourire heureux, il souriait d'un air heureux; **to give sb a** ~ faire or adresser un sourire à qn, sourire à qn; **to be all** ~s être tout souriant or tout sourire; **take that** ~ **off your face!** arrête donc de sourire comme ça!; **I'll wipe or knock the** ~ **off his face!** il verra s'il a encore envie de sourire!, je vais lui faire passer l'envie de sourire!; V **raise**, **wear**, **wreathe**.
  2 *vi* sourire *(at or to sb* à qn). **to** ~ **to oneself** sourire intérieurement; **to** ~ **sadly** avoir un sourire triste, sourire tristement or d'un air triste; **to keep smiling** garder le sourire; **he** ~d **at my efforts** il a souri de mes efforts; *(fig)* **fortune** ~d **on him** la fortune lui sourit.
  3 *vt*: **to** ~ **a bitter smile** avoir un sourire amer, sourire amèrement or avec amertume; **to** ~ **one's thanks** remercier d'un sourire.
smiling ['smaɪlɪŋ] *adj* souriant.
smilingly ['smaɪlɪŋlɪ] *adv* en souriant, avec un sourire.
smirch [smɜːtʃ] *vt (lit)* salir, souiller; *(fig liter)* ternir, entacher.
  2 *n (lit, fig)* tache *f*.
smirk [smɜːk] **1** *n (self-satisfied smile)* petit sourire satisfait or suffisant; *(knowing)* petit sourire narquois; *(affected)* petit sourire affecté. **2** *vi* sourire d'un air satisfait or suffisant or narquois or affecté.
smite [smaɪt] *pret* **smote**, *ptp* **smitten 1** *vt* **(a)** (†† *or liter) (strike)* frapper (d'un grand coup); *(punish)* châtier *(liter)*; *(fig) [pain]* déchirer; *[one's conscience]* tourmenter; *[light]* frapper.
  (b) *(fig)* **to be smitten with** or **by** *remorse, desire, urge* être pris de; *terror, deafness* être frappé de; *(*) sb's beauty* être enchanté par; *(*) idea* s'enthousiasmer pour; **he was really smitten* with her** il en était vraiment toqué* or amoureux.
  2 *n* coup violent.
smith [smɪθ] *n (shoes horses)* maréchal-ferrant *m*; *(forges iron)* forgeron *m*; V **gold, silver** etc.
smithereens ['smɪðə'riːnz] *npl*: **to smash sth to** ~ briser qch en mille morceaux, faire voler qch en éclats; **it lay in** ~ cela s'était brisé en mille morceaux, cela avait volé en éclats.
smithy ['smɪðɪ] *n* forge *f*.
smitten ['smɪtn] *ptp of* **smite**.
smock [smɒk] **1** *n (dress, peasant's garment etc)* blouse *f*, *(protective overall)* blouse, sarrau *m*; *(maternity top)* blouse de grossesse; *(maternity dress)* robe *f* de grossesse. **2** *vt* faire des smocks à.
smocking ['smɒkɪŋ] *n (U)* smocks *mpl*.
smog [smɒg] *n* brouillard dense mélangé de fumée, smog *m*. ~ **mask** masque *m* antibrouillard.
smoke [sməʊk] **1** *n (U)* fumée *f*. *(Prov)* **there's no** ~ **without fire** il n'y a pas de fumée sans feu *(Prov)*; **to go up in** ~ *[house etc]* brûler; *[plans, hopes etc]* partir en fumée, tomber à l'eau; *(fig)* **the** ~ **is beginning to clear** on commence à y voir plus clair; *(Brit)* **the (Big) S**~‡ Londres; V **cloud, holy, puff** etc.
  (b) **to have a** ~ fumer une cigarette *(or* une pipe etc); **have a** ~! prends une cigarette!; **I've no** ~s‡ je n'ai plus de sèches‡.
  (c) *(Drugs sl: marijuana)* marijuana *f*.
  2 *cpd:* **smoke bomb** obus *m* fumigène; **smoke detector** détecteur *m* de fumée; **smoke-dry** *(vt)* fumer; **smoke-filled** *(during fire)* rempli de fumée; *(from smoking etc)* enfumé; *(fig)* **smoke-filled room** salle *f* de réunion très animée, P.C. de crise; **smokeless** V **smokeless**; **smoke pollution** *(Ind)* pollution *f* par les fumées; *(tobacco)* pollution par la fumée de tabac; **smoke screen** *(Mil)* rideau *m* or écran *m* de fumée; *(fig)* paravent *m (fig)*; *(US)* **smoke shop** tabac *m*; **smoke signal** signal *m* de fumée; **smokestack** cheminée *f (extérieure)*; **smokestack America** l'Amérique industrielle; *(Econ)* **smokestack industries** industries traditionnelles.
  3 *vi* **(a)** *[chimney, lamp etc]* fumer.
  (b) *[person]* fumer. **he** ~s **like a chimney*** il fume comme un sapeur.
  4 *vt* **(a)** *cigarette etc* fumer. **he** ~s **cigarettes/a pipe** il fume la cigarette/la pipe.
  (b) *meat, fish, glass* fumer. ~d **salmon/trout** etc saumon *m*/ truite *f* etc fumé(e); V **haddock** etc.
♦**smoke out** *vt sep insects, snake etc* enfumer; *(fig) traitor, culprit etc* dénicher, débusquer. **it was smoking the room out** c'était en train d'enfumer la pièce.
smokeless ['sməʊklɪs] *adj* sans fumée. ~ **fuel** combustible non polluant; ~ **zone** zone *f* où l'usage de combustibles solides est réglementé *(en vue de limiter la pollution atmosphérique)*.
smoker ['sməʊkəʳ] *n* **(a)** *(person)* fumeur *m*, -euse *f*. **he has a** ~'s **cough** il a une toux de fumeur; V **heavy**. **(b)** *(Rail)* = **smoking car** or **compartment**, V **smoking 3**.
smokey ['sməʊkɪ] = **smoky**.
smoking ['sməʊkɪŋ] **1** *n* tabagisme *m*. **I hate** ~ *(other people)* je déteste qu'on fume, je déteste le tabagisme; *(myself)* je déteste fumer; **'no** ~' 'défense de fumer'; **campaign against** ~ campagne *f* contre le tabac or le tabagisme; ~ **can damage your health** le tabac est nuisible à or est mauvais pour la santé; **to give up** ~ arrêter de fumer.
  2 *adj* fumant.
  3 *cpd:* *(Rail)* **smoking compartment**, *(US)* **smoking car** wagon

m fumeurs; **smoking jacket** veste *f* d'intérieur *or* d'appartement; **smoking room** fumoir *m*.
smoky ['sməʊkɪ] **1** *adj atmosphere, room* enfumé; *fire* qui fume; *flame* fumeux; *surface* sali *or* noirci par la fumée; *stain* produit *or* laissé par la fumée; *glass* fumé; (*colour: also* ~ **grey,** ~**-coloured**) gris fumée *inv.* **2** *n* (*US‡*) motard *m* (de la police routière).
smolder ['sməʊldər] *vi* (*US*) = **smoulder**.
smoldering ['sməʊldərɪŋ] *adj* (*US*) = **smouldering**.
smooch‡ [smuːtʃ] *vi* (*kiss*) se bécoter*; (*pet*) se peloter‡.
smooth [smuːð] **1** *adj* (a) *surface* lisse, uni, égal; *road* à la surface égale *or* unie; *sea, lake* lisse, plat; *stone* lisse, poli; *fabric* lisse, soyeux; (*Aut*) *tyre* lisse, qui n'a plus de stries; *hair* lisse; *skin* lisse, satiné, doux (*f* douce); *cheek, brow* lisse, sans rides; (*hairless*) *face, chin* glabre, lisse; *paste, sauce* homogène, onctueux; *flavour, wine, whisky* moelleux; *voice, sound* doux.
  (b) *running of machinery etc* régulier, sans secousses, sans à-coups; *takeoff* en douceur; *flight* confortable; *sea, crossing, trip* par mer calme; *breathing, heartbeat, pulse* régulier; *verse, style* coulant, harmonieux; (*fig*) *day, life* calme, paisible, sans heurts. ~ **running** *[machinery]* bon fonctionnement; *[organization, business]* bonne marche (*V also* 2); (*fig*) **to make things** *or* **the way** ~ **for sb** aplanir les difficultés pour qn; (*fig*) **the way is now** ~ il n'y a plus d'obstacles maintenant; (*Parl*) **the bill had a** ~ **passage** on n'a pas fait obstacle au projet de loi.
  (c) (*suave*) *person* doucereux, mielleux; *manners* doucereux, mielleux, onctueux (*pej*). **he's a** ~ **operator*** il sait s'y prendre; **he is a** ~ **talker** c'est un beau parleur, il parle de façon insinuante *or* un peu trop persuasive; **I didn't like his rather** ~ **suggestion that …** je n'ai pas aimé la façon insinuante *or* un peu trop persuasive dont il a suggéré que … .
  2 *cpd*: **smooth-faced** au visage glabre *or* lisse; (*fig: slightly pej*) trop poli, doucereux; **smooth-running** (*adj*) *engine, machinery* qui fonctionne sans à-coups *or* à un rythme uniforme, qui tourne rond*; *car* qui ne secoue pas, qui ne donne pas d'à-coups; *business, organization, scheme* qui marche bien *or* sans heurts; **smooth-shaven** rasé de près; **smooth-spoken, smooth-tongued** enjôleur, doucereux.
  3 *vt sheets, cloth, piece of paper, skirt* lisser, défroisser; *pillow, hair, feathers* lisser; *wood* rendre lisse, planer; *marble* rendre lisse, polir. **to** ~ **cream into one's skin** faire pénétrer la crème dans la peau (en massant doucement); (*fig*) **to** ~ **the way** *or* **the path for sb** aplanir le terrain *or* les obstacles pour qn.
  ◆**smooth back** *vt sep one's hair* ramener doucement en arrière; *sheet* rabattre en lissant *or* en défroissant.
  ◆**smooth down** *vt sep hair, feathers* lisser; *sheet, cover* lisser, défroisser; (*fig*) *person* calmer, apaiser.
  ◆**smooth out** *vt sep material, dress* défroisser; *wrinkles, creases* faire disparaître; (*fig*) *anxieties* chasser, faire disparaître; *difficulties* aplanir, faire disparaître.
  ◆**smooth over** *vt sep soil* aplanir, égaliser; *sand* égaliser, rendre lisse; *wood* rendre lisse, planer. (*fig*) **to smooth things over** arranger les choses, aplanir des difficultés.
smoothie‡ ['smuːðɪ] *n* (*pej*) beau parleur. **to be a** ~ savoir un peu trop bien y faire‡, être un peu trop poli.
smoothly ['smuːðlɪ] *adv* (*easily*) facilement; (*gently*) doucement; *move* sans secousses, sans à-coups; *talk* doucereusement. … **he said** ~ … dit-il sans sourciller *or* doucereusement (*pej*); **everything is going** ~ il n'y a pas de difficultés, tout marche comme sur des roulettes; **the journey went off** ~ le voyage s'est bien passé *or* s'est passé sans incident.
smoothness ['smuːðnɪs] *n* (*U: V* smooth) (a) qualité *f or* aspect *m* lisse *or* uni(e) *or* égal(e) *or* poli(e); douceur *f*; moelleux *m*; aspect glabre; *[road]* surface égale *or* unie; *[sea]* calme *m*. **the** ~ **of the tyre caused the accident** c'est parce que le pneu était complètement lisse que l'accident est arrivé.
  (b) rythme régulier; douceur *f*; régularité *f*; harmonie *f*; calme *m*.
  (c) (*slightly pej: suaveness*) caractère doucereux *or* mielleux; *[voice]* ton doucereux *etc*.
smoothy‡ ['smuːðɪ] *n* = **smoothie‡**.
smorgasbord ['smɔːgəs,bɔːd] *n* (*Culin*) smorgasbord *m*, assortiment *m or* buffet *m* scandinave.
smote [sməʊt] *pret of* smite.
smother ['smʌðər] **1** *vt* (a) (*stifle*) *person* étouffer; *flames* étouffer, éteindre; *noise* étouffer, amortir; *scandal, feelings* étouffer, cacher; *criticism, doubt, yawn* étouffer, réprimer; *one's anger* contenir, réprimer.
  (b) (*cover*) (re)couvrir (*with* de). **she** ~**ed the child with kisses** elle a couvert *or* dévoré l'enfant de baisers; **books** ~**ed in dust** des livres enfouis sous la poussière *or* tout (re)couverts de poussière; **a child** ~**ed in dirt** un enfant tout sale *or* tout couvert de crasse; **a face** ~**ed in make-up** une figure toute emplâtrée de maquillage; **he was** ~**ed in blankets** il était tout emmitouflé de couvertures, il était tout emmitouflé dans ses couvertures.
  2 *vi* [*person*] être étouffé, mourir étouffé.
  3 *cpd*: (*iro*) **smother-love*** amour maternel possessif *or* dévorant.
smoulder, (*US*) **smolder** ['sməʊldər] *vi* [*fire, emotion*] couver.
smouldering, (*US*) **smoldering** ['sməʊldərɪŋ] *adj fire, emotion* qui couve; *ashes, rubble* fumant; *expression, look* provocant, aguichant. **his** ~ **hatred** la haine qui couve (*or* couvait *etc*) en lui.
smudge [smʌdʒ] **1** *n* (*on paper, cloth*) (légère) tache *f*, traînée *f*; (*in text, print etc*) bavure *f*, tache. **2** *vt face* salir; *print* maculer; *paint* faire une trace *or* une marque sur; *lettering, writing* étaler accidentellement. **3** *vi* se salir; se maculer; s'étaler.
smudgy ['smʌdʒɪ] *adj page* sali, taché, maculé; *writing* à moitié

effacé; *face* sali, taché; *eyelashes, eyebrows* épais (*f* -aisse); *outline* brouillé, estompé.
smug [smʌg] *adj person, smile, voice* suffisant, avantageux; *optimism, satisfaction* béat. **don't be so** ~**!** ne fais pas le (*or* la) suffisant(e)!, ne prends pas ton air supérieur!
smuggle ['smʌgl] **1** *vt tobacco, drugs* faire la contrebande de, passer en contrebande *or* en fraude. **to** ~ **in/out** *etc* contraband faire entrer/sortir *etc*; *goods* faire entrer/sortir *etc* en contrebande; (*fig*) *letters etc* faire entrer/ sortir *etc* clandestinement *or* en fraude; *person, animal* faire entrer/sortir *etc* clandestinement; **to** ~ **sth past** *or* **through the customs** passer qch en contrebande *or* sans le déclarer à la douane; ~**d goods** contrebande *f*; ~**d whisky** whisky *m* de contrebande.
  2 *vi* faire de la contrebande.
smuggler ['smʌglər] *n* contrebandier *m*, -ière *f*.
smuggling ['smʌglɪŋ] **1** *n* (*U*) *[goods]* contrebande *f* (*action*). **2** *cpd*: **smuggling ring** réseau *m* de contrebandiers.
smugly ['smʌglɪ] *adv* d'un air *or* d'un ton suffisant *or* avantageux, avec suffisance.
smugness ['smʌgnɪs] *n* [*person*] suffisance *f*; [*voice, reply*] ton suffisant *or* avantageux.
smut [smʌt] *n* (*dirt*) petite saleté; (*soot*) flocon *m* de suie; (*in eye*) escarbille *f*; (*dirty mark*) tache *f* de suie; (*Bot*) charbon *m* du blé; (*U: obscenity*) obscénité *s f(pl)*, cochonneries* *fpl*. **programme full of** ~ programme cochon* *or* salé.
smuttiness ['smʌtɪnɪs] *n* (*U: fig*) obscénité *f*, grossièreté *f*.
smutty ['smʌtɪ] *adj face, object* noirci, sali, taché; (*fig*) *joke, film* cochon*, salé, grossier.
snack [snæk] *n* (a) (*gen*) casse-croûte *m inv*. **to have a** ~ casser la croûte, manger (un petit) quelque chose; ~ **bar** snack-bar *m*, snack *m*. (b) (*party snack*) amuse-gueule *m*.
snaffle ['snæfl] **1** *n* (*also* ~ **bit**) mors brisé. **2** *vt* (*Brit**: *steal*) chiper*, faucher*.
snafu‡ [snæˈfuː] (*US*) **1** *adj* en pagaille*. **2** *vt* mettre la pagaille* dans.
snag [snæg] **1** *n* (*hidden obstacle*) obstacle caché; (*stump of tree, tooth etc*) chicot *m*; (*tear*) (*in cloth*) accroc *m*; (*in stocking*) fil tiré; (*fig: drawback*) inconvénient *m*, obstacle, difficulté *f*, écueil *m*. **there's a** ~ **in it somewhere** il y a sûrement un inconvénient *or* une difficulté *or* un os* là-dedans; **to run into** *or* **hit a** ~ tomber sur un os* *or* sur un bec*; **that's the** ~**!** voilà la difficulté! *or* l'os!* *or* le hic!*; **the** ~ **is that you must** … l'embêtant* c'est que vous devez … .
  2 *vt cloth* faire un accroc à; *stocking* déchirer, accrocher (*on sth* contre qch), tirer un fil à.
  3 *vi* [*rope etc*] s'accrocher (à quelque chose).
snail [sneɪl] **1** *n* escargot *m*. **at a** ~'**s pace** *walk* comme un escargot, à un pas de tortue; (*fig*) *progress, continue* à un pas de tortue. **2** *cpd*: **snail shell** coquille *f* d'escargot.
snake [sneɪk] **1** *n* serpent *m*; (*fig pej: person*) traître(sse) *m(f)*, faux frère. (*fig*) ~ **in the grass** (*person*) ami(e) *m(f)* perfide, traître(sse) *m(f)*; (*danger*) serpent caché sous les fleurs; (*Pol Econ*) **the S**~ le serpent (monétaire); *V* **grass, water** *etc*.
  2 *cpd*: **snakebite** morsure *f* de serpent; **snake charmer** charmeur *m* de serpent; (*US‡: at dice*) **snake eyes** double un *m*, deux *m* (aux dés); **snake fence** barrière *f* en zigzag, barrière pliante; (*US*) **snake oil** (*quack remedy*) remède *m* de charlatan; (*nonsense*) inepties *fpl*, foutaises* *fpl*; **snake pit** fosse *f* aux serpents; **snakes and ladders** (espèce *f* de) jeu *m* de l'oie; **snakeskin** (*n*) peau *f* de serpent; (*cpd*) *handbag etc* en (peau de) serpent.
  3 *vi* [*road, river*] serpenter (*through* à travers). **the road** ~**d down the mountain** la route descendait en lacets *or* en serpentant au flanc de la montagne; **the whip** ~**d through the air** la lanière du fouet a fendu l'air en ondulant.
  ◆**snake along** *vi* [*road, river*] serpenter; [*rope, lasso etc*] fendre l'air en ondulant.
snaky ['sneɪkɪ] *adj place* infesté de serpents; (*fig*) *road, river* sinueux; (*pej*) *person* perfide; *cunning, treachery* de vipère, perfide.
snap [snæp] **1** *n* (a) (*noise*) [*fingers, whip, elastic*] claquement *m*; [*sth breaking*] bruit sec, craquement *m*; [*sth shutting*] bruit sec, claquement; (*action*) [*whip*] claquement; [*breaking twig etc*] rupture *or* cassure soudaine. **he closed the lid with a** ~ il a refermé le couvercle avec un bruit sec *or* d'un coup sec; **with a** ~ **of his fingers he** … faisant claquer ses doigts il …; **the dog made a** ~ **at my leg** le chien a essayé de me mordre la jambe; (*Met*) **a cold** ~ une brève vague de froid, un coup de froid; (*fig*) **put some** ~ **into it!** allons, un peu de nerf* *or* de dynamisme! *or* d'énergie!; **he has plenty of** ~ il a du nerf*, il est très dynamique; *V* **brandy, ginger** *etc*.
  (b) (*also* ~**shot**) photo *f* (d'amateur); (*not posed*) instantané *m*. **here are our holiday** ~**s** voici nos photos de vacances; **it's only a** ~ ce n'est qu'une photo d'amateur.
  (c) (*US*: ~ **fastener**) pression *f*, bouton-pression *m*.
  (d) (*Brit: Cards*) (*sorte f de jeu de*) bataille *f*.
  (e) (*US: easy*) **it's a** ~* c'est du gâteau*, c'est facile comme tout, c'est un jeu d'enfant.
  2 *adj* (a) (*sudden*) *vote, strike* subit, décidé à l'improviste; *judgment, answer, remark* fait sans réflexion, irréfléchi. **to make a** ~ **decision** (se) décider tout d'un coup *or* subitement.
  (b) (*US*: *easy*) facile comme tout, facile comme pas deux*.
  3 *adv*: **to go** ~ se casser net *or* avec un bruit sec.
  4 *excl* (*gen*) tiens! on est *or* fait pareil!; (*Cards*) ≃ bataille!
  5 *cpd*: (*Bot*) **snapdragon** gueule-de-loup *f*, muflier *m*; **snap fastener** (*US: on clothes*) pression *f*, bouton-pression *m*; (*on handbag, bracelet etc*) fermoir *m*; **snap-in, snap-on** *hood, lining* amovible (à pressions); **snapshot** *V* 1b.
  6 *vi* (a) (*break*) se casser net *or* avec un bruit sec.

(b) *[whip, elastic, rubber band]* claquer. **to ~ shut/open** se fermer/s'ouvrir avec un bruit sec *or* avec un claquement; **the rubber band ~ped back into place** l'élastique est revenu à sa place avec un claquement.

(c) to ~ at sb *[dog]* essayer de mordre qn; *[person]* parler à qn d'un ton brusque, rembarrer* qn; **the dog ~ped at the bone** le chien a essayé de happer l'os.

7 *vt* **(a)** *(break)* casser net *or* avec un bruit sec.

(b) *whip, rubber band etc* faire claquer. **to ~ one's fingers** faire claquer ses doigts; **to ~ one's fingers at** *person* faire la nique à; *(fig) suggestion, danger* se moquer de; **to ~ sth open/shut** ouvrir/ fermer qch d'un coup sec *or* avec un bruit sec.

(c) *(Phot)* prendre un instantané de.

(d) **'shut up!' he ~ped** 'silence!' fit-il avec brusquerie *or* d'un ton brusque.

♦**snap back** *vi* **(a)** *[elastic, rope etc]* revenir en place brusquement *or* avec un claquement.

(b) *(fig: after illness, accident)* se remettre très vite.

(c) *(in answering)* répondre d'un ton brusque.

♦**snap off 1** *vi* se casser *or* se briser net.

2 *vt sep* casser net. *(fig)* **to snap sb's head off** rabrouer qn, rembarrer* qn, envoyer qn au diable.

♦**snap out 1** *vi* (*) **to snap out of** *gloom, lethargy, self-pity* se sortir de, se tirer de, ne pas se laisser aller à; *bad temper* contrôler, dominer; **snap out of it!** *(gloom etc)* secoue-toi!*, réagis!, ne laisse pas aller!; *(bad temper)* contrôle-toi *or* domine-toi un peu!

2 *vt sep question/order* poser/lancer d'un ton brusque *or* cassant.

♦**snap up** *vt sep [dog etc]* happer, attraper. *(fig)* **to snap up a bargain** sauter sur *or* se jeter sur une occasion, faire une bonne affaire; **they are snapped up as soon as they come on the market** on se les arrache *or* on saute dessus dès qu'ils sont mis en vente.

snappish ['snæpɪʃ] *adj dog* toujours prêt à mordre; *person* hargneux, cassant; *reply, tone* brusque, mordant, cassant.

snappishness ['snæpɪʃnɪs] *n [person]* caractère hargneux *or* cassant, *(temporary)* brusquerie *f*, mauvaise humeur; *[voice, reply]* ton brusque *or* mordant *or* cassant.

snappy* ['snæpɪ] *adj* **(a)** *reply* prompt, bien envoyé; *phrase, slogan* qui a du punch*. **look ~!, make it ~!** grouille-toi!*, magne-toi!‡

(b) = **snappish**.

snare [snɛəʳ] **1** *n* piège *m*; *(fig)* piège, traquenard *m*. *(fig)* **these promises are a ~ and a delusion** ces promesses ne servent qu'à allécher *or* appâter. **2** *vt (lit, fig)* attraper, prendre au piège. **3** *cpd*: **snare drum** tambour *m* à timbre.

snarky‡ ['snɑ:kɪ] *adj* désagréable, de mauvais poil*, râleur*.

snarl¹ [snɑ:l] **1** *n [dog]* grondement *m* féroce. **to give a ~ of fury** *[dog]* gronder férocement; *[person]* pousser un rugissement de fureur; ... **he said with a ~** ... dit-il d'une voix rageuse *or* avec hargne.

2 *vi [dog]* gronder en montrant les dents *or* férocement; *[person]* lancer un grondement *(at sb* à qn*)*, gronder. **when I went in the dog ~ed at me** quand je suis entré le chien a grondé en montrant les dents.

3 *vt order* lancer d'un ton hargneux *or* d'une voix rageuse. **to ~ a reply** répondre d'un ton hargneux *or* d'une voix rageuse; **'no' he ~ed** 'non' dit-il avec hargne *or* d'une voix rageuse.

snarl² [snɑ:l] **1** *n (in wool, rope, hair etc)* nœud *m*, enchevêtrement *m*. *(fig)* **a traffic ~(-up)** un embouteillage.

2 *cpd*: **snarl-up** *[vehicles]* embouteillage *m*; (* *fig: in plans etc)* **there's been a snarl-up*** il y a eu du cafouillage* *or* quelques anicroches.

3 *vi (also ~ up, get ~ed up)* *[wool, rope, hair]* s'emmêler, s'enchevêtrer; *[traffic]* se bloquer; (*) *[plans, programme]* cafouiller*.

4 *vt (also ~ up)* *wool, rope, hair* emmêler, enchevêtrer.

♦**snarl up 1** *vi* = **snarl² 3**.

2 *vt sep* **(a)** = **snarl² 4**.

(b) *traffic* bloquer; (*) *plans, programme* mettre la pagaille* dans.

3 snarl-up *n V* **snarl² 2**.

snatch [snætʃ] **1** *n* **(a)** *(action)* geste vif *(pour saisir quelque chose)*; *(fig) [jewellery, wages etc]* vol *m* (à l'arraché); *[child etc]* enlèvement *m*. **there was a jewellery/wages ~ yesterday** hier des voleurs se sont emparés de bijoux/de salaires.

(b) *(small piece)* fragment *m*. **a ~ of music/poetry** quelques mesures *fpl*/vers *mpl*; **a ~ of conversation** des bribes *fpl or* un fragment de conversation; **a few ~s of Mozart** quelques mesures *or* un fragment de Mozart; **to work in ~es** travailler de façon intermittente *or* par accès *or* par à-coups.

(c) *(Weightlifting)* arraché *n*.

2 *vt (grab) object* saisir, s'emparer (brusquement) de; *a few minutes' peace, a short holiday* réussir à avoir; *opportunity* saisir, sauter sur; *kiss* voler, dérober *(from sb* à qn*)*; *sandwich, drink* avaler à la hâte; *(steal)* voler, chiper* *(from sb* à qn*)*, saisir; *(kidnap)* enlever. **she ~ed the book from him** elle lui a arraché le livre; **he ~ed the child from the railway line just in time** il a saisi *or* empoigné l'enfant et l'a tiré hors de la voie juste à temps; **to ~ some sleep/rest** (réussir à) dormir/se reposer un peu; **to ~ a meal** déjeuner *(or* dîner*)* à la hâte.

3 *vi*: **to ~ at** *object, end of rope etc* essayer de saisir, faire un geste vif pour saisir; *opportunity, chance* saisir, sauter sur.

♦**snatch away, snatch off** *vt sep* enlever d'un geste vif *or* brusque.

♦**snatch up** *vt sep object, child* saisir, ramasser vivement.

-snatcher ['snætʃəʳ] *n ending in cpds V* **cradle 3** *etc*.

snatchy* ['snætʃɪ] *adj work* fait par à-coups, fait de façon intermittente; *conversation* à bâtons rompus.

snazzy* ['snæzɪ] *adj* chouette*. **a ~ suit/hotel** un chouette* complet/hôtel, un complet/un hôtel drôlement chouette*; **a ~ new car**

une nouvelle voiture drôlement chouette*; **she's a ~ dresser** elle est toujours drôlement bien sapée* *or* fringuée‡.

sneak [sni:k] *(vb: pret, ptp* **sneaked** *or (US*)* **snuck**) **1** *n* (*: *underhand person)* faux jeton*; *(Brit Scol: telltale)* mouchard(e)* *m(f)*, rapporteur* *m*, -euse* *f*.

2 *adj attack, visit* furtif, subreptice. *(US Cine)* **~ preview** avant-première *f*; **~ thief** chapardeur* *m*, -euse* *f*.

3 *vi* **(a) to ~ in/out** *etc* entrer/sortir *etc* furtivement *or* subrepticement *or* à la dérobée; **he ~ed into the house** il s'est faufilé *or* s'est glissé dans la maison; **he ~ed up on me** il s'est approché de moi sans faire de bruit.

(b) *(Brit Scol*)* moucharder*, cafarder* *(on sb* qn*)*.

4 *vt* **(a) I ~ed the letter onto his desk** j'ai glissé la lettre discrètement *or* furtivement *or* en douce* sur son bureau; **he ~ed the envelope from the table** il a enlevé furtivement *or* subrepticement l'enveloppe de la table; **to ~ a look at sth** lancer un coup d'œil furtif à qch, regarder qch à la dérobée; **he was ~ing* a cigarette** il était en train de fumer en cachette.

(b) (*: *pilfer)* chiper*, faucher‡, piquer‡.

♦**sneak away, sneak off** *vi* s'esquiver, s'éclipser*, s'en aller furtivement.

sneaker* ['sni:kəʳ] *n* (chaussure *f* de) tennis *f or* basket *f*.

sneaking ['sni:kɪŋ] *adj dislike, preference* caché, secret *(f* -ète*)*, inavoué. **I had a ~ feeling that** ... je ne pouvais m'empêcher de penser que ..., j'avais (comme qui dirait*) l'impression que ...; **to have a ~ suspicion that** ... soupçonner secrètement *or* à part soi que ...; **I have a ~ respect for him** je ne peux pas m'empêcher de le respecter.

sneaky* ['sni:kɪ] *adj person, character* sournois, dissimulé; *action* sournois.

sneer [snɪəʳ] **1** *vi* ricaner, sourire d'un air méprisant *or* sarcastique. **to ~ at sb** se moquer de qn d'un air méprisant; **to ~ at sth** tourner qch en ridicule.

2 *n (act)* ricanement *m*; *(remark)* remarque moqueuse, sarcasme *m*, raillerie *f*. ... **he said with a ~** ... dit-il d'un ton ricaneur *or* en ricanant *or* avec un sourire de mépris.

sneerer ['snɪərəʳ] *n* ricaneur *m*, -euse *f*, moqueur *m*, -euse *f*, persifleur *m*, -euse *f*.

sneering ['snɪərɪŋ] *(V* **sneer 2**) **1** *adj* ricaneur; moqueur, sarcastique, railleur. **2** *n (U)* ricanement(s) *m(pl)*; sarcasme(s) *m(pl)*, raillerie(s) *f(pl)*.

sneeringly ['snɪərɪŋlɪ] *adv* d'un air *or* d'un ton ricaneur, avec un ricanement; de façon sarcastique, en raillant.

sneeze [sni:z] **1** *n* éternuement *m*. **2** *vi* éternuer. *(fig)* **it is not to be ~d at** ce n'est pas à dédaigner, il ne faut pas cracher dessus*.

snick [snɪk] **1** *n* petite entaille, encoche *f*. **2** *vt stick etc* faire une petite entaille *or* une encoche dans, entailler légèrement, encocher; *(Sport) ball* juste toucher.

snicker ['snɪkəʳ] **1** *n (a) [horse]* petit hennissement. **(b)** = **snigger 1. 2** *vi (a) [horse]* hennir doucement. **(b)** = **snigger 2**.

snide [snaɪd] *adj (sarcastic)* sarcastique, narquois; *(unpleasant, suggestive)* insidieux.

sniff [snɪf] **1** *n (from cold, crying etc)* reniflement *m*. **to give a ~** renifler (une fois); *(disdainfully)* faire la grimace *or* la moue; ... **he said with a ~** ... dit-il en reniflant; *(disdainfully)* ... dit-il en faisant la grimace *or* la moue; **I got a ~ of gas** j'ai senti l'odeur du gaz; **to have** *or* **take a ~ at sth** *[person]* renifler qch, *(suspiciously)* flairer qch; *[dog]* renifler *or* flairer qch; **one ~ of that is enough to kill you** il suffit de respirer cela une fois pour en mourir; *(fig)* **I didn't get a ~* of the whisky** je n'ai pas eu droit à une goutte de whisky.

2 *vi (from cold, crying)* renifler; *(disdainfully)* faire la grimace *or* la moue; *[dog]* renifler. **to ~ at sth** *[dog]* renifler *or* flairer qch; *[person]* renifler qch; *(fig)* faire la grimace *or* la moue à qch; **it's not to be ~ed at** ce n'est pas à dédaigner, il ne faut pas cracher dessus*.

3 *vt [dog]* renifler, flairer; *[person] food, bottle* renifler, sentir l'odeur de, *(suspiciously)* flairer; *air, perfume, aroma* humer; *drug* aspirer; *smelling salts* respirer; *(Pharm) inhalant etc* aspirer. **to ~ glue** respirer de la colle, sniffer‡.

sniffle ['snɪfl] **1** *n (sniff)* reniflement *m*; *(slight cold)* petit rhume de cerveau. ... **he said with a ~** ... dit-il en reniflant; **to have a ~** *or* **the ~s*** avoir un petit rhume, être légèrement enrhumé.

2 *vi [person, dog]* renifler; *(from catarrh etc)* avoir le nez bouché, renifler.

sniffy* ['snɪfɪ] *adj* **(a)** *(disdainful)* dédaigneux, pimbêche *(f only)*. **to be ~ about sth** faire le *or* la dégoûté(e) devant qch. **(b)** *(smelly)* qui sent plutôt mauvais, qui a une drôle d'odeur.

snifter ['snɪftəʳ] *n (a)* (‡: *drink)* petit (verre d')alcool. **to have a ~** prendre un petit verre, boire la goutte*. **(b)** *(US: glass)* verre *m* ballon.

snigger ['snɪgəʳ] **1** *n* rire *m* en dessous, *(cynical)* ricanement *m*.

2 *vi* pouffer de rire, *(cynically)* ricaner. **to ~ at** *remark, question* pouffer de rire *or* ricaner en entendant; *sb's appearance etc* se moquer de; **stop ~ing!** arrête de rire *or* de ricaner comme ça!

sniggering ['snɪgərɪŋ] *(V* **snigger**) **1** *n* rires *mpl* en dessous; ricanements *mpl*. **2** *adj* qui n'arrête pas de pouffer de rire *or* de ricaner.

snip [snɪp] **1** *n (a) (cut)* petit coup (de ciseaux *etc)*, petite entaille; *(small piece)* petit bout (d'étoffe *etc)*, échantillon *m*.

(b) *(Brit *: bargain)* bonne affaire, (bonne) occasion *f*; *(Racing)* gagnant *m* sûr.

2 *vt* couper (à petits coups de ciseaux *etc)*.

♦**snip off** *vt sep* couper *or* enlever *or* détacher (à coups de ciseaux *etc)*.

snipe [snaɪp] **1** *n (pl inv: Orn)* bécassine *f*. **2** *vi (shoot)* tirer (en restant caché), canarder*. **to ~ at sb/sth** *(shoot)* canarder* qn/ qch; *(fig: verbally)* critiquer qn/qch par en dessous *or* sournoisement.

sniper ['snaɪpə^r] n tireur m isolé.
snippet ['snɪpɪt] n [cloth, paper] petit bout; [conversation, news, information] fragment m, bribes fpl.
snitch‡ [snɪtʃ] 1 vi moucharder* (on sb qn). 2 vt chiper*, chaparder*, piquer‡. 3 n (nose) pif‡ m. (fig) it's a ~! (easy job) c'est un jeu d'enfant!, c'est du billard!‡; (bargain) c'est une bonne affaire!, c'est une occasion!
snivel ['snɪvl] 1 vi (whine) pleurnicher, larmoyer; (sniff) renifler; (have a runny nose) avoir le nez qui coule, avoir la morve au nez (pej). 2 n pleurnicherie(s) f(pl), larmoiement(s) m(pl); renifle-ment(s) m(pl).
sniveller ['snɪvlə^r] n pleurnicheur m, -euse f.
snivelling ['snɪvlɪŋ] 1 adj pleurnicheur, larmoyant. 2 n pleur-nicherie(s) f(pl), larmoiement(s) m(pl), reniflement(s) m(pl).
snob [snɒb] n snob mf. he's a terrible ~ il est terriblement snob; [lowly placed person] il se laisse impressionner par or il est à plat ventre devant les gens importants; she's a musical ~ c'est une snob en matière de musique.
snobbery ['snɒbərɪ] n snobisme m.
snobbish ['snɒbɪʃ] adj snob inv; [lowly placed person] très im-pressionné par les gens importants (or riches etc); accent, manner, district snob inv.
snobbishness ['snɒbɪʃnɪs] n snobisme m.
snobby* ['snɒbɪ] adj snob inv.
snog‡ [snɒg] vi (Brit) se peloter*.
snood [snuːd] n résille f.
snook¹ [snuːk] n (fish) brochet m de mer.
snook² [snuːk] n V cock 2b.
snooker ['snuːkə^r] 1 n (Brit) (game) ≃ jeu m de billard. 2 vt (US: hoodwink) tromper, avoir*. (Brit‡: be in difficulty) to be ~ed être coincé, être dans une situation difficile.
snoop [snuːp] 1 n (a) to have a ~ around jeter un coup d'œil discret; I had a ~ around the kitchen j'ai fureté discrètement or sans être vu dans la cuisine.
   (b) = snooper.
   2 vi se mêler des affaires des autres. to ~ (around) rôder or fureter or fouiller en essayant de passer inaperçu; he's been ~ing (around) here again il est revenu fourrer son nez* par ici; to ~ on sb surveiller qn, espionner qn; he was ~ing into her private life il fourrait son nez* dans or il se mêlait de sa vie privée.
snooper ['snuːpə^r] n (pej) personne f qui fait une enquête furtive sur quelqu'un. all the ~s from the Ministry tous les espions du minis-tère, tous les inspecteurs du ministère qui fourrent leur nez* par-tout; he's a terrible ~ il met son nez partout.
snoot* [snuːt] n pif‡ m, nez m.
snooty* ['snuːtɪ] adj snob inv, prétentieux, hautain. to be ~ se donner de grands airs.
snooze [snuːz] 1 n petit somme, roupillon* m. afternoon ~ sieste f; to have a ~ = to snooze; V 2. 2 vi sommeiller, piquer un roupillon*; faire la sieste.
snore [snɔː^r] 1 n ronflement m (d'un dormeur). 2 vi ronfler.
snorer ['snɔːrə^r] n ronfleur m, -euse f.
snoring ['snɔːrɪŋ] n (U) ronflement(s) m(pl).
snorkel ['snɔːkl] 1 n [submarine] schnorchel m; [swimmer] tube m respiratoire. 2 vi nager avec un tube respiratoire.
snort [snɔːt] 1 n (a) [person] grognement m; [horse etc] ébrouement m. (b) (‡) = snorter b. (c) (Drugs sl) prise f. 2 vi (a) [horse etc] s'ébrouer; [person] (angrily, contemptuously) grogner, ron-chonner; (laughing) s'étrangler de rire. (b) (Drugs sl) renifler or sniffer or priser de la drogue. 3 vt (a) (say) (angrily etc) grogner, dire en grognant; (laughing) dire en s'étranglant de rire. (b) (Drugs sl) renifler, sniffer‡, priser.
snorter‡ ['snɔːtə^r] n (a) a ~ of a question/problem une question/ un problème vache‡; a ~ of a game un match formidable*; a ~ of a storm une tempête terrible. (b) (drink) petit (verre d')alcool. to have a ~ prendre un petit verre, boire la goutte*.
snot* [snɒt] n (a) (U: in nose) morve f. (b) (*: insolent person) mor-veux‡ m, -euse f.
snotty* ['snɒtɪ] 1 adj nose qui coule; face morveux; child morveux, qui a le nez qui coule.
   2 cpd: snotty-faced* morveux, qui a le nez qui coule; snotty-nosed* (lit) = snotty-faced*; (fig) morveux* (fig).
   3 n (midshipman) midshipman m, ≃ enseigne m de vaisseau de deuxième classe, aspirant m.
snout [snaʊt] n (a) (gen) museau m; [pig] museau, groin m; (* pej) [person] pif‡ m. (b) (Prison sl: U) tabac m, perlot‡ m.
snow [snəʊ] 1 n (a) neige f. hard/soft ~ neige dure/molle; the eternal ~s les neiges éternelles; V fall, white etc.
   (b) (fig) (on TV screen) neige f.
   (c) (Culin) apple etc ~ purée f de pommes etc (aux blancs d'œufs battus en neige).
   (d) (Drugs sl) (cocaine) coco f (sl); (heroin) blanche f (sl).
   2 cpd: snowball V snowball; snow bank talus m de neige, congère f; (US) snowbelt régions fpl neigeuses; to be snow-blind souffrir de or être atteint de la cécité des neiges; snow blindness cécité f des neiges; snow blower chasse-neige m inv à soufflerie, souffleuse f (Can); (Ski) snow-boot après-ski m; (country) snowbound road, country complètement enneigé; village, house, person bloqué par la neige; snow buggy skidoo m, autoneige f; (US: girl) snow bunny* minette f de station de ski; snow-capped couronné de neige; snowcat (Aut) autoneige f; (Ski) snow-cat m; (liter) snow-clad, snow-covered enneigé, enfoui sous la neige; snowdrift congère f, amoncellement m de neige; (Bot) snowdrop perce-neige m inv; snowfall chute f de neige; snowfield champ m de neige; snow-flake flocon m de neige; snow goose oie f des neiges; (US) it's a snow job* c'est du baratin*; to give sb a snow job baratiner* qn; snow leopard léopard m des neiges, once f; snow line limite f des

neiges (éternelles); snowman bonhomme m de neige (V abomi-nable); (US) snowmobile = snowcat; snowplough, (US) snow-plow chasse-neige m inv (also Ski); (Ski) snowplough (turn) stem m; (Met) snow report bulletin m d'enneigement; (Myth) the Snow Queen la Reine des neiges; snowshoe raquette f (pour marcher sur la neige); (US) snowslide avalanche f; snowstorm tempête f de neige; snowsuit combinaison f or ensemble m matelassé(e); (Brit) snow tyre, (US) snow tire pneu-neige m, pneu clouté; snow-white blanc (f blanche) comme neige, d'une blancheur de neige; Snow White (and the Seven Dwarfs) Blanche-Neige f (et les sept nains).
   3 vi neiger. it is ~ing il neige, il tombe de la neige.
   4 vt (US‡: charm glibly) avoir qn au charme*. she ~ed‡ him into believing that he would win elle a si bien su l'enjôler qu'il a cru qu'il allait gagner.
◆**snow in** vt (Brit) (pass only) to be snowed in être bloqué par la neige.
◆**snow under** vt (fig: pass only) he was snowed under with work il était complètement submergé or débordé de travail, il avait telle-ment de travail qu'il ne savait pas où donner de la tête; to be snowed under with letters/offers être submergé de lettres/ d'offres, recevoir une avalanche de lettres/d'offres.
◆**snow up** vt (Brit) (pass only) to be snowed up [road] être com-plètement enneigé, être bloqué par la neige; [village, farm, person] être bloqué par la neige.
snowball ['snəʊbɔːl] 1 n boule f de neige. it hasn't got a ~'s chance in hell* ça n'a pas l'ombre d'une chance; ~ fight bataille f de boules de neige.
   2 vt lancer des boules de neige à, bombarder de boules de neige.
   3 vi (lit) se lancer des or se bombarder de boules de neige; (fig) [project etc] faire boule de neige.
Snowdon ['snəʊdən] n (Brit) le (mont) Snowdon.
Snowdonia [snəʊ'dəʊnɪə] n le massif or le parc national du Snow-don.
snowy ['snəʊɪ] adj weather, valley, climate, region neigeux; countryside, hills, roof enneigé, couvert de neige; day etc de neige; (fig) linen neigeux; hair, beard de neige. it was very ~ yesterday il a beaucoup neigé hier; ~ owl harfang m.
SNP [esen'piː] n (Brit Pol) abbr of Scottish National Party; V Scot-tish.
snub¹ [snʌb] 1 n rebuffade f. 2 vt person snober; offer repousser, rejeter. to be ~bed essuyer une rebuffade.
snub² [snʌb] adj nose retroussé, camus (pej). ~-nosed au nez retroussé or camus (pej).
snuck* [snʌk] (US) pret, ptp of sneak.
snuff¹ [snʌf] 1 n tabac m à priser. pinch of ~ prise f; to take ~ priser. 2 cpd: snuffbox tabatière f. 3 vti = sniff 2, 3.
snuff² [snʌf] vt candle moucher. (Brit euph: die) to ~ it‡ mourir, claquer, casser sa pipe*.
◆**snuff out** 1 vi (‡: die) mourir, casser sa pipe*.
   2 vt sep (a) candle moucher.
   (b) interest, hopes, enthusiasm, sb's life mettre fin à.
   (c) (‡: kill) zigouiller‡.
snuffer ['snʌfə^r] n (also candle-~) éteignoir m. ~s mouchettes fpl.
snuffle ['snʌfl] 1 n (a) = sniffle 1. (b) to speak in a ~ parler du nez or d'une voix nasillarde, nasiller. 2 vi (a) = sniffle 2. (b) parler (or chanter) d'une voix nasillarde, nasiller. 3 vt dire or prononcer d'une voix nasillarde.
snug [snʌg] 1 adj (cosy) room, house confortable, douillet; bed douillet; garment (cosy) douillet, moelleux et chaud; (close-fitting) bien ajusté; (compact) boat, cottage petit mais confortable, bien agencé; (safe etc) harbour bien abrité; hideout très sûr; (fig) income etc gentil, confortable. it's a ~ fit [garment] c'est bien ajusté; [ob-ject in box etc] cela rentre juste bien; it's nice and ~ here il fait bon ici; he was ~ in bed il était bien au chaud dans son lit; to be as ~ as a bug in a rug* être bien au chaud, être douillettement installé (or couché etc).
   2 n (Brit) = snuggery.
snuggery ['snʌgərɪ] n (Brit) (gen) petite pièce douillette or confor-table; (in pub) petite arrière-salle.
snuggle ['snʌgl] 1 vi se blottir, se pelotonner (into sth dans qch, beside sb contre qn).
   2 vt child etc serrer or attirer contre soi.
◆**snuggle down** vi se blottir, se pelotonner (beside sb contre qn); se rouler en boule. snuggle down and go to sleep installe-toi confortablement et dors.
◆**snuggle together** vi se serrer or se blottir l'un contre l'autre.
◆**snuggle up** vi se serrer, se blottir (to sb contre qn).
snugly ['snʌglɪ] adv chaudement, confortablement, douillettement. ~ tucked in bien au chaud dans ses couvertures, bordé bien au chaud; to fit ~ [garment] être bien ajusté; [object in box etc] rentrer juste bien.
so [səʊ] 1 adv (a) (degree: to such an extent) si, tellement, aussi. is it really ~ tiring? est-ce vraiment si or tellement fatigant?, est-ce vraiment aussi fatigant (que cela)?; do you really need ~ long? vous faut-il vraiment si longtemps or tellement de temps or aussi longtemps (que cela)?; ~ early si tôt, tellement tôt, d'aussi bonne heure; ~ ... that si or tellement ... que; he was ~ clumsy (that) he broke the cup, he broke the cup he was ~ clumsy* il était si or tellement maladroit qu'il a cassé la tasse; the body was ~ burnt that it was unidentifiable or ~ burnt as to be unidentifiable le cadavre était brûlé à un point tel or à (un) tel point qu'il était impossible de l'identifier; he ~ loves her that he would give his life for her il l'aime tant or tellement or à un point tel qu'il don-nerait sa vie pour elle; ~ ... as to+infin assez ... pour + infin; he was ~ stupid as to tell her what he'd done il a eu la stupidité de

or il a été assez stupide pour lui raconter ce qu'il avait fait; **he was not ~ stupid as to say that to her** il n'a pas été bête au point de lui dire cela, il a eu l'intelligence de ne pas lui dire cela; (*frm*) **would you be ~ kind as to open the door?** auriez-vous l'amabilité *or* la gentillesse *or* l'obligeance d'ouvrir la porte?; **not ~ ... as** pas si *or* aussi ... que; **he is not ~ clever as his brother** il n'est pas aussi *or* si intelligent que son frère; **it's not ~ big as all that!** ce n'est pas si grand que ça!; **it's not ~ big as I thought it** would be ce n'est pas aussi grand que je le pensais *or* que je l'imaginais; **it's not nearly ~ difficult as you think** c'est loin d'être aussi difficile que vous le croyez; **it's not ~ early as you think** il n'est pas aussi *or* si tôt que vous le croyez; **he's not ~ good a teacher as his father** il n'est pas aussi bon professeur que son père, il ne vaut pas son père comme professeur; **he's not ~ stupid as he looks** il n'est pas aussi *or* si stupide qu'il en a l'air.

 (b) (*so as to, so that ...*) ~ **as to** do afin de faire; **he hurried ~ as not to be late** il s'est dépêché pour ne pas être *or* afin de ne pas être en retard; ~ **that** (*purpose*) pour + *infin*, afin de + *infin*, pour que + *subj*, afin que + *subj*; (*result*) si bien que + *indic*, de (telle) sorte que + *indic*; **I'm going early ~ that I'll get a ticket** j'y vais tôt pour obtenir *or* afin d'obtenir un billet; **I brought it ~ that you could read it** je te l'ai apporté pour que *or* afin que vous le lisiez; **he arranged the timetable ~ that the afternoons were free** il a organisé l'emploi du temps de façon à laisser les après-midi libres *or* de telle sorte que les après-midi étaient libres; **he refused to move, ~ that the police had to carry him away** il a refusé de bouger, si bien que *or* de sorte que les agents ont dû l'emporter de force.

 (c) (*very, to a great extent*) si, tellement. **I'm ~ tired!** je suis si *or* tellement fatigué!; **I'm ~ very tired!** je suis vraiment si *or* tellement fatigué!; **there's ~ much to do** il y a tellement *or* tant (de choses) à faire; **his speech was ~ much nonsense** son discours était complètement stupide; **thanks ~ much***, **thanks ever ~*** merci bien *or* beaucoup *or* mille fois; **it's not ~ very difficult!** cela n'est pas si difficile que ça!; **he who ~ loved France** lui qui aimait tant la France; *V also* **ever.**

 (d) (*manner: thus, in this way*) ainsi, comme ceci *or* cela, de cette façon. **you should stand (just)** ~ vous devriez vous tenir ainsi *or* comme ceci, voici comment vous devriez vous tenir; **he likes everything (to be) just** ~ il aime que tout soit fait d'une certaine façon *or* fait comme ça et pas autrement*, il est très maniaque; **as A is to B ~ C is to D** C est à D ce que A est à B; **as he failed once ~ he will fail again** il échouera comme il a déjà échoué; **you don't believe me but it is** ~ vous ne me croyez pas mais il en est bien ainsi; ~ **it was that** ... c'est ainsi que ...; (*frm*) ~ **be it** soit; **it ~ happened that** ... il s'est trouvé que ...; (*frm, Jur etc*) ~ **help me God!** que Dieu me vienne en aide!

 (e) (*used as substitute for phrase, word etc*) ~ **saying** ... ce disant ..., sur ces mots ...; ~ **I believe** c'est ce que je crois, c'est ce qu'il me semble; **is that ~?** pas possible?, tiens!; (*iro*) vraiment?, vous croyez?, pensez-vous!; **that is** ~ c'est bien ça, c'est exact, c'est bien vrai; **if that is** ~ ... s'il en est ainsi ...; **if** ~ si oui; **perhaps** ~ peut-être bien (que oui), cela se peut; **just ~!**, **quite ~!** exactement!, tout à fait!, c'est bien ça!; **I told you ~ yesterday** je vous l'ai dit hier; **I told you ~!** je vous l'avais bien dit!; ~ **it seems!** à ce qu'il paraît!; **he certainly said** ~ il a bien dit, il a bien dit ça; **please do** ~ faites-le, faites ainsi; **I think** ~ je (le) crois, je (le) pense; **I hope** ~ (*answering sb*) j'espère que oui; (*agreeing with sb*) je l'espère, j'espère bien; ... **only more** ~ ... mais encore plus; **how ~?** comment (ça se fait)?; **why ~?** pourquoi (donc)?; **he said they would be there and ~ they were** il a dit qu'ils seraient là, et en effet ils y étaient; ~ **do I!**, ~ **have I!**, ~ **am I!** *etc* moi aussi!; **he's going to bed, and ~ will I** il va se coucher et moi aussi *or* et je vais en faire autant; **if you do that ~ will I** si tu fais ça, j'en ferai autant; **I'm tired — ~ am I!** je suis fatigué — moi aussi! *or* et moi donc!; **he said he was French — ~ he did!** il a dit qu'il était français — mais oui (c'est vrai)! *or* en effet!; **it's raining — ~ it is!** il pleut — en effet! *or* c'est vrai!; **I want to see that film — ~ you shall!** je veux voir ce film — eh bien tu le verras!

 (f) (*phrases*) **I didn't say that! — you did so!*** je n'ai pas dit ça! — mais si tu l'as dit! *or* c'est pas vrai* tu l'as dit!; **twenty or ~** à peu près vingt, environ vingt, une vingtaine; **25 or ~** à peu près 25, environ 25; ~ **to speak,** ~ **to say** pour ainsi dire; **and ~ on** (and ~ *on or* and ~ forth) et ainsi de suite; ~ **long!*** au revoir!, à bientôt!, à un de ces jours!; *V* **far, many, much.**

 2 *conj* **(a)** (*therefore*) donc, par conséquent. **he was late,** ~ **he missed the train** il est arrivé en retard, donc il a *or* par conséquent il a *or* aussi a-t-il (*liter*) manqué le train; **the roads are busy,** ~ **be careful** il y a beaucoup de circulation, alors fais bien attention.

 (b) (*exclamatory*) ~ **there he is!** le voilà donc!; ~ **you're selling it?** alors vous le vendez?; ~ **he's come at last!** il est donc enfin arrivé!; **and** ~ **you see** ... alors comme vous voyez ...; **I'm going home — ~?** je rentre — (bon) et alors?; ~ **(what)?*** (bon) et alors?, et après?; (*dismissively*) bof.

 3 *cpd*: **Mr So-and-so*** Monsieur un tel; **Mrs So-and-so*** Madame une telle; **then if so-and-so says** ... alors si quelqu'un *or* Machin Chouette* dit ...; **he's an old so-and-so*** c'est un vieux schnock‡; **if you ask me to do so-and-so** si vous me demandez de faire ci et ça; **so-called** soi-disant *inv*, prétendu; **so-so*** comme ci comme ça, couci-couça*; **his work is only so-so*** son travail n'est pas fameux*.

s/o (*Banking*) *abbr of* **standing order**; *V* **standing.**

soak [səʊk] **1** *n* **(a)** **to give sth a (good)** ~ (bien) faire tremper qch, (bien) laisser tremper qch; **the sheets are in** ~ les draps sont en train de tremper.

 (b) (‡: *drunkard*) soûlard* *m*, poivrot‡ *m*.

 2 *vt* **(a)** faire *or* laisser tremper (*in* dans). **to be/get ~ed to the skin** être trempé/se faire tremper jusqu'aux os *or* comme une soupe*; **to ~ o.s. in the bath** faire trempette dans la baignoire; **bread ~ed in milk** pain imbibé de lait *or* qui a trempé dans du lait; (*fig*) **he ~ed himself in the atmosphere of Paris** il s'est plongé dans l'atmosphère de Paris.

 (b) (‡: *take money from*) (*by overcharging*) estamper*; (*by taxation*) faire payer de lourds impôts à. **the government's policy is to ~ the rich** la politique du gouvernement est de faire casquer* les riches.

 3 *vi* **(a)** tremper (*in* dans). **to put sth in to** ~ faire tremper qch, mettre qch à tremper.

 (b) (‡: *drink*) boire comme une éponge, avoir la dalle en pente*.

♦**soak in** *vi* [*liquid*] pénétrer, s'infiltrer, être absorbé. (* *fig*) **I told him what I thought and left it to soak in** je lui ai donné mon opinion et je l'ai laissé la digérer *or* je l'ai laissé méditer dessus.

♦**soak out** **1** *vi* [*stain etc*] partir (*au trempage*).

 2 *vt sep* **stains** faire partir (en trempant le linge *etc*).

♦**soak through** **1** *vi* [*liquid*] traverser, filtrer au travers, s'infiltrer.

 2 *vt sep*: **to be soaked through** [*garment etc*] être trempé; [*person*] être trempé (jusqu'aux os).

♦**soak up** *vt sep* (*lit, fig*) absorber.

soaking ['səʊkɪŋ] **1** *n* trempage *m*. **to get a** ~ se faire tremper (jusqu'aux os); **to give sth a** ~ faire *or* laisser tremper qch. **2** *adj*: **to be ~ (wet)** [*object*] être trempé; [*person*] être trempé (jusqu'aux os).

soap [səʊp] **1** *n* **(a)** savon *m*; (* *fig: also* **soft** ~) flatterie(s) *f(pl)*, flagornerie *f* (*pej*). (*US fig*) **no ~!‡** rien à faire!, des clous!‡; *V* **shaving, toilet** *etc*.

 (b) = **soap opera**; *V* **3.**

 2 *vt* savonner.

 3 *cpd*: (*fig*) **soapbox** *V* **soapbox; soap bubble** bulle *f* de savon; **soapdish** porte-savon *m*; **soapflakes** savon *m* en paillettes, paillettes *fpl* de savon; (*fig*) **soap opera** (*Rad, TV*) feuilleton *m* mélo* *or* à l'eau de rose; **soap powder** lessive *f* (en poudre), poudre *f* à laver; **soapstone** stéatite *f*; **soapsuds** (*lather*) mousse *f* de savon; (*soapy water*) eau savonneuse.

♦**soap down** *vt sep* savonner.

soapbox ['səʊpbɒks] **1** *n* **(a)** (*lit*) caisse *f* à savon; (*fig: for speaker*) tribune improvisée (*en plein air*).

 (b) (*go-cart*) auto *f* sans moteur (pour enfants), caisse *f* à savon*.

 2 *cpd*: **soapbox derby** course *f* en descente d'autos sans moteur (pour enfants); **soapbox orator** orateur *m* de carrefour, harangueur *m*, -euse *f* de foules; **soapbox oratory** harangue(s) *f(pl)* de démagogue.

soapy ['səʊpɪ] *adj* **water** savonneux; **taste** de savon; (* *fig pej*) **person** mielleux, doucereux, lécheur*; **manner** onctueux. **that smells ~** ça sent le savon.

soar [sɔːr] *vi* (*often* ~ **up**) [*bird, aircraft*] monter (en flèche); [*ball etc*] voler (*over the wall etc* par-dessus le mur *etc*); (*fig*) [*tower, cathedral*] s'élancer (vers le ciel); [*prices, costs, profits*] monter en flèche, (*suddenly*) faire un bond; [*ambitions, hopes*] grandir démesurément; [*spirits, morale*] remonter en flèche.

♦**soar up** *vi* *V* **soar.**

soaring ['sɔːrɪŋ] **1** *n* [*bird*] essor *m*; [*plane*] envol *m*. **2** *adj* **spire** élancé; **price** qui monte en flèche; **ambition, pride, hopes** grandissant.

s.o.b. [,esəʊ'biː] *n* (*US*) (*abbr of* **son of a bitch**) salaud‡ *m*, fils *m* de garce‡.

sob [sɒb] **1** *n* sanglot *m*. ... **he said with a** ~ ... dit-il en sanglotant.

 2 *cpd*: (*US*) **sob sister*** journaliste *f* qui se spécialise dans les histoires larmoyantes; **sob story*** histoire *f* mélodramatique *or* d'un pathétique facile *or* larmoyante; (*Press etc*) **the main item was a sob story*** about a puppy l'article principal était une histoire à vous fendre le cœur concernant un chiot; **he told us a sob story*** about his sister's illness il a cherché à nous apitoyer *or* à nous avoir au sentiment* en nous parlant de la maladie de sa sœur; **there's too much sob stuff*** in that film il y a trop de sensiblerie *or* de mélo* dans ce film; **he gave us a lot of sob stuff*** il nous a fait tout un baratin* larmoyant.

 3 *vi* sangloter.

 4 *vt*: ~ **'no' she ~bed** 'non' dit-elle en sanglotant; **to** ~ **o.s. to sleep** s'endormir à force de sangloter *or* en sanglotant.

♦**sob out** *vt sep* **story** raconter en sanglotant. (*fig*) **to sob one's heart out** pleurer à chaudes larmes *or* à gros sanglots.

sobbing ['sɒbɪŋ] **1** *n* sanglots *mpl*. **2** *adj* sanglotant.

sober ['səʊbər] **1** *adj* **(a)** (*moderate, sedate*) **person** sérieux, posé, sensé; **estimate, statement** modéré, mesuré; **judgment** sensé; **occasion** plein de gravité *or* de solennité; **suit, style, colour** sobre, discret (*f* -ète). **in ~ earnest** sans plaisanterie, bien sérieusement; **to be in ~ earnest** être tout à fait sérieux, ne pas plaisanter; **in ~ fact** en réalité, si l'on regarde la réalité bien en face; **the ~ truth** la vérité toute simple; **the ~ fact of the matter** les faits tels qu'ils sont; **as ~ as a judge** sérieux comme un pape* (*V also* **1b**); **to be in a ~ mood** être plein de gravité.

 (b) (*not drunk*) **I'm perfectly** ~ je n'ai vraiment pas trop bu; **he's never** ~ il est toujours ivre, il ne dessoûle* pas; **he is** ~ **now** il est dégrisé *or* dessoûlé* maintenant; **to be as** ~ **as a judge, to be stone-cold** ~ n'être absolument pas ivre.

 2 *cpd*: **sober-headed** **person** sérieux, posé, sensé; **decision** réfléchi, posé; **sober-minded** sérieux, sensé; **sober-sided** sérieux, grave, qui ne rit pas souvent; **sobersides*** bonnet *m* de nuit (*fig*).

 3 *vt* **(a)** (*also* ~ **down, ~ up**) (*calm*) calmer; (*deflate*) dégriser. **it had a ~ing effect on him** ça lui a donné à réfléchir.

 (b) (*also* ~ **up**: *stop being drunk*) désenivrer, dessoûler*.

♦**sober down** **1** *vi* (*calm down*) se calmer; (*grow sadder*) être dégrisé.

2 *vt sep* = sober 3a.
◆**sober up 1** *vi* désenivrer, dessoûler*.
2 *vt sep* = sober 3a, 3b.
soberly ['səʊbəlɪ] *adv speak, say* avec modération *or* mesure *or* calme, d'un ton posé; *behave, act* de façon posée *or* sensée; *furnish, dress* sobrement, discrètement.
soberness ['səʊbənɪs] *n*, **sobriety** [səʊ'braɪətɪ] *n* **(a)** (*calm etc*: V sober 1a) sérieux *m*, caractère mesuré *or* posé *or* sensé; modération *f*, mesure *f*; gravité *f*; sobriété *f*.
(b) (*not drunk*) to return to ~ désenivrer, dessoûler*; his ~ was in question on le soupçonnait d'être ivre.
sobriquet ['səʊbrɪkeɪ] *n* sobriquet *m*.
soccer ['sɒkə'] **1** *n* football *m*, foot* *m*.
2 *cpd match, pitch, team* de football, de foot*. **soccer player** footballeur *m or* footballer *m*; **the soccer season** la saison du football *or* du foot*.
sociability [,səʊʃə'bɪlɪtɪ] *n* sociabilité *f*.
sociable ['səʊʃəbl] *adj person* (*gregarious*) sociable, qui aime la compagnie, liant; (*friendly*) sociable, aimable; *animal* sociable; *evening, gathering* amical, agréable. **I'll have a drink just to be** ~ je prendrai un verre rien que pour vous (*or lui etc*) faire plaisir; **I'm not feeling very** ~ **this evening** je n'ai pas envie de voir des gens ce soir.
sociably ['səʊʃəblɪ] *adv behave* de façon sociable, aimablement; *invite, say* amicalement.
social ['səʊʃəl] **1** *adj* **(a)** (*Soc etc*) *behaviour, class, relationship, customs, reforms* social. **man is a** ~ **animal** l'homme est un animal social *or* sociable; **a** ~ **outcast** une personne mise au ban de la société, un paria; V also 3.
(b) (*in or of society*) *engagements, obligations* mondain. ~ **climber** (*still climbing*) arriviste *mf*; (*arrived*) parvenu(e) *m(f)*; ~ **climbing** arrivisme *m*; (*Press*) ~ **column** carnet mondain, mondanités *fpl*; **to be a** ~ **drinker** boire seulement en société; **his** ~ **equals** ses pairs *mpl*; **a gay** ~ **life** une vie très mondaine; **we've got almost no** ~ **life** nous menons une vie très retirée, nous ne menons pas une vie très mondaine, nous ne sortons presque jamais; **the** ~ **life in this town is non-existent** c'est vraiment une ville morte, il n'y a pas de vie mondaine dans cette ville; **how's your** ~ **life?*** est-ce que tu vois des amis?, est-ce que tu sors beaucoup?; ~ **mobility** mobilité *f* sociale; (*US*) **the** ~ **register** ≃ le bottin mondain.
(c) (*gregarious*) *person* sociable. ~ **club** association amicale (*qui n'est pas spécialisée dans une activité précise*); ~ **evening** soirée *f* de rencontre.
2 *n* (*petite*) fête *f*.
3 *cpd*: **social administration** administration *f* sociale, politique *f* sociale. **social anthropologist** spécialiste *mf* de l'anthropologie sociale; **social anthropology** anthropologie sociale; **social benefits** prestations *fpl* sociales; **social contract** contrat social; **Social Democracy** social-démocratie *f*; **Social Democrat** social-démocrate *mf*; **Social Democratic** social-démocrate; (*Brit Pol*) **Social Democratic Party** parti *m* social-démocrate; **social disease** (*gen*) maladie *f* due à des facteurs socio-économiques; (*venereal*) maladie vénérienne; **social engineering** manipulation *f* des structures sociales; (*US*) **social insurance** sécurité sociale; **social misfit** inadapté(e) *m(f)* social(e); **social science** sciences humaines; (*Univ*) **Faculty of Social Science** faculté *f* des sciences humaines; **social scientist** spécialiste *mf* des sciences humaines; **social security** (*n*) (*gen*) aide sociale; (*also* **social security benefits**) prestations *fpl* sociales; **to be on social security*** recevoir l'aide sociale; (*US*) **Social Security Administration** *service des pensions*; **social service** = social work; **the social services** les services sociaux; **Secretary of State for/Department of Social Services** ministre *m*/ministère *m* des Affaires sociales; **social studies** sciences sociales; **social welfare** sécurité sociale; **social work** assistance sociale, travail social; **social worker** assistant(e) *m(f)* de service social, assistant(e) social(e), travailleur social.
socialism ['səʊʃəlɪzəm] *n* socialisme *m*.
socialist ['səʊʃəlɪst] **1** *adj* socialiste. (*Geog*) **the S~ Republic of ...** la République socialiste de .... **2** *n* socialiste (*mf*).
socialistic [,səʊʃə'lɪstɪk] *adj* socialiste.
socialite ['səʊʃəlaɪt] *n* personnalité *f* en vue dans la haute société. **a Paris** ~ un membre du Tout-Paris.
sociality [,səʊʃɪ'ælɪtɪ] *n* socialité *f*, sociabilité *f*.
socialization [,səʊʃəlaɪ'zeɪʃən] *n* socialisation *f* (*Pol*).
socialize ['səʊʃəlaɪz] **1** *vt* (*Pol, Psych*) socialiser.
2 *vi* (*be with people*) fréquenter des gens; (*make friends*) se faire des amis; (*chat*) s'entretenir, bavarder (*with sb* avec qn).
socially ['səʊʃəlɪ] *adv interact, be valid* socialement; *acceptable* en société. **I know him** (*or her etc*) ~ nous nous rencontrons en société.
society [sə'saɪətɪ] **1** *n* **(a)** (*social community*) société *f*. **to live in** ~ vivre en société; **for the good of** ~ dans l'intérêt social *or* de la société *or* de la communauté; **it is a danger to** ~ cela constitue un danger social, cela met la société en danger; **modern industrial societies** les sociétés industrielles modernes.
(b) (*U: high* ~) (high) *monde m*. **polite** ~ la bonne société; **the years she spent in** ~ ses années de vie mondaine.
(c) (*U: company, companionship*) société *f*, compagnie *f*. **in the** ~ **of** dans la société de, en compagnie de; **I enjoy his** ~ je me plais en sa compagnie, j'apprécie sa compagnie.
(d) (*organized group*) société *f*, association *f*; (*charitable* ~) œuvre *f* de charité, association de bienfaisance; (*Scol, Univ etc*) club *m*, association. **dramatic** ~ club théâtral, association théâtrale; **learned** ~ société savante; (*Rel*) **the S~ of Friends** la Société des Amis, les Quakers *mpl*; (*Rel*) **the S~ of Jesus** la Société de Jésus, les Jésuites *mpl*; V royal *etc*.

2 *cpd correspondent, news, photographer, wedding* mondain, de la haute société. (*Press*) **society column** carnet mondain, mondanités *fpl*.
socio... ['səʊsɪəʊ] *pref* socio.... ~**cultural** socioculturel; ~**economic** socio-économique; V also sociological *etc*.
sociolecte ['səʊsɪəʊ,lekt] *n* (*Ling*) sociolecte *m*.
sociolinguistic [,səʊsɪəʊlɪŋ'gwɪstɪk] *adj* sociolinguistique.
sociolinguistics [,səʊsɪəʊlɪŋ'gwɪstɪks] *n* sociolinguistique *f*.
sociological [,səʊsɪə'lɒdʒɪkəl] *adj* sociologique.
sociologist [,səʊsɪ'ɒlədʒɪst] *n* sociologue *mf*.
sociology [,səʊsɪ'ɒlədʒɪ] *n* sociologie *f*.
sociometry [,səʊsɪ'ɒmɪtrɪ] *n* sociométrie *f*.
sociopath ['səʊsɪəʊpæθ] *n* inadapté(e) social(e).
sociopathic [,səʊsɪəʊ'pæθɪk] *adj* socialement inadapté, sociopathe.
sock¹ [sɒk] *n* **(a)** (*US*) *pl* ~**s** *or* **sox** (*short stocking*) chaussette *f*, (*shorter*) socquette *f*; (*inner sole*) semelle *f* (intérieure); [*footballer etc*] bas *m*. (*fig*) **to pull up one's** ~**s*** se secouer*, faire un effort; (*fig*) **put a** ~ **in it!‡** la ferme!‡, ta gueule!‡. **(b)** (*wind*~) manche *f* à air.
sock²* [sɒk] **1** *n* (*blow*) coup *m*, beigne‡ *f*, gnon‡ *m*. **to give sb a** ~ **on the jaw** flanquer un coup *or* son poing sur la gueule‡ à qn. **2** *vt* (*strike*) flanquer une beigne‡ *or* un gnon‡ à. ~ **him one!** cogne dessus!*, fous-lui une beigne!‡; ~ **it to me!** vas-y envoie!*; ~ **it to them!** montre-leur un peu!
sockdolager* [sɒk'dɒlədʒə'] *n* (*US*) **(a)** (*decisive event*) coup *m* décisif. **(b)** (*great person/thing*) personne *f*/chose *f* fantastique.
socket ['sɒkɪt] **1** *n* (*gen*) cavité *f*, trou *m* (*où qch s'emboîte*); [*hipbone*] cavité articulaire; [*eye*] orbite *f*; [*tooth*] alvéole *f*; (*Elec: for light bulb*) douille *f*; (*Brit Elec: also* **wall** ~) prise *f* de courant, prise femelle; (*Carpentry*) mortaise *f*; (*in candlestick etc*) trou. **to pull sb's arm out of its** ~ désarticuler *or* démettre l'épaule à qn.
2 *cpd*: **socket joint** (*Carpentry*) joint *m* à rotule *or* à genou; (*Anat*) énarthrose *f*; (*US*) **socket wrench** clef *f* à pipe.
socko* ['sɒkəʊ] (*US*) **1** *adj* fantastique, du tonnerre.
2 *n* grand succès *m*.
Socrates ['sɒkrəti:z] *n* Socrate *m*.
Socratic [sɒ'krætɪk] *adj* socratique.
sod¹ [sɒd] *n* (*U: turf*) gazon *m*; (*piece of turf*) motte *f* (de gazon).
sod²*‡ [sɒd] (*Brit*) **1** *n* con‡* *m*, couillon*‡* *m*; (*pej*) salaud‡ *m*, salopard‡ *m*. **the poor** ~**s who tried** les pauvres cons*‡* *or* couillons*‡* *or* bougres* qui l'ont essayé; **poor little** ~! pauvre petit bonhomme!; **he's a real** ~ c'est un salaud‡ *or* un salopard‡!
2 *cpd*: (*Brit*) **Sod's Law*‡** loi *f* de l'emmerdement*‡* maximum.
3 *vt*: ~ **it!** merde (alors)!*‡*; ~ **him!** il m'emmerde!*‡*, qu'il aille se faire foutre!*‡*
◆**sod off*‡** *vi* foutre le camp‡. **sod off!** fous le camp!‡, va te faire foutre!*‡*
soda ['səʊdə] **1** *n* **(a)** (*Chem*) soude *f*; (*also* **washing** ~, ~ **crystals**) soude du commerce, cristaux *mpl* (de soude); V baking, caustic *etc*.
(b) (*also* ~ **water**) eau *f* de Seltz. **whisky** ~ whisky *m* soda *or* à l'eau de Seltz; V club, ice.
(c) (*US: also* ~ **pop**) soda *m*.
2 *cpd*: (*Chem*) **soda ash** soude *f* du commerce; (*US*) **soda biscuit** *or* **cracker** biscuit *m* sec à la levure chimique; **soda crystals** V 1a; (*US*) **soda fountain** (*siphon*) siphon *m* d'eau de Seltz; (*place*) buvette *f*; (*US*) **soda jerk(er)** marchand(e) *m(f)* de soda et de glace; (*US*) **soda pop** soda *m*; **soda siphon** siphon *m* d'eau de Seltz); **soda water** V 1b.
sodality [səʊ'dælɪtɪ] *n* camaraderie *f*; (*association, also Rel*) confrérie *f*.
sodden ['sɒdn] *adj ground* détrempé; *clothes* trempé. (*fig*) ~ **with drink** hébété *or* abruti par l'alcool.
sodium ['səʊdɪəm] **1** *n* sodium *m*. **2** *cpd*: **sodium bicarbonate** bicarbonate *m* de soude; **sodium carbonate** carbonate *m* de sodium; **sodium chloride** chlorure *m* de sodium; **sodium light**, (*US*) **sodium-vapor lamp** lampe *f* à vapeur de sodium; **sodium nitrate** nitrate *m* de soude; **sodium sulfate** sulfate *m* de soude.
Sodom ['sɒdəm] *n* Sodome.
sodomite ['sɒdəmaɪt] *n* sodomite *m*.
sodomy ['sɒdəmɪ] *n* sodomie *f*.
sofa ['səʊfə] *n* sofa *m*, canapé *m*. ~ **bed** canapé-lit *m*.
Sofia ['səʊfɪə] *n* Sofia.
soft [sɒft] *adj* **(a)** (*in texture, consistency: not hard etc*) bed, mattress, pillow doux (*f* douce), moelleux, (*unpleasantly so*) mou (*f* molle) (*pej*); mud, snow, clay, ground, pitch mou; substance mou, malléable; wood, stone, pencil, paste tendre; metal, iron doux, tendre; butter mou, (r)amolli; leather, brush, toothbrush souple, doux; contact lenses souple; collar, hat mou; material doux, soyeux, satiné; silk, hand doux; skin, cheek doux, fin, satiné; hair soyeux, (*pej: flabby*) person, muscle flasque, avachi. **as** ~ **as butter** mou comme du beurre; **as** ~ **as silk/velvet** doux comme de la soie/du velours; **a** ~ **cheese** un fromage mou *or* à pâte molle; **to grow or get or become** ~**(er)** [butter, snow, mud, ground, pitch] devenir mou, se ramollir; [leather] s'assouplir; [bed, mattress, pillow] s'amollir, devenir plus moelleux *or* trop mou (*pej*); [skin] s'adoucir; [person, body, muscle] s'avachir, devenir flasque; **to make** ~**(er)** butter, snow, clay, ground (r)amollir; leather assouplir; bed, mattress, pillow amollir, rendre moelleux; skin adoucir; **this sort of life makes you** ~ ce genre de vie vous (r)amollit *or* vous enlève votre énergie; (*fig*) **the brakes are** ~ il y a du mou dans la pédale de freins; V also 3 and coal, margarine, roe², solder *etc*.
(b) (*gentle, not strong or vigorous*) tap, touch, pressure doux (*f* douce), léger; breeze, day, rain, climate doux; (*Aviat, Space*) ~ **landing** atterrissage *m* en douceur; ~ **weather** temps doux, temps mou (*pej*).

(c) (*not harsh*) *words, expression, look, glance* doux (*f* douce), aimable, gentil; *answer* aimable, gentil; *heart* tendre, compatissant; *life* doux, facile, tranquille; *job, option* facile; *person* indulgent (*with or on sb* envers qn). (*fig: lenient*) to be ~*on sth/sb* se montrer indulgent *or* faire preuve d'indulgence pour qch/envers qn (*V also* 1h); you're too ~! tu es trop indulgent! *or* trop bon!; he has a ~ time of it* il se la coule douce*; to have a ~ spot for avoir un faible pour; the ~er side of his nature le côté moins sévère *or* moins rigoureux de son tempérament; (*fig Pol*) the ~ line la politique du compromis.

(d) (*not loud*) *sound, laugh* doux (*f* douce), léger; *tone* doux; *music, voice* doux, mélodieux, harmonieux; *steps* ouaté, feutré. in a ~ voice d'une voix douce, doucement; the radio/orchestra/brass section is too ~ la radio/l'orchestre/les cuivres ne joue(nt) pas assez fort; the music is too ~ la musique n'est pas assez forte, on n'entend pas assez la musique; *V also* 3.

(e) *light* doux (*f* douce), pâle; *colour* doux, pastel *inv*; *outline* doux, estompé, flou. ~ lights, ~ lighting un éclairage doux *or* tamisé; ~ pastel shades de doux tons pastel; (*Phot*) ~ focus flou *m* artistique (*V also* 3).

(f) (*Ling*) *consonant* doux.

(g) (*Fin*) *currency* faible. the market is ~ le marché est lourd; ~ loan prêt *m* à des conditions favorables; ~ terms termes *mpl* favorables.

(h) (*: stupid*) stupide, bête, débile*. to go ~ perdre la boule*; he must be ~ (in the head)* il doit être cinglé‡ *or* débile*; he is ~ on her* il en est toqué*.

(i) (*: unmanly; without stamina*) mollasson, qui manque de nerf. he's ~ c'est une mauviette *or* un mollasson, il n'a pas de nerf.
2 *adv* doucement. (*excl*) ~!†† silence!

3 *cpd*: (*US*) softball espèce *f* de base-ball (*joué sur un terrain plus petit avec une balle plus grande et plus molle*); soft-boiled egg œuf *m* à la coque; soft-bound book, soft-cover book livre broché, (*paperback*) livre de poche; soft-core (*adj*) légèrement porno (*inv*); (*Fin*) soft currency devise *f* faible; soft drinks boissons non alcoolisées; soft drugs drogues douces; (*Phot*) soft-focus filter écran *m* de flou (*artistique*); (*Phot*) soft-focus lens objectif *m* pour flou (*artistique*); soft-footed à la démarche légère, qui marche à pas feutrés *or* sans faire de bruit; soft fruit baies *fpl* comestibles, ≃ fruits *mpl* rouges; (*Brit Comm*) soft furnishings tissus *mpl* d'ameublement (*rideaux, tentures, housses etc*); (*Brit Comm*) soft goods textiles *mpl*, tissus *mpl*; soft-headed* faible d'esprit, cinglé‡; soft-hearted au cœur tendre, compatissant; soft ice-cream glace *f* à l'italienne; (*Anat*) soft palate voile *m* du palais; soft pedal (*n: Mus*) pédale douce; soft-pedal (*vi: Mus*) mettre la pédale douce; (*vt: fig*) ne pas trop insister sur; soft porn pornographie *f* non explicite, soft porn *m*; (*Comm*) soft sell promotion (de vente) discrète; (*fig*) he's a master of the soft sell il est maître dans l'art de persuader discrètement les gens; soft-shelled egg, mollusc à coquille molle; crustacean, turtle à carapace molle; soft soap (*n*) (*lit*) savon vert; (*fig pej*: *flattery*) flatterie *f*, flagornerie *f* (*pej*); soft-soap* (*vt: fig pej*) flatter, passer de la pommade à, lécher les bottes à*; [*road*] soft shoulder accotement non stabilisé; soft-spoken à la voix douce; (*fig*) to be a soft touch* se faire avoir* (facilement), se faire refaire* *or* rouler*; soft toy (jouet *m* en) peluche *f*; (*Aut*) soft verge accotement non stabilisé; (*Comput: U*) software software* *m*, logiciel *m*; (*Comput*) software house société *f* de services et de conseils en informatique; (*Comput*) software package progiciel *m*; soft water eau *f* qui n'est pas calcaire, eau douce; softwood bois *m* tendre; soft X-rays rayons X mous.

soften ['sɒfn] **1** *vt butter, clay, ground, pitch* (r)amollir; *collar, leather* assouplir; *skin* adoucir; *sound* adoucir, atténuer, étouffer; *lights, lighting* tamiser; *outline* adoucir, estomper, rendre flou; *colour* adoucir, atténuer; *pain, anxiety* adoucir, atténuer, soulager; *sb's anger, reaction, effect, impression* adoucir, atténuer; *resistance* amoindrir, réduire. (*fig*) to ~ the blow adoucir *or* amortir le choc.

2 *vi* [*butter, clay, ground, pitch*] devenir mou (*f* molle), se ramollir; [*collar, leather*] s'assouplir; [*skin*] s'adoucir; [*outline*] s'adoucir, devenir flou, s'estomper; [*colour*] s'adoucir, s'atténuer; [*sh's anger*] s'atténuer. his heart ~ed at the sight of her il s'attendrit en la voyant; his eyes ~ed as he looked at her son regard s'est adouci à sa vue.

◆**soften up 1** *vi* [*butter, clay, ground, pitch*] devenir mou (*f* molle), se ramollir; [*collar, leather*] s'assouplir; [*skin*] s'adoucir; (*grow less stern*) s'adoucir. we must not soften up towards *or* on these offenders nous ne devons pas faire preuve d'indulgence envers ces délinquants.

2 *vt sep* **(a)** *butter, clay, pitch, ground* (r)amollir; *collar, leather* assouplir; *skin* adoucir.

(b) *person* attendrir; (*: by cajoling*) *customer etc* bonimenter*, baratiner‡; (*: by bullying*) intimider, malmener; *resistance, opposition* réduire; (*Mil: by bombing etc*) affaiblir par bombardement intensif.

softener ['sɒfnər] *n* (*water* ~) adoucisseur *m*; (*fabric* ~) produit *m* assouplissant.

softening ['sɒfnɪŋ] *n* (*V soften* 1) (r)amollissement *m*; assouplissement *m*; adoucissement *m*; atténuation *f*; soulagement *m*. (*Med*) ~ of the brain ramollissement cérébral; (*fig*) he's got ~ of the brain* il devient ramollo‡ *or* débile*; there has been a ~ of their attitude ils ont modéré leur attitude.

softie* ['sɒftɪ] *n* (*too tender-hearted*) tendre *mf*; (*no stamina etc*) mauviette *f*, mollasson(ne) *m(f)*; (*coward*) poule mouillée, dégonflé(e)* *m(f)*. you silly ~, stop crying! ne pleure plus grand(e) nigaud(e)!

softly ['sɒftlɪ] *adv* (*quietly*) *say, call, sing* doucement; *walk* à pas feutrés, sans (faire de) bruit; (*gently*) *touch, tap* légèrement, doucement; (*tenderly*) *smile, look* tendrement, gentiment.

softness ['sɒftnɪs] *n* (*V soft*) **(a)** [*bed, mattress, pillow*] douceur *f*, moelleux *m*, mollesse *f* (*pej*); [*mud, snow, ground, pitch, butter*] mollesse; [*substance*] mollesse, malléabilité *f*; [*leather, brush*] souplesse *f*, douceur; [*collar*] souplesse; [*material, silk, hand, skin, hair*] douceur; (*pej*) [*person, muscle*] avachissement *m*.

(b) [*tap, touch, pressure*] douceur *f*, légèreté *f*; [*breeze, wind, rain, climate*] douceur.

(c) [*words, expression, glance*] douceur *f*, amabilité *f*, gentillesse *f*; [*answer*] amabilité, gentillesse; [*life*] douceur, facilité *f*; [*job*] facilité; (*gentleness, kindness*) douceur, affabilité *f*; (*indulgence*) manque *m* de sévérité (*towards* envers).

(d) [*sound, tone, voice, music*] douceur *f*.

(e) [*light, colour*] douceur *f*; [*outline, photograph*] flou *m*.

(f) (*: stupidity*) stupidité *f*, bêtise *f*.

softy* ['sɒftɪ] *n* = softie*.

SOGAT ['sɒʊgæt] (*Brit*) *abbr of* Society of Graphical and Allied Trades (*syndicat*).

soggy ['sɒgɪ] *adj ground* détrempé; *clothes* trempé; *bread* mal cuit, pâteux; *heat, atmosphere, pudding* lourd.

soh [sɒʊ] *n* (*Mus*) sol *m*.

soil[1] [sɔɪl] *n* sol *m*, terre *f*. rich/chalky ~ sol *or* terre riche/calcaire; cover it over with ~ recouvre-le de terre; (*liter*) a man of the ~ un terrien, un homme de la terre; (*fig*) my native ~ ma terre natale, mon pays natal; on French ~ sur le sol français, en territoire français.

soil[2] [sɔɪl] **1** *vt* (*lit*) salir; (*fig*) *reputation, honour* souiller, salir, entacher. this dress is easily ~ed cette robe se salit vite *or* est salissante; ~ed linen linge *m* sale; (*Comm*) ~ed copy/item exemplaire/article défraîchi; *V shop*.

2 *vi* [*material, garment*] se salir, être salissant.

3 *n* (*excrement*) excréments *mpl*, ordures *fpl*; (*sewage*) vidange *f*.

4 *cpd*: soil pipe tuyau *m* d'écoulement; (*vertical*) tuyau de descente.

soirée ['swɑːreɪ] *n* soirée *f* (*à but culturel, souvent organisée par une association*).

sojourn ['sɒdʒɜːn] (*liter*) **1** *n* séjour *m*. **2** *vi* séjourner, faire un séjour.

solace ['sɒlɪs] (*liter*) **1** *n* consolation *f*, réconfort *m*. **2** *vt person* consoler; *pain* soulager, adoucir.

solanum [sɒʊˈleɪməm] *n* solanacée *f*.

solar ['sɒʊlər] *adj warmth, rays* du soleil, solaire; *cycle, energy, system* solaire. ~ battery batterie *f* solaire, photopile *f*; ~ cell pile *f* solaire, photopile *f*; ~ collector capteur *m* solaire; ~ eclipse éclipse *f* du soleil; ~ flare facule *f* solaire; ~ furnace four *m* solaire; ~ heating chauffage *m* (à l'énergie) solaire; ~ panel panneau *m* solaire; (*Anat*) ~ plexus plexus *m* solaire; ~ wind vent *m* solaire.

solarium [sɒʊˈlɛərɪəm] *n* solarium *m*.

sold [sɒʊld] *pret, ptp of* sell.

solder ['sɒʊldər] **1** *n* soudure *f*. hard ~ brasure *f*; soft ~ claire soudure. **2** *vt* souder. ~ing iron fer *m* à souder.

soldier ['sɒʊldʒər] **1** *n* soldat *m* (*also fig*), militaire *m*. woman ~ femme *f* soldat; ~s and civilians (les) militaires et (les) civils; Montgomery was a great ~ Montgomery était un grand homme de guerre *or* un grand soldat; he wants to be a ~ il veut se faire soldat *or* être militaire de carrière *or* entrer dans l'armée; to play (at) ~s (*pej*) jouer à la guerre; [*children*] jouer aux soldats; ~ of fortune soldat de fortune, mercenaire *m*; old ~ vétéran *m*; (*fig*) to come the old ~ with sb* prendre des airs supérieurs avec qn, vouloir en imposer à qn; *V foot, private etc*.

2 *cpd*: soldier ant (fourmi *f*) soldat *m*.

3 *vi* servir dans l'armée, être militaire *or* soldat. he ~ed for 10 years in the East il a servi (dans l'armée) pendant 10 ans en Orient; after 6 years' ~ing après 6 ans dans l'armée; to be tired of ~ing en avoir assez d'être soldat *or* d'être militaire *or* d'être dans l'armée.

◆**soldier on** *vi* (*Brit fig*) persévérer (malgré tout).

soldierly ['sɒʊldʒəlɪ] *adj* (*typiquement*) militaire.

soldiery ['sɒʊldʒərɪ] *n* (*collective*) soldats *mpl*, militaires *mpl*, soldatesque *f* (*pej*).

sole[1] [sɒʊl] *n, pl inv* (*fish*) sole *f*; *V lemon*.

sole[2] [sɒʊl] *n* [*shoe, sock, stocking*] semelle *f*; [*foot*] plante *f*; *V inner*. **2** *vt* ressemeler. to have one's shoes ~d faire ressemeler ses chaussures.

sole[3] [sɒʊl] *adj* **(a)** (*only, single*) seul, unique. the ~ reason la seule *or* l'unique raison, la seule et unique raison; (*Comm*) ~ trader gérant *m* (*or* propriétaire *m*) unique.

(b) (*exclusive*) *right* exclusif. for the ~ use of ... à l'usage exclusif de ...; (*Comm*) ~ agent for ..., ~ stockist of ... concessionnaire *mf* de ..., dépositaire exclusif (*or* dépositaire exclusive) de ...; (*Jur*) ~ legatee légataire universel(le).

solecism ['sɒlɪsɪzəm] *n* (*Ling*) solécisme *m*; (*social offence*) manque *m* de savoir-vivre, faute *f* de goût.

solei ['sɒlɪaɪ] *npl of* soleus.

solely ['sɒʊllɪ] *adv* (*gen: only*) seulement, uniquement. I am ~ to blame je suis seul coupable, je suis entièrement coupable.

solemn ['sɒləm] *adj occasion, promise, silence, music* solennel; *duty* sacré; *plea, warning* formel, plein de solennité *or* de gravité; *person, face* sérieux, grave, solennel (*often pej*).

solemnity [səˈlemnɪtɪ] *n* (*V solemn*) solennité *f*; caractère sacré, sérieux *m*, gravité *f*. with all ~ très solennellement; the solemnities les fêtes solennelles, les solennités.

solemnization ['sɒləmnaɪˈzeɪʃən] *n* [*marriage*] célébration *f*.

solemnize ['sɒləmnaɪz] *vt marriage* célébrer; *occasion, event* solenniser.

solemnly ['sɒləmlɪ] adv swear, promise, utter solennellement; say, smile, nod gravement, avec sérieux, d'un ton or air solennel (often pej). (Jur) **I do ~ swear to tell the truth** je jure de dire la vérité.
solenoid ['səʊlənɔɪd] n (Elec) solénoïde m.
soleus ['sɒlɪəs] n, pl **solei** muscle m soléaire.
sol-fa ['sɒl'fɑ:] n (also **tonic ~**) solfège m.
solicit [sə'lɪsɪt] **1** vt solliciter (sb for sth, sth from sb qch de qn); vote solliciter, briguer; alms quémander. **2** vi [prostitute] racoler.
solicitation [sə,lɪsɪ'teɪʃən] n sollicitation f.
soliciting [sə'lɪsɪtɪŋ] n racolage m.
solicitor [sə'lɪsɪtəʳ] n (a) (Jur) (Brit) (for sales, wills etc) ≃ notaire m; (in divorce, police, court cases) ≃ avocat m; (US) ≃ juriste conseil or avocat conseil attaché à une municipalité etc. **to instruct a ~** donner ses instructions à un notaire (or un avocat); **S~ General** (Brit) adjoint m du procureur général; (US) adjoint or substitut m du ministre de la Justice. **(b)** (US) (for contribution) solliciteur m, -euse f; (for trade) courtier m, placier m.
solicitous [sə'lɪsɪtəs] adj plein de sollicitude; (anxious) inquiet (f -ète), préoccupé (for, about de); (eager) désireux, avide (of de, to do de faire).
solicitude [sə'lɪsɪtju:d] n sollicitude f.
solid ['sɒlɪd] **1** adj **(a)** (not liquid or gas) solide. **a ~ body** un corps solide; **~ food** aliments mpl solides; **frozen ~** complètement gelé; **to become ~** se solidifier; **this soup is rather ~** cette soupe est un peu trop épaisse or n'est pas assez liquide; V also **3**.
(b) (not hollow etc) ball, block, tyre plein; crowd etc compact, dense; row, line continu, ininterrompu. **cut out of or in ~ rock** taillé à même la pierre; **6 metres of ~ rock** 6 mètres de roche massive; **of or in ~ gold/oak** en or/chêne massif; (fig) **the garden was a ~ mass of colour** le jardin resplendissait d'une profusion de couleurs; **a ~ stretch of yellow** une étendue de jaune uni.
(c) bridge, house etc solide; car solide, robuste; reasons, scholarship, piece of work, character solide, sérieux; business firm solide, sain; vote, voters unanime; meal copieux, consistant, substantiel. **he was 6 ft 2 of ~ muscle** c'était un homme de 2 mètres de haut et tout en muscles; **on ~ ground** (lit) sur la terre ferme; (fig: in discussion etc) en terrain sûr; **a man of ~ build** un homme bien bâti or bien charpenté; **~ (common) sense** solide or gros bon sens; **he is a good ~ worker** c'est un bon travailleur; **he's a good ~ bloke*** c'est quelqu'un sur qui on peut compter, il a les reins solides (fig); **the square was ~ with cars*** la place était complètement emboutéillée; **to be packed ~** [case] être plein à craquer; [street, train, shop] être bondé; **he was stuck ~ in the mud** il était complètement pris or enlisé dans la boue; **we are ~ for peace** nous sommes unanimes à vouloir la paix; **Newtown is ~ for Labour** Newtown vote massivement or presque à l'unanimité pour les travaillistes; (US Pol) **the S~** South états du Sud des États-Unis qui votent traditionnellement pour le parti démocrate; **I waited a ~ hour** j'ai attendu une heure entière; **he slept 10 ~ hours or 10 hours ~** il a dormi 10 heures d'affilée; **they worked for 2 ~ days or 2 days ~** ils ont travaillé 2 jours sans s'arrêter or sans relâche; **it will take a ~ day's work** cela exigera une journée entière de travail; V book.
(d) (Math) **~ angle** angle m solide or polyèdre; **~ figure** solide m; **~ geometry** géométrie f dans l'espace.
(e) (US: excellent) au poil*, formidable*.
2 n (gen, Chem, Math, Phys) solide m. (food) **~s** aliments mpl solides.
3 cpd: (Ling) **solid compound** composé m dont les termes sont graphiquement soudés; **solid fuel** (coal etc) combustible m solide; (for rockets etc: also **solid propellant**) mélange m de comburant et de carburant; **solid-fuel (central) heating** chauffage central au charbon or à combustibles solides; **solid-state** physics des solides; electronic device à circuits intégrés; (Ling) **solid word** mot m or lexie f simple.
solidarity [,sɒlɪ'dærɪtɪ] n (U) solidarité f. (Ind) **~ strike** grève f de solidarité.
solidification [sə,lɪdɪfɪ'keɪʃən] n (V solidify) solidification f; congélation f.
solidify [sə'lɪdɪfaɪ] **1** vt liquid, gas solidifier; oil congeler. **2** vi se solidifier; se congeler.
solidity [sə'lɪdɪtɪ] n solidité f.
solidly ['sɒlɪdlɪ] adv build etc solidement; (fig) vote massivement, en masse, presque à l'unanimité. **they are ~ behind him** ils le soutiennent unanimement or à l'unanimité.
solidus ['sɒlɪdəs] n (Typ) barre f oblique.
soliloquize [sə'lɪləkwaɪz] vi soliloquer, monologuer. **'perhaps' he ~d** 'peut-être' dit-il, se parlant à lui-même.
soliloquy [sə'lɪləkwɪ] n soliloque m, monologue m.
solipsism ['sɒlɪpsɪzəm] n solipsisme m.
solitaire [sɒlɪ'tɛəʳ] n (a) (stone, board game) solitaire m. **(b)** (US Cards) réussite f, patience f.
solitary ['sɒlɪtərɪ] **1** adj **(a)** (alone) person, life, journey solitaire; hour de solitude; place solitaire, retiré; (lonely) seul. (Jur) (in) **~ confinement** (au) régime cellulaire; **to take a ~ walk** se promener tout seul or en solitaire.
(b) (only one) seul, unique. **a ~ case of hepatitis** un seul or unique cas d'hépatite; **not a ~ one** pas un seul.
2 n (*) **= ~ confinement**; V **1a**.
solitude ['sɒlɪtju:d] n solitude f.
solo ['səʊləʊ], pl **~s** or **soli** ['səʊli:] **1** n (a) (Mus) solo m. **piano ~** solo de piano.
(b) (Cards: also **~ whist**) whist-solo m.
2 adv play, sing en solo; fly en solitaire.
3 cpd violin etc solo inv; flight etc en solitaire.
soloist ['səʊləʊɪst] n soliste mf.

Solomon ['sɒləmən] n Salomon m. **the judgment of ~** le jugement de Salomon; (Geog) **~ Islands** îles fpl Salomon; V **song**.
solon ['səʊlən] n (US) législateur m.
solstice ['sɒlstɪs] n solstice m. **summer/winter ~** solstice d'été/ d'hiver.
solubility [,sɒljʊ'bɪlɪtɪ] n solubilité f.
soluble ['sɒljʊbl] adj substance soluble; problem (ré)soluble.
solution [sə'lu:ʃən] n (a) (to problem etc) solution f (to de). **(b)** (Chem) (act) solution f, dissolution f; (liquid) solution; (Pharm) solution, soluté m; V **rubber**[1].
solvable ['sɒlvəbl] adj (ré)soluble.
solve [sɒlv] vt equation, difficulty résoudre; problem résoudre, élucider, trouver la solution de; crossword puzzle résoudre; murder élucider, trouver l'auteur de; mystery élucider, éclaircir, débrouiller. **to ~ a riddle** trouver la solution d'une énigme or d'une devinette, trouver la clef d'une énigme; **that question remains to be ~d** cette question est encore en suspens.
solvency ['sɒlvənsɪ] n solvabilité f.
solvent ['sɒlvənt] **1** adj (Fin) solvable; (Chem) dissolvant. **2** n (Chem) solvant m, dissolvant m. **3** cpd: **solvent abuse** usage m de solvants hallucinogènes (colle etc).
Solzhenitsyn [sɒlʒə'nɪtsɪn] n Soljenitsyne m.
soma ['səʊmə] n, pl **~s** or **somata** ['səʊmətə] (Physiol) soma m.
Somali [səʊ'mɑ:lɪ] **1** adj somali, somalien. **2** n (a) Somali(e) m(f), Somalien(ne) m(f). **(b)** (Ling) somali m.
Somalia [səʊ'mɑ:lɪə] n Somalie f.
Somaliland [səʊ'mɑ:lɪlænd] n Somalie f.
somatic [səʊ'mætɪk] adj somatique.
somato... ['səʊmətəʊ] pref somato...
sombre, (US) **somber** ['sɒmbəʳ] adj colour, outlook, prediction, prospect sombre; mood, person sombre, morne; day, weather morne, maussade.
sombrely, (US) **somberly** ['sɒmbəlɪ] adv sombrement.
sombreness, (US) **somberness** ['sɒmbənɪs] n caractère m or aspect m sombre; (colour) couleur f sombre; (darkness) obscurité f.
some [sʌm] **1** adj **(a)** (a certain amount or number of) **~ tea/ice/ water/cakes** du thé/de la glace/de l'eau/des gâteaux; **there are ~ children outside** il y a des enfants or quelques enfants dehors; **~ old shoes** de vieilles chaussures; **~ dirty shoes** des chaussures sales; **have you got ~ money?** est-ce que tu as de l'argent?; **will you have ~ more meat?** voulez-vous encore de la viande? or encore un peu de viande?; **this will give you ~ idea of ...** cela vous donnera une petite idée de ... .
(b) (unspecified, unknown) quelconque, quelque (frm). **~ woman was asking for her** il y avait une dame qui la demandait; **I read it in ~ book (or other)** je l'ai lu quelque part dans un livre, je l'ai lu dans un livre quelconque; **~ ~ place in Africa** quelque part en Afrique; **give it to ~ child** donnez-le à un enfant or à quelque enfant (frm); **~ day** un de ces jours, un jour ou l'autre; **~ day next week** (dans le courant de) la semaine prochaine; **~ other day** un autre jour; **~ other time!** pas maintenant!; **~ time last week** (un jour) la semaine dernière; **~ more talented person** quelqu'un de plus doué; **there must be ~ solution** il doit bien y avoir une solution (quelconque).
(c) (contrasted with others) **~ children like school** certains enfants aiment l'école, il y a des enfants qui aiment l'école; **~ few people** quelques rares personnes; **~ people say that ...** certaines personnes disent que ..., il y a des gens qui disent que ..., on dit que ...; **~ people like spinach, others don't** certaines personnes or certains aiment les épinards et d'autres non, il y a des gens qui aiment les épinards et d'autres non; **~ people just don't care** il y a des gens qui ne s'en font pas or qui se fichent* de tout; (in exasperation) **~ people!** il y a des gens, je vous jure!; **~ butter is salty** certains beurres sont salés, certaines sortes de beurre sont salées; **in ~ ways, he's right** dans un (certain) sens, il a raison; **in ~ way or (an)other** d'une façon ou d'une autre.
(d) (a considerable amount of) pas mal de*, certain, quelque. **it took ~ courage to refuse** il a fallu un certain courage or pas mal de* courage pour refuser; **he spoke at ~ length** il a parlé assez longuement or pas mal de* temps or un certain temps; **~ distance away** à quelque distance; **I haven't seen him for ~ years** cela fait quelques or plusieurs années que je ne l'ai pas vu; V **time**.
(e) (emphatic: a little) quand même un peu. **we still have SOME money left** il nous reste quand même un peu d'argent; **the book was SOME help** but not much le livre m'a aidé un peu mais pas beaucoup; **that's SOME consolation!** c'est quand même une petite consolation!
(f) (*: intensive) **that's ~ fish!** quel poisson!, c'est un fameux* poisson!, voilà ce qu'on appelle un poisson!; **she's ~ girl!** c'est une fille formidable!* or sensass!*; **that was ~ film!** quel film!, c'était un film formidable.
(g) (*iro) **you're ~ help!** tu parles* d'une aide!, que tu m'aides ou non c'est du pareil au même; **I'm trying to help! — ~ help!** j'essaie de t'aider! — tu parles!* or tu appelles ça aider?; **~ garage that is!** vous parlez* d'un garage!
2 pron (a) (a certain number) quelques-un(e)s m(f)pl, certain(e)s m(f)pl. **~ went this way and others went that** il y en a qui sont partis par ici et d'autres par là; **~ (of them) have been sold** certains (d'entre eux) ont été vendus, on en a vendu quelques-uns or un certain nombre; **I've still got ~ of them** j'en ai encore quelques-uns or plusieurs; **~ of them were late** certains d'entre eux or quelques-uns d'entre eux étaient en retard; **~ of us knew him** quelques-uns d'entre nous le connaissaient; **~ of my friends** certains or quelques-uns de mes amis; **I've got ~** j'en ai (quelques-uns or certains or plusieurs).
(b) (a certain amount) **I've got ~** j'en ai; **have ~!** prenez-en!, servez-vous!; **have ~ more** reprenez-en, resservez-vous; **give me**

~! donnez-m'en!; **if you find** ~ **tell me** si vous en trouvez dites-le-moi; **have** ~ **of this cake** prenez un peu de (ce) gâteau, prenez un morceau de (ce) gâteau; ~ **(of it) has been eaten** on en a mangé (un morceau *or* une partie); ~ **of this work is good** une partie de ce travail est bonne, ce travail est bon en partie; **I liked** ~ **of what you said in that speech** j'ai aimé certaines parties de votre discours *or* certaines choses dans votre discours; ~ **of what you say is true** il y a du vrai dans ce que vous dites; **and then** ~!* et plus (encore)!, et pas qu'un peu!*; *V* **time**.

3 *adv* **(a)** (*about*) quelque, environ. **there were** ~ **twenty houses** il y avait quelque *or* environ vingt maisons, il y avait une vingtaine de maisons.

(b) (*) *sleep, speak, wait* (*a bit*) un peu; (*a lot*) beaucoup. **you'll have to run** ~ **to catch him** tu vas vraiment devoir courir pour le rattraper, il va falloir que tu fonces* (*subj*) pour le rattraper; **Edinburgh-London in 30 minutes, that's going** ~! Édimbourg-Londres en 30 minutes, (il) faut le faire!‡

...some [səm] *n ending in cpds* groupe *m* de .... **threesome** groupe de trois personnes; **we went in a threesome** nous y sommes allés à trois; *V* **four** *etc*.

somebody ['sʌmbədɪ] *pron* **(a)** (*some unspecified person*) quelqu'un. **there is** ~ **at the door** il y a quelqu'un à la porte; **there is** ~ **knocking at the door** on frappe à la porte; ~ **else** quelqu'un d'autre; **he was talking to** ~ **tall and dark** il parlait à quelqu'un de grand aux cheveux sombres; **we need** ~ **really strong to do that** il nous faut quelqu'un de vraiment fort *or* quelqu'un qui soit vraiment fort pour faire cela; **ask** ~ **French** demande à un Français (quelconque); **they've got** ~ **French staying with them** ils ont un Français *or* quelqu'un de français chez eux en ce moment; ~ **from the audience** quelqu'un dans l'auditoire *or* l'assemblée; ~ **or other** quelqu'un, je ne sais qui; (*hum*) ~ **up there loves me***/**hates me*** c'est/ce n'est pas mon jour de veine*; **Mr S**~**-or-other** Monsieur Chose *or* Machin*; **you must have seen SOMEBODY!** tu as bien dû voir quelqu'un!

(b) (*important person*) personnage important. **she thinks she's** ~ elle se prend pour quelqu'un, elle se croit quelqu'un; **they think they are** ~ *or* **somebodies** ils se prennent pour *or* ils se croient des personnages importants.

somehow ['sʌmhaʊ] *adv* **(a)** (*in some way*) d'une façon ou d'une autre, d'une manière ou d'une autre, on ne sait trop comment. **it must be done** ~ **(or other)** il faut que ce soit fait d'une façon *or* manière ou d'une autre; **he managed it** ~ il y est arrivé tant bien que mal; **we'll manage** ~ on se débrouillera*; **we saved him** ~ *or* **other** nous l'avons sauvé je ne sais comment; ~ **or other we must find £100** d'une façon ou d'une autre nous devons nous procurer 100 livres, nous devons nous débrouiller* pour trouver 100 livres.

(b) (*for some reason*) pour une raison ou pour une autre. ~ **he's never succeeded** pour une raison ou pour une autre *or* pour une raison quelconque *or* je ne sais pas pourquoi il n'a jamais réussi; **it seems odd** ~ je ne sais pas pourquoi mais ça semble bizarre.

someone ['sʌmwʌn] *pron* = **somebody**.

someplace ['sʌmpleɪs] *adv* (*US*) = **somewhere a**.

somersault ['sʌməsɔːlt] **1** *n* (*on ground, also accidental*) culbute *f*, (*by child*) galipette *f*; (*in air*) saut périlleux; (*by car*) tonneau *m*. **to turn a** ~ faire la culbute *or* un saut périlleux *or* un tonneau. **2** *vi* [*person*] faire la culbute, faire un *or* des saut(s) périlleux; [*car*] faire un *or* plusieurs tonneau(x).

something ['sʌmθɪŋ] **1** *pron* **(a)** quelque chose *m*. ~ **moved over there** il y a quelque chose qui a bougé là-bas; ~ **must have happened to him** il a dû lui arriver quelque chose; ~ **unusual** quelque chose d'inhabituel; **there must be** ~ **wrong** il doit y avoir quelque chose qui ne va pas; **did you say** ~? pardon?, comment?, vous dites?; **I want** ~ **to read** je veux quelque chose à lire; **I need** ~ **to eat** j'ai besoin de manger quelque chose; **would you like** ~ **to drink?** voulez-vous boire quelque chose?; **give him** ~ **to drink** donnez-lui (quelque chose) à boire; **he has** ~ **to live for at last** il a enfin une raison de vivre; **you can't get** ~ **for nothing** on n'a rien pour rien; **I have** ~ **else to do** j'ai quelque chose d'autre à faire, j'ai autre chose à faire; **it's** ~ **else!*** (*incredible*) c'est quelque chose!; (*in comparison*) c'est (vraiment) autre chose!, c'est une autre paire de manches!*; **I'll have to tell him** ~ **or other** il faudra que je lui dise quelque chose *or* que je trouve (*subj*) quelque chose à lui dire; **he whispered** ~ **or other in her ear** il lui a chuchoté quelque chose *or* on ne sait quoi à l'oreille; ~ **of the kind** quelque chose dans ce genre-là; **there's** ~ **about her** *or* **she's got** ~ **about her** il y a chez elle *or* en elle quelque chose que je n'aime pas; **there's** ~ **in what you say** il y a du vrai dans ce que vous dites; ~ **tells me that**... j'ai l'impression que...; **here's** ~ **for your trouble** voici pour votre peine; **give him** ~ **for himself** donnez-lui la pièce* *or* un petit quelque chose; **you've got** ~ **there!*** là tu n'as pas tort!, c'est vrai ce que tu dis là!; (*challengingly*) **do you want to make** ~ **(out) of it?** tu cherches la bagarre?*; **that really is** ~!* c'est pas rien!*, ça se pose là!*; **she has a certain** ~* elle a un petit quelque chose, elle a un certain je ne sais quoi; **that certain** ~* **which makes all the difference** ce petit je ne sais quoi qui fait toute la différence; **the 4-**~* **train** le train de 4 heures et quelques; **it's sixty-**~* c'est soixante et quelques; **he's called Paul** ~ il s'appelle Paul Chose *or* Paul quelque chose; **that has** ~ **to do with accountancy** ça a quelque chose à voir avec la comptabilité; **he's got** ~ **to do with it** (*is involved*) il a quelque chose à voir là-dedans *or* avec ça); (*is responsible*) il y est pour quelque chose; **he is** ~ **to do with Brown and Co.** il a quelque chose à voir avec Brown et Cie.; **he is** ~ **(or other) in aviation** il est quelque chose dans l'aéronautique; **I hope to see** ~ **of you** j'espère vous voir un peu; **it is really** ~ **to find good coffee nowadays** ça n'est pas rien* de trouver du bon café aujourd'hui; **he scored 300 points, and that's** ~! il a marqué 300 points et ça c'est quelque chose!* *or* et ça n'est pas rien!*; **that's**

always ~ c'est toujours quelque chose, c'est toujours ça, c'est mieux que rien; **he thinks himself** ~* il se croit quelque chose, il se prend pour quelqu'un.

(b) or ~ ou quelque chose dans ce genre-là, ou quelque chose comme ça; **he's got flu or** ~ il a la grippe ou quelque chose comme ça *or* dans ce genre-là; **do you think you're my boss or** ~? tu te prends pour mon patron ou quoi?*; **he fell off a wall or** ~ il est tombé d'un mur ou quelque chose dans ce genre-là*, je crois qu'il est tombé d'un mur.

(c) he is ~ **of a miser** il est quelque peu *or* plutôt avare; **he is** ~ **of a pianist** il est assez bon pianiste, il joue assez bien du piano, il est assez doué pour le piano; **it was** ~ **of a failure** c'était plutôt un échec.

2 *adv* **(a) he left** ~ **over £5,000** il a laissé plus de 5.000 livres, il a laissé dans les 5.000 livres et plus; ~ **under £10** un peu moins de 10 livres; **he won** ~ **like 10,000 francs** il a gagné quelque chose comme 10.000 F, il a gagné dans les 10.000 F; **it's** ~ **like 10 o'clock** il est 10 heures environ, il est quelque chose comme 10 heures; **it weighs** ~ **around 5 kilos** ça pèse 5 kilos environ, ça pèse dans les 5 kilos, ça fait quelque chose comme 5 kilos; **there were** ~ **like 80 people there** 80 personnes environ étaient présentes, il y avait quelque chose comme 80 personnes; **he talks** ~ **like his father** il parle un peu comme son père; **now that's** ~ **like a claret!** voilà ce que j'appelle un bordeaux!, ça au moins c'est du bordeaux!; **now that's** ~ **like it!*** ça au moins c'est bien! *or* c'est vraiment pas mal!*

(b) (*: *emphatic*) **it was** ~ **dreadful!** c'était vraiment épouvantable!; **the weather was** ~ **shocking!** comme mauvais temps ça se posait là!*; **the dog was howling** ~ **awful** le chien hurlait que c'en était abominable*, le chien hurlait fallait voir comme‡.

sometime ['sʌmtaɪm] **1** *adv* **(a)** (*in past*) ~ **last month** dernier, au cours du mois dernier; ~ **last May** au (cours du) mois de mai dernier; **it was** ~ **last winter** c'était durant *or* pendant *or* au cours de l'hiver dernier (je ne sais pas *or* plus exactement quand); **it was** ~ **before 1950** c'était avant 1950 (je ne sais pas *or* plus exactement quand).

(b) (*in future*) ~ un de ces jours, un jour ou l'autre. ~ **soon** bientôt, avant peu; ~ **before January** d'ici janvier; ~ **next year** (dans le courant de) l'année prochaine; ~ **after my birthday** après mon anniversaire; ~ **or (an)other it will have to be done** il faudra (bien) le faire à un moment donné *or* tôt ou tard *or* un jour ou l'autre.

2 *adj* **(a)** (*former*) ancien (*before n*). (*US*) **it's a** ~ **thing*** cela appartient au passé.

(b) (*US: occasional*) intermittent.

sometimes ['sʌmtaɪmz] *adv* **(a)** quelquefois, parfois, de temps en temps. **(b)** ~ **happy** ~ **sad** tantôt gai tantôt triste; ~ **he agrees and** ~ **not** tantôt il est d'accord et tantôt non.

somewhat ['sʌmwɒt] *adv* quelque peu. ~ **surprised** quelque peu surpris; **it was** ~ **of a surprise** cela m'a (*or* l'a *etc*) quelque peu surpris; **he was more than** ~ **proud of...** il n'était pas peu fier de....

somewhere ['sʌmwɛər] *adv* **(a)** (*in space*) quelque part. ~ **else** autre part, ailleurs; **he's** ~ **about** il est quelque part par ici, il n'est pas loin; ~ **about** *or* **around here** (quelque part) par ici, pas loin d'ici; ~ **near Paris** (quelque part) pas bien loin de Paris; ~ **or other** je ne sais où, quelque part; ~ **(or other) in France** quelque part en France; **he's in the garden or** ~ il est dans le jardin ou quelque part; **have you got** ~ **to stay?** avez-vous trouvé où vous loger *or* un logement.

(b) (*approximately*) environ. ~ **about 10 o'clock** vers 10 heures, à 10 heures environ *or* à peu près; **she's** ~ **about fifty** elle a environ cinquante ans, elle a une cinquantaine d'années, elle a dans les cinquante ans; **he paid** ~ **about £12** il a payé environ 12 livres *or* dans les 12 livres.

Somme [sɒm] *n* (*river*) Somme *f*. **Battle of the** ~ bataille *f* de la Somme.

somnambulism [sɒm'næmbjʊləzəm] *n* somnambulisme *m*.

somnambulist [sɒm'næmbjʊlɪst] *n* somnambule *mf*.

somniferous [sɒm'nɪfərəs] *adj* somnifère, soporifique.

somnolence ['sɒmnələns] *n* somnolence *f*.

somnolent ['sɒmnələnt] *adj* somnolent.

son [sʌn] **1** *n* fils *m*. (*Rel*) **S~ of God/Man** Fils de Dieu/de l'Homme; **his** ~ **and heir** son héritier; (*liter*) **the** ~**s of men** les hommes *mpl*; **he is his father's** ~ (*in looks*) c'est tout le portrait de son père; (*in character*) c'est bien le fils de son père; **I've got 3** ~**s** j'ai 3 fils *or* 3 garçons; **every mother's** ~ **of them** tous tant qu'ils sont (*or* étaient etc); **come here** ~!* viens ici mon garçon! *or* mon gars!* *or* fiston!*; *V* **father** *etc*.

2 *cpd*: **son-in-law** gendre *m*, beau-fils *m*; **son-of-a-bitch*‡*** salaud‡ *m*, fils *m* de garce‡; **son-of-a-gun*‡** (espèce *f* de) vieille fripouille *or* vieux coquin.

sonar ['səʊnɑːr] *n* sonar *m*.

sonata [sə'nɑːtə] *n* sonate *f*. ~ **form** forme *f* sonate.

sonatina [,sɒnə'tiːnə] *n* sonatine *f*.

sonde [sɒnd] *n* (*Met, Space*) sonde *f*.

sone [səʊn] *n* sone *f*.

song [sɒŋ] **1** *n* (*ditty, ballad, folksong etc*) chanson *f*; (*more formal*) chant *m*; [*birds*] chant, ramage *m*. **festival of French** ~ festival *m* de chant français *or* de la chanson française; **to burst into** ~ se mettre à chanter (une chanson *or* un air), entonner une chanson *or* un air; **give us a** ~ chante-nous quelque chose; ~ **without words** romance *f* sans paroles; **the S~ of S~s, the S~ of Solomon** Le cantique des cantiques; (*fig*) **it was going for a** ~ c'était à vendre pour presque rien *or* pour une bouchée de pain; **what a** ~ **and dance*** **there was!** ça a fait une de ces histoires!*; **there's no need to make a** ~ **and dance*** **about it** il n'y a pas de quoi en faire toute une histoire* *or* tout un plat*; (*US: excuse*) **to give sb the same old**

~ and dance* débiter les excuses habituelles à qn; V **march¹**, **sing** etc.

2 cpd: **songbird** oiseau chanteur; **songbook** recueil m de chansons; **song cycle** cycle m de chansons; **song hit** chanson f à succès, tube* m; **song thrush** grive musicienne; **song writer** (words) parolier m, -ière f, auteur m de chansons; (music) compositeur m, -trice f de chansons; (both) auteur-compositeur m.

songfest ['sɒŋfest] n (US) festival m de chansons.

songster ['sɒŋstər] n (singer) chanteur m; (bird) oiseau chanteur.

songstress ['sɒŋstrɪs] n chanteuse f.

sonic ['sɒnɪk] **1** adj speed sonique. **~ barrier** mur m du son, barrière f sonique; **~ boom** détonation f supersonique, bang m (super)sonique; **~ depth-finder** sonde f à ultra-sons; **~ mine** mine f acoustique.

2 n (U) **~s** l'acoustique f (dans le domaine transsonique).

sonnet ['sɒnɪt] n sonnet m.

sonny* ['sʌnɪ] n mon (petit) gars*, fiston* m. **~ boy**, **~ Jim** mon gars*, fiston*.

sonority [sə'nɒrɪtɪ] n sonorité f.

sonorous ['sɒnərəs] adj sonore.

sonorously ['sɒnərəslɪ] adv say d'une voix sonore.

sonorousness ['sɒnərəsnɪs] n sonorité f.

soon [suːn] adv (a) (before long) bientôt; (quickly) vite. **we shall ~ be in Paris** nous serons bientôt à Paris, nous serons à Paris dans peu de temps or sous peu; **you would ~ get lost** vous seriez vite perdu; **he ~ changed his mind** il a vite changé d'avis, il n'a pas mis longtemps or il n'a pas tardé à changer d'avis; **I'll ~ finish that!** j'aurai bientôt terminé!, j'aurai vite or tôt fait!; **(I'll) see you ~!** à bientôt!; **very ~** très vite, très bientôt*; **quite ~** dans assez peu de temps, assez vite; **~ afterwards** peu après; **quite ~ afterwards** assez peu de temps après; **all too ~ it was over** ce ne fut que trop vite fini; **all too ~ it was time to go** malheureusement il a bientôt fallu partir; **the holidays can't come ~ enough!** vivement les vacances!

(b) (early) tôt. **why have you come so ~?** pourquoi êtes-vous venu si tôt?; **I expected you much ~er than this** je vous attendais bien plus tôt (que cela) or bien avant; **I couldn't get here any ~er** je n'ai pas pu arriver plus tôt; **how ~ can you get here?** dans combien de temps au plus tôt peux-tu être ici?, quel jour (or à quelle heure etc) peux-tu venir au plus tôt?; **how ~ will it be ready?** dans combien de temps or quand est-ce que ce sera prêt?; **Friday is too ~** vendredi c'est trop tôt; **we were none too ~** il était temps que nous arrivions (subj), nous sommes arrivés juste à temps; **and none too ~ at that!** et ce n'est pas trop tôt!; **must you leave so ~?** faut-il que vous partiez (subj) déjà? or si tôt?, quel dommage que vous deviez (subj) partir déjà! or si tôt!; **so ~?** déjà?; **on Friday at the ~est** vendredi au plus tôt, pas avant vendredi; **in 5 years or at his death, whichever is the ~er** dans 5 ans ou à sa mort, s'il meurt avant 5 ans or si celle-ci survient avant.

(c) (in phrases) **as ~ as possible** dès que possible, aussitôt que possible; **I'll do it as ~ as I can** je le ferai dès que je le pourrai or aussitôt que je le pourrai or aussitôt que possible; **let me know as ~ as you've finished** prévenez-moi dès que or aussitôt que vous aurez fini; **as ~ as he spoke to her he knew …** aussitôt qu'il lui a parlé il a su …; **as ~ as 7 o'clock** dès 7 heures; **the ~er we get started the ~er we'll be done** plus tôt nous commencerons plus tôt nous aurons fini, plus tôt commencé plus tôt fini; **the ~er the better!** le plus tôt sera le mieux!; (iro) il serait grand temps!, ça ne serait pas trop tôt!; **~er or later** tôt ou tard; **no ~er had he finished than his brother arrived** à peine avait-il fini que son frère est arrivé; **no ~er said than done!** aussitôt dit aussitôt fait!; **he could (just) as ~ fly to the moon as pass that exam** il a autant de chances de réussir cet examen que d'aller sur la lune.

(d) (expressing preference) **I'd ~er you didn't tell him** je préférerais que vous ne le lui disiez (subj) pas; **I'd as ~ you …** j'aimerais autant que vous … (+ subj); **I would ~er stay here than go** je préférerais rester ici (plutôt) que d'y aller; **I would just as ~ stay here with you** j'aimerais tout autant rester ici avec vous, cela me ferait tout autant plaisir de rester ici avec vous; **he'd as ~ die as betray his friends** il préférerait mourir plutôt que de trahir ses amis; **will you go?** — **I'd ~er not!** or **I'd as ~ not!** est-ce que tu iras? — je n'y tiens pas or je préférerais pas*; **I'd ~er die!** plutôt mourir!; **what would you ~er do?** qu'est-ce que vous aimeriez mieux (faire)? or vous préféreriez (faire)?; **~er than have to speak to her**, **he left** plutôt que d'avoir à lui parler il est parti; **she'd marry him as ~ as not** elle l'épouserait volontiers, elle aimerait bien l'épouser; **as ~ as I'd** je n'aimerais pas être à ta place, je te souhaite bien du plaisir!* (iro).

sooner ['suːnər] **1** n (US) pionnier m de la première heure (dans l'Ouest des États-Unis). **2** cpd: (US) **the Sooner State** l'Oklahoma m.

soot [sʊt] n (U) suie f.

◆soot up 1 vi s'encrasser. **2** vt sep encrasser.

sooth [suːθ] **1** n (††) vérité f. **in ~** en vérité. **2** cpd: **soothsayer** devin m, devineresse f; **soothsaying** divination f.

soothe [suːð] vt person calmer, apaiser; nerves, mind, pain calmer; anger, anxieties apaiser; sb's vanity flatter. **to ~ sb's fears** apaiser les craintes de qn, tranquilliser qn.

soothing ['suːðɪŋ] adj medicine, ointment lénitif; tone, voice, words apaisant; sb's presence rassurant, réconfortant; hot bath relaxant. **you need a ~ hot drink** il te faut une boisson chaude, ça te fera du bien; **she's very ~** sa présence a quelque chose de rassurant or de réconfortant.

soothingly ['suːðɪŋlɪ] adv d'une manière apaisante; say, whisper d'un ton apaisant.

sooty ['sʊtɪ] adj surface, hands couvert or noir de suie; mixture, dust fuligineux. **~ black** charbonneux.

sop [sɒp] n (a) (Culin) pain trempé (dans du lait, du jus de viande etc), mouillette f. **he can eat only ~s** il ne peut rien manger de trop solide, il doit se nourrir d'aliments semi-liquides; (fig) **it's just a ~ to Cerberus** c'est simplement pour le (or les etc) ramener à de meilleures dispositions or pour l'amadouer (or les etc amadouer); **he gave the guard £10 as a ~** il a donné 10 livres au gardien pour s'acheter ses bons services or pour lui graisser la patte*; **it's a ~ to my conscience** c'est pour faire taire ma conscience; **as a ~ to his pride, I agreed** j'ai accepté pour flatter son amour-propre; **he only said that as a ~ to the unions** il a dit cela uniquement pour amadouer les syndicats.

(b) (*: sissy) (man) poule mouillée, lavette* f; (woman) femme f très fleur bleue.

◆sop up vt sep spilt liquid [sponge, rag] absorber; [person] éponger (with avec). **he sopped up the gravy with some bread** il a saucé son assiette avec un morceau de pain.

Sophia [səʊ'faɪə] n Sophie f.

sophism ['sɒfɪzəm] n = **sophistry**.

sophist ['sɒfɪst] n sophiste mf. (Hist Philos) **S~s** sophistes mpl.

sophistical [sə'fɪstɪkəl] adj sophistique, captieux.

sophisticate [sə'fɪstɪkeɪt] n raffiné(e) m(f), élégant(e) m(f).

sophisticated [sə'fɪstɪkeɪtɪd] adj person (in taste, life style) raffiné, blasé (pej); (in appearance) élégant, sophistiqué (slightly pej); mind, style, tastes raffiné, recherché; clothes, room d'une élégance raffinée or étudiée, plein de recherche; play, film, book plein de complexité, avancé; song, revue plein de recherche; machinery, machine, method, weapon hautement perfectionné, sophistiqué; philosophy développé, avancé; discussion subtil (f subtile); wine élégant. **he's very ~** il est très raffiné, il a beaucoup de savoir-vivre; **he's not very ~** il est très simple; **the author's ~ approach to this problem** la façon très mûre dont l'auteur aborde ce problème; **a ~ little black dress** une petite robe noire toute simple or d'un style très dépouillé.

sophistication [sə,fɪstɪ'keɪʃən] n (V **sophisticated**) raffinement m, caractère blasé; élégance f, sophistication f; recherche f; complexité f, caractère avancé; subtilité f; [machine etc] degré m de perfectionnement, complexité, sophistication.

sophistry ['sɒfɪstrɪ] n (U) sophistique f. (piece of) **~** sophisme m. (Hist Philos) **S~** sophistique f.

Sophocles ['sɒfəkliːz] n Sophocle m.

sophomore ['sɒfəmɔːr] n (US) étudiant(e) m(f) de seconde année.

sophomoric [,sɒfə'mɔːrɪk] adj (US pej) aussi prétentieux qu'ignorant.

soporific [,sɒpə'rɪfɪk] **1** adj soporifique. **2** n somnifère m.

sopping ['sɒpɪŋ] adj (also **~ wet**) clothes tout trempé, à tordre; person trempé (jusqu'aux os).

soppy* ['sɒpɪ] adj (Brit) (a) (sentimental) person sentimental, fleur bleue inv; film, book, scene sentimental, à l'eau de rose.

(b) (unmanly; without stamina) mollasson, qui manque de nerf. **he's ~** c'est une mauviette or un mollasson, il manque de nerf.

(c) (silly) person bébête*; action bête, idiot.

soprano [sə'prɑːnəʊ] **1** n, pl **~s** (singer) soprano mf; (voice, part) soprano m; V **boy**. **2** adj voice, part de soprano; aria pour soprano.

sorb [sɔːb] n (tree) sorbier m; (fruit) sorbe f.

sorbet ['sɔːbeɪ, 'sɔːbɪt] n (a) (water ice) sorbet m. **lemon ~** sorbet au citron. (b) (US) = **sherbet** (a).

sorbic ['sɔːbɪk] adj: **~ acid** acide m sorbique.

sorbitol ['sɔːbɪtɒl] n sorbitol m.

sorcerer ['sɔːsərər] n sorcier m. (Mus etc) **The S~'s Apprentice** l'Apprenti-sorcier m.

sorceress ['sɔːsərɪs] n sorcière f.

sorcery ['sɔːsərɪ] n sorcellerie f.

sordid ['sɔːdɪd] adj conditions, surroundings sordide, misérable, repoussant; (fig) behaviour, motive, method sordide, honteux, abject; agreement, deal honteux, infâme; crime, greed, gains sordide; film, book sale, dégoûtant, ignoble. **a ~ little room** une petite pièce sordide or d'une saleté repoussante or qui est un véritable taudis; **in ~ poverty** dans la misère la plus noire; **it's a pretty ~ business** c'est une affaire assez sordide or ignoble; **I find the whole thing quite ~** je suis écœuré par cette affaire; **all the ~ details** tous les détails sordides or répugnants; **they had a ~ little affair** ils ont eu ensemble une misérable petite liaison.

sordidly ['sɔːdɪdlɪ] adv sordidement.

sordidness ['sɔːdɪdnɪs] n [conditions, surroundings] aspect m sordide, misère f, saleté repoussante; (fig) [behaviour, motive, method] bassesse f; [agreement, deal] caractère honteux; [crime, greed, gains] caractère sordide; [film, book] saleté.

sore [sɔːr] **1** adj (a) (painful) douloureux, endolori, sensible; (inflamed) irrité, enflammé. **his ~ leg** sa jambe douloureuse or endolorie or qui lui fait (or faisait etc) mal; **this spot is very ~** cet endroit est très sensible or douloureux; **ouch! that's ~!** aïe! ça me fait mal!, aïe! tu me fais mal!; **where is it ~?** où est-ce que vous avez mal?; **tell me if it's ~** dites-moi si cela vous fait mal; **I'm ~ all over** j'ai mal partout; **I have a ~ finger/foot** j'ai mal au doigt/au pied; **I have a ~ head** j'ai mal à la tête, j'ai un mal de tête; (fig) **it's a ~ point** c'est un point délicat; (liter) **to be ~ at heart** être affligé or désolé; V **bear²**, **sight**, **throat** etc.

(b) (*: offended) contrarié, vexé (about sth par qch), fâché (with sb contre qn), en rogne* (about sth à cause de qch, with sb contre qn). **he was feeling very ~ about it** il en était vraiment ulcéré, ça l'a vraiment mis en rogne*; **to get ~** râler*, être en rogne* (about sth à cause de qch, with sb contre qn), prendre la mouche; **don't get ~!** ne te vexe pas!, ne te fâche pas!, ne râle* pas!; **what are you so ~ about?** pourquoi es-tu si fâché?, qu'est-ce que tu as à râler?*

(c) († or liter) **to be in ~ need of** avoir grandement besoin de; **a ~ temptation** une tentation difficile à vaincre.

2 cpd: (US) **sorehead*** râleur* m, -euse* f, rouspéteur* m, -euse* f.

3 *adv* († *or liter*) cruellement, péniblement. ~ **distressed** cruellement affligé; **to be** ~ **afraid** avoir grand-peur.
4 *n* (*Med*) plaie *f*. (*fig*) **to open up old** ~**s** rouvrir *or* raviver d'anciennes blessures (*fig*); V **running**.

sorely ['sɔːlɪ] *adv* **wounded** gravement, grièvement; *missed, regretted* amèrement. **it is** ~ **needed** on en a grandement besoin; **he/his patience was** ~ **tried** il/sa patience a été soumis(e) à rude *or* cruelle épreuve; ~ **tempted** fortement *or* très tenté.

soreness ['sɔːnɪs] *n* (a) (*Med etc*) (*painfulness*) endolorissement *m*. **(b)** (* *fig*) (*annoyance*) contrariété *f*, irritation *f*; (*bitterness*) amertume *f*; (*anger*) colère *f*, rogne* *f*.

sorghum ['sɔːgəm] *n* sorgho *m*.

soroptimist [sɒˈrɒptɪmɪst] *n* membre *m* d'une association internationale pour les femmes dans les professions libérales.

sorority [səˈrɒrɪtɪ] *n* (*US Univ*) club féminin, club d'étudiantes.

sorrel ['sɒrəl] **1** *n* (a) (*Bot*) oseille *f*. **(b)** (*horse*) alezan clair *m*; (*colour*) roux *m*, brun rouge *m*. **2** *adj horse* alezan clair *inv*.

sorrow ['sɒrəʊ] **1** *n* peine *f*, chagrin *m*, tristesse *f*; (*stronger*) douleur *f*. **his** ~ **at the loss of his son** la peine *or* le chagrin *or* la douleur qu'il a éprouvé(e) à la mort de son fils; **to my** (**great**) ~ à mon grand chagrin, à ma grande tristesse *or* douleur; **this was a great** ~ **to me** j'en ai eu beaucoup de peine *or* de chagrin *or* de tristesse; **he was a great** ~ **to her** il lui a causé beaucoup de peine *or* de chagrin; **more in** ~ **than in anger** avec plus de peine *or* de tristesse que de colère; **the** ~**s of their race** les afflictions *fpl or* les peines qui pèsent sur leur race; (*Rel*) **the Man of S**~**s** l'Homme de douleur; V **drown**.
2 *vi*: **to** ~ **over sb's death, loss** pleurer; *news* déplorer, se lamenter de; **she sat** ~**ing by the fire** elle était assise au coin du feu toute à son chagrin.

sorrowful ['sɒrəʊfʊl] *adj person* triste, (*stronger*) affligé; *expression, look, smile, face* triste, attristé, (*stronger*) désolé; *news* pénible, triste, affligeant; *music* triste, mélancolique.

sorrowfully ['sɒrəʊflɪ] *adv* tristement, avec chagrin, d'un air triste *or* désolé; *say* d'un ton triste *or* désolé.

sorrowing ['sɒrəʊɪŋ] *adj* affligé.

sorry ['sɒrɪ] *adj* (a) (*regretful*) désolé. **I was** ~ **to hear of your accident** j'étais désolé *or* très peiné *or* navré d'apprendre que vous avez eu un accident; **I am** ~ **I cannot come** je regrette *or* je suis désolé de ne (pas) pouvoir venir; **I am** ~ **she cannot come** je regrette *or* je suis désolé qu'elle ne puisse (pas) venir; **I have to tell you that** ... je regrette d'avoir à vous dire que ...; (*frm*) **we are** ~ **to inform you** ... nous avons le regret de vous informer ...; **he didn't pass, I'm** ~ **to say** il a échoué hélas *or* malheureusement; (**I am**) ~ **I am late, I'm** ~ **to be late** excusez-moi *or* je suis désolé d'être en retard; **say you're** ~! dis *or* demande pardon!; ~!, ~ **about that!*** pardon!, excusez-moi!, je suis désolé!; **I'm very** *or* **terribly** ~ je suis vraiment désolé *or* navré; **awfully** ~!, **so** ~! oh pardon!, excusez-moi!, je suis vraiment désolé!; **will you go?** — **I'm** ~ **I can't** est-ce que tu vas y aller? — impossible hélas *or* (je suis) désolé mais je ne peux pas; **can you do it?** — **no,** ~ est-ce que tu peux le faire? — non, désolé *or* désolé, je ne peux pas *or* malheureusement pas; **I am** ~ **to disturb you** je suis désolé de vous déranger, excusez-moi de vous déranger; **I am** *or* **feel** ~ **about all the noise yesterday** je regrette beaucoup qu'il y ait eu tellement de bruit hier; ~ **about that vase!** excusez-moi pour ce vase!; **you'll be** ~ **for this!** vous le regretterez!, vous vous en repentirez!
(b) (*pitying*) **to be** *or* **feel** ~ **for sb** plaindre qn; **I feel so** ~ **for her** since her husband died elle me fait pitié depuis la mort de son mari; **I'm** ~ **for you but you should have known better** je suis désolé pour vous *or* je vous plains mais vous auriez dû être plus raisonnable; (*iro*) **if he can't do better than that then I'm** ~ **for him** s'il ne peut pas faire mieux, je regrette pour lui *or* je le plains; **there's no need to feel** *or* **be** ~ **for him** il est inutile de le plaindre, il n'est pas à plaindre; **to be** *or* **feel** ~ **for o.s.** se plaindre (de son sort), s'apitoyer sur soi-même *or* sur son propre sort; **he looked very** ~ **for himself** il faisait piteuse mine.
(c) (*woeful*) *condition* triste, déplorable, lamentable; *excuse* piètre, mauvais, lamentable. **to be in a** ~ **plight** être dans une triste situation, être en fâcheuse posture; **to be in a** ~ **state** être dans un triste état, être en piteux état; **he was a** ~ **figure** il faisait triste *or* piteuse figure; **a** ~ **sight** un triste spectacle, un spectacle désolant *or* affligeant; **it was a** ~ **tale of mismanagement and inefficiency** c'était une lamentable *or* déplorable histoire de mauvaise gestion et d'inefficacité.

sort [sɔːt] **1** *n* (a) (*class, variety, kind, type*) genre *m*, espèce *f*, sorte *f*; (*make*) [*car, machine, coffee etc*] marque *f*. **this** ~ **of book** ce genre de *or* cette espèce de *or* cette sorte de livre; **books of all** ~**s** des livres de tous genres *or* de toutes espèces *or* de toutes sortes; **... and all** ~**s of things** ... et toutes sortes de choses encore, ... et j'en passe, ... et que sais-je; **this** ~ **of thing(s)** ce genre de chose(s); **what** ~ **of flour do you want?** — **the** ~ **you gave me last time** quelle sorte *or* quelle espèce *or* quel genre de farine voulez-vous? — la même que vous m'avez donnée (*or* le même que vous m'avez donné) la dernière fois; **what** ~ **do you want?** vous en (*or* le *or* la) voulez de quelle sorte?; **what** ~ **of car is it?** quelle marque de voiture est-ce?; **what** ~ **of man is he?** quel genre *or* type d'homme est-ce?; **what** ~ **of dog is he?** qu'est-ce que c'est comme espèce de chien?; **he is not the** ~ **of man to refuse** ce n'est pas le genre d'homme à refuser, il n'est pas homme à refuser; **he's not that** ~ **of person** ce n'est pas son genre; **I'm not that** ~ **of girl!** ce n'est pas mon genre!, mais pour qui me prenez-vous?; **that's the** ~ **of person I am** c'est comme ça que je suis (fait); **what** ~ **of people does he think we are?** (mais enfin) pour qui nous prend-il?; **what** ~ **of a fool does he take me for?** (non mais*) il me prend pour un imbécile!; **what** ~ **of behaviour is this?** qu'est-ce que c'est que cette façon de se conduire?; **what** ~ **of an answer do you call that?** vous appelez

ça une réponse?; **classical music is the** ~ **she likes most** c'est la musique classique qu'elle préfère; **and all that** ~ **of thing** et autres choses du même genre, et tout ça*; **you know the** ~ **of thing I mean** vous voyez (à peu près) ce que je veux dire; **I don't like that** ~ **of talk/behaviour** je n'aime pas ce genre de conversation/de conduite; **he's the** ~ **that will cheat** il est du genre à tricher; **I know his** ~! je connais les gens de son genre *or* espèce; **your** ~*! never did any good** les gens de votre genre *or* espèce ne font rien de bien; **they're not our** ~* ce ne sont pas des gens comme nous; **it's my** ~* **of film** c'est le genre de film que j'aime *or* qui me plaît.
(b) (*in phrases*) **something of the** ~ quelque chose de ce genre(-là) *or* d'approchant; **this is wrong** — **nothing of the** ~! c'est faux — pas le moins du monde!; **I shall do nothing of the** ~! je n'en ferai rien!, certainement pas!; **I will have nothing of the** ~! je ne tolérerai pas cela!; (*pej*) **it was beef of a** ~ c'était quelque chose qui pouvait passer pour du bœuf; **he is a painter of** ~**s** c'est un peintre si l'on peut dire; **after a** ~, **in some** ~ dans une certaine mesure, en quelque sorte, jusqu'à un certain point; **to be out of** ~**s** ne pas être dans son assiette; (*Prov*) **it takes all** ~**s** (**to make a world**) il faut de tout pour faire un monde (*Prov*); (*fig*) **a good** ~* un brave garçon, un brave type*; **une brave fille**.
(c) **a** ~ **of** une sorte *or* espèce de, un genre de; **there was a** ~ **of box in the middle of the room** il y avait une sorte *or* une espèce *or* un genre de boîte au milieu de la pièce, il y avait quelque chose qui ressemblait à une boîte au milieu de la pièce; **there was a** ~ **of tinkling sound** il y avait une sorte *or* une espèce de bruit de grelot, on entendait quelque chose qui ressemblait à un bruit de grelot; **in a** ~ **of way*** I'm sorry d'une certaine façon je le regrette; **I had a** ~ **of fear that** ..., **I was** ~ **of* frightened that** ... j'avais comme peur que ... + ne + *subj*; **I** ~ **of* thought that he would come** j'avais un peu l'idée qu'il viendrait; **he was** ~ **of* worried-looking** il avait un peu l'air inquiet, il avait l'air comme qui dirait* inquiet; **it's** ~ **of* blue** c'est plutôt bleu; **aren't you pleased?** — ~ **of!*** tu n'es pas content? — assez! *or* ben si!‡
2 *cpd*: (*Banking*) **sort code** numéro *m* d'agence; **to have a sort-out*** faire du rangement; **I've had a sort-out* of all these old newspapers** j'ai trié tous ces vieux journaux.
3 *vt* (a) (*also* ~ **out**) (*classify*) *documents, stamps* classer; (*select those to keep*) *documents, clothes, apples* trier, faire le tri de; (*separate*) séparer (*from* de). **he spent the morning** ~**ing his stamp collection** il a passé la matinée à classer *or* trier les timbres de sa collection; **to** ~ **things (out) into sizes** *or* **according to size** trier des objets selon leur taille; (*Cards*) **to** ~ **out one's cards** *or* **one's hand** arranger ses cartes, mettre de l'ordre dans ses cartes; **to** ~ **the clothes (out) into clean and dirty** séparer les vêtements sales des propres, mettre les vêtements sales à part; **can you** ~ **out the green ones and keep them aside?** pourriez-vous les trier et mettre les verts à part?
(b) (*Post: letters etc; Comput: data, file*) trier.
(c) (*Scot**: *mend*) arranger. **I've** ~**ed your bike** j'ai arrangé ton vélo.
♦**sort out 1** *vt sep* (a) = **sort 3a.**
(b) (*fig*) (*tidy*) *papers, toys, clothes* ranger, mettre de l'ordre dans; *ideas* mettre de l'ordre dans; (*solve*) *problem* régler, résoudre; *difficulties* venir à bout de; (*fix, arrange*) arranger. **I just can't sort the twins out*** (one from the other) je ne peux pas distinguer les jumeaux (l'un de l'autre); **can you sort this out for me?** est-ce que vous pourriez débrouiller ça pour moi?; **we've got it all sorted out now** nous avons réglé *or* résolu la question; **we'll soon sort it out** nous aurons vite fait d'arranger ça *or* de régler ça; **things will sort themselves out** les choses vont s'arranger d'elles-mêmes; **he was so excited I couldn't sort out what had happened** il était tellement excité que je n'ai pas pu débrouiller *or* comprendre ce qui s'était passé; **did you sort out with him when you had to be there?** est-ce que tu as décidé *or* fixé avec lui l'heure à laquelle tu dois y être?; (*Brit*) **to sort sb out*** (*by punishing, threatening etc*) régler son compte à qn*; (*get him out of difficulty etc*) tirer qn d'affaire; (*after depression, illness etc*) aider qn à reprendre pied (*fig*).
(c) (*explain*) **to sort sth out for sb** expliquer qch à qn.
2 sort-out* *n* V **sort 2.**

sorter ['sɔːtər] *n* (a) (*person*) trieur *m*, -euse *f*. **(b)** (*machine*) (*for letters*) trieur *m*; (*for punched cards*) trieuse *f*; (*for grain*) trieur; (*for wool, coke etc*) trieur, trieuse.

sortie ['sɔːtɪ] *n* (*Aviat, Mil*) sortie *f*. **they made** *or* **flew 400** ~**s** ils ont fait 400 sorties.

sorting ['sɔːtɪŋ] **1** *n* (*Comput, Post*) tri *m*. **2** *cpd*: (*Post*) **sorting office** bureau *m* or centre *m* de tri.

SOS [ˌesəʊˈes] *n* (*signal*) S.O.S. *m*; (*fig*) S.O.S., appel *m* au secours (*for sth* pour demander qch).

sot [sɒt] *n* ivrogne invétéré.

sottish ['sɒtɪʃ] *adj* abruti par l'alcool.

sotto voce ['sɒtəʊˈvəʊtʃɪ] *adv* (tout) bas, à mi-voix; (*Mus*) sotto-voce.

sou' [saʊ] *adj* (*Naut: in cpds*) = **south.**
Soudan [suˈdɑːn] *n* = **Sudan.**
Soudanese [ˌsuːdəˈniːz] = **Sudanese.**

soufflé ['suːfleɪ] **1** *n* soufflé *m*. **cheese/fish** ~ soufflé au fromage/au poisson. **2** *cpd*: **soufflé dish** moule *m* à soufflé; **soufflé omelette** omelette soufflée.

sough [saʊ] (*liter*) **1** *n* murmure *m* (du vent). **2** *vi* [*wind*] murmurer.

sought [sɔːt] *pret, ptp of* **seek.**

soul [səʊl] **1** *n* (a) âme *f*. **with all one's** ~ de toute son âme, de tout son cœur; **All S**~**s' Day** le jour des Morts; **upon my** ~!*† grand Dieu!; **he cannot call his** ~ **his own** il ne s'appartient pas, il est complètement dominé; (*fig*) **he was the** ~ **of the movement**

c'était lui l'âme *or* l'animateur *m or* la cheville ouvrière du mouvement; **he is the ~ of discretion** c'est la discrétion même *or* personnifiée *or* en personne; **he has no ~** il est trop terre à terre, il a trop les pieds sur terre; **it lacks ~** cela manque de sentiment; *V* **body, heart, sell** *etc.*

(b) (*person*) âme *f*, personne *f*. **a village of 300 ~s** un village de 300 âmes *or* habitants; **the ship sank with 200 ~s** le bateau a sombré avec 200 personnes à bord; **the ship sank with all ~s** le bateau a péri corps et biens; **I didn't see a (single *or* living) ~** je n'ai vu personne, je n'ai pas vu âme qui vive; **don't tell a ~** surtout n'en soufflez mot à personne; **(you) poor ~!** mon (*or* ma) pauvre!; **he's a good ~** c'est une excellente personne, il est bien brave*; **lend me your pen, there's a good ~*** sois gentil *or* sois un ange, prête-moi ton stylo; *V* **simple** *etc.*

(c) (*US: esp of black Americans*) soul *m*, façon de ressentir des Noirs.

(d) (*US**) *abbr of* **soul brother, soul food** *and* **soul music**; *V* **2**.

2 *adj* (*US: of black Americans*) (*gen*) noir, de Noirs; *hotel etc* où l'on ne pratique pas la discrimination; *radio station* émettant pour un public noir. **~ brother** frère *m* de race (*terme employé par les Noirs entre eux*); **S~ City*** Harlem; **~ food** nourriture *f* traditionnelle des Noirs du Sud; **~ music** musique *f* soul, soul *m*; **~ sister** sœur *f* de race (*terme employé par les Noirs entre eux*).

3 *cpd*: **soul-destroying** (*boring*) abrutissant; (*depressing*) démoralisant; **soul mate*** âme *f* sœur; **soul-searching** introspection *f*; **after a lot of soul-searching ...** après avoir bien fait son (*or* mon *etc*) examen de conscience ...; **soul-stirring** très émouvant.

soulful ['səʊlfʊl] *adj* *expression, performance, music* sentimental, attendrissant; *eyes, glance* expressif, éloquent.

soulfully ['səʊlfəlɪ] *adv* *sing, write* de façon sentimentale *or* attendrissante; *look* d'un air expressif *or* éloquent.

soulless ['səʊllɪs] *adj* *person* sans cœur; *cruelty* inhumain; *task* abrutissant.

sound¹ [saʊnd] **1** *n* (*Ling, Mus, Phys, Rad, TV etc*) son *m*; [*sea, storm, breaking glass, car brakes etc*] bruit *m*; [*sb's voice, bell, violins etc*] son. **the speed of ~** la vitesse du son; **within ~ of** à portée du son de; **to the ~(s) of the national anthem** au(x) son(s) de l'hymne national; **there was not a ~ to be heard** on n'entendait pas le moindre bruit; **without (making) a ~** sans bruit, sans faire le moindre bruit; **we heard the ~ of voices** nous avons entendu un bruit de voix; **the Glenn Miller ~** la musique de Glenn Miller; (*fig*) **I don't like the ~ of it** (*it doesn't attract me*) ça ne me dit rien, ça ne me plaît pas; (*it's worrying*) ça m'inquiète; (*fig*) **I don't like the ~ of his plans** ses projets ne me disent rien qui vaille; (*fig*) **the news has a depressing ~** les nouvelles semblent déprimantes.

2 *cpd* *film, recording* sonore. **sound archives** phonothèque *f*; **sound barrier** mur *m* du son; (*Phon*) **sound change** changement *m* phonétique; (*Rad etc*) **sound effects** bruitage *m*; (*Cine, TV, Rad*) **sound effects man** bruiteur *m*; (*Cine, Rad etc*) **sound engineer** ingénieur *m* du son; (*Mus*) **sound hole** ouïe *f*; **sound(ing) board** *V* **sounding¹**; (*Phon*) **sound law** loi *f* phonétique; **sound library** phonothèque *f*; **sound pollution** nuisance *f* due au bruit; (*Phon*) **sound-producing** phonatoire; **soundproof** (*vt*) insonoriser; (*adj*) insonorisé; **soundproofing** insonorisation *f*; (*Phon*) **sound shift** mutation *f* phonétique; (*Recording*) **sound stage** salle *f* de tournage; (*Cine*) **sound track** bande *f* sonore; (*US*) **sound truck** camionnette équipée d'un haut-parleur; (*Phys*) **sound wave** onde *f* sonore.

3 *vi* **(a)** [*bell, trumpet, voice*] sonner, retentir; [*car horn, siren, signal, order*] retentir. **footsteps/a gun ~ed a long way off** on a entendu un bruit de pas/un coup de canon dans le lointain; (*fig*) **a note of warning ~s through his writing** un avertissement retentit dans ses écrits; **it ~s better if you read it slowly** c'est *or* ça sonne mieux si vous le lisez lentement.

(b) (*suggest by sound*) **that instrument ~s like a flute** le son de cet instrument ressemble à celui de la flûte, on dirait le son de la flûte; **it ~s empty** (*au son*) on dirait que c'est vide; **a language which ~ed (to me) like Dutch** une langue qui aurait pu être *or* qui (me) semblait être du hollandais; **he ~s (like) an** Australian à l'entendre parler on dirait un Australien; **the train ~ed a long way off, it ~ed as if** *or* **as though the train were a long way off** le train semblait être encore bien loin; **it ~ed as if someone were coming in** on aurait dit que quelqu'un entrait; **that ~s like Paul arriving** ça doit être Paul qui arrive; **she ~s tired** elle semble fatiguée; **you ~ like your mother when you say things like that** quand tu parles comme ça, tu me rappelles ta mère *or* on croirait entendre ta mère; (*to sick person*) **you ~ terrible** (à t'entendre) tu sembles en triste état.

(c) (*fig: seem, appear*) sembler (être). **that ~s like an excuse** cela a l'air d'une excuse, cela ressemble à une excuse; **how does it ~ to you?** qu'en penses-tu?; **it ~s like a good idea** ça a l'air d'(être) une bonne idée, ça semble être une bonne idée; **it doesn't ~ too good** cela n'annonce rien de bon, ce n'est pas très prometteur; **it ~s as if she isn't coming** j'ai l'impression qu'elle ne viendra pas; **you don't ~ like the kind of person we need** (à en juger par ce que vous dites) vous ne semblez pas être le genre de personne qu'il nous faut.

4 *vt* **(a)** *bell, alarm* sonner; *trumpet, bugle* sonner de; (*Mil*) *reveille, retreat* sonner. (*Mil*) **to ~ the last post** envoyer la sonnerie aux morts; (*Aut*) **to ~ the one's horn** klaxonner; (*Aut*) **~ing the horn** l'usage *m* du klaxon; (*fig*) **to ~ a (note of) warning** lancer un avertissement; **to ~ sb's praises** faire l'éloge de qn, chanter les louanges de qn.

(b) (*Ling*) **to ~ one's 't's** faire sonner ses 't'; **the 'n' in 'hymn'** **is not ~ed** le 'n' de 'hymn' ne se prononce pas.

(c) (*examine*) *rails, train wheels* vérifier au marteau. (*Med*) **to ~ sb's chest** ausculter qn.

♦**sound off** *vi* **(a)** (*x*) (*proclaim one's opinions*) faire de grands laïus* (*about* sur); (*boast*) se vanter (*about* de), la ramener‡ (*about* à propos de); (*grumble*) rouspéter*, râler* (*about* à propos de). **to sound off at sb** engueuler‡ qn.

(b) (*US Mil: number off*) se numéroter.

sound² [saʊnd] **1** *adj* **(a)** (*healthy, robust*) *person* en bonne santé, bien portant; *heart* solide; *constitution, teeth, lungs, fruit, tree* sain; *timber* sain, solide; *structure, floor, bridge* solide, en bon état; (*fig*) *firm, business, financial position* sain, solide; *bank, organization* solide; *alliance, investment* bon, sûr, sans danger. **the bullet struck his ~ leg** la balle a atteint sa jambe valide; **of ~ mind** sain d'esprit; **~ in body and mind** sain de corps et d'esprit; **to be ~ in wind and limb** avoir bon pied bon œil; **to be as ~ as a bell** être en parfait état; *V* **safe**.

(b) (*competent, judicious, sensible*) *reasoning, judgment* solide, juste, sain; *doctrine* orthodoxe, solide; *argument* solide, valable; *decision, step, advice, opinion* sensé, valable, judicieux; *case, training* solide; *rule, policy, behaviour, tactics* sensé, valable; *claim, title* valable, sérieux; *statesman, player etc* compétent. **he is a ~ worker** il sait travailler, il est compétent dans son travail; **he is a ~ socialist** c'est un bon socialiste, c'est un socialiste bon teint; **he is ~ enough on theory ...** il connaît très bien la théorie ...; **he is a ~ chap** (*sensible*) il est très sérieux *or* sensé; (*we can trust him*) c'est quelqu'un en qui on peut avoir confiance; **~ sense** bon sens, sens pratique; **that was a ~ move** c'était une action judicieuse *or* sensée.

(c) (*thorough*) *defeat* complet (*f* -ète), total; *sleep* profond. **a ~ thrashing** une bonne *or* belle correction; **he is a ~ sleeper** il a un bon sommeil, il dort bien.

2 *adv* **to be ~ asleep** être profondément endormi, dormir à poings fermés; **to sleep ~** bien dormir.

sound³ [saʊnd] **1** *n* (*Med: probe*) sonde *f*.

2 *cpd*: **sound(ing) line** *V* **sounding²** **2**.

3 *vt* (*gen, Med, Naut etc*) sonder; (*fig: also* **~ out**) *person* sonder (*on, about* sur). **to ~ sb's opinions/feelings on sth** sonder qn sur ses opinions/ses sentiments à propos de qch.

4 *vi* sonder.

sound⁴ [saʊnd] *n* (*Geog*) détroit *m*, bras *m* de mer.

sounding¹ ['saʊndɪŋ] **1** *n* **(a)** [*trumpet, bell etc*] son *m*. **the ~ of the retreat/the alarm** le signal de la retraite/de l'alerte.

(b) (*Med*) auscultation *f*.

2 *cpd*: **sounding board** (*Mus*) table *f* d'harmonie; (*behind rostrum etc*) abat-voix *m inv*; (*fig*) **he used the committee as a sounding board for his new idea** il a d'abord essayé sa nouvelle idée sur les membres du comité.

sounding² ['saʊndɪŋ] **1** *n* (*Aviat, Naut, Space etc*) (*act*) sondage *m*. (*measurement, data*) **~s** sondages; (*lit, fig*) **to take ~s** faire des sondages. **2** *cpd*: **sounding line** ligne *f* de sonde.

soundless ['saʊndlɪs] *adj* silencieux.

soundlessly ['saʊndlɪslɪ] *adv* sans bruit, en silence.

soundly ['saʊndlɪ] *adv* *sleep* profondément; *advise, reason, argue* de façon sensée *or* valable, judicieusement, avec justesse *or* bon sens; *organize, manage* bien, de façon saine *or* sûre; *invest* bien, sans danger; (*Sport*) *play* de façon compétente. **~ based** *business, firm* sain, solide; *financial position* sain, solide, sans danger; **he was ~ beaten** (*defeated*) il a été complètement battu, il a été battu à plate(s) couture(s); (*thrashed*) il a reçu une bonne *or* belle correction; *V* **sleep**.

soundness ['saʊndnɪs] *n* (*V* **sound²**) [*body*] santé *f*; [*mind*] équilibre *m*, santé; [*business*] solidité *f*; [*solvency*] solvabilité *f*; [*argument*] solidité; [*judgment*] justesse *f*; [*doctrine*] orthodoxie *f*; [*sleep*] profondeur *f*.

soup [suːp] **1** *n* **(a)** soupe *f*; (*thinner or sieved*) potage *m*; (*very smooth*) velouté *m*. **clear ~** potage clair; **mushroom/tomato ~** velouté de champignons/de tomates; **onion ~** soupe à l'oignon; **vegetable ~** soupe *or* potage aux légumes; (*fig*) **to be in the ~*** être dans le pétrin* *or* dans de beaux draps; *V* **pea** *etc*.

(b) (*US‡: nitroglycerine*) nitroglycérine *f*.

2 *cpd*: **soup cube** potage *m* en cube; (*stock cube*) bouillon-cube *m*; **soup kitchen** soupe *f* populaire; **soup plate** assiette creuse *or* à soupe; **soupspoon** cuiller *f* à soupe; **soup tureen** soupière *f*.

♦**soup up*** *vt sep* (*Aut*) *engine* gonfler*. **he was driving a souped-up Mini** ® il conduisait une Mini ® au moteur gonflé* *or* poussé.

soupçon ['suːpsɔ̃ːn] *n* [*garlic, malice*] soupçon *m*, pointe *f*.

soupy ['suːpɪ] *adj* *liquid* (*thick*) épais (*f* -aisse); (*unclear*) trouble; *fog, atmosphere* épais, dense; (** fig: sentimental*) *film, story, voice* sirupeux.

sour ['saʊər] **1** *adj* *flavour, fruit, wine etc* aigre, acide, sur; *milk* tourné, aigre; *soil* trop acide; (*fig*) *person, voice* acerbe, revêche, aigre; *face* revêche, rébarbatif; *remark* aigre, acerbe. **the juice is too ~** le jus est trop acide *or* n'est pas assez sucré; **~(ed) cream** ≃ crème *f* aigre; **to go** *or* **turn ~** [*milk*] tourner, devenir aigre; [*relationship, discussion*] tourner au vinaigre; [*plans*] mal tourner; **to be in a ~ mood** être d'humeur revêche *or* massacrante; (*fig*) **it was clearly ~ grapes on his part** il l'a manifestement fait (*or* dit *etc*) par dépit *or* par rancœur.

2 *cpd*: (*US*) **sourdough** levain *m*; **sour-faced** à la mine revêche *or* rébarbative; **sourpuss*** grincheux *m*, -euse *f*.

3 *vt* aigrir (*also fig*); *milk* faire tourner.

4 *vi* **(a)** (*lit*) s'aigrir; [*milk*] tourner.

(b) (*fig*) [*person, character*] s'aigrir; [*relations*] se dégrader; [*situation*] mal tourner, se dégrader.

5 *n*: **whisky** *etc* **~** cocktail *m* de whisky *etc* au citron.

source [sɔːs] **1** *n* [*river*] source *f*; (*fig*) source, origine *f*. (*Literat etc*) **~s** sources; **a ~ of heat** une source de chaleur; (*Med*) **a ~ of infection** un foyer d'infection; **we have other ~s of supply** nous avons d'autres sources d'approvisionnement, nous pouvons nous approvisionner ailleurs; **what is the ~ of this information?** quelle est l'origine *or* la provenance de cette nouvelle?; **I have it from a reliable ~ that** ... je tiens de bonne source *or* de source sûre que ... ; **at ~** à la source.

2 *cpd*: **source language** (*Ling*) langue f de départ; (*Comput*) language m source; (*Literat etc*) **source materials** sources fpl; (*Comput*) **source program** programme m source.

sourdine [suəˈdiːn] *n* sourdine f.

sourish [ˈsaʊərɪʃ] *adj* (*lit, fig*) aigrelet.

sourly [ˈsaʊəlɪ] *adv* aigrement, avec aigreur.

sourness [ˈsaʊənɪs] *n* (*V* **sour 1**) aigreur f, acidité f; humeur f *or* aspect m *or* ton m revêche.

sousaphone [ˈsuːzəfəʊn] *n* sousaphone m.

souse [saʊs] **1** *vt* (a) (*immerse*) tremper (*in* dans); (*soak*) faire *or* laisser tremper (*in* dans). **to ~ sth with water** inonder qch d'eau; (*fig: drunk*) ~d‡ rond*, noir‡.
  (b) (*Culin*) mariner. ~d **herrings** harengs marinés; (*rolled up*) rollmops mpl.
  2 *n* (a) (*Culin*) marinade f (*à base de vinaigre*).
  (b) (‡: *drunkard*) poivrot* m, ivrogne m.

south [saʊθ] **1** *n* sud m. **to the ~ of** au sud de; **in the ~ of Scotland** dans le sud de l'Écosse; **house facing the ~** maison exposée au sud *or* au midi; *[wind]* **to veer to the ~, to go into the ~** tourner au sud; **the wind is in the ~** le vent est au sud; **the wind is (coming or blowing) from the ~** le vent *or* souffle du sud; **to live in the ~** habiter dans le Sud; (*in France*) habiter dans le Midi; **the S~ of France** le Sud de la France, le Midi; (*US Hist*) **the S~** le Sud, les États mpl du Sud; *V* **deep** *etc*.
  2 *adj* sud *inv*, du *or* au sud. ~ **wind** vent m du sud; ~ **coast** côte sud *or* méridionale; **on the ~ side** du côté sud; **room with a ~ aspect** pièce exposée au sud *or* au midi; (*Archit*) ~ **transept/door** transept/portail sud *or* méridional; **in ~ Devon** dans le sud du Devon; **in the S~ Atlantic** dans l'Atlantique Sud; *V* **also 4**.
  3 *adv* **go** au sud, vers le sud, en direction du sud; **be, lie** au sud, dans le sud. ~ **of the island** go, *sail* au sud de l'île; *be, lie* dans le sud de l'île; **the town lies ~ of the border** la ville est située au sud de la frontière; **further ~** plus au sud; **we drove ~ for 100 km** nous avons roulé pendant 100 km en direction du sud *or* du midi; **go ~ till you get to Crewe** allez en direction du sud jusqu'à Crewe; **to sail due ~** (*Naut*) avoir le cap au sud; ~ **by ~-west** sud quart sud-ouest.
  4 *cpd*: **South Africa** Afrique f du Sud; **South African** (*adj*) sud-africain, d'Afrique du Sud; (*n*) Sud-Africain(e) m(f); **South America** Amérique f du Sud; **South American** (*adj*) sud-américain, d'Amérique du Sud; (*n*) Sud-Américain(e) m(f); **South Australia** Australie-Méridionale f; **southbound** *traffic, vehicles* se déplaçant) en direction du sud; *carriageway* sud *inv*; **South Carolina** Caroline f du Sud; **in South Carolina** en Caroline du Sud; **South Dakota** Dakota m du Sud; **in South Dakota** dans le Dakota du Sud; **south-east** (*n*) sud-est m; (*adj*) (du *or* au) sud-est *inv*; (*adv*) vers le sud-est; **South-East Asia** le Sud-Est asiatique, l'Asie f du Sud-Est; **south-easter** vent m du sud-est; **south-easterly** (*adj*) *wind, direction* du sud-est; *situation* au sud-est; (*adv*) vers le sud-est; **south-eastern** (du *or* au) sud-est; **south-eastward(s)** vers le sud-est; **south-facing** exposé au sud *or* au midi; **South Georgia** Géorgie f du Sud; **South Moluccan** Moluque mf du Sud; **South Pacific** le Pacifique Sud; (*Sport*) **southpaw** gaucher m; **South Pole** Pôle m Sud, pôle austral; **South Sea Islands** l'Océanie f; **the South Seas** les Mers fpl du Sud-Sud; **south-south-east** (*n*) sud-sud-est m; (*adj*) (du *or* au) sud-sud-est *inv*; (*adv*) vers le sud-sud-est; **south-south-west** (*n*) sud-sud-ouest m; (*adj*) (du *or* au) sud-sud-ouest *inv*; (*adv*) vers le sud-sud-ouest; **south-west** (*n*) sud-ouest m; (*adj*) (du *or* au) sud-ouest *inv*; (*adv*) vers le sud-ouest; **South West Africa** Afrique f du Sud-Ouest; **south-wester** vent m du sud-ouest, suroit m; **south-westerly** (*adj*) *wind, direction* du sud-ouest; *situation* au sud-ouest; (*adv*) vers le sud-ouest; **south-western** (du *or* au) sud-ouest *inv*; **south-westward(s)** vers le sud-ouest; *V* **Korea, Vietnam** *etc*.

southerly [ˈsʌðəlɪ] **1** *adj wind* du sud; *situation* au sud, au midi. **in a ~ direction** en direction du sud *or* du midi, vers le sud *or* le midi; ~ **latitudes** latitudes australes; ~ **aspect** exposition f au sud *or* au midi. **2** *adv* vers le sud.

southern [ˈsʌðən] **1** *adj* sud *inv*, du sud. **the ~ coast** la côte sud *or* méridionale; **house with a ~ outlook** maison exposée au sud *or* au midi; ~ **wall** mur exposé au sud *or* au midi; ~ **hemisphere** hémisphère sud *inv* *or* austral; **S~ Africa** Afrique australe; ~ **France** le Sud de la France, le Midi; **in ~ Spain** dans le Sud de l'Espagne, en Espagne méridionale. **2** *cpd*: **the Southern Cross** la Croix-du-Sud; **southernmost** le plus au sud, à l'extrême sud.

southerner [ˈsʌðənə*r*] *n* (a) homme m *or* femme f du Sud, habitant(e) m(f) du Sud; (*in France*) Méridional(e) m(f). **he is a ~** il vient du Sud; **the ~s** les gens mpl du Sud. (b) (*US Hist*) sudiste mf.

southward [ˈsaʊθwəd] **1** *adj* au sud. **2** *adv* (*also* ~s) vers le sud.

souvenir [ˌsuːvəˈnɪə*r*] *n* souvenir m (*objet*).

sou'wester [saʊˈwestə*r*] *n* (*hat*) suroit m; (*wind*) = **south-wester**; *V* **south 4**.

sovereign [ˈsɒvrɪn] **1** *n* souverain(e) m(f); (*Brit: coin*) souverain (*ancienne pièce d'or qui valait 20 shillings*).
  2 *adj power, authority* souverain (*after n*), suprême; *rights* de souveraineté; (*fig*) *contempt, indifference* souverain (*before n*), absolu. (*Pol*) ~ **state** état souverain; (*fig*) ~ **remedy** remède souverain *or* infaillible.

sovereignty [ˈsɒvrəntɪ] *n* souveraineté f.

soviet [ˈsəʊvɪət] **1** *n* soviet m. **the Supreme S~** le Soviet Suprême; (*people*) **the S~s** les Soviétiques mpl. **2** *adj* soviétique. **3** *cpd*: **Soviet Russia** Russie f soviétique; **the Soviet Union** l'Union f soviétique.

sovietize [ˈsəʊvɪətaɪz] *vt* soviétiser.

sow[1] [saʊ] **1** *n* (*pig*) truie f. **2** *cpd*: (*US*) **sowbelly** petit salé m (gras).

sow[2] [səʊ] *pret* **sowed,** *ptp* **sown** *or* **sowed** **1** *vt seed, grass* semer; *field* ensemencer (*with* en); (*fig*) *mines, pebbles, doubt, discord* semer. (*Prov*) ~ **the wind and reap the whirlwind** qui sème le vent récolte la tempête (*Prov*); *V* **seed, wild** *etc*.
  2 *vi* semer.

sower [ˈsəʊə*r*] *n* (*person*) semeur m, -euse f; (*machine*) semoir m.

sowing [ˈsəʊɪŋ] **1** *n* (a) (*work*) semailles fpl; (*period, seeds*) semailles; (*young plants*) semis mpl. (b) (*U: act*) *[field]* ensemencement m. **the ~ of seeds** les semailles. **2** *cpd*: **sowing machine** semoir m.

sown [səʊn] *ptp of* **sow²**.

sox* [sɒks] *n* (*US*) pl of **sock**[1] **a**.

soy [sɔɪ] *n* (a) (*also* ~ **sauce**) sauce f au soja. (b) (*US*) = **soya**.

soya [ˈsɔɪə] *n* (*esp Brit: also* ~ **bean**) (*plant*) soja m *or* soya m; (*bean*) graine f de soja. ~ **flour** farine f de soja.

sozzled‡ [ˈsɒzld] *adj* paf‡ *inv*, noir‡.

spa [spaː] *n* (a) (*town*) station thermale, ville f d'eau; (*spring*) source minérale. (b) (*US: also* **health** ~) établissement m de cure de rajeunissement.

space [speɪs] **1** *n* (a) (*U: gen, Astron, Phys etc*) espace m. **the rocket vanished into ~** la fusée a disparu dans l'espace; **he was staring into ~** il regardait dans l'espace *or* dans le vide; *V* **outer**.
  (b) (*U: room*) espace m, place f. **to clear (a *or* some) ~ for sth** faire de la place pour qch; **to take up a lot of ~** *[car, books, piece of furniture]* prendre une grande place *or* beaucoup de place, être encombrant; *[building]* occuper un grand espace; **the ~ occupied by a car/a building** l'encombrement m d'une voiture/d'un bâtiment; **there isn't enough ~ for it** il n'y a pas assez de place pour ça; **I haven't enough ~ to turn the car** je n'ai pas assez de place pour *or* je n'ai pas la place de tourner la voiture; **to buy ~ in a newspaper (for an advertisement)** acheter de l'espace (publicitaire) dans un journal.
  (c) (*gap, empty area*) espace m, place f (*U*); (*Mus*) interligne m; (*Typ: between two words etc*) espace m, blanc m; (*Typ: blank type*) espace f. **in the ~s between the trees** (dans les espaces) entre les arbres; **a ~ of 10 metres between the buildings** un espace *or* un écart *or* une distance de 10 mètres entre les bâtiments; **leave a ~ for the name** laisse de la place *or* un espace *or* un blanc pour le nom; **in the ~ provided** dans la partie (*or* la case) réservée à cet effet; **in an enclosed ~** dans un espace clos *or* fermé; **I'm looking for a ~ to park the car** in *or* **a parking ~** je cherche une place (pour me garer); *V* **blank, open** *etc*.
  (d) (*interval, period*) laps m de temps, période f (de temps), espace m (de temps). **after a ~ of 10 minutes** après un intervalle de 10 minutes; **for the ~ of a month** pendant une durée *or* une période d'un mois; **in the ~ of 5 years** une période de 5 ans; **in the ~ of 3 generations/one hour** en l'espace de 3 générations/d'une heure; **a short ~ of time** un court laps de temps *or* espace de temps; **for a ~** pendant un certain temps.
  2 *cpd journey, programme, research, rocket* spatial. **the Space Age** l'ère spatiale; **space-age** de l'ère spatiale, de l'an 2000; *[typewriter]* **space bar** barre f d'espacement; **space capsule** capsule spatiale; **spacecraft** engin *or* vaisseau spatial; **space fiction** science-fiction f (*sur le thème des voyages dans l'espace*); **space flight** (*journey*) voyage spatial *or* dans l'espace; (*U*) voyages *or* vols spatiaux; **space heater** radiateur m; **space helmet** casque m d'astronaute *or* de cosmonaute; **space lab** laboratoire spatial; **spaceman** astronaute m, cosmonaute m; **space opera*** space opera m (*film ou série de science-fiction sur le thème des voyages dans l'espace*); **space plane** = **space shuttle**; **space platform** = **space station**; **spaceport** base f de lancement (d'engins spatiaux); **space probe** sonde spatiale; **space-saving** qui économise *or* gagne de la place; **spaceship** = **spacecraft**; **space shot** (*launching*) lancement m d'un engin spatial; (*flight*) vol spatial; **space shuttle** navette spatiale; **space sickness** mal m de l'espace; **space station** station orbitale *or* spatiale; **spacesuit** scaphandre m de cosmonaute; **space-time (continuum)** Espace-Temps m; **space travel** voyages spatiaux *or* interplanétaires *or* dans l'espace; **spacewalk** (*n*) marche f dans l'espace; (*vi*) marcher dans l'espace; **spacewalker** marcheur m, -euse f dans l'espace; (*US**) **spaceware** matériel m aérospatial; **spacewoman** astronaute f, cosmonaute f; (*Press*) **space writer** journaliste mf payé(e) à la ligne.
  3 *vt* (*also* ~ **out**) *chairs, words, visits, letters* espacer; *payments* échelonner (*over* sur). ~ **the posts (out) evenly** espacez les poteaux régulièrement, plantez les poteaux à intervalles réguliers; **you'll have to ~ them further out** *or* **further apart, you'll have to ~ them out more** il faudra laisser plus d'espace entre eux *or* les espacer davantage; **to ~ type out to fill a line** espacer *or* répartir les caractères sur toute une ligne; **the houses were well ~d (out)** les maisons étaient bien *or* largement espacées; **to be ~d (out)** (‡: *relaxed*) être cool *or* relax; (*Drugs sl*) flipper‡, être sous l'influence de la drogue.

spacing [ˈspeɪsɪŋ] *n* (*esp Typ*) espacement m; (*between two objects*) espacement, écartement m, intervalle m; (*also* ~ **out**: *of payments, sentries*) échelonnement m. (*Typ*) **in single/double ~** avec un interligne simple/double.

spacious [ˈspeɪʃəs] *adj room, car* spacieux, grand; *garden* grand, étendu; *garment* ample. ~ **living** *or* **accommodation** logement spacieux.

spaciousness [ˈspeɪʃəsnɪs] *n* grandes dimensions, grandeur f.

spade [speɪd] **1** *n* (a) bêche f, pelle f; (*child's*) pelle. (*fig*) **to call a ~ a ~** appeler un chat un chat, ne pas avoir peur des mots.
  (b) (*Cards*) pique m. **the six of ~s** le six de pique; (*US fig*) **in ~s*** par excellence; *for other phrases V* **club 1b**.

(c) (*: *pej*) nègre *m*, négresse *f*.
2 *cpd*: (*fig*) **spadework** gros *m* du travail.
spadeful ['speɪdfʊl] *n* pelletée *f*. (*fig*) **by the** ~ en grandes quantités.
spaghetti [spə'getɪ] 1 *n* spaghetti *mpl*. 2 *cpd*: (*Aut*) **spaghetti junction** échangeur *m* à niveaux multiples; (*Cine: esp US*) **spaghetti western*** western-spaghetti* *m*, western italien.
Spain [speɪn] *n* Espagne *f*.
spake†† [speɪk] *pret of* **speak**.
spam [spæm] *n* ® ≃ mortadelle *f*.
span¹ [spæn] 1 *n* (a) *[hands, arms]* envergure *f*; *[girder]* portée *f*; *[bridge]* travée *f*; *[arch]* portée, ouverture *f*; *[roof]* portée, travée; *[plane, bird]* (*also* **wing**~) envergure. **a bridge with 3** ~**s** un pont à 3 travées; **single-**~ **bridge** pont à travée unique; **the bridge has a** ~ **of 120 metres** le pont a une travée *or* une portée de 120 mètres; (*fig*) **the whole** ~ **of world affairs** l'horizon international.
(b) (*in time*) espace *m* (de temps), durée *f*. **the average** ~ **of life** la durée moyenne de vie; (*liter*) **man's** ~ **is short** la vie humaine est brève; **for a brief** *or* **short** ~ (of time) pendant un bref moment, pendant un court espace de temps; *V* **life**.
(c) (††: *measure*) empan *m*.
(d) (*yoke: of oxen etc*) paire *f*.
2 *vt* (a) *[bridge, rope, plank etc]* stream, ditch enjamber, franchir, traverser; *[bridge-builder]* jeter *or* construire un pont sur. **he could** ~ **her waist with his hands** il pouvait lui entourer la taille de ses deux mains; (*fig*) **Christianity** ~**s almost 2,000 years** le christianisme embrasse presque 2.000 ans; **his life** ~**s almost the whole of the 18th century** sa vie couvre *or* embrasse presque tout le 18e siècle.
(b) (*measure*) mesurer à l'empan.
span² [spæn] *pret of* **spin**.
spandex ['spændeks] (*US Tex*) fibre *f* (synthétique) élastique.
spangle ['spæŋgl] 1 *n* paillette *f*. **dress with** ~**s on it** robe pailletée *or* à paillettes. 2 *vt* orner de paillettes. (*fig*) ~**d with** pailleté de; *V* **star**.
Spaniard ['spænjəd] *n* Espagnol(e) *m(f)*.
spaniel ['spænjəl] *n* épagneul *m*.
Spanish ['spænɪʃ] 1 *adj* language, cooking espagnol; king, embassy d'Espagne; teacher d'espagnol; (*Culin*) omelette, rice à l'espagnole. **the** ~ **way of life** la vie espagnole, la façon de vivre des Espagnols; ~ **onion** oignon *m* d'Espagne; **the** ~ **people** les Espagnols *mpl*.
2 *n* (a) **the** ~ les Espagnols *mpl*.
(b) (*Ling*) espagnol *m*.
3 *cpd*: **Spanish America** les pays *mpl* d'Amérique du Sud de langue espagnole; **Spanish-American** hispano-américain; (*Hist*) **the Spanish Armada** l'Invincible Armada *f*; **Spanish chestnut** châtaigne *f*, marron *m*; (*Geog*) **the Spanish Main** la mer des Antilles; (*US*) **Spanish moss** mousse *f* espagnole.
spank [spæŋk] 1 *n*: **to give sb a** ~ donner un coup *or* une claque à qn sur les fesses.
2 *vt* donner une fessée à.
3 *vi* *[horse, vehicle, ship]* **to be** *or* **go** ~**ing along** aller *or* filer à bonne allure.
spanking ['spæŋkɪŋ] 1 *n* fessée *f*. **to give sb a** ~ donner une fessée à qn. 2 *adj* (a) breeze fort, bon. **to go at a** ~ **pace** aller *or* filer à bonne allure. (b) (*****: *splendid*) épatant*.
spanner ['spænər] *n* (*Brit*) clef *f* *or* clé *f* (à écrous). (*fig*) **to put a** ~ **in the works** mettre des bâtons dans les roues; ~ **wrench** clef *f* à ergots.
spar¹ [spɑːr] *n* (*Geol*) spath *m*.
spar² [spɑːr] *n* (*Naut*) espar *m*.
spar³ [spɑːr] 1 *vi* (*Boxing*) s'entraîner (à la boxe) (*with sb* avec qn); (*rough and tumble*) se bagarrer* amicalement (*with sb* avec qn); *[two people]* échanger des coups de poing pour rire; (*fig: argue*) se disputer (*with sb* avec qn); *[two people]* se défier en paroles.
2 *cpd*: **sparring match** (*Boxing*) combat *m* d'entraînement; (*fig*) échange *m* verbal; **sparring partner** sparring-partner *m*.
spare [spɛər] 1 *adj* (a) dont on ne se sert pas; (*reserve*) de réserve, de rechange; (*surplus*) de *or* en trop, dont on n'a pas besoin, disponible. **take a** ~ **pen in case that one doesn't work** prends un stylo de réserve *or* de rechange au cas où celui-ci ne marcherait pas; **I've a** ~ **pen if you want it** je peux te prêter un stylo, tu peux prendre mon stylo de rechange; **have you any** ~ **cups?** est-ce que tu as des tasses dont tu ne te sers pas? *or* de réserve? *or* en trop?; **take some** ~ **clothes** prends des vêtements de rechange, prends de quoi te changer; **there are 2 going** ~ il y en a 2 en trop *or* de trop *or* de reste *or* dont on peut disposer; **we've 2** ~ **seats for the film** nous avons 2 places disponibles pour le film; ~ **bed/(bed)room** lit *m*/chambre *f* d'ami; ~ **cash** (*small amount*) argent *m* en trop *or* de reste; (*larger*) argent disponible; **I have very little** ~ **time** j'ai très peu de loisirs *or* de temps libre; **in my** ~ **time** à mes heures perdues, pendant mes moments de loisir (*V also* 2); (*Aut, Tech*) ~ **part** pièce *f* de rechange, pièce détachée (*V also* 2); ~ **tyre** (*Aut*) pneu *m* de rechange; (***** *fig: fat*) bourrelet *m* (de graisse); (*Aut*) ~ **wheel** roue *f* de secours.
(b) (*lean*) person maigre; diet, meal frugal.
(c) (*Brit*‡: *mad*) dingue*, fou (*f* folle). **to go** ~ devenir dingue*, piquer une crise*; **to drive sb** ~ rendre qn dingue*.
2 *cpd*: **spare-part surgery*** chirurgie *f* des greffes; (*Culin*) **sparerib** côtelette *f* (de porc) dans l'échine; **spare-time** (fait) à temps perdu *or* pendant les moments de loisir; **spare-time activities** (activités *fpl* de) loisirs *mpl*.
3 *n* (*part*) pièce *f* de rechange, pièce détachée; (*tyre*) pneu *m* de rechange; (*wheel*) roue *f* de secours.
4 *vt* (a) (*do without*) **we can't** ~ **him** *or* **we can ill** ~ **him just now** nous ne pouvons pas nous passer de lui en ce moment; **can you** ~ **it?** pouvez-vous vous en passer?, vous n'en

avez pas besoin?, ça ne vous dérange pas trop (de vous en passer)? (*also iro*); **can you** ~ **£10?** est-ce que tu as 10 livres en trop? *or* de disponibles?; **I can only** ~ **a few minutes, I've only a few minutes to** ~ je ne dispose que de quelques minutes, je n'ai que quelques minutes de libres *or* devant moi; **I can't** ~ **the time (to do it)** je n'ai pas le temps (de le faire), je n'ai pas une minute (à y consacrer); **he had time to** ~ **so he went to the pictures** il n'était pas pressé *or* il avait du temps devant lui, alors il est allé au cinéma; **did you have a rush to get here?** — **no, I had time (and) to** ~ est-ce que tu as dû te dépêcher pour arriver? — non, j'ai eu plus de temps qu'il ne m'en fallait; **I can only** ~ **an hour for my piano practice** je peux seulement consacrer une heure à *or* je ne dispose que d'une heure pour mes exercices de piano; **I can** ~ **you 5 minutes** je peux vous accorder *or* consacrer 5 minutes; **can you** ~ **me £5?** est-ce que tu peux me passer 5 livres?; **to** ~ **a thought for** penser à, dédier une pensée à; **there are 3 to** ~ il y en a 3 de trop *or* en surplus, il y en a 3 qui ne servent pas; **I've got none** *or* **nothing to** ~ j'en ai juste ce qu'il me faut, je n'en ai pas de trop; **I've enough and to** ~ j'en ai plus qu'il ne m'en faut; **she had a metre to** ~ elle en avait un mètre de trop *or* de plus que nécessaire; **with 2 minutes to** ~ avec 2 minutes d'avance; **we did it with £5 to** ~ nous l'avons fait et il nous reste encore 5 livres.
(b) (*show mercy to*) person, sb's life, tree etc épargner. (*lit, fig*) **he** ~**d no one** il n'a épargné personne, il n'a fait grâce à personne; **the plague** ~**d no one** la peste n'a épargné personne; **if I'm** ~**d*** si Dieu me prête vie; **to** ~ **sb's feelings** ménager (les sentiments de) qn; ~ **my blushes!** épargnez ma modestie!, ne me faites pas rougir!
(c) *suffering, grief etc* éviter, épargner (*to sb* à qn). **to** ~ **sb embarrassment** épargner *or* éviter de l'embarras à qn; **I wanted to** ~ **him trouble** je voulais lui éviter de se déranger; **you could have** ~**d yourself the trouble** vous auriez pu vous épargner tout ce mal (*V also* 4d); **I'll** ~ **you the details** je vous fais grâce des détails.
(d) (*refrain from using etc: gen neg*) one's strength, efforts ménager. **we have no expense to make her stay a pleasant one** nous n'avons pas reculé devant la dépense pour que son séjour soit agréable; **he** ~**d no expense to renovate the house** il a dépensé sans compter pour moderniser la maison; **'no expense** ~**d'** 'sans considération de frais *or* de prix'; **he didn't** ~ **himself**, **he** ~**d no pains** il s'est donné beaucoup de mal; **he could have** ~**d his pains, he could have** ~**d himself the trouble** il s'est donné du mal pour rien; ~ **your pains, it's too late now** pas la peine de te donner du mal, c'est trop tard maintenant; (*Prov*) ~ **the rod and spoil the child** qui aime bien châtie bien (*Prov*).
sparing ['spɛərɪŋ] *adj amount* limité, modéré. **his** ~ **use of colour** la façon discrète dont il emploie les couleurs, son emploi restreint des couleurs; ~ **of words/praise** avare *or* chiche de paroles/compliments; **he was** ~ **with** *or* **of the wine** il a ménagé le vin, il n'y est pas allé trop fort avec le vin, il a lésiné sur le vin (*pej*); **you must be more** ~ **of your strength** vous devez économiser *or* ménager vos forces.
sparingly ['spɛərɪŋlɪ] *adv* eat, live frugalement; spend, drink, praise avec modération; use avec modération, au compte-gouttes* (*fig*).
spark [spɑːk] 1 *n* (a) (*also Elec*) étincelle *f*; (*fig*) *[intelligence, wit, life]* étincelle; *[commonsense, interest]* lueur *f*. (*fig*) **to make the** ~**s fly** (*start a row*) mettre le feu aux poudres (*fig*); (*fight*) se bagarrer un bon coup*; *V* **bright**.
(b) ~**s**: (*electrician*) électricien *m*; (*radio operator*) radio *m* (de bord).
2 *cpd*: (*Elec*) **spark gap** écartement *m* des électrodes; (*Aut*) **spark(ing) plug** bougie *f*.
3 *vi* jeter des étincelles.
4 *vt* (*also* ~ **off**) rebellion, complaints, quarrel provoquer, déclencher; interest, enthusiasm susciter, éveiller (*in sb* chez qn).
sparkle ['spɑːkl] 1 *n* (*U*) *[stars, dew, tinsel]* scintillement *m*, étincellement *m*; *[diamond]* éclat *m*, feux *mpl*; (*in eye*) étincelle *f*, éclair *m*; (*fig*) vie *f*, éclat.
2 *vi* *[glass, china, drops of water, snow etc]* étinceler, briller; *[surface of water, lake etc]* scintiller, miroiter; *[diamond]* étinceler, jeter des feux, scintiller; *[fabric]* chatoyer; *[wine]* pétiller; *[eyes]* étinceler, pétiller (*with* de); *[person]* briller; *[conversation, play, book]* étinceler, pétiller (*with* de), être brillant *or* étincelant.
sparkler ['spɑːklər] *n* (*firework*) cierge *m* magique; (*‡: diamond*) diam‡ *m*.
sparkling ['spɑːklɪŋ] 1 *adj* (*V* **sparkle** 2) étincelant (*with* de), brillant; scintillant; miroitant; chatoyant; pétillant (*with* de); soft drink pétillant, gazeux; wine pétillant, mousseux. (*fig*) **he was in** ~ **form** il était dans une forme éblouissante. 2 *adv*: ~ **clean** étincelant de propreté.
sparrow ['spærəʊ] 1 *n* moineau *m*; *V* **hedge**. 2 *cpd*: (*dial*) **sparrow-grass** asperge(s) *f(pl)*; **sparrowhawk** épervier *m*.
sparse [spɑːs] *adj* clairsemé.
sparsely ['spɑːslɪ] *adv* wooded, furnished peu. ~ **populated** peu peuplé, qui a une population clairsemée.
Sparta ['spɑːtə] *n* Sparte *f*.
Spartacus ['spɑːtəkəs] *n* Spartacus *m*.
Spartan ['spɑːtən] 1 *n* Spartiate *mf*. 2 *adj* (a) (*from Sparta*) spartiate. (b) (*fig: also* **s**~) spartiate.
spasm ['spæzəm] *n* (*Med*) spasme *m*; (*fig*) accès *m* (of de). **a** ~ **of coughing** un accès *or* une quinte de toux; **to work in** ~**s** travailler par à-coups *or* par accès.
spasmodic [spæz'mɒdɪk] *adj* (*Med*) spasmodique; (*fig*) work, attempt, desire irrégulier, intermittent.
spasmodically [spæz'mɒdɪkəlɪ] *adv* work, try par à-coups, de façon intermittente *or* irrégulière.
spastic ['spæstɪk] 1 *adj* (*Med*) movement, colon, paralysis spasmodique; child etc handicapé moteur (*f* handicapée moteur).

2 *n* (*Med*) handicapé(e) *m(f)* moteur (*f inv*).
spasticity [spæs'tɪsɪtɪ] *n* (*Med*) paralysie *f* spasmodique.
spat¹ [spæt] *pret, ptp* of **spit¹**.
spat² [spæt] *n* (*gaiter*) demi-guêtre *f*.
spat³ [spæt] *n* (*oyster*) naissain *m*.
spat⁴* [spæt] (*US: quarrel*) 1 *n* prise *f* de bec*. 2 *vi* avoir une prise de bec*.
spate [speɪt] *n* (*Brit: of river*) crue *f*; (*fig*) [*letters, orders etc*] avalanche *f*; [*words, abuse*] torrent *m*; [*bombings etc*] série *f*. in ~ en crue; to have a ~ of work être débordé *or* submergé de travail; a fresh ~ of sabotage/attacks *etc* une recrudescence d'actes de sabotage/d'attaques *etc*.
spatial ['speɪʃəl] *adj* (*Philos, Psych*) spatial.
spatiotemporal ['speɪʃɪəʊ'tempərəl] *adj* spatio-temporel.
spatter ['spætər] 1 *vt* (*accidentally*) éclabousser (*with* de); (*deliberately*) asperger (*with* de). to ~ mud on *or* over a dress éclabousser de boue une robe.
2 *vi* (*splash*) gicler (*on* sur); (*sound*) crépiter (*on* sur).
3 *n* (*mark*) éclaboussure(s) *f(pl)*; (*sound*) crépitement *m*.
spatula ['spætjʊlə] *n* (*Culin*) spatule *f*; (*Med*) abaisse-langue *m inv*.
spavin ['spævɪn] *n* éparvin *m*.
spawn [spɔːn] 1 *n* [*fish, frog*] frai *m*, œufs *mpl*; [*mushroom*] mycélium *m*; (*pej: person*) progéniture *f* (*iro*). 2 *vt* pondre; (*fig pej*) engendrer, faire naître. 3 *vi* frayer; (*fig pej*) se reproduire, se multiplier.
spawning ['spɔːnɪŋ] *n* (*U*) frai *m*. ~ place frayère *f*.
spay [speɪ] *vt animal* châtrer, enlever les ovaires de.
S.P.C.A. [espiːsiː'eɪ] (*US: abbr of* **Society for the Prevention of Cruelty to Animals**) ≃ S.P.A. *f*.
S.P.C.C. [espiːsiː'siː] *n* (*US*) *abbr of* **Society for the Prevention of Cruelty to Children** (*association pour la protection de l'enfance*).
speak [spiːk] *pret* **spoke, spake††**, *ptp* **spoken** 1 *vi* (a) (*talk*) parler (*to* à, *of, about* de); (*converse*) parler, s'entretenir (*with* avec); (*be on speaking terms*) parler, adresser la parole (*to* à); (*fig*) [*gun, trumpet etc*] retentir, se faire entendre. to ~ in a whisper chuchoter; ~, don't shout! parle sans crier!; to ~ to o.s. parler tout seul; I'll ~ to him about it je vais lui en parler, je vais lui en toucher un mot *or* deux mots; I don't know him to ~ to je ne le connais pas assez bien pour lui parler *or* pour lui adresser la parole; I'll never ~ to him again je ne lui adresserai plus jamais la parole; did you ~?* pardon?, tu m'as parlé?, tu dis?*; you have only to ~ tu n'as qu'un mot à dire; so to ~ pour ainsi dire; biologically ~ing biologiquement parlant; ~ing personally pour ma (*or* sa *etc*) part, personnellement; ~ing as a member of the society I ... en tant que membre de la société je ...; (*Telec*) who's (that) ~ing? qui est à l'appareil?; (*passing on call*) c'est de la part de qui?; (*Telec*) (this is) Paul ~ing ici Paul, (c'est) Paul à l'appareil; (*Telec*) ~ing! lui- *or* elle-même!, c'est moi-même!; *V* **action, roughly** *etc*.
(b) (*make a speech*) parler (*on or about* sth de qch); (*begin to ~*) prendre la parole. to ~ in public parler en public; he rose to ~ il s'est levé pour prendre la parole *or* pour parler; Mr X will ~ next ensuite c'est M X qui prendra la parole; the chairman asked him to ~ le président lui a donné la parole; Mr X will now ~ on 'The Incas' M X va maintenant (nous) parler des Incas; it's years since he spoke in the House cela fait des années qu'il n'a pas fait *or* prononcé de discours à l'Assemblée; to ~ in a debate [*proposer, seconder*] faire un discours *or* prendre la parole au cours d'un débat; (*from floor of house*) participer à un débat, intervenir dans un débat.
(c) (*phrases*) to ~ for sb (*be spokesman for*) parler pour qn *or* au nom de qn; (*give evidence for*) parler *or* témoigner en faveur de qn; ~ing for myself personnellement, pour ma part, en ce qui me concerne; ~ for yourself!* parle pour toi!*; let him ~ for himself laisse-le s'exprimer, laisse-le dire lui-même ce qu'il a à dire; it ~s for itself c'est évident, c'est tout ce qu'il y a de plus clair; the facts ~ for themselves les faits parlent d'eux-mêmes *or* se passent de commentaires; I can ~ for *or* to his honesty je peux témoigner de *or* répondre de son honnêteté; that ~s well for his generosity ceci montre bien *or* prouve bien qu'il est généreux; that is already spoken for c'est déjà réservé *or* retenu; he always ~s well of her il dit toujours du bien d'elle; he is very well spoken of on dit beaucoup de bien de lui; ~ing of holidays à propos de vacances, puisqu'on parle de vacances; he has no money to ~ of pour ainsi dire pas d'argent; it's nothing to ~ of ce n'est pas grand-chose, cela ne vaut pas la peine qu'on en parle (*subj*), c'est trois fois rien*; everything spoke of wealth tout indiquait *or* révélait *or* dénotait la richesse; everything spoke of fear/hatred tout révélait *or* trahissait la peur/la haine; you must ~ to the point *or* to the subject vous devez vous en tenir au sujet; (*Parl etc*) to ~ to a motion soutenir une motion.
2 *vt* (a) *language* parler. 'English spoken' 'ici on parle anglais'; French is spoken all over the world le français se parle dans le monde entier.
(b) (*liter*) *a poem, one's lines, the truth* dire. to ~ one's mind dire ce que l'on pense; I didn't ~ a word je n'ai rien dit; (*fig*) it ~s volumes for ... cela en dit long sur ..., cela témoigne bien de ...; her silence ~s volumes son silence en dit long, son silence est révélateur.
3 *cpd*: (*US*) **speakeasy*** bar clandestin (*pendant la période de prohibition*).
4 ... **speak** *n ending in cpds* langage *m* de ..., jargon *m* de ..., *e.g.* **computerspeak** langage *or* jargon de l'informatique, langage *or* jargon des informaticiens.
◆**speak out** *vi* = **speak up b.**
◆**speak up** *vi* (a) (*talk loudly*) parler fort *or* haut; (*raise one's voice*) parler plus fort *or* plus haut. **speak up!** (*parle*) plus fort! *or* plus haut!; (*don't mumble*) parle plus clairement!

(b) (*fig*) parler franchement, ne pas mâcher ses mots. he's not afraid to speak up il n'a pas peur de dire ce qu'il pense *or* de parler franchement, il ne mâche pas ses mots; I think you ought to speak up je crois que vous devriez dire franchement ce que vous pensez; to speak up for sb parler en faveur de qn, défendre qn; to speak up against sth s'élever contre qch.
speaker ['spiːkər] *n* (a) (*gen*) celui (*or* celle) qui parle; (*in dialogue, discussion*) interlocuteur *m*, -trice *f*; (*in public*) orateur *m*; (*lecturer*) conférencier *m*, -ière *f*. he's a good/poor ~ il parle bien/mal, c'est un bon/mauvais orateur *or* conférencier; the previous ~ la personne qui a parlé la dernière, l'orateur *or* le conférencier précédent; (*Parl*) the S~ (of the House) le Speaker (*Président de la Chambre des Communes en G.B. ou de la Chambre des Représentants aux É.-U.*).
(b) *French* ~ personne *f* qui parle français; (*as native or official language*) francophone *mf*; he is not a Welsh ~ il ne parle pas gallois; *V* **native**.
(c) (*loudspeaker*) haut-parleur *m*.
speaking ['spiːkɪŋ] 1 *adj doll etc* parlant; (*fig*) *proof* parlant, criant; *likeness* criant; *portrait* parlant, très ressemblant. he has a pleasant ~ voice il a une voix bien timbrée, il est agréable à entendre parler.
2 *n* (*skill*) art *m* de parler; *V* **public** *etc*.
3 *cpd*: to be on speaking terms with sb parler à qn, adresser la parole à qn; they're not on speaking terms ils ne s'adressent plus la parole, ils ne se parlent plus; speaking tube tuyau *m* acoustique.
-speaking ['spiːkɪŋ] *adj ending in cpds*: English-speaking (*with English as native or official language*) *person, country* anglophone; (*knowing English*) *person* parlant anglais; slow-speaking au débit lent, à la parole lente.
spear [spɪər] 1 *n* (a) [*warrior, hunter*] lance *f*.
(b) [*broccoli, asparagus*] pointe *f*.
2 *vt* transpercer d'un coup de lance. he ~ed a potato with his fork il a piqué une pomme de terre avec sa fourchette.
3 *cpd*: (*Theat*) **spearcarrier** (*lit*) soldat *m*; (*fig*) he started as a spearcarrier il a commencé par être figurant; **spearfish** (*US: also* go **spearfishing**) pratiquer la pêche sous-marine; (*Brit*) **spear grass** chiendent *m*; **spear gun** fusil *m* sous-marin *or* à harpon; **spearhead** (*n*) fer *m* de lance (*also fig Mil*); (*vt*) *attack, offensive* être le fer de lance de; *campaign* mener; **spearmint** (*n*) (*Bot*) menthe verte; (*: *chewing gum*) chewing-gum *m* (à la menthe); (*cpd*) *sweet* à la menthe; *flavour* de menthe.
spec* [spek] *n* (a) (*abbr of* **speculation**) to buy sth on ~ risquer *or* tenter le coup* en achetant qch; I went along on ~ j'y suis allé à tout hasard. (b) (*abbr of* **specification**) ~s* spécification *f*, caractéristiques *fpl* (techniques).
special ['speʃəl] 1 *adj* (a) (*specific*) *purpose, use, equipment* spécial, particulier; *notebook, box, room* spécial, réservé (à cet usage); *arrangement, order, permission, fund, edition* spécial. are you thinking of any ~ date? est-ce que tu penses à une date particulière? *or* en particulier?; I've no ~ person in mind je ne pense à personne en particulier; ~ to that country spécial *or* particulier *or* propre à ce pays; by ~ command of sur ordre spécial *or* exprès de; *V also* **3**.
(b) (*exceptional*) *attention, pleasure, effort* (tout) particulier; *favour, price, study, skill* (tout) spécial; *occasion* spécial, extraordinaire, exceptionnel; *case, circumstances* extraordinaire, exceptionnel; (*Pol etc*) *powers, legislation* extraordinaire. take ~ care of it fais-y particulièrement attention, prends-en un soin tout particulier; (*Cine etc*) ~ effects effets *mpl* spéciaux; (*Comm*) ~ offer réclame *f*; (*Ski*) ~ slalom slalom *m* spécial; it's a ~ case c'est un cas spécial *or* particulier *or* à part; it's rather a ~ situation ce n'est pas une situation ordinaire, c'est une situation plutôt exceptionnelle; in this one ~ instance dans ce cas bien particulier; he has a ~ place in our affections nous sommes tout particulièrement attachés à lui; her ~ friend sa meilleure amie, une amie qui lui est particulièrement chère *or* intime; he's a very ~ person to her il lui est tout particulièrement cher; you're extra ~!* tu es quelqu'un à part!; this is rather a ~ day for me c'est une journée particulièrement importante pour moi; to ask for ~ treatment demander à être considéré comme un cas à part; it's a ~ feature of the village c'est une caractéristique *or* une particularité du village; (*Press*) ~ feature article spécial; he has his own ~ way with the children il a une façon toute particulière *or* bien à lui de s'y prendre avec les enfants; my ~ chair mon fauteuil préféré, le fauteuil que je me réserve; nothing ~ rien de spécial *or* de particulier; what's so ~ about her? qu'est-ce qu'elle a de spécial? *or* de particulier? *or* d'extraordinaire?; *V also* **3**.
(c) (*Brit*) ~ education *or* schooling enseignement *m* spécialisé (*pour attardés mentaux*); (*Brit*) ~ school établissement *m* scolaire spécialisé; (*Brit*) ~ school teacher instituteur *m*, -trice *f* spécialisé(e); (*US Univ*) ~ student étudiant(e) *m(f)* libre (*ne préparant pas de diplôme*); (*Univ etc*) ~ subject option *f*; (*advanced*) sujet spécialisé.
2 *n* (*train*) train *m* supplémentaire; (*newspaper*) édition spéciale; (*policeman*) auxiliaire *m* de police; (*: *Rad or TV programme*) émission spéciale. the chef's ~ la spécialité du chef *or* de la maison; (*on menu*) today's ~ le plat du jour; (*on item in shop*) this week's ~ l'affaire *f* de la semaine; *V* **football**.
3 *cpd*: **special agent** (*Comm etc*) concessionnaire *mf*; (*spy*) agent secret; (*Brit Mil*) **Special Air Service** ≃ groupement *m* d'intervention de la gendarmerie nationale; (*Brit Police*) **Special Branch** les renseignements *mpl* généraux; (*Brit*) **special constable** auxiliaire *m* de police; (*Press, Rad, TV*) **special correspondent** envoyé(e) *m(f)* spécial(e); (*Post*) by **special delivery** en exprès; (*Post*) **special-delivery letter** lettre *f* exprès; (*US Post*) **special handling** acheminement *m* rapide; (*Pol etc*) **special interest group** groupe *m*

de pression; (*Jur*) **special jury** jury spécial; (*Jur*) **special licence** (*gen*) dispense spéciale; (*for marriage*) dispense de bans; **by special messenger** par messager spécial; (*Brit Police*) **Special Patrol Group** ≃ brigade *f* anti-émeute.

specialist ['speʃəlɪst] **1** *n* (*also Med*) spécialiste *mf* (*in* de). (*Med*) **an eye/heart ~** un(e) ophtalmologiste/cardiologue; (*gen*) **you need a ~ to tell you that** seul un spécialiste *or* un expert peut vous dire cela. **2** *cpd knowledge, dictionary* spécialisé, spécial. **specialist teacher** (*primary*) instituteur *m*, -trice *f or* (*secondary*) professeur *m* (spécialisé(e) dans une matière); **it's specialist work** cela requiert un spécialiste *or* un professionnel, un amateur ne peut pas le faire.

speciality [,speʃɪ'ælɪtɪ] *n* (**a**) (*U*: *V* special 1b) caractère (tout) particulier *or* (tout) spécial (*or* extraordinaire *or* exceptionnel).
(**b**) (*special quality or activity etc*) spécialité *f*. **to make a ~ of sth** se spécialiser dans qch; **his ~ is Medieval English** il est spécialisé dans *or* c'est un spécialiste de l'anglais du moyen-âge; **it is a ~ of the village** c'est une spécialité du village; **armchairs are this firm's ~** cette firme se spécialise dans les fauteuils; **the chef's ~** la spécialité du chef *or* de la maison.

specialization [,speʃəlar'zeɪʃən] *n* spécialisation *f* (*in* dans).

specialize ['speʃəlarz] *vi* [*student, firm, chef etc*] se spécialiser (*in* dans).

specialized ['speʃəlarzd] *adj department, training* spécialisé; *tools* à usage spécial. (*Scol, Univ*) **~ subject** option *f*; (*advanced*) sujet spécialisé; **~ knowledge** connaissances spéciales.

specially ['speʃəlɪ] *adv* (**a**) (*especially*) spécialement, particulièrement, surtout. **~ written for children** écrit spécialement pour les enfants; **he is ~ interested in Proust** il s'intéresse tout spécialement *or* tout particulièrement à Proust; **we would ~ like to see the orchard** nous aimerions particulièrement *or* surtout voir le verger; **a ~ difficult task** une tâche particulièrement difficile.
(**b**) (*on purpose*) (tout) spécialement, exprès. **I had it ~ made** je l'ai fait faire exprès *or* tout spécialement; **I asked for it ~** je l'ai demandé exprès *or* tout spécialement, j'avais bien dit *or* spécifié que je le voulais.

specialty ['speʃəltɪ] *n* (*US*) = **speciality b**.

specie ['spi:ʃi:] *n* (*Fin*) espèces *fpl* (monnayées).

species ['spi:ʃi:z] *n, pl inv* (*all senses*) espèce *f*.

specific [spə'sɪfɪk] **1** *adj statement, instruction* précis, explicite, clair; *purpose, reason, plan, meaning, case* précis, particulier, déterminé; *example* précis; (*Bio, Bot, Chem, Phys*) spécifique. **he was very ~ on that point** il s'est montré très explicite sur ce point; **nothing very ~** rien de bien précis; (*Phys*) **~ gravity** densité *f*; (*Phys*) **~ heat** chaleur *f* spécifique; (*Bio*) **~ name** nom *m* d'espèce. **2** *n* (**a**) (*Med*) (remède *m*) spécifique *m* (*for* de, contre); (*fig*) remède spécifique.
(**b**) (*pl: details etc*) **let's get down to ~s** entrons dans les détails, prenons des exemples précis.

specifically [spə'sɪfɪkəlɪ] *adv* (*explicitly*) *warn, state, mention* explicitement, de façon précise; (*especially*) *intend, plan* particulièrement, expressément. **I told you quite ~** je vous l'avais bien précisé *or* spécifié; **designed ~ for** conçu expressément *or* tout spécialement *or* tout particulièrement pour; **we asked for that one ~** nous avons bien spécifié *or* précisé que nous voulions celui-là; **the law does not ~ refer to** ... la loi ne se rapporte pas explicitement à ... .

specification [,spesɪfɪ'keɪʃən] *n* (**a**) (*U*: *act of specifying*) spécification *f*, précision *f*.
(**b**) (*item in contract etc*) stipulation *f*, prescription *f*. **this ~ was not complied with** cette stipulation *or* cette prescription n'a pas été respectée; (*for building, machine etc*) **~s** spécification *f*, caractéristiques *fpl* (techniques); (*in contract etc*) cahier *m* des charges; *V* **outline**.

specify ['spesɪfaɪ] *vt* spécifier, préciser. **unless otherwise specified** sauf indication contraire; **not elsewhere specified** non dénommé ailleurs.

specimen ['spesɪmɪn] **1** *n* [*rock, species, style*] spécimen *m*; [*blood, tissue*] prélèvement *m*; [*urine*] échantillon *m*; (*fig: example*) spécimen, exemple *m* (*of* de). **that trout is a fine ~** cette truite est un magnifique spécimen *or* est magnifique; (*fig*) **an odd ~*** (*man or woman*) un drôle d'échantillon d'humanité; (*man*) un drôle de type*; (*woman*) une drôle de bonne femme*; **you're a pretty poor ~*** tu es un (*or* une) pas grand-chose*.
2 *cpd*: **specimen copy** spécimen *m*; **specimen page** page *f* spécimen; **specimen signature** spécimen *m* de signature.

specious ['spi:ʃəs] *adj logic, argument* spécieux; *beauty* illusoire, trompeur.

speciousness ['spi:ʃəsnɪs] *n* (*V* specious) caractère spécieux; apparence illusoire *or* trompeuse.

speck [spek] **1** *n* [*dust, soot*] grain *m*; [*dirt, mud, ink*] toute petite tache; (*on fruit, leaves, skin*) tache, tavelure *f*; (*tiny amount*) [*sugar, butter*] tout petit peu; [*truth etc*] grain, atome *m*. **it has got black ~s all over it** c'est entièrement couvert de toutes petites taches noires; **I've got a ~ in my eye** j'ai une poussière *or* une escarbille dans l'œil; **just a ~ on the horizon/in the sky** rien qu'un point noir à l'horizon/dans le ciel; **cream? — just a ~*, thanks de la crème?** — rien qu'un tout petit peu, merci.
2 *vt* (*gen pass*) tacheter, moucheter; *fruit* tacheter, taveler.

speckle ['spekl] **1** *n* tacheture *f*, moucheture *f* (*d'un animal*). **2** *vt* tacheter, moucheter.

speckled ['spekld] *adj* tacheté.

specs* [speks] *npl* (*abbr of* spectacles) lunettes *fpl*.

spectacle ['spektəkl] **1** *n* (**a**) (*sight*) spectacle *m* (*also pej*); (*Cine/Theat etc*) superproduction *f*, film *m*/revue *f etc* à grand spectacle. **the coronation was a great ~** le couronnement a été un spectacle somptueux; (*pej*) **to make a ~ of o.s.** se donner en spectacle.
(**b**) (*Brit*) **(pair of) ~s** lunettes *fpl*.

2 *cpd*: (*Brit*) **spectacle case** étui *m* à lunettes.

spectacled ['spektəkld] *adj* (*also Zool*) à lunettes.

spectacular [spek'tækjʊlər] **1** *adj sight, act, results, change, fall* spectaculaire, impressionnant; *defeat, victory* spectaculaire; *view* splendide. **a ~ success** un succès fou. **2** *n* (*Cine/Theat*) superproduction *f*, film *m*/revue *f* à grand spectacle.

spectate [spek'teɪt] *vi* (*esp US*) être présent en tant que spectateur (*or* spectatrice).

spectator [spek'teɪtər] **1** *n* spectateur *m*, -trice *f*. **the ~s** les spectateurs, le public, l'assistance *f*.
2 *cpd*: **I don't like spectator sports** je n'aime pas le sport en tant que spectacle, je n'aime pas les sports auxquels on assiste sans participer; **rugby, the most exciting of spectator sports** le rugby, sport qui passionne le grand public; **it is one of the great spectator sports** c'est l'un des sports qui attirent un très grand nombre de spectateurs; **this tends to be rather a spectator sport** c'est un sport qui attire plus de spectateurs que de joueurs.

specter ['spektər] *n* (*US*) = **spectre**.

spectra ['spektrə] *npl of* **spectrum**.

spectral ['spektrəl] *adj* (*all senses*) spectral.

spectre, (*US*) **specter** ['spektər] *n* spectre *m*, fantôme *m*.

spectrogram ['spektrəʊgræm] *n* spectrogramme *m*.

spectrograph ['spektrəʊgrɑ:f] *n* spectrographe *m*.

spectroscope ['spektrəʊskəʊp] *n* spectroscope *m*.

spectroscopy [spek'trɒskəpɪ] *n* spectroscopie *f*.

spectrum ['spektrəm] **1** *n, pl* **spectra** (*Phys*) spectre *m*; (*fig: of ideas, opinions*) gamme *f* (*fig*). (*fig*) **the political ~** l'éventail *m* politique. **2** *cpd analysis, colours* spectral.

speculate ['spekjʊleɪt] *vi* (**a**) (*Philos*) spéculer (*about, on* sur); (*gen: ponder*) s'interroger (*about, on* sur, *whether* pour savoir si). **he was speculating about going** il se demandait s'il devait y aller ou non.
(**b**) (*Fin*) spéculer; (*St Ex*) spéculer *ou* jouer à la Bourse.

speculation [,spekjʊ'leɪʃən] *n* (**a**) (*U*) (*Philos*) spéculation *f*; (*gen: guessing*) conjecture(s) *f(pl)*, supposition(s) *f(pl)* (*about* sur). **it is the subject of much ~** cela donne lieu à bien des conjectures; **it is pure ~** ce n'est qu'une supposition; **after all the ~ about ...** après toutes ces conjectures *or* suppositions sur ... .
(**b**) (*Fin, St Ex, gen*) spéculation *f* (*in, on* sur). **he bought it as a ~** il a spéculé en achetant cela; **it proved a good ~** ce fut une spéculation réussie *or* une bonne affaire; **that picture he bought was a good ~** il a fait une bonne affaire en achetant ce tableau, il a eu du nez en achetant ce tableau.

speculative ['spekjʊlətɪv] *adj* (*all senses*) spéculatif.

speculator ['spekjʊleɪtər] *n* spéculateur *m*, -trice *f*.

speculum ['spekjʊləm] *n* [*telescope*] miroir *m*; (*Med*) spéculum *m*.

sped [sped] *pret, ptp of* **speed**.

speech [spi:tʃ] **1** *n* (**a**) (*U*) (*faculty*) parole *f*; (*enunciation*) articulation *f*, élocution *f*; (*manner of speaking*) façon *f* de parler, langage *m*; (*as opposed to writing*) parole; (*language: of district or group*) parler *m*, langage. **to lose the power of ~** perdre (l'usage de) la parole; **his ~ was very indistinct** il parlait *or* articulait très indistinctement, sa façon de parler *or* son élocution était très indistincte; (*on one occasion*) il parlait très indistinctement; **he expresses himself better in ~ than in writing** il s'exprime mieux oralement que par écrit; **the ~ of the playground is different from that of the classroom** le langage *or* le parler des enfants qui jouent diffère de celui des enfants en classe; **his ~ betrays his origins** son langage *or* sa façon de s'exprimer trahit ses origines; (*Prov*) **~ is silver but silence is golden** la parole est d'argent mais le silence est d'or (*Prov*); **free ~, freedom of ~** liberté *f* de parole *or* d'expression; *V* **figure**, **part** *etc*.
(**b**) (*formal address*) discours *m* (*on* sur); (*short, less formal*) speech* *m*, allocution *f*. **to make a ~** faire un discours; **~, ~!** un discours!; *V* **maiden** *etc*.
(**c**) (*Ling*) (*utterances*) parole *f*; (*spoken language*) langage parlé. (*Gram*) **direct/indirect ~** discours direct/indirect.
2 *cpd*: (*Ling*) **speech act** acte *m* de parole; **speech clinic** centre *m* d'orthophonie; (*Ling*) **speech community** communauté *f* linguistique; (*Brit Scol etc*) **speech day** distribution *f* des prix; **speech defect**, **speech disorder**, **troubles** *mpl* du langage; **speech difficulty**, **speech impediment** défaut *m* d'élocution; **speechmaker** orateur *m*; (*U*: *slightly pej*) **speechmaking** discours *mpl*, beaux discours (*pej*); (*Anat*) **speech organ** organe *m* de la parole; (*Ling*) **speech sound** phonème *m*; (*Comput*) **speech synthesizer** synthétiseur *m* de parole; **speech therapist** orthophoniste *mf*, phoniatre *mf*; **speech therapy** orthophonie *f*, phoniatrie *f*; **speech training** leçons *fpl* d'élocution; **his speechwriter** la personne qui écrit ses discours.

speechify ['spi:tʃɪfaɪ] *vi* (*pej*) discourir, pérorer.

speechifying ['spi:tʃɪfaɪɪŋ] *n* (*pej*) laïus* *mpl*, beaux discours.

speechless ['spi:tʃlɪs] *adj person* (*from surprise, shock*) muet, interloqué, tout interdit; (*from horror, anger, terror, delight*) muet. **~ with rage/shock** muet de rage/sous le choc; **it left him ~** il en est resté sans voix, il en a perdu la parole; **I'm ~!*** j'en suis sans voix!

speed [spi:d] (*vb: pret, ptp* **sped** *or* **speeded**) **1** *n* (**a**) (*rate of movement*) vitesse *f*; (*rapidity*) rapidité *f*; (*promptness*) promptitude *f*. **the ~ of light/sound** la vitesse de la lumière/du son; **his reading ~ is low** il lit lentement; **shorthand/typing ~s** nombre *m* de mots-minute en sténo/en dactylo; **a secretary with good ~s** une secrétaire qui a une bonne vitesse (de frappe et de sténo); (*Aut*) **what ~ were you going at?** *or* **doing?** quelle vitesse faisiez-vous?, à quelle vitesse rouliez-vous?; **at a ~ of 80 km/h** à une vitesse de 80 km/h; **at a great ~** à toute vitesse; **at (full *or* top) ~** go, run, move, row à toute vitesse *or* allure; *drive off* à toute vitesse *or* allure, sur les chapeaux de roues*; *do sth* très vite, en quatrième vitesse*;

with all possible ∼ le plus vite possible; **with such** ∼ si vite; **to pick up** or **gather** ∼ prendre de la vitesse; **V air, cruise, full, high** etc.

  (b) (*Aut, Tech: gear*) vitesse *f*. **4 forward** ∼s **4** vitesses avant; **a 3-**∼ **gear** une boîte à 3 vitesses.

  (c) (*U: Phot*) [*film*] rapidité *f*; (*width of aperture*) degré *m* d'obturation; (*length of exposure*) durée *f* d'exposition.

  (d) (*U: Drugs sl*) speed *m* (*sl*), amphétamines *fpl*.

  (e) **good** ∼!†† Dieu vous garde!†

  2 *cpd*: **speedball** (*n*) (*game*) speedball *m*; (*Drugs sl*) mélange *m* de cocaïne et d'héroïne; (*vi: Drugs sl*) s'injecter un mélange de cocaïne et d'héroïne; **speedboat** vedette *f*, (*with outboard motor*) hors-bord *m inv*; (*US: in road*) **speed bump** casse-vitesse *m*; (*Brit*) **speed cop*** motard* *m*; (*Brit*) **there's no speed limit** il n'y a pas de limitation *f* de vitesse; **the speed limit is 80 km/h** la vitesse maximale permise est 80 km/h; **speed merchant*** fou *m* de la route (*pej*), mordu(e)* *m(f)* de la vitesse; **speed reading** lecture *f* rapide; **speed restriction** limitation *f* de vitesse; (*Sport*) **speed skating** patinage *m* de vitesse; (*Aut*) **speed trap** piège *m* de police pour contrôle de vitesse; **speed-up** accélération *f*; (*Ind: of production*) amélioration *f* de rendement; (*US*) **speedwalk** tapis roulant; **speedway** (*Sport: racetrack*) piste *f* de vitesse pour motos; (*US Aut: road*) voie *f* express; (*Sport: U*) **speedway racing** course(s) *f(pl)* de motos, épreuve(s) *f(pl)* de vitesse de motos; (*US*) **speed zone** zone *f* à vitesse limitée.

  3 *vt pret, ptp* **sped** or **speeded** (*liter*) *arrow etc* lancer, décocher. **to** ∼ **sb on his way** souhaiter bon voyage à qn; **to** ∼ **the parting guest** précipiter or brusquer le départ de l'invité; **God** ∼ **you!**†† Dieu vous garde!†

  4 *vi* (a) *pret, ptp* **sped** (*move fast*) [*person, vehicle, horse, boat, plane etc*] **to** ∼ **along** aller à toute vitesse or à toute allure, filer comme un éclair; (*liter*) **the arrow sped from his bow** la flèche jaillit de son arc.

  (b) *pret, ptp* **speeded** (*Aut: go too fast*) conduire trop vite, excéder la limitation de vitesse. **you're** ∼**ing!** tu vas trop vite!, tu fais un or des excès de vitesse!

◆**speed along 1** *vi pret, ptp* **sped along** [*person, vehicle*] aller à toute allure or à toute vitesse, filer comme l'éclair.

  2 *vt sep pret, ptp* **speeded along** *work, production* activer.

◆**speed up** *pret, ptp* **speeded up 1** *vi* (*gen*) aller plus vite; [*walker/worker/singer/pianist/train etc*] marcher/travailler/chanter/jouer/rouler etc plus vite; (*Aut*) accélérer; [*engine, machine etc*] tourner plus vite. **do speed up!** plus vite!, active!*

  2 *vt sep machine* faire tourner plus vite; *service, work, delivery* activer, accélérer; *production* accélérer, augmenter; *person* faire aller or faire travailler plus vite, presser; *film* accélérer. **to speed things up** activer les choses.

  3 speed-up *n V* **speed 2**.

speeder ['spiːdə^r] *n* (*fast driver*) fou *m* de la vitesse; (*convicted*) automobiliste *mf* coupable d'excès de vitesse.

speedily ['spiːdɪlɪ] *adv progress, move, finish, work* vite, rapidement; *reply, return* promptement; (*soon*) bientôt. **as** ∼ **as possible** le plus vite or rapidement possible; **he replied very** ∼ il a répondu très promptement, il s'est dépêché de répondre.

speediness ['spiːdɪnɪs] *n* (*V* **speedy**) rapidité *f*; promptitude *f*.

speeding ['spiːdɪŋ] **1** *n* (*Aut*) excès *m* de vitesse. **2** *cpd*: (*Jur*) **speeding conviction/fine/ticket** condamnation *f*/contravention *f*/p.v. *m* pour excès de vitesse.

speedometer [spɪ'dɒmɪtə^r] *n* (*Aut*) compteur *m* (de vitesse), indicateur *m* de vitesse.

speedster* ['spiːdstə^r] *n* (*Aut*) fou *m* de la route (*pej*), mordu(e)* *m(f)* de la vitesse.

speedwell ['spiːdwel] *n* (*Bot*) véronique *f*.

speedy ['spiːdɪ] *adj reply, recovery, service, decision* rapide, prompt; *vehicle, movement* rapide.

speleologist [,spiːlɪ'ɒlədʒɪst] *n* spéléologue *mf*.

speleology [,spiːlɪ'ɒlədʒɪ] *n* spéléologie *f*.

spell¹ [spel] **1** *n* (*magic power*) charme *m* (*also fig*), sortilège *m*; (*magic words*) formule *f* magique, incantation *f*. **an evil** ∼ un maléfice; **to put** or **cast** or **lay a** ∼ **on** or **over sb**, **to put sb under a** ∼ jeter un sort à qn, ensorceler qn, envoûter qn; (*fig*) ensorceler qn, envoûter qn; **under a** ∼ ensorcelé, envoûté, sous le charme; (*fig*) **under the** ∼ **of** ensorcelé par, envoûté par; **to break the** ∼ rompre le charme (*also fig*); (*fig*) **the** ∼ **of the East** le charme or les sortilèges de l'Orient.

  2 *cpd*: **spellbinder** (*speaker*) orateur fascinant, ensorceleur *m*, -euse *f*; **that film was a spellbinder** ce film était ensorcelant or était envoûtant or vous tenait en haleine; **spellbinding** ensorcelant, envoûtant; (*lit, fig*) **spellbound** ensorcelé, envoûté; (*fig*) **to hold sb spellbound** subjuguer qn, fasciner qn, tenir qn sous le charme.

spell² [spel] **1** *n* (a) (*period of work; turn*) tour *m*. **we each took a** ∼ **at the wheel** nous nous sommes relayés au volant, nous avons conduit chacun à notre tour; ∼ **of duty** tour de service.

  (b) (*brief period*) (*courte*) période *f*. (*Met*) **cold/sunny** ∼s périodes de froid/ensoleillées; **for/after a** ∼ pendant/après un certain temps; **for a short** ∼ pendant un petit moment; **he has done a** ∼ **in prison** il a été en prison pendant un certain temps, il a fait de la prison; **he's going through a bad** ∼ il traverse une mauvaise période, il est dans une mauvaise passe.

  2 *vt* relayer. **to** ∼ **sb at the wheel/at the oars** relayer qn au volant/aux avirons.

spell³ [spel] *pret, ptp* **spelt** or **spelled 1** *vt* (a) (*in writing*) écrire, orthographier; (*aloud*) épeler. **how do you** ∼ **it?** comment est-ce que cela s'écrit?, comment écrit-on cela?; **can you** ∼ **it for me?** pouvez-vous me l'épeler?; **he spelt 'address' with one 'd'** il a écrit 'address' avec un seul 'd'.

  (b) [*letters*] former, donner; (*fig*) (*mean*) signifier, représenter (*for sb* pour qn); (*entail*) mener à. **d-o-g** ∼s **'dog'** d-o-g forment or donnent or font (le mot) 'dog'; (*fig*) **that would** ∼ **ruin for him** cela signifierait or représenterait or serait la ruine pour lui; **effort** ∼s **success** l'effort mène au succès.

  2 *vi* épeler. **to learn to** ∼ apprendre à épeler, apprendre l'orthographe; **he can't** ∼, **he** ∼s **badly** il fait des fautes d'orthographe, il ne sait pas l'orthographe, il a une mauvaise orthographe.

◆**spell out** *vt sep* (a) (*read letter by letter*) épeler; (*decipher*) déchiffrer.

  (b) (*fig*) *consequences, alternatives* expliquer bien clairement (*for sb* à qn). **let me spell it out for you** laissez-moi vous expliquer bien clairement, laissez-moi mettre les points sur les i; **do I have to spell it out for you?** faut-il que je mette les points sur les i?

speller ['spelə^r] *n* (a) [*person*] **to be a good/bad** ∼ savoir/ne pas savoir l'orthographe. (b) (*book*) livre *m* d'orthographe.

spelling ['spelɪŋ] **1** *n* orthographe *f*. **reformed** ∼ nouvelle orthographe. **2** *cpd*: **spelling test**, **practice** d'orthographe. **spelling bee** concours *m* d'orthographe; **spelling book** livre *m* d'orthographe; **spelling error**, **spelling mistake** faute *f* d'orthographe; **spelling pronunciation** prononciation *f* orthographique.

spelt¹ [spelt] *pret, ptp of* **spell³**.

spelt² [spelt] *n* (*Bot*) épeautre *m*.

spelunker [spɪ'lʌŋkə^r] *n* (*US*) spéléologue *mf*.

spelunking [spɪ'lʌŋkɪŋ] *n* (*US*) spéléologie *f*.

spend [spend] *pret, ptp* **spent 1** *vt* (a) *money* dépenser. **he** ∼s **a lot** (*of money*) **on food/bus fares/clothes** etc il dépense beaucoup en nourriture/tickets d'autobus/vêtements etc; **he** ∼s **a lot** (*of money*) **on his house/car/girlfriend** il dépense beaucoup or il fait de grosses dépenses pour sa maison/sa voiture/sa petite amie; **he spent a fortune on having the roof repaired** il a dépensé une somme folle or une fortune pour faire réparer le toit; **without** ∼**ing a penny** or **a ha'penny** sans dépenser un sou, sans bourse délier; (*Brit fig euph*) **to** ∼ **a penny*** aller au petit coin*; *V also* **money**.

  (b) (*pass*) *holiday, evening, one's life* passer; (*devote*) *labour, care* consacrer (*on sth* à qch, *doing, in doing* à faire); *time, afternoon* passer, consacrer, employer. **to** ∼ **time on sth** passer du temps sur qch, consacrer du temps à qch; **to** ∼ **time** (**in**) **doing** passer or consacrer or employer du temps à faire; **he** ∼s **his time reading** il passe son temps à lire, il consacre son temps à la lecture; **I spent 2 hours on that letter** j'ai passé 2 heures sur cette lettre, cette lettre m'a pris 2 heures; **he spent a lot of effort (in) getting it just right** il a fait beaucoup d'efforts pour que ce soit juste comme il faut.

  (c) (*consume, exhaust*) *ammunition, provisions* épuiser. [*fury, hatred, enthusiasm*] **to be spent** être tombé; (*liter*) **the storm had spent its fury** la tempête s'était calmée; *V also* **spent**.

  2 *vi* dépenser.

  3 *cpd*: **spendthrift** (*n*) dépensier *m*, -ière *f*, panier percé* *m*; (*adj*) *habits, attitude etc* de prodigalité; **he's a spendthrift** il est très dépensier, il jette l'argent par les fenêtres.

spender ['spendə^r] *n*: **to be a big** ∼ dépenser beaucoup.

spending ['spendɪŋ] **1** *n* (*U*) dépenses *fpl*. **government** ∼ dépenses publiques.

  2 *cpd*: **spending money** argent *m* de poche; **spending power** pouvoir *m* d'achat; **to go on a spending spree** dépenser beaucoup (en une seule fois), faire des folies or de folles dépenses.

spent [spent] *pret, ptp of* **spend**. ∼ *match, cartridge etc* utilisé. ∼ (**nuclear**) **fuel** combustibles *mpl* irradiés; **that movement is a** ∼ **force** ce mouvement n'a plus l'influence or le pouvoir qu'il avait; **he was quite** ∼ il n'en pouvait plus, il était épuisé; (*permanently*) il était fini.

sperm [spɜːm] **1** *n* sperme *m*. **2** *cpd*: **sperm oil** huile *f* de baleine; **sperm whale** cachalot *m*.

spermaceti [,spɜːmə'setɪ] *n* spermaceti *m*, blanc *m* de baleine.

spermatic [spɜː'mætɪk] *adj* (*Anat*) spermatique.

spermatozoon [,spɜːmətəʊ'zəʊɒn] *n*, *pl* **spermatozoa** [,spɜːmətəʊ'zəʊə] spermatozoïde *m*.

spermicidal [,spɜːmɪ'saɪdl] *adj* spermicide.

spermicide ['spɜːmɪsaɪd] *n* spermicide *m*.

spew [spjuː] *vt* (*also* ∼ **up**) vomir; (*fig: also* ∼ **forth**, ∼ **out**) *fire, lava, curses* vomir. **it makes me** ∼‡ ça (me) donne envie de vomir, c'est dégueulasse‡.

SPG [espiː'dʒiː] *n* (*Brit Police*) *abbr of* **Special Patrol Group**; *V* **special**.

sphagnum ['sfægnəm] *n* sphaigne *f*.

sphere [sfɪə^r] *n* (*gen, Astron, Math etc*) sphère *f*; (*fig*) sphère, domaine *m*. **the music of the** ∼s la musique des sphères célestes; ∼ **of interest/influence** sphère d'intérêt/d'influence; **the** ∼ **of poetry** le domaine de la poésie; **in the social** ∼ dans le domaine social; **distinguished in many** ∼s renommé dans de nombreux domaines; **that is outside my** ∼ cela n'entre pas dans mes compétences; **within a limited** ∼ dans un cadre or domaine restreint.

spherical ['sferɪkl] *adj* (*also Math*) sphérique. (*hum*) **he was perfectly** ∼* il était gros comme une barrique*.

spheroid ['sfɪərɔɪd] **1** *n* sphéroïde *m*. **2** *adj* sphéroïdal.

sphincter ['sfɪŋktə^r] *n* sphincter *m*.

sphinx [sfɪŋks] *n* sphinx *m*. **the S**∼ le Sphinx.

spice [spaɪs] **1** *n* (*Culin*) épice *f*; (*fig*) piquant *m*, sel *m*. (*Culin*) **mixed** ∼(s) épices mélangées; (*Culin*) **there's too much** ∼ c'est trop épicé; **the papers like a story with a bit of** ∼ **to it** les journaux aiment les nouvelles qui ont du piquant or qui ne manquent pas de sel; **a** ∼ **of irony/humour** une pointe d'ironie/d'humour; **the** ∼ **of adventure** le piment de l'aventure.

  2 *vt* (*Culin*) épicer, relever (*with* de); (*fig*) relever, pimenter (*with* de).

spiciness ['spaɪsɪnɪs] n (U) [food] goût épicé or relevé; [story] piquant m.
spick-and-span ['spɪkən'spæn] adj room, object impeccable or reluisant de propreté; person qui a l'air de sortir d'une boîte.
spicy ['spaɪsɪ] adj food, flavour épicé, relevé; (fig) story, detail piquant, salé, croustillant.
spider ['spaɪdər] 1 n (a) (Zool) araignée f. (b) (Aut: for luggage) pieuvre f (à bagages). (c) (US: frypan) poêle f (à trépied). 2 cpd: **spider crab** araignée f de mer; (Constr) **spiderman** ouvrier m travaillant sur un bâtiment élevé; **spider plant** chlorophytum m, parachute m; **spider's web**, (US) **spiderweb** toile f d'araignée.
spidery ['spaɪdərɪ] adj shape en forme d'araignée; writing tremblé.
spiel* [spi:l] 1 n laïus* m inv, baratin* m; (Advertising etc) boniment(s)* m(pl), baratin*. 2 vi faire un laïus* or du boniment*, baratiner* (about sur).
♦**spiel off*** vt sep (US) débiter, réciter à toute allure.
spiffing*† ['spɪfɪŋ] adj épatant*.
spigot ['spɪgət] n (a) (plug for barrel) fausset m. (b) (Brit: part of tap) clef f or clé f (d'un robinet); (US: faucet) robinet m.
spike [spaɪk] 1 n (a) (sharp point) (wooden, metal) pointe f; (on railing) pointe de fer, (fer m de) lance f; (on shoe) pointe; (for letters, bills etc) pique-notes m inv; (nail) gros clou à large tête; (tool) pointe; [antler] dague f; (Bot) épi m; (on graph) pointe, haut m.
(b) (Sport: shoes) ~s* chaussures fpl à pointes.
(c) (Climbing) rocky ~ becquet m.
(d) (Volleyball) smash m.
2 cpd: **spike file** pique-notes m inv; **spike heels** talons mpl aiguilles; (Bot) **spike lavender** (lavende f) aspic m.
3 vt (a) (pierce) transpercer; (put ~s on) garnir de pointes or de clous; (fig: frustrate) plan, hope contrarier. (Sport) ~d shoes chaussures fpl à pointes; (fig) to ~ sb's guns mettre des bâtons dans les roues à qn.
(b) (*) drink corser (with de). ~d coffee café arrosé d'alcool.
4 vi (Volleyball) smasher.
spikenard ['spaɪknɑːd] n (U) nard m (indien).
spiky ['spaɪkɪ] adj branch, top of wall garni or hérissé de pointes; hair en épi; (fig: quick-tempered) prompt à prendre la mouche, chatouilleux.
spill¹ [spɪl] (vb: pret, ptp **spilt** or **spilled**) 1 n (a) (act of spilling) fait m de renverser, renversement m; V oil.
(b) (from horse, cycle) chute f, culbute f, (Aut) accident m. to have a ~ faire une chute or une culbute, avoir un accident.
2 cpd: **spillover** V spillover; (US) **spillway** déversoir m.
3 vt water, sand, salt renverser, répandre; rider, passenger jeter à terre. she spilt the salt elle a renversé le sel; she spilt wine all over the table elle a renversé or répandu du vin sur toute la table; you're ~ing water from that jug tu laisses tomber de l'eau de cette cruche; to ~ blood verser or faire couler le sang; (fig) to ~ the beans* (gen) vendre la mèche (about à propos de); (under interrogation) se mettre à table‡, parler; (US fig: talk) to ~ one's guts‡ (gen) raconter sa vie; (under interrogation) se mettre à table‡, parler; (Naut) to ~ (wind from) a sail étouffer une voile.
4 vi [liquid, salt etc] se répandre.
♦**spill out** 1 vi se répandre; (fig) [people etc] sortir en masse. the crowd spilled out into the streets la foule s'est déversée dans la rue.
2 vt sep contents, sand, liquid répandre; (fig) story, truth, details révéler, raconter (précipitamment).
♦**spill over** 1 vi [liquids] déborder, se répandre; (fig) [population] déborder, se déverser (into dans). these problems spilled over into his private life ces problèmes ont gagné sa vie privée.
2 vt spillover n V spillover; overspill n, adj V over 3.
spill² [spɪl] n (for lighting with) longue allumette (de papier etc).
spillover ['spɪləʊvər] n (act of spilling) fait m de renverser, renversement m; (quantity spilt) quantité f renversée; (fig) (excess part) excédent m; (Econ: effect) retombées fpl, effet m d'entraînement.
spilt [spɪlt] pret, ptp of **spill¹**.
spin [spɪn] (vb: pret **spun** or **span††**, ptp **spun**) 1 n (a) (turning motion) tournoiement m; (Aviat) (chute f en) vrille f. to give a wheel a ~ faire tourner une roue; (on washing machine) long/short ~ essorage complet/léger; (Sport) to put a ~ on a ball donner de l'effet à une balle; (Aviat) to go into a ~ tomber en vrille or en vrillant; (Aviat) to pull or get out of a ~ se sortir d'une (chute en) vrille; (fig) [person] to get into a ~ s'affoler, perdre la tête, paniquer*; everything was in such a ~ c'était la pagaille* complète; (fig: try out) to give sth a ~* essayer qch; V flat¹ etc.
(b) (*: ride) petit tour, balade* f. to go for a ~ faire un petit tour or une balade* (en voiture or à bicyclette etc).
2 cpd: **spindrift** embrun(s) m(pl), poudrin m; **spin-dry** essorer (à la machine); (Brit) **spin-dryer** essoreuse f; (U) **spin-drying** essorage m à la machine; **spin-off** V spin-off V spin-off.
3 vt (a) wool, yarn, fibres, glass filer (into en, pour en faire); thread etc fabriquer, produire; [spider, silkworm] filer, tisser; (fig) story etc inventer, fabriquer, débiter (pej). (fig) to ~ a yarn (make up) inventer or débiter (pej) une histoire; (tell) raconter une histoire; he spun me a yarn about his difficulties/about having been ill il m'a inventé or débité (pej) une longue histoire sur ses problèmes/comme quoi il avait été malade; **spun glass** verre filé; hair like spun gold des cheveux ressemblant à de l'or filé; **spun silk** schappe m or f; (Naut) **spun yarn** bitord m; V fine².
(b) wheel, nut, revolving stand etc faire tourner; top lancer, fouetter; (Sport) ball donner de l'effet à. to ~ a coin jouer à pile ou face.
(c) (Brit) ~ spin-drier; V 2.
4 vi (a) [spinner etc] filer; [spider] filer or tisser sa toile.
(b) (often ~ round) [suspended object] tourner, tournoyer,

pivoter; [top, dancer] tourner, tournoyer, [planet, spacecraft] tourner (sur soi-même); [machinery wheel] tourner; [car wheel] patiner; [aircraft] vriller, tomber en vrillant; (Sport) [ball] tournoyer. to ~ round and round continuer à tourner (or tournoyer etc); to send sth/sb ~ing envoyer rouler qch/qn; the disc went ~ning away over the trees le disque s'envola en tournoyant par-dessus les arbres; he spun round as he heard me come in il s'est retourné vivement or sur ses talons en m'entendant entrer; (fig) my head is ~ning (round) j'ai la tête qui tourne; (fig) the room was ~ning (round) la chambre tournait (autour de moi or lui etc).
(c) (move quickly) [vehicle] to ~ or go ~ning along rouler à toute vitesse, filer (à toute allure).
(d) (Fishing) to ~ for trout etc pêcher la truite etc à la cuiller.
♦**spin off** 1 vi (arise as result of) to spin off from résulter de.
2 spin-off V spin-off.
♦**spin out** vt sep story, explanation faire durer, délayer; visit etc faire durer; money, food faire durer, économiser, ménager.
♦**spin round** 1 vi V spin 4b.
2 vt sep wheel, nut, revolving stand faire tourner; person faire pivoter; dancing partner faire tourner or tournoyer.
spina bifida ['spaɪnə'bɪfɪdə] n spina-bifida m.
spinach ['spɪnɪdʒ] n (plant) épinard m; (Culin) épinards.
spinal ['spaɪnl] adj (Anat) nerve, muscle spinal; ligament, column, disc vertébral; injury à la colonne vertébrale. ~ anaesthesia rachianesthésie f; ~ anaesthetic rachianesthésique m; ~ cord moelle épinière; ~ meningitis méningite cérébro-spinale.
spindle ['spɪndl] 1 n (a) (Spinning) fuseau m; (on machine) broche f. (b) (Tech) [pump] axe m; [lathe] arbre m; [valve] tige f. 2 cpd: **spindle-legged**, **spindle-shanked*** qui a des jambes de faucheux; (person) **spindlelegs***, **spindleshanks*** faucheux m (fig).
spindly ['spɪndlɪ] adj legs, arms grêle, maigre comme une or des allumette(s); person grêle, chétif; chair leg grêle; plant étiolé.
spine [spaɪn] 1 n (a) (Anat) colonne vertébrale, épine dorsale; [fish] épine; [hedgehog] piquant m, épine; (Bot) épine, piquant; [book] dos m; [hill etc] crête f. (b) (US fig: courage) courage m, résolution f. 2 cpd: **spine-chilling** à vous glacer le sang.
spineless ['spaɪnlɪs] adj (Zool) invertébré; (fig) mou (f molle), flasque (fig), sans caractère.
spinelessly ['spaɪnlɪslɪ] adv (fig) lâchement, mollement.
spinet [spɪ'net] n (Mus) épinette f.
spinnaker ['spɪnəkər] n spinnaker m, spi m.
spinner ['spɪnər] n (person) fileur m, -euse f; (Fishing) cuiller f; (spin-dryer) essoreuse f. (Baseball, Cricket) he sent down a ~* il a donné de l'effet à la balle; V money.
spinneret [,spɪnə'ret] n (Tex, Zool) filière f.
spinney ['spɪnɪ] n (Brit) bosquet m, petit bois.
spinning ['spɪnɪŋ] 1 n (by hand) filage m; (by machine) filature f; (Fishing) pêche f à la cuiller. 2 cpd: **spinning jenny** jenny f; **spinning machine** machine f or métier m à filer; **spinning mill** filature f; **spinning top** toupie f; **spinning wheel** rouet m.
spin-off ['spɪnɒf] n (gen) profit m or avantage m inattendu; (Ind, Tech etc) sous-produit m, application f secondaire. (Fin) ~ effect retombées fpl, effet m d'entraînement; this TV series is a ~ from the famous film ce feuilleton télévisé est tiré or issu du célèbre film.
Spinoza [spɪ'nəʊzə] n Spinoza m.
spinster ['spɪnstər] n célibataire f (also Admin), vieille fille (pej). she is a ~ elle est célibataire, elle n'est pas mariée.
spiny ['spaɪnɪ] adj (V spine) épineux, couvert d'épines or de piquants. ~ lobster homard m épineux, langouste f.
spiracle ['spaɪrəkl] n (airhole) orifice m d'aération; [whale etc] évent m; [insect etc] stigmate m, (Geol) cassure f.
spiral ['spaɪərəl] 1 adj curve, shell en spirale, spiroïdal; movement, dive, decoration en spirale; spring en spirale, à boudin; nebula, galaxy spiral; (Aviat) en vrille. ~ staircase escalier tournant or en colimaçon.
2 n spirale f. in a ~ en spirale; (fig) the wage-price ~ la montée inexorable des salaires et des prix; the inflationary ~ la spirale inflationniste.
3 vi [staircase, smoke] former une spirale; [ball, missile etc] tourner en spirale; [plane] vriller; (fig) [prices] monter en flèche; [prices and wages] former une spirale.
♦**spiral down** vi (Aviat) descendre en vrille.
♦**spiral up** vi (Aviat) monter en vrille; [staircase, smoke, missile] monter en spirale; [prices] monter en flèche.
spirally ['spaɪərəlɪ] adv en spirale, en hélice.
spire ['spaɪər] n (Archit) flèche f, aiguille f; [tree, mountain] cime f; [grass, plant] brin m, pousse f.
spirit ['spɪrɪt] 1 n (a) (soul) esprit m, âme f. the life of the ~ la vie de l'esprit, la vie spirituelle; he was there in ~ il était présent en esprit or de cœur; the ~ is willing but the flesh is weak l'esprit est prompt mais la chair est faible; God is pure ~ Dieu est un pur esprit; V holy, move etc.
(b) (supernatural being) esprit m; (ghost) esprit, revenant m, fantôme m; (Spiritualism) esprit. evil ~ esprit malin or du mal.
(c) (person) esprit m, âme f. one of the greatest ~s of his day un des plus grands esprits de son temps; the courageous ~ who ... l'esprit courageux or l'âme courageuse qui ...; a few restless ~s quelques mécontents; the leading ~ in the party l'âme du parti; V kindred, moving etc.
(d) (attitude etc) esprit m, disposition f; [proposal, regulations etc] esprit, intention f, but m. he's got the right ~ il a la disposition or l'attitude qu'il faut; in a ~ of forgiveness dans un esprit or une intention de pardon; he has great fighting ~ il ne se laisse jamais abattre; you must take it in the ~ in which it was meant prenez-le dans l'esprit où c'était dit or voulu; to take sth in the right/wrong ~ prendre qch en bonne/mauvaise part or du bon/mauvais

côté; **you must enter into the ~ of the thing** il faut y participer de bon cœur; **in a ~ of revenge** par esprit de vengeance; **in a ~ of mischief** etc par espièglerie etc; **the ~, not the letter of the law** l'esprit et non la lettre de la loi; **the film is certainly in the ~ of the book** le film est certainement conforme à l'esprit du livre; **the ~ of the times** l'esprit des temps or de l'époque; **that's the ~!** c'est ça!, voilà comment il faut réagir!, voilà l'attitude à prendre!; V **community, public, team** etc.

(e) (frame of mind) ~s humeur f, état m d'esprit; (morale) moral m; **in good ~s** de bonne humeur; **in poor** or **low ~s, out of ~s** déprimé, qui n'a pas le moral; **to keep one's ~s up** ne pas se laisser abattre, garder le moral; **my ~s rose** j'ai repris courage; **to raise sb's ~s** remonter le moral à qn; V **animal, high** etc.

(f) (courage) courage m, caractère m, cran* m; (energy) énergie f; (vitality) entrain m. **man of ~** homme m énergique or de caractère; **he replied with ~** il a répondu courageusement or énergiquement or avec fougue; **he sang/played with ~** il a chanté/joué avec fougue or brio.

(g) (Chem) alcool m. **preserved in ~(s)** conservé dans de l'alcool; **~(s) of ammonia** sel m ammoniaque; **~(s) of salt** esprit-de-sel m; **~(s) of turpentine** (essence f de) térébenthine f; (drink) ~s spiritueux mpl, alcool; **raw ~s** alcool pur; V **methylated, surgical** etc.

2 cpd **lamp, stove, varnish** à alcool; (Spiritualism) **help, world** des esprits. **spirit gum** colle f gomme; **spirit level** niveau m à bulle.

3 vt: **he was ~ed out of the castle** on l'a fait sortir du château comme par enchantement or magie; **the documents were mysteriously ~ed off his desk** les documents ont été mystérieusement escamotés or subtilisés de son bureau.

♦**spirit away, spirit off** vt sep person faire disparaître comme par enchantement; object, document etc escamoter, subtiliser.

spirited ['spɪrɪtɪd] adj person vif, fougueux, plein d'entrain; horse fougueux; reply, speech plein de verve, fougueux; conversation animé; music plein d'allant; undertaking, defence courageux, qui montre du cran*. (Mus) **he gave a ~ performance** il a joué avec fougue or avec brio; V **high, low¹, public** etc.

spiritless ['spɪrɪtlɪs] adj person sans entrain, sans énergie, sans vie; acceptance, agreement veule, lâche.

spiritual ['spɪrɪtjʊəl] 1 adj (not material etc) life, power, welfare spirituel; (religious) music etc musique etc religieux; (in spirit) heir, successor spirituel. **he is a very ~ person** c'est vraiment une nature élevée; (Rel) **~ adviser** conseiller spirituel, directeur m de conscience; (Brit) **the lords ~** les lords spirituels (évêques siégeant à la Chambre des pairs).

2 n chant m religieux; (also **Negro ~**) (negro-)spiritual m.

spiritualism ['spɪrɪtjʊəlɪzəm] n (Rel) spiritisme m; (Philos) spiritualisme m.

spiritualist ['spɪrɪtjʊəlɪst] adj, n (Rel) spirite (mf); (Philos) spiritualiste (mf).

spirituality [ˌspɪrɪtjʊˈælɪtɪ] n (a) (U) spiritualité f, qualité spirituelle.

(b) (Rel) **spiritualities** biens mpl et bénéfices mpl ecclésiastiques.

spiritually ['spɪrɪtjʊəlɪ] adv spirituellement, en esprit.

spirituous ['spɪrɪtjʊəs] adj spiritueux, alcoolique. **~ liquor** spiritueux mpl.

spirt [spɜːt] = **spurt**.

spit¹ [spɪt] (vb: pret, ptp **spat**) 1 n (spittle) crachat m; (saliva) [person] salive f; [animal] bave f; (Bot) écume printanière, crachat de coucou; (action) crachement m. (esp Mil) **~ and polish** briquage m, astiquage m; **there was just a ~ of rain** il tombait quelques gouttes de pluie; (fig) **he's the dead** or **very ~* of his uncle** c'est le portrait craché* de son oncle, son oncle et lui se ressemblent comme deux gouttes d'eau; V **frog¹**.

2 cpd: [person] **to be a spitfire** s'emporter pour un rien.

3 vt blood, curses, flames etc cracher.

4 vi [person, cat etc] cracher (at sb sur qn); [fire, fat] crépiter. **she spat in his face** elle lui a craché à la figure; **it was ~ting (with rain)** il tombait quelques gouttes de pluie.

♦**spit out** vt sep pip, pill (re)cracher; tooth, curses, information cracher. (fig: say it) **spit it out!** allons, accouche!‡ or vide ton sac!* (fig).

♦**spit up** vt sep blood etc cracher.

spit² [spɪt] 1 n (Culin) broche f; (Geog) pointe f or langue f (de terre).

2 cpd: **spitroast** faire rôtir à la broche; **spitroasted** (rôti) à la broche. 3 vt embrocher.

spit³ [spɪt] n (Horticulture) **to dig sth 2 ~s deep** creuser qch à une profondeur de 2 fers de bêche.

spite [spaɪt] 1 n (U) (a) (ill-feeling) rancune f, dépit m. **out of pure ~** par pure rancune or malveillance; **to have a ~ against sb*** avoir une dent contre qn, en vouloir à qn.

(b) **in ~ of** malgré, en dépit de; **in ~ of it** malgré cela, en dépit de cela; **in ~ of the fact that he has seen me** bien qu'il m'ait vu, malgré qu'il m'ait vu; **in ~ of everyone** envers et contre tous.

2 vt vexer, contrarier.

spiteful ['spaɪtfʊl] adj person méchant, malveillant, rancunier; comment malveillant; tongue venimeux. **a ~ remark** une méchanceté, une rosserie*.

spitefully ['spaɪtfʊlɪ] adv par méchanceté, par rancune, par dépit.

spitefulness ['spaɪtfʊlnɪs] n méchanceté f, malveillance f, rancune f.

spitting ['spɪtɪŋ] n: **'~ prohibited'** 'défense de cracher'; V **image**.

spittle ['spɪtl] n (ejected) crachat m; (dribbled) [person] salive f; [animal] bave f.

spittoon [spɪˈtuːn] n crachoir m.

spitz [spɪts] n loulou m (chien).

spiv* [spɪv] n (Brit) chevalier m d'industrie.

splash [splæʃ] 1 n (a) (act) éclaboussement m; (sound) floc m, plouf m; (series of sounds) clapotement m; (mark) éclaboussure f, tache f; (fig: of colour) tache. **he dived in with a ~** il a plongé dans un grand éclaboussement or en faisant une grande gerbe; **it made a great ~ as it hit the water** c'est tombé dans l'eau avec un gros plouf or en faisant une grande gerbe; (fig) **to make a ~*** faire sensation, faire du bruit; (fig) **a great ~ of publicity** un grand étalage de or une débauche de publicité.

(b) (in drinks etc: small amount) **a ~ of** (gen) un petit peu de; (soda water) une giclée de.

2 cpd: **splashback** revêtement m (au dessus d'un évier etc); (Aut etc) **splashboard** garde-boue m inv; (Space) **splashdown** amerrissage m; (Aut) **splash guard** garde-boue m inv.

3 adv: **it went ~ into the stream** c'est tombé dans l'eau (en faisant floc or plouf).

4 vt (a) (gen) éclabousser (sth over sb/sth qch sur qn/qch, sb/sth with sth qn/qch de qch). **to ~ milk on the floor** renverser du lait par terre; **he ~ed paint on the floor** il a fait des éclaboussures de peinture par terre; (in swimming etc) **don't ~ me!** ne m'éclabousse pas!; **to ~ one's way through a stream** traverser un ruisseau en éclaboussant or en pataugeant.

(b) (apply hastily) **to ~ o.s. with water, to ~ water on o.s** s'asperger d'eau; **he ~ed paint on the wall** il a barbouillé le mur de peinture.

(c) (fig) headlines mettre en manchette. (Press) **the news was ~ed across the front page** la nouvelle a été mise en manchette, la nouvelle a fait cinq colonnes à la une.

5 vi (a) [liquid, mud etc] faire des éclaboussures. **the milk ~ed on** or **over the tablecloth** le lait a éclaboussé la nappe; **tears ~ed on to her book** les larmes s'écrasaient sur son livre.

(b) [person, animal] barboter, patauger (in dans). **to ~ across a stream** traverser un ruisseau en éclaboussant or en pataugeant; **the dog ~ed through the mud** le chien pataugeait dans la boue; **to ~ into the water** [person] plonger dans l'eau dans un grand éclaboussement or en faisant une grande gerbe; [stone etc] tomber dans l'eau avec un gros floc or plouf.

♦**splash about** 1 vi [person, animal] barboter, patauger (in dans).

2 vt sep ink, mud faire des éclaboussures de; (fig) money faire étalage de.

♦**splash down** 1 vi [spacecraft] amerrir.

2 **splashdown** n V **splash 2**.

♦**splash out*** 1 vi (spend money) faire une folie.

2 vt sep money claquer‡, dépenser.

♦**splash up** 1 vi gicler (on sb sur qn).

2 vt sep faire gicler.

splatter ['splætər] = **spatter**.

splay [spleɪ] 1 vt window frame ébraser; end of pipe etc évaser; feet, legs tourner en dehors.

2 vi (also **~ out**) [window frame] s'ébraser; [end of pipe etc] se tourner en dehors.

3 cpd: **splayfeet** pieds tournés en dehors; **splayfooted** person aux pieds plats; horse panard.

spleen [spliːn] n (Anat) rate f; (fig: bad temper) mauvaise humeur, humeur noire; (††: melancholy) spleen m. **to vent one's ~ on** décharger sa bile sur.

splendid ['splendɪd] adj (imposing etc) ceremony, view, beauty splendide, superbe, magnifique; (excellent) holiday, result, idea excellent, magnifique, formidable*; teacher, mother etc excellent. **in ~ isolation** dans un splendide isolement; **that's simply ~!** c'est parfait! or épatant!* or formidable!*

splendidly ['splendɪdlɪ] adv (V **splendid**) splendidement, superbement, magnifiquement; de façon excellente, épatamment*, formidablement*. **~ dressed** superbement or magnifiquement habillé; **you did ~** tu as été merveilleux or épatant*; **it all went ~** tout a marché comme sur des roulettes; **it's coming along ~** ça avance très bien or formidablement* bien.

splendiferous* [splenˈdɪfərəs] adj magnifique, merveilleux, mirobolant*.

splendour, (US) **splendor** ['splendər] n splendeur f, magnificence f, éclat m.

splenetic [splɪˈnetɪk] adj (bad-tempered) atrabilaire, morose; (††: melancholy) porté au spleen.

splice [splaɪs] 1 vt rope, cable épisser; film, tape coller; timbers enter, abouter. **to ~ the mainbrace** (Naut) distribuer une ration de rhum; (*fig: have a drink) boire un coup*; (fig) **to get ~d*‡** convoler. 2 n (in rope) épissure f; (in film) collure f; (in wood) enture f.

splicer ['splaɪsər] n (for film) colleuse f (à bandes adhésives).

splint [splɪnt] n (Med) éclisse f, attelle f. **to put sb's arm in ~s** éclisser le bras de qn; **she had her leg in ~s** elle avait la jambe éclissée.

splinter ['splɪntər] 1 n (glass, shell, wood) éclat m; [bone] esquille f; (in one's finger etc) écharde f.

2 cpd: **splinter group** groupe dissident or scissionniste; **splinterproof glass** verre m sécurit inv ®.

3 vt wood fendre en éclats; glass, bone briser en éclats; (fig) party etc scinder, fragmenter.

4 vi [wood] se fendre en éclats; [glass, bone] se briser en éclats; (fig) [party] se scinder, se fragmenter.

split [splɪt] (vb: pret, ptp **split**) 1 n (a) (in garment, fabric, canvas) (at seam) fente f; (tear) déchirure f; (in wood, rock) crevasse f, fente; (in earth's surface) fissure f, crevasse, fente; (in skin) fissure, déchirure, (from cold) gerçure f, crevasse; (fig: quarrel) rupture f; (Pol) scission f, schisme m. **there was a 3-way ~ in the committee** le comité s'est trouvé divisé en 3 clans; **they did a 4-way ~ of the profits** ils ont partagé les bénéfices en 4; (fig: share) **I want my ~*** je veux ma part (du gâteau*); **to do the ~s** faire le grand écart.

(b) *(small bottle)* **soda/lemonade** ~ petite bouteille d'eau gazeuse/de limonade; *(cake)* **jam/cream** ~ gâteau fourré à la confiture/à la crème; *(ice cream etc)* **banana** ~ banana split *m*.

2 *cpd:* **split-cane** (*n*) osier *m*; *(adj)* en osier; *(Boxing etc)* **split decision** match nul; *(Gram)* **split infinitive** *infinitif où un adverbe est intercalé entre 'to' et le verbe*; **split-level** cooker cuisinière *f* à plaques de cuisson et four indépendants; **split-level house** maison *f* à deux niveaux; **split mind** = **split personality**; **split-new** tout neuf (*f* toute neuve); **split-off** séparation *f*, scission *f* (*from* de); **split peas** pois cassés; **split-pea soup** soupe *f* de pois cassés; **split personality** double personnalité *f*; *(Brit)* **split pin** clavette fendue; **split ring** anneau brisé; *(Cine, TV, Comput)* **split screen** écran *m* divisé; *(Comput)* **split-screen facility** écran *m* divisible en fenêtres, fonction *f* écran divisé; **a split second** une fraction de seconde; **in a split second** en un rien de temps; **split-second timing** *[military operation etc]* précision *f* à la seconde près; *[actor, comedian]* sens *m* du moment; **split-site** *school etc* dont les locaux ne sont pas regroupés; *(US Pol)* **to vote a split ticket** voter pour une liste avec panachage; **split-up** *[engaged couple, friends]* rupture *f*; *[married couple]* séparation *f*; *[political party]* scission *f*, schisme *m*.

3 *vt* **(a)** *(cleave)* **wood, pole** fendre; **slate, diamond** cliver; **stones** fendre, casser; **fabric, garment** déchirer; **seam** fendre; *[lightning, frost, explosion, blow]* fendre; *(fig)* **party etc** diviser, créer une scission *or* un schisme dans. **to** ~ **the atom** fissionner l'atome; **to** ~ **sth open** ouvrir qch en le coupant en deux *or* en fendant; **he** ~ **his head open as he fell** il s'est fendu le crâne en tombant; **the sea had** ~ **the ship in two** la mer avait brisé le bateau en deux; **he** ~ **it in two** il l'a fendu (en deux); **he** ~ **it into three** il l'a coupé en trois; ~ **the loaf lengthwise** fendez le pain dans le sens de la longueur; *(fig)* **to** ~ **hairs** couper les cheveux en quatre, chercher la petite bête, chinoiser; *(Gram)* **to** ~ **an infinitive** *intercaler un adverbe entre 'to' et le verbe*; *(fig)* **to** ~ **one's sides (laughing** *or* **with laughter)** se tordre de rire; **this decision** ~ **the radical movement** cette décision a divisé le mouvement radical, cette décision a provoqué une scission *or* un schisme dans le mouvement radical; **it** ~ **the party down the middle** cela a littéralement divisé le parti en deux; **the voters were** ~ **down the middle** l'électorat était divisé *or* coupé en deux.

(b) *(divide, share)* **work, profits, booty, the bill** partager, (se) répartir. **let's** ~ **a bottle of wine** si on prenait une bouteille de vin à deux (*or* trois *etc*)?; **they** ~ **the money 3 ways** ils ont divisé l'argent en 3; **to** ~ **the difference** *(lit)* partager la différence; *(fig)* couper la poire en deux; **they** ~ **the work/the inheritance** ils se sont partagé le travail/l'héritage.

4 *vi* **(a)** *[wood, pole, seam]* se fendre; *[stones]* se fendre, se casser; *[fabric, garment]* se déchirer; *(fig)* *[party, Church, government]* se diviser, se désunir. **to** ~ **open** se fendre; *(fig)* **my head is** ~**ting** j'ai atrocement mal à la tête; **the party** ~ **over nationalization** le parti s'est divisé sur la question des nationalisations, il y a eu une scission *or* un schisme dans le parti à propos de la question des nationalisations.

(b) *(divide: also* ~ **up)** *[cells]* diviser; *[people, party etc]* se diviser, se séparer. **the crowd** ~ **into smaller groups** la foule s'est divisée *or* séparée en petits groupes; **Latin** ~ **into the Romance languages** le latin s'est divisé *or* ramifié en langues romanes.

(c) *(Brit*: **tell tales, inform)** vendre la mèche*. **to** ~ **on sb** donner qn, vendre qn, cafarder qn*.

(d) (*: *depart*) filer*, mettre les bouts*.

◆**split off 1** *vi* *[piece of wood, branch etc]* se détacher (en se fendant) *(from* de); *(fig)* *[group, department, company etc]* se séparer *(from* de). **a small group of children split off and wandered away** un petit groupe d'enfants s'est séparé des autres et est parti de son côté.

2 *vt sep* **branch, splinter, piece** enlever (en fendant *or* en cassant) *(from* de); *(fig)* **company, group, department** séparer *(from* de).

3 **split-off** *n* V **split 2**.

◆**split up 1** *vi* *[ship]* se briser; *[boulder, block of wood etc]* se fendre; *(fig)* *[meeting, crowd]* se disperser; *[party, movement]* se diviser, se scinder; *[friends]* rompre, se brouiller; *[married couple]* se séparer; *[engaged couple]* rompre.

2 *vt sep* **wood, stones** fendre (*into* en); **money, work** partager, répartir (*among* entre), diviser (*into* en); **compound** diviser (*into* en); **party, group, organization** diviser, scinder (*into* en); **meeting** mettre fin à; **crowd** disperser; **friends** séparer. **to split up a book into 6 chapters** diviser un livre en 6 chapitres; **we must split the work up amongst us** nous devons nous partager *or* nous répartir le travail; **you'll have to split up those two boys if you want them to do any work** il faut que vous sépariez (*subj*) ces deux garçons si vous voulez qu'ils travaillent (*subj*).

3 **split-up** *n* V **split 2**.

splitting ['splɪtɪŋ] **1** *n* (*V* **split** 3a, 3b, 4a, 4b) fendage *m*; clivage *m*; cassage *m*; déchirement *m*; division *f*, scission *f*, schisme *m*; partage *m*, répartition *f*; séparation *f*. **the** ~ **of the atom** la fission de l'atome; *V* **hair** *etc*.

2 *adj*: **I have a** ~ **headache** j'ai atrocement mal à la tête; *V* **ear¹, side** *etc*.

splodge [splɒdʒ], **splotch** [splɒtʃ] **1** *n* *[ink, paint, colour, dirt, mud]* éclaboussure *f*, tache *f*. **strawberries with a great** ~ **of cream** des fraises avec un monceau de crème.

2 *vt* **windows, dress etc** éclabousser, barbouiller (*with* de); **mud, ink etc** faire des taches *or* des éclaboussures de (*on* sur).

3 *vi* *[mud etc]* gicler (*on* sur).

splurge* [splɜːdʒ] **1** *n* (*ostentation*) tralala* *m*; *(spending spree)* folles dépenses, folie *f*. **the wedding reception was** *or* **made a** ~ **la réception de mariage était à grand tralala***; **she had a** ~ **and bought a Rolls** elle a fait une vraie folie et s'est payé* une Rolls.

2 *vi* (*also* ~ **out)** faire une *or* des folie(s) (*on* en achetant).

3 *vt* dépenser (en un seul coup) (*on sth* pour qch), engloutir (*on sth* dans qch).

splutter ['splʌtər] **1** *n* *[person]* (*spitting*) crachotement *m*; *(stuttering)* bredouillement *m*, bafouillage* *m*; *[engine]* bafouillage*; *[fire, frying pan, fat, candle]* crépitement *m*.

2 *vi* *[person]* (*spit*) crachoter, crachouiller*, postillonner; *(stutter)* bredouiller, bafouiller*; *[pen]* cracher; *[engine]* bafouiller*, tousser; *[fire, frying pan, fat, candle]* crépiter. **he** ~**ed indignantly** il a bredouillé *or* bafouillé* d'indignation.

3 *vt* (*also* ~ **out)** **words, excuse** bredouiller, bafouiller*.

spoil [spɔɪl] (*vb:* pret, ptp **spoiled** *or* **spoilt**) **1** *n* **(a)** *(gen pl)* ~**(s)** *(booty)* butin *m*; *(fig: after business deal etc)* bénéfices *mpl*, profits *mpl*; *(US Pol)* poste *m* *or* avantage *m* reçu en récompense de services politiques rendus; **the** ~**s of war** le butin *or* les dépouilles *fpl* de la guerre; *(fig)* **he wants his share of the** ~**s** il veut sa part du gâteau.*

(b) *(U: from excavations etc)* déblais *mpl*.

2 *cpd:* **spoilsport** trouble-fête *mf inv*, rabat-joie *m inv*; **don't be such a spoilsport!** ne joue pas les trouble-fête! *or* les rabat-joie!; *(US Pol)* **spoils system** système *m* des dépouilles (*consistant à distribuer des postes administratifs à des partisans après une victoire électorale*).

3 *vt* **(a)** *(damage)* **paint, dress etc** abîmer. **to** ~ **one's eyes** s'abîmer la vue; **fruit** ~**ed by insects** des fruits abîmés par les insectes; **the drought has really** ~**t the garden** la sécheresse a vraiment fait des dégâts dans le jardin; **to** ~ **a ballot paper** rendre un bulletin de vote nul.

(b) *(detract from)* **view, style, effect** gâter; **holiday, occasion, pleasure** gâter. **these weeds quite** ~ **the garden** ces mauvaises herbes enlaidissent *or* défigurent le jardin; **his peace of mind was** ~**t by money worries** sa tranquillité était empoisonnée par des soucis d'argent; **to** ~ **one's appetite** s'enlever *or* se couper l'appétit; **if you eat that now you'll** ~ **your lunch** si tu manges ça maintenant tu n'auras plus d'appétit pour le déjeuner; **don't** ~ **your life by doing that** ne gâche pas ta vie en faisant cela; **if you tell me the ending you'll** ~ **the film for me** si vous me racontez la fin vous me gâcherez tout l'intérêt du film; **she** ~**t the meal by overcooking the meat** elle a gâté le repas en faisant trop cuire la viande; **she** ~**t the meal by telling him the bad news** elle a gâché le repas en lui racontant la triste nouvelle; **the weather** ~**ed our holiday** le temps nous a gâté *or* gâché nos vacances; *(Prov)* **to** ~ **the ship for a ha'p'orth of tar** faire des économies de bouts de chandelle; *V* **fun**.

(c) *(pamper)* **child, one's spouse, dog etc** gâter. **to** ~ **sb rotten**‡ pourrir qn; *V* **spare**.

4 *vi* **(a)** *[food]* s'abîmer; *(in ship's hold, warehouse, shop)* s'avarier.

(b) **to be** ~**ing for a fight** brûler de se battre, chercher la bagarre*.

spoilage ['spɔɪlɪdʒ] *n* (*U*) *(process)* détérioration *f*; *(thing, amount spoilt)* déchet(s) *m(pl)*.

spoiled [spɔɪld] = **spoilt**.

spoiler ['spɔɪlər] *n* *(Aut)* becquet *m*; *(Aviat)* aérofrein *m*.

spoilt [spɔɪlt] **1** pret, ptp of **spoil**. **2** adj **(a)** (*V* **spoil** 3a, 3b), abîmé; gâté, gâché; **ballot paper** nul. **(b)** **child** gâté, refusal d'enfant gâté. **to be** ~ **for choice** avoir l'embarras du choix.

spoke¹ [spəʊk] *n* *[wheel]* rayon *m*; *[ladder]* barreau *m*, échelon *m*. *(Brit fig)* **to put a** ~ **in sb's wheel** mettre des bâtons dans les roues à qn. **2** *cpd:* *(Tech)* **spokeshave** vastringue *f*.

spoke² [spəʊk] pret of **speak**.

spoken ['spəʊkən] **1** ptp of **speak**. **2** adj **dialogue, recitative** parlé. **the** ~ **language** la langue parlée; ~ **French** le français parlé; *V* **well²** *etc*.

spokesman ['spəʊksmən] *n, pl* **spokesmen** ['spəʊksmən] porte-parole *m inv* (*of, for* de).

spokesperson ['spəʊks,pɜːsən] *n* porte-parole *m inv*.

spokeswoman ['spəʊks,wʊmən] *n, pl* **spokeswomen** ['spəʊks,wɪmɪn] porte-parole *m inv* (femme).

Spoleto [spəʊ'leɪtəʊ] *n* Spolète.

spoliation [,spəʊlɪ'eɪʃən] *n* (*esp Naut*) pillage *m*, spoliation *f*.

spondaic [spɒn'deɪɪk] *adj* spondaïque.

spondee ['spɒndiː] *n* spondée *m*.

sponge [spʌndʒ] **1** *n* (a) *(Zool, gen)* éponge *f*. **to give sth a** ~ donner un coup d'éponge à *or* sur qch; *(fig)* **to throw in** *or* **up the** ~* s'avouer vaincu, abandonner la partie.

(b) *(Culin: also* ~ **cake)** gâteau *m* *or* biscuit *m* de Savoie.

2 *cpd:* *(Brit)* **sponge bag** sac *m* de toilette; **sponge bath** toilette *f* à l'éponge; *(Culin)* **sponge cake** V 1b; **sponge-down** *[person]* toilette *f* à l'éponge; *[walls]* coup *m* d'éponge; *(Culin)* **sponge finger** boudoir *m*; **sponge mop** balai *m* éponge; *(Culin)* **sponge pudding** ≃ pudding *m* (*sorte de gâteau de Savoie*); **sponge rubber** caoutchouc *m* mousse *f*.

3 *vt* **(a)** **face, person, carpet** éponger, essuyer *or* nettoyer à l'éponge; **wound** éponger; **liquid** éponger, étancher.

(b) (*: *cadge*) **meal** se faire payer* (*from or off sb* par qn). **to** ~ **money from sb** taper* qn; **he** ~**d £10 off his father** il a tapé* son père de 10 livres.

4 *vi* (*: *cadge*) **to** ~ **on sb** vivre aux crochets de qn; **he's always sponging** c'est un parasite; *(for meals)* c'est un pique-assiette.

◆**sponge down 1** *vt sep* **person** laver à l'éponge; **horse** éponger; **walls etc** nettoyer *or* laver *or* essuyer à l'éponge. **to sponge o.s. down** se laver à l'éponge, s'éponger.

2 **sponge-down** *n* V **sponge 2**.

◆**sponge out** *vt sep* **wound** éponger; **stain, writing** effacer à l'éponge.

◆**sponge up** *vt sep* **liquid** éponger, étancher.

sponger* ['spʌndʒər] n (pej) parasite m; (for meals) pique-assiette mf inv.

sponginess ['spʌndʒɪnɪs] n spongiosité f.

spongy ['spʌndʒɪ] adj spongieux.

sponsor ['spɒnsər] 1 n (gen: of appeal, proposal, announcement etc) personne f qui accorde son patronage, membre m d'un comité de patronage; (Fin: for loan etc) répondant(e) m(f); (for commercial enterprise) promoteur m, parrain m; (Rel: godparent) parrain m, marraine f; (for club membership) parrain, marraine; (Rad, TV: advertiser) personne or organisme m qui assure le patronage; (of concert, event) personne or organisme qui accorde son parrainage; (of sports event) sponsor m, commanditaire m; (individual: for fund-raising event) donateur m, -trice f (à l'occasion d'un 'sponsored walk' etc; V 2); (US: of club) animateur m, -trice f. (Fin) to be sb's ~, to stand ~ to sb, to act as ~ for sb être le (or la) répondant(e) de qn, se porter caution pour qn.

2 vt appeal, proposal, announcement patronner, présenter; (Fin) borrower se porter caution pour; commercial enterprise être le promoteur de, parrainer; (Rel) être le parrain (or la marraine) de; club member, concert, event parrainer; (Rad, TV) sporting event sponsoriser, être le(s) sponsor(s) or commanditaire(s) de; fund-raising walker, swimmer etc s'engager à rémunérer (en fonction de sa performance). (in fund-raising) ~ed walk etc marche f etc entreprise pour procurer des donations à une œuvre de charité, les participants étant rémunérés par les donateurs en fonction de leur performance.

3 -sponsored adj ending in cpds: government/Soviet-sponsored à l'initiative du gouvernement/de l'Union Soviétique.

sponsorship ['spɒnsəʃɪp] n [loan] cautionnement m; [child, member] parrainage m; (Rad, TV) commande f publicitaire; [appeal, announcement] patronage m; (Sport) sponsoring m.

spontaneity [,spɒntə'neɪɪtɪ] n spontanéité f.

spontaneous [spɒn'teɪnɪəs] adj (all senses) spontané. ~ combustion combustion vive.

spontaneously [spɒn'teɪnɪəslɪ] adv spontanément.

spoof‡ [spu:f] 1 n (hoax) blague* f, tour m, canular m; (parody) parodie f, satire f (on de).

2 adj announcement etc fait par plaisanterie, prétendu (before n).

3 vt reader, listener etc faire marcher*; (parody) book etc parodier.

4 vi raconter des blagues* or des histoires.

spook [spu:k] 1 n (a) (hum* : ghost) apparition f, revenant m. (b) (US‡ : secret agent) barbouze* f. 2 vt (US) (a) (haunt) person, house hanter. (b) (frighten) effrayer, faire peur à.

spooky* ['spu:kɪ] adj qui donne la chair de poule or le frisson, qui fait froid dans le dos.

spool [spu:l] n [camera, film, tape, thread, typewriter ribbon] bobine f; [fishing reel] tambour m; [sewing machine, weaving machine] canette f, [wire] rouleau m.

spoon [spu:n] 1 n cuiller f or cuillère f; (Golf) spoon m, bois m trois; V dessert, silver etc. 2 cpd: spoonbill V spoonbill; (lit) to spoonfeed sb nourrir qn à la cuiller; (fig) he needs to be spoonfed all the time il faut toujours qu'on lui mâche (subj) le travail. 3 vt: to ~ sth into a plate/out of a bowl etc verser qch dans une assiette/enlever qch d'un bol etc avec une cuiller. 4 vi (fig: *†) flirter.

◆**spoon off** vt sep fat, cream etc enlever avec une cuiller.

◆**spoon out** vt sep (take out) verser avec une cuiller; (serve out) servir avec une cuiller.

◆**spoon up** vt sep food, soup manger avec une cuiller; spillage ramasser avec une cuiller.

spoonbill ['spu:nbɪl] n spatule f.

spoonerism ['spu:nərɪzəm] n contrepèterie f.

spoonful ['spu:nfʊl] n cuillerée f.

spoor [spʊər] n (U) [animal] foulées fpl, trace f, piste f.

sporadic [spə'rædɪk] adj sporadique. ~ fighting engagements isolés, échauffourées fpl.

sporadically [spə'rædɪkəlɪ] adv sporadiquement.

spore [spɔːr] n spore f.

sporran ['spɒrən] n (Scot) escarcelle f en peau (portée avec le kilt).

sport [spɔːt] 1 n (a) sport m. he is good at ~ il est doué pour le sport, il est très sportif; he is good at several ~s il est doué pour plusieurs sports; outdoor/indoor ~s sports de plein air/d'intérieur; (meeting) ~s réunion sportive; school ~s réunion or compétition sportive scolaire; V field etc.

(b) (U: fun, amusement) divertissement m, amusement m; (fig liter: plaything) jouet m. it was great ~ c'était très divertissant or amusant; in ~ pour rire, pour s'amuser; we had (some) good ~ (gen) nous nous sommes bien divertis or amusés; (Hunting, Fishing) nous avons fait bonne chasse/bonne pêche; (liter) to make ~ of sb se moquer de qn, tourner qn en ridicule; V spoil.

(c) (*: person) chic* or brave type* m, chic* or brave fille f. be a ~! sois chic!*; (Australia) come on, ~! allez, mon vieux!* or mon pote!‡

(d) (Bio, Zool) variété anormale.

2 cpd: (US) sport coat or jacket V sports jacket; sports programme, reporting, newspaper etc de sport, sportif; commentator, reporter, news, editor, club sportif; clothes sport inv; sports car voiture f de sport; (US: Rad, TV) sportscast émission sportive; (US: Rad, TV) sportscaster reporter sportif; sports coat = sports jacket; (Brit Scol etc) sports day réunion or compétition sportive scolaire; (Press etc) sports desk rédaction sportive; sports enthusiast, sports fan* fanatique mf de sport; sports ground terrain m de sport, stade m; sports jacket veste f sport inv; sportsman sportif m, amateur m de sport; (fig) he's a real sportsman il est beau joueur, il est très sport inv; (lit, fig) sportsmanlike sportif, chic* inv; (lit, fig) sportsmanship sportivité f, esprit sportif; (Press) sports page page sportive or des sports; (U) sportswear vêtements mpl de sport; sportswoman sportive f, athlète f; sportswriter rédacteur m sportif.

3 vi (liter) folâtrer, batifoler.

4 vt tie, hat, beard, buttonhole arborer, exhiber; black eye exhiber.

sportiness ['spɔːtɪnɪs] n (lit, fig) caractère m sportif.

sporting ['spɔːtɪŋ] adj (lit, fig) sportif. (fig) there's a ~ chance that she will be on time il est possible qu'elle soit à l'heure, elle a des chances d'arriver à l'heure; that gave him a ~ chance to do ... cela lui a donné une certaine chance de faire ...; it's very ~ of you c'est très chic* de votre part; (US: brothel) ~ house bordel‡ m.

sportingly ['spɔːtɪŋlɪ] adv (fig) très sportivement, avec beaucoup de sportivité.

sportive ['spɔːtɪv] adj folâtre, badin.

sporty* ['spɔːtɪ] adj (lit) sportif; (fig) chic* inv, sportif.

spot [spɒt] 1 n (a) [blood, ink, paint] (mark, dot etc) tache f; (splash) éclaboussure f; (on fruit) tache, tavelure f; (polka dot) pois m; (on dice, domino) point m; [leopard etc] tache, moucheture f; (pimple) bouton m; (freckle-type) tache (de son); (fig: on reputation etc) tache, souillure f (on sur). a ~ of dirt une tache, une salissure; a ~ of red une tache or un point rouge; a dress with red ~s une robe à pois rouges; a ~ of rain quelques gouttes fpl de pluie; to have ~s before one's eyes or the eyes voir des mouches volantes devant les yeux; he came out in ~s il a eu une éruption de boutons; these ~s are measles ce sont des taches de rougeole; (Cards) the ten ~ of spades le dix de pique; (US: money) a five/ten ~‡ un billet de cinq/dix dollars; (fig liter) without a ~ or stain sans la moindre tache or souillure; V beauty, knock, sun etc.

(b) (esp Brit: small amount) a ~ of un peu de; [whisky, coffee etc] une goutte de; [irony, jealousy] une pointe de; [truth, commonsense] un grain de; a ~ of sleep will do you good cela te fera du bien de dormir un peu, un petit somme te fera du bien; he did a ~ of work il a travaillé un peu, il a fait quelques bricoles* fpl; brandy? — just a ~ du cognac? — juste une goutte or un soupçon; there's been a ~ of trouble il y a eu un petit problème; how about a ~ of lunch?* et si on déjeunait?, et si on mangeait un morceau?; we had a ~ of lunch nous avons déjeuné légèrement, nous avons mangé un morceau; V bother.

(c) (place) endroit m. show me the ~ on the map montrez-moi l'endroit sur la carte; a good ~ for a picnic un bon endroit or coin pour un pique-nique; it's a lovely ~! c'est un endroit or un coin ravissant!; there's a tender ~ on my arm j'ai un point sensible au bras; the ~ in the story where ... l'endroit or le moment dans l'histoire où ...; V high, hit, soft etc.

(d) (phrases) the police were on the ~ in 2 minutes la police est arrivée sur les lieux en 2 minutes; it's easy if you're on the ~ c'est facile si vous êtes sur place or si vous êtes là; leave it to the man on the ~ to decide laissez décider la personne qui est sur place; (Press etc) our man on the ~ notre envoyé spécial; an on-the-~ broadcast/report une émission/un reportage sur place; an on-the-~ enquiry une enquête sur le terrain; an on-the-~ fine une amende avec paiement immédiat; he was fined on the ~ on lui a infligé une amende sur-le-champ; he decided on the ~ il s'est décidé sur le coup or sur-le-champ or tout de suite; he was killed on the ~ il a été tué sur le coup; now I'm really on the ~* cette fois-ci je suis vraiment coincé (fig); to be in a (bad or tight) ~* être dans le pétrin*, être dans de beaux draps.

(e) (*: Rad, Theat, TV: in show) numéro m; (Rad, TV: also ~ advertisement) spot m, message m publicitaire. a solo ~ in cabaret un numéro individuel dans une revue; he got a ~ in the Andy Williams Show il a fait un numéro dans le show d'Andy Williams; Glo-kleen had a ~ (advertisement) before the news Glo-kleen a fait passer un spot or un message publicitaire avant les informations; there was a ~ (announcement) about the referendum il y a eu une brève annonce au sujet du referendum.

(f) (*: also night~) boîte f de nuit.

(g) = spotlight.

(h) (Billiards, Snooker) mouche f.

2 cpd transaction, goods, price payé comptant; count, test inter-mittent, fait à l'improviste. spot advertisement, spot announcement V 1e; spot cash argent comptant or liquide; spot check contrôle intermittent, vérification f de sondage; spot-check contrôler or vérifier de façon intermittente; spotlight V spotlight; (Brit) what he said was spot-on* ce qu'il a dit était en plein dans le mille*; (Brit) he guessed spot-on* il est tombé en plein dans le mille*; spot remover détachant m; spot survey sondage m; spot-weld (vt) souder par points.

3 vt (a) (speckle, stain) tacher (with de). a tie ~ted with fruit stains une cravate portant des taches de fruit; V also spotted.

(b) (recognize, notice) person, object, vehicle apercevoir, repérer*; mistake trouver, remarquer, relever; bargain, winner, sb's ability déceler, découvrir. can you ~ any bad apples in this tray? est-ce que tu vois or tu trouves des pommes gâtées sur cette claie?

4 vi (a) [material, garment etc] se tacher, se salir.

(b) it is ~ting (with rain) il commence à pleuvoir, il tombe quelques gouttes de pluie.

(c) (Mil etc: act as spotter) observer.

spotless ['spɒtlɪs] adj impeccable or reluisant de propreté; (fig) sans tache.

spotlessly ['spɒtlɪslɪ] adv: ~ clean impeccable or reluisant de propreté.

spotlessness ['spɒtlɪsnɪs] n propreté f.

spotlight ['spɒtlaɪt] 1 n (Theat: beam) rayon m or feu m de projecteur; (Theat: lamp) projecteur m, spot m; (in home) spot m; (Aut) phare m auxiliaire. in the ~ (Theat) sous le feu du or des projecteur(s), dans le rayon du or des projecteur(s); (fig) en vedette, sous le feu des projecteurs; (fig) the ~ was on him il était en vedette; (in *the public eye*) les feux de l'actualité étaient braqués sur lui; (*Theat, fig*) **to turn the ~ on sb/sth** = **to spotlight sb/sth** (*V* 2).

2 *vt* (*Theat*) diriger les projecteurs sur; (*fig*) *sb's success, achievements* mettre en vedette; *changes, differences, a fact* mettre en lumière.

spotted ['spotɪd] *adj animal* tacheté, moucheté; *fabric* à pois; *fruit* taché, tavelé; (*dirty*) taché, sali. (*Culin*) **~ dick** pudding *m* aux raisins de Corinthe; **~ fever** fièvre éruptive; **~ flycatcher** gobe-mouches *m inv* gris.

spotter ['spotər] *n* (**a**) (*Brit: as hobby*) **train/plane ~** passionné(e) *m(f)* de trains/d'avions; *V also* **spotting**. (**b**) (*Mil etc*) (*for enemy aircraft*) guetteur *m*; (*during firing*) observateur *m*. (**c**) (*US Comm**) surveillant(e) *m(f)* du personnel.

spotting ['spotɪŋ] *n* (**a**) repérage *m*. (*Brit*) **train/plane ~** passe-temps consistant à identifier le plus grand nombre possible de trains/d'avions.
(**b**) (*Med*) traces *fpl* (de sang).

spotty ['spotɪ] *adj* (**a**) *face, skin, person* boutonneux; (*patterned*) *fabric* à pois; (*dirty*) *tie* taché, sali; *mirror* piqueté. (**b**) (*esp US: not consistent*) incomplet (*f* -ète).

spouse [spauz] *n* (*frm or hum*) époux *m*, épouse *f*, (*Jur*) conjoint(e) *m(f)*.

spout [spaut] **1** *n* [*teapot, jug, can*] bec *m*; (*for tap*) brise-jet *m inv*; [*gutter, pump etc*] dégorgeoir *m*; [*pipe*] orifice *m*; [*fountain*] jet *m*, ajutage *m*; [*stream of liquid*] jet, colonne *f*. (*Brit fig*) **to be up the ~‡** [*plans, timetable etc*] être fichu* or foutu‡; [*person*] (*in trouble*) être dans un mauvais cas, être dans de beaux draps; (*talking nonsense*) dire des bêtises, débloquer‡; *V* **water**.

2 *vi* (**a**) [*liquid*] jaillir, sortir en jet (*from, out of* de); [*whale*] lancer un jet d'eau, souffler.
(**b**) (**fig pej: harangue*) pérorer, laïusser‡ (*about* sur).

3 *vt* (*also* **~ out**) (**a**) *liquid* faire jaillir, laisser échapper un jet de; *smoke, lava etc* lancer *or* émettre un jet de, vomir.
(**b**) (**fig*) *poem etc* débiter, déclamer. **he can ~ columns of statistics** il peut débiter *or* dévider des colonnes entières de statistiques.

sprain [spreɪn] **1** *n* entorse *f*, (*less serious*) foulure *f*. **2** *vt muscle, ligament* fouler, étirer. **to ~ one's ankle** se faire *or* se donner une entorse à la cheville, (*less serious*) se fouler la cheville; **to have a ~ed ankle** s'être fait une entorse à la cheville, (*less serious*) s'être foulé la cheville.

sprang [spræŋ] *pret of* **spring**.

sprat [spræt] *n* sprat *m*.

sprawl [sprɔːl] **1** *vi* (*also* **~ out**) (*fall*) tomber, s'étaler*; (*lie*) être affalé *or* vautré; [*handwriting*] s'étaler (dans tous les sens); [*plant*] ramper, s'étendre (*over* sur); [*town*] s'étaler (*over* dans). **he was ~ing** *or* **lay ~ed in an armchair** il était affalé *or* vautré dans un fauteuil; **to send sb ~ing** faire tomber qn de tout son long *or* les quatre fers en l'air, envoyer qn rouler par terre.

2 *n* (*position*) attitude affalée; [*building, town*] étendue *f*. **an ugly ~ of buildings down the valley** d'affreux bâtiments qui s'étalent dans la vallée; **London's suburban ~** l'étalement *m or* l'extension *f* de la banlieue londonienne; **the seemingly endless ~ of suburbs** l'étendue apparemment infinie des banlieues, les banlieues tentaculaires.

sprawling ['sprɔːlɪŋ] *adj person, position, body* affalé; *handwriting* étalé, informe; *city* tentaculaire.

spray¹ [spreɪ] **1** *n* (**a**) (*gen*) (nuage *m* de) gouttelettes *fpl*; (*from sea*) embruns *mpl*; (*from hose pipe*) pluie *f*; (*from atomizer*) spray *m*; (*from aerosol*) pulvérisation *f*. **wet with the ~ from the fountain** aspergé par le jet de la fontaine.
(**b**) (*container*) (*aerosol*) bombe *f*, aérosol *m*; (*for scent etc*) atomiseur *m*, spray *m*; (*refillable*) vaporisateur *m*; (*for lotion*) brumisateur *m*; (*larger: for garden etc*) pulvérisateur *m*. **insecticide ~** (*aerosol*) bombe *f* (d')insecticide; (*contents*) insecticide *m* (*en bombe*); *V* **hair** etc.
(**c**) (*also* **~ attachment, ~ nozzle**) pomme *f*, ajutage *m*.

2 *cpd deodorant, insecticide etc* (présenté) en bombe *etc* (*V* 1b). **spray can** bombe *f etc* (*V* 1b); **spray gun** pistolet *m* (à peinture etc); (*Agr*) **spraying machine** pulvérisateur *m*; **spray-paint** (*n*) peinture *f* en bombe.

3 *vt* (**a**) *roses, garden, crops* faire des pulvérisations sur; *room* faire des pulvérisations dans; *hair* vaporiser (*with* de). **to ~ the lawn with weedkiller** faire des pulvérisations de désherbant sur la pelouse; **they ~ed the oil slick with detergent** ils ont répandu du détergent sur la nappe de pétrole; (*fig*) **to ~ sth/sb with bullets** arroser qch/qn de balles, envoyer une grêle de balles sur qch/qn.
(**b**) *water* vaporiser, pulvériser (*on* sur); *scent* vaporiser; *insecticide, paint* pulvériser. **they ~ed foam on the flames** ils ont projeté de la neige carbonique sur les flammes.

◆spray out *vi* [*liquid etc*] jaillir (*onto, over* sur). **water sprayed out all over them** ils ont été complètement aspergés d'eau.

spray² [spreɪ] *n* [*flowers*] gerbe *f*; [*greenery*] branche *f*; (*brooch*) aigrette *f*.

sprayer ['spreɪər] *n* (**a**) = **spray¹** 1b. (**b**) (*aircraft: also* crop-**~**) avion-pulvérisateur *m*.

spread [spred] (*vb: pret, ptp* **spread**) **1** *n* (**a**) (*U*) [*fire, disease, infection*] propagation *f*, progression *f*; [*nuclear weapons*] prolifération *f*; [*idea, knowledge*] diffusion *f*, propagation. **to stop the ~ of a disease** empêcher une maladie de s'étendre, arrêter la propagation d'une maladie; **the ~ of education** le progrès de l'éducation; (*Insurance*) **the ~ of risk** la division des risques.
(**b**) (*extent, expanse*) [*wings*] envergure *f*; [*arch*] ouverture *f*, portée *f*; [*bridge*] travée *f*; [*marks, prices, ages etc*] gamme *f*, échelle *f*; [*wealth etc*] répartition *f*, distribution *f*. (*Naut*) **a ~ of canvas** *or* **of sail** un grand déploiement de voiles; **he's got a middle-age ~** il a pris de l'embonpoint avec l'âge.

(**c**) (*cover*) (*for table*) dessus *m or* tapis *m* de table; (*for meals*) nappe *f*; (*bed*~) dessus-de-lit *m inv*, couvre-lit *m*.
(**d**) (*Culin*) pâte *f* (à tartiner). **cheese ~** fromage *m* à tartiner; **anchovy ~** ≃ pâte d'anchois.
(**e**) (**fig: meal*) festin *m*. **what a lovely ~!** c'est un vrai festin!, comme c'est appétissant!
(**f**) (*Cards*) séquence *f*.
(**g**) (*Press, Typ*) (*two pages*) double page *f*; (*across columns*) deux (*or* trois *etc*) colonnes *fpl*.

2 *adj* (*Ling*) *vowel* non arrondi; *lips* étiré.

3 *cpd*: (*Her*) **spread eagle** aigle éployée; (*US*) **spread-eagle*** chauvin (*employé à propos d'un Américain*); **to spread-eagle sb** envoyer rouler qn les quatre fers en l'air; **to be** *or* **lie spread-eagled** être étendu bras et jambes écartés, être vautré; (*Comput*) **spreadsheet** (*chart*) tableau *m*; (*software*) tableur *m*.

4 *vt* (**a**) (*also* **~ out**) *cloth, sheet, map* étendre, étaler (*on sth* sur qch); *carpet, rug* étendre, dérouler; *wings, bird's tail, banner, sails* déployer; *net* étendre, déployer; *fingers, toes, arms, legs* écarter; *fan* ouvrir. **to ~ the table** mettre le couvert *or* la table; **the peacock ~ its tail** le paon a fait la roue; (*fig*) **to ~ one's wings** élargir ses horizons; **to ~ o.s.** (*lit: also* **~ o.s. out**) s'étaler, prendre plus de place; (*speak etc at length*) s'étendre, s'attarder (*on sur*); (*extend one's activities*) s'étendre.
(**b**) *bread etc* tartiner (*with* de); *butter, jam, glue* étaler (*on* sur); *face cream* étendre (*on* sur). **~ both surfaces with glue, ~ glue on both surfaces** étalez de la colle sur les deux côtés, enduisez les deux côtés de colle; **to ~ butter on a slice of bread, to ~ a slice of bread with butter** tartiner de beurre une tranche de pain, beurrer une tartine.
(**c**) (*distribute*) *sand etc* répandre (*on, over* sur); *fertilizer* épandre, étendre (*over, on* sur); (*also* **~ out**) *objects, cards, goods* étaler (*on* sur); *soldiers, sentries etc* disposer, échelonner (*along* le long de). **he ~ sawdust on the floor** il a répandu de la sciure sur le sol, il a couvert le sol de sciure; **he ~ his books (out) on the table** il a étalé ses livres sur la table; **there were policemen ~ (out) all over the hillside** il y avait des agents de police éparpillés *or* dispersés sur toute la colline; **the wind ~ the flames** le vent a propagé les flammes.
(**d**) (*diffuse, distribute*) *disease, infection* propager; *germs* disséminer; *wealth* distribuer; *rumours* faire courir; *news* faire circuler, communiquer; *knowledge* répandre, diffuser; *panic, fear, indignation* répandre, semer; (*in time: also* **~ out**) *payment, studies etc* échelonner, étaler (*over* sur). **his visits were ~ (out) over 3 years** ses visites se sont échelonnées *or* étalées sur une période de 3 ans; **he ~ his degree (out) over 5 years** il a échelonné ses études de licence sur 5 ans, il a mis 5 ans à finir sa licence; **his research was ~ over many aspects of the subject** ses recherches embrassaient *or* recouvraient de nombreux aspects du sujet; **our resources are ~ very thinly** nous n'avons plus aucune marge dans l'emploi de nos ressources; (*fig*) **to ~ o.s. too thin** trop disperser ses efforts, faire trop de choses à la fois; (*fig*) **to ~ the word** (*propagate ideas*) prêcher la bonne parole; (*announce*) **to ~ the word about sth** annoncer qch.

5 *vi* (**a**) (*widen, extend further*) [*river, stain*] s'élargir, s'étaler; [*flood, oil slick, weeds, fire, infection, disease*] gagner du terrain, s'étendre; [*water*] se répandre; [*pain*] s'étendre; [*panic, indignation, news, rumour*] s'étendre, se répandre, se propager; [*knowledge*] se répandre, se disséminer, se propager. **to ~ into** *or* **over sth** [*river, flood, water, oil slick*] se répandre dans *or* sur qch; [*fire, pain*] se communiquer à qch, atteindre qch; [*weeds, panic*] envahir qch; [*disease*] atteindre qch, contaminer qch; [*news, education*] atteindre qch, se répandre dans *or* sur qch; **under the ~ing chestnut tree** sous les branches étendues du marronnier.
(**b**) (*stretch, reach: also* **~ out**) [*lake, plain, oil slick, fire etc*] s'étendre (*over* sur). **the desert ~s (out) over 500 square miles** le désert s'étend sur *or* recouvre 500 milles carrés; **his studies ~ (out) over 4 years** ses études se sont étendues sur 4 ans *or* ont duré 4 ans.
(**c**) [*butter, paste etc*] s'étaler.

◆spread out 1 *vi* (**a**) [*people, animals*] se disperser, s'éparpiller. **spread out!** dispersez-vous!
(**b**) (*open out*) [*fan*] s'ouvrir; [*wings*] se déployer; [*valley*] s'élargir.
(**c**) = **spread** 5b.
2 *vt sep*: **the valley lay spread out before him** la vallée s'étendait à ses pieds; **he was spread out on the floor** il était étendu de tout son long par terre; *V also* **spread** 4a, 4c, 4d.

spreader ['spredər] *n* (*for butter etc*) couteau *m* à tartiner; (*for glue etc*) couteau à palette; (*Agr: for fertilizer*) épandeur *m*, épandeuse *f*.

spree [spriː] *n* fête *f*. **to go on** *or* **have a ~** faire la fête *or* la noce*; *V* **spending**.

sprig [sprɪg] *n* brin *m*.

sprightliness ['spraɪtlɪnɪs] *n* (*V* **sprightly**) activité *f*, vivacité *f*.

sprightly ['spraɪtlɪ] *adj* (*physically*) alerte, actif; (*mentally*) alerte, vif, fringant.

spring [sprɪŋ] (*vb: pret* **sprang**, *ptp* **sprung**) **1** *n* (**a**) (*leap*) bond *m*, saut *m*. **in** *or* **with** *or* **at one ~** d'un bond, d'un saut; **to give a ~** bondir, sauter.
(**b**) (*for chair, mattress, watch; also Tech*) ressort *m*. (*Aut*) **the ~s** la suspension; *V* **hair**, **main** etc.
(**c**) (*U: resilience*) [*mattress*] élasticité *f*; [*bow, elastic band*] détente *f*. **he had a ~ in his step** il marchait d'un pas élastique *or* souple.
(**d**) [*water*] source *f*. **hot ~** source chaude.
(**e**) (*fig*) **~s** (*cause, motive*) mobile *m*, motif *m*, cause *f*; (*origin*) source *f*, origine *f*.
(**f**) (*season*) printemps *m*. **in (the) ~** au printemps; **~ is in the**

air il fait un temps printanier *or* de printemps, on sent venir le printemps.

2 *cpd weather, day, flowers* printanier, de printemps; *mattress* à ressorts. **spring balance** balance *f* à ressort; (*file*) **spring binder** classeur *m* à ressort; [*file etc*] **spring binding** reliure *f* à ressort; (*lit, fig*) **springboard** tremplin *m*; (*Culin*) **spring chicken** poussin *m*; **spring-clean** (*n: U:* also **spring-cleaning**) grand nettoyage (de printemps); (*vt*) nettoyer de fond en comble; **spring fever** malaises *mpl* des premières chaleurs; (*Brit*) **spring greens** chou *m* précoce; **spring gun** piège *m* à fusil; **spring-like** printanier, de printemps; (*Brit*) **spring onion** ciboule *f*, cive *f*; (*Ski*) **spring snow** neige *f* de printemps; (*liter*) **springtide** = **springtime**; (*sea*) **spring tide** marée *f* de vive eau *or* de syzygie; **springtime** printemps *m*; **spring water** eau *f* de source.

3 *vi* (a) (*leap*) bondir, sauter. **to ~ in/out/across** *etc* entrer/ sortir/traverser *etc* d'un bond; **to ~ at sth/sb** bondir *or* sauter *or* se jeter sur qch/qn; **to ~ to one's feet** se lever d'un bond.

(b) (*fig*) **to ~ to attention** bondir au garde-à-vous; **to ~ to sb's help** bondir *or* se précipiter à l'aide de qn; **to ~ to the rescue** se précipiter pour porter secours; **he sprang into action** il est passé à l'action; **they sprang into the public eye** ils ont tout à coup attiré l'attention du public; **to ~ into existence** apparaître du jour au lendemain; **to ~ into view** apparaître soudain, surgir; **to ~ to mind** venir *or* se présenter à l'esprit; **tears sprang to her eyes** les larmes lui sont venues aux yeux, les larmes lui sont montées aux yeux; **a denial sprang to his lips** une dénégation lui est venue *or* montée aux lèvres; **his hand sprang to his gun** il a saisi *or* attrapé son pistolet; **the door sprang open** la porte s'est brusquement ouverte; **where did you ~ from?** d'où est-ce que tu sors?; (*loc*) **hope ~s eternal** l'espoir fait vivre.

(c) (*originate from*) provenir, découler (*from* de). **the oak sprang from a tiny acorn** le chêne est sorti d'un tout petit gland; **all his actions ~ from the desire to ...** toutes ses actions proviennent *or* découlent de son désir de ...; **it sprang from his inability to cope with the situation** c'est venu *or* né de son incapacité à faire face à la situation.

(d) [*timbers etc*] (*warp*) jouer, se gondoler; (*split*) se fendre.

4 *vt* (a) (*leap over*) *ditch, fence etc* sauter, franchir d'un bond.

(b) *trap, lock* faire jouer; *mine* faire sauter. (*fig*) **to ~ a surprise on sb** surprendre qn; **to ~ a question on sb** poser une question à qn à brûle-pourpoint *or* de but en blanc; **to ~ a piece of news on sb** annoncer une nouvelle à qn de but en blanc; **he sprang the suggestion on me suddenly** il me l'a suggéré de but en blanc *or* à l'improviste; **he sprang it on me** il m'a pris de court *or* au dépour-vu.

(c) (*put* ~*s in*) *mattress* pourvoir de ressorts; *car* suspendre. (*Aut*) **well-sprung** bien suspendu.

(d) (*Hunting*) *game* lever; (‡*fig*) *prisoner* faire sauter le mur à, aider à faire la belle‡. **he was sprung‡ from Dartmoor** on l'a aidé à faire la cavale‡ de Dartmoor.

(e) *timbers, mast* (*warp*) gondoler, faire jouer; (*split*) fendre; *V* **leak**.

♦**spring up** *vi* [*person*] se lever d'un bond *or* précipitamment; [*flowers, weeds*] surgir de terre; [*corn*] lever brusquement; [*new buildings, settlements*] surgir de terre, apparaître brusque-ment; [*wind, storm*] se lever brusquement; [*rumour*] naître, s'élever; [*doubt, fear*] naître, jaillir; [*friendship, alliance*] naître, s'établir; [*problem, obstacle, difficulty*] se dresser, se présenter, surgir.

springbok ['sprɪŋbɒk] *n* springbok *m*.
springe [sprɪndʒ] *n* collet *m*.
springiness ['sprɪŋɪnɪs] *n* (*V* **springy**) élasticité *f*; souplesse *f*; moelleux *m*; flexibilité *f*.
springy ['sprɪŋɪ] *adj rubber, mattress* élastique, souple; *carpet* moelleux; *plank* flexible, qui fait ressort; *ground, turf* souple; *step* alerte, souple.
sprinkle ['sprɪŋkl] *vt:* **to ~ sth with water, to ~ water on sth** asperger qch d'eau; **to ~ water on the garden** arroser légèrement le jardin; **a rose ~d with dew** une rose couverte de rosée; **to ~ sand on *or* over sth, to ~ sth with sand** répandre une légère couche de sable sur qch, couvrir qch d'une légère couche de sable; **to ~ sand/grit on the roadway** sabler/cendrer la route; (*Culin*) **to ~ sugar over a dish, to ~ a dish with sugar** saupoudrer un plat de sucre; **lawn ~d with daisies** pelouse parsemée *or* émaillée (*liter*) de pâquerettes; (*fig*) **they are ~d about here and there** ils sont éparpillés *or* disséminés ici et là.
sprinkler ['sprɪŋklər] **1** *n* (*for lawn etc*) arroseur *m*; (*for sugar etc*) saupoudreuse *f*, (*larger*) saupoudroir *m*; (*in ceiling for fire-fighting*) diffuseur *m* (d'extincteur automatique d'incendie), sprinkler *m*. **2** *cpd:* **sprinkler system** (*for lawn*) combiné *m* d'arrosage; (*for fire-fighting*) installation *f* d'extinction automatique d'incendie.
sprinkling ['sprɪŋklɪŋ] *n* (*V* **sprinkle**) aspersion *f*; arrosage *m*; légère couche *f*; **to give sth a ~ (of)** = **to sprinkle sth (with)** (*V* **sprinkle**); **a ~ of water** quelques gouttes *fpl* d'eau; **a ~ of sand** une légère couche de sable; (*fig*) **there was a ~ of young people** il y avait quelques jeunes (gens) çà et là; **a ~ of quotations in the text** des citations émaillant le texte.
sprint [sprɪnt] **1** *n* (*Sport*) sprint *m*. **to make a ~ for the bus** piquer* un sprint *or* foncer pour attraper l'autobus. **2** *vi* (*Sport*) sprinter; (*gen*) foncer, piquer* un sprint. **to ~ down the street** descendre la rue à toutes jambes.
sprinter ['sprɪntər] *n* (*Sport*) sprinter *m*, sprinteur *m*, -euse *f*.
sprit [sprɪt] *n* (*Naut*) livarde *f*, balestron *f*.
sprocket ['sprɒkɪt] *n* pignon *m*. **~ wheel** pignon (d'engrenage).
sprout [spraʊt] **1** *n* (*Bot*) (*on plant, branch etc*) pousse *f*; (*from bulbs, seeds*) germe *m*. (**Brussels**) **~s** choux *mpl* de Bruxelles.
2 *vi* (a) [*bulbs, onions etc*] germer, pousser.

(b) (*also* ~ **up**: *grow quickly*) [*plants, crops, weeds*] bien pousser; [*child*] grandir *or* pousser vite.

(c) (*also* ~ **up**: *appear*) [*mushrooms etc*] pousser, apparaître, surgir; [*weeds*] surgir de terre; [*new buildings*] surgir de terre, pousser comme des champignons.

3 *vt:* **to ~ new leaves** pousser *or* produire de nouvelles feuilles; [*potatoes, bulbs*] **to ~ shoots** germer; **the wet weather has ~ed the barley** le temps humide a fait germer l'orge; **the deer has ~ed horns** les cornes du cerf ont poussé, le cerf a mis ses bois; **Paul has ~ed* a moustache** Paul s'est laissé pousser la moustache.
spruce¹ [spru:s] *n* (*also* ~ **tree**) épicéa *m* spruce. (*Can*) **white/ black ~** épinette blanche/noire.
spruce² [spru:s] *adj person* net, pimpant, soigné; *garment* net, im-peccable; *house* impeccable, pimpant.
♦**spruce up** *vt sep child* faire beau (*f* belle); *house* bien astiquer. **all spruced up** *person* tiré à quatre épingles, sur son trente et un; *house* bien astiqué, reluisant de propreté; **to spruce o.s. up** se faire tout beau (*f* toute belle).
sprucely ['spru:slɪ] *adv:* ~ **dressed** tiré à quatre épingles, sur son trente et un.
spruceness ['spru:snɪs] *n* [*person*] élégance *f*, mise soignée; [*house*] propreté *f*.
sprung [sprʌŋ] **1** *ptp of* **spring**. **2** *adj seat, mattress* à ressorts.
spry [spraɪ] *adj* alerte, vif, plein d'entrain.
spud [spʌd] **1** *n* (*tool*) sarcloir *m*; (‡*: potato*) patate* *f*. **2** *cpd:* (*Mil sl*) **spud-bashing** la corvée de patates*.
spume [spju:m] *n* (*liter*) écume *f*.
spun [spʌn] *pret, ptp of* **spin**.
spunk‡ [spʌŋk] *n* (*U*) cran* *m*, courage *m*.
spunky‡ ['spʌŋkɪ] *adj* plein de cran*.
spur [spɜːr] **1** *n* (a) [*horse, fighting cock; also* mountain, masonry *etc*] éperon *m*; [*bone*] saillie *f*; (*fig*) aiguillon *m*. **to win *or* gain one's ~s** (*Hist*) gagner ses éperons; (*fig*) faire ses preuves; **on the ~ of the moment** sous l'impulsion du moment, sur un coup de tête; **the ~ of hunger** l'aiguillon de la faim; **it will be a ~ to further achievements** cela nous (*or* les *etc*) poussera *or* incitera *or* en-couragera à d'autres entreprises.

(b) (*Rail: also* ~ **track**) (*siding*) voie latérale, voie de garage; (*branch*) voie de desserte, embranchement *m*.

(c) (*motorway etc*) embranchement *m*.

2 *cpd:* **spur gear** = **spur wheel**; **spur-of-the-moment** (*adj*) fait sur l'impulsion du moment; **spur wheel** roue *f* à dents droites.

3 *vt* (*also* ~ **on**) *horse* éperonner; (*fig*) éperonner, aiguillonner. **he ~red his horse on** (*applied spurs once*) il a éperonné son cheval, il a donné de l'éperon à son cheval; (*sped on*) il a piqué des deux; **~red on by ambition** éperonné *or* aiguillonné par l'ambition; **to ~ sb (on) to do sth** pousser *or* encourager *or* inciter qn à faire qch; **this ~red him (on) to greater efforts** ceci l'a encouragé à redoubler d'efforts.
spurge [spɜːdʒ] *n* euphorbe *f*. ~ **laurel** daphné *m*.
spurious ['spjʊərɪəs] *adj* (*gen*) faux (*f* fausse); *document, writings* faux, apocryphe; *claim* fallacieux; *interest, affection, desire* simulé, feint.
spuriously ['spjʊərɪəslɪ] *adv* faussement.
spurn [spɜːn] *vt help, offer etc* repousser *or* rejeter (avec mépris); *lover etc* éconduire.
spurt [spɜːt] **1** *n* [*water, flame*] jaillissement *m*, jet *m*; [*anger, enthusiasm, energy*] sursaut *m*, regain *m*; (*burst of speed*) accéléra-tion *f*; (*fig: at work etc*) effort soudain, coup *m* de collier. (*Racing*) **final ~** emballage *m*, rush *m*; **to put on a ~** (*Sport*) démarrer, sprinter; (*in running for bus etc*) piquer* un sprint, foncer; (*fig: in work etc*) faire un soudain *or* suprême effort, donner un coup de collier; (*sporadically*) **in ~s** par à-coups.

2 *vi* (a) (*also* ~ **out**, ~ **up**) [*water, blood*] jaillir, gicler (*from* de); [*flame*] jaillir (*from* de).

(b) [*runner*] piquer* un sprint, foncer; (*Sport*) démarrer, sprin-ter.

3 *vt* (*also* ~ **out**) *flame, lava* lancer, vomir; *water* laisser jaillir, projeter.
sputnik ['spʊtnɪk] *n* spoutnik *m*.
sputter ['spʌtər] *vi, vt* = **splutter 2, 3.**
sputum ['spju:təm] *n* crachat *m*, expectorations *fpl*.
spy [spaɪ] **1** *n* (*gen, Ind, Pol*) espion(ne) *m(f)*. **police ~** indicateur *m*, -trice *f* de police.

2 *cpd film, story etc* d'espionnage. **spyglass** lunette *f* d'approche; **spyhole** petit trou, espion *m*; (*satellite*) **spy-in-the-sky** satellite-espion *m*; **spy ring** réseau *m* d'espions.

3 *vi* (*gen*) espionner, épier; (*Ind, Pol*) faire de l'espionnage (*for a country* au service *or* au compte d'un pays). **to ~ on sb** espionner qn; **to ~ on sth** épier qch; **stop ~ing on me!** arrête de m'es-pionner! *or* de me surveiller!; **to ~ into sth** chercher à découvrir qch subrepticement.

4 *vt* (*catch sight of*) apercevoir, découvrir, remarquer. **I spied him coming** je l'ai vu qui arrivait *or* s'approchait.
♦**spy out** *vt sep* reconnaître. (*lit, fig*) **to spy out the land** recon-naître le terrain.
spying ['spaɪɪŋ] *n* (*U*) espionnage *m*.
Sq *abbr of* **Square** (*employé dans les adresses*).
sq. (*abbr of* **square**) carré. **4 sq. m** 4 m².
squab [skwɒb] *n* (a) (*Orn*) pigeonneau *m*. (b) (*Brit Aut*) as-sise *f*.
squabble ['skwɒbl] **1** *n* querelle *f*, chamaillerie *f*, prise *f* de bec*. **2** *vi* se chamailler*, se disputer, se quereller (*over sth* à propos de qch).
squabbler ['skwɒblər] *n* chamailleur* *m*, -euse* *f*, querelleur *m*, -euse *f*.
squabbling ['skwɒblɪŋ] *n* (*U*) chamaillerie(s)* *f(pl)*.

squad [skwɒd] **1** *n* *[soldiers, policemen, workmen, prisoners]* escouade *f*, groupe *m*; *(US Sport)* équipe *f*. *(Ftbl)* **the England ~** le contingent anglais; *V* **firing, flying** *etc*. **2** *cpd*: *(Police)* **squad car** voiture *f* de police.

squaddy∗ ['skwɒdɪ] *n* *(Brit: private soldier)* deuxième classe *m inv*.

squadron ['skwɒdrən] **1** *n* *(Mil)* escadron *m*; *(Aviat, Naut)* escadrille *f*. **2** *cpd*: *(Brit Aviat)* **squadron leader** commandant *m*.

squalid ['skwɒlɪd] *adj* *room, conditions* misérable, sordide; *motive* vil (*f* vile), ignoble; *dispute* mesquin, sordide. **it was a ~ business** c'était une affaire ignoble *or* sordide; **they had a ~ little affair** ils ont eu une petite liaison pitoyable *or* minable∗.

squall [skwɔːl] **1** *n* **(a)** *(Met)* rafale *f or* bourrasque *f* (de pluie); *(at sea)* grain *m*. *(fig)* **there are ~s ahead** il y a de l'orage dans l'air, il va y avoir du grabuge∗. **(b)** *(cry)* hurlement *m*, braillement *m*. **2** *vi* *[baby]* hurler, brailler.

squalling ['skwɔːlɪŋ] *adj* criard, braillard∗.

squally ['skwɔːlɪ] *adj wind* qui souffle en rafales; *weather* à bourrasques, à rafales; *day* entrecoupé de bourrasques.

squalor ['skwɒlər] *n* *(U)* conditions *fpl* sordides, misère noire. **to live in ~** vivre dans des conditions sordides *or* dans la misère noire; *(pej)* vivre comme un cochon∗ *(or* des cochons∗).

squander ['skwɒndər] *vt time, money, talents* gaspiller; *fortune, inheritance* dissiper, dilapider; *opportunity, chances* perdre.

square [skwɛər] **1** *n* **(a)** *(shape: also Geom, Mil)* carré *m*; *[chessboard, crossword, graph paper]* case *f*; *(~ piece)* *[fabric, chocolate, toffee etc]* carré; *[cake]* carré, part *f*; *[window pane]* carreau *m*. **to fold paper into a ~** plier une feuille de papier en carré; **divide the page into ~s** divisez la page en carrés, quadrillez la page; **she was wearing a silk (head)~** elle portait un carré *or* un foulard de soie; **linoleum with black and white ~s** on it du linoléum en damier noir et blanc *or* à carreaux noirs et blancs; **the troops were drawn up in a ~** les troupes avaient formé le carré; **form (yourselves into) a ~** placez-vous en carré, formez un carré; *(fig)* **now we're back to one∗** nous nous retrouvons à notre point de départ, nous repartons à zéro∗.
(b) *(in town)* place *f*; *(with gardens)* square *m*; *(esp US: block of houses)* pâté *m* de maisons; *(Mil: also* **barrack ~)** cour *f* (de caserne). **the town ~** la (grand-)place.
(c) *(drawing instrument)* équerre *f*. **out of ~** qui n'est pas d'équerre; **to cut sth on the ~** équarrir qch; *(fig)* **to be on the ~** *[offer, deal]* être honnête *or* régulier∗; *[person]* jouer franc jeu, jouer cartes sur table; *V* **set, T** *etc*.
(d) *(Math)* carré *m*. **four is the ~ of two** quatre est le carré de deux.
(e) *(∗pej: conventional person)* **he's a real ~** il est vraiment vieux jeu *or* vraiment rétro∗, il retarde∗; **don't be such a ~!** ne sois pas si vieux jeu! *or* si rétro∗!, tu retardes!∗

2 *adj* **(a)** *(in shape)* *figure, sheet of paper, shoulders, chin, face* carré. **of ~ build** trapu, ramassé; **to cut sth ~** couper qch au carré *or* à angle droit; **a ~ corner** un coin à angle droit; *(Typ)* **~ bracket** crochet *m*; *(fig)* **he is a ~ peg in a round hole** il n'est pas à son affaire, il n'est pas taillé pour cela; *(fig)* **a ~ meal** un bon repas, un repas substantiel; *V* **also 3**.
(b) *(even, balanced)* *books, accounts, figures* en ordre. **to get one's accounts ~** mettre ses comptes en ordre, balancer ses comptes; **to get ~ with sb** *(financially)* régler ses comptes avec qn; *(fig: get even with)* régler son compte à qn, faire son affaire à qn; *(fig)* **to be all ~** être quitte; *(Sport)* être à égalité.
(c) *(honest) dealings* honnête, régulier∗; *(unequivocal) refusal, denial* net, catégorique. **he is absolutely ~** il est l'honnêteté même, il joue franc jeu; **a ~ deal** un arrangement équitable *or* honnête; **to get** *or* **have a ~ deal** être traité équitablement; **to give sb a ~ deal** agir honnêtement avec qn; *V* **fair¹**.
(d) *(Math etc) number* carré. **6 ~ metres** 6 mètres carrés; **6 metres ~** (de) 6 mètres sur 6; **~ root** racine carrée.
(e) *(∗pej: conventional) person* vieux jeu *inv*, rétro∗ *inv*, qui retarde∗; *habit* vieux jeu, rétro∗.

3 *adv* *(at right angles)* **~ to** *or* **with** à angle droit avec, d'équerre avec; **the ship ran ~ across our bows** le navire nous a complètement coupé la route; **~ in the middle** en plein milieu; **to look sb ~ in the face** regarder qn bien en face; **he hit me ~ on the jaw** il m'a frappé en plein sur la mâchoire; *V* **fair¹**.

4 *cpd*: *(Brit Mil sl)* **square-bashing** exercice *m*; **square-built** trapu; **square-cut** coupé à angle droit, équarri; **square dance** quadrille *m*; *(U)* **square-dancing** quadrille *m*; **square-faced** au visage carré; **square-jawed** à la mâchoire carrée; *(US)* **square knot** nœud plat; *(Naut)* **square-rigged** gréé (en) carré; **square-shouldered** aux épaules carrées, carré d'épaules; **square-toed** *shoes* à bout carré.

5 *vt* **(a)** *(make ~) figure, shape* rendre carré, carrer; *stone, timber* équarrir, carrer; *corner* couper au carré *or* à angle droit. **to ~ one's shoulders** redresser les épaules; *(fig)* **to try to ~ the circle** chercher à faire la quadrature du cercle.
(b) *(settle etc) books, accounts* mettre en ordre, balancer; *debts* acquitter, régler; *creditors* régler, payer; *(reconcile)* concilier, faire cadrer (*A with* B *A* avec B). **to ~ one's account with sb** *(lit)* régler ses comptes avec qn; *(fig)* régler son compte à qn, faire son affaire à qn; **to o.s. with sb** régler ses comptes avec qn; **I can't ~ that with what he told me yesterday** ça ne cadre pas avec ce qu'il m'a dit hier; **he managed to ~ it with his conscience** il s'est arrangé avec sa conscience; **can you ~* it with the boss?** est-ce que vous pouvez arranger ça avec le patron?; **I can ~∗ him** *(get him to agree)* je m'occupe de lui, je me charge de lui; *(bribe him)* je peux lui graisser la patte∗.
(c) *(Math) number* carrer, élever au carré. **four ~d is sixteen** quatre au carré fait seize.

6 *vi* cadrer, correspondre, s'accorder. **that doesn't ~ with the facts** ceci ne cadre pas *or* ne s'accorde pas avec les faits, ceci ne correspond pas aux faits, ceci n'est pas en rapport avec les faits; **that ~s!** ça cadre!, ça colle!∗

◆**square off 1** *vi* *(US: in quarrel etc)* se faire face; *(in fist fight etc)* se mettre en garde *(to sb* devant qn).
2 *vt sep paper, plan* diviser en carrés, quadriller; *wood, edges* équarrir.

◆**square up 1** *vi* **(a)** *[boxers, fighters]* se mettre en garde *(to sb* devant qn). *(fig)* **to square up to a problem** faire face à un problème.
(b) *(pay debts)* régler ses comptes *(with sb* avec qn).
2 *vt sep* **(a)** *(make square) paper* couper au carré *or* à angle droit; *wood* équarrir.
(b) *account, debts* régler, payer. **I'll square things up∗ for you** j'arrangerai les choses pour vous.

squarely ['skwɛəlɪ] *adv* **(a)** *(completely)* carrément. **we must face this ~** nous devons carrément y faire face; **~ in the middle** en plein milieu, carrément∗ au milieu; **to look sb ~ in the eyes** regarder qn droit dans les yeux.
(b) *(honestly)* honnêtement, régulièrement∗. *(fig)* **he dealt with us very ~** il a agi très honnêtement avec nous, il a été parfaitement régulier avec nous∗.

squash¹ [skwɒʃ] **1** *n* **(a)** *(crowd)* cohue *f*, foule *f*; *(crush)* cohue, bousculade *f*. **a great ~ of people** une cohue, une foule; **I lost him in the ~ at the exit** je l'ai perdu dans la cohue *or* dans la bousculade à la sortie.
(b) *(Brit)* **lemon/orange ~** citronnade *f*/orangeade *f* (concentrée).
(c) *(Sport: also* **~ rackets)** squash *m*.
2 *cpd*: *(Sport)* **squash court** court *m* de squash; **squash player** joueur *m*, -euse *f* de squash; **squash racket** raquette *f* de squash; *(game)* **squash rackets** *V* **squash¹ 1c**.
3 *vt fruit, beetle, hat, box* écraser; *(fig) argument* réfuter; *(snub) person* remettre à sa place, rabrouer, rembarrer∗. **to ~ flat** *fruit, beetle* écraser, écrabouiller∗; *hat, box* aplatir; **he ~ed his nose against the window** il a écrasé son nez contre la vitre; **you're ~ing me!** tu m'écrases!; **she ~ed the shoes into the suitcase** elle a réussi à faire rentrer les chaussures dans la valise; **can you ~ 2 more people in the car?** est-ce que tu peux introduire *or* faire tenir 2 personnes de plus dans la voiture?
4 *vi* **(a)** *[people]* **they ~ed into the elevator** ils se sont serrés *or* entassés dans l'ascenseur; **they ~ed through the gate** ils sont sortis *(or* entrés) en se pressant *or* s'écrasant *or* se bousculant près du portail.
(b) *[fruit, parcel etc]* s'écraser. **will it ~?** est-ce que cela risque de s'écraser?

◆**squash in 1** *vi* *[people]* s'empiler, s'entasser. **when the car arrived they all squashed in** quand la voiture est arrivée ils se sont tous empilés *or* entassés dedans; **can I squash in?** est-ce que je peux me trouver une petite place?
2 *vt sep (into box, suitcase etc)* réussir à faire rentrer.

◆**squash together 1** *vt [people]* se serrer (les uns contre les autres).
2 *vt sep objects* serrer, tasser. **we were all squashed together** nous étions très serrés *or* entassés.

◆**squash up 1** *vi [people]* se serrer, se pousser. **can't you squash up a bit?** pourriez-vous vous serrer *or* vous pousser un peu?
2 *vt sep object* écraser; *paper* chiffonner en boule.

squash² [skwɒʃ] *n* *(gourd)* gourde *f*; *(US: marrow)* courge *f*.

squashy ['skwɒʃɪ] *adj fruit* mou *(f* molle), qui s'écrase facilement; *ground* bourbeux, boueux.

squat [skwɒt] **1** *adj person* ramassé, courtaud; *building* écrasé, lourd; *armchair, jug etc* bas et ramassé. **a ~ parcel** un petit paquet épais *or* rebondi.
2 *vi* *(also* **~ down)** *[person]* s'accroupir, s'asseoir sur ses talons; *[animal]* se tapir, se ramasser. **to be ~ting (down)** *[person]* être accroupi, être assis sur ses talons; *[animal]* être tapi *or* ramassé.
(b) *[squatters]* faire du squattage. **to ~ in a house** squatter *or* squatteriser une maison.
3 *n* *(act of squatting)* squat *m*, squattage *m*; *(place)* squat.

squatter ['skwɒtər] *n* squatter *m*. **~'s rights** droit *m* de propriété par occupation du terrain.

squatting ['skwɒtɪŋ] *n* squat *m*, squattage *m*.

squaw [skwɔː] *n* squaw *f*, femme *f* peau-rouge.

squawk [skwɔːk] **1** *vi [hen, parrot]* pousser un *or* des glousse-ment(s); *[baby]* brailler; *[person]* pousser un *or* des cri(s) rauque(s); *(∗fig: complain)* râler∗, gueuler‡. **2** *n* gloussement *m*; braillement *m*; cri *m* rauque. **3** *cpd*: *(US: loudspeaker)* **squawk box∗** haut-parleur *m*.

squeak [skwiːk] **1** *n [hinge, wheel, pen, chalk]* grincement *m*; *[shoes]* craquement *m*; *[mouse, doll]* petit cri aigu, vagissement *m*; *[person]* petit cri aigu, glapissement *m*. **to let out** *or* **give a ~ of fright/surprise** *etc* pousser un petit cri *or* glapir de peur/de surprise *etc*; **not a ~∗, mind!** pas un murmure hein!, n'en souffle pas mot!; **I don't want another ~ out of you** je ne veux plus t'entendre; *V* **narrow**.
2 *vi [hinge, wheel]* grincer, crier; *[pen, chalk]* grincer; *[shoe]* crier, craquer; *[mouse, doll]* vagir, pousser un *or* des petit(s) cri(s) aigu(s); *[person]* glapir.
3 *vt:* **'no' she ~ed** 'non' glapit-elle.

squeaker ['skwiːkər] *n* *(in toy etc)* sifflet *m*.

squeaky ['skwiːkɪ] *adj hinge, wheel, pen* grinçant; *doll* qui crie; *shoes* qui crient, qui craquent.

squeal [skwiːl] **1** *n [person, animal]* cri aigu *or* perçant; *[brakes]* grincement *m*, hurlement *m*; *[tyres]* crissement *m*. **to let out** *or* **give a ~ of pain** pousser un cri de douleur; … **he said with a ~ of laughter** dit-il avec un rire aigu.

2 *vi* **(a)** *[person, animal]* pousser un *or* des cri(s) aigu(s) *or* perçant(s); *[brakes]* grincer, hurler; *[tyres]* crisser. **he ~ed like a (stuck) pig** il criait comme un cochon qu'on égorge; **she tickled the child and he ~ed** elle a chatouillé l'enfant et il a poussé un petit cri.
(b) (‡: *inform*) vendre la mèche*. **to ~ on sb** dénoncer qn, vendre qn, donner* qn; **somebody ~ed to the police** quelqu'un les (*or* nous *etc*) a donnés* à la police.
3 *vt:* **'help' he ~ed** 'au secours' cria-t-il d'une voix perçante.
squeamish ['skwiːmɪʃ] *adj* (*easily nauseated*) délicat, facilement dégoûté; (*queasy*) qui a mal au cœur, qui a la nausée; (*very fastidious*) facilement dégoûté; (*easily shocked*) qui s'effarouche facilement. (*lit, fig*) **I'm not ~** je ne suis pas bien délicat, je ne suis pas facilement dégoûté; **I'm too ~ to do that** je n'ose pas faire cela; **don't be so ~!** ne joue pas aux petits délicats!; **spiders make me feel ~** les araignées me dégoûtent.
squeamishness ['skwiːmɪʃnɪs] *n* (*U*) délicatesse exagérée; (*queasiness*) nausée *f*; (*prudishness*) pruderie *f*.
squeegee [ˌskwiːˈdʒiː] *n* (*for windows etc*) raclette *f* (à bord de caoutchouc); (*mop*) balai-éponge *m*.
squeeze [skwiːz] **1** *n* **(a)** (*act, pressure*) pression *f*, compression *f*; (*U: in crowd*) cohue *f*, bousculade *f*. **to give sth a ~** = **to squeeze sth** (V 3a); **he gave her a big ~** il l'a serrée très fort dans ses bras; **a ~ of lemon** quelques gouttes *fpl* de citron; **a ~ of toothpaste** un peu de dentifrice; **there was a great** *or* **tight ~ in the bus** on était serrés comme des sardines* *or* on était affreusement tassés dans l'autobus; **it was a (tight) ~ to get through** il y avait à peine la place de passer; (*fig*) **to put the ~ on sb**‡ presser qn, harceler qn.
(b) (*Econ: also credit ~*) restrictions *fpl* de crédit.
(c) (*Bridge*) squeeze *m* (in clubs à trèfle).
2 *cpd:* (*US*) **squeeze bottle** flacon *m* en plastique déformable; **squeeze-box*** (*accordion*) accordéon *m*; (*concertina*) concertina *m*.
3 *vt* **(a)** (*press*) *handle, tube, plastic bottle, lemon* presser; *sponge, cloth* presser, tordre, comprimer; *doll, teddy bear* appuyer sur; *sb's hand, arm* serrer. **he ~d his finger in the door** il s'est pris *or* pincé le doigt dans la porte; **she ~d another jersey into the case** elle a réussi à faire rentrer un autre chandail dans la valise; (*fig*) **he ~d his victim dry*** il a saigné sa victime à blanc.
(b) (*extract: also ~ out*) *water, juice, toothpaste* exprimer (*from, out of* de).
(c) (**fig*) *names, information, money, contribution* soutirer, arracher, extorquer (*out of* à). **you won't ~ a penny out of me for that type of thing** tu ne me feras pas lâcher* un sou pour ce genre de chose; **the government hopes to ~ more money out of the taxpayers** le gouvernement espère obtenir *or* tirer plus d'argent des contribuables.
4 *vi:* **he ~d past me** il s'est glissé devant moi en me poussant un peu; **he managed to ~ into the bus** il a réussi à se glisser *or* à s'introduire dans l'autobus en poussant; **they all ~d into the car** ils se sont entassés *or* empilés dans la voiture; **can you ~ underneath the fence?** est-ce que tu peux te glisser sous la barrière?; **he ~d through the crowd** il a réussi à se faufiler à travers la foule; **she ~d through the window** elle s'est glissée par la fenêtre; **the car ~d into the empty space** il y avait juste assez de place pour se garer.
♦**squeeze in** *vt sep* **1** *[person]* trouver une petite place; *[car etc]* rentrer tout juste, avoir juste la place. **can I squeeze in?** est-ce qu'il y a une petite place pour moi?
2 *vt sep object into box, (**fig*) item on programme etc* réussir à faire rentrer, trouver une petite place pour. **can you squeeze 2 more people in?** est-ce que vous avez de la place pour 2 autres personnes?, est-ce que vous pouvez prendre 2 autres personnes?; **I can squeeze you in*** tomorrow at 9 je peux vous prendre (en vitesse) demain à 9 heures.
♦**squeeze past** *vi [person]* passer en se faufilant *or* en poussant; *[car]* se faufiler, se glisser.
♦**squeeze through** *vi [person]* se faufiler, se frayer un chemin; *[car]* se faufiler, se glisser (*between* entre).
♦**squeeze up*** *vi [person]* se serrer, se pousser.
squeezer ['skwiːzər] *n* presse-fruits *m inv*. **lemon ~** presse-citron *m inv*.
squelch [skweltʃ] **1** *n* **(a)** bruit *m* de succion *or* de pataugeage. **I heard the ~ of his footsteps in the mud** je l'ai entendu patauger dans la boue; **the tomato fell with a ~** la tomate s'est écrasée par terre avec un bruit mat.
(b) (‡ *fig: crushing retort*) réplique *f* qui coupe le sifflet*.
2 *vi [mud etc]* faire un bruit de succion. *[person]* **to ~ in/out** *etc* entrer/sortir *etc* en pataugeant; **to ~ (one's way) through the mud** avancer en pataugeant dans la boue; **the water ~ed in his boots** l'eau faisait flic flac* dans ses bottes.
3 *vt* **(a)** (*crush underfoot*) piétiner, écraser.
(b) (*fig: stifle*) *enthusiasm etc* réprimer, étouffer.
(c) (‡: *snub*) clouer le bec à*, couper le sifflet à*.
squib [skwɪb] *n* pétard *m*; *V* **damp**.
squid [skwɪd] *n* calmar *m*, encornet *m*.
squiffy* ['skwɪfɪ] *adj* (*Brit*) éméché, pompette*.
squiggle ['skwɪgl] **1** *n* (*scrawl*) gribouillis *m*; (*wriggle*) tortillement *m*. **2** *vi* (*in writing etc*) gribouiller, faire des gribouillis; *[worm etc]* se tortiller.
squint [skwɪnt] **1** *n* (*Med*) strabisme *m*; (*sidelong look*) regard *m* de côté; (*quick glance*) coup *m* d'œil. (*Med*) **to have a ~** loucher, être atteint de strabisme; **to take a ~ at sth** (*obliquely*) regarder qch du coin de l'œil, lorgner qch; (*quickly*) jeter un coup d'œil à qch; **let's have a ~!*** donne voir!, montre voir!*; **have a ~*** at this jette un coup d'œil là-dessus, zieute‡ ça.
2 *vi* (*Med*) loucher. **he ~ed in the sunlight** il grimaçait un peu à cause du soleil; **he ~ed down the tube** il a plongé son regard dans

le tube; **to ~ at sth** (*obliquely*) regarder qch du coin de l'œil, lorgner qch; (*quickly*) jeter un coup d'œil à qch; **he ~ed at me quizzically** il m'a interrogé du regard.
3 *cpd:* **squint-eyed** qui louche, atteint de strabisme.
squirarchy ['skwaɪərɑːkɪ] = **squirearchy**.
squire ['skwaɪər] **1** *n* (*landowner*) propriétaire *m* terrien, ≃ châtelain *m*; (*Hist: knight's attendant*) écuyer *m*. **the ~ told us** ... le châtelain nous a dit ...; **the ~ of Barcombe** le seigneur *f* *or* le châtelain de Barcombe; (*Brit*) **yes ~!**‡ oui chef!* *or* patron!*
2 *vt lady* escorter, servir de cavalier à. **she was ~d by** elle était escortée par.
squirearchy ['skwaɪərɑːkɪ] *n* (*U*) hobereaux *mpl*, propriétaires terriens.
squirm [skwɜːm] *vi* **(a)** *[worm etc]* se tortiller. *[person]* **to ~ through a window** passer par une fenêtre en faisant des contorsions.
(b) (*fig*) *[person]* (*from embarrassment*) ne pas savoir où se mettre, être au supplice; (*from distaste*) avoir un haut-le-corps. **spiders make me ~** j'ai un haut-le-corps quand je vois une araignée; **her poetry makes me ~** ses poèmes me donnent mal au cœur.
squirrel ['skwɪrəl] **1** *n* écureuil *m*. **red ~** écureuil; **grey ~** écureuil gris.
2 *cpd coat etc* en petit-gris.
♦**squirrel away** *vt sep nuts etc* amasser.
squirt [skwɜːt] **1** *n* **(a)** *[water]* jet *m*; *[detergent]* giclée *f*; *[scent]* quelques gouttes *fpl*.
(b) (*) (*person*) petit bout* de rien du tout, petit morveux* (*pej*), petite morveuse*; (*child*) mioche* *mf*.
2 *vt water* faire jaillir, faire gicler (*at, on, onto* sur, *into* dans); *detergent* verser une giclée de; *oil* injecter; *scent* faire tomber quelques gouttes de. **he ~ed the insecticide onto the roses** il a pulvérisé de l'insecticide sur les roses; **to ~ sb with water** asperger *or* arroser qn d'eau; **to ~ scent on sb, to ~ sb with scent** asperger qn de parfum.
3 *vi* (*liquid*) jaillir, gicler. **the water ~ed into my eye** j'ai reçu une giclée d'eau dans l'œil; **water ~ed out of the broken pipe** l'eau jaillissait du tuyau cassé.
squirter ['skwɜːtər] *n* poire *f* (en caoutchouc).
Sr (*abbr of* Senior) Sr.
SRC [ˌesɑːˈsiː] *n* (*Brit*) *abbr of* **Science Research Council** (≃ *CNRS m*).
Sri Lanka [ˌsriːˈlæŋkə] *n* Sri Lanka *m or f.* **in ~** à Sri Lanka.
Sri Lankan [ˌsriːˈlæŋkən] *adj* sri-lankais.
Sri-Lankan [ˌsriːˈlæŋkən] *n* Sri-Lankais(e) *m(f)*.
SRN [ˌesɑːˈren] *n* (*Brit*) *abbr of* **State Registered Nurse**; *V* **state**.
SS [esˈes] *n* (*a*) (*abbr of* **steamship**) *navire de la marine marchande britannique.* **SS Charminster** le Charminster. **(b)** (*Nazi*) S.S. *m inv.*
S.S.A. [esesˈeɪ] *n* (*US*) *abbr of* **Social Security Administration**; *V* **social**.
St 1 *n* (*a*) (*abbr of* **Street**) rue, *e.g.* **Churchill St** rue Churchill. **(b)** (*abbr of* **Saint**) St(e), *e.g.* **St Peter** saint Pierre; **St Anne** sainte Anne; *V also* **2**. **2** *cpd:* (*Brit*) **St John Ambulance** *association bénévole de secouristes;* (*Geog*) **St. Lawrence (River)** Saint-Laurent *m*; (*Geog*) **St. Lawrence Seaway** voie *f* maritime du Saint-Laurent.
stab [stæb] **1** *n* **(a)** (*with dagger/knife etc*) coup *m* (de poignard/de couteau *etc*). (*fig*) **a ~ in the back** coup bas *or* déloyal; **a ~ of pain** un élancement; **a ~ of remorse/grief** un remords/une douleur lancinant(e).
(b) (*: attempt*) **to have** *or* **make a ~ at (doing) sth** s'essayer à (faire) qch; **I'll have a ~ at it** je vais tenter le coup.
2 *cpd:* **stab-wound** coup *m* de poignard (*or* couteau *etc*); (*mark*) trace *f* de coup de poignard (*or* couteau *etc*); **to die of stab-wounds** mourir poignardé.
3 *vt* (*with knife etc*) (*kill*) tuer d'un coup de *or* à coups de couteau *etc*; (*wound*) blesser d'un coup de *or* à coups de couteau *etc*; (*kill or wound with dagger*) poignarder. **to ~ sb with a knife** frapper qn d'un coup de couteau, donner un coup de couteau à qn; **to ~ sb to death** tuer qn d'un coup de *or* à coups de couteau *etc*; **he was ~bed through the heart** il a reçu un coup de couteau *etc* dans le cœur; (*lit, fig*) **to ~ sb in the back** poignarder qn dans le dos; **he ~bed his penknife into the desk** il a planté son canif dans le bureau; **he ~bed the pencil through the map** il a transpercé la carte d'un coup de crayon.
4 *vi:* **he ~bed at the book with his finger** il a frappé le livre du doigt.
stabbing ['stæbɪŋ] **1** *n* agression *f* (à coups de couteau *etc*). **there was another ~ last night** la nuit dernière une autre personne a été attaquée à coups de couteau *etc*.
2 *adj gesture* comme pour frapper; *sensation* lancinant. **~ pain** douleur lancinante, élancement *m*.
stabile ['steɪbaɪl] *n* (*Art*) stabile *m*.
stability [stəˈbɪlɪtɪ] *n* (*V* **stable¹**) stabilité *f*; fermeté *f*; solidité *f*; équilibre *m*.
stabilization [ˌsteɪbəlaɪˈzeɪʃən] *n* stabilisation *f*.
stabilize ['steɪbəlaɪz] *vt* stabiliser.
stabilizer ['steɪbəlaɪzər] **1** *n* (*Aut, Naut, Aviat*) stabilisateur *m*. **2** *cpd:* (*US Aut*) **stabilizer bar** barre *f* anti-roulis, stabilisateur *m*.
stable¹ ['steɪbl] *adj scaffolding, ladder* stable; (*Chem, Phys*) stable; *government* stable, durable; *job* stable, permanent; *prices* stable, (*St Ex*) ferme; *relationship, marriage* solide; *character, conviction* constant, ferme; (*Psych etc*) *person* équilibré. **he is not very ~** il n'est pas très équilibré, il est plutôt instable.
stable² ['steɪbl] **1** *n* (*building*) écurie *f*; (*racehorses: also racing ~*) écurie (de courses). (*riding*) **~(s)** centre *m* d'équitation, manège *m*; (*fig*) **another best-seller from the Collins ~** un nouveau best-seller de l'écurie Collins.

2 *cpd:* **stableboy** garçon *m or* valet *m* d'écurie; (*Prov*) **to shut or close the stable door after the horse has bolted** *or* **has gone** prendre des précautions après coup; (*Brit*) **stable girl** valet *m* d'écurie (*fille*); (*Brit*) **stablelad** lad *m*; **stablemate** (*horse*) compagnon *m* de stalle; (*fig: person*) camarade *mf* d'études (*or* de travail *etc*).
3 *vt horse* mettre dans une *or* à l'écurie.

staccato [stə'kɑːtəʊ] **1** *adv* (*Mus*) staccato. **2** *adj* (*Mus*) *note* piqué; (*gen*) *sounds, firing, voice, style* saccadé, coupé.

stack [stæk] **1** *n* (a) (*Agr*) meule *f*; [*rifles*] faisceau *m*; [*wood, books, papers*] tas *m*, pile *f*; (*US*) [*tickets*] carnet *m*. ~**s*** of un tas* de, plein* de; **I've got ~s*** *or* **a ~*** of things to do j'ai des tas* de choses *or* plein* de choses à faire; **to have ~s*** of money rouler sur l'or, être bourré de fric‡; **we've got ~s*** of time on a tout le temps, on a plein* de temps; *V* hay *etc*.
(b) (*group of chimneys*) souche *f* de cheminée; (*on factory/boat etc*) (tuyau *m* de) cheminée *f* (*d'usine/de bateau etc*).
(c) (*in library, bookshop*) ~**s** rayons *mpl*, rayonnages *mpl*.
(d) (*Comput*) pile *f*.
2 *vt* (a) (*Agr*) mettre en meule; (*also* ~ **up**) *books, wood* empiler, entasser; *dishes* empiler. **the table was ~ed with books** la table était couverte de piles de livres; (*US fig*) **she's (well-)~d‡** elle est bien roulée*.
(b) (*supermarket shelves*) remplir. (*gen*) **she ~ed the shelf with books** elle a entassé des livres sur le rayon.
(c) (*hold waiting: incoming calls, applications etc*) mettre en attente; (*Aviat*) *aircraft* mettre en attente (à différentes altitudes).
(d) (*) (*pej*) *jury, committee etc* sélectionner avec partialité (*in favour of* pour favoriser, *against* pour défavoriser). **to ~ the cards** *or* (*US*) **the deck** tricher en battant les cartes; (*fig*) **the cards are ~ed against me** les jeux sont faits d'avance contre moi, je suis défavorisé.

◆**stack up 1** *vi* (*US: measure, compare*) se comparer (*with, against* à).
2 *vt sep* (*gen*) empiler, entasser; *wheat, barrels* gerber; *V also* **stack 2a.**

stadium ['steɪdɪəm] *n* stade *m* (*sportif*).

staff [stɑːf] **1** *n* (a) (*pl* ~**s**: *work force*) (*Comm, Ind*) personnel *m*; (*Scol, Univ*) personnel enseignant, professeurs *mpl*; (*servants*) domestiques *mpl*; (*Mil*) état-major *m*. **a large ~** un personnel *etc* nombreux; **to be on the ~** faire partie du personnel; **we have 30 typists on the ~** notre personnel comprend 30 dactylos; **he's left our ~** il nous a quittés, il ne fait plus partie de notre personnel; **he joined our ~ in 1974** il est entré chez nous en 1974, il a commencé à travailler chez nous en 1974; **he's ~** (*gen*) il fait partie du personnel; (*in factory: not works*) c'est un employé; (*Scol, Univ*) c'est un professeur *or* un enseignant; **15 ~** (*gen*) 15 employés; (*teachers*) 15 professeurs *or* enseignants; *V* **chief, editorial.**
(b) (*pl* **staves** *or* ~**s**: *liter: rod, pole*) bâton *m*, (*longer*) perche *f*; (*walking stick*) bâton; (*shepherd's*) houlette *f*; (*weapon*) bâton, gourdin *m*; (*symbol of authority*) bâton de commandement; (*Rel*) crosse *f*, bâton pastoral; (*also* **flag**~) mât *m*; (††) [*spear, lance etc*] hampe *f*; (*fig: support*) soutien *m*. **their only weapons were long staves** ils n'étaient armés que de longs bâtons; (*fig*) **a ~ for my old age** mon bâton de vieillesse; (*fig*) **bread is the ~ of life** le pain est l'aliment vital *or* le soutien de la vie.
(c) (*pl* **staves**: *Mus*) portée *f*.
2 *cpd:* (*in firm etc*) **staff canteen** restaurant *m* d'entreprise, cantine *f* (des employés); (*Mil*) **staff college** école supérieure de guerre; (*Scol, Univ*) **staff meeting** conseil *m* des professeurs; (*Mil*) **staff nurse** infirmier *m*, -ière *f*; (*Mil*) **staff officer** officier *m* d'état-major; (*Scol, Univ*) **staffroom** salle *f* des professeurs; **staff sergeant** (*US Army*) ≃ sergent-chef *m*; (*US Air Force*) sergent *m*; (*Comm, Ind etc*) **staff training** formation *f* du personnel.
3 *vt school, hospital etc* pourvoir en personnel. **it is ~ed mainly by immigrants** le personnel se compose surtout d'immigrants; **the hotel is well-~ed** l'hôtel est pourvu d'un personnel nombreux; *V* **over, short, under** *etc*.

staffing ['stɑːfɪŋ] **1** *n* dotation *f* en personnel.
2 *cpd problems etc* de personnel. (*Can*) **staffing officer** agent *m* de dotation; (*Scol etc*) **staffing ratio, staff-student ratio** taux *m* d'encadrement; **the staffing ratio is good/bad** le taux d'encadrement est fort/faible.

stag [stæg] **1** *n* (a) (*deer*) cerf *m*; (*other animal*) mâle *m*. (b) (*Brit St Ex*) chasseur *m* de prime.
2 *cpd:* **stag beetle** cerf-volant *m*, lucane *m*; **staghound** espèce de fox-hound; **stag hunt(ing)** chasse *f* au cerf.
3 *adj* (a) (*men only*) *event, evening* entre hommes. ~ **party** réunion *f* entre hommes; **to go** ~ **to a party** aller à une soirée seul (*en parlant d'un homme*); (*US*) **the** ~ **line** le coin des hommes seuls (*dans une soirée*).
(b) (*US*: pornographic*) *film* porno* *inv.* ~ **show** spectacle *m* porno.

stage [steɪdʒ] **1** *n* (a) (*Theat: place*) scène *f*. (*profession etc*) **the** ~ le théâtre; **on** ~ sur scène; **to come on** ~ entrer en scène; **to go on the** ~ monter sur la scène; (*fig: as career*) monter sur les planches, commencer à faire du théâtre, devenir acteur (*or* actrice); **on the** ~ **as in real life** au théâtre comme dans la vie ordinaire; **she has appeared on the** ~ elle a fait du théâtre; **to write for the** ~ écrire des pièces de théâtre; **the book was adapted for the** ~ le livre a été adapté pour le théâtre *or* porté à la scène; **his play never reached the** ~ sa pièce n'a jamais été jouée; (*fig*) **to hold the** ~ être le point de mire, être en vedette, occuper le devant de la scène; (*fig*) **it was the** ~ **of a violent confrontation** cela a été le cadre *or* le théâtre (*liter*) d'une violente confrontation; *V* **down¹** *etc*.
(b) (*platform: in hall etc*) estrade *f*; (*Constr: scaffolding*) échafaudage *m*; (*also* **landing** ~) débarcadère *m*; [*microscope*] platine *f*.
(c) (*point, section*) [*journey*] étape *f*; [*road, pipeline*] section *f*, [*rocket*] étage *m*; [*operation, process, disease*] étape, stade *m*, phase *f*. **a 4-~ rocket** une fusée à 4 étages; **the second** ~ **fell away** le deuxième étage s'est détaché; **a critical** ~ un point *or* une phase *or* un stade critique; **the first** ~ **of his career** le premier échelon de sa carrière; **in** ~**s** par étapes, par degrés; **in** *or* **by easy** ~**s travel** par *or* à petites étapes; *study* par degrés; **by** ~**s** *travel* par étapes; *study* par degrés; **the reform was carried out in** ~**s** la réforme a été appliquée en plusieurs étapes *or* temps; **in the early** ~**s au début**; **at an early** ~ **in its history** vers le début de son histoire; **at this** ~ **in the negotiations** à ce point *or* à ce stade des négociations; **what** ~ **is your project at?** à quel stade *or* à quel point *or* où en est votre projet?; **it has reached the** ~ **of being translated** c'en est au stade de la traduction, on en est à le traduire; **we have reached a** ~ **where ...** nous (en) sommes arrivés à un point *or* à un stade où ...; **the child has reached the talking** ~ l'enfant en est au point *or* au stade où il commence à parler; **he's going through a difficult** ~ il passe par une période difficile; **it's just a** ~ **in his development** ce n'est qu'une phase *or* un stade dans son développement; *V* fare *etc*.
(d) (*also* ~**coach**) diligence *f*.
2 *cpd:* (*Theat: U*) **stagecraft** technique *f* de la scène; **stage designer** décorateur *m*, -trice *f* de théâtre; **stage direction** (*instruction*) indication *f* scénique; (*U: art, activity*) (art *m* de la) mise *f* en scène; **stage director** metteur *m* en scène; **stage door** entrée *f* des artistes; **stage effect** effet *m* scénique; **stage fright** trac* *m*; **stagehand** machiniste *m*; **stage-manage** *play, production* être régisseur pour; (*fig*) *event, confrontation etc* mettre en scène, orchestrer; (*Theat*) **stage manager** régisseur *m*; **stage name** nom *m* de théâtre; (*Sport*) **stage race** course *f* par étapes; **to be stage-struck** brûler d'envie de faire du théâtre; (*fig*) **stage whisper** aparté *m*; **in a stage whisper** en aparté.
3 *vt* (*Theat*) monter, mettre en scène. (*fig*) **they ~d an accident/a reconciliation** (*organize*) ils ont organisé *or* manigancé un accident/une réconciliation; (*feign*) ils ont monté un accident/fait semblant de se réconcilier; **they ~d a demonstration** (*organize*) ils ont organisé une manifestation; (*carry out*) ils ont manifesté; **to** ~ **a strike** (*organize*) organiser une grève; (*go on strike*) faire la grève, se mettre en grève; **that was no accident, it was ~d** ce n'était pas un accident, c'était un coup monté; *V* **come** *etc*.

stager ['steɪdʒə*] *n:* **old** ~ vétéran *m*, vieux routier.

stagey* ['steɪdʒɪ] *adj* (*pej*) *habits* du théâtre, de la scène; *appearance, diction, mannerisms* théâtral; *person* cabotin.

stagflation [stæg'fleɪʃən] *n* (*Econ*) stagflation *f*.

stagger ['stægə*] **1** *vi* chanceler, tituber. **he ~ed to the door** il est allé à la porte d'un pas chancelant *or* titubant; **to** ~ **along/in/out** *etc* avancer/entrer/sortir *etc* en chancelant *or* titubant; **he was ~ing about** il se déplaçait en chancelant *or* titubant, il vacillait sur ses jambes.
2 *vt* (a) (*amaze*) stupéfier, renverser; (*upset*) atterrer, bouleverser. **this will** ~ **you** tu vas trouver cela stupéfiant *or* renversant; **I was ~ed to learn** (*amazed*) j'ai été absolument stupéfait d'apprendre; (*upset*) j'ai été atterré *or* bouleversé d'apprendre.
(b) *spokes, objects* espacer; *visits, payments* échelonner; *holidays* étaler. **they work ~ed hours** leurs heures de travail sont étalées *or* échelonnées; (*Sport*) ~**ed start** départ *m* décalé.
3 *n* allure chancelante *or* titubante. (*Vet*) ~**s** vertigo *m*.

staggering ['stægərɪŋ] **1** *adj* (*fig*) *news, suggestion* renversant, bouleversant, atterrant; *amount, size* renversant, stupéfiant. (*lit, fig*) ~ **blow** coup *m* de massue.
2 *n* (a) (*action*) démarche chancelante *or* titubante.
(b) [*hours, visits etc*] échelonnement *m*; [*holidays*] étalement *m*.

staging ['steɪdʒɪŋ] **1** *n* (a) (*scaffolding*) (plate-forme *f* d')échafaudage *m*. (b) (*Theat: of play*) mise *f* en scène. (c) (*Space*) largage *m* (d'un étage de fusée). **2** *cpd:* (*Mil, also gen*) **staging post** relais *m*, étape *f* de ravitaillement.

stagnancy ['stægnənsɪ] *n* stagnation *f*.

stagnant ['stægnənt] *adj water* stagnant; (*fig*) *business* stagnant, dans le marasme; *career* stagnant; *mind* inactif.

stagnate [stæg'neɪt] *vi* [*water*] être stagnant, croupir; (*fig*) [*business*] stagner, être dans le marasme; [*person*] stagner, croupir; [*mind*] être inactif.

stagnation [stæg'neɪʃən] *n* stagnation *f*.

stagy* ['steɪdʒɪ] *adj* = **stagey*.**

staid [steɪd] *adj person* posé, rassis; *opinion, behaviour* pondéré; *appearance* collet monté *inv*.

staidness ['steɪdnɪs] *n* (*V* **staid**) caractère posé *or* rassis *or* pondéré; aspect *m* collet monté.

stain [steɪn] **1** *n* (a) (*lit, fig: mark*) tache *f* (*on* sur). **blood/grease** ~ tache de sang/graisse; **without a** ~ **on his character** sans une tache à sa réputation.
(b) (*colouring*) colorant *m*. **wood** ~ couleur *f* pour bois.
2 *cpd:* **stain remover** détachant *m*; **stain resistant** intachable.
3 *vt* (a) (*mark, soil*) tacher; (*fig*) *reputation etc* tacher, souiller, ternir. ~**ed with blood** taché de sang.
(b) (*colour*) *wood* teinter, teindre; *glass* colorer. ~**ed glass** (*substance*) verre coloré; (*windows collectively*) vitraux *mpl*; ~**ed-glass window** vitrail *m*, verrière *f*.
4 *vi:* **this material will** ~ ce tissu se tache facilement *or* est très salissant.

stainless ['steɪnlɪs] *adj* sans tache, pur. ~ **steel** acier *m* inoxydable, inox *m*.

stair [steə*] **1** *n* (*step*) marche *f*; (*also* ~**s, flight of** ~**s**) escalier *m*. **to pass sb on the** ~(**s**) rencontrer qn dans l'escalier; **below** ~**s** à l'office.

2 *cpd* carpet d'escalier. **staircase** escalier *m* (*V moving, spiral etc*); **stair rod** tringle *f* d'escalier; **stairway** escalier *m*; **stairwell** cage *f* d'escalier.

stake [steɪk] **1** *n* (a) (*for fence, tree etc*) pieu *m*, poteau *m*; (*as boundary mark*) piquet *m*, jalon *m*; (*for plant*) tuteur *m*; (*Hist*) bûcher *m*. **to die** *or* **be burnt at the** ~ mourir sur le bûcher; (*US fig*) **to pull up** ~**s*** déménager.

(b) (*Betting*) enjeu *m*; (*fig: share*) intérêt *m*. (*horse-race*) ~**s** course *f* de chevaux; (*Horse-racing*) **the Newmarket** ~**s** le Prix de Newmarket; **to play for high** ~**s** (*lit*) jouer gros jeu; (*fig*) jouer gros jeu, risquer gros; **the issue at** ~ ce dont il s'agit, ce qui est en jeu, ce qui se joue ici; **our future is at** ~ notre avenir est en jeu, il s'agit de *or* il y va de notre avenir; **there is a lot at** ~ l'enjeu est considérable, il y a gros à perdre; **there is a lot at** ~ **for him** il a gros à perdre; **he has got a lot at** ~ il joue gros jeu, il risque gros, il a misé gros; (*fig*) **to have a** ~ **in** sth avoir des intérêts dans qch; **he has got a** ~ **in the success of the firm** il est intéressé matériellement *or* financièrement au succès de l'entreprise; **Britain has a big** ~ **in North Sea oil** la Grande-Bretagne a de gros investissements *or* a engagé de gros capitaux dans le pétrole de la mer du Nord.

2 *cpd:* **stakeholder** dépositaire *mf* d'enjeux; (*Police*) **stakeout** surveillance *f*; **to be on a stakeout** effectuer une surveillance.

3 *vt* (a) *territory, area* marquer *or* délimiter (avec des piquets *etc*); *path, line* marquer, jalonner; *claim* établir. (*fig*) **to** ~ **one's claim to** sth revendiquer qch, établir son droit à qch.

(b) (*also* ~ **up**) *fence* soutenir à l'aide de poteaux *or* de pieux; *plants* mettre un tuteur à, soutenir à l'aide d'un tuteur.

(c) (*bet*) *money, jewels etc* jouer, miser (*on* sur); (*fig*) *one's reputation, life* risquer, jouer (*on* sur). (*fig*) **he** ~**d everything** *or* **his all on the committee's decision** il a joué le tout pour le tout *or* il a joué son va-tout sur la décision du comité; **I'd** ~ **my life on it** j'en mettrais ma tête à couper.

(d) (*back financially*) *show, project, person* financer, soutenir financièrement.

◆**stake out 1** *vt sep* (a) *piece of land* marquer *or* délimiter (avec des piquets *etc*); *path, line* marquer, jalonner; (*fig*) *section of work, responsibilities etc* s'approprier, se réserver. (*fig*) **to stake out a position as...** se tailler une position de....

(b) (*Police*) *person, house* mettre *or* garder sous surveillance, surveiller.

2 *n* **stakeout** *V* **stake 2.**

stalactite ['stæləktaɪt] *n* stalactite *f*.

stalagmite ['stæləgmaɪt] *n* stalagmite *f*.

stale [steɪl] **1** *adj meat, eggs, milk* qui n'est plus frais (*f* fraîche); *cheese* desséché, dur; *bread* rassis, (*stronger*) dur; *beer* éventé, plat; *air* confiné; (*fig*) *news* déjà vieux (*f* vieille); *joke* rebattu, éculé; *writer, musician, actor* usé, qui n'a plus d'inspiration; *athlete* surentraîné. **the bread has gone** ~ le pain a rassis *or* s'est rassis; **the room smells** ~ cette pièce sent le renfermé; **the room smelt of** ~ **cigar smoke** la pièce avait une odeur de cigares refroidie; **I'm getting** ~ je perds mon entrain *or* mon enthousiasme *or* mon inspiration; (*Fin*) ~ **cheque** chèque *m* prescrit.

2 *vi* (*liter*) *[pleasures etc]* perdre de sa (*or* leur) fraîcheur *or* nouveauté.

stalemate ['steɪlmeɪt] **1** *n* (*Chess*) pat *m*; (*fig*) impasse *f*. **the discussions have reached** ~ les discussions sont dans l'impasse; **the** ~ **is complete** c'est l'impasse totale; **to break the** ~ sortir de l'impasse.

2 *vt* (*Chess*) faire pat *inv*; (*fig*) *project* contrecarrer; *adversary* paralyser, neutraliser.

stalemated ['steɪlmeɪtɪd] *adj* (*fig*) *discussions* au point mort, dans l'impasse; *project* au point mort; *person* coincé.

staleness ['steɪlnɪs] *n* (*V* **stale 1**) manque *m* de fraîcheur; dureté *f*; caractère déjà vieux (*or* rebattu *or* éculé); perte *f* d'inspiration; surentraînement *m*.

Stalin ['stɑːlɪn] *n* Staline *m*.

Stalinism ['stɑːlɪnɪzəm] *n* stalinisme *m*.

Stalinist ['stɑːlɪnɪst] **1** *n* Staliniste *mf*. **2** *adj* staliniste.

stalk¹ [stɔːk] **1** *n [plant]* tige *f*; *[fruit]* queue *f*; *[cabbage]* trognon *m*; (*Zool*) pédoncule *m*. (*fig*) **his eyes were out on** ~**s*** il ouvrait des yeux ronds, il écarquillait les yeux. **2** *cpd:* (*Zool*) **stalk-eyed** aux yeux pédonculés.

stalk² [stɔːk] **1** *vt* (a) *game, prey* traquer; *suspect* filer.

(b) *[fear, disease, death]* **to** ~ **the streets/town** *etc* régner dans les rues/la ville *etc*.

2 *vi:* **to** ~ **in/out/off** *etc* entrer/sortir/partir *etc* d'un air digne *or* avec raideur; **he** ~**ed in haughtily/angrily/indignantly** il est entré d'un air arrogant/furieux/indigné.

3 *cpd:* (*fig*) **stalking-horse** prétexte *m*.

stall [stɔːl] **1** *n* (a) (*in stable, cowshed*) stalle *f*.

(b) (*in market, street, at fair*) éventaire *m*, boutique *f* (en plein air); (*in exhibition*) stand *m*. **newspaper/flower** ~ kiosque *m* à journaux/de fleuriste; (*in station*) **book**~ librairie *f* (*de gare*); **coffee** ~ buvette *f*.

(c) (*Brit Theat*) fauteuil *m* d'orchestre *m*. **the** ~**s** l'orchestre.

(d) (*in showers etc*) cabine *f*; (*in church*) stalle *f*; *V* **choir.**

(e) (*US: in car park*) place *f*, emplacement *m* (*dans un parking*).

(f) (*finger* ~) doigtier *m*.

(g) (*Aut*) fait *m* de caler. (*US fig*) **in a** ~ grippé, qui n'avance pas.

2 *cpd:* (*Agr*) **stall-fed** engraissé à l'étable; **stallholder** marchand(e) *m(f)* en plein air, marchand(e) tenant un kiosque.

3 *vi* (a) *[car, engine, driver]* caler; *[aircraft]* être en perte de vitesse, décrocher.

(b) (*fig*) **to** ~ **(for time)** essayer de gagner du temps, atermoyer; **he managed to** ~ **until ...** il a réussi à trouver des faux-fuyants jusqu'à ce que ...; **stop** ~**ing!** cesse de te dérober!

4 *vt* (a) (*Aut*) *engine, car* caler; (*Aviat*) causer une perte de vitesse *or* un décrochage à. **to be** ~**ed** (*Aut*) avoir calé; (*fig: of project etc*) être grippé, ne pas avancer.

(b) (*also* ~ **off**) *person* tenir à distance. **I managed to** ~ **him until ...** j'ai réussi à le tenir à distance *or* à esquiver ses questions jusqu'à ce que ...; **try to** ~ **him (off) for a while** essaie de gagner du temps.

stallion ['stæljən] *n* étalon *m* (*cheval*).

stalwart ['stɔːlwət] **1** *adj* (*in build*) vigoureux, bien charpenté, costaud‡; (*in spirit*) vaillant, résolu, déterminé. **to be a** ~ **supporter of** soutenir vaillamment *or* de façon inconditionnelle. **2** *n* brave homme *m* (*or* femme *f*); *[party etc]* fidèle *mf*, pilier *m*.

stamen ['steɪmen] *n* (*Bot*) étamine *f*.

stamina ['stæmɪnə] *n* (*U*) (*physical*) vigueur *f*, résistance *f*, endurance *f*; (*intellectual*) vigueur; (*moral*) résistance, endurance. **he's got** ~ il est résistant, il a du nerf*.

stammer ['stæmər] **1** *n* bégaiement *m*, balbutiement *m*; (*Med*) bégaiement. **to have a** ~ bégayer, être bègue.

2 *vi* bégayer, balbutier; (*Med*) bégayer, être bègue.

3 *vt* (*also* ~ **out**) *name, facts* bégayer, balbutier. **to** ~ **(out) a reply** bégayer *or* balbutier une réponse, répondre en bégayant *or* balbutiant; **'n-not t-too m-much' he** ~**ed 'p-pas t-trop' bégaya-t-il.

stammerer ['stæmərər] *n* bègue *mf*.

stammering ['stæmərɪŋ] **1** *n* (*U*) bégaiement *m*, balbutiement *m*; (*Med*) bégaiement.

2 *adj person* (*from fear, excitement*) bégayant, balbutiant; (*Med*) bègue; *answer* bégayant, hésitant.

stammeringly ['stæmərɪŋlɪ] *adv* en bégayant, en balbutiant.

stamp [stæmp] **1** *n* (a) *timbre m*; (*postage* ~) timbre(-poste); (*fiscal* ~, *revenue* ~) timbre (fiscal); (*savings* ~) timbre(-épargne); (*trading* ~) timbre(-prime). (**National**) **Insurance** ~ cotisation *f* à la Sécurité sociale; **to put** *or* **stick a** ~ **on a letter** coller un timbre sur une lettre, timbrer une lettre; **used/unused** ~ timbre oblitéré/non-oblitéré.

(b) (*implement*) (*rubber* ~) timbre *m*, tampon *m*; (*date* ~) timbre dateur; (*for metal*) étampe *f*, poinçon *m*.

(c) (*mark, impression*) (*on document etc*) cachet *m*; (*on metal*) empreinte *f*, poinçon *m*; (*Comm: trademark etc*) estampille *f*. **look at the date** ~ regardez la date sur le cachet; **here's his address** ~ voici le cachet indiquant son adresse; **it's got a receipt** ~ **on it** il y a un cachet accusant paiement; (*fig*) **he gave the project his** ~ **of approval** il a approuvé le projet; **the** ~ **of genius/truth** la marque *or* le sceau du génie/de la vérité; **men of his** ~ des hommes de sa trempe *or* de son envergure *or* de son acabit (*pej*).

(d) *[foot]* (*from cold*) battement *m* de pied; (*from rage*) trépignement *m*. **with a** ~ (**of his foot**) en tapant du pied.

2 *cpd:* (*Brit Hist*) **Stamp Act** loi *f* sur le timbre; **stamp album** album *m* de timbres(-poste); **stamp-book** carnet *m* de timbres (-poste); (*U*) **stamp collecting** philatélie *f*; **stamp collection** collection *f* de timbres(-poste); **stamp collector** collectionneur *m*, -euse *f* de timbres(-poste), philatéliste *mf*; **stamp dealer** marchand(e) *m(f)* de timbres(-poste); **stamp duty** droit *m* de timbre; (*fig*) **stamping ground*** lieu favori, royaume *m* (*fig*); **stamp machine** distributeur *m* (automatique) de timbres(-poste).

3 *vt* (a) **to** ~ **one's foot** taper du pied; **to** ~ **one's feet** (*in rage*) trépigner; (*in dance*) frapper du pied; (*to keep warm*) battre la semelle; **he** ~**ed the peg into the ground** il a tapé du pied sur le piquet pour l'enfoncer en terre.

(b) (*stick a* ~ *on*) *letter, parcel* timbrer, affranchir; *savings book, insurance card* timbrer, apposer un *or* des timbre(s) sur; (*put fiscal* ~ *on*) timbrer. **this letter is not sufficiently** ~**ed** cette lettre n'est pas suffisamment affranchie; **I enclose a** ~**ed addressed envelope (for your reply)** veuillez trouver ci-joint une enveloppe affranchie pour la réponse.

(c) (*mark with* ~) tamponner, timbrer; *passport, document* viser; *metal* estamper, poinçonner. **to** ~ **a visa on a passport** apposer un visa sur un passeport; **to** ~ **the date on a form**, **to** ~ **a form with the date** apposer la date au tampon sur un formulaire; **he** ~**ed a design on the metal** il a estampillé le métal d'un motif; (*fig*) **to** ~ **sth on one's memory** graver qch dans sa mémoire; **his accent** ~**s him (as)** a Belgian son accent montre bien *or* indique bien qu'il est belge; *V* **die²** *etc.*

4 *vi* (a) taper du pied; (*angrily*) taper du pied, trépigner; *[horse]* piaffer. **he** ~**ed on my foot** il a fait exprès de me marcher sur le pied; **he** ~**ed on the burning wood** il a piétiné les tisons, il a éteint les tisons du pied; (*fig*) **to** ~ **on a suggestion*** rejeter *or* repousser une suggestion.

(b) (*angrily*) **to** ~ **in/out** *etc* entrer/sortir *etc* en tapant du pied; **to** ~ **about** *or* **around** (*angrily*) marcher de long en large en tapant du pied; (*to keep warm*) marcher de long en large en battant la semelle.

◆**stamp down** *vt sep peg etc* enfoncer du pied; (*fig*) *rebellion* écraser, étouffer; *protests* refouler.

◆**stamp out** *vt sep* (a) *fire* piétiner, éteindre en piétinant; *cigarette* écraser sous le pied; (*fig*) *rebellion* enrayer, juguler; *custom, belief, tendency* déraciner, détruire.

(b) *coin etc* frapper; *design* découper à l'emporte-pièce.

(c) *rhythm* marquer en frappant du pied.

stampede [stæmˈpiːd] **1** *n* (a) *[animals, people]* débandade *f*, fuite précipitée, sauve-qui-peut *m inv*; *[retreating troops]* débâcle *f*, déroute *f*; (*fig: rush*) ruée *f*. **there was a** ~ **for the door** on s'est précipité *or* rué vers la porte; **he got knocked down in the** ~ **for seats** il a été renversé dans la ruée vers les sièges.

2 *vi* *[animals, people]* s'enfuir en désordre *or* à la débandade (*from* de), fuir en désordre *or* à la débandade (*towards* vers); (*fig: rush*) se ruer (*for* sth pour obtenir qch, *for* the door vers la porte).

3 *vt animals, people* jeter la panique parmi. (*fig*) **they** ~**d him**

into agreeing il a accepté parce qu'ils ne lui ont pas laissé le temps de la réflexion; **we mustn't let ourselves be ~d** il faut que nous prenions (*subj*) le temps de réfléchir.
stance [stæns] *n* (*lit, fig*) position *f*; (*Climbing*) relais *m*. **to take up a ~** (*lit*) se mettre en position; (*fig*) prendre position.
stanch [stɑːntʃ] *vt* = **staunch**[1].
stanchion ['stɑːnʃən] *n* (*as support*) étançon *m*, étai *m*; (*for cattle*) montant *m*.
stand [stænd] (*vb: pret, ptp* **stood**) **1** *n* (a) (*position: lit, fig*) position *f*; (*resistance: Mil, fig*) résistance *f*, opposition *f*; (*Theat: stop, performance*) représentation *f*. **to take (up) one's ~** (*lit*) prendre place *or* position; (*fig*) adopter une attitude (*on sth* envers *or* sur qch), prendre position (*against sth* contre qch); **he took (up) his ~ beside me** (*lit*) il s'est placé *or* mis *or* posté à côté de moi, il a pris position à côté de moi; (*fig*) il m'a soutenu, il a pris la même position *or* adopté la même attitude que moi; (*fig*) **I admired the firm ~ he took on that point** j'ai admiré la fermeté de son attitude *or* de sa position sur ce point; **I make my ~ upon these principles** je fonde *or* je base mon attitude sur ces principes; (*fig*) **to make *or* take a ~ against sth** prendre position contre qch, s'élever contre qch, s'opposer à qch, résister à qch; (*Mil*) **they turned and made a ~** ils se sont arrêtés et ont résisté; (*Mil*) **the ~ of the Australians at Tobruk** la résistance des Australiens à Tobrouk; **Custer's last ~** la dernière bataille de Custer; *V* **hand, one** *etc*.
(b) (*taxi*) **~** station *f* (de taxis).
(c) (*structure*) (*for plant, bust etc*) guéridon *m*; (*lamp~*) support *m* *or* pied *m* (de lampe); (*hat~*) porte-chapeaux *m inv*; (*coat~*) portemanteau *m*; (*music ~*) pupitre *m* à musique; (*Comm: for displaying goods*) étal *m*, étalage *m*; (*newspaper ~*) kiosque *m* à journaux; (*market stall*) éventaire *m*, étal *m*; (*at exhibition, trade fair*) stand *m*; (*at fair*) baraque *f*; (*US: witness ~*) barre *f*; (*band~*) kiosque (à musique); (*Sport; also along procession route etc*) tribune *f*. (*Sport*) **I've got a ticket for the ~(s)** j'ai un billet de tribune(s), j'ai une tribune; (*esp US*) **to take the ~** venir à la barre; *V* **grand, hall, wash** *etc*.
(d) (*Agr*) [*wheat etc*] récolte *f* sur pied; [*trees*] bouquet *m*, groupe *m*.
(e) = **standstill**.
2 *cpd*: (*Comput*) **stand-alone (computer) system** système *m* (informatique) autonome *or* indépendánt; **stand-by** *V* **stand-by**; **stand-in** remplaçant(e) *m(f)*, vacataire *mf*; (*Cine*) doublure *f*; **stand-offish** *V* **stand-offish**; (*US: esp Pol*) **standpat*** immobiliste *m*; **standpipe** colonne *f* d'alimentation; (*lit, fig*) **standpoint** point *m* de vue; **standstill** *V* **standstill**; (*Mil*) **stand-to** alerte *f*; **stand-up** *V* **stand-up**.
3 *vt* (a) (*place*) *object* mettre, poser (*on* sur). **he stood the child on the chair** il a mis l'enfant debout sur la chaise; **to ~ sth (up) against a wall** dresser *or* mettre *or* placer qch contre le mur; **to ~ sth on its end** faire tenir qch debout.
(b) (*tolerate*) *heat, pain* supporter; *insolence, attitude* supporter, tolérer. **I can't ~ it any longer** (*pain etc*) je ne peux plus le supporter; (*boredom etc*) j'en ai assez, j'en ai plein le dos*, j'en ai par-dessus la tête*; **I can't ~ (the sight of) her** je ne peux pas la supporter *or* la sentir* *or* la voir*, je la trouve insupportable; **she can't ~ being laughed at** elle ne supporte pas *or* ne tolère pas qu'on se moque (*subj*) d'elle; **I can't ~ gin/Debussy/wet weather** je déteste le gin/Debussy/la pluie.
(c) (*withstand*) *pressure, heat* supporter, résister à. **to ~ the strain** [*rope/beam etc*] supporter la tension/le poids *etc*; [*person*] supporter la tension, tenir le coup*; **she stood the journey quite well** elle a bien supporté le voyage; **these cheap shoes won't ~ much wear** ces chaussures bon marché ne vont pas faire beaucoup d'usage; **it won't ~ close examination** cela ne résiste pas à un examen serré; **it won't ~ much more rubbing like that** cela ne résistera pas longtemps si on continue à le frotter comme ça; **the town stood constant bombardment for 2 days** la ville a résisté 2 jours à un bombardement continuel; *V* **test**.
(d) (*pay for*) payer, offrir. **to ~ sb a meal** payer à déjeuner (*or* dîner) à qn; **to ~ sb a drink** payer à boire à qn; **I'll ~ you an ice cream** je te paie *or* je t'offre une glace; **he stood the next round of drinks** il a payé *or* offert la tournée suivante; **to ~ the cost of sth** payer le coût de qch; *V* **treat**.
(e) (*phrases*) **to ~ a chance** avoir une bonne chance (*of doing* de faire); **to ~ no chance** ne pas avoir la moindre chance (*of doing* de faire); **to ~ one's ground** (*lit*) tenir bon, ne pas reculer; (*fig*) tenir bon *or* ferme, ne pas lâcher pied; **to ~ (one's) trial** passer en jugement (*for sth* pour qch, *for doing* pour avoir fait).
4 *vi* (a) (*be upright; also ~ up*) [*person, animal*] être *or* se tenir debout; [*pole, table etc*] être debout. **the child has learnt to ~** l'enfant sait se tenir debout maintenant; **he is too weak to ~** il est trop faible pour se tenir debout *or* se tenir sur ses jambes; **we had to ~ as far as Calais** nous avons dû rester *or* voyager debout jusqu'à Calais; **you must ~ (up)** *or* **stay ~ing (up) till the music stops** vous devez rester debout jusqu'à ce que la musique s'arrête (*subj*); **to ~ erect** (*stay upright*) rester debout; (*straighten up*) se redresser; **~ up straight!** tiens-toi droit(e)!; (*fig*) **to ~ on one's own (two) feet** voler de ses propres ailes, se débrouiller tout seul; **he ~s over 6 feet in his socks** il mesure *or* fait plus de 1 mètre 80 sans chaussures; **the tree ~s 30 metres high** l'arbre mesure *or* fait 30 mètres (de haut); **the chair won't ~ (up) properly** cette chaise ne tient pas bien debout, cette chaise est bancale; **the post must ~ upright** le pieu doit être *or* rester droit; **the house is still ~ing** la maison est encore debout *or* existe toujours *or* est toujours là; **not much still ~s of the walls** il ne reste plus grand-chose des murs; **they didn't leave a stone ~ing of the old town** ils n'ont rien laissé debout dans la vieille ville; *V* **attention, easy, hair** *etc*.
(b) (*rise: also ~ up*) se lever, se mettre debout. **all ~!** tout le

monde debout!; (*more frm*) levez-vous s'il vous plaît!; (*fig*) **to ~ (up) and be counted** déclarer ouvertement sa position.
(c) (*~ still*) rester (debout), être (debout). **we stood talking for an hour** nous sommes restés là à parler pendant une heure; **he stood in the doorway** il se tenait dans l'embrasure de la porte; **don't ~ there, do something!** ne reste pas là à ne rien faire!; **I left him ~ing on the bridge** je l'ai laissé sur le pont; (*fig*) **he left the others ~ing** il dépassait les autres d'une tête (*fig*); **the man ~ing over there** cet homme là-bas; **~ over there till I'm ready** mets-toi *or* reste là-bas jusqu'à ce que je sois prêt; **he stood there ready to shoot** il était là prêt à tirer; **they stood patiently in the rain** ils attendaient patiemment sous la pluie; **they stood in a circle around the grave** ils se tenaient en cercle autour de la tombe; (*esp US*) **to ~ in line** faire la queue; **the car stood abandoned by the roadside** la voiture était abandonnée au bord de la route; **beads of perspiration stood on his brow** des gouttes de sueur perlaient sur son front; **tears stood in her eyes** elle avait les larmes aux yeux; **~ still!** tenez-vous tranquille!, ne bougez pas!, restez là!; (*fig*) **time seemed to ~ still** le temps semblait s'être arrêté; **~ and deliver!** la bourse ou la vie!; (*lit, fig*) **to ~ fast** *or* **firm** tenir bon *or* ferme, ne pas lâcher pied; (*lit*) **to ~ in sb's way** bloquer *or* barrer le passage à qn; (*fig*) **I won't ~ in your way** je ne vous ferai pas obstacle, je ne vous barrerai pas la route; **nothing now ~s in our way** maintenant la voie est libre; **his age ~s in his way** son âge constitue un sérieux handicap; **to ~ in the way of progress** constituer un obstacle au progrès; **to ~ clear** s'écarter; **you're ~ing on my foot** tu me marches sur le pied; **he stood on the beetle** il a marché sur *or* écrasé le scarabée; (*Aut*) **to ~ on the brakes** appuyer à fond sur *or* écraser la pédale de frein, freiner à mort; (*fig*) **to ~ on ceremony** faire des manières; **to ~ on one's dignity** garder ses distances, faire grand cas de sa dignité; **I won't ~ on my right to do so** je n'insisterai pas sur le fait que j'ai le droit de le faire; **it ~s to reason that ...** il va sans dire que ..., il va de soi que ...; **where do you ~ on this question?** quelle est votre position *or* quel est votre point de vue sur cette question?; **I like to know where I ~** j'aime savoir où j'en suis, j'aime connaître ma situation; **where do you ~ with him?** où en êtes-vous avec lui?, quels sont vos rapports avec lui?; **he ~s alone in this matter** personne ne partage son avis sur cette question; **this ~s alone** c'est unique en son genre; (*fig*) **he ~s (head and shoulders) above all the others** il dépasse tous les autres d'une tête (*fig*).
(d) (*be situated*) [*town, building, tree*] se trouver; [*object, vehicle*] se trouver, être. **the village ~s in the valley** le village se trouve *or* est (situé) dans la vallée; **the house ~s in its own grounds** la maison est entourée d'un parc *or* se dresse au milieu d'un parc; **3 chairs stood against the wall** il y avait 3 chaises contre le mur; **to let sth ~ in the sun** laisser *or* exposer qch au soleil; (*fig*) **nothing ~s between you and success** rien ne s'oppose à votre réussite; **that was all that stood between him and ruin** c'était tout ce qui le séparait de la ruine.
(e) (*be mounted, based*) reposer (*on* sur); (*fig*) [*argument, case*] reposer, être basé (*on* sur). **the lamp ~s on an alabaster base** la lampe a un pied *or* un support d'albâtre.
(f) (*be at the moment; have reached*) **to ~ at** [*thermometer, clock*] indiquer; [*offer, price, bid*] être à, avoir atteint; [*score*] être de; **you must accept the offer as it ~s** il faut que vous acceptiez (*subj*) l'offre telle quelle; **the record ~s unbeaten** le record n'a pas encore été battu; **the record stood at 4 minutes for several years** pendant plusieurs années le record est resté à 4 minutes; **sales ~ at 5% up on last year** les ventes sont pour le moment en hausse de 5% sur l'année dernière; (*Banking*) **to have £500 ~ing to one's account** avoir 500 livres en banque *or* à son compte (bancaire); **the amount ~ing to your account** la somme que vous avez à votre compte (bancaire), votre solde *m* de crédit; **as things ~ at the moment** étant donné l'état actuel des choses, les choses étant ce qu'elles sont en ce moment; **how do things ~ between them?** où en sont-ils?; **how do things ~?** où en sont les choses?
(g) (*remain undisturbed, unchanged*) [*liquid, mixture, dough etc*] reposer; [*tea, coffee*] infuser; [*offer, law, agreement, objection*] rester sans changement, demeurer valable. **let the matter ~ as it is** laissez les choses comme elles sont; **they agreed to let the regulation ~** ils ont décidé de ne rien changer au règlement; **the project will ~ or fall by ...** le succès du projet repose sur ...; **I ~ or fall by this** je me porte personnellement garant de cela.
(h) (*be*) être. **to ~ accused/convicted of murder** être accusé/déclaré coupable de meurtre; **to ~ in fear of sb/sth** craindre *or* redouter qn/qch; **I ~ corrected** je reconnais m'être trompé, je reconnais mon erreur; **to ~ opposed to sth** être opposé à qch, s'opposer à qch; **they were ~ing ready to leave at a moment's notice** ils étaient *or* se tenaient prêts à partir dans la minute; **to ~ well with sb** être bien vu de qn.
(i) (*act as*) remplir la fonction de, être. **to ~ guard over sth** monter la garde près de qch, veiller sur qch; **to ~ godfather to sb** être parrain de qn; **to ~ security for sb** se porter caution pour qn; (*Brit Parl*) **to ~ (as a candidate)** être *or* se porter candidat; **he stood (as candidate) for Gloomville** il a été candidat *or* s'est présenté à Gloomville; **to ~ against sb in an election** se présenter contre qn dans une élection; **to ~ for election** se présenter aux élections, être candidat; (*Brit*) **to ~ for re-election** se représenter; **he stood for the council but wasn't elected** il était candidat au poste de conseiller mais n'a pas été élu, il était candidat dans l'élection du conseil mais a été battu.
(j) (*be likely*) **to ~ to lose** risquer de perdre; **to ~ to win** risquer* de *or* avoir des chances de gagner; **he ~s to make a fortune on it** il pourrait bien faire fortune ainsi.
(k) (*Naut*) **to ~ (out) to sea** (*move*) mettre le cap sur le large; (*stay*) être *or* rester au large.

◆**stand about, stand around** vi rester là, traîner (pej). don't stand about doing nothing! ne reste pas là à ne rien faire!, ne traîne pas sans rien faire!; they were standing about wondering what to do ils restaient là à se demander ce qu'ils pourraient bien faire; they kept us standing about for hours ils nous ont fait attendre debout or fait faire le pied de grue pendant des heures.

◆**stand aside** vi s'écarter, se pousser. he stood aside to let me pass il s'est écarté or poussé or effacé pour me laisser passer; stand aside! poussez-vous!, écartez-vous!; (fig) to stand aside in favour of sb laisser la voie libre à qn, ne pas faire obstacle à qn; he never stands aside if there is work to be done il est toujours prêt à travailler quand il le faut.

◆**stand back** vi (move back) reculer, s'écarter. (fig) you must stand back and get the problem into perspective il faut que vous preniez (subj) du recul pour voir le problème dans son ensemble; the farm stands back from the motorway la ferme est à l'écart or en retrait de l'autoroute.

◆**stand by 1** vi (a) (be onlooker) rester là (à ne rien faire), se tenir là. I could not stand by and see him beaten je ne pouvais rester là à le voir se faire battre sans intervenir; how could you stand by while they attacked him? comment pouviez-vous rester là sans rien faire alors qu'ils l'attaquaient?; he stood by and let me get on with it il s'est contenté d'assister et m'a laissé faire.
   (b) [troops] être en état d'alerte; [person, ship, vehicle] (be ready) être or se tenir prêt; (be at hand) attendre or être sur place. (gen) stand by! attention!; (Aviat) stand by for takeoff paré pour le décollage; (Naut) stand by to drop anchor paré à mouiller l'ancre; stand by for further news tenez-vous prêt à recevoir d'autres nouvelles.
   2 vt fus promise tenir; sb else's decision accepter; one's own decision réaffirmer, s'en tenir à; friend être fidèle à, ne pas abandonner; colleague etc soutenir, défendre. I stand by what I have said je m'en tiens à ce que j'ai dit.
   3 stand-by V stand-by.

◆**stand down** vi (Mil) [troops] être déconsigné (en fin d'alerte); (Jur) [witness] quitter la barre; (fig) (withdraw) [candidate] se désister; (resign) [official, chairman etc] se démettre de ses fonctions, démissionner. he stood down in favour of his brother il s'est désisté en faveur de son frère or pour laisser la voie libre à son frère.

◆**stand for** vt fus (a) (represent) représenter. what does U.N.O. stand for? qu'est-ce que les lettres U.N.O. représentent or veulent dire or signifient?; our party stands for equality of opportunity notre parti est synonyme d'égalité des chances; I dislike all he stands for je déteste tout ce qu'il représente or incarne; V also stand 4i.
   (b) (tolerate) supporter, tolérer. I won't stand for it! je ne le supporterai or tolérerai or permettrai pas!

◆**stand in 1** vi: to stand in for sb remplacer qn; I offered to stand in when he was called away j'ai proposé d'assurer le remplacement or de le remplacer quand il a dû s'absenter.
   2 stand-in n V stand 2.

◆**stand off 1** vi (a) (Naut) mettre le cap sur le large.
   (b) (move away) s'écarter, (fig: keep one's distance) se tenir à l'écart (from de), garder ses distances.
   (c) (reach stalemate) aboutir à une impasse.
   2 vt sep (Brit) workers mettre temporairement au chômage.
   3 stand-off n V stand-off.

◆**stand out** vi (a) (project) [ledge, buttress] avancer (from sur), faire saillie; [vein etc] ressortir, saillir (on sur). to stand out in relief ressortir, être en relief.
   (b) (be conspicuous, clear) ressortir, se détacher, trancher, se découper. to stand out against the sky ressortir or se détacher sur le ciel; the yellow stands out against the dark background le jaune ressort or se détache or tranche sur le fond sombre; his red hair stands out in the crowd ses cheveux roux le font remarquer dans la foule; (fig) his ability stands out son talent ressort or est manifeste; (fig) he stands out above all the rest il surpasse or surclasse tout le monde; (fig) that stands out a mile!* cela saute aux yeux!, cela crève les yeux!
   (c) (remain firm) tenir bon, tenir ferme. how long can you stand out? combien de temps peux-tu tenir or résister?; to stand out for sth revendiquer qch, s'obstiner à demander qch; to stand out against attack résister à; demand s'opposer fermement à.

◆**stand over 1** vi [items for discussion] rester en suspens, être remis à plus tard. let the matter stand over until next week remettons la question à la semaine prochaine.
   2 vt fus person surveiller, être sur or derrière le dos de. I hate people standing over me while I work je déteste avoir quelqu'un sur or derrière le dos quand je travaille; I'll stand over you till you do it je ne te lâcherai pas jusqu'à ce que tu l'aies fait; stop standing over him and let him do it himself arrête de le surveiller et laisse-le faire cela tout seul.

◆**stand to** (Mil) **1** vi se mettre en état d'alerte.
   2 stand-to n V stand 2.

◆**stand up 1** vi (rise) se lever, se mettre debout; (be standing) [person] être debout; [chair, structure] être (encore) debout. she had nothing but the clothes she was standing up in elle ne possédait que les vêtements qu'elle avait sur le dos; the soup was so thick the spoon could stand up in it la soupe était si épaisse qu'on pouvait y faire tenir la cuiller debout; (fig) that argument won't stand up in court cet argument ne sera pas valable en justice, cet argument sera démoli par l'avocat de la partie adverse; (fig) to stand up and be counted avoir le courage de ses opinions; V also stand 4a, 4b.
   2 vt sep (a) (place upright) to stand sth up (on its end) mettre qch debout; to stand sth up against a wall appuyer or mettre qch

contre un mur; he stood the child up on the table il a mis l'enfant debout sur la table.
   (b) (*fig) poser un lapin à*, faire faux bond à. she stood me up twice last week elle m'a fait faux bond deux fois la semaine dernière.
   3 stand-up adj V stand-up.

◆**stand up for** vt fus person défendre, prendre le parti de, prendre fait et cause pour; principle, belief défendre. you must stand up for what you think is right vous devez défendre ce qui vous semble juste; stand up for me if he asks you what you think prenez ma défense or soutenez-moi s'il vous demande votre avis; to stand up for o.s. se défendre.

◆**stand up to** vt fus opponent affronter; (*fig: in argument etc) tenir tête à; heat, cold etc résister à. it won't stand up to that sort of treatment cela ne résistera pas à ce genre de traitement; the report won't stand up to close examination le rapport ne résistera pas or ne supportera pas un examen serré.

standard ['stændəd] **1** n (a) (flag) étendard m; (Naut) pavillon m.
   (b) (norm) norme f; (criterion) critère m; (for weights and measures) étalon m; (for silver) titre m; (fig: intellectual etc) niveau m (voulu). monetary ~ titre de monnaie; the metre is the ~ of length le mètre est l'unité f de longueur; (fig) to be or come up to ~ [person] être à la hauteur, être du niveau voulu; [thing] être de la qualité voulue, être conforme à la norme; I'll never come up to his ~ je n'arriverai jamais à l'égaler; judging by that ~ si l'on en juge selon ce critère; you are applying a double ~ vous appliquez deux mesures; his ~s are high il cherche l'excellence, il ne se contente pas de l'à-peu-près; (morally, artistically) he has set us a high ~ il a établi un modèle difficile à surpasser; the exam sets a high ~ cet examen exige un niveau élevé; the ~ of the exam was low le niveau de l'examen était bas; to be first-year university ~ être du niveau de première année d'université; high/low ~ of living niveau de vie élevé/bas; their ~ of culture leur niveau de culture; to have high moral ~s avoir un sens moral très développé; I couldn't accept their ~s je ne pouvais pas accepter leur échelle de valeurs; V gold etc.
   (c) (support) support m; (for lamp, street light) pied m; (actual streetlight) pylône m d'éclairage; (water/gas pipe) tuyau vertical d'eau/de gaz; (tree, shrub) arbre m de haute tige; V lamp.
   2 adj (a) size, height, procedure ordinaire, normal; metre, kilogram, measure, weight etc étalon inv; (Comm: regular) design, model, size standard inv; rate of interest courant; reference book, work classique, de base; (Ling) pronunciation, usage correct. it is now ~ practice to do so c'est maintenant courant or la norme (de faire ainsi); the practice became ~ in the 1940s cette pratique s'est généralisée or répandue dans les années 40; it's ~ equipment on all their cars c'est monté en série sur toutes leurs voitures; a ~ car une voiture de série; (Rail) ~ gauge écartement normal (V also 3); he's below ~ height for the police il n'a pas la taille requise pour être agent de police; ~ time (Aviat) temps m légale; ~ English (l')anglais correct; ~ French (le) français correct or de l'Académie; it's the ~ work on Greece c'est l'ouvrage de base sur la Grèce; (Statistics) ~ deviation/error écart m/erreur f type; (Jur) ~ clause clause-type f.
   (b) shrub de haute tige. a ~ rose un rosier tige.
   3 cpd: standard bearer porte-étendard m inv; (Rail) standard-gauge d'écartement normal; (Brit) standard lamp lampadaire m.

standardization [ˌstændədaɪˈzeɪʃən] n (V standardize) standardisation f; normalisation f.

standardize ['stændədaɪz] vt (gen) standardiser; product, terminology normaliser. (US Scol) ~d test test de connaissances commun à tous les établissements.

stand-by ['stændbaɪ] **1** n (person) remplaçant(e) m(f); (US Theat: understudy) doublure f; (car/battery/boots) voiture f/pile f/bottes fpl de réserve or de secours. if you are called away you must have a ~ si vous vous absentez, vous devez avoir un(e) remplaçant(e) or quelqu'un qui puisse vous remplacer en cas de besoin; aspirin is useful ~ l'aspirine est toujours bonne à avoir or peut toujours être utile; lemon is a useful ~ if you have no vinegar le citron peut être utilisé à la place du vinaigre le cas échéant; to be on ~ [troops] être sur pied d'intervention; [plane] se tenir prêt à décoller; [doctor] être de garde; (Mil) to be on 24-hour ~ être prêt à intervenir dans les 24 heures; (Mil) to put on ~ mettre sur pied d'intervention.
   2 adj car, battery etc de réserve; generator, plan de secours. (Aviat) a ~ ticket billet m sans garantie; ~ passenger voyageur m, -euse f sans garantie; (Jur, Fin) ~ credit crédit m d'appoint; ~ loan prêt conditionnel.

standee* [stænˈdiː] n (US) (at match etc) spectateur m, -trice f debout; (on bus etc) voyageur m, -euse f debout.

standing ['stændɪŋ] **1** adj (a) (upright) passenger debout inv; statue en pied; corn, hay debout sur pied. (in bus, theatre) ~ room places fpl debout; '~ room only' (seats all taken) 'il n'y a plus de places assises'; (no seats provided) 'places debout seulement'; ~ stone pierre levée or dressée; he got a ~ ovation ils lui ont fait une ovation, ils se sont levés pour l'ovationner or l'applaudir; (Sport) ~ jump saut m à pieds joints; ~ start (Sport) départ m debout; (Aut) départ arrêté.
   (b) (permanent) army, committee, invitation permanent; rule fixe; custom établi, courant; grievance, reproach constant, de longue date. ~ expenses frais généraux; it's a ~ joke that he wears a wig on plaisante constamment à son sujet en prétendant qu'il porte une perruque; it's a ~ joke c'est un sujet de plaisanterie continuel; ~ order (Brit Banking) prélèvement m bancaire; (for goods) commande f permanente; (Mil, Parl) ~ orders règlement m; to place a ~ order for a newspaper passer une commande permanente pour un journal.

2 *n* (a) (*position, importance etc*) *[person]* importance *f*, rang *m*, standing *m*; *[restaurant, business]* réputation *f*, standing; *[newspaper]* importance, réputation, influence *f*. **social** ~ rang *or* position *f* social(e), standing; **professional** ~ rang *or* standing professionnel; **what's his financial** ~? quelle est sa situation financière?; **his** ~ **in** (*public opinion*) polls sa cote de popularité; **what's his** ~? quelle est sa réputation?, que pense-t-on de lui?; **firms of that** ~ des compagnies aussi réputées; **a man of** (high *or* some *or* good) ~ un homme considéré *or* estimé; **he has no** ~ **in this matter** il n'a aucune autorité *or* son opinion ne compte pas *or* il n'a pas voix au chapitre dans cette affaire.

(b) (*duration*) durée *f*. **of 10 years'** ~ *friendship* qui dure depuis 10 ans; *agreement, contract* qui existe depuis 10 ans; *doctor, teacher* qui a 10 ans de métier; **of long** ~ de longue *or* vieille date; **he has 30 years'** ~ **in the firm** il a 30 ans d'ancienneté dans la compagnie, il travaille dans la compagnie depuis 30 ans; *V* **long¹**.

(c) (*US Sport*) **the** ~ le classement.

(d) (*US Aut*) **'no** ~' 'stationnement interdit'.

stand-off ['stændɒf] **1** *n* (a) (*pause: in negotiations etc*) temps *m* d'arrêt.

(b) (*stalemate*) impasse *f*.

(c) (*counterbalancing situation*) contrepartie *f*.

2 *cpd*: (*Rugby*) **stand-off half** demi *m* d'ouverture.

stand-offish [,stænd'ɒfɪʃ] *adj* (*pej*) distant, réservé, froid. **don't be so** ~! ne prends pas ton air supérieur!

stand-offishly [,stænd'ɒfɪʃlɪ] *adv* (*pej*) d'une manière réservée *or* distante, avec froideur.

stand-offishness [,stænd'ɒfɪʃnɪs] *n* (*pej*) froideur *f*, réserve *f*.

standstill ['stændstɪl] *n* arrêt *m*. **to come to a** ~ *[person, car]* s'immobiliser; *[production, discussions]* s'arrêter; **to bring to a** ~ *car* arrêter; *production, discussion* paralyser; **to be at a** ~ *[person, car]* être immobile; *[production, discussion]* être paralysé, être au point mort; **trade is at a** ~ les affaires sont dans le marasme complet.

stand-up ['stændʌp] *adj collar* droit; *meal etc* (pris) debout. ~ **comedian** *or* **comic** comique *m* (qui se produit en solo); **a** ~ **fight** (*fisticuffs*) une bagarre en règle *or* violente; (*argument*) une discussion en règle *or* violente.

stank [stæŋk] *pret of* **stink**.

stannic ['stænɪk] *adj* stannique.

stanza ['stænzə] *n* (*Poetry*) strophe *f*; (*in song*) couplet *m*.

stapes ['steɪpiːz] *n, pl* **stapedes** [stæ'piːdiːz] étrier *m*.

staphylococcus [,stæfɪlə'kɒkəs] *n, pl* **staphylococci** [,stæfɪlə'kɒkaɪ] staphylocoque *m*.

staple¹ ['steɪpl] **1** *adj* (*basic*) *food, crop, industry* principal; *products, foods* de base. ~ **commodity** article *m* de première nécessité; ~ **diet** nourriture *f* de base.

2 *n* (a) (*Econ*) (*chief commodity*) produit *m* or article *m* de base; (*raw material*) matière première.

(b) (*chief item*) (*Comm: held in stock*) produit *m* or article *m* de base; (*gen: of conversation etc*) élément *or* sujet principal; (*in diet etc*) aliment *m* or denrée *f* de base.

(c) (*Tex: fibre*) fibre *f*.

staple² ['steɪpl] **1** *n* (*for papers*) agrafe *f*; (*Tech*) crampon *m*, cavalier *m*. ~ **gun** agrafeuse *f* d'artisan *or* d'atelier. **2** *vt* (*also* ~ **together**) *papers* agrafer; *wood, stones* cramponner. **to** ~ **sth on to sth** agrafer qch à qch.

stapler ['steɪplə'] *n* agrafeuse *f*.

star [stɑː'] **1** *n* (a) (*Astron*) étoile *f*, astre *m*; (*Typ etc: asterisk*) astérisque *m*; (*Scol: for merit*) bon point. **morning/evening** ~ étoile du matin/du soir; (*US*) **the S**~**s and Stripes** la Bannière étoilée; (*US Hist*) **the S**~**s and Bars** le drapeau des États Confédérés; **S**~ **of David** étoile de David; **the** ~ **of Bethlehem** l'étoile de Bethléem (*V also* **2**); **he was born under a lucky** ~ il est né sous une bonne étoile; **you can thank your** (lucky) ~**s*** that ... tu peux remercier le ciel *or* bénir ton étoile de ce que ...; (*fig*) **to see** ~**s*** voir trente-six chandelles; (*horoscope*) **the** ~**s** l'horoscope *m*; **it was written in his** ~**s** that he would do it il était écrit qu'il le ferait; *V* **guiding, pole², shooting** *etc*.

(b) (*Cine, Sport etc: person*) vedette *f*; (*actress*) vedette *f*, star *f*. **the film made him into a** ~ le film en a fait une vedette *or* l'a rendu célèbre; *V* **all, film** *etc*.

2 *cpd*: **3-star hotel** hôtel *m* 3 étoiles; (*Brit*) **2-star petrol** essence *f* ordinaire; (*Brit*) **3-star** *or* **4-star petrol** super* *m*; (*gen*) **four-star** de première qualité; (*US*) **four-star general** général *m* à quatre étoiles; (*fig*) **star-chamber** (*adj*) secret et arbitraire; **star-crossed** maudit par le sort; (*fig*) **stardust** (*n*) la vie en rose; **starfish** étoile *f* de mer; **stargazer** (*astronomer*) astronome *mf*, (*astrologer*) astrologue *mf*; (*fish*) uranoscope *m*; **to be stargazing** regarder les étoiles; (*fig: daydream*) rêvasser, être dans la lune; **stargazing** contemplation *f* des étoiles; (*predictions*) prédictions *fpl* astrologiques; (*fig: dreaming*) rêverie *f*, rêvasserie *f* (*pej*); (*Bot*) **stargrass** herbe étoilée; **by starlight** à la lumière des étoiles; **starlit** *night, sky* étoilé; *countryside, scene* illuminé par les étoiles; (*Bot*) **star-of-Bethlehem** ornithogale *m*, dame-d'onze-heures; (*Cine, Theat*) **star part** premier rôle; (*Cine, Theat*) **a star(ring) role** l'un des principaux rôles; (*US Post*) **star route** liaison postale; (*Mil*) **star shell** fusée éclairante; **star-spangled** parsemé d'étoiles; (*US: flag, anthem*) **the Star-Spangled Banner** la Bannière étoilée; **star-studded** *sky* parsemé d'étoiles; (*fig*) *play, cast* à vedettes; (*Theat, fig*) **the star turn** la vedette; **Star Wars** (*gen, Cine, US Mil**) la guerre des étoiles; (*US Mil**) **the 'Star Wars' plan/program** *etc* le projet/programme *etc* de la guerre des étoiles.

3 *vt* (a) (*decorate with* ~**s**) étoiler. **lawn** ~**red with daisies** pelouse parsemée *or* émaillée (*liter*) de pâquerettes.

(b) (*put asterisk against*) marquer d'un astérisque.

(c) (*Cine, Theat*) avoir pour vedette. **the film** ~**s John Wayne**

John Wayne est la vedette du film; ~**ring Greta Garbo as ...** avec Greta Garbo dans le rôle de ... .

4 *vi* (*Cine, Theat*) être la vedette (*in a film* d'un film); (*fig*) briller. **he** ~**red as Hamlet** c'est lui qui a joué le rôle de Hamlet.

starboard ['stɑːbəd] (*Naut*) **1** *n* tribord *m*. **to** ~ à tribord; **land to** ~! terre par tribord! **2** *adj guns, lights* de tribord. **on the** ~ **beam** par le travers tribord; **on the** ~ **side** à tribord; *V* **watch²**. **3** *vt*: **to** ~ **the helm** mettre la barre à tribord.

starch [stɑːtʃ] **1** *n* (*U*) (*in food*) amidon *m*, fécule *f*; (*for stiffening*) amidon; (*fig: formal manner*) raideur *f*, manières apprêtées *or* empesées. **he was told to cut out all** ~(**es**) on lui a dit de supprimer tous les féculents; (*US fig*) **it took the** ~ **out of him*** cela l'a mis à plat, cela lui a ôté toute son énergie.

2 *cpd*: **starch-reduced** *bread* de régime; *diet* pauvre en féculents.

3 *vt collar* amidonner, empeser.

starchy ['stɑːtʃɪ] *adj food* féculent; (*fig pej*) *person, attitude* guindé, apprêté, raide.

stardom ['stɑːdəm] *n* (*U: Cine, Sport, Theat etc*) célébrité *f*, gloire *f*, vedettariat *m*. **to rise to** ~, **achieve** ~ devenir célèbre *or* une vedette, atteindre la célébrité.

stare [stɛə'] **1** *n* regard *m* (fixe). **cold/curious/vacant** ~ (long) regard froid/curieux/vague.

2 *vi*: **to** ~ **at sb** dévisager qn, fixer qn du regard, regarder qn fixement; **to** ~ **at sth** regarder qch fixement, fixer qch du regard; **to** ~ **at sb/sth in surprise** regarder qn/qch avec surprise *or* d'un air surpris, écarquiller les yeux devant qn/qch; **they all** ~**d in astonishment** ils ont tous regardé d'un air ébahi *or* en écarquillant les yeux; **he** ~**d at me stonily** il m'a regardé d'un air dur; **what are you staring at?** qu'est-ce que tu regardes comme ça?; **it's rude to** ~ il est mal élevé de regarder les gens fixement; **to** ~ **into space** regarder dans le vide *or* dans l'espace, avoir le regard perdu dans le vague.

3 *vt*: **to** ~ **sb in the face** dévisager qn, fixer qn du regard, regarder qn dans le blanc des yeux; **where are my gloves? — here, they're staring you in the face!** où sont mes gants? — ils sont là devant ton nez *or* tu as le nez dessus!; **they're certainly in love, that** ~**s you in the face** ils sont vraiment amoureux, cela crève les yeux; **ruin** ~**d him in the face** il était au bord de la ruine; **the truth** ~**d him in the face** la vérité lui crevait les yeux *or* lui sautait aux yeux.

♦**stare out** *vt sep* faire baisser les yeux à.

staring ['stɛərɪŋ] *adj crowd* curieux; (*fig*) *colour* criard, voyant, gueulard*. **his** ~ **eyes** son regard fixe; (*in surprise*) son regard étonné *or* ébahi; (*in fear*) son regard effrayé; *V* **stark**.

stark [stɑːk] **1** *adj* (a) (*stiff*) raide, rigide; (*bleak*) *countryside* désolé, morne; *cliff etc* à pic *inv*, escarpé; *décor* austère. (*fig*) **the** ~ **truth** la vérité telle qu'elle est.

(b) (*utter*) pur, absolu, complet (*f* -ète). **it is** ~ **folly** c'est de la folie pure.

2 *adv*: ~ (raving *or* staring) mad* complètement fou (*f* folle) *or* dingue* *or* cinglé*; ~ **naked** complètement nu, à poil*.

starkers* ['stɑːkəz] *adj* (*Brit*) nu comme un ver*, à poil*.

starkness ['stɑːknɪs] *n* (*V* **stark 1a**) raideur *f*, rigidité *f*; désolation *f*.

starless ['stɑːlɪs] *adj* sans étoiles.

starlet ['stɑːlɪt] *n* (*Cine*) starlette *f*.

starling ['stɑːlɪŋ] *n* étourneau *m*, sansonnet *m*.

starry ['stɑːrɪ] **1** *adj sky* étoilé, parsemé d'étoiles; *night* étoilé.

2 *cpd*: **starry-eyed** *person* (*idealistic*) idéaliste; (*innocent*) innocent, ingénu; (*from wonder*) éberlué; (*from love*) éperdument amoureux, ébloui; **in starry-eyed wonder** le regard plein d'émerveillement, complètement ébloui.

start [stɑːt] **1** *n* (a) (*beginning*) [*speech, book, film, career etc*] commencement *m*, début *m*; *[negotiations]* ouverture *f*, amorce *f*; (*Sport*) *[race etc]* départ *m*; (*starting line*) (point *m* de) départ. **the** ~ **of the academic year** la rentrée universitaire et scolaire; **that was the** ~ **of all the trouble** c'est là que tous les ennuis ont commencé; **at the** ~ au commencement, au début; **from the** ~ dès le début, dès le commencement; **for a** ~ d'abord, pour commencer; **from** ~ **to finish** du début jusqu'à la fin, de bout en bout, d'un bout à l'autre; **to get off to a good** *or* **brisk** *or* **fast** ~ bien commencer, bien démarrer; **to get a good** ~ **in life** bien débuter dans la vie; **they gave their son a good** ~ **in life** ils ont fait ce qu'il fallait pour que leur fils débute (*subj*) bien dans la vie; **that was a good** ~ **to his career** cela a été un bon début *or* un début prometteur pour sa carrière; **to get off to a bad** *or* **slow** ~ (*lit, fig*) mal démarrer, mal commencer; **it's off to a good/bad** ~ c'est bien/mal parti; **to make a** ~ commencer; **to make an early** ~ commencer de bonne heure; (*in journey*) partir de bonne heure; **to make a fresh** ~ recommencer (à zéro*); (*Sport*) **to be lined up for the** ~ être sur la ligne de départ; (*Sport*) **the whistle blew for the** ~ **of the race** le coup de sifflet a annoncé le départ de la course; (*Sport*) **wait for the** ~ attendez le signal du départ; *V* **false** *etc*.

(b) (*advantage*) (*Sport*) avance *f*; (*fig*) avantage *m*. **will you give me a** ~? est-ce que vous voulez bien me donner une avance?; **to give sb 10 metres'** ~ *or* **a 10-metre** ~ donner 10 mètres d'avance à qn; (*fig*) **that gave him a** ~ **over the others in the class** cela lui a donné un avantage sur les autres élèves de sa classe, cela l'a avantagé par rapport aux autres élèves de sa classe.

(c) (*sudden movement*) sursaut *m*, tressaillement *m*. **to wake with a** ~ se réveiller en sursaut; **to give a** ~ sursauter, tressaillir; **to give sb a** ~ faire sursauter *or* tressaillir qn; **you gave me such a** ~! ce que vous m'avez fait peur!; *V* **fit²**.

2 *cpd*: (*Comm etc*) **start-up costs** frais *mpl* de démarrage; **start-up money** capital *m* initial *or* de lancement.

3 *vt* (a) (*begin*) commencer (*to do, doing* à faire, de faire); se mettre (*to do, doing* à faire); *work* commencer, se mettre à; *task* entreprendre; *song* commencer (à chanter), entonner; *attack* déclencher; *bottle* entamer, déboucher; *book, letter [writer]* commencer (à écrire); *[reader]* commencer (à lire). to ~ a cheque book/a page commencer *or* prendre un nouveau carnet de chèques/une nouvelle page; to ~ a journey partir en voyage; to get ~ed V 3(d); he ~ed the day with a glass of milk il a bu un verre de lait pour bien commencer la journée; to ~ the day right bien commencer la journée, se lever du pied droit; to ~ life as débuter dans la vie comme; that doesn't (even) ~ to compare with ... cela est loin d'être comparable à ..., cela n'a rien de comparable avec ...; it soon ~ed to rain il n'a pas tardé à pleuvoir; I'd ~ed to think you were not coming je commençais à croire que tu ne viendrais pas; to ~ again *or* afresh recommencer (*to do* à faire), recommencer à zéro; don't ~ that again! tu ne vas pas recommencer!; 'it's late' he ~ed 'il est tard' commença-t-il.

(b) (*originate, initiate: often* ~ off, ~ up) *discussion* commencer, ouvrir; *conversation* amorcer, engager; *quarrel, argument, dispute* déclencher, faire naître; *reform, movement, series of events* déclencher; *fashion* lancer; *phenomenon, institution* donner naissance à; *custom, policy* inaugurer; *war* causer; *rumour* donner naissance à, faire naître. to ~ (up) a fire (*in grate etc*) allumer un feu, faire du feu; (*accidentally*) mettre le feu, provoquer un incendie; you'll ~ a fire if you go on doing that! tu vas mettre le feu à la maison *or* tu vas provoquer un incendie si tu fais ça!; she has ~ed a baby* elle est enceinte; *V* family.

(c) (*cause to* ~; *also* ~ up) *engine, vehicle* mettre en marche, démarrer; *clock* mettre en marche; (*also* ~ off) *race* donner le signal du départ. (*fig*) he ~ed the ball rolling by saying ... pour commencer, il a dit ...; he blew the whistle to ~ the runners (off) il a sifflé pour donner le signal du départ; he ~ed the new clerk (off) in the sales department il a d'abord mis *or* affecté le nouvel employé au service des ventes; they ~ed her (off) as a typist d'abord *or* pour commencer ils l'ont employée comme dactylo; to ~ sb (off *or* out) on a career lancer *or* établir qn dans une carrière; if you ~ him (off) on that subject ... si tu le lances sur ce sujet ...; that ~ed him (off) sneezing/remembering *etc* alors il s'est mis à éternuer/à se souvenir *etc*; to get ~ed V 3(d); (*lit, fig*) to ~ a hare faire lever un lièvre.

(d) to get ~ed (*vi*) commencer, démarrer; (*vt*) (*gen*) faire commencer, faire démarrer; *engine, vehicle* mettre en marche, faire démarrer; *clock* mettre en marche; *project* faire démarrer; to get ~ed on (doing) sth commencer (à faire) qch; let's get ~ed! allons-y!, on s'y met!*; to get sb ~ed on (doing) sth faire commencer qch à qn; once I get ~ed I work very quickly une fois lancé je travaille très vite; just to get ~ed, they ... rien que pour mettre l'affaire en route *or* rien que pour démarrer, ils ... .

4 *vi* (a) (*also* ~ off, ~ out) *[person]* commencer, s'y mettre; *[speech, programme, meeting, ceremony]* commencer (with par). let's ~! commençons!, allons-y!, on s'y met!*; we must ~ at once il faut commencer *or* nous y mettre immédiatement; well, to ~ at the beginning eh bien, pour commencer par le commencement; it's ~ing (off) rather well/badly cela s'annonce plutôt bien/mal; to ~ (off) well in life bien débuter dans la vie; to ~ (out *or* up) in business se lancer dans les affaires; just where the hair ~s à la naissance des cheveux; before October ~s avant le début d'octobre; to ~ again *or* afresh recommencer (à zéro*); classes ~ on Monday les cours commencent *or* reprennent lundi; the classes ~ (up) again soon les cours reprennent bientôt, c'est bientôt la rentrée; ~ing from Monday à partir de lundi; to ~ (off) by doing commencer par faire; to ~ with sth commencer *or* débuter par qch; ~ with me! commencez par moi!; to ~ with there were only 3 of them, but later ... (tout) d'abord ils n'étaient que 3, mais plus tard ...; this is false to ~ with pour commencer *or* d'abord c'est faux; we only had 100 francs to ~ with nous n'avions que 100 F pour commencer *or* au début; ~ on a new page prenez une nouvelle page; he ~ed (off) in the sales department/as a clerk il a débuté dans le service des ventes/comme employé; he ~ed (off *or* out) as a Marxist il a commencé par être marxiste, au début *or* au départ il a été marxiste; he ~ed (off) with the intention of writing a thesis au début son intention était d'écrire *or* il avait l'intention d'écrire une thèse; he ~ed (out) to say that ... son intention était de dire que ... .

(b) (*broach*) to ~ on a book *[writer]* commencer (à écrire) un livre; *[reader]* commencer (à lire) un livre; to ~ on a course of study commencer *or* entreprendre un programme d'études; they had ~ed on a new bottle ils avaient débouché *or* entamé une nouvelle bouteille; I ~ed on the job last week (*employment*) j'ai commencé à travailler la semaine dernière; (*task*) je m'y suis mis la semaine dernière.

(c) (*also* ~ up) *[music, noise, guns]* commencer, retentir; *[fire]* commencer, prendre; *[river]* prendre sa source; *[road]* partir (at de); *[political party, movement, custom]* commencer, naître. that's when the trouble ~s c'est alors *or* là que les ennuis commencent; it all ~ed when he refused to pay toute cette histoire a commencé *or* tout a commencé quand il a refusé de payer.

(d) (*leave: also* ~ off, ~ out) *[person]* partir, se mettre en route; *[ship]* partir; *[train]* partir, démarrer, se mettre en marche. to ~ (off *or* out) from London/for Paris/on a journey partir de Londres/pour Paris/en voyage; (*Sport*) 10 horses ~ed and only 3 finished 10 chevaux ont pris le départ mais 3 seulement ont fini la course; he ~ed (off *or* out) along the corridor il s'est engagé dans le couloir; he ~ed (off *or* out) down the street il a commencé à descendre la rue.

(e) (*also* ~ up) *[car, engine, machine]* démarrer, se mettre en route; *[clock]* se mettre à marcher. my car won't ~ ma voiture ne veut pas démarrer*.

(f) (*jump nervously*) *[person]* sursauter, tressaillir; *[animal]* tressaillir, avoir un soubresaut. to ~ to one's feet sauter sur ses pieds, se lever brusquement; he ~ed forward il a fait un mouvement brusque en avant; (*fig*) his eyes were ~ing out of his head les yeux lui sortaient de la tête; tears ~ed to her eyes les larmes lui sont montées aux yeux.

(g) *[timbers]* jouer.

♦**start back** *vi* (a) (*return*) prendre le chemin du retour, repartir.
(b) (*recoil*) *[person, horse etc]* reculer soudainement, faire un bond en arrière.

♦**start in** *vi* s'y mettre, s'y coller*. start in! allez-y!

♦**start off** 1 *vi* V start 4a, 4d.
2 *vt sep* V start 3b, 3c.

♦**start out** *vi* V start 4a, 4d.

♦**start up** 1 *vi* V start 4a, 4c, 4e.
2 *vt sep* V start 3b, 3c.
3 start-up *n* V start 2.

starter ['stɑːtər] *n* (a) (*Sport*) (*official*) starter *m*; ⟨*horse, runner*⟩ partant *m*. (*Sport*) to be under ~'s orders *[runner]* être à ses marques; *[horse]* être sous les ordres du starter; (*fig*) to be a slow ~ être lent au départ *or* à démarrer; (*Scol etc*) the child was a late ~ cet enfant a mis du temps à se développer; (*fig*) it's a non-~* ça ne vaut rien, ça n'a pas l'ombre d'une chance.
(b) (*also* ~ button) (*Aut*) démarreur *m*; (*on machine etc*) bouton *m* de démarrage; (*also* ~ motor) démarreur.
(c) (*Brit: in meal*) hors-d'œuvre *m inv*. for ~s* (*food*) comme hors-d'œuvre; (*fig: for a start*) pour commencer, d'abord.

starting ['stɑːtɪŋ] *adj in cpds*: (*Athletics*) ~ block starting block *m*, bloc *m* de départ; (*Racing*) ~ gate barrière *f*, starting-gate *m*; (*Brit Aut*) ~ handle manivelle *f*; (*Sport*) ~ line ligne *f* de départ; ~ pistol pistolet *m* de starter; ~ point point *m* de départ; (*Sport*) ~ post ligne *f* de départ; ~ price (*St Ex*) prix *m* initial; (*Racing*) cote *f* de départ; ~ salary salaire *m* d'embauche.

startle ['stɑːtl] *vt [sound, sb's arrival]* faire sursauter *or* tressaillir *or* tressauter; *[news, telegram]* alarmer. it ~d him out of his sleep cela l'a réveillé en sursaut; to ~ sb out of his wits donner un (drôle* de) choc à qn; you ~d me! vous m'avez fait peur!

startled ['stɑːtld] *adj animal* effarouché; *person* très surpris, saisi, ahuri; *expression, voice* très surpris.

startling ['stɑːtlɪŋ] *adj* (*surprising*) surprenant, saisissant, ahurissant; (*alarming*) alarmant.

starvation [stɑːˈveɪʃən] 1 *n* (*U*) inanition *f*. they are threatened with ~ ils risquent de mourir d'inanition *or* de faim, la famine les menace.
2 *cpd* rations, wages de famine. to be on a starvation diet (*lit*) être sérieusement *or* dangereusement sous-alimenté; (*fig**) suivre un régime draconien; to be living at starvation level = to be on a starvation diet (*lit*).

starve [stɑːv] 1 *vt* (a) faire souffrir de la faim; (*deliberately*) affamer. to ~ sb to death laisser qn mourir de faim; to ~ o.s. to death se laisser mourir de faim; she ~d herself to feed her children elle s'est privée de nourriture pour donner à manger à ses enfants; you don't have to ~ yourself in order to slim tu peux maigrir sans te laisser mourir de faim; to ~ sb into submission soumettre qn par la faim; (*Mil*) to ~ a town into surrender amener une ville à se rendre par la famine.
(b) (*deprive*) priver (*sb of sth* qn de qch). ~d of affection privé d'affection; engine ~d of petrol moteur *m* à sec.
2 *vi* manquer de nourriture, être affamé. to ~ (to death) mourir de faim; (*deliberately*) se laisser mourir de faim; *V also* starving.

♦**starve out** *vt sep* person, animal obliger à sortir en l'affamant.

starveling ['stɑːvlɪŋ] *n* (*person*) affamé(e) *m(f)*.

starving ['stɑːvɪŋ] *adj* affamé, famélique. (*fig*) I'm ~* je meurs de faim, j'ai une faim de loup.

stash* [stæʃ] 1 *vt* (*also* ~ away) (*hide*) cacher, planquer‡; (*save up, store away*) mettre à gauche*, mettre de côté. he had £500 ~ed away il avait 500 livres (*stored away*) en réserve *or* (*in safe place*) en lieu sûr.
2 *n* (*place*) planque‡ *f*, cachette *f*. a ~ of jewellery/drugs des bijoux cachés/des drogues cachées; a ~ of money un magot, un bas de laine.

stasis ['steɪsɪs] *n* (*Med, Literat*) stase *f*.

state [steɪt] 1 *n* (a) (*condition*) état *m*. ~ of alert/emergency/siege/war état d'alerte/d'urgence/de siège/de guerre; the ~ of the art l'état actuel de la technique *or* des connaissances (*V also* 2); in your ~ of health/mind dans votre état de santé/d'esprit; he was in an odd ~ of mind il était d'une humeur étrange; you're in no ~ to reply vous n'êtes pas en état de répondre; (*in bank*) I'd like to know the ~ of my account j'aimerais connaître la position de mon compte; (*fig*) what's the ~ of play? où en est-on?; in a good/bad ~ of repair bien/mal entretenu; to be in a good/bad ~ *[chair, car, house]* être en bon/mauvais état; *[person, relationship, marriage]* aller bien/mal; you should have seen the ~ the car was in vous auriez dû voir l'état de la voiture; it wasn't in a (fit) ~ to be used c'était hors d'état de servir, c'était inutilisable; he's not in a (fit) ~ to drive il est hors d'état *or* il n'est pas en état de conduire; what a ~ you're in! vous êtes dans un bel état!; he got into a terrible ~ about it* ça l'a mis dans tous ses états; don't get into such a ~!* ne vous affolez pas!; *V* affair, declare *etc*.
(b) (*Pol*) État *m*. the S~ l'État; (*US*) the S~s les États-Unis; (*US*) the S~ of Virginia l'État de Virginie; the affairs of ~ les affaires de l'État; a ~ within a ~ un État dans l'État; *V* evidence, minister, police, secretary *etc*.
(c) (*US: S~ Department*) S~ le Département d'État.
(d) (*rank*) rang *m*. every ~ of life tous les rangs sociaux.
(e) (*U: pomp*) pompe *f*, apparat *m*. the robes of ~ les costumes

mpl d'apparat; **in** ~ en grande pompe, en grand apparat; **to live in** ~ mener grand train; *V* **lie¹** *etc.*

2 *cpd business, documents, secret* d'État; *security, intervention* de l'État; *medicine* étatisé; (*US: often* **S~**) *law, policy, prison, university* de l'État. **state apartments** appartements officiels; **state banquet** banquet *m* de gala; (*US*) **State Capitol** Capitole *m*; (*Brit Med*) **state-certified midwife** sage-femme *f* diplômée d'État; (*Brit*) **state coach** carrosse *m* d'apparat (*de cérémonie officielle*); **state control** contrôle *m* de l'État; **under state control, state-controlled** étatisé; (*U*) **statecraft** habileté *f* politique; (*US*) **State Department** Département *m* d'État, ≃ ministère *m* des Affaires étrangères; (*Brit*) **state education** enseignement public; (*Brit*) **state-enrolled nurse** infirmier *m*, -ière *f* auxiliaire, aide-soignante *mf*; **state funeral** funérailles *fpl* nationales; (*US*) **statehouse** siège *m* de la législature d'un État; (*US Jur*) **State legislature** législature *f* de l'État; (*US*) **the State line** la frontière entre les États; (*Brit Scol*) **state-maintained** public; (*US*) **state militia** milice *f* (*formée de volontaires d'un État*); (*fig: up-to-date*) **state-of-the-art** (*adj*) *computer, video* dernier cri; (*fig*) **it's state-of-the-art*** c'est ce qui se fait de mieux, c'est le dernier cri; (*US Pol*) **State of the Union Address** Discours *m* sur l'état de l'Union; **state-owned** étatisé; (*US*) **the State police** la police de l'État; **Michigan State police** la police de l'État du Michigan; (*Brit*) **state-registered nurse** infirmier *m*, -ière *f* diplômé(e) d'État; (*US Pol*) **State Representative** membre *m* de la Chambre des Représentants d'un État; **stateroom** *[palace]* grande salle de réception; *[ship, train]* cabine *f* de luxe; (*US*) **State's attorney** procureur *m*; (*Brit*) **state school** école publique; (*Econ etc*) **state sector** secteur *m* public; (*US Pol*) **State Senator** membre *m* du Sénat d'un État; (*US*) **stateside*** aux États-Unis, ≃ chez nous; **statesman** *V* **statesman**; (*Pol Econ*) **state socialism** socialisme *m* d'État; (*US*) **State('s) rights** droits particuliers de l'État; **state-subsidised** subventionné par l'État; (*Econ*) **state-trading countries** pays *mpl* à commerce d'État; (*US*) **state trooper** gendarme *m*; (*US*) **State university** Université *f* de l'État; **to go on** *or* **make a state visit to a country** se rendre en visite officielle *or* faire un voyage officiel dans un pays; (*US*) **state-wide** (*adj, adv*) d'un bout à l'autre de l'État.

3 *vt* déclarer, affirmer (*that* que); *one's views, the facts* exposer, donner, formuler; *time, place* fixer, spécifier; *conditions* poser, formuler; *theory, restrictions* formuler; *problem* énoncer, poser. **I also wish to** ~ **that** ... je voudrais ajouter que ...; **it is** ~**d in the records that** ... il est écrit *or* mentionné dans les archives que ...; **I have seen it** ~**d that** ... j'ai lu quelque part que ...; **as** ~**d above** ainsi qu'il est dit plus haut; ~ **your name and address** déclinez vos nom, prénoms et adresse; (*written*) inscrivez vos nom, prénoms et adresse; **cheques must** ~ **the sum clearly** les chèques doivent indiquer la somme clairement; **he was asked to** ~ **his case** on lui a demandé de présenter ses arguments; (*Jur*) **to** ~ **the case for the prosecution** présenter le dossier de l'accusation.

stated ['steɪtɪd] *adj date, sum* fixé; *interval, limit* prescrit. **on** ~ **days** à jours fixes; **at the** ~ **time, at the time** ~ à l'heure dite.

statehood ['steɪthʊd] *n* (*U*) **to achieve** ~ devenir un État.

stateless ['steɪtlɪs] *adj* apatride. ~ **person** apatride *mf*.

stateliness ['steɪtlɪnɪs] *n* majesté *f*, caractère imposant.

stately ['steɪtlɪ] *adj* majestueux, imposant. (*Brit*) ~ **home** château *m* (*de l'aristocratie*).

statement ['steɪtmənt] *n* (**a**) (*U*) *[one's views, the facts]* exposition *f*, formulation *f*; *[time, place]* spécification *f*; *[theory, restrictions, conditions]* formulation; *[problem]* énonciation *f*.

(**b**) (*written, verbal*) déclaration *f*; (*Jur*) déposition *f*. **official** ~ communiqué officiel; **to make a** ~ (*gen, Press*) faire une déclaration; (*Jur*) faire une déposition, déposer; (*Jur*) ~ **of grounds** exposé *m* des motifs.

(**c**) (*Fin: of accounts etc: bill*) relevé *m*; (*Comm: bill*) facture *f*; (*also* **bank** ~) relevé de compte.

(**d**) (*Ling*) assertion *f*.

statesman ['steɪtsmən] *n, pl* **statesmen** homme *m* d'État. (*fig*) **he is a real** ~ il est extrêmement diplomate; *V* **elder¹**.

statesmanlike ['steɪtsmənlaɪk] *adj* diplomatique.

statesmanship ['steɪtsmənʃɪp] *n* (*U*) habileté *f* politique, diplomatie *f*.

statesmen ['steɪtsmən] *npl of* **statesman**.

static ['stætɪk] **1** *adj* (*gen*) statique.

2 *n* (*U*) (**a**) ~**s** statique *f*.

(**b**) (*Elec, Rad, TV etc*) parasites *mpl*; (*fig: criticism etc*) savon* *m*, engueulade* *f*. (*US*) **he gave me a lot of** ~ **about** il m'a drôlement engueulé à propos de.

station ['steɪʃən] **1** *n* (**a**) (*place*) poste *m*, station *f*; (*fire* ~) caserne *f* de pompiers; (*lifeboat* ~) centre *m* *or* poste (de secours en mer); (*Mil*) poste (militaire); (*Police*) poste *or* commissariat *m* (de police), gendarmerie *f*; (*Elec: power* ~) centrale *f* (électrique); (*Rad*) station de radio, poste émetteur; (*Australia: sheep/cattle ranch*) élevage *m* (de moutons/de bétail), ranch *m*. **naval** ~ station navale; (*Rad*) **foreign** ~**s** stations étrangères; (*Telec*) **calling all** ~**s** appel à tous les émetteurs; (*Rel*) **the S~s of the Cross** les Stations *fpl* de la Croix, le Chemin de (la) Croix; *V* **frontier, petrol, pump¹, service** *etc*.

(**b**) (*Rail*) gare *f*; *[underground]* station *f*. **bus** *or* **coach** ~ gare routière; **the train came into the** ~ le train est entré en gare; (*in underground*) la rame est entrée dans la station; *V* **change** *etc.*

(**c**) (*position*) poste *m* (*also Mil*), place *f*, position *f*. **to take up one's** ~ prendre position, se placer; **from my** ~ **by the window at the window où** je m'étais posté *or* où je me trouvais.

(**d**) (*rank*) condition *f*, rang *m*. **one's** ~ **in life** son rang *or* sa situation social(e), sa place dans la société; **to get ideas above one's** ~ avoir des idées de grandeur; **to marry beneath one's** ~† faire une mésalliance.

(**e**) (*US Telec*) poste *m*. **give me** ~ **101** je voudrais le poste 101.

2 *cpd* (*Rail*) *staff, bookstall etc* de (la) gare. (*US Rad*) **to take a station break** tourner quelques pages de publicité; (*Rail*) **station master** chef *m* de gare; (*Brit Police*) **station officer** responsable *mf* d'un poste de police; (*US Aut*) **station wag(g)on** break *m*, station-wagon *f*.

3 *vt people* placer, mettre, poster; *look-out, troops, ship* poster; *tanks, guns* placer, installer, mettre. **to** ~ **o.s.** se placer, se poster; **to be** ~**ed at** *[troops, regiment]* être en *or* tenir garnison à; *[ships, sailors]* être en station à.

stationary ['steɪʃənərɪ] *adj* (*motionless*) *person, ship, vehicle etc* stationnaire, immobile; (*fixed*) *crane etc* fixe.

stationer ['steɪʃənər] *n* papetier *m*, -ière *f*. ~**'s (shop)** papeterie *f*.

stationery ['steɪʃənərɪ] *n* (*U*) papeterie *f*, papier *m* et petits articles de bureau; (*writing paper*) papier à lettres. **2** *cpd*: (*Brit*) **His (or Her) Majesty's Stationery Office** ≃ l'Imprimerie nationale (*fournit aussi de la papeterie à l'administration et publie une gamme étendue d'ouvrages et de brochures didactiques*).

statistic [stə'tɪstɪk] **1** *n* (*U*) (*gen pl*) ~**s** statistiques *fpl*, chiffres *mpl*; (*hum: woman's*) mensurations *fpl*; **a set of** ~**s** une statistique; **these** ~**s are not reliable** on ne peut pas se fier à ces chiffres *or* à ces statistiques; ~**s suggest that** ... la statistique *or* les statistiques suggère(nt) que ...; *V* **vital**.

(**b**) (*U: subject*) ~**s** statistique *f*.

2 *adj* = **statistical**.

statistical [stə'tɪstɪkəl] *adj error* de statistique(s); *probability, table* statistique; *expert* en statistique(s).

statistically [stə'tɪstɪkəlɪ] *adv* statistiquement.

statistician [,stætɪs'tɪʃən] *n* statisticien(ne) *m(f)*.

stative ['staɪtɪv] *adj* (*Ling*) ~ **verb** verbe *m* d'état.

stator ['steɪtər] *n* stator *m*.

statuary ['stætjʊərɪ] **1** *adj* statuaire. **2** *n* (*art*) statuaire *f*; (*statues collectively*) statues *fpl*.

statue ['stætjuː] *n* statue *f*. **the S~ of Liberty** la Statue de la Liberté.

statuesque [,stætjʊ'esk] *adj* sculptural.

statuette [,stætjʊ'et] *n* statuette *f*.

stature ['stætʃər] *n* stature *f*, taille *f*; (*fig*) calibre *m*, importance *f*, envergure *f*. **of short** ~ court de stature *or* de taille; **he is a writer of some** ~ c'est un écrivain d'une certaine envergure *or* d'un certain calibre; **his** ~ **as a painter increased when** ... il a pris de l'envergure *or* de l'importance en tant que peintre quand ...; **moral/intellectual** ~ envergure sur le plan moral/intellectuel.

status ['steɪtəs] **1** *n* (*U*) (**a**) (*economic etc position*) situation *f*, position *f*; (*Admin, Jur*) statut *m*. **social** ~ standing *m*; **civil** ~ état civil; **what is his (official)** ~? quel est son titre officiel?, quelle est sa position officielle?; **the economic** ~ **of the country** la situation *or* position économique du pays; **the financial** ~ **of the company** l'état financier de la compagnie; **the** ~ **of the black population** la condition sociale *or* (*Admin*) le statut de la population noire; **his** ~ **as an assistant director** son standing de directeur-adjoint.

(**b**) (*prestige*) *[person]* prestige *m*, standing *m*; *[job, post]* prestige. **it is the** ~ **more than the salary that appeals to him** c'est le prestige plus que le salaire qui a de l'attrait pour lui; **he hasn't got enough** ~ **for the job** il ne fait pas le poids* pour le poste.

2 *cpd*: (*Mil etc*) **to make a status report on** faire le point sur; **status symbol** marque *f* de standing, signe extérieur de richesse.

status quo ['steɪtəs'kwəʊ] *n* statu quo *m*.

statute ['stætjuːt] **1** *n* (*Jur etc*) loi *f*. **by** ~ selon la loi; (*US Jur*) **the** ~ **of limitations is seven years** au bout de sept ans il y a prescription. **2** *cpd*: **statute book** ≃ code *m*; **to be on the statute book** figurer dans les textes de loi, ≃ être dans le code; **statute law** droit écrit.

statutory ['stætjʊtərɪ] *adj duty, right, control* statutaire; *holiday* légal; *offence* prévu *or* défini par un article de loi. ~ **body** organisme *m* de droit public; (*US Jur*) ~ **change** modification *f* législative; ~ **corporation** société *f* d'État; **to have** ~ **effect** faire force de loi; (*US Jur*) ~ **rape** détournement *m* de mineurs; (*fig: token: in company, on committee etc*) **the** ~*** woman/Black etc** la femme/le Noir de rigueur.

staunch¹ [stɔːntʃ] *vt flow* contenir, arrêter; *blood* étancher; *wound* étancher le sang de.

staunch² [stɔːntʃ] *adj support, assistance* sûr, loyal, dévoué; *friend, ally* à toute épreuve.

staunchly ['stɔːntʃlɪ] *adv* avec dévouement, loyalement.

staunchness ['stɔːntʃnɪs] *n* dévouement *m*, loyauté *f*.

stave [steɪv] (*vb: pret, ptp* **stove** *or* **staved**) *n [barrel etc]* douve *f*; (*Mus*) portée *f*; (*Poetry*) stance *f*, strophe *f*.

♦**stave in** *vt sep* défoncer, enfoncer.

♦**stave off** *vt sep danger* écarter, conjurer; *threat* dissiper, conjurer; *ruin, disaster, defeat* éviter, conjurer; *hunger* tromper; *attack* parer. **in an attempt to stave off the time when** ... en essayant de retarder le moment où ....

staves [steɪvz] *npl of* **staff 1b, 1c** *and* **stave**.

stay¹ [steɪ] **1** *n* (**a**) séjour *m*. **he is in Rome for a short** ~ il est à Rome pour une courte visite *or* un bref séjour; **a** ~ **in hospital** un séjour à l'hôpital; **will it be a long** ~? est-ce qu'il restera (*or* vous resterez *etc*) longtemps?

(**b**) (*Jur*) suspension *f*. ~ **of execution** sursis *m* à l'exécution (d'un jugement); **to put a** ~ **on proceedings** surseoir aux poursuites.

2 *cpd*: **stay-at-home** casanier *m*, -ière *f*, pantouflard(e)* *m(f)*; **staying power** résistance *f*, endurance *f*; **he hasn't a lot of staying power** il se décourage facilement.

3 *vt* (**a**) (*check*) arrêter; *disease, epidemic* enrayer; *hunger* tromper; (*delay*) retarder; (*Jur*) *judgment* surseoir à, différer; *proceedings* suspendre; *decision* ajourner, remettre. **to ~ one's hand** se retenir.

   (**b**) (*last out*) *race* terminer, aller jusqu'au bout de; *distance* tenir. **to ~ the course** (*Sport*) aller jusqu'au bout; (*fig*) tenir bon, tenir le coup*.

   4 *vi* (**a**) (*remain*) rester; demeurer. **~ there!** restez là!; **here I am and here I ~** j'y suis j'y reste; **to ~ still, to ~ put*** ne pas bouger; **to ~ for** *or* **to dinner** rester (à) dîner; **to ~ faithful** rester *or* demeurer fidèle; (*Rad*) **~ tuned!** restez à l'écoute, ne quittez pas l'écoute; **to ~ ahead of the others** garder son avance sur les autres; **it is here to ~** c'est bien établi; **he is here to ~** il est là pour de bon; **things can't be allowed to ~ that way** on ne peut pas laisser les choses comme ça; **if the weather ~s fine** si le temps se maintient (au beau); **he ~ed (for) the whole week** il est resté toute la semaine; **he ~ed a year in Paris** il est resté un an à Paris, il a séjourné un an à Paris; *[customers, employees]* **to ~ with a company** rester fidèle à une compagnie.

   (**b**) (*on visit*) **has she come to ~?** est-ce qu'elle est venue avec l'intention de rester?; **she came to ~** elle est venue passer quelques semaines; **I'm ~ing with my aunt** je loge chez ma tante; **to ~ in a hotel** descendre à l'hôtel; **where do you ~ when you go to London?** où logez-vous quand vous allez à Londres?; **he was ~ing in Paris when he fell ill** il séjournait à Paris quand il est tombé malade.

   (**c**) (*Scot: live permanently*) habiter.

   (**d**) (*persevere*) tenir. **to ~ to the finish** tenir jusqu'à la ligne d'arrivée; **to ~ with a scheme*** ne pas abandonner un projet; **~ with it!*** tenez bon!

   (**e**) (*liter: pause*) s'arrêter.

◆**stay away** *vi:* **he stayed away for 3 years** il n'est pas rentré avant 3 ans; **he stayed away from the meeting** il n'est pas allé (*or* venu) *or* il s'est abstenu d'aller à la réunion; **to stay away from school** ne pas aller à l'école, manquer l'école.

◆**stay behind** *vi* rester en arrière *or* à la fin. **you'll stay behind after school!** tu resteras après la classe!

◆**stay down** *vi* (**a**) rester en bas; (*bending*) rester baissé; (*lying down*) rester couché; (*under water*) rester sous l'eau; (*fig Scol*) redoubler.

   (**b**) *[food etc]* **nothing he eats will stay down** il n'assimile rien *or* il ne garde rien de ce qu'il mange.

◆**stay in** *vi* (**a**) *[person]* (*at home*) rester à la maison, ne pas sortir; (*Scol*) être en retenue.

   (**b**) *[nail, screw, tooth filling]* tenir.

◆**stay out** *vi* (**a**) *[person]* (*away from home*) ne pas rentrer; (*outside*) rester dehors. **get out and stay out!** sortez et ne revenez pas!; **he always stays out late on Fridays** il rentre toujours tard le vendredi; **he stayed out all night** il n'est pas rentré de la nuit; **don't stay out after 9 o'clock** rentrez avant 9 heures.

   (**b**) (*Ind: on strike*) rester en grève.

   (**c**) (*fig*) **to stay out of** *argument* ne pas se mêler de; *prison* éviter; **to stay out of trouble** se tenir tranquille; **you stay out of this!** mêlez-vous de vos (propres) affaires!

◆**stay over** *vi* s'arrêter (*or* plusieurs jour(s)), faire une halte. **can you stay over till Thursday?** est-ce que vous pouvez rester jusqu'à jeudi?

◆**stay up** *vi* (**a**) *[person]* rester debout, ne pas se coucher. **don't stay up for me** ne m'attendez pas pour aller vous coucher; **you can stay up to watch the programme** vous pouvez voir l'émission avant de vous coucher; **we always stay up late on Saturdays** nous veillons *or* nous nous couchons toujours tard le samedi.

   (**b**) (*not fall*) *[trousers, fence etc]* tenir.

stay² [ster] **1** *n* (**a**) (*for pole, flagstaff etc: also Naut*) étai *m*, hauban *m*; (*for wall*) étai, étançon *m*; (*fig*) soutien *m*, support *m*. (**b**) (†: *corsets*) ~s corset *m*. **2** *vt* (*also* **~ up**) haubaner (*also Naut*); étayer.

stayer [ˈsteɪər] *n* (*horse*) stayer *m*, cheval *m* qui a du fond; (*runner*) coureur *m* qui a du fond *or* de la résistance physique. **he's a ~** (*Sport*) il a du fond, il est capable d'un effort prolongé; (*fig*) il n'abandonne pas facilement, il va jusqu'au bout de ce qu'il entreprend.

STD [estiːˈdiː] (*Brit Telec: abbr of* **subscriber trunk dialling**) automatique *m*. **to phone ~** téléphoner par l'automatique; **~ code** indicatif *m* de zone.

stead [sted] *n:* **in my/his** *etc* **~** à ma/sa *etc* place; **to stand sb in good ~** rendre grand service à qn, être très utile à qn.

steadfast [ˈstedfast] *adj person* (*unshakeable*) ferme, résolu, inébranlable; (*constant*) constant, loyal; *intention, desire* ferme; *gaze* ferme, résolu. **~ in adversity/danger** inébranlable au milieu des infortunes/du danger; **~ in love** constant en amour.

steadfastly [ˈstedfəstlɪ] *adv* fermement, résolument.

steadfastness [ˈstedfəstnɪs] *n* fermeté *f*, résolution *f* (*liter*). **~ of purpose** ténacité *f*.

steadily [ˈstedɪlɪ] *adv* (**a**) (*firmly*) *walk* d'un pas ferme; *hold, grasp* d'une main ferme; *gaze, look* longuement, sans détourner les yeux; *stay, reply, insist* fermement, avec fermeté. **to stand ~** *[person]* se tenir bien droit sur ses jambes; *[chair]* être stable.

   (**b**) (*constantly, regularly*) *improve, decrease, rise* progressivement, régulièrement; *rain, work, sob, continue* sans arrêt, sans interruption. **the engine ran ~** le moteur marchait sans à-coups.

steadiness [ˈstedɪnɪs] *n* (**a**) (*firmness:* V **steady 1a**) stabilité *f*; solidité *f*; fermeté *f*, sûreté *f*; caractère sérieux.

   (**b**) (*regularity etc:* V **steady 1b**) constance *f*; uniformité *f*, régularité *f*; stabilité *f*.

steady [ˈstedɪ] **1** *adj* (**a**) (*firm*) *chair, table, pole* stable, solide; *boat* stable; *hand* ferme, sûr; *gaze* franc (*f* franche); *nerves* solide; *person* sérieux. **to hold** *or* **keep ~** *wobbling object* assujettir; *table etc* (*with hand*) maintenir, (*with wedge*) caler (*V also* **1b**); **he isn't very**

~ (on his feet) il n'est pas très solide sur ses jambes; **the car is not very ~ on corners** la voiture ne tient pas très bien la route dans les tournants; **he plays a very ~ game** il a un jeu très régulier, il n'y a pas de surprise avec lui; **~ (on)!*** doucement!, du calme!; (*Naut*) **~ as she goes!, keep her ~!** comme ça droit!; *V* **ready**.

   (**b**) (*regular, uninterrupted*) *temperature, purpose, wind* constant; *improvement, decrease* uniforme, constant; *pace, speed, progress* régulier, constant; *job, prices, sales, market* stable; *demand* régulier, constant. **he's got a ~ income** il a un revenu (mensuel) régulier; **to hold** *or* **keep sth ~** *temperature, prices, demand* stabiliser sth; **we were doing a ~ 60 km/h** nous roulions à une vitesse régulière *or* constante de 60 km/h; **there was a ~ downpour for 3 hours** il n'a pas cessé de pleuvoir pendant 3 heures; **a ~ boyfriend** un petit ami; **a ~ girlfriend** une petite amie.

   2 *adv* (*) **to go ~ with sb** sortir avec qn, fréquenter qn; **they've been going ~ for 6 months** ils sortent ensemble depuis 6 mois.

   3 *cpd:* (*Phys*) **steady-state theory** théorie *f* de la création continue.

   4 *n* (‡) petit(e) ami(e) *m(f)*.

   5 *vt wobbling object* assujettir; *chair, table* (*with hand*) maintenir, (*wedge*) caler; *nervous person, horse* calmer. **to ~ o.s.** reprendre son aplomb (*also fig*), se retenir de tomber; **to ~ one's nerves** se calmer (les nerfs); **to have a ~ing effect on sb** (*make less nervous*) calmer qn; (*make less wild*) assagir qn, mettre du plomb dans la cervelle de qn*.

   6 *vi* (*also* **~ up**) (*regain balance*) reprendre son aplomb; (*grow less nervous*) se calmer; (*grow less wild*) se ranger, s'assagir; *[prices, market]* se stabiliser.

steak [steɪk] **1** *n* (*beef*) bifteck *m*, steak *m*; (*of other meat*) tranche *f*; (*of fish*) tranche, darne *f*. **frying ~** bifteck; **stewing ~** bœuf *m* à braiser; *V* **fillet, rump** etc.

   2 *cpd:* **steak and kidney pie/pudding** tourte *f*/pudding *m* à la viande de bœuf et aux rognons; **steakhouse** ≃ grill-room *m*; **steak knife** couteau *m* à viande *or* à steak.

steal [stiːl] *pret* **stole**, *ptp* **stolen 1** *vt object, property* voler, dérober (*liter*) (*from sb* à qn); (*fig*) *kiss* voler (*from sb* à qn). **he stole a book from the library** il a volé un livre à la bibliothèque; **he stole money from the till/drawer** etc il a volé de l'argent dans la caisse/dans le tiroir etc; **to ~ the credit for sth** s'attribuer tout le mérite de qch; **to ~ a glance at** jeter un coup d'œil furtif à, lancer un regard furtif à; **to ~ a march on sb*** gagner *or* prendre qn de vitesse; (*Theat, also fig*) **to ~ the show from sb** ravir la vedette à qn; (*fig*) **he stole the show** il n'y en a eu que pour lui, on n'a eu d'yeux que pour lui; **to ~ sb's thunder** éclipser qn en lui coupant l'herbe sous le pied.

   2 *vi* (**a**) voler. (*Bible*) **thou shalt not ~** tu ne voleras point.

   (**b**) (*move silently*) **to ~ up/down/out** etc monter/descendre/ sortir etc à pas furtifs *or* feutrés *or* de loup; **he stole into the room** il s'est glissé *or* faufilé dans la pièce; (*fig*) **a smile stole across her lips** un sourire erra sur ses lèvres; **a tear stole down her cheek** une larme furtive glissa sur sa joue; **the light was ~ing through the shutters** la lumière filtrait à travers les volets.

   3 *n* (*US: theft*) vol *m*. (*fig: bargain*) **it's a ~*** c'est une bonne affaire.

◆**steal away 1** *vi* s'esquiver.

   2 *vt sep child etc* emmener, enlever (*from sb* à qn); *sb's husband* voler, prendre (*from sb* à qn); *sb's affections* détourner.

stealing [ˈstiːlɪŋ] *n* (*U*) vol *m*. **~ is wrong** c'est mal de voler.

stealth [stelθ] *n:* **by ~** furtivement, à la dérobée.

stealthily [ˈstelθɪlɪ] *adv remove, exchange* furtivement, à la dérobée; *walk, enter, leave* furtivement, à pas furtifs *or* feutrés *or* de loup.

stealthiness [ˈstelθɪnɪs] *n* caractère furtif, manière furtive.

stealthy [ˈstelθɪ] *adj action* fait en secret *or* à la dérobée, furtif; *entrance, look, movement* furtif. **~ footsteps** pas furtifs *or* feutrés *or* de loup.

steam [stiːm] **1** *n* (*U*) vapeur *f*; (*condensation: on window etc*) buée *f*. **it works by ~** ça marche *or* fonctionne à la vapeur; (*Naut*) **full ~ ahead!** en avant toute!; (*fig*) **the building project is going full ~ ahead** le projet de construction va de l'avant à plein régime; **to get up ~** *[train, ship]* prendre de la vitesse; *[driver etc]* faire monter la pression; (*fig*) *[worker, programme, project]* démarrer vraiment* (*fig*); (*fig*) **when she gets up ~ she can ...** quand elle s'y met *or* quand elle est lancée elle peut ...; (*fig*) **to run out of ~** *[speaker, worker]* s'essouffler (*fig*); *[programme, project]* tourner court, tomber à plat; **the strike is running out of ~** le mouvement de grève commence à s'essouffler; (*fig*) **under one's own ~** par ses propres moyens; (*fig*) **to let off** *or* **blow off ~*** (*energy*) se défouler*; (*anger*) épancher sa bile.

   2 *cpd boiler, iron, turbine* à vapeur; *bath* de vapeur. **steamboat** (bateau *m* à) vapeur *m*; **steam-driven** à vapeur; (*fig*) **to get steamed up*** se mettre dans tous ses états (*about sth* à propos de qch); **don't get so steamed up about it!*** ne te mets pas dans tous tes états pour ça!; (*Rail*) **steam engine** locomotive *f* à vapeur; **steam heat** chaleur fournie par la vapeur; **steam organ** orgue *f* à vapeur; **steamroller** (*n*) rouleau compresseur; (*vt: fig*) *opposition* etc écraser, briser; *obstacles* aplanir; **to steamroller a bill through Parliament** faire approuver un projet de loi au Parlement sans tenir compte de l'opposition; (*fig*) **steamroller tactics** tactiques dictatoriales; **steamship** paquebot *m*; **steamship company** ligne *f* de paquebots; (*US*) **steam shovel** excavateur *m*.

   3 *vt* passer à la vapeur; (*Culin*) cuire à la vapeur. **~ed pudding** pudding cuit à la vapeur; **to ~ open an envelope** décacheter une enveloppe à la vapeur; **to ~ off a stamp** décoller un timbre à la vapeur.

   4 *vi* (**a**) *[kettle, liquid, horse, wet clothes]* fumer. **~ing hot** fumant.

(b) to ~ along/away etc [steamship, train] avancer/partir etc; (*fig) [person, car] avancer/partir etc à toute vapeur*; **they were** ~ing along at 12 knots ils filaient 12 nœuds; **the ship** ~ed up **the** river le vapeur remontait la rivière; **the train** ~ed out of the station le train est sorti de la gare dans un nuage de fumée; **to** ~ ahead [steamship] avancer; (*) [person] avancer à toute vapeur*; (*fig: make great progress) faire des progrès à pas de géant.
♦**steam up 1** vi [window, mirror] se couvrir de buée; [bathroom] se remplir de buée.
   2 vt sep embuer.
   3 steamed-up* adj V **steam 2**.
steamer ['sti:mə^r] **1** n **(a)** (Naut) (bateau m à) vapeur m; (liner) paquebot m. **(b)** (saucepan) ≃ couscoussier m. **2** cpd: (US) **steamer rug** plaid m (pour les genoux).
steamy ['sti:mɪ] adj **(a)** atmosphere, heat humide; room, window embué. **(b)** (fig*: erotic) érotique.
steed [sti:d] n (liter) coursier m (liter).
steel [sti:l] **1** n **(a)** (U) acier m. (fig) **to be made of** ~ avoir une volonté de fer; **nerves of** ~ nerfs mpl d'acier; V **stainless** etc.
   (b) (sharpener) aiguisoir m, fusil m; (for striking sparks) briquet† m, fusil†; (liter: sword/dagger) fer m; V **cold** etc.
   2 cpd (made of steel) knife, tool d'acier; (Ind) manufacture de l'acier; (Ind: gen, also of ~ production) sidérurgique; (Ind) dispute, strike des sidérurgistes, des (ouvriers) métallurgistes; (St Ex) shares, prices de l'acier. **steel band** steel band m; **steel-clad** bardé de fer; **steel engraving** gravure f sur acier; **steel grey** gris acier inv, gris métallisé inv; **steel guitar** guitare f aux cordes d'acier; **steel helmet** casque m; **steel industry** sidérurgie f, industrie f sidérurgique; **steel maker, steel manufacturer** fabricant m d'acier, aciériste m; **steel mill** = **steelworks**; **steel-plated** revêtu d'acier; (Carpentry etc) **steel tape** mètre m à ruban métallique; (U) **steel wool** (for floors) paille f de fer; (for saucepans) tampon m métallique; **steelworker** sidérurgiste m, (ouvrier m) métallurgiste m; **steelworks** (pl) aciérie f; **steelyard** balance f romaine.
   3 vt (fig) **to** ~ **o.s.** or **one's heart to do** s'armer de courage pour faire; **to** ~ **o.s. against** se cuirasser contre.
steely ['sti:lɪ] **1** adj material, substance dur comme l'acier; appearance de l'acier; colour acier inv; (fig) person dur, insensible; eyes dur; gaze, expression d'acier, dur; refusal, attitude inflexible, inébranlable.
   2 cpd: **steely blue** bleu acier inv; **steely-eyed** au regard d'acier; **steely grey** gris acier inv, gris métallisé inv; **steely-hearted** au cœur d'acier or de bronze.
steep¹ [sti:p] adj **(a)** slope raide, abrupt, escarpé; cliff à pic, abrupt; hill escarpé; road raide, escarpé; stairs raide. **it's a** ~ **climb to the top** la montée est raide pour atteindre le sommet; **a** ~ **path** un raidillon.
   (b) (*fig) price élevé, excessif; bill salé*; story raide*. **it's rather** ~ **if he can't even go and see her** c'est un peu raide* or fort* qu'il ne puisse même pas aller la voir.
steep² [sti:p] **1** vt (in water, dye etc) tremper (in dans); washing faire tremper, mettre à tremper; (Culin) macérer, mariner (in dans). (fig) ~ed **in ignorance/vice** croupissant dans l'ignorance/le vice; ~ed **in prejudice** imbu de préjugés; **a town** ~ed **in history** une ville imprégnée d'histoire; **a scholar** ~ed **in the classics** un érudit imprégné des auteurs classiques.
   2 vi [clothes etc] tremper; (Culin) macérer, mariner.
steeple ['sti:pl] **1** n clocher m, flèche f. **2** cpd: **steeplechase** steeple(-chase) m (course); **steeplechasing** steeple(-chase) m (sport); **steeplejack** réparateur m de hautes cheminées et de clochers.
steeply ['sti:plɪ] adv: **to rise** or **climb** ~ [road etc] monter en pente raide; [prices etc] monter en flèche.
steepness ['sti:pnɪs] n [road etc] pente f (raide); [slope] abrupt m.
steer¹ [stɪə^r] n (ox) bœuf m; (esp US: castrated) bouvillon m.
steer² [stɪə^r] **1** vt **(a)** (handle controls of) ship gouverner; boat barrer.
   (b) (move, direct) ship, boat diriger (towards vers); car conduire; (fig) person guider; conversation diriger. (Naut) **to** ~ **a** or **one's course to** faire route vers or sur; **to** ~ **one's way through a crowd** se frayer un passage à travers une foule; **he** ~ed **her over to the bar** il l'a guidée vers le bar; (fig) **he** ~ed **me into a good job** c'est lui qui m'a permis de trouver un bon boulot*.
   2 vi (Naut) tenir le gouvernail or la barre, gouverner. **to** ~ **by the stars** se guider sur les étoiles; **he** ~ed **for the lighthouse** il a fait route vers or il a mis le cap sur le phare; ~ **due north!** cap au nord!; **this boat doesn't** ~ **well** ce bateau gouverne mal; (fig) **to** ~ **clear of** se tenir à l'écart de, éviter.
   3 n (US*: tip) tuyau* m, conseil m. **a bum** ~* un tuyau qui ne vaut rien.
steerage ['stɪərɪdʒ] (Naut) **1** n entrepont m. **2** adv dans l'entrepont, en troisième classe. **3** cpd: **steerageway** vitesse minimale de manœuvre.
steering ['stɪərɪŋ] **1** n (U) (Aut etc) conduite f; (Naut) conduite, pilotage m.
   2 cpd: (Aut) **steering arm** bras m de direction; (Aut) **steering column** colonne f de direction; (Admin etc) **steering committee** comité m d'organisation; **steering gear** (Aut) boîte f de direction; (Naut) servomoteur m de barre or de gouvernail; (Aviat) direction f; (Aut) **steering lock** (when driving) rayon m de braquage; (anti-theft device) antivol m de direction; (Aut) **steering system** direction f; **steering wheel** (Aut) volant m; (Naut) roue f de barre or de timonerie.
steersman ['stɪəzmən] n, pl **steersmen** ['stɪəzmən] (Naut) timonier m, homme m de barre.
stellar ['stelə^r] adj (lit) stellaire; (fig, esp US: superb) superbe, excellent.
stem¹ [stem] **1** vt **(a)** (stop) flow contenir, arrêter, endiguer; flood,

river contenir, endiguer; course of disease enrayer, juguler; attack juguler, stopper, briser. (fig) **to** ~ **the course of events** endiguer la marche des événements; (fig) **to** ~ **the tide** or **flow of** endiguer (le flot de).
   (b) ski ramener or écarter en chasse-neige.
   2 cpd: (Ski) **stem turn** virage m en chasse-neige.
stem² [stem] **1** n **(a)** [flower, plant] tige f; [tree] tronc m; [fruit, leaf] queue f; [glass] pied m; [tobacco pipe] tuyau m; [feather] tige, tuyau; (Handwriting, Printing: of letter) hampe f; (Mus: of note) queue; (Ling: of word) radical m.
   (b) (Naut) [timber] étrave f; (part of ship) avant m, proue f. **from** ~ **to stern** de bout en bout.
   2 cpd: **stem-winder** montre f à remontoir.
   3 vi: **to** ~ **from** provenir de, découler de, dériver de.
stench [stentʃ] n puanteur f, odeur nauséabonde or fétide.
stencil ['stensl] **1** n (of metal, cardboard) pochoir m; (of paper) poncif m; (in typing etc) stencil m; (decoration) peinture f or décoration f au pochoir. (Typing) **to cut a** ~ préparer un stencil. **2** vt lettering, name peindre or marquer au pochoir; (in typing etc) document polycopier, tirer au stencil.
stenographer [ste'nɒgrəfə^r] n (US) sténographe mf.
stenography [ste'nɒgrəfɪ] n (US) sténographie f.
stentorian [sten'tɔ:rɪən] adj de stentor.
step [step] **1** n **(a)** (movement, sound, track) pas m. **to take a** ~ **back/forward** faire un pas en arrière/en avant; **with slow** ~s à pas lents; (lit, fig) **and** ~ **at every** ~ à chaque pas; ~ **by** ~ (lit) pas à pas, (fig) petit à petit (V also 2); **he didn't move a** ~ il n'a pas bougé d'un pas; **we heard** ~s **in the lounge** nous avons entendu des pas or un bruit de pas dans le salon; **we followed his** ~s **in the snow** nous avons suivi (la trace de) ses pas dans la neige; (fig) **to follow in sb's** ~s marcher sur les pas or suivre les brisées de qn; (fig: distance) **it's a good** ~* or **quite a** ~* **to the village** il y a un bon bout de chemin or ça fait une bonne trotte* d'ici au village; (fig) **every** ~ **of the way** complain etc continuellement, constamment; argue, object point par point; **I'll fight this decision every** ~ **of the way** je combattrai cette décision jusqu'au bout; V **retrace, watch²** etc.
   (b) (fig) pas m (towards vers); (measure) disposition f, mesure f. **it is a great** ~ **for the nation to take** c'est pour la nation un grand pas à faire or à franchir; **that's a** ~ **in the right direction** c'est un pas dans la bonne voie; **the first** ~s **in one's career** les premiers pas or les débuts mpl de sa carrière; **it's a** ~ **up in his career** c'est une promotion pour lui; **to take** ~s (**to do**) prendre des dispositions or des mesures (pour faire); **to take legal** ~s avoir recours à la justice, engager des poursuites (to do pour faire); **what's the next** ~? qu'est-ce qu'il faut faire maintenant? or en-suite?; **the first** ~ **is to decide** ... la première chose à faire est de décider ...; V **false** etc.
   (c) (U: in marching, dancing) pas m. **a waltz** ~ un pas de valse; **to keep** (**in**) ~ (in marching) marcher au pas; (in dance) danser en mesure; (lit, fig) **to keep** ~ **with sb** ne pas se laisser distancer par qn; **to fall into** ~ se mettre au pas; **to get out of** ~ rompre le pas; (fig) **to be in** ~ **with** [person] agir conformément à, être au diapason de; [regulations] être conforme à; **to be out of** ~ **with** [person] être déphasé par rapport à; [regulations] ne pas être conforme à; **the unions and their leaders are out of** ~ il y a déphasage entre les syndicats et leurs dirigeants.
   (d) (stair) marche f (also Climbing); (doorstep) pas m de la porte, seuil m; (on bus etc) marchepied m. (flight of) ~s (indoors) escalier m; (outdoors) perron m, escalier; (Brit) (pair of) ~s escabeau m; **mind the** ~ attention à la marche.
   2 cpd: **stepbrother** demi-frère m; **step-by-step instructions** mode m d'emploi point par point; **stepchild** beau-fils m, belle-fille f; **stepdaughter** belle-fille f; **stepfather** beau-père m; **stepladder** escabeau m; **stepmother** belle-mère f; **stepped-up** campaign, efforts intensifié; production, sales augmenté, accru; **stepping stone** (lit) pierre f de gué; (fig) tremplin m (to pour obtenir, pour arriver à); **stepsister** demi-sœur f; **stepson** beau-fils m.
   3 vt **(a)** (place at intervals) échelonner.
   (b) (Naut) mast arborer, mettre dans son emplanture.
   4 vi faire un or des pas, aller, marcher. ~ **this way** venez par ici; **to** ~ **off sth** descendre de qch, quitter qch; **he** ~ped **into the car/on to the pavement** il est monté dans la voiture/sur le trot-toir; **he** ~ped **into his slippers/trousers** il a mis ses pantoufles/son pantalon; **to** ~ **on sth** marcher sur qch; **to** ~ **on the brakes** donner un coup de frein; (US Aut) **to** ~ **on the gas*** appuyer sur le champignon*; (fig) ~ **on it!*** dépêche-toi!, grouille-toi!*; **to** ~ **out of line** (lit) sortir des rangs; (fig) s'écarter du droit chemin (iro); **to** ~ **over sth** enjamber qch; V **shoe** etc.
♦**step aside** vi s'écarter, se ranger.
♦**step back** vi (lit) faire un pas en arrière, reculer. (fig) **we stepped back into Shakespeare's time** nous nous sommes repor-tés quatre siècles en arrière à l'époque shakespearienne.
♦**step down** vi (lit) descendre (from de); (fig) se retirer, se désis-ter (in favour of sb en faveur de qn).
♦**step forward** vi faire un pas en avant; (show o.s., make o.s. known) s'avancer, se faire connaître; (volunteer) se présenter.
♦**step in** vi entrer; (fig) intervenir, s'interposer.
♦**step inside** vi entrer.
♦**step out 1** vi (go outside) sortir; (hurry) allonger le pas; (US* fig) faire la bombe*.
   2 vt sep (measure) distance mesurer en comptant les pas.
♦**step up 1** vi: **to step up to sb/sth** s'approcher de qn/qch.
   2 vt sep production, sales augmenter, accroître; campaign inten-sifier; attempts, efforts intensifier, multiplier; (Elec) current aug-menter.
   3 stepped-up adj V **step 2**.

Stephen ['sti:vn] n Étienne m.
steppe [step] n steppe f.
stereo… ['stɪərɪəʊ] pref stéréo….
stereo ['stɪərɪəʊ] 1 n (a) (abbr of stereophonic) (system) stéréo f, stéréophonie f; (record player/radio etc) chaîne f/radio f etc stéréophonique or stéréo inv; (record/tape etc) disque m/bande f magnétique etc stéréophonique or stéréo. recorded in ~ enregistré en stéréo(phonie).
  (b) abbr of **stereoscope, stereotype** etc.
  2 cpd record player, cassette recorder, record, tape etc stéréophonique, stéréo inv; broadcast, recording en stéréophonie. **stereo effects** effet m stéréo(phonique); **stereo sound** audition f stéréophonique; **stereovision** vision f stéréoscopique.
stereochemistry [,stɪərɪə'kemɪstrɪ] n stéréochimie f.
stereogram ['stɪərɪəgræm] n, **stereograph** ['stɪərɪəgræf] n stéréogramme m.
stereophonic [,stɪərɪə'fɒnɪk] adj stéréophonique. ~ **sound** audition f stéréophonique.
stereoscope ['stɪərɪəskəʊp] n stéréoscope m.
stereoscopic [,stɪərɪəs'kɒpɪk] adj stéréoscopique.
stereoscopy [,stɪərɪ'ɒskəpɪ] n stéréoscopie f.
stereotype ['stɪərɪətaɪp] 1 n (Typ) cliché m; (process) clichage m; (fig: Psych, Soc etc) stéréotype m. 2 vt (Printing) clicher; (fig) stéréotyper.
sterile ['steraɪl] adj (all senses) stérile.
sterility [ste'rɪlɪtɪ] n stérilité f.
sterilization [,sterɪlaɪ'zeɪʃən] n stérilisation f.
sterilize ['sterɪlaɪz] vt stériliser.
sterling ['stɜ:lɪŋ] 1 n (U) (a) (Econ) livres fpl sterling inv.
  (b) (also ~ **silver**) argent fin or de bon aloi.
  2 adj (a) gold, silver fin, de bon aloi; (fig) qualities, principles, worth, sense solide, sûr, à toute épreuve; person de confiance. **pound ~** livre f sterling inv; **the ~ area** la zone sterling.
  (b) (also ~ **silver**) d'argent fin or de bon aloi.
stern[1] [stɜ:n] n (Naut) arrière m, poupe f; (*) [horse etc] croupe f; (*) [person] derrière m, postérieur* m. (Naut) ~ **foremost** par l'arrière, en marche arrière; V **stem**[2].
stern[2] [stɜ:n] adj person, character sévère, dur; glance, expression, face, speech sévère, sombre; discipline sévère, strict; punishment sévère, rigoureux; warning grave. **he was made of ~er stuff** il était d'une autre trempe, il n'était pas aussi faible qu'on le pensait.
sternly ['stɜ:nlɪ] adv sévèrement, durement, sombrement, strictement, rigoureusement.
sternness ['stɜ:nnɪs] n (V **stern**[2]) sévérité f; dureté f; rigueur f.
sternum ['stɜ:nəm] n sternum m.
steroid ['stɪərɔɪd] n stéroïde m.
stertorous ['stɜ:tərəs] adj stertoreux, ronflant.
stet [stet] 1 impers vb (Typ) bon, à maintenir. 2 vt maintenir.
stethoscope ['steθəskəʊp] n stéthoscope m.
Stetson ['stetsən] n ® chapeau m d'homme à larges bords.
stevedore ['sti:vɪdɔ:r] n arrimeur m, débardeur m, docker m.
Steven ['sti:vn] n Étienne m.
stew [stju:] 1 n [meat] ragoût m; [rabbit, hare] civet m. (fig) **to be/get in a ~*** (trouble) être/se mettre dans le pétrin; (worry) être/ se mettre dans tous ses états; V **Irish**.
  2 cpd: **stewpan, stewpot** cocotte f.
  3 vt meat cuire en ragoût; rabbit, hare cuire en civet; fruit faire cuire. ~**ed fruit** (gen) fruits cuits; (mushy) ~**ed apples/rhubarb** etc compote f de pommes/de rhubarbe etc; ~ **meat** ragoût m; (pej) ~**ed tea** thé trop infusé; (fig: drunk) **to be ~ed*** être soûl*; V **steak**.
  4 vi [meat] cuire à l'étouffée; [fruit] cuire; [tea] devenir trop infusé. (fig) **to let sb ~ in his own juice** laisser qn cuire or mijoter dans son jus.
steward ['stju:əd] n (on estate etc) intendant m, régisseur m; (on ship, plane) steward m; (in club, college) intendant, économe m; (at meeting) membre m du service d'ordre; (at dance) organisateur m. (at meeting etc) **the ~s** le service d'ordre; V **shop**.
stewardess ['stju:ədes] n hôtesse f.
stewardship ['stju:ədʃɪp] n (duties) intendance f, économat m, fonctions fpl de régisseur. **under his ~** quand il était intendant or régisseur or économe.
stg (fin) abbr of **sterling**.
stick [stɪk] (vb: pret, ptp **stuck**) 1 n (a) (length of wood) bâton m; (twig) petite branche, brindille f; (walking ~) canne f; (support for peas, flowers etc) bâton, tuteur m; (taller) rame f; (for lollipop etc) bâton; (Mil, Mus) baguette f; (Aviat: joy~) manche m à balai; (Hockey, Lacrosse) crosse f; (Ice Hockey) stick m. ~**s** (for fire) du petit bois; (Sport: hurdles) haies fpl; **a few ~s of furniture** quelques pauvres meubles mpl; **every ~ of furniture** chaque meuble; (pej: backwoods) **(out) in the ~s*** dans l'arrière-pays, en pleine cambrousse*; (fig) **to use** or **wield the big ~** manier la trique (fig); (Pol) **faire de l'autoritarisme; the policy of the big ~** la politique du bâton; (fig) **to get (hold) of the wrong end of the ~** mal comprendre; (US fig) **to get on the ~*** s'y coller*, s'y mettre; V **cleft, drum, shooting** etc.
  (b) [chalk, charcoal, sealing wax, candy] bâton m, morceau m; [dynamite] bâton; [chewing gum] tablette f; [celery] branche f; [rhubarb] tige f. **a ~ of bombs** un chapelet de bombes; **a ~ of parachutists** un groupe de saut; V **grease**.
  (c) (fig*: criticism) critiques fpl désobligeantes. **to give sb/get a lot of ~ for sth** éreinter qn/se faire éreinter à propos de qch.
  (d) (Brit*: person) **he is a dull** or **dry old ~** il est rasoir*; **he's a funny old ~** c'est un numéro*.
  (e) (Drugs sl) **stick** m, joint m sl.
  2 cpd: (US) **stickball** sorte de base-ball; **stick insect** phasme m; **stick-in-the-mud*** (adj, n) sclérosé(e) m(f), encroûté(e) m(f);

stick-on (adj) adhésif; (US) **stickpin** épingle f de cravate; (US Aut) **stick shift** levier m de vitesses; (US) **stick-to-itiveness*** ténacité f, persévérance f; **stick-up*** braquage* m, hold-up m; (US) **stickweed** jacobée f; **his stickwork is very good** [hockey player etc] il manie bien la crosse or le stick; [drummer] il manie bien les baguettes; [conductor] il manie bien la baguette.
  3 vt (a) (thrust, stab) pin, needle, fork piquer, enfoncer, planter (into dans); knife, dagger, bayonet plonger, enfoncer, planter (into dans); spade, rod planter, enfoncer (into dans). **to ~ a pin through sth** transpercer qch avec une épingle; **we found this place by ~ing a pin into the map** nous avons trouvé ce coin en plantant une épingle au hasard sur la carte; **a board stuck with drawing pins/nails** un panneau couvert de punaises/hérissé de clous; **to ~ a pig** égorger un cochon; **to squeal like a stuck pig** brailler comme un cochon qu'on égorge; **I've stuck the needle into my finger** je me suis piqué le doigt avec l'aiguille.
  (b) (put) mettre; poser; placer; fourrer. **he stuck it on the shelf/ under the table** il l'a mis or posé sur l'étagère/sous la table; **to ~ sth into a drawer** mettre or fourrer qch dans un tiroir; **to ~ one's hands in one's pockets** mettre or fourrer ses mains dans ses poches; **he stuck his head through the window/round the door** il a passé la tête par la fenêtre/dans l'embrasure de la porte; **he stuck his finger into the hole** il a mis or fourré son doigt dans le trou; **he stuck the lid on the box** il a mis or placé le couvercle sur la boîte; **to ~ one's hat on one's head** mettre son chapeau sur sa tête; **I'll have to ~ a button on that shirt*** il faudra que je mette or couse un bouton à cette chemise; **he stuck £3 on the price*** il avait majoré le prix de 3 livres; **to ~ an advertisement in the paper*** mettre or passer une annonce dans le journal; **they stuck him on the committee*** ils l'ont mis (or collé*) au comité; (fig) **you know where you can ~ that!‡**, (US) ~ **it up your ass!*‡** tu sais où tu peux te le mettre!‡; V **nose** etc.
  (c) (with glue etc) coller. **to ~ a poster on the wall/a door** coller une affiche au mur/sur une porte; **to ~ a stamp on a letter** coller un timbre sur une lettre, timbrer une lettre; **you'll have to ~ it with glue/sellotape** il vous faudra la faire tenir avec de la colle/du scotch ®; '~ **no bills**' 'défense d'afficher'; **it was stuck fast** c'était bien collé or indécollable (V also **3e**); (fig) **he tried to ~ the murder on his brother‡** il a essayé de mettre le meurtre sur le dos de son frère; (fig) **you can't ~ that on me!‡** vous ne pouvez pas me mettre ça sur le dos!
  (d) (esp Brit: tolerate) sb's presence, mannerisms etc supporter; person souffrir, sentir*, pifer‡. **I can't ~ it any longer** je ne peux plus le supporter, j'en ai plein le dos*, j'en ai ras le bol‡; **I wonder how he ~s it at all** je me demande comment il peut tenir le coup*.
  (e) **to be stuck** [key, lock, door, drawer, gears, valve, lid] être coincé, être bloqué; [vehicle, wheels] être coincé, être bloqué; (in mud) être embourbé; (in sand) être enlisé; [machine, lift] être bloqué, être en panne. **to be stuck fast** être bien coincé or bloqué; **to get stuck in the mud** s'embourber, s'enliser dans la boue; **to get stuck in the sand** s'enliser dans le sable; **to be stuck in the lift** être coincé or bloqué dans l'ascenseur; **a bone got stuck in my throat** une arête s'est mise en travers de ma gorge; **the train was stuck at the station** le train était bloqué or immobilisé en gare; **the car was stuck between two trucks** la voiture était bloquée or coincée entre deux camions; (fig) **I was stuck in a corner and had to listen to him** j'étais coincé dans un coin et j'ai dû l'écouter; **he was stuck in town all summer** il a été obligé de rester en ville tout l'été; **I'm stuck at home all day** je suis cloué à la maison toute la journée; **we're stuck here for the night** nous allons être obligés de passer la nuit ici; (fig) **he's really stuck*** on her il est vraiment entiché d'elle; **the second question stuck*** me j'ai séché* sur la deuxième question; **to be stuck for an answer** ne pas savoir que répondre; (in crossword puzzle, guessing game, essay etc) **I'm stuck*** je sèche*; **I'll help you if you're stuck*** je t'aiderai si tu as un problème or si tu ne sais pas la faire; **I'm stuck for £10*** il me manque 10 livres; **he's not stuck for money*** ce n'est pas l'argent qui lui manque; **I was stuck*** with the job of organizing it all je me suis retrouvé avec le boulot de tout organiser sur les bras*; **he stuck*** me with the bill il m'a collé* la note; **I was stuck*** with the bill j'ai récolté la note, j'ai dû me farcir la note‡; **he stuck‡ me (for) £10** for that old book il m'a fait payer or il m'a pris 10 livres pour ce vieux bouquin; **I was stuck*** with him all evening je l'ai eu sur le dos or sur les bras toute la soirée.
  4 vi (a) (embed itself etc) [needle, spear] se planter, s'enfoncer (into dans). **he had a knife ~ing in(to) his back** il avait un couteau planté dans le dos.
  (b) (adhere) [glue, paste] tenir; [stamp, label] être collé, tenir (to à); (fig) [habit, name etc] rester. **the paper stuck to the table** le papier a collé or s'est collé or est resté collé à la table; **the eggs have stuck to the pan** les œufs ont attaché à la casserole; [food] **it ~s to your ribs*** ça tient au corps or à l'estomac; (fig) **the nickname stuck to him** le surnom lui est resté; (fig) **to make a charge ~** prouver la culpabilité de quelqu'un.
  (c) (remain, stay) rester; (remain loyal) rester fidèle (to à). **to ~ close to sb** rester aux côtés de qn, ne pas quitter or laisser qn; **they stuck to the fox's trail** ils sont restés sur les traces du renard; **I'll ~ in the job for a bit longer** pour le moment je garde ce boulot* or je vais rester où je suis; (fig) **to ~ to or by sb through thick and thin** rester fidèle à qn envers et contre tout; **will you ~ by me?** vous ne m'abandonnerez pas?, est-ce que vous me soutiendrez?; (fig) **to ~ to sb like a limpet** or **a leech** se cramponner à qn, coller à qn comme une sangsue; **she stuck to him all through the tour** elle ne l'a pas lâché d'une semelle pendant toute la tournée; **to ~ to one's word** or **promise** tenir parole; **to ~ to one's principles** rester fidèle à ses principes; **to ~ to or at a job** rester dans un emploi; ~ **at it!** persévère!, tiens bon!, ne te laisse pas décourager!;

to ~ to one's post rester à son poste; (fig) to ~ to ~ to one's last s'en tenir à ce que l'on sait faire; to ~ to one's guns* ne pas en démordre; (fig) he stuck to his story il a maintenu ce qu'il avait dit; decide what you're going to say then ~ to it décidez ce que vous allez dire et tenez-vous-y or n'en démordez pas; (fig) to ~ to the facts s'en tenir aux faits; ~ to the point! ne vous éloignez pas or ne sortez pas du sujet!; to ~ with sb* (stay beside) rester avec qn, ne pas quitter qn; (stay loyal) rester fidèle à qn; ~ with him!* ne le perdez pas de vue!

  (d) (get jammed etc) [wheels, vehicle] se coincer, se bloquer; (in mud) s'embourber; (in sand) s'enliser; [key, lock, door, drawer, gears, valve, lid] se coincer, se bloquer; [machine, lift] se bloquer, tomber en panne. to ~ fast être bien coincé or bloqué; the car stuck in the mud la voiture s'est enlisée dans la boue or s'est embourbée; a bone stuck in my throat une arête s'est mise en travers de ma gorge; (fig) that ~s in my throat or gizzard* je n'arrive pas à digérer ça; (fig) the bidding stuck at £100 les enchères se sont arrêtées à 100 livres; I got halfway through and stuck there je suis resté coincé à mi-chemin; (fig) he stuck halfway through the second verse il est resté court or en carafe* au milieu de la deuxième strophe; [house for sale] it may ~ for a few weeks, but it'll get sold in the end ça risque de traîner pendant quelques semaines, mais ça finira par se vendre.

  (e) (balk) reculer, regimber (at, on devant). he will ~ at nothing to get what he wants il ne recule devant rien pour obtenir ce qu'il veut; he wouldn't ~ at murder il irait jusqu'au meurtre; they may ~ on or at that clause il se peut qu'ils regimbent (subj) devant cette clause.

  (f) (extend, protrude) the nail was ~ing through the plank le clou dépassait or sortait de la planche; the rod was ~ing into the next garden la barre dépassait dans le jardin d'à côté.

♦stick around* vi rester dans les parages; (be kept waiting) attendre, poireauter*. stick around for a few minutes restez dans les parages un moment; I was tired of sticking around doing nothing j'en avais assez de poireauter* sans rien faire.

♦stick away vt sep cacher, planquer‡. he stuck it away behind the bookcase il l'a caché or planqué‡ derrière la bibliothèque.

♦stick back vt sep (a) (replace) remettre (into dans, on to sur).
  (b) (with glue etc) recoller.

♦stick down 1 vi [envelope etc] se coller.
  2 vt sep (a) envelope etc coller.
  (b) (put down) poser, mettre. he stuck it down on the table il l'a posé or mis sur la table.
  (c) (*) notes, details noter en vitesse. he stuck down a few dates before he forgot avant d'oublier il a rapidement noté quelques dates.

♦stick in 1 vi (*) s'y mettre sérieusement; persévérer. you'll have to stick in if you want to succeed vous devrez vous y mettre sérieusement si vous voulez réussir; he stuck in at his maths il a persévéré en maths.
  2 vt sep (a) (put in) needle, pin, fork piquer, enfoncer, planter; dagger, knife, bayonet, spade planter, enfoncer; photo in album etc coller. (fig) he stuck in a few quotations* il a collé* quelques citations par-ci par-là; try to stick in a word about our book essaie de glisser un mot sur notre livre; V oar etc.
  (b) (fig) to get stuck in* s'y mettre sérieusement.

♦stick on 1 vi [label, stamp etc] rester collé.
  2 vt sep (a) label coller; stamp mettre, coller.
  (b) (put on) hat, coat, lid mettre. stick on another record mets un autre disque; (fig: put the price up) to stick it on‡ augmenter les prix.
  3 stick-on adj V stick 2.

♦stick out 1 vi (a) (protrude) [teeth] avancer; [shirttails] dépasser, sortir; [rod etc] dépasser; [balcony etc] faire saillie. his ears stick out il a les oreilles décollées; I could see his legs sticking out from under the car je pouvais voir ses jambes qui sortaient de dessous la voiture; to stick out beyond sth dépasser qch; (fig) it sticks out a mile* ça crève les yeux (that que).
  (b) (persevere etc) tenir (bon). can you stick out a little longer? est-ce que vous pouvez tenir un peu plus longtemps?; to stick out for more money tenir bon dans ses revendications pour une augmentation de salaire.
  2 vt sep (a) rod etc faire dépasser; one's arm, head sortir (of de). to stick one's chest out bomber la poitrine; to stick one's tongue out tirer la langue; V neck.
  (b) (*: tolerate) supporter. to stick it out tenir le coup.

♦stick through 1 vi (protrude) dépasser.
  2 vt sep pen, rod, one's finger etc passer à travers.

♦stick together 1 vi (a) [labels, pages, objects] être collés ensemble. the pieces won't stick together les morceaux ne veulent pas rester collés or se coller ensemble.
  (b) (stay together) rester ensemble; (fig) se serrer le coudes. stick together till you get through the park restez ensemble jusqu'à or ne vous séparez pas avant la sortie du parc; (fig) we must all stick together! nous devons nous serrer les coudes!
  2 vt sep coller (ensemble).

♦stick up 1 vi (a) there was a mast sticking up out of the water il y avait un mât qui sortait or dépassait de l'eau; his head was sticking up above the crowd sa tête était visible au-dessus de la foule; your hair is sticking up vos cheveux rebiquent*.
  (b) to stick up for sb* prendre la défense or le parti de qn; to stick up for o.s.* défendre ses intérêts, ne pas se laisser faire; to stick up for one's rights* défendre ses droits, ne pas se laisser faire; to stick up to sb‡ tenir tête à qn.
  2 vt sep (a) notice etc afficher.
  (b) to stick up one's hand lever la main; stick 'em up!* haut les

mains!; to stick sb up‡ dévaliser qn (sous la menace d'un revolver); they stuck up the bank‡ ils ont attaqué la banque (à main armée).
  3 stick-up* n V stick 2.
  4 stuck-up* adj V stuck 2.

sticker ['stɪkər] 1 n (a) (label) autocollant m. a ban the bomb ~ un autocollant anti-nucléaire; V bill¹. (b) (fig) he's a ~* il n'abandonne pas facilement, il va jusqu'au bout de ce qu'il entreprend. 2 cpd: (US: in car sales) sticker price prix m clés en mains.

stickiness ['stɪkɪnɪs] n (V sticky a) caractère poisseux or gluant or collant; viscosité f; moiteur f; chaleur f et humidité f.

sticking ['stɪkɪŋ] adj in cpds: (Brit) sticking plaster sparadrap m; (fig) sticking point point m de friction.

stickleback ['stɪklbæk] n épinoche f.

stickler ['stɪklər] n: to be a ~ for discipline, obedience, correct clothing, good manners insister sur, tenir rigoureusement à; etiquette être à cheval sur, être pointilleux sur; grammar, spelling être rigoriste en matière de; figures, facts être pointilleux sur le chapitre de, insister sur; to be a ~ for detail être tatillon.

sticky ['stɪkɪ] 1 adj (a) paste, substance poisseux, gluant; label gommé, adhésif; paint, toffee, syrup poisseux; oil visqueux; road, surface, pitch gluant; (sweaty) palm moite; (fig) climate chaud et humide. ~ hands (with jam etc) mains fpl poisseuses; (sweaty) mains moites; ~ tape scotch m ®, papier collant, ruban adhésif; it was a ~ day il faisait une chaleur moite (ce jour-là).
  (b) (*fig) problem épineux, délicat; situation délicat; person peu accommodant, difficile. (Brit fig) to be on a ~ wicket être dans une situation délicate; to come to a ~ end mal finir; to have a ~ time passer un mauvais quart d'heure; (longer) connaître des moments difficiles; he's very ~ about lending his car il répugne à prêter sa voiture.
  2 cpd: (fig: dishonest) sticky-fingered*, sticky-handed* porté sur la fauche‡.

stiff [stɪf] 1 adj (a) (gen) raide, rigide; arm, leg raide, ankylosé; joint, shoulder, knee ankylosé; corpse rigide, raide; collar, shirt front dur, raide; (starched) empesé; door, lock, brush dur; dough, paste dur, ferme, consistant. (Culin) ~ eggwhite blanc d'œuf battu en neige très ferme; as ~ as a poker or a ramrod raide comme un piquet or un échalas or la justice; my leg is ~ today j'ai une jambe raide aujourd'hui, je remue mal ma jambe aujourd'hui; you'll be or feel ~ tomorrow vous aurez des courbatures or vous serez courbatu demain; he's getting ~ as he grows older il se raidit avec l'âge, il perd de sa souplesse en vieillissant; to have a ~ back avoir mal au dos; to have a ~ neck avoir le torticolis (V also 2); to be ~ with cold être frigorifié, être engourdi par le froid; he was ~ with boredom il s'ennuyait à mort; (fig) to keep a ~ upper lip rester impassible, garder son flegme; V bore², frozen, scare etc.
  (b) (fig) bow, smile froid; reception froid, distant; person guindé, froid, distant; resistance opiniâtre, tenace; exam, test difficile; climb raide, pénible; programme, course, task ardu; wind, breeze fort; price élevé, excessif; bill salé*. I could do with a ~ drink je prendrais bien quelque chose de fort; he had a ~ whisky il a pris un grand verre de whisky or un whisky bien tassé; this book is ~ reading ce livre n'est pas d'une lecture facile.
  2 cpd: (fig) stiff-necked opiniâtre, entêté.
  3 n (a) (‡) macchabée‡ m.
  (b) (‡: fool) big ~ gros balourd or bêta.
  (c) (US*) (tramp) vagabond m, chemineau m; (laborer: also working ~) ouvrier m manuel.

stiffen ['stɪfn] (also ~ up) 1 vt card, fabric raidir, renforcer; (starch) empeser; dough, paste donner de la consistance à; limb raidir; joint ankyloser; (fig) morale, resistance etc affermir.
  2 vi [card, fabric] devenir raide or rigide; [dough, paste] prendre de la consistance, devenir ferme; [limb] se raidir; [joint] s'ankyloser; [door, lock] devenir dur; [breeze] augmenter d'intensité, fraîchir; [resistance] devenir opiniâtre; [morale] s'affermir. he ~ed when he heard the noise il s'est raidi quand il a entendu le bruit.

stiffener ['stɪfənər] n (a) (starch etc) amidon m. (b) (plastic strip: in collar etc) baleine f.

stiffly ['stɪflɪ] adv move, turn, bend raidement, avec raideur; (fig) smile, bow, greet froidement; say sèchement, froidement. they stood ~ to attention ils se tenaient au garde-à-vous sans bouger un muscle.

stiffness ['stɪfnɪs] n (V stiff) raideur f; rigidité f; ankylose f; dureté f; fermeté f, consistance f; difficulté f; caractère ardu; froideur f; caractère guindé or distant.

stifle ['staɪfl] 1 vt person étouffer, suffoquer; fire étouffer; sobs étouffer, retenir, réprimer; anger, smile, desire réprimer. to ~ a yawn/sneeze réprimer une envie de bâiller/d'éternuer. 2 vi étouffer, suffoquer. 3 n (Anat: of horse etc) grasset m.

stifling ['staɪflɪŋ] adj smoke, fumes suffocant; heat étouffant, suffocant. it's a ~ day* on étouffe aujourd'hui; it's ~ in here on étouffe ici.

stigma ['stɪgmə] n, pl (gen) -s, (Bot, Med, Rel) stigmata [stɪg'mɑːtə] stigmate m. (Rel) the stigmata les stigmates.

stigmatic [stɪg'mætɪk] adj, n (Rel) stigmatisé(e) m(f).

stigmatize ['stɪgmətaɪz] vt (all senses) stigmatiser.

stile [staɪl] n (a) (steps over fence, wall) échalier m; (turn~) tourniquet m (porte). (b) (Constr etc: upright) montant m.

stiletto [stɪ'letəʊ] n, pl ~s or ~es (weapon) stylet m; (Brit: also ~ heel) talon m aiguille.

still¹ [stɪl] 1 adv (a) (up to this time) encore, toujours. he is ~ in bed il est encore or toujours au lit; I can ~ remember it je m'en souviens encore; he hasn't arrived il n'est pas encore arrivé, il n'est toujours pas arrivé; you ~ don't believe me vous ne me croyez toujours pas; I ~ have 10 francs left il me reste encore

10 F; **he's ~ as stubborn as ever** il est toujours aussi entêté.
   (b) (+ *comp adj: even*) encore. **~ better, better ~** encore mieux; **he is tall but his brother is taller ~** *or* **~ taller** lui est grand, mais son frère l'est encore plus.
   (c) (*nonetheless*) quand même, tout de même. **even if it's cold, you'll ~ come** même s'il fait froid vous viendrez, s'il fait froid vous viendrez quand même *or* tout de même; **he's ~ your brother** il n'en est pas moins votre frère; (*US*) **~ and all*** tout compte fait.
   2 *conj* néanmoins, quand même. **it's fine — ~, you should take your umbrella** il fait beau — néanmoins, vous devriez prendre votre parapluie *or* vous devriez prendre votre parapluie quand même.

still² [stɪl] **1** *adj* (*motionless*) immobile; (*peaceful*) calme, tranquille; (*quiet*) silencieux; (*not fizzy: of drinks*) plat, non gazeux. **keep ~!** reste tranquille!, ne bouge pas!; **all was ~** tout était calme *or* tranquille *or* silencieux; **the ~ waters of the lake** les eaux calmes *or* tranquilles du lac; (*Prov*) **~ waters run deep** il n'est pire eau que l'eau qui dort; **be ~!†** taisez-vous!; (*fig*) **a** *or* **the ~ small voice** la voix de la conscience.
   2 *adv* **sit, stand, hold** sans bouger.
   3 *cpd*: **stillbirth** (*birth*) mort *f* à la naissance; (*child*) enfant *m*(*f*) mort-né(e); **stillborn** mort-né (*f* mort-née); (*Art*) **still life** nature morte.
   4 *n* **(a)** (*liter*) silence *m*, calme *m*. **in the ~ of the night** dans le silence de la nuit.
   (b) (*Cine*) photo *f*.
   5 *vt* **anger, fear** calmer; *person* apaiser, tranquilliser; (*silence*) faire taire.

still³ [stɪl] **1** *n* (*apparatus*) alambic *m*; (*place*) distillerie *f*. **2** *vt* distiller.

stillness ['stɪlnɪs] *n* (*V* **still²**) immobilité *f*; calme *m*, tranquillité *f*; silence *m*.

stilt [stɪlt] *n* échasse *f*; (*Archit*) pilotis *m*.

stilted ['stɪltɪd] *adj person, wording, style* guindé, emprunté; *manners* guindé, contraint, emprunté; *book etc* qui manque de naturel *or* d'aisance.

stimulant ['stɪmjʊlənt] **1** *adj* stimulant. **2** *n* (*also fig*) stimulant *m*. (*fig*) **to be a ~ to** stimuler.

stimulate ['stɪmjʊleɪt] *vt* (*also Physiol*) stimuler. **to ~ sb to sth/to do** inciter *or* pousser qn à qch/à faire.

stimulating ['stɪmjʊleɪtɪŋ] *adj air* stimulant, vivifiant; *medicine, drink* stimulant, fortifiant; *person, book, film, experience* stimulant, enrichissant, qui fait penser *or* réfléchir; *music* stimulant, exaltant.

stimulation [,stɪmjʊ'leɪʃən] *n* (*stimulus*) stimulant *m*; (*state*) stimulation *f*.

stimulus ['stɪmjʊləs] *n, pl* **stimuli** ['stɪmjʊlaɪ] (*Physiol*) stimulus *m*; (*fig*) stimulant *m*. (*fig*) **to be a ~ to** *or* **for exports, efforts** stimuler; *imagination* stimuler, enflammer; **it gave trade a new ~** cela a donné une nouvelle impulsion *or* un coup de fouet au commerce; **under the ~ of** stimulé par.

stimy ['staɪmɪ] = **stymie**.

sting [stɪŋ] (*vb: pret, ptp* **stung**) **1** *n* **(a)** *[insect]* dard *m*, aiguillon *m*. (*fig*) **but there's a ~ in the tail** mais il y a une mauvaise surprise à la fin; (*fig: of plan, draft, legislation etc*) **it's had its ~ removed** on l'a rendu inopérant.
   (b) (*pain, wound, mark*) *[insect, nettle etc]* piqûre *f*; *[iodine etc]* brûlure *f*; *[whip]* douleur cuisante; (*fig*) *[attack]* mordant *m*, vigueur *f*; *[criticism, remark]* causticité *f*, mordant. **I felt the ~ of the rain on my face** la pluie me cinglait le visage; **the ~ of salt water in the cut** la brûlure de l'eau salée dans la plaie.
   (c) (*esp US‡: confidence trick*) arnaque* *m*, coup *m* monté.
   2 *cpd*: **stingray** pastenague *f*, terre *f*.
   3 *vt* *[insect, nettle]* piquer; *[iodine, ointment]* brûler; *[rain, hail, whip]* cingler, fouetter; (*fig*) *[remark, criticism]* piquer au vif, blesser. (*fig*) **stung by remorse** bourrelé de remords; **my remark stung him into action** ma remarque (l'a piqué au vif et) l'a poussé à agir; **he was stung into replying brusquely** piqué *or* blessé, il répondit brusquement; *V* **quick.**
   (b) (‡) avoir*, estamper*. **he stung me for £10 for that meal** il m'a eu* *or* estampé* en me faisant payer ce repas 10 livres, il a eu le toupet* de me faire payer ce repas 10 livres; **I've been stung!** je me suis fait avoir!* *or* estamper!*, c'était le coup de fusil!*
   4 *vi* **(a)** *[insect, nettle]* piquer; *[iodine, ointment]* brûler; *[blow, slap, whip]* provoquer une sensation cuisante; *[remark, criticism]* être cuisant. **that ~s!** ça pique!, ça brûle!
   (b) *[eyes]* cuire, piquer; *[cut, skin]* cuire, brûler. **the fumes made his eyes ~** les fumées picotaient ses yeux.

stingily ['stɪndʒɪlɪ] *adv praise* chichement; *spend* avec avarice; *serve* en lésinant.

stinginess ['stɪndʒɪnɪs] *n* *[person]* ladrerie *f*, avarice *f*; *[portion]* insuffisance *f*.

stinging ['stɪŋɪŋ] **1** *adj cut, blow, pain* cuisant; (*fig*) *remark, criticism* cuisant, mordant. **~ nettle** ortie *f* brûlante *or* romaine. **2** *n* (*sensation*) sensation cuisante.

stingy ['stɪndʒɪ] *adj person* avare, pingre, ladre; *portion, amount* misérable, insuffisant. **to be ~ with** *food, wine* lésiner sur; *praise* être chiche de; **to be ~ with money** être avare *or* ladre; **he/she is ~** il/elle est pingre, c'est un/une pingre.

stink [stɪŋk] (*vb: pret* **stank**, *ptp* **stunk**) **1** *n* **(a)** puanteur *f*, odeur infecte. **what a ~!** ce que ça pue!; (*fig*) **there's a ~ of corruption** cela pue la corruption, cela sent la corruption à plein nez.
   (b) (‡*fig: row, trouble*) esclandre *m*, grabuge* *m*. **there was a dreadful ~ about the broken windows** il y a eu du grabuge* à propos des carreaux cassés; **to cause** *or* **make** *or* **kick up a ~** faire toute une scène, râler*; **to kick up a ~ about sth** causer un esclandre à propos de qch, faire du grabuge* à cause de qch.

2 *cpd*: **stink-bomb** boule puante; **stink-horn** phallus *m* impudique, satyre puant; **stinkpot‡** salaud‡ *m*, salope‡ *f*; **stinkweed** diplotaxis *m*.
   3 *vi* **(a)** puer, empester, chlinguer‡. **it ~s of fish** cela pue *or* empeste le poisson; **it ~s in here!** cela pue *or* empeste ici!; (*lit, fig*) **it ~s to high heaven*** cela sent à plein nez; (*fig*) **it ~s of corruption** cela pue la corruption, cela sent la corruption à plein nez; (*fig*) **the whole business ~s** toute l'affaire pue *or* est infecte *or* est ignoble; **they're ~ing with money‡** ils sont bourrés de fric‡.
   (b) (‡: *be very bad*) *[person, thing]* être dégueulasse‡.
   4 *vt room etc* empester.
♦stink out *vt sep fox etc* enfumer; *room* empester.

stinker‡ ['stɪŋkə^r] *n* (*pej*) (*person*) salaud‡ *m*, salope‡ *f*; (*angry letter*) lettre *f* d'engueulade‡; (*gen*) **to be a ~*** *[person]* être affreux, être un salaud (*or* une salope); *[problem, question]* être affreux, être un casse-tête.

stinking ['stɪŋkɪŋ] **1** *adj substance* puant; (‡ *fig*) infect, ignoble, vache‡. **what a ~‡ thing to do** quelle vacherie!‡; **to have a ~* cold** avoir un rhume épouvantable *or* un sale* rhume.
   2 *adv*: **to be ~ rich‡** être bourré de fric‡, être plein aux as‡.

stint [stɪnt] **1** *n* **(a)** ration *f* de travail, besogne assignée. **to do one's ~** (*daily work*) faire son travail quotidien; (*do one's share*) faire sa part de travail; **he does a ~ in the gym/at the typewriter every day** il passe un certain temps chaque jour au gymnase/à la machine; **I've done my ~ at the wheel** j'ai pris mon tour au volant; **I've finished my ~ for today** j'ai fini ce que j'avais à faire aujourd'hui.
   (b) **without ~** *spend* sans compter; *give, lend* généreusement, avec largesse.
   2 *vt food* lésiner sur; *compliments* être chiche de. **to ~ sb of sth** mesurer qch à qn; **he ~ed himself in order to feed the children** il s'est privé afin de nourrir les enfants; **he didn't ~ himself** il ne s'est pas privé de rien.
   3 *vi*: **to ~ on** *food* lésiner sur; *compliments* être chiche de; **to ~ on money** être avare *or* ladre.

stipend ['staɪpend] *n* (*esp Rel*) traitement *m*.

stipendiary [staɪ'pendɪərɪ] **1** *adj services, official* rémunéré. **2** *n* personne *f* qui reçoit une rémunération *or* un traitement fixe. (*Brit Jur: also* **~ magistrate**) juge *m* de tribunal de police correctionnelle.

stipple ['stɪpl] *vt* pointiller.

stipulate ['stɪpjʊleɪt] **1** *vt* stipuler (*that* que); *price etc* stipuler, convenir expressément de; *quantity* stipuler, prescrire. **2** *vi*: **to ~ for sth** stipuler qch, spécifier qch, convenir expressément de qch.

stipulation [,stɪpjʊ'leɪʃən] *n* stipulation *f*. **on the ~ that ...** à la condition expresse que ... (+*future or subj*).

stir¹ [stɜː^r] **1** *n* **(a) to give sth a ~** remuer *or* tourner qch.
   (b) (*fig: excitement etc*) agitation *f*, sensation *f*. **there was a great ~ in Parliament about ...** il y a eu beaucoup d'agitation au Parlement à propos de ...; **it caused** *or* **made quite a ~** cela a fait une certaine sensation, cela a eu un grand retentissement, cela a fait du bruit.
   2 *cpd*: **stir-fry** faire sauter à feu vif (en remuant).
   3 *vt* **(a)** *tea, soup* remuer, tourner; *mixture* tourner; *fire* tisonner. **he ~red sugar into his tea** il a remué *or* tourné son thé après y avoir mis du sucre; **she ~red milk into the mixture** elle a ajouté du lait au mélange.
   (b) (*move*) agiter, (faire) bouger, remuer. **the wind ~red the leaves** le vent a agité *or* remué *or* fait trembler les feuilles; **he didn't ~ a finger (to help)** il n'a pas levé *or* remué le petit doigt (pour aider); **nothing could ~ him from his chair** rien ne pouvait le tirer de son fauteuil; **to ~ o.s.*** se secouer, se bouger‡; (*fig*) **to ~ one's stumps*** se grouiller‡, agiter ses abattis‡.
   (c) (*fig*) *curiosity, passions* exciter; *emotions* éveiller; *imagination* stimuler, exciter; *person* émouvoir, exalter. **to ~ sb to do sth** inciter qn à faire qch; **to ~ a people to revolt** inciter un peuple à la révolte; **to ~ sb to pity** émouvoir la compassion de qn; **it ~red his heart** cela lui a remué le cœur; **to ~ sb's blood** réveiller l'enthousiasme de qn; **it was a song to ~ the blood** c'était une chanson enthousiasmante.
   4 *vi [person]* remuer, bouger; *[leaves, curtains etc]* remuer, trembler; *[feelings]* être excité. **I will not ~ from here** je ne bougerai pas d'ici; **he hasn't ~red from the spot** il n'a pas quitté l'endroit; **he wouldn't ~ an inch** il ne voulait pas bouger d'un centimètre; (*fig*) **il ne voulait pas faire la moindre concession; to ~ in one's sleep** bouger en dormant *or* dans son sommeil; **nobody is ~ring yet** personne n'est encore levé, tout le monde dort encore; **nothing was ~ring in the forest** rien ne bougeait dans la forêt; **the curtains ~red in the breeze** la brise a agité les rideaux; **anger ~red within her** la colère est montée en elle.
♦stir in *vt sep milk etc* ajouter en tournant.
♦stir round *vt sep* (*Culin etc*) tourner.
♦stir up *vt sep soup etc* tourner, remuer; *fire* tisonner; (*fig*) *curiosity, attention, anger* exciter; *imagination* exciter, stimuler; *memories, the past* réveiller; *revolt* susciter; *hatred* attiser; *mob* ameuter; *opposition, discord* fomenter; *trouble* provoquer; *person* secouer (*fig*). **to stir sb up to sth/to do** pousser *or* inciter qn à qch/à faire.

stir²‡ [stɜː^r] (*esp US*) **1** *n* (*prison*) taule‡ *f* or tôle‡ *f*. **in ~** en taule‡, au bloc*. **2** *cpd*: **stir-crazy‡** rendu dingue‡ par la réclusion.

stirring ['stɜːrɪŋ] *adj speech, tale, music* excitant, enthousiasmant; *years, period* passionnant.

stirrup ['stɪrəp] **1** *n* **(a)** *[rider]* étrier *m*. **to put one's feet in the ~s** chausser les étriers.
   (b) (*US Climbing*) escarpolette *f*, étrier *m*.
   (c) (*Med: for childbirth*) **~s** étriers *mpl*.
   2 *cpd*: **stirrup cup** coup *m* de l'étrier; **stirrup leather** étrivière *f*,

stirrup pump pompe *f* à main portative; **stirrup strap** = stirrup leather.

stitch [stɪtʃ] **1** *n* (*Sewing*) point *m*; (*Knitting*) maille *f*; (*Surgery*) point de suture; (*sharp pain*) point de côté. (*Prov*) a ~ **in time saves nine** un point à temps en vaut cent; **she put a few ~es in the tear** elle a fait un point à la déchirure; **to put ~es in a wound** suturer *or* recoudre une plaie; (*Med*) **he had 10 ~es** on lui a fait 10 points de suture; (*Med*) **to get one's ~es out** se faire retirer ses fils (de suture); (*fig*) **he hadn't a ~ (of clothing) on*** il était tout nu; **he hadn't a dry ~ on him** il n'avait pas un fil de sec sur le dos; (*fig*) **to be in ~es*** se tenir les côtes, rire à s'en tenir les côtes; **her stories had us in ~es*** ses anecdotes nous ont fait rire aux larmes, ses anecdotes étaient tordantes; V **cable, drop** *etc*.

2 *vt seam, hem, garment* (*gen*) coudre; (*on machine*) piquer; *book* brocher; (*Med*) suturer; V **hand, machine**.

3 *vi* coudre.

♦**stitch down** *vt sep* rabattre.

♦**stitch on** *vt sep pocket, button* coudre; (*mend*) recoudre.

♦**stitch up** *vt sep* coudre; (*mend*) recoudre; (*Med*) suturer.

stoat [stəʊt] *n* hermine *f*.

stock [stɒk] **1** *n* **(a)** (*supply*) *[cotton, sugar, books, goods]* réserve *f*, provision *f*, stock *m* (*Comm*); *[money]* réserve. (*Comm*) **in ~** en stock, en magasin; **out of ~** épuisé; **the shop has a large ~** le magasin est bien approvisionné *or* achalandé*; **coal ~s** are **low** les réserves *or* les stocks de charbon sont réduit(e)s; (*Theat*) **~ of plays** répertoire *m*; **I've got a ~ of cigarettes** j'ai une provision *or* un stock* de cigarettes; **to get in** *or* **lay in a ~ of** s'approvisionner en *or* de, faire provision de; **it adds to our ~ of facts** cela est un complément à toutes nos données; **a great ~ of learning** un grand fonds d'érudition; (*Ling*) **the linguistic** *or* **word ~** le fonds lexical; **to take ~** (*Comm*) faire l'inventaire; (*fig*) faire le point; (*fig*) **to take ~ of** *situation, prospects etc* faire le point de; *person* jauger, évaluer les mérites de; V **dead, surplus** *etc*.

(b) (*Agr: animals and equipment*) cheptel *m* (vif et mort); (*Agr: also live~*) cheptel vif, bétail *m*; (*Rail*) matériel roulant; (*Ind: raw material*) matière première; (*for paper-making*) pâte *f* à papier; V **fat, live²**, **rolling** *etc*.

(c) (*Fin*) valeurs *fpl*, titres *mpl*; (*company shares*) actions *fpl*. **~s and shares** valeurs (mobilières), titres; **railway ~(s)** actions de chemin de fer; (*fig*) **to put ~ in** sth faire cas de qch; (*fig*) **his ~ has risen** sa cote a remonté; V **preference, registered** *etc*.

(d) (*tree trunk*) tronc *m*; (*tree stump*) souche *f*; (*Horticulture: for grafting*) porte-greffe *m*, ente *f*; V **laughing**.

(e) (*base, stem*) *[anvil]* billot *m*; *[plough]* fût *m*; *[rifle]* fût et crosse *f*; *[plane]* fût, bois *m*; *[whip]* manche *m*; *[fishing rod]* gaule *f*; *[anchor]* jas *m*; V **lock¹** *etc*.

(f) (*descent, lineage*) souche *f*, lignée *f*, famille *f*. **of good Scottish ~** de bonne souche écossaise; **he comes of farming ~** il vient d'une famille d'agriculteurs, il est d'origine *or* de souche paysanne.

(g) (*Cards*) talon *m*.

(h) (*Culin*) bouillon *m*. **chicken ~** bouillon de poulet.

(i) (*flower*) giroflée *f*, mathiole *f*.

(j) (*Hist*) **the ~s** le pilori.

(k) **to be on the ~s** *[ship]* être sur cale; (*fig*) *[book, piece of work, scheme]* être en chantier.

(l) (*tie*) cravate *f* foulard.

2 *adj* **(a)** (*Comm*) *goods, model* courant, de série; (*Theat*) du répertoire; (*fig: stereotyped*) *argument, joke, excuse, comment* classique, banal. (*Comm*) **~ line** article suivi; **~ size** taille courante *or* normalisée; **she is not ~ size** elle n'est pas une taille courante; **~ phrase** cliché *m*, expression toute faite.

(b) (*for breeding*) destiné à la reproduction. **~ mare** jument poulinière.

3 *cpd*: **stock book** livre *m* de magasin; **stockbreeder** éleveur *m*, -euse *f*; **stockbreeding** élevage *m*; **stockbroker** *etc* V **stockbroker** *etc*; **stock car** (*Rail*) wagon *m* à bestiaux; (*Aut Sport*) stock-car *m*; (*Aut Sport*) **stock-car racing** course *f* de stock-cars; (*Fin*) **stock certificate** titre *m*; **stock company** (*Fin*) société *f* par actions, société anonyme (*V also joint*); (*US Theat*) compagnie *f* or troupe *f* (de théâtre) de répertoire; (*Culin*) **stock cube** bouillon-cube *m*; **stock dividend** dividende *m* sous forme d'actions; **stock exchange** Bourse *f* (des valeurs); **on the stock exchange** à la Bourse; **stockfish** stockfisch *m*; **stockholder** actionnaire *mf*; **stock-in-trade** (*goods*) marchandises *fpl* en magasin *or* en stock; (*tools, materials; also fig: of comedian, writer etc*) outils *mpl* du métier; **stockjobber** (*Brit*) intermédiaire *mf* qui traite directement avec l'agent de change; (*US: often pej*) agent *m* de change, agioteur *m* (*often pej*); **stock list** (*Fin*) cours *m* de la Bourse; (*Comm*) liste *f* des marchandises en stock, inventaire commercial; **stockman** gardien *m* de bestiaux; **stock market** Bourse *f*, marché financier; **stock market closing report** compte rendu des cours de clôture; (*US Fin*) **stock option** droit *m* (préférentiel) de souscription; **stockpile** (*vt*) *food etc* stocker, faire *or* constituer des stocks de; *weapons* amasser, accumuler; (*vi*) faire des stocks; (*n*) stock *m*, réserve *f*; **stockpiling** stockage *m*, constitution *f* de stocks; (*Culin*) **stockpot** marmite *f* de bouillon; **stockroom** magasin *m*, réserve *f*, resserre *f*; **to stand** *or* **be stock-still** rester planté comme une borne; (*in fear, amazement*) rester cloué sur place; (*Brit Comm*) **stocktaking** (acte *m* de faire l')inventaire *m*; **to do stocktaking, to be stocktaking** (*Comm*) faire l'inventaire; (*fig*) faire le point; **stockyard** parc *m* à bestiaux.

4 *vt* **(a)** (*supply*) *shop, larder, cupboard* approvisionner (*with* en); *library/farm* monter en livres/en bétail; *river, lake* peupler (*with* de), empoissonner. **well-~ed** *shop etc* bien approvisionné; *library, farm* bien fourni *or* pourvu *or* monté; *garden* bien fourni; **his memory is ~ed with facts** sa mémoire a emmagasiné des tas de connaissances.

(b) (*Comm: hold in ~*) *milk, hats, tools etc* avoir, vendre.

♦**stock up 1** *vi* s'approvisionner (*with, on* en *or* de, *for* pour), faire ses provisions (*with, on* de, *for* pour).

2 *vt sep shop, larder, cupboard, freezer* garnir; *library* accroître le stock de livres de; *farm* accroître le cheptel de; *river, lake* aleviner, empoissonner.

stockade [stɒˈkeɪd] **1** *n* **(a)** (*fencing; enclosure*) palissade *f*. **(b)** (*US: for military prisoners*) salle *f* de police (*d'une caserne*), bloc‡ *m*. **2** *vt* palanquer.

stockbroker [ˈstɒkbrəʊkər] **1** *n* agent *m* de change.

2 *cpd*: (*Brit*) **the stockbroker belt** la banlieue résidentielle (*des nouveaux riches*); (*Brit*) **stockbroker Tudor** style *m* Tudor des banlieues résidentielles.

stockbroking [ˈstɒkbrəʊkɪŋ] *n* commerce *m* des valeurs en Bourse.

Stockholm [ˈstɒkhəʊm] *n* Stockholm.

stockily [ˈstɒkɪlɪ] *adv*: ~ **built** trapu, râblé.

stockiness [ˈstɒkɪnɪs] *n* aspect trapu *or* râblé.

stockinet(te) [ˌstɒkɪˈnet] *n* (*fabric*) jersey *m*; (*knitting stitch*) (point *m* de) jersey.

stocking [ˈstɒkɪŋ] **1** *n* bas *m*; V **Christmas, nylon** *etc*. **2** *cpd*: **in one's stocking feet** sans chaussures; **stocking-filler** tout petit cadeau de Noël; **stocking mask** bas *m* (*d'un bandit masqué*); (*Knitting*) **stocking stitch** (point *m* de) jersey *m*.

stockist [ˈstɒkɪst] *n* (*Brit*) stockiste *mf*; V **sole³**.

stocky [ˈstɒkɪ] *adj* trapu, râblé.

stodge* [stɒdʒ] *n* (*Brit: U*) (*food*) aliment bourratif, étouffe-chrétien* *m inv*; (*in book etc*) littérature *f* indigeste.

stodgy [ˈstɒdʒɪ] *adj* (*filling*) *food, diet* bourratif; (*heavy*) *cake* pâteux, lourd; (**fig*) *book* indigeste; (***) *person* rassis, sans imagination.

stogie, stogy [ˈstəʊgɪ] *n* (*US*) cigare *m*.

stoic [ˈstəʊɪk] **1** *n* stoïque *mf*. (*Philos*) **S~** stoïcien *m*. **2** *adj* stoïque. (*Philos*) **S~** stoïcien.

stoical [ˈstəʊɪkəl] *adj* stoïque.

stoically [ˈstəʊɪklɪ] *adv* stoïquement, avec stoïcisme.

stoicism [ˈstəʊɪsɪzəm] *n* stoïcisme *m*.

stoke [stəʊk] **1** *vt* (*also* ~ **up**) *fire* garnir, entretenir; *furnace* alimenter; *engine, boiler* chauffer.

2 *cpd*: **stokehole** (*Naut*) chaufferie *f*; *[boiler, furnace]* porte *f* de chauffe.

♦**stoke up 1** *vi* (*furnace*) alimenter la chaudière; (*open fire*) entretenir le feu; (**fig: eat*) se garnir *or* se remplir la panse*.

2 *vt sep* = stoke **1**.

stoker [ˈstəʊkər] *n* (*Naut, Rail etc*) chauffeur *m*.

STOL [stɒl] (*Aviat: abbr of* **short take-off and landing**) ADAC *m* (*avion à décollage et atterrissage courts*).

stole¹ [stəʊl] *n* (*Dress*) étole *f*, écharpe *f*; (*Rel*) étole.

stole² [stəʊl] *pret of* **steal**.

stolen [ˈstəʊlən] *ptp of* **steal**.

stolid [ˈstɒlɪd] *adj person* flegmatique, impassible; *manner, voice* imperturbable, impassible.

stolidity [stɒˈlɪdɪtɪ] *n*, **stolidness** [ˈstɒlɪdnɪs] *n* (V **stolid**) flegme *m*, impassibilité *f*.

stolidly [ˈstɒlɪdlɪ] *adv* flegmatiquement, d'une manière impassible, imperturbablement.

stomach [ˈstʌmək] **1** *n* (*Anat*) estomac *m*; (*belly*) ventre *m*. **he was lying on his ~** il était couché *or* allongé sur le ventre, il était à plat ventre; **to have a pain in one's ~** avoir mal à l'estomac *or* au ventre; (*fig*) **I have no ~ for this journey** je n'ai aucune envie de faire ce voyage; **an army marches on its ~** une armée ne se bat pas le ventre creux; V **empty, full, lie¹** *etc*.

2 *cpd disease* de l'estomac; *ulcer* à l'estomac. **stomach ache** *m* de ventre; **I have (a) stomach ache** j'ai mal au ventre; **stomach pump** pompe stomacale; **he has stomach trouble** il a des ennuis *mpl* gastriques.

3 *vt food* digérer; (*fig*) *behaviour, sb's jokes* encaisser*, supporter. (*fig*) **he couldn't ~ this** il n'a pas pu l'encaisser*.

stomatologist [ˌstəʊməˈtɒlədʒɪst] *n* stomatologiste *mf*, stomatologue *mf*.

stomatology [ˌstəʊməˈtɒlədʒɪ] *n* stomatologiste *mf*, stomatologue *mf*.

stomp [stɒmp] **1** *vi*: **to ~ in/out** *etc* entrer/sortir *etc* d'un pas lourd et bruyant; **we could hear him ~ing about** on entendait le bruit lourd de ses pas. **2** *n* (*US: dance*) swing *m*.

stone [stəʊn] **1** *n* **(a)** (*substance; single piece; also gem*) pierre *f*; (*pebble*) caillou *m*; (*on beach etc*) galet *m*; (*commemorative*) stèle *f* (*commemorative*); (*gravestone*) pierre tombale, stèle *f*. **(made) of ~** de pierre; (*fig*) **within a ~'s throw** (*of*) à deux pas (de); (*fig*) **to leave no ~ unturned** remuer ciel et terre (*to do* pour faire); **to turn to ~, to change into ~** (*vt*) pétrifier, changer en pierre; (*vi*) se pétrifier; V **paving, precious, rolling, stand, tomb** *etc*.

(b) (*in fruit*) noyau *m*.

(c) (*Med*) calcul *m*. **to have a ~ in the kidney** avoir un calcul dans le rein; **to have a ~ removed from one's kidney** se faire enlever un calcul rénal; V **gall¹** *etc*.

(d) (*Brit: weight: of* pl *gen inv*) = 14 livres = 6,348 kg.

2 *cpd building* de *or* en pierre. **Stone Age** l'âge *m* de (la) pierre; **stone-blind** complètement aveugle; **stonebreaker** (*person*) casseur *m* de pierres; (*machine*) casse-pierre(s) *m*, concasseur *m*; (*US*) **stone-broke*** = **stony-broke*** (V **stony 2**); (*Orn*) **stonechat** traquet *m* (pâtre); **stone-cold** complètement froid; **stone-cold sober*** pas du tout ivre; (*Bot*) **stonecrop** orpin *m*; **stonecutter** (*person*) tailleur *m* de pierre(s) précieuse(s), lapidaire *m*; (*machine*) sciotte *f*, scie *f* (de carrier); **stone-dead** raide mort; **stone-deaf** sourd comme un pot; **stone fruit** fruit *m* à noyau; **stonemason** tailleur *m* de pierre(s); **stonewall** (*vi: Cricket*) jouer très prudemment; (*fig*) donner des réponses évasives; **stoneware** pots *mpl* de grès; **stonework** maçonnerie *f*.

3 *vt* (**a**) *person, object* lancer *or* jeter des pierres sur, bombarder de pierres. **to ~ sb to death** lapider qn, tuer qn à coups de pierre; (*Brit: excl*) **~ the crows!*** vingt dieux!*

(**b**) *date, olive* dénoyauter.

stoned‡ ['stəʊnd] *adj* (*drunk*) soûl*, complètement rond‡; (*Drugs*) défoncé‡.

stonily ['stəʊnɪlɪ] *adv* avec froideur, froidement; *stare, look* d'un œil froid.

stony ['stəʊnɪ] **1** *adj path, road, soil* pierreux, caillouteux, rocailleux; *beach* de galets; *substance, texture* pierreux; (*fig*) *person, attitude* dur, insensible; *heart* de pierre, dur; *look, welcome* froid. (*fig*) **to fall on ~ ground** ne rien donner.

2 *cpd*: (*Brit*) **stony-broke*** fauché comme les blés*; **stony-faced** au visage impassible.

stood [stʊd] *pret, ptp of* **stand**.

stooge [stuːdʒ] *n* (*Theat*) comparse *mf*, faire-valoir *m*; (*gen: pej*) laquais *m*.

◆**stooge about**‡, **stooge around**‡ *vi* rôder, errer.

stook [stuːk] **1** *n* moyette *f*. **2** *vi* moyetter.

stool [stuːl] **1** *n* (**a**) tabouret *m*; (*folding*) pliant *m*; (*foot~*) tabouret, marchepied† *m*. (*fig*) **to fall between two ~s** se retrouver le bec dans l'eau*; *V* music, piano *etc*.

(**b**) (*fig*) [*window*] rebord *m*; (*Med*) selle *f*; (*Bot*) pied *m* (*de plante*), plante *f* mère.

2 *cpd*: **stool pigeon*** indicateur *m*, -trice *f*, mouchard(e) *m(f)*; (*in prison*) mouton *m*.

stoolie‡, **stooly**‡ ['stuːlɪ] *n* (*US*) = **stool pigeon**.

stoop¹ [stuːp] **1** *n* (**a**) **to have a ~** avoir le dos voûté *or* rond.

(**b**) [*bird of prey*] attaque *f* plongeante.

2 *vi* (**a**) (*have a ~*) avoir le dos voûté *or* rond, être voûté.

(**b**) (*also ~ down*) se baisser, se pencher, se courber; (*fig*) s'abaisser (*to sth* jusqu'à qch, *to do, to doing* jusqu'à faire). (*fig*) **he would ~ to anything** il est prêt à toutes les bassesses.

(**c**) [*bird of prey*] plonger.

3 *vt* baisser, courber, incliner.

stoop² [stuːp] *n* (*US*) véranda *f*.

stooping ['stuːpɪŋ] *adj person* penché, courbé; *back* voûté.

stop [stɒp] **1** *n* (**a**) (*halt*) arrêt *m* (*also Ski*); (*short stay*) halte *f*. **we had a ~ of a few days in Arles** nous avons fait une halte de quelques jours à Arles; **we had a ~ for coffee** nous avons fait une pause-café; **they worked for 6 hours without a ~** ils ont travaillé 6 heures d'affilée *or* sans discontinuer; **a 5-minute ~, 5 minutes' ~** 5 minutes d'arrêt; **to be at a ~** [*traffic, vehicle*] être à l'arrêt; [*work, progress, production*] s'être arrêté, avoir cessé; **to come to a ~** [*traffic, vehicle*] s'arrêter; [*work, progress, production*] cesser; **to bring to a ~** *traffic, vehicle* arrêter; *work, progress, production* faire cesser; **to make a ~** [*bus, train*] s'arrêter; [*plane, ship*] faire escale; **to put a ~ to sth** mettre fin à qch, mettre un terme à qch; **I'll put a ~ to all that!** je vais mettre un terme *or* le holà à tout ça!

(**b**) (*stopping place*) [*bus, train*] arrêt *m*; [*plane, ship*] escale *f*; *V* **bus, request** *etc*.

(**c**) [*organ*] jeu *m*. (*fig*) **to pull out all the ~s** faire un suprême effort, remuer ciel et terre (*to do* pour faire).

(**d**) (*Punctuation*) point *m*; (*in telegrams*) stop *m*; *V also* **full**.

(**e**) (*device*) [*on drawer, window*] taquet *m*; [*door ~*] butoir *m* de porte; (*on typewriter: also* **margin ~**) margeur *m*; (*Tech*) mentonnet *m*.

(**f**) (*Phon*) (consonne *f*) occlusive *f*.

(**g**) (*Phot*) diaphragme *m*.

2 *cpd button, lever, signal* d'arrêt; (*Phot*) *bath, solution* de rinçage. (*US*) **stop-and-go** *V* **stop-go**; **stopcock** robinet *m* d'arrêt; (*Phon*) **stop consonant** (consonne *f*) occlusive *f*; **stopgap** (*n*) bouche-trou *m*; (*adj*) *measure, solution* intérimaire; **stop-go** *V* **stop-go**; **stoplight** (*traffic light*) feu *m* rouge; (*brake light*) feu *m* de stop; **stop-off** arrêt *m*, courte halte; (*St Ex*) **stop order** ordre *m* stop; **stopover** halte *f*; (*Aviat, Rail etc*) **stopover ticket** billet *m* avec faculté d'arrêt; (*Brit Press*) **stop-press** (*news*) nouvelles *fpl* de dernière heure; (*as heading*) 'dernière heure'; (*Aut*) **stop sign** (panneau *m*) stop *m*; (*US Aut*) **stop street** rue *f* non prioritaire; **stop-watch** chronomètre *m*.

3 *vt* (**a**) (*block*) *hole, pipe* boucher, obturer; (*accidentally*) boucher, bloquer; *leak* boucher, colmater; *jar, bottle* boucher; *tooth* plomber. **to ~ one's ears** se boucher les oreilles; (*fig*) **to ~ one's ears to sth** rester sourd à qch; **to ~ a gap** (*lit*) boucher un trou *or* un interstice; (*fig*) combler une lacune (*V also* **stop** 2); **to ~ the way** barrer le chemin.

(**b**) (*halt*) *person, vehicle, ball, machine, process* arrêter; *traffic* arrêter, interrompre; *progress* interrompre; *light* empêcher de passer; *pain, worry, enjoyment* mettre fin à; (*fig: Sport etc: beat*) battre. **to ~ sb short** (*lit*) arrêter qn net *or* brusquement; (*fig: silence*) couper la parole à qn; **to ~ sb in his tracks** (*lit*) arrêter qn net *or* brusquement; (*fig*) couper qn dans son élan; **he ~ped a bullet*** il a reçu une balle; **the walls ~ some of the noise** les murs arrêtent *or* étouffent *or* absorbent une partie du bruit.

(**c**) (*cease*) arrêter, cesser (*doing* de faire). **~ it!** assez!, ça suffit!; **~ that noise!** assez de bruit!; **to ~ work** arrêter *or* cesser de travailler, cesser le travail.

(**d**) (*interrupt*) *activity, building, production* interrompre, arrêter; (*suspend*) suspendre; (*Boxing*) *fight* suspendre; *allowance, leave, privileges* supprimer; *wages* retenir; *gas, electricity, water supply* couper. **rain ~ped play** la pluie a interrompu *or* arrêté la partie; **they ~ped £2 out of his wages** ils lui ont retenu 2 livres sur son salaire; **to ~ one's subscription** résilier son abonnement; **to ~ (payment on) a cheque** faire opposition au paiement d'un

chèque; [*bank*] **to ~ payment** suspendre ses paiements; **he ~ped the milk for a week** il a fait interrompre *or* il a annulé la livraison du lait pendant une semaine.

(**e**) (*prevent*) empêcher (*sb's doing, sb from doing* qn de faire, *sth happening, sth from happening* que qch n'arrive (*subj*)). **there's nothing to ~ you** rien ne vous en empêche; **he ~ped the house (from) being sold** il a empêché que la maison (ne) soit vendue *or* la vente de la maison.

(**f**) (*Mus*) *string* presser; [*trumpet etc*] *hole* boucher, mettre le doigt sur.

4 *vi* (**a**) [*person, vehicle, machine, clock, sb's heart*] s'arrêter. **~ thief!** au voleur!; (*in work etc*) **you can ~ now** vous pouvez (vous) arrêter maintenant; (*in lesson etc*) **we'll ~ here for today** nous nous arrêterons *or* nous tiendrons là pour aujourd'hui; **he ~ped (dead) in his tracks** il s'est arrêté net *or* pile*; **he ~ped in mid sentence** il s'est arrêté au beau milieu d'une phrase; (*fig*) **he never knows where to ~** il ne sait pas s'arrêter; (*fig*) **he will ~ at nothing** il est prêt à tout, il ne recule devant rien (*to do* pour faire); *V* **dead, short** *etc*.

(**b**) [*supplies, production, process, music*] s'arrêter, cesser; [*attack, pain, worry, enjoyment, custom*] cesser; [*allowance, privileges*] être supprimé; [*play, programme, concert*] finir, se terminer; [*conversation, discussion, struggle*] cesser, se terminer.

(**c**) (*) (*remain*) rester; (*live temporarily*) loger. **~ where you are!** restez là où vous êtes!; **I'm ~ping with my aunt** je loge chez ma tante.

◆**stop away*** *vi*: **he stopped away for 3 years** il est resté 3 ans sans revenir *or* 3 ans absent; **he stopped away from the meeting** il n'est pas allé (*or* venu) à la réunion, il s'est tenu à l'écart de la réunion.

◆**stop behind*** *vi* rester en arrière *or* à la fin.

◆**stop by*** *vi* s'arrêter en passant.

◆**stop down*** *vi* (*bending*) rester baissé; (*lying down*) rester couché; (*under water*) rester sous l'eau.

◆**stop in*** *vi* (**a**) (*at home*) rester à la maison *or* chez soi, ne pas sortir.

(**b**) = **stop by***.

◆**stop off 1** *vi* s'arrêter; (*on journey*) s'arrêter, faire une courte halte, interrompre son voyage.

2 stop-off *n V* **stop** 2.

◆**stop out*** *vi* rester dehors, ne pas rentrer. **he always stops out late on Fridays** il rentre toujours tard le vendredi.

◆**stop over 1** *vi* s'arrêter (*un or* plusieurs jour(s)), faire une halte.

2 stopover *n, adj V* **stop** 2.

◆**stop up 1** *vi* (*Brit**) ne pas se coucher, rester debout. **don't stop up for me** ne m'attendez pas pour aller vous coucher.

2 *vt sep hole, pipe* boucher; (*accidentally*) boucher, bloquer, obstruer; *jar, bottle* boucher. **my nose is stopped up** j'ai le nez bouché.

stop-go [stɒp'gəʊ] **1** *n* (*gen, Econ*) **a period of ~** une période d'activité intense suivie de relâchement. **2** *cpd*: (*Pol etc*) **stop-go policy** valse-hésitation *f* en politique.

stoppage ['stɒpɪdʒ] *n* (**a**) (*in traffic, work*) arrêt *m*, interruption *f*, suspension *f*; (*Ftbl etc*) arrêt *m* de jeu; (*strike*) grève *f*; [*leave, wages, payment*] suspension; (*amount deducted*) retenue *f*. (**b**) (*blockage*) obstruction *f*, engorgement *m*; (*Med*) occlusion *f*.

stopper ['stɒpəʳ] **1** *n* [*bottle, jar*] bouchon *m*; [*bath, basin*] bouchon, bonde *f*. **to take the ~ out of a bottle** déboucher une bouteille; **to put the ~ into a bottle** boucher une bouteille; (*fig*) **to put a ~ on sth*** mettre un terme *or* le holà à qch; *V* **conversation**. **2** *vt* boucher.

stopping ['stɒpɪŋ] **1** *n* (**a**) (*U: halting etc: V* **stop** 3b, 3c, 3d) arrêt *m*, interruption *f*; suspension *f*; cessation *f*; [*cheque*] arrêt de paiement; (*Mus*) *V* double.

(**b**) (*U: blocking: V* **stop** 3a) obturation *f*, bouchage *m*.

(**c**) [*tooth*] plombage *m*.

2 *cpd*: (*lay-by etc*) **stopping place** parking *m*; **we were looking for a stopping place** nous cherchions un coin où nous arrêter; **stopping train** (train *m*) omnibus *m*.

storage ['stɔːrɪdʒ] **1** *n* (**a**) (*U*) [*goods, fuel*] entreposage *m*, emmagasinage *m*; [*furniture*] entreposage *m*; [*food, wine*] rangement *m*, conservation *f*; [*radioactive waste*] stockage *m*; [*heat, electricity*] accumulation *f*; [*documents*] conservation *f*. **to put in(to) ~** entreposer, emmagasiner; *furniture* mettre au garde-meuble; *V* **cold**.

(**b**) (*Comput*) mémoire *f*.

2 *cpd capacity, problems* d'entreposage, d'emmagasinage; *charges* de magasinage. **storage battery** accumulateur *m*, accu* *m*; (*electric*) **storage heater** radiateur *m* électrique par accumulation; **storage space** (*in house*) espace *m* de rangement; (*in firm etc*) espace d'emmagasinage; **storage tank** [*oil etc*] réservoir *m* d'emmagasinage; [*rainwater*] citerne *f*; (*furniture*) **storage unit** meuble *m* de rangement.

store [stɔːʳ] **1** *n* (**a**) (*supply, stock, accumulation*) provision *f*, réserve *f*, stock *m*; [*learning, information*] fonds *m*. **to get in** *or* **lay in a ~ of sth** faire provision de qch; **to keep a ~ of sth** avoir une provision de qch, stocker qch; (*fig*) **to set great ~/little ~ by sth** faire grand cas/peu de cas de qch, attacher du prix/peu de prix à qch.

(**b**) (*pl: supplies*) **~s** provisions *fpl*; **to take on** *or* **lay in ~s** s'approvisionner, faire des provisions.

(**c**) (*Brit: depot, warehouse*) entrepôt *m*; (*furniture ~*) garde-meuble *m*; (*in office, factory etc: also* **~s**) réserve *f*; (*larger*) service *m* des approvisionnements. **ammunition ~** dépôt *m* de munitions; **to put in(to) ~** *goods etc* entreposer; *furniture* mettre au garde-meuble; **I am keeping this in ~ for winter** je garde cela en réserve pour l'hiver; (*fig*) **I've got a surprise in ~ for you** j'ai une surprise en réserve pour vous, je vous réserve une surprise; (*fig*) **what** does the future hold *or* have in ∼ for him? que lui réserve l'avenir?

  (d) (*esp US: shop*) magasin *m*, commerce *m*; (*large*) grand magasin; (*small*) boutique *f*. **book** ∼ magasin de livres, librairie *f*; V **chain, department, general** *etc*.

  2 *cpd* (*gen: esp US*) item, line de série; (*US: also* **store-bought**) *clothes* de confection *or* de série; *cake* du commerce. **storehouse** entrepôt *m*, magasin *m*; (*fig: of information etc*) mine *f*; **storekeeper** magasinier *m*; (*esp US: shopkeeper*) commerçant(e) *m(f)*; **storeroom** réserve *f*, magasin *m*.

3 *vt* (a) (*keep in reserve, collect: also* ∼ **up**) *food, fuel, goods* mettre en réserve; *documents* conserver; *electricity, heat* accumuler, emmagasiner; (*fig: in one's mind*) *facts, information* noter *or* enregistrer dans sa mémoire. **this cellar can** ∼ **enough coal for the winter** cette cave peut contenir assez de charbon pour passer l'hiver.

  (b) (*place in* ∼: *also* ∼ **away**) *food, fuel, goods* emmagasiner, entreposer; *one's furniture* mettre au garde-meuble; *crops* mettre en grange, engranger; (*Comput*) mettre en réserve. **he** ∼d **the information (away)** (*in filing system etc*) il rangea *or* classa le renseignement; (*in his mind*) il nota le renseignement; **I've got the camping things** ∼d **(away) till we need them** j'ai rangé *or* mis de côté les affaires de camping en attendant que nous en ayons besoin; **where do you** ∼ **your wine?** où est-ce que vous rangez *or* conservez votre vin?

  (c) (*equip, supply*) *larder etc* approvisionner, pourvoir, munir (*with* de); *mind, memory* meubler (*with* de).

  (d) (*Comput*) mémoriser.

4 *vi*: **these apples** ∼ **well/badly** ces pommes se conservent bien/mal.

♦**store away** *vt sep* V **store 3b**.
♦**store up** *vt sep* V **store 3a**.

storey, (*US*) **story** ['stɔ:rɪ] *n* étage *m*. **on the 3rd** *or* (*US*) **4th** ∼ au 3e (étage); **a 4-storey(ed)** *or* (*US*) **4-storied building** un bâtiment à *or* de 4 étages.

-storeyed, (*US*) **-storied** ['stɔ:rɪd] *adj* ending in cpds V **storey**.

stork [stɔ:k] *n* cigogne *f*.

storm [stɔ:m] **1** *n* (a) tempête *f*; (*thunderstorm*) orage *m*; (*on Beaufort scale*) violente tempête. ∼ **of rain/snow** tempête de pluie/de neige; **magnetic** ∼ orage magnétique; (*Brit fig*) **it was a** ∼ **in a teacup** c'était une tempête dans un verre d'eau; V **dust, hail¹, sand** *etc*.

  (b) (*fig*) *[arrows, missiles]* pluie *f*, grêle *f*; *[insults, abuse]* torrent *m*; *[cheers, protests, applause, indignation]* tempête *f*. **there was a political** ∼ les passions politiques se sont déchaînées; **his speech caused** *or* **raised quite a** ∼ son discours a provoqué une véritable tempête *or* un ouragan; **to bring a** ∼ **about one's ears** soulever un tollé (général); **a period of** ∼ **and stress** une période très orageuse *or* très tourmentée.

  (c) (*Mil*) **to take by** ∼ prendre *or* emporter d'assaut; (*fig*) **the play took London by** ∼ la pièce a obtenu un succès foudroyant *or* fulgurant à Londres; **he took her by** ∼ il a eu un succès foudroyant *or* fulgurant auprès d'elle, elle a eu le coup de foudre pour lui.

2 *cpd signal, warning* de tempête. **storm belt** zone *f* des tempêtes; **stormbound** bloqué par la tempête; (*US*) **storm cellar** abri *m* tempête, abri cyclonique; **storm centre** centre *m* de dépression; (*fig*) centre de l'agitation; **storm cloud** nuage orageux; (*fig*) nuage noir *or* menaçant; **storm cone** cône *m* de tempête; **storm door** double porte *f* (*à l'extérieur*); **storm drain** égout *m* pluvial; **storm lantern** lampe-tempête *f*, lanterne-tempête *f*; **storm-lashed** battu par l'orage *or* la tempête; (*Orn, fig*) **storm petrel** = **stormy petrel** (V **stormy**); **stormproof** à l'épreuve de la tempête; **storm sewer** égout *m* pluvial; **storm-tossed** ballotté *or* battu par la tempête; (*Mil*) **storm trooper** (*gen*) membre *m* d'une troupe d'assaut; (*Nazi*) membre *m* des sections d'assaut nazies; **storm troops** troupes *fpl* d'assaut; **storm water** eau *f* pluviale; **storm window** double fenêtre *f* (*à l'extérieur*).

3 *vt* (*Mil*) prendre *or* emporter d'assaut. (*fig*) **angry ratepayers** ∼ed **the town hall** les contribuables en colère ont pris d'assaut *or* ont envahi la mairie.

4 *vi* [*wind*] souffler en tempête, faire rage; [*rain*] tomber à torrents, faire rage; (*fig*) [*person*] fulminer (*with rage etc* de colère *etc*). **to** ∼ **at sb** tempêter *or* fulminer contre qn; **to** ∼ **(one's way) in/out** *etc* entrer/sortir *etc* comme un ouragan.

stormy ['stɔ:mɪ] *adj weather, sky* orageux; *sea* houleux, (*stronger*) démonté; (*fig*) *discussion, meeting* houleux, orageux; *glance* noir, fulminant; *temperament, person* violent, emporté. ∼ **petrel** (*Orn*) pétrel *m*; (*fig*) enfant *mf* terrible.

story¹ ['stɔ:rɪ] **1** *n* (a) (*account*) histoire *f*. **it's a long** ∼ c'est toute une histoire, c'est une longue histoire; **that's not the whole** *or* **full** ∼ mais ce n'est pas tout; **according to** *or* **if we go by the** ∼ d'après ce que vous dites, selon vous; **I've heard his** ∼ j'ai entendu sa version des faits; (*fig*) **it's quite another** ∼ *or* **a very different** ∼ c'est une tout autre histoire; (*fig*) **it's the same old** ∼ c'est toujours la même histoire *or* la même chanson*; (*fig*) **these scars tell their own** ∼ ces cicatrices parlent d'elles-mêmes *or* en disent long; (*fig hum*) **that's the** ∼ **of my life!** ça m'arrive tout le temps!

  (b) (*tale*) histoire *f*, conte *m*; (*legend*) histoire, légende *f*; (*Literat*) histoire, récit *m*; (*short*) nouvelle *f*; (*anecdote, joke*) histoire, anecdote *f*. **there's an interesting** ∼ **attached to that** on raconte une histoire intéressante à ce sujet; **or so the** ∼ **goes** ou du moins c'est ce que l'on raconte, d'après les on-dit; **he writes stories** il écrit des histoires *or* des nouvelles; **she told the children a** ∼ elle a raconté une histoire aux enfants; **do you know the** ∼ **about** ...? connaissez-vous l'histoire de ...?; **what a** ∼ **this house could tell!** que de choses cette maison pourrait nous (*or* vous *etc*) raconter!; V **bedtime, fairy, short** *etc*.

  (c) (*Cine, Literat, Theat etc: plot*) action *f*, intrigue *f*, scénario *m*. **the** ∼ **of the play is taken from his book** l'action *or* l'intrigue *or* le scénario de la pièce est emprunté(e) à son livre; **he did the** ∼ **for the film** il a écrit le scénario du film.

  (d) (*Press, Rad, TV*) (*event etc*) affaire *f*; (*article*) article *m*. **they devoted 2 pages to the** ∼ **of** ... ils ont consacré 2 pages à l'affaire de ...; **did you read the** ∼ **on** ...? avez-vous lu l'article sur ...?; **I don't know if there's a** ∼ **in it** je ne sais pas s'il y a matière à un article; **he was sent to cover the** ∼ **of the refugees** on l'a envoyé faire un reportage sur les réfugiés.

  (e) (* *fig*) histoire *f*. **to tell stories** raconter des histoires.

2 *cpd*: **storybook** (*n*) livre *m* de contes *or* d'histoires; (*adj: fig*) situation, love affair de roman *or* de livre d'histoires; **a meeting with a storybook ending** une rencontre qui se termine comme dans les romans; [*film, book, play*] **story line** action *f*, intrigue *f*, scénario *m*; **storyteller** conteur *m*, -euse *f*; (* : *fibber*) menteur *m*, -euse *f*; **story-writer** nouvelliste *mf*.

story² ['stɔ:rɪ] *n* (*US*) = **storey**.

stoup [stu:p] *n* (*Rel*) bénitier *m*; (†† : *tankard*) pichet *m*.

stout [staʊt] **1** *adj* (a) (*fat*) gros (*f* grosse), corpulent. **to get** *or* **grow** ∼ prendre de l'embonpoint.

  (b) (*strong*) *stick* solide; *coat* épais (*f* -aisse), solide; *shoes* robuste, solide; *horse* vigoureux, puissant; *resistance, defence* intrépide, énergique; *soldier* vaillant, intrépide; *supporter* fidèle. **with** ∼ **hearts** vaillamment; **he is a** ∼ **fellow*** c'est un brave type*, on peut compter sur lui.

2 *cpd*: **stout-hearted** vaillant, intrépide.

3 *n* (*Brit: beer*) stout *m*, bière brune (*épaisse et forte*).

stoutly ['staʊtlɪ] *adv fight, defend, resist* vaillamment, intrépidement; *deny* catégoriquement; *believe, maintain* dur comme fer. ∼ **built** *hut etc* solide bâti; *person* (*strong*) costaud, bien bâti *or* charpenté, de forte carrure; (*fat*) corpulent, gros (*f* grosse).

stoutness ['staʊtnɪs] *n* (V **stout**) corpulence *f*, embonpoint *m*; solidité *f*, robustesse *f*; vigueur *f*; puissance *f*; intrépidité *f*; vaillance *f*.

stove¹ [staʊv] **1** *n* (a) (*heater*) poêle *m*; V **wood**. (b) (*cooker*) (*solid fuel*) fourneau *m*; (*gas, electricity*) cuisinière *f*; (*small*) réchaud *m*. (c) (*Ind, Tech*) four *m*, étuve *f*. **2** *cpd*: (*lit, also fig: hat*) **stovepipe** tuyau *m* de poêle.

stove² [staʊv] *pret, ptp of* **stave**.

stow [staʊ] **1** *vt* ranger, mettre; (*out of sight: also* ∼ **away**) faire disparaître, cacher; (*Naut*) *cargo* arrimer; (*also* ∼ **away**) *ropes, tarpaulins etc* ranger. **where can I** ∼ **this?** où puis-je déposer ceci?; ∼ **it!‡** la ferme!‡, ferme-la!‡

2 *cpd*: **stowaway** passager clandestin, passagère clandestine.

♦**stow away 1** *vi* s'embarquer clandestinement. **he stowed away to Australia** il s'est embarqué clandestinement pour l'Australie.

2 *vt sep* (*put away*) ranger, déposer, mettre; (*put in its place*) ranger, placer; (*put out of sight*) faire disparaître, cacher; (‡*fig*) *meal, food* enfourner*; V *also* **stow 1**.

3 **stowaway** *n* V **stow 2**.

stowage ['staʊɪdʒ] *n* (*Naut*) (*action*) arrimage *m*; (*space*) espace *m* utile; (*costs*) frais *mpl* d'arrimage.

strabismus [strə'bɪzməs] *n* strabisme *m*.

strabotomy [strə'bɒtəmɪ] *n* strabotomie *f*.

straddle ['strædl] **1** *vt horse, cycle* enfourcher; *chair* se mettre à califourchon *or* à cheval sur; *fence, ditch* enjamber. **to be straddling sth** être à califourchon *or* à cheval sur qch; **the village** ∼s **the border** le village est à cheval sur la frontière; **the enemy positions** ∼d **the river** l'ennemi avait pris position des deux côtés de la rivière; (*Mil: gunnery*) **to** ∼ **a target** encadrer un objectif; (*US fig*) **to** ∼ **an issue** nager entre deux eaux, ménager la chèvre et le chou.

2 *vi* être à califourchon; (*US* *fig*) nager entre deux eaux, ménager la chèvre et le chou. **straddling legs** jambes écartées.

strafe* [stra:f] *vt* (*Mil etc*) (*with machine guns*) mitrailler au sol; (*with shellfire, bombs*) bombarder, marmiter; (*fig*) (*punish*) punir; (*reprimand*) semoncer vertement.

strafing ['stra:fɪŋ] *n* (*Mil, Aviat*) mitraillage *m* au sol.

straggle ['strægl] *vi* (a) [*vines, plants*] pousser tout en longueur, pousser au hasard; [*hair*] être *or* retomber en désordre; [*houses, trees etc*] être épars *or* disséminés; [*village etc*] s'étendre en longueur. **the branches** ∼d **along the wall** les branches tortueuses grimpaient le long du mur; **the village** ∼s **for miles along the road** les maisons du village s'égrènent *or* le village s'étend sur des kilomètres le long de la route; **her hair was straggling over her face** ses cheveux rebelles *or* des mèches folles retombaient en désordre sur son visage.

  (b) [*people, cars, planes*] **to** ∼ **in/out** *etc* entrer/sortir *etc* les uns après les autres *or* par petits groupes (détachés) *or* petit à petit.

♦**straggle away, straggle off** *vi* se débander *or* se disperser petit à petit.

straggler ['stræglər] *n* (*person*) traînard(e) *m(f)* (*also Mil*); (*plane etc*) avion *etc* isolé (qui traîne derrière les autres); (*Bot*) branche gourmande, gourmand *m*.

straggling ['stræglɪŋ] *adj*, **straggly** ['stræglɪ] *adj* qui traîne en longueur; *plant* (qui pousse) tout en longueur; *village* tout en longueur. ∼ **hair** cheveux fins rebelles *or* en désordre *or* décoiffés; **a** ∼ **row of houses** un rang de maisons disséminées; **a long** ∼ **line** une longue ligne irrégulière.

straight [streɪt] **1** *adj* (a) (*not curved, twisted etc*) *line, stick, limb, edge* droit; *road* droit, rectiligne; *course, route* direct, en ligne droite; *tree, tower* droit, vertical; *chair* à dossier droit; *hair* raide; *stance, posture, back* bien droit; (*Geom*) *angle* plat; *picture* d'aplomb, droit; *rug, tablecloth* droit; *hat* droit, d'aplomb, bien mis. **to put** *or* **set** ∼ *picture* redresser, remettre d'aplomb; *hat, tie* ajuster; **the picture/your tie isn't** ∼ le tableau/votre cravate est de travers; **your hem isn't ~** votre ourlet n'est pas rond; (*fig*) **to keep a ~ face** garder son sérieux (*V also* 4); (*US*) **~ razor** rasoir *m* à main *or* de coiffeur.

  (b) (*in order*) *room, house, books, one's affairs, accounts* en ordre. **to put** *or* **set** *or* **get ~ house, room, books** mettre en ordre, mettre de l'ordre dans; *one's affairs, accounts* mettre de l'ordre dans; **to set matters ~** rétablir la vérité, mettre les choses au clair; (*fig*) **let's get this ~** entendons-nous bien sur ce point; **to put** *or* **set sb ~ about sth** éclairer qn sur qch; **to keep sb ~ about sth** empêcher qn de se tromper sur qch; **to put** *or* **set o.s. ~ with sb** faire en sorte de ne pas être en reste avec qn; (*don't owe anything*) **now we're ~** maintenant on est quitte; *V* **record**.

  (c) (*direct, frank*) *person* honnête, franc (*f* franche), loyal; *dealing* loyal, régulier; *answer, question* franc; *look* franc, droit; *denial, refusal* net (*f* nette), catégorique. **to give sb a ~ look** regarder qn droit dans les yeux; **~ speaking, ~ talking** franc-parler *m*; **to play a ~ game** jouer loyalement, jouer franc jeu; (*Racing, St Ex etc*) **~ tip** tuyau* *m* de bonne source.

  (d) (*plain, uncomplicated, undiluted*) *whisky etc* sec, sans eau; (*Theat*) *part, actor* sérieux; (*fig**: *pure and simple*) *dishonesty etc* pur et simple, à l'état pur. **a ~ play** une pièce de théâtre proprement dite; (*Pol*) **a ~ fight** une campagne électorale à deux candidats; (*US Pol*) **to vote a ~ ticket** voter pour une liste sans panachage; (*Cards*) **~ flush** quinte *f* flush; (*fig*) **it was ~* racism** c'était du racisme pur et simple *or* du racisme à l'état pur.

  (e) (‡) (*gen*) normal; (*not homosexual*) hétéro *inv*; (*not a drug addict*) qui ne se drogue pas; (*not a criminal*) honnête, régulier.

  2 *n* (a) (*racecourse, railway line, river etc*) **the ~** la ligne droite; (*fig*) **now we're in the ~** nous sommes maintenant dans la dernière ligne droite.

  (b) **to cut sth on the ~** couper qch (de) droit fil; **out of the ~** de travers, en biais.

  (c) (*fig*) **to follow** *or* **keep to the ~ and narrow** rester dans le droit chemin.

  3 *adv* (a) (*in a ~ line*) *walk, fly* droit, en ligne droite; *grow, stand* (bien) droit; *sit* correctement. **he came ~ at me** il est venu (tout) droit vers moi; **to shoot ~** tirer juste; **I can't see ~** j'y vois trouble; **the cork shot ~ up in the air** le bouchon est parti droit en l'air; **hold yourself ~** redressez-vous, tenez-vous droit; **~ above us** juste au-dessus de nous; **~ across from the house** juste en face de la maison; **to go ~ ahead** *or* **~ on** aller tout droit; **he looked ~ ahead** il a regardé droit devant lui; **to look sb ~ in the face/the eye** regarder qn bien en face/droit dans les yeux; **the bullet went ~ through his chest** la balle lui a traversé la poitrine de part en part.

  (b) (*directly*) tout droit, tout de suite, sur-le-champ, aussitôt. **he went ~ to London** il est allé directement *or* tout droit à Londres; **go ~ to bed** va droit au lit, va tout de suite te coucher; **~ after this** tout de suite après; **~ away, ~ off** tout de suite, sur-le-champ; **~ out, ~ off** (*without hesitation*) sans hésiter; (*without beating about the bush*) sans ambages, sans mâcher ses mots; **he read 'Hamlet' ~ off** il a lu 'Hamlet' d'une seule traite; **to come ~ to the point** en venir droit au fait; (*fig*) **from the horse's mouth** de source sûre; (*fig*) **I let him have it ~ from the shoulder** je le lui ai dit carrément *or* sans mâcher mes mots, je le lui ai dit tout cru; **I'm telling you ~, I'm giving it to you ~*** je vous le dis tout net; **give it to me ~*** n'y va pas par quatre chemins*.

  (c) (*phrases*) **to drink one's whisky ~** boire son whisky sec *or* sans eau; (*Theat*) **he played the role ~** il a joué le rôle de façon classique *or* sans modification; [*criminal*] **he's been going ~ for a year now** voilà un an qu'il est resté dans le droit chemin *or* qu'il vit honnêtement.

  4 *cpd*: **straight-cut tobacco** tabac coupé dans la longueur de la feuille; **straightedge** règle large et plate, limande *f* (*Carpentry*); **straight-faced** (*adv*) en gardant son (*or* mon *etc*) sérieux; (*adj*) qui garde son (*or* mon *etc*) sérieux, impassible; **straightforward** *V* **straightforward**; **straight-line depreciation** constant; (*Theat*) **straight man** comparse *m*, faire-valoir *m*; **straight-out*** *answer, denial, refusal* net (*f* nette), catégorique; *supporter, enthusiast, communist* sans réserve; *liar, thief* fieffé (*before n*); **straightway††** tout de suite, sur-le-champ.

straighten ['streɪtn] **1** *vt wire, nail* redresser, défausser; *hair* décrêper; *road* refaire en éliminant les tournants; *tie, hat* ajuster; *picture* redresser, remettre d'aplomb; *room* mettre de l'ordre dans, mettre en ordre; *papers* ranger. **to ~ one's back** *or* **shoulders** se redresser, se tenir droit; **to ~ the hem of a skirt** arrondir une jupe.

  2 *vi* (*also ~ out*) [*road etc*] devenir droit; (*also ~ out, ~ up*) [*growing plant etc*] pousser droit; (*also ~ up*) [*person*] se redresser.

♦**straighten out 1** *vi V* **straighten 2**.

  2 *vt sep wire, nail* redresser, défausser; *road* refaire en éliminant les tournants; (*fig*) *situation* débrouiller; *problem* résoudre; *one's ideas* mettre de l'ordre dans, débrouiller. **he managed to straighten things out*** il a réussi à arranger les choses; **I'm trying to straighten out how much I owe him*** j'essaie de démêler combien je lui dois; **to straighten sb out‡** remettre qn dans la bonne voie; **I'll soon straighten him out!‡** je vais aller le remettre à sa place!, je vais lui apprendre!

♦**straighten up 1** *vi* (a) *V* **straighten 2**.

  (b) (*tidy up*) mettre de l'ordre, ranger.

  2 *vt sep room, books, papers* ranger, mettre de l'ordre dans.

straightforward [,streɪt'fɔ:wəd] *adj* (*frank*) honnête, franc (*f* franche); (*plain-spoken*) franc, direct; (*simple*) simple. **it's very ~** c'est tout ce qu'il y a de plus simple; **it was ~ racism** c'était du racisme pur et simple *or* du racisme à l'état pur.

straightforwardly [,streɪt'fɔ:wədlɪ] *adv answer* franchement, sans détour; *behave* avec droiture, honnêtement. **everything went quite ~** tout s'est bien passé, tout s'est passé sans anicroche*.

straightforwardness [,streɪt'fɔ:wədnɪs] *n* (*V* **straightforward**) honnêteté *f*, franchise *f*; simplicité *f*.

straightness ['streɪtnɪs] *n* (*frankness*) franchise *f*; (*honesty*) rectitude *f*.

strain¹ [streɪn] **1** *n* (a) (*Tech etc*) tension *f*, effort *m*, pression *f*, traction *f*. **the ~ on the rope** la tension de la corde, l'effort *m or* la force exercé(e) sur la corde; **it broke under the ~** cela s'est rompu sous la tension *or* sous l'effort de traction; **that puts a great ~ on the beam** cela exerce une forte pression *or* traction sur la poutre; **to take the ~ off sth** soulager qch, diminuer la tension de qch *or* la pression sur qch; **can you take some of the ~?** pouvez-vous nous (*or* les *etc*) aider à soutenir ceci?; (*fig*) **it put a great ~ on their friendship** cela a mis leur amitié à rude épreuve; **it was a ~ on the economy/their resources** cela grevait l'économie/leurs ressources; **it was a ~ on his purse** cela faisait mal à son portefeuille, cela grevait son budget; *V* **breaking, stand**.

  (b) (*physical*) effort *m* (physique); (*mental*) tension nerveuse; (*overwork*) surmenage *m*; (*tiredness*) fatigue *f*. **the ~(s) of city life** la tension de la vie urbaine; **the ~ of 6 hours at the wheel** la fatigue nerveuse engendrée par 6 heures passées au volant; **listening for 3 hours is a ~** écouter pendant 3 heures demande un grand effort; **all the ~ and struggle of bringing up the family** toutes les tensions et les soucis qui sont le lot d'un parent qui élève ses enfants; **the ~ of climbing the stairs** l'effort requis pour monter l'escalier; **he has been under a great deal of ~** ses nerfs ont été mis à rude épreuve; **the situation put a great ~ on him** *or* **put him under a great ~** la situation l'a épuisé *or* l'a beaucoup fatigué nerveusement; *V* **stress**.

  (c) (*Med: sprain*) entorse *f*, foulure *f*; *V* **eye** *etc*.

  (d) **~s** (*Mus*) accords *mpl*, accents *mpl*; (*Poetry*) accents, chant *m*; **to the ~s of the 'London March'** aux accents de la 'Marche Londonienne'.

  2 *vt* (a) *rope, beam* tendre fortement *or* excessivement; (*Med*) *muscle* froisser; *arm, ankle* fouler; (*fig*) *friendship, relationship, marriage* mettre à rude épreuve; *resources, savings, budget, the economy* grever; *meaning* forcer; *word* forcer le sens de; *sb's patience* mettre à l'épreuve; *one's authority* outrepasser, excéder. (*Med*) **to ~ one's back** se donner un tour de reins; **to ~ one's heart** se fatiguer le cœur; **to ~ one's shoulder** se froisser un muscle dans l'épaule; **to ~ one's voice** forcer sa voix; **to ~ one's eyes** s'abîmer *or* se fatiguer les yeux; **he ~ed his eyes to make out what it was** il plissa les yeux pour mieux distinguer ce que c'était; **to ~ one's ears to hear sth** tendre l'oreille pour entendre qch; **to ~ every nerve to do** fournir un effort intense pour faire; **to ~ o.s.** (*damage muscle etc*) se froisser un muscle; (*overtire o.s.*) se surmener; (*iro*) **don't ~ yourself!** surtout ne te fatigue pas!

  (b) (†† *or liter*) **to ~ sb to o.s.** *or* **one's heart** serrer qn contre son cœur, étreindre qn.

  (c) (*filter*) *liquid* passer, filtrer; *soup, gravy* passer; *vegetables* (faire) égoutter.

  3 *vi*: **to ~ to do** (*physically*) peiner pour faire, fournir un gros effort pour faire; (*mentally*) s'efforcer de faire; **to ~ at sth** (*pushing/pulling*) pousser/tirer qch de toutes ses forces; (*fig: jib at*) renâcler à qch; [*dog*] **to ~ at the leash** tirer fort sur sa laisse; (*Prov*) **to ~ at a gnat (and swallow a camel)** faire une histoire pour une vétille et passer sur une énormité; (*fig*) **to ~ after sth** faire un grand effort pour obtenir qch; **to ~ under a weight** ployer sous un poids.

♦**strain off** *vt sep liquid* vider.

strain² [streɪn] *n* (*breed, lineage*) race *f*, lignée *f*; [*animal etc*] race *f*; [*virus*] souche *f*; (*tendency, streak*) tendance *f*. **there is a ~ of madness in the family** il y a dans la famille des tendances à *or* une prédisposition à la folie; (*fig*) **there was a lot more in the same ~** il y en avait encore beaucoup du même genre; **he continued in this ~** il a continué sur ce ton *or* dans ce sens.

strained [streɪnd] *adj* (a) *arm, ankle* foulé; *muscle* froissé; *eyes* fatigué; *voice* forcé; *smile, laugh, cough* forcé, contraint; *look* contraint; *relations, atmosphere, nerves, person* tendu; *style* affecté. **he has a ~ shoulder/back** il s'est froissé un muscle dans l'épaule/le dos.

  (b) *soup, gravy* passé; *vegetables* égoutté; *baby food* en purée.

strainer ['streɪnər] *n* (*Culin*) passoire *f*; (*Tech*) épurateur *m*.

strait [streɪt] **1** *n* (a) (*Geog: also* **~s**) détroit *m*. **the S~ of Gibraltar** le détroit de Gibraltar; **the S~s of Dover** le Pas de Calais; **the S~ of Hormuz** le détroit d'Hormuz *or* d'Ormuz.

  (b) (*fig*) **~s** situation *f* difficile; **to be in financial ~s** avoir des ennuis d'argent; *V* **dire**.

  2 *adj* (††) étroit.

  3 *cpd*: **straitjacket** *V* **straitjacket**; **strait-laced** collet monté *inv*.

straitened ['streɪtnd] *adj*: **in ~ circumstances** dans la gêne.

straitjacket ['streɪtdʒækɪt] *n* camisole *f* de force.

strand¹ [strænd] **1** *n* (*liter: shore*) grève *f*, rivage *m*, rive *f*.

  2 *vt ship* échouer; (*also* **to leave ~ed**) *person* laisser en rade* *or* en plan*. **they were (left) ~ed without passports or money** ils se sont retrouvés en rade* *or* coincés sans passeport ni argent; **he took the car and left me ~ed** il a pris la voiture et m'a laissé en plan* *or* en rade*.

strand² [strænd] *n* [*thread, wire*] brin *m*; [*rope*] toron *m*; [*fibrous substance*] fibre *f*; [*pearls*] rang *m*; (*fig: in narrative etc*) fil *m*, enchaînement *m*. **a ~ of hair** une mèche; (*fig*) **the ~s of one's life** le fil de sa vie.

strange [streɪndʒ] *adj* (a) (*alien, unknown*) *language, country* inconnu. **there were several ~ people there** il y avait plusieurs personnes que je ne connaissais pas (*or* qu'il ne connaissait pas *etc*); **don't talk to any ~ men** n'adresse pas la parole à des inconnus; **I never sleep well in a ~ bed** je ne dors jamais bien dans un lit autre que le mien.

(b) (*odd, unusual*) étrange, bizarre, insolite, surprenant. it is ~ that il est étrange *or* bizarre *or* surprenant que + *subj*; ~ to say I have never met her chose curieuse *or* chose étrange je ne l'ai jamais rencontrée; ~ as it may seem aussi étrange que cela puisse paraître; I heard a ~ noise j'ai entendu un bruit insolite.

(c) (*unaccustomed*) work, activity inaccoutumé. you'll feel rather ~ at first vous vous sentirez un peu dépaysé pour commencer.

strangely ['streɪndʒlɪ] *adv* étrangement, curieusement, bizarrement. ~ enough I have never met her chose curieuse *or* chose étrange je ne l'ai jamais rencontrée.

strangeness ['streɪndʒnɪs] *n* étrangeté *f*, bizarrerie *f*, nouveauté *f*.

stranger ['streɪndʒər] **1** *n* (*unknown*) inconnu(e) *m(f)*; (*from another place*) étranger *m*, -ère *f*. he is a perfect ~ (to me) il m'est totalement inconnu; I'm a ~ here je ne suis pas d'ici; I am a ~ to Paris je ne connais pas Paris; a ~ to politics un novice en matière de politique; (*liter*) he was no ~ to misfortune il connaissait bien le malheur, il avait l'habitude du malheur; you're quite a ~! vous vous faites *or* vous devenez rare!, on ne vous voit plus!

2 *cpd:* (*Brit Parl*) Strangers' Gallery tribune réservée au public.

strangle ['stræŋgl] **1** *vt* étrangler; (*fig*) free speech étrangler, museler; *protests* étouffer. ~d *person, voice* étranglé; *sneeze, sob* étouffé, réprimé. **2** *cpd:* to have a stranglehold on (*lit*) tenir à la gorge; (*fig*) tenir à la gorge *or* à sa merci; (*fig: Econ, Comm etc*) a stranglehold on the market une domination *or* un quasi-monopole du marché.

strangler ['stræŋglər] *n* étrangleur *m*, -euse *f*.

strangling ['stræŋglɪŋ] *n* (*lit*) strangulation *f*, étranglement *m*; (*fig*) étranglement. there have been several ~s in Boston plusieurs personnes ont été étranglées à Boston.

strangulate ['stræŋgjʊleɪt] *vt* (*Med*) étrangler.

strangulation [ˌstræŋgjʊ'leɪʃən] *n* (*U*) strangulation *f*.

strap [stræp] **1** *n* (*of leather*) lanière *f*, courroie *f*, sangle *f*; (*of cloth*) sangle, bande *f*, courroie; (*on shoe, also Climbing*) lanière; (*on harness etc*) sangle, courroie; (*on suitcase, around book*) sangle, courroie, lanière; (*on garment*) bretelle *f*; (*on shoulder bag, camera etc*) bandoulière *f*; (*watch* ~) bracelet *m*; (*for razor*) cuir *m*; (*in bus, tube*) poignée *f* de cuir; (*Scol*) lanière de cuir; (*Tech*) lien *m*. (*Scol*) to give sb the ~ administrer une correction à qn (avec une lanière de cuir).

2 *cpd:* straphang voyager debout (dans le métro *etc*); straphanger (*standing*) voyageur *m*, -euse *f* debout *inv*; (*US: public transport user*) usager *m* des transports en commun.

3 *vt* (**a**) (*tie*) attacher (*sth to sth* qch à qch).

(b) (*also* ~ up) *sb's ribs etc* bander *or* maintenir avec une sangle; *suitcase, books* attacher avec une sangle *or* une courroie.

(c) *child etc* administrer une correction à.

◆**strap down** *vt sep* attacher avec une sangle *or* une courroie.

◆**strap in** *vt sep* object attacher avec une sangle *or* une courroie; *child in car, pram etc* attacher avec une ceinture de sécurité *or* un harnais. he isn't properly strapped in il est mal attaché, sa ceinture de sécurité *or* son harnais est mal mis(e).

◆**strap on** *vt sep* object attacher; *watch* mettre, attacher.

◆**strap up** *vt sep* = **strap 3b.**

strapless ['stræplɪs] *adj* dress, bra sans bretelles.

strapped* [stræpt] *adj* (*US*) to be financially ~, to be ~ for funds *or* for cash être à court (d'argent), être dans l'embarras.

strapper* ['stræpər] *n* gaillard(e) *m(f)*.

strapping ['stræpɪŋ] *adj* costaud*, bien découplé *or* charpenté. a ~ fellow un grand gaillard.

Strasbourg ['stræzbɜːg] *n* Strasbourg.

stratagem ['strætədʒəm] *n* stratagème *m*.

strata ['strɑːtə] *npl of* **stratum.**

strategic(al) [strə'tiːdʒɪk(əl)] *adj* stratégique. (*US Aviat*) S~ Air Command l'aviation militaire stratégique (américaine); (*US Mil, Space*) S~ Defense Initiative Initiative *f* de défense stratégique.

strategist ['strætɪdʒɪst] *n* stratège *m*.

strategy ['strætɪdʒɪ] *n* stratégie *f*.

stratification [ˌstrætɪfɪ'keɪʃən] *n* stratification *f*.

stratificational [ˌstrætɪfɪ'keɪʃənl] *adj* (*Ling*) stratificationnel.

stratify ['strætɪfaɪ] *vti* stratifier.

stratocruiser ['strætəʊˌkruːzər] *n* avion *m* stratosphérique.

stratosphere ['strætəʊsfɪər] *n* stratosphère *f*.

stratospheric [ˌstrætəʊs'ferɪk] *adj* stratosphérique.

stratum ['strɑːtəm] *n*, *pl* **strata** (*Geol*) strate *f*, couche *f*; (*fig*) couche.

straw [strɔː] **1** *n* paille *f*. to drink sth through a ~ boire qch avec une paille; (*fig*) man of ~ homme *m* de paille; (*fig*) to clutch *or* catch *or* grasp at a ~ *or* ~s se raccrocher désespérément à un semblant d'espoir; (*fig*) it's a ~ in the wind c'est une indication des choses à venir; (*fig*) when he refused, it was the last ~ quand il a refusé, ç'a été la goutte d'eau qui fait déborder le vase; (*excl*) that's the last ~ *or* the ~ that breaks the camel's back! ça c'est le comble!; I don't care a ~* je m'en fiche*; V draw.

2 *cpd* (*made of* ~: *gen*) de *or* en paille; *roof* en paille, en chaume. **strawberry** V **strawberry**; (*US*) **straw boss** sous-chef *m*; **straw-coloured paille** *inv*; **straw hat** chapeau *m* de paille; (*US*) **straw man** homme *m* de paille; **straw mat** paillasson *m*; **straw mattress** paillasse *f*; **straw poll** = **straw vote**; (*US Pol*) **straw-poll elections** élection-pilote *or* témoin; (*fig, esp US*) **straw vote** sondage *m* d'opinion, vote *m* blanc.

strawberry ['strɔːbərɪ] **1** *n* (*fruit*) fraise *f*; (*plant*) fraisier *m*. **wild** ~ fraise des bois, fraise sauvage.

2 *cpd* jam de fraises; *ice cream* à la fraise; *tart* aux fraises. **strawberry bed** fraiseraie *f* *or* fraisière *f*; **strawberry blonde** (*adj*) blond vénitien *inv*; (*n*) blonde *f* qui tire sur le roux; (*Anat*) **strawberry mark** tache *f* de vin, envie *f*; **strawberry roan** rouan *m* vineux.

stray [streɪ] **1** *n* (**a**) (*dog, cat, etc*) animal errant *or* perdu; (*sheep, cow etc*) animal égaré; (*child*) enfant *mf* perdu(e) *or* abandonné(e). this dog is a ~ c'est un chien perdu *or* errant; V waif.

(b) (*Rad*) ~s parasites *mpl*, friture *f*.

2 *adj* dog, cat perdu, errant; *sheep, cow* égaré; *child* perdu, abandonné; (*fig*) plane, taxi, shot etc isolé; *thought* inopiné. a ~ bullet une balle perdue; a few ~ houses quelques maisons isolées *or* éparses; a few ~ cars quelques rares voitures; he was picked up by a ~ motorist il a été pris par un des rares automobilistes.

3 *vi* (*also* ~ away) [*person, animal*] s'égarer; [*thoughts*] vagabonder, errer. (*lit, fig*) to ~ (away) from *village, plan, subject* s'écarter de; *course, route* dévier de; they ~ed into enemy territory ils se sont égarés *or* ont fait fausse route et se sont retrouvés en territoire ennemi; his thoughts ~ed to the coming holidays il se prit à penser aux vacances prochaines.

streak [striːk] **1** *n* (**a**) (*line, band*) raie *f*, bande *f*; [*ore, mineral*] veine *f*; [*light*] rai(s) *m*, filet *m*; [*blood, paint*] filet. his hair had ~s of grey in it ses cheveux commençaient à grisonner; she had (blond) ~s put in her hair elle s'est fait faire des mèches (blondes); a ~ of cloud across the sky une traînée nuageuse dans le ciel; a ~ of lightning un éclair; he went past like a ~ (of lightning) il est passé comme un éclair.

(b) (*fig: tendency*) tendance(s) *f(pl)*, propension *f*. he has a jealous ~ *or* a ~ of jealousy il a des tendances *or* une propension à la jalousie; she has a ~ of Irish blood elle a une goutte de sang irlandais dans les veines; a ~ of luck/bad luck une période de chance/malchance.

2 *vt* zébrer, strier (*with* de). mirror ~ed with dirt miroir zébré de longues traînées sales; sky ~ed with red ciel strié *or* zébré de bandes rouges; cheeks ~ed with tear-marks joues sillonnées de larmes; clothes ~ed with mud/paint vêtements maculés de longues traînées de boue/de peinture; his hair was ~ed with grey ses cheveux commençaient à grisonner; she's got ~ed hair, she's had her hair ~ed elle s'est fait faire des mèches; rock ~ed with quartz roche veinée de quartz; meat ~ed with fat viande persillée.

3 *vi* (**a**) (*rush*) to ~ in/out/past *etc* entrer/sortir/passer *etc* comme un éclair.

(b) (*: dash naked*) courir tout nu en public.

streaker* ['striːkər] *n* streaker *m*, -euse *f*.

streaky ['striːkɪ] *adj* colour marbré; *window, mirror, sky* zébré; *rock etc* veiné. (*Brit Culin*) ~ bacon bacon *m* pas trop maigre.

stream [striːm] **1** *n* (**a**) (*brook*) ruisseau *m*.

(b) (*current*) courant *m*. to go with the ~ (*lit*) suivre le fil de l'eau; (*fig*) suivre le courant *or* le mouvement, faire comme tout le monde; (*lit, fig*) to go against the ~ aller contre le courant *or* à contre-courant; V down¹, up.

(c) (*flow*) [*water etc*] flot *m*, jet *m*; [*lava*] flot, torrent *m*; [*blood, light*] flot; [*tears*] torrent, ruisseau *m*; [*cold air etc*] courant *m*; [*oaths, curses, excuses*] flot, torrent, déluge *m*; [*cars, trucks*] flot, succession *f*, défilé ininterrompu. a thin ~ of water un mince filet d'eau; the water flowed out in a steady ~ l'eau s'écoulait régulièrement; [*oil*] to be on ~ être en service; to come on ~ être mis en service; to bring the oil on ~ mettre le pipeline en service; ~s of people were coming out des flots de gens sortaient, les gens sortaient à flots; (*Literat, Psych*) the ~ of consciousness la vie mouvante et insaisissable de la conscience, le 'stream of consciousness'.

(d) (*Brit Scol*) classe *f* de niveaux. (*Brit Scol*) divided into 5 ~s réparti en 5 classes de niveau; the top/middle/bottom ~ la section forte/moyenne/faible (*de l'ensemble des élèves qui suivent le même programme*).

2 *cpd:* streamline V streamline.

3 *vi* (**a**) [*water, tears, oil, milk*] ruisseler; [*blood*] ruisseler, dégouliner. to ~ with blood/tears *etc* ruisseler de sang/de larmes *etc*; the fumes made his eyes ~ les émanations l'ont fait pleurer à chaudes larmes; cold air/sunlight ~ed through the window l'air froid/le soleil entrait à flots par la fenêtre.

(b) (*in wind etc: also* ~ out) flotter au vent.

(c) [*people, cars etc*] to ~ in/out/past *etc* entrer/sortir/passer *etc* à flots.

4 *vt* (**a**) to ~ blood/water *etc* ruisseler de sang d'eau *etc*.

(b) (*Scol*) pupils répartir par niveau. to ~ French *or* the French classes répartir les élèves par niveaux en français.

streamer ['striːmər] *n* (*of paper*) serpentin *m*; (*banner*) banderole *f*; (*Astron*) flèche lumineuse; (*Press*) manchette *f*.

streaming ['striːmɪŋ] **1** *n* (*Scol*) répartition *f* des élèves par niveaux. **2** *adj:* I've got a ~ cold je n'arrête pas de me moucher avec ce rhume.

streamline ['striːmlaɪn] *vt* (*Aut, Aviat*) donner un profil aérodynamique à; (*fig*) organization etc rationaliser, procéder au dégraissage de.

streamlined ['striːmlaɪnd] *adj* (*Aut*) aérodynamique; (*fig*) organisation rationalisé, dégraissé.

streamlining ['striːmlaɪnɪŋ] *n* (*fig: of organization etc*) rationalisation *f*, dégraissage *m*.

street [striːt] **1** *n* rue *f*. I saw him in the ~ je l'ai vu dans la rue; [*demonstrators, protesters*] to take to the ~s descendre dans la rue en signe de protestation; to turn *or* put sb (out) into the ~ mettre qn à la rue; (*fig*) the man in the ~ l'homme de la rue, l'homme moyen; a woman of the ~s une prostituée; she is on the ~s*, she works the ~s* elle fait le trottoir*; (*fig*) that's right up my ~* cela est tout à fait dans mes cordes; (*Brit fig*) he is not in the same ~ as you* il ne vous vient pas à la cheville; (*Brit fig*) to be ~s ahead of sb* dépasser qn de loin; (*fig*) ~s better* beaucoup mieux; V back, high, queer *etc.*

2 *cpd* noises etc de la rue; *singer etc* des rues. (*US Scol*) **street**

academy *école privée pour enfants appartenant à une minorité ethnique*; **street accident** accident *m* de la circulation; **street arab** gamin(e) *m* (*f*) des rues; (*US*) **streetcar** tramway *m*; **street cleaner** (*person*) balayeur *m*; (*machine*) balayeuse *f*; **street directory** = **street guide**; **street door** porte *f* sur la rue *or* d'entrée; (*U: Mil*) **street fighting** combats *mpl* de rue; **street guide** guide *m or* répertoire *m or* index *m* des rues; **street hawker** colporteur *m*; **street lamp** réverbère *m*; **at street level** au rez-de-chaussée; (*U*) **street lighting** éclairage *m* des rues *or* de la voie publique; **street map** plan *m* des rues; **street market** marché *m* à ciel ouvert; **street musician** musicien *m* des rues; **street photographer** photostoppeur *m*, -euse *f*; **street seller** marchand ambulant; **street trading** vente *f* ambulante *or* dans la rue; **street sweeper** (*person*) balayeur *m*; (*machine*) balayeuse *f*; **street urchin** gamin(e) *m*(*f*) des rues; *[drugs]* **street value** valeur *f* au niveau du revendeur; **street vendor** marchand ambulant; **streetwalker** prostituée *f*, putain‡ *f*; **street wise** (*lit*) child conscient des dangers de la rue; (*fig*) *worker, policeman* futé, réaliste; (*US Soc*) **street worker** assistant(e) *m*(*f*) social(e) pour les jeunes.

strength [streŋθ] *n* (*U*) **(a)** *[person, animal, hand, voice, magnet, lens]* force *f*, puissance *f*; *[health]* forces, robustesse *f*; *[enemy, team, nation, one's position]* force; *[building, wall, wood]* solidité *f*; *[shoes, material]* solidité, robustesse; *[wind]* force; *[current]* intensité *f*; *[character, accent, emotion, influence, attraction]* force; *[belief, opinion]* force, fermeté *f*; *[arguments, reasons]* force, solidité; *[protests]* force, vigueur *f*; *[claim, case]* solidité; *[tea, coffee, cigarette]* force; *[sauce]* goût relevé; *[drink]* teneur *f* en alcool; *[solution]* titre *m*. **he hadn't the ~ to lift it** il n'avait pas la force de le soulever; **his ~ failed him** ses forces l'ont abandonné; **give me ~!*** Dieu qu'il faut être patient!; **to get one's ~ back** reprendre des forces, recouvrer ses forces; **~ of character** force de caractère; **~ of purpose** résolution *f*, détermination *f*; **~ of will** volonté *f*, fermeté; (*Fin*) **the ~ of the pound** la solidité de la livre; **the pound has gained in ~** la livre s'est consolidée; **to be bargaining** etc **from ~** être en position de force pour négocier etc; (*fig*) **on the ~ of** en vertu de; *V* **show, tensile** etc.

(b) (*Mil, Naut*) effectif(s) *m*(*pl*). **fighting ~** effectif(s) mobilisable(s); **they are below** *or* **under ~** leur effectif n'est pas au complet; **to bring up to ~** compléter l'effectif de; **in** *or* **at full ~** au grand complet; (*fig*) **his friends were there in ~** ses amis étaient là en grand nombre; **to be on the ~** (*Mil*) figurer sur les contrôles; (*gen*) faire partie du personnel.

strengthen [streŋθən] **1** *vt muscle, limb* fortifier, rendre fort; *eyesight* améliorer; *person* fortifier, remonter, tonifier; (*morally*) fortifier, tonifier, enhardir; *enemy, nation, team, one's position, protest, case* renforcer; (*Fin*) *the pound, stock market* consolider; *building, table* consolider, renforcer; *wall* étayer; *fabric, material* renforcer; *affection, emotion, effect* augmenter, renforcer; *opinion, belief* confirmer, renforcer.

2 *vi [muscle, limb]* devenir fort *or* vigoureux, se fortifier; *[wind]* augmenter, redoubler; *[desire, influence, characteristic]* augmenter; *[prices]* se raffermir.

strengthening [streŋθənɪŋ] **1** *n* renforcement *m*; consolidation *f*; augmentation *f*. **2** *adj* fortifiant, remontant, tonifiant. **to have a ~ effect on sth** avoir l'effet de consolider (*or* renforcer etc) qch.

strenuous [strenjʊəs] *adj exercise, work, training* ardu; *game, march* fatigant, qui nécessite *or* exige de l'effort; *life, holiday* très actif; *effort, attempt* acharné, vigoureux; *protest* vigoureux, énergique; *attack, conflict, opposition, resistance* acharné. **I have had a ~ day** je me suis beaucoup dépensé aujourd'hui; **it was all too ~ for me** cela nécessitait trop d'effort pour moi; **I'd like to do something a little less ~** j'aimerais faire quelque chose qui exige (*subj*) un peu moins d'effort; (*Med*) **he mustn't do anything ~** il ne faut pas qu'il se fatigue; **to make ~ efforts to do** faire des efforts acharnés pour faire, s'efforcer avec acharnement de faire.

strenuously [strenjʊəslɪ] *adv work, protest* énergiquement; *exercise, pull* vigoureusement; *resist, try* avec acharnement.

strenuousness [strenjʊəsnɪs] *n* (*degré m d'*)effort *m* requis (*of* par).

streptococcal [ˌstreptəʊˈkɒkl] *adj*, **streptococcic** [ˌstreptəʊˈkɒksɪk] *adj* streptococcique.

streptococcus [ˌstreptəʊˈkɒkəs] *n*, *pl* **streptococci** [ˌstreptəʊˈkɒkaɪ] streptocoque *m*.

streptomycin [ˌstreptəʊˈmaɪsɪn] *n* streptomycine *f*.

stress [stres] **1** *n* **(a)** (*pressure etc*) pression *f*, contrainte *f*, agression *f*, stress *m*; (*Med*) stress; (*also* **mental ~**, **nervous ~**) tension *f* (nerveuse). **in times of ~** à des moments *or* à une période de grande tension; **under the ~ of circumstances** poussé par les circonstances, sous la pression des circonstances; **the ~es and strains of modern life** toutes les pressions et les tensions de la vie moderne, les agressions de la vie moderne; **to be under ~** *[person]* être tendu; *[relationship]* être tendu; **this put him under great ~** ceci l'a considérablement stressé; **he reacts well under ~** il réagit bien dans des conditions difficiles.

(b) (*emphasis*) insistance *f*. **to lay ~ on** *good manners, academic subjects etc* insister sur, mettre l'accent sur; *fact, detail* insister sur, faire ressortir.

(c) (*Ling, Poetry*) (*U: gen*) accentuation *f*; (*accent; on syllable*) accent *m*; (*accented syllable*) syllabe accentuée; (*Mus*) accent. (*Ling*) **the ~ is on the first syllable** l'accent tombe sur la première syllabe; *V* **primary, secondary**.

(d) (*Tech*) effort *m*; charge *f*; travail *m*. **tensile ~** tension *f*; **the ~ acting on a metal** l'effort qui agit sur un métal; **the ~ produced in the metal** le travail du métal; *[beam, metal]* **to be in ~** travailler; **the ~ to which a beam is subjected** la charge qu'on fait subir à une poutre; **a ~ of 500 kilos per square millimetre** une charge de 500 kilos par millimètre carré.

2 *cpd*: (*Ling*) **stress mark** accent *m*.

3 *vt* **(a)** (*emphasize*) *good manners, one's innocence* insister sur; *fact, detail* faire ressortir, souligner, attirer l'attention sur.

(b) (*Ling, Mus, Poetry*) accentuer.

(c) (*Tech: natural process*) fatiguer, faire travailler; (*Tech: industrial process*) metal mettre en charge, solliciter.

stressed [strest] *adj* **(a)** (*under stress*) *person* stressé, tendu; *relationship etc* tendu.

(b) (*Ling, Poetry*) accentué.

stressful [strɛsfʊl] *adj way of life, circumstances* difficile, qui engendre beaucoup de tension nerveuse, stressant.

stretch [stretʃ] **1** *n* **(a)** (*act, gesture*) étirement *m*; (*distance, span: of wing etc*) envergure *f*. **with a ~ of his arm** en étendant le bras; **to give a rope a ~** étirer une corde; **to give shoes a ~** élargir des chaussures; **there's not much ~ left in this elastic** cet élastique a beaucoup perdu de son élasticité; **there's a lot of ~ in this material** ce tissu donne *or* prête bien; **to be at full ~** *[arms, rope etc]* être complètement tendu; (*fig*) *[engine etc]* tourner à plein; *[factory]* tourner à plein (rendement); *[person]* donner son plein; **by a ~ of the imagination** en faisant un effort d'imagination; **by no ~ of the imagination can one say ...** même en faisant un gros effort d'imagination on ne peut pas dire ...; **not by a long ~!** loin de là!

(b) (*period of time*) période *f*. **for a long ~ of time** (pendant) longtemps; **for hours at a ~** (pendant) des heures d'affilée *or* sans discontinuer *or* sans interruption; **he read it all in one ~** il l'a tout lu d'une seule traite, il l'a lu (tout) d'une traite; (*Prison sl*) **to do a ~** faire de la prison *or* de la taule‡; **he's done a 10-year ~** il a fait 10 ans de prison *or* taule‡.

(c) (*area*) étendue *f*; (*part*) partie *f*, bout *m*. **vast ~es of sand/snow** de vastes étendues de sable/de neige; **there's a straight ~** (*of road*) **after you pass the lake** la route est toute droite *or* il y a un bout tout droit une fois que vous avez dépassé le lac; **a magnificent ~ of country** une campagne magnifique; **in that ~ of the river** dans cette partie de la rivière; **for a long ~ the road runs between steep hills** sur des kilomètres la route serpente entre des collines escarpées; (*Racing, Running, also fig*) **to go into the final ~** entrer dans la dernière ligne droite; *V* **home**.

(d) (*Naut*) bordée *f* (courue sous les mêmes amures).

2 *adj fabric, socks, trousers* extensible; (*elasticated*) élastique. (*on skin*) **~ mark** vergeture *f*.

3 *vt* **(a)** (*make longer, wider etc*) *rope, spring* tendre; *elastic* étirer; *shoe, glove, hat* élargir; (*Med*) *muscle, tendon* distendre; (*fig*) *law, rules* tourner; *meaning* forcer; *one's principles* adapter; *one's authority* outrepasser, excéder. (*fig*) (*if you were*) **to ~ a point you could say that ...** on pourrait peut-être aller jusqu'à dire que ...; **you could ~ a point and allow him to ...** vous pourriez faire une petite concession et lui permettre de ...; **to ~ the truth** forcer la vérité, exagérer.

(b) (*extend: often* **~ out**) *wing* déployer; *rope, net, canopy* tendre (*between* entre, *above* au-dessus de); *rug* étendre; *linen* étendre. (*after sleep etc*) **to ~ o.s.** s'étirer (*V also* **3d**); **he had to ~ his neck to see** il a dû tendre le cou pour voir; **he ~ed (out) his arm to grasp the handle** il tendit *or* allongea le bras pour saisir la poignée; **he ~ed his arms and yawned** il s'étira et bâilla; **he ~ed his leg to ease the cramp** il tendit *or* allongea la jambe pour atténuer la crampe; (*fig: go for a walk*) **I'm just going to ~ my legs** je vais me dégourdir les jambes; **the blow ~ed him (out) cold** le coup l'a mis K.-O.*; *[rope etc]* **to be fully ~ed** être complètement tendu; *V also* **3c**, **3d**.

(c) (*fig*) *resources, supplies, funds, income* (*make them last*) faire durer, tirer le maximum de; (*put demands on them*) mettre à rude épreuve. **to be fully ~ed** *[engine]* tourner à plein; *[factory]* tourner à plein (rendement); **our supplies/resources** etc **are fully ~ed** nos provisions/ressources etc sont utilisées au maximum, nos provisions/ressources etc ne sont pas élastiques; *V also* **3b**, **3d**.

(d) (*fig*) *athlete, student etc* pousser, exiger le maximum de. **the work he is doing does not ~ him enough** le travail qu'il fait n'exige pas assez de lui *or* n'est pas assez astreignant; **to be fully ~ed** travailler à la limite de ses possibilités; **to ~ o.s. too far** vouloir en faire trop; *V also* **3b**, **3c**.

4 *vi* **(a)** *[person, animal]* s'étirer. **he ~ed lazily** il s'est étiré paresseusement; **he ~ed across me to get the book** il a tendu le bras devant moi pour prendre le livre.

(b) (*lengthen*) s'allonger, (*widen*) s'élargir; *[elastic]* s'étirer; *[fabric, jersey, gloves, shoes]* prêter, donner.

(c) (*extend, reach, spread out: often* **~ out**) *[rope etc]* s'étendre, aller; *[forest, plain, procession, sb's authority, influence]* s'étendre. **the rope won't ~ to that post** la corde ne va pas jusqu'à ce poteau; **how far will it ~?** jusqu'où ça va?; (*fig*) **my money won't ~* to a new car** mon budget ne me permet pas d'acheter une nouvelle voiture; **the festivities ~ed (out) into January** les festivités se sont prolongées sur une partie de janvier; **a life of misery ~ed (out) before her** une vie de misère s'étendait *or* s'étalait devant elle.

◆**stretch across** *vi*: **he stretched across and touched her cheek** il a tendu la main et touché sa joue.

◆**stretch down** *vi*: **she stretched down and picked up the book** elle a tendu la main et ramassé le livre, elle a allongé le bras pour ramasser le livre.

◆**stretch out 1** *vi [person, arm etc]* s'étendre, s'allonger; *[countryside etc]* s'étendre. **he stretched out on the bed** il s'est étendu *or* allongé sur le lit; *V also* **stretch 4c**.

2 *vt sep* **(a)** (*reach*) *arm, hand, foot* tendre, allonger; (*extend*) *leg etc* allonger, étendre; *wing* déployer; *net, canopy, rope* tendre; *rug* étendre, étaler; *linen* étendre; (*lengthen*) *meeting, discussion* prolonger; *story, explanation* allonger; *V also* **stretch 3b**.

(b) = **stretch 3c**.

◆**stretch over** *vi* = **stretch across.**
◆**stretch up** *vi:* **he stretched up to reach the shelf** il s'est levé sur la pointe des pieds pour atteindre l'étagère.
stretcher ['stretʃər] **1** *n* **(a)** *(Med)* brancard *m*, civière *f*.
  (b) *(device)* *(for gloves)* ouvre-gants *m inv*; *(for shoes)* forme *f*; *(for fabric)* cadre *m*; *(for artist's canvas)* cadre, châssis *m*; *(on umbrella)* baleine *f*.
  (c) *(Constr: brick)* panneresse *f*, carreau *m*; *(crosspiece in framework)* traverse *f*; *(crossbar in chair, bed etc)* barreau *m*, bâton *m*; *(cross-plank in canoe etc)* barre *f* de pieds.
  2 *cpd*: *(Med)* **stretcher-bearer** brancardier *m*; **stretcher case** malade *mf* or blessé(e) *m(f)* qui ne peut pas marcher; **stretcher party** détachement *m* de brancardiers.
stretchy ['stretʃɪ] *adj* extensible, qui donne, qui prête.
strew [stru:] *pret* **strewed,** *ptp* **strewed** or **strewn** [stru:n] *vt straw, sand, sawdust* répandre, éparpiller *(on, over* sur*); flowers, objects* éparpiller, semer *(on, over* sur*); wreckage etc* éparpiller, disséminer *(over* sur*); ground, floor* joncher, parsemer *(with* de*); room, table* joncher *(also fig)*.
striate [straɪ'eɪt] *vt* strier.
stricken ['strɪkən] **1** *(rare) ptp of* **strike.**
  2 *adj person, animal (wounded)* gravement blessé; *(ill)* atteint or touché par un mal; *(afflicted) look, expression* affligé; *(in dire straits) person, country, army* très éprouvé; *(damaged) city* dévasté, ravagé; *ship* très endommagé; *V also* **strike.**
-stricken ['strɪkən] *adj ending in cpds* frappé de, atteint de, accablé de. **plague-stricken** pestiféré, atteint de la peste, frappé par la peste; *V* **grief** *etc*.
strict [strɪkt] *adj* **(a)** *(severe, stern) person, principle, views* strict, sévère; *discipline* strict, sévère, rigoureux; *ban, rule* strict, rigoureux; *order* formel; *etiquette* rigide. **to be ~ with sb** être strict or sévère avec or à l'égard de qn.
  (b) *(precise) meaning* strict *(after n); translation* précis, exact; *(absolute) accuracy, secrecy* strict *(before n)*, absolu; *privacy* strict *(before n)*. **in the ~ sense of the word** au sens strict du mot; **there is a ~ time limit on ...** il y a un délai impératif or de rigueur en ce qui concerne ...; **the ~ truth** la stricte vérité, l'exacte vérité; *(US Jur)* **~ construction/constructionist** interprétation *f* stricte/ interprète *mf* strict(e) *(de la constitution américaine); (Jur)* **~ liability** responsabilité *f* sans faute; *V* **confidence.**
strictly ['strɪktlɪ] *adv* **(a)** *(sternly, severely) treat, bring up* strictement, d'une manière stricte, sévèrement, avec sévérité, avec rigueur.
  (b) *(precisely)* strictement, exactement, rigoureusement; *(absolutely)* strictement, absolument. **~ confidential/personal** strictement confidentiel/privé; **~ between ourselves** strictement entre nous; **~ speaking** à strictement or à proprement parler; **~ prohibited** *(gen)* formellement interdit; *(Admin)* interdit à titre absolu; **'smoking ~ prohibited'** 'défense formelle de fumer'; *V* **bird.**
strictness ['strɪktnɪs] *n [person, principles, views]* sévérité *f*; *[discipline]* sévérité, rigueur *f*; *[translation]* exactitude *f*, précision *f*.
stricture ['strɪktʃər] *n (criticism)* critique *f* (hostile) *(on* de*); (restriction)* restriction *f* (on de*); (Med)* sténose *f*, rétrécissement *m*.
stridden ['strɪdn] *ptp of* **stride.**
stride [straɪd] *(vb: pret* **strode,** *ptp* **stridden) 1** *n* grand pas, enjambée *f; [runner]* foulée *f.* **with giant ~s** à pas de géant; **in** or **with a few ~s** he had caught up with the others il avait rattrapé les autres en quelques enjambées or foulées; *(fig)* **to make great ~s** faire de grands progrès *(in French* en français, *in one's studies* dans ses études, *in doing* pour ce qui est de faire); **to get into one's ~,** *(US)* **to hit one's ~** trouver son rythme, prendre la cadence; **to take in one's ~ changes** *etc* accepter sans sourciller or sans se laisser abattre; *exam/interrogation etc* passer/subir *etc* comme si de rien n'était; *(gen)* **he took it in his ~** il ne s'est pas laissé abattre, il a fait comme de rien n'était; *(US fig)* **to be caught off ~** être pris au dépourvu.
  2 *vi* marcher à grands pas or à grandes enjambées. **to ~ along/ in/away** *etc* avancer/entrer/s'éloigner *etc* à grands pas or à grandes enjambées; **he was striding up and down the room** il arpentait la pièce.
  3 *vt* **(a)** *deck, yard, streets* arpenter.
  (b) (†) = **bestride.**
stridency ['straɪdənsɪ] *n* stridence *f*.
strident ['straɪdənt] *adj* strident *(also Phon)*.
stridently ['straɪdəntlɪ] *adv announce, declare* d'une voix stridente; *hoot, sound, whistle* d'une façon stridente.
strife [straɪf] **1** *n (U)* conflit *m*, dissensions *fpl*, luttes *fpl*, *(less serious)* querelles *fpl*. *(Pol)* **party crippled by internal ~** parti paralysé par des dissensions or des querelles intestines; **industrial ~** conflits sociaux; **domestic ~** querelles de ménage, dissensions domestiques; *(liter)* **to cease from ~** déposer les armes.
  2 *cpd*: **strife-ridden** déchiré par les luttes or les conflits.
strike [straɪk] *(vb: pret* **struck,** *ptp* **struck,** *(rare)* **stricken) 1** *n*
  (a) *(act)* coup *m* (frappé); *(Aviat, Mil)* raid *m* (aérien). *(Mil)* **first ~ weapon** arme *f* de première frappe.
  (b) *(Ind)* grève *f (of, by* de*).* **the coal ~** la grève des mineurs; **the electricity/gas ~** la grève des employés de l'électricité/du gaz; **the transport/hospital ~** la grève des transports/des hôpitaux; **the Ford ~** la grève chez Ford; **to be (out) on ~** être en grève, faire grève *(for* pour obtenir, *against* pour protester contre); **to go on ~, to come out on ~** se mettre en grève, faire grève; *V* **general, hunger, rail, steel, sympathy** *etc*.
  (c) *(Min, Miner etc: discovery)* découverte *f*. **the rich ~ of oil** la découverte d'un riche gisement de pétrole; **to make a ~** découvrir un gisement; *(fig)* **a lucky ~** un coup de chance.

  (d) *(Fishing: by angler)* ferrage *m*; *(Fishing: by fish)* touche *f*, mordage *m*; *(Baseball, Bowling)* strike *m*. *(US fig)* **you have two ~s against you** tu es mal parti*, ça se présente mal pour toi.
  (e) *[clock]* sonnerie *f* des heures.
  2 *cpd*: *(Ind)* **committee, fund** de grève. **strikebound** bloqué par une *(or* la*)* grève; *(Ind)* **strikebreaker** briseur *m* de grève; **he was accused of strikebreaking** on l'a accusé d'être un briseur de grève; **strike force** *(gen: of police etc)* brigade *f* spéciale, détachement *m*; *(Aviat)* détachement d'avions; *(Ind)* **strike leader** leader *m* or dirigeant *m* des grévistes; *(Ind)* **strike pay** salaire *m* de gréviste.
  3 *vt* **(a)** *(hit) person* frapper, donner un or des coup(s) à; *ball* toucher, frapper; *nail, table* frapper sur, taper sur, donner un coup sur, cogner sur; *(Mus) string* toucher, pincer; *[snake]* mordre, piquer. **to ~ sth with one's fist, to ~ one's fist on sth** frapper du poing or donner un coup de poing sur qch; **to ~ sth with a hammer** frapper or taper or cogner sur qch with un marteau, donner un coup de marteau sur qch; *(fig)* **to ~ a man when he is down** frapper un homme à terre; **he struck me (a blow) on the chin** il m'a frappé au menton, il m'a donné un coup de poing au menton; **to ~ the first blow** donner le premier coup, frapper le premier *(or* la première*); (fig)* **to ~ a blow for freedom** rompre une lance pour la liberté; *(fig)* **he struck his rival a shrewd blow by buying the land** il a porté à son rival un coup subtil en achetant la terre; **he struck the knife from his assailant's hand** d'un coup de poing il a fait tomber le couteau de la main de son assaillant; **the pain struck him as he bent down** la douleur l'a saisi quand il s'est baissé; **disease struck the city** la maladie a frappé la ville or s'est abattue sur la ville; **to be stricken by** or **with remorse** être pris de remords; *(fig)* **the news struck him all of a heap‡** la nouvelle lui a coupé bras et jambes or l'a éberlué*; *(fig)* **he was struck all of a heap‡** il en est resté baba*; **the city was struck** or **stricken by fear** la ville a été prise de peur, la peur s'est emparée de la ville; **to ~ fear into sb('s heart)** remplir (le cœur de) qn d'effroi; **it struck terror and dismay into the whole population** cela a terrorisé la population tout entière.
  (b) *(knock against) [person, one's shoulder etc, spade]* cogner contre, heurter; *[car etc]* heurter, rentrer dans*; *(Naut)* rocks, the bottom* toucher, heurter; *(fig) [lightning, light]* frapper. **he struck his head on** or **against the table as he fell** sa tête a heurté la table quand il est tombé, il s'est cogné la tête à or contre la table en tombant; **the stone struck him on the head** la pierre l'a frappé or l'a heurté à la tête; **he was struck by 2 bullets** il a reçu 2 balles; **to be struck by lightning** être frappé par la foudre, être foudroyé; **a piercing cry struck his ear** un cri perçant lui a frappé l'oreille or les oreilles; **the horrible sight that struck his eyes** le spectacle horrible qui lui a frappé les yeux or le regard or la vue.
  (c) *(find, discover) gold* découvrir, trouver; *(fig) hotel, road* tomber sur, trouver; *(fig)* **difficulty, obstacle** rencontrer. **to ~ oil** *(Miner)* trouver du pétrole; *(fig)* trouver le filon*; *(fig)* **to ~ it rich** faire fortune; *V* **patch.**
  (d) *(make, produce etc) coin, medal* frapper; *sparks, fire* faire jaillir *(from* de*); match* frotter, gratter; *(fig) agreement, truce* arriver à, conclure. **to ~ a light** allumer une allumette *(or* un briquet *etc);* *(Bot)* **to ~ roots** prendre racine; *(Horticulture)* **to ~ cuttings** faire prendre racine à des boutures; **to ~ an average** établir une moyenne; **to ~ a balance** trouver un équilibre, trouver le juste milieu; **to ~ a bargain** conclure un marché; **to ~ an attitude** poser; **to ~ an attitude of surprise** faire l'étonné(e); *V* **pose.**
  (e) *chord, note* sonner, faire entendre; *[clock]* sonner. *(fig)* **that ~s a chord** cela me dit or me rappelle quelque chose; *(fig)* **to ~ a false note** sonner faux; **to ~ a note of warning** donner or sonner l'alarme; **the clock struck 3** la pendule a sonné 3 heures; **it has just struck 6** 6 heures viennent juste de sonner; *(Naut)* **to ~ 4 bells** piquer 4.
  (f) *(take down) tent* démonter, plier; *sail* amener; *camp* lever; *flag* baisser, amener. *(Theat)* **to ~ the set** démonter le décor.
  (g) *(delete) name* rayer *(from* de*); person (from list)* rayer; *(from professional register)* radier *(from* de*).* **the judge ordered the remark to be struck** or **stricken from the record** le juge a ordonné que la remarque soit rayée du procès-verbal.
  (h) *(cause to be* or *become)* rendre (subitement). *(lit, fig)* **to ~ sb dumb** rendre qn muet; **to ~ sb dead** porter un coup mortel à qn; *(fig)* **~ me pink!‡** j'en suis soufflé!*
  (i) *(make impression on)* frapper; sembler, paraître *(sb* à qn*).* **I was struck by his intelligence** j'ai été frappé par son intelligence; **I wasn't very struck* with him** il ne m'a pas fait très bonne impression; **to be struck on sb‡** *(impressed by)* être très impressionné par qn; *(in love with)* être toqué* de qn; **the funny side of it struck me later** le côté drôle de la chose m'est apparu or m'a frappé plus tard; **that ~s me as a good idea** cela me semble or paraît une bonne idée; **an idea suddenly struck him** soudain il a eu une idée, une idée lui est venue soudain à l'esprit; **it ~s me that** or **~s me me*** he is lying j'ai l'impression qu'il ment, à mon avis il ment; **how did he ~ you?** quelle impression or quel effet vous a-t-il fait?; **how did the film ~ you?** qu'avez-vous pensé du film?
  (j) *(Fishing) [angler]* ferrer. **the fish struck the bait** le poisson a mordu à l'appât.
  4 *vi* **(a)** *(hit)* frapper; *(attack) (Mil)* attaquer; *[snake]* mordre, piquer; *[tiger]* sauter sur sa proie; *(fig) [disease etc]* frapper; *[panic]* s'emparer des esprits. *(lit, fig)* **to ~ home** frapper or toucher juste, faire mouche; **he struck at his attacker** il porta un coup à son assaillant; **we must ~ at the root of this evil** nous devons attaquer or couper ce mal dans sa racine; *(fig)* **it ~s at the root of our parliamentary system** cela porte atteinte aux fondements mêmes de notre système parlementaire; **his speech ~s at the heart of the problem** son discours porte sur le fond même du problème; **he struck at the heart of the problem** il a mis le doigt

sur le fond du problème; **his foot struck against** *or* **on a rock** son pied a buté contre *or* heurté un rocher; **when the ship struck** quand le bateau a touché; **the sun was striking through the mist** le soleil perçait la brume; **the chill struck through to his very bones** le froid a pénétré jusqu'à la moelle de ses os; *V* iron.
   (**b**) */match/* s'allumer.
   (**c**) */clock/* sonner. **has 6 o'clock struck?** est-ce que 6 heures ont sonné?; (*fig*) **his hour has struck** son heure est venue *or* a sonné.
   (**d**) (*Ind: go on* ∼) faire grève (*for* pour obtenir, *against* pour protester contre).
   (**e**) (*turn, move, go*) aller, prendre. ∼ **left on leaving the forest** prenez à gauche en sortant de la forêt; **to** ∼ **uphill** se mettre à grimper la côte.
   (**f**) (*Horticulture: take root*) prendre racine; (*Fishing: seize bait*) mordre.
♦**strike back** *vt* (*Mil, gen*) rendre les coups (*at sb* à qn), se venger (*at sb* de qn), user de représailles (*at sb* à l'égard de qn).
♦**strike down** *vt sep* (*fig*) */person, disease/* terrasser.
♦**strike in** *vi* (*fig: interrupt*) interrompre.
♦**strike off 1** *vi* (*change direction*) prendre, aller. **he struck off across the fields** il a pris *or* il s'en est allé à travers champs.
   2 *vt sep* (**a**) *sb's head* trancher, couper; *branch* couper.
   (**b**) (*score out, delete*) (*from list*) rayer. */doctor etc/* **to be struck off** être radié.
   (**c**) (*Typ*) tirer.
♦**strike on** *vt fus* *idea* avoir; *solution* tomber sur, trouver.
♦**strike out 1** *vi* (**a**) (*hit out*) se débattre. **he struck out wildly** il s'est débattu furieusement; **he struck out at his attackers** il lança une volée de coups dans la direction de ses attaquants.
   (**b**) (*set off*) **to strike out for the shore** */swimmer/* se mettre à nager *or* */rower/* se mettre à ramer vers le rivage; (*fig*) **he left the firm and struck out on his own** il a quitté l'entreprise et s'est mis à son compte.
   2 *vt sep* (*delete*) *word, question* rayer.
♦**strike through** *vt sep* = **strike out 2**.
♦**strike up 1** *vi* */band etc/* commencer à jouer; */music/* commencer.
   2 *vt sep* (*Mus*) */band/* se mettre à jouer; */singers/* se mettre à chanter. **strike up the band!** faites jouer l'orchestre!; **to strike up an acquaintance** faire *or* lier connaissance (*with sb* avec qn); **to strike up a friendship** lier amitié (*with sb* avec qn).
♦**strike upon** *vt fus* = **strike on**.
striker ['straɪkə^r] *n* (**a**) (*Ind*) gréviste *mf*. (**b**) (*clapper*) frappeur *m*; (*on clock*) marteau *m*; (*on gun*) percuteur *m*. (**c**) (*Ftbl*) buteur *m*.
striking ['straɪkɪŋ] **1** *adj* (**a**) (*impressive, outstanding*) frappant, saisissant.
   (**b**) *clock* qui sonne les heures. **the** ∼ **mechanism** la sonnerie des heures.
   (**c**) (*Mil*) *force, power* de frappe. (*Mil, fig*) **within** ∼ **distance** *or* **range of sth** à portée de qch.
   (**d**) (*Ind*) *workers* en grève, gréviste.
   2 *n* (**a**) */coins/* frappe *f*.
   (**b**) */clock/* sonnerie *f* des heures.
strikingly ['straɪkɪŋlɪ] *adv* d'une manière frappante *or* saisissante, remarquablement. ∼ **beautiful** d'une beauté frappante *or* saisissante, remarquablement beau (*f* belle).
string [strɪŋ] (*vb: pret, ptp* **strung**) **1** *n* (**a**) (*cord*) ficelle *f*; */violin, piano, bow, racket etc/* corde *f*; */puppet/* ficelle, fil *m*; */apron, bonnet, anorak/* cordon *m*; (*Bot: on bean etc*) fil(s). **a piece of** ∼ un bout de ficelle; (*fig*) **he had to pull** ∼**s to get the job** il a dû user de son influence *or* se faire pistonner *or* faire jouer le piston pour obtenir le poste; **to pull** ∼**s for sb** exercer son influence pour aider qn, pistonner qn; (*fig*) **with no** ∼**s attached** sans condition(s); (*fig*) **there are no** ∼**s attached** cela ne vous (*or* nous *etc*) engage à rien; **he has got her on a** ∼ il la tient, il la mène par le bout du nez; **to have more than one** ∼ **to one's bow** avoir plus d'une corde à son arc; **his first** ∼ sa première ressource; **his second** ∼ sa deuxième ressource, la solution de rechange; (*Mus*) **the** ∼**s** les cordes, les instruments *mpl* à cordes; *V* apron, heart *etc*.
   (**b**) */beads, pearls/* rang *m*; */onions/* chapelet *m*; */garlic/* chaîne *f*; (*fig*) */people, vehicles/* file *f*; */racehorses/* écurie *f*; */curses, lies, insults, excuses/* kyrielle *f*, chapelet.
   (**c**) (*Ling*) séquence *f*.
   (**d**) (*Comput*) chaîne *f*. **a numeric/character** ∼ une chaîne numérique/de caractères.
   (**e**) (*Sport*) équipe *f* (provisoire).
   2 *cpd* (*Mus*) *orchestra, quartet* à cordes; *serenade, piece* pour cordes. **string bag** filet *m* à provisions; **string bean** (*vegetable*) haricot vert; (*US fig: tall thin person*) asperge* *f*, grande perche* *f*; (*US Press*) **string correspondent** correspondant(e) *m(f)* local(e) à temps partiel; (*Mus*) **string(ed) instrument** instrument *m* à cordes; (*Mus*) **string player** musicien(ne) *m(f)* qui joue d'un instrument à cordes; **he's a string-puller** il n'hésite pas à se faire pistonner *or* à faire jouer le piston; **string-pulling** le piston; **string tie** cravate-lacet *f*; **string vest** tricot *m* (de corps) de coton à grosses mailles.
   3 *vt* (**a**) *violin etc* monter; *bow* garnir d'une corde; *racket* corder; *V* highly.
   (**b**) *beads, pearls* enfiler; *rope* tendre (*across* en travers de, *between* entre). **they strung lights in the trees** ils ont suspendu *or* attaché des (guirlandes de) lampions dans les arbres.
   (**c**) *beans* enlever les fils de.
♦**string along* 1** *vi* suivre. **to string along with sb** (*accompany*) accompagner qn, aller *or* venir avec qn; (*fig: agree with*) se ranger du côté de *or* à l'avis de qn.
   2 *vt sep* (*pej*) faire marcher, bercer de fausses espérances.
♦**string out 1** *vi* */people, things/* s'échelonner (*along a road* le long d'une route). **string out a bit more!** espacez-vous un peu plus!
   2 *vt sep* (**a**) *lanterns, washing etc* suspendre; *guards, posts*

échelonner. */people, things/* **to be strung out along the road** être échelonnés *or* s'échelonner le long de la route.
   (**b**) (*fig*) **to be strung out** (*gen*) (*debilitated*) être à plat; (*disturbed*) être perturbé; (*Drugs sl: addicted*) être accroché*; (*Drugs sl: under influence*) être drogué; (*Drugs sl: with withdrawal symptoms*) être en manque; **strung out** **on drugs** *etc* abruté par la drogue *etc*.
♦**string up** *vt sep* (**a**) *lantern, onions, nets* suspendre (au moyen d'une corde).
   (**b**) (*fig*) **he had strung himself up to do it** il avait aiguisé toutes ses facultés en vue de le faire; **to be strung up (about sth)** être très tendu *or* nerveux (à la pensée de qch).
   (**c**) (*: *hang; lynch*) pendre.
stringed [strɪŋd] *adj V* **string 2**.
-stringed [strɪŋd] *adj ending in cpds:* **4-stringed** à 4 cordes.
stringency ['strɪndʒənsɪ] *n* (*V* stringent) rigueur *f*, irrésistibilité *f*. **in times of economic** ∼ en période d'austérité.
stringent ['strɪndʒənt] *adj* (*strict*) *rule, order, law* strict, rigoureux; *measures* énergique, rigoureux; (*compelling*) *reasons, arguments* irrésistible; *necessity* impérieux. (*Fin*) ∼ **money market** marché financier tendu *or* serré.
stringently ['strɪndʒəntlɪ] *adv* rigoureusement, strictement.
stringer ['strɪŋə^r] *n* (*journalist*) correspondant(e) *m(f)* local(e) à temps partiel.
stringy ['strɪŋɪ] *adj beans, celery, meat* filandreux; *molasses, cooked cheese* filant, qui file; *plant, seaweed* tout en longueur; (*fig*) *person* filiforme.
strip [strɪp] **1** *n* (**a**) */metal, wood, paper, grass/* bande *f*; */fabric/* bande, bandelette *f*; */ground/* bande, langue *f*; */water, sea/* bras *m*. **a** ∼ **of garden** un petit jardin tout en longueur; **to tear sb off a** ∼*, **to tear a** ∼ **off sb*** bien sonner les cloches à qn*.
   (**b**) (*Aviat: also landing* ∼) piste *f* d'atterrissage.
   (**c**) (*also comic* ∼) = ∼ **cartoon**; *V* 2.
   (**d**) (*Brit Ftbl etc: clothes*) tenue *f*. **the England** ∼ la tenue de l'équipe (de football) d'Angleterre.
   (**e**) (*) = ∼**tease**; *V* striptease.
   2 *cpd:* (*Brit*) **strip cartoon** bande dessinée; (*Agr*) **strip cropping** cultures alternées selon les courbes de niveaux; (*Brit*) **strip lighting** éclairage *m* au néon *or* fluorescent; (*US*) **strip mining** extraction *f* à ciel ouvert; **strip poker** strip-poker *m*; **strip-search** (*n*) fouille (d'une personne dévêtue); (*vt*) **he was strip-searched at the airport** on l'a obligé à se dévêtir avant de le fouiller à l'aéroport; **strip show** strip-tease *m*; **striptease** *V* striptease; **strip-wash** (*n*) (grande) toilette *f* (*surtout d'un malade*); (*vt*) faire la (grande) toilette de.
   3 *vt* (**a**) (*remove everything from*) *person* déshabiller, dévêtir; (*often* ∼ **down**) *room, house* démeubler, vider; */thieves/* dévaliser, vider; *car, engine, gun* démonter complètement; (*Tech*) *nut, screw, gears* arracher le filet de; */wind, people, birds/ branches, bushes* dépouiller, dégarnir; (*take paint etc off*) *furniture, door* décaper. **to** ∼ **sb naked** *or* **to the skin** déshabiller *or* dévêtir qn complètement; **to** ∼ **a bed (down)** défaire un lit complètement; **to** ∼ **(down) the walls** enlever *or* arracher le papier peint; ∼**ped pine** pin *m* décapé; ∼**ped pine furniture** vieux meubles en pin décapé.
   (**b**) (*remove*) *old covers, wallpaper, decorations, ornaments* enlever; *old paint* décaper, enlever. **to** ∼ **the bark from the tree** dépouiller un arbre de son écorce.
   (**c**) (*deprive etc*) *person, object* dépouiller (*of* de). **to** ∼ **a tree of its bark** dépouiller un arbre de son écorce; **to** ∼ **a room of all its pictures** enlever tous les tableaux dans une pièce; **to** ∼ **sb of his titles/honours** dépouiller qn de ses titres/honneurs; (*Fin*) **to** ∼ **a company of its assets** cannibaliser* une compagnie; *V also* asset.
   4 *vi* se déshabiller, se dévêtir; */striptease artist/* faire du strip-tease. **to** ∼ **naked** *or* **to the skin** se mettre nu; **to** ∼ **to the waist** se déshabiller *or* se dévêtir jusqu'à la ceinture, se mettre torse nu; **to be** ∼**ped to the waist** être nu jusqu'à la ceinture, être torse nu.
♦**strip down 1** *vi* = **strip off 1**.
   2 *vt sep* (*Tech etc*) *machine, engine, gun* démonter complètement; *V also* **strip 3a**.
♦**strip off 1** *vi* se déshabiller *or* se dévêtir complètement, se mettre nu.
   2 *vt sep* *buttons, ornaments* enlever, ôter (*from* de); *paper* enlever, arracher (*from* de); *leaves* faire tomber (*from* de); *berries* prendre (*from* de).
stripe [straɪp] *n* (**a**) (*of one colour: also Zool*) raie *f*, rayure *f*. (*pattern*) ∼**s** (*gen*) rayures; (*Zool*) rayures, zébrures *fpl*; **yellow with a white** ∼ jaune rayé de blanc; *V* pin, star *etc*.
   (**b**) (*Mil*) galon *m*. **to get one's** ∼**s** gagner ses galons; **to lose one's** ∼**s** être dégradé.
   (**c**) (†) (*lash*) coup *m* de fouet; (*weal*) marque *f* (d'un coup de fouet).
striped [straɪpt] *adj fabric, garment* rayé, à raies, à rayures; (*Zool*) rayé, tigré. ∼ **with red** à raies *or* rayures rouges, rayé de rouge.
stripling ['strɪplɪŋ] *n* adolescent *m*, tout jeune homme, gringalet *m* (*pej*).
stripper ['strɪpə^r] *n* (**a**) (*also paint-*∼) décapant *m*. (**b**) (*: *striptease artist*) strip-teaseuse *f*. **male** ∼ strip-teaseur *m*.
striptease ['strɪptiːz] *n* strip-tease *m*, effeuillage *m*. ∼ **artist** strip-teaseuse *f*, effeuilleuse *f*.
stripteaser ['strɪptiːzə^r] *n* strip-teaseuse *f*, effeuilleuse *f*.
strive [straɪv] *pret* **strove**, *ptp* **striven** ['strɪvn] *vi* (**a**) (*try hard*) s'efforcer (*to do* de faire), faire son possible (*to do* pour faire), s'évertuer (*to do* à faire). **to** ∼ **after** *or* **for sth** s'efforcer de *or* faire son possible pour arriver à obtenir qch.
   (**b**) (*liter: struggle, fight*) lutter, se battre (*against*, *with* contre).
strobe [strəʊb] **1** *adj lights* stroboscopique; *V also* **2**. **2** *n* (**a**) (*also*

~ **light,** ~ **lighting**) lumière *f* stroboscopique. **(b)** = stroboscope.

stroboscope ['strəʊbəskəʊp] *n* stroboscope *m*.

strode [strəʊd] *pret of* **stride**.

stroke [strəʊk] **1** *n* **(a)** (*movement; blow: gen, Billiards, Cricket, Golf, Tennis etc*) coup *m*; (*Swimming: movement*) mouvement *m* des bras (*pour nager*); (*Rowing, Swimming: style*) nage *f*; (*Rowing: movement*) coup de rame *or* d'aviron. **he gave the cat a** ~ il a fait une caresse au chat; **with a** ~ **of his axe** d'un coup de hache; **with a** ~ **of the pen** d'un trait de plume; ~ **of lightning** coup de foudre; (*Golf, Tennis etc*) **coup** *m*! bien joué!; **to row at 38** ~**s to the minute** ramer *or* nager à une cadence de 38 coups d'aviron minute; (*Rowing, fig*) **to set the** ~ donner la cadence; **to put sb off his** ~ (*Sport*) faire perdre sa cadence *or* son rythme à qn; (*fig*) faire perdre tous ses moyens à qn; **he swam the pool with powerful** ~**s** il a traversé le bassin d'une manière puissante; *V* **back, breast** *etc*. **(b)** (*fig*) **at a** ~, **at one** ~ d'un (seul) coup; **it was a tremendous** ~ **to get the committee's agreement** cela a été un coup de maître que d'obtenir l'accord du comité; **he hasn't done a** ~ (**of work**) il n'a rien fait du tout, il n'en a pas fichu une rame**; ~ **of diplomacy** chef-d'œuvre *m* de diplomatie; ~ **of genius** trait *m* de génie; ~ **of luck** coup de chance *or* de veine; *V* **master** *etc*. **(c)** (*mark*) [*pen, pencil*] trait *m*; [*brush*] touche *f*; (*Typ: oblique*) barre *f*. **thick** ~**s of the brush** des touches épaisses; (*Typ*) **5** ~ **6** 5 barre 6; *V* **brush** *etc*. **(d)** [*bell, clock*] coup *m*. **on the** ~ **of 10** sur le coup de 10 heures, à 10 heures sonnantes; **he arrived on the** ~ il est arrivé à l'heure exacte; **in the** ~ **of time** juste à temps. **(e)** (*Med*) attaque *f* (d'apoplexie). **to have a** ~ avoir une attaque (d'apoplexie); *V* **heat, sun**. **(f)** (*Tech: of piston*) course *f*. **a two-/four-**~ **engine** un moteur à deux/quatre temps; *V* **also two**. **(g)** (*Rowing: person*) chef *m* de nage. **to row** ~ être chef de nage, donner la nage.

2 *vt* **(a)** *cat, sb's hand, one's chin* caresser; *sb's hair* caresser, passer la main dans. (*fig*) **to** ~ **sb** (**up**) **the wrong way** prendre qn à rebrousse-poil *or* à contre-poil. **(b)** (*Rowing*) **to** ~ **a boat** être chef de nage, donner la nage. **(c)** (*draw line through: also* ~ **out**) barrer, biffer, rayer. **(d)** (*Sport*) *ball* frapper.

3 *vi* (*Rowing*) être chef de nage, donner la nage.

♦**stroke down** *vt sep* cat's *fur* caresser; *hair* lisser. (*fig*) **to stroke sb down** apaiser *or* amadouer qn.

♦**stroke out** *vt sep* = **stroke 2c.**

♦**stroke up** *vt sep V* **stroke 2a.**

stroll [strəʊl] **1** *n* petite promenade. **to have** *or* **take a** ~, **to go for a** ~ aller faire un tour.

2 *vi* se promener nonchalamment, flâner. **to** ~ **in/out/away** *etc* entrer/sortir/s'éloigner *etc* sans se presser *or* nonchalamment; **to** ~ **up and down the street** descendre et remonter la rue en flânant *or* sans se presser *or* nonchalamment.

stroller ['strəʊlər] *n* **(a)** (*person*) promeneur *m*, -euse *f*, flâneur *m*, -euse *f*. **(b)** (*esp US: push chair*) poussette *f*; (*folding*) poussette-canne *f*.

strolling ['strəʊlɪŋ] *adj player, minstrel* ambulant.

stroma ['strəʊmə] *n*, *pl* **-ata** ['strəʊmətə] stroma *m*.

strong [strɒŋ] **1** *adj* **(a)** (*powerful*) fort (*also Mil, Pol, Sport etc*), vigoureux, puissant; (*healthy*) fort, robuste, vigoureux; *heart* robuste, solide; *nerves* solide; *eyesight* très bon (*f* bonne); *leg* vigoureux; *arm, limb* fort, vigoureux; *voice* fort, puissant; *magnet* puissant; *wind* fort; (*Elec*) *current* intense; *lens, spectacles* fort, puissant; (*solid, robust*) *building, wall* solide; *table, shoes, bolt, nail* solide, robuste; *glue* fort; *fabric, material* solide, résistant. **to be (as)** ~ **as a horse** (*powerful*) être fort comme un bœuf *or* comme un Turc; (*healthy*) avoir une santé de fer; (*in circus etc*) ~ **man** hercule *m*; **do you feel** ~**?** est-ce que vous avez des forces?, est-ce que vous vous sentez en forme?; (*in health*) **when you are** ~ **again** quand vous aurez repris des forces, quand vous aurez retrouvé vos forces; **she has never been very** ~ elle a toujours eu une petite santé; (*fig*) **you need a** ~ **stomach for that job** il faut avoir l'estomac solide *or* bien accroché* pour faire ce travail; *V* **constitution** *etc*. **(b)** (*fig: morally*) fort, courageux; *character, personality* fort, puissant; *characteristic* marqué, frappant; *accent* fort, marqué; *emotion, desire, interest* vif (*f* vive); *reasons, argument, evidence* solide, sérieux; (*St Ex*) *market* ferme; (*Econ*) *the pound, dollar* solide; *candidate, contender* sérieux, qui a des chances de gagner; *letter* bien senti; *protest* énergique, vigoureux, vif; *measures, steps* énergique; *influence, attraction* fort, profond; (*Mus*) *beat* fort. (*in courage etc*) **you must be** ~ soyez courageux, vous devez faire preuve de courage; (*mentally etc*) **he's a very** ~ **person** c'est un homme bien trempé *or* un homme qui a du ressort; **we are in a** ~ **position to make them obey** nous sommes bien placés pour les faire obéir; **his** ~ **suit** (*Cards*) sa couleur forte; (*fig: also* **his** ~ **point**) son fort; **to be** ~ **in maths** être fort en maths; **in** ~ **terms** en terms non équivoques; ~ **language** grossièretés *fpl*, propos grossiers; **there are** ~ **indications that** ... tout semble indiquer que ...; **a** ~ **effect** beaucoup d'effet; **I had a** ~ **sense of** ... je ressentais vivement ...; **I've a** ~ **feeling that** ... j'ai bien l'impression que ...; **he's got** ~ **feelings on this matter** cette affaire lui tient à cœur; **it is my** ~ **opinion** *or* **belief that** je suis fermement convaincu *or* persuadé que; **a** ~ **socialist** un socialiste fervent; ~ **supporters of** d'ardents partisans de, des fervents de; **I am a** ~ **believer in** je crois fermement à *or* profondément à; *V* **case**[1] *etc*.

(c) (*affecting senses powerfully*) *coffee, cheese, wine, cigarette* fort; (*pej*) *butter* rance; *sauce, taste* fort, relevé; *solution* concentré; *light* fort, vif (*f* vive). ~ **drink** alcool *m*, boisson *f* alcoolisée; **his breath**

---

is very ~ il a l'haleine forte; **it has a** ~ **smell** ça sent fort.

(d) (*in numbers*) **an army 500** ~ une armée (forte) de 500 hommes; **they were 100** ~ ils étaient au nombre de 100.

(e) (*Ling*) *verb, form* fort.

2 *cpd*: **strong-arm** *V* **strong-arm**; **strong-armed** aux bras forts; **strongbox** coffre-fort *m*; (*on Beaufort scale*) **strong breeze** vent frais; (*on Beaufort scale*) **strong gale** fort coup de vent; **stronghold** (*Mil*) forteresse *f*, fort *m*; (*fig*) bastion *m*; **strong-limbed** aux membres forts *or* vigoureux; **strong-minded** *V* **strong-minded**; **strongroom** (*gen*) chambre *f* forte; (*in bank*) chambre forte, salle *f* des coffres; **strong-willed** résolu; **to be strong-willed** avoir de la volonté.

3 *adv*: **to be going** ~ [*person*] être toujours solide; [*car etc*] marcher toujours bien; [*relationship etc*] aller bien; [*firm, business*] aller bien, être florissant; **that's pitching it** *or* **coming it** *or* **going it a bit** ~*** il pousse (*or* vous poussez *etc*) un peu fort*, il y va (*or* vous y allez *etc*) un peu fort; **to come on** ~* insister lourdement; (*US: make progress*) progresser fortement.

strong-arm* ['strɒŋɑːm] **1** *adj method, treatment* brutal. ~ **man** gros bras *m* (*fig*); ~ **tactics** la manière forte.

2 *vt* faire violence à. **to** ~ **sb into doing sth** forcer la main à qn pour qu'il fasse qch.

strongly ['strɒŋlɪ] *adv fight, attack* avec force, énergiquement; *play* efficacement; *attract, interest, influence, desire* fortement, vivement; *accentuate, remind, indicate* fortement; *protest, defend* énergiquement, vigoureusement; *believe* fermement, profondément; *feel, sense* profondément; *answer* en termes sentis; *constructed, made* solidement. ~ **built** *wall, table* solide, robuste; *person* bien bâti, de forte constitution; **a** ~-**worded letter** une lettre bien sentie; **it smells very** ~ cela sent très fort; **it smells** ~ **of onions** cela a une forte odeur d'oignons.

strong-minded ['strɒŋ'maɪndɪd] *adj* résolu, qui a beaucoup de volonté, qui sait ce qu'il veut.

strong-mindedly ['strɒŋ'maɪndɪdlɪ] *adv* avec une persévérance tenace, avec ténacité.

strong-mindedness ['strɒŋ'maɪndɪdnɪs] *n* volonté *f*, force *f* de caractère.

strontium ['strɒntɪəm] *n* strontium *m*. ~ **90** strontium 90, strontium radio-actif.

strop [strɒp] **1** *n* cuir *m* (à rasoir). **2** *vt razor* repasser sur le cuir.

strophe ['strəʊfɪ] *n* strophe *f*.

stroppy‡ ['strɒpɪ] *adj* (*Brit*) contrariant, difficile. **to get** ~ monter sur ses grands chevaux.

strove [strəʊv] *pret of* **strive**.

struck [strʌk] *pret, ptp of* **strike**.

structural ['strʌktʃərəl] *adj* **(a)** (*gen, also Anat, Bot, Chem etc*) structural; (*Econ, Ling*) structural, structurel; (*relating to structuralism*) structural. ~ **psychology/linguistics** psychologie/ linguistique structurale; ~ **complexity** complexité structurale *or* structurelle *or* de structure; ~ **change** changement structural *or* structurel; (*Ling*) ~ **analysis/description** *etc* analyse/description *etc* structurale *or* structurelle; ~ **unemployment** chômage *m* structurel.

(b) (*Constr*) *fault etc* de construction. ~ **alterations** modifications *fpl* des parties portantes; ~ **steel** acier *m* (de construction); ~ **engineer** ingénieur *m* des ponts et chaussées; ~ **engineering** ponts et chaussées *mpl*.

structuralism ['strʌktʃərəlɪzəm] *n* structuralisme *m*.

structuralist ['strʌktʃərəlɪst] *adj*, *n* structuraliste (*mf*).

structurally ['strʌktʃərəlɪ] *adv* (*Anat, Bot, Chem etc*) du point de vue de la structure; (*Constr*) du point de vue de la construction, du point de vue des fondations et des murs. **there is nothing** ~ **wrong with the building** il n'y a rien à redire quant aux fondations et aux murs; ~ **sound** (*gen*) bien structuré; (*Constr*) d'une construction solide.

structure ['strʌktʃər] **1** *n* **(a)** (*Anat, Bot, Chem, Geol, Ling, Math, Philos, Phys, Psych etc*) structure *f*; (*Literat, Poetry*) structure, composition *f*. **social/administrative** ~ structure sociale/ administrative.

(b) (*Constr*) [*building etc*] ossature *f*, carcasse *f*, armature *f*; (*the building, bridge etc itself*) construction *f*, édifice *m*.

2 *vt* structurer.

structured ['strʌktʃəd] *adj* structuré. ~ **activity** activité structurée.

struggle ['strʌgl] **1** *n* (*lit, fig*) lutte *f* (*for* pour, *against* contre, *with* avec, *to do* pour faire); (*fight*) bagarre *f*. **to put up a** ~ résister (*also fig*), se débattre; **he lost his glasses in the** ~ il a perdu ses lunettes dans la bagarre; (*Mil*) **they surrendered without a** ~ ils n'ont opposé aucune résistance; **you won't succeed without a** ~ vous ne réussirez pas sans vous battre, il faudra vous battre si vous voulez réussir; **her** ~ **to feed her children** sa lutte quotidienne pour nourrir ses enfants; **the** ~ **to find somewhere to live** les difficultés qu'on a à trouver *or* le mal qu'il faut se donner pour trouver un logement; **I had a** ~ **to persuade him** j'ai eu beaucoup de mal à le persuader, je ne l'ai persuadé qu'au prix de grands efforts; **it was a** ~ **but we made it** cela nous a demandé beaucoup d'efforts mais nous y sommes arrivés.

2 *vi* **(a)** (*gen*) lutter (*against* contre, *for* pour); (*fight*) lutter, se battre; (*thrash around*) se débattre, se démener; (*fig: try hard*) se démener, se décarcasser* (*to do* pour faire), s'efforcer (*to do* de faire). **he was struggling with the thief** il était aux prises *or* se battait avec le voleur; **he** ~**d fiercely as they put on the handcuffs** il a résisté avec acharnement quand on lui a passé les menottes; **he** ~**d to get free from the ropes** il s'est débattu *or* démené pour se dégager des cordes; **they were struggling for power** ils se disputaient le pouvoir; (*fig*) **he was struggling to make ends meet** il avait beaucoup de mal à joindre les deux bouts, il tirait le diable par la queue; **he is struggling to finish it before tomorrow** il se démène *or* il se décarcasse* pour le terminer avant demain.

 (b) (*move with difficulty*) **to ~ in/out** *etc* entrer/sortir *etc* avec peine *or* à grand-peine; **he ~d up the cliff** il s'est hissé péniblement *or* à grand-peine jusqu'au sommet de la falaise; **he ~d through the tiny window** il s'est contorsionné pour passer par la minuscule fenêtre; **to ~ through the crowd** se frayer péniblement un chemin à travers la foule; **he ~d to his feet** (*from armchair etc*) il s'est levé non sans peine; (*during fight etc*) il s'est relevé péniblement; **he ~d into a jersey** il a enfilé non sans peine un pullover.

 ◆**struggle along** *vi* (*lit*) avancer avec peine *or* à grand-peine; (*fig: financially*) subsister *or* se débrouiller tant bien que mal.

 ◆**struggle back** *vi* (*return*) revenir (*or* retourner) avec peine *or* à grand-peine. (*fig*) **to struggle back to solvency** s'efforcer de redevenir solvable.

 ◆**struggle on** *vi* **(a)** = **struggle along**.

 (b) (*continue the struggle*) continuer de lutter, poursuivre la lutte (*against* contre).

 ◆**struggle through** *vi* (*fig*) venir à bout de ses peines, s'en sortir.

 struggling ['strʌglɪŋ] *adj artist etc* qui tire le diable par la queue.

 strum [strʌm] **1** *vt* **(a)** *piano* tapoter de; *guitar, banjo etc* gratter de, racler (de). **(b)** (*also ~ out*) *tune* (*on piano*) tapoter; (*on guitar etc*) racler. **2** *vi*: **to ~ on** = 1a. **3** *n* (*also ~ming*) [*guitar etc*] raclement *m*.

 **strumpet†† ** ['strʌmpɪt] *n* catin *f*.

 strung [strʌŋ] *pret, ptp of* **string**; *V also* **highly**, **string up** *etc.*

 strut¹ [strʌt] *vi* (*also ~ about, ~ around*) se pavaner. **to ~ in/out/along** *etc* entrer/sortir/avancer *etc* en se pavanant *or* en se rengorgeant *or* d'un air important.

 strut² [strʌt] *n* (*support*) étai *m*, support *m*; (*for wall, trench, mine*) étrésillon *m*; (*more solid*) étançon *m*; (*Carpentry*) contrefiche *f*, (*between uprights*) lierne *f*, traverse *f*, entretoise *f*; (*Constr: in roof*) jambe *f* de force.

 strychnine ['strɪkniːn] *n* strychnine *f*.

 stub [stʌb] **1** *n* [*tree, plant*] souche *f*, chicot *m*; [*pencil, broken stick*] bout *m*, morceau *m*; [*cigarette, cigar*] bout, mégot* *m*; [*tail*] moignon *m*; [*cheque, ticket*] talon *m*. **2** *vt*: **to ~ one's toe/one's foot** se cogner le doigt de pied/le pied (*against* contre). **3** *cpd*: **a stub end of a pencil** *etc* un bout de crayon *etc.*

 ◆**stub out** *vt sep cigar, cigarette* écraser.

 stubble ['stʌbl] *n* (*U*) (*Agr*) chaume *m*, éteule *f*; (*on chin*) barbe *f* de plusieurs jours. **field of ~** chaume, éteule.

 stubbly ['stʌblɪ] *adj field* couvert de chaume; *chin, face* mal rasé; *beard* de plusieurs jours; *hair* court et raide, en brosse.

 stubborn ['stʌbən] *adj person* entêté, têtu, obstiné, opiniâtre; *animal* rétif; *campaign, resistance* opiniâtre, obstiné, acharné; *denial, refusal, insistence* obstiné, opiniâtre; *fever, disease* rebelle, persistant, opiniâtre; *V* **mule¹**.

 stubbornly ['stʌbənlɪ] *adv* obstinément, opiniâtrement. **he ~ refused** il a obstinément *or* opiniâtrement refusé, il s'est obstiné à refuser.

 stubbornness ['stʌbənnɪs] *n* (*V* **stubborn**) entêtement *m*, obstination *f*, opiniâtreté *f*; acharnement *m*; persistance *f*.

 stubby ['stʌbɪ] *adj person* trapu, courtaud, boulot (*f* -otte); *finger* épais (*f* -aisse), boudiné; *pencil, crayon* gros et court. **a ~ tail** un bout de queue.

 stucco ['stʌkəʊ] **1** *n* stuc *m*. **2** *cpd* de *or* en stuc, stuqué. **stuccowork** stucage *m*. **3** *vt* stuquer.

 stuck [stʌk] **1** *pret, ptp of* **stick**. **2** *cpd*: **stuck-up*** bêcheur*, prétentieux; **to be stuck-up*** être bêcheur*, faire du chiqué*.

 stud¹ [stʌd] **1** *n* (*knob, nail*) clou *m* à grosse tête; (*on door, shield etc*) clou décoratif; (*on boots*) clou à souliers, caboche *f*; (*on football boots*) crampon *m*; (*on tyre, roadway*) clou; (*Aut: cat's-eye*) catadioptre; (*also* **collar ~**) bouton *m* de col; (*in chain*) étai *m*; (*Constr*) montant *m*; (*Tech: double-headed screw*) goujon *m*; (*pivot screw*) tourillon *m*.

 2 *vt boots, shield, door,* clouter. (*Aut*) **~ded tyre** pneu *m* clouté *or* à clous; (*fig*) **~ded with** parsemé de, émaillé de; **sky ~ded with stars** ciel constellé, ciel parsemé *or* semé *or* piqueté *or* criblé d'étoiles.

 stud² [stʌd] **1** *n* **(a)** (*racing ~*) écurie *f* (de courses); (*~ farm*) haras *m*. **to be at ~** étalonner.

 (b) (‡: *young man*) jeune mec‡ *m*; (*promiscuous*) tombeur* *m*.

 2 *cpd*: **studbook** stud-book *m*; **stud farm** haras *m*; **stud fee** prix *m* de la saillie; **studhorse** étalon *m*; **stud mare** (jument *f*) poulinière *f*; (*Cards*) **stud poker** variété *f* de poker.

 student ['stjuːdənt] **1** *n* (*Univ*) étudiant(e) *m(f)*; (*Scol*) élève *mf*, lycéen(ne) *m(f)*. (*Univ*) **medical ~** étudiant(e) en médecine; **~'s book** livre *m* de l'élève; **he is a ~ of bird life** il étudie la vie des oiseaux; **he is a keen ~** il est très studieux.

 2 *cpd* (*Univ*) *life* étudiant, estudiantin; (*Univ*) *residence, restaurant* universitaire; (*Univ*) *power, unrest* étudiant; *attitudes, opinions* (*Univ*) des étudiants; (*Scol*) des élèves, des lycéens. **the student community** les étudiants *mpl*; (*Brit Scol*) **student council** comité *m* des délégués de classe; (*Scol, Univ*) **student councillor** délégué(e) *m(f)* de classe; (*US*) **student driver** conducteur *m*, -trice *f* débutant(e); (*US Scol*) **student file** dossier *m* scolaire; **student grant** bourse *f*; (*US Scol*) **student ID card** carte *f* d'identité scolaire; (*US*) **student lamp** lampe *f* de bureau (*orientable*); (*Med*) **student nurse** élève *mf* infirmier(-ière); **student participation** participation *f* étudiante (*Univ*) *or* lycéenne (*Scol*); **student teacher** professeur *m* stagiaire, (*in primary school*) instituteur *m*, -trice *f* stagiaire; **student teaching** stage *m* pédagogique; **student union** (*in university*) (*club*) club *m* des étudiants; (*trade union*) syndicat *m* *or* union *f* des étudiants.

 studentship ['stjuːdəntʃɪp] *n* bourse *f* (d'études).

 studied ['stʌdɪd] *adj calm, politeness* étudié, calculé; *insult, avoidance* délibéré, voulu; (*pej*) *pose, style* affecté.

 studio ['stjuːdɪəʊ] **1** *n* [*artist, photographer, musician etc*] studio *m*, atelier *m*; (*Cine, Rad, Recording, TV etc*) studio; *V* **mobile**, **recording** *etc.* **2** *cpd*: (*US*) **studio apartment** studio *m* (*logement*); (*Rad, TV*) **studio audience** public *m* (*invité à une émission*); **studio couch** divan *m*; (*Phot*) **studio portrait** portrait *m* photographique.

 studious ['stjuːdɪəs] *adj person* studieux, appliqué; *piece of work, inspection* sérieux, soigné; *effort* assidu, soutenu; *calm, politeness* étudié, calculé; *insult, avoidance* délibéré, voulu.

 studiously ['stjuːdɪəslɪ] *adv* (*with care etc*) studieusement; (*deliberately*) d'une manière étudiée *or* calculée *or* délibérée, soigneusement. **he ~ avoided her** il prenait soin de l'éviter; **~ calm** d'un calme étudié.

 studiousness ['stjuːdɪəsnɪs] *n* application *f* (*à l'étude*), amour *m* de l'étude.

 study ['stʌdɪ] **1** *n* **(a)** (*gen, Art, Mus, Phot, Soc etc*) étude *f*. **to make a ~ of sth** faire une étude de qch, étudier qch; **it is a ~ of women in industry** c'est une étude sur les femmes dans l'industrie; **his studies showed that ...** ses recherches *fpl* ont montré que ...; (*fig: model, ideal*) **it is a ~ in social justice** c'est un modèle de justice sociale; (*fig hum*) **his face was a ~** il fallait voir son visage, son visage était un poème*; *V* **brown** *etc.*

 (b) (*U*) étude *f*; (*Scol*) études *fpl*. **he spends all his time in ~** il consacre tout son temps à l'étude *or* à ses études, il passe tout son temps à étudier.

 (c) (*room*) bureau *m*, cabinet *m* de travail.

 2 *cpd visit, hour* d'étude; *group* de travail. (*US Scol*) **study hall** (*gen*) permanence *f*, (*in boarding school*) (salle *f* d')étude *f*; (*US Scol*) **study hall teacher** surveillant(e) *m(f)* d'étude; (*Brit*) **study period** (heure *f* d')étude *f* surveillée; (*Scol*) **study room** permanence *f*, (*in boarding school*) (salle *f* d')étude *f*.

 3 *vt nature, an author, text* étudier; (*Scol, Univ*) *maths etc* faire des études de, étudier; *project, proposal, map, ground* étudier, examiner soigneusement; *person, sb's face, reactions* étudier, observer attentivement; *stars* observer; *V also* **studied**.

 4 *vi* (*gen*) étudier; (*Scol, Univ etc*) étudier, faire ses études. **to ~ hard** travailler dur; **to ~ under sb** [*undergraduate*] suivre les cours de qn; [*postgraduate*] travailler *or* faire des recherches sous la direction de qn; [*painter, composer*] être l'élève de qn; **to ~ for an exam** préparer un examen; **he is ~ing to be a doctor/a pharmacist** il fait des études de médecine/de pharmacie; **he is ~ing to be a teacher** il fait des études pour entrer dans l'enseignement *or* pour devenir professeur.

 stuff [stʌf] **1** *n* (*U*) **(a)** (*gen*) chose *f*, truc* *m*. **look at that ~** regarde ça, regarde ce truc*; **it's dangerous ~** c'est dangereux; **radioactive waste is dangerous ~** les déchets radioactifs sont une substance dangereuse *or* constituent un réel danger; **what's this ~ in this jar?** qu'est-ce que c'est que ça *or* que ce truc* dans ce pot?; **his new book is good ~** son nouveau livre est bien; **there's some good ~ in what he writes** il y a de bonnes choses dans ce qu'il écrit; **his painting is poor ~** sa peinture ne vaut pas grand-chose; **I can't listen to his ~** at all je ne peux pas souffrir sa musique (*or* sa poésie *etc*); (*pej*) **all that ~ about how he wants to help us** toutes ces promesses en l'air comme quoi il veut nous aider; **that's the ~** (*to give them or to give the troops*)!* bravo, c'est ça!; **~ and nonsense!*** balivernes!; **he is the ~ that heroes are made from**, (*liter*) **he is the ~ of heroes** il a l'étoffe d'un héros; **it is the ~ of life** c'est ce qui s'appelle vivre; **he knows his ~*** il connaît son sujet (*or* son métier), il s'y connaît; **do your ~***!* vas-y!, c'est à toi!; **he did his ~ very well*** il l'a bien sorti; **she's a nice bit of ~‡** c'est une jolie môme* *or* nana‡; *V* **green**, **hot**, **stern²** *etc.*

 (b) (*miscellaneous objects*) choses *fpl*; (*jumbled up*) fatras *m*; (*possessions*) affaires *fpl*, fourbi* *m*; (*tools etc*) [*workman*] attirail *m*, affaires, fourbi*. **he brought back a lot of ~ from China** il a rapporté des tas de choses de Chine; **put your ~ away** range tes affaires *or* tes trucs*.

 (c) (*fabric, cloth*) étoffe *f* (*surtout de laine*).

 (d) (*Drugs sl*) (*gen*) came‡ *f*, drogue *f*; (*marijuana*) marijuana *f*, marie-jeanne *f*; (*heroin*) poudre‡ *f*, neige‡ *f*, héroïne *f*.

 2 *cpd* (†) *dress etc* en laine, en lainage.

 3 *vt* **(a)** (*fill, pack*) *cushion, quilt, chair, toy, mattress* rembourrer (*with* avec); (*Taxidermy*) *animal* empailler; *sack, box, pockets* bourrer, remplir (*with* de); (*Culin*) *chicken, tomato* farcir (*with* avec); (*stop up*) *hole* boucher (*with* avec); (*cram, thrust*) *objects, clothes, books* fourrer (*in, into* dans). **to ~ one's ears** se boucher les oreilles; **to ~ one's fingers into one's ears** fourrer ses doigts dans ses oreilles; **he ~ed the papers down the drain** il a fait disparaître les papiers dans le tuyau de descente; **he ~ed some money into my hand** il m'a fourré de l'argent dans la main; (*fig*) **he is a ~ed shirt*** il est pompeux; **~ed toy** jouet *m* de peluche; **to ~ o.s. with food, to ~ food into one's mouth** se gaver *or* se bourrer de nourriture; **he was ~ing himself*** il s'empiffrait*; **they ~ed him with morphine** ils l'ont bourré de morphine; **to ~ one's head with useless facts** se farcir *or* se bourrer la tête *or* la mémoire de connaissances inutiles; **he's ~ing you** *or* **your head with silly ideas** il te bourre le crâne *or* il te farcit la cervelle d'idées niaises; **the museum is ~ed with interesting things** le musée est bourré de choses intéressantes; (*US Pol*) **to ~ a ballot box** mettre des bulletins de vote truqués dans une urne; **get ~ed!‡** va te faire cuire un œuf‡, va te faire foutre!‡*

 (b) (*: *put*) mettre, poser, laisser. **~ your books on the table** mets *or* pose *or* laisse tes livres sur la table; (*fig*) **(you know where) you can ~ that!‡** tu sais où tu peux te le mettre!‡

 4 *vi* (*: *guzzle*) se gaver, se gorger.

 ◆**stuff away*** *vt sep food* enfourner*, engloutir.

◆**stuff up** *vt sep hole* boucher. **my nose is stuffed up, I'm stuffed up*** j'ai le nez bouché.

stuffily ['stʌfɪlɪ] *adv say etc* d'un ton désapprobateur.

stuffiness ['stʌfɪnɪs] *n (in room)* manque *m* d'air; *[person]* pruderie *f*, esprit *m* étriqué *or* vieux jeu *inv*.

stuffing ['stʌfɪŋ] *n [quilt, cushion, toy, mattress, chair]* bourre *f*, rembourrage *m*, rembourrure *f*; *(Taxidermy)* paille *f*; *(Culin)* farce *f*. *(fig)* **he's got no ~** c'est une chiffe molle; **to knock the ~ out of sb** *[boxer, blow]* dégonfler qn; *[illness, defeat, news]* mettre qn à plat*; *(take down a peg)* remettre qn à sa place.

stuffy ['stʌfɪ] *adj* **(a)** *room* mal ventilé, mal aéré. **it's ~ in here** on manque d'air *or* on étouffe ici; **it smells ~** ça sent le renfermé. **(b)** *person* collet monté *inv*, vieux jeu *inv*; *book, programme etc* ennuyeux et moralisant.

stultify ['stʌltɪfaɪ] *vt person* abrutir, déshumaniser; *sb's efforts, action* rendre vain; *argument, reasoning, claim* enlever toute valeur à.

stultifying ['stʌltɪfaɪɪŋ] *adj work* abrutissant, déshumanisant; *atmosphere* débilitant.

stumble ['stʌmbl] **1** *n* **(a)** *(in walking)* faux pas *m*, trébuchement *m*; *[horse]* faux pas.
  (b) he recited it without a ~ il l'a récité sans trébucher *or* se reprendre une seule fois.
  2 *cpd:* **stumbling block** pierre *f* d'achoppement.
  3 *vi* **(a)** trébucher *(over* sur, contre), faire un faux pas; *[horse]* broncher. **he ~d against the table** il a trébuché *or* fait un faux pas et a heurté la table; **to ~ in/out/along** *etc* entrer/sortir/avancer *etc* en trébuchant.
  (b) *(in speech)* trébucher *(at, over* sur). **he ~d through the speech** il a prononcé *(or* lu) le discours d'une voix hésitante *or* trébuchante.
◆**stumble across, stumble (up)on** *vt fus (fig)* tomber sur.

stumblebum‡ ['stʌmbl,bʌm] *n (US)* empoté(e)* *m(f)*, abruti(e)* *m(f)*.

stump [stʌmp] **1** *n* **(a)** *[tree]* souche *f*, chicot *m*; *[limb, tail]* moignon *m*; *[tooth]* chicot *m*; *[cigar]* bout *m*, mégot* *m*; *[pencil, chalk, sealing wax, crayon etc]* bout *(qui reste de qch)*. *(US)* **to find o.s. up a ~*** ne savoir que répondre, être perplexe.
  (b) *(Cricket)* piquet *m*.
  (c) *(US Pol)* estrade *f* (d'un orateur politique). **to be** *or* **go on the ~** faire campagne, faire une tournée de discours.
  (d) *(fig: legs)* **~s‡** guiboles‡ *fpl*; *V* **stir¹**.
  2 *vt* **(a)** (*: *puzzle)* coller*, faire sécher*. **to be ~ed by sth** être incapable de *or* ne savoir que répondre à qch, sécher* sur qch; *(during quiz, crossword etc)* **I'm ~ed** je sèche*.
  (b) *(Cricket)* mettre hors jeu.
  (c) *(US Pol)* **to ~ a state** faire une tournée électorale dans un état.
  3 *vi* **(a) to ~ in/out/along** *etc* entrer/sortir/avancer *etc* à pas lourds *(heavily)* or clopin-clopant* *(limping)*.
  (b) *(US* Pol)* faire une tournée électorale.
◆**stump up** *(Brit)* **1** *vi* casquer‡.
  2 *vt sep* cracher*, y aller de.

stumpy ['stʌmpɪ] *adj person* courtaud, boulot *(f* -otte); *object* épais *(f* -aisse) et court.

stun [stʌn] *vt* étourdir, assommer; *(fig: amaze)* abasourdir, stupéfier. **~ grenade** grenade *f* incapacitante *or* paralysante.

stung [stʌŋ] *pret, ptp of* **sting**.

stunk [stʌŋk] *ptp of* **stink**.

stunned [stʌnd] *adj (lit)* assommé, étourdi; *(fig)* stupéfait *(by* de).

stunner‡ ['stʌnəʳ] *n (girl/dress/car etc)* fille *f*/robe *f*/voiture *f etc* fantastique* *or* sensationnelle*.

stunning ['stʌnɪŋ] *adj blow* étourdissant; *(overwhelming)* news, announcement, event* stupéfiant, renversant; (*: *lovely)* girl, dress, car* sensationnel*, fantastique*.

stunningly ['stʌnɪŋlɪ] *adv dressed etc* d'une manière éblouissante *or* sensationnelle*.

stunt¹ [stʌnt] **1** *n (feat)* tour *m* de force, exploit *m (destiné à attirer l'attention du public)*; *[stuntman]* cascade *f*; *(Aviat)* acrobatie *f*; *[students]* canular* *m*; *(trick)* truc* *m*, coup monté, combine‡ *f*; *(publicity ~)* truc* publicitaire. **it's a ~ to get your money** c'est un truc* *or* c'est un coup monté pour avoir votre argent; **that was a good ~** c'était un truc* ingénieux *or* une combine‡ ingénieuse.
  2 *cpd: (Aviat)* **stunt flier** aviateur *m* qui fait de l'acrobatie, aviateur *m* de haute voltige; **stunt flying** acrobatie aérienne, haute voltige; *(Cine, TV)* **stuntman** cascadeur *m*.
  3 *vi [pilot etc]* faire des acrobaties; *(Cine)* faire le cascadeur.

stunt² [stʌnt] *vt growth* retarder, arrêter; *person, plant* retarder la croissance *or* le développement de.

stunted ['stʌntɪd] *adj person, plant* rabougri, rachitique, chétif.

stupefaction [,stju:pɪ'fækʃən] *n* stupéfaction *f*, stupeur *f*.

stupefy ['stju:pɪfaɪ] *vt [blow]* étourdir; *[drink, drugs, lack of sleep]* abrutir; *(fig: astound)* stupéfier, abasourdir.

stupefying ['stju:pɪfaɪɪŋ] *adj (fig)* stupéfiant, ahurissant.

stupendous [stju:(:)'pendəs] *adj ceremony, beauty* prodigieux; *victory, achievement* remarquable, extraordinaire; (**fig)* film, holiday* fantastique*, sensationnel*, formidable*. **a ~ actor** *etc* un acteur *etc* prodigieux, un immense acteur *etc*.

stupendously [stju:(:)'pendəslɪ] *adv* formidablement*, d'une manière sensationnelle* *or* fantastique*.

stupid ['stju:pɪd] *adj* stupide, bête, idiot; *(from sleep, drink etc)* abruti, hébété. **don't be ~** ne sois pas bête *or* stupide *or* idiot, ne fais pas l'idiot; **I've done a ~ thing** j'ai fait une bêtise *or* une sottise; **come on, ~*** allez viens, gros bêta* *(f* grosse bêtasse*); **you ~ idiot!*** espèce d'idiot(e)!; **the blow knocked him ~** le coup l'a étourdi; **he drank himself ~** il s'est abruti d'alcool.

stupidity [stju:'pɪdɪtɪ] *n* stupidité *f*, sottise *f*, bêtise *f*.

stupidly ['stju:pɪdlɪ] *adv* stupidement, sottement. **I ~ told him your name** j'ai eu la sottise de *or* j'ai été assez bête pour lui dire votre nom.

stupidness ['stju:pɪdnɪs] *n =* **stupidity**.

stupor ['stju:pəʳ] *n* stupeur *f*.

sturdily ['stɜ:dɪlɪ] *adv (V* **sturdy)** robustement; vigoureusement; solidement; énergiquement. **~ built** *person, child* robuste; *chair, cycle* robuste, solide; *house* de construction solide.

sturdiness ['stɜ:dɪnɪs] *n (V* **sturdy)** robustesse *f*; vigueur *f*; solidité *f*.

sturdy ['stɜ:dɪ] *adj person, tree* robuste, vigoureux; *cycle, chair* robuste, solide; *(fig)* resistance, defence, refusal* énergique, vigoureux. **~ commonsense** gros *or* robuste bon sens.

sturgeon ['stɜ:dʒən] *n* esturgeon *m*.

stutter ['stʌtəʳ] **1** *n* bégaiement *m*. **to have a ~** bégayer. **2** *vi* bégayer. **3** *vt (also* **~ out)** bégayer, dire en bégayant.

stutterer ['stʌtərəʳ] *n* bègue *mf*.

stuttering ['stʌtərɪŋ] **1** *n (U)* bégaiement *m*. **2** *adj* bègue, qui bégaie.

sty¹ [staɪ] *n [pigs]* porcherie *f*.

sty², **stye** [staɪ] *n (Med)* orgelet *m*, compère-loriot *m*.

Stygian ['stɪdʒɪən] *adj (fig)* sombre *or* noir comme le Styx, ténébreux. **~ darkness** ténèbres *fpl* impénétrables, nuit noire.

style [staɪl] **1** *n* **(a)** *(gen, Art, Literat, Mus, Sport, Typ etc)* style *m*. **in the ~ of Mozart** dans le style *or* à la manière de Mozart; **building in the Renaissance ~** édifice *m* (de) style Renaissance; **March 6th, old/new ~** 6 mars vieux/nouveau style; **~ of life** *or* **living** style de vie; **he won in fine ~** il l'a emporté haut la main; **I like his ~ of writing** j'aime sa manière d'écrire *or* son style; **I don't like his ~** je n'aime pas son genre; **that house is not my ~*** ce n'est pas mon genre de maison; **that's the ~!*** bravo!; *V* **cramp¹** *etc*.
  (b) *(Dress etc)* mode *f*, genre *m*, modèle *m*; *(Hairdressing)* coiffure *f*. **in the latest ~** *(adv)* à la dernière mode; *(adj)* du dernier cri; **these coats are made in 2 ~s** ces manteaux sont confectionnés en 2 genres *or* en 2 modèles; **the 4 ~s are all the same price** les 4 modèles sont tous au même prix; **I want something in that ~** je voudrais quelque chose dans ce genre-là *or* dans ce goût-là.
  (c) *(U: distinction, elegance) [person]* allure *f*, chic *m*; *[building, car, film, book]* style *m*, cachet *m*. **that writer lacks ~** cet écrivain manque de style *or* d'élégance, le style de cet écrivain manque de tenue; **to live in ~** mener grand train, vivre sur un grand pied; **he does things in ~** il fait bien les choses; **they got married in ~** ilsse sont mariés en grande pompe; **he certainly travels in ~** quand il voyage il fait bien les choses, il voyage dans les règles de l'art.
  (d) *(sort, type)* genre *m*. **just the ~ of book/car I like** justement le genre de livre/de voiture que j'aime.
  (e) *(form of address)* titre *m*.
  2 *cpd: (Typ)* **style book** manuel *m* des règles typographiques.
  3 *vt* **(a)** *(call, designate)* appeler. **he ~s himself 'Doctor'** il se fait appeler 'Docteur'; **the headmaster is ~d 'rector'** le directeur a le titre de 'recteur'; *V* **self-styled**.
  (b) *(design etc)* dress, car, boat* créer, dessiner. **to ~ sb's hair** créer une nouvelle coiffure pour qn; **it is ~d for comfort not elegance** c'est un modèle conçu en fonction du confort et non de l'élégance.
  (c) *(Typ)* manuscript* préparer *(selon le style de l'éditeur)*.

styling ['staɪlɪŋ] *n (U) [dress]* forme *f*, ligne *f*, façon *f*; *[car]* ligne; *(Hairdressing)* coupe *f*.

stylish ['staɪlɪʃ] *adj person* élégant, qui a du chic; *garment, hotel, district* chic *inv*; *film, book, car* qui a une certaine élégance.

stylishly ['staɪlɪʃlɪ] *adv live, dress* élégamment; *travel* dans les règles de l'art.

stylishness ['staɪlɪʃnɪs] *n* élégance *f*, chic *m*.

stylist ['staɪlɪst] *n (Literat)* styliste *mf*; *(Dress etc)* modéliste *mf*; *(Hairdressing)* coiffeur *m*, -euse *f*, artiste *mf* (capillaire).

stylistic [staɪ'lɪstɪk] **1** *adj (Ling, Literat etc)* stylistique, du style. **~ device** procédé *m* stylistique *or* de style. **2** *n (U)* **~s** stylistique *f*.

stylize ['staɪlaɪz] *vt* styliser.

stylus ['staɪləs] *n (tool)* style *m*; *[record player]* pointe *f* de lecture.

stymie ['staɪmɪ] **1** *n (Golf)* trou barré. **2** *vt (Golf)* barrer le trou à; (**fig)* coincer*. **I'm ~d*** je suis coincé*, je suis dans une impasse.

styptic ['stɪptɪk] **1** *adj* styptique. **~ pencil** crayon *m* hémostatique. **2** *n* styptique *m*.

Styrofoam ['staɪrə,fəum] *n* ® *(US)* polystyrène *m* expansé.

Styx [stɪks] *n* Styx *m*.

suasion ['sweɪʒən] *n (also moral* **~)** pression morale.

suave [swɑːv] *adj person* doucereux; *manner, voice* doucereux, onctueux *(pej)*. **I didn't like his rather ~ suggestion that ...** je n'ai pas aimé la façon insinuante *or* un peu trop persuasive dont il a suggéré que ....

suavely ['swɑːvlɪ] *adv* doucereusement, onctueusement *(pej)*.

suavity ['swɑːvɪtɪ] *n (U)* manières doucereuses *or* onctueuses *(pej)*.

sub³ [sʌb] *abbr of* subaltern, sub-edit, sub-editor, sub-lieutenant, submarine *(n)*, subscription, substitute.

sub... [sʌb] *pref* sub..., sous-; *V* **subculture** *etc*.

subagent [sʌb'eɪdʒənt] *n* sous-agent *m*.

subalpine [sʌb'ælpaɪn] *adj* subalpin.

subaltern ['sʌbltən] **1** *n (Brit Mil)* officier d'un rang inférieur à celui de capitaine. **2** *adj* subalterne.

subaqueous [sʌb'eɪkwɪəs] *adj* subaquatique, aquatique.

subarctic ['sʌb'ɑːktɪk] *adj (fig)* presque arctique.

subassembly [,sʌbə'semblɪ] *n* sous-assemblée *f*.

subatomic ['sʌbə'tɒmɪk] *adj* subatomique.

sub-basement ['sʌb'beɪsmənt] *n* second sous-sol.

sub-branch ['sʌb'brɑːnʧ] *n* sous-embranchement *m*.

subcommittee ['sʌbkə,mɪtɪ] *n* sous-comité *m*; (*larger*) sous-commission *f*. **the Housing S~** la sous-commission du logement.

subconscious ['sʌb'kɒnʃəs] *adj, n* subconscient (*m*).

subconsciously ['sʌb'kɒnʃəslɪ] *adv* de manière subconsciente, inconsciemment.

subcontinent ['sʌb'kɒntɪnənt] *n* sous-continent *m*. **the (Indian) S~** le sous-continent indien.

subcontract ['sʌb'kɒntrækt] **1** *n* sous-traité *m*. **2** [,sʌbkən'trækt] *vt* sous-traiter.

subcontractor ['sʌbkən'træktər] *n* sous-entrepreneur *m*, sous-traitant *m*.

subculture ['sʌb'kʌltʃər] *n* (*Soc*) subculture *f*; (*Bacteriology*) culture repiquée.

subcutaneous ['sʌbkjʊ'teɪnɪəs] *adj* sous-cutané.

subdeacon [,sʌb'di:kən] *n* sous-diacre *m*.

subdeb* ['sʌbdeb], **subdebutante** ['sʌb,debjuːtɑːn̄t] *n* (*US*) jeune fille *f* qui n'a pas encore fait son entrée dans le monde.

subdistrict ['sʌb,dɪstrɪkt] *n* subdivision *f* d'un quartier.

subdivide [,sʌbdɪ'vaɪd] **1** *vt* subdiviser (*into* en). **2** *vi* se subdiviser.

subdivision ['sʌbdɪ,vɪʒən] *n* subdivision *f*.

subdominant [,sʌb'dɒmɪnənt] *n* (*Ecol*) (espèce *f*) sous-dominante *f*; (*Mus*) sous-dominante *f*.

subdue [səb'dju:] *vt people, country* subjuguer, assujettir, soumettre; *feelings, passions, desire* contenir, refréner, maîtriser; *light, colour* adoucir, atténuer; *voice* baisser; *pain* atténuer, amortir.

subdued [səb'dju:d] *adj emotion* contenu; *reaction, response* faible, pas très marqué; *voice, tone* bas (*f* basse); *conversation, discussion* à voix basse; *colour* doux (*f* douce); *light, lighting* tamisé, voilé. **she was very ~** elle avait perdu sa vivacité *or* son entrain *or* son exubérance.

sub-edit ['sʌb'edɪt] *vt* (*Brit: Press, Typ*) corriger, mettre au point, préparer pour l'impression.

sub-editor ['sʌb'edɪtər] *n* (*Brit: Press, Typ*) secrétaire *mf* de (la) rédaction.

sub-entry ['sʌb,entrɪ] *n* (*Book-keeping*) sous-entrée *f*.

subfamily ['sʌb,fæmɪlɪ] *n* sous-famille *f*.

subfield ['sʌbfiːld] *n* (*Math*) subdivision *f*.

subgroup ['sʌb,gruːp] *n* sous-groupe *m*.

subhead(ing) ['sʌb,hed(ɪŋ)] *n* sous-titre *m*.

subhuman ['sʌb'hjuːmən] *adj* pas tout à fait humain, moins qu'humain.

subject ['sʌbdʒɪkt] **1** *n* (a) (*citizen etc*) sujet(te) *m(f)*. **the king and his ~s** le roi et ses sujets; **British ~** sujet britannique; **he is a French ~** (*in France*) c'est un sujet français, il est de nationalité française; (*elsewhere*) c'est un ressortissant français.

(b) (*Med, Phot, Psych etc: person*) sujet *m*. **he's a good ~ for treatment by hypnosis** c'est un sujet qui répond bien au traitement par l'hypnose; **he's a good ~ for research into hypnosis** c'est un bon sujet d'expérience pour une étude de l'hypnose.

(c) (*matter, topic: gen, Art, Literat, Mus etc*) sujet *m* (*of, for* de); (*Scol, Univ*) matière *f*, discipline *f*. **to get off the ~** sortir du sujet; **that's off the ~** c'est hors du sujet *or* à côté du sujet; **let's get back to the ~** revenons à nos moutons; **on the ~ of** au sujet de, sur le sujet de; **while we're on the ~ of ...** pendant que nous parlons de ..., à propos de ...; (*Scol, Univ*) **his best ~** sa matière *or* sa discipline forte; *V* **change, drop** *etc*.

(d) (*reason, occasion*) sujet *m*, motif *m* (*of, for* de). **it is not a ~ for rejoicing** il n'y a pas lieu de se réjouir.

(e) (*Gram, Logic, Philos*) sujet *m*.

2 *cpd*: **subject heading** rubrique *f*; **subject index** (*in book*) index *m* des matières; (*in library*) fichier *m* par matières; **subject matter** (*theme*) sujet *m*; (*content*) contenu *m*; (*Gram*) **subject pronoun** pronom *m* sujet.

3 *adj people, tribes, state* soumis. **~ to** (*liable to*) (*disease etc*) sujet à; (*flooding, subsidence etc*) exposé à; (*the law, taxation*) soumis à; (*conditional upon*) sous réserve de, à condition de; (*except for*) sous réserve de, sauf; **~ to French rule** sous (la) domination française; **nations ~ to communism** nations *fpl* d'obédience communiste; **our prices are ~ to alteration** nos prix peuvent être modifiés *or* sont donnés sous réserve de modifications; **~ to the approval of the committee** sous réserve de l'approbation du comité; **you may leave the country ~ to producing the necessary documents** vous pouvez quitter le pays à condition de fournir les documents nécessaires; **~ to prior sale** sous réserve de *or* sauf vente antérieure.

4 [səb'dʒekt] *vt* (*subdue*) *country* soumettre, assujettir (*liter*). **to ~ sb to sth** soumettre qn à qch, faire subir qch à qn; **to ~ sth to heat/cold** exposer qch à la chaleur/au froid; **he was ~ed to much criticism** il a été en butte à de nombreuses critiques, il a fait l'objet de nombreuses critiques, il a été très critiqué; **to ~ o.s. to criticism** s'exposer à la critique.

subjection [səb'dʒekʃən] *n* sujétion *f*, soumission *f*. **to hold** *or* **keep in ~** maintenir dans la sujétion *or* sous son joug; **to bring into ~** soumettre, assujettir (*liter*); **they were in a state of complete ~** ils vivaient dans la sujétion *or* dans la soumission *or* dans les chaînes.

subjective [səb'dʒektɪv] **1** *adj* subjectif; (*Gram*) *case, pronoun* sujet; *genitive* subjectif. **2** *n* (*Gram*) nominatif *m*.

subjectively [səb'dʒektɪvlɪ] *adv* subjectivement.

subjectivism [səb'dʒektɪvɪzəm] *n* subjectivisme *m*.

subjectivity [,sʌbdʒek'tɪvɪtɪ] *n* subjectivité *f*.

subjoin ['sʌb'dʒɔɪn] *vt* adjoindre, ajouter.

sub judice ['sʌb'dʒuːdɪsɪ] *adj* (*Jur*) **it is ~** l'affaire passe à présent devant les tribunaux.

subjugate ['sʌbdʒʊgeɪt] *vt people, country* subjuguer, soumettre, assujettir; *animal, feelings* dompter.

subjugation [,sʌbdʒʊ'geɪʃən] *n* subjugation *f*, assujettissement *m*.

subjunctive [səb'dʒʌŋktɪv] *adj, n* subjonctif (*m*). **in the ~ (mood)** au (mode) subjonctif.

subkingdom ['sʌb,kɪŋdəm] *n* (*Bot, Zool etc*) embranchement *m*.

sublease ['sʌb'liːs] **1** *n* sous-location *f*. **2** *vti* sous-louer (*to* à, *from* à).

sublet ['sʌb'let] (*vb: pret, ptp* **sublet**) **1** *n* sous-location *f*. **2** *vti* sous-louer (*to* à).

sub-librarian ['sʌblaɪ'breərɪən] *n* bibliothécaire *mf* adjoint(e).

sub-lieutenant ['sʌblef'tenənt] *n* (*Brit Naut*) enseigne *m* de vaisseau (de première classe).

sublimate ['sʌblɪmeɪt] **1** *vt* (*all senses*) sublimer. **2** ['sʌblɪmɪt] *adj, n* (*Chem*) sublimé (*m*).

sublimation [,sʌblɪ'meɪʃən] *n* sublimation *f*.

sublime [sə'blaɪm] **1** *adj* (a) *being, beauty, work, scenery* sublime; (*: excellent*) *dinner, hat, person* divin, fantastique*, sensationnel*.

(b) *contempt, indifference, impertinence* suprême (*before n*), souverain (*before n*), sans pareil.

2 *n* sublime *m*. **from the ~ to the ridiculous** du sublime au grotesque.

sublimely [sə'blaɪmlɪ] *adv* (a) **~ beautiful** d'une beauté sublime.

(b) *contemptuous, indifferent* au plus haut point, suprêmement, souverainement. **~ unaware** *or* **unconscious of** dans une ignorance absolue de.

subliminal [,sʌb'lɪmɪnl] *adj* subliminal. **~ advertising** publicité insidieuse.

subliminally [,sʌb'lɪmɪnəlɪ] *adv* au-dessous du niveau de la conscience.

sublimity [sə'blɪmɪtɪ] *n* sublimité *f*.

sublingual [sʌb'lɪŋgwəl] *adj* sublingual.

submachine gun ['sʌbmə'ʃiːngʌn] *n* mitraillette *f*.

submarine [,sʌbmə'riːn] **1** *n* (a) sous-marin *m*.

(b) (*US*) *sandwich*) grand sandwich *m* mixte.

2 *cpd*: **submarine chaser** chasseur *m* de sous-marins; **submarine pen** abri *m* pour sous-marins.

3 *adj* sous-marin.

submariner [,sʌb'mærɪnər] *n* sous-marinier *m*.

submaxillary [,sʌb'mæksɪlərɪ] *adj* sous-maxillaire.

submediant [,sʌb'miːdɪənt] *n* (*Mus*) sus-dominante *f*.

sub-menu ['sʌbmenjuː] *n* (*Comput*) sous-menu *m*.

submerge [səb'mɜːdʒ] **1** *vt* [*flood, tide, sea*] submerger; *field* inonder, submerger. **~d rock, wreck etc** submergé; (*fig*) *poor people* déshérité, indigent; [*submarine*] **speed ~d** vitesse *f* en plongée; **to ~ sth in sth** immerger qch dans qch; (*fig*) **~d in work** submergé *or* débordé de travail.

2 *vi* [*submarine, diver etc*] s'immerger.

submergence [səb'mɜːdʒəns] *n* submersion *f*.

submersible [səb'mɜːsəbl] *adj, n* submersible (*m*).

submersion [səb'mɜːʃən] *n* (*V* **submerge**) submersion *f*; immersion *f*.

submission [səb'mɪʃən] *n* (a) (*Mil, fig*) soumission (*to* à). **starved/beaten into ~** réduit par la faim/les coups; **to make one's ~ to sb** faire sa soumission à qn.

(b) (*U: submissiveness*) soumission *f*, docilité *f*.

(c) (*U: V* **submit** 1b) soumission *f*.

(d) (*Jur*) **~s** conclusions *fpl* (*d'une partie*); (*Jur*) **to file ~s with a court** déposer des conclusions auprès d'un tribunal.

(e) (*gen*) **his ~ was that ...** il a allégué *or* avancé que ...; **in my ~** selon ma thèse.

(f) (*Wrestling*) soumission *f*.

submissive [səb'mɪsɪv] *adj person, answer, smile* soumis, docile.

submissively [səb'mɪsɪvlɪ] *adv* avec soumission, docilement.

submissiveness [səb'mɪsɪvnɪs] *n* soumission *f*, docilité *f*.

submit [səb'mɪt] **1** *vt* (a) **to ~ o.s. to sb/sth** se soumettre à qn/qch.

(b) (*put forward*) *documents, sample, proposal, report, evidence* soumettre (*to* à). **to ~ that** suggérer que; **I ~ that** ma thèse est que.

2 *vi* (*Mil*) se soumettre (*to* à); (*fig*) se soumettre, se plier (*to* à).

subnormal ['sʌb'nɔːməl] *adj temperature* au-dessous de la normale; *person* subnormal, arriéré.

suborbital ['sʌb'ɔːbɪtəl] *adj* (*Space*) sous-orbital.

sub-order ['sʌb'ɔːdər] *n* sous-ordre *m*.

subordinate [sə'bɔːdnɪt] **1** *adj member of staff, rank, position* subalterne; (*Gram*) subordonné.

2 *n* subordonné(e) *m(f)*, subalterne *mf*.

3 [sə'bɔːdɪneɪt] *vt* subordonner (*to* à). (*Gram*) **subordinating conjunction** subordonnant *m*, conjonction *f* de subordination.

subordination [sə,bɔːdɪ'neɪʃən] *n* subordination *f*.

suborn [sʌ'bɔːn] *vt* suborner.

subplot ['sʌb,plɒt] *n* (*Literat*) intrigue *f* secondaire.

subpoena [səb'piːnə] (*Jur*) **1** *n* citation *f*, assignation *f* (*pour le témoin*). **2** *vt* citer *or* assigner (à comparaître).

subpopulation ['sʌb,pɒpjʊ'leɪʃən] *n* subpopulation *f*.

sub post office [sʌb'pəʊst,ɒfɪs] *n* petit bureau de poste secondaire, petit bureau de poste de quartier *or* de village.

subregion ['sʌb,riːdʒən] *n* sous-région *f*.

subrogate ['sʌbrəgɪt] *adj* subrogé. (*Ling*) **~ language** langage subrogé.

sub rosa [sʌb'rəʊzə] *adv* en confidence, sous le sceau du secret.

subroutine [,sʌbruː'tiːn] *n* (*Comput*) sous-programme *m*.

subscribe [səb'skraɪb] **1** *vt* (a) *money* donner, verser (*to* à).

(b) *one's signature, name* apposer (*to* au bas de); *document* signer. **he ~s himself John Smith** il signe John Smith.

2 *vi* verser une somme d'argent, apporter une contribution, cotiser*. **to ~ to** *book, new publication, fund* souscrire à; *newspaper* s'abonner à, être abonné à; *opinion, project, proposal* souscrire à; **I don't ~ to the idea that money should be given to...** je ne suis pas partisan de donner de l'argent à ... .

subscriber [səb'skraɪbər] **1** *n* (*to fund, new publication etc*) souscripteur *m*, -trice *f* (*to de*); (*to newspaper, also Telec*) abonné(e) *m(f)* (*to de*); (*to opinion, idea*) adepte *mf*, partisan *m* (*to de*). **2** *cpd*: (*Brit Telec*) **subscriber trunk dialling** (*abbr* **STD**) automatique *m*.

subscript ['sʌbskrɪpt] **1** *adj* inférieur (*f* -eure). **2** *n* indice *m*.

subscription [səb'skrɪpʃən] **1** *n* (*to fund, charity*) souscription *f*; (*to club*) cotisation *f*; (*to newspaper*) abonnement *m*. **to pay one's ~** (*to club*) payer *or* verser sa cotisation; (*to newspaper*) payer *or* régler son abonnement; (*Press*) **to take out a ~** to s'abonner à. **2** *cpd*: (*Press*) **subscription rate** tarif *m* d'abonnement.

subsection ['sʌb,sekʃən] *n* (*Jur etc*) subdivision *f*, article *m*.

subsequent ['sʌbsɪkwənt] *adj* (a) (*following*) ultérieur (*f* -eure), postérieur (*f* -eure), suivant, subséquent (*frm, Jur*). **on a ~ visit** lors d'une visite postérieure *or* ultérieure; **his ~ visit** sa visite suivante; **~ to his speech** à la suite de son discours; **~ to this** par la suite. (b) (*resultant*) consécutif, résultant.

subsequently ['sʌbsɪkwəntlɪ] *adv* par la suite.

subserve [səb'sɜːv] *vt* (*frm*) favoriser.

subservience [səb'sɜːvɪəns] *n* (*V* **subservient** a) caractère *m* subalterne; obséquiosité *f*, servilité *f*; asservissement *m* (*to* à).

subservient [səb'sɜːvɪənt] *adj* (a) *role* subalterne; (*pej*) *person, manner* obséquieux (*pej*), servile (*pej*); (*to taste, fashion*) asservi (*to* à). (b) (*frm: useful*) utile (*to* à).

subset ['sʌb,set] *n* sous-ensemble *m*.

subside [səb'saɪd] *vi* [*land, pavement, foundations, building*] s'affaisser, se tasser; [*flood, river*] baisser, décroître; [*wind, anger, excitement*] tomber, se calmer; [*threat*] s'éloigner; [*person* (*into armchair etc*) s'affaisser, s'écrouler (*into* dans, *on to* sur); (**: keep quiet*) se taire.

subsidence ['sʌbsɪdns, səb'saɪdəns] *n* [*land, pavement, foundations, building*] affaissement *m*. **'road liable to ~'** ≃ 'chaussée instable'; **the crack in the wall is caused by ~** la faille dans le mur est due à l'affaissement du terrain.

subsidiary [səb'sɪdɪərɪ] **1** *adj motive, reason* subsidiaire; *advantage, income* accessoire. (*Fin*) **~ company** filiale *f*; (*Climbing*) **~ summit** antécime *f*. **2** *n* (*Fin*) filiale *f*.

subsidize ['sʌbsɪdaɪz] *vt* subventionner.

subsidy ['sʌbsɪdɪ] *n* subvention *f*. **government** *or* **state ~** subvention de l'État; **there is a ~ on butter** l'État subventionne le beurre.

subsist [səb'sɪst] *vi* subsister. **to ~ on bread/£60 a week** vivre de pain/avec 60 livres par semaine.

subsistence [səb'sɪstəns] **1** *n* (a) existence *f*, subsistance *f*. **means of ~** moyens *mpl* d'existence *or* de subsistance.
(b) (*also* **~ allowance**) frais *mpl or* indemnité *f* de subsistance. **2** *cpd*: **subsistence crops** cultures *fpl* vivrières de base; **to live at subsistence level** avoir tout juste de quoi vivre; **subsistence wage** salaire tout juste suffisant pour vivre.

subsoil ['sʌbsɔɪl] *n* (*Agr, Geol*) sous-sol *m*.

subsonic ['sʌb'sɒnɪk] *adj* subsonique.

subspecies ['sʌb'spiːʃiːz] *n* sous-espèce *f*.

substance ['sʌbstəns] *n* (*matter, material*) substance *f* (*also Chem, Philos, Phys, Rel etc*); (*essential meaning, gist*) substance, fond *m*, essentiel *m*; (*solid quality*) solidité *f*; (*consistency*) consistance *f*; (*wealth etc*) biens *mpl*, fortune *f*. **that is the ~ of his speech** voilà la substance *or* l'essentiel de son discours; **I agree with the ~ of his proposals** je suis d'accord sur l'essentiel de ses propositions; **the meal had not much ~ (to it)** le repas n'était pas très substantiel; **to lack ~** [*film, book, essay*] manquer d'étoffe; [*argument*] être plutôt mince; [*accusation, claim, allegation*] être sans grand fondement; **a man of ~** (*rich*) un homme riche *or* cossu; (*Jur*) **the ~ of the case** le fond de l'affaire; **V sum**.

substandard [sʌb'stændəd] *adj goods* de qualité inférieure; *performance* médiocre; *housing* inférieur aux normes exigées; (*Ling*) non conforme à la langue correcte.

substantial [səb'stænʃəl] *adj* (a) (*great, large*) *amount, proportion, part, progress* important, considérable, substantiel (*fig*); *sum, loan* important, considérable, élevé; *proof* solide, concluant; *difference* appréciable; *argument* de poids; *meal* substantiel, copieux; *firm* solide, bien assis; *landowner, farmer, businessman* riche, cossu; *house etc* grand, important. **to be in ~ agreement** être d'accord sur l'essentiel *or* dans l'ensemble; (*Jur*) **~ damages** dommages-intérêts *mpl* élevés.
(b) (*real*) substantiel, réel.

substantially [səb'stænʃəlɪ] *adv* (a) (*considerably*) *improve, contribute, progress* considérablement. **~ bigger** beaucoup plus grand; **~ different** très différent; **not ~ different** pas réellement différent.
(b) (*to a large extent*) en grande partie. **this is ~ true** c'est en grande partie vrai; **it is ~ the same book** c'est en grande partie le même livre, ce n'est guère différent de l'autre livre.
(c) *built, constructed* solidement.

substantiate [səb'stænʃɪeɪt] *vt* fournir des preuves à l'appui de, justifier. **he could not ~ it** il n'a pas pu fournir de preuves.

substantiation [səb,stænʃɪ'eɪʃən] *n* preuve *f*, justification *f*.

substantival [,sʌbstən'taɪvəl] *adj* (*Gram*) substantif, à valeur de substantif.

substantive ['sʌbstəntɪv] **1** *n* (*Gram*) substantif *m*. **2** *adj* (a) (*gen*) substantiel; (*existing independently*) indépendant, autonome. (b) (*Gram*) substantif.

substation ['sʌb,steɪʃən] *n* sous-station *f*.

substitute ['sʌbstɪtjuːt] **1** *n* (*person: gen, Sport*) remplaçant(e) *m(f)*, suppléant(e) *m(f)* (*for* de); (*thing*) produit *m* de remplacement, succédané *m* (*gen pej*), ersatz *m inv* (*gen pej*) (*for* de); (*Gram*) terme suppléant. **you must find a ~ (for yourself)** vous devez vous trouver un remplaçant, il faut vous faire remplacer; **~s for rubber, rubber ~s** succédanés *or* ersatz de caoutchouc; (*Comm*) **'beware of ~s'** 'se méfier des contrefaçons'; **there is no ~ for**

wool rien ne peut remplacer la laine; **V turpentine** *etc*. **2** *adj* (*Sport*) (à titre de) remplaçant. **~ coffee** ersatz *m inv or* succédané *m* de café; (*Educ*) **~ teacher** suppléant(e) *m(f)*. **3** *vt* substituer (*A for B* A à B), remplacer (*A for B* B par A). **4** *vi*: **to ~ for sb** remplacer *or* suppléer qn.

substitution [,sʌbstɪ'tjuːʃən] *n* substitution *f* (*also Chem, Ling, Math etc*), remplacement *m*. **~ of x for y** substitution de x à y, remplacement de x par x.

substratum ['sʌb'strɑːtəm] *n, pl* **-ta** ['sʌb'strɑːtə] (*gen, Geol, Ling, Soc etc*) substrat *m*; (*Agr*) sous-sol *m*; (*fig*) fond *m*.

substructure ['sʌb,strʌktʃər] *n* infrastructure *f*.

subsume [səb'sjuːm] *vt* subsumer.

subsystem ['sʌb'sɪstəm] *n* sous-système *m*.

subteen [,sʌb'tiːn] *n* (*esp US*) préadolescent(e) *m(f)*.

subtemperate [,sʌb'tempərɪt] *adj* subtempéré.

subtenancy [sʌb'tenənsɪ] *n* sous-location *f*.

subtenant ['sʌb'tenənt] *n* sous-locataire *mf*.

subtend [səb'tend] *vt* sous-tendre.

subterfuge ['sʌbtəfjuːdʒ] *n* subterfuge *m*.

subterranean [,sʌbtə'reɪnɪən] *adj* souterrain.

subtilize ['sʌtɪlaɪz] *vti* subtiliser.

subtitle ['sʌb,taɪtl] (*Cine*) **1** *n* sous-titre *m*. **2** *vt* sous-titrer.

subtitling ['sʌb,taɪtlɪŋ] *n* sous-titrage *m*.

subtle ['sʌtl] *adj person* subtil (*f* subtile), perspicace, qui a beaucoup de finesse; *mind, intelligence* subtil, fin, pénétrant; *argument, suggestion, analysis, reply* subtil, ingénieux, astucieux; *irony, joke* subtil, fin; *distinction* subtil, ténu; *allusion* subtil, discret (*f* -ète); *charm* subtil, indéfinissable; *perfume* subtil, délicat. (*Cine, Literat, Theat etc*) **it wasn't very ~** c'était un peu gros, c'était cousu de fil blanc.

subtleness ['sʌtlnɪs] *n* = **subtlety a.**

subtlety ['sʌtltɪ] *n* (a) (*U: V* subtle) subtilité *f*; perspicacité *f*; finesse *f*; ingéniosité *f*; délicatesse *f*. (b) **a ~** une subtilité.

subtly ['sʌtlɪ] *adv* subtilement.

subtonic [,sʌb'tɒnɪk] *n* sous-tonique *f*.

subtopic ['sʌb'tɒpɪk] *n* sous-thème *m*, subdivision *f* d'un thème.

subtotal [,sʌb'təʊtl] *n* total *m* partiel.

subtract [səb'trækt] *vt* soustraire, retrancher, déduire (*from* de).

subtraction [səb'trækʃən] *n* soustraction *f*.

subtropical ['sʌb'trɒpɪkəl] *adj* subtropical.

subtropics [sʌb'trɒpɪks] *npl* régions *fpl* subtropicales.

suburb ['sʌbɜːb] *n* faubourg *m*. **the ~s** la banlieue; **in the ~s** en banlieue; **the outer ~s** la grande banlieue; **it is now a ~ of London** c'est maintenant un faubourg de Londres, ça fait partie de la banlieue de Londres.

suburban [sə'bɜːbən] *adj house, square, shops, train, residents* de banlieue; *community, development* suburbain, de(s) banlieue(s); (*pej*) *person, attitude, accent* banlieusard (*pej*). **~ spread** *or* **growth** développement *m* suburbain *or* des banlieues.

suburbanite [sə'bɜːbənaɪt] *n* habitant(e) *m(f)* de la banlieue, banlieusard(e) *m(f)* (*pej*).

suburbanize [sə'bɜːbənaɪz] *vt* donner le caractère *or* les caractéristiques de la banlieue à, transformer en banlieue.

suburbia [sə'bɜːbɪə] *n* (*U*) la banlieue.

subvention [səb'venʃən] *n* subvention *f*.

subversion [səb'vɜːʃən] *n* (*Pol*) subversion *f*.

subversive [səb'vɜːsɪv] **1** *adj* subversif. **2** *n* (*people*) **~s** éléments *mpl* subversifs.

subvert [səb'vɜːt] *vt the law, tradition* bouleverser, renverser; (*corrupt*) *person* corrompre.

subway ['sʌbweɪ] *n* (*underpass: esp Brit*) passage souterrain; (*railway: esp US*) métro *m*.

sub-zero ['sʌb'zɪərəʊ] *adj temperature* au-dessous de zéro.

succeed [sək'siːd] **1** *vi* (a) (*be successful*) réussir (*in sth* dans qch); (*prosper*) réussir, avoir du succès; [*plan, attempt*] réussir. **to ~ in doing** réussir *or* parvenir *or* arriver à faire; **he ~s in all he does** tout lui réussit, il réussit tout ce qu'il entreprend; (*Prov*) **nothing ~s like success** un succès en entraîne un autre; **to ~ in business/as a politician** réussir *or* avoir du succès en affaires/en tant qu'homme politique; **to ~ in life/one's career** réussir dans la vie/sa carrière.
(b) (*follow*) succéder (*to* à). **he ~ed (to the throne) in 1911** il a succédé (à la couronne) en 1911; **there ~ed a period of peace** il y eut ensuite une période de paix.
2 *vt* (*person*) succéder à, prendre la suite de; [*event, storm, season etc*] succéder à, suivre. **he ~ed his father as leader of the party** il a succédé à *or* pris la suite de son père à la direction du parti; **he was ~ed by his son** son fils lui a succédé; **as year ~ed year** comme les années passaient, comme les années se succédaient.

succeeding [sək'siːdɪŋ] *adj* (*in past*) suivant, qui suit; (*in future*) à venir, futur. **~ year** brought ... chaque année qui passait apportait ...; **each ~ year will bring ~** chacune des années à venir apportera ...; **on 3 ~ Saturdays** 3 samedis consécutifs *or* de suite; **in the ~ chaos** dans la confusion qui a suivi.

success [sək'ses] **1** *n* [*plan, venture, attempt, person*] succès *m*, réussite *f* (*in an exam* à un examen, *in one's aim* dans son but). **his ~ in doing sth** le fait qu'il ait réussi à faire qch; **his ~ in his attempts** la réussite qui a couronné ses efforts; **without ~** sans succès, en vain; **to meet with ~** avoir *or* obtenir *or* remporter du succès; **to have great ~** faire fureur, avoir un succès fou; **to make a ~ of** *project, enterprise* faire réussir, mener à bien; *job, meal, dish* réussir; **we wish you every ~** nous vous souhaitons très bonne chance; **congratulations on your ~** je vous félicite de votre succès; **(toutes mes) félicitations pour votre succès; congratulations on your ~ in obtaining** ... je vous félicite d'avoir réussi à obtenir ...; **he was a ~ at last** il avait enfin réussi, il était enfin arrivé, il

avait enfin du succès; **he was a great ~ at the dinner/as Hamlet/ as a writer/in business** il a eu beaucoup de succès au dîner/dans le rôle de Hamlet/en tant qu'écrivain/en affaires; **it was a ~** *[holiday, meal, evening, attack]* c'était une réussite, c'était réussi; *[play, book, record]* ça a été couronné de succès; **the hotel was a great ~** on a été très content de l'hôtel; *V* **succeed.**
  2 *cpd:* **success story** (histoire *f* d'une) réussite *f*.

successful [sək'sesfʊl] *adj plan, venture* couronné de succès, qui a réussi; *businessman* prospère, qui a du succès *or* qui est heureux en affaires; *writer, painter, book* à succès; *candidate (in exam)* reçu, admis; *(in election)* élu; *application* couronné de succès; *visit, deal, effort* fructueux, couronné de succès; *marriage, outcome* heureux; *career, business, firm* prospère. **to be ~** réussir *(in an exam/ competition etc* à un examen/concours *etc, in one's attempts/life/ one's career etc* dans ses efforts/la vie/sa carrière *etc); [performer, play etc]* avoir un succès fou; **to be ~ in doing** réussir *or* parvenir *or* arriver à faire; *V* **bidder.**

successfully [sək'sesfəlɪ] *adv* avec succès. **to do sth ~** faire qch avec succès, réussir à faire qch.

succession [sək'seʃən] *n* **(a)** *[victories, disasters, delays, kings]* succession *f*, série *f*, suite *f*. **in ~** *(one after the other)* successivement, l'un(e) après l'autre; *(by turns)* successivement, tour à tour, alternativement; *(on each occasion)* successivement, progressivement; **4 times in ~** 4 fois de suite; **for 10 years in ~** pendant 10 années consécutives *or* 10 ans de suite; **in close** *or* **rapid ~ walk** à la file; *happen* coup sur coup; **the ~ of days and nights** la succession *or* l'alternance *f* des jours et des nuits.
  (b) *(U) (act of succeeding: to title, throne, office, post)* succession *f (to* à); *(Jur: heirs collectively)* héritiers *mpl*. **he is second in ~ (to the throne)** il occupe la deuxième place dans l'ordre de succession (à la couronne); **in ~ to his father** à la suite de son père.

successive [sək'sesɪv] *adj generations, discoveries* successif; *days, months* consécutif. **on 4 ~ days** pendant 4 jours de suite *or* 4 jours consécutifs; **with each ~ failure** à chaque nouvel échec.

successively [sək'sesɪvlɪ] *adv (by turns)* successivement, tour à tour, alternativement; *(on each occasion)* successivement, progressivement; *(one after the other)* successivement, l'un(e) après l'autre.

successor [sək'sesər] *n (person, thing)* successeur *m (to, of* de). **the ~ to the throne** l'héritier *m*, -ière *f* de la couronne; **to be sb's ~** succéder à qn; *(Jur)* **~ in title** ayant droit *m*, ayant cause *m*.

succinct [sək'sɪŋkt] *adj* succinct, concis, bref.

succinctly [sək'sɪŋktlɪ] *adv* succinctement, brièvement, en peu de mots.

succinctness [sək'sɪŋktnɪs] *n* concision *f*.

succotash ['sʌkətæʃ] *n (US Culin)* plat de maïs en grain et de fèves de Lima.

succour, *(US)* **succor** ['sʌkər] *(liter)* **1** *n (U)* secours *m*, aide *f*. **2** *vt* secourir, soulager, venir à l'aide de.

succulence ['sʌkjʊləns] *n* succulence *f*.

succulent ['sʌkjʊlənt] **1** *adj (also Bot)* succulent. **2** *n (Bot)* plante grasse. **~s** plantes grasses, cactées *fpl*.

succumb [sə'kʌm] *vi (to temptation etc)* succomber *(to* à); *(die)* mourir *(to* de), succomber.

such [sʌtʃ] **1** *adj* **(a)** *(of that sort)* tel, pareil. **~ a book** un tel livre, un livre pareil, un pareil livre, un livre de cette sorte; **~ books** de tels livres, des livres pareils, de pareils livres, des livres de cette sorte; **~ people** de telles gens, des gens pareils, de pareilles gens; **we had ~ a case last year** nous avons eu un cas semblable l'année dernière; **in ~ cases** en pareil cas; **did you ever hear of ~ a thing?** avez-vous jamais entendu une chose pareille?; **there's no ~ thing!** ça n'existe pas! *(V also* **1b)**; **there is no ~ thing in France** il n'y a rien de tel en France; **I said no ~ thing!** je n'ai jamais dit cela!, je n'ai rien dit de la sorte!; **no ~ thing!** pas du tout!; **or some ~ thing** ou une chose de ce genre; **no ~ book exists** un tel livre n'existe pas; **Robert was ~ a one** Robert était comme ça; **~ was my reply** telle a été ma réponse, c'est ce que j'ai répondu; **~ is not the case** ce n'est pas le cas ici; **~ is life!** c'est la vie!; **it was SUCH weather!** quel temps il a fait!, il a fait un de ces temps!
  (b) *(gen)* **~ as** tel que, comme; **a friend ~ as Paul, ~ a friend as Paul** un ami tel que *or* comme Paul; **only ~ a fool as Martin would do that** il fallait un idiot comme Martin *or* quelqu'un d'aussi bête que Martin pour faire cela; **~ writers as Molière, Corneille** des écrivains tels (que) Molière, Corneille *etc*; **until ~ time** jusqu'à ce moment-là; **until ~ time as ...** jusqu'à ce que ... + *subj*; **a book as this, a book ~ as this** un livre tel que *or* comme celui-ci; **he's not ~ a fool as you think** il n'est pas aussi *or* si bête que vous croyez; **I'm not ~ a fool as to believe that!** je ne suis pas assez bête pour croire ça!; **there are no ~ things as unicorns** les licornes n'existent pas; **have you ~ a thing as a penknife?** auriez-vous un canif par hasard?; *(question)* **~ as ...?** comme quoi, par exemple?; **I must buy some more things — ~ as?** je dois acheter plusieurs choses encore — quel genre de choses? *or* quoi encore?; **it was ~ as to concern** cela ne doit pas être une raison d'inquiétude; **his health was ~ as to alarm his wife** son état de santé était de nature à alarmer sa femme; **it caused ~ scenes of grief as are rarely seen** cela a provoqué des scènes de douleur telles qu'on *or* comme on en voit peu; **~ books as I have** le peu de livres *or* les quelques livres que je possède; **you can take my car, ~ as it is** vous pouvez prendre ma voiture pour ce qu'elle vaut; *V* **time** *etc*.
  (c) *(so much)* tellement, tant. **embarrassed by ~ praise** embarrassé par tant *or* tellement de compliments; **he was in ~ pain** il souffrait tellement; **don't be in ~ a rush** ne soyez pas si pressé; **we had SUCH a surprise!** quelle surprise nous avons eu!, nous avons eu une de ces surprises!, nous avons été drôlement surpris!*; **there was ~ a noise that ...** il y avait tellement *or* tant de bruit que ...; **his**

rage was ~ **that ..., ~ was his rage that ...** il était tellement *or* si furieux que ... .
  2 *adv* **(a)** *(so very)* si, tellement. **he gave us ~ good coffee** il nous a offert un si bon café; **~ big boxes** de si grandes boîtes; **~ a lovely present** un si joli cadeau; **it was SUCH a long time ago!** il y a si *or* tellement longtemps de ça!; **he bought ~ an expensive car that ...** il a acheté une voiture si *or* tellement chère que ... .
  (b) *(in comparisons)* aussi. **I haven't had ~ good coffee for years** ça fait des années que je n'ai pas bu un aussi bon café; **~ lovely children as his** des enfants aussi gentils que les siens.

3 *pron* ceux *mpl*, celles *fpl*. **~ as wish to go** ceux qui veulent partir; **all ~** tous ceux; **I'll give you ~ as I have** je vous donnerai ceux que j'ai *or* le peu que j'ai; **I know of no ~** je n'en connais point; **as ~** *(in that capacity)* à ce titre, comme tel(le), en tant que tel(le); *(in itself)* en soi; **the soldier, as ~, deserves respect** tout soldat, comme tel, mérite le respect; **the work as ~ is boring, but the pay is good** le travail en soi est ennuyeux, mais le salaire est bon; **and as ~ he was promoted** et en tant que tel il a obtenu de l'avancement; **he was a genius but not recognized as ~** c'était un génie mais il n'était pas reconnu pour tel *or* considéré comme tel; **there are no houses as ~** il n'y a pas de maisons à proprement parler; **teachers and doctors and ~(like)*** les professeurs et les docteurs et autres (gens de la sorte); **rabbits and hares and ~(like)*** les lapins, les lièvres et autres animaux de ce genre *or* de la sorte; **shoes and gloves and ~(like)*** les souliers, les gants et autres choses de ce genre *or* de la sorte.
  4 *cpd:* **Mr Such-and-such*** Monsieur un tel; **in such-and-such a street** dans telle rue; **suchlike*** *(adj)* de la sorte, de ce genre *(V also* **3).**

suck [sʌk] **1** *n* **(a)** **to have a ~ at sth** sucer qch.
  (b) *(at breast)* tétée *f*. **to give ~ to** allaiter, donner le sein à.
  2 *cpd:* **sucking-pig** cochon *m* de lait.
  3 *vt fruit, pencil* sucer; *juice, poison* sucer *(from* de); *(through straw) drink* aspirer *(through* avec); *sweet* sucer, suçoter; *[baby] breast, bottle* téter; *[leech]* sucer; *[pump, machine]* aspirer *(from* de). **to ~ one's thumb** sucer son pouce; **child ~ing its mother's breast** enfant qui tète sa mère; **to ~ dry** *orange etc* sucer tout le jus de; *(fig) person (of money)* sucer jusqu'au dernier sou; *(of energy)* sucer jusqu'à la moelle; *V* **teach.**
  4 *vi* **(a)** *[baby]* téter.
  (b) **to ~ at** *fruit, pencil* sucer; *sweet* sucer, suçoter; *pipe* sucer.

♦**suck down** *vt sep [sea, mud, sands]* engloutir.

♦**suck in 1** *vi (‡ fig)* **to suck in with sb** faire de la lèche à qn‡, lécher les bottes de qn.
  2 *vt sep [sea, mud, sands]* engloutir; *[porous surface]* absorber; *[pump, machine]* aspirer; *(fig) knowledge, facts* absorber, assimiler.

♦**suck out** *vt sep [person]* sucer, faire sortir en suçant *(of, from* de); *[machine]* refouler à l'extérieur *(of, from* de).

♦**suck up 1** *vi (‡ fig)* **to suck up to sb** faire de la lèche à qn‡, lécher les bottes* de qn.
  2 *vt sep [person]* aspirer, sucer; *[pump, machine]* aspirer; *[porous surface]* absorber.

sucker ['sʌkər] **1** *n* **(a)** *(on machine)* ventouse *f*, suceuse *f*, suçoir *m*; *(plunger)* piston *m*; *(Bot)* surgeon *m*, drageon *m*; *[leech, octopus]* ventouse; *[insect]* suçoir.
  (b) *(‡: person)* poire* *f*, gogo* *m*. **to be a ~ for sth** ne pouvoir résister à qch.
  2 *vt (US‡: swindle)* embobiner*. **to get ~ed out of 500 dollars** se faire refaire de 500 dollars.

suckle ['sʌkl] **1** *vt child* allaiter, donner le sein à; *young animal* allaiter. **2** *vi* téter.

suckling ['sʌklɪŋ] *n (act)* allaitement *m*; *(child)* nourrisson *m*, enfant *mf* à la mamelle.

sucrase ['sjuːkreɪz] *n* sucrase *f*, invertase *f*.

sucrose ['suːkrəʊz] *n* saccharose *f*.

suction ['sʌkʃən] **1** *n* succion *f*. **it works by ~** cela marche par succion; **to adhere by ~ (on)** faire ventouse (sur).
  2 *cpd apparatus, device* de succion. **suction disc** ventouse *f*; **suction pump** pompe aspirante; *(Min)* **suction shaft** puits *m* d'appel d'air; **suction valve** clapet *m* d'aspiration.

Sudan [suː'daːn] *n* Soudan *m*.

Sudanese [,suːdə'niːz] **1** *n* **(a)** *(pl inv: person)* Soudanais(e) *m(f)*.
  (b) *(Ling)* soudanais *m*. **2** *adj* soudanais.

sudden ['sʌdn] *adj movement, pain, emotion, change, decision* soudain, subit, brusque; *death, inspiration* subit; *bend in road, marriage, appointment* imprévu, inattendu. **all of a ~** soudain, tout à coup, tout d'un coup, brusquement; **it's all so ~!** on s'y attendait tellement peu!, c'est arrivé tellement vite!; *(fig Sport)* **~ death** verdict instantané.

suddenly ['sʌdnlɪ] *adv* brusquement, soudainement, subitement, tout à coup, tout d'un coup, soudain. **to die ~** mourir subitement.

suddenness ['sʌdnnɪs] *n (V sudden)* soudaineté *f*, brusquerie *f*; caractère subit *or* imprévu *or* inattendu.

suds [sʌdz] *npl* **(a)** *(also soap~) (lather)* mousse *f* de savon; *(soapy water)* eau savonneuse. **(b)** *(US‡: beer)* bière *f*.

sue [suː] **1** *vt (Jur)* poursuivre en justice, entamer une action contre, intenter un procès à *(for sth* pour obtenir qch, *over, about* au sujet de). **to ~ sb for damages** poursuivre qn en dommages-intérêts; **to ~ sb for libel** intenter un procès en diffamation à qn; **to be ~d for damages/libel** être poursuivi en dommages-intérêts/ en diffamation; **to ~ sb for divorce** entamer une procédure de divorce contre qn.
  2 *vi* **(a)** *(Jur)* intenter un procès, engager des poursuites. **to ~ for divorce** entamer une procédure de divorce.
  (b) *(liter)* **to ~ for peace/pardon** solliciter la paix/le pardon.

suede [sweɪd] **1** *n* daim *m*, cuir suédé. **imitation ~** suédine *f*. **2** *cpd*

shoes, handbag, coat, skirt de daim; *gloves* de suède; *leather* suédé.
suet [suɪt] *n* (*Culin*) graisse *f* de rognon. ~ **pudding** *gâteau sucré ou salé à base de farine et de graisse de bœuf.*
Suetonius [swiː'təʊnɪəs] *n* Suétone *m.*
Suez ['suːɪz] *n*: ~ **Canal** canal *m* de Suez; **Gulf of** ~ golfe *m* de Suez; (*Brit Hist*) **before/after** ~ avant/après l'affaire de Suez.
suffer ['sʌfər] **1** *vt* (a) (*undergo*) (*gen*) subir; *hardship, bereavement, martyrdom, torture* souffrir, subir; *punishment, change in circumstances, loss* subir; *damage, setback* essuyer, subir; *pain, headaches, hunger* souffrir de. **he** ~**ed a lot of pain** il a beaucoup souffert; (*liter*) **to** ~ **death** mourir; **her popularity** ~**ed a decline** sa popularité a souffert *or* a décliné.
(b) (*bear*) pain endurer, tolérer, supporter; (*allow*) opposition, *sb's rudeness, refusal etc* tolérer, permettre. **I can't** ~ **it a moment longer** je ne peux plus le souffrir *or* le tolérer, c'est intolérable, c'est insupportable; **he doesn't** ~ **fools gladly** il n'a aucune patience pour les imbéciles; (*liter*) **to** ~ **sb to do** souffrir que qn fasse.
2 *vi* (a) *[person]* souffrir. **to** ~ **in silence** souffrir en silence; ~ **for one's sins** expier ses péchés; **he** ~**ed for it later** il en a souffert les conséquences *or* il en a pâti plus tard; **you'll** ~ **for this** il vous en cuira, vous me le paierez; **I'll make him** ~ **for it!** il me le paiera!
(b) (*be afflicted by*) **to** ~ **from** *rheumatism, heart trouble, the cold, hunger* souffrir de; *deafness* être atteint de; *a cold, influenza, frostbite, pimples, bad memory* avoir; **he** ~**ing from a limp/stammer** *etc* il boite/bégaie *etc*; **he was** ~**ing from shock** il était commotionné; **to** ~ **from the effects of** *fall, illness* se ressentir de, souffrir des suites de; *alcohol, drug* subir le contrecoup de; **to be** ~**ing from having done** souffrir *or* se ressentir d'avoir fait; **the child was** ~**ing from its environment** l'enfant subissait les conséquences fâcheuses de son milieu *or* était la victime de son milieu; **she** ~**s from lack of friends** son problème c'est qu'elle n'a pas d'amis; **the house is** ~**ing from neglect** la maison se ressent d'avoir été négligée *or* du manque d'entretien; **his style** ~**s from overelaboration** son style souffre *or* a le défaut d'être trop élaboré; *V* **delusion** *etc.*
(c) (*be injured, impaired*) *[limb]* souffrir, être blessé; *[eyesight, hearing, speech]* souffrir, se détériorer; *[health, reputation, plans, sales, wages]* souffrir, pâtir; *[car, town, house]* souffrir, être endommagé; *[business]* souffrir, péricliter. **your health will** ~ votre santé en souffrira *or* en pâtira; **the regiment** ~**ed badly** le régiment a essuyé de grosses pertes.
sufferance ['sʌfərəns] *n* tolérance *f*, souffrance *f* (*Jur*). **on** ~ par tolérance.
sufferer ['sʌfərər] *n* (*from illness*) malade *mf*; (*from misfortune*) victime *f*; (*from accident*) accidenté(e) *m(f)*, victime. ~**s from diabetes**, **diabetes** ~**s** diabétiques *mfpl*; (*hum*) **my fellow** ~**s at the concert** mes compagnons *mpl* d'infortune au concert.
suffering ['sʌfərɪŋ] **1** *n* souffrance(s) *f(pl).* **'after much** ~ **patiently borne'** 'après de longues souffrances patiemment endurées'; **her** ~ **was great** elle a beaucoup souffert. **2** *adj* souffrant, qui souffre.
suffice [sə'faɪs] (*frm*) **1** *vi* suffire, être suffisant. ~ **it to say** qu'il (me) suffise de dire, je me contenterai de dire. **2** *vt* suffire à, satisfaire.
sufficiency [sə'fɪʃənsɪ] *n* (*frm*) quantité suffisante. **a** ~ **of coal** une quantité suffisante de charbon, suffisamment de charbon, du charbon en quantité suffisante *or* en suffisance; *V* **self.**
sufficient [sə'fɪʃənt] *adj* (*enough*) *books, money, food, people* assez de, suffisamment de; (*big enough*) *number, quantity* suffisant. **to be** ~ être suffisant *or* assez (*for* pour), suffire (*for* à); **I've got** ~ j'en ai assez *or* suffisamment; ~ **to eat** assez à manger; **he earns** ~ **to live on** il gagne de quoi vivre; **one meal a day is** ~ un repas par jour est suffisant; **one song was** ~ **to show he couldn't sing** une chanson a suffi à *or* pour démontrer qu'il ne savait pas chanter; **that's quite** ~ **thank you** cela me suffit, je vous remercie; *V* **self.**
sufficiently [sə'fɪʃəntlɪ] *adv* suffisamment, assez. **he is** ~ **clever to do so** il est suffisamment *or* assez intelligent pour le faire; **a** ~ **large number/quantity** un nombre/une quantité suffisant(e).
suffix ['sʌfɪks] **1** *n* suffixe *m.* **2** [sʌ'fɪks] *vt* suffixer (*to* à).
suffocate ['sʌfəkeɪt] **1** *vi* suffoquer, étouffer; (*fig: with anger, indignation, surprise*) suffoquer (*with* de).
2 *vt* suffoquer, étouffer; (*fig*) *[anger, indignation, surprise]* suffoquer. **he felt** ~**d in that small town atmosphere** il étouffait dans cette atmosphère de petite ville.
suffocating ['sʌfəkeɪtɪŋ] *adj heat, atmosphere* étouffant, suffocant; *fumes* suffocant, asphyxiant; (*fig*) étouffant. **it's** ~ **in here** on étouffe ici.
suffocation [ˌsʌfə'keɪʃən] *n* suffocation *f*, étouffement *m*; (*Med*) asphyxie *f.* **to die from** ~ mourir asphyxié.
suffragan ['sʌfrəgən] **1** *adj* suffragant. **2** *n*: ~ (**bishop**) (évêque *m*) suffragant *m.*
suffrage ['sʌfrɪdʒ] *n* (a) (*franchise*) droit *m* de suffrage *or* de vote *or* de voter. **universal** ~ suffrage universel. (b) (*frm: vote*) suffrage *m*, vote *m.*
suffragette [ˌsʌfrə'dʒet] *n* suffragette *f.* (*Hist*) **the S**~ **Movement** le Mouvement des Suffragettes.
suffragist ['sʌfrədʒɪst] *n* partisan(e) *m(f)* du droit de vote pour les femmes.
suffuse [sə'fjuːz] *vt [light]* baigner, se répandre sur; *[emotion]* envahir. **the room was** ~**d with light** la pièce baignait dans une lumière douce; ~**d with red** rougi, empourpré; **eyes** ~**d with tears** yeux baignés de larmes.
sugar ['ʃʊgər] **1** *n* (*U*) sucre *m*. **come here** ~! *or* **!** viens ici chéri(e)! *or* mon petit lapin en sucre!; *V* **icing** *etc.*
2 *vt food, drink* sucrer; *V* **pill.**
3 *cpd*: (*Brit*) **sugar basin** sucrier *m*; **sugar beet** betterave

sucrière *or* à sucre; **sugar bowl** = **sugar basin**; **sugar cane** canne *f* à sucre; **sugar-coated** dragéifié; **sugar cube** morceau *m* de sucre; (*fig*) **sugar daddy*** vieux protecteur; **sugar(ed) almond** dragée *f*; **sugar-free** sans sucre; **sugar loaf** pain *m* de sucre; **sugar lump** = **sugar cube**; (*Can, US*) **sugar maple** érable *m* à sucre; **sugar pea** mange-tout *m inv*; **sugar plantation** plantation *f* de canne à sucre; **sugarplum** bonbon *m*, dragée *f*; **sugar refinery** raffinerie *f* de sucre; **sugar sifter** saupoudreuse *f*, sucrier *m* verseur; **sugar tongs** pince *f* à sucre.
sugarless ['ʃʊgəlɪs] *adj* sans sucre.
sugary ['ʃʊgərɪ] *adj food, drink* (très) sucré; *taste* de sucre, sucré; (*fig pej*) *person, smile* doucereux; *voice* mielleux. (*pej*) **she is rather** ~ elle a un petit air sucré, elle est tout sucre tout miel.
suggest [sə'dʒest] *vt* (a) (*propose*) suggérer, proposer (*sth to sb* qch à qn); (*pej: hint*) insinuer (*sth to sb* qch à qn). **I** ~ **that we go to the museum** je suggère *or* je propose qu'on aille au musée; **he** ~**ed that they (should) go to London** il leur a suggéré *or* proposé d'aller à Londres; **an idea** ~**ed itself (to me)** une idée m'est venue à l'esprit; **what are you trying to** ~? que voulez-vous dire par là?, qu'insinuez-vous? (*pej*); (*esp Jur*) **I** ~ **to you that ...** mon opinion est que ... .
(b) (*imply*) *[facts, data, sb's actions]* suggérer, laisser supposer, sembler indiquer (*that* que); (*evoke*) suggérer, évoquer, faire penser à. **what does that smell** ~ **to you?** à quoi cette odeur vous fait-elle penser?, qu'est-ce que cette odeur vous suggère? *or* évoque pour vous?; **the coins** ~ **a Roman settlement** les monnaies suggèrent l'existence d'un camp romain, les monnaies donnent à penser *or* laissent supposer qu'il y a eu un camp romain; **it doesn't exactly** ~ **a careful man** on ne peut pas dire que cela denote un homme soigneux.
suggestible [sə'dʒestɪbl] *adj* suggestible, influençable.
suggestion [sə'dʒestʃən] *n* (a) (*gen*) suggestion *f*; (*proposal*) suggestion, proposition *f*; (*insinuation*) allusion *f*, insinuation *f*. **to make** *or* **offer a** ~ faire une suggestion *or* une proposition; **if I may make a** ~ si je peux me permettre de faire une suggestion; **have you any** ~**s?** avez-vous quelque chose à suggérer?; **my** ~ **is that ...** je suggère *or* je propose que ...; **there is no** ~ **of corruption** il n'y a pas la moindre question de corruption, rien n'autorise à penser qu'il y ait eu corruption.
(b) (*U: Psych etc*) suggestion *f*. **the power of** ~ la force de suggestion.
(c) (*trace*) soupçon *m*, pointe *f.*
suggestive [sə'dʒestɪv] *adj* suggestif (*also pej*). **to be** ~ **of** = suggest b.
suggestively [sə'dʒestɪvlɪ] *adv* (*pej*) de façon suggestive.
suggestiveness [sə'dʒestɪvnɪs] *n* (*pej*) caractère suggestif, suggestivité *f.*
suicidal [ˌsʊɪ'saɪdl] *adj person, tendency, carelessness* suicidaire. (*fig*) **I feel** ~ **this morning** j'ai envie de me jeter par la fenêtre (*or* sous un train *or* à l'eau *etc*) ce matin; (*fig*) **that would be absolutely** ~! ce serait un véritable suicide!; **he drives in this** ~ **way** il conduit comme un fou, s'il voulait se suicider il ne conduirait pas autrement.
suicide ['sʊɪsaɪd] **1** *n* (*act: lit, fig*) suicide *m*; (*person*) suicidé(e) *m(f)*. **there were 2 attempted** ~**s** il y a eu 2 tentatives *fpl* de suicide, 2 personnes ont tenté de se suicider; **such an act was political** ~ un tel acte représentait un véritable suicide politique, il se suicidait politiquement en faisant cela; (*fig*) **it would be** ~ **to do so** le faire équivaudrait à un suicide, ce serait se suicider que de le faire; *V* **attempt, commit** *etc.*
2 *cpd attack, bomber etc* suicide *inv.* **suicide attempt**, **suicide bid** tentative *f* de suicide.
suit [suːt] **1** *n* (a) (*tailored garment*) (*for man*) costume *m*, complet *m*; (*for woman*) tailleur *m*; (*non-tailored, also for children*) ensemble *m*; (*racing driver, astronaut*) combinaison *f*. ~ **of clothes** tenue *f*; ~ **of armour** armure complète; (*Naut*) **a** ~ **of sails** un jeu de voiles; *V* **lounge, trouser** *etc.*
(b) (*frm: request*) requête *f*, pétition *f*; (*liter: for marriage*) demande *f* en mariage; *V* **press.**
(c) (*Jur*) poursuite *f*, procès *m*, action *f*. **to bring a** ~ intenter un procès (*against sb* à qn), engager des poursuites (*against sb* contre qn); **criminal** ~ action criminelle; *V* **file*, law, party** *etc.*
(d) (*Cards*) couleur *f*. **long** *or* **strong** ~ couleur longue; (*fig*) **fort** *m*; **short** ~ couleur courte; *V* **follow.**
2 *vt* (a) (*be convenient, satisfactory for*) *[arrangements, date, price, suggestion]* convenir à, arranger, aller à; *[climate, food, occupation]* convenir à. **it doesn't** ~ **me to leave now** cela ne m'arrange pas de partir maintenant; **I'll do it when it** ~**s me** je le ferai quand ça m'arrangera; **that** ~**s me down to the ground** ça me va *or* me convient tout à fait; **such a step** ~**ed him perfectly** *or* **just** ~**ed his book*** une telle mesure lui convenait parfaitement *or* l'arrangeait parfaitement *or* faisait tout à fait son affaire; ~ **yourself!*** c'est comme vous voudrez!, faites comme vous voudrez! *or* voulez!; ~**s me!*** ça me va!, ça me botte!*; **it** ~**s me here** je suis bien ici; *V* **ground.**
(b) (*be appropriate to*) convenir à, aller à. **the job doesn't** ~ **him** l'emploi ne lui convient pas, ce n'est pas un travail fait pour lui; **such behaviour hardly** ~**s you** une telle conduite ne vous va guère *or* n'est guère digne de vous; (*Theat*) **the part** ~**ed him perfectly** le rôle lui allait comme un gant *or* était fait pour lui; **he is not** ~**ed to teaching** il n'est pas fait pour l'enseignement; **the hall was not** ~**ed to such a meeting** la salle n'était pas faite pour *or* ne se prêtait guère à une telle réunion; **it** ~**s their needs** cela leur convient; **they are well** ~**ed (to one another)** ils sont faits l'un pour l'autre, ils sont très bien assortis.
(c) *[garment, colour, hairstyle]* aller à. **it** ~**s her beautifully** cela lui va à merveille.

(d) (*adapt*) adapter, approprier (*sth to sth* qch à qch). **to ~ the action to the word** joindre le geste à la parole.

3 *vi* convenir, aller, faire l'affaire. **will tomorrow ~?** est-ce que demain vous convient? *or* vous va? *or* est à votre convenance?

suitability [ˌsuːtəˈbɪlɪtɪ] *n* (*V* **suitable**) fait *m* de convenir *or* d'aller *or* d'être propice *etc*; [*action, remark, reply, example, choice*] à-propos *m*, pertinence *f*. **I doubt the ~ of these arrangements** je doute que ces dispositions conviennent (*subj*); **his ~ for the position is doubtful** il n'est pas sûr qu'il soit l'homme le plus indiqué pour ce poste.

suitable [ˈsuːtəbl] *adj climate, food* qui convient (*for* à); *colour, size* qui va (*for* à); *place, time* propice, adéquat (*for* à); *action, reply, example, remark, choice* approprié (*for* à), pertinent; *clothes* approprié (*for* à), adéquat; (*socially*) convenable. (*gen*) **it's not ~** ça ne convient pas; **the most ~ man for the position** l'homme le plus apte à occuper ce poste, l'homme le plus indiqué pour ce poste; **I can't find anything ~** je ne trouve rien qui me convienne; (*clothes*) je ne trouve rien qui m'aille; **the 25th is the most ~ for me** c'est le 25 qui m'arrange *or* me convient le mieux; **he is not a ~ teacher for such a class** quelqu'un comme lui ne devrait pas enseigner dans une telle classe; **he is not at all a ~ person** ce n'est pas du tout l'homme qu'il faut; **the hall is quite ~ for the meeting** c'est une salle qui se prête bien à ce genre de réunion; **the film isn't ~ for children** ce n'est pas un film pour les enfants; **this gift isn't ~ for my aunt** ce cadeau ne plaira pas à ma tante *or* ne sera pas au goût de ma tante.

suitably [ˈsuːtəblɪ] *adv reply* à propos; *explain* de manière adéquate; *thank, apologize* comme il convient (*or* convenait *etc*), comme il se doit (*or* devait *etc*); *behave* convenablement, comme il faut. **he was ~ impressed** il a été favorablement impressionné.

suitcase [ˈsuːtkeɪs] *n* valise *f*. (*fig*) **to live out of a ~** vivre sans jamais vraiment défaire ses bagages.

suite [swiːt] *n* **(a)** (*furniture*) mobilier *m*; (*rooms: in hotel etc*) appartement *m*, suite *f*. **a dining-room ~** un mobilier *or* un ensemble de salle à manger, une salle à manger; *V* **bedroom, bridal** *etc*.

(b) (*Mus*) suite *f*.

(c) (*retainers*) suite *f*, escorte *f*.

suiting [ˈsuːtɪŋ] *n* (*U: Tex*) tissu *m* pour complet.

suitor [ˈsuːtəʳ] *n* soupirant *m*, prétendant *m*; (*Jur*) plaideur *m*, -euse *f*.

sulcus [ˈsʌlkəs] *n*, *pl* **-ci** [ˈsʌlsaɪ] scissure *f*.

Suleiman [ˌsuːlɪˈmɑːn] *n*: **~ the Magnificent** Soliman *or* Suleyman le Magnifique.

sulfa [ˈsʌlfə] *etc* (*US*) = **sulpha** *etc*.

sulk [sʌlk] **1** *n* bouderie *f*, maussaderie *f*. **to be in the ~s, to have (a fit of) the ~s** bouder, faire la tête.

2 *vi* bouder.

sulkily [ˈsʌlkɪlɪ] *adv* en boudant, d'un air *or* d'un ton maussade.

sulkiness [ˈsʌlkɪnɪs] *n* (*state*) bouderie *f*; (*temperament*) caractère boudeur *or* maussade.

sulky [ˈsʌlkɪ] *adj* boudeur, maussade. **to be** *or* **look ~** faire la tête.

sullen [ˈsʌlən] *adj person, look, smile* maussade, renfrogné; *comment, silence* renfrogné; *horse* rétif; *clouds* menaçant; *sky, countryside, lake* maussade, morne.

sullenly [ˈsʌlənlɪ] *adv say, reply, refuse, deny* d'un ton maussade; *promise, agree* de mauvaise grâce. **he remained ~ silent** il n'est pas départi de son air renfrogné *or* maussade et n'a pas ouvert la bouche.

sullenness [ˈsʌlənnɪs] *n* (*V* **sullen**) maussaderie *f*, humeur *f* maussade, air renfrogné; aspect menaçant *or* maussade *or* morne.

sully [ˈsʌlɪ] *vt* (*liter*) souiller.

sulpha, (*US*) **sulfa** [ˈsʌlfə] *n*: **~ drug** sulfamide *m*.

sulphate, (*US*) **sulfate** [ˈsʌlfeɪt] *n* sulfate *m*. **copper ~** sulfate de cuivre.

sulphide, (*US*) **sulfide** [ˈsʌlfaɪd] *n* sulfure *m*.

sulphonamide, (*US*) **sulfonamide** [sʌlˈfɒnəmaɪd] *n* sulfamide *m*.

sulphur, (*US*) **sulfur** [ˈsʌlfəʳ] **1** *n* soufre *m*. **2** *cpd*: **sulphur dioxide** anhydride sulfureux; **sulphur spring** source sulfureuse.

sulphureous, (*US*) **sulfureous** [sʌlˈfjʊərɪəs] *adj* sulfureux; (*in colour*) couleur de soufre, soufré.

sulphuric, (*US*) **sulfuric** [sʌlˈfjʊərɪk] *adj* sulfurique.

sulphurous, (*US*) **sulfurous** [ˈsʌlfərəs] *adj* sulfureux.

sultan [ˈsʌltən] *n* sultan *m*.

sultana [sʌlˈtɑːnə] **1** *n* **(a)** (*fruit*) raisin *m* de Smyrne. **(b)** (*woman*) sultane *f*. **2** *cpd*: (*Culin*) **sultana cake** cake *m* (aux raisins de Smyrne).

sultanate [ˈsʌltənɪt] *n* sultanat *m*.

sultriness [ˈsʌltrɪnɪs] *n* (*heat*) chaleur étouffante; [*weather*] lourdeur *f*.

sultry [ˈsʌltrɪ] *adj heat* étouffant, suffocant; *weather, air* lourd; *atmosphere* étouffant, pesant; (*fig*) *voice* chaud, sensuel; *person, character* passionné; *look, smile* plein de passion, sensuel, provocant.

sum [sʌm] **1** *n* (*total after addition*) somme *f*, total *m* (*of* de); (*amount of money*) somme (d'argent); (*Math: problem*) calcul *m*, opération *f*, (*specifically adding*) addition *f*. (*Scol: arithmetic*) **~s** le calcul; **to do a ~ in one's head** faire un calcul mental *or* de tête; **he is good at ~s** il est bon en calcul; **the ~ of our experience** la somme de notre expérience; **the ~ and substance of what he said** les grandes lignes de ce qu'il a dit; **in ~** en somme, somme toute; *V* **lump, round** *etc*.

2 *cpd*: **summing-up** récapitulation *f*, résumé *m* (*also Jur*); **sum total** (*amount*) somme totale; (*money*) montant *m* (global); (*fig*) **the sum total of all this was that he ...** le résultat de tout cela a été qu'il ....

◆**sum up 1** *vi* récapituler, faire un *or* le résumé; (*Jur*) résumer. **to**

sum up, let me say that ... en résumé *or* pour récapituler je voudrais dire que ....

2 *vt sep* **(a)** (*summarize*) *speech, facts, arguments* résumer, récapituler; *book etc* résumer. **that sums up all I felt** cela résume tout ce que je ressentais.

(b) (*assess*) *person* jauger, se faire une idée de; *situation* apprécier d'un coup d'œil.

3 summing-up *n V* sum 2.

sumac(h) [ˈsuːmæk] *n* sumac *m*.

summarily [ˈsʌmərɪlɪ] *adv* sommairement.

summarize [ˈsʌməraɪz] *vt book, text* résumer; *speech, arguments* résumer, récapituler.

summary [ˈsʌmərɪ] **1** *n* **(a)** (*U: V* **summarize**) résumé *m*; récapitulation *f*.

(b) (*printed matter, list etc*) sommaire *m*, résumé *m*; (*Fin: of accounts*) relevé *m*. (*Rad, TV*) **here is a ~ of the news** voici les nouvelles *fpl* en bref.

2 *adj* (*all senses*) sommaire.

summat [ˈsʌmət] *n* (*dial*) = **something**.

summation [sʌˈmeɪʃən] *n* (*addition*) addition *f*; (*summing-up*) récapitulation *f*, résumé *m* (*also Jur*).

summer [ˈsʌməʳ] **1** *n* été *m*. **in ~** en été; **in the ~ of 1987** pendant l'été de 1987, en été 1987; (*liter*) **a girl of 17 ~s** une jeune fille de 17 printemps; *V* **high, Indian** *etc*.

2 *cpd weather, heat, day, season, activities* d'été, estival; *residence* d'été. (*US Scol*) **summer camp** colonie *f* de vacances; **summer clothes** vêtements *mpl* d'été, tenue estivale *or* d'été; **summer holidays** grandes vacances; **summerhouse** pavillon *m* (dans un jardin); **summer lightning** éclair *m* de chaleur; **summer resort** station estivale; **summer school** université *f* d'été; (*US*) **summer squash** courgette *f*; (*Brit*) **summertime** (*season*) été *m*; **summer time** (*by clock*) heure *f* d'été; **summer visitor** estivant(e) *m(f)*.

3 *vi* (*rare*) passer l'été.

summery [ˈsʌmərɪ] *adj* d'été.

summit [ˈsʌmɪt] **1** *n* [*mountain*] sommet *m*, cime *f*, faîte *m*; (*fig*) [*power, honours, glory*] sommet, apogée *m*, faîte; [*ambition*] summum *m*; (*Pol*) sommet. **2** *cpd* (*Pol*) *talks* au sommet. **summit conference** (conférence *f* au) sommet *m*; **~ meeting** rencontre *f* au sommet.

summitry* [ˈsʌmɪtrɪ] *n* (*Pol, esp US*) tactique *f* de la rencontre au sommet.

summon [ˈsʌmən] *vt servant, police* appeler, faire venir; (*to meeting*) convoquer (*to* à); [*monarch, president, prime minister*] mander (*to* à); (*Jur*) citer, assigner, appeler en justice (*as* comme); *help, reinforcements* requérir. **the Queen ~ed Parliament** la reine a convoqué le Parlement; **to ~ sb to do** sommer qn de faire; (*Jur*) **to ~ sb to appear** citer *or* assigner qn; (*Mil*) **they ~ed the town to surrender** ils ont sommé la ville de *or* ils ont mis la ville en demeure de se rendre; **I was ~ed to his presence** j'ai été requis de paraître devant lui, il m'a mandé auprès de lui; **to ~ sb in** (*or* down *etc*) (*Admin etc*) sommer qn d'entrer (*or* de descendre *etc*); (*gen: informally*) appeler qn.

◆**summon up** *vt sep one's energy, strength* rassembler, faire appel à; *interest, enthusiasm* faire appel à. **to summon up (one's) courage** faire appel à *or* rassembler tout son courage, s'armer de courage, prendre son courage à deux mains (*to do* pour faire); **he summoned up the courage to fight back** il a trouvé le courage de riposter.

summons [ˈsʌmənz] **1** *n* sommation *f* (*also Mil*), injonction *f*; (*Jur*) assignation *f*, citation *f*. (*Jur*) **to take out a ~ against sb** faire assigner qn; **he got a ~ for drunken driving** il a reçu une citation *or* une assignation pour conduite en état d'ivresse; (*Mil*) **they sent him a ~ to surrender** ils lui ont fait parvenir une sommation de se rendre; *V* **issue, serve**.

2 *vt* (*Jur*) citer, assigner (*à comparaître*), appeler en justice (*for sth* pour qch).

sump [sʌmp] *n* (*Tech*) puisard *m* (*pour eaux-vannes etc*); (*Brit Aut*) carter *m*. **~ oil** huile *f* de carter.

sumptuary [ˈsʌmptjʊərɪ] *adj* (*frm*) somptuaire. (*Hist*) **~ law** loi *f* somptuaire.

sumptuous [ˈsʌmptjʊəs] *adj* somptueux, fastueux, luxueux.

sumptuously [ˈsʌmptjʊəslɪ] *adv* somptuⒶement.

sumptuousness [ˈsʌmptjʊəsnɪs] *n* somptuosité *f*.

sun [sʌn] **1** *n* soleil *m*. **the ~ is shining** il fait (du) soleil, le soleil brille; **in the ~** au soleil; **right in the ~** en plein soleil; **a place in the ~** (*lit*) un endroit ensoleillé *or* au soleil; (*fig*) une place au soleil; **in the July ~** au soleil de juillet; **come out of the ~** ne restez pas au soleil; **the ~ is in my eyes** j'ai le soleil dans les yeux; **he rose with the ~** il se levait avec le soleil; **everything under the ~** tout ce qu'il est possible d'imaginer; **nothing under the ~** rien au monde; **there's no prettier place under the ~** il n'est pas de plus joli coin au monde *or* sur la terre; **no reason under the ~** pas la moindre raison; **there is nothing new under the ~** il n'y a rien de nouveau sous le soleil; *V* **midnight** *etc*.

2 *vt*: **to ~ o.s.** [*lizard, cat*] se chauffer au soleil; [*person*] prendre un bain de soleil, lézarder au soleil.

3 *cpd*: **sunbaked** brûlé par le soleil; **sunbath** bain *m* de soleil; **sunbathe** prendre un bain *or* des bains de soleil, se (faire) bronzer; **sunbather** personne *f* qui prend un bain de soleil; **sunbathing** bains *mpl* de soleil; **sunbeam** rayon *m* de soleil; **sunbed** (*in garden etc*) lit *m* pliant; (*with sunray lamp*) lit à ultra-violets; (*US*) **the Sunbelt** les États *mpl* du Sud et de l'Ouest (*où l'ensoleillement est grand*); **sunblind** store *m*; **sun bonnet** capeline *f*; **sunburn** *etc V* **sunburn** *etc*; **sunburst** échappée *f* de soleil; **sunburst clock** pendule *f* soleil; **sun dance** danse rituelle du solstice chez les Indiens d'Amérique; **Sunday** *V* **Sunday**; **sun deck** [*house, hotel etc*] véranda *f*, (*Naut*) pont supérieur *or* des embarcations; **sundial** cadran *m* solaire; **sundown** = sunset; **sundowner*** (*Australia: tramp*) chemineau *m*, clochard *m*; (*Brit: drink*) boisson alcoolique prise au *coucher du soleil*; **sun-drenched** inondé de soleil; **sun dress** robe *f* bain de soleil; **sundried** séché au soleil; **sun-filled** ensoleillé, rempli de soleil; (*Zool*) **sunfish** poisson lune *m*; (*Bot*) **sunflower** tournesol *m*, soleil *m*; (*Culin*) **sunflower oil/seeds** huile *f*/graines *fpl* de tournesol; (*US*) **the Sunflower State** le Kansas; **sunglasses** lunettes *fpl* de soleil; **sun-god** dieu *m* soleil; **sun hat** chapeau *m* de soleil *or* de plage; **sun helmet** casque colonial; (*Hist*) **the Sun King** le Roi-Soleil; **sun lamp** lampe *f* à rayons ultra-violets; **sunlight** (lumière *f* du) soleil *m*; **in the sunlight** au soleil, à la lumière du soleil; **sunlit** ensoleillé; **sun lotion** = suntan lotion; **sun lounge** véranda *f*, (*in health institution etc*) solarium *m*; **sunlounger** fauteuil *m* bain de soleil; **sun oil** = suntan oil; **sun porch** petite véranda (à l'entrée); (*Med*) **sunray lamp** = sun lamp; **sunray treatment** héliothérapie *f*; **sunrise** lever *m* du soleil; **sunrise industry** industrie *f* en expansion *or* montante; (*Aut*) **sun roof** toit *m* ouvrant; **sunset** coucher *m* du soleil; (*US Jur*) **sunset clause** clause *f* de révision; **sunset industry** industrie *f* en déclin; (*US*) **sunset law** *loi qui impose la revue périodique d'un organisme officiel*; **sunshade** (*lady's parasol*) ombrelle *f*; (*for eyes*) visière *f*; (*for table, on pram*) parasol *m*; (*in car*) pare-soleil *m inv*; (*Aut*) **sun-shield** pare-soleil *m inv*; **sunshine** *V* sunshine; **sunspecs*** = sunglasses; **sunspot** tache *f* solaire; (*Med*) **sunstroke** insolation *f*; **sunsuit** costume *m* bain de soleil; **suntan** bronzage *m*; **to get a suntan** (se faire) bronzer; **suntan lotion** lotion *f or* lait *m* solaire; **suntanned** bronzé; **suntan oil** huile *f* solaire; **suntrap** coin très ensoleillé; **sun umbrella** parasol *m*; **sunup*** = sunrise; **sun visor** (*for eyes, on cap*) visière *f*; (*Aut*) pare-soleil *m inv*; (*Rel*) **sun-worship** culte *m* du Soleil; **sun-worshipper** (*Rel*) adorateur *m*, -trice *f* du Soleil; (*fig*) adepte *mf or* fanatique *mf* du soleil.

Sun. *abbr of* Sunday.

sunburn ['sʌnbɜːn] *n* coup *m* de soleil.

sunburned ['sʌnbɜːnd], **sunburnt** ['sʌnbɜːnt] *adj* (*tanned*) bronzé, hâlé; (*painfully*) brûlé par le soleil. **to get ~** (*tan*) (se faire) bronzer; (*painfully*) prendre un coup de soleil.

sundae ['sʌndeɪ] *n* sundae *m*, coupe *f* glacée Chantilly.

Sunday ['sʌndɪ] **1** *n* (a) dimanche *m*; *for phrases V* Saturday; *V also* Easter, month, palm².
   (b) (*fig*: **~** *papers*) **the ~s*** les journaux *mpl* du dimanche.
   2 *cpd* *clothes, paper* du dimanche; *walk, rest, peace* dominical. **in one's Sunday best** tout endimanché, en habits du dimanche; (**pej*) **Sunday driver, Sunday motorist** chauffeur *m* du dimanche; (*Comm*) **Sunday opening, Sunday trading** l'ouverture des magasins le dimanche, le commerce dominical; **Sunday trading laws** réglementation *f* du commerce dominical; **Sunday observance** observance *f* du repos dominical; **Sunday school** école *f* du dimanche, ≃ catéchisme *m*; **Sunday school teacher** catéchiste *mf* (*qui s'occupe de l'école du dimanche*).

sunder ['sʌndər] (*liter*) **1** *vt* séparer, fractionner, scinder. **2** *n:* **in ~** (*apart*) écartés; (*in pieces*) en morceaux.

sundry ['sʌndrɪ] **1** *adj* divers, différent. **all and ~** tout le monde, n'importe qui; **to all and ~** à tout venant, à tout le monde, à n'importe qui. **2** *npl:* **sundries** articles *mpl* divers.

sung [sʌŋ] *ptp of* sing.

sunk [sʌŋk] *ptp of* sink¹.

sunken ['sʌŋkən] *adj* *ship, rock* submergé; *eyes* creux, cave; *cheeks* creux; *garden* en contrebas; *bath* encastré (*au ras du sol*).

sunless ['sʌnlɪs] *adj* sans soleil.

sunny ['sʌnɪ] *adj* *room, situation, month, morning* ensoleillé; *side (of street, building etc)* exposé au soleil, ensoleillé; (*fig*) *smile* radieux, épanoui; *person, personality* heureux, épanoui. **it is ~** *or* **a ~ day** il fait (du) soleil; (*Brit Met*) **~ intervals** or periods éclaircies (*fpl*); (*Met*) **the outlook is ~** on prévoit (le retour) du soleil, on peut s'attendre à un temps ensoleillé; (*fig*) **he always sees the ~ side of things** il voit tout en rose, il voit tout du bon côté; **he's on the ~ side of fifty*** il est du bon côté de la cinquantaine; (*US Culin*) **eggs ~ side up** œufs *mpl* sur le plat (*frits sans avoir été retournés*).

sunshine ['sʌnʃaɪn] **1** *n* (*U*) (lumière *f* du) soleil *m*. **in the ~** au soleil; (*Met*) **5 hours of ~** 5 heures d'ensoleillement; (*iro*) **he's a real ray of ~** il est gracieux comme une porte de prison aujourd'hui; **hallo ~!*** bonjour mon rayon de soleil!
   2 *cpd:* (*US*) **sunshine law** *loi imposant la publicité des débats pour les décisions administratives*; (*Aut*) **sunshine roof** toit *m* ouvrant; (*US*) **the Sunshine State** la Floride.

sup [sʌp] **1** *vi* souper (*on, off* de). **2** *vt* (*also* **~ up**) boire *or* avaler à petites gorgées. **3** *n* petite gorgée.

super ['suːpər] **1** *adj* (*) formidable*, sensationnel*. **2** *cpd:* **super-duper‡** formid* *inv*, sensass* *inv*, terrible*. **3** *n* (a) (*) *abbr of* **superintendent** (*of police*) and (*Cine*) **supernumerary**. (b) (*US: gasoline*) super(carburant) *m*.

super... ['suːpər] *pref* super..., *e.g.* **~-salesman** super-vendeur *m*; *V also* superannuate *etc*.

superable ['suːpərəbl] *adj* surmontable.

superabundance [ˌsuːpərəˈbʌndəns] *n* surabondance *f*.

superabundant [ˌsuːpərəˈbʌndənt] *adj* surabondant.

superannuate [ˌsuːpəˈrænjʊeɪt] *vt* mettre à la retraite. **~d** retraité, à la *or* en retraite; (*fig*) suranné, démodé.

superannuation [ˌsuːpəˌrænjʊˈeɪʃən] *n* (*act*) (mise *f* à la) retraite *f*; (*pension*) pension *f* de retraite; (*also ~ contribution*) versements *mpl or* cotisations *fpl* pour la pension; **~ fund** caisse *f* de retraite.

superb [suːˈpɜːb] *adj* superbe, magnifique.

superbly [suːˈpɜːblɪ] *adv* superbement, magnifiquement. **he is ~ fit** il est en pleine forme *or* dans une forme éblouissante.

supercargo ['suːpəˌkɑːgəʊ] *n* (*Naut*) subrécargue *m*.

supercharged ['suːpətʃɑːdʒd] *adj* surcomprimé.

supercharger ['suːpətʃɑːdʒər] *n* compresseur *m*.

supercilious [ˌsuːpəˈsɪlɪəs] *adj* hautain, dédaigneux.

superciliously [ˌsuːpəˈsɪlɪəslɪ] *adv* avec dédain, dédaigneusement, d'un air *or* d'un ton hautain.

superciliousness [ˌsuːpəˈsɪlɪəsnɪs] *n* hauteur *f*, arrogance *f*.

super-class ['suːpəˌklɑːs] *n* super-classe *f*.

superconductivity ['suːpəˌkɒndʌkˈtɪvɪtɪ] *n* supraconductivité *f*.

superego [ˌsuːpərˈiːgəʊ] *n* sur-moi *m*.

supererogation ['suːpərˌerəˈgeɪʃən] *n* surérogation *f*.

superette ['suːpəret] *n* (*US*) petit supermarché *m*, supérette *f*.

superficial [ˌsuːpəˈfɪʃəl] *adj* superficiel.

superficiality ['suːpəˌfɪʃɪˈælɪtɪ] *n* caractère superficiel, manque *m* de profondeur.

superficially [ˌsuːpəˈfɪʃəlɪ] *adv* superficiellement.

superficies [ˌsuːpəˈfɪʃiːz] *n* superficie *f*.

superfine ['suːpəfaɪn] *adj* *goods, quality* extra-fin, superfin, surfin; (*pej*) *distinction* trop ténu, bien mince.

superfluity [ˌsuːpəˈfluːɪtɪ] *n* (a) surabondance *f* (*of* de). (b) = superfluousness.

superfluous [suːˈpɜːfluəs] *adj* *goods, explanation* superflu. **~ hair** poils superflus; **it is ~ to say that ...** je n'ai pas besoin de dire que ..., inutile de dire que ...; **he felt rather ~*** il se sentait de trop.

superfluously [suːˈpɜːfluəslɪ] *adv* d'une manière superflue.

superfluousness [suːˈpɜːfluəsnɪs] *n* caractère superflu.

supergiant ['suːpəˌdʒaɪənt] *n* (*Astron*) supergéante *f*.

superglue ['suːpəgluː] *n* ® supercolle *f*.

supergrass ['suːpəgrɑːs] *n* super-indicateur *m* de police.

superhighway ['suːpəˌhaɪweɪ] *n* (*US*) voie *f* express (à plusieurs files).

superhuman [ˌsuːpəˈhjuːmən] *adj* surhumain.

superimpose [ˌsuːpərɪmˈpəʊz] *vt* superposer (*on* à). (*Cine, Phot, Typ*) **~d** en surimpression.

superintend [ˌsuːpərɪnˈtend] *vt* *work, shop, department* diriger; *exam* surveiller; *production* contrôler; *vote-counting* présider à.

superintendence [ˌsuːpərɪnˈtendəns] *n* (*V* superintend) direction *f*; surveillance *f*; contrôle *m*.

superintendent [ˌsuːpərɪnˈtendənt] *n* (a) [*institution, orphanage*] directeur *m*, -trice *f*; [*department*] chef *m*. (*also* police **~, ~ of police**) ≃ commissaire *m* (de police).

superior [suːˈpɪərɪər] **1** *adj* (a) supérieur (*f* -eure) (*to* à); *product, goods* de qualité supérieure; (*pej: smug*) *person* condescendant, suffisant; *air, smile* supérieur, de supériorité, suffisant. **~ in number** être supérieur en nombre à, numériquement supérieur à; **in ~ numbers** en plus grand nombre, plus nombreux; (*Typ*) **~ letter/number** lettre *f*/nombre *m* supérieur(e); **he felt rather ~** il a éprouvé un certain sentiment de supériorité; **in a ~ voice** d'un ton supérieur *or* suffisant; *V* mother.
   (b) (*Bio, Bot etc*) supérieur (*f* -eure).
   2 *n* (*also Rel*) supérieur(e) *m(f)*.

Superior [suːˈpɪərɪər] *adj:* **Lake ~** le lac Supérieur.

superiority [suːˌpɪərɪˈɒrɪtɪ] *n* supériorité *f* (*to, over* par rapport à). **~ complex** complexe *m* de supériorité.

superjacent [ˌsuːpəˈdʒeɪsənt] *adj* sus-jacent.

superlative [suːˈpɜːlətɪv] **1** *adj* *condition, quality, achievement* sans pareil; *happiness, indifference* suprême; (*Gram*) superlatif. **2** *n* (*Gram*) superlatif *m*. **in the ~** au superlatif; (*fig*) **he tends to talk in ~s** il a tendance à exagérer.

superlatively [suːˈpɜːlətɪvlɪ] *adv* extrêmement, au suprême degré, au plus haut point. **he was ~ fit** il était on ne peut plus en forme; (*iro*) **he is ~ stupid** c'est le roi des imbéciles.

superman ['suːpəmæn] *n, pl* **supermen** surhomme *m*. (*on TV etc*) **S~** Superman *m*.

supermarket ['suːpəˌmɑːkɪt] *n* supermarché *m*.

supermen ['suːpəmen] *npl of* superman.

supernal [suːˈpɜːnəl] *adj* (*liter*) céleste, divin.

supernatural [ˌsuːpəˈnætʃərəl] **1** *adj* surnaturel. (*fig*) **there's something ~ about it** cela semble presque anormal. **2** *n* surnaturel *m*.

supernormal [ˌsuːpəˈnɔːməl] *adj* au-dessus de la normale.

supernova [ˌsuːpəˈnəʊvə] *n* (*Astron*) supernova *f*.

supernumerary [ˌsuːpəˈnjuːmərərɪ] **1** *adj* (*Admin, Bio etc*) surnuméraire; (*superfluous*) superflu. **2** *n* (*Admin etc*) surnuméraire *mf*; (*Cine*) figurant(e) *m(f)*.

superorder ['suːpəˌrɔːdər] *n* super-ordre *m*.

superordinate [ˌsuːpəˈrɔːdɪnɪt] **1** *adj* dominant, supérieur. **2** *n* (*Ling*) terme *m* générique.

superphosphate [ˌsuːpəˈfɒsfeɪt] *n* superphosphate *m*.

superpose [ˌsuːpəˈpəʊz] *vt* (*also Geom*) superposer (*on* à).

superposition ['suːpəpəˌzɪʃən] *n* superposition *f*.

superpower ['suːpəpaʊər] *n* (*Pol*) superpuissance *f*, super-grand *m*.

superscription [ˌsuːpəˈskrɪpʃən] *n* suscription *f*.

supersede [ˌsuːpəˈsiːd] *vt* *belief, object, order* remplacer; *person* supplanter, prendre la place de. **this edition ~s previous ones** cette édition remplace et annule les précédentes; **~d idea/method** idée/méthode périmée.

supersensitive [ˌsuːpəˈsensɪtɪv] *adj* hypersensible.

supersonic [ˌsuːpəˈsɒnɪk] *adj* supersonique. **~ bang** *or* **boom** bang *m* (supersonique).

supersonically ['suːpəˈsɒnɪkəlɪ] *adv* en supersonique.

superstar ['suːpəstɑːr] *n* (*Cine, Theat*) superstar *f*, (*Sport*) super-champion(ne) *m(f)*.

superstition [ˌsuːpəˈstɪʃən] *n* superstition *f*.

superstitious [ˌsuːpəˈstɪʃəs] *adj* superstitieux.

superstitiously [ˌsuːpəˈstɪʃəslɪ] *adv* superstitieusement.

superstore ['suːpəstɔːr] *n* (*esp Brit*) hypermarché *m*.

superstratum [ˌsuːpəˈstrɑːtəm] *n, pl* **~s** *or* **-strata** [ˌsuːpəˈstrɑːtə] (*Ling*) superstrat *m*.

superstructure ['su:pə‚strʌktʃər] n superstructure f.
supertanker ['su:pə‚tæŋkər] n pétrolier géant, supertanker m.
supertax ['su:pətæks] n tranche f supérieure de l'impôt sur le revenu.
supervene [‚su:pə'vi:n] vi survenir.
supervention [‚su:pə'venʃən] n apparition f, manifestation f.
supervise ['su:pəvaɪz] 1 vt person, worker surveiller, avoir l'œil sur; organization, department diriger; work surveiller, diriger, superviser; exam surveiller; (Univ) research diriger. 2 vi exercer la surveillance, surveiller.
supervision [‚su:pə'vɪʒən] n surveillance f, contrôle m, direction f (esp Comm). **under the ~ of** sous la surveillance de; **to keep sth under strict ~** exercer une surveillance or un contrôle sévère sur qch.
supervisor ['su:pəvaɪzər] n (gen) surveillant(e) m(f); (Comm) chef m de rayon; (at exam) surveillant(e); (Univ) directeur m, -trice f or patron m de thèse.
supervisory ['su:pəvaɪzərɪ] adj post, duty de surveillance. **in a ~ capacity** à titre de surveillant.
supine ['su:paɪn] adj (lit: also lying ~, in a ~ position) couché or étendu sur le dos; (fig pej) mou (f molle), indolent, mollasse.
supper ['sʌpər] 1 n (main evening meal) dîner m; (after theatre etc) souper m; (snack) collation f. **to have ~** dîner (or souper etc); (Rel) **the Last S~** la Cène; (fig) **we made him sing for his ~** nous l'avons aidé etc, mais c'était donnant donnant; V lord. 2 cpd: **suppertime** l'heure f du dîner; **at suppertime** au dîner.
supplant [sə'plɑ:nt] vt person supplanter, évincer; object supplanter, remplacer.
supple ['sʌpl] adj (lit, fig) souple. **to become ~(r)** s'assouplir.
supplement ['sʌplɪmənt] 1 n (also Press) supplément m (to à); V colour. 2 [‚sʌplɪ'ment] vt income augmenter, arrondir (by doing en faisant); book, information, one's knowledge ajouter à, compléter.
supplementary [‚sʌplɪ'mentərɪ] adj supplémentaire, additionnel; (Geom, Mus) supplémentaire. **~ to** en plus de; (Brit Admin) **~ benefit** allocation f supplémentaire (d'aide sociale); (Parl) **~ question** question orale; (Jur) **~ scheme** régime m complémentaire.
suppleness ['sʌplnɪs] n souplesse f.
suppletion [sə'pli:ʃən] n (Ling) suppléance f.
suppletive [sə'pli:tɪv] adj (Ling) supplétif.
suppliant ['sʌplɪənt] adj, n, **supplicant** ['sʌplɪkənt] adj, n suppliant(e) m(f).
supplicate ['sʌplɪkeɪt] 1 vt supplier, implorer (sb to do qn de faire); mercy etc implorer (from sb de qn). 2 vi: **to ~ for sth** implorer qch.
supplication [‚sʌplɪ'keɪʃən] n supplication f; (written) supplique f.
supplier [sə'plaɪər] n (Comm) fournisseur m.
supply[1] [sə'plaɪ] 1 n (a) (amount, stock) provision f, réserve f, stock m (also Comm). **a good ~ of coal** une bonne provision or réserve de charbon, un bon stock de charbon; **to get or lay in a ~ of** faire des provisions de, s'approvisionner de; **to get in a fresh ~ of sth** renouveler sa provision or sa réserve or son stock de qch, se réapprovisionner de qch; **supplies** (gen) provisions, réserves; (food) vivres mpl; (Mil) subsistances fpl, approvisionnements mpl; **electrical supplies** matériel m électrique; **office supplies** fournitures fpl or matériel de bureau.
(b) (U: act of ~ing) [fuel etc] alimentation f; [equipment, books etc] fourniture f. **the ~ of fuel to the engine** l'alimentation du moteur en combustible; **the electricity/gas ~** l'alimentation en électricité/gaz; (Econ) **~ and demand** l'offre f et la demande; (Brit) **Ministry of S~** ≃ services mpl de l'Intendance; V short, water etc.
(c) (person: temporary substitute) remplaçant(e) m(f), suppléant(e) m(f). **to teach or be on ~** faire des suppléances or des remplacements.
(d) (Parl) **supplies** crédits mpl.
2 cpd train, wagon, truck, convoy préposé au ravitaillement, ravitailleur; pharmacist etc intérimaire. (Econ) **supply management** régulation f de l'offre; **supply ship** navire ravitailleur; (Econ) **supply-side economics** théorie f de l'offre; **supply teacher** suppléant(e) m(f).
3 vt (a) (provide, furnish) tools, books, goods fournir, procurer (to sb à qn); (Comm) fournir, approvisionner; (equip) person, city fournir, approvisionner (with sth en or de qch); (Mil: with provisions) ravitailler, approvisionner. (Comm) **we ~ most of the local schools** nous fournissons or nous approvisionnons la plupart des écoles locales; (Comm) **to ~ from stock** livrer sur stock; **sheep ~ wool** les moutons donnent de la laine; **we ~ the tools for the job** nous fournissons or nous procurons les outils nécessaires pour faire le travail; **to ~ electricity/gas/water to the town** alimenter la ville en électricité/gaz/eau; **to ~ sb with food** nourrir or alimenter qn; **they kept us supplied with milk** grâce à eux nous n'avons jamais manqué de lait; **the car was supplied with a radio** la voiture était munie or pourvue d'une radio; **a battery is not supplied with the torch** une pile n'est pas livrée avec la torche; **to ~ sb with information/details** fournir des renseignements/des détails à qn.
(b) (make good) need, deficiency suppléer à, remédier à; sb's needs subvenir à; loss réparer, compenser.
supply[2] ['sʌplɪ] adv move, bend avec souplesse, souplement.
support [sə'pɔ:t] 1 n (a) (U: lit, fig) appui m, soutien m. **he couldn't stand without ~** il ne pouvait pas se soutenir (sur ses jambes); **he leaned on me for ~** il s'est appuyé sur moi; **to give ~ to sb/sth** soutenir qn/qch; **this bra gives good ~** ce soutien-gorge maintient bien la poitrine; (fig) **he looked to his friends for ~** il a cherché un soutien or un appui auprès de ses amis; **he needs all the ~ he can get** il a bien besoin de tout l'appui qu'on pourra lui donner; **he got a lot of ~ from his friends** ses amis l'ont vraiment soutenu or

appuyé; **the proposal got no ~** personne n'a parlé en faveur de la proposition; **he spoke in ~ of the motion** il a parlé en faveur de la motion; **in ~ of his theory/claim** à l'appui de sa théorie/revendication; **have I your ~ in this?** est-ce que je peux compter sur votre appui or soutien en la matière?; **to give or lend one's ~ to** prêter son appui à; **that lends ~ to his theory** ceci corrobore or vient corroborer sa théorie; **they demonstrated in ~ of the prisoners** ils ont manifesté en faveur des prisonniers, ils ont fait une manifestation de soutien aux prisonniers; **a collection in ~ of the accident victims** une quête au profit des victimes de l'accident; **they stopped work in ~** ils ont cessé le travail par solidarité; **he depends on his father for (financial) ~** il dépend financièrement de son père; (financial) **he has no visible means of ~** il n'a pas de moyens d'existence connus; **what means of ~ has he got?** quelles sont ses ressources?; V moral.
(b) (object) (gen) appui m; (Constr, Tech) support m, soutien m; (fig: moral, financial etc) soutien; (US Econ: subsidy) subvention f. **use the stool as a ~ for your foot** prenez le tabouret comme appui pour votre pied; **he is the sole (financial) ~ of his family** il est le seul soutien (financier) de sa famille; **he has been a great ~ to me** il a été pour moi un soutien précieux.
2 cpd (Mil etc) troops, convoy, vessel de soutien. (Econ) **support price** prix m de soutien; **support hose, support stockings** bas mpl anti-fatigue.
3 vt (a) (hold up) [pillar, beam] supporter, soutenir; [bridge] porter; [person, neck] soutenir. **the elements necessary to ~ life** les éléments nécessaires à l'entretien de la vie, les éléments vitaux.
(b) (uphold) motion, theory, cause, party être pour, être en faveur de, être partisan de; candidate soutenir, appuyer, être partisan de; sb's application, action, protest soutenir, appuyer; team être supporter de, supporter*. **with only his courage to ~ him** avec son seul courage comme soutien, n'ayant de soutien que son courage; **his friends ~ed him in his refusal to obey** ses amis l'ont soutenu or l'ont appuyé or ont pris son parti lorsqu'il a refusé d'obéir; **the socialists will ~ it** les socialistes seront or voteront pour; **I cannot ~ what you are doing** je ne peux pas approuver ce que vous faites; (Cine, Theat) **~ed by a cast of thousands** avec le concours de milliers d'acteurs et figurants; **the proofs that ~ my case** les preuves à l'appui de ma cause; (Econ) **a subsidy to ~ the price of beef** une subvention pour maintenir le prix du bœuf; (Ftbl) **he ~s Celtic** c'est un supporter du Celtic, il supporte* le Celtic.
(c) (financially) subvenir aux besoins de. **he has a wife and 3 children to ~** il doit subvenir aux besoins de sa femme et de ses 3 enfants; **to ~ o.s.** (gen) subvenir à ses propres besoins, (earn one's living) gagner sa vie; **the school is ~ed by money from ...** l'école reçoit une aide financière de ....
(d) (endure) supporter, tolérer.
supportable [sə'pɔ:təbl] adj supportable, tolérable.
supporter [sə'pɔ:tər] n (a) (Constr, Tech) soutien m, support m; (Her) tenant m.
(b) (person) [party] partisan m, tenant m; [theory, cause, opinion] adepte mf, partisan, tenant; (Sport) supporter m. **football ~s** supporters de football.
supporting [sə'pɔ:tɪŋ] adj wall d'appui, de soutènement; (Cine, Theat) role, part secondaire, de second plan; actor qui a un rôle secondaire or de second plan. **~ cast** partenaires mpl; **~ film** film m qui passe en premier; V self.
supportive [sə'pɔ:tɪv] adj colleague, friend, family qui est d'un grand soutien or d'un grand secours; attitude positif.
supportively [sə'pɔ:tɪvlɪ] adv act, behave de façon très positive.
supportiveness [sə'pɔ:tɪvnɪs] n attitude f positive, soutien m.
suppose [sə'pəʊz] 1 vt (a) (imagine) supposer (that que + subj); (assume, postulate) supposer (that que + indic). **~ he doesn't come? — he will — yes but just ~!** et s'il ne vient pas? — il viendra — oui mais à supposer qu'il ne vienne pas? or oui mais au cas où il ne viendrait pas?; **if we ~ that the two are identical** si nous supposons que les deux sont identiques; (Math) **~ A equals B** soit A égale B; **~ ABC a triangle** soit un triangle ABC.
(b) (believe, think) croire, penser, imaginer (that que). **what do you ~ he wants?** à votre avis que peut-il bien vouloir?; **he is (generally) ~d to be rich,** it is (generally) ~d **that he is rich** il passe pour être riche, on dit qu'il est riche; **I never ~d him (to be) a hero** je n'ai jamais pensé or imaginé qu'il fût un héros; **I don't ~ he'll agree,** I ~ **he won't agree** cela m'étonnerait qu'il soit d'accord, je ne pense pas qu'il soit d'accord, je suppose qu'il ne sera pas d'accord; **I ~ so** probablement, je suppose que oui; **I don't ~ so,** I ~ **not** je ne (le) pense or crois pas, probablement pas; **wouldn't you ~ he'd be sorry?** n'auriez-vous pas pensé qu'il le regretterait?
(c) (modal use in pass: 'ought') **to be ~d to do sth** être censé faire qch; **she was ~d to telephone this morning** elle était censée or elle devait téléphoner ce matin; **he isn't ~d to know** il n'est pas censé le savoir; **you're not ~d to do that** il ne vous est pas permis de faire cela.
(d) (in imperative: 'I suggest') **~ we go for a walk?** et si nous allions nous promener?; **~ I tell him myself?** et si c'était moi qui le lui disais?
(e) (in prp as conj: 'if') **supposing** si + indic, à supposer que + subj, supposé que + subj; **supposing he can't do it?** et s'il ne peut pas le faire?, et à supposer or et supposé qu'il ne puisse le faire?; **even supposing that** à supposer même que + subj; **always supposing that** en supposant que + subj, en admettant que + subj.
(f) (presuppose) supposer. **that ~s unlimited resources** cela suppose des ressources illimitées.
2 vi: **you'll come,** I ~? vous viendrez, j'imagine? or je suppose?; **don't spend your time supposing, do something!** ne passe pas ton temps à faire des suppositions, fais quelque chose!

supposed [sə'pəʊzd] *adj* (*presumed*) présumé, supposé; (*so-called*) prétendu, soi-disant *inv*; *V also* **suppose**.

supposedly [sə'pəʊzɪdlɪ] *adv* soi-disant, à ce que l'on suppose (*or* supposait *etc*). **they were ~ aware of what had happened** ils étaient soi-disant conscients *or* ils étaient censés être conscients de ce qui était arrivé; **he had ~ gone to France** il était censé être allé en France; **did he go? — ~!** est-ce qu'il y est allé? — à ce que l'on suppose! *or* soi-disant!; **~ not** apparemment pas.

supposing [sə'pəʊzɪŋ] *conj V* **suppose 1e**.

supposition [ˌsʌpə'zɪʃən] *n* supposition*f*, hypothèse*f*. **that is pure ~** c'est une pure supposition; **on the ~ that** ... à supposer que ... + *subj*, dans la supposition que ... + *subj*; **on this ~** dans cette hypothèse.

suppositional [ˌsʌpə'zɪʃənəl] *adj*, **suppositious** [ˌsʌpə'zɪʃəs] *adj* hypothétique.

supposititious [sə,pɒzɪ'tɪʃəs] *adj* supposé, faux (*f* fausse), apocryphe.

suppository [sə'pɒzɪtərɪ] *n* suppositoire *m*.

suppress [sə'pres] *vt abuse, crime* supprimer, mettre fin à; *revolt* réprimer, étouffer; *one's feelings* réprimer, refouler, maîtriser; *yawn, scandal* étouffer; *facts, truth* étouffer, dissimuler, cacher; *newspaper, publication* interdire, supprimer; *evidence* faire disparaître, supprimer; (*Psych*) refouler; (*Elec, Rad etc*) anti-parasiter; (*: silence*) *heckler etc* faire taire. **to ~ a cough/sneeze** *etc* se retenir de *or* réprimer une envie de tousser/d'éternuer *etc*.

suppression [sə'preʃən] *n* (*V suppress*) suppression *f*; répression *f*; étouffement *m*; dissimulation *f*; interdiction *f*; (*Psych*) refoulement *m*; (*Elec, Rad etc*) antiparasitage *m*.

suppressive [sə'presɪv] *adj* répressif.

suppressor [sə'presər] *n* (*Elec etc*) dispositif *m* antiparasite.

suppurate ['sʌpjʊəreɪt] *vi* suppurer.

suppuration [ˌsʌpjʊə'reɪʃən] *n* suppuration *f*.

supra... ['suːprə] *pref* supra..., sur....

supranational [ˌsuːprə'næʃənl] *adj* supranational.

suprarenal [ˌsuːprə'riːnl] *adj* surrénal.

suprasegmental [ˌsuːprəsəg'mentl] *adj* (*Ling*) suprasegmental.

supremacist [sʊ'preməsɪst] *n* personne *f* qui croit en la suprématie d'un groupe (*or* d'une race *etc*).

supremacy [sʊ'preməsɪ] *n* suprematie *f* (*over* sur); *V* white.

supreme [sʊ'priːm] *adj* (*all senses*) suprême. (*Rel*) **the S~ Being** l'Être suprême; (*Mil*) **S~ Commander** commandant *m* en chef *or* suprême, généralissime *m*; (*Can, US Jur*) **S~ Court** Cour *f* suprême; **to make the ~ sacrifice** faire le sacrifice de sa vie; *V* **reign, soviet** *etc*.

supremely [sʊ'priːmlɪ] *adv* suprêmement.

supremo [sʊ'priːməʊ] *n* (*Brit*) grand chef *m*.

Supt. (*Brit Police*) *abbr of* **Superintendent**.

sura ['sʊərə] *n* surate *f*.

surcharge ['sɜːtʃɑːdʒ] **1** *n* (*extra payment, extra load, also Elec; also Post: overprinting*) surcharge *f*; (*extra tax*) surtaxe *f*. **import ~** surtaxe à l'importation. **2** [sɜː'tʃɑːdʒ] *vt* surcharger; surtaxer.

surd [sɜːd] **1** *adj* (*Math*) irrationnel; (*Ling*) sourd. **2** *n* (*Math*) quantité *f or* nombre *m* irrationnel(le); (*Ling*) sourde *f*.

sure [ʃʊər] **1** *adj* **(a)** (*infallible; reliable; safe etc*) *aim, shot, marksman, judgment, method, friend, footing* sûr; *solution, remedy* sûr, infaillible; *facts* sûr, indubitable; *success* assuré, certain.
(b) (*definite, indisputable*) sûr, certain. **it is ~ that he will come, he is ~ to come** il est sûr *or* certain qu'il viendra; **it is not ~ that he will come, he is not ~ to come** il n'est pas sûr *or* certain qu'il vienne; **it's not ~ yet** ça n'a encore rien de sûr; **it's ~ to rain il va pleuvoir** à coup sûr *or* c'est sûr et certain*; **be ~ to tell me, be ~ and tell me** ne manquez pas de me le dire; **you're ~ of a good meal** un bon repas vous est assuré; **he's ~ of success** il est sûr *or* certain de réussir; **you can't be ~ of him** vous ne pouvez pas être sûr de lui; **I want to be ~ of seeing him** je veux être sûr *or* certain de le voir; **to make ~ of a seat** s'assurer (d')une place; **to make ~ of one's facts** vérifier *or* s'assurer de ce qu'on avance; **better get a ticket beforehand and make ~** il vaut mieux prendre un billet à l'avance pour plus de sûreté *or* pour être sûr*; **did you lock it? — I think so but I'd better make ~** l'avez-vous fermé à clef? — je crois, mais je vais vérifier *or* m'en assurer; **I've made ~ of having enough coffee for everyone** j'ai veillé à ce qu'il y ait assez de café pour tout le monde; **nothing is ~ in this life** dans cette vie on n'est sûr de rien; **~ thing!*** oui bien sûr!, d'accord!; **he is, to be ~, rather tactless** il manque de tact, c'est certain; (*excl*) **well, to be ~!*** bien, ça alors!; **he'll leave for ~** il partira sans aucun doute; **and that's for ~*** ça ne fait aucun doute; **I'll find out for ~** je me renseignerai pour savoir exactement ce qu'il en est; **do you know for ~?** êtes-vous absolument sûr? *or* certain?; **I'll do it next week for ~** je le ferai la semaine prochaine sans faute.
(c) (*positive, convinced, assured*) sûr (*of* de), certain. **I'm** *or* **I feel ~ I've seen him** je suis sûr *or* certain de l'avoir vu; **I'm ~ he'll help us** je suis sûr qu'il nous aidera; **I'm not ~** je ne suis pas sûr *or* certain (*that* + *subj*); **I'm not ~ how/why/when** *etc* je ne sais pas très bien comment/pourquoi/quand *etc*; **I'm not ~ (if) he can** je ne suis pas sûr *or* certain qu'il puisse; **I'm ~ I didn't mean to** je ne l'ai vraiment pas fait exprès; **he says he did it but I'm not so ~ (about that)** il dit que c'est lui qui l'a fait mais je n'en suis pas si sûr (que ça); **I'm going alone! — I'm not so ~ about that!** *or* **don't be so ~ about that!** j'irai seul! — ne le dis pas si vite!; **to be/feel ~ of o.s.** être/se sentir sûr de soi.

2 *adv* **(a)** (*esp US: certainly*) pour sûr*. **he can ~ play the piano** pour sûr* *or* en tout cas, il sait jouer du piano; **he was ~ drunk, he was drunk** il était drôlement soûl; **will you do it? — ~!** le ferez-vous? — bien sûr! *or* pour sûr!*
(b) **~ enough** (*confirming*) effectivement, en effet, de fait; (*promising*) assurément, sans aucun doute; **~ enough, he did**

come comme je l'avais (*or* on l'avait *etc*) bien prévu, il est venu; **and ~ enough he did arrive** et effectivement *or* en effet *or* de fait il est arrivé; **~ enough*, I'll be there** j'y serai sans faute; **it's petrol, ~ enough** c'est effectivement *or* bien de l'essence, c'est de l'essence en effet; **~ enough!** assurément!; (*US*) **he ~ enough made a hash of that** pour sûr qu'il a tout gâché*.
(c) **as ~ as** aussi sûr que; **as ~ as my name's Smith** aussi sûr que je m'appelle Smith; **as ~ as fate, as ~ as anything, as ~ as guns*, as ~ as eggs is eggs*** aussi sûr que deux et deux font quatre.

3 *cpd*: (*US*) **sure enough*** réel; **sure-fire*** certain, infaillible; **sure-footed** au pied sûr; **sure-footedly** d'un pied sûr.

surely ['ʃʊəlɪ] *adv* **(a)** (*expressing confidence: assuredly*) sûrement, certainement; (*expressing incredulity*) tout de même. **~ we've met before?** je suis sûr que nous nous sommes déjà rencontrés!; **~ he didn't say that!** il n'a pas pu dire ça, tout de même!; **there is ~ some mistake** il doit sûrement *or* certainement y avoir quelque erreur; **~ you can do something to help?** il doit bien y avoir quelque chose que vous puissiez faire pour aider; **~ you didn't believe him?** vous ne l'avez pas cru, j'espère; **it must rain soon, ~** il va bien pleuvoir, tout de même; **that's ~ not true** ça ne peut pas être vrai, ça m'étonnerait que ce soit vrai; **~ not!** pas possible!; (*US: with pleasure*) **~!** bien volontiers!
(b) (*inevitably*) sûrement, à coup sûr. **justice will ~ prevail** la justice prévaudra sûrement.
(c) *advance, move* (*safely*) sûrement; (*confidently*) avec assurance; *V* slowly.

sureness ['ʃʊənɪs] *n* (*certainty*) certitude *f*; (*sure-footedness*) sûreté *f*; (*self-assurance*) assurance *f*, sûreté de soi; (*judgment, method, footing, grip*) sûreté; (*aim, shot*) justesse *f*, précision *f*. **the ~ of his touch** sa sûreté de main.

surety ['ʃʊərətɪ] *n* **(a)** (*Jur*) (*sum*) caution *f*; (*person*) caution, garant(e) *m(f)*. **to go** *or* **stand ~ for sb** se porter caution *or* garant pour qn; **in his own ~ of £1000** après avoir donné une sûreté personnelle de 1000 livres.
(b) (††) certitude *f*. **of a ~** certainement.

surf [sɜːf] **1** *n* (*U*) (*waves*) vagues *fpl* déferlantes, ressac *m*; (*foam*) écume *f*; (*spray*) embrun *m*.
2 *vi* (*also go ~ing*) surfer, pratiquer le surf.
3 *cpd*: **surfboard** (*n*) planche *f* de surf; (*vi*) surfer; **surfboarder** surfeur *m*, -euse *f*; **surfboarding** surf *m*; **surf boat** surf-boat *m*; (*US Sport*) **surfcasting** pêche *f* au lancer en mer (*depuis le rivage*); **surfride** surfer; **surfrider** = **surfboarder**; (*Brit*) **surfriding** = **surfboarding**.

surface ['sɜːfɪs] **1** *n* **(a)** [*earth, sea, liquid, object etc*] surface *f*; (*fig*) surface, extérieur *m*, dehors *m*. [*sea, lake etc*] **under the ~** sous l'eau; **he rose to the ~** il est remonté à la surface; **on the ~** (*Naut*) en surface; (*Min: also* **at the ~**) au jour, à la surface, (*fig*) à première vue, au premier abord, en apparence; **on the ~ of the table** sur la surface de la table; **his faults are all on the ~** il a des défauts mais il a un bon fond; (*fig*) **I can't get below the ~ with him** je n'arrive pas à le connaître vraiment *or* à aller au-delà des apparences avec lui; **the road ~** is icy la chaussée est verglacée.
(b) (*Math*) (*area*) surface *f*, superficie *f*, aire *f*; (*side: of solid*) côté *m*, face *f*.
2 *cpd*: (*Mil*) **surface-to-air** sol-air *inv*; (*Mil*) **surface-to-surface** sol-sol *inv*.
3 *adj* **(a)** *tension* superficiel (*also fig*); (*Naut*) *vessel etc* de surface; (*Min*) *work* au jour, à la surface. (*Math etc*) **~ area** surface *f*, superficie *f*, aire *f*; (*Post*) **~ mail** courrier *m* par voie de terre, (*by sea*) courrier maritime; **by ~ mail** par voie de terre, (*by sea*) par voie maritime; (*on record player*) **~ noise** grésillements *mpl*; (*Min*) **~ workers** personnel *m* qui travaille au jour *or* à la surface; (*fig*) **it's only a ~ reaction** ce n'est qu'une réaction superficielle.
(b) (*Phon, Gram*) de surface. **~ structure/grammar** structure *f*/grammaire *f* de surface.
4 *vt* **(a)** *road* revêtir (*with* de); *paper* calandrer, glacer.
(b) (*Naut*) *submarine, object, wreck* amener à la surface.
5 *vi* [*swimmer, diver, whale*] revenir *or* remonter à la surface; [*submarine*] faire surface; (**fig*) (*after absence*) réapparaître; (*after hard work*) faire surface.

surfeit ['sɜːfɪt] **1** *n* excès *m* (*of* de); (*U: satiety*) satiété *f*. **to have a ~ of** avoir une indigestion de (*fig*); **there is a ~ of** il y a par trop de.
2 *vt*: **to be ~ed with pleasure** être repu de plaisir.

surfing ['sɜːfɪŋ] *n* surf *m*.

surge [sɜːdʒ] **1** *n* (*gen*) mouvement puissant; [*rage, fear, enthusiasm*] vague *f*, montée *f*; (*fig: in sales etc*) afflux *m*. **the ~ of the sea** la houle; **he felt a ~ of anger** il a senti la colère monter en lui; **there was a ~ of sympathy for him** il y a eu un vif mouvement *or* une vague de sympathie pour lui; **the ~ of people around the car** la foule qui se pressait autour de la voiture; **he was carried along by the ~ of the crowd** il a été porté par le mouvement de la foule.
2 *vi* **(a)** [*waves*] s'enfler; [*flood, river*] déferler. **the sea ~d against the rocks** la houle battait *or* heurtait les rochers; **the surging sea** la mer houleuse; **the ship ~d at anchor** le bateau amarré était soulevé par la houle; (*Elec*) **the power ~d suddenly** il y a eu une brusque surtension de courant; **the blood ~d to his cheeks** le sang lui est monté *or* lui a reflué au visage; **anger ~d (up) within him** la colère monta en lui.
(b) [*crowd, vehicles etc*] déferler. **to ~ in/out** *etc* entrer/sortir *etc* à flots; **they ~d round the car** ils se pressaient autour de la voiture; **they ~d forward** ils se sont lancés en avant; (*fig*) a **surging mass of demonstrators** une foule déferlante de manifestants.

surgeon ['sɜːdʒən] **1** *n* chirurgien *m*. **she is a ~** elle est chirurgien; **a woman ~** une femme chirurgien; *V* **dental, house, veterinary**

etc. **2** *cpd:* **Surgeon General** (*Mil*) médecin-général *m*; (*US Admin*) ministre *m* de la Santé.

surgery ['sɜːdʒərɪ] **1** *n* (a) (*U: skill; study; operation*) chirurgie *f.* **it is a fine piece of** ~ le chirurgien a fait du beau travail; **to have** ~ se faire opérer; *V* **plastic** *etc.*
(b) (*Brit: consulting room*) cabinet *m* (de consultation); (*interview*) consultation *f.* **come to the** ~ **tomorrow** venez à mon cabinet demain, venez à la consultation demain; **when is his** ~? à quelle heure sont ses consultations?, à quelle heure consulte-t-il?; **during his** ~ pendant ses heures de consultation; **there is an afternoon** ~ il consulte l'après-midi.
2 *cpd:* **surgery hours** heures *fpl* de consultation.
surgical ['sɜːdʒɪkəl] *adj operation, intervention, treatment* chirurgical; *instruments* chirurgical, de chirurgie. ~ **appliance** appareil *m* orthopédique; ~ **cotton** coton *m* hydrophile; ~ **dressing** pansement *m*; ~ **shock** choc *m* opératoire; (*Brit*) ~ **spirit** alcool *m* à 90 (degrés).
Surinam [,sʊərɪ'næm] *n* Surinam *m*.
Surinamese [,sʊərɪnæ'miːz] **1** *n* surinamais(e) *m(f).* **2** *adj* surinamais.
surliness ['sɜːlɪnɪs] *n* caractère *or* air revêche *or* maussade *or* renfrogné.
surly ['sɜːlɪ] *adj* revêche, maussade, renfrogné, bourru.
surmise ['sɜːmaɪz] **1** *n* conjecture *f*, hypothèse *f.* **it was nothing but** ~ c'était entièrement conjectural. **2** [sɜː'maɪz] *vt* conjecturer, présumer (*from sth* d'après qch). **to** ~ **that** ... (*infer*) conjecturer que ..., présumer que ...; (*suggest*) émettre l'hypothèse que ...; **I** ~**d as much** je m'en doutais.
surmount [sɜː'maʊnt] *vt* (a) (*Archit etc*) surmonter. ~**ed by a statue** surmonté d'une statue. (b) (*overcome*) *obstacle, difficulties, problems* surmonter, venir à bout de.
surmountable [sɜː'maʊntəbl] *adj* surmontable.
surname ['sɜːneɪm] **1** *n* nom *m* de famille. **name and** ~ nom et prénoms.
2 *vt:* ~**d Jones** nommé *or* dénommé Jones, dont le nom de famille est (*or* était) Jones.
surpass [sɜː'pɑːs] *vt person* surpasser (*in en*); *hopes, expectations* dépasser. (*also iro*) **to** ~ **o.s.** se surpasser (*also iro*).
surpassing [sɜː'pɑːsɪŋ] *adj* incomparable, sans pareil.
surplice ['sɜːpləs] *n* surplis *m*.
surpliced ['sɜːplɪst] *adj* en surplis.
surplus ['sɜːpləs] **1** *n* (*Comm, Econ, gen*) surplus *m*, excédent *m*; (*Fin*) boni *m*, excédent. **a tea** ~ un surplus *or* un excédent de thé.
2 *adj* (*gen*) *food, boxes etc* en surplus, en trop, de reste; (*Comm, Econ*) en surplus, excédentaire; (*Fin*) de boni, excédentaire. **it is** ~ **to (our) requirements** cela excède nos besoins; [*book, document etc*] ~ **copies** exemplaires *mpl* de passe; ~ **stock** surplus *mpl*, stocks *mpl* excédentaires; **American** ~ **wheat** excédent *or* surplus de blé américain; **his** ~ **energy** son surcroît d'énergie.
3 *cpd:* **surplus store** magasin *m* de surplus.
surprise [sə'praɪz] **1** *n* (*emotion: U*) surprise *f*, étonnement *m*; (*event etc*) surprise. **much to my** ~, **to my great** ~ à ma grande surprise, à mon grand étonnement; **he stopped in** ~ il s'est arrêté sous l'effet de la surprise, étonné il s'est arrêté; **to take by** ~ *person* surprendre, prendre au dépourvu; (*Mil*) *fort, town* prendre par surprise; **a look of** ~ un regard surpris *or* traduisant la surprise; **imagine my** ~ **when** ... imaginez quel a été mon étonnement *or* quelle a été ma surprise quand ...; **what a** ~! quelle surprise!; **to give sb a** ~ faire une surprise à qn, surprendre qn; **it was a lovely/ nasty** ~ **for him** cela a été pour lui une agréable/mauvaise surprise; **it came as a** ~ **(to me) to learn that** ... j'ai eu la surprise d'apprendre que ... .
2 *adj defeat, gift, visit, decision* inattendu, inopiné. ~ **attack** attaque *f* par surprise, attaque brusquée.
3 *vt* (a) (*astonish*) surprendre, étonner. **he was** ~**d to hear that** ... il a été surpris *or* étonné d'apprendre que ..., cela l'a surpris *or* étonné d'apprendre que ...; **I shouldn't be** ~**d if it snowed** cela ne m'étonnerait pas qu'il neige (*subj*); **don't be** ~**d if he refuses** ne soyez pas étonné *or* surpris s'il refuse, ne vous étonnez pas s'il refuse; **it's nothing to be** ~**d at** cela n'a rien d'étonnant, ce n'est pas *or* guère étonnant; **I'm** ~**d at** *or* **by his ignorance** son ignorance me surprend; **I'm** ~**d at you!** tu me surprends à cela de vous!, cela me surprend de votre part!; **it** ~**d me that he agreed** j'ai été étonné *or* surpris qu'il accepte (*subj*), je ne m'attendais pas à ce qu'il accepte (*subj*); (*iro*) **go on,** ~ **me!** allez, étonne-moi!; **he** ~**d me into agreeing to do it** j'ai été tellement surpris que j'ai accepté de le faire; *V* **also surprised.**
(b) (*catch unawares*) *army, sentry* surprendre, attaquer par surprise; *thief* surprendre, prendre sur le fait; (*gen*) surprendre.
surprised [sə'praɪzd] *adj* surpris, étonné. **you'd be** ~ **how many people** ... si tu savais combien de gens ...; **he'll surely be on time** — **you'd be** ~! il sera sûrement à l'heure — n'y compte pas!; *V* **also surprise.**
surprising [sə'praɪzɪŋ] *adj* surprenant, étonnant. **it is** ~ **that** il est surprenant *or* étonnant que + *subj.*
surprisingly [sə'praɪzɪŋlɪ] *adv big, sad etc* étonnamment, étrangement. **you look** ~ **cheerful for someone who** ... vous m'avez l'air de bien bonne humeur pour quelqu'un qui ...; ~ **enough,** ... chose étonnante, ...; **not** ~ **he didn't come** comme on pouvait s'y attendre il n'est pas venu, il n'est pas venu, ce qui n'a rien d'étonnant.
surreal [sə'rɪəl] *adj* surréaliste (*fig*).
surrealism [sə'rɪəlɪzəm] *n* surréalisme *m*.
surrealist [sə'rɪəlɪst] *adj, n* surréaliste (*mf*).
surrealistic [sə,rɪə'lɪstɪk] *adj* surréaliste.
surrender [sə'rendə] **1** *vi* (*Mil*) se rendre (*to* à), capituler (*to* devant). **to** ~ **to the police** se livrer à la police, se constituer prisonnier; (*fig*) **to** ~ **to despair** s'abandonner *or* se livrer au désespoir.

2 *vt* (a) (*Mil*) *town, hill* livrer (*to* à).
(b) *firearms* rendre (*to* à); *stolen property, documents, photos* remettre (*to* à); *insurance policy* racheter; *lease* céder; *one's rights, claims, powers, liberty* renoncer à, abdiquer; *hopes* abandonner. (*fig*) **to** ~ **o.s. to despair/to the delights of sth** s'abandonner *or* se livrer au désespoir/aux plaisirs de qch.
3 *n* (a) (*Mil etc*) reddition *f* (*to* à), capitulation *f* (*to* devant). **no** ~! on ne se rend pas!; *V* **unconditional.**
(b) (*giving up*) *[firearms, stolen property, documents]* remise *f* (*to* à); *[insurance policy]* rachat *m*; *[one's rights, claims, powers, liberty]* renonciation *f* (*of* à), abdication *f* (*of* à, *to* en faveur de); *[hopes]* abandon *m*; *[lease]* cession *f*; (*return*) restitution *f* (*of* de, *to* à).
4 *cpd:* (*Insurance*) **surrender value** valeur *f* de rachat.
surreptitious [,sʌrəp'tɪʃəs] *adj entry, removal* subreptice, clandestin; *movement, gesture* furtif.
surreptitiously [,sʌrəp'tɪʃəslɪ] *adv enter, remove* subrepticement, clandestinement; *move* furtivement, sournoisement (*pej*).
surrogacy ['sʌrəgəsɪ] *n* (*in childbearing*) maternité *f* de substitution.
surrogate ['sʌrəgɪt] **1** *n* (a) (*gen: frm*) substitut *m*, représentant *m*.
(b) (*Psych*) substitut *m.*
(c) (*Brit: also* ~ **bishop**) évêque *m* auxiliaire à qui l'on délègue le pouvoir d'autoriser les mariages sans publication de bans.
(d) (*US: judge*) juge chargé de l'homologation de testaments *etc.*
2 *adj pleasure etc* de remplacement. ~ **mother** (*Genetics*) mère-porteuse *f*, mère *f* de substitution; (*Psych*) substitut *m* maternel; ~ **motherhood** maternité *f* de substitution.
3 ['sʌrəgeɪt] *vi* (*be a* ~ *mother*) être mère-porteuse *f or* mère de substitution.
surround [sə'raʊnd] **1** *vt* entourer; (*totally*) cerner, encercler. ~**ed by** entouré de; (*Mil, Police etc*) **you are** ~**ed** vous êtes cerné *or* encerclé. **2** *n* bordure *f*, encadrement *m*; (*Brit: on floor: also* ~**s**) bordure (entre le tapis et le mur).
surrounding [sə'raʊndɪŋ] **1** *adj* environnant. **the** ~ **countryside** les environs *mpl*, les alentours *mpl.*
2 *npl:* ~**s** (*surrounding country*) alentours *mpl*, environs *mpl*; (*setting*) cadre *m*, décor *m*; **the** ~**s of Glasgow are picturesque** les alentours *or* les environs de Glasgow sont pittoresques, Glasgow est situé dans un cadre *or* un décor pittoresque; **he found himself in** ~**s strange to him** il s'est retrouvé dans un cadre *or* décor qu'il ne connaissait pas; **animals in their natural** ~**s** des animaux dans leur cadre naturel.
surtax ['sɜːtæks] *n* (*gen*) surtaxe *f*; (*income tax*) tranche *f* supérieure de l'impôt sur le revenu. **to pay** ~ être dans les tranches supérieures d'imposition.
surveillance [sɜː'veɪləns] *n* surveillance *f.* **to keep sb under** ~ surveiller qn; **under constant** ~ sous surveillance continue.
survey ['sɜːveɪ] **1** *n* (a) (*comprehensive view*) *[countryside, prospects, development etc]* vue générale *or* d'ensemble (*of* de). **he gave a general** ~ **of the situation** il a fait un tour d'horizon de la situation, il a passé la situation en revue.
(b) (*investigation, study*) *[reasons, prices, situation, sales, trends]* enquête *f* (*of* sur), étude *f* (*of* de). **to carry out** *or* **make a** ~ **of** enquêter sur, faire une étude de; ~ **of public opinion** sondage *m* d'opinion.
(c) (*Surv: of land, coast etc*) (*act*) relèvement *m*, levé *m*; (*report*) levé; *V* **aerial, ordnance.**
(d) (*Brit: in housebuying*) (*act*) visite *f* d'expert, inspection *f*, examen *m*; (*report*) (rapport *m* d')expertise *f.*
2 *cpd:* (*US Univ*) **survey course** cours *m* d'initiation; **survey ship** bateau *m* hydrographique.
3 [sɜː'veɪ] *vt* (a) (*look around at*) *countryside, view, crowd* embrasser du regard; *prospects, trends* passer en revue. **he** ~**ed the scene with amusement** il regardait la scène d'un œil amusé; **the Prime Minister** ~**ed the situation** le Premier ministre a fait un tour d'horizon de *or* a passé en revue la situation; **the book** ~**s the history of the motorcar** le livre passe en revue *or* étudie dans les grandes lignes l'histoire de l'automobile.
(b) (*examine, study*) *ground before battle etc* inspecter; *developments, needs, prospects* enquêter sur, faire une étude de.
(c) (*Surv*) *site, land* arpenter, faire le levé de, relever; (*Brit*) *house, building* inspecter, examiner; *country, coast* faire le levé topographique de; *seas* faire le levé hydrographique de.
surveying [sɜː'veɪɪŋ] **1** *n* (*V survey 3c*) (a) (*act*) arpentage *m*, levé *m*; inspection *f*, examen *m.*
(b) (*science, occupation*) arpentage *m*; topographie *f*; hydrographie *f.*
2 *cpd instrument* d'arpentage; *studies* d'arpentage *or* de topographie *or* d'hydrographie.
surveyor [sə'veɪə] *n* (*Brit: of property, buildings etc*) expert *m*; *[land, site]* (arpenteur *m*) géomètre *m*; (*country, coastline*) topographe *mf*; *[seas]* hydrographe *mf*; *V* **quantity** *etc.*
survival [sə'vaɪvəl] **1** *n* (*act*) survie *f* (*also Jur, Rel*); (*relic: of custom, beliefs etc*) survivance *f*, vestige *m.* **the** ~ **of the fittest** la persistance du plus apte. **2** *cpd:* **survival course/kit** cours *m*/kit *m* de survie.
survive [sə'vaɪv] **1** *vi* (*person*) survivre, subsister; *[house, jewellery, book, custom]* survivre, subsister. **he** ~**d to tell the tale** il a survécu et a pu raconter ce qui s'était passé; **only 3 volumes** ~ il ne reste *or* il ne subsiste plus que 3 tomes; (*iro*) **you'll** ~! vous n'en mourrez pas!
2 *vt person* survivre à; *injury, disease* réchapper de; *fire, accident, experience, invasion* survivre à, réchapper de. **he is** ~**d by a wife and 2 sons** sa femme et 2 fils lui survivent.
surviving [sə'vaɪvɪŋ] *adj spouse, children etc* survivant. (*Fin: after merger*) ~ **company** société *f* absorbante.
survivor [sə'vaɪvə] *n* survivant(e) *m(f).*

sus [sʌs] n (Brit) ~ **law** loi f autorisant à interpeller des suspects à discrétion.

Susan ['suːzn] n Suzanne f.

susceptibility [səˌseptə'bɪlɪtɪ] n (sensitiveness) vive sensibilité, émotivité f, impressionnabilité f; (touchiness) susceptibilité f; (Med) prédisposition f (to à). **his ~ to hypnosis** la facilité avec laquelle on l'hypnotise; **his susceptibilities** ses cordes fpl sensibles.

susceptible [sə'septəbl] adj (sensitive, impressionable) sensible, émotif, impressionnable; (touchy) susceptible, ombrageux. **to be ~ to pain** être (très) sensible à, craindre; **kindness** être sensible à; **suggestion, sb's influence** être ouvert à, être accessible à; (Med) **disease** être prédisposé à; **treatment** répondre à; **~ of** susceptible de.

suspect ['sʌspekt] 1 n suspect(e) m(f).
2 adj evidence, act suspect.
3 [səs'pekt] vt (a) soupçonner (that que); person soupçonner, suspecter (pej) (of a crime d'un crime, of doing de faire or d'avoir fait); ambush, swindle flairer, soupçonner. **I ~ him of being the author** [book etc] je le soupçonne d'en être l'auteur; [anonymous letter] je le soupçonne or je le suspecte d'en être l'auteur; **he ~s nothing** il ne se doute de rien.
(b) (think likely) soupçonner, avoir dans l'idée, avoir le sentiment (that que). **I ~ he knows who did it** je soupçonne or j'ai dans l'idée or j'ai le sentiment qu'il sait qui est le coupable; **I ~ed as much** je m'en doutais; **he'll come, I ~** il viendra, j'imagine.
(c) (have doubts about) suspecter, douter de. **I ~ the truth of what he says** je doute de or je suspecte la vérité de ce qu'il dit.

suspend [səs'pend] vt (a) (hang) suspendre (from à). [particles etc] **to be ~ed in sth** être en suspension dans qch; **a column of smoke hung ~ed in the still air** une colonne de fumée flottait dans l'air immobile.
(b) (stop temporarily; defer etc) publication suspendre, surseoir; decision, payment, regulation, meetings, discussions suspendre; licence, permission retirer provisoirement; bus service interrompre provisoirement. **to ~ judgment** suspendre son jugement; (Jur) **~ed sentence** condamnation f avec sursis; **I ~ed a ~ed sentence of 6 months in jail** il a été condamné à 6 mois de prison avec sursis; (fig hum) **to be in a state of ~ed animation** ne donner aucun signe de vie.
(c) employee, office holder, officer etc suspendre (from de); (Scol, Univ) exclure temporairement.

suspender [səs'pendər] 1 n (a) (Brit) (for stockings) jarretelle f; (for socks) fixe-chaussette m. (b) (US) **~s** bretelles fpl. 2 cpd: (Brit) **suspender belt** porte-jarretelles m inv.

suspense [səs'pens] 1 n (U) (a) incertitude f, attente f; (in book, film, play) suspense m. **we waited in great ~** nous avons attendu haletants; **to keep sb in ~** tenir qn en suspens, laisser qn dans l'incertitude; [film] tenir qn en suspens or en haleine; **to put sb out of (his) ~** mettre fin à l'incertitude or à l'attente de qn; **the ~ is killing me!*** ce suspense me tue! (also iro).
(b) (Admin, Jur) **to be** or **remain in ~** être (laissé) or rester en suspens.
2 cpd: (Book-keeping) **suspense account** compte m d'attente.

suspension [səs'penʃən] 1 n (a) (V suspend b) suspension f; retrait m provisoire; interruption f provisoire.
(b) (V suspend c) suspension f; renvoi m or exclusion f temporaire.
(c) (Aut, Chem, Tech etc) suspension f. (Chem) **in ~** en suspension.
2 cpd: **suspension bridge** pont suspendu; (Gram) **suspension points** points mpl de suspension.

suspensory [səs'pensərɪ] adj ligament suspenseur (m only); bandage de soutien.

suspicion [səs'pɪʃən] n (a) soupçon m; (U) soupçon(s). **an atmosphere laden with ~** une atmosphère chargée de soupçons; **above ~** au-dessus or à l'abri de tout soupçon; **under ~** considéré comme suspect; **he was regarded with ~** on s'est montré soupçonneux à son égard; (Jur) **to arrest sb on ~** arrêter qn sur des présomptions; **on ~ of murder** sur présomption de meurtre; **I had a ~ that he wouldn't come back** je soupçonnais or quelque chose me disait or j'avais le sentiment qu'il ne reviendrait pas; **I had no ~ that** ... je ne me doutais pas du tout que ...; **I had (my) ~s about that letter** j'avais mes doutes quant à cette lettre; **I have my ~s about it** j'ai des doutes là-dessus, cela me semble suspect; **he was right in his ~ that** ... il avait raison de soupçonner que ..., c'est à juste titre qu'il soupçonnait que ....
(b) (fig: trace, touch) soupçon m.

suspicious [səs'pɪʃəs] adj (a) (feeling suspicion) soupçonneux, méfiant. **to be ~ about sb/sth** avoir des soupçons à l'égard de qn/quant à qch, tenir qn/qch pour suspect; **to be ~ of** se méfier de.
(b) (causing suspicion: also **~-looking**) person, vehicle, action suspect, louche.

suspiciously [səs'pɪʃəslɪ] adv (a) (with suspicion) examine, glance, ask etc avec méfiance, soupçonneusement.
(b) (causing suspicion) behave, run away etc d'une manière suspecte or louche. **it looks ~ like measles** ça m'a tout l'air d'être la rougeole; **it sounds ~ as though he won't give it back** ça m'a tout l'air de signifier qu'il ne le rendra pas; **he arrived ~ early** il me paraît suspect qu'il soit arrivé si tôt; **he was ~ eager** il était d'un empressement suspect.

suspiciousness [səs'pɪʃəsnɪs] n (U) (feeling suspicion) caractère soupçonneux or méfiant; (causing suspicion) caractère suspect.

suss* [sʌs] vt (Brit) **to ~ out** découvrir.

sustain [səs'teɪn] vt (a) weight, beam etc supporter; body nourrir, sustenter†; life maintenir; (Mus) note tenir, soutenir; effort, role soutenir; pretence poursuivre, prolonger; assertion, theory

soutenir, maintenir; charge donner des preuves à l'appui de. **that food won't ~ you for long** ce n'est pas cette nourriture qui va vous donner beaucoup de forces; (Jur) **objection ~ed ≃** (objection) accordée; (Jur) **the court ~ed his claim** or **~ed him in his claim** le tribunal a fait droit à sa revendication; **~ed** effort, attack soutenu, prolongé; applause prolongé; (Econ) **~ed growth** expansion f soutenue.
(b) (suffer) attack subir; loss éprouver, essuyer; damage subir, souffrir; injury recevoir. **he ~ed concussion** il a été commotionné.

sustaining [səs'teɪnɪŋ] adj food nourrissant, nutritif. (Mus) **~ pedal** pédale forte; (US: Rad, TV) **sustaining program** émission non patronnée.

sustenance ['sʌstməns] n (U) (a) (nourishing quality) valeur nutritive; (food and drink) alimentation f, nourriture f. **there's not much ~ in melon** le melon n'est pas très nourrissant or nutritif, le melon n'a pas beaucoup de valeur nutritive; **they depend for ~ on, they get their ~ from** ils se nourrissent de; **roots and berries were** or **provided their only ~** les racines et les baies étaient leur seule nourriture, pour toute nourriture ils avaient des racines et des baies.
(b) (means of livelihood) moyens mpl de subsistance.

suttee [sʌ'tiː] n (widow) (veuve f) sati f inv; (rite) sati m.

suture ['suːtʃər] n suture f.

suzerain ['suːzərem] n suzerain(e) m(f).

suzerainty ['suːzəremtɪ] n suzeraineté f.

svelte [svelt] adj svelte.

SW (Rad) (abbr of **short wave**) O.C. fpl.

swab [swɒb] 1 n (mop, cloth) serpillière f; (Naut) faubert m; (for gun-cleaning) écouvillon m; (Med: cotton wool etc) tampon m; (Med: specimen) prélèvement m. (Med) **to take a ~ of sb's throat** faire un prélèvement dans la gorge de qn.
2 vt (a) (also **~ down**) floor etc nettoyer, essuyer; (Naut) deck passer le faubert sur.
(b) (also **~ out**) gun écouvillonner; (Med) wound tamponner, essuyer or nettoyer avec un tampon.

swaddle ['swɒdl] 1 vt (in bandages) emmailloter (in de); (in blankets etc) emmitoufler* (in dans); baby emmailloter, langer. 2 cpd: (liter) **swaddling bands**, **swaddling clothes** maillot m, lange m.

swag [swæg] 1 n (a) (‡: loot) butin m. (b) (Australia) bal(l)uchon* m. 2 cpd: (Australia) **swagman*** chemineau m, ouvrier m agricole itinérant.

swagger ['swægər] 1 n air fanfaron; (gait) démarche assurée. **to walk with a ~** marcher en plastronnant or d'un air important.
2 cpd: (Mil) **swagger cane** badine f, jonc m; **swagger coat** manteau m trois quarts; (US) **swagger stick** = **swagger cane**.
3 adj (Brit*) chic inv.
4 vi (a) (also **~ about**, **~ along**) plastronner, parader. **to ~ in/out** etc entrer/sortir etc d'un air fanfaron or en plastronnant.
(b) (boast) se vanter (about de).

swaggering ['swægərɪŋ] 1 adj gait assuré; person fanfaron, qui plastronne; look, gesture fanfaron. 2 n (strutting) airs plastronnants; (boasting) fanfaronnades fpl.

swain [swem] n (†† or liter etc) amant† m, soupirant† m.

swallow¹ ['swɒləʊ] n (Orn) hirondelle f. (Prov) **one ~ doesn't make a summer** une hirondelle ne fait pas le printemps (Prov). 2 cpd: (Brit) **swallow dive** saut m de l'ange; **swallowtail (butterfly)** machaon m; **swallow-tailed coat** (habit m à) queue f de pie.

swallow² ['swɒləʊ] 1 n (act) avalement m; (amount) gorgée f. **at** or **with one ~** (drink) d'un trait, d'un seul coup; (food) d'un seul coup.
2 vi avaler. (emotionally) **he ~ed hard** sa gorge se serra.
3 vt (a) food, drink, pill avaler; oyster gober. (fig) **to ~ the bait** se laisser prendre (à l'appât).
(b) (fig) story avaler, gober; insult avaler, encaisser*; one's anger, pride ravaler. **that's a bit hard to ~** c'est plutôt dur à avaler; **they ~ed it whole** ils ont tout avalé or gobé.
◆**swallow down** vt sep avaler.
◆**swallow up** vt sep (fig) engloutir. **the ground seemed to swallow them up** le sol semblait les engloutir; **he was swallowed up in the crowd** il s'est perdu or il a disparu dans la foule; **the mist swallowed them up** la brume les a enveloppés; **taxes swallow up half your income** les impôts engloutissent or engouffrent la moitié de vos revenus.

swam [swæm] pret of **swim**.

swami ['swɑːmɪ] n pandit m.

swamp [swɒmp] 1 n marais m, marécage m.
2 cpd: (US) **swamp buggy** voiture f amphibie; **swamp fever** paludisme m, malaria f; (US) **swampland** marécages mpl.
3 vt (flood) inonder; boat emplir d'eau; (sink) submerger; (fig) submerger (with de). (fig) **he was ~ed with requests/letters** il était submergé de requêtes/lettres; **I'm absolutely ~ed*** (with work) je suis débordé (de travail); (Ftbl etc) **towards the end of the game they ~ed us** vers la fin de la partie ils ont fait le jeu.

swampy ['swɒmpɪ] adj marécageux.

swan [swɒn] 1 n cygne m. **the S~ of Avon** le cygne de l'Avon (Shakespeare). 2 cpd: (US) **swan dive** saut m de l'ange; (Ballet) **S~ Lake** le Lac des Cygnes; **swan-necked woman** au cou de cygne; tool en col de cygne; (U) **swansdown** (feathers) (duvet m de) cygne m; (Tex) molleton m; (fig) **swan song** chant m du cygne; (Brit) **swanupping** recensement annuel des cygnes de la Tamise.
3 vi (Brit*) **he ~ned off to London before the end of term** il est parti à Londres sans s'en faire* or il est tranquillement parti à Londres avant la fin du trimestre; **he's ~ning around in Paris somewhere** il se balade* quelque part dans Paris sans s'en faire.

swank* [swæŋk] 1 n (a) (U) esbroufe* f. **out of ~** pour épater*, pour faire de l'esbroufe*. (b) (person) esbroufeur* m, -euse* f. 2 vi faire de l'esbroufe*, chercher à épater* or à en mettre plein la vue*. **to ~ about sth** se vanter de qch.

swanky* ['swæŋkɪ] adj qui en met plein la vue*.

swannery ['swɒnərɪ] n colonie f de cygnes.

swap* [swɒp] **1** n troc m, échange m. **it's a fair ~** ça se vaut; (stamps etc) **~s** doubles mpl.
  2 vt échanger, troquer (A for B A contre B); stamps, stories échanger (with sb avec qn). **Paul and Martin have ~ped hats** Paul et Martin ont échangé leurs chapeaux; **let's ~ places** changeons de place (l'un avec l'autre); **I'll ~ you!** tu veux échanger avec moi?; V **wife**.
  3 vi échanger. **let's ~!** échangeons!

SWAPO ['swɑːpəʊ] (abbr of **South-West Africa People's Organization**) S.W.A.P.O. f.

sward†† [swɔːd] n gazon m, pelouse f.

swarm¹ [swɔːm] **1** n [bees, flying insects] essaim m; [ants, crawling insects] fourmillement m, grouillement m; [people] essaim, nuée f, troupe f. (fig) **in a ~, in ~s** en masse.
  2 vi (a) [bees] essaimer.
  (b) [crawling insects] fourmiller, pulluler, grouiller. [people] **to ~ in/out** etc entrer/sortir etc en masse; **they ~ed round** or **over** or **through the palace** ils ont envahi le palais en masse; **the children ~ed round his car** les enfants s'agglutinaient autour de sa voiture.
  (c) (lit, fig) [ground, town, streets] fourmiller, grouiller (with de).

swarm² [swɔːm] vt (also **~ up**) tree, pole grimper à toute vitesse à (en s'aidant des pieds et des mains).

swarthiness ['swɔːðɪnɪs] n teint basané or bistré.

swarthy ['swɔːðɪ] adj basané, bistré.

swashbuckler ['swɒʃˌbʌklər] n fier-à-bras m.

swashbuckling ['swɒʃˌbʌklɪŋ] adj person fanfaron, qui plastronne; film de cape et d'épée.

swastika ['swɒstɪkə] n svastika m or swastika m; (Nazi) croix gammée.

swat [swɒt] **1** vt fly, mosquito écraser; (*: slap) table etc donner un coup sur, taper sur. **2** n (a) **to give a fly a ~, to take a ~ at a fly** donner un coup de tapette à une mouche. **(b)** (also fly **~**) tapette f.

swath [swɔːθ] n, pl **~s** [swɔːðs] (Agr) andain m. **to cut corn in ~s** couper le blé en andains; **to cut a ~ through sth** ouvrir une voie dans qch.

swathe [sweɪð] vt (also **~ up**) (bind) emmailloter (in de); (wrap) envelopper (in dans). **~d in bandages** emmailloté de bandages; **~d in blankets** enveloppé or emmitouflé* dans des couvertures.

swatter ['swɒtər] n (also fly **~**) tapette f.

sway [sweɪ] **1** n (U) (a) (motion) [rope, hanging object, trees] balancement m, oscillation f; [boat] balancement, oscillations; [tower block, bridge] mouvement m oscillatoire, oscillation.
  (b) (liter) emprise f, empire m (over sur), domination f (over de). **to hold ~ over** avoir de l'emprise or de l'empire sur, tenir sous son emprise or son empire or sa domination.
  2 cpd: **sway-backed** ensellé.
  3 vi [tree, rope, hanging object, boat] se balancer, osciller; [tower block, bridge] osciller; [train] tanguer; [person] tanguer, osciller; (fig: vacillate) osciller, balancer (liter) (between entre). **he stood ~ing** (about or from side to side or backwards and forwards) il oscillait (sur ses jambes or de droite à gauche or d'arrière en avant), il tanguait; **to ~ in/out** etc (from drink, injury) entrer/sortir etc en tanguant; (regally) entrer/sortir etc majestueusement; **he ~ed towards leniency** il a penché pour la clémence.
  4 vt (a) hanging object balancer, faire osciller; hips rouler, balancer; [wind] balancer, agiter; [waves] balancer, ballotter.
  (b) (influence) influencer, avoir une action déterminante sur. **these factors finally ~ed the committee** ces facteurs ont finalement influencé le choix or la décision du comité; **I allowed myself to be ~ed** je me suis laissé influencer; **his speech ~ed the crowd** son discours a eu une action déterminante sur la foule.

Swazi ['swɑːzɪ] **1** n Swazi(e) m(f). **2** adj swazi.

Swaziland ['swɑːzɪlænd] n Swaziland m.

swear [sweər] pret **swore**, ptp **sworn 1** vt (a) jurer (on sth sur qch, that que, to do de faire); fidelity, allegiance jurer. **I ~ it!** je le jure!; **to ~ an oath** (solemnly) prêter serment; (curse) lâcher or pousser un juron; **to ~ (an oath) to do sth** faire (le) serment or jurer de faire qch; (Jur) **to ~ a charge against sb** accuser qn sous serment; **I could have sworn he touched it** j'aurais juré qu'il l'avait touché; **I ~ he said so!** il a dit je vous le jure, je vous jure qu'il l'a dit; **I ~ I've never enjoyed myself more** ma parole, je ne me suis jamais autant amusé; V also **black, oath, sworn** etc.
  (b) witness, jury faire prêter serment à. **to ~ sb to secrecy** faire jurer le secret à qn.
  2 vi (a) (take solemn oath etc) jurer. (Jur) **do you so ~? — I ~** ≃ dites 'je le jure' — je le jure; **he swore on the Bible/by all that he held dear** il a juré sur la Bible/sur tout ce qu'il avait de plus cher; **to ~ to the truth of sth** jurer que qch est vrai; **would you ~ to having seen him?** est-ce que vous jureriez que vous l'avez vu?; **I think he did but I couldn't** or **wouldn't ~ to it** il me semble qu'il l'a fait mais je ne'n jurerais pas.
  (b) (curse) jurer, pester (at contre, après); (blaspheme) jurer, blasphémer. **don't ~!** ne jure pas!, ne sois pas grossier!; **to ~ like a trooper** jurer comme un charretier; **it's enough to make you ~* il y a de quoi vous faire râler*.
  3 cpd: **swearword** gros mot, juron m.

◆**swear by** vt fus (fig) **he swears by vitamin C tablets** il ne jure que par les vitamines C; **I swear by whisky as a cure for flu** pour moi il n'y a rien de tel que le whisky pour guérir la grippe.

◆**swear in** vt sep jury, witness, president etc assermenter, faire prêter serment à.

◆**swear off** vt fus alcohol, tobacco jurer de renoncer à. **he has sworn off stealing** il a juré de ne plus voler.

◆**swear out** vt sep (US Jur) **to swear out a warrant for sb's arrest** obtenir un mandat d'arrêt contre qn en l'accusant sous serment.

sweat [swet] **1** n (a) sueur f, transpiration f; (fig: on walls etc) humidité f, suintement m; (state) sueur(s). **by the ~ of his brow** à la sueur de son front; **to be dripping** or **covered with ~** ruisseler de sueur, être en nage; **to be in a ~** (lit) être en sueur, être couvert de sueur; (*fig) avoir des sueurs froides; **he was in a great ~ about** it ça lui donnait des sueurs froides; V **cold**.
  (b) (*: piece of work etc) corvée f. **it was an awful ~ on** a eu un mal de chien, on en a bavé‡; **no ~!‡** pas de problème!
  (c) (‡) **an old ~** un vétéran, un vieux routier.
  2 cpd: **sweatband** (in hat) cuir intérieur; (Sport) bandeau m; **sweat gland** glande f sudoripare; **sweat shirt** sweat-shirt m; **sweat shop** atelier m or usine f où les ouvriers sont exploités; **sweat-stained** taché or maculé de sueur; **sweat suit** survêtement m, survêt* m.
  3 vi [person, animal] suer (with, from de), être en sueur; [walls] suer, suinter; [cheese etc] suer. **he was ~ing profusely** il suait à grosses gouttes; **to ~ like a bull** suer comme un bœuf; (fig) **he was ~ing over his essay*** il suait sur sa dissertation.
  4 vt (a) person, animal faire suer or transpirer; (fig) workers exploiter. **~ed goods** marchandises produites par une main-d'œuvre exploitée; **~ed labour** main-d'œuvre exploitée.
  (b) **to ~ blood*** (work hard) suer sang et eau (over sth sur qch); (be anxious) avoir des sueurs froides; **he was ~ing blood over** or **about the exam*** l'examen lui donnait des sueurs froides; (US fig) **don't ~ it!‡** calme-toi!, relaxe!*

◆**sweat off** vt sep: **I've sweated off half a kilo** j'ai perdu un demi-kilo à force de transpirer.

◆**sweat out** vt sep cold etc guérir en transpirant. (fig) **you'll just have to sweat it out*** il faudra t'armer de patience; **they left him to sweat it out*** ils n'ont rien fait pour l'aider.

sweater ['swetər] **1** n tricot m, pullover m, pull* m. **2** cpd: **sweater girl** fille bien roulée*.

sweating ['swetɪŋ] n [person, animal] transpiration f; (Med) sudation f; [wall] suintement m.

sweaty ['swetɪ] adj body en sueur; feet qui suent; hand moite (de sueur); smell de sueur; shirt, sock mouillé or maculé de sueur.

swede [swiːd] n (esp Brit) rutabaga m.

Swede [swiːd] n Suédois(e) m(f).

Sweden ['swiːdn] n Suède f.

Swedenborgian [ˌswiːdənˈbɔːdʒɪən] adj swedenborgien.

Swedish ['swiːdɪʃ] **1** adj suédois. **~ gymnastics** or **movements** gymnastique f suédoise; **~ mile** mile m suédois (= 10 km). **2** n (a) **the S~** les Suédois mpl. (b) (Ling) suédois m.

sweep [swiːp] (vb: pret, ptp **swept**) **1** n (a) (with broom etc) coup m de balai. **to give a room a ~** (out) donner un coup de balai à or balayer une pièce; V **clean**.
  (b) (also chimney **~**) ramoneur m; V **black**.
  (c) (movement) [arm] grand geste; [sword] grand coup; [scythe] mouvement m circulaire; [net] coup; [lighthouse beam, radar beam] trajectoire f; [tide] progression f irrésistible; (fig) [progress, events] marche f. **in** or **with one ~** d'un seul coup; **with a ~ of his arm** d'un geste large; **to make a ~ of the horizon** (with binoculars) parcourir l'horizon; [lighthouse beam] balayer l'horizon; **to make a ~ for mines** draguer des mines; **the police made a ~ of the district** la police a ratissé le quartier.
  (d) (range) [telescope, gun, lighthouse, radar] champ m. **with a ~ of 180°** avec un champ de 180°.
  (e) (curve, line) [coastline, hills, road, river] grande courbe; (Archit) courbure f, voussure f; [curtains, long skirt] drapé m. **a wide ~ of meadowland** une vaste étendue de prairie; (Aut, Aviat, Naut etc) **the graceful ~ of her lines** sa ligne aérodynamique or son galbe plein(e) de grâce.
  (f) (*) abbr of **sweepstake**; V **2**.
  2 cpd: **sweep** [aircraft wing etc] **sweepback** dessin m en flèche arrière, angle m flèche; [clock etc] **sweep hand** trotteuse f; **sweepstake** sweepstake m.
  3 vt (a) room, floor, street etc balayer; chimney ramoner; (Naut) river, channel draguer; (fig) [waves, hurricane, bullets, searchlights, skirts] balayer. **to ~ a room clean** donner un bon coup de balai dans une pièce; (Naut) **to ~ sth clean of mines** déminer qch; (fig) **he swept the horizon with his binoculars** il a parcouru l'horizon avec ses jumelles; **his eyes/his glance swept the room** il a parcouru la pièce des yeux/du regard; **their fleet swept the seas in search of ...** leur flotte a sillonné or parcouru les mers à la recherche de ...; **a wave of indignation swept the city** une vague d'indignation a déferlé sur la ville; V **broom** etc.
  (b) dust, snow etc balayer; (Naut) mines draguer, enlever. **he swept the rubbish off the pavement** il a enlevé les ordures du trottoir d'un coup de balai; **she swept the snow into a heap** elle a balayé la neige et en a fait un tas; (fig) **to ~ sth under the carpet** tirer le rideau sur qch; **to ~ sth off the table on to the floor** faire tomber qch de la table par terre d'un geste large; **to ~ sth into a bag** faire glisser qch d'un geste large dans un sac; (fig) **to ~ everything before one** remporter un succès total, réussir sur toute la ligne; (fig) **to ~ the board** remporter un succès complet, tout rafler*; **the socialists swept the board at the election** les socialistes ont remporté l'élection haut la main; (fig) **he swept the obstacles from his path** il a balayé or écarté les obstacles qui se trouvaient sur son chemin; **the army swept the enemy before them** l'armée a balayé l'ennemi devant elle; **the crowd swept him into the square** la foule l'a emporté or entraîné sur la place, il a été pris dans le mouvement de la foule vers la place; **the wave swept him overboard** la vague l'a jeté par-dessus bord; **the gale swept the caravan over the cliff** la rafale a emporté la

caravane et l'a précipitée du haut de la falaise; **the current swept the boat downstream** le courant a emporté le bateau; **to be swept off one's feet** (*by wind, flood etc*) être emporté (*by* par); (*fig*) être enthousiasmé *or* emballé* (*by* par); **the water swept him off his feet** le courant lui a fait perdre pied; (*fig*) **he swept her off her feet** elle a eu le coup de foudre pour lui; (*fig*) **this election swept the socialists into office** *or* **power** cette élection a porté les socialistes au pouvoir avec une forte majorité.

4 *vi* (**a**) (*pass swiftly*) [*person, vehicle, convoy*] **to** ~ **in/out/along** *etc* entrer/sortir/avancer *etc* rapidement; **the car swept round the corner** la voiture a pris le virage comme un bolide; **the planes went** ~**ing across the sky** les avions sillonnaient le ciel; **the rain swept across the plain** la pluie a balayé la plaine; **panic swept through the city** la panique s'est emparée de la ville; **plague swept through the country** la peste a ravagé le pays.

(**b**) (*move impressively*) [*person, procession*] **to** ~ **in/out/along** *etc* entrer/sortir/avancer *etc* majestueusement; **she came** ~**ing into the room** elle a fait une entrée majestueuse dans la pièce; (*fig: Pol*) **to** ~ **into office** être porté au pouvoir; **the royal car swept down the avenue** la voiture royale a descendu l'avenue d'une manière imposante; (*fig*) **the motorway** ~**s across the hills** l'autoroute s'élance à travers les collines; **the forests** ~ **down to the sea** les forêts descendent en pente douce jusqu'au bord de la mer; **the bay** ~**s away to the south** la baie décrit une courbe majestueuse vers le sud; **the Alps** ~ **down to the coast** les Alpes descendent majestueusement vers la côte.

♦**sweep along 1** *vi* *V* **sweep 4a, 4b.**
2 *vt sep* [*crowd, flood, current, gale*] emporter, entraîner; *leaves* balayer.

♦**sweep aside** *vt sep object, person* repousser, écarter; *suggestion, objection* repousser, rejeter; *difficulty, obstacle* écarter.

♦**sweep away 1** *vi* (*leave*) (*rapidly*) s'éloigner rapidement; (*impressively*) s'éloigner majestueusement *or* d'une manière imposante; *V also* **sweep 4b.**
2 *vt sep dust, snow, rubbish* balayer; [*crowd, flood, current, gale*] entraîner. **they swept him away to lunch** ils l'ont entraîné pour aller déjeuner.

♦**sweep down 1** *vi* *V* **sweep 4b.**
2 *vt sep walls etc* nettoyer avec un balai; [*flood, gale etc*] emporter. **the river swept the logs down to the sea** les bûches ont flotté sur la rivière jusqu'à la mer.

♦**sweep off** = **sweep away.**

♦**sweep out 1** *vi* *V* **sweep 4a, 4b.**
2 *vt sep room, dust, rubbish* balayer.

♦**sweep up 1** *vi* (**a**) (*with broom etc*) **to sweep up after sb** balayer les débris *or* les saletés de qn; **to sweep up after a party** balayer quand les invités sont partis.
(**b**) **he swept up to me** il s'est approché de moi (*angrily*) avec furie *or* (*impressively*) majestueusement; **the car swept up to the house** la voiture a remonté l'allée jusqu'à la maison (*fast*) rapidement *or* (*impressively*) d'une manière imposante.
2 *vt sep snow, leaves, dust etc* balayer. **she swept up the letters and took them away** elle a ramassé les lettres d'un geste brusque et les a emportées.

sweeper ['swiːpəʳ] *n* (**a**) (*worker*) balayeur *m*. (**b**) (*machine*) balayeuse *f*; (*carpet* ~) balai *m* mécanique; (*vacuum cleaner*) aspirateur *m*. (**c**) (*Ftbl*) arrière *m* volant.

sweeping ['swiːpɪŋ] **1** *adj* (**a**) *movement, gesture* large; *bow, curtsy* profond; *glance* circulaire; *coastline* qui décrit une courbe majestueuse; *skirts* qui balaient le sol.
(**b**) *change, reorganization* radical, fondamental; *reduction* considérable; *price cut* imbattable. (*Pol: at election*) ~ **gains/losses** progression *f*/recul *m* considérable *or* très net(te); ~ **statement,** ~ **generalization** généralisation hâtive; **that's pretty** ~**!** c'est beaucoup dire!
2 *npl*: ~**s** balayures *fpl*, ordures *fpl*; (*fig: of society etc*) rebut *m*.

sweet [swiːt] **1** *adj* (**a**) *taste, tea, biscuit* sucré; *cider, wine, apple, orange etc* doux (*f* douce). **a litre of** ~ **cider** *etc* un litre de cidre *etc* doux; **this cider** *etc* **is too sweet** ce cidre *etc* est trop sucré *or* doux; **to have a** ~ **tooth** être friand de sucreries; **I love** ~ **things** j'aime les sucreries *fpl*; (*Culin*) ~ **and sour** aigre-doux (*f* aigre-douce); **sickly** ~ (*gen*) douceâtre; *smell* fétide.
(**b**) (*fig*) *milk, air, breath* frais (*f* fraîche); *water* pur; *soil* sain; *scent* agréable, suave; *sound, voice* harmonieux, mélodieux; *running of engine, machine* sans à-coups; *revenge, success, character, face, smile* doux (*f* douce). (*fig*) **the** ~ **smell of success** la douceur exquise du succès; **it was** ~ **to hear** c'était doux à son oreille; (*pej*) ~ **words** flagorneries *fpl*; **she is a very** ~ **person** elle est vraiment très gentille, elle est tout à fait charmante; **that was very** ~ **of her** c'était très gentil de sa part; **he carried on in his own** ~ **way** il a continué comme il l'entendait; **he'll do it in his own** ~ **time** il le fera quand ça lui dira*; **at his own** ~ **will** à son gré; **to keep sb** ~* cultiver les bonnes grâces de qn; **do keep him** ~**!*** tu as intérêt à cultiver ses bonnes grâces; **to be** ~ **on sb** avoir le béguin pour qn*, être amoureux de qn; ~ **Fanny Adams‡** rien de rien, que dalle‡; *V* **nothing, sixteen** *etc*.
(**c**) (*: attractive*) *child, dog* mignon, adorable, gentil; *house, hat, dress* mignon, gentillet. **a** ~ **old lady** une adorable vieille dame; **what a** ~ **little baby!** le mignon petit bébé!
2 *adv*: **to smell** ~ sentir bon; **to taste** ~ avoir un goût sucré.
3 *n* (*esp Brit: candy*) bonbon *m*; (*Brit: dessert*) dessert *m*. (*fig*) **the** ~**s of success/solitude** *etc* les délices *fpl* de la réussite/de la solitude; **come here, (my)** ~* viens ici, mon ange.
4 *cpd:* **sweetbread** ris *m* de veau *or* d'agneau; **sweetbriar, sweetbrier** églantier odorant; **sweet chestnut** châtaigne *f*, marron *m*; **sweetcorn** maïs *m*; **sweetheart** petit(e) ami(e) *m(f)*, bien-aimé(e)† *m(f)*; **yes sweetheart** oui chéri(e) *or* mon ange *or* mon

cœur; **sweet herbs** fines herbes; **sweetmeat** sucrerie *f*, confiserie *f*; **sweet-natured** d'un naturel doux; **sweet pea** pois *m* de senteur; **sweet potato** patate *f* (douce); **sweet-scented** parfumé, odoriférant, odorant; (*Brit*) **sweetshop** confiserie *f* (*souvent avec papeterie, journaux et tabac*); **sweet-smelling** = **sweet-scented**; **sweet talk** flagorneries *fpl*; **sweet-talk** flagorner; **sweet-tempered** = **sweet-natured**; **sweet william** œillet *m* de poète.

sweeten ['swiːtn] **1** *vt coffee, sauce etc* sucrer; *air* purifier; *room* assainir; (*fig*) *person, sb's temper, task* adoucir; (*: bribe*) graisser la patte à*; *V* **pill. 2** *vi* [*person, sb's temper*] s'adoucir.

sweetener ['swiːtnəʳ] *n* (*for coffee, food*) édulcorant *m*; (*fig: bribe*) pot-de-vin *m*.

sweetening ['swiːtnɪŋ] *n* (*U*) (**a**) (*substance*) édulcorant *m*. (**b**) (*V* **sweeten**) sucrage *m*; adoucissement *m*.

sweetie* ['swiːtɪ] *n* (**a**) (*person: also* ~**-pie‡**) **he's/she's a** ~ il/elle est chou*, c'est un ange; **yes** ~ oui mon chou* *or* mon ange. (**b**) (*esp Scot: candy*) bonbon *m*.

sweetish ['swiːtɪʃ] *n* au goût sucré, douceâtre (*pej*).

sweetly ['swiːtlɪ] *adv sing, play* mélodieusement; *smile, answer* gentiment. **the engine is running** ~ le moteur marche sans à-coups.

sweetness ['swiːtnɪs] *n* (*to taste*) goût sucré; (*in smell*) odeur *f* suave; (*to hearing*) son mélodieux *or* harmonieux; [*person, nature, character, expression*] douceur *f*.

swell [swel] (*vb: pret* **swelled**, *ptp* **swollen** *or* **swelled**) **1** *n* (**a**) [*sea*] houle *f*. **heavy** ~ forte houle; *V* **ground.**
(**b**) (*Mus*) crescendo *m inv* (et diminuendo *m inv*); (*on organ*) boîte expressive.
(**c**) (*: stylish person*) personne huppée*, gandin *m* (*pej*). **the** ~**s** les gens huppés*, le gratin*.
2 *adj* (**a**) (*: stylish*) *clothes* chic *inv*; *house, car, restaurant* chic, rupin‡; *relatives, friends* huppé*.
(**b**) (*: esp US: excellent*) sensationnel*, formidable*. **a** ~ **guy** un type sensationnel* *or* vachement bien*; **that's** ~ c'est formidable* *or* sensass* *inv*.
3 *cpd:* (*Mus*) **swell box** boîte expressive; (*esp US*) **swellhead*** bêcheur* *m*, -euse* *f*; **swellheaded*** bêcheur*; **swellheadedness*** vanité *f*, suffisance *f*.
4 *vi* (**a**) (*also* ~ **up**) [*balloon, tyre, airbed*] (se) gonfler; [*sails*] se gonfler; [*ankle, eye, face*] enfler; [*wood*] gonfler. (*fig*) **to** ~ **(up) with pride** se gonfler d'orgueil; **to** ~ **(up) with rage/indignation** s'emplir de rage/d'indignation.
(**b**) (*increase*) [*river*] grossir; [*sound, music, voice*] s'enfler; [*numbers, population, membership*] grossir, augmenter. **the numbers soon** ~**ed to 500** les nombres ont vite augmenté *or* grossi pour atteindre 500, les nombres se sont vite élevés à 500; **the little group soon** ~**ed into a crowd** le petit groupe est vite devenu une foule; **the murmuring** ~**ed to a roar** le murmure s'enfla pour devenir un rugissement.
5 *vt sail* gonfler; *sound* enfler; *river, lake* grossir; *number* grossir, augmenter. **this** ~**ed the membership/population to 1,500** ceci a porté à 1.500 le nombre des membres/le total de la population; **population swollen by refugees** population grossie par les réfugiés; **river swollen by rain** rivière en crue; **a second edition swollen by a mass of new material** une deuxième édition augmentée par une quantité de documents nouveaux; **to be swollen with pride** être gonflé *or* bouffi d'orgueil; **to be swollen with rage** bouillir de rage; *V also* **swollen** *etc*.
♦**swell out 1** *vi* [*sails etc*] se gonfler.
2 *vt sep* gonfler.
♦**swell up** *vi* = **swell 4a.**

swelling ['swelɪŋ] **1** *n* (**a**) (*Med*) enflure *f*; (*lump*) grosseur *f*; (*bruising*) enflure, tuméfaction *f*; (*on tyre etc*) hernie *f*. (**b**) (*U*: *V* **swell 4**) enflement *m*; gonflement *m*. **2** *adj jaw etc* qui enfle; *sail* gonflé; *sound, chorus, voices* qui enfle; *line, curve* galbé.

swelter ['sweltəʳ] *vi* étouffer de chaleur.

sweltering ['sweltərɪŋ] *adj weather, heat, afternoon* étouffant, oppressant. **it's** ~ **in here** on étouffe de chaleur ici.

swept [swept] **1** *pret, ptp* of **sweep. 2** *cpd:* **sweptback** (*Aviat*) en flèche; *hair* rejeté en arrière.

swerve [swɜːv] **1** *vi* [*boxer, fighter*] faire un écart; [*ball*] dévier; [*vehicle, ship*] faire une embardée; [*driver*] donner un coup de volant; (*fig*) dévier (*from* de). **the car** ~**d away from the lorry on to the verge** la voiture a fait une embardée pour éviter le camion et est montée sur l'accotement; **he** ~**d round the bollard** il a viré sur les chapeaux de roues autour de la borne lumineuse.
2 *vt ball* faire dévier; *car etc* faire faire une embardée à.
3 *n* [*vehicle, ship*] embardée *f*; [*boxer, fighter*] écart *m*.

swift [swɪft] **1** *adj reaction, response, revenge, victory* prompt, rapide; *vehicle, journey* rapide; *movement* vif, leste. **they were** ~ **to act** ils ont été prompts à agir, ils ont agi sans tarder; (*liter*) ~ **to anger** prompt à la colère *or* à se mettre en colère.
2 *cpd:* **swift-flowing** au cours rapide; (*liter*) **swift-footed** au pied léger.
3 *n* (*Orn*) martinet *m*.

swiftly ['swɪftlɪ] *adv* rapidement, vite.

swiftness ['swɪftnɪs] *n* (*V* **swift 1**) rapidité *f*, vitesse *f*; promptitude *f*.

swig* [swɪg] **1** *n* lampée* *f*, (*larger*) coup *m*. **to take a** ~ **at a bottle** boire un coup à même la bouteille.
2 *vt* lamper*.
♦**swig down** *vt sep* avaler d'un trait.

swill [swɪl] **1** *n* (**a**) (*U*) (*for pigs etc*) pâtée *f*; (*garbage, slops*) eaux grasses. (**b**) **to give sth a** ~ (*out or down*) = **to swill sth** (*out or down*); *V* **2a. 2** *vt* (**a**) (*also* ~ **out,** ~ **down**) *floor* laver à grande eau; *glass* rincer. (**b**) (*: drink*) boire avidement, boire à grands traits.

swim [swɪm] (vb: pret **swam**, ptp **swum**) 1 n: to go for a ~, to have or take a ~ (in sea etc) aller nager or se baigner; (in swimming baths) aller à la piscine; **it's time for our** ~ c'est l'heure de la baignade; **after a 2-km** ~ après avoir fait 2 km à la nage; **Channel** ~ traversée f de la Manche à la nage; **it's a long** ~ voilà une bonne or longue distance à parcourir à la nage; **I had a lovely** ~ ça m'a fait du bien de nager comme ça; (fig) **to be in the** ~ être dans le mouvement.

2 cpd: **swimsuit** maillot m (de bain).

3 vi (a) [person] nager, (as sport) faire de la natation; [fish, animal] nager. **to go** ~**ming** (in sea etc) aller nager, aller se baigner; (in swimming baths) aller à la piscine; **to** ~ **away/back** etc [person] s'éloigner/revenir etc à la nage; [fish] s'éloigner/revenir etc; **to** ~ **across a river** traverser une rivière à la nage; **he swam under the boat** il est passé sous le bateau (à la nage); **to** ~ **under water** nager sous l'eau; **he had to** ~ **for it** son seul recours a été de se sauver à la nage or de se jeter à l'eau et de nager; (fig) **to** ~ **with the tide** suivre le courant.

(b) (fig) **the meat was** ~**ming in gravy** la viande nageait or baignait dans la sauce; **her eyes were** ~**ming (with tears)** ses yeux étaient noyés or baignés de larmes; **the bathroom was** ~**ming** la salle de bains était inondée; **the room was** ~**ming round** or ~**ming before his eyes** la pièce semblait tourner autour de lui; **his head was** ~**ming** la tête lui tournait.

4 vt lake, river traverser à la nage. **it was first swum in 1900** la première traversée a eu lieu en 1900; **he can** ~ **10 km** il peut faire 10 km à la nage; **he can** ~ **2 lengths** il peut nager or faire 2 longueurs; **before he had swum 10 strokes** avant qu'il ait pu faire or nager 10 brasses; **I can't** ~ **a stroke** je suis incapable de faire une brasse; **can you** ~ **the crawl?** savez-vous nager or faire le crawl?

swimmer ['swɪmər] n nageur m, -euse f.

swimming ['swɪmɪŋ] 1 n (gen) nage f; (Sport, Scol) natation f.

2 cpd: (Brit) **swimming bath(s)** piscine f; **swimming cap** bonnet m de bain; (Brit) **swimming costume** maillot m (de bain) une pièce; **swimming crab** étrille f; **swimming gala** fête f de natation; **swimming pool** piscine f; **swimming ring** bouée f; **swimming suit** maillot m (de bain); **swimming trunks** maillot m or caleçon m or slip m de bain.

swimmingly ['swɪmɪŋlɪ] adv: **to go** ~ se dérouler sans accrocs or à merveille; **it's all going** ~ tout marche comme sur des roulettes.

swindle ['swɪndl] 1 n escroquerie f. **it's a** ~ c'est du vol, nous nous sommes fait estamper* or rouler*.

2 vt escroquer, estamper*, rouler*. **to** ~ **sb out of his money, to** ~ **sb's money out of him** escroquer de l'argent à qn.

swindler ['swɪndlər] n escroc m.

swine [swaɪn] 1 n, pl inv (Zool) pourceau m, porc m; (‡ fig: person) salaud‡ m. **you** ~!‡ espèce de salaud!‡ 2 cpd: **swineherd**†† porcher m, -ère f.

swing [swɪŋ] (vb: pret, ptp **swung**) 1 n (a) (movement) balancement m; [pendulum] (movement) mouvement m de va-et-vient, oscillations fpl; (arc, distance) arc m; [instrument pointer, needle] oscillations fpl; (Boxing, Golf) swing m. **the** ~ **of the boom sent him overboard** le retour de la bôme l'a jeté par-dessus bord; **he gave the starting handle a** ~ il a donné un tour de manivelle; **the golfer took a** ~ **at the ball** le joueur de golf a essayé de frapper or a frappé la balle avec un swing; **to take a** ~ **at sb** décocher or lancer un coup de poing à qn; (fig) **the** ~ **of the pendulum** brought him back to power le mouvement du pendule a ramené au pouvoir; (Pol) **the socialists need a** ~ **of 5% to win the election** il faudrait aux socialistes un revirement d'opinion en leur faveur de l'ordre de 5% pour qu'ils remportent (subj) l'élection; (Pol) **a** ~ **to the left** un revirement en faveur de la gauche; (St Ex) **the** ~**s of the market** les fluctuations fpl or les hauts et les bas mpl du marché.

(b) (rhythm) [dance etc] rythme m; [jazz music] swing m. **to walk with a** ~ (in one's step) marcher d'un pas rythmé; **music/poetry with a** ~ **to it** or **that goes with a** ~ musique/poésie rythmée or entraînante; (fig) **to go with a** ~ [evening, party] marcher du tonnerre*; [business, shop] très bien marcher; **to be in full** ~ [party, election, campaign] battre son plein; [business] être en plein rendement, gazer*; **to get into the** ~ **of things** se mettre dans le bain.

(c) (scope, freedom) **they gave him full** ~ **in the matter** ils lui ont donné carte blanche en la matière; **he was given full** ~ **to make decisions** on l'a laissé entièrement libre de prendre des décisions; **he gave his imagination full** ~ il a donné libre cours à son imagination.

(d) (seat for ~ing) balançoire f. **to have a** ~ se balancer, faire de la balançoire; **to give a child a** ~ pousser un enfant qui se balance; (fig) **what you gain on the** ~**s you lose on the roundabouts** ce qu'on gagne d'un côté on perd de l'autre.

(e) (also ~ music) swing m.

2 cpd: (Mus) **swing band** orchestre m de swing; **swing bridge** pont tournant; (Brit) **swing door** porte battante; **swing music** V **swing 1e**; (Aviat) **swing-wing** à géométrie variable.

3 vi (a) (hang, oscillate) [arms, legs] se balancer, être ballant; [object on rope etc] se balancer, pendiller, osciller; [hammock] se balancer; [pendulum] osciller; (on a swing) se balancer; (pivot: also ~ round) tourner, pivoter; [person] se retourner, virevolter. **he was left** ~**ing by his hands** il s'est retrouvé seul suspendu par les mains; **to** ~ **to and fro** se balancer; **the load swung (round) through the air as the crane turned** comme la grue pivotait la charge a décrit une courbe dans l'air; **the ship was** ~**ing at anchor** le bateau se balançait sur son ancre; **he swung across on the rope** agrippé à la corde il s'est élancé et a or est passé de l'autre côté; **the monkey swung from branch to branch** le singe se balan-

çait de branche en branche; **he swung up the rope ladder** il a grimpé prestement à l'échelle de corde; **he swung (up) into the saddle** il a sauté en selle; **the door swung open/shut** la porte s'est ouverte/s'est refermée; **he swung (round) on his heel** il a virevolté.

(b) (move rhythmically) **to** ~ **along/away** etc avancer/ s'éloigner etc d'un pas rythmé or allègre; **the regiment went** ~**ing past the king** le régiment a défilé au pas cadencé devant le roi; **to** ~ **into action** [army etc] se mettre en branle; (fig) passer à l'action; (fig) **music that really** ~**s** musique f au rythme entraînant.

(c) (change direction: often ~ round) [plane, vehicle] virer (to the south etc au sud etc). **the convoy swung (round) into the square** le convoi a viré pour aller sur la place; **the river** ~**s north here** ici la rivière décrit une courbe or oblique vers le nord; (fig Pol) **the country has swung to the right** le pays a viré or effectué un virage à droite.

(d) **to** ~ **at a ball** frapper or essayer de frapper une balle avec un swing; **to** ~ **at sb** décocher or lancer un coup de poing à qn; **he swung at me with the axe** il a brandi la hache pour me frapper.

(e) (‡: be hanged) être pendu. **he'll** ~ **for it** on lui mettra la corde au cou pour cela; **I'd** ~ **for him** je le tuerais si je le tenais.

(f) (*) (be fashionable) être branché*, être dans le vent; (go to parties etc) partouzer‡.

4 vt (a) (move to and fro) one's arms, legs, umbrella, hammock balancer; object on rope balancer, faire osciller; pendulum faire osciller; child on swing pousser; (brandish) brandir. **he swung his sword above his head** il a fait un moulinet avec l'épée au-dessus de sa tête; **he swung his axe at the tree** il a brandi sa hache pour frapper l'arbre; **he swung his racket at the ball** il a ramené sa raquette pour frapper la balle; **he swung the box (up) on to the roof of the car** il a envoyé la boîte sur le toit de la voiture; **he swung the case (up) on to his shoulders** il a balancé la valise sur ses épaules; **he swung himself across the stream/over the wall** etc il s'est élancé et a franchi le ruisseau/et a sauté par-dessus le mur etc; **to** ~ **o.s. (up) into the saddle** sauter en selle; **to** ~ **one's hips** rouler or balancer les hanches, se déhancher; (Brit fig) **to** ~ **the lead*** tirer au flanc*; V room.

(b) (turn: often ~ round) propeller lancer; starting handle tourner. **to** ~ **a door open/shut** ouvrir/fermer une porte; **he swung the ship (round) through 180°** il a viré de 180°, il a fait virer (le bateau) de 180°; **he swung the car round the corner** il a viré au coin.

(c) (fig: influence) election, decision influencer; voters faire changer d'opinion. **his speech swung the decision against us** son discours a provoqué un revirement et la décision est allée contre nous; **he managed to** ~ **the deal*** il a réussi à emporter l'affaire; **to** ~ **it on sb**‡ tirer une carotte à qn*, pigeonner qn*.

(d) (Mus) a tune, the classics etc jouer de manière rythmée.

◆**swing round** 1 vi [person] se retourner, virevolter; [crane etc] tourner, pivoter; [ship, plane, convoy, procession] virer; [car, truck] virer; (after collision etc) faire un tête-à-queue; (fig) [voters] virer de bord; [opinions etc] connaître un revirement; V also **swing 3a**, **3c**.

2 vt sep object on rope etc faire tourner; sword, axe brandir, faire des moulinets avec; crane etc faire pivoter; car, ship, plane, convoy, procession faire tourner or virer; V also **swing 4b**.

◆**swing to** vi [door] se refermer.

swingeing ['swɪndʒɪŋ] adj blow, attack violent; defeat, majority écrasant; damages, taxation, price increases considérable, énorme.

swinger* ['swɪŋər] n: **he's a** ~ (with it) il est branché* or dans le vent; (going to parties) c'est un partouzard‡ or un noceur*; (sexually) il couche à droite et à gauche.

swinging ['swɪŋɪŋ] adj step rythmé; music rythmé, entraînant; rhythm entraînant, endiablé; (fig) (lively) dynamique; (modern, fashionable etc) dans le vent, à la page. (US) ~ **door** porte battante; **the party was really** ~ la surprise-partie était du tonnerre* or à tout casser*; ~ **London** le 'swinging London'; **London was really** ~ **then** on rigolait* bien à Londres dans ce temps-là.

swingometer [swɪŋˈɒmɪtər] n (at election) indicateur m de tendances.

swinish‡ ['swaɪnɪʃ] adj dégueulasse‡.

swipe [swaɪp] 1 n (*) (at ball etc) grand coup; (slap) gifle f, calotte* f, baffe‡ f. **to take a** ~ **at** = **to swipe at**; V 3.

2 vt (a) (*: hit) ball frapper à toute volée; person calotter* or gifler à toute volée.

(b) (‡: steal: often hum) calotter‡, piquer* (sth from sb qch à qn).

3 vi (*) **to** ~ **at** ball etc frapper or essayer de frapper à toute volée; person flanquer* une gifle or une calotte* à.

swirl [swɜːl] 1 n (in river, sea) tourbillon m, remous m; [dust, sand] tourbillon; [smoke] tourbillon, volute f; (fig) [cream, ice cream etc] volute; [lace, ribbons etc] tourbillon. **the** ~ **of the dancers' skirts** le tourbillon or le tournoiement des jupes des danseuses.

2 vi [water, river, sea] tourbillonner, faire des remous or des tourbillons; [dust, sand, smoke, skirts] tourbillonner, tournoyer.

3 vt [river etc] **to** ~ **sth along/away** entraîner/emporter qch en tourbillonnant; **he** ~**ed his partner round the room** il a fait tournoyer or tourbillonner sa partenaire autour de la salle.

swish [swɪʃ] 1 n [whip] sifflement m; [water, person in long grass] bruissement m; [grass in wind] frémissement m, bruissement; [tyres in rain] glissement m; [skirts] bruissement, froufrou soyeux.

2 vt (a) whip, cane faire siffler.

(b) (‡: beat, cane) administrer or donner des coups de trique à.

3 vi [cane, whip] siffler, cingler l'air; [water] bruire; [long grass] frémir, bruire; [skirts] bruire, froufrouter.

4 adj (*) = **swishy**.

swishy‡ ['swɪʃɪ] adj (Brit: smart) rupin‡; (US: effeminate) efféminé, du genre tapette‡.

Swiss [swɪs] 1 adj suisse. ~ **French/German** suisse romand/

allemand; **the ~ Guards** la garde (pontificale) suisse; (*Brit Culin*) **~ roll** gâteau *m* roulé; (*US Culin*) **~ steak** steak fariné et braisé aux tomates et aux oignons. **2** *n, pl inv* Suisse(sse) m(*f*). **the ~ les** Suisses.

switch [swɪtʃ] **1** *n* (**a**) (*Elec*) (*gen*) bouton *m* électrique, commande *f* (*esp Tech*); (*for lights*) interrupteur *m*, commutateur *m*; (*Aut: also* **ignition ~**) contact *m*. (*Elec*) **the ~ was on/off** le bouton était sur la position ouvert/fermé, c'était allumé/éteint.
(**b**) (*Rail: points*) aiguille *f*, aiguillage *m*.
(**c**) (*transfer*) [*opinion*] changement *m*, revirement *m*, retournement *m*; [*allegiance etc*] changement; [*funds*] transfert *m* (*from* de, *to* en faveur de). **his ~ to Labour** son revirement en faveur des travaillistes; (*Bridge: in bidding*) **the ~ to hearts/clubs** (le changement de couleur et) le passage à cœur/trèfle; **the ~ of the 8.30 from platform 4** le changement de voie du train de 8.30 attendu au quai 4; **the ~ of the aircraft from Heathrow to Gatwick because of fog** le détournement sur Gatwick à cause du brouillard de l'avion attendu à Heathrow.
(**d**) (*stick*) baguette *f*; (*cane*) canne *f*; (*riding crop*) cravache *f*; (*whip*) fouet *m*.
(**e**) [*hair*] postiche *m*.
2 *cpd:* **switchback** (*n*) (*Brit: at fair; also road*) montagnes *fpl* russes; (*adj*) (*up and down*) tout en montées et descentes; (*zigzag*) en épingles à cheveux; (*US*) **switchblade** (*knife*) couteau *m* à cran d'arrêt; **switchboard** (*Elec*) tableau *m* de distribution; (*Telec*) standard *m*; (*Telec*) **switchboard operator** standardiste *mf*; (*for gangster: in escape etc*) **switch-car** voiture-relais *f*; (*Baseball: vi*) **switch hit** frapper la balle indifféremment de la main droite ou de la main gauche; **switch-hitter** (*Baseball*) batteur *m* indifféremment gaucher *ou* droitier; (*US‡: bisexual*) bisexuel(le) m(*f*); (*Rail*) **switchman** aiguilleur *m*; **the switchover from A to B** le passage de A à B; **the switchover to the metric system** l'adoption *f* du système métrique; (*US Rail*) **switchyard** gare *f* de triage.
3 *vt* (**a**) (*transfer*) *one's support, allegiance, attention* reporter (*from* de, *to* sur). (*Ind*) **to ~ production to another factory** transférer la production dans une autre usine; (*Ind*) **to ~ production to another model** (cesser de produire l'ancien modèle et) se mettre à produire un nouveau modèle; **to ~ the conversation to another subject** détourner la conversation, changer de sujet de conversation.
(**b**) (*exchange*) échanger (*A for B* A contre B, *sth with sb* qch avec qn); (*also* **~ over, ~ round**) *two objects, letters in word, figures in column* intervertir, permuter; (*rearrange: also* **~ round**) *books, objects* changer de place. **we had to ~ taxis when the first broke down** nous avons dû changer de taxi quand le premier est tombé en panne; **to ~ plans** changer de projet; **we have ~ed all the furniture round** nous avons changé tous les meubles de place.
(**c**) (*Rail*) aiguiller (*to another track* sur une autre voie).
(**d**) (*Elec etc*) **to ~ the heater to 'low'** mettre le radiateur sur 'doux'; **to ~ the radio/TV to another programme** changer de station/de chaîne; *V also* **switch back, switch on** *etc*.
(**e**) **to ~ the grass with one's cane** cingler l'herbe avec sa canne; **the cow ~ed her tail** la vache fouettait l'air de sa queue; **he ~ed it out of my hand** il me l'a arraché de la main.
4 *vi* (**a**) (*transfer: also* **~ over**) **Paul ~ed (over) to Conservative** Paul a voté conservateur cette fois; **we ~ed (over) to oil central heating** (nous avons changé et) nous avons maintenant fait installer le chauffage central au mazout; **many have ~ed (over) to teaching** beaucoup se sont recyclés dans l'enseignement.
(**b**) [*tail etc*] battre l'air.

◆**switch back 1** *vi* (*to original plan, product, allegiance etc*) revenir, retourner (*to* à). (*Rad, TV*) **to switch back to the other programme** remettre l'autre émission.
2 *vt sep:* **to switch the heater back to 'low'** remettre le radiateur sur 'doux'; **to switch the light back on** rallumer; **to switch the heater/oven back on** rallumer le radiateur/le four.
3 switchback *n, adj V* **switch 2.**

◆**switch off 1** *vi* (**a**) (*Elec*) éteindre; (*Rad, TV*) éteindre *or* fermer le poste. (*fig*) **when the conversation is boring, he just switches off*** quand la conversation l'ennuie, il décroche*.
(**b**) [*heater, oven etc*] **to switch off automatically** s'éteindre tout seul *or* automatiquement.
2 *vt sep light* éteindre; *electricity, gas* éteindre, fermer; *radio, television, heater* éteindre, fermer, arrêter; *alarm clock, burglar alarm* arrêter. (*Rad, TV*) **he switched the programme off** il a fermé *or* éteint le poste; (*Aut*) **to switch off the engine** couper l'allumage, arrêter le moteur; **the oven switches itself off** le four s'éteint automatiquement; (*fig*) **he seems to be switched off*** most of the time il semble être détaché des autres la plupart du temps.

◆**switch on 1** *vi* (**a**) (*Elec*) allumer; (*Rad, TV*) allumer le poste.
(**b**) [*heater, oven etc*] **to switch on automatically** s'allumer tout seul *or* automatiquement.
2 *vt sep gas, electricity* allumer; *water supply* ouvrir; *radio, television, heater* allumer, brancher; *engine, machine* mettre en marche. **to switch on the light** allumer; (*fig*) **his music switches me on‡** sa musique m'excite *or* me rend euphorique; **to be switched on‡** (*up-to-date*) être branché, être dans le vent *or* à la page; (*by drugs*) planer*, être sous l'influence de la drogue; (*sexually*) être tout excité *or* émoustillé (*by* par).

◆**switch over 1** *vi* (**a**) = **switch 4a.**
(**b**) (*TV/Rad*) changer de chaîne/de station. (*TV/Rad*) **to switch over to the other programme** mettre l'autre chaîne/station.
2 *vt sep* (**a**) *V* **switch 3b.**
(**b**) (*TV/Rad*) **to switch the programme over** changer de chaîne/de station.
3 switchover *n V* **switch 2.**

◆**switch round 1** *vi* [*two people*] changer de place (l'un avec l'autre).
2 *vt sep V* **switch 3b.**

Swithin ['swɪðɪn] *n* Swithin *m or* Swithun *m*. **St. ~'s Day** (jour *m* de) la Saint-Swithin (*15 juillet: pluie de St-Swithin, pluie pour longtemps*).

Switzerland ['swɪtsələnd] *n* Suisse *f*. **French-/German-/Italian-speaking ~** la Suisse romande/allemande/italienne.

swivel ['swɪvl] **1** *n* pivot *m*, tourillon *m*.
2 *cpd seat, mounting etc* pivotant, tournant. **swivel chair** fauteuil *m* pivotant.
3 *vt* (*also* **~ round**) faire pivoter, faire tourner.
4 *vi* [*object*] pivoter, tourner.
◆**swivel round 1** *vi* pivoter.
2 *vt sep* = **swivel 3.**

swizz‡ [swɪz] *n* (*Brit: swindle*) escroquerie *f*. (*disappointment*) **what a ~!** on est eu!*, on s'est fait avoir!*

swizzle ['swɪzl] **1** *n* (*Brit‡*) = **swizz‡. 2** *cpd:* **swizzle stick** fouet *m*.

swollen ['swəʊlən] **1** *ptp of* **swell.**
2 *adj arm, eye, jaw, face* enflé; *stomach* gonflé, ballonné; *river, lake* en crue; *population* accru. **eyes ~ with tears** yeux gonflés de larmes; **to have ~ glands** avoir (une inflammation) des ganglions; *V also* **swell.**
3 *cpd:* **swollen-headed*** *etc* = **swellheaded*** *etc*; *V* **swell 3.**

swoon [swuːn] **1** *vi* († *or hum: faint*) se pâmer († *or hum*); (*fig*) se pâmer d'admiration (*over sb/sth* devant qn/qch). **2** *n* († *or hum*) pâmoison *f*. **in a ~** en pâmoison.

swoop [swuːp] **1** *n* [*bird, plane*] descente *f* en piqué; (*attack*) attaque *f* en piqué (*on* sur); [*police etc*] descente, rafle *f* (*on* dans). **at one (fell) ~** d'un seul coup.
2 *vi* (*also* **~ down**) [*bird*] fondre, piquer; [*aircraft*] descendre en piqué, piquer; [*police etc*] faire une descente. **the plane ~ed (down) low over the village** l'avion est descendu en piqué au-dessus du village; **the eagle ~ed (down) on the rabbit** l'aigle a fondu *or* s'est abattu sur le lapin; **the soldiers ~ed (down) on the terrorists** les soldats ont fondu sur les terroristes.

swoosh* [swuːʃ] **1** *n* [*water*] bruissement *m*; [*stick etc through air*] sifflement *m*; [*tyres in rain*] glissement *m*.
2 *vi* [*water*] bruire. **he went ~ing through the mud** il est passé avec un bruit de boue qui gicle *or* en faisant gicler bruyamment la boue.

swop [swɒp] = **swap.**

sword [sɔːd] **1** *n* épée *f*. **to wear a ~** porter l'épée; **to put sb to the ~** passer qn au fil de l'épée; **to put up one's ~** rengainer son épée, remettre son épée au fourreau; **those that live by the ~ die by the ~** quiconque se servira de l'épée périra par l'épée; (*fig*) **to turn or beat one's ~s into plough shares** forger des socs de ses épées; *V* **cross, point** *etc*.
2 *cpd scar, wound* d'épée. **sword arm** bras droit; **sword dance** danse *f* du sabre; **swordfish** poisson-épée *m*, espadon *m*; **there was a lot of swordplay in the film** il y avait beaucoup de duels *or* ça ferraillait dur* dans le film; **at sword-point** à la pointe de l'épée; **to be a good swordsman** être une fine lame; **swordsmanship** habileté *f* dans le maniement de l'épée; **swordstick** canne *f* à épée; **sword-swallower** avaleur *m* de sabres.

swore [swɔːr] *pret of* **swear.**

sworn [swɔːn] **1** *ptp of* **swear. 2** *adj evidence, statement* donné sous serment; *enemy, ally, friend* à la vie et à la mort.

swot* [swɒt] (*Brit*) **1** *n* (*pej*) bûcheur *m*, -euse *f*, bosseur‡ *m*. **2** *vt* bûcher*, potasser*. **3** *vi* bûcher*, potasser*, bosser‡. **to ~ for an exam** bachoter; **to ~ at maths** potasser *or* bûcher* ses maths.
◆**swot up*** *vi, vt sep:* **to swot up (on) sth** potasser* qch.

swotting* ['swɒtɪŋ] *n* bachotage *m*. **to do some ~** bosser‡, bachoter.

swum [swʌm] *ptp of* **swim.**

swung [swʌŋ] **1** *pret, ptp of* **swing. 2** *adj* (*Typ*) **~ dash** tilde *m*.

sybarite ['sɪbəraɪt] *n* sybarite *mf*.

sybaritic [ˌsɪbə'rɪtɪk] *adj* sybarite.

sycamore ['sɪkəmɔːr] *n* sycomore *m*, faux platane *m*.

sycophancy ['sɪkəfənsɪ] *n* flagornerie *f*.

sycophant ['sɪkəfənt] *n* flagorneur *m*, -euse *f*.

sycophantic [ˌsɪkə'fæntɪk] *adj* flagorneur.

syllabary ['sɪləbərɪ] *n* syllabaire *m*.

syllabic [sɪ'læbɪk] *adj* syllabique.

syllabification [sɪˌlæbɪfɪ'keɪʃən] *n* syllabation *f*.

syllabify [sɪ'læbɪfaɪ] *vt* décomposer en syllabes.

syllable ['sɪləbl] *n* syllabe *f*.

syllabub ['sɪləbʌb] *n* ≃ sabayon *m*.

syllabus ['sɪləbəs] *n* (*Scol, Univ*) programme *m*. **on the ~** au programme.

syllogism ['sɪlədʒɪzəm] *n* syllogisme *m*.

syllogistic [ˌsɪlə'dʒɪstɪk] *adj* syllogistique.

syllogize ['sɪlədʒaɪz] *vi* raisonner par syllogismes.

sylph [sɪlf] **1** *n* sylphe *m*; (*fig: woman*) sylphide *f*. **2** *cpd:* **sylphlike** *woman* gracile, qui a une taille de sylphide; *figure* de sylphide.

sylvan ['sɪlvən] *adj* (*liter*) sylvestre, des bois.

Sylvester [sɪl'vestər] *n* Sylvestre *m*.

Sylvia ['sɪlvɪə] *n* Sylvie *f*.

sylviculture ['sɪlvɪkʌltʃər] *n* sylviculture *f*.

symbiosis [ˌsɪmbɪ'əʊsɪs] *n* (*also fig*) symbiose *f*.

symbiotic [ˌsɪmbɪ'ɒtɪk] *adj* symbiotique.

symbol ['sɪmbəl] *n* symbole *m*.

symbolic(al) [sɪm'bɒlɪk(əl)] *adj* symbolique.

symbolically [sɪm'bɒlɪkəlɪ] *adv* symboliquement.

symbolism ['sɪmbəlɪzəm] *n* symbolisme *m*.

symbolist ['sɪmbəlɪst] *adj, n* symboliste (*mf*).

symbolization [ˌsɪmbəlaɪ'zeɪʃən] *n* symbolisation *f*.

symbolize ['sɪmbəlaɪz] vt symboliser.
symmetric(al) [sɪ'metrɪk(əl)] adj symétrique.
symmetrically [sɪ'metrɪkəlɪ] adv symétriquement, avec symétrie.
symmetry ['sɪmɪtrɪ] n symétrie f.
sympathetic [ˌsɪmpə'θetɪk] adj (showing pity) person compatissant (to, towards envers); words, smile, gesture de sympathie, compatissant; (kind) bien disposé, bienveillant (to envers, à l'égard de), compréhensif; (Anat etc) sympathique. **they were ~ but could not help** ils ont compati mais n'ont rien pu faire pour aider; **you will find him very ~** vous le trouverez bien disposé à votre égard or tout prêt à vous écouter; **they are ~ to actors** ils sont bien disposés à l'égard des acteurs.
sympathetically [ˌsɪmpə'θetɪkəlɪ] adv (showing pity) avec compassion; (kindly) avec bienveillance; (Anat etc) par sympathie.
sympathize ['sɪmpəθaɪz] vi: **I do ~ with you!** je vous plains!; **her cousin called to ~** sa cousine est venue témoigner sa sympathie; **I ~ with you in your grief** je m'associe or je compatis à votre douleur; **I ~ with you** or **what you feel** or **what you say** je comprends votre point de vue.
sympathizer ['sɪmpəθaɪzər] n (a) (in adversity) personne f qui compatit. **he was surrounded by ~s** il était entouré de personnes qui lui témoignaient leur sympathie. (b) (fig: esp Pol) sympathisant(e) m(f) (with de).
sympathy ['sɪmpəθɪ] **1** n (a) (pity) compassion f. **please accept my (deepest) ~** or **sympathies** veuillez agréer mes condoléances; **to feel ~ for** éprouver or avoir de la compassion pour; **to show one's ~ for sb** témoigner sa sympathie à or pour qn.
(b) (fellow feeling) solidarité f (for avec). **the sympathies of the crowd were with him** il avait le soutien de la foule, la foule était pour lui; **I have no ~ with lazy people** je n'ai aucune indulgence pour les gens qui sont paresseux; **he is in ~ with the workers** il est du côté des ouvriers; **I am in ~ with your proposals but** ... je suis en accord avec or je ne désapprouve pas vos propositions mais ...; **to come out** or **strike in ~ with sb** faire grève en solidarité avec qn.
2 cpd: (Ind) **sympathy strike** grève f de solidarité.
symphonic [sɪm'fɒnɪk] adj symphonique. **~ poem** poème m symphonique.
symphony ['sɪmfənɪ] **1** n symphonie f. **2** cpd concert, orchestra symphonique. **symphony writer** symphoniste mf.
symposium [sɪm'pəʊzɪəm] n, pl **-ia** [sɪm'pəʊzɪə] (all senses) symposium m.
symptom ['sɪmptəm] n (Med, fig) symptôme m, indice m.
symptomatic [ˌsɪmptə'mætɪk] adj symptomatique (of de).
synagogue ['sɪnəgɒg] n synagogue f.
sync* [sɪŋk] n abbr of **synchronization. in ~** bien synchronisé, en harmonie; (fig: of people) **they are in ~** ils sont en harmonie, le courant passe; **out of ~** mal synchronisé, déphasé.
synchromesh [ˌsɪŋkrəʊ'meʃ] n (Aut) synchronisation f. **~ on all gears** boîte f de vitesse avec tous les rapports synchronisés.
synchronic [sɪŋ'krɒnɪk] adj (gen) synchrone; (Ling) synchronique.
synchronicity [ˌsɪŋkrə'nɪsɪtɪ] n synchronisme m.
synchronism ['sɪŋkrənɪzəm] n synchronisme m.
synchronization [ˌsɪŋkrənaɪ'zeɪʃən] n synchronisation f.
synchronize ['sɪŋkrənaɪz] **1** vt synchroniser. (Sport) **~d swimming** natation f synchronisée. **2** vi [events] se passer or avoir lieu simultanément; [footsteps etc] être synchronisés. **to ~ with sth** être synchrone avec qch, se produire en même temps que qch.
synchronous ['sɪŋkrənəs] adj synchrone.
syncline ['sɪŋklaɪn] n synclinal m.
syncopate ['sɪŋkəpeɪt] vt syncoper.
syncopation [ˌsɪŋkə'peɪʃən] n (Mus) syncope f.
syncope ['sɪŋkəpɪ] n (Ling, Med) syncope f.
syncretism ['sɪŋkrɪtɪzəm] n syncrétisme m.
syndic ['sɪndɪk] n (government official) administrateur m, syndic m; (Brit Univ) membre m d'un comité administratif.
syndicalism ['sɪndɪkəlɪzəm] n syndicalisme m.
syndicalist ['sɪndɪkəlɪst] adj, n syndicaliste (mf).
syndicate ['sɪndɪkɪt] **1** n (a) (Comm etc) syndicat m, coopérative f. (b) [criminals] gang m, association f de malfaiteurs. (c) (US Press) agence spécialisée dans la vente par abonnements d'articles, de reportages etc.
2 ['sɪndɪkeɪt] vt (a) (Press: esp US) article etc vendre or publier

par l'intermédiaire d'un syndicat de distribution; (Rad, TV) programme distribuer sous licence. (Press) **~d columnist** journaliste mf d'agence.
(b) (Fin) **to ~ a loan** former un consortium de prêt; **~d loan** prêt m consortial.
(c) workers syndiquer.
syndrome ['sɪndrəʊm] n (also fig) syndrome m.
synecdoche [sɪ'nekdəkɪ] n synecdoque f.
synod ['sɪnəd] n synode m.
synonym ['sɪnənɪm] n synonyme m.
synonymous [sɪ'nɒnɪməs] adj synonyme (with de).
synonymy [sɪ'nɒnəmɪ] n synonymie f.
synopsis [sɪ'nɒpsɪs] n, pl **synopses** [sɪ'nɒpsiːz] résumé m, précis m; (Cine, Theat) synopsis m or f.
synoptic [sɪ'nɒptɪk] adj synoptique.
synovial [saɪ'nəʊvɪəl] adj (Anat) synovial.
syntactic(al) [sɪn'tæktɪk(əl)] adj syntaxique or syntactique.
syntagm ['sɪntæm] n, **syntagma** [sɪn'tægmə] n syntagme m.
syntagmatic [ˌsɪntæg'mætɪk] adj syntagmatique.
syntax ['sɪntæks] n syntaxe f.
synthesis ['sɪnθəsɪs] n, pl **syntheses** ['sɪnθəsiːz] synthèse f.
synthesize ['sɪnθəsaɪz] vt (combine) synthétiser; (produce) produire synthétiquement or par une synthèse, faire la synthèse de.
synthesizer ['sɪnθəsaɪzər] n synthétiseur m; V **speech.**
synthetic [sɪn'θetɪk] **1** adj (all senses) synthétique. **2** n (gen) produit m synthétique. (Tex) **~s** fibres fpl synthétiques, textiles artificiels.
syphilis ['sɪfɪlɪs] n syphilis f.
syphilitic [ˌsɪfɪ'lɪtɪk] adj, n syphilitique (mf).
syphon ['saɪfən] = **siphon.**
Syria ['sɪrɪə] n Syrie f.
Syrian ['sɪrɪən] **1** adj syrien. **~ Arab Republic** République f arabe syrienne.
2 n Syrien(ne) m(f).
syringe [sɪ'rɪndʒ] **1** n seringue f. **2** vt seringuer.
syrup ['sɪrəp] n sirop m; (Culin: also **golden ~**) mélasse raffinée.
syrupy ['sɪrəpɪ] adj (lit, fig) sirupeux.
system ['sɪstəm] **1** n (a) (structured whole: gen, Anat, Ling, Med, Pol, Sci, Tech) système m. **a political/economic/social ~** un système politique/économique/social; **solar ~** système solaire; **respiratory/nervous ~** système respiratoire/nerveux; **digestive ~** appareil m digestif; **the railway ~** le réseau de chemin de fer; **the Social Security ~** le régime de la Sécurité sociale; (Comm) **the Bell ~** la compagnie or le réseau Bell; [rivers] **the St. Lawrence ~** le Saint-Laurent et ses affluents; (Geog) **the urban ~** la trame urbaine; V **feudal** etc.
(b) (gen: method, type, process) système m. **new teaching ~s** nouveaux systèmes d'enseignement.
(c) (the body) organisme m. **her ~ will reject it** son organisme le rejettera; **it was a shock to his ~** cela a été une secousse pour son organisme, cela a ébranlé son organisme; (fig) **to get sth out of one's ~*** (gen) trouver un exutoire à qch; **let him get it out of his ~*** anger laisse-le décharger sa bile; hobby, passion laisse-le faire — ça lui passera; **he can't get her out of his ~*** il n'arrive pas à l'oublier.
(d) (established order) **the ~** le système; **to get round** or **beat** or **buck the ~** trouver le joint (fig); **down with the ~!** à bas le système!
(e) (Comput) système m.
(f) (U: order) méthode f (U). **to lack ~** manquer de méthode.
2 cpd: **systems analysis** analyse f fonctionnelle; **systems analyst** analyste mf fonctionnel(le); **systems desk** pupitre m; **systems engineer** ingénieur m système; **systems programmer** programmeur m d'étude; **systems software** logiciel m de base.
systematic [ˌsɪstə'mætɪk] adj reasoning, work systématique, méthodique; failures systématique.
systematically [ˌsɪstə'mætɪkəlɪ] adv (V **systematic**) systématiquement; méthodiquement.
systematization [ˌsɪstəmətaɪ'zeɪʃən] n systématisation f.
systematize ['sɪstəmətaɪz] vt systématiser.
systemic [sɪ'stemɪk] adj (a) (gen) du système; (Anat) du système, de l'organisme; insecticide systémique. **~ circulation** circulation générale; **~ infection** infection généralisée.
(b) (Ling) systémique.

T

T, t [tiː] **1** n (letter) T, t m. **T for Tommy** ~ T comme Thérèse; (fig) **that's it to a T*** c'est exactement cela; **it fits him to a T*** cela lui va comme un gant; V **dot.**
2 cpd: (Ski) **T-bar** (lift) téléski m à archets; (Culin) **T-bone** (steak) steak m avec un os en T; **T-junction** intersection f en T; **T-shaped** en forme de T, en équerre; **T-shirt** T-shirt m or tee-shirt m; **T-square** équerre f en T; (Phot) **T-stop** diaphragme m.
TA [tiːˈeɪ] n (a) (Brit Mil) abbr of **Territorial Army**; V **territorial**. (b) (US Univ) abbr of **teaching assistant**; V **teaching**.
ta‡ [taː] excl (Brit) merci!
tab [tæb] n (part of garment) patte f, (loop on garment etc) attache f; (label) étiquette f, (on shoelace) ferret m; (marker: on file etc) onglet m; (US*: café check) addition f, note f. **to keep ~s or a ~ on*** person avoir or tenir à l'œil*; thing avoir l'œil sur*; (US: lit, fig) **to pick up the ~*** payer la note or l'addition.
tabard ['tæbəd] n tabard m.
Tabasco [təˈbæskəʊ] n ® sauce forte à base de poivrons.
tabby ['tæbɪ] n (also ~ cat) chat(te) m(f) tigré(e) or moucheté(e).
tabernacle ['tæbənækl] n tabernacle m. (Rel) **the T~** le tabernacle.
table ['teɪbl] **1** n (a) (furniture, food on it) table f; (people at ~) tablée f, table. **ironing/bridge/garden ~** table à repasser/de bridge/de jardin; **at ~** à table; **to sit down to ~** se mettre à table; **to lay** or **set the ~** mettre la table or le couvert; **the whole ~ laughed** toute la tablée or la table a ri; (Parl) **to lay on the ~** remettre or ajourner qch; (Parl) **the bill lies on the ~** la discussion du projet de loi a été ajournée; (fig) **he slipped me £5 under the ~*** il m'a passé 5 livres de la main à la main; (fig) **he was nearly under the ~** un peu plus et il roulait sous la table*; V **clear, turn** etc.
(b) (facts, statistics) table f (also Math); (prices, fares, names) liste f; (Sport: also league ~) classement m. **~ of contents** table des matières; (Math) **the two-times ~** la table de (multiplication par) deux; (Sport) **we are in fifth place in the ~** nous sommes classés cinquièmes, nous sommes cinquièmes au classement, V **log²** etc.
(c) (Geog) = **tableland**; V **3**.
(d) (Rel) **the T~s of the Law** les Tables de la Loi.
2 vt (a) (Brit Admin, Parl: present) motion etc présenter. (b) (US Admin, Parl: postpone) motion etc ajourner. (US) **to ~ a bill** reporter la discussion d'un projet de loi. (c) (tabulate) dresser une liste or une table de; results classifier.
3 cpd wine, grapes, knife, lamp de table. (Geog) **Table Bay** baie f de la Table; **tablecloth** nappe f; **table-cover** tapis m de table; (US) **table cream** crème fraîche liquide; **table d'hôte** (adj) à prix fixe; (n) repas m à prix fixe; **table football** baby-foot m; (Geog) **tableland** (haut) plateau m; **table leg** pied m de table; **table linen** linge m de table; **he has good table manners** il sait se tenir à table; **tablemat** (of linen etc) napperon m; (heat-resistant) dessous-de-plat m inv; (Geog) **Table Mountain** la montagne de la Table; **table napkin** serviette f (de table); **table runner** chemin m de table; **table salt** sel fin; **tablespoon** cuiller f de service; (measurement: also **tablespoonful**) cuillerée f à soupe (US Culin = 29,5ml); (U) **table talk** menus propos; **table tennis** (n) ping-pong m, tennis m de table; (cpd) de ping-pong; **table-tennis player** joueur m, -euse f de ping-pong, pongiste mf; **tabletop** dessus m de table; (U) **table turning** (spiritisme m par les) tables tournantes; (U) **tableware** vaisselle f.
tableau ['tæbləʊ] n, pl ~x ['tæbləʊz] (Theat) tableau vivant; (fig) tableau.
tablet ['tæblɪt] n (a) (stone: inscribed) plaque f (commémorative); (Hist: of wax, slate etc) tablette f. (b) [chocolate] tablette f. **~ of soap** savonnette f. (c) (Pharm) comprimé m, cachet m; (for sucking) pastille f. (d) (Comput) tablette f.
tabloid ['tæblɔɪd] **1** n (Press: also ~ **newspaper**) tabloïd(e) m, quotidien m populaire (de demi-format). **2** adj (also **in ~ form**) en raccourci, condensé.
taboo [təˈbuː] **1** adj, n (Rel, fig) tabou (m). **2** vt proscrire, interdire.
tabor ['teɪbə'] n tambourin m.
tabu [təˈbuː] = **taboo**.
tabular ['tæbjʊlə'] adj tabulaire.
tabulate ['tæbjʊleɪt] vt facts, figures mettre sous forme de table; results etc classifier; (Typing) mettre en colonnes.
tabulation [ˌtæbjʊˈleɪʃən] n (V **tabulate**) diposition f en listes or tables; classification f; tabulation f.
tabulator ['tæbjʊleɪtə'] n [typewriter] tabulateur m.
tacheometer [ˌtækɪˈɒmɪtə'] n tachéomètre m.
tachograph ['tækəgraːf] n tachygraphe m.
tachometer [tæˈkɒmɪtə'] n tachymètre m.
tachycardia [ˌtækɪˈkaːdɪə] n tachycardie f.
tachycardiac [ˌtækɪˈkaːdɪæk] adj tachycardiaque.
tachymeter [tæˈkɪmɪtə'] n tachéomètre m.
tacit ['tæsɪt] adj (gen) tacite; (Ling) knowledge of language implicite.
tacitly ['tæsɪtlɪ] adv tacitement.
taciturn ['tæsɪtəːn] adj taciturne.
taciturnity [ˌtæsɪˈtəːnɪtɪ] n taciturnité f.

Tacitus ['tæsɪtəs] n Tacite m.
tack [tæk] **1** n (a) (for wood, lino, carpets etc) broquette f; (for upholstery) semence f, (US: also **thumb~**) punaise f; V **brass**.
(b) (Brit Sewing) point m de bâti.
(c) (Naut) bord m, bordée f. **to make a ~** faire or courir or tirer un bord or une bordée; **to be on a port/starboard ~** être bâbord/tribord amures; (fig) **to be on the right/wrong ~** être sur la bonne/mauvaise voie; (fig) **to try another ~** essayer une autre tactique.
(d) (U: for horse) sellerie f (articles).
2 cpd: **tackroom** sellerie f (endroit).
3 vt (a) (also ~ **down**) wood, lino, carpet clouer (avec des broquettes).
(b) (Brit Sewing) faufiler, bâtir.
4 vi (Naut: make a ~) faire or courir or tirer un bord or une bordée. **they ~ed back to the harbour** ils sont rentrés au port en louvoyant or en tirant des bordées.
♦**tack down** vt sep (Brit Sewing) maintenir en place au point de bâti; V also **tack 3a**.
♦**tack on** vt sep (a) (Brit Sewing) bâtir, appliquer au point de bâti. (b) (fig) ajouter (après coup) (to à).
tacking ['tækɪŋ] (Brit Sewing) **1** n bâtissage m, faufilure f. **to take out the ~ from sth** défaufiler qch. **2** cpd: **tacking stitch** point m de bâti.
tackle ['tækl] **1** n (a) (U) (esp Naut: ropes, pulleys) appareil m de levage; (gen: gear, equipment) équipement m. **fishing ~** articles mpl or matériel m de pêche.
(b) (Ftbl, Hockey, Rugby, etc: action) tac(k)le m; (US Ftbl: player) plaqueur m.
2 vt (a) (Ftbl, Hockey, Rugby etc) tac(k)ler.
(b) thief, intruder saisir (à bras le corps). **I'll ~ him about it at once** je vais lui en parler or lui en dire deux mots tout de suite; **I ~d him about what he had done** je l'ai questionné sur ce qu'il avait fait.
(c) task s'attaquer à; problem, question, subject aborder, s'attaquer à; (*) meal, food attaquer*. **he ~d Hebrew on his own** il s'est mis à l'hébreu tout seul.
tacky¹ ['tækɪ] adj glue qui commence à prendre; paint pas tout à fait sec (f sèche); surface poisseux, collant.
tacky²* ['tækɪ] adj (a) house, hotel, clothes tocard‡, moche*. (b) (US) person commun, vulgaire.
taco ['taːkəʊ] n, pl ~s (US) crêpe f de maïs farcie servie chaude.
tact [tækt] n (U) tact m, doigté m, délicatesse f.
tactful ['tæktfʊl] adj person délicat, plein de tact; hint subtil (f subtile), fin; inquiry, reference discret (f -ète); answer plein de tact, diplomatique* (fig); suggestion plein de tact, délicat. **be ~!** un peu de diplomatie!*; **to be ~ with sb** agir envers qn avec tact or doigté, ménager qn; **you could have been a bit more ~** tu aurais pu avoir un peu plus de tact or de doigté.
tactfully ['tæktfʊlɪ] adv avec tact, avec doigté, avec délicatesse.
tactfulness ['tæktfʊlnɪs] n = **tact**.
tactic ['tæktɪk] n (Mil, fig) tactique f. (U: Mil) **~s** la tactique.
tactical ['tæktɪkəl] adj (Mil, fig) exercise, weapon, value tactique; error etc de valeur tactique; (skilful) adroit.
tactically ['tæktɪkəlɪ] adv (Mil, fig) d'un or du point de vue tactique.
tactician [tækˈtɪʃən] n (Mil, fig) tacticien m.
tactile ['tæktaɪl] adj tactile.
tactless ['tæktlɪs] adj person peu délicat, qui manque de tact; hint grossier; inquiry, reference indiscret (f -ète); answer qui manque de tact, peu diplomatique* (fig); suggestion peu délicat.
tactlessly ['tæktlɪslɪ] adv sans tact, sans doigté, sans délicatesse.
tadpole ['tædpəʊl] n têtard m.
Tadzhik ['tædʒɪk] adj: ~ **SSR** RSS f du Tadjikistan.
Tadzhikistan [taːˌdʒɪkɪˈstaːn] n Tadjikistan m.
taffeta ['tæfɪtə] n (U) taffetas m.
taffrail ['tæfreɪl] n (Naut) couronnement m; (rail) lisse f de couronnement.
Taffy* ['tæfɪ] n (also ~ **Jones**) sobriquet donné à un Gallois.
taffy ['tæfɪ] n (US) bonbon m au caramel; (Can) tire f d'érable.
tag [tæg] **1** n (a) [shoelace, cord etc] ferret m; (on garment etc) patte f, marque f; (label) étiquette f; (marker: on file etc) onglet m. **all uniforms must have name ~s** chaque uniforme doit être marqué au nom de son propriétaire; V **price** etc.
(b) (quotation) citation f; (cliché) cliché m, lieu commun; (catchword) slogan m. (Ling) ~ (question) question-tag f.
(c) (U: game) (jeu m du) chat m.
2 cpd: (US) **tagboard** carton m (pour étiquettes); (US) **tag day** journée f de vente d'insignes (pour une œuvre); **tag end** [speech, performance, programme etc] fin f; [goods for sale] restes mpl; **tag line** [play] dernière réplique; [poem] dernier vers.
3 vt (a) garment marquer; bag, box, file étiqueter; (US* fig) car mettre un papillon* sur; driver mettre une contravention à.
(b) (*: follow) suivre; [detective] filer.
♦**tag along** vi suivre le mouvement*. **she left and the children**

tagged along behind her elle est partie et les enfants l'ont suivie; the others came tagging along behind les autres traînaient derrière *or* étaient à la traîne derrière; she usually tags along (with us) la plupart du temps elle vient avec nous.

◆**tag on*** **1** *vi*: to tag on to sb coller aux talons de qn*; he came tagging on behind il traînait derrière.

2 *vt sep* (*fig*) ajouter (après coup) (*to* à).

◆**tag out** *vt sep* (*Baseball*) mettre hors jeu.

tagmeme ['tægmi:m] *n* tagmème *m*.

tagmemics [tæg'mi:mɪks] *n* (*U*) tagmémique *f*.

Tagus ['teɪgəs] *n* Tage *m*.

Tahiti [ta:'hi:tɪ] *n* Tahiti *m*. in ~ à Tahiti.

tail [teɪl] **1** *n* (**a**) *[animal, aircraft, comet, kite, procession, hair]* queue *f*; *[shirt]* pan *m*; *[coat]* basque *f*. (*lit,fig*) with his ~ between his legs la queue entre les jambes; (*fig*) to keep one's ~ up ne pas se laisser abattre; (*fig*) he was right on my ~ il me suivait de très près; *V* nose, sting, turn *etc*.
(**b**) *[coin]* pile *f*. ~s I win! pile je gagne!
(**c**) (*Dress*) ~s* queue *f* de pie.
(**d**) (*‡hum: buttocks*) postérieur* *m* (*hum*). (*US*) a piece of ~*‡* une fille baisable*‡*.
(**e**) (‡) to put a ~ on sb faire filer qn.

2 *cpd*: (*Aviat*) tail assembly dérive *f*; (*Brit Aut*) tailback bouchon *m*, retenue *f*; (*Aut etc*) tailboard hayon *m*; tail coat habit *m*; tail end *[piece of meat, roll of cloth etc]* bout *m*; *[procession etc]* queue *f*; *[storm, debate, lecture]* toutes dernières minutes, fin *f*; (*Brit Aut*) tailgate hayon *m* (arrière), 3e (*or* 5e) porte *f*; (*US Aut*) to tailgate sb* coller au pare-chocs de qn; (*Ski*) tailhopping ruade *f*; (*Aut, Rail etc*) tail lamp, taillight feu *m* arrière *inv*; tailpiece (*to speech etc*) appendice *m*; (*to letter*) post-scriptum *m*; (*Typ*) cul-de-lampe *m*; *[violin]* cordier *m*; (*Aut*) tailpipe tuyau *m* d'échappement; (*Aviat*) tailplane stabilisateur *m*; (*Aviat*) tail skid béquille *f* de queue; (*Aviat*) tailspin vrille *f*; (*Aviat*) to be in a tailspin vriller; (*Aviat*) tail unit empennage *m*; tailwind vent *m* arrière *inv*.

3 *vt* (**a**) (*) *suspect etc* suivre, filer.
(**b**) (*cut ~ of*) *animal* couper la queue à; *V* top[1].

4 *vi*: to ~ after sb suivre qn tant bien que mal.

◆**tail away** *vi [sounds]* se taire (peu à peu); *[attendance, interest, numbers]* diminuer, baisser (petit à petit); *[novel]* se terminer en queue de poisson.

◆**tail back** **1** *vi*: the traffic tailed back to the bridge le bouchon *or* la retenue remontait jusqu'au pont.
2 tailback *n V* tail 2.

◆**tail off** *vi* = tail away.

-tailed [teɪld] *adj ending in cpds, e.g.* long-tailed à la queue longue.

tailor ['teɪlər] **1** *n* tailleur *m*. ~'s chalk craie *f* de tailleur; ~'s dummy mannequin *m*; (*fig pej*) fantoche *m*.

2 *cpd*: tailor-made *garment* fait sur mesure; (*fig*) the building was tailor-made for this purpose le bâtiment était fonctionnalisé, le bâtiment était construit spécialement pour cet usage; a lesson tailor-made for that class une leçon conçue *or* préparée spécialement pour cette classe; the job was tailor-made for him le poste était fait pour lui.

3 *vt garment* façonner; (*fig*) *speech, book* adapter (*to, to suit* à, *for* pour). a ~ed skirt une jupe ajustée.

taint [teɪnt] **1** *vt meat, food* gâter; *water* infecter, polluer; *air, atmosphere* vicier, infecter, polluer; (*fig liter*) *sb's reputation etc* souiller (*liter*).

2 *n* (*U*) (*infection*) infection *f*, souillure *f*; (*decay*) corruption *f*, décomposition *f*; (*fig: of insanity, sin, heresy etc*) tare *f* (*fig*), souillure *f* (*fig liter*).

tainted ['teɪntɪd] *adj food* gâté; *meat* avarié; *water* infecté, pollué; *air, atmosphere* vicié, infecté, pollué; *action, motive* impur; *reputation* entaché, sali, souillé (*liter*); *money* mal acquis; *blood* impur; *family, lineage* sali, souillé (*liter*). to become ~ *[food]* se gâter; *[meat]* s'avarier; *[water, air etc]* s'infecter, se polluer.

Taiwan ['tar'wɑ:n] *n* Taiwan (*no article in French*).

take [teɪk] (*vb: pret* took, *ptp* taken) **1** *n* (*Cine, Phot*) prise *f* de vue(s); (*Sound Recording*) enregistrement *m*; (*Fishing, Hunting etc*) prise *f*; (*US Comm: takings*) recette *f*. (*US fig*) to be on the ~*‡* toucher des pots de vin, palper*.

2 *cpd*: (*Brit*) takeaway (*food shop*) café *m* qui fait des plats à emporter; (*Brit*) takeaway food plats préparés (à emporter); (*Brit*) takeaway meal repas *m* à emporter; takeaway* toy, weapon *etc* démontable; take-home pay salaire net; takeoff (*Aviat*) décollage *m*; (*Gym, Ski*) envol *m*; (*fig: Econ etc*) démarrage *m*; (*imitation*) imitation *f*, pastiche *m*; (*US*) takeout = takeaway; (*Bridge*) takeout (*bid*) réponse *f* de faiblesse; takeover (*Pol*) prise *f* du pouvoir; (*Fin*) rachat *m*; takeover bid offre publique d'achat, O.P.A. *f*.

3 *vt* (**a**) (*gen*) prendre; (*seize*) prendre, saisir. to ~ sb's hand prendre la main de qn; he took me by the arm, he took my arm il m'a pris le bras; he took her in his arms il l'a prise dans ses bras; to ~ sb by the throat prendre *or* saisir qn à la gorge.
(**b**) (*extract*) prendre (*from sth* dans qch), tirer (*from sth* de qch); (*remove*) prendre, enlever, ôter (*from sb* à qn); (*without permission*) prendre; (*steal*) prendre, voler. to ~ sth from one's pocket prendre qch dans *or* tirer qch de sa poche; to ~ sth from a drawer prendre qch dans un tiroir; the devil ~ it!*† au diable!; he ~s his examples from real life il tire ses exemples de la réalité; I took these statistics from a government report j'ai tiré ces statistiques d'un rapport gouvernemental; *V* hand *etc*.
(**c**) (*Math etc: subtract*) soustraire, retrancher, retirer (*from* de). he took 10 francs off the price il a rabattu 10 F sur le prix.
(**d**) (*capture etc*) (*Mil*) *city, district, hill* prendre, s'emparer de; (*gen*) *suspect, wanted man* prendre, capturer; *fish etc* prendre, attraper; (*sexually*) *woman* prendre; (*Chess*) *prize* avoir,

obtenir, remporter; *degree* avoir, obtenir. he must be ~n alive il faut le prendre *or* capturer vivant; (*Cards*) to ~ a trick faire une levée; my ace took his king j'ai pris son roi avec mon as; the grocer ~s about £500 per day l'épicier (se) fait à peu près 500 livres de recette par jour; *V* fancy, prisoner, surprise *etc*.
(**e**) (*make, have, undertake etc*) *notes, letter, photo, temperature, measurements, lessons, bath, decision, holiday etc* prendre. the policeman took his name and address l'agent a pris *or* relevé ses nom et adresse; he ~s 'The Times' il prend 'The Times'; (*Phot*) he took the cathedral from the square il a pris la cathédrale vue de la place; to ~ a ticket for a concert prendre un billet *or* une place pour un concert; I'll ~ that one je prends *or* prendrai celui-là; to ~ a wife† prendre femme†; ~ your partners for a waltz invitez vos partenaires et en avant pour la valse; you'll have to ~ your chance il va falloir que tu prennes le risque; to ~ sth (up)on o.s. prendre qch sur soi; to ~ it (up)on o.s. to do prendre sur soi *or* sous son bonnet de faire; (*Med*) to ~ cold prendre froid; to ~ ill, to be ~n ill tomber malade; to ~ fright prendre peur; *V* advantage, opportunity, possession *etc*.
(**f**) (*ingest, consume*) *food, drink* prendre. he ~s sugar in his tea il prend du sucre dans son thé; to ~ tea† with sb prendre le thé avec qn; to ~ drugs *[patient]* prendre des médicaments; (*gen*) se droguer; to ~ morphine se droguer à la morphine, prendre de la morphine; (*Med*) 'not to be ~n (internally)' 'pour usage externe'; he took no food for 4 days il n'a rien mangé *or* pris pendant 4 jours; how much alcohol has he ~n? combien d'alcool a-t-il bu? *or* absorbé?; I can't ~ alcohol je ne supporte pas l'alcool.
(**g**) (*occupy*) *chair, seat* prendre, s'asseoir sur; (*rent*) *house, flat etc* prendre, louer. to ~ one's seat s'asseoir; is this seat ~n? cette place est-elle prise? *or* occupée?
(**h**) (*go by*) *bus, train, plane, taxi* prendre; *road* prendre, suivre. ~ the first on the left prenez la première à gauche.
(**i**) (*negotiate*) *bend* prendre; *hill* grimper; *fence* sauter. he took that corner too fast il a pris ce virage trop vite.
(**j**) (*Scol, Univ*) (*sit exam, test*) passer, se présenter à; (*study*) *subject* prendre, faire. what are you taking next year? qu'est-ce que tu prends *or* fais l'an prochain (comme matière)?
(**k**) (*tolerate*) accepter. he won't ~ no for an answer il n'acceptera pas un refus; he won't ~ that reply from you il n'acceptera jamais une telle réponse venant de vous; I'll ~ no nonsense! on ne me raconte pas d'histoires!; I'm not taking any!*‡ je ne marche pas!*; I can't ~ it any more je n'en peux plus; we can ~ it! on ne se laissera pas abattre!, on (l')encaissera!*; (*fig*) he/the car takes a lot of punishment il/la voiture en a beaucoup vu*; *V* beating, lie down *etc*.
(**l**) (*have as capacity*) contenir, avoir une capacité de. the bus ~s 60 passengers l'autobus a une capacité de 60 places; the hall will ~ 200 people la salle contient jusqu'à 200 personnes; the bridge will ~ 10 tons le pont supporte un poids maximal de 10 tonnes.
(**m**) (*receive, accept*) *gift, payment* prendre, accepter; *a bet* accepter; *news* prendre, supporter. he won't ~ less than £50 for it il en demande au moins 50 livres; ~ it from me! croyez-moi!, croyez-moi sur parole!; (*you can*) ~ it *or* leave it c'est à prendre ou à laisser; whisky? I can ~ it *or* leave it* le whisky? j'aime ça mais sans plus; she took his death quite well elle s'est montrée très calme en apprenant sa mort; she took his death very badly elle a été très affectée par sa mort; I wonder how she'll ~ it je me demande comment elle prendra cela; you must ~ us as you find us vous devez nous prendre comme nous sommes; to ~ things as they come prendre les choses comme elles viennent*; you must ~ things as they are il faut prendre les choses comme elles sont*; to ~ things *or* it *or* life easy* ne pas s'en faire, se le couler douce*; ~ it easy!* du calme!, t'en fais pas!*; (*handing over task etc*) will you ~ it from here? pouvez-vous prendre la suite? *or* la relève?; (*esp US: have a break*) ~ five*/ten*! repos!; *V* amiss, lamb, word *etc*.
(**n**) (*assume*) supposer, imaginer. I ~ it that ... je suppose *or* j'imagine que ...; how old do you ~ him to be? quel âge lui donnez-vous?; what do you ~ me for? pour qui me prenez-vous?; do you ~ me for a fool? vous me prenez pour un imbécile?; I took him for *or* to be a doctor je l'ai pris pour un médecin; I took him to be foreign je le croyais étranger; to ~ A for B prendre A pour B, confondre A et B; *V* grant, read[1] *etc*.
(**o**) (*consider*) prendre. now ~ Ireland prenons par exemple l'Irlande; ~ the case of ... prenons *or* prenez le cas de ...; taking one thing with another ... tout bien considéré ....
(**p**) (*require*) prendre, demander; (*Gram*) être suivi de. it ~s time cela prend *or* demande du temps; the journey ~s 5 days le voyage prend *or* demande 5 jours; it took me 2 hours to do it, I took 2 hours to do it j'ai mis 2 heures à le faire; ~ your time! prenez votre temps!; it won't ~ long cela ne prendra pas longtemps; that ~s a lot of courage cela demande beaucoup de courage; it ~s a brave man to do that il faut être courageux pour faire cela; it ~s some doing* cela n'est pas facile (à faire); it ~s some believing* c'est à peine croyable; it took 3 policemen to hold him down il a fallu 3 gendarmes pour le tenir; (*Prov*) it ~s two to make a quarrel il faut être au moins deux pour se battre; he has got what it ~s to do the job il a toutes les qualités requises pour ce travail; he's got what it ~s!* (*courage/talent/perseverance*) ce n'est pas le courage/le talent/la persévérance qui lui manque.
(**q**) (*carry*) *child, object* porter, apporter, emporter; *one's gloves, umbrella* prendre, emporter (*avec soi*); (*lead*) emmener, conduire; (*accompany*) accompagner. he took her some flowers il lui a apporté des fleurs; ~ his suitcase upstairs montez sa valise; he ~s home £60 a week il gagne *or* se fait* 60 livres net (*inv*) par semaine; he took her to the cinema il l'a emmenée au cinéma; I'll ~ you to dinner je vous emmènerai dîner; they took him over the factory

T-Z

ils lui ont fait visiter l'usine; **to ~ sb to hospital** transporter qn à l'hôpital; **he took me home in his car** il m'a ramené *or* raccompagné dans sa voiture; **this road will ~ you to Paris** cette route vous mènera à Paris; **this bus will ~ you to the town hall** cet autobus vous conduira à la mairie; (*fig*) **what took you to Lille?** qu'est-ce qui vous a fait aller à Lille?; *V* **post³, walk** *etc*.

(**r**) (*refer*) **to ~ a matter to sb** soumettre une affaire à qn, en référer à qn; **I took it to him for advice** je lui ai soumis le problème pour qu'il me conseille; (*Jur*) **to ~ a case to the High Court** en appeler à la Cour suprême.

4 *vi* [*fire, vaccination, plant cutting etc*] prendre. (*Phot*) **he ~s well, he ~s a good photo*** il est très photogénique; *V* **kindly** *etc*.
◆**take aback** *vt sep V* **aback.**
◆**take after** *vt fus* ressembler à, tenir de.
◆**take along** *vt sep person* emmener; *camera etc* emporter, prendre.
◆**take apart 1** *vi* [*toy, machine etc*] se démonter.

2 *vt sep machine, engine, toy* démonter; (**fig: criticize harshly*) *plan, suggestion* démanteler, démolir*. **I'll take him apart* if I get hold of him!** si je l'attrape je l'étripe* *or* je lui fais sa fête!‡
◆**take aside** *vt sep person* prendre à part, emmener à l'écart.
◆**take away 1** *vi*: **it takes away from its value** cela diminue *or* déprécie sa valeur; **that doesn't take away from his merit** cela n'enlève rien à son mérite.

2 *vt sep* (**a**) (*carry, lead away*) *object* emporter; *person* emmener. (*on book etc*) **'not to be taken away'** 'à consulter sur place'.

(**b**) (*remove*) *object* prendre, retirer, enlever (*from sb* à qn, *from sth* de qch); *sb's child, wife, sweetheart* enlever (*from sb* à qn). **she took her children away from the school** elle a retiré ses enfants de l'école.

(**c**) (*Math*) soustraire, retrancher, ôter (*from* de). (*in counting*) **if you take 3 away from 6 ... 6 moins 3 ...** .

3 takeaway *adj, n V* **take 2.**
◆**take back** *vt sep* (**a**) *gift, one's wife etc* reprendre. **to take back** *or* **one's promise** reprendre sa parole; **she took back all she had said about him** elle a retiré tout ce qu'elle avait dit à son sujet; **I take it all back!** je n'ai rien dit!

(**b**) (*return*) *book, goods* rapporter (*to* à); (*accompany*) *person* raccompagner, reconduire (*to* à). (*fig*) **it takes me back to my childhood** cela me rappelle mon enfance; **that takes me back a few years!** ça me rappelle de vieux souvenirs!
◆**take down** *vt sep* (**a**) *vase from shelf etc* descendre (*from, off* de); *trousers* baisser; *picture* décrocher, descendre; *poster* décoller; *V* **peg.**

(**b**) (*dismantle*) *scaffolding, machine* démonter; *building* démolir.

(**c**) (*write etc*) *notes, letter* prendre; *address, details* prendre, noter, inscrire.

2 takedown* *adj V* **take 2.**
◆**take from** *vt fus* = **take away from**; *V* **take away.**
◆**take in** *vt sep* (**a**) *chairs, harvest* rentrer; *person* faire entrer; *lodgers* prendre; *friend* recevoir; *orphan, stray dog* recueillir; *newspaper etc* prendre, recevoir. **she takes in sewing** elle fait *or* prend de la couture à domicile.

(**b**) *skirt, dress, waistband* reprendre; *knitting* diminuer. (*Climbing*) **to take in the slack on a rope** avaler le mou d'une corde.

(**c**) (*include, cover*) couvrir, inclure, englober, embrasser. **we cannot take in all the cases** nous ne pouvons pas couvrir *or* inclure tous les cas; **this takes in all possibilities** ceci englobe *or* embrasse toutes les possibilités; (*fig*) **we took in Venice on the way home** nous avons visité Venise sur le chemin du retour.

(**d**) (*grasp, understand*) saisir, comprendre. **that child takes everything in** rien n'échappe à cet enfant; **the children were taking it all in** les enfants étaient tout oreilles; **she couldn't take in his death at first** dans les premiers temps elle ne pouvait pas se faire à l'idée de sa mort; **he hadn't fully taken in that she was dead** il n'avait pas (vraiment) réalisé qu'elle était morte; **he took in the situation at a glance** il a apprécié la situation en un clin d'œil.

(**e**) (*: *cheat, deceive*) avoir*, rouler*. **I've been taken in** je me suis laissé avoir*, j'ai été roulé*; **he's easily taken in** il se fait facilement avoir*; **to be taken in by appearances** se laisser prendre aux *or* tromper par les apparences; **I was taken in by his disguise** je me suis laissé prendre à son déguisement.
◆**take off 1** *vi fus* = **take away from**; *V* **take away.**
◆**take off 1** *vi* [*person*] partir (*for* pour); [*aircraft, high jumper etc*] décoller. **the plane took off for Berlin** l'avion s'est envolé pour Berlin.

2 *vt sep* (**a**) (*remove*) *garment* enlever, ôter, retirer; *buttons, price tag, lid* enlever; *telephone receiver* décrocher; *item on menu, train, bus* supprimer. (*Med*) **they had to take his leg off** on a dû l'amputer d'une jambe; (*Comm*) **he took £5 off** il a baissé le prix de *or* il a fait un rabais de 5 livres, il a rabattu 5 livres sur le prix; **her new hairstyle takes 5 years off her*** sa nouvelle coiffure la rajeunit de 5 ans.

(**b**) (*lead etc away*) *person, car* emmener. **he took her off to lunch** il l'a emmenée déjeuner; **to take sb off to prison** l'emmener en prison; **he was taken off to hospital** on l'a transporté à l'hôpital; **after the wreck a boat took the crew off** une embarcation est venue sauver l'équipage du navire naufragé; **to take o.s. off** s'en aller.

(**c**) (*imitate*) imiter, pasticher.

3 takeoff *n V* **take 2.**
◆**take on 1** *vi* (**a**) [*song, fashion etc*] prendre, marcher*.

(**b**) (*Brit**: *be upset*) s'en faire*.

2 *vt sep* (**a**) (*accept etc*) *work, responsibility* prendre, accepter, se charger de; *bet* accepter; *challenger* (*for game/fight*) accepter de

jouer/de se battre contre. **I'll take you on** (*Betting*) je parie avec vous; (*Sport*) je joue contre vous; **he has taken on more than he bargained for** il n'avait pas compté prendre une si lourde responsabilité; **to agree to take a job on** (*employment*) accepter un poste; (*task*) accepter de se charger d'un travail.

(**b**) *employee* prendre, embaucher; *cargo, passenger* embarquer, prendre; *form, qualities* prendre, revêtir.

(**c**) (*contend with*) *enemy* s'attaquer à. (*challenge etc*) **he took on the whole committee** il s'est attaqué *or* s'en est pris au comité tout entier.
◆**take out 1** *vt sep* (**a**) (*lead, carry outside*) *prisoner* faire sortir; *chair etc* sortir. **they took us out to see the sights** ils nous ont emmenés visiter la ville; **he took her out to lunch/the theatre** il l'a emmenée déjeuner/au théâtre; **he has often taken her out** il l'a souvent sortie; **I'm going to take the children/dog out** je vais sortir les enfants/le chien.

(**b**) (*from pocket, drawer*) prendre (*from, of* dans); (*remove*) sortir, retirer, enlever, ôter (*from, of* de); *tooth* arracher; *appendix, tonsils* enlever; *stain* ôter, enlever (*from* de). **take your hands out of your pockets** sors *or* enlève *or* retire tes mains de tes poches; (*fig*) **that will take you out of yourself a little** cela vous changera un peu les idées; (*fig*) **that sort of work certainly takes it out of you*** il n'y a pas de doute que ces choses-là fatiguent* beaucoup; **when he got the sack he took it out on the dog*** quand il a été mis à la porte il s'est défoulé* sur le chien; **don't take it out on me!*** ce n'est pas la peine de t'en prendre à moi!; **don't take your bad temper out on me*** ne passez pas votre mauvaise humeur sur moi.

(**c**) *insurance policy* souscrire à, prendre; *patent* prendre; *licence* se procurer.

2 takeout *adj, n V* **take 2.**
◆**take over 1** *vi* [*dictator, army, political party etc*] prendre le pouvoir. **to take over from sb** prendre la relève *or* le relai de qn; **let him take over** cédez-lui la place.

2 *vt sep* (**a**) (*escort or carry across*) **he took me over to the island in his boat** il m'a transporté jusqu'à l'île dans son bateau; **will you take me over to the other side?** voulez-vous me faire traverser?

(**b**) (*assume responsibility for*) *business, shop, materials, goods, furniture etc* reprendre; *new car* prendre livraison de; *sb's debts* prendre à sa charge. **he took over the shop from his father** il a pris la suite de son père dans le magasin; **he took over the job from X** c'est lui qui a pris la succession de X; **I took over his duties** je l'ai remplacé dans ses fonctions; **he took over the leadership of the party when Smith resigned** il a remplacé Smith à la tête du parti après la démission de celui-ci.

(**c**) (*Fin*) *another company* absorber, racheter. (*fig*) **the tourists have taken over Venice** les touristes ont envahi Venise.

3 takeover *n, adj V* **take 2.**
◆**take to** *vt fus* (**a**) (*conceive liking for*) *person* se prendre d'amitié pour, se prendre de sympathie pour, sympathiser avec; *game, action, study* prendre goût à, mordre à‡. **I didn't take to the idea** l'idée ne m'a rien dit; **they took to each other at once** ils se sont plu immédiatement; **I didn't take to him** il ne m'a pas beaucoup plu.

(**b**) (*start, adopt*) *habit* prendre; *hobby* se mettre à. **to take to drink/drugs** se mettre à boire/à se droguer; **she took to telling everyone ...** elle s'est mise à dire à tout le monde ... .

(**c**) **to take to one's bed** s'aliter; **to take to the woods** [*walker*] passer par les bois; [*hunted man*] s'enfuir à travers bois; (*Naut*) **to take to the boats** abandonner *or* évacuer le navire; *V* **heel¹** *etc*.
◆**take up 1** *vi*: **to take up with sb** se lier avec qn, se prendre d'amitié avec qn.

2 *vt sep* (**a**) (*lead, carry upstairs, uphill etc*) *person* faire monter; *object* monter.

(**b**) (*lift*) *object from ground etc* ramasser, prendre; *carpet* enlever; *roadway, pavement* dépaver; *dress, hem, skirt* raccourcir; *passenger* prendre; (*fig: after interruption*) *one's work, book etc* reprendre, se remettre à, continuer; *conversation, discussion, story* reprendre (le fil de); *V* **cudgel** *etc*.

(**c**) (*occupy*) *space* occuper, tenir, prendre; *time* prendre, demander; *attention* occuper, absorber. **he's very taken up** il est très pris; **he's quite taken up with her** il ne pense plus qu'à elle; **he's completely taken up with his plan** il est tout entier à son projet; **it takes up too much room** cela prend *or* occupe trop de place; **it takes up all my free time** cela (me) prend tout mon temps libre.

(**d**) (*absorb*) *liquids* absorber. **to take up the slack in a rope** tendre une corde.

(**e**) (*raise question of*) *subject* aborder. **I'll take that up with him** je lui en parlerai.

(**f**) (*start learning, doing etc*) *hobby, subject, sport, languages etc* se mettre à; *career* embrasser; *method* adopter, retenir; *challenge* relever; *shares* souscrire à; *person* (*as friend*) adopter; (*as protégé*) prendre en main. (*fig*) **I'll take you up on your promise** je mettrai votre parole à l'épreuve; **I'll take you up on that some day** je m'en souviendrai à l'occasion, un jour je vous prendrai au mot.

(**g**) (*understand*) comprendre. **you've taken me up wrongly** vous m'avez mal compris.

taken ['teɪkən] **1** *ptp of* **take.**

2 *adj* (**a**) *seat, place* pris, occupé.

(**b**) **to be very ~ with sb/sth** être très impressionné par qn/qch; **I'm not very ~ with him** il ne m'a pas fait une grosse impression; **I'm quite ~ with** *or* **by that idea** cette idée me plaît énormément.

taker ['teɪkər] *n*: **~s of snuff** les gens qui prisent; **drug-~s** les drogués *mpl*; **at £5 he found no ~s** il n'a pas trouvé d'acheteurs *or* de preneurs pour 5 livres; **this suggestion found no ~s** cette suggestion n'a été relevée par personne.

taking ['teɪkɪŋ] **1** *adj person, manners* engageant, attirant, séduisant. **2** *n* (**a**) **It Is yours for the ~** tu n'as qu'à (te donner la peine de) le prendre. **(b)** (*Comm*) ~s recette *f*. **(c)** (*Mil: capture*) prise *f*.

talc [tælk] *n*, **talcum (powder)** ['tælkəm(,paʊdəʳ)] *n* talc *m*.

tale [teɪl] **1** *n* (*story*) conte *m*, histoire *f*; (*legend*) histoire, légende *f*; (*account*) récit *m*, histoire (*pej*). 'T~s of King Arthur' 'La Légende du Roi Arthur'; **he told us the ~ of his adventures** il nous a fait le récit de ses aventures; **I've heard that ~ before** j'ai déjà entendu cette histoire-là quelque part; **I've been hearing ~s about you** on m'a dit *or* raconté des choses sur vous; **to tell ~s** rapporter, cafarder*; (*fig*) **to tell ~s out of school** raconter ce qu'on devait (*or* doit *etc*) taire; *V* **fairy, old, woe** *etc*.

2 *cpd*: **talebearer** rapporteur *m*, -euse *f*, cafard* *m*; **talebearing**, **taletelling** rapportage *m*, cafardage* *m*.

talent ['tælənt] **1** *n* **(a)** don *m*, talent *m*; (*U*) talent. **to have a ~ for drawing** être doué pour le dessin, avoir un don *or* du talent pour le dessin; **a writer of great ~** un écrivain de grand talent *or* très talentueux; **he encourages young ~** il encourage les jeunes talents; **he is looking for ~ amongst the schoolboy players** il cherche de futurs grands joueurs parmi les lycéens; (*attractive people*) **there's not much ~ here tonight** (*amongst the girls*) il n'y a pas grand-chose comme minettes* *or* nénettes* ici ce soir; (*amongst the boys*) il n'y a pas grand-chose comme types bien* ici ce soir.

(b) (*coin*) talent *m*.

2 *cpd*: **talent scout**, **talent spotter** (*Cine*, *Theat*) dénicheur *m*, -euse *f* de vedettes; (*Sport*) dénicheur, -euse de futurs grands joueurs.

talented ['tæləntɪd] *adj* person talentueux, doué; book, painting etc plein de talent.

tali ['teɪlaɪ] *npl of* **talus**.

talisman ['tælɪzmən] *n* talisman *m*.

talk [tɔːk] **1** *n* **(a)** conversation *f*, discussion *f*; (*more formal*) entretien *m*; (*chat*) causerie *f*. **during his ~ with the Prime Minister** pendant son entretien avec le Premier ministre; **the Geneva ~s on disarmament** la conférence de Genève sur le désarmement; **I enjoyed our (little) ~** notre causerie *or* notre petite conversation m'a été très agréable; **we've had several ~s about this** nous en avons parlé *or* discuté plusieurs fois; **I must have a ~ with him** (*gen*) il faut que je lui parle (*subj*); (*warning*, *threatening etc*) j'ai à lui parler; **we must have a ~ some time** il faudra que nous nous rencontrions (*subj*) un jour pour discuter *or* causer.

(b) (*informal lecture*) exposé *m* (*on* sur); (*less academic or technical*) causerie *f* (*on* sur). **to give a ~** faire un exposé, donner une causerie (*on* sur); **Mr Jones has come to give us a ~ on** ... M. Jones est venu nous parler de ...; **to give a ~ on the radio** parler à la radio.

(c) (*U*) propos *mpl*; (*gossip*) bavardage(s) *m(pl)*; (*pej*) racontars *mpl*. **the ~ was all about the wedding** les propos tournaient autour du mariage; **you should hear the ~!** si tu savais ce qu'on raconte!; **there is (some) ~ of his returning** (*it is being discussed*) il est question qu'il revienne; (*it is being rumoured*) on dit qu'il va peut-être revenir, le bruit court qu'il va revenir; **there was no ~ of his resigning** il n'a pas été question qu'il démissionne (*subj*); **it's common ~ that** ... on dit partout que ..., tout le monde dit que ...; **it's just ~** ce ne sont que des on-dit *or* des racontars *or* des bavardages; **there has been a lot of ~ about her** il a beaucoup été question d'elle; (*pej*) on a raconté beaucoup d'histoires sur elle; **I've heard a lot of ~ about the new factory** j'ai beaucoup entendu parler de la nouvelle usine; **all that ~ about what he was going to do!** toutes ces vaines paroles sur ce qu'il allait faire!; (*pej*) **he's all ~** c'est un grand vantard *or* hâbleur; **it was all (big) ~** tout ça c'était du vent*; **she's/it's the ~ of the town** on ne parle que d'elle/de cela; *V* **baby, idle, small** *etc*.

2 *cpd*: (*Rad*) **talk show** causerie *f* *or* tête à tête *m* *or* entretien *m* (radiodiffusé(e)); (*TV*) causerie *etc* (télévisée).

3 *vi* **(a)** (*speak*) parler (*about*, *of* de); (*chatter*) bavarder, causer. **he can't ~ yet** il ne parle pas encore; **after days of torture he finally ~ed** après plusieurs jours de torture, il a enfin parlé; **I'll make you ~!** (avec moi) tu vas parler!; **now you're ~ing!*** voilà qui devient intéressant!; **it's easy** *or* **all right for him to ~!** il peut parler!; (*iro*) **look who's ~ing!*, ᴠᴏᴜ can ~!*** tu peux toujours parler, toi!, qu'est-ce qu'il ne faut pas entendre!; (*fig*) **to ~ through one's hat*** dire n'importe quoi; **he was just ~ing for the sake of ~ing** il parlait pour ne rien dire; **he ~s too much** (*too loquacious*) il parle trop; (*indiscreet*) il ne sait pas se taire; **don't ~ to me like that!** ne me parle pas sur ce ton!; **do what he tells you because he knows what he's ~ing about** fais ce qu'il te demande parce qu'il sait ce qu'il dit; **he knows what he's ~ing about when he's on the subject of cars** il s'y connaît quand il parle (de) voitures; **he doesn't know what he's ~ing about** il ne sait pas ce qu'il dit; **I'm not ~ing about you** ce n'est pas de toi que je parle, il ne s'agit pas de toi; **he was ~ing of** *or* **about going to Greece** il parlait d'aller en Grèce; (*fig*) **it's not as if we're ~ing about** ... ce n'est pas comme s'il s'agissait de ...; (*fig*) **you're ~ing about a million dollars** ce qui est en jeu, c'est un million de dollars, dites-vous bien qu'il faut escompter un million de dollars; **they ~ed of** *or* **about nothing except** ... ils ne parlaient que de ...; **the marriage was much ~ed of in the town** toute la ville parlait du mariage; **his much ~ed-of holiday never happened** ses fameuses vacances ne sont jamais arrivées; **I'm not ~ing any more** je ne lui adresse plus la parole, je ne lui cause plus*; **~ing of films, have you seen ...?** en parlant de *or* à propos de films, avez-vous vu ...?; **~ about a stroke of luck!*** tu parles d'une aubaine!*; *V* **big, idle, tough**.

(b) (*converse*) parler (*to* à, *with* avec), discuter (*to*, *with* avec); (*more formally*) s'entretenir (*to*, *with* avec); (*chat*) causer (*to*, *with* avec); (*gossip*) parler, causer (*about* de), jaser (*pej*) (*about* sur).

who were you ~ing to? à qui parlais-tu?; **I saw them ~ing (to each other)** je les ai vus en conversation l'un avec l'autre; **to ~ to o.s.** se parler tout seul; **I'll ~ to you about that tomorrow** je t'en parlerai demain; (*threateningly*) j'aurai deux mots à te dire là-dessus demain; **it's no use ~ing to you** je perds mon temps avec toi; **we were just ~ing of** *or* **about you** justement nous parlions de toi; **the Foreign Ministers ~ed about the crisis in China** les ministres des Affaires étrangères se sont entretenus de la crise chinoise; **I have ~ed with him several times** j'ai eu plusieurs conversations avec lui; **try to keep him ~ing** essaie de le faire parler aussi longtemps que possible; **to get o.s. ~ed about** faire parler de soi; *V* **nineteen** *etc*.

4 *vt* **(a)** *a language, slang* parler. **to ~ business/politics** parler affaires/politique; **to ~ nonsense** *or* **rubbish*** *or* **tripe*** raconter des idioties, dire n'importe quoi *or* des conneries*; **he's ~ing sense** c'est la voix de la raison qui parle, ce qu'il dit est le bon sens même; **~ sense!** ne dis pas n'importe quoi!; *V* **hind², shop, turkey** *etc*.

(b) **to ~ sb into doing sth** amener qn à *or* persuader qn de faire qch (*à force de paroles*); **I managed to ~ him out of doing it** je suis arrivé à le dissuader de le faire (en lui parlant); **she ~ed him into a better mood** elle l'a remis de meilleure humeur en lui parlant; **he ~ed himself into the job** il a si bien parlé qu'on lui a offert le poste.

♦**talk away** *vi* parler *or* discuter sans s'arrêter, ne pas arrêter de parler. **we talked away for hours** nous avons passé des heures à parler *or* discuter; **she was talking away about her plans when suddenly** ... elle était partie à parler de ses projets quand soudain ... .

♦**talk back** *vi* répondre (insolemment) (*to sb* à qn).

♦**talk down 1** *vi*: **to talk down to sb** parler à qn comme à un enfant.

2 *vt sep* **(a)** (*silence*) **they talked him down** leurs flots de paroles l'ont réduit au silence.

(b) (*Aviat*) pilot, aircraft aider à atterrir par radio-contrôle.

♦**talk on** *vi* parler *or* discuter sans s'arrêter, ne pas arrêter de parler. **she talked on and on about it** elle en a parlé pendant des heures et des heures.

♦**talk out** *vt sep* (*Parl*) **to talk out a bill** prolonger la discussion d'un projet de loi jusqu'à ce qu'il soit trop tard pour le voter.

♦**talk over** *vt sep* **(a)** *question, problem* discuter (de), débattre. **let's talk it over** discutons-en entre nous; **I must talk it over with my wife first** je dois d'abord en parler à ma femme.

(b) = **talk round 1**.

♦**talk round 1** *vt sep*: **to talk sb round** amener qn à changer d'avis, gagner qn à son avis, convaincre *or* persuader qn.

2 *vt fus* *problem, subject* tourner autour de. **they talked round it all evening** ils ont tourné autour du pot toute la soirée.

♦**talk up** (*US*) **1** *vi* (*speak frankly*) ne pas mâcher ses mots. **2** *vt fus* *project, book* pousser, vanter.

talkathon ['tɔːkəθən] *n* (*US*) débat-marathon *m*.

talkative ['tɔːkətɪv] *adj* bavard, loquace, volubile.

talkativeness ['tɔːkətɪvnɪs] *n* volubilité *f*, loquacité *f* (*liter*).

talker ['tɔːkəʳ] *n* parleur *m*, -euse *f*, causeur *m*, -euse *f*, bavard(e) *m(f)* (*sometimes pej*). **he's a great ~** c'est un grand bavard *or* un causeur intarissable, il a la langue bien pendue*; **he's a terrible ~** c'est un vrai moulin à paroles.

talkie* ['tɔːkɪ] *n* (*Cine*) film parlant. **the ~s** le cinéma parlant; *V* **walkie-talkie**.

talking ['tɔːkɪŋ] **1** *n* bavardage *m*. **he did all the ~** il a fait tous les frais de la conversation; **that's enough ~!** assez de bavardages!, assez bavardé!; **no ~!** défense de parler!, silence (s'il vous plaît).

2 *adj* doll, parrot, film parlant.

3 *cpd*: **talking book** livre enregistré; **talking point** sujet *m* de discussion *or* de conversation; **talking shop*** parlot(t)e *f*; **talking-to*** attrapade* *f*; **to give sb a (good) talking-to*** passer un bon savon à qn*.

tall [tɔːl] **1** *adj* person grand, de haute taille; building etc haut, élevé. **how ~ is that mast?** quelle est la hauteur de ce mât?; **how ~ are you?** combien mesurez-vous?; **he is 6 feet ~** ≃ il mesure 1 mètre 80; **~ and slim** élancé; **he is ~er than his brother** il est plus grand que son frère; **she is ~er than me by a head** elle me dépasse de la tête; **she wears high heels to make herself look ~er** elle porte des talons hauts pour se grandir; (*fig*) **he told me a ~ story about** ... il m'a raconté une histoire à dormir debout *or* une histoire marseillaise sur ...; **that's a ~ story!** elle est forte, celle-là!*; **that's a ~ order!** c'est demander un peu trop!, c'est pousser (un peu)!*

2 *cpd*: (*Brit*) **tallboy** commode *f*.

tallness ['tɔːlnɪs] *n* [person] grande taille; [building etc] hauteur *f*.

tallow ['tæləʊ] *n* suif *m*. **~ candle** chandelle *f*.

tally ['tælɪ] **1** *n* (*Hist: stick*) taille *f* (*latte de bois*); (*count*) compte *m*. **to keep a ~ of** (*count*) tenir le compte de; (*mark off on list*) pointer.

2 *vi* s'accorder (*with* avec), correspondre (*with* à).

tallyho ['tælɪ'həʊ] *excl*, *n* taïaut (*m*).

talon ['tælən] *n* **(a)** [*eagle etc*] serre *f*; [*tiger etc, person*] griffe *f*.

(b) (*Archit, Cards*) talon *m*.

talus ['teɪləs] *n*, *pl* **tali** astragale *m*.

tamable ['teɪməbl] *adj* = **tameable**.

tamarin ['tæmərɪn] *n* tamarin *m* (*Zool*).

tamarind ['tæmərɪnd] *n* (*fruit*) tamarin *m*; (*tree*) tamarinier *m*.

tamarisk ['tæmərɪsk] *n* tamaris *m*.

tambour ['tæm,bʊəʳ] *n* (*Archit, Mus*) tambour *m*; (*Embroidery*) métier *m* *or* tambour à broder.

tambourine [,tæmbə'riːn] *n* tambour *m* de basque, tambourin *m*.

Tamburlaine ['tæmbəlɪn] *n* Tamerlan *m*.

tame [teɪm] **1** *adj* bird, animal apprivoisé; (*fig*) story, match insipide, fade. **to become** *or* **grow ~(r)** s'apprivoiser; **the sparrows**

are quite ~ les moineaux sont presque apprivoisés *or* ne sont pas farouches; (*hum*) **let's ask our ~ American** demandons-le à notre Américain de service (*hum*); (*hum*) **I really need a ~ osteopath** ce qu'il me faudrait vraiment c'est un ostéopathe à demeure.

   2 *vt bird, wild animal* apprivoiser; *esp lion, tiger* dompter; (*fig*) *passion* maîtriser; *person* mater, soumettre.

tameable ['teɪməbl] *adj* (*V* **tame** 2) apprivoisable; domptable.

tamely ['teɪmlɪ] *adv agree* docilement. **the story ends ~** l'histoire finit en eau de boudin.

tamer ['teɪmər] *n* dresseur *m*, -euse *f*. **lion-~** dompteur *m*, -euse *f* (de lions), belluaire *m*.

Tamerlane ['tæmələn] *n* Tamerlan *m*.

Tamil ['tæmɪl] **1** *n* Tamoul *mf or* Tamil *mf*; (*language*) tamoul *m or* tamil *m*. **2** *adj* tamoul *or* tamil.

taming ['teɪmɪŋ] *n* (*U*) (*gen*) apprivoisement *m*; [*circus animals*] dressage *m*, domptage *m*. **'The T~ of the Shrew'** 'La Mégère Apprivoisée'.

Tammany ['tæmənɪ] *n* (*US Hist*) organisation démocrate de *New York, souvent impliquée dans des affaires de corruption.*

tam o'shanter [,tæmə'ʃæntər] *n* béret écossais.

tamp [tæmp] *vt earth* damer, tasser; *tobacco* tasser. (*in blasting*) **to ~ a drill hole** bourrer un trou de mine à l'argile *or* au sable.

tamper ['tæmpər] *vi*: **to ~ with** *machinery, car, brakes, safe etc* toucher à (*sans permission*); *lock* essayer de crocheter; *document, text* altérer, fausser, falsifier; (*Jur*) *evidence* falsifier; (*US*) *jury* soudoyer; *sb's papers, possessions* toucher à, mettre le nez dans*.

tampon ['tæmpən] *n* (*Med*) tampon *m*.

tan [tæn] **1** *n* (*also* **sun~**) bronzage *m*, hâle *m*. **she's got a lovely ~** elle a un beau bronzage, elle est bien bronzée.

   2 *adj* ocre, brun roux *inv*.

   3 *vt* (**a**) *skins* tanner. (*fig*) **to ~ sb***, **to ~ sb's hide (for him)*** rosser qn*, tanner le cuir à qn‡.

   (**b**) [*sun*] *sunbather, holiday-maker* brunir, bronzer, hâler; *sailor, farmer etc* hâler, basaner, tanner. **to get ~ned = to tan;** *V* 4.

   4 *vi* bronzer, brunir.

tandem ['tændəm] **1** *n* tandem *m*. **2** *adv* (*also fig*) en tandem.

tang [tæŋ] *n* (**a**) (*taste*) saveur forte (et piquante); (*smell*) senteur *or* odeur forte (et piquante). **the salt ~ of the sea air** l'odeur caractéristique de la marée. (**b**) [*file, knife*] soie *f*.

Tanganyika [,tæŋgə'njiːkə] *n* Tanganyika *m*. **Lake ~** le lac Tanganyika.

tangent ['tændʒənt] *n* (*Math*) tangente *f*. (*fig*) **to go off or fly off at a ~** partir dans une digression.

tangential [tæn'dʒənʃəl] *adj* tangentiel.

tangerine [,tændʒə'riːn] **1** *n* (*also* **~ orange**) mandarine *f*. **2** *adj* (*colour*) mandarine *inv*.

tangibility [,tændʒɪ'bɪlɪtɪ] *n* tangibilité *f*.

tangible ['tændʒəbl] *adj* tangible, palpable; *proof, result* tangible; *assets* réel. (*Fin*) **~ net worth** valeur *f* nette réelle.

tangibly ['tændʒəblɪ] *adv* tangiblement, manifestement.

Tangier [tæn'dʒɪər] *n* Tanger *m*.

tangle ['tæŋgl] *n* [*wool, string, rope*] enchevêtrement *m*; (*Climbing: in rope*) nœud *m*; [*creepers, bushes, weeds*] fouillis *m*, enchevêtrement *m*; (*fig: muddle*) confusion *f*. **to get into a ~** *rope, wool*] s'entortiller, s'embrouiller, s'enchevêtrer; [*hair*] s'emmêler, s'enchevêtrer; (*fig*) [*accounts etc*] s'embrouiller; [*traffic*] se bloquer; [*person*] s'embrouiller, être empêtré; **to get into a ~ when he tried to explain** il s'est embrouillé dans ses explications; **I'm in a ~ with the accounts** je suis empêtré dans les comptes; **the whole affair was a hopeless ~** toute cette histoire était affreusement confuse *or* était affreusement embrouillée *or* était un véritable embrouillamini*.

   2 *vt* (*also* **~ up:** *lit, fig*) enchevêtrer, embrouiller, emmêler. **~d** *string, rope, wool* embrouillé, enchevêtré, entortillé; *hair* emmêlé, enchevêtré; (*fig*) **a ~d web** est un inextricable tissu de mensonges; **to get ~d (up)** = **to get into a tangle** (*V* 1).

   3 *vi* (*fig*) **to ~ with sb** se frotter à qn, se colleter avec qn*; **they ~d over whose fault it was** ils se sont colletés* sur la question de savoir à qui était la faute.

tango ['tæŋgəʊ] **1** *n, pl* **~s** tango *m*. **2** *vi* danser le tango.

tank [tæŋk] **1** *n* (**a**) (*container*) (*for storage*) réservoir *m*, cuve *f*; (*esp for rainwater*) citerne *f*; (*for gas*) réservoir; (*Aut: petrol* **~**) réservoir (à essence); (*for transporting*) réservoir, cuve, (*esp oil*) tank *m*; (*for fermenting, processing etc*) cuve (*also Phot*); (*for fish*) aquarium *m*. **fuel ~** réservoir à carburant; *V* **septic** *etc*.

   (**b**) (*Mil*) char *m* d'assaut *or* de combat), tank *m*.

   2 *cpd* (*Mil*) **commander** de char d'assaut *or* de combat; **brigade** de chars d'assaut *or* de combat. (*US Rail*) **tank car** wagon-citerne *m*; **tank top** débardeur *m* (*vêtement*); (*US fig*) **tank town*** petite ville (perdue); (*Mil*) **tank trap** fossé *m* antichar; (*US*) **tank truck** camion-citerne *m*.

  ◆**tank up 1** *vi* (*Aut*) faire le plein; (*Brit: ‡fig: drink a lot*) boire un bon coup*.

   2 *vt sep* (*) *car etc* remplir d'essence. (*Brit fig*) **to be tanked up‡** être soûl* *or* bituré‡.

tankard ['tæŋkəd] *n* chope *f*, pot *m* à bière.

tanker ['tæŋkər] *n* (*truck*) camion-citerne *m*; (*ship*) pétrolier *m*, tanker *m*; (*aircraft*) avion-ravitailleur *m*; (*Rail*) wagon-citerne *m*.

tankful ['tæŋkfʊl] *n*: **a ~ of petrol** un réservoir (plein) d'essence; **a ~ of water** une citerne (pleine) d'eau.

tanned [tænd] *adj* (*also* **sun~**) *sunbather, holiday-maker* bronzé, bruni, hâlé; *sailor, farmer* hâlé, basané, tanné.

tanner¹ ['tænər] *n* tanneur *m*.

tanner²* ['tænər] *n* (*Brit*) (*ancienne*) pièce *f* de six pence.

tannery ['tænərɪ] *n* tannerie *f* (*établissement*).

tannic ['tænɪk] *adj* tannique.

tannin ['tænɪn] *n* tan(n)in *m*.

tanning ['tænɪŋ] *n* (**a**) (*sun* **~**) bronzage *m*. (**b**) [*hides*] tannage *m*. (**c**) (‡*fig: beating*) tannée‡ *f*, raclée* *f*, correction *f*.

tannoy ['tænɔɪ] *n* ® (*Brit*) système *m* de haut-parleurs. **on** *or* **over the ~** par le(s) haut-parleur(s).

tansy ['tænzɪ] *n* tanaisie *f*.

tantalize ['tæntəlaɪz] *vt* mettre au supplice (*fig*), tourmenter (*par de faux espoirs*).

tantalizing ['tæntəlaɪzɪŋ] *adj offer, suggestion* terriblement tentant; *smell* terriblement appétissant; *slowness etc* désespérant. **it's ~!** c'est terriblement tentant!, (*stronger*) c'est le supplice de Tantale!

tantalizingly ['tæntəlaɪzɪŋlɪ] *adv* d'une façon cruellement tentante. **~ slowly** avec une lenteur désespérante.

tantalum ['tæntələm] *n* tantale *m*.

Tantalus ['tæntələs] *n* Tantale *m*.

tantamount ['tæntəmaʊnt] *adj*: **~ to** équivalent à; **it's ~ to failure** autant dire un échec, cela équivaut à un échec.

tantrum ['tæntrəm] *n* (*also* **temper ~**) crise *f* de colère *or* de rage. **to have** *or* **throw a ~** piquer une colère *or* une crise (de rage).

Tanzania [,tænzə'nɪə] *n* Tanzanie *f*. **United Republic of ~** République Unie de Tanzanie.

Tanzanian [,tænzə'nɪən] **1** *adj* tanzanien. **2** *n* Tanzanien(ne) *m(f)*.

Tao ['taːəʊ] *n* Tao *m*.

Taoism ['taːəʊɪzəm] *n* taoïsme *m*.

Taoist ['taːəʊɪst] *adj, n* taoïste (*mf*).

tap¹ [tæp] **1** *n* (*Brit: for water, gas etc*) robinet *m*; (*Brit: ~ on barrel etc*) cannelle *f*, robinet, chantepleure *f*; (*plug for barrel*) bonde *f*. **beer on ~** bière *f* en fût; (*fig*) **there are funds/resources on ~** il y a des fonds/des ressources disponibles; **he seems to have unlimited money on ~** il a l'air d'avoir de l'argent en veux-tu en voilà*; **there are plenty of helpers on ~*** il y a autant d'assistants que l'on veut.

   2 *cpd*: (*Brit*) **taproom** salle *f* (de bistro); (*Bot*) **taproot** pivot *m*, racine pivotante; (*Brit*) **tap water** eau *f* du robinet.

   3 *vt* (**a**) *cask, barrel* percer, mettre en perce; *pine* gemmer; *other tree* inciser; (*Elec*) *current* capter; *wire* brancher. **to ~ a tree for its rubber, to ~ (off) rubber from a tree** inciser un arbre pour en tirer le latex.

   (**b**) *telephone* mettre sur écoute; *telephone line* brancher (pour mettre un téléphone sur écoute). **to ~ sb's phone** mettre qn sur table d'écoute; **my phone is being ~ped** mon téléphone est sur écoute.

   (**c**) (*fig*) *resources, supplies* exploiter, utiliser. **to ~ sb for money*** emprunter *or* taper* de l'argent à qn; **they ~ped her for a loan*** ils lui ont demandé un prêt; **to ~ sb for information** soutirer des informations à qn.

tap² [tæp] **1** *n* (**a**) petit coup, petite tape. **there was a ~ at the door** on a frappé doucement *or* légèrement à la porte.

   (**b**) (*Mil*) **~s** (*end of the day*) (sonnerie *f* de) l'extinction *f* des feux; (*at funeral*) sonnerie *f* aux morts.

   2 *cpd*: **tap-dance** (*n*) claquettes *fpl*; (*vi*) faire des claquettes; **tap-dancer** danseur *m*, -euse *f* de claquettes.

   3 *vi* frapper doucement, taper (doucement), tapoter. **to ~ on** *or* **at the door** frapper doucement à la porte.

   4 *vt* frapper doucement, taper (doucement), tapoter. **she ~ped the child on the cheek** elle a tapoté la joue de l'enfant; **he ~ped me on the shoulder** il m'a tapé sur l'épaule; **to ~ in/out a nail** enfoncer/enlever un clou à petits coups.

  ◆**tap out** *vt sep* (**a**) *one's pipe* débourrer; *V also* **tap²** 4.

   (**b**) *signal, code* pianoter. **to tap out a message in Morse** transmettre un message en morse.

tape [teɪp] *n* (**a**) (*gen: of cloth, paper, metal*) ruban *m*, bande *f*; (*for parcels, documents*) bolduc *m*; (*sticky* **~**) papier *m* collant, ruban *m* adhésif, scotch *m* ®; (*Med*) sparadrap *m*. **ticker-~** ruban (de papier) perforé; **the message was coming through on the ~** le message nous parvenait sur la bande (perforée); *V* **paper, punch, red**.

   (**b**) (*Sewing*) (*decorative*) ruban *m*, ganse *f*; (*for binding*) extra-fort *m*.

   (**c**) (*Sound Recording, Video, Comput: actual tape*) bande *f* magnétique; (*cassette*) cassette *f*. **the ~ is stuck** la bande est coincée; **I'm going to buy a ~** je vais acheter une cassette; (*video* **~**) je vais acheter une (vidéo)cassette *or* une bande vidéo; **bring your ~s** apporte tes cassettes.

   (**d**) (*Sport*) fil *m* d'arrivée; (*at opening ceremonies*) ruban *m*.

   (**e**) (*tape measure*) mètre *m* à ruban; (*esp Sewing*) centimètre *m*.

   2 *cpd*: **tape deck** platine *f* de magnétophone; (*Comput*) **tape drive** dérouleur *m* de bande magnétique; (*Brit*) **tape machine** téléscripteur *m*, téléimprimeur *m*; **tape measure** mètre *m* à ruban, (*esp Sewing*) centimètre *m*; **tape-record** enregistrer (au magnétophone *or* sur bande); **tape recorder** magnétophone *m*; **tape recording** enregistrement *m* (magnétique *or* au magnétophone); **tapeworm** ténia *m*, ver *m* solitaire.

   3 *vt* (**a**) (*also* **~ up**) *parcel etc* attacher avec du ruban *or* du bolduc; (*with sticky tape*) scotcher*, coller avec du scotch ® *or* du ruban adhésif; (*also* **~ up**) *broken vase etc* recoller avec du scotch *etc*; (*Brit fig*) **I've got him ~d*** je sais ce qu'il vaut; **I've got it all ~d*** je sais parfaitement de quoi il retourne*; **they had the game/situation ~d*** ils avaient le jeu/la situation bien en main; **he's got the job ~d*** il sait parfaitement ce qu'il y a à faire, il peut le faire les doigts dans le nez‡.

   (**b**) (*record*) *song, message* enregistrer (sur bande *or* au magnétophone); *video material* enregistrer. (*Scol etc*) **~d lesson** leçon enregistrée sur bande.

taper ['teɪpər] **1** *n* (*for lighting*) bougie fine (*pour allumer les cierges, bougies etc*); (*Rel: narrow candle*) cierge *m*.

2 *vt column, table leg, trouser leg, aircraft wing* fuseler; *stick, end of belt* tailler en pointe, effiler; *hair* effiler; *structure, shape* terminer en pointe.

3 *vi [column, table leg, trouser leg]* finir en fuseau; *[stick, end of belt]* s'effiler; *[hair]* être effilé; *[structure, outline]* se terminer en pointe, s'effiler.

♦**taper off 1** *vi [sound]* se taire peu à peu; *[storm]* s'estomper, aller en diminuant; *[speech, conversation]* s'effilocher. **the end tapers off to a point** le bout se termine en pointe. **2** *vt sep* finir en pointe.

tapered ['teɪpəd] *adj*, **tapering** ['teɪpərɪŋ] *adj column, table leg, trouser leg* fuselé, en fuseau; *stick* pointu; *hair* effilé; *structure, outline* en pointe. ~ **fingers** doigts fuselés.

tapestry ['tæpɪstrɪ] *n* tapisserie *f (ouvrage en tissu)*. **the Bayeux T~** la tapisserie de Bayeux.

tapioca [ˌtæpɪ'əʊkə] *n* tapioca *m*.

tapir ['teɪpər] *n* tapir *m*.

tappet ['tæpɪt] *n (Tech)* poussoir *m* (de soupape).

tar¹ [tɑːr] **1** *n (U)* goudron *m*; *(on roads)* goudron, bitume *m*. **2** *vt fence etc* goudronner; *road* goudronner, bitumer. **to ~ and feather sb** passer qn au goudron et à la plume; *(fig)* **they're all ~red with the same brush** ils sont tous à mettre dans le même sac*; *(roofing)* ~**red felt** couverture *f* bitumée *or* goudronnée.

tar²† [tɑːr] *n (sailor)* mathurin† *m*; *V* **jack**.

tarantella [ˌtærən'telə] *n* tarentelle *f*.

tarantula [tə'ræntjʊlə] *n* tarentule *f*.

tarboosh, tarbush [tɑː'buːʃ] *n* tarbouch(e) *m*.

tardily ['tɑːdɪlɪ] *adv (belatedly)* tardivement; *(slowly)* lentement; *(late)* en retard.

tardiness ['tɑːdɪnɪs] *n (U) (slowness)* lenteur *f*, manque *m* d'empressement *(in doing* à faire); *(unpunctuality)* manque de ponctualité.

tardy ['tɑːdɪ] *adj (belated)* tardif; *(unhurried)* lent, nonchalant; *(late)* en retard. **to be ~ in doing** faire avec du retard; *(US Scol)* ~ **slip** billet *m* de retard.

tare¹ [teər] *n (weeds)* ~**s**†† ivraie *f (U: liter)*.

tare² [teər] *n (Comm: weight)* tare *f (poids)*.

target ['tɑːgɪt] **1** *n (Mil, Sport: for shooting practice; fig: of criticism etc)* cible *f*; *(Mil: in attack or mock attack; fig: objective)* but *m*, objectif *m*. **to be on ~** *[rocket, missile, bombs etc]* suivre la trajectoire prévue; *(fig) [remark, criticism]* mettre (en plein) dans le mille; *(in timing etc)* ne pas avoir de retard; **dead on ~!** pile!; **they set themselves a ~ of £1000** ils se sont fixés comme but *or* objectif de réunir *(or* de gagner *etc)* 1000 livres; **the ~s for production** les objectifs de production; *(fig)* **an obvious ~** une cible facile.

2 *cpd date, amount etc* fixé, prévu. **target group** groupe *m* cible *inv*; **target language** langue *f* cible *inv*, langue d'arrivée; *(Mil, Sport)* **target practice** exercices *mpl* de tir (à la cible); **target price** prix indicatif *or* objectif; *(Space)* **target vehicle** vaisseau-cible *m*.

3 *vt* **(a)** *(Mil etc) enemy troops* prendre pour cible, viser; *missile* pointer, diriger.

(b) *(Advertising etc: aim at)* cibler, s'adresser à, prendre pour cible.

targetable ['tɑːgɪtəbl] *adj warhead* dirigeable.

Tarheel ['tɑːhiːl] *n (US)* habitant(e) *m(f)* de la Caroline du Nord. **the ~ State** la Caroline du Nord.

tariff ['tærɪf] **1** *n (Econ: taxes)* tarif douanier; *(Comm: price list)* tarif, tableau *m* des prix. **2** *cpd concession, quota* tarifaire. **tariff barrier** barrière *f* douanière; *(Jur, Fin)* **tariff heading** position *f* tarifaire; *(Econ)* **tariff reform** réforme *f* des tarifs douaniers.

tarmac ['tɑːmæk], **tarmacadam** [ˌtɑːmə'kædəm] ® **1** *n (esp Brit: U) (substance)* macadam *m* goudronné; *(airport runway)* piste *f*; *(airport apron)* aire *f* d'envol. **2** *vt* macadamiser, goudronner.

tarn [tɑːn] *n* petit lac (de montagne).

tarnation‡ [tɑː'neɪʃən] *(US dial)* **1** *n* damnation! **2** *adj* fichu* *(before n)*. **3** *adv* fichtrement*.

tarnish ['tɑːnɪʃ] **1** *vt metal* ternir; *gilded frame etc* dédorer; *mirror* désargenter; *(fig) reputation, memory* ternir. **2** *vi* se ternir; se dédorer; se désargenter. **3** *n (U)* ternissure *f*; dédorage *m*; désargentage *m*.

tarot ['tærəʊ] *n (U)* **the ~** le(s) tarot(s); ~ **card** tarot.

tarp* [tɑːp] *n (US, Australia: abbr of* **tarpaulin)** bâche *f* (goudronnée).

tarpaulin [tɑː'pɔːlɪn] *n* **(a)** *(U)* toile goudronnée. **(b)** *(sheet)* bâche *f* (goudronnée); *(on truck, over boat cargo)* prélart *m*.

tarpon ['tɑːpɒn] *n* tarpon *m*.

tarragon ['tærəgən] *n* estragon *m*. ~ **vinegar** vinaigre *m* à l'estragon.

tarring ['tɑːrɪŋ] *n* goudronnage *m*.

tarry¹ ['tɑːrɪ] *adj substance* goudronneux, bitumeux; *(tar-stained)* taché *or* plein de goudron.

tarry² ['tærɪ] *vi (liter) (stay)* rester, demeurer; *(delay)* s'attarder, tarder.

tarsal ['tɑːsəl] *adj (Anat)* tarsien.

tarsus ['tɑːsəs] *n*, *pl* **tarsi** ['tɑːsaɪ] tarse *m*.

Tarsus ['tɑːsəs] *n* Tarsus; *(Antiq)* Tarse *f*.

tart¹ [tɑːt] *adj flavour, fruit* âpre, aigrelet, acidulé; *(fig) comment* acerbe.

tart² [tɑːt] *n* **(a)** *(esp Brit Culin)* tarte *f*; *(small)* tartelette *f*. **apple ~** tarte(lette) aux pommes.

(b) (‡: *prostitute)* poule‡ *f*, putain‡ *f*.

♦**tart up**‡ *vt sep (Brit pej) house, car, design, scheme* rénover, retaper, rajeunir. **to tart o.s. up** se faire beau *(or* belle); *(dress)* s'attifer *(pej)*; *(make up)* se maquiller outrageusement.

tartan ['tɑːtən] **1** *n* tartan *m*. **2** *adj garment, fabric* écossais. ~ **(travelling) rug** plaid *m*.

tartar ['tɑːtər] *n (U: Chem etc)* tartre *m*; *V* **cream**.

Tartar ['tɑːtər] **1** *n* **(a)** Tartare *mf or* Tatar(e) *m(f)*.

(b) *t~* personne *f* difficile *or* intraitable; *(woman)* mégère *f*, virago *f*; *(fig)* **to catch a t~** trouver à qui parler.

2 *adj* **(a)** *(Geog)* tartare *or* tatar.

(b) *(Culin)* **t~(e) sauce** sauce *f* tartare; **steak t~(e)** (steak *m)* tartare *m*.

tartaric [tɑː'tærɪk] *adj* tartrique.

tartly ['tɑːtlɪ] *adv* aigrement, d'une manière acerbe.

tartness ['tɑːtnɪs] *n (lit, fig)* aigreur *f*.

Tarzan ['tɑːzən] *n* Tarzan *m*.

task [tɑːsk] **1** *n* tâche *f*, besogne *f*, travail *m*; *(Scol)* devoir *m*. **a hard ~** une lourde tâche; **to take sb to ~** prendre qn à partie, réprimander qn *(for, about* pour).

2 *vt sb's brain, patience, imagination* mettre à l'épreuve; *sb's strength* éprouver. **it didn't ~ him too much** cela ne lui a pas demandé trop d'effort.

3 *cpd:* **task force** *(Mil)* corps *m* expéditionnaire; *(Police)* détachement *m* spécial *(affecté à un travail particulier)*; *(Prov)* **poverty is a hard taskmaster** la misère est un tyran implacable; **he is a hard taskmaster** c'est un véritable tyran, il ne plaisante pas avec le travail.

Tasman ['tæzmən] *n*: ~ **Sea** mer *f* de Tasman.

Tasmania [tæz'meɪnɪə] *n* Tasmanie *f*.

Tasmanian [tæz'meɪnɪən] **1** *adj* tasmanien. **2** *n* Tasmanien(ne) *m(f)*.

tassel ['tæsəl] *n* gland *m*; *(pompon)* pompon *m*.

Tasso ['tɑːsəʊ] *n* le Tasse.

taste [teɪst] **1** *n* **(a)** *(flavour)* goût *m*, saveur *f*. **it has an odd ~** cela a un drôle de goût; **it has no ~** cela n'a aucun goût *or* aucune saveur; **it left a bad ~ in the mouth** *(lit)* cela m'a *(or* lui a *etc)* laissé un goût déplaisant dans la bouche; *(fig)* j'en ai *(or* il en a *etc)* gardé une amertume.

(b) *(U: sense)* goût *m (also fig)*. **sweet to the ~** (au goût) sucré; *(fig)* **to have (good) ~** avoir du goût, avoir bon goût; **he has no ~** il n'a aucun goût, il a très mauvais goût; **in good/bad ~** de bon/mauvais goût; **in poor *or* doubtful ~** d'un goût douteux; **people of ~** les gens de goût.

(c) **to have a ~ of sth** *(lit)* goûter (à) qch; *(fig)* goûter de qch; **would you like a ~ (of it)?** voulez-vous (y) goûter?; **he had a ~ of the cake** il a goûté au gâteau; **I gave him a ~ of the wine** je lui ai fait goûter le vin; **it gave him a ~ of military life/of the work** cela lui a donné un aperçu *or* un échantillon de la vie militaire/du travail; **he's had a ~ of prison** il a tâté de la prison; **to give sb a ~ of his own medicine** rendre à qn la monnaie de sa pièce; **to give sb a ~ of the whip** montrer à qn ce qui l'attend s'il ne marche pas droit; **a ~ of happiness** une idée du bonheur; **we got a ~ of his anger** il nous a donné un échantillon de sa colère; **it was a ~ of things to come** c'était un avant-goût de l'avenir.

(d) *(small amount, trace)* **a ~ of** *(gen)* un (tout) petit peu de; *[salt etc]* une pincée de; *[vinegar, cream, brandy]* une goutte de.

(e) *(liking)* goût *m*, penchant *m (for* pour). **it is to my ~** ça me plaît, ça correspond à mon *or* mes goût(s); **to have a ~ for** avoir du goût *or* un penchant pour; **to get *or* acquire *or* develop a ~ for** prendre goût à; *(Culin)* **sweeten to ~** sucrer à volonté; **it's a matter of ~** c'est affaire de goût; **there's no accounting for ~** des goûts et des couleurs on ne discute pas; **each to his own ~**, ~**s differ** chacun son goût; **one's ~(s)** in music ses goûts musicaux; **she has expensive ~s** elle a un goût *or* un penchant pour tout ce qui est cher; **he has expensive ~s in cars** il a le goût des voitures de luxe.

2 *cpd:* **taste bud** papille gustative.

3 *vt* **(a)** *(perceive flavour of)* sentir (le goût de). **I can't ~ the garlic** je ne sens pas (le goût de) l'ail; **I can't ~ anything when I have a cold** je trouve tout insipide quand j'ai un rhume; **you won't ~ it** tu n'en sentiras pas le goût.

(b) *(sample) food, drink* goûter à; *(esp for first time)* goûter de; *(to test quality) food* goûter; *wine (at table)* goûter; *(at wine-tasting)* déguster; *(fig) power, freedom, success* goûter à, connaître. **just ~ this!** goûtez à ça!; **I haven't ~d salmon for years** ça fait des années que je n'ai pas mangé *or* goûté de saumon; **I have never ~d snails** je n'ai jamais mangé d'escargots; **he had not ~d food for a week** il n'avait rien mangé depuis une semaine; ~ **the sauce before adding salt** goûtez la sauce avant d'ajouter du sel; **you must ~ my marmalade** je vais vous faire goûter de ma confiture d'oranges; *V* **wine**.

4 *vi:* **it doesn't ~ at all** cela n'a aucun goût; **to ~ bitter** avoir un goût amer; **to ~ good/bad** avoir bon/mauvais goût; **to ~ of *or* like sth** avoir un goût de qch; **it doesn't ~ of anything in particular** cela n'a pas de goût spécial; **it ~s all right to me** d'après moi cela a un goût normal.

tasteful ['teɪstfʊl] *adj* de bon goût, d'un goût sûr, élégant.

tastefully ['teɪstfəlɪ] *adv* avec goût.

tastefulness ['teɪstfʊlnɪs] *n* bon goût, goût sûr.

tasteless ['teɪstlɪs] *adj food* fade, insipide, sans saveur; *medicine* qui n'a aucun goût; *(fig) remark, decoration etc* de mauvais goût.

tastelessly ['teɪstlɪslɪ] *adv (fig)* sans goût, avec mauvais goût.

tastelessness ['teɪstlɪsnɪs] *n* manque *m* de saveur, fadeur *f (pej)*; *(fig)* mauvais goût.

taster ['teɪstər] *n* dégustateur *m*, -trice *f*.

tastiness ['teɪstɪnɪs] *n* saveur *f* agréable, goût *m* (délicieux).

tasty ['teɪstɪ] *adj food* savoureux, délicieux; *titbit* succulent; *(well-seasoned)* relevé, bien assaisonné.

tat¹ [tæt] **1** *vi* faire de la frivolité *(dentelle)*. **2** *vt* faire en frivolité.

tat²* [tæt] *n (U: Brit pej: shabby clothes)* friperies *fpl*; *(goods)* camelote* *f*.

ta-ta* ['tæ'tɑː] *excl (Brit)* au revoir!, salut!*

tattered ['tætəd] *adj clothes, flag* en lambeaux, en loques, dépenaillé*; *book, handkerchief* en morceaux, tout déchiré; *sheet of paper, bed linen* en lambeaux, en morceaux; *person* déguenillé, dépenaillé*, loqueteux; *reputation* en miettes.

tatters ['tætəz] *npl* lambeaux *mpl*, loques *fpl*. in ~ = **tattered.**

tatting ['tætɪŋ] *n* (*U*) frivolité *f* (*dentelle*).

tattle ['tætl] **1** *vi* (*gossip*) jaser, cancaner; (*tell secrets*) cafarder. **2** *n* (*U*) bavardage *m*, commérages *mpl.*

tattler ['tætlər] *n* (*man or woman*) commère *f* (*pej*), concierge* *mf* (*fig pej*).

tattletale ['tætl͵teɪl] (*US*) **1** *n* commère *f* (*pej*), concierge* *mf* (*fig pej*). **2** *adj* (*fig*) mark *etc* révélateur.

tattoo¹ [tə'tu:] **1** *vt* tatouer. **2** *n* tatouage *m.*

tattoo² [tə'tu:] *n* (*Mil: on drum, bugle*) retraite *f*; (*Brit Mil: spectacle*) parade *f* militaire; (*gen: drumming*) battements *mpl.* **to beat a ~ on the drums** battre le tambour; (*fig*) **his fingers were beating a ~ on the table** il pianotait *or* tambourinait sur la table.

tatty* ['tætɪ] *adj* (*esp Brit*) *clothes, shoes, leather goods, furniture* fatigué; *paint* écaillé; *house* en mauvais état; *plant, flowers* défraîchi; *poster, book* écorné. **she looked rather ~** elle était plutôt défraîchie.

taught [tɔ:t] *pret, ptp* of **teach.**

taunt [tɔ:nt] **1** *n* raillerie *f*, sarcasme *m*. **2** *vt* railler, persifler (*liter*). **to ~ sb with cowardice** taxer qn de lâcheté sur un ton railleur *or* persifleur.

taunting ['tɔ:ntɪŋ] **1** *n* railleries *fpl*, persiflage *m*, sarcasmes *mpl*. **2** *adj* railleur, persifleur, sarcastique.

tauntingly ['tɔ:ntɪŋlɪ] *adv* d'un ton railleur *or* persifleur *or* sarcastique.

tauromachy ['tɔ:rəmækɪ] *n* (*liter*) tauromachie *f.*

Taurus ['tɔ:rəs] *n* (*Astron*) le Taureau. **I'm ~** je suis (du) Taureau.

taut [tɔ:t] *adj* (*lit, fig*) tendu.

tauten ['tɔ:tn] **1** *vt* tendre. **2** *vi* se tendre.

tautly ['tɔ:tlɪ] *adv* (*lit*) *stretch* à fond; (*fig*) *say* d'une voix tendue *or* crispée.

tautness ['tɔ:tnɪs] *n* tension *f* (*d'un cordage etc*).

tautological [͵tɔ:tə'lɒdʒɪkəl] *adj* tautologique.

tautology [tɔ:'tɒlədʒɪ] *n* tautologie *f.*

tavern† ['tævən] *n* taverne† *f*, auberge *f.*

tawdriness ['tɔ:drɪnɪs] *n* [*goods*] qualité *f* médiocre; [*clothes*] mauvais goût tapageur; [*jewellery*] clinquant *m*; (*fig*) [*motive etc*] indignité *f.*

tawdry ['tɔ:drɪ] *adj goods* de camelote*; *clothes* tapageur, voyant; *jewellery* clinquant; (*fig*) *motive, affair etc* indigne.

tawny ['tɔ:nɪ] *adj* fauve (*couleur*). **tawny owl** chat-huant *m*, chouette *f* (hulotte).

tax [tæks] **1** *n* (*on goods, services*) taxe *f*, impôt *m*; (*income* ~) impôts, contributions *fpl*. **before/after ~** avant/après l'impôt; **half of it goes in ~** on en perd la moitié en impôts *or* en contributions; **how much ~ do you pay?** combien d'impôts payez-vous?, à quoi se montent vos contributions?; **I paid £3,000 in ~ last year** j'ai payé 3 000 livres d'impôts *or* de contributions l'an dernier; **free of ~** exempt d'impôt, exonéré; **to put** *or* **place** *or* **levy a ~ on sth** mettre une taxe *or* un impôt sur qch, taxer *or* imposer qch; **petrol ~, ~ on petrol** taxe *or* droit *m* sur l'essence; (*fig*) **it was a ~ on his strength** cela a mis ses forces à l'épreuve.

2 *cpd system, incentive etc* fiscal. **tax accountant** conseiller fiscal; **tax adjustment** redressement *m*; **tax allowance** abattement *or* dégrèvement fiscal; **the tax authority** l'Administration fiscale, le Trésor (public); **tax avoidance** dérobade fiscale; **tax base** assiette *f* de l'impôt; **tax bracket** tranche *f* du barème fiscal; **tax burden** charge fiscale; **tax coding** indice *m* d'abattement fiscal; **tax-collecting** perception *f* (des impôts); **tax collector** percepteur *m*; **tax credit** crédit *m* d'impôt; **tax-deductible** sujet à dégrèvement (d'impôts); (*Brit Aut*) **tax disc** vignette *f* (automobile); **tax evader** fraudeur *m*, -euse *f* fiscal(e); **tax evasion** fraude fiscale, évasion fiscale; (*US*) **tax-exempt** = **tax-free; tax exemption** exonération *f* d'impôt; **tax exile** personne *f* fuyant le fisc; **to become a tax exile** s'expatrier pour raisons fiscales; **tax form** feuille *f* d'impôts; (*Brit*) **tax-free** exempt d'impôts, exonéré; **tax haven** paradis fiscal; **tax immunity** immunité fiscale; **tax levy** prélèvement fiscal; **tax liability** assujettissement *m* à l'impôt; **the taxman*** le percepteur; **taxpayer** contribuable *mf*; **the British taxpayer has to pay for it** ce sont les contribuables britanniques qui doivent payer; (*Fin, Admin*) **taxpayer list** rôle *m* (des impôts); **for tax purposes** pour des raisons fiscales; **tax rebate** dégrèvement fiscal; **tax refugee** = **tax exile; tax relief** dégrèvement *or* allègement fiscal; **tax return** (feuille *f* de) déclaration *f* de revenus *or* d'impôts; **tax shelter** échappatoire fiscale.

3 *vt* (**a**) *goods etc* taxer, imposer; *income, profits, person* imposer; (*fig*) *patience* mettre à l'épreuve; *strength* éprouver. **he is very heavily ~ed** il paie beaucoup d'impôts, il est lourdement imposé; **they are being ~ed out of existence** ils paient tant d'impôts qu'ils ont de la peine à survivre.

(**b**) **to ~ sb with sth** taxer *or* accuser qn de qch; **to ~ sb with doing** accuser qn de faire (*or* d'avoir fait).

taxable ['tæksəbl] *adj income etc* imposable. **~ amount** base *f* d'imposition.

taxation [tæk'seɪʃən] **1** *n* (*U*) (*act*) taxation *f*; (*taxes*) impôts *mpl*, contributions *fpl*; *V* **double, immunity**. **2** *cpd authority, system** fiscal.

taxeme ['tæksi:m] *n* taxème *m.*

taxi ['tæksɪ] **1** *n* taxi *m*. **by ~** en taxi.

2 *cpd charges etc* de taxi. **taxicab** taxi *m*; (*US*) **taxi dancer*** taxi-girl *f*; **taxi driver** chauffeur *m* de taxi; **taxi fare** (*gen*) tarif *m* de taxi; **I haven't got the taxi fare** je n'ai pas de quoi payer le taxi; **taxi man*** = **taxi driver; taximeter** taximètre *m*, compteur *m* (de taxi); **taxi rank**, (*US*) **taxi stand** station *f* de taxis; (*Aviat*) **taxiway** taxiway *m.*

3 *vi* (**a**) [*aircraft*] se déplacer *or* rouler (lentement) au sol. **the plane ~ed along the runway** l'avion a roulé *or* s'est déplacé lentement le long de la piste.

(**b**) (*go by taxi*) aller en taxi.

taxidermist ['tæksɪdɜ:mɪst] *n* empailleur *m*, -euse *f*, naturaliste *mf.*

taxidermy ['tæksɪdɜ:mɪ] *n* empaillage *m*, naturalisation *f*, taxidermie *f.*

taxonomist [tæk'sɒnəmɪst] *n* taxonomiste *mf.*

taxonomy [tæk'sɒnəmɪ] *n* taxonomie *f.*

TB [ti:'bi:] *n abbr of* **tuberculosis.**

TCE [ti:si:'i:] *n* (*abbr of* **ton coal eqivalent**) TEC *f* (*abrév de* **tonne équivalent charbon**).

Tchaikovsky [tʃaɪ'kɒfskɪ] *n* Tchaïkovski *m.*

TD [ti:'di:] *n* (**a**) (*Brit*) *abbr of* **Territorial Decoration.** (**b**) (*US Ftbl*) *abbr of* **touchdown.** (**c**) (*US*) *abbr of* **Treasury Department;** *V* **treasury.**

te [ti:] *n* (*Mus*) si *m.*

tea [ti:] **1** *n* (**a**) (*plant, substance*) thé *m*. **she made a pot of ~** elle a fait du thé; (*fig*) **I wouldn't do it for all the ~ in China** je ne le ferais pour rien au monde; *V* **cup** *etc.*

(**b**) (*esp Brit: meal*) thé *m*; (*for children*) ≈ goûter *m*. **to have ~** prendre le thé; [*children*] goûter; *V* **high** *etc.*

(**c**) (*herbal*) infusion *f*, tisane *f*; *V* **beef** *etc.*

2 *cpd:* **tea bag** sachet *m* de thé; (*US*) **tea ball** boule *f or* infuseur *m* à thé; (*Brit*) **tea break** pause(-)thé *f*; **to have a tea break** faire la pause(-)thé; **tea caddy** boîte *f* à thé; (*Brit*) **teacake** petit pain brioché; (*US*) **teacart** = **tea trolley; tea chest** caisse *f* (à thé); **teacloth** (*Brit: for dishes*) torchon *m* (à vaisselle); (*for table*) nappe *f* (à thé); (*for trolley, tray*) napperon *m*; (*Brit*) **tea cosy** couvre-théière *m*; **teacup** tasse *f* à thé (*V also* **read¹**, **storm**); **teacupful** tasse *f* (à thé *or* à café) (*mesure*); **tea dance** thé dansant; **teahouse** maison *f* de thé (*en Chine ou au Japon*); (*Brit*) **tea infuser** boule *f or* infuseur *m* à thé; (*US*) **teakettle** bouilloire *f*; **tea leaf** feuille *f* de thé (*V also* **read¹**); **tea party** thé *m* (*réception*); **tea-plant** arbre *m* à thé; **tea plate** petite assiette; **teapot** théière *f*; **tearoom** salon *m* de thé; **tea rose** rose-thé *f*; **tea service, tea set** service *m* à thé; (*Brit*) **teashop** pâtisserie-salon de thé *f*; **teaspoon** petite cuiller, cuiller à thé *or* à café; **teaspoonful** cuillerée *f* à café; **tea strainer** passoire *f* (à thé), passe-thé *m inv*; **they sat at the tea table** ils étaient assis autour de la table mise pour le thé; **the subject was raised at the tea table** on en a discuté pendant le thé; **to set the tea table** mettre la table pour le thé; **where are the tea-things?*** où est le service à thé?; **to wash up the tea-things** faire la vaisselle après le thé; **teatime** l'heure *f* du thé; (*Brit*) **tea towel** torchon *m* (à vaisselle); **tea tray** plateau *m* (à thé); (*Brit*) **tea trolley** table roulante; **tea urn** fontaine *f* à thé; (*US*) **tea wagon** = **tea trolley.**

teach [ti:tʃ] *pret, ptp* **taught 1** *vt* (*gen*) apprendre (*sb sth, sth to sb* qch à qn); (*Scol, Univ etc*) enseigner (*sb sth, sth to sb* qch à qn). **to ~ sb (how) to do** apprendre à qn à faire; **I'll ~ you what to do** je t'apprendrai ce qu'il faut faire; **he ~es French** il enseigne le français; **he taught her French** il lui a appris *or* enseigné le français; (*US*) **to ~ school** (*in primary school*) être instituteur (*or* institutrice); (*in secondary school*) être professeur; **to ~ o.s. (to do)** sth apprendre (à faire) qch tout seul; (*fig*) **I'll ~ you a lesson!** je vais t'apprendre!; **that will ~ him a lesson!, that will ~ him (a thing or two)!** cela lui donnera une bonne leçon, cela lui servira de leçon; **that will ~ you to mind your own business!** ça t'apprendra à te mêler de tes affaires!; **I'll ~ you (not) to speak to me like that!** je vais t'apprendre à me parler sur ce ton!; **you can't ~ him anything about cars** il n'a rien à apprendre de personne en matière de voitures: (*Brit: loc*) **don't ~ your grandmother to suck eggs!‡** on n'apprend pas à un vieux singe à faire des grimaces!*; (*Prov*) **you can't ~ an old dog new tricks** ce n'est pas à son (*or* mon *etc*) âge qu'on apprend de nouveaux trucs.

2 *vi* enseigner. **he always wanted to ~** il a toujours eu le désir d'enseigner; **he had been ~ing all morning** il avait fait cours *or* fait la classe toute la matinée.

3 *cpd:* **teach-in** séance *f* d'études, séminaire *m* (*sur un thème*).

teachability [͵ti:tʃə'bɪlɪtɪ] *n* (*esp US*) [*child*] aptitude *f* à apprendre.

teachable ['ti:tʃəbl] *adj* (*esp US*) *child* scolarisable; *subject* enseignable. **he's not ~** on ne peut rien lui apprendre.

teacher ['ti:tʃər] **1** *n* (*in secondary school; also private tutor*) professeur *m*; (*in primary school*) instituteur *m*, -trice *f*, maître *m* d'école, maîtresse *f* d'école; (*in special school, prison*) éducateur *m*, -trice *f*; (*gen: member of teaching profession*) enseignant(e) *m(f)*. **she is a maths ~** elle est professeur de maths; **~'s (hand)book** livre *m* du maître; (*collectively*) **the ~s accepted the government's offer** les enseignants ont *or* le corps enseignant a accepté l'offre du gouvernement; **the ~s' strike** la grève des enseignants; **the ~s' dispute** le conflit des enseignants; *V also* **2.**

2 *cpd:* (*US*) **teacher certification** habilitation *f* (à enseigner); (*US*) **teacher education** formation *f* pédagogique (des maîtres); (*US Scol, Univ*) **teacher evaluation** appréciations *fpl* sur les professeurs (*par les étudiants ou par l'administration*); **teacher-pupil ratio** taux *m* d'encadrement; **a high/low teacher-pupil ratio** un fort/faible taux d'encadrement; (*US*) **teacher's aide** assistant(e) *m(f)* du professeur *or* de l'instituteur; (*Brit*) **teacher('s) training** formation *f* pédagogique (des maîtres); **teacher(s') training college** (*for primary teachers*) ≈ école *f* normale (primaire); (*for secondary*) ≈ centre *m* pédagogique régional de formation des maîtres; **to be at teacher(s') training college** suivre une formation pédagogique (*non-universitaire*); **to do one's teacher training** suivre une formation pédagogique; **teacher training certificate** diplôme *m* habilitant à enseigner; **to get one's teacher training certificate** *or* **qualification** (*primary schools*) ≈ sortir de l'école normale (primaire); (*secondary schools*) ≈ avoir son C.A.P.E.S. *etc.*

teaching ['ti:tʃɪŋ] **1** *n* (**a**) (*U: act, profession*) enseignement *m*. **he's**

got **16 hours** ~ **a week** il a 16 heures de cours par semaine; **to go into** ~ entrer dans l'enseignement; (*for backward pupil*) **extra** ~ soutien *m* (*in* en); (*Educ*) **T**~ **of English as a Foreign Language** anglais *m* langue étrangère; (*Educ*) **T**~ **of English as a Second Language** anglais *m* deuxième langue; *V* **team.**
   (**b**) (*also* ~**s**) [*philosopher, sage etc*] enseignements *mpl* (*liter*) (*on, about* sur).
   2 *cpd*: **teaching aid** outil *m* pédagogique; **teaching aids, teaching equipment** matériel *m* pédagogique; (*US*) **teaching assistant** étudiant(e) *m(f)* chargé(e) de travaux dirigés; **teaching hospital** centre *m* hospitalo-universitaire (*abbr* C.H.U. *m*); **teaching job** poste *m* d'enseignant; **teaching machine** machine *f* à enseigner; **teaching position** *or* **post** poste *m* d'enseignant; **teaching practice** stage *m* de formation des maîtres; **the teaching profession** (*activity*) l'enseignement *m*; (*in secondary schools only*) le professorat; (*teachers collectively*) le corps enseignant, les enseignants *mpl*; **the teaching staff** le personnel enseignant, les enseignants *mpl*, l'équipe *f* pédagogique.
teak [ti:k] *n* teck *m or* tek *m*.
teal [ti:l] *n, pl inv* sarcelle *f*.
team [ti:m] **1** *n* (*Sport, gen*) équipe *f*; [*horses, oxen*] attelage *m*. **football** ~ équipe de football; **our research** ~ notre équipe de chercheurs.
   2 *cpd*: **team games** jeux *mpl* d'équipe; **team-mate** coéquipier *m*, -ière *f*; (*Sport*) **team member** équipier *m*, -ière *f*; (*U*) **team spirit** esprit *m* d'équipe; (*U*) **team teaching** enseignement *m* en équipe; (*U*) **teamwork** collaboration *f* (d'équipe).
   3 *vt* (*also* ~ **up**) *actor, worker* mettre en collaboration (*with* avec); *clothes, accessories* associer (*with* avec).
◆**team up 1** *vi* [*people*] faire équipe (*with* avec, *to do* pour faire); [*colours*] s'harmoniser (*with* avec); [*clothes, accessories, furnishings etc*] s'associer (*with* avec). **he teamed up with them to get ...** il s'est allié à eux pour obtenir ... .
   2 *vt sep* = **team 3.**
teamster ['ti:mstə^r] *n* (*US*) routier *m or* camionneur *m* syndiqué.
tear¹ [tɛə^r] (*vb: pret* **tore**, *ptp* **torn**) **1** *n* déchirure *f*, accroc *m*. **to make a** ~ **in sth** déchirer qch; **it has a** ~ **in it** c'est déchiré, il y a un accroc dedans.
   2 *cpd*: (*Brit*) **tearaway** casse-cou *m inv*; **tear-off** amovible; **tear-off calendar** éphéméride *f*.
   3 *vt* (**a**) (*rip*) *cloth, garment* déchirer, faire un trou *or* un accroc à; *flesh, paper* déchirer. **to** ~ **a hole in** faire une déchirure *or* un accroc à, faire un trou dans; **he tore it along the dotted line** il l'a déchiré en suivant le pointillé; **to** ~ **to pieces** *or* **to bits*** *paper* déchirer en menus morceaux; *garment* mettre en pièces *or* lambeaux; *prey* mettre en pièces; (*fig*) *play, performance* éreinter; *argument, suggestion* démolir; **to** ~ **open** *envelope* déchirer; *letter* déchirer l'enveloppe de; *parcel* ouvrir en déchirant l'emballage de; **clothes torn to rags** vêtements mis en lambeaux; **to** ~ **one's hair** s'arracher les cheveux; (*Med*) **to** ~ **a muscle** se déchirer un muscle; **I tore my hand on a nail** je me suis ouvert la main sur un clou; (*fig*) **that's torn it!***, (*US*) **that** ~**s it!*** voilà qui flanque tout par terre!*; *V* **shred.**
   (**b**) (*fig*) **to be torn by war/remorse** *etc* être déchiré par la guerre/le remords *etc*; **to be torn between two things/people** être tiraillé par *or* balancer entre deux choses/personnes; **I'm very much torn** j'hésite beaucoup (entre les deux).
   (**c**) (*snatch*) arracher (*from sb* à qn, *out of* or *off* or *from sth* de qch). **he tore it out of her hand** il le lui a arraché des mains; **he was torn from his seat** il a été arraché de son siège.
   4 *vi* (**a**) [*cloth etc*] se déchirer.
   (**b**) **he tore at the wrapping paper** il a déchiré l'emballage (impatiemment); **he tore at the earth with his bare hands** il a griffé la terre de ses mains nues.
   (**c**) (*rush*) **to** ~ **out/down** *etc* sortir/descendre *etc* à toute allure *or* à toute vitesse; **he tore up the stairs** il a monté l'escalier quatre à quatre; [*person, car*] **to** ~ **along the road** filer à toute allure le long de la route; **they tore after him** ils se sont lancés *or* précipités à sa poursuite; (*fig*) **to** ~ **into sb*** (*attack verbally*) s'en prendre violemment à qn; (*scold*) passer un savon à qn*.
◆**tear away 1** *vi* [*person*] partir comme un bolide; [*car*] démarrer en trombe.
   2 *vt sep* (*lit, fig*) arracher (*from sb* à qn, *from sth* de qch). (*fig*) **I couldn't tear myself away from it/him** je n'arrivais pas à m'en arracher/à m'arracher à lui.
   3 tearaway *n V* **tear¹ 2.**
◆**tear down** *vt sep* *poster, flag* arracher (*from* de); *building* démolir.
◆**tear off 1** *vi* = **tear away 1.**
   2 *vt sep* (**a**) *label, wrapping* arracher (*from* de); *perforated page, calendar leaf* détacher (*from* de); *V* **strip.**
   (**b**) (*: *write hurriedly*) *letter etc* bâcler*, torcher*.
   3 tear-off *adj V* **tear 2.**
◆**tear out 1** *vi V* **tear¹ 4c.**
   2 *vt sep* arracher (*from* de); *cheque, ticket* détacher (*from* de). **to tear sb's eyes out** arracher les yeux à qn.
◆**tear up** *vt sep* (**a**) *paper etc* déchirer, mettre en morceaux *or* en pièces; (*fig*) *contract* déchirer (*fig*); *offer* reprendre.
   (**b**) *stake, weed, shrub* arracher; *tree* déraciner.
tear² [tɪə^r] **1** *n* larme *f*. **in** ~**s** en larmes; **there were** ~**s in her eyes** elle avait les larmes aux yeux; **she had** ~**s of joy in her eyes** elle pleurait de joie; **near** *or* **close to** ~**s** au bord des larmes; **to burst** *or* **dissolve into** ~**s** fondre en larmes; **the memory/thought/sight brought** ~**s to his eyes** à ce souvenir/cette pensée/ce spectacle il eut les larmes aux yeux; **the film/book/experience brought** ~**s to his eyes** le film/le livre/cette expérience lui a fait venir les larmes aux yeux; *V* **shed** *etc.*

2 *cpd*: **tear bomb** grenade *f* lacrymogène; **teardrop** larme *f*; **tear-gas** gaz *m* lacrymogène; **the film/book** *etc* **was a real tear-jerker*** c'était un film/roman *etc* tout à fait du genre à faire pleurer dans les chaumières; **tear-stained** barbouillé de larmes.
tearful ['tɪəfʊl] *adj* *look* larmoyant, (*stronger*) éploré; *face* en larmes; (*whining*) *voice, story, plea* larmoyant (*pej*), pleurnichard* (*pej*). **she was very** ~ elle a beaucoup pleuré; **in a** ~ **voice** avec des larmes dans la voix; (*whining*) d'une voix pleurnicharde* (*pej*).
tearfully ['tɪəfəlɪ] *adv* les larmes aux yeux, en pleurant; (*whining*) en pleurnichant* (*pej*).
tearing ['tɛərɪŋ] **1** *n* déchirement *m*. **2** *adj*: **a** ~ **sound** un craquement; (*fig*) **to be in a** ~ **hurry*** être terriblement pressé.
tearless ['tɪəlɪs] *adj* sans larmes.
tearlessly ['tɪəlɪslɪ] *adv* sans larmes, sans pleurer.
tease [ti:z] **1** *n* (*person*) taquin(e) *m(f)*.
   2 *vt* (**a**) (*playfully*) taquiner; (*cruelly*) tourmenter.
   (**b**) (*Tech*) *cloth* peigner; *wool* carder.
◆**tease out** *vt sep* *tangle of wool, knots, matted hair* débrouiller *or* démêler (*patiemment*).
teasel ['ti:zl] *n* (*Bot*) cardère *f*; (*Tech*) carde *f*.
teaser ['ti:zə^r] *n* (*person*) taquin(e) *m(f)*; (*problem*) problème *m* (difficile); (*tricky question*) colle* *f*.
teasing ['ti:zɪŋ] **1** *n* (*U*) taquineries *fpl*. **2** *adj* taquin.
teat [ti:t] *n* [*animal*] tétine *f*, tette *f*; [*esp cow*] trayon *m*; [*woman*] mamelon *m*, bout *m* de sein; (*Brit: of baby's bottle*) tétine *f*; (*dummy*) tétine; (*Tech*) téton *m*.
tech* [tek] *n* (**a**) (*Brit*) (*abbr of* **technical college**) ≃ CET *m*.
   (**b**) *abbr of* **technology**; *V* **high.**
technecium [tek'ni:sɪəm] *n* technécium *m*.
technical ['teknɪkəl] *adj* (*gen*) technique. (*Brit*) ~ **college** collège *m* (d'enseignement) technique; ~ **hitch** incident *m or* ennui *m* technique; (*US*) ~ **institute** *or* **school** ≃ I.U.T. *m*, institut *m* universitaire de technologie; (*Sport*) ~ **knock-out** knock-out *m* technique; (*Jur*) ~ **offence** contravention *f*; (*Jur*) **judgment quashed on a** ~ **point** arrêt cassé pour vice de forme; (*gen*) **it's just a** ~ **point** c'est juste un point de détail; (*US Air Force*) ~ **sergeant** sergent-chef *m*.
technicality [,teknɪ'kælɪtɪ] *n* (**a**) (*U*) technicité *f*.
   (**b**) (*detail/word/difficulty/fault*) détail *m*/terme *m*/difficulté *f*/ennui *m* technique. **I don't understand all the technicalities** certains détails techniques m'échappent.
technically ['teknɪkəlɪ] *adv* (**a**) (*from technical point of view*) *perfect etc* techniquement, sur le plan technique. **he spoke very** ~ il s'est exprimé en termes très techniques.
   (**b**) (*strictly speaking*) en théorie, en principe. ~ **you're right, but** ... en théorie *or* en principe vous avez raison, mais ... .
technician [tek'nɪʃən] *n* technicien(ne) *m(f)*.
Technicolor ['teknɪ,kʌlə^r] **1** *n* ® Technicolor *m* ®. **in** ~ en Technicolor. **2** *adj* *film* en Technicolor.
technique [tek'ni:k] *n* technique *f*.
techno... ['teknəʊ] *pref* techno... .
technocracy [tek'nɒkrəsɪ] *n* technocratie *f*.
technocrat ['teknəʊkræt] *n* technocrate *mf*.
technocratic [,teknəʊ'krætɪk] *adj* technocratique.
technological [,teknə'lɒdʒɪkəl] *adj* technologique.
technologist [tek'nɒlədʒɪst] *n* technologue *m*.
technology [tek'nɒlədʒɪ] *n* technologie *f*. (*Brit*) **Minister/Ministry of T**~ ministre *m*/ministère *m* des Affaires technologiques; **the new** ~ la novotique, les nouvelles technologies; *V* **high.**
techy ['tetʃɪ] *adj* = **tetchy.**
tectonic ['tektɒnɪk] *adj* tectonique.
tectonics ['tektɒnɪks] *n* tectonique *f*.
Ted [ted] *n* (**a**) (*dim of* **Edward** *or* **Theodore**) Ted *m*. (**b**) (*) = **teddy-boy**; *V* **Teddy.**
ted [ted] *vt* faner.
tedder ['tedə^r] *n* (*machine*) faneuse *f*; (*person*) faneur *m*, -euse *f*.
Teddy ['tedɪ] **1** *n* (*dim of* **Edward** *or* **Theodore**) Teddy *m*. **2** *cpd*: **teddy** (**bear**) nounours *m* (*baby talk*), ours *m* en peluche; (*Brit*) **teddy-boy**† ≃ blouson noir.
tedious ['ti:dɪəs] *adj* ennuyeux, assommant*.
tediously ['ti:dɪəslɪ] *adv* d'une façon ennuyeuse *or* assommante*. ~ **long** d'une longueur assommante*.
tediousness ['ti:dɪəsnɪs] *n*, **tedium** ['ti:dɪəm] *n* (*U*) ennui *m*, caractère *m* assommant*.
tee [ti:] (*Golf*) **1** *n* tee *m*.
   2 *vt ball* placer sur le tee.
◆**tee off 1** *vi* partir du tee. **2** *vt sep* (‡) (*US: annoy*) embêter*, casser les pieds à*; (*US fig: begin*) démarrer*.
◆**tee up** *vi* placer la balle sur le tee.
tee-hee ['ti:'hi:] (*vb: pret, ptp* **tee-heed**) **1** *excl* hi-hi! **2** *n* (petit) ricanement *m*. **3** *vi* ricaner.
teem [ti:m] *vi* (**a**) [*crowds, fish, snakes etc*] grouiller, fourmiller, pulluler. [*river, street etc*] **to** ~ **with** grouiller de, fourmiller de; **his brain** ~**s with ideas** il déborde d'idées. (**b**) **it was** ~**ing** (**with rain**), **the rain was** ~**ing down** il pleuvait à verse *or* à seaux.
teeming ['ti:mɪŋ] *adj* (**a**) *crowd* grouillant, fourmillant, pullulant; *street* grouillant de monde, fourmillant; *river* grouillant de poissons. (**b**) ~ **rain** pluie battante *or* diluvienne.
teenage ['ti:neɪdʒ] *adj boy, girl* jeune, adolescent (*de 13 à 19 ans*); *behaviour, view* adolescent, d'adolescent, de jeune; *fashions* pour jeunes, pour adolescents.
teenager ['ti:n,eɪdʒə^r] *n* jeune *mf*, adolescent(e) *m(f)*.
teens [ti:nz] *npl* jeunesse *f*, adolescence *f* (*de 13 à 19 ans*). **he is still in his** ~ il est encore adolescent; **he is just out of his** ~ il a à peine vingt ans; **he is in his early/late** ~ il a un peu plus de treize ans/un peu moins de vingt ans.

teensy(weensy)‡ ['ti:nzɪ('wi:nzɪ)] adj = **teeny 1**.
teeny* ['ti:nɪ] **1** adj (also ~**weeny**‡) minuscule, tout petit, tout petit petit*. **2** n (also ~-**bopper***) jeune mf (d'une douzaine d'années).
tee-shirt ['ti:ʃɜːt] n tee-shirt m or T-shirt m.
teeter ['ti:tər] **1** vi [person] chanceler; [pile] vaciller. (fig) to ~ on the edge or brink of être prêt à tomber dans. **2** cpd: (US) teeter totter jeu m de bascule.
teeth [ti:θ] npl of **tooth**.
teethe [ti:ð] vi faire or percer ses dents.
teething ['ti:ðɪŋ] **1** n poussée f des dents, dentition f. **2** cpd: teething ring anneau m (de bébé qui perce ses dents); (fig) teething troubles difficultés fpl initiales.
teetotal ['ti:'təʊtl] adj person qui ne boit jamais d'alcool; league antialcoolique.
teetotaler, ['ti:'təʊtlər] n (US) = **teetotaller**.
teetotalism ['ti:'təʊtəlɪzəm] n abstention f de toute boisson alcoolique.
teetotaller, (US) **teetotaler** ['ti:'təʊtlər] n personne f qui ne boit jamais d'alcool.
TEFL ['tefl] n (Educ) abbr of Teaching of English as a Foreign Language; V teaching.
teflon ['teflɒn] n ® téflon m ®.
tegument ['tegjʊmənt] n tégument m.
te-hee ['ti:'hi:] = **tee-hee**.
Teheran [tɛə'rɑːn] n Téhéran.
tel. (abbr of telephone) tél.
Tel Aviv ['telə'viːv] n Tel-Aviv.
tele... ['telɪ] pref télé....
telecamera ['telə,kæmərə] n caméra f de télévision, télécaméra f.
telecast ['telɪkɑːst] **1** n émission f de télévision. **2** vt diffuser.
telecommunication ['telɪkə,mjuːnɪ'keɪʃən] n (gen pl) télécommunications fpl. ~s **satellite** satellite m de télécommunication; V post³.
telecommuter* ['telək,mjuːtər] n télétravailleur m.
telecommuting* ['telək,mjuːtɪŋ] n télétravail m.
Telecopier ['telə,kɒpɪər] n Télécopieur m ®.
telecopy ['telə,kɒpɪ] n télécopie f.
telefacsimile [,teləfæk'sɪmɪlɪ] n télécopie f.
telefax ['teləfæks] n télécopie f.
telefilm ['telfɪlm] n téléfilm m, film m pour la télévision.
telegenic [,telɪ'dʒenɪk] adj télégénique.
telegram ['telɪgræm] n télégramme m; (Diplomacy, Press) dépêche f, câble m.
telegraph ['telɪgrɑːf] **1** n télégraphe m. **2** cpd message, wires télégraphique. **telegraph pole** or **post** poteau m télégraphique. **3** vti télégraphier.
telegrapher [tɪ'legrəfər] n télégraphiste mf.
telegraphese ['telɪgrɑː'fiːz] n (J) style m télégraphique.
telegraphic [,telɪ'græfɪk] adj télégraphique.
telegraphically [,telɪ'græfɪkəlɪ] adv télégraphiquement.
telegraphist [tɪ'legrəfɪst] n télégraphiste mf.
telegraphy [tɪ'legrəfɪ] n télégraphie f.
telekinesis [,telɪkɪ'niːsɪs] n (U) télékinésie f.
telekinetic [,telɪkɪ'netɪk] adj télékinétique.
Telemachus [tə'leməkəs] n Télémaque m.
telemeter ['telɪmiːtər] n télémètre m.
telemetric [,telɪ'metrɪk] adj télémétrique.
telemetry [tɪ'lemɪtrɪ] n télémétrie f.
teleological [,telɪə'lɒdʒɪkl] adj téléologique.
teleology [,telɪ'ɒlədʒɪ] n téléologie f.
telepath ['teləpæθ] n télépathe mf.
telepathic [,telɪ'pæθɪk] adj télépathique. (iro) I'm not ~!* je ne suis pas devin!
telepathically [,telɪ'pæθɪkəlɪ] adv télépathiquement.
telepathist [tɪ'lepəθɪst] n télépathe mf.
telepathy [tɪ'lepəθɪ] n télépathie f.
telephone ['telɪfəʊn] **1** n téléphone m. on the ~ au téléphone; to be on the ~ (speaking) être au téléphone; (be a subscriber) avoir le téléphone (chez soi).
2 vt person téléphoner à, appeler (au téléphone); message, telegram téléphoner (to à).
3 vi téléphoner.
4 cpd: telephone answering machine répondeur m téléphonique; telephone book = telephone directory; (US) telephone booth, (Brit) telephone box cabine f téléphonique; telephone call coup m de téléphone*, appel m téléphonique; telephone directory annuaire m (du téléphone); telephone exchange central m téléphonique; telephone kiosk = telephone booth; telephone line ligne f téléphonique; telephone message message m téléphonique; telephone number numéro m de téléphone; telephone operator standardiste mf, téléphoniste mf; the telephone service le service des téléphones; our country has an excellent telephone service le téléphone marche très bien dans notre pays; telephone subscriber abonné(e) m(f) au téléphone; telephone-tapping mise f sur écoute (téléphonique).
telephonic [,telɪ'fɒnɪk] adj téléphonique.
telephonist [tɪ'lefənɪst] n (esp Brit) téléphoniste mf.
telephony [tɪ'lefənɪ] n téléphonie f.
telephoto ['telɪ'fəʊtəʊ] adj: ~ lens téléobjectif m.
telephotograph ['telɪ'fəʊtəgræf] n téléphotographie f.
telephotography [,telɪfə'tɒgrəfɪ] n (U) téléphotographie f.
teleportation [,teləpɔː'teɪʃən] n téléportation f.
teleprint ['telɪ,prɪnt] vt (Brit) transmettre par téléscripteur.
teleprinter ['telɪ,prɪntər] n (Brit) téléscripteur m, télétype m ®.
teleprompter ['telɪ,prɒmptər] n téléprompteur m.
telescope ['telɪskəʊp] **1** n (reflecting) télescope m; (refracting) lunette f d'approche, longue-vue f; (Astron) lunette astronomique,

télescope. **2** vi [railway carriages etc] se télescoper; [umbrella] se plier. parts made to ~ pièces fpl en télescope. **3** vt télescoper.
telescopic [,telɪs'kɒpɪk] adj télescopique. ~ lens téléobjectif m; ~ umbrella parapluie pliant or télescopique.
Teletex ['telɪteks] n ® Télétex m ®.
teletext ['telɪtekst] n télétexte m, vidéotex m diffusé.
telethon ['teləθɒn] n (TV: esp US) longue émission de télévision au profit d'une œuvre de charité.
teletype ['telɪtaɪp] ® **1** vt transmettre par télétype ®. **2** n télétype m ®.
teletypewriter [,telɪ'taɪpraɪtər] n ® (US) téléscripteur m, télétype m ®.
teleview ['teləvjuː] vi (US) regarder la télévision.
televiewer ['telɪ,vjuːər] n téléspectateur m, -trice f.
televiewing ['telɪ,vjuːɪŋ] n (U: watching TV) la télévision. this evening's ~ contains ... le programme de (la) télévision pour ce soir comprend ... .
televise ['telɪvaɪz] vt téléviser.
television ['telɪ,vɪʒən] **1** n télévision f; (~ set) télévision, téléviseur m, poste m (de télévision). on ~ à la télévision, à la télé*; colour ~ télévision (en) couleur.
2 cpd actor, camera, studio de télévision; report, news, serial télévisé; film, script pour la télévision. television broadcast émission f de télévision; television cabinet meuble-télévision m; [hotel etc] television lounge salle f de télévision; television programme émission f de télévision; television room = television lounge; television screen écran m de télévision or de téléviseur; on the television screen sur le petit écran; television set télévision f, téléviseur m, poste m (de télévision).
telex ['teleks] **1** n télex m. **2** vt envoyer par télex. **3** cpd: telex operator télexiste mf.
tell [tel] pret, ptp **told** **1** vt (a) (gen sense) dire (that que). ~ me your name dites-moi votre nom; I told him how pleased I was je lui ai dit combien or à quel point j'étais content; I told him what/where/how/why je lui ai dit or expliqué ce que/où/comment/pourquoi; I told him the way to London, I told him how to get to London je lui ai expliqué comment aller à Londres; I am glad to ~ you that ... je suis heureux de pouvoir vous dire or annoncer que ...; to ~ sb sth again répéter or redire qch à qn; something ~s me he won't be pleased quelque chose me dit qu'il ne sera pas content; let me ~ you that you are quite mistaken permettez-moi de vous dire que vous vous trompez lourdement; I won't go, I ~ you! je n'irai pas, te dis-je!, puisque je te dis que je n'irai pas!; there was terrible trouble, I can ~ you! il y avait des tas de difficultés, c'est moi qui te le dis!*; don't ~ me you've lost it! tu ne vas pas me dire que or ne me dis pas que tu l'as perdu!; I told you so! je te l'avais bien dit!; ... or so I've been told ... ou du moins c'est ce qu'on m'a dit; I could ~ you a thing or two about him je pourrais vous en dire long sur lui; I('ll) ~ you what*, let's go for a swim! tiens, si on allait se baigner!; you're ~ing me!* à qui le dis-tu!; you ~ me! je n'en sais rien!; ~ me another!* à d'autres!*
(b) (relate) dire, raconter; story, adventure raconter (to à); a lie, the truth dire; (divulge) secret dire, révéler; sb's age révéler; the future prédire. to ~ sb's fortune dire la bonne aventure à qn; to ~ fortunes dire la bonne aventure; to ~ (you) the truth, truth to ~ à vrai dire; to ~ it like it is* ne pas avoir peur de dire la vérité, ne pas mâcher ses mots; can you ~ the time?, (US) can you ~ time? sais-tu lire l'heure?; can you ~ me the time? peux-tu me dire l'heure (qu'il est)?; clocks ~ the time les horloges indiquent l'heure; that ~s me all I need to know maintenant je sais tout ce qu'il me faut savoir; his actions ~ us a lot about his motives ses actes nous en disent long sur ses motifs; she was ~ing him about it elle lui en parlait, elle était en train de le lui raconter; I told him about what had happened je lui ai dit or raconté ce qui était arrivé; (indicating authorship) 'by J. Smith, as told to W. Jones' ≃ 'par J.Smith avec la collaboration de W. Jones'; V picture, tale.
(c) (distinguish) distinguer, voir; (know) savoir. to ~ right from wrong démêler or distinguer le bien du mal; I can't ~ them apart je ne peux pas les distinguer (l'un de l'autre); how can I ~ what he will do? comment puis-je savoir ce qu'il va faire?; there's no ~ing what he might do impossible de dire or savoir ce qu'il pourrait faire; I couldn't ~ how it was done je ne pourrais pas dire comment ça a été fait; no one can ~ what he'll say personne ne peut savoir ce qu'il va dire; you can ~ he's clever by the way he talks on voit bien qu'il est intelligent à la façon dont il parle; I can't ~ the difference je ne vois pas la différence (between entre); you can't ~ much from his letter sa lettre n'en dit pas très long.
(d) (command) dire, ordonner (sb to do à qn de faire). do as you are told fais ce qu'on te dit; I told him not to do it je lui ai dit de ne pas le faire, je lui ai défendu de le faire.
(e) (†† count) compter, dénombrer. (emploi courant) there were 30 books all told il y avait 30 livres en tout; to ~ one's beads dire or égrener or réciter son chapelet.
2 vi (a) parler (of, about de). (fig) the ruins told of a long-lost civilization les ruines témoignaient d'une civilisation depuis longtemps disparue; his face told of his sorrow sa douleur se lisait sur son visage; more than words can ~ plus qu'on ne peut (or que je ne peux etc) dire.
(b) (know) savoir. how can I ~? comment le saurais-je?; I can't ~ je n'en sais rien; who can ~? qui sait?; you never can ~ on ne sait jamais; you can't ~ from his letter on ne peut pas savoir d'après sa lettre.
(c) (be talebearer) I won't ~! je ne le répéterai à personne!; to ~ on sb* rapporter or cafarder* contre qn; don't ~ on us!* ne nous dénonce pas!
(d) (have an effect) se faire sentir (on sb/sth sur qn/qch). breeding ~s quand on a de la classe cela se sent toujours; his influence

must ~ son influence ne peut que se faire sentir; **his age is beginning to** ~ il commence à accuser son âge; **his age told against him** il était handicapé par son âge.
3 *cpd*: **telltale** (*n*) rapporteur *m*, -euse *f*, cafard* *m*; (*adj*) *mark etc* révélateur (*f* -trice), éloquent.
♦**tell off 1** *vt sep* **(a)** (*: reprimand*) gronder, attraper* (*sb for sth* qn pour qch, *for doing* pour avoir fait). **to be told off** se faire attraper*.
(b) (*select etc*) *person* affecter (*for sth* à qch), désigner (*to do* pour faire); (†: *check off*) dénombrer.
2 telling-off* *n V* telling.
teller ['telə^r] *n* (*Banking*) caissier *m*, -ière *f*; [*votes*] scrutateur *m*, -trice *f*. (*US Pol*) ~ **vote** vote *m* à bulletin secret (*dans une assemblée*); *V* story *etc*.
telling ['telɪŋ] **1** *adj figures, point, detail* révélateur (*f* -trice), éloquent; *argument, style* efficace; *blow* bon, bien assené.
2 *n* (*U*) [*story etc*] récit *m*, narration *f*. **it lost nothing in the** ~ c'était tout aussi bien quand on l'entendait raconter.
3 *cpd*: **telling-off*** attrapade* *f*; **to get/give a good telling-off*** recevoir/passer un bon savon* (*from* de, à).
tellurium [te'luəriəm] *n* tellure *m*.
telly* ['telɪ] *n* (*Brit abbr of* **television**) télé* *f*. **on the** ~ à la télé.
temerity [tɪ'merɪtɪ] *n* (*U*) audace *f*, témérité *f*.
temp* [temp] *n* (*Brit: abbr of* **temporary**) **1** *n* intérimaire *mf*, secrétaire *mf etc* qui fait de l'intérim. **2** *vi* travailler comme intérimaire.
temper ['tempə^r] **1** *n* **(a)** (*U: nature, disposition*) tempérament *m*, caractère *m*, humeur *f*; (*U: mood*) humeur *f*; (*fit of bad* ~) (accès *m or* crise *f* de) colère *f*. **he has a very even** ~ il est d'un caractère *or* d'un tempérament *or* d'une humeur très égal(e); **to have a hot** *or* **quick** ~ être soupe au lait; **to have a nasty** *or* **foul** *or* **vile** ~ avoir un sale caractère, avoir un caractère de chien* *or* de cochon*; **he was in a foul** ~ il était d'une humeur massacrante; **to be in a good/bad** ~ être de bonne/mauvaise humeur; **to keep one's** ~ garder son calme, se maîtriser; **to lose one's** ~ se mettre en colère; **to be in/get into a** ~ être/se mettre en colère (*with sb* contre qn, *over or about sth* à propos de qch); **to put sb into a** ~ mettre qn en colère; ~, ~! ne nous mettons pas en colère!; **in a fit of** ~ **he** ... dans un accès de colère il ...; **he flew into a** ~ il a explosé *or* éclaté; *V* tantrum.
(b) [*metal*] trempe *f*.
2 *vt metal* tremper; (*fig*) *effects, rigours, passions* tempérer (*with* par).
tempera ['tempərə] *n* (*U: Art*) détrempe *f*.
temperament ['tempərəmənt] *n* (*U*) (*nature*) tempérament *m*, nature *f*; (*moodiness, difficult* ~) humeur *f*, tendance *f* au caprice. **the artistic** ~ le tempérament artiste; **outburst of** ~ saute *f* d'humeur.
temperamental [,tempərə'mentl] *adj* **(a)** *person, horse* fantasque, capricieux, d'humeur instable; (*fig*) *machine, device* capricieux. **(b)** (*innate*) *ability, tendency* naturel, inné.
temperance ['tempərəns] **1** *n* (*U*) modération *f*; (*in drinking*) tempérance *f*. **2** *cpd movement, league* antialcoolique; *hotel* où l'on ne sert pas de boissons alcoolisées.
temperate ['tempərɪt] *adj* **(a)** (*Geog, Met*) *climate, country etc* tempéré. ~ **zone** zone tempérée.
(b) (*mild etc*) *character, nature* modéré, mesuré; *reaction, attitude* modéré, plein de modération.
(c) (*not overindulging*) *person* (*gen*) qui fait preuve de modération, frugal; (*with alcohol*) qui fait preuve de tempérance, sobre; *desire, appetite* modéré.
temperature ['temprɪtʃə^r] **1** *n* température *f*. **at a** ~ **of** ... à une température de ...; **to have** *or* **run a** ~ avoir de la température *or* de la fièvre; **to take sb's** ~ prendre la température de qn; *V* high **1b**. **2** *cpd change etc* de température. (*Med*) **temperature chart** feuille *f* de température.
-tempered ['tempəd] *adj ending in cpds*: **even-tempered** d'humeur égale; *V* bad, good *etc*.
tempest ['tempɪst] *n* (*liter*) tempête *f*, orage *m*.
tempestuous [tem'pestjuəs] *adj weather* de tempête; *wind* de tempête, violent; (*fig*) *meeting, scene* orageux, agité; *character, person* passionné.
tempi ['tempi:] *npl of* **tempo**.
Templar ['templə^r] *n* = **Knight Templar**; *V* knight.
template ['templɪt] *n* **(a)** (*pattern: woodwork, patchwork etc*) gabarit *m*. **(b)** (*Constr: beam*) traverse *f*.
temple¹ ['templ] *n* (*Rel*) temple *m*. (*Brit Jur*) **the T**~ ≃ le Palais (de Justice).
temple² ['templ] *n* (*Anat*) tempe *f*.
templet ['templɪt] *n* = **template**.
tempo ['tempəʊ] *n*, *pl* ~**s** *or* **tempi** (*Mus, fig*) tempo *m*.
temporal ['tempərəl] *adj* (*Gram, Rel*) temporel; (*Anat*) temporal.
temporarily ['tempərərɪlɪ] *adv agree, appoint, decide* provisoirement, temporairement; *lame, blind, disappointed* pendant un certain temps, pendant un moment.
temporary ['tempərərɪ] *adj job, worker* temporaire; *secretary* intérimaire; *teacher* suppléant; *ticket, licence* valide à titre temporaire; *decision, solution, method, powers* provisoire, temporaire; *building* provisoire; *relief, improvement* passager. ~ **road surface** revêtement *m* provisoire.
temporize ['tempəraɪz] *vi* **(a)** (*procrastinate*) chercher à gagner du temps, atermoyer; (*parley, deal*) transiger, composer par expédient (*with sb* avec qn, *about sth* sur qch); (*effect compromise*) pactiser, transiger, composer (*with sb* avec qn). **to** ~ **between two people** faire accepter un compromis à deux personnes.
(b) (*pej: bend with circumstances*) faire de l'opportunisme.
tempt [tempt] *vt* **(a)** tenter, séduire. **to** ~ **sb to do** donner à qn

l'envie *or* la tentation de faire; **try and** ~ **her to eat a little** tâchez de la persuader de manger un peu; **may I** ~ **you to a little more wine?** puis-je vous offrir un petit peu plus de vin?; **I am very** ~**ed to accept** je suis très tenté d'accepter; **I'm very** ~**ed c'est très tentant; he was** ~**ed into doing it** il n'a pas pu résister à la tentation de le faire; (*hum*) **don't** ~ **me!** n'essaie pas de me tenter!; *V* sorely.
(b) († *or Bible: test*) tenter, induire en tentation. (*emploi courant*) **to** ~ **Providence** *or* **fate** tenter la Providence.
temptation [temp'teɪʃən] *n* tentation *f*. **to put** ~ **in sb's way** exposer qn à la tentation; **lead us not into** ~ ne nous laissez pas succomber à la tentation; **there is a great** ~ **to assume** ... il est très tentant de supposer ...; **there is no** ~ **to do so** on n'est nullement tenté de le faire.
tempter ['temptə^r] *n* tentateur *m*.
tempting ['temptɪŋ] *adj* (*gen*) tentant; *food* appétissant.
temptingly ['temptɪŋlɪ] *adv* d'une manière tentante. **the sea was** ~ **near** la mer était tout près et c'était bien tentant.
temptress ['temptrɪs] *n* tentatrice *f*.
ten [ten] **1** *adj* dix *inv*. **about** ~ **books** une dizaine de livres; **the T**~ **Commandments** les dix commandements *mpl*.
2 *pron* dix *mfpl*. **there were** ~ il y en avait dix; **there were about** ~ il y en avait une dizaine.
3 *n* dix *m inv*. ~**s of thousands of** ... des milliers (et des milliers) de ...; **hundreds,** ~**s and units** les centaines, les dizaines et les unités; **to count in** ~**s** compter par dizaines; (*fig*) ~ **to one he won't come** je parie qu'il ne viendra pas; (*fig*) **they're** ~ **a penny** il y en a tant qu'on en veut, il y en a à la pelle*; (*Aut*) **to drive with one's hands at** ~ **to two** conduire avec les mains à dix heures dix; *for other phrases V* number *and* six.
4 *cpd*: (*US*) **ten-cent store** bazar *m*; **tenfold** (*adj*) décuple; (*adv*) au décuple; **to increase tenfold** décupler; (*US*) **ten-gallon hat** ≃ chapeau *m* de cowboy; (*Rugby*) **ten-metre line** ligne *f* de dix mètres; (*Brit*) **tenpin bowling, tenpins bowling** *m* (à dix quilles).
tenable ['tenəbl] *adj position etc* défendable. **it's just not** ~ ça ne peut vraiment pas se défendre.
tenacious [tɪ'neɪʃəs] *adj* tenace, obstiné, entêté.
tenaciously [tɪ'neɪʃəslɪ] *adv* avec ténacité, obstinément.
tenacity [tɪ'næsɪtɪ] *n* (*U*) ténacité *f*.
tenancy ['tenənsɪ] *n location f*. **during my** ~ **of the house** pendant que j'étais locataire de la maison; ~ **agreement** contrat *m* de location; **to take on the** ~ **of a house** prendre une maison en location; **to give up the** ~ **of a house** résilier un contrat de location; **the new law relating to tenancies** la nouvelle loi relative aux locations.
tenant ['tenənt] **1** *n* locataire *mf*. **2** *cpd*: **tenant farmer** métayer *m*, tenancier *m*; (*Jur*) ~ **in common** indivisaire *mf*. **3** *vt property* habiter comme locataire.
tenantry ['tenəntrɪ] *n* (*U: collective*) (ensemble *m* des) tenanciers *mpl* (d'un domaine).
tench [tentʃ] *n* tanche *f*.
tend¹ [tend] *vt sheep, shop* garder; *invalid* soigner; *machine* surveiller.
tend² [tend] *vi* [*person*] avoir tendance, tendre, incliner (*to do* à faire); [*thing*] avoir tendance (*to do* à faire). **to** ~ **towards** avoir des tendances à, incliner à *or* vers; **he** ~**s to be lazy** il a tendance *or* il tend à être paresseux, il est enclin à la paresse; **he** ~**s to(wards) fascism** il a des tendances fascistes, il incline au *or* vers le fascisme; **I** ~ **to think that** ... j'incline *or* j'ai tendance à penser que ...; **that** ~**s to be the case with such people** c'est en général le cas avec des gens de cette sorte; **it is a grey** ~**ing to blue** c'est un gris tirant sur le bleu.
tendency ['tendənsɪ] *n* tendance *f*. **to have a** ~ **to do** avoir tendance à faire; **there is a** ~ **for business to improve** les affaires ont tendance *or* tendent à s'améliorer; (*St Ex*) **a strong upward** ~ une forte tendance à la hausse; **the present** ~ **to(wards) socialism** les tendances socialistes actuelles.
tendentious [ten'denʃəs] *adj* tendancieux.
tendentiously [ten'denʃəslɪ] *adv* tendancieusement.
tendentiousness [ten'denʃəsnɪs] *n* caractère tendancieux.
tender¹ ['tendə^r] *n* (*Rail*) tender *m*; (*boat*) (*for passengers*) embarcation *f*; (*for supplies*) ravitailleur *m*.
tender² ['tendə^r] **1** *vt* (*proffer*) *object* tendre, offrir; *money, thanks, apologies* offrir. **to** ~ **one's resignation** donner sa démission (*to sb* à qn); **'please** ~ **exact change'** 'prière de faire l'appoint'.
2 *vi* (*Comm*) faire une soumission (*for sth* pour qch).
3 *n* **(a)** (*Comm*) soumission *f*. **to make** *or* **put in a** ~ **for sth** faire une soumission pour qch, soumissionner qch; **to invite** ~**s for sth, put sth out to** ~ mettre qch en adjudication.
(b) (*Fin*) **legal** ~ cours légal; **that coin is no longer legal** ~ cette pièce n'a plus cours.
4 *cpd*: (*US St Ex*) **tender offer** offre *f* publique d'achat, O.P.A. *f*.
tender³ ['tendə^r] **1** *adj* **(a)** (*gen*) tendre; *skin, flower* délicat, fragile; *meat, vegetable, shoots* tendre; *spot, bruise, heart* sensible; *conscience, subject* délicat. (*sore*) ~ **to the touch** sensible au toucher; (*liter*) **of** ~ **years** *or* **age** d'âge tendre.
(b) (*affectionate*) *person, memories, thoughts, words* tendre, doux (*f* douce); *look, voice* tendre, caressant; *greeting, farewell, embrace* tendre.
2 *cpd*: **tenderfoot** (*pl* ~**s**) novice *mf*, nouveau *m*, nouvelle *f*; **tender-hearted** sensible, compatissant; **to be tender-hearted** être un cœur tendre; (*U*) **tender-heartedness** compassion *f*, sensibilité *f*; **tenderloin** (*meat*) filet *m*; (*US fig*) quartier *m* louche (*où la police est corrompue*).
tenderize ['tendəraɪz] *vt* (*Culin*) attendrir.
tenderizer ['tendəraɪzə^r] *n* (*Culin*) (*mallet*) attendrisseur *m*; (*spices*) épices *fpl* pour attendrir la viande.

tenderly ['tendəlɪ] *adv* tendrement, avec tendresse.
tenderness ['tendənɪs] *n* (*U*) (**a**) (*gen*) tendresse *f*; *[skin]* délicatesse *f*; *[flower etc]* fragilité *f*; *[meat etc]* tendreté *f*; *[bruise etc]* sensibilité *f*. (**b**) (*emotion*) tendresse *f* (*towards* envers).
tendon ['tendən] *n* tendon *m*.
tendril ['tendrɪl] *n* (*Bot*) vrille *f*.
tenebrous ['tenɪbrəs] *adj* (*liter*) ténébreux.
tenement ['tenɪmənt] *n* (*apartment*) appartement *m*, logement *m*; (*block: also* ~ **house**) immeuble *m* (*généralement ancien*).
Tenerife [,tenə'ri:f] *n* Tenerife.
tenet ['tenət] *n* principe *m*, doctrine *f*.
tenner* ['tenər] *n* (*Brit*) (billet *m* de) dix livres; (*US*) (billet de) dix dollars.
Tennessee [,tenɪ'si:] Tennessee *m*. **in** ~ dans le Tennessee.
tennis ['tenɪs] **1** *n* (*U*) tennis *m*. **a game of** ~ une partie de tennis.
  2 *cpd player, racket, club* de tennis. **tennis ball** balle *f* de tennis; (*US*) **to go to tennis camp** faire un stage de tennis; **tennis court** (*court m or* terrain *m* de) tennis *m inv*; (*Med*) **tennis elbow** synovite *f* du coude; **tennis shoe** (chaussure *f* de) tennis *m*.
tenon ['tenən] *n* tenon *m*.
tenor ['tenər] **1** *n* (**a**) (*general sense*) *[speech, discussion]* sens *m*, substance *f*; (*course*) *[one's life, events, developments]* cours *m*. (**b**) (*exact wording*) teneur *f*. (**c**) (*Mus*) ténor *m*.
  2 *adj* (*Mus*) *voice, part* de ténor; *aria* pour ténor; *recorder, saxophone etc* ténor *inv*.
tense¹ [tens] *n* (*Gram*) temps *m*. **in the present** ~ au temps présent.
tense² [tens] **1** *adj rope, muscles, person, voice* tendu; *period* de tension; *smile* crispé; (*Ling*) *vowel* tendu. **in a voice** ~ **with emotion** d'une voix étranglée par l'émotion; **they were** ~ **with fear/anticipation** *etc* ils étaient crispés de peur/par l'attente *etc*; **things were getting rather** ~ l'atmosphère devenait plutôt électrique; **the evening was rather** ~ tout le monde était très tendu toute la soirée.
  2 *vt muscles* tendre. **to** ~ **o.s.** se tendre.
◆**tense up** *vi* se crisper.
tensely ['tenslɪ] *adv say* d'une voix tendue. **they waited/watched** ~ ils attendaient/regardaient, tendus.
tenseness ['tensnɪs] *n* (*U: lit, fig*) tension *f*.
tensile ['tensaɪl] *adj material* extensible, élastique. ~ **strength** force *f* de tension; **high-**~ **steel** acier *m* de haute tension; *V* **stress.**
tension ['tenʃən] **1** *n* (*U*) tension *f*. **2** *cpd*: (*Med*) **tension headache** mal *m* de tête (dû à la tension nerveuse).
tent [tent] **1** *n* tente *f*. **2** *cpd*: (*Archit*) **tented arch** ogive *f*; (*Brit*) **tent peg** piquet *m* de tente; **tent pole** montant *m* de tente; (*US*) **tent stake** = **tent pole**; **tent trailer** caravane *f* pliante. **3** *vi* camper.
tentacle ['tentəkl] *n* (*also fig*) tentacule *m*.
tentative ['tentətɪv] *adj suggestion, gesture, smile* timide, hésitant; *voice* hésitant; *scheme* expérimental; *conclusion, solution, plan* provisoire. **everything is very** ~ **at the moment** rien n'est encore décidé pour le moment; **a** ~ **offer** (*of help etc*) une offre hésitante; (*to buy etc*) une offre provisoire; **it's only a** ~ **suggestion but you ...** si je peux me permettre une suggestion, vous ...; **she is a very** ~ **person** elle n'a aucune confiance en elle-même.
tentatively ['tentətɪvlɪ] *adv* (*gen*) non sans hésitation; *try, experimenter*, à titre d'essai; *decide* provisoirement; *say, suggest, smile, walk* timidement, non sans hésitation.
tenterhooks ['tentəhʊks] *npl*: **to be/keep sb on** ~ être/tenir qn sur des charbons ardents *or* au supplice.
tenth [tenθ] **1** *adj* dixième. **2** *n* dixième *mf*; (*fraction*) dixième *m*. **nine-**~**s of the book** les neuf dixièmes du livre; **nine-**~**s of the time** la majeure partie du temps; *for other phrases V* **sixth.**
tenuity [te'njuɪtɪ] *n* (*U*) ténuité *f*.
tenuous ['tenjʊəs] *adj link, distinction* ténu; *evidence, plot* mince; *existence* précaire.
tenuously ['tenjʊəslɪ] *adv* de manière ténue *or* précaire.
tenure ['tenjʊər] *n* (*Univ etc*) fait *m* d'être titulaire; (*feudal*) tenure *f*; *[land, property]* bail *m*. *[employee]* **to have** ~ être titulaire; **to go** ~ être titularisé; **to hope for** ~ espérer être titularisé; **the system of** ~ le système des emplois *or* postes permanents; (*US Univ*) ~ **track position** poste *m* avec possibilité de titularisation; *[appointment etc]* **the** ~ **is for 2 years** la période de jouissance est de 2 ans; **during his** ~ **of office** pendant qu'il était en fonction; *V* **security.**
tenured ['tenjʊəd] *adj professor etc* titulaire. **he has a** ~ **position** il est titulaire de son poste.
tepee ['ti:pi:] *n* wigwam *m*.
tepid ['tepɪd] *adj* (*lit, fig*) tiède.
tepidity [te'pɪdɪtɪ] *n*, **tepidness** ['tepɪdnɪs] *n* (*U*) tiédeur *f*.
tepidly ['tepɪdlɪ] *adv* (*fig*) *agree etc* sans grand enthousiasme.
terbium ['tɜ:bɪəm] *n* terbium *m*.
tercentenary [,tɜ:sen'ti:nərɪ] *adj*, **tricentenaire** (*m*).
tercet ['tɜ:sɪt] *n* (*Poetry*) tercet *m*; (*Mus*) triolet *m*.
Teresa [tə'ri:zə] *n* Thérèse *f*.
term [tɜ:m] **1** *n* (**a**) (*gen, Admin, Fin, Jur, Med*) (*limit*) terme *m*; (*period*) période *f*, terme (*Jur*). **to put** *or* **set a** ~ **to sth** mettre *or* fixer un terme à qch; (*Fin, Med*) **at** ~ à terme; **in the long** ~ à long terme (*V also* **long-term**); **in the short** ~ dans l'immédiat (*V also* **short 2**); **during his** ~ **of office** pendant la période où il exerçait ses fonctions; **elected for a 3-year** ~ élu pour une durée *or* période de 3 ans; ~ **of imprisonment** peine *f* de prison.
  (**b**) (*Scol, Univ*) trimestre *m*; (*Jur*) session *f*. (*Scol, Univ*) **the autumn/spring/summer** ~ le premier/second *or* deuxième/ troisième trimestre; **in** ~**(time)**, **during** ~**(time)** pendant le trimestre; **out of** ~**(time)** pendant les vacances (scolaires *or* universitaires).
  (**c**) (*Math, Philos*) terme *m*. **A expressed in** ~**s of B** A exprimé

en fonction de B; (*fig*) **in** ~**s of production we are doing well** sur le plan de la production nous avons de quoi être satisfaits; **he sees art in** ~**s of human relationships** pour lui l'art est fonction des relations humaines; **to look at sth in** ~**s of the effect it will have/of how it ...** considérer qch sous l'angle de l'effet que cela aura/de la façon dont cela ...; **we must think in terms of ...** il faut penser à ...; (*consider the possibility of*) il faut envisager (la possibilité de) ...; **price in** ~**s of dollars** prix *m* exprimé en dollars.
  (**d**) (*conditions*) ~**s** (*gen*) conditions *fpl*; *[contracts etc]* termes *mpl*; (*Comm etc*) prix *m(pl)*, tarif *m*; **you can name your own** ~**s** vous êtes libre de stipuler vos conditions; **on what** ~**s?** à quelles conditions?; **not on any** ~**s** à aucun prix, à aucune condition; **they accepted him on his own** ~**s** ils l'ont accepté sans concessions de sa part; **to lay down** *or* **dictate** ~**s to sb** imposer des conditions à qn; **to come to** ~**s with** *person* arriver à un accord avec; *problem, situation* accepter; (*Jur*) ~**s and conditions** modalités *fpl*; ~**s of surrender** conditions *or* termes de la reddition; **it is not within our** ~**s of reference** cela n'entre pas dans les termes de notre mandat; ~**s of sale** conditions de vente; ~**s of payment** conditions *or* modalités de paiement; **credit** ~**s** conditions de crédit; (*Comm*) **we offer it on easy** ~**s** nous offrons des facilités *fpl* de paiement; **our** ~**s for full board** notre tarif pension complète; '**inclusive** ~**s: £20**' '20 livres tout compris'.
  (**e**) (*relationship*) **to be on good/bad** ~**s with sb** être en bons/ mauvais termes *or* rapports avec qn; **they are on the best of** ~**s** ils sont au mieux, ils sont en excellents termes; **they're on fairly friendly** ~**s** ils ont des rapports assez amicaux *or* des relations assez amicales; *V* **equal, speaking.**
  (**f**) (*expression, word*) terme *m*, expression *f*, mot *m*. **technical/ colloquial** ~ terme technique/familier; **in plain** *or* **simple** ~**s** en termes simples *or* clairs; **he spoke of her in glowing** ~**s** il a parlé d'elle en termes très chaleureux.
  2 *cpd exams etc* trimestriel. (*US Univ etc*) **term paper** dissertation *f* trimestrielle; **termtime** (*période f or* durée *f* du) trimestre (*V also* **1 b**); (*US Univ*) **termtime employment** emploi *m* pour étudiant (rémunéré par l'université).
  3 *vt* appeler, nommer. **what we** ~ **happiness** ce que nous nommons *or* appelons le bonheur; **it was** ~**ed a compromise** ce fut qualifié de compromis.
termagant ['tɜ:məgənt] *n* harpie *f*, mégère *f*.
terminal ['tɜ:mɪnl] **1** *adj* (**a**) (*last*) *part, stage* terminal; *illness, cancer* dans sa phase terminale; *patient* en phase terminale; *ward, hospital* pour malades incurables; *situation* sans issue. (*Rail*) ~ **point**, ~ **station** terminus *m*.
  (**b**) (*Ling*) *string, element, symbol* terminal.
  (**c**) (*termly*) trimestriel.
  2 *n* (**a**) (*air* ~) aérogare *f*; (*Rail, Coach*) (gare *f*) terminus *m inv*; (*Underground: terminus*) (gare) terminus; (*Underground: at beginning of line*) tête *f* de ligne. **container** ~ terminus de containers; **oil** ~ terminal *m* de conduites pétrolières.
  (**b**) (*Elec*) borne *f*.
  (**c**) (*Comput*) terminal *m*. **intelligent** ~ terminal intelligent.
terminally ['tɜ:mɪnlɪ] *adv*: **the** ~ **ill** les malades au stade terminal *or* en phase terminale, ceux qui sont condamnés.
terminate ['tɜ:mɪneɪt] **1** *vt* terminer, mettre fin à, mettre un terme à; *contract* résilier, dénoncer. **2** *vi* se terminer, finir (*in* en, par).
termination [,tɜ:mɪ'neɪʃən] *n* fin *f*, conclusion *f*; *[contract]* résiliation *f*, dénonciation *f*; (*Gram*) terminaison *f*. (*Med*) ~ **of pregnancy** interruption *f* de grossesse.
termini ['tɜ:mɪni:] *npl of* **terminus.**
terminological [,tɜ:mɪnə'lɒdʒɪkəl] *adj* terminologique.
terminologist [,tɜ:mɪ'nɒlədʒɪst] *n* terminologue *mf*.
terminology [,tɜ:mɪ'nɒlədʒɪ] *n* terminologie *f*.
terminus ['tɜ:mɪnəs] *n, pl* **termini** terminus *m inv*.
termite ['tɜ:maɪt] *n* termite *m*, fourmi blanche.
tern [tɜ:n] *n* hirondelle *f* de mer, sterne *f*.
ternary ['tɜ:nərɪ] *adj* ternaire.
Ter(r) (*Brit*) *abbr of* **Terrace** (*forme utilisée dans les adresses sur les enveloppes*).
terrace ['terəs] **1** *n* (*Agr, Geol etc*) terrasse *f*; (*raised bank*) terre-plein *m*; (*patio, veranda, balcony, roof*) terrasse; (*Brit: row of houses*) rangée *f* de maisons (*attenantes les unes aux autres*). (*Brit Sport*) **the** ~**s** les gradins *mpl*.
  2 *cpd*: **terrace cultivation** culture *f* en terrasses.
  3 *vt hillside* arranger en terrasses. ~**d** *garden, hillside* en terrasses; (*Brit*) **they live in a** ~**d house** leur maison est attenante aux maisons voisines.
terracotta ['terə'kɒtə] **1** *n* terre cuite. **2** *cpd* (*made of* ~) en terre cuite; (*colour*) ocre brun *inv*.
terra firma ['terə'fɜ:mə] *n* terre *f* ferme.
terrain [te'reɪn] *n* terrain *m* (*sol*).
terrapin ['terəpɪn] *n* tortue *f* d'eau douce.
terrazzo [te'rætsəʊ] *n* sol *m* de mosaïque.
terrestrial [tɪ'restrɪəl] *adj* terrestre.
terrible ['terəbl] *adj accident, disaster* terrible, effroyable, atroce; *heat, pain* atroce, affreux, terrible; *poverty, conditions* effroyable; *holiday, disappointment, report* affreux, abominable, épouvantable.
terribly ['terəblɪ] *adv* (**a**) (*very*) drôlement*, rudement*, terriblement; (*pej*) atrocement*, affreusement, horriblement. (**b**) (*very badly*) *play, sing* affreusement *or* épouvantablement mal.
terrier ['terɪər] *n* (**a**) terrier *m*. (**b**) (*Brit Mil sl*) **the** ~**s** la territoriale*, les territoriaux *mpl*.
terrific [tə'rɪfɪk] *adj* (**a**) (*terrifying*) terrifiant, épouvantable. (**b**) (*: extreme etc) amount, size, height* énorme, fantastique; *speed* fou (*f* folle), incroyable; *noise* énorme, épouvantable, incroyable; *hill, climb* terriblement *or* incroyablement raide; *heat, cold*

terrible, épouvantable; *anxiety* terrible; *pleasure* énorme, formidable*, terrible*.

(c) (*: *excellent*) *result, news, game* formidable*, sensationnel*.

terrifically* [təˈrɪfɪkəlɪ] *adv* **(a)** (*extremely*) *good etc* terriblement, incroyablement; *bad etc* horriblement, épouvantablement. **(b)** (*very well*) *sing, play* formidablement bien*.

terrify [ˈterɪfaɪ] *vt* terrifier. **to ~ sb out of his wits** rendre qn fou (*f* folle) de terreur; **to be terrified of** avoir une terreur folle de.

terrifying [ˈterɪfaɪɪŋ] *adj* terrifiant, épouvantable, terrible.

terrifyingly [ˈterɪfaɪɪŋlɪ] *adv* loud, near épouvantablement; *bellow etc* de façon terrifiante.

territorial [ˌterɪˈtɔːrɪəl] **1** *adj* territorial. **~ waters** eaux territoriales; (*Brit*) **T~ Army** armée territoriale. **2** *n* (*Brit Mil*) **T~** territorial *m*; **the T~s** l'armée territoriale, la territoriale*, les territoriaux.

territory [ˈterɪtərɪ] *n* territoire *m*.

terror [ˈterər] **1** *n* **(a)** (*U*) terreur *f*, épouvante *f*. **they were living in ~** ils vivaient dans la terreur; **they fled in ~** épouvantés, ils se sont enfuis; **he went in ~ of his life** il craignait fort pour sa vie, il avait la terreur d'être assassiné; **to go in ~ of sb** avoir extrêmement peur de qn; **I have a ~ of flying** j'ai la terreur de monter en avion; *V* **reign**.

(b) terreur* *f*. **he was the ~ of the younger boys** il était la terreur des plus petits*; **he's a ~ on the roads*** c'est un danger public sur les routes; **that child is a** (*real or* **little** *or* **holy**) **~*** cet enfant est une vraie (petite) terreur*.

2 *cpd*: **terror-stricken** épouvanté.

terrorism [ˈterərɪzəm] *n* (*U*) terrorisme *m*. **an act of ~** un acte de terrorisme.

terrorist [ˈterərɪst] **1** *n* terroriste *mf*. **2** *adj* attack, group, activities terroriste; *act* de terrorisme. **~ bombing** attentat *m* à la bombe.

terrorize [ˈterəraɪz] *vt* terroriser.

terry [ˈterɪ] (*also* **~ cloth, ~ towelling**) tissu *m* éponge.

terse [tɜːs] *adj* laconique, brusque (*pej*).

tersely [ˈtɜːslɪ] *adv* laconiquement, avec brusquerie (*pej*).

terseness [ˈtɜːsnɪs] *n* laconisme *m*, brusquerie *f* (*pej*).

tertiary [ˈtɜːʃərɪ] **1** *adj* (*gen, also Geol*) tertiaire; (*Educ*) post-scolaire. **~ college** établissement *m* d'enseignement post-scolaire; **~ education** enseignement *m* post-scolaire. **2** *n* (*Geol*) tertiaire *m*; (*Rel*) tertiaire *mf*.

terylene [ˈterəliːn] (*Brit*) ® **1** *n* tergal *m* ®. **2** *cpd* en tergal.

TESL [tesl] *n abbr of* **Teaching of English as a Second Language**; *V* **teaching**.

tessellated [ˈtesɪleɪtɪd] *adj* pavement en mosaïque.

tessellation [ˌtesɪˈleɪʃən] *n* (*U*) mosaïque *f*.

test [test] **1** *n* **(a)** (*gen, Ind, Tech etc: on product, vehicle, weapon etc*) essai *m*. **the aircraft has been grounded for ~s** l'avion a été retiré de la circulation pour (être soumis à) des essais *or* des vérifications; **to run a ~ on a machine** tester *or* contrôler une machine; **nuclear ~s** essais nucléaires.

(b) (*Med: on blood, urine*) analyse *f*; (*Med: on organ*) examen *m*; (*Pharm, Chem*) analyse, test *m*. **urine ~** analyse d'urine; **to do a ~ for sugar** faire une analyse pour déterminer la présence *or* le taux de glucose; **hearing ~** examen de l'ouïe; **they did a ~ for diphtheria** ils ont fait une analyse pour voir s'il s'agissait de la diphtérie; (*Med*) **he sent a specimen to the laboratory for ~s** il a envoyé un échantillon au laboratoire pour analyses; **they did ~s on the water to see whether** … ils ont analysé l'eau pour voir si …; (*Med*) **the Wasserman ~** la réaction Wasserman.

(c) (*of physical or mental quality, also Psych*) **they are trying to devise a ~ to find suitable security staff** ils essaient de concevoir un test permettant de sélectionner le personnel de gardiennage; **it's a ~ of his strength** cela teste ses forces; (*fig*) **a ~ of strength** une épreuve de force; **a ~ of his powers to survive in** … une épreuve permettant d'établir s'il pourrait survivre dans … ; **it wasn't a fair ~ of her linguistic abilities** cela n'a pas permis d'évaluer correctement ses aptitudes linguistiques; **if we apply the ~ of visual appeal** si nous utilisons le critère de l'attrait visuel; *V* **acid, endurance, intelligence** *etc*.

(d) (*Scol, Univ: written*) devoir *m* *or* exercice *m* de contrôle, interrogation *f* écrite; (*oral*) interrogation orale. **practical ~** épreuve *f* pratique.

(e) (*driving* ~) (*examen m* du) permis *m* de conduire. **my ~ is on Wednesday** je passe mon permis mercredi; **to pass/fail the ~** être reçu/échouer au permis (de conduire).

(f) (*U*) **to put to the ~** mettre à l'essai *or* à l'épreuve; **to stand the ~** [*person*] se montrer à la hauteur*; [*machine, vehicle*] résister aux épreuves; **it has stood the ~ of time** cela a (bien) résisté au passage du temps.

(g) = (*Brit Sport*) **~ match**; *V* **2**.

2 *cpd shot etc* d'essai; *district, experiment, year* test *inv*. (*Nucl Phys, Pol*) **test ban treaty** traité *m* d'interdiction d'essais nucléaires; [*oil*] **test bore** sondage *m* de prospection; (*Brit TV*) **test card** mire *f*; (*Jur*) **test case** conflit-test *m* *or* affaire-test *f* (destiné(e) à faire jurisprudence); **the strike is a test case** c'est une grève-test; (*Comput*) **test data** données *fpl* d'essai; [*oil company*] **test-drill** (*vi*) se livrer à des forages d'essai; (*Aut*) **test drive** (*n*) essai *m* de route; **test-drive** (*vt*) (*by prospective buyer*) essayer; (*by manufacturer*) mettre au banc d'essai, faire faire un essai de route à; (*Cine*) **test film** bout *m* d'essai; (*Aviat*) **test flight** vol *m* d'essai; **test gauge** bande *f* étalon; **test-market** (*vt*) commercialiser à titre expérimental; (*Brit: Cricket, Rugby*) **test match** ≃ match international; **test paper** (*Scol*) interrogation écrite; (*Chem*) (papier) réactif *m*; (*US TV*) **test pattern** = **test card**; (*Mus*) **test piece** morceau imposé; (*Aviat*) **test pilot** pilote *m* d'essai; **test run** (*lit*) essai *m*; (*fig*) période *f* d'essai; **test strip** bande *f* d'essai; **test tube** éprouvette *f*; **test-tube baby** bébé-éprouvette *m*.

3 *vt machine, weapon, tool* essayer; *vehicle* essayer, mettre à l'essai; *aircraft* essayer, faire faire un vol d'essai à; (*Comm*) *goods* vérifier; (*Chem*) *metal, liquid* analyser; (*Pharm*) *blood* faire une (*or* des) analyse(s) de; *new drug etc* expérimenter; (*Psych*) *person, animal* tester; (*gen*) *person* mettre à l'épreuve; *sight, hearing* examiner; *intelligence* mettre à l'épreuve, mesurer; *sb's reactions* mesurer; *patience, nerves* éprouver, mettre à l'épreuve. **they ~ed the material for resistance to heat** ils ont soumis le matériau à des essais destinés à vérifier sa résistance à la chaleur; **these conditions ~ a car's tyres/strength** ces conditions mettent à l'épreuve les pneus/la résistance d'une voiture; **to ~ metal for impurities** analyser un métal pour déterminer la proportion d'impuretés qu'il contient; **to ~ the water** [*chemist etc*] analyser l'eau; [*bather etc*] prendre la température de l'eau, voir si l'eau est bonne; (*fig: Pol etc*) prendre la température d'une assemblée (*or* d'un groupe *etc*), se faire une idée de la situation; (*Med*) **they ~ed him for diabetes** ils l'ont soumis à des analyses pour établir s'il avait le diabète; **they ~ed the child for hearing difficulties** ils ont fait passer à l'enfant un examen de l'ouïe; **they ~ed the children in geography** ils ont fait subir aux enfants une interrogation *or* un exercice de contrôle en géographie; **they ~ed him for the job** ils lui ont fait passer des tests d'aptitude pour le poste; (*fig*) **it is a ~ing time for us all** c'est une période éprouvante pour nous tous.

4 *vi*: **to ~ for sugar** faire une recherche de sucre; **they were ~ing for a gas leak** ils faisaient des essais pour découvrir une fuite de gaz; (*Telec etc*) **'~ing, ~ing'** ≃ 'un, deux. trois'.

♦**test out** *vt sep machine, weapon, tool* essayer; *vehicle* essayer, mettre à l'essai; *aircraft* essayer, faire faire un vol d'essai à.

testament [ˈtestəmənt] *n* (*all senses*) testament *m*. **the Old/New T~** l'Ancien/le Nouveau Testament.

testamentary [ˌtestəˈmentərɪ] *adj* testamentaire.

testator [tesˈteɪtər] *n* testateur *m*.

testatrix [tesˈteɪtrɪks] *n* testatrice *f*.

tester[1] [ˈtestər] *n* (*person*) contrôleur *m*, -euse *f*; (*machine etc*) appareil *m* de contrôle.

tester[2] [ˈtestər] *n* (*over bed*) baldaquin *m*, ciel *m* de lit.

testes [ˈtestiːz] *npl of* **testis**.

testicle [ˈtestɪkl] *n* testicule *m*.

testification [ˌtestɪfɪˈkeɪʃən] *n* déclaration *or* affirmation solennelle.

testify [ˈtestɪfaɪ] **1** *vt* (*Jur etc*) témoigner, déclarer *or* affirmer sous serment (*that* que). (*gen*) **as he will ~** comme il en fera foi.

2 *vi* (*Jur etc*) porter témoignage, faire une déclaration sous serment. **to ~ against/in favour of sb** déposer contre/en faveur de qn; **to ~ to sth** (*Jur*) attester qch; (*gen*) témoigner de qch.

testily [ˈtestɪlɪ] *adv* d'un ton *or* d'un air irrité.

testimonial [ˌtestɪˈməʊnɪəl] *n* (*character etc reference*) recommandation *f*, certificat *m*; (*gift*) témoignage *m* d'estime (*offert à qn par ses collègues etc*). **as a ~ to our gratitude** en témoignage de notre reconnaissance.

testimony [ˈtestɪmənɪ] *n* (*Jur*) témoignage *m*, déposition *f*; (*statement*) déclaration *f*, attestation *f*. **in ~ whereof** en foi de quoi.

testing [ˈtestɪŋ] **1** *n* [*vehicle, machine etc*] mise *f* à l'essai; (*Chem, Pharm*) analyse *f*; [*new drug*] expérimentation *f*; [*person*] (*gen*) mise *f* à l'épreuve; (*Psych*) test(s) *m(pl)*; [*sight, hearing*] examen *m*; [*intelligence, patience etc*] mise à l'épreuve; [*sb's reactions*] mesure *f*, évaluation *f*. **nuclear ~** essais *mpl* nucléaires.

2 *cpd*: **testing bench** banc *m* d'essai; (*lit, fig*) **testing ground** banc *m* d'essai.

testis [ˈtestɪs] *n, pl* **testes** testicule *m*.

testosterone [teˈstɒstərəʊn] *n* testostérone *f*.

testy [ˈtestɪ] *adj* irritable, grincheux.

tetanus [ˈtetənəs] **1** *n* tétanos *m*. **2** *cpd symptom* tétanique; *epidemic* de tétanos; *vaccine, injection* antitétanique.

tetchily [ˈtetʃɪlɪ] *adv* irritablement.

tetchiness [ˈtetʃɪnɪs] *n* (*Brit*) (*U*) irritabilité *f*.

tetchy [ˈtetʃɪ] *adj* (*Brit*) irritable, grincheux.

tête-à-tête [ˈteɪtaːˈteɪt] **1** *adv* en tête à tête, seul à seul. **2** *n* tête à tête *m inv*.

tether [ˈteðər] **1** *n* longe *f*. (*fig*) **to be at the end of one's ~** être à bout (de patience *or* de nerfs), être au bout de son rouleau*. **2** *vt* (*also* **~ up**) *animal* attacher (*to* à).

tetragon [ˈtetrəgən] *n* quadrilatère *m*.

tetrahedron [ˌtetrəˈhiːdrən] *n* tétraèdre *m*.

tetrameter [teˈtræmɪtər] *n* tétramètre *m*.

Teutonic [tjʊˈtɒnɪk] *adj* teutonique.

Texan [ˈteksən] **1** *adj* texan. **2** *n* Texan(e) *m(f)*.

Texas [ˈteksəs] *n* Texas *m*. **in ~** au Texas.

text [tekst] **1** *n* (*gen, also Comput*) texte *m*. **2** *cpd*: **textbook** manuel *m* scolaire, livre *m* scolaire; (*fig*) **a textbook case of** … un exemple classique *or* typique de … ; (*Comput*) **text editor** éditeur *m* de texte(s).

textile [ˈtekstaɪl] *adj, n* textile (*m*). **~ industry** (industrie *f*) textile *f*.

textual [ˈtekstjʊəl] *adj* **(a)** *error* de texte; *copy, translation* textuel. **(b)** (*Ling*) *analysis, meaning* textuel.

textually [ˈtekstjʊəlɪ] *adv* textuellement, mot à mot.

texture [ˈtekstʃər] *n* [*cloth*] contexture *f*; [*minerals, soil*] texture *f*, structure *f*, contexture; [*skin, wood, paper, silk etc*] grain *m*; (*fig*) structure, contexture.

TGWU [ˌtiːdʒiːdʌbljuːˈjuː] *n* (*Brit*) *abbr of* **Transport and General Workers' Union** (*syndicat*).

Thai [taɪ] **1** *adj* thaïlandais; (*Ling*) thaï *inv*. **2** *n* **(a)** Thaïlandais(e) *m(f)*. **(b)** (*Ling*) thaï *m*.

Thailand [ˈtaɪlænd] *n* Thaïlande *f*.

thalamus [ˈθæləməs] *n, pl* **-ami** [ˈθæləmaɪ] thalamus *m*.

thalassemia [ˌθæləˈsiːmɪə] *n* thalassémie *f*.

thalidomide [θəˈlɪdəʊmaɪd] ® **1** *n* thalidomide *f* ®. **2** *cpd*: **thalidomide baby** (petite) victime *f* de la thalidomide.

thallium [ˈθælɪəm] *n* thallium *m*.

Thames [temz] *n* Tamise *f*. (*fig*) **he'll never set the ~ on fire** il n'a pas inventé la poudre *or* le fil à couper le beurre.

than [ðæn, *weak form* ðən] *conj* **(a)** que. **I have more ~ you** j'en ai plus que toi; **he is taller ~ his sister** il est plus grand que sa sœur; **he has more brains ~ sense** il a plus d'intelligence que de bon sens; **more unhappy ~ angry** plus malheureux que fâché; **you'd be better going by car ~ by bus** tu ferais mieux d'y aller en voiture plutôt qu'en autobus; **I'd do anything rather ~ admit it** je ferais tout plutôt que d'avouer cela; **no sooner did he arrive ~ he started to complain** il n'était pas plus tôt arrivé *or* il était à peine arrivé qu'il a commencé à se plaindre; **it was a better play ~ we expected** la pièce était meilleure que nous ne l'avions prévu.

(b) (*with numerals*) de. **more/less ~ 20** plus/moins de 20; **less ~ half** moins de la moitié; **more ~ once** plus d'une fois.

thank [θæŋk] **1** *vt* remercier, dire merci à (*sb for sth* qn de *or* pour qch, *for doing* de faire, d'avoir fait). **I cannot ~ you enough** je ne saurais assez vous remercier; **do ~ him for me** remerciez-le bien de ma part; **~ you merci**; **~ you very much** merci bien (*also iro*), merci beaucoup, merci mille fois; **~ you for the book/for helping us** merci pour le livre/de nous avoir aidés; **with ~s** avec tous mes remerciements; **no ~ you** (non) merci; **without so much as a ~ you** sans même dire merci; **~ you for nothing!** je te remercie! (*iro*); **~ goodness***, **~ heaven(s)***, **~ God*** Dieu merci; **~ goodness you've done it!*** Dieu merci tu l'as fait!; (*fig*) **you've got him to ~ for that** c'est à lui que tu dois cela; **he's only got himself to ~** il ne peut s'en prendre qu'à lui-même; **I'll ~ you to mind your own business!** je vous prierai de vous mêler de ce qui vous regarde!

2 *npl* **(a)** ~s remerciements *mpl*; (*excl*) ~s!* merci!; ~s **very much!**, ~s **a lot!*** merci bien (*also iro*), merci beaucoup, merci mille fois; ~s **a million*** merci mille fois; **many ~s for all you've done** merci mille fois pour ce que vous avez fait; **many ~s for helping us** merci mille fois de nous avoir aidés; **with ~s** avec tous mes remerciements; **with my warmest** *or* **best** ~s avec mes remerciements les plus sincères; **give him my** ~s transmettez-lui mes remerciements, remerciez-le de ma part; **to give** ~s **to God** rendre grâces à Dieu; ~s **be to God!** Dieu soit loué!; **that's all the** ~s **I get!** c'est comme ça qu'on me remercie!

(b) ~s **to** *prep* grâce à; ~s **to you/your brother/his help** *etc* grâce à toi/ton frère/son aide *etc*; **no** ~s **to you!** ce n'est pas grâce à toi!

3 *cpd*: **thanksgiving** action *f* de grâce(s); (*Can, US*) **Thanksgiving (Day)** fête nationale; **thank(s) offering** action *f* de grâce(s) (*don*); **and now a special thank-you to John** et maintenant je voudrais remercier tout particulièrement John; **a thank-you card** une carte de remerciement.

thankful [ˈθæŋkfʊl] *adj* reconnaissant (*for* de). **he was ~ to sit down** il s'est assis avec soulagement; **we were ~ for your umbrella!** nous avons vraiment béni votre parapluie!; **let us be ~ that he didn't know** estimons-nous heureux qu'il ne l'ait pas su; **I was ~ that he hadn't seen me** j'ai été bien content *or* je me suis félicité qu'il ne m'ait pas vu; *V* mercy.

thankfully [ˈθæŋkfəlɪ] *adv* (*gratefully*) avec reconnaissance; (*with relief*) avec soulagement.

thankfulness [ˈθæŋkfʊlnɪs] *n* (*U*) gratitude *f*, reconnaissance *f*.

thankless [ˈθæŋklɪs] *adj* ingrat.

that [ðæt, *weak form* ðət] **1** *dem adj*, *pl* **those (a)** (*unstressed*) ce, (*before vowel and mute 'h'*) cet, *f* cette, *mf pl* ces. **~ noise** ce bruit; **~ man** cet homme; **~ car** cette voiture; **those books** ces livres; **those houses** ces maisons; **how's ~ work of yours getting on?** et ce travail, comment ça va?*; **I love ~ house of yours!** votre maison, je l'adore!; **~ awful dog of theirs** ce sale chien qu'ils ont*; **where's ~ son of his?** où est-il, ce fameux fils?, où est-il, son fichu* fils? (*pej*); **what about ~ £5 I lent you?** et ces 5 livres que je t'ai prêtées?

(b) (*stressed; or as opposed to* this, these) ce ... là, cette ... là, ces ... là. **I mean THAT book** c'est de ce livre-là que je parle; **I like ~ photo better than this one** je préfère cette photo-là à celle-ci; **~ hill over there** la *or* cette colline là-bas; (on) **~ Saturday** ce samedi-là; **everyone agreed on ~ point** tout le monde était d'accord là-dessus; **the leaf was blowing this way and ~** la feuille tournoyait de-ci de-là; **she ran this way and ~** elle courait dans tous les sens; **there's little to choose between this author and ~ (one)** il n'y a pas grande différence entre cet auteur-ci et l'autre.

2 *dem pron*, *pl* **those (a)** cela, ça; ce. **what's ~?** qu'est-ce que c'est que ça?; **who's ~?** (*gen*) qui est-ce?; (*on phone*) qui est à l'appareil?; **is ~ you Paul?** c'est toi Paul?; ~'s **what they've been told** c'est *or* voilà ce qu'on leur a dit; ~'s **the boy I told you about** c'est *or* voilà le garçon dont je t'ai parlé; **those are my children** ce sont mes enfants, (*pointing out*) voilà mes enfants; **do you like ~?** vous aimez ça *or* cela?; ~'s **fine!** c'est parfait!; ~'s **enough!** ça suffit!; **what do you mean by ~?** qu'est-ce que vous voulez dire par là?; **she's not as stupid as (all) ~** elle n'est pas si bête que ça; **I prefer ~ to this** je préfère cela à ceci; **as for ~!** pour ce qui est de ça!, quant à cela!; **you're not going and ~'s ~** tu n'y vas pas un point c'est tout!; **well, ~'s ~!** eh bien voilà!; **so ~ was ~** les choses se sont arrêtées là; **if it comes to ~, why did you go?** mais en fait, est-ce que tu avais besoin d'y aller?; **so it has come to ~!** on en est donc là!, voilà donc où on en est (arrivé)!; **before/after ~** avant/après cela; **with ~ at ~** she burst into tears là-dessus *or* sur ce, elle a éclaté en sanglots; **and there were 6 of them at ~!** et en plus ils étaient 6!; **~ is (to say) ...** c'est-à-dire ...; **we were talking of this and ~** nous bavardions de choses et d'autres; **do it like ~** fais-le comme ça; **let's leave it at ~ for today** ça suffit pour

aujourd'hui; **he went on about loyalty and all ~*** il parlait de loyauté et patati et patata*; **did he go? — ~ he did!**† y est-il allé? — pour sûr!†

(b) (~ *one*) celui-là *m*, celle-là *f*, ceux-là *mpl*, celles-là *fpl*. **I prefer this to ~** je préfère celui-ci à celui-là (*or* celle-ci à celle-là); **those over there** ceux-là (*or* celles-là) là-bas; **not THOSE!** pas ceux-là (*or* celles-là)!

(c) (*before rel pron*) **those who ...** ceux *mpl* (*or* celles *fpl*) qui ... ; **those who came** ceux qui sont venus; **those which are here** ceux (*or* celles) qui sont ici; **there are those who say** certains disent, il y a des gens qui disent.

3 *adv* **(a)** (*so*) si, aussi. **it's ~ high** c'est haut comme ça; **it's not ~ cold!** il ne fait pas si froid que ça!; **I couldn't go ~ far** je ne pourrais pas aller aussi loin que ça; **I can't carry ~ much** je ne peux pas porter autant que ça; **he was at least ~ much taller than me** il me dépassait de ça au moins.

(b) (*: *so very*) **it was ~ cold!** il faisait un de ces froids!; **it was ~ cold we had to stay indoors** il faisait tellement froid que nous avons dû rester à la maison; **I was ~ tired I fell asleep** je me suis endormi tellement j'étais fatigué; **he was ~ ill!** il était vraiment malade, il n'était pas bien du tout.

4 *rel pron* **(a)** (*nominative*) qui; (*accusative*) que. **the man ~ came to see you** l'homme qui est venu vous voir; **the letter ~ I sent yesterday** la lettre que j'ai envoyée hier; **and Martin, idiot ~ he is, didn't tell me** et Martin, cet imbécile, ne me l'a pas dit; **fool ~ I am!** imbécile que je suis!

(b) (*with prep*) lequel *m*, laquelle *f*, lesquels *mpl*, lesquelles *fpl*. **the men ~ I was speaking to** les hommes auxquels je parlais; **the box ~ you put it in** la boîte dans laquelle vous l'avez mis; **the girl/the book ~ I told you about** la jeune fille/le livre dont je vous ai parlé; **not ~ I know of** pas que je sache.

(c) (*in expressions of time*) où. **the evening ~ we went to the opera** le soir où nous sommes allés à l'opéra; **during the years ~ he'd been abroad** pendant les années où il était à l'étranger; **the summer ~ it was so hot** l'été où il a fait si chaud.

5 *conj* **(a)** que. **he said ~ he had seen her** il a dit qu'il l'avait vue, il a dit l'avoir vue; **he was speaking so softly ~ I could hardly hear him** il parlait si bas que je l'entendais à peine; **not ~ I want to do it** non (pas) que je veuille le faire; **what's the matter? — it's ~ I don't know the way** qu'est-ce qu'il y a? — c'est que je ne sais pas comment y aller; **supposing ~ ...** à supposer que + *subj*; **it is natural ~ he should refuse** il est normal qu'il refuse (*subj*); **in ~ he might refuse** en ce sens qu'il pourrait refuser; **~ he should behave like this is incredible** il est incroyable qu'il se conduise de cette façon; **~ he should behave like this!** dire qu'il peut se conduire ainsi!; **oh ~ we could!** si seulement nous pouvions!; *V* would *etc*.

(b) (*so that: liter, frm*) afin que + *subj*. **so ~**, **in order ~** pour que + *subj*, afin que + *subj*.

thatch [θætʃ] **1** *n* (*U*) chaume *m*. (*fig*) **his ~ of hair*** sa crinière. **2** *vt roof* couvrir de chaume; *cottage* couvrir en chaume. ~**ed roof** toit *m* de chaume; ~**ed cottage** chaumière *f*. **3** *vi* faire un toit de chaume.

thatcher [ˈθætʃər] *n* couvreur *m* (spécialiste des toits de chaume).

thaw [θɔː] **1** *n* (*Met*) dégel *m*; (*fig: Pol etc*) détente *f*. (*fig: Econ*) **economic** *etc* ~ assouplissement *m* des restrictions concernant la vie économique *etc*.

2 *vt* (*also* ~ **out**) *ice* faire dégeler, faire fondre; *snow* faire fondre; *frozen food* décongeler, dégeler.

3 *vi* (*also* ~ **out**) [*ice*] fondre, dégeler; [*snow*] fondre; [*frozen food*] décongeler, dégeler. (*fig*) **he began to ~*** (*get warmer*) il a commencé à se dégeler* *or* à se réchauffer; (*grow friendlier*) il a commencé à se dégeler* *or* à se dérider; (*Met*) **it's ~ing** il dégèle.

the [ðiː, *forme faible* ðə] **1** *def art* **(a)** le, la, (*before vowel or mute 'h'*) l', les. **of ~**, **from ~** du, de la, de l', des; **to ~**, **at ~** au, à la, à l', aux; **~ prettiest** le plus joli, la plus jolie, les plus joli(e)s; **~ poor** les pauvres *mpl*.

(b) (*neuter*) **~ good** and **~ beautiful** le bien et le beau; **translated from ~ German** traduit de l'allemand; **it is ~ unusual that is frightening** c'est ce qui est inhabituel qui fait peur.

(c) (*with musical instruments*) **to play ~ piano** jouer du piano.

(d) (*with sg n denoting whole class*) **~ aeroplane is an invention of our century** l'avion est une invention de notre siècle.

(e) (*distributive use*) **50p ~ pound** 50 pence la livre; **2 dollars to ~ pound** 2 dollars la livre; **paid by ~ hour** payé à l'heure; **30 miles to ~ gallon** ≃ 9.3 litres au 100 (km).

(f) (*with names etc*) **Charles ~ First/Second/Third** Charles premier/deux/trois; **~ Browns** les Brown; **~ Bourbons** les Bourbons.

(g) (*stressed*) **THE Professor Smith** le célèbre professeur Smith; **he's THE surgeon here** c'est lui le grand chirurgien ici; **it's THE restaurant in this part of town** c'est le meilleur restaurant du quartier; **he's THE man for the job** c'est le candidat idéal pour ce poste; **it was THE colour last year** c'était la couleur à la mode l'an dernier; **it's THE book just now** c'est le livre à lire en ce moment.

(h) (*other special uses*) **~ cheek of it!** ce toupet!*; **he hasn't ~ sense to refuse** il n'a pas assez de bon sens pour refuser; **I'll see him in ~ summer** je le verrai cet été; **~ dictionary for the nineties** le dictionnaire des années quatre-vingt-dix; **he's got ~ measles*** il a la rougeole; **well, how's ~ leg?*** eh bien, et cette jambe?*

2 *adv*: **~ more he works ~ more he earns** plus il travaille plus il gagne d'argent; **~ sooner ~ better** le plus tôt sera le mieux; **all ~ better!** tant mieux!; **it will be all ~ more difficult** cela sera d'autant plus difficile; **it makes me all ~ more proud** je n'en suis que plus fier; **he was none ~ worse for it** il ne s'en est pas trouvé plus mal pour ça.

theater (*US*) = **theatre**.
theatre ['θɪətəʳ] (*Brit*) **1** *n* (**a**) (*place*) théâtre *m*, salle *f* de spectacle; (*drama*) théâtre. **I like the ~** j'aime le théâtre; **to go to the ~** aller au théâtre or au spectacle; **it makes good ~** c'est du bon théâtre. (**b**) (*large room*) salle *f* de conférences. (*Univ etc*) **lecture ~** amphithéâtre *m*, amphi* *m*. (**c**) (*Med: also* **operating ~**) salle *f* d'opération. *[patient]* **he is in (the) ~** il est sur la table d'opération. (**d**) (*Mil etc*) théâtre *m*. **~ of operations/war** théâtre des opérations/des hostilités. **2** *cpd* (*Theat*) **programme, ticket** de théâtre; *visit* au théâtre; **management** du théâtre; (*Med*) **staff, nurse** de la salle d'opération; **job, work** dans la salle d'opération. (*Theat*) **theatre company** troupe *f* de théâtre; **theatregoer** habitué(e) *m(f)* du théâtre; **theatre-in-the-round** le théâtre en rond; **London's theatreland** le Londres des théâtres; **theatre lover** amateur *m* de théâtre; **theatre workshop** atelier *m* de théâtre.
theatrical [θɪ'ætrɪkəl] **1** *adj* théâtral (*also fig pej*). **~ company** troupe *f* de théâtre. **2** *npl*: **~s** théâtre *m* (d'amateurs); **he does a lot of (amateur) ~s** il fait beaucoup de théâtre d'amateurs; (*fig pej*) **what were all those ~s about?** pourquoi toute cette comédie?
theatrically [θɪ'ætrɪkəlɪ] *adv* théâtralement (*also fig pej*).
Thebes [θiːbz] *n* Thèbes.
thee [ðiː] *pron* (††, *liter, dial*) te; (*before vowel*) t'; (*stressed; after prep*) toi.
theft [θeft] *n* vol *m*.
their [ðɛəʳ] *poss adj* leur (*f inv*). **they've broken ~ legs** ils se sont cassé la jambe; THEIR **house** leur maison à eux (or à elles).
theirs [ðɛəz] *poss pron* le leur, la leur, les leurs. **this car is ~** cette voiture est à eux (or à elles) or leur appartient or est la leur; **this music is ~** cette musique est d'eux; **a friend of ~** un de leurs amis, un ami à eux (or à elles)*; **I think it's one of ~** je crois que c'est un(e) des leurs; **your house is better than ~** votre maison est mieux que la leur; **it's no fault of ~** ce n'est pas de leur faute; (*pej*) **that car of ~** leur fichue* voiture; **that stupid son of ~** leur idiot de fils; **the house became ~** la maison est devenue la leur; **no advice of ~ could prevent him** ... aucun conseil de leur part ne pouvait l'empêcher de ...; (*frm*) **it is not ~ to decide** il ne leur appartient pas de décider; **~ is a specialized department** leur section est une section spécialisée.
theism ['θiːɪzəm] *n* théisme *m*.
theist ['θiːɪst] *adj, n* théiste (*mf*).
theistic(al) [θiː'ɪstɪk(əl)] *adj* théiste.
them [ðem, *forme faible* ðəm] *pers pron pl* (**a**) (*direct*) (*unstressed*) les; (*stressed*) eux *mpl*, elles *fpl*. **I have seen ~** je les ai vu(e)s; **I know** HER **but I don't know** THEM je la connais, elle, mais eux (or elles) je ne les connais pas; **if I were ~** si j'étais à leur place, si j'étais eux (or elles); **it's ~!** ce sont eux (or elles)!, les voilà! (**b**) (*indirect*) leur. **I gave ~ the book** je leur ai donné le livre; **I'm speaking to ~** je leur parle. (**c**) (*after prep etc*) eux, elles. **I'm thinking of ~** je pense à eux (or elles); **as for ~** quant à eux (or elles); **younger than ~** plus jeune qu'eux (or elles); **they took it with ~** ils l'ont emporté (avec eux). (**d**) (*phrases*) **both of ~** tous (or toutes) les deux; **several of ~** plusieurs d'entre eux (or elles); **give me a few of ~** donnez-m'en quelques-un(e)s; **every one of ~** was lost ils furent tous perdus, elles furent toutes perdues; **I don't like either of ~** je ne les aime ni l'un(e) ni l'autre; **none of ~** would do it aucun d'entre eux (or aucune d'entre elles) n'a voulu le faire; **it was very good of ~** c'était très gentil de leur part; (*fig pej*) **he's one of ~*** je (or tu) vois le genre!*
thematic [θɪ'mætɪk] *adj* thématique.
theme [θiːm] *n* (**a**) thème *m*, sujet *m*. (**b**) (*Mus*) thème *m*, motif *m*. (**c**) (*Ling*) thème *m*. (**d**) (*US Scol: essay*) rédaction *f*. **2** *cpd*: **theme song** chanson principale (*d'un film etc*); (*US: signature tune*) indicatif *m* (musical); (*fig*) refrain *m* (habituel), leitmotiv *m*.
themselves [ðem'selvz] *pers pron pl* (*reflexive: direct and indirect*) se; (*emphatic*) eux-mêmes *mpl*, elles-mêmes *fpl*; (*after prep*) eux, elles. **they've hurt ~** ils se sont blessés, elles se sont blessées; **they said to ~** ils (or elles) se sont dit; **they saw it ~** ils l'ont vu eux-mêmes; **they were talking amongst ~** ils discutaient entre eux; (**all**) **by ~** tout seuls, toutes seules.
then [ðen] **1** *adv* (**a**) (*at that time*) alors, à cette époque(-là), à ce moment(-là), en ce temps(-là). **we had 2 dogs ~** nous avions alors 2 chiens, nous avions 2 chiens à cette époque-là or à ce moment-là or en ce temps-là; **I'm going to London and I'll see him ~** je vais à Londres et je le verrai à ce moment-là; (**every**) **now and ~** de temps en temps, de temps à autre; **~ and there, there and ~** sur-le-champ, séance tenante. (**b**) (*after prep*) **from ~ on(wards)** dès lors, dès cette époque(-là) or ce moment-(là) or ce temps-(là), à partir de cette époque-(là) or ce moment-(là); **before ~** avant cela or ce moment-là or ce temps-là; **by ~ I knew** ... à ce moment là, je savais déjà ...; **I'll have it finished by then** je l'aurai fini d'ici là; **since ~** depuis ce moment-là or cette époque-là or ce temps-là or lors; **between now and ~** d'ici là; (**up**) **until ~** jusque-là, jusqu'alors. (**c**) (*next, afterwards*) ensuite, puis, alors. **he went first to London ~ to Paris** il est allé d'abord à Londres, puis or et ensuite à Paris; **and ~ what?** et puis après?; **now this ~ that** tantôt ceci, tantôt cela. (**d**) (*in that case*) en ce cas, donc, alors. **~ it must be in the sitting room** alors ça doit être au salon; **if you don't want that ~ what do you want?** si vous ne voulez pas de ça, alors que voulez-vous donc?; **but ~ that means that** ... mais c'est donc que ...; **someone had already warned you ~?** on vous avait donc déjà prévenu?; **now ~ what's the matter?** alors qu'est-ce qu'il y a?

(**e**) (*furthermore; and also*) et puis, d'ailleurs, aussi. (**and**) **~ there's my aunt** et puis il y a ma tante; **... and ~ it's none of my business** ... et d'ailleurs or et puis cela ne me regarde pas; **... and ~ again** or ... **but ~ he might not want to go** ... remarquez, il est possible qu'il ne veuille pas y aller; **... and ~ again** or ... **but ~ he has always tried to help us** ... et pourtant, il faut dire qu'il a toujours essayé de nous aider. **2** *adj* (*before n*) d'alors, de l'époque, du moment. **the ~ Prime Minister** le premier ministre d'alors or de l'époque.
thence [ðens] (†, *frm, liter*) **1** *adv* (*from there*) de là, de ce lieu-là; (*therefore*) par conséquent, pour cette raison. **2** *cpd*: **thenceforth, thenceforward** dès lors.
theocracy [θɪ'ɒkrəsɪ] *n* théocratie *f*.
theocratic [θɪə'krætɪk] *adj* théocratique.
theodolite [θɪ'ɒdəlaɪt] *n* théodolite *m*.
theologian [θɪə'ləʊdʒɪən] *n* théologien(ne) *m(f)*.
theological [θɪə'lɒdʒɪkəl] *adj* théologique. **~ college** séminaire *m*.
theology [θɪ'ɒlədʒɪ] *n* théologie *f*; V **liberation**.
theorem ['θɪərəm] *n* théorème *m*.
theoretic(al) [θɪə'retɪk(əl)] *adj* théorique.
theoretically [θɪə'retɪkəlɪ] *adv* théoriquement.
theoretician [ˌθɪərə'tɪʃən] *n*, **theorist** ['θɪərɪst] *n* théoricien(ne) *m(f)*.
theorize ['θɪəraɪz] **1** *vi* [*scientist, psychologist etc*] élaborer une (or des) théorie(s) (*about sth*). **it's no good just theorizng about it** ce n'est pas la peine de faire des grandes théories là-dessus*. **2** *vt*: **to ~ that** émettre l'hypothèse que.
theory ['θɪərɪ] *n* théorie *f*. **in ~** en théorie.
theosophical [θɪə'sɒfɪkəl] *adj* théosophique.
theosophist [θɪ'ɒsəfɪst] *n* théosophe *mf*.
theosophy [θɪ'ɒsəfɪ] *n* théosophie *f*.
therapeutic [ˌθerə'pjuːtɪk] *adj* method, result thérapeutique. **~ community** communauté *f* thérapeutique.
therapeutical [ˌθerə'pjuːtɪkəl] *adj* thérapeutique.
therapeutics [θerə'pjuːtɪks] *n* (*U*) thérapeutique *f*.
therapist ['θerəpɪst] *n* (*gen*) thérapeute *mf*; V **occupational** etc.
therapy ['θerəpɪ] *n* (*gen, also Psych*) thérapie *f*. (*fig*) **it's good ~** c'est très thérapeutique.
there [ðɛəʳ] **1** *adv* (**a**) (*place*) y (*before vb*), là. **we shall soon be ~** nous y serons bientôt, nous serons bientôt là, nous serons bientôt arrivés; **put it ~** posez-le là; **when we left ~** quand nous en sommes partis, quand nous sommes partis de là; **on ~** là-dessus; **in ~** là-dedans; **back** or **down** or **over ~** là-bas; **he lives round ~** il habite par là, (*further away*) il habite par là-bas; **somewhere round ~** quelque part par là; **here and ~** çà et là, par-ci par-là; **from ~** de là; **they went ~ and back in 2 hours** ils ont fait l'aller et retour en 2 heures; V **here**. (**b**) **~ is** il y a, il est (*liter*); **~ are** il y a; **once upon a time ~ was a princess** il y avait or il était une fois une princesse; **~ will be dancing later** plus tard on dansera; **~ is a page missing** il y a une page qui manque; **~ are 3 apples left** il reste 3 pommes, il y a encore 3 pommes; **~ comes a time when** ... il vient un moment où ...; **~'s no denying it** c'est indéniable. (**c**) (*other uses*) **~'s my brother!** voilà mon frère!; **~ are the others!** voilà les autres!; **~ he is!** le voilà!; **~ they go!** les voilà partis!; **that man ~ saw it** cet homme-là a tout vu; **hey you ~!** hé or ho toi, là-bas!*; **hurry up ~!** dépêchez-vous, là-bas!; **~'s my mother calling me** il y a or voilà ma mère qui m'appelle; **~'s the problem** là est or c'est or voilà le problème; **I disagree with you ~** là je ne suis pas d'accord avec vous; **you've got me ~!** alors là, ça me dépasse!*; **you press this switch and ~ you are!** tu appuies sur ce bouton et ça y est!; **~ you are, I told you that would happen** voilà or tiens, je t'avais dit que ça allait arriver; (*fig*) **~ you go again*, complaining about** ... ça y est, tu recommences à te plaindre de ...; (*fig*) **~ he goes again!*** ça y est, il recommence!; (*fig*) **he's all ~*** c'est un malin, il n'est pas idiot; **he's not all ~*** (*gen*) il est un peu demeuré; *[old person]* il n'a plus toute sa tête. **2** *excl*: **~, what did I tell you?** alors, qu'est-ce que je t'avais dit?; **~, ~, don't cry!** allons, allons, ne pleure pas!; **~, drink this** allez or tenez, buvez ceci; **but ~, what's the use?** (mais) enfin, à quoi bon? **3** *cpd*: **thereabouts** (*place*) par là, près de là, dans le voisinage; (*degree etc*) à peu près, environ; **£5 or thereabouts** environ 5 livres; (*frm*) **thereafter** par la suite; (*frm*) **thereat** (*place*) là; (*time*) là-dessus; **thereby** de cette façon, de ce fait, par ce moyen; **thereby hangs a tale!** c'est toute une histoire!; **therefore** V **therefore**; (*frm*) **therefrom** de là; (*frm*) **therein** (*in that regard*) à cet égard, en cela; (*inside*) (là-)dedans; (*frm*) **thereof** de cela, en; **he ate thereof** il en mangea; (*frm*) **thereon** (là-)dessus; (*frm*) **thereto** y; (*frm*) **theretofore** jusque-là; (*frm*) **thereunder** (là) en-dessous; **thereupon** (*then*) sur ce; (*on that subject*) là-dessus, sur ce sujet; (*frm*) **therewith** (*with that*) avec cela, en outre; (*at once*) sur ce.
therefore ['ðɛəfɔːʳ] *conj* donc, par conséquent, pour cette raison.
there's [ðɛəz] = **there is, there has**; V **be, have**.
therm [θɜːm] *n* 1,055 × 10⁸ joules; (*formerly*) thermie *f*.
thermal ['θɜːməl] **1** *adj* (**a**) (*Elec, Phys*) thermique; *paper* thermosensible, à sensibilité thermique. **~ imaging** thermographie *f*; **~ barrier** barrière *f* thermique; **~ breeder**, **~ reactor** réacteur *m* thermique; **British ~ unit** (*abbr* BTU) = 252 calories. (**b**) (*treatment etc*) thermal. **~ baths** thermes *mpl*; **~ spring** source thermale. (**c**) *underwear etc* en thermolactyl ® or rhovilon ®. **2** *n* (*Met*) courant ascendant (d'origine thermique), ascendance *f* thermique.
thermic [θɜːmɪk] *adj* = **thermal 1**.
thermionic [ˌθɜːmɪ'ɒnɪk] **1** *adj* effect, emission thermoïonique. **~ valve**, (*US*) **~ tube** tube *m* électronique. **2** *n* (*U*) **~s** thermoïonique *f*.

thermo... ['θɜ:məʊ] *pref* therm(o)... .
thermocouple ['θɜ:məʊkʌpl] *n* thermocouple *m*.
thermodynamic ['θɜ:məʊdaɪ'næmɪk] **1** *adj* thermodynamique. **2** *n* (*U*) ~s thermodynamique *f*.
thermoelectric ['θɜ:məʊɪ'lektrɪk] *adj* thermoélectrique.
thermograph ['θɜ:məʊɡrɑːf] *n* thermographe *m*.
thermography [θɜ:'mɒɡrəfɪ] *n* thermographie *f*.
thermometer [θə'mɒmɪtə*r*] *n* thermomètre *m*.
thermonuclear ['θɜ:məʊ'njuːklɪə*r*] *adj* thermonucléaire.
thermopile ['θɜ:məʊpaɪl] *n* pile *f* thermoélectrique.
Thermopylae [θə'mɒpəli:] *n* les Thermopyles.
Thermos ['θɜ:məs] *n* ® thermos *m or f inv* ®. ~ flask bouteille *f* thermos.
thermosiphon [,θɜ:məʊ'saɪfən] *n* thermosiphon *m*.
thermostat ['θɜ:məstæt] *n* thermostat *m*.
thermostatic [,θɜ:mə'stætɪk] *adj* thermostatique.
thermotherapy [,θɜ:məʊ'θerəpɪ] *n* thermothérapie *f*.
thesaurus [θɪ'sɔːrəs] *n*, *pl* -ri [θɪ'sɔːraɪ] *or* -ruses (*gen*) trésor *m* (*fig*); (*lexicon etc*) dictionnaire *m* synonymique; (*Comput*) thesaurus *m*.
these [ðiːz] *dem adj, dem pron: pl of* **this**.
Theseus ['θiːsjəs] *n* Thésée *m*.
thesis ['θiːsɪs] *n*, *pl* **theses** ['θiːsiːz] thèse *f*.
Thespian ['θespɪən] *adj* (*liter or hum*) dramatique, de Thespis.
Thessalonians [,θesə'ləʊnɪənz] *npl* Thessaloniciens *mpl*.
they [ðeɪ] *pers pron* (*a*) ils *mpl*, elles *fpl*; (*stressed*) eux *mpl*, elles *fpl*. ~ **have gone** ils sont partis, elles sont parties; **there ~ are!** les voilà!; ~ **are teachers** ce sont des professeurs; THEY **know nothing about it** eux, ils n'en savent rien.
(*b*) (*people in general*) on. ~ **say that** ... on dit que ... .
they'd [ðeɪd] = **they had, they would**; *V* **have, would**.
they'll [ðeɪl] = **they will**; *V* **will**.
they're [ðeə*r*] = **they are**; *V* **be**.
they've [ðeɪv] = **they have**; *V* **have**.
thiamine ['θaɪəmiːn] *n* thiamine *f*.
thick [θɪk] **1** *adj* (*a*) (*in shape*) *finger, wall, line, slice, layer, glass, waist, jersey, cup* épais (*f* -aisse); *thread, book, lips, nose, wool, string* épais, gros (*f* grosse); *print* épais, gras (*f* grasse). **to grow** *or* **become ~(er)** [*waist*] (s')épaissir; [*branch*] grossir; **a wall 50 cm ~** un mur de 50 cm d'épaisseur, un mur épais de 50 cm; **the ice was 10 cm ~** la glace avait 10 cm d'épaisseur; (*with pen, brush etc*) **a ~ stroke** un trait épais, un gros trait; (*Brit*) **to give sb a ~ ear*** frotter les oreilles à qn*; (*Brit fig*) **that's a bit ~!*** ça c'est un peu fort!* *or* violent!* *or* raide!*; *V* **skin**.
(*b*) (*in consistency etc*) *soup, cream, gravy* épais (*f* -aisse), consistant; *honey* dur; *oil, mud, eyelashes, eyebrows* épais; *fog, smoke* dense, épais; *forest, vegetation, foliage* épais, touffu, dense; *hedge* (bien) fourni, touffu; *beard, hair* épais, touffu; *crowd* dense. **to grow** *or* **become** *or* **get ~(er)** [*soup, cream etc*] épaissir; [*honey*] durcir; [*fog, smoke*] devenir plus dense, s'épaissir; [*vegetation etc*] s'épaissir, devenir plus dense *or* touffu; **to make ~** *soup, sauce* épaissir; **the air is very ~ in here** on manque d'air ici; **the air was ~ with smoke** (*at a party etc*) la pièce était enfumée; (*during fire etc*) l'air était plein d'une fumée épaisse; **the air was ~ with insults** les insultes volaient; **the furniture was ~ with dust** les meubles étaient couverts d'une épaisse couche de poussière; **the road was ~ with cars** la rue était encombrée de voitures; **the town was ~ with tourists** la ville était envahie de touristes; **the leaves were ~ on the ground** les feuilles couvraient le sol d'une couche épaisse; (*fig*) **antique shops are ~ on the ground around here*** il y a pléthore de magasins d'antiquités par ici; **in a ~ voice** (*from headcold, fear*) d'une voix voilée; (*from drink*) d'une voix pâteuse; (*fig*) **they are as ~ as thieves** ils s'entendent comme larrons en foire; **he's very ~* with Paul, Paul and he are very ~*** lui et Paul sont comme les deux doigts de la main.
(*c*) (*Brit*: stupid*) bête, obtus, borné. **he's as ~ as a brick‡** *or* **as ~ as two short planks‡** il est bête comme ses pieds*.
2 *adv spread, lie etc* en couche épaisse; *cut* en tranches épaisses. **the snow fell ~** la neige tombait dru; **blows/arrows fell ~ and fast** les coups/flèches pleuvaient (de partout); (*fig*) **he lays it on a bit ~*** il exagère *or* pousse* un peu.
3 *n* [*finger, leg etc*] partie charnue. **in the ~ of the crowd** au plus fort *or* épais de la foule; **in the ~ of the fight** en plein cœur de la mêlée; **they were in the ~ of it** ils étaient en plein dedans; **through ~ and thin** à travers toutes les épreuves, contre vents et marées.
4 *cpd*: (*Brit*) **thickheaded*** bête, obtus, borné; **thick-knit** (*adj*) gros (*f* grosse), en grosse laine; (*n*) gros chandail, chandail en grosse laine; **thick-lipped** aux lèvres charnues, lippu; **thickset** (*and small*) trapu, râblé; (*and tall*) bien bâti, costaud*; **thick-skinned** *orange* à la peau épaisse; (*fig*) *person* peu sensible; **he's very thickskinned** c'est un dur, rien ne le touche; **thick-skulled***, **thick-witted*** = **thickheaded***.
thicken ['θɪkən] **1** *vt sauce* épaissir, lier. **2** *vi* [*branch, waist etc*] s'épaissir; [*crowd*] grossir; [*sauce etc*] épaissir; (*fig*) [*mystery*] s'épaissir; *V* **plot**.
thicket ['θɪkɪt] *n* fourré *m*, hallier *m*.
thickly ['θɪklɪ] *adv spread* en une couche épaisse; *cut* en tranches épaisses, en morceaux épais; *speak, say* (*from headcold, fear*) d'une voix voilée; (*from drink*) d'une voix pâteuse. ~ **spread with** butter couvert d'une épaisse couche de beurre; ~ **covered with** *or* **in dust** couvert d'une épaisse couche de poussière; **the snow fell ~** la neige tombait dru; ~ **populated** region région *f* à forte concentration de population; ~ **wooded** très boisé.
thickness ['θɪknɪs] *n* (*a*) (*U*) [*wall etc*] épaisseur *f*; [*lips etc*] épaisseur, grosseur *f*; [*fog, forest*] épaisseur, densité *f*; [*hair*]

épaisseur, abondance *f*. (*b*) (*layer*) épaisseur *f*. **3** ~**es of material** 3 épaisseurs de tissu.
thief [θiːf] *n*, *pl* **thieves** voleur *m*, -euse *f*. (*Prov*) **once a ~ always a ~** qui a volé volera (*Prov*); (*Prov*) **set a ~ to catch a ~** à voleur voleur et demi (*Prov*); **stop ~!** au voleur!; **thieves' cant** argot *m* du milieu; **thieves' kitchen** repaire *m* de brigands; *V* **honour, thick** *etc*.
thieve [θiːv] *vti* voler.
thievery ['θiːvərɪ] *n* (*U*) vol *m*.
thieves [θiːvz] *npl of* **thief**.
thieving ['θiːvɪŋ] **1** *adj* voleur. (*Mus*) **the T~ Magpie** la Pie voleuse. **2** *n* (*U*) vol *m*.
thievish† ['θiːvɪʃ] *adj* voleur, de voleur.
thigh [θaɪ] **1** *n* cuisse *f*. **2** *cpd*: **thighbone** fémur *m*; **thigh boots** cuissardes *fpl*.
thimble ['θɪmbl] *n* dé *m* (à coudre).
thimbleful ['θɪmblfʊl] *n* (*fig*) doigt *m*, goutte *f*.
thin [θɪn] **1** *adj* (*a*) *finger, wall, slice, layer, line, wool, ice* mince; *cup, glass* fin; *paper, waist, lips, nose* mince, fin; *fabric, garment, blanket* mince, léger; *arm, leg, person* mince, maigre (*slightly pej*). ~ **string** petite ficelle; [*person*] **to get ~(ner)** maigrir, s'amaigrir; **as ~ as a rake** *or* **a lath** maigre comme un clou; (*with pen*) **a ~ stroke** un trait mince *or* fin, un délié; (*fig*) **it's the ~ end of the wedge** c'est s'engager sur la pente savonneuse; *V* **ice, skin** *etc*.
(*b*) *soup, gravy* clair, clairet, peu épais (*f* -aisse); *cream, honey* liquide; *mud* peu épais, liquide; *oil* peu épais; *beard, hair, eyelashes, eyebrows, hedge* clairsemé; *fog, smoke* fin, léger; *crowd* épars; *voice* grêle, fluet; *blood* appauvri, anémié. **to grow** *or* **become** *or* **get ~ner** [*fog, crowd*] se disperser, s'éclaircir; **to make ~ner** *soup, sauce* éclaircir, délayer; *plants, trees* éclaircir; **he's rather ~ on top*** il perd ses cheveux, il se *or* sa tête se dégarnit; **at 20,000 metres the air is ~** à 20.000 mètres l'air est raréfié; (*fig*) **to disappear** *or* **vanish into ~ air** se volatiliser, disparaître (d'un seul coup) sans laisser de traces; **doctors are ~ on the ground here*** les médecins sont rares par ici.
(*c*) (*fig*) *profits* maigre; *excuse, story, argument* peu convaincant; *plot* squelettique. **his disguise was rather ~** son déguisement a été facilement percé à jour; **to have a ~ time of it*** passer par une période plutôt pénible *or* difficile.
2 *adv spread* en une couche mince; *cut* en tranches *or* morceaux minces.
3 *cpd*: **thin-lipped** aux lèvres minces *or* fines; (*with rage etc*) les lèvres pincées; **thin-skinned** *orange etc* à la peau mince *or* fine; (*fig*) *person* susceptible.
4 *vt paint* étendre, délayer; *sauce* allonger, délayer, éclaircir; *trees, hair* éclaircir.
5 *vi* [*fog, crowd*] se disperser, s'éclaircir; [*numbers*] se réduire, s'amenuiser. **his hair is ~ning** il perd ses cheveux.
◆**thin down 1** *vi* [*person*] maigrir.
2 *vt sep paint* étendre, délayer; *sauce* allonger.
◆**thin out 1** *vi* [*crowd, fog*] se disperser, s'éclaircir.
2 *vt sep seedlings, trees* éclaircir; *numbers, population* réduire; *crowd* disperser.
thine [ðaɪn] (†† *or liter*) **1** *poss pron* le tien, la tienne, les tiens, les tiennes. **2** *poss adj* ton, ta, tes.
thing [θɪŋ] *n* (*a*) (*gen sense*) chose *f*; (*object*) chose, objet *m*. **surrounded by beautiful ~s** entouré de belles choses *or* de beaux objets; ~ **of beauty** bel objet, belle chose; **such ~s as money, fame** ... des choses comme l'argent, la gloire ...; **he's interested in ideas rather than ~s** ce qui l'intéresse ce sont les idées et non pas les objets; ~**s of the mind appeal to him** il est attiré par les choses de l'esprit; **the ~ he loves most is his car** ce qu'il aime le plus au monde c'est sa voiture; **what's that ~?** qu'est-ce que c'est que cette chose-là? *or* ce machin-là?* *or* ce truc-là?*; **the good ~s in life** les plaisirs *mpl* de la vie; **he thinks the right ~s** il pense comme il faut; **she likes sweet ~s** elle aime les sucreries *fpl*; **she has been seeing ~s** elle a eu des visions; **you've been hearing ~s!** tu as dû entendre des voix!
(*b*) (*belongings etc*) ~**s** affaires *fpl*; **have you put away your ~s?** as-tu rangé tes affaires?; **to take off one's ~s** se débarrasser de son manteau *etc*; **do take your ~s off!** débarrassez-vous (donc)!; **have you got your swimming ~s?** as-tu tes affaires de bain?; **have you got any swimming ~s?** as-tu ce qu'il faut pour aller te baigner?; **where are the first-aid ~s?** où est la trousse de secours?
(*c*) (*affair, item, circumstance*) chose *f*. **I've 2 ~s still to do** j'ai encore 2 choses à faire; **the ~s she said!** les choses qu'elle a pu dire!; **the next ~ to do is** ... ce qu'il y a à faire maintenant c'est ...; **the best ~ would be to refuse** le mieux serait de refuser; (*iro*) **that's a fine** *or* **nice ~ to do!** c'est vraiment la chose à faire! (*iro*); **what sort of (a) ~ is that to say to anyone?** ça n'est pas une chose à dire (aux gens); **the last ~ on the agenda** le dernier point à l'ordre du jour; **you take the ~ too seriously** tu prends la chose trop au sérieux; **what's that ~?** voilà de quoi il s'agit: ...; **the ~ is this:** ... voilà de quoi il s'agit: ...; **she'd already seen him** (ce qu'il y a) c'est qu'elle l'avait déjà vu, mais elle l'avait déjà vu; **it's a strange ~, but** ... c'est drôle, mais ...; **for one ~, it doesn't**

make sense d'abord *or* en premier lieu, ça n'a pas de sens; **and (for) another ~**, I'd already spoken to him et en plus, je lui avais déjà parlé; **it's a good ~ I came** heureusement que je suis venu; **he's on to a good ~*** il a trouvé le filon*; **it's the usual ~**, he hadn't checked the petrol c'est le truc* *or* le coup* classique, il avait oublié de vérifier l'essence; **that was a near *or* close ~** vous l'avez (*or* il l'a *etc*) échappé belle; **it's just one of those ~s** ce sont des choses qui arrivent; **it's just one damn ~ after another*** les embêtements se succèdent; **I didn't understand a ~ of what he was saying** je n'ai pas compris un mot de ce qu'il disait; **I hadn't done a ~ about it** je n'avais strictement rien fait; **he knows a ~ or two** il s'y connaît; **he's in London doing his own ~*** il est à Londres et fait ce qui lui plaît *or* chante*; **she's gone off to do her own ~*** elle est partie chercher sa voie *or* faire ce qui lui plaît; **she has got a ~ about spiders*** elle a horreur des araignées, elle a la phobie des araignées; **he has got a ~ about blondes*** il est obsédé par les blondes; **he made a great ~ of my refusal*** quand j'ai refusé il en a fait toute une histoire *or* tout un plat*; **don't make a ~ of it!*** n'en fais pas tout un plat!*, ne monte pas ça en épingle!; **he had a ~* with her two years ago** il a eu une liaison avec elle il y a deux ans; **he's got a ~* for her** il en pince pour elle*; **Mr T~* rang up Monsieur Chose*** *or* **Monsieur Machin*** a téléphoné; *V* **equal**, **first**, **such** *etc*.

  (d) (*person, animal*) créature *f*. **(you) poor little ~!** pauvre petit(e)!; **poor ~**, **he's very ill** le pauvre, il est très malade; **she's a spiteful ~** c'est une rosse*; **you horrid ~!*** chameau!*; **I say, old ~*** dis donc (mon) vieux.

  (e) (*best, most suitable etc* ~) **that's just the ~ for me** c'est tout à fait *or* justement ce qu'il me faut; **just the ~!**, **the very ~!** (*of object*) voilà tout à fait *or* justement ce qu'il me (*or* nous *etc*) faut!; (*of idea, plan*) c'est l'idéal!; **yoga is the ~ nowadays** le yoga c'est la grande mode aujourd'hui; **it's the in ~*** c'est le truc* à la mode; **that's not the ~ to do** cela ne se fait pas; **it's quite the ~ nowadays** ça se fait beaucoup aujourd'hui; **I don't feel quite the ~* today** je ne suis pas dans mon assiette aujourd'hui; **this is the latest ~** in ties c'est une cravate dernier cri.

thingamabob*, **thingumabob*** ['θɪŋəmɪbɒb] *n*, **thingumajig*** ['θɪŋəmɪdʒɪg] *n*, **thingummy*** ['θɪŋəmɪ] *n* machin* *m*, truc* *m*, bidule *m**.

think [θɪŋk] (*vb: pret, ptp* **thought**) **1** *n* (*) **I'll have a ~ about it** j'y penserai; **to have a good ~ about sth** bien réfléchir à qch; **you'd better have another ~ about it** tu ferais bien d'y repenser; **he's got another ~ coming!** il se fait des illusions!, il faudra qu'il y repense! (*subj*).

  2 *cpd*: **think tank*** groupe *m or* cellule *f* de réflexion.

  3 *vi* **(a)** (*gen sense*) penser, réfléchir. **~ carefully** réfléchissez bien; **~ twice before agreeing** réfléchissez-y à deux fois avant de donner votre accord; **~ again!** (*reflect on it*) repensez-y!; (*have another guess*) ce n'est pas ça, recommence!; **let me ~** que je réfléchisse*, laissez-moi réfléchir; **to ~ aloud** penser tout haut; **to ~ big*** avoir de grandes idées; (*iro*) **I don't ~!*** ça m'étonnerait!

  (b) (*devote thought to*) penser, songer, réfléchir (*of, about* à). **I was ~ing about *or* of you yesterday** je pensais *or* songeais à vous hier; **I ~ of you always** je pense toujours à toi; **you can't ~ of everything** on ne peut pas penser à tout; **I've too many things to ~ of *or* about just now** j'ai trop de choses en tête en ce moment; **he's always ~ing of *or* about money**, **he ~s of *or* about nothing but money** il ne pense qu'à l'argent; **what else is there to ~ about?** c'est l'âge de plus important *or* intéressant; **(you) ~ about it!**, († *or liter*) **~ on it!** pensez-y!, songez-y!; **I'll ~ about it** j'y penserai, j'y songerai, je vais y réfléchir; **I'll have to ~ about it** il faudra que j'y réfléchisse *or* pense (*subj*); **that's worth ~ing about** cela mérite réflexion; **it's not worth ~ing about** ça ne vaut pas la peine d'y penser; **there's so much to ~ about** il y a tant de choses à prendre en considération; **you've given us so much to ~ about** vous nous avez tellement donné matière à réfléchir; **what are you ~ing about?** à quoi pensez-vous?; **what were you ~ing of!** *or* **about!** où avais-tu la tête?; **it doesn't bear ~ing of!** c'est trop affreux d'y penser; **I'm ~ing of *or* about resigning** je pense à donner ma démission; **he was ~ing of *or* about suicide** il pensait au suicide; **I wouldn't ~ of such a thing!** ça ne me viendrait jamais à l'idée!; **would YOU ~ of letting him go alone?** vous le laisseriez partir seul, vous?; **I didn't ~ to ask *or* of asking if you ...** je n'ai pas eu l'idée de demander si tu ...; **and to ~ of her going there alone!** quand on pense qu'elle y est allée toute seule!, (et) dire qu'elle y est allée toute seule!

  (c) (*remember, take into account*) penser (*of* à). **he ~s of nobody but himself** il ne pense qu'à lui; **he's got his children to ~ of *or* about** il faut qu'il pense (*subj*) à ses enfants; **~ of the cost of it** rends-toi compte de la dépense!; **to ~ of *or* about sb's feelings** considérer les sentiments de qn; **that makes me ~ of the day when ...** cela me fait penser au *or* me rappelle le jour où ...; **I can't ~ of her name** je n'arrive pas à me rappeler son nom; **I couldn't ~ of the right word** le mot juste ne me venait pas.

  (d) (*imagine*) **to ~ of** imaginer; **~ of me in a bikini!** imagine-moi en bikini!; **~ of what might have happened** imagine ce qui aurait pu arriver; **just ~!** imagine un peu!; (*just*) **~**, **we could go to Spain** rends-toi compte, nous pourrions aller en Espagne.

  (e) (*devise etc*) **to ~ of** avoir l'idée de; **I was the one who thought of inviting him** c'est moi qui ai eu l'idée de l'inviter; **what will he ~ of next?** qu'est-ce qu'il va encore inventer?; **he has just thought of a clever solution** il vient de trouver une solution astucieuse; **~ of a number** pense à un chiffre.

  (f) (*have as opinion*) penser (*of* de). **to ~ well *or* highly *or* a lot of sb/sth** penser le plus grand bien de qn/qch, avoir une haute opinion de qn/qch; **he is very well thought of in France** il est très respecté en France; **to my way of ~ing** à mon avis; **that may be**

his way of ~ing, but ... c'est peut-être comme ça qu'il voit les choses, mais ...; **I don't ~ much of him** je n'ai pas une haute opinion de lui; **I don't ~ much of that idea** cette idée ne me dit pas grand-chose; **to ~ better of doing sth** décider à la réflexion de ne pas faire qch; **he thought (the) better of it** il a changé d'avis; **to ~ nothing of doing sth** (*do as a matter of course*) trouver tout naturel de faire qch; (*do unscrupulously*) n'avoir aucun scrupule à faire qch; **~ nothing of it!** mais je vous en prie!, mais pas du tout!; *V* **fit**[1].

  4 *vt* **(a)** (*be of opinion, believe*) penser, croire, trouver. **I ~ so/not** je pense *or* crois que oui/non; **I rather ~ so** j'ai plutôt l'impression que oui; **I thought as much!**, **I thought so!** je m'y attendais!, je m'en doutais!; **I hardly ~ it likely that ...** cela m'étonnerait beaucoup que ... + *subj*; **she's pretty, don't you ~?** elle est jolie, tu ne trouves pas?; **I don't know what to ~** je ne sais (pas) qu'en penser; **I ~ it will rain** je pense *or* crois qu'il va pleuvoir; **I don't ~ he came** je ne pense pas qu'il soit venu; **I don't ~ he will come** je ne pense pas qu'il vienne *or* qu'il viendra; **what do you ~?** qu'est-ce que tu (en) penses?; (*iro*) **what do YOU ~?** qu'est-ce que tu crois, toi?; **what do you ~ of him?** comment le trouves-tu?; **I can guess what you are ~ing** je devine ta pensée; **what do you ~ I should do?** que penses-tu *or* crois-tu que je doive faire?; **who do you ~ you are?** pour qui te prends-tu?; **I never thought he'd look like that** je n'aurais jamais cru qu'il ressemblerait à ça; **you must ~ me very rude** vous devez me trouver très impoli; **he ~s he is intelligent**, **he ~s himself intelligent** il se croit *or* se trouve intelligent; **they are thought to be rich** ils passent pour être riches; **I didn't ~ to see you here** je ne m'attendais pas à vous voir ici (*V also* 4d); **he ~s money the whole time*** il ne pense qu'argent*; *V* **world**.

  (b) (*conceive, imagine*) (s')imaginer. **~ what we could do with that house!** imagine ce que nous pourrions faire de cette maison!; **I can't ~ what he means!** je ne vois vraiment pas ce qu'il veut dire!; **you would ~ he'd have known that already** on aurait pu penser qu'il le savait déjà; **who would have thought it!** qui l'aurait dit!; **to ~ that she's only 10 et dire qu'elle n'a que 10 ans**, quand on pense qu'elle n'a que 10 ans; **to ~ evil thoughts** avoir de mauvaises pensées.

  (c) (*reflect*) penser à. **just ~ what you're doing!** pense un peu à ce que tu fais!; **we must ~ how we may do it** il faut nous demander comment nous allons pouvoir le faire; **I was ~ing (to myself) how ill he looked** je me disais qu'il avait l'air bien malade.

  (d) (*remember*) **did you ~ to bring it?** tu n'as pas oublié de l'apporter?; **I didn't ~ to let him know** il ne m'est pas venu à l'idée *or* je n'ai pas eu l'idée de le mettre au courant.

♦**think back** *vi* repenser (*to* à), essayer de se souvenir (*to* de) *or* se rappeler. **he thought back**, **and replied ...** il a fait un effort de mémoire, et a répliqué ....

♦**think out** *vt sep* *problem, proposition* réfléchir sérieusement à, étudier; *plan* élaborer, préparer; *answer, move* réfléchir sérieusement à, préparer. **that needs thinking out** il faut y réfléchir à fond; **well-thought-out** bien conçu.

♦**think over** *vt sep* *offer, suggestion* (bien) réfléchir à, peser. **think things over carefully first** pèse bien le pour et le contre auparavant; **I'll have to think it over** il va falloir que j'y réfléchisse.

♦**think through** *vt sep* *plan, proposal* examiner en détail *or* par le menu, considérer dans tous ses détails.

♦**think up** *vt sep* *plan, scheme, improvement* avoir l'idée de; *answer, solution* trouver; *excuse* inventer. **who thought up that idea?** qui a eu cette idée?; **what will he think up next?** qu'est-ce qu'il va encore bien pouvoir inventer?

thinkable ['θɪŋkəbl] *adj* pensable, concevable, imaginable. **it's not ~ that** il n'est pas pensable *or* concevable *or* imaginable que + *subj*.

thinker ['θɪŋkə^r] *n* penseur *m*, -euse *f*.

thinking ['θɪŋkɪŋ] **1** *adj* *being, creature* rationnel. **to any ~ person**, **this ...** pour toute personne qui réfléchit, ceci ...; **to put on one's ~ cap** réfléchir, cogiter* (*hum*).

  2 *n* (*act*) pensée *f*, réflexion *f*; (*thoughts collectively*) opinions *fpl* (*on, about* sur). **I'll have to do some (hard) ~ about it** il va falloir que j'y réfléchisse sérieusement; **current ~ on this** les opinions actuelles là-dessus; *V* **wishful**.

thinly ['θɪnlɪ] *adv* *cut* en tranches minces *or* fines; *spread* en une couche mince. **he sowed the seeds ~** il a fait un semis clair; **a ~ populated district** une région à la population éparse *or* clairsemée; **~ clad** insuffisamment vêtu; **~ wooded area** zone peu boisée; **a criticism ~ disguised as a compliment** une critique à peine déguisée en compliment; **a ~ disguised accusation** une accusation à peine voilée.

thinner ['θɪnə^r] **1** *n* (*for paint etc*) diluant *m*. **2** *adj, comp of* **thin**.

thinness ['θɪnnɪs] *n* (*U: V* **thin** 1a) minceur *f*; finesse *f*; légèreté *f*; maigreur *f*.

third [θɜːd] **1** *adj* troisième. **in the presence of a ~ person** en présence d'une tierce personne *or* d'un tiers; (*Gram*) **in the ~ person** à la troisième personne; **~ time lucky!** la troisième fois sera (*or* a été *etc*) la bonne; **the ~ finger** le majeur, le médius; *V* **also** 4; *for other phrases V* **sixth**.

  2 *n* **(a)** troisième *mf*; (*fraction*) tiers *m*; (*Mus*) tierce *f*. *for phrases V* **sixth**.

  (b) (*Univ: degree*) ≃ licence *f* sans mention.

  (c) (*Aut:* **~ gear**) troisième vitesse *f*. **in ~** en troisième.

  3 *adv* **(a)** (*in race, exam, competition*) en troisième place *or* position. **he came *or* was placed ~** il s'est classé troisième.

  (b) (*Rail*) **to travel ~** voyager en troisième.

  (c) = **thirdly**.

  4 *cpd*: **third-class** *V* **third-class**; **to give sb the third degree*** (*torture*) passer qn à tabac‡; (*question closely*) cuisiner‡ qn; (*Med*)

third-degree burns brûlures *fpl* au troisième degré; **the T~ Estate** le Tiers État; (*Jur*) **third party** tierce personne, tiers *m*; **third-party (indemnity) insurance** (assurance *f*) responsabilité civile; **third-rate** de qualité très inférieure; **the T~ World** (*n*) le Tiers-Monde *or* le tiers monde; (*adj*) *poverty etc* du Tiers-Monde.

third-class ['θɜːd'klɑːs] **1** *adj* (*lit*) de troisième classe; *hotel* de troisième catégorie, de troisième ordre; (*Rail*) *ticket, compartment* de troisième (classe); (*fig pej*) *meal, goods* de qualité très inférieure. (*Rail*) ~ **seat** troisième *f*; (*Univ*) ~ **degree** V 2. **2** *n* (*Univ: also* ~ **degree**) ≃ licence *f* sans mention. **3** *adv* (**a**) (*Rail*) **to travel** ~ voyager en troisième. (**b**) (*US Post*) tarif *m* 'imprimés'.

thirdly ['θɜːdlɪ] *adv* troisièmement, en troisième lieu.

thirst [θɜːst] **1** *n* (*lit,fig*) soif *f* (*for* de). **I've got a real** ~ **on (me)*** j'ai la pépie*. **2** *vi* (*lit,fig: liter*) avoir soif (*for* de). ~**ing for revenge** assoiffé de vengeance; ~**ing for blood** altéré *or* assoiffé de sang.

thirsty ['θɜːstɪ] *adj person, animal* qui a soif, (*stronger*) assoiffé; (*fig*) *land* desséché. **to be** ~ avoir soif (*for* de); **it makes you** ~, **it's** ~ **work** ça donne soif.

thirteen [θɜː'tiːn] **1** *adj* treize *inv*. **2** *n* treize *m inv; for* phrases V **six**. **3** *pron* treize *mfpl*. **there are** ~ il y en a treize.

thirteenth ['θɜː'tiːnθ] **1** *adj* treizième. **2** *n* treizième *mf*; (*fraction*) treizième *m; for phrases* V **sixth**.

thirtieth ['θɜːtɪɪθ] **1** *adj* trentième. **2** *n* trentième *mf*; (*fraction*) trentième *m; for phrases* V **sixth**.

thirty ['θɜːtɪ] **1** *adj* trente *inv*. **about** ~ **books** une trentaine de livres. **2** *n* trente *m inv*. **about** ~ une trentaine; *for other phrases* V **sixty**. **3** *pron* trente *mfpl*. **there are** ~ il y en a trente. **4** *cpd*: (*US Mus*) **thirty-second note** triple croche *f*; (*Hist*) **the Thirty Years War** la guerre de Trente Ans.

this [ðɪs] **1** *dem adj, pl* **these** (**a**) ce, (*before vowel and mute 'h'*) cet, *f* cette, *pl* ces. **who is** ~ **man?** qui est cet homme?; **whose are these books?** à qui sont ces livres?; **these photos you asked for** les photos que vous avez réclamées; ~ **week** cette semaine; ~ **time last week** la semaine dernière à pareille heure; ~ **time next year** l'année prochaine à la même époque; ~ **coming week** la semaine prochaine *or* qui vient; **it all happened** ~ **past half-hour** tout est arrivé dans la demi-heure qui vient de s'écouler; **I've been waiting** ~ **past half-hour** voilà une demi-heure que j'attends, j'attends depuis une demi-heure; **how's** ~ **hand of yours?** et votre main, comment va-t-elle?; ~ **journalist (bloke) you were going out with*** ce journaliste, là, avec qui tu sortais*; ~ **journalist came up to me in the street*** il y a un journaliste qui est venu vers moi dans la rue.

(**b**) (*stressed; or as opposed to* **that, those**) ce *or* cet *or* cette *or* ces ... -ci. **I mean** THIS **book** c'est de ce livre-ci que je parle; **I like** ~ **photo better than that one** je préfère cette photo-ci à celle-là; ~ **chair (over) here** cette chaise-ci; **the leaf was blowing that way and** ~ la feuille tournoyait de-ci de-là; **she ran that way and** ~ elle courait dans tous les sens.

2 *dem pron, pl* **these** (**a**) ceci, ce. **what is** ~? qu'est-ce que c'est (que ceci)?; **whose is** ~? à qui appartient ceci?; **who's** ~? (*gen*) qui est-ce?; (*US: on phone*) qui est à l'appareil?; ~ **is my son** (*introduction*) je vous présente mon fils; (*in photo etc*) c'est mon fils; ~ **is the boy I told you about** c'est *or* voici le garçon dont je t'ai parlé; (*on phone*) ~ **is Joe Brown** ici Joe Brown, Joe Brown à l'appareil; ~ **is Tuesday** nous sommes mardi; **but** ~ **is May** mais nous sommes en mai; ~ **is what he showed me** voici ce qu'il m'a montré; ~ **is where we live** c'est ici que nous habitons; **I didn't want you to leave like** ~! je ne voulais pas que tu partes comme ça!; **it was like** ~ ... voici comment les choses se sont passées ...; **do it like** ~ faites-le comme ceci; **after** ~ **things got better** après ceci les choses se sont arrangées; **before** ~ **I'd never noticed him** je ne l'avais jamais remarqué auparavant; **it ought to have been done before** ~ cela devrait être déjà fait; **we were talking of** ~ **and that** nous parlions de choses et d'autres; **so it has come to** ~! nous en sommes donc là!; **at** ~ **she burst into tears** sur ce, elle éclata en sanglots; **with** ~ **he left us** sur ces mots il nous a quittés; **what's all** ~ **I hear about your new job?** qu'est-ce que j'apprends, vous avez un nouvel emploi?

(**b**) (~ **one**) celui-ci *m*, celle-ci *f*, ceux-ci *mpl*, celles-ci *fpl*. **I prefer that to** ~ je préfère celui-là à celui-ci (*or* celle-là à celle-ci); **how much is** ~? combien coûte celui-ci (*or* celle-ci)?; **these over here** ceux-ci (*or* celles-ci); **not** THESE! pas ceux-ci (*or* celles-ci)!

3 *adv*: **it was** ~ **long** c'était aussi long que ça; **he had come** ~ **far** il était venu jusqu'ici; (*in discussions etc*) **il avait fait tant de** progrès; ~ **much is certain** ... un point est acquis ...; ~ **much we do know:** ... tout au moins nous savons ceci: ...; ~ **much has left,** ~ **much we do know** il est parti, ça nous le savons (déjà); **I can't carry** ~ **much** je ne peux pas porter (tout) ceci; **he was at least** ~ **much taller than me** il était plus grand que moi d'au moins ça.

thistle ['θɪsl] **1** *n* chardon *m*. **2** *cpd*: **thistledown** duvet *m* de chardon.

thistly ['θɪslɪ] *adj ground* couvert de chardons.

thither ['ðɪðər] (†, *liter, frm*) **1** *adv* là, y; V **hither**. **2** *cpd*: **thitherto** jusqu'alors.

tho' [ðəʊ] *abbr of* **though**.

thole¹ [θəʊl] *n* (*Naut*) tolet *m*.

thole² [θəʊl] *vt* (††, *dial*) supporter.

Thomas ['tɒməs] *n* Thomas *m*. **he's a doubting** ~ c'est saint Thomas.

thong [θɒŋ] *n* [*whip*] lanière *f*, longe *f*; (*on garment*) lanière, courroie *f*.

Thor [θɔːr] *n* (*Myth*) T(h)or *m*.

thoracic [θɔːˈræsɪk] *adj* thoracique.

thorax ['θɔːræks] *n* thorax *m*.

thorium ['θɔːrɪəm] *n* thorium *m*.

thorn [θɔːn] **1** *n* (*spike*) épine *f*; (*U: hawthorn*) aubépine *f*. (*fig*) **to be a** ~ **in sb's side** *or* **flesh** être une source d'irritation constante pour qn; **that was the** ~ **in his flesh** c'était sa bête noire; V **rose²**. **2** *cpd*: **thorn apple** stramoine *f*, pomme épineuse; (*fish*) **thornback (ray)** raie bouclée; **thorn bush** buisson *m* d'épine.

thornless ['θɔːnlɪs] *adj* sans épines, inerme (*Bot*).

thorny ['θɔːnɪ] *adj* (*lit, fig*) épineux.

thorough ['θʌrə] **1** *adj work, worker* consciencieux; *search, research* minutieux; *knowledge, examination* profond, approfondi, ample. **to give sth a** ~ **cleaning/wash** *etc* nettoyer/laver *etc* qch à fond; **he's a** ~ **rascal** c'est un coquin fieffé; **he's making a** ~ **nuisance of himself** il se rend totalement insupportable; **I felt a** ~ **idiot** je me sentais complètement idiot.

2 *cpd*: **thoroughbred** (*adj*) *horse* pur-sang *inv*; *other animal* de race; (*n*) (*horse*) (cheval *m*) pur-sang *m inv*; (*other animal*) bête *f* de race; (*fig: person*) **he's a real thoroughbred** il a vraiment de la classe *or* de la branche; **thoroughfare** (*street*) rue *f*; (*public highway*) voie publique; **'no thoroughfare'** 'passage interdit'; **thoroughgoing** *examination, revision* complet (*f* -ète); *believer* convaincu; *hooligan* vrai (*before n*); *rogue, scoundrel* fieffé.

thoroughly ['θʌrəlɪ] *adv wash, clean* à fond; *examine, investigate, study* à fond, minutieusement, dans le détail; *understand* parfaitement; (*very*) tout à fait, tout, tout ce qu'il y a de*. **to search** ~ **house** fouiller de fond en comble; *drawer* fouiller à fond; **I** ~ **agree** je suis tout à fait d'accord; ~ **clean** tout propre, tout à fait propre; **he's** ~ **nasty** il est tout ce qu'il y a de* déplaisant.

thoroughness ['θʌrənɪs] *n* (*U*) [*worker*] minutie *f*; [*knowledge*] ampleur *f*. **the** ~ **of his work/research** la minutie qu'il apporte à son travail/sa recherche.

those [ðəʊz] *dem adj, dem pron: pl of* **that**.

thou¹ [ðaʊ] *pers pron* (†, *liter*) tu; (*stressed*) toi.

thou²* [θaʊ] *abbr of* **thousand, thousandth**.

though [ðəʊ] **1** *conj* (**a**) (*despite the fact that*) bien que + *subj*, quoique + *subj*, malgré le fait que + *subj*, encore que + *subj*. ~ **it's raining** bien qu'il pleuve, malgré la pluie; ~ **poor they were honest** ils étaient honnêtes bien que *or* quoique *or* encore que pauvres.

(**b**) (*even if*) **I will do it** ~ **I (should) die in the attempt** je le ferai, dussé-je y laisser la vie; **strange** ~ **it may seem** si *or* pour étrange que cela puisse paraître; (**even**) ~ **I shan't be there I'll think of you** je ne serai pas là mais je n'en penserai pas moins à toi; (*liter*) **what** ~ **they are poor** malgré *or* nonobstant (*liter*) leur misère.

(**c**) **as** ~ comme si; **it looks as** ~ il semble que + *subj*; V **also as**. **2** *adv* pourtant, cependant. **it's not easy** ~ ce n'est pourtant pas facile, pourtant ce n'est pas facile; **did he** ~!* ah bon!, tiens tiens!

thought [θɔːt] **1** *pret, ptp of* **think**. **2** *n* (**a**) (*U*) (*gen*) pensée *f*; (*reflection*) pensée, réflexion *f*, méditation *f*; (*daydreaming*) rêverie *f*; (*thoughtfulness*) considération *f*. **to be lost** *or* **deep in** ~ être absorbé par ses pensées (*or* par la rêverie), être plongé dans une méditation (*or* dans une rêverie); **after much** ~ après mûre réflexion, après y avoir beaucoup réfléchi; **he acted without** ~ il a agi sans réfléchir; **without** ~ **for** *or* **of himself he** ... sans considérer son propre intérêt il ...; **he was full of** ~ **for her welfare** il se préoccupait beaucoup de son bien-être; **you must take** ~ **for the future** il faut penser à l'avenir; **he took** *or* **had no** ~ **for his own safety** il n'avait aucun égard pour sa propre sécurité; **to give** ~ **to sth** bien réfléchir à qch, mûrement réfléchir sur qch; **I didn't give it a moment's** ~ je n'y ai pas pensé une seule seconde; **I gave it no more** ~, **I didn't give it another** ~ je n'y ai pas repensé; **don't give it another** ~ n'y pensez plus; **further** ~ **needs to be given to these problems** ceci nécessite une réflexion plus approfondie sur les problèmes.

(**b**) (*idea*) pensée *f*, idée *f*; (*opinion*) opinion *f*, avis *m*; (*intention*) intention *f*, idée. **it's a happy** ~ voilà une idée qui fait plaisir; **what a** ~!* imagine un peu!; **what a horrifying** ~!* quel cauchemar!; **what a frightening** ~!* c'est à faire peur!*; **what a lovely** ~!* comme ça serait bien!; **what a brilliant** ~!* quelle idée de génie!; **that's a** ~!* tiens, mais c'est une idée!; **it's only a** ~ ce n'est qu'une idée; **the mere** ~ **of it frightens me** rien que d'y penser *or* rien qu'à y penser ça me fait peur; **he hasn't a** ~ **in his head** il n'a rien dans la tête; **my** ~**s were elsewhere** j'avais l'esprit ailleurs; **he keeps his** ~**s to himself** il garde ses pensées pour lui, il ne laisse rien deviner *or* paraître de ses pensées; **the T~s of Chairman Mao** les pensées du Président Mao; **contemporary/scientific** ~ **on the subject** les opinions des contemporains/des scientifiques sur la question; **the** ~ **of Nietzsche** la pensée de Nietzsche; **I had** ~**s** *or* **some** ~ **of going to Paris** j'avais vaguement l'idée *or* l'intention d'aller à Paris; **he gave up all** ~(**s**) **of marrying her** il a renoncé à toute idée de l'épouser; **his one** ~ **is to win the prize** sa seule pensée *or* idée est de remporter le prix; **it's the** ~ **that counts** c'est l'intention qui compte; **to read sb's** ~**s** lire (dans) la pensée de qn; V **collect²**, **penny**, **second¹** *etc*.

(**c**) (*adv phrase*) **a** ~ un peu, un tout petit peu; **it is a** ~ **too large** c'est un (tout petit) peu trop grand.

3 *cpd*: **thought-provoking** qui pousse à la réflexion; **thought-read** (*vi*) lire (dans) la pensée de qn; **thought-reader** liseur *m*, -euse *f* de pensées; (*fig*) **he's a thought-reader** il lit dans la pensée des gens; (*fig*) **I'm not a thought-reader** je ne suis pas devin; **thought reading** divination *f* par télépathie; **thought transference** transmission *f* de pensée.

thoughtful ['θɔːtfʊl] *adj* (*person*) (*pensive*) pensif, méditatif; (*in character*) sérieux, réfléchi; *book, remark, research* profond, sérieux, (*bien*) réfléchi. **he was looking** ~ **about it** il avait l'air de méditer là-dessus; **at this, he looked** ~ à ces mots il a pris un air pensif; **he's a** ~ **boy** c'est un garçon réfléchi *or* sérieux.

(b) (*considerate*) *person* prévenant, attentionné; *act, remark* plein de délicatesse; *invitation* gentil. **how ~ of you!** comme c'est (*or* c'était) gentil à vous!; **to be ~ of others** être plein d'égards pour autrui, être attentif à autrui.

thoughtfully ['θɔːtfəlɪ] *adv* (a) (*pensively*) *ask, say* pensivement. (b) (*considerately*) avec prévenance. **he ~ booked tickets for us as well** il a eu la prévenance de louer des places pour nous aussi.

thoughtfulness ['θɔːtfʊlnɪs] *n* (*U: V* **thoughtful**) (a) (*look*) air pensif *or* méditatif; (*character*) caractère réfléchi *or* sérieux. (b) (*consideration*) prévenance *f*, considération *f*.

thoughtless ['θɔːtlɪs] *adj behaviour, words, answer* étourdi, irréfléchi, inconsidéré; *person* étourdi, léger, malavisé. **a ~ action** une étourderie; **he's very ~** il se soucie fort peu des autres.

thoughtlessly ['θɔːtlɪslɪ] *adv* (*carelessly*) à l'étourdie, étourdiment, à la légère; (*inconsiderately*) négligemment, insouciamment.

thoughtlessness ['θɔːtlɪsnɪs] *n* (*U*) (*carelessness*) étourderie *f*, légèreté *f*; (*lack of consideration*) manque *m* de prévenance *or* d'égards.

thousand ['θaʊzənd] **1** *adj* mille *inv*. **a ~ men** mille hommes; **about a ~** mille *or* un millier d'hommes; **a ~ years** mille ans, un millénaire; **a ~ thanks!** mille fois merci!; **two ~ pounds** deux mille livres.
 2 *n* mille *m inv*. **a ~, one ~** mille; **a** *or* **one ~ and one** mille (et) un; **a ~ and two** mille deux; **five ~** cinq mille; **about a ~, a ~ odd** un millier; (*Comm*) **sold by the ~** vendu par mille; **~s of people** des milliers de gens; **they came in their ~s** ils sont venus par milliers.
 3 *cpd*: **thousandfold** (*adj*) multiplié par mille; (*adv*) mille fois autant; **Thousand Island dressing** mayonnaise relevée de ketchup *etc*.

thousandth ['θaʊzəntθ] **1** *adj* millième. **2** *n* millième *mf*; (*fraction*) millième *m*.

Thrace [θreɪs] *n* Thrace.

thraldom ['θrɔːldəm] *n* (*U: liter*) servitude *f*, esclavage *m*.

thrall [θrɔːl] *n* (*liter: lit, fig*) (*person*) esclave *mf*; (*state*) servitude *f*, esclavage *m*. (*fig*) **to be in ~ to** être esclave de.

thrash [θræʃ] **1** *vt* (a) (*beat*) rouer de coups, rosser; (*as punishment*) donner une bonne correction à; (*: Sport etc*) battre à plate(s) couture(s), donner une bonne correction à. **they nearly ~ed the life out of him, they ~ed him to within an inch of his life** ils ont failli le tuer à force de coups.
 (b) (*move wildly*) **the bird ~ed its wings (about)** l'oiseau battait *or* fouettait l'air de ses ailes; **he ~ed his arms/legs (about)** il battait des bras/des jambes.
 (c) (*Agr*) = **thresh**.
 2 *vi* battre violemment (*against* contre).
 3 *n* (*Brit*: *party*) sauterie* *f*.

◆**thrash about 1** *vi* (*struggle*) se débattre. **he thrashed about with his stick** il battait l'air de sa canne.
 2 *vt sep* **one's legs, arms** battre de; *stick* agiter; *V also* **thrash 1b**.

◆**thrash out** *vt sep problem, difficulty* (*discuss*) débattre de; (*solve*) démêler. **they managed to thrash it out** ils ont réussi à démêler le problème (*or* aplanir la difficulté *etc*).

thrashing ['θræʃɪŋ] *n* correction *f*, rossée* *f*; (*: Sport etc*) correction (*fig*), dérouillée*f*. **to give sb a good ~** rouer qn de coups; (*as punishment; also Sport*) donner une bonne correction à qn.

thread [θred] **1** *n* (a) (*gen, also Sewing etc*) fil *m*. **nylon ~** fil de nylon; (*fig*) **to hang by a ~** ne tenir qu'à un fil; (*fig*) **to lose the ~** (**of what one is saying**) perdre le fil de son discours; (*fig*) **to pick up** *or* **take up the ~ again** retrouver le fil; (*fig*) **a ~ of light** un (mince) rayon de lumière.
 (b) [*screw*] pas *m*, filetage *m*. **screw with left-hand ~** vis filetée à gauche.
 (c) (*US: clothes*) **~s** fringues* *fpl*, frusques* *fpl*.
 2 *vt needle, beads* enfiler. **to ~ sth through a needle/over a hook/into a hole** faire passer qch à travers le chas d'une aiguille/par un crochet/par un trou; **to ~ a film on to a projector** monter un film sur un projecteur; **he ~ed his way through the crowd** il s'est faufilé à travers la foule; **the car ~ed its way through the narrow streets** la voiture s'est faufilée dans les petites rues étroites.
 3 *vi* (a) **= to ~ one's way**; *V* **2**.
 (b) [*needle, beads*] s'enfiler; [*tape, film*] passer.
 4 *cpd*: **threadbare** *rug, clothes* usé, râpé, élimé; *room* défraîchi; (*fig*) *joke, argument, excuse* usé, rebattu; **threadlike** filiforme; (*Med*) **threadworm** oxyure *m*.

threat [θret] *n* (*lit, fig*) menace *f*. **to make a ~ against sb** proférer une menace à l'égard de qn; **under (the) ~ of** sous le menace de; **it is a grave ~ to civilization** cela constitue une sérieuse menace pour la civilisation, cela menace sérieusement la civilisation.

threaten ['θretn] **1** *vt* menacer (*sb with sth* qn de qch, *to do* de faire). **to ~ violence** proférer des menaces de violence; **species ~ed with extinction, ~ed species** espèce menacée, espèce en voie de disparition *or* d'extinction; (*fig*) **it is ~ing to rain** la pluie menace.
 2 *vi* [*storm, war, danger*] menacer.

threatening ['θretnɪŋ] *adj gesture, tone, words* de menace, menaçant; *letter* de menaces; (*fig*) *weather, clouds* menaçant; *news* de mauvais augure. (*Psych*) **to find sb ~** se sentir menacé par qn.

threateningly ['θretnɪŋlɪ] *adv say* d'un ton menaçant, avec des menaces dans la voix; *gesticulate* d'une manière menaçante. **~ close** dangereusement près.

three [θriː] **1** *adj* trois *inv*.
 2 *n* trois *m inv*. (*Pol*) **the Big T~** les Trois Grands; (*Sport*) **let's play best of ~** (*after first game*) jouons la revanche et la belle; (*after second game*) jouons la belle; **they were playing best of ~** ils jouaient deux jeux et la belle; **~'s a crowd*** on n'a que faire d'un tiers; *for other phrases V* **six**.

3 *pron* trois *mfpl*. **there are ~** il y en a trois.
 4 *cpd*: **three-act play** pièce *f* en trois actes; (*US*) **three-card monte** bonneteau *m*; **three-cornered** triangulaire; **three-cornered hat** tricorne *m*; (*Equitation*) **three-day eventing** concours *m* complet; **three-dimensional** (*abbr* **3-D**) *object* à trois dimensions; *picture, film* en relief; **threefold** (*adj*) triple, triplé; (*adv*) trois fois autant; **three-legged** *table* à trois pieds; *animal* à trois pattes; (*Sport*) **three-legged race** course *f* de pieds liés; **three-line V whip**; (*US fig: expense-account lunch*) **three-martini lunch*** déjeuner *m* d'affaires (*qui passe dans les notes de frais*); **threepence V threepence; threepenny V threepenny;** (*Elec*) **three-phase** triphasé; **three-piece suite** salon *m* comprenant canapé et deux fauteuils; **three-ply** *wool* à trois fils *inv*; (*Aviat*) **three-point landing** atterrissage *m* trois points; (*Aut*) **three-point turn** demi-tour *m* en trois manœuvres; **three-quarter** (*adj*) *portrait* de trois-quarts; *sleeve* trois-quarts *inv*; (*n: Rugby*) **trois-quarts** *m inv*; **three-quarters** trois quarts *mpl*; **three-ring circus** (*lit*) cirque *m* à trois pistes; (*US fig* *) véritable cirque (*fig*); († *or liter*) **threescore** (*adj, n*) soixante (*m*); († *or liter*) **threescore and ten** (*adj, n*) soixante-dix (*m*); **three-sided** *object* à trois côtés, à trois faces; *discussion* à trois; **threesome** (*people*) groupe *m* de trois, trio *m*; (*game*) partie *f* à trois; **we went in a threesome** nous y sommes allés à trois; **three-way** *split, division* en trois; *discussion* à trois; **three-wheeler** (*car*) voiture *f* à trois roues; (*tricycle*) tricycle *m*.

threepence ['θrepəns] *n* (*Brit*) trois anciens pence.

threepenny ['θrepənɪ] (*Brit*) **1** *adj* à trois pence. (*Mus*) **the T~ Opera** L'Opéra de quat'sous. **2** *n* (*also ~ bit* *or* *piece*) ancienne pièce de trois pence.

threnody ['θrenədɪ] *n* (*lit*) mélopée *f*; (*fig*) lamentations *fpl*.

thresh [θreʃ] *vt* (*Agr*) battre.

thresher ['θreʃəʳ] *n* (*person*) batteur *m*, -euse *f* (en grange); (*machine*) batteuse.

threshing ['θreʃɪŋ] (*Agr*) **1** *n* battage *m*. **2** *cpd*: **threshing machine** batteuse *f*.

threshold ['θreʃhəʊld] **1** *n* seuil *m*, pas *m* de la porte. **to cross the ~** franchir le seuil; (*fig*) **on the ~ of** au bord *or* au seuil de; (*Psych*) **above the ~ of consciousness** supraliminaire; **below the ~ of consciousness** subliminaire; **to have a high/low pain ~** avoir un seuil de tolérance à la douleur élevé/peu élevé.
 2 *cpd*: **threshold price** prix *m* de seuil; (*Brit Econ*) **threshold (wage) policy** politique *f* d'échelle mobile des salaires *or* d'indexation des salaires sur les prix.

threw [θruː] *pret of* **throw**.

thrice [θraɪs] *adv* trois fois.

thrift [θrɪft] **1** *n* (*U*) économie *f*. **2** *cpd*: **thrift shop** *petite boutique d'objets d'occasion gérée au profit d'œuvres charitables*.

thriftiness ['θrɪftɪnɪs] *n* = **thrift**.

thriftless ['θrɪftlɪs] *adj* imprévoyant, dépensier.

thriftlessness ['θrɪftlɪsnɪs] *n* (*U*) imprévoyance *f*.

thrifty ['θrɪftɪ] *adj* économe.

thrill [θrɪl] **1** *n* frisson *m*, sensation *f*, émotion *f*. **a ~ of joy** un frisson de joie; **with a ~ of joy he** ... en frissonnant de joie, il ...; **what a ~!** quelle émotion!; **she felt a ~ as his hand touched hers** un frisson l'a traversée *or* elle s'est sentie électrisée quand il lui a touché la main; **it gave me a big ~** ça m'a vraiment fait quelque chose!*; **to get a ~ out of doing sth** se procurer des sensations fortes en faisant qch; **the film was packed with** *or* **full of ~s** c'était un film à sensations *or* émotions.
 2 *vt person, audience, crowd* électriser, transporter. **his glance ~ed her** son regard l'a enivrée; **I was ~ed!** j'étais aux anges!*; **I was ~ed to meet him** ça m'a vraiment fait plaisir *or* fait quelque chose* de le rencontrer.
 3 *vi* tressaillir *or* frissonner (de joie).

thriller ['θrɪləʳ] *n* (*novel/play/film*) roman *m*/pièce *f*/film *m* à suspense.

thrilling ['θrɪlɪŋ] *adj play, film, journey* palpitant; *news* saisissant.

thrive [θraɪv] *pret* **throve** *or* **thrived**, *ptp* **thriven** ['θrɪvn] *or* **thrived** *vi* [*person, animal*] se développer bien, être florissant de santé; [*plant*] pousser *or* venir bien; [*business, industry*] prospérer; [*businessman*] prospérer, réussir. **children ~ on milk** le lait est excellent pour les enfants; **he ~s on hard work** le travail lui réussit.

thriving ['θraɪvɪŋ] *adj person, animal* robuste, florissant de santé; *plant* robuste; *industry, businessman* prospère, florissant.

throat [θrəʊt] *n* (*external*) gorge *f*; (*internal*) gorge, gosier *m*. **to take sb by the ~** prendre qn à la gorge; **I have a sore ~** j'ai mal à la gorge, j'ai une angine; **he had a fishbone stuck in his ~** il avait une arête de poisson dans le gosier; (*fig*) **that sticks in my ~** je n'arrive pas à accepter *or* avaler* ça; (*fig*) **to thrust** *or* **ram** *or* **force** *or* **shove* sth down sb's ~** rebattre les oreilles de qn avec qch; **they are always at each other's ~(s)** ils sont toujours à se battre; *V* **clear, cut, frog¹, jump**.

throaty ['θrəʊtɪ] *adj* guttural, de gorge.

throb [θrɒb] **1** *n* [*heart*] pulsation *f*, battement *m*; [*engine*] vibration *f*; [*drums, music*] rythme *m* (fort); [*pain*] élancement *m*. **a ~ of emotion** un frisson d'émotion.
 2 *vi* [*heart*] palpiter; [*voice, engine*] vibrer; [*drums*] battre (en rythme); [*pain*] lanciner. **a town ~bing with life** une ville vibrante d'animation; **the wound ~bed** la blessure me (*or* lui *etc*) causait des élancements; **my head/arm is ~bing** j'ai des élancements dans la tête/dans le bras; **we could hear music ~bing in the distance** nous entendions au loin le rythme marqué *or* les flonflons *mpl* de la musique.

throes [θrəʊz] *npl*. **in the ~ of death** dans les affres de la mort, à l'agonie; **in the ~ of war/disease/a crisis** *etc* en proie à la guerre/la maladie/une crise *etc*; **in the ~ of an argument/quarrel/debate** au cœur d'une discussion/d'une dispute/d'un débat; **while he was**

in the ~ of (writing) his book pendant qu'il était aux prises avec la rédaction de son livre; while we were in the ~ of deciding what to do pendant que nous débattions de ce qu'il fallait faire.
thrombocyte ['θrɒmbəsaɪt] n thrombocyte m.
thrombosis [θrɒm'bəʊsɪs] n thrombose f.
throne [θrəʊn] n (all senses) trône m. to come to the ~ monter sur le trône; on the ~ sur le trône; V power.
throng [θrɒŋ] 1 n foule f, multitude f, cohue f (pej).
  2 vi affluer, se presser (towards vers, round autour de, to see pour voir).
  3 vt: people ~ed the streets la foule se pressait dans les rues; to be ~ed (with people) [streets, town, shops] être grouillant de monde; [room, bus, train] être plein de monde, être bondé or comble.
thronging ['θrɒŋɪŋ] adj crowd, masses grouillant, pullulant.
throttle ['θrɒtl] 1 n (Aut, Tech: also ~ valve) papillon m des gaz; (Aut: accelerator) accélérateur m. to give an engine full ~ accélérer à fond; at full ~ à pleins gaz; to open the ~ accélérer, mettre les gaz; to close the ~ réduire l'arrivée des gaz.
  2 vt person étrangler, serrer la gorge de.
♦**throttle back, throttle down 1** vi mettre le moteur au ralenti.
  2 vt sep engine mettre au ralenti.
through, (US) **thru** [θru:] phr vb elem **1** adv (a) (place, time, process) the nail went (right) ~ le clou est passé à travers; just go ~ passez donc; to let sb ~ laisser passer qn; you can get a train right ~ to London on peut attraper un train direct pour Londres; (in exam) did you get ~?, are you ~? as-tu été reçu?, as-tu réussi?; did you stay all ~? es-tu resté jusqu'à la fin?; we're staying ~ till Tuesday nous restons jusqu'à mardi; he slept all night ~ il ne s'est pas réveillé de la nuit; I knew all ~ that this would happen je savais depuis le début que cela se produirait; to be wet ~ [person] être trempé (jusqu'aux os); [clothes] être trempé, être (bon) à essorer; soaked ~ and ~ complètement trempé; I know it ~ and ~ je le connais par cœur; he's a liar ~ and ~ il ment comme il respire; he's a Scot ~ and ~ il est écossais jusqu'au bout des ongles; read it (right) ~ to the end, read it right ~ lis-le en entier or jusqu'au bout or de bout en bout; I read that letter ~ quickly j'ai lu la lettre rapidement; V go through, see through etc.
  (b) (Brit Telec) to put sb ~ to sb passer qn à qn; I'll put you ~ to her je vous la passe; you're ~ now vous avez votre correspondant; you're ~ to him il est en ligne.
  (c) (*: finished) I'm ~ ça y est (j'ai fini)*; are you ~? ça y est (tu as fini)?*; I'm not ~ with you yet je n'en ai pas encore fini et terminé avec vous; are you ~ with that book? ce livre, c'est fini?, tu n'as plus besoin de ce livre?; he told me we were ~ il m'a dit qu'on allait casser* or que c'était fini entre nous; he's ~ with her il l'a plaquée*, lui et elle, c'est fini; I'm ~ with football! le football, (c'est) fini!*
  2 prep (a) (place) à travers. a stream flows ~ the garden un ruisseau traverse le jardin or coule à travers le jardin; the stream flows ~ it le ruisseau le traverse or coule à travers; water poured ~ the roof le toit laissait passer des torrents d'eau; to go ~ a forest traverser une forêt; to get ~ a hedge passer au travers d'une haie; they went ~ the train, looking for ... ils ont fait tout le train, pour trouver ... ; he went right ~ the red light il a carrément grillé le feu rouge; to hammer a nail ~ a plank enfoncer un clou à travers une planche; he was shot ~ the head on lui a tiré une balle dans la tête; to look ~ a window/telescope regarder par une fenêtre/dans un télescope; go and look ~ it (of hole, window etc) va voir ce qu'il y a de l'autre côté; I can hear them ~ the wall je les entends de l'autre côté du mur; to go ~ sb's pockets fouiller les poches de qn, faire les poches de qn*; he has really been ~ it* il en a vu de dures*; he is ~ the first part of the exam il a réussi à la première partie de l'examen; I'm half-way ~ the book j'en suis à la moitié du livre; to speak ~ one's nose parler du nez; V get through, go through, see through etc.
  (b) (time) pendant, durant. all or right ~ his life, all his life ~ pendant or durant toute sa vie, sa vie durant; he won't live ~ the night il ne passera pas la nuit; (US) (from) Monday ~ Friday de lundi (jusqu')à vendredi; he stayed ~ July il est resté pendant tout le mois de juillet or jusqu'à la fin de juillet; he lives there ~ the week il habite là pendant la semaine.
  (c) (indicating means, agency) par, par l'entremise or l'intermédiaire de, grâce à, à cause de. to send ~ the post envoyer par la poste; it was all ~ him that I got the job c'est grâce à lui or par son entremise or par son intermédiaire que j'ai eu le poste; it was all ~ him that I lost the job c'est à cause de lui que j'ai perdu le poste; I heard it ~ my sister je l'ai appris par ma sœur; ~ his own efforts par ses propres efforts; it happened ~ no fault of mine ce n'est absolument pas de ma faute si c'est arrivé; absent ~ illness absent pour cause de maladie; to act ~ fear agir par peur or sous le coup de la peur; he was exhausted ~ having walked all the way il était épuisé d'avoir fait tout le chemin à pied; ~ not knowing the way he ... parce qu'il ne connaissait pas le chemin il ... .
  3 adj carriage, train, ticket direct. [train] ~ portion rame directe; 'no ~ way' 'impasse'; all the ~ traffic has been diverted toute la circulation de passage a été détournée.
  4 cpd: throughout V throughout; throughput (Comput) débit m; (Ind) consommation f de or en matières premières (en un temps donné); (US) through street rue f prioritaire; (US) throughway voie f rapide or express.
throughout [θru:'aʊt] **1** prep (a) (place) partout dans. ~ the world partout dans le monde, dans le monde entier; at schools ~ France dans les écoles de toute la France.
  (b) (time) pendant, durant. ~ his life durant toute sa vie, sa vie

durant; ~ his career/his story tout au long de sa carrière/son récit.
  2 adv (everywhere) partout; (the whole time) tout le temps.
throve [θrəʊv] pret of thrive.
throw [θrəʊ] (vb: pret threw, ptp thrown) **1** n [javelin, discus] jet m; (Wrestling) mise f à terre. give him a ~ laisse-lui la balle/le ballon etc; (Sport) it was a good ~ c'était un bon jet; with one ~ of the ball he ... avec un seul coup il ...; (in table games) you lose a ~ vous perdez un tour; (at fair etc) 50p a ~ 50 pence la partie; (fig) at 10 dollars a ~* (à) 10 dollars pièce or chacun(e); V stone.
  2 cpd: throwaway (adj) bottle, packaging à jeter; remark, line qui n'a l'air de rien; (n: leaflet etc) prospectus m, imprimé m; [characteristic, custom etc] it's a throwback to ça nous (or les etc) ramène à; (Ftbl) throw-in rentrée f en touche; (Handball) throw-off engagement m; (Handball) throw-out renvoi m de but.
  3 vt (a) (cast) object, stone lancer, jeter (to, at à); ball, javelin, discus, hammer lancer; dice jeter. he threw a towel at her il lui a jeté or envoyé une serviette à la tête; they were ~ing stones at the cat ils jetaient or lançaient des pierres au chat; he threw the ball 50 metres il a lancé la balle à 50 mètres; he threw it across the room il l'a jeté or lancé à l'autre bout de la pièce; (at dice) to ~ a six avoir un six; (fig) to ~ the book at sb* (in accusing, reprimanding) ne rien laisser passer à qn; (in punishing, sentencing) donner or coller* le maximum à qn; V water etc.
  (b) (hurl violently) [explosion, car crash etc] projeter; (in fight, wrestling) envoyer au sol (or au tapis); [horse] rider démonter, désarçonner. the force of the explosion threw him into the air/across the room la force de l'explosion l'a projeté en l'air/à l'autre bout de la pièce; he was ~n clear of the car il a été projeté hors de la voiture; to ~ o.s. to the ground/at sb's feet/into sb's arms se jeter à terre/aux pieds de qn/dans les bras de qn; to ~ o.s. on sb's mercy s'en remettre à la merci de qn; (fig) she really threw herself at him* or at his head* elle s'est vraiment jetée à sa tête; (fig) he threw himself into the job il s'est mis or attelé à la tâche avec enthousiasme; he threw himself into the task of clearing up il y est allé de tout son courage pour mettre de l'ordre.
  (c) (direct) light, shadow, glance jeter; slides, pictures projeter; kiss envoyer (to à); punch lancer (at à). to ~ one's voice faire en sorte que la voix semble provenir d'une grande distance; V light¹ etc.
  (d) (put suddenly, hurriedly) jeter (into dans, over sur). to ~ sb into jail jeter qn en prison; to ~ a bridge over a river jeter un pont sur une rivière; to ~ a question at sb poser une question à qn à brûle-pourpoint; to ~ into confusion person jeter la confusion dans l'esprit de; meeting, group semer la confusion dans; it ~s the emphasis on ... cela met l'accent sur ...; it threw the police off the trail cela a dépisté la police; to ~ open door, window ouvrir tout grand; (fig) house, gardens ouvrir au public; race, competition etc ouvrir à tout le monde; to ~ a party* organiser or donner or offrir une petite fête (for sb en l'honneur de qn); (lose deliberately) to ~ a race* etc perdre délibérément une course etc; V blame, doubt, fit², relief etc.
  (e) switch actionner.
  (f) pottery tourner; silk tordre.
  (g) (*: disconcert) déconcerter, décontenancer, désorienter, dérouter. I was quite ~n when he ... je n'en suis pas revenu or je suis resté baba* quand il ... .
♦**throw about, throw around** vt sep litter, confetti éparpiller. don't throw it about or it might break ne t'amuse pas à le lancer, ça peut se casser; they were throwing a ball about ils jouaient à la balle; (in boat, old bus etc) to be thrown about être ballotté; to throw one's money about dépenser (son argent) sans compter; (fig) to throw one's weight about faire l'important; to throw o.s. about se débattre.
♦**throw aside** vt sep (lit) jeter de côté; (fig) rejeter, repousser.
♦**throw away 1** vt sep (a) rubbish, cigarette end jeter; (fig) one's life, happiness, health gâcher; talents gaspiller, gâcher; sb's affection perdre; money, time gaspiller, perdre; chance gâcher, perdre, laisser passer. to throw o.s. away gaspiller ses dons (on sb avec qn).
  (b) (esp Theat) line, remark (say casually) laisser tomber; (lose effect of) perdre tout l'effet de.
  2 throwaway adj, n V throw 2.
♦**throw back 1** vt sep (a) (return) ball etc renvoyer (to à); fish rejeter; (fig) image renvoyer, réfléchir.
  (b) head, hair rejeter en arrière; shoulders redresser. to throw o.s. back se (re)jeter en arrière.
  (c) enemy etc repousser. (fig) to be thrown back upon sth être obligé de se rabattre sur qch.
  2 throwback n V throw 2.
♦**throw down** vt sep object jeter; weapons déposer. to throw o.s. down se jeter à terre; to throw down a challenge lancer or jeter un défi; [rain] it's really throwing it down* il pleut à seaux, il tombe des cordes.
♦**throw in 1** vi (US) to throw in with sb rallier qn.
  2 vt sep (a) object into box etc jeter; (Ftbl) ball remettre en jeu; one's cards jeter. (fig) to throw in one's hand or the sponge or the towel abandonner (la partie); V lot.
  (b) (fig) remark, question interposer. he threw in a reference to it il l'a mentionné en passant.
  (c) (fig) (as extra) en plus; (included) compris. with £5 thrown in avec 5 livres en plus or par-dessus le marché; (included) with meals thrown in (les) repas compris; if you buy a washing machine they throw in a packet of soap powder si vous achetez une machine à laver ils vous donnent un paquet de lessive en prime; we had a cruise of the Greek Islands with a day in Athens

thrown in nous avons fait une croisière autour des îles grecques avec en prime un arrêt d'un jour à Athènes.
　2 throw-in *n V* **throw 2.**
◆**throw off** *vt sep* **(a)** (*get rid of*) *burden, yoke* rejeter, se libérer de, se débarrasser de; *clothes* enlever *or* quitter *or* ôter (en hâte), se débarrasser brusquement de; *disguise* jeter; *pursuers, dogs* perdre, semer*; *habit, tendency, cold, infection* se débarrasser de.
　(b) (*) *poem, composition* faire *or* écrire au pied levé.
◆**throw on** *vt sep coal, sticks* ajouter; *clothes* enfiler *or* passer à la hâte. **she threw on some lipstick*** elle s'est vite mis *or* passé un peu de rouge à lèvres.
◆**throw out** *vt sep* **(a)** jeter dehors; *rubbish, old clothes etc* jeter, mettre au rebut; *person* (*lit*) expulser, mettre à la porte, vider*; (*fig: from army, school etc*) expulser, renvoyer; *suggestion* rejeter, repousser; (*Parl*) *bill* repousser. (*fig*) **to throw out one's chest** bomber la poitrine.
　(b) (*say*) *suggestion, hint, idea, remark* laisser tomber; *challenge* jeter, lancer.
　(c) (*make wrong*) *calculation, prediction, accounts, budget* fausser.
　(d) (*disconcert*) *person* désorienter, déconcerter.
◆**throw over** *vt sep plan, intention* abandonner, laisser tomber*; *friend, boyfriend etc* laisser tomber*, lâcher*, plaquer‡ (*for sb else* pour qn d'autre).
◆**throw together** *vt sep* **(a)** (*pej: make hastily*) *furniture, machine* faire à la six-quatre-deux*; (*) *essay* torcher. **he threw a few things together and left at once** il a rassemblé quelques affaires *or* jeté quelques affaires dans un sac et il est parti sur-le-champ.
　(b) (*fig: by chance*) *people* réunir (par hasard). **they were thrown together, fate had thrown them together** le hasard les avait réunis.
◆**throw up 1** *vi* (*vomit*) vomir.
　2 *vt sep* **(a)** (*into air*) *ball etc* jeter *or* lancer en l'air. **he threw the book up to me** il m'a jeté *or* lancé le livre; **he threw up his hands in despair** il a levé les bras de désespoir.
　(b) (*produce, bring to light etc*) produire. **the meeting threw up several good ideas** la réunion a produit quelques bonnes idées, quelques bonnes idées sont sorties de la réunion.
　(c) (*reproach*) **to throw sth up to sb** jeter qch à la figure *or* au visage de qn, reprocher qch à qn.
　(d) (*vomit*) vomir.
　(e) (*: *abandon, reject*) *job, task, studies* lâcher, abandonner; *opportunity* laisser passer.
thrower ['θrəʊəʳ] *n* lanceur *m*, -euse *f*; *V* **discus** *etc*.
throwing ['θrəʊɪŋ] *n* (*Sport*) **hammer/javelin** ∼ le lancer du marteau/du javelin.
thrown [θrəʊn] *ptp of* **throw.**
thru [θru:] (*US*) = **through.**
thrum [θrʌm] *vti* = **strum.**
thrush¹ [θrʌʃ] *n* (*Orn*) grive *f*.
thrush² [θrʌʃ] *n* (*Med*) muguet *m*; (*Vet*) échauffement *m* de la fourchette.
thrust [θrʌst] (*vb: pret, ptp* **thrust**) **1** *n* **(a)** (*push*) poussée *f* (*also Mil*); (*stab: with knife, dagger, stick etc*) coup *m*; (*with sword*) botte *f*; (*fig: remark*) pointe *f*. (*fig*) **that was a** ∼ **at you** ça c'était une pointe dirigée contre vous, c'est vous qui étiez visé; *V* **cut.**
　(b) (*U*) (*propeller, jet engine, rocket*) poussée *f*; (*Archit, Tech*) poussée; (**fig: drive, energy*) dynamisme *m*, initiative *f*. (*fig*) **the main** ∼ **of his speech** l'idée maîtresse de son discours.
　2 *vt* **(a)** pousser brusquement *or* violemment; *finger, stick* enfoncer; *dagger* plonger, enfoncer (*into, dans, between* entre); *rag etc* fourrer (*into* dans). **he** ∼ **the box under the table** (*moved*) il a poussé *or* fourré* la boîte sous la table; (*hid*) il a vite caché la boîte sous la table; **he** ∼ **his finger into my eye** il m'a mis le doigt dans l'œil; **he** ∼ **the letter at me** il m'a brusquement mis la lettre sous le nez; **to** ∼ **one's hands into one's pockets** enfoncer les mains dans ses poches; **he had a knife** ∼ **into his belt** il avait un couteau glissé dans sa ceinture; **he** ∼ **his head through the window** il a mis *or* passé la tête par la fenêtre; **he** ∼ **the book into my hand** il m'a fourré le livre dans la main; **to** ∼ **one's way** *V* **3a.**
　(b) (*fig*) *job, responsibility* imposer (*upon sb* à qn); *honour* conférer (*on* à). **some have greatness** ∼ **upon them** certains ont de la grandeur sans la rechercher; **I had the job** ∼ (**up**)**on me** on m'a imposé ce travail; **to** ∼ **o.s. (up)on sb** imposer sa présence à qn.
　3 *vi* **(a)** (*also* ∼ **one's way**) **to** ∼ **in/out** *etc* entrer/sortir *etc* en se frayant un passage; **he** ∼ **past me** il a réussi à passer (*or* il m'a dépassé) en me bousculant; **to** ∼ **through a crowd** se frayer un passage dans la foule.
　(b) (*Fencing*) allonger une botte.
◆**thrust aside** *vt sep object, person* écarter, pousser brusquement à l'écart; (*fig*) *objection, suggestion* écarter *or* rejeter violemment.
◆**thrust forward** *vt sep object, person* pousser en avant (brusquement). **to thrust o.s. forward** s'avancer brusquement, se frayer *or* s'ouvrir un chemin; (*fig*) se mettre en avant, se faire valoir.
◆**thrust in 1** *vi* (*lit: also* **thrust one's way in**) s'introduire de force; (*fig: interfere*) intervenir.
　2 *vt sep stick, pin, finger* enfoncer; *rag* fourrer dedans*; *person* pousser (violemment) à l'intérieur *or* dedans.
◆**thrust out** *vt sep* **(a)** (*extend*) *hand* tendre brusquement; *legs* allonger brusquement; *jaw, chin* projeter en avant.
　(b) (*push outside*) *object, person* pousser dehors. **he opened the window and thrust his head out** il a ouvert la fenêtre et passé la tête dehors.
◆**thrust up** *vi* (*plants etc*) pousser vigoureusement.
thruster ['θrʌstəʳ] *n* **(a)** (*pej*) **to be a** ∼ se mettre trop en avant,

être arriviste. **(b)** (*rocket*) (micro)propulseur *m*.
thrustful* ['θrʌstfʊl] *adj* = **thrusting.**
thrustfulness* ['θrʌstfʊlnɪs] *n* (*U*) dynamisme *m*, initiative *f*, arrivisme *m* (*pej*).
thrusting ['θrʌstɪŋ] *adj* dynamique, entreprenant; (*pej*) qui se fait valoir, qui se met trop en avant.
thruway ['θru:weɪ] *n* (*US*) voie *f* rapide *or* express.
Thucydides [θu:'sɪdɪdi:z] *n* Thucydide *m*.
thud [θʌd] **1** *n* bruit sourd, son mat. **I heard the** ∼ **of gunfire** j'entendais gronder sourdement les canons.
　2 *vi* faire un bruit sourd, rendre un son mat (*on, against* en heurtant); (*guns*) gronder sourdement; (*fall*) tomber avec un bruit sourd. (*person*) **to** ∼ *or* **to go** ∼**ding in/out** *etc* entrer/sortir *etc* à pas pesants.
thug [θʌg] *n* voyou *m*, gangster *m*; (*at demonstrations*) casseur *m*; (*term of abuse*) brute *f*.
Thule ['θju:lɪ] *n* (*also* **ultima** ∼) Thulé.
thulium ['θju:lɪəm] *n* thulium *m*.
thumb [θʌm] **1** *n* pouce *m*. (*fig*) **to be under sb's** ∼ être sous la coupe de qn; **she's got him under her** ∼ elle le mène par le bout du nez; (*fig*) **to be all** ∼**s** être très maladroit; **he gave me the** ∼**s up** (**sign**)* (*all going well*) il m'a fait signe que tout allait bien; (*to wish me luck*) il m'a fait signe pour me souhaiter bonne chance; **he gave me the** ∼**s down** (**sign**)* il m'a fait signe que ça n'allait pas (*or* que ça n'avait pas bien marché); *V* **finger, rule, twiddle** *etc*.
　2 *cpd nail, print* du pouce. **thumb index** répertoire *m* à onglets; (*fig*) **thumbnail sketch** croquis *m* sur le vif; **thumbscrew** (*Tech*) vis *f* à papillon *or* à ailettes; (*Hist: torture*) poucettes *fpl*; **thumbstall** poucier *m*; (*US*) **thumbtack** punaise *f*.
　3 *vt* **(a)** *book, magazine* feuilleter. **well** ∼**ed** écorné (par l'usage); **to** ∼ **one's nose** faire un pied de nez (*at sb* à qn).
　(b) (*) **to** ∼ **a lift** *or* **a ride** (*gen*) faire du stop* *or* de l'auto-stop; **he** ∼**ed a lift to Paris** il est allé à Paris en stop* *or* en auto-stop; **I managed at last to** ∼ **a lift** je suis enfin arrivé à arrêter *or* à avoir une voiture.
◆**thumb through** *vt fus book* feuilleter; *card index* consulter rapidement.
thump [θʌmp] (*Brit*) **1** *n* (*blow: with fist/stick etc*) (grand) coup *m* de poing *or* de canne *etc*; (*sound*) bruit lourd et sourd. **to fall with a** ∼ tomber lourdement; **to give sb a** ∼ assener un coup à qn.
　2 *vt* (*gen*) taper sur; *door* cogner à, taper à. **I could have** ∼**ed him!*** je l'aurais giflé! *or* bouffé!‡
　3 *vi* **(a)** cogner, frapper (*on* sur, *at* à); (*heart*) battre fort, (*with fear*) battre la chamade. **he was** ∼**ing on the piano** il tapait (comme un sourd) sur le piano, il jouait comme un forcené.
　(b) (*person*) **to** ∼ **in/out** *etc* entrer/sortir *etc* en martelant le pavé (*or* le plancher); (*at a run*) entrer/sortir *etc* en courant bruyamment.
◆**thump out** *vt sep*: **to thump out a tune on the piano** marteler un air au piano.
thumping‡ ['θʌmpɪŋ] *adj* (*also* ∼ **great**) énorme, monumental*, phénoménal.
thunder ['θʌndəʳ] **1** *n* (*U*) tonnerre *m*; (*applause*) tonnerre, tempête *f*; (*hooves*) retentissement *m*, fracas *m*; (*passing vehicles, trains*) fracas, bruit *m* de tonnerre. **there's** ∼ **about** le temps est à l'orage; **there's** ∼ **in the air** il y a de l'orage dans l'air; **I could hear the** ∼ **of the guns** j'entendais tonner les canons; *V* **peal, steal.**
　2 *cpd*: **thunderbolt** coup *m* de foudre; (*fig*) coup de tonnerre; **thunderclap** coup *m* de tonnerre (*lit*); **thundercloud** nuage orageux; (*fig*) nuage noir; **thunderstorm** orage *m*; (*fig*) **thunderstruck** abasourdi, ahuri, stupéfié.
　3 *vi* (*Met*) tonner; (*guns*) tonner; (*hooves*) retentir. **the train** ∼**ed past** le train est passé dans un grondement de tonnerre.
　4 *vt* (*also* ∼ **out**) *threat, order* proférer d'une voix tonitruante. **'no!' he** ∼**ed** 'non!' tonna-t-il *or* dit-il d'une voix tonitruante; **the crowd** ∼**ed their approval** la foule a exprimé son approbation dans un tonnerre d'applaudissements et de cris.
thunderer ['θʌndərəʳ] *n*: **the T**∼ le dieu de la Foudre et du Tonnerre, Jupiter tonnant.
thundering ['θʌndərɪŋ] *adj* **(a)** **in a** ∼ **rage** *or* **fury** dans une colère noire, fulminant; **in a** ∼ **temper** d'une humeur massacrante. **(b)** (*: *also* ∼ **great**) énorme, monumental*, phénoménal. **it was a** ∼ **success** ça a eu un succès fou *or* un succès monstre.
thunderous ['θʌndərəs] *adj welcome, shouts* étourdissant. ∼ **acclaim** ovation *f*; ∼ **applause** tonnerre *m* d'applaudissements.
thundery ['θʌndərɪ] *adj* orageux.
thurible ['θjʊərɪbl] *n* encensoir *m*.
thurifer ['θjʊərɪfəʳ] *n* thuriféraire *m*.
Thur(s) *abbr of* **Thursday.**
Thursday ['θɜ:zdɪ] *n* jeudi *m*; *for phrases V* **Saturday.**
thus [ðʌs] *adv* (*in this way*) ainsi, comme ceci, de cette façon, de cette manière; (*consequently*) ainsi, donc, par conséquent. ∼ **far** (*up to here/now*) jusqu'ici; (*up to there/then*) jusque-là.
thwack [θwæk] **1** *n* (*blow*) grand coup; (*with hand*) claque *f*, gifle *f*; (*sound*) claquement *m*, coup sec. **2** *vt* frapper vigoureusement, donner un coup sec à; (*slap*) donner une claque à.
thwart¹ [θwɔ:t] *vt plan* contrecarrer, contrarier; *person* contrecarrer *or* contrarier les projets de. **to be** ∼**ed at every turn** voir tous ses plans contrariés l'un après l'autre.
thwart² [θwɔ:t] *n* (*Naut*) banc *m* de nage.
thy [ðaɪ] *poss adj* (††, *liter, dial*) ton, ta, tes.
thyme [taɪm] *n* thym *m*. **wild** ∼ serpolet *m*.
thymus ['θaɪməs] *n, pl* **-mi** ['θaɪmaɪ] thymus *m*.
thyroid ['θaɪrɔɪd] **1** *n* (*also* ∼ **gland**) thyroïde *f*. **2** *adj* thyroïde.
thyroxin [θaɪ'rɒksɪn] *n* thyroxine *f*.
thyself [ðaɪ'self] *pers pron* (††, *liter, dial*) (*reflexive*) te; (*emphatic*) toi-même.

ti [tiː] n (Mus) si m.
tiara [tɪˈɑːrə] n [lady] diadème m; [Pope] tiare f.
Tiber [ˈtaɪbər] n Tibre m.
Tiberias [taɪˈbɪərɪæs] n: **Lake** ~ le lac de Tibériade.
Tiberius [taɪˈbɪərɪəs] n Tibère m.
Tibet [tɪˈbet] n Tibet m.
Tibetan [tɪˈbetən] **1** adj tibétain, du Tibet. **2** n (a) Tibétain(e) m(f). **(b)** (Ling) tibétain m.
tibia [ˈtɪbɪə] n tibia m.
tic [tɪk] n **1** tic m (nerveux). **2** cpd: (US) **tic-tac-toe** (jeu m de) morpion m.
tich* [tɪtʃ] n bout m de chou*, microbe* m (also pej).
tichy‡ [ˈtɪtʃɪ] adj (also ~ **little**) minuscule.
tick¹ [tɪk] **1** n **(a)** [clock] tic-tac m.
(b) (Brit*: instant) instant m. **just a** ~!, **half a** ~! une minute!, un instant!; **in a** ~, **in a couple of** ~s en un rien de temps, en moins de deux, en un clin d'œil; **it won't take a** ~ or **two** ~s c'est l'affaire d'un instant, il y en a pour une seconde; **I shan't be a** ~ j'en ai pour une seconde.
(c) (mark) coche f. **to put** or **mark a** ~ **against sth** cocher qch.
2 cpd: (Racing) **ticktack** signaux mpl (des bookmakers); (Brit) **ticktack man** aide m de bookmaker; (US) **tick-tack-toe** ≃ (jeu m de) morpion m; [clock] **tick-tock** tic-tac m.
3 vt (Brit) name, item, answer cocher; (Scol: mark right) marquer juste. (on form etc) **please** ~ **where appropriate** cochez la (or les) case(s) correspondante(s).
4 vi [clock, bomb etc] faire tic-tac, tictaquer. (fig) **I don't understand what makes him** ~* il est un mystère pour moi; **I wonder what makes him** ~* je me demande ce qui peut se passer dans sa tête.
◆**tick away 1** vi [clock etc] continuer son tic-tac; [taximeter] tourner.
2 vt sep: **the clock ticked the hours away** la pendule marquait les heures.
◆**tick off 1** vt sep **(a)** (Brit) (lit) name, item cocher; (fig: enumerate) reasons, factors etc énumérer.
(b) (Brit*: reprimand) attraper, passer un savon à*.
(c) (US*: annoy) embêter*, casser les pieds à*.
2 ticking-off* n V **ticking²** 2.
◆**tick over** vi (Brit) [engine] tourner au ralenti; [taximeter] tourner; [business etc] aller or marcher doucettement.
tick² [tɪk] n (Zool) tique f.
tick³* [tɪk] n (Brit: credit) crédit m. **on** ~ à crédit; **to give sb** ~ faire crédit à qn.
tick⁴ [tɪk] n (U: cloth) toile f (à matelas); (cover) housse f (pour matelas).
ticker [ˈtɪkər] **1** n **(a)** (esp US) téléscripteur m, téléimprimeur m.
(b) (‡) (watch) tocante* f; (heart) cœur m, palpitant‡ m.
2 cpd: (US) **ticker-tape** bande f de téléscripteur or téléimprimeur; (US: at parades etc) ≃ serpentin m; (US) **to get a ticker-tape welcome** être accueilli par une pluie de serpentins.
ticket [ˈtɪkɪt] **1** n **(a)** (Aviat, Cine, Rail, Theat etc: also for football match etc) billet m; (for bus, tube) ticket m; (Comm: label) étiquette f; (counterfoil) talon m; (from cash register) ticket, reçu m; (for cloakroom) ticket, numéro m; (for left-luggage) bulletin m; (for library) carte f; (from pawnshop) reconnaissance f (du mont-de-piété). **to buy a** ~ prendre un billet; **coach** ~ billet de car; **admission by** ~ **only** entrée réservée aux personnes munies d'un billet; (fig) **that's the** ~!* c'est ça!, voilà ce qu'il nous faut!; V **return, season** etc.
(b) (for fine) P.-V. m, papillon m. **I found a** ~ **on the windscreen** j'ai trouvé un papillon sur le pare-brise; **to get a** ~ **for parking** attraper un P.-V. pour stationnement illégal; **to give sb a** ~ **for parking** mettre un P.-V. à qn pour stationnement illégal.
(c) (certificate) [pilot] brevet m. [ship's captain] **to get one's** ~ passer capitaine.
(d) (US Pol: list) liste f (électorale). **he is running on the Democratic** ~ il se présente sur la liste des démocrates; V **straight**.
2 cpd: **ticket agency** (Theat) agence f de spectacles; (Rail etc) agence de voyages; (Brit Rail) **ticket barrier** portillon m (d'accès); **ticket collector** contrôleur m; **ticket holder** personne munie d'un billet; **ticket inspector** = **ticket collector**; **ticket office** bureau m de vente des billets, guichet m; (Brit Jur) **ticket-of-leave†** libération conditionnelle; (Brit Jur) **ticket-of-leave man†** libéré conditionnel; **ticket tout** V **tout 1**.
3 vt (a) goods étiqueter.
(b) (US) traveller etc donner un billet à. **passengers** ~**ed on these flights** voyageurs en possession de billets pour ces vols.
(c) (US: fine) mettre un P.-V. à.
ticking¹ [ˈtɪkɪŋ] n (U: Tex) toile f (à matelas).
ticking² [ˈtɪkɪŋ] **1** n [clock] tic-tac m. **2** cpd: (Brit*) **ticking-off** attrapade* f; **to give sb a ticking-off** passer un savon à qn*, attraper qn; **to get a ticking-off** recevoir un bon savon*, se faire attraper.
tickle [ˈtɪkl] **1** vt (lit) person, dog chatouiller, faire des chatouilles à; (please) sb's vanity, palate etc chatouiller; (*: delight) person plaire à, faire plaisir à; (*: amuse) amuser, faire rire. ~ **sb's ribs, to** ~ **sb in the ribs** chatouiller les côtes à qn; **to be** ~**d to death‡**, **to be** ~**d pink‡** être heureux comme tout, être aux anges; V **fancy** etc.
2 vi chatouiller.
3 n chatouillement m, chatouilles* fpl. **he gave the child a** ~ il a chatouillé l'enfant, il a fait des chatouilles* à l'enfant; **to have a** ~ **in one's throat** avoir un chatouillement dans la gorge; V **slap**.
tickler* [ˈtɪklər] n (Brit) (question, problem) colle* f; (situation) situation délicate or épineuse.
tickling [ˈtɪklɪŋ] **1** n chatouillement m, chatouille(s)* f(pl). **2** adj

sensation de chatouillement; blanket qui chatouille; cough d'irritation.
ticklish [ˈtɪklɪʃ] adj, **tickly*** [ˈtɪklɪ] adj **(a)** sensation de chatouillement; blanket qui chatouille; cough d'irritation. [person] **to be** ~ être chatouilleux, craindre les chatouilles*.
(b) (touchy) person, sb's pride chatouilleux; (difficult) situation, problem, task épineux, délicat.
ticky-tacky [ˈtɪkɪˌtækɪ] (US) **1** adj de pacotille. **2** n pacotille f.
tidal [ˈtaɪdl] adj force de la marée; river, inland sea, estuary qui a des marées. ~ **wave** raz-de-marée m inv; (fig: of enthusiasm, protest etc) immense vague f, flot m.
tidbit [ˈtɪdbɪt] n (esp US) = **titbit**.
tiddler* [ˈtɪdlər] n (Brit) (stickleback) épinoche f; (tiny fish) petit poisson; (small child) petit(e) m(f) mioche* m(f).
tiddly [ˈtɪdlɪ] **1** adj (*: esp Brit) pompette*, éméché*. **2** cpd: **tiddlywinks** jeu m de puce.
tide [taɪd] **1** n marée f. **at high/low** ~ à marée haute/basse; **the** ~ **is on the turn** la mer est étale; **the** ~ **turns at 3 o'clock** la marée commence à monter (or à descendre) à 3 heures; (fig) **the** ~ **has turned, there has been a turn of the** ~ la chance a tourné, la chance est passée de notre (or leur etc) côté; (fig) **to go with the** ~ suivre le courant; (fig) **to go against the** ~ aller à contre-courant; **the** ~ **of events** le cours or la marche des événements; **the rising** ~ **of public impatience** l'exaspération grandissante et généralisée du public; V **time**.
2 cpd: **tideland** laisse f; **tidemark** laisse f de haute mer, ligne f de (la) marée haute; (hum: on neck, in bath) ligne de crasse; **tide table** échelle f des marées; **tidewater** (Brit) (eaux fpl de) marée f; (US) côte f; **tideway** (channel) chenal m de marée; (tidal part of river) section (d'un cours d'eau) soumise à l'influence des marées; (current) flux m.
3 vt: **to** ~ **sb over a difficulty** dépanner qn lors d'une difficulté, tirer qn d'embarras provisoirement; **it** ~**d him over till payday** ça lui a permis de tenir or ça l'a dépanné en attendant d'être payé.
◆**tide over** vt sep: **to tide sb over** permettre à qn de tenir, dépanner qn.
...tide [taɪd] n ending in cpds saison f. **Eastertide** (la saison de) Pâques m; V **Whit** etc.
tidily [ˈtaɪdɪlɪ] adv arrange, fold soigneusement, avec soin; write proprement. **she is always** ~ **dressed** elle est toujours correctement vêtue or toujours mise avec soin; **try to dress more** ~ tâche de t'habiller plus correctement or d'apporter plus de soin à ta tenue.
tidiness [ˈtaɪdɪnɪs] n (U) [room, drawer, desk, books] ordre m; [handwriting, schoolwork] propreté f. **what I like about him is his** ~ ce que j'aime chez lui, c'est son sens de l'ordre; **the** ~ **of his appearance** sa tenue soignée.
tidings [ˈtaɪdɪŋz] npl (liter) nouvelle(s) f(pl).
tidy [ˈtaɪdɪ] **1** adj **(a)** room, drawer, cupboard bien rangé, ordonné, en ordre; desk, objects, books bien rangé, en ordre; dress, appearance, hair net, soigné; handwriting, schoolwork net, propre; habits d'ordre; person (in appearance) soigné; (in character) ordonné, méthodique. **to make** or **get a room** ~ ranger une pièce, mettre de l'ordre dans une pièce; **try to make your writing tidier** tâche d'écrire plus proprement; **to make o.s.** ~ s'arranger, remettre de l'ordre dans sa toilette; **to have a** ~ **mind** avoir l'esprit méthodique.
(b) (*) sum, amount, income rondelet, coquet, joli; speed bon. **it cost a** ~ **bit** or **a** ~ **penny** ça lui (or nous etc) a coûté une jolie somme; **it took a** ~ **bit of his salary** ça lui a pris un bon morceau de son salaire.
2 n vide-poches m inv; V **sink²** etc.
3 cpd: **to have a tidy-out*** or **tidy-up*** faire une séance de rangement or du rangement; **to give sth a (good) tidy-out*** or **tidy-up*** ranger qch à fond.
4 vt (also ~ **up**) drawer, cupboard, books, clothes ranger, mettre de l'ordre dans; desk ranger, mettre de l'ordre sur. **to** ~ **o.s. (up)** s'arranger, remettre de l'ordre dans sa toilette; **to** ~ **(up) one's hair** arranger sa coiffure, remettre de l'ordre dans sa coiffure.
◆**tidy away** vt sep ranger.
◆**tidy out** **1** vt sep cupboard, drawer vider pour y mettre de l'ordre. **2 tidy-out*** n V **tidy 3**.
◆**tidy up 1** vi (tidy room etc) (tout) ranger; (tidy o.s.) s'arranger.
2 vt sep = **tidy 4**.
3 tidy-up* n V **tidy 3**.
tie [taɪ] **1** n **(a)** (cord etc) [garment, curtain] attache f; [shoe] lacet m, cordon m; (Brit: neck~) cravate f; (fig: bond, link) lien m; (fig: restriction) entrave f. (on invitation) **black** ~ ≃ smoking m; (Dress) **white** ~ habit m; (fig) **the** ~**s of blood** les liens du sang; **family** ~**s** (links) liens de famille or de parenté; (responsibilities) attaches familiales; **she finds the children a great** ~ avec les enfants elle n'est pas libre, les enfants l'accaparent beaucoup; V **old**.
(b) (esp Sport) (draw) égalité f (de points); (drawn match) match nul; (drawn race/competition) course f/concours m dont les vainqueurs sont ex æquo. **the match ended in a** ~, **the result (of the match) was a** ~ les deux équipes ont fait match nul or ont terminé le match à égalité; **to play off a** ~ (second match) rejouer un match nul; (third match) jouer la belle; (Scol, Sport etc) **there was a** ~ **for second place** il y avait deux ex æquo en seconde position; **the election ended in a** ~ les candidats ont obtenu le même nombre de voix.
(c) (Sport: match) match m de championnat; V **cup**.
(d) (Mus) liaison f.
(e) (Archit) tirant m, entrait m.
(f) (US Rail) traverse f.
2 cpd: **tie-(and-)dye** n méthode f nouer-lier-teindre (procédé

consistant à cacher certaines parties en nouant ou en liant); **tie-break(er)** *(Tennis)* tie-break *m*; *(in quiz/game)* question *f*/épreuve *f* subsidiaire; **tie-clasp, tie-clip** fixe-cravate *m*; **tie-in** *(link)* lien *m*, rapport *m* *(with* avec*)*; *(US Comm: sale)* vente jumelée *or* par lots; *(US Comm: article)* lot *m*; **tie-on** *label* à œillet; **tiepin** épingle *f* de cravate; *(Archit, Aut)* **tie-rod** tirant *m*; *(US)* **tie-tack** = **tie-clasp**; **tie-up** *(connection)* lien *m* *(with* avec, *between* entre*)*; *(Fin: merger)* fusion *f* *(with* avec, *between* entre*)*; *(US: stoppage)* interruption *f*, arrêt *m*; *(traffic)* embouteillage *m*.

3 *vt* **(a)** *(fasten)* attacher *(to* à*)*; *shoelace, necktie, rope* attacher, nouer; *parcel* attacher, ficeler; *ribbon* nouer, faire un nœud à; *shoes* lacer. **to ~ sb's hands** *(lit)* attacher *or* lier les mains de qn; *(lit, fig)* lier les mains de *or* à qn; *(lit, fig)* **his hands are ~d** il a les mains liées; *(lit, fig)* **to be ~d hand and foot** avoir pieds et poings liés; **to ~ sth in a bow, to ~ a bow in sth** faire un nœud avec qch; **to ~ a knot in sth** faire un nœud à qch; *[rope etc]* **to get ~d in knots** se nouer, faire des nœuds; *(fig)* **to get ~d in knots***, **to ~ o.s. in knots*** s'embrouiller; *V* **apron**.

(b) *(link)* lier *(to* à*)*; *(restrict)* restreindre, limiter; *(Mus)* lier. **the house is ~d to her husband's job** la maison est liée au travail de son mari; **I'm ~d to the house/my desk all day** je suis retenu *or* cloué à la maison/mon bureau toute la journée; **are we ~d to this plan?** sommes-nous obligés de nous en tenir à ce projet?

4 *vi* **(a)** *[shoelace, necktie, rope]* se nouer.

(b) *(draw)* *(Sport etc)* faire match nul; *(in competition)* être ex æquo; *(in election)* obtenir le même nombre de voix. *(Sport)* **we ~d with them 4-all** nous avons fait match nul 4 partout; *(in race, exam, competition)* **they ~d for first place** ils ont été premiers ex æquo.

♦**tie back** *vt sep curtains* attacher sur les côtés; *hair* retenir (en arrière).

♦**tie down** *vt sep object, person, animal* attacher. *(fig)* **he didn't want to be tied down** il ne voulait pas perdre sa liberté; **to tie sb down to a promise** obliger qn à tenir sa promesse; **can you tie him down to these conditions?** pouvez-vous l'astreindre à ces conditions?; **we can't tie him down to a date/a price** nous n'arrivons pas à lui faire fixer une date/un prix; **I shan't tie you down to 6 o'clock** il n'est pas nécessaire que ce soit à 6 heures; **I don't want to tie myself down to going** je ne veux pas m'engager à y aller *or* me trouver contraint d'y aller.

♦**tie in 1** *vi* **(a)** *(be linked)* être lié *(with* à*)*. **it all ties in with what they plan to do** tout est lié à ce qu'ils projettent de faire; **this fact must tie in somewhere** ce fait doit bien avoir un rapport quelque part.

(b) *(be consistent)* correspondre *(with* à*)*, concorder, cadrer *(with* avec*)*. **it doesn't tie in with what I was told** ça ne correspond pas à *or* ça ne cadre pas avec *or* ça ne concorde pas avec ce qu'on m'a dit.

2 *vt sep*: **I'm trying to tie that in with what he said** j'essaie de voir la liaison *or* le rapport entre ça et ce qu'il a dit; **can you tie the visit in with your trip to London?** pouvez-vous combiner la visite et *or* avec votre voyage à Londres?

3 **tie-in** *n V* **tie 2**.

♦**tie on** *vt sep label etc* attacher (avec une ficelle). *(fig: get drunk)* **to tie one on‡** se cuiter‡, se soûler*.

2 **tie-on** *adj V* **tie 2**.

♦**tie together** *vt sep objects, people* attacher ensemble.

♦**tie up 1** *vi* *(Naut)* accoster.

2 *vt sep* **(a)** *(bind)* *parcel* ficeler; *prisoner* attacher, ligoter; *(tether)* *boat, horse* attacher *(to* à*)*. *(fig)* **there are a lot of loose ends to tie up** il y a beaucoup de points de détail à régler avant d'en avoir fini; *(fig: muddled)* **to get (o.s.) all tied up*** s'embrouiller.

(b) *capital, money* immobiliser.

(c) *(fig: conclude)* *business deal etc* conclure. **it's all tied up now** tout est réglé maintenant, c'est une chose réglée maintenant, nous avons *(or* il a *etc)* tout réglé.

(d) *(*: pass only: occupied)* **he is tied up all tomorrow** il est pris *or* occupé toute la journée de demain; **he is tied up with the manager** il est occupé avec le directeur; **we are tied up for months to come** nous avons un emploi du temps très chargé pour les mois qui viennent; **he's rather tied up with a girl in Dover** une jeune fille de Douvres l'accapare en ce moment.

(e) *(pass only: linked)* **this company is tied up with an American firm** cette compagnie a des liens avec *or* est liée à une firme américaine; **his illness is tied up* with the fact that his wife has left him** sa maladie est liée au fait que sa femme l'a quittée.

(f) *(US: obstruct, hinder)* *traffic* obstruer, entraver; *production, sales* arrêter momentanément; *project, programme* entraver. **to get tied up** *[traffic]* se bloquer; *[production, sales]* s'arrêter; *[project, programme]* être suspendu.

3 **tie-up** *n V* **tie 2**.

tied [taɪd] *adj* **(a)** *(Sport: equal)* **to be ~** être à égalité.

(b) *(Mus)* note lié.

(c) *(Brit)* **~ cottage** logement *m* de fonction *(d'ouvrier agricole etc)*; *[pub]* **it's a ~ house** ils ne vendent qu'une marque de bière.

(d) *(busy)* pris. **we are very ~ in the evenings** nous sommes rarement libres le soir; **she is very ~ by the children** elle est très prise par les enfants; **he isn't ~ at all** il n'a aucune attache, rien ne le retient; *V also* **tie up** *etc*.

tier [tɪər] **1** *n* *(in stadium, amphitheatre)* gradin *m*; *(part of cake)* étage *m*. *(Theat)* **grand ~** balcon *m*; *(Theat)* **upper ~** seconde galerie; **to arrange in ~s** *(gen)* étager, disposer par étages; *seating* disposer en gradins; **to rise in ~s** s'étager; **a three-~ system** un système à trois niveaux.

2 *vt seats etc* disposer en gradins. **~ed seating** places assises en gradins *or* en amphithéâtre; **three-~ed cake** ≃ pièce montée à trois étages.

Tierra del Fuego [tɪˌerədel'fweɪgəʊ] *n* Terre de Feu *f*.

tiff [tɪf] *n* prise *f* de bec*.

tiffin† ['tɪfɪn] *n* *(Brit: mot anglo-indien)* repas *m* de midi.

tig [tɪg] *n* = **tag 1c**.

tiger ['taɪgər] **1** *n* tigre *m* *(also fig.)* **she fought like a ~** elle s'est battue comme une tigresse; *(fig)* **he has a ~ by the tail** il a déclenché quelque chose dont il n'est plus maître.

2 *cpd*: **tiger lily** lis tigré; **tiger moth** écaille *f* *(papillon)*; **tiger's eye (stone)** œil *m* de tigre.

tight [taɪt] **1** *adj* **(a)** *(not loose)* *rope* raide, tendu; *skirt, trousers* serré, étroit; *(too ~)* étriqué, (trop) juste, trop étroit; *belt, shoes* qui serre, trop juste; *tap, screw, lid, drawer* dur; *bend in road* raide; *knot, weave, knitting* serré; *restrictions, control* sévère, strict, rigoureux; *programme, schedule* serré, minuté, très chargé; *competition* serré. **as ~ as a drum** tendu comme un tambour; **my shoes are (too) ~** mes chaussures me serrent; **it should be fairly ~ over the hips** cela devrait être relativement ajusté sur les hanches; **it's a ~ fit** c'est juste; **to keep (a) ~ hold** *or* **a ~ grasp on sth** *(lit)* bien tenir qch, serrer qch; *(fig)* avoir *or* tenir qch en main; **it will be ~ but I think we'll make it** in time ce sera juste mais je crois que nous y arriverons; *(fig)* **to be in a ~ corner** *or* **situation** se trouver dans une situation difficile; *V* **skin, spot, squeeze** *etc*.

(b) *(not leaky)* *boat, container, joint* étanche. **air~** hermétique, étanche (à l'air); *V* **water** *etc*.

(c) *credit* serré, resserré; *business* difficile; *budget* juste, serré; *transaction, deal* qui laisse peu de marge. **money is very ~** *(Econ)* l'argent est rare; *(at home)* les finances sont très justes *or* serrées; *[person]* **to be ~** *(with one's money)* être avare *or* radin*, ne pas les lâcher facilement*.

(d) *(*: drunk)* soûl*, gris*, rond*. **to get ~** prendre une cuite*, se cuiter‡.

2 *adv grasp* bien, solidement; *close* bien, hermétiquement; *squeeze* très fort; *knit* serré. **screw the nut up ~** serrez l'écrou à bloc; **don't fasten** *or* **tie it too ~** ne le serrez pas trop (fort); **to pack sth ~** bien emballer *or* empaqueter qch; *V* **hold, sit, sleep** *etc*.

3 *cpd*: *(US Ftbl)* **tight end** ailier *m*; **tight-fisted** avare, radin*, près de son argent*; **tight-fitting** *garment* ajusté, collant; *lid, stopper* qui ferme bien; **tight-knit** *(fig)* *family* uni; *programme, schedule* serré; **to maintain a tight-lipped silence, to be very tight-lipped** ne pas desserrer les lèvres *or* les dents *(about sth* au sujet de qch*)*; *(from anger etc)* **he stood there tight-lipped** il se tenait là avec un air pincé; **in tight-lipped disapproval** d'un air de réprobation; **tightrope** corde *f* raide, fil *m*; **tightrope walker** funambule *mf*; *(US)* **tightwad‡** radin(e)* *m(f)*.

4 *npl*: **~s** collant(s) *m(pl)*.

tighten ['taɪtn] **1** *vt* *(often ~ up)* *rope* tendre; *coat, skirt, trousers* ajuster, rétrécir; *screw, wheel, grasp, embrace* resserrer; *legislation, restrictions, regulations, control* renforcer; *(Econ)* *credit* resserrer. *(lit, fig)* **to ~ one's belt** se serrer la ceinture; *(fig: increase pressure)* **to ~ the screws on** augmenter la pression sur.

2 *vi* *(also ~ up)* *[rope]* se tendre, se raidir; *[screw, wheel]* se resserrer; *[restrictions, regulations]* être renforcé.

♦**tighten up 1** *vi* **(a)** = **tighten 2**.

(b) *(fig)* **to tighten up on security/immigration** devenir plus strict *or* sévère en matière de sécurité/d'immigration; **the police are tightening up on shoplifters** la police renforce la lutte contre les voleurs à l'étalage.

2 *vt sep V* **tighten 1**.

tightening ['taɪtnɪŋ] *n* *(V* tighten*)* ajustage *m*; resserrement *m*; renforcement *m*. *(Econ)* **~ of credit** resserrement *m* de crédit.

tightly ['taɪtlɪ] *adv* = **tight 2**.

tightness ['taɪtnɪs] *n* *[dress, trousers]* étroitesse *f*; *[screw, lid, drawer]* dureté *f*; *[restrictions, control]* rigueur *f*, sévérité *f*. **he felt a ~ in his chest** il s'est senti la poitrine oppressée.

tigress ['taɪgrɪs] *n* tigresse *f*.

Tigris ['taɪgrɪs] *n* Tigre *m*.

tilde ['tɪldə] *n* tilde *m*.

tile [taɪl] **1** *n* *(on roof)* tuile *f*; *(on floor, wall, fireplace)* carreau *m*. *(Brit fig)* **to be out on the ~s***, **to spend** *or* **have a night on the ~s*** faire la noce* *or* la bombe*; *(fig)* **he's got a ~ loose‡** il lui manque une case*.

2 *vt roof* couvrir de tuiles; *floor, wall, fireplace* carreler. **~d roof** en tuiles; *floor, room etc* carrelé.

tiling ['taɪlɪŋ] *n* **(a)** *(activity, skill)* *[roof]* pose *f* des tuiles; *[floor, wall etc]* carrelage *m*. **(b)** *(tiles collectively)* *[roof]* tuiles *fpl*; *[floor, wall]* carrelage *m*, carreaux *mpl*.

till¹ [tɪl] = **until**.

till² [tɪl] *n* caisse *f* (enregistreuse); *(old-fashioned type)* tiroir-caisse *m*; *(takings)* caisse. **pay at the ~** payez à la caisse; *(fig)* **caught with one's hand in the ~** pris sur le fait, pris en flagrant délit.

till³ [tɪl] *vt* *(Agr)* labourer.

tillage ['tɪlɪdʒ] *n* *(act)* labour *m*, labourage *m*; *(land)* labour, guéret *m*.

tiller¹ ['tɪlər] *n* *(Agr)* laboureur *m*.

tiller² ['tɪlər] *n* *(Naut)* barre *f* *(du gouvernail)*.

tilt [tɪlt] **1** *n* **(a)** *(tip, slope)* inclinaison *f*. **it has a ~ to it, it's on a** *or* **the ~** c'est incliné, ça penche.

(b) *(Hist)* *(contest)* joute *f*; *(thrust)* coup *m* de lance. *(fig)* **to have a ~ at** décocher des pointes à; *(at) full ~* à toute vitesse, à fond de train.

2 *cpd*: **tilt-top table** table *f* rabattable *(toutes inclinaisons)*.

3 *vt* *(often ~ over)* *object, one's head* pencher, incliner; *backrest* incliner. **to ~ one's hat over one's eyes** rabattre son chapeau sur les yeux; **to ~ one's chair (back)** se balancer sur sa chaise.

4 *vi* **(a)** *(gen)* s'incliner; *(also ~ over)* pencher, être incliné.

(b) *(Hist)* jouter *(at* contre*)*; *V* **windmill**.

tilted ['tɪltɪd] *adj* penché, incliné.

tilth [tɪlθ] n (soil) couche f arable; (tilling) labourage m.
timber ['tɪmbər] **1** n (**a**) (U) (wood) bois m d'œuvre, bois de construction; (trees collectively) arbres mpl, bois. (excl) ∼! attention (à l'arbre qui tombe)!, gare!; **land under** ∼ futaie f, terre boisée (pour l'abattage).

   (**b**) (beam) madrier m, poutre f; (Naut) membrure f.

   2 cpd fence etc en bois. (U) **timberland** région boisée (pour l'abattage); **timber line** ligne supérieure de la forêt; (Brit) **timber merchant** marchand m de bois, négociant m en bois; **timber wolf** loup m (gris); (Brit) **timberyard** chantier m de bois.

   3 vt tunnel etc boiser. ∼ed house en bois; land, hillside boisé; V half.

timbering ['tɪmbərɪŋ] n (U) boisage m.
timbre ['tæmbrə, 'tɪmbər] n (gen, also Phon) timbre m.
timbrel ['tɪmbrəl] n tambourin m.
Timbuktu [,tɪmbʌk'tuː] n Tombouctou m (also fig).
time [taɪm] **1** n (**a**) (U: gen) temps m. ∼ and space le temps et l'espace; ∼ **flies** le temps passe vite; **only** ∼ **will tell** ≈ qui vivra verra; ∼ **will show if** … le temps dira si …, on saura avec le temps si …; **in** ∼, **with** ∼, **in process of time**, **as** ∼ **goes** (or went) **by** avec le temps, à la longue; **it takes** ∼ **for it to change** (a few minutes) ça ne change pas tout de suite; (longer) ça ne change pas du jour au lendemain; **it takes** ∼ **to change people's ideas** changer les idées des gens demande or prend du temps; **at this point in** ∼ à l'heure qu'il est, en ce moment; **from** ∼ **out of mind** de temps immémorial, de toute éternité; (Prov) ∼ **and tide wait for no man** les événements n'attendent personne; (Prov) ∼ **is money** le temps c'est de l'argent; (liter) **to take T**∼ **by the forelock** saisir l'occasion aux cheveux; V **immemorial, test, unity** etc.

   (**b**) (U: more specifically) temps m. **I've no** ∼ **for that sort of thing** (lit) je n'ai pas le temps de faire ce genre de chose; (fig) ce genre de chose m'agace; **I've no** ∼ **for people like him** les gens comme lui m'énervent, je ne supporte pas les gens comme lui; **I've got a lot of** ∼* **for him** je le trouve très bien; **it didn't leave him much** ∼ **for sleep** ça ne lui a guère laissé le temps de dormir; **I've enough** ∼ or **I have the** ∼ **to go there** j'ai le temps d'y aller; **we've got plenty of** ∼, **we've all the** ∼ **in the world** nous avons tout notre temps; **you've got plenty of** ∼ **to wait for me** vous avez bien le temps de m'attendre; **I can't find** ∼ **to do or for (doing) the garden** je n'arrive pas à trouver le temps de m'occuper du jardin; **to make up for lost** ∼ rattraper le temps perdu; **what a waste of** ∼! quelle perte de temps!, que de temps perdu!; **in no** ∼ **at all**, **in less than no** ∼ en un rien de temps, en moins de deux*; **he had** ∼ **on his hands** or **to spare** il avait du temps de reste or du temps devant lui; ∼ **hung heavy (on his hands)** le temps lui durait or pesait, il trouvait le temps long; **I spent a lot of** ∼ **preparing this**, **it took me a lot of** ∼ **to prepare this** il m'a fallu pas mal de temps pour le préparer, le préparer m'a pris pas mal de temps; **he spent all/half his** ∼ **reading** il a passé tout son temps/la moitié de son temps à lire; **I had to stand for part** or **some of the** ∼ j'ai dû rester debout (pendant) une partie du temps; **part** or **some of the** ∼ **he looks cheerful but most of the** ∼ **he doesn't** parfois or quelquefois or par moments il a l'air gai, mais la plupart du temps il a l'air triste; **he spends the best part of his** ∼ **in London** il passe la meilleure partie or la plus grande partie de son temps à Londres, il passe le plus clair de son temps à Londres; **the letter was in my pocket all the** ∼ la lettre était dans ma poche (pendant) tout ce temps-là; **all the** ∼ **he knew who had done it** il savait dès le début qui l'avait fait; **I can't be impartial all (of) the** ∼ je ne peux pas être tout le temps impartial; **take your** ∼ prenez votre temps; **take your** ∼ **over it!** mettez-y le temps qu'il faudra!; (fig) **it took me all my** ∼ **to finish it** j'ai eu du mal à le finir; **to take** ∼ **out to do sth** (gen) trouver le temps de faire qch; (during career) se mettre en congé or en disponibilité pour faire qch; (during studies) interrompre ses études pour faire qch; **your** ∼ **is up** (in exam, prison visit etc) c'est l'heure; (Telec) votre temps de communication est écoulé; **my** ∼ **is my own** mon temps m'appartient, je suis maître de mon temps; **free** ∼, ∼ **off** temps libre; **he'll tell you in his own good** ∼ il vous le dira quand bon lui semblera; **all in good** ∼! chaque chose en son temps!; **let me know in good** ∼ prévenez-moi à temps; **he arrived in good** ∼ **for the start of the match** il est arrivé en avance pour le début du match; **a race against** ∼ une course contre la montre; **he was working against** ∼ **to finish it** il travaillait d'arrache-pied pour le terminer à temps; **for the** ∼ **being** pour le moment; V **bide, play, spare** etc.

   (**c**) (U: period, length of) ∼ **for a** ∼ pendant un (certain) temps; **a long** ∼ longtemps; **a long** ∼ **ago** il y a longtemps; **a short** ∼ peu de temps; **a short** ∼ **later** peu (de temps) après; **for a short** ∼ **we thought that** … nous avons (pendant) un moment pensé que …; **he hasn't been seen for a long** ∼ on ne l'a pas vu depuis longtemps, ça fait longtemps qu'on ne l'a pas vu; **it will be a long** ∼ **before I see her again** je ne la reverrai pas de longtemps; **long** ∼ **no see!** tiens! un revenant!*; **it will be a long** ∼ **before I do that again** je ne recommencerai pas de si tôt; **it's a long** ∼ **since he left** il y a bien longtemps qu'il est parti; **you took a long** ∼ **to get here** or **getting here** tu as mis longtemps pour or à venir; **what a (long)** ∼ **you've been!** vous y avez mis le temps!, il vous en a fallu du temps!; **it takes a long** ∼ **for that drug to act** ce médicament met de temps à agir; **it took a very long** ∼ **for that to happen** ceci n'est arrivé que très longtemps après, il a fallu attendre longtemps pour que cela arrive (subj); **in a short** ∼ **they were all gone** quelques moments plus tard ils avaient tous disparu; **I have been learning French for a long** ∼ j'apprends le français depuis longtemps; **he had to stay in bed for a long** ∼ il a dû rester longtemps au lit; **for a long** ∼ **(to come) he will wonder** … il se demandera (pendant) longtemps …; **for a long** ∼ **(past) he has been unable to work** il a longtemps été hors d'état de travailler (V also **long**); **I waited for**

some ∼ j'ai attendu assez longtemps or pas mal de temps*; **I waited for some considerable** ∼ j'ai attendu un temps considérable; **after some little** ∼ après un certain temps; **some** ∼ **ago** il y a quelque temps or un certain temps; **it won't be ready for some** ∼ (yet) ce ne sera pas prêt avant un certain temps or avant pas mal de temps*; **some** ∼ **before the war** quelque temps avant la guerre; **in no** ∼ **at all**, **in less than no** ∼ en un rien de temps, en moins de deux*; **he did it in half the** ∼ **it took you** il l'a fait deux fois plus vite or en deux fois moins de temps que vous; **he is coming in 2 weeks'** ∼ il vient dans 2 semaines; (frm) **within the agreed** ∼ dans les délais convenus; (US) **to buy sth on** ∼ acheter qch à tempérament; **what** ∼ **did he do it in?** il a mis combien de temps?; **the winner's** ∼ **was 12 seconds** le temps du gagnant était 12 secondes; **cooking** ∼ **25 minutes** temps de cuisson 25 minutes; [prisoner] **to do** ∼* faire de la taule‡; (US: hurry) **to make** ∼ se dépêcher; (US) **he's making** ∼ **with her‡** il essaie de la tomber‡; V **extra, record, serve** etc.

   (**d**) (U: period worked) **to be on** or **to work full** ∼ travailler à plein temps or à temps plein (V also full 4); **to be on** ∼ **and a half** faire des heures supplémentaires payées une fois et demie le tarif normal or à 150%; **Sunday working is paid at double** ∼ les heures du dimanche sont payées or comptées double; **in the firm's** ∼, **in company** ∼ pendant les heures de service; **in** or (US) **on one's own** ∼ après les heures de service; V **half, part-time, short** etc.

   (**e**) (epoch, era: often pl) époque f. **in medieval** ∼s à l'époque médiévale; **in Gladstone's** ∼ du temps de Gladstone; **in olden** ∼s, **in** ∼s past, **in former** ∼s dans le temps, jadis; ∼ **was when one could** … il fut un temps où l'on pouvait …; **in my** ∼ **it was all different** de mon temps c'était complètement différent; **I've seen some queer things in my** ∼ j'ai vu des choses étranges dans ma vie; **that was before my** ∼ (before I was born) je n'étais pas encore né, c'était avant ma naissance; (before I came here) je n'étais pas encore là; **in** ∼(s) of peace en temps de paix; **our** ∼ or **la paix de notre vivant**; **it will last our** ∼ cela durera aussi longtemps que nous; (fig) **he is ahead of** or **before his** ∼, **he was born before his** ∼ il est en avance sur son époque; **to keep up with the** ∼s être de son époque, vivre avec son époque, être à la page; **to be behind the** ∼s être vieux jeu* inv; **the** ∼s **we live in** l'époque où nous vivons; **at the best of** ∼s (déjà) quand tout va bien; ∼s **are hard** les temps sont durs; **those were tough** ∼s la vie n'était pas facile de ce temps-là; **they lived through some terrible** ∼s in the war ils ont connu des moments terribles or ils en ont vu de dures* pendant la guerre; **to have a poor** or **rough** or **bad** or **thin** or **tough*** ∼ (of it) en voir de dures*; **I gave him a bad** ∼ of it je lui ai fait passer un mauvais quart d'heure; (longer) je lui ai fait or mené la vie dure; **what great** ∼s **we've had!** c'était la belle vie! or le bon temps!; **to have a good** ∼ (of it) bien s'amuser; **it was a tense** ∼ **for all of us** cela a été une période très tendue pour nous tous; V **big, injury, sign**.

   (**f**) (by clock) heure f. **what is the** ∼?, **what** ∼ **is it?** quelle heure est-il?; **what** ∼ **do you make it?**, **what do you make the** ∼? quelle heure avez-vous?; **have you got the right** ∼? est-ce que vous avez l'heure exacte or juste?; **the** ∼ **is 4.30** il est 4 heures et demie; **what** ∼ **is he arriving at?** à quelle heure est-ce qu'il arrive?; **he looked at the** ∼ il a regardé l'heure; **that watch keeps good** ∼ cette montre est toujours à l'heure; **there's a** ∼ **and a place for everything** il y a un temps pour tout; (fig) **to pass the** ∼ **of day** bavarder un peu, échanger quelques mots (with sb avec qn); **I wouldn't give him the** ∼ **of day** je ne m'arrêterais même pas pour lui dire bonjour; **at this** ∼ **of (the) night** à cette heure de la nuit; **at any** ∼ **of the day or night** à n'importe quelle heure du jour ou de la nuit; **at any** ∼ **during school hours** n'importe quand pendant les heures d'ouverture de l'école; **open at all** ∼s ouvert à toute heure; (Brit: in pub) ∼ **gentlemen please!** on ferme!; (US) **it's midnight by Eastern** ∼ il est minuit, heure de la côte est; **it was 6 o'clock Paris** ∼ il était 6 heures heure de Paris; **ahead of** ∼ en avance; **behind** ∼ en retard; **just in** ∼ juste à temps (for sth pour qch, to do pour faire); **on** ∼ à l'heure; **the trains are on** ∼ or **up to** ∼, **the trains are running to** ∼ les trains sont à l'heure; **it's near my train** ∼ c'est presque l'heure de mon train; **it's** ∼ **for tea**, **it's tea** ∼ c'est l'heure du thé; **it's** ∼ **to go** c'est l'heure de partir, il est temps de partir; **it's** ∼ **I was going**, **it's** ∼ **for me to go** il est temps que je m'en aille; **it's about** ∼ **he was here** il serait temps or il commence à être temps qu'il arrive (subj); **it's** ∼ **somebody taught him a lesson** il est grand temps que quelqu'un lui donne (subj) une bonne leçon; **and about** ∼ **too!** et ce n'est pas trop tôt!; V **Greenwich, high, tell** etc.

   (**g**) (moment, point of) moment m. **at the** or **that** ∼ à ce moment-là; **at this** ∼ en ce moment; **at the present** ∼ en ce moment, actuellement; **at this particular** ∼ à ce moment précis; **at one** ∼ à un moment donné; **sometimes** … **at other** ∼s quelquefois … d'autres fois; **at all** ∼s à tous moments; **I have at no** ∼ **said that** je n'ai jamais dit cela, à aucun moment je n'ai dit cela; **at** ∼s par moments; **I could hit him at** ∼s, **there are** ∼s **when I could hit him** il y a des moments où je pourrais le gifler; **at his** ∼ **of life** à son âge; **he came at a very inconvenient** ∼ il est arrivé à un moment tout à fait inopportun, il a mal choisi son moment pour arriver; **he may come (at) any** ∼ il peut arriver d'un moment à l'autre; **come (at) any** ∼ venez n'importe quand, venez quand vous voudrez; **it may happen any** ∼ **now** cela peut arriver d'un moment à l'autre; (US) **any** ∼ **soon*** d'un jour or d'un moment à l'autre; **at this** ∼ **of year** à cette époque de l'année, à cette saison; **to do two things at the same** ∼ faire deux choses à la fois; **they arrived at the same** ∼ **as we did** ils sont arrivés en même temps que nous; **but at the same** ∼, **you must admit that** … mais pourtant or cependant, il faut avouer que …; **by the** ∼ **I had finished** le temps que je termine (subj), quand j'eus or j'ai eu (enfin) terminé; **by this** or **that** ∼ **they** had drunk all the wine à ce moment-là ils avaient déjà bu tout le vin; **you must be cold by this** ~ vous devez avoir froid maintenant; **by this** ~ **next year** dans un an; **this** ~ **tomorrow** demain à cette heure-ci; **this** ~ **last year** l'année dernière à cette époque-ci; **this** ~ **last week** il y a exactement huit jours; **(in) between** ~**s** entre temps; **from** ~ **to** ~ de temps en temps; **from that** ~ **or this** ~ **on he was ...** à partir de ce moment il fut ...; **from this** ~ **on I shall do what you tell me** désormais *or* dorénavant je ferai ce que tu me diras; **until such** ~ **as** jusqu'à ce que + *subj*, en attendant que + *subj*; **this is no** ~ **for quarrelling** ce n'est pas le moment de se disputer; **to choose one's** ~ choisir son moment; **now's your** ~ **to tell him** c'est maintenant que vous devriez (le) lui dire; **now's the** ~ **to do it** c'est maintenant le moment de le faire; **at Christmas** ~ à (la) Noël; **to die before one's** ~ mourir avant l'âge; **his** ~ **has come** son heure est venue *or* est arrivée *or* a sonné; **when the** ~ **comes** quand le moment viendra; **the** ~ **has come to do ...** il est temps de faire ...; **the** ~ **has come for us to leave** il est temps que nous partions (*subj*); **it's** ~ **to get up** c'est l'heure de nous (*or* vous *etc*) lever; *V* **given, proper** *etc*.

(h) (*occasion*) fois *f*. **this** ~ cette fois; **(the) next** ~ **you come** la prochaine fois que vous viendrez; **every** *or* **each** ~ chaque fois; **give me beer every** ~!* rien ne vaut une bonne bière!, donnez-moi de la bière à tous les coups!*; **several** ~**s** plusieurs fois; **at other** ~**s** d'autres fois; **at various** ~**s in the past** plusieurs fois déjà; **at odd** ~**s I've wondered ...** il m'est arrivé parfois de me demander ...; **many a** ~, **many** ~**s** maintes fois, bien des fois, très souvent; ~ **after** ~, ~**s without number**, ~ **and** (~) **again** maintes et maintes fois, à plusieurs reprises; **hundreds of** ~**s*** vingt *or* trente-six *or* cent fois; **(the) last** ~ la dernière fois; **there's always a first** ~ il y a un début à tout; **the previous** ~, **the** ~ **before** la fois d'avant, la dernière fois; **come back some other** ~ revenez une autre fois; **some** ~ *or* **other I'll do it** un jour ou l'autre je le ferai; **I remember the** ~ **when he told me about it** je me rappelle le jour où il me l'a dit; **one at a** ~ un(e) par un(e), un(e) à un(e), un(e) seul(e) à la fois; **for weeks at a** ~ pendant des semaines entières; **one can use the machine for 10 francs a** ~ ça coûte 10 F chaque fois qu'on se sert de la machine.

(i) (*multiplying*) fois *f*. **2** ~**s 3 is 6** 2 fois 3 (font) 6; **10** ~**s as big as, 10** ~**s the size of** 10 fois plus grand que; **it's worth 10** ~**s as much** ça vaut 10 fois plus.

(j) (*Mus etc*) mesure *f*. **in** ~ en mesure (*to* avec); **three-four** ~ mesure à trois temps; **to keep** ~ rester en mesure; *V* **beat, mark¹**.

2 *vt* **(a)** (*choose* ~ *of*) invasion, visit fixer (*for* à), prévoir (*for* pour); remark, interruption choisir *or* calculer le moment de. **it was** ~**d to begin at ...** le commencement était fixé *or* prévu pour ...; **you** ~**d that perfectly!** c'est tombé à point nommé!, vous ne pouviez pas mieux calculer *or* choisir votre moment!; **well-** ~**d** remark, entrance tout à fait opportun, tombé à point nommé; *blow* bien calculé.

(b) (*count* ~ *of*) race, runner, worker *etc* chronométrer; programme, ceremony, piece of work minuter. **to** ~ **sb over 1,000 metres** chronométrer (le temps de) qn sur 1,000 mètres; ~ **how long it takes you** notez le temps qu'il vous faut pour le faire; **to** ~ **an egg** minuter la cuisson d'un œuf.

3 *cpd*: (*Ind*) **time and motion study** étude *f* des cadences; **time bomb** bombe *f* à retardement; **time capsule** capsule *f* témoin (*devant servir de document historique*); (*Ind etc*) **time clock** (*machine itself*) enregistreur *m* de temps; **they were standing near the time clock** ils se tenaient près du pointage; **time-consuming** qui prend du temps; (*US Fin*) **time deposit** dépôt *m* à terme; (*US Comm*) **time discount** remise *f* pour paiement anticipé; (*US Fin*) **time draft** traite *f* à délai de date; (*Phot*) **time exposure** pose *f*; **time-filler** manière *f* de passer le temps *or* de s'occuper; **time frame** délais *mpl*; **time fuse** détonateur *m* or fusée *f* à retard *or* à retardement; **time-honoured** consacré (par l'usage); **timekeeper** (*watch*) montre *f*; (*stopwatch*) chronomètre *m*; (*Sport*: *official*) chronométreur *m* (officiel); [*person*] **to be a good timekeeper** être toujours à l'heure; **time-lag** (*between events etc*) décalage *m*, retard *m*; (*between countries*) décalage horaire; **time-lapse photography** accéléré *m*; **time limit** (*period*) délai *m*; **time** (*Jur*) délai de forclusion; (*deadline*) date *f* limite; **to put** *or* **set a time limit on sth** fixer un délai *or* une limite de temps pour qch; **within a certain time limit** dans un certain délai; **without a time limit** sans limitation de temps; (*US Fin*) **time loan** emprunt *m* à terme; **time lock** fermeture *f* à mouvement d'horlogerie; (*esp US*) **timeout** temps *m* mort; (*Chess*) temps de repos; **timepiece** (*gen*) mécanisme *m* d'horlogerie; (*watch*) montre *f*; (*clock*) horloge *f*; **it is a great time-saver** ça fait gagner beaucoup de temps; **time-saving** (*adj*) qui fait gagner du temps; (*n*) économie *f* *or* gain *m* de temps; (*pej*) **time-server** opportuniste *mf*; (*pej*) **time-serving** (*adj*) opportuniste; (*n*) opportunisme *m*; **time share** (*vt*) (*Comput*) utiliser *or* exploiter en temps partagé; *holiday home* avoir en multi-propriété; (*n*) maison *f* (*or* appartement *m*) en multi-propriété; **time-sharing** (*Comput*) (*exploitation f or* travail *m* en) temps partagé; (*holiday home*) multipropriété *f*; (*Ind etc*) **time sheet** feuille *f* de présence; (*Rad*) **time signal** signal *m* horaire; (*Mus*) **time signature** indication *f* de la mesure; (*Comput*) **time slice** tranche *f* de temps; **time study** = **time and motion study**; **time switch** [*electrical apparatus*] minuteur *m*; (*for lighting*) minuterie *f*; **timetable** (*n*) (*Rail etc*) (indicateur *m*) horaire *m*; (*Scol*) emploi *m* du temps; (*Ftbl: also fixtures* ~) calendrier *m* des rencontres; *V* visit, course **timetable** un emploi du temps pour; (*motor racing*) **time trial** course *f* contre la montre; **time-warp** distorsion *f* du temps; **time-wasting** (*adj*) qui fait perdre du temps; (*n*) perte *f* de temps; **timeworn** stones *etc* usé par le temps; *idea* rebattu; **time zone** fuseau *m* horaire.

timeless ['taɪmlɪs] *adj* éternel.

timeliness ['taɪmlɪnɪs] *n* (*U*) à-propos *m*, opportunité *f*.

timely ['taɪmlɪ] *adj* à propos, opportun.

timer ['taɪmər] *n* (*Culin etc*) compte-minutes *m inv*; (*with sand in it*) sablier *m*; (*on machine, electrical device etc*) minuteur *m*; (*Aut*) distributeur *m* d'allumage; *V* old.

timid ['tɪmɪd] *adj* (*shy*) timide; (*unadventurous*) timoré, craintif; (*cowardly*) peureux.

timidity [tɪ'mɪdɪtɪ] *n* (*U*: *V* timid) timidité *f*; caractère timoré *or* craintif; caractère peureux.

timidly ['tɪmɪdlɪ] *adv* (*V* timid) timidement; craintivement; peureusement.

timidness ['tɪmɪdnɪs] *n* = **timidity**.

timing ['taɪmɪŋ] **1** *n* **(a)** [*musician etc*] sens *m* du rythme. **a good comedian depends on his (sense of)** ~ un bon comédien doit minuter très précisément son débit; **the actors'** ~ **was excellent throughout the play** le minutage des acteurs était excellent tout au long de la pièce; ~ **is very important in formation flying** la synchronisation est capitale dans les vols en formation; **the** ~ **of the demonstration** (*date/hour*) la date/l'heure de cette manifestation; (*programme of various stages*) le minutage de cette manifestation; **he arrived just when the meal was ready: I had to admire his** ~ il est arrivé au moment précis où le repas était prêt, il ne pouvait pas mieux *or* je dois dire qu'il a su choisir son moment.

(b) (*Aut*) réglage *m* de l'allumage. (*Aut*) **to set the** ~ régler l'allumage.

(c) (*Ind, Sport*) chronométrage *m*.

2 *cpd*: **timing device, timing mechanism** [*bomb etc*] mouvement *m* d'horlogerie; [*electrical apparatus*] minuteur *m*.

timorous ['tɪmərəs] *adj* timoré, craintif.

timorously ['tɪmərəslɪ] *adv* craintivement.

Timothy ['tɪməθɪ] *n* Timothée *m*.

timothy ['tɪməθɪ] *n* (*Bot*) fléole *f* des prés.

timpani ['tɪmpənɪ] *npl* timbales *fpl*.

timpanist ['tɪmpənɪst] *n* timbalier *m*.

tin [tɪn] **1** *n* **(a)** (*U*) étain *m*; (~*plate*) fer-blanc *m*.

(b) (*esp Brit: can*) boîte *f* (*en fer-blanc*). ~ **of salmon** boîte de saumon.

(c) (*for storage*) boîte *f* (de fer). **cake** ~ boîte à gâteaux.

(d) (*Culin*) (*mould: for cakes etc*) moule *m*; (*dish: for meat etc*) plat *m*. **cake** ~ moule à gâteau; **meat** *or* **roasting** ~ plat à rôtir.

2 *vt* **(a)** (*put in* ~**s**) food *etc* mettre en boîte(s) *or* en conserve; *V* also **tinned**.

(b) (*coat with* ~) étamer.

3 *cpd* (*made of* ~) en étain, d'étain; (*made of* ~*plate*) en *or* de fer-blanc. **tin can** boîte *f* (en fer-blanc); (*US Mus*) **he can't sing a** ~ **ear*** il n'a pas d'oreille; (*US fig*) **to develop a** ~ **ear*** faire la sourde oreille (*for* à); (*U*) **tinfoil** papier *m* d'étain, papier (d')aluminium; (*fig*) (*little*) ~ **god** idole *f* de pacotille; **tin hat** casque *m*; (*car*) **tin lizzie*** (*model T Ford*) Ford *f* Lizzie; (*old banger*) vieille bagnole* *f*; **tin mine** mine *f* d'étain; (*Brit*) **tin opener** ouvre-boîte(s) *m*; (*Mus, fig*) **Tin Pan Alley** l'industrie *f* de la musique populaire; (*U*) **tin-plate** fer-blanc *m*; **tinpot*** car, bike qui ne vaut pas grand-chose, en fer-blanc; **a tinpot little town*** un petit bled*; **tinsmith** ferblantier *m*; **tin soldier** soldat *m* de plomb; (*Brit*) **tintack** clou *m* de tapissier, semence *f*; **tin whistle** flûteau *m*.

tincture ['tɪŋktʃər] **1** *n* (*Pharm*) teinture *f*; (*fig*) nuance *f*, teinte *f*. ~ **of iodine** teinture d'iode. **2** *vt* (*lit, fig*) teinter (*with* de).

tinder ['tɪndər] **1** *n* (*U*: *in tinderbox*) amadou *m*; (*small sticks*) petit bois (*U*). **as dry as** ~ sec (*f* sèche) comme de l'amadou. **2** *cpd*: **tinderbox** briquet *m* (à amadou); (*fig: esp Pol*) poudrière *f*.

tine [taɪn] *n* [*fork*] dent *f*, fourchon *m*; [*antler*] andouiller *m*.

ting [tɪŋ] **1** *n* tintement *m*. **2** *vi* tinter. **3** *vt* faire tinter. **4** *cpd*: **ting-a-ling** [*telephone, doorbell*] dring dring *m*; [*handbell, tiny bells*] drelin drelin *m*.

tinge [tɪndʒ] (*lit, fig*) **1** *n* teinte *f*, nuance *f*. **2** *vt* teinter (*with* de).

tingle ['tɪŋgl] **1** *vi* (*prickle*) picoter, fourmiller; (*fig: thrill*) vibrer, frissonner. **her face was tingling** le visage lui picotait *or* lui cuisait; **her cheeks were tingling with cold** le froid lui piquait *or* lui brûlait des joues; **my fingers are tingling** j'ai des picotements *or* des fourmis dans les doigts; **the toothpaste makes my tongue** ~ le dentifrice me pique la langue; **he was tingling with impatience** il brûlait d'impatience.

2 *n* (*sensation*) picotement *m*, fourmillement *m*, sensation cuisante; (*thrill*) frisson *m*. (*sound*) **to have a** ~ **in one's ears** avoir les oreilles qui tintent.

tingling ['tɪŋglɪŋ] **1** *n* (*U*) = **tingle** 2. **2** *adj* = **tingly**.

tingly ['tɪŋglɪ] *adj* sensation cuisant, de picotement, de fourmillement. **my arm is** *or* **feels** ~ j'ai des fourmis *or* des fourmillements dans le bras.

tinker ['tɪŋkər] **1** *n* (*esp Brit: gen*) romanichel(le) *m(f)* (*often pej*); (*specifically mending things*) rétameur *m* (ambulant); (*: child*) polisson(ne) *m(f)*. (*fig*) **it's not worth a** ~'**s cuss** *or* ~'**s damn** ça ne vaut pas tripette* *or* un clou*; **I don't care** *or* **give a** ~'**s cuss** *or* ~'**s damn** je m'en fiche*, je m'en soucie comme de l'an quarante; ~, **tailor, soldier, sailor ...** ≃ il m'aime un peu, beaucoup, passionnément ....

2 *vi* (*also* ~ **about**) bricoler, s'occuper à des bricoles. **he was** ~**ing (about) with the car** il bricolait la voiture; **stop** ~**ing with that watch!** arrête de tripoter cette montre!

(b) (*fig*) **to** ~ **with** contract, wording, report *etc* (*change*) faire des retouches à, remanier; (*dishonestly*) tripatouiller.

tinkle ['tɪŋkl] **1** *vi* tinter. **2** *vt* faire tinter. **3** *n* (*a*) tintement *m*. (*Brit Telec*) **to give sb a** ~* donner *or* passer un coup de fil à qn*. **(b)** (*: baby talk: passing water*) pipi* *m*.

tinkling ['tɪŋklɪŋ] **1** *n* (*U*) tintement *m*. **2** *adj* bell qui tinte; stream qui clapote, qui gazouille.

tinned [tɪnd] *adj* (*Brit*) fruit, salmon en boîte, en conserve. ~ **goods** *or* **food** conserves *fpl*; **it's only** ~ ce n'est qu'une boîte de conserve.

Not listed in Fr.-Eng. part

tinnitus [tɪ'naɪtəs] *n* acouphène *m*.

tinny ['tɪnɪ] *adj sound* métallique, grêle; *taste* métallique; (*pej*) *car, typewriter etc* de camelote*. ~ **piano** casserole* *f.*

tinsel ['tɪnsəl] *n* (*U*) guirlandes *fpl* de Noël (argentées), clinquant *m* (*also fig pej*).

tint [tɪnt] **1** *n* teinte *f*, nuance *f*; (*for hair*) shampooing colorant; *V* **flesh**. **2** *vt* teinter (*with* de). **to ~ one's hair** se faire un shampooing colorant.

tintinnabulation ['tɪntɪ,næbjʊ'leɪʃən] *n* tintinnabulement *m*.

Tintoretto [,tɪntə'retəʊ] *n* le Tintoret.

tiny ['taɪnɪ] *adj* tout petit, minuscule. **a ~ little man** un tout petit bonhomme.

tip¹ [tɪp] **1** *n* (*end*) [*stick, pencil, ruler, wing, finger, nose*] bout *m*; [*sword, knife, asparagus*] pointe *f*; [*iceberg, mountain*] pointe, cime *f*; [*ski*] pointe, spatule *f*; [*tongue*] pointe (*also Phon*), bout; (*metal etc end piece*) [*shoe*] bout, pointe; [*cigarette*] bout; (*filter ~*) bout (filtre); [*umbrella, cane*] embout *m*; [*billiard cue*] procédé *m*. **from ~ to toe** de la tête aux pieds; **he stood on the ~s of his toes** il s'est dressé sur la pointe des pieds; **he touched it with the ~ of his toe** il l'a touché du bout de l'orteil; (*fig*) **I've got it on or it's on the ~ of my tongue** je l'ai sur le bout de la langue; (*fig*) **it's just the ~ of the iceberg** c'est seulement la partie émergée de l'iceberg, ça n'est rien comparé au reste; *V* **fingertip, wing** *etc*.

2 *vt* (*put ~ on*) mettre un embout à; (*cover ~ of*) recouvrir le bout de. (*Brit*) **~ped cigarettes** cigarettes *fpl* (à bout) filtre *inv*; **~ped with steel, steel-~ped** ferré, qui a un embout de fer.

3 *cpd*: **on tiptoe** sur la pointe des pieds; **to tiptoe in/out** *etc* entrer/sortir *etc* sur la pointe des pieds; **tiptop*** de premier ordre, excellent, de toute première*.

tip² [tɪp] **1** *n* (**a**) (*tap*) tape *f*, petit coup.
(**b**) (*gratuity*) pourboire *m*. (*in restaurant*) **the ~ is included le** service est compris.
(**c**) (*hint, information*) suggestion *f*, tuyau* *m*; (*advice*) conseil *m*; (*Racing*) tuyau*. **'~s for the handyman'** 'les trucs du bricoleur'; **that horse is a hot ~ for the 3.30** ce cheval a une première chance dans la course de 15h 30; **take my ~** suivez mon conseil.
2 *cpd*: **to give sb a tip-off** (*gen*) prévenir qn, donner *or* filer un tuyau* à qn; (*Police*) avertir *or* prévenir qn (*par une dénonciation*).
3 *vt* (**a**) (*tap, touch*) toucher (légèrement), effleurer. **to ~ one's hat to sb** mettre *or* porter la main à son chapeau pour saluer qn.
(**b**) (*reward*) donner un pourboire à. **he ~ped the waiter 5 francs** il a donné 5 F de pourboire au garçon.
(**c**) (*Racing, gen*) pronostiquer. **to ~ the winner** pronostiquer le cheval gagnant; **he ~ped Blue Streak for the 3.30** il a pronostiqué la victoire de Blue Streak dans la course de 15h 30; **to ~ sb the wink*** **about sth** filer un tuyau* à qn sur qch; (*fig*) **they are ~ped to win the next election** on pronostique qu'ils vont remporter les prochaines élections; **Paul was ~ped for the job** on avait pronostiqué que Paul serait nommé.

tip³ [tɪp] **1** *n* (*Brit*) (*for coal*) terril *m*; (*for rubbish*) décharge *f*, dépotoir *m*; (**fig**: *untidy place*) (véritable) dépotoir.
2 *cpd*: **tip-cart** tombereau *m*; **tipcat** (jeu *m* du) bâtonnet *m*; **tipstaff** *V* **tipstaff**; **tip-up seat** (*in theatre etc*) siège *m* rabattable; (*in taxi, underground etc*) strapontin *m*; **tip-up truck** camion *m* à benne (basculante).
3 *vt* (*incline, tilt*) pencher, incliner; (*overturn*) faire basculer, renverser; (*pour, empty*) *liquid* verser (*into* dans, *out of* de); *load, sand, rubbish* déverser, déposer; *clothes, books etc* déverser (*into* dans, *out of* de). **he ~ped the water out of the bucket** il a vidé le seau; **to ~ sb off his chair** renverser *or* faire basculer qn de sa chaise; **they ~ped him into the water** ils l'ont fait basculer *or* tomber dans l'eau; **the car overturned and they were ~ped into the roadway** la voiture s'est retournée et ils se sont retrouvés sur la chaussée; **to ~ the scales at 90 kg** peser 90 kg; (*fig*) **to ~ the scales** faire pencher la balance (*in sb's favour* en faveur de qn, *against sb* au détriment de qn); (*US*) **to ~ one's hand*** *or* **one's mitt‡** dévoiler son jeu (involontairement).
4 *vi* (*incline*) pencher, être incliné; (*overturn*) se renverser, basculer. **'no ~ping'**, **'~ping prohibited'** 'défense de déposer des ordures'.

◆**tip back, tip backward(s) 1** *vi* [*chair*] se rabattre en arrière; [*person*] se pencher en arrière, basculer (en arrière).
2 *vt sep chair* rabattre *or* faire basculer (en arrière).

◆**tip forward(s) 1** *vi* [*chair*] se rabattre en avant; [*person*] se pencher en avant.
2 *vt sep chair* rabattre *or* faire basculer (en avant); *car seat* rabattre (en avant).

◆**tip off 1** *vt sep* (*gen*) donner *or* filer un tuyau* à (*about sth* sur qch); *police* prévenir *or* avertir (*par une dénonciation*).
2 tip-off *n V* **tip²** 2.

◆**tip out** *vt sep liquid, contents* vider; *load* décharger, déverser. **they tipped him out of his chair/out of bed** ils l'ont fait basculer de sa chaise/du lit.

◆**tip over 1** *vi* (*tilt*) pencher; (*overturn*) basculer.
2 *vt sep* faire basculer.

◆**tip up 1** *vi* [*table etc*] (*tilt*) pencher, être incliné; (*overturn*) basculer; [*box, jug*] se renverser; [*seat*] se rabattre; [*truck*] basculer.
2 *vt sep* (*tilt*) *table etc* incliner; *jug, box* pencher, incliner; *person* faire basculer.
3 tip-up *adj V* **tip³** 2.

tipper ['tɪpər] *n* (**a**) (*vehicle*) camion *m* à benne (basculante); (*back of vehicle*) benne *f* (basculante). (**b**) **he is a good** *or* **big ~*** il a le pourboire facile.

tippet ['tɪpɪt] *n* (*also* **fur ~**) étole *f* (de fourrure).

Tippex ['tɪpeks] ® **1** *n* Tippex *m* ®. **2** *vt* (*also* **~ out**) tippexer.

tipple ['tɪpl] **1** *vi* picoler*. **2** *n* (*hum*) **gin is his ~** ce qu'il préfère boire c'est du gin.

tippler ['tɪplər] *n* picoleur* *m*, -euse* *f.*

tipsily ['tɪpsɪlɪ] *adv* **walk** en titubant légèrement. **... he said tipsily** ... dit-il un peu ivre.

tipstaff ['tɪpstɑ:f] *n* (*Brit Jur*) huissier *m*.

tipster ['tɪpstər] *n* (*Racing*) pronostiqueur *m*.

tipsy ['tɪpsɪ] *adj* gai, éméché, parti*. **to get ~** devenir gai; (*Brit*) **~ cake** (sorte *f* de) baba *m* au rhum.

tirade [taɪ'reɪd] *n* diatribe *f.*

tire¹ ['taɪər] *n* (*US*) = **tyre**.

tire² ['taɪər] **1** *vt* fatiguer; (*weary*) fatiguer, lasser.
2 *vi* se fatiguer; se lasser. **he ~s easily** il se fatigue vite, il est vite fatigué; **he never ~s of telling us how** ... il ne se lasse jamais de nous dire comment ... .

◆**tire out** *vt sep* épuiser, éreinter, claquer*, crever*. **to be tired out** être épuisé *or* éreinté *or* claqué* *or* crevé*, ne plus tenir debout.

tired ['taɪəd] *adj person* fatigué; (*weary*) las (*f* lasse); *movement, voice* las. **I'm ~ of waiting** j'en ai assez d'attendre, je suis las *or* fatigué d'attendre; **to be ~ of sth/sb** en avoir assez de qch/qn; **to get ~ of** commencer à en avoir assez de, se lasser de; **I'm ~ of telling you** je me tue à vous le répéter; **to be ~ to death* of sth** en avoir par-dessus la tête *or* en avoir vraiment marre de qch; **you make me ~!*** tu me fatigues!, tu me casses les pieds!*; **the same ~ clichés** les mêmes clichés rebattus; (*fig*) **a ~ lettuce leaf** une feuille de laitue défraîchie; (*hum: drunk*) **~ and emotional*** ivre, gris.

tiredly ['taɪədlɪ] *adv reply* d'une voix fatiguée; *walk* d'un pas lourd, avec une démarche fatiguée.

tiredness ['taɪədnɪs] *n* (*V* **tired**) fatigue *f*; lassitude *f.*

tireless ['taɪəlɪs] *adj* infatigable, inlassable.

tirelessly ['taɪəlɪslɪ] *adv* infatigablement, inlassablement.

tiresome ['taɪəsəm] *adj* (*annoying*) agaçant, ennuyeux; (*boring*) ennuyeux, assommant.

tiresomeness ['taɪəsəmnɪs] *n* (*V* **tiresome**) caractère agaçant *or* ennuyeux.

tiring ['taɪərɪŋ] *adj* fatigant.

tiro ['taɪərəʊ] *n* = **tyro**.

Tirol [tɪ'rəʊl] *n* = **Tyrol**.

tisane [tɪ'zæn] *n* tisane *f.*

tissue ['tɪʃu:] **1** *n* (*cloth*) tissu *m*, étoffe *f*; (*Anat, Bio*) tissu; (*paper handkerchief*) mouchoir *m* en papier, kleenex *m* ®; (*toilet paper*) papier *m* hygiénique; (*fig: web, mesh*) tissu, enchevêtrement *m*. **a ~ of lies** un tissu de mensonges.
2 *cpd*: **tissue culture** culture *f* de tissus; (*U*) **tissue paper** papier *m* de soie.

tit¹ [tɪt] *n* (*Orn*) mésange *f*; *V* **blue** *etc*.

tit² [tɪt] *n*: **~ for tat!** un prêté pour un rendu!; **I'll give him ~ for tat** je lui rendrai la pareille, je lui revaudrai ça.

tit³‡‡ [tɪt] *n* (*breast*) sein *m*, nichon‡ *m*, néné‡ *m*.

Titan ['taɪtən] *n* (*also fig*: **t~**) Titan *m*.

titanic [taɪ'tænɪk] *adj* (**a**) titanesque. (**b**) (*Chem*) au titane.

titanium [tɪ'teɪnɪəm] *n* titane *m*.

titbit ['tɪtbɪt] *n* (*esp Brit*) [*food*] friandise *f*, bon morceau; [*gossip*] potin *m*; (*in newspaper*) entrefilet croustillant. (*snack with drinks*) **~s** amuse-gueule *mpl*; (*telling news etc*) **I've saved the ~ for the end** j'ai gardé le détail le plus croustillant pour la fin.

titfer‡ ['tɪtfər] *n* (*Brit: hat*) galurin *m*.

tithe [taɪð] *n* dîme *f.*

Titian ['tɪʃən] **1** *n* Titien *m*. **2** *adj*: **t~** blond vénitien *inv*.

titillate ['tɪtɪleɪt] *vt* titiller.

titillation [,tɪtɪ'leɪʃən] *n* titillation *f.*

titivate ['tɪtɪveɪt] **1** *vi* se pomponner, se bichonner. **2** *vt* bichonner, pomponner.

title ['taɪtl] **1** *n* (**a**) [*person*] titre *m*. **what ~ should I give him?** comment dois-je l'appeler?; **I don't know his exact ~** je ne connais pas son titre exact; **George III gave him a ~** Georges III lui a conféré un titre *or* l'a titré *or* l'a anobli; **this earned him the ~ of 'King of the Ring'** cela lui a valu le titre de 'Roi du Ring'.
(**b**) (*Sport*) titre *m*. **to win/hold the ~** remporter/détenir le titre; *V* **world**.
(**c**) [*book etc*] titre *m*. **under the ~ of** sous le titre de.
(**d**) (*Cine, TV*) **the ~s** (*credit ~s*) le générique; (*subtitles*) les sous-titres *mpl*.
(**e**) (*Jur*) droit *m*, titre *m* (*to sth* à qch).
2 *cpd*: **title deed** titre *m* (constitutif) de propriété; (*Boxing*) **title fight** match *m* de championnat; (*Sport*) **title holder** détenteur *m*, -trice *f or* tenant(e) *m(f)* du titre; **title page** page *f* de titre; (*Cine, Theat*) **title role** rôle *m* du personnage qui donne son nom à la pièce, ≃ rôle principal.
3 *vt book etc* intituler.

titled ['taɪtld] *adj person* titré.

titmouse ['tɪtmaʊs] *n* mésange *f.*

titrate ['taɪtreɪt] *vt* titrer (*Chem*).

titter ['tɪtər] **1** *vi* rire sottement (*at* de), glousser. **2** *n* gloussement *m*, petit rire sot.

tittle ['tɪtl] **1** *n* brin *m*, grain *m*; *V* **jot**. **2** *cpd*: **tittle-tattle** (*n: U*) cancans *mpl*, potins *mpl*; (*vi*) cancaner, jaser.

titular ['tɪtjʊlər] *adj possessions, estate* titulaire; *ruler, leader* nominal.

Titus ['taɪtəs] *n* Tite *m.*

tizzy* ['tɪzɪ] *n* affolement* *m*, panique* *f*. **to be in/get into a ~** se mettre dans tous ses états.

T.M. [ti:'em] *n abbr of* **transcendental meditation**; *V* **transcendental**.

TN (*US Post*) *abbr of* **Tennessee**.

TNT [ti:en'ti:] *n* (*abbr of* **trinitrotoluene**) T.N.T. *m.*

to [tu:, *weak form* tə] (*phr vb elem*) **1** *prep* (a) (*direction, movement*) à; vers; en; chez. **he went ~ the door** il est allé à la porte; **~ it** y; **I've been ~ it** j'y suis allé; **he was walking slowly ~ the door** il marchait lentement vers la porte; **to go ~ school/town** aller à l'école/en ville; **he came over ~ where I was standing** il est venu (jusqu')à l'endroit où je me trouvais; **to go ~ the doctor('s)** aller chez le docteur; **let's go ~ John's** allons chez Jean; **~ the left** à gauche; **~ the west** à l'ouest; **to fall ~ the ground** tomber par *or* à terre; **to turn a picture ~ the wall** retourner un tableau contre le mur; **he was sitting with his back ~ me** il était assis le dos tourné vers moi.

(b) (*in geog names*) (*countries: gen; also fem French provinces, islands and fem US states*) en; (*countries: all plurals, and masc sing with initial consonant*) au *or* aux; (*towns: gen; also masc islands*) à; (*most departments; also masc French regions, Brit counties, masc US states and islands with 'ile' in name*) dans le (*or* la *or* l' *or* les). **~ England/France** *etc* en Angleterre/France *etc*; **~ Iran/Israel** *etc* en Iran/Israël *etc*; **~ Brittany/Provence** *etc* en Bretagne/Provence *etc*; **~ Sicily/Crete** *etc* en Sicile/Crète *etc*; **~ Louisiana/Virginia** *etc* en Louisiane/Virginie *etc*; **~ Japan/the United States** *etc* au Japon/aux États-Unis *etc*; **~ London/Paris** *etc* à Londres/Paris *etc*; **~ the Havre** au Havre; **~ Cuba/Malta** *etc* à Cuba/Malte *etc*; **~ the Drôme/the Var** *etc* dans la Drôme/le Var *etc*; **~ Seine-et-Marne** *etc* en Seine-et-Marne *etc*; **~ Poitou/Berry** *etc* dans le Poitou/le Berry *etc*; **~ Sussex/Yorkshire** *etc* dans le Sussex/le Yorkshire *etc*; **~ the Isle of Man/the Ile de Ré** *etc* dans l'île de Man/l'île de Ré *etc*; **the road ~ London** la route de Londres; **on the way ~ Paris** sur la route de Paris, en allant à Paris; **boats ~ and from Calais** les bateaux à destination ou en provenance de Calais.

(c) (*as far as*) (jusqu')à. **to count (up) ~ 20** compter jusqu'à 20; **it comes ~ £20** ça fait 20 livres en tout, ça s'élève à 20 livres; **it is 90 km ~ Paris** (*from here*) nous sommes à 90 km de Paris; (*from there*) c'est à 90 km de Paris; **it's correct ~ a millimetre** c'est exact à un millimètre près; **they perished ~ a man** pas un seul n'a survécu; **8 years ago ~ the day** il y a 8 ans pour jour; **~ this day** jusqu'à ce jour, jusqu'à aujourd'hui; **I didn't stay ~ the end** je ne suis pas resté jusqu'à la fin; **from morning ~ night** du matin (jusqu')au soir; **from Monday ~ Friday** du lundi au vendredi; **from day ~ day** de jour en jour; **from town ~ town** de ville en ville; **from time ~ time** de temps en temps; **from bad ~ worse** de mal en pis; **there were 50 ~ 60 people** il y avait (de) 50 à 60 personnes, il y avait entre 50 et 60 personnes.

(d) (*marking dative*) à. **to give sth ~ sb** donner qch à qn; **I gave them ~ him** je les lui ai donnés; **give it ~ me** donnez-le-moi; **the man I sold it ~** l'homme à qui *or* auquel je l'ai vendu; **she said ~ herself** elle s'est dit; **that belongs ~ him** cela lui appartient; **what's it ~ you?, what does it matter ~ you?** qu'est-ce que cela peut vous faire?; **be nice ~ her** sois gentil avec elle; **it's a great help ~ me** cela m'est très utile; **known ~ the Ancients** connu des anciens.

(e) (*in dedications etc*) **'~ my wife Anne'** 'à ma femme, Anne'; **dedicated ~ the memory of** dédié à la mémoire de; **here's ~ you!** à la vôtre!; **~ absent friends!** (buvons) à la santé des absents!; **to erect a statue ~ sb** ériger une statue en l'honneur de qn.

(f) (*against, next to*) à; contre. **back ~ back** dos à dos; **bumper ~ bumper** pare-chocs contre pare-chocs; **to clasp sb ~ one's heart** serrer qn sur son cœur.

(g) (*in time phrases*) **20 (minutes) ~ 2** 2 heures moins 20; **at (a) quarter ~ 4** à 4 heures moins le quart; **it's (a) quarter ~ il** est moins le quart; **it was 10 ~** il était moins 10.

(h) (*in proportions, equivalences etc*) **A is ~ B as C is ~ D** A est à B ce que C est à D; **to bet 10 ~ 1** parier 10 contre 1; **by a majority of 10 ~ 7** avec une majorité de 10 contre 7; **they won by 4 goals ~ 2** ils ont gagné 4 (buts) à 2; **one person ~ a room** une personne par chambre; **200 people ~ the square km** 200 personnes au km carré; **how many miles ~ the gallon?** ≃ combien de litres au cent?; **6 francs ~ the dollar** 6 francs le dollar.

(i) (*in comparison with*) **inferior/superior ~** inférieur (*f* -eure)/supérieur (*f* -eure) à; **that's nothing ~ what is to come** ce n'est rien à côté de ce qui va venir; **he's famous (compared) ~ what he used to be** 10 years ago il est célèbre en comparaison de *or* à côté de ce qu'il était il y a 10 ans; **I prefer bridge ~ chess** je préfère le bridge aux échecs.

(j) (*concerning*) **what would you say ~ a beer?** que diriez-vous d'une bière?; **there's nothing ~ it** il n'y a rien de plus facile; **that's all there is ~ it** (*it's easy*) ça n'est pas plus difficile que ça; (*no ulterior motive etc*) c'est aussi simple que ça; (*Comm*) **'~ repairing cooker: 100 francs'** 'remise en état d'une cuisinière: 100 F'; (*Comm*) **~ services rendered** pour services rendus.

(k) (*according to*) **~ the best of my recollection** (pour) autant que je m'en souvienne; **~ all intents and purposes** à toutes fins utiles; **~ all appearances** selon toute apparence; **~ my mind, ~ my way of thinking** à mon avis; **it's not ~ my taste** ce n'est pas à mon goût; **in time ~ the music** en mesure avec la musique; **cheque ~ the value of £100** chèque de 100 livres; (*Math*) **3 ~ the 4th, 3 ~ the power 4** 3 (à la) puissance 4; **~ some degree** dans une certaine mesure.

(l) (*of*) **de. assistant ~ the manager** adjoint(e) *m(f)* du directeur; **secretary ~ the board** secrétaire *mf* (auprès) du comité de gestion; **ambassador ~ France** ambassadeur *m* en France; **ambassador ~ King Paul** ambassadeur auprès du roi Paul; **wife ~ Mr Milton** femme *f* de M Milton; **he has been a good friend ~ us** il a été pour nous un ami fidèle.

(m) (*of purpose, result*) **~ my delight/surprise** à ma grande joie/surprise; **~ this end** à cet effet, dans ce but; **it is ~ his credit** c'est tout à son honneur; **the water had changed ~ ice** l'eau s'était changée en glace *or* avait gelé; **his love turned ~ hatred** son

amour a tourné à la haine; **frozen ~ death** mort de froid; **it comes ~ the same thing** ça revient au même *or* à la même chose.

2 *particle* (*forming infin*) (a) (*shown in French by vb ending*) **~ be** être; **~ eat** manger; **~ hear him talk, you'd think ... à** l'entendre, on croirait ...; **he woke up ~ find ...** en se réveillant il a trouvé ...

(b) (*with ellipsis of vb*) **he asked me to come but I didn't want ~** il m'a demandé de venir mais je n'ai pas voulu; **I'll try ~** j'essaierai; **I'd love ~** ce sera(it) avec plaisir; **I didn't mean ~** je ne l'ai pas fait exprès; **I forgot ~** j'ai oublié.

3 *adv:* **to push the door ~** fermer la porte (en la poussant); **when the door is ~** quand la porte est fermée; **to go ~ and fro** [*person*] aller et venir; [*machine part etc*] avoir un mouvement de va-et-vient; [*train, bus etc*] faire la navette (*between* entre); **he was walking ~ and fro** il faisait les cent pas, il se promenait de long en large; *V* **come to** *etc*.

4 *cpd:* **-to-be** (*cpd ending*) futur (*V* **mother** *etc*); **husband-to-be** futur mari; **to make a to-do*** faire des embarras *or* des histoires*; **she made a great to-do about it*** elle en a fait tout un plat!*; **what a to-do!*** quelle histoire!, quelle affaire!; **to-ing and fro-ing** allées et venues *fpl*.

toad [təud] **1** *n* crapaud *m* (*also fig*).
2 *cpd:* (*Brit Culin*) **toad-in-the-hole** saucisses cuites au four dans de la pâte à crêpes; **toadstool** champignon *m*, (*poisonous*) champignon vénéneux.

toady ['təudɪ] **1** *n* flagorneur *m*, -euse *f*, lèche-bottes* *mf inv*. **2** *vi* être flagorneur. **to ~ to sb** flagorner qn, flatter qn bassement, lécher les bottes de qn*.

toadying ['təudɪɪŋ] *n*, **toadyism** ['təudɪzəm] *n* (*U*) flagornerie *f*.

toast [təust] **1** *n* (a) (*U: Culin*) pain grillé, toast *m*. **you've burnt the ~** tu as laissé brûler le pain *or* les toasts; **a piece** *or* **slice of ~** une tartine grillée, un (morceau de) toast, une rôtie; **sardines on ~** sardines *fpl* sur toast *or* sur canapé; (*fig*) **you've got him on ~*** vous le tenez; *V* **warm**.

(b) (*drink, speech*) toast *m*. **to drink a ~ to** sb porter un toast à qn *or* en l'honneur de qn, boire à la santé *or* au succès de qn; **they drank his ~ in champagne** ils lui ont porté un toast au champagne; **here's a ~ to all who ...** levons nos verres en l'honneur de tous ceux qui ...; **to propose** *or* **give a ~ to** sb porter un toast à qn *or* en l'honneur de qn; **she was the ~ of the town** elle était la vedette de la ville.

2 *cpd:* **toasting fork** fourchette *f* à griller le pain; **toastmaster** animateur *m* pour réceptions et banquets; **toast rack** porte-toasts *m inv*.

3 *vt* (a) *bread etc* (faire) griller. **~ed cheese** toast *m* au fromage; (*fig*) **he was ~ing his toes by the fire** il se chauffait *or* se rôtissait les pieds auprès du feu.

(b) (*propose ~ to*) porter un toast à; (*drink ~ to*) *person* boire à la santé de *or* au succès de, porter un toast à; *event, victory* arroser (*in champagne etc* au champagne *etc*).

toaster ['təustər] *n* grille-pain *m inv* (électrique).

tobacco [tə'bækəu] **1** *n* (a) (*U*) tabac *m*.
(b) (*also ~ plant*) (pied *m* de) tabac *m*.
2 *cpd* *leaf, smoke, plantation, company* de tabac; *pouch* à tabac; *industry* du tabac. **tobacco jar** pot *m* à tabac; **tobacco planter** propriétaire *m* d'une plantation de tabac.

tobacconist [tə'bækənɪst] *n* (*esp Brit*) marchand(e) *m(f)* de tabac, buraliste *mf*. **~'s (shop)** (bureau *m* or débit *m* de) tabac *m*.

Tobago [tə'beɪgəu] *n* Tobago; *V* **Trinidad**.

toboggan [tə'bɒgən] **1** *n* toboggan *m*; (*on runners*) luge *f*; (*Sport*) luge.
2 *cpd race* de luge; de toboggan. **toboggan run** piste *f* de luge (*or* de toboggan).
3 *vi* (*also go ~ing*) faire du toboggan *or* de la luge; (*Sport*) luger. **he ~ed down the hill** il a descendu la colline en toboggan *or* en luge.
(b) (*fig*) [*prices, sales, numbers etc*] dégringoler.

toby jug ['təubɪˌdʒʌg] *n* chope *f* à effigie humaine.

toccata [tə'kɑːtə] *n* toccata *f*.

tocsin ['tɒksɪn] *n* tocsin *m*.

tod [tɒd] *n* (*Brit*) **on one's ~** tout seul (*f* toute seule).

today [tə'deɪ] **1** *adv* aujourd'hui (*also fig*). **it rained all (day) ~** il a plu toute la journée aujourd'hui; **a week (past) ~** il y a huit jours aujourd'hui; **~ week, a week (from) ~** aujourd'hui en huit; **early ~** aujourd'hui de bonne heure; **what day is it ~?** quel jour est-on *or* est-ce aujourd'hui?; **what date is it ~?** quelle est la date aujourd'hui?; (*fig*) **you can't dismiss anyone without a good reason** aujourd'hui on ne peut renvoyer personne sans motif; (*fig*) **here ~ and gone tomorrow** ça va ça vient.
2 *n* aujourd'hui *m* (*also fig*). **what day is ~?** quel jour est-on *or* est-ce aujourd'hui?; **~ is Friday** aujourd'hui c'est vendredi; **what is ~'s date?** quelle est la date d'aujourd'hui?; **~ is the 4th** aujourd'hui c'est le 4; **~ is very wet** il fait beaucoup aujourd'hui; **~ was a bad day for me** aujourd'hui ça s'est mal passé pour moi; **~'s paper** le journal d'aujourd'hui; (*fig*) **the writers of ~** les écrivains d'aujourd'hui.

toddle ['tɒdl] **1** *vi* (a) [*child*] **to ~ in/out** *etc* entrer/sortir *etc* à pas hésitants; **he has begun to ~, he is just toddling** il fait ses premiers pas.
(b) (**hum*) (*go*) aller; (*stroll*) se balader*; (*leave: also ~ off*) se sauver*, se trotter*.
2 *n* (*hum*) **to go for a ~*** aller faire un petit tour *or* une petite balade*.

toddler ['tɒdlər] *n* tout(e) petit(e) *m(f)* (qui commence à marcher), bambin* *m*. **he's only a ~** il est encore tout petit; **she has one baby and one ~** elle a un bébé et un petit qui commence juste à marcher.

toddy ['tɒdɪ] *n* ≃ grog *m*.

TOE [ti:əʊ'i:] *n* (*abbr of* ton oil equivalent) TEP *f* (*abrév de tonne équivalent pétrole*).

toe [təʊ] **1** *n* (*Anat*) orteil *m*, doigt *m* de pied; *[sock, shoe]* bout *m*. **big/little** ~ gros/petit orteil; **to tread** *or* **step on sb's** ~**s** (*lit, fig*) marcher sur les pieds de qn; (*fig*) **to keep sb on his** ~**s** forcer qn à rester vigilant *or* alerte; (*fig*) **that will keep you on your** ~**s!** ça t'empêchera de t'endormir!, ça te fera travailler!; *V* **tip**¹, **top**¹.
2 *cpd*: **reinforced toecap** bout dur *or* renforcé (*de soulier*); (*Cycling*) **toe-clip** cale-pied *m* *inv*; (*lit*) **toehold** prise *f* (pour le pied); (*fig*) **to have a toehold in** avoir un pied dans; **toenail** ongle *m* de l'orteil *or* du pied; (*Ski*) **toe-piece** butée *f*.
3 *vt* (*touch/push*) toucher/pousser du bout de l'orteil. **to** ~ **the line** *or* (*US*) **mark** (*in race*) se ranger sur la ligne de départ; (*fig*) se mettre au pas, se plier; (*Pol*) **to** ~ **the party line** ne pas s'écarter de *or* suivre la ligne du parti.

-toed [təʊd] *adj* ending in cpds: **three-toed** à trois orteils.

toff‡† [tɒf] *n* (*Brit*) aristo‡ *m*, dandy* *m*.

toffee [ˈtɒfɪ] (*Brit*) **1** *n* caramel *m* (au beurre). (*fig*) **he can't do it for** ~* il n'est pas fichu* de le faire. **2** *cpd*: **toffee apple** pomme caramélisée; (*pej*) **toffee-nosed**‡ bêcheur*, qui fait du chiqué*.

tog* [tɒg] **1** *vt*: **to** ~ **up** *or* **out** nipper*, fringuer‡; **to be all** ~**ged up** *or* **out** (*in one's best clothes*) être bien fringué‡ *or* sapé‡, être sur son trente et un. **2** *n*: ~**s** fringues‡ *fpl*.

toga [ˈtəʊgə] *n* toge *f*.

together [təˈgeðəʳ] (*phr vb elem*) **1** *adv* (**a**) ensemble. **I've seen them** ~ je les ai vus ensemble; (*fig*) **we're in this** ~ nous sommes logés à la même enseigne; (*fig pej*) **they were both in it** ~ ils avaient partie liée tous les deux; **you must keep** ~ vous devez rester ensemble, vous ne devez pas vous séparer; **tie the ropes** ~ nouez les cordes; **all** ~ **now!** (*shouting, singing*) tous en chœur maintenant!; (*pulling*) (oh!) hisse!; ~ **with what you bought yesterday that makes …** avec ce que vous avez acheté hier ça fait …; (**taken**) ~ **with the previous figures, these show that …** ces chiffres, considérés conjointement avec les précédents, indiquent que …; **he,** ~ **with his colleagues, accepted …** lui, ainsi que ses collègues, a accepté …; **if you look at the reports** ~ si vous considérez les rapports conjointement; **they belong** ~ *[objects]* ils vont ensemble; *[people]* ils sont faits l'un pour l'autre; *V* **bang together, gather together, live together** *etc*.
(**b**) (*simultaneously*) en même temps, à la fois, simultanément; **sing, play, recite** à l'unisson. **the shots were fired** ~ les coups de feu ont été tirés simultanément *or* en même temps; **they both stood up** ~ ils se sont tous les deux levés en même temps; **don't all speak** ~ ne parlez pas tous à la fois; (*Mus*) **you're not** ~ vous n'êtes pas à l'unisson.
(**c**) (*continuously*) **for days/weeks** ~ (pendant) des jours entiers/des semaines entières; **for 5 weeks** ~ (pendant) 5 semaines de suite *or* d'affilée.
(**d**) (**fig*) **to get it** ~, **to get one's act** ~ s'organiser; **let's get it** ~ il faut qu'on s'organise, il faut qu'on essaie d'y voir plus clair; **she's got it** ~ c'est quelqu'un d'équilibré.
2 *adj* (*: well adjusted*) **person** équilibré. **a** ~ **person** quelqu'un d'équilibré.

togetherness [təˈgeðənɪs] *n* (*U*) (*unity*) unité *f*; (*friendliness*) camaraderie *f*.

toggle [ˈtɒgl] **1** *n* (*Naut*) cabillot *m*; (*on garment*) bouton *m* de duffel-coat. **2** *cpd*: (*Tech*) **toggle joint** genouillère *f*; (*Elec*) **toggle switch** bouton *m* (à levier).

Togo [ˈtəʊgəʊ] *n* Togo *m*.

toil¹ [tɔɪl] **1** *n* (*U*) (dur) travail *m*, labeur *m* (*liter*).
2 *vi* (**a**) (*work hard*: *also* ~ **away**) travailler dur (*at, over* à, *to do* pour faire), peiner (*at, over* sur, *to do* pour faire).
(**b**) (*move with difficulty*) *[person, horse, vehicle]* **to** ~ **along/up** *etc* avancer/monter *etc* péniblement *or* avec peine.

toil² [tɔɪl] *n* (*fig liter*: *snare, net*) ~**s** rets *mpl*; (*fig*) **in the** ~**s of** dans les rets de.

toilet [ˈtɔɪlɪt] **1** *n* (**a**) (*dressing etc, dress*) toilette *f*.
(**b**) (*lavatory*) toilettes *fpl*, cabinets *mpl*, waters* *mpl*. **'T'~s** 'Toilettes'; **to go to the** ~ aller aux toilettes *or* aux cabinets *or* aux waters*; **to put sth down the** ~ jeter qch dans la cuvette des cabinets.
2 *cpd*: **toilet bag** sac *m* de toilette; **toilet case** trousse *f* de toilette; (*U*) **toilet paper** papier *m* hygiénique; (*Comm*) **toilet requisites** articles *mpl* de toilette; **toilet roll** rouleau *m* de papier hygiénique; **toilet seat** siège *m* des cabinets; **toilet soap** savonnette *f*, savon *m* de toilette; **toilet table** table *f* de toilette; (*U*) **toilet tissue** = **toilet paper**; **to toilet-train a child** apprendre à un enfant à être propre; **toilet training** apprentissage *m* de la propreté; **toilet water** eau *f* de toilette.

toiletries [ˈtɔɪlɪtrɪz] *npl* articles *mpl* de toilette.

toilette [twaːˈlet] *n* = **toilet 1a**.

toilsome [ˈtɔɪlsəm] *adj* (*liter*) pénible, épuisant.

toke [təʊk] *n* (*US Drugs sl*) bouffée *f*.

token [ˈtəʊkən] **1** *n* (**a**) (*sign, symbol*) marque *f*, témoignage *m*, gage *m*; (*keepsake*) souvenir *m*; (*metal disc*: *for travel, telephone etc*) jeton *m*; (*voucher, coupon*) bon *m*, coupon *m*; (*gift* ~) bon-cadeau *m*. **milk** ~ bon de lait; **as a** ~ **of, in** ~ **of** en témoignage de, en gage de; (*fig*) **by the same** ~ de même; *V* **book, record** *etc*.
(**b**) (*Ling*) occurrence *f*.
2 *adj* *support, payment, strike* symbolique, de pure forme. **they put up a** ~ **resistance** ils ont opposé un semblant de résistance pour la forme; (*Parl*) ~ **vote** vote *m* de crédits (dont le montant n'est pas définitivement fixé); (*pej*) **the** ~ **woman on the committee** la femme-alibi du comité.

tokenism [ˈtəʊkənɪzəm] *n* (*U*) politique *f* de pure forme.

Tokyo [ˈtəʊkjəʊ] *n* Tokyo.

told [təʊld] *pret, ptp of* **tell**.

Toledo [tɒˈleɪdəʊ] *n* Tolède.

tolerable [ˈtɒlərəbl] *adj* (**a**) (*bearable*) tolérable, supportable.
(**b**) (*fairly good*) passable, assez bon. **the food is** ~ on y mange passablement, on n'y mange pas trop mal.

tolerably [ˈtɒlərəblɪ] *adv* *work etc* passablement; *certain, competent* à peu près. **he plays** ~ (**well**) il joue passablement, il ne joue pas trop mal.

tolerance [ˈtɒlərəns] *n* tolérance *f*, indulgence *f*; (*Med, Tech*) tolérance.

tolerant [ˈtɒlərənt] *adj* tolérant, indulgent (*of sth* de qch; *of sb* à l'égard de qn; (*Med*) *of* à). **to be** ~ **of sth** tolérer qch.

tolerantly [ˈtɒlərəntlɪ] *adv* d'une manière tolérante, avec indulgence.

tolerate [ˈtɒləreɪt] *vt heat, pain* supporter; *insolence, injustice* tolérer, supporter; (*Med, Tech*) tolérer.

toleration [ˌtɒləˈreɪʃən] *n* (*U*) tolérance *f*.

toll¹ [təʊl] **1** *n* (*tax, charge*) péage *m*. (*fig*) **the war took a heavy** ~ **of** *or* **among the young men** la guerre a fait beaucoup de victimes parmi les jeunes, les jeunes ont payé un fort tribut à la guerre; **it took (a) great** ~ **of his strength** cela a sérieusement ébranlé *or* sapé ses forces; **it took a** ~ **of his savings** cela a fait un gros trou dans ses économies; **we must reduce the accident** ~ **on the roads** il nous faut réduire le nombre des victimes de la route; **the** ~ **of dead and injured has risen** le nombre des morts et des blessés a augmenté.
2 *cpd*: **tollbar** barrière *f* de péage; **tollbooth** poste *m* de péage; **tollbridge** pont *m* à péage; (*US Telec*) **toll-free** en service libre appel; **tollgate** = **tollbar**; **tollkeeper** péager *m*, -ère *f*; **toll road, tollway** route *f* à péage.

toll² [təʊl] **1** *vi* *[bell]* sonner. **for whom the bell** ~**s** pour qui sonne le glas. **2** *vt bell, the hour* sonner; *sb's death* sonner le glas pour.

tolley [ˈtɒlɪ] *n* (*marble*) calot *m*.

Tolstoy [ˈtɒlstɔɪ] *n* Tolstoï *m*.

Tom [tɒm] **1** *n* (**a**) (*dim of* Thomas) Thomas *m*. (*fig*) (**any**) ~, **Dick or Harry** n'importe qui, le premier venu; *V* **peep**¹. (**b**) (*US*‡: *pej*: *also* **Uncle** ~) Oncle Tom *m*, bon nègre. **2** *cpd*: **Tom Thumb** Tom-pouce *m*; (*in French tale*) le petit Poucet.

tom [tɒm] *n* (*cat*) matou *m*. **tom cat** (*cat*) matou *m*; (*US*‡: *man*) coureur *m* de jupons, cavaleur* *m*.

tomahawk [ˈtɒməhɔːk] *n* tomahawk *m*, hache *f* de guerre.

tomato [təˈmɑːtəʊ, (*US*) təˈmeɪtəʊ] *pl* ~**es 1** *n* (*fruit, plant*) tomate *f*. **2** *cpd*: **tomato juice** jus *m* de tomates; **tomato ketchup** ketchup *m*; **tomato plant** tomate *f*; **tomato sauce** sauce *f* tomate.

tomb [tuːm] **1** *n* tombeau *m*, tombe *f*. **2** *cpd*: **tombstone** pierre tombale, tombe *f*.

tombac, tombak [ˈtɒmbæk] *n* (*U*) tombac *m*, laiton *m*.

tombola [tɒmˈbəʊlə] *n* (*Brit*) tombola *f*.

tomboy [ˈtɒmbɔɪ] *n* garçon manqué.

tomboyish [ˈtɒmbɔɪʃ] *adj* de garçon manqué.

tomboyishness [ˈtɒmbɔɪʃnɪs] *n* (*U*) manières *fpl* de garçon manqué.

tome [təʊm] *n* tome *m*, gros volume.

tomfool [ˈtɒmˈfuːl] *adj* absurde, idiot.

tomfoolery [tɒmˈfuːlərɪ] *n* (*U*) niaiserie(s) *f(pl)*, âneries *fpl*.

Tommy [ˈtɒmɪ] (*dim of* Thomas) **1** *n* Thomas *m*; (*Brit Mil**: *also* **t~**) tommy* *m*, soldat *m* britannique. **2** *cpd*: **tommy gun** mitraillette *f*; (*U*) **tommyrot*** bêtises *fpl*, âneries *fpl*.

tomorrow [təˈmɒrəʊ] **1** *adv* demain (*also fig*). **all** (**day**) ~ toute la journée (de) demain; **a week** (**past**) ~ il y aura huit jours demain; **a week from** ~ demain en huit; **he'll have been here a week** ~ cela fera huit jours demain qu'il est là; **see you** ~! à demain!; **early** ~ demain de bonne heure; **what day will it be** ~? quel jour sera-t-on demain?; **what date will it be** ~? quelle sera la date demain?; (*fig*) ~ **we shall see where forests stand today** demain nous verrons des villes là où se dressent des forêts aujourd'hui; *V* **today**.
2 *n* demain *m* (*also fig*). **the day after** ~ après-demain; **what day will** ~ **be?** quel jour serons-nous demain?; ~ **will be Saturday** demain ce sera samedi; **what date will** ~ **be?** quelle est la date de demain?; ~ **will be the 5th** demain ce sera le 5; **I hope** ~ **will be dry** j'espère qu'il ne pleuvra pas demain; ~ **will be a better day for you** les choses iront mieux pour vous demain; (*loc*) ~ **never comes** demain n'arrive jamais; (*loc*) ~ **is another day!** ça ira peut-être mieux demain!; ~**'s paper** le journal de demain; (*fig*) **the writers of** ~ les écrivains *mpl* de demain *or* de l'avenir; (*fig*) **brighter** ~**s** des lendemains qui chantent.
3 *cpd*: **tomorrow morning/afternoon/evening** demain matin/après-midi/soir; **tomorrow week** demain en huit.

tomtit [ˈtɒmtɪt] *n* mésange *f*.

tomtom [ˈtɒmtɒm] *n* tam-tam *m*.

ton [tʌn] **1** *n* (**a**) (*weight*) tonne *f* (*Brit* = 1016,06 *kg*; *Can, US etc* = 907,20 *kg*). **metric** ~ tonne (= 1000 *kg*); **a 7-**~ **truck** un camion de 7 tonnes; (*fig*) **it weighs a** ~, **it's a** ~ **weight** c'est du plomb; (*fig*) ~**s of*** beaucoup de, des tas de*.
(**b**) (*Naut*) (*also* **register** ~) tonneau *m* (= 2,83 *m*³); (*also* **displacement** ~) tonne *f*; **a 60,000-**~ **steamer** un paquebot de 60.000 tonnes.
(**c**) (‡: *hundred*) **a** ~ cent; (*Aut*‡ *etc*) **to do a** ~ (**up**) faire du cent soixante à l'heure.
2 *cpd*: (*Brit*: *motorcyclists*) **the ton-up boys**‡ les motards* *mpl*, les fous *mpl* de la moto.

tonal [ˈtəʊnl] *adj* tonal.

tonality [təʊˈnælɪtɪ] *n* tonalité *f*.

tondo [ˈtɒndəʊ] *n, pl* **-di** [ˈtɒndi:] tondo *m*.

tone [təʊn] **1** *n* (**a**) (*in sound*: *also Ling, Mus*) ton *m*; (*Telec*: *also of radio, record player etc*) tonalité *f*; *[musical instrument]* sonorité *f*. **to speak in low** ~**s** *or* **in a low** ~ parler à voix basse *or* doucement; **to speak in angry** ~**s**, **to speak in an angry** ~ (**of voice**) parler sur le ton de la colère; **don't speak to me in that ~ (of voice)!** ne me parlez pas sur ce ton!; **in friendly ~s, in a friendly ~** sur un ton amical; (*Ling*) **rising/falling ~** ton montant/descendant; *V* **dialling, engaged** *etc*.

(**b**) (*in colour*) ton *m*. **a two-~ car** une voiture de deux tons.

(**c**) (*general character*) ton *m*. **what was the ~ of his letter?** quel était le ton de sa lettre?; **we were impressed by the whole ~ of the school** nous avons été impressionnés par la tenue générale de l'école; (*Fin*) **the ~ of the market** la tenue du marché; **to raise/lower the ~ of sth** rehausser/rabaisser le ton de qch.

(**d**) (*U: class, elegance*) classe *f*. **it gives the restaurant ~, it adds ~ to the restaurant** cela donne de la classe au restaurant.

(**e**) (*Med, Physiol: of muscles etc*) tonus *m*, tonicité *f*.

2 *cpd*: [*record player*] **tone arm** bras *m* de lecture; (*Mus*) **tone colour** timbre *m*; [*record player etc*] **tone control (knob)** bouton *m* de tonalité; **to be tone-deaf** ne pas avoir d'oreille; **tone-deafness** manque *m* d'oreille; (*Ling*) **tone language** langue *f* à tons; **tone poem** poème *m* symphonique.

3 *vi* [*colour*] s'harmoniser (*with* avec).

♦**tone down** *vt sep colour* adoucir; *sound* baisser; *radio etc* baisser (le son de); (*fig*) *criticism, effect* atténuer, adoucir; *attitude, language* atténuer, modérer; *policy* modérer, mettre en sourdine.

♦**tone in** *vi* s'harmoniser (*with* avec).

♦**tone up** *vt sep muscles, the system* tonifier.

toneless ['təʊnlɪs] *adj voice* blanc (*f* blanche), sans timbre.

tonelessly ['təʊnlɪslɪ] *adv speak* d'une voix blanche.

Tonga ['tɒŋə] *n* Tonga *fpl*.

tongs [tɒŋz] *npl* (*also* **pair of ~**) pinces *fpl*; (*for coal*) pincettes *fpl*; (*for sugar*) pince *f* (à sucre); (*curling ~*) fer *m* (à friser); *V* **hammer**.

tongue [tʌŋ] **1** *n* (**a**) (*Anat, Culin*) langue *f*; [*shoe*] languette *f*; [*bell*] battant *m*; (*fig: of flame, land; also on tool, machine etc*) langue. **to put out** *or* **stick out one's ~** tirer la langue (*at sb* à qn); [*dog, person*] **his ~ was hanging out** il tirait la langue; [*hounds*] **to give ~** donner de la voix; (*fig*) **to lose/find one's ~** perdre/retrouver sa langue; **with his ~ in his cheek, ~ in cheek** ironiquement, en plaisantant; **keep a civil ~ in your head!** tâchez d'être plus poli!; (*fig*) **I can't get my ~ round it** je n'arrive pas à le prononcer correctement; *V* **hold, tip¹, wag¹** *etc*.

(**b**) (*language*) langue *f*. (*Rel*) **to speak in ~s** avoir le don (surnaturel) de s'exprimer dans des langues inconnues; *V* **mother** *etc*.

2 *cpd*: (*Med*) **tongue depressor** spatule *f* (*pour déprimer la langue*); (*Carpentry*) **tongue-and-groove** *V* **tongue-and-groove**; (*fig*) **tongue-tied** muet (*fig*); (*fig*) **tongue-tied from shyness/ fright/astonishment** *etc* muet de timidité/peur/stupeur *etc*, trop timide/effrayé/abasourdi *etc* pour parler; **tongue twister** phrase *f* très difficile à prononcer.

3 *vt* (*Mus*) *note* attaquer en coup de langue.

tongue-and-groove [ˌtʌŋgən'gruːv] **1** *n* (*also* **~ boarding** *or* **strips**) planches *fpl* à rainure et languette. **~ joint** assemblage *m* à rainure et languette.

2 *vt wall* revêtir de planches à rainure et languette.

-tongued [tʌŋd] *adj ending in cpds* qui a la langue ... , *e.g.* **sharp-~** qui a la langue acérée.

tonic ['tɒnɪk] **1** *adj* (*Ling, Med, Mus, Physiol*) tonique. **~ water** *V* **2b**; **~ wine** vin *m* tonique; (*Mus*) **~ sol-fa** solfège *m*.

2 *n* (**a**) (*Med*) tonique *m*, fortifiant *m*. (*lit, fig*) **you need a ~** il vous faut un bon tonique; (*fig*) **it was a real ~ to see him** cela m'a vraiment remonté le moral de le voir.

(**b**) (*also* **~ water, Indian ~**) ≃ Schweppes *m* ®. **gin and ~** gin-tonic *m*.

(**c**) (*Mus*) tonique *f*.

tonicity [tɒ'nɪsɪtɪ] *n* tonicité *f*.

tonight [tə'naɪt] *adv, n* (*before bed*) ce soir; (*during sleep*) cette nuit.

tonnage ['tʌnɪdʒ] *n* (*Naut: all senses*) tonnage *m*.

tonneau ['tɒnəʊ] *n* (*Aut: also* **~ cover**) bâche *f* (*de voiture de sport*).

-tonner ['tʌnəʳ] *n ending in cpds*: **a 10-tonner** (*truck*) un (camion de) 10 tonnes.

tonometer [təʊ'nɒmɪtəʳ] *n* (*Mus*) diapason *m* de Scheibler; (*Med*) tonomètre *m*.

tonsil ['tɒnsl] *n* amygdale *f*. **to have one's ~s out** *or* **removed** être opéré des amygdales.

tonsillectomy [ˌtɒnsɪ'lektəmɪ] *n* amygdalectomie *f*.

tonsillitis [ˌtɒnsɪ'laɪtɪs] *n* (*U*) angine *f*, amygdalite *f*. **he's got ~** il a une angine, il a une amygdalite (*frm*).

tonsorial [tɒn'sɔːrɪəl] *adj* (*hum*) de barbier.

tonsure ['tɒnʃəʳ] **1** *n* tonsure *f*. **2** *vt* tonsurer.

tontine ['tɒntiːn] *n* tontine *f*.

Tony ['təʊnɪ] *n* (**a**) (*dim of* **Anthony**) Antoine *m*. (**b**) (*Theat: also* **~ award**) Tony *m* (*Oscar du théâtre décerné à Broadway*).

too [tuː] *adv* (**a**) (*excessively*) trop, trop (*liter*). **it's ~ hard for me** c'est trop difficile pour moi; **it's ~ hard for me to explain** c'est trop difficile pour que je puisse vous l'expliquer; **that case is ~ heavy to carry cette** valise est trop lourde à porter; **it's ~ heavy for me to carry** c'est trop lourd à porter pour moi; **he's ~ mean to pay for it** il est trop pingre pour le payer; **that's ~ kind of you!** vous êtes vraiment trop aimable!; **I'm not ~ sure about that** je n'en suis pas très certain; **~ true!***, **~ right!*** que oui!*, et comment!*; **it's just ~-~!*** en voilà un chichi!*; *V* **good, many, much, none** *etc*.

(**b**) (*also*) (*moreover*) aussi; (*furthermore*) de plus, en outre. **I went ~** moi aussi j'y suis allé; **you ~ can own a car like this** vous aussi vous pouvez être le propriétaire d'une voiture comme celle-ci; HE **can swim ~** lui aussi sait nager; **he can swim ~** il sait nager aussi, il sait aussi *or* également nager; **they asked for a discount ~!** et en plus *or* et par-dessus le marché ils ont demandé un rabais!; **and then, ~, there's the question of ...** et puis il y a également la question de ... .

took [tʊk] *pret of* **take**.

tool [tuːl] **1** *n* (*gen, Tech*) outil *m* (de travail); (*fig: book etc*) outil, instrument *m*. **set of ~s** panoplie *f* d'outils; **garden ~s** outils *or* ustensiles *mpl* de jardinage; (*lit, fig*) **these are the ~s of my trade** voilà les outils de mon métier; **he was merely a ~ of the revolutionary party** il n'était que l'outil *or* l'instrument du parti révolutionnaire; (*fig*) **a ~ in the hands of** un instrument dans les mains de; *V* **down¹, machine, workman** *etc*.

2 *cpd*: **toolbag** trousse *f* à outils; **toolbox** boîte *f or* mallette *f or* caisse *f or* coffre *m* à outils; **toolcase = toolbag, toolbox; toolchest = toolbox; toolhouse = toolshed; toolkit** trousse *f* à outils; (*Ind*) **toolmaker** outilleur *m*; (*Ind*) **toolmaking** montage *m* et réglage *m* des machines-outils; (*Ind*) **toolroom** atelier *m* d'outillage; **toolshed** cabane *f* à outils.

3 *vt* (*gen*) travailler, ouvrager; *silver* ciseler; *leather* repousser.

4 *vi* (*Aut*) **to ~ along/past*** rouler/passer tranquillement *or* pépère*‡*.

tooled [tuːld] *adj* (*gen*) ouvragé; *silver* ciselé; *leather* repoussé; *book-cover* en cuir repoussé.

tooling ['tuːlɪŋ] *n* (*on book-cover etc*) repoussé *m*; (*on silver*) ciselure *f*.

toot [tuːt] **1** *n* [*car-horn*] coup *m* de klaxon; [*whistle*] coup *m* de sifflet; [*trumpet, flute*] note *f* (brève).

2 *vi* klaxonner, corner; donner un coup de sifflet; jouer une note.

3 *vt* (*Aut*) **to ~ the horn** klaxonner, corner.

tooth [tuːθ] **1** *n, pl* **teeth** [*person, animal, comb, saw etc*] dent *f*. **front ~** dent de devant; **back ~** molaire *f*; **to have a ~ out** se faire arracher une dent; **to mutter sth between one's teeth** *or* **between clenched teeth** grommeler qch entre ses dents; **to set** *or* **grit one's teeth** serrer les dents; (*lit, fig*) **to bare** *or* **show one's teeth** montrer les dents; **in the teeth of the wind** contre le vent; **in the teeth of the opposition** en dépit de *or* malgré l'opposition; **~ and nail** avec acharnement, farouchement; (*fig*) **to get one's teeth into sth** se mettre à fond à qch, se mettre à faire qch pour de bon; **there's nothing you can get your teeth into** (*of food etc*) ce n'est pas très substantiel; (*fig*) **il n'y a là rien de substantiel** *or* solide; (*fig*) **the legislation has no teeth** la législation est impuissante; (*fig*) **to give a law teeth** renforcer le pouvoir d'une loi; (*fig*) **to cast** *or* **throw sth in sb's teeth** jeter qch à la tête de qn, reprocher qch à qn; **to be fed up** *or* **sick to the (back) teeth of sth*‡*** en avoir marre* *or* ras le bol*‡* de qch; *V* **chatter, edge, long¹** *etc*.

2 *cpd*: **toothache** mal *m or* rage *f* de dents; **to have toothache** avoir mal aux dents; **toothbrush** brosse *f* à dents; **toothbrush moustache** moustache *f* en brosse; (*fine*) **toothcomb = fine-tooth comb** (*V* **fine²** **3**); **toothpaste** (pâte *f*) dentifrice *m*; **toothpick** cure-dent *m*; **tooth powder** poudre *f* dentifrice.

toothed ['tuːθt] *adj wheel, leaf* denté.

-toothed ['tuːθt] *adj ending in cpds*: **big-toothed** aux grandes dents.

toothless ['tuːθlɪs] *adj* édenté.

toothsome ['tuːθsəm] *adj* savoureux, succulent.

toothy ['tuːθɪ] *adj* [*person*] **to be ~** arborer une belle rangée de dents, avoir des dents de cheval (*pej*); **he gave me a ~ smile** il m'a souri découvrant largement ses dents.

tootle ['tuːtl] **1** *n* [*trumpet, flute, car-horn*] notes *fpl* (brèves); (*tune*) petit air.

2 *vi* (**a**) (*toot: Aut*) klaxonner, corner; (*Mus*) jouer un petit air.

(**b**) (*Aut*)* **to ~ along/past** *etc* rouler/passer *etc* gaiement *or* sans s'en faire*.

3 *vt trumpet, flute etc* jouer un peu de.

toots*‡* ['tuːts] *n* ma belle*.

tootsy*‡* ['tʊtsɪ] *n* (**a**) (*toe*) doigt *m* de pied; (*foot*) peton* *m*, pied *m*.

(**b**) (*girl*) jolie nana*‡*. **hi ~!** salut ma belle!*

top¹ [tɒp] **1** *n* (**a**) (*highest point*) [*mountain, tree*] sommet *m*, faîte *m*, cime *f*; [*hill, head*] sommet, haut *m*; [*ladder, stairs, page, wall, cupboard*] haut; [*wave*] crête *f*; [*box, container*] dessus *m*; [*list, table, classification, queue*] tête *f*; (*surface*) surface *f*. **at the ~ of** hill, mountain au sommet de; *stairs, ladder, building, page* en haut de; *list, queue, division, league* en tête de; *street etc* en haut de, au bout de; *garden* au fond de; *profession, career* au faîte de; **it's near the ~ of the pile** c'est vers le haut de la pile; **it's at the ~ of the pile** c'est tout en haut *or* au sommet de la pile; **6 lines from the ~ of page 7** 6e ligne à partir du haut de la page 7; **the ~ of the milk** la crème du lait; (*Scol*) **to be at the ~ of the class** être premier de la classe; **it's ~ of the pops this week** c'est en tête du hit-parade cette semaine; **the men at the ~** les dirigeants *mpl*, les responsables *mpl*, ceux qui sont au pouvoir *or* à la tête; **the men at the ~ don't care about it** en haut lieu ils ne s'en soucient guère; **he was sitting at the ~ of the table** il était assis à la place d'honneur; **at the ~ of one's voice** à tue-tête; **to come** *or* **rise** *or* **float to the ~** remonter à la surface, surnager; **it was floating on ~ of the water** cela flottait sur l'eau; (*Mil*) **to go over the ~** monter à l'assaut; (*fig: too many*) **we've got 5 over the ~*** nous en avons 5 de trop; (*fig*) **to get to** *or* **reach the ~, to make it to the ~** (*gen*) réussir, aller loin; (*in hierarchy etc*) arriver en haut de l'échelle; **from ~ to toe, from the ~ of his head to the tip of his toes** de la tête (jusqu')aux pieds; **from ~ to bottom** *paint* complètement, de haut en bas; *cover* entièrement; *search a person* des pieds à la tête; *search a house* de fond en comble; **he's saying that off the ~ of his head*** il dit ça comme ça (mais il n'en est pas certain), il parle sans savoir ce qu'il dit (*pej*); **the system is rotten from ~ to bottom** le système tout entier est pourri; **the ~ of the morning to you!*** je vous souhaite bien le bonjour!; (*Brit Aut*) **in ~ gear** (*V* 2); **he's the ~s*‡*** il est champion*; *V* **blow¹, tree, up** *etc*.

(**b**) **on (the) ~ of** sur; **on ~ of it, on (the) ~** (en) dessus; **it's the one on (the) ~** c'est celui qui est en dessus; **take the plate on the ~** prends l'assiette du dessus; (*fig*) **he came out on ~** il a eu le dessus, il l'a emporté; **let's go up on ~** (*in bus*) on va en haut; (*in ship*) on va sur le pont; (*fig*) **to be on ~ of the world** être aux anges; **to be on the ~ of one's form** être au meilleur de sa forme; (*fig*) **he's on ~ of things now*** il s'en sort très bien *or* il domine bien la situation maintenant; (*after breakdown, bereavement*) il a repris le dessus maintenant; **things are getting on ~ of her*** elle est dépassée, elle ne sait plus où donner de la tête; **he bought another car on ~ of the one he's got already** il a acheté une autre auto en plus de celle qu'il a déjà; **then on ~ of all that he refused to help us** et puis par-dessus le marché il a refusé de nous aider.

(**c**) (*upper part, section*) [*car etc*] toit *m*; [*bus*] étage supérieur; (*open ~*) impériale *f*; [*garment, pyjamas, bikini*] haut *m*; [*plant, vegetable*] fane *f*. (*on box etc*) '~' 'dessus', 'haut'; (*Aut*) **a sliding** *or* **sunshine ~** un toit ouvrant; (*on bus*) **seats on ~** places *fpl* à l'étage supérieur; **we saw London from the ~ of a bus** nous avons vu Londres du haut d'un bus; **I want a ~ to go with this skirt** je voudrais un haut qui aille avec cette jupe; **the table ~ is made of oak** le plateau de la table est en chêne; **the table ~ is scratched** le dessus de la table est rayé; *V* **big** *etc*.

(**d**) (*cap, lid*) [*box*] couvercle *m*; [*bottle*] (*screw-on*) bouchon *m*; (*snap-on*) capsule *f*; [*pen*] capuchon *m*.

2 *adj* (*highest*) *shelf, drawer* du haut; *floor, storey* dernier; (*highest in rank etc*) premier; (*best*) (le) meilleur. **the ~ step** la dernière marche (d'en haut); [*paint*] **the ~ coat** la dernière couche (*V also* **3**); **the ~ right-hand corner** le coin en haut à droite; (*Mus*) **the ~ note** la note la plus haute; **at the ~ end of the scale** en haut de l'échelle; **a car at the ~ end of the range** une voiture haut de gamme; **~ prices** prix *mpl* maximums *or* maxima; **we pay ~ price(s) for old clocks** nous offrons les meilleurs prix pour les vieilles horloges; (*US*) **to pay ~ dollar for sth** payer qch au prix fort; **at ~ speed** à toute vitesse; (*Brit Aut*) **in ~ gear** (*four-speed box*) en quatrième; (*five-speed box*) en cinquième; **in** *or* **on ~ form** en pleine forme; (*Scol*) **he was** *or* **came ~ in maths** il a été premier en maths; **the ~ mark** la meilleure note; (*fig*) **~ marks for efficiency** vingt sur vingt pour l'efficacité; (*Scol*) **in the ~ class** (*secondary school*) ≃ en terminale; (*primary*) ≃ au cours moyen 2; (*~ stream*) dans le premier groupe; (*Mus*) **the ~ 20** les 20 premiers du hit-parade; **the ~ men in the party** les dirigeants *mpl* du parti; **one of the ~ pianists** un des plus grands pianistes; **a ~ job, one of the ~ jobs** un des postes les plus prestigieux; **the newspaper for ~ people** le journal de l'élite; **it's ~ security** c'est top secret; (*fig*) **the ~ brass*** les huiles* *fpl*; *V also* **3**.

3 *cpd*: (*US*) **top banana‡** (*gen*) gros bonnet; (*Theat*) comique *m* principal; **top boots** bottes *fpl* à revers; (*fig*) **the top brass*** les huiles* *fpl*; (*Dress*) **topcoat** pardessus *m*, manteau *m*; **top copy** original *m*; (*US*) **top-dog*** (*adj*) le meilleur; **he's top dog* around here** c'est lui qui commande ici *or* qui fait la pluie et le beau temps ici; **top-drawer*** (*socially*) aristocratique; (*in quality, achievement*) de tout premier rang; **he's out of the top drawer*** il est de bonne famille, il fait partie du gratin*; (*Agr*) **top-dress** fumer en surface; **top dressing** fumure *f* en surface; **topflight*** de premier ordre, excellent; (*US*) **top hand*** collaborateur *m* de premier plan; **top hat** (chapeau *m*) haut-de-forme *m*; **top-hatted** en (chapeau) haut-de-forme; **top-heavy** *structure etc* trop lourd du haut; (*fig*) *organization* mal équilibré; (*Brit*) **top-hole*†** de première*, au poil*; **topknot** (*hair*) toupet *m*, houppe *f*; (*ribbons etc*) coque *f*; (*bird's feathers*) aigrette *f*; **top-level** *meeting, talks, discussion* au plus haut niveau; *decision* pris au plus haut niveau *or* au sommet; (*Brit Theat*) **top-liner*** (artiste *mf* en) tête *f* d'affiche; **top-loader** machine *f* à laver à chargement par le dessus; **top-loading** *washing machine* à chargement par le dessus; (*Naut*) **topmast** mât *m* de hune; **topmost** le plus haut; **topnotch*†** = **topflight***; **top-ranking** (très) haut placé; (*Naut*) **topsail** hunier *m*; **top-secret** ultra-secret (*f* ultra-secrète), top secret (*f* top secrète); [*prison*] **top-security wing** quartier *m* de haute surveillance; **topside** (*n*) (*Brit Culin*) gîte *m* (à la noix); (*Naut*) haut *m*, accastillage *m*; (*adj*; *US**) *official etc* haut placé, de haut niveau; (*US*) **topsider*** personnage haut placé; **topsoil** terre *f*; (*Agr*) couche *f* arable; (*Tennis*) **top spin** lift *m*.

4 *vt* (**a**) (*remove ~ from*) *tree* étêter, écimer; *plant* écimer; *radish, carrot etc* couper *or* enlever les fanes de; (‡: *behead*) *person* couper le cou à*. **to ~ and tail fruit** préparer des fruits (*en les équeutant etc*).

(**b**) (*form ~ of*) surmonter. **~ped by a dome** surmonté d'un dôme.

(**c**) (*exceed*) dépasser. **we have ~ped last year's sales figures** nous avons dépassé les chiffres de vente de l'année dernière; **the fish ~ped 10 kg** le poisson pesait *or* faisait plus de 10 kg; **to ~ sb in height** dépasser qn en hauteur; (*fig*) **and to ~ it all** ... et pour couronner le tout ..., et pour comble ...; **that ~s the lot!*** c'est le bouquet!*

(**d**) (*pass ~ of*) *hill* franchir le sommet de; *ridge* franchir.

(**e**) (*be at ~ of*) *pile* être au sommet de; *list, queue* être en tête de *or* à la tête de. (*Theat*) **to ~ the bill** être en tête d'affiche, tenir la vedette.

♦**top off** **1** *vi* (*reach peak*) [*sales, production etc*] atteindre son (*or* leur) maximum (et se stabiliser).

2 *vt sep* terminer, compléter. **we topped off the meal with a glass of cognac** nous avons couronné *or* complété le repas par un verre de cognac.

♦**top out** *vi* (*Constr*) terminer le gros œuvre.

♦**top up** (*Brit*) **1** *vi* (*Aut*) **to top up with oil** remettre *or* rajouter de l'huile.

2 *vt sep cup, glass* remplir (à nouveau); (*Aut*) *battery* remettre de l'eau dans. **I've topped up the petrol in your tank** j'ai rajouté *or* remis de l'essence dans votre réservoir; **I've topped up your coffee** je vous ai remis du café; (*fig*) **her parents top up her grant** ses

parents lui donnent de l'argent en complément de sa bourse; **can I top you up?*** je vous en remets?

top² [tɒp] *n* (*toy*) toupie *f*; *V* **sleep**, **spinning**.

topaz ['təʊpæz] *n* topaze *f*.

tope† [təʊp] *vi* picoler.

topee ['təʊpiː] *n* casque colonial.

toper† ['təʊpər] *n* grand buveur.

topic ['tɒpɪk] *n* [*essay, speech*] sujet *m*; (*for discussion*) sujet de discussion, thème *m*; (*Scol, esp Brit: project*) dossier *m*; (*Ling*) thème *m*.

topical ['tɒpɪkəl] *adj* d'actualité.

topicality [,tɒpɪˈkælɪtɪ] *n* (*U*) actualité *f*.

topless ['tɒplɪs] *adj costume* sans haut; *girl* aux seins nus; *beach* seins nus; *bar* où les serveuses ont les seins nus. **~ swimsuit** monokini* *m*.

topographer [təˈpɒɡrəfər] *n* topographe *mf*.

topographic(al) [,tɒpəˈɡræfɪk(l)] *adj* topographique.

topography [təˈpɒɡrəfɪ] *n* topographie *f*.

topper* ['tɒpər] *n* (**a**) (*hat*) (chapeau *m*) haut-de-forme *m*. (**b**) (*US*) **the ~* was that** ... le comble *or* le plus fort, c'est que ... .

topping ['tɒpɪŋ] **1** *adj* (*Brit*†) épatant*. **2** *n* (*U*: *Culin*) **chocolate/orange ~** crème *f* au chocolat/à l'orange (*dont on nappe un dessert*).

topple ['tɒpl] **1** *vi* (*lose balance*) [*person*] basculer, culbuter, perdre l'équilibre; [*pile*] basculer; (*fall: also ~ over, ~ down*) [*person*] tomber; [*pile etc*] s'effondrer, se renverser; [*empire, dictator, government*] tomber. **to ~ over a cliff** tomber du haut d'une falaise. **2** *vt sep object* faire tomber, faire basculer, renverser; *government, ruler* renverser, faire tomber.

topsy-turvy ['tɒpsɪˈtɜːvɪ] *adj, adv* sens dessus dessous, à l'envers. **to turn everything ~** tout mettre sens dessus dessous, tout bouleverser *or* chambouler*; **everything is ~** tout est sens dessus dessous; (*fig*) c'est le monde à l'envers *or* renversé.

toque [təʊk] *n* toque *f*.

tor [tɔːr] *n* butte *f* (rocheuse).

torch [tɔːtʃ] **1** *n* (*flaming*) torche *f*, flambeau *m* (*also fig*); (*Brit: electric*) lampe *f* de poche, lampe *or* torche électrique. **the house went up like a ~** la maison s'est mise à flamber comme du bois sec; (*fig*) **he still carries a ~ for her*** il en pince toujours pour elle*; *V* **Olympic**.

2 *cpd*: **torchbearer** porteur *m* de flambeau *or* de torche; **by torchlight** à la lumière des flambeaux (*or* d'une lampe de poche); **torchlight procession** retraite *f* aux flambeaux; (*US*) **torch singer** chanteuse *f* tragique; **torch song** chanson *f* d'amour tragique.

tore ['tɔːr] *pret of* **tear¹**.

toreador ['tɒrɪədɔːr] *n* toréador *m*.

torero [təˈrɛərəʊ] *n* torero *m*.

torment [ˈtɔːment] **1** *n* tourment *m* (*liter*), supplice *m*. **to be in ~** être au supplice; **the ~s of jealousy** les affres *fpl* de la jalousie; **to suffer ~s** souffrir le martyre.

2 [tɔːˈment] *vt* (*cause pain to*) tourmenter, torturer, martyriser; (*harass*) *person, animal* harceler, tourmenter. **~ed by jealousy** torturé *or* rongé par la jalousie.

tormentor [tɔːˈmentər] *n* persécuteur *m*, -trice *f*, (*stronger*) bourreau *m*.

torn [tɔːn] *ptp of* **tear¹**.

tornado [tɔːˈneɪdəʊ] *n, pl* **~es** tornade *f*.

Toronto [təˈrɒntəʊ] *n* Toronto.

torpedo [tɔːˈpiːdəʊ] **1** *n, pl* **~es** (*weapon, fish*) torpille *f*. **2** *cpd*: **to make a torpedo attack** attaquer à la torpille; **torpedo boat** torpilleur *m*, vedette *f* lance-torpilles; **torpedo tube** (tube *m*) lance-torpilles *m inv*. **3** *vt* torpiller (*also fig*).

torpid ['tɔːpɪd] *adj* engourdi, torpide.

torpidity [tɔːˈpɪdɪtɪ] *n*, **torpor** ['tɔːpər] *n* torpeur *f*, engourdissement *m*.

torque [tɔːk] **1** *n* (*Phys*) moment *m* de torsion; (*Aut*) couple *m* moteur; (*Hist: collar*) torque *m*.

2 *cpd*: (*Aut*) **torque converter** convertisseur *m* de couple; **torque wrench** clef *f* dynamométrique.

torrent ['tɒrənt] *n* torrent *m* (*also fig*). **the rain was coming down in ~s** il pleuvait à torrents.

torrential [tɒˈrenʃəl] *adj* torrentiel.

torrid ['tɒrɪd] *adj climate, heat* torride; (*fig*) *passion, love affair* ardent. (*Geog*) **the T~ Zone** la zone intertropicale.

torsion ['tɔːʃən] **1** *n* torsion *f*. **2** *cpd*: **torsion balance/bar** balance *f*/barre *f* de torsion.

torso ['tɔːsəʊ] *n* (*Anat*) torse *m*; (*Sculp*) buste *m*.

tort [tɔːt] *n* (*Jur*) acte délictuel *or* quasi-délictuel. (*US Jur*) **~s lawyer** *avocat spécialisé en droit civil*.

tortilla [tɔːˈtiːə] *n* crêpe mexicaine.

tortoise ['tɔːtəs] **1** *n* tortue *f*. **2** *cpd*: **tortoiseshell** (*n*) écaille *f* (de tortue); (*cpd*) *ornament, comb* en *or* d'écaille; *spectacles* à monture d'écaille.

tortuous ['tɔːtjʊəs] *adj path* tortueux, sinueux; *methods, argument* tortueux, détourné; *mind* tortueux, retors (*pej*).

torture ['tɔːtʃər] **1** *n* torture *f*, supplice *m*. **to put sb to (the) ~** torturer qn, faire subir des tortures à qn; (*fig*) **it was sheer ~!** c'était un martyre!

2 *cpd*: **torture chamber** chambre *f* de torture.

3 *vt* (*lit*) torturer; (*fig*) tourmenter, mettre à la torture *or* au supplice; *senses etc* mettre au supplice; *language* écorcher; *meaning* dénaturer; *tune* massacrer. **~d by doubt** torturé *or* tenaillé par le doute.

torturer ['tɔːtʃərər] *n* tortionnaire *m*, bourreau *m*.

Tory ['tɔːrɪ] (*Brit Pol*) **1** *n* tory *m*, conservateur *m*, -trice *f*. **2** *adj party, person, policy* tory *inv*, conservateur (*f* -trice).

Toryism ['tɔːrɪɪzəm] *n* (*Brit Pol*) toryisme *m*.

tosh‡ [tɒʃ] n (U) bêtises fpl, blagues fpl. (excl) ~! allons (donc)!

toss [tɒs] **1** n (a) (throw) lancement m; (by bull) coup m de cornes. (from horse) **to take a ~** faire une chute, être désarçonné; **with a ~ of his head** d'un mouvement brusque de la tête.
(b) [coin] coup m de pile ou face; (Sport: at start of match) tirage m au sort. **they decided it by the ~ of a coin** ils l'ont décidé à pile ou face; **to win/lose the ~** (gen) gagner/perdre à pile ou face; (Sport) gagner/perdre au tirage au sort; V **argue**.
2 cpd: [coin] **toss-up** coup m de pile ou face; (fig) **it was a toss-up between the theatre and the cinema** le théâtre ou le cinéma, ça nous (or leur etc) était égal or c'était kif-kif*; **it's a toss-up whether I go or stay** que je parte ou que je reste (subj), c'est un peu à pile ou face.
3 vt **ball** etc lancer, jeter (to à); (Brit) pancake faire sauter; salad retourner, remuer; head, mane rejeter en arrière; [bull] projeter en l'air; [horse] désarçonner, démonter. **to ~ sb in a blanket** faire sauter qn dans une couverture; (Culin) **~ in butter** ajoutez un morceau de beurre et remuez; **they ~ed a coin to decide who should stay** ils ont joué à pile ou face pour décider qui resterait; **I'll ~ you for it** on le joue à pile ou face; **the sea ~ed the boat against the rocks** la mer a projeté or envoyé le bateau sur les rochers; **the boat was ~ed by the waves** le bateau était agité or ballotté par les vagues; V **caber**.
4 vi (a) (often ~ about, ~ around) [person] s'agiter; [plumes, trees] se balancer; [boat] tanguer. **he was ~ing (about or around) in his sleep** il s'agitait dans son sommeil, son sommeil était agité; **he was ~ing and turning all night** il n'a pas arrêté de se tourner et se retourner toute la nuit.
(b) (often ~ up) jouer à pile ou face. **let's ~ (up) for it** on le joue à pile ou face; **I'll ~ you for the drinks** on joue à pile ou face et le perdant paie à boire; **they ~ed (up) to see who would stay** ils ont joué à pile ou face pour savoir qui resterait.
◆**toss about, toss around 1** vi V **toss 4a.**
2 vt sep boat etc ballotter, faire tanguer; plumes, branches agiter. (fig) **to toss one's money about** jeter l'argent par les fenêtres.
◆**toss aside** vt sep object jeter de côté; (fig) person, helper repousser; suggestion, offer rejeter, repousser; scheme rejeter.
◆**toss away** vt sep jeter.
◆**toss back** vt sep ball etc renvoyer; hair, mane rejeter en arrière. (fig) **they were tossing ideas back and forth** ils échangeaient toutes sortes d'idées.
◆**toss off 1** vi (‡: masturbate) se branler‡.
2 vt sep drink lamper, avaler d'un coup; essay, letter, poem écrire au pied levé, torcher (pej).
◆**toss out** vt sep rubbish jeter; person mettre à la porte, jeter dehors.
◆**toss over** vt sep lancer. **toss it over!** envoie!, lance!
◆**toss up 1** vi V **toss 4b.**
2 vt sep object lancer, jeter (into the air en l'air).
3 toss-up n V **toss 2.**

tot¹ [tɒt] n (a) (child: also tiny ~) petit(e) enfant m(f), tout(e) petit(e) m(f), bambin m. (b) (esp Brit: drink) **a ~ of whisky** un petit verre de whisky; **just a ~** juste une goutte or une larme.

tot²* (esp Brit) V vi (also ~ up) additionner, faire le total de. **2** vi: **it ~s up to £5** ça fait 5 livres en tout, ça se monte or ça s'élève à 5 livres; **I'm just ~ting up** je fais le total.

total ['təʊtl] **1** adj sum, amount, quantity total, global; eclipse, war total; failure, silence total, complet (f -ète), absolu. **the ~ losses/sales/debts** le total des pertes/ventes/dettes; **it was a ~ loss** on a tout perdu; **to be in ~ ignorance of sth** être dans l'ignorance la plus complète de qch, ignorer complètement qch; **they were in ~ disagreement** ils étaient en complet désaccord; (memory) **~ recall** remémoration totale; V **abstainer, abstinence**.
2 n (a) (montant m) total m, somme f (totale). **it comes to a ~ of £5, the ~ comes to £5** le total s'élève à 5 livres, cela fait 5 livres en tout; V **grand, sum**.
(b) **in ~** au total.
3 vt (a) (add: also ~ up) figures, expenses totaliser, faire le total de, additionner.
(b) (amount to) s'élever à. **that ~s £5** cela fait 5 livres (en tout), cela s'élève à 5 livres; **the class ~led 40** il y avait 40 élèves en tout dans la classe.
(c) (US‡: wreck) car bousiller*, démolir.

totalitarian [ˌtəʊtælɪ'tɛərɪən] adj, n totalitaire (mf).

totalitarianism [ˌtəʊtælɪ'tɛərɪənɪzəm] n totalitarisme m.

totality [təʊ'tælɪtɪ] n totalité f.

totalizator ['təʊtəlaɪzeɪtər] n (a) (adding etc machine) (appareil m) totalisateur m, machine totalisatrice. (b) (Betting: esp Brit) pari mutuel.

totalize ['təʊtəlaɪz] vt totaliser, additionner.

totalizer ['təʊtəlaɪzər] n = **totalizator**.

totally ['təʊtəlɪ] adv totalement, entièrement, complètement.

tote¹* [təʊt] **1** n abbr of **totalizator** b. **2** cpd: **tote board** tableau m électronique. **3** vt (US) **to ~ up** additionner.

tote² [təʊt] **1** vt (*: carry) gun, object porter. **I ~d it around all day** je l'ai coltiné* or trimballé* toute la journée. **2** cpd: (US) **tote bag** (sac m) fourre-tout* m.

totem ['təʊtəm] n totem m. **~ pole** mât m totémique.

totemic [təʊ'temɪk] adj totémique.

totter ['tɒtər] vi [person] chanceler, vaciller, tituber; [object, column, chimney stack] chanceler, vaciller; (fig) [company, government] chanceler. **to ~ in/out** etc entrer/sortir etc en titubant or d'un pas chancelant.

tottering ['tɒtərɪŋ] adj, **tottery** ['tɒtərɪ] adj chancelant.

toucan ['tuːkən] n toucan m.

touch [tʌtʃ] **1** n (a) (sense of ~) toucher m. **Braille is read by ~** le braille se lit au toucher; **soft to the ~** doux (f douce) au toucher;

the cold ~ of marble le toucher froid du marbre.
(b) (act of ~ing) contact m, toucher m; (light brushing) frôlement m, effleurement m; [instrumentalist, typist] toucher; [artist] touche f. **the slightest ~ might break it** le moindre contact pourrait le casser; **to give sb a ~ on the arm** toucher le bras de qn; **I felt a ~ on my arm** j'ai senti qu'on me touchait le bras; **at the ~ of her hand, he ...** au contact de sa main, il ...; **with the ~ of a finger** à la simple pression d'un doigt; **at the ~ of a switch** au simple contact d'un bouton; **she felt the ~ of the wind on her cheek** elle sentait le contact or la caresse du vent sur sa joue; **he altered it with a ~ of the brush/pen** il l'a modifié d'un coup de pinceau/d'un trait de plume; **to have a light ~** [pianist, typist] avoir le toucher léger; [typewriter] avoir une frappe légère; **you can see the master's ~ in this portrait** vous pouvez voir la touche du maître dans ce portrait; (lit, fig) **to put the final or finishing ~(es) to sth, to give sth the final or finishing ~(es)** mettre la dernière main à qch; **it has the ~ of genius** cela porte le sceau du génie; **he lacks the human or personal ~** il est trop impersonnel or froid, il manque de chaleur humaine; **it's the human or personal ~ that makes his speeches so successful** c'est la note personnelle qui fait que ses discours ont tant de succès; **that's the Nelson ~** c'est du Nelson (tout pur); **you've got the right ~ with him** vous savez vous y prendre avec lui.
(c) (small amount) **~ of** un tout petit peu de; **a ~ of colour/gaiety** une touche de couleur/de gaieté; **a ~ of sadness/humour** une pointe or une note de tristesse/d'humour; **there's a ~ of spring in the air** il y a du printemps dans l'air; **there's a ~ of frost/cold in the air** il pourrait bien geler/faire froid; **he got a ~ of the sun** il a pris un petit coup de soleil; **to have a ~ of flu** être un peu grippé; **to have a ~ of rheumatism** faire un peu de rhumatisme; **it needs a ~ of paint** il faudrait y passer une petite couche de peinture.
(d) (contact, communication) **to be/keep in ~ with sb** être/rester en contact or en rapport or en relation avec qn; **I'll be in ~!** je t'écrirai! (or je te téléphonerai!); **keep in ~!** tiens-nous au courant!, écris de temps en temps!; **to be out of ~ with sb, to have lost ~ with sb** avoir perdu le contact avec qn, ne plus être en contact or en rapport or en relation avec qn; **to be out of ~ or to have lost ~ with the political situation** ne plus être au courant de la situation politique, être déphasé en matière de politique*; **to lose ~ with reality or the facts** ne plus avoir le sens des réalités; (fig) **he's completely out of ~, he has lost ~ with what is going on** il est complètement déphasé*, il n'est plus dans le coup*; **we're very much out of ~ here** nous sommes coupés de tout ici; **to get in(to) ~ with sb** se mettre en rapport or en relation or en contact avec qn, prendre contact avec qn, joindre or contacter* qn; **you can get in(to) ~ with me at this number** vous pouvez me joindre or m'atteindre or me contacter* à ce numéro; **you ought to get in ~ with the police** vous devriez prendre contact avec or contacter* la police; **to lose ~ with sb** perdre le contact avec qn; **they lost ~ (with each other) long ago** il y a bien longtemps qu'ils ne sont plus en relation or en rapport; **I'll put you in ~ with him** je vous mettrai en rapport or en relation avec lui.
(e) (Ftbl, Rugby) touche f. **the ball went into ~** le ballon est sorti en touche; **it is in ~** il y a touche; **to kick for ~, to kick the ball into ~** envoyer le ballon en touche.
(f) (‡: borrowing etc) **he has made a ~** il a tapé* quelqu'un; **he's good for a ~, he's a soft or an easy ~** il est toujours prêt à se laisser taper*.
2 cpd: **it's touch-and-go with the sick man** le malade est entre la vie et la mort; **it was touch-and-go whether she did it** elle a été à deux doigts de ne pas le faire; **it was touch-and-go until the last minute** l'issue est restée incertaine jusqu'au bout; **touchdown** (Aviat, Space) (on land) atterrissage m; (on sea) amerrissage m; (on moon) alunissage m; (US Ftbl) but m; (US) **touch football** variante f du jeu de football; (Rugby) **touch judge** juge m de touche; (Ftbl etc) **touchline** (ligne f de) touche f; **touchpaper** papier nitraté; **touch-sensitive** à effleurement; (lit, fig) **touchstone** pierre f de touche; **touch-type** taper au toucher; **touch-typing** dactylographie f au toucher; **touch-typist** dactylo* f qui tape au toucher; **touchwood** amadou m.
3 vt (a) (come into contact with) toucher; (brush lightly) frôler, effleurer. **'do not ~ the goods'** 'ne touchez pas les or aux marchandises'; **he ~ed it with his finger** il l'a touché du doigt; **he ~ed her arm** il lui a touché le bras, il l'a touchée au bras; **his hand ~ed mine** sa main a touché or frôlé or effleuré la mienne; **to ~ one's hat to sb** saluer qn en portant la main à son chapeau; **I can ~ the bottom** je peux toucher le fond, j'ai pied; **the ship ~ed the bottom** le bateau a touché; **his feet are not ~ing the ground** ses pieds ne touchent pas terre; (Aviat) **to ~ ground** atterrir, toucher le sol; V **wood**.
(b) (tamper with) toucher à. **don't ~ that switch!** ne touchez pas à ce bouton!; **don't ~ that!** n'y touchez pas!; **the burglars didn't ~ the safe** les cambrioleurs n'ont pas touché au coffre-fort; **I didn't ~ it!** je n'y ai pas touché!; **I didn't ~ him!** je n'ai pas touché (à) un cheveu de sa tête, je ne lui ai rien fait; **~ nothing till the police arrive** ne touchez à rien avant l'arrivée de la police.
(c) (fig) toucher à. **their land ~es ours** leur terre touche à or est contiguë à la nôtre; **Switzerland ~es Italy** la Suisse et l'Italie sont limitrophes or ont une frontière commune; **the ship ~ed Bordeaux** le bateau a fait escale à or a touché Bordeaux; **to ~ base** se mettre à jour or au courant; **he merely ~ed the problem of racism** il n'a fait qu'effleurer le problème du racisme; **the frost ~ed the plants** la gelée a abîmé les plantes; **the fire didn't ~ the paintings** l'incendie a épargné les tableaux; **they can't ~ you if you don't break the law** ils ne peuvent rien contre vous or rien vous faire si vous respectez la loi; (in exam) **I didn't ~ the 3rd**

question je n'ai pas touché à la 3e question; **he won't ~ anything illegal** si c'est illégal il n'y touchera pas; **water won't ~ these stains** l'eau n'agira pas sur ces taches; **the steak is so tough the knife just won't ~** il le bifteck est si dur que le couteau n'arrive pas à l'entamer *or* à y pénétrer; **clouds ~ed with pink** nuages à reflets roses; *V* **barge.**

 (**d**) (*gen neg*) *food, drink* toucher à. **he didn't ~ his meal** il n'a pas touché à son repas; **I never ~ onions** je ne mange jamais d'oignons; **I won't ~ gin** je ne boirai pas *or* je ne prendrai pas de gin.

 (**e**) (*equal, rival*) valoir, égaler. **her cooking doesn't** *or* **can't ~ yours** sa cuisine est loin de valoir la tienne; **there's no pianist to ~ him, there's nobody to ~ him as a pianist, nobody can ~ him as a pianist** personne ne peut l'égaler *or* il est sans égal comme pianiste; **there's nothing to ~ hot whisky for a cold** rien ne vaut un grog au whisky pour guérir un rhume.

 (**f**) (*concern*) toucher, concerner, regarder. **it ~es us all closely** cela nous touche *or* nous concerne tous de très près; **if it ~es the national interest** s'il y va de l'intérêt national.

 (**g**) (*move emotionally*) toucher. **we were very ~ed by your letter** nous avons été très touchés de votre lettre.

 (**h**) (*) **to ~ sb for a loan** taper* qn; **I ~ed him for £10** je l'ai tapé* de 10 livres.

 4 *vi* (**a**) *[hands, ends etc]* se toucher; *[lands, gardens, areas]* se toucher, être contigus (*f* -guës). (*fig*) **to ~ (up)on a subject** effleurer un sujet.

 (**b**) (*meddle*) **don't ~!** n'y touchez pas!, ne touchez pas!; '**do not ~**' 'défense de toucher'.

◆**touch at** *vt fus* (*Naut*) toucher (à), faire escale à.

◆**touch down 1** *vi* (**a**) (*Aviat, Space*) (*on land*) atterrir, toucher le sol; (*on sea*) amerrir; (*on moon*) alunir.

 (**b**) (*Rugby etc*) marquer un essai; (*behind one's own goal-line*) toucher la balle dans l'en-but.

 2 *vt sep* (*Rugby etc*) **to touch the ball down** marquer un essai; (*behind one's own goal-line*) toucher la balle dans l'en-but.

 3 touchdown *n V* **touch 2.**

◆**touch off** *vt sep fuse, firework* faire partir; *mine etc* faire exploser *or* détoner *or* partir; *explosion* déclencher; (*fig*) *crisis, riot* faire éclater, déclencher; *reaction, scene, argument* provoquer, déclencher.

◆**touch up** *vt sep* (**a**) *painting, photo* retoucher.

 (**b**) (‡: *sexually*) peloter‡.

touché [tu:'ʃeɪ] *excl* (*Fencing*) touché!; (*fig*) très juste!

touched [tʌtʃt] *adj* (*moved*) touché (*by* de); (*: mad*) toqué*, timbré*.

touchiness ['tʌtʃɪnɪs] *n* (*U*) susceptibilité *f*.

touching ['tʌtʃɪŋ] **1** *adj* touchant, attendrissant. **2** *prep* concernant, touchant (†, *liter*).

touchingly ['tʌtʃɪŋlɪ] *adv* d'une manière touchante.

touchy ['tʌtʃɪ] *adj person* susceptible (*about* sur la question *or* le chapitre de), chatouilleux, ombrageux; *matter, issue, problem* délicat, épineux; *business, situation* délicat. **he's very ~** il se vexe *or* s'offense pour un rien.

tough [tʌf] **1** *adj* (**a**) (*strong*) *cloth, steel, leather, garment etc* solide, résistant; (*pej*) *meat* dur, coriace; (*hum: of meat etc*) **it's as ~ as old boots** c'est de la semelle.

 (**b**) (*of person: strong*) (*physically*) robuste, résistant; (*mentally*) solide, endurant. **you have to be ~ to do that kind of work** il faut de la résistance *or* il ne faut pas être une mauviette pour faire ce genre de travail; (*hum*) **as ~ as old boots*** coriace.

 (**c**) (*of person: hard in character*) dur, tenace; *criminal, gangster* endurci. **as ~ as nails** dur à cuire; **he is a ~ man to deal with** il ne fait pas souvent de concessions; **~ guy** dur *m*; (*pej*) **they're a ~ lot, they're ~ customers** ce sont des durs à cuire*; **to get ~ with sb*** (commencer à) se montrer dur pour *or* envers qn.

 (**d**) (*hard*) *resistance, struggle, opposition* acharné, âpre; *journey* rude, fatigant, pénible; *task* dur, rude, pénible; *obstacle* rude, sérieux; *problem* épineux; *regulations* sévère; *conditions* dur, sévère. **it's ~ work** c'est un travail dur *or* pénible, ce n'est pas du gâteau* *or* de la tarte*; **rugby is a ~ game** le rugby n'est pas un sport de *or* pour fillettes; **to take a ~ line (with sb)** employer la manière forte (avec qn).

 (**e**) (*: unfortunate*) **that's ~** c'est vache*; **to have a ~ time of it*** en voir de dures*; **it was ~ on the others** c'était vache* pour les autres; **~ luck** déveine* *f*, manque *m* de pot*; **~ luck!** (*pity*) pas de veine!, manque de pot!*; (*you'll have to put up with it*) tant pis pour vous!; **that's ~ luck on him** il n'a pas de veine *or* de pot*.

 2 *n* (*) dur *m*.

 3 *adv*: **to talk** *or* **act ~** jouer au dur.

 4 *vt* (*fig*) **to ~ it out*** (*hold out*) tenir bon, faire front; (*rough it*) vivre à la dure.

toughen ['tʌfn] (*also* **~ up**) **1** *vt metal, glass, cloth, leather* rendre plus solide, renforcer; *person* endurcir, aguerrir; *conditions* rendre plus sévère. **~ed glass** verre trempé.

 2 *vi* [*metal, glass, cloth, leather*] devenir plus solide; [*person*] s'endurcir, s'aguerrir; [*conditions, regulations*] devenir plus sévère.

toughly ['tʌflɪ] *adv fight, oppose* avec acharnement, âprement; *speak, answer* durement, sans ménagement. **it is ~ made** c'est du solide.

toughness ['tʌfnɪs] *n* (*U: V* **tough**) solidité *f*, résistance *f*; dureté *f*, endurance *f*; acharnement *m*, âpreté *f*; caractère *m* pénible *or* rude; caractère épineux; sévérité *f*; ténacité *f*.

toupee ['tu:peɪ] *n* postiche *m*.

tour ['tʊər] **1** *n* (*journey*) voyage *m*, périple *m*; (*by team, actors, musicians etc*) tournée *f*; (*by premier, visiting statesman etc*) visite officielle, tournée *f* de visites; (*of town, factory, museum etc*) visite, tour *m*; (*package ~*) voyage organisé; (*day ~*) excursion *f*. (*Hist*)

the Grand T~ le tour de l'Europe; **they went on a ~ of the Lake District** ils ont fait un voyage *or* un périple dans la région des Lacs; **we went on** *or* **made a ~ of the Loire castles** nous avons visité *or* fait* les châteaux de la Loire; **they went on a ~ to Spain** ils sont allés en voyage organisé *or* ils ont fait un voyage organisé en Espagne; **the ~ includes 3 days in Venice** le voyage comprend 3 jours à Venise; **to go on a ~ round the world** faire le tour du monde; **to go on a walking/cycling ~** faire une randonnée à pied/ en bicyclette; (*sign on coach*) '**on ~**' 'excursion'; (*Sport, Theat etc*) **to go on ~** faire une tournée; **to be on ~** être en tournée; (*Theat etc*) **to take a company on ~** emmener une troupe en tournée; **to take a play on ~** donner une pièce en tournée; **~ of inspection** tournée d'inspection; (*Mil etc*) **~ of duty** période *f* de service; *V* **conduct** *etc*.

 2 *cpd*: (*Brit*) **tour operator** (*bus company*) compagnie *f* de cars (faisant des voyages organisés); (*travel agency*) tour-opérateur *m*, voyagiste *m*.

 3 *vt district, town, exhibition, museum, factory* visiter. **they are ~ing France** ils visitent la France, ils font du tourisme en France; (*Sport, Theat*) ils sont en tournée en France; **the play is ~ing the provinces** la pièce tourne en province *or* est en tournée en province.

 4 *vi*: **to go ~ing** voyager, faire du tourisme; **they went ~ing in Italy** ils sont allés visiter l'Italie, ils ont fait du tourisme en Italie.

tourer ['tʊərər] *n* voiture *f* de tourisme.

touring ['tʊərɪŋ] **1** *n* (*U*) tourisme *m*, voyages *mpl* touristiques. **2** *adj team* en tournée. **~ car** voiture *f* de tourisme; (*Theat*) **~ company** (*permanently*) troupe ambulante; (*temporarily*) troupe en tournée. **3** *cpd*: (*Ski*) **touring bindings** fixations *fpl* de randonnée.

tourism ['tʊərɪzəm] *n* tourisme *m*.

tourist ['tʊərɪst] **1** *n* touriste *mf*. '**T~s' Guide to London**' 'Guide touristique de Londres'.

 2 *cpd class, travel* touriste *inv*; *season* des touristes. **tourist agency** agence *f* de tourisme; **tourist bureau** office *m* de tourisme, syndicat *m* d'initiative; (*US*) **tourist court** motel *m*; (*US*) **tourist home** maison *dans laquelle des chambres sont louées aux touristes*; **tourist information centre, tourist office** = **tourist bureau**; **the tourist trade** le tourisme; **tourist traffic** flot *m or* influx *m* des touristes (en voiture); **tourist trap** attrape-touristes *m*.

 3 *adv travel* en classe touriste.

touristas [tʊ'rɪstəs] *npl* (*US*) **the ~‡** la diarrhée, la courante‡.

touristy* ['tʊərɪstɪ] *adj* (*pej*) trop touristique.

tournament ['tʊənəmənt] *n* (*Hist, gen*) tournoi *m*. **chess/tennis ~** tournoi d'échecs/de tennis.

tourney ['tʊənɪ] *n* (*Hist*) tournoi *m*.

tourniquet ['tʊənɪkeɪ] *n* (*Med*) tourniquet *m*, garrot *m*.

tousle ['taʊzl] *vt hair* ébouriffer; *clothes* chiffonner, friper, froisser; ·*bed, bedclothes* mettre en désordre.

tousled ['taʊzld] *adj person* échevelé; *hair* ébouriffé, échevelé; *clothes* chiffonné, fripé, froissé; *bed, bedclothes* en désordre.

tout [taʊt] **1** *n* (*gen*) vendeur ambulant; (*for custom*) racoleur *m*; (*for hotels*) rabatteur *m*; (*Racing*) pronostiqueur *m*; (*also* **ticket ~**) revendeur *m* de billets (*au marché noir*).

 2 *vt wares* vendre (avec insistance); *tickets* revendre (*au marché noir*).

 3 *vi* raccrocher les passants; (*Racing*) vendre des pronostics. **to ~ for custom** raccrocher *or* racoler *or* accoster les clients, courir après la clientèle; **the taxi drivers were ~ing for the hotels** les chauffeurs de taxi racolaient des clients pour les hôtels.

◆**tout about, tout** (**a**)**round** *vt sep wares* vendre (avec insistance). **he has been touting those books about for weeks*** ça fait des semaines qu'il essaie de placer *or* de caser* ces livres.

tow¹ [taʊ] **1** *n* (**a**) (*act*) remorquage *m*; (*line*) câble *m* de remorquage; (*vehicle etc towed*) véhicule *m* en remorque. (*lit*) **to give sb a ~, to have sb in ~** remorquer qn; (*fig*) **he had a couple of girls in ~*** il avait deux filles dans son sillage (*fig*); **to be on ~** (*Brit*) *or* **in ~** (*US*) être en remorque; (*sign*) '**on ~**' 'véhicule en remorque'; **to take a car in ~** prendre une voiture en remorque.

 (**b**) (*ski ~*) téléski *m*, tire-fesses* *m*.

 2 *cpd*: (*US Aut*) **towaway zone** zone *f* de stationnement interdit (avec mise en fourrière); **tow bar** barre *f* de remorquage; **towboat** remorqueur *m*; (*US*) **tow car** voiture remorqueuse; **towing-line, towline, towing-rope, towrope** câble *m* de remorquage; **towpath** chemin *m* de halage; (*Aut*) **to give sb a tow-start** faire démarrer qn en remorque; **towing-truck**, (*US*) **tow truck** dépanneuse *f*.

 3 *vt boat, vehicle* remorquer (*to, into* jusqu'à); *caravan, trailer* tirer, tracter; *barge* haler.

◆**tow away** *vt sep vehicle* remorquer; [*police*] emmener en fourrière.

tow² [taʊ] **1** *n* (*Tex*) filasse *f*, étoupe *f* (blanche). **2** *cpd*: **tow-haired, tow-headed** aux cheveux (blond) filasse.

towage ['taʊɪdʒ] *n* remorquage *m*.

toward(s) [tə'wɔ:d(z)] *prep* (**a**) (*of direction*) vers, du côté de, dans la direction de. **if he comes ~ you** s'il vient vers vous *or* dans votre direction *or* de votre côté; **his back was ~ the door** il tournait le dos à la porte; (*fig*) **we are moving ~ a solution/war** *etc* nous nous acheminons vers une solution/la guerre *etc*; **they have begun negotiations ~ an agreement** on ... ils ont entamé des négociations en vue d'un accord sur ...; **he is saving ~ a new car** il fait des économies pour (acheter) une nouvelle voiture.

 (**b**) (*of time*) vers. **~ 10 o'clock** vers *or* sur le coup de 10 heures, sur les 10 heures; **~ the end of the century** vers la fin du siècle.

 (**c**) (*of attitude*) envers, à l'égard de. **his attitude ~ them** son attitude envers eux *or* à leur égard; **my feelings ~ him** mes sentiments à son égard *or* envers lui *or* pour lui.

towel ['taʊəl] **1** *n* serviette *f* (de toilette); (*dish ~, tea ~*) torchon *m*;

(*for hands*) essuie-mains *m inv*; (*for glasses*) essuie-verres *m inv*; (*sanitary* ~) serviette hygiénique; *V* **bath** *etc*.
  2 *cpd*: **towel rail** porte-serviettes *m inv*; **towel ring** anneau *m* porte-serviette.
  3 *vt* frotter avec une serviette. **to** ~ **o.s. dry** se sécher *or* s'essuyer avec une serviette.

towelling ['taʊəlɪŋ] **1** *n* (**a**) (*U*) tissu *m* éponge. (**b**) (*rubbing with towel*) **to give sb a** ~ (**down**) frictionner qn avec une serviette.
  2 *cpd* **robe** *etc* en *or* de tissu éponge.

tower ['taʊər] **1** *n* tour *f*. **the T~ of Babel** la tour de Babel; **the T~ of London** la Tour de Londres; **church** ~ clocher *m*; **water** ~ château *m* d'eau; (*fig*) **he is a** ~ **of strength** il est ferme comme un roc, c'est un roc; **he proved a** ~ **of strength to me** il s'est montré un soutien précieux pour moi.
  2 *cpd*: (*Brit*) **tower block** immeuble-tour *m*, tour *f* (d'habitation).
  3 *vi* [*building, mountain, cliff, tree*] se dresser de manière imposante. **I saw him** ~**ing in the doorway** j'ai vu sa silhouette imposante dans l'embrasure de la porte; **the new block of flats** ~**s above** *or* **over the church** le nouvel immeuble écrase l'église; **he** ~**ed over her** elle était toute petite à côté de lui; (*fig*) **he** ~**s above** *or* **over his colleagues** il domine de très haut ses collègues.
  ◆**tower up** *vi* [*building, cliff etc*] se dresser de manière imposante, s'élever très haut.

towering ['taʊərɪŋ] *adj* building, mountain, cliff très haut, imposant; *tree* énorme, imposant; *ambition etc* démesuré. **he saw a** ~ **figure** il vit une silhouette imposante; (*fig*) **in a** ~ **rage** dans une colère noire.

town [taʊn] **1** *n* ville *f*. **he lives in** (**a**) ~ il habite en ville *or* à la ville; **she lives in a little** ~ elle habite (dans) une petite ville; **there is more work in the** ~ **than in the country** il y a plus de travail en ville *or* à la ville qu'à la campagne; **guess who's in** ~! devine qui vient d'arriver en ville!; **he's out of** ~ il n'est pas là, il est en déplacement; (*US*) **he's from out of** ~ il n'est pas d'ici, il est étranger à la ville; **to go** (**in**)**to** ~, **to go down** ~ aller en ville; **to go up** **to** ~ monter en ville; **the whole** ~ **is talking about it** toute la ville en parle; (*Univ*) ~ **and gown** les citadins *mpl* et les étudiants *mpl*; **a country** ~ une ville de province; **let's go out on the** ~* on va faire une descente en ville* (*hum*); (*fig*) **to have a night on the** ~* faire la noce* *or* **la bombe***; (*fig*) **he really went to** ~ **on that essay*** il a mis le paquet* quand il a écrit cette dissertation; **they went to** ~ **on their daughter's wedding*** ils n'ont pas fait les choses à moitié *or* ils n'ont pas lésiné pour le mariage de leur fille; *V* **man, new, talk** *etc*.
  2 *cpd*: **town-and-country planning** aménagement *m* du territoire; **town centre** centre *m* de la ville; **town clerk** ≃ secrétaire *m* de mairie; (*Brit*) **town council** conseil municipal; (*Brit*) **town councillor** conseiller *m*, -ère *f* municipal(e); (*Hist*) **town crier** crieur public; **town-dweller** citadin(e) *m(f)*; (*Brit*) **town hall** ≃ mairie *f*, hôtel *m* de ville; **town house** (*gen*) maison *f* en ville; (*more imposing*) hôtel particulier; **town life** vie urbaine; (*US*) **town meeting** assemblée générale des habitants d'une localité; (*Brit*) **town planner** urbaniste *mf*; (*Brit*) **town planning** urbanisme *m*; **townsfolk** = **townspeople**; **township** *V* **township**; **townsman** citadin *m*, habitant *m* de la ville *or* des villes; **my fellow townsmen** mes concitoyens *mpl*; **townspeople** citadins *mpl*, habitants *mpl* de la ville *or* des villes.

townee* [taʊ'ni:] *n*, (*US*) **townie*** ['taʊnɪ] *n* (*pej*) pur citadin; (*Univ sl*) citadin.

townscape ['taʊnskeɪp] *n* paysage *or* panorama urbain.

township ['taʊnʃɪp] *n* commune *f*, municipalité *f*.

toxaemia, (*US*) **toxemia** [tɒk'si:mɪə] *n* toxémie *f*.

toxic ['tɒksɪk] *adj* toxique.

toxicological [ˌtɒksɪkə'lɒdʒɪkəl] *adj* toxicologique.

toxicology [ˌtɒksɪ'kɒlədʒɪ] *n* toxicologie *f*.

toxin ['tɒksɪn] *n* toxine *f*.

toxoplasmosis [ˌtɒksəʊplæz'məʊsɪs] *n* toxoplasmose *f*.

toy [tɔɪ] **1** *n* jouet *m*.
  2 *cpd* house, truck, stove, railway miniature; *trumpet* d'enfant. **toybox** boîte *f* or coffre *m* à jouets; **toy car** petite auto; **toychest** = **toybox**; (*fig*) **toy dog** chien *m* d'appartement; **toy maker** fabricant *m* de jouets; **toyshop** magasin *m* de jouets; **toy soldier** petit soldat; **toy train** petit train; (*electric*) train électrique.
  3 *vi*: **to** ~ **with** object, pen, sb's affections etc jouer avec; *idea, scheme* caresser; **to** ~ **with one's food** manger du bout des dents, chipoter, picorer.

trace¹ [treɪs] **1** *n* (**a**) (*gen*) trace *f*. **there were** ~**s of the cave having been lived in** il y avait des traces d'habitation dans la grotte; **the police could find no** ~ **of the thief** la police n'a trouvé aucune trace du voleur; ~**s of an ancient civilization** la trace *or* les vestiges *mpl* d'une ancienne civilisation; **to vanish/sink without** ~ disparaître/sombrer sans laisser de traces; **there is no** ~ **of it now** il n'en reste plus trace maintenant; **we have lost all** ~ **of them** nous avons complètement perdu leur trace; ~**s of arsenic in the stomach** traces d'arsenic dans l'estomac; **without a** ~ **of ill-feeling** sans la moindre rancune.
  (**b**) (*US: trail*) piste *f*.
  2 *cpd*: **trace element** oligo-élément *m*.
  3 *vt* (**a**) (*draw*) tracer, line etc tracer, esquisser, dessiner; (*with tracing paper etc*) décalquer.
  (**b**) (*follow trail of*) suivre la trace de; (*and locate*) *person* retrouver, dépister; *object* retrouver. **ask the police to** ~ **him** demandez à la police de vous aider à le retrouver; **they** ~**d him as far as Paris but then lost him** ils ont pu suivre sa trace jusqu'à Paris mais l'ont perdu par la suite; **I can't** ~ **your file at all** je ne trouve pas (de) trace de votre dossier; **I can't** ~ **his having been in touch with us** je n'ai aucune indication *or* mention du fait qu'il nous ait contactés.

◆**trace back 1** *vi* (*esp US*) **this traces back to the loss of ...** ceci est imputable à la perte de ... .
  2 *vt sep*: **to trace back one's ancestry** *or* **descent** *or* **family to** faire remonter sa famille à, établir que sa famille remonte à; **they traced the murder weapon back to a shop in Leeds** ils ont réussi à établir que l'arme du crime provenait d'un magasin de Leeds; **we traced him back to Paris, then the trail ended** (en remontant la filière) nous avons retrouvé sa trace à Paris mais, là, la piste s'est perdue; **this may be traced back to the loss of ...** ceci peut être attribué à *or* est attribuable *or* imputable à la perte de ... .

trace² [treɪs] *n* [*harness*] trait *m*; *V* **kick**.

traceable ['treɪsəbl] *adj*: **it is** ~ on peut le retrouver.

tracer ['treɪsər] *n* (*person*) traceur *m*, -euse *f*; (*instrument*) roulette *f*, traçoir *m*; (*Biochemistry*) traceur; (*also* ~ **bullet**) balle traçante; (*also* ~ **shell**) obus traçant.

tracery ['treɪsərɪ] *n* (*U*) (*Archit*) réseau *m* (*de fenêtre ajourée*); [*veins on leaves*] nervures *fpl*; [*frost on window etc*] dentelles *fpl*.

trachea [trə'kɪə] *n* trachée *f*.

tracheotomy [ˌtrækɪ'ɒtəmɪ] *n* trachéotomie *f*.

trachoma [træ'kəʊmə] *n* trachome *m*.

tracing ['treɪsɪŋ] **1** *n* (*process: U*) calquage *m*; (*result*) calque *m*.
  2 *cpd*: **tracing paper** papier-calque *m inv*, papier *m* à décalquer.

track [træk] **1** *n* (**a**) (*mark, trail, also* Climbing) trace *f*; [*animal*] trace, piste *f*, foulée *f*; [*person*] trace, piste; [*tyres, wheels*] trace; [*boat*] sillage *m*; (*route: on radar screen; also of bullet, comet, rocket, hurricane etc*) trajectoire *f*. **the hurricane destroyed everything in its** ~ l'ouragan a tout détruit sur son passage; **a** ~ **of muddy footprints across the floor** des traces de pas boueuses sur tout le plancher; **to follow in sb's** ~**s** (*lit*) suivre la trace de qn; (*fig*) suivre la voie tracée par qn, suivre *or* marcher sur les traces de qn; **to be on sb's** ~(**s**) être sur la piste de qn; **he had the police on his** ~(**s**) la police était sur sa piste; **they got on to his** ~ **very quickly** ils ont très vite trouvé sa piste; **to put** *or* **throw sb off the** ~ désorienter qn; (*fig*) **to be on the right** ~ être sur la bonne voie; **to put sb on the right** ~ mettre qn dans la bonne voie; (*fig*) **to be on the wrong** ~, **to be off the** ~ faire fausse route; (*fig*) **you're away off the** ~! vous êtes tout à fait à côté!, vous n'y êtes pas du tout!; **to keep** ~ **of** spacecraft etc suivre; (*fig*) events suivre (la marche *or* le fil de); *developments, situation* suivre, rester au courant de; **they kept** ~ **of him till they reached the wood** ils ont suivi sa trace jusqu'au bois; (*fig*) **I kept** ~ **of her until she got married** je suis resté en contact avec elle jusqu'à son mariage; **I've lost** ~ **of what he's doing** je ne suis plus au courant de ce qu'il fait; **to lose** ~ **of** spacecraft etc perdre; (*fig*) *developments, situation* ne plus suivre, ne plus être au courant de; *events* perdre le fil de; **they lost** ~ **of him in the woods** ils ont perdu sa trace une fois arrivés au bois; **I lost** ~ **of her after the war** j'ai perdu tout contact avec elle *or* je l'ai perdue de vue après la guerre; **don't lose** ~ **of him** (*lit*) ne perdez pas sa trace; (*fig*) ne le perdez pas de vue; **I've lost** ~ **of those books** je ne sais plus *or* j'ai oublié où sont ces livres; **to lose all** ~ **of time** perdre la notion du temps; **keep** ~ **of the time** n'oubliez pas l'heure; **I've lost** ~ **of what he is saying** j'ai perdu le fil de ce qu'il dit, je ne suis plus ce qu'il dit; (*fig*) **we must be making** ~**s*** il faut qu'on se sauve* (*subj*); **he made** ~**s for the hotel*** il a filé à l'hôtel; *V* **change, inside, stop**.
  (**b**) (*path*) chemin *m*, sentier *m*, piste *f*. **sheep** ~ piste à moutons; **mule** ~ chemin *or* sentier muletier; **from there on, the road became nothing but a** ~ à partir de là, la route n'était plus carrossable; *V* **beaten, cart, dirt** *etc*.
  (**c**) (*Rail*) voie *f* (ferrée), rails *mpl*. **to leave the** ~(**s**) quitter les rails, dérailler; **to cross the** ~ traverser la voie; **single-**~ **line** ligne *f* à voie unique; (*US fig*) **to live on the wrong side of the** ~**s** vivre dans les quartiers pauvres; *V* **one**.
  (**d**) (*Sport*) piste *f*. **motor-racing** ~ autodrome *m*; **dog-racing** ~ cynodrome *m*; *V* **race¹** *etc*.
  (**e**) (*electronic tape, computer disk*) piste *f*; [*long-playing record*] plage *f*. **4-**~ **tape** bande *f* à 4 pistes; *V* **sound¹**.
  (**f**) (*Aut etc*) (*tyre tread*) chape *f*; (*space between wheels*) écartement *m*; (*also* **caterpillar** ~) chenille *f*.
  (**g**) (*US Scol*) classe *f* de niveaux. **divided into 5** ~**s** répartis en 5 classes de niveaux; **the top/middle/bottom** ~ la section forte/ moyenne/faible (*de l'ensemble des élèves qui suivent le même programme*).
  (**h**) (*Drugs sl*) ~**s** marques *fpl* de piqûres.
  2 *cpd*: (*Sport*) **track athletics** athlétisme *m* sur piste; (*Sport*) **track event** épreuve *f* sur piste; (*Cine*) **track shot** travel(l)ing *m*; (*US Rail*) **tracklayer** = **trackman**; **track lighting** rampe *f* de spots; (*Rail*) **track maintenance** entretien *m* de la voie; (*US Rail*) **trackman** responsable *m* de l'entretien de la voie; (*US Sport*) **track meet** réunion sportive sur piste; (*Sport*) **track race/racing** course *f*/ courses *fpl* sur piste; (*Sport, also fig*) **to have a good track record** avoir eu de bons résultats; (*Brit*) **track rod** biellette *f* de connexion; **tracksuit** survêtement *m*; (*US Scol*) **track system** système *m* de répartition des élèves par niveaux; (*US Rail*) **trackwalker** = **trackman**.
  3 *vt* animal suivre à la piste *or* à la trace, suivre la trace de; *person, vehicle* suivre la trace de; *hurricane, rocket, spacecraft, comet* suivre la trajectoire de. **to** ~ **dirt over the floor** laisser des traces sales sur le plancher.
  4 *vi* [*camera*] faire un travel(l)ing.

◆**track down** *vt sep* animal, wanted man traquer et capturer; *lost object, lost person, reference, quotation* (finir par) retrouver *or* localiser.

tracked [trækt] *adj*: ~ **vehicle** véhicule *m* à chenilles.

tracker ['trækər] **1** *n* (*Hunting*) traqueur *m*; (*gen*) poursuivant(e) *m(f)*. **2** *cpd*: **tracker dog** chien policier.

tracking ['trækɪŋ] *adj* (*Cine*) ~ **shot** travel(l)ing *m*; (*Space*) ~ **station** station *f* d'observation (de satellites).

trackless ['træklɪs] *adj forest, desert* sans chemins; *vehicle* sans chenilles.

tract¹ [trækt] **1** *n* (**a**) *[land, water]* étendue *f*; *[coal etc]* gisement *m*; (*US: housing estate*) lotissement *m*. **vast ~s of wilderness** de vastes zones *fpl or* étendues désertiques.
   (**b**) (*Anat*) **digestive/respiratory** ~ appareil *or* système digestif/respiratoire.
2 *cpd*: (*US*) **tract house** pavillon *m* (*dans un lotissement*).

tract² [trækt] *n* (*pamphlet*) tract *m*.

tractable ['træktəbl] *adj person* accommodant, souple; *animal* docile; *material* malléable; *problem* soluble, résoluble.

Tractarian [træk'tɛərɪən] *adj, n* (*Rel*) tractarien(ne) *m(f)*.

Tractarianism [træk'tɛərɪənɪzəm] *n* (*Rel*) tractarianisme *m*.

traction ['trækʃən] **1** *n* (*U: all senses*) traction *f*. (*Tech*) **electric/steam** ~ traction électrique/à vapeur. **2** *cpd*: **traction engine** locomobile *f*.

tractive ['træktɪv] *adj* de traction.

tractor ['træktər] **1** *n* tracteur *m*. **2** *cpd*: (*Comput*) **tractor drive** dispositif *m* d'entraînement à picots; **tractor driver** conducteur *m*, -trice *f* de tracteur; (*US*) **tractor-trailer** semi-remorque *m*.

trad* [træd] *adj* (*esp Mus*) *abbr of* **traditional**.

tradable ['treɪdəbl] *adj* (*esp US: Econ, Fin*) commercialisable.

trade [treɪd] **1** *n* (**a**) (*U: commerce*) commerce *m*, affaires *fpl*. **trade overseas** ~ commerce extérieur; **it's good for** ~ ça fait marcher le commerce; **the wool** ~, **the** ~ **in wool** le commerce de la laine; **he's in the wool** ~ il est négociant en laine; **the drug** ~, **the** ~ **in drugs** le trafic de la drogue; **they do a lot of** ~ **with** ils font beaucoup de commerce *or* d'affaires avec, ils commercent beaucoup avec; ~ **has been good** *or* **brisk** les affaires ont été bonnes, le commerce a bien marché; **to do a good** *or* **brisk** *or* **roaring** ~ vendre beaucoup (*in de*); (*Brit*) **Board of T~**, (*US*) **Department of T~** ministère *m* du Commerce; **Secretary (of State) for T~**, **Minister of T~** ministre *m* du Commerce; (*Brit*) **Department of T~ and Industry** ≃ ministère *m* du Redéploiement industriel et du Commerce extérieur; *V* **rag¹, tourist** *etc*.
   (**b**) (*job, skill*) métier *m*. **he is a butcher by** ~ il est boucher de son métier *or* de son état; (*hum*) **he's a doctor by** ~ il est médecin de son état; **to put sb to a** ~† mettre qn en apprentissage; **she wants him to learn a** ~ elle veut qu'il apprenne un métier; (*lit,fig*) **he's in the** ~ il est du métier; (*lit, fig*) **as we say in the** ~ comme on dit dans le jargon du métier, pour employer un terme technique; **known in the** ~ **as** ... que les gens du métier appellent ...; **special terms for the** ~ tarif spécial pour les membres de la profession; *V* **stock, tool, trick** *etc*.
   (**c**) = **trade wind**; *V* **2**.
   (**d**) (*swap*) échange *m*. **to do a** ~ **with sb for sth** faire l'échange de qch avec qn.
2 *cpd* (*gen*) *exchanges, visits* commercial; (*Publishing*) *press, publications* professionnel. **trade association** association commerciale; **trade barriers** barrières douanières; (*Econ*) **trade cycle** cycle *m* économique; **trade deficit** balance *f* (commerciale) déficitaire, déficit extérieur; (*Brit*) **the Trade Descriptions Act** *la loi protégeant les consommateurs contre la publicité et les appellations mensongères*; **trade discount** remise *f* au détaillant; **trade fair** foire(-exposition) commerciale; (*Econ*) **trade figures** résultats *mpl* (financiers); (*Comm*) **trade-in** reprise *f*; **he took my old machine as a trade-in** il m'a repris ma vieille machine; **trade-in allowance** reprise *f*; **trade-in price/value** prix *m*/valeur *f* à la reprise; **trade journal** revue professionnelle; **trademark** (*n*) marque *f* (de fabrique); **registered trademark** marque déposée; (*vt*) *product, goods* apposer une marque sur; *symbol, word* déposer; **trade name** nom *m* de marque; **trade-off** (*exchange*) échange *m* (*between* entre); (*balancing*) compromis *m*, concessions mutuelles; **trade paper** = **trade journal**; **trade price** prix *m* de gros; (*Econ*) **trade returns** = **trade figures**; **trade route** route commerciale; **trade school** collège *m* technique; (*Comm, Ind, also fig*) **trade secret** secret *m* de fabrication; **tradesman** commerçant *m*; **tradesman's entrance** entrée *f* de service *or* des fournisseurs; **tradespeople** commerçants *mpl*; **trade(s) union** syndicat *m*; **trade(s) union membership** adhésion *f* à un syndicat; (*number of members*) nombre *m* de syndiqués; (*Brit*) **the Trades Union Congress** la confédération des syndicats britanniques; **trade(s) unionism** syndicalisme *m*; **trade(s) unionist** syndicaliste *mf*; (*Pol etc*) **trade talks** négociations commerciales; (*Geog*) **trade wind** (vent) alizé *m*.
3 *vi* (**a**) *[firm, country, businessman]* faire le commerce (*in de*), commercer, avoir *or* entretenir des relations commerciales (*with* avec). **he ~s as a wool merchant** il est négociant en laine; (*fig*) **to** ~ **(up)on sb's kindness** abuser de la gentillesse de qn.
   (**b**) (*US: of private individual*) faire ses achats (*with* chez, à), être client(e) (*with* chez).
   (**c**) (*St Ex*) *[currency, commodity]* **to be trading at** se négocier à; *V* **cease**.
   (**d**) (*exchange*) échanger, troquer (*with sb* avec qn).
4 *vt* (*exchange*) **to** ~ **A for B** échanger *or* troquer A contre B; **I ~d my knife with him for his marbles** je lui ai donné mon canif en échange de ses billes.
◆**trade in** *vt sep car, television etc* faire reprendre. **I've traded in it for a new one** je l'ai fait reprendre quand j'en ai acheté un nouveau.
◆**trade off** *vt sep* (**a**) (*balance*) **to trade off A against B** accepter que A compense B.
   (**b**) (*exchange*) **to trade off one thing against** *or* **for another** échanger *or* troquer une chose contre une autre.
2 **trade-off** *n V* **trade 2**.

trader ['treɪdər] *n* (**a**) commerçant(e) *m(f)*, marchand(e) *m(f)*; (*bigger*) négociant(e) *m(f)*; (*street* ~) vendeur *m*, -euse *f* de rue; (*US St Ex*) contrepartiste *m*. **wool** ~ négociant en laine; *V* **slave** *etc*.
   (**b**) (*ship*) navire marchand *or* de la marine marchande.

tradescantia [,trædəs'kæntɪə] *n* tradescantia *m*.

trading ['treɪdɪŋ] **1** *n* (*U*) commerce *m*, affaires *fpl*, négoce *m*.
2 *cpd port, centre* de commerce. (*Brit*) **trading estate** zone artisanale et commerciale; **trading nation** nation commerçante; **trading partner** partenaire commercial; (*esp Can, US*) **trading post** comptoir *m* (commercial); (*Fin, Ind*) **trading profits for last year** bénéfices obtenus pour l'exercice de l'année écoulée; **trading stamp** timbre-prime *m*; **trading standards** normes *fpl* de conformité; **trading standards office** ≃ Direction *f* de la Consommation et de la Répression des Fraudes.

tradition [trə'dɪʃən] *n* tradition *f*. **according to** ~ selon la tradition *or* la coutume; **it's in the best** ~ c'est dans la plus pure tradition (*of* de); ~ **has it that** ... la tradition veut que ...; **it is a** ~ **that** ... il est de tradition que ... + *subj*; **the** ~ **that** ... la tradition selon laquelle *or* qui veut que ... .

traditional [trə'dɪʃənl] *adj* traditionnel. **it is** ~ **for them to do that** chez eux il est de tradition de faire ça; **they wore the** ~ **red cloaks** ils portaient les capes rouges traditionnelles *or* les traditionnelles capes rouges.

traditionalism [trə'dɪʃnəlɪzəm] *n* traditionalisme *m*.

traditionalist [trə'dɪʃnəlɪst] *adj, n* traditionaliste (*mf*).

traditionally [trə'dɪʃnəlɪ] *adv* traditionnellement.

traduce [trə'dju:s] *vt* (*frm*) calomnier, diffamer.

Trafalgar [trə'fælgər] *n*: **Battle of** ~ bataille *f* de Trafalgar.

traffic ['træfɪk] (*vb: pret, ptp* **trafficked**) **1** *n* (*U*) (**a**) (*Aut*) circulation *f*; (*Aviat, Naut, Rail, Telec*) trafic *m*. **road** ~ circulation routière; **rail** ~ trafic ferroviaire; (*Aut*) **holiday** ~ circulation des grands départs *or* des grandes rentrées, rush *m* des vacances; (*Aut*) **the** ~ **is very light** il y a très peu de circulation; **there's a lot of** ~ *or* **the** ~ **is heavy this morning** (*Aut*) il y a beaucoup de circulation ce matin; (*Aviat, Naut, Rail*) le trafic est intense ce matin; **the bridge is closed to heavy** ~ *or* **is open to light** ~ only l'accès au pont est interdit aux poids lourds; ~ **is building up/falling off** (*Aut*) la circulation s'intensifie/se dégage; (*Aviat, Naut, Rail*) le trafic s'intensifie/se raréfie; (*Aut*) **the build-up** *or* **backlog of** ~ **extends to the bridge** le bouchon s'étire jusqu'au pont; (*Aut*) ~ **out of/into Paris** la circulation dans le sens Paris-province/province-Paris; ~ **coming into London should avoid Putney Bridge** il est recommandé aux automobilistes se rendant à Londres d'éviter Putney Bridge; ~ **in and out of Heathrow Airport** le trafic à destination et en provenance de l'aéroport de Heathrow; (*Naut*) ~ **in** *or* **using the Channel** trafic *or* navigation *f* en Manche; *V* **tourist** *etc*.
   (**b**) (*trade*) commerce *m* (*in de*); (*pej*) trafic *m* (*in de*). **the drug** ~ le trafic de la drogue *or* des stupéfiants.
2 *cpd*: (*US*) **traffic circle** rond-point *m*, sens *m* giratoire; **traffic control** (*Aut*) prévention routière; (*Aviat, Naut, Rail*) contrôle *m* du trafic; (*Aviat*) **traffic controller** contrôleur *m*, -euse *f* de la navigation aérienne, aiguilleur *m* du ciel; (*Aviat*) **traffic control tower** tour *f* de contrôle; (*esp US*) **traffic cop*** = **traffic policeman**; **traffic diversion** déviation *f*; (*Police*) **to be on traffic duty** faire la circulation; **traffic holdup** bouchon *m* (*de circulation*); (*Brit*) **traffic island** refuge *m*; **traffic jam** embouteillage *m*, bouchon *m*; **traffic lights** feux *mpl* de signalisation; **to go through the traffic lights at red** passer au rouge, griller le feu rouge; **the traffic lights were (at) green** le feu était (au) vert; (*Jur*) **traffic offence** infraction *f* au code de la route; (*Aviat*) **traffic pattern** couloir *m* or position *f* d'approche; **traffic police** (*speeding etc*) police *f* de la route; (*points duty etc*) police de la circulation; **traffic policeman** (*gen*) ≃ agent *m* de police; (*on points duty*) agent de la circulation; **traffic regulations** réglementation *f* de la circulation; **traffic sign** panneau *m* de signalisation, poteau indicateur; **international traffic signs** signalisation routière internationale; **traffic signal** = **traffic light**; (*Brit*) **traffic warden** contractuel(le) *m(f)*.
3 *vi*: **to** ~ **in sth** faire le commerce *or* le trafic (*pej*) de.

trafficator† ['træfɪkeɪtər] *n* (*Brit*) flèche *f* (de direction)†.

trafficker ['træfɪkər] *n* trafiquant(e) *m(f)* (*in* en).

tragedian [trə'dʒi:dɪən] *n* (*writer*) auteur *m* tragique; (*actor*) tragédien *m*.

tragedienne [trə,dʒi:dɪ'en] *n* tragédienne *f*.

tragedy ['trædʒɪdɪ] *n* (*gen, Theat*) tragédie *f*. **the** ~ **of it is that** ... ce qui est tragique, c'est que ...; **it is a** ~ **that** ... il est tragique que ... + *subj*.

tragic ['trædʒɪk] *adj* (*gen, Theat*) tragique.

tragically ['trædʒɪkəlɪ] *adv* tragiquement.

tragicomedy ['trædʒɪ'kɒmɪdɪ] *n* tragi-comédie *f*.

tragicomic ['trædʒɪ'kɒmɪk] *adj* tragi-comique.

trail [treɪl] **1** *n* (**a**) (*of blood, smoke: also from plane, comet etc*) traînée *f*. **a long** ~ **of refugees** une longue file *or* colonne de réfugiés; **to leave a** ~ **of destruction** tout détruire sur son passage; **his illness brought a series of debts in its** ~ sa maladie a amené dans son sillage une série de dettes; *V* **vapour** *etc*.
   (**b**) (*tracks: gen*) trace *f*; (*Hunting*) piste *f*, trace(s), foulée *f*. (*lit, fig*) **to be on the** ~ **of sb** être sur la piste de qn; **I'm on the** ~ **of that book you want** j'ai trouvé trace *or* j'ai retrouvé la trace du livre que vous voulez; *V* **hot** *etc*.
   (**c**) (*path, road*) sentier *m*, chemin *m*; *V* **blaze²**, **nature**.
   (**d**) (*Ski, Climbing*) trace *f*; (*cross country skiing*) piste *f* de fond. **to break a** ~ tracer la trace, tracer.
2 *cpd*: **trail bike*** moto *f* de moto-cross; (*fig*) **trailblazer**, (*esp US*) **trailbreaker** pionnier *m*, -ière *f*.

3 *vt* (a) (*follow*) suivre la piste de; (*fig: lag behind*) être dépassé par.

(b) (*drag, tow*) *object on rope, toy cart etc* tirer, traîner; (*Aut*) *caravan, trailer, boat* tirer, tracter. **he was ~ing his schoolbag behind him** il traînait son cartable derrière lui; **the children ~ed dirt all over the carpet** les enfants ont couvert le tapis de traces sales; **to ~ one's fingers through** *or* **in the water** laisser traîner ses doigts dans l'eau; **don't ~ your feet!** ne traîne pas les pieds!

(c) (*Mil*) *rifle etc* porter à la main.

(d) (*announce as forthcoming*) donner un avant-goût de.

(e) (*Hort*) **to ~ a plant over a fence** *etc* faire grimper une plante par-dessus une clôture *etc*.

4 *vi* (a) *[object]* traîner; *[plant]* ramper. **your coat is ~ing in the mud** ton manteau traîne dans la boue; **smoke ~ed from the funnel** une traînée de fumée s'échappait de la cheminée; (*fig Sport*) **they were ~ing by 13 points** ils étaient en retard de 13 points; (*Ftbl*) **they are ~ing at the bottom of the league** ils traînent en bas de division.

(b) **to ~ along/in/out** *etc* (*move in straggling line*) passer/ entrer/sortir *etc* à la queue leu leu *or* en file; (*move wearily*) passer/ entrer/sortir *etc* en traînant les pieds.

◆**trail away, trail off** *vi [voice, music]* s'estomper.

trailer ['treɪlə'] **1** *n* (a) (*Aut: also caravan*) remorque *f*; (*esp US: caravan*) caravane *f*. (b) (*Cine, TV*) bande-annonce *m*. (c) (*Phot: end of film roll*) amorce *f* (en fin d'un rouleau). **2** *cpd:* (*US*) **trailer camp, trailer court, trailer park** camp *m* de caravaning; **trailer tent** tente *f* remorque.

trailing ['treɪlɪŋ] *adj hair, blanket etc* traînant; *plant* rampant. (*Aviat*) **~ edge** bord *m* de fuite.

train [treɪn] **1** *n* (a) (*Rail*) train *m*; (*in underground*) rame *f*, métro *m*. **to go by ~** prendre le train; **to go to London by ~** prendre le train pour aller à Londres, aller à Londres en train *or* par le train; **to travel by ~** voyager par le train *or* en train; **on** *or* **in the ~** dans le train; **to transport by ~** transporter par voie ferroviaire; *V* **express, freight, slow** *etc*.

(b) (*procession*) file *f*; (*entourage*) suite *f*, équipage *m*; *[camels]* caravane *f*, file; *[mules]* train *m*, file; *[vehicles etc]* cortège *m*, file. **he arrived with 50 men in his ~** il arriva avec un équipage de 50 hommes; (*fig*) **the war brought famine in its ~** la guerre amena la famine dans son sillage *or* entraîna la famine; *V* **baggage** *etc*.

(c) (*line, series*) suite *f*, série *f*, succession *f*; *[gunpowder]* traînée *f*. **in an unbroken ~** en succession ininterrompue; **a ~ of events** une suite d'événements; **it broke** *or* **interrupted his ~ of thought** cela est venu interrompre le fil de sa *or* ses pensée(s); **I've lost my ~ of thought** je ne retrouve plus le fil de ma *or* mes pensée(s); (*fig*) **it is in ~** c'est en préparation, c'est en marche; **to set sth in ~** mettre qch en marche *or* en mouvement.

(d) *[dress, robe]* traîne *f*.

(e) (*Tech*) **train** *m*. **~ of gears** train de roues d'engrenage.

2 *cpd* (*Ind*) *dispute, strike etc* des cheminots, des chemins de fer. (*Hist*) **trainband** milice *f*; **trainbearer** dame *f* *or* demoiselle *f* d'honneur; (*little boy*) page *m*; **train crash** accident *m* de chemin de fer, (*more serious*) catastrophe *f* ferroviaire; **train ferry** ferry-boat *m*; (*US Rail*) **trainman** cheminot *m*; **train oil** huile *f* de baleine; **there is a very good train service to London** les trains pour Londres sont très fréquents; **there is an hourly train service to London** il y a un train pour Londres toutes les heures; **do you know what the train service is to London?** connaissez-vous l'horaire des trains pour Londres?; **train set** train *m* électrique (*jouet*); **train-spotter** passionné(e) *m(f)* de trains; **to go train-spotting** observer les trains (*pour identifier les divers types de locomotives*); **train-workers** employés *mpl* des chemins de fer, cheminots *mpl*.

3 *vt* (a) (*instruct*) *person, engineer, doctor, nurse, teacher, crafts-man, apprentice* former; *employee, soldier* former, instruire; (*Sport*) *player* entraîner, préparer; *animal* dresser; *voice* travailler; *ear, mind, memory* exercer. **he is ~ing someone to take over from him** il forme son successeur; (*housetrain*) **to ~ a puppy/ child** apprendre à un chiot/à un enfant à être propre; **to ~ an animal to do** apprendre à *or* dresser un animal à faire; **to ~ sb to do** apprendre à qn à faire; (*professionally*) former qn à faire, préparer qn à faire; **to ~ o.s. to do** s'entraîner *or* s'exercer à faire; **to ~ sb in a craft** apprendre un métier à qn, préparer qn à un métier; **he was ~ed in weaving** *or* **as a weaver** il a reçu une formation de tisserand; **to ~ sb in the use of sth** *or* **to use sth** apprendre à qn à utiliser qch, instruire qn dans le maniement de qch; **where were you ~ed?** où avez-vous reçu votre formation?; *V* *also* **trained**.

(b) (*direct etc*) *gun, camera, telescope etc* braquer (*on* sur). **to ~ a plant along a wall** faire grimper une plante le long d'un mur.

4 *vi* (a) recevoir une (*or* sa) formation; (*Sport*) s'entraîner (*for* pour), se préparer (*for* à). **to ~ as** *or* **~ to be a teacher/secretary** *etc* recevoir une formation de professeur/de secrétaire *etc*; **where did you ~?** où avez-vous reçu votre formation?

(b) (*Rail: go by ~*) aller en train.

◆**train up** *vt sep* former, préparer.

trained [treɪnd] *adj person* compétent, qualifié (*for* pour, en matière de); *engineer* diplômé, breveté; *nurse* diplômé, qualifié; *teacher* habilité à enseigner; *animal* dressé. **to the ~ eye/ear** pour un œil/une oreille exercé(e); **she has a ~ voice** elle a pris des leçons de chant; **he isn't ~ for this job** il n'a pas la formation voulue pour ce poste, il n'est pas qualifié pour ce poste; **we need a ~ person for the job** nous avons besoin de quelqu'un qui soit qualifié pour ce poste *or* qui ait la compétence voulue pour ce poste; **they employ only ~ personnel** ils n'emploient que du personnel qualifié; **he is not ~ at all** il n'a reçu aucune formation professionnelle; **well-~ employee, worker** qui a reçu une bonne formation;

butler, valet, maid stylé; *child* bien élevé; *animal* bien dressé; (*iro*) **she's got a well-~ husband** son mari est bien dressé.

trainee [treɪ'niː] **1** *n* (*gen*) stagiaire *mf*; (*US Police, Mil etc*) jeune recrue *f*. **sales/management ~** stagiaire de vente/de direction.

2 *adj* (*gen*) stagiaire, en stage; (*in trades*) en apprentissage. **~ typist** dactylo* *f* stagiaire; **~ hairdresser** apprenti(e) coiffeur *m*, -euse *f*.

traineeship [treɪ'niːʃɪp] *n* stage *m*, stage d'emploi-formation (*Admin*).

trainer ['treɪnə'] *n* (a) *[athlete, football team, racehorse]* entraîneur *m*; (*Cycling etc*) soigneur *m*; (*in circus*) dresseur *m*, -euse *f*, (*esp of lions*) dompteur *m*, -euse *f*.

(b) (*Aviat*) (*flight simulator*) simulateur *m* de vol; (*also ~ aircraft*) avion-école *m*.

(c) (*Brit: shoe*) chaussure *f* de sport.

training ['treɪnɪŋ] **1** *n* *[person, engineer, doctor, nurse, teacher, craftsman]* formation *f*; *[employee, soldier]* formation, instruction *f*; (*Sport*) entraînement *m*, préparation *f*; *[animal]* dressage *m*. (*Sport*) **to be out of ~** avoir perdu la forme; (*Sport*) **to be in ~** (*preparing o.s.*) être en cours d'entraînement *or* de préparation; (*on form*) être en forme; (*Sport*) **to be in ~ for sth** s'entraîner pour *or* se préparer à qch; **staff ~** formation du personnel; **she has had some secretarial ~** elle a suivi quelques cours de secrétariat; *V* **teacher, toilet, voice** *etc*.

2 *cpd:* **training camp** camp *m* d'entraînement; **training centre** (*gen*) centre *m* de formation; (*Sport*) centre (d'entraînement) sportif; **training college** (*gen*) école spécialisée *or* professionnelle; (*teacher*) **training college** *V* **teacher 2**; **training course** cours *m(pl)* professionnel(s); **training manual** manuel *m* *or* cours *m* d'instruction; **training plane** avion-école *m*; **training scheme** programme *m* de formation *or* d'entraînement; **training ship** navire-école *m*.

traipse* [treɪps] *vi:* **to ~** *etc* entrer/sortir *etc* d'un pas traînant *or* en traînassant*; **they ~d in** wearily ils sont entrés en traînant les pieds; **to ~ around** *or* **about** se balader*, déambuler; **we've been traipsing about the shops all day** nous avons traîné *or* traînassé* dans les magasins toute la journée.

trait [treɪt] *n* trait *m* (*de caractère*).

traitor ['treɪtə'] *n* traître *m*. **to be a ~ to one's country/to a cause** trahir sa patrie/une cause; **to turn ~** passer à l'ennemi.

traitorous ['treɪtərəs] *adj* traître (*f* traîtresse), déloyal, perfide.

traitorously ['treɪtərəslɪ] *adv* traîtreusement, perfidement, en traître (*or* en traîtresse).

traitress ['treɪtrɪs] *n* traîtresse *f*.

trajectory [trə'dʒektərɪ] *n* trajectoire *f*.

tram [træm] **1** *n* (a) (*Brit: also ~car*) tram(way) *m*. **to go by ~** prendre le tram. (b) (*Min*) berline *f*, benne roulante. **2** *cpd:* (*Brit*) **tramline = tramway**; (*Brit Tennis*) **tramlines** lignes *fpl* de côté; (*Brit*) **tramway** (*rails*) voie *f* de tramway; (*route*) ligne *f* de tramway.

trammel ['træməl] (*liter*) **1** *vt* entraver. **2** *npl:* **~s** entraves *fpl*.

tramp [træmp] **1** *n* (a) (*sound*) **the ~ of feet** le bruit de pas.

(b) (*hike*) randonnée *f* (à pied), excursion *f*, promenade *f*. **to go for a ~** (*aller*) faire une randonnée *or* une excursion; **after a 10-hour ~** après 10 heures de marche (à pied); **it's a long ~** c'est long à faire à pied.

(c) (*vagabond*) chemineau *m*, clochard(e) *m(f)*, vagabond(e) *m(f)*.

(d) (*pej: woman*) **she's a ~*** elle est coureuse*.

(e) (*also ~ steamer*) tramp *m*.

2 *vi:* **to ~ along** (*hike*) poursuivre son chemin à pied; (*walk heavily*) marcher d'un pas lourd; *[soldiers etc]* marteler le pavé *or* la route; **to ~ up and down** faire les cent pas; **he was ~ing up and down the platform** il arpentait le quai d'un pas lourd.

3 *vt:* **to ~ the streets** battre le pavé; **I ~ed the town looking for the church** j'ai parcouru la ville à pied pour trouver l'église.

◆**tramp down, tramp in** *vt sep* tasser du pied.

trample ['træmpl] **1** *vt:* **to ~** (*underfoot*) *sth on ground etc* piétiner, fouler aux pieds; (*fig*) *person, conquered nation* fouler aux pieds, bafouer; *sb's feelings* bafouer; *objections etc* passer outre à. **he ~d the stone into the ground** il a enfoncé du pied la pierre dans le sol; **he was ~d by the horses** il a été piétiné par les chevaux.

2 *vi:* **to ~ in/out** *etc* entrer/sortir *etc* d'un pas lourd; (*lit, fig*) **to ~ on = to trample** (*underfoot*); *V* **1**.

3 *n* (*act: also trampling*) piétinement *m*; (*sound*) bruit *m* de pas.

trampoline ['træmpəlɪn] **1** *n* trampoline *m*. **2** *vi* (*also* **to go trampolining**) faire du trampoline.

trance [trɑːns] *n* (*Hypnosis, Rel, Spiritualism etc*) transe *f*; (*Med*) catalepsie *f*. (*fig: ecstasy*) transe, extase *f*. **to go** *or* **fall into a ~** (*Hypnosis, Rel, Spiritualism etc*) entrer en transe; (*Med*) tomber en catalepsie; (*fig*) entrer en transe, tomber en extase; *[hypnotist]* **to put sb into a ~** faire entrer qn en transe.

tranche [trɑːnʃ] *n* (*Econ etc*) tranche *f*.

trannie‡, tranny‡ ['trænɪ] *n abbr of* **transistor (radio)**.

tranquil ['træŋkwɪl] *adj* tranquille, paisible, serein.

tranquillity, (*US*) *also* **tranquility** [træŋ'kwɪlɪtɪ] *n* tranquillité *f*, calme *m*.

tranquillize, (*US*) *also* **tranquilize** ['træŋkwɪlaɪz] *vt* (*Med*) mettre sous tranquillisants.

tranquillizer, (*US*) *also* **tranquilizer** ['træŋkwɪlaɪzə'] *n* tranquillisant *m*, calmant *m*.

trans... [trænz] *pref* trans.... **the T~-Canada Highway** la route transcanadienne.

transact [træn'zækt] *vt business* traiter, régler, faire.

transaction [træn'zækʃən] *n* (*gen: also in bank, shop etc*) opération *f*, affaire *f*; (*Econ, Fin, St Ex*) transaction *f*; (*gen*) opération, affaire; (*U*) conduite *f*, gestion *f*. **we have had some ~s with that firm** nous avons fait quelques opérations *or* quelques affaires avec cette société; **cash ~** opération au comptant; **the ~s of the Royal Society** (*proceedings*) les travaux *mpl* de la Royal Society; (*minutes*) les actes *mpl* de la Royal Society.

transactional [træn'zækʃənl] *adj* transactionnel. (*Psych*) **~ analysis** analyse transactionnelle.

transalpine ['trænz'ælpaɪn] *adj* transalpin.

transatlantic ['trænzət'læntɪk] *adj* transatlantique.

transceiver [træn'si:vər] *n* (*Rad*) émetteur-récepteur *m*.

transcend [træn'send] *vt belief, knowledge, description* transcender, dépasser; (*excel over*) surpasser; (*Philos, Rel*) transcender.

transcendence [træn'sendəns] *n*, **transcendency** [træn'sendənsɪ] *n* transcendance *f*.

transcendent [træn'sendənt] *adj* transcendant.

transcendental [,trænsen'dentl] *adj* transcendantal. **~ meditation** méditation transcendantale.

transcendentalism [,trænsen'dentəlɪzəm] *n* transcendantalisme *m*.

transcontinental ['trænz,kɒntɪ'nentl] *adj* transcontinental.

transcribe [træn'skraɪb] *vt* (*gen, also Phon*) transcrire.

transcript ['trænskrɪpt] *n* (*gen*) transcription *f*; (*US Univ*) (copie *f* de) dossier *m* complet de la scolarité.

transcription [træn'skrɪpʃən] *n* (*gen, also Phon*) transcription *f*. (*Phon*) **narrow/broad ~** transcription étroite/large.

transduce [trænz'dju:s] *vt* transformer, convertir.

transducer [trænz'dju:sər] *n* (*also Comput*) transducteur *m*.

transduction [trænz'dʌkʃən] *n* transduction *f*.

transect [træn'sekt] *vt* sectionner (transversalement).

transept ['trænsept] *n* transept *m*.

transfer [træns'fɜ:ʳ] **1** *vt employee, civil servant, diplomat* transférer, muter (*to* à); *soldier, player, prisoner* transférer (*to* à); *passenger* transférer (*to* à); *transborder*; *object, goods* transférer (*to sb* à qn, *to a place* à un lieu), transporter (*to a place* dans un lieu), transmettre (*to sb* à qn); *power* faire passer (*from* de, *to* à); *ownership* transférer (*from* de, *to* à); *money* virer (*from* de, *to*, *into* à, sur); *design, drawing* reporter, décalquer (*to* sur). (*Brit Telec*) **to ~ the charges** téléphoner en P.C.V.; (*Brit Telec*) **~red charge call** communication *f* en P.C.V.; *[telephone operator]* **I'm ~ring you now je** vous mets en communication maintenant; (*notice*) **business ~red to ...** (*office*) bureaux transférés à ...; (*shop*) magasin transféré à ...; **to ~ one's affection(s) to sb** reporter son *or* ses affection(s) sur qn.

2 *vi [employee, civil servant, diplomat]* être transféré *or* muté (*to* à); *[soldier, player, prisoner, offices]* être transféré (*to* à); (*US Univ: change universities*) faire un transfert (pour une autre université). (*Univ etc*) **he's ~red from Science to Geography** il ne fait plus de science, il s'est réorienté en géographie; **to ~ from one train/ plane etc to another** être transféré *or* transbordé d'un train/avion *etc* à un autre; **we had to ~ to a bus** nous avons dû changer et prendre un car.

3 ['trænsfɜ:ʳ] *n* (**a**) (*gen*) transfert *m*; *[employee, diplomat]* transfert, mutation *f*; *[soldier, player, prisoner]* transfert; *[passenger]* transfert, transbordement *m*; *[object, goods]* transport *m*, transmission *f*; *[money]* virement *m*; (*Pol: of power*) passation *f*, (*Jur: document*) transfert, translation *f* (*Jur*). **to pay sth by bank ~** payer qch par virement bancaire; (*Jur*) **~ of ownership** transfert *or* translation de propriété (*from* de, *to* à); (*Jur*) **application for ~ of proceedings** demande *f* de renvoi devant une autre juridiction; (*Ftbl etc*) **to ask for a ~** demander un transfert.

(**b**) (*picture, design etc*) (*rub-on type*) décalcomanie *f*; (*stick-on*) autocollant *m*; (*sewing*) décalque *m*.

(**c**) (*Coach, Rail: also* **~ ticket**) billet *m* de correspondance.

4 ['trænsfɜ:ʳ] *cpd*: (*Ftbl etc*) **transfer fee** (prix *m* du) transfert *m*; **transfer lounge** salle *f* de transit; **transfer passenger** passager *m* en transit; (*Ftbl*) **the transfer season** la période des transferts; (*US Univ*) **transfer student** étudiant(e) *m(f)* venant d'une autre université; (*Fin*) **transfer tax** droit *m* de mutation.

transferable [træns'fɜ:rəbl] *adj* transmissible. **not ~** personnel.

transferee [,trænsfɜ:'ri:] *n* (*Jur*) cessionnaire *mf*, bénéficiaire *mf*.

transference ['trænsfərəns] *n* (*U*) (**a**) = **transfer 3**; *V* **thought**.
(**b**) (*Psych*) transfert *m*.

transferor, transferrer [træns'fɜ:rəʳ] *n* (*Jur*) cédant(e) *m(f)*.

transfiguration [,trænsfɪgə'reɪʃən] *n* (*gen, also Rel*) transfiguration *f*.

transfigure [træns'fɪgəʳ] *vt* transfigurer.

transfix [træns'fɪks] *vt* (*lit*) transpercer. (*fig*) **to be** *or* **stand ~ed** être cloué sur place; **to be ~ed with horror** être cloué au sol d'horreur, être paralysé par l'horreur.

transform [træns'fɔ:m] **1** *vt* (*gen*) transformer, métamorphoser (*into* en); (*Chem, Elec, Math, Phys*) convertir, transformer (*into* en); (*Gram*) transformer (*into* en). **to ~ o.s. into, to be ~ed into** se transformer en. **2** ['trænsfɔ:m] *n* (*US Ling*) transformée *f*.

transformation [,trænsfə'meɪʃən] *n* (*V* **transform 1**) transformation *f*, métamorphose *f*; conversion *f*; (*Ling*) transformation.

transformational [,trænsfə'meɪʃənl] *adj* (*Ling*) transformationnel.

transformer [træns'fɔ:məʳ] **1** *n* (*Elec*) transformateur *m*. **2** *cpd*: **transformer station** poste *m* de transformateurs.

transfuse [træns'fju:z] *vt* (*Med, fig*) transfuser.

transfusion [træns'fju:ʒən] *n* (*Med, fig*) transfusion *f*. **blood ~** transfusion sanguine *or* de sang; **to give sb a ~** faire une transfusion à qn.

transgress [træns'gres] **1** *vt* transgresser, enfreindre, violer. **2** *vi* pécher.

transgression [træns'greʃən] *n* (*sin*) péché *m*, faute *f*; (*U*) transgression *f*.

transgressor [træns'gresəʳ] *n* (*gen: of law etc*) transgresseur *m* (*liter*); (*Rel: sinner*) pécheur *m*, -eresse *f*.

tranship [træn'ʃɪp] *vt* = **transship**.

transhipment [træn'ʃɪpmənt] *n* = **transshipment**.

transience ['trænzɪəns] *n* caractère *m* éphémère *or* transitoire.

transient ['trænzɪənt] **1** *adj* transitoire, éphémère, passager. **2** *n* (*US: in hotel etc*) client(e) *m(f)* de passage.

transistor [træn'zɪstəʳ] *n* (*Elec*) transistor *m*; (*also* **~ radio**, **~ set**) transistor.

transistorize [træn'zɪstəraɪz] *vt* transistoriser. **~d** transistorisé, à transistors.

transit ['trænzɪt] **1** *n* (*U*) (*gen*) transit *m*; (*Astron*) passage *m*. **in ~** en transit. **2** *cpd* **goods, passengers** en transit; **documents, port, visa** de transit. (*Mil etc*) **transit camp** camp volant; (*Aviat*) **transit lounge** salle *f* de transit.

transition [træn'zɪʃən] **1** *n* transition *f* (*from* de, *to* à). **2** *cpd* **period** de transition.

transitional [træn'zɪʃənəl] *adj* **period, government** de transition; **measures** transitoire.

transitive ['trænzɪtɪv] *adj* transitif.

transitively ['trænzɪtɪvlɪ] *adv* transitivement.

transitivity [,trænzɪ'tɪvɪtɪ] *n* (*Gram*) transitivité *f*.

transitory ['trænzɪtərɪ] *adj* transitoire, éphémère, passager.

Transkei [træn'skaɪ] *n* Transkei *m*.

translatable [trænz'leɪtəbl] *adj* traduisible.

translate [trænz'leɪt] **1** *vt* (**a**) (*gen, Ling*) traduire (*from* de, *into* en). **how do you ~ 'weather'?** quelle est la traduction de 'weather'?, comment traduit-on 'weather'?; **the word is ~d as ...** le mot se traduit par ...; **which when ~d means ...** ce qu'on peut traduire par ...; (*fig*) **to ~ ideas into actions** passer des idées aux actes; **the figures, ~d in terms of hours lost, mean ...** exprimés *or* traduits en termes d'heures perdues, ces chiffres signifient .... .
(**b**) (*Rel*) **bishop, relics** transférer; (*convey to heaven*) ravir. **2** *vi [person]* traduire; *[word, book]* se traduire. **it won't ~** c'est intraduisible.

translation [trænz'leɪʃən] *n* (**a**) traduction *f* (*from* de, *into* en); (*Scol etc*) version *f*. **the poem loses in ~** le poème perd à la traduction; **it is a ~ from the Russian** c'est traduit du russe.
(**b**) (*Rel*) *[bishop]* translation *f*; *[relics]* transfert *m*; (*conveying to heaven*) ravissement *m*.

translator [trænz'leɪtəʳ] *n* traducteur *m*, -trice *f*.

transliterate [trænz'lɪtəreɪt] *vt* translit(t)érer.

transliteration [,trænzlɪtə'reɪʃən] *n* translit(t)ération *f*.

translucence [trænz'lu:sns] *n* translucidité *f*.

translucent [trænz'lu:snt] *adj*, **translucid** [trænz'lu:sɪd] *adj* translucide.

transmigrate ['trænzmaɪ'greɪt] *vi [soul]* transmigrer; *[people]* émigrer.

transmigration [,trænzmaɪ'greɪʃən] *n* *[soul]* transmigration *f*; *[people]* émigration *f*.

transmissible [trænz'mɪsəbl] *adj* transmissible.

transmission [trænz'mɪʃən] **1** *n* (*gen*) transmission *f*; (*US: gearbox*) boîte *f* de vitesses. **2** *cpd*: (*Aut*) **transmission cable** câble *m* de transmission; **transmission shaft** arbre *m* de transmission.

transmit [trænz'mɪt] **1** *vt* (*gen, Aut, Med, Phys etc*) transmettre; (*Rad, Telec, TV*) émettre, diffuser; *V* **sexually**. **2** *vi* (*Rad, Telec, TV*) émettre, diffuser.

transmitter [trænz'mɪtəʳ] *n* (**a**) (*Rad*) émetteur *m*. (**b**) (*in telephone*) capsule *f* microphonique. (**c**) (*transmitting device*) transmetteur *m*.

transmitting [trænz'mɪtɪŋ] **1** *adj* (*Telec*) **set, station** émetteur (*f* -trice). **2** *n* (*gen, Med, Phys*) = **transmission 1**.

transmogrify [trænz'mɒgrɪfaɪ] *vt* (*hum*) métamorphoser, transformer (*into* en).

transmutable [trænz'mju:təbl] *adj* transmuable *or* transmutable.

transmutation [,trænzmju:'teɪʃən] *n* transmutation *f*.

transmute [trænz'mju:t] *vt* transmuer *or* transmuter (*into* en).

transom ['trænsəm] *n* (**a**) (*crosspiece*) traverse *f*, imposte *f*. (**b**) (*US: in window*) vasistas *m*.

transonic [træn'sɒnɪk] *adj* = **transsonic**.

transparency [træns'pɛərənsɪ] *n* (**a**) (*U*) transparence *f*. (**b**) (*Brit Phot*) diapositive *f*; (*for overhead projector*) transparent *m*. **colour ~** diapositive en couleur.

transparent [træns'pɛərənt] *adj* (*all senses*) transparent.

transpierce [træns'pɪəs] *vt* transpercer.

transpiration [,trænspɪ'reɪʃən] *n* transpiration *f*.

transpire [træns'paɪəʳ] **1** *vi* (*impers vb*) (*become known*) s'ébruiter; (*happen*) se passer, arriver. **it ~d that ...** on a appris par la suite que .... (**b**) (*Bot, Physiol*) transpirer. **2** *vt* transpirer.

transplant [træns'plɑ:nt] **1** *vt plant, population* transplanter; (*Med*) transplanter, greffer; *seedlings etc* repiquer. **2** ['trænsplɑ:nt] *n* (*Med*) transplantation *f*, greffe *f*. **he's had a heart ~** on lui a fait une greffe du cœur *or* une transplantation cardiaque.

transplantation [,trænsplɑ:n'teɪʃən] *n* (*V* **transplant 1**) transplantation *f*; repiquage *m*.

transport ['trænspɔ:t] **1** *n* (**a**) *[goods, parcels etc]* transport *m*. **road/rail ~** transport par route/par chemin de fer; **by road ~** par route; **by rail ~** par chemin de fer; (*Brit*) **Minister/Ministry of T~** ministre *m*/ministère *m* des Transports; **have you got any ~ for this evening?*** tu as une voiture pour ce soir?
(**b**) (*esp Mil: ship/plane/train*) navire *m*/avion *m*/train *m* de transport.
(**c**) (*fig*) *[delight etc]* transport *m*; *[fury etc]* accès *m*, **2** *cpd* **costs, ship, plane etc** de transport; **system, dispute, strike** des transports. (*Brit*) **transport café** routier *m*, restaurant *m* de routiers; (*Brit*) **Transport Police** ≃ la police des chemins de fer. **3** [træns'pɔ:t] *vt* (*lit, fig*) transporter.

transportable [træns'pɔːtəbl] *adj* transportable.

transportation [ˌtrænspɔː'teɪʃən] *n* (*act of transporting*) transport *m*; (*means of transport*) moyen *m* de transport; [*criminals*] transportation *f*. (*US*) **Secretary/Department of T~** ministre *m*/ministère *m* des Transports.

transporter [træns'pɔːtər] *n* (*Mil: vehicle, ship*) transport *m*; (*plane*) avion *m* de transport; (*car* ~) (*Aut*) camion *m* or (*Rail*) wagon *m* pour transport d'automobiles.

transpose [træns'pəuz] *vti* transposer. **transposing instrument** instrument *m* transpositeur.

transposition [ˌtrænspə'zɪʃən] *n* transposition *f*.

transsexual [trænz'seksjuəl] *n* transsexuel(le) *m(f)*.

transsexualism [trænz'seksjuəlɪzəm] *n* transsexualisme *m*.

transship [træns'ʃɪp] *vt* transborder.

transshipment [træns'ʃɪpmənt] *n* transbordement *m*.

trans-Siberian [trænzsaɪ'bɪərɪən] *adj* transsibérien.

transsonic [trænz'sɒnɪk] *adj* transsonique.

transubstantiate [ˌtrænsəb'stænʃɪeɪt] *vt* transsubstantier.

transubstantiation ['trænsəbˌstænʃɪ'eɪʃən] *n* transsubstantiation *f*.

Transvaal ['trænzvɑːl] *n* Transvaal *m*.

transversal [trænz'vɜːsəl] (*Geom*) **1** *adj* transversal. **2** *n* (ligne *f*) transversale *f*.

transversally [trænz'vɜːsəlɪ] *adv* transversalement.

transverse ['trænzvɜːs] **1** *adj* (*gen, Geom*) transversal; (*Anat*) transverse. (*Aut*) ~ **engine** moteur *m* transversal; (*Mus*) ~ **flute** flûte *f* traversière. **2** *n* (*gen*) partie transversale; (*Geom*) axe transversal.

transversely [trænz'vɜːslɪ] *adv* transversalement.

transvestism [trænz'vestɪzəm] *n* travestisme *m*.

transvestite [trænz'vestaɪt] *n* travesti(e) *m(f)* (*Psych*).

Transylvania [ˌtrænsɪl'veɪnɪə] *n* Transylvanie *f*.

trap [træp] **1** *n* (a) (*gen*) piège *m*; (*gin* ~) collet *m*; (*covered hole*) trappe *f*; (*fig*) piège, traquenard. **lion** *etc* ~ piège à lions *etc*; (*lit, fig*) **to set** or **lay a** ~ tendre un piège (*for sb* à qn); (*lit, fig*) **to catch in a** ~ prendre au piège; **we were caught like rats in a** ~ nous étions faits comme des rats; (*fig*) **he fell into the** ~ il est tombé dans le piège; **it's a** ~ c'est un piège; **V man, mouse, radar, speed** *etc*.
(b) (~ *door*) trappe *f* (*also Theat*); (*greyhound racing*) box *m* de départ; (*Shooting*) ball-trap *m*; (*in drainpipe*) siphon *m*; (‡: *mouth*) gueule‡ *f*. **shut your** ~!‡ ta gueule!‡, la ferme!‡; **keep your** ~ **shut** (**about it**)‡ ferme ta gueule‡ (là-dessus).
(c) (*carriage*) charrette anglaise, cabriolet *m*.
(d) (*npl: luggage*) ~s bagages *mpl*.
2 *cpd*: **trap door** trappe *f*; **trapshooting** ball-trap *m*.
3 *vt* (a) (*lit, fig: snare*) *animal, person* prendre au piège. **they** ~**ped him into admitting that** ... il est tombé dans leur piège et a admis que ... .
(b) (*immobilize, catch, cut off*) *person, vehicle, ship* bloquer, immobiliser; *gas, liquid* retenir; *object* coincer (*in sth* dans qch). **20 miners were** ~**ped** 20 mineurs étaient bloqués or murés (au fond); ~**ped by the flames** cerné par les flammes; **the climbers were** ~**ped on a ledge** les alpinistes étaient bloqués sur une saillie; **to** ~ **one's finger in the door** se coincer or se pincer le doigt dans la porte; (*Sport*) **to** ~ **the ball** bloquer le ballon.

trapeze [trə'piːz] **1** *n* trapèze *m* (*de cirque*). **2** *cpd*: **trapeze artist** trapéziste *mf*, voltigeur *m*, -euse *f*.

trapezium [trə'piːzɪəm] *n* trapèze *m* (*Math*).

trapezius [trə'piːzɪəs] *n* (muscle *m*) trapèze *m*.

trapezoid ['træpɪzɔɪd] **1** *n* trapèze *m* (*Math*). **2** *adj* trapézoïdal.

trapper ['træpər] *n* trappeur *m*.

trappings ['træpɪŋz] *npl* (*for horse*) harnachement *m*; (*dress ornaments*) ornements *mpl*, apparat *m*, atours† *mpl*. ~ **shorn of all its** ~ débarrassé de toutes ses fioritures; (*fig*) **if you look beneath the** ~ si on regarde derrière la façade; **with all the** ~ **of kingship** avec tout le cérémonial afférent à la royauté; **all the** ~ **of success** tous les signes extérieurs du succès.

Trappist ['træpɪst] **1** *n* trappiste *m*. **2** *adj* de la Trappe.

trapse* [treɪps] *vi* = **traipse**.

trash [træʃ] **1** *n* (*refuse: esp US*) ordures *fpl*, (*pej: worthless thing*) camelote* *f*; (*nonsense*) inepties *fpl*; (‡*pej: people*) racaille‡ *f*. **this is** ~ ça ne vaut rien (du tout); (*esp goods*) c'est de la camelote*; (*message, letter, remark* etc) c'est de la blague*; **he talks a lot of** ~ il ne raconte que des inepties, ce qu'il dit c'est de la blague*; [*people*] **they're just** ~‡ c'est de la racaille; **he's** ~‡ c'est un moins que rien; **V white**.
2 *cpd*: (*US*) **trash can** poubelle *f*, boîte *f* à ordures; **trash heap** (*lit*) tas *m* d'ordures, dépotoir *m*; (*fig*) **the trash heap of history** les oubliettes *or* la poubelle de l'histoire.
3 *vt* (*US* *) (a) (*vandalize*) saccager.
(b) (*criticize*) débiner*, dénigrer.
4 *vi* (*US* *) commettre des actes de vandalisme.

trasher* ['træʃər] *n* (*US*) vandale *m*.

trashy ['træʃɪ] *adj goods* de camelote*, de pacotille; *novel, play* de quatre sous; *film, speech, opinion, ideas* qui ne vaut rien (du tout).

Trasimene ['træzɪmiːn] *n*: **Lake** ~ lac *m* Trasimène.

trauma ['trɔːmə] **1** *n* (*Med, Psych*) trauma *m*; (*fig*) traumatisme *m*.
2 *cpd*: (*US Med*) **trauma centre** service *m* de traumatologie.

traumatic [trɔː'mætɪk] *adj* (*Med*) traumatique; (*Psych, fig*) traumatisant.

traumatism ['trɔːmətɪzəm] *n* traumatisme *m*.

traumatize ['trɔːmətaɪz] *vt* traumatiser.

traumatized ['trɔːmətaɪzd] *adj* traumatisé.

travail†† ['træveɪl] **1** *n* labeur *m*; (*in childbirth*) douleurs *fpl* de l'enfantement. **2** *vi* peiner; (*in childbirth*) être en couches.

travel ['trævl] **1** *vi* (a) (*journey*) voyager, faire un *or* des voyage(s), aller. **they have** ~**led a lot** ils ont beaucoup voyagé, ils ont fait beaucoup de voyages; **they have** ~**led a long way** ils sont venus de loin; (*fig*) **ils ont fait beaucoup de chemin; he is** ~**ling in Spain just now** il est en voyage en Espagne en ce moment; **as he was** ~**ling across France** pendant qu'il voyageait à travers la France; **to** ~ **through a region** traverser une région; (*visit*) visiter *or* parcourir une région; **to** ~ **round the world** faire le tour du monde; **to** ~ **light** voyager avec peu de bagages; **I like** ~**ling by car** j'aime voyager en voiture; **he** ~**s to work by car** il va au travail en voiture; [*food, wine*] **it** ~**s well** ça supporte bien le voyage.
(b) (*Comm*) voyager, être représentant. **he** ~**s for a Paris firm** il voyage pour *or* il représente une société parisienne; **he** ~**s in soap** il est représentant en savon.
(c) (*move, go*) [*person, animal, vehicle*] aller; [*object*] aller, passer; [*machine part, bobbin, piston* etc] se déplacer. **to** ~ **at 80 km/h** faire du 80 km/h; **you were** ~**ling too fast** vous alliez trop vite; **he was really** ~**ling!*** il roulait drôlement vite!*; **this car can certainly** ~**!*** c'est une voiture qui a du nerf!*; **light** ~**s at (a speed of)** ... la vitesse de la lumière est de ... ; **news** ~**s fast** les nouvelles se propagent *or* circulent vite; **the news** ~**led to Rome** la nouvelle s'est propagée jusqu'à Rome; **the boxes** ~ **along a moving belt** les boîtes passent sur une *or* se déplacent le long d'une chaîne; **this part** ~**s 3 cm** cette pièce se déplace de 3 cm *or* a une course de 3 cm; (*fig*) **his eyes** ~**led over the scene** son regard se promenait *or* il promenait son regard sur le spectacle; **her mind** ~**led over recent events** elle a revu en esprit les événements récents.
2 *vt*: **to** ~ **a country/district** parcourir un pays/une région; **they** ~ **the road to London every month** ils font la route de Londres tous les mois; **a much-**~**led road** une route très fréquentée; **they** ~**led 300 km** ils ont fait *or* parcouru 300 km.
3 *n* (a) (*U*) **le(s) voyage(s)** *m(pl)*. **to be fond of** ~ aimer voyager, aimer le(s) voyage(s); ~ **was difficult in those days** les voyages étaient difficiles *or* il était difficile de voyager à l'époque; ~ **broadens the mind** les voyages ouvrent l'esprit.
(b) ~**s** voyages *mpl*; **his** ~**s in Spain** ses voyages en Espagne; **he's off on his** ~**s again** il repart en voyage; **if you meet him on your** ~**s** (*lit*) si vous le rencontrez au cours de vos voyages; (*fig hum*) si vous le rencontrez au cours de vos allées et venues.
(c) [*machine part, piston* etc] course *f*.
4 *cpd* **allowance, expenses** de déplacement; *scholarship* etc de voyages. **travel agency** agence *f* de voyages *or* de tourisme; **travel agent** agent *m* de voyages; **travel book** récit *m* de voyages; **travel brochure** dépliant *m* touristique; **travel bureau** = **travel agency**; **travel film** film *m* de voyage; (*documentary*) documentaire *m* touristique; **travel insurance** assurance *f* voyage; **travel organization** organisme *m* de tourisme; **to be travel-sick, to suffer from travel sickness** (*in car/plane/boat*) avoir le mal de la route/de l'air/de mer; **travel-sickness pills** médicament *m* contre le mal de la route (*or* de l'air *etc*); **travel-stained** sali par le(s) voyage(s); **travel-weary, travel-worn** fatigué par le(s) voyage(s).

travelator ['trævəleɪtər] *n* tapis *m* *or* trottoir *m* roulant.

travelled, (*US*) **traveled** ['trævld] *adj* (*also* **well-**~) *person* qui a beaucoup voyagé; *V* **also travel 2**.

traveller, (*US*) **traveler** ['trævlər] **1** *n* voyageur *m*, -euse *f*; (*commercial* ~) voyageur *m* *or* représentant *m* de commerce. (*Comm*) **he is a** ~ **in soap** il est représentant en savon.
2 *cpd*: **traveller's cheque**, (*US*) **traveler's check** chèque *m* de voyage; (*Bot*) **travel(l)er's joy** clématite *f* des haies.

travelling, (*US*) **traveling** ['trævlɪŋ] **1** *n* (*U*) voyage(s) *m(pl)*.
2 *adj circus, troupe* ambulant; *crane* mobile. (*Comm*) ~ **salesman** voyageur *m* *or* représentant *m* de commerce.
3 *cpd bag, rug, scholarship* de voyage; *expenses, allowance* de déplacement. **travelling clock** réveil *m* *or* pendulette *f* de voyage.

travelogue, (*US*) **travelog** ['trævəlɒg] *n* (*talk*) compte rendu *m* de voyage; (*film*) documentaire *m* touristique; (*book*) récit *m* de voyage.

traverse ['trævəs] **1** *vt* (*gen, Climbing, Ski*) traverser; [*searchlights*] balayer.
2 *vi* (*Climbing, Ski*) faire une traversée, traverser.
3 *n* (*line*) transversale *f*; (*crossbar, crossbeam; also across rampart, trench* etc) traverse *f*; (*Archit*) galerie transversale; (*Climbing, Ski*) traversée *f*.

travesty ['trævɪstɪ] **1** *n* (*Art, Literat* etc) parodie *f*, pastiche *m*; (*pej*) parodie *f*, simulacre *m*, travestissement *m*. (*pej*) **it was a** ~ **of freedom/peace** c'était un simulacre de liberté/de paix; **it was a** ~ **of justice** c'était un simulacre de justice *or* un travestissement de la justice *or* une parodie de la justice.
2 *vt* travestir, déformer, falsifier.

trawl [trɔːl] **1** *n* (*also* ~ **net**) chalut *m*. **2** *vi* pêcher au chalut. **to** ~ **for herring** pêcher le hareng au chalut. **3** *vt net* traîner, ratisser.

trawler ['trɔːlər] **1** *n* (*ship, man*) chalutier *m*. **2** *cpd*: **trawler fisherman** pêcheur *m* au chalut; **trawler owner** propriétaire *mf* de chalutier.

trawling ['trɔːlɪŋ] *n* (*U*) chalutage *m*, pêche *f* au chalut.

tray [treɪ] **1** *n* (*for carrying things*) plateau *m*; (*for storing things*) (*box-type*) boîte *f* (de rangement); (*basket-type*) corbeille *f* (de rangement); (*drawer-type*) tiroir *m*; *V* **ash²**, **ice** *etc*.
2 *cpd*: **traycloth** napperon *m*.

treacherous ['tretʃərəs] *adj person, action, answer* traître (*f* traîtresse), déloyal, perfide; (*fig*) *ground, surface, weather* traître; *memory* infidèle. **road conditions** *or* **the roads are** ~ il faut se méfier de l'état des routes.

treacherously ['tretʃərəslɪ] *adv* traîtreusement, perfidement. **the roads are** ~ **slippery** les routes sont dangereusement glissantes.

treachery ['tretʃərɪ] *n* traîtrise *f*, déloyauté *f*.

treacle ['triːkl] (*Brit*) **1** *n* (*also* **black** ~) mélasse *f*. **2** *cpd*: **treacle pudding/tart** pudding *m*/tarte *f* à la mélasse raffinée.

treacly ['triːklɪ] *adj* (*fig*) sirupeux.

tread [tred] (vb: pret **trod**, ptp **trodden**) 1 n (a) (U) (footsteps) pas mpl; (sound) bruit m de pas.
  (b) [tyre] bande f de roulement; [stair] giron m; [shoe] semelle f; (belt over tractor etc wheels) chenille f.
  2 cpd: **treadmill** (mill) trépigneuse f; (Hist: punishment) manège m de discipline; (fig) **he hated the treadmill of life in the factory** il détestait la morne or mortelle routine du travail d'usine; (Aut) **tread pattern** sculpture f.
  3 vi marcher. **to ~ on sth** mettre le pied sur qch, marcher sur qch; (deliberately) **he trod on the cigarette end** il a écrasé le mégot du pied; (fig) **to ~ on sb's heels** suivre or serrer qn de près, talonner qn; (lit, fig) **to ~ carefully** or **warily** avancer avec précaution, y aller doucement; V **toe** etc.
  4 vt path, road suivre, parcourir (à pied). **he trod the streets looking for somewhere to live** il a erré dans les rues or il a battu le pavé à la recherche d'un logis; **to ~ sth underfoot** fouler qch aux pieds, piétiner qch; **to ~ grapes** fouler du raisin; **~ the earth (in** or **down) round the roots** tassez la terre du pied autour des racines; **he trod his cigarette end into the mud** il a enfoncé du pied son mégot dans la boue; **you're ~ing mud into the carpet** tu mets or tu étales de la boue sur le tapis; **to ~ water** (pret, ptp gen **treaded**) nager en chien; (Theat: †† or liter) **to ~ the boards** faire du théâtre; († or liter: dance) **to ~ a measure** danser.
◆ **tread down** vt sep tasser or presser du pied.
◆ **tread in** vt sep root, seedling consolider en tassant tout autour la terre du pied.
treadle ['tredl] 1 n pédale f (de tour, de machine à coudre etc). 2 cpd machine à pédale. 3 vi actionner la pédale, pédaler.
Treas. abbr of **Treasurer**.
treason ['triːzn] n trahison f. **high ~** haute trahison.
treasonable ['triːzənəbl] adj thought, action qui constitue une trahison.
treasure ['treʒər] 1 n trésor m (also fig). **yes my ~** oui mon trésor; **~s of medieval art** les trésors or les joyaux mpl de l'art médiéval; **she's a ~** (gen) elle est adorable; (of servant etc) c'est une perle.
  2 cpd: **treasure-house** (lit) trésor m (lieu); (fig: of library, museum etc) mine f, trésor; **she's a real treasure-house of information** c'est un puits de science, c'est une mine d'érudition; **treasure hunt** chasse f au trésor; (U) **treasure-trove** trésor m (dont le propriétaire est inconnu).
  3 vt (a) (value greatly) object, sb's friendship, opportunity etc tenir beaucoup à, attacher une grande valeur à.
  (b) (keep carefully: also ~ up) object, money, valuables garder précieusement, prendre grand soin de; memory, thought conserver précieusement, chérir.
treasurer ['treʒərər] n trésorier m, -ière f (d'une association etc).
treasury ['treʒərɪ] 1 n (a) **the T~** la Trésorerie, ≃ le ministère des Finances; (US) **Secretary/Department of the T~** ministre m/ ministère m des Finances.
  (b) (place) trésorerie f; (fig: book) trésor m.
  2 cpd: (Brit Parl) **Treasury bench** banc m des ministres; (US) **treasury bill** ≃ bon m du Trésor; (US) **Treasury Department/ Secretary** ministère m/ministre m de l'Économie et des Finances.
treat [triːt] 1 vt (a) person traiter, agir envers, se conduire envers; animal traiter; object, theme, suggestion traiter, examiner. **to ~ sb well** bien traiter qn, bien agir or se conduire envers qn; **to ~ sb badly** mal agir or se conduire envers qn, traiter qn fort mal; **to ~ sb like a child/a dog** traiter qn en enfant/comme un chien; **he ~ed me as though I was to blame** il s'est conduit envers moi comme si c'était ma faute; **you should ~ your mother with more respect** vous devriez montrer plus de respect envers votre mère; **you should ~ your books with more care** tu devrais faire plus attention à or prendre plus de soin de tes livres; **the article ~s the problems of race relations with fresh insight** cet article traite or analyse or examine les problèmes des rapports interraciaux avec beaucoup de pénétration; **he ~s the subject very objectively** il traite le sujet avec beaucoup d'objectivité; **he ~ed the whole thing as a joke** il a pris tout cela à la plaisanterie.
  (b) wood, soil, substance traiter (with sth à qch); (Med) traiter, soigner (sb for sth qn pour qch). **they ~ed him/the infection with penicillin** ils l'ont soigné/ont soigné l'infection à la pénicilline.
  (c) (pay for etc) **to ~ sb to sth** offrir or payer* qch à qn; **to ~ o.s. to sth** s'offrir or se payer* qch; **I'll ~ you to a drink** je t'offre or te paie* un verre, je régale*.
  2 vi (a) (negotiate) **to ~ with sb** traiter avec qn (for sth pour qch); **to ~ for peace** engager des pourparlers en vue de la paix.
  (b) (discuss) [book, article etc] **to ~ of** traiter (de), examiner.
  3 n (a) (pleasure) plaisir m; (outing) sortie f; (present) cadeau m. **I've got a ~ for you** j'ai une bonne surprise pour toi; **what a ~!** quelle aubaine!, chouette* alors!; **it's a ~ in store** c'est un plaisir à venir; **it was a great ~ (for us) to see them again** ça nous a vraiment fait plaisir de les revoir, ça a été une joie de les revoir; **what would you like as a ~ for your birthday?** qu'est-ce qui ferait plaisir pour ton anniversaire?; **it is a ~ for her to go out to a meal** elle se fait une joie de or c'est tout un événement* pour elle de dîner en ville; **let's give the children a ~** faisons (un) plaisir or une gâterie aux enfants, gâtons un peu les enfants; **I want to give her a ~** je veux lui faire plaisir; **to give o.s. a ~** s'offrir un petit extra, s'offrir quelque chose; **the school ~ was a visit to the seaside** la fête de l'école a consisté en une excursion au bord de la mer; **to stand ~** inviter; **to stand sb a ~** (gen) offrir or payer* quelque chose à qn; (food, drink only) régaler* qn; **this is to be my ~** c'est moi qui offre or qui paie*; (food, drink only) c'est moi qui régale*.
  (b) (Brit‡: adv phrase) **a ~** à merveille; **the garden is coming on a ~** le jardin avance à merveille; **the plan worked a ~** le projet a marché comme sur des roulettes.

treatise ['triːtɪz] n (Literat) traité m (on de).
treatment ['triːtmənt] 1 n (gen, Chem etc) traitement m; (Med) traitement, soins mpl. **his ~ of his parents/the dog** la façon dont il traite ses parents/le chien; **his ~ of this subject in his book** la façon dont il traite ce sujet dans son livre; **he got very good ~ there** (gen) on l'a très bien traité là-bas; (Med) il a été très bien traité or soigné là-bas; **to give sb preferential ~** accorder à qn un traitement préférentiel or un régime de faveur; **he needs medical ~** il a besoin de soins médicaux or d'un traitement; **they refused him ~** ils ont refusé de le soigner; **he is having (a course of) ~ for kidney trouble** il suit un traitement or il est sous traitement pour ennuis rénaux; (fig) **to give sb the ~*** en faire voir de dures* or de toutes les couleurs* à qn; V **respond**.
  2 cpd: (Med) **treatment room** salle f de soins.
treaty ['triːtɪ] 1 n (a) traité m (with avec, between entre). (Pol) **to make a ~ with sb** conclure or signer un traité avec qn.
  (b) (U) **to sell a house by private ~** vendre une maison par accord privé.
  2 cpd: **treaty obligations** obligations conventionnelles.
treble ['trebl] 1 adj (a) (triple) triple. (in numerals) **~ seven five four** (77754) triple sept cinq quatre; **the amount is in ~ figures** le montant dépasse la centaine; (in football pools) **the ~ chance** méthode f de pari en football.
  (b) (Mus) voice de soprano (voix d'enfant); part pour or de soprano. **the ~ clef** la clef de sol.
  2 n (a) (Mus: part, singer) soprano m.
  (b) (Sound Recording) aigus mpl.
  3 adv (thrice) trois fois plus que.
  4 vti tripler.
trebly ['treblɪ] adv triplement, trois fois plus.
tree [triː] (vb: pret, ptp **treed**) 1 n (a) arbre m. **cherry ~** cerisier m; (Bible) **the ~ of life** l'arbre de vie; (Bible) **the ~ of knowledge of good and evil** l'arbre de la science du bien et du mal; (Rel††: the Cross) **the ~** l'arbre de la Croix; (fig) **to be at** or **to have reached the top of the ~** être arrivé en haut de l'échelle (fig); (fig) **to be up a ~*** être dans le pétrin; V **apple**, **bark¹**, **bark²**, **family**, **plum** etc.
  (b) (shoe ~) embauchoir m; (cobbler's last) forme f.
  (c) (Ling) arbre m.
  (d) [saddle] arçon m (de la selle).
  2 cpd: **tree-covered** boisé; **tree-creeper** grimpereau m; (Ling) **tree diagram** représentation f en arbre; **tree fern** fougère f arborescente; **tree frog** rainette f, grenouille f arboricole; **tree house** cabane construite dans un arbre; (US) **tree lawn** plate-bande plantée d'arbres (entre la rue et le trottoir); **the tree line** la limite des arbres; **tree-lined** bordé d'arbres; (Bot) **tree of heaven** ailante m; (bird) **tree-runner** sittelle f; **tree surgeon** arboriculteur m, -trice f (qui s'occupe du traitement des arbres malades); **tree surgery** arboriculture f (spécialisée dans le traitement des arbres malades); **treetop** sommet m or cime f d'un arbre; **in the treetops** au sommet or à la cime des arbres; **tree trunk** tronc m d'arbre.
  3 vt forcer à se réfugier dans un arbre.
treeless ['triːlɪs] adj sans arbres, dépourvu d'arbres, déboisé.
trefoil ['trefɔɪl] n (Archit, Bot) trèfle m.
trek [trek] 1 vi (a) (go slowly) cheminer, avancer avec peine; (as holiday) faire de la randonnée; (Hist: go by oxcart) voyager en char à bœufs. **they ~ked out to India** pour aller en Inde ils ont voyagé à la dure or avec le minimum de confort; V **pony**.
  (b) (*: walk) se traîner. **I had to ~ over to the library** il a fallu que je me traîne (subj) jusqu'à la bibliothèque.
  2 n (journey on foot) randonnée f; (leg of journey) étape f; (by oxcart) voyage m en char à bœufs; (*: walk) balade* f. **during their ~ to India** pendant leur voyage aventureux en Inde; **it was quite a ~* to the hotel** il y avait un bon bout de chemin* à faire jusqu'à l'hôtel.
trekking ['trekɪŋ] n voyage-randonnée m.
trellis ['trelɪs] 1 n treillis m, (tougher) treillage m; (U: also ~ **work**) treillage. 2 vt treillisser, treillager.
tremble ['trembl] 1 vi (from fear) trembler, frémir, frissonner; (from excitement, passion) frémir, trembler; (from cold) trembler, frissonner, grelotter; [hand] trembler; [voice] (with fear, age) trembler, chevroter; (with passion) vibrer; [ground, building] trembler, être secoué; [engine, ship] vibrer, trépider. **I ~ to think what might have happened** je frémis rien qu'à la pensée de ce qui aurait pu arriver; **what will he do next? — I ~ to think!** qu'est-ce qu'il va encore faire? — j'en frémis d'avance; **he ~d at the thought** il a frémi rien que d'y penser.
  2 n (V 1) tremblement m; frémissement m; frissonnement m; vibration(s) f(pl); trépidation(s) f(pl). **to be all of a ~*** trembler comme une feuille, trembler de la tête aux pieds.
trembling ['tremblɪŋ] (V **tremble** 1) 1 adj tremblant, frémissant, frissonnant; grelottant; chevrotant; vibrant; trépidant.
  2 n (U) tremblement m; frémissement m; frissonnement m; V **fear**.
tremendous [trəˈmendəs] adj (huge) difference, number, size, pleasure énorme; (dreadful) storm, explosion, blow terrible, épouvantable; victory foudroyant; speed fou (f folle): (*: excellent) formidable*, sensationnel*. **a ~ crowd** un monde fou; **a ~ success** un succès fou or à tout casser*; **we had a ~ time*** on s'est drôlement bien amusé*.
tremendously [trəˈmendəslɪ] adv énormément, terriblement, extrêmement.
tremolo ['tremələʊ] n (Mus) trémolo m.
tremor ['tremər] n tremblement m; V **earth**.
tremulous ['tremjʊləs] adj (timid) person timide, craintif, effarouché; smile timide, incertain; (trembling) (from fear) person tremblant, frissonnant, frémissant; voice tremblant, chevrotant;

(*from excitement, passion*) *person* frémissant, frissonnant; *voice* vibrant; *hand* tremblant; *handwriting* tremblé.

tremulously ['tremjʊləslɪ] *adv* say, answer, suggest en tremblant, en frémissant, timidement; *smile* d'une façon incertaine, timidement.

trench [trenʧ] **1** *n* tranchée f (*also Mil*); (*wider*) fossé *m*. **he fought in the ~es** il était dans les tranchées *or* a fait la guerre des tranchées.
2 *cpd*: **trench coat** imperméable *m*; (*Med*) **trench fever** typhus *m* exanthématique, rickettsiose f; **trench knife** couteau *m* (à double tranchant); (*Mil*) **trench warfare** guerre f de tranchées.
3 *vt* (*dig trenches in*) creuser une *or* des tranchée(s) dans; (*Mil: surround with trenches*) one's position etc retrancher.
4 *vi* creuser une *or* des tranchée(s).

trenchant ['trenʧənt] *adj* incisif, mordant.

trenchantly ['trenʧəntlɪ] *adv* d'un ton incisif *or* mordant.

trencher ['trenʧər] **1** *n* tranchoir *m*. **2** *cpd*: **he is a good** *or* **great** *or* **hearty trencherman** il a un sacré coup de fourchette*.

trend [trend] **1** *n* (*tendency*) tendance f (*towards* à); (*Geog*) [*coast, river, road*] direction f, orientation f; (*fashion*) mode f, vogue f. (*Fin etc*) **upward/downward ~** tendance à la hausse/à la baisse; **there is a ~ towards doing/away from doing** on a tendance à faire/à ne plus faire; **the latest ~s in swimwear** la mode la plus récente en maillots de bain; **the ~ of events** le cours *or* la tournure des événements; **to set a ~** donner le ton; (*fashion*) lancer une mode; **~s in popular music** les tendances de la musique populaire; *V* **market, reverse** *etc*.
2 *cpd*: **trendsetter** (*person*) personne f qui donne le ton (*or* qui lance une mode); (*garment etc*) article *m* dernier cri *inv*.
3 *vi* [*river, road*] **to ~ northwards/southwards** etc aller vers le nord/le sud etc; [*events, opinions*] **to ~ towards sth** tendre vers qch.

trendiness ['trendɪnɪs] *n* fait *m* d'être dans le vent.

trendy* ['trendɪ] **1** *adj* clothes dernier cri *inv*, à la dernière mode; opinions dans le vent, d'avant-garde, avancé; *behaviour, religion* à la mode, dans le vent. **he's got quite a ~ image** il donne l'impression d'être tout à fait dans le vent *or* à la page.
2 *n* personne f dans le vent.

trepan [trɪ'pæn] **1** *vt* metal plate etc forer; (*Med*) trépaner. **2** *n* (*for quarrying etc*) foreuse f, trépan *m*; (*Med*) trépan *m*.

trephine [tre'fi:n] (*Med*) **1** *vt* trépaner. **2** *n* trépan *m*.

trepidation [,trepɪ'deɪʃən] *n* (*fear*) vive inquiétude; (*excitement*) agitation f.

trespass ['trespəs] **1** *n* (a) (*U: Jur: illegal entry*) entrée non autorisée.
(b) (†, *Rel: sin*) offense f, péché *m*. **forgive us our ~es** pardonnez-nous nos offenses.
2 *vi* (a) s'introduire sans permission. **'no ~ing'** 'entrée interdite', 'propriété privée'; **you're ~ing** vous êtes dans une propriété privée; **to ~ on** sb's land s'introduire *or* se trouver sans permission dans *or* sur; (*fig*) sb's hospitality, time abuser de; sb's privacy s'ingérer dans; sb's rights empiéter sur.
(b) (††, *Rel*) **to ~ against** person offenser; *law* enfreindre. **as we forgive them that ~ against us** comme nous pardonnons à ceux qui nous ont offensés.

trespasser ['trespəsər] *n* (a) intrus(e) *m(f)* (dans une propriété privée). **'~s will be prosecuted'** 'défense d'entrer sous peine de poursuites'. **(b)** (††, *Rel: sinner*) pécheur *m*, -eresse f.

tress [tres] *n* (*liter*) boucle f de cheveux. **~es** chevelure f.

trestle ['tresl] **1** *n* tréteau *m*, chevalet *m*. **2** *cpd*: **trestle bridge** pont *m* sur chevalets; **trestle table** table f à tréteaux.

trews [tru:z] *npl* pantalon écossais (étroit).

tri... [traɪ] *pref* tri...

triad ['traɪəd] *n* (*gen*) triade f; (*Mus*) accord parfait.

trial ['traɪəl] **1** *n* a (*Jur*) (*proceedings*) procès *m*; (*U*) jugement *m*. **the ~ lasted a month** le procès a duré un mois; **famous ~s** procès *or* causes fpl célèbres; **a new ~ was ordered** la révision du procès a été demandée; **at the ~ it emerged that ...** au cours du procès *or* à l'audience il est apparu que ...; **during his ~ he claimed that ...** pendant son procès il a affirmé que ...; **~ by jury** jugement par jury; **to be** *or* **go on ~** passer en jugement *or* en justice (*V also* 1b); **to put sb on ~** faire passer qn en jugement; **to be sent for ~** être traduit en justice (*to* devant), être inculpé; **to be on ~ for theft** être jugé pour vol; **he was on ~ for his life** il encourait la peine de mort; **to bring sb to ~** faire passer qn en jugement *or* en justice; **to come up for ~** [*case*] passer au tribunal; [*person*] passer en jugement; *V* **commit, stand.**
(b) (*test*) [*machine, vehicle, drug etc*] essai *m*. **~s** (*Ftbl etc*) match *m* de sélection; (*Athletics etc*) épreuve f de sélection; **sheepdog ~s** concours *m* de chiens de berger; **horse ~s** concours hippique; **~ of strength** épreuve de force; **to have a ~ of strength with sb** lutter de force avec qn, se mesurer à qn; **by (a system of) ~ and error** par tâtonnements, en tâtonnant; **it was all ~ and error on a procédé** uniquement par tâtonnements; **to take sb/sth on ~** prendre qn/qch à l'essai; [*machine, method, employee*] **to be on ~** être à l'essai; **to give sb a ~** mettre qn à l'essai.
(c) (*hardship*) épreuve f, (*nuisance*) souci *m*. **the ~s of old age** les afflictions fpl de la vieillesse; **the ~s and tribulations** fpl de la vie; **the interview was a great ~** l'entrevue a été une véritable épreuve *or* a été très éprouvante; **he is a ~ to his mother** il est un souci perpétuel pour sa mère, il donne beaucoup de soucis à sa mère; **what a ~ you are!** ce que tu es agaçant! *or* exaspérant!; *V* **tribulation.**
2 *cpd* flight, period etc d'essai; offer, marriage à l'essai. (*US Jur*) **trial attorney** avocat *m* qui plaide à l'audience; (*Fin*) **trial balance** balance f d'inventaire; (*US*) **trial balloon** (*lit, fig*) ballon *m* d'essai; **on a trial basis** à titre d'essai; (*US, Can*) **trial court** cour f jugeant en première instance; (*US, Can: Jur*) **trial division** division f *or*

tribunal *m* de première instance; (*US Jur*) **trial jury** jury *m* (dans un procès); **trial run** [*machine etc*] essai *m*; (*fig*) période f d'essai, répétition f.

triangle ['traɪæŋgl] *n* (*Math, Mus, fig*) triangle *m*; (*drawing instrument*) équerre f; *V* **eternal.**

triangular [traɪ'æŋgjʊlər] *adj* triangulaire.

triangulate [traɪ'æŋgjʊleɪt] *vt* trianguler.

triangulation [traɪ,æŋgjʊ'leɪʃən] *n* triangulation f.

Triassic [traɪ'æsɪk] *adj* (*Geol*) period triasique.

triathlon [traɪ'æθlən] *n* triathlon *m*.

tribal ['traɪbəl] *adj* customs, dance, life, system tribal; *warfare* entre tribus.

tribalism ['traɪbəlɪzəm] *n* tribalisme *m*.

tribe [traɪb] **1** *n* (*gen, Bot, Zool*) tribu f; (* *fig*) tribu, smala* f. **the twelve T~s of Israel** les douze tribus d'Israël. **2** *cpd*: **tribesman** membre *m* d'une (*or* de la) tribu.

tribo... ['traɪbəʊ] *pref* tribo... . **~electricity** tribo-électricité f.

tribulation [,trɪbjʊ'leɪʃən] *n* affliction f, souffrance f. **(trials and) ~s** tribulations fpl; **in times of ~** en période d'adversité, en temps de malheurs.

tribunal [traɪ'bju:nl] *n* (*gen, Jur, fig*) tribunal *m*. **~ of inquiry** commission f d'enquête.

tribune ['trɪbju:n] *n* (*platform*) tribune f (*also fig*); (*Hist, gen: person*) tribun *m*.

tributary ['trɪbjʊtərɪ] **1** *adj* tributaire. **2** *n* (*river*) affluent *m*; (*state, ruler*) tributaire *m*.

tribute ['trɪbju:t] *n* tribut *m*, hommage *m*; (*esp Hist: payment*) tribut. **to pay ~** to payer tribut à, rendre hommage à; (*Hist etc*) payer (le) tribut à; **it is a ~ to his generosity that nobody went hungry** qu'aucun n'ait souffert de la faim témoigne de sa générosité; *V* **floral.**

trice [traɪs] **1** *n*: **in a ~** en un clin d'œil, en moins de deux* *or* de rien. **2** *vt* (*Naut: also* **~ up**) hisser.

Tricel ['traɪsel] ® **1** *n* Tricel *m* ®. **2** *cpd* shirt etc de *or* en Tricel.

tricentennial [,traɪsen'tenɪəl] *adj, n* tricentenaire (*m*).

triceps ['traɪseps] *n* triceps *m*.

trick [trɪk] **1** *n* (a) (*dodge, ruse*) ruse f, astuce f, truc* *m*; (*prank, joke, hoax*) tour *m*, farce f, blague* f; [*conjurer, juggler, dog etc*] tour; (*special skill*) truc. **it's a ~ to make you believe ...** c'est une ruse *or* une astuce *or* un truc* pour vous faire croire ...; **he got it all by a ~** il a tout obtenu par une ruse *or* un stratagème *or* une combine*; **a dirty** *or* **low** *or* **shabby** *or* **nasty ~** un sale tour, un tour de cochon*; **a ~ of the trade** une ficelle du métier; **it's a ~ of the light** c'est une illusion d'optique; **he's up to his (old) ~s again** il fait de nouveau des siennes*; **how's ~s?*** alors, quoi de neuf?, alors, ça gaze?*; (*fig*) **he knows a ~** *or* **two*** c'est un petit malin; **I know a ~ worth two of that*** je connais un tour *or* un truc* bien meilleur encore que celui-là; **that will do the ~*** ça fera l'affaire, c'est juste ce qu'il faut; **I'll soon get the ~ of it*** je vais bientôt prendre le pli *or* le truc*; (*US*) **~ or treat!** donnez-moi quelque chose ou je vous joue un tour! (*expression employée par les enfants qui font la quête la veille de la Toussaint*); *V* **bag, card[1], conjuring, play** *etc*.
(b) (*peculiarity*) particularité f; (*habit*) habitude f, manie f; (*mannerism*) tic *m*. **he has a ~ of scratching his ear when puzzled** il a le tic de se gratter l'oreille quand il est perplexe; **he has a ~ of arriving just when I'm making coffee** il a le don *or* le chic* d'arriver au moment où je fais du café; **this horse has a ~ of stopping suddenly** ce cheval a la manie de s'arrêter brusquement; **these things have a ~ of happening just when you don't want them to** ces choses-là se produisent comme par magie *or* ont le don de se produire juste quand on ne le veut pas; **history has a ~ of repeating itself** l'histoire a le don de se répéter.
(c) (*Cards*) levée f, pli *m*. **to take a ~** faire une levée *or* un pli; (*fig*) **he never misses a ~** rien ne lui échappe.
2 *cpd*: **trick cushion** (*or* spoon *etc*) attrape f; **trick-cyclist** cycliste-acrobate *mf*; (*Brit*: *psychiatrist*) psy* *m*, psychiatre *mf*; **trick photograph** photographie truquée; **trick photography** truquage *m* photographique; **trick question** question-piège f; (*on horse*) **trick rider** voltigeur *m*, -euse f (à cheval); **trick riding** voltige f (à cheval).
3 *vt* (*hoax, deceive*) attraper, avoir*, rouler*; (*swindle*) escroquer. **I've been ~ed!** on m'a eu!* *or* roulé!*; **to ~ sb into doing** amener qn à faire par la ruse; **to ~ sb out of sth** obtenir qch de qn *or* soutirer qch à qn par la ruse.
♦ **trick out, trick up** *vt sep* parer (*with* de). **the ladies tricked out in all their finery** les dames sur leur trente et un *or* tout endimanchées.

trickery ['trɪkərɪ] *n* (*U*) ruse f, supercherie f, fourberie f. **by ~** par ruse.

trickiness ['trɪkɪnɪs] *n* (*U*) (*V* **tricky**) caractère délicat *or* épineux, difficulté f; caractère rusé *or* retors.

trickle ['trɪkl] **1** *n* [*water, blood etc*] filet *m*. **the stream has shrunk to a mere ~** le ruisseau n'est plus qu'un filet d'eau; **a ~ of people** quelques (rares) personnes fpl; **there was a ~ of news from the front line** il y avait de temps en temps des nouvelles du front; **there was a steady ~ of cash/offers/letters** l'argent/les offres/les lettres arrivai(en)t en petit nombre mais régulièrement.
2 *cpd*: (*Elec*) **trickle charger** chargeur *m* à régime lent; (*US Econ*) **trickle-down theory** théorie f économique selon laquelle la richesse finit par toucher les plus pauvres.
3 *vi* [*water etc*] (*drop slowly*) couler *or* tomber goutte à goutte; (*flow slowly*) dégoutter, dégouliner, couler en un filet. **tears ~d down her cheeks** les larmes coulaient *or* dégoulinaient le long de ses joues; **the rain ~d down his neck** la pluie lui dégoulinait dans le cou; **the stream ~d along over the rocks** le ruisseau coulait faiblement sur les rochers; (*fig*) [*people*] **to ~ in/out/away** etc

entrer/sortir/s'éloigner *etc* par petits groupes *or* les uns après les autres; *(Ftbl)* **the ball ~d into the net** le ballon a roulé doucement dans le filet; **money ~d into the fund** les contributions au fonds arrivaient lentement; **money ~d out of his account** son compte se dégarnissait lentement (mais régulièrement), une succession de petites sorties (d'argent) dégarnissait lentement son compte; **letters of complaint are still trickling into the office** quelques lettres de réclamation continuent à arriver de temps en temps au bureau.

4 *vt liquid* faire couler goutte à goutte, faire dégouliner *or* dégoutter (*into* dans, *out of* de).

♦**trickle away** *vi [water etc]* s'écouler doucement *or* lentement *or* goutte à goutte; *[money etc]* disparaître *or* être utilisé peu à peu; *V also* **trickle 3**.

trickster ['trɪkstər] *n* (a) *(dishonest)* filou *m*; *V* **confidence.** (b) *(magician etc)* illusionniste *mf*.

tricky ['trɪkɪ] *adj problem, situation* délicat, épineux, difficile; *job, task* difficile, délicat, plein de pièges *or* de complications; *(pej) person* rusé, retors. **he's a ~ man to deal with** *(scheming)* avec lui il faut se méfier; *(difficult, touchy)* il n'est pas commode.

tricolo(u)r ['trɪkələr] *n* (drapeau *m*) tricolore *m*.

tricorn ['traɪkɔːn] **1** *adj* à trois cornes. **2** *n* tricorne *m*.

trictrac ['trɪktræk] *n* trictrac *m*.

tricuspid [traɪ'kʌspɪd] *adj* tricuspide.

tricycle ['traɪsɪkl] *n* tricycle *m*.

trident ['traɪdənt] *n* trident *m*.

tridentine [traɪ'dentaɪn] *adj* tridentin.

tridimensional [ˌtraɪdɪ'menʃənl] *adj* tridimensionnel, à trois dimensions.

triennial [traɪ'enɪəl] **1** *adj* triennal; *(Bot)* trisannuel. **2** *n* *(Bot)* plante trisannuelle.

triennially [traɪ'enɪəlɪ] *adv* tous les trois ans.

Trier [trɪər] *n* Trèves.

trier ['traɪər] *n*: **to be a ~** être persévérant, ne pas se laisser rebuter.

Trieste [triː'est] *n* Trieste.

trifle ['traɪfl] **1** *n* (a) bagatelle *f*. **it's only a ~** *(object, sum of money etc)* c'est une bagatelle, ce n'est rien, c'est bien peu de chose; *(remark, event etc)* c'est une vétille, il n'y a pas de quoi fouetter un chat; **he worries over ~s** il se fait du mauvais sang pour un rien; **£5 is a mere ~** 5 livres est une bagatelle *or* une misère *or* trois fois rien; **he bought it for a ~** il l'a acheté pour une bagatelle *or* une bouchée de pain *or* trois fois rien.

(b) *(adv phrase)* **a ~** un peu, un rien, un tantinet; **it's a ~ difficult** c'est un peu *or* un rien *or* un tantinet difficile.

(c) *(Culin)* ≃ diplomate *m*.

2 *vi*: **to ~ with** *person, sb's affections, trust etc* traiter à la légère, se jouer de; **he's not to be ~d with** il ne faut pas le traiter à la légère; **to ~ with one's food** manger du bout des dents, chipoter.

♦**trifle away** *vt sep time* perdre; *money* gaspiller.

trifler ['traɪflər] *n (pej)* fantaisiste *mf*, fumiste *mf*.

trifling ['traɪflɪŋ] *adj* insignifiant.

trifocal ['traɪ'fəʊkəl] **1** *adj* à triple foyer, trifocal. **2** *n (lens)* verre *m* à triple foyer. **~s** lunettes à triple foyer *or* trifocales.

trifoliate [traɪ'fəʊlɪt] *adj* à trois feuilles, trifolié.

triforium [traɪ'fɔːrɪəm] *n* triforium *m*.

triform ['traɪfɔːm] *adj* à *or* en trois parties.

trigger ['trɪgər] **1** *n [gun]* détente *f*, gâchette *f*; *[tool]* déclic *m*. **to press *or* pull *or* squeeze the ~** appuyer sur la détente *or* la gâchette; **he's quick *or* fast on the ~*** *(lit)* il n'attend pas pour tirer; *(fig)* il réagit vite.

2 *cpd*: **trigger finger** index *m* *(avec lequel on appuie sur la gâchette)*; **trigger-happy*** *person* à la gâchette facile, prêt à tirer pour un rien; *(fig) nation* prêt à presser le bouton *or* à déclencher la guerre pour un rien.

3 *vt (also ~ off)* *explosion* déclencher; *revolt* déclencher, provoquer; *protest* soulever; *reaction* provoquer.

trigonometric(al) [ˌtrɪgənə'metrɪk(əl)] *adj* trigonométrique.

trigonometry [ˌtrɪgə'nɒmɪtrɪ] *n* trigonométrie *f*.

trigram ['traɪgræm] *n* trigramme *m*.

trigraph ['traɪgræf] *n* trigramme *m*.

trike* [traɪk] *n abbr of* **tricycle.**

trilateral [ˌtraɪ'lætərəl] *adj* trilatéral.

trilby ['trɪlbɪ] *n (Brit: also ~ hat)* (chapeau *m* en) feutre *m*.

trilingual [ˌtraɪ'lɪŋgwəl] *adj* trilingue.

trilith ['traɪlɪθ] *n* trilithe *m*.

trilithic [traɪ'lɪθɪk] *adj* en forme de trilithe.

trilithon ['traɪlɪθɒn] = **trilith.**

trill [trɪl] **1** *n (Mus: also of bird)* trille *m*; *(Ling)* consonne roulée. **2** *vi (Mus: also of bird)* triller. **3** *vt* (a) *(gen)* triller. **'come in' she ~ed** 'entrez' roucoula-t-elle. (b) *(Phon)* **to ~ one's r r's** rouler les r; **~ed r r** roulé *or* apical.

trillion ['trɪljən] *n (Brit)* trillion *m*; *(US)* billion *m*.

trilogy ['trɪlədʒɪ] *n* trilogie *f*.

trim [trɪm] **1** *adj appearance, person, clothes* net, soigné; *ship, garden, house* bien tenu, en bon ordre, coquet. **she has a ~ figure** elle a la taille svelte *or* bien prise; **the car has ~ lines** cette voiture a une ligne très pure; **it's a ~ little boat** c'est un petit bateau coquet *or* pimpant.

2 *n* (a) *(U) (condition)* état *m*, ordre *m*. **in (good) ~** *garden, house etc* en (bon) état *or* ordre; *person, athlete* en (bonne) forme; *[athlete etc]* **to get into ~** se remettre en forme; **to get things into ~** mettre de l'ordre dans les choses; *(Naut)* **the ~ of the sails** l'orientation *f* des voiles.

(b) *(cut) (at hairdressers)* coupe *f* (d')entretien. **to have a ~** se faire rafraîchir les cheveux, se faire faire une coupe d'entretien; **to give sth a ~** = **to trim sth**; *V* **4a.**

(c) *(around window, door)* moulures *fpl*; *(Aut: inside)* aménagement intérieur; *(Aut: outside)* finitions extérieures; *(on dress etc)* garniture *f*. **car with blue (interior) ~** voiture à habillage intérieur bleu.

3 *cpd*: **trimline phone, trimphone** ® appareil *m* (téléphonique) compact.

4 *vt* (a) *(cut) beard* tailler *or* couper légèrement; *hair* rafraîchir; *wick, lamp* tailler, moucher; *branch, hedge, roses* tailler légèrement; *piece of wood, paper* couper les bords de, rogner. **to ~ one's nails** se rogner *or* se couper les ongles; **to ~ costs** réduire les dépenses; **to ~ the edges of sth** couper *or* rogner les bords de qch; **to ~ the ragged edge off sth** ébarber qch.

(b) *(decorate) hat, dress* garnir, orner *(with* de); *Christmas tree* décorer *(with* de). **to ~ the edges of sth with sth** border qch de qch; *(US)* **to ~ a store window** composer un étalage, décorer une vitrine de magasin.

(c) *boat, aircraft* équilibrer; *sail* gréer, orienter. *(fig)* **to ~ one's sails** réviser ses positions, corriger le tir.

♦**trim away** *vt sep* enlever aux ciseaux *(or* au couteau *or* à la cisaille).

♦**trim down** *vt sep wick* tailler, moucher.

♦**trim off** *vt sep* = **trim away.**

trimaran ['traɪməræn] *n* trimaran *m*.

trimester [trɪ'mestər] *n* trimestre *m*.

trimmer ['trɪmər] **1** (a) *beam* linçoir *m or* linsoir *m*. (b) *(for trimming timber)* trancheuse *f (pour le bois)*. (c) *(Elec)* trimmer *m*, condensateur *m* ajustable (d'équilibrage). (d) *(person adapting views: pej)* opportuniste *mf*.

trimming ['trɪmɪŋ] **1** *n* (a) *(on garment, sheet etc)* parement *m*; *(braid etc)* passementerie *f (U)*. *(fig: accessories)* **it's £100 without the ~s** cela coûte 100 livres sans les extra.

(b) *(Culin)* garniture *f*, accompagnement *m*. **roast beef and all the ~s** du rosbif avec la garniture habituelle.

(c) *(npl: pieces cut off)* **~s** chutes *fpl*, rognures *fpl*.

(d) *(esp US: defeat)* raclée* *f*, défaite *f*.

trimness ['trɪmnɪs] *n [garden, boat, house]* aspect net *or* soigné. **the ~ of his appearance** son aspect soigné *or* coquet *or* pimpant; **the ~ of her figure** la sveltesse de sa silhouette.

trinary ['traɪnərɪ] *adj* trinaire.

Trinidad ['trɪnɪdæd] *n* (l'île *f* de) la Trinité. **~ and Tobago** Trinité-et-Tobago *f*.

Trinidadian [ˌtrɪnɪ'dædɪən] **1** *adj* de la Trinité. **2** *n* habitant(e) *m(f)* de la Trinité.

trinitrotoluene [traɪˌnaɪtrəʊ'tɒljuːn] *n* trinitrotoluène *m*.

trinity ['trɪnɪtɪ] **1** *n* trinité *f*. *(Rel)* **the Holy T~** la Sainte Trinité. **2** *cpd*: **Trinity (Sunday)** la fête de la Trinité; *(Univ)* **Trinity term** troisième trimestre *m* (de l'année universitaire).

trinket ['trɪŋkɪt] *n (knick-knack)* bibelot *m*, babiole *f (also pej)*; *(jewel)* colifichet *m (also pej)*; *(on chain)* breloque *f*.

trinomial [traɪ'nəʊmɪəl] *n (Math)* trinôme *m*.

trio ['triːəʊ] *n* trio *m*.

triode ['traɪəʊd] *n (Elec)* triode *f*.

triolet ['triːəʊlet] *n* triolet *m*.

trip [trɪp] **1** *n* (a) *(journey)* voyage *m*; *(excursion)* excursion *f*. **he's away on a ~** il est (parti) en voyage; **we did the ~ in 10 hours** nous avons fait le voyage *or* le trajet en 10 heures; **there are cheap ~s to Spain** on organise des voyages à prix réduit en Espagne; **we went on *or* took a ~ to Malta** nous sommes allés (en voyage) à Malte; **we took *or* made a ~ into town** nous sommes allés en ville; **he does 3 ~s to Scotland a week** il va en Écosse 3 fois par semaine; **I don't want another ~ to the shops today** je ne veux pas retourner dans les magasins aujourd'hui; **after 4 ~s to the kitchen he …** après 4 voyages à la cuisine il …; *V* **business, coach, day, round etc.**

(b) *(Drugs sl)* trip *m (sl)*. **to be on a ~** faire un trip; **to have a bad ~** faire un trip qui tourne mal.

(c) *(stumble)* faux pas; *(in wrestling etc)* croche-pied *m*, croc-en-jambe *m*; *(fig: mistake)* faux pas, erreur *f*, gaffe* *f*.

2 *cpd*: **trip hammer** marteau *m* à bascule *or* à soulèvement; **trip-wire** fil *m* de détente.

3 *vi* (a) *(stumble: also ~ up)* trébucher *(on, over* contre, sur), buter *(on, over* contre), faire un faux pas. **he ~ped and fell** il a trébuché *or* il a fait un faux pas et il est tombé.

(b) *(go lightly and quickly)* **to ~ along/in/out** *etc* marcher/entrer/sortir *etc* d'un pas léger *or* sautillant; **the words came ~ping off her tongue** elle l'a dit sans la moindre hésitation.

(c) *(Drugs sl)* faire un trip *(sl)*, flipper‡.

4 *vt* (a) *(make fall: also ~ up)* faire trébucher; *(deliberately)* faire un croche-pied *or* un croc-en-jambe à. **I was ~ped (up)** on m'a fait un croche-pied *or* un croc-en-jambe.

(b) *(Tech) mechanism* déclencher, mettre en marche.

(c) *(†: dance)* **to ~ the light fantastic*** danser.

♦**trip over** *vi* trébucher, faire un faux pas.

♦**trip up 1** *vi* (a) = **trip 3a.**

(b) *(fig)* faire une erreur, gaffer*.

2 *vt sep* faire trébucher; *(deliberately)* faire un croche-pied *or* un croc-en-jambe à; *(fig: in questioning etc)* prendre en défaut, désarçonner *(fig)*.

tripartite [ˌtraɪ'pɑːtaɪt] *adj* triparti, tripartite.

tripe [traɪp] *n (U) (Culin)* tripes *fpl*; *(*: esp Brit: nonsense)* bêtises *fpl*, inepties *fpl*, idioties *fpl*. **what absolute ~!** quelles bêtises! quelles foutaises!‡; **it's a lot of ~*** tout ça c'est de la foutaise*; **this book is ~*** ce livre est complètement inepte.

triphase ['traɪfeɪz] *adj (Elec)* triphasé.

triphthong ['trɪfθɒŋ] *n* triphtongue *f*.

triplane ['traɪpleɪn] *n* triplan *m*.

triple ['trɪpl] **1** *adj* triple *(gen before n)*. **the T~ Alliance** la

Triple-Alliance; **the T~ Entente** la Triple-Entente; (*Sport*) **~ jump** triple saut *m*; (*Mus*) **in ~ time** à trois temps; **they require ~ copies of every document** ils demandent trois exemplaires de chaque document.
2 *cpd*: (*US*) **triple-digit** (*adj*) (*gen*) à trois chiffres; (*inflation*) égal *or* supérieur à 100%.
3 *n* triple *m*.
4 *adv* trois fois plus que.
5 *vti* tripler.
triplet ['trɪplɪt] *n* (*Mus*) triolet *m*; (*Poetry*) tercet *m*. (*persons*) ~s triplé(e)s *m(f)pl*.
triplex ['trɪpleks] **1** *adj* triple. **2** *n* ® (*also* **~ glass**) triplex *m* ®, verre sécurit *m* ®.
triplicate ['trɪplɪkɪt] **1** *adj* en trois exemplaires. **2** *n* (**a**) **in ~** en trois exemplaires. (**b**) (*third copy*) triplicata *m*.
triploid ['trɪplɔɪd] *adj* triploïde.
triply ['trɪplɪ] *adv* triplement.
tripod ['traɪpɒd] *n* trépied *m*.
tripos ['traɪpɒs] *n* (*Cambridge Univ*) examen *m* pour le diplôme de B.A. avec mention.
tripper ['trɪpər] *n* (*Brit*) touriste *mf*, vacancier *m*, -ière *f*; (*on day trip*) excursionniste *mf*.
triptych ['trɪptɪk] *n* triptyque *m*.
trireme ['traɪriːm] *n* trirème *f*.
trisect [traɪ'sekt] *vt* diviser en trois parties (égales).
Tristan ['trɪstən] *n* Tristan *m*.
trisyllabic ['traɪsɪ'læbɪk] *adj* trisyllabe, trisyllabique.
trisyllable [,traɪ'sɪləbl] *n* trisyllabe *m*.
trite [traɪt] *adj subject, design* banal. **~ remark** banalité *f*, lieu commun.
tritely ['traɪtlɪ] *adv* banalement.
triteness ['traɪtnɪs] *n* (*U*) banalité *f*.
tritium ['trɪtɪəm] *n* tritium *m*.
triton ['traɪtn] *n* (*all senses*) triton *m*. **T~** Triton *m*.
tritone ['traɪtəʊn] *n* (*Mus*) triton *m*.
triturate ['trɪtʃəreɪt] *vt* triturer, piler.
trituration [,trɪtʃə'reɪʃən] *n* trituration *f*, pilage *m*.
triumph ['traɪʌmf] **1** *n* (*emotion*) sentiment *m* de triomphe; (*victory*) triomphe *m*, victoire *f*; (*success*) triomphe, réussite *f*, succès triomphal; (*Roman Hist*) triomphe. **in ~** en triomphe; **it was a ~ for ...** cela a été un triomphe *or* un succès triomphal pour ...; **it is a ~ of man over nature** c'est le triomphe de l'homme sur la nature; **his ~ at having succeeded** sa satisfaction triomphante d'avoir réussi.
2 *vi* (*lit, fig*) triompher (*over* de).
triumphal [traɪ'ʌmfəl] *adj* triomphal.
triumphant [traɪ'ʌmfənt] *adj homecoming* triomphal; *team, army* triomphant, victorieux; *look, smile* triomphant, de triomphe.
triumphantly [traɪ'ʌmfəntlɪ] *adv return, march* en triomphe, triomphalement; *answer, announce* d'un ton triomphant, triomphalement.
triumvirate [traɪ'ʌmvɪrɪt] *n* triumvirat *m*.
triune ['traɪjuːn] *adj* (*Rel*) trin.
trivet ['trɪvɪt] *n* (*over fire*) trépied *m*, chevrette *f*; (*on table*) dessous-de-plat *m inv*.
trivia ['trɪvɪə] *npl* bagatelles *fpl*, futilités *fpl*, fadaises *fpl*.
trivial ['trɪvɪəl] *adj sum, amount, loss* insignifiant, dérisoire; *reason, excuse* insignifiant, sans valeur; *remark, comment* sans importance *or* valeur; *film, book* banal, sans originalité *or* intérêt. **a ~ mistake** une faute légère *or* sans gravité, une peccadille.
triviality [,trɪvɪ'ælɪtɪ] *n* (**a**) (*U*: *V* **trivial**) caractère insignifiant *or* dérisoire; manque *m* d'importance *or* de valeur *or* d'intérêt; banalité *f*.
(**b**) **trivialities** bagatelles *fpl*, futilités *fpl*, fadaises *fpl*.
trivialization [,trɪvɪəlaɪ'zeɪʃən] *n* banalisation *f*.
trivialize ['trɪvɪəlaɪz] *vt* banaliser.
trivially ['trɪvɪəlɪ] *adv* de façon banalisée.
triweekly ['traɪ'wiːklɪ] **1** *adv* (*thrice weekly*) trois fois par semaine; (*every three weeks*) toutes les trois semaines. **2** *adj event, visit* qui se produit trois fois par semaine (*or* toutes les trois semaines).
trochaic [trə'keɪɪk] *adj* trochaïque.
trochee ['trəʊkiː] *n* trochée *m*.
trod [trɒd] *pret of* **tread**.
trodden ['trɒdn] *ptp of* **tread**.
troglodyte ['trɒɡlədaɪt] *n* troglodyte *m*.
troika ['trɔɪkə] *n* (*also Pol*) troïka *f*.
Troilus ['trɔɪləs] *n*: **~ and Cressida** Troïlus *m* et Cressida *f*.
Trojan ['trəʊdʒən] **1** *adj* troyen. (*Hist*) **the ~ Horse** le cheval de Troie; **the ~ War** la guerre de Troie. **2** *n* Troyen(ne) *m(f)*; *V* **work**.
troll [trəʊl] *n* troll *m*.
trolley ['trɒlɪ] **1** *n* (*esp Brit*) (*for luggage*) chariot *m* (à bagages), (*two-wheeled*) diable *m*; (*for shopping*) poussette *f*, (*in supermarket*) chariot, caddie *m*; (*tea* **~**) table roulante, chariot à desserte, (*in office*) chariot à boissons; (*for stretcher etc*) chariot; (*in mine, quarry etc*) benne roulante; (*Rail*) wagonnet *m*; (*on tramcar*) trolley *m*; (*US: tramcar*) tramway *m*, tram *m*.
2 *cpd*: **trolley bus** trolleybus *m*; (*US*) **trolley car** tramway *m*, tram *m*; (*US*) **trolley line** (*rails*) voie *f* de tramway; (*route*) ligne *f* de tramway; **trolley pole** perche *f* de trolley.
trollop ['trɒləp] *n* putain‡ *f*, garce‡* *f*.
trombone [trɒm'bəʊn] *n* trombone *m* (*Mus*).
trombonist [trɒm'bəʊnɪst] *n* tromboniste *mf*.
troop [truːp] **1** *n* (*people*) bande *f*, groupe *m*; (*animals*) bande, troupe *f*; (*scouts*) troupe; (*Mil: of cavalry*) escadron *m*. (*Mil*) **~s** troupes.
2 *cpd movements etc* de troupes. **troop carrier** (*Aut*) transport *m* de troupes; (*Naut*) transport *m* (*navire*); (*Aviat*) avion *m* de

transport militaire; **troopship** transport *m* (*navire*); **troop train** train *m* militaire.
3 *vi*: **to ~ in/past** *etc* entrer/passer *etc* en bande *or* en groupe; **they all ~ed over to the window** ils sont tous allés s'attrouper près de la fenêtre.
4 *vt* (*Brit Mil*) **to ~ the colour** faire la parade du drapeau; (*ceremony*) **~ing the colour** le salut au drapeau (*le jour de l'anniversaire officiel de la Reine*).
trooper ['truːpər] *n* (*Mil*) soldat *m* de cavalerie; (*US: state* **~**) ≃ C.R.S. *m*; *V* **swear**.
trope [trəʊp] *n* trope *m*.
trophy ['trəʊfɪ] *n* (*Hunting, Mil, Sport, also fig*) trophée *m*.
tropic ['trɒpɪk] **1** *n* tropique *m*. **T~ of Cancer/Capricorn** tropique du cancer/du capricorne; **in the ~s** sous les tropiques. **2** *adj* (*liter*) = **tropical**.
tropical ['trɒpɪkəl] *adj plant, region* tropical, des tropiques; *heat, rain* tropical.
tropism ['trəʊpɪzəm] *n* tropisme *m*.
troposphere ['trɒpəsfɪər] *n* troposphère *f*.
Trot* [trɒt] *n* (*pej: abbr of* **Trotskyist**) trotskyste *mf*.
trot [trɒt] **1** *n* (*pace*) trot *m*. **to go at a ~** [*horse*] aller au trot, trotter; [*person*] trotter; **to go for a ~** (aller) faire du cheval; (*fig*) **5 days/whiskies** *etc* **on the ~*** 5 jours/whiskies *etc* de suite *or* d'affilée; **he is always on the ~*** il court tout le temps, il n'a pas une minute de tranquillité; **to keep sb on the ~** ne pas accorder une minute de tranquillité à qn; **to have the ~s‡** (*diarrhoea*) avoir la courante‡.
2 *vi* [*horse*] trotter; [*person*] trotter, courir. [*person*] **to ~ in/past** *etc* entrer/passer *etc* au trot en courant *or* d'un pas pressé.
3 *vt horse* faire trotter.
◆**trot along** *vi* (**a**) = **trot over**.
(**b**) = **trot away**.
◆**trot away, trot off** *vi* partir *or* s'éloigner (au trot *or* en courant), filer*.
◆**trot out** *vt sep excuses, reasons* débiter; *names, facts etc* réciter d'affilée.
◆**trot over, trot round** *vi* aller, courir. **she trotted over** *or* **round to the grocer's** elle a fait un saut *or* a couru chez l'épicier.
troth†† [trəʊθ] *n* promesse *f*, serment *m*; **by my ~** pardieu††; *V* **plight²**.
Trotsky ['trɒtskɪ] *n* Trotski *m*.
Trotskyism ['trɒtskɪɪzəm] *n* trotskisme *m* *or* trotskysme *m*.
Trotskyist ['trɒtskɪɪst] *n* trotskiste *mf* *or* trotskyste *mf*.
Troskyite ['trɒtskɪaɪt] *n, adj* trotskiste *or* trotskyste (*mf*).
trotter ['trɒtər] *n* (**a**) (*horse*) trotteur *m*, -euse *f*. (**b**) (*Culin*) pig's/sheep's ~s pieds *mpl* de porc/de mouton.
trotting ['trɒtɪŋ] *n* (*Sport*) trot *m*. **~ race** course *f* de trot.
troubadour ['truːbədɔːr] *n* troubadour *m*.
trouble ['trʌbl] **1** *n* (**a**) (*U*: *difficulties, unpleasantness*) ennuis *mpl*, difficulté *f*. **to be in ~** avoir des ennuis, être en difficulté; **you're in ~ now** ce coup-ci tu as des ennuis *or* tu as des problèmes; **he's in ~ with the boss** il a des ennuis avec le patron; **to get into ~** (**with sb**) s'attirer des ennuis (avec qn); **he got into ~ for doing that** il a eu *or* il s'est attiré des ennuis pour (avoir fait) cela, il s'est fait attraper pour (avoir fait) ça; **to get sb into ~** causer des ennuis à qn, mettre qn dans le pétrin; (*euph*) **to get a girl into ~*** mettre une (jeune) fille dans une position intéressante (*euph*); **to get sb/get** (**o.s.**) **out of ~** tirer qn/se tirer d'affaire; **to make ~** causer des ennuis (*for sb* à qn); **you're making ~ for yourself** tu t'attires des ennuis; **I don't want any ~** je ne veux pas d'ennuis; **it's asking for ~** c'est se chercher des ennuis; **he goes around looking for ~** il cherche les ennuis; **he'll give you ~** il vous donnera du fil à retordre; **here comes ~!*** aïe! des ennuis en perspective!; **there's ~ brewing** il y a de l'orage dans l'air; *V* **mean, meet¹** *etc*.
(**b**) (*U: bother, effort*) mal *m*, peine *f*. **it's no ~** cela ne me dérange pas; **it's no ~ to do it properly** ce n'est pas difficile de le faire comme il faut; **it's not worth the ~** cela ne *or* n'en vaut pas la peine; **nothing is too much ~ for her** elle se dévoue *or* se dépense sans compter; **I had all that ~ for nothing** je me suis donné tout ce mal pour rien; **you could have saved yourself the ~** tu aurais pu t'éviter cette peine; **he went to enormous ~ to help us** il s'est donné un mal fou *or* il s'est mis en quatre pour nous aider; **to go to the ~ of doing, to take the ~ to do** se donner la peine *or* le mal de faire; **he went to** *or* **took a lot of ~ over his essay** il s'est vraiment donné beaucoup de mal pour sa dissertation, il s'est vraiment beaucoup appliqué à sa dissertation; **I don't want to put you to the ~ of writing** je ne veux pas qu'à cause de moi vous vous donniez (*subj*) le mal d'écrire; **I'm putting you to** *or* **giving you a lot of ~** je vous donne beaucoup de mal, je vous dérange beaucoup; **it's no ~ at all!** je vous en prie!, ça ne me dérange pas du tout!
(**c**) (*difficulty, problem*) ennui *m*, difficulté *f*, problème *m*; (*misfortune*) ennui *m*, souci *m*, peine *f*; (*nuisance*) souci, embarras *m*, ennui. **what's the ~?** qu'est-ce qu'il y a?, qu'est-ce qui ne va pas?, qu'est-ce que tu as?; **that's (just) the ~** c'est ça l'ennui!; **the ~ is that ...** l'ennui *or* le problème (c')est que ...; **the ~ with you is that you can never face the facts** l'ennui avec toi *or* ton défaut c'est que tu ne regardes jamais les choses en face; **the carburettor is giving us ~** nous avons des problèmes *or* des ennuis de carburateur; **the technician is trying to locate the ~** le technicien essaie de localiser la panne *or* le problème; **there has been ~ between them ever since depuis**, ils s'entendent mal; **he caused ~ between them** il a semé la discorde entre eux; **I'm having ~ with my eldest son** mon fils aîné me donne des soucis *or* me cause des ennuis; **the child is a ~ to his parents** l'enfant est un souci pour ses parents; **that's the least of my ~s** c'est le cadet de mes soucis; **he had ~ in tying his shoelace** il a eu du mal à attacher son lacet; **did you have any ~ in getting here?** est-ce que vous avez eu des difficultés *or* des problèmes en venant?; **now your ~s are over**

vous voilà au bout de vos peines; his ~s are not yet over il n'est pas encore au bout de ses peines, il n'est pas encore sorti de l'auberge; **family** ~s ennuis domestiques *or* de famille; **money** ~s soucis *or* ennuis d'argent *or* financiers; (*Med*) **I have back** ~, **my back is giving me** ~ j'ai mal au dos, mon dos me fait souffrir; **kidney/chest** ~ ennuis rénaux/pulmonaires; (*Aut*) **we've got engine** ~ nous avons des ennuis de moteur, il y a quelque chose qui ne vas pas dans le moteur; *V* **heart**.
  (**d**) (*political, social unrest*) conflits *mpl*, troubles *mpl*. **they're having a lot of** ~ **in Southern Africa** il y a des troubles étendus *or* il y a beaucoup d'agitation *or* la situation est très tendue en Afrique australe; (*Ir Hist*) **the T**~**s** les troubles; **labour** ~**s** conflits du travail, troubles sociaux; **he caused a lot of** ~ **between unions and management** il a causé de nombreux désaccords *or* beaucoup de friction entre les syndicats et le patronat; **there's** ~ **at the factory** ça chauffe* à l'usine.
  2 *cpd*: **trouble-free** *period, visit* sans ennuis *or* problèmes *or* soucis; *car* qui ne tombe jamais en panne; *university* non contestataire; **troublemaker** fauteur *m*, -trice *f* de troubles, provocateur *m*, -trice *f*; **troubleshoot** *etc V* **troubleshoot** *etc*; **troublesome** *V* **troublesome**; **trouble spot** point *m* de conflit, point chaud *or* névralgique.
  3 *vt* (**a**) (*worry*) inquiéter; (*inconvenience*) gêner; (*upset*) troubler. **his eyes** ~ **him** ses yeux lui posent des problèmes; **the heat** ~**d us** la chaleur nous a gênés; **do these headaches** ~ **you often?** est-ce que vous souffrez souvent de ces maux de tête?; **there's one detail that** ~**s me** il y a un détail qui me gêne; **nothing** ~**s him** il ne se fait jamais de souci; *V also* **troubled**.
  (**b**) (*bother*) déranger. **I am sorry to** ~ **you** je suis désolé de vous déranger; **does it** ~ **you if** ... est-ce que cela vous dérange si ... + *indic or* que ... + *subj*; **don't** ~ **yourself!** ne vous dérangez pas!, ne vous tracassez pas!; **he didn't** ~ **himself to reply** il ne s'est pas donné la peine de répondre; **may I** ~ **you for a light?** puis-je vous demander du feu?; **I'll** ~ **you to show me the letter!** vous allez me faire le plaisir de me montrer la lettre!; **I shan't** ~ **you with the details** je vous ferai grâce des détails, je ne vous passerai les détails.
  4 *vi* se déranger. **please don't** ~! ne vous dérangez pas!, ne vous donnez pas cette peine-là!; **don't** ~ **about me** ne vous faites pas de souci pour moi; **to** ~ **to do** se donner la peine *or* le mal de faire.

troubled ['trʌbld] *adj person* inquiet (*f* -ète), préoccupé; *look, voice* inquiet; *life, sleep* agité, orageux; *water* trouble. **to be** ~ **about sth** s'inquiéter de qch, être préoccupé par qch; **we live in** ~ **times** nous vivons à une époque agitée *or* mouvementée *or* de troubles; **he's** ~ **with rheumatism** il souffre de rhumatisme; *V* **fish**, **oil**.

troubleshoot ['trʌblʃuːt] *vi* (*gen, also Ind, Pol*) (intervenir pour) régler un problème *or* (*stronger*) une crise; (*Tech, Aut etc*) localiser une panne.

troubleshooter ['trʌblʃuːtər] *n* (*gen*) expert *m* (appelé en cas de crise); *[conflict]* médiateur *m*; (*Tech, Aut*) spécialiste *mf* (pour localiser la panne).

troubleshooting ['trʌblʃuːtɪŋ] *n* (*V* **troubleshoot**) intervention *f* pour régler un problème *or* une crise; localisation *f* d'une panne.

troublesome ['trʌblsəm] *adj person* fatigant, pénible, difficile (à supporter); *request* gênant, embarrassant; *task* ennuyeux, pénible; *cough* gênant, incommodant. **his back is** ~ son dos le fait souffrir; **how** ~! quel ennui!

troublous ['trʌbləs] *adj* (*liter*) trouble, agité.

trough [trɒf] *n* (**a**) (*depression*) dépression *f*, creux *m*; (*between waves*) creux (d'une vague); (*channel*) chenal *m*; (*fig*) point bas. (*Met*) ~ **of low pressure** dépression, zone *f* dépressionnaire.
  (**b**) (*drinking* ~) abreuvoir *m*; (*feeding* ~) auge *f*; (*kneading* ~) pétrin *m*.

trounce [traʊns] *vt* (*thrash*) rosser, rouer de coups; (*Sport: defeat*) écraser, battre à plate(s) couture(s).

troupe [truːp] *n* (*Theat*) troupe *f*.

trouper ['truːpər] *n* (*Theat*) acteur *m*, -trice *f*, artiste *mf* (*qui fait partie d'une troupe de théâtre*). (*fig*) **an old** ~ un vieux de la vieille.

trouser ['traʊzər] (*esp Brit*) **1** *npl*: ~**s** pantalon *m*; **a pair of** ~**s** un pantalon; **long** ~**s** pantalon long; **short** ~**s** culottes courtes; *V* **wear**. **2** *cpd*: **trouser clip** pince *f* à pantalon; **trouser leg** jambe *f* de pantalon; **trouser press** presse *f* à pantalons; (*Brit*) **trouser suit** tailleur-pantalon *m*.

trousseau ['truːsəʊ] *n* trousseau *m* (*de jeune mariée*).

trout [traʊt] **1** *n, pl inv* truite *f*. **2** *cpd*: **trout fisherman** pêcheur *m* de truites; **trout fishing** pêche *f* à la truite; **trout rod** canne *f* à truite, canne spéciale truite; **trout stream** ruisseau *m* à truites.

trove [trəʊv] *n V* **treasure 2**.

trow†† [traʊ] *vti* croire.

trowel ['traʊəl] *n* (*Constr*) truelle *f*; (*gardening*) déplantoir *m*; *V* **lay on**.

Troy [trɔɪ] *n* Troie.

troy [trɔɪ] *n* (*also* ~ **weight**) troy *m*, troy-weight *m*, poids *m* de Troy.

truancy ['truːənsɪ] *n* (*Scol*) absentéisme *m* (scolaire). **he was punished for** ~ il a été puni pour avoir manqué les cours *or* pour s'être absenté.

truant ['truːənt] **1** *n* (*Scol*) élève *mf* absentéiste *or* absent(e) sans autorisation. **to play** ~ manquer les cours, faire l'école buissonnière; **he's playing** ~ **from the office today** (il n'est pas au bureau aujourd'hui), il fait l'école buissonnière.
  2 *adj* (*liter*) thought vagabond.
  3 *cpd*: (*US*) **truant officer** *fonctionnaire chargé de faire respecter les règlements de la scolarisation*.

truce [truːs] *n* trêve *f*. [*enemies etc*] **to call a** ~ conclure *or* établir une trêve; (*fig*) **to call a** ~ **to sth** faire trêve à qch.

Trucial ['truːʃəl] *adj*: **Trucial States** États *mpl* de la Trêve.

truck¹ [trʌk] **1** *n* (**a**) (*U*) (*barter*) troc *m*, échange *m*; (*payment*) paiement *m* en nature. (*fig*) **to have no** ~ **with** refuser d'avoir affaire à.
  (**b**) (*US: vegetables*) produits *mpl etc* maraîchers.
  2 *cpd*: (*US*) **truck farm** jardin maraîcher; **truck farmer** maraîcher *m*, -ère *f*; **truck farming** culture *f* maraîchère; **truck garden** = **truck farm**.

truck² [trʌk] **1** *n* (*esp US: lorry*) camion *m*; (*Rail*) wagon *m* à plate-forme, truck *m*; (*luggage handcart*) chariot *m* à bagages, (*two-wheeled*) diable *m*.
  2 *vti* (*esp US*) camionner.
  3 *cpd*: (*esp US*) **truckdriver** camionneur *m*, routier *m*; **truckload** plein camion; (*US*) **truckman** = **truckdriver**; (*US*) **truck stop** routier *m*, restaurant *m* de routiers.

truckage ['trʌkɪdʒ] *n* (*US*) camionnage *m*.

trucker ['trʌkər] *n* (**a**) (*esp US: truck driver*) camionneur *m*, routier *m*. (**b**) (*US: market gardener*) maraîcher *m*.

trucking ['trʌkɪŋ] *n* (*US*) camionnage *m*.

truckle ['trʌkl] **1** *vi* s'humilier, s'abaisser (*to* devant). **2** *cpd*: **truckle bed** lit *m* gigogne *inv*.

truculence ['trʌkjʊləns] *n* brutalité *f*, agressivité *f*.

truculent ['trʌkjʊlənt] *adj* brutal, agressif.

truculently ['trʌkjʊləntlɪ] *adv* brutalement, agressivement.

trudge [trʌdʒ] **1** *vi*: **to** ~ **in/out/along** *etc* entrer/sortir/marcher *etc* péniblement *or* en traînant les pieds; **we** ~**d round the shops** nous nous sommes traînés de magasin en magasin; **he** ~**d through the mud** il pataugeait (péniblement) dans la boue.
  2 *vt*: **to** ~ **the streets/the town** *etc* se traîner de rue en rue/dans toute la ville *etc*.
  3 *n* marche *f* pénible.

true [truː] **1** *adj* (**a**) (*exact, accurate*) story, news, rumour, statement vrai, véridique; *description, account, report* fidèle, exact, véridique; *copy* conforme; *statistics, measure* exact. **it all turned out to be** ~ il s'est finalement trouvé que tout était vrai; **that's** ~! c'est vrai!; **too** ~!* ah oui alors!, je ne te le fais pas dire!; **we mustn't generalize, but ...** ~, **but ...** il ne faut pas généraliser, d'accord *or* c'est vrai, mais ...; **that's wrong!** — ~, **but ... c'est faux!** — d'accord, *or* c'est juste, *or* c'est vrai, mais ...; **can it be** ~ **that** est-il possible que + *subj*; **it is** ~ **that il est vrai que** + *indic*; **is it** ~ **that est-il vrai que** + *indic or subj*; **it's not** ~ **that** il n'est pas vrai que + *indic or subj*; **if it is** ~ **that s'il est vrai que** + *indic or subj*; **to come** ~ se réaliser; **the same holds** ~ **for** il en va *or* est de même pour, c'est aussi vrai pour; **I certify that this is a** ~ **likeness of X** je certifie que cette photographie présente une parfaite ressemblance avec X; *V* **good** *etc*.
  (**b**) (*real, genuine*) repentance, sympathy, friendship réel, vrai (*before n*), véritable, authentique. **what is the** ~ **situation?** quelle est la situation réelle?, quelle est en réalité la situation?; **the one** ~ **God** le seul vrai Dieu, le seul Dieu véritable; **the T**~ **Cross** la vraie Croix; **the frog is not a** ~ **reptile** la grenouille n'est pas vraiment un reptile; **he is a** ~ **scholar** c'est un vrai *or* véritable savant; **he has been a** ~ **friend to me** il a été un vrai *or* véritable ami pour moi; **spoken like a** ~ **Englishman!** voilà qui est parler en vrai *or* véritable Anglais!; ~ **love** (*emotion*) le grand amour; (*lover*) bien-aimé(e) *m(f)*; ~ **north** le nord vrai *or* géographique.
  (**c**) (*faithful*) **to be** ~ **to sb/sth** être fidèle à qn/qch; **there were 60 of them, all good men and** ~ ils étaient 60, tous loyaux et braves; ~ **to life** conforme à la réalité, réaliste; **to be** *or* **run** ~ **to type** être conforme au type *or* typique; ~ **to type, he refused to help** comme on aurait pu s'y attendre, il a refusé de prêter son aide; **that was** ~ **to form** ça, c'était typique *or* à prévoir; **the horse ran** ~ **to form** le cheval a fait une course digne de lui.
  (**d**) *surface, join* plan, uniforme; *wall, upright* vertical, d'aplomb; *beam* droit; *wheel* dans l'axe.
  (**e**) (*Mus*) *voice, instrument, note* juste.
  2 *n*: **out of** ~ *upright, wall* pas d'aplomb; *beam* tordu, gauchi; *surface* gondolé; *join* mal aligné; *wheel* voilé, faussé.
  3 *adv* aim, sing juste. **to breed** ~ se reproduire selon le type parental; **tell me** ~ dis-moi la vérité; *V* **ring²**.
  4 *cpd*: **true-blue*** loyal; **true-born** véritable, vrai, authentique; **true-bred** de race pure, racé; **true-false test** questionnaire *m or* test *m* du type 'vrai ou faux'; **true-hearted** loyal, sincère; **true-life*** vrai, vécu.

truffle ['trʌfl] *n* truffe *f*.

trug [trʌg] *n* (*Brit*) corbeille *f* de jardinier.

truism ['truːɪzəm] *n* truisme *m*.

truly ['truːlɪ] *adv* (*genuinely*) love, believe, admire vraiment, réellement; (*faithfully*) reflect, show fidèlement; (*truthfully*) answer, tell franchement; (*without doubt*) wonderful, awful vraiment, véritablement. **tell me** ~ dis-moi la vérité; **he did say so,** ~ (**he did**)! il l'a dit, je te jure!*; **really and** ~? vraiment?, vraiment vrai?*; **he's a** ~ **great writer** c'est un véritablement un grand écrivain; **a** ~ **terrible film** un vrai *or* véritable navet, un film vraiment mauvais; **well and** ~ bel et bien; (*letter ending*) **yours** ~ je vous prie d'agréer l'expression de mes sentiments respectueux *or* (*man to woman*) de mes très respectueux hommages; **nobody knows it better than yours** ~* personne ne le sait mieux que votre humble serviteur (*hum*).

trump¹ [trʌmp] **1** *n* (*Cards*) atout *m*. **spades are** ~(**s**) atout pique; **what's** ~(**s**)? quel est l'atout?; **the three of** ~(**s**) le trois d'atout; (*fig*) **he had a** ~ **up his sleeve** il avait un atout en réserve; (*fig*) **he was holding all the** ~**s** il avait tous les atouts dans son jeu; (*Brit fig*) **to turn up** ~**s*** faire des merveilles; *V* **no**.
  2 *cpd*: (*fig*) **his trump card** sa carte maîtresse, son atout.
  3 *vt* (*Cards*) couper, prendre avec l'atout. (*fig*) **to** ~ **sb's ace** faire encore mieux que qn.

◆**trump up** *vt sep* charge, excuse forger *or* inventer (de toutes pièces).

trump² [trʌmp] *n* (*liter*) trompette *f*. **the Last T**~ la trompette du Jugement (dernier).

trumpery ['trʌmpərɪ] **1** *n* (*U*) (*showy trash*) camelote* *f* (*U*); (*nonsense*) bêtises *fpl*. **2** *adj* (*showy*) criard; (*paltry*) insignifiant, sans valeur.

trumpet ['trʌmpɪt] **1** *n* (a) (*instrument*) trompette *f*.
(b) (*player*) (*in orchestra*) trompettiste *mf*, (*Mil etc: trumpeter*) trompette *m*.
(c) (~-shaped object) cornet *m*; V **ear¹**.
(d) *[elephant]* barrissement *m*.
2 *cpd*: **trumpet blast** coup *m or* sonnerie *f* de trompette; **trumpet call** (*lit*) = trumpet blast; (*fig*) vibrant appel (*for* pour).
3 *vi [elephant]* barrir.
4 *vt* trompeter.

trumpeter ['trʌmpɪtər] *n* trompette *m*.

trumpeting ['trʌmpɪtɪŋ] *n [elephant]* barrissement(s) *m(pl)*.

truncate [trʌŋ'keɪt] *vt* (*gen, also Comput*) tronquer.

truncating [trʌŋ'keɪtɪŋ] *n* (*Comput*) troncation *f*.

truncheon ['trʌnʃən] *n* (*weapon*) matraque *f*; (*Brit: for directing traffic*) bâton *m* (*d'agent de police*).

trundle ['trʌndl] **1** *vt* (*push/pull/roll*) pousser/traîner/faire rouler bruyamment.
2 *vi*: **to** ~ **in/along/down** entrer/passer/descendre lourdement *or* bruyamment.

trunk [trʌŋk] **1** *n* (*Anat, Bot*) tronc *m*; *[elephant]* trompe *f*; (*luggage*) malle *f*; (*US Aut*) coffre *m*, malle. ~**s** (*swimming*) slip *m or* maillot *m* de bain; (*underwear*) slip (d'homme); (*Telec†*) l'inter *m*; V **subscriber**.
2 *cpd*: (*Brit Telec*) **trunk call** communication interurbaine; **trunk line** (*Telec*) inter *m*, téléphone interurbain; (*Rail*) grande ligne; (*Brit*) **trunk road** (route *f*) nationale *f*.

trunnion ['trʌnɪən] *n* tourillon *m*.

truss [trʌs] **1** *n [hay etc]* botte *f*; *[flowers, fruit on branch]* grappe *f*; (*Constr*) ferme *f*; (*Med*) bandage *m* herniaire. **2** *vt hay* botteler; *chicken* trousser; (*Constr*) armer, renforcer.
♦ **truss up** *vt sep prisoner* ligoter.

trust [trʌst] **1** *n* (a) (*U: faith, reliance*) confiance *f* (*in* en). **position of** ~ poste *m* de confiance; **breach of** ~ abus *m* de confiance; **to have** ~ **in sb/sth** avoir confiance en qn/qch; **to put** *or* **place one's** ~ **in sb/sth** faire confiance *or* se fier à qn/qch; **to take sth on** ~ accepter qch de confiance *or* les yeux fermés; **you'll have to take what I say on** ~ il vous faudra me croire sur parole; (*without payment*) **he gave it to me on** ~ il me l'a donné sans me faire payer tout de suite.
(b) (*Jur*) fidéicommis *m*. **to set up a** ~ **for sb** instituer un fidéicommis à l'intention de qn; **to hold sth/leave money in** ~ **for one's children** tenir qch/faire administrer un legs par fidéicommis à l'intention de ses enfants.
(c) (*charge, responsibility*) charge *f*, devoir *m*, obligation *f*. **to give sth into sb's** ~ confier qch à la charge de qn.
(d) (*Comm, Fin*) trust *m*, cartel *m*; V **brain, investment, unit** etc.
2 *cpd*: (*Banking*) **trust account** compte *m* en fidéicommis; (*US*) **trustbuster** fonctionnaire *m* chargé de la lutte antitrust; **trust company** société *f* fiduciaire; **trust fund** fonds *m* en fidéicommis; (*Pol*) **trust territory** territoire *f* sous tutelle; **trustworthy** V **trustworthy**.
3 *vt* (a) (*believe in, rely on*) *person, object* avoir confiance en, se fier à; *method, promise* se fier à. **don't you** ~ **me?** tu n'as pas confiance (en moi)?; **he is not to be** ~**ed** on ne peut pas lui faire confiance; **you can** ~ **me** vous pouvez avoir confiance en moi; **you can** ~ **me with your car** tu peux me confier ta voiture, tu peux me prêter ta voiture en toute confiance; **he's not to be** ~**ed with a knife** il ne serait pas prudent de le laisser manipuler un couteau; **can we** ~ **him to do it?** peut-on compter sur lui pour le faire?; **the child is too young to be** ~**ed on the roads** l'enfant est trop petit pour qu'on le laisse (*subj*) aller dans la rue tout seul; **I can't** ~ **him out of my sight** j'ai si peu confiance en lui que je ne le quitte pas des yeux; (*iro*) ~ **you!** *ça ne m'étonne pas de toi!, (pour) *ça* on peut te faire confiance! (*iro*); (*iro*) ~ **him to break it!** *pour casser quelque chose on peut lui faire confiance!; **he can be** ~**ed to do his best** on peut être sûr qu'il fera de son mieux; **you can't** ~ **a word he says** il est impossible de croire deux mots de ce qu'il raconte; **I wouldn't** ~ **him as far as I can throw him*** je n'ai absolument aucune confiance en lui.
(b) (*entrust*) confier (*sth to sb* qch à qn).
(c) (*hope*) espérer (*that* que). **I** ~ **not** j'espère que non.
4 *vi*: **to** ~ **in sb** se fier à qn, s'en remettre à qn; **let's** ~ **to luck** *or* **to chance** essayons tout de même, tentons notre chance, tentons le coup*; **I'll have to** ~ **to luck to find the house** il faudra que je m'en remette à la chance pour trouver la maison.

trusted ['trʌstɪd] *adj friend, servant* en qui l'on a toute confiance; *method* éprouvé.

trustee [trʌs'tiː] **1** *n* (a) (*Jur*) fidéicommissaire *m*, curateur *m*, -trice *f*. (*Jur, Fin*) ~ **in bankruptcy** ≃ syndic *m* de faillite. (b) *[institution, school]* administrateur *m*, -trice *f*. **the** ~**s** le conseil d'administration. (c) (*US Univ*) membre *m* du conseil d'université. **2** *cpd*: (*Brit*) **Trustee Savings Bank** ≃ Caisse *f* d'Épargne.

trusteeship [trʌs'tiːʃɪp] *n* (a) (*Jur*) fidéicommis *m*, curatelle *f*. (b) *[institution etc]* poste *m* d'administrateur. **during his** ~ pendant qu'il était administrateur.

trustful ['trʌstful] *adj* confiant.

trustfully ['trʌstfəlɪ] *adv* avec confiance.

trusting ['trʌstɪŋ] *adj* = **trustful**.

trustworthiness ['trʌst,wɜːðɪnɪs] *n* (*U*) *[person]* loyauté *f*, fidélité *f*; *[statement]* véracité *f*.

trustworthy ['trʌst,wɜːðɪ] *adj person* digne de confiance; *report, account* fidèle, exact.

trusty ['trʌstɪ] **1** *adj* († *or hum*) sûr, loyal, fidèle. **my** ~ **sword** ma

fidèle épée. **2** *n* (*in prison*) détenu *m* bénéficiant d'un régime de faveur.

truth [truːθ] *pl* ~**s** [truːðz] **1** *n* (a) (*U*) vérité *f*. **you must always tell the** ~ il faut toujours dire la vérité; **to tell you the** ~ *or* ~ **to tell, he ... à vrai dire, *or* à dire vrai, il ... ; **the** ~ **of it is that** la vérité c'est que; **there's no** ~ **in what he says** il n'y a pas un mot de vrai dans ce qu'il dit; **there's some** ~ **in that** il y a du vrai dans ce qu'il dit (*or* dans ce que vous dites *etc*); (*Prov*) ~ **will out** la vérité finira (toujours) par se savoir; (*Jur*) **the** ~, **the whole** ~ **and nothing but the** ~ la vérité, toute la vérité et rien que la vérité; **the honest** ~ la pure vérité, la vérité vraie*; **the plain unvarnished** ~ la vérité toute nue, la vérité sans fard; **in** ~ en vérité.
(b) vérité *f*; V **home**.
2 *cpd*: **truth drug** sérum *m* de vérité.

truthful ['truːθful] *adj person* qui dit la vérité; *statement, account* véridique, vrai; *portrait* fidèle.

truthfully ['truːθfəlɪ] *adv answer* véridiquement, sans mentir. **I don't mind,** ~ sincèrement, ça m'est égal.

truthfulness ['truːθfulnɪs] *n* (*U*) véracité *f*.

try [traɪ] **1** *n* (a) (*attempt*) essai *m*, tentative *f*. **to have a** ~ essayer (*at doing* de faire); **to give sth a** ~ essayer qch; **he had a** ~ **for the job** il s'est présenté pour le poste; **it was a good** ~ il a (*or* tu as *etc*) vraiment essayé; **it's worth a** ~ cela vaut le coup d'essayer; **to do sth at the first** ~ faire qch du premier coup; **after 3 tries he gave up** après avoir essayé 3 fois, il a abandonné.
(b) (*Rugby*) essai *m*. **to score a** ~ marquer un essai.
2 *cpd*: **it's a try-on*** c'est du bluff; **tryout** essai *m*.
3 *vt* (a) (*attempt*) essayer, tâcher (*to do* de faire); (*seek*) chercher (*to do* à faire). ~ **to eat** *or* ~ **and eat some of it** essaie *or* tâche d'en manger un peu; **he was** ~**ing to understand** il essayait de *or* tâchait de *or* cherchait à comprendre; **it's** ~**ing to rain*** il a l'air de vouloir pleuvoir*; **I'll** ~ **anything once** je suis toujours prêt à faire un essai; (*warning*) **just** ~ ~ **it!** essaie donc un peu!, essaie un peu pour voir!*; **you've only tried 3 questions** vous avez seulement essayé de répondre à 3 questions; **have you ever tried the high jump?** as-tu déjà essayé le saut en hauteur?; **to** ~ **one's best** *or* **one's hardest** faire de son mieux, faire tout son possible (*to do* pour faire); **to** ~ **one's hand at sth/at doing** s'essayer à qch/à faire.
(b) (*sample, experiment with*) *method, recipe, new material, new car etc* essayer. **have you tried these olives?** avez-vous goûté à *or* essayé ces olives?; **won't you** ~ **me for the job?** vous ne voulez pas me faire faire un essai?; **have you tried aspirin?** avez-vous essayé (de prendre) de l'aspirine?; ~ **pushing that button** essayez de presser ce bouton; ~ **this for size** essaie cela pour voir si c'est ta taille (*garment*) *or* si c'est à ta pointure (*shoe*) *or* si ça marche (*spanner, screw etc*); (**fig: *offering any object*) **essaie ça pour voir;** (*when suggesting sth*) écoute ça un peu.
(c) (*test, put strain on*) *person, sb's patience, strength, endurance* mettre à l'épreuve, éprouver; *vehicle, plane* tester; *machine, gadget* tester, mettre à l'essai; *eyes, eyesight* fatiguer. **to** ~ **one's strength against sb** se mesurer à qn; **to** ~ **one's luck** tenter sa chance, tenter le coup; **this material has been tried and tested** ce tissu a subi tous les tests; **he was tried and found wanting** il ne s'est pas montré à la hauteur, il n'a pas répondu à ce qu'on attendait de lui; **they have been sorely tried** ils ont été durement éprouvés; V **well**.
(d) (*Jur*) *person, case* juger. **to** ~ **sb for theft** juger qn pour vol; (*Mil*) **he was tried by court-martial** il est passé en conseil de guerre.
4 *vi* essayer. ~ **again!** recommence!, refais un essai!; **just you** ~! essaie donc un peu!, essaie un peu pour voir!*; **I didn't even** ~ (to) je n'ai même pas essayé; **to** ~ **for a job/a scholarship** essayer d'obtenir un poste/une bourse.
♦ **try on 1** *vt sep* (a) *garment, shoe* essayer.
(b) (*) **to try it on with sb** essayer de voir jusqu'où on peut pousser qn; **he's trying it on** il essaie de voir jusqu'où il peut aller (*fig*); **he's trying it on to see how you'll react** il essaie de voir comment tu vas réagir; **don't try anything on!** ne fais pas le malin!
2 try-on* *n* V **try 2**.
♦ **try out 1** *vt sep machine, new material* essayer, faire l'essai de; *new drug, new recipe, method, solution* essayer; *new teacher, employee etc* mettre à l'essai. **try it out on the cat first** essaie d'abord de voir quelle est la réaction du chat.
2 tryout *n* V **try 2**.
♦ **try over** *vt sep* (*Mus*) essayer.

trying ['traɪɪŋ] *adj person* fatigant, pénible; *work* ennuyeux, fastidieux, pénible; *experience* pénible, douloureux. **to have a** ~ **time** passer un (*or* des) moment(s) difficile(s) *or* pénible(s); (*longer*) avoir une mauvaise période.

tryst†† [trɪst] *n* rendez-vous *m* (d'amour).

tsar [zɑːr] *n* tsar *m*.

tsarina [zɑːˈriːnə] *n* tsarine *f*.

tsetse fly ['tsetsɪflaɪ] *n* mouche *f* tsé-tsé *inv*.

T T [tiːˈtiː] **1** *adj* (a) *abbr of* **teetotal**. (b) *abbr of* **tuberculin tested**; V **tuberculin**. **2** (*US Post*) *abbr of* **Trust Territory**; V **trust**.

TU [tiːˈjuː] *n abbr of* **Trade(s) Union**; V **trade**.

tub [tʌb] **1** *n* (*gen, also in washing machine*) cuve *f*; (*for washing clothes*) baquet *m*; (*for flowers*) bac *m*; (*also* **bath**~) tub *m*, (*in bathroom*) baignoire *f*; (*: boat*) sabot* *m*, rafiau* *m or* rafiot* *m*; (*for cream etc*) (petit) pot *m*. (*Brit*) **to have a** ~* prendre un bain (*or* un tub).
2 *cpd*: (*Brit fig*) **tub-thumper** orateur *m* démagogue; (*Brit fig*) **tub-thumping** (*n: U*) démagogie *f*; (*adj*) démagogique.

tuba ['tjuːbə] *n* tuba *m*.

tubby* ['tʌbɪ] *adj* rondelet, dodu, replet (*f* -ète) (*esp of woman*).

tube [tjuːb] **1** *n* (*gen, Anat, Telec, TV*) tube *m*; *[tyre]* chambre *f* à air.

(*Brit: the underground*) the ~ le métro; (*Brit*) **to go by** ~ prendre le métro; (*television*) the ~* la télé*; *V* **inner** *etc*.
 2 *cpd*: (*Brit*) **tube station** station *f* de métro.
tubeless ['tjuːblɪs] *adj tyre* sans chambre à air.
tuber ['tjuːbəʳ] *n* (*Bot, Anat*) tubercule *m*.
tubercle ['tjuːbɜːkl] *n* (*Anat, Bot, Med*) tubercule *m*.
tubercular [tjʊˈbɜːkjʊləʳ] *adj* (*Anat, Bot, Med*) tuberculeux.
tuberculin [tjʊˈbɜːkjʊlɪn] *n* tuberculine *f*. ~**-tested cows** vaches tuberculinisées; ~**-tested milk** ≃ lait certifié.
tuberculosis [tjʊ,bɜːkjʊˈləʊsɪs] *n* tuberculose *f*. **he's got** ~ il a la tuberculose, il est tuberculeux; ~ **sufferer** tuberculeux *m*, -euse *f*.
tuberculous [tjʊˈbɜːkjʊləs] *adj* = **tubercular**.
tubing ['tjuːbɪŋ] *n* (*U*) (*tubes collectively*) tubes *mpl*, tuyaux *mpl*; (*substance*) tube, tuyau. **rubber** ~ tube *or* tuyau en caoutchouc.
tubular ['tjuːbjʊləʳ] *adj* tubulaire. (*Mus*) ~ **bells** carillon *m* (d'orchestre).
tubule ['tjuːbjʊl] *n* (*Anat*) tube *m*.
TUC [tiːjuːˈsiː] *n* (*Brit: abbr of* **Trades Union Congress**) TUC *m* (*fédération des syndicats britanniques*).
tuck [tʌk] **1** *n* (**a**) (*Sewing etc*) rempli *m*. **to put** *or* **take a** ~ **in sth** faire un rempli dans qch.
  (**b**) (*Brit Scol: U: food*) boustifaille‡ *f*.
 2 *cpd*: (*Brit Scol*) **tuckbox** boîte *f* à provisions; **tuck-in*** bon repas, festin *m* (*hum*); **they had a (good) tuck-in*** ils ont vraiment bien mangé; (*Brit Scol*) **tuck-shop** comptoir *m* *or* boutique *f* à provisions.
 3 *vt* (**a**) (*gen*) mettre. **to** ~ **a blanket round sb** envelopper qn dans une couverture; **he** ~**ed the book under his arm** il a mis *or* rangé le livre sous son bras; **he** ~**ed his shirt into his trousers** il a rentré sa chemise dans son pantalon; **he was sitting with his feet** ~**ed under him** il avait les pieds repliés sous lui.
  (**b**) (*Sewing*) faire un rempli dans.
 4 *vi*: **to** ~ **into a meal*** attaquer un repas.
◆**tuck away** *vt sep* (**a**) (*put away*) mettre, ranger. **tuck it away out of sight** cache-le; **the hut is tucked away among the trees** la cabane se cache *or* est cachée *or* est perdue parmi les arbres.
  (**b**) (*: eat*) bouffer‡.
◆**tuck in 1** *vi* (*: eat*) (bien) boulotter*. **tuck in!** allez-y, mangez!
 2 *vt sep shirt, flap, stomach* rentrer; *bedclothes* border. **to tuck sb in** border qn.
 3 tuck-in* *n V* **tuck 2**.
◆**tuck under** *vt sep flap* rentrer.
◆**tuck up** *vt sep skirt, sleeves* remonter; *hair* relever; *legs* replier. **to tuck sb up (in bed)** border qn (dans son lit).
tucker¹† ['tʌkəʳ] *n* (*Dress*) fichu *m*; *V* **bib**.
tucker²* ['tʌkəʳ] *vt* (*US*) fatiguer, crever*. ~**ed (out)*** épuisé, éreinté, vanné.
Tudor ['tjuːdəʳ] *adj* (*Archit*) Tudor *inv*; *period* des Tudors; *V* **stock-broker**.
Tue(s). *abbr of* **Tuesday**.
Tuesday ['tjuːzdɪ] *n* mardi *m*; *V* **shrove**; *for other phrases V* **Saturday**.
tufa ['tjuːfə] *n* tuf *m* calcaire.
tuffet ['tʌfɪt] *n* [*grass*] touffe *f* d'herbe; (*stool*) (petit) tabouret *m*.
tuft [tʌft] *n* touffe *f*. (*Orn*) ~ **of feathers** huppe *f*, aigrette *f*; ~ **of hair** (*on top of head*) épi *m*; (*anywhere on head*) touffe de cheveux.
tufted ['tʌftɪd] *adj grass* en touffe; *bird* huppé. ~ **duck** (fuligule *m*) morillon *m*.
tug [tʌg] **1** *n* (**a**) (*pull*) (petite) saccade *f*, (petit) coup *m*. **to give sth a** ~ tirer sur qch; **I felt a** ~ **at my sleeve/on the rope** j'ai senti qu'on me tirait par la manche/qu'on tirait sur la corde; (*fig*) **parting with them was quite a** ~ les quitter a été un vrai déchirement.
  (**b**) (*also* ~**boat**) remorqueur *m*.
 2 *cpd*: **tug-of-love*** *lutte acharnée entre les parents pour avoir la garde d'un enfant*; **tug-of-war** (*Sport*) lutte *f* à la corde; (*fig*) lutte (acharnée *or* féroce).
 3 *vt* (*pull*) *rope, sleeve etc* tirer sur; (*drag*) tirer, traîner; (*Naut*) remorquer. **to** ~ **sth up/down** faire monter/faire descendre qch en le tirant *or* traînant.
 4 *vi* tirer fort *or* sec (*at, on* sur).
tuition [tjʊˈɪʃən] *n* (*U*) cours *mpl*. **private** ~ cours *mpl* particuliers (*in* de); (*Scol etc*) ~ **fees** frais *mpl* de scolarité.
tulip ['tjuːlɪp] *n* tulipe *f*. ~ **tree** tulipier *m*.
tulle [tjuːl] *n* tulle *m*.
tumble ['tʌmbl] **1** *n* (**a**) (*fall*) chute *f*, culbute *f*; [*acrobat etc*] culbute, cabriole *f*. **to have** *or* **take a** ~ faire une chute *or* une culbute; (*fig*) **they had a** ~ **in the hay** ils ont folâtré dans le foin.
  (**b**) (*confused heap*) amas *m*. **in a** ~ en désordre.
 2 *cpd*: **tumbledown** en ruine(s), délabré; **tumbledry** faire sécher dans le sèche-linge; **tumbledryer** séchoir rotatif; **tumbleweed** (espèce *f* d')amarante *f*.
 3 *vi* (**a**) (*fall*) faire une chute, tomber, dégringoler; (*trip*) trébucher (*over* sur); (*fig*) [*person, ruler etc*] faire la culbute; [*acrobat etc*] faire des culbutes *or* des cabrioles. **he** ~**d out of bed** il est tombé du lit (*V also* **3b**); **to** ~ **head over heels** faire la culbute, culbuter; **to** ~ **downstairs** culbuter *or* dégringoler dans l'escalier; **he** ~**d over a chair** il a trébuché sur une chaise; **he** ~**d over the cliff/into the river** il est tombé du haut de la falaise/dans la rivière; **the clothes** ~**d out of the cupboard** la pile de vêtements a dégringolé quand on a ouvert le placard.
  (**b**) (*rush*) se jeter. **he** ~**d into bed** il s'est jeté au lit; **he** ~**d out of bed** il a bondi hors du lit; **they** ~**d out of the car** ils ont déboulé de la voiture.
  (**c**) (*Brit* fig: *realize*) **to** ~ **to sth** réaliser* qch; **then I** ~**d (to it)** c'est alors que j'ai pigé*.
 4 *vt* (**a**) *pile, heap* renverser, faire tomber, faire culbuter; *hair* ébouriffer; *books, objects* jeter en tas *or* en vrac.

  (**b**) [*washing machine*] faire tourner (dans un tambour).
◆**tumble about, tumble around 1** *vi* [*puppies, children*] gambader, s'ébattre, folâtrer; [*acrobat*] cabrioler.
 2 *vt sep books, objects* mélanger.
◆**tumble down 1** *vi* [*person*] faire une chute *or* une culbute, culbuter. [*building etc*] **to be tumbling down** tomber en ruine(s), menacer ruine.
 2 tumbledown *adj V* **tumble 2**.
◆**tumble out 1** *vi* [*objects, contents*] tomber en vrac, s'éparpiller.
 2 *vt sep objects, contents* faire tomber en vrac.
◆**tumble over 1** *vi* culbuter.
 2 *vt sep* renverser, faire tomber, faire culbuter.
tumbler ['tʌmbləʳ] *n* (*glass*) verre *m* (droit); (*of plastic, metal*) gobelet *m*; (*in lock*) gorge *f* (de serrure); (*tumble dryer*) tambour *m* *or* séchoir *m* (à linge) à air chaud; (*Tech etc: revolving drum*) tambour rotatif; (*acrobat*) acrobate *mf*; (*pigeon*) pigeon culbutant.
tumbrel ['tʌmbrəl] *n*, **tumbril** ['tʌmbrɪl] *n* tombereau *m*.
tumefaction [,tjuːmɪˈfækʃən] *n* tuméfaction *f*.
tumescent [tjuːˈmesnt] *adj* tumescent.
tumid ['tjuːmɪd] *adj* (*Med*) tuméfié; (*fig*) ampoulé.
tummy* ['tʌmɪ] *n* ventre *m*. ~**ache** mal *m* de ventre.
tumour, (*US*) **tumor** ['tjuːməʳ] *n* tumeur *f*.
tumuli ['tjuːmjʊlaɪ] *npl of* **tumulus**.
tumult ['tjuːmʌlt] *n* (*uproar*) tumulte *m*; (*emotional*) émoi *m*. **in a** ~ **dans le tumulte**; (*emotionally*) en émoi.
tumultuous [tjuːˈmʌltjʊəs] *adj* (*gen*) tumultueux; *welcome* débordant; *applause, cheers* frénétique.
tumultuously [tjuːˈmʌltjʊəslɪ] *adv* tumultueusement.
tumulus ['tjuːmjʊləs] *n, pl* **tumuli** tumulus *m*.
tun [tʌn] *n* fût *m*, tonneau *m*.
tuna ['tjuːnə] *n* (*also* ~ **fish**) thon *m*; *V* **blue**, **long**.
tundra ['tʌndrə] *n* toundra *f*.
tune [tjuːn] **1** *n* (**a**) (*melody*) air *m*. **he gave us a** ~ **on the piano** il nous a joué un air au piano; **there's not much** ~ **to it** ce n'est pas très mélodieux; **to the** ~ **of** *sing* sur l'air de; *march, process* aux accents de; (*fig*) *repairs etc* **to the** ~ **of £30** réparations *etc* s'élevant à la coquette somme de 30 livres; (*fig*) **to change one's** ~, **to sing another** ~ changer de ton; (*fig*) **to call the** ~ (*give orders*) commander; (*take decisions*) décider.
  (**b**) (*U*) **to be in** ~ [*instrument*] être accordé; [*singer*] chanter juste; **to be out of** ~ [*instrument*] être désaccordé; [*singer*] chanter faux; **to sing/play in** ~ chanter/jouer juste; **to sing/play out of** ~ chanter/jouer faux; (*fig*) **to be in/out of** ~ **with** être en accord/désaccord avec.
 2 *cpd*: (*Aut*) **tune-up** réglage *m*, mise *f* au point.
 3 *vt* (*Mus*) accorder; (*Rad, TV: also* ~ **in**) régler (*to* sur); (*Aut*) régler, mettre au point. (*Rad*) **you are** ~**d (in) to ...** vous êtes à l'écoute de ... ; *V* **stay¹**.
◆**tune in** (*Rad, TV*) **1** *vi* se mettre à l'écoute (*to* de). **tune in again tomorrow** soyez de nouveau à l'écoute demain; **thousands tuned in** des milliers de gens ont pris l'écoute *or* ont branché leurs postes (*to see/hear* pour voir/écouter).
 2 *vt sep* régler (*to* sur). (*fig*) **he is/isn't tuned in‡** il est/n'est pas dans la course*; *V also* **tune 3**.
◆**tune out*** (*US* fig) **1** *vi* faire la sourde oreille.
 2 *vt sep* (**a**) ne pas faire attention à, faire la sourde oreille à.
  (**b**) **he's tuned out** il n'est pas branché*.
◆**tune up 1** *vi* (*Mus*) accorder son (*or* ses) instrument(s).
 2 *vt sep* (*Mus*) accorder; (*Aut*) mettre au point.
 3 tune-up *n V* **tune 2**.
tuneful ['tjuːnfʊl] *adj voice, music, instrument, opera* mélodieux; *singer* à la voix mélodieuse.
tunefully ['tjuːnfəlɪ] *adv* mélodieusement.
tunefulness ['tjuːnfʊlnɪs] *n* (*V* **tuneful**) caractère mélodieux; voix mélodieuse.
tuneless ['tjuːnlɪs] *adj* peu mélodieux, discordant.
tunelessly ['tjuːnlɪslɪ] *adv sing, play* faux.
tuner ['tjuːnəʳ] **1** *n* (*person*) accordeur *m*; (*Rad: also* **stereo** ~) syntonisateur *m*; (*knob*) bouton *m* de réglage; *V* **piano**. **2** *cpd*: **tuner amplifier** radio-ampli *m*.
tungsten ['tʌŋstən] *n* (*U*) tungstène *m*. ~ **lamp/steel** lampe *f*/acier *m* au tungstène.
tunic ['tjuːnɪk] *n* tunique *f*.
tuning ['tjuːnɪŋ] **1** *n* (*Mus*) accord *m*; (*Rad, TV*) réglage *m*; (*Aut*) réglage(s), mise *f* au point. **2** *cpd*: (*Mus*) **tuning fork** diapason *m*; (*Rad etc*) **tuning knob** bouton *m* de réglage.
Tunis ['tjuːnɪs] *n* Tunis.
Tunisia [tjuːˈnɪzɪə] *n* Tunisie *f*.
Tunisian [tjuːˈnɪzɪən] **1** *adj* tunisien. **2** *n* Tunisien(ne) *m(f)*.
tunnel ['tʌnl] **1** *n* (*gen, Rail*) tunnel *m*; (*Min*) galerie *f*. **to make a** ~ = **to tunnel** (*V 3*); *V also* **channel**.
 2 *cpd*: (*Phys*) ~ **effect** effet *m* tunnel; (*Opt*) **tunnel vision** rétrécissement *m* du champ visuel; (*fig*) **to have tunnel vision** avoir une vision étroite des choses, avoir des vues étroites.
 3 *vi* [*people, rabbits etc*] percer *or* creuser un *or* des tunnel(s) *or* des galeries (*into* dans, *under* sous). **to** ~ **in/out** *etc* entrer/sortir *etc* en creusant un tunnel.
 4 *vt* percer *or* creuser un *or* des tunnel(s) dans. **a mound** ~**led by rabbits** un monticule dans lequel les lapins ont percé *or* creusé des galeries; **shelters** ~**led out of the hillside** des abris creusés à flanc de colline; **to** ~ **one's way in** *etc* = **to tunnel in** *etc* (*V 3*).
tunny ['tʌnɪ] *n* = **tuna**.
tuppence ['tʌpəns] *n* (*abbr of* **twopence**) deux pence *mpl*. (*fig*) **it's not worth** ~* ça ne vaut pas un radis*; **I don't care** ~* je m'en fiche (*comme de l'an quarante*)*.
tuppenny ['tʌpənɪ] *adj* (*abbr of* **twopenny**) à *or* de deux pence. (*fig*) ~**-ha'penny** de rien du tout*, de deux sous.

turban ['tɜːbən] n turban m.
turbid ['tɜːbɪd] adj turbide.
turbidity [tɜː'bɪdɪtɪ] n turbidité f.
turbine ['tɜːbaɪn] n turbine f. **steam/gas** ~ turbine à vapeur/à gaz.
turbo... ['tɜːbəʊ] pref turbo.... (Aut) ~ **engine** moteur m turbo.
turbocharged ['tɜːbəʊˌtʃɑːdʒd] adj: ~ **engine** moteur m turbo.
turbofan ['tɜːbəʊˌfæn] n (fan) turbofan m; (also ~ **engine**) turbofan m, turboventilateur m.
turbogenerator ['tɜːbəʊˌdʒenəreɪtər] n turbogénérateur m.
turbojet ['tɜːbəʊˈdʒet] n (also ~ **engine**) turboréacteur m; (also ~ **aircraft**) avion m à turboréacteur.
turboprop ['tɜːbəʊˈprɒp] n (also ~ **engine**) turbopropulseur m; (also ~ **aircraft**) avion m à turbopropulseur.
turbosupercharger [ˌtɜːbəʊˈsuːpətʃɑːdʒər] n turbocompresseur m de suralimentation.
turbot ['tɜːbət] n turbot m.
turbulence ['tɜːbjʊləns] n (U) turbulence f (also Aviat); [waves, sea] agitation f.
turbulent ['tɜːbjʊlənt] adj crowd, class, passions, person, personality, mood turbulent; waves, sea agité.
turd✱ [tɜːd] n merde✱ f; (person) con✱ m, couillon✱ m.
tureen [təˈriːn] n soupière f.
turf [tɜːf] 1 n (U: grass) gazon m; (one piece) motte f de gazon; (U: peat) tourbe f; (Sport) turf m. (Sport) **the t**~ le turf.
  (b) (US✱) [gang etc] territoire m or secteur m réservé. [prostitute] **on the** ~✱ sur le trottoir✱.
  2 cpd: (Brit) **turf accountant** bookmaker m.
  3 vt (a) (also ~ **over**) land gazonner.
  (b) (Brit✱) (throw) balancer✱, jeter; (push) pousser; (put) mettre, flanquer✱.
◆**turf in**✱ vt sep (Brit) objects balancer✱ dedans. (fig: give up) **he turfed it all in**✱ il a tout laissé tomber✱.
◆**turf out**✱ vt sep (Brit) objects sortir; (throw away) bazarder✱; person flanquer à la porte✱, virer✱; (✱) suggestion démolir✱.
Turgenev [tʊrˈgeɪnɪv] n Tourgueniev m.
turgid ['tɜːdʒɪd] adj turgide; (fig) style, language boursouflé, ampoulé.
Turin ['tʊərɪn] n Turin. **the** ~ **Shroud** le suaire de Turin.
Turk [tɜːk] n Turc m, Turque f. (fig: esp Pol) **young** ~ jeune Turc.
Turkey ['tɜːkɪ] n Turquie f.
turkey ['tɜːkɪ] 1 n (a) dindon m, dinde f; (Culin) dinde. (US fig) **to talk** ~✱ parler net or franc; V **cold**. (b) (US Theat✱: flop) four✱ m. (c) (✱: awkward person) balourd m. **2** cpd: **turkey buzzard** vautour m aura; **turkey cock** dindon m.
Turkish ['tɜːkɪʃ] 1 adj turc (f turque). 2 cpd: **Turkish bath** bain turc; (Culin: U) **Turkish delight** lo(u)koum m; **Turkish towel** serviette f éponge inv; (U) **Turkish towelling** tissu m éponge (U). **3** n (Ling) turc m.
Turkmen ['tɜːkmen] n: ~ **SSR** RSS f du Turkmenistan.
turmeric ['tɜːmərɪk] n (U) curcuma m, safran m des Indes.
turmoil ['tɜːmɔɪl] n agitation f, trouble m; (emotional) trouble, émoi m. **everything was in a** ~ c'était le bouleversement or le chambardement✱ le plus complet.
turn [tɜːn] 1 n (a) (movement: of wheel, handle etc) tour m. **to give sth a** ~ tourner qch (une fois); **to give a screw a** ~ donner un tour de vis; **with a** ~ **of his head he could see** ... en tournant la tête il voyait ...; (Culin) **done to a** ~ à point; V **hand**.
  (b) (change: of direction, condition) tournure f; (bend: in road etc) tournant m, virage m; (Ski) virage m. **to make a** ~ [person, vehicle] tourner; [road, ship] virer; '**no left** ~' 'défense de tourner à gauche'; **take the next left** ~ prenez la prochaine (route) à gauche; (walk) **to go for** or **take a** ~ **in the park** aller faire un tour dans le parc; **the milk is on the** ~ le lait commence à tourner; **at the** ~ **of the century** en début (or en fin) de siècle; (specifically) **fin dix-neuvième** et début vingtième etc; **at the** ~ **of the year** vers la fin de l'année, en fin d'année; (fig) **at every** ~ à tout instant; **things took a new** ~ les choses ont pris une nouvelle tournure; **events took a tragic** ~ les événements ont pris un tour or une tournure tragique; [events] **to take a** ~ **for the worse** s'aggraver; **to take a** ~ **for the better** s'améliorer; **the patient took a** ~ **for the worse/better** l'état du malade s'est aggravé/amélioré; V **tide**.
  (c) (Med: crisis) crise f, attaque f; (fright) coup m. **he had one of his** ~**s last night** il a eu une nouvelle crise or attaque la nuit dernière; **she has giddy** ~**s** elle a des vertiges; **it gave me quite a** ~✱, **it gave me a nasty** ~✱ ça m'a fait un coup✱.
  (d) (action etc) **to do sb a good** ~ rendre un service à qn; **to do sb a bad** ~ jouer un mauvais tour à qn; **that's my good** ~ **for the day** j'ai fait ma bonne action or B.A.✱ pour la journée; (Prov) **one good** ~ **deserves another** un prêté pour un rendu (Prov); **it has served its** ~ ça a fait son temps.
  (e) (esp Brit: Theat etc) numéro m. **to do a** ~ faire un numéro; V **star**.
  (f) (Mus) doublé m.
  (g) (in game, queue, series) tour m. **it's your** ~ c'est votre tour, c'est à vous; **it's your** ~ **to play** (c'est à vous de jouer; **whose** ~ **is it?** (gen) c'est à qui le tour?; (in game) c'est à qui de jouer?, c'est à qui le tour?; **wait your** ~ attendez votre tour; **they answered in** ~ ils ont répondu chacun à leur tour, ils ont répondu à tour de rôle; **they played in** ~ or **by** ~**s** ils ont joué à tour de rôle; **I feel hot and cold by** ~**s** or **in** ~ j'ai tour à tour trop chaud et trop froid; **and he, in** ~, **said...** et lui, à son tour, a dit...; (answering) et lui, il a répliqué ...; ~ **(and)** ~ **about** à tour de rôle; **to take it** ~ **(and** ~**) about to do sth, to take** ~**s at doing sth, to take it in** ~**(s) to do sth** faire qch à tour de rôle; **take it in** ~**s!** chacun son tour!; **to take** ~**s at the wheel** se relayer au volant; **to take a** ~ **at the wheel** faire un bout de conduite✱; (Mil etc) ~ **of duty** tour m de garde or de service; (fig) **to speak** or **talk out of** ~ commettre une indiscrétion.

  (h) (tendency etc) tendance f, tournure f d'esprit, mentalité f. **to be of** or **have a scientific** ~ **of mind** avoir l'esprit or une tournure d'esprit scientifique; **to be of** or **have a cheerful** ~ **of mind** être d'une disposition or d'une nature joyeuse; **to have a strange** ~ **of mind** avoir une mentalité bizarre; ~ **of phrase**, ~ **of style** tournure, tour m de phrase; **there's an old-fashioned** ~ **to her speech** sa façon de parler a un tour démodé; **to have a good** ~ **of speed** être rapide.
  2 cpd **turnabout** V **turnabout**; **turnaround** V **turnaround**; **turncoat** renégat(e) m(f); **turndown** V **turndown**; **turnkey** geôlier m, -ière f; **turnoff** V **turnoff**; **turn-on** V **turn-on**; **turnout** V **turnout**; **turnover** V **turnover**; **turnpike** (barrier) barrière f de péage; (US: road) autoroute f à péage; **turnround** = **turnaround**; (US Aut) **turn signal** clignotant m; **turnstile** tourniquet m (barrière); **turntable** [record player] platine f; (for trains, cars etc) plaque tournante; **turntable ladder** échelle pivotante; **turn-up** V **turn-up**.
  3 vt (a) handle, knob, screw, key, wheel tourner; (mechanically etc) faire tourner. ~ **it to the left** tournez-le vers la gauche; ~ **the wheel right round** faites faire un tour complet à la roue; **what** ~**s the wheel?** qu'est-ce qui fait tourner la roue?; (Aut) **he** ~**ed the wheel sharply** il a donné un brusque coup de volant; **you can** ~ **it through 90°** on peut le faire pivoter de 90°; ~ **the key in the lock** ferme (la porte) à clef; V **somersault**.
  (b) page tourner; mattress, pillow, collar, the soil, steak, record retourner. **to** ~ **one's ankle** se tordre la cheville; **it** ~**s my stomach** cela me soulève le cœur, cela m'écœure; V **inside**, **upside down**.
  (c) (change position of, direct) car, object tourner (towards vers); gun, hose, searchlight braquer (on sb sur qn); thoughts, attention tourner, diriger (towards vers). **to** ~ **a picture to the wall** tourner un tableau face au mur; ~ **the switch to 'on'** ouvrez le commutateur; ~ **the knob to 'high'** tournez le bouton jusqu'à 'fort'; ~ **it to 'wash'** mettez-le en position 'lavage'; **to** ~ **the lights low** baisser les lumières; ~ **your face this way** tourne le visage de ce côté-ci; **he** ~**ed his back on us** (lit) il nous a tourné le dos; (fig) il s'est mis à nous battre froid; **he** ~**ed his back on the past** il a tourné la page (fig); **as soon as he** ~**s his back, as soon as his back is** ~**ed** dès qu'il a le dos tourné; **without** ~**ing a hair** sans sourciller, sans broncher; (fig) **to** ~ **the other cheek** tendre l'autre joue; **he** ~**ed his hand to writing** il s'est mis à écrire; **he can** ~ **his hand to anything** il sait tout faire; (fig) **I'm trying to** ~ **an honest penny** j'essaie de me faire de l'argent honnêtement; (fig) **to** ~ **the tables** renverser les rôles, retourner la situation (on sb aux dépens de qn); **he** ~**ed his steps to the sea** il a dirigé ses pas vers la mer; **they** ~**ed his argument against him** ils ont retourné son raisonnement contre lui; **they** ~**ed him against his father** ils l'ont fait se retourner contre or ils l'ont monté contre son père; V **account**, **advantage**, **heat** etc.
  (d) (deflect) blow parer, détourner. **he** ~**ed the beggar from the door** il a chassé le mendiant; **nothing will** ~ **him from his purpose** rien ne l'écartera or ne le détournera de son but; **to** ~ **sb from doing sth** dissuader qn de faire.
  (e) (shape) wood, metal tourner. **a well-**~**ed leg** une jambe faite au tour; (fig) **well-**~**ed phrase** expression bien tournée.
  (f) (go round) **to** ~ **the corner** (lit) tourner au or le coin de la rue; (fig) passer le moment critique; [patient] passer le cap; **he has** or **is** ~**ed 40** il a 40 ans passés; **it's** ~**ed 3 o'clock** il est 3 heures passées.
  (g) (transform) changer, transformer (into en); (translate) traduire (into en); milk faire tourner. **she** ~**ed him into a frog** elle l'a changé en grenouille; **they** ~**ed the land into a park** ils ont transformé le terrain en parc; **the experience** ~**ed him into an old man** cette expérience a fait de lui un vieillard; **an actor** ~**ed writer** un acteur devenu écrivain; (fig) ~ **your talents into hard cash** faites travailler vos talents pour vous; **to** ~ **a book into a play/film** adapter un livre pour la scène/l'écran; **to** ~ **verse into prose** mettre de la poésie en prose; **to** ~ **sth black** noircir qch; **it** ~**ed him green with envy** cela l'a fait verdir de jalousie, il en était vert de jalousie; **we were** ~**ed sick by the sight** le spectacle nous a rendus malades; **to** ~ **a boat adrift** faire partir un bateau à la dérive; V **loose** etc.
  4 vi (a) (move round, rotate, revolve) [handle, knob, wheel, screw, key] tourner; [person] se tourner (to, towards vers), (right round) se retourner. ~ **to face me** tourne-toi vers moi; **he** ~**ed and saw me** il s'est retourné et m'a vu; **he** ~**ed to me and smiled** il s'est tourné vers moi et a souri; **he** ~**ed to look at me** il s'est retourné pour me regarder; **he** ~**ed to lie on his other side** il s'est tourné pour changer de côté; **the earth** ~**s on its axis** la terre tourne autour de son axe; (fig) **my head is** ~**ing** j'ai la tête qui tourne; **his stomach** ~**ed at the sight** le spectacle lui a retourné l'estomac or soulevé le cœur; (depend) **to** ~ **on sth** dépendre de qch, reposer sur qch; **it all** ~**s on whether he has the money** tout dépend s'il a l'argent ou non; **to** ~ **tail** (and run) prendre ses jambes à son cou; **he would** ~ **in his grave if he knew** ... il se retournerait dans sa tombe s'il savait ...; V **toss**, **turtle**.
  (b) (move in different direction) [person, vehicle, aircraft] (change course) tourner; (reverse direction) faire demi-tour; [ship] virer; [road, river] tourner; [wind] tourner, changer; [tide] changer de direction. (Mil) **right** ~**!** à droite, droite!; **to** ~ **(to the) left** tourner à gauche; ~ **first right** prenez la première à droite; **they** ~**ed and came back** ils ont fait demi-tour or fait volte-face et ils sont revenus (sur leurs pas); **the car** ~**ed at the end of the street** (turned round) la voiture a fait demi-tour au bout de la rue; (turned off) la voiture a tourné au bout de la rue; (Aut) **there's nowhere to** ~ il n'y a pas d'endroit où faire demi-tour; **the car** ~**ed into a side street** la voiture a tourné dans une rue transversale; **our luck has** ~**ed** la chance a tourné pour nous; **the conversation** ~**ed on the**

election la conversation en est venue à l'élection; **the dog ~ed on him** le chien l'a attaqué; **they ~ed on him and accused him of treachery** ils s'en sont pris à lui et l'ont accusé de trahison; (*fig*) **to ~ against sb** se retourner contre qn; (*fig*) **he didn't know which way to ~** il ne savait plus où donner de la tête; **he ~ed to me for advice** il s'est tourné vers *or* adressé à moi pour me demander conseil; **where can I ~ for money?** où pourrais-je trouver de l'argent?; **he ~ed to politics** il s'est tourné vers la politique; **he ~ed to drink** il s'est mis à boire; **our thoughts ~ to those who ...** nos pensées vont à *or* se tournent vers ceux qui ...; *V* **tide.**

(c) (*become*) **to ~ into** devenir; **he ~ed into a frog** il se changea *or* se métamorphosa en grenouille; **he ~ed into an old man overnight** il est devenu vieux en l'espace d'une nuit; **to ~ to stone** se changer en pierre, se pétrifier; **his admiration ~ed to scorn** son admiration se changea en *or* tourna au *or* fit place au mépris; (*fig*) **his knees ~ed to water** *or* **jelly** ses genoux se sont dérobés sous lui; **the weather has ~ed cold** le temps s'est rafraîchi; **to ~ black** noircir; **to ~ angry** se mettre en colère; **to ~ traitor** (*Mil, Pol*) se vendre à l'ennemi; (*gen*) **he ~ed to** se mettre à trahir; **to ~ communist** devenir communiste; **to ~ Catholic** se convertir au catholicisme; **to ~ professional** passer *or* devenir professionnel.

(d) [*leaves*] jaunir; [*milk*] tourner; [*weather*] changer.

♦**turn about, turn around 1** *vi* [*person*] se retourner, faire volteface; [*vehicle*] faire demi-tour; [*object*] tourner. (*Mil*) **about turn!** demi-tour!

2 *vt sep* (a) (*lit*) tourner (dans l'autre sens).

(b) (*fig*) (*change mind, tactics etc*) **to turn sb around** faire changer d'avis à qn; **to turn things around** renverser la situation.

3 turnabout *n*, **turnaround** *n V* **turnabout, turnaround.**

♦**turn aside 1** *vi* (*lit, fig*) se détourner (*from* de).

2 *vt sep* détourner.

♦**turn away 1** *vi* se détourner (*from* de).

2 *vt sep* (a) *head, face, eyes, gun* détourner. **turn the photograph away from the light** tourne la photographie de telle façon qu'elle ne soit pas exposée à la lumière.

(b) (*reject*) *person* (*gen*) renvoyer, (*stronger*) chasser; *salesman at door* envoyer promener; *offer* refuser, rejeter. **they're turning business** *or* **customers away** ils refusent des clients.

♦**turn back 1** *vi* (a) [*traveller*] revenir, rebrousser chemin, faire demi-tour; [*vehicle*] faire demi-tour.

(b) **to turn back to page 100** revenir à la page 100.

2 *vt sep* (a) (*fold, bend*) *bedclothes, collar* rabattre; *corner of page* relever, replier.

(b) (*send back*) *person, vehicle* faire faire demi-tour à.

(c) *clock, hands of clock* reculer (*to* jusqu'à). (*fig*) **if only we could turn the clock back** si seulement on pouvait remonter le (cours du) temps; **it has turned the clock back 50 years** cela nous (*or* vous *etc*) a fait revenir en arrière de 50 ans.

♦**turn down 1** *vt sep* (a) (*fold, bend*) *bedclothes* rabattre, retourner; *collar* rabattre. **to turn down the corner of the page** corner la page.

(b) (*reduce*) *gas, heat, lighting, radio, music* baisser.

(c) (*refuse*) *offer, suggestion, loan, suitor* rejeter, repousser; *candidate, volunteer* refuser.

(d) (*place upside down*) *playing card* retourner (face contre table).

2 turndown *n*, *adj V* **turndown.**

♦**turn in 1** *vi* (a) [*car, person*] **to turn in to a driveway** entrer *or* tourner dans une allée.

(b) **his toes turn in** il a les pieds tournés en dedans.

(c) (*: go to bed*) aller se coucher.

2 *vt sep* (a) **to turn in the ends of sth** rentrer les bouts de qch; **to turn one's toes in** tourner les pieds en dedans.

(b) (*: surrender, return*) *borrowed goods, equipment* rendre (*to* à); *wanted man* livrer (à la police); *stolen goods* apporter à la police.

♦**turn off 1** *vi* [*person, vehicle*] tourner.

(b) [*heater, oven etc*] **to turn off automatically** s'éteindre automatiquement.

2 *vt sep* *water* fermer; *tap* fermer; *light* éteindre; *electricity, gas* éteindre, fermer, (*at main*) *all services* couper; *radio, television, heater* éteindre, fermer, arrêter. (*Rad, TV*) **he turned the programme off** il a fermé *or* éteint le poste; (*Aut*) **to turn off the engine** couper l'allumage, arrêter le moteur; **the oven turns itself off** le four s'éteint tout seul *or* automatiquement; (*fig*) **the way he smiled turned me off*** sa façon de sourire m'a totalement rebuté *or* (*stronger*) m'a dégoûté*.

3 turn-off *n V* **turn-off.**

♦**turn on 1** *vi* (a) [*heater, oven etc*] **to turn on automatically** s'allumer automatiquement.

(b) (*Rad, TV*) allumer le poste.

2 *vt sep* (a) *tap* ouvrir; *water* faire couler; *gas, electricity* allumer; *radio, television, heater* allumer; (*at main*) *all services* brancher; *engine, machine* mettre en marche. **to turn on the light** allumer; (*fig*) **to turn on the charm*** (se mettre à) faire du charme*.

(b) (*: excite: gen*) exciter. **she ~s him on** elle l'excite; **this music turns me on*** cette musique me fait quelque chose*; (*fig*) **to be turned on*** (*up-to-date*) être branché* *or* dans le vent; (*by drugs*) planer*; (*sexually*) être (tout) excité *or* émoustillé* (*by* par).

3 turn-on* *n V* **turn-on.**

♦**turn out 1** *vi* (a) (*from bed*) se lever; (*from house*) sortir; [*guard*] (aller) prendre la faction; [*troops etc*] aller au rassemblement. **not many people turned out to see her** peu de gens sont venus la voir.

(b) [*car, pedestrian*] **to turn out of a driveway** sortir d'une allée.

(c) **his toes turn out** il tourne les pieds en dehors, il a les pieds en canard.

(d) (*transpire; end*) se révéler, s'avérer. **it turned out that she** had not seen her il s'est avéré qu'elle ne l'avait pas vue; **it turned out to be true** cela s'est avéré juste; **it turned out to be wrong** cela s'est révélé faux; **it turned out to be harder than we thought** cela s'est révélé *or* avéré plus difficile que l'on ne pensait; **he turned out to be a good student** il s'est révélé bon étudiant; **as it turned out, nobody came** en l'occurrence *or* en fin de compte personne n'est venu; **it all depends how things turn out** tout dépend de la façon dont les choses vont se passer; **everything will turn out all right** tout finira bien.

2 *vt sep* (a) *light* éteindre; *gas* éteindre, fermer.

(b) **to turn one's toes out** marcher en canard, tourner les pieds en dehors.

(c) (*empty out*) *pockets, suitcase* retourner, vider; *contents* vider (*of* de); *room, cupboard* nettoyer à fond; *cake, jelly* démouler (*on to* sur, *of* de); (*expel*) *person* mettre à la porte; *tenant* expulser. **they turned him out of the house** ils l'ont mis à la porte; **to turn sb out of his job** renvoyer qn.

(d) *troops, police* envoyer. **to turn out the guard** faire sortir la garde.

(e) (*produce*) *goods* fabriquer, produire. **the college turns out good teachers** le collège forme de bons professeurs.

(f) **to be well turned out** être élégant.

3 turnout *n V* **turnout.**

♦**turn over 1** *vi* (a) [*person*] se retourner; [*car etc*] se retourner, faire un tonneau; [*boat*] se retourner, chavirer. **turn over and go to sleep!** (re)tourne-toi et dors!; **the barrel turned over and over** le tonneau faisait des tours sur lui-même; **my stomach turned over** (*at gruesome sight*) j'ai eu l'estomac retourné; (*from fright etc*) mon sang n'a fait qu'un tour; (*Aut*) **the engine was turning over** le moteur était *or* tournait au ralenti.

(b) (*in reading*) tourner la page. (*in letter etc*) **please turn over** (*abbr* **PTO**) tournez s'il vous plaît (*abbr* T.S.V.P.).

2 *vt sep* (a) *page* tourner; *mattress, patient, earth, playing card, plate* retourner. (*fig*) **to turn over an idea in one's mind** retourner *or* ressasser une idée dans sa tête; *V* **leaf.**

(b) (*hand over*) *object* rendre; *person* livrer (*to* à).

3 turnover *n V* **turnover.**

♦**turn round 1** *vi* [*person*] se retourner; (*change direction*) [*person, vehicle*] faire demi-tour; (*rotate*) [*object*] tourner. **to turn round and round** tourner *or* tournoyer sur soi-même; **turn round and look at me** retournez-vous et regardez-moi; **he turned round and came back** il a fait demi-tour et est revenu.

2 *vt sep* (a) *one's head* tourner; *person, object* tourner, retourner; *vehicle, ship, aircraft* faire faire demi-tour à. **he turned the car round** il a fait demi-tour.

(b) (*fig*) (*change mind, tactics etc*) **to turn sb round** faire changer d'avis à qn; **to turn things round** renverser la situation.

♦**turn up 1** *vi* (a) (*arrive*) arriver, s'amener; (*be found*) être trouvé *or* retrouvé; [*playing card*] sortir. **something will turn up** on va bien trouver quelque chose; **I've lost my job — something will turn up (for you)** j'ai perdu mon poste — tu finiras par trouver quelque chose; [*person, lost object*] **to turn up again** refaire surface; *V* **trump¹.**

(b) (*point upwards*) remonter, être relevé. **his nose turns up** il a le nez retroussé *or* en trompette.

2 *vt sep* (a) *collar, sleeve* remonter. **to have a turned-up nose** avoir le nez retroussé *or* en trompette; (*fig: disgust*) **it really turns me up‡** ça me débecte‡; (*Brit fig: stop*) **turn it up!‡** y en a marre!‡, la ferme!‡; *V also* **nose.**

(b) *buried object* déterrer; (*fig: find*) *lost object, reference* déterrer, dénicher. **a survey turned up more than 3,000 people suffering from ...** une enquête a révélé que plus de 3.000 personnes souffraient de ... .

(c) *heat, gas* monter, mettre plus fort; *radio, television* mettre plus fort. (*Rad, TV etc*) **to turn up the sound** augmenter *or* monter le volume.

3 turn-up *n V* **turn-up.**

turnabout ['tɜːnəbaʊt] *n* (*lit, fig*) volte-face *f inv.*

turnaround ['tɜːnəraʊnd] *n* (*lit, fig*) volte-face *f inv*; (*place for turning vehicle*) endroit *m* pour manœuvrer; (*of ship etc: unloading time etc*) estarie *f or* starie *f*. **~ time** temps *m* (d'exécution); (*Comput*) temps de renouvellement.

turndown ['tɜːndaʊn] **1** *n* (a) (*downward tendency*) tendance *f* à la baisse. (b) (*rejection*) refus *m*. **2** *adj flap* à rabattre. **~ collar** col *m* rabattu.

turner ['tɜːnər] *n* tourneur *m*.

turnery ['tɜːnərɪ] *n* atelier *m* de tournage.

turning ['tɜːnɪŋ] **1** *n* (a) (*side road*) route (*or* rue) latérale; (*fork*) embranchement *m*; (*bend in road, river*) coude *m*. **take the second ~ on the left** prenez la deuxième à gauche.

(b) (*U: Tech*) tournage *m*.

2 *cpd*. (*Aut*) **turning circle** rayon *m* de braquage; (*Tech*) **turning lathe** tour *m*; (*fig*) **he was at a turning point in his career** il était à un tournant de sa carrière; **that was the turning point in her life** ce fut le moment décisif de sa vie.

turnip ['tɜːnɪp] *n* navet *m*.

turn-off ['tɜːnɒf] *n* (a) (*Aut*) embranchement *m* (*où il faut tourner*). (b) (‡) **it's a (real) ~!** c'est vraiment à vous rebuter! *or* (*stronger*) dégoûter!*

turn-on* ['tɜːnɒn] *n*: **it's a (real) ~!** c'est excitant!

turnout ['tɜːnaʊt] *n* (a) (*attendance*) assistance *f*. **what sort of a ~ was there?** combien y avait-il de gens (dans l'assistance)?; **there was a good ~** beaucoup de gens sont venus; (*Brit*) **~ at the polls,** (*US*) **voter ~** (taux *m* de) participation électorale; **high/low ~ at the polls** fort/faible taux de participation électorale.

(b) (*clean-out*) nettoyage *m*. **to have a good ~ of a room/cupboard** nettoyer une pièce/un placard à fond.

(c) (*Ind: output*) production *f*.
(d) (*Dress*) tenue *f*.
turnover ['tɜːn,əʊvəʳ] *n* **(a)** (*Comm etc*) [*stock, goods*] rotation *f*; [*shares*] mouvement *m*; (*total business done*) chiffre *m* d'affaires. **a profit of £4,000 on a ~ of £40,000** un bénéfice de 4.000 livres pour un chiffre d'affaires de 40.000 livres; **he sold them cheaply hoping for a quick ~** il les a vendus bon marché pour les écouler rapidement.
(b) [*staff, workers*] renouvellement *m*, rotation *f*. **there is a high** *or* **rapid (rate of) ~ in** that firm cette maison connaît de fréquents changements *or* renouvellements de personnel.
(c) (*Culin*) chausson *m*. **apple ~** chausson aux pommes.
turn-up ['tɜːnʌp] *n* **(a)** (*Brit*) [*trousers*] revers *m*. **(b)** (*) **that was a ~ (for the book)!** ça a été une belle surprise!
turpentine ['tɜːpəntaɪn] *n* (essence *f* de) térébenthine *f*. **~ substitute** white-spirit *m*.
turpitude ['tɜːpɪtjuːd] *n* turpitude *f*.
turps* [tɜːps] *n abbr of* **turpentine**.
turquoise ['tɜːkwɔɪz] **1** *n* (*stone*) turquoise *f*; (*colour*) turquoise *m*. **2** *adj* necklace, ring de turquoise(s); (*colour*) turquoise *inv*.
turret ['tʌrɪt] **1** *n* (*Archit, Mil, Phot, Tech*) tourelle *f*. **2** *cpd*: **turret gun** canon *m* de tourelle.
turreted ['tʌrɪtɪd] *adj* à tourelles.
turtle ['tɜːtl] **1** *n* tortue marine. (*fig*) **to turn ~** chavirer, se renverser; *V* **mock**. **2** *cpd*: **turtledove** tourterelle *f*; **turtleneck (sweater)** (*Brit*) (pullover *m* à) encolure montante; (*US*) (pullover *m* à) col roulé; **turtle soup** consommé *m* à la tortue.
Tuscan ['tʌskən] **1** *adj* toscan. **2** *n* **(a)** Toscan(e) *m(f)*. **(b)** (*Ling*) toscan *m*.
Tuscany ['tʌskənɪ] *n* Toscane *f*.
tush [tʌʃ] *excl* bah!
tusk [tʌsk] *n* défense *f* (*d'éléphant etc*).
tusker ['tʌskəʳ] *n* éléphant *m* (*or* sanglier *m etc*) adulte (*qui a ses défenses*).
tussle ['tʌsl] **1** *n* (*struggle*) lutte *f* (*for* pour); (*scuffle*) mêlée *f*. **to have a ~ with sb** en venir aux mains avec qn; (*verbally*) avoir une prise de bec* avec qn. **2** *vi* se battre (*with sb* avec qn, *for sth* pour qch). **to ~ over sth** se disputer qch.
tussock ['tʌsək] *n* touffe *f* d'herbe.
tut [tʌt] (*also* tut-tut) **1** *excl* allons allons!, allons donc! **2** *vi*: **he (tut-)~ted at the idea** à cette idée il a eu une exclamation désapprobatrice.
Tutankhamen [,tuːtən'kɑːmen] *n*, **Tutankhamun** [,tuːtən-kɑː'muːn] *n* Toutankhamon *m*.
tutelage ['tjuːtɪlɪdʒ] *n* tutelle *f*.
tutelary ['tjuːtɪlərɪ] *adj* tutélaire.
tutor ['tjuːtəʳ] **1** *n* (*private teacher*) professeur *m* (particulier) (*in* en), (*full-time*) précepteur *m*, -trice *f*; (*Brit Univ*) directeur *m*, -trice *f* d'études; (*Brit Scol: also* form **~**) professeur *m* principal; (*in prison*) éducateur *m*, -trice *f*.
2 *cpd*: (*Brit Scol*) **tutor group** classe *f*; (*Brit Scol*) **tutor period** cours *m* avec le professeur principal (*en début de journée*); (*Brit Scol*) **tutor room** salle *f* de classe (*affectée à une classe particulière*).
3 *vt* donner des leçons particulières *or* des cours particuliers à. **to ~ sb in Latin** donner des cours particuliers de latin à qn.
tutorial [tjuː'tɔːrɪəl] **1** *adj* system, class de travaux pratiques *or* dirigés; duties de directeur d'études. **2** *n* (*Univ*) travaux pratiques *or* dirigés (*in* de).
tutoring ['tjuːtərɪŋ] *n* cours *mpl* particuliers (*in* de); (*remedial*) cours *mpl* de soutien (*in* de).
tutti-frutti ['tʊtɪ'frʊtɪ] *n* plombières *f*.
tutu ['tuːtuː] *n* tutu *m*.
tuwhit-tuwhoo [tə'wɪttə'wuː] *n* hou-hou *m*.
tuxedo [tʌk'siːdəʊ] *n* (*US*) smoking *m*.
TV* [,tiː'viː] **1** *n* (*abbr of* **television**) télé* *f*; *V* **television**. **2** *cpd*: **TV dinner** repas congelé (sur un plateau); *V also* **television**.
twaddle ['twɒdl] *n* (*U*) âneries *fpl*, balivernes *fpl*, fadaises *fpl*.
twain [tweɪn] *npl*: **the ~†† les deux**; (*loc*) **and never the ~ shall meet** et les deux sont inconciliables.
twang [twæŋ] **1** *n* [*wire, string*] son *m* (de corde pincée); (*tone of voice*) ton nasillard, nasillement *m*. **to speak with a ~** nasiller, parler du nez; **he has an American ~** il a le nasillement américain dans la voix.
2 *vt* guitar etc pincer les cordes de, gratter de.
3 *vi* river, bow] vibrer.
twangy ['twæŋɪ] *adj* noise de corde pincée; voice, tone nasillard.
'twas†† [twɒz] = **it was**; *V* **be**.
twat *** [twæt] *n* **(a)** (*genitals*) con‡ *m*; (*woman*) gonzesse‡ *f*.
(b) (*pej: person*) pauvre con(ne)‡ *m(f)*.
tweak [twiːk] **1** *vt* sb's ear, nose tordre; rope etc, sb's hair tirer (d'un coup sec). **2** *n* coup sec. **to give sth a ~** = **to tweak sth**; *V* **1**.
twee* [twiː] *adj* (*Brit pej*) person chichiteux, mignard; remark mièvre; room etc à la décoration maniérée; decoration maniéré, un peu cucul‡.
tweed [twiːd] **1** *n* tweed *m*. (*suit*) **~s** costume *m* de tweed. **2** *cpd* jacket de *or* en tweed.
tweedy ['twiːdɪ] *adj* material qui ressemble au tweed. (*pej*) **she's one of these ~ ladies*** elle a le genre dame fille et tweeds cossus.
'tween [twiːn] *prep* (*liter*) = **between**.
tweeny* ['twiːnɪ] *n* (*Brit*) bonne *f*.
tweet [twiːt] **1** *n* (*also* ~-~) gazouillis *m*, gazouillement *m*, pépiement *m*. **2** *vi* gazouiller, pépier.
tweeter ['twiːtəʳ] *n* haut-parleur aigu, tweeter *m*.
tweeze* [twiːz] *vt* eyebrows etc épiler.
tweezers ['twiːzəz] *npl* (*also* pair of ~) pince fine, pince à épiler.
twelfth [twelfθ] **1** *adj* douzième. **T~ Night** la fête des Rois. **2** *n* douzième *mf*; (*fraction*) douzième *m*; for phrases *V* **sixth**.

twelve [twelv] **1** *adj* douze *inv*. **2** *n* douze *m inv*; *V* **o'clock**; for other phrases *V* **six**. **3** *pron* douze *mfpl*. **there are ~** il y en a douze. **4** *cpd*: **twelvemonth††** année *f*, an *m*; (*Mus*) **twelve-tone** dodécaphonique.
twentieth ['twentɪθ] **1** *adj* vingtième. **2** *n* vingtième *mf*; (*fraction*) vingtième *m*; for phrases *V* **sixth**.
twenty ['twentɪ] **1** *adj* vingt *inv*. **about ~ books** une vingtaine de livres.
2 *n* vingt *m*. **about ~** une vingtaine; for other phrases *V* **sixty**.
3 *pron* vingt *mfpl*. **there are ~** il y en a vingt.
4 *cpd*: (*whole day*) **twenty-four hours** vingt-quatre heures *fpl*; **open etc twenty-four hours a day** vingt-quatre heures sur vingt-quatre; (*Comm*) **twenty-four hour service** service jour et nuit, 'service 24 heures sur 24'; (*Cards*) **twenty-one** vingt-et-un *m* (*jeu*); **to have twenty-twenty vision** avoir dix dixièmes à chaque œil; (*Rugby*) **twenty-two metre line** ligne *f* des vingt-deux mètres.
twerp‡ [twɜːp] *n* andouille‡ *f*, idiot(e) *m(f)*.
twice [twaɪs] *adv* deux fois. **~ as much, ~ as many** deux fois plus; **~ as much bread** deux fois plus de pain; **~ as long as ...** deux fois plus long que ...; **she is ~ your age** elle a deux fois votre âge, elle a le double de votre âge; **~ 2 is 4** deux fois 2 font 4; **~ weekly, ~ a week** deux fois la *or* par semaine; (*fig*) **he didn't have to be asked ~** il ne s'est pas fait prier; **he's ~ the man you are** il te vaut bien, il vaut beaucoup mieux que toi; *V* **once**, **think**.
twiddle ['twɪdl] **1** *vt* knob tripoter, manier. (*fig*) **to ~ one's thumbs** se tourner les pouces. **2** *vi*: **to ~ with sth** jouer avec *or* tripoter qch. **3** *n*: **to give sth a ~** donner plusieurs petits tours à qch.
twig¹ [twɪg] *n* brindille *f*, petite branche.
twig²* [twɪg] *vti* (*Brit: understand*) piger*, comprendre.
twilight ['twaɪlaɪt] **1** *n* (*evening*) crépuscule *m* (*also fig*); (*morning*) aube naissante. **at ~** (*evening*) au crépuscule, à la tombée du jour; (*morning*) à l'aube naissante; **in the ~** dans le demi-jour *or* la semi-obscurité *or* la pénombre; (*fig*) **in the ~ of history** dans les brumes *fpl* de l'histoire.
2 *cpd*: **a twilight world** un monde nébuleux.
twill [twɪl] *n* (*Tex*) sergé *m*.
'twill [twɪl] = **it will**; *V* **will**.
twin [twɪn] **1** *n* jumeau *m*, -elle *f*; *V* **identical**, **Siamese**.
2 *adj* son, brother jumeau; daughter, sister jumelle; (*Brit*) town jumelé. **~ boys** jumeaux *mpl*; **~ girls** jumelles *fpl*; (*fig*) **they're ~ souls** ce sont deux âmes sœurs.
3 *cpd*: (*Brit: in hotel*) **twin-bedded room** chambre *f* à deux lits; **twin beds** lits *mpl* jumeaux; **twin-cylinder** (*adj*) à deux cylindres; (*n*) moteur *m* à deux cylindres; **twin-engined** bimoteur; **twin-screw** à deux hélices; (*Brit*) **twinset** twin-set *m*; (*Brit pej*) **she's rather twin-set-and-pearls*** elle est du genre petite bourgeoise rangée.
4 *vt* town etc jumeler (*with* avec).
twine [twaɪn] **1** *n* (*U*) ficelle *f*.
2 *vt* (*weave*) tresser; (*roll*) entortiller, enrouler (*round* autour de). **she ~d her arms round his neck** elle lui a enlacé le cou de ses bras.
3 *vi* [*plant, coil*] s'enrouler (*round* autour de); [*river, road*] serpenter, zigzaguer.
twinge [twɪndʒ] *n*: **a ~** (*of pain*) un élancement, un tiraillement; **a ~ of conscience** *or* **remorse** *or* **guilt** un (petit) remords; **to feel a ~ of remorse/shame** éprouver un certain remords/une certaine honte; **to feel a ~ of regret** *or* **sadness** avoir un pincement au cœur.
twining ['twaɪnɪŋ] *adj* plant volubile (*Bot*).
twinkle ['twɪŋkl] **1** *vi* [*star, lights*] scintiller, briller; [*eyes*] briller, pétiller.
2 *n* [*star, lights*] scintillement *m*; [*eyes*] éclat *m*, pétillement *m*. **... he said with a ~ (in his eye)** ... dit-il avec un pétillement (malicieux) dans les yeux; **he had a ~ in his eye** il avait les yeux pétillants (de malice); **in a ~** en un clin d'œil.
twinkling ['twɪŋklɪŋ] **1** *adj* (*V* **twinkle 1**) scintillant, brillant; pétillant. **2** *n*: **in the ~ of an eye** en un clin d'œil.
twinning ['twɪnɪŋ] *n* [*towns*] jumelage *m*.
twirl [twɜːl] **1** *n* [*body*] tournoiement *m*; [*dancer*] pirouette *f*; (*in writing*) fioriture *f*. **to give sth a ~** = **to twirl sth**; *V* **3**.
2 *vi* (*also* ~ round) [*cane, lasso, dancer*] tournoyer; [*handle, knob*] pivoter.
3 *vt* (*also* ~ round) cane, lasso faire tournoyer; knob, handle faire pivoter; moustache tortiller.
twirler* ['twɜːləʳ] *n* (*US*) majorette *f*.
twirp‡ [twɜːp] *n* = **twerp‡**.
twist [twɪst] **1** *n* **(a)** (*action*) torsion *f*; (*Med*) entorse *f*, foulure *f*. **to give a ~ to** knob, handle faire pivoter, faire tourner; wire tordre; **one's ankle** se tordre, se fouler; **he put a ~ on the ball** il a imprimé une rotation à la balle; **with a quick ~ (of the wrist)** d'un rapide tour de poignet.
(b) (*coil*) rouleau *m*; (*in road*) tournant *m*, virage *m*; (*in river*) coude *m*; (*in wire, flex, cord*) tortillon *m*; (*fig*) (*of events*) tournure *f*; (*of meaning*) distorsion *f*. **a ~ of yarn** une torsade *or* un cordonnet de fil; **sweets in a ~ of paper** des bonbons dans un tortillon de papier *or* une papillote; **a ~ of lemon** un zeste de citron; **the road is full of ~s and turns** la route est pleine de tournants *or* de virages, la route fait des zigzags; **to take a ~** round a post with a rope faire passer une corde autour d'un poteau; **the story has an unexpected ~ to it** l'histoire comporte un coup de théâtre; **he gave a new ~ to this old plot** il a donné un tour nouveau à cette vieille intrigue; (*fig*) **to get (o.s.) into a ~***, **to get one's knickers in a ~‡** s'énerver; (*fig*) **to go round the ~‡** devenir dingue*, perdre la boule‡; **to drive sb round the ~‡** faire tourner qn en bourrique*.

(c) (‡: *cheat*) what a ~! on s'est fait avoir!*; it's a ~! c'est de la triche!*

(d) (*dance*) twist *m*. to do the ~ twister.

2 *cpd*: [*motorcycle*] **twist grip** poignée *f* d'accélération *or* (*gear change*) de changement de vitesses.

3 *vt* (a) (*interweave*) *threads, strands, ropes, wires* entortiller, tresser; (*turn round on itself*) *thread, rope, wire, one's handkerchief* tordre; (*coil*) enrouler (*round* autour de); (*turn*) *knob, handle* tourner; *top, cap* tourner, visser; (*Sport*) *ball* imprimer une rotation à; (*fig*) *meaning* déformer, fausser, altérer; *words* déformer. [*rope etc*] to get ~ed s'entortiller; he ~ed the strands into a cord il a entortillé *or* tressé les fils pour en faire une corde; he ~ed the paper into a ball il a tirebouchonné le papier pour en faire une boule; you've ~ed it out of shape tu l'as déformé en le tordant, tu l'as tordu; ~ the cap clockwise vissez la capsule dans le sens des aiguilles d'une montre; to ~ the top off a jar dévisser le couvercle d'un bocal (pour l'enlever); to ~ one's ankle se tordre *or* se fouler la cheville; to ~ one's neck attraper le torticolis; to ~ sb's arm (*lit*) tordre le bras à qn; (*fig*) forcer la main à qn; he ~ed his mouth scornfully il eut un rictus méprisant; limbs ~ed by arthritis des membres tordus par l'arthrite; his face was ~ed with pain/rage ses traits étaient tordus par la douleur/la fureur; you're ~ing everything I say tu déformes tout ce que je dis; *V* finger, twisted *etc*.

(b) (‡: *cheat*) rouler*, avoir*.

4 *vi* (a) [*flex, rope etc*] s'entortiller, s'enrouler; [*socks, trousers*] tirebouchonner; [*one's ankle etc*] se tordre. to ~ round sth s'enrouler autour de qch; the road ~s (and turns) through the valley la route zigzague *or* serpente à travers la vallée; the motorbike ~ed through the traffic la moto louvoyait *or* zigzaguait parmi la circulation.

(b) (*dance the* ~) twister.

♦**twist about, twist around** *vi* [*rope etc*] tortiller; [*road etc*] tortiller, zigzaguer, serpenter.

♦**twist off 1** *vi*: the top twists off le couvercle se dévisse.
2 *vt sep branch* enlever en tordant; *bottle-top* enlever en dévissant.

♦**twist out 1** *vi*: he twisted out of their grasp il s'est dégagé de leur étreinte.
2 *vt sep object* enlever en tournant.

♦**twist round 1** *vi* [*road etc*] tortiller, zigzaguer, serpenter; [*person*] se retourner.
2 *vt sep rope, wire* enrouler; *knob, handle,* tourner; *top, cap* tourner, visser; *one's head, chair* tourner.

♦**twist up 1** *vi* [*ropes etc*] s'entortiller, s'emmêler; [*smoke*] monter en volutes.
2 *vt sep ropes, threads* entortiller, emmêler.

twisted ['twɪstɪd] *adj key, rod* tordu; *wire, rope, flex, cord* tordu, emmêlé, entortillé; *wrist, ankle* tordu, foulé; (*fig*) *logic* faux (*f* fausse); *mind* tordu, mal tourné; (*dishonest*) malhonnête; *lawyer, politician* véreux.

twister* ['twɪstər] *n* (a) (*Brit: crook*) escroc *m* (*lit, fig*). (b) (*US: tornado*) tornade *f*.

twisting ['twɪstɪŋ] **1** *n* (*gen*) torsion *f*; [*meaning*] déformation *f*.
2 *adj path* sinueux, en zigzag.

twit¹ [twɪt] *vt* (*tease*) taquiner (*about, with* sur, à propos de).
twit²* [twɪt] *n* (*Brit: fool*) idiot(e) *m(f)*, crétin(e) *m(f)*.

twitch [twɪtʃ] **1** *n* (*nervous movement*) tic *m*; (*pull*) coup sec, saccade *f*. I've got a ~ in my eyelid j'ai l'œil qui saute; he has a (nervous) ~ in his cheek il a un tic à la joue; with one ~ (of his hand) he freed the rope il a dégagé la corde d'une saccade; he gave the rope a ~ il a tiré d'un coup sec sur la corde; a ~ of the whip un (petit) coup de fouet.

2 *vi* (a) [*person, animal, hands*] avoir un mouvement convulsif; (*permanent condition*) avoir un tic; [*face, mouth, cheek, eyebrow, muscle*] se convulser, se contracter (convulsivement); [*dog's nose etc*] remuer, bouger.

(b) (*fig: be nervous*) s'agiter.

3 *vt rope etc* tirer d'un coup sec, donner un coup sec à. he ~ed it out of her hands il le lui a arraché des mains; the dog ~ed its nose/its ears le nez/les oreilles du chien a/ont remué *or* bougé.

♦**twitch away** *vt sep* arracher d'un petit geste (*from sb* à qn).
twitter ['twɪtər] **1** *vi* [*bird*] gazouiller, pépier; [*person*] (*chatter*) parler avec agitation (*about* de), jacasser (*pej*) (*about* sur); (*be nervous*) s'agiter (nerveusement).

2 *n* [*birds*] gazouillis *m*, gazouillement *m*, pépiement *m*. (*fig*) to be in a ~ (about sth)* être tout sens dessus dessous* (à cause de qch).

'twixt [twɪkst] *prep* (†† *or liter*) = **betwixt**.
two [tu:] **1** *adj* deux *inv*; *V* mind *etc*.

2 *n* deux *m inv*. to cut sth in ~ couper qch en deux; ~ by ~ deux par deux, deux à deux; in ~s par deux; in ~s and threes deux ou trois à la fois, par petits groupes; they're ~ of a kind ils se ressemblent (tous les deux); (*fig*) to put ~ and ~ together faire le rapport (*entre deux or plusieurs choses*); ~'s company on est mieux à deux; *V* one; *for other phrases V* six.

3 *pron* deux *mfpl*. there are ~ il y en a deux.

4 *cpd*: (*US*) **two-bits** 25 cents *mpl*; (*esp US pej: adj*) **two-bit*** de pacotille; (*US fig*) **two-by-four*** (*small*) exigu (*f* -uë); (*unimportant*) minable; (*Parl*) **the two-chamber system** le bicamérisme; (*Phot*) **two-colour process** bichromie *f*; (*US*) **two-cycle** = **two-stroke**; (*Aut*) **two-cylinder** à deux cylindres; (*Aut*) **two-door** à deux portes; (*lit, fig*) **two-edged** à double tranchant; (*fig*) **two-faced** hypocrite; (*US*) **twofer*** deux articles *mpl* pour le prix d'un; (*US*) **two-fisted*** vigoureux, costaud*; **twofold** (*adj*) double; (*adv*) au double; **two-handed** *sword* à deux mains; *saw* à deux poignées; **card game** à deux joueurs; **two-legged** bipède; (*Pol*) **two-party**

biparti *or* bipartite; (*Brit*) **twopence** deux pence (*V also* tuppence); (*Brit*) **twopenny** à *or* de deux pence; (*Brit fig*) **twopenny-halfpenny*** de rien du tout*, de deux sous; **twopenny piece** pièce *f* de deux pence; (*Elec*) **two-phase** diphasé; **two-piece** (*suit*) (*man's*) costume *m* (deux-pièces); (*woman's*) tailleur *m* (deux-pièces); **two-piece** (*swimsuit*) deux-pièces *m inv*, bikini *m*; **two-ply** *cord, rope* à deux brins; *wool* à deux fils; *wood* à deux épaisseurs; **two-seater** (*adj*) à deux places; (*n*) (*car*) voiture *f or* (*plane*) avion *m* à deux places; (*fig*) this is a **two-sided problem** ce problème peut être appréhendé de deux façons; **twosome** (*people*) couple *m*; (*game*) jeu *m or* partie *f* à deux; we went in a **twosome** nous y sommes allés à deux; (*Brit*) **two-star** (*petrol*) (essence *f*) ordinaire *f*; **two-storey** à deux étages; (*Aut*) **two-stroke** (*engine*) moteur *m* à deux temps, deux-temps *m inv*; **two-stroke** (*mixture/fuel*) mélange *m*/carburant *m* pour moteur à deux-temps; (*Fin*) **two-tier financing** financement *m* à deux étages; to **two-time*** sb doubler* qn; (*US*) **two-time loser‡** (*crook etc*) repris *m* de justice; (*divorcee*) homme *m* (*or* femme *f*) deux fois divorcé(e); (*US*) **two-timer‡** (*gen*) traître *m*; (*in marriage*) mari *m* (*or* femme *f*) infidèle; **two-tone** (*in colour*) de deux tons; (*in sound*) à deux tons; **two-way** (*Elec*) *switch* à deux départs; (*Aut*) *street* à double sens; *traffic* dans les deux sens; *exchange, negotiations* bilatéral; a **two-way mirror** miroir *m* sans tain; a **two-way radio** un émetteur-récepteur; **two-wheeler** deux-roues *m inv*.

'twould†† [twʊd] = **it would**; *V* **would**.
TX (*US Post*) *abbr of* **Texas**.
tycoon [taɪˈku:n] *n*: (*business or industrial*) ~ gros *or* important homme d'affaires; **oil** *etc* ~ magnat *m or* roi *m* du pétrole *etc*.
tyke* [taɪk] *n* (*dog*) cabot *m* (*pej*); (*child*) môme *mf*.
tympani ['tɪmpəni] *n* = **timpani**.
tympanic [tɪmˈpænɪk] *adj*: ~ **membrane** tympan *m*.
tympanist ['tɪmpənɪst] *n* = **timpanist**.
tympanum ['tɪmpənəm] *n* (*Anat, Archit, Zool*) tympan *m*; (*Mus*) tymbale *f*.
type [taɪp] **1** *n* (a) (*gen, Bio, Soc etc*) type *m*; (*sort*) genre *m*, espèce *f*, sorte *f*; (*make of machine, coffee etc*) marque *f*; [*aircraft, car*] modèle *m*. books of all ~s des livres de toutes sortes *or* de tous genres *or* de toutes espèces; a new ~ of plane, a new ~ plane* un nouveau modèle d'avion; a gruyère-~ cheese un fromage genre gruyère*; what ~ do you want? vous en (*or* le *or* la *etc*) voulez de quelle sorte?; what ~ of car is it? quel modèle de voiture est-ce?; what ~ of man is he? quel genre *or* type d'homme est-ce?; what ~ of dog is he? qu'est-ce que c'est comme (race de) chien?; you know the ~ of thing I mean vous voyez (à peu près) ce que je veux dire; he's not that ~ of person ce n'est pas son genre; I know his ~! je connais les gens de son genre *or* espèce; (*person*) a queer ~* un drôle de numéro*; he's not my ~* il n'est pas mon genre*; it's my ~ of film c'est le genre de film que j'aime *or* qui me plaît; *V* true.

(b) (*typical example*) type *m* (même), exemple *m* même. to deviate from the ~ s'éloigner du type ancestral; she was the very ~ of English beauty c'était le type même *or* l'exemple même de la beauté anglaise; *V* revert.

(c) (*Ling*) (*gen*) type *m*; (*also* word-~) vocable *m*.

(d) (*Typ*) (*one letter*) caractère *m*; (*letters collectively*) caractères, type *m*. to set ~ composer; to set sth (up) in ~ composer qch; in ~ composé; to keep the ~ set up conserver la forme; in large/small ~ en gros/petits caractères; in italic ~ en italiques; *V* bold *etc*.

2 *cpd*: (*Theat etc*) to be **type-cast** as être enfermé dans le rôle de; to avoid **typecasting** éviter les stéréotypes; (*Typ*) **typeface** œil *m* de caractère; (*U*) **typescript** manuscrit *or* texte dactylographié; **typeset** composer; **typesetter** (*person*) compositeur *m*, -trice *f*; (*machine*) linotype *f*; (*U*) **typesetting** composition *f*; **typewrite** taper (à la machine); **typewriter** machine *f* à écrire (*V also* memory); **typewriting** dactylographie *f*; **typewritten** tapé (à la machine), dactylographié.

3 *vt* (a) *blood sample etc* classifier. (*Theat etc*) he is now ~d as the kindly old man on ne lui donne plus que les rôles de doux vieillard; (*Theat*) I don't want to be ~d je ne veux pas me cantonner dans un (seul) rôle.

(b) *letter etc* taper (à la machine).

4 *vi* [*typist etc*] taper à la machine. 'clerk: must be able to ~' 'employé(e) de bureau sachant la dactylo'.

♦**type out** *vt sep* (a) *notes, letter* taper (à la machine).
(b) *error* effacer (à la machine).
♦**type over** *vt sep* = **type out** b.
♦**type up** *vt sep notes* taper (à la machine).
typhoid ['taɪfɔɪd] **1** *n* (*also* ~ **fever**) (fièvre *f*) typhoïde *f*. **2** *cpd symptom, victim* de la typhoïde; *inoculation* anti-typhoïdique. (*US fig*) **Typhoid Mary*** source *f* d'infection.
typhoon [taɪˈfu:n] *n* typhon *m*.
typhus ['taɪfəs] *n* typhus *m*.
typical ['tɪpɪkəl] *adj behaviour, speech* typique, caractéristique (*of* de); *case, example* typique, type *inv*. ~ of typique de; it was a ~ day in spring c'était un jour de printemps comme il y en a tant; the ~ Frenchman le Français type *or* typique; he's a ~ teacher c'est le type même du professeur; with ~ modesty he said ... avec sa modestie habituelle il a dit ...; this is ~ rudeness on his part c'est une grossièreté qui est bien de lui; that's ~ of him! c'est bien de lui *or* tout à fait (de) lui!; (*iro*) ~! étonnant! (*iro*), ça ne m'étonne pas!, coup classique!
typically ['tɪpɪkəlɪ] *adv* typiquement. he is ~ English il est typiquement anglais, c'est l'Anglais type *or* typique; it's ~ French to do that c'est très *or* bien français de faire ça, il was ~ wet that day il pleuvait beaucoup ce jour-là, comme d'habitude; he was ~ rude to us il s'est conduit envers nous avec sa grossièreté habituelle.

typify ['tɪpɪfaɪ] vt [behaviour, incident, object] être caractéristique de; [person] avoir le type même de.

typing ['taɪpɪŋ] **1** n (U) **(a)** (skill) dactylo f, dactylographie f. **to learn ~** apprendre à taper (à la machine), apprendre la dactylo or la dactylographie.

(b) there were several pages of ~ to read il y avait plusieurs pages dactylographiées à lire.

2 cpd lesson, teacher de dactylo, de dactylographie. **typing error** faute f de frappe; **typing paper** papier m machine; **typing pool** bureau m or pool m des dactylos, dactylo* f; **she works in the typing pool** elle est à la dactylo*; **to send sth to the typing pool** envoyer qch à la dactylo*; **her typing speed is 60** elle tape 60 mots par minute.

typist ['taɪpɪst] n dactylo mf, dactylographe mf; V **shorthand**.

typo ['taɪpəʊ] n (US: error) coquille f (typographique).

typographer [taɪ'pɒgrəfər] n typographe mf.

typographic(al) [ˌtaɪpə'græfɪk(əl)] adj typographique.

typography [taɪ'pɒgrəfɪ] n typographie f.

typological [ˌtaɪpə'lɒdʒɪkəl] adj typologique.

typology [taɪ'pɒlədʒɪ] n typologie f.

tyrannic(al) [tɪ'rænɪk(əl)] adj tyrannique.

tyrannically [tɪ'rænɪkəlɪ] adv tyranniquement.

tyrannicide [tɪ'rænɪsaɪd] n (act) tyrannicide m; (person) tyrannicide mf.

tyrannize ['tɪrənaɪz] **1** vi: **to ~ over sb** tyranniser qn. **2** vt tyranniser.

tyrannous ['tɪrənəs] adj tyrannique.

tyrannously ['tɪrənəslɪ] adv tyranniquement.

tyranny ['tɪrənɪ] n tyrannie f.

tyrant ['taɪərənt] n tyran m.

Tyre [taɪər] n (Geog) Tyr.

tyre ['taɪər] **1** n pneu m; V **spare** etc. **2** cpd: **tyre gauge** manomètre m (pour pneus); **tyre lever** démonte-pneu m; **tyremaker** fabricant m de pneus, pneumaticien m; **tyre pressure** pression f (de gonflage); **tyre valve** valve f (de gonflage).

tyro ['taɪərəʊ] n novice mf, débutant(e) m(f).

Tyrol [tɪ'rəʊl] n Tyrol m.

Tyrolean [ˌtɪrə'li(:)ən] **1** adj tyrolien. (Climbing) **~ traverse** tyrolienne f. **2** n Tyrolien(ne) m(f).

Tyrolese [ˌtɪrə'liːz] = **Tyrolean.**

Tyrrhenian [tɪ'riːnɪən] adj: **~ Sea** mer f Tyrrhénienne.

tzar [zɑːr] n = **tsar.**

tzarina [zɑː'riːnə] n = **tsarina.**

U

U, u [juː] **1** n **(a)** (letter) U, u m. **U for Uncle** ≃ U comme Ursule.

(b) (Brit Cine: abbr of **universal**) ≃ tous publics. **it's a U film** c'est un film pour tous publics.

2 cpd: **U-bend** (in pipe) coude m; (Brit: in road) coude, virage m en épingle à cheveux; **U-boat** sous-marin allemand; **U-shaped** en (forme de) U; **U-turn** (Aut) demi-tour m; (fig) revirement m, volte-face f (on au sujet de); (Aut) **'no U-turns'** 'défense de faire demi-tour'; (fig) **to make a U-turn on sth** faire volte-face au sujet de qch.

3 adj (Brit*: upper-class) word, accent, behaviour distingué. **non-U*** commun; **it's not very U* to do that** cela manque de distinction que de faire ça.

ubiquitous [juːˈbɪkwɪtəs] adj doué d'ubiquité, omniprésent.

ubiquity [juːˈbɪkwɪtɪ] n ubiquité f, omniprésence f.

UCCA [ˈʌkə] n (Brit: abbr of **Universities Central Council for Admissions**) service central des inscriptions universitaires. **~ form** ≃ dossier m d'inscription universitaire.

U.D.A. [juːdiːˈeɪ] n (Brit) abbr of **Ulster Defence Association**; V **Ulster.**

U.D.C. [juːdiːˈsiː] n (Brit Local Govt) abbr of **Urban District Council**; V **urban.**

udder ['ʌdər] n pis m, mamelle f.

UDI [juːdiːˈaɪ] n (Brit Pol) abbr of **unilateral declaration of independence**; V **unilateral.**

U.D.R. [juːdiːˈɑːr] n (Brit) abbr of **Ulster Defence Regiment**; V **Ulster.**

UEFA [juːˈeɪfə] n (Ftbl) (abbr of **Union of European Football Associations**) U.E.F.A. f.

UFO ['juːfəʊ] n (abbr of **unidentified flying object**) OVNI m.

Uganda [juːˈgændə] n Ouganda m.

Ugandan [juːˈgændən] **1** n Ougandais(e) m(f). **2** adj ougandais.

UGC [juːdʒiːˈsiː] n (Brit Educ) abbr of **University Grants Committee**; V **university.**

ugh [ɜːh] excl pouah!

ugli [ˈʌglɪ] n tangelo m.

uglify [ˈʌglɪfaɪ] vt enlaidir, rendre laid.

ugliness [ˈʌglɪnɪs] n (U) laideur f.

ugly [ˈʌglɪ] adj person, appearance laid, vilain; custom, vice etc particulièrement déplaisant, répugnant; situation, war qui n'est pas beau à voir, (stronger) horrible; expression menaçant; news très inquiétant; wound vilain (before n). **as ~ as sin** laid comme un pou or un singe; **an ~ rumour** de vilains bruits; **it is an ~ sight** ce n'est pas beau à voir; **'blackmail' is an ~ word'** 'chantage' est un bien vilain mot; **~ customer*** sale individu m, sale type* m; (fig) **~ duckling** vilain petit canard; **he gave me an ~ look** il m'a regardé d'un sale œil; (fig) **to grow** or **turn ~**, **to cut up ~*** se faire menaçant, montrer les dents; **the whole business is growing ~** l'affaire prend une sale tournure; V **mood.**

UHF [juːaɪtʃˈef] n (abbr of **ultra high frequency**) UHF f.

uh-huh [ˈʌˌhʌ] excl (agreeing) oui oui.

UHT [juːaɪtʃˈtiː] adj (abbr of **ultra high temperature**) milk etc U.H.T. inv, longue-conservation inv.

uh-uh [ˈʌˌʌ] excl (warning) hé!

U.K. [juːˈkeɪ] n (abbr of **United Kingdom**) Royaume-Uni m.

uke‡ [juːk] n abbr of **ukulele.**

Ukraine [juːˈkreɪn] n Ukraine f.

Ukrainian [juːˈkreɪnɪən] **1** adj ukrainien. **~ S.S.R.** R.S.S. f d'Ukraine. **2** n (person) Ukrainien(ne) m(f); (Ling) ukrainien m.

ukulele [juːkəˈleɪlɪ] n guitare hawaïenne f.

ULC [juːelˈsiː] n (US: abbr of **ultra-large carrier**) superpétrolier m.

ulcer [ˈʌlsər] n (Med) ulcère m; (fig) plaie f.

ulcerate [ˈʌlsəreɪt] **1** vt ulcérer. **~d** ulcéreux. **2** vi s'ulcérer.

ulceration [ˌʌlsəˈreɪʃən] n ulcération f.

ulcerative [ˈʌlsəˌreɪtɪv] adj ulcératif.

ulcerous [ˈʌlsərəs] adj (having ulcers) ulcéreux; (causing ulcers) ulcératif.

ulna [ˈʌlnə] n, pl **ulnae** [ˈʌlniː] cubitus m.

Ulster [ˈʌlstər] **1** n **(a)** (province f de l')Ulster m. **(b)** (coat) **u~** ulster m. **2** cpd de l'Ulster. **Ulster Defence Association** organisation paramilitaire protestante; **Ulster Defence Regiment** section f de l'armée britannique en Irlande du Nord; **Ulsterman** habitant m or natif m de l'Ulster; **Ulsterwoman** habitante f or native f de l'Ulster.

ulterior [ʌlˈtɪərɪər] adj ultérieur (f -eure). **~ motive** motif secret, arrière-pensée f.

ultimata [ˌʌltɪˈmeɪtə] npl of **ultimatum.**

ultimate [ˈʌltɪmɪt] **1** adj **(a)** (final) aim, destiny, solution final; decision, result, outcome final, définitif; victory, defeat final, ultime; control, authority suprême. (Mil, fig) **the ~ deterrent** l'ultime moyen m de dissuasion; (Mil, fig) **the ~ weapon** l'arme f suprême; **the ~ beneficiary/loser is ...** en fin de compte, le bénéficiaire/le perdant est ...; **he came to the ~ conclusion that ...** il a finalement conclu que ...; **what is your ~ ambition in life?** quelle est votre suprême ambition dans la vie?; **they had no ~ hope of escape** en fin de compte ils n'avaient aucun espoir de s'évader; **death is the ~ sacrifice** la mort est le sacrifice suprême or l'ultime sacrifice.

(b) (best, most effective) suprême. **we have produced the ~ sports car** nous avons fabriqué ce qu'il y a de mieux comme voiture de sport; **the ~ insult** l'insulte f suprême; **the ~ (in) luxury/generosity** le summum du luxe/de la générosité; **the ~ (in) selfishness/bad manners** le comble de l'égoïsme/de l'impolitesse.

(c) (basic) principle, cause, truth fondamental, premier. (Gram) **~ constituent** constituant m ultime.

(d) (furthest) (gen) le plus éloigné, le plus distant; boundary of universe le plus reculé; ancestor le plus éloigné. **the ~ origins of man** les origines premières de l'homme; **the ~ frontiers of knowledge** les confins mpl du savoir.

2 n: **it's the ~ in comfort** c'est le fin du fin dans le domaine du confort, c'est le nec-plus-ultra du confort (V also **1b**).

ultimately [ˈʌltɪmɪtlɪ] adv (in the end, at last) finalement, à la fin; (eventually) par la suite; (fundamentally) en fin de compte, en définitive, en dernière analyse. **he did ~ arrive** il a fini par arriver, il est finalement arrivé; **we will ~ build a block of flats here** nous envisageons de construire un immeuble ici par la suite; **it may ~ be possible** ce n'est pas impossible à une date ultérieure; **it ~ depends on you** en définitive or en dernière analyse or en fin de compte cela dépend de vous; **~, we are all descended from Adam and Eve** en dernière analyse, nous descendons tous d'Adam et d'Ève.

ultimatum [ˌʌltɪˈmeɪtəm] n, pl **~s** or **ultimata** ultimatum m. **to deliver** or **issue an ~** adresser un ultimatum (to à).

ultimo ['ʌltɪməʊ] *adv* (*Comm*) du mois dernier. **the 25th** ~ le 25 du mois dernier.

ultra... ['ʌltrə] *pref* ultra..., hyper..., *e.g.* ~**fashionable** du tout dernier cri, très à la mode; ~**sensitive** ultra-sensible, hypersensible; ~**rich** richissime.

ultrahigh ['ʌltrə'haɪ] *adj:* ~ **frequency** très haute fréquence.

ultralarge ['ʌltrə'lɑːdʒ] *adj* extra-grand. (*US Aut: tanker*) ~ **carrier** superpétrolier *m*.

ultralight ['ʌltrə'laɪt] **1** *adj* ultra-léger. **2** *n* (*Aviat*) U.L.M. *m*, ultra-léger-motorisé *m*.

ultramarine [,ʌltrəmə'riːn] *adj, n* (bleu) outremer (*m*) *inv*.

ultramodern ['ʌltrə'mɒdən] *adj* ultramoderne.

ultramontane [,ʌltrə'mɒnteɪn] *adj, n* ultramontain(e) *m(f)*.

ultramontanism [,ʌltrə'mɒntɪnɪzəm] *n* ultramontanisme *m*.

ultrashort ['ʌltrə'ʃɔːt] *adj* ultra-court.

ultrasonic [,ʌltrə'sɒnɪk] **1** *adj* ultrasonique. **2** *n* (*U*) ~s science *f* des ultrasons.

ultrasound [,ʌltrə'saʊnd] *n* ultrasons *mpl*; (*also* ~ **scan**) échographie *f*.

ultraviolet [,ʌltrə'vaɪəlɪt] *adj* ultra-violet. (*Med*) **to have** ~ **treatment** se faire traiter aux rayons ultra-violets.

ultra vires ['ʌltrə'vaɪəriːz] *adv, adj* (*Jur*) au-delà des pouvoirs.

ululate ['juːljʊleɪt] *vi /owl/* hululer *or* ululer; */dog/* hurler.

ululation [juːljʊ'leɪʃən] *n* (*V* **ululate**) hululement *m or* ululement *m*; hurlement *m*.

Ulysses [juː'lɪsiːz] *n* Ulysse *m*.

umber ['ʌmbəʳ] *adj, n* (terre *f* d')ombre (*f*), terre (*f*) de Sienne; *V* **burnt**.

umbilical [,ʌmbɪ'laɪkəl] *adj* ombilical. ~ **cord** cordon ombilical.

umbilicus [,ʌmbɪ'laɪkəs] *n* ombilic *m*, nombril *m*.

umbrage ['ʌmbrɪdʒ] *n* (*U*) ombrage *m* (*fig*), ressentiment *m*. **to take** ~ prendre ombrage, se froisser (*at* de).

umbrella [ʌm'brelə] **1** *n* (a) (*gen*) parapluie *m*; (*against sun*) parasol *m*. **to put up/put down an** ~ ouvrir/fermer un parapluie; **beach** ~ parasol; (*Mil*) **air** ~ écran *m* de protection aérienne; (*fig*) **under the** ~ **of** sous les auspices *or* l'égide de.

(b) */jellyfish/* ombrelle *f*.

2 *cpd:* **umbrella pine** pin *m* parasol; **umbrella stand** porte-parapluies *m inv*.

3 *adj:* ~ **body** *or* **organization** organisme *m* qui en chapeaute plusieurs autres; **an** ~ **project** un projet-cadre; **an** ~ **term** un terme général.

Umbria ['ʌmbrɪə] *n* Ombrie *f*.

Umbrian ['ʌmbrɪən] **1** *adj* ombrien. **2** *n* Ombrien(ne) *m(f)*.

umlaut ['ʊmlaʊt] *n* (*vowel change: U*) inflexion *f* vocalique; (*diaeresis*) tréma *m*.

umpire ['ʌmpaɪəʳ] **1** *n* arbitre *m*. **2** *vt* arbitrer. **3** *vi* servir d'arbitre, être l'arbitre.

umpteen* ['ʌmpti:n] *adj* beaucoup de, je ne sais combien de. **I've told you** ~ **times** je te l'ai dit maintes et maintes fois *or* je ne sais combien de fois *or* trente-six fois *or* cent fois; **he had** ~ **books** il avait je ne sais combien de livres *or* des quantités de livres.

umpteenth* ['ʌmpti:nθ] *adj* (é)nième.

'un [ən] *pron* (*abbr of* **one**) **he's a good** ~ c'est un brave type*; **little** ~ petiot(e) *m(f)*.

UN [ju:'en] *n* (*abbr of* **United Nations**) O.N.U. *f*.

un... [ʌn] *pref* dé..., dés..., dis..., in..., mal... .

unabashed [,ʌnə'bæʃt] *adj* nullement décontenancé *or* intimidé. **'yes' he said** ~ 'oui' dit-il sans se décontenancer *or* sans perdre contenance *or* sans se laisser intimider.

unabated [,ʌnə'beɪtɪd] *adj:* **to remain** *or* **continue** ~ (*gen*) rester inchangé; **the fighting continued** ~ **well into the next day** les combats ont continué le lendemain sans perdre de leur intensité; **with** ~ **interest** avec toujours autant d'intérêt; **his** ~ **enthusiasm for the scheme** l'enthousiasme qu'il continuait à exprimer pour le projet.

unabbreviated [,ʌnə'bri:vɪeɪtɪd] *adj* non abrégé, sans abréviation.

unable ['ʌn'eɪbl] *adj:* **to be** ~ **to do** (*gen*) ne (pas) pouvoir faire; (*not know how to*) ne pas savoir faire; (*be incapable of*) être incapable de faire; (*be prevented from*) être dans l'impossibilité de faire, ne pas être en mesure de faire.

unabridged [,ʌnə'brɪdʒd] *adj* intégral, non abrégé. ~ **edition/version** édition/version intégrale.

unaccented ['ʌnæk'sentɪd] *adj*, **unaccentuated** ['ʌnæk'sentjʊeɪtɪd] *adj voice, speech* sans accent; *syllable* inaccentué, non accentué, atone.

unacceptable [,ʌnək'septəbl] *adj offer, suggestion* inacceptable; *amount, degree, extent, level* inadmissible. **it's quite** ~ **that we should have to do this** il est inadmissible que nous ayons à le faire; **the** ~ **face of capitalism** la face honteuse du capitalisme.

unacceptably [,ʌnək'septəblɪ] *adv dangerous, risky etc* à un point inacceptable *or* inadmissible. **he suggested, quite** ~, **doing it later** il a suggéré de le faire plus tard, ce qui était bien entendu inacceptable *or* inadmissible.

unaccommodating [,ʌnə'kɒmədeɪtɪŋ] *adj* (*disobliging*) désobligeant; (*not easy to deal with*) peu accommodant.

unaccompanied [,ʌnə'kʌmpənɪd] *adj person, child, luggage* non accompagné; (*Mus*) *singing* sans accompagnement, a cappella; *instrument* seul.

unaccomplished [,ʌnə'kʌmplɪʃt] *adj* (a) (*unfinished*) *work, task, journey* inaccompli, inachevé; *project, desire* inaccompli, non réalisé. (b) (*untalented*) *person* sans talents; *performance* médiocre.

unaccountable [,ʌnə'kaʊntəbl] *adj* inexplicable.

unaccountably [,ʌnə'kaʊntəblɪ] *adv* inexplicablement.

unaccounted [,ʌnə'kaʊntɪd] *adj:* **2 passengers are still** ~ **for** 2 passagers n'ont toujours pas été retrouvés; **£5 is still** ~ **for** il

manque encore 5 livres; **this is** ~ **for in the report** ceci n'est pas expliqué dans le rapport.

unaccustomed ['ʌnə'kʌstəmd] *adj slowness, charm* inaccoutumé, inhabituel. **to be** ~ **to** (doing) sth ne pas avoir l'habitude de (faire) qch; (*hum*) ~ **as I am to public speaking** ... n'ayant pas l'habitude de prendre la parole en public ... .

unacknowledged ['ʌnək'nɒlɪdʒd] *adj letter* resté sans réponse, dont on n'a pas accusé réception; *mistake, help, services* non reconnu (publiquement); *child* non reconnu.

unacquainted ['ʌnə'kweɪntɪd] *adj:* **to be** ~ **with the facts** ignorer les faits, ne pas être au courant des faits; **she is** ~ **with poverty** elle ne sait pas ce que c'est que la pauvreté, elle ne connaît pas la pauvreté; **to be** ~ **with sb** ne pas avoir fait la connaissance de qn; **they are** ~ ils ne se connaissent pas.

unadaptable ['ʌnə'dæptəbl] *adj* inadaptable, peu adaptable.

unadapted ['ʌnə'dæptɪd] *adj* mal adapté, inadapté (*to* à).

unaddressed ['ʌnə'drest] *adj* sans adresse, qui ne porte pas d'adresse.

unadopted ['ʌnə'dɒptɪd] *adj* (a) *child* qui n'est pas adopté. **many children remain** ~ beaucoup d'enfants ne trouvent pas de parents adoptifs. (b) (*Brit*) ~ **road** route non prise en charge par la commune.

unadorned ['ʌnə'dɔ:nd] *adj* sans ornement, tout simple; (*fig*) *truth* pur, tout nu. **beauty** ~ la beauté toute simple *or* sans artifice *or* sans fard.

unadulterated ['ʌnə'dʌltəreɪtɪd] *adj* pur, naturel; *wine* non frelaté; (*fig*) *bliss, nonsense* pur (et simple).

unadventurous ['ʌnəd'ventʃərəs] *adj person, career, design, theatre production* conventionnel, qui manque d'audace. **where food is concerned, he is very** ~ pour ce qui est de la nourriture, il n'aime pas essayer quelque chose de nouveau.

unadventurously ['ʌnəd'ventʃərəslɪ] *adv dressed, decorated* de façon conventionnelle; *choose, decide* par manque d'audace *or* d'imagination.

unadvertised ['ʌn'ædvətaɪzd] *adj meeting, visit* sans publicité, discret (*f* -ète).

unadvised ['ʌnəd'vaɪzd] *adj person* qui n'a pas reçu de conseils; (*ill-advised*) *person* malavisé, imprudent; *measures* inconsidéré, imprudent.

unaesthetic [,ʌni:s'θetɪk] *adj* inesthétique, peu esthétique.

unaffected ['ʌnə'fektɪd] *adj* (a) (*sincere*) *person* naturel, simple; *behaviour* non affecté; *style* sans recherche, simple.

(b) non affecté. ~ **by damp/cold** non affecté par l'humidité/le froid, qui résiste à l'humidité/au froid; ~ **by heat** inaltérable à la chaleur; **our plans were** ~ **by the strike** nos plans sont restés inchangés malgré la grève; **they are** ~ **by the new legislation** ils ne sont pas affectés *or* touchés par la nouvelle législation.

(c) **he was quite** ~ **by her sufferings** ses souffrances ne l'ont pas touché *or* l'ont laissé froid; **he remained** ~ **by all the noise** il était indifférent à tout ce bruit.

unaffectedly ['ʌnə'fektɪdlɪ] *adv behave* sans affectation; *dress* simplement. **she was** ~ **pleased** elle était sincèrement contente.

unaffiliated ['ʌnə'fɪlɪeɪtɪd] *adj* non affilié (*to* à).

unafraid ['ʌnə'freɪd] *adj* sans peur, qui n'a pas peur. **to be** ~ **of** (doing) sth ne pas avoir peur de (faire) qch.

unaided ['ʌn'eɪdɪd] *adj:* **his** ~ **work** le travail qu'il a fait (*or* avait fait *etc*) tout seul *or* sans être aidé; **he did it** ~ il l'a fait tout seul *or* sans être aidé; **by his own** ~ **efforts** par ses propres efforts *or* moyens.

unaired [,ʌn'ɛəd] *adj* non aéré.

unalike ['ʌnə'laɪk] *adj* peu ressemblant. **the two children are so** ~ les deux enfants se ressemblent si peu.

unalloyed ['ʌnə'lɔɪd] *adj happiness* sans mélange, parfait; *metal* non allié.

unalterable [ʌn'ɒltərəbl] *adj rule* invariable, immuable; *fact* certain; *emotion, friendship* inaltérable.

unalterably [ʌn'ɒltərəblɪ] *adv* invariablement, immuablement.

unaltered [ʌn'ɒltəd] *adj* inchangé, non modifié, tel quel. **his appearance was** ~ physiquement il n'avait pas changé *or* il était toujours le même.

unambiguous ['ʌnæm'bɪgjʊəs] *adj wording* non ambigu (*f* -guë), non équivoque, clair; *order, thought* clair.

unambiguously ['ʌnæm'bɪgjʊəslɪ] *adv* sans ambiguïté, sans équivoque.

unambitious ['ʌnæm'bɪʃəs] *adj person* sans ambition, peu ambitieux; *plan* modeste.

un-American ['ʌnə'merɪkən] *adj* (*anti-American*) antiaméricain; (*not typical*) peu *or* pas américain.

unamiable ['ʌn'eɪmɪəbl] *adj* désagréable, peu aimable.

unamused ['ʌnə'mju:zd] *adj* qui n'est pas amusé. **the story left her** ~ l'histoire ne l'a pas amusée du tout, elle n'a pas trouvé l'histoire amusante du tout.

unanimity [ju:nə'nɪmɪtɪ] *n* (*U*) unanimité *f*.

unanimous [ju:'nænɪməs] *adj group, decision* unanime. **the committee was** ~ **in its condemnation of this** *or* **in condemning this** les membres du comité ont été unanimes pour *or* à condamner cela, les membres du comité ont condamné cela à l'unanimité; **it was accepted by a** ~ **vote** cela a été voté à l'unanimité.

unanimously [ju:'nænɪməslɪ] *adv agree, condemn* à l'unanimité, unanimement; *vote* à l'unanimité.

unannounced ['ʌnə'naʊnst] *adj* sans se faire annoncer, sans tambour ni trompette.

unanswerable [ʌn'ɑ:nsərəbl] *adj question* à laquelle il est impossible de répondre; *argument* irréfutable, incontestable.

unanswered ['ʌn'ɑ:nsəd] *adj letter, request, question* (qui reste) sans réponse; *problem, puzzle* non résolu; *criticism, argument* non réfuté; *prayer* inexaucé; (*Jur*) *charge* irréfuté. **her letter remained**

~ sa lettre est restée sans réponse; **there was a pile of ~ letters on his desk** sur son bureau, il y avait une pile de lettres en attente *or* une pile de lettres auxquelles il n'avait pas (encore) répondu.
unappealing ['ʌnə'piːlɪŋ] *adj* peu attirant, peu attrayant.
unappetizing ['ʌn'æpɪtaɪzɪŋ] *adj* (*lit, fig*) peu appétissant.
unappreciated ['ʌnə'priːʃɪeɪtɪd] *adj person* méconnu, incompris; *offer, help* non apprécié.
unappreciative ['ʌnə'priːʃɪətɪv] *adj audience* froid, indifférent. **to be ~ of sth** ne pas apprécier qch, rester indifférent à qch.
unapproachable ['ʌnə'prəʊtʃəbl] *adj* d'un abord difficile, inabordable.
unapt ['ʌn'æpt] *adj* (*inappropriate*) inapproprié.
unarguable ['ʌn'ɑːgjʊəbl] *adj* incontestable.
unarguably ['ʌn'ɑːgjʊəblɪ] *adv* incontestablement.
unarmed ['ʌn'ɑːmd] *adj person* non armé; *combat* sans armes.
unashamed ['ʌnə'ʃeɪmd] *adj pleasure, greed* effronté, impudent. **he was quite ~ about it** il n'en avait absolument pas honte; **he was an ~ believer in magic** il croyait à la magie et ne s'en cachait pas.
unashamedly ['ʌnə'ʃeɪmɪdlɪ] *adv say, suggest* sans honte, sans vergogne. **he was ~ delighted about it** il ne cherchait nullement à déguiser la joie que cela lui procurait; **he was ~ selfish** il était d'un égoïsme éhonté, il était égoïste sans vergogne; **he was ~ a liar** c'était un menteur éhonté *or* effronté, il mentait sans vergogne *or* effrontément.
unasked ['ʌn'ɑːskt] *adj*: **she did it ~** elle l'a fait sans qu'on le lui ait demandé *or* de son propre chef; **he came in ~** il est entré sans y avoir été invité; **this was ~ for** on ne l'avait pas demandé.
unaspirated ['ʌn'æspəreɪtɪd] *adj* (*Phon*) non aspiré.
unassailable [ˌʌnə'seɪləbl] *adj fortress* imprenable; *position, reputation* inattaquable; *argument, reason* irréfutable, inattaquable. **he is quite ~ on that point** ses arguments sont irréfutables sur ce point, on ne peut pas l'attaquer sur ce point.
unassisted ['ʌnə'sɪstɪd] *adj* sans aide, tout seul.
unassuming ['ʌnə'sjuːmɪŋ] *adj* sans prétentions, modeste.
unassumingly ['ʌnə'sjuːmɪŋlɪ] *adv* modestement, sans prétentions.
unattached ['ʌnə'tætʃt] *adj part etc* non attaché (*to a*), libre (*to de*); (*fig*) *person, group* indépendant (*to de*); (*not married etc*) libre, sans attaches; (*Jur*) non saisi.
unattainable ['ʌnə'teɪnəbl] *adj place, objective, person* inaccessible.
unattended ['ʌnə'tendɪd] *adj* (a) (*not looked after*) *shop, machine* (laissé) sans surveillance; *luggage* laissé sans surveillance, abandonné; *child* sans surveillance, (tout) seul. **do not leave your luggage ~** surveillez toujours vos bagages; **~ to** négligé. (b) (*unaccompanied*) *king etc* seul, sans escorte.
unattractive ['ʌnə'træktɪv] *adj appearance, house, idea* peu attrayant, peu séduisant; *person, character* déplaisant, peu sympathique.
unattractiveness ['ʌnə'træktɪvnɪs] *n* (*U*) manque *m* d'attrait *or* de beauté.
unauthenticated ['ʌnɔː'θentɪkeɪtɪd] *adj evidence* non établi; *signature* non authentifié.
unauthorized ['ʌn'ɔːθəraɪzd] *adj* (*gen*) *action* non autorisé, (fait) sans autorisation. **this was ~** cela a été fait sans autorisation; **~ absence** absence *f* irrégulière; (*Jur*) **~ signature** signature *f* usurpatoire.
unavailable ['ʌnə'veɪləbl] *adj funds* indisponible; (*Comm*) *article* épuisé, qu'on ne peut se procurer; *person* indisponible, qui n'est pas disponible *or* libre.
unavailing ['ʌnə'veɪlɪŋ] *adj effort* vain, inutile; *remedy, method* inefficace.
unavailingly ['ʌnə'veɪlɪŋlɪ] *adv* en vain, sans succès.
unavoidable [ˌʌnə'vɔɪdəbl] *adj* inévitable. **it is ~ that** il est inévitable que + *subj*.
unavoidably [ˌʌnə'vɔɪdəblɪ] *adv* inévitablement. **he was ~ delayed** il a été retardé pour des raisons indépendantes de sa volonté, il a été malencontreusement retardé.
unaware ['ʌnə'wɛər] *adj*: **to be ~ of sth** ignorer qch, ne pas être conscient de qch, ne pas avoir conscience de qch; **to be ~ that** ignorer que, ne pas savoir que; **'stop' he said, ~ of the danger** 'arrête' dit-il, ignorant *or* inconscient du danger; **I was not ~ that** je n'étais pas sans savoir que; **he is politically quite ~** il n'a aucune conscience politique, il n'est pas politisé; **he is socially quite ~** il n'est pas sensibilisé aux problèmes sociaux.
unawares ['ʌnə'wɛəz] *adv* (a) (*by surprise*) à l'improviste, au dépourvu. **to catch** *or* **take sb ~** prendre qn à l'improviste *or* au dépourvu. (b) (*not realizing*) inconsciemment, par mégarde.
unbacked ['ʌn'bækt] *adj* (*Fin*) à découvert.
unbalance ['ʌn'bæləns] **1** *vt* déséquilibrer. **2** *n* déséquilibre *m*.
unbalanced ['ʌn'bælənst] *adj* (a) mal équilibré; (*mentally*) déséquilibré. **his mind was ~** il était déséquilibré. (b) (*Fin*) *account* non soldé.
unbandage ['ʌn'bændɪdʒ] *vt limb, wound* débander; *person* ôter ses bandages *or* ses pansements à.
unbaptized ['ʌnbæp'taɪzd] *adj* non baptisé.
unbar ['ʌn'bɑːr] *vt door* débarrer, enlever la barre de.
unbearable [ʌn'bɛərəbl] *adj* insupportable.
unbearably [ʌn'bɛərəblɪ] *adv* insupportablement. **~ selfish** d'un égoïsme insupportable, insupportablement; **it's ~ hot/ cold today** aujourd'hui il fait une chaleur/un froid insupportable.
unbeatable ['ʌn'biːtəbl] *adj* imbattable.
unbeaten ['ʌn'biːtn] *adj army, player, team* invaincu; *record, price* non battu.
unbecoming ['ʌnbɪ'kʌmɪŋ] *adj garment* peu seyant, qui ne va *or* ne sied pas; (*fig*) *behaviour* malséant, inconvenant.

unbeknown(st) ['ʌnbɪ'nəʊn(st)] *adv*: **~ to** à l'insu de.
unbelief ['ʌnbɪ'liːf] *n* (*also Rel*) incrédulité *f*. **in ~, with an air of ~** d'un air incrédule.
unbelievable [ˌʌnbɪ'liːvəbl] *adj* incroyable. **it is ~ that** il est incroyable que + *subj*.
unbelievably [ˌʌnbɪ'liːvəblɪ] *adv* incroyablement. **~ selfish** d'un égoïsme incroyable; **~, he refused** aussi incroyable que cela puisse paraître, il a refusé.
unbeliever ['ʌnbɪ'liːvər] *n* (*also Rel*) incrédule *mf*.
unbelieving ['ʌnbɪ'liːvɪŋ] *adj* (*also Rel*) incrédule.
unbelievingly ['ʌnbɪ'liːvɪŋlɪ] *adv* d'un air incrédule.
unbend ['ʌn'bend] *pret, ptp* **unbent 1** *vt pipe, wire* redresser, détordre. **2** *vi* (*person*) se détendre. **he unbent enough to ask me how I was** il a daigné me demander comment j'allais.
unbending [ʌn'bendɪŋ] *adj* non flexible, rigide; (*fig*) *person, attitude* inflexible, intransigeant.
unbias(s)ed [ʌn'baɪəst] *adj* impartial.
unbidden [ʌn'bɪdn] *adj*: **she did it ~** elle l'a fait sans qu'on le lui ait demandé *or* de son propre chef; **he came in ~** il est entré sans y avoir été invité.
unbind ['ʌn'baɪnd] *pret, ptp* **unbound** *vt* (*free*) délier; (*untie*) dénouer, défaire; (*unbandage*) débander; *V also* **unbound**.
unbleached ['ʌn'bliːtʃt] *adj linen* écru; *hair* non décoloré.
unblemished [ʌn'blemɪʃt] *adj* (*lit, fig*) sans tache.
unblinking [ʌn'blɪŋkɪŋ] *adj person* imperturbable, impassible. **he gave me an ~ stare, he looked at me with ~ eyes** il m'a regardé sans ciller (des yeux).
unblock ['ʌn'blɒk] *vt sink, pipe* déboucher; *road, harbour, traffic* dégager.
unblushing [ʌn'blʌʃɪŋ] *adj* effronté, éhonté.
unblushingly [ʌn'blʌʃɪŋlɪ] *adv* sans rougir (*fig*), effrontément.
unbolt ['ʌn'bəʊlt] *vt door* déverrouiller, tirer le verrou de; *beam* déboulonner.
unborn ['ʌn'bɔːn] *adj child* qui n'est pas encore né; *generation* à venir, futur.
unbosom [ʌn'bʊzəm] *vt*: **~ to o.s. to sb** ouvrir son cœur à qn, se confier à qn.
unbound [ʌn'baʊnd] **1** *pret, ptp of* **unbind**. **2** *adj prisoner, hands, feet* non lié; *seam* non bordé; *book* broché, non relié; *periodical* non relié.
unbounded [ʌn'baʊndɪd] *adj joy, gratitude* sans borne, illimité; *conceit, pride* démesuré.
unbowed ['ʌn'baʊd] *adj* (*fig*) insoumis, invaincu. **with head ~** la tête haute.
unbreakable ['ʌn'breɪkəbl] *adj* incassable; (*fig*) *promise, treaty* sacré.
unbreathable ['ʌn'briːðəbl] *adj* irrespirable.
unbribable ['ʌn'braɪbəbl] *adj* incorruptible, qui ne se laisse pas acheter.
unbridled [ʌn'braɪdld] *adj* (*fig*) débridé, déchaîné, effréné.
unbroken ['ʌn'brəʊkən] *adj crockery, limb* non cassé; *seal* intact, non brisé; *skin* intact, non déchiré; *ice* non rompu, continu, intact; (*fig*) *promise* tenu; *series, silence, sleep* ininterrompu; *record* non battu; *horse* indompté; *voice* qui n'a pas mué. **his spirit remained ~** il ne se décourageait pas; (*Aut*) **~ line** ligne continue; **descended in an ~ line from Edward VII** descendu en ligne directe d'Édouard VII.
unbuckle ['ʌn'bʌkl] *vt* déboucler.
unburden [ʌn'bɜːdn] *vt conscience* soulager; *heart* épancher. **to ~ o.s.** s'épancher (*to sb* avec qn, dans le sein de qn), se livrer (*to sb* à qn); **to ~ o.s. of sth** se décharger de qch.
unburied ['ʌn'berɪd] *adj* non enterré, non enseveli.
unbusinesslike [ʌn'bɪznɪslaɪk] *adj trader, dealer* qui n'a pas le sens des affaires, peu commerçant; *transaction* irrégulier; (*fig*) *person* qui manque de méthode *or* d'organisation; *report* peu méthodique.
unbutton ['ʌn'bʌtn] **1** *vt coat* déboutonner. (**fig*) **to ~ o.s.** se déboutonner. **2** *vi* (**fig*) (*person*) se déboutonner.
uncalled-for [ʌn'kɔːldfɔːr] *adj criticism* injustifié; *remark* déplacé. **that was quite ~** vous n'aviez nullement besoin de faire (*or* dire) ça.
uncannily [ʌn'kænɪlɪ] *adv silent, cold* mystérieusement, sinistrement; *alike* étrangement.
uncanny [ʌn'kænɪ] *adj sound* mystérieux, étrange, inquiétant; *atmosphere* étrange, qui donne le frisson; *mystery, event, question, resemblance, accuracy, knack* troublant. **it's ~ how he does it** je ne m'explique vraiment pas comment il peut le faire.
uncap ['ʌn'kæp] *vt bottle* décapsuler.
uncared-for ['ʌn'kɛədfɔːr] *adj garden, building* négligé, (laissé) à l'abandon; *appearance* négligé, peu soigné; *child* laissé à l'abandon, délaissé.
uncarpeted ['ʌn'kɑːpɪtɪd] *adj* sans tapis.
uncatalogued ['ʌn'kætəlɒgd] *adj* qui n'a pas été catalogué.
uncaught ['ʌn'kɔːt] *adj criminal* qui n'a pas été appréhendé *or* pris.
unceasing [ʌn'siːsɪŋ] *adj* incessant, continu, continuel.
unceasingly [ʌn'siːsɪŋlɪ] *adv* sans cesse, continuellement.
uncensored ['ʌn'sensəd] *adj letter* non censuré; *film, book* non censuré, non expurgé.
unceremonious ['ʌnˌserɪ'məʊnɪəs] *adj* brusque.
unceremoniously ['ʌnˌserɪ'məʊnɪəslɪ] *adv* sans cérémonie, brusquement, avec brusquerie.
uncertain [ʌn'sɜːtn] *adj person* incertain, qui n'est pas sûr *or* certain; *voice, smile, steps* incertain, mal assuré, hésitant; *age, date, weather* incertain; *result, effect* incertain, aléatoire; *temper* inégal. **it is ~ whether** il n'est pas certain *or* sûr que + *subj*; **he is ~ whether** il ne sait pas au juste si + *indic*, il n'est pas sûr que + *subj*; **to be ~ about sth** être incertain de qch, ne pas être certain *or* sûr

de qch, avoir des doutes sur qch; **he was ~ about what he was going to do** il était incertain de ce qu'il allait faire, il ne savait pas au juste ce qu'il allait faire; **in no ~ terms** en des termes on ne peut plus clairs.

uncertainly [ʌn'sɜ:tnlɪ] *adv* d'une manière hésitante.

uncertainty [ʌn'sɜ:tntɪ] *n* incertitude *f*, doute(s) *m(pl)*. **in order to remove any ~** pour dissiper des doutes éventuels; **in view of this ~ or these uncertainties** en raison de l'incertitude dans laquelle nous nous trouvons *or* de ces incertitudes.

uncertificated [ʌnsə'tɪfɪkeɪtɪd] *adj* (*gen*) non diplômé; *secondary teacher* non certifié.

uncertified [ʌn'sɜ:tɪfaɪd] *adj document etc* non certifié. (*US*) **~ teacher** ≃ maître *m* auxiliaire.

unchain [ʌn'tʃeɪn] *vt* (*fig*) *passions, reaction* déchaîner; (*lit*) *dog* lâcher.

unchallengeable [ʌn'tʃælɪndʒəbl] *adj* indiscutable, incontestable.

unchallenged [ʌn'tʃælɪndʒd] *adj leader, rights, superiority* incontesté, indiscuté; *statement, figures* non contesté, non controversé; (*Jur*) *witness* non récusé. **I cannot let that go ~** je ne peux pas laisser passer ça sans protester; **he slipped ~ through the enemy lines** il a passé au travers des lignes ennemies sans être interpellé.

unchangeable [ʌn'tʃeɪndʒəbl] *adj* invariable, immuable.

unchanged [ʌn'tʃeɪndʒd] *adj* inchangé.

unchanging [ʌn'tʃeɪndʒɪŋ] *adj* invariable, immuable.

uncharged [ʌn'tʃɑ:dʒd] *adj* (*Elec*) non chargé; (*Jur*) non accusé; *gun* non chargé.

uncharitable [ʌn'tʃærɪtəbl] *adj* peu charitable.

uncharted [ʌn'tʃɑ:tɪd] *adj region, island* inexploré; *spot, city* qui n'est pas sur la carte; *sea, waters* dont on n'a pas dressé la carte. (*fig*) **we're sailing in ~ waters** nous ne savons pas bien où nous allons.

unchaste [ʌn'tʃeɪst] *adj* non chaste, lascif.

unchecked [ʌn'tʃekt] *adj* (a) (*unrestrained*) *anger* non maîtrisé, non réprimé. (*Mil*) **they advanced ~ for several kilometres** ils ont fait plusieurs kilomètres sans rencontrer d'opposition; **this practice continued ~ for several years** cette pratique s'est poursuivie sans la moindre opposition *or* s'est poursuivie impunément pendant des années.
(b) (*not verified*) *figures, statement* non vérifié; *typescript* non relu.

unchivalrous [ʌn'ʃɪvəlrəs] *adj* peu galant, discourtois.

unchristian [ʌn'krɪstjən] *adj* peu chrétien, contraire à l'esprit chrétien. (*fig: uncivilized*) **at an ~ hour** à une heure indue *or* impossible*.

uncial [ʌnsɪəl] **1** *adj* oncial. **2** *n* onciale *f*.

uncircumcised [ʌn'sɜ:kəmsaɪzd] *adj* incirconcis.

uncivil [ʌn'sɪvɪl] *adj* incivil (*f* incivile), impoli (*to sb* envers qn).

uncivilized [ʌn'sɪvɪlaɪzd] *adj* (*lit*) *country, people etc* barbare, inculte; (*fig*) *behaviour* barbare, grossier; *amount, length of time etc* impossible*. **~ hour** heure indue; **what an ~ thing to do!** quelle grossièreté!; **how ~ of him!** comme c'est grossier de sa part!

unclad [ʌn'klæd] *adj* sans vêtements, nu.

unclaimed [ʌn'kleɪmd] *adj property, prize* non réclamé; *right* non revendiqué.

unclasp [ʌn'klɑ:sp] *vt necklace* défaire, dégrafer; *hands* ouvrir.

unclassed [ʌn'klɑ:st] *adj* non classé.

unclassified [ʌn'klæsɪfaɪd] *adj items, papers* non classé, non classifié; *road* non classé; (*fig: not secret*) *information* non (classé) secret (*f* -ète).

uncle [ʌŋkl] *n* (a) oncle *m*. **yes ~** oui tonton, oui mon oncle; (*US fig*) **to say *or* cry ~*** s'avouer vaincu, demander grâce; (*US*) **U~ Sam** l'oncle Sam (*personnification des U.S.A.*); (*US pej*) **U~ Tom** bon nègre; **V Dutch**. (b) (*Brit‡: pawnbroker*) ma tante‡ (*mont-de-piété*).

unclean [ʌn'kli:n] *adj* (*lit*) sale, malpropre; (*fig, Rel*) impur.

unclear [ʌn'klɪər] *adj* qui n'est pas clair *or* évident; *result, outcome* incertain. **it is ~ whether he is coming or not** on ne sait pas encore très bien s'il va venir ou pas.

unclench [ʌn'klentʃ] *vt* desserrer.

unclimbed [ʌn'klaɪmd] *adj mountain, peak* vierge.

uncloak [ʌn'kləʊk] *vt* (*fig*) *person* démasquer; *mystery, plot* dévoiler.

unclog [ʌn'klɒg] *vt pipe* déboucher; *wheel* débloquer.

unclothe [ʌn'kləʊð] *vt* déshabiller, dévêtir.

unclothed [ʌn'kləʊðd] *adj* sans vêtements, nu.

unclouded [ʌn'klaʊdɪd] *adj sky* sans nuages, dégagé; *liquid* clair, limpide; (*fig*) *happiness* sans nuages, parfait; *future* sans nuages.

unco [ʌŋkəʊ] *adv* (*Scot*) très, extrêmement.

uncoil [ʌn'kɔɪl] **1** *vt* dérouler. **2** *vi* se dérouler.

uncollected [ʌnkə'lektɪd] *adj tax* non perçu; *bus fare* non encaissé; *luggage, lost property* non réclamé; *refuse* non ramassé, non enlevé.

uncoloured, (*US*) **uncolored** [ʌn'kʌləd] *adj* (*colourless*) non coloré; (*black and white*) en noir et blanc; *hair* non teint; (*fig*) *judgment, description* objectif, impartial. (*fig*) **~ by** non déformé *or* faussé par.

uncombed [ʌn'kəʊmd] *adj hair, wool* non peigné.

un-come-at-able* [ʌnkʌm'ætəbl] *adj* inaccessible.

uncomely [ʌn'kʌmlɪ] *adj person* laid, peu joli; *clothes* peu seyant.

uncomfortable [ʌn'kʌmfətəbl] *adj shoes, lodgings* inconfortable, peu confortable; *position* inconfortable, incommode; *person* (*physically*) qui n'est pas bien *or* à l'aise; (*uneasy*) mal à l'aise; *afternoon etc* désagréable, pénible. **this chair is very ~** on est très mal dans ce fauteuil, ce fauteuil n'est pas du tout confortable; **you look ~ in that chair** vous n'avez pas l'air bien (assis) dans ce fauteuil; (*fig*) **to feel ~ about sth** se sentir gêné *or* mal à l'aise au

sujet de qch; **I had an ~ feeling that he was watching me** j'avais l'impression déconcertante qu'il me regardait; **I had an ~ feeling that he would change his mind** je ne pouvais pas m'empêcher de penser qu'il allait changer d'avis; **to make things *or* life ~ for sb** faire *or* créer des ennuis à qn; **to have an ~ time** passer un mauvais quart d'heure; (*longer*) connaître des moments difficiles.

uncomfortably [ʌn'kʌmfətəblɪ] *adv hot* désagréablement; *seated* inconfortablement, peu confortablement, mal; *dressed* mal, inconfortablement; (*uneasily*) *think* avec une certaine inquiétude; *say* avec gêne. **the bullet went past ~ close** la balle est passée un peu trop près à mon (*or* son *etc*) goût.

uncommitted [ʌn'kʌmɪtɪd] *adj person, party* non engagé, libre; *literature* non engagé; *attitude* neutraliste.

uncommon [ʌn'kɒmən] **1** *adj* (*unusual*) rare, peu commun, peu fréquent; (*outstanding*) rare, singulier, extraordinaire. **it is not ~ for this to happen** il n'est pas rare que cela arrive (*subj*), cela arrive assez souvent. **2** *adv* (*) singulièrement, extraordinairement.

uncommonly [ʌn'kɒmənlɪ] *adv kind, hot* singulièrement, extraordinairement. **not ~** assez souvent.

uncommunicative [ʌnkə'mju:nɪkətɪv] *adj* peu communicatif, peu expansif, renfermé. **on this issue he proved very ~** sur cette question il s'est montré très réservé.

uncomplaining [ʌnkəm'pleɪnɪŋ] *adj* qui ne se plaint pas, patient, résigné.

uncomplainingly [ʌnkəm'pleɪnɪŋlɪ] *adv* sans se plaindre, patiemment.

uncompleted [ʌnkəm'pli:tɪd] *adj* inachevé.

uncomplicated [ʌn'kɒmplɪkeɪtɪd] *adj* peu compliqué, simple.

uncomplimentary [ʌn,kɒmplɪ'mentərɪ] *adj* peu flatteur.

uncomprehending [ʌn,kɒmprɪ'hendɪŋ] *adj*: **he stood there, quite ~** il restait là, n'y comprenant rien; **she gave a polite, but ~ smile** elle a souri poliment, mais manifestement sans comprendre.

uncompromising [ʌn'kɒmprəmaɪzɪŋ] *adj person, attitude* intransigeant, inflexible; *sincerity, honesty* absolu.

uncompromisingly [ʌn'kɒmprəmaɪzɪŋlɪ] *adv say* en se refusant à toute concession. **~ loyal** d'une loyauté intransigeante.

unconcealed [ʌnkən'si:ld] *adj object* non caché, non dissimulé; *joy* évident, non dissimulé.

unconcern [ʌnkən'sɜ:n] *n* (*calm*) calme *m*; (*in face of danger*) sang-froid *m*; (*lack of interest*) indifférence *f*, insouciance *f*.

unconcerned [ʌnkən'sɜ:nd] *adj* (*unworried*) imperturbable (*by* devant), qui ne s'inquiète pas (*by, about* de); (*unaffected*) indifférent (*by* à), insouciant (*by* de). **he went on speaking, ~** il a continué de parler sans se laisser troubler.

unconcernedly [ʌnkən'sɜ:nɪdlɪ] *adv* sans s'inquiéter, sans se laisser troubler, avec indifférence, avec insouciance.

unconditional [ʌnkən'dɪʃənl] *adj* inconditionnel, sans condition, sans réserve. (*Jur*) **~ discharge** libération inconditionnelle; (*Mil*) **~ surrender** reddition *f* sans condition.

unconditionally [ʌnkən'dɪʃnəlɪ] *adv* (*gen*) inconditionnellement; *surrender, accept* inconditionnellement, sans conditions.

unconfined [ʌnkən'faɪnd] *adj space* illimité, sans bornes; *animal* en liberté.

unconfirmed [ʌnkən'fɜ:md] *adj report, rumour* non confirmé.

uncongenial [ʌnkən'dʒi:nɪəl] *adj person* peu sympathique, antipathique; *work, surroundings* peu agréable.

unconnected [ʌnkə'nektɪd] *adj events, facts* sans rapport (*with* avec); *languages* sans connexion, d'origine différente; *ideas* décousu, sans suite; (*Elec*) débranché.

unconquerable [ʌn'kɒŋkərəbl] *adj army, nation, mountain* invincible; *difficulty* insurmontable; *tendency* irrépressible, incorrigible.

unconquered [ʌn'kɒŋkəd] *adj land* qui n'a pas été conquis; *mountain* invaincu.

unconscionable [ʌn'kɒnʃnəbl] *adj* déraisonnable.

unconscious [ʌn'kɒnʃəs] **1** *adj* (a) (*Med*) sans connaissance, (*having fainted*) évanoui. **he was ~ for 3 hours** il est resté sans connaissance *or* évanoui pendant 3 heures; **to become ~** perdre connaissance; **knocked ~** assommé.
(b) (*unaware*) *person* inconscient (*of* de); *humour etc* inconscient, involontaire; *desire, dislike* inconscient. **to be ~ of sth** être inconscient de qch, ne pas avoir conscience de qch; (*Psych*) **the ~ mind** l'inconscient *m*.
2 *n* (*Psych*) inconscient *m*.

unconsciously [ʌn'kɒnʃəslɪ] *adv* inconsciemment, sans s'en rendre compte. **he made an ~ funny remark** il a fait une remarque dont l'humour lui a échappé.

unconsciousness [ʌn'kɒnʃəsnɪs] *n* (*U*) (a) (*Med*) perte *f* de connaissance, (*specifically: fainting*) évanouissement *m*. (b) (*unawareness*) inconscience *f*.

unconsidered [ʌnkən'sɪdəd] *adj remark, action* inconsidéré, irréfléchi. **~ trifles** des vétilles sans importance.

unconstitutional [ʌn,kɒnstɪ'tju:ʃənl] *adj* inconstitutionnel, anticonstitutionnel.

unconstitutionally [ʌn,kɒnstɪ'tju:ʃnəlɪ] *adv* inconstitutionnellement, anticonstitutionnellement.

unconstrained [ʌnkən'streɪnd] *adj person* non contraint, libre; *behaviour* aisé; *act* spontané.

uncontested [ʌnkən'testɪd] *adj* incontesté; (*Parl*) *seat* non disputé, remporté sans opposition.

uncontrollable [ʌnkən'trəʊləbl] *adj child, animal* indiscipliné, impossible; *desire, emotion* irrésistible, irrépressible, qui ne peut être contenu *or* maîtrisé; *epidemic, price rise, inflation* qui ne peut être enrayé, qui ne peut être freiné. **he was seized with ~ laughter** le fou rire l'a pris; **~ fits of rage** emportements *mpl*; **to have an**

~ **temper** ne pas être toujours maître de soi, ne pas savoir se contrôler.

uncontrollably ['ʌnkən'trəʊləblɪ] *adv* (*gen*) irrésistiblement. **to laugh** ~ avoir le fou rire; **she was crying** ~ elle pleurait sans pouvoir s'arrêter *or* se dominer; **the fire raged** ~ on n'arrivait pas à maîtriser l'incendie; **the car skidded** ~ le conducteur a dérapé et a perdu le contrôle de sa voiture; **inflation is rising** ~ l'inflation augmente irrésistiblement.

uncontrolled ['ʌnkən'trəʊld] *adj emotion, desire* non contenu, non maîtrisé, effréné; *price rises* effréné; *inflation* galopant, incontrôlé.

uncontroversial ['ʌn,kɒntrə'vɜːʃəl] *adj* qui ne prête pas à controverse, non controversable.

unconventional ['ʌnkən'venʃənl] *adj* peu conventionnel, original.

unconventionality ['ʌnkən,venʃə'nælɪtɪ] *n* originalité *f*, caractère *m* peu conventionnel.

unconventionally ['ʌnkən'venʃnəlɪ] *adv* de manière peu conventionnelle.

unconverted ['ʌnkən'vɜːtɪd] *adj* (*Fin, Rel, gen*) non converti.

unconvinced ['ʌnkən'vɪnst] *adj* non convaincu, sceptique. **to be** *or* **remain** ~ ne pas être convaincu *or* persuadé (*of sth* de qch), avoir des doutes (*of sth* sur qch).

unconvincing ['ʌnkən'vɪnsɪŋ] *adj* peu convaincant.

unconvincingly ['ʌnkən'vɪnsɪŋlɪ] *adv speak, argue* d'un ton *or* d'une manière peu convaincant(e).

uncooked ['ʌn'kʊkt] *adj* non cuit, cru.

uncool‡ ['ʌn'kuːl] *adj person* pas branché*, pas cool*; *action, thing* pas cool*.

uncooperative ['ʌnkəʊ'ɒpərətɪv] *adj* peu coopératif.

uncooperatively ['ʌnkəʊ'ɒpərətɪvlɪ] *adv* de façon peu coopérative.

uncoordinated ['ʌnkəʊ'ɔːdɪneɪtɪd] *adj* non coordonné.

uncork ['ʌn'kɔːk] *vt* déboucher, enlever le bouchon de.

uncorrected ['ʌnkə'rektɪd] *adj* non corrigé.

uncorroborated ['ʌnkə'rɒbəreɪtɪd] *adj* non corroboré, sans confirmation.

uncorrupted ['ʌnkə'rʌptɪd] *adj* non corrompu.

uncountable ['ʌn'kaʊntəbl] *adj* (a) (*innumerable*) innombrable, incalculable. (b) (*Ling*) ~ **noun** nom *m* non dénombrable.

uncounted ['ʌn'kaʊntɪd] *adj* qui n'a pas été compté; (*fig: innumerable*) innombrable.

uncouple ['ʌn'kʌpl] *vt carriage* dételer; *train, engine* découpler; *trailer* détacher.

uncouth ['ʌn'kuːθ] *adj person, behaviour* grossier, fruste.

uncover ['ʌn'kʌvər] *vt* découvrir.

uncovered ['ʌn'kʌvəd] *adj* découvert; (*Fin*) à découvert.

uncritical ['ʌn'krɪtɪkəl] *adj person* dépourvu d'esprit critique; *attitude, approach, report* non critique. **to be** ~ **of** manquer d'esprit critique à l'égard de.

uncritically ['ʌn'krɪtɪkəlɪ] *adv* sans (faire preuve d')esprit critique.

uncross ['ʌn'krɒs] *vt* décroiser.

uncrossed ['ʌn'krɒst] *adj* décroisé; *cheque* non barré.

uncrowded ['ʌn'kraʊdɪd] *adj* où il n'y a pas trop de monde.

uncrowned ['ʌn'kraʊnd] *adj* non couronné, sans couronne. (*fig*) **the** ~ **king of** le roi sans couronne de.

uncrushable ['ʌn'krʌʃəbl] *adj fabric, dress* infroissable. **he's quite** ~ il ne se laisse jamais abattre.

UNCTAD ['ʌŋktæd] *n* (*also* **Unctad**: *abbr of* **United Nations Commission on Trade and Development**) Congrès *m* des Nations Unies sur le commerce et le développement.

unction ['ʌŋkʃən] *n* (*all senses*) onction *f*.

unctuous ['ʌŋktjʊəs] *adj* (*pej*) onctueux, mielleux.

unctuously ['ʌŋktjʊəslɪ] *adv* (*pej*) onctueusement, avec onction.

unctuousness ['ʌŋktjʊəsnɪs] *n* (*U: pej*) manières onctueuses.

uncultivated ['ʌn'kʌltɪveɪtɪd] *adj land, person, mind* inculte; *voice, accent* qui manque de raffinement.

uncultured ['ʌn'kʌltʃəd] *adj land, person, mind* inculte; *voice, accent* qui manque de raffinement.

uncurl ['ʌn'kɜːl] **1** *vt wire, snake* dérouler. **to** ~ **one's legs** déplier ses jambes. **2** *vi* [*snake etc*] se dérouler.

uncut ['ʌn'kʌt] *adj* (*gen*) non coupé; *hedge* non taillé; *crops* sur pied; *diamond* brut; *gem, stone* non taillé; *edition, film, play* sans coupures, intégral.

undamaged [ʌn'dæmɪdʒd] *adj goods* non endommagé, en bon état; *reputation* intact; (*Psych*) non affecté.

undamped ['ʌn'dæmpt] *adj* (*fig*) *enthusiasm, courage* non refroidi, intact.

undated ['ʌn'deɪtɪd] *adj* non daté, sans date.

undaunted ['ʌn'dɔːntɪd] *adj* non intimidé, non effrayé (*by* par), inébranlable. **he was** ~ **by their threats** leurs menaces ne l'effrayaient pas; **he carried on** ~ il a continué sans se laisser intimider *or* démonter.

undeceive [ˌʌndɪ'siːv] *vt* détromper, désabuser (*liter*).

undecided [ˌʌndɪ'saɪdɪd] *adj person* indécis, irrésolu; *question* indécis; *weather* incertain. **that is still** ~ cela n'a pas encore été décidé; **I am** ~ **whether to go or not** je n'ai pas décidé si j'irai ou non.

undeclared [ˌʌndɪ'klɛəd] *adj* (*Customs*) non déclaré.

undefeated [ˌʌndɪ'fiːtɪd] *adj* invaincu.

undefended [ˌʌndɪ'fendɪd] *adj* (*Mil etc*) sans défense, non défendu; (*Jur*) *suit* où on ne présente pas de défense, où le défenseur s'abstient de plaider.

undefiled [ˌʌndɪ'faɪld] *adj* (*liter: lit, fig*) pur, sans tache. ~ **by any contact with** ... qui n'a pas été contaminé *or* souillé par le contact de ... .

undefined [ˌʌndɪ'faɪnd] *adj word, condition* non défini; *sensation etc* indéterminé, vague.

---

undelivered [ˌʌndɪ'lɪvəd] *adj* non remis, non distribué. **if** ~ **return to sender** ≃ en cas d'absence, prière de retourner à l'expéditeur.

undemonstrative ['ʌndɪ'mɒnstrətɪv] *adj* réservé, peu démonstratif, peu expansif.

undeniable [ˌʌndɪ'naɪəbl] *adj* indéniable, incontestable.

undeniably [ˌʌndɪ'naɪəblɪ] *adv* incontestablement, indiscutablement. **it is** ~ **true that** il est incontestable *or* indiscutable que.

undenominational ['ʌndɪ,nɒmɪ'neɪʃənl] *adj* non confessionnel.

undependable ['ʌndɪ'pendəbl] *adj person* sur qui on ne peut compter, à qui on ne peut se fier; *information* peu sûr; *machine* peu fiable.

under ['ʌndər] **1** *adv* (a) (*beneath*) au-dessous, en dessous. **he stayed** ~ **for 3 minutes** (*under water*) il est resté sous l'eau pendant 3 minutes; (*under anaesthetic*) il est resté sous l'effet de l'anesthésie *or* il est resté anesthésié pendant 3 minutes; (*Comm etc*) **as** ~ comme ci-dessous; **he lifted the rope and crawled** ~ il a soulevé la corde et il est passé par-dessous en se traînant; **V down**[1], **go under** *etc*.
(b) (*less*) au-dessous. **children of 15 and** ~ les enfants de 15 ans et au-dessous; **10 degrees** ~ 10 degrés au-dessous de zéro.
2 *prep* (a) (*beneath*) sous. ~ **it** dessous; ~ **the table/sky/umbrella** sous la table/le ciel/le parapluie; **he came out from** ~ **the bed** il est sorti de dessous le lit; **the book slipped from** ~ **his arm** le livre a glissé de sous son bras; **it's** ~ **there** c'est là-dessous; **he went and sat** ~ **it** il est allé s'asseoir dessous; **to stay** ~ **water** rester sous l'eau; ~ **the microscope** au microscope; *for other phrases* V **breath, cover, wing** *etc*.
(b) (*less than*) moins de; (*in series, rank, scale etc*) au-dessous de. **to be** ~ **age** avoir moins de dix-huit ans, être mineur (*V also* **underage**; **children** ~ **15** enfants de moins de *or* enfants au-dessous de 15 ans (*V also* **3**); **it sells at** ~ **£10** cela se vend à moins de 10 livres; **there were** ~ **50** of them il y en avait moins de 50; **any number** ~ **10** un chiffre au-dessous de 10; **in** ~ **2 hours** en moins de 2 heures; **those** ~ **the rank of captain** ceux au-dessous du grade de capitaine.
(c) (*fig*) sous. ~ **the Tudors** sous les Tudors; ~ **the circumstances** dans les circonstances; ~ **an assumed name** sous un faux nom; **you'll find him** ~ **'plumbers' in the book** vous le trouverez sous 'plombiers' dans l'annuaire; **sent** ~ **plain cover** envoyé sous pli discret; (*Agr*) ~ **wheat** en blé; ~ **sentence of death** condamné à mort; (*Mil etc*) **to serve** ~ **sb** servir sous les ordres de qn; **he had 50 men** ~ **him** il avait 50 hommes sous ses ordres; ~ **the command of** sous les ordres de; **to study** ~ **sb** [*undergraduate*] suivre les cours de qn; [*postgraduate*] faire des recherches *or* travailler sous la direction de qn; [*painter, composer*] être l'élève de qn; **this department comes** ~ **his authority** cette section relève de sa compétence; (*Comput*) **to run** ~ **CP/M** fonctionner sous CP/M; *for other phrases* V **control, impression, obligation** *etc*.
(d) (*according to*) en vertu de, conformément à, selon. ~ **article 25** en vertu de *or* conformément à l'article 25; ~ **French law** selon la législation française; ~ **the terms of the contract** aux termes du contrat, selon *or* suivant les termes du contrat; ~ **his will** selon son testament.
3 *cpd*: **the under-15's** *etc* les moins de 15 *etc* ans; **under-the-counter** V **under-the-counter**.
4 *pref* (a) (*below*) sous-; V **underfloor, undersea** *etc*.
(b) (*insufficiently*) sous-, *eg* ~**nourished** sous-alimenté; ~**used/appreciated** *etc* qui n'est pas assez utilisé/apprécié *etc*; V **undercharge, undercooked** *etc*.
(c) (*junior*) sous-, *eg* ~**-gardener** sous-jardinier *m*; V **under-secretary** *etc*.

underachieve [ˌʌndərə'tʃiːv] *vi* (*Scol*) être sous-performant, ne pas obtenir les résultats correspondant à son niveau d'intelligence.

underachiever [ˌʌndərə'tʃiːvər] *n* (*Scol*) (*Brit*) élève *mf* sous-performant(e); (*US*) élève très médiocre.

underage [ˌʌndər'eɪdʒ] *adj person* mineur. ~ **drinking** consommation *f* d'alcool par les mineurs.

underarm [ˌʌndər'ɑːm] **1** *adv* (*Sport etc*) *throw, bowl* par en-dessous. **2** *adj* (a) *throw etc* par en-dessous. (b) *deodorant* pour les aisselles; *hair* des aisselles, sous les bras. ~ **odour** *f* de transpiration sous les aisselles.

underbade [ˌʌndə'beɪd] *pret of* **underbid**.

underbelly [ˌʌndəbelɪ] *n* (*Anat*) bas-ventre *m*. (*fig*) **the (soft)** ~ **le point vulnérable**.

underbid [ˌʌndə'bɪd] *pret* **underbade** *or* **-bid**, *ptp* **underbidden** *or* **-bid** *vti* (*Bridge: also* ~ **one's hand**) annoncer au-dessous de sa force.

underbody [ˌʌndəbɒdɪ] *n* (*Aut*) dessous *m* de caisse.

underbrush [ˌʌndəbrʌʃ] *n* (*U*) sous-bois *msg*, broussailles *fpl*.

undercapitalized ['ʌndə'kæpɪtəlaɪzd] *adj*: **to be** ~ [*businessman*] ne pas disposer de fonds suffisants; [*project etc*] ne pas être doté de fonds suffisants.

undercarriage [ˌʌndəkærɪdʒ] *n* (*Aviat*) train *m* d'atterrissage.

undercharge [ˌʌndə'tʃɑːdʒ] *vt* ne pas faire payer assez à. **he** ~**d me by £2** il aurait dû me faire payer 2 livres de plus.

underclassman [ˌʌndə'klɑːsmən] *n* (*US Univ*) étudiant *m* de première *or* deuxième année.

underclothes [ˌʌndəkləʊðz] *npl*, **underclothing** [ˌʌndəkləʊðɪŋ] *n* (*U*) (*gen, also men's*) sous-vêtements *mpl*; (*women's only*) dessous *mpl*, lingerie *f* (*U*).

undercoat [ˌʌndəkəʊt] *n* [*paint*] couche *f* de fond; (*US Aut*) couche *f* antirouille (du châssis).

undercoating [ˌʌndəkəʊtɪŋ] *n* (*U: US Aut*) couche *f* antirouille (du châssis).

undercooked [ˌʌndə'kʊkt] *adj* pas assez cuit.

undercover [ˌʌndə'kʌvər] *adj* secret (*f* -ète), clandestin. ~ **agent** *or* **man** *or* **policeman** agent secret.

undercurrent ['ʌndə,kʌrənt] n (in sea) courant m (sous-marin); (fig: of feeling etc) courant sous-jacent.

undercut [,ʌndə'kʌt] pret, ptp **undercut 1** vt (a) (Comm: sell cheaper than) competitor vendre moins cher que. (b) (fig, esp Econ: undermine, reduce) the dollar, incomes réduire la valeur de. **infla-tion ~s spending power** l'inflation réduit le pouvoir d'achat. (c) (Sport) ball lifter. **2** n (Culin) (morceau m de) filet m.

underdeveloped ['ʌndədɪ'veləpt] adj (Econ) sous-développé; (Anat, Physiol) qui n'est pas complètement développé or formé; (Phot) insuffisamment développé.

underdog ['ʌndədɒg] n: **the ~** (in game, fight) celui or celle qui perd, le perdant, la perdante; (predicted loser) celui (or celle) que l'on donne perdant(e); (economically, socially) l'opprimé m.

underdone ['ʌndə'dʌn] adj food pas assez cuit; (Brit) steak etc sai-gnant.

underdrawers ['ʌndədrɔːz] npl (US) caleçon m, slip m (pour homme).

underdressed [,ʌndə'drest] adj: **to be ~** ne pas être vêtu avec l'élégance requise.

underemphasize [,ʌndər'emfəsaɪz] vt ne pas donner l'importance nécessaire à.

underemployed [,ʌndərɪm'plɔɪd] adj person, equipment, building sous-employé; resources sous-exploité. **I'm ~ half the time** bien souvent je suis sous-employé or je ne suis pas assez occupé.

underemployment [,ʌndərɪm'plɔɪmənt] n [person etc] sous-emploi m; [resources] sous-exploitation f.

underestimate [,ʌndər'estɪmɪt] **1** n sous-estimation f. **2** vt [,ʌndər'estɪmeɪt] size, numbers, strength sous-estimer; person sous-estimer, mésestimer.

underestimation [,ʌndərestɪ'meɪʃən] n sous-estimation f.

underexpose [,ʌndərɪks'pəʊz] vt (Phot) sous-exposer.

underexposed [,ʌndərɪks'pəʊzd] adj (Phot) sous-exposé.

underexposure [,ʌndərɪks'pəʊʒər] n (Phot) sous-exposition f.

underfed [,ʌndə'fed] (pret, ptp of **underfeed**) adj sous-alimenté.

underfeed [,ʌndə'fiːd] pret, ptp **underfed** vt sous-alimenter.

underfeeding [,ʌndə'fiːdɪŋ] n sous-alimentation f.

underfelt ['ʌndəfelt] n [carpet] thibaude f.

underfinanced [,ʌndəfaɪ'nænst] adj: **to be ~** [businessman] ne pas disposer de fonds suffisants; [project etc] ne pas être doté de fonds suffisants.

underfloor ['ʌndəflɔːr] adj (gen) pipes etc qui se trouve sous le plancher or le sol. **~ heating** chauffage m par le plancher or par le sol.

underflow ['ʌndəfləʊ] n (in sea) courant m (sous-marin); (fig: of feeling etc) courant sous-jacent.

underfoot [,ʌndə'fʊt] adv (gen) sous les pieds. **to trample sth ~** fouler qch aux pieds; **it is wet ~** le sol est humide.

underfunded [,ʌndə'fʌndɪd] adj: **to be ~** [businessman] ne pas disposer de fonds suffisants; [project etc] ne pas être doté de fonds suffisants.

undergarment ['ʌndəgɑːmənt] n sous-vêtement m.

undergo [,ʌndə'gəʊ] pret **underwent**, ptp **undergone** vt test, change, modification, (Med) operation subir; suffering éprouver; (Med) treatment suivre. **it is ~ing repairs** c'est en réparation.

undergraduate [,ʌndə'grædjʊɪt] **1** n étudiant(e) m(f) (qui prépare la licence). **2** cpd life étudiant, estudiantin; circles étudiant; rooms pour étudiants, d'étudiants; opinion des étudiants; grants, income d'étudiants; attitude d'étudiant; course pour étudiants de licence.

underground ['ʌndəgraʊnd] **1** adj work sous terre, souterrain; explosion, cable souterrain; (fig) organization clandestin, secret (f -ète); press clandestin; (Art, Cine) underground inv, d'avant-garde. **~ car park** parking m souterrain; **~ railway** métro m; (fig: US Hist: for slaves) **the ~ railroad** filière clandestine pour aider les esclaves noirs à fuir le Sud; (fig) **~ movement** mouvement clandestin; (in occupied country) résistance f.
2 adv sous (la) terre; (fig) clandestinement, secrètement. **it is 3 metres ~** c'est à 3 mètres sous la terre; [wanted man] **to go ~** entrer dans la clandestinité; [guerilla] prendre le maquis.
3 n (Brit: railway) métro m. **by ~** en métro; **the ~** (Mil, Pol etc) la résistance; (Art etc) mouvement m underground or d'avant-garde.

undergrowth ['ʌndəgrəʊθ] n (U) broussailles fpl, sous-bois m sg.

underhand [,ʌndə'hænd] adj, **underhanded** [,ʌndə'hændɪd] adj (pej) en sous-main, en dessous, sournois. **~ trick** fourberie f.

underhandedly [,ʌndə'hændɪdlɪ] adv (pej) sournoisement, en dessous, en sous-main.

underinvest [,ʌndərɪn'vest] vi (Econ, Fin) sous-investir.

underinvestment [,ʌndərɪn'vestmənt] n (Econ, Fin) sous-investissement m.

underlay [,ʌndə'leɪ] **1** pret of **underlie**. **2** ['ʌndəleɪ] n [carpet] thibaude f.

underlie [,ʌndə'laɪ] pret **underlay**, ptp **underlain** vt être à la base de, sous-tendre.

underline [,ʌndə'laɪn] vt (lit, fig) souligner.

underling ['ʌndəlɪŋ] n (pej) subalterne m, sous-fifre* m inv (pej).

underlining [,ʌndə'laɪnɪŋ] n (U) soulignage m, soulignement m.

underlying [,ʌndə'laɪɪŋ] adj (gen, also Gram, Jur) sous-jacent.

undermanned [,ʌndə'mænd] adj (gen, also Mil) office, post etc à court de personnel; (Mil) ship, plane à court d'équipage.

undermentioned [,ʌndə'menʃənd] adj (cité) ci-dessous.

undermine [,ʌndə'maɪn] vt (lit) cliffs miner, saper; (fig) influence, power, authority saper, ébranler; health miner, user; effect amoin-drir.

undermost ['ʌndəməʊst] adj le plus bas.

underneath ['ʌndə'niːθ] **1** prep sous, au-dessous de. **stand ~ it** mettez-vous dessous; **from ~ the table** de dessous la table. **2** adv (en) dessous. **the one ~** celui d'en dessous. **3** adj d'en dessous. **4** n dessous m.

undernourish [,ʌndə'nʌrɪʃ] vt sous-alimenter.

undernourished [,ʌndə'nʌrɪʃt] adj sous-alimenté.

undernourishment [,ʌndə'nʌrɪʃmənt] n sous-alimentation f.

underoccupied [,ʌndər'ɒkjʊpaɪd] adj accommodation insuffisam-ment occupé; person qui n'a pas assez à faire.

underpaid [,ʌndə'peɪd] (pret, ptp of **underpay**) adj sous-payé; worker sous-rémunéré, sous-payé.

underpants ['ʌndəpænts] npl caleçon m, slip m (pour hommes).

underpart ['ʌndəpɑːt] n partie f inférieure.

underpass ['ʌndəpɑːs] n (for cars) passage m inférieur (de l'autoroute); (for pedestrians) passage souterrain.

underpay [,ʌndə'peɪ] pret, ptp **underpaid** vt sous-payer; worker sous-rémunérer, sous-payer.

underpin [,ʌndə'pɪn] vt wall étayer; building reprendre en sous-œuvre; (fig) project etc étayer.

underplay [,ʌndə'pleɪ] vt (gen) minimiser, réduire l'importance de. **he rather ~ed it** il n'a pas insisté là-dessus, il a minimisé la chose; (Theat) **to ~ a role** jouer un rôle avec beaucoup de retenue.

underpopulated [,ʌndə'pɒpjʊleɪtɪd] adj sous-peuplé.

underprice [,ʌndə'praɪs] vt organization clandestin, secret (f

underpriced [,ʌndə'praɪst] adj goods en vente à un prix inférieur à sa vraie valeur. **at £3 this book is ~** le prix de 3 livres est trop bas pour ce livre.

underprivileged [,ʌndə'prɪvɪlɪdʒd] **1** adj (economically, socially) families économiquement faible, déshérité; countries déshérité. **2** npl: **the ~** les économiquement faibles mpl.

underproduce [,ʌndəprə'djuːs] vti (Econ, Ind) sous-produire.

underproduction [,ʌndəprə'dʌkʃən] n (Econ, Ind) sous-production f.

underrate [,ʌndə'reɪt] vt size, numbers, strength sous-estimer; per-son sous-estimer, méconnaître.

underrated [,ʌndə'reɪtɪd] adj play, book, actor méconnu, sous-estimé. **he's very ~** il est vraiment méconnu, on le sous-estime vraiment.

underreact [,ʌndəri'ækt] vi réagir mollement.

underreaction [,ʌndəri'ækʃən] n réaction f molle.

underripe [,ʌndə'raɪp] adj fruit vert, qui n'est pas mûr; cheese qui n'est pas fait.

underscore [,ʌndə'skɔːr] vt (lit) souligner; (fig) souligner, mettre en évidence.

underscoring [,ʌndə'skɔːrɪŋ] n (U) (V **underscore**) soulignement m, soulignage m; mise f en évidence.

undersea ['ʌndəsiː] adj sous-marin.

underseal [,ʌndəsiːl] (Brit Aut) **1** vt car traiter contre la rouille (le châssis de). **2** n couche f antirouille (du châssis).

undersealing ['ʌndəsiːlɪŋ] n (Brit Aut) couche f antirouille (du châssis).

under-secretary [,ʌndə'sekrətrɪ] n sous-secrétaire mf.

undersell [,ʌndə'sel] pret, ptp **undersold** vt competitor vendre moins cher que. (fig) **to ~ oneself** ne pas se montrer à sa juste valeur.

undersexed [,ʌndə'sekst] adj de faible libido. **to be ~** avoir une faible libido.

undershirt ['ʌndəʃɜːt] n (US) maillot m de corps.

undershoot [,ʌndə'ʃuːt] pret, ptp **undershot** vt (Aviat) **to ~ the runway** atterrir avant d'atteindre la piste.

undershorts ['ʌndəʃɔːts] npl (US) caleçon m, slip m (pour hom-mes).

undershot ['ʌndəʃɒt] (pret, ptp of **undershoot**) adj water wheel à aubes.

underside ['ʌndəsaɪd] n dessous m.

undersigned ['ʌndəsaɪnd] adj, n (Jur, frm) soussigné(e) m(f). **I, the ~, declare...** je soussigné(e) déclare....

undersized [,ʌndə'saɪzd] adj de (trop) petite taille, trop petit.

underskirt ['ʌndəskɜːt] n (Brit) jupon m.

underslung [,ʌndə'slʌŋ] adj car surbaissé.

undersoil ['ʌndəsɔɪl] n sous-sol m (Agr).

undersold [,ʌndə'səʊld] pret, ptp of **undersell**.

underspending [,ʌndə'spendɪŋ] n (Admin) fait m de ne pas dépen-ser entièrement les crédits disponibles.

understaffed [,ʌndə'stɑːft] adj à court de personnel.

understand [,ʌndə'stænd] pret, ptp **understood 1** vt (a) person, words, meaning, painting, difficulty comprendre; action, event com-prendre, s'expliquer. **this can be understood in several ways** cela peut se comprendre de plusieurs façons; **that is easily understood** c'est facile à comprendre, cela se comprend facilement; **to make o.s. understood** se faire comprendre; **do I make myself under-stood?** est-ce que je me fais bien comprendre?: **that's quite under-stood!** c'est entendu!; **it must be understood that** il faut (bien) comprendre que; (frm) **it being understood that your client is responsible** à condition que votre client accepte (subj) la respon-sabilité; **do you ~ why/how/what?** est-ce que vous comprenez pourquoi/comment/ce que?; **that's what I can't ~** voilà ce que je ne comprends pas or ce qui me dépasse; **I can't ~ it!** je ne com-prends pas!; **I can't ~ a word of it** je n'y comprends rien; **I can't ~ his agreeing to do it** je n'arrive pas à comprendre or je ne m'ex-plique pas qu'il ait accepté de le faire; **I quite ~ that you don't want to come** je comprends très bien que vous n'ayez pas envie de venir; **you don't ~ the intricacies of the situation** vous ne com-prenez pas or vous ne vous rendez pas compte de la complexité de la situation; **my wife doesn't ~ me** ma femme ne me comprend pas.

(b) (believe etc) (croire) comprendre. **I understood we were to be paid** j'ai cru comprendre que nous devions être payés; **I ~ you are leaving today** il paraît que vous partez aujourd'hui, si je com-prends bien vous partez aujourd'hui; (frm: in business letter etc) we confirm our reservation and we ~ (that) the rental will be... nous confirmons notre réservation, étant entendu que la location s'élèvera à... ; **am I to ~ that** ...? dois-je comprendre que ...?; **she is understood to have left the country**, it is understood that she has left the country il paraît or on pense généralement or on croit qu'elle a quitté le pays; **he let it be understood that** il a donné à entendre or il a laissé entendre que; **we were given to ~ that** ... on nous a donné à entendre que ..., on nous a fait comprendre que ... .

(c) (imply, assume) word etc sous-entendre. **to be understood** [arrangement, price, date] ne pas être spécifié; (Gram) être sous-entendu; **it was understood that he would pay for it** (it was assumed) on présumait qu'il le paierait; (it was agreed) il était entendu qu'il le paierait; V also **understood**.

2 vi comprendre. **now I ~!** je comprends or j'y suis maintenant!; **there's to be no noise, do you ~!** pas de bruit, c'est bien compris! or tu entends!; **he was a widower, I ~** il était veuf, si j'ai bien compris or si je ne me trompe (pas).

understandable [ˌʌndə'stændəbl] adj person, speech compréhensible, intelligible; behaviour compréhensible, naturel, normal; pride, sorrow etc compréhensible, naturel. **it is ~ that** on comprend or il est normal que + subj; **that's ~** ça se comprend.

understandably [ˌʌndə'stændəblɪ] adv (a) speak, explain d'une façon compréhensible. (b) (naturally, of course) naturellement; (rightly) à juste titre. **~, he refused** il a refusé, naturellement or comme on pouvait s'y attendre or et ça se comprend; **he's ~ angry** il est furieux, et à juste titre or et ça se comprend.

understanding [ˌʌndə'stændɪŋ] **1** adj person compréhensif (about à propos de); smile, look compatissant, bienveillant.

2 n (a) (U) compréhension f, entendement m, intelligence f. **he has good ~** il comprend vite; **he had a good ~ of the problems** il comprenait bien les problèmes; **his ~ of the problems/of children** sa compréhension des problèmes/des enfants, sa faculté de comprendre les problèmes/les enfants; **the age of ~** l'âge m de discernement; **it's beyond ~** cela dépasse l'entendement.

(b) (agreement) accord m; (arrangement) arrangement m. **to come to an ~ with sb** s'entendre or s'arranger avec qn; **I have an ~ with the local shop** je me suis entendu avec le magasin du coin; **there is an ~ between us that** ... il est entendu entre nous que ...; **on the ~ that** à condition que + subj.

(c) (U: concord) entente f, bonne intelligence. **this will encourage ~ between our nations** ceci favorisera l'entente entre nos nations.

understandingly [ˌʌndə'stændɪŋlɪ] adv avec bienveillance, en faisant preuve de compréhension.

understate [ˌʌndə'steɪt] vt minimiser, réduire l'importance de.

understated [ˌʌndə'steɪtɪd] adj (gen) discret (f -ète); fashion detail, collar etc discret, d'une élégance discrète. **~ black dress** petite robe f noire toute simple.

understatement ['ʌndə,steɪtmənt] n affirmation f en dessous de la vérité; (Ling) litote f. **to say he is clever is rather an ~** dire qu'il est intelligent n'est pas assez dire or ne suffit pas; **that's an ~** c'est peu dire, vous pouvez le dire, le terme est faible; **that's the ~ of the year!** c'est bien le moins qu'on puisse dire!

understood [ˌʌndə'stud] **1** ptp of **understand**. **2** adj (agreed) entendu, convenu; (Gram) sous-entendu. **it is an ~ thing that he can't always be there** il est bien entendu qu'il ne peut pas toujours être là; V also **understand**.

understudy ['ʌndəstʌdɪ] (Theat) **1** n doublure f. **2** vt actor doubler; part doubler un acteur dans.

undertake [ˌʌndə'teɪk] pret **undertook**, ptp **undertaken** vt task entreprendre; duty se charger de; responsibility assumer; obligation contracter. **to ~ to do** promettre or se charger de faire, s'engager à faire.

undertaker ['ʌndəteɪkəʳ] n entrepreneur m or ordonnateur m des pompes funèbres. **the ~'s** (service m des) pompes fpl funèbres.

undertaking [ˌʌndə'teɪkɪŋ] n (a) (task, operation) entreprise f. **it is quite an ~** ce n'est pas une petite affaire, c'est toute une entreprise.

(b) (promise) promesse f, engagement m. **to give an ~** promettre (that que, to do de faire); **I can give no such ~** je ne peux rien promettre de la sorte.

undertax [ˌʌndə'tæks] vt person imparer insuffisamment; goods taxer insuffisamment. **he was ~ed by £5000** on lui a fait payer 5.000 livres d'impôts de moins qu'on ne l'aurait dû.

under-the-counter [ˌʌndəðə'kaʊntəʳ] **1** adj en douce. **2** adv clandestinement, en douce.

undertone ['ʌndətəʊn] n (a) **to say sth in an ~** dire qch à mi-voix. (b) **an ~ of criticism** des critiques cachées or sous-jacentes; **it has ~s of dishonesty** cela implique quelque chose de malhonnête.

undertow ['ʌndətəʊ] n (lit) courant m sous-marin (provoqué par le retrait de la vague); (fig) tension f.

underuse [ˌʌndə'juːz] vt utiliser insuffisamment.

underused [ˌʌndə'juːzd] adj resources, facilities insuffisamment utilisé. **seriously or grossly ~** loin d'être suffisamment utilisé.

undervalue [ˌʌndə'væljuː] vt help, contribution sous-estimer; person sous-estimer, mésestimer.

undervalued [ˌʌndə'væljuːd] adj help, contribution sous-estimé; person, helper sous-estimé, mésestimé. **this house is ~** cette maison vaut plus que son prix; **it's ~ by about £1000** cela vaut environ 1000 livres de plus.

undervest ['ʌndəvest] n maillot m de corps.

underwater [ˌʌndə'wɔːtəʳ] **1** adj sous-marin. **2** adv sous l'eau.

underwear ['ʌndəweəʳ] n (U: gen, also men's) sous-vêtements mpl; (women's only) dessous mpl, lingerie f (U).

underweight [ˌʌndəweɪt] adj (a) goods d'un poids insuffisant. **it's 50 grams ~** il manque 50 grammes. (b) [person] **to be ~** ne pas peser assez, être trop maigre; **she's 20 lbs ~** elle pèse ≃ 9 kilos de moins que son poids normal.

underworld ['ʌndəwɜːld] **1** n (a) (Myth: hell) **the ~** les enfers mpl. (b) (criminal) **the ~** le milieu, la pègre. **2** cpd organization, personality du milieu; connections avec le milieu; attack organisé par le milieu.

underwrite [ˌʌndə'raɪt] pret **underwrote**, ptp **underwritten** vt (a) (Insurance) policy réassurer; risk assurer contre, garantir; amount garantir.

(b) (St Ex) share issue garantir (une or l'émission de).

(c) (Comm, Fin) project, enterprise soutenir or appuyer (financièrement).

(d) (support) decision, statement etc soutenir, souscrire à.

underwriter ['ʌndə,raɪtəʳ] n (a) (Insurance) assureur m. (b) (St Ex) syndicataire m.

underwritten ['ʌndə'rɪtn] ptp of **underwrite**.

underwrote ['ʌndə'rəʊt] pret of **underwrite**.

undeserved ['ʌndɪ'zɜːvd] adj immérité.

undeservedly ['ʌndɪ'zɜːvɪdlɪ] adv reward, punish à tort, indûment; be rewarded, punished sans l'avoir mérité, indûment.

undeserving ['ʌndɪ'zɜːvɪŋ] adj person peu méritant; cause peu méritoire. **~ of** indigne de, qui ne mérite pas.

undesirable ['ʌndɪ'zaɪərəbl] **1** adj peu souhaitable, (stronger) indésirable. **it is ~ that** il est peu souhaitable que + subj; (Admin, Jur) **~ alien** étranger m, -ère f indésirable. **2** n indésirable mf.

undetected ['ʌndɪ'tektɪd] adj non décelé, non détecté, non découvert. **to go ~** passer inaperçu.

undetermined ['ʌndɪ'tɜːmɪnd] adj (unknown) indéterminé, non connu; (uncertain) irrésolu, indécis.

undeterred ['ʌndɪ'tɜːd] adj non découragé. **to carry on ~** continuer sans se laisser décourager or comme si de rien n'était.

undeveloped ['ʌndɪ'veləpt] adj fruit, intelligence, part of body qui ne s'est pas développé; film non développé; land, resources non exploité.

undeviating [ʌn'diːvɪeɪtɪŋ] adj path droit; policy, course constant.

undies* ['ʌndɪz] npl dessous mpl, lingerie f (U).

undigested ['ʌndɪ'dʒestɪd] adj non digéré.

undignified [ʌn'dɪgnɪfaɪd] adj qui manque de dignité. **how ~!** quel manque de dignité!

undiluted [ʌndaɪ'luːtɪd] adj concentrate non dilué; pleasure sans mélange; nonsense pur.

undiminished ['ʌndɪ'mɪnɪʃt] adj non diminué.

undimmed [ʌn'dɪmd] adj lamp qui n'a pas été mis en veilleuse; headlight qui n'est pas en code; colour, metal, beauty non terni; sight aussi bon qu'auparavant. **my memory of it is ~** je m'en souviens avec précision.

undiplomatic ['ʌn,dɪplə'mætɪk] adj person peu diplomate; action, answer peu diplomatique.

undipped [ʌn'dɪpt] adj (Aut) his headlights were ~ il était en phares, il n'était pas en code; **to drive on ~ headlights** conduire avec ses phares allumés.

undiscerning ['ʌndɪ'sɜːnɪŋ] adj qui manque de discernement.

undischarged ['ʌndɪs'tʃɑːdʒd] adj bankrupt non réhabilité; debt non acquitté, impayé.

undisciplined [ʌn'dɪsɪplɪnd] adj indiscipliné.

undisclosed ['ʌndɪs'kləʊzd] adj non révélé, non divulgué.

undiscovered ['ʌndɪs'kʌvəd] adj (not found) non découvert; (unknown) inconnu. **the treasure remained ~ for 700 years** le trésor n'a été découvert que 700 ans après.

undiscriminating ['ʌndɪs'krɪmɪneɪtɪŋ] adj qui manque de discernement.

undisguised ['ʌndɪs'gaɪzd] adj (lit, fig) non déguisé.

undismayed ['ʌndɪs'meɪd] adj non découragé, non consterné. **he was quite ~ by the news** la nouvelle ne l'a nullement consterné; **... he said ~** ... dit-il sans se laisser décourager or intimider.

undisputed ['ʌndɪs'pjuːtɪd] adj incontesté.

undistinguished ['ʌndɪs'tɪŋgwɪʃt] adj (in character) médiocre, quelconque; (in appearance) peu distingué.

undisturbed ['ʌndɪs'tɜːbd] adj (untouched) papers, clues non dérangé, non déplacé; (uninterrupted) sleep non troublé, paisible. **to work ~** travailler sans être dérangé.

(b) (unworried) non inquiet (f -ète), calme. **he was ~ by the news** la nouvelle ne l'a pas inquiété.

undivided ['ʌndɪ'vaɪdɪd] adj indivisé, entier; (unanimous) unanime. **your ~ attention** toute votre attention.

undo ['ʌn'duː] pret **undid**, ptp **undone** vt button, garment, knot, parcel, box, knitting défaire; good effect détruire, annuler; mischief, wrong réparer; V also **undone**.

undocumented ['ʌn'dɒkjʊmentɪd] adj event etc sur lequel on ne possède pas de témoignages; (US) person sans papiers.

undoing ['ʌn'duːɪŋ] n (U) ruine f, perte f. **that was his ~** c'est ce qui l'a perdu, c'est ce qui a causé sa perte.

undomesticated ['ʌndə'mestɪkeɪtɪd] adj animal non domestiqué; person qui ne sait pas faire le ménage.

undone [ʌn'dʌn] **1** ptp of **undo**. **2** adj button, garment, knot, parcel défait; task non accompli. **to come ~** se défaire; **to leave sth ~** ne pas faire qch; (†† or hum) **I am ~!** je suis perdu!

undoubted [ʌn'daʊtɪd] adj indubitable, certain.

undoubtedly [ʌn'daʊtɪdlɪ] adv indubitablement, sans aucun doute.

undramatic ['ʌndrə'mætɪk] adj peu dramatique.

undreamed-of [ʌn'driːmdɒv] adj, **undreamt-of** [ʌn'dremtɒv] adj (unhoped for) inespéré; (unsuspected) insoupçonné, qui dépasse l'imagination.

undress [ʌn'dres] **1** vt déshabiller. **to get ~ed** se déshabiller. **2** vi se déshabiller. **3** n (also Mil) **in a state of ~** en petite tenue.

undrinkable ['ʌn'drɪŋkəbl] adj (unpalatable) imbuvable; (poisonous) non potable.

undue [ʌn'djuː] adj (gen) excessif; anger etc, haste indu, excessif. **I**

hope this will not cause you ~ inconvenience j'espère que cela ne vous causera pas trop d'inconvénients.
undulate ['ʌndjʊleɪt] *vi* onduler, ondoyer.
undulating ['ʌndjʊleɪtɪŋ] *adj movement* ondoyant, onduleux; *aspect* onduleux; *line* sinueux, onduleux; *countryside* vallonné.
undulation [ˌʌndjʊ'leɪʃən] *n* ondulation *f*, ondoiement *m*.
undulatory ['ʌndjʊlətrɪ] *adj* ondulatoire.
unduly ['ʌn'dju:lɪ] *adv* trop, excessivement. **he was not ~ worried** il n'était pas inquiet outre mesure.
undying [ʌn'daɪɪŋ] *adj* (*fig*) éternel.
unearned ['ʌn'ɜ:nd] *adj money* non gagné; (*fig*) *praise, reward* immérité. ~ **income** rentes *fpl*; ~ **increment** plus-value *f*.
unearth ['ʌn'ɜ:θ] *vt* déterrer; (*fig*) déterrer, dénicher, découvrir.
unearthly [ʌn'ɜ:θlɪ] *adj* (*gen*) surnaturel, mystérieux; (*threatening*) sinistre; (**fig*) impossible*. ~ **hour** heure *f* impossible *or* indue.
unease [ʌn'i:z] *n* inquiétude *f*, malaise *m* (*at, about* devant).
uneasily [ʌn'i:zɪlɪ] *adv* (*ill-at-ease*) avec gène; (*worriedly*) avec inquiétude; *sleep* mal, d'un sommeil agité.
uneasiness [ʌn'i:zɪnɪs] *n* (*U*) inquiétude *f*, malaise *m* (*at, about* devant).
uneasy [ʌn'i:zɪ] *adj calm, peace, truce* troublé, difficile; *silence* gêné; *sleep, night* agité; *conscience* non tranquille; *person* (*ill-at-ease*) mal à l'aise, gêné; (*worried*) inquiet (*f* -ète), (*at, about* devant, de), anxieux. **to grow** *or* **become ~ about sth** commencer à s'inquiéter au sujet de qch; **I have an ~ feeling that he's watching me** j'ai l'impression déconcertante qu'il me regarde; **I had an ~ feeling that he would change his mind** je ne pouvais m'empêcher de penser qu'il allait changer d'avis.
uneatable ['ʌn'i:təbl] *adj* immangeable.
uneaten ['ʌn'i:tn] *adj* non mangé, non touché.
uneconomic(al) ['ʌn,i:kə'nɒmɪk(əl)] *adj machine, car* peu économique; *work, method* peu économique, peu rentable. **it is ~ to do that** il n'est pas économique *or* rentable de faire cela.
unedifying ['ʌn'edɪfaɪɪŋ] *adj* peu édifiant.
unedited [ʌn'edɪtɪd] *adj film* non monté; *essays, works* non édité; *tape* non mis au point.
uneducated ['ʌn'edjʊkeɪtɪd] *adj person* sans instruction; *letter, report* informe, plein de fautes, (*badly written*) mal écrit; *handwriting* d'illettré; *speech, accent* populaire.
unemotional ['ʌnɪ'məʊʃənl] *adj* (*having little emotion*) peu émotif, peu émotionnable; (*showing little emotion*) *person, voice, attitude* qui ne montre *or* ne trahit aucune émotion, impassible; *reaction* peu émotionnel; *description, writing* neutre, dépourvu de passion.
unemotionally ['ʌnɪ'məʊʃnəlɪ] *adv* avec impassibilité.
unemployable ['ʌnɪm'plɔɪəbl] *adj* incapable de travail.
unemployed ['ʌnɪm'plɔɪd] **1** *adj person* en *or* au chômage, sans travail *or* emploi; *machine, object* inutilisé, dont on ne se sert pas; (*Fin*) *capital* qui ne travaille pas. ~ **person** chômeur *m*, -euse *f*, (*esp Admin*) demandeur *m* d'emploi; (*Econ*) **the numbers ~** les inactifs *mpl*.
2 *n*: **the ~** les chômeurs *mpl*, les sans-emploi *mpl*, (*esp Admin*) les demandeurs *mpl* d'emploi; **the young ~** les jeunes *mpl* sans emploi *or* au chômage.
unemployment ['ʌnɪm'plɔɪmənt] **1** *n* (*U*) chômage *m*. **to reduce** *or* **cut ~** réduire le chômage *or* le nombre des chômeurs, résorber le chômage; ~ **has risen** le chômage *or* le nombre des chômeurs a augmenté.
2 *cpd*: (*Brit*) **unemployment benefit**, (*US*) **unemployment compensation** allocation *f* de chômage; **the unemployment figures** les statistiques *fpl* du chômage, le nombre des chômeurs; **an ~ rate of 10%** *or* **of 1 in 10** un taux de chômage de 10%.
unencumbered ['ʌnɪm'kʌmbəd] *adj* non encombré (*with* de).
unending [ʌn'endɪŋ] *adj* interminable, sans fin.
unendurable ['ʌnɪm'djʊərəbl] *adj* insupportable, intolérable.
unenforceable ['ʌnɪm'fɔːsəbl] *adj law etc* inapplicable.
unengaged ['ʌnɪm'geɪdʒd] *adj* libre.
un-English ['ʌn'ɪŋglɪʃ] *adj* peu anglais, pas anglais.
unenlightened ['ʌnɪn'laɪtnd] *adj* peu éclairé, rétrograde.
unenterprising ['ʌn'entəpraɪzɪŋ] *adj person* peu entreprenant, qui manque d'initiative; *policy, act* qui manque d'audacité *or* de hardiesse.
unenthusiastic ['ʌnɪn,θuːzɪ'æstɪk] *adj* peu enthousiaste. **you seem rather ~ about it** ça n'a pas l'air de vous enthousiasmer *or* de vous emballer*.
unenthusiastically ['ʌnɪn,θuːzɪ'æstɪkəlɪ] *adv* sans enthousiasme.
unenviable ['ʌn'envɪəbl] *adj* peu enviable.
unequal ['ʌn'i:kwəl] *adj size, opportunity, work* inégal. **to be ~ to a task** ne pas être à la hauteur d'une tâche.
unequalled ['ʌn'i:kwəld] *adj skill, enthusiasm, footballer, pianist* inégalé, sans égal, qui n'a pas son égal; *record* inégalé.
unequally ['ʌn'i:kwəlɪ] *adv* inégalement.
unequivocal ['ʌnɪ'kwɪvəkəl] *adj* sans équivoque. **he gave him an ~ 'no'** il lui a opposé un 'non' catégorique *or* sans équivoque.
unequivocally ['ʌnɪ'kwɪvəkəlɪ] *adv* sans équivoque.
unerring ['ʌn'ɜ:rɪŋ] *adj judgment, accuracy* infaillible; *aim, skill, blow* sûr.
unerringly ['ʌn'ɜ:rɪŋlɪ] *adv* (*V* unerring) infailliblement; d'une manière sûre.
UNESCO [juː'neskəʊ] *n* (*abbr of* United Nations Educational, Scientific and Cultural Organization) U.N.E.S.C.O. *f*.
unessential ['ʌnɪ'senʃəl] **1** *adj* non essentiel, non indispensable. **2** *npl*: **the ~s** tout ce qui n'est pas essentiel *or* indispensable, le superflu.
unesthetic [ˌʌniːs'θetɪk] *adj* = unaesthetic.
unethical ['ʌn'eθɪkəl] *adj* peu éthique, immoral.

uneven ['ʌn'i:vən] *adj* (*gen*) inégal; *path* inégal, raboteux; *ground* inégal, accidenté; *quality, pulse, work* inégal, irrégulier; *number* impair. (*Aut*) **the engine sounds ~** il y a des à-coups dans le moteur, le moteur ne tourne pas rond.
unevenly ['ʌn'i:vənlɪ] *adv* (*V* uneven) inégalement; irrégulièrement.
unevenness ['ʌn'i:vənnɪs] *n* (*U: V* uneven) inégalité *f*; irrégularité *f*.
uneventful ['ʌnɪ'ventfʊl] *adj day, meeting, journey* sans incidents, sans histoires, peu mouvementé; *life* calme, tranquille, peu mouvementé; *career* peu mouvementée.
uneventfully ['ʌnɪ'ventfʊlɪ] *adv take place, happen* sans incidents, sans histoires.
unexceptionable [ˌʌnɪk'sepʃnəbl] *adj* irréprochable.
unexceptional [ˌʌnɪk'sepʃənl] *adj* qui n'a rien d'exceptionnel.
unexciting ['ʌnɪk'saɪtɪŋ] *adj time, life, visit* peu passionnant, peu intéressant; *food* ordinaire.
unexpected ['ʌnɪks'pektɪd] *adj arrival* inattendu, inopiné; *result, change* inattendu, imprévu; *success, happiness* inattendu, imprévu, inespéré. **it was all very ~** on ne s'y attendait pas du tout.
unexpectedly ['ʌnɪks'pektɪdlɪ] *adv* alors qu'on ne s'y attend (*or* attendait *etc*) pas, subitement. **to arrive ~** arriver à l'improviste *or* inopinément.
unexpired ['ʌnɪks'paɪəd] *adj* non expiré, encore valide.
unexplained ['ʌnɪks'pleɪnd] *adj* inexpliqué.
unexploded ['ʌnɪks'pləʊdɪd] *adj* non explosé, non éclaté.
unexploited ['ʌnɪks'plɔɪtɪd] *adj* inexploité.
unexplored ['ʌnɪks'plɔːd] *adj* inexploré.
unexposed ['ʌnɪks'pəʊzd] *adj* (*Phot*) *film* vierge.
unexpressed ['ʌnɪks'prest] *adj* inexprimé.
unexpurgated ['ʌn'ekspɜːgeɪtɪd] *adj* non expurgé, intégral.
unfading [ʌn'feɪdɪŋ] *adj* (*fig*) *hope* éternel; *memory* impérissable, ineffaçable.
unfailing [ʌn'feɪlɪŋ] *adj supply* inépuisable, intarissable; *zeal* inépuisable; *optimism* inébranlable; *remedy* infaillible.
unfailingly [ʌn'feɪlɪŋlɪ] *adv* infailliblement, immanquablement.
unfair ['ʌn'fɛər] *adj person* injuste (*to sb* envers qn, à l'égard de qn); *decision, arrangement, deal* injuste, inéquitable; *competition, play, tactics* déloyal. **it's ~ that** ce n'est pas juste *or* il est injuste que + *subj*; **it is ~ of her to do so** il est injuste qu'elle agisse ainsi, ce n'est pas juste de sa part d'agir ainsi.
unfairly ['ʌn'fɛəlɪ] *adv decide* injustement; *play* déloyalement.
unfairness ['ʌn'fɛənɪs] *n* (*V* unfair) injustice *f*; déloyauté *f*.
unfaithful ['ʌn'feɪθfʊl] *adj* infidèle (*to* à).
unfaithfully ['ʌn'feɪθfəlɪ] *adv* infidèlement, avec infidélité.
unfaithfulness ['ʌn'feɪθfʊlnɪs] *n* infidélité *f*.
unfaltering ['ʌn'fɔːltərɪŋ] *adj step, voice* ferme, assuré.
unfalteringly ['ʌn'fɔːltərɪŋlɪ] *adv speak* d'une voix ferme *or* assurée; *walk* d'un pas ferme *or* assuré.
unfamiliar ['ʌnfə'mɪljər] *adj place, sight* peu familier, étrange, inconnu; *person, subject* peu familier, inconnu, mal connu. **to be ~ with sth** mal connaître qch.
unfamiliarity ['ʌnfə,mɪlɪ'ærɪtɪ] *n* (*U*) aspect étrange *or* inconnu.
unfashionable ['ʌn'fæʃnəbl] *adj dress, subject* démodé, qui n'est plus à la mode, passé de mode; *district, shop, hotel* peu chic *inv*. **it is ~ to speak of ...** ça ne se fait plus de parler de ... .
unfasten ['ʌn'fɑːsn] *vt garment, buttons, rope* défaire; *door* ouvrir, déverrouiller; *bonds* détacher; *buckle, (loosen)* desserrer.
unfathomable [ʌn'fæðəməbl] *adj* (*lit, fig*) insondable.
unfathomed ['ʌn'fæðəmd] *adj* (*lit, fig*) insondé.
unfavourable, (*US*) **unfavorable** [ʌn'feɪvərəbl] *adj conditions, report, impression, outlook, weather* défavorable; *moment* peu propice, inopportun; *terms* désavantageux; *wind* contraire.
unfavourably, (*US*) **unfavorably** ['ʌn'feɪvərəblɪ] *adv* défavorablement. **I was ~ impressed** j'ai eu une impression défavorable; **to regard sth ~** être défavorable *or* hostile à qch.
unfazed‡ ['ʌn'feɪzd] *adj* (*US*) imperturbable. **it left him quite ~** ça ne lui a rien fait, il n'a pas bronché.
unfeeling [ʌn'fiːlɪŋ] *adj* insensible, impitoyable, dur.
unfeelingly [ʌn'fiːlɪŋlɪ] *adv* sans pitié, impitoyablement.
unfeigned [ʌn'feɪnd] *adj* non simulé, sincère.
unfeignedly [ʌn'feɪnɪdlɪ] *adv* sincèrement, vraiment.
unfeminine [ʌn'femɪnɪn] *adj* peu féminin.
unfettered [ʌn'fetəd] *adj* (*liter: lit, fig*) sans entrave. ~ **by** libre de.
unfilial ['ʌn'fɪljəl] *adj* peu filial.
unfinished ['ʌn'fɪnɪʃt] *adj task, essay* inachevé, incomplet (*f* -ète). **I have 3 ~ letters** j'ai 3 lettres à finir; **we have some ~ business** nous avons une affaire (*or* des affaires) à régler; **the U~ Symphony** la Symphonie inachevée; *[piece of handcraft etc]* **it looks rather ~** c'est mal fini, la finition laisse à désirer.
unfit ['ʌn'fɪt] *adj* **(a)** (*incompetent*) inapte, impropre (*for* à, *to do* à faire); (*unworthy*) indigne (*to do* de faire). **he is ~ to be a teacher** il ne devrait pas enseigner; **he was ~ to drive** il n'était pas en état de conduire; **he is ~ for work** il n'est pas en état de reprendre le travail; ~ **for military service** inapte au service militaire; **the doctor declared him ~ for the match** le docteur a déclaré qu'il n'était pas en état de jouer; ~ **for habitation** inhabitable; ~ **for consumption** impropre à la consommation; ~ **to eat** (*unpalatable*) immangeable; (*poisonous*) non comestible; ~ **for publication** impropre à la publication, impubliable; *road* ~ **for lorries** route impraticable aux camions. .
(b) (*not physically fit*) qui n'est pas en forme.
2 *vt* rendre inapte (*for* à, *to do* à faire).
unfitness ['ʌn'fɪtnɪs] *n* inaptitude *f* (*for* à, *to do* à faire); (*ill-health*) incapacité *f*.
unfitted [ʌn'fɪtɪd] *adj* inapte (*for* à, *to do* à faire).

unfitting [ʌn'fɪtɪŋ] *adj language, behaviour* peu *or* guère convenable, inconvenant; *ending, result* mal approprié.

unfix ['ʌn'fɪks] *vt* détacher, enlever; *(Mil) bayonets* remettre.

unflagging [ʌn'flægɪŋ] *adj person, devotion, patience* infatigable, inlassable; *enthusiasm* inépuisable; *interest* soutenu jusqu'au bout.

unflaggingly [ʌn'flægɪŋlɪ] *adv* infatigablement, inlassablement.

unflappability* [‚ʌnflæpə'bɪlɪtɪ] *n (U)* calme *m*, flegme *m*.

unflappable* ['ʌn'flæpəbl] *adj* imperturbable, qui ne perd pas son calme, flegmatique.

unflattering ['ʌn'flætərɪŋ] *adj person, remark, photo, portrait* peu flatteur. **he was very ~ about it** ce qu'il en a dit n'avait rien de flatteur *or* n'était pas flatteur; **she wears ~ clothes** elle porte des vêtements qui ne la mettent guère en valeur *or* qui ne l'avantagent guère.

unflatteringly ['ʌn'flætərɪŋlɪ] *adv* d'une manière peu flatteuse.

unfledged ['ʌn'fledʒd] *adj (fig) person, organization, movement* qui manque d'expérience. **an ~ youth** un garçon sans expérience, un blanc-bec (*pej*).

unflinching ['ʌn'flɪntʃɪŋ] *adj expression, determination* stoïque. **she was ~ in her desire to succeed** elle était absolument déterminée à réussir.

unflinchingly ['ʌn'flɪntʃɪŋlɪ] *adv* stoïquement, sans broncher.

unflyable ['ʌn'flaɪəbl] *adj plane* qu'on ne peut pas faire voler.

unfold [ʌn'fəʊld] **1** *vt napkin, map, blanket* déplier; *wings* déployer; *(fig) plans, ideas* exposer; *secret* dévoiler, révéler. **to ~ a map on a table** étaler une carte sur une table; **to ~ one's arms** décroiser les bras.
  2 *vi [flower]* s'ouvrir, s'épanouir; *[view, countryside]* se dérouler, s'étendre; *[story, film, plot]* se dérouler.

unforeseeable ['ʌnfɔː'siːəbl] *adj* imprévisible.

unforeseen ['ʌnfɔː'siːn] *adj* imprévu.

unforgettable ['ʌnfə'getəbl] *adj* inoubliable.

unforgivable ['ʌnfə'gɪvəbl] *adj* impardonnable.

unforgivably ['ʌnfə'gɪvəblɪ] *adv* impardonnablement.

unforgiven ['ʌnfə'gɪvən] *adj* non pardonné.

unforgiving ['ʌnfə'gɪvɪŋ] *adj* implacable, impitoyable.

unforgotten ['ʌnfə'gɒtn] *adj* inoublié.

unformed ['ʌn'fɔːmd] *adj* informe.

unforthcoming ['ʌnfɔː'θ'kʌmɪŋ] *adj reply, person* réticent (*about* sur). **he was very ~ about it** il s'est montré très réticent, il s'est montré peu disposé à en parler.

unfortified ['ʌn'fɔːtɪfaɪd] *adj (Mil)* sans fortifications, non fortifié.

unfortunate [ʌn'fɔːtʃnɪt] **1** *adj person* malheureux, malchanceux; *coincidence* malheureux, fâcheux, regrettable; *circumstances* triste; *event* fâcheux, malencontreux; *incident, episode* fâcheux, regrettable; *remark* malheureux, malencontreux. **it is most ~ that** il est très malheureux *or* regrettable que + *subj*; **how ~!** quel dommage!; **he has been ~** il n'a pas eu de chance.
  2 *n* malheureux *m*, -euse *f*.

unfortunately [ʌn'fɔːtʃnɪtlɪ] *adv* malheureusement, par malheur. **an ~ worded document** un document rédigé de façon malencontreuse.

unfounded ['ʌn'faʊndɪd] *adj rumour, allegation, belief* dénué de tout fondement, sans fondement; *criticism* injustifié.

unframed ['ʌn'freɪmd] *adj picture* sans cadre.

unfreeze ['ʌn'friːz] *pret* **unfroze**, *ptp* **unfrozen 1** *vt (lit)* dégeler; *(Econ, Fin)* débloquer. **2** *vi* dégeler.

unfreezing ['ʌn'friːzɪŋ] *n (Econ) [prices, wages]* déblocage *m*.

unfrequented ['ʌnfrɪ'kwentɪd] *adj* peu fréquenté.

unfriendliness ['ʌn'frendlɪnɪs] *n (U)* froideur *f (towards* envers).

unfriendly ['ʌn'frendlɪ] *adj person, reception* froid; *attitude, behaviour, act, remark* inamical, (*stronger*) hostile. **to be ~ to(wards) sb** manifester de la froideur *or* de l'hostilité à qn, ne pas être très gentil avec qn.

unfrock ['ʌn'frɒk] *vt* défroquer.

unfroze ['ʌn'frəʊz] *pret of* **unfreeze**.

unfrozen ['ʌn'frəʊzn] *ptp of* **unfreeze**.

unfruitful ['ʌn'fruːtfʊl] *adj* stérile, infertile; *(fig)* infructueux.

unfruitfully ['ʌn'fruːtfʊlɪ] *adv (fig)* en vain, sans succès.

unfulfilled ['ʌnfʊl'fɪld] *adj promise* non tenu; *ambition* inaccompli, non réalisé; *desire* insatisfait; *condition* non rempli; *prophecy* non réalisé. *[person]* **to feel ~** se sentir frustré, éprouver un sentiment d'insatisfaction.

unfulfilling ['ʌnfʊl'fɪlɪŋ] *adj* peu satisfaisant. **he finds it ~** ça ne le satisfait pas pleinement.

unfunny* ['ʌn'fʌnɪ] *adj* qui n'est pas drôle, qui n'a rien de drôle.

unfurl [ʌn'fɜːl] *vt* déployer. **2** *vi* se déployer.

unfurnished ['ʌn'fɜːnɪʃt] *adj* non meublé.

ungainliness [ʌn'geɪnlɪnɪs] *n (U)* gaucherie *f*.

ungainly [ʌn'geɪnlɪ] *adj* gauche, disgracieux, dégingandé.

ungallant ['ʌn'gælənt] *adj* peu *or* guère galant, discourtois.

ungenerous ['ʌn'dʒenərəs] *adj* **(a)** *(miserly)* peu généreux, parcimonieux. **(b)** *(uncharitable)* mesquin, méchant.

ungentlemanly [ʌn'dʒentlmənlɪ] *adj* peu *or* guère galant, discourtois.

un-get-at-able* ['ʌnget'ætəbl] *adj* inaccessible.

ungird ['ʌn'gɜːd] *pret, ptp* **ungirt** *vt* détacher.

unglazed ['ʌn'gleɪzd] *adj door, window* non vitré; *picture* qui n'est pas sous verre; *pottery* non vernissé, non émaillé; *photograph* mat; *cake* non glacé.

unglued [ʌn'gluːd] *adj (gen)* sans colle. *(US fig)* **to come ~*** *[house etc]* s'écrouler; *[person]* flancher*, craquer*.

ungodliness [ʌn'gɒdlɪnɪs] *n (U)* impiété *f*.

ungodly [ʌn'gɒdlɪ] *adj person, action, life* impie, irréligieux; *(* *fig)* impossible*. **~ hour** heure indue.

ungovernable [ʌn'gʌvənəbl] *adj people, country* ingouvernable;

desire, passion irrépressible. **he has an ~ temper** il n'est pas toujours maître de lui-même.

ungracious ['ʌn'greɪʃəs] *adj person* peu gracieux, incivil (*f* incivile); *smile, remark, gesture* peu gracieux, peu aimable. **it would be ~ to refuse** on aurait mauvaise grâce à refuser.

ungraciously ['ʌn'greɪʃəslɪ] *adv* avec mauvaise grâce.

ungrammatical ['ʌngrə'mætɪkəl] *adj* incorrect, non grammatical, agrammatical.

ungrammatically ['ʌngrə'mætɪkəlɪ] *adv* incorrectement, agrammaticalement.

ungrateful [ʌn'greɪtfʊl] *adj person* ingrat, peu reconnaissant (*towards* envers); *task* ingrat.

ungratefully [ʌn'greɪtfəlɪ] *adv* avec ingratitude.

ungrudging ['ʌn'grʌdʒɪŋ] *adj person, contribution* généreux; *help* donné sans compter; *praise, gratitude* très sincère.

ungrudgingly [ʌn'grʌdʒɪŋlɪ] *adv give* généreusement; *help* de bon cœur, sans compter.

unguarded ['ʌn'gɑːdɪd] *adj (Mil etc)* sans surveillance; *(fig) remark* irréfléchi, imprudent. **in an ~ moment** dans un moment d'inattention.

unguent ['ʌngwənt] *n* onguent *m*.

ungulate ['ʌngjʊleɪt] **1** *adj* ongulé. **2** *n* animal ongulé. **~s** ongulés *mpl*.

unhallowed [ʌn'hæləʊd] *adj* non consacré, profane.

unhampered ['ʌn'hæmpəd] *adj* non entravé (*by* par), libre.

unhand [ʌn'hænd] *vt (†† or hum)* lâcher.

unhandy* [ʌn'hændɪ] *adj* gauche, maladroit.

unhappily [ʌn'hæpɪlɪ] *adv (miserably)* d'un air malheureux, sur un ton malheureux; *(unfortunately)* malheureusement.

unhappiness [ʌn'hæpɪnɪs] *n (U)* tristesse *f*, chagrin *m*.

unhappy [ʌn'hæpɪ] *adj person (sad)* triste, malheureux; *(ill-pleased)* mécontent; *(worried)* inquiet (*f* -ète); *(unfortunate)* malheureux, malchanceux; *childhood* malheureux; *remark, choice* malheureux, malencontreux; *coincidence* malheureux, regrettable, fâcheux; *circumstances* triste. **to make sb ~** rendre qn malheureux, faire de la peine à qn; **this ~ state of affairs** cette situation regrettable *or* déplorable *or* fâcheuse; **we are ~ about the decision** la décision nous inquiète; **I feel ~ about leaving him alone** je n'aime pas le laisser seul, cela m'inquiète de le laisser seul.

unharmed ['ʌn'hɑːmd] *adj person* sain et sauf, indemne; *thing* intact, non endommagé. **he escaped ~** il en est sorti indemne *or* sain et sauf.

unharness ['ʌn'hɑːnɪs] *vt* dételer (*from* de).

unhealthy [ʌn'helθɪ] *adj person, appearance, complexion* maladif; *air, place, habit* malsain; *(fig) curiosity* malsain, morbide. *(fig: dangerous)* **it's getting rather ~ around here*** les choses commencent à se gâter par ici; **the car sounds a bit ~*** le moteur fait un bruit qui ne me plaît pas.

unheard ['ʌn'hɜːd] **1** *adj* non entendu. **he was condemned ~** il a été condamné sans avoir été entendu.
  2 *cpd*: **unheard-of** inouï, sans précédent; **it's quite unheard-of for such a thing to happen** ce genre de chose n'arrive pratiquement jamais *or* est sans précédent.

unhedged ['ʌn'hedʒd] *adj (esp US) venture, bet* hasardeux, à découvert.

unheeded ['ʌn'hiːdɪd] *adj (ignored)* négligé, ignoré; *(unnoticed)* inaperçu. **this warning went ~** on n'a pas prêté attention à *or* on n'a pas tenu compte de *or* on a ignoré cet avertissement; **it must not go ~** il faut en tenir compte, il faut y prêter attention.

unheeding ['ʌn'hiːdɪŋ] *adj* insouciant (*of* de), indifférent (*of* à). **they passed by ~** ils sont passés à côté sans faire attention.

unhelpful ['ʌn'helpfʊl] *adj person* peu secourable, peu serviable, peu obligeant; *advice, book, tool* qui n'aide guère, qui n'apporte rien d'utile. **I found that very ~** ça ne m'a pas aidé du tout, je ne suis pas plus avancé.

unhelpfully ['ʌn'helpfʊlɪ] *adv say, suggest* sans apporter quoi que ce soit d'utile.

unheralded ['ʌn'herəldɪd] *adj* sans tambour ni trompette.

unhesitating [ʌn'hezɪteɪtɪŋ] *adj reply, reaction* immédiat, prompt; *person* résolu, ferme, qui n'hésite pas. **his ~ generosity** sa générosité spontanée.

unhesitatingly [ʌn'hezɪteɪtɪŋlɪ] *adv* sans hésitation, sans hésiter.

unhindered ['ʌn'hɪndəd] *adj progress* sans obstacles, sans encombre, sans entrave; *movement* libre, sans encombre. **to go ~** passer librement *or* sans rencontrer d'obstacles *or* sans encombre; **he worked ~** il a travaillé sans être dérangé (*by* par).

unhinge [ʌn'hɪndʒ] *vt* enlever de ses gonds, démonter; *(fig) mind* déranger; *person* déséquilibrer.

unhinged ['ʌn'hɪndʒd] *adj (mad)* déséquilibré, dingue*. **he's ~** il est déséquilibré *or* dingue*, il a le cerveau détraqué.

unhitch ['ʌn'hɪtʃ] *vt rope* décrocher, détacher; *horse* dételer.

unholy [ʌn'həʊlɪ] *adj* impie, profane; *(* *fig)* impossible*. **~ hour*** heure indue.

unhook ['ʌn'hʊk] *vt picture from wall* décrocher (*from* de); *(undo) garment* dégrafer.

unhoped-for [ʌn'həʊptfɔːr] *adj* inespéré.

unhopeful [ʌn'həʊpfʊl] *adj prospect, start* peu prometteur; *person* pessimiste, qui n'a guère d'espoir.

unhorse ['ʌn'hɔːs] *vt* désarçonner, démonter.

unhurried [ʌn'hʌrɪd] *adj person* posé, pondéré, qui prend son temps; *steps, movement* lent; *reflection* mûr (*before n*), long (*f* longue); *journey* fait sans se presser. **after ~ consideration** après avoir longuement *or* posément considéré; **they had an ~ meal** ils ont mangé sans se presser.

unhurriedly ['ʌn'hʌrɪdlɪ] *adv* posément, en prenant son temps, sans se presser.

unhurt ['ʌn'hɜːt] *adj* indemne, sain et sauf. **to escape** ~ sortir indemne *or* sain et sauf.

unhygienic ['ʌnhaɪ'dʒiːnɪk] *adj* contraire à l'hygiène, non hygiénique.

uni... ['juːnɪ] *pref* uni..., mono... .

unicameral ['juːnɪ'kæmərəl] *adj* (*Parl*) unicaméral.

UNICEF ['juːnɪsef] *n* (*abbr for* **United Nations Children's Fund**) U.N.I.C.E.F. *f*.

unicellular ['juːnɪ'seljʊlər] *adj* unicellulaire.

unicorn ['juːnɪkɔːn] *n* licorne *f*.

unicycle ['juːnɪˌsaɪkl] *n* monocycle *m*.

unidentified ['ʌnaɪ'dentɪfaɪd] *adj butterfly, person* non identifié. ~ **flying object** (*abbr* **UFO**) objet volant non identifié (*abbr* OVNI *m*).

unidirectional [ˌjuːnɪdɪ'rekʃənl] *adj* unidirectionnel.

unification [ˌjuːnɪfɪ'keɪʃən] *n* unification *f*.

uniform ['juːnɪfɔːm] **1** *n* uniforme *m*. **in** ~ en uniforme; (*Mil etc*) **in full** ~ en grand uniforme; **out of** ~ *policeman, soldier* en civil; *schoolboy* en habits de tous les jours. **2** *adj length* uniforme; *colour, shade* pareil, même; *temperature* constant. **to make** ~ uniformiser. **3** *cpd trousers etc* d'uniforme.

uniformed ['juːnɪfɔːmd] *adj* **(a)** (*Police*) *officer* en tenue. ~ **branch** (catégorie *f* du) personnel *m* en tenue; ~ **staff** personnel en tenue. **(b)** *organization* qui porte un uniforme.

uniformity [ˌjuːnɪ'fɔːmɪtɪ] *n* (*U*) uniformité *f*.

uniformly ['juːnɪfɔːmlɪ] *adv* uniformément, sans varier.

unify ['juːnɪfaɪ] *vt* unifier.

unilateral ['juːnɪ'lætərəl] *adj* unilatéral. ~ **declaration of independence** proclamation unilatérale d'indépendance; ~ **disarmament** désarmement unilatéral.

unilaterally ['juːnɪ'lætərəlɪ] *adv* unilatéralement.

unimaginable [ˌʌnɪ'mædʒnəbl] *adj* inimaginable, inconcevable.

unimaginably ['ʌnɪ'mædʒnəblɪ] *adv awful* inconcevablement; *beautiful* extraordinairement.

unimaginative ['ʌnɪ'mædʒnətɪv] *adj* peu imaginatif, qui manque d'imagination.

unimaginatively ['ʌnɪ'mædʒnətɪvlɪ] *adv* d'une manière peu imaginative, sans imagination.

unimaginativeness ['ʌnɪ'mædʒnətɪvnɪs] *n* manque *m* d'imagination.

unimpaired [ˌʌnɪm'pɛəd] *adj quality* non diminué; *health, mental powers, hearing* aussi bon qu'auparavant; *prestige* intact, entier. **his sight is** ~ sa vue ne s'est pas détériorée *or* n'a pas été affectée, sa vue est aussi bonne qu'auparavant, il a conservé toute sa vue.

unimpeachable [ˌʌnɪm'piːtʃəbl] *adj reputation, conduct, honesty* irréprochable, inattaquable; *references* irréprochable, impeccable; *evidence* irrécusable; *source* sûr.

unimpeded ['ʌnɪm'piːdɪd] *adj* libre, sans contrainte(s).

unimportant ['ʌnɪm'pɔːtənt] *adj* peu important, sans importance, insignifiant. **it's quite** ~ ça n'a pas d'importance, c'est sans importance.

unimposing ['ʌnɪm'pəʊzɪŋ] *adj* peu imposant, peu impressionnant.

unimpressed ['ʌnɪm'prest] *adj* (*by sight, size, pleas etc*) peu impressionné (*by* par); (*by explanation, argument*) peu convaincu (*by* par). **I was** ~ ça ne m'a pas impressionné *or* convaincu.

unimpressive ['ʌnɪm'presɪv] *adj person, amount* peu *or* guère impressionnant, insignifiant; *sight, achievement, result* peu *or* guère impressionnant, peu frappant; *argument, performance* peu convaincant.

unimproved ['ʌnɪm'pruːvd] *adj situation, position, work, health, appearance, condition* qui ne s'est pas amélioré, inchangé; *method* non amélioré; *team* qui ne joue pas mieux qu'avant. *[invalid]* **he is** ~ son état de santé ne s'est pas amélioré *or* demeure inchangé.

unincorporated ['ʌnɪn'kɔːpəreɪtɪd] *adj* non incorporé (*in* dans); (*Comm, Jur*) non enregistré.

uninfluential ['ʌnɪnflʊ'enʃəl] *adj* sans influence, qui n'a pas d'influence.

uninformative ['ʌnɪn'fɔːmətɪv] *adj report, document, account* qui n'apprend rien. **he was very** ~ il a été très réservé, il ne nous (*or* leur etc*) a rien appris d'important.

uninformed ['ʌnɪn'fɔːmd] *adj person* mal informé, mal renseigné (*about* sur), qui n'est pas au courant (*about* de); *opinion* mal informé.

uninhabitable ['ʌnɪn'hæbɪtəbl] *adj* inhabitable.

uninhabited ['ʌnɪn'hæbɪtɪd] *adj house* inhabité; *island* désert, inhabité.

uninhibited ['ʌnɪn'hɪbɪtɪd] *adj person* sans inhibitions, qui n'a pas d'inhibitions, sans complexes*; *impulse, desire* non refréné; *dance* sans retenue.

uninitiated ['ʌnɪ'nɪʃɪeɪtɪd] **1** *adj* non initié (*into* à), qui n'est pas au courant (*into* de).

2 *npl*: **the** ~ (*Rel*) les profanes *mpl*; (*gen*) les non-initiés *mpl*, les profanes; (*fig*) **it is complicated for the** ~ c'est bien compliqué pour ceux qui ne s'y connaissent pas *or* qui ne sont pas au courant.

uninjured ['ʌn'ɪndʒəd] *adj* qui n'est pas blessé, indemne, sain et sauf. **he was** ~ **in the accident** il est sorti indemne *or* sain et sauf de l'accident.

uninspired ['ʌnɪn'spaɪəd] *adj* qui n'est pas inspiré, qui manque d'inspiration.

uninspiring ['ʌnɪn'spaɪərɪŋ] *adj* qui n'est pas *or* guère inspirant.

uninsured ['ʌnɪn'ʃʊəd] *adj* non assuré (*against* contre).

unintelligent ['ʌnɪn'telɪdʒənt] *adj* inintelligent.

unintelligible ['ʌnɪn'telɪdʒəbl] *adj* inintelligible.

unintelligibly ['ʌnɪn'telɪdʒəblɪ] *adv* inintelligiblement.

unintended ['ʌnɪn'tendɪd] *adj*, **unintentional** ['ʌnɪn'tenʃənl] *adj* involontaire, non intentionnel, inconscient. **it was quite** ~ ce n'était pas fait exprès.

unintentionally ['ʌnɪn'tenʃnəlɪ] *adv* involontairement, sans le vouloir, sans le faire exprès.

uninterested [ʌn'ɪntrɪstɪd] *adj* indifférent (*in* à).

uninteresting ['ʌn'ɪntrɪstɪŋ] *adj book, account, activity* inintéressant, dépourvu d'intérêt; *person* ennuyeux; *offer* non intéressant.

uninterrupted ['ʌnˌɪntə'rʌptɪd] *adj* ininterrompu, continu.

uninterruptedly ['ʌnˌɪntə'rʌptɪdlɪ] *adv* sans interruption.

uninvited ['ʌnɪn'vaɪtɪd] *adj person* qui n'a pas été invité; *criticism* gratuit. **to arrive** ~ arriver sans avoir été invité *or* sans invitation; **to do sth** ~ faire qch sans y avoir été invité.

uninviting ['ʌnɪn'vaɪtɪŋ] *adj* peu attirant, peu attrayant; *food* peu appétissant.

union ['juːnjən] **1** *n* **(a)** (*gen, also Pol*) union *f*; (*marriage*) union, mariage *m*. **postal/customs** ~ union postale/douanière; (*US*) **the U**~ les États-Unis *mpl*; **U**~ **of Soviet Socialist Republics** Union des Républiques socialistes soviétiques; **U**~ **of South Africa** Union d'Afrique du Sud; (*Univ*) **the (Students') U**~ l'Association *f* des Étudiants; (*fig*) **in perfect** ~ en parfaite harmonie; **in** ~ **there is strength** l'union fait la force; *V* **state**.

(b) (*Ind: also* **trade** ~, (*US*) **labor** ~) syndicat *m*. ~**s and management** ≃ les partenaires *mpl* sociaux; **to join a** ~ adhérer à un syndicat, se syndiquer; **to join the U**~ **of Miners** adhérer au Syndicat des mineurs; **to belong to a** ~ faire partie d'un syndicat, être membre d'un syndicat; **the government has challenged the power of the** ~**s** le gouvernement s'est attaqué à la toute-puissance des syndicats.

(c) (*Tech: for pipes etc*) raccord *m*.

2 *cpd* (*Ind*) *card, leader, movement* syndical; *headquarters* du syndicat; *factory etc* syndiqué. (*US*) **union catalog** catalogue *m* combiné (*de plusieurs bibliothèques*); (*Brit*) **Union Jack** Union Jack *m* (*drapeau du Royaume-Uni*); (*Ind*) **union member** membre *m* du syndicat, syndiqué(e) *m(f)*; **union membership** (*members collectively*) membres *mpl* du *or* des syndicat(s); (*number of members*) effectifs *mpl* du *or* des syndicat(s) (*V also* **membership**); (*US*) **union school** lycée *m* dont dépendent plusieurs écoles appartenant à un autre secteur; (*US*) **union shop** atelier *m* d'ouvriers syndiqués; (*US*) **union suit** combinaison *f*.

unionism ['juːnjənɪzəm] *n* (*Ind*) syndicalisme *m*; (*Pol*) unionisme *m*.

unionist ['juːnjənɪst] *n* **(a)** (*Ind: trade* ~) membre *m* d'un syndicat, syndiqué(e) *m(f)*. **the militant** ~**s** les syndicalistes *mpl*, les militants syndicaux. **(b)** (*Pol: Ir, US etc*) unioniste *mf*.

unionization ['juːnjənaɪ'zeɪʃən] *n* syndicalisation *f*.

unionize ['juːnjənaɪz] (*Ind*) **1** *vt* syndiquer. **2** *vi* se syndiquer.

uniparous [juː'nɪpərəs] *adj* (*Zool*) unipare; (*Bot*) à axe principal unique.

unique [juː'niːk] *adj* (*sole*) unique; (*outstanding*) unique, exceptionnel.

uniquely [juː'niːklɪ] *adv* exceptionnellement.

uniqueness [juː'niːknɪs] *n* (*V* **unique**) caractère unique *or* exceptionnel.

unisex ['juːnɪseks] *adj* unisexe.

unison ['juːnɪzn] *n* (*gen, also Mus*) unisson *m*. **in** ~ (*sing*) à l'unisson; **'yes' they said in** ~ 'oui' dirent-ils en chœur *or* tous ensemble; **to act in** ~ agir de concert.

unit ['juːnɪt] **1** *n* **(a)** (*gen, Admin, Elec, Gram, Math, Measure, Mil, Pharm, Phon*) unité *f*; (*Univ etc*) unité de valeur, U.V. *f*. **administrative/linguistic/monetary** ~ unité administrative/linguistique/monétaire; ~ **of length** unité de longueur; *V* **thermal** etc.

(b) (*complete section, part*) bloc *m*, groupe *m*, élément *m*. **compressor** ~ groupe *m* compresseur; **generative** ~ groupe *m* électrogène; **the lens** ~ **of a camera** l'objectif *m* d'un appareil photographique; **you can buy the furniture in** ~**s** vous pouvez acheter le mobilier par éléments; *V* **kitchen, sink**[2] etc.

(c) (*building*) locaux *mpl*; (*offices*) bureaux *mpl*; (*for engineering etc*) bloc *m*; (*for sport, activity*) centre *m*; (*looking after the public*) service *m*. **assembly/operating** ~ bloc de montage/opératoire; **X-ray** ~ service de radiologie; **sports** ~ centre sportif; **the library/laboratory** ~ la bibliothèque/les laboratoires *mpl*; **the staff accommodation** ~ les logements *mpl* du personnel (*V also* **1d**).

(d) (*group of people*) unité *f*; (*in firm*) service *m*. **research** ~ unité *or* service de recherches; (*Soc*) **family** ~ groupe familial.

2 *cpd*: **unit furniture** mobilier *m* par éléments; **unit price** prix *m* unitaire; (*US Pol*) **unit rule** règlement selon lequel la délégation d'un État à une convention vote en bloc suivant la majorité de ses membres; (*Brit Fin*) **unit trust** ≃ fond *m* commun de placement.

Unitarian [ˌjuːnɪ'tɛərɪən] *adj, n* (*Rel*) unitaire (*mf*), unitarien(ne) *m(f)*.

Unitarianism [ˌjuːnɪ'tɛərɪənɪzəm] *n* (*Rel*) unitarisme *m*.

unitary ['juːnɪtərɪ] *adj* unitaire.

unite [juː'naɪt] **1** *vt* **(a)** (*join*) *countries, groups* unir; (*marry*) unir, marier. **to** ~ **A and B/A with B** unir A et B/A à B.

(b) (*unify*) *party, country* unifier.

2 *vi* s'unir (*with sth* à qch; *with sb* à *or* avec qn; *against* contre; *in doing, to do* pour faire). **women of the world** ~! femmes du monde entier, unissez-vous!

united [juː'naɪtɪd] **1** *adj* (*Pol, gen*) uni; (*unified*) *front* uni; *efforts* conjugué. **by a** ~ **effort** they... en unissant *or* en conjuguant leurs efforts ils ..., par leurs efforts conjugués ils ...; (*Prov*) ~ **we stand, divided we fall** l'union fait la force.

2 *cpd*: **United Arab Emirates** Emirats *mpl* arabes unis; **United Arab Republic** République Arabe Unie; **United Kingdom (of Great Britain and Northern Ireland)** Royaume-Uni *m* (de Grande-Bretagne et d'Irlande du Nord); **United Nations (Organization)**

(Organisation *f* des) Nations unies; **United States (of America)** États-Unis *mpl* (d'Amérique).

unity ['ju:nɪtɪ] *n* unité *f*; (*fig*) harmonie *f*, accord *m*. (*Theat*) ~ **of time/place/action** unité de temps/de lieu/d'action; (*Prov*) ~ **is strength** l'union fait la force; **to live in** ~ vivre en harmonie (*with* avec).

univalent ['ju:nɪ'veɪlənt] *adj* univalent.

univalve ['ju:nɪvælv] **1** *adj* univalve. **2** *n* mollusque *m* univalve.

universal [,ju:nɪ'vɜːsəl] **1** *adj* *language, remedy, suffrage, protest* universel. **such beliefs are** ~ de telles croyances sont universelles *or* sont répandues dans le monde entier; **he's a** ~ **favourite** tout le monde l'aime *or* le trouve sympa**; its use has become* ~ son emploi s'est répandu *or* s'est généralisé dans le monde entier, son emploi s'est universalisé *or* est devenu universel; **to make sth** ~ universaliser qch, rendre qch universel, généraliser qch; ~ **joint** (joint *m* de) cardan *m*; (*US Comm*) **U**~ **Product Code** code *m* à barres; ~ **time** temps universel.

2 *n* (*Philos*) universel *m*. (*Philos, Ling*) ~s universaux *mpl*.

universality [,ju:nɪvɜ:'sælɪtɪ] *n* (*U*) universalité *f*.

universalize [,ju:nɪ'vɜ:səlaɪz] *vt* universaliser, rendre universel.

universally [,ju:nɪ'vɜ:səlɪ] *adv* (*throughout the world*) universellement, dans le monde entier. (*by everybody*) ~ **praised** loué par chacun *or* de tout le monde.

universe ['ju:nɪvɜ:s] *n* univers *m*.

university [,ju:nɪ'vɜ:sɪtɪ] **1** *n* université *f*. **to be at/go to** ~ être/ aller à l'université *or* à la Fac*; **to study at** ~ faire des études universitaires; *V* **open, residence.**

2 *cpd* *degree, town, library* universitaire; *professor, student* d'université, de Fac*. (*Brit*) **Universities Central Council on Admissions** *service central des inscriptions universitaires;* **he has a university education** il a fait des études universitaires; **university entrance** entrée *f* à l'université; (*Brit*) **University Grants Committee** *commission gouvernementale responsable de la dotation des universités;* **a university place** une place dans une université.

unjust ['ʌn'dʒʌst] *adj* injuste (*to* envers).

unjustifiable [ʌn'dʒʌstɪfaɪəbl] *adj* injustifiable.

unjustifiably [ʌn'dʒʌstɪfaɪəblɪ] *adv* sans justification.

unjustified ['ʌn'dʒʌstɪfaɪd] *adj* injustifié.

unjustly ['ʌn'dʒʌstlɪ] *adv* injustement.

unkempt ['ʌn'kempt] *adj* *appearance* négligé, débraillé; *hair* mal peigné, ébouriffé; *clothes, person* débraillé.

unkind [ʌn'kaɪnd] *adj* *person, behaviour* peu aimable, pas gentil, (*stronger*) cruel, méchant; *remark* méchant, peu gentil; *climate* rigoureux, rude; *fate* cruel. **to be** ~ être peu aimable *or* pas gentil *or* cruel (*to sb* avec *or* envers qn); (*verbally*) être méchant (*to sb* avec *or* envers qn); **he was** ~ **enough to say** ... il a eu la méchanceté de dire ....

unkindly [ʌn'kaɪndlɪ] **1** *adv* *speak, say* méchamment, (*stronger*) avec malveillance; *behave* méchamment, (*stronger*) cruellement. **don't take it** ~ **if** ... ne soyez pas offensé si ..., ne le prenez pas en mauvaise part si ...; **to take** ~ **to sth** accepter qch difficilement.

2 *adj* *person* peu aimable, peu gentil; *remark* méchant, peu gentil; *climate* rude. **in an** ~ **way** méchamment, avec malveillance.

unkindness [ʌn'kaɪndnɪs] *n* (a) (*U*) [*person, behaviour*] manque *m* de gentillesse, (*stronger*) méchanceté *f*; [*words, remark*] méchanceté; [*fate*] cruauté *f*; [*weather*] rigueur *f*. (b) (*act of* ~) méchanceté *f*, action *or* parole méchante.

unknot ['ʌn'nɒt] *vt* dénouer, défaire (le nœud de).

unknowable ['ʌn'nəʊəbl] *adj* inconnaissable.

unknowing ['ʌn'nəʊɪŋ] *adj* inconscient. ... **he said, all** ~ ... dit-il, sans savoir ce qui se passait.

unknowingly ['ʌn'nəʊɪŋlɪ] *adv* inconsciemment.

unknown ['ʌn'nəʊn] **1** *adj* inconnu. **it was** ~ **to him** cela lui était inconnu, il l'ignorait, il n'en savait rien; ~ **to him the plane had crashed** l'avion s'était écrasé, ce qu'il ignorait; ~ **to me, he bought** ... à mon insu, il a acheté ...; **a substance** ~ **to science** une substance inconnue de *or* ignorée de la science; (*Math, fig*) ~ **quantity** inconnue *f*; **he's an** ~ **quantity** il représente une inconnue; (*Mil*) **the U**~ **Soldier** *or* **Warrior** le Soldat inconnu; (*Jur*) **murder by person** *or* **persons** ~ meurtre *m* dont l'auteur est *or* (*or* les auteurs sont) inconnu(s).

2 *n* (a) **the** ~ (*Philos, gen*) l'inconnu *m*; (*Math, fig*) l'inconnue *f*; **voyage into the** ~ voyage dans l'inconnu; **in space exploration there are many** ~s dans l'exploration de l'espace il y a de nombreuses inconnues.

(b) (*person, actor etc*) inconnu(e) *m(f)*. **they chose an** ~ **for the part of Macbeth** ils ont choisi un inconnu pour jouer le rôle de Macbeth.

unlace ['ʌn'leɪs] *vt* délacer, défaire (le lacet de).

unladen ['ʌn'leɪdn] *adj* *ship* à vide. ~ **weight** poids *m* à vide.

unladylike ['ʌn'leɪdɪlaɪk] *adj* *girl, woman* mal élevée, qui manque de distinction; *manners, behaviour* peu distingué. **it's** ~ **to yawn** une jeune fille bien élevée ne bâille pas.

unlamented ['ʌnlə'mentɪd] *adj* non regretté. **he died** ~ on ne pleura pas sa mort.

unlatch ['ʌn'lætʃ] *vt* ouvrir, soulever le loquet de.

unlawful ['ʌn'lɔ:fʊl] *adj* *act, means* illégal, illicite; *marriage* illégitime. (*Jur*) ~ **assembly** (*outdoors*) attroupement séditieux (*indoors*) réunion illégale.

unlawfully ['ʌn'lɔ:fəlɪ] *adv* illégalement, illicitement.

unleaded ['ʌn'ledɪd] *adj* (*US*) *gasoline* sans plomb.

unlearn ['ʌn'lɜ:n] *vt* désapprendre.

unlearned ['ʌn'lɜ:nɪd] *adj* ignorant, illettré.

unleash ['ʌn'li:ʃ] *vt* *dog* détacher, lâcher; *hounds* découpler; (*fig*) *anger etc* déchaîner, déclencher.

unleavened ['ʌn'levnd] *adj* *bread* sans levain, azyme (*Rel*). (*fig*) ~ **by any humour** qui n'est pas égayé par le moindre trait d'humour.

unless [ən'les] *conj* à moins que... (ne) + *subj*, à moins de + *infin*. **I'll take it,** ~ **you want it** je vais le prendre, à moins que vous (ne) le vouliez; **take it,** ~ **you can find another** prenez-le, à moins d'en trouver un autre; **I won't do it** ~ **you phone me** je ne le ferai que si tu me téléphones; **I won't go** ~ **you do** je n'irai que si tu y vas, toi aussi; ~ **I am mistaken** à moins que je (ne) me trompe, si je ne me trompe (pas); ~ **I hear to the contrary** sauf avis contraire, sauf contrordre; (*Admin, Comm, Pharm etc*) ~ **otherwise stated** sauf indication contraire.

unlettered ['ʌn'letəd] *adj* illettré.

unliberated ['ʌn'lɪbəreɪtɪd] *adj* *woman etc* qui n'est pas libéré *or* émancipé.

unlicensed ['ʌn'laɪsənst] *adj* *activity* illicite, non autorisé; *vehicle* sans vignette. (*Brit*) ~ **premises** établissement qui n'a pas de licence de débit de boissons.

unlikable ['ʌn'laɪkəbl] *adj* = **unlikeable.**

unlike ['ʌn'laɪk] **1** *adj* dissemblable (*also Math, Phys*), différent. **they are quite** ~ ils ne se ressemblent pas du tout.

2 *prep* à la différence de, contrairement à. ~ **his brother, he** ... à la différence de *or* contrairement à son frère, il ...; **it's quite** ~ **him to do that** ça ne lui ressemble pas *or* ça n'est pas dans ses habitudes *or* ça n'est pas (du tout) son genre de faire cela; **how** ~ **George!** on ne s'attendait pas à ça de la part de Georges!; **your house is quite** ~ **mine** votre maison n'est pas du tout comme la mienne *or* est très différente de la mienne; **the portrait is quite** ~ **him** le portrait ne lui ressemble pas, le portrait est très peu ressemblant.

unlikeable ['ʌn'laɪkəbl] *adj* *person* peu sympathique; *town, thing* peu agréable.

unlikelihood [ʌn'laɪklɪhʊd] *n*, **unlikeliness** [ʌn'laɪklɪnɪs] *n* (*U*) improbabilité *f*.

unlikely [ʌn'laɪklɪ] *adj* *happening, outcome* improbable, peu probable; *explanation* peu plausible, invraisemblable; (*hum*) *hat etc* invraisemblable. **it is** ~ **that she will come, she is** ~ **to come** il est improbable *or* peu probable qu'elle vienne, il y a peu de chances pour qu'elle vienne; **she is** ~ **to succeed** elle a peu de chances de réussir; **that is** ~ **to happen** cela ne risque guère d'arriver; **it is most** ~ c'est fort *or* très improbable; **it is not** ~ **that it est assez probable que + *subj*, il se pourrait bien que + *subj*, il n'est pas impossible que + *subj*; **in the** ~ **event of his accepting** au cas *or* dans le cas fort improbable où il accepterait; **it looks an** ~ **place for mushrooms** ça ne me paraît pas être un endroit à champignons; **the most** ~ **men have become prime minister** des hommes que rien ne semblait destiner à de telles fonctions sont devenus premier ministre; **she married a most** ~ **man** on ne s'attendait vraiment pas à ce qu'elle épouse (*subj*) un homme comme lui; **she wears the most** ~ **clothes** elle s'habille d'une façon on ne peut plus invraisemblable.

unlimited [ʌn'lɪmɪtɪd] *adj* *time, resources, opportunities* illimité; *patience, power* illimité, sans bornes.

unlined ['ʌn'laɪnd] *adj* *garment, curtain* sans doublure; *face* sans rides; *paper* uni, non réglé.

unlisted ['ʌn'lɪstɪd] *adj* qui ne figure pas sur une liste; (*St Ex*) non inscrit à la cote; (*US Telec*) qui ne figure pas dans l'annuaire, qui est sur la liste rouge. (*US Telec*) **to go** ~ se faire mettre sur la liste rouge; (*Brit*) ~ **building** édifice non classé.

unlit ['ʌn'lɪt] *adj* *lamp* non allumé; *road* non éclairé; *vehicle* sans feux.

unload ['ʌn'ləʊd] **1** *vt* *ship, cargo, truck, rifle, washing machine* décharger; (*fig: get rid of*) se débarrasser de, se défaire de; (*St Ex*) se défaire de. ~ **on (to) sb** se décharger de qch sur qn. **2** *vi* [*ship, truck*] être déchargé, déposer son chargement.

unloaded ['ʌn'ləʊdɪd] *adj* *gun* qui n'est pas chargé; *truck, ship* qui est déchargé.

unloading ['ʌn'ləʊdɪŋ] *n* déchargement *m*.

unlock ['ʌn'lɒk] *vt* *door, box* ouvrir; (*fig*) *heart* ouvrir; *mystery* résoudre; *secret* révéler. **the door is** ~**ed** la porte n'est pas fermée à clef.

unlooked-for [ʌn'lʊktfɔ:r] *adj* inattendu, inespéré.

unloose ['ʌn'lu:s] *vt*, **unloosen** [ʌn'lu:sn] *vt* *rope* relâcher, détendre; *knot* desserrer; *prisoner* libérer, relâcher; *grasp* relâcher, desserrer.

unlovable ['ʌn'lʌvəbl] *adj* peu *or* guère attachant.

unlovely ['ʌn'lʌvlɪ] *adj* déplaisant.

unloving ['ʌn'lʌvɪŋ] *adj* peu affectueux, froid.

unluckily [ʌn'lʌkɪlɪ] *adv* malheureusement, par malheur. ~ **for him** malheureusement pour lui; **the day started** ~ la journée a mal commencé.

unluckiness [ʌn'lʌkɪnɪs] *n* manque *m* de chance *or* de veine*.

unlucky [ʌn'lʌkɪ] *adj* *person* malchanceux, qui n'a pas de chance *or* de veine*; *coincidence, event* malencontreux; *choice, decision* malheureux; *moment* mal choisi, mauvais; *day* de malchance, de déveine*; *omen* néfaste, funeste; *object, colour, number, action* qui porte malheur. **he is always** ~ il n'a jamais de chance; **he tried to get a seat but he was** ~ il n'a essayé d'avoir une place mais il n'y est pas arrivé; **he was just** ~ il n'a pas eu de chance *or* de veine*; **he was** ~ **enough to meet her** il a eu la malchance *or* la déveine* de la rencontrer; **how** ~ **for you!** vous n'avez pas de chance! *or* de veine!*, ce n'est pas de chance pour vous!; **it was** ~ (**for her**) **that her husband should walk in just then** malheureusement pour elle son mari est entré à cet instant précis, elle n'a pas eu de chance *or* de veine* que son mari soit entré à cet instant précis; **it is** ~ **to walk under a ladder** ça porte malheur de passer sous une échelle.

unmade ['ʌn'meɪd] **1** *pret, ptp* of **unmake. 2** *adj* *bed* non encore fait, défait; *road* non goudronné.

un-made-up [ʌnmeɪd'ʌp] *adj* *face, person* non maquillé, sans maquillage.

unmake ['ʌn'meɪk] *pret, ptp* **unmade** *vt* défaire; *(destroy)* détruire, démolir.

unman ['ʌn'mæn] *vt* faire perdre courage à, émasculer *(fig)*.

unmanageable [ʌn'mænɪdʒəbl] *adj vehicle, boat* difficile à manœuvrer, peu maniable; *animal* indocile; *person, child* impossible, difficile; *parcel, size, amount* peu maniable; *hair* difficile à coiffer, rebelle.

unmanly ['ʌn'mænlɪ] *adj (cowardly)* lâche; *(effeminate)* efféminé.

unmanned ['ʌn'mænd] *adj tank, ship* sans équipage; *spacecraft* inhabité. *(Space)* ~ **flight** vol *m* sans équipage; **the machine was left** ~ **for 10 minutes** il n'y a eu personne au contrôle de la machine pendant 10 minutes; **the telephone was left** ~ il n'y avait personne pour prendre les communications; **he left the desk** ~ il a laissé le guichet sans surveillance; **3 of the positions were** ~ 3 des positions n'étaient pas occupées; *V also* **unman**.

unmannerliness [ʌn'mænəlnɪs] *n (U)* manque *m* de savoir-vivre, impolitesse *f*.

unmannerly [ʌn'mænəlɪ] *adj* mal élevé, impoli, discourtois.

unmapped ['ʌn'mæpt] *adj* dont on n'a pas établi *or* dressé la carte.

unmarked ['ʌn'mɑːkt] *adj (unscratched etc)* sans tache, sans marque; *body, face* sans marque; *(unnamed) linen, suitcase* non marqué, sans nom; *(uncorrected) essay* non corrigé; *(Ling)* non marqué; *(Sport) player* démarqué. ~ **police car** voiture (de police) banalisée.

unmarketable ['ʌn'mɑːkɪtəbl] *adj* invendable.

unmarriageable ['ʌn'mærɪdʒəbl] *adj* immariable.

unmarried ['ʌn'mærɪd] *adj* célibataire, qui n'est pas marié. ~ **mother** mère *f* célibataire, fille-mère *f (pej)*; **the** ~ **state** le célibat.

unmask ['ʌn'mɑːsk] **1** *vt (lit, fig)* démasquer. **2** *vi* ôter son masque.

unmatched ['ʌn'mætʃt] *adj* sans pareil, sans égal, incomparable.

unmeant ['ʌn'ment] *adj* qui n'est pas voulu, involontaire.

unmentionable [ʌn'menʃnəbl] **1** *adj object* dont il ne faut pas faire mention; *word* qu'il ne faut pas prononcer. **it is** ~ il ne faut pas en parler. **2** *n (hum)* ~**s*** sous-vêtements *mpl*, dessous *mpl*.

unmerciful [ʌn'mɜːsɪfəl] *adj* impitoyable, sans pitié *(towards* pour).

unmercifully [ʌn'mɜːsɪfəlɪ] *adv* impitoyablement, sans pitié.

unmerited ['ʌn'merɪtɪd] *adj* immérité.

unmethodical ['ʌnmɪ'θɒdɪkəl] *adj* peu méthodique.

unmindful ['ʌn'maɪndfʊl] *adj*: ~ **of** oublieux de, indifférent à, inattentif à.

unmistakable ['ʌnmɪs'teɪkəbl] *adj evidence, sympathy* indubitable; *voice, accent, walk* qu'on ne peut pas ne pas reconnaître. **the house is quite** ~ vous ne pouvez pas ne pas reconnaître la maison, vous ne pouvez pas vous tromper de maison.

unmistakably ['ʌnmɪs'teɪkəblɪ] *adv* manifestement, sans aucun doute, indubitablement.

unmitigated [ʌn'mɪtɪgeɪtɪd] *adj terror, admiration* non mitigé, absolu; *folly* pur; *disaster* total. **it is** ~ **nonsense** c'est complètement idiot *or* absurde; **he is an** ~ **scoundrel/liar** c'est un fieffé coquin/menteur.

unmixed ['ʌn'mɪkst] *adj* pur, sans mélange.

unmolested ['ʌnmə'lestɪd] *adj (unharmed)* indemne, sain et sauf; *(undisturbed)* (laissé) en paix, tranquille.

unmortgaged ['ʌn'mɔːgɪdʒd] *adj* libre d'hypothèques, non hypothéqué.

unmotivated ['ʌn'məʊtɪveɪtd] *adj* immotivé, sans motif.

unmounted ['ʌn'maʊntɪd] *adj (without horse)* sans cheval, à pied; *gem* non serti, non monté; *picture, photo* non monté *or* collé sur carton; *stamp* non collé dans un album.

unmourned ['ʌn'mɔːnd] *adj* non regretté. **he died** ~ on ne pleura pas sa mort.

unmoved ['ʌn'muːvd] *adj* insensible, indifférent *(by* à), qui n'est pas ému *(by* par). **he was** ~ **by her tears** ses larmes ne l'ont pas ému *or* touché; **it leaves me** ~ cela me laisse indifférent *or* froid.

unmusical ['ʌn'mjuːzɪkəl] *adj sound* peu mélodieux, peu harmonieux; *person* peu musicien, qui n'a pas d'oreille.

unnam(e)able ['ʌn'neɪməbl] *adj* innommable.

unnamed ['ʌn'neɪmd] *adj fear, object* innommé; *author, donor* anonyme.

unnatural [ʌn'nætʃrəl] *adj* anormal, non naturel; *habit, vice, love* contre nature, pervers; *relationship* contre nature; *(affected) style, manner* affecté, forcé, qui manque de naturel. **it is** ~ **for her to be so unpleasant** il n'est pas normal *or* naturel qu'elle soit si désagréable.

unnaturally [ʌn'nætʃrəlɪ] *adv* anormalement; *(affectedly)* d'une manière affectée *or* forcée. **it was** ~ **silent** un silence anormal régnait; **not** ~ **we were worried** nous étions naturellement inquiets, bien entendu, nous étions inquiets.

unnavigable ['ʌn'nævɪgəbl] *adj* non navigable.

unnecessarily [ʌn'nesɪsərɪlɪ] *adv do, say* inutilement, pour rien. **he is** ~ **strict** il est sévère sans nécessité *or* plus que raison.

unnecessary [ʌn'nesɪsərɪ] *adj (useless)* inutile; *(superfluous)* superflu. **all this fuss is quite** ~ c'est faire beaucoup d'histoires pour rien; **it is** ~ **to add that** ... (il est) inutile d'ajouter que ...; **it is** ~ **for you to come** il n'est pas nécessaire *or* il est inutile que vous veniez *(subj)*.

unneighbourly, *(US)* **unneighborly** ['ʌn'neɪbəlɪ] *adj* peu sociable, qui n'agit pas en bon voisin. **this** ~ **action** cette action mesquine de la part de mon *(or* son *etc)* voisin.

unnerve ['ʌn'nɜːv] *vt* démoraliser, *(less strong)* déconcerter, dérouter.

unnerved ['ʌn'nɜːvd] *adj* démoralisé, *(less strong)* déconcerté, démonté.

unnerving ['ʌn'nɜːvɪŋ] *adj* démoralisant, *(less strong)* déconcertant.

unnoticed ['ʌn'nəʊtɪst] *adj* inaperçu, inobservé. **to go** ~ passer inaperçu.

unnumbered ['ʌn'nʌmbəd] *adj page* sans numéro, qui n'a pas été numéroté; *house* sans numéro; *(liter: innumerable)* innombrable.

UNO ['juːnəʊ] *n (abbr of* United Nations Organization) O.N.U. *f*.

unobjectionable ['ʌnəb'dʒekʃnəbl] *adj thing* acceptable; *person* à qui on ne peut rien reprocher.

unobservant ['ʌnəb'zɜːvənt] *adj* peu observateur *(f* -trice), peu perspicace.

unobserved ['ʌnəb'zɜːvd] *adj* inaperçu, inobservé. **he escaped** ~ il s'est échappé sans être vu; **to go** ~ passer inaperçu.

unobstructed ['ʌnəb'strʌktd] *adj pipe* non bouché, non obstrué; *path, road* dégagé, libre. **the driver has an** ~ **view to the rear** le conducteur a une excellente visibilité à l'arrière.

unobtainable ['ʌnəb'teɪnəbl] *adj (Comm etc)* impossible à obtenir *or* à se procurer. *(Telec)* **the number is** ~ il est impossible d'obtenir le numéro.

unobtrusive ['ʌnəb'truːsɪv] *adj person* discret *(f* -ète), effacé; *object* discret, pas trop visible; *smell, remark* discret.

unobtrusively ['ʌnəb'truːsɪvlɪ] *adv* discrètement.

unoccupied ['ʌn'ɒkjʊpaɪd] *adj person* inoccupé, désœuvré, qui n'a rien à faire; *house* inoccupé, inhabité; *seat* libre, qui n'est pas pris; *post* vacant; *(Mil) zone* libre.

unofficial ['ʌnə'fɪʃəl] *adj report, information, news* officieux, non officiel; *visit* privé. **in an** ~ **capacity** à titre privé *or* personnel *or* non officiel; *(Ind)* ~ **strike** grève *f* sauvage.

unofficially ['ʌnə'fɪʃəlɪ] *adv (V* **unofficial**) officieusement, non officiellement.

unopened ['ʌn'əʊpənd] *adj* non ouvert, qui n'a pas été ouvert. **the book lay** ~ **all day** le livre est resté fermé toute la journée; **the bottle was** ~ la bouteille n'avait pas été ouverte.

unopposed ['ʌnə'pəʊzd] *adj (Parl, gen)* sans opposition; *(Mil)* sans rencontrer de résistance. *(Parl)* **the bill was given an** ~ **second reading** le projet de loi a été accepté sans opposition à la deuxième lecture.

unorganized ['ʌn'ɔːgənaɪzd] *adj (gen, Bio, Ind)* inorganisé; *(badly organized) event etc* mal organisé; *essay* qui manque d'organisation; *person* qui ne sait pas s'organiser, qui manque d'organisation.

unoriginal ['ʌnə'rɪdʒnəl] *adj person, work* qui manque d'originalité, peu original; *style, remark* banal; *idea* peu original, banal.

unorthodox ['ʌn'ɔːθədɒks] *adj (gen)* peu orthodoxe; *(Rel)* hétérodoxe.

unostentatious ['ʌn,ɒstən'teɪʃəs] *adj* discret *(f* -ète), sans ostentation, simple.

unostentatiously ['ʌn,ɒstən'teɪʃəslɪ] *adv* discrètement, sans ostentation.

unpack ['ʌn'pæk] **1** *vt suitcase* défaire; *belongings* déballer. **to get** ~**ed** déballer ses affaires. **2** *vi* défaire sa valise, déballer ses affaires.

unpacking ['ʌn'pækɪŋ] *n (U)* déballage *m*. **to do one's** ~ déballer ses affaires.

unpaid ['ʌn'peɪd] *adj bill* impayé; *debt* non acquitté; *work, helper* non rétribué; *leave* non payé. **to work** ~ travailler à titre bénévole, travailler gracieusement *or* gratuitement.

unpalatable [ʌn'pælɪtəbl] *adj food* qui n'a pas bon goût, peu agréable à manger; *(fig) fact, report* désagréable, dur à digérer* *or* à avaler*; *truth* désagréable à entendre.

unparalleled [ʌn'pærəleld] *adj beauty, wit* incomparable, sans égal; *success* hors pair; *event* sans précédent. ~ **in the history of...** sans précédent dans l'histoire de...

unpardonable [ʌn'pɑːdnəbl] *adj* impardonnable, inexcusable. **it's** ~ **of him to have taken it** il est impardonnable de l'avoir pris.

unpardonably [ʌn'pɑːdnəblɪ] *adv* inexcusablement. ~ **rude** d'une impolitesse impardonnable *or* inexcusable.

unparliamentary ['ʌn,pɑːlə'mentərɪ] *adj* antiparlementaire, indigne d'un parlementaire; *(fig)* injurieux, grossier.

unpatented ['ʌn'peɪtntɪd] *adj invention* non breveté.

unpatriotic ['ʌn,pætrɪ'ɒtɪk] *adj person* peu patriote; *act, speech* antipatriotique.

unpatriotically ['ʌn,pætrɪ'ɒtɪkəlɪ] *adv* antipatriotiquement.

unpaved ['ʌn'peɪvd] *adj* non pavé.

unperceived ['ʌnpə'siːvd] *adj* inaperçu.

unperforated ['ʌn'pɜːfəreɪtd] *adj* non perforé.

unperturbed ['ʌnpə'tɜːbd] *adj (gen)* imperturbable. ~ **by** non déconcerté *or* découragé par; **he was** ~ **by this failure** cet échec ne l'a pas découragé; ~ **by this failure, he** ... sans se laisser décourager par cet échec, il ....

unpick ['ʌn'pɪk] *vt seam* découdre, défaire; *stitch* défaire.

unpin ['ʌn'pɪn] *vt* détacher *(from* de); *sewing, one's hair* enlever les épingles de.

unplaced ['ʌn'pleɪst] *adj (Sport) horse* non placé; *athlete* non classé.

unplanned ['ʌn'plænd] *adj occurrence* imprévu; *baby* non prévu.

unplayable ['ʌn'pleɪəbl] *adj* injouable.

unpleasant [ʌn'pleznt] *adj person* déplaisant, désagréable; *house, town* peu attrayant, déplaisant; *smell, taste* désagréable; *surprise, weather* désagréable, mauvais; *remark* désagréable, déplaisant, désobligeant; *experience, situation* désagréable, fâcheux. **he was very** ~ **to her** il a été très désagréable *or* déplaisant avec elle, il a été très désobligeant envers elle; **he had an** ~ **time** il a passé un mauvais quart d'heure; *(longer)* il a passé de mauvais moments.

unpleasantly [ʌn'plezntlɪ] *adv reply* désagréablement; *behave, smile* de façon déplaisante. **the bomb fell** ~ **close** la bombe est tombée un peu trop près à mon *(or* son *etc)* goût.

unpleasantness [ʌn'plezntnɪs] *n [experience, person]* caractère *m* désagréable; *[place, house]* aspect *or* caractère déplaisant; *(quarrelling)* discorde *f*, friction *f*, dissension *f*. **there has been a lot of** ~ **recently** il y a eu beaucoup de frictions *or* dissensions ces temps derniers; **after that** ~ **at the beginning of the meeting** après cette fausse note au début de la réunion.

unpleasing [ʌn'pliːzɪŋ] *adj* déplaisant.

unplug [ʌn'plʌg] *vt* (*Elec*) débrancher.

unplumbed ['ʌn'plʌmd] *adj depth, mystery* non sondé.

unpoetic(al) ['ʌnpəʊ'etɪk(əl)] *adj* peu poétique.

unpolished ['ʌn'pɒlɪʃt] *adj furniture* non ciré, non astiqué; *floor, shoes* non ciré; *glass* dépoli; *silver* non fourbi; *diamond* non poli; (*fig*) *person* qui manque d'éducation *or* de savoir-vivre; *manners* peu raffiné; *style* qui manque de poli.

unpolluted ['ʌnpə'luːtɪd] *adj air, river* non pollué; (*fig*) *mind* non contaminé, non corrompu.

unpopular ['ʌn'pɒpjʊləʳ] *adj person, decision, style, model* impopulaire. **this measure was** ~ **with the workers** cette mesure était impopulaire chez les ouvriers, les ouvriers n'ont pas bien accueilli cette mesure; **to make o.s.** ~ se rendre impopulaire; **he is** ~ **with his colleagues** ses collègues ne l'aiment pas beaucoup, il n'est pas très populaire *or* il est impopulaire auprès de ses collègues; **I'm rather** ~ **with him just now*** je ne suis pas très bien vu de lui *or* je n'ai pas la cote* auprès de lui en ce moment.

unpopularity ['ʌn,pɒpjʊ'lærɪtɪ] *n* (*U*) impopularité *f*.

unpractical ['ʌn'præktɪkəl] *adj method, project, suggestion* qui n'est pas pratique; *tool* peu pratique. **he's very** ~ il manque tout à fait de sens pratique, il n'a pas du tout l'esprit pratique.

unpractised, (*US*) **unpracticed** ['ʌn'præktɪst] *adj person* inexpérimenté, inexpert; *movement etc* inexpert, inhabile; *eye, ear* inexercé.

unprecedented [ʌn'presɪdəntɪd] *adj* sans précédent.

unpredictable ['ʌnprɪ'dɪktəbl] *adj event, consequence, reaction* imprévisible, impossible à prévoir; *person* aux réactions imprévisibles; *weather* incertain. **he is quite** ~ il a des réactions imprévisibles, on ne sait jamais ce qu'il va faire *or* comment il va réagir.

unprejudiced [ʌn'predʒʊdɪst] *adj person* impartial, sans parti pris, sans préjugés; *decision, judgment* impartial, sans parti pris.

unpremeditated ['ʌnprɪ'medɪteɪtɪd] *adj* non prémédité.

unprepared ['ʌnprɪ'peəd] *adj meal etc* qui n'est pas préparé *or* prêt; *speech* improvisé. **I was** ~ **for the exam** je n'avais pas suffisamment préparé l'examen; **he began it quite** ~ il l'a commencé sans préparation *or* sans y être préparé; **to catch sb** ~ prendre qn au dépourvu; **he was** ~ **for the news** il ne s'attendait pas à la nouvelle, la nouvelle l'a pris au dépourvu *or* l'a surpris.

unpreparedness ['ʌnprɪ'peərɪdnɪs] *n* (*U*) manque *m* de préparation, impréparation *f*.

unprepossessing ['ʌn,priːpə'zesɪŋ] *adj appearance* peu avenant. **he is** ~ il présente* mal, il fait mauvaise impression; **it is** ~ ça ne paie pas de mine.

unpresentable ['ʌnprɪ'zentəbl] *adj person, thing* qui n'est pas présentable.

unpretentious ['ʌnprɪ'tenʃəs] *adj* sans prétention(s).

unpriced ['ʌn'praɪst] *adj goods* dont le prix n'est pas marqué.

unprincipled [ʌn'prɪnsɪpld] *adj* peu scrupuleux, sans scrupules.

unprintable ['ʌn'prɪntəbl] *adj* (*lit*) impubliable; (*fig*) licencieux, obscène, scabreux. (*hum*) **his comments were quite** ~ je ne peux vraiment pas répéter ce qu'il a dit.

unprivileged ['ʌn'prɪvɪlɪdʒd] *adj* (*gen*) défavorisé; (*Econ*) économiquement faible.

unproductive ['ʌnprə'dʌktɪv] *adj capital, soil* improductif; *discussion, meeting, work* stérile, improductif.

unprofessional ['ʌnprə'feʃənl] *adj attitude, familiarity* contraire au code professionnel. ~ **conduct** manquement *m* aux devoirs de la profession.

unprofitable ['ʌn'prɒfɪtəbl] *adj* (*gen*) peu rentable, peu profitable; *job* peu lucratif.

unprofitably ['ʌn'prɒfɪtəblɪ] *adv* sans profit.

unpromising [ʌn'prɒmɪsɪŋ] *adj* peu prometteur.

unpromisingly ['ʌn'prɒmɪsɪŋlɪ] *adv* de façon peu prometteuse.

unpronounceable ['ʌnprə'naʊnsəbl] *adj* imprononçable.

unprotected ['ʌnprə'tektɪd] *adj person, town* sans défense; (*without roof etc*) *house* découvert; (*bare*) *wood* sans protection; (*open to weather*) *plant* exposé aux conditions extérieures.

unprovided-for ['ʌnprə'vaɪdɪd,fɔːʳ] *adj person* sans ressources.

unprovoked ['ʌnprə'vəʊkt] **1** *adj attack* sans provocation. **he was** ~ on ne l'avait pas provoqué. **2** *adv*: **he said that** ~ il a dit ça sans avoir été provoqué.

unpublishable ['ʌn'pʌblɪʃəbl] *adj* impubliable.

unpublished ['ʌn'pʌblɪʃt] *adj* inédit.

unpunctual ['ʌn'pʌŋktjʊəl] *adj* peu ponctuel, qui n'est jamais à l'heure.

unpunctuality ['ʌn,pʌŋktjʊ'ælɪtɪ] *n* (*U*) manque *m* de ponctualité.

unpunished ['ʌn'pʌnɪʃt] *adj* impuni. **to go** ~ rester impuni.

unqualified ['ʌn'kwɒlɪfaɪd] *adj* (a) *craftsman, player* non qualifié; *teacher, engineer, nurse* non diplômé. **no** ~ **person will be considered** les candidats n'ayant pas les diplômes requis ne seront pas considérés; **he is** ~ **for the job** (*no paper qualifications*) il n'a pas les titres *or* le(s) diplôme(s) requis *or* il ne remplit pas les conditions requises pour ce poste; (*unsuitable*) il n'a pas les qualités requises pour tenir le poste; **he is** ~ **to judge** il n'est pas qualifié *or* compétent pour juger.

(b) (*absolute*) *acceptance, support, approval* inconditionnel, sans réserve; *praise* non mitigé, sans réserve; *success* formidable, fou (*f* folle); (*: *utter*) *idiot* fini, achevé; *rogue, liar* fieffé (*before n*). **an** ~ **'yes'/'no'** un 'oui'/'non' inconditionnel.

(c) (*Gram*) *noun* non qualifié.

unquenchable [ʌn'kwenʃəbl] *adj* (*lit, fig*) insatiable.

unquenched [ʌn'kwentʃt] *adj fire* non éteint; *desire* inassouvi. ~ **thirst** soif non étanchée; (*fig*) soif inassouvie.

unquestionable [ʌn'kwestʃənəbl] *adj fact, authority* incontestable, indiscutable; *honesty, sincerity* hors de doute, certain.

unquestionably [ʌn'kwestʃənəblɪ] *adv* indiscutablement.

unquestioned [ʌn'kwestʃənd] *adj* qui n'est pas mis en question *or* en doute, incontesté, indiscuté.

unquestioning [ʌn'kwestʃənɪŋ] *adj acceptance* inconditionnel; *belief, faith, obedience* aveugle, total; *devotion* total. **an** ~ **supporter of...** un(e) inconditionnel(le) de... .

unquiet ['ʌn'kwaɪət] **1** *adj person, mind* inquiet (*f* -ète), tourmenté; *times* agité, troublé. **2** *n* inquiétude *f*; agitation *f*.

unquote ['ʌn'kwəʊt] *adv* (*in dictation*) fermez les guillemets; (*in report, lecture*) fin de citation.

unquoted ['ʌn'kwəʊtɪd] *adj* (*St Ex*) non coté.

unravel [ʌn'rævəl] **1** *vt material* effiler, effilocher; *knitting* défaire; *threads* démêler; (*fig*) *mystery* débrouiller, éclaircir; *plot* dénouer. **2** *vi* s'effiler, s'effilocher.

unread ['ʌn'red] *adj book, newspaper* qui n'a pas été lu. **he left the letter** ~ il a laissé la lettre sans la lire; **the book lay** ~ **on the table** le livre est resté sur la table sans avoir été lu.

unreadable ['ʌn'riːdəbl] *adj handwriting* illisible; *book* illisible, pénible à lire.

unreadiness ['ʌn'redɪnɪs] *n* (*U*) impréparation *f*.

unready ['ʌn'redɪ] *adj* mal préparé, qui n'est pas prêt. **he was** ~ **for what happened next** il ne s'attendait pas à ce qui est arrivé ensuite, ce qui est arrivé ensuite l'a pris au dépourvu.

unreal ['ʌn'rɪəl] *adj* (a) irréel. **it all seemed rather** ~ **to me** tout cela me paraissait quelque peu irréel, j'avais l'impression de rêver. (b) (*) (*extraordinary*) incroyable; (*difficult*) incroyablement difficile.

unrealistic ['ʌnrɪə'lɪstɪk] *adj person, project* peu réaliste, irréaliste. **it's a bit** ~ **to expect him to do it at once** ce serait trop demander que d'espérer qu'il le fasse aussitôt, il serait déraisonnable d'espérer qu'il le fasse aussitôt.

unrealistically ['ʌnrɪə'lɪstɪkəlɪ] *adv hard, expensive etc* excessivement, déraisonnablement.

unreality ['ʌnrɪ'ælɪtɪ] *n* (*U*) irréalité *f*.

unrealizable ['ʌnrɪə'laɪzəbl] *adj* irréalisable.

unrealized ['ʌn'rɪːəlaɪzd] *adj plan, ambition* qui n'a pas été réalisé; *objective* qui n'a pas été atteint.

unreason ['ʌn'riːzn] *n* (*U*) déraison *f*, manque *m* de bon sens.

unreasonable [ʌn'riːznəbl] *adj person, suggestion* qui n'est pas raisonnable, déraisonnable; *demand, length of time* excessif, démesuré; *price* qui n'est pas raisonnable, exorbitant, exagéré. **at this** ~ **hour** à cette heure indue; **it is** ~ **to expect him to accept** on ne peut pas raisonnablement compter qu'il acceptera.

unreasonableness [ʌn'riːznəblnɪs] *n* (*U*) [*person*] attitude *f* déraisonnable; [*demand, price*] caractère exorbitant *or* excessif.

unreasonably [ʌn'riːznəblɪ] *adv* déraisonnablement, excessivement, exagérément.

unreasoning [ʌn'riːznɪŋ] *adj emotion, action* irraisonné; *person* qui ne raisonne pas.

unreclaimed ['ʌnrɪ'kleɪmd] *adj land* (*from forest*) non défriché; (*from sea*) non asséché.

unrecognizable ['ʌn'rekəgnaɪzəbl] *adj* méconnaissable, qui n'est pas reconnaissable.

unrecognized ['ʌn'rekəgnaɪzd] *adj value, worth, talent* méconnu; (*Pol*) *government, régime* non reconnu. **he walked** ~ **down the street** il a descendu la rue (à pied) sans être reconnu *or* sans que personne ne le reconnaisse.

unrecorded ['ʌnrɪ'kɔːdɪd] *adj* (a) *event, deed, decision* non mentionné, qui n'est pas dans les archives, non enregistré. (b) (*on tape etc*) *song, programme* non enregistré.

unredeemed ['ʌnrɪ'diːmd] *adj object from pawn* non dégagé; *debt* non remboursé, non amorti; *bill* non honoré; *mortgage* non purgé; *promise* non tenu; *obligation* non rempli; *sinner* non racheté; *fault* non réparé; *failing* non racheté, non compensé (*by* par).

unreel ['ʌn'riːl] **1** *vt film, thread* dérouler, dévider; *fishing line* dérouler, lancer. **2** *vi* se dérouler; se dévider.

unrefined ['ʌnrɪ'faɪnd] *adj petroleum, metal* brut, non raffiné; *sugar* non raffiné; *person, manners, speech* qui manque de raffinement, fruste.

unreflecting ['ʌnrɪ'flektɪŋ] *adj* (a) *person* irréfléchi, impulsif; *act, emotion* irraisonné. (b) *surface* non réfléchissant.

unreformed ['ʌnrɪ'fɔːmd] *adj person* non amendé; *institution* non réformé.

unregarded ['ʌnrɪ'gɑːdɪd] *adj* dont on ne tient pas compte, dont on ne fait pas cas. **his generosity went quite** ~ sa générosité est passée inaperçue.

unregistered ['ʌn'redʒɪstəd] *adj birth* non déclaré; *car* non immatriculé; (*Post*) non recommandé.

unregretted ['ʌnrɪ'gretɪd] *adj person, act, words* que l'on ne regrette pas. **he died** ~ on ne pleura pas sa mort.

unrehearsed ['ʌnrɪ'hɜːst] *adj performance* sans répétition; *speech, reply* improvisé, spontané; *incident, effect* imprévu, inattendu.

unrelated ['ʌnrɪ'leɪtɪd] *adj*: **to be** ~ **to** [*facts, events*] n'avoir aucun rapport avec, être sans rapport avec; [*person*] n'avoir aucun lien de parenté avec; **the two events are quite** ~ il n'y a aucun rapport entre les deux événements; **the two Smiths are** ~ il n'y a aucun lien de parenté entre les deux Smith, les deux Smith ne sont pas parents entre eux.

unrelenting [ʌnrɪ'lentɪŋ] *adj* implacable.

unreliability ['ʌnrɪ,laɪə'bɪlɪtɪ] *n* (*U*) [*person*] manque *m* de sérieux; [*machine*] manque *m* de fiabilité.

unreliable ['ʌnrɪ'laɪəbl] *adj person* sur qui on ne peut compter, qui manque de sérieux; *company, firm* qui n'est pas sérieux, qui n'inspire pas confiance; *car, machine, map* peu fiable; *news* sujet à caution, de source douteuse; *source of information* douteux. **he's**

very ~ on ne peut vraiment pas compter sur lui *or* se fier à lui *or* avoir confiance en lui; **my watch is** ~ je ne peux pas me fier à ma montre.

unrelieved ['ʌnrɪ'liːvd] *adj pain* constant, que rien ne soulage; *gloom, anguish* constant, que rien ne vient dissiper. ~ **grey/black** gris/noir uniforme; ~ **boredom** ennui mortel; **bare landscape** ~ **by any trees** paysage nu dont l'uniformité n'est même pas rompue par la présence d'arbres.

unremarkable ['ʌnrɪ'mɑːkəbl] *adj* médiocre, non remarquable, quelconque.

unremarked ['ʌnrɪ'mɑːkt] *adj* inaperçu.

unremitting ['ʌnrɪ'mɪtɪŋ] *adj kindness, help, effort* inlassable, infatigable; *hatred* opiniâtre, constant. **he was** ~ **in his attempts to help us** il s'est inlassablement efforcé de nous aider.

unremittingly ['ʌnrɪ'mɪtɪŋlɪ] *adv* sans cesse, sans relâche, inlassablement.

unremunerative ['ʌnrɪ'mjuːnərətɪv] *adj* peu rémunérateur (*f* -trice), mal payé; (*fig*) peu fructueux, peu rentable.

unrepaid ['ʌnrɪ'peɪd] *adj loan* non remboursé.

unrepealed ['ʌnrɪ'piːld] *adj* non abrogé.

unrepeatable ['ʌnrɪ'piːtəbl] *adj offer, bargain* unique, exceptionnel; *comment* trop grossier pour être répété. **what she said is** ~ je n'ose répéter ce qu'elle a dit.

unrepentant ['ʌnrɪ'pentənt] *adj* impénitent. **he is quite** ~ **about it** il ne manifeste pas le moindre repentir, il n'en a nullement honte.

unrepresentative ['ʌn,reprɪ'zentətɪv] *adj* peu représentatif (*of* de).

unrepresented ['ʌn,reprɪ'zentɪd] *adj* non représenté, sans représentant.

unrequited ['ʌnrɪ'kwaɪtɪd] *adj* non partagé, qui n'est pas payé de retour.

unreserved ['ʌnrɪ'zɜːvd] *adj seat* non réservé; *admiration* entier, sans réserve.

unreservedly ['ʌnrɪ'zɜːvɪdlɪ] *adv speak* franchement, sans réserve; *approve, agree, accept* sans réserve, entièrement.

unresisting ['ʌnrɪ'zɪstɪŋ] *adj person* qui ne résiste pas, soumis; *attitude, obedience* soumis.

unresolved ['ʌnrɪ'zɒlvd] *adj* non résolu.

unresponsive ['ʌnrɪs'pɒnsɪv] *adj* qui ne réagit pas. ~ **to** insensible à; **he was fairly** ~ **when I spoke to him about it** il n'a pas beaucoup réagi quand je lui en ai parlé; **the engine was** ~ le moteur n'était pas nerveux.

unrest [ʌn'rest] *n* (*U*) agitation *f*, (*stronger*) troubles *mpl*.

unrestrained ['ʌnrɪ'streɪnd] *adj feelings* non contenu, non refréné; *language, behaviour* outrancier. **he was very** ~ (*gen*) il a donné libre cours à sa colère (*or* son indignation *etc*), (*specifically speaking*) il n'a pas mâché ses mots.

unrestricted ['ʌnrɪ'strɪktɪd] *adj time, power* sans restriction, illimité; *access* libre.

unrevealed ['ʌnrɪ'viːld] *adj* non révélé.

unrewarded ['ʌnrɪ'wɔːdɪd] *adj person, effort* non récompensé, sans récompense. **to go** ~ rester sans récompense.

unrewarding ['ʌnrɪ'wɔːdɪŋ] *adj work, activity* (*unproductive*) infructueux, qui ne donne rien; (*unfulfilling*) ingrat, qui n'en vaut pas la peine; (*financially*) peu rémunérateur (*f* -trice).

unrighteous [ʌn'raɪtʃəs] **1** *adj* impie, pervers. **2** *npl*: **the** ~ les impies *mpl*.

unrighteousness [ʌn'raɪtʃəsnɪs] *n* (*U*) perversité *f*.

unripe ['ʌn'raɪp] *adj* vert, qui n'est pas mûr.

unrivalled, (*US*) **also unrivaled** [ʌn'raɪvəld] *adj* sans égal, sans concurrence, incomparable.

unroadworthy ['ʌn'rəʊd,wɜːðɪ] *adj car* qui n'est pas en état de marche.

unrobe ['ʌn'rəʊb] **1** *vi* se dévêtir, se dépouiller de ses vêtements (*de cérémonie*); (*undress*) se déshabiller. **2** *vt* dépouiller de ses vêtements (*de cérémonie*), dévêtir; (*undress*) déshabiller.

unroll ['ʌn'rəʊl] **1** *vt* dérouler. **2** *vi* se dérouler.

unromantic ['ʌnrəʊ'mæntɪk] *adj place, landscape, words* peu romantique; *person* terre à terre, prosaïque, peu romantique.

unrope ['ʌn'rəʊp] *vi* (*Climbing*) se décorder.

UNRRA [juː'enɑː'rɑː'eɪ] *n* (*abbr of* United Nations Relief and Rehabilitation Administration) Administration *f* des Nations unies pour le secours et la reconstruction.

unruffled ['ʌn'rʌfld] *adj hair* lisse; *water* lisse, non ridé; *person* calme, imperturbable, qui ne se départ pas de son calme. **to carry on** ~ continuer sans se laisser déconcerter *or* sans sourciller.

unruled ['ʌn'ruːld] *adj paper* uni, non réglé.

unruly [ʌn'ruːlɪ] *adj child* indiscipliné, turbulent; *hair* indiscipliné. ~ **behaviour** indiscipline *f*.

unsaddle ['ʌn'sædl] *vt horse* desseller; *rider* désarçonner.

unsafe ['ʌn'seɪf] *adj* (a) (*dangerous*) *machine, car* dangereux, peu sûr; *ladder* dangereux, instable; *structure, bridge* dangereux, non solide; *journey* périlleux, risqué; *toy* dangereux; *method* peu sûr. ~ **to eat** *or* **drink** (*gen*) impropre à la consommation; *water* ~ **to drink** non potable.

(b) (*in danger*) en danger. **to feel** ~ ne pas se sentir en sécurité.

unsaid ['ʌn'sed] (*pret, ptp of* **unsay**) *adj* inexprimé, passé sous silence. **much was left** ~ on a passé beaucoup de choses sous silence, il restait beaucoup de choses à dire; **that would have been better left** ~ il aurait mieux valu passer cela sous silence *or* ne pas dire cela, ce n'était pas une chose à dire.

unsalaried ['ʌn'sælərɪd] *adj* non rémunéré.

unsaleable ['ʌn'seɪləbl] *adj* invendable.

unsatisfactory ['ʌn,sætɪs'fæktərɪ] *adj* peu satisfaisant, qui laisse à désirer.

unsatisfied ['ʌn'sætɪsfaɪd] *adj person* insatisfait, mécontent (*with*

de); (*unconvinced*) non convaincu, non persuadé; *desire* insatisfait, inassouvi; *curiosity, need, demand, appetite* non satisfait.

unsatisfying ['ʌn'sætɪsfaɪŋ] *adj result* peu satisfaisant; *work* ingrat, qui donne peu de satisfaction; *food* peu nourrissant.

unsaturated ['ʌn'sætʃəreɪtɪd] *adj* (*Chem*) non saturé.

unsavoury, (*US*) **unsavory** ['ʌn'seɪvərɪ] *adj food* mauvais au goût; *smell* nauséabond; (*fig*) *person, district* peu recommandable; *reputation* équivoque, louche; *subject* plutôt répugnant, très déplaisant. **an** ~ **business** une sale affaire.

unsay ['ʌn'seɪ] *pret, ptp* **unsaid** *vt* se dédire de. **you can't** ~ **it now** tu ne peux plus te rétracter *or* te dédire; *V* **also unsaid**.

unscathed ['ʌn'skeɪðd] *adj* (*physically*) indemne; (*psychologically*) non affecté (*by* par). **to escape** ~ s'en sortir sans une égratignure *or* sain et sauf *or* indemne.

unscholarly ['ʌn'skɒləlɪ] *adj person* peu érudit, peu savant; *work* qui manque d'érudition.

unschooled ['ʌn'skuːld] *adj person* qui n'a pas d'instruction; *horse* qui n'a pas été dressé. ~ **in** qui n'a rien appris de, ignorant en matière de *or* pour ce qui est de.

unscientific ['ʌn,saɪən'tɪfɪk] *adj method, approach* peu scientifique; *person* qui manque d'esprit scientifique; (*fig*) peu méthodique.

unscramble ['ʌn'skræmbl] *vt* (*Telec*) déchiffrer.

unscratched ['ʌn'skrætʃt] *adj surface* non rayé, intact; *person* indemne, sain et sauf. **to escape** ~ s'en sortir sans une égratignure.

unscrew ['ʌn'skruː] **1** *vt* dévisser. **2** *vi* se dévisser.

unscripted ['ʌn'skrɪptɪd] *adj* (*Rad, TV*) improvisé, non préparé d'avance.

unscrupulous [ʌn'skruːpjʊləs] *adj person* dénué de scrupules, sans scrupules, malhonnête, indélicat; *act* malhonnête, indélicat.

unscrupulously [ʌn'skruːpjʊləslɪ] *adv* sans scrupule(s), peu scrupuleusement.

unscrupulousness [ʌn'skruːpjʊləsnɪs] *n* (*U*) [*person*] manque *m* de scrupules *or* de délicatesse; [*act*] malhonnêteté *f*, manque de délicatesse.

unseal ['ʌn'siːl] *vt* (*open*) ouvrir, décacheter; (*take seal off*) desceller.

unseasonable [ʌn'siːznəbl] *adj fruit etc* hors de saison. **the weather is** ~ ce n'est pas un temps de saison.

unseasonably [ʌn'siːznəblɪ] *adv*: **it was** ~ **warm/cold** ce temps tiède/froid n'était pas de saison.

unseasoned ['ʌn'siːznd] *adj timber* vert, non conditionné; *food* non assaisonné.

unseat ['ʌn'siːt] *vt rider* désarçonner; (*Parl*) *M.P.* faire perdre son siège à, sortir.

unseaworthy ['ʌn'siː,wɜːðɪ] *adj* qui n'est pas en état de naviguer *or* en mesure de tenir la mer.

unsecured ['ʌnsɪ'kjʊəd] *adj* (*Fin*) à découvert, sans garantie.

unseeing ['ʌn'siːɪŋ] *adj* (*lit, fig*) aveugle.

unseemliness [ʌn'siːmlɪnɪs] *n* (*V* **unseemly**) inconvenance *f*, manque *m* de bienséance; indécence *f*; grossièreté *f*.

unseemly [ʌn'siːmlɪ] *adj behaviour* inconvenant, malséant; *dress* inconvenant, indécent; *language* inconvenant, grossier.

unseen [ʌn'siːn] **1** *adj* (*invisible*) invisible; (*unnoticed*) inaperçu. **he escaped** ~ il s'est échappé sans être vu; (*esp Brit: Scol, Univ*) ~ **translation** version *f* (*sans préparation*).

2 *n* (a) (*esp Brit: Scol, Univ*) version *f* (*sans préparation*).

(b) **the** ~ le monde occulte.

unselfconscious ['ʌn,self'kɒnʃəs] *adj* naturel. **he was very** ~ **about it** cela ne semblait nullement le gêner *or* l'intimider.

unselfconsciously ['ʌn,self'kɒnʃəslɪ] *adv* avec naturel, sans la moindre gêne.

unselfish ['ʌn'selfɪʃ] *adj person* généreux; *act* désintéressé, généreux.

unselfishly ['ʌn'selfɪʃlɪ] *adv* sans penser à soi, généreusement.

unselfishness ['ʌn'selfɪʃnɪs] *n* (*U*) [*person*] générosité *f*; [*act*] désintéressement *m*, générosité.

unserviceable ['ʌn'sɜːvɪsəbl] *adj* inutilisable, hors d'état de fonctionner.

unsettle ['ʌn'setl] *vt person, weather* perturber; *stomach* déranger.

unsettled ['ʌn'setld] *adj* (a) *person* perturbé; *weather, future* incertain; *market* instable; *question* pendant, qui n'a pas été décidé; *account* impayé, non acquitté; (*Med*) *stomach* dérangé. **he feels** ~ **in his job** il n'est pas vraiment satisfait de son emploi.

(b) (*without settlers*) *territory* inhabité, sans habitants.

unsettling ['ʌn'setlɪŋ] *adj news* inquiétant; *influence, effect* perturbateur (*f* -trice).

unsex ['ʌn'seks] *vt* faire perdre sa masculinité (*or* féminité) à; (*make impotent*) rendre impuissant.

unsexed ['ʌn'sekst] *adj*: ~ **chicks** *etc* poussins *etc mpl* au sexage desquels on n'a pas procédé.

unshackle ['ʌn'ʃækl] *vt* ôter les fers à, désenchaîner; (*fig*) émanciper, libérer.

unshaded ['ʌn'ʃeɪdɪd] *adj* (*in sunlight*) non ombragé, en plein soleil; *lamp* sans abat-jour; *part of drawing or map etc* non hachuré.

unshakeable ['ʌn'ʃeɪkəbl] *adj* inébranlable.

unshaken ['ʌn'ʃeɪkən] *adj resolve* inébranlable; *person* non déconcerté.

unshaven ['ʌn'ʃeɪvn] *adj* non rasé; (*bearded*) barbu.

unsheathe ['ʌn'ʃiːð] *vt* dégainer.

unship ['ʌn'ʃɪp] *vt cargo* décharger; débarquer.

unshod ['ʌn'ʃɒd] *adj horse* qui n'est (*or* n'était *etc*) pas ferré; *person* déchaussé, pieds nus.

unshrinkable ['ʌn'ʃrɪŋkəbl] *adj* irrétrécissable (au lavage).

unsighted [ʌn'saɪtɪd] *adj* qui n'est pas en vue, que l'on n'a pas vu.

unsightliness [ʌn'saɪtlɪnɪs] *n* (*U*) aspect disgracieux, laideur *f*.

unsightly [ʌnˈsaɪtlɪ] *adj* disgracieux, laid. **he has an ~ scar on his face** une cicatrice lui dépare le visage.

unsigned [ʌnˈsaɪnd] *adj* non signé, sans signature.

unsinkable [ʌnˈsɪŋkəbl] *adj* insubmersible; (*fig: esp Pol*) inattaquable.

unskilful, (US) unskillful [ʌnˈskɪlfʊl] *adj* (*clumsy*) maladroit; (*inexpert*) malhabile, inexpert.

unskilfully, (US) unskillfully [ʌnˈskɪlfəlɪ] *adv* (*clumsily*) avec maladresse; (*inexpertly*) malhabilement.

unskilled [ʌnˈskɪld] *adj* (*gen*) inexpérimenté, inexpert; (*Ind*) *work* de manœuvre, ne nécessitant pas de connaissances professionnelles spéciales. **~ worker** manœuvre *m*, ouvrier *m*, -ière *f* non spécialisé(e).

unskimmed [ʌnˈskɪmd] *adj milk* non écrémé, entier.

unsociability [ʌnˌsəʊʃəˈbɪlɪtɪ] *n* (*U*) insociabilité *f*.

unsociable [ʌnˈsəʊʃəbl] *adj* insociable, sauvage. **he's very ~** il est vraiment insociable *or* sauvage; **I'm feeling rather ~ this evening** je n'ai guère envie de voir des gens ce soir.

unsocial [ʌnˈsəʊʃəl] *adj*: **to work ~ hours** travailler en dehors des heures normales.

unsold [ʌnˈsəʊld] *adj* invendu.

unsoldierly [ʌnˈsəʊldʒəlɪ] *adj behaviour, emotion* indigne d'un soldat; *appearance* peu militaire, peu martial; *person* qui n'a pas l'esprit *or* la fibre militaire.

unsolicited [ʌnsəˈlɪsɪtɪd] *adj* non sollicité.

unsolvable [ʌnˈsɒlvəbl] *adj* insoluble, qu'on ne peut résoudre.

unsolved [ʌnˈsɒlvd] *adj* non résolu, inexpliqué; *crossword* non terminé. **one of the great ~ mysteries** une des grandes énigmes.

unsophisticated [ʌnsəˈfɪstɪkeɪtɪd] *adj person* (*in taste, lifestyle*) simple; (*in attitude*) simple, naturel; (*in appearance*) qui n'est pas sophistiqué; *style, room* simple; *film, book, song, machine* simple, qui n'est pas compliqué. **an ~ wine** un petit vin sans prétention.

unsought [ʌnˈsɔːt] *adj* (*also* ~-for) non recherché, non sollicité.

unsound [ʌnˈsaʊnd] *adj health* précaire, chancelant; *heart* non solide; *constitution, teeth, lungs, fruit, tree* qui n'est pas sain; *timber* pourri, gâté; *structure, floor, bridge* en mauvais état, peu solide; *bank, business, organization* peu solide; *alliance, investment* peu sûr, hasardeux; *reasoning, judgment, argument* mal fondé, spécieux, boiteux, peu valable; *policy, decision, step, advice, opinion* peu sensé, peu judicieux; *case, training* peu solide; *claim, title* peu valable, peu acceptable; *statesman, player* incompétent. (*Jur*) **of ~ mind** qui ne jouit pas de toutes ses facultés mentales; **the book is ~ on some points** certains aspects de ce livre sont discutables, certains arguments de ce livre sont spécieux *or* boiteux.

unsparing [ʌnˈspeərɪŋ] *adj* (**a**) (*lavish*) prodigue (*of* de), généreux. **to be ~ in one's efforts to do** ne pas ménager ses efforts pour faire. (**b**) (*cruel*) impitoyable, implacable.

unsparingly [ʌnˈspeərɪŋlɪ] *adv give* généreusement, avec prodigalité, avec largesse; *work* inlassablement.

unspeakable [ʌnˈspiːkəbl] *adj* (*work*) indicible, ineffable, indescriptible; (*bad*) indescriptible, innommable. **it's ~!** les mots me manquent!, c'est dégoûtant!

unspeakably [ʌnˈspiːkəblɪ] *adv dirty* indescriptiblement; *suffer* affreusement. **~ bad** affreusement mauvais, exécrable.

unspecifically [ʌnspəˈsɪfɪkəlɪ] *adv talk etc* en restant dans le vague, sans entrer dans les détails.

unspecified [ʌnˈspesɪfaɪd] *adj* non spécifié.

unspent [ʌnˈspent] *adj money, funds* non dépensé, qui reste.

unspoiled [ʌnˈspɔɪld] *adj*, **unspoilt** [ʌnˈspɔɪlt] *adj paint, dress etc* intact, qui n'est pas abîmé; *countryside, beauty, view* qui n'est pas déparé *or* défiguré; *style* naturel; *child* qui reste naturel. **~ by** non gâché par; **he remained ~ by his great success** malgré son grand succès il restait aussi simple qu'avant.

unspoken [ʌnˈspəʊkən] *adj word* non prononcé; *thought* inexprimé; *consent* tacite.

unsporting [ʌnˈspɔːtɪŋ] *adj*, **unsportsmanlike** [ʌnˈspɔːtsmənlaɪk] *adj* (*Sport, gen*) déloyal. **to be ~** (*not play fair*) être déloyal, ne pas jouer franc jeu, ne pas être sport *inv*; (*be bad loser*) être mauvais joueur; **that's very ~ of you** ce n'est pas très chic de votre part.

unspotted [ʌnˈspɒtɪd] *adj* (*lit, fig*) sans tache, immaculé.

unstable [ʌnˈsteɪbl] *adj* (*all senses*) instable.

unstained [ʌnˈsteɪnd] *adj* (*not coloured*) *furniture, floor* non teinté; (*clean*) *garment, surface* immaculé, sans tache; *reputation* non terni, sans tache.

unstamped [ʌnˈstæmpt] *adj letter* non affranchi, non timbré; *document, passport* non tamponné.

unstatesmanlike [ʌnˈsteɪtsmənlaɪk] *adj* peu diplomatique.

unsteadily [ʌnˈstedɪlɪ] *adv walk* d'un pas chancelant *or* incertain; *say* d'une voix mal assurée.

unsteadiness [ʌnˈstedɪnɪs] *n* (*V* unsteady) manque *m* de stabilité; manque d'assurance; irrégularité *f*.

unsteady [ʌnˈstedɪ] *adj ladder, structure* instable, branlant; *hand* mal assuré, tremblant; *step, gait, voice* mal assuré, chancelant; *flame* vacillant; *rhythm* irrégulier; (*fig: unreliable*) peu sûr, inconstant, changeant; *mind* irrésolu, instable. **to be ~ on one's feet** ne pas très bien tenir sur ses jambes, marcher d'un pas chancelant *or* incertain; (*from drink*) tituber, chanceler.

unstick [ʌnˈstɪk] *pret, ptp* **unstuck 1** *vt* décoller. **to come unstuck** [*stamp, notice*] se décoller; (***) [*plan*] tomber à l'eau*; **he certainly came unstuck* over that scheme** il est vraiment tombé sur un bec* pour ce qui est de ce projet. **2** *vi* se décoller.

unstinted [ʌnˈstɪntɪd] *adj praise* sans réserve; *generosity* sans bornes; *efforts* illimité, incessant.

unstinting [ʌnˈstɪntɪŋ] *adj person* prodigue (*of* de), généreux; *praise* sans réserve; *kindness, generosity* sans bornes. **to be ~ in**

one's efforts to do ne pas ménager ses efforts pour faire; **to be ~ in one's praise** of chanter les louanges de.

unstitch [ʌnˈstɪtʃ] *vt*: **to come ~ed** se découdre.

unstop [ʌnˈstɒp] *vt sink* déboucher, désobstruer; *bottle* déboucher, décapsuler.

unstoppable* [ʌnˈstɒpəbl] *adj* qu'on ne peut pas arrêter.

unstrap [ʌnˈstræp] *vt*: **to ~ A from B** détacher A de B, défaire les sangles qui attachent A à B.

unstressed [ʌnˈstrest] *adj syllable* inaccentué, atone.

unstring [ʌnˈstrɪŋ] *pret, ptp* **unstrung** *vt violin, racket* enlever *or* détendre les cordes de; *beads* désenfiler; (*fig*) *person* démoraliser.

unstrung [ʌnˈstrʌŋ] *adj violin, racket* dont on a enlevé les cordes, dont les cordes sont détendues; (*fig*) démoralisé.

unstuck [ʌnˈstʌk] *pret, ptp of* unstick.

unstudied [ʌnˈstʌdɪd] *adj* naturel, spontané.

unsubdued [ʌnsəbˈdjuːd] *adj* (*lit, fig*) indompté.

unsubsidized [ʌnˈsʌbsɪdaɪzd] *adj* non subventionné, qui ne reçoit pas de subvention.

unsubstantial [ʌnsəbˈstænʃəl] *adj structure* peu solide, léger; *meal* peu substantiel, peu nourrissant; *argument* peu solide, sans substance; *evidence* insuffisant.

unsubstantiated [ʌnsəbˈstænʃɪeɪtɪd] *adj accusation* non prouvé; *testimony, rumour* non confirmé, non corroboré.

unsuccessful [ʌnsəkˈsesfʊl] *adj negotiation, venture, visit, meeting* infructueux, qui est un échec; *attempt* vain, infructueux; *candidate* refusé, malheureux; *application* refusé, non retenu; *writer, painter, book* qui n'a pas de succès; *firm* qui ne prospère pas; *marriage, outcome* malheureux. **to be ~** échouer, ne pas réussir; **to be ~ in doing sth** ne pas réussir *or* ne pas arriver à faire qch; **he is ~ in everything** he does rien ne lui réussit; **he was ~ in his exam** il a échoué à *or* il n'a pas été reçu à son examen; **I tried to speak to him but I was ~** j'ai essayé de lui parler mais sans succès *or* mais en vain *or* mais je n'ai pas pu; **after 3 ~ attempts, he** ... après avoir essayé 3 fois sans succès il ..., après avoir échoué 3 fois il ... .

unsuccessfully [ʌnsəkˈsesfəlɪ] *adv* en vain, sans succès.

unsuitability [ʌnˌsuːtəˈbɪlɪtɪ] *n*: **he was rejected on the grounds of ~ (for the job)** il n'a pas été retenu parce qu'il n'avait pas le profil requis pour l'emploi.

unsuitable [ʌnˈsuːtəbl] *adj climate, food, place, time, arrangement* qui ne convient pas; *moment* inopportun; *colour, size* qui ne va pas; *clothes* peu approprié, inadéquat, (*socially*) non convenable; *action, reply, example, device* peu approprié, inopportun; *language, attitude* inconvenant. **to be ~ for** [*clothes, language, date*] ne pas convenir à; [*film, book*] ne pas être (conseillé) pour; **he is ~ for the post** ce n'est pas l'homme qu'il faut pour le poste; **he married a very ~ girl** il a épousé une fille qui n'était pas du tout faite pour lui *or* qui ne lui convenait pas du tout.

unsuited [ʌnˈsuːtɪd] *adj*: **~ to** *or* **for** *person* inapte à; *thing* impropre à; **~ to do** inapte *or* impropre à faire; **they are ~ (to each other)** ils ne sont pas compatibles, ils ne vont pas bien ensemble.

unsullied [ʌnˈsʌlɪd] *adj* sans souillure, sans tache.

unsung [ʌnˈsʌŋ] *adj* (*liter*) *hero, exploits* méconnu.

unsupported [ʌnsəˈpɔːtɪd] *adj structure* non soutenu, non étayé; *statement* non confirmé, non corroboré; *hypothesis* non vérifié, non soutenu; *candidate* sans appui, sans soutien; *troops* non soutenu; *mother, family* sans soutien financier.

unsure [ʌnˈʃʊər] *adj person* incertain (*of, about* de); *memory* peu fidèle. **to be ~ of o.s.** ne pas être sûr de soi, manquer d'assurance.

unsurmountable [ʌnsəˈmaʊntəbl] *adj* insurmontable.

unsurpassable [ʌnsəˈpɑːsəbl] *adj* insurpassable.

unsurpassed [ʌnsəˈpɑːst] *adj* non surpassé (*in* en).

unsuspected [ʌnsəˈpektɪd] *adj* insoupçonné.

unsuspecting [ʌnsəˈpektɪŋ] *adj* qui ne se méfie pas, qui ne se doute de rien. **and he, quite ~, said** ... et lui, ne se doutant de rien *or* sans la moindre méfiance, dit ... .

unsuspicious [ʌnsəˈpɪʃəs] *adj* (*feeling no suspicion*) peu soupçonneux, peu méfiant; (*causing no suspicion*) qui n'a rien de suspect, qui n'éveille aucun soupçon. **~-looking** tout à fait ordinaire.

unsweetened [ʌnˈswiːtnd] *adj* non sucré, sans sucre.

unswerving [ʌnˈswɜːvɪŋ] *adj resolve* inébranlable; *loyalty* inébranlable, à toute épreuve.

unswervingly [ʌnˈswɜːvɪŋlɪ] *adv*: **~ loyal** totalement dévoué (*to* à); **to hold ~ to one's course** poursuivre inébranlablement son but, ne pas se laisser détourner de son but.

unsympathetic [ʌnˌsɪmpəˈθetɪk] *adj* indifférent (*to* à), peu compatissant, incompréhensif; (*unlikeable*) antipathique. **he was quite ~ when we** ... il n'a pas du tout compati quand nous...; (*stronger*) il n'a pas manifesté la moindre compassion quand nous ... .

unsympathetically [ʌnˌsɪmpəˈθetɪkəlɪ] *adv* froidement; (*stronger*) sans (manifester) la moindre compassion.

unsystematic [ʌnˌsɪstɪˈmætɪk] *adj work, reasoning* peu systématique, peu méthodique.

unsystematically [ʌnˌsɪstɪˈmætɪkəlɪ] *adv* sans système, sans méthode.

untainted [ʌnˈteɪntɪd] *adj* (*lit*) *meat, butter* frais (*f* fraîche); (*fig*) *reputation* intact, non terni, sans tache; *person, mind* non corrompu (*by* par), pur.

untam(e)able [ʌnˈteɪməbl] *adj bird, wild animal* inapprivoisable; *large or fierce animal* non dressable; *esp lion, tiger* indomptable.

untamed [ʌnˈteɪmd] *adj animal etc* sauvage, inapprivoisé, farouche; *esp lion, tiger* indompté; *passion* violent, fougueux.

untangle [ʌnˈtæŋgl] *vt rope, wool, hair* démêler; *mystery* débrouiller, éclaircir; *plot* dénouer.

untanned [ʌnˈtænd] *adj hide* non tanné; *person* non bronzé.

untapped [ʌnˈtæpt] *adj resources* inexploité.

untarnished [ʌnˈtɑːnɪʃt] *adj* (*lit, fig*) non terni, sans tache.

untasted ['ʌn'teɪstɪd] *adj food, delights* auquel on n'a pas goûté. **the food lay ~ on the plate** le repas restait dans l'assiette; **he left the meal ~** il n'a pas goûté au repas.

untaught ['ʌn'tɔ:t] *adj (uneducated)* sans instruction, ignorant; *(natural, innate)* spontané, inné, naturel.

untaxable ['ʌn'tæksəbl] *adj income* non imposable; *goods* exempt de taxes.

untaxed ['ʌn'tækst] *adj goods* exempt de taxes, non imposé; *income* non imposable, exempté d'impôts; *car* sans vignette.

unteachable ['ʌn'ti:tʃəbl] *adj person* à qui on ne peut rien apprendre; *pupil* réfractaire à tout enseignement; *subject* impossible à enseigner, qui ne se prête pas à l'enseignement.

untempered ['ʌn'tempəd] *adj steel* non revenu.

untenable ['ʌn'tenəbl] *adj position* intenable; *opinion* insoutenable.

untenanted ['ʌn'tenəntɪd] *adj* inoccupé, sans locataire(s).

untested ['ʌn'testɪd] *adj person, theory, method* qui n'a pas été mis à l'épreuve; *product, weapon, invention* qui n'a pas été essayé; *new drug* non encore expérimenté; *(Psych)* non testé.

unthinkable [ʌn'θɪŋkəbl] *adj* impensable, inconcevable. **it is ~ that** il est impensable *or* inconcevable que + *subj*.

unthinking ['ʌn'θɪŋkɪŋ] *adj* irréfléchi, étourdi.

unthinkingly ['ʌn'θɪŋkɪŋlɪ] *adv* sans réfléchir, étourdiment.

unthought-of [ʌn'θɔ:tɒv] *adj* auquel on n'a pas pensé *or* songé.

unthread ['ʌn'θred] *vt needle, pearls* désenfiler.

untidily [ʌn'taɪdɪlɪ] *adv work, live* sans méthode, sans ordre; *write* sans soin, de manière brouillonne. **to dress ~** s'habiller sans soin; **she was ~ dressed** elle était habillée à la diable; **she dresses ~** elle fait débraillé, elle s'habille sans soin; **his books lay ~ about the room** ses livres jonchaient la pièce.

untidiness [ʌn'taɪdɪnɪs] *n (U) [room]* désordre *m*; *[dress]* désordre *m*, *(habitual)* débraillé *m*; *[person]* (*in dress, appearance*) débraillé; *(in habits)* manque *m* d'ordre.

untidy [ʌn'taɪdɪ] *adj* **(a)** *person (in appearance)* dont les vêtements sont *(in appearance etc)* en désordre, *(habitually)* débraillé; *(in character)* désordonné, brouillon. **she looked ~** ses vêtements étaient en désordre; *(slovenly)* elle faisait débraillé.

(b) *appearance* négligé, désordonné; *clothes* en désordre, *(habitually)* débraillé, mal tenu; *hair* ébouriffé, mal peigné; *writing* brouillon; *work, page* sale, brouillon; *room* en désordre, en pagaïe*; *desk* en désordre, mal rangé.

untie ['ʌn'taɪ] *vt knot* défaire; *string* dénouer, défaire; *parcel* défaire, ouvrir; *prisoner, hands* délier, détacher; *bonds* défaire, détacher.

until [ən'tɪl] **1** *prep* jusqu'à. **~ such time as** *(in future)* jusqu'à ce que + *subj*, en attendant que + *subj*; *(in past)* avant que + *subj*; **~ the next day** jusqu'au lendemain; **from morning ~ night** du matin (jusqu')au soir; **~** now jusqu'ici, jusqu'à maintenant; **~ then** jusque-là; **not ~** *(in future)* pas avant; *(in past)* ne ... que; **it won't be ready ~ tomorrow** ce ne sera pas prêt avant demain; **he didn't leave ~ the following day** il n'est parti que le lendemain; **the work was not begun ~ 1986** ce n'est qu'en 1986 que les travaux ont commencé; **I had heard nothing of it ~ 5 minutes ago** j'en ai seulement entendu parler *or* j'en ai entendu parler pour la première fois il y a 5 minutes.

2 *conj (in future)* jusqu'à ce que + *subj*, en attendant que + *subj*; *(in past)* avant que + *subj*. **wait ~ I come** attendez que je vienne; **~ they built the new road** avant qu'ils (ne) fassent la nouvelle route; **~ they build the new road** en attendant qu'ils fassent la nouvelle route; **he laughed ~ he cried** il a ri aux larmes; **not ~** *(in future)* pas avant que + (ne) + *subj*, tant que ... ne ... pas + *indic*; *(in past)* tant que ... ne ... pas + *indic*; **he won't come ~ you invite him** il ne viendra pas avant que vous (ne) l'invitiez *or* avant d'être invité, il ne viendra pas tant que vous ne l'inviterez pas; **they did nothing ~ we came** ils n'ont rien fait tant que nous n'avons pas été là; **do nothing ~ I tell you** ne faites rien avant que je (ne) vous le dise *or* tant que je ne vous l'aurai pas dit; **do nothing ~ you get my letter** ne faites rien avant d'avoir reçu ma lettre; **don't start ~ I come** ne commencez pas avant que j'arrive *(subj)*, attendez-moi pour commencer; **wait ~ you get my letter** attendez d'avoir reçu ma lettre.

untilled ['ʌn'tɪld] *adj* non labouré, non cultivé, inculte.

untimely [ʌn'taɪmlɪ] *adj spring, weather* prématuré, précoce; *moment* inopportun, mal choisi; *arrival* inopportun, intempestif; *death* prématuré; *remark* inopportun, déplacé, intempestif. **to come to an ~ end** *[person]* mourir prématurément *or* avant son temps; *[project]* être enterré prématurément.

untiring [ʌn'taɪərɪŋ] *adj person, efforts* infatigable, inlassable. **to be ~ in one's efforts to do** s'efforcer infatigablement *or* inlassablement de faire.

untiringly [ʌn'taɪərɪŋlɪ] *adv* infatigablement, inlassablement.

unto ['ʌntʊ] *prep (liter)* **~ to,** towards.

untold ['ʌn'təʊld] *adj* **(a)** *story* jamais raconté; *secret* jamais dévoilé *or* divulgué. **that story remains ~** cette histoire n'a encore jamais été racontée; **to leave sth ~** passer qch sous silence. **(b)** *(incalculable)* amount, loss, wealth incalculable; *agony, joy* indicible, indescriptible.

untouchable [ʌn'tʌtʃəbl] **1** *adj* intouchable. **2** *n (in India)* intouchable *mf*, paria *m*; *(fig)* paria.

untouched ['ʌn'tʌtʃt] *adj* **(a)** auquel on n'a pas touché. *(Comm)* **~ by hand** sans manipulation directe; **he left his meal ~,** his meal lay ~** il n'a pas touché à son repas. **(b)** *(safe)* person indemne; *thing* intact; *(unaffected)* insensible, indifférent *(by* à).

untoward [ʌntə'wɔ:d] *adj* fâcheux, malencontreux.

untrained ['ʌn'treɪnd] *adj worker, teacher* qui n'a pas reçu de formation professionnelle, sans formation; *mind* non formé; *voice* non travaillé; *animal* non dressé. **to the ~ ear** à l'oreille inexercée.

[pianist etc] **he's quite ~** il n'a jamais reçu de leçons *or* de formation, c'est un amateur.

untrammelled [ʌn'træməld] *adj* non entravé *(by* par), libre *(by* de).

untranslatable [ʌn'trænz'leɪtəbl] *adj* intraduisible.

untravelled ['ʌn'trævld] *adj road* peu fréquenté; *person* qui n'a pas voyagé.

untried ['ʌn'traɪd] *adj product, weapon, invention* qui n'a pas été essayé; *person, method* qui n'a pas été mis à l'épreuve; *(Jur) case, person* non jugé. **he was condemned ~** il a été condamné sans jugement.

untrodden [ʌn'trɒdn] *adj (liter) path* peu fréquenté; *region, territory* inexploré, vierge; *snow* non foulé, vierge.

untroubled ['ʌn'trʌbld] *adj* tranquille, calme, paisible. **~ by the thought of ...** nullement troublé à la pensée de ...; **to be ~ by the news** rester impassible en apprenant la nouvelle.

untrue ['ʌn'tru:] *adj statement* faux (*f* fausse), erroné, inexact; *rumour* faux; *instrument* qui n'est pas juste, inexact; *reading* erroné, inexact; *lover etc* infidèle *(to* à), déloyal *(to* envers). **it is ~ that** il est faux *or* il n'est pas vrai que + *subj*.

untrustworthy ['ʌn'trʌst,wɜ:ðɪ] *adj person* indigne de confiance; *witness* récusable; *book* auquel on ne peut se fier; *source of information* douteux.

untruth ['ʌn'tru:θ] *n, pl* **~s** ['ʌn'tru:ðz] contre-vérité *f*, *(stronger)* mensonge *m*; *(U)* fausseté *f*.

untruthful ['ʌn'tru:θʊl] *adj statement* mensonger; *person* menteur, qui ne dit pas la vérité.

untruthfully ['ʌn'tru:θʊlɪ] *adv* en mentant, *(more formally)* mensongèrement.

untruthfulness ['ʌn'tru:θʊlnɪs] *n (U)* fausseté *f*, caractère mensonger.

untuneful ['ʌn'tju:nfʊl] *adj* peu harmonieux.

untutored ['ʌn'tju:təd] *adj person* peu instruit, dont les connaissances sont rudimentaires; *work* qui dénote des connaissances rudimentaires; *taste* non formé.

untwine ['ʌn'twaɪn] *vt* défaire, détortiller.

untwist ['ʌn'twɪst] *vt (untangle) rope, threads, wool* démêler, détortiller; *(straighten out) flex, rope* détordre; *(unravel) rope, wool* défaire; *(unscrew) bottle-top* dévisser.

untypical ['ʌn'tɪpɪkəl] *adj* peu typique, peu caractéristique *(of* de). **it's ~ of him** ce n'est pas de lui, ce n'est pas son genre.

unusable ['ʌn'ju:zəbl] *adj* inutilisable.

unused ['ʌn'ju:zd] *adj* **(a)** *(new) clothes* neuf (*f* neuve), qui n'a pas été porté; *machine* neuf, qui n'a pas servi; *(not in use) resources, talent* inutilisé; *(Ling)* inusité.

(b) ['ʌn'ju:st] **to be ~ to (doing)** sth être peu habitué à (faire) qch, ne pas avoir l'habitude de (faire) qch; **I am quite ~ to it** now j'en ai perdu l'habitude, je n'en ai plus l'habitude.

unusual [ʌn'ju:ʒʊəl] *adj (rare)* peu commun, inhabituel; *(exceptional)* exceptionnel; *(strange)* insolite, étrange, bizarre. **it is ~ for him to be early** il est exceptionnel *or* rare qu'il arrive *(subj)* de bonne heure, il n'arrive pas de bonne heure d'habitude; **it's not ~ for him to be late** *or* **that he should be late** il n'est pas rare qu'il soit en retard, il lui arrive souvent d'être en retard; **that's ~ for him!** ce n'est pas dans ses habitudes!, on ne s'attend pas à ça de lui!

unusually [ʌn'ju:ʒʊəlɪ] *adv* **(a)** *(more than one normally finds) tall, dark, handsome etc* exceptionnellement, extraordinairement. **(b)** *(more than normally for this person) gay, silent, early etc* exceptionnellement, anormalement. **~ early** exceptionnellement tôt, plus tôt que de coutume *or* d'ordinaire.

unutterable [ʌn'ʌtərəbl] *adj joy, boredom* indicible, indescriptible; **(*)** *idiot, fool* fini, achevé.

unvaried [ʌn'veərɪd] *adj* uniforme, qui manque de variété, monotone *(pej)*. **the menu was ~ from one week to the next** le menu ne changeait pas d'une semaine à l'autre.

unvarnished ['ʌn'vɑ:nɪʃt] *adj wood* non verni; *pottery* non vernissé; *(fig) account, description* simple, sans fard, sans embellissements. **the ~ truth** la vérité pure et simple, la vérité toute nue.

unvarying [ʌn'veərɪŋ] *adj* invariable, constant.

unvaryingly [ʌn'veərɪŋlɪ] *adv* invariablement.

unveil [ʌn'veɪl] *vt* dévoiler.

unveiling [ʌn'veɪlɪŋ] *n* dévoilement *m*; *(ceremony)* inauguration *f*.

unventilated ['ʌn'ventɪleɪtɪd] *adj* sans ventilation.

unverifiable ['ʌn'verɪfaɪəbl] *adj* invérifiable.

unverified ['ʌn'verɪfaɪd] *adj* non vérifié.

unversed ['ʌn'vɜ:st] *adj*: **~ in** peu versé dans.

unvoiced ['ʌn'vɔɪst] *adj* **(a)** *opinion, sentiment* inexprimé. **(b)** *(Phon) consonant* non voisé, sourd.

unwaged ['ʌn'weɪdʒd] *npl (Admin)* **the ~** les sans-emploi, étudiants et retraités *mpl*.

unwanted ['ʌn'wɒntɪd] *adj clothing, article* superflu, dont on ne se sert pas, dont on n'a pas besoin; *child* non désiré, non souhaité; *effect* non recherché. **he felt ~** *(in conversation etc)* il avait l'impression de gêner *or* d'être de trop; *(unloved)* il avait l'impression que personne ne l'aimait; *V* hair.

unwarlike ['ʌn'wɔ:laɪk] *adj* peu guerrier, peu belliqueux, pacifique.

unwarrantable [ʌn'wɒrəntəbl] *adj intrusion etc* injustifiable. **it is quite ~ that...** il est tout à fait injustifiable que... + *subj*.

unwarrantably [ʌn'wɒrəntəblɪ] *adv* de façon injustifiable.

unwarranted [ʌn'wɒrəntɪd] *adj* injustifié.

unwary [ʌn'weərɪ] *adj person* qui n'est pas sur ses gardes, sans méfiance, imprudent; *action, decision* imprudent.

unwashed ['ʌn'wɒʃt] **1** *adj hands, object* non lavé; *person* qui ne s'est pas lavé. **2** *n*: **the Great U~** la racaille, la populace.

unwavering [ʌn'weɪvərɪŋ] *adj faith, resolve, devotion* inébranlable; *gaze* fixe; *concentration* qui ne faiblit pas. **to follow an ~**

course poursuivre inébranlablement son but, aller droit au but, ne pas se laisser détourner de son but.

unwaveringly [ʌn'weivərŋlɪ] *adv follow, continue* inébranlablement; *say* fermement; *gaze* fixement.

unweaned ['ʌn'wi:nd] *adj* non sevré.

unwearable ['ʌn'wɛərəbl] *adj clothes, colour* pas mettable.

unwearied [ʌn'wɪərɪd], **unwearying** [ʌn'wɪərɪɪŋ] *adj* infatigable, inlassable. **to be ~ in one's efforts to do** s'efforcer infatigablement *or* inlassablement de faire.

unwed ['ʌn'wed] *adj* = **unmarried**.

unweighting ['ʌn'weɪtɪŋ] *n* (*Ski*) allègement *m*.

unwelcome [ʌn'welkəm] *adj visitor, gift* importun; *news, delay, change* fâcheux. **the money was not ~** l'argent était le bienvenu; **they made us feel most ~** ils nous ont très mal accueillis, ils nous ont bien fait sentir que nous les importunions.

unwell ['ʌn'wel] *adj* souffrant, indisposé. **to feel ~** ne pas se sentir très bien.

unwholesome ['ʌn'həʊlsəm] *adj atmosphere, climate* malsain, insalubre; *thoughts, interest* malsain, morbide; *influence* malsain, pernicieux, nocif; *food* malsain.

unwieldy [ʌn'wi:ldɪ] *adj tool, sword, parcel* peu maniable, difficile à manier; *person* lourd, qui se déplace avec peine; *method* maladroit.

unwilling ['ʌn'wɪlɪŋ] *adj*: **to be ~ to do** (*reluctant*) être peu disposé à faire; (*refuse*) ne pas vouloir faire, refuser de faire; **I am ~ for him to go** je ne veux pas qu'il y aille; **her ~ helper/accomplice** son aide/complice malgré lui.

unwillingly ['ʌn'wɪlɪŋlɪ] *adv* à contrecœur, de mauvaise grâce, contre son gré.

unwillingness ['ʌn'wɪlɪŋnɪs] *n* (*U*) **his ~ to help is surprising** il est étonnant qu'il ne soit pas disposé à aider.

unwind ['ʌn'waɪnd] *pret, ptp* **unwound 1** *vt* dérouler. **2** *vi* se dérouler; (**fig: relax*) se détendre, se relaxer.

unwisdom ['ʌn'wɪzdəm] *n* (*U*) manque *m* de bon sens, imprudence *f*.

unwise ['ʌn'waɪz] *adj person* imprudent, malavisé; *move, decision* imprudent, peu judicieux. **it would be ~ to do** on serait malavisé de faire, il serait imprudent de faire.

unwisely ['ʌn'waɪzlɪ] *adv* imprudemment.

unwitting [ʌn'wɪtɪŋ] *adj* involontaire; *action* non intentionnel, involontaire. **he was the ~ victim of** il a été la victime involontaire de, il a été sans le savoir la victime de.

unwittingly [ʌn'wɪtɪŋlɪ] *adv* involontairement, sans le savoir, par mégarde.

unwomanly [ʌn'wʊmənlɪ] *adj* peu féminin.

unwonted [ʌn'wəʊntɪd] *adj* (*rare*) peu commun; (*unusual for this person*) inaccoutumé.

unworkable ['ʌn'wɜ:kəbl] *adj suggestion, method* impraticable; *mine* inexploitable; *substance, fabric* rebelle. *[idea, scheme etc]* **it's ~ ça** ne marchera jamais; **it was ~ ça** ne pouvait pas marcher.

unworldly ['ʌn'wɜ:ldlɪ] *adj person* détaché de ce monde, qui n'a pas les pieds sur terre, peu réaliste, naïf (*f* naïve); *beauty* céleste, qui n'est pas de ce monde; *idealism, preoccupations* détaché de ce monde.

unworthiness [ʌn'wɜ:ðɪnɪs] *n* manque *m* de mérite.

unworthy [ʌn'wɜ:ðɪ] *adj* indigne (*of* de, *to do* de faire). **it is ~ of you** c'est indigne de vous.

unwounded ['ʌn'wu:ndɪd] *adj* non blessé, indemne, valide.

unwrap ['ʌn'ræp] *vt* défaire, ouvrir.

unwritten ['ʌn'rɪtn] *adj song, folk tale* non écrit; *agreement* verbal. **it is an ~ law** *or* **rule that…** il est tacitement admis que….

unyielding [ʌn'ji:ldɪŋ] *adj person* inflexible, qui ne cède pas; *substance* très dur; *structure* rigide.

unyoke ['ʌn'jəʊk] *vt* dételer.

unzip ['ʌn'zɪp] *vt* ouvrir (la fermeture éclair ® de). **can you ~ me?** peux-tu défaire ma fermeture éclair?

up [ʌp] (*phr vb elem*) **1** *adv* (**a**) (*gen*) en haut, en l'air. **he threw the ball ~** il a jeté la balle en l'air; **hold it ~ higher** tiens-le plus haut; **~ there** là-haut; **~ in the air** en l'air; **~ in the sky** (là-haut) dans le ciel; **~ in the mountains** dans les montagnes; **from ~ on the hill** (du haut) de la colline; **~ on deck** sur le pont; **~ on the hill** en haut de la colline, sur la colline; **~ on top of the cupboard** sur le placard; **~ at the top of the tree** en haut *or* au sommet de l'arbre; **it's ~ on top** c'est là-haut; **~ above** au-dessus; **~ above sth** au-dessus de qch; **he lives 5 floors ~** il habite au 5e étage; **the people 3 floors ~ from me** les gens qui habitent 3 étages au-dessus de chez moi; **all the way ~** jusqu'en haut, jusqu'au sommet; **I met him on my way ~** je l'ai rencontré en montant; **I was on my way ~ to see you** je montais vous voir; **a little farther ~** (*on wall etc*) un peu plus haut; (*along bench etc*) un peu plus loin; **sit close ~ to me** assieds-toi tout près de moi; **he came ~ to me** il s'est approché de moi, il est venu vers moi; **I saw the car and walked ~ to it** j'ai vu la voiture et m'en suis approché; **his hand has been ~ for a long time** il a la main levée depuis longtemps; **with his head ~** (high) la tête haute; **the blinds were ~** les stores étaient levés; **the ladder was ~ against the wall** l'échelle était appuyée contre le mur (*V also* **1h**); **set the box ~ on end** mets la boîte debout; **it was ~ on end** c'était debout; (*on parcel*) **'this side ~'** 'haut'; **sit still for a while, you've been ~ and down all evening** assieds-toi un moment, tu n'as pas arrêté (de) toute la soirée; **to jump ~ and down** sauter; **to walk ~ and down** faire les cent pas; *V also* **climb, face up to, hand up, halfway** *etc*.

(**b**) (*out of bed*) **to be ~** être levé, être debout *inv*; (**get**) **~!** debout!, levez-vous!; **we were ~ at 7** nous étions levés *or* debout à 7 heures; **I was still ~ at midnight** j'étais encore debout *or* je ne m'étais toujours pas couché à minuit; **he's always ~ early** il est toujours levé *or* il se lève toujours de bonne heure; **I was ~ late**

this morning je me suis levé tard ce matin; **I was ~ late last night** je me suis couché tard hier soir; **he was ~ all night** il ne s'est pas couché de la nuit; **she was ~ all night looking after her child** elle ne s'est pas couchée de la nuit *or* elle a veillé toute la nuit pour s'occuper de son enfant; **he was ~ and down all night** il n'a pas arrêté de se lever toute la nuit; **she was ~ and about** *or* **~ and doing* at 7 o'clock** elle était debout *or* sur pied et à l'ouvrage à 7 heures; *[sick person]* **to be ~ and about again** être de nouveau sur pied; *V also* **get up**.

(**c**) (*fig*) **when the sun was ~** quand le soleil était levé, après le lever du soleil; **the tide is ~** la marée est haute; **the river is ~** la rivière a monté; **the road is ~** la route est en travaux; (*Parl*) **the House is ~** la Chambre ne siège pas; **the temperature was ~ in the forties** la température dépassait quarante degrés; **~ with Joe Bloggs!** vive Joe Bloggs!; **~ with Celtic!** allez Celtic!, tous pour Celtic!; **to be ~ (on horseback)** être à cheval; **a horse with Smith ~** un cheval monté par Smith; (*in meeting etc*) **let's go and sit ~ front** allons nous asseoir devant (*V also* **up-front**); **he's ~ at the top of the class** il est en tête de (sa) classe; **he was ~ with** *or* **~ among the leaders** il était dans les premiers; **he's well ~ in Latin** (*place in class*) il a une bonne place *or* il est bien placé en latin; (*knows a lot*) il est fort *or* calé* en latin; **I'm ~ with him in maths** nous nous valons en maths, nous sommes au même niveau *or* de la même force en maths; **I'm not very well ~ in what's been going on** je ne suis pas vraiment au fait de ce qui s'est passé; (*Univ*) **when I was ~*** quand j'étais étudiant *or* à la Fac*; **~ in London** à Londres; **~ in Scotland** en Écosse; **he's ~ from Birmingham** il vient *or* il arrive de Birmingham; **he's ~ in Leeds for the weekend** il passe le weekend à Leeds; **I come ~ to town every week** je viens en ville toutes les semaines; **we're ~ for the day** nous sommes venus passer la journée; **I was on my way ~ to London** j'allais à Londres, j'étais en route pour Londres; **~ north** dans le nord; **I'll play you 100 ~** je vous fais une partie en 100, le premier qui a 100 points gagne; **Chelsea were 3 goals ~** Chelsea menait par 3 buts; **we were 20 points ~** on them nous avions 20 points d'avance sur eux; **to be one ~ on sb*** faire mieux que qn; **to be** *or* **come ~ before Judge X** *[accused person]* comparaître devant le juge X; *[case]* être jugé par le juge X; **his blood is ~** il a le sang qui bout; **his temper is ~** il est en colère; *[invalid]* **he's been rather ~ and down recently** il a eu des hauts et des bas récemment; **what's ~?*** (*what's happening*) qu'est-ce qu'il y a?; (*what's wrong*) qu'est-ce qui ne va pas?; **what's ~ with him?*** qu'est-ce qu'il a?, qu'est-ce qui lui prend?; **what's ~ with the car/your leg?*** qu'est-ce qu'elle a, votre voiture?/votre jambe?; **I know there's something ~*** (*happening*) je sais qu'il se passe quelque chose; (*wrong*) je sais qu'il y a quelque chose qui ne va pas; **there's something ~ with Paul*** il y a quelque chose qui ne va pas *or* qui ne tourne pas rond* chez Paul; **there's something ~ with the engine*** il y a quelque chose qui ne tourne pas rond* dans le moteur; **there's something ~ with my leg*** j'ai quelque chose à la jambe, ma jambe me tracasse; (*US*) **a bourbon (straight) ~*** un bourbon sans glace *or* sans glaçons; (*US*) **two fried eggs, ~*** deux œufs sur le plat, non retournés; **I have 10 bucks ~* on that horse** j'ai parié 10 dollars sur ce cheval; *for other phrases V* **arm², hard** *etc*.

(**d**) (*more, higher etc*) **to be ~** *[prices, salaries, shares, numbers]* avoir augmenté, avoir monté (*by* de); *[temperature, water level]* avoir monté (*by* de); **potatoes are ~ again** les pommes de terre ont encore augmenté; **the standard is ~** le niveau est plus élevé; **it is ~ on last year** cela a augmenté par rapport à l'an dernier.

(**e**) (*upwards*) **from £2 ~** à partir de 2 livres; **from (the age of) 13 ~** à partir de (l'âge de) 13 ans; **from his youth ~** dès sa jeunesse.

(**f**) (*installed, built etc*) **we've got the curtains/pictures ~ at last** nous avons enfin posé les rideaux/accroché les tableaux; **the shutters are ~** les volets sont posés *or* (*closed*) mis *or* fermés; **the new building isn't ~ yet** le nouveau bâtiment n'est pas encore construit; **the tent isn't ~ yet** la tente n'est pas encore plantée; **look, the flag is ~!** regarde, le drapeau est hissé!; **the notice about the outing is ~** l'excursion est affichée.

(**g**) (*finished*) **his leave/visit is ~** sa permission/sa visite est terminée; **it is ~ on the 20th** ça se termine *or* ça finit le 20; **when 3 days were ~** au bout de 3 jours; **time's ~!** c'est l'heure!; **it's all ~ with him*** il est fichu*; *V* **game³** *etc*.

(**h**) **to be ~ against difficulties** se heurter à *or* être aux prises avec des difficultés; **you don't know what you're ~ against!** tu n'as pas idée des difficultés qui t'attendent!; **he's ~ against stiff competition** il a affaire à forte partie *or* à des concurrents sérieux; **he's ~ against a very powerful politician** il a contre lui un homme politique très puissant; **we're really ~ against it** nous allons avoir du mal à nous en sortir.

(**i**) (*as far as*) **~ to** jusqu'à; **~ to now** jusqu'à maintenant, jusqu'ici; **~ to here** jusqu'ici; **~ to there** jusque-là; **what page are you ~ to?** à quelle page en êtes-vous?; **~ to and including chapter 5** jusqu'au chapitre 5 inclus; **to count ~ to 100** compter jusqu'à 100; **he'll pay ~ to £10** il paiera jusqu'à 10 livres.

(**j**) (*depending on*) **it's ~ to you to decide** c'est à vous de décider; **it's ~ to you whether you go or not** c'est à vous de décider si vous y allez ou non; **shall I do it?** — **it's ~ to you** je le fais? — faites comme vous voulez *or* faites comme vous l'entendez *or* (c'est) à vous de décider *or* ça ne tient qu'à vous; **if it were ~ to me…** s'il n'en tenait qu'à moi…, si c'était moi qui décidais…; **it's ~ to us to help him** c'est à nous de l'aider, il nous appartient de l'aider.

(**k**) (*busy doing etc*) **what is he ~ to?** qu'est-ce qu'il fait? *or* fabrique?*, qu'est-ce qu'il peut bien faire?; **he's ~ to something** il manigance *or* mijote quelque chose, il a quelque chose en tête; **what have you been ~ to recently?** qu'est-ce que vous devenez ces temps-ci?; **what have you been ~ to?** qu'est-ce que tu as manigancé? *or* fabriqué?*; **what are you ~ to with that knife?**

qu'est-ce que tu fais *or* fabriques* avec ce couteau?; **he's ~ to no good** *[child]* il prépare quelque sottise; *[adult]* il mijote quelque mauvais coup; V **mischief** *etc*.

(l) (*equal to*) **to be ~ to a task** être à la hauteur d'une tâche; **is he ~ to advanced work?** est-il capable de faire des études supérieures?; **it isn't ~ to his usual standard** d'habitude il fait mieux que ça, il nous a habitués à mieux; **are you feeling ~ to going for a walk?** est-ce que tu te sens d'attaque à faire une promenade?; **I just don't feel ~ to it** je ne m'en sens pas le courage; **he really isn't ~ to going back to work yet** il n'est vraiment pas encore en état de reprendre le travail; **it's not ~ to much** ça ne vaut pas grand-chose.

2 *prep*: **to be ~ a tree/~ a ladder** être dans un arbre/sur une échelle; **to go ~ the stairs** monter les marches d'un escalier, monter l'escalier; **to go ~ the street** monter la rue; **to climb ~ a cliff** escalader une falaise; **to climb.~ a tree** grimper dans *or* sur un arbre; **to run ~ a hill** monter une colline en courant; **to sail ~ a river** remonter une rivière en bateau; **he pointed ~ the hill/the stairs** il indiqua du doigt le haut de la colline/de l'escalier; **the car drove ~ the road** la voiture a remonté la rue; **the house is ~ that road** la maison est dans cette rue; **they live just ~ the road** ils habitent un peu plus haut *or* plus loin dans la (même) rue; **put it ~ your sleeve** mets-le dans ta manche; **~ hill and down dale** par monts et par vaux; **he travelled ~ and down the country** il parcourait le pays; **people ~ and down the country are saying...** un peu partout dans le pays *or* aux quatre coins du pays il y a des gens qui disent...; **he walked ~ and down the street** il a fait les cent pas dans la rue, il a arpenté la rue; **I've been ~ and down the stairs all evening** je n'ai pas arrêté de monter et descendre les escaliers de toute la soirée; **further ~ the page** plus haut sur la même page; **~ yours! *᭙*** va te faire foutre!*᭙*; V **halfway**.

3 *n* **(a) ~s and downs** (*in road etc*) accidents *mpl*; (*fig: in life, health etc*) hauts *mpl* et bas *mpl*; **after many ~s and downs après** bien des hauts et des bas, après maintes vicissitudes; **his career had its ~s and downs** il a connu des hauts et des bas *or* des succès et des revers dans sa carrière, sa carrière a connu des hauts et des bas.

(b) he's on the ~ and ~* (*Brit*) tout va de mieux en mieux pour lui; (*US*) il est tout à fait honnête, on peut compter sur lui; **it's on the ~ and ~*** (*Brit*) ça s'améliore; (*US*) c'est tout à fait honnête, c'est dans les règles; (*US*) **he's on the ~*** il fait des progrès, il est en progrès.

4 *adj* **(a)** (*Brit Rail*) **the ~ train** le train qui va à Londres; **the ~ platform** le quai du train pour Londres.

(b) (*elated*) **to be ~*** être en forme.

5 *vi* (*᭙ hum*) **he ~ped and hit him** il a bondi et l'a frappé; **I ~ped and told him what I thought of him** sans plus attendre je lui ai dit ses quatre vérités; **he ~ped and offed** sans faire ni une ni deux il a fichu le camp*.

6 *vt* (*) (*gen*) augmenter; *prices, wages etc* augmenter; (*on scale, in hierarchy etc*) relever.

7 *cpd*: **up-and-coming** *politician, businessman, actor* plein d'avenir, plein de promesses, qui monte; *rival* qui monte; **up-and-down** *movement* ascendant et descendant, de va-et-vient; (*fig*) *career, business* qui a des hauts et des bas; *progress* en dents de scie; (*Ftbl*) **up-and-under** chandelle *f*, up and under *m*; **up-and-up** and up (V **3b**); (*Mus*) **up-beat** levé *m*; (*fig: adj*) **up-beat*** optimiste; (*Mus*) **up-bow** poussé *m*; (*Aviat*) **up-current,** (*US*) **up-draft** courant (d'air) ascendant; **up-front** V **up-front**; **up-market** *goods, car* haut de gamme *inv*; *newspaper* sérieux; *programme* (plutôt) intellectuel *or* raffiné; **up-to-date** V **up-to-date**; **up-to-the-minute** de dernière heure.

upbraid [ʌp'breɪd] *vt* réprimander, morigéner, faire des reproches à. **to ~ sb for doing** reprocher à qn de faire (*or* d'avoir fait).

upbringing ['ʌpbrɪŋɪŋ] *n* éducation *f*. **he owed his success to his ~** il devait son succès à l'éducation qu'il avait reçue *or* à la manière dont il avait été élevé.

upchuck*᭙ ['ʌptʃʌk] *vi* (*US*) dégueuler*᭙*, vomir.

upcoming ['ʌpkʌmɪŋ] *adj* (*US*) imminent, prochain.

upcountry [ʌp'kʌntrɪ] **1** *adv* **go** vers l'intérieur (d'un pays); **be à** l'intérieur. **2** *adj* de l'intérieur (*d'un pays*).

update [ʌp'deɪt] **1** *vt* (*gen, also Comput*) mettre à jour. **2** ['ʌpdeɪt] *n* mise *f* à jour.

upend [ʌp'end] *vt box etc* mettre debout; (*fig*) *system etc* renverser, bouleverser, chambouler*.

up-front* [ʌp'frʌnt] **1** *adj* **(a)** (*esp US: open, frank*) franc (*f* franche), ouvert. **(b)** (*esp US: important*) important. **(c)** (*paid in advance*) payé d'avance. **2** *adv* **(a)** (*in advance*) **pay** *etc* d'avance. **(b)** (*esp US: openly*) ouvertement.

upgrade ['ʌpgreɪd] **1** *n* rampe *f*, montée *f*. (*fig*) **to be on the ~** *[business]* être en progrès; *[price]* augmenter, être en hausse; *[sick person]* être en voie de guérison. **2** ['ʌp'greɪd] *adv* (*US*) = **uphill 1**. **3** [ʌp'greɪd] *vt* **(a)** (*improve*) améliorer; (*modernize*) moderniser. **(b)** (*raise, promote*) *employee* promouvoir; *job, post* revaloriser. **I have been ~d** je suis monté en grade, j'ai été promu.

upheaval [ʌp'hi:vəl] *n* **(a)** (*U*) (*gen*) bouleversement *m*; (*esp Pol*) perturbations *fpl*; (*moving things around: in home, office etc*) branle-bas *m*, remue-ménage *m*. **it caused a lot of ~** cela a tout perturbé. **(b)** (*disturbing event*) crise *f*, (*stronger*) cataclysme *m*. **(c)** (*Geol*) soulèvement *m*.

uphill [ʌp'hɪl] **1** *adv* **(a) to go ~** *[road]* aller en montant, monter; *[car]* monter (la côte). **(b)** (*Ski*) en amont. **2** *adj* **(a)** *road* qui monte; (*fig*) *task* pénible, difficile, ardu. **it's ~ all the way** ça monte tout le long; (*fig*) c'est une lutte continuelle. **(b)** (*Ski*) en amont.

uphold [ʌp'həʊld] *pret, ptp* **upheld** *vt institution, person* soutenir,

donner son soutien à; *law* faire respecter, maintenir; (*Jur*) *verdict* confirmer, maintenir.

upholder [ʌp'həʊldər] *n* défenseur *m*.

upholster [ʌp'həʊlstər] *vt* recouvrir. (*fig hum*) **she is fairly well ~ed*** elle est assez bien rembourrée*.

upholsterer [ʌp'həʊlstərər] *n* tapissier *m*.

upholstery [ʌp'həʊlstərɪ] *n* **(a)** (*U*) (*trade*) tapisserie *f* (*art, métier*). **(b)** (*covering*) (*cloth*) tissu *m* d'ameublement; (*leather*) cuir *m*; (*in car*) garniture *f*.

upkeep ['ʌpki:p] *n* *[family, house, car, garden]* entretien *m*. **~ (costs)** frais *mpl* d'entretien.

upland ['ʌplənd] **1** *n* (*also ~s*) hautes terres *fpl*, hauteurs *fpl*, plateau(x) *m(pl)*. **2** *adj* des hautes terres, du *or* des plateau(x), des hauteurs.

uplift ['ʌplɪft] **1** *n* (*fig*) sentiment *m* d'élévation morale *or* spirituelle.

2 *cpd*: **uplift bra** soutien-gorge *m* qui maintient bien la poitrine. **3** [ʌp'lɪft] *vt* *soul* élever; *person* élever (l'âme *or* l'esprit *or* les sentiments de), grandir. **to feel ~ed** se sentir grandi.

upmost ['ʌpməʊst] = **uppermost**.

upon [ə'pɒn] *prep* = **on 2**.

upper ['ʌpər] **1** *adj* *part, section, floor* supérieur (*f* -eure), du dessus, au-dessus; *lip, jaw, stratum, deck* supérieur; (*in geographical names*) haut; (*fig: in rank etc*) supérieur. **the temperature is in the ~ thirties** la température dépasse trente-cinq degrés; **the ~ (reaches of the) Thames** la haute Tamise; **the ~ classes** les couches supérieures de la société (V *also* **3**); **in the ~ (income) brackets** aux revenus élevés; V **hand 1b**.

2 *n* **(a)** *[shoe]* empeigne *f*. (*fig*) **to be (down) on one's ~s*** manger de la vache enragée, être dans la purée*.

(b) (*US Rail**) couchette *f* supérieure.

(c) (*᭙: drug, pill*) stimulant *m*, excitant *m*.

3 *cpd*: (*Typ*) **upper case** haut *m* de casse; **upper-case letter** majuscule *f*; (*Brit Theat*) **upper circle** deuxième balcon *m*; **upper-class** (*adj*) aristocratique; (*US Univ*) **upperclassman** étudiant *m* de troisième *or* quatrième année; (*fig*) **the upper crust*** le gratin*; **upper-crust*** (*adj*) aristocratique; (*Boxing*) **uppercut** uppercut *m*; (*Parl*) **the Upper House** (*gen*) la Chambre haute; (*Brit*) la Chambre des Lords; (*France, US etc*) le Sénat; **the upper-income bracket** la tranche des revenus élevés; **the upper middle class** la haute bourgeoisie; (*Scol*) **the upper school** (*gen*) les grandes classes *fpl*; (*Scol Admin: top section*) (*classe f*) terminale *f*; (*Brit*) **upper sixth (form)** (*classe f*) terminale *f*; **Upper Volta** Haute-Volta *f*.

uppermost ['ʌpəməʊst] **1** *adj* (*highest*) le plus haut, le plus élevé; (*on top*) en dessus. **the thought of it was ~ in my mind** j'y pensais avant tout autre chose, c'était au premier plan de mes pensées. **2** *adv* en dessus.

uppish ['ʌpɪʃ] *adj*, **uppity*᭙** ['ʌpɪtɪ] *adj* prétentieux, bêcheur*, arrogant, crâneur*. **to get ~** monter sur ses ergots; **to get ~ with sb** traiter qn de haut.

upraise [ʌp'reɪz] *vt* élever, lever.

upright ['ʌpraɪt] **1** *adj* (*erect*) *person, structure* droit, vertical; *piano* droit; (*fig: honest*) droit, honnête, probe. **~ freezer** congélateur-armoire *m*.

2 *adv* **stand** droit; **place** droit, verticalement.

3 *n* **(a)** *[door, window]* montant *m*, pied-droit *m* (*Archit*); *[goalpost]* montant de but.

(b) (*piano*) piano droit.

uprightly ['ʌp.raɪtlɪ] *adv* honnêtement, avec droiture.

uprightness ['ʌp.raɪtnɪs] *n* (*U*) honnêteté *f*, droiture *f*.

uprising ['ʌpraɪzɪŋ] *n* soulèvement *m*, insurrection *f*, révolte *f* (*against* contre).

upriver [ʌp'rɪvər] **1** *adv* **be** en amont (*from* de); *sail* vers l'amont; *swim* contre le courant. **2** *adj* d'amont.

uproar [ʌp'rɔ:r] *n* (*U*) tumulte *m*. **this caused an ~, at this there was (an) ~** (*shouting*) cela a déclenché un véritable tumulte; (*protesting*) cela a déclenché une tempête de protestations; **the hall was in (an) ~** (*shouting*) le tumulte régnait dans la salle; (*protesting*) toute la salle protestait bruyamment; (*disturbance*) la plus vive agitation régnait dans la salle; **the meeting ended in (an) ~** la réunion s'est terminée dans le tumulte.

uproarious [ʌp'rɔ:rɪəs] *adj* *meeting, evening, discussion* désopilant, tordant*; *joke, mistake* hilarant; *laughter* éclatant. **~ success** grand succès *m* comique.

uproariously [ʌp'rɔ:rɪəslɪ] *adv* *laugh* aux éclats; *greet* avec de grands éclats de rire. **~ funny** désopilant.

uproot [ʌp'ru:t] *vt* (*lit, fig*) déraciner.

upsa-daisy* ['ʌpsə.deɪzɪ] *excl* (*baby talk*) allez, hop!

upset [ʌp'set] *pret, ptp* **upset 1** *vt* **(a)** (*overturn*) *cup etc* renverser; *boat* faire chavirer; (*spill*) *milk, contents* renverser, répandre. (*fig*) **that ~ the applecart*** ça a tout fichu par terre*, ça a chamboulé* tous mes (*or* ses *etc*) projets.

(b) (*fig*) *plan, timetable* déranger, bouleverser; *system* déranger; *calculation* fausser; *stomach, digestion* déranger; *person* (*offend*) vexer; (*grieve*) faire de la peine à; (*annoy*) contrarier, fâcher, indisposer; (*make ill*) rendre malade. **don't ~ yourself** ne vous tracassez pas, ne vous en faites pas*, ne vous faites pas de bile*; **now you've ~ him** maintenant il est vexé; **onions always ~ me** *or* **my digestion** *or* **my stomach** les oignons me rendent malade, je ne supporte pas les oignons.

2 *adj* **(a)** *person* (*offended*) vexé; (*grieved*) peiné, attristé, triste; (*annoyed*) fâché, contrarié, ennuyé; (*ill*) indisposé, souffrant. **to get ~** se vexer; devenir triste; se fâcher; **he looked terribly ~** il avait l'air bouleversé *or* tout chaviré*; **what are you so ~ about?** qu'est-ce qui ne va pas?

(b) *stomach, digestion* dérangé.

3 ['ʌpset] cpd: (at auction: esp US) **upset price** mise f à prix.

4 ['ʌpset] n (upheaval) désordre m, remue-ménage m; (in plans etc) bouleversement m, changement m soudain (in de); (emotional) chagrin m; (*: quarrel) brouille f. **to have a stomach ~** avoir l'estomac dérangé, avoir une indigestion.

upsetting [ʌp'setɪŋ] adj (offending) vexant; (saddening) triste, (stronger) affligeant; (annoying) contrariant, fâcheux, ennuyeux.

upshot ['ʌpʃɒt] n résultat m, aboutissement m, conséquence f. **the ~ of it all was...** le résultat de tout cela a été...; **in the ~** à la fin, en fin de compte.

upside down ['ʌpsaɪd'daʊn] **1** adv à l'envers. **to hold a book ~** tenir un livre à l'envers; **to turn ~** box, drawer, cupboard mettre sens dessus dessous; (*) plans flanquer à l'eau*.
2 adj book à l'envers; cup retourné; (in disorder) room etc sens dessus dessous. (Culin) **pineapple ~ cake** gâteau renversé à l'ananas.

upstage ['ʌp'steɪdʒ] **1** adv (Theat) be, stand au fond de la scène; go vers le fond de la scène; enter par le fond de la scène. **2** adj (* fig) hautain, prétentieux, crâneur*. **3** vt éclipser, souffler la vedette à.

upstairs ['ʌp'steəz] **1** adv en haut (d'un escalier). **he's ~** il est en haut; **to go ~** monter (l'escalier); **he ran ~** il a monté l'escalier quatre à quatre; **to take ~ person** faire monter; luggage etc monter; **the people ~** les gens du dessus; **the room ~** la pièce d'en haut or à l'étage; (fig) **he's not got much ~*** il n'est pas très intelligent, ça ne tourne pas très fort là-haut*; V **kick**.
2 n: **the house has no ~** la maison est de plain-pied or n'a pas d'étage; **the ~ belongs to another family** l'étage m appartient à une autre famille.
3 adj flat, neighbour du dessus; room d'en haut, à l'étage. **I prefer an ~ room** je préfère une chambre à l'étage or en étage.

upstanding [ʌp'stændɪŋ] adj (a) (erect) qui se tient droit. (frm) **be ~** levez-vous. (b) (well-built) bien bâti, bien campé; (honest) droit, honnête, probe. **a fine ~ young man** un jeune homme très bien.

upstart ['ʌpstɑːt] n parvenu(e) m(f), arriviste mf.

upstate ['ʌp'steɪt] (US) **1** adv go vers l'intérieur (d'un État des États-Unis); be à l'intérieur. **2** adj de l'intérieur. **~ New York** la partie nord de l'État de New York (située loin de l'agglomération new-yorkaise).

upstream ['ʌp'striːm] **1** adv be en amont (from de); sail vers l'amont; swim contre le courant. **2** adj d'amont.

upstretched [ʌp'stretʃt] adj: **with arms ~** les bras tendus en l'air.

upstroke ['ʌpstrəʊk] n (with pen) délié m; [piston etc] course f ascendante.

upsurge ['ʌpsɜːdʒ] n [feeling] vague f, accès m; [interest] renaissance f, recrudescence f, regain m.

upswept [ˌʌp'swept] adj (a) (Aut, Aviat) profilé. (b) hair relevé sur la tête.

upswing ['ʌpswɪŋ] n (lit) mouvement m ascendant, montée f; (fig) amélioration f notable.

upsy-daisy* ['ʌpsə.deɪzɪ] excl = **upsa-daisy**.

uptake ['ʌpteɪk] n: **to be quick on the ~** avoir l'esprit vif or rapide, comprendre or saisir vite; **to be slow on the ~** être lent à comprendre or à saisir.

upthrust ['ʌpθrʌst] n (gen, Tech) poussée f ascendante; (Geol) soulèvement m.

uptight* [ʌp'taɪt] adj (a) (tense) très tendu, crispé; (touchy) susceptible; (conventional) collet monté inv. **to get ~** (tense) se crisper (about à propos de); (upset) se froisser (about à propos de). (b) (US: no money) à court d'argent.

up-to-date [ˌʌptə'deɪt] adj (a) (updated) report, file à jour. (b) (most recent) report, assessment, information très (or le plus) récent. (c) (modern) building, course moderne; attitude, person moderne, dans le vent, à la page; V also **date¹ 1c**.

uptorn [ʌp'tɔːn] adj tree déraciné, arraché.

uptown ['ʌp'taʊn] (US) **1** adv dans le centre(-ville). **2** adj du centre(-ville).

upturn [ʌp'tɜːn] **1** vt retourner, mettre à l'envers; (overturn) renverser. **~ed nose** nez retroussé. **2** ['ʌptɜːn] n amélioration f or tendance f à la hausse.

UPW [ˌjuːpiː'dʌbljuː] n (Brit) abbr of **Union of Post Office Workers** (syndicat).

upward ['ʌpwəd] **1** adj movement ascendant, ascensionnel; pull, thrust vers le haut, ascensionnel; trend à la hausse; slope qui monte; glance levé. (Soc) **~ mobility** mobilité f sociale ascendante, possibilités fpl d'ascension sociale. **2** adv = **upwards**.

upwardly ['ʌpwədlɪ] adv (Soc) **~ mobile** (npl) mobiles mpl sociaux ascendants; (pl) à mobilité sociale ascendante.

upwards ['ʌpwədz] (phr vb elem) adv move, walk en montant, vers le haut. **to look ~** regarder en haut or vers le haut; looking **~** les yeux levés, la tête levée; **place the book face ~** posez le livre face en dessus, posez le livre à l'endroit; **he was lying face ~** il était couché sur le dos; **to slope gently ~** monter en pente douce; (fig) **prices from 10 francs ~** prix à partir de 10 F; **from childhood ~** dès sa jeunesse; **and ~** et plus, et au-dessus; **~ of 3,000** 3 000 et plus.

upwind ['ʌp'wɪnd] adv contre le vent, du côte du vent. **to be ~ of** être dans le vent par rapport à.

uraemia [jʊ'riːmɪə] n urémie f.

uraemic [jʊ'riːmɪk] adj urémique.

Ural ['jʊərəl] n: **the ~ Mountains, the ~s** les monts mpl Oural, l'Oural m.

uranalysis [ˌjʊərəˈnælɪsɪs] n (Med) analyse f d'urine.

uranium [jʊəˈreɪnɪəm] **1** n uranium m. **2** cpd: **uranium-bearing** rock uranifère.

Uranus [jʊəˈreɪnəs] n (Myth) Uranus m; (Astron) Uranus f.

urban ['ɜːbən] adj urbain. **in ~ areas** dans les zones urbaines; **~**

blight dégradation f or pollution f urbaine; (Admin) **~ conservation area** secteur sauvegardé; (Admin) **~ development zone** ≃ zone f à urbaniser en priorité, Z.U.P. f; (Brit) **~ district council** conseil m de district urbain; **~ guerilla** guérillero m urbain; **~ renewal** rénovations urbaines; **~ sprawl** étalement urbain; **~ studies** étude f de l'environnement urbain.

urbane [ɜː'beɪn] adj urbain, courtois.

urbanite ['ɜːbənaɪt] n (US) citadin(e) m(f).

urbanity [ɜː'bænɪtɪ] n (U) urbanité f, courtoisie f.

urbanization [ˌɜːbənaɪ'zeɪʃən] n urbanisation f.

urbanize ['ɜːbənaɪz] vt urbaniser.

urchin ['ɜːtʃɪn] n polisson(ne) m(f), garnement m; V **sea**, **street**.

Urdu ['ʊəduː] n ourdou m.

urea ['jʊərɪə] n urée f.

uremia [jʊ'riːmɪə] etc = **uraemia** etc.

ureter [jʊˈriːtər] n uretère m.

urethra [jʊˈriːθrə] n urètre m.

urge [ɜːdʒ] **1** n désir ardent, forte envie, démangeaison* f (to do de faire). **to feel** or **have the ~ to do** éprouver une forte envie de faire, avoir vivement envie de faire, être démangé* par une envie de faire; V **sex**.
2 vt person pousser, exhorter (to do à faire), presser, conseiller vivement (to do de faire); caution, remedy, measure préconiser, conseiller vivement, recommander avec insistance; excuse faire valoir; point insister sur. **I ~ you to write at once**, write at once **I ~ you** je ne saurais trop vous conseiller d'écrire immédiatement; **I ~d him not to go** je lui ai vivement déconseillé d'y aller; **he needed no urging** il ne s'est pas fait prier; **to ~ that sth (should) be done** recommander vivement que or insister pour que qch soit fait; **'do it now!' he ~d** 'faites-le tout de suite!' insista-t-il; **he ~d acceptance of the report** il a vivement recommandé or préconisé l'acceptation du rapport; **to ~ patience on sb** exhorter qn à la patience; **they ~d this policy on the Government** ils ont fait pression sur le gouvernement pour qu'il adopte (subj) cette politique; **to ~ sb back/in/out** etc presser qn de revenir/d'entrer/ de sortir etc.

♦urge on vt sep horse presser, pousser, talonner; person faire avancer; troops pousser en avant, faire avancer; (fig) worker aiguillonner, presser; work activer, hâter; (Sport) team animer, encourager. **to urge sb on to (do) sth** inciter qn à (faire) qch.

urgency ['ɜːdʒənsɪ] n (U) [case etc] urgence f; [tone, entreaty] insistance f. **a matter of ~** une affaire urgente; **there's no ~** ce n'est pas urgent, cela ne presse pas; **with a note of ~ in his voice** avec insistance.

urgent ['ɜːdʒənt] adj need urgent, pressant; case, attention, letter, message urgent; tone insistant; plea, entreaty, request pressant. **~ steps** or **measures** mesures urgents or d'urgence; **it's ~!** c'est urgent!, ça urge!*; **how ~ is it?** est-ce que c'est très urgent?, est-ce que ça presse?; **is it ~?** est-ce (vraiment) urgent?, y a-t-il urgence?; **it's not ~** ce n'est pas urgent, cela ne presse pas, cela peut attendre; **it is ~ that he should go** il doit y aller d'urgence, il est urgent qu'il y aille; **to be in ~ need of** avoir un besoin urgent de; **the most ~ thing is to get help to them** le plus urgent est de leur faire parvenir des secours; **he demands an ~ answer** il exige qu'on lui réponde d'urgence or de toute urgence or sans délai; **he was very ~ about the need for action** il les (or nous etc) a pressés instamment d'agir, il a préconisé la nécessité d'agir.

urgently ['ɜːdʒəntlɪ] adv need sans délai; request d'urgence, de toute urgence; plead instamment. **we must talk ~** il faut qu'on parle de toute urgence or sans plus attendre; **he is ~ in need of medical attention** son état demande des soins urgents; **please reply ~** nous vous serions reconnaissants de bien vouloir répondre dans les plus brefs délais.

uric ['jʊərɪk] adj urique.

urinal ['jʊərɪnl] n (place) urinoir m; (in street) vespasienne f; (receptacle) urinal m.

urinalysis [ˌjʊərɪ'nælɪsɪs] n = **uranalysis**.

urinary ['jʊərɪnərɪ] adj urinaire.

urinate ['jʊərɪneɪt] vi uriner.

urine ['jʊərɪn] n urine f.

urn [ɜːn] n (a) (vase etc) urne f; (funeral ~) urne (funéraire). (b) tea **~** fontaine f à thé.

urogenital [ˌjʊərəʊ'dʒenɪtl] adj urogénital.

urological [ˌjʊərəʊ'lɒdʒɪkl] adj urologique.

urologist [jʊə'rɒlədʒɪst] n urologue mf.

urology [jʊə'rɒlədʒɪ] n urologie f.

Ursa ['ɜːsə] n (Astron) **~ Major/Minor** la Grande/Petite Ourse.

urticaria [ˌɜːtɪ'kɛərɪə] n urticaire f.

Uruguay ['jʊərəgwaɪ] n Uruguay m.

Uruguayan [ˌjʊərə'gwaɪən] **1** adj uruguayen, de l'Uruguay. **2** n Uruguayen(ne) m(f).

US [juː'es] (abbr of **United States**) U.S.A. mpl, É.U.(A.) mpl.

us [ʌs] pers pron (a) nous. **he hit ~** il nous a frappés; **give it to ~** donnez-le-nous; **in front of ~** devant nous; **let ~ go!** or **let's go!** allons-y!; **younger than ~** plus jeune que nous; **both of ~** nous deux, tous (or toutes) les deux; **several of ~** plusieurs d'entre nous; **he is one of ~** il est des nôtres; **as for ~ English**, we... nous autres Anglais, nous...; **we took the books with ~** nous avons emporté les livres.
(b) (*) me, moi. **give ~ a bit!** donne-m'en un morceau!, donne-moi-z-en!*; **give ~ a look!** fais voir!

USA [juː'es'eɪ] n (a) (abbr of **United States of America**) U.S.A. mpl, É.U.A. mpl. (b) (abbr of **United States Army**) armée f de terre des États-Unis.

usable ['juːzəbl] adj utilisable. **no longer ~** hors d'usage.

U.S.A.F. [juː'es'eɪ'ef] n (abbr of **United States Air Force**) armée f de l'air des États-Unis.

usage ['juːzɪdʒ] n (U) **(a)** (custom) usage m, coutume f; (Ling) usage. **(b)** (treatment) [tool, machine, chair etc] manipulation f; [person] traitement m. **it's had some rough** ~ ça a été bousculé, on s'en est mal servi; **kind** ~ gentillesse f.

USDA [juːesdiːˈeɪ] n abbr of **United States Department of Agriculture**; V **agriculture**.

USDAW [juːesdiːˈerdʌblju:] n (Brit) abbr of **Union of Shop Distributive and Allied Workers** (syndicat).

USDI [juːesdiːˈaɪ] n abbr of **United States Department of the Interior**; V **interior**.

use [juːs] 1 n (a) (U: using) usage m, emploi m, utilisation f. **the** ~ **of steel in industry** l'emploi de l'acier dans l'industrie; **to learn the** ~ **of** apprendre à se servir de; **care is necessary in the** ~ **of firearms** il faut prendre des précautions quand on utilise des or on se sert d'armes à feu; **directions for** ~ mode m d'emploi; 'for the ~ of teachers only' book, equipment 'à l'usage des professeurs seulement'; **room** 'réservé aux professeurs'; **to keep sth for one's own** ~ réserver qch à son usage personnel; **for** ~ **in case of emergency** à utiliser en cas d'urgence; **fit for** ~ en état de servir; **ready for** ~ prêt à servir or à l'emploi; (Med) **for external** ~ à usage externe; **to improve with** ~ s'améliorer à l'usage; **in** ~ machine en usage, utilisé; word en usage, usité; **no longer in** ~, **now out of** ~ machine hors d'usage, qui n'est plus utilisé; word qui ne s'emploie plus, inusité; (on machine, lift etc) 'out of ~' 'en dérangement'; **it's gone out of** ~ on ne l'emploie plus; **in general** ~ d'usage or d'emploi courant; **it is in daily** ~ on s'en sert tous les jours; **to come into** ~ entrer en usage; **to go out of** ~ tomber en désuétude; **to put sth into** ~ commencer à se servir de qch; **to make** ~ **of** se servir de, faire usage de, utiliser; **to make good** ~ **of, to put to good** ~ machine, time, money faire un bon emploi de, tirer parti de; **opportunity, facilities** mettre à profit, tirer parti de.

(b) (way of using) emploi m, utilisation f; (need) besoin m. **a new** ~ **for** un nouvel emploi de, une nouvelle utilisation de; **it has many** ~s cela a beaucoup d'emplois; **I'll find a** ~ **for it** je trouverai un moyen de m'en servir, j'en trouverai l'emploi; **I've no further** ~ **for it** je ne m'en sers plus, je n'en ai plus besoin; (fig) **I've no** ~ **for that sort of behaviour!*** je n'ai que faire de ce genre de conduite!; **I've no** ~ **for him at all!*** il m'embête!*

(c) (U: usefulness) **to be of** ~ servir, être utile (for sth, to sth à qch, to sb à qn); **to be (of) no** ~ ne servir à rien; **this is no** ~ any more ce n'est plus bon à rien; **what's the** ~ **of all this?** à quoi sert tout ceci?; **is this (of) any** ~ **to you?** est-ce que cela peut vous être utile? or vous servir?; **can I be (of) any** ~? puis-je être or me rendre utile?; **he's no** ~ il est incapable, il est nul; **he's no** ~ **as a goalkeeper** il ne vaut rien comme gardien de but; **we've no** ~ **to me if you can't spell** vous ne m'êtes d'aucune utilité si vous faites des fautes d'orthographe; **a lot of** ~ **that will be to you!*** ça te fera une belle jambe!*; **there's** or **it's no** ~ **you(r) protesting** il ne vous sert à rien de protester; **it's no** ~ **trying to reason with him** il ne sert à rien d'essayer de le raisonner, on perd son temps à essayer de le raisonner; **it's no** ~, **he won't listen** ça ne sert à rien or c'est inutile, il ne veut rien entendre; **it's no** ~, **we must start work** tout ça c'est bien joli mais il faut nous mettre au travail; **you won't get it, it is no** ~ tu ne l'auras pas, rien à faire; **what's the** ~ **of telling him not to, he never takes any notice** à quoi bon lui dire d'arrêter, il ne prête jamais attention; **I've told him fifty times already, what's the** ~? je le lui ai dit trente-six fois déjà, pour ce que ça a servi.

(d) (U) usage m. **to have the** ~ **of a garage** avoir l'usage d'un garage, pouvoir se servir d'un garage; **with** ~ **of kitchen** avec usage or jouissance de la cuisine; **he gave me the** ~ **of his car** il m'a permis de me servir de sa voiture; **to have lost the** ~ **of one's arm** avoir perdu l'usage de son bras; **to have the full** ~ **of one's faculties** jouir de toutes ses facultés.

(e) (frm: custom) coutume f, habitude f; (Rel, Soc) usage m. **this has long been his** ~ telle est son habitude depuis longtemps.

2 [juːz] vt **(a)** object, tool se servir de, utiliser, employer; force, discretion user de; opportunity profiter de; method, means employer; sb's name faire usage de. **he** ~d **a knife to open it** il s'est servi d'un couteau or il a utilisé un couteau or a pris un couteau pour l'ouvrir; **it is** ~d **for opening bottles** on s'en sert pour ouvrir les bouteilles; **are you using this?** vous servez-vous de ceci?, avez-vous besoin de ceci?; **have you** ~d **a gun before?** vous êtes-vous déjà servi d'un fusil?; **the money is to be** ~d **to build a new hospital** l'argent servira à construire un nouvel hôpital or à la construction d'un nouvel hôpital; **he** ~d **his shoe as a hammer** il s'est servi de son soulier comme marteau; **I** ~ **that as a table** ça me sert de table; **ointment to be** ~d **sparingly** crème à utiliser en couche légère; **I don't** ~ **my French much** je ne me sers pas beaucoup de mon français; **I don't want to** ~ **the car** je ne veux pas prendre la voiture; **he said I could** ~ **his car** il a dit que je pouvais me servir de or prendre sa voiture; **no longer** ~d tool, machine, room qui ne sert plus; word qui ne s'emploie plus, inusité; **he wants to** ~ **the bathroom** il veut aller aux toilettes; **someone is using the bathroom** il y a quelqu'un aux toilettes; ~ **your head!** or **brains!** réfléchis un peu!, tu as une tête, c'est pour t'en servir!; ~ **your eyes!** ouvre l'œil!; **I feel I've just been** ~d j'ai l'impression qu'on s'est tout bonnement servi de moi; **I could** ~ **a drink!*** je prendrais bien un verre!; **this house could** ~ **a bit of paint!*** une couche de peinture ne ferait pas de mal à cette maison!; V also **used**.

(b) (also ~ **up**) user, consommer; prendre. **this car** ~s (**up**) too much petrol cette voiture use or consomme trop d'essence; **have you** ~d (**up**) all the paint? avez-vous utilisé toute la peinture?, avez-vous fini la peinture?; **you can** ~ (**up**) the left-overs in a casserole vous pouvez utiliser les restes pour faire un ragoût.

(c) (treat) person traiter, agir envers. **to** ~ **sb well** bien traiter

qn, bien agir envers qn; **he was badly** ~d on a mal agi envers lui, on a abusé de sa bonne volonté.

3 aux vb: **I** ~d **to see her every week** je la voyais toutes les semaines; **I** ~d **to swim every day** je me baignais or j'avais l'habitude de me baigner tous les jours; **I** ~d **not** or **I use(d)n't*** or **I didn't** ~* **to smoke** (autrefois) je ne fumais pas; **what** ~d **he to** or **what did he** ~* **to do on Sundays?** qu'est-ce qu'il faisait (d'habitude) le dimanche?; **things aren't what they** ~d **to be** les choses ne sont plus ce qu'elles étaient.

4 vi (Drugs sl) se droguer, se camer‡.

♦**use up** vt sep food consommer entièrement, finir; objects, ammunition, one's strength, resources, surplus épuiser; money dépenser. **to use up the scraps** utiliser les restes; **it is all used up** c'est épuisé, il n'en reste plus; V also use **2b**.

used [juːzd] adj **(a)** stamp oblitéré; car d'occasion.

(b) [juːst] (accustomed) **to be** ~ **to (doing) sth** être habitué à (faire) qch, avoir l'habitude de (faire) qch; **I'm not** ~ **to it** je n'en ai pas l'habitude, je n'y suis pas habitué; **to get** ~ **to** s'habituer à; **you'll get** ~ **to it** vous vous y ferez.

use(d)n't ['juːsnt] = **used not**; V **use 3**.

useful ['juːsfʊl] adj tool, chair, book utile; discussion, time utile, profitable; attempt honorable. **it is** ~ **for him to be able to** ... il est très utile qu'il puisse ...; **to make o.s.** ~ se rendre utile, donner un coup de main*; **to come in** ~ être utile; **that knife will come in** ~ ce couteau pourra nous rendre service; **to be** ~ **to sb** [person] rendre service à qn; [advice, knowledge, tool] être utile à qn, rendre service à qn; (iro) **that's** ~! nous voilà bien avancés!; **this machine has a** ~ **life of 10 years** cette machine peut donner 10 ans de satisfaction or de service; **it has reached the end of its** ~ **life** ce n'est plus bon or utile à grand-chose; **he's a** ~ **man to know** c'est un homme utile à connaître or qu'il est bon de connaître; **it's a** ~ **thing to know** c'est bon à savoir; **he's a** ~ **player** c'est un joueur compétent; **he's quite** ~ **with his fists** il sait bien se servir de ses poings; **he's** ~ **with a gun** il sait manier un fusil.

usefully ['juːsfəlɪ] adv utilement.

usefulness ['juːsfʊlnɪs] n (U) utilité f; V **outlive**.

useless ['juːslɪs] adj tool inutile; (unusable) inutilisable; advice, suggestion inutile, qui ne vaut rien; person incompétent; remedy inefficace; volunteer incapable; effort inutile, vain. **this is a** ~ **machine** c'est une machine inutile or qui ne sert à rien; **this machine is** ~ **without a handle** cette machine est inutilisable sans une manivelle, on ne peut pas se servir de cette machine sans une manivelle; **shouting is** ~ (il est) inutile de crier, il ne sert à rien de crier, ce n'est pas la peine de crier; **he's** ~ **as a goalkeeper** il ne vaut rien comme gardien de but; **he's absolutely** ~* c'est un cas désespéré, il est complètement nul.

uselessly ['juːslɪslɪ] adv inutilement.

uselessness ['juːslɪsnɪs] n (U) [tool, advice etc] inutilité f; [remedy] inefficacité f; [person] incompétence f.

user ['juːzər] 1 n (a) [public service, telephone, road, train, dictionary] usager m; [machine, tool, computer] utilisateur m, -trice f; [electricity, gas] usager, utilisateur. **car** ~ automobiliste mf; **computer** ~s ceux qui utilisent un ordinateur, utilisateurs d'ordinateurs.

(b) (Drugs) usager m, consommateur m. **heroin/cannabis** ~ usager or consommateur d'héroïne/de cannabis.

2 cpd: (Comput) **user-definable, user-defined** touche f définissable par l'utilisateur; (Comput) **user-friendly** facile à utiliser, convivial.

usher ['ʌʃər] 1 n (in law courts etc) huissier m; (doorkeeper) portier m; (at public meeting) membre m du service d'ordre; (in theatre, church) placeur m.

2 vt: **to** ~ **sb out/along etc** faire sortir/avancer etc qn; **to** ~ **sb into a room** introduire or faire entrer qn dans une salle; **to** ~ **sb to the door** reconduire qn à la porte.

♦**usher in** vt sep person introduire, faire entrer; (fig) period, season inaugurer, commencer. **it ushers in a new era** cela annonce or inaugure une nouvelle époque, cela marque le début d'une ère nouvelle; **it ushered in a new reign** cela inaugura un nouveau règne, ce fut l'aurore d'un nouveau règne; **the spring was ushered in by storms** le début du printemps fut marqué par des orages.

usherette [ʌʃəˈret] n (Cine, Theat) ouvreuse f.

USES [juːesiːˈes] n abbr of **United States Employment Service**; V **employment**.

USGS [juːesdʒiːˈes] n abbr of **United States Geological Survey**; V **geological**.

USM [juːesˈem] n (abbr of **United States Mint**) Hôtel de la Monnaie américain.

USN [juːesˈen] n (abbr of **United States Navy**) marine de guerre des États-Unis.

USPHS [juːespiːeɪtʃˈes] n abbr of **United States Public Health Service**; V **public**.

USS [juːesˈes] n abbr of **United States Ship** (or **Steamer**).

U.S.S.R. [juːesesˈɑːr] n (abbr of **Union of Soviet Socialist Republics**) U.R.S.S. f.

usual ['juːʒʊəl] 1 adj (gen) habituel; price habituel, courant; word usuel, courant. **my** ~ **grocer** mon épicier habituel; **his** ~ **drink is beer** d'habitude il boit de la bière; **this is not my** ~ **brand** ce n'est pas la marque que je prends d'habitude or habituellement; **it wasn't his** ~ **car** ce n'était pas la voiture qu'il prenait d'habitude or à l'ordinaire; **come at the** ~ **time** venez à l'heure habituelle, venez à la même heure que d'habitude; **7 o'clock is my** ~ **time to get up** en général or d'habitude, je me lève à 7 heures; **it is the** ~ **practice** c'est ce qui se fait d'habitude; **his** ~ **practice was to rise at 6** il avait l'habitude de se lever à 6 heures; **as is** ~ **on these occasions** comme toutes les machines de ce genre elle est tombée en panne; **as is** ~ **on these occasions** comme le

veut la coutume en ces occasions; **he was on his ~ good behaviour** il se tenait bien, comme d'habitude; **with his ~ tact** avec son tact habituel, avec le tact qui le caractérise *or* qui est le sien; **he'll soon be his ~ self again** il retrouvera bientôt sa santé (*or* sa gaieté *etc*); **as ~, as per ~*** comme d'habitude, comme à l'ordinaire; **he's late — as ~**! il est en retard — comme toujours! *or* comme d'habitude!; (*Comm*) **'business as ~'** 'la vente *or* les affaires continue(nt)'; **more than ~** plus que d'habitude *or* d'ordinaire *or* de coutume; **it's quite ~ for this to happen** ça arrive souvent, ça n'a rien d'inhabituel; **it's ~ to ask first** il est préférable *or* de règle de demander d'abord; **it's not ~ for him to be late** il est rare qu'il soit en retard, il n'est pas en retard d'habitude; **it's the ~ thing** c'est comme toujours! ça ne change jamais; **he said the ~ things about...** il a dit ce qu'il est d'usage *or* de règle de dire à propos de...; **it was the ~ kind of party** c'était une soirée typique *or* une soirée comme tant d'autres; *V* **channel**.
2 *n* (*: *drink*) **you know my ~** vous savez ce que je prends d'habitude; **the ~ please!** comme d'habitude s'il vous plaît!
usually ['ju:ʒʊəlɪ] *adv* habituellement, d'habitude, généralement, ordinairement, d'ordinaire, à l'ordinaire. **I ~ go on Wednesdays** j'y vais généralement *or* ordinairement le mercredi, habituellement *or* d'habitude *or* d'ordinaire j'y vais le mercredi; **what do you ~ do?** qu'est-ce que vous faites d'habitude? *or* d'ordinaire? *or* à l'ordinaire?; **more than ~ careful** encore plus prudent que d'habitude *or* d'ordinaire *or* de coutume.
usufruct ['ju:zjʊfrʌkt] *n* (*Jur*) usufruit *m*.
usufructuary [ˌju:zjʊ'frʌktjʊərɪ] (*Jur*) **1** *n* usufruitier *m*, -ière *f*. **2** *adj* usufruitier.
usurer ['ju:ʒərər] *n* usurier *m*, -ière *f*.
usurious [ju:'ʒʊərɪəs] *adj* usuraire.
usurp [ju:'zɜːp] *vt* usurper.
usurpation [ˌju:zɜː'peɪʃən] *n* (*U*) usurpation *f*.
usurper [ju:'zɜːpər] *n* usurpateur *m*, -trice *f*.
usurping [ju:'zɜːpɪŋ] *adj* usurpateur (*f* -trice).
usury ['ju:ʒʊrɪ] *n* (*U*: *Fin*) usure *f*.
UT (*US Post*) *abbr of* **Utah**.
Utah ['ju:tɔ:] *n* Utah *m*. **in ~** dans l'Utah.
utensil [ju:'tensl] *n* ustensile *m*; *V* **kitchen**.
uterine ['ju:təraɪn] *adj* utérin.
uterus ['ju:tərəs] *n* utérus *m*.
utilitarian [ˌju:tɪlɪ'tɛərɪən] **1** *adj* utilitaire. **2** *n* utilitariste *mf*.
utilitarianism [ˌju:tɪlɪ'tɛərɪənɪzəm] *n* (*U*) utilitarisme *m*.
utility [ju:'tɪlɪtɪ] **1** *n* (**a**) (*U*) utilité *f*. (**b**) (*public* ~) service *m* public. **2** *adj* **goods** utilitaire, fonctionnel; *vehicle* utilitaire. **3** *cpd*: **utility room** ≃ buanderie *f*.
utilizable ['ju:tɪlaɪzəbl] *adj* utilisable.

utilization [ˌju:tɪlaɪ'zeɪʃən] *n* (*V* **utilize**) utilisation *f*; exploitation *f*.
utilize ['ju:tɪlaɪz] *vt object* utiliser, se servir de; *situation, resources, person* utiliser, tirer parti de, exploiter.
utmost ['ʌtməʊst] **1** *adj* (**a**) (*greatest*) le plus grand; *skill* suprême; *danger* extrême. **with the ~ speed** à toute vitesse; **with the ~ candour** en toute franchise, avec la plus grande franchise; **with the ~ possible care** avec le plus grand soin possible, aussi soigneusement que possible; **it is of the ~ importance that ...** il est extrêmement important que ... + *subj*; **it's a matter of the ~ importance** c'est une affaire de la plus haute importance *or* d'une importance capitale.
(**b**) (*furthest*) le plus éloigné, extrême. **to the ~ ends of the earth** aux quatre coins de la terre.
2 *n*: **to do one's ~ to** faire tout son possible *or* tout ce qu'on peut pour faire; **to the ~ of one's ability** à la limite de ses capacités, au mieux de ses possibilités; **that is the ~ I can do** c'est absolument tout ce que je peux faire, je ne peux absolument pas faire plus *or* mieux; **to the ~** au plus haut degré, au plus haut point; **at the ~** au maximum, tout au plus.
Utopia [ju:'təʊpɪə] *n* utopie *f*.
Utopian [ju:'təʊpɪən] **1** *adj* utopique. **2** *n* utopiste *mf*.
Utopianism [ju:'təʊpɪənɪzəm] *n* utopisme *m*.
utricle ['ju:trɪkl] *n* utricule *m*.
Uttar Pradesh ['ʊtə'prɑːdeʃ] *n* Uttar Pradesh *m*.
utter¹ ['ʌtər] *adj candour, sincerity, disaster* complet (*f* -ète), total, absolu; *madness* pur; *idiot, brute, fool* fini, parfait (*before n*), achevé. **an ~ rogue/liar** un fieffé coquin/menteur; **it was ~ nonsense!** c'était complètement absurde, ça n'avait aucun sens; **he's an ~ stranger** il m'est complètement inconnu.
utter² ['ʌtər] *vt word* prononcer, proférer; *cry* pousser; *threat, insult* proférer; *libel* publier; *counterfeit money* émettre, mettre en circulation. **he didn't ~ a word** il n'a pas dit un seul mot, il n'a pas soufflé mot.
utterance ['ʌtərəns] *n* (**a**) (*remark etc*) paroles *fpl*, déclaration *f*. (**b**) (*U*) [*facts, theory*] énonciation *f*; [*feelings*] expression *f*. **to give ~ to** exprimer. (**c**) (*style of speaking*) élocution *f*, articulation *f*. **to have a clear/defective ~** bien/mal articuler. (**d**) (*Ling*) énoncé *m*.
utterly ['ʌtəlɪ] *adv* complètement, totalement, tout à fait.
uttermost ['ʌtəməʊst] = **utmost**.
uvula ['ju:vjʊlə] *n*, *pl* **uvulae** ['ju:vjəli:] luette *f*, uvule *f*.
uvular ['ju:vjʊlər] *adj* (*Anat, Phon*) uvulaire. **~ 'r'** 'r' grasseyé.
uxorious [ʌk'sɔ:rɪəs] *adj* excessivement dévoué *or* soumis à sa femme.
uxoriousness [ʌk'sɔ:rɪəsnɪs] *n* (*U*) dévotion excessive à sa femme.
Uzbek ['ʊzbek] *adj*: **~ S.S.R.** R.S.S. *f* d'Ouzbékistan.
Uzbekistan [ˌʌzbekɪ'stɑ:n] *n* Ouzbékistan *m*.

V

V, v [vi:] **1** *n* (**a**) (*letter*) V, v *m*. **V for Victor, V for Victory** ≃ V comme Victor.
(**b**) (*abbr of* **vide** = **see**) V, voir.
(**c**) (*abbr of* **versus**) contre.
(**d**) (*esp Bible*) *abbr of* **verse**.
2 *cpd*: (*Mil Hist*) **V1** V1 *m* (*bombe volante utilisée par les Allemands en 1944-45*); (*Aut*) **V8** (**engine**) moteur *m* à huit cylindres en V; (*Brit*) **V and A** *abbr of* **Victoria and Albert Museum** (*musée à Londres*); **V-neck** décolleté *m* en V *or* en pointe; **V-necked** à encolure en V *or* en pointe; **V-shaped** en (forme de) V; **to give the V-sign** (*for victory*) faire le V de la victoire; (*rudely*) faire un geste obscène de la main.
VA [vi:'eɪ] *n* (*US*) (**a**) *abbr of* **Veterans Administration**; *V* **veteran**. (**b**) (*Post*) *abbr of* **Virginia**.
vac* [væk] *n* (*Brit Univ*: *abbr of* **vacation**) vacances *fpl* (universitaires).
vacancy ['veɪkənsɪ] *n* (**a**) (*in boarding house*) chambre *f* à louer. **'no vacancies'** 'complet'; **have you any vacancies for August?** est-ce qu'il vous reste des chambres (libres) pour le mois d'août?
(**b**) (*job*) poste *m* vacant *or* libre, vacance *f*. **'no vacancies'** 'pas d'embauche'; **'~ for a typist'** 'on cherche dactylo'; **they have vacancies for typists** ils ont des postes de dactylo à pourvoir, ils cherchent (à embaucher) des dactylos; **we have a ~ for a keen young man** nous cherchons un jeune nomme dynamique; **to fill a ~** [*employer*] pourvoir un poste vacant; [*employee*] être nommé à un poste vacant; **we are looking for sb to fill a ~ in our sales department** nous cherchons à pourvoir le poste vacant dans notre département de ventes.
(**c**) (*U*: *emptiness*) vide *m*.
(**d**) (*U*: *lack of intelligence*) esprit *m* vide, stupidité *f*.
vacant ['veɪkənt] *adj* (**a**) (*unoccupied*) *job, post* vacant, libre, à

pourvoir *or* remplir; *room, house* inoccupé, libre; *seat* libre, disponible. **to become** *or* **fall ~** devenir vacant (*or* libre *etc*); (*Press*) **'situations ~'** 'offres d'emploi'; **a ~ space** un espace libre; [*land*] **a ~ lot** (*gen*) un terrain inoccupé; (*for sale*) un terrain à vendre; (*Univ etc*: *on course*) **a ~ place** place *f* libre *or* disponible; (*Jur*) **with ~ possession** avec libre possession, avec jouissance immédiate.
(**b**) (*empty*) *hours* creux, de loisir; *mind* inoccupé, vide; *stare* vague; *person* (*stupid*) stupide, niais; (*dreamy*) sans expression, rêveur, distrait.
vacantly ['veɪkəntlɪ] *adv* (**a**) (*dreamily*) d'un air rêveur *or* distrait *or* absent. **to gaze ~ into space** fixer le vide, avoir le regard perdu dans le vide. (**b**) (*stupidly*) (*gen*) d'une manière stupide *or* niaise; *say etc* d'un ton stupide *or* niais.
vacate [və'keɪt] *vt room, seat, job* quitter. **to ~ a house** quitter une maison, déménager (d'une maison); **to ~ one's post** démissionner; **this post will soon be ~d** ce poste sera bientôt vacant *or* à pourvoir; **to ~ the premises** vider les lieux.
vacation [və'keɪʃən] **1** *n* (**a**) (*esp Brit*) (*Univ*) vacances *fpl*; (*Jur*) vacations *fpl or* vacances judiciaires; *V* **long¹** *etc*.
(**b**) (*US*) vacances *fpl*. **on ~** en vacances; **on his ~** pendant ses vacances; **to take a ~** prendre des vacances; **where are you going for your ~?** où allez-vous passer vos vacances?
2 *cpd*: **vacation course** cours *mpl* de vacances; **vacation trip** voyage *m* de vacances.
3 *vi* (*US*) passer des (*or* ses *etc*) vacances.
vacationer [və'keɪʃənər] *n*, **vacationist** [və'keɪʃənɪst] *n* (*US*) vacancier *m*, -ière *f*.
vaccinate ['væksɪneɪt] *vt* vacciner (*against* contre). **to get ~d** se faire vacciner; **have you been ~d against ...?** est-ce que vous êtes vacciné contre ...?
vaccination [ˌvæksɪ'neɪʃən] *n* vaccination *f* (*against* contre).

smallpox ~ vaccination contre la variole; **to have a** ~ **against** ... se faire vacciné contre ... .

vaccine ['væksi:n] *n* vaccin *m*. **polio** ~ vaccin contre la polio; ~-**damaged** victime d'encéphalo-myélite vaccinale.

vacillate ['væsɪleɪt] *vi* hésiter (*between* entre). **she** ~**d so long over accepting that** ... elle s'est demandé si longtemps si elle allait accepter ou non que ... .

vacillating ['væsɪleɪtɪŋ] **1** *adj* irrésolu, indécis, qui hésite. **2** *n* vacillation *f*, irrésolution *f*, indécision *f*.

vacillation [,væsɪ'leɪʃən] *n* indécision *f*.

vacuity [væ'kju:ɪtɪ] *n* vacuité *f*. (*silly remarks*) **vacuities** niaiseries *fpl*, remarques *fpl* stupides.

vacuous ['vækjʊəs] *adj face, eyes, stare* vide, sans expression; *remark* bête, vide de sens; *life* vide de sens.

vacuum ['vækjʊm] **1** *n* (a) (*pl* ~**s** *or* (*fml*) **vacua**: *Phys*) vacuum *m*; *V* **nature**.
(b) (*gen*) vide *m*. **their departure left a** ~ leur départ a laissé un (grand) vide; **a cultural** ~ un vide culturel.
(c) (*: ~ cleaner*) aspirateur *m*. **to give sth a** ~ = **to** ~ **sth**; *V* 3. **2** *cpd* **brake, pump, tube** à vide. (*US*) **vacuum bottle** = **vacuum flask; vacuum cleaner** aspirateur *m*; (*Med*) **vacuum extraction** (*abortion*) I.V.G. *f* par aspiration; (*birth*) naissance *f* par ventouse; (*Brit*) **vacuum flask** bouteille *f* thermos ®, thermos *m or f inv*; **vacuum-packed** emballé sous vide.
3 *vt* (*also* ~-**clean**) *carpet* passer à l'aspirateur; *room* passer l'aspirateur dans.

vade mecum ['vɑːdɪ'meɪkʊm] *n* vade-mecum *m inv*.

vagabond ['vægəbɒnd] **1** *n* vagabond(e) *m(f)*; (*tramp*) chemineau *m*, clochard(e) *m(f)*. **2** *adj life* errant, de vagabondage; *thoughts* vagabond; *habits* irrégulier.

vagary ['veɪgərɪ] *n* caprice *m*.

vagi ['veɪdʒaɪ] *npl of* **vagus**.

vagina [və'dʒaɪnə] *n* vagin *m*.

vaginal [və'dʒaɪnəl] *adj* (*gen*) *infection etc* vaginal. ~ **discharge** pertes blanches; ~ **smear** frottis *m* vaginal.

vagrancy ['veɪgrənsɪ] *n* (*also Jur*) vagabondage *m*.

vagrant ['veɪgrənt] **1** *n* vagabond(e) *m(f)*; (*tramp*) clochard(e) *m(f)*, mendiant(e) *m(f)*, chemineau *m*; (*Jur*) vagabond(e). **2** *adj* vagabond, errant.

vague [veɪg] *adj* (a) (*not clear: gen*) vague; *outline, photograph* flou, imprécis; *direction, question, account* vague, imprécis; *sensation, feeling* vague, confus, imprécis; *memory, impression* flou, confus. **there's a** ~ **resemblance** il y a une vague ressemblance; **her reply was** ~ sa réponse manquait de clarté *or* de précision; **I haven't the vaguest idea (about it)** je n'en ai pas la moindre idée; **I had a** ~ **idea** *or* **feeling she would come** je pensais vaguement *or* j'avais comme une idée* qu'elle viendrait; **he was** ~ **about the time of his arrival** (*didn't say exactly*) il n'a pas (bien) précisé l'heure de son arrivée; (*didn't know exactly*) il n'était pas sûr de l'heure à laquelle il arriverait; **I'm still very** ~ **about all this** je n'ai pas encore compris tout ça; **I'm still very** ~ **about how it happened** je ne sais pas encore exactement comment ça s'est passé; **I'm very** ~ **about Greek politics** je ne m'y connais pas très bien en politique grecque.
(b) (*absent-minded*) *person* distrait. **he's always rather** ~ il est toujours distrait *or* dans la lune; **she's getting rather** ~ **these days** elle ne s'y retrouve plus très bien *or* elle perd un peu la tête maintenant; **to look** ~ avoir l'air vague *or* distrait; **to have a** ~ **look in one's eyes** avoir l'air vague.

vaguely ['veɪglɪ] *adv* (a) (*not clearly*) *speak, remember, look, resemble* vaguement; *understand* confusément, vaguement. **they're** ~ **similar** ils se ressemblent vaguement; **it's only** ~ **like yours** ça ne ressemble pas beaucoup au tien; **it's** ~ **blue** c'est bleuâtre, c'est plutôt bleu; **there's something** ~ **sinister about him** il y a quelque chose de vaguement *or* légèrement sinistre en lui.
(b) (*not alertly*) *smile etc* d'un air vague *or* distrait.

vagueness ['veɪgnɪs] *n* (a) [*photograph etc*] imprécision *f*, manque *m* de précision *or* de netteté; [*question, account, memory*] manque *m* de précision; [*feeling, sensation*] caractère *m* imprécis, vague *m*.
(b) (*absent-mindedness*) distraction *f*. **his** ~ **is very annoying** c'est agaçant qu'il soit si étourdi *or* distrait *or* tête en l'air*.

vagus ['veɪgəs] *n, pl* **vagi** nerf *m* vague *or* pneumogastrique.

vain [veɪn] *adj* (a) (*useless, empty*) *attempt* vain (*before n*), inutile; *hope* vain, futile; *promise* vide, illusoire; *words* creux; *display, ceremony* futile. **in** ~ en vain, vainement, inutilement; **it was all in** ~ cela n'a servi à rien, c'était inutile *or* en vain; **she tried in** ~ **to open the door** elle a essayé en vain d'ouvrir la porte; **I looked for him in** ~, **he had already left** j'ai eu beau le chercher, il était déjà parti; **all his (or my etc) efforts were in** ~ c'était peine perdue; **to take God's name in** ~ blasphémer le nom de Dieu; (*hum*) **we've been taking your name in** ~! nous venons de parler de vous!
(b) (*conceited*) vaniteux.

vainglorious [veɪn'glɔːrɪəs] *adj* orgueilleux, vaniteux, prétentieux.

vainglory [veɪn'glɔːrɪ] *n* (*U*) orgueil *m*, vanité *f*, prétention *f*.

vainly ['veɪnlɪ] *adv* (a) (*to no effect*) en vain, vainement, inutilement. (b) (*conceitedly*) vaniteusement, avec vanité.

valance ['vælens] *n* (*round bed frame*) tour *m or* frange *f* de lit; (*round bed canopy*) lambrequin *m*.

vale [veɪl] *n* (*liter*) val *m* (*liter*), vallée *f*. (*fig*) **this** ~ **of tears** cette vallée de larmes.

valediction [,vælɪ'dɪkʃən] *n* (a) (*farewell*) adieu(x) *m(pl)*. (b) (*US Scol*) discours *m* d'adieu.

valedictorian [,vælɪdɪk'tɔːrɪən] *n* (*US Scol*) major *m* de la promotion (*qui prononce le discours d'adieu*).

valedictory [,vælɪ'dɪktərɪ] **1** *adj* d'adieu. **2** *n* (*US Scol*) discours *m* d'adieu.

valence ['veɪləns] *n* (a) (*esp US*) = **valency**. (b) (*Bio*) atomicité *f*.

Valencia [bə'lenθjə] *n* Valence (*en Espagne*).

valency ['veɪlənsɪ] *n* (*Chem*) valence *f*.

valentine ['vælentaɪn] *n* (a) V~ Valentin(e) *m(f)*; **St V**~'**s Day** la Saint-Valentin. (b) (*also* ~ **card**) carte *f* de la Saint-Valentin (*envoyée comme gage d'amour*). **will you be my** ~? ≃ c'est toi que j'aime (*écrit sur une carte*).

valerian [və'lɪərɪən] *n* valériane *f*.

valet ['væleɪ] **1** *n* (a) (*person: in hotel or household*) valet *m* de chambre. (b) (*rack for clothes*) valet *m*. **2** ['vælɪt] *vt man* servir comme valet de chambre; *clothes* entretenir. **dry cleaner with** ~**ing service** pressing *m*.

valetudinarian ['vælɪ,tju:dɪ'nɛərɪən] *adj, n* valétudinaire (*mf*).

Valhalla [væl'hælə] *n* Walhalla *m*.

valiant ['vælɪənt] *adj action* courageux, brave. **our** ~ **soldiers** nos vaillants *or* valeureux soldats (*liter*); **he made a** ~ **effort to save the child** il a tenté avec courage de sauver l'enfant; **he made a** ~ **effort to smile** il a fait un gros effort pour sourire.

valiantly ['vælɪəntlɪ] *adv* vaillamment, courageusement.

valid ['vælɪd] *adj* (a) (*Jur etc*) *claim, contract, document* valide, valable. **passport** ~ **for all countries** passeport valable pour tous pays; ~ **passport** passeport valide *or* valide *or* en règle; **ticket** ~ **for one week** billet bon *or* valable *or* valide pour une semaine; **no longer** ~ *ticket, document* périmé.
(b) *excuse* valable; *argument, reasoning* solide, valable, bien fondé.

validate ['vælɪdeɪt] *vt claim, document* valider; *theory, argument* prouver la justesse de. **this will** ~ **all he says** cela va prouver la justesse de ce qu'il affirme.

validation [,vælɪ'deɪʃən] *n [claim etc]* validation *f*.

validity [və'lɪdɪtɪ] *n [document, claim]* validité *f*; *[argument]* justesse *f*.

valise [və'li:z] *n* sac *m* de voyage; (*Mil*) sac (de soldat).

Valium ['vælɪəm] *n* ® valium *m* ®.

Valkyrie ['vælkɪrɪ] *n* Walkyrie *f or* Valkyrie *f*.

valley ['vælɪ] *n* vallée *f*, val *m* (*liter*); (*small, narrow*) vallon *m*. **the Seine/Rhône** ~ la vallée de la Seine/du Rhône *etc*; **the Loire** ~ la vallée de la Loire; (*between Orléans and Tours*) le Val de Loire; *V* **lily**.

valor ['vælər] *n* (*US*) = **valour**.

valorous ['vælərəs] *adj* (*liter*) valeureux (*liter*), vaillant (*liter*).

valour, (*US*) **valor** ['vælər] *n* (*liter*) courage *m*, bravoure *f*, valeur *f*.

valuable ['væljəbl] **1** *adj jewel, painting* de (grande) valeur, de grand prix; *help, advice, team member, time* précieux.
2 *n*: ~**s** objets *mpl* de valeur; **all her** ~**s were stolen** on lui a volé tous les objets de valeur *or* tout ce qui avait de la valeur.

valuation [,væljʊ'eɪʃən] *n* (a) *[house, property, painting etc]* expertise *f*, évaluation *f*, estimation *f*; (*value decided upon*) appréciation *f*, évaluation, estimation. **to have a** ~ **done** faire expertiser *or* évaluer qch; **what is the** ~? à combien l'appréciation s'élève-t-elle?, à combien est-ce estimé *or* évalué?
(b) *[person, sb's character, work etc]* appréciation *f*. **to take sb at his own** ~ prendre qn pour celui qu'il croit être.

valuator ['væljʊeɪtər] *n* expert *m* (en estimations de biens mobiliers).

value ['vælju:] **1** *n* (a) (*gen*) valeur *f*; (*usefulness, worth*) valeur, utilité *f*. **her education has been of no** ~ **to her** son éducation ne lui a rien valu *or* ne lui a servi à rien; **to set great** ~ **on sth** attacher *or* accorder une grande valeur à qch.
(b) (*worth in money*) valeur *f*. **to gain (in)** ~ prendre de la valeur; **to lose (in)** ~ se déprécier; **increase in** ~ hausse *f or* augmentation *f* de valeur, appréciation *f*; **loss of** ~ perte *f or* diminution *f* de valeur, dépréciation *f*; **he paid the** ~ **of the cup he broke** il a remboursé (le prix de) la tasse qu'il a cassée; **of little** ~ de peu de valeur; **of no** ~ sans valeur; **to be of great** ~ valoir cher; **it's good** ~ (**for money**) on en a pour son argent, le rapport qualité-prix est bon (*esp Comm*); **to get good** ~ **for money** en avoir pour son argent; **the large packet is the best** ~ le grand paquet est le plus avantageux; **to put a** ~ **of £20 on sth** évaluer *or* estimer qch à 20 livres; **to put a** ~ **on sth** évaluer qch; **to set a low** ~ **on sth** attacher peu de valeur à qch; **to put too high/too low a** ~ **on sth** surestimer/sous-estimer qch; **goods to the** ~ **of £100** marchandises d'une valeur de 100 livres; **cheque to the** ~ **of £100** chèque au montant de 100 livres; *V* **street**.
(c) (*moral worth*) *[esp person]* valeur *f*, mérite *m*. **to appreciate sb at his proper** ~ estimer *or* apprécier qn à sa juste valeur.
(d) (*moral standards*) ~**s** valeurs *fpl*; *V* **Victorian**.
(e) (*Math, Mus, Painting, Phon*) valeur *f*.
2 *cpd*: (*Brit*) **value added tax** (*abbr* **V.A.T.**) taxe *f* sur la valeur ajoutée (*abbr* T.V.A.); (*fig*) **value judgment** jugement *m* de valeur.
3 *vt* (a) (*estimate worth of*) *house, jewels, painting* évaluer, estimer (*at* à), expertiser. **the house was** ~**d at £80,000** la maison a été estimée *or* évaluée à 80,000 livres; **he had it** ~**d** il l'a fait expertiser.
(b) (*appreciate etc*) *friendship* apprécier; *comforts* apprécier, faire grand cas de; *liberty, independence* tenir à. **if you** ~ **your life** si vous tenez à la vie; **I greatly** ~ **all you have done** je vous suis très reconnaissant de *or* pour tout ce que vous avez fait; **we** ~ **your opinion** votre avis nous importe beaucoup; **he is someone we all** ~ nous l'apprécions tous beaucoup.

valued ['vælju:d] *adj friend* précieux; *colleague* estimé.

valueless ['vælju:lɪs] *adj* sans valeur.

valuer ['væljʊər] *n* expert *m* (en estimations de biens mobiliers).

valve [vælv] *n* (*Anat*) valvule *f*; (*Bot, Zool*) valve *f*; (*Tech*) *[machine]* soupape *f*, valve; *[air chamber, tyre]* valve; (*Electronics, Rad*) lampe *f*; *[musical instrument]* piston *m*. **inlet/outlet** ~ soupape d'admission/d'échappement; **exhaust** ~ clapet *m* d'échappement;

(*Mus*) ~ horn/trombone cor/trombone à pistons; *V* **safety, suction** *etc*.

valvular ['vælvjʊləʳ] *adj* valvulaire.

vamoose‡ [və'muːs] *vi* filer*, décamper*. ~! fiche le camp!*

vamp¹ [væmp] **1** *n* (*woman*) vamp *f*. **2** *vt* vamper*. **3** *vi* jouer la femme fatale.

vamp² [væmp] **1** *vt* (*repair*) rafistoler; (*Mus*) improviser. **2** *vi* (*Mus*) improviser des accompagnements. **3** *n* [*shoe*] devant *m*.

vampire ['væmpaɪəʳ] *n* (*lit, fig*) vampire *m*. ~ **bat** vampire (*chauve-souris*).

van¹ [væn] **1** *n* (a) (*Aut*) (*Brit: smallish*) camionnette *f*, fourgonnette *f*; (*Brit, US: large*) camion *m*, fourgon *m*; *V* **removal** *etc*. (b) (*Brit Rail*) fourgon *m*; *V* **guard, luggage** *etc*. (c) (*: abbr of caravan*) caravane *f*; (*gipsy's*) roulotte *f*. **2** *cpd*: **van-boy, van-man** livreur *m*; **van-driver** chauffeur *m* de camion; (*US*) **van pool** pool *m* de transport (*grâce auquel plusieurs personnes se servent d'une même camionnette pour se rendre à leur travail*).

van² [væn] *n abbr of* **vanguard**.

van³ [væn] *n* (*Tennis: abbr of* **advantage 1b**) ~ **in/out** avantage *m* dedans/dehors.

vanadium [və'neɪdɪəm] *n* vanadium *m*.

Vancouver [væn'kuːvəʳ] *n* Vancouver. ~ **Island** (île *f* de) Vancouver.

vandal ['vændəl] *n* vandale *mf*. (*Hist*) **V**~ Vandale *mf*.

vandalism ['vændəlɪzəm] *n* vandalisme *m*.

vandalistic [ˌvændə'lɪstɪk] *adj* destructeur (*f* -trice), de vandale.

vandalize ['vændəlaɪz] *vt* painting, building, phone box saccager.

vane [veɪn] *n* [*windmill*] aile *f*; [*propeller*] pale *f*; [*turbine*] aube *f*; [*quadrant etc*] pinnule *f*, lumière *f*; [*feather*] barbe *f*; (*also* **weather** ~) girouette *f*.

vanguard ['vænɡɑːd] *n* (a) (*Mil, Naut*) avant-garde *f*. **in the** ~ (**of**) en tête (de). (b) (*fig*) avant-garde *f*. **in the** ~ **of progress** à l'avant-garde *or* à la pointe du progrès.

vanilla [və'nɪlə] **1** *n* vanille *f*. **2** *cpd* cream, ice à la vanille. **vanilla pod** gousse *f* de vanille; **vanilla sugar** sucre vanillé.

vanillin [væ'nɪlɪn] *n* vanilline *f*.

vanish ['vænɪʃ] **1** *vi* (*gen*) disparaître (*from* de); [*obstacles, fears*] disparaître, se dissiper. **to** ~ **into thin air** se volatiliser, disparaître sans laisser de traces; **he/it had** ~**ed from sight** il/cela avait disparu, il/cela était introuvable; **he/it has** ~**ed from the face of the earth** il/cela a disparu sans laisser de traces; **he** ~**ed into the distance** il s'est évanoui dans le lointain; **he said goodbye and** ~**ed into the house** il a dit au revoir et il est rentré précipitamment dans la maison; **I've got to** ~!* il faut que je file!* *or* **que je m'éclipse!***

2 *cpd*: **vanishing cream** crème *f* de jour; **vanishing point** point *m* de fuite; **vanishing trick** [*conjuror*] tour *m* de passe-passe; (*fig*) **to do a vanishing trick** *or* **act*** s'éclipser*.

vanished ['vænɪʃt] *adj* empire, custom etc disparu.

vanity ['vænɪtɪ] **1** *n* (*U*) (a) (*conceit*) vanité *f*. **I may say without** ~ je peux dire sans (vouloir) me vanter. (b) (*worthlessness*) vanité *f*, futilité *f*. **all is** ~ tout est vanité.

2 *cpd*: **vanity bag** sac *m* (de soirée); **vanity box, vanity case** mallette *f* pour affaires de toilette, **vanity-case** *m*; (*in car etc*) **vanity mirror** miroir *m* de courtoisie; (*Publishing*) **vanity press** maison *f* d'édition à compte d'auteur; (*in bathroom*) **vanity unit** élément *m* de salle de bains à lavabo encastré.

vanquish ['væŋkwɪʃ] *vt* vaincre.

vanquisher ['væŋkwɪʃəʳ] *n* vainqueur *m*.

vantage ['vɑːntɪdʒ] **1** *n* (a) avantage *m*, supériorité *f*. (b) (*Tennis*) avantage *m*. ~ **Miss Wade** avantage Mademoiselle Wade; *V* **van³**. **2** *cpd*: (*Mil*) **vantage ground** position stratégique *or* avantageuse; (*fig*) **vantage point** position avantageuse, bonne place.

vapid ['væpɪd] *adj* remark, conversation fade, sans intérêt, insipide; style plat.

vapidity [væ'pɪdɪtɪ] *n* [*conversation*] insipidité *f*; [*style*] platitude *f*.

vapor ['veɪpəʳ] *n* (*US*) = **vapour**.

vaporization [ˌveɪpəraɪ'zeɪʃən] *n* vaporisation *f*.

vaporize ['veɪpəraɪz] **1** *vt* vaporiser. **2** *vi* se vaporiser.

vaporizer ['veɪpəraɪzəʳ] *n* (*gen, Chem*) vaporisateur *m*, vaporiseur *m*; (*Med: for inhalation*) inhalateur *m*; (*for perfume*) atomiseur *m*.

vaporous ['veɪpərəs] *adj* vaporeux.

vapour, (*US*) **vapor** ['veɪpəʳ] **1** *n* (a) (*Phys: also mist etc*) vapeur *f*; (*on glass*) buée *f*. (b) **to have the** ~**s†** avoir des vapeurs†. **2** *cpd*: **vapour bath** bain *m* de vapeur; (*Aviat*) **vapour trail** traînée *f* de condensation. **3** *vi* (*US‡: boast*) fanfaronner.

variability [ˌveərɪə'bɪlɪtɪ] *n* variabilité *f*.

variable ['veərɪəbl] **1** *adj* (*gen*) variable; weather variable, incertain, changeant; mood changeant; work de qualité inégale. **2** *n* (*gen*) variable *f*. **3** *cpd*: **variable pitch propeller** hélice *f* à pas variable; (*Comput*) **variable type** type *m* de variable.

variance ['veərɪəns] *n* (a) désaccord *m*, différend *m*. [*people*] **to be at** ~ être en désaccord; **to be at** ~ **with sb about sth** avoir un différend avec qn sur qch; **this is at** ~ **with what he said earlier** ceci ne s'accorde pas avec *or* ceci contredit ce qu'il a dit auparavant.

(b) (*Math*) variance *f*.

(c) (*Jur*) différence *f*, divergence *f*. **there is a** ~ **between the two statements** les deux dépositions ne s'accordent pas *or* ne concordent pas.

variant ['veərɪənt] **1** *n* (*gen, Ling etc*) variante *f*. **2** *adj* (a) (*alternative*) différent. ~ **reading** variante *f*. (b) (*Ling*) variant. (c) (*diverse*) différent, divers, varié.

variation [ˌveərɪ'eɪʃən] *n* (*gen, Bio, Chem, Met, Mus, Phys*) variation *f*; (*in opinions, views*) fluctuation(s) *f(pl)*, changements *mpl*.

varicoloured, (*US*) **varicolored** ['veərɪˌkʌləd] *adj* multicolore, bigarré; (*fig*) divers.

varicose ['værɪkəʊs] *adj* ulcer variqueux. ~ **veins** varices *fpl*.

varied ['veərɪd] *adj* varié, divers.

variegated ['veərɪɡeɪtɪd] *adj* bigarré, diapré (*liter*); (*Bot*) panaché.

variegation [ˌveərɪ'ɡeɪʃən] *n* bigarrure *f*, diaprure *f* (*liter*).

variety [və'raɪətɪ] **1** *n* (a) (*diversity*) variété *f* (*in* dans), diversité *f*. **children like** ~ les enfants aiment la variété *or* ce qui est varié; **it lacks** ~ ça n'est pas assez varié; **they have increased in number and** ~ ils sont devenus plus nombreux et plus variés; (*Prov*) ~ **is the spice of life** il faut de tout pour faire un monde.

(b) **a wide** *or* **great** *or* **large** ~ **of**... un grand nombre de...; **dolphins produce a** ~ **of noises** les dauphins émettent différents bruits *or* un certain nombre de bruits; **for a** ~ **of reasons** pour diverses raisons; **it offers a** ~ **of careers** cela offre un grand choix de carrières.

(c) (*Bio: subdivision*) variété *f*. **new plant** ~ obtention *f* *or* nouveauté *f* végétale.

(d) (*type, kind*) type *m*, espèce *f*. **many varieties of socialist(s)** de nombreux types (différents) de socialistes, de nombreuses espèces (différentes) de socialistes; **books of the paperback** ~ des livres du genre livre de poche.

(e) (*U: Theat*) variétés *fpl*.

2 *cpd*: (*Theat*) **variety actor, artiste** *etc* de variétés, de music-hall. (*US Culin*) **variety meats** abats *mpl* (*de boucherie*); **variety show** (*Theat*) spectacle *m* de variétés *or* de music-hall; (*Rad, TV*) émission *f* de variétés; (*US*) **variety store** ≃ prisunic *m*; **variety theatre** (théâtre *m* de) variétés *fpl*; (*Brit*) **variety turn** numéro *m* (de variétés *or* de music-hall).

variola [və'raɪələ] *n* variole *f*, petite vérole.

various ['veərɪəs] *adj* (*different*) divers, différent; (*several*) divers (*before n*), plusieurs. **the** ~ **meanings of a word** les divers sens d'un mot; **at** ~ **times** (*different*) en diverses occasions; (*several*) à plusieurs reprises; ~ **people have told me** ... plusieurs *or* diverses personnes m'ont dit ....

variously ['veərɪəslɪ] *adv* (*in various ways*) diversement, de différentes *or* diverses façons; (*at different times*) à différents moments. **I've heard it** ~ **suggested that**... j'ai entendu dire de sources diverses que....

varmint*† ['vɑːmɪnt] *n* polisson(ne) *m(f)*, vaurien(ne) *m(f)*.

varnish ['vɑːnɪʃ] **1** *n* (*lit, fig*) vernis *m*; (*on pottery*) vernis, émail *m*; *V* nail, spirit. **2** *vt* furniture, painting vernir; pottery vernisser. **to** ~ **one's nails** se vernir les ongles; (*fig*) **to** ~ **the truth** maquiller la vérité.

varnishing ['vɑːnɪʃɪŋ] *n* vernissage *m*. (*Art*) ~ **day** (le jour du) vernissage.

varsity ['vɑːsɪtɪ] **1** *n* (a) (*Brit Univ**) fac* *f*. (b) (*US Univ: Sport*) équipe *f* de première catégorie (*représentant un établissement d'enseignement*). **2** *cpd*: **varsity match** match *m* (entre les universités d'Oxford et de Cambridge); (*US*) **varsity sports** sports *mpl* pratiqués entre équipes de différents établissements.

vary ['veərɪ] **1** *vi* varier, changer, se modifier. **to** ~ **with the weather** changer selon le temps; **to** ~ **from sth** différer de qch; **opinions** ~ **on this point** les opinions varient sur ce point. **2** *vt* programme, menu varier; temperature faire varier, (*directly*) varier.

varying ['veərɪɪŋ] *adj* qui varie, variable. **with** ~ **degrees of success** avec plus ou moins de succès.

vascular ['væskjʊləʳ] *adj* vasculaire.

vase [vɑːz] *n* vase *m*. **flower** ~ vase à fleurs.

vasectomy [væ'sektəmɪ] *n* vasectomie *f*. **to have a** ~ avoir une vasectomie.

vaseline ['væsɪliːn] ® **1** *n* vaseline *f*. **2** *vt* enduire de vaseline.

vasoconstrictor [ˌveɪzəʊkən'strɪktəʳ] *n* vaso-constricteur *m*.

vasodilator [ˌveɪzəʊdaɪ'leɪtəʳ] *n* vaso-dilatateur *m*.

vasomotor [ˌveɪzəʊ'məʊtəʳ] *adj* vaso-moteur (*f* -trice).

vassal ['væsəl] *adj, n* (*Hist, fig*) vassal (*m*).

vassalage ['væsəlɪdʒ] *n* vassalité *f*, vasselage *m*.

vast [vɑːst] *adj* (*gen*) vaste (*usu before n*); area, size vaste, immense; quantity, reserve vaste, énorme. **a** ~ **amount of** énormément de; ~ **knowledge** de vastes connaissances; **to a** ~ **extent** dans une très large *or* grande mesure; **a** ~ **success** un succès énorme; ~ **sums (of money)** des sommes folles; **at** ~ **expense** à grands frais.

vastly ['vɑːstlɪ] *adv* grateful, amused infiniment; rich extrêmement, immensément. **he was** ~ **mistaken** il se trompait du tout au tout; ~ **improved** infiniment meilleur.

vastness ['vɑːstnɪs] *n* immensité *f*.

VAT [viːeɪ'tiː, væt] *n* (*Brit*) (*abbr of* **value added tax**) T.V.A. *f*.

vat [væt] *n* cuve *f*, bac *m*.

Vatican ['vætɪkən] **1** *n* Vatican *m*. **2** *cpd* policy etc du Vatican. **Vatican City** la Cité du Vatican; **the Vatican Council** le Concile du Vatican.

vaudeville ['vəʊdəvɪl] (*esp US*) **1** *n* spectacle *m* de variétés *or* de music-hall. **2** *cpd* show, singer de variétés, de music-hall.

vaudevillian [ˌvəʊdə'vɪlɪən] (*US*) **1** *n* (*writer*) auteur *m* de variétés; (*performer*) acteur *m*, -trice *f* de variétés. **2** *adj* de variétés.

vaudevillist ['vəʊdəvɪlɪst] *n* (*US*) = **vaudevillian**.

vault¹ [vɔːlt] *n* (a) (*Archit*) voûte *f*. (*liter*) **the** ~ **of heaven** la voûte céleste.

(b) (*Anat*) voûte *f*. **cranial** ~ voûte cranienne.

(c) (*cellar*) cave *f*.

(d) (*in bank*) (*strongroom*) chambre forte; (*safe deposit box room*) salle *f* des coffres. **it's lying in the** ~**s of the bank** c'est dans les coffres de la banque.

(e) (*burial chamber*) caveau *m*. **buried in the family** ~ inhumé dans le caveau de famille.

vault² [vɔːlt] **1** *vi* (*gen*) sauter; (*Sport*) sauter (à la perche). **to** ~ **over sth** sauter qch (d'un bond); *V* **pole¹**. **2** *vt* (*gen*) sauter d'un bond; (*Sport*) franchir. **3** *n* saut *m*.

vaulted ['vɔ:ltɪd] adj (Archit) voûté, en voûte.
vaulting[1] ['vɔ:ltɪŋ] n (Archit) voûte(s) f(pl).
vaulting[2] ['vɔ:ltɪŋ] n (Sport) exercice m or pratique f du saut. ~ **horse** cheval m d'arçons.
vaunt [vɔ:nt] (liter) vt (boast about) vanter; (praise) vanter, faire l'éloge de. **much** ~ed tant vanté, dont on (or il etc) fait tant l'éloge.
V.C. [vi:'si:] n (a) (Brit) abbr of Victoria Cross; V Victoria. (b) (Univ) abbr of vice-chancellor; V vice. (c) (US: in Vietnam) abbr of Vietcong.
V.C.R. [vi:si:'ɑ:ʳ] n abbr of video cassette recorder; V video.
VD [vi:'di:] n (Med) abbr of venereal disease; V venereal.
VDU [vi:di:'ju:] n (Comput: abbr of visual display unit) console f (de visualisation).
veal [vi:l] n veau m (Culin). ~ **cutlet** escalope f de veau; V fillet.
vector ['vektəʳ] **1** n (a) (Bio, Math) vecteur m. (b) (Aviat) direction f. **2** cpd (Math) vectoriel. **3** vt (Aviat) radioguider.
vectorial [vek'tɔ:rɪəl] adj vectoriel.
veep‡ [vi:p] n (US: from VP) = vice-president; V vice-.
veer [vɪəʳ] **1** vi (a) [wind] (change direction) tourner (to the north vers le nord, au nord), changer de direction; [ship] virer (de bord); [car, road] virer. **the car** ~ed off the road la voiture a quitté la route.
   (b) (change etc) changer. **he** ~ed round to my point of view changeant d'opinion il s'est rallié à mon point de vue; **he** ~ed off or away from his subject il s'est éloigné de son sujet; **her feelings for him** ~ed between tenderness and love les sentiments qu'elle lui portait oscillaient entre la tendresse et l'amour.
   2 vt (a) (Naut) cable filer.
   (b) ship, car faire virer.
veg* [vedʒ] n (abbr of vegetables) légumes mpl.
vegan ['vi:gən] n, adj végétalien(ne) m(f).
veganism ['vi:gənɪzəm] n végétalisme m.
vegetable ['vedʒtəbl] **1** n (a) légume m. **early** ~s primeurs fpl.
   (b) (generic term: plant) végétal m, plante f.
   (c) (fig: brain-damaged etc person) épave f. **he's just a** ~* ce n'est plus qu'une épave, il n'a plus l'usage de ses facultés.
   2 cpd oil, matter végétal. **vegetable dish** plat m à légumes, légumier m; **vegetable garden** (jardin) potager m; **vegetable kingdom** règne végétal; **vegetable knife** couteau m à éplucher; (esp Brit) **vegetable marrow** courge f; **vegetable patch** carré m de légumes; **vegetable salad** salade f or macédoine f de légumes; **vegetable slicer** coupe-légumes m inv; **vegetable soup** soupe f aux or de légumes.
vegetarian [vedʒɪ'tɛərɪən] adj, n végétarien(ne) m(f).
vegetarianism [vedʒɪ'tɛərɪənɪzəm] n végétarisme m.
vegetate ['vedʒɪteɪt] vi végéter, moisir*.
vegetation [vedʒɪ'teɪʃən] n (U) végétation f.
vegetative ['vedʒɪtətɪv] adj (Bio, fig) végétatif.
veggies* ['vedʒɪz] npl (abbr of vegetables) légumes mpl.
vehemence ['vi:məns] n [feelings] ardeur f, intensité f, véhémence f; [actions] violence f, fougue f, véhémence.
vehement ['vi:mənt] adj feelings, speech ardent, passionné, véhément; attack violent, impétueux.
vehemently ['vi:məntlɪ] adv speak avec passion, avec véhémence; attack avec violence.
vehicle ['vi:ɪkl] n (a) (Aut, Rail etc) véhicule m; (very large) engin m. **'closed to** ~s' 'interdit à la circulation'; V commercial. (b) (Chem, Art, Pharm etc; also fig) véhicule m. **a** ~ of or for communication un véhicule de la communication.
vehicular [vɪ'hɪkjʊləʳ] adj de véhicules, de voitures. ~ **traffic** circulation f.
veil [veɪl] **1** n (gen) voile m; (on hat) voilette f; (fig) voile. (Rel) **to take the** ~ prendre le voile; (fig liter) **beyond the** ~ dans l'au-delà; **to wear a** ~ être voilé; (fig) **to draw/throw a** ~ over mettre/jeter un voile sur; **under the** ~ of sous le voile de; ~ **of mist** voile de brume.
   2 vt voiler, couvrir d'un voile; (fig) truth, facts voiler; feelings voiler, dissimuler. **the clouds** ~ed the moon les nuages voilaient la lune.
veiled [veɪld] adj person, hint, reference voilé; meaning, warning, threat voilé, caché.
veiling ['veɪlɪŋ] n (on hat etc) voilage m; (fig) [truth, facts] dissimulation f.
vein [veɪn] n (a) (in body, insect wing) veine f; (in leaf) nervure f. (suicide) **to open a** ~ s'ouvrir les veines; **he has French blood in his** ~s il a du sang français dans les veines; V varicose.
   (b) (in stone etc: gen) veine f; (of ore etc) filon m, veine. (fig) **there's a** ~ of truth in what he says il y a un fond de vérité dans ce qu'il dit; (fig) **there's a** ~ of commonsense/dishonesty etc in the family il y a un fond de bon sens/de malhonnêteté etc que l'on retrouve chez tous les membres de la famille.
   (c) (style etc) style m; (mood) esprit m, humeur f, disposition f. **in a humorous/revolutionary etc** ~ dans un esprit humoristique/révolutionnaire etc; **in the same** ~, **in a similar** ~ dans le même esprit; **in a realistic** ~ dans un style réaliste.
veined [veɪnd] adj hand, marble veiné; stone marbré; leaf nervuré.
veinule ['veɪnju:l] n veinule f.
velar ['vi:ləʳ] adj vélaire.
Velcro ['velkrəʊ] n ® velcro m ®.
veld(t) [velt] n veld(t) m.
vellum ['veləm] **1** n vélin m. **2** cpd binding de vélin. **vellum paper** papier m vélin.
velocipede† [və'lɒsɪpɪd†] n vélocipède† m.
velocity [vɪ'lɒsɪtɪ] n vélocité f, vitesse f.
velour(s) [və'lʊəʳ] n (for clothes) velours m rasé; (for upholstery) velours épais.
velum ['vi:ləm] n (Anat) voile m du palais.
velvet ['velvɪt] **1** n velours m. (fig) **to be on** ~* jouer sur le or du

velours*; V black, iron. **2** cpd dress de velours. (fig) **with a velvet tread** à pas de velours, à pas feutrés.
velveteen ['velvɪti:n] n velvet m.
velvety ['velvɪtɪ] adj surface, texture, material velouteux, velouté; sauce, voice velouté.
vena cava ['vi:nə'keɪvə] n, pl **venae cavae** ['vi:ni:'keɪvi:] veine f cave.
venal ['vi:nl] adj vénal.
venality [vi:'nælɪtɪ] n vénalité f.
vend [vend] vt (Jur) vendre.
vendee [ven'di:] n (Jur) acquéreur m.
vendetta [ven'detə] n vendetta f.
vending ['vendɪŋ] n vente f. ~ **machine** distributeur m automatique.
vendor ['vendəʳ] n (a) (gen) marchand(e) m(f). **ice-cream etc** ~ marchand(e) de glaces; V news, street. (b) (machine) distributeur m automatique. (c) ['vendɔ:ʳ] (Jur) vendeur m.
veneer [və'nɪəʳ] **1** n placage m; (fig) apparence f, vernis m. **with or under a** ~ of sous un vernis de. **2** vt plaquer.
venerable ['venərəbl] adj vénérable.
venerate ['venəreɪt] vt vénérer.
veneration [venə'reɪʃən] n vénération f.
venereal [vɪ'nɪərɪəl] adj vénérien. ~ **disease** (abbr V.D.) maladie vénérienne.
venereology [vɪ,nɪərɪ'ɒlədʒɪ] n vénér(é)ologie f.
venery ['venərɪ] n (a) (liter: hunting) vénerie f. (b) (††: debauchery) débauche f.
Venetia [vɪ'ni:ʃə] n Vénétie f (Hist).
Venetian [vɪ'ni:ʃən] **1** adj vénitien, de Venise. ~ **glass** cristal m de Venise; ~ **blind** store vénitien. **2** n Vénitien(ne) m(f).
Veneto ['vɛ:netɒ] n Vénétie f (moderne).
Venezuela [vene'zweɪlə] n Venezuela m.
Venezuelan [vene'zweɪlən] **1** adj vénézuélien. **2** n Vénézuélien(ne) m(f).
vengeance ['vendʒəns] n vengeance f. **to take** ~ (up)on se venger de or sur; **to take** ~ for tirer vengeance de; (fig) **with a** ~ pour de bon*.
vengeful ['vendʒfʊl] adj vindicatif.
venial ['vi:nɪəl] adj (also Rel) véniel.
veniality [,vi:nɪ'ælɪtɪ] n caractère véniel.
Venice ['venɪs] n Venise.
venire [və'naɪrɪ] (US Jur) **1** n liste f des jurés assignés. **2** cpd: **venireman** juré m nommé par assignation.
venison ['venɪsən] n venaison f.
venom ['venəm] n (lit, fig) venin m.
venomous ['venəməs] adj (lit, fig) venimeux. (fig) ~ **tongue** langue f de vipère.
venomously ['venəməslɪ] adv d'une manière venimeuse, haineusement.
venous ['vi:nəs] adj (Anat, Bot) veineux.
vent [vent] **1** n (for gas, liquid) (hole) orifice m; (pipe) conduit m; (in chimney) tuyau m; [volcano] cheminée f; (in barrel) trou m; (in coat) fente f. (fig) **to give** ~ **to** donner or laisser libre cours à. **2** vt barrel etc pratiquer un trou dans; (fig) one's anger etc décharger (on sur). **3** cpd: (Aut) **vent glass** déflecteur m.
ventilate ['ventɪleɪt] vt room, tunnel ventiler; blood oxygéner; (fig) question livrer à la discussion; grievance étaler au grand jour.
ventilation [,ventɪ'leɪʃən] n ventilation f. ~ **shaft** conduit m d'aération or de ventilation.
ventilator ['ventɪleɪtəʳ] n ventilateur m; (Aut: also ~ **window**) déflecteur m.
ventricle ['ventrɪkl] n ventricule m.
ventriloquism [ven'trɪləkwɪzəm] n ventriloquie f.
ventriloquist [ven'trɪləkwɪst] n ventriloque mf. ~'s **dummy** poupée f de ventriloque.
ventriloquy [ven'trɪləkwɪ] n ventriloquie f.
venture ['ventʃəʳ] **1** n (a) (project) entreprise f, projet m; (business operation) entreprise. **it was a risky** ~ c'était une entreprise assez risquée or assez hasardeuse; **the success of his first artistic/film etc** ~ le succès de sa première entreprise artistique/cinématographique etc; **all his business** ~s failed toutes ses entreprises en matière de commerce or toutes ses tentatives commerciales ont échoué; **this is a new** ~ **in publishing** ceci constitue quelque chose de nouveau or un coup d'essai en matière d'édition.
   (b) (journey etc) voyage m aventureux (to vers), aventures fpl.
   (c) **at a** ~ au hasard.
   2 cpd: (Econ) **venture capital** capital-risques m.
   3 vt life risquer, exposer, hasarder (liter); fortune, opinion, reputation risquer, hasarder; explanation, estimate hasarder, avancer. **when I asked him that, he** ~d a guess quand je lui ai posé la question, il a hasardé or avancé une réponse; **to** ~ **to do** oser faire, se permettre de faire; **he** ~d the opinion that il a hasardé une opinion selon laquelle, il s'est permis d'observer que, il a osé observer que; **I** ~d **to write to you** je me suis permis de vous écrire (à tout hasard); ... **but he did not** ~ **to speak** ... mais il n'a pas osé parler; (Prov) **nothing** ~ **nothing gain** qui ne risque rien n'a rien (Prov).
   4 vi s'aventurer, se risquer. **to** ~ **in/out/through etc** se risquer à entrer/sortir/traverser etc; **to** ~ **out of doors** se risquer à sortir; **to** ~ **into town/into the forest** s'aventurer or se hasarder dans la ville/dans la forêt; **they** ~d **on a programme of reform** ils ont essayé de mettre sur pied or d'entreprendre un ensemble de réformes; **when we** ~d **on this** quand nous avons entrepris cela, quand nous nous sommes lancés là-dedans.
♦**venture forth** vi (liter) se risquer à sortir.
venturesome ['ventʃəsəm] adj person aventureux, entreprenant; action risqué, hasardeux.

venue ['venju:] *n* (*meeting place*) lieu *m* (de rendez-vous); (*Jur*) lieu du procès, juridiction *f*. **the ~ of the meeting is** ... la réunion aura lieu à ... .

Venus ['vi:nəs] *n* (*Astron, Myth*) Vénus *f*. (*Bot*) ~ **fly-trap** dionée *f*.

Venusian [vɪ'nju:zɪən] *adj* vénusien.

veracious [və'reɪʃəs] *adj* véridique.

veracity [və'ræsɪtɪ] *n* véracité *f*.

veranda(h) [və'rændə] *n* véranda *f*.

verb [vɜːb] (*Gram*) **1** *n* verbe *m*; *V* **auxiliary** etc. **2** *cpd*: **verb phrase** syntagme *m* verbal.

verbal ['vɜːbəl] **1** *adj* (**a**) *statement, agreement, promise, error* verbal, oral; *confession* oral; *translation* mot à mot, littéral. ~ **memory** mémoire auditive. (**b**) (*Gram*) verbal. **2** *n* (*US* Jur*) aveux *mpl* faits oralement (*et servant de témoignage dans un procès*).

verbalize ['vɜːbəlaɪz] *vt feelings etc* traduire en paroles, exprimer.

verbally ['vɜːbəlɪ] *adv* verbalement, oralement.

verbatim [vɜː'beɪtɪm] **1** *adj* textuel, mot pour mot. **2** *adv* textuellement, mot pour mot.

verbena [vɜː'biːnə] *n* (*genus*) verbénacées *fpl*; (*plant*) verveine *f*.

verbiage ['vɜːbɪdʒ] *n* verbiage *m*.

verbless ['vɜːblɪs] *adj* sans verbe.

verbose [vɜː'bəʊs] *adj* verbeux, prolixe.

verbosely [vɜː'bəʊslɪ] *adv* avec verbosité, verbeusement.

verbosity [vɜː'bɒsɪtɪ] *n* verbosité *f*.

verdant ['vɜːdənt] *adj* (*liter*) verdoyant.

verdict ['vɜːdɪkt] *n* (**a**) (*Jur*) verdict *m*. ~ **of guilty/not guilty** verdict de culpabilité/de non-culpabilité; *V* **bring** in. (**b**) [*doctor, electors, press etc*] verdict *m*, jugement *m*, décision *f*. **to give one's** ~ **about** *or* **on** se prononcer sur.

verdigris ['vɜːdɪgriːs] *adj, n* vert-de-gris (*m*) *inv*.

verdure ['vɜːdjʊər] *n* (*liter*) verdure *f*.

verge [vɜːdʒ] *n* (**a**) **on the ~ of** doing sur le point de faire; **on the ~ of ruin/despair/a nervous breakdown** au bord de la ruine/du désespoir/de la dépression nerveuse; **on the ~ of sleep** *or* **of falling asleep** sur le point de s'endormir; **on the ~ of tears** au bord des larmes, sur le point de pleurer; **on the ~ of a discovery** à la veille d'une découverte; **on the ~ of retirement/old age** au seuil de la retraite/vieillesse; **people living on the ~ of starvation** les gens que menace la famine, les gens qui risquent de mourir de faim.

(**b**) (*Brit: of road*) bas-côté *m*, accotement *m*, bord *m*. **the car mounted the ~** la voiture est montée sur le bas-côté *or* l'accotement; **pull over on to the ~** arrêtez-vous sur le bas-côté; (*Aut*) **'soft ~s'** 'accotement non stabilisé'.

(**c**) (*edge: gen*) bord *m*; (*round flowerbed*) bordure *f* en gazon; [*forest*] orée *f*.

◆**verge on** *vt fus* [*ideas, actions*] approcher de, côtoyer. **this verges on the ridiculous** c'est au bord du ridicule, cela frise le ridicule, ce n'est pas loin d'être ridicule; **shyness verging on hostility** une timidité qui approche de l'hostilité *or* qui côtoie l'hostilité *or* qui est presque de l'hostilité; **he's verging on bankruptcy** il est au bord de la faillite; **she is verging on fifty** elle frise la cinquantaine; **she was verging on madness** elle frôlait la folie.

verger ['vɜːdʒər] *n* (*Rel*) bedeau *m*; (*ceremonial*) huissier *m* à verge.

Vergil ['vɜːdʒɪl] *n* Virgile *m*.

Vergilian [və'dʒɪlɪən] *adj* virgilien.

verifiable ['verɪfaɪəbl] *adj* vérifiable.

verification [ˌverɪfɪ'keɪʃən] *n* (*check*) vérification *f*, contrôle *m*; (*proof*) vérification.

verifier ['verɪfaɪər] *n* (*Comput*) vérificatrice *f*.

verify ['verɪfaɪ] *vt statements, information, spelling* vérifier; *documents* contrôler; *suspicions, fears* vérifier, confirmer.

verisimilitude [ˌverɪsɪ'mɪlɪtjuːd] *n* vraisemblance *f*.

veritable ['verɪtəbl] *adj* véritable, vrai (*before n*).

verity ['verɪtɪ] *n* (*liter*) vérité *f*.

vermicelli [ˌvɜːmɪ'selɪ] *n* vermicelle(s) *m(pl)*.

vermicide ['vɜːmɪsaɪd] *n* vermicide *m*.

vermifugal ['vɜːmɪfjuːgəl] *adj* vermifuge.

vermifuge ['vɜːmɪfjuːdʒ] *n* vermifuge *m*.

vermilion [və'mɪljən] *adj, n* vermillon (*m*) *inv*.

vermin ['vɜːmɪn] *collective n* (*animals*) animaux *mpl* nuisibles; (*insects*) vermine *f* (*U*), parasites *mpl*; (*pej: people*) vermine (*U*), racaille *f* (*U*), parasites *mpl*.

verminous ['vɜːmɪnəs] *adj person, clothes* pouilleux, couvert de vermine; *disease* vermineux.

Vermont [vɜː'mɒnt] *n* Vermont *m*. **in ~** dans le Vermont.

vermouth ['vɜːməθ] *n* vermouth *m*.

vernacular [və'nækjʊlər] **1** *n* (*native speech*) langue *f* vernaculaire, dialecte *m*; (*jargon*) jargon *m*.

2 *adj crafts* indigène, du pays; *language* vernaculaire, du pays.

vernal ['vɜːnl] *adj equinox* vernal; (*liter*) *flowers* printanier.

Verona [və'rəʊnə] *n* Vérone *f*.

veronica [və'rɒnɪkə] *n* (**a**) (*plant*) véronique *f*. (**b**) (*name*) V~ Véronique *f*.

verruca [ve'ruːkə] *n* verrue *f* (*gen plantaire*).

Versailles [veə'saɪ] *n* Versailles.

versatile ['vɜːsətaɪl] *adj person* aux talents variés, doué en tous genres; *mind* souple; *genius* universel, encyclopédique; (*Bot, Zool*) versatile.

versatility [ˌvɜːsə'tɪlɪtɪ] *n* [*person*] variété *f* de talents, faculté *f* d'adaptation; [*mind*] souplesse *f*; (*Bot, Zool*) versatilité *f*.

verse [vɜːs] **1** *n* (**a**) (*stanza*) [*poem*] strophe *f*; [*song*] couplet *m*. (**b**) (*U: poetry*) poésie *f*, en vers. ~ **blank, free** etc. (**c**) [*Bible, Koran*] verset *m*; *V* **chapter**. **2** *cpd drama* etc en vers.

versed [vɜːst] *adj* (*also* **well-~**) versé (*in* dans). **not** (**well-**)~ peu versé.

versification [ˌvɜːsɪfɪ'keɪʃən] *n* versification *f*, métrique *f*.

versifier ['vɜːsɪfaɪər] *n* (*pej*) versificateur *m*, -trice *f* (*pej*).

versify ['vɜːsɪfaɪ] **1** *vt* versifier, mettre en vers. **2** *vi* faire des vers.

version ['vɜːʃən] *n* (**a**) (*account*) version *f*; (*interpretation*) interprétation *f*. (**b**) (*variant*) [*text*] version *f*, variante *f*; [*car*] modèle *m*. (**c**) (*translation*) version *f*, traduction *f*; *V* **authorize**.

verso ['vɜːsəʊ] *n* verso *m*.

versus ['vɜːsəs] *prep* (**a**) (*in comparison*) par opposition à. **statements about public ~ private ownership** les déclarations concernant la propriété publique par opposition à la propriété privée *or* opposant la propriété publique à la propriété privée; **the question of electricity ~ gas for cooking** les avantages de l'électricité par rapport au gaz *or* de l'électricité comparée au gaz pour la cuisine.

(**b**) (*in sporting event*) contre. **the England ~ Spain match** le match Angleterre-Espagne *or* de l'Angleterre contre l'Espagne *or* opposant l'Angleterre à l'Espagne.

(**c**) (*in dispute, competition*) it's **management ~ workers** c'est la direction contre les ouvriers, la direction s'oppose aux ouvriers; **the 1960 Nixon ~ Kennedy election** l'élection qui en 1960 a opposé Nixon à Kennedy.

(**d**) (*Jur*) **Jones ~ Smith** Jones contre Smith.

vertebra ['vɜːtɪbrə] *n, pl* **vertebrae** ['vɜːtɪbriː] vertèbre *f*.

vertebral ['vɜːtɪbrəl] *adj* vertébral.

vertebrate ['vɜːtɪbrət] *adj, n* vertébré (*m*).

vertex ['vɜːteks] *n, pl* **vertices** ['vɜːtɪsiːz] (*gen, Geom*) sommet *m*; (*Anat*) vertex *m*.

vertical ['vɜːtɪkəl] **1** *adj line, plane* vertical. ~ **cliff** falaise *f* à pic; ~ **take-off aircraft** avion *m* à décollage vertical. **2** *n* verticale *f*. **out of** *or* **off the ~** décalé par rapport à *or* écarté de la verticale.

vertically ['vɜːtɪkəlɪ] *adv* verticalement.

vertiginous [vɜː'tɪdʒɪnəs] *adj* vertigineux.

vertigo ['vɜːtɪgəʊ] *n* (*U*) vertige *m*. **to suffer from ~** avoir des vertiges.

verve [vɜːv] *n* verve *f*, brio *m*.

very ['verɪ] *adj* (**a**) (*extremely*) très, fort, bien. ~ **amusing** très *or* fort *or* bien amusant; **to be ~ careful** faire très *or* bien attention; **I am ~ cold/hot** j'ai très froid/chaud; **are you tired?** — ~ /**not** ~ êtes-vous fatigué? — très/pas très; ~ **well written/made** très bien écrit/fait; ~ **well, if you insist** (très) bien, si vous insistez; ~ **little** très peu; ~ **little milk** très peu de lait; **it is not** ~ **likely** ce n'est pas très probable, c'est peu probable; (*Rel*) **the V~ Reverend** ... le Très Révérend ...; (*Rad*) ~ **high frequency** (ondes *fpl*) ultra-courtes *fpl*; (*Electronics*) ~ **high/low frequency** très haute/basse fréquence.

(**b**) (*absolutely*) tout, de loin. ~ **best quality** toute première qualité; ~ **last/first** tout dernier/premier; **she is the ~ cleverest in the class** elle est de loin la plus intelligente de la classe; **give it me tomorrow at the ~ latest** donnez-le-moi demain au plus tard *or* demain dernier délai; **at midday at the ~ latest** à midi au plus tard; **at the ~ most/least** tout au plus/moins; **to be in the ~ best of health** être en excellente santé; **they are the ~ best of friends** ils sont les meilleurs amis du monde.

(**c**) ~ **much** beaucoup, bien; **thank you** ~ **much** merci beaucoup; **I liked it** ~ **much** je l'ai beaucoup aimé; **he is** ~ **much better** il va beaucoup mieux; ~ **much bigger** beaucoup *or* bien plus grand; ~ **much respected** très *or* fort respecté; **he is** ~ **much the more intelligent of the two** il est de beaucoup *or* de loin le plus intelligent des deux; **he doesn't work** ~ **much** il ne travaille pas beaucoup, il travaille peu; (*emphatic 'yes'*) ~ **much so!** absolument!

(**d**) (*for emphasis*) **the ~ same day** le jour même, ce jour-là; **the ~ same hat** exactement le même chapeau; **the ~ next day** le lendemain même, dès le lendemain; **I took the ~ next train** j'ai pris le premier train; **the ~ next shop we come to** le prochain magasin; **the ~ next person to do this was** ... la personne qui a fait cela tout de suite après était ... (*V also* **next**); *V* **own**.

2 *adj* (**a**) (*precise, exact*) même, exactement, justement. **that ~ day/moment** ce jour/cet instant même; **on the ~ spot** à l'endroit même *or* précis; **his ~ words** ses propos mêmes; **the ~ thing/man I need** tout à fait *or* justement la chose/ l'homme qu'il me faut; **the ~ thing!** (*what I need*) c'est justement ce qu'il me faut!; (*of suggestion, solution*) c'est idéal!; **to catch in the ~ act** prendre en flagrant délit (*of stealing etc* de voler etc).

(**b**) (*extreme*) tout. **at the ~ end** [*play, year*] tout à la fin; [*garden, road*] tout au bout; **at the ~ back** tout au fond; **to the ~ end** jusqu'au bout; **in the ~ depths of the sea/forest** au plus profond de la mer/la forêt.

(**c**) (*mere*) seul. **the ~ word** le mot seul, rien que le mot; **the ~ thought** of la seule pensée de, rien que de penser à; **the ~ idea!** quelle idée alors!

(**d**) (*liter*) **he is a ~ rascal** *or* **the veriest rascal** c'est un fieffé coquin.

Very ['vɪərɪ] *adj* (*Mil*) ~ **light** fusée éclairante; ~ **pistol** pistolet *m* lance-fusées.

vesicle ['vesɪkl] *n* vésicule *f*.

vesper ['vespər] *n*: ~**s** vêpres *fpl*; **to ring the ~ bell** sonner les vêpres.

vessel ['vesl] *n* (**a**) (*Naut*) vaisseau *m*, navire *m*, bâtiment *m*. (**b**) (*Anat, Bot*) vaisseau *m*; *V* **blood**. (**c**) (*liter: receptacle*) vaisseau *m* (*liter*), récipient *m*, vase *m*. **drinking ~** vaisseau.

vest¹ [vest] *n* (**a**) (*Brit*) [*child, man*] tricot *m* de corps; [*woman*] chemise *f* américaine. (**b**) (*US*) gilet *m*. **2** *cpd*: (*US*) **vest pocket** (*n*) poche *f* de gilet; (*US*) **vest-pocket** (*adj*) *calculator etc* de poche; (*fig: tiny*) minuscule.

vest² [vest] *vt* (*frm*) **to ~ sb with sth, to ~ sth in sb** investir qn de qch, assigner qch à qn; **the authority ~ed in me** l'autorité dont je suis investi; (*Comm, Fin*) ~**ed interests** droits *mpl* acquis; (*fig*) **he has a ~ed interest in the play since his daughter is acting in it**

il est directement intéressé dans la pièce, étant donné que sa fille y joue.

vestal ['vestl] *adj*: ~ **virgin** vestale *f*.

vestibular [ve'stɪbjələʳ] *adj* (*Anat*) vestibulaire.

vestibule ['vestɪbjuːl] *n [house, hotel]* vestibule *m*, hall *m* d'entrée; *[church]* vestibule; (*Anat*) vestibule.

vestige ['vestɪdʒ] *n* (a) (*trace, remnant*) vestige *m*. ~s of past civilisations vestiges de civilisations disparues; (*fig*) not a ~ of truth/commonsense pas un grain de vérité/de bon sens; a ~ of hope un reste d'espoir. (b) (*Anat, Bio: organ*) organe *m* rudimentaire *or* atrophié. **the ~ of a tail** une queue rudimentaire *or* atrophiée.

vestigial [ves'tɪdʒɪəl] *adj* rudimentaire, atrophié.

vestment ['vestmənt] *n [priest]* vêtement sacerdotal; (*ceremonial robe*) habit *m* de cérémonie.

vestry ['vestrɪ] *n* (*part of church*) sacristie *f*; (*meeting*) assemblée paroissiale, conseil paroissial.

vesture ['vestʃəʳ] *n* (*U: liter*) vêtements *mpl*.

Vesuvius [vɪ'suːvɪəs] *n* Vésuve *m*.

vet [vet] **1** *n* (a) (*abbr of* **veterinary surgeon, veterinarian**) vétérinaire *mf*.
  (b) (*US*: abbr of* **veteran**) ancien combattant *m*.
  2 *vt text* corriger, revoir; *application* examiner de près *or* minutieusement; *person* examiner soigneusement *or* de près. *figures, calculations* vérifier; *report (check)* vérifier le contenu de; (*approve*) approuver. **wage claims are ~ted by the union** les revendications salariales doivent d'abord recevoir l'approbation du syndicat; **his wife ~s his contracts** sa femme vérifie *or* contrôle ses contrats; **you'll have to ~ it very carefully** vous devrez le vérifier très soigneusement; **the purchases are ~ted by a committee** les achats doivent d'abord être approuvés par un comité; **the director ~ted him for the job** le directeur l'a examiné sous tous les angles avant de lui offrir le poste; **we have ~ted him thoroughly** nous nous sommes renseignés de façon approfondie à son sujet.

vetch [vetʃ] *n* vesce *f*.

veteran ['vetərən] **1** *n* (a) (*gen*) vétéran *m*.
  (b) (*Mil: also* **war ~**) ancien combattant *m*. (*US*) **V~s Administration** ≃ ministère *m* des anciens combattants; (*US*) **V~s Day** le onze novembre (*anniversaire de l'armistice*).
  2 *adj* (*experienced*) chevronné, expérimenté. **she is a ~ campaigner for women's rights** elle fait campagne depuis toujours pour les droits de la femme; **a ~ car** une voiture d'époque (*avant 1919*); **a ~ teacher/ golfer** *etc* un vétéran de l'enseignement/du golf *etc*.

veterinarian [,vetərɪ'nɛərɪən] *n* (*esp US*) vétérinaire *mf*.

veterinary ['vetərɪnərɪ] *adj medicine, science* vétérinaire. (*esp Brit*) ~ **surgeon** vétérinaire *mf*.

veto ['viːtəʊ] **1** *n*, *pl* ~**es** (*act, decision*) veto *m*; (*power*) droit *m* de veto. **to use one's ~** exercer son droit de veto; **to put a ~ on** mettre son veto à. **2** *vt* (*Pol etc, also fig*) mettre *or* opposer son veto à.

vetting ['vetɪŋ] *n [text]* correction *f*, révision *f*; *[application]* examen *m* minutieux; *[figures]* vérification *f*; *V* **positive**.

vex [veks] *vt* contrarier, ennuyer, fâcher.

vexation [vek'seɪʃən] *n* (*U*) ennui *m*, tracas *m*.

vexatious [vek'seɪʃəs] *adj thing* contrariant, ennuyeux; *person* tracassier, contrariant.

vexed [vekst] *adj* (a) (*annoyed*) fâché (*with sb* contre qn, avec qn, *at sth* de qch). **to get ~** se fâcher. (b) **a ~ question** une question controversée; **we live in ~ times** nous traversons une époque difficile.

vexing ['veksɪŋ] *adj* (a) (*annoying*) = **vexatious**. (b) (*puzzling*) *question, issue* frustrant.

VG (*Scol etc: abbr of* **very good**) T.B., très bien.

VHF [viːaɪtʃ'ef] *n* (*abbr of* **very high frequency**) V.H.F. *f*.

VI (*US Post*) *abbr of* **Virgin Islands**.

via ['vaɪə] *prep* (a) (*lit: by way of*) via, par. **a ticket to Vienna ~ Frankfurt** un billet pour Vienne via Francfort; **the journey takes 9 hours ~ Ostend** le voyage prend 9 heures via Ostende *or* (si l'on passe) par Ostende; **you should go ~ Paris** vous devriez passer par Paris; **we went home ~ the pub** nous nous sommes passés par le pub *or* nous nous sommes arrêtés au pub avant de rentrer.
  (b) (*fig: by way of*) par. **to send a message ~ the computer** envoyer un message par l'ordinateur.
  (c) (*by means of*) au moyen de, grâce à. **the launch was detected ~ a satellite** le lancement a été détecté au moyen de *or* grâce à un satellite.

viability [,vaɪə'bɪlɪtɪ] *n* (*V* **viable**) viabilité *f*; chances *fpl* de succès.

viable ['vaɪəbl] *adj company, policy, service, product* viable; *project, programme, method* qui a des chances de réussir. **it's not a ~ proposition** ce n'est pas viable.

viaduct ['vaɪədʌkt] *n* viaduc *m*.

vial ['vaɪəl] *n* (*liter*) fiole *f*; (*Pharm*) ampoule *f*.

viands ['vaɪəndz] *npl* (*liter*) aliments *mpl*.

viaticum [vaɪ'ætɪkəm] *n* viatique *m*.

vibes* [vaɪbz] *npl* (a) (*abbr of* **vibrations**) (*from band, singer*) atmosphère *f*, ambiance *f*; (*between individuals*) I **get good ~ from her** entre nous, le courant est bien passé; **the ~ are wrong** ça ne gaze pas*. (b) *abbr of* **vibraphone**.

vibrant ['vaɪbrənt] *adj* vibrant. (*fig*) **to be ~ with** vibrer de.

vibraphone ['vaɪbrəfəʊn] *n* vibraphone *m*.

vibrate [vaɪ'breɪt] **1** *vi* (*quiver*) vibrer (*with* de); (*resound*) retentir (*with* de); (*fig*) frémir, vibrer (*with* de). **2** *vt* faire vibrer.

vibration [vaɪ'breɪʃən] *n* vibration *f*.

vibrato [vɪ'brɑːtəʊ] (*Mus*) **1** *n* vibrato *m*. **2** *adv* avec vibrato.

vibrator [vaɪ'breɪtəʳ] *n* (a) (*Elec*) vibrateur *m*. (b) (*massager*) vibromasseur *m* (*also sexual*).

---

vibratory ['vaɪbrətərɪ] *adj* vibratoire.

viburnum [vaɪ'bɜːnəm] *n* viorne *f*.

vicar ['vɪkəʳ] *n* (a) (*C of E*) pasteur *m* (*de l'Église anglicane*). **good evening ~** bonsoir pasteur. (b) ~ **apostolic** vicaire *m* apostolique; ~ **general** grand vicaire, vicaire général; **the V~ of Christ** le vicaire de Jésus-Christ.

vicarage ['vɪkərɪdʒ] *n* presbytère *m* (*de l'Église anglicane*).

vicarious [vɪ'kɛərɪəs] *adj* (a) (*delegated*) délégué. **to give ~ authority** to déléguer son autorité à.
  (b) (*for others*) *work* fait à la place d'un autre. **the ~ suffering of Christ** les souffrances que le Christ subit pour autrui; I **got ~ pleasure out of it** j'en ai retiré indirectement du plaisir.

vicariously [vɪ'kɛərɪəslɪ] *adv experience* indirectement; *authorize* par délégation, par procuration.

vice¹ [vaɪs] **1** *n* (*U: depravity*) vice *m*; (*evil characteristic*) vice; (*less strong*) défaut *m*. *[dog, horse etc]* **he has no ~s** il n'est pas vicieux. **2** *cpd*: (*Police*) **Vice Squad** brigade mondaine *or* des mœurs.

vice², (*US*) **vise** [vaɪs] *n* (*Tech*) étau *m*; *V* **grip** *etc*.

vice³ ['vaɪsɪ] *prep* (*frm*) à la place de.

vice- [vaɪs] *pref* vice-. ~**admiral** vice-amiral *m* d'escadre; (*Sport*) ~**captain** capitaine *m* adjoint; ~**chairman** vice-président(e) *m(f)*; ~**chairmanship** vice-présidence *f*; ~**chancellor** (*Univ*) ~ président(e) *m(f)* d'université; (*Jur*) vice-chancelier *m*; ~**consul** vice-consul *m*; **vice-premier** Premier ministre *m* adjoint; ~**presidency** vice-présidence *f*; ~**president** vice-président(e) (*US Pol*) **V~ President Smith** le vice-président Smith; (*US Pol*) ~**presidential** vice-présidentiel; (*US Pol*) ~**presidential candidate** candidat(e) *m(f)* à la vice-présidence; (*Scol*) ~**principal** (*gen*) directeur *m*, -trice *f* adjoint(e); *[lycée]* censeur *m*; *[college]* principal(e) *m(f)* adjoint(e); ~**regal** de *or* du vice-roi.

viceroy ['vaɪsrɔɪ] *n* vice-roi *m*.

vice versa ['vaɪsɪ'vɜːsə] *adv* vice versa, inversement.

vicinity [vɪ'sɪnɪtɪ] *n* (*nearby area*) voisinage *m*, environs *mpl*, alentours *mpl*; (*closeness*) proximité *f*. **in the ~** dans les environs, à proximité; **in the ~ of the town** aux alentours de la ville, à proximité de la ville; **it's something in the ~ of £100** c'est aux alentours de 100 livres; **in the immediate ~** dans les environs immédiats; **the immediate ~ of the town** les abords *mpl* de la ville.

vicious ['vɪʃəs] *adj remark, look, criticism* méchant, malveillant, haineux; *kick, attack* brutal, violent; *habit* vicieux, pervers; *animal* vicieux, rétif. **to have a ~ tongue** être mauvaise langue, avoir une langue de vipère; ~ **circle** cercle vicieux.

viciously ['vɪʃəslɪ] *adv* (*V* **vicious**) méchamment, avec malveillance, haineusement; brutalement, violemment.

viciousness ['vɪʃəsnɪs] *n* (*V* **vicious**) méchanceté *f*, malveillance *f*; brutalité *f*, violence *f*.

vicissitude [vɪ'sɪsɪtjuːd] *n* vicissitude *f*.

victim ['vɪktɪm] *n* (*lit, fig*) victime *f*. **the accident/bomb ~s** les victimes de l'accident/de l'explosion; **many of the Nazi ~s, many of the ~s of the Nazis** de nombreuses victimes des Nazis; **to be the** *or* **a ~ of** être victime de; **to fall (a) ~ to** devenir la victime de; (*fig: to sb's charms etc*) succomber à.

victimization [,vɪktɪmaɪ'zeɪʃən] *n* représailles *fpl* (*subies par un ou plusieurs des responsables*). **the dismissed worker alleged ~** l'ouvrier qu'on avait licencié a prétendu être victime de représailles; **the result was further ~** ceci a mené à d'autres représailles; **there must be no ~ of strikers** on ne doit pas exercer de représailles contre les grévistes.

victimize ['vɪktɪmaɪz] *vt* faire une victime de, prendre pour *or* en victime; (*Ind: after strike*) exercer des représailles sur. **to be ~d** être victime de représailles.

victor ['vɪktəʳ] *n* vainqueur *m*. **to emerge the ~ over sb** remporter la victoire sur qn.

Victoria [vɪk'tɔːrɪə] **1** *n* (a) (*name*) Victoria *f*; (*Australian state*) Victoria *m*. **Lake ~** le lac Victoria. (b) (*carriage*) **v~** victoria *f*. **2** *cpd*: **Victoria Falls** chutes *fpl* de Victoria; (*Brit Mil*) **Victoria Cross** (*abbr* **V.C.**) Croix *f* de Victoria (*la plus haute décoration militaire*).

Victorian [vɪk'tɔːrɪən] **1** *n* Victorien(ne) *m(f)*. **2** *adj* victorien. (*Brit*) ~ **values** les valeurs *fpl* (rigoristes) de l'époque victorienne.

Victoriana [vɪk,tɔːrɪ'ɑːnə] *n* (*U*) objets victoriens, antiquités victoriennes.

victorious [vɪk'tɔːrɪəs] *adj army* victorieux, vainqueur (*m only*); *shout* de victoire. **to be ~ (in)** sortir victorieux (de).

victoriously [vɪk'tɔːrɪəslɪ] *adv* victorieusement.

victory ['vɪktərɪ] *n* victoire *f*. **to gain** *or* **win a ~ over** remporter une victoire sur; *V* **winged**.

victual ['vɪtl] **1** *vt* approvisionner, ravitailler. **2** *vi* s'approvisionner, se ravitailler. **3** *npl*: ~**s** victuailles *fpl*, vivres *mpl*.

victualler ['vɪtləʳ] *n* fournisseur *m* (de provisions); *V* **license¹**.

vide ['vɪdeɪ] *impers vb* (*frm*) voir, Cf.

videlicet [vɪ'diːlɪset] *adv* (*frm*) c'est-à-dire, à savoir.

video ['vɪdɪəʊ] **1** *n* (a) (*U*) vidéo *f*; (*machine*) magnétoscope *m*; (*cassette*) vidéocassette *f*. **I've got it on (the) ~, I've got a ~ of it** je l'ai en vidéo(cassette); **get a ~ for tonight** loue une vidéo(cassette) *or* un film en vidéo pour ce soir; **to make a ~ of sth**, **to record sth on ~** magnétoscoper qch, enregistrer qch sur magnétoscope, faire une vidéo de qch.
  (b) (*US: television*) télévision *f*, télé* *f*.
  2 *cpd* (*on video*) *film, entertainment* en vidéo; *facilities* vidéo *inv*; (*US: on television*) *film etc* télévisé. **video art** art *m* vidéo *inv*; **video camera** caméra *f* vidéo *inv*; **video cassette** vidéocassette *f*; **video (cassette** *or* **tape) recorder** magnétoscope *m*; **video (cassette** *or* **tape) recording** enregistrement *m* en vidéo *or* magnétoscopique; **video clip** clip *m* vidéo *inv*; **video club** vidéoclub *m*; **video disk**

vidéodisque *m*; **video film** film *m* vidéo *inv*; **video frequency** vidéofréquence *f*; **video game** jeu *m* vidéo *inv*; **video library** vidéothèque *f*; **video nasty*** vidéocassette *f* à caractère violent (*or* pornographique); **videophone** vidéophone *m*; **video player** magnétoscope *m*; **video shop** vidéoclub *m*; **video tape** bande *f* vidéo *inv*; (*cassette*) vidéocassette *f*; **videotape** (*vt*) enregistrer sur magnétoscope; **videotext** vidéotex *m* ®.

3 *vt* magnétoscoper, enregistrer sur magnétoscope, faire une vidéo(cassette) de.

videotex ['vɪdɪəteks] *n* vidéotex *m* ®.

vie [vaɪ] *vi* rivaliser, lutter. **to ~ with sb for sth** lutter avec qn pour (avoir) qch, disputer qch à qn; **to ~ with sb in doing** rivaliser avec qn pour faire; **they ~d with each other in their work** ils travaillaient à qui mieux mieux.

Vienna [vɪ'enə] **1** *n* Vienne (*en Autriche*). **2** *cpd* (*gen*) viennois, de Vienne. (*Culin*) **vienna roll** pain *m* viennois.

Viennese [,vɪə'niːz] **1** *adj* viennois. **2** *n*, *pl inv* Viennois(e) *m(f)*.

Vietcong, Viet Cong [,vjet'kɒŋ] **1** *n* (*group*) Viêt-cong *m*; (*individual: pl inv*) Viêt-cong. **2** *adj* Viêt-cong *inv*.

Viet Nam, Vietnam [,vjet'næm] *n* Viet-Nam *m or* Vietnam *m*. **North/South ~** Viet-Nam du Nord/du Sud; **the ~ war** la guerre du Viet-Nam.

Vietnamese [,vjetnə'miːz] **1** *adj* vietnamien. **North/South ~** nord-/sud-vietnamien. **2** *n* (**a**) (*pl inv*) Vietnamien(ne) *m(f)*. **North/South ~** Nord-/Sud-Vietnamien(ne) *m(f)*. (**b**) (*Ling*) vietnamien *m*.

view [vjuː] **1** *n* (**a**) (*ability to see*) vue *f*. **it blocks the ~** ça bouche la vue, on ne peut pas voir; **he has a good ~ of it from his window** de sa fenêtre, il le voit bien; **the ship came into ~** le navire est apparu; **I came in ~ of the lake** je suis arrivé devant *or* en vue du lac; **the cameraman had a job keeping the plane in ~** le caméraman avait du mal à ne pas perdre l'avion de vue; **if your hands are often in ~** si vos mains sont souvent en évidence, si on voit souvent vos mains; **in full ~ of thousands of people** devant des milliers de gens, sous les yeux de milliers de gens; **in full ~ of the house** devant la maison; **the house is within ~ of the sea** de la maison, on voit la mer; **all the people within ~** tous ceux qu'on pouvait voir (*or* qui pouvaient voir); **when it is exposed to ~** quand c'est visible *or* en évidence; **the pictures are on ~** les tableaux sont exposés; **the house will be on ~ tomorrow** on pourra visiter la maison demain; **hidden from ~** caché aux regards; **it is lost to ~** on ne le voit plus; **to keep sth out of ~** cacher qch (aux regards).

(**b**) (*sight, prospect*) vue *f*, panorama *m*. **there is a splendid ~ from here** d'ici la vue *or* le panorama est splendide; **the ~ from the top** la vue *or* le panorama d'en haut; **a trip to see the ~s** une excursion pour admirer les belles vues; **room with a ~ of the sea** chambre avec vue sur la mer; **a good ~ of the sea** une belle vue de la mer; **a ~ over the town** une vue générale de la ville; **a *or* the back/front ~ of the house** la maison vue de derrière/devant; **this is a side ~** c'est une vue latérale; **I got a side ~ of the church** j'ai vu l'église de côté; **it will give you a better ~** vous verrez mieux comme ça.

(**c**) (*photo etc*) vue *f*, photo *f*. **50 ~s of Paris** 50 vues *or* photos de Paris; **I want to take a ~ of the palace** je veux photographier le palais.

(**d**) (*opinion*) opinion *f*, avis *m*, vues *fpl*. **her ~s on politics/education** ses opinions politiques/sur l'éducation; **an exchange of ~s** un échange de vues *or* d'opinions; **in my ~** à mon avis; **that is my ~** voilà mon opinion *or* mon avis *or* mes vues là-dessus, voilà ce que j'en pense; **my personal ~ is that he ...** à mon avis, il ..., personnellement, je pense qu'il ...; **it's just a personal ~** ce n'est qu'une opinion personnelle; **the Government ~ must ...** selon le gouvernement *or* dans l'optique gouvernementale, on doit ...; **the generally accepted ~ is that he ...** selon l'opinion généralement répandue, il ...; **each person has a different ~ of democracy** chacun comprend la démocratie à sa façon; **one's ~ of old age changes** les idées qu'on se fait de la vieillesse évoluent; **I cannot accept this ~** je trouve cette opinion *or* cette façon de voir les choses inacceptable; **I've changed my ~ on this** j'ai changé d'avis là-dessus; (*in exam question*) **give reasons for your ~s** justifiez votre réponse; **I have no strong ~s on that** je n'ai pas d'opinion bien arrêtée *or* précise là-dessus; **to take *or* hold ~s on sth** avoir un avis *or* une opinion *or* des idées sur qch; **to hold *or* take the ~ that ...** penser que ..., estimer que ..., considérer que ...; **we don't take that ~** nous avons une opinion différente là-dessus; **I take a similar ~** je partage cet avis; **he takes a gloomy/optimistic ~ of society** il est très pessimiste/optimiste en ce qui concerne la société; **to take a dim *or* poor ~ of sth** apprécier qch médiocrement; *V* **point**.

(**e**) (*way of looking at sth*) vue *f*. **an idealistic ~ of the world** une vue *or* une vision idéaliste du monde; **a general *or* overall ~ of the problem** une vue d'ensemble *or* générale du problème; **a clear ~ of the facts** une idée claire des faits.

(**f**) **in ~ of his refusal** étant donné son refus, vu son refus; **in ~ of this** ceci étant; **in ~ of the fact that ...** étant donné que ..., vu que ....

(**g**) (*intention*) **with this (aim *or* object etc) in ~** dans ce but, à cette fin; **with the ~ of doing, with a ~ to doing** en vue de faire, dans l'intention de faire, afin de faire; **negotiations with a ~ to a permanent solution** des négociations en vue d'une solution permanente; **what end has he in ~?** quel est son but?, que désire-t-il?; **he has in ~ the purchase of the house** il envisage d'acheter la maison; **I don't teach only with the exams in ~** je ne pense pas uniquement aux examens quand je fais mes cours; **he has the holiday in ~ when he says ...** il pense aux vacances quand il dit ....

2 *cpd*: (*Phot*) **viewfinder** viseur *m*; **viewphone** vidéophone *m*, visiophone *m*; (*lit, fig*) **viewpoint** point *m* de vue.

3 *vt* (**a**) (*look at, see*) voir. **London ~ed from the air** Londres vu d'avion, Londres à vol d'oiseau.

(**b**) (*inspect, examine*) examiner, inspecter; *slides, microfiches* visionner; *object for sale* inspecter; *house, castle* visiter.

(**c**) (*TV*) regarder. **I recorded it to ~ it later** on je l'ai enregistrer pour le regarder plus tard.

(**d**) (*think of, understand*) considérer, envisager. **to ~ sb/sth as ...** considérer qn/qch comme ...; **it can be ~ed in many different ways** on peut l'envisager *or* l'examiner sous plusieurs angles; **how do you ~ that?** qu'est-ce que vous en pensez?, quelle est votre opinion là-dessus?; **he ~s it very objectively** il se montre très objectif; **the management ~ed the scheme favourably** la direction a été favorable au projet; **they ~ the future with alarm** ils envisagent l'avenir avec inquiétude.

4 *vi* (*TV*) regarder la télévision.

viewer ['vjuːər] *n* (**a**) (*TV*) téléspectateur *m*, -trice *f*. (**b**) (*for slides*) visionneuse *f*; (*viewfinder*) viseur *m*.

viewership ['vjuːəʃɪp] *n* (*US TV*) **to score a good** *or* **a wide ~** obtenir un bon indice d'écoute.

viewing ['vjuːɪŋ] **1** *n* (**a**) (*TV*) **there's no good ~ tonight** il n'y a rien de bon à la télévision ce soir; **your ~ for the weekend** vos programmes du week-end; **golf makes excellent ~** le golf produit un excellent spectacle de télévision.

(**b**) (*in house-buying*) '**early ~ essential**' 'à visiter aussi tôt que possible'.

(**c**) (*watching*) observation *f*.

2 *cpd* (*Astron etc*) *conditions* d'observation; (*TV*) *patterns* d'écoute; *habits* des téléspectateurs. (*TV*) **viewing audience** téléspectateurs *mpl*; (*TV*) **viewing figures** nombre *m* de téléspectateurs, taux *m* d'écoute; (*in building*) **viewing gallery** galerie *f*; (*TV*) **viewing public** téléspectateurs *mpl*; (*TV*) **viewing time** heure *f* d'écoute.

viggerish* ['vɪgərɪʃ] *n* (*US*) pourcentage *m*, bénéfice *m* (*sur un pari, un prêt*).

vigil ['vɪdʒɪl] *n* (*gen*) veille *f*; (*by sickbed, corpse etc*) veillée *f*; (*Rel*) vigile *f*; (*Pol*) manifestation *f* silencieuse. **to keep ~ over sb** veiller qn; **a long ~** une longue veille, de longues heures sans sommeil; (*Pol*) **to hold a ~** manifester en silence.

vigilance ['vɪdʒɪləns] *n* vigilance *f*.

vigilant ['vɪdʒɪlənt] *adj* vigilant, attentif.

vigilante [,vɪdʒɪ'læntɪ] *n* membre *m* d'un groupe d'autodéfense *or* de légitime défense. **~ group** groupe *m* d'autodéfense *or* de légitime défense.

vigilantly ['vɪdʒɪləntlɪ] *adv* avec vigilance, attentivement.

vignette [vɪ'njet] *n* (*in books*) vignette *f*; (*Painting, Phot*) portrait *m* en buste dégradé; (*character sketch*) esquisse *f* de caractère.

vigor ['vɪgər] *n* (*US*) = **vigour**.

vigorous ['vɪgərəs] *adj* (*gen*) vigoureux; *government, supporter, measure* vigoureux, énergique; *defence, attempt* énergique.

vigorously ['vɪgərəslɪ] *adv* *nod, shake hands, nudge* vigoureusement, énergiquement; *fight, protest, defend* énergiquement.

vigour, (*US*) **vigor** ['vɪgər] *n* (*physical or mental strength*) vigueur *f*, énergie *f*; (*health*) vigueur, vitalité *f*; (*sexual*) vigueur.

Viking ['vaɪkɪŋ] **1** *adj* art, customs etc viking. **~ ship** drakkar *m*. **2** *n* Viking *mf*.

vile [vaɪl] *adj* (**a**) (*base, evil*) *motive, action, traitor etc* vil (*f* vile), infâme, ignoble.

(**b**) (*extremely bad*) *food, drink, taste, play* abominable, exécrable; *smell* abominable, infect; *weather* infect, abominable. **to be in a ~ temper** être d'une humeur massacrante.

vilely ['vaɪllɪ] *adv* vilement, bassement.

vileness ['vaɪlnɪs] *n* vilenie *f*, bassesse *f*.

vilification [,vɪlɪfɪ'keɪʃən] *n* diffamation *f*, calomnie *f*.

vilify ['vɪlɪfaɪ] *vt* calomnier, diffamer.

villa ['vɪlə] *n* (*in town*) pavillon *m* (*de banlieue*); (*in country*) maison *f* de campagne; (*by sea*) villa *f*.

village ['vɪlɪdʒ] **1** *n* village *m*, bourgade *f*, patelin* *m*. **2** *cpd* well du village. **village green** pré communal; **village idiot** idiot *m* du village; **village school** école *f* de *or* du village.

villager ['vɪlɪdʒər] *n* villageois(e) *m(f)*.

villain ['vɪlən] *n* (*scoundrel*) scélérat *m*, vaurien *m*; (*in drama, novel*) traître(sse) *m(f)*; (**: rascal*) coquin(e) *m(f)*; (*Police etc sl: criminal*) bandit *m*. (*fig*) **he's the ~ (of the piece)** c'est lui le coupable.

villainous ['vɪlənəs] *adj* act, conduct ignoble, infâme; (**: bad*) coffee, weather abominable, infect. **~ deed** infamie *f*.

villainously ['vɪlənəslɪ] *adv* d'une manière ignoble.

villainy ['vɪlənɪ] *n* infamie *f*, bassesse *f*.

-ville‡ [vɪl] *n* ending in cpds, e.g. **squaresville** les ringards‡; **it's dullsville** on s'ennuie vachement‡.

villein ['vɪlɪn] *n* (*Hist*) vilain(e) *m(f)*, serf *m*, serve *f*.

villus ['vɪləs] *n, pl* **villi** ['vɪlaɪ] villosité *f*.

vim* [vɪm] *n* (*U*) énergie *f*, entrain *m*. **full of ~** plein d'entrain.

vinaigrette [,vɪne'gret] *n* (*Culin*) vinaigrette *f*.

Vincent ['vɪnsənt] *n* Vincent *m*.

vindicate ['vɪndɪkeɪt] *vt* (**a**) *person* (*prove innocent*) justifier. **this ~d him** (*proved him right*) cela a prouvé qu'il avait eu raison. (**b**) *opinion, action* justifier; *rights* faire valoir.

vindication [,vɪndɪ'keɪʃən] *n* justification *f*, défense *f*. **in ~ of** en justification de, pour justifier.

vindictive [vɪn'dɪktɪv] *adj* vindicatif.

vindictively [vɪn'dɪktɪvlɪ] *adv* vindicativement.

vindictiveness [vɪn'dɪktɪvnɪs] *n* caractère vindicatif.

vine [vaɪn] **1** *n* (*grapevine*) vigne *f*; (*similar plant*) plante *f* grimpante *or* rampante. **2** *cpd* leaf, cutting de vigne. **vine grower**

viticulteur m, vigneron m; **vinegrowing** V vinegrowing; vine-growing district région f viticole; **vine harvest** vendange(s) f(pl); **vineyard** V vineyard.

vinegar ['vɪnɪgər] n vinaigre m; V cider, oil etc.

vinegary ['vɪnɪgərɪ] adj acide, qui a le goût du vinaigre, qui sent le vinaigre; (fig) remark acide, acidulé.

vinegrowing ['vam,grəʊɪŋ] n viticulture f.

vinery ['vaɪnərɪ] n (hothouse) serre f où on cultive la vigne; (vineyard) vignoble m.

vineyard ['vɪnjəd] n vignoble m.

vino* ['viːnəʊ] n pinard‡ m, vin m.

vinous ['vaɪnəs] adj vineux.

vintage ['vɪntɪdʒ] **1** n (harvesting) vendange(s) f(pl), récolte f; (season) vendanges fpl; (year) année f, millésime m. what ~ is this wine? ce vin est de quelle année?; **1966 was a good** ~ 1966 était une bonne année (pour le vin); (wine) **the 1972** ~ le vin de 1972.
2 cpd: **vintage car** voiture f d'époque (construite entre 1919 et 1930); **vintage wine** grand vin, vin de grand cru; **a vintage year for burgundy** une bonne année pour le bourgogne.
3 adj (a) (very old) très ancien, antique. (fig hum) **this typewriter is a** ~ **model** cette machine à écrire est une antiquité or une pièce de musée.
(b) (best, most typical) typique. **it was** ~ **Churchill** c'était du Churchill des meilleures années.

vintner ['vɪntnər] n négociant m en vins.

vinyl ['vaɪnɪl] **1** n vinyle m. **2** cpd **tiles** de or en vinyle; **paint** vinylique.

viol ['vaɪəl] n viole f. ~ **player** violiste mf.

viola¹ [vɪˈəʊlə] **1** n (Mus) alto m. **2** cpd: **viola d'amore** viole f d'amour; **viola da gamba** viole f de gambe; **viola player** altiste mf.

viola² ['vaɪəʊlə] n (flower) (sorte de) pensée f; (genus) violacée f.

violate ['vaɪəleɪt] vt (a) (disobey etc) law, rule contrevenir à, violer, enfreindre; agreement violer, enfreindre; **the Commandments** violer, transgresser.
(b) (show disrespect for) rights, principles, honour bafouer; public order, property, frontier ne pas respecter.
(c) (disturb) peace troubler, perturber. **to** ~ **sb's privacy** (in room etc) déranger le repos de qn; [detective, reporter etc] (in private life) déranger qn dans sa vie privée.
(d) (desecrate) place violer, profaner; tomb violer.
(e) (rape) violer, violenter.

violation [,vaɪəˈleɪʃən] n (a) (act of violating: V violate a) contravention f, violation f; infraction f. **in** ~ **of** en contravention de. (b) (Jur: esp US: minor offence) contravention f, infraction f; (US: on parking meter) dépassement m. (c) (rape) viol m.

violator ['vaɪəleɪtər] n (a) (gen) violateur m. (b) (Jur: esp US: offender) contrevenant m. ~**s will be prosecuted** toute violation fera l'objet de poursuites.

violence ['vaɪələns] n (gen) violence f. **by** ~ par la violence; **a climate of** ~ un climat de violence; **we are witnessing an escalation of** ~ nous assistons à une escalade de la violence; ~ **began or erupted when ...**, **there was an outbreak of** ~ **when ...** de violents incidents mpl or des bagarres fpl ont éclaté quand ...; **racial** ~ violence raciste; **all the** ~ **on the screen today** toute la violence or toutes les scènes de violence à l'écran aujourd'hui; **terrorist** ~ actes mpl de violence terroristes; **police** ~ violence de la police; **act of** ~ acte de violence; (Jur) **crime of** ~ voie f de fait; (Jur) **robbery with** ~ vol m avec coups et blessures; (fig) **to do** ~ **to sb/sth** faire violence à qn/qch.

violent ['vaɪələnt] adj (gen) violent; attack, blow violent, brutal; halt, change brutal; temper violent, coléreux; colour criard. ~ **clashes with the police** violents affrontements avec la police; ~ **scenes** scènes fpl de violence; ~ **criminal** criminel m coupable d'actes de violence; **to be** ~ **with sb** se montrer violent avec qn, user de violence avec qn; **to die a** ~ **death** mourir de mort violente; **to have a** ~ **temper** avoir un tempérament violent; **to be in a** ~ **temper** être dans une colère noire or dans une rage folle; **by** ~ **means** par la violence; **a** ~ **dislike (for)** une vive aversion (pour or envers).

violently ['vaɪələntlɪ] adv (gen) violemment; struggle, criticize, react violemment, avec violence; (severely) angry violemment, terriblement; ill terriblement. **she was shivering/trembling** ~ elle était secouée de frissons/tremblements violents; **to behave** ~ se montrer violent; **to fall** ~ **in love with** tomber follement amoureux de; **to die a** ~ **death** mourir de mort violente.

violet ['vaɪəlɪt] **1** n (Bot) violette f; (colour) violet m. **2** adj violet.

violin [,vaɪəˈlɪn] **1** n violon m; V **first**. **2** cpd **sonata, concerto** pour violon. **violin case** étui m à violon; **violin player** violoniste mf.

violinist [,vaɪəˈlɪnɪst] n violoniste mf.

violist [vɪˈəʊlɪst] n (US) altiste mf.

violoncellist [,vaɪələnˈtʃelɪst] n violoncelliste mf.

violoncello [,vaɪələnˈtʃeləʊ] n violoncelle m.

V.I.P.* [viːaɪˈpiː] (abbr of **very important person**) **1** n V.I.P. m inv, personnage m de marque, personnalité f. **2** adj visitors etc de marque, très important. (in airport) ~ **lounge** salon m d'accueil (réservé aux personnages de marque); **to give sb/get the** ~ **treatment** traiter qn/être traité comme un personnage de marque.

viper ['vaɪpər] n (Zool, fig) vipère f.

viperish ['vaɪpərɪʃ] adj de vipère (fig).

virago [vɪˈrɑːgəʊ] n mégère f, virago f.

viral ['vaɪərəl] adj viral.

Virgil ['vɜːdʒɪl] n Virgile m.

virgin ['vɜːdʒɪn] **1** n (fille f) vierge f; garçon m vierge. **she/he is a** ~ elle/il est vierge; (Rel) **the (Blessed) V~** la (Sainte) Vierge; **the V~ Mary** la Vierge Marie.
2 adj person vierge; (fig) forest, land, page vierge; freshness,

sweetness virginal. ~ **snow** neige fraîche; (Geog) **the V~ Islands** les îles fpl Vierges.

virginal ['vɜːdʒɪnl] **1** adj virginal. **2** npl (Mus) ~**s** virginal m.

Virginia [vəˈdʒɪnjə] **1** n Virginie f. **in** ~ en Virginie. **2** cpd: (Brit) **virginia creeper** vigne f vierge; **Virginia tobacco** Virginie m, tabac m blond.

Virginian [vəˈdʒɪnjən] **1** n Virginien(ne) m(f). **2** adj de Virginie.

virginity [vɜːˈdʒɪnɪtɪ] n virginité f. **to lose one's** ~ perdre sa virginité.

Virgo ['vɜːgəʊ] n (Astron) la Vierge. **I'm** ~ je suis (de la) Vierge.

virgule ['vɜːgjuːl] n (US Typ) barre f oblique.

virile ['vɪraɪl] adj (lit, fig) viril (f virile).

virility [vɪˈrɪlɪtɪ] n virilité f.

virologist [,vaɪəˈrɒlədʒɪst] n virologue mf.

virology [,vaɪəˈrɒlədʒɪ] n virologie f.

virtual ['vɜːtjʊəl] adj (in reality) **he is the** ~ **leader** en fait or en pratique c'est lui le chef, c'est lui le vrai chef; (almost) **a** ~ **monopoly/impossibility** un quasi-monopole/une quasi-impossibilité; **it's a** ~ **revolution** il s'agit presque or pratiquement d'une révolution; **it came to a** ~ **standstill** cela s'est presque complètement arrêté; **it was a** ~ **failure** ça a été pratiquement or virtuellement un échec; **this memo is a** ~ **insult** cette note équivaut pratiquement or quasiment à une insulte.
(b) (Comput, Phys) memory, image virtuel.

virtually ['vɜːtjʊəlɪ] adv (in reality) en fait, en pratique; (almost) pratiquement, quasiment. **he is** ~ **the leader** en fait or en pratique c'est lui le chef, c'est lui le vrai chef; **it's** ~ **the same thing** c'est pratiquement or quasiment la même chose, cela revient au même; **to be** ~ **certain** être pratiquement sûr; **he** ~ **confessed** il a pratiquement avoué; **it is** ~ **impossible to do that** il est pratiquement or quasiment or virtuellement impossible de faire cela; ~ **nothing happened** il ne s'est pratiquement rien passé; **he started with** ~ **nothing** il est parti de presque rien.

virtue ['vɜːtjuː] n (a) (good quality) vertu f. **to make a** ~ **of necessity** faire de nécessité vertu.
(b) (U: chastity) vertu f, chasteté f. **a woman of easy** ~ une femme de petite vertu.
(c) (advantage) mérite m, avantage m. **this set has the** ~ **of being portable** ce poste a l'avantage d'être portatif; **it has the** ~ **of clarity** ça a l'avantage d'être clair or de la clarté; **he has the** ~ **of being easy to understand** il a le mérite d'être facile à comprendre; **there is no** ~ **in doing that if it is unnecessary** il n'y a aucun mérite à faire cela si ce n'est pas nécessaire; **this method has no** ~**s over the others** cette méthode n'a pas d'avantages particuliers par rapport aux autres.
(d) (U: power) pouvoir m, efficacité f. **healing** ~ pouvoir thérapeutique.
(e) **in** or **by** ~ **of** en vertu de, en raison de; **by** ~ **of the fact that ...** en vertu or en raison du fait que ...; **by** ~ **of being British, he ...** en vertu or en raison du fait qu'il était britannique, il ... .

virtuosity [,vɜːtjʊˈɒsɪtɪ] n virtuosité f.

virtuoso [,vɜːtjʊˈəʊzəʊ] **1** n (esp Mus) virtuose mf. **a violin** ~ un(e) virtuose du violon. **2** adj performance de virtuose.

virtuous ['vɜːtjʊəs] adj vertueux.

virtuously ['vɜːtjʊəslɪ] adv vertueusement.

virulence ['vɪrʊləns] n virulence f.

virulent ['vɪrʊlənt] adj virulent.

virulently ['vɪrʊləntlɪ] adv avec virulence.

virus ['vaɪərəs] n virus m (also fig). **rabies** ~ virus de la rage or rabique; ~ **disease** maladie virale or à virus.

visa ['viːzə] **1** n visa m (de passeport). **entrance/exit** ~ visa d'entrée/de sortie; **to get an Egyptian** ~ obtenir un visa pour l'Égypte. **2** vt viser.

visage ['vɪzɪdʒ] n (liter) visage m, figure f.

vis-à-vis ['viːzəviː] **1** prep (+ person) vis à vis de; (+ thing) par rapport à, devant. ~ **the West** vis à vis de l'Occident. **2** n (person placed opposite) vis-à-vis m; (person of similar status) homologue mf.

viscera ['vɪsərə] npl viscères mpl.

visceral ['vɪsərəl] adj viscéral.

viscid ['vɪsɪd] adj visqueux (lit).

viscose ['vɪskəʊs] **1** n viscose f. **2** adj visqueux (lit).

viscosity [vɪsˈkɒsɪtɪ] n viscosité f.

viscount ['vaɪkaʊnt] n vicomte m.

viscountcy ['vaɪkaʊntsɪ] n vicomté f.

viscountess ['vaɪkaʊntɪs] n vicomtesse f.

viscounty ['vaɪkaʊntɪ] n = **viscountcy**.

viscous ['vɪskəs] adj visqueux, gluant.

vise [vaɪs] (US) = **vice²**.

visé ['viːzeɪ] (US) = **visa**.

visibility [,vɪzɪˈbɪlɪtɪ] n visibilité f. (Met) **good/poor** or **low** ~ bonne/mauvaise visibilité; ~ **is down to** or **is only 20 metres** la visibilité ne dépasse pas 20 mètres.

visible ['vɪzəbl] adj (a) (able to be seen) visible. ~ **to the naked eye** visible à l'œil nu; **it was not** ~ **to a passer-by** un passant ne pouvait pas l'apercevoir; **to become** ~ apparaître; (Econ) ~ **exports** exportations fpl visibles.
(b) (obvious) visible, manifeste. **there was a** ~ **mark on the carpet** il y avait une marque bien visible sur le tapis; **with** ~ **impatience** avec une impatience visible or manifeste; **there is no** ~ **reason/difference** etc on ne voit pas très bien la raison/la différence etc; **it serves no** ~ **purpose** on n'en voit pas vraiment l'utilité; (Jur) **with no** ~ **means of support** sans ressources apparentes.

visibly ['vɪzəblɪ] adv (lit) visiblement; (fig) manifestement, visiblement.

Visigoth ['vɪzɪgɒθ] n Wisigoth mf.

vision ['vɪʒən] **1** *n* **(a)** *(U)* vision *f*, vue *f*; *(fig: foresight)* vision, prévoyance *f*. **his ~ is very bad** sa vue est très mauvaise; **within/outside range of ~** à portée de/hors de vue; *(fig)* **a man of great ~** un homme qui voit loin; **his ~ of the future** la façon dont il voit *(or* voyait) l'avenir; *V* **field**.
(b) *(in dream, trance)* vision *f*, apparition *f*. **it came to me in a ~** j'en ai eu une vision; **to have** *or* **see ~s** avoir des visions; **to have ~s of wealth** avoir des visions de richesses; **she had ~s of being drowned** elle s'est vue noyée.
2 *cpd*: *(Cine, TV)* **vision-mixing** mixage *m* d'images; *(Cine, TV)* **'vision-mixer: Alexander Anderson'** 'mixage d'images par Alexander Anderson'.
3 *vt* *(US)* envisager.
visionary ['vɪʒənərɪ] *adj*, *n* visionnaire *(mf)*.
visit ['vɪzɪt] **1** *n* *(call, tour)* visite *f*; *(stay)* séjour *m*. **to pay a ~ to** *person* rendre visite à; *place* aller à; *(fig)* **to pay a ~*** aller au petit coin*; **to be on a ~ to** *person* être en visite chez; *place* faire un séjour à; **he went on a two-day ~ to Paris** il est allé passer deux jours à Paris; **I'm going on a ~ to Glasgow next week** j'irai à Glasgow la semaine prochaine; **on a private/official ~** en visite privée/officielle; **his ~ to Paris lasted 3 days** son séjour à Paris a duré 3 jours.
2 *vt* **(a)** *(go and see)* *person* aller voir, *(more formally)* rendre visite à; *sick person* aller voir, *(more formally)* visiter; *town* aller à, faire un petit tour à; *museum, zoo* aller à, visiter; *theatre* aller à.
(b) *(go and stay with)* *person* faire un séjour chez; *(go and stay in)* *town, country* faire un séjour à *(or* en).
(c) *(formally inspect)* *place* inspecter, faire une visite d'inspection à; *troops* passer en revue. *(Jur)* **to ~ the scene of the crime** se rendre sur les lieux du crime.
(d) *(†: afflict; inflict)* *person* punir *(with* de). **to ~ the sins of the fathers upon the children** punir les enfants pour les péchés de leurs pères.
♦ **visit with** *vt fus* *(US)* *person* passer voir.
visitation [,vɪzɪ'teɪʃən] *n* **(a)** *(by official)* visite *f* d'inspection; *[bishop]* visite pastorale; *(pej hum: prolonged visit)* visite trop prolongée. *(Rel)* **the V~ of the Blessed Virgin Mary** la Visitation de la Vierge. **(b)** *(calamity)* punition *f* du ciel.
visiting ['vɪzɪtɪŋ] **1** *n*: **I find ~ a nuisance** cela m'ennuie de faire des visites.
2 *cpd friends* de passage; *lecturer etc* invité, de l'extérieur. *(Brit)* **visiting card** carte *f* de visite; *(US fig: iro)* **visiting fireman*** visiteur *m* de marque; **visiting hours** heures *fpl* de visite; *(US)* **visiting nurse** infirmière *f* à domicile; *(Univ)* **visiting professor** professeur associé; *(US)* **visiting teacher** ≃ visiteuse *f* scolaire; *(Sport)* **the visiting team** les visiteurs *mpl*; **I know him but I'm not on visiting terms with him** je le connais, mais nous ne nous rendons pas visite; **visiting time = visiting hours**.
visitor ['vɪzɪtəʳ] *n* **(a)** *(guest)* invité(e) *m(f)*. **to have a ~** recevoir *or* avoir une visite; **to have ~s** avoir des visites *or* de la visite; **we had a lot of ~s** nous avons eu beaucoup de visites; **have your ~s left?** est-ce que tes invités sont partis?; *(fig iro)* **we seem to have had a ~ during the night** quelqu'un a voulu nous rendre visite cette nuit; **~s' book** livre *m* d'or; *(in hotel)* registre *m*.
(b) *(client)* *(in hotel)* client(e) *m(f)*; *(at exhibition)* visiteur *m*; *(tourist)* voyageur *m*, -euse *f*, visiteur. **~s to London** visiteurs de passage à Londres; **~s to the castle** les personnes visitant le château; *(Parl etc)* **~s' gallery** tribune *f* du public; *V* **health**, **prison**.
visor ['vaɪzəʳ] *n* visière *f*; *V* **sun**.
vista ['vɪstə] *n* *(view)* vue *f*; *(survey)* *(of past)* vue, image *f*; *(of future)* perspective *f*, horizon *m*. *(fig)* **to open up new ~s** ouvrir de nouveaux horizons *or* de nouvelles perspectives.
visual ['vɪzjʊəl] **1** *adj field*, *memory* visuel; *landing etc* à vue; *nerve* optique. **~ aid** support visuel; **to teach with ~ aids** enseigner par des méthodes visuelles *or* avec des supports visuels; **~ artist** créateur *m*, -trice *f* d'œuvre plastique; **~ arts** arts *mpl* plastiques; *(Comput)* **~ display unit** console *f* de visualisation, visuel *m*; **within ~ range** à portée de vue.
2 *npl*: **~s** support(s) *m(pl)* visuel(s).
visualize ['vɪzjʊəlaɪz] *vt* **(a)** *(recall)* *person, sb's face* se représenter, évoquer.
(b) *(imagine)* *sth unknown* s'imaginer; *sth familiar* se représenter. **try to ~ a million pounds** essayez de vous imaginer un million de livres; **I ~d him working at his desk** je me le suis représenté travaillant à son bureau.
(c) *(foresee)* envisager, prévoir. **we do not ~ many changes** nous n'envisageons pas beaucoup de changements.
visually ['vɪzjʊəlɪ] *adv* visuellement. *(Admin)* **~ handicapped** mal voyant; **the ~ handicapped** les mal-voyants *mpl*.
vital ['vaɪtl] **1** *adj* **(a)** *(of life)* vital. **~ force** force vitale; **~ spark** étincelle *f* de vie; **~ statistics** *[population]* statistiques *fpl* démographiques; *(*: woman's)* mensurations *fpl*.
(b) *(essential)* *supplies, resources* vital, essentiel, indispensable; *(very important)* *problem, matter, question* vital, fondamental. **of ~ importance** d'une importance capitale; **your support is ~ to us** votre soutien nous est indispensable; **it is ~ that ...** il est indispensable *or* vital que ... + *subj*.
(c) *(fatal)* *wound* mortel; *error* fatal.
(d) *(lively)* énergique, plein d'entrain.
2 *n*: **the ~s** *(Anat)* les organes vitaux; *(fig)* les parties essentielles.
vitality [vaɪ'tælɪtɪ] *n* *(lit, fig)* vitalité *f*.
vitalize ['vaɪtəlaɪz] *vt* *(lit)* vivifier; *(fig)* mettre de la vie dans, animer.
vitally ['vaɪtəlɪ] *adv necessary* absolument; *urgent* extrêmement. **it**

is ~ needed c'est vital, on en a un besoin vital; **this problem is ~ important** ce problème est d'une importance capitale; **it is ~ important that we arrive on time** il est absolument indispensable *or* il faut absolument que nous arrivions *(subj)* à l'heure.
vitamin ['vɪtəmɪn] **1** *n* vitamine *f*. **~ A/B etc** vitamine A/B etc; **with added ~s** vitaminé.
2 *cpd content* en vitamines; *tablets* de vitamines. **vitamin deficiency** carence *f* en vitamines; **vitamin deficiency disease** avitaminose *f*; **vitamin-enriched** vitaminé; **vitamin pill, vitamin tablet** comprimé *m* de vitamines; **vitamin-rich** riche en vitamines.
vitaminize ['vɪtəmɪnaɪz] *vt* incorporer des vitamines dans. **~d food** nourriture vitaminée.
vitiate ['vɪʃɪeɪt] *vt* *(all senses)* vicier.
viticulture ['vɪtɪkʌltʃəʳ] *n* viticulture *f*.
vitreous ['vɪtrɪəs] *adj* **(a)** *china, rock, electricity* vitreux; *enamel* vitrifié. **(b)** *(Anat)* vitré. **~ humour** humeur vitrée.
vitrifaction [,vɪtrɪ'fækʃən] *n*, **vitrification** [,vɪtrɪfɪ'keɪʃən] *n* vitrification *f*.
vitrify ['vɪtrɪfaɪ] **1** *vt* vitrifier. **2** *vi* se vitrifier.
vitriol ['vɪtrɪəl] *n* *(Chem, fig)* vitriol *m*.
vitriolic [,vɪtrɪ'ɒlɪk] *adj* *(Chem)* de vitriol; *(fig)* venimeux, mordant.
vitriolize ['vɪtrɪəlaɪz] *vt* vitrioler.
vitro ['vɪtrəʊ] *(Med)* **in ~** in vitro; **in ~ fertilization** fécondation *f* in vitro.
vituperate [vɪ'tjuːpəreɪt] **1** *vt* injurier, vitupérer contre. **2** *vi* vitupérer.
vituperation [vɪ,tjuːpə'reɪʃən] *n* vitupérations *fpl*.
vituperative [vɪ'tjuːpərətɪv] *adj* injurieux.
Vitus ['vaɪtəs] *n V* **saint**.
viva¹ ['viːvə] **1** *excl* vive! **2** *n* vivat *m*.
viva² ['vaɪvə] *n* *(Brit Univ)* épreuve *f* orale.
vivacious [vɪ'veɪʃəs] *adj* vif, enjoué, qui a de la vivacité, animé; *(Bot)* vivace.
vivaciously [vɪ'veɪʃəslɪ] *adv* avec vivacité, avec verve.
vivacity [vɪ'væsɪtɪ] *n* vivacité *f*; *(in words)* verve *f*.
vivarium [vɪ'vɛərɪəm] *n* vivarium *m*; *(for fish, shellfish)* vivier *m*.
viva voce ['vaɪvə'vəʊsɪ] **1** *adj* oral, verbal. **2** *adv* de vive voix, oralement. **3** *n* *(Brit Univ)* épreuve orale, oral *m*.
vivid ['vɪvɪd] *adj* **(a)** *(bright)* *colour, light* vif, éclatant; *tie etc* voyant. **a ~ blue dress** une robe d'un bleu éclatant. **(b)** *(lively)* *memory* net, vif, précis; *imagination* vif; *dream* impressionnant; *description* vivant, frappant; *example, comparison* frappant; *language* vivant, coloré; *lesson* vivant.
vividly ['vɪvɪdlɪ] *adv* **(a)** *coloured* de façon éclatante; *shine* avec éclat. **(b)** *describe, recount* de façon frappante *or* vivante; *express* de façon vivante *or* colorée. **he remembered/pictured it ~** il le revoyait/l'imaginait comme s'il y était.
vividness ['vɪvɪdnɪs] *n* *[colour]* vivacité *f*, éclat *m*; *[light]* éclat, clarté *f*; *[style]* clarté, vigueur *f*.
vivify ['vɪvɪfaɪ] *vt* vivifier, ranimer.
viviparous [vɪ'vɪpərəs] *adj* vivipare.
vivisect [,vɪvɪ'sekt] *vt* pratiquer la vivisection sur.
vivisection [,vɪvɪ'sekʃən] *n* vivisection *f*.
vivisectionist [,vɪvɪ'sekʃənɪst] *n*, **vivisector** ['vɪvɪsektəʳ] *n* *(scientist)* vivisecteur *m*; *(supporter)* partisan(e) *m(f)* de la vivisection.
vixen ['vɪksn] *n* *(Zool)* renarde *f*; *(woman)* mégère *f*.
viz [vɪz] *adv* *(abbr of* **vide licet** = namely) c.-à-d., c'est-à-dire.
vizier [vɪ'zɪəʳ] *n* vizir *m*.
VLF [viːel'ef] *n abbr of* **very low frequency**; *V* **very**.
vocable ['vəʊkəbl] *n* vocable *m*.
vocabulary [və(ʊ)'kæbjʊlərɪ] *n* *(gen)* vocabulaire *m*; *(in textbook)* *(bilingual)* lexique *m*, vocabulaire; *(technical)* lexique, glossaire *m*.
vocal ['vəʊkəl] *adj* **(a)** *(Anat)* vocal. **~ c(h)ords** cordes vocales.
(b) *communication* oral, verbal. **~ music** musique vocale; *(Mus)* **~ score** partition chorale.
(c) *(voicing one's opinions)* *group, person* qui se fait entendre; *(noisy)* bruyant. **Women's Lib are getting very ~** le M.L.F. commence à faire du bruit *or* à se faire entendre.
vocalic [və(ʊ)'kælɪk] *adj* vocalique.
vocalisation [,vəʊkəlaɪ'zeɪʃən] *n* vocalisation *f*.
vocalist ['vəʊkəlɪst] *n* chanteur *m*, -euse *f* *(dans un groupe)*.
vocalize ['vəʊkəlaɪz] **1** *vt* *one's opinions* exprimer; *consonant* vocaliser; *language* écrire en marquant des points-voyelles. **2** *vi* *(Ling)* se vocaliser; *(Mus)* vocaliser, faire des vocalises.
vocally ['vəʊkəlɪ] *adv* vocalement, oralement.
vocation [və(ʊ)'keɪʃən] *n* *(Rel etc)* vocation *f*. **to have a ~ for teaching** avoir la vocation de l'enseignement.
vocational [və(ʊ)'keɪʃənl] *adj* professionnel. *(Scol etc)* **~ course** *(period)* stage *m* de formation professionnelle; *(subject)* matière *f* ayant une utilité dans la vie professionnelle; **~ guidance** orientation professionnelle; **~ training** formation professionnelle.
vocative ['vɒkətɪv] **1** *n* vocatif *m*. **in the ~** au vocatif. **2** *adj* *(gen)* vocatif. **~ ending** flexion *f* du vocatif; **~ case** vocatif *m*.
vociferate [və(ʊ)'sɪfəreɪt] *vi* vociférer, brailler*.
vociferation [və(ʊ)sɪfə'reɪʃən] *n* vocifération *f*.
vociferous [və(ʊ)'sɪfərəs] *adj* bruyant.
vociferously [və(ʊ)'sɪfərəslɪ] *adv* bruyamment, en vociférant *f*.
vodka ['vɒdkə] *n* vodka *f*.
vogue [vəʊg] *n* **(a)** *(fashion)* mode *f*, vogue *f*. **wigs were the ~** *or* **in ~ then** les perruques étaient alors à la mode *or* en vogue; **to be all the ~** faire fureur; **to come into ~** devenir à la mode; **to go out of ~** passer de mode; **the current ~ for mini-skirts** la vogue que connaissent actuellement les mini-jupes.
(b) *(popularity)* vogue *f*, popularité *f*. **to have a great ~** être très en vogue.
voice [vɔɪs] **1** *n* **(a)** *(gen)* voix *f*; *(pitch, quality)* voix, ton *m*. **in a**

deep ~ d'une voix grave; **at the top of one's** ~ à tue-tête; **to raise/lower one's** ~ élever/baisser la voix; **keep your** ~ **down** ne parle pas trop fort; (*fig*) **he likes the sound of his own** ~ il aime s'écouter parler; **his** ~ **has broken** il a mué, sa voix a mué; **a** ~ **could be heard at the back of the room** on entendait une voix au fond de la salle; **three** ~**s were raised in protest about the heating** trois personnes se sont plaintes du chauffage; **to have a** ~ **in the matter** avoir voix au chapitre; **they acclaimed him with one** ~ ils ont été unanimes à l'acclamer; **to give** ~ **to** exprimer; (*liter*) **to listen to the** ~ **of a friend** écouter les conseils *or* la voix d'un ami; **the** ~ **of reason** la voix de la raison; **the** ~ **of God** la voix de Dieu; *V* **lose, loud** *etc*.

(**b**) (*Mus*) voix *f.* **tenor/bass** ~ voix de ténor/de basse; **a piece for** ~ **and piano** un morceau pour voix et piano; **to be in good** ~ être en voix; **he has a lovely** ~ il a une belle voix.

(**c**) (*Gram*) voix *f.* **active/passive** ~ voix active/passive; **in the active/passive** ~ à l'actif/au passif.

(**d**) (*Phon*) voix *f.*

2 *cpd*: (*Anat*) **voice box** larynx *m;* (*TV*) **voice-over** commentaire *m* (voix hors champ); (*Mus*) **voice parts** parties vocales; **voice-print** empreinte *f* vocale; **voice production** diction *f*, élocution *f;* **voice range** étendue *f* de la voix; **voice training** [*actor etc*] cours *mpl* de diction *or* d'élocution; [*singer*] cours *m* de chant *m;* (*US Pol etc*) **voice vote** vote *m* par acclamation.

3 *vt* (**a**) (*express*) *feelings, opinion* exprimer, formuler.

(**b**) (*Ling*) *consonant* voiser, sonoriser. ~**d consonant** consonne sonore *or* voisée.

(**c**) (*Mus*) accorder.

-voiced [vɔɪst] *adj ending in cpds*: **low-/warm-voiced** à voix basse/chaude.

voiceless ['vɔɪslɪs] *adj* (**a**) (*lit: Med etc*) aphone; (*fig*) *minority etc* qui ne peut s'exprimer, sans voix.

(**b**) (*Phon*) *consonant* sourd, non-voisé.

voicing ['vɔɪsɪŋ] *n* (*Phon*) sonorisation *f*, voisement *m.*

void [vɔɪd] **1** *n* (*lit, fig*) vide *m.* (*fig*) **an aching** ~ un grand vide; **to fill the** ~ combler le vide.

2 *adj* (**a**) (*frm: vacant*) *space* vide; *job* vacant. ~ **of** dépourvu de.

(**b**) (*Jur*) nul. **to make** ~ rendre nul; *V* **null.**

(**c**) (*Cards*) **to be** ~ **in** avoir chicane à.

3 *vt* (**a**) (*remove*) évacuer (*from* de).

(**b**) (*excrete*) évacuer; (*vomit*) vomir.

(**c**) (*Jur*) annuler, rendre nul.

voile [vɔɪl] *n* voile *m* (*Tex*).

vol. *abbr of* **volume.**

volatile ['vɒlətaɪl] *adj* (*Chem*) volatil (*f* volatile); (*fig*) *political situation* explosif; (*changeable*) *person* versatile; (*lively*) pétillant de vie; (*transient*) fugace.

volatility [,vɒlə'tɪlɪtɪ] *n* (*Chem*) volatilité *f;* (*fickleness*) inconstance *f*, versatilité *f;* (*liveliness*) entrain *m.*

volatilize [vɒ'lætəlaɪz] **1** *vt* volatiliser. **2** *vi* se volatiliser, s'évaporer.

volcanic [vɒl'kænɪk] *adj* (*lit, fig*) volcanique.

volcano [vɒl'keɪnəʊ] *n* volcan *m.*

vole¹ [vəʊl] *n* (*Zool*) campagnol *m;* *V* **water.**

vole² [vəʊl] (*Cards*) **1** *n* vole *f.* **2** *vi* faire la vole.

Volga ['vɒlgə] *n* Volga *f.*

volition [vɒ'lɪʃən] *n* volition *f*, volonté *f.* **of one's own** ~ de son propre gré.

volley ['vɒlɪ] **1** *n* (**a**) (*Mil*) volée *f*, salve *f;* [*stones*] grêle *f;* (*fig*) [*insults*] bordée *f*, torrent *m;* [*questions*] feu *m* roulant; [*applause*] salve. **to fire a** ~ tirer une salve.

(**b**) (*Sport*) volée *f.* **half** ~ demi-volée *f.*

2 *cpd*: **volleyball** volley(-ball) *m;* **volleyball player** volleyeur *m,* -euse *f.*

3 *vt* (**a**) (*Mil*) tirer une volée de; (*fig*) *insults* lâcher un torrent *or* une bordée de.

(**b**) (*Sport*) *ball* reprendre de volée, attraper à la volée.

4 *vi* (**a**) (*Mil*) tirer par salves.

(**b**) (*Sport*) renvoyer une volée.

volleyer ['vɒlɪə^r] *n* (*Tennis*) volleyeur *m,* -euse *f.*

volt [vəʊlt] **1** *n* volt *m.* **2** *cpd*: **volt meter** voltmètre *m.*

voltage ['vəʊltɪdʒ] *n* voltage *m*, tension *f.* **high/low** ~ haute/basse tension.

voltaic [vɒl'teɪɪk] *adj* voltaïque.

volte-face ['vɒlt'fɑːs] *n* volte-face *f inv.* (*lit, fig*) **to make a** ~ faire volte-face.

volubility [,vɒljʊ'bɪlɪtɪ] *n* volubilité *f*, loquacité *f.*

voluble ['vɒljʊbl] *adj* volubile, loquace.

volubly ['vɒljʊblɪ] *adv* avec volubilité, avec faconde.

volume ['vɒljuːm] **1** *n* (**a**) (*book*) volume *m;* (*one in a set*) volume, tome *m.* ~ **one/two** tome premier/second; ~ **three/four** *etc* tome trois/quatre *etc;* **in 6** ~**s** en 6 volumes; **a 2-** ~ **dictionary** un dictionnaire en 2 volumes; (*fig*) **to write** ~**s** écrire des volumes; (*fig*) **to speak** *or* **say** ~**s** en dire long (*about* sur).

(**b**) (*size: gen, also Phys*) volume *m.* **the gas expanded to twice its original** ~ le gaz s'est dilaté et a doublé de volume; **production** ~ volume de la production; **the** ~ **of imports/exports** le volume des importations/exportations; **the** ~ **of protest has increased since ...** les protestations ont pris de l'ampleur depuis ...

(**c**) (*space inside: of tank, container*) capacité *f.* (*fig: large amount*) ~**s of** (*gen*) beaucoup de; ~**s of smoke** nuages *mpl* de fumée; ~**s of tears** flots *mpl* de larmes.

(**d**) (*sound*) volume *m*, puissance *f.* (*Rad, TV*) **to turn the** ~ **up/down** augmenter/diminuer le volume.

2 *cpd*: (*Rad, TV*) **volume control** bouton *m* de réglage du volume.

volumetric [,vɒljʊ'metrɪk] *adj* volumétrique.

voluminous [və'luːmɪnəs] *adj* volumineux.

voluntarily ['vɒləntərɪlɪ] *adv* (*willingly*) volontairement, de mon (*or son etc*) plein gré; (*without payment*) bénévolement.

voluntary ['vɒləntərɪ] **1** *adj* (**a**) (*not obligatory*) *confession, statement* volontaire, spontané; *contribution, movement* volontaire; *pension scheme etc* facultatif. ~ **euthanasia** euthanasie *f* volontaire.

(**b**) (*unpaid*) *service* bénévole. (*Soc*) ~ **agency,** (*Admin*) ~ **body** organisation *f* bénévole; ~ **help** (*person*) bénévole *mf;* (*assistance*) aide *f* bénévole, bénévolat *m;* (*US Med*) ~ **hospital** hôpital *m* de l'assistance publique; (*Comm, Fin*) ~ **liquidation** dépôt *m* de bilan; **to go into** ~ **liquidation** déposer son bilan; (*US Jur*) ~ **manslaughter** homicide *m* volontaire; (*Soc*) ~ **organization** organisation bénévole; (*Brit*) ~ **school** école *f* libre; (*Brit*) **V**~ **Service Overseas** ≃ coopération *f* technique à l'étranger; ~ **work** travail *m* bénévole, bénévolat; **she does** ~ **work in a hospital** elle travaille bénévolement *or* comme bénévole dans un hôpital; ~ **worker** bénévole *mf.*

2 *n* (*Mus, Rel*) morceau *m* d'orgue.

volunteer [,vɒlən'tɪə^r] **1** *n* (*gen, Mil*) volontaire *mf;* (*voluntary helper*) bénévole *mf.*

2 *adj* (**a**) (*having offered to do sth*) *group* de volontaires; *driver, ticket-seller* qui se porte (*or* s'est porté *etc*) volontaire.

(**b**) (*unpaid*) *helper etc* bénévole. (*US*) **the Volunteer State** le Tennessee.

3 *vt* donner *or* offrir de son plein gré. **they** ~**ed a pound a week to the fund** ils ont offert de contribuer une livre par semaine au fonds; **they** ~**ed to carry it all back** ils ont offert de tout remporter; **to** ~ **information** fournir (spontanément) un renseignement; **'there were 7 of them'** he ~**ed** 'ils étaient 7' dit-il spontanément.

4 *vi* (*Mil*) s'engager comme volontaire (*for* dans). (*gen*) **to** ~ **for** sth s'offrir *or* se proposer pour (faire) qch.

voluptuous [və'lʌptjʊəs] *adj* voluptueux, sensuel.

voluptuously [və'lʌptjʊəslɪ] *adv* voluptueusement.

voluptuousness [və'lʌptjʊəsnɪs] *n* volupté *f*, sensualité *f.*

volute [və'luːt] *n* (*Archit*) volute *f.*

voluted [və'luːtɪd] *adj* (*Archit*) en volute.

vomit ['vɒmɪt] **1** *n* vomissement *m*, vomi *m.* **2** *vt* (*lit, fig*) vomir. **to** ~ **out** *or* **up** *or* (*liter*) **forth** vomir. **3** *vi* vomir.

vomiting ['vɒmɪtɪŋ] *n* vomissements *mpl.*

voodoo ['vuːduː] **1** *adj* vaudou *inv.* **2** *n* vaudou *m.* **3** *vt* envoûter.

voracious [və'reɪʃəs] *adj* *appetite, person* vorace; *reader* avide.

voraciously [və'reɪʃəslɪ] *adv* *eat* voracement, avec voracité; *read* avidement, avec voracité.

voracity [vɒ'ræsɪtɪ] *n* (*lit, fig*) voracité *f.*

vortex ['vɔːteks] *n, pl* **vortices** ['vɔːtɪsiːz] *or* ~**es** (*lit*) vortex *m*, tourbillon *m;* (*fig*) tourbillon.

votary ['vəʊtərɪ] *n* (*liter*) fervent(e) *m(f)* (*of* de).

vote [vəʊt] **1** *n* (*gen, also Pol*) vote *m;* (*expression of opinion*) vote, suffrage *m;* (*franchise*) droit *m* de vote *or* de suffrage. **to give the** ~ **to the under twenty-ones** accorder le droit de vote aux moins de vingt-et-un ans; **one man, one** ~ ≃ suffrage *m* universel, une seule voix par électeur; ~**s for women!** droit de vote pour les femmes!; **to put to the** ~ mettre au vote *or* aux voix; **the matter was settled by** ~ on a réglé la question en la mettant au vote *or* aux voix; **to take a** ~ (*gen*) voter (*on* sur); (*Admin, Pol*) procéder au vote (*on* sur); **after the** ~ après le scrutin; ~ **of censure** *or* **no confidence** motion *f* de censure; **to pass a** ~ **of censure** voter la censure; ~ **of confidence** vote de confiance; **to ask for a** ~ **of confidence** poser la question de confiance; **to pass a** ~ **of confidence (in)** passer un vote de confiance (à l'égard de); (**to pass a**) ~ **of thanks** (faire un) discours *m* de remerciement.

(**b**) (*vote cast*) voix *f*, vote *m.* **to give one's** ~ **to** donner sa voix à, voter pour; **to win** ~**s** gagner des voix; **to count the** ~**s** compter les voix *or* les votes; (*Pol*) dépouiller le scrutin; **he has my** ~ je voterai pour lui; ~ **for/against sth** voix pour/contre qch; **elected by a majority** ~ élu au vote majoritaire; **they won by a two-thirds** ~ ils ont remporté les deux tiers des voix; **he'll win/lose the Massachusetts** ~ il va remporter/perdre le Massachusetts; (*Pol*) **the Labour** ~ les voix travaillistes; *V* **casting, floating** *etc.*

(**c**) (*money allotted*) crédits votés.

2 *vt* (**a**) (*approve*) *bill, treaty* voter. **the committee** ~**d to request a subsidy** le comité a voté une demande d'une subvention.

(**b**) (*cast* ~ *for*) voter. **to** ~ **Socialist** voter socialiste; ~ **Smith at the next election!** votez Smith aux prochaines élections!

(**c**) (*elect*) élire. **he was** ~**d chairman** il a été élu président; (*fig*) **the group** ~**d her the best cook** le groupe l'a proclamée la meilleure cuisinière; **I** ~ **we go to the pictures** je propose qu'on aille au cinéma.

3 *vi* voter (*for* pour, *against* contre), donner sa voix (*for sb* à qn, *for sth* pour qch); (*general election etc*) aller aux urnes, voter. **the country** ~**s in 3 weeks** les élections ont lieu dans 3 semaines; **to** ~ **for the Socialists** voter pour les socialistes; ~ **for Smith!** votez Smith!; **to** ~ **on sth** mettre qch au vote; (*fig*) **to** ~ **with one's feet** partir en signe de mécontentement, montrer son désaccord en partant.

♦ **vote down** *vt sep* rejeter (*par le vote*).

♦ **vote in** *vt sep* law adopter, voter; *person* élire.

♦ **vote out** *vt sep* amendment ne pas voter, ne pas adopter, rejeter, repousser; *M.P., chairman etc* ne pas réélire, sortir*. **he was voted out (of office)** il n'a pas été réélu; **he was voted out by a large majority** il a été battu à une forte majorité; **the electors voted the Conservative government out** les électeurs ont rejeté le gouvernement conservateur.

♦ **vote through** *vt sep* bill, motion voter, ratifier.

voter ['vəʊtə^r] **1** *n* électeur *m,* -trice *f.* **2** *cpd*: (*US Pol*) **voter**

registration inscription *f* sur les listes électorales; **voter registration card** carte *f* d'électeur; *V* **turnout**.

voting ['vəʊtɪŋ] **1** *n* vote *m*; scrutin *m*. **the ~ went against him** le vote lui a été défavorable; **the ~ took place yesterday** le scrutin a eu lieu hier. **2** *cpd*: **voting booth** isoloir *m*; *(US)* **voting machine** machine *f* pour enregistrer les votes; **voting paper** bulletin *m* de vote; *(Fin)* **voting share** action *f* avec droit de vote.

votive ['vəʊtɪv] *adj* votif.

vouch [vaʊtʃ] *vi*: **to ~ for sb/sth** se porter garant de qn/qch, répondre de qn/qch; **to ~ for the truth of** garantir la vérité de.

voucher ['vaʊtʃər] *n* **(a)** *(for cash, meals, petrol)* bon *m*; *V* **luncheon**. **(b)** *(receipt)* reçu *m*, récépissé *m*; *(for debt)* quittance *f*. **(c)** *(proof)* pièce justificative.

vouchsafe [vaʊtʃ'seɪf] *vt reply* accorder; *help, privilege* accorder, octroyer. *(frm)* **to ~ to do** accepter gracieusement de faire; *(pej)* condescendre à faire; **it is not ~d to everyone to understand such things** il n'est pas donné à tout le monde de comprendre ce genre de choses; **he hasn't ~d an answer** il n'a pas jugé bon de nous donner une réponse.

vow [vaʊ] **1** *n* vœu *m*, serment *m*. **to take a ~** faire vœu *(to do* de faire, *of sth* de qch); **the ~s which he took when ...** les vœux qu'il a faits quand ...; *(Rel)* **to take one's ~s** prononcer ses vœux; **to make a ~ = to ~** *(V 2)*; **~ of celibacy** vœu de célibat; **she swore a ~ of secrecy** elle a juré *or* elle a fait le serment de ne le divulguer à personne; *V* **break** *etc*.

2 *vt* **(a)** *(publicly)* jurer *(to do* de faire, *that* que); *obedience, loyalty* faire vœu de. **to ~ vengeance on sb** jurer de se venger de qn.

(b) *(to oneself)* se jurer *(to do* de faire, *that* que). **he ~ed (to himself) that he would remain there** il s'est juré d'y rester.

vowel ['vaʊəl] **1** *n* voyelle *f*. **2** *cpd system, sound* vocalique. **vowel shift** mutation *f* vocalique.

voyage ['vɔɪɪdʒ] **1** *n* *(Naut)* voyage *m* par mer, traversée *f*; *(fig)* voyage. **to go on a ~** partir en voyage (par mer); **the ~ across the Atlantic** la traversée de l'Atlantique; **the ~ out** le voyage d'aller; **the ~ back** *or* **home** le voyage de retour; **on the ~ out/home** à l'aller/au retour; **~ of discovery** voyage d'exploration.

2 *vt* *(Naut)* traverser, parcourir.

3 *vi* **(a)** *(Naut)* voyager par mer. **to ~ across** traverser.

(b) *(US Aviat)* voyager par avion.

voyager ['vɔɪədʒər] *n* *(traveller)* passager *m*, -ère *f*, voyageur *m*, -euse *f*; *(Hist: explorer)* navigateur *m*.

voyageur [vwa:ja:'ʒa:r] *n* *(Can Hist)* trappeur *m* *(or* batelier *etc)* assurant la liaison entre différents comptoirs.

voyeur [vwa:'jɜ:r] *n* voyeur *m*.

voyeurism [vwa:'jɜ:rɪzəm] *n* voyeurisme *m*.

V.P. [vi:'pi:] *n* *(US)* *abbr of* **Vice-President**; *V* **vice**.

vs *(abbr of* **versus)** VS, contre.

V.S.O. [vi:es'əʊ] *n* *(Brit: abbr of* **Voluntary Service Overseas)** ≃ coopération *f* technique à l'étranger.

VT *(US Post) abbr of* **Vermont**.

Vulcan ['vʌlkən] *n* *(Myth)* Vulcain *m*.

vulcanite ['vʌlkənaɪt] *n* ébonite *f*.

vulcanization [ˌvʌlkənaɪˈzeɪʃən] *n* vulcanisation *f*.

vulcanize ['vʌlkənaɪz] *vt* vulcaniser.

vulcanologist [ˌvʌlkəˈnɒlədʒɪst] *n* vulcanologue *m*.

vulcanology [ˌvʌlkəˈnɒlədʒɪ] *n* vulcanologie *f*.

vulgar ['vʌlgər] *adj* **(a)** *(pej: unrefined)* person, action, language, clothes vulgaire, grossier. **~ ostentation** ostentation grossière; **~ word** gros mot, grossièreté *f*.

(b) *(††: of the common people)* vulgaire, commun. **~ Latin** latin *m* vulgaire; **the ~ tongue** la langue commune.

(c) *(Math)* **~ fraction** fraction *f* ordinaire.

vulgarian [vʌlˈgɛərɪən] *n* *(pej)* personne *f* vulgaire, parvenu *m*.

vulgarism ['vʌlgərɪzəm] *n* *(uneducated expression)* vulgarisme *m*; *(swearword)* gros mot, grossièreté *f*.

vulgarity [vʌlˈgærɪtɪ] *n* vulgarité *f*, grossièreté *f*.

vulgarization [ˌvʌlgəraɪˈzeɪʃən] *n* vulgarisation *f*.

vulgarize ['vʌlgəraɪz] *vt* **(a)** *(make known)* vulgariser, populariser.

(b) *(make coarse)* rendre vulgaire.

vulgarly ['vʌlgəlɪ] *adv* **(a)** *(generally)* vulgairement, communément. **(b)** *(coarsely)* vulgairement, grossièrement.

Vulgate ['vʌlgɪt] *n* Vulgate *f*.

vulnerability [ˌvʌlnərəˈbɪlɪtɪ] *n* vulnérabilité *f*.

vulnerable ['vʌlnərəbl] *adj* *(also Bridge)* vulnérable. **to find sb's ~ spot** trouver le point faible de qn.

vulture ['vʌltʃər] *n* *(also fig)* vautour *m*. *(Orn)* **black ~** moine *m*.

vulva ['vʌlvə] *n* vulve *f*.

vying ['vaɪɪŋ] *n* rivalité *f*, concurrence *f*.

W, w ['dʌbljʊ] *n* **(a)** *(letter)* W, w *m*. **W for Willie** ≃ W comme William. **(b)** *(abbr of* **watt)** W. **(c)** *(abbr of* **west)** O., ouest.

WA *(US Post) abbr of* **Washington**.

wacky ['wækɪ] *adj* *(US)* farfelu*, fou-fou* *(f* fofolle*).

wad [wɒd] **1** *n* **(a)** *(plug, ball)* *[cloth, paper]* tampon *m*; *[putty, chewing gum]* boulette *f*; *(for gun)* bourre *f*; *[straw]* bouchon *m*. **a ~ of cotton wool** un tampon d'ouate; **a ~ of tobacco** *(uncut)* une carotte de tabac; *(for chewing)* une chique de tabac.

(b) *(bundle)* *[papers, documents]* paquet *m*, tas *m*, pile *f*, *(tied together)* liasse *f*; *[banknotes]* liasse.

2 *vt* **(a)** *(also ~ up)* *paper etc* faire un tampon de; *putty etc* faire une boulette de.

(b) *garment* doubler d'ouate, ouater; *quilt* rembourrer.

(c) *(also ~ up)* *hole, crack* boucher avec un tampon *or* avec une boulette.

wadding ['wɒdɪŋ] *n* *(U)* *(raw cotton or felt; also for gun)* bourre *f*; *(gen: for lining or padding)* rembourrage *m*, capiton *m*; *(for garments)* ouate *f*.

waddle ['wɒdl] **1** *vi* *[duck]* se dandiner; *[person]* se dandiner, marcher come un canard. **to ~ in/out/across** *etc* entrer/sortir/ traverser *etc* en se dandinant. **2** *n* dandinement *m*.

wade [weɪd] **1** *vi* **(a)** **to ~ through water/mud** avancer *or* marcher *or* patauger dans l'eau/la boue; **to ~ through long grass** avancer *or* marcher dans l'herbe haute; **he ~d ashore** il a regagné la rive à pied; *(fig)* **to ~ into sb*** *(attack physically)* se jeter *or* tomber *or* se ruer sur qn; *(attack verbally)* tomber sur qn, prendre qn à partie; *(scold)* engueuler‡ qn; **to ~ into a meal*** attaquer un repas*; **I managed to ~ through his book*** j'ai réussi à lire son livre, mais ça a été laborieux; **it took me an hour to ~ through your essay*** il m'a fallu une heure pour venir à bout de votre dissertation; **he was wading through his homework*** il faisait ses devoirs lentement et méthodiquement.

(b) *(paddle: for fun)* barboter.

2 *vt stream* passer *or* traverser à gué.

◆**wade in**‡ *vi* *(in fight/argument etc)* se mettre de la partie *(dans une bagarre/dispute etc)*.

wader ['weɪdər] *n* *(boot)* cuissarde *f*, botte *f* de pêcheur; *(bird)* échassier *m*.

wadi ['wɒdɪ] *n* oued *m*.

wading ['weɪdɪŋ] **1** *n* *(U)* barbotage *m*, pataugeage *m*. **2** *cpd*: **wading bird** échassier *m*; *(US)* **wading pool** petit bassin.

wafer ['weɪfər] **1** *n* **(a)** *(Culin)* gaufrette *f*; *(Rel)* (pain *m* d')hostie *f*; *(seal)* cachet *m* *(de papier rouge)*.

(b) *(Comput, Electronics)* tranche *f*. **silicon ~** tranche de silicium.

2 *cpd*: **wafer-thin** mince comme du papier à cigarette *or* comme une pelure d'oignon.

wafery ['weɪfərɪ] *adj* = **wafer-thin**; *V* **wafer 2**.

waffle[1] ['wɒfl] *n* *(Culin)* gaufre *f*. **~ iron** gaufrier *m*.

waffle[2]* ['wɒfl] *(Brit)* **1** *n* *(U)* *(wordiness)* verbiage *m*; *(padding)* remplissage *m*, délayage *m*, rabâchage *m*. **there's too much ~ in this essay** il y a trop de remplissage dans cette dissertation, vous avez *(or* il a *etc)* trop allongé la sauce* dans cette dissertation.

2 *vi* *(in conversation)* parler pour ne rien dire, parler dans le vague; *(in speech, book, essay)* faire du remplissage, allonger la sauce*. **he was waffling on about the trouble he'd had** il parlait interminablement de ses problèmes.

waft [wɑ:ft] **1** *vt smell, sound* porter, apporter; *(also ~ along)* boat faire avancer, pousser; *clouds* faire glisser *or* avancer. **2** *vi* *(sounds, smell]* flotter; *[corn etc]* ondoyer. **3** *n* *[air, scent]* (petite) bouffée *f*.

wag[1] [wæg] **1** *vt* agiter, remuer. **the dog ~ged its tail (at me)** le chien a agité *or* remué la queue (en me voyant); **he ~ged his finger/his pencil at me** il a agité le doigt/son crayon dans ma direction; **to ~ one's head** hocher la tête.

2 *vi* *[tail]* remuer, frétiller. *(fig)* **his tongue never stops ~ging** il a la langue bien pendue, il ne s'arrête jamais de bavarder; **the news set tongues ~ging** la nouvelle a fait marcher les langues *or* a fait jaser (les gens).

3 *n* *[tail]* remuement *m*, frétillement *m*. **with a ~ of its tail** en remuant *or* agitant la queue.

4 *cpd*: *(Orn)* **wagtail** hoche-queue *m*, lavandière *f*.

wag[2] [wæg] *n* *(joker)* plaisantin *m*, farceur *m*, -euse *f*.

wage [weɪdʒ] **1** *n* salaire *m*, paye *f* or paie *f*; *[domestic servant]* gages *mpl*. **hourly/weekly ~** salaire horaire/hebdomadaire; **I've lost 2 days' ~s** j'ai perdu 2 jours de salaire *or* de paye; **his week's ~s** son salaire *or* sa paye de la semaine; **his ~ is** *or* **his ~s are £105 per**

week il touche un salaire de 105 livres par semaine, il gagne *or* est payé 105 livres par semaine; **he gets a good ~** il est bien payé, il a un bon salaire; (*Bible*) **the ~s of sin is death** la mort est le salaire du péché; *V* living.

2 *cpd*: **wage(s) bill** masse *f* salariale; **wage(s) claim** (*Brit*), **wage demand** revendication *f* salariale; **wage(s) clerk** employé(e) *m(f)* aux salaires, ≃ aide-comptable *mf*; **wage drift** dérapage *m* de salaire; **wage earner** salarié(e) *m(f)*; **she is the family wage earner** c'est elle qui fait vivre sa famille *or* qui est le soutien de sa famille; **we are both wage earners** nous gagnons tous les deux notre vie; **wage(s) freeze** blocage *m* des salaires; **wage increase** augmentation *f or* hausse *f* de salaire; **wage packet** (*lit*) enveloppe *f* de paye; (*fig*) paye *f or* paie *f*; **wage-price spiral** spirale *f* prix-salaires; **wage restraint** limitation *f* des salaires; **wage rise** = **wage increase**; **wage scale** échelle *f* des salaires; **wage(s) settlement** accord *m* salarial; **wages slip** bulletin *m* de salaire, fiche *f* de paye; (*US*) **wage spread** éventail *m* des salaires; (*Brit: Soc Admin*) **wage-stop** *principe selon lequel les sans-travail ne peuvent toucher une allocation de chômage plus élevée qu'un salaire éventuel;* (*US*) **wage worker** = **wage earner**.

3 *vt*: **to ~ war** faire la guerre (*against* à, contre); **to ~ a campaign** faire campagne (*against* contre), mener une campagne (*for* pour).

wager ['weɪdʒəʳ] 1 *vt* parier (*on* sur, *that* que). 2 *n* pari *m*. **to lay a ~** faire un pari.

waggish ['wægɪʃ] *adj* badin, facétieux.

waggishly ['wægɪʃlɪ] *adv* d'une manière facétieuse, d'un ton facétieux *or* badin.

waggle ['wægl] 1 *vt pencil, branch* agiter; *loose screw, button* faire jouer. **it was waggling its tail** il agitait *or* remuait la queue, il frétillait de la queue; **to ~ one's hips** tortiller des hanches; **my finger hurts if you ~ it like that** j'ai mal quand vous me tortillez le doigt comme ça.

2 *vi [tail]* remuer, frétiller; *[tooth]* branler.

3 *n*: **to give sth a ~** agiter *or* remuer qch.

waggon ['wægən] 1 *n* (*horse- or ox-drawn*) chariot *m*; (*truck*) camion *m*; (*Brit Rail*) wagon *m* (de marchandises); (*: car*) auto *f*, bagnole *f*; (*US: also* **station ~**) break *m*; (*tea trolley*) table roulante, (*larger: for tea urn*) chariot. (*US: police van*) **the ~** le panier à salade*; (*fig*) **to go/be on the ~** ne plus/ne pas boire (d'alcool), se mettre/être au régime sec; **he's off the ~ (again)** il s'est remis à boire; *V* station *etc*.

2 *cpd*: **waggonload** (*Agr*) charretée *f*; (*Rail*) wagon *m*; (*US Hist*) **waggon train** convoi *m* de chariots.

waggoner ['wægənəʳ] *n* roulier *m*, charretier *m*.

waggonette [,wægə'net] *n* break *m* (hippomobile).

Wagnerian [vɑː'gnɪərɪən] *adj* wagnérien.

wagon ['wægən] *n* (*esp US*) = **waggon**.

waif [weɪf] *n* enfant *mf* misérable; (*homeless*) enfant abandonné(e). **~s and strays** enfants abandonnés.

wail [weɪl] 1 *n* (*person*) gémissement *m*, plainte *f*; *[baby]* vagissement *m*; *[wind]* gémissement, plainte; *[siren]* hurlement *m*. **to give a ~** pousser un gémissement *or* un vagissement, gémir, vagir.

2 *vi* (*person*) gémir, pousser un *or* des gémissement(s); (*cry*) pleurer; (*whine*) pleurnicher; *[baby]* vagir; *[wind]* gémir; *[siren]* hurler; *[bagpipes etc]* gémir.

wailing ['weɪlɪŋ] 1 *n* (*U*) *[person]* (*gen*) gémissements *mpl*, plaintes *fpl*, pleurs *mpl*; (*whining*) pleurnicheries *fpl*; *[baby]* vagissements *mpl*; *[wind]* gémissements, plainte; *[siren]* hurlement *m*. 2 *adj voice, person* gémissant; *sound* plaintif. **the W~ Wall** le mur des Lamentations.

wain [weɪn] *n* (*liter*) chariot *m*. (*Astron*) **Charles's W~** le Chariot de David, la Grande Ourse.

wainscot ['weɪnskət] *n* lambris *m* (en bois).

wainscot(t)ing ['weɪnskətɪŋ] *n* lambrissage *m* (en bois).

waist [weɪst] 1 *n* (a) (*Anat, Dress*) taille *f*. **he put his arm round her ~** il l'a prise par la taille; **she measures 70 cm round the ~** elle fait 70 cm de tour de taille; **they were stripped to the ~** ils étaient nus jusqu'à la ceinture, ils étaient torse nu; **he was up to the ~** *or* his **~ in water** l'eau lui arrivait à la ceinture *or* à mi-corps.

(b) (*fig*) étranglement *m*, resserrement *m*; *[violin]* partie resserrée de la table.

(c) (*US*) (*blouse*) corsage *m*, blouse *f*; (*bodice*) corsage *m*, haut *m*. 2 *vt jacket etc* cintrer.

3 *cpd*: **waistband** ceinture *f* (de jupe *etc*); (*Brit*) **waistcoat** gilet *m*; **waistline** taille *f*; *[man]* **I've got to think of my waistline** je dois faire attention à ma ligne; **waist measurement**, **waist size** tour *m* de taille.

-waisted ['weɪstɪd] *adj ending in cpds*: **to be slim-waisted** avoir la taille fine; **high-/low-waisted dress** robe *f* à taille haute/basse; *V* shirt.

wait [weɪt] 1 *n* (a) attente *f*. **you'll have a 3-hour ~** vous aurez 3 heures d'attente, vous devrez attendre (pendant) 3 heures; **it was a long ~** il a fallu attendre longtemps, l'attente a été longue; **there was a 20-minute ~ between trains** il y avait 20 minutes de battement *or* d'attente entre les trains; (*on coach journey etc*) **there is a half-hour ~ at Leeds** il y a un arrêt d'une demi-heure *or* une demi-heure d'arrêt à Leeds; **during the ~ between the performances** pendant le battement *or* la pause entre les représentations; **to ~ or lie in ~** guetter, être à l'affût; **to be** *or* **lie in ~ for sb** *[huntsman, lion]* guetter qn; *[bandits, guerrillas]* dresser un guet-apens *or* une embuscade à qn; **the journalists lay in ~ for him as he left the theatre** les journalistes l'attendaient (au passage) à sa sortie du théâtre *or* le guettaient à sa sortie du théâtre.

(b) (*Brit*) **the ~s** les chanteurs *mpl* de Noël (*qui vont de porte en porte*).

2 *cpd*: (*Pol etc*) **wait-and-see policy** *or* **tactics** attentisme *m*; (*Travel*) **to be wait-listed on a flight** être sur la liste d'attente d'un vol.

3 *vi* (a) attendre. **to ~ for sb/sth** attendre qn/qch; **~ for it!*** tiens-toi bien!; **to ~ for sb to leave, to ~ until sb leaves** attendre le départ de qn, attendre que qn parte; **~ till you're old enough** attends d'être assez grand; **can you ~ till 10 o'clock?** pouvez-vous attendre (jusqu'à) 10 heures?; **we ~ed and ~ed** nous avons attendu à n'en plus finir; **just you ~!** tu vas voir ce que tu vas voir!; (*threateningly*) tu ne perds rien pour attendre!; **just ~ till your father finds out!** attends un peu que ton père apprenne ça!; **~ and see!** attends (voir)! (*V also* 2); **we'll just have to ~ and see** il va falloir attendre, il va falloir voir venir; **~ and see what happens next** attendez voir ce qui va se passer; **to keep sb ~ing** faire attendre qn; **don't keep us ~ing** ne te fais pas attendre, ne nous fais pas attendre; **I was kept ~ing in the corridor** on m'a fait attendre dans le couloir, j'ai fait le pied de grue dans le couloir; (*Comm*) **'repairs while you ~'** 'réparations à la minute'; (*Comm*) **they do it while you ~** ils le font à la minute; (*loc*) **everything comes to him who ~s** tout vient à point à qui sait attendre (*Prov*); **he didn't ~ to be told twice** il ne se l'est pas fait dire deux fois; **that was worth ~ing for** cela valait la peine d'attendre; **I just can't ~ for next Saturday!** je meurs d'impatience *or* d'envie d'en être à samedi prochain!; **I can't ~ to see him again!** (*longingly*) je meurs d'envie de le revoir!; **I can't ~ for the day when this happens** je rêve du jour où cela arrivera; **the Conservatives can't ~ to reverse this policy** les conservateurs brûlent de révoquer cette politique; **parcel ~ing** *or* **to be collected** colis *m* en souffrance; **all that can ~ till tomorrow** tout cela peut attendre jusqu'à demain.

(b) servir. **to ~ (at table)** servir à table, faire le service.

4 *vt* (a) *signal, orders, one's turn, chance* attendre. **I ~ed 2 hours** j'ai attendu (pendant) 2 heures; **~ a moment!** (attendez) un instant! *or* une minute!; (*interrupting, querying*) minute!*; **to ~ one's moment** *or* **time** attendre son heure (*to do* pour faire); **we'll ~ lunch for you** nous vous attendrons pour nous mettre à table.

(b) (*US*) **to ~ table** servir à table, faire le service.

♦**wait about, wait around** *vi* attendre; (*loiter*) traîner. **to wait about** *or* **for sb** attendre qn, faire le pied de grue pour qn; **the job involves a lot of waiting about** on perd beaucoup de temps à attendre dans ce métier; **you can't expect him to wait about all day while you …** tu ne peux pas exiger qu'il traîne (*subj*) toute la journée à t'attendre pendant que tu … .

♦**wait behind** *vi* rester. **to wait behind for sb** rester pour attendre qn.

♦**wait in** *vi* rester à la maison (*for sb* pour attendre qn).

♦**wait on** *vt fus* (a) *[servant]* servir, être de service auprès de; (*at table*) servir. **I'm not here to wait on him!** je ne suis pas sa bonne! (*or* son valet de chambre!); **she waits on him hand and foot** elle est aux petits soins pour lui.

(b) (*frm*) = **wait upon a**.

♦**wait out** *vt sep* rester jusqu'à la fin *or* jusqu'au bout de. **to wait sth out** attendre la fin de qch.

♦**wait up** *vi* (*not go to bed*) ne pas se coucher, veiller. **we waited up till 2 o'clock** nous avons veillé *or* attendu jusqu'à 2 heures, nous ne nous sommes pas couchés avant 2 heures; **she always waits up for him** elle attend toujours qu'il rentre (*subj*) pour se coucher, elle ne se couche jamais avant qu'il ne soit rentré; **don't wait up for me** couchez-vous sans m'attendre; **you can wait up to see the programme** tu peux voir le programme avant de te coucher, tu peux rester debout pour voir le programme.

♦**wait upon** *vt fus* (a) (*frm*) *[ambassador, envoy etc]* présenter ses respects à.

(b) = **wait on a**.

waiter ['weɪtəʳ] *n* garçon *m* (de café), serveur *m*. **~!** garçon!; *V* dumb, head, wine.

waiting ['weɪtɪŋ] 1 *n* (*U*) attente *f*. (*Aut*) **'no ~'** 'stationnement strictement interdit'; **all this ~!** ce qu'on attend!, dire qu'il faut attendre si longtemps!; (*frm*) **to be in ~ on sb** être attaché au service de qn; *V* lady.

2 *adj* qui attend.

3 *cpd*: (*fig*) **to play a waiting game** (*gen*) attendre son heure; (*in diplomacy, negotiations etc*) mener une politique d'attente, se conduire en attentiste; **waiting list** liste *f* d'attente; **waiting room** (*Rail, Bus etc*) salle *f* d'attente; *[office, surgery etc]* salon *m* d'attente.

waitress ['weɪtrɪs] *n* serveuse *f*. **~!** Mademoiselle (s'il vous plaît)!

waive [weɪv] *vt* (*Jur*) *claim, right, privilege* renoncer à, abandonner; *condition, age limit* ne pas insister sur, abandonner; *principle* déroger à, renoncer à.

waiver ['weɪvəʳ] *n* (*Jur: V* **waive**) renonciation *f* (*of* à); abandon *m* (*of* de).

wake¹ [weɪk] *n [ship]* sillage *m*, eaux *fpl*. (*fig*) **in the ~ of the storm** à la suite de l'orage, après l'orage; **in the ~ of the army** dans le sillage *or* sur les traces de l'armée; **the war brought famine in its ~** la guerre a amené la famine dans son sillage; **to follow in sb's ~** marcher sur les traces de qn *or* dans le sillage de qn.

wake² [weɪk] (*vb: pret* **woke**, **waked**, *ptp* **waked**, **woken**, **woke**) 1 *n* (a) (*over corpse*) veillée *f* mortuaire.

(b) (*N Engl*) **W~s** (*Week*) *semaine f de congé annuel dans le nord de l'Angleterre*.

2 *vi* (*also* **~ up**) se réveiller, s'éveiller (*from* de). **~ up!** réveille-toi!; (**fig**: *think what you're doing*) mais enfin réveille-toi! *or* ouvre les yeux!; **to ~ from sleep** se réveiller, s'éveiller, sortir du sommeil; **to ~ (up) from a nightmare** (*lit*) se réveiller d'un cauchemar; (*fig*) sortir d'un cauchemar; **she woke (up) to find them gone** en se réveillant *or* à son réveil elle s'est aperçue qu'ils étaient partis; **he woke up (to find himself) in prison** il s'est réveillé en prison; **he woke up to find himself rich** à son réveil il

était riche; (*fig*) to ~ (up) to sth prendre conscience de *or* se rendre compte de *or* s'apercevoir de qch; to ~ (up) from one's illusions revenir de ses illusions; (*fig: stirred himself*) he suddenly woke up and started to work hard il s'est tout à coup réveillé *or* remué *or* secoué et s'est mis à travailler dur; (*fig: understood*) he suddenly woke up and realized that ... tout à coup ses yeux se sont ouverts *or* dessillés et il s'est rendu compte que ... .

3 *vt* (*also* ~ **up**) *person* réveiller (*from* de), tirer du sommeil; (*fig*) *memories* (r)éveiller, ranimer; *desires* éveiller, provoquer, exciter. a noise that would ~ the dead un bruit à réveiller les morts; (*fig*) he needs something to ~ him up il aurait besoin d'être secoué.

wakeful ['weɪkful] *adj person* (*awake*) éveillé, qui ne dort pas; (*alert*) vigilant; *hours etc* sans sommeil. to have *or* spend a ~ night passer une nuit blanche.

wakefulness ['weɪkfulnɪs] *n* (*sleeplessness*) insomnie *f*; (*watchfulness*) vigilance *f*.

waken ['weɪkən] *vti* = **wake²**.

waker ['weɪkər] *n*: to be an early ~ se réveiller tôt, être matinal.

wakey-wakey‡ ['weɪkɪ'weɪkɪ] *excl* réveillez-vous!, debout!

waking ['weɪkɪŋ] **1** *adj*: in one's ~ hours pendant les heures de veille; he devoted all his ~ hours to ... il consacrait chaque heure de sa journée à ...; ~ or sleeping, he ... (qu'il soit) éveillé ou endormi, il ... .

2 *n* (état *m* de) veille *f*. between ~ and sleeping entre la veille et le sommeil, dans un (état de) demi-sommeil.

Waldorf ['wɔːldɔːf] *n* (*Culin*) ~ salad salade *f* Waldorf (*composée de pommes, noix et céleri liés avec une mayonnaise*).

wale [weɪl] *n* (*US*) = **weal¹**.

Wales [weɪlz] *n* pays *m* de galles; in ~ au pays de Galles; North/South ~ le Nord/le Sud du pays de Galles; (*Brit*) Secretary of State for ~ ministre *m* chargé du pays de Galles; *V* prince.

walk [wɔːk] **1** *n* (a) promenade *f*; (*ramble*) randonnée *f*; (~*ing race*) épreuve *f* de marche. to go for a ~, to take *or* have a ~ se promener, faire une promenade, (*shorter*) faire un tour; let's have a little ~ promenons-nous un peu, allons faire un petit tour; he had a long ~ il s'est promené longtemps, il a fait une grande promenade, il a fait une vraie randonnée; we went on a long ~ to see the castle nous avons fait une excursion (à pied) pour visiter le château; to take sb for a ~ emmener qn se promener *or* en promenade; to take the dog for a ~ promener le chien; he did a 10-km ~ each day il faisait chaque jour une promenade de 10 km; the house is 10 minutes' ~ from here la maison est à 10 minutes de marche d'ici *or* à 10 minutes à pied d'ici; it's only a short ~ to the shops il n'y a pas loin à marcher jusqu'aux magasins, il n'y a pas loin pour aller aux magasins; there's a nice ~ by the river il y a une jolie promenade à faire le long de la rivière, (*US fig: easily*) in a ~* win dans un fauteuil; *do sth* les doigts dans le nez; *V* sponsor.

(b) (*gait*) démarche *f*, façon *f* de marcher. I knew him by his ~ je l'ai reconnu à sa démarche *or* à sa façon de marcher.

(c) he slowed down to a ~ il a ralenti pour aller au pas; you've plenty of time to get there at a ~ vous avez tout le temps qu'il faut pour y arriver sans courir; he went at a quick ~ il marchait d'un pas rapide.

(d) (*avenue*) avenue *f*, promenade *f*; (*path in garden*) allée *f*; (*path in country*) chemin *m*, sentier *m*; (*US: sidewalk*) trottoir *m*. (*fig*) from all ~s of life de toutes conditions sociales.

2 *cpd*: **walkabout*** (*Australia*) voyage *m* (d'aborigène) dans le désert; (*gen: of president, celebrity*) bain *m* de foule; [*president, celebrity*] to go *or* be on a walkabout* prendre un bain de foule; (*US*) **walkaway*** (*victory or win*) victoire *f* dans un fauteuil; **walk-in** *wardrobe, cupboard, larder* de plain-pied; (*Theat etc*) **walk(ing)-on part** rôle *m* de figurant(e); **walkman** ® walkman *m* ®, baladeur *m*, sonambule *m* (*Can*); **walkout** (*strike*) grève *f* surprise; (*from meeting, lecture etc*) départ *m* (en signe de protestation); to stage a walkout [*workers*] faire une grève surprise; [*students, delegates etc*] partir (en signe de protestation); (*Racing*) **walkover** walk-over *m*; (*fig*) it was a walkover!* (*game etc*) c'était une victoire facile! *or* dans un fauteuil!*; (*exam etc*) c'était un jeu d'enfant! c'était simple comme bonjour!; (*Sport*) it was a walkover for Smith* Smith a gagné dans un fauteuil *or* haut la main; (*US*) **walk-up** (*house*) immeuble *m* sans ascenseur; (*apartment*) appartement *m* dans un immeuble sans ascenseur; **walkway** passage *m* pour piétons.

3 *vi* (a) (*gen*) marcher; (*not run*) aller au pas, ne pas courir. I haven't ~ed since the accident je n'ai pas (re)marché depuis l'accident; I can't ~ as I used to je n'ai plus mes jambes d'autrefois; (*loc*) you must ~ before you can run on apprend petit à petit; she ~s in her sleep elle est somnambule; she was ~ing in her sleep elle marchait en dormant; don't ~ on the new rug ne marche pas sur le nouveau tapis; I'll ~ with you je vais vous accompagner; to ~ across/down etc traverser/descendre etc (à pied *or* sans courir); he ~ed up/down the stairs (*gen*) il a monté/descendu l'escalier; (*didn't run*) il a monté/descendu l'escalier sans courir; he was ~ing up and down il marchait de long en large, il faisait les cent pas; you should always WALK across the road on ne doit jamais traverser la rue en courant; ~, don't run ne cours pas; (*fig*) my pen seems to have ~ed* mon stylo a fichu le camp*.

(b) (*not ride or drive*) aller à pied; (*go for a* ~) se promener, faire une promenade; [*ghost*] apparaître. they ~ed all the way to London ils ont fait tout le chemin à pied jusqu'à Londres; I always ~ home je rentre toujours à pied; shall we ~ a little? si nous faisions quelques pas?, si nous marchions un peu?, si nous nous promenions un peu?; they were out ~ing ils étaient partis se promener (à pied).

4 *vt* (a) *distance* faire à pied. he ~s 5 km every day il fait 5 km

(de marche) à pied par jour; you can ~ it in a couple of minutes vous y serez en deux minutes à pied, à pied cela vous prendra deux minutes, à pied vous en avez pour deux minutes; he ~ed it in 10 minutes il l'a fait à pied en 10 minutes, il lui a fallu 10 minutes à pied; (*fig: it was easy*) he ~ed it* cela a été un jeu d'enfant pour lui.

(b) *town etc* parcourir. to ~ the streets se promener dans les rues; (*to fill in time*) flâner dans les rues; (*from poverty*) errer dans les rues, battre le pavé; [*prostitute*] faire le trottoir; he ~ed the town looking for a dentist il a parcouru la ville en tous sens à la recherche d'un dentiste; they ~ed the countryside in search of ... ils ont battu la campagne à la recherche de ...; to ~ the plank subir le supplice de la planche (*sur un bateau de pirates*); the policeman was ~ing his beat l'agent de police faisait sa ronde; I've ~ed this road many times j'ai pris cette route (à pied) bien des fois.

(c) (*cause to* ~) *person* faire marcher, faire se promener, promener; *dog* promener; *horse* conduire à pied. I ~ed him round the garden till he was calmer je me suis promené avec lui dans le jardin jusqu'à ce qu'il se calme (*subj*); the nurse ~ed him down the ward to exercise his legs l'infirmière l'a fait marcher *or* se promener dans la salle pour qu'il s'exerce (*subj*) les jambes; I ~ed him round Paris je l'ai promené dans Paris; he seized my arm and ~ed me across the room il m'a pris par le bras et m'a fait traverser la pièce; to ~ sb in/out etc faire entrer/sortir etc qn; I'll ~ you to the station je vais vous accompagner (à pied) à la gare; to ~ sb home raccompagner qn (chez lui *or* elle); he ~ed her to her car il l'a raccompagnée jusqu'à sa voiture; I had to ~ my cycle home j'ai dû pousser ma bicyclette jusqu'à la maison; to ~ a cooker/chest of drawers across a room pousser une cuisinière/une commode petit à petit d'un bout à l'autre d'une pièce (*en la faisant pivoter d'un pied sur l'autre*); they ~ed him off his feet ils l'ont tellement fait marcher qu'il ne tenait plus debout.

♦**walk about 1** *vi* aller et venir, se promener, circuler.

2 walkabout* *n V* walk 2.

♦**walk across** *vi* (*over bridge etc*) traverser. to walk across to sb s'approcher de qn, se diriger vers qn.

♦**walk around** *vi* = **walk about 1**.

♦**walk away 1** *vi* partir, filer*. to walk away from sb s'éloigner de qn, quitter qn; he walked away with the wrong coat il s'est trompé de manteau en partant; to walk away from an accident sortir indemne d'un accident; (*fig: win easily*) to walk away with sth gagner *or* remporter qch haut la main; I did the work but he walked away with all the credit c'est moi qui ai fait tout le travail et c'est lui qui a reçu tous les éloges.

2 walkaway* *n, adj V* walk 2.

♦**walk back** *vi* revenir, rentrer, retourner; (*specifically on foot*) revenir *or* rentrer *or* retourner à pied.

♦**walk in 1** *vi* entrer. 'please walk in' 'prière d'entrer', 'entrez sans frapper'; who should walk in but Paul! et voilà que Paul est entré (à ce moment-là)!, et qui entre sur ces entrefaites? Paul!; he just walked in and took all my jewels il n'a eu qu'à (se donner la peine d')entrer pour prendre tous mes bijoux; he just walked in and gave me the sack il est entré sans crier gare et m'a annoncé qu'il me mettait à la porte.

2 walk-in *adj V* walk 2.

♦**walk into** *vt fus* (a) *trap, ambush* tomber dans. you really walked into that one!* tu es vraiment tombé *or* tu as vraiment donné dans le panneau!; he wondered what he had walked into il se demandait dans quelle galère il s'était laissé entraîner.

(b) (*bump into*) *person, lamppost, table* se cogner à, rentrer dans*; (*: meet*) tomber sur.

♦**walk off 1** *vi* (a) = **walk away 1**.

(b) (*steal*) to walk off with sth barboter‡ *or* faucher‡ qch.

2 *vt sep excess weight* perdre en marchant. to walk off a headache prendre l'air *or* faire une promenade pour se débarrasser d'un mal de tête.

♦**walk off with*** *vt fus* = **walk away with***.

♦**walk on 1** *vi* (*Theat*) être figurant(e), jouer les utilités.

2 walk(ing)-on *adj V* walk 2.

3 walker-on *n V* walker 2.

♦**walk out 1** *vi* (*go out*) sortir; (*go away*) partir; (*as protest*) partir (en signe de protestation); (*go on strike*) se mettre en grève, faire grève. (*fig*) you can't walk out now! tu ne peux pas partir comme ça!, tu ne peux pas tout laisser tomber* comme ça!; her husband has walked out son mari l'a quittée *or* plaquée‡; they walked out of the discussion ils ont quitté la séance de discussion (en signe de protestation).

2 walkout *n V* walk 2.

♦**walk out on*** *vt fus boyfriend, business partner* laisser tomber*, plaquer‡.

♦**walk out with†** *vt fus* (*Brit: court*) fréquenter†.

♦**walk over 1** *vi* traverser (à pied), faire un saut (à pied). I'll walk over tomorrow morning j'y passerai *or* j'y ferai un saut (à pied) demain matin; he walked over to me and said ... il s'est approché de moi et a dit ... .

2 *vt fus* (*) (a) (*defeat easily*) battre haut la main.

(b) (*treat badly: also* walk all over) marcher sur les pieds de. she lets him walk all over her elle se laisse marcher sur les pieds (sans jamais lui faire de reproche).

3 walkover *n V* walk 2.

♦**walk up 1** *vi* (*go upstairs etc*) monter; (*approach*) s'approcher (*to sb* de qn). (*at fair etc*) walk up, walk up! approchez, approchez!

2 walk-up *n V* walk 2.

walkathon* ['wɔːkəθɒn] *n* (*US*) marathon *m* (de marche).

walker ['wɔːkər] **1** *n* (a) (*esp Sport*) marcheur *m*, -euse *f*; (*for pleasure*) promeneur *m*, -euse *f*. he's a good/bad ~ il est bon/mauvais marcheur; he's a fast ~ il marche vite; *V* sleep, street *etc*.

(b) (*support frame*) (*for convalescents etc*) déambulateur *m*; (*for babies*) trotte-bébé *m*.

2 *cpd*: (*Theat*) **walker-on** figurant(e) *m(f)*, comparse *mf*.

walkie-talkie ['wɔːkɪ'tɔːkɪ] *n* talkie-walkie *m*.

walking ['wɔːl] **1** *n* **(a)**(*U*) marche *f* à pied, promenade(s) *f(pl)* (à pied); (*as a constitutional*) footing *m* (*U*); *V* **sleep** *etc*.

(b) (*Sport*) marche *f* (athlétique); (*Basketball*) marcher *m*.

2 *adj* ambulant. (*Mil*) **the ~ wounded** les blessés capables de marcher; **he is a ~ encyclopedia** c'est une encyclopédie vivante; **he is a ~ miracle** c'est un miracle ambulant, il revient de loin.

3 *cpd*: **it is within walking distance (of the house)** on peut facilement y aller à pied (de la maison); **5 minutes' walking distance away** à 5 minutes de marche; **we had a walking holiday in the Tyrol** pour nos vacances nous avons fait de la marche dans le Tyrol; (*Theat*) **walking-on** *adj* *V* **walk 2**; **at a walking pace** au pas; (*US*) **to give sb his walking papers*** renvoyer qn, mettre *or* flanquer* qn à la porte; **walking race** épreuve *f* de marche; **walking shoes** chaussures *fpl* de marche; **walking stick** canne *f*; **to be on a walking tour** *or* **trip** faire une longue randonnée à pied.

Walkyrie [væl'kɪərɪ] *n* Valkyrie *f*.

wall [wɔːl] **1** *n* (*gen*) mur *m* (*also fig*); (*interior; also of trench, tunnel*) paroi *f*; (*round garden, field*) mur (de clôture); (*round city, castle etc*) murs, remparts *mpl*, murailles *fpl*; (*Anat*) paroi; (*tyre*) flanc *m*; (*fig: of smoke, mountains etc*) mur *m*, muraille *f*. **within the (city) ~s** dans les murs, dans la ville; **the Great W~ of China** la grande muraille de Chine; **the Berlin W~** le mur de Berlin; **the north ~ of the Eiger** la face nord *or* la paroi nord de l'Eiger; **they left only the bare ~s standing** ils n'ont laissé que les murs; (*Econ*) **a high tariff ~** une barrière douanière élevée; (*loc*) **~s have ears** les murs ont des oreilles; (*prisoner*) **to go over the ~** s'évader, faire la belle‡; (*fig*) **to go to the ~** [*person*] perdre la partie; (*go bankrupt*) faire faillite; [*plan, activity*] être sacrifié; **it's always the weakest to the ~** ce sont toujours les plus faibles qui écopent*; **it is a case of the weakest to the ~** les plus faibles doivent céder le pas; (*fig*) **he had his back to the ~**, **he was up against the ~** il avait le dos au mur, il était acculé; **to get sb up against the ~**, **to drive** *or* **push sb to the ~** acculer qn, mettre qn au pied du mur; (*fig*) **to bang** *or* **knock** *or* **beat one's head against a (brick) ~** se cogner *or* se taper la tête contre les murs; (*fig*) **to come up against a (blank) ~**, **to come up against a stone** *or* **brick ~** se heurter à un mur; **to drive** *or* **send sb up the ~*** rendre qn dingue‡, en faire voir de toutes les couleurs* à qn; (*US fig*) **off the ~*** dingue*, bizarre; *V* **party**.

2 *cpd* decoration, clock, map mural. **wall bars** espalier *m* (*pour exercices de gymnastique*); (*US*) **wallboard** plaque *f* de plâtre; **wall chart** planche murale; (*gravure*); **wallcovering** tapisserie(s) *f(pl)* *or* tenture(s) *f(pl)* murale(s); **wall cupboard** placard mural *or* suspendu; **wall-eyed** qui louche, qui a un œil qui dit zut à l'autre*; (*Bot*) **wallflower** giroflée *f*; (*fig*) **to be a wallflower** faire tapisserie; **wall lamp**, **wall light** applique *f* (*lampe*); **wall lighting** éclairage *m* par appliques; **wallpaper** (*n*) papier peint; (*vt*) tapisser (de papier peint); (*pej*) **wallpaper music*** musique *f* d'ambiance (enregistrée); (*Elec*) **wall socket** prise *f* (murale); (*US*) **Wall Street** Wall Street *m* (la Bourse de New York); **to carpet sth wall to wall** recouvrir qch de moquette; **wall-to-wall carpeting** moquette *f*.

3 *vt garden* entourer d'un mur, construire un mur autour de; qch fortifier, entourer de murs *or* de remparts. **~ed garden** jardin clos; **~ed town** ville fortifiée.

◆ **wall in** *vt sep* garden *etc* entourer d'un mur.

◆ **wall off** *vt sep* plot *of land* séparer par un mur.

◆ **wall up** *vt sep* doorway, window murer, condamner; person, relics murer, emmurer.

wallaby ['wɒləbɪ] *n* wallaby *m*.

wallah ['wɒlə] *n* (*Hist: Anglo-Indian*) **the laundry** *etc* **~** le préposé au blanchissage *etc*.

wallet ['wɒlɪt] *n* portefeuille *m*; (††: *of pilgrims etc*) besace *f*.

Walloon [wɒ'luːn] **1** *adj* wallon. **2** *n* **(a)** Wallon(ne) *m(f)*. **(b)** (*Ling*) wallon *m*.

wallop* ['wɒləp] *n* **(a)** (*: in fight, as punishment*) coup *m*, beigne‡ *f*, torgnole‡ *f*; (*in accident*) coup, gnon‡ *m*; (*sound*) fracas *m*, boucan* *m*. **to give sb a ~** flanquer une beigne‡ *or* une torgnole‡ à qn; **~! vlan!; it hit the floor with a ~** vlan! c'est tombé par terre, c'est tombé par terre avec un grand fracas.

(b) (‡: *speed*) **to go at a fair ~** aller à toute pompe* *or* à fond de train.

(c) (*Brit‡: beer*) bière *f*.

2 *vt* (*) person flanquer une raclée* *or* une rossée* à qn; ball, object taper sur, donner un *or* des grand(s) coup(s) dans.

3 *adv*: **he went ~ into the wall*** il est rentré* en plein dans le mur.

walloping‡ ['wɒləpɪŋ] **1** *adj* sacré* (*before n*), formidable, phénoménal. **~ big** vachement grand‡. **2** *n* raclée* *f*, rossée* *f*. **to give sb a ~** (*punish*) flanquer une raclée* *or* une rossée* à qn; (*Sport etc: beat*) enfoncer* qn, battre qn à plate(s) couture(s).

wallow ['wɒləu] **1** *vi* [*person, animal*] se vautrer (*in dans*); [*ship*] être ballotté; (*fig*) (*in vice, sin*) se vautrer (*in dans*); (*in self-pity etc*) se complaire (*in* à). **2** *n* mare bourbeuse.

wally‡ ['wɒlɪ] *n* idiot* *m*. **to be a ~** être bête* *or* idiot*; **you look a right ~!** tu as vraiment l'air bête* *or* l'air d'un con‡!

walnut ['wɔːlnʌt] **1** *n* noix *f*; (*also ~ tree*) noyer *m*; (*wood*) noyer. **2** *cpd* table etc de *or* en noyer; cake aux noix; oil de noix.

Walpurgis [væl'puəgɪs] *n*: **~ Night** la nuit de Walpurgis.

walrus ['wɔːlrəs] *n* morse *m* (*Zool*). (*hum*) **~ moustache** moustache *f* à la gauloise.

waltz [wɔːlts] **1** *n* valse *f*. (*US fig*) **it was a ~!*** c'était du gâteau* *or* de la tarte*.

2 *vi* valser, danser la valse. (*fig*) (*gaily*) **to ~ in/out** *etc* entrer/ sortir *etc* d'un pas joyeux *or* dansant; (*brazenly*) entrer/sortir *etc*

avec désinvolture; **she ~ed in without even knocking*** elle a fait irruption sans même frapper; **he ~ed off with the prize*** il a gagné le prix haut la main; (*fig*) **he ~ed* into the job** il a obtenu le poste les mains dans les poches.

3 *vt*: **he ~ed her round the room** il l'a entraînée dans une valse tout autour de la pièce; (*fig: in delight etc*) il s'est mis à danser de joie avec elle.

wampum ['wɒmpəm] *n* **(a)** (*beads*) wampum *m*. **(b)** (*US‡: money*) pognon‡ *m*, fric‡ *m*.

wan [wɒn] *adj* complexion, sky, light pâle, blême, blafard; person, look triste; smile pâle, faible. (*sky etc*) **to grow ~** pâlir, blêmir.

wand [wɒnd] *n* (*conjurer, fairy*) baguette *f* (magique); (*usher, steward, sheriff*) verge *f*, bâton *m*.

wander ['wɒndə^r] **1** *n* tour *m*, balade* *f*. **to go for a ~ around the town/the shops** aller faire un tour en ville/dans les magasins.

2 *cpd*: **wanderlust** envie *f* de voir le monde, bougeotte* *f*.

3 *vi* **(a)** [*person*] errer, aller sans but; (*for pleasure*) flâner; [*thoughts*] errer, vagabonder, vaguer; [*river, road*] serpenter, faire des méandres. **he ~ed through the streets** il errait *or* allait sans but *or* flânait de par les rues, il se promenait au hasard des rues; **his glance ~ed round the room** son regard errait dans la pièce.

(b) (*stray*) s'égarer. **he ~ed off the path** il s'est écarté du chemin, il s'est égaré; **to ~ from the subject** s'écarter du sujet; **his eyes ~ed from the page** son regard distrait s'est écarté de la page; **his thoughts ~ed back to his youth** ses pensées se sont distraitement reportées à sa jeunesse; **his attention ~ed** il était distrait, il n'arrivait pas à fixer son attention *or* à se concentrer; **sorry, my mind was ~ing** excusez-moi, j'étais distrait; **his mind ~ed to the day when ...** il repensa par hasard au jour où ...; (*pej*) **his mind is ~ing**, **his wits are ~ing**, **he's ~ing*** (*from fever*) il délire, il divague; (*from old age*) il divague, il déraille*; **don't take any notice of what he says, he's just ~ing*** ne faites pas attention à ce qu'il dit, il radote.

(c) (*go casually*) **to ~ in/out/away** *etc* entrer/sortir/partir *etc* sans se presser *or* d'un pas nonchalant; **they ~ed round the shop** ils ont flâné dans le magasin; **let's ~ down to the café** descendons tranquillement *or* tout doucement au café.

4 *vt* parcourir au hasard, errer dans. **to ~ the streets** aller au hasard des rues, errer dans les rues; **to ~ the hills/the countryside** se promener au hasard *or* errer dans les collines/dans la campagne; **to ~ the world** courir le monde, rouler sa bosse*.

◆ **wander about**, **wander around** *vi* (*aimlessly*) aller sans but, se promener au hasard, errer; (*casually*) aller sans se presser *or* d'un pas nonchalant, flâner.

wanderer ['wɒndərə^r] *n* vagabond(e) *m(f)* (*also pej*). (*hum*) **the ~'s returned!** tiens! — un revenant!

wandering ['wɒndərɪŋ] **1** *adj* way of life, person errant, vagabond; river, road qui serpente, en lacets; tribe nomade; glance errant, distrait; imagination, thoughts vagabond; (*pej*) speech diffus. **the W~ Jew** le Juif errant; **~ minstrel** ménestrel ambulant.

2 *npl*: **~s** (*journeyings*) voyages *mpl* à l'aventure, vagabondages *mpl*; (*fig: in speech etc*) divagations *fpl*.

wane [weɪn] **1** *vi* [*moon*] décroître, décliner, être à son déclin; [*enthusiasm, interest, emotion*] diminuer; [*strength, reputation, popularity, empire*] décliner, être en déclin. **2** *n*: **to be on the ~** = **to wane**; *V* **1**.

wangle* ['wæŋgl] **1** *n* combine* *f*. **it's a ~** c'est une combine*; **he got it by a ~** il se l'est procuré par le système D*, il l'a eu par une combine*.

2 *vt* **(a)** (*get*) se débrouiller pour avoir; (*without paying*) carotter*, resquiller*. **to ~ sth for sb** se débrouiller pour obtenir qch pour qn, carotter* qch pour qn; **can you ~ me a free ticket?** est-ce que tu peux m'avoir une place gratuite? *or* me resquiller* une place?; **I'll ~ it somehow** je me débrouillerai pour arranger ça, je goupillerai* ça; **he ~d £10 out of his father** il a soutiré *or* carotté* 10 livres à son père; **he ~d his way into the hall** il s'est faufilé dans la salle.

(b) (*fake*) results, report, accounts truquer*, cuisiner*.

3 *vi*: **to ~ in** *etc* = **to ~ one's way in** *etc*; *V* **2a**.

wangler* ['wæŋglə^r] *n* (*V* **wangle 2a**) débrouillard(e)* *m(f)*; carotteur* *m*, -euse* *f*, resquilleur* *m*, -euse* *f*.

wangling* ['wæŋglɪŋ] *n* (*U*) système D* *m*, carottage* *m*, resquille* *f*.

waning ['weɪnɪŋ] (*V* **wane**) **1** *n* (*U*) décroissement *m*; déclin *m*; diminution *f*.

2 *adj* moon à son déclin; enthusiasm, interest qui diminue; strength, reputation, popularity, empire déclinant, sur son déclin.

wank‡* [wæŋk] *vi* se branler*‡, se masturber.

wanker‡* ['wæŋkə^r] *n* branleur*‡ *m*.

wanly ['wɒnlɪ] *adv* shine avec une clarté pâle *or* blême; smile, look, say tristement, faiblement.

wanness ['wɒnnɪs] *n* [*person*] tristesse *f*; [*complexion*] pâleur *f*.

want [wɒnt] **1** *n* **(a)** (*U: lack*) manque *m*. **for ~ of** faute de, par manque de; **for ~ of anything better** faute de mieux; **for ~ of anything better to do** faute d'avoir quelque chose de mieux à faire; **for ~ of something to do** he ... comme il n'avait rien à faire il ..., par désœuvrement il ...; **it wasn't for ~ of trying that he ...** ce n'était pas faute d'avoir essayé qu'il ...; **there was no ~ of enthusiasm** ce n'était pas l'enthousiasme qui manquait, l'enthousiasme ne faisait pas défaut.

(b) (*U: poverty, need*) pauvreté *f*, besoin *m*, misère *f*. **to be** *or* **live in ~** être dans le besoin, être nécessiteux; **to be in ~ of sth** avoir besoin de qch.

(c) (*gen pl: requirement, need*) **~s** besoins *mpl*; **his ~s are few** il a peu de besoins, il est facile à contenter *or* de grand-chose; **it fills** *or* **meets a long-felt ~** cela comble enfin cette lacune.

2 *cpd*: (*US Press*) **want ad** demande *f* (*for* de).

3 vt (a) (wish, desire) vouloir, désirer (to do faire). **what do you ∼?** que voulez-vous?, que désirez-vous?; **what do you ∼ with** or **of him?** qu'est-ce que vous lui voulez?; **what do you ∼ to do tomorrow?** qu'est-ce que vous avez envie de faire demain?, qu'est-ce que vous voulez or désirez faire demain?; **I don't ∼ to!** je n'en ai pas envie!; (more definite) je ne veux pas!; **all I ∼ is a good sleep** tout ce que je veux, c'est dormir longtemps; **he ∼s success/popularity** il veut or désire or ambitionne le succès/la popularité; **I ∼ your opinion on this** je voudrais votre avis là-dessus; **what does he ∼ for that picture?** combien veut-il or demande-t-il pour ce tableau?; **I ∼ you to tell me ...** je veux que tu me dises ...; **I ∼ the car cleaned** je veux qu'on nettoie la voiture; **I always ∼ed a car like this** j'ai toujours souhaité avoir une or j'ai toujours eu envie d'une voiture comme ça; **I was ∼ing to leave** j'avais envie de partir; **to ∼ in/out*** etc vouloir entrer/sortir etc; (fig) **he ∼s out*** il ne veut plus continuer, il veut laisser tomber*; **you're not ∼ed here** on n'a pas besoin de vous ici, on ne veut pas de vous ici; **I know when I'm not ∼ed!*** je me rends compte que je suis de trop; **where do you ∼ this table?** où voulez-vous (qu'on mette) cette table?; (fig) **you've got him where you ∼ him** vous l'avez coincé*, vous le tenez à votre merci; (iro) **you don't ∼ much!** il n'en faut pas beaucoup pour vous faire plaisir! or vous satisfaire! (iro); (sexually) **to ∼ sb** désirer qn.

(b) (seek, ask for) demander. **the manager ∼s you in his office** le directeur veut vous voir or vous demande dans son bureau; **you're ∼ed on the phone** on vous demande au téléphone; **to be ∼ed by the police** être recherché par la police; **'∼ed for murder'** 'recherché pour meurtre'; **'good cook ∼ed'** 'on demande une bonne cuisinière'; V also **wanted**.

(c) (gen Brit) (need) [person] avoir besoin de; [task] exiger, réclamer; (*: ought) devoir (to do faire). **we have all we ∼** nous avons tout ce qu'il nous faut; **just what I ∼(ed)!** exactement ce qu'il me faut; **you ∼ a bigger hammer if you're going to do it properly** tu as besoin de or il te faut un marteau plus grand pour faire cela correctement; **what do you ∼ with a house that size?** pourquoi as-tu besoin d'une or veux-tu une maison aussi grande?; **such work ∼s good eyesight** un tel travail exige or réclame or nécessite une bonne vue; **the car ∼s cleaning** la voiture a besoin* d'être lavée, il faudrait laver la voiture; **your hair ∼s combing** tu as besoin de te peigner, il faudrait que tu te peignes (subj), tu devrais te peigner; **that child ∼s a smacking** cet enfant a besoin d'une or mérite une fessée, une fessée ne ferait pas de mal à cet enfant; **you ∼ to be careful with that!*** fais attention à ça!, fais gaffe‡ à ça!; **you ∼ to see his new boat!*** il faudrait que tu voies son nouveau bateau!, tu devrais voir son nouveau bateau!

(d) (lack) **he ∼s talent** il manque de talent, le talent lui fait défaut; **this shirt ∼s a button** il manque un bouton à cette chemise; **the carpet ∼s 5 cm to make it fit** il manque 5 cm pour que le tapis soit de la bonne dimension; **it ∼ed only his agreement** il ne manquait que son accord; **it ∼s 12 minutes to midnight** dans 12 minutes il sera minuit.

4 vi (be in need) être dans le besoin or la misère, être nécessiteux. (lack) **to ∼ for sth** manquer de qch, avoir besoin de qch; **they ∼ for nothing** il ne leur manque rien, ils ne manquent de rien, ils n'ont besoin de rien; V **waste**.

wanted ['wɒntɪd] adj (a) (criminal) recherché par la police. **'∼ for murder'** 'recherché pour meurtre'; **the ∼ man** le suspect, l'homme que la police recherche (or recherchait); (Police) **∼ notice** avis m de recherche; V also **want 3b**.

(b) (Press) **'∼'** 'demandes' fpl; **to put in a ∼ advertisement** mettre une petite annonce sous la rubrique 'demandes'.

wanting ['wɒntɪŋ] **1** adj (a) (missing) **the end of the poem is ∼** il manque la fin du poème, la fin du poème manque; **a sense of compassion is ∼ in the novel** le roman manque or est dépourvu d'un sens de la charité; **the necessary funds were ∼** les fonds nécessaires faisaient défaut or manquaient.

(b) (lacking in, short of) **∼ in** qui manque de, déficient en; **he was ∼ in courage** il manquait de courage, le courage lui manquait or lui faisait défaut; (loc) **he was tried and found ∼** il a été mis à l'épreuve et jugé insuffisant; **it was tried and found ∼** on s'est aperçu que ce n'était pas suffisamment bien; (pej) **he is a bit ∼*** il est simplet, il lui manque une case‡.

2 prep (without) sans; (minus) moins.

wanton ['wɒntən] **1** adj (a) (pej) woman dévergondé; thoughts impudique, libertin.

(b) (liter: capricious) person, breeze capricieux. **a ∼ growth of weeds** des mauvaises herbes luxuriantes or exubérantes.

(c) (gratuitous) cruelty, destruction gratuit, injustifié, absurde. **2** n (††) dévergondée f, femme légère.

wantonly ['wɒntənlɪ] adv (V wanton) de façon dévergondée; impudiquement; capricieusement; destroy, spoil etc gratuitement, de façon injustifiée.

wantonness ['wɒntənnɪs] n (U: V wanton) dévergondage m; caprices mpl; [cruelty, destruction] gratuité f, absurdité f.

war [wɔːʳ] **1** n guerre f. **to be at ∼** être en (état de) guerre (with avec); [country] **to go to ∼** se mettre en guerre, entrer en guerre (against contre, over à propos de); [soldier] **to go (off) to ∼** partir pour la guerre, aller à la guerre; (Mil, also fig) **to make ∼ on** faire la guerre à; **∼ of attrition** guerre d'usure; **the W∼s of the Roses** la guerre des Deux-Roses; **the Great W∼** la Grande Guerre, la guerre de 14 or de 14-18; **the (American) W∼ of Independence** la guerre de Sécession; **the period between the ∼s** (1918-39) l'entre-deux-guerres m inv; (Brit) **the W∼ Office**, (US) **the W∼ Department** le ministère de la Guerre; (Mil, fig) **to carry** or **take the ∼ into the enemy's camp** passer à l'attaque, prendre l'offensive, porter la guerre chez l'ennemi; (fig) **it was ∼ to the knife** or **the death between them** c'était une lutte à couteaux tirés entre eux;

(fig) **∼ of words** guerre de paroles; (fig) **you've been in the ∼s again*** tu t'es encore fait amocher‡ or estropier; V **cold, nerve, state** etc.

2 cpd conditions, debt, crime, criminal, orphan, widow, wound, zone de guerre. (US Hist) **war bond** titre m d'emprunt de guerre (pendant la Deuxième Guerre mondiale); **war bride** mariée f de la guerre; (US Pol etc) **war chest** caisse spéciale (d'un parti politique pour les élections); (fig) **war clouds** nuages avant-coureurs de la guerre; (Press, Rad, TV) **war correspondent** correspondant m de guerre; **war cry** cri m de guerre; **war dance** danse guerrière; **war-disabled** mutilé(e)s m(f)pl or invalides mfpl de guerre; (U) **warfare** (Mil) guerre f (U); (fig) lutte f (against contre); **class warfare** lutte f des classes; **war fever** psychose f de guerre; **on a war footing** sur le pied de guerre; **war games** (Mil: for training) kriegsspiel m; (Mil: practice manoeuvres) manœuvres fpl militaires; (board games) jeux mpl de stratégie militaire; **warhead** ogive f; **nuclear warhead** ogive f or tête f nucléaire; **warhorse** cheval m de bataille; (fig) **an old warhorse** un vétéran, un(e) dur(e) à cuire*; **warlike** guerrier, belliqueux; **war lord** chef m militaire, seigneur m de la guerre; **war memorial** monument m aux morts; **warmonger(ing)** V **warmonger(ing)**; **war paint** peinture f de guerre (des Indiens); (fig hum: make-up) maquillage m, peinturlurage m (pej); (fig) **to be on the warpath** être sur le sentier de la guerre, chercher la bagarre*; **what is his war record?** qu'est-ce qu'il a fait pendant la guerre?; **he has a good war record** son état de service pendant la guerre est tout à fait honorable; **warship** navire m or vaisseau m de guerre; **wartime** (U: n) temps m de guerre; (cpd) de guerre; **in wartime** en temps de guerre; **war-torn** déchiré par la guerre; **war-weary** las (f lasse) de la guerre; (US) **war whoop** cri m de guerre; **the war-wounded** les blessés mpl de guerre.

3 vi faire la guerre (against à).

warble[1] ['wɔːbl] n (a) (abcess) [cattle] var(r)on m. (b) (on horse's back) callosité f.

warble[2] ['wɔːbl] **1** n gazouillis m, gazouillements mpl. **2** vi [bird] gazouiller; [person] roucouler. **3** vt (also ∼ out) chanter en gazouillant.

warbler ['wɔːbləʳ] n fauvette f, pouillot m.

warbling ['wɔːblɪŋ] n gazouillis m, gazouillement(s) m(pl).

ward [wɔːd] **1** n (a) (Jur: person) pupille mf. **∼ of court** pupille sous tutelle judiciaire; **in ∼** sous tutelle judiciaire; V **watch**[2].

(b) (Brit: Local Government) section électorale.

(c) [hospital] salle f, (separate building) pavillon m; [prison] quartier m.

2 cpd: (US Pol pej) **ward heeler** agent or courtier électoral; (Naut) **wardroom** carré m; (Med) **ward round** visite f (de médecin hospitalier).

◆**ward off** vt sep blow, danger parer, éviter; illness éviter.

warden ['wɔːdn] n [institution] directeur m, -trice f; [city, castle] gouverneur m; [park, game reserve] gardien m, -ienne f; [youth hostel] père m or mère f aubergiste; (US: prison governor) directeur, -trice; [student residence etc] directeur m, -trice f de foyer universitaire; (Brit: on hospital board etc) membre m du conseil d'administration; (Brit: air-raid ∼) préposé(e) m(f) à la défense passive; (traffic ∼) contractuel(le) m(f). (Brit) **W∼ of the Cinque Ports** gouverneur des Cinque Ports; V **church, fire** etc.

warder ['wɔːdəʳ] n (a) (esp Brit: †) gardien m or surveillant m (de prison). **(b)** (esp US) (in building) concierge m, (in museum) gardien m (de musée).

wardress ['wɔːdrɪs] n (esp Brit) gardienne f or surveillante f (de prison).

wardrobe ['wɔːdrəʊb] **1** n (cupboard) armoire f, penderie f, garde-robe f; (clothes) garde-robe f; (Theat) costumes mpl. (Cine, Theat) **Miss X's ∼ by ...** costumes de Mlle X par ..., Mlle X est habillée par ... . **2** cpd: (Theat) **wardrobe mistress** costumière f; **wardrobe trunk** malle f penderie.

...ward(s) [wəd(z)] suf vers, dans la or en direction de. **town-ward(s)** vers la ville, dans la or en direction de la ville; V **back-ward(s), downward(s)** etc.

wardship ['wɔːdʃɪp] n (U) tutelle f.

...ware [wɛəʳ] n ending in cpds: (U) **kitchenware** articles mpl de cuisine; (U) **silverware** argenterie f; V **hard** etc.

warehouse ['wɛəhaʊs] **1** n, pl **warehouses** ['wɛəˌhaʊzɪz] entrepôt m, magasin m. **2** ['wɛəhaʊz] vt entreposer, mettre en magasin, emmagasiner. **3** cpd: **warehouseman** magasinier m.

warehousing ['wɛəhaʊzɪŋ] n (Comm) entreposage m, magasinage m.

wares [wɛəz] npl marchandises fpl.

warily ['wɛərɪlɪ] adv (V wary) avec prudence, avec circonspection, avec précaution. **... she said ∼ ...** dit-elle or avança-t-elle avec précaution.

wariness ['wɛərɪnɪs] n (U: V wary) prudence f, circonspection f; précaution f.

warlock ['wɔːlɒk] n sorcier m.

warm [wɔːm] **1** adj (a) (assez) chaud. **I am ∼** j'ai (assez) chaud; **this room is quite ∼** il fait (assez) chaud or il fait bon dans cette pièce; **a ∼ iron/oven** un fer/four moyen; **the iron/oven is ∼** le fer/four est (assez) chaud; **a ∼ fire** un bon feu; **I am as ∼ as toast** je suis chaud comme une caille*; **it's ∼, the weather is ∼** il fait chaud; **it's too ∼ in here** il fait trop chaud ici, on étouffe ici; **it's nice and ∼ in here** il fait bon ici, il fait agréablement chaud ici; **in ∼ weather** par temps chaud; (Met) **∼ front** front chaud; **the water is just ∼** l'eau est juste chaude or n'est pas très chaude; **this coffee's only ∼** ce café n'est pas assez chaud or est tiède; **to get sth ∼** (ré)chauffer qch; **to get** or **grow ∼** [person] se (ré)chauffer; [water, object] chauffer; (in guessing etc games) **you're getting ∼(er)!** tu chauffes!; **to keep sth ∼** or **in a ∼ place** tenir qch au chaud; **keep me ∼** tiens-moi chaud; (of sick person) **keep him ∼** ne le laissez pas prendre froid; **this scarf keeps me** ~ cette écharpe me tient chaud; **you've got to keep yourself** ~ surtout ne prenez pas froid; **it's** ~ **work** c'est du travail qui donne chaud; **the trail is still** ~ les traces sont récentes; (*fig*) **to make things** ~ **for sb** mener la vie dure à qn, en faire voir de dures* à qn; **things got too** ~ **for him** ça chauffait* trop *or* ça bardait‡ trop à son goût.

(**b**) (*fig*) *colour, shade* chaud; *voice, tone* chaud, chaleureux, entraînant; *dispute, discussion* chaud, vif, animé; *temperament* chaud, vif; *feelings* chaud, chaleureux; *apologies, thanks* vif; *greeting, welcome, congratulations, encouragement* cordial, chaleureux; *applause* chaleureux, enthousiaste; *supporter, admirer* ardent, chaud, enthousiaste. **they have a very** ~ **relationship** ils ont beaucoup d'affection l'un pour l'autre; **she is a very** ~ **person**, she **has a very** ~ **nature** *or* **heart** elle est très chaleureuse *or* affectueuse (de nature), elle est pleine de chaleur; (*in letter*) '**with** ~**est wishes**' avec tous mes vœux, les plus amicaux'.

2 *cpd*: **warm-blooded** (*Zool*) à sang chaud; (*fig*) ardent, sensuel, qui a le sang chaud; **warm-hearted** chaleureux, affectueux; **warm-up*** (*Sport*) échauffement *m*; (*Rad, Theat, TV etc*) mise en train; **warm-up exercices** exercices *mpl* d'échauffement.

3 *n* (*) **to give sth a** ~ (ré)chauffer qch; **come and have a** ~ **by the fire** viens te (ré)chauffer près du feu; **come inside and sit in the** ~ entrez vous asseoir au chaud.

4 *vt* (*also* ~ **up**) *person, room* réchauffer; *water, food* (ré)chauffer, faire (ré)chauffer; *coat, slippers* (ré)chauffer. **to** ~ **o.s.** se (ré)chauffer; **to** ~ **one's feet/hands** se (ré)chauffer les pieds/les mains; (*fig*) **the news** ~**ed my heart** la nouvelle m'a (ré)chauffé le cœur; *V* **cockle**.

5 *vi* (**a**) (*also* ~ **up**) *person* se (ré)chauffer; *water, food, clothing* chauffer; *room, bed* se réchauffer, devenir plus chaud.

(**b**) (*fig*) **to** ~ **to an idea** s'enthousiasmer peu à peu pour une idée; **I** ~**ed to him, my heart** ~**ed to him** je me suis pris de sympathie pour lui; **to** ~ **to one's subject** se laisser entraîner par son sujet, traiter son sujet avec un enthousiasme grandissant.

◆**warm over, warm through** *vt sep food* faire (ré)chauffer.
◆**warm up 1** *vi* (**a**) = **warm 5a**.

(**b**) *[engine, car]* se réchauffer; *[athlete, dancer]* s'échauffer; *[discussion]* s'échauffer, s'animer; *[audience]* devenir animé. **the party was warming up** la soirée commençait à être pleine d'entrain, la soirée chauffait*; **the game is warming up** la partie commence à devenir excitante; **things are warming up** ça commence à s'animer *or* à chauffer*.

2 *vt sep person, room* réchauffer; *water, food* (ré)chauffer, faire (ré)chauffer; *coat, slippers* (ré)chauffer; *engine, car* faire chauffer; *discussion* animer; (*Theat etc*) *audience* mettre en train.

3 warm-up* *n V* **warm 2**.
4 warming-up *adj V* **warming 2**.

warming ['wɔ:mɪŋ] **1** *adj drink* qui réchauffe; (*fig: heartwarming*) qui réchauffe le cœur, réconfortant.

2 *cpd*: **warming oven** four *m* à réchauffer; **warming pan** bassinoire *f*; **warming-up exercises** exercices *mpl* d'échauffement.

warmly ['wɔ:mlɪ] *adv clothe, wrap up* chaudement; (*fig*) *congratulate, welcome* chaudement, chaleureusement, cordialement; *applaud* chaleureusement, avec enthousiasme; *thank, recommend* vivement, chaudement. **the sun shone** ~ **le soleil était chaud; **tucked up** ~ **in bed** bordé bien au chaud dans son lit.

warmonger ['wɔ:mʌŋgər] *n* belliciste *mf*.

warmongering ['wɔ:mʌŋgərɪŋ] **1** *adj* belliciste. **2** *n* (*U*) propagande *f* belliciste.

warmth [wɔ:mθ] *n* (*U*: *V* **warm 1a, 1b**) chaleur *f*; vivacité *f*; cordialité *f*.

warn [wɔ:n] *vt* prévenir, avertir (*of* de, *that* que). **to** ~ **the police** alerter la police; **you have been** ~**ed!** vous êtes averti! *or* prévenu!; **to** ~ **sb against doing** *or* **not to do** conseiller *or* recommander à qn de ne pas faire, déconseiller à qn de faire; **to** ~ **sb off** *or* **against sth** mettre qn en garde contre qch, déconseiller qch à qn.

warning ['wɔ:nɪŋ] **1** *n* (*act*) avertissement *m*; (*in writing*) avis *m*, préavis *m*; (*signal: also Mil*) alerte *f*, alarme *f*; (*Met*) avis. **it fell without** ~ c'est tombé inopinément; **they arrived without** ~ ils sont arrivés à l'improviste *or* sans prévenir; **he left me without** ~ il m'a quitté sans me prévenir; **let this be a** ~ **to you** que cela vous serve d'avertissement; **thank you for the** ~ merci de m'avoir prévenu *or* averti; **there was a note of** ~ **in his voice** il y avait une mise en garde dans le ton qu'il a pris; **to take** ~ **from** tirer la leçon de; **his employer gave him a** ~ **about lateness** son patron lui a donné un avertissement à propos de son manque de ponctualité; **to give a week's** ~ prévenir huit jours à l'avance; (*more formal*) donner un délai de huit jours; (*in writing*) donner un préavis de huit jours; **I gave you due** ~ (**that**) je vous avais bien prévenu (que); (*Met*) **gale/storm** ~ avis de grand vent/de tempête; (*Mil*) **4 minute** ~ alerte de 4 minutes.

2 *adj glance, cry* d'avertissement. ~ **device** dispositif *m* d'alarme, avertisseur *m*; ~ **light** voyant *m* (lumineux), avertisseur lumineux; ~ **notice** avis *m*, avertissement *m*; ~ **shot** (*gen, Mil*) coup tiré en guise d'avertissement; (*Naut*) coup de semonce; (*fig*) avertissement; ~ **sign** panneau avertisseur; (*Aut*) ~ **triangle** triangle *m* de présignalisation; ... **he said in a** ~ **tone** *or* **voice** ... dit-il pour mettre en garde.

warp [wɔ:p] **1** *n* (**a**) (*Tex*) chaîne *f*; (*fig: essence, base*) fibre *f*.

(**b**) (*distortion*) (*in wood*) gauchissement *m*, voilure *f*; (*in metal*) voilure *f*; (*Sound-Recording*) voile *m* (d'un disque); *V* **time**.

2 *vt wood* gauchir, voiler; *metal, aircraft wing, tennis racket* voiler; (*fig*) *judgment* fausser, pervertir; *mind, character, person* pervertir. **he has a** ~**ed mind, his mind is** ~**ed** il a l'esprit tordu; **he has a** ~**ed sense of humour** il a un sens de l'humour morbide;

---

he gave us a ~**ed account of ...** il nous a fait un récit tendancieux de ... .

3 *vi* gauchir, se voiler; se fausser, se pervertir; devenir débauché *or* corrompu.

warrant ['wɒrənt] **1** *n* (**a**) (*U: justification*) justification *f*, droit *m*. **he has no** ~ **for saying so** il ne s'appuie sur rien pour justifier cela.

(**b**) (*Comm, Fin etc: certificate*) (*for payment or services*) bon *m*; (*guarantee*) garantie *f*; (*Mil*) brevet *m*; (*Jur, Police*) mandat *m*. (*Jur*) **there is a** ~ **out against him, there is a** ~ **out for his arrest** on a émis un mandat d'arrêt contre lui; (*Police*) **let me see your** ~ je veux voir votre mandat (d'arrêt *or* de perquisition *etc*); *V* **death, search**.

2 *cpd*: (*Mil*) **warrant officer** adjudant *m* (*auxiliaire de l'officier*).

3 *vt* (**a**) (*justify*) *action, assumption, reaction, behaviour* justifier, légitimer. **the facts do not** ~ **it** les faits ne le justifient pas *or* ne le permettent pas.

(**b**) (*guarantee*) garantir. **I'll** ~ (**you**) **he won't do it again!** je vous assure *or* promets *or* certifie qu'il ne recommencera pas!

warrantable ['wɒrəntəbl] *adj* justifiable, légitime.

warranted ['wɒrəntɪd] *adj* (**a**) (*justified*) justifié. (**b**) (*guaranteed*) garanti.

warrantee [ˌwɒrənˈtiː] *n* (*Jur*) créancier *m*, -ière *f*.

warranter, warrantor ['wɒrəntər] *n* (*Jur*) garant(e) *m(f)*, débiteur *m*, -trice *f*.

warranty ['wɒrəntɪ] *n* autorisation *f*, droit *m*; (*Comm, Jur*) garantie *f*.

warren ['wɒrən] *n [rabbits]* terriers *mpl*, garenne *f*; (*fig*) (*overcrowded house, tenement*) taupinière *f* (*fig*); (*part of town*) dédale *m*, labyrinthe *m*. **a** ~ **of little streets** un dédale *or* un labyrinthe de petites rues.

warring ['wɔːrɪŋ] *adj nations* en guerre; (*fig*) *interests* contradictoires, contraires; *ideologies* en conflit, en opposition.

warrior ['wɒrɪər] *n* guerrier *m*, -ière *f*; *V* **unknown**.

Warsaw ['wɔːsɔː] *n* Varsovie. **the** ~ **Pact countries** les pays du pacte de Varsovie.

wart [wɔːt] *n* (*Med*) verrue *f*; (*Bot*) excroissance *f*; (*on wood*) loupe *f*. (*fig*) ~**s and all** sans aucune flatterie, sans aucun embellissement. **2** *cpd*: **wart hog** phacochère *m*.

warty ['wɔːtɪ] *adj* couvert de verrues, verruqueux.

wary ['wɛərɪ] *adj person* prudent, sur ses gardes, circonspect; *voice, look* prudent; *manner* précautionneux. **to be** ~ **about sb/sth** se méfier de qn/qch; **to be** ~ **of doing sth** hésiter beaucoup à faire qch; **it's best to be** ~ **here** il vaut mieux être prudent *or* être sur ses gardes *or* prendre ses précautions ici; **to keep a** ~ **eye on sb/sth** avoir l'œil sur qn/qch, surveiller qn/qch de près.

was [wɒz] *pret of* **be**.

wash [wɒʃ] **1** *n* (**a**) **to give sth a** ~ laver qch; **to have a** ~ se laver, faire sa toilette; **to have a quick** ~ se débarbouiller, faire un brin de toilette; (*notice*) '~ **and brush-up: 16p**' ≃ 'serviette et savon: 16 pence'; **it needs a** ~ cela a besoin d'être lavé, il faut laver cela; **your face needs a** ~ il faut que tu te laves (*subj*) la figure *or* que tu te débarbouilles (*subj*); **to send sheets to the** ~ envoyer des draps au blanchissage *or* à la laverie; **in the** ~ (*in basket etc*) au sale; (*in tub, washing machine*) à la lessive; **the colours ran in the** ~ cela a déteint à la lessive *or* au lavage; (*fig*) **it will all come out in the** ~* (*be known*) on finira bien par savoir ce qu'il en est; (*be all right*) ça finira par se tasser* *or* s'arranger; *V* **car**.

(**b**) = **washing 1b**.

(**c**) *[ship]* sillage *m*, remous *m*; (*sound: of waves etc*) clapotis *m*.

(**d**) (*layer of paint: for walls etc*) badigeon *m*. **to give the walls a blue** ~ badigeonner les murs en *or* de bleu; *V* **whitewash** *etc*.

(**e**) (*Art*) lavis *m*. **to put a** ~ **on a drawing** laver un dessin.

(**f**) (*Pharm*) solution *f*; *V* **eye, mouth**.

(**g**) (*Brit Geog*) **the W**~ le golfe du Wash.

2 *cpd*: **wash-and-wear** *shirt* sans entretien; (*Brit*) **washbasin** (cuvette *f* de) lavabo *m*; **washboard** planche *f* à laver (*also Mus*); **washbowl** = **washbasin**; (*esp US*) **washcloth** gant *m* de toilette; **washday** jour *m* de lessive; **to give sth a washdown** laver qch à grande eau; (*Art*) **wash drawing** (dessin *m* au) lavis *m*; **wash-hand basin** = **washbasin**; **wash house** lavoir *m*; (*Brit*) **wash leather** peau *f* de chamois; **wash-out*** (*event, play*) fiasco *m*, désastre *m*; (*person*) zéro *m*, nullité *f*; (*US*) **washrag** gant *m* de toilette; **washroom** toilettes *fpl*; **washstand** lavabo *m*; (*unplumbed*) console *f* de toilette; **washtub** (*bath*) tub *m*; (*for clothes*) baquet *m*, bassine *f*.

3 *vt* (**a**) (*gen*) laver. **to** ~ **o.s.** *[person]* se laver, faire sa toilette; *[cat]* faire sa toilette; **to** ~ **one's hair** se laver la tête, se faire un shampooing; **to** ~ **one's hands** se laver les mains; (*fig*) **to** ~ **one's hands of sth** se laver les mains de qch; (*fig*) **to** ~ **one's hands of sb** se désintéresser de qn; **to** ~ **a child's face** laver le visage d'un enfant, débarbouiller un enfant; **he** ~**ed the dirt off his hands** il s'est lavé les mains (pour en enlever la saleté); **to** ~ **the dishes** faire la vaisselle; **to** ~ **the clothes** faire la lessive; **to** ~ **sth with detergent/in hot water** nettoyer qch avec du détergent/à l'eau chaude; (*fig*) **to** ~ **one's dirty linen in public** laver son linge sale en public; **he** ~**ed the floor clean** il a bien nettoyé *or* lavé le sol; **the rain** ~**ed it clean** la pluie l'a lavé; **the rain** ~**ed the car clean of mud** la pluie a fait partir toute la boue de la voiture; (*fig*) **to be** ~**ed clean** *or* **free of sin** être lavé de tout péché.

(**b**) *[river, sea, waves, current]* (*carry away*) emporter, entraîner; (*carry ashore*) rejeter; (*flow over*) baigner; (*scoop out*) creuser. **several barrels were** ~**ed ashore** plusieurs tonneaux ont échoué *or* ont été rejetés sur la côte; **to be** ~**ed out to sea** être emporté par la mer, être entraîné vers le large; **to be** ~**ed overboard** être emporté par une vague; **the raft was** ~**ed downstream** le radeau a été emporté *or* entraîné en aval; **the Atlantic** ~**es its western shores** la côte ouest est baignée par l'Atlantique; **the water** ~**ed a channel through the sand** l'eau a creusé un chenal dans le sable; *V* **overboard**.

(c) *(Min) earth, gravel, gold, ore* laver; *(Chem) gas* épurer. **to ~ walls with distemper** badigeonner des murs, passer des murs au badigeon, peindre des murs à la détrempe; **to ~ brass with gold** couvrir du cuivre d'une pellicule d'or.

4 *vi* **(a)** *(have a ~) [person]* se laver, faire sa toilette; *[cat]* faire sa toilette*; *(do the washing)* laver, faire la lessive. **he ~ed in cold water** il s'est lavé à l'eau froide; **this fabric will/won't ~** ce tissu est/n'est pas lavable; *(Brit fig)* **that just won't ~!*** ça ne prend pas!; **that excuse won't ~ with him*** cette excuse ne prendra pas *or* ne marchera pas avec lui, on ne lui fera pas avaler cette excuse.

(b) *[waves, sea, flood, river]* **to ~ against** *cliffs, rocks* baigner; *lighthouse, boat* clapoter contre; **to ~ over sth** balayer qch.

♦**wash away 1** *vi (with soap)* s'en aller *or* partir au lavage; *(with water)* s'en aller *or* partir à l'eau.

2 *vt sep* **(a)** *[person] stain* enlever *or* faire partir au lavage; *mud* enlever à l'eau; *(fig) sins* laver. **the rain washed the mud away** la pluie a fait partir la boue.

(b) *[river, current, sea] (carry away)* emporter; *(destroy)* détruire, dégrader; *footprints etc* balayer, effacer. **the boat was washed away** le bateau a été emporté; **the river washed away part of the bank** la rivière a érodé *or* dégradé une partie de la rive.

♦**wash down 1** *vt sep* **(a)** *deck, car* laver (à grande eau); *wall* lessiver.

(b) *medicine, pill* faire descendre *(with* avec); *food* arroser *(with* de).

(c) *[rain, flood, river]* emporter, entraîner.

2 washdown *n* V **wash 2.**

♦**wash in** *vt sep [sea, tide]* rejeter (sur le rivage).

♦**wash off 1** *vi (from clothes)* s'en aller *or* partir au lavage *(with soap)* or à l'eau *(with water)*; *(from walls)* partir au lessivage. **it won't wash off** ça ne s'en va pas, ça ne part pas, c'est indélébile; *(from hands)* **it will wash off** ça partira quand tu te laveras (*or* je me laverai *etc*) les mains.

2 *vt sep (from clothes)* faire partir au lavage *(with soap)* or à l'eau *(with water)*; *(from wall)* faire partir en lessivant.

♦**wash out 1** *vi* **(a)** *[stain]* s'en aller *or* partir au lavage *(with soap)* or à l'eau *(with water)*; *[dye, colours]* passer au lavage. **this stain won't wash out** cette tache ne s'en va pas *or* ne part pas, cette tache est indélébile.

(b) *(US‡)* **he washed out of university** il s'est fait recaler aux examens de la fac*.

2 *vt sep* **(a)** *(remove) stain* enlever *or* faire partir au lavage *(with soap)* or à l'eau *(with water)*.

(b) *(clean) bottle, pan* laver.

(c) *(fig: spoil)* perturber; *(*: cancel)* rendre impossible. *(fig: by rain)* **the match was washed out** *(prevented)* le match a été annulé *or* n'a pas eu lieu à cause de la pluie; *(halted)* la pluie a perturbé *or* interrompu le match; **his illness has washed out*** any chance of a holiday this year** sa maladie a anéanti toute possibilité de vacances cette année; **our plans were washed out*** by the change in the exchange rate** nos projets sont partis à vau-l'eau avec le nouveau taux de change; *(tired etc)* **to be/look/feel washed out*** être/avoir l'air/se sentir complètement lessivé*.

3 wash-out* n V **wash 2.**

♦**wash through** *vt sep clothes* laver rapidement, passer à l'eau.

♦**wash up 1** *vi* **(a)** *(Brit: wash dishes)* faire *or* laver la vaisselle.

(b) *(US: have a wash)* se débarbouiller, faire un brin de toilette.

2 *vt sep* **(a)** *(Brit) plates, cups* laver. **to wash up the dishes** faire *or* laver la vaisselle.

(b) *[sea, tide]* rejeter (sur le rivage).

(c) *(*: finish: gen pass)* **to be (all) washed up** *[plan, scheme]* être fichu*, être tombé à l'eau*; *[marriage, relationship]* être en ruines; **Paul and Anne are all washed up** tout est fini entre Paul et Anne; *(tired etc)* **to be/feel/look washed up** être/se sentir/avoir l'air lessivé*.

3 washing-up *n, adj* V **washing 2.**

washable ['wɒʃəbl] *adj* lavable, lessivable.

washer ['wɒʃəʳ] **1** *n* **(a)** *(Tech)* rondelle *f*, joint *m*; *(in tap)* rondelle. **(b)** *(washing machine)* machine *f* à laver; *(Aut: for windscreen)* lave-glace *m inv*, V **dish¹, wind¹** *etc*. **2** *cpd:* **washerwoman** laveuse *f* (de linge).

washing ['wɒʃɪŋ] **1** *n* **(a)** *(act) [car]* lavage *m*; *[clothes]* lessive *f*, blanchissage *m*; *[walls]* lessivage *m*; V **brain.**

(b) *(U: clothes)* linge *m*, lessive *f*. **to do the ~** faire la lessive, laver le linge; **I do a big ~ on Mondays** je lave un gros tas de linge le lundi, le lundi est mon jour de grande lessive; **put your jeans in the ~** mets tes jeans au sale; **your shirt is in the ~** ta chemise est à la lessive.

2 *cpd:* **washing day** jour *m* de lessive; **washing line** corde *f* à linge; **washing machine** machine *f* à laver, lave-linge *m*; *(Brit)* **washing powder** lessive *f* (en poudre), détergent *m*; **washing soda** cristaux *mpl* de soude; *(Brit)* **washing-up** vaisselle *f* (à laver *etc*); **to do the washing-up** faire *or* laver la vaisselle; **look at all that washing-up!** regarde tout ce qu'il y a comme vaisselle à faire *or* à laver!; **washing-up bowl** bassine *f*, cuvette *f*; **washing-up liquid** produit *m* pour la vaisselle, (produit) lave-vaisselle *m inv*; **washing-up water** eau *f* de vaisselle.

Washington ['wɒʃɪŋtən] *n (city, state)* Washington *m*. **in ~ (State)** dans le Washington.

washy ['wɒʃɪ] *adj* = **wishy-washy.**

wasn't ['wɒznt] = **was not;** V **be.**

wasp [wɒsp] **1** *n* **(a)** guêpe *f*. **~'s nest** guêpier *m*. **(b)** *(US*: abbr of* **White Anglo-Saxon Protestant)** **W~** *or* **WASP** blanc protestant, blanche protestante. **2** *cpd:* **wasp-waisted** à taille de guêpe.

waspish ['wɒspɪʃ] *adj* grincheux, hargneux.

waspishly ['wɒspɪʃlɪ] *adv* avec hargne.

wassail†† ['wɒseɪl] **1** *n (festivity)* beuverie *f*; *(drink)* bière épicée. **2** *vi* faire ribote†.

wast†† [wɒst] *2nd pers sg pret of* **be.**

wastage ['weɪstɪdʒ] **1** *n (U) [resources, energy, food, money]* gaspillage *m*; *[time]* perte *f*, gâchage *m*; *(amount lost from container)* fuites *fpl*, pertes *fpl*; *(rejects)* déchets *mpl*; *(as part of industrial process etc)* déperdition *f*; *(Comm: through pilfering etc)* coulage *m*. **such a ~ of good men** un tel gaspillage de talent; **there is a huge ~ of energy/money** on gaspille énormément d'énergie/d'argent; **the amount of ~ that goes on in large establishments** le gaspillage *or* le gâchis qui se produit dans les grands établissements; V **waste.**

2 *cpd:* **the wastage rate among students/entrants to the profession** le pourcentage d'étudiants qui abandonnent en cours d'études/de ceux qui abandonnent en début de carrière.

waste [weɪst] **1** *n* **(a)** *(U) [resources, energy, food, money]* gaspillage *m*, gâchis *m*; *[time]* perte *f*. **to go or run to ~** être gaspillé, se perdre inutilement; *[land]* tomber en friche, être à l'abandon; **there's too much ~ in this firm** il y a trop de gaspillage dans cette compagnie; **we must reduce the ~ in the kitchens** nous devons diminuer le gaspillage *or* le gâchis dans les cuisines; **it's a ~ of manpower** c'est un gaspillage de ressources humaines; **it's a ~ of money to do that** on gaspille de l'argent en faisant cela, on perd de l'argent à faire cela; **that machine was a ~ of money** cela ne valait vraiment pas la peine d'acheter cette machine, on a vraiment fichu de l'argent en l'air* en achetant cette machine; **it's a ~ of effort** c'est un effort inutile *or* perdu; **it's a ~ of time!** c'est une perte de temps!, c'est du temps perdu!; **it's a ~ of time doing that** on perd son temps à faire *or* en faisant cela; **it's a ~ of time and energy** c'est peine perdue; **it's a ~ of breath** c'est se battre la salive, c'est dépenser sa salive pour rien; **what a ~!** quel gaspillage!

(b) *(U: ~ material; also (US) wastes)* déchets *mpl*; *(household ~)* ordures *fpl* (ménagères); *(water)* eaux sales *or* usées. **industrial/kitchen ~** déchets industriels/domestiques; **nuclear/metal ~** déchets nucléaires/de métal; V **cotton.**

(c) *(expanse: often pl)* terres désolées, désert *m*; *(in town)* terrain *m* vague. **~s** *or* **a ~ of snow and ice** un désert immense de neige et de glace.

2 *adj energy, heat* perdu; *food* superflu, inutilisé; *water* usé, sale; *land, ground* inculte, en friche; *region, district* à l'abandon, désolé. *(gen, also Physiol)* **~ material, ~ matter** déchets *mpl*; **~ products** *(Ind)* déchets *mpl* de fabrication; *(Physiol)* déchets (de l'organisme); **a piece of ~ land** un terrain vague *(V also 3)*; **'The W~ Land'** 'la Terre désolée'; **to lay ~** ravager, dévaster.

3 *cpd:* **wastebasket** corbeille *f* (à papier); *(Brit)* **wastebin** *(wastebasket)* corbeille *f* (à papier); *(in kitchen)* boîte *f* à ordures, poubelle *f*; **waste disposal unit** broyeur *m* d'ordures; **wasteland** *(gen)* terres *fpl* à l'abandon *or* en friche; *(in town)* terrain *m* vague; *(after holocaust)* désert *m*; **wastepaper** vieux papiers *mpl*, papier(s) de rebut; **wastepaper basket** = **wastebasket; waste pipe** *(tuyau m* de) vidange *f*.

4 *vt* **(a)** *resources, food, electricity, energy etc* gaspiller; *time* perdre; *opportunity* perdre, laisser passer. **to ~ one's money** gaspiller de l'argent, ficher de l'argent en l'air* *(on sth* pour qch, *on doing* pour faire); **nothing is ~d in this firm** il n'y a aucun gaspillage *or* il n'y a aucun gâchis *or* rien ne se perd dans cette entreprise; **we ~d 9 litres of petrol** nous avons gaspillé *or* perdu 9 litres d'essence, nous avons dépensé 9 litres d'essence pour rien; **I ~d a whole day on that journey** j'ai perdu toute une journée avec ce voyage; **you're wasting your breath!** tu dépenses ta salive pour rien!, tu perds ton temps!; **I won't ~ my breath discussing that** je ne vais pas perdre mon temps *or* me fatiguer à discuter cela; **you're wasting your time trying** tu essaies en pure perte, tu perds ton temps à essayer; **the sarcasm was ~d on him** il n'a pas compris *or* saisi le sarcasme; **caviar is ~d on him** il ne sait pas apprécier le caviar, ça ne vaut pas la peine de lui donner du caviar; **~d effort** des efforts inutiles *or* vains; **a ~d life** une vie gâchée; **his attempts to placate her were ~d** il a essayé en vain de l'amadouer, ses efforts pour l'amadouer n'ont rien donné *or* ont été en pure perte.

(b) **~d by disease** *(emaciated)* décharné par la maladie; *(withered)* atrophié par la maladie.

(c) *(US‡) (kill)* zigouiller‡, supprimer*.

5 *vi [food, goods, resources]* se perdre, être gaspillé. **you mustn't let it ~** il ne faut pas le laisser perdre; *(Prov)* **~ not want not** l'économie protège du besoin.

♦**waste away** *vi* dépérir. *(iro)* **you're not exactly wasting away!** tu ne fais pas précisément pitié à voir! *(iro)*.

wasted ['weɪstɪd] *adj limb (emaciated)* décharné; *(withered)* atrophié.

wasteful ['weɪstfʊl] *adj person* gaspilleur; *process* peu économique, peu rentable. **~ expenditure** gaspillage *m*, dépenses excessives *or* inutiles; **~ habits** gaspillage; **to be ~ of sth** *[person]* gaspiller qch; *[method, process]* mal utiliser qch.

wastefully ['weɪstfəlɪ] *adv:* **to spend/buy/throw away ~** faire du gaspillage en dépensant/achetant/jetant, dépenser/acheter/jeter bêtement; **to use sth ~** ne pas utiliser qch au mieux, gaspiller qch.

wastefulness ['weɪstfʊlnɪs] *n (U) [person]* manque *m* d'économie; *[process]* manque de rentabilité.

waster ['weɪstəʳ] *n* = **wastrel.**

wasting ['weɪstɪŋ] *adj disease* qui ronge, qui mine.

wastrel ['weɪstrəl] *n (spendthrift)* dépensier *m*, -ière *f*, panier percé *m*; *(good-for-nothing)* propre *m/f* à rien.

watch¹ [wɒtʃ] **1** *n* montre *f*. **by my ~** à ma montre; V **stop, wrist.**

2 *cpd* **chain, glass de montre.** **watchband** bracelet *m* de montre; **watchmaker** horloger *m*, -ère *f*; **watchmaking** horlogerie *f*; **watch pocket** gousset *m*; **watch strap** = **watchband.**

watch² [wɒtʃ] **1** *n* **(a)** (*U*) (*vigilance*) vigilance *f*; (*act of watching*) surveillance *f*. **to keep ~** faire le guet; **to keep (a) close ~ on** *or* **over** surveiller de près *or* avec vigilance; **to set a ~ on** sth/sb faire surveiller qch/qn; (*frm*) **to keep ~ and ward over** sth surveiller qch avec vigilance; **to be on the ~** (*Mil etc*) monter la garde; (*gen*) guetter, faire le guet; **to be on the ~ for** sb/sth guetter qn/qch; **to be on the ~ for danger** être sur ses gardes à cause d'un danger éventuel; **to be on the ~ for bargains** être à l'affût des bonnes affaires.

(b) (*Naut: period of duty*) quart *m*. **to be on ~** être de quart; (*fig:* † *or liter*) **the long ~es of the night** les longues nuits sans sommeil; *V* **dog**.

(c) (*Mil*) (*group of men*) garde *f* (*Mil*), quart *m* (*Naut*); (*one man*) sentinelle *f* (*Mil*), homme *m* de quart (*Naut*). (*Naut*) **the port ~** les bâbordais *mpl*; **the starboard ~** les tribordais *mpl*; (*Hist*) **the ~** le guet, la ronde; *V* **officer**.

2 *cpd*: **watchdog** *V* **watchdog**; **watchman** (*gen*) gardien *m*; (*night ~*) veilleur *m* *or* gardien de nuit; (*Rel*) **watch night service** messe *f* de minuit de la Saint-Sylvestre; **watchtower** tour *f* de guet; **watchword** (*password*) mot *m* de passe; (*fig: motto*) mot d'ordre.

3 *vt* **(a)** *event, match, programme, TV, ceremony* regarder; *person* regarder, observer, (*spy on*) surveiller, observer, épier; *suspect, suspicious object, house, car* surveiller; *expression, birds, insects etc* observer; *notice board, small ads etc* consulter régulièrement; *political situation, developments* surveiller, suivre de près. **~ me, ~ what I do** regarde-moi (faire), regarde ce que je fais, observe-moi; **~ how he does it** regarde *or* observe comment il s'y prend; **~ the soup to see it doesn't boil over** surveille la soupe pour qu'elle ne se sauve (*subj*) pas; **to ~** sb **do** *or* **doing** sth regarder qn faire qch; **have you ever ~ed an operation?** avez-vous déjà vu une opération? *or* assisté à une opération?; **we are being ~ed** (*gen*) on nous observe *or* surveille *or* épie; (*by police, detective etc*) on nous surveille; **to ~** sb's **movements** surveiller *or* épier les allées et venues de qn; **he needs ~ing** il faut le surveiller, il faut l'avoir à l'œil; **~ tomorrow's paper** ne manquez pas de lire le journal de demain; (*Prov*) **a ~ed pot never boils** marmite surveillée ne bout jamais; **'watch this space' '?'** (*annonce d'une publicité ou d'informations à venir*); *V* **bird**.

(b) (*guard: Mil etc*) monter la garde devant, garder; (*take care of*) *child, dog* surveiller, s'occuper de; *luggage, shop* surveiller, garder.

(c) (*be careful of, mind*) faire attention à. **~ that knife!** (fais) attention avec ce couteau!; **~ that sharp edge!** (fais) attention au bord coupant!; **~ your head!** attention *or* gare à votre tête!; **to ~ one's step** (*lit*) faire attention *or* regarder où on met le pied; (*fig*) se surveiller (*dans ses paroles ou ses actes*); (*fig*) **~ your step!, ~ how you go!*, ~ yourself!** (fais) attention!, fais gaffe!‡; **we'll have to ~ the money carefully** il faudra que nous fassions attention à *or* surveillions nos dépenses; **to ~** sb's **interests** veiller sur les intérêts de qn, prendre soin des intérêts de qn; **I must ~ the** *or* **my time as I've a train to catch** il faut que je surveille (*subj*) l'heure car j'ai un train à prendre; **he works well but does tend to ~ the clock** il travaille bien mais il a une tendance à surveiller la pendule; **to ~ what one says** parler avec précaution, faire attention à ce que l'on dit; **~ what you're doing!** fais attention (à ce que tu fais)!; **~ it!*** (*warning*) attention!, fais gaffe!‡; (*threat*) attention!, gare à toi!; **~ your language!** surveille ton langage!; **~ you don't burn yourself** faites attention de *or* prenez garde de ne pas vous brûler, attention, ne vous brûlez pas!; **~ (that) he does all his homework** veillez à ce qu'il fasse *or* assurez-vous qu'il fait tous ses devoirs.

(d) (*look for*) *opportunity* guetter. **he ~ed his chance and slipped out** il a guetté *or* attendu le moment propice et s'est esquivé.

4 *vi* regarder; (*be on guard*) faire le guet, monter la garde; (*Rel etc: keep vigil*) veiller; (*pay attention*) faire attention. **he has only come to ~** il est venu simplement pour regarder *or* simplement en spectateur; **to ~ by** sb's **bedside** veiller au chevet de qn; **to ~ over** *person* surveiller; *thing* surveiller, garder; sb's *rights, safety* protéger, surveiller; **somebody was ~ing at the window** quelqu'un les (*or* me *etc*) regardait de la fenêtre; **to ~ for** sth/sb guetter qch/qn; **he's ~ing to see what you're going to do** il attend pour voir ce que vous allez faire; **~ and you'll see how it's done** regarde et tu vas voir comme cela se fait; *V* **brief**.

♦ **watch out** *vi* (*keep a look-out*) faire le guet; (*fig: take care*) faire attention, prendre garde. **watch out for the signal** guettez *or* attendez le signal; **watch out!** attention!, fais gaffe!‡; (*as menace*) attention!, gare à toi!; **watch out for cars when crossing the road** faites attention *or* prenez garde aux voitures en traversant la rue; **to watch out for thieves** être sur ses gardes contre les voleurs; **watch out for trouble if ...** préparez-vous *or* attendez-vous à des ennuis si ... .

watchdog ['wɒtʃdɒg] **1** *n* (*lit*) chien *m* de garde; (*fig*) gardien(ne) *m*(*f*). **2** *cpd* *group etc* qui veille. **watchdog committee** comité *m* de vigilance. **3** *vt* (*US**) *events, developments* suivre de près.

watcher ['wɒtʃər] *n* (*observer*) observateur *m*, -trice *f*; (*hidden or hostile*) guetteur *m*; (*spectator*) spectateur *m*, -trice *f*; (*onlooker*) curieux *m*, -euse *f*. (*Pol*) **China ~** spécialiste *mf* des questions chinoises; **Kremlin ~** kremlinologiste *mf*, kremlinologue *mf*; *V* **bird**.

watchful ['wɒtʃfʊl] *adj* vigilant, attentif. **to keep a ~ eye on** sth/sb garder qch/qn à l'œil, avoir l'œil sur qch/qn; **under the ~ eye of ...** sous l'œil vigilant de ... .

water ['wɔːtər] **1** *n* **(a)** (*U: gen*) eau *f*. **I want a drink of ~** je voudrais de l'eau *or* un verre d'eau; **to turn on the ~** (*at main*) ouvrir l'eau; (*from tap*) ouvrir le robinet; **hot and cold ~ in all rooms** eau courante chaude et froide dans toutes les chambres; **the road is under ~** la route est inondée, la route est recouverte par les eaux;

to swim under ~ nager sous l'eau; **to go by ~** voyager par bateau; **the island across the ~** l'île de l'autre côté de l'eau; **we spent an afternoon on the ~** nous avons passé un après-midi sur l'eau; **there's 3 metres of ~ here, the ~ is 3 metres deep** here ici l'eau est profonde de 3 mètres, il y a ici 3 mètres (de profondeur) d'eau *or* 3 mètres de fond; (*tide*) **at high/low ~** à marée haute/basse, à mer pleine/basse; (*ship*) **to make ~** faire eau (*V also* **1c**); **it won't hold ~** [*container, bucket*] cela n'est pas étanche, l'eau va fuir; (*fig*) [*plan, suggestion, excuse*] cela ne tient pas debout, cela ne tient pas la route; (*fig*) **a lot of ~ has passed under the bridge since then** il en est passé beaucoup d'eau sous les ponts depuis ce temps-là; **he spends money like ~** il jette l'argent par les fenêtres, l'argent lui fond entre les mains; (*fig*) **to pour** *or* **throw cold ~ on** sth se montrer peu enthousiaste pour qch; (*fig*) **it's like ~ off a duck's back*** c'est comme si on chantait, c'est comme de l'eau sur le dos d'un canard; **lavender/rose ~** eau de lavande/de rose; *V* **deep, fire, fish** *etc*.

(b) [*spa, lake, river, sea*] **~s** eaux *fpl*. **to take** *or* **drink the ~s** prendre les eaux, faire une cure thermale; **in French ~s** dans les eaux (territoriales) françaises; **the ~s of the Rhine** l'eau *or* les eaux du Rhin; *V* **territorial** *etc*.

(c) (*Med, Physiol*) **to make** *or* **pass ~** uriner; (*in labour*) **her** *or* **the ~s broke** la poche des eaux s'est rompue; **~ on the knee** épanchement *m* de synovie; **~ on the brain** hydrocéphalie *f*.

2 *cpd* *pressure, pipe, vapour* d'eau; *pump, mill* à eau; *plant etc* aquatique; (*Ind*) *dispute, strike* des employés de l'eau. **water bailiff** garde-pêche *m* *inv*; **waterbed** matelas *m* d'eau; **water beetle** gyrin *m*, tourniquet *m*; **water bird** oiseau *m* aquatique; **water biscuit** craquelin *m*; (*Med*) **water blister** ampoule *f*, phlyctène *f*; (*Zool*) **water boatman** notonecte *m* *or* *f*; **waterborne** flottant; *boats* à flot; *goods* transporté par voie d'eau; *disease* d'origine hydrique; **water bottle** (*gen: plastic*) bouteille *f* (en plastique); [*soldier etc*] bidon *m*; [*cyclist, peasant*] bidon *m*, (*smaller*) gourde *f* (*V* **hot 3**); **water buffalo** (*Indian*) arni *m*; (*Indonesian*) kérabau *m*; **water butt** citerne *f* (à eau de pluie); **water cannon** canon *m* à eau; **water carrier** (*person*) porteur *m*, -euse *f* d'eau; (*container*) bidon *m* à eau; **water cart** (*for streets*) arroseuse *f* (municipale), (*for selling*) voiture *f* de marchand d'eau; **water chestnut** macle *f*, châtaigne *f* d'eau; **water clock** horloge *f* à eau; **water closet** (*abbr* **W.C.**) cabinet(s) *m*(*pl*), **waters** *mpl*, **W.-C.** *mpl*; **watercolour** (*n: painting*) aquarelle *f*, (*adj*) à l'aquarelle; **watercolours** (*paints*) couleurs *fpl* à l'eau *or* pour aquarelle; **painted in watercolours** peint à l'aquarelle; **water-colourist** aquarelliste *mf*; **water-cooled** à refroidissement par eau; **water-cooler** distributeur *m* d'eau réfrigérée; **water-cooling** refroidissement *m* par eau; **watercourse** cours *m* d'eau; **watercress** cresson *m* (de fontaine); **water diviner** sourcier *m*, -ière *f*, radiésthésiste *mf*; **water divining** art *m* du sourcier, radiésthésie *f*; **waterfall** chute *f* d'eau, cascade *f*; **water fountain** jet *m* d'eau; **waterfowl** (*sg*) oiseau *m* d'eau; (*collective pl*) gibier *m* d'eau; **waterfree** sans eau, anhydre; **waterfront** (*at docks etc*) quais *mpl*, (*sea front*) front *m* de mer; **water gas** gaz *m* à l'eau; (*tumbler*) **water glass** verre *m* à eau; (*U: Chem*) **waterglass** silicate *m* de potasse; **water heater** chauffe-eau *m* *inv*; **water hen** poule *f* d'eau; **water hole** point *m* d'eau, mare *f*; (*Brit Culin*) **water ice** sorbet *m*; (*Aut etc*) **water jacket** chemise *f* d'eau; (*Racing*) **water jump** rivière *f*, brook *m*; **water level** (*gen*) niveau *m* de l'eau; (*Aut: of radiator*) niveau *m* d'eau; **water lily** nénuphar *m*; **waterline** (*Naut*) ligne *f* de flottaison; (*left by tide, river*) = **watermark**; **waterlogged** *wood* imprégné d'eau; *shoes* imbibé d'eau; *land, pitch* détrempé; **water main** conduite principale d'eau; **waterman** batelier *m*; **watermark** (*in paper*) filigrane *m*; (*left by tide*) laisse *f* de haute mer; (*left by river*) ligne *f* des hautes eaux; **above/below the watermark** au-dessus/au-dessous de la laisse de haute mer *or* de la ligne des hautes eaux; **water-meadow** prairie souvent inondée, noue *f*; **watermelon** pastèque *f*, melon *m* d'eau; **water meter** compteur *m* d'eau; **water nymph** naïade *f*; **water pistol** pistolet *m* à eau; **water polo** water-polo *m*; **water power** énergie *f* hydraulique, houille blanche; **waterproof** (*adj*) *material* imperméable; *watch* étanche; (*n*) imperméable *m*; (*vt*) imperméabiliser; **waterproof sheet** (*for bed*) alaise *f*; (*tarpaulin*) bâche *f*; (*U*) **waterproofing** imperméabilisation *f*; **water purifier** (*device*) épurateur *m* d'eau; (*tablet*) cachet *m* pour purifier l'eau; (*bird*) **water-rail** râle *m* (d'eau); **water rat** rat *m* d'eau; (*Brit*) **water rate** taxe *f* sur l'eau; **water-repellent** (*adj*) hydrofuge, imperméable; (*n*) hydrofuge *m*; **water-resistant** *ink etc* qui résiste à l'eau, indélébile; *material* imperméable; **watershed** (*Geog*) ligne *f* de partage des eaux; (*fig*) moment critique *or* décisif, grand tournant; **waterside** (*n*) bord *m* de l'eau; (*adj*) *flower, insect* du bord de l'eau; *landowner* riverain; **at** *or* **on** *or* **by the waterside** au bord de l'eau, sur la berge; **along the waterside** le long de la rive; **water ski** (*n*) ski *m* nautique (*objet*); **water-ski** (*vi*) faire du ski nautique; (*U*) **water-skiing** ski *m* nautique (*sport*); **water snake** serpent *m* d'eau; **water softener** adoucisseur *m* d'eau; **water-soluble** soluble dans l'eau; **waterspout** (*on roof etc*) tuyau *m* de) descente *f*; (*Met*) trombe *f*; **water supply** (*for town*) approvisionnement *m* en eau, distribution *f* des eaux; (*for house etc*) alimentation *f* en eau; (*for traveller*) provision *f* d'eau; **the water supply was cut off** on avait coupé l'eau; **water system** (*Geog*) réseau *m* hydrographique; (*for house, town*) = **water supply**; (*Geog*) **water table** niveau *m* hydrostatique; **water tank** réservoir *m* d'eau, citerne *f*; **water-tight** *container* étanche; (*fig*) *excuse, plan* inattaquable, indiscutable; (*lit*) **watertight compartment** compartiment *m* étanche; (*fig*) **in watertight compartments** séparé par des cloisons étanches; **water tower** château *m* d'eau; **water vole** rat *m* (*US*) **water waggon** voiture-citerne *f* (à eau); **waterway** voie *f* navigable; **waterweed** élodée *f*; **waterwheel** roue *f* hydraulique; **water wings** bouée *f*, flotteurs *mpl* de natation; (*Ind*) **water workers** employés *mpl* de l'eau; **waterworks** (*system*) système *m* hydraulique; (*place*) station *f* hydraulique; (*fig: cry*) **to turn on the waterworks*** se mettre à pleurer à chaudes larmes *or* comme une Madeleine*; (*Med euph*) **to have something wrong with one's waterworks*** avoir des ennuis de vessie.

3 *vi [eyes]* larmoyer, pleurer. his mouth ~ed il a eu l'eau à la bouche; it made his mouth ~ cela lui a fait venir l'eau à la bouche.

4 *vt plant, garden* arroser; *animal* donner à boire à, faire boire; *wine, milk* couper (d'eau), baptiser*. (*Tex*) ~ed silk soie moirée; the river ~s the whole province le fleuve arrose *or* irrigue toute la province.

◆ **water down** *vt sep milk, wine* couper (d'eau), baptiser*; (*fig*) *story* édulcorer; *effect* atténuer, affaiblir.

watered ['wɔːtəd] **1** *adj* (a) *milk etc* coupé d'eau. (b) *silk etc* moiré. (c) (*US*) ~ **stock** (*cattle*) bétail *m* gorgé d'eau (avant la pesée); (*St Ex*) actions *fpl* gonflées (sans raison). **2** *cpd*: **watered-down** (*lit*) *milk, wine etc* coupé d'eau; (*fig*) *version, account* édulcoré.

Watergate ['wɔːtəgeɪt] *n* (*fig*) Watergate *m* (*scandale politique*).

watering ['wɔːtərɪŋ] **1** *n [streets, plants]* arrosage *m; [fields, region]* irrigation *f*. **frequent ~ is needed** il est conseillé d'arroser fréquemment, des arrosages fréquents sont recommandés.

2 *cpd*: **watering can** arrosoir *m*; **watering hole** (*for animals*) point *m* d'eau; (*fig) bar *m*; **watering place** (*for animals*) point *m* d'eau; (*spa*) station thermale, ville *f* d'eaux; (*seaside resort*) station *f* balnéaire.

Waterloo [,wɔːtə'luː] *n* Waterloo. **Battle of ~** bataille *f* de Waterloo; (*fig*) **to meet one's ~** essuyer un revers irrémédiable.

watery ['wɔːtərɪ] *adj substance* aqueux, qui contient de l'eau; *eyes* larmoyant, humide; *district, ground* détrempé, saturé d'eau; *sky, moon* qui annonce la pluie; (*pej*) *tea, coffee* trop faible; *soup* trop liquide; *taste* fade, insipide; *colour* délavé, pâle. (*liter*) **in his ~ grave** dans l'onde qui est son tombeau.

watt [wɒt] *n* (*Elec*) watt *m*.

wattage ['wɒtɪdʒ] *n* (*Elec*) puissance *f or* consommation *f* en watts.

wattle ['wɒtl] *n* (a) (*U: woven sticks*) clayonnage *m*. ~ **and daub** clayonnage enduit de torchis. (b) *[turkey, lizard]* caroncule *f; [fish]* barbillon *m*.

wave [weɪv] **1** *n* (a) (*at sea*) vague *f*, lame *f*; (*on lake*) vague; (*on beach*) rouleau *m*; (*on river, pond*) vaguelette *f*; (*in hair*) ondulation *f*, cran *m*; (*on surface*) ondulation; (*fig: of dislike, enthusiasm, strikes, protests etc*) vague. (*liter*) **the ~s** les flots *mpl*, l'onde *f*; (*fig*) **to make ~s** créer des remous; **her hair has a natural ~** (in it) ses cheveux ondulent *or* ont un cran naturel; (*Mil*) **the first ~ of the attack** la première vague d'assaut; **to come in ~s** *[people]* arriver par vagues; *[explosions etc]* se produire par vagues; (*fig: Cine etc*) **the new ~** la nouvelle vague; V **crime, heat, permanent** *etc*.

(b) (*Phys, Rad, Telec etc*) onde *f*. **long ~** grandes ondes; **medium/short ~** ondes moyennes/courtes; V **light¹, shock¹, sound¹** *etc*.

(c) (*gesture*) geste *m or* signe *m* de la main. **he gave me a cheerful ~** il m'a fait un signe joyeux de la main; **with a ~ of his hand** d'un geste *or* signe de la main, en agitant la main.

2 *cpd*: (*Rad etc*) **waveband** bande *f* de fréquences; (*Electronics*) **wave guide** guide *m* d'ondes; (*Phys*) **wavelength** longueur *f* d'ondes; (*fig*) **we're not on the same wavelength** nous ne sommes pas sur la même longueur d'ondes*; (*U: Phys*) **wave mechanics** mécanique *f* ondulatoire; **wave power** énergie *f* des vagues.

3 *vi* (a) *[person]* faire signe de la main; *[flag]* flotter (au vent); *[branch, tree]* être agité; *[grass, corn]* onduler, ondoyer. **to ~ to sb** (*in greeting*) saluer qn de la main, faire bonjour (*or* au revoir) de la main à qn; (*as signal*) faire signe à qn (*to do* de faire).

(b) *[hair]* onduler, avoir un *or* des cran(s).

4 *vt* (a) *flag* agiter, faire claquer, brandir; *handkerchief etc* agiter; (*threateningly*) *stick, sword* brandir. **to ~ one's hand to sb** faire signe de la main à qn; **he ~d the ticket at me furiously** il a agité vivement le ticket sous mon nez; **to ~ goodbye to sb** dire au revoir de la main à qn, agiter la main en signe *or* guise d'adieu; **he ~d his thanks** il a remercié d'un signe de la main, il a agité la main en signe *or* guise de remerciement; **to ~ sb back/through/on** *etc* faire signe à qn de reculer/de passer/d'avancer *etc*; **he ~d the car through the gates** il a fait signe à la voiture de franchir les grilles.

(b) *hair* onduler.

◆ **wave about**, **wave around** *vt sep object* agiter dans tous les sens. **to wave one's arms about** gesticuler, agiter les bras dans tous les sens.

◆ **wave aside**, **wave away** *vt sep person, object* écarter *or* éloigner d'un geste; *offer, sb's help etc* rejeter *or* refuser d'un geste.

◆ **wave down** *vt sep*: **to wave down a car** faire signe à une voiture de s'arrêter.

wavelet ['weɪvlɪt] *n* vaguelette *f*.

waver ['weɪvər] *vi [flame, shadow]* vaciller, osciller; *[voice]* trembler, trembloter; *[courage, determination]* vaciller, chanceler; *[person]* (*weaken*) lâcher pied, flancher*; (*hesitate*) vaciller, hésiter, balancer (*between* entre). **he ~ed in his resolution** sa résolution chancelait; **he is beginning to ~** il commence à ne plus être aussi décidé *or* à flancher*.

waverer ['weɪvərər] *n* indécis(e) *m(f)*, irrésolu(e) *m(f)*.

wavering ['weɪvərɪŋ] **1** *adj flame, shadow* vacillant, oscillant; *voice* tremblant, tremblotant; *courage, determination* vacillant, chancelant.

2 *n* (*U: V waver*) vacillation *f*, oscillations *fpl*; tremblement *m*; hésitation(s) *f(pl)*.

wavy ['weɪvɪ] **1** *adj hair, surface* ondulé; *line* onduleux. **2** *cpd*: **wavy-haired** aux cheveux ondulés.

wax¹ [wæks] **1** *n* (*U*) cire *f*; (*for skis*) fart *m*; (*in ear*) cérumen *m*, (*bouchon m de*) cire. **he was ~ in their hands** c'était une vraie pâte molle entre leurs mains; *V* **bee, sealing** *etc*.

2 *cpd candle, doll, seal, record* de *or* en cire. **wax(ed) paper** papier paraffiné *or* sulfurisé; (*bird*) **waxwing** jaseur *m*; **waxworks** (*pl: figures*) personnages *mpl* en cire; (*sg: wax museum*) musée *m* de cire.

3 *vt floor, furniture* cirer, encaustiquer; *skis* farter; *shoes, moustache* cirer; *thread* poisser; *car* lustrer.

wax² [wæks] *vi [moon]* croître. († *or hum*) **to ~ merry/poetic** *etc* devenir d'humeur joyeuse/poétique *etc*; **to ~ eloquent** déployer toute son éloquence (*about, over* à propos de); *V* **enthusiastic**.

waxen ['wæksən] *adj* (*of wax:* †) de *or* en cire; (*like wax*) cireux.

waxing ['wæksɪŋ] *n* (*gen*) cirage *m; [skis]* fartage *m*.

waxy ['wæksɪ] *adj substance, texture* cireux; *complexion, colour* cireux, jaunâtre; *potato* ferme, pas farineux.

way [weɪ] **1** *n* (a) (*road etc*) chemin *m*, voie *f*. **follow the ~ across the fields** suivez le chemin qui traverse les champs *or* à travers champs; **they drove a ~ through the hills** ils ont fait un chemin *or* fait une route *or* ouvert un passage à travers les collines; **the Appian W~** la voie Appienne; (*Rel*) **the W~ of the Cross** le chemin de la Croix; **private/public ~** voie privée/publique; **they live over *or* across the ~** ils habitent en face (*from* de); **the ~ is obstructed by roadworks** le chemin *or* la voie *or* le passage est bloqué(e) par les travaux; (*fig*) **the middle ~** (*compromise*) la solution intermédiaire; (*happy medium*) le juste milieu; *V* **parting, pave, permanent** *etc*.

(b) (*route*) chemin *m* (*to* de, *vers*). **which is the ~ to the town hall?** pouvez-vous m'indiquer le chemin *or* la direction de la mairie?; **he talked all the ~ to the theatre** il a parlé pendant tout le chemin jusqu'au théâtre; **there are houses all the ~** il y a des maisons tout le long du chemin; **it rained all the ~** il a plu pendant tout le chemin; (*fig*) **I'm with you all the ~*** je suis entièrement d'accord avec vous (*V also* 1e); **we have gone *or* taken the wrong ~** nous nous sommes trompés de chemin, nous avons pris le mauvais chemin; (*fig*) **the ~ to success** le chemin du succès; **the shortest *or* quickest ~ to Leeds** le chemin le plus court pour aller à Leeds; **I went the long ~ round** j'ai pris le chemin le plus long; **on the ~ to London we met ...** en allant à Londres *or* en route pour Londres nous avons rencontré ...; **it's on the ~ to the station** c'est sur le chemin de la gare; **we met several people on the ~** nous avons rencontré plusieurs personnes en route *or* chemin faisant; **on the ~ here I saw ...** en venant (ici) j'ai vu ...; **you pass it on your ~ home** vous passez devant en rentrant chez vous; **I must be on my ~** il faut que je parte *or* que je me mette en route; **to start on one's ~** se mettre en route; **he went on his ~**, content il s'est remis en route *or* il est reparti satisfait; **he was on the ~ to fame** il est sur le chemin de la gloire, il est en passe de devenir célèbre; **he went by ~ of Glasgow** il est passé par Glasgow, il y est allé via Glasgow; **they met a tramp by the ~** en chemin *or* sur leur route *or* chemin faisant ils ont rencontré un vagabond; (*fig*) **by the ~, what did he say?** à propos, qu'est-ce qu'il a dit?; **oh and by the ~ ...** oh à propos ..., oh pendant que j'y pense ...; **he mentioned it by the ~** il l'a mentionné en passant; (*fig*) **that is by the ~** tout ceci est secondaire *or* entre parenthèses, je signale ceci au passage *or* en passant; **the village is quite out of the ~** le village est vraiment à l'écart *or* isolé; (*fig*) **it's nothing out of the ~** cela n'a rien de spécial *or* d'extraordinaire, c'est très quelconque; **it's an out-of-the-~ subject** c'est un sujet peu commun, c'est un sujet qui sort des sentiers battus; **I'll take you home if it's not out of my ~** je vous ramènerai si c'est sur mon chemin *or* si cela ne me fait pas faire un détour; (*fig*) **to go out of one's ~ to do sth** se donner du mal pour faire qch, faire un effort particulier pour faire qch; **he went out of his ~ to help us** il s'est donné du mal *or* il s'est coupé en quatre* pour nous aider; **don't go out of your ~ to do it** ne vous dérangez pas pour le faire; **to lose the *or* one's ~** perdre son chemin (*to* en allant à); **to ask the *or* one's ~** demander son chemin (*to* pour aller à); **I know the *or* my ~ to the station** je connais le chemin de la gare, je sais comment aller à la gare; (*fig*) **she knows her ~ about** elle sait se retourner *or* se débrouiller; **they went their own ~s** *or* **their separate ~s** (*lit*) ils sont partis chacun de leur côté; (*fig*) chacun a suivi son chemin; (*fig*) **he went his own ~** il a fait à son idée *or* à sa guise, il n'en a fait qu'à sa tête; (*fig*) **he has gone the ~ of his brothers** il a fait comme ses frères; **to make one's ~ towards ...** se diriger vers ...; **he made his ~ through the forest** il a traversé la forêt; (*fig*) **he had to make his own ~ in Hollywood** il a dû faire son chemin tout seul à Hollywood; *V* **find, point, see¹, work** *etc*.

(c) (*route: + adv or prep*) chemin *m*, route *f*. **the ~ back** le chemin *or* la route du retour; **the ~ back to the station** le chemin pour retourner à la gare; **on the ~ back he met ...** au retour *or* sur le chemin du retour *or* en revenant il a rencontré ...; **he made his ~ back to the car** il est retourné (*or* revenu) vers la voiture; **the ~ down** le chemin pour descendre, la descente; **I don't know the ~ down** je ne sais pas par où on descend; **the ~ forward is dangerous** le chemin devient dangereux plus loin; **the ~ in** l'entrée *f*; **'~ in'** 'entrée'; **I'm looking for a ~ in/out** je cherche un moyen d'entrer/de sortir; **do you know the ~ into/out of this building?** savez-vous par où on entre dans/sort de ce bâtiment?; *[fashion etc]* **it's on the ~ in** c'est la nouvelle mode; **it's on the ~ out** c'est passé de mode; **the ~ out** la sortie; **'~ out'** 'sortie'; **you'll see it on the ~ out** vous le verrez en sortant; (*fig*) **there is no ~ out of** *or* **no ~ round this difficulty** il n'y a pas moyen de se sortir de la difficulté *or* de contourner la difficulté; (*fig*) **there's no other ~ out** il n'y a pas d'autre façon de s'en sortir *or* d'autre solution; **the ~ through the forest is clearly marked** le chemin à travers la forêt est clairement indiqué; **'no ~ through' 'sans issue'**; **the ~ up** le chemin pour monter, la montée (*also Climbing*); **I don't know the ~ up** je ne sais pas par où on monte.

(d) (*path*) to be in sb's ~ barrer le passage à qn; to be in the ~ (*lit*) bloquer *or* barrer le passage; (*fig*) gêner; am I in the *or* your ~? (*lit*) est-ce que je vous empêche de passer?; (*fig*) est-ce que je vous gêne?; it's not in the ~ *or* it's out of the ~ over there ça ne gêne pas là-bas; to get out of the ~ se ranger, s'écarter (du chemin); (get) out of the *or* my ~! pousse-toi!, écarte-toi!, laisse-moi passer!; to get out of sb's ~ laisser passer qn, céder le pas à qn; I couldn't get out of the ~ of the car in time je n'ai pas pu m'écarter de la voiture à temps; get it out of the ~! poussez-le!, écartez-le!; as soon as I've got the exam out of the ~ dès que je serai débarrassé de l'examen; keep matches out of children's ~ *or* out of the ~ of children ne laissez pas les allumettes à la portée des enfants; to keep out of sb's ~ éviter qn; keep (well) out of his ~ today! ne te frotte pas à lui aujourd'hui!; he kept well out of the ~ il a pris soin de rester à l'écart; to put sth out of the ~ ranger qch, écarter qch; put it out of the ~ in the cupboard range-le dans le placard; he wants his wife out of the ~* il veut se débarrasser de sa femme; to put difficulties in sb's ~ créer des difficultés à qn; he put me in the ~ of one or two good bargains il m'a permis de profiter de *or* il m'a indiqué quelques bonnes affaires; to make ~ for sb faire place à qn, s'écarter pour laisser passer qn; (*fig*) laisser la voie libre à qn; make ~! écartez-vous!; make ~ for the king! place au roi!; he made ~ for the ambulance il s'est écarté pour laisser passer l'ambulance; (*fig*) this made ~ for a return to democracy ceci a ouvert la voie à *or* préparé le terrain pour la restauration de la démocratie; to push *or* force *or* thrust *or* elbow one's ~ through a crowd se frayer un chemin à travers une foule; to hack *or* cut one's ~ through the jungle s'ouvrir un chemin à la hache dans la jungle; to crawl/limp *etc* one's ~ to the door ramper/boiter *etc* jusqu'à la porte; he talked his ~ out of the difficulty il s'est sorti de cette difficulté avec de belles paroles; V give, open, right *etc*.

(e) (*distance*) distance *f*. a long ~ off *or* away loin; a little ~ away *or* off pas très loin, à une courte distance; it's a long *or* good ~ to London Londres est loin, ça fait loin pour aller à Londres*; it's a long ~ from here to London cela fait loin d'ici à Londres; the roots go a long ~ down les racines descendent loin; it's a long ~ from here c'est loin d'ici; he's a long ~ from home il est loin de chez lui; (*fig*) you're a long ~ out vous êtes loin du compte; (*fig*) they've come a long ~ ils ont fait du chemin; we've a long ~ to go (*lit*) nous avons encore une grande distance à parcourir *or* un grand bout de chemin à faire; (*fig*) (*not got enough*) nous sommes encore très loin du compte; (*still more efforts to make*) nous ne sommes pas au bout de nos peines; your work has still a long ~ to go vous avez encore de grands efforts à faire dans votre travail; (*fig*) it should go a long ~ towards paying the bill cela devrait couvrir une grande partie de la facture; it should go a long ~ towards improving relations between the two countries cela devrait bien améliorer les rapports entre les deux pays; he makes a little go a long ~ il tire le meilleur parti de ce qu'il a; a little kindness goes a long ~ un peu de gentillesse facilite bien des choses; he is a long ~ from understanding why I did it il est loin d'avoir compris pourquoi je l'ai fait; it's a long ~ from what we want ce n'est pas du tout ce qu'on veut; it's a long ~ from being finished c'est loin d'être terminé; is it finished? — not by a long ~! est-ce terminé? — loin de là *or* tant s'en faut!; is this what you want? — not by a long ~ c'est cela que vous voulez? — mais pas du tout *or* absolument pas!; it's better by a long ~ c'est nettement mieux; (*fig*: *have sex*) to go all the ~* with sb coucher* avec qn, aller jusqu'au bout avec qn.

(f) (*direction*) direction *f*, sens *m*. this ~ par ici; 'this ~ for *or* to the cathedral' 'vers la cathédrale'; the leaf was blowing this ~ and that la feuille tournoyait de-ci de-là *or* par-ci par-là; he ran this ~ and that il courait dans tous les sens; turn round this ~ for a moment tourne-toi par ici un instant; which ~ did he go? par où est-il passé?, dans quelle direction est-il parti?; which ~ do we go from here? (*lit*) par où passons-nous maintenant?, quel chemin prenons-nous maintenant?; (*fig*) quelle voie devons-nous choisir maintenant?, que faire maintenant?; are you going my ~? est-ce que vous allez dans la même direction que moi?; (*fig*) everything's going his ~ just now* tout lui sourit *or* lui réussit en ce moment; he went that ~ il est allé *or* parti par là; she didn't know which ~ to look elle ne savait pas où regarder; he looked the other ~ il a détourné les yeux; he never looks my ~ il ne regarde jamais dans ma direction; I'll be down *or* round your ~ tomorrow je serai près de chez vous *or* dans vos parages demain; if he comes your ~ again s'il revient dans vos parages; if the chance comes your ~ si jamais vous en avez l'occasion; it's out *or* over Oxford ~ c'est du côté d'Oxford; (*fig*) he's in a fair ~ to succeed il est en passe de réussir; you're wearing your hat the wrong ~ round vous avez mis votre chapeau à l'envers *or* dans le mauvais sens; the right ~ up dans le bon sens; the wrong ~ up sens dessus dessous; his jersey is the right/wrong ~ out son chandail est à l'endroit/à l'envers; turn the box the other ~ round tourne la boîte dans l'autre sens; he didn't hit her, it was the other ~ round ce n'est pas lui qui l'a frappée, c'est juste le contraire; a one-~ street une rue à sens unique; a three-~ discussion une discussion à trois participants; a four-~ radio link-up une liaison radio à quatre voies; V rub up *etc*.

(g) (*manner, method, course of action*) façon *f*, méthode *f*, manière *f*, moyen *m*. there are ~s and means il y a différents moyens (*of doing* de faire); we haven't the ~s and means to do it nous n'avons pas les ressources suffisantes pour le faire; W~s and Means Committee (*Brit Admin*) la Commission des Finances; (*US Pol*) commission *des finances de la Chambre des Représentants* (*examinant les recettes*); we'll find a ~ to do *or* of doing it nous trouverons un moyen *or* une façon de le faire; love will find a ~

l'amour finit toujours par triompher; do it (in) this ~ fais-le comme ceci *or* de cette façon *or* de cette manière; (*on label*) 'this ~ up' 'dessus', 'haut'; that's the ~ to do it voilà comment il faut s'y prendre, c'est ainsi qu'il faut (le) faire; (*encouraging*) that's the ~!, (*also US*) that's the ~ to go!* voilà c'est bien!; (*of sb's death*) that's the ~ to go! c'est une belle mort!; (*of sb's death*) what a ~ to go! quelle façon de mourir!; (*refusing*) no ~!* pas question!*; do it your own ~ fais-le comme tu veux *or* à ta façon; he has his own ~ of doing things il a sa façon à lui de faire les choses; the French ~ of life la manière de vivre des Français, la vie française; (*fig*) such shortages are a ~ of life de telles pénuries sont entrées dans les mœurs *or* font partie de la vie de tous les jours; to get one's own ~ arriver à ses fins; to want one's own ~ vouloir imposer sa volonté, ne vouloir en faire qu'à sa tête; Arsenal had it all their own ~ in the second half Arsenal a complètement dominé le match pendant la deuxième mi-temps; I won't let him have things all his own ~ je ne vais pas faire ses quatre volontés* *or* lui passer tous ses caprices; my ~ is to get the personnel together first ma méthode consiste à rassembler d'abord le personnel; to my ~ of thinking à mon avis; her ~ of looking at it son point de vue sur la question; that's the ~ the money goes c'est à ça que l'argent passe; what an odd ~ to behave! quelle drôle de façon de se conduire!; whatever ~ you like to look at it de quelque façon que vous envisagiez (*subj*) la chose; it's just the ~ things are c'est la vie; that's the ~ of the world! ainsi va le monde!; it's just the ~ I'm made c'est comme ça que je suis; leave it all the ~ it is laisse les choses comme elles sont *or* telles quelles; the ~ things are going we shall have nothing left du train où vont les choses il ne nous restera rien; that's always the ~ c'est toujours comme ça; that's always the ~ with him c'est toujours comme ça *or* toujours pareil avec lui; it was this ~ ... voici comment cela s'est passé ...; to do sth the right/wrong ~ faire qch bien/mal; there's a right and a wrong ~ of doing everything il y a toujours une bonne et une mauvaise façon de faire quelque chose; he said it in such a ~ that ... il l'a dit d'un tel ton *or* d'une telle manière que ...; in a general ~ it's true c'est vrai en général; once in a ~ we ... (une fois) de temps en temps nous ...; it was by ~ of being a joke c'était en guise de plaisanterie, c'était entendu comme une plaisanterie; I did it by ~ of discovering what ... je l'ai fait pour découvrir *or* afin de découvrir ce que ...; I met him by the ~ of work je l'ai rencontré dans *or* par mon travail; V either.

(h) (*state; condition; degree*) état *m*. things are in a bad ~ tout va mal; he is in a bad ~ il va mal; the car is in a very bad ~ la voiture est en piteux état; she was in a terrible ~ (*physically*) elle était dans un état terrible; (*agitated*) elle était dans tous ses états; there are no two ~s about it c'est absolument clair; one ~ *or* (an)other you must ... d'une façon ou d'une autre vou devez ...; (*Racing*) each ~ gagnant ou placé; you can't have it both *or* all ~s il faut choisir; they live in quite a small ~ ils vivent modestement, ils ont un petit train de vie *or* un train de vie modeste; (*fig*) in a small ~ he contributed to ... il a apporté sa petite contribution à ...; in a small ~ it did make a difference cela a quand même fait une petite différence; he deals in quite a big ~ il fait de grosses affaires; he does things in a big ~ il fait les choses en grand; he is a bookseller in a big ~ c'est un gros libraire; we lost in a really big ~ nous avons vraiment beaucoup perdu; in the ordinary ~ of things à l'ordinaire, normalement; he's not a plumber in the ordinary ~ ce n'est pas un plombier ordinaire *or* comme les autres *or* au sens traditionnel du mot; V family *etc*.

(i) (*custom, habit, manner of behaving*) coutume *f*, habitude *f*, manière *f*, façon *f*. the ~s of the Spaniards les coutumes espagnoles; the good old ~s les coutumes du bon vieux temps; the ~s of God and men les voies *fpl* de Dieu et de l'homme; they mistrusted his foreign ~s ils se méfiaient de ses habitudes d'étranger; he has an odd ~ of scratching his chin when he laughs il a une drôle de façon *or* manière de se gratter le menton quand il rit; he is very slow in his ~s il est très lent dans ce qu'il fait, il fait tout très lentement; he is amusing in his (own) ~ il est amusant à sa façon; in his own small ~ he helped a lot of people dans sa mesure de ses modestes moyens il a aidé beaucoup de gens; that's not my ~ ce n'est pas mon genre, ce n'est pas ma façon de faire; it's not my ~ to show my feelings ce n'est pas mon genre *or* dans mes habitudes d'exprimer ce que je ressens; it's only his (little) ~ c'est comme ça qu'il est, voilà comment il est; she has a (certain) ~ with her elle sait persuader; he has a ~ with people il sait (comment) s'y prendre avec les gens, les gens le trouvent sympathique; he has got a ~ with cars il sait (comment) s'y prendre avec les voitures; to mend *or* improve one's ~s s'amender, acheter une conduite*; to get into/out of the ~ of doing prendre/perdre l'habitude de faire.

(j) (*respect, detail, particular*) égard *m*, point *m*. in some ~s à certains égards; in many ~s à bien des égards; can I help you in any ~? puis-je vous aider en quoi que ce soit?, puis-je faire quelque chose pour vous aider?; in every ~ possible, in every possible ~ *help* dans la mesure du possible; *try* de toutes les façons possibles; does that in any ~ explain it? est-ce là une explication satisfaisante?; he's in no ~ *or* not in any ~ to blame ce n'est vraiment pas sa faute, il n'est aucunement sa faute; not in any ~! en aucune façon!, pas le moins du monde!; without in any ~ wishing to do so sans vouloir le moins du monde le faire; he's right in a *or* one ~ il a raison dans un certain sens; what is there in the ~ of books? qu'est-ce qu'il y a comme livres?, qu'est-ce qu'il y a à lire?

(k) (*Naut*) to gather/lose ~ prendre/perdre de la vitesse; to have ~ on avoir de l'erre; to be under ~ (*Naut*) faire route, être en route; (*fig*) [*train, coach*] être en route; [*journey, meeting, discussion*] être en cours; [*plans*] être en voie de réalisation *or* d'exécution; to get under ~ (*Naut*) appareiller, lever l'ancre; (*fig*)

[person] se mettre en route, partir; (*Aut etc*) se mettre en route, démarrer; *[meeting, discussion]* démarrer; *[plan, project]* démarrer, commencer à se réaliser *or* à être exécuté; **they got the ship under ~** ils ont appareillé; **things are getting under ~ at last** cela commence enfin à prendre tournure; **to get sth under ~** *meeting etc* faire démarrer qch; *project etc* mettre qch en train.
 (l) (*Shipbuilding*) ~s cale *f*.
 2 *adv* (*) très loin. **~ over there** très loin là-bas; **~ down below** très loin en bas, bien plus bas; **~ up in the sky** très haut dans le ciel; **~ back/over** = **away back/over** (*V* away 1a); **~ out to sea** loin au large; **you're ~ out in your calculations** tu es très loin de compte dans tes calculs (*V also* 3).
 3 *cpd*: (*Comm*) **waybill** récépissé *m*; **wayfarer** *etc V* **wayfarer** *etc*; **waylay** *V* **waylay**; **way-out*** *clothes, ideas, behaviour* (*odd*) excentrique; (*great*) super* *inv*, formidable; *guess* très loin de compte; **wayside** (*n*) bord *m or* côté *m* de la route; (*cpd*) *plant, café* au bord de la route; **along the wayside** le long de la route; **by the wayside** au bord de la route; **to fall by the wayside** (*liter: err, sin*) quitter le droit chemin; (*not complete course: of contestant etc*) abandonner en route; (*be cancelled or postponed: of project etc: also* **go by the wayside**) tomber à l'eau; (*gen*) **it went by the wayside** on a dû laisser tomber; (*US*) **way station** (*Rail*) petite gare; (*fig: stage*) étape *f*; (*US*) **way train** omnibus *m*.
 wayfarer ['weɪˌfɛərəʳ] *n* voyageur *m*, -euse *f*.
 wayfaring ['weɪˌfɛərɪŋ] *n* voyages *mpl*.
 waylay ['weɪleɪ] *pret, ptp* **waylaid** *vt* (*attack*) attaquer, assaillir; (*speak to*) arrêter au passage.
 wayward ['weɪwəd] *adj person* qui n'en fait qu'à sa tête; *horse* rétif.
 waywardness ['weɪwədnɪs] *n* (*U*) fait *m* de n'en faire qu'à sa tête; caractère *m* rebelle *or* rétif.
 W.C. ['dʌblju:(')si:] *n* (*Brit abbr of* **water closet**) W.-C. *mpl*, waters *mpl*.
 we [wi:] *pers pron pl* (*unstressed, stressed*) nous. **WE don't do that** nous, nous ne faisons pas ce genre de choses; **~ went to the pictures** nous sommes allés *or* on est allé* au cinéma; **~ French** nous autres Français; **as ~ say in England** comme on dit (chez nous) en Angleterre; **~ all make mistakes** tout le monde peut se tromper; **~ the teachers understand that ...** nous autres professeurs, nous comprenons que ...; **~ three have already discussed it** nous en avons déjà discuté à nous trois, nous trois en avons déjà discuté; **'~ are convinced' said the king** 'nous sommes convaincu' dit le roi.
 WEA ['dʌblju:i:'eɪ] *n* (*Brit*) *abbr of* **Workers' Educational Association** (*Association d'éducation populaire*).
 weak [wi:k] **1** *adj* **(a)** (*physically*) *person, animal* faible, qui manque de forces; *join, beam, structure, material* faible, fragile, qui manque de solidité; (*morally etc*) *person* faible, mou (*f* molle); *army, country, team* faible, sans défense; *government* faible, impuissant; *excuse, argument, evidence* faible, réfutable, peu convaincant; *intellect* faible. **to grow ~(er)** *[person]* s'affaiblir, faiblir; *[structure, material]* faiblir, perdre de sa solidité; *[voice]* devenir plus faible; *[influence, power]* baisser, diminuer; **his health is ~** il a une santé fragile *or* délicate; **~ from *or* with hunger** affaibli par la faim; **~ from *or* with fright** les jambes molles de peur; **to have a ~ heart** être cardiaque, avoir le cœur faible *or* malade; **to have ~ lungs *or* a ~ chest** avoir les poumons fragiles, être faible des bronches; **to have a ~ stomach *or* digestion** avoir l'estomac fragile; **to have ~ eyes *or* eyesight** avoir la vue faible, avoir une mauvaise vue; **to have a ~ chin/mouth** avoir le menton fuyant/la bouche tombante; **in a ~ voice** d'une voix fluette *or* faible; **to be ~ in the head*** être faible d'esprit, être débile*; **his knees felt ~**, **he went ~ at the knees** ses genoux se dérobaient sous lui, il avait les jambes molles *or* comme du coton*; **he is ~ in maths** il est faible en maths; **~ point *or* spot** point *m* faible; (*fig*) **the ~ link in the chain** le point faible; (*US*) **the ~ sister*** le faiblard*, la faiblarde* (dans un groupe); **you're too ~ with her** tu te montres trop faible envers elle; *V* constitution, sex, wall *etc*.
 (b) *coffee, tea* léger, faible; *solution, mixture, drug, lens, spectacles, magnet* faible; (*Elec*) *current* faible; (*Econ*) *the pound, dollar* faible. (*Gram*) **~ verb** verbe *m* faible.
 2 *n*: **the ~** les faibles *mpl*.
 3 *cpd*: (*fig*) **weak-kneed** mou (*f* molle), faible; **weak-minded** faible *or* simple d'esprit; **weak-willed** faible, velléitaire.
 weaken ['wi:kən] **1** *vi [person]* (*in health*) s'affaiblir, faiblir; (*in resolution*) faiblir, flancher*; (*relent*) se laisser fléchir; *[structure, material]* faiblir, perdre de sa solidité, commencer à fléchir; *[voice]* faiblir, baisser; *[influence, power]* baisser, diminuer; *[country, team]* faiblir; *[prices]* fléchir.
 2 *vt person* (*physically*) affaiblir, miner; (*morally, politically*) affaiblir; *join, structure, material* enlever de la solidité à; *heart* fatiguer; *country, team, government* affaiblir, rendre vulnérable; *defence, argument, evidence* affaiblir, enlever du poids *or* de la force à; *coffee, solution, mixture* couper, diluer; (*Econ*) *the pound, dollar* affaiblir, faire baisser.
 weakening ['wi:kənɪŋ] **1** *n [health, resolution]* affaiblissement *m*; *[structure, material]* fléchissement *m*, fatigue *f*. **2** *adj effect* affaiblissant, débilitant; *disease, illness* débilitant, qui mine.
 weakling ['wi:klɪŋ] *n* (*physically*) gringalet *m*, mauviette *f*; (*morally etc*) faible *mf*, poule *f* mouillée.
 weakly ['wi:klɪ] **1** *adj* faible, maladif, chétif.
 2 *adv move* faiblement, sans forces; *speak* faiblement, mollement.
 weakness ['wi:knɪs] *n* (*V* weak) faiblesse *f*; fragilité *f*; mollesse *f*; impuissance *f*. **it's one of his ~es** c'est là un de ses points faibles; **to have a ~ for** avoir un faible pour.
 weal[1] [wi:l] *n* (*on skin*) marque *f* d'un coup de fouet (*or* de bâton *etc*), zébrure *f*.

weal[2]†† [wi:l] *n* bien *m*, bonheur *m*. **the common ~** le bien public; **~ and woe** le bonheur et le malheur.
 weald [wi:ld] *n* (*wooded country*) pays boisé; (*open country*) pays découvert.
 wealth [welθ] **1** *n* (*U*) (*fact of being rich*) richesse *f*; (*money, possessions, resources*) richesses, fortune *f*; (*natural resources etc*) richesse(s). **a man of great ~** un homme puissamment riche; 'The W~ of Nations' 'la Richesse des Nations'; **the ~ of the oceans** les richesses *or* les riches ressources *fpl* des océans; **the mineral ~ of a country** les richesses minières d'un pays; (*fig*) **a ~ of ideas** une profusion *or* une abondance d'idées, des idées en abondance *or* à profusion.
 2 *cpd*: (*Brit*) **wealth tax** impôt *m* sur la fortune.
 wealthy ['welθɪ] **1** *adj person, family* riche, fortuné, nanti; *country* riche. **2** *n*: **the ~** les riches *mpl*.
 wean [wi:n] *vt baby* sevrer; (*fig: from bad habits etc*) détacher, détourner (*from, off* de). **I've managed to ~ him off gin** je l'ai habitué à se passer de gin; **I ~ed her off the idea of going to Greece** je l'ai dissuadée de partir pour la Grèce.
 weaning ['wi:nɪŋ] *n* sevrage *m*.
 weapon ['wepən] *n* (*lit, fig*) arme *f*. **~ of offence/defence** arme offensive/défensive.
 weaponry ['wepənrɪ] *n* (*U: collective*) (*gen: arms*) armes *fpl*; (*Mil*) matériel *m* de guerre, armements *mpl*.
 wear [wɛəʳ] (*vb: pret* **wore**, *ptp* **worn**) **1** *n* (*U*) **(a)** (*act of wearing*) port *m*, fait *m* de porter; (*use*) usage *m*; (*deterioration through use*) usure *f*. **clothes for everyday ~** vêtements pour tous les jours; **clothes for evening ~** tenue *f* de soirée; (*shop notice*) tenues de soirée; **for evening ~ we suggest ...** comme tenue de soirée nous suggérons ...; **it isn't for town ~** ce n'est pas une tenue de ville, cela ne se porte pas en ville; **it is compulsory ~ for officers** le port en est obligatoire pour les officiers; **what is the correct ~ for these occasions?** quelle est la tenue convenable pour de telles occasions?, qu'est-ce qui est de mise en de telles occasions?; **this carpet has seen *or* had some hard ~** ce tapis a beaucoup servi; **to be in constant ~** *[garment]* être porté continuellement; *[tyres etc]* être en usage continuel, être continuellement usé; **this material will stand up to a lot of ~** ce tissu fera beaucoup d'usage *or* résistera bien à l'usure; **there is still some ~ left in it** (*garment*) c'est encore mettable; (*carpet, tyre*) cela fera encore de l'usage; **he got 4 years' ~ out of it** cela lui a fait *or* duré 4 ans; **it has had a lot of ~ and tear** c'est très usagé, cela a été beaucoup porté *or* utilisé; **fair *or* normal ~ and tear** usure normale; **the ~ and tear on the engine** l'usure du moteur; **to show signs of ~**, **to look the worse for ~** *[clothes, shoes, carpet]* commencer à être défraîchi *or* fatigué; *[tyres, machine]* commencer à être fatigué *or* usagé; (*fig*) **he was (looking) somewhat the worse for ~*** il n'était pas très frais.
 (b) (*esp Comm: clothes collectively*) vêtements *mpl*. **children's ~** vêtements pour enfants; **summer ~** vêtements d'été; **ski ~** vêtements de ski; **V foot, sport** *etc*.
 2 *vt* **(a)** *garment, flower, sword, watch, spectacles* porter; *beard, moustache* porter, avoir; (*fig*) *smile* avoir, arborer; *look* avoir, afficher. **he was ~ing a hat** il avait *or* il portait un chapeau, il avait mis un chapeau; **I never ~ a hat** je ne mets *or* porte jamais de chapeau; **hats are now rarely worn** les chapeaux ne se portent plus guère aujourd'hui; **what shall I ~?** qu'est-ce que je vais mettre?; **I've nothing to ~**, **I haven't got a thing to ~** je n'ai rien à me mettre; **I haven't worn that for ages** cela fait des siècles que je ne l'ai pas mis *or* porté; **Eskimos don't ~ bikinis** les Esquimaudes ne portent jamais de bikini; **she was ~ing blue** elle était en bleu; **what the well-dressed woman is ~ing this year** ce que la femme élégante porte cette année; **he ~s good clothes** il est bien habillé, il s'habille bien; **she ~s her hair long** elle a les cheveux longs; **she ~s her hair in a bun** elle porte un chignon; **I never ~ scent** je ne me parfume jamais, je ne me mets jamais de parfum; **she was ~ing make-up** elle s'était maquillée; **she was ~ing lipstick** elle s'était *or* elle avait mis du rouge à lèvres; **to ~ the crown** être sur le trône; (*fig*) **she's the one who ~s the trousers *or* the pants*** c'est elle qui porte la culotte* *or* qui commande; **she wore a frown** elle fronçait les sourcils; **he wore a look** *or* **an air of satisfaction**, **he wore a satisfied look on his face** son visage exprimait la satisfaction, il affichait *or* avait un air de satisfaction; **she ~s her age** *or* **her years well** elle porte bien son âge, elle est encore bien pour son âge; *V* heart *etc*.
 (b) (*rub etc*) *clothes, fabric, stone, wood* user; *groove, path* creuser peu à peu. **to ~ a hole in sth** trouer *or* percer peu à peu qch, faire peu à peu un trou dans *or* à qch; **to ~ sth into holes** faire des trous à qch; **the knife blade was worn thin** la lame du couteau s'était amincie à l'usage; **the rug was worn thin** *or* **threadbare** le tapis était usé jusqu'à la corde *or* complètement râpé; **he had worn himself to a shadow** il s'était fatigué au point de n'être plus que l'ombre de lui-même; **worn with care** usé *or* rongé par les soucis; *V also* frazzle, work, worn *etc*.
 (c) (*Brit*: *tolerate, accept*) tolérer. **he won't ~ that** il n'acceptera jamais, il ne marchera pas*; **the committee won't ~ another £100 on your expenses** vous ne ferez jamais avaler au comité 100 livres de plus pour vos frais*.
 3 *vi* **(a)** (*last*) *[clothes, carpet, tyres etc]* faire de l'usage, résister à l'usure. **a good tweed will ~ forever** un bon tweed ne s'use jamais *or* est inusable; **these shoes will ~ for years** ces chaussures dureront *or* feront des années; **that dress/carpet has worn well** cette robe/ce tapis a bien résisté à l'usure *or* a fait beaucoup d'usage; (*fig*) **theory/friendship that has worn well** théorie/amitié intacte en dépit du temps; **that car has worn well*** cette voiture a quand même encore en bon état; **she has worn well*** elle est bien conservée.
 (b) (*rub etc thin*) *[garment, fabric, stone, wood]* s'user. **the**

trousers have worn at the knees le pantalon est usé aux genoux; to ~ into holes se trouer; the rock has worn smooth la roche a été polie par le temps; the material has worn thin le tissu est râpé; (*fig*) that excuse has worn thin! cette excuse ne prend plus!; my patience is ~ing thin je suis presque à bout de patience; discipline was ~ing thin il n'y avait pratiquement plus de discipline, la discipline commençait à pâtir sérieusement.

(c) *[day, year, sb's life]* to ~ towards its end *or* towards a close tirer à sa fin.

◆**wear away 1** *vi [wood, metal]* s'user; *[cliffs etc]* être rongé *or* dégradé; *[inscription, design]* s'effacer.

2 *vt sep* user; ronger, dégrader; effacer.

◆**wear down 1** *vi [heels, pencil etc]* s'user; *[resistance, courage]* s'épuiser.

2 *vt sep materials* user; *patience, strength* user, épuiser; *courage, resistance* miner. (*fig*) the hard work was wearing him down le travail l'usait *or* le minait; they wore him down with constant pestering until he finally agreed ils n'ont cessé de l'importuner jusqu'à ce qu'il finisse par accepter *or* jusqu'à ce qu'il accepte (*subj*) de guerre lasse.

◆**wear off 1** *vi [colour, design, inscription]* s'effacer, disparaître; *[pain]* disparaître, passer; *[anger, excitement]* s'apaiser, passer; *[effects]* se dissiper, disparaître; *[anaesthetic]* se dissiper. the novelty has worn off cela n'a plus l'attrait de la nouveauté.

2 *vt sep* effacer par l'usure, faire disparaître.

◆**wear on** *vi [day, year, winter etc]* avancer; *[battle, war, discussions etc]* se poursuivre. as the years wore on à mesure que les années passaient, avec le temps.

◆**wear out 1** *vi [clothes, material, machinery]* s'user; *[patience, enthusiasm]* s'épuiser.

2 *vt sep* (**a**) *shoes, clothes* user; *one's strength, reserves, materials, patience* épuiser.

(**b**) (*exhaust*) *person, horse* épuiser. to wear one's eyes out s'user les yeux *or* la vue; to wear o.s. out s'épuiser, s'exténuer (*doing* à faire); to be worn out être exténué *or* éreinté.

3 worn-out *adj V* worn.

◆**wear through** *vt sep* trouer, percer.

wearable ['wɛərəbl] *adj garment* mettable.

wearer ['wɛərər] *n*: will the ~ of the green coat please come forward? la personne vêtue du *or* portant le manteau vert aurait-elle l'obligeance de s'avancer?; these shoes will delight the ~ ces chaussures feront la joie de la personne *or* de celui (*or* de celle) qui les portera; as all uniform ~s know ... comme tous ceux qui portent l'uniforme le savent ...; direct from maker to ~ directement du fabricant au client.

wearied ['wɪərɪd] *adj* (*tired*) *person, animal, smile, look* las (*f* lasse); *sigh* de lassitude.

wearily ['wɪərɪlɪ] *adv say* d'un ton las *or* fatigué, avec lassitude; *sigh, smile, look* d'un air las *or* fatigué, avec lassitude; *move* péniblement.

weariness ['wɪərɪnɪs] *n* (*V* weary) lassitude *f*, fatigue *f*, épuisement *m*; abattement *m*; ennui *m*; *V* world.

wearing ['wɛərɪŋ] *adj* épuisant, lassant.

wearisome ['wɪərɪsəm] *adj* (*tiring*) fatigant, épuisant; (*boring*) ennuyeux, lassant, fastidieux.

weary ['wɪərɪ] **1** *adj* (*tired*) *person, animal* las (*f* lasse), fatigué, épuisé; *smile, look* las; (*dispirited*) *person* las, abattu; *sigh* de lassitude; (*tiring*) *journey, wait* fatigant, épuisant; (*irksome*) ennuyeux, lassant. to be/grow ~ of (*doing*) sth être las/se lasser de (*faire*) qch; ~ of life dégoûté *or* las de vivre; ~ of waiting las *or* fatigué d'attendre; ~ with walking fatigué *or* las à force d'avoir marché; **4** ~ hours **4** heures mortelles; **10** ~ miles **10** milles épuisants; *V* world.

2 *vi* se lasser (*of sth* de qch, *of doing* de faire).

3 *vt* (*tire*) fatiguer, lasser; (*try patience of*) lasser, agacer, ennuyer (*with* à force de); *V also* wearied.

weasel ['wi:zl] **1** *n* belette *f*; (*fig pej: person*) fouine *f* (*fig pej*).

2 *cpd*: (*US fig*) **weasel words*** paroles *fpl* ambiguës *or* équivoques.

3 *vi* (*US*: *also* ~ -word) (*speaking*) s'exprimer de façon ambiguë *or* équivoque; **to** ~ **out of sth** (*extricate o.s.*) se sortir *or* se tirer de qch en misant sur l'ambiguïté; (*avoid it*) éviter qch en misant sur l'ambiguïté.

weather ['weðər] **1** *n* temps *m*. ~ permitting si le temps le permet; what's the ~ like?, what's the ~ doing?* quel temps fait-il?; it's fine/bad ~ il fait beau/mauvais, le temps est beau/mauvais; I don't like the ~ much je n'aime pas ce genre de temps; summer ~ temps d'été *or* estival; in this ~ par ce temps, par un temps comme ça; in hot ~ par temps chaud, en période de chaleur; in all ~s par tous les temps; (*fig*) to be under the ~* être mal fichu*, ne pas être dans son assiette; *V* heavy, wet.

2 *vt* (*a*) (*survive*) *tempest, hurricane* essuyer, réchapper à; (*fig*) *crisis* survivre à, réchapper à, surmonter. **to** ~ **a storm** (*lit*) essuyer une tempête, réchapper à une tempête; (*fig*) tenir le coup, ne pas succomber.

(**b**) (*expose to* ~) *wood etc* faire mûrir. ~ed rocks rochers exposés aux intempéries; rocks ~ed by rain and wind rochers patinés *or* érodés par la pluie et par le vent.

3 *vi [wood]* mûrir; *[rocks]* s'effriter.

4 *cpd knowledge, map, prospects* météorologique; *conditions, variations* atmosphérique; (*Naut*) *side, sheet* du vent. **weather-beaten** *person, face* hâlé, tanné; *building* dégradé par les intempéries; *stone* effrité par les intempéries; (*Brit: U*) **weatherboard(ing)** planches *fpl* de recouvrement; **weather-bound** immobilisé *or* retenu par le mauvais temps; (*US*) **Weather Bureau**, (*Brit*) **Weather Centre** Office national de la météorologie; **weather chart** carte *f* du temps, carte météorologique; **weather check**

(*bref*) bulletin *m* météo; **weather cock** girouette *f*; (*fig*) **to keep a weather eye on sth** surveiller qch; (*fig*) **to keep one's weather eye open** veiller au grain (*fig*); **weather forecast** prévisions *fpl* météorologiques, météo* *f*; **weatherman*** météorologue *m*, météorologiste *m*; **weatherproof** (*adj*) *clothing* imperméable; *house* étanche; (*vt*) *clothing* imperméabiliser; *house* rendre étanche; **weather report** bulletin *m* météo(rologique), météo* *f*; **weather ship** navire *m* météo *inv*; **the weather situation** le temps (qu'il fait *or* fera *etc*); **weather station** station *f* *or* observatoire *m* météorologique; **weather strip** bourrelet *m* (*pour porte etc*); **weather vane** = **weather cock**; **weather-worn** = **weather-beaten**.

weave [wi:v] (*vb: pret* **wove**, *ptp* **woven**) **1** *n* tissage *m*. loose/tight ~ tissage lâche/serré; **a cloth of English** ~ du drap tissé en Angleterre.

2 *vt threads, cloth, web* tisser; *strands* entrelacer; *basket, garland, daisies* tresser; (*fig*) *plot* tramer; *story* inventer, bâtir. **to** ~ **flowers into one's hair** entrelacer des fleurs dans ses cheveux; **to** ~ **details into a story** introduire *or* incorporer des détails dans une histoire; **to** ~ **one's way** *V* 3c.

3 *vi* (**a**) (*Tex etc*) tisser.

(**b**) *[road, river, line]* serpenter.

(**c**) (*pret, ptp gen* **weaved**) **to** ~ (**one's**) **way through** the crowd se faufiler à travers la foule; **the drunk man** ~**d** (**his way**) **across the room** l'ivrogne a titubé *or* zigzagué à travers la pièce; **the car was weaving** (**its way**) **in and out through the traffic** la voiture se faufilait *or* se glissait à travers la circulation; **the boxer was weaving in and out** skilfully le boxeur s'engageait et se dégageait adroitement; (*fig*) **let's get weaving!*** allons, remuons-nous!

weaver ['wi:vər] *n* (*person*) tisserand(e) *m(f)*; (*also* ~bird) tisserin *m*.

weaving ['wi:vɪŋ] **1** *n* (*U*: *V* weave) tissage *m*; tressage *m*; entrelacement *m*. **2** *cpd*: **weaving mill** (atelier *m* de) tissage *m*.

web [web] **1** *n* (*fabric*) tissu *m*; *[spider]* toile *f*; (*between toes etc*) *[animals etc]* palmure *f*; *[humans]* palmature *f*; (*fig: of lies etc*) tissu.

2 *cpd*: **to have web(bed) feet** *or* **toes**, **to be webfooted** *or* **web-toed** *[animal]* être palmipède, avoir les pieds palmés; *[human]* avoir une palmature.

webbing ['webɪŋ] *n* (*U*) (*fabric*) toile forte en bande; (*on chair*) sangles *fpl*; (*on bird's, animal's foot*) palmure *f*; (*on human foot*) palmature *f*.

we'd [wi:d] = **we had**, **we should**, **we would**; *V* have, should, would.

Wed. *abbr of* **Wednesday**.

wed [wed] *pret* **wedded**, *ptp* **wedded**, (*rare*) **wed 1** *vt* (*marry*) épouser, se marier avec; *[priest]* marier; (*fig*) *things, qualities* allier. (*fig*) **she is** ~**ded to her work** elle ne vit que pour son travail, elle se consacre entièrement à son travail; **his cunning**, ~**ded to ambition**, **led to ... sa** ruse, alliée à l'ambition, a conduit à ... .

2 *vi* se marier.

3 *npl*: **the newly-**~**s** les jeunes *or* nouveaux mariés.

wedded ['wedɪd] *adj person* marié; *bliss, life* conjugal. **his** (**lawful**) ~ **wife** sa légitime épouse; **the** ~ **couple** les mariés *mpl*.

wedding ['wedɪŋ] **1** *n* (*ceremony*) mariage *m*, noces *fpl*. **silver/golden** ~ noces d'argent/d'or; **they had a quiet** ~ ils se sont mariés dans l'intimité, le mariage a été célébré dans l'intimité; **they had a church** ~ ils se sont mariés à l'église; *V* civil.

2 *cpd cake, night* de noces; *present* de mariage, de noces; *invitation* de mariage; *ceremony, march* nuptial. **wedding anniversary** anniversaire *m* de mariage; **wedding band** = **wedding ring**; **wedding breakfast** lunch *m* de mariage; (*less elegant*) repas *m* de noces; **their wedding day** le jour de leur mariage; **wedding dress** robe *f* de mariée; **wedding guest** invité(e) *m(f)* (*à un mariage*); **wedding ring** alliance *f*, anneau *m* de mariage.

wedel ['veɪdl] *vi* (*Ski*) godiller.

wedeln ['veɪdln] *n* (*Ski*) godille *f*.

wedge [wedʒ] **1** *n* (*a*) (*for holding sth steady; under wheel etc, also Golf*) cale *f*; (*for splitting wood, rock*) coin *m*. (*fig*) **to drive a** ~ **between two people** brouiller deux personnes; *V* thin.

(**b**) (*piece: of cake, pie etc*) part *f*, morceau *m*.

(**c**) (*Ski*) chasse-neige *m*; (*Climbing*) coin *m* de bois.

2 *cpd*: **wedge-heeled** à semelles compensées; **wedge-shaped** en forme de coin; **wedge-soled** = **wedge-heeled**.

3 *vt* (*fix*) *table, wheels* caler; (*stick, push*) enfoncer (*into* dans, *between* entre). **to** ~ **a door open/shut** maintenir une porte ouverte/fermée à l'aide d'une cale; **the door was** ~**d** on avait mis une cale à la porte; **the** ~**d the table leg to hold it steady** il a calé le pied de table; **I can't move this**, **it's** ~**d** je n'arrive pas à l'enlever, c'est coincé; **to** ~ **a stick into a crack** enfoncer un bâton dans une fente; **the car was** ~**d between two trucks** la voiture était coincée entre deux camions; **he managed to** ~ **another book into the bookcase** il a réussi à faire rentrer *or* à enfoncer *or* à fourrer* un autre livre dans la bibliothèque.

◆**wedge in 1** *vi [person]* se glisser.

2 *vt sep* (*into case, box etc*) *object* faire rentrer, enfoncer, fourrer*; (*into car, onto seat etc*) *person* faire rentrer; *several people* entasser. **to be wedged in** être coincé.

wedlock ['wedlɒk] *n* (*U*) mariage *m*. **to be born out of** ~ être (un) enfant naturel.

Wednesday ['wenzdeɪ] *n* mercredi *m*; *V* ash²; *for other phrases V* Saturday.

wee¹ [wi:] *adj* (*Scot*) tout petit. **a** ~ **bit** un tout petit peu.

wee²‡ [wi:] *n, vi*: **to have a** ~ faire pipi*.

weed [wi:d] **1** *n* (**a**) mauvaise herbe; (* *pej: person*) mauviette *f*; (‡: *marijuana*) herbe *f* (*sl*). (*hum*) **the** ~* le tabac.

(b) **(widow's)** ~s vêtements *mpl* de deuil; **in widow's** ~s **en deuil.**
  2 *cpd:* (*Drugs sl*) **weedhead** consommateur *m* de la marijuana; **weed-killer** désherbant *m*, herbicide *m*.
  3 *vt* désherber; (*hoe*) sarcler.
◆**weed out** *vt sep plant* enlever, arracher; (*fig*) *weak candidates* éliminer (*from* de); *troublemakers* expulser (*from* de); *old clothes, books* trier et jeter.

weeding ['wi:dɪŋ] *n* (*U*) désherbage *m*; (*with hoe*) sarclage *m*. **I've done some** ~ j'ai un peu désherbé.

weedy ['wi:dɪ] *adj ground* couvert de mauvaises herbes, envahi par les mauvaises herbes; (*fig pej*) *person* qui a l'air d'une mauviette.

week [wi:k] **1** *n* semaine *f*. **in a** ~ dans une semaine *or* une huitaine, dans huit jours; **what day of the** ~ **is it?** quel jour de la semaine sommes-nous?; ~ **in** ~ **out** chaque semaine, semaine après semaine, pendant des semaines; ~ **after** ~ semaine après semaine; **this** ~ cette semaine; **next/last** ~ la semaine prochaine/dernière; **the** ~ **before last** l'avant-dernière semaine; **the** ~ **after** next pas la semaine prochaine, celle d'après; **by the end of the** ~ **he had ...** à la fin de la semaine il avait ...; **in the middle of the** ~ vers le milieu *or* dans le courant de la semaine; **twice a** ~ deux fois par semaine; **this time next** ~ dans huit jours à la même heure; **this time last** ~ il y a huit jours à la même heure; **today** ~, **a** ~ **today, this day** ~ (d')aujourd'hui en huit; **tomorrow** ~, **a** ~ **tomorrow** (de) demain en huit; **yesterday** ~, **a** ~ (**past**) **yesterday** il y a eu une semaine hier; **Sunday** ~, **a** ~ **on Sunday** (de) dimanche en huit; **every** ~ chaque semaine; **two** ~s **ago** il y a deux semaines, il y a quinze jours; **in 3** ~s' **time** dans *or* d'ici 3 semaines; **it lasted for** ~s cela a duré des semaines (et des semaines); **the** ~ **ending May 6th** la semaine qui se termine le 6 mai; **he owes her 3** ~s' **rent** il lui doit 3 semaines de loyer; **paid by the** ~ payé à la semaine; **the working** ~ la semaine de travail; **a 36-hour** ~ une semaine de 36 heures; **a three-day** ~ une semaine (de travail) de trois jours; **a** ~'s **wages** le salaire hebdomadaire *or* de la *or* d'une semaine; *V* **Easter.**
  2 *cpd:* **weekday** (*n*) jour *m* de semaine, jour ouvrable (*esp Comm*); (**on**) **weekdays** en semaine, les jours ouvrables; (*cpd*) *activities, timetable* de la semaine.

weekend ['wi:k'end] **1** *n* week-end *m*, fin *f* de semaine. **at** ~s **en fin de semaine, pendant le(s) week-end(s); what are you doing at the** ~? qu'est-ce que tu vas faire pendant le week-end?; **we're going away for the** ~ nous partons en week-end; **to take a long** ~ prendre un week-end prolongé; **they had Tuesday off so they made a long** ~ **of it** comme ils ne devaient pas travailler mardi ils ont fait le pont.
  2 *cpd visit, programme* de *or* du week-end. **weekend bag, weekend case** sac *m* de voyage, mallette *f*; **a weekend cottage** une maison de campagne.
  3 *vi* passer le week-end.

weekender ['wi:k'endər] *n* personne *f* partant (*or* partie) en week-end. **the village is full of** ~s le village est plein de gens qui sont venus pour le week-end.

weekly ['wi:klɪ] **1** *adj wages, visit* de la semaine, hebdomadaire; *journal* hebdomadaire.
  2 *adv* (*once a week*) chaque semaine, une fois par semaine; (*same day each week*) tous les huit jours. **twice** ~ deux fois par semaine.
  3 *n* (*magazine*) hebdomadaire *m*.

weenie* ['wi:nɪ] *n* (*US Culin*) = **wienie.**

weeny* ['wi:nɪ] **1** *adj* tout petit, petit petit*. **2** *cpd:* **weeny-bopper*** enfant *mf* (de 8 à 12 ans).

weep [wi:p] *pret, ptp* **wept 1** *vi* [*person*] pleurer, verser des larmes; [*walls, sore, wound etc*] suinter. **to** ~ **for joy** pleurer de joie; **to** ~ **for sb/sth** pleurer qn/qch; **to** ~ **over sth** pleurer *or* se lamenter sur qch; **she wept to see him leave** elle a pleuré de le voir partir; **I could have wept!** j'en aurais pleuré!
  2 *vt tears* pleurer, verser, répandre. **to** ~ **one's eyes out** pleurer à chaudes larmes; *V* **bucket.**
  3 *n*: **to have a good** ~ pleurer à chaudes larmes *or* un bon coup; **to have a little** ~ pleurer un peu, verser quelques larmes.

weeping ['wi:pɪŋ] **1** *n* (*U*) larmes *fpl*. **we heard the sound of** ~ on entendait quelqu'un qui pleurait. **2** *adj person* qui pleure; *walls, wound* suintant. ~ **willow** saule *m* pleureur.

weepy ['wi:pɪ] **1** *adj voice* larmoyant; *film etc* mélo*, sentimental. [*person*] **to be** *or* **feel** ~ avoir envie de pleurer, être au bord des larmes. **2** *n* (*Brit: film, book*) mélo* *m*, film *m* (*or* livre *m*) sentimental.

weever ['wi:vər] *n* (*fish*) vive *f*.

weevil ['wi:vl] *n* charançon *m*.

weewee* ['wi:wi:] (*langage enfantin*) **1** *n* pipi* *m*. **2** *vi* faire pipi*.

weft [weft] *n* (*Tex*) trame *f*.

weigh [weɪ] **1** *vt* (**a**) (*lit, fig*) peser. **to** ~ **o.s.** se peser; **to** ~ **sth in one's hand** soupeser qch; **it** ~s **9 kilos** ça pèse 9 kilos; **how much** *or* **what do you** ~? combien est-ce que vous pesez?; (*fig*) **that argument doesn't** ~ **anything with me** cet argument n'a aucun poids à mes yeux; **to** ~ **one's words** peser ses mots; **to** ~ (**up**) **A against B** mettre en balance A et B; **to** ~ (**up**) **the pros and cons** peser le pour et le contre.
  (**b**) (*Naut*) **to** ~ **anchor** lever l'ancre.
  2 *vi* [*object, responsibilities*] peser (*on* sur). **this box** ~s **fairly heavy** cette boîte pèse assez lourd; **the fear of cancer** ~s **on her** *or* **on her mind all the time** la peur du cancer la tourmente constamment; **there's something** ~**ing on her mind** quelque chose la préoccupe *or* la tracasse; **these factors do not** ~ **with him** ces facteurs ne comptent pas *or* n'ont aucun poids à ses yeux.
  3 *cpd:* **weighbridge** pont-bascule *m*; (*Sport*) **weigh-in** pesage *m*.
◆**weigh down 1** *vi* peser *or* appuyer de tout son poids (*on sth* sur qch). (*fig*) **this sorrow weighed down on her** ce chagrin la rongeait *or* la minait.

2 *vt sep* faire plier *or* ployer, courber; (*fig*) accabler, tourmenter. **the fruit weighed the branch down** la branche ployait *or* pliait sous le poids des fruits; **he was weighed down with parcels** il pliait sous le poids des paquets; **to be weighed down with responsibilities** être accablé *or* surchargé de responsabilités; **to be weighed down with fears** être en proie à toutes sortes de peurs.
◆**weigh in 1** *vi* [*boxer, jockey etc*] se faire peser. **to weigh in at 70 kilos** peser 70 kilos avant le match *or* la course; (*fig*) **he weighed in with the fact that ...** il est intervenu dans le débat avec un argument de poids: le fait que ... .
  2 *vt sep boxer, jockey* peser (*avant le match ou la course*).
  3 **weigh-in** *n V* **weigh 3.**
◆**weigh out** *vt sep sugar etc* peser.
◆**weigh up** *vt sep* (*consider*) examiner, calculer; (*compare*) mettre en balance (*A with B, A against B* A et B). **I'm weighing up whether to go or not** je me tâte pour savoir si j'y vais ou non; *V also* **weigh 1a.**

weighing ['weɪɪŋ] *in cpds:* ~ **machine** (*gen*) balance *f*; (*for heavy loads*) bascule *f*.

weight [weɪt] **1** *n* (**a**) (*U*) poids *m*; (*Phys: relative* ~) pesanteur *f*. (*Phys*) **atomic** ~ poids atomique; **to be sold by** ~ se vendre au poids; **what is your** ~? combien pesez-vous?, quel poids faites-vous?; **my** ~ **is 60 kilos** je pèse 60 kilos; **it is 3 kilos in** ~ ça pèse 3 kilos; **what a** ~ **it is!** que c'est lourd!; **they are the same** ~ ils font le même poids; (*fig*) **it is worth its** ~ **in gold** cela vaut son pesant d'or; **to be under** ~/**over** ~ être trop maigre/trop gros (*f* grosse); **to put on** *or* **gain** ~ grossir, prendre du poids; **to lose** ~ maigrir, perdre du poids; **he put** *or* **leaned his full** ~ **on the handle** il a pesé *or* appuyé de tout son poids sur la poignée; **he put his full** ~ **behind the blow** il a frappé de toutes ses forces; (*fig*) **to throw one's** ~ *or* **to put all one's** ~ **behind sth** apporter personnellement tout son soutien à qch; **feel the** ~ **of this box!** soupesez-moi cette boîte !; *V* **pull, throw about** *etc.*
  (**b**) (*fig*) [*argument, words, public opinion, evidence*] poids *m*, force *f*; [*worry, responsibility, years, age*] poids. **to lend** *or* **give** ~ **to sth** donner du poids à qch; **to carry** ~ [*argument, factor*] avoir du poids (*with* pour); [*person*] avoir de l'influence; **we must give due** ~ **to his arguments** nous devons donner tout leur poids à ses arguments; *V* **mind.**
  (**c**) (*for scales, on clock etc*) poids *m*. ~s **and measures** poids et mesures; *V* **paper, put** *etc.*
  2 *cpd:* (*Sport*) **weight lifter** haltérophile *m*; **weight lifting** haltérophilie *f*; **he's a weightwatcher** (*actively slimming*) il suit un régime amaigrissant; (*figure-conscious*) il surveille son poids.
  3 *vt* (*sink*) lester avec un poids (*or* une pierre *etc*); (*hold down*) retenir *or* maintenir avec un poids (*or* une pierre *etc*). (*fig*) **the situation was heavily** ~**ed in his favour/against him** la situation lui était nettement favorable/défavorable.
◆**weight down** *vt sep* (*sink*) lester avec un poids (*or* une pierre *etc*); (*hold down*) retenir *or* maintenir avec un poids (*or* une pierre *etc*).

weightiness ['weɪtɪnɪs] *n* (*U*: *V* **weighty**) lourdeur *f*; caractère probant; importance *f*, gravité *f*.

weighting ['weɪtɪŋ] *n* (*a*) (*on salary*) indemnité *f*, allocation *f*. **London** ~ indemnité de résidence pour Londres. (**b**) (*Scol*) coefficient *m*.

weightless ['weɪtlɪs] *adj* (*Space*) en état d'apesanteur.

weightlessness ['weɪtlɪsnɪs] *n* apesanteur *f*.

weighty ['weɪtɪ] *adj load* pesant, lourd; (*fig*) *burden, responsibility* lourd; *argument, matter* de poids; *reason* probant; *consideration, deliberation* mûr; *problem* grave, important.

Weimar ['vaɪmar] *n* Weimar. **the** ~ **Republic** la république de Weimar.

weir [wɪər] *n* barrage *m*.

weird [wɪəd] *adj* (*eerie*) surnaturel, mystérieux; (*odd*) bizarre, étrange, curieux, singulier.

weirdly ['wɪədlɪ] *adv* (*V* **weird**) mystérieusement, bizarrement, étrangement, curieusement, singulièrement.

weirdness ['wɪədnɪs] *n* étrangeté *f*.

weirdo‡ ['wɪədəʊ] *n*, **weirdy‡** ['wɪədɪ] *n* drôle d'oiseau* *m*, (*man only*) drôle de mec‡ *m*.

welch* [welʃ] *vi* = **welsh*.**

welcome ['welkəm] **1** *adj* (**a**) *reminder, interruption* opportun. [*guest, helper, food, change, decision*] **to be** ~ être le (*or* la) bienvenu(e); ~! soyez le bienvenu (*or* la bienvenue *etc*)!; ~ **to our house** nous sommes enchantés de vous avoir chez nous, (*more frm*) bienvenue chez nous; (*on notice*) '~ **to England!**' 'bienvenue en Angleterre!'; **to make sb** ~ faire bon accueil à qn; (*fig*) **to put out the** ~ **mat for sb** faire un accueil chaleureux à qn; **I didn't feel very** ~ j'ai eu l'impression que je n'étais pas le bienvenu, je me suis senti de trop; **a cup of coffee is always** ~ une tasse de café est toujours la bienvenue; **it was** ~ **news/a** ~ **sight** nous avons été (*or* il a été *etc*) heureux de l'apprendre/de le voir; **it was a** ~ **gift** ce cadeau était le bienvenu, ce cadeau m'a (*or* lui a *etc*) fait bien plaisir; **it was a** ~ **relief** j'ai été (*or* il a été *etc*) vraiment soulagé.
  (**b**) (*answer to thanks*) **you're** ~! il n'y a pas de quoi!, c'est moi qui vous remercie!, de rien!; **you're** ~ **to try** je vous en prie, essayez; (*iro*) **you're** ~ **to use my car** libre à vous d'essayer, n'hésitez pas à prendre ma voiture; **you're** ~ **to anything you need from here** tout ce qui est ici est à votre entière disposition; **you're** ~ **to any help I can give you** si je peux vous être utile, ce sera avec plaisir.
  2 *n* accueil *m*. **to bid sb** ~ souhaiter la bienvenue à qn; **to give sb a warm** ~ faire un accueil chaleureux à qn; **they gave him a great** ~ ils lui ont fait fête; **I got a fairly cold** ~ j'ai été accueilli *or* reçu plutôt froidement; **words of** ~ paroles *fpl* d'accueil, mots *mpl* de bienvenue; **what sort of a** ~ **will this product get from the**

housewife? comment la ménagère accueillera-t-elle ce produit?; *V* **outstay.**

3 *vt person, delegation, group of people* (*greet, receive*) accueillir; (*greet warmly*) faire bon accueil à, accueillir chaleureusement; (*bid welcome*) souhaiter la bienvenue à; *sb's return, news, suggestion, change* se réjouir de. **he** ~**d me in** il m'a chaleureusement invité à entrer; (*TV etc*) **please** ~ **Linda Anderson!** on applaudit Linda Anderson!; **we would** ~ **your views on** ... nous serions heureux de connaître vos vues sur ... ; **I'd** ~ **a cup of coffee** je prendrais volontiers une tasse de café, je ne dirais pas non à une tasse de café; *V* **open.**

♦**welcome back** *vt sep*: **they welcomed him back after his journey** ils l'ont accueilli chaleureusement *or* ils lui ont fait fête à son retour de voyage.

welcoming ['welkəmɪŋ] *adj smile, handshake* accueillant; *ceremony, speeches* d'accueil. **the** ~ **party was waiting at the airport** la délégation venue les accueillir attendait à l'aéroport.

weld [weld] **1** *n* soudure *f.*

2 *vt metal, rubber, seam, join* souder; (*also* ~ **together**) *pieces, parts* souder, assembler; (*fig*) *groups, parties* cimenter l'union de; *ideas* amalgamer, réunir. **to** ~ **sth on to sth** souder qch à qch; **the hull is** ~**ed throughout** la coque est complètement soudée; (*fig*) **he** ~**ed them (together) into a united party** il en a fait un parti cohérent.

3 *vi* souder.

welder ['weldər] *n* (*person*) soudeur *m*; (*machine*) soudeuse *f.*

welding ['weldɪŋ] **1** *n* (*U*) (*Tech*) soudage *m*; (*fig*) [*parties*] union *f*; [*ideas*] amalgame *m.* **2** *cpd process* de soudure, de soudage. ~ **torch** chalumeau *m.*

welfare ['welfɛər] **1** *n* (**a**) (*gen*) bien *m*; (*comfort*) bien-être *m.* **the nation's** ~, **the** ~ **of all** le bien public; **the physical/spiritual** ~ **of the young** la santé physique/morale des jeunes; **I'm anxious about his** ~ je suis inquiet pour son bien *or* bien-être; **to look after sb's** ~ avoir la responsabilité de qn; *V* **child** *etc.*

(**b**) *public/social* ~ assistance publique/sociale; **to be on (the)** ~* toucher les prestations sociales, recevoir l'aide sociale; **to live on (the)** ~* vivre aux dépens de l'État.

2 *cpd milk, meals* gratuit. **welfare benefits** avantages *mpl* sociaux; **welfare centre** centre *m* d'assistance sociale; (*US*) **welfare hotel** foyer *m* où sont hébergés temporairement ceux qui bénéficient de l'aide sociale; (*US*) **welfare mother** mère seule qui bénéficie de l'aide sociale; **welfare payments** prestations sociales; **the establishment of the Welfare State in Great Britain** l'établissement de l'État-providence *m* en Grande-Bretagne; **thanks to the Welfare State, they** ... grâce à la Sécurité sociale et autres avantages sociaux, ils ...; **Britain is a welfare state** l'État-providence a été· institué en Grande-Bretagne; **welfare work** travail social; **welfare worker** ≃ travailleur *m*, -euse *f* social(e).

welfarism ['welfɛərɪzəm] *n* (*US Pol*) théorie *f* de l'État-providence.

welfarist ['welfɛərɪst] *adj, n* (*US Pol*) partisan *m* de l'État-providence.

welfarite* ['welfɛəraɪt] *n* (*US pej*) personne *f* qui bénéficie de l'aide sociale.

well¹ [wel] **1** *n* (*for water, oil*) puits *m*; [*staircase, lift*] cage *f*; (*shaft between buildings*) puits, cheminée *f*; (*Brit Jur*) barreau *m.* (*fig*) **this book is a** ~ **of information** ce livre est une mine de renseignements; *V* **ink, oil** *etc.*

2 *cpd*: **welldigger** puisatier *m*; (*lit, fig*) **wellhead, wellspring** source *f*; **well water** eau *f* de puits.

3 *vi* (*also* ~ **up**) [*tears, emotion*] monter. **tears** ~**ed (up) in her eyes** les larmes lui montèrent aux yeux; **anger** ~**ed (up) within him** la colère sourdit (*liter*) *or* monta en lui.

♦**well out** *vi* [*spring*] sourdre; [*tears, blood*] couler (*from de*).

well² [wel] **1** *adv, comp* **better,** *superl* **best** (**a**) (*satisfactorily, skilfully etc*) *behave, sleep, eat, treat, remember* bien. **he sings as** ~ **as he plays** il chante aussi bien qu'il joue; **he sings as** ~ **as she does** il chante aussi bien qu'elle; ~ **done!** bravo!; ~ **played!** bien joué!; **everything is going** ~ tout va bien; **the evening went off very** ~ la soirée s'est très bien passée; **to do** ~ **in one's work** bien réussir dans son travail; **to do** ~ **at school** bien marcher à l'école; **he did very** ~ **for an 8-year-old** il s'est bien débrouillé pour un enfant de 8 ans; **he did quite** ~, **he came out of it quite** ~ il ne s'en est pas mal sorti, il ne s'est pas mal débrouillé; **the patient is doing** ~ le malade est en bonne voie; **he did** ~ **after the operation but** ... il s'est bien rétabli après l'opération mais ...; **you did** ~ **to come at once** vous avez bien fait de venir tout de suite; **you would do** ~ **to think about it** vous feriez bien d'y penser; **to do as** ~ **as one can** faire de son mieux; **he did himself** ~ il ne s'est pas privé de rien, il s'est traité comme un prince; **to do** ~ **by sb** bien agir *or* être généreux envers qn; **you're** ~ **out of it!** c'est une chance que tu n'aies plus rien à voir avec cela (*or* lui *etc*); **how** ~ **I understand!** comme je vous (*or* le *etc*) comprends!; **I know the place** ~ je connais bien l'endroit; ~ **I know it!** je le sais bien!, je ne le sais que trop!; *V* **also 5.**

(**b**) (*intensifying: very much; thoroughly*) bien. **it was** ~ **worth the trouble** cela valait bien le dérangement *or* la peine de se déranger; **he is** ~ **past** *or* **over fifty** il a largement dépassé la cinquantaine; ~ **over 1,000 people** bien plus de 1.000 personnes; **it's** ~ **past 10 o'clock** il est bien plus de 10 heures; **it continued** ~ **into 1984** cela a continué pendant une bonne partie de 1984; ~ **above** ... bien au-dessus de ...; ~ **and truly** bel et bien; **he could** ~ **afford to pay for it** il avait largement les moyens de le payer; **lean** ~ **forward** penchez-vous bien en avant.

(**c**) (*with good reason; with equal reason*) **you may** ~ **be surprised to learn that** vous serez sans aucun doute surpris d'apprendre que; **one might** ~ **ask why** on pourrait à juste titre demander pourquoi; **you might** ~ **ask!** belle question!, c'est vous qui me le

demandez!; **you could** ~ **refuse to help them** vous pourriez à juste titre refuser de les aider; **he couldn't very** ~ **refuse** il ne pouvait guère refuser; **we may as** ~ **begin now** autant (vaut) commencer maintenant, nous ferions aussi bien de commencer maintenant; **you might (just) as** ~ **say that** ... autant dire que ...; **you may as** ~ **tell me the truth** autant me dire la vérité, tu ferais aussi bien de me dire la vérité; **shall I go?** — **you may** *or* **might as** ~ j'y vais? — tant qu'à faire, allez-y!*; **we might (just) as** ~ **have stayed at home** autant valait rester à la maison, nous aurions aussi bien fait de ne pas venir; **she apologized, as** ~ **she might** elle a présenté ses excuses, comme il se devait; **she apologized** — ~ **she might!** elle a présenté ses excuses — c'était la moindre des choses!; *V* **pretty.**

(**d**) (*in addition*) **as** ~ (*also*) aussi; (*on top of all that*) par-dessus le marché; **I'll take those as** ~ je prendrai ceux-là aussi; **and it rained as** ~! et par-dessus le marché il a plu!; **by night as** ~ **as by day** de jour comme de nuit, aussi bien de jour que de nuit; **as** ~ **as his dog he has 2 rabbits** en plus de son chien il a 2 lapins; **on bikes as** ~ **as in cars** à vélo aussi bien qu'en voiture, à vélo comme en voiture; **I had Paul with me as** ~ **as Lucy** j'avais Paul aussi en même temps que Lucy; **all sorts of people, rich as** ~ **as poor** toutes sortes de gens, tant riches que pauvres.

2 *excl* (*surprise*) tiens!, eh bien!; (*relief*) ah bon!, eh bien!; (*resignation*) enfin!; (*dismissively*) bof!* (*resuming after interruption*) ~, **as I was saying** ... donc, comme je disais ..., je disais donc que ...; (*hesitation*) ~ ... c'est que ...; **he has won the election!** — ~, (~, (. ~)! il a été élu: — tiens, tiens(, tiens)!; ~? eh bien?, et alors?; ~, **who would have thought it?** tiens! *or* eh bien! qui l'aurait jamais cru?; ~ **I never!*,** ~, **what do you know!*** pas possible!, ça par exemple!, bien ça alors!; **I intended to do it** — ~, **have you?** j'avais l'intention de le faire — et alors?; ~, **what do you think of it?** eh bien! qu'en dites-vous?; ~, **here we are at last!** eh bien! nous voilà enfin!; ~, **there's nothing we can do about it** enfin, on n'y peut rien; ~, **you may be right** qui sait, vous avez peut-être raison; **very** ~ **then** (bon) d'accord; **you know Paul?** ~, **he's getting married** vous connaissez Paul? eh bien il se marie; **are you coming?** — ~ ... **I've got a lot to do here** vous venez? — c'est que ... j'ai beaucoup à faire ici.

3 *adj, comp* **better,** *superl* **best** (**a**) bien; bon. (*Prov*) **all's** ~ **that ends well** tout est bien qui finit bien (*Prov*); (*Mil*) **all's** ~! tout va bien!; **all is not** ~ **with her** il y a quelque chose qui ne va pas, elle traverse une mauvaise passe; **it's all very** ~ **to say that** c'est bien beau *or* joli de dire cela; **that's all very** ~ **but** ..., **that's all** ~ **and good but** ... tout ça c'est bien joli *or* beau mais ...; **if you want to do it,** ~ **and good** si vous voulez le faire je ne vois pas d'inconvénient; **it would be** ~ **to start early** on ferait bien de partir tôt; **it is as** ~ **to remember** il y a tout lieu de se rappeler; **it's as** ~ **not to offend her** il vaudrait mieux ne pas la froisser; **it would be just as** ~ **for you to stay** vous feriez tout aussi bien de rester; **it's** ~ **for you that nobody saw you** heureusement pour vous qu'on ne vous a pas vu, vous avez de la chance *or* c'est heureux pour vous qu'on ne vous ait pas vu.

(**b**) (*healthy*) **how are you?** — **very** ~, **thank you** comment allez-vous? — très bien, merci; **I hope you're** ~ j'espère que vous allez bien; **to feel** ~ se sentir bien; **to get** ~ se remettre; **get** ~ **soon!** remets-toi vite!; **people who are** ~ **do not realize** ... les gens qui se portent bien *or* qui sont en bonne santé ne se rendent pas compte ... .

4 *n*: **to think/speak** ~ **of** penser/dire du bien de; **I wish you** ~! je vous souhaite de réussir!, bonne chance!; **somebody who wishes you** ~ quelqu'un qui vous veut du bien; **to leave** ~ **alone** laisser les choses telles qu'elles sont; (*Prov*) **let** *or* **leave** ~ **alone** le mieux est l'ennemi du bien (*Prov*).

5 *pref*: **well-** bien; ~**-chosen/dressed** *etc* bien choisi/habillé *etc*; *V* **also 6.**

6 *cpd*: **well-advised** *action, decision* sage, prudent; **you would be well advised to do** vous auriez (tout) intérêt à partir; **well-aimed** *shot* bien visé; *remark* qui porte; **well-appointed** *house, room* bien équipé; **well-attended** *meeting, lecture* qui attire beaucoup de monde, qui a du succès; *show, play* couru; **well-balanced** (*lit*) bien équilibré; (*fig*) *person, diet* bien équilibré; *paragraph, sentence* bien agencé; **well-behaved** *child* sage, qui se conduit bien; *animal* obéissant, discipliné; **well-being** bien-être *m*; **wellborn** bien né, de bonne famille; **well-bred** (*of good family*) de bonne famille; (*courteous*) bien élevé; *animal* de bonne race; **well-built** *building* bien construit, solide; *person* bien bâti, solide, costaud*; **well-chosen** bien choisi; **in a few well-chosen words** en quelques mots bien choisis; **well-defined** *colours, distinctions* bien défini; *photo, outline* net; *problem* bien défini, précis; **well-deserved** bien mérité; **well-developed** (*Anat*) bien développé; *person* bien fait; *plan* bien développé; *argument, idea* bien exposé; **well-disposed** bien disposé (*towards* envers); **well-dressed** bien habillé, bien vêtu; **well-earned** bien mérité; **well-educated** cultivé, instruit; **well-equipped** bien équipé; (*esp with tools*) bien outillé; **to be well equipped to do** [*person*] avoir ce qu'il faut pour faire; [*factory*] être parfaitement équipé pour faire; **well-favoured**†† beau (*f* belle); **well-fed** bien nourri; (*US*) **to be well-fixed*** (*well-to-do*) être nanti, vivre dans l'aisance; **we're well-fixed*** **for food** nous avons largement assez à manger; (*Ling*) **well-formed** bien formé, grammatical; **well-formedness** grammaticalité *f*; **well-founded** *suspicion* bien fondé, légitime; **well-groomed** *person* soigné; *hair* bien coiffé; *horse* bien pansé; **well-grounded** *suspicion* bien fondé, légitime; **he is well grounded in history** il a des bases solides en histoire; **well-heeled*** nanti, fort à l'aise; **well-informed** bien informé, bien renseigné (*about* sur); (*knowledgeable*) *person* instruit; (*Pol, Press*) **well-informed circles** milieux bien informés; **well-intentioned** bien intentionné;

well-judged *remark, criticism* bien vu, judicieux; *shot, throw* bien visé, bien vu; *estimate* juste; **well-kept** *house, garden* bien entretenu, bien tenu; *hands, nails* soigné; *hair* bien entretenu; *secret* bien gardé; *(fig)* **well-knit** *person, body* bien bâti; *arguments, speech* bien enchaîné; *scheme* bien conçu; *(famous)* **well-known** bien connu, célèbre; **it's a well-known fact that ...** tout le monde sait que ...; **well-made** bien fait; **well-mannered** qui a de bonnes manières, bien élevé; *(fig)* **well-marked** marqué, prononcé, distinct; **well-meaning** *person* bien intentionné; *remark, action* fait avec les meilleures intentions; **well-meant** fait avec les meilleures intentions; **well-nigh** presque; **well-nourished** bien nourri; *(rich)* **to be well-off** vivre dans l'aisance, être riche *or* aisé *or* bien nanti; **the less well-off** ceux qui ont de petits moyens; *(fortunate)* **you don't know when you're well-off** tu ne connais pas ton bonheur; **she's well-off without him** c'est un bon débarras pour elle; **well-oiled** *(lit)* bien graissé; *(*: drunk)* pompette*; **well-padded*** rembourré; **well-preserved** *building, person* bien conservé; **well-proportioned** bien proportionné; **well-read** cultivé; **well-rounded** *style* harmonieux; *sentence* bien tourné; **well-spent** *time* bien employé, bien utilisé; *money* utilement dépensé (V *also* **money**); **well-spoken** *person* qui parle bien, qui a une élocution soignée; *words* bien choisi, bien trouvé; **well-spoken-of** dont on dit du bien; **well-stocked** *shop, larder* bien approvisionné; *river, lake* bien empoissonné; *(Mus)* **the Well-tempered Klavier** le Clavecin bien tempéré; **well-thought-of** *person* considéré, dont on a bonne opinion; *thing* bien considéré, bien apprécié; **well-thought-out** bien conçu; **well-timed** *remark, entrance* tout à fait opportun, tombé à point nommé; *blow* bien calculé; **well-to-do** aisé, riche; **to be well-to-do** vivre dans l'aisance, être riche *or* aisé *or* nanti; **well-tried** *method* éprouvé, qui a fait ses preuves; **well-trodden** *path* battu; **well-turned** *phrase* bien tourné; **well-wishers** *(npl)* amis *mpl*; *(unknown)* amis *or* admirateurs *mpl* inconnus; *(Pol: supporters)* sympathisants *mpl*; **he got many letters from well-wishers** il a reçu de nombreuses lettres d'encouragement; **well-worn** *path* battu; *carpet, clothes* usagé; *(fig)* *phrase, expression* banal, usagé, rebattu.
we'll [wiːl] = **we shall, we will**; V **shall, will**.
wellies* ['welɪz] *npl (Brit)* bottes *fpl* de caoutchouc.
Wellington ['welɪŋtən] *n (N.Z.)* Wellington.
wellington ['welɪŋtən] *n (Brit: also* ~ **boot)** botte *f* de caoutchouc.
Wellsian ['welzɪən] *adj* de (H.G.) Wells.
Welsh [welʃ] **1** *adj* gallois. *(Brit)* ~ **dresser** vaisselier *m*; *(Pol)* ~ **Nationalism/Nationalist** nationalisme *m*/nationaliste *mf* gallois(e); *(Brit Pol)* **the** ~ **Office** le ministère des Affaires galloises.
2 *n* (a) *(pl)* **the** ~ les Gallois *mpl*.
(b) *(Ling)* gallois *m*.
3 *cpd*: **Welshman** Gallois *m*; *(Culin)* **Welsh rabbit, Welsh rarebit** toast *m* au fromage; **Welshwoman** Galloise *f*.
welsh* [welʃ] *vi*: **to** ~ **on sb** *(gen)* lever le pied* en emportant l'argent de qn; *(in gambling)* lever le pied* en emportant l'enjeu de qn.
welt [welt] *n [shoe]* trépointe *f*; *(weal)* marque *f* de coup, zébrure *f*.
welter ['weltər] **1** *n [objects, words, ideas]* fatras *m*. *(fig)* **a** ~ **of conflicting interests** un tourbillon d'intérêts contradictoires; **in a** ~ **of blood** dans un bain de sang; **in a** ~ **of mud** dans un véritable bourbier. **2** *vi* *(in blood)* baigner *(in* dans); *(in mud)* se vautrer, se rouler *(in* dans).
welterweight ['weltəweɪt] *(Boxing)* **1** *n* poids *m* welter. **2** *cpd* *champion, bout* poids welter *inv*.
wen [wen] *n* loupe *f*, kyste sébacé. *(fig)* **the Great W~** Londres.
wench [wentʃ] *(† or hum)* **1** *n* jeune fille *f*, jeune femme *f*. **2** *vi*: **to go** ~**ing** courir le jupon.
wend [wend] *vt*: **to** ~ **one's way** aller son chemin, s'acheminer *(to, towards* vers); **to** ~ **one's way back from** s'en revenir de.
Wendy house ['wendɪˌhaʊs] *n (Brit)* modèle *m* réduit de maison *(jouet d'enfant)*.
went [went] *pret of* **go**.
wept [wept] *pret, ptp of* **weep**.
were [wɜːr] *pret of* **be**.
we're [wɪər] = **we are**; V **be**.
weren't [wɜːnt] = **were not**; V **be**.
werewolf ['wɪəwʊlf] *n, pl* **werewolves** ['wɪəwʊlvz] loup-garou *m*.
wert†† [wɜːt] *2nd pers sg pret of* **be**.
Wesleyan ['wezlɪən] **1** *n* disciple *m* de Wesley. **2** *adj* de Wesley, wesleyen. ~ **Methodists** méthodistes *mpl* wesleyens.
west [west] **1** *n* ouest *m*. **to the** ~ **of** à l'ouest de; **in the** ~ **of Scotland** dans l'ouest de l'Écosse; **house facing the** ~ maison exposée à l'ouest *or* au couchant; *[wind]* **to veer to the** ~, **to go into the** ~ tourner à l'ouest; **the wind is in the** ~ le vent est à l'ouest; **the wind is (coming** *or* **blowing) from the** ~ le vent vient *or* souffle de l'ouest; **to live in the** ~ habiter dans l'ouest; **the W~** *(Pol)* l'Occident *m*, l'Ouest *m*; *(US Geog)* l'Ouest; V **wild** *etc*.
2 *adj* ouest *inv*, de *or* à l'ouest. ~ **wind** vent *m* d'ouest; ~ **coast** côte ouest *or* occidentale; **on the** ~ **side** du côté ouest; **room with a** ~ **aspect** pièce exposée à l'ouest *or* au couchant; *(Archit)* ~ **transept/door** transept *m*/portail *m* ouest; **in** ~ **Devon** dans l'ouest du Devon; **in** ~ **Leeds** dans les quartiers ouest de Leeds; **in the** ~ **Atlantic** dans l'Atlantique ouest; V *also* **4**.
3 *adv* **go** à l'ouest, vers l'ouest, en direction de l'ouest; *be, lie* à *or* dans l'ouest. **the town lies** ~ **of the border** la ville est située à l'ouest de la frontière; **we drove** ~ **for 100 km** nous avons roulé pendant 100 km en direction de l'ouest; **go** ~ **till you get to Crewe** allez en direction de l'ouest jusqu'à Crewe; *(fig)* **to go** ~* *[thing]* être fichu* *or* perdu; *[person]* passer l'arme à gauche*; **further** ~ plus à l'ouest; **to sail due** ~ aller droit vers l'ouest; *(Naut)* avoir le cap à l'ouest; ~ **by south** ouest quart sud-ouest.

4 *cpd*: **West Africa** Afrique occidentale; **West African** *(adj)* de l'Afrique occidentale, ouest-africain; *(n)* habitant(e) *m(f)* de l'Afrique occidentale; **the West Bank (of the Jordan)** la Cisjordanie; **West Berlin** Berlin-Ouest; **West Berliner** *(n)* habitant(e) *m(f)* de Berlin-Ouest; **westbound** *traffic, vehicles* (se déplaçant) en direction de l'ouest; *carriageway* ouest *inv*; *(Brit)* **the West Country** le sud-ouest de l'Angleterre; *(in London)* **the West End** le West End *(centre touristique et commercial de Londres)*; **west-facing** exposé *(or* orienté) à l'ouest *or* au couchant; **West Germany** Allemagne *f* de l'Ouest; **West Indian** *(adj)* antillais; *(n)* Antillais(e) *m(f)*; **West Indies** Antilles *fpl*; **west-north-west** *(n)* ouest-nord-ouest *m*; *(adj)* (de l' *or* à l')ouest-nord-ouest *inv*; *(adv)* vers l'ouest-nord-ouest; *(US)* **West Point** école *f* militaire, ≃ Saint-Cyr; **west-south-west** *(n)* ouest-sud-ouest; *(adj)* (de l' *or* à l')ouest-sud-ouest *inv*; *(adv)* vers l'ouest-sud-ouest; **West Virginia** Virginie-Occidentale *f*; **in West Virginia** en Virginie-Occidentale.
westerly ['westəlɪ] **1** *adj wind* de l'ouest; *situation* à l'ouest, au couchant. **in a** ~ **direction** en direction de l'ouest, vers l'ouest; ~ **longitude** longitude *f* ouest *inv*; ~ **aspect** exposition *f* à l'ouest *or* au couchant. **2** *adv* vers l'ouest.
western ['westən] **1** *adj* (de l')ouest *inv*. **in** ~ **France** dans la France de l'ouest; **the** ~ **coast** la côte ouest *or* occidentale; **house with a** ~ **outlook** maison exposée à l'ouest *or* au couchant; ~ **wall** mur exposé à l'ouest *or* au couchant; **W~ Europe** Europe occidentale; **the W~ Church** l'Église *f* d'Occident, l'Église latine; V **country**.
2 *n (film)* western *m*; *(novel)* roman-western *m*.
3 *cpd*: **Western Australia** Australie-Occidentale *f*; *(Brit)* **Western Isles** Hébrides *fpl*; **westernmost** le plus à l'ouest, le plus occidental; *(US Culin)* **Western omelet** omelette *f* au jambon avec oignons et poivrons; *(Sport)* **western roll** saut *m* en rouleau; **western writer** écrivain *m* de (roman-)westerns.
westerner ['westənər] *n* homme *m* *or* femme *f* de l'ouest, habitant(e) *m(f)* de l'ouest; *(Pol)* Occidental(e) *m(f)*.
westernization ['westənaɪˈzeɪʃən] *n* occidentalisation *f*.
westernize ['westənaɪz] *vt* occidentaliser. **to become** ~**d** s'occidentaliser.
Westminster ['westˌmɪnstər] *n (Brit Parl)* Westminster *m* *(le Parlement britannique)*.
westward ['westwəd] **1** *adj* à l'ouest. **2** *adv* *(also* ~**s)** vers l'ouest.
wet [wet] **1** *adj* **(a)** *object, roof* (tout) mouillé; *grass* mouillé, *(damp)* humide; *clothes* mouillé, *(stronger)* trempé. **the roads are very** ~ les routes sont très humides *or* mouillées; **the road is slippery when** ~ la chaussée est glissante par temps de pluie; **the ink is still** ~ l'encre n'est pas encore sèche; **the paint is** ~ la peinture est fraîche; *(notice)* '~ **paint**' 'attention à *or* prendre garde à la peinture'; *[person]* **to be** ~ **to the skin** *or* ~ **through** être trempé jusqu'aux os; **my shirt is wringing** ~ ma chemise est complètement trempée *or* est à tordre; **to get** ~ se mouiller; **to get one's feet** ~ se mouiller les pieds; **don't get your shoes** ~ ne mouille pas tes souliers; **cheeks** ~ **with tears** joues baignées de larmes; *(fig)* **he's still** ~ **behind the ears*** il manque d'expérience, il est encore bleu*; **it grows in** ~ **places** ça pousse dans les endroits humides; V **soaking**.
(b) *(of weather)* **it is** ~ il pleut, le temps est pluvieux; **it's going to be** ~ le temps est à la pluie, il va pleuvoir; **a** ~ **day** un jour de pluie, un jour pluvieux; **on** ~ **days** les jours de pluie; **it's a very** ~ **climate** c'est un climat très humide *or* pluvieux; **in** ~ **weather** quand le temps est pluvieux, par temps humide *or* pluvieux; **the** ~ **season** la saison des pluies, la saison pluviale *or* humide.
(c) *(Brit‡: silly, spineless)* **he's really** ~ c'est une vraie lavette*, il est vraiment nouille*.
(d) *(US: against prohibition) town, state* où la vente des boissons alcoolisées est autorisée.
(e) *(US fig: quite wrong)* **you're all** ~**!*** tu te fiches complètement dedans*, tu as tort.
2 *cpd*: *(US)* **wetback*** ouvrier agricole mexicain *(entré illégalement aux États-Unis)*; *(fig)* **wet blanket** rabat-joie *m inv*, trouble-fête *mf inv*; *(Naut)* **wet dock** bassin *m* à flot; **wet dream** pollution *f* *or* éjaculation *f* nocturne; *(esp US)* **the wetlands** les marécages *mpl*; *(Fashion)* **the wet look** le look brillant; **wet-nurse** *(n)* nourrice *f*; *(vt)* servir de nourrice à, élever au sein; **wetsuit** combinaison *f* *or* ensemble *m* de plongée.
3 *n* (a) **the** ~ *(rain)* la pluie; *(damp)* l'humidité *f*; **it got left out in the** ~ c'est resté dehors sous la pluie *(or* à l'humidité); **come in out of the** ~ ne restez pas sous la pluie, entrez.
(b) *(‡pej: spineless person)* lavette* *f*, nouille* *f*.
(c) *(Brit Pol* *)** modéré *m* (du parti Conservateur).
4 *vt* mouiller. **to** ~ **one's lips** se mouiller les lèvres; *(fig)* **to** ~ **one's whistle*†** boire un coup*, en siffler un*; **to** ~ **o.s.** *or* **one's pants** mouiller sa culotte; **to** ~ **the bed** mouiller le lit.
5 *vi* (*: urinate*) faire pipi*.
wether ['weðər] *n* bélier châtré, mouton *m*.
wetness ['wetnɪs] *n* humidité *f*. **the** ~ **of the weather** le temps pluvieux.
wetting ['wetɪŋ] *n*: **to get a** ~ se faire arroser; **to give sth/sb a** ~ arroser qch/qn.
we've [wiːv] = **we have**; V **have**.
whack [wæk] **1** *n* (a) *(blow)* grand coup; *(sound)* coup sec, claquement *m*. **to give sth/sb a** ~ donner un grand coup à qch/qn; *(excl)* ~**! vlan!**; *(US)* **out of** ~‡ détraqué, déglingué*.
(b) *(*: attempt)* **to have a** ~ **at doing** essayer de faire; **I'll have a** ~ **at it** je vais tenter le coup*.
(c) *(Brit*: share)* part *f*. **you'll get your** ~* tu auras ta part; **to pay one's** ~* payer sa part.
2 *vt thing, person* donner un (*or* des) grand(s) coup(s) à; *(spank)*

fesser; (‡: *defeat*) donner une raclée à, flanquer une déculottée* *or* une dérouillée‡ à.

whacked‡ ['wækt] *adj* (*Brit fig: exhausted*) crevé*, claqué‡.

whacker‡ ['wækər] *n* (*Brit*) (*fish etc*) poisson *m etc* énorme; (*lie*) mensonge *m* énorme.

whacking ['wækɪŋ] **1** *n* (*spanking*) fessée *f*; (*beating: lit, fig*) raclée* *f*. **to give sb/sth a** ∼ = **to whack sb/sth**; *V* **whack. 2** *adj* (*: esp Brit: also* ∼ **big***, ∼ **great***) énorme.

whale [weɪl] **1** *n* **(a)** baleine *f*.
 (b) (*fig*) **we had a** ∼ **of a time*** on s'est drôlement* bien amusé; **a** ∼ **of a difference*** une sacrée* différence; **a** ∼ **of a lot of*** ... vachement* de ..., une sacrée* quantité de ... .
 2 *cpd*: (*Naut*) **whaleboat** baleinière *f*; **whalebone** fanon *m* de baleine; (*U: Dress*) baleine *f*; **whale calf** baleineau *m*; **whale oil** huile *f* de baleine.
 3 *vi*: **to go whaling** aller à la pêche à la baleine, aller pêcher la baleine.

whaler ['weɪlər] *n* (*man*) pêcheur *m* de baleine; (*ship*) baleinier *m*.

whaling ['weɪlɪŋ] **1** *n* (*U*) pêche *f* à la baleine. **2** *cpd industry* baleinier. **whaling ship** baleinier *m*; **whaling station** port baleinier.

wham [wæm] *excl* vlan!

whammy ['wæmɪ] *n* (*US*) mauvais sort *m*, poisse* *f*.

whang [wæŋ] **1** *n* bruit retentissant. **2** *vt* donner un coup dur et sonore à. **3** *vi* faire un bruit retentissant.

wharf [wɔːf] *n*, *pl* ∼**s** *or* **wharves** quai *m* (*pour marchandises*).

wharfage ['wɔːfɪdʒ] *n* (*U*) droits *mpl* de quai.

wharves ['wɔːvz] *npl of* **wharf.**

what [wɒt] **1** *adj* **(a)** (*interrog, also indirect speech: which*) quel. ∼ **play did you see?** quelle pièce avez-vous vue?; ∼ **news did he bring?** quelles nouvelles vous a-t-il données?; ∼ **books do you want?** quels livres voulez-vous?; ∼ **time is it?** quelle heure est-il?; **he told me** ∼ **time it was** il m'a dit l'heure (qu'il était); ∼ **one* are you looking for?** lequel (*or* laquelle) cherchez-vous?; **she showed me** ∼ **book it was** elle m'a montré quel livre c'était.
 (b) (*exclamatory*) quel; que. ∼ **a man!** quel homme!; ∼ **a pity!** quel dommage!; ∼ **a nuisance!** que c'est ennuyeux!; ∼ **fools we are!** que nous sommes bêtes!; ∼ **a huge house!** quelle maison immense!; ∼ **a nice house you have!** que vous avez une jolie maison!, quelle jolie maison vous avez!; ∼ **a lot of people!** que de monde!; (*iro*) ∼ **an excuse!** quelle excuse!
 (c) (*as much or as many as*) tout ... que. **give me** ∼ **books you have about it** donnez-moi tous les livres en votre possession qui s'y rapportent; **I gave him** ∼ **money I had** je lui ai donné tout l'argent que j'avais; ∼ **little I said** le peu que j'ai dit; ∼ **little help I could give** l'aide que j'ai apportée si petite soit-elle.
 2 *pron* **(a)** (*interrog*) (*subject*) qu'est-ce qui; (*object*) (qu'est-ce) que; (*after prep*) quoi. ∼ **did you do?** qu'est-ce que vous avez fait?, qu'avez-vous fait?; ∼**'s happened?**, ∼**'s up?** qu'est-ce qu'il y a?, qu'est-ce qui arrive? *or* se passe?; ∼ **does it matter?** qu'est-ce que ça fait?; ∼**'s that?** (*gen*) qu'est-ce que c'est que ça?; (*on not hearing*) comment?, qu'est-ce que tu as (*or* il a *etc*) dit?; ∼**'s that book?** quel est ce livre?, qu'est-ce que c'est que ce livre?; ∼ **is his address?** quelle est son adresse?; ∼ **is this called?** comment ça s'appelle?; ∼**'s the French for 'pen'?** comment dit-on 'pen' en français?; ∼ **can we do?** que pouvons-nous faire?; ∼ **the heck*** *or* **hell**‡ *etc* **did he say?** qu'est-ce qu'il a bien pu raconter?; **oh** ∼ **the hell!**‡ oh après tout qu'est-ce que ça peut bien foutre!‡, oh je m'en fous!‡; ∼ **do 2 and 2 make?** que font 2 et 2?; ∼**'s the use of that?** à quoi ça sert?; ∼ **does he owe his success to?** à quoi doit-il son succès?; ∼ **is wealth without happiness?** qu'est-ce que la richesse sans le bonheur?; ∼ **were you talking about?** de quoi parliez-vous?; ∼ **will it cost?** combien est-ce que ça coûtera?, ça coûtera combien?; **you told him WHAT?** quoi! qu'est-ce que vous lui avez dit?; **it's WHAT?** c'est quoi?; (*esp Brit*) **it's getting late,** ∼?*† il se fait tard, pas vrai?
 (b) (*fixed interrog phrases*) ∼ **about a drink?** si on buvait quelque chose?; (*in bar etc*) si on prenait un verre?; ∼ **about Robert?** et Robert?; ∼ **about writing that letter?** et si vous écriviez cette lettre?; ∼ **about the money you owe me?** et l'argent que vous me devez?; ∼ **about it?,** ∼ **of it?, so** ∼?* et alors?; ∼ **about** *or* **of the danger involved?** et les risques que l'on court?; ∼ **for?** pourquoi? (*V also* **4**); ∼ **did you do that for?** pourquoi avez-vous fait ça?; ... **and** ∼ **have you*,** ... **and** ∼ **not*...** et je ne sais quoi encore; ∼ **if we were to go and see him?** et si on allait le voir?; ... **but** ∼ **if we were to do it all the same?** ... que se passerait-il si on le faisait quand même?; ∼ **if it rains?** et s'il pleut?; (*liter*) ∼ **though there may be** *or* **there are dangers** et qu'importent les dangers!
 (c) (*indirect use*) (*subject*) ce qui; (*object*) ce que. **I wonder** ∼ **will happen** je me demande ce qui va arriver; **tell us** ∼ **you're thinking about** dites-nous ce à quoi vous pensez; **he asked me** ∼ **she'd told me** il m'a demandé ce qu'elle m'avait dit; **I don't know** ∼ **that book is** je ne sais pas ce que c'est que ce livre *or* quel est ce livre; **he knows** ∼'s ∼ il s'y connaît, il connaît son affaire; **he just doesn't know** ∼'s ∼ il n'a aucune idée, il est complètement dépassé*; **I'll show them** ∼'s ∼ je vais leur montrer de quoi il retourne *or* de quel bois je me chauffe*.
 (d) (*rel use etc: that which*) (*subject*) ce qui; (*object*) ce que. ∼ **is done is done** ce qui est fait est fait; ∼ **I need is** ... ce dont j'ai besoin c'est ...; ∼ **can be changed is** ... ce que l'on peut changer c'est ...; ∼ **I like is coffee** ce que j'aime c'est le café; **I don't know who is doing** ∼ je ne sais pas qui fait quoi; **I know** ∼ ..., **(I'll) tell you** ∼ ... tu sais quoi ..., j'ai une idée ...; **he's not** ∼ **he was 5 years ago** il n'est plus ce qu'il était il y a 5 ans; **Paris isn't** ∼ **it was** Paris n'est plus ce qu'il était; **I've no clothes except** ∼ **I'm wearing** je n'ai d'autres vêtements que ceux que je porte; **do** ∼ **you will** faites ce que vous voudrez; **say** ∼ **you like** vous pouvez dire ce que vous voudrez *or* voulez.

 (e) (*fixed phrases*) **and** ∼ **is more** et qui plus est; **and** ∼ **is worse** et ce qui est pire; **and,** ∼ **is less common, there was** ... et, ce qui est plus inhabituel *or* et, chose plus inhabituelle, il y avait ...; ∼ **with the suitcase and the box he could hardly** ... avec la valise et la boîte en plus il ne pouvait guère ...; ∼ **with the heatwave and the financial crisis** entre la vague de chaleur et la crise financière, étant donné la vague de chaleur et la crise financière; ∼ **with one thing and another** avec ceci et cela; (*after listing things*) avec tout ça; **never a day passes but** ∼ **it rains*** il ne se passe pas de jour qu'il ne pleuve; **not but** ∼ **that wouldn't be a good thing** non que cela soit une mauvaise chose.
 3 *excl*: ∼! **no butter!** quoi! *or* comment! pas de beurre!; **he's getting married** — ∼! il se marie — quoi!; ∼**-ho!***† ohé bonjour!
 4 *cpd*: **what-d'ye-call-her*, what's-her-name*** la fille Machin*; (*married woman*) Madame Machin*; **what-d'ye-call-him*, what's-his-name*** Machin* *m*, Machin Chouette* *m*; **what-d'ye-call-it*, what's-it*, what's-its-name*** machin* *m*, truc* *m*, bidule‡ *m*; **Mr What's-it*** Monsieur Machin (Chose)*; (*liter*) **whate'er,** (*liter*) **whatsoe'er,** (*emphatic*) **whatsoever** = **whatever**; **whatever** *V* **whatever**; **to give sb what-for*** passer un savon à qn*; **whatnot** *V* **whatnot.**

whatever [wɒtˈevər] **1** *adj* **(a)** (*gen*) ∼ **book you choose** quel que soit le livre que vous choisissiez (*subj*); **any box of** ∼ **size** n'importe quelle boîte quelle qu'en soit la taille; **give me** ∼ **money you've got** donne-moi (tout) ce que tu as comme argent; **he agreed to make** ∼ **repairs might prove necessary** il a accepté de faire toutes réparations reconnues nécessaires (quelles qu'elles soient); **you'll have to change** ∼ **plans you've made** il vous faudra changer les projets que vous avez faits (quels qu'ils soient).
 (b) (*: emphatic interrog*) ∼ **books have you been reading?** qu'est-ce que vous êtes allé lire?, vous avez lu de drôles de livres!*; ∼ **time is it?** quelle heure peut-il bien être?
 2 *adv*: ∼ **the weather** quel que soit le temps qu'il fasse; ∼ **the news from the front, they** ... quelles que soient les nouvelles du front, ils ...; **I'll take anything** ∼ **that you can spare** je prendrai tout ce dont vous n'avez pas besoin (quoi que ce soit); **I've no money** ∼ je n'ai pas un sou, je n'ai pas le moindre argent; **there's no doubt** ∼ **about it** cela ne fait pas le moindre doute *or* aucun doute *or* pas l'ombre d'un doute; **nothing** ∼ rien du tout, absolument rien; **did you see any?** — **none** ∼! tu en as vu? — non, absolument aucun!; **in no case** ∼ **shall we agree to see** ... en aucun cas nous n'accepterons de voir ...; **has he any chance** ∼? a-t-il la moindre chance?
 3 *pron* **(a)** (*no matter what*) quoi que + *subj*. ∼ **happens** quoi qu'il arrive; ∼ **you** (*may*) **find** quoi que vous trouviez; ∼ **it may be** quoi que ce soit; ∼ **he may mean** quel que soit ce qu'il veut dire; ∼ **it** *or* **that means** *or* **may mean** *or* **meant** quel que soit le sens du mot (*or* de la phrase *etc*); (*hum, iro*) maintenant, allez savoir ce que ça veut dire; **I'll pay** ∼ **it costs** je paierai ce que ça coûtera; ∼ **it costs, get it** achète-le quel qu'en soit le prix; ∼ **he said before, he won't now do it** quoi qu'il ait dit auparavant, il ne le fera pas maintenant.
 (b) (*anything that*) tout ce que. **do** ∼ **you please** faites ce que vous voulez *or* voudrez; **we shall do** ∼ **seems necessary** nous ferons le nécessaire; **Monday or Tuesday,** ∼ **suits you best** lundi ou mardi, ce qui *or* le jour qui vous convient le mieux.
 (c) (*: emphatic interrog*) ∼ **did you do?** qu'est-ce que vous êtes allé faire?; ∼ **did you say that for?** pourquoi êtes-vous allé dire ça?
 (d) (*other similar things*) **the books and the clothes and** ∼ les livres et les vêtements et ainsi de suite *or* et tout ce qui s'ensuit *or* et que sais-je encore.

whatnot* ['wɒtnɒt] *n* **(a)** (*furniture*) étagère *f*. **(b)** = **what-d'ye-call-it**; *V* **what 4. (c)** (*and other things*) **and** ∼ et ainsi de suite, et tout ce qui s'ensuit.

wheat [wiːt] **1** *n* (*U*) blé *m*, froment *m*. (*fig*) **to separate** *or* **divide the** ∼ **from the chaff** séparer le bon grain de l'ivraie.
 2 *cpd flour* de blé, de froment; *field* de blé, à blé. **it's wheat country** c'est une terre à blé; (*Orn*) **wheatear** traquet *m* (motteux); (*U*) **wheatgerm** germes *mpl* de blé; **wheatmeal** farine brute (*à 80%*); **wheat sheaf** gerbe *f* de blé.

wheaten ['wiːtn] *adj* de blé, de froment.

wheedle ['wiːdl] *vt* cajoler, câliner. **to** ∼ **sth out of sb** obtenir *or* tirer qch de qn par des cajoleries *or* des câlineries; **to** ∼ **sb into doing** cajoler *or* câliner qn pour qu'il fasse, amener qn à force de cajoleries *or* câlineries à faire.

wheedling ['wiːdlɪŋ] **1** *adj* câlin, enjôleur. **2** *n* cajolerie(s) *f(pl)*, câlinerie(s) *f(pl)*.

wheel [wiːl] **1** *n* **(a)** (*gen*) roue *f*; (*Naut*) (roue de) gouvernail *m*; (*Aut: steering* ∼) volant *m*; (*spinning* ∼) rouet *m*; (*potter's* ∼) tour *m* (de potier); (*in roulette etc*) roue; (*Hist: torture instrument*) roue. ∼ **of fortune** roue de la fortune; **big** ∼ (*in fairground etc*) grande roue; (*: important person*) **huile*** *f*; **at the** ∼ (*Naut*) au gouvernail; (*Aut: also* **behind the** ∼) au volant; (*US*) **are you on** ∼s?* vous êtes motorisé?*; (*fig*) **it was hell on** ∼s‡ c'était absolument infernal, c'était un vrai cauchemar; **to take the** ∼ (*Naut*) prendre le gouvernail; (*Aut: also* **to get behind the** ∼) se mettre au volant; (*Hist*) **to break sb on the** ∼ rouer qn; (*fig*) **the** ∼**s of government** les rouages *mpl* du gouvernement; (*fig*) **to oil** *or* **grease the** ∼**s** huiler les rouages; (*fig*) **there are** ∼**s within** ∼**s** c'est plus compliqué que ça ne paraît, il y a toutes sortes de forces en jeu; (*fig*) **the** ∼ **has come full circle** la boucle est bouclée; *V* **shoulder, spoke**¹ *etc*.
 (b) (*: car*) (*set of*) ∼**s** bagnole* *f*.
 (c) (*Mil etc*) **to make a right/left** ∼ effectuer une conversion à droite/à gauche.
 2 *cpd*: **wheelbarrow** brouette *f*; (*Aut*) **wheelbase** empattement *m*; (*Aut*) **wheel brace** clef *f* en croix; **wheelchair** fauteuil roulant; **wheelchair olympics** jeux *mpl* olympiques pour handicapés;

(*hum*) when I'm in a wheelchair quand je serai dans une petite voiture*; (*Aut*) **wheel clamp** sabot *m* (de Denver); (*US fig*) **wheel horse*** cheval *m* de labour (*fig*); (*Naut*) **wheelhouse** timonerie *f*; (*Aut*) **wheelspin** patinage *m*; **wheelwright** charron *m*.

3 *vt barrow, pushchair, bed* pousser, rouler; *cycle* pousser; *child* pousser (dans un landau *etc*). **to ~ a trolley into/out of a room** rouler *or* pousser un chariot dans/hors d'une pièce; **they ~ed the sick man over to the window** ils ont poussé le malade (dans son fauteuil roulant *or* sur son lit roulant) jusqu'à la fenêtre; (*fig: bring*) **he ~ed‡ out an enormous box** il a sorti une boîte énorme; **~ him in!‡** amenez-le!

4 *vi* (*also* **~ round**) *[birds]* tournoyer; *[windmill sails etc]* tourner (en rond); *[person]* se retourner (brusquement), virevolter; (*Mil*) effectuer une conversion; *[procession]* tourner. (*Mil*) **right ~!** à droite!; (*fig*) **he is always ~ing and dealing*** il est toujours en train de manigancer quelque chose *or* de chercher des combines*.

wheeled [wi:ld] *adj object* à roues, muni de roues. **three-~** à trois roues.

wheeler ['wi:lər] *n* (*pej*) **~-(and-)dealer*** affairiste *m*; (*pej*) **~-dealing** = wheeling and dealing.

wheeling ['wi:lɪŋ] *n* (*pej*) **~ and dealing** brassage *m* d'affaires louches, combines* *fpl*. **there has been a lot of ~ and dealing* over the choice of candidate** le choix du candidat a donné lieu à toutes sortes de combines* *or* manigances *fpl or* micmacs* *mpl*.

-wheeler ['wi:lər] *n ending in cpds*: **four-wheeler** voiture *f* à quatre roues; *V* **two** *etc*.

wheeze [wi:z] **1** *n* (**a**) respiration bruyante *or* sifflante.
(**b**) (‡†: *Brit: scheme*) truc* *m*, combine* *f*.
(**c**) (*US*: *saying*) dicton *m*, adage *m*.

2 *vi [person]* respirer bruyamment *or* comme un asthmatique, avoir du mal à respirer; *[animal]* souffler, ahaner.

3 *vt* (*also* **~ out**) **'yes,'** **he ~d** 'oui,' dit-il d'une voix rauque; **the old organ ~d out the tune** le vieil orgue a joué le morceau dans un bruit de soufflerie.

wheezy ['wi:zɪ] *adj person* poussif, asthmatique; *voice* d'asthmatique; *animal* poussif; *organ etc* asthmatique (*fig*).

whelk [welk] *n* bulot *m*, buccin *m*.

whelp [welp] **1** *n* (*animal*) petit(e) *m(f)*; (*pej: youth*) petit morveux.
2 *vi* (*of animals*) mettre bas.

when [wen] **1** *adv* quand. **~ did it happen?** quand *or* à quelle époque *or* à quel moment cela s'est-il passé?, cela s'est passé quand?*; **~ does the train leave?** quand *or* à quelle heure part le train?; **~ is your birthday?** quand est votre anniversaire?, quelle est la date de votre anniversaire?; **~ was the wheel invented?** quand *or* étant donné que je sais que je ne peux pas le faire?; quand la roue a-t-elle été inventée?; **~ did Columbus cross the Atlantic?** quand *or* en quelle année Christophe Colomb a-t-il traversé l'Atlantique?; **I don't know ~ we'll see him again** je ne sais pas quand nous le reverrons; **~'s the wedding?** à quand le mariage?; **~ does snow first fall?** vers quelle date la neige commence-t-elle à tomber?; **~ can you use the definite article with this word?** quand peut-on employer l'article défini avec ce mot?; **do you know ~ he first met her?** savez-vous quand il a fait sa connaissance?; **do you know ~ is the best time to call on her?** savez-vous quel est le meilleur moment pour lui rendre visite?; **he didn't tell me ~ she would telephone** il ne m'a pas dit quand *or* quel jour (*or* à quelle heure) elle téléphonerait; **he told me ~ to meet him** *or* **~ I should meet him** il m'a dit quand (je devais) le rencontrer; **did he say ~ he'd be back?** a-t-il dit quand il serait de retour?; **let me know ~ you want your holidays** faites-moi savoir quand *or* à quelle date vous voulez vos congés; **till ~?** jusqu'à quand?; **he's got to go by ~?** il faut qu'il soit parti quand?; **since ~ has he got a car?** depuis quand a-t-il une voiture?; (*iro*) **since ~?** depuis quand?*

2 *conj* (**a**) (*at the time that*) quand, lorsque. **~ I heard his voice I smiled** quand *or* lorsque j'ai entendu sa voix j'ai souri; **he waved ~ he saw me** il a fait signe de la main quand *or* lorsqu'il m'a vu; **~ I was a child there was no TV** quand *or* lorsque j'étais enfant il n'y avait pas de télé*; **~ (he was) just a child he ...** alors qu'il n'était qu'un enfant il ..., tout enfant il ...; **he did it ~ (he was) a student at Oxford** il l'a fait quand *or* lorsqu'il était étudiant à Oxford; **~ (it is) finished the bridge will measure ...** une fois terminé, le pont mesurera ...; **let me know ~ she comes** faites-moi savoir quand elle arrivera; **~ speaking German I often make mistakes** quand je parle allemand je fais souvent des fautes; **~ writing to her, remember to say ...** quand vous lui écrirez n'oubliez pas de dire ...; **go ~ you like** partez quand vous voulez *or* voudrez; **I'll still love you ~ you're old and grey** je t'aimerai encore quand tu seras vieille et que tu auras les cheveux gris; **he's only happy ~ drunk** il n'est heureux que lorsqu'il est ivre.

(**b**) (*on or at which*) **on the day ~ I met him** le jour où je l'ai rencontré; **at the time ~ I should have been at the station** au moment *or* à l'heure où j'aurais dû être à la gare; **it was in spring, ~ the trees are green** c'était au printemps, au moment *or* à l'époque où les arbres sont verts; (*every Saturday*) **on Saturday(s), ~ ...** le samedi, quand ...; (*each Saturday that ...*) **on Saturday(s) ~ ...** les samedis où ...; (*last Saturday*) **on Saturday, ~ ...** samedi, quand ...; **he arrived at 8 o'clock, ~ traffic is at its peak** il est arrivé à 8 heures, heure à laquelle la circulation est la plus intense; **at the very moment ~ I was about to leave** juste au moment où j'allais partir; **one day ~ the sun was shining** un jour que *or* où le soleil brillait; **it was one of those days ~ everything is quiet** c'était un de ces jours où tout est calme; **this is a time ~ we must speak up for our principles** c'est dans un moment comme celui-ci qu'il faut défendre nos principes; **there are times ~ I wish I'd never met him** il y a des moments où je regrette de l'avoir jamais connu; **he left in June, since ~ we have not heard from him** il est parti en juin et nous sommes sans nouvelles depuis *or* et depuis

lors nous sommes sans nouvelles; **it will be ready on Saturday, until ~ we must ...** ce sera prêt samedi et en attendant nous devons ...; (*pouring drinks etc*) **say ~!*** vous me direz ... .

(**c**) (*the time that*) **he told me about ~ you got lost in Paris** il m'a raconté le jour *or* la fois* où vous vous êtes perdu dans Paris; **she spoke of ~ they had visited London** elle a parlé de la semaine (*or* du jour) où ils avaient visité Londres; **now is ~ I need you most** c'est maintenant que j'ai le plus besoin de vous; **that's ~ the train leaves** c'est l'heure à laquelle le train part; **that's ~ Napoleon was born** c'est l'année (*or* le jour) où Napoléon est né; **that's ~ you ought to try to be patient** c'est le moment d'essayer de faire preuve de patience; **that was ~ the trouble started** c'est alors que les ennuis ont commencé.

(**d**) (*after*) quand, une fois que. **~ you read the book you'll know why** quand vous lirez le livre vous saurez pourquoi; **~ you've read the book you'll know why** quand vous aurez lu le livre vous saurez pourquoi; **~ they had left he telephoned me** après leur départ *or* après qu'ils furent partis il m'a téléphoné; **~ they had finished the coffee she offered them some brandy** après qu'ils eurent fini le café elle leur a offert du cognac; **~ you've been to Greece you ...** quand *or* une fois que vous êtes allé en Grèce vous ..., après être allé en Grèce vous ...; **~ he had seen her he slipped away** après l'avoir vue il s'est esquivé; **~ he had sat down he began to talk** une fois assis il commença de parler; **you may ask questions ~ he's finished** vous pouvez poser vos questions quand il aura fini *or* après qu'il aura fini.

(**e**) (*each time that, whenever*) quand, lorsque, chaque fois que. **~ it rains I wish I were in Italy** quand il pleut je regrette de ne pas être en Italie; **~ the moon is full à la pleine lune; I take aspirin ~ I have a headache** je prends un cachet d'aspirine quand j'ai mal à la tête; **my heart sinks ~ he says 'it reminds me ...'** j'ai le cœur qui défaille chaque fois qu'il dit 'ça me rappelle ...'.

(**f**) (*whereas; although*) alors que. **he walked ~ he could have taken the bus** il est allé à pied alors qu'il aurait pu prendre le bus; **he walked ~ I would have taken the bus** il est allé à pied tandis que *or* alors que moi j'aurais pris le bus.

(**g**) (*considering that*) quand, alors que, étant donné que. **what are you doing indoors ~ you could be out in the sun?** que fais-tu dans la maison quand *or* alors que tu pourrais profiter du soleil dehors?; **how can you understand ~ you won't listen?** comment pouvez-vous comprendre quand *or* si vous n'écoutez pas?; **what's the good of trying ~ I know I can't do it?** à quoi sert d'essayer quand *or* étant donné que je sais que je ne peux pas le faire?; **fancy going to Blackpool ~ you could have gone to Mexico!** quelle idée d'aller à Blackpool quand vous auriez pu aller au Mexique!

(**h**) (*and then*) quand. **he had just sat down ~ the phone rang** il venait juste de s'asseoir quand le téléphone a sonné; **hardly had I got back ~ I had to leave again** je venais à peine de rentrer quand j'ai dû repartir; **I was about to leave ~ I remembered ...** j'étais sur le point de partir quand je me suis rappelé ... .

3 *n*: **I want to know the ~ and the how of all this** je veux savoir quand et comment tout ça est arrivé.

4 *cpd*: (*liter*) **whene'er** = **whenever**; **whenever** *V* **whenever**; (*liter*) **whensoe'er**, (*emphatic*) **whensoever** = **whenever**.

whence [wens] *adv, conj* (*liter*) d'où.

whenever [wen'evər] **1** *conj* (**a**) (*at whatever time*) quand. **come ~ you wish** venez quand vous voulez *or* voudrez; **you may leave ~ you're ready** vous pouvez partir quand vous serez prêt.

(**b**) (*every time that*) quand, chaque fois que, toutes les fois que. **come and see us ~ you can** venez nous voir quand vous le pouvez; **~ I see a black horse I think of Jenny** chaque fois que *or* toutes les fois que je vois un cheval noir je pense à Jenny; **~ it rains the roof leaks** chaque fois qu'il pleut le toit laisse entrer l'eau; **~ people ask him he says ...** quand on lui demande il dit ...; **~ you touch it it falls over** on n'a qu'à le toucher et il tombe.

2 *adv* (*) mais quand. **~ did you do that?** mais quand donc est-ce que vous avez fait ça?*; **last Monday, or ~** lundi dernier, ou je ne sais quand; **I can leave on Monday, or Tuesday, or ~** je peux partir lundi, ou mardi, ou un autre jour *or* ou n'importe quand.

where [weər] **1** *adv* (*in or to what place*) où. **~ do you live?** où habitez-vous?; **~ are you going (to)?** où allez-vous?; **I wonder ~ he is** je me demande où il est; **~'s the theatre?** où est le théâtre?; **~ are you from?**, **~ do you come from?** d'où venez-vous?, vous venez d'où?; **~ have you come from?** d'où est-ce que vous arrivez?, vous arrivez d'où?; **I don't know ~ I put it** je ne sais pas où je l'ai mis; **you saw him near ~?** vous l'avez vu près d'où?; **he was going towards ~?** il allait vers où?; **~ have you got to in the book?** où est-ce que vous en êtes de votre livre?; (*fig*) **~ do I come into it?** qu'est-ce que je viens faire dans tout ça?, quel est mon rôle dans tout ça?; **~'s the difference?** où voyez-vous une différence?; **~ should we be if ...?** où serions-nous si ...?

2 *conj* (**a**) (*gen*) (là) où. **stay ~ you are** restez (là) où vous êtes; **there is a garage ~ the 2 roads intersect** il y a un garage au croisement des 2 routes; **there is a school ~ our house once stood** il y a une école là où *or* à l'endroit où se dressait autrefois notre maison, à l'emplacement de notre maison il y a une école; **go ~ you like** allez où vous voulez *or* voudrez; **it is coldest ~ there are no trees for shelter** c'est là où il n'y a pas d'arbre pour abriter (du vent) qu'il fait le plus froid; **the book is not ~ I left it** le livre n'est pas (là) où je l'avais laissé; **it's not ~ I expected to see it** je ne m'attendais pas à le voir là; **Lyons stands ~ the Saône meets the Rhône** Lyon se trouve au confluent de la Saône et du Rhône.

(**b**) (*in etc which*) où. **the house ~ he was born** la maison où il est né, sa maison natale; **in the place ~ there used to be a church** à l'endroit où il y avait une église; **he put it down there, ~ the box is now** il l'a mis là, à l'endroit où se trouve maintenant la boîte;

England is ~ you'll find this sort of thing most often c'est en Angleterre que vous trouverez le plus fréquemment cela.
(c) *(the place that)* là que. this is ~ the car was found c'est là qu'on a retrouvé la voiture; this is ~ we got to in the book c'est là que nous en sommes du livre; that's ~ you're wrong! c'est là que vous vous trompez!, voilà votre erreur!; so that's ~ my gloves have got to! voilà où sont passés mes gants!; *(fig)* that's ~ or there's* ~ things started to go wrong c'est là que les choses se sont gâtées; this is ~ or here's* ~ you've got to make your own decision là il faut que tu décides *(subj)* tout seul; that's ~ I meant c'est là que je voulais dire; he went up to ~ she was sitting il s'est approché de l'endroit où elle était assise; I walked past ~ he was standing j'ai dépassé l'endroit où il se tenait; from ~ I'm standing I can see ... d'où *or* de là où je suis je peux voir ... .
(d) *(wherever etc)* là où. you'll always find water ~ there are trees vous trouverez toujours de l'eau là où il y a des arbres; ~ there is kindness, there you will find ... là où il y a de la gentillesse, vous trouverez ... .
(e) *(whereas)* alors que. he walked ~ he could have taken the bus il est allé à pied alors qu'il aurait pu prendre le bus; he walked ~ I would have taken the bus il est allé à pied alors que *or* tandis que moi j'aurais pris le bus.
3 *n*: I want to know the ~ and the why of it je veux savoir où et pourquoi c'est arrivé.
4 *cpd*: whereabouts *V* whereabouts; whereas *(while)* alors que, tandis que; *(in view of the fact that)* attendu que, considérant que; *(although)* bien que + *subj*, quoique + *subj*; *(liter)* whereat sur quoi, après quoi, et sur ce, et là-dessus; whereby *(conj:frm)* par quoi, par lequel *(or* laquelle *etc)*, au moyen duquel *(or* de laquelle *etc)*; wherefore†† *(conj: for that reason)* et donc, et pour cette raison *(V also* why **4***)*; *(adv: why)* pourquoi; wherein *(interrog adv: ††)* en quoi, dans quoi; *(conj: frm)* où, en quoi, dans quoi, dans lequel *(or* laquelle *etc)*; *(frm, liter)* whereof de quoi, dont, duquel *(or* de laquelle *etc)*; *(frm, liter)* whereon *(conj)* sur quoi, sur lequel *(or* laquelle *etc)*; *(liter)* whereso'er, *(emphatic)* wheresoever = wherever; *(frm)* whereto et dans ce but, et en vue de ceci; whereupon sur quoi, après quoi, et sur ce, et làdessus; wherever *V* wherever; *(frm, liter)* wherewith avec quoi, avec lequel *(or* laquelle *etc)*; the wherewithal les moyens *mpl*, les ressources *fpl* nécessaires; he hasn't the wherewithal to buy it il n'a pas les moyens de l'acheter, il n'a pas ce qu'il lui faut pour l'acheter.
whereabouts ['wɛərəbaʊts] **1** *adv* où (donc). ~ did you put it? où (donc) l'as-tu mis? **2** *n*: to know sb's/sth's ~ savoir où est qn/qch; his ~ are unknown personne ne sait où il se trouve.
wherever [wɛər'evəʳ] **1** *conj* (a) *(no matter where)* où que + *subj*. ~ I am I'll always remember you je sais où je sois, je n'oublierai jamais; ~ you go I'll go too où que tu ailles *or* partout où tu iras, j'irai; I'll buy it ~ it comes from je l'achèterai d'où que cela provienne *or* quelle qu'en soit la provenance; ~ it came from, it's here now! peu importe d'où cela vient, c'est là maintenant!
(b) *(anywhere, in or to whatever place)* (là) où. sit ~ you like asseyez-vous (là) où vous voulez; go ~ you please allez où bon vous semblera; we'll go ~ you wish nous irons (là) où vous voudrez; he comes from Barcombe, ~ that is il vient d'un endroit qui s'appellerait Barcombe.
(c) *(everywhere)* partout où. ~ you see this sign, you can be sure that ... partout où vous voyez ce signe, vous pouvez être sûr que ...; ~ there is water available partout où il y a de l'eau.
2 *adv* (*) mais où donc. ~ did you get that hat? mais où donc avez-vous déniché ce chapeau?*; I bought it in London or Liverpool or ~ je l'ai acheté à Londres, Liverpool ou Dieu sait où.
whet [wet] **1** *vt tool* aiguiser, affûter; *desire, appetite, curiosity* aiguiser, stimuler. **2** *cpd*: whetstone pierre *f* à aiguiser.
whether ['weðəʳ] *conj* (a) si. I don't know ~ it's true or not, I don't know ~ or not it's true je ne sais pas si c'est vrai ou non; you must tell him ~ you want him (or not) il faut que tu lui dises si oui ou non tu as besoin de lui; I don't know ~ to go or not je ne sais pas si je dois y aller ou non; it is doubtful ~ il est peu probable que + *subj*; I doubt ~ je doute que + *subj*; I'm not sure ~ je ne suis pas sûr si + *indic* or que + *subj*.
(b) que + *subj*. ~ it rains or (~ it) snows I'm going out qu'il pleuve ou qu'il neige je sors; ~ you go or not, ~ or not you go que tu y ailles ou non.
(c) soit. ~ today or tomorrow soit aujourd'hui soit demain; ~ before or after soit avant soit après; ~ with or without an umbrella avec ou sans parapluie; I shall help you ~ or no de toute façon *or* quoi qu'il arrive *(subj)* je vous aiderai.
whew [hwuː] *excl (relief, exhaustion)* ouf!; *(surprise, admiration)* fichtre!*
whey [weɪ] *n* petit-lait *m*.
which [wɪtʃ] **1** *adj* (a) *(in questions etc)* quel. ~ card did he take? quelle carte a-t-il prise?, laquelle des cartes a-t-il prise?; I don't know ~ book he wants je ne sais pas quel livre il veut; ~ one? lequel *(or* laquelle*)*? ; ~ Smith do you mean? quel Smith voulez-vous dire?
(b) in ~ case auquel cas; ... Paris, ~ city I know well ... Paris, ville que je connais bien; he spent a week here, during ~ time ... il a passé une semaine ici au cours de laquelle ...; he used 'peradventure', ~ word ... il a employé 'peradventure', mot qui ... .
2 *pron* (a) *(in questions etc)* lequel *m*, laquelle *f*. ~ is the best of these maps?, ~ of these maps is the best? quelle est la meilleure de ces cartes?, laquelle de ces cartes est la meilleure?; ~ have you taken? lequel *(or* laquelle*)* avez-vous pris(e)?; ~ is the biggest? lequel *(or* laquelle*)* est le plus grand *(or* la plus grande*)*?; ~ are the ripest apples? quelles sont les pommes les plus mûres?, quelles pommes sont les plus mûres?; ~ would you like? lequel aimeriez-vous?; ~ of you are married? lesquels

d'entre vous sont mariés?; ~ of you owns the red car? lequel d'entre vous est le propriétaire de la voiture rouge?
(b) *(the one or ones that: subject)* celui *(or* celle *or* ceux *or* celles*)* qui; *(object)* celui *etc* que. I don't mind ~ you give me vous pouvez me donner celui que vous voudrez (ça m'est égal); I don't mind ~ ça m'est égal; show me ~ is the cheapest montrez-moi celui qui est le moins cher; I can't tell *or* I don't know ~ is ~ je ne peux pas les distinguer; tell me ~ are the Frenchmen dites-moi lesquels sont les Français; I know ~ I'd rather have je sais celui que je préférerais; ask him ~ of the books he'd like demandez-lui parmi tous les livres lequel il voudrait.
(c) *(that) (subject)* qui; *(object)* que; *(after prep)* lequel, laquelle, lesquels, lesquelles. the book ~ is on the table le livre qui est sur la table; the apple ~ you ate la pomme que vous avez mangée; the house towards ~ she was going la maison vers laquelle elle se dirigeait; the film of ~ he was speaking le film dont il parlait; opposite ~ en face duquel *(or* de laquelle *etc)*; the book ~ I told you about le livre dont je vous ai parlé; the box ~ you put it in la boîte dans laquelle vous l'avez mis.
(d) *(and that) (subject)* ce qui; *(object)* ce que; *(after prep)* quoi. he said he knew her, ~ is true il a dit qu'il la connaissait, ce qui est vrai; she said she was 40, ~ I don't believe elle a dit qu'elle avait 40 ans, ce que *or* chose que je ne crois pas *or* mais je n'en crois rien; you're late, ~ reminds me ... vous êtes en retard, ce qui me fait penser ...; ... upon ~ she left the room ... sur quoi *or* et sur ce elle a quitté la pièce; ... of ~ more later ... ce dont je reparlerai plus tard, ... mais je reviendrai là-dessus plus tard; from ~ we deduce that d'où *or* et de là nous déduisons que; after ~ we went to bed après quoi nous sommes allés nous coucher.
whichever [wɪtʃ'evəʳ] **1** *adj* (a) *(that one which)* ~ method is most successful should be chosen on devrait choisir la méthode garantissant les meilleurs résultats, peu importe laquelle; take ~ book you like best prenez le livre que vous préférez (, peu importe lequel); I'll have ~ apple you don't want je prendrai la pomme que *or* dont vous ne voulez pas; keep ~ one you prefer gardez celui que vous préférez; go by ~ route is the most direct prenez la route la plus directe, peu importe laquelle; do it in ~ way you can faites-le comme vous pourrez.
(b) *(no matter which) (subject)* quel que soit ... qui + *subj*; *(object)* quel que soit ... que + *subj*. ~ dress you wear quelle que soit la robe que tu portes; ~ book is left quel que soit le livre qui reste; ~ book is chosen quel que soit le livre choisi; *(fig)* ~ way you look at it de quelque manière que vous le considériez *(subj)*.
2 *pron* (a) *(the one which) (subject)* celui *m* qui, celle *f* qui; *(object)* celui *m* que, celle *f* que. ~ is best for him celui *(or* celle*)* qui lui convient le mieux; ~ you choose will be sent to you at once celui *(or* celle*)* que vous choisirez vous sera expédié(e) immédiatement; ~ of the books is selected le livre qui sera sélectionné quel qu'il soit; choose ~ is easiest choisissez (celui qui est) le plus facile; on Thursday or Friday, ~ is more convenient jeudi ou vendredi, le jour qui vous conviendra le mieux; A or B, ~ is the greater A ou B, à savoir le plus grand des deux; at sunset or 7pm, ~ is the earlier au coucher du soleil ou à 19 heures au plus tard, selon la saison.
(b) *(no matter which one) (subject)* quel *m* que soit celui qui + *subj*, quelle *f* que soit celle qui + *subj*; *(object)* quel que soit celui que + *subj*, quelle que soit celle que + *subj*. ~ of the two books he chooses, it won't make a lot of difference quel que soit le livre qu'il choisisse, cela ne fera pas beaucoup de différence; ~ of the methods is chosen, it can't affect you much quelle que soit la méthode choisie, ça ne vous affectera pas beaucoup.
whiff [wɪf] **1** *n* (a) *(puff: of smoke, hot air etc)* bouffée *f*; *(smell)* odeur *f*. a ~ of chloroform une bouffée *or* petite dose de chloroforme; a ~ of garlic/seaweed *etc* une bouffée d'ail/de varech *etc*; after a few ~s he put out the cigarette après quelques bouffées il a éteint la cigarette; one ~ of this is enough to kill you il suffit de respirer ça une fois pour mourir; I caught a ~ of gas j'ai senti l'odeur du gaz; take a ~ of this!* renifle ça!
(b) (*: *bad smell)* what a ~!* ce que ça sent mauvais!
2 *vi* (*) sentir mauvais.
whiffet ['wɪfɪt] *n (US pej)* morveux‡ *m*, -euse‡ *f*.
whiffy* ['wɪfɪ] *adj* qui sent mauvais.
Whig [wɪg] *adj, n.(Pol Hist)* whig *(m)*.
while [waɪl] **1** *conj* (a) *(during the time that)* pendant que. it happened ~ I was out of the room c'est arrivé pendant que *or* alors que j'étais hors de la pièce; can you wait ~ I telephone? pouvezvous attendre pendant que je téléphone?; she fell asleep ~ reading elle s'est endormie en lisant; ~ you're away I'll write some letters pendant ton absence *or* pendant que tu seras absent j'écrirai quelques lettres; don't drink ~ on duty ne buvez pas pendant le service; 'heels repaired ~ you wait' 'talon minute'; ~ you're up you could close the door pendant que *or* puisque tu es debout tu pourrais fermer la porte; and ~ you're about it pendant que vous y êtes.
(b) *(as long as)* tant que. ~ there's life there's hope tant qu'il y a de la vie il y a de l'espoir; it won't happen ~ I'm here cela n'arrivera pas tant que je serai là; ~ I live I shall make sure that ... tant que *or* aussi longtemps que je vivrai je ferai en sorte que ... .
(c) *(although)* quoique + *subj*, bien que + *subj*. I admit he is sometimes right ... tout en admettant *or* quoique j'admette qu'il ait quelquefois raison ...; ~ there are a few people who like that sort of thing ... bien qu'il y ait un petit nombre de gens qui aiment ce genre de chose ... .
(d) *(whereas)* alors que, tandis que. she sings quite well, ~ her sister can't sing a note elle ne chante pas mal alors que *or* tandis que sa sœur ne sait pas chanter du tout.

2 *cpd*: **while-you-wait heel repairs** ≃ talon minute.

3 *n* (a) a ~ quelque temps; **a short ~, a little ~** un moment, un instant; **a long ~, a good ~** (assez) longtemps; **after a ~** quelque temps après, au bout de quelque temps; **let's stop for a ~** arrêtons un moment *or* (*longer*) quelque temps; **for a ~ I thought ...** j'ai pensé un moment ..., (*longer*) pendant quelque temps j'ai pensé ...; **it takes quite a ~ to ripen** cela met assez longtemps à mûrir; **once in a ~** (une fois) de temps en temps; **(in) between ~s** entre-temps; *V* **worth**.

(b) **he looked at me (all) the ~** il m'a regardé pendant tout ce temps-là.

♦**while away** *vt sep* (faire) passer.

whiles [waɪlz] *adv* (*dial, esp Scot*) quelquefois, de temps en temps.

whilst [waɪlst] *conj* = **while 1**.

whim [wɪm] *n* caprice *m*, fantaisie *f*, lubie *f*. **to be full of ~s** être capricieux *or* fantasque; **it's just a (passing) ~** c'est une lubie qui lui (*or te etc*) passera; **he gives in to her every ~** il lui passe tous ses caprices, il fait ses quatre volontés*; **as the ~ takes him** comme l'idée lui prend.

whimper ['wɪmpər] **1** *n* (faible) gémissement *m*, (faible) geignement *m*, plainte inarticulée. **... he said with a ~** ... dit-il d'un ton larmoyant, ... gémit-il, ... pleurnicha-t-il (*pej*); (*fig*) **without a ~** sans se plaindre. **2** *vi* [*person, baby*] gémir *or* geindre faiblement, pleurnicher (*pej*); [*dog*] gémir, pousser de petits cris plaintifs. **3** *vt*: **'no,' he ~ed** 'non', gémit-il *or* pleurnicha-t-il (*pej*), 'non,' dit-il d'un ton larmoyant.

whimpering ['wɪmpərɪŋ] **1** *n* geignements *mpl*, gémissements *mpl*. **2** *adj* *tone, voice* larmoyant, pleurnicheur (*pej*); *person, animal* qui gémit faiblement.

whimsical ['wɪmzɪkəl] *adj* *person* fantasque; *smile, look* étrange, curieux; *idea* saugrenu; *story, book* étrange, fantaisiste.

whimsicality [ˌwɪmzɪ'kælɪtɪ] *n* (a) (*U*) caractère fantasque *or* fantaisiste *or* curieux. (b) whimsicalities idées (*or* actions *etc*) bizarres *or* saugrenues.

whimsically ['wɪmzɪkəlɪ] *adv* say, suggest de façon saugrenue; smile, look étrangement, curieusement; muse, ponder malicieusement.

whimsy ['wɪmzɪ] *n* (*whim*) caprice *m*, fantaisie *f*, lubie *f*; (*U*: whimsicality) caractère *m* fantaisiste.

whimwhams* ['wɪmwæmz] *npl* (*US*) trouille*♯ *f*, frousse* *f*.

whin [wɪn] *n* (*Bot*) ajonc *m*.

whine [waɪn] **1** *n* [*person, child, dog*] gémissement prolongé; (*fig*: complaint) plainte *f*; [*bullet, shell, siren, machine*] plainte stridente *or* monocorde. **... he said in a ~** ... se lamenta-t-il, ... dit-il d'une voix geignarde; (*fig*) **it's another of his ~s about taxes** le voilà qui se répand encore en lamentations sur ses impôts; (*fig*) **I'm tired of all his ~s** j'en ai assez de ses jérémiades *fpl*.

2 *vi* [*person, dog*] geindre, gémir; (*fig*: complain) se lamenter; [*siren*] gémir. (*fig*) **to ~ about sth** se lamenter sur qch; **don't come whining to me about it** ne venez pas vous plaindre à moi, ne venez pas me faire vos doléances.

3 *vt*: **'it's happened again,' he ~d** 'ça a recommencé,' se lamenta-t-il *or* dit-il d'une voix geignarde.

whining ['waɪnɪŋ] **1** *n* [*person, child*] gémissements continus, pleurnicheries *fpl*, jérémiades *fpl*; [*dog*] gémissements; (*fig*: complaining) plaintes continuelles, jérémiades, lamentations *fpl*. **2** *adj* voice geignard, pleurard; child geignard, pleurnicheur; dog qui gémit.

whinny ['wɪnɪ] **1** *n* hennissement *m*. **2** *vi* hennir.

whip [wɪp] **1** *n* (a) fouet *m*; (*riding* ~) cravache *f*.

(b) (*Parl*) (*person*) whip *m*, chef *m* de file (*député chargé par son parti d'assurer la discipline à l'intérieur du groupe parlementaire*); (*Brit*: summons) convocation *f*. **three-line ~** convocation impérative (*pour voter*).

(c) (*Culin*: dessert) crème *f* *or* mousse *f* instantanée.

2 *cpd*: (*Tex*) **whipcord** whipcord *m*; (*fig*) **to have the whip hand** être le maître, avoir le dessus; **to have the whip hand over sb** avoir la haute main sur qn; **whiplash** (*blow from whip*) coup *m* de fouet, (*fig*: in car accident) coup *m* du lapin*, syndrome cervical traumatique; **whiplash injury to the neck** lésion *f* traumatique des vertèbres cervicales; (*fig*) **he felt the whiplash of fear** il fut saisi d'une peur cinglante; (*Brit*) **whip-round*** collecte *f*; **to have a whip-round* for sb/sth** faire une collecte pour qn/qch.

3 *vt* (a) person, animal, child fouetter; (*Culin*) cream fouetter, battre au fouet; egg white battre en neige; (*fig*) (defeat) battre à plate(s) couture(s); (*criticize severely*) critiquer vivement, cingler, éreinter. **the rain ~ped her face** la pluie lui cinglait *or* fouettait la figure.

(b) (*fig*: defeat) battre à plates coutures.

(c) (*seize etc*) **to ~ sth out of sb's hands** enlever brusquement *or* vivement qch des mains de qn; **he ~ped a gun out of his pocket** il a brusquement sorti un revolver de sa poche; **he ~ped the letter off the table** il a prestement fait disparaître la lettre qui était (restée) sur la table.

(d) (*Brit*: steal) faucher*, piquer♯. **somebody's ~ped my watch!** quelqu'un m'a fauché* *or* piqué♯ ma montre!

(e) cable, rope surlier; (*Sewing*) surfiler.

4 *vi*: **to ~ along/away** *etc* filer/partir *etc* à toute allure *or* comme un éclair; **the car ~ped round the corner** la voiture a pris le tournant à toute allure; **the wind ~ped through the trees** le vent s'élançait à travers les arbres; **the rope broke and ~ped across his face** la corde a cassé et lui a cinglé le visage.

♦**whip along 1** *vi* *V* **whip 4**.

2 *vt sep* (*remove quickly*) [*person*] enlever brusquement *or* vivement, faire disparaître; [*wind etc*] emporter brusquement.

♦**whip back** *vi* [*broken rope, cable etc*] revenir brusquement en arrière.

♦**whip in 1** *vi* (a) [*person*] entrer précipitamment *or* comme un éclair.

(b) (*Hunting*) être piqueur.

2 *vt sep* (a) (*Hunting*) hounds ramener, rassembler; (*Parl*) members voting battre le rappel de; (*fig*) voters, supporters rallier.

(b) (*Culin*) **whip in the cream** incorporez la crème avec un fouet.

♦**whip off** *vt sep* garment *etc* ôter *or* enlever en quatrième vitesse*; lid, cover ôter brusquement.

♦**whip on** *vt sep* (a) garment *etc* enfiler en quatrième vitesse.

(b) (*urge on*) horse cravacher.

♦**whip out 1** *vi* [*person*] sortir précipitamment.

2 *vt sep* knife, gun, purse sortir brusquement *or* vivement (*from* de).

♦**whip over*** *vi* = **whip round 1b**.

♦**whip round 1** *vi* (a) (*turn quickly*) [*person*] se retourner vivement; [*object*] pivoter brusquement.

(b) (*) **he's just whipped round to the grocer's** il est juste allé faire un saut à l'épicerie; **whip round to your aunt's and tell her ...** va faire un saut *or* cours chez ta tante lui dire ....

2 whip-round* *n* *V* **whip 2**.

♦**whip through** *vt fus* book parcourir rapidement; homework, task expédier, faire en quatrième vitesse.

♦**whip up** *vt sep* (a) emotions, enthusiasm, indignation donner un coup de fouet à, fouetter, attiser; support, interest donner un coup de fouet à, stimuler.

(b) cream, egg whites fouetter, battre au fouet. (*fig*) **to whip up a meal*** préparer un repas en vitesse; **can you whip us up something to eat?*** est-ce que vous pourriez nous faire à manger* *or* nous préparer un morceau en vitesse?

(c) (*snatch up*) saisir brusquement.

whipper ['wɪpər] *cpd*: **whipper-in** piqueur *m*; **whippersnapper** freluquet *m*.

whippet ['wɪpɪt] *n* whippet *m*.

whipping ['wɪpɪŋ] **1** *n* (*as punishment*) correction *f*. **to give sb a ~** fouetter qn, donner le fouet à qn, donner des coups de fouet à qn.

2 *cpd*: (*fig*) **whipping boy** bouc *m* émissaire; (*Culin*) **whipping cream** crème fraiche (*à fouetter*); **whipping post** poteau *m* (*où étaient attachées les personnes qu'on fouettait*); **whipping top** toupie *f*.

whippoorwill ['wɪp.puə.wɪl] *n* engoulevent *m* d'Amérique du Nord.

whir [wɜːr] = **whirr**.

whirl [wɜːl] **1** *n* [*leaves, papers, smoke*] tourbillon *m*, tournoiement *m*; [*sand, dust, water*] tourbillon. (*fig*) **a ~ of parties and dances** un tourbillon de surprises-parties et de bals; **the whole week was a ~ of activity** nous n'avons (*or* ils n'ont *etc*) pas arrêté de toute la semaine; **the social ~** la vie mondaine; **her thoughts/emotions were in a ~** tout tourbillonnait dans sa tête/son cœur; **my head is in a ~** la tête me tourne; (*fig*) **to give sth a ~*** essayer qch.

2 *cpd*: **whirlpool** tourbillon *m*; (*US*) **whirlpool bath** bain *m* remous; **whirlwind** (*n*) tornade *f*, trombe *f* (*V also* sow²); (*adj: fig*) éclair* *inv*.

3 *vi* (a) (*spin: also ~ round*) [*leaves, papers, smoke, dancers*] tourbillonner, tournoyer; [*sand, dust, water*] tourbillonner; [*wheel, merry-go-round, spinning top*] tourner. **they ~ed past us in the dance** ils sont passés près de nous en tourbillonnant pendant la danse; **the leaves ~ed down** les feuilles tombaient en tourbillonnant; **my head is ~ing (round)** la tête me tourne; **her thoughts/emotions were ~ing** tout tourbillonnait dans sa tête/son cœur, ses pensées/ses émotions étaient en désarroi.

(b) (*move rapidly*) **to ~ along** aller *or* à toute vitesse *or* à toute allure; **to ~ away** *or* off partir à toute vitesse *or* à toute allure.

4 *vt* [*wind*] leaves, smoke faire tourbillonner, faire tournoyer; dust, sand faire tourbillonner. **he ~ed his sword round his head** il a fait tournoyer son épée au-dessus de sa tête; **they ~ed us round the Louvre** ils nous ont fait visiter le Louvre à toute vitesse; **the train ~ed us up to London** le train nous a emportés à Londres (à toute allure).

♦**whirl round 1** *vi* (*turn suddenly*) [*person*] se retourner brusquement, virevolter; [*revolving chair etc*] pivoter; *V also* **whirl 3a**.

2 *vt sep* (a) [*wind*] leaves, smoke faire tourbillonner, faire tournoyer; dust, sand faire tourbillonner.

(b) sword, object on rope etc faire tournoyer; revolving chair etc faire pivoter.

whirligig ['wɜːlɪgɪg] *n* (*toy*) moulin *m* à vent; (*merry-go-round*) manège *m*; (*beetle*) tourniquet *m*, gyrin *m*; (*fig: of events etc*) tourbillon *m*. **the smoke moved in a ~ towards ...** la fumée allait en tourbillonnant *or* en tournoyant dans la direction de ....

whirlybird* ['wɜːlɪbɜːd] *n* (*US*) hélico* *m*, hélicoptère *m*, banane* *f*.

whirr [wɜːr] **1** *vi* [*bird's wings, insect's wings*] bruire; [*cameras, machinery*] ronronner, (*louder*) vrombir; [*propellers*] vrombir. **the helicopter went ~ing off** l'hélicoptère est parti en vrombissant.

2 *n* [*bird's wings, insect's wings*] bruissement *m* (d'ailes); [*machinery*] ronronnement *m*, (*louder*) vrombissement *m*; [*propellers*] vrombissement.

whisk [wɪsk] **1** *n* (a) (*egg* ~) fouet *m* (à œufs), (*rotary*) batteur *m* à œufs. **give the mixture a good ~** bien battre le mélange.

(b) (*for sweeping*) époussette *f*; (*fly* ~) émouchoir *m*, chasse-mouches *m* *inv*.

(c) **with a ~ of his tail, the horse ...** d'un coup de queue, le cheval ....

2 *vt* (a) (*Brit Culin*) (*gen*) battre au fouet; egg whites battre en neige. **~ the eggs into the mixture** incorporez les œufs dans le mélange avec un fouet *or* en remuant vigoureusement.

(b) **the horse ~ed its tail** le cheval fouettait l'air de sa queue.

(c) to ~ sth out of sb's hands enlever brusquement *or* vivement qch des mains de qn; she ~ed the letter off the table elle a prestement fait disparaître la lettre de la table; he ~ed it out of his pocket il l'a brusquement sorti de sa poche; he ~ed the vacuum cleaner round the flat il a passé l'aspirateur dans l'appartement en deux temps trois mouvements*; the lift ~ed us up to the top floor l'ascenseur nous a emportés jusqu'au dernier étage à toute allure; he was ~ed into a meeting on l'a brusquement entraîné dans une réunion; he ~ed her off to meet his mother il l'a emmenée illico* faire la connaissance de sa mère.

3 *vi*: to ~ along/in/out *etc* filer/entrer/sortir *etc* à toute allure; she ~ed out of the room elle a quitté brusquement la pièce.

♦**whisk away** *vt sep flies* chasser d'un coup d'émouchoir; *dust, crumbs* enlever d'un coup d'époussette; *(fig) cloth, dishes* faire disparaître.

♦**whisk off** *vt sep flies* chasser d'un coup d'émouchoir; *dust* enlever d'un coup d'époussette; *lid, cover* ôter brusquement; *garment* enlever *or* ôter en quatrième vitesse; *V also* whisk 2c.

♦**whisk together** *vt sep (Culin)* mélanger en fouettant *or* avec un fouet.

♦**whisk up** *vt sep (Culin)* fouetter; *V also* whisk 2c.

whisker ['wɪskər] *n [animal, man]* poil *m*. ~s *(side ~s)* favoris *mpl; (beard)* barbe *f; (moustache)* moustache(s) *f(pl); [animal]* moustaches. he won the race by a ~ il s'en est fallu d'un cheveu *or* d'un poil* qu'il ne perde la course; *(fig)* they came within a ~* of being ... il s'en est fallu d'un cheveu qu'ils ne soient ... .

whiskered ['wɪskəd] *adj (V whisker) man* qui a des favoris *(or* une barbe *or* des moustaches).

whiskey *(Ir, US)*, **whisky** *(Brit, Can)* ['wɪskɪ] **1** *n (gen)* whisky *m; (Brit esp)* scotch *m; (US esp)* bourbon *m.* a ~ and soda un whisky soda; *V sour.* **2** *cpd flavour* de whisky.

whisper ['wɪspər] **1** *vi [person]* chuchoter, parler à voix basse; *[leaves, water]* chuchoter, murmurer. to ~ to sb parler *or* chuchoter à l'oreille de qn, parler à voix basse à qn; it's rude to ~ c'est mal élevé de chuchoter à l'oreille de quelqu'un; you'll have to ~ il faudra que vous parliez *(subj)* bas.

2 *vt* chuchoter, dire à voix basse *(sth to sb* qch à qn, *that* que). he ~ed a word in my ear il m'a dit *or* soufflé quelque chose à l'oreille; to ~ sweet nothings to sb susurrer des mots doux à (l'oreille de) qn; *(fig)* I've heard it ~ed that he's gone away j'ai entendu dire qu'il est parti; *(fig)* it is being ~ed that ... le bruit court que ..., on dit que ... .

3 *n (low tone)* chuchotement *m; [wind, leaves, water]* murmure *m*, bruissement *m; (fig: rumour)* bruit *m*, rumeur *f*. I heard a ~ j'ai entendu un chuchotement, j'ai entendu quelqu'un qui parlait à voix basse; a ~ of voices des chuchotements; to say/answer in a ~ dire/répondre à voix basse; to speak in a ~ parler bas *or* à voix basse; her voice scarcely rose above a ~ sa voix n'était guère qu'un murmure; *(fig)* not a ~ to anyone! n'en soufflez mot à personne!; *(fig)* I've heard a ~ that he won't come back j'ai entendu dire qu'il ne reviendrait pas; there is a ~ that ..., the ~ is going round that ... le bruit court que ..., on dit que ... .

whispering ['wɪspərɪŋ] **1** *adj person* qui chuchote, qui parle à voix basse; *leaves, wind, stream* qui chuchote, qui murmure. ~ voices des chuchotements *mpl.*

2 *n [voice]* chuchotement *m; [leaves etc]* chuchotement, bruissement *m*, murmure *m*, chuchotis *m; (fig) (gossip)* médisances *fpl; (rumours)* rumeurs insidieuses. *(fig)* there has been a lot of ~ about them toutes sortes de rumeurs insidieuses ont couru sur leur compte.

3 *cpd: (fig)* whispering campaign campagne (diffamatoire) insidieuse; whispering gallery galerie *f* à écho.

whist [wɪst] *n (Brit)* whist *m.* ~ drive tournoi *m* de whist.

whistle ['wɪsl] **1** *n (a) (sound) (made with mouth)* sifflement *m, (jeering)* sifflet *m; (made with a ~)* coup *m* de sifflet; *[train, kettle, blackbird]* sifflement. the ~s of the audience *(cheering)* les sifflements d'admiration du public; *(booing)* les sifflets du public; to give a ~ *(gen)* siffler; *(blow a ~)* donner un coup de sifflet.

(b) *(object: also of kettle etc)* sifflet *m; (Mus: also penny ~)* flûteau *m.* a blast on a ~ un coup de sifflet strident; the referee blew his ~ l'arbitre a donné un coup de sifflet *or* a sifflé; the referee blew his ~ for half-time l'arbitre a sifflé la mi-temps; it broke off as clean as a ~ ça a cassé net; *(fig)* to blow the ~ on sth‡ tirer la sonnette d'alarme (au sujet de qch); *(fig)* he blew the ~ on it‡ *(informed on it)* il a dévoilé le pot aux roses; *(stopped it)* il y a mis le holà.

2 *cpd: (fig: Pol etc)* whistle-stop *V* whistle-stop.

3 *vi [person]* siffler, *(tunefully, light-heartedly)* siffloter; *(blow a ~)* donner un coup de sifflet, siffler; *[bird, bullet, wind, kettle, train]* siffler. he ~d to his dog il a sifflé son chien; he ~d at *or* for me to stop il a sifflé pour que je m'arrête *(subj)*; he ~d for a taxi a sifflé un taxi; the boy was whistling at all the pretty girls le garçon sifflait toutes les jolies filles; the referee ~d for a foul l'arbitre a sifflé une faute; the crowd ~d at the referee la foule a sifflé l'arbitre; the audience booed and ~d les spectateurs ont hué et sifflé; the audience cheered and ~d les spectateurs ont manifesté leur enthousiasme par des acclamations et des sifflements; he strolled along whistling (away) gaily il flânait en sifflotant gaiement; *(fig)* he's whistling in the dark il fait *(or* dit) ça pour se rassurer, il essaie de se donner du courage; *(fig)* he can ~ for it!* il peut se fouiller!* *or* se brosser!*, il peut toujours courir!*; an arrow ~d past his ear une flèche a sifflé à son oreille; the cars ~d by us les voitures passaient devant nous à toute allure.

4 *vt tune* siffler, *(casually, light-heartedly)* siffloter. to ~ a dog back/in *etc* siffler un chien pour qu'il revienne/entre *(subj) etc.*

♦**whistle up** *vt sep dog, taxi* siffler. *(fig)* he whistled up 4 or 5 people to give us a hand* il s'est débrouillé pour dégoter* 4 ou 5 personnes prêtes à nous donner un coup de main; can you whistle up another blanket or two?* vous pouvez dégoter* encore une ou deux couvertures?

whistle-stop ['wɪsl,stɒp] **1** *n* visite *f* éclair *inv (dans une petite ville au cours d'une campagne électorale).*

2 *adj*: he made a ~ tour of Virginia il a fait à toute allure le tour de la Virginie; *(US)* a ~ town une petite ville *or* un petit trou* *(où le train s'arrête).*

3 *vi (US)* faire une tournée électorale.

Whit [wɪt] **1** *n* la Pentecôte. **2** *cpd holiday etc* de Pentecôte. **Whit Monday/Sunday** le lundi/dimanche de Pentecôte; **Whitsun(tide)** les fêtes *fpl* de (la) Pentecôte, la Pentecôte; **Whit Week** la semaine de Pentecôte.

whit [wɪt] *n*: there was not a ~ of truth in it il n'y avait pas un brin de vérité là-dedans; he hadn't a ~ of sense il n'avait pas un grain de bon sens; it wasn't a ~ better after he'd finished quand il a eu terminé ce n'était pas mieux du tout; I don't care a ~ ça m'est profondément égal, je m'en moque complètement.

white [waɪt] **1** *adj (a) (gen)* bread, hair, wine, meat, metal, rabbit blanc *(f* blanche). *(Culin)* ~ sauce béchamel *f*, sauce blanche; as ~ as a sheet pâle comme un linge; ~ as a ghost pâle comme la mort; as ~ as snow blanc comme (la) neige; to be ~ with fear/anger être blanc *or* blême *or* pâle de peur/colère; to go *or* turn ~ *(with fear, anger)* blêmir, pâlir, blanchir; *[hair]* blanchir; *[object]* devenir blanc, blanchir; he went ~ with fear il a blêmi de peur; this detergent gets the clothes ~r than ~ ce détergent lave encore plus blanc; ~ blood cell, ~ corpuscle globule blanc; a ~ Christmas un Noël sous la neige; *(fig)* it's a ~ elephant c'est tout à fait superflu, on n'en a pas besoin; ~ elephant stall étalage m d'objets superflus; *(fig)* to show the ~ feather caner*, se dégonfler*; *(Mil etc)* the ~ flag le drapeau blanc; ~ frost gelée blanche; ~ fox *(animal)* renard m polaire; *(skin, fur)* renard blanc; *(at sea)* ~ horses moutons *mpl; (US)* the W~ House la Maison Blanche; *(fig)* a ~ lie un pieux mensonge; ~ wedding mariage m en blanc; *(Parl)* ~ paper avant-projet de loi m *(on* sur); *V also* **3** *etc.*

(b) *(racially) person, face, skin, race* blanc *(f* blanche). a ~ man un Blanc; a ~ woman une Blanche; the ~ South Africans les Blancs d'Afrique du Sud; ~ supremacy la suprématie de la race blanche; *(pej)* ~ trash les petits Blancs pauvres; *V also* **3** *etc.*

2 *n (a) (colour)* blanc *m; (whiteness)* blancheur *f; [egg, eye]* blanc. to be dressed in ~ être vêtu de blanc; *(linen etc)* the ~s le (linge) blanc; *(clothes)* tennis ~s tenue *f* de tennis; his face was a deathly ~ son visage était d'une pâleur mortelle; the sheets were a dazzling ~ les draps étaient d'une blancheur éclatante; *(Mil etc)* don't fire till you see the ~s of their eyes ne tirez qu'au dernier moment; *V black etc.*

(b) *(person or ~ race)* Blanc *m*, Blanche *f. (US pej)* poor ~ *(petit)* Blanc *m or* (petite) Blanche *f* pauvre (du Sud).

3 *cpd:* whitebait blanchaille *f; (Culin)* petite friture *f; (at sea)* whitecaps moutons *mpl;* a white-collar job un emploi dans un bureau; white-collar worker employé(e) *m(f)* de bureau, col *m* blanc; *(fig)* whited sepulchre sépulcre blanchi, hypocrite *mf; (Astron)* white dwarf naine blanche; *(fig)* white elephant *(ornament etc)* objet *m* superflu; *(building etc)* réalisation coûteuse et sans (grande) utilité; white elephant stall étalage *m* d'objets superflus; white-faced blême, pâle; to show the white feather caner*, se dégonfler*; white fox *(animal)* renard *m* polaire; *(skin, fur)* renard blanc; white gold or blanc; *(Comm)* white goods *(linens)* linge blanc; *(US: domestic appliances)* appareils ménagers; white-haired *person* aux cheveux blancs; *animal* à poil blanc, aux poils blancs; Whitehall *V* Whitehall; white-headed *person* aux cheveux blancs; *bird* à tête blanche; *(fig)* the white-headed boy l'enfant chéri; *(Phys)* white heat chaude blanche, chaleur *f* d'incandescence; to raise metal to a white heat chauffer un métal à blanc; *(fig)* the indignation of the crowd had reached white heat l'indignation de la foule avait atteint son paroxysme; *(fig)* to be the white hope of être le grand espoir de, être l'espoir numéro un de; *(at sea)* white horses moutons *mpl;* white-hot chauffé à blanc; white lead blanc *m* de céruse; *(Phys)* white light lumière blanche; *(fig liter)* white-livered poltron, couard; white magic magie blanche; the White Nile le Nil Blanc; *(Acoustics)* white noise son *m* blanc; *(Met)* there is a whiteout il y a le jour blanc; *(Orn)* white owl harfang *m*, chouette blanche; *(Parl)* white paper livre *m* blanc *(on* sur); *(Culin)* white pepper poivre *m* blanc; *(US: tuberculosis)* white plague tuberculose *f* pulmonaire; *(US)* white raisin raisin sec de Smyrne; White Russia Russie Blanche; White Russian *(adj)* russe blanc *(f* russe blanche); ~ *n* Russe blanc, Russe blanche; *(Comm)* white sale vente *f* de blanc; white sapphire saphir blanc; *(Culin)* white sauce béchamel *f*, sauce *f* blanche; White Sea mer *f* Blanche; white shark requin *m* blanc; white slavery, the white slave trade la traite des blanches; *(Brit)* white spirit white-spirit *m;* white-tailed eagle orfraie *f*, pygargue *m; (Bot)* whitethorn aubépine *f; (Orn)* whitethroat *(Old World warbler)* grisette *f; (American sparrow)* moineau *m* d'Amérique; *(Dress)* white tie habit *m;* it was a white-tie affair l'habit était de rigueur; *(US Aut)* whitewall (tire) pneu *m* à flanc blanc; whitewash *V* whitewash; *(esp Sport)* white water eau *f* vive; white whale baleine *f* blanche; whitewood bois *m* blanc.

Whitehall [,waɪt'hɔ:l] *n* Whitehall *m (siège m des ministères et des administrations publiques).*

whiten ['waɪtn] *vti* blanchir.

whitener ['waɪtnər] *n (for coffee etc)* succédané *m* de lait en poudre; *(for clothes)* agent *m* blanchissant.

whiteness ['waɪtnɪs] *n (V white 1)* blancheur *f*, blanc *m*, couleur blanche; pâleur *f*; aspect *m* blême.

whitening ['waɪtnɪŋ] *n (U) (a) (act) [wall etc]* blanchiment *m;*

[linen] blanchiment, décoloration *f*; *[hair]* blanchissement *m*. **(b)** *(substance: for shoes, doorsteps etc)* blanc *m*.

whitewash ['waɪtwɒʃ] **1** *n* **(a)** *(U: for walls etc)* lait *m or* blanc *m* de chaux.

(b) *(fig)* **the whole episode was a ~ of the government's inefficiency** tout l'épisode était une mise en scène pour camoufler la carence du gouvernement; *(fig)* **the article in the paper was nothing but a ~ of his doubtful character** l'article du journal ne visait qu'à blanchir sa réputation douteuse.

(c) *(US Sport‡)* raclée* *f*.

2 *vt* **(a)** *wall etc* blanchir à la chaux, chauler.

(b) *(fig)* *sb's reputation, career, motives* blanchir; *sb's faults, happening* justifier (par des arguments fallacieux); *person* blanchir, disculper, réhabiliter. *(fig)* **they tried to ~ the whole episode** ils se sont livrés à une entreprise de justification de toute l'affaire, ils ont essayé de peindre l'affaire sous les traits les plus anodins.

(c) *(US Sport‡)* écraser complètement*.

whitey‡ ['waɪtɪ] *n* *(esp US: pej)* *(individual)* Blanc *m*, Blanche *f*; *(Whites collectively)* les Blancs *mpl*.

whither ['wɪðəʳ] *adv* *(liter)* où. *(in headlines, titles etc)* **'~ Leyland now?'** 'où va Leyland?'

whiting[1] ['waɪtɪŋ] *n* *(fish)* merlan *m*.

whiting[2] ['waɪtɪŋ] *n* *(U: for shoes, doorsteps etc)* blanc *m*.

whitish ['waɪtɪʃ] *adj* blanchâtre.

whitlow ['wɪtləʊ] *n* panaris *m*.

Whitsun ['wɪtsn] *n* *V* **Whit**.

whittle ['wɪtl] *vt piece of wood* tailler au couteau. **to ~ sth out of a piece of wood, to ~ a piece of wood into sth** tailler qch au couteau dans un morceau de bois.

♦**whittle away 1** *vi*: **to whittle away at sth** tailler qch au couteau.

2 *vt sep* = **whittle down**.

♦**whittle down** *vt sep wood* tailler; *(fig)* *costs, amount* amenuiser, réduire.

whiz [wɪz] = **whizz**.

whizz [wɪz] **1** *n* **(a)** *(sound)* sifflement *m*.

(b) *(US‡)* champion* *m*, as *m*. **he's a ~ at tennis** au tennis il est champion* *or* c'est un as.

2 *cpd*: **whizz-bang‡** *(n)* *(Mil sl: shell)* obus *m*; *(firework)* pétard *m*; *(adj: US: excellent)* du tonnerre*; **whizz kid*** petit prodige *m*.

3 *vi* aller à toute vitesse en sifflant, filer à toute allure *or* comme une flèche. **to ~ or go ~ing through the air** fendre l'air (en sifflant); *(Aut)* **to ~ along/past** *etc* filer/passer *etc* à toute vitesse *or* à toute allure; **I'll just ~ over to see him*** je file* le voir; **he ~ed up to town for the day*** il a fait un saut en ville pour la journée.

4 *vt* **(a)** *(‡)* *(throw)* lancer, filer‡; *(transfer quickly)* apporter. **~ the book over to me** lance-moi le livre, file-moi‡ le livre; **he ~ed it round to us as soon as it was ready** il nous l'a vite apporté *or* passé dès que c'était prêt.

(b) *(also ~ up: in blender)* mixer.

WHO [,dʌblju:eɪtʃ'əʊ] *n* *(abbr of* **World Health Organization)** O.M.S. *f*.

who [hu:] **1** *pron* **(a)** *(interrog: remplace aussi 'whom' dans le langage parlé)* (qui est-ce) qui; *(after prep)* qui. **~'s there?** qui est là?; **~ are you?** qui êtes-vous?; **~ has the book?** (qui est-ce) qui a le livre?; **~ does he think he is?** il se prend pour qui?, pour qui se prend-il?; *(indignantly)* **~ is he to tell me ...?** de quel droit est-ce qu'il me dit ...?; **~ came with you?** qui est-ce qui est venu avec vous?; **~ should it be but Robert!** qui vois-je? Robert!; **I don't know ~'s ~ in the office** je ne connais pas très bien les gens au bureau; **'W~'s W~'** ≃ 'Bottin Mondain'; **~(m) did you see?** vous avez vu qui?, qui avez-vous vu?; **~'s the book by?** le livre est de qui?; **~(m) did you speak to?** à qui avez-vous parlé?, vous avez parlé à qui?; **~'s the book by?** le livre est de qui?; **~(m) were you with?** vous étiez avec qui?; **you-know-~ said ...** qui-vous-savez a dit ....

(b) *(rel)* **my aunt ~ lives in London** ma tante qui habite à Londres; **he ~ wishes to object must do so now** quiconque désire élever une objection doit le faire maintenant; **those ~ can swim** ceux qui savent nager; *(liter)* **~ is not with me is against me** celui qui *or* quiconque n'est pas pour moi est contre moi.

2 *cpd*: **whodun(n)it*** roman *m* (*or* film *m or* feuilleton *m etc*) policier (à énigme); **whoever** *V* **whoever**; *(liter)* **whoe'er**, *(liter)* **whosoe'er**, *(emphatic)* **whosoever** = **whoever**.

whoa [wəʊ] *excl* *(also ~ there)* ho!, holà!

whoever [hu:'evəʳ] *pron* *(remplace aussi 'whomever' dans le langage parlé)* **(a)** *(anyone that)* quiconque. **~ wishes may come with me** quiconque le désire peut venir avec moi; **you can give it to ~ wants it** vous pouvez le donner à qui le veut *or* voudra; **~ finds it can keep it** quiconque *or* celui qui le trouvera pourra le garder; **~ said that was an idiot** celui qui a dit ça était un imbécile; **ask ~ you like** demandez à qui vous voulez *or* voudrez.

(b) *(no matter who)* *(nominative)* qui que ce soit qui + *subj*; *(accusative)* qui que ce soit que + *subj*. **~ you are, come in!** qui que vous soyez, entrez!; **~ he marries, it won't make much difference** qui que ce soit qu'il épouse (*subj)* *or* quelle que soit celle qu'il épouse (*subj)*, ça ne fera pas beaucoup de différence.

(c) *(*: interrog: emphatic)* qui donc. **~ told you that?** qui donc vous a dit ça?, qui a bien pu vous dire ça?; **~ did you give it to?** vous l'avez donné à qui?

whole [həʊl] **1** *adj* **(a)** *(entire)* *(+ sing n)* tout, entier; *(+ plur n)* entier. **along its ~ length** sur toute sa longueur; **~ villages were destroyed** des villages entiers ont été détruits; **the ~ road was like that** toute la route était comme ça; **the ~ world** le monde entier; **he used a ~ notebook** il a utilisé un carnet entier; **he swallowed it ~** il l'a avalé tout entier; **the pig was roasted ~** le cochon était rôti tout entier; **we waited a ~ hour** nous avons attendu une heure entière *or* toute une heure; **it rained 3 ~ days** il a plu 3 jours entiers; **but the ~ man eludes us** mais l'homme tout entier reste un mystère pour nous; **is that the ~ truth?** est-ce que c'est bien toute la vérité?; **but the ~ point of it was to avoid that** mais tout l'intérêt de la chose était d'éviter cela; **with my ~ heart** de tout mon cœur; **he took the ~ lot** il a pris le tout; **the ~ lot of you** vous tous, tous tant que vous êtes; **it's a ~ lot better*** c'est vraiment beaucoup mieux; **there are a ~ lot of things I'd like to tell her** il y a tout un tas de choses que j'aimerais lui dire; **to go the ~ hog*** aller jusqu'au bout, ne pas faire les choses à moitié *(V also* **3)**; *(US)* **to go (the) ~ hog* for sb/sth** essayer par tous les moyens de conquérir qn/d'obtenir qch.

(b) *(intact, unbroken)* intact, complet *(f* -ète). **not a glass was left ~ after the party** il ne restait pas un seul verre intact après la surprise-partie; **keep the egg yolks ~** gardez les jaunes intacts, veillez à ne pas crever les jaunes; **he has a ~ set of Dickens** il a une série complète des œuvres de Dickens; **to our surprise he came back ~** à notre grande surprise il est revenu sain et sauf; **the seal on the letter was still ~** le sceau sur la lettre était encore intact; *(US fig)* **made out of ~ cloth** inventé de toutes pièces; **~ milk** lait entier; *(Mus)* **~ note** ronde *f*; *(Math)* **~ number** nombre entier; *(††: healed)* **his hand was made ~** sa main a été guérie.

2 *n* **(a)** *(the entire amount of)* **the ~ of the morning** tout le matin; **the ~ of the time** tout le temps; **the ~ of the apple was bad** la pomme toute entière était gâtée; **the ~ of Paris was snowbound** Paris était complètement bloqué par la neige; **the ~ of Paris was talking about it** dans tout Paris on parlait de ça; **nearly the ~ of our output this year** presque toute notre production *or* presque la totalité de notre production cette année; **he received the ~ of the amount** il a reçu la totalité de la somme; **on the ~** dans l'ensemble.

(b) *(complete unit)* tout *m*. **four quarters make a ~** quatre quarts font un tout *or* un entier; **the ~ may be greater than the sum of its parts** le tout peut être plus grand que la somme de ses parties; **the estate is to be sold as a ~** la propriété doit être vendue en bloc; **considered as a ~ the play was successful, although some scenes ...** dans l'ensemble *or* prise dans son ensemble la pièce était un succès, bien que certaines scènes ....

3 *cpd*: **wholefood(s)** aliments *mpl* complets; **a wholefood restaurant** un restaurant qui n'utilise que des aliments complets; **wholegrain** *(adj)* *bread, flour, rice* complet; **wholehearted** *approval, admiration* sans réserve(s); **they made a wholehearted attempt ...** ils ont essayé de tout cœur ...; **wholeheartedly** de tout cœur, à fond; *(esp US)* **whole-hog*** *(adj)* *support* sans réserve(s), total; *supporter* acharné, ardent *(adv)* à fond, jusqu'au bout; **to be a whole-hogger‡** *(gen)* se donner entièrement à ce qu'on fait; *(Pol)* être jusqu'au-boutiste *mf*; *(Brit)* **wholemeal** *flour* brut; *bread* ≃ complet; **wholesale** *etc* *V* **wholesale** *etc*; **wholesome** *food, life, thoughts, book, person* sain; *air, climate* sain, salubre; *exercise, advice* salutaire; **wholesomeness** *(V* **wholesome)** caractère *m or* nature *f* sain(e); salubrité *f*; caractère salutaire; **whole-wheat** *flour* brut; *bread* ≃ complet.

wholesale ['həʊlseɪl] **1** *n* *(U: Comm)* (vente *f* en) gros *m*. **at** *or* **by ~** en gros.

2 *adj* **(a)** *(Comm)* *price, firm, trade* de gros. **~ dealer, ~ merchant, ~ trader** grossiste *mf*, marchand(e) *m(f)* en gros; **~ market** marché *m* de gros; *(US Fin)* **~ price index** indice *m* des prix de gros.

(b) *(fig)* *slaughter, destruction* systématique, en masse; *rejection, criticism, acceptance* en bloc. **there has been ~ sacking of unskilled workers** il y a eu des licenciements en masse parmi les manœuvres; **there is a ~ campaign in the press against ...** il y a une campagne systématique *or* généralisée dans la presse contre ...; **there was a ~ attempt to persuade the public that ...** on a essayé par tous les moyens de persuader le public que ....

3 *adv* **(a)** *(Comm)* *buy, sell* en gros. **I can get it for you ~** je peux vous le faire avoir au prix de gros.

(b) *(fig)* en masse, en série, en bloc. **such houses are being destroyed ~** de telles maisons sont détruites en série; **these proposals were rejected ~** toutes ces propositions ont été rejetées en bloc; **workers are being dismissed ~** on procède en ce moment à des licenciements en masse.

wholesaler ['həʊlseɪləʳ] *n* *(Comm)* grossiste *mf*, marchand(e) *m(f)* en gros.

wholism ['həʊlɪzəm] *n* = **holism**.

wholistic ['həʊ'lɪstɪk] *adj* = **holistic**.

wholly ['həʊlɪ] *adv* complètement, entièrement, tout à fait. *(Jur, Econ)* **~-owned subsidiary** filiale *f* à cent pour cent.

whom [hu:m] **1** *pron* **(a)** *(interrog: souvent remplacé par 'who' dans le langage parlé)* qui. **~ did you see?** qui avez-vous vu?; **by ~ is the book?** de qui est le livre?; **with ~?** avec qui?; **to ~?** à qui?; *V also* **who 1a**.

(b) *(rel)* **my aunt, ~ I love dearly** ma tante, que j'aime tendrement; **those ~ he had seen recently** ceux qu'il avait vus récemment; **the man to ~ I spoke** l'homme à qui, l'homme auquel; **the man of ~ I spoke** l'homme dont; *(liter)* **~ the gods love die young** ceux qui sont aimés des dieux meurent jeunes.

2 *cpd*: **whomever**, *(emphatic)* **whomsoever** *accusative case of* **whoever, whosoever.**

whomping* ['wɒmpɪŋ] *adj* *(US)* *(also ~ big*, ~ great*)* énorme.

whoop [hu:p] **1** *n* cri *m* *(de joie, de triomphe)*; *(Med)* toux aspirante (de la coqueluche). **with a ~ of glee/triumph** avec un cri de joie/de triomphe.

2 *vi* pousser des cris; *(Med)* avoir des quintes de toux coquelucheuse.

3 *vt*: **to ~ it up‡** faire la noce* *or* la bringue‡, bien se marrer‡.

4 *cpd*: **whooping cough** coqueluche *f*.

whoopee [wʊ'piː] **1** *excl* hourra!, youpi! **2** *n*: to make ∼‡ faire la noce* *or* la bringue‡, bien se marrer‡. **3** *cpd*: *(US)* whoopee cushion* coussin(-péteur) *m* de farces et attrapes.

whoops [wuːps] *excl* *(also* ∼-a-daisy) *(avoiding fall etc)* oups!, houp-là!; *(lifting child)* houp-là!, hop-là!

whoosh [wuːʃ] **1** *excl* zoum! **2** *n*: the ∼ of sledge runners in the snow le bruit des patins de luges glissant sur la neige, le glissement des patins de luges sur la neige. **3** *vi*: the car ∼ed past la voiture est passée à toute allure dans un glissement de pneus.

whop‡ [wɒp] *vt (beat)* rosser*; *(defeat)* battre à plate(s) couture(s).

whopper‡ [ˈwɒpər] *n (car/parcel/nose etc)* voiture *f*/colis *m*/nez *m etc* énorme; *(lie)* mensonge *m* énorme.

whopping [ˈwɒpɪŋ] **1** *adj* (*: *also* ∼ big, ∼ great) énorme. **2** *n* (‡) raclée* *f*.

whore [hɔːr] **1** *n* (‡*pej*) putain‡ *f*.
2 *cpd*: whorehouse‡ bordel‡ *m*; whoremonger† fornicateur *m*; *(pimp)* proxénète *m*, souteneur *m*.
3 *vi (lit: also* go whoring) courir la gueuse, se débaucher. *(fig liter)* to ∼ after sth se prostituer pour qch.

whorish‡ [ˈhɔːrɪʃ] *adj* de putain‡, putassier*‡*.

whorl [wɜːl] *n [fingerprint]* volute *f*; *[spiral shell]* spire *f*, *(Bot)* verticille *m*. ∼s of meringue/cream des tortillons *mpl* de meringue/crème.

whortleberry [ˈwɜːtlbərɪ] *n* myrtille *f*.

whose [huːz] **1** *poss pron* à qui. ∼ is this? à qui est ceci?; I know ∼ it is je sais à qui c'est; ∼ is this hat? à qui est ce chapeau?; here's a lollipop each — let's see ∼ lasts longest! voici une sucette chacun — voyons celle de qui durera le plus longtemps!
2 *poss adj* **(a)** *(interrog)* à qui, de qui. ∼ hat is this? à qui est ce chapeau?; ∼ son are you? de qui êtes-vous le fils?; ∼ book is missing? c'est le livre de qui qui manque?, qui n'a pas (*or* n'a pas remis *etc*) son livre?; ∼ fault is it? à qui la faute?
(b) *(rel use)* dont, de qui. the man ∼ hat I took l'homme dont j'ai pris le chapeau; the boy ∼ sister I was talking to le garçon à la sœur duquel *or* à la sœur de qui je parlais; those ∼ passports I've got here ceux dont j'ai les passeports ici.

whosever [huːˈzevər] *poss pron* = of whomever *(V whoever).* ∼ book you use, you must take care of it peu importe à qui est le livre dont tu te sers, il faut que tu en prennes soin.

why [waɪ] **1** *adv (for what reason, with what purpose etc)* pourquoi. ∼ did you do it? pourquoi l'avez-vous fait?; I wonder ∼ he left her je me demande pourquoi il l'a quittée; I wonder ∼ he did it m'a dit pourquoi il l'a fait *or* la raison pour laquelle il l'a fait; ∼ not? pourquoi pas?; ∼ not phone her? pourquoi ne pas lui téléphoner?; ∼ ask her when you don't have to? pourquoi le lui demander quand vous n'êtes pas obligé de le faire?
2 *excl* eh bien!, tiens! ∼, what's the matter? eh bien, qu'est-ce qui ne va pas?; ∼, it's you! tiens, c'est vous!; ∼, it's quite easy! voyons donc, ce n'est pas difficile!
3 *conj*: the reasons ∼ he did it les raisons pour lesquelles il l'a fait; there's no reason ∼ you shouldn't try again il n'y a pas de raison (pour) que tu n'essayes *(subj)* pas de nouveau; that's (the reason) ∼ voilà pourquoi; that is ∼ I never spoke to him again c'est pourquoi je ne lui ai jamais reparlé.
4 *n*: the ∼(s) and the wherefore(s) les causes *fpl* et les raisons *fpl*; the ∼ and the how le pourquoi et le comment.
5 *cpd*: *(interrog: emphatic)* whyever* pourquoi donc; whyever did you do it?* pourquoi donc est-ce que vous avez fait ça?, pourquoi est-ce que vous êtes allé faire ça?*

WI [ˌdʌbljuːˈaɪ] *n* **(a)** *(Brit) abbr of* Women's Institute; *V* woman. **(b)** *(US Post) abbr of* Wisconsin. **(c)** *abbr of* West Indies; *V* west.

wibbly-wobbly* [ˌwɪblɪˈwɒblɪ] *adj* = wobbly.

wick [wɪk] *n* mèche *f*. *(fig)* he gets on my ∼‡ il me tape sur le système*, il me court sur le haricot‡.

wicked [ˈwɪkɪd] *adj* **(a)** *(iniquitous) person* mauvais, méchant, malfaisant; *act, behaviour* mauvais, vilain *(before n)*, inique; *system, policy* inique, pernicieux. he is a very ∼ man il est foncièrement méchant *or* mauvais; that was a ∼ thing to do! c'était vraiment méchant; it was a ∼ attempt to get rid of him cette tentative d'élimination était dictée par la méchanceté.
(b) *(bad, unpleasant) blow, wound* vilain *(before n)*; *pain* cruel, violent; *satire, criticism, comment* méchant. a ∼ waste un scandaleux gâchis; he has a ∼ temper il a un caractère épouvantable; it's ∼ weather* il fait un temps affreux *or* un très vilain temps; this is a ∼ car to start* faire démarrer cette voiture est une véritable plaie*.
(c) *(mischievous etc) smile, look, remark* malicieux. he's a ∼ little boy c'est un petit malicieux *or* coquin; he's got a ∼ sense of humour il a un humour très malicieux *or* espiègle.
(d) (*: *excellent, skilful)* that was a ∼ shot! quel beau coup!; he plays a ∼ game il a un jeu du tonnerre*; the way he got out of that affair was really ∼ la façon dont il s'est sorti de cette histoire, chapeau!*

wickedly [ˈwɪkɪdlɪ] *adv* **(a)** *(evilly) behave* vilainement, très mal. he ∼ destroyed ... il a poussé la méchanceté jusqu'à détruire ... .
(b) *(mischievously) look, smile, suggest* malicieusement.
(c) (*: *skilfully) play, manage etc* comme un chef*, formidablement* bien.

wickedness [ˈwɪkɪdnɪs] *n [behaviour, order, decision, person]* méchanceté *f*, cruauté *f*, vilenie *f*; *[murder]* horreur *f*, atrocité *f*; *[look, smile, suggestion]* malice *f*; *[waste]* scandale *m*.

wicker [ˈwɪkər] **1** *n (U) (substance)* osier *m*; *(objects: also* ∼work) vannerie *f*. **2** *cpd (also* ∼work) basket, chair d'osier, en osier.

wicket [ˈwɪkɪt] **1** *n* **(a)** *(door, gate)* (petite) porte *f*, portillon *m*; *(for bank teller etc)* guichet *m*.
(b) *(Cricket) (stumps etc)* guichet *m*; *(pitch between them)* terrain *m (entre les guichets)*; *V* losing, sticky.
2 *cpd*: *(Cricket)* wicket-keeper gardien *m* de guichet.

wickiup [ˈwɪkɪˌʌp] *n (US)* hutte *f* de branchages.

widdershins [ˈwɪdəʃɪnz] *adv (esp Scot)* = withershins.

wide [waɪd] **1** *adj road, river, strip* large; *margin* grand; *garment* large, ample, flottant; *ocean, desert* immense, vaste; *circle, gap, space* large, grand; *(fig) knowledge* vaste, grand, très étendu; *choice, selection* grand, considérable; *survey, study* de grande envergure. how ∼ is the room? quelle est la largeur de la pièce?, quelle largeur a la pièce?; it is 5 metres ∼ cela a *or* fait 5 mètres de large; the ∼ Atlantic l'immense *or* le vaste Atlantique; no one/ nowhere in the whole ∼ world personne/nulle part au monde; *(Cine)* ∼ screen écran *m* panoramique; she stared, her eyes ∼ with fear elle regardait, les yeux agrandis de peur *or* par la peur; ... mouth ∼ with astonishment ... bouche bée de stupeur; a man with ∼ views *or* opinions un homme aux vues larges; he has ∼ interests il a des goûts très éclectiques; to a ∼ extent dans une large mesure; in the widest sense of the word au sens le plus général *or* le plus large du mot; it has a ∼ variety of uses cela se prête à une grande variété d'usages; the shot/ball/arrow was ∼ le coup/la balle/la flèche est passé(e) à côté; it was ∼ of the target c'était loin de la cible; *V* mark² *etc.*
2 *adv aim, shoot, fall* loin du but. the bullet went ∼ la balle est passée à côté; he flung the door ∼ il a ouvert la porte en grand; they are set ∼ apart *[trees, houses, posts]* ils sont largement espacés; *[eyes]* ils sont très écartés; he stood with his legs ∼ apart il se tenait debout les jambes très écartées; *V* far, open.
3 *cpd*: *(Phot)* wide-angle lens objectif *m* grand-angulaire, objectif grand angle *inv*; wide-awake *(lit)* bien *or* tout éveillé; *(fig)* éveillé, alerte, vif; wide-bodied *or* wide-body aircraft avion *m* à fuselage élargi, gros-porteur *m*; *(Brit pej)* wide boy‡ escroc *m*, filou *m*, requin* *m*; wide-eyed *(adj) (in naïveté)* aux yeux grands ouverts *or* écarquillés; *(in fear, surprise)* aux yeux agrandis *or* écarquillés; *(adv)* les yeux écarquillés; in wide-eyed amazement les yeux agrandis par la stupeur; wide-mouthed *person* qui a une grande bouche; *river* à l'embouchure large; *cave* avec une vaste entrée; *bottle* au large goulot; *bag* large du haut; wide-ranging *mind, report, survey* de grande envergure; *interests* divers, variés; widespread *arms* en croix; *wings* déployé; *belief, opinion* très répandu.

-wide [waɪd] *adj, adv ending in cpds V* country, nation *etc.*

widely [ˈwaɪdlɪ] *adv* **(a)** *scatter, spread* partout, sur une grande étendue; *travel* beaucoup; *differ* largement, radicalement. ∼ different cultures des cultures radicalement différentes; the trees were ∼ spaced les arbres étaient largement espacés.
(b) *(fig: extensively)* généralement. it is ∼ believed that ... on pense communément *or* généralement que ...; ∼-held opinions des opinions très répandues; he is ∼ known for his generosity sa réputation de générosité est bien connue, il est bien connu pour sa générosité; he is ∼ known to be the author of ... comme presque tout le monde le sait, c'est lui l'auteur de ...; to be ∼ read *[author, book]* être très lu; *[reader]* avoir beaucoup lu *(in sth* qch), être très cultivé.

widen [ˈwaɪdn] **1** *vt circle, gap, space* élargir, agrandir; *road, river, strip, garment* élargir; *margin* augmenter; *knowledge* accroître, élargir; *survey, study* accroître la portée de. *(in election etc)* to ∼ one's lead over sb accroître son avance sur qn.
2 *vi (also* ∼ out) s'élargir, s'agrandir.

wideness [ˈwaɪdnɪs] *n* largeur *f*.

widgeon [ˈwɪdʒən] *n* canard siffleur.

widget* [ˈwɪdʒɪt] *n (US) (device)* gadget *m*; *(thingummy)* truc* *m*, machin* *m*.

widow [ˈwɪdəʊ] **1** *n* veuve *f*. W∼ Smith† la veuve Smith; *(fig)* she's a golf ∼ elle ne voit jamais son mari qui est toujours à jouer au golf, son mari la délaisse pour aller jouer au golf; ∼'s peak pousse *f* de cheveux en V sur le front; *(Admin)* ∼'s pension *or* benefit ≃ allocation *f* veuvage; *(US)* ∼'s walk belvédère *m (construit sur le faîte d'une maison côtière)*; *V* grass, mite, weed *etc.*
2 *vt*: to be ∼ed *[man]* devenir veuf; *[woman]* devenir veuve; she was ∼ed in 1975 elle est devenue veuve en 1975, elle a perdu son mari en 1975; she has been ∼ed for 10 years elle est veuve depuis 10 ans; he lives with his ∼ed mother il vit avec sa mère qui est veuve.

widower [ˈwɪdəʊər] *n* veuf *m*.

widowhood [ˈwɪdəʊhʊd] *n* veuvage *m*.

width [wɪdθ] **1** *n* **(a)** *(U) [road, river, strip, bed, ocean, desert, gap, space, margin]* largeur *f*; *[garment]* ampleur *f*; *[circle]* largeur, diamètre *m*. what is the ∼ of the room? quelle est la largeur de la pièce?, quelle largeur a la pièce?; it is 5 metres in ∼, its ∼ is 5 metres, it has a ∼ of 5 metres cela a *or* fait 5 mètres de large; measure it across its ∼ prends la mesure en largeur.
(b) *(of cloth)* largeur *f*, lé *m*. you'll get it out of one ∼ une largeur *or* un lé te suffira.
2 *cpd*: widthways, widthwise en largeur.

wield [wiːld] *vt sword, axe, pen, tool* manier; *(brandish)* brandir; *power, authority, control* exercer.

wiener [ˈwiːnər] *(US)* **1** *n* saucisse *f* de Francfort.
2 *cpd*: wiener schnitzel [ˈviːnəˈʃnɪtsəl] escalope *f* viennoise.

wienie [ˈwiːnɪ] *n (US)* saucisse *f* de Francfort.

wife [waɪf] *pl* wives **1** *n* **(a)** *(spouse)* femme *f*, *(esp Admin)* épouse *f*; *(married woman)* femme mariée. his second ∼ sa deuxième *or* seconde femme, la femme qu'il a *(or* avait *etc)* épousée en secondes noces; the farmer's/butcher's *etc* ∼ la fermière/bouchère *etc*; the ∼‡ la patronne*; he decided to take a ∼ il a décidé de se marier *or* de prendre femme†; to take sb to ∼† prendre qn pour femme; wives whose husbands have reached the age of 65 les femmes

mariées dont les maris ont atteint 65 ans; (*US Jur*) ~'s equity part *f* de la communauté revenant à la femme en cas de divorce; 'The Merry Wives of Windsor' 'Les Joyeuses Commères de Windsor'; *V* working *etc*.
  (b) († *or* *dial: woman*) bonne femme*. she's a poor old ~ c'est une pauvre vieille; *V* old *etc*.
  2 *cpd*: wife-swapping échange *m* de partenaires (*par deux couples*).

wifely ['waɪflɪ] *adj duties, virtues* conjugal; *feelings, wisdom* d'une bonne épouse.

wig [wɪg] 1 *n* (*gen*) perruque *f*; (*hairpiece*) postiche *m*; (**‡**: *hair*) tignasse* *f*. 2 *cpd*: wigmaker perruquier *m*, -ière *f*.

wigeon ['wɪdʒən] *n* = widgeon.

wigging‡ ['wɪgɪŋ] *n* (*Brit: scolding*) attrapade‡ *f*, réprimande *f*. to give sb a ~ passer un savon* à qn; to get a ~ se faire enguirlander*.

wiggle ['wɪgl] 1 *vt pencil, stick* agiter; *toes* agiter, remuer; *loose screw, button, tooth* faire jouer. to ~ one's hips tortiller des hanches; my finger hurts if you ~ it like that j'ai mal quand vous me tortillez le doigt comme ça; he ~d his finger at me warningly il a agité l'index en ma direction en guise d'avertissement.
  2 *vi [loose screw etc]* branler; *[tail]* remuer, frétiller; *[rope, snake, worm]* se tortiller. she ~d across the room elle a traversé la pièce en se déhanchant *or* en tortillant des hanches.
  3 *n*: to walk with a ~ marcher en se déhanchant, marcher en tortillant des hanches; to give sth a ~ = to wiggle sth; *V* 1.

wiggly ['wɪglɪ] *adj snake, worm* qui se tortille. a ~ line un trait ondulé.

wight†† [waɪt] *n* être *m*.

wigwam ['wɪgwæm] *n* wigwam *m*.

wilco [,wɪl'kəʊ] *adv* (*Telec*) message reçu.

wild [waɪld] 1 *adj* (a) (*not domesticated etc*) *animal* sauvage; (*wary*) farouche; *plant, tribe, man, land, countryside* sauvage. ~ beast (*gen*) bête *f* sauvage; (*dangerous*) bête féroce; ~ duck canard *m* sauvage; ~ flowers fleurs *fpl* des champs, fleurs sauvages; ~ goat *etc* chèvre *f etc* sauvage; ~ rabbit lapin *m* de garenne; ~ boar sanglier *m*; he's still too ~ to let you get near him il est encore trop farouche pour te laisser t'approcher de lui; the plant in its ~ state la plante à l'état sauvage; it was growing ~ ça poussait à l'état sauvage; a ~ stretch of coastline une côte sauvage; (*fig*) ~ horses wouldn't make me tell you je ne te le dirais pour rien au monde; (*fig*) to sow one's ~ oats jeter sa gourme, (*stronger*) faire les quatre cent coups; (*US*) ~ and woolly* fruste, primitif; *V also* 2 *and* rose², run, strawberry *etc*.
  (b) (*rough*) *wind* violent, furieux, de tempête; *sea* déchaîné, gros (*f* grosse), en furie. in ~ weather par gros temps; the weather was ~ il faisait très gros temps; it was a ~ night le vent faisait rage cette nuit-là.
  (c) (*unrestrained*) *appearance* farouche; *laughter, anger* fou (*f* folle); *idea, plan* fou, extravagant, abracadabrant; *imagination, enthusiasm* débordant, délirant; *life* de bâtons de chaise; *evening, party* fou. his hair was ~ and uncombed il avait les cheveux en bataille; there was ~ confusion at the airport la confusion la plus totale régnait à l'aéroport; he took a ~ swing at his opponent il a lancé le poing en direction de son adversaire; he had a ~ look in his eyes il avait une lueur sauvage *or* farouche dans les yeux; he was ~ in his youth, he had a ~ youth il a fait les quatre cent coups dans sa jeunesse, il a eu quelques années folles quand il était jeune; a whole gang of ~ kids toute une bande de casse-cou; we had some ~ times together nous avons fait bien des folies ensemble; those were ~ times l'époque était rude; there were ~ moments of ~ indignation par moments ils étaient fous d'indignation; he had some ~ scheme for damming the river il avait un projet complètement fou *or* abracadabrant *or* extravagant pour barrer le fleuve; there was a lot of ~ talk about ... on a agité des tas d'idées folles au sujet de ...; they made some ~ promises ils ont fait quelques promesses insensées *or* folles *or* extravagantes; that is a ~ exaggeration c'est une énorme exagération; to make a ~ guess risquer *or* émettre à tout hasard une hypothèse (*at sth* sur qch).
  (d) (*excited*) comme fou (*f* folle); (*enthusiastic*) fou (*f* folle), dingue* (*about* de); (*angry*) (fou) furieux, dingue*. the dog went ~ when he saw his master le chien est devenu comme fou quand il a vu son maître; the audience went ~ with delight le public a hurlé de joie; his fans went ~ when he appeared la folie a gagné les fans* quand il est apparu; he was ~ with joy il ne se tenait plus de joie; he was ~ with anger/indignation il était fou de rage/d'indignation; to be ~ about sb/sth* être dingue* de qn/qch; I'm not ~ about it* ça ne m'emballe* pas beaucoup; it's enough to drive you ~!* c'est à vous rendre dingue!*; he was absolutely ~* when he heard about it il était absolument hors de lui quand il l'a su.
  2 *cpd*: wildcat *V* wildcat; wild-eyed (*mad*) au regard fou; (*grief-stricken*) aux yeux hagards, au regard égaré; in wild-eyed terror une terreur folle dans les yeux; to spread like wildfire se répandre comme une traînée de poudre; wildfowl (*one bird*) oiseau *m* sauvage; (*collectively*) oiseaux sauvages; (*Hunting*) gibier *m* à plume; to go wildfowling chasser (le gibier à plumes) au tir; (*fig*) it proved to be a wild-goose chase l'aventure a fini en eau de boudin*; he sent me off on a wild-goose chase il m'a fait courir partout pour rien; he's interested in wildlife il s'intéresse à la vie des animaux sauvages; the wildlife of Central Australia les animaux *mpl* sauvages *or* la faune d'Australie centrale; wildlife sanctuary réserve *f* naturelle; (*US*) the Wild West le Far West; (*US*) Wild West show spectacle *m* sur le thème du Far West.
  3 *n*: the call of the ~ l'appel *m* de la nature; he went off into the ~s il est parti vers des régions sauvages *or* reculées; he lives in the

~s of Alaska il vit au fin fond de l'Alaska; (*fig*) we live out in the ~s nous habitons en pleine brousse.

wildcat ['waɪld,kæt] 1 *n* (a) (*animal*) chat *m* sauvage; (*fig: person*) personne *f* féroce.
  (b) (*US*) (*oil well*) forage *m* dans un terrain vierge.
  2 *adj* (a) (*US*) (*unsound*) *scheme, project* insensé; (*financially*) financièrement douteux.
  (b) (*Ind*) ~ strike grève *f* sauvage.
  3 *vi* (*US: for oil*) entreprendre un forage dans un terrain vierge.

wildebeest ['wɪldɪbiːst] *n* gnou *m*.

wilderness ['wɪldənɪs] *n* (*gen*) étendue déserte, région reculée *or* sauvage; (*Bible: also fig*) désert *m*; (*overgrown garden*) jungle *f*. a ~ of snow and ice de vastes étendues de neige et de glace; a ~ of empty seas des kilomètres et des kilomètres de mer; (*fig*) a ~ of streets/ruins un désert de rues/de ruines; (*Bible*) to preach in the ~ prêcher dans le désert; (*fig*) to be in the ~ faire sa traversée du désert; this garden is a ~ ce jardin est une vraie jungle.

wildly ['waɪldlɪ] *adv [wind, sea etc] blow, gust, rage* violemment, furieusement; *[person] behave* de façon extravagante; *wave, gesticulate, talk* fiévreusement; *applaud, cheer* follement, frénétiquement; *protest* violemment. her heart was beating ~ son cœur battait violemment *or* à se rompre; he looked at them ~ il leur a jeté un regard fou; he hit out ~ il lançait des coups dans tous les sens *or* au hasard; you're guessing ~ tu dis ça tout à fait au hasard; ~ happy follement heureux; ~ delighted aux anges; I'm not ~ pleased about it* ce n'est pas que ça me fasse très plaisir; they were rushing about ~ ils se précipitaient dans tous les sens.

wildness ['waɪldnɪs] *n [land, countryside, scenery]* aspect *m* sauvage; *[tribe, people]* sauvagerie *f*; *[wind, sea]* fureur *f*, violence *f*; *[appearance]* désordre *m*; *[imagination]* extravagance *f*; *[enthusiasm]* ferveur *f*. the ~ of the weather le sale temps qu'il fait (*or* faisait *etc*).

wiles [waɪlz] *npl* artifices *mpl*, manège *m*; (*stronger*) ruses *fpl*.

wilful, (*US*) willful ['wɪlfʊl] *adj person, character* entêté, têtu, obstiné; *action* voulu, volontaire, délibéré; *murder* prémédité; *damage, destruction* commis avec préméditation.

wilfully, (*US*) willfully ['wɪlfʊlɪ] *adv* (*obstinately*) obstinément, avec entêtement, avec obstination; (*deliberately*) à dessein, délibérément, de propos délibéré.

wilfulness, (*US*) willfulness ['wɪlfʊlnɪs] *n [person]* obstination *f*, entêtement *m*; *[action]* caractère délibéré *or* intentionnel.

wiliness ['waɪlɪnɪs] *n* ruse *f* (*U*), astuce *f* (*U*).

will [wɪl] 1 *modal aux vb* (2nd pers sg wilt††; *neg* will not *often abbr to* won't; *V also* would) (a) (*used to form fut tense*) he will speak il parlera, (*near future*) il va parler; don't worry, he will come ne vous inquiétez pas, il ne manquera pas de venir *or* il viendra sans faute; you'll regret it some day tu le regretteras un jour; we will come too nous viendrons (nous) aussi; you won't lose it again, will you? tu ne le perdras plus, n'est-ce pas?; you will come to see us, won't you? vous viendrez nous voir, n'est-ce pas?; will he come too? — yes he will est-ce qu'il viendra (lui) aussi? — oui; I'll go with you — no you won't! je vais vous accompagner — non, certainement pas! *or* en aucun cas!; they'll arrive tomorrow — will they? ils arriveront demain — ah bon? *or* c'est sûr?; I don't think he'll do it tomorrow je ne pense pas qu'il le fasse demain; (*in commands*) you will speak to no one ne parlez à personne, vous ne parlerez à personne; will you be quiet! veux-tu (bien) te taire!
  (b) (*indicating conjecture*) that will be the postman ça doit être le facteur, c'est *or* voilà sans doute le facteur; that will have been last year, I suppose c'était l'année dernière, sans doute; she'll be about forty elle doit avoir quarante ans environ *or* la quarantaine; she'll have forgotten all about it by now elle aura tout oublié à l'heure qu'il est.
  (c) (*indicating willingness*) I will help you je vous aiderai, je veux bien vous aider; will you help me? — yes I will/no I won't tu veux m'aider? — oui je veux bien/non je ne veux pas; if you'll help me I think we can do it si vous voulez bien m'aider, je crois que nous y arriverons; won't you come with us? tu ne veux pas venir (avec nous)?; will you have a cup of coffee? voulez-vous *or* prendrez-vous un petit café?; won't you have a drink? vous prendrez bien un verre?; (*in requests*) will you please sit down! voulez-vous vous asseoir, s'il vous plaît!; just a moment, will you? un instant, s'il vous plaît; (*in marriage service*) I will oui; I WILL see him! on ne m'empêchera pas de le voir!; I won't have it! je ne tolère pas ça!, je n'admets pas ça!; the window won't open la fenêtre ne s'ouvre pas *or* ne veut pas s'ouvrir; do what you will faites ce que vous voulez *or* comme vous voulez; come when you will venez quand vous voulez; look where you will regardez où bon vous semble.
  (d) (*indicating habit, characteristic: gen present tense in French*) he will sit for hours doing nothing il reste assis pendant des heures à ne rien faire; this bottle will hold one litre cette bouteille contient un litre *or* fait le litre; the car will do 150 km/h cette voiture fait 150 km/h; he WILL talk all the time! il ne peut pas s'empêcher *or* s'arrêter de parler!; if you WILL tell her all I say to you si tu insistes pour *or* si tu t'entêtes à lui raconter tout ce que je te dis; I WILL call him Richard, though his name's actually Robert il faut toujours que je l'appelle (*subj*) Richard bien qu'en fait il s'appelle Robert; (*loc*) boys will be boys il faut (bien) que jeunesse se passe (*loc*); accidents will happen il y aura toujours des accidents, on ne peut pas empêcher les accidents.
  2 *pret, ptp* willed *vt* (a) (*wish, intend*) vouloir (*that* que + *subj*). God has ~ed it so Dieu a voulu qu'il en soit ainsi; it is as God ~s c'est la volonté de Dieu; you must ~ it really hard if you wish to succeed pour réussir il faut le vouloir très fort; to ~ sb's happiness vouloir le bonheur de qn.

(b) (*urge etc by willpower*) he was ~ing her to accept il l'adjurait intérieurement d'accepter; he ~ed himself to stand up il fit un suprême effort pour se mettre debout.

(c) (*Jur: leave in one's will*) léguer (*sth to sb* qch à qn).

3 *n* **(a)** (*faculty*) volonté *f*; (*wish*) volonté, désir *m*. he has a strong ~, he has a ~ of his own il est très volontaire; a ~ of iron, an iron ~ une volonté de fer; **to have a weak ~** manquer de volonté; **the ~ to live** la volonté de survivre; (*Prov*) **where there's a ~ there's a way** vouloir c'est pouvoir (*Prov*); **the ~ of God** la volonté de Dieu, la volonté divine; **it is the ~ of the people that ...** la volonté du peuple est que ...+ *subj*; (*frm*) **what is your ~?** quelle est votre volonté?; (*frm*) it is my ~ that he should leave je veux qu'il parte; you must take the ~ for the deed il faut juger la chose sur l'intention; **Thy ~ be done** que Ta volonté soit faite; **at ~** (*as much as you like*) à volonté; (*whenever you like*) quand vous le voulez; **to choose/borrow etc at ~** choisir/emprunter *etc* à volonté; **you are free to leave at ~** vous êtes libre de partir quand vous voulez; **to do sth against one's ~** faire qch à son corps défendant *or* à contre-cœur; **with the best ~ in the world** avec la meilleure volonté du monde; **to work with a ~** travailler avec détermination *or* ardeur; *V* free, goodwill, ill, sweet *etc*.

(b) (*Jur*) testament *m*. **the last ~ and testament of ...** les dernières volontés de ...; **he left it to me in his ~** il me l'a légué par testament, il me l'a laissé dans son testament.

4 *cpd*: **willpower** volonté *f*, vouloir *m*.

willful ['wɪlfʊl] *etc* (*US*) = **wilful** *etc*.

William ['wɪljəm] *n* Guillaume *m*. ~ **the Conqueror** Guillaume le Conquérant; ~ **of Orange** Guillaume d'Orange; ~ **Tell** Guillaume Tell.

willie‡ ['wɪlɪ] *n* **(a)** (*Brit: langage enfantin*) zizi* *m*. **(b)** (*npl*): **to have the ~s** avoir les chocottes‡ *fpl*; **it gives me the ~s** ça me donne les chocottes‡.

willing ['wɪlɪŋ] **1** *adj* **(a)** **to be ~** to do être prêt *or* disposé à faire, vouloir bien faire, faire volontiers; **I'm quite ~ to tell him** je veux bien le lui dire, je ne demande pas mieux que de le lui dire; **he wasn't very ~ to help** il n'était pas tellement prêt à aider; those **who are ~ and able to go** ceux qui veulent et qui peuvent y aller; **God ~** si Dieu le veut.

(b) *helper*, *worker* bien disposé, de bonne volonté. **a few ~ men** quelques hommes de bonne volonté; ~ **hands helped him to his feet** des mains secourables se tendirent et l'aidèrent à se lever; **there were plenty of ~ hands** il y avait beaucoup d'offres d'assistance; **he's very ~** il est plein de bonne volonté; (*fig*) **the ~ horse** la bonne âme (qui se sacrifie toujours).

(c) (*voluntary*) *obedience*, *help*, *sacrifice* spontané.

2 *n*: **to show ~** faire preuve de bonne volonté.

willingly ['wɪlɪŋlɪ] *adv* (*with goodwill*) volontiers, de bon cœur *or* gré; (*voluntarily*) volontairement, spontanément. **will you help?** — ~! peux-tu nous aider? — volontiers!; **did he do it** ~ **or did you have to make him?** l'a-t-il fait de lui-même *or* volontairement *or* spontanément ou bien vous a-t-il fallu le forcer?

willingness ['wɪlɪŋnɪs] *n* bonne volonté; (*enthusiasm*) empressement *m* (*to do* à faire). **I don't doubt his ~, just his competence** ce n'est pas sa bonne volonté que je mets en doute mais sa compétence; **I was grateful for his ~ to help** je lui étais reconnaissant de bien vouloir m'aider *or* de son empressement à m'aider; **in spite of the ~ with which she agreed** malgré la bonne volonté qu'elle a mise à accepter, malgré son empressement à accepter.

will-o'-the-wisp ['wɪləðə'wɪsp] *n* (*lit, fig*) feu follet *m*.

willow ['wɪləʊ] **1** *n* (*tree*) saule *m*; (*wood*) (bois *m* de) saule (*U*); (*for baskets etc*) osier *m*. (*fig: cricket/baseball bat*) **the ~*** la batte (de cricket/de baseball); *V* pussy, weeping.

2 *cpd bat etc* de *or* en saule; *basket* d'osier, en osier. (*Bot*) **willowherb** épilobe *m*; **the willow pattern** le motif chinois (dans les tons bleus); **willow pattern china** porcelaine *f* à motif chinois; (*Orn*) **willow warbler** pouillot *m* fitis.

willowy ['wɪləʊɪ] *adj person* svelte, élancé; *object* fin, mince.

willy-nilly ['wɪlɪ'nɪlɪ] *adv* bon gré mal gré.

wilt¹†† ['wɪlt] *2nd pers sg of* **will 1**.

wilt² ['wɪlt] **1** *vi* [*flower*] se faner, se flétrir; [*plant*] se dessécher, mourir; [*person*] (*grow exhausted*) s'affaiblir, s'alanguir; (*lose courage*) fléchir, être pris de découragement; [*effort, enthusiasm etc*] diminuer. **the guests began to ~ in the heat of the room** la chaleur de la pièce commençait à incommoder les invités; **he ~ed visibly when I caught his eye** son visage s'est décomposé quand il a vu mon regard.

2 *vt flower* faner, flétrir; *plant* dessécher.

wily ['waɪlɪ] *adj* rusé, astucieux, malin (*f*-igne). **he's a ~ old devil*** *or* bird* *or* fox*, he's as ~ as a fox** c'est un malin *or* un vieux roublard‡ *or* un vieux renard.

wimp‡ [wɪmp] *n* (*pej*) mauviette *f*, femmelette *f*, poule *f* mouillée.

wimple ['wɪmpl] *n* guimpe *f*.

win [wɪn] (*vb: pret, ptp* **won**) **1** *n* (*Sport etc*) victoire *f*. **another ~ for Scotland** une nouvelle victoire pour l'Écosse; **it was a convincing ~ for France** la victoire revenait indiscutablement à la France; **to have a ~** gagner; **to back a horse for a ~** jouer un cheval gagnant.

2 *vi* **(a)** (*in war, sport, competition*) gagner, l'emporter. **to ~ by a length** gagner *or* l'emporter d'une longueur; **go in and ~!** vas-y et ne reviens pas sans la victoire!; **he was playing to ~** il jouait pour gagner; **who's ~ning?** qui est-ce qui gagne?; **to ~ hands down*** gagner les doigts dans le nez‡, gagner haut la main, (*esp in race*) arriver dans un fauteuil; (*US Sport*) ~, **place and show** gagnant, placé et troisième.

(b) to ~ free *or* **loose** se dégager (*from sth* de qch).

3 *vt* **(a)** (*gain victory in*) *war, match, competition, bet* gagner;

race gagner, enlever. **to ~ the day** (*Mil*) remporter la victoire; (*gen*) l'emporter.

(b) (*compete for and get*) *prize* gagner, remporter; *victory* remporter; *scholarship* obtenir; *sum of money* gagner. **he won it for growing radishes** il l'a gagné *or* remporté *or* eu pour sa culture de radis; **he won £5 from her at cards** il lui a gagné 5 livres aux cartes; **his essay won him a trip to France** sa dissertation lui a valu un voyage en France.

(c) (*obtain etc*) *fame, fortune* trouver; *sb's attention* capter, captiver; *sb's friendship* gagner; *sb's esteem* gagner, conquérir; *sympathy, support, admirers, supporters* s'attirer; *coal, ore etc* extraire (*from* de). **to ~ friends** se faire des amis; **to ~ a name** *or* **a reputation (for o.s.)** se faire un nom *or* une réputation (*as* en tant que); **this won him the friendship of ...** ceci lui a gagné *or* valu l'amitié de ...; **this won him the attention of the crowd** ça lui a valu l'attention de la foule; **this manoeuvre won him the time he needed** cette manœuvre lui a valu d'obtenir le délai dont il avait besoin; **to ~ sb's love/respect** se faire aimer/respecter de qn; **to ~ sb to one's cause** gagner *or* rallier qn à sa cause; (†) **to ~ a lady** *or* **a lady's hand (in marriage)** obtenir la main d'une demoiselle.

(d) (*reach*) *summit, shore, goal* parvenir à, arriver à. **he won his way to the top of his profession** il a durement gagné sa place au sommet de sa profession.

◆**win back** *vt sep cup, trophy* reprendre (*from* à); *gaming loss etc* recouvrer; *land* reconquérir (*from* sur), reprendre (*from* à); *sb's favour, support, esteem, girlfriend etc* reconquérir. **I won the money back from him** j'ai repris l'argent qu'il m'avait gagné.

◆**win out** *vi* (*esp US*) **(a)** l'emporter, gagner.
(b) = **win through**.

◆**win over, win round** *vt sep person* convaincre, persuader; *voter* gagner à sa cause. **I won him over to my point of view** je l'ai gagné à ma façon de voir; **the figures won him over to our way of thinking** les statistiques l'ont fait se rallier à notre façon de voir; **I won him over eventually** j'ai fini par le convaincre *or* le persuader; **to win sb over to doing sth** convaincre *or* persuader qn de faire qch.

◆**win through** *vi* y arriver, y parvenir, réussir (à la fin). **you'll win through all right!** tu y arriveras!, tu en viendras à bout!; (*in competition etc*) **he won through to the second round** il a gagné le premier tour.

wince [wɪns] **1** *vi* (*flinch*) tressaillir; (*grimace*) grimacer (de douleur *or* dégoût *etc*). **he ~d at the thought/at the sight** cette pensée/ce spectacle l'a fait tressaillir *or* grimacer; **he ~d as I touched his injured arm** il a sursauté *or* il a fait une grimace de douleur lorsque j'ai touché son bras blessé; **without wincing** sans broncher *or* sourciller.

2 *n* tressaillement *m*, crispation *f*; (*grimace*) grimace *f* (de douleur *or* dégoût *etc*). **to give a ~** = **to wince**; *V* 1.

winch [wɪntʃ] **1** *n* treuil *m*. **2** *vt*: **to ~ sth up/down etc** monter/ descendre *etc* qch au treuil; **they ~ed him out of the water** ils l'ont hissé hors de l'eau au treuil.

Winchester ['wɪntʃɪstər] *n* ® (*Comput*) ~ **(disk)** disque *m* Winchester; ~ **(rifle)** carabine *f*) Winchester *f*.

wind¹ [wɪnd] **1** *n* **(a)** vent *m*. **high ~** grand vent, vent violent *or* fort; **following ~** vent arrière; **the ~ is rising/dropping** le vent se lève/tombe; **the ~ was in the east** le vent venait de l'est *or* était à l'est; **where is the ~?, which way is the ~?** d'où vient le vent?; **to go/run like the ~** aller/filer comme le vent; **between ~ and water** (*Naut*) près de la ligne de flottaison; (*fig*) sur la corde raide; (*Naut*) **to sail into the ~** avancer contre le vent; **to sail close to the ~** (*Naut*) naviguer au plus près; (*fig: nearly break law*) friser l'illégalité; (*fig: in jokes etc*) friser la vulgarité; (*Naut*) **to run before the ~** avoir vent arrière; (*fig*) **to take the ~ out of sb's sails** couper l'herbe sous le pied de qn; **to see how the ~ blows** *or* **lies** (*Naut*) prendre l'aire du vent; (*fig*) voir la tournure que prennent (*or* vont prendre *etc*) les choses, prendre le vent; (*fig*) **the ~ of change is blowing** un grand courant d'air frais souffle; (*fig*) **there's something in the ~** il y a quelque chose dans l'air, il se prépare quelque chose; (*fig*) **to get ~ of sth** avoir vent de qch; **he threw caution to the ~s** il a fait fi de toute prudence; *V* ill, north, sail *etc*.

(b) (*breath*) souffle *m*. **he has still plenty of ~** il a encore du souffle; **he had lost his ~** il avait perdu le souffle *or* perdu haleine; **to knock the ~ out of sb** [*blow*] couper la respiration *or* le souffle à qn; [*fighter*] mettre qn hors d'haleine; [*fall, exertion*] essouffler qn, mettre qn hors d'haleine; **to get one's ~ back** reprendre (son) souffle, reprendre haleine; (*fig pej*) **it's all** ~ ce n'est que du vent, c'est du vent; (*Brit fig*) **to put the ~ up sb*** flanquer la frousse à qn*; (*Brit*) **to get/have the ~ up*** attraper/avoir la frousse* (*about* à propos de); *V* second, sound² *etc*.

(c) (*Med*) vents *mpl*, gaz *mpl*. **the baby has got ~** le bébé a des vents; **to break ~** lâcher un vent, avoir des gaz; **to bring up ~** avoir un renvoi.

(d) (*Mus*) **the ~s** les instruments (*pl*) à vent.

2 *cpd erosion etc* éolien. (*fig*) **windbag*** moulin *m* à paroles; **wind-bells** = **wind-chimes**; **windblown** *person, hair* ébouriffé par le vent; *tree* fouetté par le vent; **windbreak** (*tree, fence etc*) abat-vent *m inv*; (*for camping etc*) pare-vent *m inv*; **windbreaker** ® = **windcheater**; (*Med*) **windburn** brûlure *f* épidermique (due au vent); (*Brit*) **windcheater** anorak léger, coupe-vent *m inv*; (*Met*) **windchill factor** facteur *m* d'abaissement de la température dû au vent; **wind-chimes** carillon éolien; **wind cone** manche *f* à air; (*Aut*) **wind deflector** déflecteur *m*; **windfall** (*lit*) fruit(s) abattu(s) par le vent; (*fig*) aubaine *f*, manne *f* (tombée du ciel); (*Econ*) **windfall profit** profit *m* d'aubaine; **windflower** anémone *f*; **wind gauge** anémomètre *m*; (*Mus*) **wind instrument** instrument *m* à vent; (*Naut*) **windjammer** grand voilier (de la marine marchande);

windmill moulin *m* à vent; *(fig)* **to tilt at** *or* **fight windmills** se battre contre les moulins à vent; *(Volleyball)* **windmill service** service *m* balancier; *(Anat)* **windpipe** trachée *f*; **wind power** énergie *f* éolienne; **windproof** *(adj)* protégeant du vent, qui ne laisse pas passer le vent; *(vt)* protéger du *or* contre le vent; *(esp Brit Aut)* **windscreen** pare-brise *m inv*; **windscreen washer** lave-glace *m inv*; **windscreen wiper** essuie-glace *m inv*; *(US)* **windshield** = **windscreen**; **windsleeve**, **windsock** = **wind cone**; **windstorm** vent *m* de tempête; **windsurf** *etc* V **windsurf** *etc*; **windswept** venteux, battu des vents, balayé par le(s) vent(s); *(Phys)* **wind tunnel** tunnel *m* aérodynamique; **there was a wind tunnel between the two tower blocks** il y avait un courant d'air à renverser les gens entre les deux tours; **windward** V **windward**.

3 *vt* **(a) to ~ sb** *[blow etc]* couper la respiration *or* le souffle à qn; *[fighter]* mettre qn hors d'haleine; *[fall, exertion]* essouffler qn, mettre qn hors d'haleine; **he was ~ed by the blow, the blow ~ed** him le coup lui a coupé le souffle *or* la respiration; **he was quite ~ed by the climb** l'ascension l'avait essoufflé *or* mis hors d'haleine; **I'm only ~ed** j'ai la respiration coupée, c'est tout.

(b) *horse* laisser souffler.

(c) *(Hunting: scent)* avoir vent de.

wind² [wɪnd] *pret, ptp* **winded** *or* **wound** *vt*: **to ~ the horn** sonner du cor; *(Hunting)* sonner de la trompe.

wind³ [waɪnd] *(vb: pret, ptp* **wound**) **1** *n* **(a)** *(bend: in river etc)* tournant *m*, coude *m*.

(b) to give one's watch a ~ remonter sa montre; **give the handle another ~** *or* **two** donne un ou deux tours de manivelle de plus.

2 *vt* **(a)** *(roll)* thread, rope *etc* enrouler *(on* sur, *round* autour de); *(wrap)* envelopper *(in* dans). **to ~ wool (into a ball)** enrouler de la laine (pour en faire une pelote); **~ this round your head** enroule-toi ça autour de la tête; **with the rope wound tightly round his waist** la corde bien enroulée autour de la taille, la corde lui ceignant étroitement la taille; **she wound a shawl round the baby, she wound the baby in a shawl** elle a enveloppé le bébé dans un châle; **to ~ one's arms round sb** enlacer qn; **the snake/rope wound itself round a branch** le serpent/la corde s'est enroulé(e) autour d'une branche; **he slowly wound his way home** il s'en revint lentement chez lui, il prit lentement le chemin du retour; V *also* **3** *and* **finger** *etc*.

(b) *clock, watch, toy* remonter; *handle* donner un *(or* des) tour(s) de.

3 *vi* *(also* **~ its way)** *[river, path]* **to ~ along** serpenter, faire des zigzags; **the road ~s through the valley** la route serpente à travers la vallée, la route traverse la vallée en serpentant; **the procession wound through the town** la procession a serpenté à travers la ville; **the line of cars wound slowly up the hill** les voitures ont lentement gravi la colline en une file ondulante *or* sinueuse; **to ~ up/down** *[path etc]* monter/descendre en serpentant *or* en zigzags; *[stairs, steps]* monter/descendre en tournant; *[snake, ivy etc]* **to ~ round sth** s'enrouler autour de qch.

♦**wind down 1** *vi* **(a)** V **wind³ 3**.

(b) *(*: *relax)* se détendre, se relaxer*.

(c) *(fig)* **to be winding down** *[event]* tirer à sa fin; *[energy, enthusiasm, interest]* diminuer, être en perte de vitesse.

2 *vt sep* **(a)** *(on rope/winch etc)* faire descendre (au bout d'une corde/avec un treuil *etc*).

(b) *car window* baisser.

(c) *(fig)* department, service *etc* réduire progressivement (en vue d'un démantèlement éventuel).

♦**wind off** *vt sep* dérouler, dévider.

♦**wind on** *vt sep* enrouler.

♦**wind up 1** *vi* **(a)** V **wind³ 3**.

(b) *[meeting, discussion]* se terminer, finir *(with* par). **they wound up in Cannes** ils ont fini *or* ils se sont retrouvés à Cannes; **he wound up as a doctor** il a fini (comme) médecin; *(fig: finish in possession of)* **to wind up with sth** se retrouver avec qch.

(c) *(in debate)* **he wound up for the Government** c'est lui qui a résumé la position du gouvernement dans le discours de clôture.

2 *vt sep* **(a)** *object on rope/winch etc* faire monter (au bout d'une corde/avec un treuil *etc)*; *[fig: end]* meeting, speech clôturer, clore, terminer *(with* par); *(Comm)* business liquider. **to wind up one's affairs** liquider ses affaires; *(Banking)* **to wind up an account** clôturer *or* clore un compte.

(b) *car window* monter, fermer.

(c) *watch etc* remonter. *(fig: tense)* **to be wound up*** être tendu *or* crispé *(about* à propos de); **it gets me all wound up (inside)*** ça me retourne*.

3 winding-up *n* V **winding 3**.

winder ['waɪndə^r] *n* *[watch etc]* remontoir *m*; *(for car windows)* lève-glace *m*, lève-vitre *m*; *(for thread etc)* dévidoir *m*; *(person)* dévideur *m*, -euse *f*.

winding ['waɪndɪŋ] **1** *adj* road sinueux, tortueux; *river* sinueux, qui serpente. **a ~ staircase** un escalier tournant.

2 *n* **(a)** *(U:* V **wind³ 2)** enroulement *m*; enveloppement *m*; remontage *m*; *(onto bobbin)* bobinage *m*.

(b) **~(s)** *[road]* zigzags *mpl*; *[river]* méandres *mpl*.

3 *cpd:* **winding sheet** linceul *m*; **winding-up** *[meeting, account]* clôture *f*; *[business, one's affairs]* liquidation *f*; *(Jur, Fin)* **winding-up arrangements** concordat *m*.

windlass ['wɪndləs] *n* guindeau *m*, treuil *m*.

windless ['wɪndlɪs] *adj* sans vent. **it was a ~ day** il n'y avait ce jour-là pas un brin *or* un souffle de vent.

window ['wɪndəʊ] **1** *n* **(a)** *(gen, also Comput)* fenêtre *f*; *(in car, train)* vitre *f*, glace *f*; *(~ pane)* vitre, carreau *m*; *(stained-glass ~)* vitrail *m*, *(larger)* verrière *f*; *[shop]* vitrine *f*, devanture *f*, *(more modest)* étalage *m*; *[café etc]* vitrine; *[in post office, ticket office etc)* guichet *m*; *(in envelope)* fenêtre. **I saw her at the ~** je l'ai vue à la

fenêtre *(or* à la vitre); **don't lean out of the ~** ne te penche pas par la fenêtre; *(in train, car etc)* ne te penche pas en dehors; **to look/throw** *etc* **out of the ~** regarder/jeter *etc* par la fenêtre; *(in car etc)* regarder/jeter dehors; **the ~s look out on to fields** les fenêtres donnent sur *or* ont vue sur des champs; **to break a ~** casser une vitre *or* un carreau; **to clean the ~s** nettoyer *or* laver les carreaux; *(Comm)* **to put sth in the ~** mettre qch en vitrine *or* à la devanture; *(Comm)* **I saw it in the ~** je l'ai vu à l'étalage *or* à la devanture *or* en vitrine; *(Comm)* **the ~s are lovely at Christmas time** les vitrines sont très belles au moment de Noël; *(Comm)* **in the front of the ~** sur le devant de la vitrine; *(fig)* **there is perhaps a ~ of opportunity to change** ... nous avons peut-être maintenant la possibilité de changer ... .

(b) *(Space: also* **launch ~)** fenêtre *f* or créneau *m* de lancement.

2 *cpd:* **window box** jardinière *f (à* plantes); **window cleaner** *(person)* laveur *m*, -euse *f* de vitres *or* carreaux; *(substance)* produit *m* à nettoyer les vitres *or* carreaux; **to do the window-cleaning** faire les vitres *or* carreaux; *(Comm)* **window dresser** étalagiste *mf*; *(Comm)* **window dressing** composition *f* d'étalage; **she is learning window dressing** elle fait des études d'étalagiste; *(fig pej)* **it's only window dressing** ce n'est qu'une façade; **window envelope** enveloppe *f* à fenêtre; **window frame** châssis *m* (de fenêtre); **window ledge** = **window sill**; **window pane** vitre *f*, carreau *m*; **window seat** *(in room)* banquette *f* (située sous la fenêtre); *(in vehicle)* place *f* côté fenêtre *inv*; *(US)* **window shade** store *m*; **she's a great window-shopper** elle adore faire du lèche-vitrines; **window-shopping** lèche-vitrines *m*; **to go window-shopping** faire du lèche-vitrines; **windowsill** *(inside)* appui *m* de fenêtre; *(outside)* rebord *m* de fenêtre; *(Aut)* **window winder** lève-glace *m*, lève-vitre *m*.

windsurf ['wɪndsɜːf] *vi (also:* **go ~ing)** faire de la planche à voile.

windsurfer ['wɪndsɜːfə^r] *n (board)* planche *f* à voile; *(person)* (véli)planchiste *mf*.

windsurfing ['wɪndsɜːfɪŋ] *n* planche *f* à voile *(sport)*.

windward ['wɪndwəd] **1** *adj* qui est au vent *or* contre le vent, qui est du côté du vent. *(Geog)* **the W~ Islands** les îles *fpl* du Vent.

2 *adv* du côté du vent, au vent, contre le vent.

3 *n* côté *m* du vent. **to look to ~** regarder dans la direction du vent; **to get to ~ of sth** se mettre contre le vent par rapport à qch.

windy ['wɪndɪ] *adj* **(a)** *place* battu *or* balayé par les vents, venteux, exposé au vent, éventé; *day, weather* de (grand) vent. **it's ~ today** il fait *or* il y a du vent aujourd'hui, le vent souffle aujourd'hui.

(b) *(Brit*: fig: scared)* **to be/get ~ about sth** paniquer* à cause de qch.

(c) *(US *: wordy)* person, speech verbeux.

wine [waɪn] **1** *n* vin *m*. **elderberry ~** vin de sureau.

2 *vt:* **to ~ and dine sb** emmener qn faire un dîner bien arrosé.

3 *vi:* **to ~ and dine** faire un dîner bien arrosé.

4 *cpd* bottle, cellar à vin; *(colour)* lie de vin *inv or* lie-de-vin *inv*. **winebibber** grand(e) buveur *m*, -euse *f* (de vin); **wine-bottling** mise *f* en bouteilles (du vin); **wine cask** fût *m*, tonneau *m* (à vin); **wine-coloured** lie de vin *inv or* lie-de-vin *inv*; **wineglass** verre *m* à vin; **wine grower** viticulteur *m*, -trice *f*, vigneron(ne) *m(f)*; **winegrowing** *(n)* viticulture *f*, culture *f* de la vigne; *(adj)* district, industry vinicole, viticole; **wine list** carte *f* des vins; *(Brit)* **wine merchant** marchand(e) *m(f)* de vin; *(on larger scale)* négociant(e) *m(f)* en vins; **wine press** pressoir *m*; **wineshop** boutique *f* du marchand de vin; **wineskin** outre *f* à vin; **wine taster** *(person)* dégustateur *m*, -trice *f* (de vins); *(cup etc)* tâte-vin *m inv*; **wine tasting** dégustation *f* (de vins); **wine vinegar** vinaigre *m* de vin; **wine waiter** sommelier *m*.

wined up* ['waɪnd ʌp] *adj (US)* bourré*, noir*.

winery ['waɪnərɪ] *n (US)* établissement *m* vinicole.

wing [wɪŋ] **1** *n* **(a)** *(gen, Zool; also of plane)* aile *f*. **to be on the ~** être en vol, voler; **to shoot a bird on the ~** tirer un oiseau au vol *or* à la volée; *[bird]* **to take ~** prendre son vol *or* son essor, s'envoler; *(fig)* **he** *or* **his heart took ~** son cœur s'emplit de joie; *(fig: vanish)* **to take ~s** disparaître, s'envoler, fondre comme neige au soleil; *(fig)* **to take sb under one's ~** prendre qn sous son aile; *(fig)* **on the ~s of fantasy** sur les ailes de l'imagination; *(fig)* **fear lent** *or* **gave him ~s** la peur lui donnait des ailes; *(Aviat: insignia)* **~s** insigne *m* (de pilote); *(fig)* **to earn** *or* **win** *or* **get one's ~s** faire ses preuves, gagner ses éperons, prendre du grade *or* du galon; V **clip²**, **spread** *etc*.

(b) *(Pol)* **~ f. on the left/right ~ of the party** sur l'aile gauche/droite du parti.

(c) *(Sport)* *(person)* ailier *m*, aile *m*. **~ (three-quarter)** trois-quarts aile *m*; **left/right ~** ailier gauche/droit; **he plays (on the) left ~** il est ailier gauche.

(d) *(Brit: of car)* aile *f*; *[armchair]* oreille *f*, oreillard *m*.

(e) *[building, mansion]* aile *f*.

(f) *(of organisation etc)* aile *f*. **it is the political ~ of this terrorist group** c'est l'aile politique de ce groupe terroriste.

(g) *(Theat: npl)* **the ~s** les coulisses *fpl*, la coulisse *f*; **to stand** *or* **stay in the ~s** *(Theat)* se tenir dans les coulisses; *(fig)* rester dans la *(or* les) coulisse(s); *(fig)* **to wait in the ~s for sb to do** ... attendre dans la *or* les coulisses que qn fasse ... .

2 *cpd:* *(Zool)* **wing case** élytre *m*; **wing chair** bergère *f* à oreilles; **wing collar** col cassé; *(Aviat)* **wing commander** lieutenant-colonel *m* (de l'armée de l'air); *(Aviat)* **wing flap** aileron *m*; *(liter)* **wing-footed** aux pieds ailés; *(Rugby)* **wing-forward** ailier *m*; *(Brit Aut)* **wing mirror** rétroviseur *m* de côté; **wing nut** papillon *m*, écrou *m* à ailettes; **wingspan**, **wingspread** envergure *f*; *(Rugby)* **wing three-quarter** trois-quarts aile *m*; **wing tip** bout *m* de l'aile.

3 *vt* **(a)** *(wound)* bird blesser *or* toucher (à l'aile); *person* blesser au bras *(or* à la jambe *etc)*.

(b) *(liter)* **to ~ an arrow at sth** darder une flèche en direction de

qch; (liter) fear ~ed his steps la peur lui donnait des ailes; to ~ one's way = to wing; V 4.
   (c) (US) [actor, speaker etc] to ~ it* improviser.
   4 vi (also ~ one's way) voler. they ~ed over the sea ils ont survolé la mer.
wingding‡ ['wɪŋˌdɪŋ] n (US) fête f, boum* f.
winge‡ ['wɪndʒ] vi (Brit) se lamenter (about sur), geindre*. stop ~ing arrête de geindre or de te plaindre.
winged [wɪŋd] adj creature, god, statue ailé. the W~ Victory of Samothrace la Victoire de Samothrace.
-winged [wɪŋd] adj ending in cpds: white-winged aux ailes blanches.
winger ['wɪŋər] n (Sport) ailier m. (Pol) the left-/right-~s ceux qui sont de gauche/droite.
wingless ['wɪŋlɪs] adj sans ailes; insect aptère.
wink [wɪŋk] 1 n clin m d'œil; (blink) clignement m. to give sb a ~ faire un clin d'œil à qn; with a ~ en clignant de l'œil; in a ~, as quick as a ~ en un clin d'œil; I didn't get a ~ of sleep je n'ai pas fermé l'œil (de la nuit); V forty, sleep, tip² etc.
   2 vi [person] faire un clin d'œil (to, at à); (blink) cligner des yeux; [star, light] clignoter. (fig) to ~ at sth fermer les yeux sur qch, prendre qch à la légère.
   3 vt: to ~ one's eye faire un clin d'œil (at sb à qn); to ~ one's eyes cligner des yeux; to ~ a tear back or away cligner de l'œil pour chasser une larme.
winker ['wɪŋkər] n (Brit Aut) clignotant m.
winking ['wɪŋkɪŋ] 1 adj light, signal clignotant. 2 n clins mpl d'œil; (blinking) clignements mpl d'yeux. it was as easy as ~ c'était simple comme bonjour.
winkle ['wɪŋkl] 1 n (Brit) bigorneau m. 2 vt: to ~ sth out of sth/sb extirper qch de qch/qn. 3 cpd: (Brit: shoes) winkle pickers* chaussures fpl pointues.
winnable ['wɪnəbl] adj gagnable.
winner ['wɪnər] n (in fight; argument) vainqueur m; (Sport) gagnant(e) m(f), vainqueur; (in competitions etc) gagnant(e); (horse/car/essay etc) (cheval m/voiture f/composition f etc) gagnant(e). to be the ~ gagner; (Tennis) that ball was a ~ cette balle était imparable; (fig) his latest disc/show is a ~* son dernier album/spectacle va faire un malheur*; (fig) he's a ~!* il est sensass!‡; he picked or spotted the ~ (Racing) il a choisi le cheval gagnant; (fig) il a tiré le bon numéro; I think he's on to a ~ (will win) je crois qu'il va gagner; (has chosen ~) je crois qu'il a tiré le bon numéro.
winning ['wɪnɪŋ] 1 adj (a) person, dog, car etc gagnant; blow, stroke, shot etc décisif, de la victoire. the ~ goal came in the last 5 minutes le but qui a décidé de la victoire a été marqué dans les 5 dernières minutes.
   (b) (captivating) person charmant, adorable; smile, manner charmeur, engageant. the child has ~ ways, the child has a ~ way with him cet enfant a une grâce irrésistible.
   2 npl (Betting etc) ~s gains mpl.
   3 cpd: winning post poteau m d'arrivée.
winningly ['wɪnɪŋlɪ] adv d'une manière charmeuse, d'un air engageant.
Winnipeg ['wɪnɪpeg] n Winnipeg.
winnow ['wɪnəʊ] vt grain vanner. (fig liter) to ~ truth from falsehood démêler le vrai d'avec le faux.
winnower ['wɪnəʊər] n (person) vanneur m, -euse f; (machine) tarare m.
wino‡ ['waɪnəʊ] n poivrot* m, ivrogne mf.
winsome ['wɪnsəm] adj séduisant, engageant, charmeur.
winsomely ['wɪnsəmlɪ] adv d'une manière séduisante, d'un air engageant.
winsomeness ['wɪnsəmnɪs] n (U) charme m, séduction f.
winter ['wɪntər] 1 n hiver m. in ~ en hiver; in the ~ of 1977 pendant l'hiver de 1977; 'A W~'s Tale' 'Le Conte d'hiver'.
   2 cpd weather, day, season, temperatures, activities, residence d'hiver, hivernal. (Climbing) winter ascent hivernale f; winter clothes vêtements mpl d'hiver; (Bot) wintergreen gaulthérie f; oil of wintergreen essence f de wintergreen; winter holidays vacances fpl d'hiver; (US) winterkill (vt) plant tuer par le gel; (vi) être tué par le gel; (Sport) the Winter Olympics les Jeux olympiques d'hiver; winter sleep sommeil hibernal, hibernation f; winter sports sports mpl d'hiver; wintertime hiver m.
   3 vi hiverner, passer l'hiver.
   4 vt animals hiverner.
winterize ['wɪntəraɪz] vt (US) préparer pour l'hiver.
wintry ['wɪntrɪ] adj sky, weather d'hiver, hivernal; (fig) smile, gesture glacial. in ~ conditions par un temps hivernal; ~ conditions on the roads conditions hasardeuses sur les routes (dues au temps hivernal).
wipe [waɪp] 1 n coup m de torchon (or d'éponge etc). to give sth a ~ donner un coup de torchon (or d'éponge etc) à qch.
   2 cpd: wipe-out (destruction) destruction f, annihilation f; (US Windsurfing) chute f, gamelle* f.
   3 vt (a) table, dishes, floor essuyer (with avec). to ~ one's hands/face/eyes s'essuyer les mains/le visage/les yeux (on sur, with avec); to ~ one's feet (with towel) s'essuyer les pieds; (on mat) s'essuyer les pieds, essuyer ses pieds; to ~ one's nose se moucher; to ~ one's bottom s'essuyer; he ~d the glass dry il a soigneusement essuyé le verre; to ~ the blackboard effacer or essuyer or nettoyer le tableau; (fig) to ~ the slate clean passer l'éponge, tout effacer (fig); (fig) to ~ the floor with sb* réduire qn en miettes; that will ~ the smile off her face!* après ça on va voir si elle a toujours le sourire!
   (b) (Comput, TV, Sound-Recording etc) tape, disk, video effacer. to ~ sth from a tape etc effacer qch sur une bande etc.
◆**wipe away** vt sep tears essuyer; marks effacer.

◆**wipe off** vt sep effacer.
◆**wipe out 1** vt sep (a) container bien essuyer; writing, error etc effacer; (fig) insult effacer, laver; debt amortir; the past, memory oublier, effacer. to wipe out an old score régler une vieille dette (fig).
   (b) (annihilate) town, people, army anéantir.
   (c) opposing team écraser. to wipe sb out* [person] régler son compte à qn; [event, news] anéantir qn.
   2 wipe-out n V wipe 2.
◆**wipe up 1** vi essuyer la vaisselle.
   2 vt sep essuyer.
wiper ['waɪpər] n (cloth) torchon m; (Brit Aut) essuie-glace m inv. (Aut) ~ arm bras m d'essuie-glace.
wire ['waɪər] 1 n (a) (U: substance) fil m (métallique or de fer); (Elec) fil (électrique); (piece of ~) fil; (snare) collet m, lacet m; (~ fence) grillage m, treillis m métallique. copper ~ fil de cuivre; telephone ~s fils téléphoniques; cheese ~ fil à couper; (fig) he had to pull ~s to get the job il a dû user de son influence or se faire pistonner or faire jouer le piston pour obtenir le poste; (fig) to pull ~s for sb exercer son influence pour aider qn, pistonner qn; (fig) they got their ~s crossed* il y a eu malentendu, ils se sont mal compris; (more generally) ils n'étaient pas sur la même longueur d'onde; (US) to work etc down to the ~* travailler etc jusqu'au bout or jusqu'au dernier moment; (US fig) to go down to the ~* (of competition) entrer dans sa phase finale; (US fig) to come in or get in (just) under the ~* arriver de justesse; V barbed, live² etc.
   (b) (telegram) télégramme m.
   (c) (US*: spectacles) ~s lunettes fpl à monture d'acier.
   2 cpd object, device de or en fil de fer. wire brush brosse f métallique; wire cutters cisaille f, pince coupante; wire-drawer, wire-drawing machine étireuse f; wire gauge calibre m (pour fils métalliques); wire gauze toile f métallique; (US) wire glass verre armé; wire-haired terrier terrier m à poils durs; (U) wiremesh, wire netting treillis m métallique, grillage m; he's a wire-puller il n'hésite pas à se faire pistonner or à faire jouer le piston; wire-pulling le piston; wire rope câble m métallique; (US: Press etc) wire service agence f de presse utilisant des télescripteurs; wiretap (vi) mettre un (or des) téléphone(s) sur écoute; (vt) mettre sur écoute; wiretapping mise f sur écoute d'une ligne téléphonique; wire wool paille f de fer; wireworks tréfilerie f.
   3 vt (a) (also ~ up) opening, fence grillager; flowers, beads monter sur fil de fer; (Elec) house faire l'installation électrique de; circuit installer. to ~ sth to sth relier or rattacher qch à qch (avec du fil de fer); (Elec) brancher qch sur qch, relier qch à qch; to ~ a room (up) for sound sonoriser une pièce; it's all ~d (up) for television l'antenne (réceptrice or émettrice) de télévision est déjà installée; (US fig: tense) to be ~d être raccordé; (US fig: tense) ~d-up‡ surexcité, tendu.
   (b) (telegraph) télégraphier (to à).
   4 vi télégraphier.
◆**wire together** vt sep objects attacher (avec du fil de fer).
◆**wire up** vt sep = wire 3a.
wireless ['waɪəlɪs] (esp Brit) 1 n (a) (U: ~ telegraphy) télégraphie f sans fil, T.S.F. f. to send a message by ~ envoyer un sans-fil; they were communicating by ~ ils communiquaient par sans-fil.
   (b) (†: ~ set) (poste m de) T.S.F.† f. on the ~ à la T.S.F.
   2 cpd station, programme radiophonique. wireless broadcast émission f de T.S.F.; wireless message radiogramme m, radio m, sans-fil m; wireless operator radiotélégraphiste mf, radio mf; wireless room cabine f radio inv; wireless set poste m de T.S.F.; wireless telegraph, wireless telegraphy télégraphie f sans fil, T.S.F. f, radiotélégraphie f; wireless telephone téléphone m sans fil; wireless telephony téléphonie f sans fil, radiotéléphonie f.
wiring ['waɪərɪŋ] n (U: Elec) installation f (électrique). to have the ~ redone faire refaire l'installation électrique (in de).
wiry ['waɪərɪ] adj hair dru; animal nerveux (fig); person noueux, maigre et nerveux.
Wisconsin [wɪs'kɒnsɪn] n Wisconsin m. in ~ dans le Wisconsin.
wisdom ['wɪzdəm] 1 n (U) [person] sagesse f; [action, remark] prudence f.
   2 cpd: wisdom tooth dent f de sagesse.
wise¹ [waɪz] 1 adj (sagacious) person sage; look, nod averti; thoughts, sayings sage, avisé; (learned) savant; (prudent) prudent; (judicious) action, remark judicieux, sensé. a ~ man (sagacious) un sage; (learned) un savant, un érudit; (Bible) the (Three) W~ Men les (trois) rois mages; he grew ~r with age il s'est assagi avec l'âge or en vieillissant; it wasn't very ~ to tell him that ce n'était pas très judicieux or prudent de lui dire ça; he was ~ enough to refuse il s'est montré assez sage or prudent pour refuser, il a eu la sagesse or la prudence de refuser; how ~ of you! vous avez eu bien raison; the wisest thing to do is ... ce qu'il y a de plus sage à faire est ...; to be ~ after the event avoir raison après coup; I'm none the wiser ça ne m'avance pas beaucoup, je n'en sais pas plus pour autant; nobody will be any the wiser if you ... personne n'en saura rien or ne s'apercevra de rien si tu ...; ~ guy* gros malin*, type* m qui fait le malin; to put sb ~ to sth* mettre qn au courant or au parfum* de qch; to get ~ to sb* être au courant de qch; to get ~ to sb* piger* ce que veut (or fait) qn, piger* le petit jeu de qn.
   2 cpd: wiseacre puits m de science (iro); wisecrack (n) vanne‡ f; (vi) faire or sortir une (or des) vanne(s)‡; 'need any help?' he wisecracked* 'z'avez besoin de mes services?'* plaisanta-t-il.
◆**wise up‡** vi (US) to wise up to sth se mettre au parfum‡ de qch, piger* qch.
   2 vt sep: to wise sb up mettre qn au parfum* (about de); to get wised up about sth se faire mettre au parfum* de qch.

wise² [waɪz] *n:* in no ~ aucunement, en aucune façon *or* manière; in this ~ ainsi, de cette façon *or* manière.

...wise [waɪz] *adv ending in cpds* (a) en ce qui concerne, du point de vue de, pour ce qui est de, côté*. **healthwise he's fine but money-wise things aren't too good** du point de vue santé *or* côté* santé ça va, mais pour ce qui est de l'argent *or* côté* argent ça ne va pas trop bien.
(b) à la manière de, dans le sens de *etc; V* **clockwise, length-ways** *etc.*

wisely ['waɪzlɪ] *adv* (*sagaciously*) sagement; (*prudently*) prudemment, judicieusement. **he loved her not ~ but too well** il l'aimait follement dans tous les sens du terme; **he didn't behave very ~** sa conduite n'a guère été prudente *or* judicieuse.

wish [wɪʃ] **1** *vt* (a) (*desire*) souhaiter, désirer. **I ~ that you + cond** je voudrais que vous + *subj;* **I ~ to be told when he comes** je souhaite *or* désire être informé de sa venue; **I ~ to be alone** je souhaite *or* désire *or* voudrais être seul; **he did not ~** il ne le souhaitait *or* désirait pas; **what do you ~ him to do?** que voudrais-tu *or* souhaites-tu *or* désires-tu qu'il fasse?; **I ~ I'd gone with you** j'aurais bien voulu vous accompagner, je regrette de ne pas vous avoir accompagné; **I ~ you had left with him** j'aurais bien voulu que tu sois parti avec lui, je regrette que tu ne sois pas parti avec lui; **I ~ I hadn't said that** je regrette d'avoir dit cela; **I ~ you'd stop talking!** tu ne peux donc pas te taire!; **I only ~ I'd known about that before!** si seulement j'avais su ça avant!, comme je regrette de n'avoir pas su ça avant!; **I ~ I could!** si seulement je pouvais!; **I ~ to heaven* he hadn't done it** mais bon sang* pourquoi est-il allé faire ça?; **I ~ it weren't so** si seulement il pouvait ne pas en être ainsi.
(b) (*desire for sb else*) souhaiter, vouloir; (*bid*) souhaiter. **he doesn't ~ her any ill** *or* **harm** il ne lui veut aucun mal; **I ~ you well** *or* **I ~ you (good) luck in what you're trying to do** je vous souhaite de réussir dans ce que vous voulez faire; (*iro*) **I ~ you well of it!, I ~ you luck of it!** je te souhaite bien du plaisir!; **he ~ed us (good) luck as we left** il nous a souhaité bonne chance au moment de partir; **~ me luck!** souhaite-moi bonne chance!; **to ~ sb good morning** dire bonjour à qn, souhaiter *or* donner le bonjour à qn († *or hum*); **to ~ sb good-bye** dire au revoir à qn; **to ~ sb a happy birthday** souhaiter bon anniversaire à qn; **I ~ you every happiness!** je vous souhaite d'être très heureux!; **he ~ed us every happiness** il nous a fait tous ses souhaits de bonheur.
(c) (* *fig*) **the bike was ~ed on (to) me** je n'ai pas pu faire autrement que d'accepter le vélo; **the job was ~ed on (to) me** c'est un boulot qu'on m'a collé*; **I wouldn't ~ that on (to) any-body** c'est quelque chose que je ne souhaiterais pas à mon pire ennemi; **I got her kids ~ed on (to) me for the holiday** elle m'a laissé ses gosses sur les bras pendant les vacances*.
2 *vi* faire un vœu. **you must ~ as you eat it** fais un vœu en le mangeant; **to ~ for sth** souhaiter qch; **I ~ed for that to happen** j'ai souhaité que cela se produise; **she's got everything she could ~ for** elle a tout ce qu'elle peut désirer; **what more could you ~ for?** que pourrais-tu souhaiter de plus?; **it's not everything you could ~ for** ce n'est pas l'idéal.
3 *n* (a) (*desire, will*) désir *m*. **what is your ~?** que désirez-vous?; (*liter or hum*) **your ~ is my command** vos désirs sont pour moi des ordres; **it has always been my ~ to do that** j'ai toujours désiré faire *or* eu envie de faire cela; **he had no great ~ to go** il n'avait pas grande envie d'y aller; **to go against sb's ~es** contrecarrer les désirs de qn; **he did it against my ~(es)** il l'a fait contre mon gré.
(b) (*specific desire*) vœu *m*, souhait *m*. **to make a ~** faire un vœu; **the fairy granted him 3 ~es** la fée lui accorda 3 souhaits; **his ~ came true, his ~ was granted, he got his ~** son vœu *or* souhait s'est réalisé; **you shall have your ~** ton souhait sera réalisé *or* te sera accordé, ton vœu sera exaucé.
(c) **give him my good** *or* **best ~es** (*in conversation*) faites-lui mes amitiés; (*in letter*) transmettez-lui mes meilleures pensées; **he sends his best ~es** (*in conversation*) il vous fait ses amitiés; (*in letter*) il vous envoie ses meilleures pensées; **best ~es** *or* **all good ~es for a happy birthday** tous mes (*or* nos) meilleurs vœux pour votre anniversaire; (**with**) **best ~es for a speedy recovery/your future happiness** tous mes (*or* nos) vœux de prompt rétablissement/de bonheur; (**with**) **best ~es for Christmas and the New Year** (nos) meilleurs vœux pour Noël et la nouvelle année; (**with**) **best ~es to both of you on your engagement** meilleurs vœux (de bonheur) à tous deux à l'occasion de vos fiançailles; (**with**) **best ~es for a happy holiday** je vous souhaite (*or* nous vous souhaitons) d'excellentes vacances; (*in letter*) **with best ~es from, with all good ~es** bien amicalement; **the Queen sent a message of good ~es on Independence Day** la reine a envoyé des vœux pour le jour de l'Indépendance; **they came to offer him their best ~es on the occasion of ...** ils sont venus lui offrir leurs meilleurs vœux pour ... .
4 *cpd:* **wishbone** fourchette *f*; (*Sport*) wishbone *m*; (*Psych*) **wish fulfilment** accomplissement *m* de désir.

wishful ['wɪʃfʊl] *adj:* **to be ~ to do** *or* **of doing** avoir envie de faire; **it's ~ thinking** if you believe that si tu crois cela c'est que tu prends tes désirs pour la réalité *or* c'est que tu t'aveugles sur la réalité des choses.

wishy-washy* ['wɪʃɪ,wɒʃɪ] *adj colour* délavé; *speech, style, taste* fade, insipide, fadasse*; *person* sans aucune personnalité, falot, fadasse*.

wisp [wɪsp] *n [straw]* brin *m*; *[hair]* fine mèche; *[thread]* petit bout; *[smoke]* mince volute *f*. **a little ~ of a girl** une fillette menue.

wispy ['wɪspɪ] *adj straw, hair* fin; *smoke* mince, fin. **a ~ little old lady** une vieille dame menue.

wistaria [wɪs'tɛərɪə] *n*, **wisteria** [wɪs'tɪərɪə] *n* glycine *f*.

wistful ['wɪstfʊl] *adj* nostalgique, mélancolique, rêveur.

wistfully ['wɪstfəlɪ] *adv* avec nostalgie *or* mélancolie, avec une tristesse rêveuse.

wistfulness ['wɪstfʊlnɪs] *n [person]* caractère *m* mélancolique; *[look, smile, voice]* nostalgie *f*, mélancolie *f*, regret *m*.

wit¹ [wɪt] *vi* (*Jur etc*) **to ~ ...** à savoir ..., c'est à dire ... .

wit² [wɪt] *n* (a) (*gen pl: intelligence*) ~(s) esprit *m*, intelligence *f*, astuce *f*; **mother ~, native ~** bon sens, sens commun; **he hadn't the ~** *or* **he hadn't enough ~ to hide the letter** il n'a pas eu l'intelligence *or* la présence d'esprit de cacher la lettre; **you'll need all your ~s about you** *or* **you'll need to use all your ~s if you're to avoid being seen** il va te falloir toute ta présence d'esprit pour éviter d'être vu; **keep your ~s about you!** restez attentif!; **use your ~s!** sers-toi de ton intelligence!; **it was a battle of ~s** (between them) ils jouaient au plus fin; **he lives by his ~s** c'est un chevalier d'industrie, il vit d'expédients; **to collect** *or* **gather one's ~s** rassembler ses esprits; **the struggle for survival sharpened his ~s** la lutte pour la vie lui avivait l'esprit; **he was at his ~s' end** il ne savait plus que faire, il ne savait plus à quel saint se vouer; **I'm at my ~s' end to know what to do** je ne sais plus du tout ce que je dois faire; **to be/go out of one's ~s** être/devenir fou (*f* folle); **she was nearly out of her ~s with worry about him** elle était si inquiète pour lui qu'elle en devenait folle.
(b) (*U: wittiness*) esprit *m*. **the book is full of ~** le livre est très spirituel *or* est plein d'esprit; **he has a ready** *or* **pretty ~** il a beaucoup d'esprit, il est très spirituel; **in a flash of ~ he said ...** obéissant à une inspiration spirituelle il a dit ...; **this flash of ~ made them all laugh** ce trait d'esprit les a tous fait rire.
(c) (*person*) homme *m* d'esprit, femme *f* d'esprit; (*Hist, Literat*) bel esprit.

witch [wɪtʃ] **1** *n* sorcière *f*; (*fig: charmer*) ensorceleuse *f*, magicienne *f*. (*fig*) **she's an old ~** c'est une vieille sorcière; **~es' sabbath** sabbat *m* (de sorcières).
2 *cpd:* **witchcraft** sorcellerie *f*; **witch doctor** sorcier *m* (*de tribu*); **witch-elm** = **wych-elm; witch hazel** hamamélis *m*; (*fig: esp Pol*) **witch hunt** chasse *f* aux sorcières; **the witching hour of midnight!** minuit, l'heure fatale!, minuit, l'heure du crime! (*hum*).

witchery ['wɪtʃərɪ] *n* sorcellerie *f*; (*fig: fascination*) magie *f*, ensorcellement *m*, envoûtement *m*.

with [wɪð, wɪθ] *prep* (a) (*indicating accompaniment, relationship*) avec, à. **I was ~ her** j'étais avec elle; **go ~ your brother** va avec ton frère, accompagne ton frère; **he lives ~ his aunt** (*in his house*) il habite avec sa tante; (*in her house*) il habite chez *or* avec sa tante; **she was staying ~ friends** elle passait quelque temps chez des amis; **he's ~ IBM** il travaille chez IBM; **a scientist ~ ICI** un chercheur de ICI; **I'll be ~ you in a minute** je suis à vous dans un instant; **I have no money ~ me** je n'ai pas d'argent sur moi; **she had her umbrella ~ her** elle avait pris son parapluie; **he took it away ~ him** il l'a emporté avec lui; **he went off ~ it** il est parti avec; **she left the child ~ her aunt** elle a laissé l'enfant avec sa tante *or* à la garde de sa tante; **mix the red ~ the blue** mélange le rouge et le bleu *or* le rouge avec le bleu; **just mix the red ~ it** tu n'as qu'à mélanger le rouge avec; **hold my gloves, I can't drive ~ them on** tiens mes gants, je ne peux pas conduire avec; **do you take sugar ~ coffee?** prenez-vous du sucre dans *or* avec votre café?; **that problem is always ~ us** ce problème ne nous lâche pas; **~ 'Hamlet' it's the best play he wrote** c'est, avec 'Hamlet', la meilleure pièce qu'il ait écrite; **fill it up ~ petrol** faites le plein d'essence; **they loaded the truck ~ coal** ils ont chargé le camion de charbon.
(b) (*agreement, harmony*) avec. **to agree ~ sb** être d'accord avec qn; **can you carry the committee ~ you?** le comité vous suivra-t-il?; **the hat doesn't go ~ the dress** le chapeau ne va pas avec la robe; **are you ~ us then?** alors vous êtes des nôtres?; **I'm ~ you in what you say** je suis d'accord avec ce que vous dites; **I'm ~ you all the way** je suis avec vous cent pour cent; **I'm ~ you** (*I agree*) je suis d'accord; (*: I understand*) je vois*, je vous suis; **he just wasn't ~ us*** (*didn't understand*) il ne voyait* pas du tout; (*wasn't paying attention*) il était tout à fait ailleurs; (*up-to-date*) **to be ~ it** *[person]* être dans le vent* *or* dans la course; *[clothes etc]* être dans le vent* *or* du dernier cri (*V also* **2**); **to get ~ it** se mettre dans la course.
(c) (*descriptive: having etc*) à, qui a, avec. **the man ~ the beard** le barbu, l'homme à la barbe; **the boy ~ brown eyes** le garçon aux yeux marron; **passengers ~ tickets ...** voyageurs *mpl* en possession de *or* munis de billets ...; **the house ~ the green shutters** la maison aux volets verts; **I want a coat ~ a fur collar** je veux un manteau avec un *or* à col de fourrure; **a room ~ a view of the sea** une chambre avec vue sur la mer *or* qui a vue sur la mer; **machine ~ the latest features** machine *f* munie des derniers perfectionnements.
(d) (*manner*) avec, de. **~ my whole heart** de tout mon cœur; **I'll do it ~ pleasure** je le ferai avec plaisir; **~ a shout of joy he sprang up** (en) poussant un cri de joie il a sauté sur ses pieds; **he welcomed us ~ open arms** il nous a accueillis à bras ouverts; **~ all speed** à grande allure, à toute vitesse; **I did it ~ a lot of trouble** je l'ai fait avec beaucoup de difficultés; **~ no trouble at all he ...** sans la moindre difficulté il ...; **he made it ~ great care** il l'a fait avec un soin infini; **... he said ~ a smile ...** dit-il en souriant *or* avec un sourire; **she turned away ~ tears in her eyes** elle s'est détournée, les larmes aux yeux.
(e) (*means, instrument*) avec, de. **cut it ~ a knife** coupe-le avec un couteau; **he was writing ~ a pencil** il écrivait avec un crayon; **I saw it ~ my own eyes** je l'ai vu de mes propres yeux; **take it ~ both hands** prenez-le à deux mains; **he walks ~ a stick** il marche avec une *or* à l'aide d'une canne; **cover it ~ a cloth** couvre-le d'une *or* avec une serviette.
(f) (*cause*) avec, de. **trembling ~ fear** tremblant de peur; **he**

jumped ~ joy il a sauté de joie; **the hills are white ~ snow** les monts sont blancs de neige; **he's in bed ~ flu** il est retenu au lit par la grippe; **he went down ~ measles** il a attrapé la rougeole; **she was sick ~ fear** elle était malade de peur; **~ the elections no one talks anything but politics** avec les élections on ne parle plus que politique; **~ the price of food these days you can't expect that** ... au prix où est la nourriture de nos jours comment voulez-vous que ... (+ *subj*); **I couldn't see him ~ so many people there** il y avait tellement de monde que je n'ai pas pu le voir; **~ so much happening it was difficult to** ... il se passait tellement de choses qu'il était difficile de ... ; **it varies ~ the weather** ça change avec le temps; **this period ended ~ the outbreak of war** cette période s'est terminée avec le début de la guerre; **it all started ~ his attempt to cut prices** tout a commencé quand il a essayé de réduire les prix.

(g) (*opposition*) avec, contre. **they were at war ~ Spain** ils étaient en guerre avec *or* contre l'Espagne; **the war ~ Japan** la guerre avec *or* contre le Japon; **he had an argument ~ his brother** il a eu une dispute avec son frère; **in competition ~** en concurrence avec; **he was struggling ~ the intruder** il était en train de se colleter avec l'intrus.

(h) (*separation*) **to part ~ sb** se séparer de qn; **he won't part ~ it** il ne veut pas s'en séparer; **I can't dispense ~ that** je ne peux pas me passer de ça.

(i) (*in regard to*) avec, de. **the trouble ~ Paul is that** ce qu'il y a avec Paul c'est que; **it's a habit ~ him** c'est une habitude chez lui; **be patient ~ her** sois patient avec elle; **she's good ~ children** elle sait bien s'occuper des enfants; **what do you want ~ that book?** qu'est-ce que tu veux faire de ce livre?; **be honest ~ me** dites-moi les choses franchement; **what's the matter ~ you?** qu'est-ce que tu as?, qu'est-ce qui te prend?; **what's up ~ Paul?*, (*esp US*) what's ~ Paul?*** qu'est-ce qu'il a, Paul?*, qu'est-ce qui lui prend, Paul?*; **he was pleased ~ what he saw** il était satisfait *or* content de ce qu'il voyait.

(j) (*indicating time*) avec. **the sun ~ the sun** il se levait avec le jour; **~ the approach of winter** à l'approche de l'hiver, l'hiver approchant; **it lessened ~ time** cela a diminué avec le temps; **~ these words he left us** à ces mots *or* sur ces mots *or* là-dessus *or* sur ce il nous a quittés; **~ that he closed the door** sur ce *or* là-dessus il a fermé la porte.

(k) (*despite*) malgré. **~ all his faults I still like him** malgré tous ses défauts *or* il a beau avoir des défauts je l'aime bien quand même; **~ all that he is still the best we've got** malgré tout ça il est encore le meilleur que nous ayons; **~ all your intelligence, you** ... intelligent comme vous l'êtes, vous ... .

(l) (*in exclamatory phrases*) **~ you!** allez-vous-en!; **away ~ him!** qu'on l'emmène (*subj*)!; **down ~ traitors!** à bas les traîtres!; **off ~ his head!** qu'on lui coupe (*subj*) la tête!

2 *cpd*: **with-it‡** *person* dans le vent*, dans la course‡; *ideas, dress, school, firm etc* dans le vent*.

withal†† [wɪˈðɔːl] *adv* en outre, de plus.

withdraw [wɪθˈdrɔː] *pret* **withdrew**, *ptp* **withdrawn 1** *vt person, hand, money, application, troops* retirer (*from* de); *permission, help* retirer (*from* à); *ambassador, representative* rappeler; *accusation, opinion, suggestion, statement* retirer, rétracter; *claim* retirer, renoncer à; *order* annuler; (*Med*) *drugs* arrêter; (*Comm*) *goods* retirer de la vente; (*Fin*) *banknotes* retirer de la circulation; (*Jur*) **to ~ a charge** retirer une accusation.

2 *vi* [*troops etc*] reculer, se retirer, se replier (*from* de); [*person*] (*move away*) se retirer; (*retract offer, promise etc*) se rétracter, se dédire; [*candidate, competitor*] se retirer, se désister (*from* de, *in favour of sb* en faveur de qn); (*Mil*) **to ~ to a new position** se replier; **he withdrew a few paces** il a reculé de quelques pas; **you can't ~ now!** tu ne peux plus te dédire *or* plus reculer maintenant!; **I ~ from the game** je me retire de la partie, j'abandonne; (*fig*) **to ~ into o.s.** se replier sur soi-même.

withdrawal [wɪθˈdrɔːəl] **1** *n* (**a**) (*U: act of withdrawing*: *V* withdraw) retrait *m*; rappel *m*; rétraction *f*; annulation *f*. **they demand the ~ of the troops** ils exigent le retrait des troupes; **the army's ~ to new positions** le repli de l'armée sur de nouvelles positions; **the candidate's ~** le désistement du candidat.

(b) (*Med, Psych*) repli *m* sur soi-même; (*with symptoms*) (état *m* de) manque *m*.

2 *cpd*: (*Med, Psych*) **withdrawal symptoms** symptômes *mpl* de l'état de manque *or* du manque, malaise *m* de la privation; **to have** *or* **to be suffering from withdrawal symptoms** être en (état de) manque.

withdrawn [wɪθˈdrɔːn] **1** *ptp of* **withdraw. 2** *adj* (*reserved*) *person* renfermé.

withe [wɪθ] *n* = **withy.**

wither [ˈwɪðər] **1** *vi* [*plant*] se flétrir, se faner, s'étioler, dépérir; [*person, limb*] (*from illness*) s'atrophier; (*from age*) se ratatiner; (*fig*) [*beauty*] se faner; [*hope, love, enthusiasm*] s'évanouir.

2 *vt plant* flétrir, faner; *limb* atrophier, ratatiner; *beauty* altérer, faner; *hope etc* détruire petit à petit. **he ~ed her with a look** il l'a regardée avec un profond mépris, son regard méprisant lui a donné envie de rentrer sous terre.

♦ **wither away** *vi* [*plant*] se dessécher, mourir; [*beauty*] se faner complètement, s'évanouir; [*hope etc*] s'évanouir.

withered [ˈwɪðəd] *adj flower, leaf, plant* flétri, fané, desséché; *arm, leg* atrophié; *face* fané, flétri. **a ~ old woman** une vieille femme toute desséchée.

withering [ˈwɪðərɪŋ] **1** *n* [*plant*] dépérissement *m*; [*limb*] atrophie *f*; [*beauty*] déclin *m*; [*hope, love, enthusiasm*] évanouissement *m*. **2** *adj heat* desséchant; *tone, look* profondément méprisant; *remark, criticism* cinglant, blessant.

witheringly [ˈwɪðərɪŋlɪ] *adv say, look* avec un profond mépris.

withers [ˈwɪðəz] *npl* garrot *m* (*du cheval*).

withershins [ˈwɪðəʃɪnz] *adv* dans le sens opposé au mouvement apparent du soleil.

withhold [wɪθˈhəʊld] *pret, ptp* **withheld** *vt money from pay etc* retenir (*from sth* de qch); *payment, decision* remettre, différer; *one's consent, permission, one's help, support* refuser (*from sb* à qn); *facts, truth, news* cacher, taire (*from sb* à qn). (*US*) **~ing tax** retenue *f* à la source; **he withheld his tax in protest against** ... il a refusé de payer ses impôts pour protester contre ... .

within [wɪˈðɪn] (*phr vb elem*) **1** *adv* dedans, à l'intérieur. **from ~** de l'intérieur.

2 *prep* (**a**) (*inside*) à l'intérieur de. **~ the box** à l'intérieur de la boîte; **~ it** à l'intérieur; **~ (the boundary of) the park** à l'intérieur du parc, dans les limites du parc; **here ~ the town** à l'intérieur même de la ville; **~ the city walls** à l'intérieur des murs (de la ville), dans l'enceinte de la ville; **a voice ~ him said** ... une voix en lui dit ... .

(b) (**~** *limits of*) **to be ~ the law** être dans (les limites de) la légalité; **to live ~ one's income** vivre selon ses moyens; **~ the range of the guns** à portée de(s) canon(s); **the coast was ~ sight** la côte était à portée de la vue *or* en vue; **they were ~ sight of the town** ils étaient en vue de la ville; (*fig*) **he was ~ reach** *or* **sight of his goal** il touchait au but; *V* **call, province, reach**.

(c) (*in measurement, distances*) **~ a kilometre of the house** à moins d'un kilomètre de la maison; **we were ~ a mile of the town** nous étions à moins d'un mille de la ville; **correct to ~ a centimetre** correct à un centimètre près; *V* **inch**.

(d) (*in time*) **~ a week of her visit** (*after*) moins d'une semaine après *or* (*before*) avant sa visite; **I'll be back ~ an hour** *or* **the hour** je serai de retour d'ici une heure *or* dans l'heure qui suit; **he returned ~ the week** il est revenu avant la fin de la semaine; **~ 2 years from now** d'ici 2 ans; **'use ~ 3 days of opening'** ≃ 'se conserve encore 3 jours au réfrigérateur après ouverture'; (*Comm*) **~ a period of 4 months** dans un délai de 4 mois; **~ the stipulated period** dans les délais stipulés; *V* **living**.

3 *adj* (*Jur*) **the ~ instrument** le document ci-inclus.

without [wɪˈðaʊt] (*phr vb elem*) **1** *adv* (*liter*) à l'extérieur, au dehors. **from ~** de l'extérieur, de dehors.

2 *prep* (**a**) sans. **~ a coat** sans manteau; **~ a coat or hat** sans manteau ni chapeau; **he went off ~ it** il est parti sans; **~ any money** sans argent, sans un *or* le sou*; **he is ~ friends** il n'a pas d'amis; **with or ~ sugar?** avec ou sans sucre?; **~ so much as a phone call** sans même un malheureux coup de fil; **~ a doubt** sans aucun doute; **~ doubt** sans doute; **not ~ some difficulty** non sans difficulté; **do it ~ fail** ne manquez pas de le faire, faites-le sans faute; **he was quite ~ shame** il n'avait aucune honte; **~ speaking, he** ... sans parler, il ...; **~ anybody knowing** sans que personne le sache; **to go ~ sth, to do ~ sth** se passer de qch.

(b) (††: *outside*) au *or* en dehors de, à l'extérieur de.

3 *conj* (*dial or* ‡: *unless*) à moins que + *subj*, à moins de + *infin*.

withstand [wɪθˈstænd] *pret, ptp* **withstood** *vt* résister à.

withy [ˈwɪðɪ] *n* brin *m* d'osier.

witless [ˈwɪtlɪs] *adj* sot (*f* sotte), stupide.

witness [ˈwɪtnɪs] **1** *n* (**a**) (*Jur etc: person*) témoin *m*. (*Jur*) **~ for the defence/prosecution** témoin à décharge/à charge; **there were 3 ~es to this event** cet événement a eu 3 témoins, 3 personnes ont été témoins de cet événement; **he was a ~ to** *or* **of this incident** il a été témoin de cet incident; **the ~es to his signature** les témoins (certifiant sa signature); **in front of 2 ~es** en présence de 2 témoins; (*Jur*) **to call sb as ~** citer qn comme témoin; (*Jur*) **'your ~'** 'le témoin est à vous'; *V* **eye**.

(b) (*esp Jur: evidence*) témoignage *m*. **in ~ of** en témoignage de; **in ~ whereof** en témoignage de quoi, en foi de quoi; **to give ~ on behalf of/against** témoigner en faveur de/contre, rendre témoignage pour/contre; **to bear** *or* **be ~ to sth** témoigner de qch, attester qch; **he took this as ~ of her good faith** cela a été pour lui le témoignage *or* l'attestation *f* de sa bonne foi; **I took it as ~ of the fact that** ... j'ai pensé que cela attestait le fait que ...; (*fig*) **her clothes were ~ to her poverty** ses vêtements révélaient *or* attestaient sa pauvreté; **he has his good points, (as) ~ his work for the blind** il a ses bons côtés, témoin *or* comme le prouve *or* à preuve* ce qu'il fait pour les aveugles; **~ the case of X** voyez *or* regardez *or* témoin le cas de X.

2 *cpd*: (*Jur*) (*Brit*) **witness box**, (*US*) **witness stand** barre *f* des témoins; **in the witness box** *or* **stand** à la barre.

3 *vt* (**a**) (*see*) être témoin de (*esp Jur*), assister à. **did anyone ~ the theft?** quelqu'un a-t-il été témoin du vol?; **the accident was ~ed by several people** plusieurs personnes ont été témoins de l'accident.

(b) (*fig*) (*see*) voir; (*notice*) *change, improvement* remarquer. (*fig*) **a building/a century which has ~ed** ... un bâtiment/un siècle qui a vu ... .

(c) (*esp Jur*) *document* attester *or* certifier l'authenticité de. **to ~ sb's signature** être témoin, signer comme témoin.

4 *vi* (*Jur*) **to ~ to sth** témoigner de qch, attester qch; **he ~ed to having seen the accident** il a témoigné *or* attesté avoir vu l'accident *or* qu'il a vu l'accident; **to ~ against sb** témoigner contre qn.

-witted [ˈwɪtɪd] *adj ending in cpds* à l'esprit ... . **quick-witted** à l'esprit vif; *V* **slow** etc.

witter* [ˈwɪtər] *vi* (*Brit*) **to ~ on about sth*** parler interminablement de qch; **stop ~ing (on)*** arrête de parler pour ne rien dire.

witticism [ˈwɪtɪsɪzəm] *n* mot *m* d'esprit, bon mot.

wittily [ˈwɪtɪlɪ] *adv* spirituellement, avec beaucoup d'esprit. **...he said ~** ...dit-il avec beaucoup d'esprit.

wittiness [ˈwɪtɪnɪs] *n* (*U*) esprit *m*, humour *m*.

wittingly [ˈwɪtɪŋlɪ] *adv* sciemment, en toute connaissance de cause.

witty ['wɪtɪ] *adj* spirituel, plein d'esprit. ~ **remark** mot *m* d'esprit.
wives [waɪvz] *npl of* **wife**.
wiz [wɪz] *n* (*US*) as *m*, crack* *m*.
wizard ['wɪzəd] *n* magicien *m*, enchanteur *m*, sorcier *m*. (*fig*) he is a financial ~ il a le génie de la finance, c'est un génie *or* il est génial en matière financière; **he is a ~ with a paintbrush/slide rule** c'est un champion* *or* un as du pinceau/ de la règle à calcul; **he's a ~ at chess** c'est un as *or* un crack* aux échecs; (*Brit: excl*) ~!† au poil!*
wizardry ['wɪzədrɪ] *n* (*U*) magie *f*, sorcellerie *f*; (*fig*) génie *m*. it is a piece of ~ c'est génial; **this evidence of his financial ~** cette preuve de son génie en matière financière.
wizened ['wɪznd] *adj* ratatiné, desséché.
wk *abbr of* **week**.
W.O. [,dʌblju:'əʊ] *n* (*Mil*) *abbr of* **warrant officer**; *V* **warrant**.
woa [wəʊ] *excl* = **whoa**.
woad [wəʊd] *n* guède *f*.
wobble ['wɒbl] **1** *vi* (**a**) *[jelly, one's hand, pen, voice]* trembler; *[object about to fall, pile of rocks]* osciller, remuer dangereusement; *[cyclist etc]* osciller; *[tightrope walker, dancer]* chanceler; *[table, chair]* branler, être branlant *or* instable; *[compass needle]* osciller; *[wheel]* avoir du jeu. **the table was wobbling** la table branlait; **this table ~s** cette table est branlante *or* bancale, cette table n'est pas stable; **the cart ~d through the streets** la charrette est passée dans les rues en bringuebalant *or* en cahotant.
(**b**) (* *fig: hesitate*) vaciller, osciller, hésiter (*between* entre).
2 *vt* faire trembler; faire osciller; faire remuer dangereusement; faire branler; faire chanceler.
3 *n*: to walk with a ~ avoir une démarche chancelante, marcher d'un pas chancelant; **this chair has a ~** cette chaise est branlante *or* bancale; (*Aut*) **wheel ~** shimmy *m*.
wobbly ['wɒblɪ] **1** *adj* **hand, voice** tremblant; **jelly** qui tremble; **table, chair** bancal, branlant; **object about to fall** qui oscille *or* remue dangereusement, branlant; **wheel** qui a du jeu. to be ~ = to **wobble** (*V* **wobble** 1); **he's rather ~ still after his illness** il est encore faible après sa maladie; **his legs are a bit ~, he's a bit ~ on his legs** il flageole un peu sur ses jambes; **I'm rather ~ on this bike** je n'arrive pas à trouver mon équilibre *or* je suis en équilibre instable sur cette bicyclette.
2 *n* (*US Hist*) **the Wobblies*** l' I.W.W. (*Industrial Workers of the World: mouvement syndicaliste du début du XXe siècle*).
wodge [wɒdʒ] *n* (*Brit*) gros morceau.
woe [wəʊ] **1** *n* malheur *m*. († *or hum*) ~ **is me!** pauvre de moi!; ~ **betide the man who …** malheur à celui qui …; **he told me his ~s** *or* **his tale of ~** il m'a fait le récit de ses malheurs *or* tribulations *fpl*; **it was such a tale of ~ that** c'était une litanie si pathétique que.
2 *cpd*: **woebegone** désolé, abattu.
woeful ['wəʊfʊl] *adj* **person, smile, look, gesture** malheureux, très triste; **news, story, sight** affligeant, très triste; **incident, state of affairs** malheureux, cruel.
woefully ['wəʊfʊlɪ] *adv* (**a**) **say, look** (très) tristement. (**b**) (*unfortunately*) malheureusement. **the house is ~ lacking in modern conveniences** le confort moderne fait cruellement défaut à cette maison.
wog*,* [wɒg] *n* (*Brit pej*) sale étranger *m*, -ère *f*, métèque* *m* (*pej*).
wok [wɒk] *n* wok *m*.
woke [wəʊk] *pret of* **wake²**.
woken ['wəʊkn] *ptp of* **wake²**.
wold [wəʊld] *n* haute plaine, plateau *m*.
wolf [wʊlf] **1** *n, pl* **wolves** loup *m*. **she-~** louve *f*; (*fig*) a ~ in sheep's clothing un loup déguisé en brebis; (*fig*) **that will keep the ~ from the door** cela nous (*or* les *etc*) mettra au moins à l'abri du besoin; (*fig*) **he's a ~*** c'est un tombeur de femmes*; *V* **cry, lone** *etc*.
2 *cpd*: (*US*) **wolf call** = **wolf whistle**; (*also Scouting*†) **wolf cub** louveteau *m*; **wolfhound** chien-loup *m*; **wolf pack** bande *f* de loups; (*Bot*) **wolfsbane** aconit *m*; (*fig*) **wolf whistle** sifflement admiratif (*à l'adresse d'une fille*); **he gave a wolf whistle** il a sifflé la fille.
3 *vt* (*also* ~ **down**) engloutir.
wolfish ['wʊlfɪʃ] *adj* vorace.
wolfishly ['wʊlfɪʃlɪ] *adv* voracement.
wolfram ['wʊlfrəm] *n* wolfram *m*, tungstène *m*.
wolverine ['wʊlvəri:n] **1** *n* (**a**) (*Zool*) glouton *m*, carcajou *m*. (**b**) (*US*) **W~** habitant(e) *m(f)* du Michigan. **2** *cpd*: (*US*) **the Wolverine State** le Michigan.
wolves [wʊlvz] *npl of* **wolf**.
woman ['wʊmən] *pl* **women 1** *n* femme *f*. **young ~** jeune femme; **come along, young ~!** allez mademoiselle, venez!; (*hum: wife*) **the little ~*** ma (*or* sa *etc*) petite femme*; ~ **of the world** femme du monde; **Paul and all his women** Paul et toutes ses maîtresses; **he runs after women** c'est un coureur de jupons, il court (après) les femmes; ~ **is a mysterious creature** la femme est une créature mystérieuse; (*loc*) a ~**'s place is in the home** la place d'une femme est au foyer (*loc*); (*loc*) a ~**'s work is never done** on n'a jamais fini de faire le ménage, on trouve toujours à faire dans une maison; **she's a career ~** c'est une femme qui consacre beaucoup d'énergie à sa carrière, elle est (*assez*) ambitieuse dans sa vie professionnelle; a ~ **of the world** une femme d'expérience; a ~ **of letters** une femme de lettres; **I've got a ~ who comes in 3 times a week** j'ai une femme de ménage qui vient 3 fois par semaine; **women's (Liberation) liberation** la libération de la femme; **Women's (Liberation) Movement, Women's Lib** mouvement *m* de libération de la femme, M.L.F. *m*; **Women's Libber** féministe *mf*; **Women's Centre** ≃ centre *m* d'accueil de femmes; **she belongs to a women's group** elle est membre d'un groupe féministe; (*Brit*) **the Greenham women** les femmes de Greenham (Common); (*Press*)

women's page la page des lectrices; **women's rights** les droits *mpl* de la femme; **women's suffrage** le droit de vote pour les femmes; **women's team** équipe féminine; (*Brit*) **Women's Institute** association *f* de femmes de tendance plutôt traditionaliste; *V* **old** *etc*.
2 *adj*: **he's got a ~ music teacher** il a un professeur de musique femme, son professeur de musique est une femme; ~ **worker** ouvrière *f*; **women doctors think that …** les femmes médecins pensent que …; **women often prefer women doctors** les femmes préfèrent souvent les médecins femmes; **he's got a ~ driver** son chauffeur est une femme; **women drivers are generally maligned** on calomnie généralement les femmes au volant; ~ **friend** amie *f*.
3 *cpd*: **the womenfolk** les femmes *fpl*; **woman-hater** misogyne *mf*; **womanhood** *V* **womanhood**; **womankind** *V* **womankind**; **womanlike** (*adj*) féminin, de femme; (*adv*) d'une manière très féminine; (*Brit*) **woman police constable** femme *f* agent de police.
womanhood ['wʊmənhʊd] *n* (*U: feminine nature*) féminité *f*. to reach ~ devenir une femme.
womanish ['wʊmənɪʃ] *adj* (*gen pej*) **man** efféminé; **quality, behaviour** de femme.
womanize ['wʊmənaɪz] *vi* courir les femmes.
womanizer ['wʊmənaɪzə*r*] *n* coureur *m* de jupons.
womankind ['wʊmənkaɪnd] *n* les femmes *fpl* (*en général*).
womanliness ['wʊmənlɪnɪs] *n* (*U*) féminité *f*, caractère féminin.
womanly ['wʊmənlɪ] *adj* **figure, bearing** féminin, de femme; **behaviour** digne d'une femme. ~ **kindness/gentleness** gentillesse/douceur toute féminine.
womb [wu:m] **1** *n* utérus *m*, matrice *f*; (*fig*) (*of nature*) sein *m*; (*of earth*) sein, entrailles *fpl*. **2** *cpd*: **womb-leasing** location *f* d'utérus.
wombat ['wɒmbæt] *n* wombat *m*, phascolome *m*.
women ['wɪmɪn] *npl of* **woman**.
won [wʌn] *pret, ptp of* **win**.
wonder ['wʌndə*r*] **1** *n* (**a**) (*U*) émerveillement *m*, étonnement *m*. to be lost in ~ être muet d'étonnement *or* d'admiration, être émerveillé *or* ébloui; **he watched, lost in silent ~** il regardait en silence, émerveillé *or* ébloui; **the sense of ~ that children have** la faculté d'être émerveillé qu'ont les enfants; … **he said in ~** … dit-il d'une voix remplie d'étonnement.
(**b**) (*sth wonderful*) merveille *f*, prodige *m*, miracle *m*. **the ~ of electricity** le miracle de l'électricité; **the ~s of science/medicine** les prodiges *or* les miracles de la science/de la médecine; **the Seven W~s of the World** les sept merveilles du monde; **he promised us ~s** il nous a promis monts et merveilles; **the ~ of it all is that …** le plus étonnant dans tout cela c'est que …; **it's a ~ that he didn't fall** c'est extraordinaire qu'il ne soit pas tombé, on se demande comment il a fait pour ne pas tomber; **it's a ~ to me that …** je n'en reviens pas que … + *subj*; **he paid cash for a ~!*** et miracle, il a payé comptant!; **if for a ~ he …** si par extraordinaire il …; **no ~ he came late, it's no ~ (that) he came late** ce n'est pas étonnant qu'il soit arrivé en retard *or* s'il est arrivé en retard; **no ~!** cela n'a rien d'étonnant!, pas étonnant!*; **he failed, and little *or* small ~!** il a échoué, ce qui n'est guère étonnant!; **it's little *or* small ~ that …** il n'est guère étonnant que … + *subj*; *V* **nine, work** *etc*.
2 *cpd*: **wonderland** pays *m* merveilleux; 'Alice in Wonderland' 'Alice au pays des merveilles'; **wonderstruck** frappé d'étonnement, émerveillé, ébloui; **he is a wonder-worker** il accomplit de vrais miracles; **this drug/cure is a wonder-worker** c'est un remède/une cure miracle.
3 *vi* (**a**) (*marvel*) s'étonner, s'émerveiller. **the shepherds ~ed at the angels** les bergers émerveillés regardaient les anges; **I ~ at your rashness** votre audace m'étonne *or* me surprend; **I ~ (that) you're still able to work** je ne sais comment vous faites pour travailler encore; **I ~ (that) he didn't kill you** cela m'étonne qu'il ne vous ait pas tué; **do you ~ or can you ~ at it?** est-ce que cela vous étonne?; **he'll be back, I shouldn't ~** cela ne m'étonnerait pas qu'il revienne.
(**b**) (*reflect*) penser, songer. **his words set me ~ing** ce qu'il a dit m'a laissé songeur; **it makes you ~** cela donne à penser; **I was ~ing about what he said** je pensais *or* songeais à ce qu'il a dit; **I'm ~ing about going to the pictures** j'ai à moitié envie d'aller au cinéma; **he'll be back — I ~!** Il reviendra — je me le demande!
4 *vt* se demander. **I ~ who he is** je me demande qui il est, je serais curieux de savoir qui il est; **I ~ what to do** je ne sais pas quoi faire; **I ~ where to put it** je me demande où (je pourrais) le mettre; **he was ~ing whether to come with us** il se demandait s'il allait nous accompagner; **I ~ why!** je me demande pourquoi!
wonderful ['wʌndəfʊl] *adj* (*astonishing*) merveilleux, étonnant, extraordinaire; (*miraculous*) miraculeux; (*excellent*) merveilleux, magnifique, formidable*, sensationnel*. **we had a ~ time** ça a été merveilleux; **isn't it ~!** c'est formidable!* *or* sensationnel!*; (*iro*) ce n'est pas extraordinaire ça! (*iro*); ~ **to relate, he…** (et) chose étonnante, il….
wonderfully ['wʌndəfʊlɪ] *adv* (+ *adj*) merveilleusement; (+ *vb*) à merveille, admirablement. **it was ~ hot all day** il a fait merveilleusement chaud toute la journée; **she manages ~ considering how handicapped she is** elle se débrouille admirablement *or* à merveille si l'on considère combien elle est handicapée; **he looks ~ well** il a très bonne mine.
wondering ['wʌndərɪŋ] *adj* (*astonished*) étonné; (*thoughtful*) songeur, pensif.
wonderingly ['wʌndərɪŋlɪ] *adv* (*with astonishment*) avec étonnement, d'un air étonné; (*thoughtfully*) songeusement, pensivement.
wonderment ['wʌndəmənt] *n* = **wonder 1a.**
wondrous ['wʌndrəs] **1** *adj* (*liter*) merveilleux. **2** *adv* († *or liter*) merveilleusement. ~ **well** à merveille.
wondrously ['wʌndrəslɪ] *adv* (*liter*) = **wondrous 2.**
wonky* ['wɒŋkɪ] *adj* (*Brit*) **chair, table** bancal; **machine** qui ne

tourne pas rond*, déréglé, détraqué. (*fig*) it's a bit ~ *[sentence, pattern, ideas etc]* il y a quelque chose qui cloche*; their marriage is rather ~ at the moment leur mariage traverse une mauvaise passe en ce moment; he's feeling rather ~ still il se sent encore un peu patraque* *or* vaseux*; the grammar is a bit ~ la syntaxe est un peu boiteuse, ce n'est pas très grammatical; your hat's a bit ~ votre chapeau est mis de travers *or* de traviole*; to go ~ *[car, machine]* se détraquer; *[TV picture etc]* se dérégler; *[piece of handicraft, drawing]* aller de travers.

won't [wəʊnt] = will not; *V* will.

wont [wəʊnt] **1** *adj*: to be ~ to do avoir coutume *or* avoir l'habitude de faire. **2** *n* coutume *f*, habitude *f* (*to do* de faire). as was my ~ ainsi que j'en avais l'habitude, comme de coutume.

wonted [ˈwəʊntɪd] *adj* (*liter*) habituel, coutumier.

woo [wuː] *vt woman* faire la cour à, courtiser; (*fig*) *influential person* rechercher les faveurs de; *voters, audience* chercher à plaire à; *fame, success* rechercher, poursuivre. (*fig*) he ~ed them with promises of ... il cherchait à s'assurer leurs faveurs *or* à leur plaire en leur promettant...

wood [wʊd] **1** *n* (a) (*U: material*) bois *m*. (*fig*) to touch ~, (*US*) to knock on ~ toucher du bois; touch ~!, (*US*) knock on ~! touchons *or* je touche du bois; *V* dead, hard, soft *etc*.
 (b) (*forest*) bois *m*. ~s bois *mpl*; a pine (*or* beech *etc*) ~ un bois de pins (*or* de hêtres *etc*), une pinède (*or* une hêtraie *etc*); (*fig*) he can't see the ~ for the trees les arbres lui cachent la forêt; (*fig*) we're out of the ~ now on est au bout du tunnel maintenant; (*fig*) we're not out of the ~ yet on n'est pas encore tiré d'affaire *or* sorti de l'auberge; *V* neck.
 (c) (*cask*) drawn from the ~ tiré au tonneau; aged in the ~ vieilli au tonneau; wine in the ~ vin *m* au tonneau.
 (d) (*Mus*) the ~s les bois *mpl*.
 (e) (*Golf*) bois *m*; (*Bowls*) boule *f*. (*Golf*) a number 2 ~ un bois 2.
 2 *cpd floor, object, structure* de bois; *fire* de bois; *stove* à bois. **wood alcohol** esprit-de-bois *m*, alcool *m* méthylique; **wood anemone** anémone *f* des bois; **woodbine** *V* woodbine; **wood block** bois *m* de graveur; **wood-burning stove** poêle *m* à bois; **wood carving** (*act: U*) sculpture *f* sur bois; (*object*) sculpture en bois; **woodchuck** marmotte *f* d'Amérique; (*Orn*) **woodcock** bécasse *f*; (*U*) **woodcraft** connaissance *f* des bois; **woodcut** gravure *f* sur bois; **woodcutter** bûcheron *m*, -onne *f*; **woodcutting** (*Art: act, object*) gravure *f* sur bois; (*in forest*) abattage *m* des arbres; **wood engraving** gravure *f* sur bois; **woodland** (*n: U*) région boisée, bois *mpl*; (*cpd*) *flower, path etc* des bois; (*Orn*) **woodlark** alouette *f* des bois; **woodlouse** (*pl* **woodlice**) cloporte *m*; **woodman** forestier *m*; (*Myth*) **wood nymph** dryade *f*, nymphe *f* des bois; (*Orn*) **woodpecker** pic *m*; (*Orn*) **woodpigeon** (pigeon *m*) ramier *m*; **woodpile** tas *m* de bois; **wood pulp** pulpe *f*, pâte *f* à papier; **wood shavings** copeaux *mpl* (de bois); **woodshed** bûcher *m*; (*US*) **woodsman** = woodman; (*US*) **wood trim** boiseries *fpl*; (*Mus*) **woodwind** (*one instrument*) bois *m*; (*collective pl*) bois *mpl*; (*U*) **wood wool** copeaux *mpl* de bois; (*U*) **woodwork** *V* woodwork; **woodworm** ver *m* du bois; the table has got woodworm la table est piquée des vers *or* mangée aux vers *or* vermoulue.

woodbine [ˈwʊdbaɪn] *n* chèvrefeuille *m*.

wooded [ˈwʊdɪd] *adj* boisé. thickly/sparsely ~ très/peu boisé.

wooden [ˈwʊdn] **1** *adj* (*lit*) de bois, en bois; (*fig*) *movement, gesture* raide; *acting, performance* raide, qui manque de naturel; *look* sans expression, inexpressif; *personality, response* gauche. ~ face visage *m* de bois; the W~ Horse of Troy le cheval de Troie; (*US pej*) ~ Indian‡ (*constrained*) personne *f* raide comme la justice; (*dull*) personne terne *or* ennuyeuse; ~ leg jambe *f* de bois; (*US fig*) ~ nickel* objet *m* sans valeur; to try to sell sb ~ nickels* essayer de rouler qn; ~ spoon cuiller *f* de *or* en bois (*also Rugby, fig*).
 2 *cpd*: **wooden-headed** idiot, imbécile.

woodsy [ˈwʊdzɪ] *adj* (*US*) *countryside* boisé; *flowers etc* des bois.

woodwork [ˈwʊdwɜːk] *n* (a) (*craft, subject*) (*carpentry*) menuiserie *f*; (*cabinet-making*) ébénisterie *f*.
 (b) (*in house*) (*beams etc*) charpente *f*; (*doors, skirting boards, window frames etc*) boiseries *fpl*. (*fig pej*) to come out of the ~* sortir d'un peu partout, apparaître comme par miracle.
 (c) (*Ftbl) bois *mpl*, poteaux *mpl* (de but).

woody [ˈwʊdɪ] *adj countryside* boisé; *plant, stem, texture* ligneux; *odour* de *or* du bois.

wooer† [ˈwuːəʳ] *n* prétendant *m*.

woof¹ [wʊf] *n* (*Tex*) trame *f*.

woof² [wʊf] **1** *n [dog]* aboiement *m*. **2** *vi* aboyer. ~, ~! oua, oua!

woofer [ˈwʊfəʳ] *n* haut-parleur *m* grave, woofer *m*.

wool [wʊl] **1** *n* (a) laine *f*. he was wearing ~ il portait de la laine *or* des lainages; a ball of ~ une pelote de laine; knitting/darning ~ laine à tricoter/repriser; (*fig*) to pull the ~ over sb's eyes en faire *or* laisser accroire à qn; the sweater is all ~ *or* pure ~ le pullover est pure laine; (*US fig*) all ~ and a yard wide* authentique, de première classe; *V* dye, steel *etc*.
 (b) (‡: *hair*) tifs *mpl*.
 2 *cpd cloth* de laine; *dress* en *or* de laine. **wool fat** suint *m*; (*fig*) **wool-gathering** manque *m* d'attention; (*fig*) to be *or* go woolgathering être dans les nuages, rêvasser; **wool-grower** éleveur *m*, -euse *f* de moutons à laine; **wool-lined** doublé laine; **wool merchant** négociant(e) *m(f)* en laines, lainier *m*, -ière *f*; (*Brit Parl*) the Woolsack le Sac de Laine (*siège du Lord Chancellor à la chambre des Lords*); **woolshed** lainerie *f*; **wool shop** magasin *m* de laines; the **wool trade** le commerce de la laine.

woollen, (*US*) *also* **woolen** [ˈwʊlən] **1** *adj cloth* de laine; *garment* en *or* de laine, de *or* en lainage. ~ cloth, ~ material lainage *m*, étoffe *f* de laine; ~ goods lainages; the ~ industry l'industrie lainière; ~ manufacturer fabricant(e) *m(f)* de lainages.
 2 *npl*: ~s lainages *mpl*.

woolliness, (*US*) *also* **wooliness** [ˈwʊlɪnɪs] *n* (*fig*: *V* woolly) caractère confus *or* nébuleux; verbosité *f*.

woolly, (*US*) *also* **wooly** [ˈwʊlɪ] **1** *adj material, garment, appearance, sheep* laineux; (*fig*) *clouds* cotonneux; (*also* ~-headed, ~-minded) *ideas* confus, nébuleux; *essay, book, speech* verbeux; *V* wild.
 2 *n* (*Brit**: *jersey etc*) tricot *m*, pull *m*. **woollies***, (*US*) *also* **woolies*** lainages *mpl*; winter **woollies*** lainages d'hiver.

woops* [wʊps] *excl* = whoops*.

woozy‡ [ˈwuːzɪ] *adj* dans les vapes‡, tout chose*; (*tipsy*) éméché; *ideas* confus, nébuleux; *outline* estompé, flou. this cold makes me feel ~ je suis complètement abruti par ce rhume.

wop‡* [wʊp] *n* (*pej*) Rital‡ *m*, Italien *m*.

Worcester [ˈwʊstəʳ] *n*: ~ sauce sauce épicée au soja et au vinaigre.

word [wɜːd] **1** *n* (a) (*gen*) mot *m*; (*spoken*) mot, parole *f*. *[song etc]* ~s paroles; the written/spoken ~ ce qui est écrit/dit; by ~ of mouth de vive voix (*V also* 2); angry ~s mots prononcés sous le coup de la colère; fine ~s de belles paroles; (*iro*) fine *or* big ~s! belles paroles!, toujours les grands mots!; a man of few ~s un homme peu loquace; in ~ and deed en parole et en fait; ~ for ~ *repeat, copy out* mot pour mot, textuellement; *translate* mot à mot, littéralement; *review, go over* mot par mot (*V also* 2); in other ~s autrement dit; in a ~ en un mot; tell me in your own ~s dis-le moi à ta façon; what's the ~ for 'banana' in German?, what's the German ~ for 'banana'? comment dit-on 'banane' en allemand?; the French have a ~ for it les Français ont un mot pour dire cela; in the ~s of Racine comme dit Racine, selon les mots de Racine; I can't put my thoughts/feelings into ~s je ne trouve pas les mots pour exprimer ce que je pense/ressens; I can't find ~s *or* I have no ~s to tell you how ... je ne saurais vous dire comment ...; ~s fail me! j'en perds la parole!, je ne sais plus que dire!; without a ~, he left the room il a quitté la pièce sans dire un mot; with these ~s, he sat down sur ces mots il s'est assis; it's too stupid for ~s c'est vraiment trop stupide; boring is not the ~ for it! ennuyeux est trop peu dire!; 'negligent' is a better ~ for it 'négligent' serait plus juste *or* serait plus près de la vérité; she disappeared, there's no other ~ for it *or* that's the only ~ for it elle a disparu, c'est bien le mot *or* on ne peut pas dire autrement; *or* ~s to that effect ou du moins ça revenait au même; those were his very ~s ce sont ses propres paroles, c'est ce qu'il a dit mot pour mot *or* textuellement; it all came out in a flood of ~s il (*or* elle etc) nous a tout raconté dans un flot *or* déluge de paroles; I told him in so many ~s that ... je lui ai carrément dit que ..., sans y aller par quatre chemins je lui ai dit que ...; he didn't say so in so many ~s il n'a pas dit ça explicitement, ce n'est pas exactement ce qu'il a dit (mais cela revenait au même); I'll give you a ~ of warning je voudrais juste vous mettre en garde; after these ~s of warning après cette mise en garde; a ~ of advice un petit conseil; a ~ of thanks un mot de remerciement; a ~ to new fathers quelques conseils aux nouveaux pères; he won't hear a ~ against her il n'admet absolument pas qu'on la critique (*subj*); nobody had a good ~ to say about him (*or* it) personne n'a trouvé la moindre chose à dire en sa faveur; to put in a (good) ~ for sb dire *or* glisser un mot en faveur de qn; Mr Martin will now say a few ~s M. Martin va maintenant prendre la parole; I want a ~ with you j'ai à vous parler; I'll have a ~ with him about it je lui en toucherai un mot, je vais lui en parler; I had a ~ with him about it je lui en ai parlé brièvement; I remember every ~ he said je me souviens de ce qu'il a dit mot pour mot; I didn't breathe a ~ je n'ai pas soufflé mot; I never said a ~ je n'ai rien dit du tout, je n'ai pas ouvert la bouche; he didn't say a ~ about it il n'en a absolument pas parlé; I can't get a ~ out of him je ne peux rien en tirer (,il reste muet); you took the ~s right out of my mouth c'est exactement ce que j'allais dire, vous avez dit ce que j'aurais su la langue; you ~s into my mouth! vous me faites dire ce que je n'ai pas dit!; by *or* through ~ of mouth de vive voix; (*quarrel*) to have ~s with sb avoir des mots avec qn*, se disputer avec qn; from the ~ go dès le début *or* le commencement; there's no such ~ as 'impossible' 'impossible' n'est pas français; *V* believe, breathe, eat, edge *etc*.
 (b) (*message*) mot *m*; (*U: news*) nouvelles *fpl*. ~ came from headquarters that ... le quartier général nous (*or* leur etc) a fait dire *or* nous (*or* leur etc) a prévenus que ...; ~ came that ... on a appris que ...; to send ~ that faire savoir *or* faire dire que; there's no ~ from John yet on est toujours sans nouvelles de Jean; I'm hoping for ~ about it tomorrow j'espère que j'aurai des nouvelles demain *or* que demain je saurai ce qui se passe; I hope he'll bring us ~ of Liline j'espère qu'il nous apportera des nouvelles de Liline; (*rumour*) the ~ was that he had left le bruit courait qu'il était parti; *V* leave.
 (c) (*promise etc: no pl*) parole *f*, promesse *f*. ~ of honour parole d'honneur; a man of his ~ un homme de parole; his ~ is his bond il n'a qu'une parole; he is as good as his ~ on peut le croire sur parole; he was as good as his ~ il a tenu (sa) parole; to give one's ~ donner sa parole (d'honneur) (*to sb* à qn, *that* que); I give you my ~ for it je vous en donne ma parole; to break one's ~ manquer à sa parole; to go back on one's ~ retirer *or* rendre *or* reprendre sa parole; to keep one's ~ tenir (sa) parole; to hold sb to his ~ contraindre qn à tenir sa promesse; to take sb at his ~ prendre qn au mot; it was his ~ against mine c'était sa parole contre la mienne; I've only got her ~ for it c'est elle qui le dit, je n'ai aucune preuve; you'll have to take his ~ for it il vous faudra le croire sur parole; take my ~ for it, he's a good man croyez-m'en, c'est un brave homme; (*excl*) (upon) my ~! ma parole!
 (d) (*command*) (mot *m* d')ordre *m*; (*pass*~) mot de passe. the ~ of command l'ordre; his ~ is law c'est lui qui fait la loi; he gave the ~ to advance il a donné l'ordre *or* le signal d'avancer; *V* say.

(e) *(Rel)* the **W~** *(logos)* le Verbe; *(the Bible, the Gospel; also* the **W~** of God) le Verbe (de Dieu), la parole de Dieu.
(f) *(Comput)* mot *m*.
2 *cpd:* **word-blind** dyslexique; **word-blindness** dyslexie *f*; **wordbook** lexique *m*, vocabulaire *m*; *(Ling)* **word formation** formation *f* des mots; **word-for-word** *analysis* mot par mot; a **word-for-word** translation une traduction mot-à-mot, un mot-à-mot; **word game** jeu *m* avec des mots; **word list** *(in exercise etc)* liste *f* de mots; *(in dictionary)* nomenclature *f*; **word-of-mouth** *(adj)* verbal, oral; *(Gram)* **word order** ordre *m* des mots; **to be word-perfect in sth** savoir qch sur le bout du doigt; **to give a word picture of sth** faire le tableau de qch, dépeindre qch; **word-play** jeu *m* sur les mots, jeu de mots; **word processor** machine *f* de traitement de texte; **word processing** traitement *m* de texte; **word-processing package** système *m* de traitement de texte; **wordsmith** *V* **wordsmith**; *(Ling)* **word-type** vocable *m*.
3 *vt document, protest* formuler, rédiger, libeller *(Admin)*. **he had ~ed the letter very carefully** il avait choisi les termes de la lettre avec le plus grand soin; **well ~ed** bien tourné; **I don't know how to ~ it** je ne sais pas comment le formuler.
wordiness ['wɜːdɪnɪs] *n* verbosité *f*.
wording ['wɜːdɪŋ] *n [letter, speech, statement]* termes *mpl*, formulation *f*; *(Jur, Admin)* rédaction *f*; *[official document]* libellé *m*. **the ~ of the last sentence is clumsy** la dernière phrase est maladroitement exprimée *or* formulée; **the ~ is exceedingly important le** choix des termes est extrêmement important; **change the ~ slightly** changez quelques mots (ici et là); **a different ~ would make it less ambiguous** ce serait moins ambigu si on l'exprimait autrement.
wordless ['wɜːdlɪs] *adj admiration, resentment* muet.
wordlessly ['wɜːdlɪslɪ] *adv* sans prononcer un mot.
wordsmith ['wɜːdsmɪθ] *n* manieur *m* de mots. **he's a skilled ~** il sait tourner ses phrases, *(stronger)* il a le génie des mots.
wordy ['wɜːdɪ] *adj* verbeux.
wore [wɔːʳ] *pret of* **wear**.
work [wɜːk] **1** (a) *(U: gen)* travail *m*, œuvre *f*. **to be at ~** travailler, être à l'œuvre *or* au travail; **he was at ~ on another picture** il travaillait sur un autre tableau; **there are subversive forces at ~ here** des forces subversives sont en jeu *or* à l'œuvre; **to start ~, to set to ~** se mettre au travail *or* à l'œuvre; **to set to ~ mending** *or* **to mend the fuse** entreprendre de *or* se mettre à réparer le fusible; **they set him to ~ mending the fence** ils lui ont donné pour tâche de réparer la barrière; **he does his ~ well** il travaille bien, il fait bon travail; **good ~!** bien travaillé!, bravo!; **it's good ~** c'est du bon ouvrage *or* travail; **that's a good piece of ~** c'est du bon travail; **he's a nasty piece of ~*** c'est un sale type*; **he's doing useful ~ there** il fait œuvre utile *or* du bon travail là-bas; **she put a lot of ~ into it** elle a passé beaucoup de temps dessus; **there's still a lot of ~ to be done on it** il reste encore beaucoup à faire; **I've got some more ~ for you** j'ai encore du travail pour vous; **I'm trying to get some ~ done** j'essaie de travailler un peu; **~ has begun on the new bridge** les travaux du nouveau pont ont commencé, on a commencé la construction du nouveau pont; *(Comm, Fin)* **~ in progress** travaux *mpl* en cours; **it's women's ~** c'est un travail de femme; *(iro)* **it's nice ~ if you can get it!*** c'est une bonne planque pour ceux qui ont de la veine!*; **it's quite easy ~** ce n'est pas difficile à faire; **it's hot ~** ça donne chaud; **to make short** *or* **quick ~ of sth** faire qch très rapidement; *(fig)* **to make short ~ of sb** envoyer promener* qn; **there's been some dirty ~*** here! il y a quelque chose de pas catholique là-dessous!; **it's obviously the ~ of a professional** c'est manifestement l'œuvre d'un professionnel *or* un travail de professionnel; **you'll have your ~ cut out** ça ne va pas être facile, tu auras du pain sur la planche *or* de quoi t'occuper *(to do* pour faire); *V* **thirsty** *etc*.
(b) *(as employment)* travail *m*. **to go to ~** aller travailler, aller à l'usine *(or* au bureau *etc)*; **on his way to ~** en allant à son travail *(or* au bureau *etc)*; *(more formally, Admin)* en se rendant à son lieu de travail; **he's looking for ~** il cherche du travail *or* de l'emploi; **he's at ~ at the moment** il est au bureau *or* à l'usine *(or)* en ce moment; **he is in regular ~** il a un emploi régulier; **to be out of ~** être en *or* au chômage *or* sans emploi; *(Econ, Admin)* **numbers out of ~** inactifs *mpl*; **to put** *or* **throw sb out of ~** réduire qn au chômage; **this decision threw a lot of men out of ~** cette décision a fait beaucoup de chômeurs; **600 men were thrown out of ~** 600 hommes ont été licenciés *or* ont perdu leur emploi; **he's off ~ today** il n'est pas allé *(or* venu) travailler aujourd'hui; **he has been off ~ for 3 days** il est absent depuis 3 jours; **a day off ~** un jour de congé; **I've got time off ~** j'ai du temps libre; **where is his** (place of) ~? où est son travail?*, où travaille-t-il?; **domestic ~** domestiques *mpl*; **office ~** travail de bureau; **I've done a full day's ~** *(lit)* j'ai fait ma journée; *(fig)* j'ai eu une journée bien remplie, je n'ai pas perdu mon temps aujourd'hui; *(fig)* **it's all in a day's ~** ça n'a rien d'extraordinaire; *V* **day, social** *etc*.
(c) *(product)* ouvrage *m*, œuvre *f*; *[seamstress etc]* ouvrage. **the ~s of God** les œuvres de Dieu; **good ~s** bonnes œuvres; **his ~** l'œuvre de sa vie; **his ~ will not be forgotten** son œuvre restera dans la mémoire des hommes; **each man will be judged by his ~s** chaque homme sera jugé selon ses œuvres; **it was a ~ of skill and patience** c'était un ouvrage qui faisait preuve d'habileté et de patience.
(d) *(Art, Literat, Mus)* œuvre *f*; *(on specific subject)* ouvrage *m*. **a ~ of art** une œuvre d'art; **the complete ~s of Corneille** les œuvres complètes de Corneille; **Camus' last ~** la dernière œuvre de Camus; **a ~ on Dickens** un ouvrage sur Dickens; **it's one of the few ~s he has written on ...** c'est l'un des quelques ouvrages qu'il ait écrits sur ...; **this ~ was commissioned by ...** cette œuvre a été

commandée par ...; **~s of fiction/reference** ouvrages de fiction/référence; **he sells a lot of his ~** il vend beaucoup de tableaux *(or* de livres *etc)*.
(e) *(pl)* **~s** *(gen, Admin, Mil)* travaux *mpl*; *[clock, machine etc]* mécanisme *m*. **Minister/Ministry of W~s** ministre *m*/ministère *m* des Travaux publics; **building ~s** travaux de construction; **road ~s** travaux d'entretien *or* de réfection de la route; *(fig)* **they gave him the ~s‡** ils lui en ont fait voir de dures*, il a eu droit à un interrogatoire *(or* une engueulade‡ *etc)* en règle; *(murdered him)* ils l'ont descendu‡, ils lui ont fait la peau‡; *(fig)* **the whole ~s*** tout le tremblement*, tout le tralala*; *(US fig)* **to put in the ~s*** jouer le grand jeu; *V* **public, spanner** *etc*.
(f) *V* **works**.
2 *cpd:* **workaday** *V* **workaday**; **workaholic** *V* **workaholic**; **workbag** sac *m* à ouvrage; **workbasket** corbeille *f* à ouvrage; **workbench** établi *m*; **workbook** *(exercise book)* cahier *m* d'exercices; *(manual)* manuel *m*; *(work record book)* cahier de préparations, cahier-journal *m*; **workbox** boîte *f* à ouvrage; **workcamp** *(prison)* camp *m* de travail forcé; *(voluntary)* chantier *m* de travail *(*bénévole); **workday** *(adj)* = **workaday**; *(n)* **a workday of 8 hours** une journée de travail de 8 heures; **Saturday is a workday** *(gen)* on travaille le samedi; *(Comm)* le samedi est un jour ouvrable; **workdesk** bureau *m* de travail; **the work ethic** l'attitude moraliste envers le travail; **work experience** stage *m*; *(Comput)* **work file** fichier *m* de travail; *(Econ, Ind)* **work force** main-d'œuvre *f*, personnel *m*; **workhorse** cheval *m* de labour; *(fig)* battant *m*; **workhouse** *(Brit Hist)* hospice *m*; *(US Jur)* maison de correction; *(Ind)* **work-in** ≃ occupation *f* du lieu de travail (par la main-d'œuvre); **his work load is too heavy** il a trop de travail; **they were discussing work loads** ils discutaient de la répartition du travail; **workman** *V* **workman**; **workmate** camarade *mf* de travail; *(Sport)* **workout** séance *f* d'entraînement; **workpeople** travailleurs *mpl*, ouvriers *mpl*; **work permit** permis *m* de travail; **work prospects** *[course, training]* débouchés *mpl*; *[student]* perspectives *fpl*; **workroom** salle *f* de travail; *(US Ind)* **work-rule** = **work-to-rule**; *(Comput)* **work sheet** feuille *f* de programmation; **workshop** atelier *m*; **to be workshy** être rebuté par le travail, être fainéant; *(Comput)* **work station** poste *m* de travail; *(US Univ)* **work-study student** étudiant(e) *m(f)* ayant un emploi rémunéré par l'université; **worktable** table *f* de travail; *(Brit Ind)* **work-to-rule** grève *f* du zèle; *(US)* **a work week of 38 hours** une semaine de 38 heures; **work-worn** *hands* usé par le travail; *V also* **works 2**.
3 *vi* (a) *(gen)* travailler. **to ~ hard** travailler dur; **to ~ like a Trojan** travailler comme un forçat *or* un bœuf; *(Ind)* **to ~ to rule** faire la grève du zèle; **he ~s in engineering** il est ingénieur; **he prefers to ~ in wood/clay** il préfère travailler avec le bois/la terre glaise; **he prefers to ~ in oils** il aime mieux faire de la peinture à l'huile; **he is ~ing at his maths** il travaille ses maths; **he ~ed on the car all morning** il a travaillé sur la voiture toute la matinée; *(fig)* **I've been ~ing on him but haven't yet managed to persuade him** j'ai bien essayé de le convaincre mais je n'y suis pas encore arrivé; **he's ~ing at** *or* **on his memoirs** il travaille à ses mémoires; **the police are ~ing on the case** la police enquête sur l'affaire; **have you solved the problem? — we're ~ing on it** avez-vous résolu le problème? — on y travaille *or* on cherche; **they are ~ing on the principle that ...** ils partent du principe que ...; **there are not many facts/clues** *etc* **to ~ on** on manque de faits/d'indices *etc* sur lesquels on puisse se baser *or* qui puissent servir de point de départ; **he has always ~ed for/against such a reform** il a toujours lutté pour/contre une telle réforme; **we are ~ing towards a solution/an agreement** *etc* nous nous dirigeons petit à petit vers une solution/un accord *etc*; *V* **overtime** *etc*.
(b) *[mechanism, watch, machine, car, switch]* marcher; *[drug, medicine]* agir, faire (son) effet, opérer; *[yeast]* fermenter; *[scheme, arrangement]* marcher. **the lift isn't ~ing** l'ascenseur ne marche pas *or* est en panne; **it ~s off the mains/on electricity** ça marche sur le secteur/à l'électricité; **my brain doesn't seem to be ~ing today** mon cerveau n'a pas l'air de fonctionner aujourd'hui; **the spell ~ed** le charme a fait son effet; **the plan ~ed like a charm** tout s'est déroulé exactement comme prévu; **it just won't ~** ça ne marchera pas *or* jamais; *(fig)* **that ~s both ways** c'est à double tranchant.
(c) *(move)* *[face, mouth]* se contracter, se crisper. **his tie had ~ed round to the back of his neck** sa cravate avait tourné et lui pendait dans le dos; **dust has ~ed into the mechanism** de la poussière s'est introduite *or* s'est glissée dans le mécanisme; **water has ~ed through the roof** de l'eau s'est infiltrée par le toit; **the wind has ~ed round to the south** le vent a petit à petit tourné au sud; *V* **loose**.
(d) *(also ~ one's way)* avancer *(towards* vers). **he ~ed carefully along to the edge of the cliff** il s'est approché du bord de la falaise en prenant bien garde de ne pas tomber; *V also* **4d**.
4 *vt* (a) *(cause to ~)* *person, staff* faire travailler; *mechanism, machine* faire marcher, actionner. **he ~s his staff too hard** il exige trop de travail de son personnel, il surmène son personnel; **he ~s himself too hard** il se surmène *(V also* **4b**); **he's ~ing himself to death** il se tue à la tâche; **can you ~ the sewing machine?** sais-tu te servir de la machine à coudre?; **the machine is ~ed by electricity** la machine marche à l'électricité; *V* **finger**.
(b) *(achieve by ~)* *miracle* faire, accomplir; *change* apporter. **to ~ wonders** *or* **marvels** *[person]* faire des merveilles; *[drug, medicine, action, suggestion etc]* faire merveille; **he ~ed his passage to Australia** il a payé son passage en travaillant à bord du bateau sur lequel il a gagné l'Australie; **to ~ one's way through college** travailler pour payer ses études *(V also* **4d**); *(fig)* **he has managed to ~ his promotion*** il s'est débrouillé pour obtenir son

avancement; **can you ~ it* so that she can come too?** pouvez-vous faire en sorte qu'elle puisse venir aussi?; **I'll ~ it* if I can** si je peux m'arranger pour le faire je le ferai; **he ~ed his audience (up) into a frenzy of enthusiasm** il est arrivé par degrés à soulever l'enthousiasme de son auditoire; **he ~ed himself (up) into a rage** il s'est mis dans une colère noire; *V* **oracle**.

(c) *(operate, exploit)* mine, land exploiter, faire valoir. *(Comm)* **this representative ~s the south-east region** ce représentant couvre la région du sud-est.

(d) *(manoeuvre etc)* **to ~ a ship into position** exécuter une manœuvre pour placer un bateau en position (opérationnelle); **he ~ed the rope gradually through the hole** il est petit à petit arrivé à faire passer la corde dans le trou; **he ~ed his hands free** il est arrivé à délier ses mains; **to ~ sth loose** arriver à desserrer qch; **he ~ed the lever up and down** il a levé et baissé le levier plusieurs fois; **she ~ed the hook carefully out of the cloth** en s'y prenant minutieusement elle a réussi à enlever le crochet du tissu; **he ~ed the incident into his speech** il s'est arrangé pour introduire *or* parler de l'incident dans son discours; **he ~ed his way along to the edge of the roof** il s'est approché graduellement du rebord du toit; **I saw him ~ing his way round towards me** je l'ai vu qui s'approchait de moi petit à petit.

(e) *(make, shape)* metal, wood, leather etc travailler, façonner; dough, clay travailler, pétrir; object façonner *(out of dans)*; *(sew)* coudre; *(embroider)* design etc broder. *(Culin)* **~ the butter and sugar together** travaillez bien le beurre et le sucre; **~ the flour in gradually** incorporez la farine petit à petit.

♦**work away** *vi*: **they worked away all day** ils ont passé toute la journée à travailler; **she was working away at her embroidery** elle continuait à faire sa broderie.

♦**work down** *vi [stockings etc]* glisser.

♦**work in 1** *vi* (a) *[dust, sand etc]* s'introduire, s'insinuer.

(b) *(cooperate etc)* **she works in with us as much as possible** elle collabore avec nous autant que possible; **this doesn't work in with our plans for** ... ceci ne cadre pas *or* ne concorde pas avec nos projets pour ...; **that'll work in quite well** ça cadrera très bien.

2 *vt sep* bolt, nut, stick etc introduire petit à petit; reference, quotation, subject etc glisser, introduire. **we'll work in a mention of it somewhere** on s'arrangera pour le mentionner quelque part; *V also* **work 4e**.

3 work-in *n V* **work 2**.

♦**work off 1** *vi [nut, handle etc]* se détacher.

2 *vt sep* (a) debt, obligation acquitter en travaillant.

(b) *one's surplus fat* se débarrasser de; weight éliminer; frustration, rage passer, assouvir. **to work off one's energy** dépenser son surplus d'énergie; **don't work off your annoyance on me!** ne passe pas ta mauvaise humeur sur moi!; **he worked it all off doing the gardening** il s'est défoulé en faisant du jardinage.

♦**work out 1** *vi* (a) *[plan, arrangement]* aboutir, réussir, marcher*; *[puzzle, problem, sum]* se résoudre exactement, marcher*. **what does the total work out at?** cela s'élève à *or* fait combien en tout?; **it works out at 5 apples per child** ça fait 5 pommes par enfant; **it's all working out as planned** tout se déroule comme prévu; **things didn't work out (well) for her** les choses ont plutôt mal tourné pour elle; **their marriage didn't work out** leur mariage n'a pas marché*; **it will work out right in the end** tout finira (bien) par s'arranger; **how did it work out?** comment ça a marché?*; **it hasn't worked out that way** les choses se sont passées autrement, il en est allé autrement.

2 *vt sep* (a) calculation, equation résoudre; answer, total trouver; code déchiffrer; problem résoudre; puzzle faire, résoudre; plan, scheme, idea élaborer, mettre au point; settlement (details) mettre au point; (differences of opinion) régler. **I'll have to work it out** *(gen)* il faut que je réfléchisse; *(counting)* il faut que je calcule; **who worked all this out?** qui a eu l'idée de tout ça?; **can you work out where we are on the map?** peux-tu découvrir où nous sommes sur la carte?; **he worked out why she'd gone** il a fini par découvrir pourquoi elle était partie; **I can't work it out** ça me dépasse.

(b) *(exhaust resources of)* mine, land épuiser.

(c) *one's anger etc (express)* donner libre cours à; *(get rid of)* passer, assouvir. **to work out one's energy** dépenser son surplus d'énergie; *(anger, frustration etc)* **he worked it all out doing the gardening** il s'est défoulé en faisant du jardinage; **don't work out your annoyance on me!** ne passe pas ta mauvaise humeur sur moi!

3 workout *n V* **work 2**.

♦**work over*** *vt sep (beat up)* passer à tabac, tabasser*.

♦**work round** *vi (in conversation, negotiations etc)* **you'll have to work round to that subject tactfully** il faudra que vous abordiez *(subj)* ce sujet avec tact; **what are you working round to?** où voulez-vous en venir?; *V also* **work 3c**.

♦**work up 1** *vi* (a) **events were working up to a climax** on était au bord de la crise, une crise se préparait; **the book works up to a dramatic ending** l'auteur a su amener un dénouement dramatique; *(in conversation etc)* **to work up to sth** en venir à qch, préparer le terrain pour qch; **what is he working up to?** où veut-il bien en venir?; **I thought he was working up to a proposal** je croyais qu'il préparait le terrain pour faire sa demande.

(b) *[garment etc]* remonter.

2 *vt sep* trade, business développer. **he worked the firm up from almost nothing into a major company** en partant pratiquement de rien il a réussi à faire de cette firme une compagnie de grande envergure; **he worked his way up to the top of his firm** il a gravi un à un tous les échelons dans son entreprise; **he worked his way up from office boy to managing director** il est

devenu P.D.G. après avoir commencé au bas de l'échelle en tant que garçon de bureau; **he worked his way up from nothing** il est parti de rien et s'est élevé à la force du poignet; *(Comm)* **he's trying to work up a connection in Wales** il essaie d'établir une liaison au pays de Galles; **he worked the crowd up into a fury** il a déchaîné la fureur de la foule; **to work up an appetite** s'ouvrir l'appétit; **I can't work up much enthusiasm for the plan** je n'arrive pas à m'enthousiasmer beaucoup pour ce projet; **can't you work up a little more interest in it?** tu ne pourrais pas t'y intéresser un petit peu plus?; **to work o.s. up, to get worked up** se mettre dans tous ses états, s'énerver.

workable ['wɜːkəbl] *adj* (a) scheme, arrangement, solution, suggestion possible, réalisable. **it's just not ~** ça ne marchera jamais. (b) mine, land exploitable.

workaday ['wɜːkədeɪ] *adj* clothes de travail, de tous les jours; event banal, courant.

workaholic* [ˌwɜːkəˈhɒlɪk] *n* bourreau *m or* drogué(e) *m(f)* de travail.

worker ['wɜːkəʳ] **1** *n* (gen, Ind, Agr etc) ouvrier *m*, -ière *f*; (esp Pol) travailleur *m*, -euse *f*. **woman ~** ouvrière; **he's a good ~** il travaille bien; **he's a fast ~** *(lit)* il travaille vite; *(*fig)* il ne perd pas de temps; **all the ~s in this industry** tous ceux qui travaillent dans cette industrie; (Ind) **management and ~s** patronat *m* et travailleurs *or* ouvriers; **we rely on volunteer ~s** nous dépendons de travailleurs bénévoles; **office ~** employé(e) *m(f)* de bureau; **research ~** chercheur *m*, -euse *f*; (Brit) **Workers' Educational Association** ≃ Association *f* d'éducation populaire.

2 *cpd*: **worker ant** ouvrière *f*, fourmi *f* neutre; **worker bee** (abeille) ouvrière *f*; (Ind) **worker director** ouvrier *m* faisant partie du conseil d'administration; (Ind) **worker participation in decisions** participation *f* des travailleurs *or* ouvriers aux décisions; **worker priest** prêtre-ouvrier *m*.

working ['wɜːkɪŋ] **1** *adj* clothes, lunch, dinner de travail; model qui marche; partner, population actif. **~ capital** fonds *mpl* de roulement; **the ~ class** la classe ouvrière *(V also 2)*; *(Pol: collectively)* **the ~ classes** le prolétariat; (Brit) **a ~ day of 8 hours** une journée de travail de 8 heures; **during or in ~ hours** pendant les heures de travail, pendant le service; (Brit) **Saturday is a ~ day** *(gen)* on travaille le samedi; *(Comm)* le samedi est un jour ouvrable; **~ drawing** épure *f*; **good ~ environment** bonnes conditions de travail; **~ expenses** *[mine, factory]* frais *mpl* d'exploitation; *[salesman]* frais; **~ hypothesis** hypothèse *f* de travail; *(Pol etc)* **to have a ~ majority** avoir une majorité suffisante; (Ind, Soc etc) **the ~ man will not accept** ... les ouvriers *mpl or* les travailleurs *mpl* n'accepteront pas ...; **he's an ordinary ~ man** c'est un simple ouvrier; **he's a ~ man** now il travaille maintenant, il gagne sa vie maintenant; (Brit) **~ party** *(gen)* groupe *m* de travail, *(grander)* commission *f* d'enquête; *(squad: of soldiers)* escouade *f*; **a ~ wife** une femme mariée qui travaille; **she is an ordinary ~ woman** c'est une simple ouvrière; **she is a ~ woman** elle travaille, elle gagne sa vie; *(Comm, Press, Soc etc)* **the ~ woman** la femme active; *V* **order**.

2 *cpd*: **working-class** origins, background, accent, suburb ouvrier, prolétarien; **he is working-class** il appartient à la classe ouvrière.

3 *n* (a) **~s** *(mechanism)* mécanisme *m*; *[government, organization]* rouages *mpl*; (Min) chantier *m* d'exploitation; **I don't understand the ~s of her mind** je ne comprends pas ce qui se passe dans sa tête.

(b) *(U)* *(work)* travail *m*; *[machine etc]* fonctionnement *m*; *[yeast]* fermentation *f*; *[mine, land]* exploitation *f*, faire-valoir *m*; *[metal, wood, leather, clay, dough]* travail; *(Sewing)* couture *f*; *(embroidery)* broderie *f*.

workman ['wɜːkmən] *pl* **workmen 1** *n* (a) (gen, Comm, Ind etc) ouvrier *m*. **a ~ came to fix the roof** un ouvrier est venu réparer le toit; (Prov) **a bad ~ blames his tools** les mauvais ouvriers se plaignent toujours de leurs outils (Prov); **workmen's compensation** pension *f* d'invalidité *(pour ouvriers)*.

(b) **to be a good ~** bien travailler, avoir du métier.

2 *cpd*: **workmanlike** person, attitude professionnel; object, product, tool bien fait, soigné; *(fig)* attempt sérieux; **it was a workmanlike essay** c'était une dissertation honnête *or* bien travaillée; **he made a workmanlike job of it** il a fait du bon travail; **he set about it in a very workmanlike way** il s'y est pris comme un vrai professionnel.

workmanship ['wɜːkmənʃɪp] *n [craftsman]* métier *m*, maîtrise *f*; *[artefact]* exécution *f or* fabrication *f* soignée. **this example of his ~** cet exemple de sa maîtrise *or* de son habileté professionnelle *or* de ce qu'il est capable de faire; **a chair of fine ~** une chaise faite avec art; **a superb piece of ~** un *or* du travail superbe.

workmen ['wɜːkmən] *npl of* **workman**.

works [wɜːks] **1** *npl* (Brit Ind etc: factory) usine *f*; (processing plant etc) installations *fpl*. **gas ~** usine à gaz; **steel ~** aciérie *f*; **irrigation ~** installations d'irrigation, barrage *m*; **water ~** station *f* d'épuration; **price ex ~** prix *m* sortie d'usine.

2 *cpd* entrance, canteen, car park etc *(gen)* de l'usine; *(as opposed to staff)* des ouvriers. **works committee, works council** comité *m* d'entreprise; **works manager** chef *m* d'exploitation.

world [wɜːld] **1** *n* (a) (gen, Geog etc) monde *m*. **all over the ~, all the ~ over** dans le monde entier; **to go round the ~, to go on a trip round the ~ or a round-the-~** tour faire le tour du monde, voyager autour du monde; **a round-the-~ cruise** une croisière autour du monde; **to see the ~** voir du pays, courir le monde; **the most powerful nation in the ~** la nation la plus puissante du monde; **it is known throughout the ~** c'est connu dans le monde entier, c'est universellement connu; **our company leads the ~ in shoe manufacturing** notre compagnie est à la pointe de l'industrie de la chaussure dans le monde; ~s out in space mondes extra-terrestres; to be alone in the ~ être seul au monde; it's a small ~! (que) le monde est petit!; the New W~ le Nouveau Monde; the ancient ~ le monde antique, l'antiquité f; the English-speaking ~ le monde anglophone; the ~ we live in le monde où nous vivons; in the ~ of tomorrow dans le monde de demain; since the ~ began, since the beginning of the ~ depuis que le monde est monde; it's not the end of the ~ ça pourrait être bien pire; (Rel) ~ without end dans les siècles des siècles; he is a citizen of the ~ c'est un citoyen du monde; his childhood was a ~ of hot summers and lazy days son enfance était un univers d'étés brûlants et de journées oisives; (fig) he lives in a ~ of his own, he lives in another ~ il vit dans un monde à lui, il plane; (fig) to be dead to the ~ (asleep) dormir profondément; (drunk) être ivre mort; V old, old-world.

(b) (emphatic phrases) to think the ~ of sb ne jurer que par qn; she's all the ~ to him elle est tout pour lui; (fig) on top of the ~* aux anges; it did him a ~ of good ça lui a fait énormément de bien or un bien fou*; there's a ~ of difference between Paul and Richard il y a un monde entre Paul et Richard; their views are ~s apart leurs opinions sont diamétralement opposées; (fig) they were ~s apart (gen) ils n'avaient rien en commun, tout les séparait; (in opinion etc) ils étaient diamétralement opposés; it was for all the ~ as if ... c'était exactement or tout à fait comme si ...; I'm the ~'s worst cook il n'y a pas au monde pire cuisinière que moi; I'd give the ~ to know ... je donnerais tout au monde pour savoir ...; it's what he wants most in (all) the ~ c'est ce qu'il veut plus que tout au monde; in the whole (wide) ~ you won't find a better man than he is nulle part au monde vous ne trouverez un meilleur homme que lui; nowhere in the ~, nowhere in the whole (wide) ~ nulle part au monde; I wouldn't do it for (anything in) the ~, nothing in the ~ would make me do it je ne le ferais pour rien au monde, je ne le ferais pas pour tout l'or du monde; what/where/why/how in the ~ ...? que/où/pourquoi/comment diable* ...?; where in the ~ has he got to? où a-t-il bien pu passer?, où diable* est-ce qu'il est passé?

(c) (this life etc) monde m; (Rel: as opposed to spiritual life) siècle m, monde; (domain, realm) monde, univers m. in this ~ ici-bas, en ce (bas) monde; (fig) it's out of this ~* c'est extraordinaire, c'est sensationnel*; the next ~, the ~ to come l'au-delà, l'autre monde; he's gone to a better ~ il est parti pour un monde meilleur; he's not long for this ~ il n'en a plus pour longtemps (à vivre); (Rel) in the ~ dans le siècle; (Rel) the ~, the flesh and the devil les tentations fpl du monde, de la chair et du diable; to bring a child into the ~ mettre un enfant au monde; to come into the ~ venir au monde, naître; the ~ of nature le monde de la nature; the business/sporting ~ le monde des affaires/du sport; in the university ~ dans les milieux universitaires; in the ~ of music dans le monde de la musique; the ~ of dreams l'univers or le monde des rêves; in the best of all possible ~s dans le meilleur des mondes (possibles); V best, other.

(d) (society etc) monde m. to go up in the ~ faire du chemin (fig); to come down in the ~ déchoir; he has come down in the ~ il a connu de meilleurs jours; to make one's way in the ~ faire son chemin dans le monde; he had the ~ at his feet il avait le monde à ses pieds; you have to take the ~ as you find it il faut prendre le monde comme il est or les choses comme elles sont; the ~ and his wife absolument tout le monde, tout le monde sans exception; you know what the ~ will say if ... tu sais ce que les gens diront si ...; V man.

2 cpd power, war, proportions mondial; record, tour du monde; language universel. (Fin) the World Bank la Banque mondiale, la Banque internationale pour la reconstruction et le développement; (fig) it's a world-beater* cela a eu un succès fou*; world boxing champion champion m du monde de boxe; (Sport) world champion champion m du monde; world championship championnat m du monde; World Council of Churches Conseil m œcuménique des Églises; (Jur) the World Court la Cour internationale de justice; (Ftbl) the World Cup la Coupe du monde; (Comm) World Fair Exposition Internationale; world-famous de renommée mondiale, célèbre dans le monde entier; World Health Organization Organisation mondiale de la santé; on a world scale à l'échelle mondiale; (US Baseball) World Series championnat m national de baseball; world-shaking stupéfiant; (Sport) the World title le titre de champion du monde; (Boxing) the world title fight le championnat du monde; World War One/Two la Première/Deuxième or Seconde guerre mondiale; world-weariness dégoût m du monde; world-weary las (f lasse) du monde; world-wide mondial, universel.

worldliness ['wɜːldlɪnɪs] n [person] attachement m aux biens de ce monde; (Rel) mondanité f.

worldly ['wɜːldlɪ] 1 adj matters, pleasures de ce monde, terrestre; attitude matérialiste; person (acquisitive etc) attaché aux biens de ce monde; (experienced) qui a l'expérience du monde; (Rel) mondain, temporel. his ~ goods sa fortune, ses biens temporels.

2 cpd: worldly-minded attaché aux biens de ce monde; worldly-wisdom expérience f du monde, savoir-faire m; worldly-wise qui a l'expérience du monde.

worm [wɜːm] 1 n (a) (gen: earth~ etc) ver m (de terre); (in fruit etc) ver; (maggot) asticot m; (fig: person) minable* mf, miteux* m, -euse* f. (fig) the ~ has turned il en a eu (or il s'est) assez de se (or me etc) faire marcher dessus; (US fig) a can of ~s* un véritable guêpier (fig); you ~!* misérable!; V book, glow, silk etc.

(b) (Med) ~s vers mpl. to have ~s avoir des vers.

2 cpd: worm-cast déjections fpl de ver; (Tech) worm drive transmission f par vis sans fin; worm-eaten fruit véreux; furniture mangé aux vers, vermoulu; (fig) désuet (f -ète), suranné;

(Tech) worm gear engrenage m à vis sans fin; wormhole piqûre f or trou m de ver; (Vet) worm(ing) powder poudre f vermifuge; wormlike vermiculaire, vermiforme; worm's eye view* (Phot, Cine) contre-plongée f; (fig) point m de vue des humbles; (fig) a worm's-eye view of what is going on un humble aperçu de ce qui se passe; wormwood V wormwood.

3 vt (a) (wriggle) to ~ o.s. or one's way along/down/across etc avancer/descendre/traverser etc à plat ventre or en rampant; he ~ed his way through the narrow window il a réussi se se tortillant à passer par la lucarne; (fig) he ~ed his way into our group il s'est insinué or immiscé dans notre groupe; to ~ one's way into sb's heart trouver le chemin du cœur de qn.

(b) (extract) to ~ sth out of sb soutirer qch à qn; I'll ~ it out of him somehow je m'arrangerai pour lui tirer les vers du nez.

(c) (rid of ~s) dog etc débarrasser de ses vers.

wormwood ['wɜːmwʊd] n armoise f. (fig) it was ~ to him cela le mortifiait.

wormy ['wɜːmɪ] adj fruit véreux; furniture vermoulu, mangé aux vers; soil plein de vers; shape vermiculaire.

worn [wɔːn] 1 ptp of wear. 2 adj garment, carpet, tyre, hands, machine part usé; person las (f lasse); V also wear. 3 cpd: worn-out garment, carpet, tyre usé jusqu'à la corde; tool, machine part complètement usé; person épuisé, fourbu, éreinté; V also wear.

worried ['wʌrɪd] adj inquiet (f -ète). to be ~ about sth être inquiet au sujet de or pour qch; ~ to death* fou (f folle) d'inquiétude; V also worry.

worrier ['wʌrɪər] n anxieux m, -euse f, inquiet m, -ète f. he's a dreadful ~ c'est un éternel inquiet.

worrisome ['wʌrɪsəm] adj inquiétant.

worry ['wʌrɪ] 1 n souci m. the ~ of having to find the money le souci d'avoir à trouver l'argent; he hasn't any worries il est sans souci; to make o.s. sick with ~ se faire un sang d'encre, se ronger les sangs (about, over au sujet de, pour); that's the least of my worries c'est le cadet or le dernier de mes soucis; what's your ~?* qu'est-ce qui ne va pas?; he is a constant ~ to his parents il est un perpétuel souci pour ses parents; it is a great ~ to us all, it's causing us a lot of ~ cela nous fait faire or nous cause or nous donne beaucoup de souci(s); what a ~ it all is! tout ça c'est bien du souci!

2 cpd: (US) worrywart* anxieux m, -euse f, éternel inquiet, éternelle inquiète.

3 vi (a) se faire du souci, s'inquiéter, s'en faire* (about, over au sujet de, pour), (stronger) se tourmenter, se faire de la bile or du mauvais sang (about, over about, au sujet de). don't ~ about me ne vous faites pas de souci or ne vous inquiétez pas or ne vous en faites pas* pour moi or à mon sujet; she worries about her health sa santé la tracasse; (iro) I should ~!* je ne vois pas pourquoi je m'en ferais!*; I'll punish him if I catch him, don't you ~!* je le punirai si je l'y prends, (ne) t'en fais pas!*

(b) to ~ at sth = to ~ sth; V 4b.

4 vt (a) (make anxious) inquiéter, tracasser. it worries me that he should believe ... cela m'inquiète qu'il puisse croire ...; the whole business worries me to death* j'en suis fou d'inquiétude; don't ~ yourself about it ne te fais pas de mauvais sang or de bile pour ça; don't ~ your head! ne vous mettez pas martel en tête; she worried herself sick over it all elle s'est rendue malade à force de se faire du souci pour tout ça, elle s'est rongé les sangs à propos de tout ça; what's ~ing you? qu'est-ce qui ne va pas?; V also worried.

(b) [dog etc] bone, rat, ball prendre entre les dents et secouer, jouer avec; sheep harceler. he kept ~ing the loose tooth with his tongue il n'arrêtait pas d'agacer avec sa langue la dent qui branlait.

◆worry along vi continuer à se faire du souci.
◆worry out vt sep problem résoudre à force de retourner dans tous les sens.

worrying ['wʌrɪɪŋ] 1 adj inquiétant. the ~ thing is that he ... ce qui m'inquiète or ce qui est inquiétant c'est qu'il ...; to have a ~ time passer un mauvais quart d'heure, (longer) en voir de dures*.

2 n: ~ does no good il ne sert à rien de se faire du souci; all this ~ has aged him tout le souci qu'il s'est fait l'a vieilli; V sheep.

worse [wɜːs] 1 adj, comp of bad and ill pire, plus mauvais (than que). your essay is ~ than his votre dissertation est plus mauvaise que la sienne; his is bad but yours is ~ la sienne est mauvaise mais la vôtre est pire; you're ~ than he is! tu es pire que lui!; and, (what's) ~ ... et, qui pis est ...; it's ~ than ever c'est pire or pis (liter) que jamais; it could have been ~ ç'aurait pu être pire; things couldn't be ~ ça ne pourrait pas aller plus mal; ~ things have happened on a vu pire; (fig hum) ~ things happen at sea* ce n'est pas le bout du monde, il y a pire; and, to make matters or things ~, he ... et, pour comble de malheur, il ...; you've only made matters or things or it ~ tu n'as fait qu'aggraver la situation (or ton cas) or qu'envenimer les choses; he made matters ~ for himself by refusing il a aggravé son cas en refusant; things will get ~ before they get better les choses iront plus mal avant d'aller mieux; it gets ~ and ~ ça ne fait qu'empirer, ça va de mal en pis or de pis en pis; he is getting ~ (in behaviour, memory, faculties) il ne s'améliore or s'arrange pas; (in health) il va de plus en plus mal, son état ne fait que s'aggraver or qu'empirer; to get ~ [rheumatism etc] empirer; [climate, weather, food] se détériorer, se gâter; [economic situation, conditions] se détériorer, empirer; the smell is getting ~ ça sent de plus en plus mauvais; I feel slightly ~ je me sens légèrement moins bien or plutôt plus mal; business is ~ than ever les affaires vont plus mal que jamais; it will be the ~ for you if ... c'est vous qui serez perdant si ...; so much the ~ for him! tant pis pour lui!; he's none the ~ for his fall il ne s'est pas ressenti de sa chute; he's none the ~ for it il ne s'en porte pas plus mal; the house would be none the ~ for a coat of paint une couche de peinture ne ferait pas de mal à cette maison; **to be the ~ for drink** être éméché or *(stronger)* ivre; **~ luck***! hélas!

2 *adv, comp of* **badly** *and* **ill** *sing, play etc* plus mal. **he did it ~ than you did** il l'a fait plus mal que toi; **it hurts ~ than ever** ça fait plus mal que jamais; **that child behaves ~ and ~** cet enfant se conduit de mal en pis; **you might do ~ than to accept** accepter n'est pas ce que vous pourriez faire de pire; **you might** or **could do ~** vous pourriez faire pire or pis *(liter)*; **he is ~ off than before** *(gen)* il se retrouve dans une situation pire qu'avant, il se retrouve encore plus mal en point qu'avant; *(financially)* il y a perdu; **I like him none the ~ for that** je ne l'en aime pas moins pour ça; **I shan't think any the ~ of you for it** je n'en aurai pas une moins bonne opinion de toi pour ça; **it's raining ~ than ever** il pleut pire or pis que jamais; **she hates me ~ than before** elle me déteste encore plus qu'avant; **he was taken ~ during the night** son état a empiré or s'est aggravé pendant la nuit.

3 *n* pire *m*. **I have ~ to tell you** je ne vous ai pas tout dit, il y a pire encore; **there's ~ to come** on n'a pas vu le pire; **~ followed** ensuite cela a été pire; **there has been a change for the ~** *(gen)* il y a eu une détérioration très nette de la situation; *(Med)* il y a eu une aggravation très nette de son état; **V bad**.

worsen ['wɜːsn] **1** *vi* *[situation, conditions]* empirer, se détériorer; *[sb's state, health]* empirer, s'aggraver; *[rheumatism]* empirer; *[chances of success]* diminuer, se gâter; *[relationship]* se détériorer, se gâter.

2 *vt* empirer, rendre pire.

worship ['wɜːʃɪp] **1** *n* (a) *(Rel)* adoration *f*, culte *m*, vénération *f*; *(organized ~)* culte, office *m*; *(gen: of person)* adoration, culte; *(of money, success etc)* culte. **form of ~** liturgie *f*; *(Rel)* **place of ~** édifice consacré au culte, église *f*, temple *m*; *(Rel)* **hours of ~** heures *fpl* des offices; **V hero** *etc*.

(b) *(esp Brit: in titles)* **His W~** (the Mayor) Monsieur le maire; **Your W~** *(to Mayor)* Monsieur le Maire; *(to magistrate)* Monsieur le Juge.

2 *vt* *(Rel)* God, idol *etc* adorer, vénérer, rendre un culte à; *(gen)* adorer, vénérer, avoir un culte pour, vouer un culte à; *money, success etc* avoir le culte de. **he ~ped the ground she trod on** il vénérait jusqu'au sol qu'elle foulait.

3 *vi* *(Rel)* faire ses dévotions *(at* à); *(fig)* **to ~ at the altar of power/fame** avoir le culte du pouvoir/de la renommée, vouer un culte au pouvoir/à la renommée.

worshipful ['wɜːʃfʊl] *adj (esp Brit: in titles)* **the W~ Mayor of ...** Monsieur le maire de ...; **the W~ Company of Goldsmiths** l'honorable compagnie des orfèvres.

worshipper ['wɜːʃɪpər] *n (Rel, fig)* adorateur *m*, -trice *f*. *(in church)* **~s** fidèles *mpl*.

worst [wɜːst] **1** *adj, superl of* **bad** *and* **ill** **he** *(or* **la)** pire, le *(or* **la)** plus mauvais(e). **that was the ~ hotel we found** c'est le plus mauvais hôtel que nous ayons trouvé; **the ~ film I've ever seen** le plus mauvais film que j'aie jamais vu; **the ~ student in the class** le plus mauvais élève de la classe; **that was his ~ mistake** cela a été son erreur la plus grave; **it was the ~ thing he ever did** c'est la pire chose qu'il ait jamais faite; **it was the ~ winter for 20 years** c'était l'hiver le plus rude depuis 20 ans; **he felt ~ when ...** il s'est senti le plus mal quand ...; **she arrived at the ~ possible time** elle n'aurait pas pu arriver à un plus mauvais moment or à un moment plus inopportun, elle n'aurait pas pu plus mal tomber; **he chose the ~ possible job for a man with a heart condition** pour quelqu'un qui souffre du cœur il n'aurait pas pu choisir un emploi plus contre-indiqué; *(US fig)* **in the ~ way*** désespérément, terriblement.

2 *adv, superl of* **badly** *and* **ill** le plus mal. **they all sing badly but he sings ~ of all** ils chantent tous mal mais c'est lui qui chante le plus mal de tous; **the ~-dressed man in England** l'homme le plus mal habillé d'Angleterre; **he came off ~** c'est lui qui s'en est le plus mal sorti; **such people are the ~ off** ce sont ces gens-là qui souffrent le plus or sont le plus affectés; **it's my leg that hurts ~ of all** c'est ma jambe qui me fait le plus mal; **that boy behaved ~ of all** ce garçon a été le pire de tous.

3 *cpd*: *(Econ, Mil, Pol etc: in planning)* **worst-case experiment/ projection** expérience *f*/prévisions *fpl* qui envisage(nt) le pire.

4 *n* pire *m*, pis *m (liter)*. **the ~ that can happen** le pire or la pire chose or le pis *(liter)* qui puisse arriver; **at (the) ~** au pis aller; **to be at its** (*or* **their) ~** *[crisis, storm, winter, epidemic]* être à or avoir atteint son *(or* leur) paroxysme or son *(or* leur) point culminant; *[situation, conditions, relationships]* n'avoir jamais été aussi mauvais; **at the ~ of the storm/epidemic** au plus fort de l'orage/ de l'épidémie; **things** or **matters were at their ~** les choses ne pouvaient pas aller plus mal; **the ~ is yet to come** il faut s'attendre à pire, on n'a pas encore vu le pire; **the ~ was yet to come** le pire devait arriver ensuite, on n'avait pas encore vu le pire; **he feared the ~** il craignait le pire; **the ~ of it is that ...** le pire c'est que ...; **and that's not the ~ of it!** ... et il y a pire encore!; **that's the ~ of ...** ça c'est l'inconvénient de ...; **if the ~ comes to the ~** en mettant les choses au pis, même en envisageant le pire; **the ~ hasn't come to the ~ yet** ce pourrait encore être pire, la situation n'est pas désespérée; **to get the ~ of it** or **of the bargain*** être le perdant, avoir la mauvaise part; **do your ~!** vous pouvez toujours essayer!; **it brings out the ~ in me** ça réveille en moi les pires instincts.

5 *vt* battre, avoir la supériorité sur. **to be ~ed** avoir le dessous.

worsted ['wʊstɪd] *n* worsted *m*. **2** *cpd suit etc* en worsted.

worth [wɜːθ] **1** *n* (a) *(value)* valeur *f*. **what is its ~ in today's money?** ça vaut combien or quelle est sa valeur en argent d'aujourd'hui?; **its ~ in gold** sa valeur (en) or; **a book/man etc of great ~** un livre/homme *etc* de grande valeur; **I know his ~** je sais

ce qu'il vaut; **he showed his true ~** il a montré sa vraie valeur or ce dont il était capable.

(b) *(quantity)* **he bought 20 pence ~ of sweets** il a acheté pour 20 pence de bonbons; **50 pence ~, please** (pour) 50 pence s'il vous plaît; **V money, penny** *etc*.

2 *adj* (a) *(equal in value to)* **to be ~** valoir; **the book is ~ £10** le livre vaut 10 livres; **it can't be ~ that!** ça ne peut pas valoir autant!; **what** or **how much is it ~?** ça vaut combien?; **I don't know what it's ~ in terms of cash** je ne sais pas combien ça vaut en argent or quel prix ça pourrait aller chercher; **how much is the old man ~?** à combien s'élève la fortune du vieux?; **he's ~ millions** sa fortune s'élève à plusieurs millions; **it's ~ a great deal** ça a beaucoup de valeur, ça vaut cher; **it's ~ a great deal to me** ça a beaucoup de valeur pour moi; **what is his friendship ~ to you?** quel prix attachez-vous à son amitié?; **it's more than my life is ~ to do that** ma vie ne vaudrait pas la peine d'être vécue si je faisais ça, je ne peux pas risquer de faire ça; **it's as much as my job is ~ to show him that** lui montrer ça est un coup à perdre mon emploi*; **to be ~ one's weight in gold** valoir son pesant d'or; **it's not ~ the paper it's written on** ça ne vaut pas le papier sur lequel c'est écrit; **this pen is ~ 10 of any other make** ce stylo en vaut 10 d'une autre marque; **one Scotsman's ~ 3 Englishmen** un Écossais vaut 3 Anglais; **tell me about it — what's it ~ to you?*** dites-le-moi — vous donneriez combien pour le savoir? or (vous êtes prêt à payer) combien?*; **I'll give you my opinion for what it's ~** je vais vous dire ce que j'en pense, prenez-le pour ce que ça vaut; **he was running/shouting for all he was ~** il courait/criait comme un perdu or de toutes ses forces; **to try for all one is ~ to do sth** faire absolument tout son possible pour faire qch.

(b) *(deserving, meriting)* **it's ~ the effort** ça mérite qu'on fasse l'effort; **it was well ~ the trouble** ça valait bien le dérangement or la peine qu'on se dérange *(subj)*; **it's not ~ the time and effort involved** ça vaut une perte de temps et d'effort; **it's ~ reading/ having etc** ça vaut la peine d'être lu/d'en avoir un *etc*; **it's not ~ having** ça ne vaut rien*; **that's ~ knowing** c'est bon à savoir; **it's ~ thinking about** ça mérite réflexion; **it's ~ going to see the film just for the photography** rien que pour la photographie le film mérite or vaut la peine d'être vu; *(Prov)* **what is ~ doing is ~ doing well** ce qui vaut la peine d'être fait vaut la peine d'être bien fait *(Prov)*; **it's ~ it** ça vaut la peine or le coup*; **will you go? — is it ~ it?** tu iras? — est-ce que ça en vaut la peine?; **life isn't ~ living** la vie ne vaut pas la peine d'être vécue; **the museum is ~ a visit** le musée vaut la visite; **it is ~ while to study the text** on gagne à étudier le texte, c'est un texte qui mérite d'être étudié; **it would be ~ (your) while to go and see him** vous gagneriez à aller le voir; **it's not ~ (my) while waiting for him** je perds *(or* perdrais) mon temps à l'attendre; **it's not ~ while** ça ne vaut pas le coup*; **it wasn't ~ his while to take the job** il ne gagnait rien à accepter l'emploi, ça ne valait pas le coup* qu'il accepte *(subj)* l'emploi; **I'll make it ~ your while*** je vous récompenserai de votre peine, vous ne regretterez pas de l'avoir fait.

3 *cpd*: **worthwhile** *visit* qui en vaut la peine; *book* qui mérite d'être lu; *film* qui mérite d'être vu; *work, job, occupation, life, career* utile, qui a un sens, qui donne des satisfactions; *contribution* notable, très valable; *cause* louable, digne d'intérêt; **he is a worthwhile person to go and see** c'est une personne qu'on gagne à aller voir; **I want the money to go to someone worthwhile** je veux que l'argent aille à quelqu'un qui le mérite or à une personne méritante.

worthily ['wɜːðɪlɪ] *adv* dignement.

worthiness ['wɜːðɪnɪs] *n (V* **worthy** 1b) caractère *m* digne or brave; caractère louable or noble.

worthless ['wɜːθlɪs] *adj object, advice, contribution* qui ne vaut rien; *effort* vain. **he's a ~ individual** il ne vaut pas cher, il n'est bon à rien; **he's not completely ~** il n'est pas complètement dénué de qualités.

worthlessness ['wɜːθlɪsnɪs] *n [object, advice]* absence totale de valeur; *[effort]* inutilité *f*; *[person]* absence totale de qualités.

worthy ['wɜːðɪ] **1** *adj* (a) *(deserving)* digne *(of* de). **to be ~ of sth/sb** être digne de qch/qn, mériter qch/qn; **to be ~ to do** être digne de faire, mériter de faire; **he found a ~ opponent** or **an opponent ~ of him** il a trouvé un adversaire digne de lui; **it is ~ of note that ...** il est bon de remarquer que ...; **nothing ~ of mention** rien de notable; **~ of respect** digne de respect; **~ of praise** louable, digne d'éloge.

(b) *(meritorious)* person digne *(before n)*, brave; *motive, cause, aim, effort* louable, noble. **the ~ people of Barcombe** les dignes or braves habitants *mpl* de Barcombe; **the ~ poor** les pauvres méritants.

2 *n (respectable citizen)* notable *m*; *(hum iro)* brave homme *m*, brave femme *f*. **a Victorian ~** un notable sous le règne de Victoria; *(hum iro)* **the village worthies** les dignes or braves habitants *mpl* du village.

wot†† [wɒt] *vti* sais, sait. **God ~** Dieu sait.

Wotan ['vəʊtɑːn] *n* Wotan *m*.

wotcha‡ ['wɒtʃə], **wotcher**‡ ['wɒtʃər] *excl (Brit)* salut!

would [wʊd] **1** *modal aux vb (cond of* **will**: *neg* **would not** *often abbr to* **wouldn't)** (a) *(used to form cond tenses)* **he would do it if you asked him** il le ferait si vous le lui demandiez; **he would have done it if you had asked him** il l'aurait fait si vous le lui aviez demandé; **I wondered if you'd come** je me demandais si vous viendriez or si vous alliez venir; **I thought you'd want to know** j'ai pensé que vous aimeriez le savoir; **who would have thought it?** qui l'aurait pensé?; **so it would seem** c'est bien ce qu'il semble; **you would think she had enough to do without ...** on pourrait penser qu'elle a assez à faire sans ... .

(b) *(indicating conjecture)* **it would have been about 8 o'clock** when he came il devait être 8 heures à peu près quand il est venu, il a dû venir vers 8 heures; **he'd have been about fifty if he'd lived** il aurait eu la cinquantaine s'il avait vécu; **he'd be about 50, but he doesn't look it** il doit avoir dans les 50 ans, mais il ne les fait pas*; **I saw him come out of the shop — when would this be?** je l'ai vu sortir du magasin — quand est-ce que c'était?

(c) (*indicating willingness*) **I said I would do it** je lui ai dit que je le ferais *or* que je voulais bien le faire; **he wouldn't help me** il ne voulait pas m'aider, il n'a pas voulu m'aider; **the car wouldn't start** la voiture n'a pas démarré *or* n'a pas voulu démarrer; **if you would come with me, I'd go to see him** si vous vouliez bien m'accompagner, j'irais le voir; **what would you have me do?** que voulez-vous que je fasse?; **would you like some tea?** voulez-vous *or* voudriez-vous du thé?; **would you like to go for a walk?** voulez-vous faire une promenade?, est-ce que vous aimeriez faire une promenade?; (*in requests*) **would you please leave!** voulez-vous partir, s'il vous plaît!; (*frm*) **would you be so kind as to tell him** auriez-vous l'amabilité *or* la gentillesse de le lui dire; **would you mind closing the window please** voulez-vous fermer la fenêtre, s'il vous plaît.

(d) (*indicating habit, characteristic*) **he would always read the papers before dinner** il lisait toujours *or* il avait l'habitude de lire les journaux avant le dîner; **50 years ago the streets would be empty on Sundays** il y a 50 ans, les rues étaient vides le dimanche; **you WOULD go and tell her!** c'est bien de toi d'aller le lui dire!, il a fallu que tu ailles le lui dire!; **you would!*** c'est bien de toi!*, ça ne m'étonne pas de toi!; **it WOULD have to rain!** il pleut, naturellement!, évidemment il fallait qu'il pleuve!

(e) (*subj uses: liter*) **would to God she were here!** plût à Dieu qu'elle fût ici!; **would that it were not so!** si seulement cela n'était pas le cas!; **would I were younger!** si seulement j'étais plus jeune!

2 *cpd*: **a would-be poet/teacher** une personne qui veut être poète/professeur; (*pej*) un prétendu *or* soi-disant *inv* poète/professeur.

wound¹ [wuːnd] **1** *n* (*lit, fig*) blessure *f*; (*esp Med*) plaie *f*. **bullet/knife** ~ blessure causée par une balle/un couteau; **he had 3 bullet** ~**s in his leg** il avait été blessé par 3 balles à la jambe; **chest/head** ~ blessure *or* plaie à la poitrine/tête; **the** ~ **is healing up** la plaie se cicatrise; *V* **lick, salt** *etc*.

2 *vt* (*lit, fig*) blesser. **he was** ~**ed in the leg/in his self esteem** il était blessé à la jambe/dans son amour-propre; **the bullet** ~**ed him in the shoulder** la balle l'a atteint *or* l'a blessé à l'épaule; **her feelings were** *or* **she was** ~**ed by this remark** elle a été profondément blessée par cette remarque; *V* **also wound.**

wound² [waʊnd] *pret, ptp of* **wind², wind³**.

wounded ['wuːndɪd] **1** *adj soldier* blessé; (*fig*) *vanity etc* blessé. **a** ~ **man** un blessé. **2** *npl*: **the** ~ les blessés *mpl*; *V* **walking, war** *etc*.

wounding ['wuːndɪŋ] *adj* blessant.

wove [wəʊv] *pret of* **weave.**

woven ['wəʊvən] *ptp of* **weave.**

wow* [waʊ] **1** *excl* sensass!*, terrible!* **2** *n*: (a) **it's a** ~! c'est sensationnel!* *or* terrible!* (b) (*Acoustics*) pleurage *m*, baisse *f* de hauteur du son. **3** *vt* (*: *make enthusiastic*) emballer*.

WP [ˌdʌblju:'piː] (a) (*abbr of* **weather permitting**) si le temps le permet. (b) *abbr of* **word processing.**

wpb* *n abbr of* **wastepaper basket**; *V* **waste.**

WPC [ˌdʌblju:pi:'si:] *n abbr of* **Woman Police Constable**; *V* **woman.**

wpm (*abbr of* **words per minute**) mots/minute.

WRAC [ræk] *n* (*Brit*) *abbr of* **Women's Royal Army Corps** (*section féminine de l'armée britannique*).

wrack¹ [ræk] *vt* = **rack² 3.**

wrack² [ræk] *n* = **rack³.**

wrack³ [ræk] *n* (*seaweed*) varech *m*.

WRAF [wɑːf] *n* (*Brit*) *abbr of* **Women's Royal Air Force** (*section féminine de l'armée de l'air britannique*).

wraith [reɪθ] *n* apparition *f*, spectre *m*. ~**-like** spectral.

wrangle ['ræŋgl] **1** *n* altercation *f*, dispute *f*. **the** ~**s within the party** les disputes à l'intérieur du parti. **2** *vi* se disputer, se chamailler* (*about, over* à propos de). **they were wrangling over** *or* **about who should pay** ils n'arrivaient pas à s'entendre pour décider qui payerait.

wrangler ['ræŋglər] *n* (*Cambridge Univ*) ≃ major *m*; (*US: cowboy*) cowboy *m*.

wrangling ['ræŋglɪŋ] *n* (*quarrelling*) disputes *fpl*.

wrap [ræp] **1** *n* (*shawl*) châle *m*; (*stole, scarf*) écharpe *f*; (*cape*) pèlerine *f*; (*coat*) manteau *m*; (*housecoat etc*) peignoir *m*; (*rug, blanket*) couverture *f*. ~**s** (*outdoor clothes*) vêtements chauds; (*outer covering: on parcel etc*) emballage *m*; (*fig*) **to keep a scheme under** ~**s*** ne pas dévoiler un projet; (*fig: Cine*) **it's a** ~* c'est dans la boîte.

2 *cpd*: **wraparound** *or* **wrapover skirt/dress** jupe *f*/robe *f* portefeuille *inv*; (*Aut*) **wraparound rear window** lunette *f* arrière panoramique; (*US*) **wrap-up*** (*summary*) résumé *m*, reprise *f* en bref; (*concluding event*) conclusion *f*, aboutissement *f*.

3 *vt* (*cover*) envelopper (*in* dans); (*pack*) parcel, gift emballer, empaqueter (*in* dans); (*wind*) tape, bandage enrouler (*round* autour de). (*Culin*) ~ **the chops in foil** enveloppez les côtelettes dans du papier d'aluminium; **chops** ~**ped in foil** côtelettes *fpl* en papillotes; (*in shops*) **shall I** ~ **it for you?** est-ce que je vous l'enveloppe?, est-ce que je vous fais un paquet?; **she** ~**ped the child in a blanket** elle a enveloppé l'enfant dans une couverture; ~ **the rug round your legs** enroulez la couverture autour de vos jambes, enveloppez vos jambes dans la couverture; **he** ~**ped his arms round her** il l'a enlacée; ~**ped bread/cakes** *etc* pain *m*/gâteaux *mpl* pré-emballé(s) *or* pré-empaqueté(s); (*fig*) **the town was** ~**ped in mist** la brume enveloppait la ville; **the whole affair was** ~**ped**

in mystery toute l'affaire était enveloppée *or* entourée de mystère; (*fig*) **he** ~**ped the car round a lamppost*** il a encadré* un lampadaire; *V* **gift.**

◆**wrap up 1** *vi* (a) (*dress warmly*) s'habiller chaudement, s'emmitoufler. **wrap up well!** couvrez-vous bien!

(b) (*Brit*: be quiet*) se taire, la fermer*, la boucler*. **wrap up!** la ferme!*, boucle-la!*

2 *vt sep* (a) *object* envelopper (*in* dans); *parcel* emballer, empaqueter (*in* dans); *child, person* (*in rug etc*) envelopper, (*in clothes*) emmitoufler; (*fig: conceal*) *one's intentions* dissimuler. **wrap yourself up well!** couvrez-vous bien!; (*fig*) **he wrapped up his meaning in unintelligible jargon** il a entortillé ce qu'il voulait dire dans un jargon tout à fait obscur; **he wrapped it up a bit*, but what he meant was ...** il ne l'a pas dit franchement *or* il l'a enrobé un peu *or* il a quelque peu tourné autour du pot*, mais ce qu'il voulait dire c'est ...; **tell me straight out, don't try to wrap it up*** dis-le moi carrément, n'essaie pas de me dorer la pilule.

(b) (*fig: engrossed*) **to be wrapped up in one's work** être absorbé par *or* ne vivre que pour son travail; **to be wrapped up in sb** penser constamment à qn; **he is quite wrapped up in himself** il ne pense qu'à lui-même; **they are wrapped up in each other** ils vivent entièrement l'un pour l'autre, ils n'ont d'yeux que l'un pour l'autre.

(c) (*: *conclude*) *deal* conclure. **he hopes to wrap up his business there by Friday evening** il espère conclure *or* régler ce qu'il a à y faire d'ici vendredi soir; **let's get all this wrapped up** finissons-en avec tout ça; **he thought he had everything wrapped up** il pensait avoir tout arrangé *or* réglé; (*esp US: fig*) **to wrap up the evening's news** résumer les informations de la soirée.

3 wrap-up *n V* **wrap 2.**

wrapper ['ræpər] *n* (a) [*sweet, chocolate, chocolate bar*] papier *m*; [*parcel*] papier d'emballage; [*newspaper for post*] bande *f*; [*book*] jaquette *f*, couverture *f*. (b) (*US: garment*) peignoir *m*.

wrapping ['ræpɪŋ] **1** *n* [*parcel*] papier *m* (d'emballage); [*sweet, chocolate*] papier. **2** *cpd*: **wrapping paper** (*brown paper*) papier *m* d'emballage, papier kraft; (*decorated paper*) papier (pour) cadeau.

wrath [rɒθ] *n* (*liter*) colère *f*, courroux *m* (*liter*).

wrathful ['rɒθfʊl] *adj* (*liter*) courroucé (*liter*).

wrathfully ['rɒθfəlɪ] *adv* (*liter*) avec courroux (*liter*).

wreak [riːk] *vt one's anger etc* assouvir (*upon sb* sur qn); *destruction* entraîner violemment. **to** ~ **vengeance** *or* **revenge** assouvir une vengeance (*on sb* sur qn); (*lit*) **to** ~ **havoc** faire des ravages, dévaster; (*fig*) **this** ~**ed havoc with their plans** cela a bouleversé *or* a chamboulé* tous leurs projets.

wreath [riːθ] *n*, *pl* ~**s** [riːðz] [*flowers*] guirlande *f*, couronne *f*; (*funeral* ~) couronne; [*smoke*] volute *f*, ruban *m*; [*mist*] nappe *f* (*mince*). **laurel** ~ couronne de laurier; (*ceremony*) **the laying of** ~**s** le dépôt de gerbes *fpl* au monument aux morts.

wreathe [riːð] *vt* (a) (*garland*) *person* couronner (*with* de); *window etc* orner (*with* de). (*fig*) **valley** ~**d in mist** vallée enveloppée de brume; **hills** ~**d in cloud** collines *fpl* dont le sommet disparaît dans les nuages; **his face was** ~**d in smiles** son visage était rayonnant.

(b) (*entwine*) *flowers, ribbons* enrouler (*round* autour de), tresser, entrelacer.

2 *vi* [*smoke*] **to** ~ **upwards** s'élever en tournoyant.

wreck [rek] **1** *n* (a) (~**ed ship**) épave *f*, navire naufragé; (*act, event*) naufrage *m*; (*fig: of hopes, plans, ambitions*) naufrage, effondrement *m*, anéantissement *m*. **to be saved from the** ~ réchapper du naufrage; **the** ~ **of the Hesperus** le naufrage de l'Hespérus; **sunken** ~**s in the Channel** des épaves englouties au fond de la Manche; **the ship was a total** ~ le navire a été entièrement perdu.

(b) (*accident: Aut, Aviat, Rail*) accident *m*; (~**ed train/plane/car** *etc*) train *m*/avion *m*/voiture *f etc* accidenté(e), épave *f*; (*building*) ruines *fpl*, décombres *mpl*. (*Rail*) **there has been a** ~ **near Stratford** il y a eu un accident de chemin de fer près de Stratford; **the car was a complete** ~ la voiture était bonne à mettre à la ferraille *or* à envoyer à la casse.

(c) (*person*) **he was a** ~ il était l'ombre de lui-même; **he looks a** ~ on dirait une loque, il a une mine de déterré; **a** ~ **of humanity, a human** ~ une épave, une loque humaine.

2 *vt* (a) *ship* provoquer le naufrage de; *train, plane, car [bomb, terrorist, accident]* détruire; *[driver, pilot]* démolir; *building* démolir; *mechanism* détraquer, abîmer, bousiller*, esquinter*; *furniture etc* casser, démolir. *[ship, sailor]* **to be** ~**ed** faire naufrage; **the plane was completely** ~**ed** il n'est resté que des débris de l'avion; **in his fury he** ~**ed the whole house** dans sa rage il a tout démoli *or* cassé dans la maison.

(b) (*fig*) *marriage, friendship* briser, être la ruine de; *career* briser; *plans, hopes, ambitions* ruiner, anéantir, annihiler; *negotiations, discussions* faire échouer, saboter; *health* ruiner. **this** ~**ed his chances of success** cela a anéanti ses chances de succès; **it** ~**ed my life** cela a brisé ma vie, ma vie en a été brisée.

wreckage ['rekɪdʒ] *n* (U) (a) (*wrecked ship*) épave *f*, navire naufragé; (*pieces from this*) débris *mpl*; (*Aut, Aviat, Rail etc*) débris; *[building]* décombres *mpl*. (*Aviat, Rail*) ~ **was strewn over several kilometres** les débris étaient disséminés sur plusieurs kilomètres; **there are still several bodies in the charred** ~ **les corps de plusieurs victimes se trouvent encore parmi les débris (*or* décombres) calcinés.

(b) (*act*) *[ship]* naufrage *m*; *[train]* déraillement *m*; (*fig: of hopes, ambitions, plans*) anéantissement *m*.

wrecked [rekt] *adj ship* naufragé; *train, car* complètement démoli, accidenté (*Admin*); *plan* anéanti.

wrecker ['rekər] *n* (a) (*gen*) destructeur *m*, démolisseur *m*; (*Hist: of ships*) naufrageur *m*. (b) (*in salvage*) (*person*) sauveteur *m* (d'épave); (*boat*) canot *or* bateau sauveteur; (*truck*) dépanneuse *f*.

(c) (*in demolition*) *[buildings]* démolisseur *m*; *[cars]* marchand(e) *m(f)* de ferraille.
wrecking ['rekɪŋ] **1** *n* (*act*) *[ship]* naufrage *m*; *[train]* déraillement *m*; (*fig*) *[hopes, ambitions, plans]* anéantissement *m*. **2** *cpd*: **wrecking ball** boulet *m* de démolition; **wrecking bar** (pince *f* à) levier *m*. (*Rail*) **wrecking crane** grue *f* de levage.
wren [ren] *n* **(a)** (*bird*) roitelet *m*. **(b)** (*Brit Navy*) **W~** Wren *f* (*auxiliaire féminine de la marine royale britannique*).
wrench [rentʃ] **1** *n* **(a)** (*tug*) mouvement violent de torsion; (*Med*) entorse *f*; (*fig: emotional*) déchirement *m*. **he gave the handle a ~** il a tiré de toutes ses forces sur la poignée; **the ~ of parting** le déchirement de la séparation; **it was a ~ when she saw him leave** cela a été un déchirement quand elle l'a vu partir.
(b) (*tool*) clef *f* or clé *f* (à écrous), tourne-à-gauche *m*; (*Aut: for wheels*) clef en croix. (*US fig*) **to throw a ~ into the works** mettre des bâtons dans les roues; **to throw a ~ into the economy** porter un coup très dur à l'économie; *V* monkey.
2 *vt handle etc* tirer violemment sur. **to ~ sth (away) from sb** *or* **from sb's grasp** arracher qch des mains de qn; (*Med*) **to ~ one's ankle** se tordre la cheville; **to ~ sth off** *or* **out** *or* **away** arracher qch (*of, from* de); **he ~ed himself free** il s'est dégagé avec un mouvement violent; **to ~ a box open** ouvrir de force une boîte.
wrest [rest] *vt object* arracher violemment (*from sb* des mains de qn); *secret, confession* arracher (*from sb* à qn); *power, leadership, title* ravir (*from sb* à qn). **he managed to ~ a living from the poor soil** à force de travail et de persévérance il a réussi à tirer un revenu du maigre sol.
wrestle ['resl] **1** *vi* lutter (corps à corps) (*with sb* contre qn); (*Sport*) lutter à main plate *or* corps à corps, pratiquer la lutte, (*as staged fight*) catcher (*with sb* contre qn). (*fig*) **to ~ with problem, one's conscience, sums, device** se débattre avec; *difficulties* se débattre contre, se colleter avec; *temptation, illness, disease* lutter contre; **the pilot ~d with the controls** le pilote se débattait avec les commandes; (*fig*) **she was wrestling with her suitcases** elle peinait avec ses valises, elle avait bien du mal à porter ses valises.
2 *vt opponent* lutter contre; (*Sport*) rencontrer à la lutte *or* au catch.
3 *n* lutte *f*. **to have a ~ with sb** lutter contre qn.
wrestler ['reslər] *n* (*Sport*) lutteur *m*, -euse *f*; (*in staged fight*) catcheur *m*, -euse *f*.
wrestling ['reslɪŋ] **1** *n* (*Sport: U*) lutte *f* (à main plate); (*staged fighting*) catch *m*. (*Sport*) **Graeco-Roman ~** lutte gréco-romaine.
2 *cpd*: **wrestling hold** prise *f* de catch *or* de lutte à main plate; **wrestling match** match *m* *or* rencontre *f* de catch *or* de lutte à main plate.
wretch [retʃ] *n* (*unfortunate*) pauvre hère *m*, (*pauvre*) malheureux *m*, -euse *f*; (*pej*) scélérat(e) *m(f)*, misérable *mf*; (*hum*) affreux *m*, -euse *f*, misérable. **he's a filthy ~*** c'est un salaud*; **you ~!** misérable!; **cheeky little ~!** petit polisson!, petit misérable!
wretched ['retʃɪd] *adj* **(a)** *person* (*very poor*) misérable; (*unhappy*) malheureux, misérable; (*depressed*) déprimé, démoralisé; (*ill*) malade, mal fichu. **the ~ beggars** les pauvres gueux *mpl*, les miséreux *mpl*; (*conscience-stricken etc*) **I feel ~ about it** je me sens vraiment coupable.
(b) (*poverty-stricken, miserable*) *life, conditions, houses* misérable; (*shamefully small*) *wage* de misère, dérisoire, minable; *sum, amount* misérable (*before n*), insignifiant, minable, dérisoire. **in ~ poverty** dans une misère noire; **~ clothes** vêtements misérables *or* miteux, guenilles *fpl*; **~ slums** taudis *mpl* misérables *or* lamentables; **the ~ of the earth** les déshérités de la terre.
(c) (*contemptible*) *behaviour, remark* mesquin; (*very bad*) *weather, holiday, meal, results* minable*, lamentable, affreux, pitoyable; (*: *annoying*) maudit (*before n*), fichu* (*before n*). **that was a ~ thing to do** c'était vraiment mesquin de faire ça, il devrait (*or* vous devriez *etc*) avoir honte d'avoir fait ça; **what ~ luck!** quelle déveine!*; **there were some ~ questions in the exam** il y avait quelques questions impossibles *or* épouvantables à l'examen; **I'm a ~ player** je suis un piètre joueur, je joue très mal; **they played a ~ game** ils ont très mal joué; **where's that ~ pencil?*** où est ce fichu* *or* maudit crayon?; **that ~ dog of his*** son maudit chien; **then the ~ woman had to apologize to us!** ensuite la malheureuse femme a dû nous présenter ses excuses!
wretchedly ['retʃɪdlɪ] *adv* (*very poorly*) *live* misérablement, pauvrement; (*unhappily*) *weep, apologize, look* misérablement, pitoyablement; *say, explain* d'un ton pitoyable; (*contemptibly*) *treat, behave* mesquinement, abominablement; *pay* lamentablement, très mal, chichement; (*very badly*) *perform, play, sing* lamentablement, très mal. **~ clad** misérablement vêtu; **his wage is ~ small** son salaire est vraiment dérisoire.
wretchedness ['retʃɪdnɪs] *n* (*extreme poverty*) misère *f*, extrême pauvreté *f*; (*unhappiness*) extrême tristesse *f*; (*shamefulness*) *[amount, wage, sum]* caractère *m* dérisoire *or* pitoyable, extrême modicité *f*; *[act, behaviour]* mesquinerie *f*; (*poor quality*) *[meal, hotel, weather]* extrême médiocrité *f*, caractère minable *or* pitoyable. **his ~ at having to do this** le sentiment de culpabilité et d'impuissance qu'il éprouvait devant la nécessité de faire cela.
wrick [rɪk] *vt* (*Brit*) **to ~ one's ankle** se tordre la cheville; **to ~ one's neck** attraper un torticolis. **2** *n* entorse *f*; (*in neck*) torticolis *m*.
wriggle ['rɪgl] **1** *n*: **with a ~ he freed himself** il s'est dégagé d'un mouvement du corps; **to give a ~** = **to wriggle**; *V* 2.
2 *vi* *[worm, snake, eel]* se tortiller; *[fish]* frétiller; *[person]* (*restlessly*) remuer, gigoter*, se trémousser; (*in embarrassment*) se tortiller; (*squeamishly*) frissonner, tressaillir; (*excitedly*) frétiller. **to ~ along/down** *etc [worm etc]* avancer/descendre *etc* en se tortillant; *[person]* avancer/descendre *etc* à plat ventre *or* en rampant;

the fish ~d off the hook le poisson a réussi à se détacher de l'hameçon, le poisson frétillait tellement qu'il s'est détaché de l'hameçon; **she managed to ~ free** elle a réussi à se dégager en se tortillant *or* en se contorsionnant; **she ~d through the hole in the hedge** il s'est faufilé *or* s'est glissé dans le trou de la haie (en se tortillant); **do stop wriggling (about)!** arrête de te trémousser *or* de gigoter* comme ça!, tiens-toi tranquille!
3 *vt*: **to ~ one's toes/fingers** remuer *or* tortiller les orteils/les doigts; **to ~ one's way along** *etc* = **to ~ along** *etc*; *V* 2.
♦ **wriggle about, wriggle around** *vi [worm, snake, eel]* se tortiller; *[fish, tadpole]* frétiller; *[person]* se trémousser, gigoter*; *V also* wriggle 2.
♦ **wriggle out** *vi [worm etc]* sortir; *[person]* se dégager. **the snake wriggled out of the cage** le serpent s'est coulé hors de la cage; **the fish wriggled out of my hand** le poisson m'a glissé des mains *or* m'a glissé entre les doigts; (*fig*) **to wriggle out of a difficulty** esquiver une difficulté; **to wriggle out of a task/a responsibility/the blame** *etc* se dérober à *or* esquiver une tâche/une responsabilité/la réprobation *etc*; **he'll manage to wriggle out of it somehow** il trouvera bien un moyen de s'esquiver *or* de se défiler*, il se ménagera bien une porte de sortie.
wriggler ['rɪglər] *n* **(a)** *[child etc]* **he's a dreadful ~** il n'arrête pas de gigoter*, il ne se tient jamais tranquille. **(b)** (*mosquito larva*) larve *f* de moustique.
wriggly ['rɪglɪ] *adj worm, eel, snake* qui se tortille; *fish* frétillant; *child* remuant, qui gigote* *or* se trémousse.
wring [rɪŋ] (*vb: pret, ptp* **wrung**) **1** *n*: **to give clothes a ~** essorer des vêtements.
2 *vt* **(a)** (*squeeze, twist*) serrer, tordre. **to ~ a chicken's neck** tordre le cou à un poulet; **I'll ~ your neck if I catch you!*** je te tordrai le cou si je t'y prends!*; **to ~ one's hands** se tordre les mains (de désespoir); **he wrung my hand, he wrung me by the hand** il m'a serré longuement la main; (*fig*) **a story to ~ one's heart** une histoire à vous fendre le cœur.
(b) (*also ~ out*) *wet clothes, rag, towel* essorer; *water* exprimer (*from sth* de qch). (*on label*) **'do not ~'** 'ne pas essorer'; **~ a cloth out in cold water and apply to forehead** faites une compresse avec un linge mouillé dans de l'eau froide et appliquez-la sur le front.
(c) (*fig: extort: also ~ out*) arracher, extorquer. **they wrung a confession/the truth from** *or* **out of him** ils lui ont arraché une confession/la vérité; **he wrung £10 out of me** il m'a extorqué *or* soutiré* 10 livres; **I'll ~ it out of him!** je vais lui tirer les vers du nez!, je vais le faire parler!; **they managed to ~ out of him what had happened** ils sont arrivés non sans peine à lui faire dire *or* avouer ce qui s'était passé.
♦ **wring out** *vt sep* **(a)** = **wring** 2b, 2c.
(b) (*: *exhausted*) **to be wrung out** être lessivé* *or* vidé* *or* moulu.
wringer ['rɪŋər] *n* essoreuse *f* (à rouleaux). **to put sth through the ~** essorer qch (*à la machine*).
wringing ['rɪŋɪŋ] *adj* (*also ~ wet*) *garment* trempé, à tordre*; *person* trempé jusqu'aux os.
wrinkle ['rɪŋkl] **1** *n* **(a)** (*on skin, fruit*) ride *f*; (*in socks, cloth, rug etc*) pli *m*.
(b) (‡) (*tip*) tuyau*; (*good idea*) combine‡ *f*.
2 *vt* (*also ~ up*) *skin* rider; *forehead* plisser; *nose* froncer; *fruit* rider, ratatiner; *rug, sheet* plisser, faire des plis dans.
3 *vi [sb's brow]* se plisser, se contracter; *[nose]* se plisser, se froncer; *[rug]* faire des plis; *[socks]* être en accordéon.
♦ **wrinkle down** *vi [stockings etc]* tomber en accordéon.
♦ **wrinkle up 1** *vi [skirt, sweater]* remonter en faisant des plis; *[rug]* faire des plis; *[sb's brow, nose]* se plisser.
2 *vt sep* = **wrinkle** 2.
wrinkled ['rɪŋkld] *adj skin, face* ridé; *brow, nose* plissé, froncé; *apple* ridé, ratatiné; *sheet, rug, sweater, skirt* qui fait des plis; *stocking, sock* qui fait l'accordéon. **a ~ old woman** une vieille femme toute ratatinée *or* desséchée.
wrist [rɪst] **1** *n* poignet *m*. **2** *cpd*: **wristband** *[shirt etc]* poignet *m*; *[watch etc]* bracelet *m*; **wrist joint** articulation *f* du poignet; (*Climbing*) **wrist loop** dragonne *f*; **wrist watch** montre-bracelet *f*.
wristlet ['rɪstlɪt] **1** *n* bracelet *m* (de force). **2** *cpd*: **wristlet watch** montre-bracelet *f*.
writ[1] [rɪt] *n* (*Jur*) acte *m* judiciaire; (*for election*) lettre officielle émanant du président de la Chambre des communes, demandant qu'on procède à des élections. **to issue a ~ against sb** assigner qn (en justice); **to issue a ~ for libel against sb** assigner qn en justice pour diffamation; **to serve a ~ on sb, to serve sb with a ~** assigner qn; **~ of attachment** commandement *m* de saisie; **~ of execution** titre *m* exécutoire; **~ of habeas corpus** ordre *m* (écrit) d'habeas corpus; **~ of subpoena** assignation *f* *or* citation *f* (en justice).
writ[2]†† [rɪt] *pret, ptp of* **write**.
write [raɪt] *pret* **wrote**, *ptp* **written 1** *vt* **(a)** (*gen*) écrire; *cheque, list* faire, écrire; *prescription, certificate* rédiger; *bill* faire. **did I ~ that?** j'ai écrit ça, moi?; **how is it written?** comment (est-ce que) ça s'écrit?; (*liter*) **it is written 'thou shalt not kill'** il est écrit 'tu ne tueras point'; (*fig*) **his guilt was written all over his face** la culpabilité se lisait sur son visage; (*fig*) **he had 'policeman' written all over him*** cela sautait aux yeux qu'il était policier.
(b) *book, essay, poem* écrire; *music, opera* écrire, composer. **you could ~ a book about all that is going on here** on pourrait écrire *or* il y aurait de quoi écrire un livre sur tout ce qui se passe ici.
(c) (*Comput*) *program, software etc* écrire, rédiger; *V* read.
2 *vi* **(a)** (*gen*) écrire. **he can read and ~** il sait lire et écrire; **~ on both sides of the paper** écrivez des deux côtés de la feuille; **as I ~, I can see …** en ce moment même, je peux voir …; **you must**

print, not ∼ your name il ne faut pas écrire votre nom en cursive mais en caractères d'imprimerie; **this pen** ∼**s well** ce stylo écrit bien.

(b) *(as author)* **he had always wanted to** ∼ il avait toujours voulu écrire *or* être écrivain; **he** ∼**s for a living** il est écrivain de métier *or* de profession; **he** ∼**s about social policy** il écrit sur les *or* il traite des questions de politique sociale; **he** ∼**s for 'The Times'** il écrit dans le 'Times'; **he** ∼**s on foreign policy for 'The Guardian'** il écrit des articles de politique étrangère dans le 'Guardian'; **what shall I** ∼ **about?** sur quoi est-ce que je vais écrire?

(c) *(correspond)* écrire *(to* à). **he wrote to tell us that** ... il (nous) a écrit pour nous dire que ...; *(Comm)* ∼ **for our brochure** demandez notre brochure; **I've written for a form** j'ai écrit pour leur demander un formulaire; *V* **home**.

3 *cpd*: *(US Pol)* **write-in** *(insertion of name)* inscription *f*; *(name itself)* nom inscrit; **write-off** *V* **write-off**; *(Comput: on disk)* **write-protect notch** encoche *f* de barrage d'écriture; **write-up** *V* **write-up**.

♦**write away** *vi (Comm etc)* écrire *(to* à). **to write away for** *information, application form, details* écrire pour demander; *goods* commander par lettre.

♦**write back** *vi* répondre *(par lettre)*.

♦**write down** *vt sep* (a) écrire; *(note)* noter; *(put in writing)* mettre par écrit. **write it down at once or you'll forget** écrivez-le *or* notez-le tout de suite sinon vous oublierez; **write all your ideas down and send them to me** mettez toutes vos idées par écrit et envoyez-les moi; **it was all written down for posterity** c'était tout consigné pour la postérité; *(fig)* **I had written him down as useless*** je m'étais mis dans la tête qu'il n'était bon à rien.

(b) *(Comm etc: reduce price of)* réduire le prix de.

♦**write in 1** *vi*: **listeners are invited to write in with their suggestions** nos auditeurs sont invités à nous envoyer leurs suggestions; **a lot of people have written in to complain** beaucoup de gens nous ont écrit pour se plaindre; **to write in for sth** écrire pour demander qch.

2 *vt sep word, item on list etc* insérer, ajouter; *(US Pol) candidate's name* inscrire.

3 write-in *n V* **write 3**.

♦**write off 1** *vi* = **write away**.

2 *vt sep* (a) *(write quickly) letter etc* écrire en vitesse *or* d'une traite.

(b) *debt* passer aux profits et pertes; *(fig)* considérer comme perdu *or* gâché, mettre une croix* sur, faire son deuil* de. **they wrote off £20,000** ils ont passé 20.000 livres aux profits et pertes; *(Comm)* **the operation was written off as a total loss** ils ont décidé de mettre un terme à l'opération qui se révélait une perte sèche; *(fig)* **I've written off the whole thing as a dead loss** j'en ai fait mon deuil*, j'ai fait une croix dessus*; *(fig)* **we've written off the first half of the term** nous considérons la première moitié du trimestre comme perdue *or* gâchée; *(fig)* **he had been written off as a failure** on avait décidé qu'il ne ferait jamais rien de bon; **they had written off all the passengers (as dead)** ils tenaient tous les passagers pour morts; **the insurance company decided to write off his car** la compagnie d'assurances a décidé que la voiture était irréparable; **he wrote his car off in the accident*** il a complètement bousillé* sa voiture dans l'accident; **the boat was completely written off*** le bateau a été complètement détruit *or* a été une perte totale.

3 write-off *n V* **write-off**.

♦**write out** *vt sep* (a) *one's name and address, details etc* écrire; *cheque, list* faire, écrire; *prescription, bill* rédiger; *bill* faire.

(b) *(copy)* notes, essay etc recopier, mettre au net *or* au propre; *recipe* copier, relever. **write out the words 3 times each** copiez chaque mot 3 fois.

♦**write up 1** *vi* = **write away**.

2 *vt sep* (a) *notes, diary* mettre à jour; *(write report on) happenings, developments* faire un compte rendu de; *(record) (Chem etc) experiment* rédiger; *(Archeol etc) one's findings* consigner. **he wrote up the day's events in the ship's log** il a inscrit *or* consigné dans le journal de bord les événements de la journée; **she wrote it up for the local paper** elle en a fait le compte rendu pour le journal local.

(b) *(praise)* écrire un article élogieux *(or* une lettre élogieuse) sur.

3 write-up *n V* **write-up**.

write-off ['raɪtɒf] *n (Comm)* perte sèche; *(Fin: tax)* déduction fiscale. **to be a** ∼ *[car]* être irréparable, être bon pour la casse *or* la ferraille; *[project, operation]* n'avoir abouti à rien, se révéler une perte de temps; **the whole afternoon was a** ∼ l'après-midi a été une perte de temps totale (du commencement à la fin).

writer ['raɪtəʳ] *n* (a) *(of letter, book etc)* auteur *m*; *(as profession)* écrivain *m*, auteur. **the (present)** ∼ **believes** ... l'auteur croit ...; **a thriller** ∼ un auteur de romans policiers; **he is a** ∼ il est écrivain, c'est un écrivain; **to be a good** ∼ *(of books)* être un bon écrivain, écrire bien; *(in handwriting)* écrire bien, avoir une belle écriture; **to be a bad** ∼ *(of books)* écrire mal, être un écrivailleur *or* un écrivassier; *(in handwriting)* écrire mal *or* comme un chat; ∼**'s block** hantise *f* de la page blanche *(qui paralyse l'écrivain)*; ∼**'s cramp** crampe *f* des écrivains; *(Scot Jur)* **W**∼ **to the Signet** ≃ notaire *m*; *V* **hack²**, **letter** *etc*.

(b) *(Comput: of program etc)* auteur *m*.

write-up ['raɪtʌp] *n (gen, also Comput)* description *f*; *(review: of play etc)* compte rendu *m*, critique *f*; *(report: of event etc)* compte rendu, exposé *m*. **there's a** ∼ **about it in today's paper** il y a un compte rendu dans le journal d'aujourd'hui; **the play got a good** ∼ la pièce a eu de bonnes critiques.

writhe [raɪð] *vi* se tordre; *(fig)* frémir. **it made him** ∼ *(in pain)* il

s'est tordu de douleur; *(from disgust)* il a frémi de dégoût; *(from embarrassment)* il ne savait plus où se mettre; **he** ∼**d under the insult** il a frémi sous l'injure.

♦**writhe about, writhe around** *vi (in pain)* se tordre dans des convulsions; *(to free o.s.)* se contorsionner en tous sens.

writing ['raɪtɪŋ] **1** *n* (a) *(U: hand*∼*, sth written)* écriture *f*. **there was some** ∼ **on the page** il y avait quelque chose d'écrit sur la page; **I could see the** ∼ **but couldn't read it** je voyais bien qu'il y avait quelque chose d'écrit mais je n'ai pas pu le déchiffrer; **I can't read your** ∼ je n'arrive pas à déchiffrer votre écriture; **in his own** ∼ écrit de sa main; *(fig)* **he saw the** ∼ **on the wall** il a vu le signe sur le mur.

(b) *(U: written form)* écrit *m*. **I'd like to have that in** ∼ j'aimerais avoir cela par écrit; **get his permission in** ∼ obtenez sa permission par écrit; **evidence in** ∼ **that** ... preuve par écrit *or* littérale que ...; **to put sth in** ∼ mettre qch par écrit.

(c) *(U: occupation of writer)* **he devoted his life to** ∼ il a consacré sa vie à son œuvre d'écrivain; ∼ **is his hobby** écrire est son passe-temps favori; **he earns quite a lot from** ∼ ses écrits lui rapportent pas mal d'argent.

(d) *(output of writer)* écrits *mpl*, œuvres *fpl*. **there is in his** ∼ **evidence of a desire to** ... on trouve dans ses écrits la manifestation d'un désir de ...; **the** ∼**s of H. G. Wells** les œuvres de H. G. Wells.

(e) *(U: act)* **he learns reading and** ∼ il apprend à lire et à écrire; ∼ **is a skill which must be learned** écrire est un art qui requiert un apprentissage; **the** ∼ **of this book took 10 years** écrire ce livre a pris 10 ans.

2 *cpd*: *(Brit)* **writing case** correspondancier *m*, nécessaire *m* de correspondance; **writing desk** secrétaire *m (bureau)*; **writing lesson** leçon *f* d'écriture; **writing pad** bloc *m* de papier à lettres, bloc-notes *m*; **writing paper** papier *m* à lettres; *(in hotel etc)* **writing room** salon *m* d'écriture; **writing table** bureau *m*.

written ['rɪtn] **1** *ptp of* **write**.

2 *adj reply, inquiry, request* écrit, par écrit; *French, English etc* écrit. ∼ **exam** épreuve écrite, écrit *m*; ∼ **proof** *or* **evidence** pièce *f* justificative; *(Parl)* ∼ **question** question écrite; *V* **hand** *etc*.

WRNS [renz] *n (Brit) abbr of* **Women's Royal Naval Service** *(service des auxiliaires féminines de la marine royale britannique).*

wrong [rɒŋ] **1** *adj* (a) *(wicked)* mal *inv*; *(unfair)* injuste. **it is** ∼ **to lie, lying is** ∼ c'est mal de mentir; **it is** ∼ **for her to have to beg, it is** ∼ **that she should have to beg** il est injuste qu'elle soit obligée de mendier; **you were** ∼ **to hit him, it was** ∼ **of you to hit him** tu n'aurais pas dû le frapper, tu as eu tort de le frapper; **what's** ∼ **with going to the pictures?** quel mal y a-t-il à aller au cinéma?; **there's nothing** ∼ **with** *or* **in (doing) that** il n'y a rien à redire à ça, je n'y vois aucun mal *(V also* **1c**).

(b) *(mistaken, incorrect)* belief, guess erroné; *answer, solution, calculation, sum* faux *(f* fausse), inexact, incorrect; *(Mus)* note faux; *(unsuitable, inconvenient)* qui n'est pas ce qu'il faut *(or* fallait *etc)*. **my clock/watch is** ∼ mon réveil/ma montre n'est pas à l'heure; **you're quite** ∼ vous vous trompez, vous avez tort, vous faites erreur; *(iro)* **how** ∼ **can you get!*** comme on peut se tromper!; **he was** ∼ **in deducing that** ... il a eu tort de déduire que ...; **I was** ∼ **about him** je me suis mépris *or* trompé sur son compte; **he got all his sums** ∼ toutes ses opérations étaient fausses; **the Chancellor got his sums** ∼* le chancelier de l'Échiquier a fait une erreur *or* s'est trompé dans ses calculs; **you've got your facts** ∼ ce que vous avancez est faux; **he got the figures** ∼ il s'est trompé dans les chiffres; **they got it** ∼ **again** ils se sont encore trompés; **he told me the** ∼ **time** *(gen)* il ne m'a pas donné l'heure exacte; *(for appointment etc)* il ne m'a pas donné la bonne heure; **it happened at the** ∼ **time** c'est arrivé à un moment inopportun; **the letter has the** ∼ **date on it** ils se sont trompés de date sur la lettre; **the** ∼ **use of drugs** l'usage abusif des médicaments; *(Telec)* **to get a** ∼ **number** se tromper de numéro; *(Telec)* **that's the** ∼ **number** ce n'est pas le bon numéro; **he got on the** ∼ **train** il s'est trompé de train, il n'a pas pris le bon train; **it's the** ∼ **road for Paris** ce n'est pas la bonne route pour Paris; *(fig)* **you're on the** ∼ **road** *or* **track** vous faites fausse route; **I'm in the** ∼ **job** ce n'est pas le travail qu'il me faut; *(also hum)* j'aurais vraiment dû faire autre chose, je me suis trompé de voie; **she married the** ∼ **man** elle n'a pas épousé l'homme qu'il lui fallait; **you've got** *or* **picked the** ∼ **man if you want someone to mend a fuse** vous tombez mal si vous voulez quelqu'un qui puisse réparer un fusible; **he's got the** ∼ **kind of friends** il a de mauvaises fréquentations; **that's the** ∼ **kind of plug** ce n'est pas la prise qu'il faut, ce n'est pas la bonne sorte de prise; **to say the** ∼ **thing** dire ce qu'il ne fallait pas dire, faire un impair; **you've opened the packet at the** ∼ **end** vous avez ouvert le paquet par le mauvais bout *or* du mauvais côté; **that's quite the** ∼ **way to go about it** ce n'est pas comme ça qu'il faut s'y prendre *or* qu'il faut le faire, vous vous y prenez *(or* il s'y prend *etc)* mal; **a piece of bread went down the** ∼ **way** j'ai *(or* il a *etc)* avalé une miette de pain de travers; **he was on the** ∼ **side of the road** il était du mauvais côté de la route; **he got out of the train on the** ∼ **side** il est descendu du train à contre-voie; *(fig)* **he got out of bed on the** ∼ **side, he got out of the** ∼ **side of the bed** il s'est levé du pied gauche; **the** ∼ **side of the cloth** le mauvais côté *or* l'envers *m* du tissu; **he's on the** ∼ **side of forty** il a dépassé la quarantaine; *(fig)* **to get on the** ∼ **side of sb** se faire mal voir de qn; *(rub sb up the wrong way)* prendre qn à rebrousse-poil; **you've put it back in the** ∼ **place** vous l'avez mal remis, vous ne l'avez pas remis là où il fallait; *V also* **end, side, stick, way** *etc*.

(c) *(amiss)* qui ne va pas. **something's** ∼ *or* **there's something** ∼ **(with it** *or* **him** *etc)* il y a quelque chose qui ne va pas; **something's** ∼ **with my leg** j'ai quelque chose à la jambe, ma jambe me tracasse; **something's** ∼ **with my watch** ma montre ne marche pas comme il faut; **what's ~?** qu'est-ce qui ne va pas?; **there's nothing ~** ça va, tout va bien; **nothing ~, I hope?** tout va bien *or* pas d'ennuis, j'espère; **there's nothing ~ with it** (*theory, translation*) c'est tout à fait correct; (*method, plan*) c'est tout à fait valable; (*machine, car*) ça marche très bien; **there's nothing ~ with hoping that...** il n'y a pas de mal à espérer que...; **there's nothing ~ with him** il va très bien, il est en parfaite santé; **there's something ~ somewhere** il y a quelque chose qui cloche* là-dedans; **what's ~ with you?** qu'est-ce que vous avez?; **what's ~ with your arm?** qu'est-ce que vous avez au bras?; **what's ~ with the car?** qu'est-ce qu'elle a, la voiture?, qu'est-ce qui cloche* dans la voiture?; **he's ~ in the head*** il a le cerveau dérangé *or* fêlé*.

2 *adv answer, guess* mal, incorrectement. **you've spelt it ~** vous l'avez mal écrit; **you're doing it all ~** vous vous y prenez mal; **you did ~ to refuse** vous avez eu tort de refuser; **you've got the sum ~** vous vous êtes trompé dans votre calcul, vous avez fait une erreur de calcul; (*misunderstood*) **you've got it all ~*** vous n'avez rien compris; **don't get me ~*** comprends-moi bien; **she took me up ~** elle n'a pas compris ce que je voulais dire; **to go ~** (*on road*) se tromper de route, faire fausse route; (*in calculations, negotiations etc*) se tromper, faire une faute *or* une erreur; (*morally*) mal tourner; [*plan*] mal tourner; [*business deal etc*] tomber à l'eau; [*machine, car*] tomber en panne; [*clock, watch etc*] battre la breloque, se détraquer; **you can't go ~** (*on road*) c'est très simple, il est impossible de se perdre; (*in method etc*) c'est simple comme bonjour; (*in choice of job, car etc*) (de toute façon) c'est un bon choix; **you can't go ~ with a Super Deluxe** (de toute façon) une Super Deluxe, c'est un bon choix; **you won't go far ~ if you ...** vous ne pouvez guère vous tromper si vous ...; **something went ~ with the gears** quelque chose s'est détraqué *or* a foiré* dans l'embrayage; **something must have gone ~** il a dû arriver quelque chose; **nothing can go ~ now** tout doit marcher comme sur des roulettes maintenant; **everything went ~ that day** tout est allé mal *or* de travers ce jour-là.

3 *n* **(a)** (*evil*) mal *m*. **to do ~** mal agir; (*fig*) **he can do no ~ in her eyes** tout ce qu'il fait est bien à ses yeux *or* trouve grâce à ses yeux; *V also* **right**.
  (b) (*injustice*) injustice *f*, tort *m*. **he suffered great ~** il a été la victime de graves injustices; **to right a ~** réparer une injustice; (*Prov*) **two ~s don't make a right** on ne répare pas une injustice par une autre (injustice); **you do me ~ in thinking ...** vous êtes injuste envers moi *or* vous me faites tort en pensant ...; **he did her ~** il a abusé d'elle.
  (c) to be in the ~ être dans son tort, avoir tort; **to put sb in the ~** mettre qn dans son tort.

4 *vt* traiter injustement, faire tort à. **you ~ me if you believe ...** vous êtes injuste envers moi si vous croyez... .
  5 *cpd:* **wrongdoer** malfaiteur *m*, -trice *f*; (*U*) **wrongdoing** méfaits *mpl*; (*Ftbl, Tennis*) **to wrong-foot** prendre à contre-pied; **wrong-headed** buté.

wrongful ['rɒŋfʊl] *adj* injustifié. (*Jur*) **~ arrest** arrestation *f* arbitraire; (*Ind*) **~ dismissal** renvoi injustifié.

wrongfully ['rɒŋfəlɪ] *adv* à tort.

wrongly ['rɒŋlɪ] *adv* **(a)** (*incorrectly*) *state, allege, multiply* incorrectement, inexactement; *treat* injustement; *accuse* faussement, à tort; *answer, guess, translate* mal, incorrectement, pas comme il faut; *position, insert* mal, pas comme il faut. **the handle has been put on ~** le manche n'a pas été mis comme il faut *or* a été mal mis; **you have been ~ informed** on vous a mal renseigné; **~ dismissed** renvoyé injustement *or* à tort; **he behaved quite ~ when he said that** il a eu tort de dire ça; *V* **rightly**.
  (b) (*by mistake*) par erreur. **it was ~ put in this drawer** on l'a mis dans ce tiroir par erreur.

wrongness ['rɒŋnɪs] *n* (*incorrectness*) [*answer*] inexactitude *f*; (*injustice*) injustice *f*; (*evil*) immoralité *f*.

wrote [rəʊt] *pret of* **write**.

wrought [rɔːt] **1** *pret, ptp* †† *of* **work** (*liter*) **he ~ valiantly** il a œuvré vaillamment; **the destruction ~ by the floods** les ravages provoqués par l'inondation.
  2 *adj iron forgé; silver* ouvré.
  3 *cpd:* **wrought iron** fer forgé; **wrought-iron** (*adj*) *gate, decoration* en fer forgé; **wrought-ironwork** ferronnerie *f*; **to be wrought-up** être très tendu.

wrung [rʌŋ] *pret, ptp of* **wring**.

WRVS [ˌdʌbljuːɑːviːˈes] *n* (*Brit*) *abbr of* **Women's Royal Volunteer Service** *service d'auxiliaires bénévoles au service de la collectivité*.

wry [raɪ] *adj comment, humour, joke* désabusé, empreint d'une ironie désabusée. **a ~ smile** un sourire forcé *or* désabusé; **with a ~ shrug of his shoulders he ...** d'un haussement d'épaules désabusé il ...; **to make a ~ face** faire la grimace.

wryly ['raɪlɪ] *adv* avec une ironie désabusée.

WS [ˌdʌbljuːˈes] *n* (*Scot Jur*) *abbr of* **Writer to the Signet**; *V* **writer**.

wt *abbr of* **weight**.

WV (*US Post*) *abbr of* **West Virginia**.

WY (*US Post*) *abbr of* **Wyoming**.

wych-elm ['wɪtʃˈelm] *n* orme blanc *or* de montagne.

wynd [waɪnd] *n* (*Scot*) venelle *f*.

Wyoming [waɪˈəʊmɪŋ] *n* Wyoming *m*. **in ~** dans le Wyoming.

X

X, x [eks] (*vb: pret, ptp* **x-ed, x'ed**) **1** *n* **(a)** (*letter*) X, x *m*; (*Math, fig*) x. **X for X-ray** ≃ X comme Xavier; **he signed his name with an X** il a signé d'une croix *or* en faisant une croix; **for x years** pendant x années; **Mr X** Monsieur X; **X-certificate film** film interdit aux moins de 18 ans *or* réservé aux adultes; **X marks the spot** l'endroit est marqué d'une croix; *V* **X-ray**.
  (b) (*Cine, also* (*US*) **~-rated**) ≃ interdit aux moins de 18 ans. (*fig* **~-rated** *book, language etc*) obscène, porno*.
  2 *vt* marquer d'une croix.
♦ **x out** *vt sep mistake* raturer (par une série de croix).

xenon ['zenɒn] *n* xénon *m*.

xenophobe ['zenəfəʊb] *adj, n* xénophobe (*mf*).

xenophobia [ˌzenəˈfəʊbɪə] *n* xénophobie *f*.

xenophobic [ˌzenəˈfəʊbɪk] *adj* xénophobique.

Xenophon ['zenəfən] *n* Xénophon *m*.

xerography [zɪəˈrɒgrəfɪ] *n* xérographie *f*.

Xerox ['zɪərɒks] ® **1** *n* (*machine*) photocopieuse *f*; (*reproduction*) photocopie *f*. **2** *vt* (faire) photocopier, prendre *or* faire une photocopie de, copier*. **3** *vi* se faire *or* se laisser photocopier.

Xerxes ['zɜːksiːz] *n* Xerxès *m*.

Xmas ['eksməs, 'krɪsməs] *n abbr of* **Christmas**.

X-ray ['eksˈreɪ] **1** *n* (*ray*) rayon *m* X; (*photograph*) radiographie *f*, radio* *f*. **to have an ~** se faire radiographier, se faire faire une radio*.
  2 *vt heart, envelope* radiographier, faire une radio de*; *person* radiographier, faire une radio à*.
  3 *cpd* radioscopique, radiographique. **X-ray diagnosis** radiodiagnostic *m*; **X-ray examination** examen *m* radioscopique, radio* *f*; **X-ray photo, X-ray picture** (*on film*) radiographie *f*, radio* *f*; (*on screen*) radioscopie *f*, radio*; **X-ray treatment** radiothérapie *f*.

xylograph ['zaɪləgrɑːf] *n* xylographie *f*.

xylographic [ˌzaɪləˈgræfɪk] *adj* xylographique.

xylography [zaɪˈlɒgrəfɪ] *n* xylographie *f*.

xylophone ['zaɪləfəʊn] *n* xylophone *m*.

xylophonist [zaɪˈlɒfənɪst] *n* joueur *m* de xylophone.

Y

Y, y [waɪ] *n (letter)* Y, y *m*. **Y for Yellow** ≃ Y comme Yvonne; **Y-fronts** ® slip *m* (d'homme); **Y-shaped** en (forme d')Y.

yacht [jɒt] **1** *n (sails or motor)* yacht *m*; *(sails)* voilier *m*.
  2 *vi*: **to go ~ing** faire de la navigation de plaisance *or* de la voile *or* du yachting *m*.
  3 *cpd*: **yacht club** yacht-club *m*, cercle *m* nautique *or* de voile; **yacht race** course *f* de yachts *or* de voiliers; **yachtsman** (*pl* -men) plaisancier *m*.

yachting ['jɒtɪŋ] **1** *n* navigation *f* de plaisance, yachting *m*, voile *f*.
  2 *cpd*: **cruise** en yacht; **cap** de marin; **magazine etc** de la voile. **in yachting circles** dans les milieux de la voile *or* de la navigation de plaisance; **it's not a yachting coast** ce n'est pas une côte propice au yachting *or* à la navigation de plaisance.

yack* [jæk], **yackety-yak*** ['jækɪtɪ'jæk] (*pej*) **1** *vi* caqueter, jacasser. **2** *n* caquetage *m*.

yah [jɑː] *excl* beuh!

yahoo [jɑː'huː] *n* butor *m*, rustre *m*.

yak¹ [jæk] *n (Zool)* yak *m or* yack *m*.

yak²* [jæk] = **yackety-yak**.

Yale [jeɪl] *n* ®: **~ lock** serrure *f* à barillet *or* à cylindre.

yam [jæm] *n (plant, tuber)* igname *f*; *(US: sweet potato)* patate douce.

yang [jæŋ] *n (Philos)* yang *m*.

Yangtze ['jæŋksɪ] *n* Yang Tsé Kiang *m*.

yank [jæŋk] **1** *n* coup sec, saccade *f*.
  2 *vt* tirer d'un coup sec.
♦ **yank off*** *vt sep* **(a)** *(detach)* arracher *or* extirper (d'un coup sec).
  (b) to yank sb off to jail embarquer* qn en prison.
♦ **yank out*** *vt sep* arracher *or* extirper (d'un coup sec).

Yank* [jæŋk] (*abbr of* **Yankee**) **1** *adj* amerloque‡, ricain‡ (*pej*). **2** *n* Amerloque‡ *mf*, Ricain(e)‡ *m(f)* (*pej*).

Yankee* [jæŋkɪ] **1** *n* Yankee *mf*. **2** *adj* yankee (*f inv*). **'~ Doodle'** air populaire de la Révolution américaine.

yap [jæp] **1** *vi [dog]* japper; (*) *[person]* jacasser. **2** *n [person]* jappement *m*.

yapping ['jæpɪŋ] **1** *adj* **dog** jappeur; **person** jacasseur. **2** *n* jappements *mpl*; jacasserie *f*.

Yarborough ['jɑːbrə] *n (Bridge etc)* main ne contenant aucune carte supérieure au neuf.

yard¹ [jɑːd] **1** *n* **(a)** yard *m* (91,44 cm), ≃ mètre *m*. **one ~ long** long d'un yard *or* d'un mètre; **20 ~s away from us** à 20 mètres de nous; **he can't see a ~ in front of him** il ne voit pas à un mètre devant lui; (*Sport*) **to run a hundred ~s, to run in the hundred ~s or hundred ~s' race** ≃ courir le cent mètres; **to buy cloth by the ~** acheter de l'étoffe au mètre; **how many ~s would you like?** quel métrage désirez-vous?
  (b) *(fig)* **he pulled out ~s of handkerchief** il a sorti un mouchoir d'une longueur interminable; **a word a ~ long** un mot qui n'en finit plus; **an essay a ~ long** une dissertation-fleuve; **with a face a ~ long** faisant un visage long d'une aune, faisant une tête longue comme ça; **sums by the ~** des calculs à n'en plus finir.
  (c) *(Naut)* vergue *f*.
  2 *cpd*: *(Naut)* **yardarm** bout *m* de vergue; *(fig)* **yardstick** mesure *f*.

yard² [jɑːd] **1** *n* **(a)** *[farm, hospital, prison, school etc]* cour *f*; *(surrounded by the building: in monastery, hospital etc)* préau *m*. **back~** cour de derrière; *V* **farm etc**.
  (b) *(work-site)* chantier *m*; *(for storage)* dépôt *m*. **builder's/shipbuilding ~** chantier de construction/de construction(s) navale(s); **timber~** dépôt de bois; **coal/contractor's ~** dépôt de charbon/de matériaux de construction; *V* **dock¹, goods etc**.
  (c) *(Brit)* **the Y~**, **Scotland Y~** Scotland Yard *m*, ≃ le Quai des Orfèvres; **to call in the Y~** demander l'aide de Scotland Yard.
  (d) *(US)* *(garden)* jardin *m*; *(field)* champ *m*.
  (e) *(enclosure for animals)* parc *m*; *V* **stock**.
  2 *cpd*: *(US)* **yardbird** *(soldier)* bidasse *m* empôté *(qui est souvent de corvée)*; *(convict)* taulard‡ *m*; *(US Rail)* **yardmaster** chef *m* de triage; *(US)* **yard sale** vente *f* d'objets usagés *(chez un particulier)*.

yardage ['jɑːdɪdʒ] *n* longueur *f* en yards, ≃ métrage *m*.

yarn [jɑːn] **1** *n* **(a)** fil *m*; *(Tech: for weaving)* filé *m*. **cotton/nylon etc ~** fil de coton/de nylon etc. **(b)** *(tale)* longue histoire *m*; *V* **spin**. **2** *vi* raconter *or* débiter des histoires.

yarrow ['jærəʊ] *n* mille-feuille *f*, achillée *f*.

yashmak ['jæʃmæk] *n* litham *m*.

yaw [jɔː] *vi (Naut)* *(suddenly)* faire une embardée, embarder; *(gradually)* dévier de la route; *(Aviat, Space)* faire un mouvement de lacet.

yawl [jɔːl] *n (Naut)* *(sailing boat)* yawl *m*; *(ship's boat)* yole *f*.

yawn [jɔːn] **1** *vi* **(a)** *[person]* bâiller. **to ~ with boredom** bâiller d'ennui.
  (b) *[chasm etc]* s'ouvrir.
  2 *vt*: **to ~ one's head off** bâiller à se décrocher la mâchoire; **'no'** **he ~ed** 'non' dit-il en bâillant *or* dans un bâillement.
  3 *n* bâillement *m*. **to give a ~** bâiller; **the film is one long ~*** le film est ennuyeux de bout en bout *or* fait bâiller; *V* **stifle**.

yawning ['jɔːnɪŋ] **1** *adj* **chasm** béant; **person** qui bâille. **2** *n* bâillements *mpl*.

yaws [jɔːz] *n (Med)* pian *m*.

yd *abbr of* **yard**.

ye¹ [jiː] *pers pron* (††, *liter, dial*) vous. **~ gods!*** grands dieux!*, ciel! *(hum)*.

ye² [jiː] (††: *the*) *ancienne forme écrite de* **the**.

yea [jeɪ] (††: *yes*) **1** *particle* oui. **whether ~ or nay** que ce soit oui ou (que ce soit) non. **2** *adv* (*liter: indeed*) voire, et même. **3** *n* oui *m*. **the ~s and the nays** les voix *fpl* pour et les voix contre, les oui *mpl* et les non.

yeah* [jɛə] *particle* ouais*, oui. *(iro)* **oh ~?** et puis quoi encore?

year [jɪəʳ] **1** *n* **(a)** an *m*, année *f*. **last ~** l'an dernier, l'année dernière; **this ~** cette année; **next ~** l'an prochain, l'année prochaine, l'année qui vient; *(loc)* **this ~, next ~, sometime, never!** ≃ un peu, beaucoup, passionnément, à la folie, pas du tout!; **every ~, each ~** tous les ans, chaque année; **every other ~, every second ~** tous les deux ans; **3 times a ~** 3 fois l'an *or* par an; **in the ~ of grace** en l'an de grâce; **in the ~ of Our Lord** en l'an *or* en l'année de Notre Seigneur; **in the ~ 1869** en 1869; **in the ~ two thousand** en l'an deux mille; **~ by ~, from ~ to ~** d'année en année; **from one ~ to the other** d'une année à l'autre; **~ in, ~ out** année après année; **all the ~ round, from ~('s) end to ~('s) end** d'un bout de l'année à l'autre; **over the ~s, as (the) ~s go (or went) by** au cours *or* au fil des années; **taking one ~ with another, taking the good ~s with the bad bon an mal an; ~s (and ~s) ago** il y a (bien) des années; **for ~s together** plusieurs années de suite; **to pay by the ~** payer à l'année; **document valid one ~** document valide un an; **a ~ last January** il y a eu un an au mois de janvier (dernier); **a ~ in January, a ~ next January** il y aura un an en janvier (prochain); **they have not met for ~s** ils ne se sont pas vus depuis des années; *(fig)* **I've been waiting for you for ~s*** ça fait une éternité que je t'attends; **sentenced to 15 ~s'** imprisonment condamné à 15 ans de prison; *(Prison)* **he got 10 ~s** il a attrapé 10 ans; **he is 6 ~s old** il a 6 ans; **in his fortieth ~** dans sa quarantième année; **it costs £10 a ~** cela coûte 10 livres par an; **he earns £3,000 a ~** il gagne 3.000 livres par an; **a friend of 30 ~s' standing** un ami de 30 ans *or* que l'on connaît (*or* connaissait *etc*) depuis 30 ans; **it has taken ~s off my life!, it has put ~s on me!** cela m'a vieilli de cent ans!; **that new hat takes ~s off her** ce nouveau chapeau la rajeunit; *V* **after, donkey, New Year etc**.
  (b) *(age)* **from his earliest ~s** dès son âge le plus tendre; **he looks old for his ~s** il fait *or* paraît plus vieux que son âge; **young for his ~s** jeune pour son âge; **well on in ~s** d'un âge avancé; **to get on in ~s** prendre de l'âge; *(liter)* **to grow in ~s** avancer en âge; **to reach ~s of discretion** arriver à l'âge adulte *(fig)*.
  (c) *(Scol, Univ)* année *f*. **she was in my ~ at school** elle était de mon année au lycée; **he's in the second ~** *(Univ)* il est en deuxième année; *(secondary school)* ≃ il est en cinquième.
  (d) *[coin, stamp, wine]* année *f*.
  2 *cpd*: **yearbook** annuaire *m* (*d'une université, d'un organisme etc*); *(Brit Scol)* **year head** conseiller *m*, -ère *f* (principal(e)) d'éducation; **yearlong** qui dure (*or* durait *etc*) un an; *(Brit Scol)* **year tutor** = **year head**.

yearling ['jɪəlɪŋ] **1** *n* animal *m* d'un an; *(racehorse)* yearling *m*. **2** *adj* (âgé) d'un an.

yearly ['jɪəlɪ] **1** *adj* annuel. **2** *adv* annuellement.

yearn [jɜːn] *vi* **(a)** *(feel longing)* languir (*for, after* après), aspirer (*for, after* à). **to ~ for home** avoir la nostalgie de chez soi *or* du pays; **to ~ to do** avoir très envie *or* mourir d'envie de faire, aspirer à faire.
  (b) *(feel tenderness)* s'attendrir, s'émouvoir (*over* sur).

yearning ['jɜːnɪŋ] **1** *n* désir ardent *or* vif (*for, after* de, *to do* de faire), envie *f* (*for, after* de, *to do* de faire), aspiration *f* (*for, after* vers, *to do* à faire). **2** *adj* **desire** vif (*f* vive), ardent; **look** plein de désir *or* de tendresse.

yearningly ['jɜːnɪŋlɪ] *adv* (*longingly*) avec envie, avec désir; *(tenderly)* avec tendresse, tendrement.

yeast [jiːst] *n (U)* levure *f*. **dried ~** levure déshydratée.

yeasty ['jiːstɪ] *adj* **(a)** *(frothy)* écumeux, mousseux; *(frivolous)* superficiel, sans consistance, frivole. **(b) ~ taste** goût *m* de levure.

yec(c)h* [jek] *excl (US)* berk! *or* beurk!

yec(c)hy* ['jekɪ] *adj (US)* dégueulasse‡, dégoûtant.

yegg‡ [jeg] *n (US: also* **yeggman**) cambrioleur *m*, casseur‡ *m*.

yell [jel] **1** *n* hurlement *m*, cri *m*. **to give a ~** pousser un hurlement *or* un cri; **a ~ of fright** un hurlement *or* un cri d'effroi; **a ~ of laughter** un grand éclat de rire; *(US Univ)* **college ~** ban *m* d'étudiants; *(fig)* **it was a ~!‡** c'était à se tordre!*; *(fig)* **he's a ~‡** il est tordant*.
  2 *vi* **(a)** *(also ~ out)* hurler (*with* de). **to ~ at sb** crier après qn; **to ~ with laughter** rire bruyamment *or* aux éclats.
  (b) (*: *weep*) beugler‡, hurler.
  3 *vt* **(a)** *(also ~ out)* hurler, crier. **'stop it!' he ~ed** 'arrêtez!' hurla-t-il.
  (b) (*: *weep*) **she was ~ing her head off** elle beuglait‡ comme un veau, elle hurlait.

yelling ['jeliŋ] **1** n hurlements mpl, cris mpl. **2** adj hurlant.

yellow ['jeləʊ] **1** adj **(a)** (colour) object etc jaune; hair, curls blond. **to go** or **turn** or **become** or **grow** ~ devenir jaune, jaunir; **the** ~ **races** les races fpl jaunes; (Ind, Ecol) ~ **rain** pluie f jaune; V also **2** and **canary** etc.
  (b) (fig pej: cowardly) lâche, froussard*, trouillard‡. **there was a** ~ **streak in him** il y avait un côté lâche or froussard* or trouillard‡ en lui.
  2 cpd: (pej) **yellowback**† roman m à sensation; (pej) **yellow-belly**‡ froussard(e)* m(f), trouillard(e)‡ m(f); (Ftbl) **yellow card** carton m jaune; (US Ind Hist) **yellow-dog contract** contrat m interdisant de se syndiquer (aujourd'hui illégal); (Med) **yellow fever** fièvre f jaune; (Naut) **yellow flag** pavillon m de quarantaine; (Orn) **yellowhammer** bruant m jaune; (Naut) **yellow jack*** = **yellow flag; yellow metal** (gold) métal m jaune; (brass) cuivre m jaune, métal Muntz; **yellow ochre** jaune m d'ocre; (Telec) **the yellow pages** les pages fpl jaunes (de l'annuaire); (fig) **yellow peril** péril m jaune; (pej) **the yellow press** la presse à sensation; **Yellow River** le fleuve Jaune; **Yellow Sea** la mer Jaune; **yellow soap** savon m de Marseille; (Anat) **yellow spot** tache f jaune; **yellow wagtail** bergeronnette f flavéole.
  3 n (colour; also of egg) jaune m.
  4 vi jaunir.
  5 vt jaunir. **paper** ~ed **with age** papier jauni par le temps.

yellowish ['jeləʊɪʃ] adj tirant sur le jaune, un peu jaune, jaunâtre (pej).

yellowness ['jeləʊnɪs] n (U) **(a)** (colour) [object] couleur f jaune, jaune m; [skin] teint m jaune. **(b)** (*pej: cowardice) lâcheté f, trouillardise‡ f.

yellowy ['jeləʊ] adj = **yellowish**.

yelp [jelp] **1** n [dog] jappement m; [fox, person] glapissement m. **2** vi japper; glapir.

yelping ['jelpiŋ] **1** n [dog] jappement m; [fox, person] glapissement m. **2** adj dog jappeur; fox, person glapissant.

Yemen ['jemən] n Yémen m.

Yemeni ['jeməni], **Yemenite** ['jemənaɪt] **1** adj yéménite. **2** n Yéménite mf.

yen¹ [jen] n (money) yen m.

yen²* [jen] n désir m intense, grande envie (for de). **to have a** ~ **to do** avoir (grande) envie de faire.

yenta* ['jentə] n (US pej) commère f.

yeoman ['jəʊmən] pl **yeomen 1** n **(a)** (Hist: freeholder) franc-tenancier m.
  (b) (Brit Mil) cavalier m; V **yeomanry**.
  2 cpd: **yeoman farmer** (Hist) franc-tenancier m; (modern) propriétaire exploitant; (Brit) **Yeoman of the Guard** hallebardier m de la garde royale; (fig) **to do** or **give yeoman service** rendre des services inestimables.

yeomanry ['jəʊmənrɪ] n (U) **(a)** (Hist) (classe f des) francs-tenanciers mpl. **(b)** (Brit Mil) régiment m de cavalerie (volontaire).

yeomen ['jəʊmen] npl of **yeoman**.

yep* [jep] particle ouais‡, oui.

yes [jes] **1** particle (answering affirmative question) oui; (answering neg question) si. **do you want some?** — ~! en voulez-vous? — oui!; **don't you want any?** — ~ (I **do**)! vous n'en voulez pas? — (mais) si!; **to say** ~ dire oui; **he says** ~ **to everything** il dit oui à tout; ~ **certainly** mais oui, certes oui; ~, **rather*** bien sûr (que oui); (contradicting) **oh** ~, **you did say that** si si or mais si, vous avez bien dit cela; ~? (awaiting further reply) (ah) oui?, et alors?; (answering knock at door) oui?, entrez!; **waiter!** — ~ **sir?** garçon! — (oui) Monsieur?
  2 n oui m inv. **he gave a reluctant** ~ il a accepté de mauvaise grâce; **he answered with** ~es **and noes** il n'a répondu que par des oui et des non.
  3 cpd: (*pej) **yes man** béni-oui-oui* m inv (pej); **he's a yes man** il dit amen à tout; (Ling) **yes-no question** interrogation f par oui ou non.

yeshiva [jə'ʃiːvə] n (US) école f or université f juive.

yesterday ['jestədeɪ] **1** adv **(a)** hier. **it rained** ~ il a plu hier; **all** (**day**) ~ toute la journée d'hier; **he arrived only** ~ il n'est arrivé qu'hier; **a week** (**from**) ~ d'hier en huit; **a week** (**past**) ~ il y a eu hier huit jours; **I had to have it by** ~ or **no later than** ~ il fallait que je l'aie hier au plus tard; **late** ~ hier dans la soirée; V **born**.
  (b) (fig: in the past) hier, naguère. **towns which** ~ **were villages** des villes qui étaient hier or naguère des villages.
  2 n **(a)** hier m. ~ **was the second** c'était hier le deux; ~ **was Friday** c'était hier vendredi; ~ **was very wet** il a beaucoup plu hier; ~ **was a bad day for him** la journée d'hier s'est mal passée pour lui; **the day before** ~ avant-hier m; **where's** ~**'s newspaper?** où est le journal d'hier?
  (b) (fig) hier m, passé m. **the great men of** ~ tous les grands hommes du passé or d'hier; **all our** ~s tout notre passé.
  3 cpd: **yesterday afternoon** hier après-midi; **yesterday evening** hier (au) soir; **yesterday morning** hier matin; **yesterday week** il y a eu hier huit jours.

yesternight ['jestə'naɪt] n, adv (††, liter) la nuit dernière, hier soir.

yesteryear ['jestə'jɪəʳ] n (††, liter) les années passées. **the snows of** ~ les neiges d'antan.

yet [jet] **1** adv **(a)** (also as ~) (by this time, still, thus far, till now) encore, toujours, jusqu'ici, jusqu'à présent; (by that time, still, till then) encore, toujours, jusqu'alors, jusque-là. **they haven't** (as) ~ **returned** or **returned** (**as**) ~ ils ne sont pas encore or ne sont toujours pas revenus; **they hadn't** (**as**) ~ **managed to do it** ils n'étaient pas encore or toujours pas arrivés à le faire; **the greatest book** (**as**) ~ written le plus beau livre écrit jusqu'ici or jusqu'à présent; **no one has come** (**as**) ~ personne n'est encore venu,

jusqu'à présent or jusqu'ici personne n'est venu; **no one had come** (**as**) ~ jusqu'alors or jusque-là personne n'était (encore) venu; **I have** ~ **to see** (or **receive** etc) one je n'en ai encore jamais vu (or reçu etc).
  (b) (so far; already; now) maintenant; alors; déjà; encore. **has he arrived** ~? est-il déjà arrivé?; no, **not** ~ non, pas encore; **I wonder if he's come** ~ je me demande s'il est déjà arrivé or s'il est arrivé maintenant; **not** (**just**) ~ pas tout de suite, pas encore, pas pour l'instant; **don't come in** (**just**) ~ n'entrez pas tout de suite or pas encore or pas pour l'instant; **must you go just** ~? faut-il que vous partiez (subj) déjà?; **I needn't go** (**just**) ~ je n'ai pas besoin de partir tout de suite; **that won't happen** (**just**) ~, **that won't happen** ~ **awhile(s)** ça n'est pas pour tout de suite.
  (c) (still, remaining) encore (maintenant). **they have a few days** ~ ils ont encore or il leur reste encore quelques jours; **there's another bottle** ~ il reste encore une bouteille; **half is** ~ **to be built** il en reste encore la moitié à construire; **places** ~ **to be seen** des endroits qui restent (encore) à voir; **he has** ~ **to learn** il a encore à apprendre, il lui reste à apprendre; (liter) **she is** ~ **alive** elle est encore vivante, elle vit encore.
  (d) (with comp: still, even) encore. **this is** ~ **more difficult** ceci est encore plus difficile; **he wants** ~ **more money** il veut encore plus or encore davantage d'argent.
  (e) (in addition) encore, de plus. ~ **once more** encore une fois, une fois de plus; **another arrived and** ~ **another** il en est arrivé un autre et encore un autre.
  (f) (before all is over) toujours. **he may come** ~ or ~ **come** il peut encore or toujours venir; **he could come** ~ il pourrait bien encore or toujours venir; **I'll speak to her** ~ je finirai bien par lui parler; **I'll do it** ~ j'y arriverai bien quand même.
  (g) (frm) **nor** ~ ni, et ... non plus, ni même, et ... pas davantage. **I do not like him nor** ~ **his sister** je ne les aime ni lui ni sa sœur, je ne l'aime pas et sa sœur non plus or et sa sœur pas davantage; **not he nor** ~ **I** ni lui ni moi; **they did not come nor** ~ (**even**) **write** ils ne sont pas venus et ils n'ont même pas écrit.
  2 conj (however) cependant, pourtant; (nevertheless) toutefois, néanmoins, malgré tout, tout de même. (**and**) ~ **everyone liked her** (et) pourtant or néanmoins tout le monde l'aimait, mais tout le monde l'aimait quand même; (**and**) ~ **I like the house** (et) malgré tout or (et) pourtant or (et) néanmoins j'aime bien la maison; **it's strange** ~ **true** c'est étrange mais pourtant vrai or mais vrai tout de même.

yeti ['jetɪ] n yéti m.

yew [juː] n (also ~ **tree**) if m; (wood) (bois m d')if.

Y.H.A. [,waɪeɪtʃ'eɪ] n (Brit: abbr of **Youth Hostels Association**) ≃ F.U.A.J. f (Fédération unie des auberges de jeunesse).

Yid‡ [jid] n (pej) youpin(e) m(f) (pej), Juif m, Juive f.

Yiddish ['jɪdɪʃ] **1** adj yiddish inv. **2** n (Ling) yiddish m.

yield [jiːld] **1** n [earth] production f; [land, farm, field, orchard, tree] rendement m, rapport m, récolte(s) f(pl); [mine, oil well] débit m; [labour] produit m, rendement; [an industry] production, rendement; [tax] recettes fpl, rapport, revenu m; [business, shares] rapport, rendement, revenu. ~ **per acre** rendement à l'hectare.
  2 vt **(a)** (produce, bear; bring in) [earth] produire; [farm, field, land, orchard, tree] rendre, produire, donner, rapporter; [mine, oil well] débiter; [labour, an industry] produire; [business, investments, tax, shares] rapporter. **to** ~ **a profit** rapporter un profit or un bénéfice; **that land** ~s **no return** cette terre ne rend pas, cette terre ne produit or rapporte rien; (Fin) **shares** ~ing **high interest** actions fpl à gros rendement; **shares** ~ing 10% actions qui rapportent 10%; **it will** ~ **the opportunity of** cela fournira l'occasion de; **to** ~ **results** donner or produire des résultats; **this** ~ed **many benefits** bien des bénéfices en ont résulté.
  (b) (surrender) fortress, territory céder, livrer, abandonner (to à); ownership, rights céder (to à), renoncer à (to en faveur de). (Mil, fig) **to** ~ **ground to sb** céder du terrain à qn; (fig) **to** ~ **the floor to sb** laisser la parole à qn; **to** ~ **a point to sb** concéder un point à qn, céder à qn sur un point; **if he** ~s **this point** s'il admet or concède ce point, s'il cède sur ce point; (Aut) **to** ~ **the right of way to sb** laisser or céder la priorité à qn; (frm) **to** ~ **obedience/thanks to sb** rendre obéissance/grâces à qn (frm).
  3 vi **(a)** (give produce; bring in revenue; V **2a** for typical subjects) rendre; rapporter; donner; produire; débiter. **field that** ~s **well** champ qui rapporte or qui donne un bon rendement, champ qui rend bien; **land that** ~s **poorly** terre qui rend peu or mal.
  (b) (surrender, give way) céder (to devant, à), se rendre (to à). **we shall never** ~ nous ne céderons jamais, nous ne nous rendrons jamais; **they begged him but he would not** ~ ils l'ont supplié mais il n'a pas cédé or il ne s'est pas laissé fléchir; (Mil etc) **they** ~ed **to us** ils se rendirent à nous; **to** ~ **to force** céder devant la force; **to** ~ **to superior forces** céder devant or à des forces supérieures; **to** ~ **to superior numbers** céder au nombre; **to** ~ **to reason** se rendre à la raison; **to** ~ **to sb's entreaties** céder aux prières or instances de qn; **to** ~ **to sb's threats** céder devant les menaces de qn; **to** ~ **to sb's argument** se rendre aux raisons de qn; **the disease** ~ed **to treatment** le mal a cédé aux remèdes; **to** ~ **to temptation** succomber à la tentation; (liter) **he** ~ed **to nobody in courage** il ne le cédait à personne en courage; **I** ~ **to nobody in my admiration for** ... personne plus que moi n'admire ... .
  (c) (give way) [branch, door, ice, rope] céder; [beam] céder, fléchir; [floor, ground] s'affaisser; [bridge] céder, s'affaisser. **to** ~ **under pressure** céder à la pression.
  ◆ **yield up** vt sep (liter) abandonner, céder, livrer. **to yield o.s. to temptation** succomber or s'abandonner or se livrer à la tentation; **to yield up the ghost** rendre l'âme.

yielding ['jiːldɪŋ] **1** adj **(a)** (fig) person complaisant, accommodant. **(b)** (lit: V **yield 3c**) qui cède, qui fléchit; ground, surface mou (f

molle), élastique. **2** n *[person]* soumission *f*; *[town, fort]* reddition *f*, capitulation *f*; *[right, goods]* cession *f*.
yin [jɪn] n (*Philos*) yin.
yippee‡ [jɪ'pi:] *excl* hourra!
Y.M.C.A. [,waɪemsi:'eɪ] n (*abbr of* Young Men's Christian Association*) Y.M.C.A. m*.
yob(bo)‡ ['jɒb(əʊ)] n (*Brit pej*) blouson noir (*pej*), petit caïd (*pej*).
yock‡ [jɒk] (*US*) **1** n gros rire *m*, rire gras. **2** *vt*: **to ~ it up** rigoler*, s'esclaffer.
yod [jɒd] n (*Ling*) yod *m*.
yodel ['jəʊdl] **1** *vi* jodler *or* iodler, faire des tyroliennes. **2** n (*song, call*) tyrolienne *f*.
yoga ['jəʊgə] n yoga *m*.
yoghourt, yog(h)urt ['jəʊgət] n yaourt *m or* yog(h)ourt *m*. **~-maker** yaourtière *f*.
yogi ['jəʊgɪ] n yogi *m*.
yo-heave-ho ['jəʊ'hi:v'həʊ] *excl* (*Naut*) ho hisse!
yoke [jəʊk] **1** n (**a**) (*for oxen*) joug *m*; (*for carrying pails*) palanche *f*, joug; (*on harness*) support *m* de timon.
  (**b**) (*fig: dominion*) joug *m*. **to come under the ~ of** tomber sous le joug de; **to throw off** *or* **cast off the ~** briser *or* secouer *or* rompre le joug.
  (**c**) (*pl inv: pair*) attelage *m*, paire *f*, couple† *m*. **a ~ of oxen** une paire de bœufs.
  (**d**) *[dress, blouse]* empiècement *m*.
  (**e**) (*Constr*) *[beam]* moise *f*, lien *m*; (*Tech*) bâti *m*. carcasse *f*.
2 *cpd*: **yoke oxen** bœufs *mpl* d'attelage.
3 *vt* (*also ~ up*) oxen accoupler; *ox etc* mettre au joug; *pieces of machinery* accoupler; (*fig: also ~ together*) unir. **to ~ oxen (up) to the plough** atteler des bœufs à la charrue.
yokel ['jəʊkəl] n (*pej*) rustre *m*, péquenaud *m*.
yolk [jəʊk] n jaune *m* (d'œuf).
yon [jɒn] *adj* (††, *liter, dial*) = **yonder 2**.
yonder ['jɒndər] **1** *adv* là(-bas). **up ~** là-haut; **over ~** là-bas; **down ~** là-bas en bas. **2** *adj* (*liter*) ce ... -là, ce ... là-bas. **from ~ house** de cette maison-là, de cette maison là-bas.
yonks* [jɒŋks] *npl*: **for ~*** très longtemps; **I haven't seen him for ~‡** ça fait une éternité *or* une paye* que je ne l'ai pas vu.
yoo-hoo‡ ['ju:'hu:] *excl* ohé! (vous *or* toi là-bas!), hou hou!
YOP [waɪəʊ'pi:, jɒp] (*Brit*) n (**a**) (*abbr of* Youth Opportunities Programme) ≃ Plan *m* Avenirs Jeunes.
  (**b**) [jɒp] jeune stagiaire *mf* (*dans le cadre du Plan Avenirs Jeunes*).
yore [jɔ:r] n (*liter*) **of ~** d'antan (*liter*), (d')autrefois; **in days of ~** au temps jadis.
Yorkshire ['jɔ:kʃər] n Yorkshire *m*. (*Brit Culin*) **~ pudding** pâte à crêpe cuite qui accompagne un rôti de bœuf; **~ terrier** yorkshire-terrier *m*.
you [ju:] **1** *pers pron* (**a**) (*subject*) tu, vous; (*pl*) vous; (*object or indirect object*) te, vous; (*pl*) vous; (*stressed and after prep*) toi, vous; (*pl*) vous. **~ are very kind to us** tu es très gentil, vous êtes très gentil(s); **I shall see ~ soon** je te *or* je vous verrai bientôt, on se voit bientôt; **this book is for ~** ce livre est pour toi *or* vous; **take them with ~** emportez-les avec vous; **she is younger than ~** elle est plus jeune que toi *or* vous; **~ and yours** toi et les tiens, vous et les vôtres; **all of ~** vous tous; **all ~ who came here** vous tous qui êtes venus ici; **~ who know him** toi qui le connais, vous qui le connaissez; **~ French** vous autres Français; **~ and I will go together** toi *or* vous et moi, nous irons ensemble; **there ~ are!** (*take this*) voici!, tiens!, tenez!; **if I were ~** (si j'étais) à ta *or* votre place, si j'étais toi *or* vous; **between ~ and me** (*lit*) entre toi *or* vous et moi; (*in secret*) entre nous, de toi *or* vous à moi; **~ fool (~)!** imbécile (que tu es)!, espèce d'imbécile!; **~ darling!** tu es un amour!; **it's ~** c'est toi *or* vous; **~ there!** toi *or* vous là-bas!; **never ~ mind*** (*don't worry*) ne t'en fais pas*, ne vous en faites pas*; (*it's not your business*) ça ne te *or* vous regarde pas, mêle-toi de tes *or* mêlez-vous de vos affaires; **don't ~ go away** ne pars pas, toi!, ne partez pas, vous!; **there's a fine house for ~!** en voilà une belle maison!; **now YOU say something** maintenant à toi *or* à vous de parler; (††, *dial*) **sit ~ down** assieds-toi, asseyez-vous.
  (**b**) (*one, anyone*) (*nominative*) on; (*accusative, dative*) vous, te. **~ never know, ~ never can tell** on ne sait jamais; **~ go towards the church** vous allez *or* on va vers l'église; **~ never know your (own) luck** on ne connaît jamais son bonheur *or* sa chance; **fresh air does ~ good** l'air frais (vous *or* te) fait du bien.
2 *cpd*: (*US*) **you-all*** (*pl*); **you-know-who*** qui-vous-savez, qui-tu-sais.
you'd [ju:d] = **you had, you would**; *V* **have, would**.
you'll [ju:l] = **you will**; *V* **will**.
young [jʌŋ] **1** *adj* *man, tree, country* jeune; *vegetable, grass* nouveau (*before vowel* nouvel, *f* nouvelle); *appearance, smile* jeune, juvénile. **~ people** jeunes *mpl*, jeunes gens, jeunesse *f*; **~ lady** (*unmarried*) jeune fille *f*, demoiselle *f*; (*married*) jeune femme *f*; **they have a ~ family** ils ont de jeunes enfants; **listen to me, ~ man** écoutez-moi, jeune homme; **her ~ man†** son amoureux, son petit ami; **~ in heart** jeune de cœur; **he is ~ for his age** il est jeune pour son âge, il paraît *or* fait plus jeune que son âge; **he is very ~ for this job** il est bien jeune pour ce poste; **to marry ~** se marier jeune; **he is 3 years younger than you** il est plus jeune que vous de 3 ans, il a 3 ans de moins que vous, il est votre cadet de 3 ans; **my younger brother** mon frère cadet; **my younger sister** ma sœur cadette; **the younger son of the family** le cadet de la famille; **I'm not so ~ as I was** je n'ai plus (mes) vingt ans (*fig*); **in my ~ days** dans ma jeunesse, dans mon jeune temps, quand j'étais jeune; **in my younger days** quand j'étais plus jeune; **to grow** *or* **get younger** rajeunir; **if I were younger** si j'étais plus jeune; **if I were 10 years younger** si j'avais 10 ans de moins; **you're only ~ once**

jeunesse n'a qu'un temps; **you ~ scoundrel!** petit *or* jeune voyou!; **~ Mr Brown, Mr Brown the younger** le jeune M. Brown; (*as opposed to his father*) M. Brown fils; **Pitt the Younger** le second Pitt; **Pliny the Younger** Pline le Jeune; **the ~ moon** la nouvelle lune; **the night is ~** (*liter*) la nuit n'est pas très avancée; (***hum*) on a toute la nuit devant nous*; **the younger generation** la jeune génération, la génération montante; (*Brit Jur*) **~ offender** jeune délinquant(e) *m(f)*; (*Brit Jur*) **~ offenders institution** centre *m* de détention pour mineurs; **the ~ idea** (*lit*) ce que pensent les jeunes; (*fig*) la jeune génération; **Y~ France** la jeune génération en France; **he has a very ~ outlook** il a des idées très jeunes; **that dress is too ~ for her** cette robe est *or* fait trop jeune pour elle; **~ wine** vin vert; (*fig*) **~ blood** sang nouveau *or* jeune; *V* **hopeful** *etc*.
  2 *collective npl* (**a**) (*people*) **the ~** les jeunes *mpl*, les jeunes gens, la jeunesse; **~ and old** les (plus) jeunes comme les (plus) vieux, tout le monde; **a mother defending her ~** une mère qui défend ses petits *or* sa nichée (*fig*); **books for the ~** livres pour les jeunes *or* la jeunesse.
  (**b**) *[animal]* petits *mpl*. **cat with ~** chatte pleine.
  3 *cpd*: **young-looking** qui a (*or* avait etc) l'air jeune; **she's very young-looking** elle a l'air *or* elle fait très jeune.
youngish ['jʌŋɪʃ] *adj* assez jeune.
youngster ['jʌŋstər] n (*boy*) jeune garçon *m*, jeune *m*; (*child*) enfant *mf*.
your [jʊər] *poss adj* (**a**) ton, ta, tes; votre, vos. **~ book** ton *or* votre livre; **YOUR book** ton livre à toi, votre livre à vous; **~ table** ta *or* votre table; **~ friend** ton ami(e), votre ami(e); **~ clothes** tes *or* vos vêtements; **this is the best of ~ paintings** c'est ton *or* votre meilleur tableau; **give me ~ hand** donne-moi *or* donnez-moi la main; **you've broken ~ leg!** tu t'es cassé la jambe!; *V* **majesty, worship** *etc*.
  (**b**) (*one's*) son, sa, ses; ton *etc*, votre *etc*. **you give him ~ form and he gives you ~ pass** on lui donne son formulaire et il vous remet votre laissez-passer; **exercise is good for ~ health** l'exercice est bon pour la santé.
  (**c**) (*typical*) ton *etc*, votre *etc*. **so these are ~ country pubs?** alors c'est ça, vos bistros* de campagne?; **~ ordinary Englishman will always prefer ...** l'Anglais moyen préférera toujours ... .
you're [jʊər] = **you are**; *V* **be**.
yours [jʊəz] *poss pron* le tien, la tienne, les tiens, les tiennes; le vôtre, la vôtre, les vôtres. **this is my book and that is ~** voici mon livre et voilà le tien *or* le vôtre; **this book is ~** ce livre est à toi *or* à vous, ce livre est le tien *or* le vôtre; **is this poem ~?** ce poème est-il de toi? *or* de vous? (*Comm*); **when will the house become ~?** quand est-ce que la maison deviendra (la) vôtre?; **she is a cousin of ~** c'est une de tes *or* de vos cousines; **that is no business of ~** cela ne te *or* vous regarde pas, ce n'est pas ton *or* votre affaire; **it's no fault of ~** ce n'est pas de votre faute (à vous); (*Comm*) **~ of the 10th inst.** votre honorée du 10 courant (*Comm*); **no advice of ~ could prevent him** aucun conseil de votre part ne pouvait l'empêcher; **it is not ~ to decide** ce n'est pas à vous de décider, il ne vous appartient pas de décider; **~ is a specialized department** votre section est une section spécialisée; (*pej*) **that dog of ~** ton *or* votre sacré‡ *or* fichu* chien; **that stupid son of ~** ton *or* votre idiot de fils; **that temper of ~** ton *or* votre sale caractère; (*in pub etc*) **what's ~?** qu'est-ce que tu prends? *or* vous prenez?; *V* **affectionately, ever, you** *etc*.
yourself [jə'self] *pers pron*, *pl* **yourselves** [jə'selvz] (*reflexive: direct and indirect*) te, vous, (*pl*) vous; (*after prep*) toi, vous, (*pl*) vous; (*emphatic*) toi-même, vous-même, (*pl*) vous-mêmes. **have you hurt ~?** tu t'es fait mal?, vous vous êtes fait mal?; **are you enjoying ~?** tu t'amuses bien?, vous vous amusez bien?; **were you talking to ~?** tu te parlais à toi-même?, tu te parlais tout seul?, vous vous parliez à vous-même?, vous vous parliez tout seul?; **you never speak of ~** tu ne parles jamais de toi, vous ne parlez jamais de vous; **you ~ told me, you told me ~** tu me l'as dit toi-même, vous me l'avez dit vous-même; (**all**) **by ~** tout seul; **did you do it by ~?** tu l'as *or* vous l'avez fait tout seul?; **you will see for ~** tu verras toi-même, vous verrez vous-même; **how's ~?‡** et toi, comment (ça) va?*; **you are not (quite) ~ today** tu n'es pas dans ton assiette *or* vous n'êtes pas dans votre assiette aujourd'hui.
youth [ju:θ] **1** n (**a**) (*U*) jeunesse *f*. **in (the days of) my ~** dans ma jeunesse, lorsque j'étais jeune, au temps de ma jeunesse; **in early ~** dans la première *or* prime jeunesse; **he has kept his ~** il est resté jeune; (*Prov*) **~ will have its way** *or* **its fling** il faut que jeunesse se passe; *V* **first**.
  (**b**) (*pl* **youths** [ju:ðz]: *young man*) jeune homme *m*. **~s** jeunes gens *mpl*.
  (**c**) (*collective: young people*) jeunesse *f*, jeunes *mpl*, jeunes gens *mpl*. **she likes working with (the) ~** elle aime travailler avec les jeunes; **the ~ of a country** la jeunesse d'un pays; **the ~ of today are very mature** les jeunes d'aujourd'hui sont très mûrs, la jeunesse aujourd'hui est très mûre.
  2 *cpd* de jeunes, de jeunesse. **youth club** foyer *m or* centre *m* de jeunes; (*Brit*) **Youth Employment Service** service *m* d'orientation professionnelle pour les jeunes; **youth leader** animateur *m*, -trice *f* de groupes de jeunes; **the Hitler Youth Movement** les Jeunesses hitlériennes; **youth orchestra** orchestre *m* de jeunes; (*Brit*) **Youth Training Scheme** ≃ pacte *m* national pour l'emploi des jeunes; *V* **hostel**.
youthful ['ju:θfʊl] *adj person, looks, fashion* jeune; *air, mistake* de jeunesse; *quality, freshness* juvénile. **she looks ~** elle a l'air jeune, elle a un air de jeunesse.
youthfulness ['ju:θfʊlnɪs] n jeunesse *f*. **~ of appearance** air *m* jeune *or* de jeunesse.
you've [ju:v] = **you have**; *V* **have**.
yow [jaʊ] *excl* aïe!

yowl [jaʊl] **1** *n [person, dog]* hurlement *m*; *[cat]* miaulement *m*. **2** *vi [person, dog]* hurler (*with, from* de); *[cat]* miauler.

yo-yo ['jəʊjəʊ] *n* ® (a) yo-yo *m* ®. (b) (*US‡: fool*) ballot* *m*, poire* *f*.

yr *abbr of* **year**.

Y.T.S. ['waɪtiːes] *n* (*Brit*) *abbr of* **Youth Training Scheme**; *V* **youth**.

ytterbium [ɪˈtɜːbɪəm] *n* ytterbium *m*.

yttrium ['ɪtrɪəm] *n* yttrium *m*.

yucca ['jʌkə] *n* yucca *m*.

yuck‡ [jʌk] *excl* berk *or* beurk!, pouah!

yucky‡ ['jʌkɪ] *adj* dégueulasse‡, dégoûtant.

Yugoslav ['juːgəʊslɑːv] **1** *adj* yougoslave. **2** *n* Yougoslave *mf*.

Yugoslavia ['juːgəʊslɑːvɪə] *n* Yougoslavie *f*.

Yugoslavian ['juːgəʊslɑːvɪən] *adj* yougoslave.

yuk* [jʌk] = **yuck**.

yukky* ['jʌkɪ] = **yucky**.

Yukon ['juːkɒn] *n* Yukon *m*. ~ **Territory** (territoire *m* du) Yukon.

Yule ['juːl] **1** *n* (†) Noël *m*. **2** *cpd:* **Yule log** bûche *f* de Noël; **Yuletide†** (époque *f* de) Noël *f*.

yummy‡ ['jʌmɪ] **1** *adj food* délicieux. **2** *excl* miam-miam!*

yum-yum‡ ['jʌm'jʌm] *excl* = **yummy 2**.

yup* [jʌp] *particle* (*US*) ouais*, oui.

yuppie* ['jʌpɪ] *n* (*abbr of* **young urban professional**) jeune cadre *m* urbain.

Y.W.C.A. [ˌwaɪdʌbljuːsiːˈeɪ] *n* (*abbr of* **Young Women's Christian Association**) Y.W.C.A. *m*.

Z

Z, z [zed, (*US*) ziː] **1** *n* (*letter*) Z, z *m*. **Z for Zebra** ≃ Z comme Zoé. **2** *cpd:* **Z-car** ≃ voiture *f* pie *inv* (*de la police*).

Zacharias [ˌzækəˈraɪəs] *n* Zacharie *m*.

zaftig‡ ['zɑːftɪk] *adj* (*US*) jolie et bien en chair.

Zaire [zɑːˈiːəʳ] *n* Zaïre *m*.

Zairian [zɑːˈiːərɪən] **1** *n* Zaïrois(e) *m(f)*. **2** *adj* zaïrois.

Zambesi, Zambezi [zæmˈbiːzɪ] *n* Zambèze *m*.

Zambia ['zæmbɪə] *n* Zambie *f*.

Zambian ['zæmbɪən] **1** *n* Zambien(ne) *m(f)*. **2** *adj* zambien.

zany ['zeɪnɪ] **1** *adj* dingue‡, toqué*, cinglé*. **2** *n* (*Theat*) bouffon *m*, zan(n)i *m* (*Theat Hist*).

Zanzibar ['zænzɪbɑːʳ] *n* Zanzibar *m*.

zap* [zæp] **1** *excl* vlan!, bing!

2 *vt* (a) (*destroy*) *town* ravager, bombarder; *person* supprimer*, descendre*.

(b) (*delete*) *word, data* supprimer.

(c) (*astonish*) épater*.

3 *vi* (*move quickly*) *[car]* foncer. **he ~ped into the shop to buy ...** il a fait un saut au magasin pour acheter ...; **he ~ped from channel to channel** il sautait d'une chaîne à l'autre.

Zarathustra [ˌzærəˈθuːstrə] *n* Zarathoustra *m*, Zoroastre *m*.

zeal [ziːl] *n* (*U*) (a) (*religious fervour*) zèle *m*, ferveur *f*. (b) (*enthusiasm*) zèle *m*, ardeur *f* (*for* pour), empressement *m* (*for* à).

zealot ['zelət] *n* (a) fanatique *mf*, zélateur *m*, -trice *f* (*liter*) (*for* de). (b) (*Jewish Hist*) **Z~** zélote *mf*.

zealotry ['zelətrɪ] *n* fanatisme *m*.

zealous ['zeləs] *adj* (*fervent*) zélé; (*devoted*) dévoué, empressé. **~ for the cause** plein de zèle *or* d'ardeur *or* d'enthousiasme pour la cause.

zealously ['zeləslɪ] *adv* (*fervently*) avec zèle, avec ferveur, avec ardeur; (*stronger*) avec fanatisme; (*devotedly*) avec zèle, avec empressement.

zebra ['ziːbrə] **1** *n* zèbre *m*. **2** *cpd:* (*Brit*) **zebra crossing** passage *m* pour piétons; **zebra stripes** zébrures *fpl*; **with zebra stripes** zébré.

zebu ['ziːbuː] *n* zébu *m*.

Zechariah [ˌzekəˈraɪə] *n* = **Zacharias**.

zed [zed], (*US*) **zee** [ziː] *n* (la lettre) z *m*.

Zen [zen] *n* Zen *m*. **~ Buddhism** bouddhisme *m* zen; **~ Buddhist** bouddhiste (*mf*) zen.

zenana [zeˈnɑːnə] *n* zénana *m*.

zenith ['zenɪθ] *n* (*Astron*) zénith *m*; (*fig*) zénith, apogée *m*, faîte *m*. **at the ~ of his power** au zénith *or* à l'apogée *or* au faîte de son pouvoir.

Zephaniah [ˌzefəˈnaɪə] *n* Sophonie *m*.

zephyr ['zefəʳ] *n* zéphyr *m*.

zeppelin ['zeplɪn] *n* zeppelin *m*.

zero ['zɪərəʊ], *pl* **~s** *or* **~es** **1** *n* (a) (*point on scale*) zéro *m*. **15 degrees below ~** 15 degrés au-dessous de zéro; **absolute ~** zéro absolu; (*fig*) **his chances of success sank to ~** ses chances de réussite se réduisirent à zéro.

(b) (*esp US: cipher, numeral etc*) zéro *m*. **row of ~s** série *f* de zéros.

2 *cpd tension, voltage* nul (*f* nulle). (*Aviat*) **zero altitude** altitude *f* zéro; **to fly at zero altitude** voler en rase-mottes, faire du rase-mottes; (*US*) **zero-base** (*vt*) (*fig*) *question, issue* reprendre à zéro, réexaminer point par point; **zero-G*, zero-gravity** impesanteur *f*; (*Econ*) **zero growth** taux *m* de croissance zéro, croissance *f* économique zéro; **zero hour** (*Mil*) l'heure *f* H; (*fig*) le moment critique *or* décisif; (*Pol*) **the zero option** l'option *f* zéro; **zero point** point *m* zéro; **zero population growth** accroissement *m* démographique nul; **zero-rated (for VAT)** exempt de TVA; (*US*) **zero-sum** (*adj*) à *or* de somme nulle.

♦**zero in** *vi:* **to zero in on sth** (*move in on*) se diriger droit vers *or* sur qch, piquer droit sur qch; (*fig: identify*) mettre le doigt sur qch,

identifier qch; (*fig: concentrate on*) se concentrer sur qch, faire porter tous ses efforts sur qch; (*fig: in attacking speech etc*) **he zeroed in on those who ...** il s'en est pris tout particulièrement à ceux qui ... .

zest [zest] *n* (*U*) (a) (*gusto*) entrain *m*, élan *m*, enthousiasme *m*. **to fight with ~** combattre avec entrain; **he ate it with great ~** il l'a mangé avec grand appétit; **~ for living** goût *m* pour la vie, appétit *m* de vivre.

(b) (*fig*) saveur *f*; piquant *m*. **story full of ~** histoire savoureuse; **it adds ~ to the episode** cela donne une certaine saveur *or* du piquant à l'histoire.

(c) (*Culin*) *[orange, lemon]* zeste *m*.

zestful ['zestfʊl] *adj* plein d'entrain, enthousiaste.

zestfully ['zestfʊlɪ] *adv* avec entrain *or* enthousiasme *or* élan.

Zetland ['zetlənd] *n* Zetland *fpl*.

Zeus [zjuːs] *n* Zeus *m*.

zigzag ['zɪgzæg] **1** *n* zigzag *m*.

2 *adj path, course, line* en zigzag; *road* en lacets; *pattern, design* à zigzags.

3 *adv* en zigzag.

4 *vi* zigzaguer, faire des zigzags. **to ~ along** avancer en zigzaguant, marcher *etc* en zigzag; **to ~ out/through** *etc* sortir/ traverser *etc* en zigzaguant.

zilch‡ [zɪltʃ] *n* (*US*) rien, zéro, que dalle‡. **he's a real ~** c'est un zéro*.

zillion* ['zɪljən] *adj, n* (*US*) **a ~ dollars** des millions *mpl* et des millions de dollars; **~s of problems, a ~ problems** des tas *mpl* de problèmes.

Zimbabwe [zɪmˈbɑːbwɪ] *n* Zimbabwe *m*.

Zimbabwean [zɪmˈbɑːbwɪən] **1** *adj* zimbabwéen. **2** *n* Zimbabwéen(ne) *m(f)*.

zimmer ['zɪməʳ] *n* ® déambulateur *m*.

zinc [zɪŋk] **1** *n* (*U*) zinc *m*. **2** *cpd plate, alloy* de zinc; *roof* zingué. **zinc blende** blende *f*; **zinc chloride** chlorure *m* de zinc; **zinc dust** limaille *f* de zinc; **zinc ointment** pommade *f* à l'oxyde de zinc; **zinc oxide** oxyde *m* de zinc; **zinc sulphate** sulfate *m* de zinc; **zinc white** = zinc oxide.

zing [zɪŋ] **1** *n* (a) (*noise of bullet*) sifflement *m*. (b) (**U*) entrain *m*. **2** *vi [bullet, arrow]* siffler. **the bullet ~ed past his ear** la balle lui a sifflé à l'oreille; **the cars ~ed past** les voitures sont passées dans un bruit strident.

zinnia ['zɪnɪə] *n* zinnia *m*.

Zion ['zaɪən] *n* Sion *m*.

Zionism ['zaɪənɪzəm] *n* sionisme *m*.

Zionist ['zaɪənɪst] **1** *adj* sioniste. **2** *n* Sioniste *mf*.

zip [zɪp] **1** *n* (a) (*Brit: also* **~ fastener**) fermeture *f* éclair ®, fermeture à glissière. **pocket with a ~** poche *f* à fermeture éclair, poche zippée*.

(b) (*sound of bullet*) sifflement *m*.

(c) (**U: energy etc*) entrain *m*, élan *m*. **put a bit of ~ into it** activez-vous!

2 *cpd:* (*US Post*) **zip code** code *m* postal; **zip fastener** = **zip 1a**; (*US*) **zip gun** pistolet *m* bricolé *or* artisanal; **zip-on ~** fermeture éclair ®.

3 *vt* (a) (*close: also* **~ up**) *dress, bag* fermer avec une fermeture éclair ® *or* à glissière.

(b) **she ~ped open her dress/bag** *etc* elle a ouvert la fermeture éclair ® *or* à glissière de sa robe/de son sac *etc*.

4 *vi* (*) *[car, person]* **to ~ in/out/past/up** *etc* entrer/sortir/ passer/monter *etc* comme une flèche.

♦**zip on 1** *vi* s'attacher avec une fermeture éclair ® *or* fermeture à glissière.

2 *vt sep* attacher avec une fermeture éclair ® *or* fermeture à glissière.

3 zip-on *adj V* **zip 2**.

♦**zip up 1** *vi [dress etc]* se fermer avec une fermeture éclair ® *or* fermeture à glissière.
2 *vt sep* V **zip 3a**.
zipper ['zɪpər] *n* (*US*) = **zip 1a**.
zippy‡ ['zɪpɪ] *adj* plein d'entrain, dynamique.
zircon ['zɜːkən] *n* zircon *m*.
zirconium [zɜːˈkəʊnɪəm] *n* zirconium *m*.
zit* [zɪt] *n* (*US*) bouton *m* (*sur la peau*).
zither ['zɪðər] *n* cithare *f*.
zodiac‡ ['zəʊdɪæk] *n* zodiaque *m*; V **sign**.
zoftig‡ ['zɒftɪk] = **zaftig‡**.
zombie ['zɒmbɪ] *n* (* *fig pej*) automate *mf*, mort(e) *m(f)* vivant(e); (*lit*) zombi *m*.
zonal ['zəʊnl] *adj* zonal.
zone ['zəʊn] **1** *n* (**a**) (*Astron, Geog, Math etc*) zone *f*; (*esp Mil*) (*area*) zone; (*subdivision of town*) secteur *m*. it lies within the ~ reserved for ... cela se trouve dans le secteur *or* la zone réservé(e) à ...; V **battle, danger, time** *etc*.
    (**b**) (*US: also* **postal delivery** ~) zone *f* (postale).
    2 *cpd:* (*Basketball*) **zone defence** défense *f* de zone.
    3 *vt* (**a**) (*divide into* ~s) *area* diviser en zones; *town* diviser en secteurs.
    (**b**) **this district has been** ~**d for industry** c'est une zone réservée à l'implantation industrielle.
zonked‡ [zɒŋkt] *adj* (*also:* ~ **out**) (*exhausted*) crevé*, claqué*; (*on drugs*) défoncé‡; (*US: drunk*) bourré‡, saoûl.

zoning ['zəʊnɪŋ] *n* répartition *f* en zones.
zoo [zuː] *n* zoo *m*. ~ **keeper** gardien(ne) *m(f)* de zoo.
zoological [ˌzəʊəˈlɒdʒɪkəl] *adj* zoologique. ~ **gardens** jardin *m or* parc *m* zoologique.
zoologist [ˌzəʊˈɒlədʒɪst] *n* zoologiste *mf*.
zoology [zəʊˈɒlədʒɪ] *n* zoologie *f*.
zoom [zuːm] **1** *n* (**a**) (*sound*) vrombissement *m*, bourdonnement *m*.
    (**b**) (*Aviat: upward flight*) montée *f* en chandelle.
    (**c**) (*Phot: also* ~ **lens**) zoom *m*.
    2 *vi* (**a**) [*engine*] vrombir, bourdonner.
    (**b**) **to** ~ **away/through** *etc* démarrer/traverser *etc* en trombe*; **the car** ~**ed past us** la voiture est passée en trombe devant nous.
    (**c**) (*Aviat*) [*plane*] monter en chandelle.
♦**zoom in** *vi* (*Cine*) faire un zoom (*on* sur).
zoomorphic [ˌzəʊəʊˈmɔːfɪk] *adj* zoomorphe.
zoot* [zuːt] *in cpds:* **zoot-suit*** costume *m* zazou; **zoot-suiter*** zazou *m*.
Zoroaster [ˌzɒrəʊˈæstər] *n* Zoroastre *m*, Zarathoustra *m*.
Zoroastrianism [ˌzɒrəʊˈæstrɪənɪzəm] *n* Zoroastrisme *m*.
Zuider Zee ['zaɪdəziː] *n* Zuiderzee *m*.
Zulu ['zuːluː] **1** *adj* zoulou (*f inv*). **2** *n* (**a**) Zoulou *mf*. (**b**) (*Ling*) zoulou *m*. **3** *cpd:* **Zululand** Zoulouland *m*.
Zurich ['zjʊərɪk] *n* Zurich. **Lake** ~ le lac de Zurich.
zwieback ['zwiːbæk] *n* (*US*) biscotte *f*.
zygote ['zaɪgəʊt] *n* zygote *m*.

LE VERBE FRANÇAIS
THE FRENCH VERB

SUPP.

	Present	Imperfect	Future	Past Historic	Past Participle	Subjunctive
(1) —arriver, se reposer (regular: see tables)						
(2) —finir (regular: see table)						
Verbs in -er						
(3) —placer	je place / nous plaçons	je plaçais	je placerai	je plaçai	placé, ée	que je place
N.B.—Verbs in -ecer (e.g. dépecer) are conjugated like placer and geler. Verbs in -écer (e.g. rapiécer) are conjugated like céder and placer.						
bouger	je bouge / nous bougeons	je bougeais	je bougerai	je bougeai	bougé, ée	que je bouge
N.B.—Verbs in -éger (e.g. protéger) are conjugated like bouger and céder.						
(4) —appeler	j'appelle / nous appelons	j'appelais	j'appellerai	j'appelai	appelé, ée	que j'appelle
jeter	je jette / nous jetons	je jetais	je jetterai	je jetai	jeté, ée	que je jette
(5) —geler	je gèle / nous gelons	je gelais	je gèlerai	je gelai	gelé, ée	que je gèle
acheter	j'achète / nous achetons	j'achetais	j'achèterai	j'achetai	acheté, ée	que j'achète
N.B.—Verbs in -ecer (e.g. dépecer) are conjugated like geler and placer.						
Also verbs in -emer (e.g. semer), -ener (e.g. mener), -eser (e.g. peser), -ever (e.g. lever), etc.						
(6) —céder	je cède / nous cédons	je cédais	je céderai	je cédai	cédé, ée	que je cède
N.B.—Verbs in -éger (e.g. protéger) are conjugated like céder and bouger. Verbs in -écer (e.g. rapiécer) are conjugated like céder and placer.						
Also verbs in -é +consonant(s) + -er (e.g. célébrer, lécher, déléguer, préférer, etc.).						
(7) —épier	j'épie / nous épions	j'épiais	j'épierai	j'épiai	épié, ée	que j'épie
(8) —noyer Also verbs in -uyer (e.g. appuyer).	je noie / nous noyons	je noyais	je noierai	je noyai	noyé, ée	que je noie
			N.B. envoyer has in the future tense j'enverrai, and in the conditional j'enverrais.			
payer Also all verbs in -ayer.	je paie ou je paye		je paierai ou je payerai			que je paie ou paye
(9) —aller (see table)						

Verbs in -ir other than those of the *finir* type.

	Present	Imperfect	Future	Past Historic	Past Participle	Subjunctive
(10)—**haïr**	je hais [ʒɛ] il haït nous haïssons ils haïssent	je haïssais [ʒəaisɛ]	je haïrai	je haïs [ʒəai]	haï, e	que je haïsse
(11)—**courir**	je cours il court nous courons ils courent	je courais	je courrai	je courus	couru, e	que je coure
(12)—**cueillir**	je cueille il cueille nous cueillons ils cueillent	je cueillais	je cueillerai	je cueillis	cueilli, e	que je cueille
(13)—**assaillir**	j'assaille il assaille nous assaillons ils assaillent	j'assaillais	j'assaillirai	j'assaillis	assailli, e	que j'assaille
(14)—**servir**	je sers il sert nous servons ils servent	je servais	je servirai	je servis	servi, e	que je serve
(15)—**bouillir**	je bous il bout nous bouillons ils bouillent	je bouillais	je bouillirai	je bouillis	bouilli, e	que je bouille
(16)—**partir**	je pars il part nous partons ils partent	je partais	je partirai	je partis	parti, e	que je parte
sentir	je sens il sent nous sentons ils sentent	je sentais	je sentirai	je sentis	senti, e	que je sente
					N.B. *mentir* has no feminine in the past participle.	
(17)—**fuir**	je fuis il fuit nous fuyons ils fuient	je fuyais	je fuirai	je fuis	fui (no feminine)	que je fuie
(18)—**couvrir**	je couvre il couvre nous couvrons il couvrent	je couvrais	je couvrirai	je couvris	couvert, e	que je couvre

	Present	Imperfect	Future	Past Historic	Past Participle	Subjunctive
(19)—mourir	je meurs il meurt nous mourons ils meurent	je mourais	je mourrai	je mourus	mort, e	que je meure
(20)—vêtir	je vêts il vêt nous vêtons ils vêtent	je vêtais	je vêtirai	je vêtis	vêtu, e	que je vête
(21)—acquérir	j'acquiers il acquiert nous acquérons ils acquièrent	j'acquérais	j'acquerrai	j'acquis	acquis, e	que j'acquière
(22)—venir	je viens il vient nous venons ils viennent	je venais	je viendrai	je vins	venu, e	que je vienne
Verbs in -oir						
(23)—pleuvoir (*impersonal*)	il pleut	il pleuvait	il pleuvra	il plut	plu (no feminine)	qu'il pleuve
(24)—prévoir	je prévois il prévoit nous prévoyons ils prévoient	je prévoyais	je prévoirai	je prévis	prévu, e	que je prévoie
(25)—pourvoir	je pourvois il pourvoit nous pourvoyons ils pourvoient	je pourvoyais	je pourvoirai	je pourvus	pourvu, e	que je pourvoie
(26)—asseoir	j'assois il assoit nous assoyons ils assoient ou j'assieds il assied nous asseyons ils asseyent	j'assoyais ou j'asseyais	j'assoirai ou j'assiérai ou j'asseyerai	j'assis	assis, e	que j'assoie ou que j'asseye
(27)—mouvoir	je meus il meut nous mouvons ils meuvent	je mouvais nous mouvions	je mouvrai	je mus	mû, ue	que je meuve que nous mouvions

N.B. *émouvoir* and *promouvoir* have the past participles *ému, e* and *promu, e* respectively.

	Present	Imperfect	Future	Past Historic	Past Participle	Subjunctive
(28)—recevoir	je reçois il reçoit nous recevons ils reçoivent	je recevais nous recevions	je recevrai	je reçus	reçu, e	que je reçoive que nous recevions
devoir					dû, ue	
(29)—valoir	je vaux il vaut nous valons ils valent	je valais vous valions	je vaudrai	je valus	valu, e	que je vaille que nous valions
équivaloir prévaloir falloir (*impersonal*)	il faut	il fallait	il faudra	il fallut	équivalu (no feminine) prévalu (no feminine) fallu (no feminine)	que je prévale qu'il faille
(30)—voir	je vois il voit nous voyons ils voient	je voyais nous voyions	je verrai	je vis	vu, e	que je voie que nous voyions
(31)—vouloir	je veux il veut nous voulons ils veulent	je voulais nous voulions	je voudrai	je voulus	voulu, e	que je veuille que nous voulions
(32)—savoir	je sais il sait nous savons ils savent	je savais nous savions	je saurai	je sus	su, e	que je sache que nous sachions
(33)—pouvoir	je peux (ou je puis) il peut nous pouvons ils peuvent	je pouvais nous pouvions	je pourrai	je pus	pu (no feminine)	que je puisse que nous puissions
(34)—avoir (see table)						

Verbs in -re

	Present	Imperfect	Future	Past Historic	Past Participle	Subjunctive
(35)—conclure	je conclus il conclut nous concluons ils concluent	je concluais	je conclurai	je conclus	conclu, e	que je conclue
(36)—rire	je ris il rit nous rions ils rient	je riais	je rirai	je ris	ri (no feminine)	que je rie

N.B. *exclure* is conjugated like *conclure*, past participle *exclu, e. inclure* is conjugated like *conclure* except for the past participle *inclus, e.*

	Present	Imperfect	Future	Past Historic	Past Participle	Subjunctive
(37)—**dire**	je dis il dit nous disons vous dites ils disent	je disais	je dirai	je dis	dit, e	que je dise
suffire	N.B. *médire, contredire, dédire, interdire, prédire* are conjugated like *dire* except *médisez, contredisez, dédisez, interdisez, prédisez.* vous suffisez				suffi (no feminine) N.B. *confire* is conjugated like *suffire* except for the past participle *confit, e.*	
(38)—**nuire** Also the verbs *luire, reluire.*	je nuis il nuit nous nuisons ils nuisent	je nuisais	je nuirai	je nuisis	nui (no feminine)	que je nuise
conduire Also the verbs *construire, cuire, déduire, détruire, enduire, induire, instruire, introduire, produire, réduire, séduire, traduire.*					conduit, e	
(39)—**écrire**	j'écris il écrit nous écrivons ils écrivent	j'écrivais	j'écrirai	j'écrivis	écrit, e	que j'écrive
(40)—**suivre**	je suis il suit nous suivons ils suivent	je suivais	je suivrai	je suivis	suivi, e	que je suive
(41)—**rendre** Also the verbs in *-andre* (e.g. *répandre*), *-erdre* (e.g. *perdre*), *-ondre* (e.g. *répondre*), *-ordre* (e.g. *mordre*).	je rends il rend nous rendons ils rendent	je rendais	je rendrai	je rendis	rendu, e	que je rende
rompre **battre**	il rompt je bats il bat nous battons ils battent	je battais	je battrai	je battis	battu, e	que je batte
(42)—**vaincre**	je vaincs il vainc nous vainquons ils vainquent	je vainquais	je vaincrai	je vainquis	vaincu, e	que je vainque
(43)—**lire**	je lis il lit nous lisons ils lisent	je lisais	je lirai	je lus	lu, e	que je lise

	Present	Imperfect	Future	Past Historic	Past Participle	Subjunctive
(44)—croire	je crois il croit nous croyons ils croient	je croyais	je croirai	je crus	cru, e	que je croie
(45)—clore	je clos il clôt ou clot ils closent (rare)	je closais (disputed)	je clorai (rare)	not applicable	clos, e	que je close
(46)—vivre	je vis il vit nous vivons ils vivent	je vivais	je vivrai	je vécus	vécu, e	que je vive
(47)—moudre	je mouds il moud nous moulons ils moulent	je moulais	je moudrai	je moulus	moulu, e	que je moule
(48)—coudre	je couds il coud nous cousons ils cousent	je cousais	je coudrai	je cousis	cousu, e	que je couse
(49)—joindre	je joins il joint nous joignons ils joignent	je joignais	je joindrai	je joignis	joint, e	que je joigne
(50)—traire	je trais il trait nous trayons ils traient	je trayais	je trairai	not applicable	trait, e	que je traie
(51)—absoudre	j'absous il absout nous absolvons ils absolvent	j'absolvais	j'absoudrai	j'absolus (rare) N.B. *dissoudre* is conjugated like *absoudre*. *résoudre* is conjugated like *absoudre*, but the past historic *je résolus* is current. *résoudre* has two past participles, *résolu, e* (current) and *résous, oute* (rare).	absous, oute	que j'absolve
(52)—craindre	je crains il craint nous craignons ils craignent	je craignais	je craindrai	je craignis	craint, e	que je craigne
peindre	je peins il peint nous peignons ils peignent	je peignais	je peindrai	je peignis	peint, e	que je peigne

	Present	Imperfect	Future	Past Historic	Past Participle	Subjunctive
(53)—**boire**	je bois il boit nous buvons ils boivent	je buvais	je boirai	je bus	bu, e	que je boive que nous buvions
(54)—**plaire**	je plais il plaît nous plaisons ils plaisent	je plaisais	je plairai	je plus	plu (no feminine)	que je plaise
taire	il tait				tu, e	N.B. The past participle of *plaire, complaire, déplaire* is generally invariable.
(55)—**croître**	je croîs il croît nous croissons ils croissent	je croissais	je croîtrai	je crûs	crû, ue	que je croisse
						N.B. *accroître, décroître* have the past participles *accru, e* and *décru, e* respectively.
(56)—**mettre**	je mets il met nous mettons ils mettent	je mettais	je mettrai	je mis	mis, e	que je mette
(57)—**connaître**	je connais il connaît nous connaissons ils connaissent	je connaissais	je connaîtrai	je connus	connu, e	que je connaisse
(58)—**prendre**	je prends il prend nous prenons ils prennent	je prenais	je prendrai	je pris	pris, e	que je prenne que nous prenions
(59)—**naître**	je nais il naît nous naissons ils naissent	je naissais	je naîtrai	je naquis	né, e	que je naisse
						N.B. *renaître* has no past participle.
(60)—**faire** (see table)						
(61)—**être** (see table)						

1. arriver (regular verb)

INDICATIVE

Present

j'arrive
tu arrives
il arrive
nous arrivons
vous arrivez
ils arrivent

Imperfect

j'arrivais
tu arrivais
il arrivait
nous arrivions
vous arriviez
ils arrivaient

Past Historic

j'arrivai
tu arrivas
il arriva
nous arrivâmes
vous arrivâtes
ils arrivèrent

Future

j'arriverai
tu arriveras
il arrivera
nous arriverons
vous arriverez
ils arriveront

Perfect

je suis arrivé
tu es arrivé
il est arrivé
nous sommes arrivés
vous êtes arrivés
ils sont arrivés

Pluperfect

j'étais arrivé
tu étais arrivé
il était arrivé
nous étions arrivés
vous étiez arrivés
ils étaient arrivés

Past Anterior

je fus arrivé
tu fus arrivé
il fut arrivé
nous fûmes arrivés
vous fûtes arrivés
ils furent arrivés

Future Perfect

je serai arrivé
tu seras arrivé
il sera arrivé
nous serons arrivés
vous serez arrivés
ils seront arrivés

CONDITIONAL

Present

j'arriverais
tu arriverais
il arriverait
nous arriverions
vous arriveriez
ils arriveraient

Past I

je serais arrivé
tu serais arrivé
il serait arrivé
nous serions arrivés
vous seriez arrivés
ils seraient arrivés

Past II

je fusse arrivé
tu fusses arrivé
il fût arrivé
nous fussions arrivés
vous fussiez arrivés
ils fussent arrivés

SUBJUNCTIVE

Present

que j'arrive
que tu arrives
qu'il arrive
que nous arrivions
que vous arriviez
qu'ils arrivent

Imperfect

que j'arrivasse
que tu arrivasses
qu'il arrivât
que nous arrivassions
que vous arrivassiez
qu'ils arrivassent

Past

que je sois arrivé
que tu sois arrivé
qu'il soit arrivé
que nous soyons arrivés
que vous soyez arrivés
qu'ils soient arrivés

Pluperfect

que je fusse arrivé
que tu fusses arrivé
qu'il fût arrivé
que nous fussions arrivés
que vous fussiez arrivés
qu'ils fussent arrivés

IMPERATIVE

Present

arrive
arrivons
arrivez

Past

sois arrivé
soyons arrivés
soyez arrivés

INFINITIVE

Present

arriver

Past

être arrivé

PARTICIPLE

Present

arrivant

Past

arrivé
étant arrivé

N.B. The verbs *jouer*, *tuer*, etc, are regular, e.g. je *joue*, je *jouerai*; je *tue*, je *tuerai*.

843

1b. **se reposer** (pronominal verb)

INDICATIVE

Present
je me repose
tu te reposes
il se repose
nous nous reposons
vous vous reposez
ils se reposent

Imperfect
je me reposais
tu te reposais
il se reposait
nous nous reposions
vous vous reposiez
ils se reposaient

Past Historic
je me reposai
tu te reposas
il se reposa
nous nous reposâmes
vous vous reposâtes
ils se reposèrent

Future
je me reposerai
tu te reposeras
il se reposera
nous nous reposerons
vous vous reposerez
ils se reposeront

Perfect
je me suis reposé
tu t'es reposé
il s'est reposé
nous nous sommes reposés
vous vous êtes reposés
ils se sont reposés

Pluperfect
je m'étais reposé
tu t'étais reposé
il s'était reposé
nous nous étions reposés
vous vous étiez reposés
ils s'étaient reposés

Past Anterior
je me fus reposé
tu te fus reposé
il se fut reposé
nous nous fûmes reposés
vous vous fûtes reposés
ils se furent reposés

Future Perfect
je me serai reposé
tu te seras reposé
il se sera reposé
nous nous serons reposés
vous vous serez reposés
ils se seront reposés

CONDITIONAL

Present
je me reposerais
tu te reposerais
il se reposerait
nous nous reposerions
vous vous reposeriez
ils se reposeraient

Past I
je me serais reposé
tu te serais reposé
il se serait reposé
nous nous serions reposés
vous vous seriez reposés
ils se seraient reposés

Past II
je me fusse reposé
tu te fusses reposé
il se fût reposé
nous nous fussions reposés
vous vous fussiez reposés
ils se fussent reposés

SUBJUNCTIVE

Present
que je me repose
que tu te reposes
qu'il se repose
que nous nous reposions
que vous vous reposiez
qu'ils se reposent

Imperfect
que je me reposasse
que tu te reposasses
qu'il se reposât
que nous nous reposassions
que vous vous reposassiez
qu'ils se reposassent

Past
que je me sois reposé
que tu te sois reposé
qu'il se soit reposé
que nous nous soyons reposés
que vous vous soyez reposés
qu'ils se soient reposés

Pluperfect
que je me fusse reposé
que tu te fusses reposé
qu'il se fût reposé
que nous nous fussions reposés
que vous vous fussiez reposés
qu'ils se fussent reposés

IMPERATIVE

Present
repose-toi
reposons-nous
reposez-vous

INFINITIVE

Present
se reposer

Past
s'être reposé

PARTICIPLE

Present
se reposant

Past
s'étant reposé

844

2. finir (regular verb)

INDICATIVE

Present
je finis
tu finis
il finit
nous finissons
vous finissez
ils finissent

Perfect
j'ai fini
tu as fini
il a fini
nous avons fini
vous avez fini
ils ont fini

Imperfect
je finissais
tu finissais
il finissait
nous finissions
vous finissiez
ils finissaient

Pluperfect
j'avais fini
tu avais fini
il avait fini
nous avions fini
vous aviez fini
ils avaient fini

Past Historic
je finis
tu finis
il finit
nous finîmes
vous finîtes
ils finirent

Past Anterior
j'eus fini
tu eus fini
il eut fini
nous eûmes fini
vous eûtes fini
ils eurent fini

Future
je finirai
tu finiras
il finira
nous finirons
vous finirez
ils finiront

Future Perfect
j'aurai fini
tu auras fini
il aura fini
nous aurons fini
vous aurez fini
ils auront fini

SUBJUNCTIVE

Present
que je finisse
que tu finisses
qu'il finisse
que nous finissions
que vous finissiez
qu'ils finissent

Imperfect
que je finisse
que tu finisses
qu'il finît
que nous finissions
que vous finissiez
qu'ils finissent

Past
que j'aie fini
que tu aies fini
qu'il ait fini
que nous ayons fini
que vous ayez fini
qu'ils aient fini

Pluperfect
que j'eusse fini
que tu eusses fini
qu'il eût fini
que nous eussions fini
que vous eussiez fini
qu'ils eussent fini

CONDITIONAL

Present
je finirais
tu finirais
il finirait
nous finirions
vous finiriez
ils finiraient

Past I
j'aurais fini
tu aurais fini
il aurait fini
nous aurions fini
vous auriez fini
ils auraient fini

Past II
j'eusse fini
tu eusses fini
il eût fini
nous eussions fini
vous eussiez fini
ils eussent fini

IMPERATIVE

Present
finis
finissons
finissez

Past
aie fini
ayons fini
ayez fini

INFINITIVE

Present
finir

Past
avoir fini

PARTICIPLE

Present
finissant

Past
fini
ayant fini

9. aller

INDICATIVE

Present	Imperfect	Past Historic	Future
je vais	j'allais	j'allai	j'irai
tu vas	tu allais	tu allas	tu iras
il va	il allait	il alla	il ira
nous allons	nous allions	nous allâmes	nous irons
vous allez	vous alliez	vous allâtes	vous irez
ils vont	ils allaient	ils allèrent	ils iront

Perfect	Pluperfect	Past Anterior	Future Perfect
je suis allé	j'étais allé	je fus allé	je serai allé
tu es allé	tu étais allé	tu fus allé	tu seras allé
il est allé	il était allé	il fut allé	il sera allé
nous sommes allés	nous étions allés	nous fûmes allés	nous serons allés
vous êtes allés	vous étiez allés	vous fûtes allés	vous serez allés
ils sont allés	ils étaient allés	ils furent allés	ils seront allés

CONDITIONAL

Present	Past I	Past II
j'irais	je serais allé	je fusse allé
tu irais	tu serais allé	tu fusses allé
il irait	il serait allé	il fût allé
nous irions	nous serions allés	nous fussions allés
vous iriez	vous seriez allés	vous fussiez allés
ils iraient	ils seraient allés	ils fussent allés

SUBJUNCTIVE

Present	Imperfect	Past	Pluperfect
que j'aille	que j'allasse	que je sois allé	que je fusse allé
que tu ailles	que tu allasses	que tu sois allé	que tu fusses allé
qu'il aille	qu'il allât	qu'il soit allé	qu'il fût allé
que nous allions	que nous allassions	que nous soyons allés	que nous fussions allés
que vous alliez	que vous allassiez	que vous soyez allés	que vous fussiez allés
qu'ils aillent	qu'ils allassent	qu'ils soient allés	qu'ils fussent allés

IMPERATIVE

Present	Past
va	sois allé
allons	soyons allés
allez	soyez allés

INFINITIVE

Present	Past
aller	être allé

PARTICIPLE

Present	Past
allant	allé, ée
	étant allé

34. avoir

INDICATIVE

Present

j'ai
tu as
il a
nous avons
vous avez
ils ont

Perfect

j'ai eu
tu as eu
il a eu
nous avons eu
vous avez eu
ils ont eu

Imperfect

j'avais
tu avais
il avait
nous avions
vous aviez
ils avaient

Pluperfect

j'avais eu
tu avais eu
il avait eu
nous avions eu
vous aviez eu
ils avaient eu

Past Historic

j'eus
tu eus
il eut
nous eûmes
vous eûtes
ils eurent

Past Anterior

j'eus eu
tu eus eu
il eut eu
nous eûmes eu
vous eûtes eu
ils eurent eu

Future

j'aurai
tu auras
il aura
nous aurons
vous aurez
ils auront

Future Perfect

j'aurai eu
tu auras eu
il aura eu
nous aurons eu
vous aurez eu
ils auront eu

CONDITIONAL

Present

j'aurais
tu aurais
il aurait
nous aurions
vous auriez
ils auraient

Past I

j'aurais eu
tu aurais eu
il aurait eu
nous aurions eu
vous auriez eu
ils auraient eu

Past II

j'eusse eu
tu eusses eu
il eût eu
nous eussions eu
vous eussiez eu
ils eussent eu

SUBJUNCTIVE

Present

que j'aie
que tu aies
qu'il ait
que nous ayons
que vous ayez
qu'ils aient

Imperfect

que j'eusse
que tu eusses
qu'il eût
que nous eussions
que vous eussiez
qu'ils eussent

Past

que j'aie eu
que tu aies eu
qu'il ait eu
que nous ayons eu
que vous ayez eu
qu'ils aient eu

Pluperfect

que j'eusse eu
que tu eusses eu
qu'il eût eu
que nous eussions eu
que vous eussiez eu
qu'ils eussent eu

IMPERATIVE

Present

aie
ayons
ayez

INFINITIVE

Present

avoir

Past

avoir eu

PARTICIPLE

Present

ayant

Past

eu
ayant eu

60. faire

INDICATIVE

Present

je fais
tu fais
il fait
nous faisons
vous faites
ils font

Imperfect

je faisais
tu faisais
il faisait
nous faisions
vous faisiez
ils faisaient

Past Historic

je fis
tu fis
il fit
nous fîmes
vous fîtes
ils firent

Future

je ferai
tu feras
il fera
nous ferons
vous ferez
ils feront

Perfect

j'ai fait
tu as fait
il a fait
nous avons fait
vous avez fait
ils ont fait

Pluperfect

j'avais fait
tu avais fait
il avait fait
nous avions fait
vous aviez fait
ils avaient fait

Past Anterior

j'eus fait
tu eus fait
il eut fait
nous eûmes fait
vous eûtes fait
ils eurent fait

Future Perfect

j'aurai fait
tu auras fait
il aura fait
nous aurons fait
vous aurez fait
ils auront fait

CONDITIONAL

Present

je ferais
tu ferais
il ferait
nous ferions
vous feriez
ils feraient

Past I

j'aurais fait
tu aurais fait
il aurait fait
nous aurions fait
vous auriez fait
ils auraient fait

Past II

j'eusse fait
tu eusses fait
il eût fait
nous eussions fait
vous eussiez fait
ils eussent fait

SUBJUNCTIVE

Present

que je fasse
que tu fasses
qu'il fasse
que nous fassions
que vous fassiez
qu'ils fassent

Imperfect

que je fisse
que tu fisses
qu'il fît
que nous fissions
que vous fissiez
qu'ils fissent

Past

que j'aie fait
que tu aies fait
qu'il ait fait
que nous ayons fait
que vous ayez fait
qu'ils aient fait

Pluperfect

que j'eusse fait
que tu eusses fait
qu'il eût fait
que nous eussions fait
que vous eussiez fait
qu'ils eussent fait

IMPERATIVE

Present

fais
faisons
faites

Past

aie fait
ayons fait
ayez fait

INFINITIVE

Present

faire

Past

avoir fait

PARTICIPLE

Present

faisant

Past

fait
ayant fait

61. être

INDICATIVE

Present
je suis
tu es
il est
nous sommes
vous êtes
ils sont

Imperfect
j'étais
tu étais
il était
nous étions
vous étiez
ils étaient

Past Historic
je fus
tu fus
il fut
nous fûmes
vous fûtes
ils furent

Future
je serai
tu seras
il sera
nous serons
vous serez
ils seront

Perfect
j'ai été
tu as été
il a été
nous avons été
vous avez été
ils ont été

Pluperfect
j'avais été
tu avais été
il avait été
nous avions été
vous aviez été
ils avaient été

Past Anterior
j'eus été
tu eus été
il eut été
nous eûmes été
vous eûtes été
ils eurent été

Future Perfect
j'aurai été
tu auras été
il aura été
nous aurons été
vous aurez été
ils auront été

CONDITIONAL

Present
je serais
tu serais
il serait
nous serions
vous seriez
ils seraient

Past I
j'aurais été
tu aurais été
il aurait été
nous aurions été
vous auriez été
ils auraient été

Past II
j'eusse été
tu eusses été
il eût été
nous eussions été
vous eussiez été
ils eussent été

SUBJUNCTIVE

Present
que je sois
que tu sois
qu'il soit
que nous soyons
que vous soyez
qu'ils soient

Imperfect
que je fusse
que tu fusses
qu'il fût
que nous fussions
que vous fussiez
qu'ils fussent

Past
que j'aie été
que tu aies été
qu'il ait été
que nous ayons été
que vous ayez été
qu'ils aient été

Pluperfect
que j'eusse été
que tu eusses été
qu'il eût été
que nous eussions été
que vous eussiez été
qu'ils eussent été

IMPERATIVE

Present
sois
soyons
soyez

INFINITIVE

Present
être

Past
avoir été

PARTICIPLE

Present
étant

Past
été
ayant été

LE VERBE ANGLAIS

THE ENGLISH VERB

L'anglais comprend de nombreux verbes forts ou irréguliers (dont nous donnons la liste ci-dessous) ainsi que de nombreuses variantes orthographiques (voir au paragraphe 7), mais à chaque temps la conjugaison reste la même pour toutes les personnes sauf à la troisième personne du singulier du présent de l'indicatif.

Les notes qui suivent se proposent de résumer la structure et les formes du verbe anglais.

1 Le mode indicatif

(a) **Le présent de l'indicatif** a la même forme que l'infinitif présent à toutes les personnes, à laquelle vient s'ajouter un 's', ex: *he sells*. Dans les cas où l'infinitif se termine par une sifflante ou une chuintante on intercale un 'e', ex: *kisses, buzzes, rushes, touches*.

Les verbes qui se terminent en consonne + *y* changent cet *y* en *ies* à la troisième personne du singulier, ex: *tries, pities, satifies*; là où le *y* est précédé d'une voyelle, on applique la règle générale, ex: *pray — he prays, annoy — she annoys*.

Le verbe *be* a des formes irrégulières pour toutes les personnes:

I am	we are
you are	you are
he is	they are

Trois autres verbes ont une forme irrégulière à la troisième personne du singulier:

do	he does
have	he has
go	he goes

(b) **L'imparfait, le passé simple et le participe passé** ont la même forme en anglais. On les construit en ajoutant *ed* au radical de l'infinitif, ex: *paint — I painted — painted*, ou en ajoutant *d* à l'infinitif des verbes qui se terminent par un *e* muet, ex: *bare — I bared — bared, move — I moved — moved, revise — I revised — revised*.

Pour les verbes irréguliers, voir la liste ci-dessous.

(c) **Les temps composés du passé** se forment à l'aide de l'auxiliaire *to have* suivi du participe passé: au passé composé = *I have painted*; au plus-que-parfait = *I had painted*.

(d) **Le futur et le conditionnel**

Le futur se forme à l'aide de *will* ou de *shall* suivi de l'infinitif: ex: *I will do it; they shall not pass*.

On forme le conditionnel avec *should* ou *would* plus l'infinitif, ex: *I would go, if she should come*.

L'auxiliaire *to have* accompagné de *shall* ou *will* et du participe passé du verbe conjugué s'emploie pour le futur antérieur, ex: *I shall have finished*.

On emploie également l'auxiliaire *to have*, cette fois accompagné de *would* et du participe passé pour former le conditionnel passé, ex: *I would have paid*.

(e) Il existe également en anglais, au mode indicatif, une forme progressive qui se forme avec l'auxiliaire *to be*, conjugué au temps approprié et suivi du participe présent, ex: *I am waiting, we were hoping, they will be buying it, they would have been waiting still, I had been painting all day*.

Ce système diffère dans une certaine mesure du système français, qui a parfois comme équivalent la formule 'être en train de' suivie de l'infinitif.

2 Le mode subjonctif

Le subjonctif est peu utilisé en anglais. Au présent et à toutes les personnes, il a la même forme que l'infinitif, ex: *(that) I go, (that) she go* etc.

À l'imparfait, *to be* est l'unique verbe qui ait une forme irrégulière. Cette forme est *were* pour toutes les personnes: *(that) I were, (that) we were* etc. Il faut cependant noter que le subjonctif s'emploie obligatoirement en anglais dans: *if I were you, were I to attempt it* (l'emploi de *was* étant considéré comme incorrect dans ces expressions, ainsi que dans d'autres expressions analogues).

Le subjonctif se rencontre aussi dans l'expression figée *so be it* et dans le langage juridique ou officiel, ex: *it is agreed that nothing be done, it was resolved that the pier be painted* (quoique *should be done* et *should be painted* soient également corrects).

3 Le gérondif et le participe présent ont la même forme en anglais. Ils s'obtiennent en ajoutant la désinence *ing* au radical de l'infinitif, ex: *washing, sending, passing*.

Pour les variantes orthographiques voir paragraphe 7.

4 La voix passive se forme exactement comme en français avec le temps approprié du verbe *to be* et le participe passé: *we are forced to, he was killed, they had been injured, the company will be taken over, it ought to have been rebuilt, were it to be agreed*.

5 Le mode impératif

Il n'y a qu'une forme de l'impératif, qui est en fait celle de l'infinitif, ex: *tell me, come here, don't do that*.

6 Verbes forts ou irréguliers

Infinitif	Prétérit	Participe passé	Infinitif	Prétérit	Participe passé
abide	abode or abided	abode or abided	hang	hung, (Jur) hanged	hung, (Jur) hanged
arise	arose	arisen	have	had	had
awake	awoke	awaked	hear	heard	heard
be	was, were	been	heave	heaved, (Naut) hove	heaved, (Naut) hove
bear	bore	borne	hew	hewed	hewed or hewn
beat	beat	beaten	hide	hid	hidden
become	became	become	hit	hit	hit
beget	begot, begat††	begotten	hold	held	held
begin	began	begun	hurt	hurt	hurt
bend	bent	bent	keep	kept	kept
beseech	besought	besought	kneel	knelt	knelt
bet	bet or betted	bet or betted	know	knew	known
bid	bade or bid	bid or bidden	lade	laded	laden
bind	bound	bound	lay	laid	laid
bite	bit	bitten	lead	led	led
bleed	bled	bled	lean	leaned or leant	leaned or leant
blow	blew	blown	leap	leaped or leapt	leaped or leapt
break	broke	broken	learn	learned or learnt	learned or learnt
breed	bred	bred	leave	left	left
bring	brought	brought	lend	lent	lent
build	built	built	let	let	let
burn	burned or burnt	burned or burnt	lie	lay	lain
burst	burst	burst	light	lit or lighted	lit or lighted
buy	bought	bought	lose	lost	lost
can	could	—	make	made	made
cast	cast	cast	may	might	—
catch	caught	caught	mean	meant	meant
chide	chid	chidden or chid	meet	met	met
choose	chose	chosen	mow	mowed	mown or mowed
cleave¹ (fendre)	clove or cleft	cloven or cleft	pay	paid	paid
cleave² (s'attacher)	cleaved	cleaved	put	put	put
cling	clung	clung	quit	quit or quitted	quit or quitted
come	came	come	read [ri:d]	read [red]	read [red]
cost	cost or costed	cost or costed	rend	rent	rent
creep	crept	crept	rid	rid	rid
cut	cut	cut	ride	rode	ridden
deal	dealt	dealt	ring²	rang	rung
dig	dug	dug	rise	rose	risen
do	did	done	run	ran	run
draw	drew	drawn	saw	sawed	sawed or sawn
dream	dreamed or dreamt	dreamed or dreamt	say	said	said
drink	drank	drunk	see	saw	seen
drive	drove	driven	seek	sought	sought
dwell	dwelt	dwelt	sell	sold	sold
eat	ate	eaten	send	sent	sent
fall	fell	fallen	set	set	set
feed	fed	fed	sew	sewed	sewed or sewn
feel	felt	felt	shake	shook	shaken
fight	fought	fought	shave	shaved	shaved or shaven
find	found	found	shear	sheared	sheared or shorn
flee	fled	fled	shed	shed	shed
fling	flung	flung	shine	shone	shone
fly	flew	flown	shoe	shod	shod
forbid	forbad(e)	forbidden	shoot	shot	shot
forget	forgot	forgotten	show	showed	shown or showed
forsake	forsook	forsaken	shrink	shrank	shrunk
freeze	froze	frozen	shut	shut	shut
get	got	got, (US) gotten	sing	sang	sung
gild	gilded	gilded or gilt	sink	sank	sunk
gird	girded or girt	girded or girt	sit	sat	sat
give	gave	given	slay	slew	slain
go	went	gone	sleep	slept	slept
grind	ground	ground	slide	slid	slid
grow	grew	grown	sling	slung	slung
			slink	slunk	slunk

Infinitif	Prétérit	Participe passé	Infinitif	Prétérit	Participe passé
slit	slit	slit	string	strung	strung
smell	smelled *or* smelt	smelled *or* smelt	strive	strove	striven
smite	smote	smitten	swear	swore	sworn
sow	sowed	sowed *or* sown	sweep	swept	swept
speak	spoke	spoken	swell	swelled	swollen
speed	speeded *or* sped	speeded *or* sped	swim	swam	swum
spell	spelled *or* spelt	spelled *or* spelt	swing	swung	swung
spend	spent	spent	take	took	taken
spill	spilled *or* spilt	spilled *or* spilt	teach	taught	taught
spin	spun *or* span††	spun	tear	tore	torn
spit	spat	spat	tell	told	told
split	split	split	think	thought	thought
spoil	spoiled *or* spoilt	spoiled *or* spoilt	thrive	throve *or* thrived	thriven *or* thrived
spread	spread	spread	throw	threw	thrown
spring	sprang	sprung	thrust	thrust	thrust
stand	stood	stood	tread	trod	trodden
stave	stove *or* staved	stove *or* staved	wake	woke *or* waked	woken *or* waked
steal	stole	stolen	wear	wore	worn
stick	stuck	stuck	weave	wove	woven
sting	stung	stung	weep	wept	wept
stink	stank	stunk	win	won	won
strew	strewed	strewed *or* strewn	wind	wound	wound
stride	strode	stridden	wring	wrung	wrung
strike	struck	struck	write	wrote	written

Ne sont pas compris dans cette liste les verbes formés avec un préfixe. Pour leur conjugaison, se référer au verbe de base, ex: pour *forbear* voir *bear*, pour *understand* voir *stand*.

7 Verbes faibles présentant des variantes orthographiques

L'orthographe de nombreux verbes peut varier légèrement au participe passé et au gérondif.

(a) Les verbes se terminant par une seule consonne précédée d'une seule voyelle accentuée redoublent la consonne devant la désinence *ed* ou *ing*:

infinitif	participe passé	gérondif
sob	sobbed	sobbing
wed	wedded	wedding
lag	lagged	lagging
control	controlled	controlling
dim	dimmed	dimming
tan	tanned	tanning
tap	tapped	tapping
prefer	preferred	preferring
pat	patted	patting

(Par contre *to cook* devient *cooked — cooked* parce qu'il comporte une voyelle longue, et *fear* qui comporte une diphtongue donne *feared — fearing*).

(b) Les verbes qui se terminent en *c* changent le *c* en *ck* devant les désinences *ed* et *ing*:

frolic	frolicked	frolicking
traffic	trafficked	trafficking

(c) Les verbes terminés par la consonne *l* ou *p* précédée d'une voyelle non accentuée redoublent la consonne au participe passé et au gérondif en anglais britannique, mais restent inchangés en anglais américain:

grovel	(*Brit*) grovelled	(*Brit*) grovelling
	(*US*) groveled	(*US*) groveling
travel	(*Brit*) travelled	(*Brit*) travelling
	(*US*) traveled	(*US*) traveling

worship	(*Brit*) worshipped	(*Brit*) worshipping
	(*US*) worshiped	(*US*) worshiping

NB la même différence existe entre les formes substantivées de ces verbes:
(*Brit*) traveller = (*US*) traveler;
(*Brit*) worshipper = (*US*) worshiper.

(d) Lorsque le verbe se termine par un *e* muet à l'infinitif, le *e* muet disparaît en faveur de la désinence *ed* ou *ing*.

invite	invited	inviting
rake	raked	raking
smile	smiled	smiling
move	moved	moving

(le *e* muet se conserve toutefois dans les verbes *dye, singe*, etc et dans une série peu nombreuse de verbes se terminant en *oe*: *dyeing, singeing, hoeing*.

(e) Si le verbe se termine en *y*, le *y* devient *ied* pour former l'imparfait et le participe passé, ex:
worry — worried — worried;
pity — pitied — pitied;
falsify — falsified — falsified;
try — tried — tried.
Le gérondif de ces verbes est parfaitement régulier, ex: *worrying, trying*, etc.

(f) Le gérondif des verbes monosyllabiques *die, lie, vie* s'écrit: *dying, lying, vying.*

NOMBRES, POIDS ET MESURES

NUMERALS, WEIGHTS AND MEASURES

I NUMERALS   LES NOMBRES

1 Cardinal numbers   Les nombres cardinaux

nought	0	zéro
one	1	(m) un, (f) une
two	2	deux
three	3	trois
four	4	quatre
five	5	cinq
six	6	six
seven	7	sept
eight	8	huit
nine	9	neuf
ten	10	dix
eleven	11	onze
twelve	12	douze
thirteen	13	treize
fourteen	14	quatorze
fifteen	15	quinze
sixteen	16	seize
seventeen	17	dix-sept
eighteen	18	dix-huit
nineteen	19	dix-neuf
twenty	20	vingt
twenty-one	21	vingt et un
twenty-two	22	vingt-deux
twenty-three	23	vingt-trois
thirty	30	trente
thirty-one	31	trente et un
thirty-two	32	trente-deux
forty	40	quarante
fifty	50	cinquante
sixty	60	soixante
seventy	70	soixante-dix
eighty	80	quatre-vingt
ninety	90	quatre-vingt-dix
ninety-nine	99	quatre-vingt-dix-neuf
a (or one) hundred	100	cent
a hundred and one	101	cent un
a hundred and two	102	cent deux
a hundred and ten	110	cent dix
a hundred and eighty-two	182	cent quatre-vingt-deux
two hundred	200	deux cents
two hundred and one	201	deux cent un
two hundred and two	202	deux cent deux
three hundred	300	trois cents
four hundred	400	quatre cents
five hundred	500	cinq cents
six hundred	600	six cents
seven hundred	700	sept cents
eight hundred	800	huit cents
nine hundred	900	neuf cents
a (or one) thousand	1000	mille
a thousand and one	1001	mille un
a thousand and two	1002	mille deux
two thousand	2000	deux mille
ten thousand	10000	dix mille
a (or one) hundred thousand	100000	cent mille
a (or one) million (see note b)	1000000	un million (V note b)
two million	2000000	deux millions

Notes on usage of the cardinal numbers

(a) One, and the other numbers ending in one, agree in French with the noun (stated or implied): *une maison, un employé, il y a cent une personnes*

(b) 1000000: In French, the word *million* is a noun, so the numeral takes *de* when there is a following noun: *un million de fiches, trois millions de maisons détruites*
En anglais le mot *million* (ainsi que mille et cent) n'est pas suivi de *of* lorsqu'il accompagne un nom: *a million people, a hundred houses, a thousand people*

(c) To divide the larger numbers clearly, a point is used in French where English places a comma: English 1,000 = French 1.000; English 2,304,770 = French 2.304.770. (This does not apply to dates: see below.)
Alors qu'un point est utilisé en français pour séparer les centaines des milliers, l'anglais utilise la virgule à cet effet; ex: français 1.000 = anglais 1,000; français 2.304.770 = anglais 2,304,770. (Cette règle ne s'applique pas aux dates. Voir ci-dessous).

2 Ordinal numbers   Les nombres ordinaux

first	1	(m) premier, (f) -ière
second	2	deuxième
third	3	troisième
fourth	4	quatrième
fifth	5	cinquième
sixth	6	sixième
seventh	7	septième
eighth	8	huitième
ninth	9	neuvième
tenth	10	dixième
eleventh	11	onzième
twelfth	12	douzième
thirteenth	13	treizième
fourteenth	14	quatorzième
fifteenth	15	quinzième
sixteenth	16	seizième
seventeenth	17	dix-septième
eighteenth	18	dix-huitième
nineteenth	19	dix-neuvième
twentieth	20	vingtième
twenty-first	21	vingt et unième
twenty-second	22	vingt-deuxième
thirtieth	30	trentième

thirty-first	31	trente et unième
fortieth	40	quarantième
fiftieth	50	cinquantième
sixtieth	60	soixantième
seventieth	70	soixante-dixième
eightieth	80	quatre-vingtième
ninetieth	90	quatre-vingt-dixième
hundredth	100	centième
hundred and first	101	cent et unième
hundred and tenth	110	cent-dixième
two hundredth	200	deux centième
three hundredth	300	trois centième
four hundredth	400	quatre centième
five hundredth	500	cinq centième
six hundredth	600	six centième
seven hundredth	700	sept centième
eight hundredth	800	huit centième
nine hundredth	900	neuf centième
thousandth	1000	millième
two thousandth	2000	deux millième
millionth	1000000	millionième
two millionth	2000000	deux millionième

Notes on usage of the ordinal numbers

(a) first, and the other numbers ending in first, agree in French with the noun (stated or implied): *la première maison, le premier employé, la cent et unième personne*

(b) Abbreviations: English 1st, 2nd, 3rd, 4th, 5th, etc. = French (*m*) 1er, (*f*) 1ère, 2e, 3e, 4e, 5e and so on.

(c) See also the notes on Dates, below.
Voir aussi ci-dessous le paragraphe concernant les dates.

3 Fractions — Les fractions

one half, a half	$\frac{1}{2}$	(*m*) un demi, (*f*) une demie
one and a half helpings	$1\frac{1}{2}$	une portion et demie
two and a half kilos	$2\frac{1}{2}$	deux kilos et demi
one third, a third	$\frac{1}{3}$	un tiers
two thirds	$\frac{2}{3}$	deux tiers
one quarter, a quarter	$\frac{1}{4}$	un quart
three quarters	$\frac{3}{4}$	trois quarts
one sixth, a sixth	$\frac{1}{6}$	un sixième
five and five sixths	$5\frac{5}{6}$	cinq et cinq sixièmes
one twelfth, a twelfth	$\frac{1}{12}$	un douzième
seven twelfths	$\frac{7}{12}$	sept douzièmes
one hundredth, a hundredth	$\frac{1}{100}$	un centième
one thousandth, a thousandth	$\frac{1}{1000}$	un millième

4 Decimals — Les décimales

In French, a comma is written where English uses a point: English 3.56 (three point five six) = French 3,56 (trois virgule cinquante six); English .07 (point nought seven) = French ,07 (virgule zéro sept).

Alors que le français utilise la virgule pour séparer les entiers des décimales, le point est utilisé en anglais à cet effet: anglais 3.56 (three point five six) = français 3,56 (trois virgule cinquante six; anglais .07 (point nought seven) = français 0,07 (zéro virgule zéro sept).

5 Nomenclature — Numération

3,684 is a four-digit number / *3.684 est un nombre à quatre chiffres*

It contains 4 units, 8 tens, 6 hundreds and 3 thousands / *4 est le chiffre des unités, 8 celui des dizaines, 6 celui des centaines et 3 celui des milliers*

The decimal .234 contains 2 tenths, 3 hundredths and 4 thousandths / *la fraction décimale 0,234 contient 2 dixièmes, 3 centièmes et 4 millièmes*

6 Percentages — Les pourcentages

$2\frac{1}{2}$% two and a half per cent / *deux et demi pour cent*
18% of the people here are over 65 / *ici dix-huit pour cent des gens ont plus de soixante-cinq ans*
Production has risen by 8% / *la production s'est accrue de huit pour cent*
(See also the main text of the dictionary / *Voir aussi dans le texte.*)

7 Signs — Les signes

English

+	addition sign
+	plus sign (*eg* + 7 = plus seven)
−	subtraction sign
−	minus sign (*eg* − 3 = minus three)
×	multiplication sign
÷	division sign
$\sqrt{}$	square root sign
∞	infinity
≡	sign of identity, is equal to
=	sign of equality, equals
	is approximately equal to
≠	sign of inequality, is not equal to
>	is greater than
<	is less than

français

+	signe plus, signe de l'addition
+	signe plus (*ex*: + 7 = plus 7)
−	signe moins, signe de la soustraction
−	signe moins (*ex*: − 3 = moins 3)
×	signe de la multiplication
:	signe de la division
$\sqrt{}$	signe de la racine
∞	symbole de l'infini
≡	signe d'identité
=	signe d'égalité
≈	signe d'équivalence
≠	signe de non égalité
>	plus grand que
<	plus petit que

8 Calculations — Le calcul

8+6=14 eight and (or plus) six are (or make) fourteen/ *huit et* (ou *plus*) *six font* (ou *égalent*) *quatorze*

15−3=12 fifteen take away (or fifteen minus) three equals twelve, three from fifteen leaves twelve / *trois ôtés de quinze égalent 12, quinze moins trois égalent 12*

3×3=9 three threes are nine, three times three is nine / *trois fois trois égalent neuf, trois multiplié par trois égalent neuf*

32÷8=4 thirty-two divided by eight is (or equals) four / *32 divisé par 8 égalent 4*

$3^2=9$ three squared is nine / *trois au carré égale neuf*

$2^5=32$ two to the fifth (or to the power of five) is (or equals) thirty-two / *2 à la puissance cinq égale trente-deux*

$\sqrt{16}=4$ the square root of sixteen is four / *la racine carrée de seize est quatre*

9 Time — L'heure

2 hours 33 minutes and 14 seconds / *deux heures trente-trois minutes et quatorze secondes*

half an hour / *une demi-heure*

a quarter of an hour / *un quart d'heure*

three quarters of an hour / *trois quarts d'heure*

what's the time? / *quelle heure est-il?*

what time do you make it? / *quelle heure avez-vous?*

have you the right time? / *avez-vous l'heure exacte?*

I make it 2.20 / *d'après ma montre il est 2h 20*

my watch says 3.37 / *il est 3h 37 à ma montre*

it's 1 o'clock / *il est une heure*

it's 2 o'clock / *il est deux heures*

it's 5 past 4 / *il est quatre heures cinq*

it's 10 to 6 / *il est six heures moins dix*

it's half past 8 / *il est huit heures et demie*

it's a quarter past 9 / *il est neuf heures et quart*

it's a quarter to 2 / *il est deux heures moins le quart*

at 10 a.m. / *à dix heures du matin*

at 4 p.m. / *à quatre heures de l'après-midi*

at 11 p.m. / *à onze heures du soir*

at exactly 3 o'clock, at 3 sharp, at 3 on the dot / *à trois heures exactement, à trois heures précises*

the train leaves at 19.32 / *le train part à dix-neuf heures trente-deux*

(at) what time does it start? / *à quelle heure est-ce que cela commence?*

it is just after 3 / *il est trois heures passées*

it is nearly 9 / *il est presque neuf heures*

about 8 o'clock / *aux environs de huit heures*

at (or by) 6 o'clock at the latest / *à six heures au plus tard*

have it ready for 5 o'clock / *tiens-le prêt pour 5 heures*

it is full each night from 7 to 9 / *c'est plein chaque soir de 7 à 9*

'closed from 1.30 to 4.30' / *'fermé de une heure et demie à quatre heures et demie'*

until 8 o'clock / *jusqu'à huit heures*

it would be about 11 / *il était environ 11 heures, il devait être environ 11 heures*

it would have been about 10 / *il devait être environ dix heures*

at midnight / *à minuit*

before midday, before noon / *avant midi*

10 Dates — Les dates

N.B. The days of the week and the months are written with small letters in French and with capitals in English; lundi, mardi, février, mars.

NB: *Contrairement au français, les jours de la semaine et les mois prennent une majuscule en anglais: Monday, Tuesday, February, March.*

the 1st of July, July 1st / *le 1ᵉʳ juillet*

the 2nd of May, May 2nd / *le 2 mai*

on June 21st, on the 21st (of) June / *le 21 juin*

on Monday / *lundi*

he comes on Mondays / *il vient le lundi*

'closed on Fridays' / *'fermé le vendredi'*

he lends it to me from Monday to Friday / *il me le prête du lundi au vendredi*

from the 14th to the 18th / *du 14 au 18*

what's the date?, what date is it today? / *quelle est la date d'aujourd'hui?*

today's the 12th / *aujourd'hui nous sommes le 12*

one Thursday in October / *un jeudi en octobre*

about the 4th of July / *aux environs du 4 juillet*

Heading of letters / *en-tête de lettre:*

19th May 1984 / *le 19 mai 1984*

1978 nineteen (hundred and) seventy-eight / *mille neuf cent soixante dix-huit, dix-neuf cent soixante dix-huit*

4 B.C., B.C. 4 / *4 av. J.–C.*

70 A.D., A.D. 70 / *70 ap. J.-C.*

in the 13th century / *au 13e siècle*

in (or during) the 1930s / *dans* (ou *pendant*) *les années 30*

in 1940 something / *en 1940 et quelques*

(See also the main text of the dictionary / *Voir aussi dans le texte.*

II   WEIGHTS AND MEASURES — POIDS ET MESURES

1   Metric System — système métrique

Measures formed with the following prefixes are mostly omitted / *la plupart des mesures formées à partir des préfixes suivants ont été omises*:

deca-	10 times	10 fois	*déca-*
hecto-	100 times	100 fois	*hecto-*
kilo-	1000 times	1000 fois	*kilo-*
deci-	one tenth	un dixième	*déci-*
centi-	one hundredth	un centième	*centi-*
mil(l)i-	one thousandth	un millième	*mil(l)i-*

Linear measures — mesures de longueur

1 millimetre (millimètre)	=	0.03937 inch
1 centimetre (centimètre)	=	0.3937 inch
1 metre (mètre)	=	39.37 inches
	=	1.094 yards
1 kilometre (kilomètre)	=	0.6214 mile (⅝ mile)

Square measures — mesures de superficie

1 square centimetre (centimètre carré)	=	0.155 square inch
1 square metre (mètre carré)	=	10.764 square feet
	=	1.196 square yards
1 square kilometre (kilomètre carré)	=	0.3861 square mile
	=	247.1 acres
1 are (are)=100 square metres	=	119.6 square yards
1 hectare (hectare)=100 ares	=	2.471 acres

Cubic measures — mesures de volume

1 cubic centimetre (centimètre cube)	=	0.061 cubic inch
1 cubic metre (mètre cube)	=	35.315 cubic feet
	=	1.308 cubic yards

Measures of capacity — mesures de capacité

1 litre (litre)=1000 cubic centimetres	=	1.76 pints
	=	0.22 gallon

Weights — poids

1 gramme (gramme)	=	15.4 grains
1 kilogramme (kilogramme)	=	2.2046 pounds
1 quintal (quintal)=100 kilogrammes	=	220.46 pounds
1 metric ton (tonne)=1000 kilogrammes	=	0.9842 ton

2   British system — système britannique

Linear measures — mesures de longueur

1 inch	=	2,54 centimètres
1 foot (pied)=12 inches	=	30,48 centimètres
1 yard (yard)=3 feet	=	91,44 centimètres
1 furlong=220 yards	=	201,17 mètres
1 mile (mile)=1760 yards	=	1,609 kilomètres

Surveyors' measures — mesures d'arpentage

1 link=7.92 inches	=	20,12 centimètres
1 rod (*or* pole, perch)=25 links	=	5,029 mètres
1 chain=22 yards=4 rods	=	20,12 mètres

Square measures — mesures de superficie

1 square inch	=	6,45 cm²
1 square foot (pied carré)=144 square inches	=	929,03 cm²
1 square yard (yard carré)=9 square feet	=	0,836 m²
1 square rod=30.25 square yards	=	25,29 m²
1 acre=4840 square yards	=	40,47 ares
1 square mile (mile carré)=640 acres	=	2,59 km²

Cubic measures — mesures de volume

1 cubic inch	=	16,387 cm³
1 cubic foot (pied cube)=1728 cubic inches	=	0,028 m³
1 cubic yard (yard cube)=27 cubic feet	=	0,765 m³
1 register ton (tonne)=100 cubic feet	=	2,832 m³

Measures of capacity — mesures de capacité

(a) Liquid — pour liquides

1 gill	=	0,142 litre
1 pint (pinte)=4 gills	=	0,57 litre
1 quart=2 pints	=	1,136 litres
1 gallon (gallon)=4 quarts	=	4,546 litres

(b) Dry — pour matières sèches

1 peck=2 gallons	=	9,087 litres
1 bushel=4 pecks	=	36,36 litres
1 quarter=8 bushels	=	290,94 litres

Weights — Avoirdupois system — Poids — système avoirdupois

1 grain (grain)	=	0,0648 gramme
1 drachm or dram=27,34 grains	=	1,77 grammes
1 ounce (once)=16 drachms	=	28,35 grammes
1 pound (livre)=16 ounces	=	453,6 grammes = 0,453 kilogramme
1 stone=14 pounds	=	6,348 kilogrammes
1 quarter=28 pounds	=	12,7 kilogrammes
1 hundredweight=112 pounds	=	50,8 kilogrammes
1 ton (tonne)=2240 pounds=20 hundredweight	=	1,016 kilogrammes

3 US Measures — mesures nord-américaines

In the US, the same system as that which applies in Great Britain is used for the most part; the main differences are mentioned below.

Les mesures britanniques sont valables pour les USA dans la majeure partie des cas. Les principales différences sont énumérées ci-dessous:

Measures of Capacity — mesures de capacité

(a) Liquid — pour liquides

1 US liquid gill	=	0,118 litre
1 US liquid pint=4 gills	=	0,473 litre
1 US liquid quart=2 pints	=	0,946 litre
1 US gallon=4 quarts	=	3,785 litres

(b) Dry — pour matières sèches

1 US dry pint	=	0,550 litre
1 US dry quart=2 dry pints	=	1,1 litres
1 US peck=8 dry quarts	=	8,81 litres
1 US bushel=4 pecks	=	35,24 litres

Weights — poids

1 hundredweight (or short hundredweight)=100 pounds	=	45,36 kilogrammes
1 ton (or short ton)=2000 pounds=20 short hundredweights	=	907,18 kilogrammes

LANGUAGE IN USE: A GRAMMAR OF COMMUNICATION IN FRENCH AND ENGLISH

GRAMMAIRE ACTIVE DE L'ANGLAIS ET DU FRANÇAIS

Beryl T. Atkins and Hélène M. A. Lewis

One need which cannot be supplied within the word-based format of the conventional bilingual dictionary is that experienced by people trying to set down their own thoughts in a foreign language. They may not know even in their own language exactly how these thoughts might best be expressed, and indeed many language teachers rightly object to the framing of the thought in the native language before the expression process begins, maintaining that this leads to a distortion both of the thought itself and of its eventual expression in the other language. Non-native speakers, even the most competent, often have difficulty in expressing their thoughts in a sufficiently sensitive, varied and sophisticated way. It is to meet the needs of these people that we have designed this new section in our bilingual dictionary.

This section contains thousands of phrases and expressions grouped according to the **function** that is being performed when they are used in communication. A glance at the Contents Table on p. 930 will show the themes that have been included. Some of the most notorious areas of difficulty are addressed in this section, for example the concepts of possibility, obligation and so on, often expressed in English by modal verbs, where the difficulty for the non-native speaker is as much syntactical as lexical.

Each function presents an individual set of problems and challenges for the user. For example, the needs of someone attempting to express tactful advice or contradiction are quite different from those of someone drawing up a job application, and these varied needs are met in correspondingly varied ways within this section.

The **design** of this section is entirely different from that of the dictionary proper, in that the approach is monolingual rather than bilingual. There is no question of any attempt to make the parallel columns into sets of equivalents, but simply to construct useful bridges across the language barrier.

Like the rest of this dictionary, this section has been designed as a **tool** for non-native speakers: it will serve particularly those skilled in the other language and able to recognise what they are looking for when they see it. It is not, and could not be, a comprehensive listing of the immense riches that each language offers in any area of thought. It is, rather, a selection, we hope a useful one, made to provide a channel between the user's passive and active knowledge of the foreign language. In controlled situations, such as the classroom, this section of the dictionary will also, we trust, provide a valuable teaching aid in language learning.

The Authors

L'un des besoins auxquels le dictionnaire bilingue traditionnel, limité par la classification alphabétique, ne peut répondre de façon entièrement satisfaisante est celui de l'usager qui, au lieu de traduire, essaie d'exprimer ses propres idées dans une langue étrangère. À ce stade de la réflexion, celui-ci ne sait peut-être même pas comment formuler exactement sa pensée dans sa propre langue, et d'ailleurs, de nombreux professeurs s'opposent à ce que le message soit préalablement énoncé dans la langue maternelle, affirmant à juste titre qu'une telle démarche déforme à la fois la pensée elle-même et son expression finale dans la langue d'arrivée. Quelle que soit sa compétence, la personne cherchant à communiquer dans une langue qui n'est pas la sienne éprouve souvent des difficultés à atteindre un niveau d'expression qui soit riche, précis et élégant. C'est pour suppléer cette lacune que nous avons conçu cette nouvelle section de notre dictionnaire.

Ces pages contiennent plusieurs milliers d'expressions et locutions regroupées selon la **fonction** qu'elles accomplissent dans la communication. Il suffit de se reporter à la Table des matières (p. 930) pour voir les thèmes qui ont été inclus. On trouvera dans cette section certains points traditionnellement considérés comme particulièrement complexes, tels que par exemple les concepts de possibilité et d'obligation, souvent traduits en anglais par les verbes modaux, qui présentent à l'usager étranger des difficultés syntactiques autant que lexicales.

Pour l'usager, chaque fonction présente des difficultés et des nuances spécifiques. Par exemple, le vocabulaire d'appoint nécessaire est différent selon qu'on fait une demande d'emploi ou qu'on cherche à exprimer avec politesse son désaccord. Par conséquent, la présentation varie suivant les besoins pratiques de chaque page.

La **conception** de cette section diffère totalement de celle du reste du dictionnaire, dans la mesure où la méthode de présentation est monolingue plutôt que bilingue. Les expressions des deux colonnes ne cherchent en aucun cas à être des traductions ou des équivalences présentées en miroir, mais sont incorporées en guise de passerelles entre deux systèmes linguistiques.

Cette section est avant tout un **outil** de travail destiné à l'usager cherchant à s'exprimer dans une langue étrangère, et qui, possédant des connaissances avancées, reconnaîtra en la voyant l'expression dont il a besoin et qui lui échappe. Ces pages ne sauraient être un catalogue exhaustif des richesses dont chaque langue dispose pour exprimer des idées. Elles constituent une sélection qui devra permettre au lecteur d'utiliser ses connaissances passives pour enrichir ses connaissances actives de la langue. Dans des situations dirigées telles que le cours de langue, cette section du dictionnaire devrait aussi constituer un support pédagogique facilitant l'acquisition de la langue étrangère.

Les auteurs

See CONTENTS page 930   Voir TABLE des MATIÈRES page 930

SUGGESTIONS

GIVING SUGGESTIONS

Je suggère que or **Je propose que** vous lui en parliez bientôt.	*I suggest that*
N'oubliez surtout pas de mentionner votre situation de famille.	*you mustn't forget to . . .*
On pourrait adopter une autre méthode.	*we could*
Que diriez-vous si on partait pour Londres à la fin de la semaine?	*what would you say if*
Avez-vous pensé à or **Avez-vous songé à** reprendre vos études?	*have you (ever) thought of*
Vous pourriez remettre cela à plus tard.	*you could*
Pourquoi ne pas faire un peu de sport l'hiver prochain?	*why don't you*
Est-ce que cela ne vous tente pas d'aller en Grèce?	*doesn't the idea of . . . tempt you?*
Voici mes suggestions: tout d'abord nous faisons une étude de marché, puis . . .	*here are my suggestions:*
Vous auriez intérêt à changer de situation bientôt.	*you'd be as well to . . .*
Vous feriez bien de or **Vous feriez mieux de** prendre vos vacances au mois de septembre.	*you'd be as well to . . .*
Vous devriez l'envoyer par exprès puisque c'est tellement important.	*you ought to . . .*
À votre place or **Si j'étais vous** or **Personnellement**, je demanderais des renseignements.	*if I were you*
À mon avis, tu ne devrais pas refuser.	*in my view*
Je vous conseille de prendre des précautions.	*I advise you to . . .*
Si vous le permettez, je viendrai vous chercher demain.	*if you agree, I shall . . .*
(Et) si on allait à l'île de Ré cet été?	*what if we were to . . .*

(more tentatively)

Ce ne serait pas une mauvaise idée de lui demander son avis là-dessus.	*it might not be a bad idea to . . .*
On pourrait envisager une révision des programmes.	*we could think of doing*
Il serait bon de or **Il serait recommandé de** lui envoyer le dossier aussitôt que possible.	*it would be as well to . . .*
Il conviendrait de contacter l'entreprise sans plus attendre.	*the correct thing to do would be to . . .*
Ce serait une excellente idée de visiter l'exposition de sculpture moderne.	*it would be an excellent idea to . . .*
J'aimerais vous suggérer une solution possible.	*I'd like to suggest*
Puis-je faire une suggestion or **Puis-je émettre un avis?** Il me semble que . . .	*may I make a suggestion?*
Si je peux me permettre une suggestion, je crois qu'il vaudrait mieux inclure une carte de la région.	*if I might suggest something*
Nous aimerions vous soumettre quelques propositions.	*we should like to put to you*
Rien ne vous empêche de demander une augmentation . . .	*there is nothing to prevent you from*
Puis-je vous rappeler que le directeur attend votre réponse?	*may I remind you that*
Il serait souhaitable de or **Il serait préférable de** fournir à chacun un exemplaire de ce document.	*it would be advisable to . . .*
Il vaudrait peut-être mieux en informer ses parents.	*it might be better to . . .*
Peut-être faudrait-il envisager une refonte radicale du projet?	*perhaps one should*
Il suffirait de le prévenir à temps.	*you only need to . . .*
Dans l'état actuel des choses, **il n'y a qu'à** attendre.	*we can only*
Est-ce que cela vous ennuierait beaucoup de me renvoyer sa lettre?	*would you mind very much*
Je serais très heureux de vous faire visiter le château.	*I'd be very happy to . . .*

ASKING FOR SUGGESTIONS

Que ferais-tu à ma place?	*what would you do if you were me?*
Que fait-on en pareil cas?	*what can you do?*
Peut-être avez-vous une meilleure proposition en ce qui concerne le financement?	*perhaps you have a better suggestion*

AND, ACCORDING TO CONTEXT:

prenez soin de ne pas / pourquoi ne pas / voulez-vous, je vous prie, / je vous conseille vivement de / il est indispensable de / je souhaiterais pouvoir / essayez quand même de / je me demande si vous ne feriez pas mieux de / permettez-moi de vous proposer / si vous n'y voyez pas d'inconvénient / cela pourrait être une façon indirecte de / supposons qu'il s'agisse de / il n'est pas impossible que ce soit / on ne peut qu'émettre des conjectures en ce qui concerne / ceci expliquerait

ADVICE

ASKING FOR ADVICE

Je voudrais vous demander conseil or **J'aimerais quelques conseils** au sujet de la carrière que je souhaite entreprendre.

I'd like some advice

J'ai besoin d'un conseil: vaut-il mieux acheter une voiture neuve ou une voiture d'occasion?

I need some advice:

Vu les circonstances, **que me conseillez-vous de faire** or **que dois-je faire?**

what would you advise me to do?

À ma place, que feriez-vous?

what would you do in my place?

Je vous serais très reconnaissant de bien vouloir me conseiller sur la marche à suivre.

I should be very grateful if you would advise me about

Je voudrais que vous me donniez votre avis sur cette question.

I'd like your opinion on

GIVING ADVICE

Personnellement, je trouve que tu devrais or **Moi, je trouve que tu devrais** passer ton permis de conduire.

personally, I think you should

Mon conseil serait de rompre tout contact avec eux.

my advice would be to . . .

Il est déconseillé de prendre trop de médicaments en même temps.

it is inadvisable to . . .

Si j'ai un conseil à vous donner, c'est de ne pas vous mêler de cette affaire.

if I can offer you a piece of advice

Il serait judicieux d'obtenir son autorisation avant d'aller plus loin.

it would be wise to . . .

Je ne saurais trop vous recommander d'être discret à ce sujet.

I urge you to . . .

Je vous déconseille (vivement) d'y aller en train.

I (strongly) advise you not to . . .

À votre place or **Si j'étais vous,** je démissionnerais tout de suite.

if I were you

À mon avis, tu devrais faire appel à un spécialiste pour un travail de ce genre.

in my opinion, you should

Surtout, ne croyez pas tout ce qu'on raconte!

whatever you do

Pars en vacances — **c'est ce que tu as de mieux à faire!**

it's the best thing you can do

Tu as (tout) intérêt à le faire aussitôt que possible.

you would be best to . . .

Tu aurais tort de ne pas demander à être payé pour tes heures supplémentaires.

you'd be wrong not to . . .

Vous auriez tort de lui confier une tâche aussi délicate.

you'd be wrong to . . .

(more tentatively)

Il n'y a pas de raison que tu te prives *(subj)* pour eux.

there's no reason why you should

Puis-je me permettre de suggérer que vous alliez à Oslo?

might I suggest that

Est-ce que tu as pensé à la possibilité d'un cours de recyclage?

have you ever thought of

Il serait peut-être bon de le prévenir en premier.

it might be a good idea to . . .

Ce ne serait pas une mauvaise idée d'en acheter deux douzaines.

it wouldn't be a bad idea to . . .

Il nous semble peu prudent d'engager des fonds aussi importants dans cette affaire.

it seems to us rash to . . .

Vous pourriez peut-être le lui expliquer vous-même?

perhaps you could

Je me demande si vous ne devriez pas attendre encore quelques jours?

I wonder if you shouldn't

WARNING SOMEONE ABOUT SOMETHING

Vous feriez mieux de lui en envoyer une copie, **sinon** il va se plaindre qu'on l'oublie.

you'd be as well to . . . or else he will

Méfiez-vous des soi-disant vendeurs qui font du porte-à-porte.

beware of

Ce serait de la folie de partir le 14 juillet.

it would be madness to . . .

Je vous préviens que si vous n'avez pas terminé à temps, je ne pourrai pas vous payer.

I warn you that

Vous courez le risque de perdre toutes vos économies.

you're running the risk of

Tu auras des ennuis si tu continues à ne pas travailler.

you'll be in trouble if

Un conseil or **Un avertissement:** ne cherchez pas à savoir pourquoi il est parti.

a word of warning:

Je vous avertis que je commence à en avoir assez de vos absences répétées.

I'm warning you that

Ne venez pas vous plaindre que votre nom ne figure pas sur la liste.

don't come to me complaining that

AND, ACCORDING TO CONTEXT:

que fait-on dans ces cas-là? / il faut que vous m'aidiez à prendre une décision / je ne sais comment m'y prendre / est-ce que tu crois que / quelle serait votre réaction si / je me demande ce que je dois faire / si vous alliez le voir / essayez donc de / je trouve que vous devriez / n'hésitez pas à / il est dans votre intérêt de / moi, j'éviterais de / n'oubliez pas de / je ne sais pas ce que vous penseriez de / pourquoi ne pas / vous voilà prévenu / tant pis pour toi si

OFFERS

Puis-je vous faire visiter Paris?	*may I*
Est-ce que je peux faire quelque chose pour vous aider?	*can I*
Je peux vous trouver quelqu'un pour vous aider au bureau, **si vous voulez.**	*I can . . . if you like*
Me permettriez-vous de vous faire visiter Paris?	*would you allow me to . . .*
Voulez-vous que je vous aide *(subj)* à classer les documents?	*would you like me to . . .*
Voudriez-vous que nous organisions le voyage ensemble?	*would you like us to . . .*
Aimeriez-vous que j'essaie *(subj)* de louer un chalet pour les vacances?	*would you like me to . . .*
Laissez-moi au moins payer les fleurs et le gâteau!	*at least allow me to . . .*
J'irais **volontiers** tenir compagnie à votre grand-mère le dimanche, si elle se sent seule.	*I would willingly*
Nous aimerions vous offrir le poste de secrétaire adjoint.	*we should like to offer you*
Si vous avez besoin d'aide au moment des fêtes, **n'hésitez pas à me le demander.**	*don't hesitate to ask me*
Je veux bien m'en charger, puisque personne ne s'est porté volontaire.	*I'll look after that*
Si vous le souhaitez, **je suis prêt à** m'occuper de la préparation des repas.	*I'm ready to . . .*
Si cela vous arrange, **je serais très heureux de** mettre mon appartement à votre disposition.	*I would be happy to . . .*
Et si je venais garder les enfants ce soir-là?	*what if I were to . . .*

(more indirectly)

Cela me ferait très plaisir de vous faire visiter Saint-Martin.	*it would be a great pleasure to . . .*
Pourquoi n'irais-je pas le chercher à la gare?	*why shouldn't I*
Que diriez-vous si j'essayais d'organiser une réunion des anciens élèves?	*what would you say if*
Je ne demande pas mieux que de chercher de nouveaux volontaires pour votre projet.	*I should really like to . . .*
Nous pourrions peut-être y aller ensemble, si cela ne vous ennuie pas?	*we might perhaps*

REQUESTS

Pourriez-vous *or* **Vous serait-il possible de** me louer une voiture sans chauffeur pour qu'elle soit disponible dès mon arrivée?	*could you*
Puis-je vous demander de bien vouloir vous occuper des réservations?	*may I ask you to . . .*
Nous aimerions *or* **Nous souhaiterions** savoir si l'établissement reste ouvert après 22 heures.	*we should like to . . .*
Nous comptons sur vous pour nous faire parvenir un règlement par chèque dans les plus brefs délais.	*we are counting on you to . . .*
Je dois vous demander de ne pas retenir le personnel après 18 heures.	*I must ask you not to . . .*
J'insiste pour que dorénavant vous vous adressiez à notre président.	*I must insist that*
Je préférerais que vous ne lui rapportiez pas ce que j'ai dit.	*I would rather you . . .*

(more indirectly)

Cela vous dérangerait-il beaucoup *or* **Cela vous ennuierait-il beaucoup** de m'en prêter un exemplaire?	*would you mind (doing)*
Cela me rendrait service *or* **Cela m'arrangerait** si vous vouliez bien me remplacer la semaine prochaine.	*it would be very helpful if you*

(more formally)

Je vous prie de bien vouloir me confirmer la date et l'heure de votre arrivée.	*would you please be kind enough to . . .*
Vous êtes prié de nous rendre immédiatement les ouvrages empruntés dans le courant de l'année.	*you are requested to . . .*
Auriez-vous l'amabilité de me faire savoir s'il vous en reste encore?	*would you very kindly*
Veuillez avoir l'obligeance de me faire parvenir deux exemplaires de cet ouvrage.	*would you kindly*
Je vous serais reconnaissant de bien vouloir me réserver une chambre avec salle de bains du 5 au 15 juillet inclus.	*I should be grateful if you would*
Je vous saurais gré d'observer la plus grande discrétion dans cette affaire.	*I should be most grateful if you will*
Nous vous serions obligés de bien vouloir régler cette facture.	*we should be grateful if you would*

AND, ACCORDING TO CONTEXT:

si cela ne vous gêne pas trop / j'espère que vous ne m'en voudrez pas, mais / j'ose à peine vous demander de / j'espérais que vous / je voudrais vous demander un service / je vous demanderai de bien vouloir / en espérant que ceci ne causera pas trop de / n'oubliez surtout pas de / nous nous permettons de vous rappeler

COMPARISONS

Par comparaison avec les supermarchés *or* **En comparaison des** supermarchés, les magasins de quartier sont souvent chers.	*in comparison with*
Oui, peut-être, mais **comparé à** son premier roman *or* **si vous le comparez** à son premier roman, celui-ci est beaucoup moins bon.	*compared with*
Si on le compare à Londres, on se rend compte que Paris est en fait plus petit.	*if you compare it with*
On l'a souvent comparé à Tolstoï. // On a souvent **établi une comparaison** *or* **fait un rapprochement entre** lui et Tolstoï.	*often compared him to*
Pour une location, c'est **comparativement** cher pour le mois de juillet.	*comparatively*
Les statistiques de cette année sont **(bien) plus** intéressantes **que** celles de l'an dernier.	*(much) more . . . than . . .*
Les ventes ont considérablement augmenté **par rapport à** celles de l'année dernière.	*in comparison with*
Il devient **de plus en plus** difficile de trouver un studio à Paris. // Il devient **de moins en moins** facile de trouver un studio.	*more and more // less and less*
C'est **par contraste avec** la chaleur de l'air que l'eau semble froide.	*in contrast with*
Sa nouvelle maison **ressemble à** l'ancienne, **mais en moins** grand. // Cela **fait penser à** un écran de télévision, **mais en plus** petit.	*it's like . . . but bigger (or smaller, etc)*
La forme de la lampe **rappelle** celle d'un champignon.	*is reminiscent of*
Leurs façons de procéder **ne se ressemblent vraiment en rien.**	*are not at all alike*
Dans les deux romans, l'action se passe dans la Sicile du 19ème siècle, mais **la ressemblance s'arrête là.**	*there the likeness ends*
Cette maison-ci a un joli jardin, **alors que** *or* **tandis que** l'autre n'a qu'une cour.	*whereas*
Ils se ressemblent, à cette différence près que le premier est un peu plus grand.	*they are like each other, but . . .*
Ce qui le différencie de *or* **Ce qui le distingue de** ses contemporains, c'est son sens du progrès.	*what differentiates him from*

(comparing favourably)

Ce vin est **de très loin supérieur à** l'autre. // Il est **de beaucoup supérieur** à l'autre.	*far superior to*
Sans comparaison possible, c'est lui le plus sympathique de tous.	*there's no comparison: he . . .*
Pour ce qui est du climat, **je préfère** le Midi.	*I prefer*

(comparing unfavourably)

Le film **est loin d'être aussi intéressant que** le livre dont on l'a tiré.	*is far less interesting than*
Ce tissu **est certainement inférieur en qualité à** celui que nous avions auparavant.	*is certainly inferior in quality to*
Sa dernière pièce **ne mérite pas d'être comparée à** *or* **ne supporte pas la comparaison avec** celle qu'il avait écrite il y a deux ans.	*does not bear comparison with*
Ses poèmes **sont loin de valoir** ses romans.	*are not nearly as good as*
Il n'arrive pas à la cheville de son frère.	*he can't hold a candle to*

(great similarity)

Les deux maisons **sont comparables:** en effet, elles ont toutes les deux cinq chambres.	*are quite comparable*
C'est **l'équivalent de** six semaines de travail. // Cela **représente** six semaines de travail. // Cela **correspond à** six semaines de travail.	*is the equivalent of*
Les deux tableaux **sont d'égale valeur** *or* **valent le même prlx.**	*are equal in value*
Je n'arrive pas à trouver de différence *or* **Je n'arrive pas à faire la différence entre** les deux méthodes.	*I cannot distinguish between*
Les compagnies connaissent actuellement des difficultés financières, et **il en est de même pour** les ouvriers, qui voient leur niveau de vie baisser.	*the same is true of*

(great difference)

Il n'y a vraiment aucune comparaison possible entre les deux candidats.	*there is simply no comparison between*
Il serait certainement difficile d'**établir une comparaison entre** les deux.	*to draw a comparison between*
On ne saurait comparer deux œuvres aussi différentes.	*one cannot compare*
Les deux procédés **n'ont rien de comparable:** le premier est chimique et le second mécanique.	*there are no points of comparison between*

AND, ACCORDING TO CONTEXT:

tout bien considéré / dans l'ensemble / en gros / en fin de compte / il faut reconnaître que / on est obligé d'admettre / personnellement je préfère / c'est à peu près la même chose / ils se ressemblent jusqu'à un certain point mais / c'est un peu comme si / le premier . . . le second / il est impossible de substituer A à B

OPINIONS

ASKING FOR SOMEBODY'S OPINION

Que pensez-vous de sa façon d'agir?	*what do you think of*
Pourriez-vous me donner votre avis *or* **votre opinion** là-dessus?	*can you give me your opinion*
À votre avis *or* **Selon vous,** faut-il donner plus de liberté aux jeunes?	*in your opinion, should one . . .*
Avez-vous une opinion *or* **Quelle est votre opinion en ce qui concerne** la télévision privée?	*what is your attitude to*
Pourriez-vous me dire ce que vous pensez personnellement de ce changement?	*can you tell me what your own feelings are about*
J'aimerais savoir votre avis *or* **votre opinion sur** le programme du festival.	*I'd like to know what you think of*
J'ai appris que le projet a été annulé et **je voudrais savoir comment vous accueillez cette décision.**	*. . . I would like to know your reaction to the decision*

EXPRESSING YOUR OPINION

Je pense/crois/estime que nous avons maintenant tous les renseignements nécessaires.	*I think/believe/reckon that*
Je présume/suppose/imagine qu'elle sait ce qui l'attend.	*I presume/suppose/imagine that*
Je crois savoir que leur proposition a été accueillie favorablement.	*I believe that*
Je trouve qu'on ne fait pas suffisamment appel à l'imagination des enfants.	*my feeling is that*
À mon avis, c'était ce qui pouvait lui arriver de mieux.	*to my mind*
Selon moi *or* **D'après moi** *or* **Pour moi,** on ne devrait pas la laisser toute seule.	*in my opinion*
Personnellement *or* **En ce qui me concerne,** je crois que nous avons déjà trop tardé.	*personally, I think that*
À mon point de vue, le gouvernement n'a pas agi assez vite.	*my own point of view is that . . .*
À ce qu'il me semble, il serait préférable de rassembler tout le matériel en un seul endroit.	*I have an idea that . . .*
J'ai l'impression que ses parents ne la comprennent pas.	*I have the impression that*
À la réflexion, il me semble que nous ferions bien d'en commander plusieurs.	*on second thoughts, we'd better . . .*
Je suis persuadé qu'il finira par nous accorder son soutien.	*I am convinced that*
Je suis convaincu que c'est vraiment la seule solution.	*it is my belief that*
Je considère qu'il doit nous demander notre autorisation.	*I feel that*
Je dois dire que les résultats me semblent très décevants.	*I must say that*
Je crains qu'il ne soit trop tard maintenant.	*I fear it may be . . .*
Si vous voulez mon opinion là-dessus, il est fou de prendre de telles responsabilités.	*if you want my opinion, . . .*
Je ne peux pas m'empêcher de penser que c'est délibéré.	*I can't help thinking that*
La sélection à l'entrée de l'université finira par devenir indispensable. **C'est du moins mon opinion.**	*at least, this is what I feel*
Sans vouloir vous contredire, il me semble que cette solution n'est pas satisfaisante.	*with due respect, I feel that*
Si je puis me permettre d'exprimer une opinion, la prison crée plus de problèmes qu'elle n'en résout.	*if I may express an opinion, . . .*

REPLYING WITHOUT GIVING AN OPINION

Il est difficile de prévoir combien il en faudra exactement.	*it is difficult to tell . . .*
Je préférerais ne pas avoir à me prononcer là-dessus.	*I'd rather not commit myself*
Il me semble difficile de donner un avis définitif sur la question.	*it is difficult to give a final opinion*
Je dois reconnaître que je n'ai pas d'opinion bien précise là-dessus.	*I have no particular views*
Vous me prenez au dépourvu: **je n'y ai jamais vraiment réfléchi** *or* **je ne me suis jamais vraiment posé la question.**	*. . . I've never really thought about it*
Je ne suis pas à même de dire s'il a eu raison de le faire, car je n'ai pas lu son rapport.	*I'm not in a position to say*
Tout dépend de ce que vous voulez dire par 'études de langues'.	*it all depends on what you mean by . . .*

AND, ACCORDING TO CONTEXT:

je ne suis pas au courant de / je ne connais pas très bien / ce n'est qu'une supposition de ma part / pour le moment on peut dire que / j'ignore tout de / c'est une question de point de vue / vous en savez autant que moi là-dessus

LIKES, DISLIKES AND PREFERENCES

ASKING ABOUT THESE

Est-ce que vous aimeriez vous remettre à jouer au tennis? — *would you like to . . .*
Est-ce que cela vous plaît de travailler avec lui? — *do you like*
Est-ce que cela vous plairait *or* **Est-ce que cela vous ferait plaisir de** visiter le Louvre quand vous viendrez à Paris? — *would you like to . . .*
Qu'est-ce que vous préférez *or* **Qu'est-ce que vous aimez le plus** — le piano ou le violon? — *which do you prefer*
Pouvez-vous m'indiquer vos préférences, pour que je commence à faire une sélection? — *could you let me know what (or which ones) you prefer*
Je serais heureux d'avoir votre opinion sur le choix des matériaux. — *I'd be happy to have your opinion*

SAYING WHAT YOU LIKE

La visite de la cathédrale **m'a beaucoup plu** *or* **m'a beaucoup intéressé.** — *I liked . . . a lot*
Je trouve beaucoup de plaisir *or* **Je trouve beaucoup de satisfaction** à tous les travaux manuels. — *I really enjoy*
L'un de mes plus grands plaisirs, c'est la randonnée en montagne. — *one of my greatest pleasures is*
J'aime que les gens soient à l'heure. — *I like people to . . .*
Son interprétation de Hamlet **ne me déplaît pas.** — *I quite like*
Ce que j'aime par-dessus tout, c'est *or* **Ce que je préfère à tout, c'est** une soirée passée au coin du feu. — *what I like better than anything else is*
Pour moi, rien n'est comparable à *or* **Pour moi rien ne vaut** un prélude de Debussy. — *for me, there's nothing to compare with*

SAYING WHAT YOU DISLIKE

Ce que je déteste (le plus), c'est attendre l'autobus sous la pluie. — *what I hate (most) is*
J'ai horreur des gens qui se croient importants. — *I really hate*
Sa façon d'agir **ne me plaît pas du tout.** — *I don't like . . . at all*
Je n'ai aucun plaisir à travailler dans de telles conditions. — *I don't enjoy*
Il m'est pénible de prendre la parole en public. — *I find it hard to . . .*
Je ne peux pas supporter que les gens soient en retard. — *I can't bear*
Je l'ai pris en aversion dès que je l'ai vu. — *I took a dislike to him*
Je ne comprends pas que tout le monde s'extasie devant cela: **ça n'a rien d'extraordinaire.** — *it's nothing special*

SAYING WHAT YOU PREFER

Je préfère les pêches **aux** abricots. **Je préfère** prendre l'avion plutôt **que d'aller** en voiture. — *I prefer X to Y*
La lecture est certainement une de mes occupations **préférées** *or* **favorites.** — *favourite*
Si cela ne vous ennuie pas, **je préférerais** prendre le plus grand. — *I would prefer to . . .*
J'aimerais mieux que vous partiez tout de suite. — *I should prefer you to . . .*
J'en voudrais des vertes **de préférence** *or* **J'en prendrais plutôt** des vertes. — *I'd rather have*
Il vaudrait mieux en acheter *or* **Il me paraît préférable** d'en acheter un tout petit. — *it would be better to . . .*
Cela m'arrangerait mieux vendredi. Vendredi **me conviendrait mieux.** — *. . . would suit me better*
J'aime autant ne pas vous dire son nom. — *I'd as soon not*
Ils ont **une préférence marquée** *or* **une prédilection pour** les petits restaurants de campagne. — *they have a marked preference for*

EXPRESSING INDIFFERENCE

Croyez-moi, **il m'est complètement égal qu'**il vienne ou non. — *it's all the same to me whether*
Très honnêtement *or* Sans façons, **je n'ai aucune préférence là-dessus.** — *I have no particular preference*
C'est comme vous voulez: elles me plaisent toutes les deux. — *it's as you please:*
Il faut reconnaître que **cela n'a aucune espèce d'importance** *or* **n'a pas la moindre importance.** — *it's of no importance whatsoever*
Le genre de livres qu'il lit **ne m'intéresse absolument pas** *or* **me laisse froid.** — *. . . doesn't interest me in the slightest*

AND, ACCORDING TO CONTEXT:

peu importe / bof! à vous de décider / avez-vous envie de / je n'arrive pas à me décider / ça ne m'emballe pas / dans l'ensemble c'est bien / cela dépend de / j'admire la façon dont / j'en ai vraiment assez de

INTENTIONS AND DESIRES

ASKING WHAT SOMEONE INTENDS OR WANTS

Que comptez-vous faire? // **Qu'envisagez-vous de faire?**	*what do you intend to do?*
Il nous serait utile de **connaître vos intentions** à cet égard.	*it would be useful to know what your intentions are*
Pourquoi or **Dans quel but** suivez-vous des cours d'art dramatique?	*why*
Je n'arrive pas à comprendre ce que **vous comptez** obtenir en agissant ainsi.	*what you are hoping to . . .*
Il serait souhaitable que vous **fassiez part de vos intentions aux** membres de l'association.	*better if you were to communicate your intentions to the . . .*
Nous cherchons à découvrir ce que nos clients **souhaitent** trouver à leur disposition.	*want to know what our clients expect to find*

SAYING WHAT YOU INTEND

Un jour, j'achèterai une petite maison à la campagne.	*(use of future tense)*
Je vais y aller demain.	*I'm going to . . .*
Je voulais lui en parler or **J'avais l'intention de lui en parler,** mais j'ai oublié.	*I was going to speak to him about it*
Je n'ai pas la moindre intention or **Il n'est pas dans mes intentions de** lui communiquer mes conclusions à ce sujet.	*I have no intention of*
Ce que je cherchais, c'était or **Ce que je voulais, c'était** lui faire prendre conscience de ses responsabilités.	*what I wanted to do was to . . .*
Il a emprunté des livres à la bibliothèque **pour** or **dans le but de** or **dans l'intention de** se renseigner sur les coléoptères.	*with the aim of*
J'envisage de faire agrandir la cuisine l'année prochaine.	*I intend to . . .*
Il avait **formé le projet de** restaurer un vieux château.	*was planning to . . .*
Nous nous proposons de nommer un expert qui sera responsable de cette partie du programme.	*we propose to . . .*
Il a **prévu de** partir en voyage d'affaires le mois prochain.	*he planned to . . .*

SAYING WHAT YOU WANT TO DO OR NOT DO

Je veux maigrir de quatre kilos.	*I want to . . .*
Je veux que l'entrée soit repeinte avant Noël.	*I want*
Je voudrais m'entretenir avec lui aussi rapidement que possible.	*I'd like to . . .*
Je désire que ce rapport soit expédié à tous les membres du comité. // **Je désire** leur faire parvenir ce rapport.	*I want*
Il faut que toutes les dispositions soient prises avant l'automne.	*it's essential that*
J'ai décidé d'inviter toute la famille à la maison pour Noël.	*I have decided to . . .*
Il est résolu à or **Il est bien décidé à** faire le tour du monde en bateau.	*he is determined to . . .*
Elle a pris la résolution de faire 5 heures de travail bénévole par semaine.	*she resolved to . . .*
Je tiens à ce que tout le monde soit prévenu des modifications dès demain.	*I want everyone to be . . .*
Il n'est pas question de vendre la voiture.	*there is no question of*
Je m'oppose formellement à ce qu'on lui accorde *(subj)* un délai supplémentaire.	*I am absolutely against*

SAYING WHAT YOU WOULD LIKE

Je voudrais or **J'aimerais** deux places pour demain soir, mais je crains que ce ne soit complet.	*I'd like (to have)*
J'ai envie d'aller au cinéma.	*I'd like to . . .*
Je voudrais exprimer ma reconnaissance à tous ceux qui m'ont aidé dans cette tâche difficile.	*I'd like to . . .*
J'aurais aimé pouvoir le féliciter moi-même.	*I should have liked to be able to . . .*
Si seulement j'avais un peu plus de temps libre! // **J'aimerais tellement** avoir un peu plus de temps libre!	*if only I had*
Il faut espérer que tout se déroulera comme prévu.	*it is to be hoped that*
Il est à souhaiter que or **Il serait souhaitable que** les pays occidentaux prennent conscience de leurs responsabilités dans ce domaine.	*it is to be hoped that*
Je forme le souhait que or **Je fais le vœu que** les liens entre nos deux associations se développent.	*what I wish is that*

AND, ACCORDING TO CONTEXT:

j'aimerais savoir ce que vous en pensez / nous aimerions prendre connaissance des objectifs . . . / je pense avoir fini d'ici la fin de l'année / je voudrais qu'on + *subj* / il songe à écrire un roman / il nous a fait part de son désir de / il veut à tout prix le faire / on exige actuellement / il a refusé de le faire / elle rêve de faire du cinéma

PERMISSION

ASKING FOR PERMISSION

Puis-je or **Pourrais-je** être transféré dans un autre groupe? — *may I*

Me serait-il possible d'avoir un radiateur supplémentaire dans ma chambre? — *would it be possible for me to . . .*

J'espère que cela ne vous ennuiera pas si je change quelques détails au dernier moment. — *I hope it won't bother you if*

J'aimerais bien participer au stage, **si cela ne vous dérange pas.** — *I'd like to . . . if it is no trouble*

Me permettez-vous de or **M'autorisez-vous à** me servir de votre ordinateur? — *would you allow me to . . .*

Voyez-vous un inconvénient à ce que or **Avez-vous une objection à ce que** j'annule *(subj)* les réservations? — *would you have any objection to my . . .*

Auriez-vous la gentillesse de me prêter votre voiture? — *would you be kind enough to . . .*

Est-il permis d'emprunter or **Nous est-il permis d'**emprunter des dictionnaires à la bibliothèque? — *are people allowed to . . .*

GIVING PERMISSION

Vous pouvez en acheter un neuf, si vous voulez. — *you may*

Je vous en prie, faites ce que vous jugez nécessaire en pareilles circonstances. — *by all means, do . . .*

Je consens avec plaisir **à ce que** vous partiez au Canada en voyage d'études. — *I agree willingly that you should . . .*

Je vous permets de terminer votre rapport la semaine prochaine. — *I give you my permission to . . .*

Je vous autorise bien volontiers à lui en parler. // Naturellement, **vous êtes autorisé à** lui en parler. — *I certainly authorise you to . . .*

REFUSING PERMISSION

Vous ne pouvez pas vous inscrire à plus de cinq cours par semaine. — *you can't*

Je ne vous permets pas de or **Je ne vous autorise pas à** lui envoyer ces photographies. — *I will not allow you to . . .*

Je regrette de ne pouvoir consentir à votre projet. — *I am sorry I cannot agree to*

Je crains d'être dans l'obligation de vous décevoir en ce qui concerne votre demande. — *I am afraid I must disappoint you*

Je préférerais que vous n'y alliez **pas** pour le moment. — *I'd rather you didn't . . .*

Je refuse absolument que or **Je m'oppose absolument à ce que** tu abandonnes *(subj)* tes études! — *I absolutely refuse to allow you to . . .*

Je vous interdis formellement de communiquer avec nos concurrents. — *I categorically forbid you to . . .*

HAVING PERMISSION OR NOT HAVING IT

Il m'est interdit or **Il m'est défendu de** fumer. — *I have been forbidden to . . .*

Mon médecin m'**interdit** l'alcool. — *my doctor has banned*

Il s'oppose catégoriquement à ce que je demande *(subj)* une entrevue avec le directeur. — *he is totally against my . . .*

Il est défendu de consulter le grand catalogue. — *it is against the rules to . . .*

Il est formellement interdit de rouler à bicyclette sur les trottoirs. — *it is strictly prohibited to . . .*

On m'a permis de payer le solde en plusieurs versements. — *I have been allowed to . . .*

Il m'a dit que **je pouvais** m'absenter une heure ou deux si j'en avais envie. — *he said I could . . . if I wanted to*

Nous ne sommes pas tenus de or **obligés de** soumettre un rapport chaque semaine. — *we don't have to . . .*

Je suis autorisé à signer les bons de commande à sa place. — *I am authorised to . . .*

Vous n'êtes pas censé déjeuner à la cantine si vous ne faites pas partie du personnel. — *you are not supposed to . . .*

Ils le laissent boire du café bien qu'il n'ait que trois ans. — *they let him*

Ces formalités **peuvent effectivement** être accomplies par les parents de l'intéressé. — *may indeed be carried out by*

Pour ce type de calcul, **on permet** or **on autorise** 3% d'erreur dans les deux sens. — *3% error is allowable*

AND, ACCORDING TO CONTEXT:

je voulais vous demander si on peut / si vous êtes d'accord / je crains de ne pouvoir / accepteriez-vous que je . . . / si c'est possible, je préférerais / il me serait très difficile de / tenez-vous vraiment à ce que / je suppose que oui / si c'est absolument nécessaire / si vous ne pouvez vraiment pas faire autrement / à la rigueur / je n'y vois pas d'inconvénient / cela m'est égal / faites comme vous voudrez / ce n'est pas possible / je regrette / vous ne devez en aucun cas / il n'en est pas question / je n'ai eu aucune difficulté à obtenir son accord / on m'a donné carte blanche / il s'est résigné à me laisser / il n'a pas formulé d'objections

OBLIGATION

SAYING WHAT SOMEONE MUST DO

Vous devez absolument faire preuve de plus de tolérance, sinon la situation deviendra impossible.	*you really must*
Toute commande de plus de **1 000 F doit** être contresignée par le directeur.	*. . . must be . . .*
J'ai le devoir de vous informer que votre demande a été rejetée.	*it is my duty to . . .*
Il faut absolument lui présenter vos excuses. // **Il faut absolument que** vous lui présentiez vos excuses.	*you absolutely must*
On ne peut entrer à l'université **si on n'a pas** le baccalauréat.	*you cannot . . . without . . .*
Cette grève **m'oblige** *or* **me force** à reporter mon départ à demain.	*the strike forces me to . . .*
Vous êtes obligé de prendre un avocat pour vous défendre.	*you have got to . . .*
Elle s'est trouvée obligée de rester deux heures de plus.	*she found herself having to . . .*
Il s'est vu contraint de demander au directeur d'intervenir.	*he found himself forced to . . .*
Il est obligatoire de payer la somme entière au 1er janvier.	*it is compulsory to . . .*
Ce n'est pas que j'aie envie de le faire, mais **on m'y force** *or* **j'y suis forcé.**	*I find myself forced to*
Encore une fois, **je me vois dans l'obligation de** solliciter un prêt.	*I find myself forced to . . .*
Il est indispensable de le signaler *or* **Il est indispensable que** ce soit signalé dans les 24 heures qui suivent l'accident.	*it is essential to . . .*
Vous prendrez deux de ces comprimés chaque matin.	*(use of future tense in orders)*
Pour obtenir ce document, **on ne peut** s'adresser **qu'**au consulat.	*in order to . . . you have to . . .*
Je ne peux faire autrement que d'accepter.	*I cannot do other than accept*
On m'a chargé d'organiser le programme du séminaire.	*I have been given the task of*
On exige que les candidats aient de solides connaissances en algèbre.	*candidates must have*
Il est spécifié que *or* **Il est stipulé que** le mode d'emploi doit aussi figurer sur le paquet.	*it is laid down that*

(enquiring if one is obliged to do something)

Est-il nécessaire d'avoir une carte d'entrée? // **Faut-il** *or* **Doit-on** avoir une carte d'entrée?	*is it necessary to . . .*
Faut-il vraiment prendre *or* **Faut-il vraiment que** je prenne un parapluie? // **Est-ce que j'ai vraiment besoin de** prendre un parapluie?	*must I really*

SAYING WHAT SOMEONE IS NOT OBLIGED TO DO

On n'a pas besoin de les prévenir si longtemps à l'avance.	*there is no need to . . .*
Vous n'êtes pas obligé *or* **Vous n'êtes pas forcé de** déjeuner à la cantine.	*you don't have to . . .*
Je ne vous oblige pas à me dire de qui il s'agit.	*I am not forcing you to . . .*
Il n'est pas obligatoire d'avoir ses papiers d'identité sur soi.	*. . . is not compulsory*
Il n'est pas nécessaire *or* **Il n'est pas indispensable de** téléphoner pour confirmer.	*it is not necessary to . . .*
Ce n'était pas la peine de traduire tout le premier chapitre.	*it wasn't worthwhile*
Il n'est pas utile de lui demander son avis.	*there's no point in*
Vous n'avez pas à lui dire ce qu'il doit faire.	*you don't have to . . .*
Il s'est cru obligé de démissionner.	*he thought he had to . . .*

SAYING WHAT SOMEONE MUST NOT DO

On n'a pas le droit de se présenter plus de trois fois à l'examen.	*one is not allowed to . . .*
Il est interdit *or* **Il est défendu de** garer sa voiture sur un passage protégé.	*it is forbidden to . . .*
Il ne faut pas empêcher un enfant de se faire des amis.	*one must not*
Vous ne pouvez pas vous absenter plus de trois jours par mois.	*you must not*
On ne peut pas demander de carte de séjour **tant qu'on n'a pas** *or* **si on n'a pas** de domicile fixe.	*you cannot . . . unless you . . .*
Je ne vous permets pas de me parler sur ce ton.	*I will not allow you to . . .*
Je vous interdis *or* **Je ne vous permets pas d'**y aller seul.	*I forbid you to . . .*
Nous ne pouvons tolérer un tel manque de soin.	*we cannot allow*
Surtout ne lui en parlez pas.	*whatever you do, don't . . .*

AND, ACCORDING TO CONTEXT:

il est de mon devoir de / je suis dans la nécessité de / il vous appartient de / il est indispensable de / bon gré mal gré / il est extrêmement important de / on est censé connaître / je n'ai pas le choix / il m'est impossible de faire autrement / je n'ai pas pu m'empêcher de / on n'y peut rien / pour des raisons indépendantes de ma volonté / au pis-aller on pourrait / si c'est une question de vie ou de mort / je ne veux pas vous y contraindre / ne vous sentez pas obligé de / je ne vous impose pas de . . .

AGREEMENT

AGREEING WITH A STATEMENT

Nous sommes du même avis que vous sur ce point. // **Nous sommes entièrement de votre avis** or **Nous partageons votre avis** or **Nous partageons vos sentiments** sur ce point.
we agree with you

Je suis entièrement d'accord avec ce que vous avez dit à ce sujet.
I entirely agree with

Comme vous, je suis d'avis que nous remettions la décision à plus tard.
like you, I believe that

Vous avez bien raison or **Vous avez entièrement raison** de vouloir clarifier la situation dès maintenant.
you are quite right to . . .

Comme vous l'avez fait remarquer, **il est vrai que** or **il est juste que** nous ne disposons pas encore de toutes les données nécessaires.
it is true that

Je reconnais que or **J'admets que** Richard ne manque pas d'intelligence.
I admit that

Je conviens que le problème est délicat.
I agree that

Je comprends très bien que vous hésitiez à laisser votre mère toute seule pendant si longtemps.
I fully understand that

Je vous accorde que j'ai peut-être manqué de tact.
I grant you that

Sans doute avez-vous raison quand vous affirmez que c'est plus facile, mais . . .
you are probably right when you say

AGREEING TO A PROPOSAL

Je suis d'accord pour que vous repreniez contact avec eux dès la première occasion.
I agree that you should

Nous avons pris connaissance de votre projet et **nous nous empressons de donner notre accord.**
we hasten to give our agreement

Nous donnons notre accord à la réfection des locaux.
we agree to . . .

Je suis en accord avec ce que vous proposez.
I agree with what . . .

J'accepte vos propositions **dans les grandes lignes.**
I am broadly in agreement with

J'accepte de consulter un expert sur ce point, comme vous me le suggérez.
I agree we should

Je suis heureux d'apporter mon soutien à cette proposition. // **Je suis heureux de donner mon assentiment à** ce plan.
I am happy to support

Je ne manquerai pas d'appuyer votre demande au cours de la prochaine réunion du comité.
I shall certainly support

Après la lecture des modalités de vente, **nous souscrivons à** toutes vos propositions.
we agree to

Je trouve que tu as raison de suggérer le mois de septembre pour partir en vacances.
I think you are right to . . .

J'ai appris que vous aviez retiré votre candidature, et **je ne peux que vous donner raison.**
I can only agree with you

Il est entendu que vous n'en parlez à personne.
it is agreed that

À première vue, **cela semble exactement ce dont nous avons besoin, mais** je crains que ce ne soit très cher.
it seems just what we need, but . . .

AGREEING TO A REQUEST

J'accepte avec grand plaisir votre aimable invitation. // **C'est avec grand plaisir que j'accepte** votre aimable invitation.
I have much pleasure in accepting

Je quitterai donc l'appartement le 22 septembre, **ainsi que vous me l'avez demandé** or **comme vous me l'avez demandé.**
as you asked me to

Je tiens à vous assurer que **je suivrai vos instructions à la lettre.**
I shall follow your instructions to the letter

Je ne manquerai pas de tenir compte de vos observations en ce qui concerne la préparation du programme.
I shall certainly follow your advice about

Nous essayerons naturellement **de nous conformer à vos désirs** dans le choix des matériaux.
we shall try to meet your preferences

Je serai enchanté or **Je serai ravi** d'aller chercher votre tante à la gare.
I shall be delighted to . . .

Nous prenons bonne note de votre commande, que nous honorerons dans les plus brefs délais.
we have noted

La date qui a été retenue **me convient parfaitement.**
. . . suits me perfectly

AND, ACCORDING TO CONTEXT:

c'est une bonne idée / cela me semble convenir / cela me plaît beaucoup / je suis prêt à / il est évident que / je suis enclin à penser que / il est difficile de trouver à y redire / je m'associe à tout ce qui a été dit / il est absolument exact que / il est indéniable que / j'en suis convaincu / il n'est pas faux de dire

DISAGREEMENT

DISAGREEING WITH WHAT SOMEONE HAS SAID

Il est faux de dire or **Il n'est pas juste de dire** que le travail a été fait sans soin.

Il est faux que vous m'ayez vu au restaurant, je n'y étais pas.

Je ne suis pas d'accord avec vous or **Je suis en désaccord avec vous** sur ce point.

Vous vous trompez si vous croyez que j'ai envie d'y aller.

Je lui accorde que la présentation n'est pas très claire, mais **il s'agit néanmoins d'une erreur.**

Vous avez tort de croire que notre oubli était volontaire.

Je vous donne tort de lui avoir répondu sur ce ton.

Je ne partage pas votre point de vue là-dessus.

Je rejette les arguments que vous avancez.

Je suis catégoriquement opposé à la vivisection. // **Je suis absolument contre** la vivisection.

Il m'est impossible d'accepter votre point de vue là-dessus.

Je nie catégoriquement être intervenu auprès du directeur.

Je ne comprends pas que vous puissiez partir en vacances dans des circonstances pareilles.

Sans vouloir vous vexer, **je vois la chose tout à fait différemment.**

Je suis désolé de devoir vous contredire or **Je suis navré de devoir vous contredire,** mais je l'ai vu moi-même.

it is wrong to say

it is untrue that

I don't agree with you

you're wrong

there has still been a mistake

you are wrong to . . .

I think you were wrong to . . .

I don't share your opinion

I reject

I am absolutely opposed to

I cannot accept

I formally deny that

I can't understand how

I see it quite differently

I am sorry to have to contradict you, but . . .

DISAGREEING WITH WHAT SOMEONE PROPOSES

Il ne vous est plus possible or **Il vous est impossible de** changer le programme maintenant.

Je ne suis pas d'accord pour qu'on annule *(subj)* la réunion.

Nous nous opposons catégoriquement à la construction d'un supermarché dans le village.

Je refuse de vous laisser changer l'emploi du temps.

Puisque vous pensez à donner votre démission, je vous préviens que **j'y mettrai mon veto.**

Je crains fort de ne pouvoir approuver votre démarche.

Je suis au regret de ne pouvoir appuyer votre demande.

C'est très gentil à vous d'offrir de m'aider, mais **je crois que je vais y arriver tout seul.**

Je regrette sincèrement de ne pas être en mesure d'accepter votre aimable proposition.

it's impossible to . . .

I don't agree one should

we are totally opposed to

I refuse to . . .

I shall veto it

I'm afraid I can't approve

I am sorry I cannot support

I think I can manage

I am sorry I cannot accept your kind offer

REFUSING A REQUEST

Il m'est vraiment impossible de le faire avant samedi.

Je ne pourrai malheureusement pas rencontrer votre représentant, comme vous l'aviez demandé.

En raison du nombre de dossiers en attente, **il m'est difficile de** donner suite à votre demande.

Je ne suis pas en mesure de répondre à une telle question, car ce sujet est très délicat.

Nous regrettons de ne pouvoir donner suite à vos propositions.

Il est hors de question que je m'en occupe *(subj)* en ce moment.

Je refuse absolument d'exécuter un plan qui a été conçu à la hâte.

Jamais je n'accepterai de travailler avec lui.

Bien que je sois très sensible à l'honneur que vous me faites, **je dois malheureusement décliner** votre invitation.

Nous sommes au regret de vous faire savoir que nous ne pourrons pas exécuter votre commande dans les délais habituels.

I cannot possibly do it

unfortunately I cannot

it is difficult for me to . . .

I am not in a position to . . .

we are sorry we cannot go ahead with

it is out of the question for me to . . .

I totally refuse to . . .

I will never agree to . . .

I am unfortunately unable to accept

we regret to have to inform you that we cannot

AND, ACCORDING TO CONTEXT:

votre interprétation est tendancieuse / je n'admets pas / comment osez-vous dire / de quel droit vous permettez-vous de critiquer / je rejette votre insinuation / je me demande si vous y avez bien réfléchi / peut-être n'êtes-vous pas au courant de / permettez-moi de vous faire remarquer que / en théorie . . . mais en réalité . . . / il est déplorable que / il est vraiment fort regrettable que / je doute fort que / il est inexact de dire / les faits sont en contradiction avec / c'est loin de la vérité / il me serait très difficile de me libérer / je voudrais pouvoir vous aider, mais . . .

APPROVAL

Quelle excellente idée!	*what an excellent idea!*
Vous avez bien fait de le prévenir aussitôt.	*you did right to . . .*
Je trouve que vous avez raison *or* **Je trouve que vous n'avez pas tort de** vouloir chercher de nouveaux débouchés aux États-Unis.	*I think you are right to . . .*
Nous vous approuvons dans votre décision de remettre *or* **Nous vous approuvons d'avoir décidé de** remettre la réunion à la semaine prochaine.	*we agree with your decision to . . .*
Nous sommes en faveur de *or* **Nous sommes favorables à** ce changement d'attitude.	*we are in favour of*
Je trouve bon qu'il approfondisse ainsi sa culture générale.	*I approve of his . . .*
J'ai beaucoup apprécié la gentillesse avec laquelle il nous a offert ses services.	*I greatly appreciated*
J'ai bien aimé la mise en scène. // La mise en scène **m'a beaucoup plu.**	*I liked very much*
Le grand mérite de ce projet, c'est qu'il peut être réalisé très rapidement.	*the great merit of this project is that*

(more formally)

Nous acceptons vos propositions dans les grandes lignes, mais souhaitons recevoir de plus amples détails.	*we accept*
Ce livre **est le bienvenu** car il apporte un nouvel éclairage sur la question.	*. . . is very welcome*
L'auteur souligne ce détail **à juste titre** *or* **avec raison.**	*. . . rightly emphasises . . .*
On ne peut qu'admirer la clarté avec laquelle il présente les faits.	*one can but admire*
Nous approuvons sans réserve toute initiative de votre part.	*we approve*
Nous accueillons avec enthousiasme le projet de restauration des remparts.	*we welcome wholeheartedly*
En définitive, **nous portons un jugement favorable sur** ce qui a été fait jusqu'à présent.	*we are favourably impressed by*
Nous apportons par avance notre soutien à *or* **Nous accordons par avance notre soutien à** tous ceux qui prennent la défense de ces victimes.	*we declare our support for*

AND, ACCORDING TO CONTEXT:

c'est exactement ce que j'espérais / nous sommes entièrement d'accord / on comprend fort bien que / cela vaut la peine de / il était grand temps que / cet exemple mérite d'être suivi / il serait effectivement souhaitable que

DISAPPROVAL

Je désapprouve toute démarche visant à supprimer cette partie du programme.	*I disapprove of*
Je vous reproche de ne pas avoir terminé à temps.	*I blame you for not . . .*
Il n'aurait pas dû présenter la chose sous cet angle-là.	*he shouldn't have*
Vous auriez plutôt dû *or* **Vous auriez mieux fait de** lui suggérer de partir le premier.	*you would have been better to . . .*
Je trouve qu'il a eu tort de procéder ainsi.	*I think he was wrong to . . .*
Je n'ai guère apprécié la façon dont le débat a été mené.	*I didn't think much of*
Cette idée **me déplaît profondément.**	*I am profoundly unhappy about*
Il est regrettable que *or* **Il est (fort) dommage que** la commande ait été exécutée avec tant de retard.	*it is a (great) pity that*
Je ne peux que regretter l'absence de conclusions dans un rapport par ailleurs excellent.	*I can only regret*
Je condamne l'intransigeance dont vous avez fait preuve dans cette affaire.	*I condemn*
Je me sens tenu d'exprimer ma désapprobation devant le coût astronomique de cette réalisation.	*I feel bound to express my disapproval of*
Je ne puis admettre *or* **Je ne puis tolérer** *or* **Je ne supporte pas** un tel manque de franchise.	*I cannot tolerate*
Je ne comprends pas comment on peut négliger un tel problème. // **Il me semble incompréhensible qu'**on puisse négliger un tel problème.	*I can't understand how*
Je suis profondément déçu par les résultats du deuxième trimestre.	*I am profoundly disappointed by*
Je suis farouchement opposé à la vivisection.	*I am fiercely opposed to*
Je proteste contre *or* **Je m'élève contre** la sévérité avec laquelle il a été traité.	*I protest against*
De quel droit se permet-on de changer des dispositions aussi importantes sans prévenir?	*what right has anyone to . . .*

AND, ACCORDING TO CONTEXT:

je suis consterné de / cela laisse à désirer / il n'y a vraiment pas de quoi être fier / cela ne me dit rien qui vaille / je n'aime pas sa façon de / cela pourrait être désastreux / je répugne à / je déplore / c'est absolument scandaleux / je commence à en avoir assez de / je ne veux pas en entendre parler

CERTAINTY, POSSIBILITY AND CAPABILITY

EXPRESSING CERTAINTY

Je suis sûr que or **Je suis certain que** j'ai expédié ces documents hier. // **Je suis sûr d'avoir** or **certain d'avoir** expédié ces documents hier.
I am sure that

Nous sommes convaincus or **Nous sommes persuadés** qu'un tel projet permettrait de redonner vie au village.
we are convinced that

Il ne fait aucun doute que la proposition sera rejetée. // **Sans aucun doute,** la proposition sera rejetée.
there is no doubt that

Il est certain que or **Il est évident que** le nouveau règlement va compliquer les choses.
it is clear that

Il est incontestable que or **Il est indéniable que** leur situation financière est bien plus saine que l'an dernier.
it is indisputable that

Il est hors de doute que le nouveau centre culturel attirera un public de jeunes. // **Nul doute que** le nouveau centre n'attire *(subj)* un public de jeunes.
there is no doubt that

Il va sans dire que cette commande sera suivie de beaucoup d'autres.
it goes without saying that

Il faut bien reconnaître que or **Il faut bien admettre que** les désavantages sont considérables.
it must be recognised that

De toute évidence, le nouveau système est très coûteux. // **Il faut se rendre à l'évidence**: le nouveau système est très coûteux.
from the evidence it is clear that

Qu'il soit intelligent, **personne ne peut le nier.**
no one can deny that

Le doute n'est plus permis quant à son rôle dans cette affaire.
there can be no more doubt about

J'ai la conviction qu'il or **J'ai la certitude qu'**il nous a menti.
I am convinced that

Nous ne manquerons pas de vous communiquer les résultats de l'enquête.
we shall not fail to . . .

Tout me porte à croire qu'il faut se mettre en rapport avec eux immédiatement.
everything leads me to believe that

EXPRESSING PROBABILITY

Il est probable que le comité se réunira le mois prochain. // Le comité se réunira **probablement** le mois prochain.
it is probable that

Il doit lui être arrivé un accident. // **Il a dû avoir** un accident. // **Il a sans doute eu** un accident.
he has doubtless had . . .

Le chèque que je vous ai envoyé **devrait** vous parvenir avant la fin de la semaine.
. . . should reach you . . .

On dirait que le temps va changer.
it looks as though

Vous avez dû en être informé par vos collègues.
you must have been told

Cela ne m'étonnerait pas qu'il n'ait pas l'argent nécessaire.
I would not be surprised if

Je pense m'absenter pour affaires la semaine prochaine.
I am thinking of

Je crois que la nouvelle machine sera installée bientôt.
I think that

Il y a de fortes chances que le projet ne soit pas mis à exécution.
there is a strong chance that

Il est bien possible qu'il n'en ait pas été informé.
it is very possible that

Il semble bien que votre demande n'ait pas été considérée avec les autres.
it seems likely that

Il se pourrait bien qu'il y ait des retards à cause de la grève.
it is quite possible that

Sans doute a-t-il été obligé de modifier le programme.
doubtless he has had to . . .

Tout semble indiquer qu'il y a eu un accident.
everything seems to point to the fact that

EXPRESSING POSSIBILITY

Il s'agit **peut-être** du nouvel élève.
perhaps

Peut-être est-il déjà trop tard pour s'inscrire. // **Peut-être qu'**il est déjà trop tard pour s'inscrire. // Il est **peut-être** déjà trop tard pour s'inscrire.
perhaps it is

La situation **peut** changer du jour au lendemain.
. . . could change . . .

Il est possible que la baisse du prix du pétrole ait un effet néfaste sur l'économie.
it is possible that

Est-il possible que l'on ne nous ait pas dit toute la vérité?
is it possible that

Il n'est pas impossible que sa demande soit acceptée.
it is not impossible that

Ils pourraient déjà avoir passé un accord avec une compagnie rivale.
they could already have . . .

Il se peut que je sois de passage à Paris la semaine prochaine.
it may be that I shall be

Il se pourrait que le conseil municipal en décide autrement.
it could be that

Il me semble que les conditions de travail sont en train de s'améliorer. // Les conditions de travail s'améliorent, **semble-t-il.**
it seems that

Il arrive qu'on découvre encore des chefs-d'œuvre inconnus.
it happens that

À ce qu'il paraît, des progrès considérables ont été accomplis.
as far as one can make out

EXPRESSING DOUBT

Je doute fort qu'elle puisse venir demain. — *I doubt if*

Il est douteux qu'elle puisse arriver avant la fin de la semaine. — *it is doubtful whether*

Je doute d'avoir jamais fait une telle proposition. — *I doubt if I ever . . .*

Le doute subsiste quant au nombre exact des victimes. — *there is still some doubt about*

D'après ce qu'on dit, **il n'est pas sûr** or **il n'est pas certain qu'**elle soit malade. — *it is not certain that*

Elle n'est **pas forcément** malade. — *she's not necessarily ill*

Je ne suis pas sûr or **Je ne suis pas certain** or **Je ne suis pas convaincu de** pouvoir vous en donner une explication satisfaisante. — *I am not sure I can . . .*

Il serait étonnant que or **Cela m'étonnerait que** des fonds suffisants aient été réunis. — *I'd be surprised if*

Nous sommes encore incertains quant au choix des matériaux. — *we are still unsure about*

Nous sommes encore dans l'incertitude en ce qui concerne le sort des victimes. — *we are still in the dark about*

Rien ne permet de penser que la nouvelle méthode soit plus économique. — *nothing leads us to believe that*

On ne sait pas encore exactement or **On ne sait pas encore au juste ce que** le président va proposer. — *as yet no one knows exactly what*

Nous nous demandons si nous devons accepter leurs propositions. — *we are wondering whether*

EXPRESSING IMPROBABILITY

Il est peu probable que or **Il n'est guère probable que** la réforme soit acceptée. — *it is very improbable that*

Il risque d'y avoir un retard dans la livraison. // Les marchandises **risquent de** ne pas arriver à temps. — *there could be a delay*

Vous n'en avez **probablement pas** encore entendu parler. — *you probably haven't*

Cela m'étonnerait vraiment qu'il soit reçu à son permis de conduire. — *I'd be amazed if*

Il ne semble pas qu'elle soit malade. — *it doesn't seem as if she's ill*

Il y a peu de chances qu'on puisse enrayer l'épidémie. — *there is not much chance that*

Il est douteux que le nouveau système soit réellement supérieur. — *it is doubtful whether*

Je crains fort que nous n'arrivions pas à nous entendre sur ce point. — *I doubt very much whether we shall ever*

EXPRESSING IMPOSSIBILITY

Il n'est pas possible que or **Il est impossible que** les marchandises aient été endommagées en transit. — *it is not possible that*

Il ne peut s'agir de la même personne. — *it can't . . .*

Il m'est matériellement impossible de m'absenter la semaine prochaine. — *it is totally impossible for me to . . .*

Il n'y a aucune chance que nous terminions cette traduction à temps. // **Nous n'avons aucune chance de** terminer cette traduction à temps. — *there's no chance that*

Il est absolument exclu que nous leur soumettions les plans à l'avance. — *it is out of the question for us to . . .*

Je suis malheureusement dans l'impossibilité d'accepter votre aimable offre. — *unfortunately it is impossible for me to . . .*

Toute collaboration avec eux **est hors de question**. // **Il est hors de question que** nous collaborions avec eux. — *is out of the question*

Le changement de gouvernement **a rendu impossible** toute négociation à ce sujet. — *has ruled out*

EXPRESSING WHAT SOMEONE IS ABLE OR UNABLE TO DO

Les candidats doivent **être capables de** traduire des textes scientifiques. — *must be able to . . .*

Savez-vous vous servir de la nouvelle machine? — *do you know how to . . .*

Il sait faire du ski/nager. — *he can . . .*

Je comprends le français. — *I can understand French*

Je vois la maison sur la colline. // **J'arrive tout juste** or **Je peux tout juste** en distinguer les contours. — *I can see // I can just see*

Il est incapable de prendre une décision. // **Il ne sait pas** prendre une décision. — *he is quite unable to . . .*

Je ne sais pas comment vous l'expliquer, mais si vous le comparez à l'autre, il est . . . — *I don't know how to explain it to you*

Il n'a pas l'aptitude nécessaire pour le travail. — *he hasn't the aptitude for*

Je peux me libérer pour 17 heures. // **Il m'est possible de** me libérer pour 17 heures. — *it's possible for me to . . .*

Je peux vous prêter 5 000 F. // **Je suis en mesure de** vous prêter 5 000 F. — *I am able to . . .*

Je suis dans l'impossibilité de me rendre à Paris pour cette conférence. — *it is impossible for me to . . .*

Nous sommes à même de vous proposer les conditions suivantes. — *we are in a position to . . .*

EXPLANATIONS

PREPOSITIONS

Il n'a pas pu accepter le poste **à cause de** sa situation de famille.	*because of*
Il a refusé, **pour raisons de** santé.	*for . . . reasons*
Elle a obtenu de l'avancement **grâce au** tact dont elle a fait preuve.	*thanks to*
Il n'a pas terminé sa dissertation, **faute de** temps.	*for lack of*
Le vol AF232 a été retardé **en raison des** conditions météorologiques.	*owing to*
Avec tout ce qui se passe en ce moment, les gens n'osent plus sortir le soir.	*with*
Bien des gens ont annulé leurs projets de vacances **par suite de** *or* **à la suite de** la hausse du prix du pétrole.	*as a result of*
En échange de leur collaboration, nous leur avons permis d'utiliser nos archives.	*in return for*

CONJUNCTIONS

On lui a donné le poste d'inspecteur **parce qu'**il avait obtenu d'excellents résultats.	*because*
Les négociations sont dans l'impasse **car** les syndicats rejettent les nouvelles propositions.	*for*
Comme il se faisait tard, elle a pris un taxi.	*as*
Essayez de vous coucher tôt, **puisque** vous êtes si fatigué.	*since*
Il m'est difficile de m'absenter en ce moment: je ne peux **donc** pas envisager un séjour à l'étranger.	*therefore*
Si elle les a convoqués, **c'est qu'**elle veut leur parler.	*since she . . . she must . . .*
Étant donné que *or* **Puisque** vous serez absent, il faudra bien qu'elle s'en occupe à votre place.	*since, as*
Il refuse de partir en vacances, **de crainte d'**être cambriolé *or* **de crainte qu'**on ne le cambriole *(subj)*.	*for fear of/that*
Vous vous croyez dispensé du moindre effort **sous prétexte que** vous n'y comprenez rien.	*on the grounds that*
Vu *or* **Étant donné** la situation économique actuelle, on ne peut espérer de reprise avant 1990.	*in view of*
On ne peut pas se fier à ces chiffres, **attendu que** *or* **vu que** les calculs sont approximatifs.	*in view of the fact that*
La tension sociale existera **tant que** le taux du chômage augmentera.	*as long as*
Ils ont considérablement développé leur réseau, **si bien qu'**ils ont maintenant des succursales dans la plupart des régions.	*with the result that*

OTHER USEFUL VOCABULARY

À Glins, les ouvriers sont en grève: **en effet**, la direction envisage de supprimer un certain nombre d'emplois.	*(juxtaposition of effect and cause, + 'en effet')*
La crue de la Moselle **a causé** des dégâts importants.	*caused*
Voilà de quoi il s'agit: je voudrais faire restaurer une partie de la maison.	*it's like this:*
Tout ceci **est dû à** *or* **provient de** la pénurie de matières premières.	*is due to / comes from*
Cela **tient à** *or* **résulte de** son attitude initiale.	*arises from*
Cette erreur **vient de ce que** nous ne disposons pas des renseignements nécessaires.	*comes from the fact that*
C'est la hausse du dollar qui **a provoqué** cette crise.	*provoked*
Tout ceci **remonte à** la décision de vendre le terrain.	*goes back to*
Son refus **est lié à** des problèmes personnels.	*is to do with*
Par la suite **il s'est avéré que** les fonds étaient insuffisants.	*it transpired that*
Personnellement, je l'**attribue à** une erreur de sa part.	*attribute . . . to*
Les causes en sont difficiles à établir.	*the causes are*
La raison pour laquelle ils sont absents est qu'ils nous gardent rancune du malentendu.	*the reason (that or why) . . .*
C'est pour cette raison que j'ai accepté d'y aller.	*it was for that very reason that . . .*
Il s'était trompé: **voilà pourquoi** il a dû demander un nouveau crédit.	*that's why*
Ils ne vont pas souvent en ville: **c'est que** l'autocar ne passe qu'une fois par jour.	*the thing is . . .*
La situation étant très grave, une intervention immédiate est nécessaire.	*(use of present participle)*

AND ACCORDING TO CONTEXT:

ainsi / d'ailleurs / autrement dit / pour ne prendre qu'un seul exemple / c'est-à-dire que / il ne faut pas oublier que / il va sans dire que / il est clair que / il faut également tenir compte du fait que / comme chacun le sait / il est possible que ce soit / à ce qu'il me semble / d'une part . . . d'autre part / non seulement . . . mais aussi / il s'ensuit que / il en résulte que

APOLOGIES

Excusez-moi d'avoir oublié de vous téléphoner la semaine dernière. | *I am sorry I . . .*

Veuillez m'excuser de ne pas vous avoir mis au courant plus tôt. | *please accept my apologies for*

Je suis vraiment **désolé de** ne pas vous avoir prévenu à temps. // Je suis **désolé qu'**on vous ait dérangé ainsi. | *I am very sorry indeed for // that*

Je suis vraiment **navré de** ce malentendu. | *I am very sorry about*

Pardonnez-moi de ne pas vous avoir demandé la permission. | *do forgive me for*

Je suis **impardonnable!** | *it's unforgivable of me*

Il est vraiment regrettable que vous ne puissiez venir. | *it is indeed a pity that*

Je regrette infiniment, mais je ne peux pas me libérer vendredi prochain. | *I am very sorry but*

Malheureusement, il m'est impossible d'accepter votre aimable invitation. | *unfortunately I cannot*

C'est moi le fautif *or* **C'est moi le coupable** — je n'avais pas compris ce qu'il fallait faire. | *it's my fault*

(more formally)

Je ne peux que vous **renouveler mes excuses** pour ce malencontreux incident. | *I can only say once again how sorry I am*

Nous tenons à vous présenter nos excuses pour les difficultés qui en ont résulté. | *we must apologise for*

Je vous prie d'excuser le retard que j'ai mis à vous répondre. | *I must ask you to forgive*

Nous regrettons de ne pouvoir publier votre article. | *we are sorry not to . . .*

Nous regrettons vivement les complications que cela a causées. | *we greatly regret*

Je suis au regret de vous informer que votre demande est arrivée trop tard. | *I must regretfully inform you that*

Je regrette de devoir vous annoncer que votre candidature n'a pas été retenue. | *I must regretfully inform you that*

J'ai le regret de ne pouvoir me rendre à ce séminaire, car j'ai un autre engagement. | *I regret that I cannot*

(more tentatively, or suggesting explanation)

Je me rends bien compte maintenant que **je n'aurais jamais dû** dire ça. | *I should never have*

Je reconnais que j'ai eu tort de lui donner votre numéro de téléphone. | *I realise I was wrong*

Si seulement je n'en avais pas parlé! | *if only*

Vous comprendrez, j'espère, que je ne suis pas personnellement responsable de ce retard, qui est dû à la grève des postes. | *you will understand I hope that*

C'est à cause d'une erreur de notre part que cela est arrivé. | *it is because of a mistake on our part*

Je suis sûr que vous comprendrez les raisons qui m'ont poussé à agir ainsi. | *I am sure you will understand*

Hélas, j'avais complètement oublié ce détail. | *unfortunately*

C'est moi qui suis responsable de ce malentendu. | *it's I who am responsible for*

J'avoue *or* **Je reconnais** avoir pensé que cela faciliterait les choses. | *I admit that I . . .*

J'accepte l'entière responsabilité de cette affaire. | *I accept full responsibility for*

Je vous jure que **je n'ai pas fait exprès** de casser le vase. | *I didn't do it on purpose*

Je ne voulais pas vous ennuyer avec tous ces détails. | *I didn't want to worry you with*

Je n'avais pas l'intention d'y aller, mais on m'y a forcé. | *I didn't mean to . . .*

Je sais bien que ce n'est pas la meilleure solution, mais **j'ai dû** prendre une décision sur le champ. | *I had to . . .*

J'avais cru bien faire en lui disant qu'il vous reverrait bientôt. | *I thought I was doing right*

Que voulez-vous, **je ne pouvais pas faire autrement.** | *I couldn't do anything else*

Je sais que les apparences sont contre moi, mais je vous assure que **je n'y suis pour rien.** | *I had nothing to do with it*

J'espère que vous me croyez quand je dis que **nous avons été obligés d'**accepter leurs conditions. | *we were obliged to*

Nous avions cru comprendre que les crédits avaient été accordés. | *we believed that*

AND, ACCORDING TO CONTEXT:

permettez-moi au moins de vous expliquer / je ne peux pas m'empêcher d'y penser / j'aurais dû vous écrire plus tôt / j'essayais simplement de vous éviter . . . / nous espérons que vous ne nous tiendrez pas rigueur de / soyez assuré que cela ne se reproduira pas / nous ferons tout notre possible pour / c'est une véritable catastrophe / je me sens très coupable d'avoir . . . / il faut que vous sachiez combien je regrette / ce que j'avais voulu dire, c'est que

Hélène Molvau,
6 avenue du Grand Pré,
17028 La Rochelle.

Société Intervins,[1]
Service du personnel
18 avenue de la Libération,
33000 Bordeaux.

La Rochelle, le 5 juillet 1987

Objet: demande d'emploi
d'attaché(e) de direction

Messieurs,

En réponse à votre annonce parue cette semaine dans
Commerce et Industrie, je me permets de poser ma candidature au poste
d'attachée de direction dans votre compagnie. .

Je vous prie de bien vouloir trouver ci-joint mon curriculum vitae, et
me tiens à votre disposition pour vous communiquer tout complément
d'information que vous pourriez souhaiter.

Dans l'espoir que vous voudrez bien considérer favorablement ma demande
et dans l'attente de votre réponse, je vous prie de croire, Messieurs, à
l'assurance de mes sentiments respectueux.

Hélène Molvau.

---

[1] This address is appropriate if you are writing to a firm or to an institution. However, if you are writing to the holder of a particular post, you should write thus:

Monsieur le Directeur du personnel,
Société Intervins,
18 avenue de la Libération,
33000 Bordeaux.

In this case, you should begin your letter with "Monsieur le Directeur du personnel, . . .", and repeat this in the closing formula.

If the actual name of the person is known to you, you should write:

Monsieur Joël Rivedoux,
OR
Madame Marguerite Fabien,
Directeur du personnel,
Société Intervins etc.

Your letter should then begin:
"Monsieur, . . ." or "Madame, . . .".

More information about letter-writing is to be found on pages 878 and 880.

[2] People with British or American etc qualifications applying for jobs in a French-speaking country might use some form of wording such as "équivalence baccalauréat (3 A-levels)", "équivalence licence de lettres (B.A. Hons.)" etc.

CURRICULUM VITAE

NOM	MOLVAU
PRÉNOMS	Hélène Marthe Alice
ADRESSE	6 avenue du Grand Pré, 17028 La Rochelle.
TÉLÉPHONE	56 02 71 38.
DATE DE NAISSANCE	15.11.1961.
LIEU DE NAISSANCE	Paris, XVe.
SITUATION DE FAMILLE	Célibataire.
NATIONALITÉ	Française.
DIPLÔMES[2]	Baccalauréat (Langues) - 1979 - Mention Assez bien. Licence de langues étrangères appliquées (anglais et russe) - Université de Poitiers, 1983 - plusieurs mentions. Diplôme de secrétaire bilingue - 1984 - délivré par l'École de commerce de Poitiers.
POSTES OCCUPÉS	Du 8.10.84 au 30.1.86, secrétaire de direction, France-Exportations, Cognac. Du 10.3.86 à ce jour, adjointe du directeur à l'exportation, Agriventes, La Rochelle.
AUTRES RENSEIGNEMENTS	Bonnes connaissances d'allemand. Permis de conduire. Stage d'informatique dans le cadre de la formation continue, 1986. Nombreux voyages en Europe et aux États-Unis.

USEFUL VOCABULARY

Me référant à votre annonce parue aujourd'hui dans le *Quotidien du Midi*, je vous serais reconnaissant de bien vouloir m'envoyer des renseignements plus complets sur ce poste, ainsi qu'un dossier de candidature.

In reply to your advertisement in today's 'Quotidien du Midi', I should be grateful if you would please send me further details of this post, together with an application form.

Par votre annonce insérée dans l'édition d'hier de *Voyages et Transports*, j'ai appris que vous cherchez un correspondant bilingue et j'ai l'honneur de solliciter cet emploi.

I wish to apply for the post of bilingual correspondent which you advertise in yesterday's 'Voyages et Transports'.

Je souhaite vivement travailler en France pendant les vacances universitaires et vous serais très reconnaissant de me faire savoir s'il me serait possible d'obtenir un emploi dans votre compagnie.

I am anxious to find a job in France during my summer vacation from University, and wonder whether you are able to offer me work in any capacity.

J'ai travaillé pendant trois ans comme employé de bureau et sais utiliser un système de traitement de textes.

I have three years' experience of office work, and have used a word-processor.

Bien que je n'aie pas d'expérience personnelle de ce type de travail, j'ai eu d'autres emplois intérimaires au cours des étés précédents et puis vous fournir, si vous le désirez, des attestations de mes anciens employeurs.

Although I have not got any previous experience of this type of work, I have had other holiday jobs, and can supply references from my employers, if you would like them.

Mon salaire actuel est de . . . par an et j'ai quatre semaines de congés payés.

My present salary is . . . per annum, and I have four weeks holiday per year with pay.

Ce poste m'intéresse tout particulièrement, car je souhaite vivement travailler dans l'édition.

I am particularly interested in this job, as I am very anxious to work in publishing.

Je suis désireux de travailler en France afin de perfectionner mes connaissances de français et d'acquérir une certaine expérience de l'hôtellerie.

I wish to work in France in order to improve my French and to gain experience of hotel work.

Je parle couramment l'anglais, j'ai de bonnes connaissances d'allemand, et je lis le suédois.

As well as speaking fluent English, I have a working knowledge of German and a reading knowledge of Swedish.

Je serai disponible à partir de la fin du mois d'avril.

I shall be available from the end of April.

Je vous remercie de votre lettre du 19 mars et serai très heureux de me rendre à vos bureaux, avenue Parmentier, pour une entrevue le 12 novembre à 15 heures.

Thank you for your letter of 19th March. I shall be delighted to attend for interview at your offices in avenue Parmentier on 12th November at 3 p.m.

Dans mon dossier de candidature pour le poste, je dois donner les noms de deux personnes voulant bien me recommander, et je vous serais très reconnaissant de me permettre de donner le vôtre comme référence.

I have to give names of two referees with my application for this job, and I am writing to ask if you would be kind enough to allow me to put your name forward.

J'ai sollicité pour cet été un emploi de serveuse à l'hôtel Bel Air, à Sainte-Marie, et le directeur me demande une attestation. Je vous serais très reconnaissante si vous pouviez avoir l'amabilité de m'en fournir une.

I have applied for the job of waitress for the summer in the Hotel Bel Air, in Sainte-Marie, and they have asked me to supply a reference. I wonder if you would be kind enough to give me one? I should be most grateful if you would agree to do this.

Monsieur Jean Legrand sollicite une place de réceptionniste dans notre hôtel, et il a donné votre nom comme référence. Nous vous serions reconnaissants de bien vouloir nous dire si vous avez été satisfait de ses services.

Mr. Jean Legrand has applied for the post of hotel receptionist with us, and has given your name as a reference. I should be grateful if you would kindly let me know whether in your opinion he is suitable for this post.

Votre réponse sera considérée comme strictement confidentielle.

Your answer will be treated in strict confidence.

Auriez-vous l'obligeance de nous dire depuis combien de temps et à quel titre vous connaissez Mademoiselle Claude Bernard, et si vous la recommandez pour un emploi de ce type?

Would you be kind enough to mention in your reply how long you have known Miss Claude Bernard, in what capacity, and whether you can recommend her for this type of employment.

C'est avec grand plaisir que je vous recommande Madame Marion Lebrun pour le poste de responsable du logement. Je connais Madame Lebrun depuis plus de dix ans. Elle est d'un caractère agréable, pleine de bonne volonté et digne de confiance.

It is with pleasure that I write to recommend Mrs. Marion Lebrun for the post of housing officer: I have known her for over ten years, during which time I have found her friendly, helpful and reliable at all times.

Monsieur Renaud travaille pour nous depuis onze ans. Il est méthodique, ponctuel et extrêmement consciencieux dans son travail. Nous n'avons aucune hésitation à recommander quelqu'un d'aussi sérieux.

Mr. Renaud has worked for me for the past eleven years, and during that time I have been impressed by his careful approach to his work, his punctuality and his sense of responsibility: he is a thoroughly reliable worker.

LA MAISON RUSTIQUE

Fabrication de mobilier
Zone industrielle de Dampierre
B.P. 531 — 17015 Dampierre Cedex

tél: 06 28 42 37

Vos réf: HL/SA 50746
Nos réf: MB/AL 16064
Objet: envoi de documentation

Cuisines d'hier et d'aujourd'hui
3 place du Petit marché
16042 Nimeuil

Dampierre, le 3 novembre 1987

Messieurs

Nous vous remercions de votre lettre du 30 octobre, ainsi que de votre demande de renseignements concernant notre gamme de sièges de cuisine. Nous vous prions de trouver ci-joint une documentation complète, accompagnée de notre liste de prix. Toutefois, nous nous permettons d'attirer votre attention sur nos nouveaux modèles 'Saintonge', qui semblent convenir particulièrement à vos besoins. Ces modèles sont actuellement offerts à des prix très avantageux.

Nous nous tenons à votre entière disposition pour toute demande de renseignements supplémentaires et vous prions d'agréer, Messieurs, l'assurance de nos sentiments dévoués.

Le Directeur commercial

Jean Leclerc

Jean Leclerc

PJ: 1 documentation complète

MAISON DUQUESNOIS

Porcelaine et Orfèvrerie
14 rue Montpensier — 84000 Poitiers

Madame Marianne Legrand
3 chemin des Princesses
16010 Granbourg

Poitiers, le 23 octobre 1987

Madame

Nous vous remercions de votre lettre du 18 octobre, qui a retenu notre meilleure attention. Malheureusement, nous ne suivons plus le modèle qui vous intéresse, et sommes donc au regret de ne pouvoir vous satisfaire.

Nous vous prions d'agréer, Madame, l'assurance de nos sentiments respectueux.

Le Directeur

Gérard Marquet

Gérard Marquet

ENQUIRIES

Nous voyons d'après votre annonce parue dans le dernier numéro de l'*Industrie des Loisirs* que vous offrez une gamme d'articles pour les sports de plein air.

Nous vous serions reconnaissants de nous envoyer une documentation complète concernant ces articles, et de nous faire connaître vos prix courants, les remises consenties et les délais de livraison.

We see from your advertisement in the latest edition of 'Industrie des Loisirs' that you are offering a range of outdoor sports equipment.

We should be grateful if you would send us full details of these goods, including your prices, discounts offered, and delivery times.

... AND REPLIES

Par suite à votre lettre, nous vous prions de trouver ci-joint une documentation concernant la gamme actuelle de nos produits, ainsi que notre liste de prix (ceux-ci étant fermes jusqu'au 31 mars).

In response to your enquiry, we enclose details of our current range of goods, and our price list, which is valid until 31 March.

Nous vous remercions de votre lettre du 16 juin ainsi que de votre demande de renseignements concernant nos marchandises, et avons le plaisir de vous faire l'offre suivante: ...

We thank you for your enquiry of 16th June, and are pleased to submit the following quotation: ...

Cette offre est valable sous réserve d'acceptation avant le 31 janvier prochain.

This offer is subject to your firm acceptance by 31 January next.

ORDERS

Veuillez nous envoyer immédiatement les articles suivants, dans les tailles et quantités spécifiées ci-dessous: ...

Please send us immediately the following items, in the sizes and quantities specified: ...

Cet ordre est basé sur vos prix catalogue et tient compte de la remise de 10% que vous consentez sur les commandes en gros.

This order is based on your current price list, assuming your usual discount of 10% on bulk orders.

... AND REPLIES

Nous vous remercions de votre commande *or* de votre ordre en date du 16 mai que nous exécuterons dans les plus brefs délais.

We thank you for your order of 16 May, and shall execute it as soon as possible.

L'exécution de votre ordre demandera un délai de trois semaines environ.

We shall require approximately three weeks to complete this order.

En raison d'une pénurie de matières premières, nous regrettons de ne pouvoir commencer la fabrication avant le 1er avril.

Unfortunately, because of a shortage of raw materials, we cannot start manufacture until April 1st.

DELIVERIES

Nos délais de livraison sont de deux mois à dater de la réception de votre ordre.

Our delivery time is two months from receipt of firm order.

Nous attendons vos instructions concernant la livraison.

We await your instructions with regard to delivery.

Ces marchandises vous ont été expédiées par chemin de fer le 4 juillet.

These goods were sent to you by rail on 4th July.

Nous n'avons pas encore reçu les articles commandés le 26 août (voir bon de commande no. 6496).

We have not yet received the items ordered on 26 August (our order no. 6496 refers).

Nous accusons réception de vos deux expéditions du 3 mars.

We acknowledge receipt of the two consignments shipped by you on 3rd March.

Nous tenons à vous signaler une erreur dans l'expédition que nous avons reçue le 3 février.

We wish to draw your attention to an error in the consignment received on 3 February.

Malheureusement, les marchandises ont été endommagées en transit.

Unfortunately, the goods were damaged in transit.

Nous sommes désolés d'apprendre que vous n'êtes pas satisfaits de l'expédition et sommes prêts à remplacer les marchandises en question.

We regret that the consignment was unsatisfactory, and agree to replace these goods.

Nous ne pouvons accepter aucune responsabilité pour les dommages.

We cannot accept responsibility for this damage.

PAYMENT

Nous vous prions de trouver ci-joint notre facture No. 64321.

Please find enclosed our invoice no. 64321.

Le montant total à régler s'élève à ...

The total amount payable is ...

Veuillez donner votre attention immédiate à cette facture.

We would be grateful if you would attend to this account immediately.

Nous vous remettons sous ce pli notre chèque d'un montant de ... pour solde de *or* en règlement de votre facture No. 678B/31.

We have pleasure in enclosing our cheque for ... in settlement of your invoice no. 678B/31.

Nous regrettons de devoir vous signaler une erreur qui s'est glissée dans votre facture et vous serions reconnaissants de bien vouloir la rectifier.

We must point out an error in your account ... and would be grateful if you would adjust your invoice accordingly.

Il s'agit effectivement d'une regrettable erreur de comptabilité et nous vous prions de trouver ci-joint un bon de crédit pour la somme correspondante.

This mistake was due to a book-keeping error, and we enclose a credit note for the sum involved.

Nous vous remercions de votre chèque de ... en règlement de notre relevé et espérons rester en relations avec vous.

Thank you for your cheque for ... in settlement of our statement: we look forward to doing further business with you in the near future.

Saint-Pierre, le 10 mars 1987

Chers Francine et Roger,

    Comme cela fait bien longtemps que nous ne nous sommes pas vus, je vous écris pour vous demander si vous aimeriez venir passer deux ou trois jours chez nous. Nous pourrions vous faire visiter un peu les environs et je suis sûre que nous aurions beaucoup de choses à nous raconter. J'ai pensé que les vacances de Pâques approchant, il vous serait peut-être plus facile de vous libérer. Le week-end du 27 mars vous conviendrait-il? Sinon, dites-nous quand vous seriez disponibles. Naturellement, nous serions ravis d'accueillir les enfants!

    Dans l'espoir de vous revoir bientôt, je vous envoie à tous deux mes plus affectueuses pensées.

Hélène

Marianne Legrand,
3 chemin des Princesses,
16010 Granbourg.

Maison Duquesnois,
14 rue Montpensier,
84000 Poitiers.

Granbourg, le 18 octobre 1987

Messieurs,

    Il y a quelques années, j'avais acheté chez vous un service à café en porcelaine de Limoges, modèle "Trianon". Ayant malheureusement cassé deux des tasses, je souhaite remplacer les pièces manquantes et voudrais donc savoir si vous suivez ce modèle. Si tel est le cas, je vous serais reconnaissante de bien vouloir m'envoyer votre liste de prix, et de m'indiquer les délais de livraison.

    Veuillez accepter, Messieurs, l'expression de mes sentiments distingués.

Marianne Legrand.
Marianne Legrand.

STANDARD OPENING AND CLOSING FORMULAE

Used when the person is not personally known to you		
Monsieur, Madame, Mademoiselle,	Je vous prie de croire, [. . .], à l'assurance de mes sentiments distingués (*or* de mes salutations distinguées). Veuillez agréer, [. . .], l'expression de mes sentiments les meilleurs. Je vous prie d'accepter, [. . .], l'expression de mes respectueux hommages.[1]	[1] *man to woman only*
Used only if the person is known to you personally		
Cher Monsieur, Chère Madame, Chère Mademoiselle,	As above plus: Croyez, [. . .], à l'expression de mes sentiments les meilleurs.	

TO ACQUAINTANCES AND FRIENDS

Still fairly formal		
Cher Monsieur, Chère Madame, Chère Mademoiselle, Cher Monsieur, chère Madame, Chers amis,	Recevez, je vous prie, mes meilleures amitiés. Je vous envoie mes bien amicales pensées. Je vous adresse à tous deux mon très amical souvenir.	
Fairly informal: 'Tu' or 'Vous' forms could be used		
Cher Patrick, Chère Sylvie, Chers Chantal et Jean-Claude,	Bien amicalement Cordialement Amitiés	

TO CLOSE FRIENDS AND FAMILY

Cher Franck, Chère tante Jacqueline, Mon cher Jean, Ma très chère Ingrid, Chers grands-parents, Mon cher cousin,	Je t'embrasse bien affectueusement Bien des choses à tous Bons baisers Bien à toi A bientôt Salut!	*'tu' or 'vous' can be used, though 'tu' is more likely in all these expressions*

WRITING TO A FIRM OR AN INSTITUTION (see also page 878)

Messieurs,[1]	Je vous prie d'agréer, [. . .], l'assurance de mes sentiments distingués.	[1] *to a firm*
Monsieur,[2]	Veuillez accepter, [. . .], l'expression de mes sentiments distingués.	[2] *to a man*
Madame,[3]		[3] *to a woman*

TO A PERSON IN AN IMPORTANT POSITION

Very formal		
Monsieur le Directeur (*or* le Maire *etc*), Madame le Professeur (*or* le Consul *etc*),	Je vous prie d'agréer, [. . .], l'assurance de ma considération distinguée (*or* de mes sentiments respectueux *or* de mes sentiments dévoués).	
Used only if the person is well known to you		
Cher Monsieur, Chère Madame,	Je vous prie d'accepter, [. . .], l'expression de mes sentiments distingués. Veuillez croire, [. . .], à l'assurance de mes sentiments les meilleurs.	
Cher Collègue,[1] Chère Collègue,[1]	Croyez, [. . .], à l'assurance de mes sentiments les meilleurs.	[1] *to someone in the same profession*

STARTING A LETTER

Je te remercie de ta lettre, qui est arrivée hier.

Thank you for your letter, which came yesterday.

J'ai été très content d'avoir de vos nouvelles.

It was good to hear from you.

Je suis vraiment désolé de ne pas vous avoir écrit depuis si longtemps et espère que vous voudrez bien me pardonner: il se trouve que j'ai beaucoup de travail ces temps-ci, et que . . .

I am very sorry I haven't written for so long, and hope you will forgive me — I've had a lot of work recently, and . . .

Voici bien longtemps que je ne vous ai pas donné de nouvelles. C'est pourquoi je vous envoie ce petit mot rapide . . .

It's such a long time since we had any contact, that I felt I must write a few lines just to say hallo . . .

Je ne sais par où commencer cette lettre et j'espère que vous comprendrez mon embarras.

This is a difficult letter for me to write, and I hope you will understand how I feel.

Je vous serais reconnaissant de me faire savoir si vous avez en librairie un ouvrage intitulé . . .

I am writing to ask whether you have in stock a book entitled . . .

Je vous prie de m'envoyer . . . Je joins à cette lettre un chèque au montant de 35 F.

Would you please send me . . . I enclose my cheque for £3.50.

Ayant effectué un séjour d'une semaine dans votre hôtel, je crains d'avoir oublié dans ma chambre un imperméable beige. Je vous serais obligé de bien vouloir me dire si un tel vêtement a été retrouvé après mon départ.

When I left your hotel after spending a week there, I think I may have left a beige raincoat in my room. Would you kindly let me know whether this has been found.

Ayant appris que vous organisez des cours internationaux d'été, je vous serais reconnaissant de me faire savoir s'il vous reste des places pour . . .

I have seen the details of your summer courses, and wish to know whether you still have any vacancies on the . . .

ENDING A LETTER

Pierre se joint à moi pour vous envoyer nos meilleurs vœux.

Pierre joins me in sending very best wishes to you all.

Transmettez, s'il vous plaît, mes amitiés à Denis.

Do give my kindest regards to Denis.

Jeanne vous envoie ses amitiés (or vous embrasse).

Jeanne sends her kindest regards (ou her love).

Catherine me charge de vous transmettre ses amitiés.

Catherine asks me to give you her best wishes.

Veuillez transmettre mon meilleur souvenir à votre mère.

Please remember me to your mother.

Embrasse Olivier et Marion pour moi, et dis-leur bien combien ils me manquent.

Give my love to Olivier and Marion, and tell them how much I miss them.

Marie vous embrasse tous les deux.

Marie sends her love to you both.

Dis bonjour à Sandrine pour moi.

Say hullo to Sandrine for me.

N'hésitez pas à m'écrire si je puis vous être utile.

If there is anything else I can do, please do not hesitate to get in touch again.

Écris-moi si tu as une petite minute de libre.

Do write when you have a minute.

N'oublie pas de nous donner de tes nouvelles de temps en temps.

Let us have your news from time to time.

J'attends avec impatience une lettre de vous.

I look forward to hearing from you.

TRAVEL PLANS

Je vous serais reconnaissant de bien vouloir me communiquer vos tarifs.

Please give me details of your prices.

Je voudrais retenir une chambre avec petit déjeuner.

I would like to book bed-and-breakfast accommodation with you.

Je voudrais retenir une chambre avec un grand lit pour ma femme et moi-même, ainsi qu'une chambre à lits jumeaux pour nos deux fils, tous deux âgés de moins de 12 ans.

I wish to book one double room for my wife and myself, and one twin-bedded room for our sons, who are both under 12 years of age.

Veuillez me faire savoir, par retour du courrier, si vous avez une chambre pour une personne, avec douche et en pension complète, pour la semaine du 24 juin.

Please let me know by return of post if you have one single room with shower, full board, for the week beginning June 24th.

Veuillez m'indiquer le montant des arrhes que je dois verser pour la réservation.

Would you please let me know what deposit you require on this booking.

Je confirme ainsi ma réservation et vous prie de me garder la chambre, jusqu'à une heure tardive si besoin est.

Please consider this a firm booking, and hold the room until I arrive, however late in the evening.

Sauf imprévu, nous arriverons en début de soirée.

We expect to arrive in the early evening, unless something unforeseen prevents us.

Je me vois obligé de vous demander de reporter ma réservation du 25 août au 3 septembre.

I am afraid I must ask you to alter my booking from 25 August to 3 September.

Pour des raisons indépendantes de ma volonté, je suis contraint d'annuler la réservation que j'avais faite pour la semaine du 5 septembre.

Owing to unforeseen circumstances, I am afraid that I must cancel the booking made with you for the week beginning 5 September.

Je voudrais retenir un emplacement pour une caravane et une tente (2 adultes et 2 enfants) du 15 juin au 7 juillet inclus.

I wish to reserve a site for a caravan and a tent (2 adults and 2 children) from 15 June to 7 July inclusive.

THANKS AND BEST WISHES

EXPRESSING THANKS

Jean et moi **te remercions de** ton aimable attention.
. . . thank you for your kind thought.

Je vous écris pour vous remercier de tout cœur des magnifiques fleurs qui ont été livrées aujourd'hui.
I am writing to thank you most warmly for

Je ne sais comment vous remercier de votre aide.
I don't know how to thank you for

C'est vraiment très gentil de votre part de m'avoir écrit à la suite de mon accident.
it is really very kind of you to have . . .

Remercie-le de ma part pour tout ce qu'il a fait.
give him my thanks for

Merci de m'avoir prévenu de votre changement d'adresse.
thank you for having told me about

Je vous remercie d'y avoir consacré tant de temps.
thank you for

Mon mari et moi **vous sommes extrêmement reconnaissants des** précieux conseils que vous avez bien voulu nous donner.
. . . are exceedingly grateful to you for

Transmettez, je vous prie, mes remerciements à vos collègues.
please give my warmest thanks to your colleagues

Au nom du comité, je tiens à vous exprimer notre gratitude pour le soutien que vous nous avez apporté au cours de ces derniers mois.
I am writing on behalf of . . . to express our gratitude to you for . . .

Acceptez, je vous prie, mes très sincères remerciements pour votre généreuse contribution à notre fonds de secours.
I would ask you to accept my most sincere thanks for

BEST WISHES

Meilleurs vœux [. . .] de la part de *(+ signature).* [. . .] *will be expressions like* 'de bonheur', 'pour le succès de la réunion', 'à l'occasion de votre départ en retraite', 'de prompt rétablissement' etc.
(formula for a card) with all good wishes for . . . from . . .

Tous nos meilleurs vœux. // Amicalement.
All good wishes // Love . . .

Paul et moi vous adressons tous nos meilleurs vœux [. . .]
we send you our best wishes for . . .

Veuillez trouver ici l'expression de nos vœux les plus sincères à l'occasion de . . .
(more formally) please accept our best wishes for . . .

Transmettez, je vous prie, mes meilleurs vœux à Louis (pour . . .)
please give him my best wishes (for . . .)

Je vous souhaite de passer d'excellentes vacances. // J'espère que vous ferez bon voyage.
(standard phrases in a letter) I send you my best wishes for . . .

(Season's greetings)

(NB: In France cards are usually sent for New Year rather than Christmas, and may be written in the first few weeks of January)

Joyeux Noël! Bonne et heureuse année! *(+ signature)*
Merry Christmas and a Happy New Year from . . .

Bonnes fêtes de fin d'année et meilleurs vœux pour 1988 *(+ signature)*
Season's greetings from . . .

Au seuil de la Nouvelle Année, je viens vous présenter mes vœux les plus sincères pour vous et votre famille. Que 1988 vous apporte, ainsi qu'aux vôtres, de nombreuses joies!
(more formal) I send you and your family all my best wishes for health and happiness in the New Year.

Pierre Vernon vous présente ses meilleurs vœux à l'occasion du Nouvel An.
(formal: on a correspondence card) . . . sends you his best wishes for the New Year.

(birthday greetings)

Joyeux anniversaire! Tous nos vœux de bonheur et de bonne santé. *(+ signature)*
(on card) Many happy returns of the day, and best wishes from . . .

Je vous souhaite un très heureux anniversaire et vous présente tous mes vœux de bonheur et de santé.
I send you my best wishes for health and happiness on your birthday.

(get well wishes)

J'ai été désolé d'apprendre que vous êtes souffrant, et vous adresse tous mes vœux de prompte guérison.
I was very sorry to hear you were ill, and send you my best wishes for a speedy recovery.

(wishing someone success)

Je vous écris pour vous présenter tous mes vœux de succès dans votre nouvelle entreprise.
I am writing to wish you every success in your new undertaking.

Je vous souhaite tout le succès que vous méritez dans votre nouvelle carrière.
I wish you every success in your new career.

Je t'écris pour te souhaiter bonne chance, de notre part à tous, pour tes examens. Je suis sûr que tout se passera bien.
I'm writing to wish you the best of luck from all of us for your exams. I'm sure everything will go well.

(sending congratulations)

Je tiens à vous féliciter de votre succès au baccalauréat/d'avoir passé votre permis de conduire/de votre avancement.
(usual formula) congratulations on . . .

Permettez-moi de vous offrir mes félicitations les plus sincères pour cette belle réussite.
(more formal) allow me to congratulate you on . . .

Je t'écris pour te dire combien je suis heureux que tu aies enfin obtenu le poste que tu désirais. Tu le mérites bien!
. . . how happy I am that you have . . .

ANNOUNCEMENTS, INVITATIONS AND RESPONSES

ANNOUNCEMENTS

(announcing a birth)

Maurice et Renée Gillot ont la grande joie de vous faire part de la naissance de leur fille Christine, le 16 juin 1986, à Paris.

Formal announcement (newspaper or printed card): 'are happy to announce the birth of'

J'ai le plaisir de t'annoncer que Hélène et Martyn ont eu un petit garçon le 27 octobre dernier. Ils l'ont appelé James. Tout s'est très bien passé et les heureux parents sont ravis.

Letter to friend: 'I'm happy to tell you that they've had a little boy'

(... and responding)

Nous vous félicitons de l'heureuse arrivée de Christine et souhaitons au bébé santé et prospérité.

Fairly formal letter: 'we send you our warmest congratulations on'

Roger et moi sommes très heureux d'apprendre la naissance de James et espérons faire bientôt sa connaissance. En attendant, nous envoyons tous nos vœux de santé et de prospérité au bébé et à ses heureux parents.

Informal letter to friend: 'are delighted to learn of the birth of'

(announcing an engagement)

Monsieur et Madame Pierre Lepetit sont heureux d'annoncer les fiançailles de leur fille Jacqueline avec M. Jacques Martin.

Formal announcement (newspaper or printed card): 'are happy to announce the engagement of'

Laure et Guy viennent d'annoncer leurs fiançailles. Ils n'ont pas encore fixé la date du mariage, mais nous nous réjouissons tous de leur bonheur.

Informal letter: 'have got engaged... we are all very happy for them'

(... and responding)

C'est avec beaucoup de joie que j'ai appris vos fiançailles avec Jacques. Je vous adresse à tous deux mes vœux de bonheur les plus sincères.

Fairly formal letter: 'I send you both my very best wishes for happiness'

Nous nous réjouissons avec vous des fiançailles de Laure et de Guy. Transmettez tous nos vœux de bonheur aux jeunes fiancés.

Fairly informal letter: 'we are glad to hear of... send them our best wishes for their future happiness'

(announcing a marriage)

Monsieur et Madame Olivier Laplace ont l'honneur de vous faire part du prochain mariage de leur fille Catherine avec M. Paul Lenoir, et vous prient d'assister à la messe qui sera célébrée le 7 avril prochain en l'église Saint-Jean à La Roche.

Formal invitation: 'request the pleasure of your company at the wedding of' (This by itself is not an invitation to reception.)

Le Docteur et Madame Albert Cognac sont heureux de vous faire part du mariage de leur fille Joséphine avec M. Bernard Lefèvre, qui a été célébré dans l'intimité familiale le 3 janvier 1987.

Formal announcement of wedding: 'are happy to announce the marriage of... which took place...'

J'ai le bonheur de t'annoncer que Richard et Marguerite se sont mariés samedi dernier. La cérémonie a eu lieu à l'église de Saint-Martin, et...

Informal letter: 'Some good news... got married last...'

(... and responding)

Monsieur et Madame Michel Wolff félicitent Monsieur et Madame Olivier Laplace à l'occasion du prochain mariage de leur fille Catherine, et acceptent avec plaisir leur aimable invitation/mais regrettent de ne pouvoir se joindre à eux en cette journée.

Formal reply to invitation: 'and have much pleasure in accepting/but regret they are unable to accept'

Monsieur et Madame André Bureau adressent leurs sincères félicitations aux parents de Joséphine et tous leurs vœux de bonheur aux futurs époux.

Formal congratulations, written on card: 'send their congratulations and best wishes on the engagement of...'

Pour Catherine et Paul, avec toutes mes félicitations pour votre mariage et tous mes vœux de bonheur.

Card with gift: 'With congratulations and best wishes'

C'est avec une grande joie que nous avons appris le mariage de votre fille avec Bernard Lefèvre. Nous vous présentons toutes nos félicitations et souhaitons aux jeunes mariés beaucoup de bonheur et de prospérité.

Fairly formal letter: 'send you our congratulations and best wishes on'

J'ai été très heureux d'apprendre par ta lettre le mariage de Richard et de Marguerite. Tu sais que je leur souhaite tout le bonheur possible.

Informal letter: 'I was delighted to hear of'

(announcing a change of address)

Nous vous prions de bien vouloir noter notre nouvelle adresse, qui sera, à partir du 1er mai 1987: 26 Avenue de Rome, 92000 Boulogne.

Formal private or business letter

(announcing a death)

Monsieur et Madame Jacques Bonnard et leurs enfants ont la douleur de vous faire part de la mort soudaine de M. Henri Bonnard, leur père et grand-père, survenue le 3 avril 1986. La cérémonie religieuse aura lieu le 7 avril en l'église St. Thomas et sera suivie de l'inhumation au cimetière de Clamart.

Formal announcement: 'announce with deep sorrow and regret the death of'

Nous avons la très grande peine de vous faire part de la perte cruelle que nous venons d'éprouver en la personne de notre mère, décédée le 2 janvier après une brève maladie. Le service religieux et l'inhumation ont eu lieu dans la plus stricte intimité.

Formal letter: 'it is with deepest sorrow that we have to inform you of our sad loss...'

C'est avec beaucoup de peine que je t'écris pour t'annoncer que mon père est décédé la semaine dernière.

Informal letter: 'I am writing to tell you the sad news that my father died last week'

(... and responding)

Monsieur et Madame Paul Lambert vous prient d'accepter l'expression de leur profonde sympathie et vous adressent leurs plus sincères condoléances à l'occasion du deuil qui vient de vous frapper.

Formal, on card: 'send their deepest sympathy on the occasion of'

C'est avec une profonde tristesse que nous avons appris la disparition de votre frère. Croyez que nous prenons part à votre peine et soyez assurés de notre sincère sympathie.

Formal letter: 'it is with the greatest sorrow that we learnt of'

J'ai été bouleversé d'apprendre la disparition de ta sœur. Je tiens à te dire combien je pense à toi en ces moments douloureux.

Informal letter to friend: 'I was terribly upset to learn of the death of...'

INVITATIONS

(formal invitations)

See p. 884, **'announcing a marriage'**.

Madame Paul Ambre et Madame Michel Potet recevront après la cérémonie religieuse au Relais des Glycines, route de Marleroy, Fontanes. R.S.V.P.

'request the pleasure of your company afterwards at...' (On card inside wedding invitation.)

Les éditions Roget ont le plaisir de vous inviter à un cocktail à l'occasion de la sortie du premier livre de la collection Espoir le lundi 6 mai 1986 à partir de 18 h 30.

'have pleasure in inviting you to...'

Monsieur et Madame André Bureau prient Madame Labadie de leur faire le plaisir de venir dîner le mercredi 25 octobre à 20 heures.

'request the pleasure of your company at dinner on...'

(... and replies)

See p. 884, **'announcing a marriage... and responding'**.

Mademoiselle Charlotte Leblanc accepte avec grand plaisir de se rendre au cocktail organisé le 16 mai par les éditions Roget/regrette profondément de ne pouvoir se rendre au cocktail *etc.*

'thanks... and accepts with pleasure/but regrets that she cannot accept'

Madame Jeanne Labadie remercie Monsieur et Madame André Bureau de leur aimable invitation à dîner qu'elle accepte avec le plus grand plaisir/qu'elle regrette de ne pouvoir accepter en raison d'un autre engagement.

'thanks... which she is happy to accept/which she regrets that she cannot accept owing to a previous engagement'

(informal invitations)

Pour fêter les fiançailles de Geneviève et de Xavier, nous organisons une réception à l'Hôtel de France, à Saint Martin, le 15 mars à 20 heures et serions très heureux si vous pouviez vous joindre à nous.

'we are having a party to celebrate their engagement... and hope you will be able to join us there'

Michèle et Philippe doivent venir déjeuner dimanche prochain et nous espérons que vous pourrez être des nôtres.

'are coming to lunch... and we hope you will be able to join us'

Est-ce que cela te dirait d'aller passer la journée à La Rochelle?

'would you like to spend the day...'

Lors de votre passage à Lyon, vous nous feriez très plaisir si vous pouviez nous consacrer une soirée pour que nous dînions ensemble.

'when you are in... lovely if you would spend an evening with us... have dinner together'

Nous projetons de passer le mois de juillet à l'île de Ré et serions très heureux de vous y accueillir quelques jours.

'we are planning to spend July... and would be happy to welcome you...'

(... and replies)

Je vous remercie de votre aimable invitation et me fais une joie de venir.

'thank you for your very kind invitation... I am looking forward to it'

C'est très gentil de votre part de m'inviter et je me réjouis d'être des vôtres.

'very kind of you to invite me... looking forward very much to being with you'

Nous pensons passer le week-end de Pentecôte à Lyon et vous téléphonerons dès notre arrivée pour arranger une rencontre.

'we are thinking of spending Whit weekend in... and shall telephone you to arrange a meeting'

Votre invitation pour l'île de Ré nous a fait grand plaisir et nous espérons passer un week-end chez vous vers le 14 juillet.

'thank you very much for your invitation... we hope to come for a weekend about...'

C'est avec le plus grand plaisir que je vous accompagnerai à l'Opéra. Merci d'avoir pensé à moi.

'I am free that evening... and will gladly go with you to... thank you for thinking of me'

C'est vraiment très aimable à vous de m'inviter pour votre soirée de samedi, mais je me vois malheureusement contraint de refuser, car j'ai déjà accepté une invitation pour ce soir-là.

'It was so kind of you to invite me... unfortunately I have to refuse... already accepted another invitation for that evening'

J'aimerais beaucoup passer un week-end chez vous, mais malheureusement, aucune des dates que vous proposez ne me convient.

'I should like very much to spend a weekend with you... unfortunately none of the dates is any good to me'

Malheureusement, je ne peux pas me libérer le mois prochain. Peut-être pourrons-nous arranger une rencontre en octobre?

'unfortunately I can't get away then... perhaps we can arrange a meeting in...'

ESSAY WRITING

THE BROAD OUTLINE OF THE ESSAY

Introductory remarks

Dans son journal, Gide écrit: 'C'est avec les beaux sentiments qu'on fait de la mauvaise littérature'. **Ce jugement** peut paraître tranchant, mais il **soulève néanmoins une question essentielle** — celle des rapports de l'art et de la morale.

this assertion . . . raises a fundamental question . . .

Aujourd'hui tout le monde s'accorde à dire que le chômage menace la structure même de la société telle que nous la connaissons. **Cependant,** certaines des mesures actuellement suggérées pour lutter contre ce problème **impliquent,** elles aussi, des changements fondamentaux, et **ceci nous amène à nous demander si,** dans certains cas, le remède ne serait pas pire que le mal.

it is generally agreed today that . . . however . . . imply . . . this leads us to wonder whether . . .

'La voiture est un luxe indispensable'. **Voici une remarque fréquemment entendue** qui illustre les problèmes de notre société de consommation moderne. **Il convient donc d'examiner** le rôle actuel de l'automobile.

such a remark is often heard . . . let us therefore take a closer look at . . .

Depuis quelque temps, les problèmes de la sidérurgie sont à la une de l'actualité et nous avons tous présentes à l'esprit les images des manifestations violentes qui ont eu lieu la semaine dernière dans l'Est. **La question est** donc de savoir si l'on doit sacrifier une communauté entière au nom de l'intérêt économique?

once more the question arises

Presque chaque semaine on trouve dans la presse des articles portant sur les problèmes démographiques en France. **Tantôt** on s'inquiète du vieillissement de la population, **tantôt** on affirme que nous sommes trop ou trop peu nombreux.

hardly a week goes by without . . . sometimes . . ., sometimes . . .

Ces attitudes contradictoires montrent à quel point la place de la famille est actuellement **remise en question.**

this clash of opinions . . . called into question

Un problème dont il est souvent question aujourd'hui est celui de la faim dans le Tiers Monde.

one recurring problem today is

On ne peut nier le fait que la télévision influence profondément la façon dont nous percevons la vie politique.

it cannot be denied that

Il serait naïf de croire que les hommes politiques agissent *(subj)* toujours pour des motifs désintéressés.

it would be naïve to consider that

On exagérerait à peine en disant que ce sont les accidents de la route qui grèvent le budget de la Sécurité sociale.

it would hardly be an exaggeration to state that

Nous vivons dans un monde où la paix est constamment menacée.

we live in a world where

L'histoire nous fournit de nombreux exemples de génies incompris à leur époque et reconnus par les générations suivantes.

history offers us numerous examples of

Il n'est guère possible d'ouvrir le journal sans y découvrir un nouvel exemple de violence.

it is scarcely possible to open a newspaper without finding some new example of

Le problème se résume donc à ceci: Sartre peut-il être à la fois romancier et philosophe?

the problem may be summarised thus: . . .

Une telle attitude mérite d'être examinée de plus près et il serait donc utile de la replacer dans son contexte historique.

such an attitude deserves closer attention

Developing the argument

La première constatation qui s'impose, c'est que le sujet traité par l'auteur est mal connu du grand public.

the first thing that must be said is that

Prenons comme point de départ le rôle que le gouvernement a joué dans l'élaboration de ce programme.

let us begin with

Il serait utile d'examiner la façon dont l'auteur définit ses personnages dans le premier chapitre.

it would be useful to consider

En premier lieu il convient d'examiner *or* **En premier lieu examinons** l'attitude selon laquelle le sport est un devoir.

let us first of all look at

Selon l'auteur, la province serait une prison empêchant le héros de s'épanouir, et **il revient sur cette idée** à plusieurs reprises.

the author would have us believe that . . . he comes back to this idea

En cherchant à analyser les causes de ce malaise, **il faut tout d'abord reconnaître que** les enseignants en ont assez des réformes incessantes.

in an attempt to analyse . . . it must first be recognised that

Le premier argument que l'on puisse faire valoir, c'est que les jeunes ne savent plus s'amuser.

the first telling argument is that

Rappelons les faits: les pluies acides détruisent chaque année une fraction croissante de la forêt européenne.

let us state the facts once more:

La première question qui se pose, c'est de savoir quel est le motif qui peut pousser l'héroïne à agir ainsi.

the first question that arises is . . .

The other side of the argument

Après avoir étudié la progression de l'action, **considérons maintenant** le style *or* **il faut maintenant parler du** style

let us now consider

Puisque l'étude de l'environnement ne nous apporte pas de réponse satisfaisante sur ce point, **cherchons d'autres facteurs** susceptibles de contribuer à cette détérioration.

let us look for other factors

L'auteur **a beau** insister sur l'importance des rapports entre le maître et le valet, il n'arrive pas toujours à les rendre convaincants. Pourquoi?

however hard the author tries to . . .

Il est maintenant nécessaire d'aborder la question de la censure à la télévision.

we must now consider

Venons-en maintenant à l'analyse des personnages.

now we come to . . .

Est-ce vraiment là une raison suffisante pour réclamer le rétablissement de la peine de mort?

is this really a good reason for

Tournons-nous maintenant vers *or* **Passons maintenant à** un autre aspect du problème — celui des conséquences de cette mesure sur l'emploi des femmes.

let us now turn our attention to

Puisqu'il a été établi que le héros n'est pas poussé par le désir du gain, **examinons de plus près** la scène où il se trouve en présence de son père.

let us take a closer look at

Il serait intéressant de voir si le même phénomène se produit dans d'autres pays.

it would be interesting to see whether

Il est raisonnable de penser que l'auteur exprime ses vues avec sincérité.

it is reasonable to believe that

On peut également aborder le problème sous un angle différent et considérer la portée politique de ces mesures.

the problem could also be approached from another angle, by . . .

Pour l'auteur, la forme est plus importante que le fond, **mais il se peut, bien sûr, que le contraire soit vrai.**

for the author . . . but of course the opposite may very well be true

Est-on pour autant autorisé à dire que les défenseurs des droits des animaux sont les prophètes d'une nouvelle moralité?

is it reasonable to claim that

Un deuxième argument qui est loin d'être négligeable consiste à dire que les plus jeunes, tout comme les plus vieux, sont particulièrement défavorisés dans notre société.

there is a second argument which cannot be ignored, namely that

The balanced view

Au terme de cette analyse on doit cependant faire remarquer que la rapidité du changement est peut-être le facteur le plus important.

at the end of the day, it must however be pointed out that

Il faut néanmoins reconnaître que l'action individuelle et l'éducation ne suffisent pas: des mesures doivent être prises à l'échelon gouvernemental.

it must however be recognised that

Cependant, **il faut envisager un troisième facteur.**

we must allow for a third factor

Enfin, nous devons nous demander si le véritable intérêt de l'ouvrage ne réside pas dans l'étude des mœurs de l'époque.

finally, we must ask ourselves if

La position de l'auteur est **encore plus nuancée** qu'on ne le pense.

is still more complex . . .

Peut-être faudrait-il étendre un peu le problème et se demander si la corruption du pouvoir ne forme pas le sujet essentiel de la pièce.

we should perhaps go further, and ask whether

In conclusion

Quelles conclusions tirer de *or* **Quelles conclusions déduire de** cette analyse?

what conclusions may be drawn from

Les différents accidents **dont il a été question ci-dessus prouvent** *or* **démontrent** que les normes de sécurité ne sont pas respectées.

which have been discussed earlier . . . prove that

Il semble donc que dans son roman, l'auteur n'accorde d'importance particulière ni au cadre, ni à l'action. **En fait,** toute son attention est concentrée sur l'analyse psychologique.

it would seem clear that . . . in point of fact

Il résulte de tout ceci que la prison peut transformer un délinquant en criminel.

all this goes to show that

Est-on en mesure de **dresser le bilan de** ces premiers mois de gouvernement?

. . . assess the performance of

D'après ce qui précède, il semble que *or* **D'après ce qui vient d'être dit, il semble que** l'auteur se cache soigneusement derrière ses personnages.

from this, it would seem that

En définitive *or* **De toute façon**, le plus grand problème actuel, c'est notre manque d'imagination en ce que concerne l'avenir.

all in all

Ainsi, il apparaît que l'opinion publique est de plus en plus consciente des dangers du nucléaire.

it would appear then that

Tels seraient donc les principaux moyens d'expression utilisés par l'auteur.

these then are . . .

CONSTRUCTING A PARAGRAPH

Ordering various elements within it

On peut **invoquer ici** plusieurs arguments différents.
at this point, several arguments could be mentioned

Plusieurs facteurs ont contribué au succès du produit: **tout d'abord,** le directeur a obtenu une licence de fabrication du Japon, **ensuite** il a organisé une grande campagne de publicité, **et enfin,** il a lancé une gamme de dérivés . . . (*or* **en premier/deuxième** *etc*/**dernier lieu**)
several factors contributed to . . . first . . . then . . . and lastly . . .

Qui sont les pauvres aujourd'hui? Eh bien, **d'une part,** il y a ceux qui naissent pauvres, **et d'autre part,** ceux qui le deviennent (*or* **d'un côté . . . de l'autre**).
on the one hand . . . and on the other

Les premiers connaissent des problèmes de travail et de logement, **les seconds** sont pris en charge par l'aide sociale (*or* **Ceux-là . . . ceux-ci . . .**).
the first . . . the second . . . (the former . . . the latter)

Ceci est dû essentiellement à trois facteurs: **premièrement** . . . *etc.*
this is basically due to three factors: first . . . etc

L'éducation nationale fait l'objet de critiques continuelles et **il en va de même** pour la sécurité sociale.
and so also does . . .

De même que les étudiants se demandent à quoi leurs études vont leur servir, **de même** les professeurs s'interrogent sur leur rôle.
as students . . . so also teachers . . .

D'ailleurs *or* **De toute façon,** le président n'a pas le choix.
in any case

À cet égard *or* **À ce propos,** il faut noter une détérioration dans la qualité de l'enseignement.
in this connection

Bref *or* **En un mot,** il refuse.
in a word

On peut noter en passant que *or* **On peut mentionner en passant que** l'auteur n'y fait jamais allusion.
one may point out in passing that

Avant d'aborder la question du style, **mentionnons brièvement** le choix des métaphores.
let us make brief mention of

Sans nous appesantir sur les détails *or* **Sans nous attarder sur les détails,** notons toutefois que le rôle du conseil de l'ordre a été déterminant.
without going into too much detail, we should . . .

Comme nous le verrons plus en détail par la suite, ce sont surtout les personnages secondaires qui font progresser l'action.
as we shall see in greater detail later

Nous ne pouvons dissocier ce facteur de la décision mentionnée plus haut.
this factor cannot be dissociated from

Nous reprenons ainsi une idée suggérée antérieurement.
here we touch again on an idea

Nous reviendrons plus loin sur cette question, **mais** signalons déjà l'absence totale d'émotion dans ce passage.
we shall return to this later, but . . .

Mais pour en revenir au sujet qui nous intéresse, la cuisine française est en train de changer du tout au tout.
but to return to the topic which interests us most, . . .

Adding, enumerating etc

De plus *or* **Par ailleurs,** il s'agit là d'un progrès tout à fait remarquable.
moreover

En outre, il faut noter que *or* **Il faut également noter que** les employés sont mal payés.
we must also remember that

Il examine les origines du problème, **ainsi que** certaines des solutions suggérées.
as well as, in addition to

Différentes formules sont offertes au client — voyage à forfait, **ou bien** hébergement chez l'habitant, **ou encore** demi-pension, **ou enfin** camping dans un village de vacances.
or else . . . or alternatively . . . or finally

Faut-il inclure dans les statistiques les handicapés et les personnes âgées? **Ou bien** doit-on exclure les jeunes et les travailleurs temporaires? **Ou encore** est-il nécessaire d'analyser le mode de vie en plus des revenus?
or else . . . or yet again . . .

Plusieurs catégories professionnelles ont été oubliées, **notamment** *or* **parmi lesquelles** les employés de bureau et les réceptionnistes.
in particular

Ils connaissent **des problèmes de** scolarité, de travail et d'hébergement, **problèmes qui** sont tous exacerbés dans le cas des groupes ethniques minoritaires.
they have problems of schooling, of . . . etc, problems which are . . .

Du parti communiste à l'extrême-droite, **tous** sont d'accord pour condamner cet acte de terrorisme.
from the X on the one hand, to the Y on the other, all are agreed . . .

Médecins, chirurgiens, anesthésistes et infirmiers, **tous** sont surmenés.
doctors, surgeons etc — all are . . .

Ajoutons à cela *or* **Il faut ajouter à cela** *or* **À cela s'ajoute** un sens remarquable du détail.
added to that, . . .

Pour ce qui est des personnages secondaires, ils sont, eux aussi, remarquablement vivants.
as far as the . . . are concerned

En ce qui concerne la pollution chimique, il faut reconnaître qu'elle constitue aussi un grave danger.
as far as . . . is concerned, as for the matter of . . .

Quant aux émissions sportives, elles suivent toujours le même modèle précis.
as for the . . .

De même, on pourrait suggérer que le style de l'auteur manque d'originalité.
similarly

Introducing one's own point of view

À mon avis or **Selon moi** or **D'après moi,** ce chapitre est le meilleur du livre.

in my view, as far as I am concerned

En ce qui me concerne or **Pour ma part,** je déplore l'évolution actuelle de l'enseignement supérieur.

as far as I am concerned, for my part

Personnellement, ce qui me frappe le plus dans cette affaire, **c'est** le ton de la déclaration du juge.

from my own point of view, what I find most striking is

Si je puis me permettre d'exprimer une opinion personnelle, il me semble que l'auteur s'aventure sur un terrain dangereux.

if I may be permitted to give a personal opinion, ...

Je soutiens que or **Je suis de l'opinion que** la télévision a un effet néfaste sur l'éducation des enfants.

I maintain that..., it is my view that...

L'auteur affirme, **à juste titre selon moi,** que cette attitude est défaitiste.

... and rightly, in my opinion...

Introducing someone else's point of view

Selon l'auteur or **D'après l'auteur** or **Suivant l'auteur,** le motif principal du crime est la jalousie.

according to the author

Comme le soulignent (*or* **le laissent entendre** *etc*) **les experts,** l'important est d'inventer des solutions nouvelles.

as the experts emphasize (or imply etc)

Le budget du ministère est, **dit-il** (*or* **affirme-t-il** *etc*), dans les normes du Marché commun.

... he says (or he declares etc)

Il dit/pense/croit/affirme/déclare que ce système présente de nombreux avantages.

he says/thinks/believes/states/ declares that

L'auteur **attire notre attention sur/nous rappelle/nous signale** l'ampleur de ce changement.

the author draws our attention to/ reminds us of/points out

Il insiste sur le fait que/Il maintient que/Il soutient que ces rivalités internes sont la véritable faiblesse du mouvement.

he emphasizes/maintains/claims that

Un soi-disant expert **prétend qu'**il est possible/**voudrait nous faire croire qu'**il est possible d'apprendre les langues vivantes sans effort.

claims that/wants to convince us that

Selon la version officielle des faits, ceci ne pourrait avoir de conséquences néfastes pour la population.

according to the official version of the facts

Introducing an example

Prenons le cas de Louis dans le Nœud de Vipères.

consider the case of

Il suffit de donner comme exemple les documentaires à valeur éducative.

one has only to instance

Un seul exemple suffit à montrer l'importance de cette réorganisation.

one single example is enough to show

L'un des exemples les plus frappants se trouve au deuxième chapitre.

one of the most striking examples

Mille travailleurs, **dont** 10% de femmes, risquent de perdre leur emploi.

10% of whom are

Introducing a quotation or source

Suivant or **Selon** or **D'après** les auteurs du rapport, 'l'important n'est pas de nourrir l'Afrique, mais de la faire reverdir'.

according to

'La raison du plus fort est toujours la meilleure', **constate/affirme/observe** La Fontaine.

concludes/declares/observes

Comme l'a fait remarquer le président, 'la croissance économique dépend du taux d'investissement'.

as the president points out

Chénier avait écrit 'l'art ne fait que des vers, le cœur seul est poète', et **Musset reprend la même idée** 'Ah, frappe-toi le cœur, c'est là qu'est le génie'.

Chénier had written... and Musset takes up the same theme...

Selon les paroles de Duhamel, 'le romancier est l'historien du présent'.

in the words of Duhamel...

Dans sa remarquable étude sur le folklore vendéen, Jean Thomas **observe** ...

in his remarkable study of... he observes...

Dans un article récemment publié dans le journal *Le Temps,* nous trouvons cette remarque **sous la plume de** Jean Lefèvre: '...

in a recent article in... from the pen of

THE MECHANICS OF THE ARGUMENT

Introducing a fact

Il est exact que les travaux ont commencé. *it is true that*

On constate *or* **On observe** un progrès soutenu. *... is noticeable*

On peut noter que la CEE n'a pas donné son accord. *one should note that*

Il s'agit d'une histoire toute simple. *it is a ...*

Le nouveau programme **fait l'objet de** violentes critiques. *has been a target for*

Rappelons les faits: la pollution du Rhin devient inquiétante et ... *we must not lose sight of the facts:*

À mesure qu'on avance dans la lecture de l'ouvrage, on découvre des perspectives nouvelles. *as the reader progresses, new perspectives open up*

L'auteur rapporte que de nombreuses superstitions concernent les plantes et les animaux. *the author reports that*

Indicating a supposition

On est en droit de supposer que cette solution sera adoptée. *one might justifiably suppose that*

Il est probable que leur réaction sera connue sous peu. *it is probable that*

On évoque ici la possibilité d'une nouvelle réunion au sommet. *the possibility of ... is mentioned*

Il pourrait y avoir une autre explication. *there could be*

Supposons que l'essence sans plomb devienne obligatoire: l'automobiliste devra payer davantage, et ... *let us suppose that*

Le refus du comité **laisse supposer** *or* **permet de penser** que les fonds nécessaires n'ont pas été réunis à temps. *leads one to believe that*

Il n'est pas impossible qu'il y ait eu une explosion. *it is not impossible that*

Ceci expliquerait la baisse des ventes en février. *this would explain*

On peut supposer que l'auteur est au courant des faits. *one may suppose that*

Expressing a certainty

Il est certain que *or* **Il est évident que** cette découverte constitue un grand pas en avant. *it is clear that*

Son deuxième roman est **incontestablement** *or* **indéniablement** supérieur au premier. *... is indisputably or undeniably ...*

Tout pousse à croire que *or* **Tout permet de penser que** son rival l'emportera. *everything leads one to the conclusion that*

Qu'il ait du talent **ne fait aucun doute.** // **Sans aucun doute** il a du talent. *there can be no doubt that*

Tout le monde s'accorde pour critiquer les méthodes qu'il emploie. *everyone agrees in criticising ...*

Il est clair que les événements prennent une tournure tragique. *it is clear that*

Comme chacun le sait, la camomille est un remède souverain contre l'insomnie. *as everyone knows*

Indicating doubt or uncertainty

Il semble qu'elle ait essayé de prendre contact avec eux. *it would seem that*

Il est possible que *or* **Il se peut que** l'héroïne n'en ait pas conscience. *it is possible that*

Peut-être préfère-t-on aujourd'hui voir des films plus gais. *perhaps people prefer ...*

Sans doute est-il préférable d'économiser dès maintenant certains des minerais les plus rares. *perhaps it is preferable to ...*

Il pourrait s'agir d'un nouveau virus. *it could be*

Ceci pourrait expliquer le retard avec lequel la nouvelle lui est parvenue. *this could explain*

Ceci remet en question la validité de ces statistiques. *this calls into question again ...*

On hésite à croire qu'une telle décision ait été prise. *it is difficult to believe that*

Conceding a point

Nous savons réduire les effets de la pollution, et **pourtant** or **toutefois** or **cependant** or **néanmoins,** nous hésitons souvent à le faire à cause du coût.	*however*
Bien que or **Quoique** les personnages soient étudiés avec soin, ils manquent de vie.	*although*
Le style est intéressant, **quoique** or **bien que** or **encore que** lent parfois.	*albeit*
Ils ont raison **jusqu'à un certain point, mais** certaines de leurs idées prendraient trop longtemps à réaliser.	*up to a certain point they are right, but...*
Je suis d'accord avec l'auteur sur bien des points, **mais** je dois néanmoins formuler quelques réserves.	*I agree with him on many points, but...*
Bien sûr, la limitation de vitesse réduirait le nombre des accidents, **mais** elle créerait aussi d'autres problèmes.	*of course... but...*
Selon elle, le plus gros du travail est fait. **Toujours est-il qu'**il reste encore de nombreux détails à mettre au point.	*the fact still remains that*
Quel que soit le talent du metteur en scène, il n'arrive pas à rendre plausible une histoire aussi rocambolesque.	*however great the talent...*
On ne peut nier que or **Il est indéniable que** la robotique conduit or conduise à des suppressions d'emploi, mais...	*it cannot be denied that*
Certes, les spots publicitaires font vendre, mais ils coûtent aussi très cher.	*undoubtedly*
Sans aller jusqu'à dire que la femme est exploitée, **il faut cependant reconnaître qu'**elle rencontre des difficultés particulières dans le monde du travail.	*it must be recognised that*
Tout en reconnaissant que les grands ensembles ont permis de loger des milliers de sans-abri, **il faut néanmoins accepter que** les conditions y sont souvent déplorables.	*while recognising... one must also agree that*
Sans doute la solitude est-elle un fléau moderne, **mais** c'est souvent à l'individu de lutter contre elle.	*doubtless... but...*
Le moins que l'on puisse dire, c'est que le personnage est fascinant.	*the least one can say is that*

Emphasizing particular points

Pour souligner la complexité du problème, l'auteur nous décrit les effets secondaires de ces produits.	*in order to emphasize*
Il faut bien préciser qu'il or **Précisons bien qu'**il s'agit là d'une méthode couramment employée.	*let us make it quite clear that*
Cette décision **met en lumière** l'ignorance et les préjugés de celui qui l'a prise.	*... highlights ...*
N'oublions pas que les femmes vivent dans l'ensemble plus longtemps que les hommes.	*let us not forget that*
Il faut insister sur le fait que personne n'était au courant de ces tentatives.	*we must make it absolutely clear that*
C'est cet incident **qui** est à l'origine de la réforme des prisons. **C'est** dans les lycées **que** le mécontentement est le plus évident.	*it is this... which...*
Si elle ne s'en est pas encore occupée, **c'est** par indifférence, **et non pas** par manque de temps.	*it is indifference, not lack of time, that has prevented her from...*
Non seulement il s'est opposé à la réduction du budget, **mais** il a demandé de nouveaux crédits.	*not only did he... but...*
Cela ne veut pas dire que la pièce est or soit mauvaise, **mais plutôt que** l'auteur manque encore d'expérience.	*this does not mean that..., but rather that...*
L'ambition — **voilà** ce qui différencie le héros des autres personnages.	*that is what...*
Bien loin de nous transformer en imbéciles, la télévision nous instruit et nous divertit tout à la fois.	*far from changing us into...*
Non pas qu'il or **Ce n'est pas qu'**il condamne *(subj)* cette attitude, **mais** il craint qu'elle soit incomprise.	*it is not that... but rather that...*
Le chômage va encore augmenter, **d'autant plus que** le gouvernement refuse d'aider les industries en difficulté.	*and all the more so because...*
J'irais même jusqu'à dire qu'il a tort.	*I would even go so far as to say that*
La pièce comporte de nombreuses inexactitudes historiques, **et qui plus est,** la chronologie est déformée.	*and what is more serious..., and more than that...*
Cette loi a toujours été injuste, **à plus forte raison maintenant que** l'opinion publique a évolué.	*and more than ever now that*

Moderating a statement

Sans vouloir critiquer cette façon de procéder, il semble cependant qu'une autre méthode pourrait avoir de meilleurs résultats.
without wishing to criticize

L'auteur a certainement raison **dans l'ensemble,** mais certains détails mériteraient d'être revus.
by and large

Une mise au point serait souhaitable.
one might offer a slight clarification here

Sans attacher trop d'importance à des détails, il semble pourtant qu'une révision s'impose.
without laying too much emphasis on details

Il serait injuste de reprocher à l'auteur son manque d'expérience.
it would be unfair to . . .

Il serait mal venu de demander plus de détails.
it would be churlish to . . .

Indicating agreement

Beaucoup de gens trouvent les grands ensembles très laids, et **en effet** *or* **effectivement,** ils sont souvent hideux.
and indeed

Il faut reconnaître que les résultats sont décevants.
one must admit that

Sa description de l'événement est **exacte en tous points.**
is correct in every detail

L'explication qu'il en donne est **tout à fait convaincante.**
is wholly convincing

Nous ne pouvons que nous incliner devant ces conclusions.
we can only bow to these conclusions

Comme le suggère l'auteur, il semble indispensable de pousser plus loin les recherches.
as the author suggests

Tout semble effectivement indiquer qu'il y a eu un accident d'une gravité exceptionnelle.
everything certainly seems to point to

Il est évident que cette méthode est efficace.
it is clear that

Rien n'est plus vrai que cette description de l'exil.
nothing is more true than

Indicating disagreement

Il est impossible d'accepter le point de vue de l'auteur sur ce point.
it is impossible to accept

Cette explication **ne mérite pas d'être retenue.**
is not worthy of our attention

Les habitants de l'île **protestent contre** la construction du pont.
protest against

Ces faits **sont en contradiction avec** la version officielle.
these facts contradict

Il ne saurait être question de procéder à de nouvelles élections.
there can be no question of

Je me sens tenu de **formuler quelques réserves/de soulever quelques objections.**
. . . to make some reservations/to raise some objections

Le professeur Durand **réfute l'argument selon lequel** la médecine préventive est plus économique que la médecine curative.
refutes the claim that

À tous ceux qui critiquent la publicité, **on peut répondre que** *or* **on peut répliquer que** c'est un nouveau genre artistique.
one can reply that

Cette affirmation **me semble contestable.**
. . . seems to me to be questionable

L'auteur commet une grave erreur en laissant entendre qu'un accord avait été conclu.
the author makes a grave mistake in

Bien que son raisonnement soit intéressant, **je ne partage pas le point de vue de l'auteur.**
. . . I do not share the author's point of view

Quand bien même il aurait raison sur ce point, cela ne résout pas le problème dans son ensemble.
even if he is right

Quand on dit que la catastrophe a fait 2 000 victimes, **on est très loin de la vérité.**
this is far from the truth

Il faut s'élever contre cette vue pessimiste de l'existence.
one cannot let this pass without comment

Indicating approval

Heureusement, l'auteur nous précise plus tard que ce n'est pas le cas.
fortunately

On comprend fort bien que cette attitude plaise.
one can well understand how . . .

La meilleure solution serait effectivement de restaurer le bâtiment.
the best solution would certainly be to . . .

Il suffit de lire ces lignes pour se croire transporté au XVIIIe siècle.
you have only to read these lines to be . . .

Les responsables de l'enquête **ont raison d'**inclure les moins de 15 ans.
. . . were right to . . .

L'auteur souligne ce détail **à juste titre** *or* **avec raison.**
. . . rightly emphasizes

Il était grand temps que quelqu'un prenne la défense des personnes âgées.
it was certainly time that

Enfin un ouvrage qui traite vraiment des problèmes des femmes qui travaillent!
at last, a work which really . . .

Ce livre est le bienvenu car il apporte un nouvel éclairage sur la question.
this book is welcome because

Indicating disapproval

Il est regrettable que l'auteur n'ait pas apporté le même soin à la présentation de son ouvrage.

it is a pity that

Il serait vraiment dommage qu'une découverte aussi importante ne soit pas reconnue à sa juste valeur.

it would be a pity if

Malheureusement, cette étude est très inégale.

unfortunately

On peut s'étonner de la rapidité avec laquelle la réforme a été appliquée.

one may well be surprised at

On voit mal comment les élèves pourraient bénéficier de cette mesure.

it is difficult to see how

Les habitants **condamnent** *or* **critiquent** le projet d'autoroute, qui va détruire la tranquillité du village.

condemn

Ils **reprochent aux** autorités *or* ils **accusent** les autorités **de** ne pas les avoir consultés à temps.

they complain that the authorities . . .

Making a correction

En réalité *or* **En fait,** il ne s'agit pas du tout de cela.

in (actual) fact

Il ne s'agit pas à proprement parler de commerce, **mais plutôt de** troc.

it is not a question of X, but rather of Y

Son récit est **très loin de la vérité: en fait** . . .

. . . is very far from the truth: in fact . . .

Ces critiques **ne semblent pas justifiées.**

. . . do not seem to be justified

Ces craintes **sont** absolument **sans fondement.**

are quite without foundation

Pour rétablir les faits, je dirai que . . .

to re-establish the facts, I shall . . .

Indicating the reason for something

Ceci tient à *or* **Ceci résulte d'**un malentendu.

this arises from

C'est pour cette raison que tout retour en arrière est impossible.

it is for this reason that

Le vieux château sera réparé: **en effet,** il constitue un des meilleurs exemples de l'architecture du XVIIe siècle.

indeed, it constitutes . . .

On ne peut se fier à ces chiffres, **attendu que** *or* **vu que** les calculs sont approximatifs.

given that

S'il a accepté, **c'est certainement qu'**on a fait pression sur lui.

it is certainly because . . .

Ceci expliquerait la baisse des ventes en février.

this would explain

L'auteur **laisse entendre que** *or* **suggère que** l'explication est ailleurs.

suggests that

Setting out the consequences of something

Cette décision **a eu d'heureuses conséquences/a eu des conséquences néfastes.**

had happy/fatal consequences

Sa nomination **a eu pour conséquence de** créer un mécontentement considérable au sein de l'organisation.

had the effect of

On peut donc en déduire que *or* **On en arrive à la conclusion que** l'auteur désapprouve cette conception de l'autorité.

one is led to the conclusion that

Il était très mécontent des conditions qui lui étaient offertes, **aussi** a-t-il donné sa démission.

which is why

Voilà pourquoi *or* **C'est pourquoi** la famille occupe une place de choix dans ses romans.

and that is why

La fermeture de l'usine **aura pour conséquence** *or* **aura comme résultat** *or* **mènera à** la disparition du village.

will result in

Les compagnies aériennes ont augmenté leurs tarifs, **d'où** une réduction du nombre des passagers.

leading to

Le nombre de postes sera réduit à trois, **ce qui implique** *or* **ce qui signifie** le départ de quatre employés.

which means

Le héros n'apparaissant pas dans ce chapitre, **il s'ensuit que** *or* **il en résulte que** les personnages secondaires occupent le premier plan.

it follows from this that

Il s'est refusé à tout commentaire, **ce qui tend à prouver qu'**il avait menti.

which seems to confirm that

Ainsi, la personnalité du héros se révèle être beaucoup plus complexe qu'elle ne le semblait au premier abord.

thus

Contrasting or comparing

Certains disent que la production d'énergie est essentielle à notre avenir, **d'autres affirment** que nous en produisons déjà trop.

some say . . . others declare . . .

Certains parlent aujourd'hui de la faillite de l'école. **Inversement, d'autres** proclament les progrès de l'éducation.

some people . . . conversely, others . . .

Il dépasse de loin son rival. // **Il n'arrive pas à la cheville de** son rival.

he is far better than // not nearly as good as

Comparé à son premier roman, celui-ci a plus de finesse.

compared with

Il n'y a pas de comparaison possible **entre** les deux.

there is no comparison possible between the two

LE TÉLÉPHONE

POUR OBTENIR UN NUMÉRO

Could you get me Newhaven 465786 please.
(four-six-five-seven-eight-six)

You'll have to look up the number in the directory.

You should get the number from International Directory Enquiries.

Would you give me Directory Enquiries please.

Can you give me the number of the Decapex company, of 54 Broad Street, Newham.

It's not in the book.

They're ex-directory *(Brit)*. // They're unlisted *(US)*.

What is the code for Exeter?

Can I dial direct to Colombia?

You omit the '0' when dialling England from France.

How do I make an outside call? // What do I dial for an outside line?

LES DIFFÉRENTS TYPES DE COMMUNICATIONS

It's a local call.

This is a long-distance call from Worthing.

I want to make an international call.

I want to make a reverse charge call *ou* a transferred charge call to a London number *(Brit)*. // I want to call a London number collect *(US)*.

I'd like to make a personal call *(Brit)* ou a person-to-person call *(US)* to Joseph Broadway on Jamestown 123456.

I want an ADC call to Bournemouth.

I'd like a credit card call to Berlin.

What do I dial to get the speaking clock?

I'd like an alarm call for 7.30 tomorrow morning.

LE STANDARDISTE PARLE

Number, please.

What number do I want? // What number are you calling? // What number are you dialling?

Where are you calling from?

Would you repeat the number please.

You can dial the number direct.

Replace the receiver and dial again.

There's a Mr Sandy Campbell calling you from Canberra and wishes you to pay for the call. Will you accept it?

Can Mr Williams take a personal call *(Brit)*? // Can Mr Williams take a person-to-person call *(US)*?

Go ahead, caller.

(Directory Enquiries) There's no listing under that name.

There's no reply from 45 77 57 84.

I'll try to reconnect you.

Hold the line, caller.

All lines to Bristol are engaged — please try later.

It's a card phone.

I'm trying it for you now.

It's ringing. // Ringing for you now.

The line is engaged *(Brit)*. // The line is busy *(US)*.

THE TELEPHONE

GETTING A NUMBER

Je voudrais le 46 09 37 12, s'il vous plaît.
(quarante-six zéro-neuf trente-sept douze)

Vous devez consulter l'annuaire.

Vous pourrez obtenir le numéro par les renseignements internationaux.

Pourriez-vous me passer les renseignements, s'il vous plaît?

Je voudrais le numéro de la société Decapex, 20 rue de la Marelle, à Pierrefitte.

Je n'ai pas trouvé le numéro dans l'annuaire.

Désolé, leur numéro est sur la liste rouge.

Quel est l'indicatif pour Briançon?

Est-ce que je peux appeler la Colombie par l'automatique?

Si vous téléphonez de France en Angleterre, ne faites pas le zéro.

Comment est-ce que je peux téléphoner à l'extérieur?

DIFFERENT TYPES OF TELEPHONE CALL

C'est une communication locale.

C'est une communication interurbaine en provenance de Lille.

Je voudrais une communication pour l'étranger.

Je voudrais appeler Londres en PCV. (N.B.: system no longer exists in France.)

Je voudrais une communication avec préavis à l'intention de M. Gérard Leblanc au 26 85 77 08.

Je voudrais une communication avec indication de durée pour Bourges.

Je voudrais une communication payable avec carte de crédit pour Berlin.

Quel numéro dois-je faire pour l'horloge parlante?

Je voudrais être réveillé à 7.30 demain.

THE OPERATOR SPEAKS

Quel numéro voulez-vous?
Quel numéro demandez-vous?

D'où appelez-vous?

Pourriez-vous répéter le numéro, s'il vous plaît?

Vous pouvez obtenir ce numéro par l'automatique.

Raccrochez et renouvelez votre appel. // Raccrochez et recomposez le numéro.

M. Ladret vous appelle en PCV d'Amsterdam. Est-ce que vous acceptez la communication?

Il y a un appel avec préavis pour M. Williams — est-ce qu'il est là?

C'est à vous. // Vous êtes en ligne.

(aux Renseignements) Il n'y a pas d'abonné à ce nom.

Le 45 77 57 84 ne répond pas.

J'essaie de rétablir la communication. // Je vais essayer de refaire le numéro.

Ne quittez pas.

Par suite de l'encombrement des lignes, votre appel ne peut aboutir. Veuillez rappeler ultérieurement.

C'est un téléphone à carte.

J'essaie de vous mettre en ligne. // J'essaie d'obtenir la communication.

Ça sonne.

La ligne est occupée.

QUAND L'ABONNÉ RÉPOND

Could I have extension 516? // Can you give me extension 516?

Is that Mr Lambert's phone?

Could I speak to Mr Swinton please? // I'd like to speak to Mr Swinton, please. // Is Mr Swinton there?

Could you put me through to Dr Henderson, please?

Who's speaking?

I'll try again later.

I'll call back in half an hour.

Could I leave my number for her to call me back?

I'm ringing from a callbox *(Brit)*. // I'm calling from a pay station *(US)*.

I'm phoning from England.

Would you ask him to ring me when he gets back.

Could you ring that number for me?

LE STANDARD DE L'ABONNÉ PARLE

Queen's Hotel, can I help you?

Who is calling, please?

Who shall I say is calling?

Do you know his extension number?

I am connecting you now. // I'm putting you through now.

I'm putting you through now to Mrs Thomas.

I have a call from Tokyo for Mrs Thomas.

I've got Miss Martin on the line for you.

Miss Paxton is calling you from Paris.

Dr Craig is talking on the other line.

Sorry to keep you waiting.

There's no reply.

You're through to our Sales Department.

POUR RÉPONDRE AU TÉLÉPHONE

Hullo, this is Anne speaking.

(Is that Anne?) Speaking.

Would you like to leave a message?

Can I take a message for him?

Don't hang up yet.

Put the phone down and I'll call you back.

This is a recorded message.

Please speak after the tone.

EN CAS DE DIFFICULTÉ

I can't get through (at all).

The number is not ringing.

I'm getting 'number unobtainable'. // I'm getting the 'number unobtainable' signal.

Their phone is out of order.

We were cut off.

I must have dialled the wrong number.

We've got a crossed line.

I've called them several times with no reply.

You gave me a wrong number.

I got the wrong extension.

This is a very bad line.

WHEN YOUR NUMBER ANSWERS

Pourriez-vous me passer le poste 516, s'il vous plaît?

Je suis bien chez M. Lambert?

Je voudrais parler à M. Wolff, s'il vous plaît. // Pourrais-je parler à M. Wolff, s'il vous plaît?

Pourriez-vous me passer le docteur Dupont, s'il vous plaît?

Qui est à l'appareil?

Je rappellerai plus tard.

Je rappellerai dans une demi-heure.

Pourrais-je laisser mon numéro pour qu'elle me rappelle?

Je vous appelle d'une cabine téléphonique. // Je téléphone d'une cabine.

J'appelle d'Angleterre. // Je téléphone d'Angleterre.

Pourriez-vous lui demander de me rappeler quand il rentrera?

Voulez-vous appeler ce numéro pour moi?

THE SWITCHBOARD OPERATOR SPEAKS

Allô — Hôtel des Glycines, j'écoute. // Allô — Hôtel des Glycines, à votre service.

Qui est à l'appareil?

C'est de la part de qui?

Est-ce que vous connaissez le numéro du poste?

Je vous le passe.

Je vous passe Mme Thomas.

Quelqu'un en ligne de Tokyo demande Mme Thomas.

J'ai Mlle Martin à l'appareil.

Mme Dupuis vous appelle de Paris.

M. Potain est sur l'autre ligne.

Ne quittez pas.

Ça ne répond pas.

Vous avez le service des ventes en ligne.

ANSWERING THE TELEPHONE

Allô, c'est Anne à l'appareil.

(C'est Anne à l'appareil?) Elle-même.

Voulez-vous laisser un message?

Voulez-vous que je lui fasse une commission?

Ne quittez pas. // Ne raccrochez pas.

Raccrochez et je vous rappelle.

Vous êtes en communication avec un répondeur automatique.

Au bip sonore, veuillez laisser votre message.

WHEN IN TROUBLE

Je n'arrive pas à avoir le numéro.

Ça ne sonne pas.

Tout ce que j'obtiens, c'est 'il n'y a pas d'abonné au numéro que vous demandez'. // Tout ce que j'obtiens, c'est 'le numéro que vous demandez n'est pas attribué'.

Leur téléphone est en dérangement.

On nous a coupés. // La communication a été coupée.

J'ai dû faire un faux numéro.

Il y a quelqu'un d'autre sur la ligne.

J'ai appelé plusieurs fois, mais ça ne répond pas.

Vous m'avez donné un faux numéro.

On ne m'a pas donné le bon poste. // On s'est trompé de poste.

La ligne est très mauvaise.

LA SUGGESTION

We could stop off in Barcelona for a day or two, if you would like to. — *nous pourrions*

How do you fancy a couple of days at the sea? — *as-tu envie de*

What would you say to a morning on Grand Canal? — *que diriez-vous de*

Would you like to visit the castle while you are here? — *aimeriez-vous*

I suggest *ou* I would suggest *ou* I'd like to suggest that we offer him the job. — *je suggère que*

What if we were to arrange a meeting for the end of May? — *et si on organisait*

Perhaps we should ask him if he would like to come with us? — *peut-être devrions-nous*

Why not go round to see him yourself? — *pourquoi ne pas*

Suppose *ou* Supposing you were to rent a house in Sicily? — *supposons que*

Perhaps you might care to add your name to this list? — *voudriez-vous*

You could *ou* You might buy the tickets for both of us, if you agree. — *vous pourriez peut-être*

You might like to write to him and explain what happened. — *vous pourriez toujours*

In your place *ou* If I were you, I'd be very careful. — *à votre place*

What do you think about trying to set up such a meeting? — *que pensez-vous de*

Have you ever thought of applying for the job? — *avez-vous jamais pensé à*

I've got an idea — let's invite him over here. — *j'ai une idée — invitons-le . . .*

If I may make a suggestion, why not discuss it with him? — *si je puis faire une suggestion*

If I might be permitted to suggest something: would you take her on in your department for a while? — *si je puis me permettre de suggérer quelque chose*

We propose that half the fee be paid in advance, and half on completion of the contract. — *nous proposons que*

(avec une certaine hésitation)

It is quite important that you should wait till he returns. — *il est important que*

I am convinced that this would be a dangerous step to take. — *je suis convaincu que*

I was thinking of going there next month — how about it? — *je pensais*

There would be a lot to be said for acting at once. — *il y aurait un gros avantage à*

Might I be allowed to offer a little advice? — talk it over with your parents first. — *puis-je offrir un conseil?*

If you want my advice, I'd steer well clear of them. — *à mon avis, vous feriez bien de*

In these circumstances, it might be better to wait. — *il vaudrait peut-être mieux*

It might be a good thing *ou* It might be a good idea to warn her about this. — *il serait bon de*

If you were to give me the negative, I could get copies made. — *si vous me donniez . . . je pourrais*

Would it matter if you didn't hand in the essay on time? — *est-ce que cela serait grave si*

Say you were to change the date of your holiday? — *et si vous changiez . . .*

Some people might prefer to wait until they are sure of the money before acting. — *il y a des gens qui préféreraient*

Perhaps it might be as well to ask her permission first? — *peut-être serait-il préférable de*

I'd be very careful not to commit myself. — *je ferais très attention à ne pas*

DEMANDANT DES SUGGESTIONS

What would you do in my place *ou* What would you do if you were me? — *que feriez-vous à ma place?*

Have you any idea what the best way to go about it is? — *savez-vous . . .*

I wonder if you have any suggestion to offer on where we might go for a few days? — *je me demande si vous pouvez suggérer*

I'm a bit doubtful about where to start. — *je ne sais pas exactement*

ET, SELON LE CONTEXTE:

if you don't object / I'd like to ask you a favour / I would advise you to . . . / take care not to . . . / I would recommend / whatever you do, don't . . . / perhaps you would kindly / I cannot put it too strongly / my idea was to . . . / how do you feel about this? / I should be grateful if you would / it could be in your interest to . . . / it occurred to me that / I would be delighted to . . . / I hope you will not be offended if / if I were to make an informed guess, I'd say / it might have something to do with / if you ask me, you'd better / it would certainly be advisable to . . .

LE CONSEIL

POUR DEMANDER UN CONSEIL

I'd like your advice about *ou* **I'd appreciate your advice about** where to go in Italy.	*je voudrais vous demander votre avis sur*
What would you advise me to do in the circumstances?	*que me conseilleriez-vous de faire*
Would you advise me to do as they ask?	*à votre avis, dois-je . . .*
How would you go about it, in my place? // **What would you do,** if you were me?	*que feriez-vous*
Do you think I ought to sell it to him?	*pensez-vous que je devrais*
What would you recommend in these circumstances?	*que recommandez-vous*

POUR DONNER UN CONSEIL

If you want my advice, I'd steer well clear of them.	*si vous voulez mon avis, vous feriez bien de*
Take my advice and don't rush into anything.	*suivez mon conseil*
My advice would be to have nothing to do with this affair.	*je vous conseillerais de*
I would strongly advise you to reconsider this decision.	*je vous conseille vivement de*
I would advise against any such course of action.	*je déconseillerais*
It would certainly be advisable *ou* **You would be well advised to** get his permission before going any further in this matter.	*il serait recommandé de*
In your place I would *ou* **If I were you I would** clear it with her headmaster first.	*à votre place, je . . .*
I think you should send *ou* **I think you ought to** send it by express post, as time is so important.	*à mon avis, vous devriez*
Why don't you explain to her exactly what happened?	*pourquoi ne pas*
If you want my opinion, I'd go by air to save time.	*je trouve que tu devrais*
You'd be as well to think it over carefully, before taking any decision.	*tu ferais bien de*
Would you allow me to suggest something? You could go there direct from London.	*me permettez-vous une suggestion?*
If you ask me, you'd better find another travel agency.	*à mon avis, vous feriez mieux de*
Do be sure you read the small print before you sign anything.	*prenez soin de*
Try to avoid a quarrel with him, for my sake.	*essaie de*
Whatever you do, don't drink the local brandy.	*quoi qu'il arrive*
We believe that **you would be ill-advised to** have any dealings with this firm.	*vous auriez tort de*
Please believe me when I say **it is in your interest to** act promptly now.	*il est dans votre intérêt de*

(de façon moins directe)

It might be wise *ou* **It might be a good thing to** go and see your doctor about this.	*il serait peut-être prudent de*
In view of the present situation, **it might be better to** think it over for a while before acting.	*il serait peut-être préférable de*
I'd be very careful not to commit myself.	*je ferais très attention de ne pas*
You might like *ou* **You might care to** write to him and explain what happened.	*vous pourriez peut-être*
There would be something to be said for acting at once.	*il y a quelques avantages à*
I wonder if it might be as well to wait for another few days?	*peut-être serait-il souhaitable de*

POUR LANCER UN AVERTISSEMENT

Take care not to spend too much money.	*faites attention de ne pas*
Be careful not to believe everything they tell you.	*veillez à ne pas*
Make sure you don't *ou* **Mind you don't** sign anything.	*surtout, ne signez rien*
I'd think twice about going on holiday with her.	*j'hésiterais à*
It would be sensible to consult someone who knows the country before making detailed plans.	*il serait bon de*
It would be sheer madness to marry him when you feel that way about him.	*ce serait de la folie de*
You're risking a long delay in Cairo, if you decide to come back by that route.	*vous risquez*

ET, SELON LE CONTEXTE:

what would you do in my position? / can you help me to . . . / I should be grateful if you could / what would your reaction be if / might I be allowed to offer some advice? / we would urge you to . . . / things being what they are / in your shoes, I would / my view of the matter is / it's really none of my business but . . . / a word of caution . . . / it would seem a good idea to . . . / I hope you don't think I'm interfering but . . . / it occurred to me that you might / don't be offended if I suggest / if I might be permitted to . . . / I should warn you that / instinct tells me that

L'OFFRE

May I show you the city when you are here?   *puis-je*

Would you like me to find out more about it for you?   *voudriez-vous que je*

Is there anything I can do about your accommodation?   *puis-je vous aider*

We would like to offer you the post of assistant manager.   *nous voudrions vous offrir*

I might perhaps *ou* I could perhaps give you a hand with the painting?   *je pourrais peut-être*

Shall I collect the documents for you on my way there?   *voulez-vous que je*

How about letting me find some help for you in the house?   *et si je . . .*

(de façon plus indirecte)

Say I were to lend you the money till your bursary comes through?   *mettons que je . . .*

Would you allow me to contribute towards the cost?   *me permettriez-vous de*

I would be delighted to help, if I may.   *je serais enchanté de*

I hope you will not be offended if I offer a contribution towards the expense you are incurring.   *j'espère que vous ne serez pas vexé si*

It would give me great pleasure to welcome you to my home.   *je serais très heureux de*

I'd like to pay my share, if it's all the same to you.   *si cela vous est égal*

If you don't mind, I'll buy my own tickets.   *si cela ne vous ennuie pas*

Do let me know if I can help you on anything else.   *prévenez-moi si*

If I can be of any assistance, please do not hesitate to write to me.   *n'hésitez pas à*

What if I were to call for you in the car?   *et si je . . .*

It occurred to me that I might go with you as far as the border at least?   *j'ai pensé que je pourrais peut-être*

LA REQUÊTE

Would you please *ou* Will you please call in and see her if you have time when you are in Rome.   *voudriez-vous avoir la gentillesse de*

Would you please *ou* Would you kindly reserve one single room for those nights.   *veuillez avoir l'obligeance de*

Could you arrange *ou* Would it be possible for you to arrange for a car to come to the airport for me?   *pourriez-vous*

Would you mind letting me have a copy of your letter to him?   *est-ce que cela vous ennuierait de*

Might I ask you to *ou* Could I ask you to let me have a note of his address some time?   *puis-je vous demander de*

(dans une langue plus soutenue)

I should be grateful if you would let me know which you have in stock.   *je vous serais reconnaissant de bien vouloir*

I would ask you *ou* I must ask you not to use the telephone for long-distance calls.   *je dois vous demander de ne pas*

We should be glad to receive your cheque for this amount by return of post.   *nous vous serons obligés de nous envoyer*

You are requested to return the books to us at once.   *vous êtes prié de*

Kindly inform us when your account will be in credit.   *veuillez . . .*

(de façon plus indirecte)

I would rather you didn't tell him what I said.   *je préférerais que vous ne . . .*

It would be very helpful *ou* It would be very useful if you could find me a room there.   *cela me rendrait service si . . .*

I was hoping that you might find time to go and see her.   *j'espérais que*

I wonder whether you might not ask her for it?   *pourquoi ne pas*

I would appreciate it if you could let me have copies of the best photographs.   *je vous serais reconnaissant de*

ET, SELON LE CONTEXTE:

I apologize for troubling you with such a request / I hope this will not take up too much of your time / if it is not too much trouble / if I am not disturbing you / I hope you don't mind about this / don't forget to . . . / for heaven's sake don't / may I remind you to . . . / we look forward to receiving from you / if you do not . . . we shall

LA COMPARAISON

This year's sales figures are very high **in comparison with** *ou* **compared with** *ou* **when compared with** those of our competitors.   *en comparaison de*

By comparison, this one is much more expensive.   *par comparaison*

If you compare New York and Washington, you realise how pleasant the latter is to live in.   *si l'on compare*

If we set the overall cost **against** our estimate, we can see how inaccurate it was.   *si nous comparons*

This house has a lovely garden, **whereas** *ou* **whilst** the other has only a small yard.   *tandis que*

The quality of the paintings is very disappointing **beside** that of the sculpture section in the exhibition.   *comparé à*

In contrast to Joan's, Anne's career has flourished since she left university.   *par contraste avec*

As opposed to John's *ou* **Unlike** John's, Peter's work is careful and thorough.   *par opposition à*

This is **nowhere near as** large **as** the other one.   *loin d'être aussi . . . que*

Let us compare and contrast the two approaches.   *comparons et contrastons*

We must now attempt to **note the similarities and the differences.**   *noter les ressemblances et les différences*

There is no comparison between them *ou* **You cannot compare them at all** *ou* **They are simply not comparable** — the first scheme is clearly much more ambitious than the second.   *ils ne sont pas comparables*

The former looks good, but **the latter** is more effective.   *le premier . . . le second*

There is some (*ou* **no** *ou* **a certain** *etc***) resemblance between** the two photographs. // **There is** some (*ou* **no** *etc***) similarity between** them.   *il y a une certaine etc ressemblance entre*

There is some (*ou* **no** *etc***) difference between** them.   *il y a une certaine etc différence entre*

It's swings and roundabouts — what you gain on one, you lose on the other.   *c'est du pareil au même*

It is something like a television screen, **but** much smaller. // **He's like** his brother, **only** fairer.   *ressemble à . . . mais en plus . . .*

What differentiates him from similar writers is his grasp of social truths.   *ce qui le distingue de*

(comparaisons favorables)

It is greatly superior to that restaurant we went to last time we were in Rome.   *c'est infiniment supérieur à*

The imported version just **can't compete with** the one we make ourselves.   *ne peut se comparer à*

I think James **has the edge over** Paul in maths.   *est légèrement supérieur à*

The little chest of drawers is really **in a class of its own.**   *unique en son genre*

(comparaisons défavorables)

It is **much inferior to** the sample they sent us.   *est très inférieur à*

His book **is not worthy of comparison with** *ou* **does not bear comparison with** the writings of the experts in the field.   *n'est pas comparable à*

I'm afraid her work simply **does not measure up to** that of her classmates.   *n'est pas aussi bon que*

The English forwards **were no match for** the French, who scored three goals in the first half.   *étaient très inférieurs aux*

As far as brains go, **he is not in the same class as** *ou* he is not a patch on his father.   *il est loin d'être aussi bien que*

(ce qui est semblable)

It is really **much the same as** the other. // **There's not much difference between** them. // **There's not much to choose between** them.   *il n'y a pas grande différence entre*

These rings are about **equal in** value. // They are **of equal** value.   *sont de valeur égale*

The value of this house **is equivalent to** *ou* **corresponds to** that of the one you own.   *correspond à*

It has been likened to *or* **It has been compared to** one of Wordsworth's later poems.   *on l'a comparé à*

His exam results **are on a par with** those of his brother.   *valent ceux de*

(ce qui ne peut pas se comparer)

They are simply not comparable *ou* **You just can't compare them at all** — they are so different in their approach.   *on ne peut pas les comparer*

There is little correlation between one set of results and the other.   *il n'y a pas vraiment de corrélation entre*

They have so little in common that it is a waste of time trying to assess their respective merits.   *ils se ressemblent si peu*

L'OPINION

POUR S'ENQUÉRIR DE L'OPINION DE QUELQU'UN

What do you think of ou **What is your opinion on** the way he has behaved over this?
que pensez-vous de

If I may ask your opinion, **how do you see** the traffic developing in this part of the town?
à votre avis, comment est-ce que

I'd be interested to know what your reaction is to the latest report on food additives.
j'aimerais savoir ce que vous pensez de

Can you tell me **what your own feelings are about** the way the house was sold?
pouvez-vous me dire ce que vous pensez personnellement de

What are your thoughts on the subject of how to earn more money?
avez-vous une opinion en ce que concerne

I have been asked to find out **what your attitude is to** this problem.
quelle est votre attitude en ce qui concerne

Have you come to any conclusions about how we should plan the next stage?
est-ce que vous avez décidé de ce que

POUR EXPRIMER SON OPINION

In my opinion ou **As I see it,** that was the best thing that could have happened to them.
à mon avis

I feel children shouldn't be ordered around too much.
je trouve que

Personally, I believe her sister should have invited her to stay.
personnellement, je trouve que

When I think about it, **it seems to me that** there are too many people chasing too few jobs.
il me semble bien que

I have the impression that there has been enough money spent on this project already.
j'ai l'impression que

I have an idea ou **a hunch** he might be coming back before the end of the summer.
j'ai comme une idée que

I daresay he'll apologise if you give him time.
j'imagine que

To my mind, he's the wrong man for the job.
à mon avis

From my point of view ou **As far as I am concerned,** television is a complete waste of time.
en ce qui me concerne

My own view of the matter is that the government will have to act quickly.
pour ma part, je pense que

My own point of view is that ou **It's my belief that** people are best left to sort out their own lives.
personnellement je trouve que

It's my opinion that ou **I am of the opinion that** such people should not be allowed to get access to public funds.
je considère que

I am convinced that they did it in order to make things difficult for us.
je suis convaincu que

From where I stand, it looks as though the school will have to close.
de mon point de vue, il semble que

If you ask me ou **If you want to know what I think** ou **If you want my opinion,** he should have been sent to hospital right away.
si vous me demandez mon avis, je trouve que

POUR RÉPONDRE SANS EXPRIMER D'OPINION

I should prefer not to comment on that statement at the moment.
je préférerais ne pas donner mon avis sur

I would rather not commit myself at this stage.
je préférerais ne pas m'engager

I don't know what to think about ou **I don't know what to say about** the new scheme to brighten up the town.
je ne sais que penser de

This is not something I have given a lot of thought to.
je n'y ai pas vraiment réfléchi

I have no particular views on this subject. // **I haven't any strong feelings** about it.
je n'ai pas d'opinion particulière sur

I am not in a position to say much about what is going on at these talks, as I have been abroad for some time.
je ne suis pas à même de dire

I haven't any idea ou **I haven't the slightest notion** what we ought to do now.
je n'ai pas la moindre idée de ce que

I'm afraid **I am totally ignorant about** ou **I know nothing at all about** the internal combustion engine.
j'ignore tout de

It all depends on what you mean by . . .
tout dépend de ce que vous voulez dire par . . .

It depends on your point of view.
c'est une question de point de vue

It is difficult to say who is right about this.
il est difficile de dire

Your guess is as good as mine.
vous en savez autant que moi

It doesn't much matter to me, whether or not he decides to go.
cela m'est égal . . .

I wouldn't like to give an opinion on that.
je n'aimerais pas me prononcer là-dessus

LES GOÛTS ET PRÉFÉRENCES

POUR S'ENQUÉRIR DE CE QU'ON AIME OU PRÉFÈRE

Would you like to visit the castle, while you are here? — *aimeriez-vous*
How do you feel about going to a cricket match when you're in England? — *avez-vous envie de*
What do you like doing best, when you are on holiday? — *que préférez-vous faire*
What's your favourite way to spend an evening? — *quelle est votre occupation favorite*
Which of the two do you prefer? — *lequel des deux préférez-vous?*
We could either go to Ottawa or stay in New York — **which would you rather do?** — *que préférez-vous*

POUR DIRE CE QU'ON AIME

I greatly enjoy going to the cinema, especially to see a good French film. — *j'aime beaucoup*
I'm very keen on gardening. — *j'aime énormément*
As for seaside towns, **I'm very fond of** Brighton. — *j'aime particulièrement*
What I like better than anything else is *ou* **There's nothing I like more than** a quiet evening by the fire with a book. — *ce que j'aime le mieux, c'est*
For me, there's nothing to compare with the Italian Renaissance painters. — *pour moi, rien ne vaut...*
I must admit to a certain **affection for** *ou* **fondness for** *ou* **weakness for** Victorian houses. — *un penchant pour*
I have a soft spot for labradors. — *un faible pour*
I like people **to be** on time for their appointments. — *j'aime qu'on soit*

POUR DIRE CE QU'ON N'AIME PAS

I very much dislike that sort of holiday. — *je n'aime pas du tout*
I can't stand *ou* **I can't bear** books that other people have written on. — *je déteste*
I'm not too keen on seaside holidays. — *je n'aime pas trop*
I can't say writing essays **appeals to me very much.** — *je ne peux pas dire que j'aime*
It's not my kind of book *(ou* film *ou* place *etc).* — *ce n'est pas mon genre de*
I'm fed up with snooker on television. — *j'en ai assez de*
Cowboy films **aren't my favourite** form of entertainment. — *ne sont pas ce que je préfère*
I'm not too wild about *ou* **I can't get up any enthusiasm for** hill-walking. — *je ne suis pas emballé par*
Knitting **isn't really my thing,** I'm afraid. — *n'est pas qch que j'aime*
I've gone off the idea of cycling round Holland. — *je n'ai plus envie de*
There's nothing I like less *ou* **There's nothing I dislike more** than having to get up at dawn. — *il n'y a rien qui me déplaise plus que*
I don't much like the fact that he is always late on Monday mornings. — *je n'aime pas beaucoup le fait que*
I took a dislike to him the moment I saw him. — *il m'a déplu*
What I hate most is waiting in queues for buses. — *ce que je déteste le plus*
I find it intolerable that there should be no public transport here on Sundays. — *il est intolérable que*
I have a particular aversion to *ou* **I have a particular dislike of** people who think like that. — *je ne peux pas supporter*

POUR DIRE CE QU'ON PRÉFÈRE

I should prefer to *ou* **I would rather** wait until we have enough money to go by air. — *je préférerais*
I'd prefer not to *ou* **I'd rather not** go and see her until I have found the book she lent me. — *je préférerais ne pas*
I'd prefer you not to *ou* **I'd rather you didn't** invite him. — *je préférerais que vous ne... pas*
We should prefer you to put any comments in writing, and send them to our Service Manager. — *nous préférerions que vous*
I like the blue curtains **better than** the red ones. // **I prefer** the blue curtains **to** the red ones. — *j'aime mieux les... que les...*

POUR EXPRIMER L'INDIFFÉRENCE

I have no particular preference. — *je n'ai aucune préférence*
I don't mind at all — let's do whichever is easiest. — *ça m'est complètement égal*
I really don't care what you tell her. — *peu importe*
It's all the same to me whether he comes with us or not: I suggest you decide. — *ça n'a pas d'importance si*
I don't feel strongly about what sort of transport we choose — why don't you make that decision? — *je n'ai pas de préférence marquée*
It makes no odds, one way or the other. — *ça ne change rien*

L'INTENTION ET LA VOLONTÉ

POUR S'ENQUÉRIR DE CE QUE QUELQU'UN COMPTE FAIRE

Will you take the job? // **Do you intend to** ou **Do you mean to** take the job? — *avez-vous l'intention de*

What flight **do you mean** ou **do you intend to** take to New York? — *pensez-vous prendre*

What do you propose to do with the money you have inherited? — *que comptez-vous faire*

It would be useful to know **what your intentions are** ou **what you intend to do.** — *ce que vous comptez faire*

What had you in mind for the rest of the programme? — *qu'envisagiez-vous*

Did you mean to tell him how much you had paid for the house, or did the figure just slip out? — *aviez-vous l'intention de*

POUR EXPRIMER SES INTENTIONS

I am going ou **I intend** ou **I mean** ou **My intention is to** sell the car as soon as I can. — *j'ai l'intention de*

They **intended him to** go to university, but he did not pass his exams. — *ils voulaient qu'il aille*

I have made up my mind ou **I have decided** to go to university. — *j'ai décidé*

I am thinking of going to live in the country when I retire. — *je fais le projet de*

I am hoping to go and see her when I am in the States. — *j'espère*

They **have every intention of** returning next year. — *ils sont bien décidés à*

I went to London, **intending to** visit her ou **with the intention of** visiting her, but she was away on business. — *dans l'intention de*

What I have in mind is to start a small hardware business. — *mon intention est de*

I aim to reach Africa in three months. — *mon but est de*

He resolved ou **He made a resolution to** devote his life to the welfare of the underprivileged. — *il a résolu de*

Our aim ou **Our object** in buying the company is to provide work for the people of the village. — *notre intention*

My whole point in complaining **was to** get something done about the state of the roads. — *c'était afin de*

We plan to move ou **We are planning on** moving into the European market next year. — *nous comptons*

They bought the land **in order to** farm it ou **for the purpose of** farming it. — *dans le but de*

He studied history, **with a view to** becoming a politician when he left college. — *afin de*

POUR EXPRIMER CE QU'ON N'A PAS L'INTENTION DE FAIRE

I didn't mean ou **I didn't intend to** offend her, but she made me very angry. — *je ne voulais pas*

I intend not to pay ou **I don't intend to pay** unless he completes the work. — *j'ai l'intention de ne pas payer*

His parents **didn't intend him to** be a miner, but it was the only work he could find. — *n'avaient pas voulu en faire*

He had no intention of accepting the post even if it were offered to him. — *il n'avait nullement l'intention de*

We are not thinking of advertising this post at the moment. — *nous n'envisageons pas de*

POUR EXPRIMER CE QU'ON DÉSIRE FAIRE

I should like to see the Sistine Chapel. — *je voudrais*

Her father **wanted her to** be a teacher. — *voulait qu'elle soit*

Robert **wished** to work abroad but could not get a work permit. — *désirait*

I am very keen to see more students take up engineering. — *je voudrais bien voir*

I'm longing ou **I'm dying to** go to Australia, but I can't afford it yet. — *je meurs d'envie de*

I insist that you inform me as soon as you hear from them. — *j'insiste pour que*

POUR EXPRIMER CE QU'ON NE VEUT PAS FAIRE

I don't want ou **I have no wish** ou **I haven't any desire** to take the credit for something I did not do. — *je n'ai pas l'intention de*

I wouldn't want you to change your plans for my sake. — *je ne veux pas que*

I refuse to tell you where I put the documents. — *je refuse de*

I should prefer you not to speak to her about this. — *je préférerais que vous ne ... pas*

ET, SELON LE CONTEXTE:

what have you in view for / have you anyone in mind for / I am trying to discover your exact aims / did you do it intentionally? / I did it on purpose / it was by design / it was quite deliberate / it was not intentional / I went into this with my eyes open / he contrived to . . . / we were figuring on / we were reckoning on / they do not envisage / her dearest wish was to . . . / he had set his sights on / his ambition is / I did not bargain for

LA PERMISSION

POUR DEMANDER LA PERMISSION

May I ou **Might I** ou **Can I** ou **Could I** tell her about this? — *puis-je*

Would you let me ou **Would you allow me to** be present at the interview? — *me permettriez-vous*

Would it be possible for us to leave the car in your garage for a week? — *nous serait-il possible de*

Is there any chance of borrowing your boat while we are at the lake? — *y a-t-il un petit espoir de*

Do you mind if I come to the meeting next week? — *cela vous ennuierait-il si*

Would it be all right if I arrived on Monday instead of Tuesday? — *cela vous dérangerait-il si*

Would it bother you if I invited him? // **Would you have anything against** my inviting him? — *cela vous ennuierait-il si*

Would you have any objection ou **Would there be any objection to** my bringing a friend with me? — *est-ce que vous avez une objection à ce que*

Would you be kind enough to allow me ou **I should be grateful if you would allow me to** travel with your group as far as the border. — *je vous serais reconnaissant de bien vouloir me permettre de*

May I be permitted ou **May I be allowed to** leave early on these three days? — *me serait-il permis de*

Are we allowed ou **Are we permitted** ou **Is it allowed** ou **Is it permitted to** visit the Cathedral? // **Is visiting the Cathedral permitted?** — *est-ce qu'il nous est permis de*

Is it permissible to take photographs inside the gallery? — *est-il permis de*

POUR DONNER LA PERMISSION

You can ou **You may** have the car if you promise to drive carefully. — *tu peux*

Of course you must borrow our boat — we are always glad when friends use it. // **By all means,** borrow our boat... — *je vous en prie*

I should be delighted if you gave my name as a reference for this job. — *je vous permets volontiers de*

It's all right by me ou **I'm quite happy** if you want to skip the Cathedral visit. — *je ne vois pas d'inconvénient*

Of course I don't mind if you prefer to stay in Italy for another week. — *bien sûr que cela m'est égal*

I have no objection at all to your quoting me in your article. // **I have nothing against** your quoting me. — *je n'ai pas d'objection à ce que*

You have my permission to be absent for that week. — *je vous permets de*

We should be happy to allow you to inspect the papers here. — *nous vous donnons volontiers l'autorisation de*

You are allowed to visit the Museum, as long as you apply in writing to the Curator first. — *vous avez le droit de*

We have been given permission ou **We have been authorised to** hold the meeting in the town hall. — *on nous a donné l'autorisation de*

The manager **is quite agreeable to** or **has agreed to** our using his premises. — *veut bien que*

POUR REFUSER LA PERMISSION

You can't ou **You mustn't** go anywhere near the research lab. — *vous ne devez pas*

I should prefer you not to ou **I wouldn't want you to** ou **I'd rather you** didn't give them my name. — *je préférerais que vous ne ... pas*

We regret that it is not possible for you to visit the castle at the moment, owing to the building works. — *il est malheureusement impossible de*

I cannot allow this ou **I cannot permit this** for the time being. — *je ne peux le permettre*

I couldn't possibly allow you to show the photographs to a publisher. — *je ne peux en aucun cas vous autoriser à*

I'm not allowed to visit such places alone. — *je n'ai pas le droit de*

I forbid you to approach him on my behalf. // **You must not** approach him. — *je vous interdis de*

You must not ou **You are forbidden to** enter the premises without authority from the owners. — *il vous est interdit de*

I've been forbidden to swim for the moment. — *on m'a interdit de*

My doctor **forbids me** any alcohol. // **I've been forbidden** alcohol by my doctor. — *m'interdit*

It is **strictly forbidden to** carry weapons in this country. // Carrying weapons **is strictly prohibited.** — *il est strictement interdit de*

ET, SELON LE CONTEXTE:

I wanted to ask you if I might / I wonder if I might / if it's all right by you, I ... / can I have the go-ahead to ... / with your permission, I should like to ... / if you agree / that's OK by me / permission is granted / I'm sorry, there's no chance of this / I'm sorry to have to say no, but ... / we are obliged to withhold permission / I am afraid we must reject this request / he has no objection to our ... / they won't object / I managed to get him to agree to ... / he wouldn't hear of it / he refused point-blank

L'OBLIGATION

POUR EXPRIMER CE QU'ON EST OBLIGÉ DE FAIRE

You must *or* **You have got to** *ou* **You have to** be back before midnight.	*vous devez*
You must not fail to pay the amount owing, or you will become liable to prosecution.	*il est indispensable que*
You will go directly to the headmaster's office, and wait for me there.	*(emploi du futur pour marquer l'obligation)*
They could not get into the country **without** a visa. // **They had to have** a visa **to** get into the country.	*il leur fallait . . . pour*
She was obliged to give up her room in the hostel.	*elle a dû*
He was **forced to** *ou* **obliged to** ask his family for a loan. // He was **driven to** asking his family for a loan.	*il a été contraint de*
You need to *ou* **You must** *ou* **You have to** have an address in Rome before you can apply for the job.	*vous êtes obligé de*
Three passport photos are **required**.	*. . . sont requises*
It is essential *ou* **It is of the utmost importance to** know what the career options are like, before choosing a course of study.	*il est extrêmement important de*
Go and see Pompeii — **it's a must!**	*il faut l'avoir vu*
You really must *ou* **You really should** *ou* **You really ought to** be more careful with your things.	*tu devrais vraiment*
You certainly ought to visit the Colosseum.	*vous devriez en tout cas*
A clean driving licence is **indispensable** *ou* **necessary** *ou* **essential** *ou* **compulsory** for the job. // It is **a requirement of** the job.	*. . . est indispensable*
I must now offer my resignation: in the circumstances, **I cannot do otherwise** *ou* **I have no alternative**.	*je n'ai pas le choix*
You have to come with me — **there's no two ways about it**, since I don't speak the language at all.	*tu devras . . . il n'y a pas d'autre possibilité*

(pour savoir si l'on est obligé de faire quelque chose)

Do I need to *ou* **Must I** *ou* **Do I have to** *ou* **Have I got to** have a work permit?	*dois-je*
Ought I to *ou* **Should I** take some reading matter?	*devrais-je*
Is it necessary to *ou* **Must one** *ou* **Does one need to** *ou* **Does one have to** *ou* **Has one got to** own a pair of skis?	*est-il nécessaire de*
Am I meant *ou* **Am I expected** *ou* **Am I supposed to** fill in this bit of the form too?	*est-ce que je suis censé*

POUR EXPRIMER CE QU'ON N'EST PAS OBLIGÉ DE FAIRE

You needn't *ou* **You don't have to** *ou* **You haven't got to** go there if you don't want to.	*vous n'êtes pas obligé de*
I haven't got to apply before September, but I'd like to do so before I leave on holiday.	*il n'est pas nécessaire que*
It is not necessary *ou* **There's no need** *ou* **It is not compulsory** *ou* **It is not obligatory to** have a letter of acceptance in advance, but it does help.	*il n'est pas obligatoire de*
You are not obliged *ou* **You are under no obligation to** invite him, but it would be a kindness to do so.	*vous n'êtes pas obligé de*
Surely I needn't *ou* **Surely I haven't got to** give him all the details immediately?	*je ne dois quand même pas*

POUR EXPRIMER CE QU'ON NE DOIT PAS FAIRE

You must not *ou* **You are not allowed to** sit the exam more than three times.	*vous n'avez pas le droit de*
You must not *ou* **On no account must you** show this document to any unauthorised person.	*vous ne devez pas*
It is forbidden *ou* **It is not allowed to** bring cameras into the gallery without prior permission from the owners.	*il est interdit de*
I forbid you to return there. // **You are forbidden to** return there.	*je vous défends de*
Smoking **is forbidden** *ou* **is prohibited** in the dining room. // Smoking **is not allowed** *ou* **is not permitted** in the dining room.	*il est interdit de*
You're not supposed to *ou* **You're not meant to** use this room unless you are a club member.	*en principe vous ne devez pas*
You cannot be out of the country for longer than three months **without** losing your right to this grant.	*vous devez rentrer . . . sinon vous perdrez . . .*

ET, SELON LE CONTEXTE:

he had to go, willy-nilly / it was obligatory / they had made it compulsory / it's vital that / it is necessary / it is quite indispensable / it is a prerequisite of / it is my duty to . . . / I'm duty bound to . . . / the onus is on you to . . . / we could not but agree / he was compelled to . . .

L'ACCORD

POUR EXPRIMER L'ACCORD AVEC CE QUI EST DIT

I fully agree with you *ou* **I totally agree with you** on this point. // **We are in complete agreement** on this.	*je suis entièrement d'accord avec vous*
You're quite right *ou* **You are quite correct** when you say the fault lies with the government policy here.	*vous avez raison de dire que*
I share your opinion that this was extremely badly arranged. // **I share** your concern about this matter. // **I share** your views about this.	*je partage*
I think **we see eye to eye** on the question of who should pay for these.	*nous sommes d'accord sur*
We are of the same mind, certainly, when it comes to allocating responsibility within the department.	*nous sommes d'accord quand il s'agit de*
We have been thinking along the same lines, that is quite clear.	*nos vues convergent*
We are broadly in agreement with you on the way to approach this problem.	*dans l'ensemble nous sommes d'accord sur*
There are several **points of contact** between us.	*nous sommes d'accord sur plusieurs points*
My own experience certainly **bears out** *ou* **confirms** what you say.	*confirme ce que vous dites*
Our conclusions **are entirely consistent with** your findings.	*correspondent tout à fait à*
My own independent statistics **corroborate** those of your researcher.	*corroborent . . .*
We must endorse, with some hesitation, your conclusions on this matter.	*nous adhérons à vos conclusions*
Our opinion **coincides with** yours on all the important points.	*notre opinion coïncide avec la vôtre*
We applaud the group's decision to stand firm on this point.	*nous approuvons le groupe d'avoir décidé*
I take your point about the increased transport costs.	*je reconnais*
I am prepared to **concede that** a trip to Australia is justified.	*je vous accorde que*
It's true that you had the original idea, **but** many other people worked on it.	*il est vrai que . . . mais*
I have no objection to this being done. // **I do not object to** your doing this.	*je n'ai pas d'objection à*

POUR EXPRIMER L'ACCORD AVEC CE QUI EST PROPOSÉ

This solution is most **acceptable to** us.	*est tout à fait acceptable*
We will readily fall in with these proposals.	*nous accepterons volontiers*
I like the sound of what you say about *ou* **I do like your idea of** limiting sightseeing to mornings only.	*j'approuve ce que vous dites à propos de*
This certainly **seems the right way to go about it.**	*. . . semble être la bonne façon de procéder*
As for the idea of your speaking to him about it, **I should certainly welcome this.**	*j'y serai certainement favorable*
The proposed scheme **meets with our approval.**	*nous approuvons*
This is a proposal which **deserves our wholehearted support.**	*qui mérite tout notre soutien*
I will certainly **give my backing to** such a scheme.	*j'apporterai mon soutien à*
We assent to *ou* **We give our assent to** your plan to develop this site commercially.	*nous donnons notre accord à*

POUR EXPRIMER L'ACCORD AVEC CE QUI EST DEMANDÉ

Of course **I shall be happy to** get the tickets.	*je serai heureux de*
I'll do as you suggest and send him the documents.	*je suivrai votre conseil*
There is no problem about getting tickets for him, and I shall do it at the end of the week.	*il n'y a pas de problème pour*
We should be delighted to cooperate with you in this enterprise.	*nous serions enchantés de*
We shall comply with your request at once.	*nous ferons ce que vous demandez*

ET, SELON LE CONTEXTE:

I think the same as you do / as you have quite rightly pointed out / I'll go along with that / it makes sense to do this / I am fully in accord with / I am prepared to give the go-ahead to / I am certainly in favour of / I can see no reason to oppose this / this is quite satisfactory / I am quite ready to . . . / we shall sanction the use of / if you insist, I shall . . . / there can be no doubt about / I cannot dispute the facts given in / there's no denying that / I hasten to agree with / this is just what I had hoped for / after thinking this over / I hoped you would say this / I would urge you to do so / I have taken this on board, and shall . . . / I note your suggestion about / it is eminently sensible to . . . / this is justified by / I have given it some thought / I agree in theory, but in practice . . . / I can't help thinking that / I agree up to a point

LE DÉSACCORD

POUR EXPRIMER LE DÉSACCORD AVEC CE QUI EST DIT

I **cannot agree** with what you say about this. // I **absolutely disagree** ou I **totally disagree** with you on this.
je ne suis absolument pas d'accord

You are quite wrong when you suggest that it was his fault.
vous vous trompez

There must be some mistake — the ferry could not cost as much as that.
il doit s'agir d'une erreur

This cannot be the case. // I am obliged to point out that **this is not the case.**
ce n'est pas le cas

You are wrong ou **You are mistaken** in believing that my son was involved.
vous avez tort

This is your view of the events: **it is certainly not mine.**
il n'en est pas de même pour moi

Surely you cannot believe all this?
j'espère que vous n'y croyez pas

I can't share your point of view on this. // This is your opinion: I am afraid **I cannot share it.** // **I cannot share** your concern for this section of the group.
je ne partage pas

I cannot accept this interpretation of the events.
je ne peux accepter

I entirely reject all you say about this.
je rejette absolument

We explicitly reject the implication in your letter.
nous rejetons catégoriquement

We must agree to differ on this one.
il faut se résigner à ne pas être d'accord

I think it might be better if you **thought it over** again.
il vaudrait mieux y réfléchir un peu plus

I cannot support you on this matter.
je ne peux pas vous apporter mon soutien

I am afraid that **I'm not altogether with you** on this.
je ne suis pas tout à fait d'accord avec vous

I can't go along with all you say about them.
je ne suis pas d'accord avec

I have discussed this matter with my colleagues, and **we cannot accept your version of the events.**
nous ne pouvons accepter votre version des événements

The facts do not bear out this assertion.
les faits sont en contradiction avec

This report **diverges from the facts** as I know them.
ne correspond pas aux faits

I am afraid I think **the whole thing sounds rather unlikely.**
c'est peu probable

I take great exception to this statement.
je suis indigné de

POUR EXPRIMER LE DÉSACCORD AVEC CE QUI EST PROPOSÉ

I am not too keen on this idea. // **I don't think much of** this idea.
je ne crois pas que ce soit une bonne idée

I am afraid it seems to me to be **the wrong sort of approach to** such a problem.
ce n'est pas la meilleure façon d'aborder . . .

This does not seem to be the right way of dealing with the problem.
ce n'est probablement pas la meilleure façon de . . .

While we are grateful for the suggestion, **we are unfortunately unable to** implement this change.
il nous est malheureusement impossible de

It is not feasible to change the schedule at this late stage.
il n'est plus possible de

This is **not a viable** alternative.
ce n'est pas faisable

I'm dead against this idea.
je m'y oppose catégoriquement

I will not hear of such a thing.
je ne veux pas en entendre parler

I regret that I am not in a position to accept your kind offer, but it is much appreciated nonetheless.
je ne suis pas malheureusement pas en mesure d'accepter

POUR EXPRIMER LE DÉSACCORD AVEC CE QUI EST DEMANDÉ

I am afraid **I must refuse.** // **I can't do it,** I'm sorry to say.
je crains de devoir refuser

I won't agree ou **I can't agree** to do that.
je refuse

I cannot in all conscience do what you request.
je ne peux pas en mon âme et conscience . . .

I hope you are not too upset, but **I just can't manage it.**
je ne vais pas y arriver

I cannot possibly comply with this request.
je ne peux pas faire ce que vous demandez

I wouldn't dream of doing a thing like that.
je ne ferais jamais cela

I refuse point blank to have anything to do with this affair.
je refuse catégoriquement

It would not be possible for me to do this.
il ne me serait pas possible de

This is quite **out of the question** for the time being.
il n'en est pas question

It is unfortunately impracticable for us to commit ourselves at this stage.
il nous serait malheureusement difficile de . . .

In view of the proposed timescale, **I must reluctantly decline to** take part.
je regrette de ne pouvoir

L'APPROBATION

You are quite right to wait before making such an important decision.

vous avez tout à fait raison de

I entirely approve of the idea of meeting you all in Geneva.

j'approuve entièrement

I have a very high opinion of *ou* **I have a very high regard for** *ou* **I think very highly of** the school, and of its headmistress.

je pense le plus grand bien de

We are all very enthusiastic about *ou* **We are all very keen on** his proposals for a new sports centre here.

nous accueillons avec enthousiasme

It's just the sort of arrangement *(etc)* **I wanted.**

c'est exactement ce que je voulais

I certainly go along with that!

entièrement d'accord!

I am very much in favour of that sort of thing.

je suis tout à fait en faveur de

This project is **worthy of our admiration,** in that it attempts to alleviate poverty and hunger.

... est admirable

I greatly appreciated the comfort and cleanliness of the hotel.

j'ai beaucoup apprécié

I certainly admire his courage in attempting such a daunting task.

en tout cas j'admire

I applaud your honesty in admitting all that.

j'applaudis

I shall certainly give it my backing, as it seems the best hope the company has of surviving this very difficult period.

j'apporterai mon soutien

Thank you for sending the draft programme: **I like the look of it very much indeed.**

il me plaît beaucoup

I must congratulate you on the careful way you approached this problem.

je vous félicite de

There are considerable advantages in such a method, not only from the point of view of cost effectiveness, but also ...

... présente des avantages considérables

I can thoroughly recommend this plan of action, which has clearly been carefully thought out.

je recommande vivement

This plan **deserves our total support** *ou* **our wholehearted approval.**

... mérite notre soutien

We are pleased to recognise the merits of this scheme.

nous sommes heureux de reconnaître les avantages de

We view this proposal **favourably,** not least because it is based on a clear perception of the needs of the situation.

nous portons un jugement favorable sur

We endorse completely all that is proposed for this region.

nous appuyons tout à fait

ET, SELON LE CONTEXTE:

that's the way it should be / it's exactly what I had in mind / it's just the job / we should do all we can to see that this is a success / you have a real gift for ... / I couldn't have put it better myself / it is worth the effort / I fully agree with what is being done / he rightly suggests / what a splendid thing to do / an excellent idea

LA DÉSAPPROBATION

I strongly disapprove of *ou* **I heartily disapprove of** such behaviour.

je désapprouve complètement

I cannot support *ou* **I cannot approve of** any sort of testing of the drug on live animals.

je suis opposé à

We are opposed to *ou* **We condemn** all forms of professional malpractice.

nous condamnons

I write to complain of what is being done in the name of progress.

j'écris pour protester contre

I must object to this attempt to damage our hospital service.

je dois m'élever contre

I can't say I'm pleased about what has happened.

je ne peux pas dire que je sois content de

I don't think much of what this government has done so far.

je n'aime pas beaucoup

I take a dim view of *ou* **I take a poor view of** students who do not do enough work.

je critique

I have a poor opinion of *ou* **I have a low opinion of** people like him.

je n'ai pas une bien haute opinion de

I'm fed up with having to wait so long for a passport.

j'en ai assez de

I've had about enough of this sort of insinuation.

je commence à en avoir assez de

I can't bear *ou* **I can't stand** people who smoke between courses in a restaurant.

je ne supporte pas

I am very unhappy about your idea of going off to Turkey on your own.

je suis contre

He was quite wrong to tell her what I said about her.

il a eu tort de

They should not have refused to give her the money.

ils n'auraient pas dû

How dare he say that such people do not matter!

comment ose-t-il ...

ET, SELON LE CONTEXTE:

it is really necessary to ... / this does not seem to be the right way of going about it / it seems to be the wrong approach / I greatly dislike / I write to protest against / this is a dreadful nuisance / with considerable dissatisfaction / I reproach him with / I am sorry to learn that / it is a disgrace / it is a scandal

LA CERTITUDE, LA POSSIBILITÉ ET LA CAPACITÉ

POUR EXPRIMER LA CERTITUDE

I am sure *ou* **I am certain** *ou* **I am positive** *ou* **I am convinced that** he will keep his word to us. — *je suis convaincu que*

We now know for certain *ou* **We now know for sure that** the exam papers were seen by several students before the day of the exam. — *nous savons maintenant avec certitude que*

It is certain *ou* **It is indisputable** *ou* **It is undeniable that** the two men met last Friday in London. — *il est certain que*

There is no doubt *ou* **There can be no doubt** that the goods arrived in Liverpool on May 9th. — *il ne fait aucun doute*

It has been established beyond all possible doubt *ou* **It has been established once and for all** that he was working for a foreign power during the time he was in Cairo. — *c'est un fait établi*

From all the evidence it is clear that they were planning to gain control of the company. — *les faits montrent clairement que*

It is beyond all doubt *ou* **It is beyond dispute** *ou* **It is beyond question** that their country is rich enough to support such research. — *il est incontestable que*

The facts are these: we cannot sell the goods without their marketing resources. — *voilà les faits:*

No one can deny that the weather there is better for skiing. — *il est indéniable que*

We shall not fail to let you have the papers as soon as we have processed them. — *nous ne manquerons pas de*

It is inevitable that they will get to know of our meeting. — *il est inévitable que*

You have my absolute assurance that this is the case. — *je peux vous garantir que*

Make no mistake about it — I shall return when I have proof of your involvement. — *soyez certain que*

I can assure you that I have had nothing to do with any dishonest trading. — *je peux vous assurer que*

She was bound to discover that you and I had talked. — *il etait inévitable qu'elle . . .*

I made sure that *ou* **I made certain that** no one was listening to our conversation. — *j'ai veillé à ce que*

POUR EXPRIMER LA PROBABILITÉ

It is highly probable *ou* **quite likely that** they will come to the airport to meet you. // They will **very probably** come to meet you. — *il est très probable que*

He **must** know what we want of him. — *il doit savoir ce que*

The cheque **should** reach you in Saturday's post. — *devrait*

It wouldn't surprise me to learn that he was working for the Americans. — *cela ne m'étonnerait pas d'apprendre que*

There is a strong chance that *ou* **It seems highly likely that** they will agree to the deal. — *il y a de fortes chances que*

It could very well turn out to be the case that they had run out of funds. — *il se pourrait bien après tout que*

The probability is *ou* **The likelihood is that** we shall have to pay more for it if we buy it from them. // **In all probability** *ou* **In all likelihood** we shall have to pay more. — *il est très probable que*

It is reasonable to think that he will agree to join us. — *il est légitime de penser que*

It would appear *ou* **It would seem that** he knew James Joyce in Ireland. — *il semblerait que*

The chances are that *ou* **The odds are that** *ou* **There is a good chance that** you are right. — *il y a de fortes chances que*

It stands to reason that he had seen the book before. — *il est logique de penser que*

POUR EXPRIMER LA POSSIBILITÉ

The situation **could** *ou* **might** change from day to day. — *pourrait*

Perhaps he has already arrived. — *peut-être est-il . . .*

It would appear *ou* **It would seem that** the grey car had been in an accident. — *il semblerait que*

It is possible that *ou* **It is conceivable that** they had met before. — *il est possible que*

It may be that I shall come to the States in the autumn. — *il se peut que*

It may be the case that they got your name from your former department. — *il se peut que*

It is within the bounds of possibility that he will know the man you speak of. — *il est possible que*

There is reason to believe that the books were stolen from the library. — *il y a de bonnes raisons de penser que*

There are grounds for believing *ou* **There are grounds for the belief that** they knew what we were doing as early as 1970. — *on a de bonnes raisons de croire que*

I venture to suggest that he could be the man we need. — *je me permets de suggérer que*

There is the outside chance that the hotel isn't yet full. — *il est tout juste possible que*

POUR EXPRIMER LE DOUTE OU L'INCERTITUDE

I doubt if he knows where it came from. // **It is doubtful whether** he knows where it came from.

je doute que

There is still some doubt surrounding his exact whereabouts.

le doute subsiste quant à

It isn't certain *ou* **It isn't known for sure** where she is.

on ne sait pas exactement

It is not necessarily the case.

ce n'est pas forcément

I am not sure *ou* **I am not certain** *ou* **I am not convinced** *ou* **I cannot say definitely** that these goods will sell.

je ne suis pas certain

We are still in the dark about where the letter came from.

nous ne savons pas encore

I am wondering if I should offer to help them out?

je me demande si je devrais

There is no proof *ou* **There is no evidence that** what he says is correct.

rien ne prouve que

It is touch-and-go whether they can save the company.

il n'est pas sûr que

It's all still up in the air — we shan't know for certain until the end of next week.

rien n'est encore décidé

It is debatable whether there is any value in interviewing him so long after the event.

il n'est pas sûr que

It's anyone's guess who will be chosen.

personne ne peut prévoir

I have my doubts about the value of the experiment.

j'ai des doutes en ce qui concerne

POUR EXPRIMER L'IMPROBABILITÉ

It is highly improbable that there could be any saving in the original budget.

il est tout à fait improbable que

You probably have not yet seen the document I am referring to.

vous n'avez probablement pas vu

It is very doubtful now whether the expedition will reach the summit.

il est très peu probable que

In the unlikely event that she should get in touch with you, please let me know immediately.

si jamais elle . . .

There is but a small chance that anyone survived such a horrendous accident.

il y a très peu de chances que

It is scarcely to be expected that the university will contribute towards the cost.

on ne peut guère s'attendre à ce que

POUR EXPRIMER L'IMPOSSIBILITÉ

Such a thing **cannot** happen.

cela ne peut pas

It cannot be the case that they want to return to the East.

il est impossible que

It is quite impossible that *ou* **It is out of the question that** *ou* **It is unthinkable that** such a thing should happen.

il est vraiment impossible que

They **couldn't possibly have** arrived already.

il n'est pas possible que

This rules out any possibility of their working with us again.

ceci exclut la possibilité que

There is not (even) the remotest chance that *ou* **There is absolutely no chance that** he will succeed.

il est absolument impossible que

There is no question of our giving them a contribution to this fund.

il est hors de question que

There can be no return to earlier standards.

il n'est pas possible de . . .

POUR EXPRIMER CE QU'ON EST CAPABLE OU INCAPABLE DE FAIRE

I can drive a car. // **I am able to** drive a car. // **I know how to** drive a car.

je sais conduire

I can't drive a car, I'm afraid. // **I don't know how to** drive a car.

je ne sais pas conduire

Applicants **must be able to** use a word processor.

doivent être capables de

Can you speak French? // **Do you speak** French?

parlez-vous français?

I can *ou* **I am able to** lend him the money.

je suis en mesure de

He is quite incapable of telling a lie. // **He is quite unable to** tell a lie. // **He cannot** tell a lie.

il est incapable de

He was quite **incapable of** passing that examination. // He was quite **unable to** pass it.

il était incapable de

It is quite impossible for me to be in Paris next week. // **I cannot** be in Paris next week.

il m'est impossible de

We are not in a position to give any sort of decision yet.

nous ne sommes pas à même de

He has been ill, and is still not **up to** *ou* **equal to** any heavy work.

n'est pas en état de

I'm quite hopeless at *ou* **I am no good at** decorating and practical things.

je suis incapable de

I'm afraid the task proved quite **beyond his powers** *ou* **beyond his capabilities** *ou* **beyond his abilities**. // It proved quite **beyond him**.

a été trop difficile pour lui

ne pouvait faire face à

He simply **could not cope with** the stresses of family life.

il a les diplômes requis pour

He **is qualified to** teach physics.

L'EXPLICATION

PRÉPOSITIONS

He had to refuse promotion, **because of** ou **on account of** his wife's health.	à cause de
He behaved like that **out of** ou **through** ou **from** sheer embarrassment.	par
Owing to lack of time, we have been unable to complete the job.	par suite de
We have been forced to reduce our staff **as a result of** the economic crisis.	par suite de
I have succeeded in proving my innocence, **thanks to** your timely help.	grâce à
By virtue of his connection with the family, he was allowed to enter the building.	en vertu de
The government financed this **by means of** massive tax increases.	au moyen de
In exchange for ou **In return for** financial aid, we gave them a lot of publicity.	en échange de
Following this incident, all trade between the two countries was stopped.	à la suite de
We gave them the contract **on the strength of** these promises.	sur la foi de
In view of their poor production record, we have decided not to renew their contract.	étant donné
In the light of what has happened so far, we have decided not to renew their licence.	étant donné
The Government extended police powers **in the face of** the renewed outbursts of violence.	devant
He hid the wallet, **for fear of** being accused of having stolen it/their anger.	de crainte de
We cannot do this **for lack of** ou **for want of** funds.	faute de
With so many people there, it was difficult to find him.	avec

CONJONCTIONS

They won't come, **because** they can't afford it.	parce que
They won't come, **for the simple reason that** they can't afford it.	tout simplement parce que
As we have none in stock at the moment, we are forced to delay this shipment.	comme
Given that inflation is still rising, house prices are unlikely to remain stable.	étant donné que
Since for the moment these are out of stock, we cannot dispatch your order.	puisque
Seeing that ou **In view of the fact that** there is no money left, we cannot do what we planned.	vu que
This will have no immediate effect, **for** some delay is inevitable.	car
They can't afford it, **so** they won't come.	donc
We have to re-order the parts: **therefore** there will be a delay of several weeks.	donc
He refused, **on the grounds that** he had so little time at his disposal.	sous prétexte que
Now (that) beef is so expensive, more people are buying pork.	maintenant que

AUTRE VOCABULAIRE UTILE

I attribute this to lack of foresight on the part of the committee.	attribue
The change in his attitude was **caused by** ou **brought about by** their rejection of his proposals.	a été causé par
The situation **goes back to** ou **dates from** his decision not to contest the seat.	remonte à
This situation is **due to** an unfortunate miscalculation on our part.	dû à
He was retired early, **on** health **grounds** ou **for** health **reasons**.	pour raisons de
It was like this: she had been ill for several weeks and hadn't heard the news.	voilà de quoi il s'agit:
This alteration to the programme **gave rise to** ou **provoked** ou **produced** a lot of comment.	a donné lieu à
The reason that they withdrew was that the scheme cost too much.	la raison pour laquelle
It was her stupidity that **led to** ou **caused** the accident.	a causé
The thing is that her French isn't good enough.	c'est que

ET, SELON LE CONTEXTE:

it is obvious why / for a start / for one thing ... for another / to be precise, we ... / this brings me to / to give only one example / I would point out that / it is true to say that / it is based on / this had the effect of / this has something to do with / consequently / as a result / that's why

L'EXCUSE

I'm **really very sorry** — I can't come on Sunday after all, as I have to go and visit my sister.
je suis vraiment désolé

I'm **sorry to** disturb you. // **I'm sorry that** you have been troubled.
je suis désolé de/que

I **can't tell you how sorry I am** about this unfortunate incident.
je suis vraiment navré

Please forgive me for not asking your permission before approaching him.
je vous prie de me pardonner

Do forgive me — I should have checked with your office first.
pardonnez-moi

I **must apologise for** all the inconvenience you have been caused.
je dois vous prier de m'excuser de

I **am sorry to have to tell you** that your application arrived too late.
je regrette de devoir vous dire

(dans une langue plus soutenue)

I **would ask you to excuse** this misunderstanding on our part.
je vous prie d'excuser

I **can only apologise once again,** on behalf of the Committee, for the disturbances at your lecture.
je ne peux que renouveler mes excuses

I **am writing to ask you to forgive** our apparent rudeness in not replying to your original letter.
je vous écris pour vous demander de nous excuser

We send you our most sincere apologies for all the difficulties that have occurred in this matter.
nous vous présentons toutes nos excuses pour

(pour exprimer le regret)

I **am very upset about** the whole affair, which should never have happened.
je suis très contrarié de

I **am really ashamed of** what happened last week.
j'ai vraiment honte de

I **wish I hadn't** mentioned it at all, although at the time it didn't seem important.
si seulement je n'avais pas . . .

I **should never have** said a thing like that.
je n'aurais jamais dû

To my great regret, we have been unable to dissuade him.
à mon grand regret

Unfortunately, it is not possible for me to do any more to help you in this matter.
malheureusement, il m'est impossible de

I **am entirely to blame for all this** — I should have phoned the travel agency myself.
tout ceci est de ma faute

It is my fault that this misunderstanding happened, and I have written to the head of department explaining the circumstances.
c'est moi qui suis responsable du fait que

I **have absolutely no excuse for** this error on my part.
mon erreur est absolument inexcusable

I **am afraid I** quite forgot about it until the office had closed.
je crains d'avoir

I **admit I** gave him the papers, and should not have done so.
je reconnais avoir

It was an accident — I can assure you I **didn't mean to** break the clock.
c'était accidentel . . . je n'ai pas fait exprès de . . .

I **really didn't do it on purpose** — I had not realised that the handle had already been damaged.
je ne l'ai pas fait exprès

It is exceedingly unfortunate that the tickets were mislaid.
il est extrêmement regrettable que

We regret to inform you that *ou* **We must regretfully inform you that** this title is now out of print.
nous sommes au regret de vous informer que

We very much regret that we cannot publish this work.
nous regrettons infiniment de ne pas pouvoir

(pour suggérer une explication)

I **was simply trying to** give you less work.
j'essayais simplement de

You may find this difficult to believe, but I **thought I was doing the right thing.**
je croyais bien faire

There has obviously been an error in our accounting procedure, possibly owing to our recent change in computing facilities.
manifestement il y a eu une erreur

I **was anxious not to** upset him any more, as he was clearly very worried by what happened.
je voulais éviter de

I **was acting in good faith when** I showed them the documents.
j'étais de bonne foi quand

We were obliged to accept their conditions.
nous avons été obligés de

We were under the impression that these figures had been passed by the Accounts Office.
nous croyions que

We had unfortunately no choice in the matter.
nous n'avions malheureusement pas le choix

I can assure you that I **had nothing to do with** the arrangements.
je n'y étais pour rien

We had no alternative but to terminate his contract at once.
nous ne pouvions rien faire d'autre que de

ET, SELON LE CONTEXTE:

I feel sure you will understand why / I can promise you it won't happen again / you can be sure that we shall be more careful in future / I assure you that this cannot now happen / I shall do all in my power to see that . . . / we shall do all we can to improve . . . / I undertake to do all that is necessary in this respect.

11 North Street,
Barnton,
BN7 2BT

19th February, 1988

The Personnel Director,
Messrs. J.M. Kenyon Ltd.,
Firebrick House,
Clifton, MC45 6RB

Dear Sir or Madam,[1]

   With reference to your advertisement in today's <u>Guardian</u>, I wish to apply for the post of systems analyst.

   I enclose my curriculum vitae. Please do not hesitate to contact me if you require any further details.

        Yours faithfully,

Rosalind A. Williamson.

CURRICULUM VITAE

NAME	Rosalind Anna WILLIAMSON
ADDRESS	11 North Street, Barnton, BN7 2BT, England
TELEPHONE	Barnton (0294) 476230
DATE OF BIRTH	6.5.1963
MARITAL STATUS	Single
NATIONALITY	British
QUALIFICATIONS[2]	B.A. 2nd class Honours degree in Italian with French, University of Newby, England (June 1985)
	A-levels: Italian (A), French (B), English (D) (1981) O-Levels in 9 subjects. (1979)
PRESENT POST	Assistant Personnel Officer, Metal Company plc, Barnton (since January 1987)
PREVIOUS EMPLOYMENT	Nov. 1985 - Jan. 1986: Personnel trainee, Metal Company plc.
	Oct. 1981 - June 1985: Student, University of Newby.

SKILLS, INTERESTS AND EXPERIENCE: fluent Italian & French; adequate German; some Russian; car owner and driver (clean licence); riding & sailing.

THE FOLLOWING HAVE AGREED TO PROVIDE REFERENCES:

Ms. Alice Bluegown, Personnel Manager, Metal Company plc, Barnton, NB4 3KL

Dr. I.O. Sono, Department of Italian, University of Newby, Newby, SR13 2RR

[1] Quand on ne sait pas si la personne à qui on s'adresse est un homme ou une femme, il convient d'utiliser la présentation ci-dessus. Toutefois, si l'on connaît le nom de la personne, la présentation suivante est préférable:

   Mr. Derek Balder,
       OU
   Mrs. Una Claridge,
   Personnel Director,
   Messrs. J.M. Kenyon Ltd. etc.

Pour commencer votre lettre, la formule à employer est la suivante: "Dear Sir ou "Dear Madam . . .".

Toute lettre commençant ainsi doit se terminer par la formule "Yours faithfully" suivie de la signature. Pour plus de détails, voir pages 914 et 916.

[2] Si l'on pose sa candidature à un poste à l'étranger, l'emploi de formules telles que "French equivalent of A-levels (Baccalauréat Langues)" est conseillé.

EXPRESSIONS UTILES

In reply to your advertisement for a trainee manager in today's *Daily News,* I should be grateful if you would please send me further details of this post, together with an application form.

Me référant à votre annonce parue aujourd'hui dans le 'Daily News', je vous serais reconnaissant de bien vouloir m'envoyer des renseignements plus complets sur ce poste, ainsi qu'un dossier de candidature.

I wish to apply for the post of bilingual correspondent which you advertise in yesterday's *Travel Agency News.*

Par votre annonce insérée dans l'édition d'hier de 'Travel Agency News', j'ai appris que vous cherchez un correspondant bilingue et j'ai l'honneur de solliciter cet emploi.

I am anxious to find a job in Britain during my summer vacation from University, and wonder whether you are able to offer me work in any capacity?

Je souhaite vivement travailler en Angleterre pendant les vacances universitaires et vous serais très reconnaissant de me faire savoir s'il me serait possible d'obtenir un emploi dans votre compagnie.

I have three years' experience of office work, and have used a word-processor.

J'ai travaillé pendant trois ans comme employé de bureau et sais utiliser un système de traitement de textes.

Although I have not got any previous experience of this type of work, I have had other holiday jobs, and can supply references from my employers, if you would like them.

Bien que je n'aie pas d'expérience personnelle de ce type de travail, j'ai eu d'autres emplois intérimaires au cours des étés précédents et puis vous fournir, si vous le désirez, des attestations de mes anciens employeurs.

My present salary is . . . per annum, and I have four weeks holiday per year with pay.

Mon salaire actuel est de . . . par an et j'ai quatre semaines de congés payés.

I am particularly interested in this job, as I am very anxious to work in publishing.

Ce poste m'intéresse tout particulièrement, car je souhaite vivement travailler dans l'édition.

I wish to work in England in order to improve my English and to gain experience of hotel work.

Je suis désireux de travailler en Angleterre afin de perfectionner mes connaissances d'anglais et d'acquérir une certaine expérience de l'hôtellerie.

As well as speaking fluent English, I have a working knowledge of German and a reading knowledge of Swedish.

Je parle couramment l'anglais, j'ai de bonnes connaissances d'allemand, et je lis le suédois.

I shall be available from the end of April.

Je serai disponible à partir de la fin du mois d'avril.

I enclose a stamped addressed envelope for your reply.

Je vous prie de trouver ci-joint pour votre réponse une enveloppe timbrée à mes nom et adresse.

Thank you for your letter of 19th March. I shall be pleased to attend for interview at your offices in Park Lane on Thursday, 24th March, at 10.30 a.m.

Je vous remercie de votre lettre du 19 mars et serai très heureux de me rendre à vos bureaux, Park Lane, pour une entrevue jeudi le 24 mars à 10.30 heures.

I have to give names of two referees with my application for this job, and I am writing to ask if you would be kind enough to allow me to put your name forward.

Dans mon dossier de candidature pour le poste, je dois donner les noms de deux personnes voulant bien me recommander, et je vous serais très reconnaissant de me permettre de donner le vôtre comme référence.

I have applied for the job of waitress for the summer in the Hotel Beaufort, in Furness, and they have asked me to supply a reference. I wonder if you would be kind enough to give me one? I should be most grateful if you would agree to do this.

J'ai sollicité pour cet été un emploi de serveuse à l'hôtel Beaufort, à Furness et le directeur me demande une attestation. Je vous serais très reconnaissante si vous pouviez avoir l'amabilité de m'en fournir une.

Mr. John Addams has applied for the post of hotel receptionist with us, and has given your name as a reference. I should be grateful if you would kindly let me know whether in your opinion he is suitable for this post.

Monsieur John Addams sollicite une place de réceptionniste dans notre hôtel, et il a donné votre nom comme référence. Nous vous serions reconnaissants de bien vouloir nous dire si vous avez été satisfait de ses services.

Your answer will be treated in confidence.

Votre réponse sera considérée comme strictement confidentielle.

Would you be kind enough to mention in your reply how long you have known Miss Jones, in what capacity, and whether you can recommend her for this type of employment.

Auriez-vous l'obligeance de nous dire depuis combien de temps et à quel titre vous connaissez Mademoiselle Jones, et si vous la recommandez pour un emploi de ce type?

It is with pleasure that I write to recommend Mrs. Amy Whitehead for the post of housing officer: I have known her for over ten years, during which time I have found her cheerful, friendly and helpful at all times.

C'est avec grand plaisir que je vous recommande Madame Amy Whitehead pour le poste de responsable du logement. Je connais Madame Whitehead depuis plus de dix ans. Elle est d'un caractère agréable, pleine de bonne volonté et digne de confiance.

Mr. Partridge has worked for me for the past eleven years, and during that time I have been impressed by his careful approach to his work, his punctuality and his sense of responsibility: he is a thoroughly reliable worker.

Monsieur Partridge travaille pour nous depuis onze ans. Il est méthodique, ponctuel et extrêmement consciencieux dans son travail. Nous n'avons aucune hésitation à recommander quelqu'un d'aussi sérieux.

James & Hedgehopper Limited
MASTER CUTLERS
Railway Arcade, Harley SG16 4BD

Tel: Harley (0123) 99876

29th January, 1987

Dr. T. Armitage,
65 Middlewich Street,
Addenborough,
AG3 9LL

Dear Sir,

Thank you for your letter of 23rd January. We still stock the type of knife that you are looking for, and are pleased to enclose our catalogue and price list. We would draw your attention to the discount prices which are operative until 15th March on this range of goods.

Yours faithfully,
for JAMES & HEDGEHOPPER LTD

William Osgood

William Osgood
Managing Director

SMITH, JONES & ROBINSON LIMITED

Rainwear Manufacturers
Block 39, Newtown Industrial Estate,
Newtown SV7 3QS

Tel: 0965 477366

Our ref: SAL/35/IM
Your Ref: JCB/JO

12th August, 1986

Messrs. Kidsfunwear Ltd.,
3 High Street,
Barnton, BN17 2EJ

For the attention of Mr. J. Brown

Dear Sir,

Thank you for your enquiry about our children's rainwear. We have pleasure in enclosing our latest catalogue and current price list, and would draw your attention particularly to our SUNFLOWER range. We are prepared to offer the usual discount on these items, and we look forward to receiving your order.

Yours faithfully,

Ian MacIntosh

Ian MacIntosh
Sales Department

DEMANDES DE RENSEIGNEMENTS

We see from your advertisement in the latest edition of *International Toy Manufacturing* that you are offering a range of outdoor sports equipment.

We should be grateful if you would send us full details of these goods, including your prices, discounts offered, and delivery times.

Nous voyons d'après votre annonce parue dans le dernier numéro de 'International Toy Manufacturing' que vous offrez une gamme d'articles pour les sports de plein air.

Nous vous serions reconnaissants de nous envoyer une documentation complète concernant ces articles, et de nous faire connaître vos prix courants, les remises consenties et les délais de livraison.

. . . ET COMMENT RÉPONDRE

In response to your enquiry, we enclose our details of our current range of goods, and our price list, which is valid until 31 March.

We thank you for your enquiry of 16th June, and are pleased to submit the following quotation: . . .

This offer is subject to your firm acceptance by 31 January next.

Par suite à votre lettre, nous vous prions de trouver ci-joint une documentation concernant la gamme actuelle de nos produits, ainsi que notre liste de prix (ceux-ci étant fermes jusqu'au 31 mars).

Nous vous remercions de votre lettre du 16 juin, et avons le plaisir de vous faire l'offre suivante: . . .

Cette offre est valable sous réserve d'acceptation avant le 31 janvier prochain.

COMMANDES

Please send us immediately the following items, in the sizes and quantities specified: . . .

This order is based on your current price list, assuming your usual discount of 10% on bulk orders.

Veuillez nous envoyer immédiatement les articles suivants, dans les tailles et quantités spécifiées ci-dessous: . . .

Cet ordre est basé sur vos prix catalogue et tient compte de la remise de 10% que vous consentez sur les commandes en gros.

. . . ET COMMENT RÉPONDRE

We thank you for your order of 16 May, and shall execute it as soon as possible.

We shall require approximately three weeks to complete this order.

Unfortunately, because of a shortage of raw materials, we cannot start manufacture until April 1st.

Nous vous remercions de votre ordre en date du 16 mai que nous exécuterons dans les plus brefs délais.

L'exécution de votre ordre demandera un délai de trois semaines environ.

En raison d'une pénurie de matières premières, nous regrettons de ne pouvoir commencer la fabrication avant le 1er avril.

LIVRAISONS

Our delivery time is two months from receipt of firm order.

We await your instructions with regard to delivery.

These goods were sent to you by rail on 4th July.

We have not yet received the items ordered on 26 August (our order no. 6496 refers).

We acknowledge receipt of the two consignments shipped by you on 3rd March.

We wish to draw your attention to an error in the consignment received on 3rd February.

Unfortunately, the goods were damaged in transit.

We regret that the consignment was unsatisfactory, and agree to replace these goods.

We cannot accept responsibility for this damage.

Nos délais de livraison sont de deux mois à dater de la réception de votre ordre.

Nous attendons vos instructions concernant la livraison.

Ces marchandises vous ont été expédiées par chemin de fer le 4 juillet.

Nous n'avons pas encore reçu les articles commandés le 26 août (voir bon de commande no. 6496).

Nous accusons réception de vos deux expéditions du 3 mars.

Nous tenons à vous signaler une erreur dans l'expédition que nous avons reçue le 3 février.

Malheureusement, les marchandises ont été endommagées en transit.

Nous sommes désolés d'apprendre que vous n'êtes pas satisfaits de l'expédition et sommes prêts à remplacer les marchandises en question.

Nous ne pouvons accepter aucune responsabilité pour les dommages.

RÈGLEMENT

Please find enclosed our invoice no. 64321.

The total amount payable is . . .

We would be grateful if you would attend to this account immediately.

We have pleasure in enclosing our cheque for . . . in settlement of your invoice no. 678B/31.

We must point out an error in your account . . . and would be grateful if you would adjust your invoice accordingly.

This mistake was due to a book-keeping error, and we enclose a credit note for the sum involved.

Thank you for your cheque for . . . in settlement of our statement: we look forward to doing further business with you in the near future.

Nous vous prions de trouver ci-joint notre facture No. 64321.

Le montant total à régler s'élève à . . .

Veuillez donner votre attention immédiate à cette facture.

Nous vous remettons sous ce pli notre chèque d'un montant de . . . pour solde de votre facture No. 678B/31.

Nous regrettons de devoir vous signaler une erreur qui s'est glissée dans votre facture et vous serions reconnaissants de bien vouloir la rectifier.

Il s'agit effectivement d'une regrettable erreur de comptabilité et nous vous prions de trouver ci-joint un bon de crédit pour la somme correspondante.

Nous vous remercions de votre chèque de . . . en règlement de notre relevé et espérons rester en relations avec vous.

11 South Street,
BARCOMBE.
BN7 2BT

14th November, 1986

Dear Betty,

It seems such a long time since we last met and caught up with each
other's news. However, I'm writing to say that Peter and I plan to take
our holiday this summer in the Lake District, and we'll be driving past
Preston on the M.6 some time during the morning of Friday, July 23rd. Will
you be at home then? Perhaps we could call in? It would be lovely to see
you and Alan again and to get news of Janie and Mark. Do let me know
whether Friday, 23rd is convenient. We would expect to arrive at your
place around 11 a.m. or so, and hope very much to see you then.

With love from

Susan

65 Middlewich Street,
ADDENBOROUGH.
AG3 9LL

23rd January, 1987

Mr. J. Hedgehopper,
Hedgehoppers Knives Ltd.,
Railway Arcade,
HARLEY.

Dear Mr. Hedgehopper,

Some years ago I bought a SHARPCUTTER penknife from you, and, as you
know, it has been invaluable to me. Unfortunately, however, I have now
lost it, and wonder if you still stock this range? If so, I should be
grateful if you would let me have details of the various types of knife
you make, and of their prices.

Yours sincerely,

Thomas Armitage

Thomas Armitage

Le schéma ci-dessous donne des exemples de formules couramment employées en début et fin de lettres. Les permutations sont possibles à l'intérieur de chaque section:

À QUELQU'UN QU'ON CONNAÎT PERSONNELLEMENT

Dear Mr. Brown,		
Dear Mrs. Drake,		
Dear Mr. & Mrs. Charlton,	Yours sincerely	
Dear Miss Baker,		
Dear Ms. Black,		
Dear Dr. Armstrong,	With all good wishes, Yours sincerely	
Dear Professor Lyons,		*plus amical*
Dear Sir Gerald,	With kindest regards, Yours sincerely	
Dear Lady McLeod,		
Dear Andrew,		
Dear Margaret,		

À UN(E) AMI(E) PROCHE, À UN(E) PARENT(E)

Dear Victoria,	With love from	
My dear Albert,	Love from	
Dear Aunt Eleanor,		
Dear Granny and Grandad,	Love to all	
Dear Mum and Dad,	Love from us all	*plus familier*
My dear Elizabeth,	Yours	
Dearest Norman,	All the best	
My dearest Mother,		
My dearest Dorinda,	With much love from	
My darling Augustus,	Lots of love from	*plus affectueusement*
	Much love, as always	
	All my love	

LETTRES COMMERCIALES (voir aussi page 914)

Dear Sirs,[1]		[1] *Pour s'adresser à une compagnie*
Dear Sir,[2]		[2] *Pour s'adresser à un homme*
Dear Madam,[3]	Yours faithfully	[3] *Pour s'adresser à une femme*
Dear Sir or Madam,[4]		[4] *Quand on ne sait pas si la personne à qui l'on s'adresse est un homme ou une femme*

À UNE CONNAISSANCE OU À UN(E) AMI(E)

Conviennent en toutes circonstances		
Dear Alison,	Yours sincerely	
Dear Annie and George,		
Dear Uncle Erìc,	With best wishes, Yours sincerely	
Dear Mrs. Newman,	With kindest regards, Yours sincerely	*plus amical*
Dear Mr. and Mrs. Jones,	All good wishes, Yours sincerely	
My dear Miss Armitage,	With best wishes, *(etc)* Yours ever	
	Kindest regards,	*plus familier*
	Best wishes	
	With best wishes, As always	

POUR COMMENCER UNE LETTRE

Thank you for your letter, which came yesterday.

It was good to hear from you.

I am very sorry I haven't written for so long, and hope you will forgive me — I've had a lot of work recently, and . . .

It's such a long time since we had any contact, that I felt I must write a few lines just to say hallo . . .

This is a difficult letter for me to write, and I hope you will understand how I feel.

I am writing to ask whether you have in stock a book entitled . . .

Would you please send me . . . I enclose my cheque for £3.50.

When I left your hotel after spending a week there, I think I may have left a beige raincoat in my room. Would you kindly let me know whether this has been found.

I have seen the details of your summer courses, and wish to know whether you still have any vacancies on the . . .

Je te remercie de ta lettre, qui est arrivée hier.

J'ai été très content d'avoir de vos nouvelles.

Je suis vraiment désolé de ne pas vous avoir écrit depuis si longtemps et espère que vous voudrez bien me pardonner: il se trouve que j'ai beaucoup de travail ces temps-ci, et que . . .

Voici bien longtemps que je ne vous ai pas donné de nouvelles. C'est pourquoi je vous envoie ce petit mot rapide . . .

Je ne sais par où commencer cette lettre et j'espère que vous comprendrez mon embarras.

Je vous serais reconnaissant de me faire savoir si vous avez en librairie un ouvrage intitulé . . .

Je vous prie de m'envoyer . . . Je joins à cette lettre un chèque au montant de 35 F.

Ayant effectué un séjour d'une semaine dans votre hôtel, je crains d'avoir oublié dans ma chambre un imperméable beige. Je vous serais obligé de bien vouloir me dire si un tel vêtement a été retrouvé après mon départ.

Ayant appris que vous organisez des cours internationaux d'été, je vous serais reconnaissant de me faire savoir s'il vous reste des places pour . . .

POUR TERMINER UNE LETTRE

Pierre joins me in sending very best wishes to you all.

Do give my kindest regards to Denis.

Jeanne sends her kindest regards (*ou* her love).

Catherine asks me to give you her best wishes.

Please remember me to your mother — I hope she is well.

Give my love to Olivier and Marion, and tell them how much I miss them.

Mary sends her love to you both.

Say hullo to Jimmy for me.

If there is anything else I can do, please do not hesitate to get in touch again.

Do write when you have a minute.

Do let us have your news from time to time.

I look forward to hearing from you.

Hoping to hear from you before too long.

Pierre se joint à moi pour vous envoyer nos meilleurs vœux.

Transmettez, s'il vous plaît, mes amitiés à Denis.

Jeanne vous envoie ses amitiés (or vous embrasse).

Catherine me charge de vous transmettre ses amitiés.

Veuillez transmettre mon meilleur souvenir à votre mère.

Embrasse Olivier et Marion pour moi, et dis-leur bien combien ils me manquent.

Mary vous embrasse tous les deux.

Dis bonjour à Jimmy pour moi.

N'hésitez pas à m'écrire si je puis vous être utile.

Écris-moi si tu as une petite minute de libre.

N'oublie pas de nous donner de tes nouvelles de temps en temps.

J'attends avec impatience une lettre de vous.

À bientôt une lettre de toi, j'espère.

L'ORGANISATION DES VOYAGES

Please give me details of your prices.

I would like to book bed-and-breakfast accommodation with you.

I wish to book one double room for my wife and myself, and one twin-bedded room for our sons, who are both under 12 years of age.

Please let me know by return of post if you have one single room with shower, full board, for the week beginning June 24th.

Please consider this a firm booking, and hold the room until I arrive, however late in the evening.

We expect to arrive in the early evening, unless something unforeseen prevents us.

I am afraid I must ask you to alter my booking from 25 August to 3 September.

Owing to unforeseen circumstances, I am afraid that I must cancel the booking made with you for the week beginning 5 September.

Je vous serais reconnaissant de bien vouloir me communiquer vos tarifs.

Je voudrais retenir une chambre avec petit déjeuner.

Je voudrais retenir une chambre avec un grand lit pour ma femme et moi-même, ainsi qu'une chambre à lits jumeaux pour nos deux fils, tous deux âgés de moins de 12 ans.

Veuillez me faire savoir, par retour du courrier, si vous avez une chambre pour une personne, avec douche et en pension complète, pour la semaine du 24 juin.

Je confirme ainsi ma réservation et vous prie de me garder la chambre, jusqu'à une heure tardive si besoin est.

Sauf imprévu, nous arriverons en début de soirée.

Je me vois obligé de vous demander de reporter ma réservation du 25 août au 3 septembre.

Pour des raisons indépendantes de ma volonté, je suis contraint d'annuler la réservation que j'avais faite pour la semaine du 5 septembre.

LES REMERCIEMENTS ET VŒUX

LES REMERCIEMENTS

Thank you very much (indeed) for remembering my birthday.

merci beaucoup de

I am writing to say thank you *ou* **Just a line to say thank you for** the lovely book which arrived today.

je vous écris pour vous remercier

Would you please thank him from me.

remerciez-le de ma part

We all send you our warmest thanks for a wonderful evening.

nous vous envoyons tous nos vifs remerciements pour

I cannot thank you enough for all you did for Amanda.

je ne sais comment vous remercier pour

We greatly appreciate the time and trouble you took for us.

nous vous sommes très reconnaissants de

I have been asked to thank you on behalf of the club for the excellent talk you gave us yesterday.

je dois vous remercier, au nom de . . .

We would ask you to accept our most grateful thanks for all that you have done.

nous vous adressons tous nos remerciements pour

Would you please give our most sincere thanks to your colleagues.

transmettez nos remerciements à vos collègues

POUR FORMULER DES VŒUX

NB: Dans la section suivante, [. . .] pourrait être 'a Merry Christmas and a Happy New Year', 'a happy birthday', 'a speedy recovery', 'your new job', etc.

With all good wishes for [. . .] from *(+ signature)*

(formule couramment employée sur une carte, souvent pour accompagner un cadeau) tous mes vœux de . . .

With love and best wishes for [. . .]

tous nos meilleurs vœux de/pour

Do give my best wishes to your mother for [. . .]

transmettez mes meilleurs vœux de/pour . . . à

Roger joins me in sending you all our very best wishes for [. . .]

. . . se joint à moi pour vous envoyer nos meilleurs vœux de/pour

I hope you have a lovely holiday/a pleasant journey *etc.*

j'espère que vous . . .

(à l'occasion de Noël et du Nouvel An)

NB: en G.B., aux U.S.A. etc, il est traditionnel d'envoyer des cartes de vœux pour Noël et le Nouvel An, avant le 25 décembre.

With season's greetings, and very best wishes from *(+ signature)*

(formule couramment employée) bonnes fêtes de fin d'année . . .

A Merry Christmas to you all, and best wishes for health, happiness and prosperity in the New Year.

Joyeux Noël, Bonne Année à tous

Mary and I send you all our very best wishes for 1988.

nous vous envoyons nos meilleurs vœux pour 1988

(à l'occasion d'un anniversaire)

I am writing to wish you many happy returns of the day.

je vous souhaite un très heureux anniversaire

This is to send you our fondest love and very best wishes on your eighteenth birthday — Many Happy Returns from us all.

tous nos vœux les plus affectueux pour ton anniversaire

I'd like to wish you a happy birthday for next Saturday.

je vous souhaite un heureux anniversaire samedi

(pour envoyer des vœux de rétablissement)

I was very sorry to learn that you were not well, and send you my best wishes for a speedy recovery.

tous mes vœux de prompt rétablissement

Sorry you're ill — get well soon!

. . . j'espère que tu seras bientôt rétabli

(pour souhaiter bonne chance à quelqu'un)

NB: Dans la section suivante, [. . .] pourrait être 'interview', 'driving test', 'exam', 'new job', etc.

I am writing to send you best wishes for your [. . .]

je vous écris pour vous souhaiter bonne chance pour

Good luck for your [. . .] — I hope things go well for you on Friday.

bonne chance pour

(pour féliciter quelqu'un)

This is to send you our warmest congratulations and best wishes on [. . .]

nous vous adressons toutes nos félicitations pour

Allow me to offer you my heartiest congratulations on [. . .]

permettez-moi de vous féliciter de . . .

We all send you our love and congratulations on such an excellent result.

. . . toutes nos félicitations — bravo!

LES FAIRE-PART, INVITATIONS ET RÉPONSES

COMMENT ANNONCER UNE NAISSANCE

Mr. and Mrs. Peter Thomson are happy to announce the birth of their daughter, Stephanie Jane, in Cambridge, on 31 July 1987.

I am very glad to say that Helen and Martyn had a son, Alexander Edward John, on 22 July, and that mother and child are both well.

Faire-part: convient en toutes circonstances: 'ont la joie d'annoncer'

Lettre à un ami ou à une connaissance: 'J'ai le plaisir de vous annoncer que'

... ET COMMENT RÉPONDRE

With warmest congratulations to you both on the birth of your son, and best wishes to Alexander for good health and happiness throughout his life.

We were delighted to learn of the birth of Stephanie, and send our most sincere congratulations to you both, and our very best wishes to the baby for health, happiness and prosperity throughout her life.

Carte accompagnant un cadeau: 'Toutes nos félicitations et nos vœux les meilleurs'

Lettre à des amis ou à des connaissances: 'Nous vous félicitons pour'

COMMENT ANNONCER DES FIANÇAILLES

Mr. and Mrs. Robert Jamieson are pleased to announce the engagement of their daughter Fiona to Mr. Joseph Bloggs.

Polly and Richard have got engaged — you can imagine how delighted we all are about this.

Faire-part: convient en toutes circonstances: 'sont heureux d'annoncer'

Lettre à un ami ou à une connaissance: 'ont annoncé leurs fiançailles ... vous imaginez comme nous en sommes heureux'

... ET COMMENT RÉPONDRE

Fiona and Joseph: with our warmest congratulations on your engagement, and our best wishes for a long and happy life together.

I was very glad to learn of your engagement to Richard, and send you both my congratulations and very best wishes for your future happiness.

Carte accompagnant un cadeau: 'Toutes nos félicitations et nos vœux de bonheur'

Lettre à un ami ou à une connaissance: 'J'ai été ravi d'apprendre vos fiançailles'

COMMENT ANNONCER UN MARIAGE

Mr. and Mrs. William Morris are happy to announce the marriage of their daughter Sarah to Mr. Jack Bond, in St. Francis Church, Newtown, on 27 October 1984.

Stephen and Amanda were married here, in the registry office, last Saturday.

Faire-part: pourrait convenir en toutes circonstances: 'ont l'honneur de vous faire part du mariage de'

Lettre à un ami ou à une connaissance: 'se sont mariés samedi dernier'

... ET COMMENT RÉPONDRE

With congratulations on your marriage and all good wishes to you both for your future happiness.

We were delighted to learn of your daughter's marriage to Jack Bond, and send you our best wishes on this happy occasion.

I was so glad to hear that you and Robin were getting married, and send you both my most sincere congratulations and best wishes for your future happiness.

Carte accompagnant un cadeau: 'Toutes nos félicitations et nos vœux de bonheur'

Dans la langue soignée, à une connaissance: 'C'est avec joie que nous avons appris'

Lettre à des amis: 'C'est avec une grande joie que j'ai appris'

COMMENT ANNONCER UN DEUIL

Mrs. Mary Smith announces with deep sorrow the death of her husband, John R. Smith, at Sheffield, on 8th March 1987, after a long illness. The funeral took place privately.

It is with the deepest sorrow that I have to tell you that Joe's father passed away three weeks ago.

I lost my dear wife a little over a month ago.

Faire-part: 'ont la douleur de vous faire part de': 'en cas de mention 'No letters please', il convient de ne pas écrire

Lettre à une connaissance: 'C'est avec beaucoup de peine que'

Lettre à un ami: 'J'ai eu le malheur de perdre ma femme ...'

... ET COMMENT RÉPONDRE

My husband and I were greatly saddened to learn of the passing of Dr. Smith, and send you and your family our most sincere condolences in your very sad loss.

I was terribly upset to hear of Jim's death, and I am writing to send you all my warmest love and deepest sympathy in your tragic loss.

Lettre à une connaissance: 'Nous prenons part à votre peine'

Lettre à un ami: 'J'ai été bouleversé d'apprendre la disparition de ... et tiens à vous exprimer ma profonde sympathie'

LES INVITATIONS OFFICIELLES

Mr. and Mrs. Mark Green request the pleasure of the company of
Mr. James Brown at the marriage of their daughter Annabel to Mr. Paul
Piper, in St. Peter's Church, Newtown, on Saturday, 19th February 1986 at
3 p.m., and afterwards at the Grand Hotel, Newtown.

'vous prient d'assister au mariage de . . .'

The Chairman and Governors of Trentbury College request the pleasure of
the company of Miss Charlotte Young at a dinner to mark the fiftieth
anniversary of the founding of the college.

'prient Mlle Charlotte Young de venir au dîner'

Peter and Susan Atkins request the pleasure of your company at a
reception *(or* dinner *etc)* to celebrate their Silver Wedding, on Saturday,
10 July 1986, at 8 p.m. at the Bows Hotel.

'ont le plaisir de vous inviter à une réception . . .'

. . . ET COMMENT RÉPONDRE

Mr. James Brown thanks Mr. and Mrs. Green for their kind invitation to the
marriage of their daughter Annabel on 19th February, and accepts with
pleasure/but regrets that he is unable to accept.

'remercie . . . accepte avec plaisir/ regrette de ne pouvoir accepter'

Miss Charlotte Young wishes to thank the Chairman and Governors of
Trentbury College for their kind invitation to dinner and has much pleasure
in accepting/but regrets that she is unable to accept.

'remercie . . . accepte avec plaisir/ regrette de ne pouvoir accepter'

LES INVITATIONS PLUS LIBRES

We are celebrating Rosemary's engagement to David by holding a dinner
and dance at the Central Hotel on Friday, 21st March, and very much hope
that you will be able to join us then.

'espérons que vous viendrez à une réception pour fêter les fiançailles de . . .'

We are giving a small dinner party on Saturday next for Lorna and Ian, who
are home from Canada for a few weeks, and hope you will be able to
come.

'nous organisons un dîner en l'honneur de . . . et espérons que vous pourrez venir'

We should be very pleased if you and Letitia could dine with us on the
Sunday evening, if you have arrived in town by then.

'nous serions très heureux si vous pouviez venir dîner . . .'

Our Managing Director, James Glasgow, will be in Edinburgh on Friday
16 November, and we are holding a small dinner party for him on that day
at 8 p.m. here. We hope that you and Margery will be able to join us then.

'nous organisons un dîner en son honneur . . . et nous espérons que vous vous joindrez à nous'

Would you be free for lunch one day next week? Any day but Thursday
would suit me.

'pourrions-nous déjeuner ensemble'

We are planning a trip to Norway, probably in June for two weeks, and
wonder if you would like to join us.

'nous nous demandons si vous auriez envie de vous joindre à nous'

Would you be interested in coming with us to the Lake District?

'est-ce que cela te dirait de venir avec nous'

It would give us great pleasure to welcome you and your family to our
home.

'nous serions très heureux de vous accueillir'

Why don't you come over for a weekend and let us show you Sussex?

'pourquoi ne pas venir passer un week-end . . .'

. . . ET COMMENT RÉPONDRE

It was so kind of you to invite me to meet James Glasgow and I shall be
happy to come to dinner that evening/but I am afraid that I cannot accept
your invitation to dinner.

'je vous remercie de . . . je suis heureux d'accepter/regrette de ne pouvoir accepter'

Thank you for inviting me — I accept with the greatest of pleasure.

'merci . . . j'accepte avec grand plaisir'

Thank you for your kind invitation to dinner — I shall be very pleased to
come.

'merci . . . je suis très heureux d'accepter'

It is very kind of you to invite me, and I shall be very happy to join you.

'c'est très aimable à vous de m'inviter — je serais heureux d'accepter'

How kind of you to ask me to go with you — I shall look forward to that
very much.

'comme c'est gentil à vous de m'inviter à . . . je m'en réjouis d'avance'

Thank you so much for your kind invitation to dinner on Saturday —
unfortunately George and I will be out of town that weekend, and so I am
afraid we have to refuse.

'merci . . . nous ne serons pas là . . . nous ne pouvons pas accepter'

I am terribly sorry, but I shan't be able to come on Saturday.

'je regrette beaucoup, mais je ne pourrai pas venir'

I'm afraid I couldn't possibly accept.

'je suis dans l'impossibilité d'accepter'

ET, SELON LE CONTEXTE:

it's just what I've always wanted to do / I've been longing to do something like that for ages / it will be such fun / I
cannot make any definite plans until . . . / I'd rather not commit myself yet / it's unfortunately out of the question
for the moment / I doubt if we could / it's somewhat difficult to explain, but / because of pressure of work / I am
afraid I have already promised to . . . / I wish I could, but . . . / unfortunately . . . / much to our regret, we cannot . . .

LA DISSERTATION

LES GRANDES LIGNES DE L'ARGUMENT

Pour introduire un sujet

It is often said *ou* **It is often asserted** *ou* **It is often claimed that** the youth of today doesn't care for anything but pleasure. — *on dit souvent que*

It would be universally acknowledged that unemployment is the greatest scourge of our days. — *il est généralement reconnu que*

It is a truism *ou* **It is a commonplace that** nothing of value is achieved without dedication. — *il est banal de dire que*

It is undeniably true that war springs from greed. — *on ne peut nier le fait que*

It is a well-known fact that children up to the age of three have no concept of extension in time. — *tout le monde sait que*

For the great majority of people, literature is a subject that is studied in school but which has no relevance to life as they know it. — *pour la plupart des gens*

It is sometimes forgotten that investment is essential for economic growth. — *on oublie parfois que*

It would be naïve to suppose that all politicians act in the public interest all of the time. — *il serait naïf de croire que*

It would hardly be an exaggeration to say that carelessness is the reason for all road accidents. — *on exagérerait à peine en disant que*

There are several aspects to the problem of understanding Shakespearean comedy. — *le problème de . . . comporte différents aspects*

A problem that is often debated nowadays is that of world famine and how to deal with it. — *un problème dont il est souvent question aujourd'hui est celui de*

The question of whether Hamlet was really mad has occupied critics for generations. — *la question de savoir si . . .*

The concept of existentialism **is not an easy one to grasp.** — *le concept de . . . est difficile à saisir*

The idea of getting rich without too much effort **has universal appeal.** — *l'idée de . . . plaît toujours*

We live in a world in which capitalism seems triumphant. — *nous vivons dans un monde où . . .*

One of the most striking features of this problem *(ou* **issue** *ou* **topic** *ou* **question)** is the way it arouses strong emotions. // **One of the most striking aspects of . . .** — *l'un des aspects les plus frappants de ce problème est . . .*

A number of key issues arise from this statement. — *. . . soulève quelques questions fondamentales*

History provides numerous instances of misguided national heroes who eventually did more harm than good. — *l'histoire nous fournit de nombreux exemples de*

It is hard to open a newspaper nowadays without being faced *(ou* **confronted) with** some new example of mindless violence. — *il n'est guère possible d'ouvrir le journal sans y découvrir . . .*

What this question boils down to is: was Eliot at heart more of a philosopher than a poet? — *la question se résume à ceci: . . .*

What can we make of a somewhat sweeping assertion like this? It would be dangerous to reject it in its entirety without . . . — *que faire d'une telle généralisation?*

First of all, let us try to understand what the writer really means. — *tout d'abord, essayons de comprendre . . .*

It is easy enough to make broad generalisations about the evils of alcohol, **but in reality the issue is an extremely complex one.** — *il est facile de généraliser . . . mais en réalité, il s'agit là d'un problème très complexe*

This statement **merits closer examination.** We might ask ourselves why . . . — *mérite d'être examiné de plus près*

The public in general tends to believe that all education is a good thing, without regard to the quality of that education. — *le public a tendance à croire que*

What we are mainly concerned with here is the conflict between what the hero says and what he does. — *ce qui nous préoccupe ici, c'est . . .*

It is often the case that truth is stranger than fiction, and never more so than in this instance. — *il est souvent vrai que*

By way of introduction, let us give a brief review of the background to this question. — *en guise d'introduction*

We commonly think of people **as** isolated individuals, but in fact few of us ever spend more than an hour or two of our waking hours alone. — *généralement nous pensons à . . . comme à . . .*

It is surprising that faith survives at all, far less that it should flourish, **in an industrialised society like ours.** — *. . . dans une société industrielle comme la nôtre*

Pour commencer un développement, présenter une thèse

The first thing that needs to be said is that the author is presenting a one-sided, even bigoted, view. — *il convient tout d'abord de signaler que*

What should be established at the very outset is that we are dealing here with a practical rather than a philosophical issue. — *la première constatation qui s'impose est que*

First of all, let us consider the advantages of urban life. — *considérons tout d'abord*

Let us begin with *ou* **I propose to consider first** the social aspects of this question. — *commençons par examiner*

Let us see if there is any real substance in this claim (*ou* **assertion** *ou* **statement**). — *voyons d'abord si cette affirmation est justifiée*

Was Othello a naïve man or not? This is a question **at which we must take a careful** (*ou* **close**) **look,** before we ... — *une question qui doit retenir notre attention*

An argument in support of this approach is that it does in fact produce practical results. — *un argument en faveur de cette méthode, c'est qu'elle ...*

We are often faced in daily life with the choice between our sense of duty and our own personal inclinations. — *dans la vie courante, nous devons souvent choisir entre ...*

Even the most superficial look at this issue raises fundamental questions about the nature and purpose of human existence. — *un coup d'œil rapide suffit à découvrir des questions d'une importance fondamentale concernant*

We must distinguish carefully between the two possible interpretations of this statement. — *il faut établir une distinction précise entre*

This brings us to the question of whether the language used is appropriate to the task the author sets himself. — *ceci nous amène à nous demander si ...*

It is interesting to consider how far this is true of other nations. — *il est intéressant de voir si ...*

One might mention, **in support of the above thesis,** the striking speech of Frederick in Act III. — *... pour appuyer cette hypothèse ...*

The second reason for advocating this course of action is that it benefits the community at large. — *la deuxième raison pour*

Another telling argument in support of this viewpoint **is that** it makes sense economically. — *un autre argument de poids ... est que*

An important aspect of Milton's imagery **is** the play of light and shade. — *un aspect important de ... est ...*

It would be reasonable to assume that the writer is sincere in his praise of such behaviour. — *il est raisonnable de penser que*

The fundamental reason for believing this assumption to be true is that subsequent events seem to prove it. — *la raison principale pour laquelle on peut y croire est que*

We need not concern ourselves here with the author's intentions in disclosing these facts so early in the book. — *ce qui nous intéresse ici, ce n'est pas ...*

It is now time to discuss the character of Sir James, and how this develops during the course of the first act. — *il faut en venir maintenant au caractère de ...*

When we speak of culture, **we have in mind** the development of the human spirit and its expression in various ways. — *quand nous parlons de ... nous pensons à ...*

I will confine myself to a brief outline of the problem, looking more particularly at how it affects the poorer countries of Africa. — *je me contenterai d'esquisser ...*

I am not here concerned with the undoubted difficulties and pitfalls inherent in the introduction of a new form of examination in secondary education. — *mon propos ici n'est pas d'examiner ...*

It is worth stating at this point that the position is exactly the same in most other countries. — *il faudrait remarquer à ce stade que*

Finally, there is the related problem of how to explain the concept of original sin. — *enfin, il y a un problème annexe*

Pour présenter un point de vue différent, une antithèse

On the other hand, it is observable that people do not normally behave like this in practice.

d'un autre côté, on remarque que

It may be asserted, however, that this is a superficial point of view.

on peut cependant affirmer que

The other side of the coin is, however, that free enterprise may create economic chaos in certain circumstances.

mais il y a le revers de la médaille: ...

Another way of looking at this question is to consider its social implications.

on peut aussi aborder le problème sous un angle différent en considérant ...

The snag about this argument is that it undermines the principles of free speech.

l'inconvénient de cet argument est que

The author says it is style that matters. **The very opposite may be true.**

il se peut que le contraire soit vrai

The claim she makes **has much to recommend it, but** it goes too far.

... est tout à fait valable, mais ...

It is difficult to share the writer's belief (*ou* **view** *ou* **opinion**) **that** with a little goodwill everything comes right in the end.

il est difficile de suivre l'auteur quand il dit que

To say that Parker's death was fortuitous **is,** however, **a totally unjustified assumption.**

... est une supposition totalement injustifiée

In actual fact it would be more accurate to say that the fault lies in the monetary system itself.

en fait, il serait plus juste de dire que

All this may well be true enough, but we should not forget the victim herself.

tout ceci a beau être vrai, mais ...

If you consider the author's real intentions, **this argument is an extremely weak one.**

cet argument manque de solidité

Hackneyed arguments of this kind are scarcely convincing even in the popular press, far less in a work which claims to have been seriously researched.

des arguments rebattus comme celui-ci

Paradoxical though it may seem, we must look for good in evil itself, for without that evil, how may good be identified?

aussi paradoxal que cela puisse paraître

It will be objected that punctuality, or at least a semblance of it, is necessary for civilised life.

on objectera que

The difficulty about supporting this statement **is that** the facts appear to contradict it.

il est difficile de ... parce que ...

Pour présenter une solution, une synthèse

The fact of the matter is surely that *ou* **The truth of the matter is surely that** television presentation does influence voting patterns.

la vérité est que

We have now established certain principles, but **when all is said and done it must be acknowledged that** a purely theoretical approach to social issues is sterile.

en fin de compte, il faut reconnaître que

How can we reconcile these two apparently contradictory viewpoints?

comment réconcilier ...

Of all these attempts to explain the playwright's intentions, **the last seems to offer the most convincing explanation.**

la dernière explication semble être la plus convaincante

There is much to be said on both sides of this question. On balance (*ou* **On reflection**), **however,** the arguments for the local rather than the national approach **have most to recommend them.**

après avoir soigneusement pesé le pour et le contre, on peut conclure en faveur de ...

If one weighs the pros and cons (of the case), the argument for freedom of speech in these circumstances is hard to sustain.

si l'on pèse le pour et le contre

One might be tempted to think that better technology is the solution, but **in actual fact** human attitudes are the vital element.

... en réalité ...

It is easy to believe that this could never happen in a civilized society, **but the truth is that** it happens everywhere, and it happens more and more often.

... mais la vérité est que

From all this it follows that these claims are false.

il s'ensuit de tout cela que

The key to this whole problem must surely be the development of heavy industries in that part of the country.

la solution de ce problème réside sûrement dans ...

The social and economic **consequences of the facts we have mentioned above** are too important to ignore.

les conséquences ... de ce que nous venons de mentionner

These two points of view, **while distinct, are not mutually exclusive.**

... bien que distincts, ne s'excluent pas l'un l'autre

In the final analysis, the themes of the novel are confused.

en dernière analyse

To recap *ou* **To sum up,** the cost of raw materials is falling faster than was ever expected in the early 1980s.

récapitulons: ...

Pour conclure

What conclusions can be drawn from all this? — *quelles conclusions pouvons-nous tirer de*

The most sensible (*ou* **satisfactory** *ou* **convincing) conclusion we can come to** is that the author has not succeeded in putting his message across. — *la conclusion la plus satisfaisante est que*

All this goes to show that it is unwise to make generalisations about human beings. — *tout ceci prouve bien que*

Surely the lesson to be learned from what has happened in Europe is that minorities should be respected. — *le leçon qu'il convient de tirer de ... est que*

The inescapable conclusion which emerges from what I have said is that health is too important to leave to the doctors. — *la conclusion inéluctable de ce que je viens de dire est que*

The problem we have considered **clearly does not admit of an easy solution, but** it is to be hoped that governments will take steps to ameliorate its worst effects. — *il est manifestement difficile de trouver une solution à ce problème, mais ...*

This brief account of the origin of the play is necessarily limited in scope. — *ce rapide récit de*

The relations between the hero and heroine appear complex, but **to put the whole matter in a nutshell,** they are both more interested in power than in love. — *... pour les résumer en un mot ...*

Ultimately, then, these two approaches are impossible to reconcile. — *en définitive*

All in all, we must acknowledge that the main interest of the book lies in its treatment of jealousy. — *au fond*

The play no doubt has an important message: nevertheless, **at the end of the day, it must be acknowledged that** it is a very bad play. — *en fin de compte il faut reconnaître que*

The best way of summing up the arguments I have put forward for equality of opportunity is that human rights have precedence over social inhibitions. — *la meilleure façon de résumer*

It would appear, then, that in a sane society nobody would be a social outcast. — *il semblerait donc que*

I have demonstrated that Cox's claims are based on a false assumption. — *j'ai démontré que*

To sum up, I believe that urgent action is needed. — *en résumé*

POUR RÉDIGER UN PARAGRAPHE

Pour ajouter, comparer, relier etc

This brings us to the question of whether we can believe in a benevolent deity.
ceci nous amène à la question suivante: pouvons-nous . . .

On the one hand, wealth corrupts: **on the other,** it can achieve great things.
d'une part . . . d'autre part . . .

As for the theory of value, it counts for nothing in this connection.
quant à

Compared with the heroine, Alison is an insipid character.
comparée à

In the first (*ou* **second** *ou* **third** *etc*) **place,** let us consider the style of the novel.
en premier (etc) *lieu*

First of all, I will outline the benefits of the system: **next,** I propose to examine its disadvantages: **finally,** we will consider the views of the recipients.
tout d'abord . . . puis . . . enfin

The arguments in favour of this theory **fall into two groups: first,** those which rely on statistics, and **secondly,** those based on principle.
. . . se divisent en deux catégories: premièrement . . . deuxièmement . . .

Incidentally, we must not forget the contribution of Horatio to this scene.
notons au passage

As far as the character of Tyson **is concerned,** we can only admire his persistence.
en ce qui concerne

Over and above all these considerations, there is the question of whether the country can afford such luxuries.
enfin, . . .

Added to that, there is his remarkable sense of detail.
ajoutons à cela

Similarly, a good historian will never be obsessed with dates.
de même

There is a fundamental difference between people who act from the heart and those who act from the head.
il y a une différence fondamentale entre

There are important differences between these two approaches — differences which we ignore at our peril.
il y a des différences considérables entre

In the field of education it is clear that we have not learned by our mistakes.
dans le domaine de l'éducation

From the earliest days of nuclear development, it was plain that the potential danger of the process was perhaps the most important single aspect.
dès le début de

Once, **many decades ago,** a foreign observer commented that English people were incapable of discussing principles.
il y a de nombreuses années

The alternative is to accept the world as it is, and concentrate one's efforts on one's own spiritual development.
l'autre solution est de

A further complication is that the characters on stage at this point include the music master himself.
une complication supplémentaire est que

He considers the effect of this on the lives of the people, **as well as** on the economy of the country.
ainsi que

Also, there is the question of how this may be validated.
de plus, il y a

The book has considerable depth: **equally,** it has style.
de même

As regards *ou* **As for** the habits of foreigners, **one may observe that** they are very like our own.
en ce qui concerne . . . on peut remarquer que

In order to clear the ground, I will give a brief account of Mason's theory.
pour déblayer le terrain

The problem is how to explain why people behave as they do.
le problème est de savoir pourquoi

Pour exprimer un point de vue personnel

My own view of this is that the writer is quite wrong in this assertion.
je trouve que

That is the popular viewpoint, but **speaking personally** I cannot see its logic.
mais en ce qui me concerne, . . .

Jennings is, **it seems to me,** over-optimistic in his claim that no one is ever hurt by such wheeling and dealing.
à ce qu'il me semble

My personal opinion of this argument is that it lacks depth.
personnellement, je trouve que

The author argues for patriotism, but **I feel strongly that** this is a delusion.
je suis convaincu que

In my opinion, nearly everybody overestimates the size of the problem.
à mon avis

For my part, I cannot discount what their spokesman said.
personnellement

I maintain that no one has the right to deprive these people of their home.
je maintiens que

Pour introduire le point de vue d'autrui

The writer **asserts (*ou* claims *ou* maintains *ou* states) that** intelligence is conditioned by upbringing.
l'auteur affirme que

They would have us believe that the market is fair.
on voudrait nous faire croire que

The official view is that this cannot affect the population adversely.
selon l'opinion officielle

The author **gives us to understand that** his main aim is merely to please.
l'auteur nous fait comprendre que

The position was put, with commendable clarity, by James Armitage, in a classic essay on this subject some years ago.
cette position a été exprimée, avec une remarquable simplicité

When one considers the man's achievements, **the portrait of him painted in this volume** amounts to little more than a calumny.
la façon dont il est représenté dans cet ouvrage

The writer **puts the case for** restrictions on the freedom of speech very persuasively.
présente les arguments en faveur de

The House of Commons, **it has been said,** is like an elephant's trunk: it can fell an oak or pick up a pin.
on a constaté que

This line of thinking leads the author into the dangerous territory of feminist polemics.
cette démarche . . .

The animals are perhaps more attractive — **which brings us to another side of the question:** can the human race survive?
ce qui nous amène à un autre aspect de la question: . . .

The writer here **is clearly concerned to** convey her conviction that life is seldom worth living, and never worth living to the full.
souhaite particulièrement . . .

The author **draws our attention to the fact that** nowhere in the world is the soil so poor.
attire notre attention sur le fait que

What this character **is really saying is that** he disagrees with the foundations of religious belief.
ce que le personnage veut dire, c'est qu'il . . .

According to the writer, these figures are inaccurate.
selon l'auteur

The speaker is claiming, **if I understand her rightly,** that people do not really care about politics.
si je ne me trompe

Pour introduire un exemple, une citation

We should consider, **for example *ou* for instance,** the problems faced by tourists in a strange land.
par exemple

Take the case of Heathcote in 'Lost Masters'.
prenons le cas de

To illustrate the truth of this, one has only to mention the tragic death of Ophelia.
pour illustrer ceci

A single, but striking, example of this tendency is the way people dress for parties.
un exemple frappant de

One instance is enough to show how powerful a device this is.
un seul exemple suffit à montrer

As Chesterton **remarked,** there is a purpose to everything.
comme l'a remarqué . . .

A recent newspaper article claimed that inflation was now beaten.
dans un récent article, on affirmait que

Wordsworth **observed with much truth** that daffodils are impressive in large numbers.
a remarqué avec justesse

According to the Prime Minister, our foreign policy is benevolent.
selon

The writer **makes this point graphically,** by instancing the plight of those whose beliefs clash with the society they belong to.
illustre ceci de façon frappante

Writing in 1932, Professor Armour-Jenkins said that unemployment had destroyed the minds of one generation, and the bodies of the next.
en 1932, . . . a écrit que

This passage **serves to illustrate** the way in which the writer, more than any other Irish writer of his time, looks sympathetically at the problems of the English middle classes.
illustre bien

Take another example: many thousands of people have been and still are condemned to a life of sickness and pain because the hospital service cannot cope with the demand for its services.
prenons un autre exemple

...CANISMES DE LA DISCUSSION

Pour souligner un argument

It is obvious to everyone that Freud is right.

What is quite certain is that justice will triumph.

The writer **clearly** does not understand the issue.

The fact of the matter is that nuclear waste is and always will be harmful.

It is easy to concentrate on this aspect of the problem, but **the real question at issue** is different.

The facts speak for themselves: James is guilty.

Politicians make much of educational aims, but **what we are concerned with here is** the financial resources to achieve these.

It should be stressed that this is only a preliminary assumption.

It would be ridiculous to assert that any one political doctrine holds the answer to our quest for Utopia.

Few will dispute the claim that the microchip has changed our lives, although many will wish to take issue with the statement that it has changed them for the better.

It is undoubtedly true that time is money,

il est manifeste que

ce qui est sûr c'est que

il est clair que

la vérité est que

le vrai problème

les faits se passent de commentaires: . . .

ce qui nous préoccupe ici, c'est . . .

il faut souligner le fait que

il serait ridicule d'affirmer que

on ne peut nier que

il est vrai sans aucun doute que

Pour atténuer un argument

The new law **could have far-reaching implications for** patterns of crime.

There might well be an explanation which we have overlooked.

Such a response **suggests that** *ou* **might be taken to mean that** the group lacked enthusiasm for the project.

Let us assume (*ou* **suppose** *ou* **conjecture**) **that** Mary does love Worthington.

There is a strong possibility that *ou* **There is strong probability that** Worthington loves Mary.

One might reasonably suppose *ou* **One might justifiably assume that** such behaviour would be frowned upon in any civilised society.

. . . pourrait avoir des conséquences d'une grande portée sur . . .

il pourrait y avoir

. . . laisse supposer que

supposons que

il est fort possible que

on est en droit de supposer que

Pour exprimer le doute

It is questionable whether the author intended this.

The government's present attitude **raises the whole question of** whether local government can survive in its present form.

This line of reasoning **sets a serious question mark against** the future of education.

It remains to be seen (however) whether new techniques can be found in time.

It is to be doubted whether the book is intended to convey a real message.

It may well be that Johnson is serious in this, but his motives are certainly **questionable.**

Few people would deny the benefits of such a scheme. **But, it may be urged,** few people would identify the need for it in the first place.

It is certainly true that moral factors are important in this area, **but I wonder whether** the economic background is not more crucial.

We can believe the author **up to a point, but** it is hard to be sure that he is right all the time.

In spite of the known facts, there must be serious doubts about the validity of this approach.

It is certainly possible that *ou* **It cannot be ruled out that** the author wished us to believe this.

It may be conceded that in this play Hector is a type rather than a person.

Of course, one could reduce the number of accidents by such a method, **but** we must ask ourselves whether the price is not too high.

Undoubtedly this has improved life for a large section of our society, **but** we must consider carefully the implications of this fact.

It cannot be denied that the buildings are unusual, **but** whether they are beautiful is quite another matter.

He has begun well. **It remains to be seen whether** he will continue as impressively.

il n'est pas sûr que

. . . soulève la question de savoir si . . .

met en doute

il reste à savoir si

il n'est pas certain que

il se peut que . . . mais on peut mettre en doute

mais on pourrait répliquer que

il est certain que . . . mais je me demande cependant si . . .

jusqu'à un certain point, mais . . .

malgré les faits

il se peut bien que

on est obligé d'admettre que

bien sûr . . . mais

certes . . . mais

on ne peut nier que . . . mais

reste à savoir si

Pour marquer l'accord

Nothing could be more true than this portrayal of the pangs of youthful love.

rien n'est plus vrai que

We must acknowledge the validity of the point made by Bevin.

nous devons accepter

In a minor sense, however, one is forced to admit that **these criticisms have some validity.**

ces critiques sont justifiées jusqu'à un certain point

It is, **as the writer says,** a totally unexpected event.

comme dit l'auteur

Their opponents **are to be congratulated on** the accuracy of their predictions.

on doit féliciter . . .

He says, **rightly in my view,** that there is no meaning in this statement.

et à juste titre selon moi

In Act II, the hero makes **an extremely perspicacious remark** about John's intentions.

dit quelque chose de très perspicace à propos de

Pour marquer le désaccord

It is hard to agree with the popular view that religious belief is out-of-date.

il est difficile d'être d'accord avec

This statement **is totally inaccurate** *ou* **is very far from the truth** in many respects.

. . . est très loin de la vérité

Unfortunately, **there is not the slightest evidence to justify such a claim.**

rien ne prouve que cette affirmation soit vraie

This argument **offers no solution to** the problems which have beset the artist from time immemorial.

n'offre pas de solution à

This is clearly a false view of the poet's intentions.

il s'agit là d'une déformation de

The pessimistic view of life **should not go unchallenged.**

il faut s'élever contre . . .

This simplistic notion of Shakespeare's aim **is quite unconvincing.**

cette interprétation simpliste de . . . n'est pas convaincante

I find it impossible to accept the philosophical argument for this.

il m'est impossible d'accepter

Pour mettre un détail en valeur

Let us be clear that the essential question is not one of money.

il est clair que

It should never be forgotten that the writer belongs to his own times.

n'oublions pas que

It is hard to overemphasize the importance of keeping an open mind.

on ne peut sous-estimer l'importance de

This disaster **underlines the importance of** good safety measures.

. . . souligne l'importance de

Most important of all, we must understand the feelings of the victims.

le plus important est de

The reasoning behind this conclusion **deserves especial consideration.**

. . . doit être examiné avec une attention toute particulière

Not only does this passage enlighten us, **but it also** inspires us.

non seulement . . . mais aussi . . .

It is well worth noting the background to this argument.

il faut noter

It is essential to realise that the problem will not be solved by more spending.

il importe de comprendre que

This scene is a difficult one, **especially in view of** the unlikely background events.

surtout si l'on considère . . .

Next **I wish to focus our attention on** the use of dramatic irony.

je tiens à attirer l'attention sur . . .

What is more, the argument lacks conviction.

de plus

It is no coincidence that law comes before order in the popular mind.

ce n'est pas un hasard que

Another argument supports this thesis: without the contribution which the working married woman makes to the economy, taxes would rise immediately.

il y a un autre argument en faveur de cette thèse: . . .

The chief feature of this scheme is its emphasis on equality of opportunity rather than material goods.

la principale caractéristique

Let us remember that any chain is only as strong as its weakest link.

n'oublions pas que

Moreover, it was significant that the Conference rejected the call for peace at any price.

de plus, il était révélateur que

Virginia Woolf's attitude to this, as to many things, **is particularly interesting in that** it reflects the artist's sense of isolation.

. . . est particulièrement intéressante dans la mesure où

LANGUAGE IN USE

GRAMMAIRE ACTIVE DE L'ANGLAIS ET DU FRANÇAIS

CONTENTS
(French-English section)

TABLE DES MATIÈRES
(Section anglais-français)

Imprimé en Grande-Bretagne par
William Collins Sons & Co. Ltd.
Dépôt légal janvier 1987

acouphène

Français	Abrév	English
abréviation	abbr, abrév	abbreviated, abbreviation
adjectif	adj	adjective
administration	Admin	administration
adverbe	adv	adverb
agriculture	Agr, Agric	agriculture
anatomie	Anat	anatomy
antiquité	Antiq	ancient history
approximativement	approx	approximately
archéologie	Archeol, Archéol	archaeology
architecture	Archit	architecture
argot	arg	slang
article	art	article
astrologie	Astrol	astrology
astronomie	Astron	astronomy
attribut	attrib	predicative
automobile	Aut	automobiles
auxiliaire	aux	auxiliary
aviation	Aviat	aviation
biologie	Bio	biology
botanique	Bot	botany
britannique, Grande-Bretagne	Brit	British, Great Britain
canadien, Canada	Can	Canadian, Canada
chimie	Chem, Chim	chemistry
cinéma	Cine, Ciné	cinema
commerce	Comm	commerce
comparatif	comp	comparative
informatique	Comput	computing
conditionnel	cond	conditional
conjonction	conj	conjunction
construction	Constr	building trade
mots composés	cpd	compound, in compounds
cuisine	Culin	cookery
défini	def, déf	definite
démonstratif	dem, dém	demonstrative
dialectal, régional	dial	dialect
diminutif	dim	diminutive
direct	dir	direct
écologie	Ecol	ecology
économique	Econ, Écon	economics
écossais, Écosse	Écos	Scottish, Scotland
enseignement	Educ, Éduc	education
par exemple	eg	for example
électricité, électronique	Elec, Élec	electricity, electronics
épithète	épith	before noun
surtout	esp	especially
et cetera	etc	etcetera
euphémisme	euph	euphemism
par exemple	ex	for example
exclamation	excl	exclamation
féminin	f	feminine
figuré	fig	figuratively
finance	Fin	finance
féminin pluriel	fpl	feminine plural
formel, langue soignée	frm	formal language
football	Ftbl	football
fusionné	fus	fused
futur	fut	future
en général, généralement	gen, gén	in general, generally
géographie	Geog, Géog	geography
géologie	Geol, Géol	geology
géométrie	Geom, Géom	geometry
grammaire	Gram	grammar
gymnastique	Gym	gymnastics
héraldique	Her, Hér	heraldry
histoire	Hist	history
humoristique	hum	humorous
impératif	imper, impér	imperative
impersonnel	impers	impersonal
industrie	Ind	industry
indéfini	indef, indéf	indefinite
indicatif	indic	indicative
indirect	indir	indirect
infinitif	infin	infinitive
inséparable	insep	inseparable
interrogatif	interrog	interrogative
invariable	inv	invariable
irlandais, Irlande	Ir	Irish, Ireland
ironique	iro	ironic
irrégulier	irrég	irregular
droit, juridique	Jur	law, legal
linguistique	Ling	linguistics
littéral, au sens propre	lit	literally
littéraire	liter	literary
littérature	Literat	literature
littéraire	littér	literary
littérature	Littérat	literature
locutions	loc	locution